Duden Band 1

Der Duden in zwölf Bänden

Das Standardwerk zur deutschen Sprache

Herausgegeben vom Wissenschaftlichen Rat
der Dudenredaktion:
Dr. Matthias Wermke (Vorsitzender)
Dr. Annette Klosa
Dr. Kathrin Kunkel-Razum
Dr. Werner Scholze-Stubenrecht

1. **Rechtschreibung**
2. Stilwörterbuch
3. Bildwörterbuch
4. Grammatik
5. Fremdwörterbuch
6. Aussprachewörterbuch
7. Herkunftswörterbuch
8. Sinn- und sachverwandte Wörter
9. Richtiges und gutes Deutsch
10. Bedeutungswörterbuch
11. Redewendungen und sprichwörtliche Redensarten
12. Zitate und Aussprüche

Duden

Die deutsche Rechtschreibung

22., völlig neu bearbeitete und erweiterte Auflage

Herausgegeben von der Dudenredaktion

Auf der Grundlage der neuen amtlichen Rechtschreibregeln

Duden Band 1

Dudenverlag

Mannheim · Leipzig · Wien · Zürich

Redaktionelle Bearbeitung
Dr. Werner Scholze-Stubenrecht (Projektleiter),
Ralf Osterwinter (stellvertretender Projektleiter),
Ulrike Braun M. A., Maria Grazia Chiaro M. A., Birgit Eickhoff M. A.,
Angelika Haller-Wolf, Ursula Kraif, Dr. Annette Klosa, Anja Konopka,
Dr. Kathrin Kunkel-Razum, Susanne Lüdtke, Dieter Mang, Karin Rautmann M. A.,
Dr. Christine Tauchmann, Marion Trunk-Nußbaumer M. A.
Unter Mitwirkung des österreichischen und schweizerischen Dudenausschusses.
Beratende Mitarbeit Gesellschaft für deutsche Sprache, Wiesbaden

Herstellung Monika Schoch
Typographisches Konzept Iris Farnschläder, Hamburg
Unter Mitwirkung von Norbert Wessel, Mannheim
Umschlaggestaltung Bender + Büwendt, Berlin

Die Deutsche Bibliothek – CIP-Einheitsaufnahme.
Ein Titeldatensatz für diese Publikation ist bei der Deutschen Bibliothek erhältlich.

Satz Bibliographisches Institut & F. A. Brockhaus AG (alfa Integrierte Systeme)
Druck Ebner, Ulm
Bindearbeit Graphische Betriebe Langenscheidt, Berchtesgaden
Printed in Germany
ISBN 3-411-04012-2

Vorwort

Die Neuregelung der deutschen Rechtschreibung ist plangemäß am 1. August 1998 in Kraft getreten und hat das bis dahin geltende amtliche Regelwerk aus dem Jahre 1901 ersetzt. Nach den Schulen, die überwiegend bereits seit dem Schuljahr 1996/97 nach den neuen Regeln unterrichten, haben auch die Behörden auf die neue Orthographie umgestellt. Die deutschsprachigen Nachrichtenagenturen sind ihnen am 1. August 1999 gefolgt. Bis zum voraussichtlichen Ablauf der Übergangsfrist am 31. Juli 2005 gelten Schreibung und Zeichensetzung nach den alten Regeln als überholt, jedoch nicht als falsch. Ab August 2005 werden die neuen Regeln und Schreibungen allein verbindlich sein.

Die maßvolle Neuregelung hat das korrekte Schreiben erleichtert, ohne vertraute Schriftbilder drastisch zu verändern. Sie erhöht den Geltungsgrad von Grundregeln durch den Abbau von Ausnahmebestimmungen und Einzelfestlegungen; sie erlaubt in zahlreichen Fällen mehr als eine richtige Schreib- oder Trennweise, und sie toleriert einige wenige Schreibgewohnheiten, die sich im Laufe der Jahre gegen das geltende Regelwerk etabliert haben.

Ziel der vorliegenden 22. Auflage des Rechtschreibdudens ist es, die neue Rechtschreibung im Licht der seit ihrer Einführung vorliegenden Erfahrungen so übersichtlich und verständlich aufzubereiten, dass sie in der alltäglichen Schreibpraxis von jedermann so einfach wie möglich angewendet werden kann.

Deshalb wurde zunächst die Darstellung der Richtlinien zur Rechtschreibung und Zeichensetzung deutlich verbessert. Die neue parallele Anordnung von Regeltext und dazugehörigen Beispielen erleichtert die Benutzbarkeit ebenso wie die klare optische Abgrenzung zwischen den amtlich vorgegebenen Regelungen und den damit in Einklang stehenden Schreibempfehlungen der Dudenredaktion. Beibehalten wurde die bewährte alphabetische Anordnung der Stichwörter dieses Abschnitts, da sie vielen Benutzern einen leichteren Zugang zu den einzelnen Regeln ermöglicht als eine Darstellung, die an der Gliederung des Fachgebiets orientiert wäre. Verweise verknüpfen die Duden-Richtlinien mit dem amtlichen Regelwerk, das im Originalwortlaut im Anhang abgedruckt ist.

Der überarbeitete und um zahlreiche Neueinträge erweiterte Stichwortteil verzeichnet rund 120 000 Stichwörter mit allen nach der Rechtschreibreform möglichen Schreib- und Trennvarianten. Die neuen Schreibweisen und Trennfugen sind rot hervorgehoben; im Wörterverzeichnis sind daneben auch sämtliche früheren, erst ab 2005 nicht mehr geltenden Schreibungen enthalten und als solche gekennzeichnet. Um orthographisch besonders schwierige Fälle noch übersichtlicher darzustellen, wurden in die Neuauflage mehr als 300 grafisch herausgehobene Informationskästchen mit näheren Erläuterungen und ausführlichen Beispielen integriert. Eingearbeitet worden sind selbstverständlich die von der Zwischenstaatlichen Kommission für deutsche Rechtschreibung bis zum Redaktionsschluss geklärten Zweifelsfälle, die überwiegend den Bereich der Getrennt- und Zusammenschreibung betreffen.

Erhalten geblieben ist – in leicht gekürzter Fassung – die vergleichende Gegenüberstellung alter und neuer Schreibungen besonders gebräuchlicher Wörter. Die traditionellen Hinweise für das Maschinenschreiben sind um Empfehlungen für die Gestaltung elektronisch übermittelter Nachrichten ergänzt worden. Neu aufgenommen worden ist ein Abschnitt, der über die Umsetzung der Rechtschreibreform bei den deutschsprachigen Nachrichtenagenturen seit dem 1. August 1999 informiert. Schließlich enthält der neue Rechtschreibduden erstmals eine Zusammenstellung der Wörter und Unwörter des Jahres, die seit 1977 von der Gesellschaft für deutsche Sprache (GfdS) bzw. seit 1991 vom Institut für deutsche Sprache und Literatur der Universität Frankfurt jährlich bestimmt werden.

Die Dudenredaktion möchte mit der Neuauflage ihres Standardwerkes zur deutschen Rechtschreibung dazu beitragen, den Umstellungsprozess auf die neuen Regeln und Schreibungen zu erleichtern und die Akzeptanz der Rechtschreibreform in der Sprachgemeinschaft weiter zu erhöhen. Sie dankt allen an der Fertigstellung dieses Bandes Beteiligten, besonders den Mitgliedern der Dudenausschüsse in Österreich und der Schweiz sowie der Gesellschaft für deutsche Sprache in Wiesbaden.

Mannheim, im Juli 2000
Die Dudenredaktion

Inhalt

Zur Wörterbuchbenutzung

I. Zeichen von besonderer Bedeutung

. Ein untergesetzter Punkt kennzeichnet die kurze betonte Silbe, z. B. Referent.

_ Ein untergesetzter Strich kennzeichnet die lange betonte Silbe, z. B. Fassade.

| Der senkrechte Strich dient zur Angabe der möglichen Worttrennungen am Zeilenende, z. B. Mor|ta|del|la, mü|he|voll.

® Das Zeichen ® macht als Marken geschützte Wörter (Bezeichnungen, Namen) kenntlich. Sollte dieses Zeichen einmal fehlen, so ist das keine Gewähr dafür, dass das Wort als Handelsname frei verwendet werden darf.

- Der waagerechte Strich vertritt das unveränderte Stichwort bei den Beugungsangaben des Stichworts, z. B. Brett, das; -[e]s, -er.

... Drei Punkte stehen bei Auslassung von Teilen eines Wortes, z. B. Eindruck, der; -[e]s, ...drücke; oder: Anabolikum, das; -s, ...ka.

[] Die eckigen Klammern schließen Aussprachebezeichnungen, Zusätze zu Erklärungen in runden Klammern und beliebige Auslassungen (Buchstaben und Silben, wie z. B. in abschnitt[s]weise, Wissbegier[de]) ein.

() Die runden Klammern schließen Erklärungen und Hinweise zum heutigen Sprachgebrauch ein, z. B. orakeln (in dunklen Andeutungen sprechen). Sie enthalten außerdem stilistische Bewertungen und Angaben zur räumlichen und zeitlichen Verbreitung des Stichwortes.

⟨⟩ Die Winkelklammern schließen Angaben zur Herkunft des Stichwortes ein, z. B. paradieren ⟨franz.⟩.

K Die Abschnitte zur Rechtschreibung und Zeichensetzung (S. 19–88) sind zur besseren Übersicht mit Kennziffern versehen, auf die im Wörterverzeichnis mit einem Pfeil verwiesen wird, z. B. ↑K 71.

Die Texte in den Abschnitten zur Rechtschreibung und Zeichensetzung, die mit diesem Symbol markiert sind, enthalten weiterführende Hinweise, Erläuterungen oder Empfehlungen der Dudenredaktion zu (insbesondere orthographischen) Zweifelsfällen.

II. Auswahl der Stichwörter

Der Duden erfasst den für die Allgemeinheit bedeutsamen Wortschatz der deutschen Sprache. Er enthält Erbwörter, Lehnwörter und Fremdwörter der Hochsprache, auch umgangssprachliche Ausdrücke und landschaftlich verbreitetes Wortgut, ferner Wörter aus Fachsprachen, aus Gruppen- und Sondersprachen, z. B. der Medizin oder Chemie, der Jagd oder des Sports. Für die Auswahl waren hauptsächlich rechtschreibliche und grammatische Gründe maßgebend. Aus dem Fehlen eines Wortes darf also nicht geschlossen werden, dass es nicht gebräuchlich oder nicht korrekt ist. Bei fehlenden Fremdwörtern oder Bedeutungserklärungen sei auf das Duden-Fremdwörterbuch oder das Duden-Universalwörterbuch verwiesen.

III. Anordnung und Behandlung der Stichwörter

1. Allgemeines

a) Die Stichwörter sind **halbfett** gedruckt.

b) Die rote Farbe kennzeichnet rechtschreibliche Änderungen gegenüber der früheren Orthographienorm. Jedes Stichwort, das nach der Rechtschreibreform anders zu schreiben ist als vormals, wird in der neuen Schreibung rot hervorgehoben, die frühere Schreibung steht in Klammern dahinter. Im Abschnitt Rechtschreibung und Zeichensetzung« sind alle Neuregelungen ebenfalls in Text und Beispiel durch rote Farbe markiert. Rechtschreibliche und andere Zweifelsfälle werden in farbig unterlegten Infokästchen mit zahlreichen Beispielen besonders ausführlich dargestellt.

c) Wo die Rechtschreibregeln mehrere Schreibungen zulassen, wird das Stichwort zunächst in bevorzugter oder empfohlener Schreibung angesetzt; die Schreibvariante erscheint unmittelbar nach dem Stichwort und gegebenenfalls auch als Verweiseintrag an der entsprechenden Alphabetstelle. Soweit die Stichwörter in der amtlichen Wortliste verzeichnet sind und dort eine Vorzugsschreibung markiert ist, richtet sich der Duden nach dieser Vorgabe. In den anderen Fällen wird die Schreibung als Hauptvariante betrachtet, die nach Einschätzung der Dudenredaktion am häufigsten gebraucht wird.

d) Die neuen Regeln zur Worttrennung lassen – besonders bei Fremdwörtern – häufig mehrere unterschiedliche Trennmöglichkeiten zu. Der Duden gibt in diesen Fällen beim Stichwort alle Trennmöglichkeiten an, wobei neu hinzugekommene Trennfugen rot markiert werden.

Beispiel: Chi|r|ur|gie

Außerdem werden die neuen Trennstellen bei st und ck rot markiert, gefolgt von der Angabe der früheren Trennung in Klammern.

Beispiel: E|cke [*alte Trennung* ...k|k...]

Folgen mehrere gleichartige Fälle innerhalb einer Reihe von Wörtern einer Wortfamilie unmittelbar aufeinander, so steht diese Angabe aus Platzgründen oft nur beim ersten Stichwort.

e) Die Anordnung der Stichwörter ist alphabetisch.
Die Umlaute ä, ö, ü, äu werden wie die nicht umgelauteten Vokale (Selbstlaute) a, o, u, au behandelt. Die Schreibungen ae, oe, ue (in Namen) werden nach ad usw. eingeordnet. Der Buchstabe ß wird wie ss eingeordnet. Bei gleich lautenden Wörtern steht das Wort mit ss vor dem mit ß.

Beispiele:

harken	Godthåb	Mäßchen
Härlein	Goes	Masse
Harlekin	Goethe	Maße
Harm	Gof	Massegläubiger

f) Stichwörter, die sprachlich (etymologisch) verwandt sind, werden aus Platzgründen gelegentlich zu kurzen, überschaubaren Wortgruppen (»Nestern«) zusammengefasst, soweit die alphabetische Ordnung das zulässt.

g) Gleich geschriebene Stichwörter werden durch hochgestellte Zahlen (Indizes) unterschieden, z. B. ^{1}Elf (Naturgeist); ^{2}Elf (Zahl).

2. Verben (Tätigkeitswörter, Zeitwörter)

a) Bei den schwachen Verben werden im Allgemeinen keine Beugungsformen angegeben, da sie regelmäßig im Präteritum (erste Vergangenheit) auf -te und im Partizip II (2. Mittelwort) auf -t ausgehen. Bei den starken und unregelmäßigen Verben werden in der Regel folgende Formen angegeben: die 2. Person Singular (Einzahl) im Indikativ des Präteritums (Wirklichkeitsform der ersten Vergangenheit), die [umgelautete] 2. Person Singular im Konjunktiv des Präteritums (Möglichkeitsform der ersten Vergangenheit), das Partizip II (2. Mittelwort), der Singular des Imperativs (Befehlsform). Andere Besonderheiten werden nach Bedarf angegeben.

Beispiel: biegen; du bogst; du bögest; gebogen; bieg[e]!

Bei den Verben, deren Stammvokal e (ä, ö) zu i wechselt, und bei Verben, die Umlaut haben, werden ferner angegeben: 2. u. 3. Person Singular im Indikativ des Präsens (Wirklichkeitsform der Gegenwart).

Beispiele: (e/i-Wechsel:) geben; *du gibst, er gibt;* du gabst; du gäbest; gegeben; *gib!* (mit Umlaut:) fallen; *du fällst, er fällt;* du fielst; du fielest; gefallen; fall[e]!

Bei zusammengesetzten oder mit einer Vorsilbe gebildeten Verben werden die oben genannten Formen nicht aufgeführt. Alle grammatischen Hinweise sind also beim einfachen Verb nachzuschlagen, z. B. vorziehen bei ziehen, behandeln bei handeln, abgrenzen bei grenzen.

b) Bei den Verben, deren Stamm mit einem s-Laut oder Zischlaut endet (s, ß, sch, z, tz), wird die 2. Person Singular im Indikativ des Präsens (Wirklichkeitsform der Gegenwart) angegeben, weil -e- oder -es- der Endung gewöhnlich ausfällt.

Beispiele: zischen; du zischst; lesen; du liest; sitzen; du sitzt

Bei den starken Verben, deren Stamm mit -ß endet, steht wegen des Wechsels von ss und ß zusätzlich die 1. Person Singular im Indikativ des Präteritums (Wirklichkeitsform der ersten Vergangenheit).

Beispiel: beißen; du beißt; *ich biss;* du bissest

3. Substantive (Hauptwörter)

a) Bei einfachen Substantiven sind mit Ausnahme der Fälle unter b der Artikel (das Geschlechtswort), der Genitiv Singular (Wesfall der Einzahl) und, soweit gebräuchlich, der Nominativ Plural (Werfall der Mehrzahl) angeführt.

Beispiel: Knabe, der; -n, -n (das bedeutet: der Knabe, des Knaben, die Knaben)

Substantive, die nur im Plural (Mehrzahl) vorkommen, werden durch ein nachgestelltes *Plur.* gekennzeichnet.

Beispiel: Ferien *Plur.*

b) Die Angabe des Artikels und der Beugung fehlt gewöhnlich bei abgeleiteten Substantiven, die mit folgenden Silben gebildet sind:

-chen:	Mädchen	das; -s, -
-lein:	Brüderlein	das; -s, -
-ei:	Bäckerei	die; -, -en
-er:	Lehrer	der; -s, -
-heit:	Keckheit	die; -, -en
-in:	Lehrerin	die; -, -nen
-keit:	Ähnlichkeit	die; -, -en
-ling:	Jüngling	der; -s, -e
-schaft:	Landschaft	die; -, -en
-tum:	Besitztum	das; -s, ...tümer
-ung:	Prüfung	die; -, -en

Ausnahmen: Bei Ableitungen, die in Artikel und Beugung von diesen Beispielen abweichen, sind die grammatischen Angaben hinzugefügt, z. B. bei denen, die keinen Plural bilden, wie: Besorgtheit, die; - oder: Christentum, das; -s.

c) Bei zusammengesetzten Substantiven und bei Substantiven, die zu zusammengesetzten Verben oder zu solchen mit Vorsilbe gebildet sind, fehlen im Allgemeinen Artikel und Beugungsendungen. In diesen Fällen ist beim Grundwort oder bei dem zum einfachen Verb gebildeten Substantiv nachzusehen.

Beispiele: Eisenbahn bei Bahn, Fruchtsaft bei Saft; Abschluss (Bildung zu abschließen) und Verschluss (Bildung zu verschließen) bei Schluss (Bildung zu schließen)

Artikel und Endungen werden dann angegeben, wenn sie sich von denen des Grundwortes unterscheiden, wenn von zwei Bildungsmöglichkeiten nur eine zutrifft oder wenn keine augenfällige (inhaltliche) Verbindung zwischen den vom einfachen und vom nicht einfachen Verb abgeleiteten Substantiven besteht.

Beispiele: Stand, der; -[e]s, Stände, *aber:* Ehestand, der; -[e]s (kein Plural); Teil, der *od.* das; *aber:* Vorteil, der; Sage, die; -, -n; ebenso: Absage, die; -, -n

4. Adjektive (Eigenschaftswörter)

Bei Adjektiven sind vor allem Besonderheiten und Schwankungen in der Bildung der Steigerungsformen vermerkt.

Beispiele: alt, älter, älteste; glatt, glatter, *auch* glätter, glatteste, *auch* glätteste

IV. Herkunft der Wörter

Die Herkunft der Fremdwörter und einiger jüngerer Lehnwörter wird in knapper Form in Winkelklammern angegeben; meist wird die gebende Sprache, nicht die Ursprungssprache genannt. In einigen Fällen werden die Ursprungssprache und die vermittelnde Sprache, verbunden durch einen Bindestrich, angegeben.

Beispiel: Bombast ⟨pers.-engl.⟩

Steht eine Sprachbezeichnung in runden Klammern, so heißt das, dass auch diese Sprache die gebende Sprache gewesen sein kann.

Beispiel: Bronze ⟨ital.(-franz.)⟩

Durch das Semikolon (Strichpunkt) zwischen den Herkunftsangaben wird deutlich gemacht, dass es sich beim Stichwort um eine Zusammensetzung aus Wörtern oder Wortteilen der angegebenen Sprachen handelt.

Beispiel: bipolar ⟨lat.; griech.⟩

Die wörtliche Bedeutung eines Wortes wird gelegentlich in Anführungszeichen an die Herkunftsangabe angeschlossen.

Beispiel: Wodka ⟨russ., »Wässerchen«⟩

V. Erklärungen

Der Rechtschreibduden ist kein Bedeutungswörterbuch; er enthält daher keine ausführlichen Bedeutungsangaben. Nur wo es für das Verständnis eines Wortes erforderlich ist, werden kurze Hinweise zur Bedeutung gegeben, etwa bei schwierigen Fremdwörtern, Fachtermini, umgangssprachlichen, landschaftlichen und veralteten Ausdrücken. Solche Erklärungen stehen in runden Klammern. Zusätze, die nicht notwendig zu den Erklärungen gehören, stehen innerhalb der runden Klammern in eckigen Klammern.

Beispiele: Akteur (Handelnder; Spieler; Schauspieler), Tonsillektomie (operative Entfernung der Gaumenmandeln), Rabatz (*ugs. für* Krawall, Unruhe), Karfiol (*südd., österr. für* Blumenkohl), Gleisner (*veraltet für* Heuchler)

VI. Aussprache

Aussprachebezeichnungen stehen in eckigen Klammern hinter Fremdwörtern und einigen deutschen Wörtern, deren Aussprache von der sonst üblichen abweicht. Die verwendete Lautschrift folgt dem Zeichensystem der International Phonetic Association (IPA).
Abgesehen von sprachlandschaftlichen, nicht dem Lautsystem des Duden-Aussprachewörterbuches (Duden, Band 6) entsprechenden Aussprache- und Betonungsangaben wurden alle lautlichen Angaben von Prof. Dr. Max Mangold (Saarbrücken) erstellt. Dabei wurden mehr fremdsprachliche Aussprachen möglichst vermieden und als solche nicht besonders gekennzeichnet. Wer sich für zusätzliche und ausführlichere Ausspracheangaben interessiert, sollte das Duden-Aussprachewörterbuch zurate ziehen. Dies gilt besonders für (mehr) fremdsprachliche Aussprachen sowie für die Aussprache unbetonter Silben.
Die übliche Aussprache wurde nicht angegeben bei

c	[k]	vor a, o, u (*wie in* Café)
c	[t͜s]	vor e, i, ä, ae [ɛ(:)], ö, œ [ø(:)] *od.* [œ], ü, ue [y(:)], y (*wie in* Celsius)
i	[i̯]	vor Vokal in Fremdwörtern (*wie in* Union)
sp	[ʃp]	im Stammsilbenanlaut deutscher und im Wortanlaut eingedeutschter Wörter (*wie in* Spiel, Spedition)
sp	[sp]	im Wortinlaut (*wie in* Knospe, Prospekt)
st	[ʃt]	im Stammsilbenanlaut deutscher und imWortanlaut eingedeutschter Wörter (*wie in* Bestand, Strapaze)
st	[st]	im Wortin- und -auslaut (*wie in* Fenster, Existenz, Ast)
ti	[t͜si̯]	vor Vokal in Fremdwörtern (*wie in* Aktion, Patient)
v	[f]	vor Vokal im Anlaut (*wie in* Vater)

Zeichen der Lautschrift, Beispiele und Umschreibung

[a]	Butler ['bat...]
[a:]	Master ['ma:s...]
[ɐ]	Bulldozer [...do:zɐ]
[ɐ̯]	Friseur [fri'zø:ɐ̯]
[ã]	Centime [sã'ti:m]
[ã:]	Franc [frã:]
[a͜i]	live [la͜if]
[a͜u]	Browning ['bra͜u...]
[ç]	Bronchien [...çi̯ən]
[d͜ʒ]	Gin [d͜ʒin]
[e]	Regie [re'ʒi:]
[e:]	Shake [ʃe:k]
[ɛ]	Handikap ['hɛndikɛp]
[ɛ:]	fair [fɛ:r]
[ɛ̃]	Impromptu [ɛ̃prõ'ty:]
[ɛ̃:]	Timbre ['tɛ̃:brə]
[ə]	Bulgarien [...i̯ən]
[i]	Citoyen [sito̯a'jɛ̃:]
[i:]	Creek [kri:k]
[i̯]	Linie [...i̯ə]
[ɪ]	City ['sɪti]
[ŋ]	Bon [bɔŋ]
[o]	Logis [lo'ʒi:]
[o:]	Plateau [...'to:]
[ɔ]	Hobby ['hɔbi]

[ɔ:]	Baseball ['be:sbɔ:l]
[õ]	Bonmot [bõ'mo:]
[õ:]	Chanson [ʃã'sõ:]
[ø]	pasteurisieren [...tøri...]
[ø:]	Friseuse [...'zø:zə]
[œ]	Portefeuille [pɔrtə'fœj]
[œ̃]	Dunkerque [dœ̃'kɛrk]
[œ̃:]	Verdun [vɛr'dœ̃:]
[o̯a]	chamois [ʃa'mo̯a]
[ɔy̯]	Boykott [bɔy̯...]
[s]	City ['sɪti]
[ʃ]	Charme [ʃarm]
[t͜s]	Luzie ['lu:t͜si:]
[t͜ʃ]	Match [mɛt͜ʃ]
[u]	Routine [ru...]
[u:]	Route ['ru:...]
[u̯]	Linguist [...'gu̯ɪst]
[ʊ]	Mouche [mʊʃ]
[v]	Violine [v...]
[w]	Wedgwood ['wɛdʒwʊd]
[x]	Achill [a'xɪl]
[y]	Budget [by'd͜ʒe:]
[y:]	Avenue [avə'ny:]
[y̆]	Habitué [(h)abi'ty̆e:]
[z]	Bulldozer [...do:zɐ]
[ʒ]	Genie [ʒe...]
[θ]	Thriller ['θrɪlə]
[ð]	on the rocks [ɔn ðə 'rɔks]

Ein Doppelpunkt nach dem Vokal bezeichnet dessen Länge, z. B. Plateau [...'to:]. Lautbezeichnungen in runden Klammern bedeuten, dass der betreffende Laut reduziert gesprochen wird, z. B. Habitué [(h)abi'ty̆e:]. Der Hauptakzent ['] steht vor der betonten Silbe, z. B. Catenaccio [kate'nat͜ʃo].
Die beim ersten Stichwort stehende Ausspracheangabe ist im Allgemeinen für alle nachfolgenden Wortformen eines Stichwortartikels oder einer Wortgruppe gültig, sofern diese nicht eine neue Angabe erfordern.

VII. Im Wörterverzeichnis verwendete Abkürzungen

Abkürzungen, bei denen nur -isch zu ergänzen ist, sind nicht aufgeführt, z. B. ägypt. = ägyptisch. Das Wortbildungselement -lich wird gelegentlich mit ...l. abgekürzt, z. B. ähnl. = ähnlich.

Abk.	Abkürzung
afrik.	afrikanisch
Akk.	Akkusativ
allg.	allgemein
amerik.	amerikanisch
Amtsspr.	Amtssprache
Anm.	Anmerkung
Anthropol.	Anthropologie
aram.	aramäisch
Archit.	Architektur
astron.	astronomisch
Astron.	Astronomie
A. T.	Altes Testament
Ausspr.	Aussprache
Bankw.	Bankwesen
Bauw.	Bauwesen
Bed.	Bedeutung
Bergmannsspr.	Bergmannssprache
Berufsbez.	Berufsbezeichnung
bes.	besonders
Bez.	Bezeichnung
bild. Kunst	bildende Kunst
Biol.	Biologie
Bot.	Botanik
Buchw.	Buchwesen
chin.	chinesisch
Dat.	Dativ
Druckerspr.	Druckersprache
dt.	deutsch
EDV	elektronische Datenverarbeitung u. -übermittlung

ehem.	ehemals, ehemalig	Jh.	Jahrhundert
Eigenn.	Eigenname	jmd., jmdm.,	jemand, jemandem,
eigtl.	eigentlich	jmdn., jmds.	jemanden, jemandes
Eisenb.	Eisenbahn	Jugendspr.	Jugendsprache
Elektrot.	Elektrotechnik		
eskim.	eskimoisch	kath.	katholisch
etw.	etwas	Kaufmannsspr.	Kaufmannssprache
europ.	europäisch	Kinderspr.	Kindersprache
ev.	evangelisch	Konj.	Konjunktion
		Kunstwiss.	Kunstwissenschaft
fachspr.	fachsprachlich	Kurzw.	Kurzwort
Fachspr.	Fachsprache		
fam.	familiär	l.	linker, linke, linkes
Familienn.	Familienname	landsch.	landschaftlich
Ferns.	Fernsehen	Landw.	Landwirtschaft
Fernspr.	Fernsprechwesen	lat.	lateinisch
Finanzw.	Finanzwesen	lit.	litauisch
Fliegerspr.	Fliegersprache	Literaturw.	Literatur-wissenschaft
Flugw.	Flugwesen		
Forstw.	Forstwesen		
fotogr.	fotografisch	m.	männlich
Fotogr.	Fotografie	MA.	Mittelalter
franz.	französisch	Math.	Mathematik
Funkw.	Funkwesen	mdal.	mundartlich
		med.	medizinisch
Gastron.	Gastronomie	Med.	Medizin
Gaunerspr.	Gaunersprache	Meteor.	Meteorologie
gebr.	gebräuchlich	mexik.	mexikanisch
geh.	gehoben	milit.	militärisch
Gen.	Genitiv	Milit.	Militär
Geogr.	Geographie	mitteld.	mitteldeutsch
Geol.	Geologie	mittelhochd.	mittelhochdeutsch
germ.	germanisch	mlat.	mittellateinisch
Ggs.	Gegensatz	mong.	mongolisch
		Münzw.	Münzwesen
Handw.	Handwerk	Mythol.	Mythologie
hebr.	hebräisch		
hist.	historisch	nationalsoz.	nationalsozialistisch
Hüttenw.	Hüttenwesen	niederl.	niederländisch
		nlat.	neulateinisch
idg.	indogermanisch	Nom.	Nominativ
ital.	italienisch	nordamerik.	nordamerikanisch
		nordd.	norddeutsch
Jägerspr.	Jägersprache	norw.	norwegisch
jap.	japanisch	N. T.	Neues Testament

o. ä.	oder ähnlich
o. Ä.	oder Ähnliche[s]
od.	oder
ökum.	ökumenisch (nach den Loccumer Richtlinien von 1971)
Ortsn.	Ortsname
ostd.	ostdeutsch
österr.	österreichisch
Österr.	Österreich
ostmitteld.	ostmitteldeutsch
Päd.	Pädagogik
Pharm.	Pharmazie
philos.	philosophisch
Philos.	Philosophie
Physiol.	Physiologie
Plur.	Plural
port.	portugiesisch
Postw.	Postwesen
Präp.	Präposition
Psych.	Psychologie
r.	rechter, rechte, rechtes
Rechtsspr.	Rechtssprache
Rechtsw.	Rechtswesen
Rel.	Religion[swissenschaften]
Rhet.	Rhetorik
Rundf.	Rundfunk
sanskr.	sanskritisch
scherzh.	scherzhaft
Schülerspr.	Schülersprache
Schulw.	Schulwesen
schweiz.	schweizerisch
Seemannsspr.	Seemannssprache
Seew.	Seewesen
Sing.	Singular
skand.	skandinavisch
Soldatenspr.	Soldatensprache
Soziol.	Soziologie
Sportspr.	Sportsprache
Sprachw.	Sprachwissenschaft
Stilk.	Stilkunde
stud.	studentisch
südd.	süddeutsch
südwestd.	südwestdeutsch
svw.	so viel wie
Textilw.	Textilwesen
Theol.	Theologie
Tiermed.	Tiermedizin
u.	und
u. a.	und andere
u. ä.	und ähnlich
u. Ä.	und Ähnliche[s]
übertr.	übertragen
ugs.	umgangssprachlich
ung.	ungarisch
urspr.	ursprünglich
Verbindungsw.	Verbindungswesen
Verkehrsw.	Verkehrswesen
Versicherungsw.	Versicherungswesen
vgl. [d.]	vergleiche [dort]
Völkerk.	Völkerkunde
Vorn.	Vorname
w.	weiblich
Werbespr.	Werbesprache
westmitteld.	westmitteldeutsch
Wirtsch.	Wirtschaft
Zahnmed.	Zahnmedizin
Zigeunerspr.	Zigeunersprache (Es handelt sich hier um eine in der Sprachwissenschaft übliche Bezeichnung, die nicht diskriminierend zu verstehen ist.)
Zollw.	Zollwesen
Zool.	Zoologie
Zus.	Zusammensetzung

Wichtige grammatische Fachausdrücke

Dieses Verzeichnis soll dazu dienen, die wichtigsten im Rechtschreibduden verwendeten grammatischen Fachwörter verständlich zu machen. Es stellt keine Einführung in die Grammatik dar und erhebt auch keinen Anspruch auf Vollständigkeit.

Adjektive (Eigenschaftswörter) sind z. B. *schön, dick, alt.* Sie verändern ihre Form nach Geschlecht, Zahl und Fall und können in der Regel Steigerungsformen bilden: *schön* (Positiv/Grundstufe) – *schöner* (Komparativ/1. Steigerungsstufe) – *am schönsten* (Superlativ/2. Steigerungsstufe).

Adverbien (Umstandswörter) sind z. B. *dahin, heute, sofort.* Ihre Form ist nicht veränderbar. Sie geben die näheren Umstände eines Geschehens an.

Akkusativ Vgl. ↑Substantive.

Artikel (Geschlechtswörter) verändern ihre Form nach Geschlecht, Zahl und Fall. Sie sind Begleiter des Substantivs. Unterschieden werden zwei Arten: die bestimmten Artikel (z. B. *der Hund, die Katze, das Haus*) und die unbestimmten Artikel (z. B. *ein Mann, eine Geschichte, ein Haus*).

Beugung Unter Beugung versteht man die Veränderung/Konjugation von Verben (z. B. *sie sitzt, ihr gabt*) sowie die Veränderung/Deklination von Substantiven (z. B. *in Häusern*), Artikeln (z. B. *dem Mann*), Pronomen (z. B. *ihrer Mutter*) oder Adjektiven (z. B. *der teure Wein*).

Dativ Vgl. ↑Substantive.

Genitiv Vgl. ↑Substantive.

Infinitive (Nenn- oder Grundformen) sind z. B. *kommen, lesen, denken.* Sie sind die Formen, in denen Verben genannt und in denen sie auch in Wörterbüchern angeführt werden.

Konjunktionen (Bindewörter) gehören zu den unveränderlichen Wörtern. Sie haben die Aufgabe, Sätze, Satzteile und Wörter miteinander zu verbinden (z. B. *und, oder, weil, dass*). Manchmal lässt sich nicht ohne weiteres feststellen, ob es sich bei einem Wort um eine Konjunktion oder um ein Adverb handelt. Hier hilft ein Blick auf die Wortstellung: Adverbien können in einem einfachen Satz allein vor das gebeugte Verb treten, Konjunktionen nicht. Bisweilen kann ein Wort sowohl als Konjunktion als auch als Adverb gebraucht werden:
(*doch* ist Konjunktion:) *Wir möchten gerne bleiben, doch wir haben keine Zeit.*
(*doch* ist Adverb:) *Wir möchten gerne bleiben, doch haben wir keine Zeit.*

Konjunktiv (Möglichkeitsform) stellt als Aussageweise (Modus) des Verbs ein Geschehen als erwünscht, möglich oder nicht wirklich dar, z. B. *er habe* (so behauptet er) *das Buch gelesen; ich käme gerne* (aber ich kann nicht, da ich keine Zeit habe); *Würde sie mir doch helfen!*

Konsonanten (Mitlaute) sind z. B. *m, p, s.* Gegensatz: ↑Vokale.

Nominativ Vgl. ↑Substantive.

Partizipien (Mittelwörter) Bei Partizipien unterscheidet man zwischen Partizip I (Mittelwort der Gegenwart), z. B. *hoffend, weinend, bindend, lügend,* und Partizip II (Mittelwort der Vergangenheit), z. B. *gehofft, geweint, gebunden, gelogen.*

Plural (Mehrzahl) Vgl. ↑Substantive.

Präpositionen (Verhältniswörter) sind z. B. *auf, aus, in, nach, über, von, zu.* Sie kennzeichnen die Beziehung, das Verhältnis zwischen Wörtern: *Sie sitzt auf dem Stuhl. Er geht in den Garten.* Präpositionen sind in ihrer Form unveränderlich (nicht beugbar) und bestimmen den Fall des folgenden Substantivs.

Pronomen (Fürwörter) sind z. B. *er, sie; mein Auto, dieses fröhliche Kind.* Sie vertreten oder begleiten ein Substantiv (bzw. eine Substantivgruppe) und verändern ihre Form nach Fall, Geschlecht und Zahl.

Singular (Einzahl) Vgl. ↑Substantive.

Substantive (Nomen, Hauptwörter) sind z. B. *Meer, Tag, Luft, Richtung, Wetterlage.* Sie haben in der Regel ein festes Geschlecht, verändern ihre Form aber nach Zahl und Fall:

Geschlecht

maskulin/männlich	*der Regen*
weiblich/feminin	*die Luft, die See*
neutral/sächlich	*das Wetter, das Meer*

Zahl

Singular/Einzahl	*die Richtung*
Plural/Mehrzahl	*die Richtungen*

Fall

Nominativ/1. Fall (wer oder was?)	*der Tag*
Genitiv/2. Fall (wessen?)	*des Tages*
Dativ/3. Fall (wem?)	*dem Tag*
Akkusativ/4. Fall (wen oder was?)	*den Tag*

Substantivierungen sind z. B. *das Lesen, das Schöne, etwas Neues.* Bei einer Substantivierung wird also aus einem Wort, das einer anderen Wortart angehört, ein ↑Substantiv gebildet.

Superlativ (2. Steigerungsstufe/Höchststufe) Vgl. ↑Adjektive.

Verben (Zeitwörter) sind z. B. *geben, werden, wünschen.* Sie können ihre Form meist nach Person und Zahl verändern und verschiedene Zeitformen bilden (z. B. *gab – gegeben – wird geben, wünschte – gewünscht – wird wünschen*).

Vokale (Selbstlaute) sind *a, e, i, o, u.* Gegensatz: ↑Konsonanten.

Zahladjektive/Zahlwörter bezeichnen entweder eine Zahl (z. B. *ein, vier, drittel, achtel*) oder geben eine unbestimmte Menge bzw. ein unbestimmtes Maß an (z. B. *viel, wenig*). Die letzteren werden unbestimmte Zahladjektive genannt.

Rechtschreibung und Zeichensetzung

Einleitung

Die folgende, mit Kennziffern gegliederte Darstellung beruht auf den amtlichen Regeln für die deutsche Rechtschreibung und Zeichensetzung. Sie enthält darüber hinaus einige zusätzliche, mit dem Symbol gekennzeichnete Abschnitte, in denen die Dudenredaktion weiterführende Hinweise, Erläuterungen oder Empfehlungen zu bestimmten rechtschreiblichen oder anderen Zweifelsfällen gibt.

Um den Nachschlagenden ein schnelles Auffinden der gewünschten Informationen zu ermöglichen, werden die Regelungen und Hinweise unter alphabetisch geordneten Suchbegriffen wie »Apostroph«, »Bindestrich«, »Datum«, »Fremdwörter« oder »Getrennt- und Zusammenschreibung« angeführt. Dabei wird die eine oder andere Rechtschreibregelung an mehreren Stellen gezeigt, sodass zum Beispiel für ein Problem mit der Groß- und Kleinschreibung in Straßennamen sowohl unter »Groß- und Kleinschreibung« als auch unter »Straßennamen« sofort die Lösung gefunden werden kann.

Alle auf die Rechtschreibreform zurückgehenden neuen Rechtschreibregelungen sind durch Rotdruck deutlich hervorgehoben.

Für diejenigen, die sich für den genauen Wortlaut der zugrunde liegenden amtlichen Regeln interessieren, wurden zahlreiche Verweise auf die Paragraphen und Unterabschnitte des Regelwerks eingearbeitet, das auf den Seiten 1113 bis 1152 abgedruckt ist.

Übersicht

Abkürzungen

In diesem Abschnitt geht es um die häufig auftretenden Fragen „Mit oder ohne Punkt?“ und „Mit oder ohne Beugungsendung?“.

Zu weiteren Informationen:
↑ Apostroph (K 15)
↑ Bindestrich (K 26, 28 u. 29)
↑ Groß- und Kleinschreibung (K 97)
Außerdem:
↑ Textverarbeitung (S. 89)
↑ Maschinenschreiben und E-Mails (S. 105)

Zusätzliche Erläuterungen zur sinnvollen Bildung und Verwendung von Abkürzungen und Kurzwörtern finden sich in DIN 2340.

Der Punkt bei Abkürzungen

→ **K 1** Nach bestimmten Abkürzungen steht ein Punkt ‹§101›. (Vgl. K 2, K 3 und K 4.)	– Dr. (*für:* Doktor) – usw. (*für:* und so weiter) – a. D. (*für:* außer Dienst) – Abk.-Verz. (*für:* Abkürzungsverzeichnis) – Weißenburg i. Bay. (*für:* Weißenburg in Bayern)
Diese Abkürzungen werden in der gesprochenen Sprache meist nicht verwendet. Ausnahmen sind Fälle wie a. D. (auch gesprochen: a-de).	

→ **K 2** Bei national oder international festgelegten Abkürzungen für Maßeinheiten in Naturwissenschaft und Technik, für Himmelsrichtungen und für bestimmte Währungseinheiten setzt man im Allgemeinen keinen Punkt ‹§ 102 (1)›.	– m (*für:* Meter) – g (*für:* Gramm) – s (*für:* Sekunde) – W (*für:* Watt) – Bq (*für:* Becquerel) – MHz (*für:* Megahertz) – NO (*für:* Nordost[en]) – CAD (*für:* Kanadischer Dollar)

→ **K 3** Bei so genannten Initialwörtern oder Kürzeln setzt man im Allgemeinen keinen Punkt ‹§ 102 (2)›.	– BGB (*gesprochen:* be-ge-be, *für:* Bürgerliches Gesetzbuch) – TÜV (*gesprochen:* tüf, *für:* Technischer Überwachungs-Verein) – Na (*gesprochen:* en-a, *für:* Natrium)

→ **K 4** Viele fachsprachliche Abkürzungen (vor allem von längeren Zusammensetzungen und Wortgruppen) werden ohne Punkt geschrieben ‹§102 E_1›.	– MBliV (*für:* Ministerialblatt der inneren Verwaltung) – BStMdI (*für:* Bayerisches Staatsministerium des Innern) – RücklVO (*für:* Rücklagenverordnung) – LadschlG (*für:* Ladenschlussgesetz) – StUffz (*für:* Stabsunteroffizier)

→ **K 5** In einigen Fällen gibt es Doppelformen ‹§102 E_2›.	– Co. od. Co (*für:* Compagnie) – M. d. B. od. MdB (*für:* Mitglied des Bundestages)

→ **K 6** Steht eine Abkürzung mit Punkt am Satzende, dann ist der Abkürzungspunkt zugleich der Schlusspunkt des Satzes ‹§103›.	– Er verwendet gern Zitate von Goethe, Schiller u. a. – Ihr Vater ist Regierungsrat a. D. *Aber:* – Ist er wirklich Regierungsrat a. D.? – Er ist wirklich Regierungsrat a. D.!
Steht am Satzende eine Abkürzung, die an sich ohne Punkt geschrieben wird, dann muss trotzdem der Schlusspunkt gesetzt werden.	– Diese Bestimmung finden Sie im BGB. – Er fährt einen roten Pkw. *Aber:* – Fährt er einen roten Pkw? – Er fährt in der Tat einen roten Pkw!

Die Beugung der Abkürzungen

Bei Abkürzungen, die nur in geschriebenen Texten verwendet werden, wird meist keine Beugungsendung gezeigt. Wenn man die Beugungsendung wiedergeben will, z. B. um Missverständnisse zu vermeiden, gilt üblicherweise Folgendes:	– lfd. J. (*für:* laufenden Jahres) – im Ndl. (*für:* im Niederländischen) – d. M. (*für:* dieses Monats)
1. Endet eine Abkürzung mit dem letzten Buchstaben des abgekürzten Wortes, so wird die Beugungsendung unmittelbar angehängt. **2.** Bei Namen ist es üblich, die Endung nach dem Abkürzungspunkt zu setzen. **3.** Gelegentlich wird der Plural durch Buchstabenverdoppelung ausgedrückt.	**1.** die Bde. (*für:* die Bände) **2.** B.s Werke (*für:* Brechts Werke) **3.** Jgg. (*für:* Jahrgänge) ff. (*für:* folgende [Seiten])

Bei Abkürzungen, die auch als solche gesprochen werden, ist im Plural die Beugung häufiger.

- die Lkws, *seltener:* die Lkw (*weil im Singular:* der Lkw)
- die MGs, *seltener:* die MG

Das gilt vor allem bei weiblichen Abkürzungen, weil bei ihnen der Artikel im Singular und Plural gleich lautet.

- die GmbHs, *selten:* die GmbH (*weil der Singular gleich lautet:* die GmbH)

Im Singular bleiben jedoch auch die sprechbaren Abkürzungen oft ohne Beugungsendung.

- des Pkw (*auch:* des Pkws)
- des EKG (*auch:* des EKGs)

Anführungszeichen

In den folgenden Hinweisen werden die so genannten „Gänsefüßchen" als Anführungszeichen verwendet, die in der Schulschreibschrift üblich sind. In der Textverarbeitung und im grafischen Gewerbe sind heute auch andere Formen der Anführungszeichen sehr verbreitet. (Zu halben Anführungszeichen ↑ K 12.)

Zu weiteren Informationen:
↑ Groß- und Kleinschreibung (K 92 u. 94)
Außerdem:
↑ Textverarbeitung (S. 90)

Bei wörtlicher Rede

→ **K 7** Anführungszeichen stehen vor und hinter wörtlich wiedergegebenen Äußerungen und Gedanken (direkter Rede) sowie wörtlich wiedergegebenen Textstellen (Zitaten) ‹§ 89›.	– Sie sagte: „Hier gefällt es mir." – „Wenn doch nur alles vorüber wäre", dachte Petra. – Er schreibt in seinen Memoiren: „Nie werde ich den Tag vergessen, an dem der erste Zeppelin über der Stadt schwebte."
Wird eine angeführte direkte Rede oder ein Zitat unterbrochen, so setzt man die einzelnen Teile in Anführungszeichen.	– „Wir sollten nach Hause gehen", meinte sie. „Hier ist jede Diskussion zwecklos." – „Der Mensch", so heißt es in diesem Buch, „ist ein Gemeinschaftswesen."

Zur Hervorhebung

→ K 8 Anführungszeichen können vor und hinter Wörtern oder Textstücken stehen, die hervorgehoben werden sollen ‹§94›. Dazu gehören: **1.** Wörter oder Wortgruppen (z. B. Sprichwörter, Äußerungen), über die man eine Aussage machen will; **2.** ironische Hervorhebungen; **3.** zitierte Überschriften, Werktitel (z. B. von Büchern, Filmen, Musikstücken), Namen von Zeitungen und Ähnliches.	**1.** Das Wort „fälisch“ ist in Anlehnung an West„falen“ gebildet. – Das Sprichwort „Geteiltes Leid ist halbes Leid“ tröstet nicht immer. – Mit einem lauten „Mir reichts!“ verließ sie den Raum. **2.** Sie hat „nur“ die Silbermedaille gewonnen. – Dieser „treue Freund“ verriet ihn als Erster. **3.** „Das Parfüm“ ist ein Roman von Patrick Süskind. – Das Zitat stammt aus dem Film „Casablanca“.
1. Der zu einem Titel gehörende Artikel kann mit in die Anführungszeichen gesetzt werden, wenn der volle Titel unverändert bleibt. **2.** Ändert sich der Artikel durch die Deklination, dann bleibt er außerhalb der Anführungszeichen. **3.** Wenn eindeutig erkennbar ist, dass ein Titel o. Ä. vorliegt, werden die Anführungszeichen häufig weggelassen.	**1.** Wir mussten „Das Lied von der Glocke“ (oder: das „Lied von der Glocke“) auswendig lernen. **2.** Sie hatte eine Strophe aus dem „Lied von der Glocke“ vorgetragen. **3.** Goethes Faust wurde schon mehrfach verfilmt. – Der Artikel erschien vorige Woche im SPIEGEL.

Mit anderen Satzzeichen

→ K 9 **1.** Treffen Frage- oder Ausrufezeichen mit Anführungszeichen zusammen, so stehen sie vor dem Schlusszeichen, wenn sie zum wörtlich wiedergegebenen Text gehören ‹§ 90›. **2.** Wenn nach dem wörtlich wiedergegebenen Text der Begleitsatz (übergeordnete Satz) folgt oder weitergeführt wird, setzt man ein Komma nach dem Schlusszeichen ‹§ 93›.	**1.** Sie fragte: „Wie geht es dir?“ – Er brüllte: „Bleib sofort stehen!“ **2.** „Sie fahren sofort nach Hause!“, befahl er. – Sie rief: „Weshalb darf ich das nicht?“, und sah mich wütend an. – Als er sagte: „Das war ja wohl eine Schnapsidee!“, wurde ich sehr verlegen.

→ **K 10** **1.** Treffen Punkt, Frage- oder Ausrufezeichen mit Anführungszeichen zusammen, so stehen sie nach dem Schlusszeichen, wenn sie zum Begleitsatz (übergeordneten Satz) gehören ‹§ 90›. **2.** Auch der Begleitsatz kann mit einem Frage- oder Ausrufezeichen enden ‹§ 91›.	**1.** Ich habe die „Buddenbrooks" gelesen und den „Zauberberg". – Wer kennt das Theaterstück „Der Stellvertreter"? – Ich brauche dringend den Text von „Figaros Hochzeit"! **2.** Gefällt dir der Roman „Quo vadis?"? – Lass doch dieses ewige „Ich will nicht!"!

→ **K 11** **1.** Vor dem Komma zwischen wörtlich wiedergegebenem Text und Begleitsatz (übergeordnetem Satz) verliert der wörtlich wiedergegebene Satz seinen Schlusspunkt ‹§ 92›. **2.** Ein eingeschobener Begleitsatz wird in Kommas eingeschlossen ‹§ 93›. **3.** Folgt der wörtliche Text dem Begleitsatz (übergeordneten Satz), dann steht nach dem Schlusszeichen kein Punkt mehr ‹§ 92›.	**1.** „Gehen wir doch ins Kino", schlug sie vor. – „Nachdem du das gelesen hast, wirst du verstehen, was ich meine", sagte Großvater. **2.** „Morgen früh", versprach er, „komme ich zurück." – „Wenn du willst", meinte seine Frau, „kann ich den Wagen morgen in die Werkstatt fahren." **3.** Er stellte fest: „Das muss jeder selbst entscheiden." – Auf meine Frage nach der Zahl der Gäste erwiderte sie: „Fünfzehn." – Wir schrien: „Pass auf!" – Sie fragte: „Bist du bereit?"

Halbe Anführungszeichen

→ **K 12** Eine Anführung innerhalb einer Anführung wird durch halbe Anführungszeichen gekennzeichnet ‹§ 95›.	– Sie schreibt in ihrem Brief: „Ich kann Ihnen nur empfehlen, sich den ‚Besuch der alten Dame' in der Neuinszenierung anzusehen." – „Mit wie vielen h schreibt man ‚Rhythmus'?", wollte er wissen. – „Die Sendung heißt ‚Kennzeichen D'", sagte sie.

Apostroph

Der Apostroph zeigt an, dass in einem Wort ein oder mehrere Buchstaben ausgelassen worden sind (vgl. aber K 16). In vielen Fällen können die Schreibenden selbst entscheiden, ob sie einen Apostroph setzen wollen oder nicht (vgl. K 14).
Zu weiteren Informationen: ↑ Groß- und Kleinschreibung (K 96).

Bei Auslassungen

→ **K 13** Man setzt einen Apostroph bei Wörtern mit Auslassungen, wenn die verkürzten Wortformen sonst schwer lesbar oder missverständlich wären ‹§ 96 (2)›.	– Schlaf nun selig und süß, schau im Traum 's Paradies. – Dass aber der Wein von Ewigkeit sei, daran zweifl' ich nicht ... – Ein einz'ger Augenblick kann alles umgestalten. – Bist du 's, Hermann, mein Rabe? – 's ist schon spät. – Das Wasser rauscht', das Wasser schwoll ...
Solche Formen treten oft in dichterischen Texten auf. Als gut lesbar und unmissverständlich gelten dagegen im Allgemeinen die folgenden Fälle: **1.** Ein unbetontes -e- im Wortinnern entfällt und die kürzere Form ist allgemein gebräuchlich. **2.** Es entfällt ein Schluss-e bei bestimmten Verbformen. **3.** Es liegt eine verkürzte, aber häufig gebrauchte Nebenform eines Substantivs oder Adjektivs vor. **4.** Es liegt eine Fügung vor, in der ein Adjektiv oder Pronomen ungebeugt verwendet wird.	**1.** ich wechsle (wechsele) – trockner (trockener) Boden **2.** Das hör ich gern. – Ich lass das nicht zu. – Leg den Mantel ab. **3.** Bursch (*neben:* Bursche) – öd (*neben:* öde) – trüb (*neben:* trübe) – heut (*neben:* heute) **4.** um gut Wetter bitten – ruhig Blut bewahren – Wir wollen sein ein einzig Volk von Brüdern ...

→ **K 14** Man kann einen Apostroph setzen, wenn Wörter der gesprochenen Sprache mit Auslassungen schriftlich wiedergegeben werden und sonst schwer verständlich sind ‹§ 97›.	– So 'n Blödsinn! – Nimm 'ne andere Farbe. – Kommen S' 'nauf! – Er hat g'nug. – Sie saß auf'm Tisch. – Wir gehen in 'n Zirkus. – Wie du 's haben willst. – Da fährt sich 's schlecht.

1. Bei den allgemein üblichen Verschmelzungen von Präposition (Verhältniswort) und Artikel setzt man in der Regel keinen Apostroph. **2.** Auch die mit r- beginnenden Kürzungen von Wörtern wie heran, herauf, herein, herüber usw. werden meist ohne Apostroph verwendet. **3.** Ebenso steht bei bestimmten Wörtern und Namen mundartlicher Herkunft im Allgemeinen kein Apostroph. **4.** Bei umgangssprachlichen Verbindungen eines Verbs oder einer Konjunktion mit dem Pronomen »es« ist der Apostroph entbehrlich; er wird jedoch häufig verwendet.	**1.** ans, aufs, durchs, fürs, hinters, ins, übers, unters, vors – am, beim, hinterm, überm, unterm, vorm – hintern, übern, untern, vorn; zur **2.** Runter vom Balkon! – Bitte reich mir mal das Buch rüber. – Sie ließ ihn rauswerfen. – Was für ein Reinfall! **3.** Brettl – Dirndl – Hansl – Rosl **4.** Wie gehts (*auch:* geht's) dir? – Nimms (*auch:* Nimm's) nicht so schwer. – Wenns (*auch:* Wenn's) weiter nichts ist …
→ **K 15** Man setzt einen Apostroph bei Wörtern mit Auslassungen im Wortinneren ‹§ 96 (3)›.	– D'dorf (*für:* Düsseldorf) – Ku'damm (*für:* Kurfürstendamm) – Lu'hafen (*für:* Ludwigshafen) – M'gladbach (*für:* Mönchengladbach)

Bei Namen

→ **K 16** **1.** Der Apostroph steht zur Kennzeichnung des Genitivs (Wesfalls) von Namen, die auf s, ss, ß, tz, z, x enden und keinen Artikel o. Ä. bei sich haben ‹§ 96 (1)›. **2.** Nicht als Auslassungszeichen, sondern zur Verdeutlichung der Grundform eines Eigennamens wird der Apostroph gelegentlich in folgenden Fällen gebraucht: **a)** Vor der Adjektivendung -sch. **b)** Vor dem Genitiv-s ‹§ 97E›.	**1.** Hans Sachs' Gedichte, Le Mans' Umgebung, Grass' Blechtrommel, Voß' Übersetzung, Ringelnatz' Gedichte, Marx' Philosophie, das Leben Johannes' des Täufers (*aber:* die Gedichte des Hans Sachs, das Leben des Johannes) **2. a)** die Grimm'schen Märchen (*neben:* die grimmschen – der Ohm'sche Widerstand (*neben:* der ohmsche Widerstand) **b)** Andrea's Blumenecke (*zur Unterscheidung vom männlichen Vornamen Andreas*) – Willi's Würstchenbude
Normalerweise wird vor einem Genitiv-s kein Apostroph gesetzt. Das gilt auch für Genitiv-s und Plural-s bei Initialwörtern und Abkürzungen.	– Brechts Dramen – Hamburgs Reedereien – des Lkws, die GmbHs, B.s Dramen, – des Bds.

Auslassungspunkte

Zu weiteren Informationen:
↑ Textverarbeitung (S. 91)

→ **K 17** Drei Auslassungspunkte zeigen an, dass in einem Wort, Satz oder Text Teile ausgelassen worden sind ⟨§ 99⟩.	– Verd...! – Der Horcher an der Wand ... – Die Erhebung fand in den nachfolgend genannten Städten ... zum ersten Mal statt.
→ **K 18** Stehen Auslassungspunkte am Satzende, entfällt der Satzschlusspunkt ⟨§ 100⟩.	– Ich würde es dir sagen, wenn ... – Viele Märchen beginnen mit den Worten: „Es war einmal ...“
Frage- und Ausrufezeichen werden jedoch meist gesetzt.	– Ist er denn noch ...? – Dass dich der ...!

Ausrufezeichen

Zu weiteren Informationen:

↑ Anführungszeichen (K 9 u. 10)
↑ Klammern (K 99)

→ **K 19**

1. Das Ausrufezeichen verleiht dem Vorangehenden einen besonderen Nachdruck ‹§ 69›.
2. Es kann auch nach frei stehenden Zeilen, z. B. nach einer Anrede, stehen ‹§ 69 E_2 u. E_3›.

1. Guten Tag!
   - Prosit Neujahr!
   - Welch ein Glück!
   - Ruhe!
   - Verlassen Sie den Raum, wenn Sie sich nicht anständig benehmen können!
2. Meine Damen und Herren!
   - Sehr geehrte Frau Präsidentin!

   (*Zur Anrede im Brief vgl. auch* K 132.)

1. Ein Ausrufezeichen steht auch bei Ausrufesätzen, die die Form einer Frage haben.
2. Ein eingeklammertes Ausrufezeichen kann in bestimmten Fällen anzeigen, dass eine Angabe innerhalb eines Textes hervorgehoben werden soll.
3. Gelegentlich werden ein Fragezeichen und ein Ausrufezeichen gesetzt, um einen Fragesatz gleichzeitig als Ausrufesatz zu kennzeichnen.

1. Wie lange soll ich denn noch warten!
   - Ist denn das zu fassen!
2. Nach Zeugenaussagen hatte der Angeklagte 24 (!) Schnäpse getrunken, bevor er sich ans Steuer setzte.
3. Was fällt dir denn ein?!

→ **K 20**

Aneinander gereihte nachdrückliche Sätze oder Wörter können mit Komma verbunden werden. Das Ausrufezeichen steht dann nur am Ende der Aneinanderreihung ‹§ 69 E_1›.

- „Nein, nein!“, rief er. (*Oder:* „Nein! Nein!“, rief er.)
- Au, das tut weh! (*Oder:* Au! Das tut weh!)
- Das ist ja hervorragend, herzlichen Glückwunsch! (*Oder:* Das ist ja hervorragend! Herzlichen Glückwunsch!)

Bindestrich

Der Bindestrich *kann* zur Hervorhebung einzelner Bestandteile in Zusammensetzungen und Ableitungen verwendet werden, die normalerweise in einem Wort geschrieben werden (K 21–25). Er *muss* gesetzt werden, wenn die Zusammensetzungen mit (einzelnen) Buchstaben, Ziffern oder Abkürzungen gebildet werden und wenn es sich um mehrteilige Zusammensetzungen mit Wortgruppen handelt (K 26–30). Darüber hinaus markiert er, als so genannter „Ergänzungsstrich", bei der Zusammenfassung mehrerer Wörter das Ersparen von Wortteilen (K 31).
Steht ein Bindestrich am Zeilenende, dann gilt er zugleich als Trennungsstrich.

Zu weiteren Informationen:
↑ Fremdwörter (K 41 u. 42)
↑ Groß- und Kleinschreibung (K 68, 81 u. 97)
↑ Namen (K 136–139, 143–149)
↑ Schrägstrich (K 156)

Zur Hervorhebung und Verdeutlichung

→ **K 21** Zur Hervorhebung einzelner Bestandteile von Zusammensetzungen und Ableitungen kann ein Bindestrich gesetzt werden ⟨§ 45 (1)⟩.	– Ich-Sucht (*neben:* Ichsucht) – Soll-Stärke (*neben:* Sollstärke) – etwas be-greifen *(um besonders zu betonen, dass ein konkretes Greifen gemeint ist)* – die Hoch-Zeit der Renaissance *(um deutlich hervorzuheben, dass hier die Blütezeit der Renaissance gemeint ist)*

→ **K 22** Man kann einen Bindestrich in unübersichtlichen Zusammensetzungen setzen ⟨§ 45 (2)⟩.	– Mehrzweck-Küchenmaschine – Lotto-Annahmestelle – Umsatzsteuer-Tabelle – Desktop-Publishing
Dabei sollte der Bindestrich eine Haupttrennfuge markieren.	Flüssigwasserstoff-Tank (*nicht:* Flüssigwasser-Stofftank *oder* Flüssig-Wasserstofftank)

→ **K 23** In Zusammensetzungen aus gleichrangigen Adjektiven kann ein Bindestrich gesetzt werden ‹§ 45›.	– eine süß-saure (*neben:* süßsaure) Soße – ein schwarz-weißer (*neben:* schwarzweißer) Hund
1. Besonders bei längeren Zusammensetzungen dieser Art wird in der Praxis fast ausschließlich der Bindestrich verwendet. **2.** Es steht kein Bindestrich, wenn das erste Adjektiv nur die Bedeutung des zweiten Adjektivs verstärkt oder abschwächt (vgl. K 57).	**1.** geistig-kulturelle Strömungen – ein heiter-verspielter Roman – die medizinisch-technische Assistentin **2.** bitterböse – supermodern – lauwarm – tiefblau (*Aber:* mäßig warm, rötlich violett; *vgl.* K 61)

→ **K 24** Einen Bindestrich kann man setzen, um Missverständnisse zu vermeiden ‹§ 45 (3)›.	– Druck-Erzeugnis (*für:* Erzeugnis einer Druckerei) – Drucker-Zeugnis (*für:* Zeugnis eines Druckers)

→ **K 25** Ein Bindestrich kann beim Zusammentreffen dreier gleicher Buchstaben in Zusammensetzungen gesetzt werden ‹§ 45 (4)›.	– Kaffee-Ersatz (*neben:* Kaffeeersatz) – Schwimm-Meisterschaft (*neben:* Schwimmmeisterschaft) – Auspuff-Flamme (*neben:* Auspuffflamme)
Bei Zusammensetzungen mit Adjektiven und Partizipien als zweitem Bestandteil ist die Bindestrichschreibung in diesen Fällen zwar zulässig, aber nicht empfehlenswert.	– seeerfahren (*besser nicht:* See-erfahren) – fetttriefend (*besser nicht:* Fett-triefend)

Bei Aneinanderreihungen

→ **K 26** In Aneinanderreihungen und Zusammensetzungen mit Wortgruppen setzt man Bindestriche zwischen die einzelnen Wörter ‹§ 43 u. 44›.	– das Sowohl-als-auch, das Als-ob – Coming-out, Rooming-in – Magen-Darm-Katarrh – Mund-zu-Mund-Beatmung – Links-rechts-Kombination – Chrom-Molybdän-legiert – Make-up, Abend-Make-up – Know-how-Transfer, Produktions-Know-how – September-Oktober-Heft (*auch:* September/Oktober-Heft)
Das gilt auch, wenn Buchstaben, Ziffern oder Abkürzungen Teile einer Zusammensetzung sind.	– A-Dur-Tonleiter, 400-m-Lauf – E.-T.-A.-Hoffmann-Straße – 1.-Klasse-Kabine – Giro-d'Italia-Gewinner – 3-Zimmer-Wohnung (*aber:* Dreizimmerwohnung)

→ **K 27** Substantivisch gebrauchte Infinitive mit mehr als zwei Bestandteilen schreibt man mit Bindestrichen ‹§ 43›, bei nur zwei Bestandteilen gilt Zusammenschreibung ‹§ 43 E›.	– zum Aus-der-Haut-Fahren – das Nicht-mehr-fertig-Werden – das In-Betrieb-Nehmen (*aber:* die Inbetriebnahme) – das In-Frage-Stellen (*auch:* das Infragestellen, *da sowohl* „etwas in Frage stellen" *als auch* „etwas infrage stellen" *geschrieben werden kann)* – das Sichausweinen – das Motorradfahren

Bei Abkürzungen, Ziffern und Zeichen

→ **K 28** Ein Bindestrich steht in Zusammensetzungen mit Abkürzungen ‹§ 40 (2)›.	– Kfz-Papiere, UKW-Sender – Lungen-Tbc, Musik-CD – US-amerikanisch, CO-haltig, BND-intern – km-Zahl, dpa-Meldung
Das gilt auch für Zusammensetzungen, deren Bestandteile abgekürzt sind.	– Reg.-Rat, Abt.-Leiterin – röm.-kath. – Dipl.-Ing. – Rechng.-Nr.

→ **K 29** Ein Bindestrich steht in Zusammensetzungen mit einzelnen Buchstaben und Ziffern ⟨§ 40 (1 u. 3)⟩.	– i-Punkt, A-Dur, a-Moll – s-förmig, *auch:* S-förmig (*vgl.* K 97) – Dehnungs-h, Super-G – n-Eck, y-Achse – 8-Zylinder, 3-Tonner, $^3/_4$-Takt – 100-prozentig, x-beliebig, 8,5-mal – 17-jährig, alle 17-Jährigen – 400-m-Lauf – eine 2:3-Niederlage – ein 5:2-(2:0-)Sieg, *auch:* 5:2 (2:0)-Sieg – eine C4-Professur, *auch:* C-4-Professur

→ **K 30** **1.** Vor Nachsilben (Suffixen) steht nur dann ein Bindestrich, wenn sie mit einem Einzelbuchstaben verbunden werden ⟨§ 41⟩. **2.** Zusammensetzungen mit Ziffer und Nachsilbe als erstem Bestandteil schreibt man mit einem Bindestrich ⟨§ 42⟩.	**1.** n-fach, n-tel, die x-te Wurzel *aber:* 3fach, 8,5fach, die 68er, 32stel, 5%ig, FKKler **2.** 3fach-Belegung, 68er-Generation

Als Ergänzungsstrich

→ **K 31** Einen Ergänzungsstrich (Bindestrich als Ergänzungszeichen) setzt man um anzuzeigen, dass ein gleicher Bestandteil von Zusammensetzungen oder Ableitungen eingespart wird ⟨§ 98⟩.	– Ein- und Ausgang – Ein-/Ausgang – Balkon-, Garten- und Campingmöbel – Rechtschreibreform-Befürworter und -Kritiker – saft- und kraftlos – 2- bis 3-mal – das 2-/3-/4fache – Privat- und öffentliche Mittel (*aber:* öffentliche und Privatmittel) – Textilgroß- und -einzelhandel

Datum

Zu weiteren Informationen:
↑Komma (K 108)
↑Punkt (K 153)
Außerdem:
↑Maschinenschreiben und E-Mails (S. 107)

Eine ausführliche Darstellung der internationalen Datumsnorm findet sich in (DIN) EN 28601.

→ **K 32** Datumsangaben nach einem Wochentag schließt man in Kommas ein, sofern der Satz danach weitergeführt wird. Das schließende Komma kann jedoch weggelassen werden, auch wenn der Wochentag im Dativ steht ‹§ 77 (3)›.	– Die Familie kommt Montag, den 5. September[,] an. – Die Familie kommt Montag, den 5. September[,] um 12 Uhr[,] an. – Die Familie kommt am Montag, dem 5. September[,] an. – Der Brief ist vom Mittwoch, dem 30. Juli[,] datiert.
Bei einer Datumsangabe ohne „am" oder „vom" steht der Monatstag im Akkusativ.	– Wir haben heute Sonntag, den 31. März. – Die Spiele beginnen nächsten Sonntag, den 14. Juli.

Doppelpunkt

Zu weiteren Informationen:
↑ Groß- und Kleinschreibung (K 93)

→ **K 33** Der Doppelpunkt steht vor angekündigten wörtlich wiedergegebenen Äußerungen, Gedanken oder Textstellen ‹§ 81 (1)›.	– Friedrich der Große sagte: „Ich bin der erste Diener meines Staates.“ – Eva dachte: „Nur das nicht!“ – Im Vertrag heißt es: „Mündliche Nebenabreden sind nicht getroffen.“

→ **K 34** Der Doppelpunkt steht vor angekündigten Aufzählungen, Angaben, Erläuterungen, Titeln usw. ‹§ 81 (2)›.	– Folgende Teile werden nachgeliefert: Rohre, Muffen, Schlauchklemmen und Dichtungen. – Familienstand: verheiratet – Gebrauchsanweisung: Man nehme ... – Robert Gernhardt: Lichte Gedichte

→ **K 35** Der Doppelpunkt steht vor Sätzen, die das vorher Gesagte zusammenfassen oder eine Schlussfolgerung daraus ziehen ‹§ 81 (3)›.	– Der Wald, die Felder, der See: All das gehörte früher einem einzigen Mann. – Du arbeitest bis spät in die Nacht, rauchst eine Zigarette nach der anderen, gehst kaum noch an die frische Luft: Du machst dich kaputt, mein Lieber!

Fragezeichen

Zu weiteren Informationen:
↑ Anführungszeichen (K 9 u. 10)
↑ Klammern (K 99)

→ **K 36**

1. Das Fragezeichen kennzeichnet einen Satz als Frage ⟨§ 70⟩.
2. Es kann auch nach frei stehenden Zeilen, z. B. nach einer Überschrift, stehen ⟨§ 70 E_2⟩.

1. Wo wohnst du? Wie heißt du?
- Was gibt es zu essen? Wann? Warum?
- „Weshalb darf ich das denn nicht?“, fragte sie.
- Kommt er bald nach Hause?
- Sie heißen auch Meier?

2. Volksentscheid in Bayern?
- Wer hat Angst vor Virginia Woolf?

1. Bei untergeordneten Teilsätzen richtet sich das Schlusszeichen nach dem übergeordneten Teilsatz.
2. Ein eingeklammertes Fragezeichen kann in bestimmten Fällen anzeigen, dass eine Angabe innerhalb eines Textes bezweifelt wird.
3. Gelegentlich werden ein Fragezeichen und ein Anführungszeichen gesetzt, um einen Fragesatz gleichzeitig als Ausrufesatz zu kennzeichnen.

1. Sie fragte, wann sie kommen solle.
- Sag mir sofort, woher du das Geld hast!
- Weiß man schon, wer gewonnen hat?

2. Das Mädchen behauptet, das Geld gefunden (?) zu haben.
- Nach Zeugenaussagen hatte der Angeklagte 24 (?) Schnäpse getrunken, bevor er sich ans Steuer setzte.

3. Was fällt dir denn ein?!

→ **K 37**

Aneinander gereihte Fragen oder Fragewörter können mit Komma verbunden werden. Das Fragezeichen steht dann nur am Ende der Aneinanderreihung ⟨§ 70 E_1⟩.

- Was höre ich, wie viele Mitglieder sind aus dem Verein ausgetreten? (*Oder:* Was höre ich? Wie viele Mitglieder sind aus dem Verein ausgetreten?)
- Wie denn, wo denn, was denn? (*Oder:* Wie denn? Wo denn? Was denn?)
- Soll man sich ärgern, soll man sich den Tag verderben lassen? (*Oder:* Soll man sich ärgern? Soll man sich den Tag verderben lassen?)

Fremdwörter

Die Neuregelung der deutschen Rechtschreibung hat die Zahl der möglichen Schreibvarianten bei den Fremdwörtern deutlich erhöht. Es empfiehlt sich, innerhalb eines Textes auf eine einheitliche Schreibweise zu achten.

Zu weiteren Informationen:
↑Worttrennung (K 164–167)

Die Angleichung (Integration) der Fremdwörter

→ **K 38** Häufig gebrauchte Fremdwörter können sich nach und nach der deutschen Schreibweise angleichen. In diesen Fällen sind oft sowohl die eingedeutschten (integrierten) als auch die nicht eingedeutschten Schreibungen korrekt ‹§ 20 (2), § 32 (2)›.	– Delfin *neben:* Delphin – Frisör *neben:* Friseur – Grafit *neben:* Graphit – Jogurt *neben:* Joghurt – Majonäse *neben:* Mayonnaise – Panter *neben:* Panther – Portmonee *neben:* Portemonnaie – scharmant *neben:* charmant – Tunfisch *neben:* Thunfisch
1. Die Wortbestandteile „graph", „phon" und „phot" können grundsätzlich auch „graf", „fon" und „fot" geschrieben werden. **2.** Nur in wenigen Fällen wird das aus dem Griechischen stammende „rh" zu „r". **3.** Der weitaus größte Teil der Fremdwörter ist (noch) nicht vollständig an die deutsche Schreibung angeglichen.	**1.** Mikrofon (*auch:* Mikrophon) – Fotograf (*auch:* Photograph) – Telefon *(nur noch so)* – Saxofon *neben:* Saxophon – Geografie *neben:* Geographie **2.** Katarr *neben:* Katarrh – Myrre *neben:* Myrrhe **3.** Milieu, Jalousie, Jeans, Moiré, online, Computer, Aerobic, Macho, Chance, Metapher, Philosophie, synthetisch, Thron, Rheuma, Paläolithikum

→ **K 39** Wörter und Wortgruppen, die als aus einer fremden Sprache zitiert angesehen werden, bleiben in der Schreibung meist völlig unverändert ‹A 0 (3.1) a)›.	– Carnegie Hall – High Church – New Deal – cherchez la femme – in dubio pro reo – Es ist ein für die englische detective novel typisches Handlungsmuster.
Häufig werden solche „Zitatwörter" durch Anführungszeichen oder andere Schriftart markiert.	– Wir wurden zu einem „business lunch" eingeladen. – Sie schreibt einen Aufsatz über den *nouveau roman.*

Zur Groß- oder Kleinschreibung

→ **K 40** **1.** Bei mehrteiligen Substantiven und substantivischen Aneinanderreihungen werden das erste Wort und die substantivischen Bestandteile großgeschrieben ‹§ 55 (3)›. **2.** Bei festen fremdsprachlichen adverbiellen Fügungen gilt jedoch Kleinschreibung der Substantive (auch bei damit gebildeten Aneinanderreihungen) ‹§ 55 E_2›.	**1.** Sie aßen ein Cordon bleu. – Es bleibt alles beim Status quo. – eine Multiple-Choice-Aufgabe – Duty-free-Shop – Go-go-Girl – Walkie-Talkie **2.** a cappella singen – A-cappella-Chor – de facto anerkennen – De-facto-Anerkennung

Zusammengesetzte Fremdwörter

→ **K 41** **1.** Zusammengesetzte Fremdwörter werden zusammengeschrieben ‹§ 37 (1)›. Besteht die Zusammensetzung aus Substantiven, kann zur besseren Lesbarkeit ein Bindestrich gesetzt werden ‹§ 45 (2)›. **2.** Ist der erste Bestandteil ein Adjektiv, ist auch Getrenntschreibung möglich ‹§ 37 (1) E_1›. **3.** Bei Substantivierungen aus dem Englischen, die auf eine Verbindung aus Verb und Partikel (Adverb) zurückgehen, setzt man gewöhnlich einen Bindestrich; daneben ist auch Zusammenschreibung möglich ‹§ 43 und § 37 (2)›.	**1.** Desktoppublishing (*auch:* Desktop-Publishing) – Airconditioning (*auch:* Air-Conditioning) – Sciencefiction (*auch:* Science-Fiction) – Midlifecrisis (*auch:* Midlife-Crisis) **2.** Happyend (*auch:* Happy End) – Coldcream (*auch:* Cold Cream) – Cooljazz (*auch:* Cool Jazz) **3.** Black-out (*auch:* Blackout) – Count-down (*auch:* Countdown) – Kick-off (*auch:* Kickoff)

→ **K 42** Aneinanderreihungen und Zusammensetzungen mit Wortgruppen schreibt man mit Bindestrich ‹§ 43 u. 44›.	– Rooming-in – Boogie-Woogie – Do-it-yourself-Programm – No-Future-Generation
Zusammensetzungen aus Fremdwörtern und Nicht-Fremdwörtern werden entsprechend den allgemeinen Regeln behandelt.	– Computerfachabteilung (*auch:* Computer-Fachabteilung) – Cornedbeefbüchse (*auch:* Corned-Beef-Büchse)

Gedankenstrich

Der Gedankenstrich wird häufig dort verwendet, wo man in der gesprochenen Sprache eine deutliche Pause macht. Oft könnten in solchen Fällen auch andere Satzzeichen wie Kommas oder Klammern gesetzt werden.

Der einfache Gedankenstrich

→ **K 43** Ein Gedankenstrich kündigt etwas Folgendes, oft etwas Unerwartetes an ‹§ 82›. (Gelegentlich kann an dieser Stelle auch ein Doppelpunkt oder ein Komma stehen.)	– Hier hilft nur noch eins – sofort operieren! – Plötzlich – ein gellender Aufschrei! *Auch möglich:* Plötzlich: ein gellender Aufschrei! *Oder:* Plötzlich, ein gellender Aufschrei! – Du kannst das Auto haben – und zwar geschenkt! *Auch möglich:* Du kannst das Auto haben, und zwar geschenkt!
In manchen Texten kennzeichnet der Gedankenstrich auch (statt Auslassungspunkten) das Verschweigen eines Gedankenabschlusses.	– „Sei still, du –!“, schrie er ihn wütend an.

→ **K 44** Zwischen Sätzen kann der Gedankenstrich den Wechsel des Themas oder des Sprechers anzeigen ‹§ 83›.	– Wir sprachen in der letzten Sitzung über die Frage der Neustrukturierung unserer Abteilung. – Ist übrigens heute schon die Post gekommen? – „Mein Sohn, was birgst du so bang dein Gesicht?“ – „Siehst, Vater, du den Erlkönig nicht?“

Der doppelte (paarige) Gedankenstrich

→ **K 45** Mit Gedankenstrichen kann man Zusätze oder Nachträge deutlich vom übrigen Text abgrenzen ‹§ 84›. (Meist können an den entsprechenden Stellen auch Kommas stehen; Klammern wären oft ebenso möglich.)	– Dieses Bild – es ist das letzte und bekannteste der Künstlerin – wurde vor einigen Jahren nach Amerika verkauft. *Auch möglich:* Dieses Bild, es ist das letzte und bekannteste der Künstlerin, wurde … *Oder:* Dieses Bild (es ist das letzte und bekannteste der Künstlerin) wurde …

→ K 46 **1.** Ausrufe- oder Fragezeichen, die zu einem eingeschobenen Zusatz oder Nachtrag gehören, stehen vor dem zweiten Gedankenstrich. Zum umschließenden Text gehörende Satzzeichen dürfen nicht weggelassen werden ‹§ 85›. **2.** Es steht jedoch kein Punkt oder Komma vor dem zweiten Gedankenstrich.	**1.** Unsere kleine Absprache – Sie erinnern sich noch? – sollte besser unter uns bleiben. – Sie verschweigt – leider! –, wen sie mit ihrem Vorwurf gemeint hat. **2.** Verächtlich sagte er – er wandte kaum den Kopf dabei –: „Das ist eine Fälschung." – Philipp verließ – im Gegensatz zu seinem Vater, der 40 weite Reisen unternommen hatte – Spanien nicht mehr.

Getrennt- und Zusammenschreibung

Die Unterscheidung von getrennt geschriebenen Wortgruppen und zusammengeschriebenen Zusammensetzungen ist nicht immer eindeutig möglich. Wo die nachstehenden Hinweise und das amtliche Regelwerk keine Klarheit schaffen, sollte sowohl Getrenntschreibung als auch Zusammenschreibung toleriert werden.

Die folgende Darstellung behandelt die Getrennt- und Zusammenschreibung unter diesen Gesichtspunkten:

- **Zusammensetzungen mit Verben** (K 47 u. 48)
  (auffallen/auf fällt, dass ...; schwarzarbeiten, preisgeben, davonkommen/davon kommen)
- **Wortgruppen mit Verben** (K 49–56)
  (da sein, aufeinander prallen, abhanden kommen, heilig sprechen, getrennt schreiben, Schlittschuh laufen, einkaufen gehen, leicht fallen)
- **Zusammensetzungen mit Adjektiven und Partizipien** (K 57–59)
  (bitterkalt, teilnehmend, mondbeschienen)
- **Wortgruppen mit Adjektiven und Partizipien** (K 60–62)
  (gestochen scharf, riesig groß, schwer verständlich)
- **Präposition (Verhältniswort) und Substantiv** (K 63)
  (anstatt, anstelle/an Stelle, zu Fuß)
- **Geographische Namen auf „-er"** (K 64)
  (Schweizergarde, Walliser Alpen)
- **Zahlen** (K 65 u. 66)
  (neunzehnhundertneunundneunzig, zwei Millionen)

Zu weiteren Informationen:
↑Bindestrich (K 21–31)
↑Fremdwörter (K 41 u. 42)
↑Groß- und Kleinschreibung (K 72)
↑Namen (K 136–139, 143–149)
↑Straßennamen (K 162 u. 163)

Zusammensetzungen mit Verben

→ **K 47** Verben können mit

1. Präpositionen (z. B. „auf" in „auffallen"),
2. Adverbien (z. B. „hin" in „hingehen"),
3. Adjektiven (z. B. „schwarz" in „schwarzarbeiten")
4. oder [verblassten] Substantiven (z. B. „Teil" in „teilnehmen")

so genannte trennbare oder unfeste Zusammensetzungen bilden, die nur im Infinitiv, in den beiden Partizipien sowie bei Endstellung im Nebensatz zusammengeschrieben werden ‹§ 34 (1–3) u. E_3 (1)›.

1. auffallen, eine auffallende Ähnlichkeit
   - er war ihr aufgefallen, um aufzufallen
   - ... weil es auffällt, auffallen sollte uns ...

   aber: auf fällt, dass ...; ich falle auf
2. hingehen, wir sind hingegangen
   - ohne hinzugehen, sobald er hingeht ...
   - hingehen will ich nicht

   aber: hin gehe ich nicht, wir gehen hin
3. schwarzarbeiten, hat sie schwarzgearbeitet?
   - um nicht schwarzzuarbeiten
   - schwarzarbeiten dürfen sie nicht

   aber: schwarz arbeiten sie nie, sie arbeiten schwarz
4. teilnehmen, alle haben teilgenommen, ohne daran teilzunehmen, wenn man daran teilnimmt ...

   aber: sie nahm an der Tagung teil, teil nahm sie vorerst nicht

→ **K 48** Zusammensetzungen mit Verben können gelegentlich aus denselben Wörtern bestehen wie getrennt geschriebene Wortgruppen ‹§ 34 E_1, E_3 (3 u. 5)›.

- Wir sind noch einmal davongekommen.
  Aber: Die Flecken sind davon gekommen, dass ...
- Die Richterin hat ihn freigesprochen.
  Aber: Sie hat frei gesprochen (ohne Manuskript).
- Er hat am Wettbewerb teilgenommen.
  Aber: Er hat sich seinen Teil genommen.

Bei den Zusammensetzungen aus Adverb und Verb ist das Adverb meist deutlich stärker betont als das Verb. Bei den entsprechenden Wortgruppen sind die Bestandteile in der Regel etwa gleich betont.

- Sie soll dableiben (nicht weggehen).
  Aber: Sie soll da bleiben, wo sie hingehört.
- Wir werden uns einer starken Opposition gegenübersehen.
  Aber: Das Haus, das Sie gegenüber sehen ...

Wortgruppen mit Verben

Getrennt schreibt man alle eindeutigen Wortgruppen wie „zusammen verreisen“, „klein beigeben“, „betrunken machen“, „schwanger werden“ usw.

→ **K 49** Verbindungen mit dem Verb „sein“ werden generell getrennt geschrieben ‹§ 35›.	– da sein, da gewesen – dabei sein, um dabei zu sein – aus sein, wenn es aus ist – hinüber sein (*Aber als Substantive:* das Dasein, das Dabeisein usw.)

→ **K 50** Ist der erste Bestandteil ein mit „-einander“ oder „-wärts“ gebildetes Adverb, wird immer getrennt geschrieben ‹§ 34 E_3 (2)›.	– aufeinander prallen – miteinander spielen – sich mit etwas auseinander setzen – rückwärts fahren – Mit dem Betrieb ist es abwärts gegangen. (*Aber als Substantive:* das Aufeinanderprallen, das Rückwärtsfahren usw.)

→ **K 51** **Die Adverbien „abhanden,** anheim, **beiseite,** fürlieb, überhand, **vonstatten,** vorlieb, **zugute, zuhanden, zunichte, zupass, zustatten, zuteil“ werden immer getrennt vom Verb geschrieben ‹§ 34 E_3 (2)›.**	– Die Schlüssel waren ihm abhanden gekommen. – Wir müssen mit den Resten vorlieb nehmen. – Der Richter wird dir deine Unerfahrenheit zugute halten. – Alle ihre Hoffnungen wurden zunichte gemacht. (*Aber als Substantive:* das Vorliebnehmen, das Zunichtemachen usw.)

→ **K 52** Ist der erste Bestandteil eine Ableitung auf „-ig“, „-isch“ oder „-lich“, wird immer getrennt geschrieben ‹§ 34 E_3 (3)›.	– heilig sprechen – müßig gehen – ruhig bleiben – logisch denken – deutlich machen – heimlich tun (*Aber als Substantive:* das Müßiggehen, das Heimlichtun usw.)

→ **K 53** Ist der erste Bestandteil ein Partizip, wird immer getrennt geschrieben ⟨§ 34 E_3 (4)⟩.	– getrennt schreiben – gefangen nehmen – verloren gehen – geschenkt bekommen – rasend werden (*Aber als Substantive:* das Getrenntschreiben, das Gefangennehmen usw.)

→ **K 54** Ist der erste Bestandteil ein [nicht verblasstes] Substantiv, schreibt man getrennt ⟨§ 34 E_3 (5)⟩.	– Schlittschuh laufen – Eis laufen – Auto fahren – Rad fahren – Schlange stehen – Kopf stehen (*Aber als Substantive:* das Schlittschuhlaufen, das Radfahren usw.) (*Bei verblasstem Substantiv:* teilnehmen, preisgeben)

→ **K 55** Ist der erste Bestandteil ein Verb, wird immer getrennt geschrieben ⟨§ 34 E_3 (6)⟩.	– einkaufen gehen – spazieren gehen – schreiben lernen – kennen lernen – Er ist auf dem Stuhl sitzen geblieben. – Er ist in der Schule zweimal sitzen geblieben. (*Aber als Substantive:* das Spazierengehen, das Sitzenbleiben usw.)

→ **K 56** **1.** Ist der erste Bestandteil ein Adjektiv, das gesteigert oder erweitert werden kann, schreibt man getrennt ⟨§ 34 E_3 (3)⟩. **2.** In Zweifelsfällen, die nicht eindeutig zu klären sind, ist Getrennt- oder Zusammenschreibung zulässig ⟨§ 34 E_4⟩.	**1.** Der Abschied ist uns leicht gefallen (*wegen:* leichter gefallen). – Wir werden den Stoff blau färben (*denn man könnte auch sagen:* … leuchtend blau färben). **2.** Der Motor muss erst richtig warm laufen *(hier wird* „richtig" *als Erweiterung zu* „warm" *aufgefasst).* Der Motor muss erst richtig warmlaufen *(hier wird* „richtig" *auf die ganze Fügung* „warmlaufen" *bezogen).*

Zusammensetzungen mit Adjektiven und Partizipien

(Vgl. auch K 53 u. 56)

→ **K 57** Zusammensetzungen können bedeutungsverstärkende oder bedeutungsmindernde erste Bestandteile haben, mit denen sich oft längere Reihen bilden lassen ‹§ 36 (5)›.	– bitterkalt, bitterböse, bitterernst – brandaktuell, brandgefährlich – halbamtlich, halboffiziell, halbstaatlich – ganzleinen, ganzledern, ganzwollen – dunkelrot, dunkelgrün, dunkelblau – superklug, superbequem, superschnell – stocktaub, stockkonservativ

→ **K 58** Partizipien richten sich generell nach den zugrunde liegenden Verbindungen mit Verben ‹§ 36 (3) u. E_1 (1.2)›.	– teilnehmend (*wegen:* teilnehmen) – irregeleitet (*wegen:* irreleiten) – allein stehend (*wegen:* allein stehen) – verloren gegangen (*wegen:* verloren gehen) – Eisen verarbeitend (*wegen:* Eisen verarbeiten) – Erdöl fördernd (*wegen:* Erdöl fördern)
Dasselbe gilt für die entsprechenden Substantivierungen; hier ist neben der Getrenntschreibung jedoch auch Zusammenschreibung zulässig.	– die allein Stehenden (*auch:* die Alleinstehenden)

→ **K 59** Zusammensetzungen mit einem Substantiv als erstem Bestandteil sind oft Verkürzungen von Wortgruppen. Es wird dabei ein Artikel oder eine Präposition (ein Verhältniswort) eingespart ‹§ 36 (1)›.	– mondbeschienen (= vom Mond beschienen) – sagenumwoben (= von Sagen umwoben) – herzerquickend (= das Herz erquickend) – meterhoch (= einen/mehrere Meter hoch)
Je nach dem Zusammenhang können Wortgruppen oder Zusammensetzungen vorliegen.	– eine [großen] Gewinn bringende Investition – eine [äußerst] gewinnbringende Investition – eine Furcht einflößende Gestalt – eine [noch] furchteinflößendere Gestalt

Wortgruppen mit Adjektiven und Partizipien

K 60 Die Verbindung aus adjektivischem Partizip und Adjektiv wird generell getrennt geschrieben ⟨§ 36 E_1 (3)⟩.	– gestochen scharfe Fotos – rasend eifersüchtig – abstoßend hässlich – kochend heißes Wasser – ein blendend weißes Kleid – mit leuchtend blauen Augen
K 61 Ist der erste Bestandteil eine Ableitung auf „-ig", „-isch" oder „-lich", wird getrennt geschrieben ⟨§ 36 E_1 (2)⟩.	– riesig groß – verführerisch leicht – grünlich gelb (*Eine Ausnahme bildet das Wort* „richtiggehend" *in der Bedeutung* „durchaus so zu nennend".)
K 62 1. Ist der erste Bestandteil ein Adjektiv, das gesteigert oder erweitert werden kann, schreibt man getrennt ⟨§ 36 E_1 (4)⟩. 2. In Zweifelsfällen, die nicht eindeutig zu klären sind, ist Getrennt- oder Zusammenschreibung zulässig ⟨§ 36 E_2⟩.	**1.** eine schwer verständliche Sprache (*wegen:* schwerer verständlich) – dünn bevölkerte Landstriche (*wegen:* besonders dünn bevölkert) **2.** nicht öffentlich, *auch:* nichtöffentlich – weit reichende (weiter reichende) Befugnisse, *auch:* weitreichende (weitreichendere) Befugnisse

Präposition (Verhältniswort) und Substantiv

K 63 Man schreibt ein [verblasstes] Substantiv mit einer Präposition zusammen, wenn die Fügung zu einer neuen Präposition oder einem Adverb geworden ist. In vielen Fällen kann die Fügung auch als Wortgruppe angesehen und getrennt geschrieben werden ⟨§ 39 (1) u. (3), E_3 (1) u. (3)⟩.	– anstatt, inmitten, zuliebe – anstelle (*auch:* an Stelle) – aufgrund (*auch:* auf Grund) – infrage (*auch:* in Frage) [stellen, kommen] – zugrunde (*auch:* zu Grunde) [gehen, richten] – aufseiten (*auch:* auf Seiten) *aber nur getrennt:* zu Fuß, zu Ende, unter der Hand

Vgl. im Einzelnen das Wörterverzeichnis.

Geographische Namen auf „-er"

→ **K 64**

1. Ableitungen von geographischen Namen auf „-er" schreibt man mit dem folgenden Substantiv zusammen, wenn sie Personen bezeichnen ‹§ 37 (3)›. **2.** Man schreibt sie getrennt, wenn sie die geographische Lage bezeichnen ‹§ 38›.	**1.** Schweizergarde (päpstliche Garde, die aus Schweizern besteht) – Römerbrief (Brief an die Römer) – Danaergeschenk (Geschenk der Danaer) **2.** Walliser Alpen (die Alpen im Wallis) – Glatzer Neiße (die von Glatz kommende Neiße) – Köln-Bonner Flughafen
Es gibt geographische Namen, die keine Ableitungen der oben genannten Art sind. Hier gilt Zusammenschreibung.	– Glocknergruppe – Brennerpass

Zahlen

(Zu Fällen wie *8fach, 8-silbig, 90er-Jahre* vgl. K 29 u. 30.)

→ **K 65**

In Buchstaben geschriebene Zahlen schreibt man zusammen, wenn sie kleiner als eine Million sind, und getrennt, wenn sie größer als eine Million sind. Ordinalzahlen werden generell zusammengeschrieben ‹§ 36 (6)›. Dezimalzahlen schreibt man als Wortgruppe.	– neunzehnhundertneunundneunzig – tausendsechsundsechzig – siebzehn Milliarden – zehn Millionen fünfhunderttausend – zwei Millionen (*aber:* der zweimillionste Teil) – achteinhalb (*aber:* acht Komma fünf)

→ **K 66**

Ableitungen von in Buchstaben geschriebenen Zahlen und entsprechende Zusammensetzungen schreibt man zusammen ‹§ 37 (1)›.	– achtfach – Achtpfünder – Achteinhalbpfünder – die Achtziger

Groß- und Kleinschreibung

Die Grundregel lautet, dass Substantive (Hauptwörter, Nomina), Satzanfänge und Eigennamen mit großem Anfangsbuchstaben geschrieben werden. Schwierigkeiten können dadurch entstehen, dass nicht immer klar zu erkennen ist, ob ein Substantiv, ein Satzanfang oder ein Eigenname vorliegt.

Im Wortinnern erscheinen Großbuchstaben in der Regel nur bei (fachsprachlichen) Abkürzungen, in Zusammensetzungen mit Bindestrich und bei durchgehender Großschreibung.

- EDV (Elektronische Datenverarbeitung), H_2O (Wasser)
- BVerfG (Bundesverfassungsgericht), OStudDir (Oberstudiendirektor[in])
- Schiller-Theater, Full-Time-Job, U-Bahn, 8-Zylinder
- NEUERÖFFNUNG, RÄUMUNGSVERKAUF

In bestimmten Kontexten sehr gebräuchlich, aber sowohl nach der alten als auch nach der neuen Rechtschreibregelung nicht korrekt, sind Großbuchstaben im Wortinnern

- zur Vermeidung der Doppelnennung männlicher und weiblicher Formen (BürgerInnen, KollegInnen),
- als gestalterisches Mittel zur Bezeichnung von Firmen, Produkten und Dienstleistungen (DaimlerChrysler, MiniDisc, TeleBanking).

Die folgende Darstellung behandelt die Groß- und Kleinschreibung unter diesen Gesichtspunkten:

- **Substantive und ehemalige Substantive** (K 67–71)
  (vorgestern Nacht, abends, ich nehme teil)
- **Substantivierungen (Gebrauch von Wörtern anderer Wortarten als Substantive)** (K 72–82)
  (das Gute, im Dunkeln tappen, eine Acht schreiben, jeder Dritte, das Rechnen)
- **Anrede** (K 83–85)
  (Was hast du dir dabei gedacht? Haben Sie alles besorgen können?)
- **Titel und Namen** (K 86–91)
  (Klein Dora, italienischer Salat, das Ulmer Münster, kafkaeske Gestalten)
- **Satzanfang** (K 92–96)
  (De Gaulle starb am 9. November 1970. 's ist geradezu unglaublich!)
- **Einzelbuchstaben und Abkürzungen** (K 97)
  (das A und O, US-amerikanisch)

Zu weiteren Informationen:

↑Fremdwörter (K 40)
↑Namen (K 134 u. 135, 140–142, 150 u. 151)

Substantive und ehemalige Substantive

→ **K 67** Substantive schreibt man groß ‹§ 55›. (Vgl. aber K 70 u. 71.)	Erde, Kindheit, Verständnis, Reichtum, Verwandtschaft, Verantwortung, Aktion, Genie, Rhythmus, Computer, Pizza, Karaoke, Make-up
Das gilt auch für Namen.	Franziska, Thomas, Goethe, Beethoven, Müller-Lüdenscheid, Winnetou, Lassie, Berlin, Schweiz, Mosel, Großglockner

→ **K 68** Auch in Zusammensetzungen und Aneinanderreihungen mit Bindestrich werden die Substantive großgeschrieben ‹§ 55 (2)›. Das erste Wort einer substantivischen Zusammensetzung oder Aneinanderreihung schreibt man auch dann groß, wenn es kein Substantiv ist ‹§ 57 (2)›.	– Mehrzweck-Küchenmaschine – Schwimm-Meisterschaft – das Schaurig-Schöne – Moskau-freundlich – in den 90er-Jahren – Mund-zu-Mund-Beatmung – Chrom-Molybdän-legiert – Pro-Kopf-Verbrauch – Ad-hoc-Arbeitsgruppe – das Auf-der-faulen-Haut-Liegen

→ **K 69** Die Bezeichnungen von Tageszeiten nach Adverbien wie „gestern", „heute", „morgen" werden als Substantive angesehen und großgeschrieben ‹§ 55 (6)›.	– vorgestern Nacht – gestern Abend – heute Morgen (*aber:* heute früh, *auch:* Früh) – übermorgen Vormittag – heute Nachmittag – morgen Mittag

→ **K 70** Aus Substantiven entstandene Wörter anderer Wortarten werden kleingeschrieben. Dabei kann es sich um **1.** Adverbien, **2.** bestimmte (mit „sein" oder „werden" verbundene) Adjektive, **3.** Präpositionen (Verhältniswörter), **4.** unbestimmte Pronomen (Fürwörter) und Zahlwörter handeln ‹§ 56 (1, 3, 4 u. 5)›.	**1.** abends, morgens, sonntags, anfangs, rings, teils, mitten, willens, rechtens, kreuz und quer (*aber:* eines Abends, jenes Morgens, des letzten Sonntags usw.) **2.** Mir ist angst. (*Aber:* Ich habe Angst.) – Sie ist mir gram. – Du bist schuld daran. **3.** dank, kraft, laut, statt, trotz, seitens, angesichts, namens, um ... willen **4.** ein bisschen (= ein wenig) – ein paar (= einige), *aber:* ein Paar (= zwei zusammengehörende) Schuhe

→ **K 71** Aus Substantiven entstandene Verbzusätze werden auch in getrennter Wortstellung kleingeschrieben ‹§ 56 (2)›.	– teilnehmen, ich nehme an der Veranstaltung teil

Substantivierungen (Gebrauch von Wörtern anderer Wortarten als Substantive)

→ **K 72** **1.** Als Substantive gebrauchte Adjektive und Partizipien werden in der Regel großgeschrieben. **2.** Häufig zeigen vorangehende Wörter wie „alles“, „etwas“, „nichts“, „viel“, „wenig“ den substantivischen Gebrauch an. **3.** Die Großschreibung gilt auch in festen Wortgruppen und in [nicht deklinierten] Paarformeln zur Bezeichnung von Personen ‹§ 57 (1)›. **4.** Kleinschreibung gilt dagegen in festen adverbialen Wendungen aus Präposition und artikellosem Adjektiv ‹§ 58 (3)›.	**1.** das Gute, die Angesprochene, Altes und Neues; und Ähnliches (Abk. u. Ä.), wir haben Folgendes/das Folgende geplant; der zuletzt Genannte (auch: Zuletztgenannte); die Rat Suchenden (auch: Ratsuchenden); das der Schülerin Bekannte, das dort zu Findende; etwas auf Englisch sagen; im Allgemeinen; der Einzelne; in Blau und Gelb; die Russisch-Orthodoxen **2.** alles Gewollte, etwas [besonders] Gutes, nichts Wichtiges, viel Unnötiges, wenig Durchdachtes **3.** im Dunkeln tappen, im Trüben fischen, auf dem Laufenden sein, zum Besten geben – ein Programm für Jung und Alt **4.** von nahem, ohne weiteres, über kurz oder lang

→ **K 73** Adjektive und Partizipien mit Artikel werden kleingeschrieben, wenn sie Beifügung (Attribut) zu einem vorangehenden oder folgenden Substantiv sind ‹§ 58 (1)›.	– Mir gefallen alle Krawatten sehr gut. Besonders mag ich die gestreiften und die gepunkteten (= die gestreiften und gepunkteten Krawatten). – Sie war die aufmerksamste und klügste unter allen Zuhörerinnen. – Das blaue ist mein Auto.

→ **K 74** Superlative mit „am“, nach denen man mit „wie?“ fragen kann, schreibt man klein ‹§ 58 (2)›. (In diesen Fällen ist „am“ nicht zu „an dem“ auflösbar.)	– Diese Regel ist (wie?) am leichtesten zu lernen. – Etwas zu essen brauchen wir (wie?) am nötigsten. *Aber:* Es fehlt uns am (= an dem) Nötigsten.

→ **K 75** In festen adverbialen Wendungen aus „aufs" oder „auf das" und Superlativ, die sich mit „wie?" erfragen lassen, kann das Adjektiv groß- oder kleingeschrieben werden ‹§ 58 E_1›.	– Er erschrak aufs Äußerste/aufs äußerste. – Alles hatte sich auf das Schönste/auf das schönste geregelt. – Wir werden uns aufs Königlichste/aufs königlichste amüsieren. *Aber:* Wir sind (worauf?) aufs Schlimmste gefasst.

→ **K 76** **1.** Als Substantive gebrauchte Pronomen (Fürwörter) schreibt man groß ‹§ 57 (3)›. (Meist steht in diesen Fällen ein Artikel.) **2.** Sonst schreibt man sie klein, auch wenn sie als Stellvertreter von Substantiven verwendet werden ‹§ 58 (4)›. **3.** Possessivpronomen (besitzanzeigende Fürwörter) in Verbindung mit dem bestimmten Artikel können auch großgeschrieben werden ‹§ 58 E_3›.	**1.** jemandem das Du anbieten – ein gewisser Jemand – Der Hund ist eine Sie. **2.** Kommst du? – Da ist doch jemand! – Hier hat sich schon mancher verirrt. – Wenn einer eine Reise tut ... – Es ist alles bereit. **3.** Jedem das seine/Seine. – Wir haben das unsere/Unsere zur Finanzierung des Projekts geleistet.

→ **K 77** **1.** Die Zahladjektive „viel", „wenig", „[der] eine", „[der] andere" können großgeschrieben werden, wenn ihr substantivischer Charakter hervorgehoben werden soll ‹§ 58 E_4›. **2.** In der Regel werden sie jedoch mit allen ihren Beugungs- und Steigerungsformen kleingeschrieben ‹§ 58 (5)›.	**1.** Das Lob der vielen/Vielen (= der breiten Masse) war ihr nicht wichtig. – Auf der Suche nach dem anderen/Anderen (= nach einer neuen Welt) sein. **2.** Es gab viele, die nicht mitmachen wollten. – Die meisten blieben zu Hause. – Nur wenigen war das bekannt. – Die einen sahen zu, die anderen halfen mit.

→ **K 78** **1.** Als Substantive gebrauchte Grundzahlen schreibt man groß, wenn sie Ziffern bezeichnen ⟨§ 58 (6)⟩. **2.** Sonst werden Grundzahlen unter einer Million kleingeschrieben ⟨§ 58 (6)⟩.	**1.** eine Acht schreiben – vier Einsen im Zeugnis haben – die verhängnisvolle Dreizehn – eine Sechs würfeln – eine Zwölf schießen **2.** Alle vier waren jünger als zwanzig. – Es hatten sich an die fünfzig gemeldet. – Sie kam erst gegen zwölf. – Der Redner ist schon über achtzig. – Er fuhr über hundertsechzig. – die ersten zehn (*aber:* die zehn Ersten; *vgl.* K 80)
→ **K 79** Die Wörter „hundert", „tausend" oder „Dutzend" können klein- oder großgeschrieben werden, wenn mit ihnen unbestimmte, nicht in Ziffern schreibbare Mengen angegeben werden ⟨§ 58 E_5⟩.	– Auf dem Platz drängten sich Hunderte/hunderte von Menschen. – Viele Hundert/hundert kamen bei dem Erdbeben ums Leben. – Einige Tausend/tausend kleiner Vögel verdunkelten die Sonne. – Es gab Dutzende/dutzende von Reklamationen. *Aber nur:* – Wir erwarteten hundert Gäste (= 100 Gäste). – Der Schrank kostete tausend Mark (= 1 000 Mark). – Ich kaufte zwei Dutzend Eier (= 24 Eier).
→ **K 80** Als Substantive gebrauchte Bruchzahlen und Ordnungszahlen schreibt man groß ⟨§ 56 E_4 u. § 57 (1)⟩.	– ein Zehntel des Kuchens (*aber:* ein zehntel Gramm) – um Viertel vor fünf (*aber:* um viertel fünf) – Wenn zwei sich streiten, freut sich der Dritte.
Die Unterscheidung zwischen Ordnungszahlen, die eine Reihenfolge angeben, und denen, die eine Rangfolge angeben, hat keinen Einfluss mehr auf die Schreibung.	– Jeder Dritte, der hereinkam, trug einen Hut. – Sie wurde Dritte im Weitsprung. – Als Erstes werden wir mal im Kühlschrank nachsehen. – Den Letzten beißen die Hunde.

→ **K 81** Als Substantive gebrauchte
1. Adverbien,
2. Präpositionen (Verhältniswörter),
3. Konjunktionen (Bindewörter),
4. Interjektionen (Ausrufewörter)
schreibt man groß ⟨§ 57 (5)⟩.
5. Bei mehrteiligen, mit einem Bindestrich verbundenen Konjunktionen gilt das nur für das erste Wort ⟨§ 57 E_4⟩.

1. Sie lebt nur im Heute, ein Gestern oder Morgen kennt sie nicht.
– Auf das ganze Drum und Dran könnte ich verzichten.
2. Wir müssen das Für und Wider abwägen.
3. Entscheidend ist nicht nur das Ob, sondern auch das Wie.
4. Mit dem üblichen Weh und Ach gab er ihr schließlich das Geld.
5. Es gibt hier nur ein Sowohl-als-auch, kein Entweder-oder.

→ **K 82**
1. Als Substantive gebrauchte Infinitive (Grundformen) schreibt man groß ⟨§ 57 (2)⟩.
2. Infinitive ohne Artikel, Präposition oder nähere Bestimmung können in bestimmten Fällen entweder als Substantiv oder als Verb aufgefasst und demnach groß- oder kleingeschrieben werden ⟨§ 57 E_3⟩.

1. das Rechnen, das Lesen, das Schreiben, [das] Verlegen von Rohren, im Sitzen und Liegen, für Hobeln und Einsetzen [der Türen], zum Verwechseln ähnlich, lautes Schnarchen
– das Zustandekommen, beim Kuchenbacken sein (*vgl.* K 49–55)
– das In-den-Tag-hinein-Leben (*vgl.* K 27)
2. ... weil Geben/geben seliger denn Nehmen/nehmen ist.
– Wir lernen [das] Segeln/[ein Boot] segeln.

Anrede

→ **K 83** Die [vertraulichen] Anredepronomen „du" und „ihr" sowie die entsprechenden Possessivpronomen „dein" und „euer" werden kleingeschrieben ⟨§ 66⟩.

– Was hast du dir dabei gedacht? (*Aber:* Sie hat ihm das Du angeboten; *vgl.* K 76).
– Ich habe euch heute in der Stadt gesehen.
– Wir wollen euretwegen keinen Ärger bekommen.

Das gilt auch für Briefe, Widmungen, Fragebogen, schriftliche Mitteilungen u. a.

→ **K 84** **1.** Die Höflichkeitsanrede „Sie" und das entsprechende Possessivpronomen „Ihr" werden immer großgeschrieben ‹§ 65›. **2.** Das rückbezügliche Pronomen „sich" schreibt man dagegen klein ‹§ 66›.	**1.** Haben Sie alles besorgen können? – Wie geht es Ihren Kindern? – Mit Ihrer Tochter ist unsere Personalabteilung sehr zufrieden. – Ich bin nur Ihretwegen gekommen. **2.** Bei diesen Zahlen müssen Sie sich geirrt haben. – Sie können sich nicht vorstellen, was mir gestern passiert ist!

→ **K 85** Die Pronomen in bestimmten älteren Anredeformen und Titeln schreibt man groß ‹§ 65 E_1, E_2›.	– Schweig Er! – Höre Sie mir gut zu! – Wollt Ihr Euch selbst überzeugen, edler Herr? – Führen Sie mich zu Seiner Exzellenz. – Auf das Wohl Ihrer Majestät, der Königin!

Titel und Namen

→ **K 86** Das erste Wort eines Buch-, Film- oder Zeitschriftentitels, einer Überschrift o. Ä. wird großgeschrieben ‹§ 53 (1)›.	– Der Artikel stand in der Neuen Rundschau. – Er hat in dem Film „Der Totmacher" die Hauptrolle gespielt. – Der Aufsatz hat die Überschrift „Mein schönstes Ferienerlebnis"

→ **K 87** Das erste Wort eines Straßennamens wird großgeschrieben, ebenso alle zum Namen gehörenden Adjektive und Zahlwörter ‹§ 60 (2.2)›.	– Lange Gasse – Neuer Markt – Auf dem Sand – An den Drei Pfählen – In der Mittleren Holdergasse – Von-Repkow-Platz

→ **K 88** **1.** Alle zu einem mehrteiligen Namen gehörenden Adjektive, Partizipien, Pronomen und Zahlwörter schreibt man groß ‹§ 60›. **2.** Nicht am Anfang des Namens stehende Adjektive werden gelegentlich auch kleingeschrieben ‹§ 60 E_2›.	**1.** Klein Dora, Friedrich der Große, der Große Kurfürst, der Alte Fritz, der Schiefe Turm von Pisa, die Ewige Stadt (Rom), der Große Bär (Sternbild), der Indische Ozean, das Kap der Guten Hoffnung, die Schwäbische Alb, Vereinigte Staaten von Amerika, Gasthaus zur Alten Post, Medizinische Klinik des Städtischen Krankenhauses Wiesbaden, Statistisches Bundesamt, Börsenverein des Deutschen Buchhandels **2.** Gesellschaft für deutsche Sprache

→ **K 89** **1.** Es gibt Wortgruppen (feste Begriffe), die keine Namen sind, obwohl sie oft als Namen angesehen werden. Hier schreibt man die Adjektive in der Regel klein ‹§ 63›. **2.** Ausnahmen bilden die folgenden Fälle: **a)** Titel und Ehrenbezeichnungen, **b)** Amtsbezeichnungen, **c)** besondere Kalendertage, **d)** historische Ereignisse und Epochen, **e)** fachsprachliche, vor allem botanische und zoologische Bezeichnungen bestimmter Klassifizierungseinheiten ‹§ 64›.	**1.** italienischer Salat – künstliche Intelligenz – die gelbe Karte – das neue Jahr – die mittlere Reife – der goldene Schnitt – analytische Geometrie **2. a)** Königliche Hoheit **b)** Erste Vorsitzende (*als Amtsbezeichnung, sonst:* erste Vorsitzende) – Regierender Bürgermeister (*als Amtsbezeichnung, sonst:* regierender Bürgermeister) **c)** Weißer Sonntag, Heiliger Abend **d)** der Westfälische Friede – das Elisabethanische Zeitalter **e)** die Weiße Lilie (Lilium candidum) – die Gefleckte Hyäne (Crocuta crocuta)

→ **K 90** Von geographischen Namen abgeleitete Wörter auf „-er" schreibt man immer groß, die von geographischen Namen abgeleiteten Adjektive auf „-isch" schreibt man klein, wenn sie nicht Teil eines Namens sind ‹§ 61 u. 62›.	– das Ulmer Münster – eine Kölner Firma – die Schweizer Uhrenindustrie – die Wiener Kaffeehäuser – chinesische Seide – böhmische Dörfer *aber:* der Atlantische Ozean (*vgl.* K 88)

K 91 Von Personennamen abgeleitete Adjektive werden kleingeschrieben, wenn sie nicht Teil eines Namens sind ‹§ 62›.	– kafkaeske Gestalten, eulenspiegelhaftes Treiben, vorlutherische Bibelübersetzungen *aber:* die Cansteinsche Bibelanstalt (*vgl.* K 88) – die heinesche Ironie (*auch:* die Heine'sche Ironie; *vgl.* K 16)
Die frühere Groß- oder Kleinschreibung nach der Bedeutung des Adjektivs gilt nicht mehr.	– das ohmsche Gesetz (von Ohm stammend) – der ohmsche Widerstand (nach Ohm benannt)

Satzanfang

K 92 Das erste Wort eines Ganzsatzes (eines selbstständigen Satzes, zu dem auch ein oder mehrere Teilsätze gehören können) schreibt man groß ‹§ 54›.	– Wir fangen um 9 Uhr an. – Was ist das? – Komm! – Wenn das Wetter so bleibt, fahren wir ins Grüne. – De Gaulle starb am 9. November 1970. – Vgl. hierzu das Nachfolgende.

K 93 Auch nach einem Doppelpunkt und bei angeführten Sätzen wird das erste Wort eines Ganzsatzes großgeschrieben ‹§ 54 (1) u. (2)›.	– Gebrauchsanweisung: Soweit nicht anders verordnet, sollte alle zwei Stunden eine Tablette eingenommen werden. – Sie rief: „Es ist alles in Ordnung!" – Mit seinem ständigen „Ich mag nicht!" ging er uns allen auf die Nerven.
1. Nach einem Doppelpunkt kann groß- oder kleingeschrieben werden, wenn der folgende Satz (wie ein Teilsatz) auch mit Gedankenstrich oder Komma angeschlossen werden könnte. **2.** Man schreibt nach einem Doppelpunkt klein, wenn der folgende Text nicht als Ganzsatz aufgefasst wird. Das ist in der Regel bei Aufzählungen, bei speziellen Angaben in Formularen o. Ä. der Fall.	**1.** Das Haus, die Wirtschaftsgebäude, die Stallungen: Alles (*auch:* alles) war den Flammen zum Opfer gefallen. (*Denn man könnte auch schreiben:* Das Haus, die Wirtschaftsgebäude, die Stallungen – alles war den Flammen zum Opfer gefallen.) **2.** Er hat alles verspielt: sein Haus, seine Jacht, seine Pferde. – 1 000 €, in Worten: eintausend Euro – Rechnen: sehr gut – Familienstand: verheiratet

→ **K 94** Nach Anführungen innerhalb eines Ganzsatzes schreibt man klein ‹§ 54 (3)›.	– „Wohin gehst du?", fragte er. – „Nach Hause", antwortete sie. Sie schrie: „Niemals!", und schlug die Tür zu.

→ **K 95** Bei in Gedankenstriche oder Klammern eingeschlossenen eingeschobenen Sätzen wird das erste Wort – sofern es kein Substantiv o. Ä. ist – kleingeschrieben ‹§ 54 (4)›.	– Mein Bruder (du hast ihn doch kennen gelernt?) heiratet im September. – Der Staat hat – das behauptet jedenfalls die Regierung – keinen Spielraum für Steuersenkungen.

→ **K 96** Mit Apostroph beginnende sowie auf Auslassungspunkte folgende Wörter bleiben am Satzanfang unverändert ‹§ 64 (6)›.	– 's ist geradezu unglaublich! – 'nen neuen Bleistift bräuchte ich. – 'ne Menge Geld hat das gekostet. – 'nauf mit euch! – ... und fertig ist das Mondgesicht!

Einzelbuchstaben und Abkürzungen

Wie Substantive gebrauchte einzelne Buchstaben schreibt man üblicherweise groß. Meint man aber den Kleinbuchstaben, wie er im Schriftbild vorkommt, schreibt man meist klein.

- das A und O
- jemandem ein X für ein U vormachen
- der Punkt auf dem i
- das n in Land

→ **K 97** Die Groß- und Kleinschreibung von Abkürzungen, zitierten Wörtern und Einzelbuchstaben ändert sich in Zusammensetzungen mit Bindestrich nicht ‹§ 55 (1 u. 2)›.	– US-amerikanisch – TÜV-geprüft – n-Eck – pH-Wert – dass-Satz (*aber ohne Bindestrich:* Dasssatz) – das Dehnungs-h (*groß oder klein:* das Zungen-R, das Zungen-r; s-förmig, S-förmig; *aber nur:* T-förmig)

Klammern

Allgemein gebräuchlich sind runde Klammern. In bestimmten Textsorten werden daneben auch eckige Klammern verwendet.

Zu weiteren Informationen:

↑ Textverarbeitung (S. 104)
↑ Maschinenschreiben und E-Mails (S. 109)

→ **K 98** Mit Klammern kann man Zusätze und Nachträge deutlich vom übrigen Text abgrenzen ⟨§ 86⟩. Das gilt auch für längere Abschnitte ⟨§ 87⟩. (Oft können an den entsprechenden Stellen auch Kommas oder Gedankenstriche stehen.)	– Frankfurt (Oder) – Rentnerin Lehmann (78, begeisterte Bergsteigerin) versteht die Welt nicht mehr. – Als Hauptwerk Matthias Grünewalds gelten die Gemälde des Isenheimer Altars. (Der Zeitpunkt ihrer Vollendung ist umstritten. Einige nehmen 1511 an, andere 1515.) – In seiner Vergangenheit (nur wenige kannten ihn noch von früher) gab es manchen dunklen Punkt. *Auch möglich:* In seiner Vergangenheit, nur wenige kannten ihn noch von früher, gab es ... *Oder:* In seiner Vergangenheit – nur wenige kannten ihn noch von früher – gab es ...
1. Erläuterungen zu einem bereits eingeklammerten Zusatz werden häufig in eckige Klammern gesetzt. **2.** Auch bei eigenen Zusätzen in zitierten Texten oder bei Ergänzungen in nicht lesbaren oder zerstörten Texten werden oft eckige Klammern verwendet. **3.** Häufig werden Buchstaben, Wortteile oder Wörter in Klammern eingeschlossen, um Verkürzungen, Zusammenfassungen, Alternativen o. Ä. zu kennzeichnen. **4.** Bei weglassbaren Buchstaben, Wortteilen oder Wörtern werden in Wörterbüchern, auf Formularen o. Ä. oft eckige Klammern verwendet.	**1.** Mit dem Wort Bankrott (vom italienischen „banca rotta" [zusammengebrochene Bank]) bezeichnet man die Zahlungsunfähigkeit. **2.** In ihrem Tagebuch heißt es: „Ich habe das große Ereignis [gemeint ist die Verleihung des Friedenspreises] ganz aus der Nähe miterlebt und war sehr beeindruckt." **3.** Mitarbeiter(in) (*als Kurzform für:* Mitarbeiterin oder Mitarbeiter) – Lehrer(innen) (*als Kurzform für:* Lehrerinnen und/oder Lehrer) – Kolleg(inn)en (*als Kurzform für:* Kolleginnen und/oder Kollegen) **4.** Kopp[e]lung, acht[und]einhalb, gern[e], sieb[en]tens – Eltern mit [schulpflichtigen] Kindern

→ K 99

Regel	Beispiele
1. Ausrufe- oder Fragezeichen, die zum eingeklammerten Text gehören, stehen vor der schließenden Klammer. **2.** Zum übergeordneten Text gehörende Satzzeichen dürfen nicht weggelassen werden. **3.** Der Schlusspunkt steht nur dann vor der schließenden Klammer, wenn ein ganzer Satz eingeklammert ist, der nicht an den vorhergehenden Satz angeschlossen sein soll ‹§ 88›.	**1.** Den Antrag sollten Sie vollständig ausgefüllt (bitte deutlich schreiben!) an die Bank zurücksenden. – Es gab damals (erinnern Sie sich noch?) eine furchtbare Aufregung. **2.** Wir wohnen in Ilsenburg (Harz). – Sie wundern sich (so schreiben Sie), dass ich so wenig von mir hören lasse. **3.** Dies halte ich für das wichtigste Ergebnis meiner Untersuchungen. (Die entsprechenden Dokumente sind auf S. 225 abgedruckt.) *Oder:* Dies halte ich für das wichtigste Ergebnis meiner Untersuchungen (die entsprechenden Dokumente sind auf S. 225 abgedruckt).

Komma

Das Komma ist ein Gliederungszeichen. Innerhalb eines Ganzsatzes grenzt es bestimmte Wörter, Wortgruppen oder Teilsätze voneinander oder vom übrigen Text des Satzes ab.
Werden solche Wörter, Wortgruppen oder Teilsätze von zwei Kommas eingeschlossen, weil sie in den übergeordneten Text eingeschoben sind, so spricht man auch vom „paarigen" Gebrauch des Kommas.

Die folgende Darstellung behandelt die Kommasetzung unter diesen Gesichtspunkten:

- **Bei Aufzählungen** (K 100–102)
  (Feuer, Wasser, Luft und Erde. Sie wirkte ruhig, gelassen, entspannt.)
- **Bei nachgestellten Zusätzen** (K 103–107)
  (Das ist Michael, mein Bruder. Sie liest viel, vor allem Krimis.)
- **Bei Datums-, Wohnungs-, Literaturangaben** (K 108–110)
  (Sie kommt Mittwoch, den 13. März. Herr Meier aus Bonn, Lindenstraße 12[,] hat zwei Freikarten gewonnen. Ich zitiere aus dem Brockhaus, 20. Auflage, Band 14.)
- **Bei Konjunktionen (Bindewörtern)** (K 111–113)
  (Er stand auf und ging. Wir waren arm, aber gesund.)
- **Bei Partizip- und Infinitivgruppen** (K 114–117)
  (Das ist[,] grob gerechnet[,] die Hälfte. Sie weigerte sich[,] uns zu helfen.)
- **Bei Teilsätzen (selbstständigen Teilsätzen und Nebensätzen)** (K 118–125)
  (Hier stehe ich, ich kann nicht anders. Nimm das Geld[,] oder lass es bleiben.
  Ich freue mich, dass du wieder gesund bist.)
- **Bei mehrteiligen Nebensatzeinleitungen** (K 126–128)
  (Angenommen[,] dass morgen gutes Wetter ist …)
- **Bei Hervorhebungen, Ausrufen, Anreden** (K 129–132)
  (Deine Mutter, die habe ich gut gekannt. Ach, das ist aber schade.
  Harry, fahr bitte den Wagen vor.)

Zu weiteren Informationen:
↑ Anführungszeichen (K 9 u. 11)
↑ Gedankenstrich (K 43, 45 u. 46)
↑ Klammern (K 98 u. 99)

Bei Aufzählungen

→ **K 100** Das Komma steht bei Aufzählungen, zwischen gleichrangigen Wörtern und Wortgruppen, wenn sie nicht durch Wörter wie „und" oder „oder" (vgl. K 111 u. 113) verbunden sind ‹§ 71 (2) u. 72›.	– Feuer, Wasser, Luft und Erde. – Sie wirkte ruhig, gelassen, entspannt. – Möchten Sie ein Menü aus drei, aus vier oder aus fünf Gängen? – Ich wollte nur am Strand sitzen, keine Berge besteigen, keine Museen besuchen, an keiner Weinprobe teilnehmen.
Am Schluss der Aufzählung steht kein Komma, wenn der Satz weitergeht.	– Er sägte, hobelte, hämmerte die ganze Nacht. – Sie ist viel, viel schöner.

→ **K 101** Zwischen nicht gleichrangigen Adjektiven (von denen das erste die folgende Fügung näher bestimmt) steht kein Komma. Gelegentlich hängt es vom Sinn des Satzes ab, ob Gleichrangigkeit vorliegt oder nicht ‹§ 71 E_1›.	– die jüngsten politischen Entwicklungen – ein Glas dunkles bayerisches Bier („bayerisches Bier" *wird hier als Einheit angesehen, die durch* „dunkles" *näher bestimmt ist*) – höher liegende unbewaldete Hänge *(ohne Komma, weil es auch tiefer liegende unbewaldete Hänge gibt)* – höher liegende, unbewaldete Hänge *(mit Komma, weil die tiefer liegenden Hänge bewaldet sind)*
Davon zu unterscheiden sind Fälle, in denen ein Adjektiv durch eine folgende Adjektiv- oder Partizipgruppe näher bestimmt wird (vgl. K 105 u. 113).	– Das Buch enthält viele farbige, [und zwar] mit der Hand kolorierte Holzschnitte.

→ **K 102** Mehrere vorangestellte Namen und Titel werden nicht durch Komma getrennt. Angaben mit „geb.", „verh.", „verw." usw. können ohne Komma stehen oder als Zusätze angesehen und mit Kommas abgetrennt werden ‹§ 77 E_2›.	– Hans Albert Schulze (*aber:* Schulze, Hans Albert) – Direktor Professor Dr. Max Müller – Seine Heiligkeit Papst Johannes Paul II. – Martha Schneider[,] geb. Kühn – Frau Tanja Schuster-Lehmann[,] geb. Lehmann[,] und ihr Ehemann Peter[,] geb. Schuster[,] verpflichten sich hiermit ...

Bei nachgestellten Zusätzen

→ **K 103** Das Komma trennt den nachgestellten Beisatz (die Apposition) ab; eingeschobene Beisätze werden von Kommas eingeschlossen ‹§ 77 (2)›.	– Das ist Michael, mein Bruder. – Das Auto, Massenverkehrsmittel und Statussymbol zugleich, hat das Gesicht unserer Städte nachhaltig geprägt. – Johannes Gutenberg, der Erfinder der Buchdruckerkunst, wurde in Mainz geboren. (*Vgl. auch* K 104 u. 107.)
Gelegentlich zeigt allein das Komma, ob eine Aufzählung oder ein Beisatz vorliegt. In diesen Fällen kann also das Komma den Sinn des Satzes verändern.	– Sabine, meine Schwester, und ich wohnen in demselben Haus *(Beisatz; Sabine ist meine Schwester; es ist von zwei Personen die Rede).* – Sabine, meine Schwester und ich wohnen in demselben Haus *(Aufzählung; Sabine und meine Schwester und ich; es ist von drei Personen die Rede).*

→ **K 104** Wenn der Beisatz Teil des Namens ist, steht kein Komma ‹§ 77 E_2›.	– Heinrich der Löwe wurde im Dom zu Braunschweig begraben. – Das ist ein Gemälde von Hans Holbein dem Jüngeren.

→ **K 105** **1.** Das Komma trennt nachgestellte Erläuterungen ab. (Solche Erläuterungen werden häufig durch „und zwar", „nämlich", „z. B.", „insbesondere" oder ähnliche Wörter und Fügungen eingeleitet.) **2.** Eingeschobene Nachträge werden von Kommas eingeschlossen; stehen sie jedoch zwischen Adjektiv und Substantiv oder zwischen Verb und Hilfsverb, entfällt das schließende Komma ‹§ 77 (4)›.	**1.** Sie liest viel, vor allem Krimis. – Das Schiff verkehrt wöchentlich einmal, und zwar sonntags. – Wir müssen etwas unternehmen, und das bald. – Es gibt vier Jahreszeiten, nämlich Frühling, Sommer, Herbst und Winter. **2.** Bei unserer nächsten Sitzung, also am Donnerstag, werde ich diese Angelegenheit zur Sprache bringen. – Das Buch enthält viele farbige, und zwar mit der Hand kolorierte Holzschnitte. – Er wurde erst ruhiger, als er sein Herz ausgeschüttet, d. h. alles erzählt hatte.

→ **K 106** **1.** Das Komma trennt einem Substantiv oder Pronomen nachgestellte Adjektive und Partizipien sowie entsprechende Wortgruppen ab. Sind sie in den Satz eingeschoben, werden sie von Kommas eingeschlossen ‹§ 77 (7)›. (Vgl. auch K 114.) **2.** Das Komma steht aber nicht, wenn in bestimmten festen Fügungen (oder in poetischen Texten) ein allein stehendes Adjektiv nachgestellt ist ‹§ 77 E_3›.	**1.** Sie erzählte allerlei Geschichten, erlebte und erfundene. – Dein Wintermantel, der blaue, muss in die Reinigung. – Er, das leere Glas in der Hand [haltend], ging zur Theke. – Kabeljau, gedünstet **2.** Aal blau – Karl Meyer junior – Bei einem Wirte wundermild ... – Ich arme Jungfer zart, ach, hätt ich genommen den König Drosselbart!

→ **K 107** Oft können die Schreibenden durch die Kommasetzung selbst entscheiden, ob sie Wörter oder Satzteile als Zusatz kennzeichnen wollen oder nicht. Das gilt besonders **1.** bei mit „wie“ oder mit einer Präposition (einem Verhältniswort) eingeleiteten Wortgruppen (vgl. auch K 112) und **2.** bei Namen, die auf eine vorausgehende Bezeichnung zu beziehen sind ‹§ 78 (1 u. 4)›. (Vgl. auch K 103.)	– Du hast mir leider nicht alles gesagt. *Oder mit besonderer Hervorhebung:* Du hast mir, leider, nicht alles gesagt. **1.** Öffentliche Verkehrsmittel[,] wie Busse und Bahnen[,] sollen stärker gefördert werden. – Alle[,] bis auf Robert[,] wollen mitfahren. – Der Angeklagte[,] Max Müller[,] erschien nicht zur Verhandlung. **2.** Der Erfinder der Buchdruckerkunst[,] Johannes Gutenberg[,] wurde in Mainz geboren.

Bei Datums-, Wohnungs-, Literaturangaben

→ **K 108** Mehrteilige Datums- und Zeitangaben gliedert man durch Kommas. Man kann diese Angaben als Aufzählungen oder als Fügungen mit Beisatz auffassen; deshalb ist das letzte (schließende) Komma vor der Weiterführung des Satzes freigestellt ‹§ 77 (3)›. (Vgl. auch K 32.)	– Sie kommt Mittwoch, den 13. März. – Wir treffen uns am Freitag, dem 12. August, [um] 20 Uhr. – Sie kommt Montag, [den] 5. April[,] wieder zurück. – Sie kommt am Montag, dem 5. April[,] wieder zurück. – Mittwoch, den 25. Juli, [um] 14 Uhr[,] findet eine Sitzung statt. – Die Sitzung findet Mittwoch, den 25. Juli, [um] 14 Uhr[,] im großen Besprechungszimmer statt.
Im Briefkopf steht zwischen Orts- und Datumsangabe im Allgemeinen ein Komma.	– Mannheim, [den] 31. 8. 2000

→ **K 109** Mehrteilige Wohnungsangaben gliedert man durch Kommas. Man kann diese Angaben als Aufzählungen oder als Fügungen mit Beisatz auffassen; deshalb ist das letzte (schließende) Komma vor der Weiterführung des Satzes freigestellt ‹§ 77 (3)›.	– Sie wohnt in Berlin, Kurfürstendamm 37. – Herr Meier aus Bonn, Lindenstraße 12[,] hat zwei Freikarten gewonnen. – Frau Schmitt ist von Bonn, Königstraße 20[,] nach Mannheim, Eberbacher Platz 14[,] umgezogen. (*Aber:* Frau Anke Meyer wohnt in Heidelberg in der Hauptstraße 15.)

→ **K 110** Mehrteilige Literaturangaben gliedert man durch Kommas. Man kann diese Angaben als Aufzählungen oder als Fügungen mit Beisatz auffassen; deshalb ist das letzte (schließende) Komma vor der Weiterführung des Satzes freigestellt. Bei Hinweisen auf Gesetze, Verordnungen usw. setzt man jedoch kein Komma ‹§ 77 (3)›.	– Ich zitiere aus dem Brockhaus, 20. Auflage, Band 14. – Es ist ein Zitat aus Goethes „Tasso“, 2. Akt, 1. Szene. – Der Artikel ist im „Spiegel“, Heft 48, 1997, S. 25[,] erschienen. – Wir beziehen uns auf § 6 Abs. 2 Satz 2 der Personalverordnung.

Bei Konjunktionen (Bindewörtern)

→ **K 111** Werden gleichrangige Wörter und Wortgruppen durch eine der folgenden Konjunktionen verbunden, so setzt man kein Komma ‹§72 (2)›:

1. und
2. oder
3. beziehungsweise (bzw.)
4. entweder – oder
5. nicht – noch
6. sowie
7. sowohl – als [auch]
8. sowohl – wie [auch]
9. weder – noch
10. wie
11. Das schließende Komma eines vorangehenden Einschubs oder Nebensatzes o. Ä. bleibt jedoch erhalten ‹§ 72 E_1›. (Vgl. auch K 116.)

1. Er stand auf und ging.
– Sie grübelte und grübelte und grübelte.
– Sie hört gern Musik und liebt besonders die Oper.
2. Gib mir einen Stock, einen Schirm oder etwas Ähnliches.
3. Das Geld haben mir meine Verwandten geschenkt beziehungsweise geliehen.
4. Du musst dich entweder für uns oder gegen uns entscheiden.
5. Wir werden nicht rasten noch ruhen ...
6. Die Präsidentin sowie ihre Stellvertreterin sind berechtigt ...
7. Der Vorfall war sowohl ihm als auch seiner Frau sehr peinlich.
8. Wir können das Modell sowohl mit Benzinmotor wie auch mit Dieselmotor liefern.
9. Ich weiß weder seinen Vornamen noch seinen Nachnamen.
10. Der Becher war innen wie außen vergoldet.
11. Mein Onkel, ein großer Tierfreund, sowie seine vierzehn Katzen leben jetzt in einer alten Mühle.
Wir hoffen, dass wir Ihre Bedenken hiermit zerstreut haben, und grüßen Sie ...
Wir hoffen, Ihre Bedenken hiermit zerstreut zu haben, und grüßen Sie ...

Auch die Konjunktion „respektive" ist (als Synonym zu „beziehungsweise") zu den oben genannten zu zählen.

– Das Geld haben mir meine Verwandten geschenkt respektive geliehen.

→ **K 112** **1.** Wenn die vergleichenden Konjunktionen „als" oder „wie" nur Wörter oder Wortgruppen verbinden (also keine Nebensätze einleiten), setzt man kein Komma ‹§ 74 E_3›. (Vgl. auch K 116.) **2.** Bei nachgestellten Zusätzen, die mit „wie" eingeleitet werden, können Kommas gesetzt werden ‹§ 87 (2)›.	**1.** Die Wunde heilte besser als erwartet. (*Aber:* Die Wunde heilte besser, als wir erwartet hatten.) – Wir haben mehr Stühle als nötig. (*Aber:* Wir haben mehr Stühle, als nötig sind.) – Die neuen Geräte gingen weg wie warme Semmeln. – Wie schon bei den ersten Verhandlungen konnte auch diesmal keine Einigung erzielt werden. **2.** Ihre Auslagen[,] wie Post- und Fernsprechgebühren, Eintrittsgelder, Fahrtkosten und dergleichen[,] werden wir Ihnen ersetzen.

→ **K 113** Bei den in K 111 und K 112 nicht genannten nebenordnenden, entgegensetzenden und einschränkenden Konjunktionen gilt die Grundregel der Kommasetzung zwischen gleichrangigen Wörtern und Wortgruppen (vgl. K 98) ‹§ 71›.	– Wir waren arm, aber gesund. – Das war kein Pkw, sondern ein Lastwagen. – Die Investition ist einerseits mit hohen Gewinnchancen, andererseits mit hohem Risiko verbunden.

Bei Partizip- und Infinitivgruppen

→ **K 114** 1. Partizipgruppen kann man durch Komma abtrennen, um die Gliederung des Satzes deutlich zu machen oder um Missverständnisse auszuschließen. (Vgl. aber K 115.) 2. Das gilt auch für Adjektivgruppen und entsprechende andere Wortgruppen ⟨§ 76⟩.	1. Das ist[,] grob gerechnet[,] die Hälfte. – Er fiel[,] von einer Kugel getroffen[,] vom Pferd. – Die Renovierung Ihrer Wohnung betreffend[,] möchte ich Ihnen den folgenden Vorschlag machen. – Sie stand[,] ein Glas in der Hand haltend[,] an der Theke. 2. Seit mehreren Jahren kränklich[,] hatte er sich in eine Sanatorium zurückgezogen. – Sie stand[,] ein Glas in der Hand[,] an der Theke.
→ **K 115** **1.** Partizipgruppen werden durch Komma abgetrennt, wenn sie **a)** mit einem hinweisenden Wort oder einer Wortgruppe angekündigt oder wieder aufgenommen werden, **b)** als einem Substantiv oder Pronomen nachgestellte Zusätze oder Erläuterungen anzusehen sind. **2.** Das gilt auch für Adjektivgruppen und entsprechende andere Wortgruppen ⟨§ 77 (5 u. 7)⟩. (Vgl. K 106.)	**1. a)** Genau so, mit viel Salami belegt, hat er die Pizza am liebsten. – Aus vollem Halse lachend, so kam sie auf uns zu. – Auf diese Weise, jeden Stein einzeln umdrehend, hatten wir schließlich Erfolg mit unserer Suche. **b)** Er, tödlich getroffen, fiel vom Pferd. – Das ist falsch, logisch betrachtet. **2.** Nur so, bleich und ganz in Schwarz, ist mir mein Großvater in Erinnerung geblieben. – Sie, ihr Glas in der Hand [haltend], stand an der Theke.
→ **K 116** Infinitivgruppen kann man durch Komma abtrennen, um die Gliederung des Satzes deutlich zu machen oder um Missverständnisse auszuschließen (vgl. aber K 117) ⟨§ 76⟩.	– Sie weigerte sich[,] zu helfen. – Sie weigerte sich[,] uns zu helfen. – Etwas Schlimmeres[,] als seine Kinder zu enttäuschen[,] konnte ihm nicht passieren. – Wir versuchten[,] die Torte mit Sahne zu verzieren. – Sich selbst zu besiegen[,] ist der schönste Sieg. – Wir empfehlen[,] ihm zu folgen. – Wir empfehlen ihm[,] zu folgen.

→ **K 117** Infinitivgruppen werden durch Komma abgetrennt, wenn sie

1. mit einem hinweisenden Wort oder einer Wortgruppe angekündigt oder wieder aufgenommen werden,
2. als einem Substantiv oder Pronomen nachgestellte Zusätze oder Erläuterungen anzusehen sind ‹§ 77 (5 u. 7)›.

1. Zu tanzen, das ist ihre größte Freude.
   - Erinnere mich daran, den Mülleimer auszuleeren.
   - Ihre Absicht ist es, im nächsten Jahr nach Mallorca zu fahren.
   - Und dieser Gedanke, einfach alles aufzugeben, ließ ihn nicht mehr los.
2. Wir, ohne einen Moment zu zögern, hatten sofort zugestimmt.

In den folgenden Fällen (in denen der Infinitiv mit einem übergeordneten Verb ein mehrteiliges Prädikat bildet) werden Infinitivgruppen im Allgemeinen nicht durch Komma abgetrennt:

1. Wenn die Infinitivgruppe von einem Hilfsverb oder von „brauchen", „pflegen", „scheinen" abhängig ist.
2. Wenn die Infinitivgruppe
   a) mit dem übergeordneten Satz verschränkt ist,
   b) den übergeordneten Satz einschließt,
   c) in der verbalen Klammer steht.

1. Die Spur war ganz deutlich zu sehen.
   - Sie haben uns gar nichts zu befehlen!
   - Du brauchst dich wegen dieser Sache nicht zu schämen.
   - Sie pflegt abends ein Glas Wein zu trinken.
   - Er scheint heute schlecht gelaunt zu sein.
2. **a)** Diesen Vorgang wollen wir zu erklären versuchen. (*Übergeordneter Satz:* „wir wollen versuchen"; *Infinitivgruppe:* „diesen Vorgang zu erklären".)
   b) Den genannten Betrag bitten wir auf unser Konto zu überweisen. (*Übergeordneter Satz:* „wir bitten".)
   c) Wir hatten den Betrag zu überweisen beschlossen. (*Verbale Klammer:* „hatten ... beschlossen"; *Infinitivgruppe:* „den Betrag zu überweisen".)

Bei Teilsätzen (selbstständigen Teilsätzen und Nebensätzen)

Zu den Teilsätzen rechnet man alle zu einem Ganzsatz zusammengefassten Sätze, also auch diejenigen, die nicht von einem übergeordneten Satz abhängig sind.

Wir gehen voraus, die Älteren kommen später nach. (*Beide Teilsätze könnten auch unverbunden stehen:* Wir gehen voraus. Die Älteren kommen später nach.)

→ **K 118** Das Komma steht zwischen gleichrangigen selbstständigen Teilsätzen, wenn diese nicht durch Wörter wie „und" oder „oder" (vgl. aber K 119) verbunden sind ‹§ 71 (1) u. 72›.

- Hier stehe ich, ich kann nicht anders.
- Die Sonne versank hinter dem Horizont, die Schatten der Nacht senkten sich über das Land.
- Die Zeiten ändern sich, sie ändern sich sogar sehr schnell.
- Wo hört die Toleranz auf, wo beginnt die Gleichgültigkeit?

→ **K 119** 1. Werden gleichrangige (nebengeordnete) Teilsätze durch Konjunktionen wie „und" oder „oder" verbunden, so setzt man kein Komma ‹§ 72 (1)›. 2. Ein Komma kann jedoch gesetzt werden, um die Gliederung des Ganzsatzes deutlich zu machen ‹§ 73›. **3. Das schließende Komma eines vorangehenden Einschubs oder Nebensatzes o. Ä. bleibt generell erhalten ‹§ 72 E_1›. (Vgl. auch K 121.)**	**1.** Nimm das Geld oder lass es bleiben. – Wir können zu Fuß gehen oder wir können die Straßenbahn nehmen. – Seien Sie bitte so nett und geben Sie mir das Buch. – Sie machten es sich bequem, die Kerzen wurden angezündet und der Gastgeber versorgte sie mit Getränken. **2.** Entweder ich sage es ihm[,] oder du sagst es ihm selbst. – Er schimpfte auf die Regierung[,] und sein Publikum applaudierte. **3.** Entweder ich sage es ihm, und zwar heute noch, oder du sagst es ihm morgen selbst. – Wir hoffen, dass wir Ihnen weiterhelfen konnten, und verbleiben mit freundlichen Grüßen ...
→ **K 120** Eingeschobene selbstständige Teilsätze werden von Kommas eingeschlossen ‹§ 77 (1)›. (Im Allgemeinen könnten an den entsprechenden Stellen auch Gedankenstriche oder Klammern stehen.)	– Sie hat, das weiß ich genau, ihr Examen mit Auszeichnung bestanden. – Das Tier, es wird wohl ein Wiesel gewesen sein, war plötzlich verschwunden. *Auch möglich:* Das Tier – es wird wohl ein Wiesel gewesen sein – war plötzlich verschwunden. *Oder:* Das Tier (es wird wohl ein Wiesel gewesen sein) war plötzlich verschwunden.
→ **K 121** Das Komma steht zwischen Haupt- und Nebensatz; eingeschobene Nebensätze werden von Kommas eingeschlossen ‹§ 74›.	– Ich freue mich, dass du wieder gesund bist. – Dass du wieder gesund bist, freut mich. – Über die Nachricht, dass du wieder gesund bist, habe ich mich gefreut. – Ich hoffe, dass du wieder gesund bist, und grüße dich herzlich.

K 122 **1.** Zwischen gleichrangigen (nebengeordneten) Nebensätzen steht ein Komma ‹§ 71 (1)›. **2.** Man setzt aber in der Regel kein Komma, wenn sie durch eine Konjunktion wie „und" oder „oder" verbunden sind ‹§ 72 (1)›. **3.** Man kann in diesen Fällen ein Komma setzen, um die Gliederung des Ganzsatzes deutlich zu machen ‹§ 73›.	**1.** Wenn das wahr ist, wenn du ihn wirklich nicht gesehen hast, dann brauchst du dir keine Vorwürfe zu machen. – Er kannte niemanden, der ihm geholfen hätte, an den er sich hätte wenden können. **2.** Sie wird schon wissen, wem sie vertrauen kann und wem sie besser nichts erzählt. – Wir erwarten, dass er die Ware liefert oder dass er das Geld zurückzahlt. **3.** Sie wird schon wissen, wem sie vertrauen kann[,] und wem sie besser nichts erzählt. – Wir erwarten, dass er die Ware liefert[,] oder dass er das Geld zurückzahlt.

K 123 **1.** Zwischen aneinander gereihten Satzgliedern und Nebensätzen steht vor Konjunktionen wie „und" oder „oder" kein Komma. **2.** Ein Komma zwischen Nebensatz und übergeordnetem Satz wird gesetzt, wenn beide unmittelbar aneinander grenzen ‹§ 74 E_2›.	**1.** Sie kaufte ihrer Tochter einen Koffer, einen Mantel, ein Kleid und was sonst noch für die Reise gebraucht wurde. – Was du für die Reise brauchst sowie die Geschenke für deine Gastgeber besorgst du dir am besten selbst. **2.** Sie hatte ihrer Tochter einen Koffer, einen Mantel, ein Kleid und was sonst noch für die Reise gebraucht wurde, gekauft. – Die Geschenke für deine Gastgeber und was du für die Reise brauchst, besorgst du dir am besten selbst.

K 124 Das Komma trennt Nebensätze verschiedenen Grades ‹§ 74›.	– Die Genehmigung kann nicht erteilt werden, wenn die Gefahr besteht, dass sie missbraucht wird.

K 125 Bei formelhaft gebrauchten [verkürzten] Nebensätzen kann das Komma weggelassen werden ‹§ 75›.	– Er ging[,] wie immer[,] nach dem Essen spazieren. – Wir wollen die Angelegenheit[,] wenn möglich[,] heute noch erledigen. (*Aber:* Wir wollen die Angelegenheit, wenn es möglich ist, heute noch erledigen.)
Sonst gelten für verkürzte Teilsätze dieselben Richtlinien wie bei vollständigen Sätzen.	– Vielleicht, dass er noch eintrifft. – Ende gut, alles gut.

Bei mehrteiligen Nebensatzeinleitungen

→ **K 126** Wird ein Nebensatz von einer mehrteiligen Fügung eingeleitet, so steht zwischen den Teilen der Fügung im Allgemeinen kein Komma ‹§ 74 E1 (1)›.	– Der Plan ist viel zu umständlich, als dass wir ihn ausführen könnten. – Er tut, wie wenn er von der ganzen Angelegenheit nichts wisse. – Anstatt dass der Direktor kam, erschien nur sein Stellvertreter.

→ **K 127** Bei einigen mehrteiligen Fügungen kann ein Komma zwischen die Teile der Fügung gesetzt werden ‹§ 74 E_1 (2)›.	– angenommen[,] dass – ausgenommen[,] wenn – besonders[,] wenn – geschweige[,] dass – geschweige denn[,] dass – gleichviel[,] ob – je nachdem[,] ob
Das Komma entspricht hier einer deutlich wahrnehmbaren Pause im Text.	– Angenommen[,] dass morgen gutes Wetter ist, wohin wollen wir fahren? – Er ist sehr umgänglich, ausgenommen[,] wenn er schlechte Laune hat. – Egal[,] welche Farbe sie sich aussucht …

→ **K 128** Gelegentlich kann der Gebrauch des Kommas verdeutlichen, welche Wörter als Einleitung des Nebensatzes verstanden werden ‹§74 E_1 (3)›.	– Sie freut sich, auch wenn du ihr nur eine Postkarte schreibst. – Sie freut sich auch, wenn du ihr nur eine Postkarte schreibst.

Bei Hervorhebungen, Ausrufen, Anreden

→ **K 129** Mit einem hinweisenden Wort oder einer Wortgruppe angekündigte oder wieder aufgenommene Satzteile sind aus dem übrigen Satzzusammenhang hervorgehoben. Man grenzt sie durch Komma ab ‹§ 77 (5)›.	– Deine Mutter, die habe ich gut gekannt. – Nur er, der Kommissar selbst, konnte der Täter gewesen sein. – In diesem Krankenhaus, da haben sie mir die Mandeln herausgenommen. – Genau so, mit viel Salami, hat er die Pizza am liebsten. – Mit viel Salami, genau so hat er die Pizza am liebsten. – Im engsten Familienkreis und ohne große Feierlichkeiten, so erlebte sie ihren Ehrentag.

→ **K 130** Das Wort „bitte" steht als bloße Höflichkeitsformel oft ohne Komma. Bei besonderer Hervorhebung wird es jedoch durch Komma abgetrennt ‹§ 79 (3)›.	– Bitte nehmen Sie doch Platz. – Kann ich bitte mal dein Telefon benutzen? – Wenn Sie mir bitte nach nebenan folgen würden. – Aber bitte, so nehmen Sie doch Platz! – Bitte, lass mich dein Telefon benutzen! – Wenn Sie mir, bitte, nach nebenan folgen würden.

→ **K 131** Ausrufe, kommentierende Äußerungen, Bekräftigungen werden durch Komma abgetrennt. Das Komma entfällt jedoch, wenn keine Hervorhebung gewollt ist ‹§ 79 (2 u. 3)›.	– Ach, das ist aber schade! – Wie eklig, igitt! – Sie hatte, leider, keine Zeit für uns. – Ja, ein Gläschen nehme ich noch. – Es geht uns gut, danke. – Ach das ist aber schade. – Sie hatte leider keine Zeit für uns. – Der ach so liebe Kleine hatte mir vors Schienbein getreten.

→ **K 132** **1.** Das Komma trennt die Anrede vom übrigen Satz ‹§79 (1)›. **2.** Bei der Briefanrede kann statt des Kommas auch ein Ausrufezeichen gesetzt werden; in der Schweiz endet die Anredezeile gewöhnlich ohne Satzzeichen. In diesen beiden Fällen beginnt der folgende Text mit Großschreibung ‹§ 69 E_3›.	**1.** Harry, fahr bitte den Wagen vor. – Das, mein Lieber, kann ich dir nicht versprechen. – Danke für euer Verständnis, Freunde. **2.** Sehr geehrter Herr Schneider, gestern erhielt ich ... – Sehr geehrter Herr Schneider! Gestern erhielt ich ... – Sehr geehrter Herr Schneider Gestern erhielt ich ...

Laut-Buchstaben-Zuordnung

Für die Schreibung des Deutschen verwenden wir eine Buchstabenschrift, in der Sprachlaute und Buchstaben als einander zugeordnet betrachtet werden. Rechtschreibliche Schwierigkeiten ergeben sich vor allem dort, wo gleiche Laute durch unterschiedliche Buchstaben repräsentiert sind.
Einige nur selten vorkommende alte Laut-Buchstaben-Zuordnungen wurden deshalb an vergleichbare Schreibungen angeglichen, z. B. *Känguru* (früher: Känguruh, jetzt wie Emu, Gnu, Kakadu), *rau* (früher: rauh, jetzt wie blau, genau, schlau), *Zierrat* (früher: Zierat, jetzt wie Verrat, Vorrat).

Zu weiteren Informationen:
↑ Fremdwörter (K 38)
↑ ss und ß (K 159)

→ **K 133** Die richtige Schreibung eines Wortes kann häufig aus der Schreibung verwandter Wörter abgeleitet werden ‹Regelabschnitt A, Vorbemerkung (2.2)›.	– Gewähr (Garantie), *aber:* Gewehr (*zu:* Wehr, wehrhaft) – Rechen (Harke), *aber:* sich rächen (*zu:* Rache) – Bändel (*zu:* Band) – Karamell (*wegen:* Karamelle) – nummerieren (*wegen:* Nummer)
Dabei wird nach der Neuregelung der deutschen Rechtschreibung nicht nur die sprachgeschichtliche Verwandtschaft, sondern in einigen Fällen auch eine inhaltliche Verwandtschaft zugrunde gelegt.	– Quäntchen *(Eigentlich zu* „Quent“, *dem Namen eines früheren deutschen Handelsgewichts, das seinerseits auf das lateinische* „quintus“ *[fünfter Teil] zurückgeführt werden kann. Heute wird das Wort eher mit* „Quantum“ *in Verbindung gebracht; daher die neue Schreibung mit „ä“.)*

Namen

In diesem Abschnitt wird auch die Schreibung der von Namen abgeleiteten Wörter behandelt. Die Darstellung ist nach folgenden Punkten gegliedert:

- **Personennamen** (K 134–139)
  (Katharina die Große, platonische Schriften, Dieselmotor, Schiller-Theater)
- **Geographische (erdkundliche) Namen** (K 140–149)
  (die Hohe Tatra, der Hamburger Hafen, indischer Tee, Berlin-Schöneberg)
- **Sonstige Namen** (K 150 u. 151)
  (der Kleine Bär, Zur Neuen Post, Schwarzer Holunder)

Zu weiteren Informationen:
↑ Apostroph (K 15 u. 16)
↑ Groß- und Kleinschreibung (K 67, 86–91)
↑ Straßennamen (K 161–163)

Personennamen

Die Schreibung der Familiennamen unterliegt nicht den allgemeinen Richtlinien der Rechtschreibung. Für sie gilt die standesamtlich jeweils festgelegte Schreibung. Sie sind deshalb auch nicht von der Neuregelung der deutschen Rechtschreibung betroffen.

1. Auch die Schreibung der Vornamen wird standesamtlich festgehalten; man folgt dabei weitgehend den üblichen Schreibweisen, für die es eine Reihe von allgemein anerkannten Varianten gibt.

2. Zwei Vornamen stehen gewöhnlich unverbunden nebeneinander; einige werden jedoch als Doppelnamen angesehen und dann mit Bindestrich oder in einem Wort geschrieben.

1. Klaus, *auch* Claus
- Maike, *auch* Meike
- Otmar, *auch* Ottmar *oder* Othmar

2. Johann Wolfgang
- Johanna Katharina
- Karl-Heinz, Karlheinz *neben:* Karl Heinz

→ **K 134** Zu einem mehrteiligen Personennamen gehörende – Adjektive, – Partizipien, – Pronomen (Fürwörter) – und Zahladjektive werden großgeschrieben ⟨§ 60 (1)⟩.	– Katharina die Große – der Alte Fritz – der Große Kurfürst – Klein Erna – Albrecht der Entartete – Unsere Liebe Frau (= Maria als Mutter Gottes) – Heinrich der Achte
→ **K 135** 1. Von Personennamen abgeleitete Adjektive werden im Allgemeinen kleingeschrieben. 2. Bei Ableitungen auf „-sch" kann man einen Apostroph setzen, um die Grundform des Namens zu verdeutlichen. Dann wird der Name großgeschrieben ⟨§ 62⟩.	**1.** platonische Schriften, platonische Liebe – die heineschen Reisebilder, eine heinesche Ironie (*Aber, da als Ganzes ein Name:* der Halleysche Komet) – eulenspiegelhaftes Treiben, kafkaeske Gestalten, vorlutherische Bibelübersetzungen, darwinistische Auffassungen **2.** die darwinsche (*auch:* Darwin'sche) Evolutionstheorie – die goetheschen (*auch:* Goethe'schen) Dramen
→ **K 136** **1.** Zusammensetzungen mit einfachen Personennamen schreibt man im Allgemeinen ohne Bindestrich ⟨§ 37 (3)⟩. **2.** Einen Bindestrich kann man setzen, wenn der Name hervorgehoben werden soll oder wenn dem Namen ein zusammengesetztes Grundwort folgt ⟨§ 51⟩.	**1.** Dieselmotor – Kneippkur – Röntgenstrahlen – Achillesferse – Bachkantate – goethefreundlich **2.** Schiller-Theater *neben:* Schillertheater – Paracelsus-Ausgabe *neben:* Paracelsusausgabe – Goethe-freundlich *neben:* goethefreundlich – Beethoven-Festhalle *neben:* Beethovenfesthalle – Mozart-Konzertabend *neben:* Mozartkonzertabend

→ **K 137** Bindestriche setzt man bei Zusammensetzungen mit mehreren oder mehrteiligen Namen ‹§ 50›.	– Goethe-und-Schiller-Denkmal – Richard-Wagner-Festspiele – Johann-Sebastian-Bach-Gymnasium – Sankt-Marien-Kirche, St.-Marien-Kirche – de-Gaulle-treu – Van-Allen-Gürtel
Bei einer substantivischen Zusammensetzung schreibt man den Namenszusatz am Anfang des Wortes groß.	– De-Gaulle-Denkmal – Van't-Hoff-Regel

→ **K 138** Einen Bindestrich setzt man bei Zusammensetzungen mit einem Namen als zweitem Bestandteil und bei Zusammensetzungen aus zwei Namen ‹§46 (1)›. Handelt es sich aber um eine Gattungsbezeichnung, steht kein Bindestrich ‹§ 47›.	– Möbel-Müller – Getränke-Wagner – der Huber-Franz – die Hofer-Marie – die Bäcker-Anna – Müller-Frankenfeld – Suppenkaspar – Wurzelsepp

→ **K 139** Von mehrteiligen Namen abgeleitete Adjektive schreibt man mit Bindestrich ‹§ 49›.	– die heinrich-mannschen Romane (*auch:* die Heinrich-Mann'schen Romane) – die von-bülowschen Zeichnungen (*auch:* die von-Bülow'schen Zeichnungen)

Geographische (erdkundliche) Namen

1. Die Schreibung von Städte- und Gemeindenamen ist behördlich festgelegt. Sie folgt im Prinzip dem allgemeinen Schreibgebrauch. **2.** In vielen Fällen ist jedoch an alten Schreibweisen festgehalten worden. **3.** Fremde geographische Namen werden gewöhnlich in der fremden Schreibweise geschrieben; in einigen Fällen gibt es jedoch eingedeutschte Formen.	**1.** Freudental – Freiburg im Breisgau – Zell **2.** Frankenthal – Freyburg/Unstrut – Celle **3.** Toulouse – Philadelphia – Rio de Janeiro – Brüssel (*für:* Bruxelles) – Ostende (*für:* Oostende) – Kopenhagen (*für:* København)

→ **K 140** Adjektive und Partizipien, die Bestandteil eines geographischen Namens sind, werden großgeschrieben ‹§ 60 (2)›. Das gilt auch für inoffizielle Namen ‹§60 (5)›.	– die Hohe Tatra – der Kleine Belt – das Schwarze Meer – der Bayerische Wald – der Ferne Osten – die Neue Welt (Amerika)

→ **K 141** Die von geographischen Namen abgeleiteten Wörter auf „-er" schreibt man immer groß ‹§ 61›.	– der Hamburger Hafen – ein Frankfurter Sportverein – Schwarzwälder Rauchschinken – die Schweizer Banken

→ **K 142** Die von geographischen Namen abgeleiteten Adjektive auf „-isch" werden kleingeschrieben, wenn sie nicht Teil eines Eigennamens sind ‹§ 62›.	– indischer Tee – italienischer Salat – russisches Roulette *aber:* – die Holsteinische Schweiz – die Spanische Reitschule (in Wien)

→ **K 143** Zusammensetzungen mit geographischen Namen schreibt man im Allgemeinen ohne Bindestrich ‹§ 37 (3)›. Man kann jedoch einen Bindestrich setzen bei unübersichtlichen Zusammensetzungen oder wenn man den Namen hervorheben will ‹§45 (2), 51›.	– Nildelta, Rheinfall, Manilahanf, Großglocknermassiv, Kleinasien, Mittelfranken, Ostindien, Norddeutschland – rheinabwärts, moskaufreundlich – Mosel-Winzergenossenschaft – Jalta-Abkommen – Moskau-freundlich

K 144 **1.** Ein Bindestrich steht bei Zusammensetzungen aus zwei geographischen Namen. **2.** Er wird auch gesetzt, wenn nur der zweite Bestandteil ein geographischer Name ist und die ganze Zusammensetzung keinen offiziellen Namen bildet ‹§ 46 (2), E_2›.	**1.** Berlin-Schöneberg, München-Schwabing, Hamburg-Altona, Leipzig-Grünau, Rheinland-Pfalz, Nordrhein-Westfalen, Mecklenburg-Vorpommern **2.** Alt-Wien, Groß-London, Alt-Heidelberg (*Bei behördlich festgelegten Schreibungen gibt es unterschiedliche Formen:* Neuruppin, Groß Räschen, Klein-Auheim.)

K 145 1. Bei Ableitungen von mit Bindestrich geschriebenen Namen bleibt der Bindestrich erhalten ‹§ 48›. 2. Ableitungen von mehrteiligen geographischen Namen erhalten einen Bindestrich, der jedoch bei Ableitungen auf „-er" auch weggelassen werden kann ‹§ 49 u. 49 E›.	**1.** alt-heidelbergisch – Alt-Wiener Theater – Schleswig-Holsteiner – schleswig-holsteinisch **2.** sri-lankisch (*zu:* Sri Lanka) – Sri-Lanker (*auch:* Sri Lanker) – New-Yorker (*auch:* New Yorker)

K 146 Bindestriche setzt man bei Zusammensetzungen mit mehreren oder mehrteiligen Namen ‹§ 50›.	– Dortmund-Ems-Kanal, Saar-Nahe-Bergland, Rio-de-la-Plata-Bucht, Sankt-Gotthard-Tunnel, St.-Lorenz-Strom, Kaiser-Franz-Josef-Land, König-Christian-IX.-Land – Mount-Everest-erprobt

K 147 **1.** Die Wörter „Sankt" und „Bad" stehen vor einfachen geographischen Namen ohne Bindestrich und getrennt ‹§ 46 E_2›. (Vgl. aber K 146.) 2. Die zugehörigen Ableitungen auf „-er" schreibt man mit Bindestrich. Dieser Bindestrich kann aber auch weggelassen werden. ‹§ 49 E›.	**1.** Sankt Blasien, St. Blasien – Sankt Gotthard, St. Gotthard – Bad Elster – Bad Kissingen – Stuttgart-Bad Cannstatt **2.** Sankt-Galler (*auch:* Sankt Galler, *aber nur:* sankt-gallisch) – Bad-Kreuznacher (*auch:* Bad Kreuznacher)

K 148 Nachgestellte Substantive können ohne oder mit Bindestrich stehen ‹§ 52›.	Frankfurt Stadt, *auch:* Frankfurt-Stadt Wiesbaden Süd, *auch:* Wiesbaden-Süd

→ **K 149** 1. Gleichrangige (nebengeordnete) Adjektive kann man zusammen- oder mit Bindestrich schreiben ‹§ 45 (2)›. 2. Nur zusammen schreibt man, wenn der erste Bestandteil im Deutschen nicht selbstständig gebraucht wird ‹§ 36 (2)›.	**1.** die Entwicklung des deutschamerikanischen (*auch:* deutsch-amerikanischen) Schiffsverkehrs – die deutschschweizerischen (*auch:* deutsch-schweizerischen) Verhandlungen **2.** afroamerikanische Beziehungen – die afroamerikanische Kultur – finnougrisch – galloromanisch
Nicht gleichrangige Verbindungen dieser Art schreibt man in der Regel zusammen.	– die deutschamerikanische Literatur (Literatur der Deutschamerikaner) – die schweizerdeutsche Mundart

Sonstige Namen

→ **K 150** Alle zu einem mehrteiligen Namen gehörenden Adjektive, Partizipien, Pronomen und Zahlwörter schreibt man groß ‹§ 60›. Nicht am Anfang des Namens stehende Adjektive werden gelegentlich auch kleingeschrieben ‹§ 60 E_2›.	– der Kleine Bär (Sternbild) – Römisch-Germanisches Museum – Institut für Angewandte Geodäsie – die Hängenden Gärten der Semiramis – Vereinigte Evangelisch-Lutherische Kirche Deutschlands – Institut der deutschen Wirtschaft e. V. – Gesellschaft für musikalische Aufführungs- und mechanische Vervielfältigungsrechte

→ **K 151** **1.** Es gibt Wortgruppen (feste Begriffe), die keine Namen sind, obwohl sie oft als Namen angesehen werden. Hier schreibt man die Adjektive in der Regel klein ‹§ 63›. **2.** Ausnahmen bilden die folgenden Fälle: **a)** Titel und Ehrenbezeichnungen, **b)** Amtsbezeichnungen, **c)** besondere Kalendertage, **d)** historische Ereignisse und Epochen, **e)** fachsprachliche, vor allem botanische und zoologische Bezeichnungen bestimmter Klassifizierungseinheiten ‹§ 64›.	**1.** schwarzer Tee – das schwarze Brett – das olympische Feuer – die angewandten Naturwissenschaften – die singende Säge – ein blauer Brief **2. a)** der Heilige Vater (der Papst) **b)** Erster Staatsanwalt **c)** Tag der Deutschen Einheit **d)** die Französische Revolution – Mittlere Bronzezeit **e)** Schwarzer Holunder (Sambucus nigra) – Nordische Wühlmaus (Microtus oeconomus)

Punkt

Zu weiteren Informationen:
↑Abkürzungen (K 1–6)
↑Anführungszeichen (K 10–11)
↑Klammern (K 99)
Außerdem:
↑Maschinenschreiben und E-Mails (S. 110)

→ **K 152** Der Punkt ist das neutrale Satzschlusszeichen. Er steht nach einem abgeschlossenen [auch mehrteiligen] Ganzsatz ‹§ 67› (sofern dieser nicht durch ein Fragezeichen als Frage ‹§ 70› oder durch ein Ausrufezeichen als besonders nachdrücklich gekennzeichnet ist ‹§ 67 E_2›).

- Es wird Frühling.
- Wir freuen uns auf euren Besuch.
- Wenn du willst, kannst du mitkommen.
- Das geht nicht.
  (*Als Frage:*
  Das geht nicht?
  Mit Nachdruck:
  Das geht nicht!)

Bei Ganzsätzen mit Nebensätzen ist der übergeordnete Satz für die Setzung des Schlusszeichens entscheidend.

- Sie weiß, wann er kommt.
- Weiß sie, wann er kommt?
- Sie sollte doch wissen, wann er kommt!

→ **K 153** Der Punkt steht nicht nach frei stehenden (vom übrigen Text deutlich abgehobenen) Zeilen ‹§ 68›. Das gilt z. B. für:
Überschriften, Buch- und Zeitungstitel ‹§ 86 (1)›
Anschriften in Briefen und auf Umschlägen, Datumszeilen, Grußzeilen, Unterschriften ‹§ 68 (3)›
(Zur Briefanrede vgl. K 132.)

- Der Frieden ist gesichert
  Nach schwierigen Verhandlungen zwischen den Vertragspartnern …
- Jedermann
  Das Spiel vom Sterben des reichen Mannes
- Die Aktion
  Wochenschrift für Politik, Literatur, Kunst
- Herrn
  K. Meier
  Rüdesheimer Straße 29
  65197 Wiesbaden
- Mannheim, den 1. 4. 1999
- Mit herzlichem Gruß
  dein Peter

→ **K 154** Der Punkt steht nach Zahlen, um sie als Ordnungszahlen zu kennzeichnen ‹§ 104›. Steht eine Ordnungszahl mit Punkt am Satzende, so wird kein zusätzlicher Schlusspunkt gesetzt ‹§ 105›.

- Sonntag, den 15. April
- Friedrich II., König von Preußen
- Katharina von Aragonien war die erste Frau Heinrichs VIII.

Schrägstrich

→ **K 155** Der Schrägstrich kann zur Angabe von Größen- oder Zahlenverhältnissen im Sinne von „je" oder „pro" gebraucht werden ‹§ 106 (3)›.	– Wir fuhren durchschnittlich 120 km/h. – 100 Ew./km² (= 100 Einwohner je Quadratkilometer)

→ **K 156** Der Schrägstrich fasst Wörter oder Zahlen zusammen. Das gilt vor allem für **1.** die Angabe mehrerer Möglichkeiten, **2.** die Verbindung von Personen, Institutionen, Orten u. a., **3.** Jahreszahlen oder andere kalendarische Angaben ‹§106 (1)›.	**1.** Ich/Wir überweise[n] von meinem/unserem Konto ... – für Männer und/oder Frauen – die Kolleginnen/Kollegen vom Betriebsrat – unsere Mitarbeiter/-innen – Bestellungen über 50/100/200 Stück **2.** das Wörterbuch von Muret/Sanders – Die Pressekonferenz der CDU/CSU wurde mit Spannung erwartet. – In dieser Bootsklasse siegte die Renngemeinschaft Ratzeburg/Kiel. **3.** 1870/71; im Wintersemester 98/99; so um den 4./5. Mai – der Katalog für Herbst/Winter 1999 – der Herbst/Winter-Katalog, *auch:* Herbst-Winter-Katalog – der Beitrag für März/April/Mai

→ **K 157** Der Schrägstrich gliedert Akten- oder Diktatzeichen o. Ä. ‹§ 106 (2)›.	– M/III/47 – Dr. Dr/Ko – Rechn.-Nr. 1427/98

Semikolon

→ **K 158** Das Semikolon kann zwischen gleichrangigen Sätzen oder Wortgruppen stehen, wo der Punkt zu stark, das Komma zu schwach trennen würde ‹§ 80›. Es kann auch verwendet werden, um zusammengehörige Gruppen in Aufzählungen zu markieren.	– Man kann nicht jede Frage nur mit Ja oder Nein beantworten; oft muss man etwas weiter ausholen. *(Hier könnte statt des Semikolons auch ein Punkt oder ein Komma stehen.)* – Unser Proviant bestand aus gedörrtem Fleisch, Speck und Rauchschinken; Ei- und Milchpulver; Reis, Nudeln und Grieß. *(Hier könnten statt der Semikolons auch Kommas stehen.)*

ss und ß

K 159	
1. Für den stimmlosen s-Laut nach langem Vokal oder Doppellaut (Diphthong) schreibt man ß. **2.** Dies gilt jedoch nur, wenn der s-Laut in allen Beugungsformen stimmlos bleibt und wenn im Wortstamm kein weiterer Konsonant folgt. ⟨§ 23 u. 25⟩. **3.** Für den stimmlosen s-Laut nach kurzem Vokal schreibt man ss. Das gilt auch im Auslaut der Wortstämme ⟨§ 2⟩. **4.** Wörter auf „-nis" und bestimmte Fremdwörter werden nur mit einem s geschrieben, obwohl ihr Plural mit Doppel-s gebildet wird ⟨§ 4 u. 5⟩.	**1.** Blöße, Maße, Maß, grüßen, grüßte, Gruß außer, reißen, es reißt, Fleiß, Preußen *Ausnahmen:* aus, heraus usw. **2.** Haus (*stimmhaftes s in* Häuser) – Gras (*stimmhaftes s in* Gräser) – sauste (*stimmhaftes s in* sausen) – meistens (*folgender Konsonant im Wortstamm*) **3.** Masse, Kongress, wässrig, Erstklässler, dass (Konjunktion) – hassen, ihr hasst – Fluss, Flüsse, – essen, du isst, iss! – Missetat, missachten *Ausnahmen:* das (Pronomen, Artikel), was, des, wes, bis **4.** Zeugnis (*trotz:* Zeugnisse) – Geheimnis (*trotz:* Geheimnisse) – Bus (*trotz:* Busse) – Atlas (*trotz:* Atlasse)

K 160	
1. Fehlt das ß auf der Tastatur eines Computers oder einer Schreibmaschine, schreibt man dafür ss. In der Schweiz kann das ß generell durch ss ersetzt werden ⟨§ 25 E_2⟩. **2.** Auch bei Verwendung von Großbuchstaben steht SS für ß ⟨§ 25 E_3⟩. 3. Bei der Worttrennung wird dieses ss wie andere Doppelkonsonanten behandelt ⟨§ 108⟩.	**1.** Strasse (*statt:* Straße), aussen (*statt:* außen), Fussball (*statt:* Fußball) **2.** STRASSE, AUSSEN, FUSSBALL **3.** Stras-se, aus-sen, Fuss-ball
In Dokumenten kann bei Namen aus Gründen der Eindeutigkeit auch bei Großbuchstaben das ß verwendet werden.	– HEINZ GROßE

Straßennamen

Für die Schreibung der Namen von öffentlichen Straßen, Plätzen, Brücken u. Ä. gelten im Allgemeinen dieselben Regeln wie für sonstige Namen. Abweichende Einzelfestlegungen durch die jeweils zuständigen Behörden kommen jedoch vor.

→ **K 161** Das erste Wort eines Straßennamens wird großgeschrieben, ebenso alle zum Namen gehörenden Adjektive und Zahlwörter ‹§ 60 (2.2)›.	– Im Trutz – Am Alten Lindenbaum – Kleine Bockenheimer Straße – An den Drei Tannen

→ **K 162** **1.** Zusammengesetzte Straßennamen schreibt man zusammen ‹§ 37 (4)›. **2.** Getrennt schreibt man jedoch, wenn eine Ableitung auf „-er" von einem Orts- oder Ländernamen vorliegt ‹§ 38›. **3.** Straßennamen, die mit mehrteiligen Namen zusammengesetzt sind, schreibt man mit Bindestrichen ‹§ 50›.	**1.** Brunnenweg, Bahnhofstraße, Rathausgasse, Bismarckring, Beethovenplatz, Schlossallee – Neumarkt, Langgasse, Hochstraße (*Aber bei gebeugtem Adjektiv:* Neuer Markt, Lange Gasse, Hohe Straße) **2.** Leipziger Straße, Am Saarbrücker Tor, Schweizer Platz, Kalk-Deutzer Straße (*Aber, da keine Ableitungen, sondern selbst auf „-er" endende Orts-, Völker- oder Familiennamen:* Drusweilerweg, Römerplatz, Herderstraße) **3.** Georg-Büchner-Straße, Kaiser-Friedrich-Ring, Van-Dyck-Weg, E.-T.-A.-Hoffmann-Straße, Carl-Maria-von-Weber-Allee, Berliner-Tor-Platz, Am St.-Georgs-Kirchhof, Bad-Kissingen-Straße, Sankt-Blasien-Weg, Von-Repkow-Platz

→ **K 163** Bei der Zusammenfassung mehrerer Straßennamen setzt man einen Ergänzungsstrich, wenn ein Teil einer Zusammensetzung erspart wird ‹§ 98›.	– Ecke [der] Motz- und Kleiststraße – Ecke Motz-/Kleiststraße – Ecke [der] Motz- und Ansbacher Straße – Ecke Motz-/Ansbacher Straße – Ecke [der] Motz- und Albrecht-Dürer-Straße – Ecke Motz-/Albrecht-Dürer-Straße – Ecke [der] Albrecht-Dürer- und Motzstraße – Ecke Albrecht-Dürer-/Motzstraße – Ecke [der] Ansbacher und Motzstraße

Worttrennung

Für die Trennung der Wörter am Zeilenende gibt es zwei Grundprinzipien: Man trennt einfache Wörter nach Sprechsilben, wie sie sich beim langsamen Vorlesen ergeben, und man trennt zusammengesetzte Wörter und Wörter mit Vorsilben nach ihren erkennbaren Bestandteilen.

Dabei können folgende Schwierigkeiten auftreten:

1. Bei mehreren aufeinander folgenden Konsonanten führt auch das langsame Vorlesen nicht immer zu einer eindeutigen Festlegung der Silbengrenze. Deshalb gibt es hier eine „mechanische" Regelung, nach der nur der letzte Konsonant auf die neue Zeile kommt (vgl. K 164). Diese Regel gilt generell bei einheimischen Wörtern; für Fremdwörter ist sie aber in bestimmten Fällen nur eine Kannregel (vgl. K 166).
2. Nicht immer sind die Bestandteile von Zusammensetzungen klar erkennbar. In solchen Fällen ist neben der Trennung nach Bestandteilen auch die Trennung nach Sprechsilben korrekt.

Die Trennung einfacher Wörter

→ **K 164**

1. Mehrsilbige einfache Wörter trennt man so, wie sie sich beim langsamen Vorlesen in Silben zerlegen lassen ‹§ 107›.	**1.** Freun-de, Män-ner, Mül-ler, Mül-le-rin, for-dern, wei-ter, Or-gel, kal-kig, Bes-se-rung, Brau-e-rei, fe-en-haft, Se-en-plat-te – Bal-kon, Bal-ko-ne, Fis-kus, Ho-tel, Pla-net, Kon-ti-nent, Re-mi-nis-zenz, Na-ti-on, Na-ti-o-nen, El-lip-se, po-e-tisch, In-di-vi-du-a-list
2. Ein einzelner Vokal am Wortanfang kann abgetrennt werden. Die Abtrennung eines einzelnen Vokals am Wortende ist jedoch nicht sinnvoll ‹§ 107 E›.	**2.** A-der, E-ber, I-gel, o-der, U-hu, ä-sen, Ö-dem, ü-bel (*nicht:* Au-e, Bo-a usw.)
3. Ein einzelner Konsonant im Wortinneren kommt in der Regel auf die neue Zeile; von mehreren Konsonanten trennt man nur den letzten ab ‹§ 108› (vgl. aber K 166).	**3.** tre-ten, nä-hen, Ru-der, rei-ßen, bo-xen, Ko-kon, Na-ta-li-tät, Kre-ta, Chi-na – An-ker, Fin-ger, war-ten, Fül-lun-gen, Knos-pen, Kat-zen, Städ-ter, neh-men, Ar-sen, Kas-ko, Pek-tin, Un-garn, At-lan-tik, Kas-ten, bes-tens, Hus-ten – kämp-fen, Karp-fen, Drechs-ler, dunk-le, gest-rig, and-re, Bess-rung, schöns-te – be-deu-tends-te
4. Steht ss als Ersatz für ß, dann wird zwischen den beiden s getrennt ‹§ 108›.	**4.** Grüs-se (*statt:* Grü-ße), heis-sen (*statt:* hei-ßen)
Das frühere Verbot der Trennung von st gilt nicht mehr	– las-ten, läs-tig, sechs-te, er brems-te, des Diens-tes, A-kus-tik, Hys-te-rie

→ **K 165** Die Konsonantenverbindungen ch, ck und sch, in Fremdwörtern auch ph, rh, sh und th, bleiben ungetrennt, wenn sie für einen einfachen Laut stehen ‹§ 109›.	– Bü-cher, Zu-cker, ba-cken, Fla-sche – Ma-che-te, Pro-phet, Myr-rhe, Ca-shew-nuss, ka-tho-lisch
Die Doppellaute (Diphthonge) ai, au, äu, ei, eu, oi [gesprochen oy̯] werden nicht abgetrennt. Auch in Wörtern aus dem Französischen bleibt oi [gesprochen o̯a, vor n: o̯ɛ̃] besser ungetrennt. Die stummen Dehnungsbuchstaben e und i werden ebenfalls nicht abgetrennt. Das stumme w in der Namensendung »-ow« wird wie andere Konsonanten behandelt.	– Kai-ser, Trau-ung, Räu-ber, ei-nig, Eu-le, Broi-ler – Cloi-son-né, moi-riert, Poin-te – Wie-se – Coes-feld [*gesprochen* 'ko:s...] – Trois-dorf [*gesprochen* 'tro:s...] – Tel-to-wer Rübchen

→ **K 166** In Fremdwörtern können Konsonantengruppen wie die folgenden ungetrennt bleiben ‹§ 110›: – bl, cl, fl, gl, kl, phl, pl – br, cr, dr, fr, gr, kr, phr, pr, thr, tr, vr – gn, kn	– Pu-bli-kum, *auch* Pub-li-kum – Re-gle-ment, *auch* Reg-le-ment – Zy-klus, *auch* Zyk-lus – Di-plom, *auch* Dip-lom – A-bra-ham, *auch* Ab-ra-ham – Fe-bru-ar, *auch* Feb-ru-ar – Hy-drant, *auch* Hyd-rant – Ar-thri-tis, *auch* Arth-ri-tis – In-dus-trie, *auch* In-dust-rie – Li-vree, *auch* Liv-ree – Ma-gnet, *auch* Mag-net

Die Trennung zusammengesetzter Wörter

→ **K 167** **1.** Zusammengesetzte Wörter und Wörter mit Vorsilben werden nach ihren Bestandteilen getrennt ‹§ 111›. **2.** Die einzelnen Bestandteile trennt man nach den voranstehenden Regeln ‹§ 111 E_1›. 3. Wird ein Wort nicht mehr als Zusammensetzung erkannt oder empfunden, so ist auch die Trennung nach Sprechsilben korrekt ‹§112›.	**1.** Diens-tag, Stadt-staat, Kahl-schlag, tod-schick, Ver-ein, be-stimmt, ge-treu – Sweat-shirt, Hard-ware, Pro-gramm, Ex-press – Neu-stadt, Inns-bruck **2.** Klei-der-schrank, Ho-sen-trä-ger, ge-ra-ten, Ver-gnü-gen – Trans-ak-ti-on, ka-pi-tal-in-ten-siv **3.** wa-rum *oder* war-um – ei-nan-der *oder* ein-an-der – He-li-kop-ter *oder* He-li-ko-pter – in-te-res-sant *oder* in-ter-es-sant – Mai-nau *oder* Main-au

→ **K 168** Trennungen, die den Leseablauf stören oder den Wortsinn entstellen, sollte man vermeiden ‹§ 111 E_2›. Sie sind jedoch nicht falsch.	*Man trennt also besser* – Spar-gelder *statt* Spargel-der – Blut-egel *statt* Blute-gel – be-inhalten *statt* bein-halten

Zahlen und Ziffern

Zu weiteren Informationen:
↑ Bindestrich (K 26 u. 29–31)
↑ Getrennt- und Zusammenschreibung (K 65 u. 66)
↑ Groß- und Kleinschreibung (K 78–80)
Außerdem: ↑ Textverarbeitung (S. 95)

1. Ganze Zahlen aus mehr als drei Ziffern können von der Endziffer aus durch Zwischenräume in dreistellige Gruppen gegliedert werden.	1. 3 000 000 DM – 4 512 richtige Einsendungen – 34 512 zahlende Zuschauer – 134 512 Einwohner
2. Postleitzahlen werden im Allgemeinen nicht gegliedert.	2. 68167 Mannheim
3. Bei Zahlen, die eine Nummer darstellen, sind auch andere Gruppierungen als die Dreiergliederung gebräuchlich.	3. Tel. 70 96 14 – BLZ 500 914 00

Zusammentreffen von drei gleichen Buchstaben

→ **K 169** Treffen bei Zusammensetzungen drei gleiche Buchstaben aufeinander, kann zur besseren Lesbarkeit ein Bindestrich gesetzt werden ‹§ 45 (4)›.	– Kaffeeersatz, *auch* Kaffee-Ersatz – Kunststoffflasche, *auch* Kunststoff-Flasche – Kongressstadt, *auch* Kongress-Stadt – Geschirrreiniger, *auch* Geschirr-Reiniger – Kennnummer, *auch* Kenn-Nummer
Bei der Zusammenschreibung ohne Bindestrich darf keiner der drei Buchstaben entfallen. (Eine Ausnahme bilden die Wörter „dennoch", „Drittel" und „Mittag" ‹§ 4 (8)›.)	Brennnessel, Schifffahrt, schneeerhellt, helllila, grifffest, schnelllebig, stickstofffrei, fetttriefend, Balletttruppe

Textverarbeitung

Die folgenden, nach Schlagwörtern alphabetisch geordneten Hinweise gelten für die Herstellung gedruckter Texte. Moderne Textverarbeitungssysteme nähern sich im hier behandelten Bereich den Möglichkeiten von Satzsystemen immer mehr an, sodass für sie heute dieselben Maßstäbe gelten können. Sofern sie diese nicht erfüllen, gelten die allgemeinen Regeln für das Maschinenschreiben (↑ Maschinenschreiben und E-Mails, S. 105). Um eine problemlose Umwandlung elektronisch gespeicherter Texte in Schriftsatz zu gewährleisten, sollte schon die Texterfassung in Absprache mit der Druckerei erfolgen.

Abkürzungen

Vgl. hierzu auch K 1–6 u. K 28 im Abschnitt »Rechtschreibung und Zeichensetzung«.

1. Am Satzanfang

Abkürzungen, die für mehr als ein Wort stehen, werden am Satzanfang in der Regel nicht verwendet.	*nicht:* Z. B. hat ... M. a. W. ... *sondern:* Zum Beispiel hat ... Mit anderen Worten ...

2. S., Bd., Nr., Anm.

Abkürzungen wie S., Bd., Nr., Anm. sollten nur verwendet werden, wenn ihnen kein Artikel und keine Zahl vorangeht.	S. 5, Bd. 8, Nr. 4, Anm. B *aber:* die Seite 5, der Band 8, die Nummer 4, die Anmerkung B 5. Seite, 8. Band, 4. Nummer.

3. Mehrteilige Abkürzungen

Bei mehrteiligen Abkürzungen wird zwischen den einzelnen Elementen nach dem Punkt ein kleinerer Zwischenraum gesetzt. Die Trennung solcher mehrteiligen Abkürzungen sollte nach Möglichkeit vermieden werden. Ebenso sollten auch abgekürzte Maß- und Währungseinheiten nicht von den dazugehörigen Zahlen getrennt werden. Vgl. auch ↑ Festabstände.	z. B., u. v. a. m., i. V., u. dgl. m. *nicht:* Die Hütte liegt 2 800 m ü. d. M. *sondern:* Die Hütte liegt 2 800 m ü. d. M. *nicht:* Für die Umstellung werden 160 € berechnet. *sondern:* Für die Umstellung werden 160 € berechnet.

Anführungszeichen

Im deutschen Schriftsatz werden im Allgemeinen die Anführungszeichen „…“ und »…« sowie ihre einfachen Formen ‚…‘ und ›…‹ verwendet. Sie stehen ohne Zwischenraum vor und nach den eingeschlossenen Textabschnitten, Wörtern u. a. In anderen Sprachen finden sich: “…”, ‘…’, «…», ‹…›, ”…”, „…”, »…».	„Ja“, sagte er. Sie rief: »Ich komme gleich!«
Bei einzelnen aus fremden Sprachen angeführten Wörtern und Wendungen werden die Anführungszeichen wie im deutschen Text gesetzt.	Der „guardia“ ist so etwas wie ein Abschnittsbevollmächtigter.
Werden dagegen ganze Sätze oder Absätze aus fremden Sprachen zitiert, dann **verwendet man die in dieser Sprache üblichen Anführungszeichen.**	Ein englisches Sprichwort lautet: “Early to bed and early to rise makes a man healthy, wealthy, and wise.” Cavours letzte Worte waren: «Frate, frate! Libera chiesa in libero stato!»
Vgl. auch K 7–K 12 im Abschnitt »Rechtschreibung und Zeichensetzung«.	

Anmerkungszeichen

↑ Fußnoten- und Anmerkungszeichen

Antiqua im Fraktursatz

1. Wörter aus Fremdsprachen

Fremdsprachige Wörter und Wortgruppen, die nicht durch Schreibung, Beugung oder Lautung als eingedeutscht erscheinen, müssen im Fraktursatz in Antiqua gesetzt werden.	en avant, en vogue, allright, in praxi, in petto, a conto, dolce far nienti Agent Provocateur, Tempi passati, Agnus Dei
Dies gilt besonders für die italienischen Fachausdrücke in der Musik.	andante, adagio, moderato, vivace *usw.*
Solche fremdsprachigen Wörter werden aber dann in Fraktur gesetzt, wenn sie in Schreibung, Beugung oder Lautung eingedeutscht sind oder mit einem einheimischen Wort zusammengesetzt werden.	Er ſpielte ein Adagio (*nicht:* adagio). Die Firma leiſtete eine Akontozahlung (*nicht:* A-conto-Zahlung).

2. Bindestriche im gemischten Satz

Treffen bei zusammengesetzten Wörtern Teile in verschiedener Schriftart aufeinander, dann wird der Bindestrich aus der Textschrift gesetzt.	Das sinkende Schiff sandte SOS-Rufe.

Apostroph

Dem Apostroph am Wortanfang geht im Allgemeinen der regelmäßige Wortzwischenraum voran. Vgl. auch K 13–K 16 im Abschnitt »Rechtschreibung und Zeichensetzung«.	aber ’s kam anders so ’n Mann

Auslassungspunkte

Um eine Auslassung in einem Text zu kennzeichnen werden drei Punkte gesetzt. Vor und nach den Auslassungspunkten wird jeweils ein Wortzwischenraum gesetzt, wenn sie für ein selbstständiges Wort oder mehrere Wörter stehen. Bei Auslassung eines Wortteils werden sie unmittelbar an den Rest des Wortes angeschlossen. Am Satzende wird kein zusätzlicher Schlusspunkt gesetzt. Satzzeichen werden ohne Zwischenraum angeschlossen.	Keiner der genannten Paragraphen ... ist im vorliegenden Fall anzuwenden. Sie glaubten in Sicherheit zu sein, doch plötzlich ... Mit »Para...« beginnt das gesuchte Wort. Bitte wiederholen Sie den Abschnitt nach »Wir möchten Sie auffordern ...«

Bindestrich

Der Bindestrich entspricht typographisch dem Trennstrich der jeweiligen Schrift. Vgl. auch K 21–K 31 im Abschnitt »Rechtschreibung und Zeichensetzung«.	Hals-Nasen-Ohren-Arzt, C-Dur-Tonleiter ... Maschendraht- zaun ...

»bis«

↑ Strich für »gegen« und »bis«.

Datum

Bei der traditionellen Datumsangabe mit der Reihenfolge Tag, Monat, Jahr wird ein Punkt nach den Zahlen für Tag und Monat gesetzt. Die Jahresangabe steht ohne Punkt.	Mannheim, den 1.9. 2000
Zwischen Tag und Monat wird ein kleinerer Zwischenraum, vor dem Jahr ein normaler Wortabstand gesetzt. Erfolgt die Jahresangabe nur zweistellig, wird auch davor ein kleiner Zwischenraum gesetzt. Vgl. auch ↑ Festabstände.	am 10.5.63 geboren
Bei Datumsangaben nach DIN 5008 wird durch Trennstriche gegliedert; die Reihenfolge ist dann: Jahr, Monat, Tag. Monat und Tag werden zweistellig angegeben; die Jahresangabe kann vier- oder zweistellig erfolgen.	2000-09-01 01-09-24
Zur Zusammenfassung von aufeinander folgenden oder aus der Geschichte geläufigen Jahreszahlen wird ein Schrägstrich verwendet.	1999/2000 1914/18

Et-Zeichen (&)

Das Et-Zeichen & ist gleichbedeutend mit »und«, darf aber nur bei Firmenbezeichnungen angewendet werden.	C & A Müller & Co. Meyer & Neumann
In allen anderen Fällen steht »u.« als Abkürzung für »und«.	Erscheinungstermin für Bd. I u. II die Hochzeit von Lisa u. Heinz

Festabstände

Festabstände sind nicht variable, meist kleinere Zwischenräume zwischen Zeichen. Sie dienen sowohl der Ästhetik als auch der besseren Lesbarkeit von Texten, indem sie Zusammengehöriges verbinden oder Unübersichtliches gliedern. Ihre Eingabe lässt sich – heute auch am Personalcomputer – mit einer Trennungssperre verbinden, sodass auf diese Weise verbundene Zeichen beim Schriftsatz nicht auseinander gerissen werden können. Festabstände werden beispielsweise verwendet bei Abkürzungen, beim Datum, bei der Gliederung von Nummern, bei Paragraphzeichen, Rechenzeichen und Zahlen.	v. l. n. r. d. Gr. F. D. P. 28. 8. 2003 16. 12. 04 Tel. (0 62 81) 43 91 § 17 ff. 6 + 2 = 8 7 513 499 €

Formeln

Mathematische, physikalische und chemische Formeln sollten nach Möglichkeit eingerückt und freigestellt werden sowie ungetrennt bleiben. Ist eine Trennung der Formel unvermeidlich, dann darf nur am Gleichheitszeichen (oder einem ähnlichen Zeichen wie ≡, ≈, ≤ oder ~), wenn nötig auch an einem Rechenzeichen umbrochen werden.	$CH_2{=}CHCl$ $10^{-6} = \frac{1}{1\,000\,000}$ $= 0{,}000\,001$

Fußnoten- und Anmerkungszeichen

Als Fußnoten- und Anmerkungszeichen sind heute fast nur noch hochgestellte Ziffern ohne Klammern üblich.	Die verschiedenen Holzsorten[1] werden mit Spezialklebern[2] verarbeitet und später längere Zeit[3] getrocknet. [1] Zum Beispiel Fichte, Eiche, Buche. [2] Vorwiegend Zweikomponentenkleber. [3] Etwa 4 bis 6 Wochen.
Treffen Fußnotenzeichen mit Satzzeichen zusammen, gilt folgende Grundregel: Wenn sich die Fußnote auf den ganzen Satz bezieht, steht die Ziffer nach dem schließenden Satzzeichen; wenn die Fußnote sich nur auf das unmittelbar vorangehende Wort oder eine unmittelbar vorangehende Wortgruppe bezieht, steht die Ziffer vor dem schließenden Satzzeichen.	Im Tagungsbericht heißt es, der Vortrag behandele »einige Aspekte der Internetkommunikation«.[1] [1] Das Skript finden Sie auch auf unserer Homepage. *(Anmerkung zu dem ganzen Satz.)* Im Tagungsbericht heißt es, der Vortrag behandele »einige Aspekte der Internetkommunikation«[1]. [1] Tagungsbericht S. 12. *(Stellenangabe für das Zitat.)* Im Tagungsbericht heißt es, der Vortrag behandele »einige Aspekte der Internetkommunikation[1]«. [1] Bes. das Sprachverhalten in E-Mails. *(Anmerkung zu einem einzelnen Wort des Zitats.)*

Gedankenstrich

Der Gedankenstrich ist länger als der Bindestrich und in der Regel kürzer als das Minuszeichen. Gesetzt wird er mit vorausgehendem und folgendem Wortabstand. Er soll nach Möglichkeit nicht am Zeilenanfang stehen. Vgl. auch ↑Streckenstrich, ↑Strich bei Währungsangaben, ↑Strich für »gegen« und »bis«; K 43–K 46 im Abschnitt »Rechtschreibung und Zeichensetzung«.	Diese Frau – ich habe sie schon vor vielen Jahren kennen gelernt – hat eine außergewöhnliche Begabung.

»gegen«

↑Strich für »gegen« und »bis«

Genealogische Zeichen

Aus Raumspargründen können genealogische Zeichen in entsprechenden Texten verwendet werden.	* = geboren (geb.); (*) = außerehelich geboren; †* = tot geboren; *† = am Tag der Geburt gestorben; ∼ = getauft (get.); o = verlobt (verl.); ∞ = verheiratet (verh.); o|o = geschieden (gesch.); o-o = außereheliche Verbindung; † = gestorben (gest.); ⚔ = gefallen (gef.); □ = begraben (begr.); ▯ = eingeäschert

Gliederung von Nummern

Telefonnummern, Faxnummern und Postfachnummern werden, von der letzten Ziffer ausgehend, in Zweiergruppen durch einen kleinen Zwischenraum gegliedert.	14 28 1 14 23 17 09 14
Durchwahlnummern werden mit Bindestrich angeschlossen.	234-01 (Zentralnummer) 23 45-6 93
Vorwahlnummern und Netzkennzahlen stehen in runden Klammern und werden ebenfalls in Zweiergruppen gegliedert.	(0 62 81) 43 91 (01 72) 3 70 14 58
Internationale Telefonnummern und Faxnummern werden ohne Klammern gesetzt. Die doppelte Null wird durch ein + wiedergegeben.	+49 61 51 89 0 +49 30 26 01 12 31
Kontonummern bestehen aus maximal zehn Ziffern. Sie können von der Endziffer aus jeweils in Dreiergruppen gegliedert werden.	8 582 404 1843 462 527
Häufig erfolgt keine Gliederung durch Zwischenräume.	8582404 1843462527
Bankleitzahlen bestehen aus acht Ziffern. Sie werden von links nach rechts in zwei Dreiergruppen und eine Zweiergruppe gegliedert.	670 409 20
Die ISBN (Internationale Standardbuchnummer) besteht aus Landes-, Verlags-, Artikelnummer und Reihenschlüssel. Diese vier Angaben werden durch Divis (Bindestrich) oder Zwischenraum voneinander getrennt.	ISBN 3-411-00911-X ISBN 3-7610-9301-2 ISBN 3 406 06780 8
Postleitzahlen werden nicht gegliedert.	68167 Mannheim
Vgl. auch ↑ Festabstände, ↑ Zahlen.	

Gradzeichen

Bei Temperaturangaben steht zwischen der Zahl und dem Gradzeichen ein Zwischenraum; der Kennbuchstabe der Temperaturskala folgt ohne weiteren Zwischenraum.	−3 °C +17 °C
Bei anderen Gradangaben wird das Gradzeichen ohne Zwischenraum an die Zahl angeschlossen.	ein Winkel von 30° 50° nördlicher Breite

Hervorhebung von Eigennamen

↑ Schriftauszeichnung

Klammern

↑ Zusätze in Wortverbindungen

Ligaturen

Ligaturen fassen Buchstaben zu einem Zeichen zusammen. Sie dienen der besseren Lesbarkeit. Wenn sie verwendet werden, muss dies innerhalb eines Druckwerks einheitlich geschehen. Ligaturen sind im Bleisatz üblich, können aber auch von manchen elektronischen Satzsystemen erzeugt werden. Typische Ligaturen (bei Verwendung von Antiqua-Schriften) sind: **ff, fi, fl,** zum Teil auch **ft, ch, ck**	schaffen, schafft, erfinden, Pfiff, abflauen, Leidenschaft, heftig
Eine Ligatur wird nur gesetzt, wenn die Buchstaben im Wortstamm zusammengehören.	
Keine Ligatur steht zwischen Wortstamm und Endung (Ausnahme: fi).	ich schaufle, ich kaufte, höflich; *aber:* streifig, affig
Keine Ligatur steht in der Wortfuge von Zusammensetzungen.	Schaffell, Kaufleute, Schilfinsel
In Zweifelsfällen wird die Ligatur entsprechend der Gliederung des Wortes nach Sprechsilben gesetzt.	Rohstofffrage, Schifffahrt, knifflig, schafften
Schließt eine Abkürzung mit zwei Buchstaben, die eine Ligatur bilden können, dann wird diese angewendet.	Aufl. (*aber:* Auflage), gefl. (*aber:* gefällig, gefälligst)

Fremdsprachige Ligaturen wie Œ, œ, Æ, æ werden als ein Zeichen betrachtet. Im Fraktursatz werden die nebenstehenden Ligaturen gebraucht. (Die Ligatur ß gilt als ein Buchstabe.) Für die Anwendung dieser Ligaturen gilt das oben Gesagte. In gesperrter Schrift werden ch, ck und tz nicht mitgesperrt. Die Ligaturen fi und ſi werden wie Antiqua-fi behandelt.	ch, ck, ff, fi, fl, ft, ll, ſch, ſi, ſſ, ſt, tz

Namen
↑ Schriftauszeichnung (1)

Nummerngliederung
↑ Gliederung von Nummern

Paragraphzeichen

In Verbindung mit einer nachgestellten Zahl wird das Wort Paragraph unter Verwendung eines kleineren, festen Zwischenraums als Zeichen § wiedergegeben.	§ 9 § 17 ff. der § 17
Zwei Paragraphzeichen (§§) kennzeichnen den Plural.	§§ 10 bis 15, §§ 10–15 die §§ 10 bis 15, die §§ 10–15
Ohne Zahlenangabe wird das Wort Paragraph ausgeschrieben.	Der entsprechende Paragraph wurde geändert.
Vgl. auch ↑ Festabstände, ↑ Zahlen.	

Prozent- und Promillezeichen

Vor dem Prozent- und dem Promillezeichen wird ein kleinerer, fester Zwischenraum gesetzt.	25 % 0,5 ‰
Der Zwischenraum entfällt bei Ableitungen.	ein 25%iger Umsatzrückgang

Rechenzeichen

Rechenzeichen werden zwischen den Zahlen mit kleinerem Zwischenraum gesetzt.	$6+2=86$ $6-2=4$ $6 \cdot 2=12$; $6 \times 2=12$ $6:2=3$
Vorzeichen werden aber ohne Zwischenraum (kompress) gesetzt. Vgl. auch ↑ Formeln.	$-2a$ $+15$

Satzzeichen in der Hervorhebung

↑ Schriftauszeichnung (2)

Schriftauszeichnung

Die wichtigsten Schriftauszeichnungen sind: halbfette und kursive Schrift, Versalien und Kapitälchen. Darüber hinaus wird auch gesperrte Schrift verwendet.

1. Hervorhebung von Eigennamen

Bei der Hervorhebung von Eigennamen wird das Genitiv-s mit hervorgehoben. Die Ableitung -sche usw. wird dagegen aus der Grundschrift gesetzt.	*Meyers* Lexikon, **Meyers** Lexikon, Meyers Lexikon, M e y e r s Lexikon der *virchow*sche Versuch, der **virchow**sche Versuch, der virchowsche Versuch, der v i r c h o w sche Versuch

2. Satzzeichen und Klammern

Satzzeichen und Klammern werden – auch am Ende eines ausgezeichneten Textteils – in der Regel in der Auszeichnungsschrift gesetzt. Ausnahmen aus ästhetischen Gründen sind möglich.	**anstrengend:** *ermüdend, strapaziös:* eine anstrengende Arbeit. **Vieraugen[fische],** **Vieraugen**[**fische**]
Wird ein gemischt gesetzter Textteil von Klammern eingeschlossen, so werden im Allgemeinen beide Klammern aus der Grundschrift gesetzt. Überwiegt die gerade Schrift in der Klammer, so werden beide Klammern gerade gesetzt.	(xxx *xxx* xxx) (*xx* xxxxx *xx*)

Beginnt oder endet ein Text unterschiedlich mit kursivem oder gerade stehendem Text, so werden beide Klammern gerade gesetzt.	(*xxx* xxx xxx) (xxx xxx *xxx*)
Ist kursiver Text eingeklammert, werden auch die Klammern kursiv gesetzt; das nachfolgende Satzzeichen kann kursiv oder gerade gesetzt werden.	xxx *(xxxxx);* xxx *(xxxxx)*?
Divis, Gedankenstrich und das Gleichheitszeichen in Verbindung mit halbfetter oder fetter Schrift werden immer halbfett bzw. fett gesetzt.	

3. Sperren

Die Satzzeichen werden im Allgemeinen mit gesperrt.	W a r u m ? D a r u m !
Allerdings gilt dies in der Regel nicht für den Punkt und die Anführungszeichen. Auch Zahlen werden nicht gesperrt.	D e r T a g e s a u s s t o ß b e t r ä g t 10000 S t ü c k.

s-Laute im ´Fraktursatz

Das s der Antiqua wird in der Fraktur (sog. *deutsche Schrift*) durch ſ oder s wiedergegeben. Für ß steht ß, für ss im Inlaut steht ſſ. Näheres wird in den folgenden Richtlinien geregelt.

1. Das lange ſ

Für Antiqua-s im Anlaut einer Silbe steht langes ſ.	ſagen, ſehen, ſieben, ſezieren, Heldenſage, Höhenſonne, Erbſe, Rätſel, wachſen, kleckſen; leſen, Roſe, Baſis, Friſeur, Muſeum; Mikroſkop; Manuſkript, Proſzenium
Das gilt auch dann, wenn ein sonst im Silbenanlaut stehender s-Laut durch den Ausfall eines unbetonten e in den Auslaut gerät.	auserleſne (*für:* auserleſene), ich preiſ (*für:* ich preiſe), Verwechſlung (*für:* Verwechſelung); Wechſler (*zu:* wechſeln)
In Zusammensetzungen mit trans-, deren zweiter Bestandteil mit einem s beginnt, ist das s von trans (trans-) meist ausgefallen. Deshalb steht hier ſ.	tranſpirieren, tranſzendent, Tranſkription (*aber:* transſibiriſch, Transſubſtantiation)
In polnischen Namen wird der Laut [sch] durch ſz (nicht ß oder sz) wiedergegeben; das ſ steht auch in der Endung -ſki (nicht: -ski).	Lukaſzewſki
Das lange ſ steht in den Buchstabenverbindungen ſch, ſp, ſt.	ſchaden, Fiſch, maſchinell; Knoſpe, Weſpe, Veſper; geſtern, Herbſt, Optimiſt, er lieſt
Kein ſ steht aber, wenn in Zusammensetzungen s + ch, s + p und s + t zusammentreffen.	Zirkuschef, Lackmuspapier, Dispens, transparent, Dienstag, Preisträger

2. Das Schluss-s

Für Antiqua-s im Auslaut einer Silbe steht Schluss-s.	dies, Gans, Maske, Muskel, Riesling, Klausner, bösartig, Desinfektion, ich las, aus, als, bis; Dienstag, Donnerstag, Ordnungsliebe, Häschen; Kindes, Vaters, welches; Gleichnis, Kürbis, Globus, Atlas, Kirmes; Kubismus, Arabeske, Ischias, Schleswig
Dasselbe gilt für -sk in bestimmten Fremdwörtern.	brüsk, grotesk, Obelisk
In skandinavischen Personennamen, die auf -ſen oder -ſon enden, wird der vorangehende s-Laut mit Schluss-s gesetzt.	Gulbransſen, Jonasſon

3. Das ſſ

Für Doppel-s der Antiqua im Inlaut steht ſſ.	Maſſe, Miſſetat, Flüſſe, Diſſertation, Aſſeſſor, Gleichniſſe
Kein ſſ steht aber, wenn in Zusammensetzungen s + s zusammentreffen.	Ausſatz, desſelben, Reisſuppe, transſilvaniſch

4. Sonderregelung zu ſs

Das nach der Neuregelung der Rechtschreibung häufiger zu schreibende Doppel-s im Auslaut sollte im Fraktursatz aus ästhetischen Gründen mit ſs wiedergegeben werden.	Schuſs, ich muſs, laſs

Sperren

↑Schriftauszeichnung

ss/ß

1. Im deutschsprachigen Satz

In der Schweiz wird das ß generell durch ss wiedergegeben. Diese Regelung darf sonst im deutschsprachigen Satz nur angewendet werden, wenn in einer Schrift oder einem Zeichensatz das ß nicht vorhanden ist. Manuskripte ohne ß müssen deshalb den Regeln entsprechend umgesetzt werden.	
Stößt für ß verwendetes ss innerhalb eines Wortes mit s zusammen, dann werden drei s gesetzt.	Fusssohle, Reissschiene, massstabgerecht
Will man nur Großbuchstaben verwenden, so wird das ß durch SS wiedergegeben	STRASSE, MASSE (*für:* Maße)
Vgl. auch K 159 f. im Abschnitt »Rechtschreibung und Zeichensetzung«.	

2. Im fremdsprachigen Satz

Wenn ein deutsches Wort mit ß latinisiert wird oder wenn ein deutscher Name mit ß im fremdsprachigen Satz erscheint, dann bleibt das ß erhalten.	Weißenburg – der Codex Weißenburgensis Madame Aßmann était à Paris.

Streckenstrich

Bei Streckenangaben wird der Gedankenstrich als Streckenstrich gesetzt. Strich und Ortsbezeichnungen werden dabei ohne Zwischenraum miteinader verbunden, d. h. kompress gesetzt. Vgl. ↑Gedankenstrich.	Berlin–Leipzig Köln–München

Strich bei Währungsangaben

Der Gedankenstrich kann bei glatten Währungsbeträgen statt der Ziffern hinter dem Komma stehen. Vgl. ↑Gedankenstrich.	25,– DM *neben* 25,00 DM *oder* 25 DM

Strich für »gegen« und »bis«

Als Zeichen für »gegen« und »bis« findet der Gedankenstrich Verwendung. Für »gegen« (z. B. in Sportberichten) wird er mit Zwischenraum gesetzt.	Schalke 04 – Eintracht Frankfurt 3 : 3 Fernandez/Zwerewa – Novotna/Sanchez 2:0
Für »bis« wird er ohne Zwischenraum (kompress) gesetzt.	Das Buch darf 10–12 Mark kosten. Sprechstunde 8–11, 14–16 Uhr 1991–94
Bei Hausnummern kann auch der Schrägstrich stehen.	Burgstraße 14–16 Burgstraße 14/16
Das »bis«-Zeichen sollte nicht mit anderen Strichen zusammentreffen. Am Zeilenende oder -anfang ist statt des Striches das Wort »bis« auszusetzen, ebenso in der Verbindung »von ... bis«.	*nicht:* vier-–fünfmal *sondern:* vier- bis fünfmal

Uhrzeit

Für die Uhrzeit sind im deutschsprachigen Raum verschiedene Schreibweisen mit Ziffern üblich. Vgl. auch S. 110.	Es ist 9 Uhr, 17:30 Uhr, 0.12 Uhr. Das Spiel beginnt um 19^{30} Uhr. 14.31.52 Uhr, 00:25:35 Uhr

Unterführungszeichen

Das Unterführungszeichen wird im Schriftsatz unter die Mitte des zu unterführenden Wortes gesetzt. Die Unterführung gilt auch für Bindestrich und Komma. Zahlen dürfen nicht unterführt werden.	Hamburg-Altona „ Finkenwerder „ Fuhlsbüttel „ Blankenese 1 Regal, 50 x 80 cm mit Rückwand 1 „ 50 x 80 cm ohne „
Ist mehr als ein Wort zu unterführen, so wird das Unterführungszeichen auch dann unter jedes einzelne Wort gesetzt, wenn die Wörter nebeneinander stehend ein Ganzes bilden.	Unterlauterbach b. Treuen „ „ „
In der Schweiz wird als Unterführungszeichen das schließende Anführungszeichen der Schweizer Form (») verwendet.	Basel-Stadt » Land

Zahlen

Zahlen mit mehr als drei Stellen links oder rechts des Kommas werden unter Verwendung eines kleineren Zwischenraums vom Komma ausgehend in 3-stellige Gruppen gegliedert.	7 162 354,53 DM 0,372 18 g
Bei 4-stelligen Zahlen hat sich neben der Schreibung mit Zwischenraum auch die ohne eingebürgert.	5 340 *neben* 5340
Jahreszahlen, Seiten- und Paragraphenangaben sind nicht zu gliedern.	
Die Zahlen vor Zeichen und Abkürzungen von Maßen, Gewichten, Geldsorten usw. sind in Ziffern zu setzen.	21,5 kg 6 DM 14 1/2 cm
Besteht die Ziffer vor einer Einheit oder die Einheit aus nur einem Zeichen, ist ein kleinerer Zwischenraum zu setzen. Die Trennung von Ziffer und Einheit sollte vermieden werden.Setzt man solche Bezeichnungen aus, dann kann die Zahl in Ziffern oder in Buchstaben gesetzt werden.	2 Mark *oder:* zwei Mark (*nicht:* zwei DM)
Bei Ableitungen mit Zahlen wird kein Zwischenraum hinter die Zahl gesetzt.	5%ig, ein 32stel, eine 70er-Bildröhre
Vgl. auch ↑Datum, ↑Festabstände, ↑Gliederung von Nummern, ↑Rechenzeichen, ↑Uhrzeit.	

Zeichen

↑ Et-Zeichen, ↑ Genealogische Zeichen, ↑ Gradzeichen, ↑ Paragraphzeichen, ↑ Prozent- und Promillezeichen, ↑ Rechenzeichen

Ziffern

↑ Gliederung von Nummern, ↑ Uhrzeit, ↑ Zahlen

Zusätze in Wortverbindungen

Erklärende Zusätze innerhalb von Wortverbindungen werden in Klammern gesetzt (vgl. dazu K 98 im Abschnitt »Rechtschreibung und Zeichensetzung«).	Gemeinde(amts)vorsteher (= Gemeindevorsteher oder Gemeindeamtsvorsteher), *aber:* Gemeinde-(Amts-)Vorsteher (= Gemeindevorsteher oder Amtsvorsteher); Privat-(Haus-)Briefkasten, Magen-(und Darm-)Beschwerden, Ostende-Belgrad-(Tauern-)Express, *aber ohne Klammer:* Fuhr- u. a. Kosten
In Wörterverzeichnissen werden Erklärungen oft mithilfe von eckigen Klammern zusammengezogen.	[Gewebe]streifen (= Gewebestreifen und auch: Streifen)

Maschinenschreiben und E-Mails

Die folgenden Empfehlungen beruhen weitgehend auf DIN 5008. Sie sollten grundsätzlich auch beim Verfassen elektronischer Mitteilungen beachtet werden, soweit die dafür zur Verfügung stehenden ASCII-Zeichen dies erlauben.

Zu weiteren Informationen: ↑Textverarbeitung (S. 89–104)

Abkürzungen

Nach Abkürzungen folgt ein Leerschritt
Das gilt auch für mehrere aufeinander folgende Wörter, die jeweils mit einem Punkt abgekürzt sind.
	`.... desgl. ein paar Strümpfe ...`
	`... z. B. ein Zeppelin ...`
	`... Hüte, Schirme, Taschen u. a. m.`

Anrede und Gruß in Briefen

Anrede und Grußformel werden vom übrigen Brieftext durch jeweils eine Leerzeile abgesetzt.	`Sehr geehrter Herr Schmidt,`
	
	`gestern erhielten wir ihre Nachricht vom ... Wir würden uns freuen, Sie bald hier begrüßen zu können.`
	
	`Mit freundlichen Grüßen`
	`Kraftwerk AG`

Anschrift

Anschriften auf [nicht elektronischen] Postsendungen werden durch Leerzeilen gegliedert. Man unterteilt hierbei wie folgt:
 	
[Art der Sendung];
 	
[Firmen]name;
Postfach oder Straße und Hausnummer [Wohnungsnummer];
 	
Postleitzahl, Bestimmungsort
 	
[Bestimmungsland]
	`Einschreiben`
	
	`Bibliographisches Institut &`
	`F. A. Brockhaus AG`
	`Dudenstraße 6`
	
	`68167 Mannheim`
	
	`Herrn`
	`Helmut Schildmann`
	`Jenaer Straße 18 a`
	
	`99425 Weimar`

Die Postleitzahl wird nicht ausgerückt, der Bestimmungsort nicht unterstrichen. Bei Postsendungen ins Ausland empfiehlt die Deutsche Post, Bestimmungsort und Bestimmungsland (ohne vorangehende Leerzeile) in Großbuchstaben zu schreiben. Das früher übliche Voranstellen des Landeskennzeichens vor die Postleitzahl des Bestimmungsortes (z. B. A- für Österreich) wird nicht mehr empfohlen. In der Schweiz sollte grundsätzlich auf die Leerzeile über dem Bestimmungsort verzichtet werden. Am Zeilenende stehen keine Satzzeichen; eine Ausnahme bilden Abkürzungspunkte sowie die zu Kennwörtern o. Ä. gehörenden Anführungs-, Ausrufe- oder Fragezeichen. Bei E-Mails besteht die international standardisierte Adresse aus dem Empfängernamen, dem Zeichen @ und der organisatorischen oder geographischen Kennung des Rechnerstandortes. Leerzeichen (Blanks) werden nicht gesetzt; als Abgrenzungszeichen dienen Punkt, Bindestrich oder Unterstrich. Die Umlaute ä, ö, ü werden als ae, oe, ue geschrieben; ß wird durch ss ersetzt.	Frau Maria Baeren Münsterplatz 8 3000 BERN Herrn Major a. D. Kurt Meier Postfach 90 10 98 60450 Frankfurt am Main Reisebüro Bauer Kennwort ,Ferienlotterie' Postfach 70 96 14 1121 WIEN ÖSTERREICH c_mueller@klinikum.rwth-aachen.de

Ausrufezeichen

↑ Satzzeichen

Bindestrich

Als Ergänzungsstrich steht der Bindestrich unmittelbar vor oder nach dem zu ergänzenden Wortteil. Bei der Kopplung oder Aneinanderreihung gibt es zwischen den verbundenen Wörtern oder Schriftzeichen und dem Bindestrich ebenfalls keine Leerschritte. Darüber hinaus findet der Bindestrich Verwendung als Trennstrich bei der Worttrennung, als Gedankenstrich, als Rechenzeichen und als Strich für Strecken, »bis« und »gegen«.	Laub- und Nadelbäume Eisengewinnung und -verarbeitung Textilgroß- und -einzelhandel Hals-Nasen-Ohren-Arzt St.-Martins-Kirche C-Dur-Tonleiter Berlin-Schöneberg Hawaii-Insel UKW-Sender

Datum

Das nur in Zahlen angegebene Datum wird im Allgemeinen ohne Leerschritte durch Punkte gegliedert. Tag und Monat sollten jeweils zweistellig angegeben werden. Die im deutschsprachigen Raum übliche Reihenfolge ist: Tag, Monat, Jahr. Nach DIN 5008 soll (gemäß internationaler Norm) durch Mittestrich gegliedert werden; die Reihenfolge ist dann: Jahr, Monat, Tag. Schreibt man den Monatsnamen in Buchstaben, so schlägt man zwischen den Angaben je einen Leerschritt an.	24.08.2001 24.08.01 2001-08-24 01-08-24 24. August 2001 24. Aug. 2001

Doppelpunkt

↑ Satzzeichen

Einheitenzeichen

Einheitenzeichen werden mit einem Leerschritt hinter der Ziffer geschrieben.	Höchstgewicht: 2 kg ein Luftdruck von 998 hPa

Einrücken

↑ Hervorhebungen

Fehlende Zeichen

Auf der Tastatur fehlende Zeichen können in einigen Fällen durch Kombinationen anderer Zeichen ersetzt werden: Die Umlaute ä, ö, ü kann man als ae, oe, ue schreiben. Das ß kann durch ss wiedergegeben werden. Besonders im internationalen E-Mail-Verkehr kann der Verzicht auf Umlaute, Sonderzeichen (z. B. Akzente) und ß sinnvoll sein, da diese Zeichen oft nicht angemessen auf dem Empfängerbildschirm wiedergegeben werden.	südlich – suedlich SÜDLICH – SUEDLICH mäßig – maessig Fußsohle – Fusssohle

Fragezeichen

↑ Satzzeichen

Gradzeichen

Bei Winkelgraden wird das Gradzeichen unmittelbar an die Zahl angehängt.
Bei Temperaturgraden ist (vor allem in fachsprachlichem Text) nach der Zahl ein Leerschritt anzuschlagen; das Gradzeichen steht dann unmittelbar vor der Temperatureinheit.
	`ein Winkel von 30°`
	`eine Temperatur von 30 °C`
	`Nachttemperaturen um -3 °C`

Grußformel

↑ Anrede und Gruß in Briefen

Hervorhebungen

Hervorhebungen sind möglich durch Einrücken, Zentrieren, Anführungszeichen, Unterstreichen, Sperren und Großbuchstaben. Moderne Schreibmaschinen ermöglichen auch fette und kursive Schrift sowie Wechsel der Schriftart.
Einrücken und Zentrieren sind bei E-Mail-Texten nicht sinnvoll.
Beim Unterstreichen werden Wortzwischenräume und Satzzeichen mit unterstrichen.
Beim Sperren werden vor und nach der Sperrung je 3 Leerschritte angeschlagen. Bis auf Punkt und Anführungszeichen werden Satzzeichen, Bindestrich und Trennstrich mitgesperrt. Zahlen werden grundsätzlich nicht gesperrt.
	`Wir werden auf alle Fälle kommen.`
	`Vorsicht, Glas!`
	
	`Diese Übungen finden immer`
	`nur m o n t a g s statt.`

Hochgestellte Zahlen

Hochzahlen und Fußnotenziffern werden ohne Leerschritt angeschlossen.	eine Entfernung von 10^8 Lichtjahren ein Gewicht von 10^{-6} Gramm Nach einer anderen Quelle[4] hat es diesen Mann nie gegeben.

Klammern

Klammern schreibt man ohne Leerschritt vor und nach den Textabschnitten, Wörtern, Wortteilen oder Zeichen, die von ihnen eingeschlossen werden.	Das neue Serum (es wurde erst vor kurzem entwickelt) hat sich sehr gut bewährt. Der Grundbetrag (12 DM) wird angerechnet. Lehrer(in) für Deutsch gesucht.

Komma

↑ Satzzeichen

Paragraphzeichen

Das Paragraphzeichen wird nur in Verbindung mit darauf folgenden Zahlen gebraucht. Es ist durch einen Leerschritt von der zugehörigen Zahl getrennt.	Wegen eines Verstoßes gegen § 21 StVO werden Sie ...

Prozentzeichen

Das Prozentzeichen ist durch einen Leerschritt von der zugehörigen Zahl zu trennen. Der Leerschritt entfällt bei Ableitungen.	Bei Barzahlung 3,5 % Rabatt. Der Verlust beträgt 8 %. eine 10%ige Erhöhung

Rechenzeichen

Die Rechenzeichen +, −, · oder ×, :, = werden mit vorausgehendem und folgendem Leerschritt geschrieben, + und − als Vorzeichen ohne folgenden Leerschritt.	333 + 67 = 400 3 · 67 = 201 67 - 77 = -10 +15 -2a

Satzzeichen

Die Satzzeichen Punkt, Komma, Semikolon, Doppelpunkt, Fragezeichen und Ausrufezeichen werden ohne Leerschritt an das vorangehende Wort oder Schriftzeichen angehängt. Das nächste Wort folgt nach einem Leerschritt.	Wir haben noch Zeit. Gestern, heute und morgen. Am Mittwoch reise ich ab; mein Vertreter kommt nicht vor Freitag. Es muss heißen: Hippologie. Wie muss es heißen? Hör doch zu!

Schrägstrich

Vor und nach dem Schrägstrich wird im Allgemeinen kein Leerschritt angeschlagen. Der Schrägstrich kann als Bruchstrich verwendet werden; er steht außerdem bei Diktat- und Aktenzeichen sowie bei zusammengefassten Jahreszahlen.	`2/3, 3 1/4 % Zinsen`
	`Aktenzeichen c/XII/14`
	`Ihr Zeichen: Dr/Ls`
	`Er begann sein Studium im Wintersemester 1998/99.`

Semikolon

↑ Satzzeichen

Sperren

↑ Hervorhebungen

ss/ß

↑ Fehlende Zeichen

Strich für Strecken, »bis« und »gegen«

Als Zeichen für Strecken, »bis« und »gegen« wird der längere Mittestrich, ersatzweise der Bindestrich mit einem Leerschritt vor und nach den Angaben verwendet.	`ICE Frankfurt – Kassel`
	`10 – 20 DM`
	`Borussia Dortmund – VfB Stuttgart`

Uhrzeit

Stunden, Minuten und gegebenenfalls Sekunden können mit Punkten gegliedert werden. Ziffern und Punkte werden ohne Leerschritt geschrieben. Nach DIN 5008 wird mit dem Doppelpunkt gegliedert; jede Zeiteinheit ist zweistellig anzugeben. Vor und nach dem Doppelpunkt wird kein Leerschritt angeschlagen.	`7.00 Uhr,` `16.45 Uhr,`
	`0.23 Uhr,` `23.14.37 Uhr`
	
	`07:00 Uhr`
	`23:14:37 Uhr`

Umlaut

↑ Fehlende Zeichen

Unterführungen

Unterführungszeichen stehen jeweils unter dem ersten Buchstaben des zu unterführenden Wortes. Zahlen dürfen nicht unterführt werden. Ein übergeordnetes Stichwort, das in Aufstellungen wiederholt wird, kann durch den Bindestrich ersetzt werden. Er steht unter dem ersten Buchstaben des Stichwortes. In E-Mail-Texten sind Unterführungen nicht sinnvoll.	Duden, Band 2, Stilwörterbuch '' '' 5, Fremdwörterbuch '' '' 7, Herkunftswörter- buch 1 Hängeschrank mit Befestigung 1 Regalteil '' '' 1 '' ohne Rückwand 1 '' '' Zwischenwand Nachschlagewerke; deutsche und fremdsprachige Wörterbücher -; naturwissenschaftliche und technische Fachbücher -; allgemeine Enzyklopädien -; Atlanten

Unterstreichen

↑ Hervorhebungen

Worttrennung

Zur Worttrennung wird der Bindestrich ohne Leerschritt an den Wortteil angehängt. In Mitteilungen, die zur elektronischen Übertragung bestimmt sind, sollte auf die Eingabe von Worttrennungen verzichtet werden.	... Vergiss- meinnicht ...

Zahlen

Zahlen mit mindestens vier Stellen können durch Verwendung des Leerschritts oder mit Punkten von rechts beginnend in dreistellige Gruppen gegliedert werden. Vgl. auch ↑ Hochgestellte Zahlen	33 468 927 33.468.927 1 000 000 DM 1.000.000 DM

Textkorrektur

Hauptregeln

Jedes eingezeichnete Korrekturzeichen ist auf dem Rand zu wiederholen. Die erforderliche Änderung ist rechts neben das wiederholte Korrekturzeichen zu ~~zeich~~en, sofern dieses nicht (wie ⌐, ⊐) für sich selbst spricht.

Korrekturzeichen müssen den Korrekturstellen schnell und eindeutig zugeordnet werden können. Darum ist es bei großer Fehlerdichte wichtig, verschiedene, frei zu wählende Korrekturzeichen – gegebenenfalls auch in verschiedenen Farben – zu benutzen.

usw.

Wichtigste Korrekturzeichen nach DIN 16 511

Andere Schrift oder Schriftgröße wird verlangt, indem man die betreffende Stelle unterstreicht und auf dem Rand die gewünschte Schrift, Schriftart (fett, kursiv usw.) oder die gewünschte Schriftgröße (8p, 9p usw.) oder beides (8p fett, 9p kursiv usw.) vermerkt. Gewünschte Kursivschrift wird oft nur durch eine Wellenlinie unter dem Wort und auf dem Rand bezeichnet. Versehentlich falsch Hervorgehobenes wird ebenfalls UNTERSTRICHEN; die Anweisung auf dem Rand lautet dann: »Grundschrift« oder »gewöhnlich«.

Fälschlich aus anderen Schriften gesetzte Buchstaben (Zwiebelfische) werden durchgestrichen und auf dem Rand zweimal unterstrichen.

Falsche Buchstaben oder **Wörter** werden durchgestrichen und auf dem Rönd durch die richtigen ersetzt.

Falsche Trennungen werden am Ende der Zeile und am folgenden Zeilehanfang angezeichnet.

Wird nach **Streichung eines Bindestrichs** oder **Buchstabens** die Schreibung der verbleibenden Teile zweifelhaft, dann wird außer dem Tilgungs-zeichen die Zusammennschreibung durch einen Doppelbogen, die Getrenntschreibung durch das Zeichen ⌉ angezeichnet, z. B. blendend·weiß.

Fehlende Buchstaben werden angezeichnet, indem der vorangehnde oder folgende uchstabe durchgestrichen und zusammen mit dem fehlenden wiederholt wird. Es kann auch das ganze Wrt oder die Silbe durchgestichen und auf dem Rand berichtigt werden.

Fehlende Wörter (Leichen) werden in der Lücke durch Winkelzeichen ⌈ gemacht und auf dem Rand angegeben.
Bei größeren Auslassungen wird auf die Manuskriptseite verwiesen. Die Stelle ist auf der Manuskriptseite zu kennzeichnen.

Diese Presse bestand aus ⌈ befestigt war.

Zu tilgende Buchstaben oder **Wörter** werden durchgestrichen unnd auf auf dem Rand durch ₰ (für: deleatur, d. h. »es werde getilgt«) angezeichnet.

Fehlende oder **zu tilgende** ,**Satzzeichen** werden wie fehlende oder zu tilgende Buchstaben angezeichne

Verstellte Buchstaben werden durchgesrtichen und auf dem Rand in der richtigen Reihenfolge angegeben.
Verstellte Wörter durch werden das Umstellungszeichen gekennzeichnet.

Die Wörter werden bei größeren Umstellungen beziffert.
Ist die Verstellung schlecht zu überschauen, empfiehlt es sich, den verstellten Text ganz zu tilgen und ihn auf dem Korrekturrand zu wiederholen.
Verstellte Zahlen sind immer ganz durchzustreichen und in der richtigen Ziffernfolge auf den Rand zu schreiben, z. B. 1684.

Für unleserliche oder **zweifelhafte Manuskriptstellen,** die noch nicht blockiert sind, sowie für noch **zu ergänzenden Text** wird vom Korrektor eine Blockade verlangt, z. B.:

Hyladen sind Insekten mit unbeweglichem Prothorax (s. S. ...).

Sperrung oder **Aufhebung einer Sperrung** wird wie beim V e r l a n g e n einer anderen Schrift durch Unterstreichung gekennzeichnet.

Fehlender Wortzwischenraumwird mit ⌋ bezeichnet. **Zu weiter Zwischenraum** wird durch ⊤, zu enger Zwischenraum durchangezeichnet. Soll ⊤ ein **Zwischenraum ganz wegfallen,** so wird dies durch zwei Bogen ohne Strich ange deutet.

Fehlender Zeilenabstand (Durchschuss) wird durch einen zwischen die Zeilen gezogenen Strich mit nach außen offenem Bogen angezeichnet.
Zu großer Zeilenabstand (Durchschuss) wird durch einen zwischen die Zeilen gezogenen Strich mit einem nach innen offenen Bogen angezeichnet.

Ein **Absatz** wird durch das Zeichen im Text und auf dem Rand verlangt:

Die ältesten Drucke sind so gleichmäßig schön ausgeführt, dass sie die schönste Handschrift übertreffen. Die älteste Druckerpresse scheint von der, die uns Jost Amman im Jahre 1568 im Bilde vorführt, nicht wesentlich verschieden gewesen zu sein.

Das Anhängen eines Absatzes verlangt man durch eine den Ausgang mit dem folgenden Text verbindende Linie:

Die Presse bestand aus zwei senkrechten Säulen, die durch ein Gesims verbunden waren.
In halber Manneshöhe war auf einem verschiebbaren Karren die Druckform befestigt.

Zu tilgender Einzug erhält am linken Rand das Zeichen, am rechten Rand das Zeichen, z. B.:

Die Buchdruckerpresse ist eine faszinierende Maschine, deren kunstvollen
Mechanismus nur der begreift, der selbst daran gearbeitet hat.

Fehlender Einzug wird durch möglichst genau bezeichnet, z. B. (wenn der Einzug um ein Geviert verlangt wird):

... über das Ende des 14. Jahrhunderts hinaus führt keine Art des Metalldruckes.
Der Holzschnitt kommt in Druckwerken ebenfalls nicht vor dem 14. Jahrhundert vor.

Aus Versehen falsch Korrigiertes wird rückgängig gemacht, indem man die Korrektur auf dem Rand durchstreicht und Punkte unter die fälschlich korrigierte Stelle setzt. über

Ligaturen (zusammengezogene Buchstaben) werden verlangt, indem man die fälschlich einzeln nebeneinander gesetzten Buchstaben durchstreicht und auf dem Rand mit einem Bogen darunter wiederholt, z. B. Schiff. ff
Fälschlich gesetzte Ligaturen werden durchgestrichen, auf dem Rand wiederholt und durch einen Strich getrennt, z. B. Auflage. f|l

Weitere Empfehlungen

Kammen in oiner Zeele mehrere Fehler vor, dann erhalten sie ihrer Reihenfolge nach verschiedene Zeichen. Für ein und denselben falschen Buchstaben wird aber nur ein Korrekturzeichen verwendet, das om Rond mehrfoch vor den richtigen Buchstaben gesetzt wird. o e i a

Fehlende Zeilen signalisiert man mit am linken Textrand zwischen vorangehender und folgender Zeile.

erste Zeile
dritte Zeile
zweite Zeile

Bei der Korrektur ist auf **zu häufige Trennungen** hinzuweisen, die die Setzerei nach Möglichkeit durch Umsetzen verringern sollte. Bei langen Zeilen sollten nicht mehr als 3, bei kurzen (z. B. im Wörterbuch oder Lexikon) nicht mehr als 5 Trennungen aufeinander folgen.

mmmmmmmmmmmmm-
mmmmmmmmmmmmm-
mmmmmmmmmmmmm- 6 Trennungen
mmmmmmmmmmmmm-
mmmmmmmmmmmmm-
mmmmmmmmmmmmm-

Bei der Korrektur sollten auch **sinnentstellende** und **unschöne Trennungen** aufgelöst werden, um einen mühelosen Lesefluss zu gewährleisten. Zu diesem Zweck darf im Flattersatz das Zeichen verwendet werden, im Blocksatz sind die umzustellenden Zeichen zu umkreisen und mit einer Schleife zu versetzen.

Spargel-
der

Walzer-
zeugnisse

bein-
halten

Steuerer-
hebung

Vergleichsten-
min

Wasserstoffio-
nen

Mit Randvermerken wird auf eine umfangreiche Korrektur hingewiesen, die rechts neben dem Text zu viel Platz einnehmen würde.

siehe oben
siehe unten
siehe Anlage

Der **auf Mitte zu setzende Punkt,** z. B. der Multiplikationspunkt bei mathematischem Satz, wird mit nebenstehendem Zeichen angegeben.

Verstellte Zeilen werden mit waagerechten Randstrichen versehen und in der richtigen Reihenfolge nummeriert, z. B.:

Sah ein Knab' ein Röslein stehn, 1
lief er schnell, es nah zu sehn, 4
war so jung und morgenschön, 3
Röslein auf der Heiden, 2
sah's mit vielen Freuden. 5

Goethe 6

In den neuen Bundesländern übliche Korrekturzeichen

In den neuen Bundesländern werden neben den Zeichen der DIN-Norm häufig auch Korrekturzeichen verwendet, die bis 1990 in der DDR nach dem Standard TGL 0-16511 gültig waren. Dies gilt vor allem für die folgenden Fälle:

Mit dem Zeichen _ _ _ werden zu sperrende Wörter oder Wortteile unterstrichen. Das Zeichen wird auf dem Rand wiederholt. _ _ _ _

Einfügungen in Form eines Wortes oder mehrerer Wörter werden durch eins der Zeichen ⋁ ⋁‾ ⋁ ⋁ ⋁‾ kenntlich gemacht; der fehlende Textteil wird neben das auf ⋁‾ Rand wiederholte Zeichen geschrieben. ⋁‾ dem
Soll ein Wortteil, ein Wort oder eine Gruppe von Wörtern in eine andere Zeile gestellt werden, so wird der umzustellende Text umrandet mit und einem Pfeil an die gewünschte Stelle geführt.
Sollen Zeilen oder ganze Abschnitte umgestellt werden, so erfasst man von der aus ein Pfeil zur richtigen Stelle führt. Das Zeichen ist am sie seitlich (in der Regel am linken Satzrand) mit einer Klammer, rechten Rand zu wiederholen.
Als Exponenten oder Indizes zu setzende Ziffern werden wie folgt gekennzeichnet: Exponent 1. Ordnung mit dem Zeichen ⋁, Exponent 2. Ordnung mit dem Zeichen ⩔ (das Zeichen wird unter die Ziffer oder unter den Buchstaben gesetzt):

exn (e^{x^n})

Index 1. Ordnung mit Zeichen ∧, Index 2. Ordnung mit dem Zeichen ⩓ (das Zeichen wird über die Ziffer oder über den Buchstaben gesetzt):

H2O, yn3 (H_2O, y_{n_3})

Korrekturzeichen aus dem Bleisatz

Beschädigte Buchstaben werden durchgestrichen und auf dem Rand einmal unterstrichen.

Um **unleserliche Textpassagen, verschmutzte Buchstaben** und **zu stark erscheinende Stellen** wird eine Linie gezogen. Dieses Zeichen wird auf dem Rand wiederholt.

Auf dem Kopf stehende Buchstaben ▮ (Fliegenköpfe) werden durchgestrichen und auf dem Rand durch die richtigen ersetzt. Dies gilt auch für quer stehende und umgedrehte Buchstaben. Ls ⌈h

Spieße, d. h. im Satz mitgedruckter Ausschluss, Durchschuss oder ebensolche Quadrate, werden unterstrichen und auf dem▮Rand durch # angezeigt. #

Nicht Linie haltende Stellen werden durch über und unter der Zeile gezogene parallele Striche angezeichnet.

Das griechische Alphabet

Buchstabe	Name
Α, α	Alpha
Β, β	Beta
Γ, γ	Gamma
Δ, δ	Delta
Ε, ε	Epsilon
Ζ, ζ	Zeta
Η, η	Eta
Θ, θ	Theta

Buchstabe	Name
Ι, ι	Jota
Κ, κ	Kappa
Λ, λ	Lambda
Μ, μ	My
Ν, ν	Ny
Ξ, ξ	Xi
Ο, ο	Omikron
Π, π	Pi

Buchstabe	Name
Ρ, ρ	Rho
Σ, σ, ς	Sigma
Τ, τ	Tau
Υ, υ	Ypsilon
Φ, φ	Phi
Χ, χ	Chi
Ψ, ψ	Psi
Ω, ω	Omega

Transkription und Transliteration griechischer Buchstaben

I Griechischer Buchstabe
II ISO-Transkription[1]
III ISO-Transliteration[1]

I	II	III
α	a	a
αι	ai	ai
αυ[2]	av	au
αυ[3]	af	au
β[4]	v	v
γ	g	g
γγ	ng	gg
γκ	gk	gk
γχ[5]	nch	gh
δ	d	d
ε	e	e
ει	ei	ei

I	II	III
ευ[2]	ev	eu
ευ[3]	ef	eu
ζ	z	z
η[6]	i	ī, i¯
θ	th	th
ι	i	i
κ	k	k
λ	l	l
μ	m	m
ν	n	n
ξ	x	x
ο	o	o

I	II	III
οι	oi	oi
ου	ou	ou
π	p	p
ρ	r	r
σ, ς[7]	s	s
τ	t	t
υ	y	y
φ[8]	f	f
χ	ch	ch
ψ	ps	ps
ω	o	ō, o¯

[1] Nach ISO 843: 1997 (E); weitere Angaben s. dort.
[2] Vor β, γ, δ, ζ, λ, μ, ν, ρ und Vokalen.
[3] Vor θ, κ, ξ, π, σ, τ, φ, χ, ψ und am Wortende.
[4] In klassischen Texten und traditionell meist als b wiedergegeben.
[5] In klassischen Texten und traditionell als gch wiedergegeben.
[6] In klassischen Texten und traditionell meist als ē wiedergegeben.
[7] σ steht am Wortanfang und im Wortinnern, ς steht am Wortende.
[8] In klassischen Texten und traditionell als ph wiedergegeben.

Transkription und Transliteration kyrillischer Buchstaben (für die russische Sprache)

I Kyrillischer Buchstabe
II Aussprachenahe Transkription
III Transliteration nach DIN 1460

I	II	III
А, а	a	a
Б, б	b	b
В, в	w	v
Г, г	g	g
Д, д	d	d
Е, е	e, je[1]	e
Ё, ё	jo	ë
Ж, ж	sch	ž
З, з	s	z
И, и	i	i
Й, й	i[2]	j[2]

I	II	III
К, к	k	k
Л, л	l	l
М, м	m	m
Н, н	n	n
О, о	o	o
П, п	p	p
Р, р	r	r
С, с	s	s
Т, т	t	t
У, у	u	u
Ф, ф	f	f

I	II	III
Х, х	ch	ch
Ц, ц	z	c
Ч, ч	tsch	č
Ш, ш	sch	š
Щ, щ	schtsch	šč
Ы, ы	y	y
Ь, ь	Weich-heits-zeichen	’
Э, э	e	ė
У, у	ju	ju
Я, я	ja	ja

[1] je steht am Wortanfang, nach russischem Vokalbuchstaben und nach dem Weichheitszeichen.
[2] Entfällt nach И, и.

Die Umsetzung der Rechtschreibreform durch die deutschsprachigen Nachrichtenagenturen

»Die deutschsprachigen Nachrichtenagenturen haben am 16. Dezember 1998 in Frankfurt einvernehmlich nach intensiver Beratung beschlossen, die Reform der deutschen Rechtschreibung weitestgehend und in einem Schritt umzusetzen. Wichtigstes Ziel war, die Rechtschreibung im Sinne der (gemeinsamen) Kunden nicht nur einheitlich, sondern auch eindeutig festzulegen. Die Notwendigkeit der Eindeutigkeit ergibt sich vor allem daraus, dass die eingesetzten elektronischen Systeme bei der Nutzung von Schreibvarianten in ihren Suchfunktionen behindert würden. Zudem müssen Schreibweisen ›mit einem Blick‹ optisch identifiziert und zugeordnet werden können.

[...] An der Erarbeitung des Beschlusses waren die deutschsprachigen Nachrichtenagenturen (AFP, AP, dpa, ddpADN, epd, KNA, Reuters, sid, vwd, APA [Österreich] und SDA [Schweiz]) gleichberechtigt beteiligt.

[...] Die Umstellung auf die neue Rechtschreibung wird seitens der Agenturen am 1. August 1999 erfolgen.«

(Zitiert nach einer Verlautbarung der deutschsprachigen Nachrichtenagenturen vom 21. Juni 1999).

In der folgenden Übersicht sind zunächst die Regelungen zusammengefasst, in denen die Nachrichtenagenturen aus mehreren zulässigen Schreibweisen grundsätzlich eine bestimmte Variante bevorzugen:

- Beim Aufeinandertreffen von drei gleichen Vokalen in zusammengesetzten Wörtern wird generell ein Bindestrich gesetzt (z. B. Armee-Einheit, Kaffee-Ersatz, Tee-Ernte).
- In Fremdwörtern aus lebenden Sprachen soll die herkunftsnahe Schreibweise beibehalten werden (z. B. Ketchup, Portemonnaie, Spaghetti).
- Fremdwörter aus toten Sprachen (Latein, Altgriechisch) werden in neuer Schreibung verwendet, wenn sie allgemein gebräuchlich sind (z. B. Typografie, Megafon, substanziell). Werden sie dagegen überwiegend in fachsprachlichem Zusammenhang gebraucht, bleibt es bei der herkömmlichen Schreibung (z. B. demographisch, homophon, Photosynthese).
- Bei mehrteiligen substantivisch gebrauchten Zusammensetzungen aus dem Englischen werden die folgenden Varianten bevorzugt:
  - Fügungen, die aus Substantiven bestehen, werden mit Bindestrich geschrieben (z. B. Centre-Court, Job-Sharing, Moto-Cross).

- Fügungen aus einem Verb und einer Präposition oder einem Adverb werden bis auf einige Ausnahmen zusammengeschrieben (z. B. Blackout, Comeback, Layout; Ausnahmen: Go-in, Know-how, Make-up).
- Fügungen aus Adjektiv und Substantiv werden getrennt geschrieben (z. B. Fast Food, Joint Venture, Common Sense).

- Superlative mit »aufs« werden großgeschrieben (z. B. aufs Beste, aufs Schönste). Adverbiell oder präpositional verwendete Fügungen aus Präposition und Substantiv werden in der Regel getrennt geschrieben (z. B. an Stelle, auf Seiten, mit Hilfe, zu Gunsten).

- Im Bereich der Zeichensetzung bleiben die Nachrichtenagenturen bei den bisherigen Regelungen, die auch weiterhin zulässig sind.

Nachstehend sind die Fälle aufgeführt, in denen die Nachrichtenagenturen der neuen Rechtschreibung *nicht* folgen:

- Die so genannten vertraulichen Anredepronomen und die zugehörigen Possessivpronomen werden großgeschrieben (z. B. Du, Dir, Euch, Ihr).

- Von Personennamen abgeleitete Adjektive auf -[i]sch werden groß- und ohne Apostroph geschrieben (z. B. das Ohmsche Gesetz, die Goetheschen Gedichte, der Archimedische Punkt).

- Bei fest gebrauchten Bezeichnungen aus Adjektiv und Substantiv wird das Adjektiv in bestimmten Fällen auch dann großgeschrieben, wenn keine Eigennamen vorliegen und die Bezeichnungen nicht zu den in § 64 des amtlichen Regelwerks genannten Gruppen gehören (z. B. die Aktuelle Stunde, die Erste Hilfe, die Gelbe Karte, das Gelbe Trikot, der Goldene Schnitt, der Große Lauschangriff, der Grüne Punkt, der Heilige Krieg, die Hohe Schule, die Neuen Medien, das Olympische Feuer, die Rote Karte, der Schnelle Brüter, das Schwarze Brett, die Schwarze Magie).

Vergleichende Gegenüberstellung alter und neuer Schreibungen

Die folgende Liste umfasst häufig gebrauchte Neuschreibungen; zur Verdeutlichung sind die Stichwörter gelegentlich in einen typischen Kontext eingebettet. Die Liste soll einen ersten Überblick geben, sie kann die ausführliche Darstellung im Wörterverzeichnis nicht ersetzen. Neue Schreibvarianten, die nach dem amtlichen Wörterverzeichnis künftig als bevorzugte Schreibungen gelten sollen, sind mit einem * gekennzeichnet. Zu allen Fragen der alten und neuen Worttrennungen finden sich im Abschnitt »Rechtschreibung und Zeichensetzung« unter K 164–168 ausführliche Informationen.

A alt – neu

[gestern, heute, morgen] abend – [gestern, heute, morgen] Abend
Ablaß – Ablass
absein – ab sein
Abszeß – Abszess
abwärtsgehen – abwärts gehen
in acht nehmen – in Acht nehmen
außer acht lassen – außer Acht lassen
achtgeben – Acht geben
8jährig – 8-jährig
der/die 8jährige – der/die 8-Jährige
8mal – 8-mal
über Achtzig – über achtzig
Mitte [der] Achtzig – Mitte [der] achtzig
Adreßbuch – Adressbuch
After-shave – Aftershave
und/oder ähnliches (u. ä./o. ä.) – und/oder Ähnliches (u. Ä./o. Ä.)
alleinerziehend – allein erziehend
alleinstehend – allein stehend
im allgemeinen – im Allgemeinen
allgemeingültig – allgemein gültig
allgemeinverständlich – allgemein verständlich
allzuoft; allzusehr; allzuviel – allzu oft; allzu sehr; allzu viel
Alptraum – *auch:* Albtraum
als daß – als dass
für alt und jung – für Alt und Jung
beim alten lassen – beim Alten lassen
andersdenkend – anders denkend
andersgeartet – anders geartet
aneinandergeraten – aneinander geraten
aneinanderreihen – aneinander reihen
angepaßt – angepasst
jmdm. angst machen – jmdm. Angst machen
anheimfallen – anheim fallen
anheimstellen – anheim stellen
Anlaß – Anlass
im argen liegen – im Argen liegen
bei arm und reich – bei Arm und Reich
As – Ass
aufeinanderfolgen – aufeinander folgen
aufeinandertreffen – aufeinander treffen
aufrauhen – aufrauen
aufsein – auf sein
auf seiten – aufseiten, *auch:* auf Seiten
aufwärtsgehen – aufwärts gehen
aufwendig – *auch:* aufwändig
auseinandergehen – auseinander gehen
auseinanderhalten – auseinander halten
aussein – aus sein
außerstande – *auch:* außer Stande

B alt – neu

Ballettänzerin – Balletttänzerin, *auch:* Ballett-Tänzerin
jmdm. [angst und] bange machen – jmdm. [Angst und] Bange machen

Baß – Bass
Baßsänger – Basssänger, *auch:* Bass-Sänger
behende – behände
Behendigkeit – Behändigkeit
beieinandersitzen – beieinander sitzen
beisammensein – beisammen sein
belemmert – belämmert
jeder beliebige – jeder Beliebige
ich will im besonderen erwähnen ... – ich will im Besonderen erwähnen ...
bessergehen – besser gehen
es ist das beste, wenn ... – es ist das Beste, wenn ...
aufs beste geregelt sein – *auch:* aufs Beste geregelt sein
zum besten geben/haben/halten – zum Besten geben/haben/halten
das erste beste – das erste Beste
bestehenbleiben – bestehen bleiben
Bestelliste – Bestellliste, *auch:* Bestell-Liste
um ein beträchtliches höher – um ein Beträchtliches höher
Bettuch [zu Bett] – Betttuch, *auch:* Bett-Tuch
bewußt – bewusst
in bezug auf – in Bezug auf
Biographie – *auch:* Biografie*
Biß – Biss
bißchen – bisschen
Blackout – *auch:* Black-out*
blankpoliert – blank poliert
blaß – blass
blaugestreift – blau gestreift
bläulichgrün – bläulich grün
bleibenlassen – bleiben lassen
blondgefärbt – blond gefärbt
im bösen wie im guten – im Bösen wie im Guten
Boß – Boss
braungebrannt – braun gebrannt
des langen und breiten – des Langen und Breiten
breitgefächert – breit gefächert
Brennessel – Brennnessel, *auch:* Brenn-Nessel
brütendheiß – brütend heiß

C alt – neu

Centre Court – Centrecourt*, *auch:* Centre-Court
Choreographie – *auch:* Choreografie*
Common sense – Commonsense*, *auch:* Common Sense
Corpus delicti – Corpus Delicti
Countdown – Countdown, *auch:* Count-down*

D alt – neu

dabeisein – dabei sein
dahinterkommen – dahinter kommen
darauffolgend – darauf folgend
dasein – da sein
daß – dass
datenverarbeitend – Daten verarbeitend
Delikateßgurke – Delikatessgurke
Delphin – *auch:* Delfin
wir haben derartiges nicht bemerkt – wir haben Derartiges nicht bemerkt
dessenungeachtet – dessen ungeachtet
des weiteren – des Weiteren
auf deutsch – auf Deutsch
diät leben – Diät leben
dichtgedrängt – dicht gedrängt
Differential – *auch:* Differenzial*
dortbleiben – dort bleiben
draufsein – drauf sein
jeder dritte – jeder Dritte
drückendheiß – drückend heiß
Du *[in Briefen]* – du
im dunkeln tappen/bleiben – im Dunkeln tappen/bleiben
dünnbesiedelt – dünn besiedelt
durcheinanderbringen – durcheinander bringen

E alt – neu

ebensogut – ebenso gut
ebensosehr – ebenso sehr
an Eides Statt – an Eides statt
sein eigen nennen – sein Eigen nennen
sich zu eigen machen – sich zu Eigen machen
einbleuen – einbläuen
aufs eindringlichste warnen – *auch:* aufs Eindringlichste warnen
das einfachste ist, wenn ... – das Einfachste ist, wenn ...
Einlaß – Einlass
der/die/das einzelne kann ... – der/die/das Einzelne kann ...
jeder einzelne von uns – jeder Einzelne von uns
der/die/das einzige wäre ... – der/die/das Einzige wäre ...
kein einziger war gekommen – kein Einziger war gekommen
eislaufen – Eis laufen
Eisschnellauf – Eisschnelllauf
engbedruckt – eng bedruckt
nicht im entferntesten beabsichtigen – nicht im Entferntesten beabsichtigen
die erdölexportierenden Länder – die Erdöl exportierenden Länder
Erlaß – Erlass
ernstgemeint – ernst gemeint
ernstzunehmend – ernst zu nehmend
der erste, der gekommen ist – der Erste, der gekommen ist
fürs erste – fürs Erste
zum ersten, zum zweiten, zum dritten – zum Ersten, zum Zweiten, zum Dritten
die Erste Hilfe – die erste Hilfe
das erstemal – das erste Mal
zum erstenmal – zum ersten Mal
Erstkläßler – Erstklässler
essentiell – *auch:* essenziell*
Eßlöffel – Esslöffel
existentiell – *auch:* existenziell*
Exposé – *auch:* Exposee*

F alt – neu

fahrenlassen – fahren lassen
Fairneß – Fairness
Fair play – Fairplay*, *auch:* Fair Play
fallenlassen – fallen lassen
Faß – Fass
faßbar – fassbar
du faßt – du fasst
Fast food – Fastfood*, *auch:* Fast Food
feingemahlen – fein gemahlen
fernliegen – fern liegen
fertigbringen – fertig bringen
fertigstellen – fertig stellen
festangestellt – fest angestellt
fettgedruckt – fett gedruckt
Fitneß – Fitness
das Bier floß in Strömen – das Bier floss in Strömen
Fluß – Fluss
flüssigmachen – flüssig machen
Flußschiffahrt – Flussschifffahrt, *auch:* Fluss-Schifffahrt
die Haare fönen – die Haare föhnen
folgendes ist zu beachten – Folgendes ist zu beachten
wie im folgenden erläutert – wie im Folgenden erläutert
frischgebacken – frisch gebacken
fritieren – frittieren
Full-time-Job – Fulltimejob*, *auch:* Full-Time-Job
funkensprühend – Funken sprühend
Fußballänderspiel – Fußballländerspiel, *auch:* Fußball-Länderspiel

G alt – neu

im großen und ganzen – im Großen und Ganzen
Gäßchen – Gässchen
gefangenhalten – gefangen halten
gefangennehmen – gefangen nehmen
gefaßt – gefasst

es ist das gegebene, schnell zu handeln – es ist das Gegebene, schnell zu handeln
gegeneinanderstoßen – gegeneinander stoßen
gehaßt – gehasst
geheimhalten – geheim halten
gehenlassen – gehen lassen
gutgelaunt – gut gelaunt
Gemse – Gämse
genaugenommen – genau genommen
genausogut; genausowenig – genauso gut; genauso wenig
Genuß – Genuss
genußsüchtig – genusssüchtig
Geographie – *auch:* Geografie
gepaßt – gepasst
frisch gepreßter Saft – frisch gepresster Saft
geradestellen – gerade stellen
es geht ihn nicht das geringste an – es geht ihn nicht das Geringste an
nicht im geringsten stören – nicht im Geringsten stören
geringschätzen – gering schätzen
Geschoß – Geschoss *[in Österreich mit ß]*
gestern abend/morgen/nacht – gestern Abend/Morgen/Nacht
gestreßt – gestresst
getrenntlebend – getrennt lebend
Gewinnummer – Gewinnnummer, *auch:* Gewinn-Nummer
gewiß – gewiss
gewußt – gewusst
glattgehen – glatt gehen
das gleiche tun – das Gleiche tun
aufs gleiche hinauskommen – aufs Gleiche hinauskommen
gleichlautend – gleich lautend
die Goetheschen Dramen – die goetheschen Dramen, *auch:* die Goethe'schen Dramen
gräßlich – grässlich
Greuel – Gräuel
grobgemahlen – grob gemahlen
ein Programm für groß und klein – ein Programm für Groß und Klein
im großen und ganzen – im Großen und Ganzen
groß schreiben *[mit großem Anfangsbuchstaben]* – großschreiben
Guß – Guss
es im guten versuchen – es im Guten versuchen
gutgehen – gut gehen
gutgelaunt – gut gelaunt
gutgemeint – gut gemeint
guttun – gut tun

H alt – neu

haltmachen – Halt machen
Handout – *auch:* Hand-out*
hängenbleiben – hängen bleiben
hängenlassen – hängen lassen
Happy-End – Happyend*, *auch:* Happy End
hartgekocht – hart gekocht
Haß – Hass
häßlich – hässlich
du haßt – du hasst
nach Hause, zu Hause – *in Österreich und in der Schweiz auch:* nachhause, zuhause
haushalten – *auch:* Haus halten
heiligsprechen – heilig sprechen
heißgeliebt – heiß geliebt
helleuchtend – hell leuchtend
hellicht – helllicht
heute abend/mittag/nacht – heute Abend/Mittag/Nacht
hierbleiben – hier bleiben
hierlassen – hier lassen
hiersein – hier sein
High-Society – Highsociety*, *auch:* High Society
hilfesuchend – Hilfe suchend
hintereinanderschalten – hintereinander schalten

hofhalten – Hof halten
Hosteß – Hostess
Hot dog – Hotdog*, *auch:* Hot Dog

I alt – neu

auch Ihr seid eingeladen *[in Briefen]* – auch ihr seid eingeladen
im allgemeinen – im Allgemeinen
im besonderen – im Besonderen
Imbißstand – Imbissstand, *auch:* Imbiss-Stand
im einzelnen – im Einzelnen
im nachhinein – im Nachhinein
imstande – *auch:* im Stande
im übrigen – im Übrigen
im voraus – im Voraus
im vorhinein – im Vorhinein
in bezug auf – in Bezug auf
ineinanderfließen – ineinander fließen
in Frage stellen/kommen – *auch:* infrage stellen/kommen
instand halten/setzen – *auch:* in Stand halten/setzen
irgend etwas – irgendetwas
irgend jemand – irgendjemand

J alt – neu

ja sagen – *auch:* Ja sagen*
2jährig, 3jährig, 4jährig ... – 2-jährig, 3-jährig, 4-jährig ...
ein 2jähriger, 3jähriger, 4jähriger kann das nicht verstehen – ein 2-Jähriger, 3-Jähriger, 4-Jähriger kann das nicht verstehen
jedesmal – jedes Mal
Job-sharing – Jobsharing*, *auch:* Job-Sharing
Joghurt – *auch:* Jogurt
Joint-venture – Jointventure*, *auch:* Joint Venture
für jung und alt – für Jung und Alt

K alt – neu

Kaffee-Ersatz – *auch:* Kaffeeersatz
kaltlächelnd – kalt lächelnd
Känguruh – Känguru
Karamel – Karamell
Kaßler – Kassler
Katarrh – *auch:* Katarr
kegelschieben – Kegel schieben
kennenlernen – kennen lernen
Kennummer – Kennnummer, *auch:* Kenn-Nummer
keß – kess
Ketchup – *auch:* Ketschup*
sich über etwas im klaren sein – sich über etwas im Klaren sein
klarsehen – klar sehen
klarwerden – klar werden
bis ins kleinste geregelt – bis ins Kleinste geregelt
ein Staat im kleinen – ein Staat im Kleinen
für groß und klein – für Groß und Klein
kleingedruckt – klein gedruckt
kleinschneiden – klein schneiden
klein schreiben *[mit kleinem Anfangsbuchstaben]* – kleinschreiben
es wäre das klügste, wenn ... – es wäre das Klügste, wenn ...
Knockout – *auch:* Knock-out*
kochendheiß – kochend heiß
Kommißstiefel – Kommissstiefel, *auch:* Kommiss-Stiefel
Kommuniqué – *auch:* Kommunikee
Kompaß – Kompass
Kompromiß – Kompromiss
Kongreßstadt – Kongressstadt, *auch:* Kongress-Stadt
Kontrollampe – Kontrolllampe, *auch:* Kontroll-Lampe
kopfstehen – Kopf stehen
krank schreiben – krankschreiben
kraß – krass
Kreppapier – Krepppapier, *auch:* Krepp-Papier

krummnehmen – krumm nehmen
Kunststoffolie – Kunststofffolie, *auch:* Kunststoff-Folie
den kürzeren ziehen – den Kürzeren ziehen
kürzertreten – kürzer treten
kurzgebraten – kurz gebraten
kurzhalten – kurz halten
Kuß; Küßchen – Kuss; Küsschen
du/er/sie küßt – du/er/sie küsst

L alt – neu

etwas des langen und breiten erklären – etwas des Langen und Breiten erklären
langgestreckt – lang gestreckt
läßlich – lässlich
du läßt – du lässt
zu Lasten – *auch:* zulasten
laubtragende Bäume – Laub tragende Bäume
auf dem laufenden sein – auf dem Laufenden sein
laufenlassen – laufen lassen
Layout – *auch:* Lay-out*
leerstehend – leer stehend
leichtfallen – leicht fallen
leichtmachen – leicht machen
leichtverderblich – leicht verderblich
leichtverständlich – leicht verständlich
jmdm. leid tun – jmdm. Leid tun
der letzte, der gekommen ist – der Letzte, der gekommen ist
als letzter fertig sein – als Letzter fertig sein
das letzte, was sie tun würde – das Letzte, was sie tun würde
letzteres trifft zu – Letzteres trifft zu
zum letztenmal – zum letzten Mal
liebhaben – lieb haben
liegenbleiben – liegen bleiben
liegenlassen – liegen lassen

M alt – neu

2mal, 3mal, 4mal … – 2-mal, 3-mal, 4-mal …
maschineschreiben – Maschine schreiben
maßhalten – Maß halten
meßbar – messbar
Meßdiener – Messdiener
die metallverarbeitende Industrie – die Metall verarbeitende Industrie
Midlife-crisis – Midlifecrisis*, *auch:* Midlife-Crisis
millionenmal – Millionen Mal
nicht im mindesten – *auch:* nicht im Mindesten
mißachten; Mißbrauch; Mißerfolg; Mißernte; mißtrauisch; Mißverständnis – missachten; Missbrauch; Misserfolg; Missernte; misstrauisch; Missverständnis
mit Hilfe – *auch:* mithilfe
[gestern, heute, morgen] mittag – [gestern, heute, morgen] Mittag
wir sprachen über alles mögliche – wir sprachen über alles Mögliche
sein möglichstes tun – sein Möglichstes tun
morgen abend, mittag, nacht – morgen Abend, Mittag, Nacht
[gestern, heute] morgen – [gestern, heute] Morgen
ich muß; du mußt – ich muss; du musst
Myrrhe – *auch:* Myrre

N alt – neu

nach Hause – *in Österreich und der Schweiz auch:* nachhause
im nachhinein – im Nachhinein
Nachlaß – Nachlass
der nächste, bitte! – der Nächste, bitte!
als nächstes wollen wir … – als Nächstes wollen wir …

[gestern, heute, morgen] nacht – [gestern, heute, morgen] Nacht
naheliegen – nahe liegen
naheliegend – nahe liegend
etwas des näheren erläutern – etwas des Näheren erläutern
naß – nass
Naßschnee – Nassschnee, *auch:* Nass-Schnee
nebeneinanderstellen – nebeneinander stellen
es aufs neue versuchen – es aufs Neue versuchen
auf ein neues – auf ein Neues
neueröffnet – neu eröffnet
nichtssagend – nichts sagend
in Null Komma nichts – in null Komma nichts
das Thermometer steht auf Null – das Thermometer steht auf null
Nullösung – Nulllösung, *auch:* Null-Lösung
numerieren – nummerieren
Numerierung – Nummerierung
Nuß; Nüßchen – Nuss; Nüsschen
Nußschokolade – Nussschokolade, *auch:* Nuss-Schokolade

O alt – neu

obenerwähnt – oben erwähnt
obenstehend – oben stehend
offenbleiben – offen bleiben
offenlassen – offen lassen
offenstehen – offen stehen
des öfteren – des Öfteren
Orthographie – *auch:* Orthografie

P alt – neu

Panther – *auch:* Panter
parallellaufend – parallel laufend
parallelschalten – parallel schalten
Paß – Pass
Paßstraße – Passstraße, *auch:* Pass-Straße
es paßt – es passt
Playback – *auch:* Play-back*
plazieren – platzieren
pleite gehen – Pleite gehen
Pornographie – *auch:* Pornografie*
Portemonnaie – *auch:* Portmonee*
potentiell – *auch:* potenziell*
Preßluftbohrer – Pressluftbohrer
Preßspan – Pressspan, *auch:* Press-Span
du preßt – du presst
probefahren – Probe fahren
Prozeß – Prozess

Q alt – neu

Quentchen – Quäntchen
Quickstep – Quickstepp

R alt – neu

radfahren – Rad fahren
radschlagen – Rad schlagen
zu Rande kommen – *auch:* zurande kommen
zu Rate ziehen – *auch:* zurate ziehen
rauh – rau
Rauhfasertapete – Raufasertapete
recht haben/behalten/bekommen/geben – Recht haben/behalten/bekommen/geben
regreßpflichtig – regresspflichtig
das ist genau das richtige für mich – das ist genau das Richtige für mich
richtigstellen – richtig stellen
Riß – Riss
Roheit – Rohheit
Rolladen – Rollladen, *auch:* Roll-Laden
Rommé – Rommee
rotgestreift – rot gestreift
rötlichbraun – rötlich braun

ruhenlassen – ruhen lassen
ruhigstellen – ruhig stellen
Rußland – Russland

S alt – neu

sauberhalten – sauber halten
saubermachen – sauber machen
Saxophon – *auch:* Saxofon
sein Schäfchen ins trockene bringen – sein Schäfchen ins Trockene bringen
Schiffahrt – Schifffahrt, *auch:* Schiff-Fahrt
schlechtgehen – schlecht gehen
schlechtgelaunt – schlecht gelaunt
das schlimmste ist, daß ... – das Schlimmste ist, dass ...
Schloß; Schlößchen – Schloss; Schlösschen
Schluß – Schluss
Schlußstrich – Schlussstrich, *auch:* Schluss-Strich
sie schmiß mit Steinen – sie schmiss mit Steinen
schmutziggrau – schmutzig grau
schnellebig – schnelllebig
schneuzen – schnäuzen
er schoß – er schoss
Schrittempo – Schritttempo, *auch:* Schritt-Tempo
an etwas schuld haben – an etwas Schuld haben
sich etwas zuschulden kommen lassen – *auch:* sich etwas zu Schulden kommen lassen
Schuß – Schuss
schußlig – schusslig
aus schwarz weiß machen – aus Schwarz Weiß machen
schwerfallen – schwer fallen
schwertun – schwer tun
schwerverständlich – schwer verständlich
Schwimmeister – Schwimmmeister, *auch:* Schwimm-Meister
Science-fiction – Sciencefiction*, *auch:* Science-Fiction
seinlassen – sein lassen
auf seiten – aufseiten, *auch*: auf Seiten
von seiten – vonseiten, *auch:* von Seiten
selbständig – *auch:* selbstständig
selbstgebacken – selbst gebacken
selbstgemacht – selbst gemacht
seligsprechen – selig sprechen
seßhaft – sesshaft
Showdown – *auch:* Show-down*
Shrimp – *auch:* Schrimp
das sicherste ist, wenn ... – das Sicherste ist, wenn ...
siedendheiß – siedend heiß
sitzenbleiben – sitzen bleiben
sitzenlassen – sitzen lassen
so daß – sodass, *auch:* so dass
alles sonstige besprechen wir morgen – alles Sonstige besprechen wir morgen
soviel du willst – so viel du willst
soviel wie – so viel wie
es ist soweit – es ist so weit
soweit wie möglich – so weit wie möglich
ich kann das sowenig wie du – ich kann das so wenig wie du
Spaghetti – *auch:* Spagetti
spazierengehen – spazieren gehen
Spliß – Spliss
Sproß; Sprößling – Spross; Sprössling
steckenbleiben – stecken bleiben
steckenlassen – stecken lassen
stehenbleiben – stehen bleiben
Stengel – Stängel
Steptanz – Stepptanz
etwas im stillen vorbereiten – etwas im Stillen vorbereiten
stillegen – stilllegen
Stoffetzen – Stofffetzen, *auch:* Stoff-Fetzen
Stop – Stopp
strenggenommen – streng genommen
strengnehmen – streng nehmen
Streß – Stress
der Lärm streßt – der Lärm stresst

Streßsituation – Stresssituation, *auch:* Stress-Situation
substantiell – *auch:* substanziell*

T alt – neu

tabula rasa machen – Tabula rasa machen
zutage treten – *auch:* zu Tage treten
2tägig, 3tägig, 4tägig ... – 2-tägig, 3-tägig, 4-tägig ...
Täßchen – Tässchen
Telephon – Telefon
Thunfisch – *auch:* Tunfisch
Tie-Break – *auch:* Tiebreak*
tiefbewegt – tief bewegt
tiefempfunden – tief empfunden
Tip – Tipp
Tolpatsch – Tollpatsch
tolpatschig – tollpatschig
totgeboren – tot geboren
Trekking – *auch:* Trecking
treuergeben – treu ergeben
auf dem trockenen sitzen – auf dem Trockenen sitzen
sein Schäfchen ins trockene bringen – sein Schäfchen ins Trockene bringen
im trüben fischen – im Trüben fischen
Typographie – *auch:* Typografie*

U alt – neu

übelnehmen – übel nehmen
übelriechend – übel riechend
übereinanderlegen – übereinander legen
überhandnehmen – überhand nehmen
überschwenglich – überschwänglich
ein übriges tun – ein Übriges tun
im übrigen – im Übrigen
alles übrige später – alles Übrige später
die übrigen kommen nach – die Übrigen kommen nach
übrigbleiben – übrig bleiben
übriglassen – übrig lassen
die Liste umfaßt alles Wichtige – die Liste umfasst alles Wichtige
umsein – um sein
um so [mehr, größer, weniger ...] – umso [mehr, größer, weniger ...]
Anzeige gegen Unbekannt – Anzeige gegen unbekannt
und ähnliches (u. ä.) – und Ähnliches (u. Ä.)
unerläßlich – unerlässlich
unermeßlich – unermesslich
im unklaren bleiben/lassen – im Unklaren bleiben/lassen
unpäßlich – unpässlich
unrecht haben/behalten/bekommen – Unrecht haben/behalten/bekommen
unselbständig – *auch:* unselbstständig
untenerwähnt – unten erwähnt
untenstehend – unten stehend
unterderhand – unter der Hand
untereinanderstehen – untereinander stehen

V alt – neu

Varieté – *auch:* Varietee*
veranlaßt – veranlasst
verbleuen – verbläuen
im verborgenen blühen – im Verborgenen blühen
Verdruß – Verdruss
du verfaßt – du verfasst
vergeßlich – vergesslich
Vergißmeinnicht – Vergissmeinnicht
du vergißt – du vergisst
verhaßt – verhasst
Verlaß; verläßlich – Verlass; verlässlich
verlorengehen – verloren gehen
vermißt du etwas? – vermisst du etwas?
er hat den Zug verpaßt – er hat den Zug verpasst
verschiedenes war noch unklar – Verschiedenes war noch unklar

Verschlußsache – Verschlusssache, *auch:* Verschluss-Sache
verselbständigen – *auch:* verselbstständigen
vielbefahren – viel befahren
vielgelesen – viel gelesen
viel zuviel – viel zu viel
viel zuwenig – viel zu wenig
aus dem vollen schöpfen – aus dem Vollen schöpfen
von seiten – vonseiten, *auch:* von Seiten
im voraus – im Voraus
im vorhinein – im Vorhinein
das vorige gilt auch ... – das Vorige gilt auch ...
vorliebnehmen – vorlieb nehmen
[gestern, heute, morgen] vormittag – [gestern, heute, morgen] Vormittag
vorwärtsgehen – vorwärts gehen
vorwärtskommen – vorwärts kommen

W alt – neu

Waggon – *auch:* Wagon
Walroß – Walross
wäßrig – wässrig
weichgekocht – weich gekocht
aus schwarz weiß machen – aus Schwarz Weiß machen
des weiteren wurde gesagt ... – des Weiteren wurde gesagt ...
weitreichend – weit reichend
es besteht im wesentlichen aus ... – es besteht im Wesentlichen aus ...
wieviel – wie viel
wißbegierig – wissbegierig
ihr wißt; du wußtest – ihr wisst; du wusstest
Wollappen – Wolllappen, *auch:* Woll-Lappen
als ob er wunder was getan hätte – als ob er Wunder was getan hätte
sich wundliegen – sich wund liegen

Z alt – neu

Zäheit – Zähheit
eine Zeitlang – eine Zeit lang
Zierat – Zierrat
zueinanderfinden – zueinander finden
sich zufriedengeben – sich zufrieden geben
jmdn. zufriedenstellen – jmdn. zufrieden stellen
zugrunde gehen/legen/liegen – *auch:* zu Grunde gehen/legen/liegen
zugrundeliegend – zugrunde liegend, *auch:* zu Grunde liegend
zugunsten – *auch:* zu Gunsten
zu Hause – *in Österreich und der Schweiz auch:* zuhause
zulasten – *auch:* zu Lasten
jmdm. etwas zuleide tun – *auch:* jmdm. etwas zu Leide tun
zumute sein – *auch:* zu Mute sein
sich etwas zunutze machen – *auch:* sich etwas zu Nutze machen
zu Rande kommen – *auch:* zurande kommen
jmdn. zu Rate ziehen – *auch:* jmdn. zurate ziehen
zur Zeit *[derzeit]* – zurzeit
zusammensein – zusammen sein
sich etwas zuschulden kommen lassen – *auch:* sich etwas zu Schulden kommen lassen
zusein – zu sein
zustande bringen/kommen – *auch:* zu Stande bringen/kommen
zutage fördern/treten – *auch:* zu Tage fördern/treten
zuungunsten – *auch:* zu Ungunsten
zuviel – zu viel
zuwege bringen – *auch:* zu Wege bringen
zuwenig – zu wenig
er hat wie kein zweiter gearbeitet – er hat wie kein Zweiter gearbeitet
jeder zweite kommt – jeder Zweite kommt

A a

A (Buchstabe); das A; des A, die A, *aber* das a in Land; der Buchstabe A, a; von A bis Z (*ugs. für* alles, von Anfang bis Ende); das A und [das] O (der Anfang und das Ende, das Wesentliche [nach dem ersten und letzten Buchstaben des griech. Alphabets]); a-Laut [*alte Schreibung* A-Laut] ↑K 29

Ä (Buchstabe; Umlaut); das Ä; des Ä, die Ä, *aber* das ä in Bäcker; der Buchstabe Ä, ä

a = ¹Ar; Atto...

a, A, das; -, - (Tonbezeichnung)

a (*Zeichen für* a-Moll); in a

A (*Zeichen für* A-Dur); in A

A = Ampere; Autobahn

Å = Ångström

A, α = Alpha

à [a] ‹franz.› (*bes. Kaufmannsspr.* zu [je]); 3 Stück à 20 Mark, *dafür besser* ... zu [je] 20 Mark

@ [ɛt] ‹ursprünglich das Zeichen für »at« [= zu, je] auf amerik. Schreibmaschinentastaturen› = »at«-Zeichen (Gliederungszeichen in E-Mail-Adressen)

a. = am (*bei Ortsnamen,* z. B. Frankfurt a. Main); *vgl.* a. d.

a. = alt (*schweiz.; vor Amtsbezeichnungen,* z. B. a. Bundesrat)

a., A. = anno, Anno

a. a. = ad acta

¹Aa, das; - (*Kinderspr.* Kot); Aa machen

²Aa, die; - (Name europäischer Flüsse u. Bäche); Engelberger Aa

AA = Auswärtiges Amt; Anonyme Alkoholiker

Aa|chen (Stadt in Nordrhein-Westfalen); **Aa|che|ner**

AAD = analoge Aufnahme, analoge Bearbeitung, digitale Wiedergabe (Kennzeichnung der technischen Verfahren bei einer CD-Aufnahme o. Ä.)

Aal, der; -[e]s, -e; *aber* Älchen (*vgl. d.*)

aa|len, sich (*ugs. für* behaglich ausgestreckt sich ausruhen)

aal|glatt

Aall [o:l] (norw. Philosoph)

Aal|tier|chen (ein Fadenwurm)

a. a. O. = am angeführten Ort; *auch* am angegebenen Ort

Aar, der; -[e]s, -e (*geh. für* Adler)

Aa|r|au (Hauptstadt des Kantons Aargau)

Aa|re, die; - (schweiz. Fluss)

Aar|gau, der; -s (schweiz. Kanton); **Aar|gau|er; aar|gau|isch**

Aa|ron (bibl. m. Eigenn.)

Aas, das; -es, *Plur.* (*für* Tierleichen:) -e *u.* (*als* Schimpfwort:) Ä|ser

Aas|blu|me (Pflanze, deren Blütengeruch Aasfliegen anzieht)

aa|sen (*ugs. für* verschwenderisch umgehen); du aast, er aas|te

Aas|gei|er

aa|sig (gemein; ekelhaft)

Aast, das; -es, Äs|ter (landsch. Schimpfwort)

A. B. = Augsburger Bekenntnis

ab

Adverb:
- ab und an (von Zeit zu Zeit); von ... ab (*ugs. für* von ... an)
- ab und zu (gelegentlich) nehmen; *aber* ↑K 31: ab- und zunehmen (abnehmen und zunehmen)
- weil die Hütte weit ab sein [*alte Schreibung* absein] soll; da die Hütte weit ab ist

Präposition mit Dativ:
- ab Bremen, ab [unserem] Werk; ab erstem März

Bei Zeitangaben, Mengenangaben o. Ä. auch mit Akkusativ:
- ab erstem *od.* ersten März, ab vierzehn Jahre[n], ab 50 Exemplare[n]

ab... (*in Zus. mit Verben,* z. B. abschreiben, du schreibst ab, abgeschrieben, abzuschreiben)

A|ba, die; -, -s ‹arab.› (weiter, kragenloser Mantel der Araber)

A|ba|kus, der; -, - ‹griech.› (Rechen- od. Spielbrett der Antike; *Archit.* Säulendeckplatte)

A|bä|lard [...'lart, *auch* 'abɛ...] (französischer Philosoph)

ab|än|der|lich

ab|än|dern

Ab|än|de|rung

Ab|än|de|rungs|vor|schlag

A|ban|don [abã'dõ:], der; -s, -s ‹franz.› (*Rechtsspr.* Abtretung, Preisgabe von Rechten od. Sachen); **a|ban|don|nie|ren**

ab|ar|bei|ten; Ab|ar|bei|tung

Ab|art

ab|ar|ten (*selten für* von der Art abweichen)

ab|ar|tig; Ab|ar|tig|keit

A|ba|sie, die; -, ...ien ‹griech.› (*Med.* Unfähigkeit zu gehen)

ab|as|ten, sich [*alte Trennung* ab|asten] (*ugs. für* sich abplagen)

ab|äs|ten [*alte Trennung* ab-ästen]; einen Baum abästen

A|ba|te, der; -[n], *Plur.* ...ti *od.* ...ten ‹ital.› (*kath. Kirche* Titel der Weltgeistlichen in Italien)

A|ba|ton ['a(:)batɔn], das; -s, ...ta ‹griech.› (*Rel.* das Allerheiligste, der Altarraum in den Kirchen des orthodoxen Ritus)

Abb. = Abbildung

Ab|ba ‹aram. »Vater!«› (neutestamentl. Anrede Gottes im Gebet)

ab|ba|cken [*alte Trennung* ...k|k...]

Ab|ba|si|de, der; -n, -n; (Angehöriger eines aus Bagdad stammenden Kalifengeschlechtes)

Ab|bau, der; -[e]s, *Plur.* (*Bergmannsspr. für* Abbaustellen:) Abbaue *u.* (*landsch. für* abseits gelegene Anwesen, einzelne Gehöfte:) Abbauten

ab|bau|bar

ab|bau|en

Ab|bau|feld (*Bergmannsspr.*); **Ab|bau|ge|rech|tig|keit** (*Rechtsspr.*)

ab|bau|wür|dig

Ab|be (dt. Physiker)

Ab|bé, der; -s, -s ‹franz.› (*kath. Kirche* Titel der niederen Weltgeistlichen in Frankreich)

ab|bei|ßen

ab|bei|zen; Ab|beiz|mit|tel, das

ab|be|kom|men

ab|be|ru|fen; Ab|be|ru|fung

ab|be|stel|len; Ab|be|stel|lung

ab|beu|teln (*südd., österr. für* abschütteln)

Ab|be|vil|li|en [abəvi'ljɛ̃:], das; -[s] ‹nach der Stadt Abbeville in Nordfrankreich› (Kultur der frühesten Altsteinzeit)

ab|be|zah|len; Ab|be|zah|lung

ab|bie|gen

Ab|bie|ge|spur

Ab|bie|gung

Ab|bild; ab|bil|den; Ab|bil|dung (*Abk.* Abb.)

ab|bim|sen (*ugs. für* abschreiben)

ab|bin|den; Ab|bin|dung

A

A|bend	
der; -s, -e *Großschreibung:* – des, eines Abends; am Abend; gegen Abend; diesen Abend; den Abend über – es wird Abend; [zu] Abend essen; wir wollen nur Guten, *auch:* guten Abend sagen – gestern, heute, morgen Abend [*alte Schreibung* abend]; bis, von gestern, heute, morgen Abend [*alte Schreibung* abend] ↑K 69	*Kleinschreibung:* – abends; von morgens bis abends – abends spät, *aber* spätabends – [um] 8 Uhr abends, abends [um] 8 Uhr – dienstagabends [*alte Schreibung* Dienstag abends], *auch* dienstags abends (*vgl.* Dienstagabend)

Ab|bit|te; Abbitte leisten, tun; **ab|bit|ten**
ab|bla|sen
ab|blas|sen
ab|blät|tern
ab|blen|den
Ab|blend|licht *Plur.* ...lichter
Ab|blen|dung
ab|blit|zen (*ugs. für* abgewiesen werden)
ab|blo|cken [*alte Trennung* ...k|k...] (*Sportspr.* abwehren)
Ab|brand (*Hüttenw.* Röstrückstand; Metallschwund beim Schmelzen)
ab|brau|sen
ab|bre|chen
ab|brem|sen; Ab|brem|sung
ab|bren|nen
Ab|bre|vi|a|ti|on, die; -, -en ⟨lat.⟩, **Ab|bre|vi|a|tur,** die; -, -en (Abkürzung); **ab|bre|vi|ie|ren**
ab|brin|gen
ab|brö|ckeln [*alte Trennung* ...k|k...]; **Ab|brö|cke|lung, Ab|bröck|lung**
ab|bro|cken [*alte Trennung* ...k|k...] (*südd., österr. für* abpflücken)
Ab|bruch, der; -[e]s, ...brüche; der Sache [keinen] Abbruch tun
Ab|bruch|ar|bei|ten *Plur.;* **Ab|bruch|ge|neh|mi|gung; Ab|bruch|haus**
ab|bruch|reif
ab|brü|hen; *vgl.* abgebrüht
ab|bu|chen; Ab|bu|chung
ab|bum|meln (*ugs. für* [Überstunden] durch Freistunden ausgleichen)
ab|bürs|ten [*alte Trennung* ...|st...]
Abc, A|be|ce, das; -, -
Abc-Buch, A|be|ce|buch (Fibel)
Abc-Code, der; -s (internationaler Telegrammschlüssel)
ab|che|cken [*alte Trennung* ...k|k...] (*ugs. für* überprüfen)
abc|lich ↑K 30, a|be|ce|lich
Abc-Schüt|ze, A|be|ce|schüt|ze
ABC-Staa|ten *Plur.* (Argentinien, Brasilien und Chile)
ABC-Waf|fen *Plur.* (atomare, biologische u. chemische Waffen); **ABC-Waf|fen-frei** ↑K 26; eine ABC-Waffen-freie Zone
ab|da|chen; Ab|da|chung
Ab|dampf *(Technik);* **ab|damp|fen** (*auch ugs. für* abfahren)
ab|dämp|fen ([in seiner Wirkung] mildern)
Ab|dampf|wär|me *(Technik)*
ab|dan|ken; Ab|dan|kung (*schweiz. auch für* Trauerfeier)
ab|de|cken [*alte Trennung* ...k|k...]
Ab|de|cker [*alte Trennung* ...k|k...] (jmd., der Tierkadaver beseitigt); **Ab|de|cke|rei**
Ab|deck|plat|te
Ab|de|ckung [*alte Trennung* ...k|k...]
Ab|de|ra (altgriech. Stadt); **Ab|de|rit,** der; -en, -en (Bewohner von Abdera; *übertr. für* einfältiger Mensch, Schildbürger)
ab|dich|ten; Ab|dich|tung
Ab|di|ka|ti|on, die; -, -en ⟨lat.⟩ (*veraltet für* Abdankung)
ab|ding|bar (*Rechtsspr.* durch freie Vereinbarung ersetzbar)
ab|di|zie|ren ⟨lat.⟩ (*veraltet für* abdanken)
Ab|do|men, das; -s, *Plur.* - *u.* ...mina ⟨lat.⟩ (*Med.* Unterleib, Bauch; *Zool.* Hinterleib der Gliederfüßer); **ab|do|mi|nal**
ab|drän|gen; jmdn. abdrängen
ab|dre|hen
Ab|drift, die; -, -en (*Seemannsspr., Fliegerspr.* durch Wind od. Strömung hervorgerufene Kursabweichung); **ab|drif|ten**
ab|dros|seln; Ab|dros|se|lung, Ab|dross|lung [*alte Schreibung* Abdroß|lung]
Ab|druck, der; -[e]s, *Plur.* (in Gips u. a.:) ...drücke *u.* (*für* Drucksachen:) ...drucke; im letzten Abdruck (*österr. für* im letzten Augenblick)
ab|dru|cken [*alte Trennung* ...k|k...]; ein Buch abdrucken
ab|drü|cken [*alte Trennung* ...k|k...]; das Gewehr abdrücken
ab|du|cken [*alte Trennung* ...k|k...] *(Boxen)*
Ab|duk|ti|on, die; -, -en ⟨lat.⟩ (*Med.* das Bewegen von Körperteilen von der Körperachse weg, z. B. Armhebung)
Ab|duk|tor, der; -s, ...oren (eine Abduktion bewirkender Muskel, Abziehmuskel)
ab|du|zie|ren
ab|eb|ben
A|be|ce *vgl.* Abc; **A|be|ce|buch** *vgl.* Abc-Buch; **a|be|ce|lich,** *vgl.* abclich; **A|be|ce|schüt|ze** *vgl.* Abc-Schütze
A|bee [*auch* 'a...], der *u.* das; -s, -s (*landsch. für* [1]Abort)
ab|ei|sen (*österr. veraltend für* abtauen)
A|bel (bibl. m. Eigenn.)
A|bel|mo|schus [*auch* 'a:...], der; -, -se ⟨arab.⟩ (eine Tropenpflanze)
A|bend *s. Kasten*
A|bend|brot; A|bend|däm|me|rung
a|ben|de|lang; *aber* drei *od.* mehrere Abende lang
a|bend|es|sen (*österr. für* [zu] Abend essen); gehen wir abendessen; hast du schon abendgegessen?; *vgl.* mittagessen
A|bend|es|sen; A|bend|frie|de[n], der; ...dens
a|bend|fül|lend
A|bend|gym|na|si|um; A|bend|kas|se; A|bend|kleid
A|bend|kurs; A|bend|kur|sus
A|bend|land, das; -[e]s; **A|bend|län|der,** der; **a|bend|län|disch**
a|bend|lich
A|bend|mahl *Plur.* ...mahle; **A|bend|mahls|kelch**
A|bend-Make-up ↑K 26
A|bend|pro|gramm
A|bend|rot *od.* **...rö|te**
a|bends ↑K 70; *vgl.* Abend
A|bend|schu|le; A|bend|spit|ze (*österr. für* Stoßverkehr am

A

a|ber

Konjunktion:	*Klein- oder Großschreibung in Verbindungen mit »hundert« und »tausend«* ↑K 79:
– er sah sie, hörte sie aber (jedoch) nicht – er sah sie, aber er hörte sie nicht – ein kleiner, aber gepflegter Garten – sie ist streng, aber gerecht	– aberhundert, *auch* Aberhundert Sterne (viele hundert Sterne) – abertausend, *auch* Abertausend Vögel – aberhunderte, *auch* Aberhunderte kleiner Vögel – abertausende, *auch* Abertausende von kleinen Vögeln – das Jubilieren aberhunderter, *auch* Aberhunderter von Vögeln
Adverb in veralteten Fügungen wie: – aber und abermals (wieder und wiederum); tausend und aber[mals] tausend; tausend- und aber[mals] tausendmal	

Abend); **A|bend|stern; A|bend|ver|kauf; A|bend|zei|tung**
A|ben|teu|er, das; -s, -
A|ben|teu|er|film
A|ben|teu|e|rin, A|ben|teu|re|rin, die; -, -nen
a|ben|teu|er|lich
A|ben|teu|er|lust, die; -; **a|ben|teu|er|lus|tig** [*alte Trennung* ...|st...]
a|ben|teu|ern; ich abenteuere; geabenteuert
A|ben|teu|er|spiel|platz; A|ben|teu|er|ur|laub
A|ben|teu|rer; A|ben|teu|re|rin, A|ben|teu|e|rin, die; -, -nen
a|ber *s. Kasten*
A|ber, das; -s, - ↑K 81; es ist ein Aber dabei; viele Wenn und Aber vorbringen
A|ber|glau|be, *seltener* **A|ber|glau|ben**
a|ber|gläu|big (*veraltet für* abergläubisch)
a|ber|gläu|bisch
a|ber|hun|dert; *vgl.* aber
ab|er|ken|nen; ich erkenne ab, *selten* ich aberkenne; ich erkannte ab, *selten* ich aberkannte; **Ab|er|ken|nung**
a|ber|ma|lig; a|ber|mals
Ab|er|ra|ti|on, die; -, -en ⟨lat.⟩ (*fachspr. für* Abweichung)
A|ber|see *vgl.* Sankt-Wolfgang-See
a|ber|tau|send; *vgl.* aber
A|ber|witz, der; -es (*geh. für* völliger Unsinn); **a|ber|wit|zig**
ab|es|sen
A|bes|si|ni|en (*ältere Bez. für* Äthiopien); **a|bes|si|nisch**
ABF = Arbeiter-und-Bauern-Fakultät
Abf. = Abfahrt
ab|fa|ckeln [*alte Trennung* ...k|k...] (*Technik* überflüssige Gase durch Abbrennen beseitigen)
ab|fä|deln; Bohnen abfädeln
ab|fah|ren
Ab|fahrt (*Abk.* Abf.)
Ab|fahrt[s]|be|fehl; Ab|fahrt[s]|gleis
Ab|fahrts|lauf; Ab|fahrts|ren|nen
Ab|fahrt[s]|si|g|nal
Ab|fahrts|stre|cke [*alte Trennung* ...k|k...]
Ab|fahrt[s]|zei|chen; Ab|fahrt[s]|zeit
Ab|fall, der
Ab|fall|auf|be|rei|tung; Ab|fall|ei|mer
ab|fal|len
ab|fäl|lig; abfällig beurteilen
Ab|fall|pro|dukt; Ab|fall|quo|te; Ab|fall|wirt|schaft
ab|fäl|schen (*Sportspr.*); den Ball [zur Ecke] abfälschen
ab|fan|gen
Ab|fang|jä|ger (ein Jagdflugzeug); **Ab|fang|sa|tel|lit**
ab|fär|ben
ab|fa|sen (*fachspr. für* abkanten)
ab|fas|sen (verfassen; *ugs. für* abfangen); **Ab|fas|sung**
ab|fau|len
ab|fe|dern; Ab|fe|de|rung
ab|fe|gen
ab|fei|ern
ab|fei|len
ab|fer|ti|gen; Ab|fer|ti|gung
Ab|fer|ti|gungs|schal|ter
ab|feu|ern
ab|fie|ren (*Seemannsspr.* an einem Tau herunterlassen)
ab|fin|den; Ab|fin|dung
Ab|fin|dungs|sum|me
ab|fi|schen
ab|fla|chen; sich abflachen
Ab|fla|chung
ab|flau|en (schwächer werden)
ab|flie|gen
ab|flie|ßen
Ab|flug
Ab|flug|tag; Ab|flug|zeit
Ab|fluss [*alte Schreibung* Ab|fluß]
Ab|fluss|hahn [*alte Schreibung* Ab|fluß...]; **Ab|fluss|rohr**
Ab|fol|ge
ab|for|dern
ab|fo|to|gra|fie|ren
ab|fra|gen (*auch Postw., EDV*); jmdn. *od.* jmdm. etw. abfragen
ab|fres|sen
ab|fret|ten, sich (*österr. ugs. für* sich abmühen)
ab|frie|ren
ab|frot|tie|ren
ab|füh|len
Ab|fuhr, die; -, -en
ab|füh|ren
Ab|führ|mit|tel, das
Ab|füh|rung
ab|fül|len; Ab|fül|lung
ab|füt|tern; Ab|füt|te|rung
Abg. = Abgeordnete
Ab|ga|be (*für* Steuer usw. *meist Plur.*)
ab|ga|ben|frei; ab|ga|ben|pflich|tig
Ab|ga|be|preis; Ab|ga|be|ter|min
Ab|gang, der
Ab|gän|ger (*Amtsspr.* von der Schule Abgehender)
ab|gän|gig
Ab|gän|gig|keits|an|zei|ge (*österr. für* Vermisstenmeldung)
Ab|gangs|zeug|nis
Ab|gas
ab|gas|arm; ab|gas|frei
Ab|gas|ka|ta|ly|sa|tor; Ab|gas|rei|ni|ger
Ab|gas|son|der|un|ter|su|chung (*früher* Abgasuntersuchung für best. Fahrzeuge; *Abk.* ASU)
Ab|gas|un|ter|su|chung (Kraftfahrzeuguntersuchung, bei der der Kohlenmonoxidgehalt im Abgas bei Leerlauf des Motors gemessen wird; *Abk.* AU)
ABGB = Allgemeines Bürgerliches Gesetzbuch (für Österreich)
ab|ge|ar|bei|tet
ab|ge|ben
ab|ge|blasst [*alte Schreibung* ab|ge|blaßt]
ab|ge|brannt (*ugs. auch für* ohne Geldmittel)
ab|ge|brüht (*ugs. für* [sittlich] abgestumpft, unempfindlich); **Ab|ge|brüht|heit,** die; -

A

ab|ge|dro|schen *(ugs.);* abgedroschene Redensarten; **Ab|ge|droschen|heit,** die; -
ab|ge|feimt (durchtrieben); **Ab|gefeimt|heit**
ab|ge|fuckt [...fa...] ‹dt.; engl.› *(derb für* in üblem Zustand, heruntergekommen)
ab|ge|grif|fen
ab|ge|hackt
ab|ge|han|gen
ab|ge|härmt
ab|ge|här|tet
ab|ge|hen
ab|ge|hetzt
ab|ge|kämpft
ab|ge|kar|tet *(ugs.);* eine abgekartete Sache
ab|ge|klärt; Ab|ge|klärt|heit, die; -
ab|ge|la|gert
Ab|geld *(selten für* Disagio)
ab|ge|lebt
ab|ge|le|dert *(landsch. für* abgenutzt); eine abgelederte Hose
ab|ge|le|gen
ab|ge|lei|ert; abgeleierte *(ugs. für* [zu] oft gebrauchte) Worte
ab|gel|ten; Ab|gel|tung *(österr. auch für* Vergütung)
ab|ge|macht *(ugs.)*
ab|ge|ma|gert
ab|ge|mer|gelt (erschöpft; abgemagert); *vgl.* abmergeln
ab|ge|mes|sen
ab|ge|neigt; Ab|ge|neigt|heit, die; -
ab|ge|nutzt
ab|ge|ord|net; Ab|ge|ord|ne|te, der *u.* die; -n, -n *(Abk.* Abg.); **Ab|geord|ne|ten|haus**
ab|ge|plat|tet
ab|ge|rech|net
ab|ge|ris|sen; abgerissene Kleider
ab|ge|run|det
ab|ge|sagt; ein abgesagter *(geh. für* erklärter) Feind des Nikotins
Ab|ge|sand|te, der *u.* die; -n, -n
Ab|ge|sang *(Verslehre* abschließender Strophenteil)
ab|ge|schabt
ab|ge|schie|den *(geh. für* einsam [gelegen]; verstorben); **Ab|geschie|de|ne,** der *u.* die; -n, -n *(geh.);* **Ab|ge|schie|den|heit,** die; -
ab|ge|schlafft; *vgl.* abschlaffen
ab|ge|schla|gen; Ab|ge|schla|genheit, die; - *(landsch., schweiz. für* Erschöpfung)
ab|ge|schlos|sen
ab|ge|schmackt (geistlos, platt); **Ab|ge|schmackt|heit**
ab|ge|se|hen; abgesehen von ...; abgesehen davon[,] dass ↑K 127
ab|ge|son|dert
ab|ge|spannt
ab|ge|spielt
ab|ge|stan|den
ab|ge|stor|ben
ab|ge|sto|ßen
ab|ge|stuft
ab|ge|stumpft; Ab|ge|stumpft|heit, die; -
ab|ge|ta|kelt *(ugs. auch für* heruntergekommen, ausgedient); *vgl.* abtakeln
ab|ge|tan; die Sache war schnell abgetan (erledigt); *vgl.* abtun
ab|ge|tra|gen
ab|ge|wetzt
ab|ge|win|nen
ab|ge|wo|gen; Ab|ge|wo|gen|heit, die; -
ab|ge|wöh|nen; ich werde es mir, dir, ihm abgewöhnen; **Ab|gewöh|nung,** die; -
ab|ge|zehrt
ab|ge|zir|kelt
ab|ge|zo|gen; abgezogener *(geh. für* abstrakter) Begriff
ab|gie|ßen
Ab|glanz
ab|glei|chen *(fachspr. für* abstimmen, gleichmachen)
ab|glei|ten
ab|glit|schen *(ugs.)*
Ab|gott, der; -[e]s, Abgötter; **Abgöt|te|rei; Ab|göt|tin**
ab|göt|tisch
Ab|gott|schlan|ge
ab|gra|ben; jmdm. das Wasser abgraben
ab|gra|sen *(ugs. auch für* absuchen)
ab|gra|ten; ein Werkstück abgraten
ab|grät|schen; vom Barren abgrätschen
ab|grei|fen
ab|gren|zen; Ab|gren|zung
Ab|grund; ab|grün|dig; ab|grundtief
ab|gu|cken *[alte Trennung* ...k|k...] *(ugs.);* [von *od.* bei] jmdm. etwas abgucken
Ab|guss *[alte Schreibung* Ab|guß]
ab|ha|ben *(ugs.);* ..., dass er seine Brille abhat; er soll sein[en] Teil abhaben
ab|ha|cken *[alte Trennung* ...k|k...]
ab|hä|keln
ab|ha|ken
ab|half|tern *(ugs. auch für* entlassen); **Ab|half|te|rung**
ab|hal|ten; Ab|hal|tung
ab|han|deln
ab|han|den; *nur in* abhanden kommen (verloren gehen); **Abhan|den|kom|men,** das; -s
Ab|hand|lung
Ab|hang
[1]**ab|hän|gen,** *mdal. u. schweiz.* abhan|gen; das hing von ihm ab, hat von ihm abgehangen; *vgl.* [1]hängen
[2]**ab|hän|gen;** er hängte das Bild ab, hat es abgehängt; *vgl.* [2]hängen
ab|hän|gig; Ab|hän|gig|keit; Abhän|gig|keits|ver|hält|nis
ab|här|men, sich
ab|här|ten; Ab|här|tung, die; -
ab|hau|en *(ugs. auch für* davonlaufen); ich hieb den Ast ab; wir hauten ab
ab|he|ben
ab|he|bern *(fachspr. für* eine Flüssigkeit mit einem Heber entnehmen); ich hebere ab
ab|hef|ten
ab|hei|len; Ab|hei|lung
ab|hel|fen; einem Mangel abhelfen
ab|het|zen; sich abhetzen
ab|heu|ern *(Seemannsspr.; ugs.);* jmdn. abheuern; er hat abgeheuert
Ab|hil|fe
Ab|hit|ze *vgl.* Abwärme
ab|hold; jmdm., einer Sache abhold sein
ab|ho|len; Ab|ho|ler; Ab|ho|lung
ab|hol|zen; Ab|hol|zung
ab|hor|chen
ab|hö|ren; jmdn. *od.* jmdm. etwas abhören
Ab|hör|ge|rät; Ab|hör|wan|ze *(ugs.)*
ab|hun|gern
ab|hus|ten *[alte Trennung* ...|st...]
A|bi, das; -s, -s *(Kurzw. für* Abitur)
A|bid|jan [...'dʒa:n] (Stadt in der Republik Côte d'Ivoire)
A|bi|o|ge|ne|se, A|bi|o|ge|ne|sis *[auch* ...'ge:...], die; - ‹griech.› (Entstehung von Lebewesen aus unbelebter Materie)
ab|ir|ren
ab|iso|lie|ren; Ab|iso|lier|zan|ge
A|bi|tur, das; -s, -e *Plur. selten* ‹lat.› (Reifeprüfung)
A|bi|tu|ri|ent, der; -en, -en (Reifeprüfling); **A|bi|tu|ri|en|tin**
ab|ja|gen
Ab|ju|di|ka|ti|on, die; -, -en ‹lat.› *(veraltet für* Aberkennung); **abju|di|zie|ren** *(veraltet)*

Abk. = Abkürzung
ab|käm|men
ab|kan|ten; ein Brett, Blech abkanten
ab|kan|zeln (*ugs. für* scharf tadeln); ich kanz[e]le ab; **Ab|kan|ze|lung, Ab|kanz|lung** *(ugs.)*
ab|ka|pi|teln (*ugs. für* schelten)
ab|kap|seln; ich kaps[e]le ab; **Ab|kap|se|lung, Ab|kaps|lung**
ab|kas|sie|ren
Ab|kauf *(regional);* **ab|kau|fen**
Ab|kehr, die; -; **ab|keh|ren**
ab|kip|pen
ab|klap|pern (*ugs. für* suchend, fragend ablaufen)
ab|klä|ren; Ab|klä|rung
Ab|klatsch; ab|klat|schen
ab|kle|ben
ab|klem|men
ab|klin|gen
Ab|kling|kon|stan|te *(Physik);* **Ab|kling|zeit**
ab|klop|fen
ab|knab|bern
ab|knal|len (*ugs. für* niederschießen)
ab|knap|pen (*landsch. für* abknapsen); **ab|knap|sen;** jmdm. etwas abknapsen (*ugs. für* wegnehmen)
ab|kni|cken [*alte Trennung* ...k|k...]
ab|knöp|fen; jmdm. Geld abknöpfen (*ugs. für* abnehmen)
ab|ko|chen
ab|kom|man|die|ren
Ab|kom|me, der; -n, -n (*geh. für* Nachkomme)
ab|kom|men
Ab|kom|men, das; -s, -
Ab|kom|men|schaft, die; - *(veraltet)*
ab|kömm|lich
Ab|kömm|ling
ab|kön|nen (*nordd. ugs. für* aushalten, vertragen); du weißt doch, dass ich das nicht abkann
ab|kon|ter|fei|en (*veraltet für* abmalen, abzeichnen)
ab|kop|peln; Ab|kop|pe|lung; Ab|kopp|lung
ab|kra|gen (*Bauw.* abschrägen)
ab|krat|zen (*derb auch für* sterben)
ab|krie|gen *(ugs.)*
ab|küh|len; sich abkühlen; **Ab|küh|lung**
ab|kün|di|gen (von der Kanzel verkünden); **Ab|kün|di|gung**
Ab|kunft, die; -
ab|kup|fern (*ugs. für* [unerlaubt] übernehmen; abschreiben)
ab|kür|zen; Ab|kür|zung (*Abk.* Abk.)
Ab|kür|zungs|spra|che; *vgl.* Akü-sprache
Ab|kür|zungs|ver|zeich|nis
ab|la|chen (*ugs. für* ausgiebig, herzhaft lachen)
ab|la|den; *vgl.* [1]laden; **Ab|la|de|platz; Ab|la|der; Ab|la|dung**
Ab|la|ge (*schweiz. auch für* Annahme-, Zweigstelle)
ab|la|gern; Ab|la|ge|rung
ab|lan|dig (*Seemannsspr.* vom Lande her wehend od. strömend)
Ab|lass [*alte Schreibung* Ab|laß], der; Ablasses, Ablässe *(kath. Kirche);* **Ab|lass|brief**
ab|las|sen
A|b|la|ti|on, die; -, -en ‹lat.› (*fachspr. für* Abschmelzung; *Geol.* Abtragung des Bodens; *Med.* Wegnahme; Ablösung, bes. der Netzhaut)
A|b|la|tiv, der; -s, -e (*Sprachw.* Kasus in indogermanischen Sprachen); **A|b|la|ti|vus ab|so|lu|tus,** der; - -, ...vi ...ti (*Sprachw.* eine bestimmte Konstruktion in der lateinischen Sprache)
Ab|lauf; ab|lau|fen
Ab|lauf|rin|ne
ab|lau|gen
Ab|laut (*Sprachw.* gesetzmäßiger Vokalwechsel in der Stammsilbe von Wortformen und etymologisch verwandten Wörtern, z. B. »singen, sang, gesungen«); **ab|lau|ten** (Ablaut haben)
ab|läu|ten (zur Abfahrt läuten)
Ab|le|ben, das; -s (*geh. für* Tod)
ab|le|cken [*alte Trennung* ...k|k...]
ab|le|dern (*ugs. für* mit einem Leder trockenwischen u. blank putzen; *landsch. für* verprügeln); *vgl.* abgeledert
ab|le|gen
Ab|le|ger (Pflanzentrieb; *ugs. scherzh. für* Sohn *od.* Tochter)
ab|leh|nen; einen Vorschlag ablehnen; **Ab|leh|nung**
ab|leis|ten [*alte Trennung* ...|st...]; **Ab|leis|tung**
ab|lei|ten
Ab|lei|tung (*auch Sprachw.* Bildung eines Wortes durch Lautveränderung [Ablaut] od. durch das Anfügen von Elementen, z. B. »Trank« von »trinken«, »königlich« von »König«)
Ab|lei|tungs|mor|phem *(Sprachw.)*
ab|len|ken; Ab|len|kung; Ab|len|kungs|ma|nö|ver
ab|le|sen; Ab|le|ser
ab|leug|nen
ab|lich|ten; Ab|lich|tung
ab|lie|fern; Ab|lie|fe|rung; Ab|lie|fe|rungs|soll; *vgl.* [2]Soll
ab|lie|gen (*landsch. auch für* durch Lagern gut, reif werden); weit abliegen
ab|lis|ten [*alte Trennung* ...|st...]; jmdm. etwas ablisten
ab|lo|cken [*alte Trennung* ...k|k...]
ab|lö|schen
Ab|lö|se, die; -, -n (*ugs. für* Ablösesumme)
ab|lö|sen; Ab|lö|se|sum|me; Ab|lö|sung; Ab|lö|sungs|sum|me
ab|luch|sen *(ugs.);* jmdm. etwas abluchsen
Ab|luft, die; - (*Technik* verbrauchte, abgeleitete Luft)
ABM = Arbeitsbeschaffungsmaßnahme
ab|ma|chen; *vgl.* abgemacht; **Ab|ma|chung**
ab|ma|gern; Ab|ma|ge|rung; Ab|ma|ge|rungs|kur
ab|mah|nen; Ab|mah|nung
ab|ma|len; ein Bild abmalen
Ab|marsch, der; **ab|mar|schie|ren**
ab|meh|ren (*schweiz. für* abstimmen durch Handerheben)
ab|mei|ern; jmdn. abmeiern (entmachten; abqualifizeren; *früher für* jmdm. den Meierhof, das Pachtgut, den Erbhof entziehen); ich meiere ab
Ab|mei|e|rung
ab|mel|den; Ab|mel|dung
Ab|melk|wirt|schaft (Rinderhaltung nur zur Milchgewinnung)
ab|mer|geln, sich (*ugs. für* sich abmühen); ich merg[e]le mich ab; *vgl.* abgemergelt
ab|mes|sen; Ab|mes|sung
ab|mon|tie|ren
ABM-Stel|le ↑K 28
ab|mü|hen, sich
ab|murk|sen (*ugs. für* umbringen)
ab|mus|tern [*alte Trennung* ...|st...] (*Seemannsspr.* entlassen; den Dienst aufgeben); **Ab|mus|te|rung**
ab|na|beln; ich nab[e]le ab
ab|na|gen
ab|nä|hen; Ab|nä|her
Ab|nah|me, die; -, -n *Plur. selten*
ab|neh|men; *vgl.* ab

A

Ab|neh|mer; Ab|neh|mer|land
Ab|nei|gung
ab|nib|beln (*landsch. derb für* sterben); ich nibb[e]le ab
ab|ni|cken [*alte Trennung* ...k|k...] (*ugs. für* [diskussionslos] genehmigen); ich nicke ab
ab|norm (von der Norm abweichend, regelwidrig; krankhaft)
ab|nor|mal (*bes. österr., schweiz. für* nicht normal, ungewöhnlich)
Ab|nor|mi|tät, die; -, -en
ab|nö|ti|gen; jmdm. etwas abnötigen
ab|nut|zen, *bes. südd., österr.* **ab|nüt|zen; Ab|nut|zung,** *bes. südd., österr.* **Ab|nüt|zung**
Ab|nut|zungs|ge|bühr
A|bo, das; -s, -s (*Kurzw. für* Abonnement)
A-Bom|be ↑K 29 (Atombombe)
A|bon|ne|ment [...'mã:, *schweiz.* ...'mɛnt *od.* abɔn'mã:], das; -s, *Plur.* -s *u.* (bei deutscher Aussprache:) -e ‹franz.› (Dauerbezug von Zeitungen u. Ä.; Dauermiete für Theater u. Ä.)
A|bon|ne|ment[s]|preis; A|bon|ne|ment[s]|vor|stel|lung
A|bon|nent, der; -en, -en; (Inhaber eines Abonnements); **A|bon|nen|tin**
a|bon|nie|ren; auf etwas abonniert sein
ab|ord|nen; Ab|ord|nung
[1]**A|bo|ri|gi|ne** [*auch* ɛbə'rɪdʒini:], der; -s, -s ‹lat.-engl.› (Ureinwohner [Australiens]); [2]**A|bo|ri|gi|ne,** die; -, -s
[1]**A|bort** [*schweiz. nur* 'abɔrt], der; -[e]s, -e (Toilette)
[2]**A|bort,** der; -s, -e ‹lat.› (*Med.* Fehlgeburt; Schwangerschaftsabbruch); **a|bor|tie|ren**
A|bor|ti|on, die; -, -en (Abtreibung); **a|bor|tiv** (abtreibend)
ab o|vo ‹lat.› (von Anfang an)
ab|pa|cken [*alte Trennung* ...k|k...]
ab|pas|sen
ab|pau|sen; eine Zeichnung abpausen
ab|per|len
ab|pfei|fen (*Sportspr.*); **Ab|pfiff**
ab|pflü|cken [*alte Trennung* ...k|k...]
ab|pin|nen (*ugs. für* abschreiben)
ab|pla|gen, sich
ab|plat|ten (platt machen); **Ab|plat|tung**
Ab|prall, der; -[e]s, -e *Plur. selten*
ab|pral|len; von etwas abprallen
Ab|pral|ler (*Sportspr.*)
ab|pres|sen
Ab|pro|dukt (*fachspr.* Abfall, Müll; Abfallprodukt)
ab|prot|zen (*Milit.; derb auch für* seine Notdurft verrichten)
Ab|putz ([Ver]putz); **ab|put|zen**
ab|quä|len, sich
ab|qua|li|fi|zie|ren
ab|ra|ckern, sich [*alte Trennung* ...k|k...] (*ugs. für* sich abarbeiten)
A|b|ra|ham (bibl. m. Eigenn.)
A|b|ra|ham a San[c]|ta Cla|ra (dt. Prediger)
ab|rah|men; Milch abrahmen
A|b|ra|ka|da|b|ra, das; -s (Zauberwort; [sinnloses] Gerede)
A|b|ra|sax *vgl.* Abraxas
ab|ra|sie|ren
Ab|ra|si|on, die; -, -en ‹lat.› (*Geol.* Abtragung der Küste durch die Brandung)
ab|ra|ten
Ab|raum, der; -[e]s (*Bergmannsspr.* Deckschicht über Lagerstätten; *landsch. für* Abfall)
ab|räu|men
Ab|raum|hal|de; Ab|raum|salz (*Bergmannsspr.*)
A|b|ra|xas, A|b|ra|sax (Zauberwort)
ab|re|a|gie|ren; sich abreagieren
ab|re|beln (*österr. für* [Beeren] einzeln abpflücken)
ab|rech|nen
Ab|rech|nung; Ab|rech|nungs|ter|min
Ab|re|de; etwas in Abrede stellen
ab|re|gen, sich (*ugs.*)
ab|reg|nen
ab|rei|ben; Ab|rei|bung
Ab|rei|se *Plur. selten;* **ab|rei|sen**
Ab|reiß|block; *vgl.* Block; **ab|rei|ßen;** *vgl.* abgerissen; **Ab|reiß|ka|len|der**
ab|rei|ten
ab|rich|ten; Ab|rich|ter (Dresseur); **Ab|rich|tung**
Ab|rieb, der; -[e]s, *Plur.* (*Technik für* abgeriebene Teilchen:) -e
ab|rieb|fest; Ab|rieb|fes|tig|keit [*alte Trennung* ...|st...]
ab|rie|geln; Ab|rie|ge|lung, Ab|rieg|lung
ab|rin|gen; jmdm. etwas abringen
Ab|riss [*alte Schreibung* Ab|riß] der; Abrisses, Abrisse
ab|rol|len
ab|rü|cken [*alte Trennung* ...k|k...]
Ab|ruf *Plur. selten;* auf Abruf; **ab|ruf|bar; ab|ruf|be|reit**
ab|ru|fen
ab|run|den; eine Zahl [nach unten, *seltener* oben] abrunden; **Ab|run|dung**
ab|rup|fen
a|b|rupt ‹lat.› (abgebrochen, zusammenhanglos, plötzlich)
ab|rüs|ten [*alte Trennung* ...|st...]; **Ab|rüs|tung; ab|rüs|tungs|fä|hig; Ab|rüs|tungs|kon|fe|renz**
ab|rut|schen
A|b|ruz|zen *Plur.* (Gebiet im südl. Mittelitalien; *auch für* Abruzzischer Apennin)
A|b|ruz|zi|sche A|pen|nin, der; -n -s (Teil des Apennins)
ABS = Antiblockiersystem
Abs. = Absatz; Absender
ab|sa|cken [*alte Trennung* ...k|k...] (*ugs. für* [ab]sinken)
Ab|sa|ge, die; -, -n; **ab|sa|gen**
ab|sä|gen
ab|sah|nen (die Sahne abschöpfen; *ugs. für* sich bereichern)
Ab|sa|lom, *ökum.* Ab|scha|lom (bibl. m. Eigenn.)
Ab|sam (österr. Ort)
Ab|satz, der; -es, Absätze (*Abk.* Abs. [*für* Textabschnitt])
Ab|satz|flau|te
Ab|satz|kick (*Fußball*); **Ab|satz|trick** (*Fußball*)
ab|satz|wei|se
ab|sau|fen (*ugs.*)
ab|sau|gen
ab|scha|ben
ab|schaf|fen; *vgl.* [1]schaffen; **Ab|schaf|fung**
Ab|scha|lom *vgl.* Absalom
ab|schal|ten; Ab|schal|tung
ab|schat|ten
ab|schat|tie|ren; Ab|schat|tie|rung
Ab|schat|tung
ab|schät|zen; ab|schät|zig
Ab|schaum, der; -[e]s
ab|schei|den; *vgl.* abgeschieden
Ab|schei|der (*Technik, Chemie*)
ab|sche|ren; den Bart abscheren; *vgl.* [1]scheren
Ab|scheu, der; -[e]s, *seltener* die; -; eine Abscheu erregende, *auch* abscheuerregende Tat; *aber nur* eine großen Abscheu erregende Tat, eine äußerst abscheuerregende, noch abscheuerregendere Tat ↑K 58 *u.* 59
ab|scheu|lich; Ab|scheu|lich|keit
ab|schi|cken [*alte Trennung* ...k|k...]
Ab|schie|be|haft, die; -
ab|schie|ben
Ab|schied, der; -[e]s, -e
Ab|schieds|be|such; Ab|schieds|brief; Ab|schieds|fei|er; Ab-

schieds|schmerz; Ab|schieds|stun|de; Ab|schieds|sze|ne
ab|schie|ßen
ab|schil|fern *(landsch.);* **Ab|schil|fe|rung** (Abschuppung)
ab|schin|den, sich *(ugs.)*
Ab|schirm|dienst
ab|schir|men; Ab|schir|mung
ab|schir|ren; Pferde abschirren
ab|schlach|ten; Ab|schlach|tung
ab|schlaf|fen (*ugs. für* schlaff machen, werden)
Ab|schlag; auf Abschlag kaufen; **ab|schla|gen**
ab|schlä|gig *(Amtsspr.);* jmdn. *od.* etwas abschlägig bescheiden (etwas nicht genehmigen)
ab|schläg|lich *(veraltet);* abschlägliche Zahlung (Abschlagszahlung)
Ab|schlags|zah|lung
ab|schläm|men (als Schlamm absetzen; von Schlamm befreien)
ab|schlei|fen
Ab|schlepp|dienst; ab|schlep|pen; Ab|schlepp|seil
ab|schlie|ßen; Ab|schlie|ßung
Ab|schluss [*alte Schreibung* Abschluß]
Ab|schluss|e|x|a|men [*alte Schreibung* Ab|schluß...]; **Ab|schluss|fei|er; Ab|schluss|prü|fung; Ab|schluss|trai|ning**
ab|schmal|zen (*österr. für* abschmälzen); **ab|schmäl|zen** (*Kochk.* mit gebräunter Butter übergießen)
ab|schme|cken [*alte Trennung* ...k|k...]
ab|schmel|zen; das Eis schmilzt ab; *vgl.* [1,2]schmelzen
ab|schmet|tern *(ugs.)*
ab|schmie|ren
Ab|schmier|fett
ab|schmin|ken
ab|schmir|geln (durch Schmirgeln glätten, polieren, entfernen)
Abschn. = Abschnitt
ab|schnal|len
ab|schnei|den
Ab|schnitt (*Abk.* Abschn.)
Ab|schnitts|be|voll|mäch|tig|te, der; -n, -n; (in der DDR für ein bestimmtes [Wohn]gebiet zuständiger Volkspolizist; *Abk.* ABV)
ab|schnitt[s]|wei|se
ab|schnü|ren; Ab|schnü|rung
ab|schöp|fen; Ab|schöp|fung
ab|schot|ten; Ab|schot|tung
ab|schrä|gen
ab|schram|men (*derb auch für* sterben)
ab|schrau|ben
ab|schre|cken [*alte Trennung* ...k|k...]; *vgl.* schrecken; **ab|schre|ckend**
Ab|schre|ckung [*alte Trennung* ...k|k...]; **Ab|schre|ckungs|stra|fe**
ab|schrei|ben; Ab|schrei|bung; ab|schrei|bungs|fä|hig
Ab|schrift; ab|schrift|lich *(Amtsspr.)*
Ab|schrot, der; -[e]s, -e (meißelförmiger Ambosseinsatz); **ab|schro|ten** (Metallteile auf dem Abschrot abschlagen)
ab|schrub|ben *(ugs.)*
ab|schuf|ten, sich (*ugs. für* sich abarbeiten)
ab|schup|pen; Ab|schup|pung
ab|schür|fen; Ab|schür|fung
Ab|schuss [*alte Schreibung* Abschuß]
ab|schüs|sig
Ab|schuss|lis|te [*alte Schreibung* Ab|schuß...; *alte Trennung* ...|st...]; **Ab|schuss|ram|pe**
ab|schüt|teln
ab|schüt|ten
ab|schwä|chen; Ab|schwä|chung
ab|schwei|fen; Ab|schwei|fung
ab|schwel|len; *vgl.* [1]schwellen
ab|schwem|men
ab|schwin|gen
ab|schwir|ren (*ugs. auch für* weggehen)
ab|schwö|ren
Ab|schwung
ab|seg|nen (*ugs. für* genehmigen)
ab|seh|bar; in absehbarer Zeit
ab|se|hen; *vgl.* abgesehen
ab|sei|fen
ab|sei|len; sich abseilen
ab sein [*alte Schreibung* ab|sein] *vgl.* ab
[1]**Ab|sei|te,** die; -, -n (*landsch. für* Nebenraum, -bau)
[2]**Ab|sei|te** (Stoffrückseite); **Ab|sei|ten|stoff** (*für* [1]Reversible)
ab|sei|tig; Ab|sei|tig|keit
ab|seits; *Präposition mit Genitiv:* abseits des Weges; *Adverb:* abseits stehen, sein; die abseits stehenden Kinder; wir riefen die abseits Stehenden herbei ↑K 72; der Stürmer war abseits (*Sportspr.* stand im Abseits)
Ab|seits, das; -, - *(Sportspr.);* Abseits pfeifen
Ab|seits|fal|le; Ab|seits|stel|lung; Ab|seits|tor, das; -[e]s, -e
Ab|sence [a'psã:s] die; -, -n ‹franz.› (*Med.* kurzzeitige Bewusstseinstrübung, bes. bei Epilepsie)
ab|sen|den; Ab|sen|der (*Abk.* Abs.); **Ab|sen|dung**
ab|sen|ken
Ab|sen|ker (vorjähriger Trieb, der zur Vermehrung der Pflanze in die Erde gelegt wird)
Ab|sen|kung
ab|sent ‹lat.› (*veraltet für* abwesend)
ab|sen|tie|ren, sich (*veraltend für* sich entfernen)
Ab|senz, die; -, -en (*österr., schweiz., sonst veraltend für* Abwesenheit, Fehlen; *Med. auch svw.* Absence)
ab|ser|beln (*schweiz. für* dahinsiechen, langsam absterben); ich serb[e]le ab
ab|ser|vie|ren (*ugs. auch für* seines Einflusses berauben)
ab|setz|bar; Ab|setz|be|trag (*österr. für* Freibetrag)
ab|set|zen; sich absetzen; **Ab|set|zung**
ab|si|chern; sich absichern
Ab|sicht, die; -, -en
ab|sicht|lich [*österr. u. schweiz. nur so, sonst bei besonderem Nachdruck auch* ...'zɪçt...]; **Ab|sicht|lich|keit**
Ab|sichts|er|klä|rung
ab|sichts|los; ab|sichts|voll
Ab|sin|gen, das; -s; unter Absingen (*nicht:* unter Absingung)
ab|sin|ken
Ab|sinth, der; -[e]s, -e ‹griech.› (Wermutbranntwein)
ab|sit|zen
ab|so|lut ‹lat.› (völlig; ganz und gar; uneingeschränkt); absoluter Nullpunkt *(Physik)*
Ab|so|lut|heit, die; -
Ab|so|lu|ti|on, die; -, -en (Los-, Freisprechung, bes. Sündenvergebung)
Ab|so|lu|tis|mus, der; - (uneingeschränkte Herrschaft eines Monarchen, Willkürherrschaft); **Ab|so|lu|tist,** der; -en, -en (*veraltet für* Anhänger des Absolutismus); **ab|so|lu|tis|tisch** [*alte Trennung* ...|st...]
Ab|so|lu|to|ri|um, das; -s, ...ien (*österr. für* Bestätigung über ein abgeschlossenes Hochschulstudium)
Ab|sol|vent, der; -en, -en (Schulabgänger mit Abschlussprüfung); **Ab|sol|ven|tin**
ab|sol|vie|ren (erledigen, ableisten; [eine Schule] durchlaufen; *Rel.* Absolution erteilen); **Ab|sol|vie|rung,** die; -

A

ab|son|der|lich; Ab|son|der|lich|keit
ab|son|dern; sich absondern; **Ab|son|de|rung**
Ab|sor|bens, das; -, *Plur.* ...ben|zien *u.* ...ben|tia ⟨lat.⟩ (*Technik* der bei der Absorption aufnehmende Stoff)
Ab|sor|ber, der; -s, - ⟨engl.⟩ (Vorrichtung zur Absorption von Gasen, Strahlen)
ab|sor|bie|ren ⟨lat.⟩ (aufsaugen; [gänzlich] beanspruchen)
Ab|sorp|ti|on, die; -, -en; **Ab|sorp|ti|ons|spek|t|rum; ab|sorp|tiv** (zur Absorption fähig)
ab|spal|ten; Ab|spal|tung
ab|spa|nen, [1]ab|spä|nen (*Technik* ein metallisches Werkstück durch Abtrennung von Spänen formen)
[2]ab|spä|nen (*landsch. für* entwöhnen)
ab|span|nen; Ab|spann|mast, der (*Elektrotechnik*); **Ab|span|nung,** die; -
ab|spa|ren, sich; du hast es dir vom Munde abgespart
ab|spe|cken [*alte Trennung* ...k|k...] (*ugs. für* [gezielt] abnehmen)
ab|spei|chern (*EDV*)
ab|spei|sen
ab|spens|tig [*alte Trennung* ...|st...] jmdm. jmdn. *od.* etwas abspenstig machen
ab|sper|ren (*südd., österr. auch für* abschließen)
Ab|sperr|hahn; Ab|sperr|ket|te
Ab|sper|rung
ab|spie|geln; Ab|spie|ge|lung, Ab|spieg|lung
Ab|spiel, das; -[e]s (*Sport*); **ab|spie|len**
ab|split|tern; Ab|split|te|rung
Ab|spra|che (Vereinbarung); **ab|spra|che|ge|mäß**
ab|spre|chen
ab|sprin|gen; Ab|sprung
Ab|sprung|ha|fen (*Militär*)
ab|spu|len
ab|spü|len; Geschirr abspülen
ab|stam|men; Ab|stam|mung
Ab|stand; von etwas Abstand nehmen (etwas nicht tun)
Ab|stand|hal|ter (am Fahrrad)
ab|stän|dig; abständiger (*Forstw.* dürrer, absterbender) Baum
Ab|stands|sum|me
ab|stat|ten; jmdm. einen Besuch abstatten (*geh.*); **Ab|stat|tung**
ab|stau|ben (*ugs. auch für* unbemerkt mitnehmen; *Sportspr.* ein Tor mühelos erzielen)
ab|stäu|ben (*landsch. für* abstauben)
Ab|stau|ber; Ab|stau|ber|tor
ab|ste|chen; Ab|ste|cher; einen Abstecher machen
ab|ste|cken; *vgl.* [2]stecken
ab|ste|hen
ab|stei|fen (*fachspr.*); **Ab|stei|fung**
Ab|stei|ge, die; -, -n (*ugs. abwertend*)
ab|stei|gen
Ab|stei|ge|quar|tier, *österr.* **Ab|steig|quar|tier**
Ab|stei|ger (*Sportspr.*)
Ab|stell|bahn|hof
ab|stel|len
Ab|stell|gleis; Ab|stell|kam|mer; Ab|stell|raum
Ab|stel|lung
ab|stem|peln; Ab|stem|pe|lung, Ab|stemp|lung
ab|step|pen
ab|ster|ben
Ab|stich
Ab|stieg, der; -[e]s, -e; **ab|stiegs|ge|fähr|det** (*Sportspr.*)
ab|stil|len
ab|stim|men
Ab|stimm|kreis (*fachspr.*); **Ab|stimm|schär|fe,** die; - (*fachspr.*)
Ab|stim|mung; Ab|stim|mungs|er|geb|nis
ab|s|ti|nent ⟨lat.⟩ (enthaltsam, alkoholische Getränke meidend);
Ab|s|ti|nent, der; -en, -en (*schweiz., sonst veraltet für* Abstinenzler)
Ab|s|ti|nenz, die; -; **Ab|s|ti|nenz|ler** (enthaltsam lebender Mensch, bes. in Bezug auf Alkohol)
Ab|s|ti|nenz|tag (*kath. Kirche* Tag, an dem die Gläubigen kein Fleisch essen dürfen)
ab|stop|pen
Ab|stoß; ab|sto|ßen; ab|sto|ßend; Ab|sto|ßung
ab|stot|tern (*ugs. für* in Raten bezahlen)
Ab|s|tract [ˈɛpstrɛkt], das *u.* der; -s, -s ⟨lat.-engl.⟩ (kurze Inhaltsangabe eines Artikels od. Buches)
ab|stra|fen; Ab|stra|fung
ab|s|tra|hie|ren ⟨lat.⟩ (das Allgemeine vom Einzelnen absondern, verallgemeinern)
ab|strah|len; Ab|strah|lung
ab|s|trakt ⟨lat.⟩ (begrifflich, nur gedacht); abstrakte (vom Gegenständlichen absehende) Kunst
Ab|s|trakt|heit
Ab|s|trak|ti|on, die; -, -en
Ab|s|trak|tum, das; -s, ...ta (*Philos.* allgemeiner Begriff; *Sprachw.* Substantiv, das etwas Nichtgegenständliches benennt, z. B. »Liebe«)
ab|stram|peln, sich (*ugs.*)
ab|strän|gen ([ein Zugtier] abspannen)
ab|strei|chen; Ab|strei|cher
ab|strei|fen; Ab|strei|fer
ab|strei|ten
Ab|strich
ab|s|t|rus ⟨lat.⟩ (verworren, schwer verständlich)
ab|stu|fen; Ab|stu|fung
ab|stump|fen; Ab|stump|fung
Ab|sturz; ab|stür|zen
ab|stüt|zen; sich abstützen
Ab|sud [*auch* ...ˈzu:t], der; -[e]s, -e (*veraltet für* durch Abkochen gewonnene Flüssigkeit)
ab|surd ⟨lat.⟩ (sinnwidrig, sinnlos); absurdes Drama (eine moderne Dramenform)
Ab|sur|di|tät, die; -, -en
Ab|s|zess [*alte Schreibung* Abszeß], der, *österr. ugs. auch* das; Abszesses, Abszesse ⟨lat.⟩ (*Med.* eitrige Geschwulst)
Ab|s|zis|se, die; -, -n ⟨lat.⟩ (*Math.* auf der Abszissenachse abgetragene erste Koordinate eines Punktes); **Ab|s|zis|sen|ach|se**
Abt, der; -[e]s, Äbte (Kloster-, Stiftsvorsteher)
Abt. = Abteilung
ab|ta|keln; ein Schiff abtakeln (das Takelwerk entfernen, außer Dienst stellen); *vgl.* abgetakelt; **Ab|ta|ke|lung, Ab|tak|lung**
ab|tan|zen (*ugs. für* weggehen; ausdauernd tanzen)
ab|tas|ten [*alte Trennung* ...|st...]
ab|tau|en
Ab|tausch; ab|tau|schen
Ab|tei (Kloster, dem ein Abt od. eine Äbtissin vorsteht)
Ab|teil [*schweiz.* ˈa...], das; -[e]s, -e
ab|tei|len
[1]Ab|tei|lung, die; - (Abtrennung)
[2]Ab|tei|lung [*schweiz.* ˈa...] (abgeteilter Raum; Teil eines Unternehmens, einer Behörde o. Ä.; *Abk.* Abt.); **Ab|tei|lungs|lei|ter; Ab|tei|lungs|lei|te|rin**
ab|teu|fen (*Bergmannsspr.*); einen Schacht abteufen (senkrecht nach unten bauen)
ab|tip|pen (*ugs.*)
Äb|tis|sin (Kloster-, Stiftsvorsteherin)

A

Abt.-Lei|ter[in] = Abteilungsleiter[in] ↑K 28

ab|tö|nen; Ab|tö|nung

ab|tö|ten; Ab|tö|tung

Ab|trag, der; -[e]s, Abträge; jmdm. *od.* einer Sache Abtrag tun (*geh. für* schaden)

ab|tra|gen

ab|träg|lich (schädlich); jmdm. *od.* einer Sache abträglich sein *(geh.)*; **Ab|träg|lich|keit**

Ab|tra|gung

ab|trai|nie|ren; zwei Kilo abtrainieren

Ab|trans|port; ab|trans|por|tie|ren

ab|trei|ben; Ab|trei|bung

Ab|trei|bungs|pa|ra|graph, *auch* ...pa|ra|graf (*ugs. für* § 218 des Strafgesetzbuches); **Ab|treibungs|pil|le** (zur Auslösung einer Fehlgeburt); **Ab|trei|bungsrecht; Ab|trei|bungs|ver|such**

ab|trenn|bar; ab|tren|nen; Ab|trennung

ab|tre|ten; Ab|tre|ter; Ab|tre|tung

Ab|trieb, der; -[e]s, -e (das Abtreiben des Viehs von der Weide; *Forstw.* Abholzung; *österr. auch für* Rührteig)

Ab|trift usw. *vgl.* Abdrift usw.

ab|trin|ken

Ab|tritt (*veraltend, noch landsch. auch für* ¹Abort)

ab|trock|nen

ab|trop|fen

ab|trot|zen; jmdm. etw. abtrotzen

ab|trump|fen (*ugs. auch für* scharf zurechtweisen, abweisen)

ab|trün|nig; Ab|trün|nig|keit, die; -

Abts|stab; Abts|wür|de

ab|tun; etw. als Scherz abtun

ab|tup|fen

Abt|wahl

A|bu [*auch* 'a...] ‹arab., »Vater«› (Bestandteil von Eigenn.)

A|bu Dha|bi [- d...] (Scheichtum der Vereinigten Arabischen Emirate; deren Hauptstadt); **a|bu-dha|bisch**

A|bu|ja [...dʒ...] (Hauptstadt von Nigeria)

a|b|un|dant ‹lat.› (*bes. fachspr. für* häufig [vorkommend])

A|b|un|danz, die; - ([große] Häufigkeit)

ab und zu *vgl.* ab

ab ur|be con|di|ta ‹lat., »seit Gründung der Stadt« [Rom]› (altröm. Zeitrechnung, beginnend mit 753 v. Chr.; *Abk.* a. u. c.)

ab|ur|tei|len; Ab|ur|tei|lung

Ab|u|sus der; -, - ‹lat.› (*Med.* Missbrauch [z. B. von Arznei- od. Genussmitteln])

ABV = Abschnittsbevollmächtigter

Ab|ver|kauf (*österr. auch für* Ausverkauf); **ab|ver|kau|fen**

ab|ver|lan|gen

ab|vie|ren (*fachspr. für* vierkantig zuschneiden); **Ab|vie|rung**

ab|wä|gen; du wägst ab; du wägtest, wogst ab; abgewogen, abgewägt; **Ab|wä|gung**

Ab|wahl; ab|wäh|len

ab|wäl|len *(landsch.); vgl.* wällen

ab|wäl|zen

ab|wan|deln; Ab|wan|de|lung, Abwand|lung

ab|wan|dern; Ab|wan|de|rung

Ab|wär|me (*Technik* nicht genutzte Wärmeenergie)

Ab|wart, der; -s, -e (*schweiz. für* Hausmeister, Hauswart)

ab|war|ten

Ab|war|tin *(schweiz.)*

---

ab|wärts

Man schreibt »abwärts« immer getrennt vom folgenden Verb oder Partizip ↑K 50:

- abwärts gehen, fahren, laufen usw.; er ist diesen Weg abwärts gegangen
- es ist mit ihr abwärts gegangen [*alte Schreibung* abwärtsgegangen] (schlechter geworden)

Ab|wärts|trend

¹Ab|wasch, der; -[e]s (Geschirrspülen; schmutziges Geschirr)

²Ab|wasch, die; -, -en (*landsch. für* Abwaschbecken)

ab|wasch|bar; ab|wa|schen; Ab|waschung

Ab|wasch|was|ser *Plur.* ...wässer

Ab|was|ser *Plur.* ...wässer; **Ab|wasser|auf|be|rei|tung**

ab|wat|schen (*bayr., österr. ugs. für* ohrfeigen; scharf kritisieren)

ab|wech|seln; sich abwechseln

ab|wech|selnd; Ab|wech|se|lung, Ab|wechs|lung

ab|wechs|lungs|los; ab|wechslungs|reich

Ab|weg *meist Plur.*

ab|we|gig; Ab|we|gig|keit

Ab|wehr, die; -; **ab|weh|ren**

Ab|wehr|kampf; Ab|wehr|re|ak|tion; Ab|wehr|spie|ler *(Sportspr.)*

¹ab|wei|chen; ein Etikett abweichen; *vgl.* ¹weichen

²ab|wei|chen; vom Kurs abweichen; *vgl.* ²weichen

Ab|weich|ler (jmd., der von der politischen Linie einer Partei abweicht); **Ab|weich|le|rin**

Ab|wei|chung

ab|wei|den

ab|wei|sen; Ab|wei|ser (*Bauw.* Prellstein); **Ab|wei|sung**

ab|wend|bar

ab|wen|den; ich wandte *od.* wendete mich ab, habe mich abgewandt *od.* abgewendet; sie wandte *od.*wendete den Blick ab, hat den Blick abgewandt *od.* abgewendet; *aber nur* er hat das Unheil abgewendet

ab|wen|dig (*veraltend für* abspenstig, abgeneigt)

Ab|wen|dung, die; -

ab|wer|ben; Ab|wer|ber; Ab|werbung

ab|wer|fen

ab|wer|ten; Ab|wer|tung

ab|we|send; Ab|we|sen|de, der *u.* die; -n, -n

Ab|we|sen|heit, die; -, -en

ab|wet|tern; einen Sturm abwettern (*Seemannsspr.* auf See überstehen); einen Schacht abwettern (*Bergmannsspr.* abdichten)

ab|wet|zen (*ugs. auch für* schnell weglaufen)

ab|wich|sen; sich einen abwichsen (*derb für* onanieren)

ab|wi|ckeln [*alte Trennung* ...k|k...]; **Ab|wi|cke|lung, Abwick|lung**

ab|wie|geln; Ab|wie|ge|lung, Abwieg|lung

ab|wie|gen; *vgl.* ²wiegen

ab|wim|meln (*ugs. für* [mit Ausflüchten] abweisen)

Ab|wind (*fachspr. für* absteigender Luftstrom)

ab|win|ken

ab|wirt|schaf|ten; abgewirtschaftet

ab|wi|schen

ab|woh|nen

ab|wra|cken [*alte Trennung* ...k|k...] ein Schiff abwracken (verschrotten); **Ab|wrack|fir|ma**

Ab|wurf; Ab|wurf|vor|rich|tung

ab|wür|gen

a|bys|sisch ‹griech.› (aus der Tiefe der Erde stammend; zum Tiefseebereich gehörend; abgrundtief); **A|bys|sus,** der; - (*veraltet für* Tiefe der Erde, Abgrund)

ab|zah|len

ab|zäh|len; Ab|zähl|reim

A

Ab|zah|lung; Ab|zah|lungs|ge|schäft
ab|zap|fen; Ab|zap|fung
ab|zap|peln, sich
ab|zäu|men
ab|zäu|nen; Ab|zäu|nung
Ab|zeh|rung (Abmagerung)
Ab|zei|chen
ab|zeich|nen; sich abzeichnen
Ab|zieh|bild; ab|zie|hen; *vgl.* abgezogen; **Ab|zie|her**
ab|zie|len; auf etw. abzielen
ab|zir|keln; Ab|zir|ke|lung, Ab|zirk|lung, die; -
ab|zi|schen (*ugs. für* sich rasch entfernen)
ab|zo|cken [*alte Trennung* ...k|k...] (*ugs.* jmdn. [auf betrügerische Art] um sein Geld bringen)
Ab|zug

ab|züg|lich

(Kaufmannsspr.)
Präposition mit Genitiv:
- abzüglich des gewährten Rabatts; abzüglich der Unkosten

Ein allein stehendes, stark gebeugtes Substantiv steht im Singular ohne Beugungsendung:
- abzüglich Rabatt; abzüglich Porto

ab|zugs|fä|hig; ab|zugs|frei
Ab|zugs|ka|nal; Ab|zugs|schacht
ab|zup|fen
ab|zwa|cken [*alte Trennung* ...k|k...] (*ugs. für* entziehen)
ab|zwe|cken [*alte Trennung* ...k|k...] *(selten);* auf eine Sache abzwecken
Ab|zweig (*Amtsspr.* Abzweigung); **Ab|zweig|do|se**
ab|zwei|gen; Ab|zweig|stel|le; Ab|zwei|gung
Ac = *chem. Zeichen für* Actinium
a c. = a conto
à c. = à condition
A|ca|dé|mie fran|çaise [...de... frã'sɛ:z], die; - - ‹franz.› (Akademie für französische Sprache und Literatur)
a cap|pel|la ‹ital.› (*Musik* ohne Begleitung von Instrumenten); **A-cap|pel|la-Chor** ↑K 26
acc. c. inf. = accusativus cum infinitivo; *vgl.* Akkusativ
ac|cel. = accelerando; **ac|ce|le|ran|do** [atʃe...] ‹ital.› (*Musik* schneller werdend)
Ac|cent ai|gu [a'ksã:tɛ'gy:], der; - -, -s -s [a'ksã:zɛ'gy:] (*Sprachw.* Akut; *Zeichen* ´, z. B. é)
Ac|cent cir|con|flexe [a'ksã: sɪrkõ'flɛks], der; - -, -s -s [a'ksã: sɪrkõ'flɛks] (*Sprachw.* Zirkumflex; *Zeichen* ˆ, z. B. â)
Ac|cent grave [a'ksã: 'gra:f], der; - -, -s -s [a'ksã: 'gra:f] (*Sprachw.* Gravis; *Zeichen* `, z. B. è)
Ac|ces|soire [aksɛ'so̯a:ɐ̯], das; -s, -s *meist Plur.* ‹franz.› (modisches Zubehör, z. B. Gürtel, Schmuck)
Ac|count [ə'kau̯nt], der; -s, -s ‹engl., »Konto«› (Zugangsberechtigung zum Internet od. zu einer Mailbox)
Ac|cra (Hauptstadt von Ghana)
Ac|cro|cha|ge [...'ʃa:ʒə], die; -, -n ‹franz.› (Ausstellung einer Privatgalerie)
ACE = Auto Club Europa
A|ce|tat usw. *vgl.* Azetat usw.
A|ce|ton *vgl.* Azeton
A|ce|ty|len usw. *vgl.* Azetylen usw.
ach!; ach so!; ach ja!; ach je!
Ach, das; -s, -[s]; mit Ach und Krach; mit Ach und Weh; Ach und Weh, *auch* ach und weh schreien ↑K 81
A|chä|er (Angehöriger eines altgriechischen Stammes)
A|cha|ia [...ja, *auch* a'xaja] (griechische Landschaft)
A|chä|me|ni|de, der; -n, -n (Angehöriger einer altpersischen Dynastie)
A|chä|ne, die; -, -n ‹griech.› (*Bot.* Schließfrucht)
A|chat, der; -[e]s, -e ‹griech.› (ein Schmuckstein); **a|cha|ten** (aus Achat)
A|che [*auch* 'a:...] die; - (Bestandteil von Flussnamen); Tiroler Ache
a|cheln ‹jidd.› (*landsch. für* essen); ich ach[e]le
A|chen|see, der; -s (See in Tirol)
A|che|ron, der; -[s] (Unterweltsfluss der griechischen Sage)
A|cheu|lé|en [aʃøle'ɛ̃:], das; -[s] ‹nach dem Fundort Saint-Acheul in Nordfrankreich› (Kultur der Altsteinzeit)
A|chill, A|chil|les (Held der griech. Sage); **A|chil|le|is,** die; - (Heldengesang über Achill)
A|chil|les|fer|se ↑K 136 (verwundbare Stelle); **A|chil|les|seh|ne**
A|chil|leus; *vgl.* Achill
A|chim (m. Vorn.)
Ach|laut, *auch* **Ach-Laut**
Ach|med (m. Vorn.)
a. Chr. [n.] = ante Christum [natum]
A|chro|ma|sie [...k...], die; -, ...ien ‹griech.› (*Physik* Brechung der Lichtstrahlen ohne Zerlegung in Farben)
A|chro|mat, der; -[e]s, -e (Linsensystem, das Lichtstrahlen nicht in Farben zerlegt)
a|chro|ma|tisch [*österr.* 'a...] (Achromasie aufweisend)
A|chro|ma|t|op|sie, die; -, ..ien (*Med.* Farbenblindheit)
Achs|bruch *vgl.* Achsenbruch; **Achs|druck** *Plur.* ...drücke
Ach|se, die; -, -n
Ach|sel, die; -, -n
Ach|sel|griff; Ach|sel|höh|le; Ach|sel|klap|pe
ach|sel|stän|dig (*Bot.* in der Blattachsel stehend)
Ach|sel|zu|cken [*alte Trennung* ...k|k...], das; -s; **ach|sel|zu|ckend**
Ach|sen|bruch, *auch* Achs|bruch
ach|sig (*für* axial)
...ach|sig (z. B. einachsig)
Ach|sig|keit (*für* Axialität)
Achs|ki|lo|me|ter (Maßeinheit bei der Eisenbahn); **Achs|la|ger** *Plur.* ...lager; **Achs|last**
achs|recht (*für* axial)
Achs|schen|kel|bol|zen *(Kfz-Technik)*
acht *s. Kasten S. 141*
[1]**Acht,** die; -, -en (Ziffer, Zahl); die Zahl Acht, die Ziffer Acht; eine arabische Acht, eine römische Acht; eine Acht schreiben; mit den Rollschuhen, Schlittschuhen eine Acht fahren; mit der Acht (*ugs. für* [Straßenbahn]linie 8) fahren
[2]**Acht,** die; - (*veraltet für* Aufmerksamkeit; Fürsorge); [auf jmdn., etwas] Acht geben, haben [*alte Schreibung* achtgeben, achthaben]; gib gut Acht [*alte Schreibung* acht] auf dich!; habt Acht [*alte Schreibung* acht]!; sich in Acht [*alte Schreibung* acht] nehmen; etwas [ganz] außer Acht [*alte Schreibung* acht] lassen; außer aller Acht lassen; das Außer-Acht-Lassen [*alte Schreibung* Außerachtlassen] ↑K 27
[3]**Acht,** die; - (*früher für* Ächtung); in Acht und Bann tun
Acht|ach|ser (*mit Ziffer* 8-Achser [*alte Schreibung* 8achser])
acht|ar|mig; acht|bän|dig
acht|bar; Acht|bar|keit, die; -

acht

Zahlwort:
die Zahlen von acht bis zwölf; acht Millionen; im Jahre acht; die Linie acht
er ist über acht [Jahre]; Kinder von acht [bis zehn] Jahren
es ist acht [Uhr]; um acht [Uhr]; es schlägt eben acht; [ein] Viertel auf, vor acht; halb acht; drei viertel acht [*alte Schreibung* drei Viertel acht] (*vgl.* viertel, Viertel); Punkt, Schlag acht
wir sind [unser] acht; eine Familie von achten *(ugs.);* wir sind zu acht
diese acht [Leute]; die ersten, letzten acht
das macht acht fünfzig (*ugs. für* 8,50 DM); er sprang acht zweiundzwanzig (*ugs. für* 8,22 m)
acht und eins macht, ist (*nicht:* machen, sind) neun; acht mal zwei (8 mal 2); acht zu vier (8 : 4)

Ableitungen und Zusammensetzungen:
acht[und]einhalb; achtundzwanzig; achtmillionste
achterlei; achtfach (8fach); achtjährig (8-jährig [*alte Schreibung* 8jährig]; *vgl. d.*); achtmal (8-mal [*alte Schreibung* 8mal]; *vgl. d.*); achtmalig (8-malig [*alte Schreibung* 8malig]); achtteilig (8-teilig [*alte Schreibung* 8teilig])
achtens; achtel *(vgl. d.);* das Achtel *(vgl. d.)*
Achtmetersprung (8-Meter-Sprung ↑K 26)
der Achter *(vgl. d.)*
Vgl. ¹Acht, ²Acht

ach|te; das achte Gebot; der achte Mai, am achten Januar; *aber* der Achte [*alte Schreibung* achte], den ich treffe; sie wurde Achte im Weitsprung; jeder Achte [*alte Schreibung* achte]; der Achte, am Achten [des Monats]; Heinrich der Achte
Acht|eck; acht|e|ckig [*alte Trennung* ...k|k...]
acht|ein|halb, acht|und|ein|halb
ach|tel; ein achtel Zentner, drei achtel Liter, *aber* (Maß): ein Achtelliter; **Ach|tel,** das, *schweiz. auch* der; -s, -; ein, das Achtel vom Zentner; ein Achtel Rotwein; drei Achtel des Ganzen, *aber* im Dreiachteltakt; *mit Ziffern* im $^{3}/_{8}$-Takt ↑K 29
Ach|tel|fi|na|le *(Sportspr.);* **Ach|tel|li|ter** *vgl.* achtel; **Ach|tel|los; Ach|tel|no|te**
ach|ten
äch|ten
Acht|en|der (ein Hirsch mit acht Geweihenden)
ach|tens
Ach|ter (Ziffer 8; Form einer 8; ein Boot für acht Ruderer)
ach|ter|aus (*Seemannsspr.* nach hinten)
Ach|ter|bahn; [auf, mit der] Achterbahn fahren
Ach|ter|deck (Hinterdeck)
ach|ter|las|tig [*alte Trennung* ...|st...] (*Seemannsspr.* achtern tiefer liegend als vorn)
ach|ter|lei
ach|ter|lich (*Seemannsspr.* von hinten kommend); **ach|tern** (*Seemannsspr.* hinten); nach achtern
Ach|ter|pa|ckung [*alte Trennung* ...k|k...]
Ach|ter|ren|nen *(Rudersport)*
Ach|ter|ste|ven *(Seemannsspr.)*
acht|fach; Acht|fa|che (*mit Ziffer* 8fache), das; -n; [um] ein Achtfaches; um das Achtfache
acht|fal|tig (acht Falten habend); **acht|fäl|tig** (*veraltet für* achtfach)
Acht|flach, das; -[e]s, -e, **Acht|fläch|ner** (*für* Oktaeder)
Acht|fü|ßer (*für* Oktopode)
Acht ge|ben, Acht ha|ben [*alte Schreibungen* achtgeben, achthaben] *vgl.* ²Acht
acht|hun|dert
acht|jäh|rig (*mit Ziffer* 8-jährig [*alte Schreibung* 8jährig])
Acht|jäh|ri|ge (*mit Ziffer* 8-Jährige [*alte Schreibung* 8jährige]), der *u.* die; -n, -n
Acht|kampf *(Sportspr.)*
acht|kan|tig
acht|köp|fig (*mit Ziffern* 8-köpfig [*alte Schreibung* 8köpfig])
acht|los; Acht|lo|sig|keit
acht|mal, *mit Ziffer* 8-mal [*alte Schreibung* 8mal]; *bei besonderer Betonung* acht Mal (8 Mal); *aber* acht mal zwei (*mit Ziffern* 8 mal 2) ist (*nicht:* sind) sechzehn; achtmal so groß wie (*seltener* als) ...; acht- bis neunmal ↑K 31; *vgl.* bis
acht|ma|lig (*mit Ziffer* 8-malig [*alte Schreibung* 8malig])
acht Mil|li|o|nen Mal [*alte Schreibung* acht|mil|lio|nen|mal], **acht Mil|li|o|nen Ma|le;** *vgl.* ¹Mal
acht|mil|li|ons|te [*alte Trennung* ...|ste]
acht|sam; Acht|sam|keit, die; -
acht|sei|tig; acht|spän|nig; acht|stö|ckig [*alte Trennung* ...k|k...]
Acht|stun|den|tag
acht|tau|send; Acht|tau|sen|der ([über] 8 000 m hoher Berg)
acht|tei|lig (*mit Ziffer* 8-teilig [*alte Schreibung* 8teilig])
Acht|ton|ner (*mit Ziffer* 8-Tonner [*alte Schreibung* 8tonner] ↑K 29 *u.* 66)
Acht|uhr|zug (*mit Ziffer* 8-Uhr-Zug ↑K 26)
acht[|und]|ein|halb
Acht|und|sech|zi|ger, der; -s, - (Teilnehmer an der Studentenrevolte Ende der Sechzigerjahre)
acht|und|zwan|zig
Ach|tung, die; -; eine Achtung gebietende, *auch* achtunggebietende Persönlichkeit ↑K 58 *u.* 59
Äch|tung
Ach|tungs|ap|plaus; Ach|tungs|be|zei|gung; Ach|tungs|er|folg
Ach|tung|stel|lung, die; - (*schweiz. milit. für* Strammstehen)
ach|tungs|voll
acht|zehn; *vgl.* acht; im Jahre achtzehn; **Acht|zehn|en|der** (ein Hirsch mit achtzehn Geweihenden)
acht|zehn|hun|dert
acht|zehn|jäh|rig; *vgl.* achtjährig

acht|zig

- er ist, wird achtzig, achtzig Jahre alt
- in die achtzig [*alte Schreibung* Achtzig] kommen; mit achtzig [*alte Schreibung auch* Achtzig] ist sie immer noch sehr rüstig; der Mensch über achtzig [*alte Schreibung auch* Achtzig]; die beiden sind Mitte achtzig [*alte Schreibung* Achtzig]
- Wein aus dem Jahr achtzig
- Tempo achtzig; mit achtzig [Sachen] (*ugs. für* mit achtzig Stundenkilometern) fahren; auf achtzig bringen (*ugs. für* wütend machen)

vgl. acht, achtziger

A

Acht|zig, die; -, -en (Zahl); *vgl.* [1]Acht

acht|zi|ger (*mit Ziffern* 80er); die Achtzigerjahre, *auch* achtziger Jahre [des vorigen Jahrhunderts] (*mit Ziffern* 80er-Jahre, *auch* 80er Jahre); in den Achtzigerjahren, *auch* achtziger Jahren (über achtzig Jahre alt) war sie noch rüstig; in den Achtzigern (über achtzig Jahre alt) sein; Mitte der Achtziger

Acht|zi|ger (jmd., der [über] 80 Jahre ist; Wein aus dem Jahre achtzig [eines Jahrhunderts]; *österr. auch für* 80. Geburtstag); **Acht|zi|ge|rin**

Acht|zi|ger|jah|re [*auch* 'a...'ja:...] *Plur.; vgl.* achtziger

acht|zig|fach; *vgl.* achtfach

acht|zig|jäh|rig; *vgl.* achtjährig; **acht|zig|mal**

acht|zigs|te [*alte Trennung* ...|ste] (*Großschreibung:* er feiert seinen Achtzigsten [= 80. Geburtstag]; *vgl.* achte)

acht|zigs|tel [*alte Trennung* ...|st...]; *vgl.* achtel

Acht|zigs|tel [*alte Trennung* ...|st...], das, *schweiz. auch* der; -s, -; *vgl.* Achtel

acht|zöl|lig, *auch* achtzollig

Acht|zy|lin|der (*mit Ziffer* 8-Zylinder [*alte Schreibung* 8zylinder] ↑K 26; *ugs. für* Achtzylindermotor od. damit ausgerüstetes Kraftfahrzeug); **Acht|zy|lin|der|mo|tor; acht|zy|lin|d|rig**

äch|zen; du ächzt

a. c. i. = accusativus cum infinitivo; *vgl.* Akkusativ

A|ci|di|tät, die; - ‹lat.› (*Chemie* Säuregrad einer Flüssigkeit)

A|ci|do|se, die; -, -n (*Med.* krankhafte Vermehrung des Säuregehaltes im Blut)

A|cker [*alte Trennung* ...k|k...] der; -s, Äcker; 30 Acker Land

A|cker|bau [*alte Trennung* ...k|k...], der; -[e]s; Ackerbau treiben; die Ackerbau treibenden [*alte Schreibung* ackerbautreibenden] Bewohner ↑K 58

A|cker|bau|er [*alte Trennung* ...k|k...], der; *Gen.* -n, *seltener* -s, *Plur.* -n (*veraltet für* Landwirt) *u.* -s, - *meist Plur.* (Bebauer von Äckern)

Ä|cker|chen [*alte Trennung* ...k|k...]

A|cker|flä|che [*alte Trennung* ...k|k...]

A|cker|mann *vgl.* Ackersmann

A|cker|men|nig [*alte Trennung* ...k|k...], O|der|men|nig, der; -[e]s, -e (eine Heilpflanze)

a|ckern [*alte Trennung* ...k|k...]; ich ackere

A|cker|nah|rung [*alte Trennung* ...k|k...], die; - (*Landw.* Ackerfläche, die zum Unterhalt einer Familie ausreicht)

A|cker[s]|mann [*alte Trennung* ...k|k...] *Plur.* ...leute *u.* ...männer *(veraltet)*

Ack|ja, der; -[s], -s ‹schwed.› (lappischer Schlitten in Bootsform; *auch für* Rettungsschlitten)

AC-Me|tho|de [a:'tse:...] = Assessmentcentermethode

à con|di|ti|on [a kõdi'si̯õ:] ‹franz.› (*Kaufmannsspr.* mit Rückgaberecht; *Abk.* à c.)

a con|to ‹ital.› (*Bankw.* auf [laufende] Rechnung von ...; *Abk.* a c.); *vgl.* Akontozahlung

A|c|re ['e:kɐ], der; -s, -s ‹engl.› (Flächenmaß); 7 Acre Land

A|c|ro|le|in *vgl.* Akrolein

A|c|ryl, das; -s ‹griech.› (eine Chemiefaser); **A|c|ryl|säu|re** (stechend riechende Säure [Ausgangsstoff vieler Kunstharze])

ACS = Automobil-Club der Schweiz

Ac|ti|ni|um, das; -s ‹griech.› (chemisches Element; *Zeichen* Ac)

Ac|tion ['ɛkʃn̩], die; - ‹engl.› (spannende [Film]handlung; lebhafter Betrieb)

Ac|tion|pain|ting [...pe:n...], *auch* **Ac|tion-Pain|ting** [*alte Schreibung* Ac|tion-pain|ting], das; - (moderne Richtung in der amerik. abstrakten Malerei)

a d. = a dato

a. d. = an der (*bei Ortsnamen,* z. B. Bad Neustadt a. d. Saale)

a. D. = außer Dienst

A. D. = Anno Domini

A|da (w. Vorn.)

A|da|bei, der; -s, -s (*österr. ugs. für* jmd., der überall dabei sein will)

ad ab|sur|dum ‹lat.›; ad absurdum führen (das Widersinnige nachweisen)

ADAC = Allgemeiner Deutscher Automobil-Club

ad ac|ta ‹lat., »zu den Akten«› (*Abk.* a. a.); ad acta legen (als erledigt betrachten)

a|da|gio [...dʒo] ‹ital.› (*Musik* langsam, ruhig); **A|da|gio,** das; -s, -s

A|dal|bert, A|del|bert (m. Vorn.); **A|dal|ber|ta,** A|del|ber|ta (w. Vorn.)

A|dam (m. Vorn.); *vgl.* [1]Riese

A|da|mit, der; -en, -en (Angehöriger einer bestimmten Sekte); **a|da|mi|tisch**

A|dams|ap|fel; A|dams|kos|tüm [*alte Trennung* ...|st...]

A|d|ap|ta|ti|on, die; -, -en ‹lat.› (Anpassung[svermögen])

A|d|ap|ter, der; -s, - ‹engl.› (*Technik* Verbindungsstück [zum Anschluss von Zusatzgeräten])

a|d|ap|tie|ren ‹lat.› (anpassen *[Biol. u. Physiol.];* ein literarisches Werk für Film u. Funk umarbeiten; *österr. auch für* eine Wohnung, ein Haus o. Ä. herrichten); **A|d|ap|tie|rung**

A|d|ap|ti|on, die; -, -en; *vgl.* Adaptation; **a|d|ap|tiv** (*fachspr. für* auf Anpassung beruhend)

a|d|ä|quat ‹lat.› (angemessen); **A|d|ä|quat|heit,** die; -

a da|to ‹lat.› (vom Tage der Ausstellung [an]; *Abk.* a d.)

ADB = Allgemeine Deutsche Biographie

ad ca|len|das grae|cas ‹lat.› (niemals)

ADD = analoge Aufnahme, digitale Bearbeitung, digitale Wiedergabe; *vgl.* AAD

Ad|den|dum, das; -s, ...da *meist Plur.* ‹lat.› (*veraltet für* Zusatz, Nachtrag)

ad|die|ren (zusammenzählen); **Ad|die|r|ma|schi|ne**

Ad|dis A|be|ba [-'a(:)..., *auch* - a'be:...] (Hauptstadt Äthiopiens)

Ad|di|ti|on, die; -, -en ‹lat.› (Zusammenzählung)

ad|di|ti|o|nal (*fachspr. für* zusätzlich)

ad|di|tiv (*fachspr. für* hinzufügend, auf Addition beruhend); **Ad|di|tiv,** das; -s, -e ‹engl.› (*fachspr. für* Zusatz, der einen chem. Stoff verbessert)

ad|di|zie|ren ‹lat.› (*fachspr. für* zusprechen, zuerkennen)

Ad|duk|ti|on, die; -, -en ‹lat.› (*Med.* das Bewegen von Körperteilen zur Körperachse hin)

Ad|duk|tor, der; -s, ...oren (Adduktion bewirkender Muskel)

a|de! *(veraltend, noch landsch.); vgl.* adieu!; **A|de,** das; -s, -s; Ade, *auch* ade sagen

A|de|bar, der; -s, -e (*bes. nordd. für* Storch)

[1]**A|del**, der; -s

[2]**A|del**, *auch* O|del, der; -s (*bes. bayr. u. österr. für* Mistjauche)

[1]**A|de|laide** ['ɛdəlɪt] (Hauptstadt Südaustraliens)

[2]**A|de|la|i|de** (w. Vorn.)

A|del|bert, A|dal|bert (m. Vorn.)

A|del|ber|ta, A|dal|ber|ta (w. Vorn.)

A|de|le (w. Vorn.)

A|del|heid (w. Vorn.)

a|de|lig, ad|lig

a|deln; ich ade[e]le

A|dels|brief; A|dels|prä|di|kat

A|de|lung

A|den (Hafenstadt in Jemen)

A|de|nau|er (erster deutscher Bundeskanzler)

A|de|nom, das; -s, -e ‹griech.› (*Med.* Drüsengeschwulst); **a|de|no|ma|tös**

A|d|ept, der; -en, -en ‹lat.› (*früher für* [als Schüler] in eine Geheimlehre Eingeweihter)

A|der, die; -, -n

Ä|der|chen

a|de|rig, ad|rig, **ä|de|rig**, äd|rig

A|der|lass [*alte Schreibung* Aderlaß], der; Aderlasses, Aderlässe

Ä|der|lein

ä|dern; ich ädere; **Ä|de|rung**

à deux mains [a 'dø: 'mɛ̃:] ‹franz.› (*Klavierspiel* mit zwei Händen)

ADFC = Allgemeiner Deutscher Fahrrad-Club

Ad|go, die; - (Allgemeine Deutsche Gebührenordnung für Ärzte)

ad|hä|rent ‹lat.› (*fachspr. für* anhaftend)

Ad|hä|si|on, die; -, -en (*fachspr. für* Aneinanderhaften von Stoffen od. Körpern); **Ad|hä|si|ons|ver|schluss** [*alte Schreibung* ...ver|schluß] (mit einer Haftschicht versehener Verschluss)

ad|hä|siv (anhaftend)

ad hoc [*auch* - 'ho:k] ‹lat.› ([eigens] zu diesem [Zweck]; aus dem Augenblick heraus); **Ad-hoc-Bil|dung** ↑K 26

a|di|a|ba|tisch ‹griech.› (*Physik, Meteor.* ohne Wärmeaustausch)

A|di|a|pho|ra *Plur.* ‹griech.› (*Philos., Theol.* sittlich neutrale Werte)

a|di|eu! [a'diø:] ‹franz.› (*veraltend, noch landsch. für* lebe [lebt] wohl!); **A|di|eu**, das; -s, -s (Lebewohl); jmdm. Adieu, *auch* adieu sagen

A|di|ge [...dʒe] (*ital. Name für* Etsch); *vgl.* Alto Adige

Ä|dil, der; *Gen.* -s *u.* -en, *Plur.* -en (altröm. Beamter)

ad in|fi|ni|tum, in in|fi|ni|tum ‹lat.› (ohne Ende, unaufhörlich)

à dis|cré|ti|on [...kre'siõ:] ‹franz.› (*bes. schweiz. für* nach Belieben)

Ad|jek|tiv, das; -s, -e ‹lat.› (*Sprachw.* Eigenschaftswort, z. B. »schön«); **ad|jek|ti|visch**

Ad|ju|di|ka|ti|on, die; -, -en ‹lat.› (richterliche Zuerkennung); **ad|ju|di|zie|ren**

Ad|junkt, der; -en, -en ‹lat.› (*veraltet für* [Amts]gehilfe; österr. u. schweiz. Beamtentitel)

ad|jus|tie|ren [*alte Trennung* ...|st...] ‹lat.› (*Technik* [Werkstücke] zurichten; eichen; fein einstellen; *österr. auch für* ausrüsten, dienstmäßig kleiden)

Ad|jus|tie|rung [*alte Trennung* ...|st...] (*Technik* genaue Einstellung; *österr. auch für* Uniform)

Ad|ju|tant, der; -en, -en ‹lat.› (beigeordneter Offizier); **Ad|ju|tan|tur**, die; -, -en (Amt, Dienststelle des Adjutanten)

Ad|ju|tum, das; -s, ...ten (*veraltet für* [Bei]hilfe; *österr. für* erste, vorläufige Entlohnung)

ad l. = ad libitum

Ad|la|tus, der; -, ...ten ‹lat.› (Gehilfe; Helfer)

Ad|ler, der; -s, -; **Ad|ler|blick**

ad lib. = ad libitum

ad li|bi|tum ‹lat.› (nach Belieben; *Abk.* ad l., ad lib., a. l.)

ad|lig, a|de|lig; **Ad|li|ge**, der *u.* die; -n, -n

ad ma|io|rem Dei glo|ri|am; *meist für* omnia ad maiorem Dei gloriam ‹lat., »[alles] zur größeren Ehre Gottes«› (Wahlspruch der Jesuiten)

Ad|mi|nis|t|ra|ti|on [*alte Trennung* ...|st...], die; -, -en ‹lat.› (das Verwalten; Verwaltung[sbehörde])

ad|mi|nis|t|ra|tiv [*alte Trennung* ...|st...] (zur Verwaltung gehörend)

Ad|mi|nis|t|ra|tor [*alte Trennung* ...|st...], der; -s, ...oren (Verwalter)

ad|mi|nis|t|rie|ren [*alte Trennung* ...|st...] (verwalten)

ad|mi|ra|bel ‹lat.› (*veraltet für* bewundernswert)

Ad|mi|ral, der; -s, *Plur.* -e, *seltener* ...räle ‹franz.› (Marineoffizier im Generalsrang; ein Schmetterling)

Ad|mi|ra|li|tät, die; -, -en

Ad|mi|ra|li|täts|in|seln *Plur.* (Inselgruppe in der Südsee)

Ad|mi|rals|rang; Ad|mi|ral|stab (oberster Führungsstab einer Kriegsmarine)

ADN = Allgemeiner Deutscher Nachrichtendienst *(in der DDR)*

ad no|tam ‹lat.› (*veraltet für* zur Kenntnis); ad notam nehmen

ad o|cu|los ‹lat., »vor Augen«›; ad oculos demonstrieren (*veraltet für* vorzeigen; klar darlegen)

A|do|les|zenz, die; - ‹lat.› (späterer Abschnitt des Jugendalters)

A|dolf (m. Vorn.)

A|do|nai ‹hebr., »mein Herr«› (alttestamentl. Name Gottes)

[1]**A|do|nis** (schöner Jüngling der griech. Sage)

[2]**A|do|nis**, der; -, -se (schöner Jüngling, Mann)

a|do|nisch (schön wie Adonis); adonischer Vers (antiker griechischer Vers)

a|d|op|tie|ren ‹lat.›; ein Kind adoptieren; **A|d|op|ti|on**, die; -, -en

A|d|op|tiv|el|tern; A|d|op|tiv|kind

a|d|o|ra|bel ‹lat.› (*veraltet für* anbetungswürdig); ...a|b|le Heilige

A|d|o|ra|ti|on, die; -, -en (*veraltet für* Anbetung; Huldigung)

a|d|o|rie|ren (*veraltet für* anbeten, verehren)

Adr. = Adresse

ad rem ‹lat.› (zur Sache [gehörend])

A|d|re|ma®, die; -, -s ‹Kurzwort für eine Adressiermaschine›; **a|d|re|mie|ren** (mit einer Adrema beschriften)

A|d|re|na|lin, das; -s ‹nlat.› (*Med.* ein Hormon des Nebennierenmarks)

A|d|res|sant, der; -en, -en ‹lat.› (Absender); **A|d|res|san|tin**

A|d|res|sat, der; -en, -en (Empfänger; [bei Wechseln:] Bezogener); **A|d|res|sa|tin**

A|d|ress|buch [*alte Schreibung* Adreß...]

A|d|res|se, die; -, -n (*Abk.* Adr.); **A|d|res|sen|ver|zeich|nis**

a|d|res|sie|ren; A|d|res|sier|ma|schi|ne

a|d|rett ‹franz.› (nett, hübsch, ordentlich, sauber)

A|d|ria, die; - (Adriatisches Meer)

A|d|ri|an (m. Vorn.); *vgl.* Hadrian

A|d|ri|a|na, A|d|ri|a|ne (w. Vorn.)

A

A|d|ri|a|ti|sche Meer, das; -n -[e]s
ad|rig, a|de|rig; **äd|rig,** ä|de|rig
A|d|rio, das; -s, -s (*schweiz. für* Bratwurstmasse aus Kalb- od. Schweinefleisch)
ad|sor|bie|ren ‹lat.› (*fachspr. für* [Gase od. gelöste Stoffe an feste Körper] anlagern); **Ad|sorp|ti|on,** die; -, -en; **ad|sorp|tiv** (zur Adsorption fähig)
Ad|strin|gens, das; -, *Plur.* ...genzien, *auch* ...gentia ‹lat.› (*Med.* zusammenziehendes, Blutungen stillendes Mittel)
ad|strin|gie|ren
A|du|lar, der; -s, -e (ein Feldspat [Schmuckstein])
A-Dur [*auch* 'a:'du:ɐ̯], das; - (Tonart; *Zeichen* A); **A-Dur-Ton|lei|ter** ↑K 26
ad us. = ad usum
ad u|sum ‹lat., »zum Gebrauch«› (*Abk.* ad us.); **ad u|sum Del|phi|ni** (für Schüler bestimmt)
Ad|van|tage [ɛt'va:ntɪtʃ], der; -s, -s ‹engl.› (*Sportspr.* der erste gewonnene Punkt nach dem Einstand beim Tennis)

> **Ad|vent**
>
> [*Aussprache ...v..., österr. u. schweiz. auch ...f...*]
> der; -[e]s, -e *Plur. selten*
> ‹lat., »Ankunft«›
> (Zeit vor Weihnachten)
>
> *Zusammensetzungen mit »Advent« werden im Allgemeinen mit Fugen-s gebildet:*
> – Adventskalender, Adventskranz
>
> *In Österreich entfällt das Fugen-s:*
> – Adventkalender, Adventkranz

Ad|ven|tist, der; -en, -en ‹engl.› (Angehöriger einer christl. Glaubensgemeinschaft); **Ad|ven|tis|tin** [*alte Trennung* ...|st...]
Ad|vent|ka|len|der (*österr.*); **Ad|vent|kranz** (*österr.*)
Ad|vents|ka|len|der; Ad|vents|kranz
Ad|vent|sonn|tag (*österr.*)
Ad|vents|sonn|tag; Ad|vents|zeit
Ad|vent|zeit (*österr.*)
Ad|verb, das; -s, -ien ‹lat.› (*Sprachw.* Umstandswort, z. B. »dort«)
ad|ver|bi|al; adverbiale Bestimmung; **Ad|ver|bi|al,** das; -s, -e (Umstandsbestimmung)
Ad|ver|bi|al|be|stim|mung; Ad|ver|bi|al|satz
ad|ver|bi|ell (*seltener für* adverbial)
ad|ver|sa|tiv ‹lat.› (gegensätzlich, entgegensetzend); adversative Konjunktion (*Sprachw.;* z. B. »aber«)
Ad|vo|ca|tus Dei, der; - -, ...ti - ‹lat.› (Geistlicher, der im kath. kirchl. Prozess für eine Heilig- od. Seligsprechung eintritt)
Ad|vo|ca|tus Di|a|bo|li, der; - -, ...ti - (Geistlicher, der im kath. kirchl. Prozess Gründe gegen die Heilig- od. Seligsprechung vorbringt; *übertr. für* jmd., der bewusst Gegenargumente in eine Diskussion einbringt)
Ad|vo|kat, der; -en, -en (*landsch. u. schweiz., sonst veraltet für* [Rechts]anwalt); **Ad|vo|ka|tin**
Ad|vo|ka|tur, die; -, -en (*veraltet für* Anwaltschaft; Büro eines Anwalts); **Ad|vo|ka|tur|bü|ro** (*schweiz.*); **Ad|vo|ka|turs|kanz|lei** (*österr. veraltend*)
AdW = Akademie der Wissenschaften
AE = Ångström[einheit]; astronomische Einheit
Aech|mea, die; -, ...meen ‹griech.› (eine Zimmerpflanze)
a|e|ro... ‹griech.› (luft...); **A|e|ro...** (Luft...)
a|e|rob (*Biol.* Sauerstoff zum Leben brauchend)
Ae|ro|bic [...ɪk], das; -s, *auch* die; - *meist ohne Artikel* ‹engl.-amerik.› (Fitnesstraining mit tänzerischen u. gymnast. Übungen)
A|e|ro|bi|er ‹griech.› (*Biol.* Organismus, der nur mit Luftsauerstoff leben kann)
A|e|ro|bi|ont, der; -en, -en (*svw.* Aerobier)
A|e|ro|dy|na|mik (*Physik* Lehre von der Bewegung gasförmiger Körper); **a|e|ro|dy|na|misch**
A|e|ro|flot, die; - ‹griech.; russ.› (russ. Luftfahrtgesellschaft)
A|e|ro|gramm, das; -s, -e (Luftpostleichtbrief)
A|e|ro|lith, der; *Gen.* -en *u.* -s, *Plur.* -e[n] ‹griech.› (*veraltet für* Meteorstein)
A|e|ro|lo|gie, die; - (Wissenschaft von der Erforschung der höheren Luftschichten)
A|e|ro|me|cha|nik, die; - (*Physik* Lehre von dem Gleichgewicht und der Bewegung der Gase)
A|e|ro|me|ter, das; -s, - (Gerät zum Bestimmen des Luftgewichtes, der Luftdichte)
A|e|ro|nau|tik, die; - (*veraltet für* Luftfahrt)
A|e|ro|plan, der; -[e]s, -e ‹griech.; lat.› (*veraltet für* Flugzeug)
A|e|ro|sa|lon, der; -s, -s ‹griech.; franz.› (Luftfahrtausstellung)
A|e|ro|sol, das; -s, -e ‹griech.; lat.› (feinste Verteilung fester oder flüssiger Stoffe in Gas [z. B. Rauch od. Nebel])
A|e|ro|sta|tik ‹griech.› (*Physik* Lehre von den Gleichgewichtszuständen bei Gasen); **a|e|ro|sta|tisch**
AF = Air France
AFC = automatic frequency control ‹engl.› (automatische Scharfeinstellung bei Rundfunkgeräten)
Af|fä|re, die; -, -n ‹franz.› (Angelegenheit; [unangenehmer, peinlicher] Vorfall; Streitsache)
Äff|chen; Af|fe, der; -n, -n
Af|fekt, der; -[e]s, -e ‹lat.› (Gemütsbewegung, stärkere Erregung)
Af|fek|ta|ti|on, die; - (*selten für* Getue, Ziererei)
Af|fekt|hand|lung
af|fek|tiert (geziert, gekünstelt); **Af|fek|tiert|heit**
Af|fek|ti|on, die; -, -en (*Med.* Befall eines Organs mit Krankheitserregern)
af|fek|tiv (gefühlsbetont); **Af|fek|ti|vi|tät,** die; -
Af|fekt|stau (*Psych.*)
äf|fen (*veraltend für* nachahmen; narren)
Af|fen|art; af|fen|ar|tig
Af|fen|brot|baum (eine afrik. Baumart); *vgl.* Baobab
af|fen|geil (*ugs. für* großartig)
Af|fen|hit|ze (*ugs.*); **Af|fen|lie|be,** die; -; **Af|fen|schan|de** (*ugs.*)
Af|fen|the|a|ter, das; -s (*ugs.*); **Af|fen|zahn,** der; -s (*ugs.*); **Af|fen|zeck,** der; -s (*ugs.; svw.* Affentheater)
Af|fe|rei (*ugs. abwertend für* eitles Gebaren); **Äf|fe|rei** (*veraltet für* Irreführung)
Af|fi|che [...ʃ(ə), *schweiz. auch* 'a...], die; -, -n ‹franz.› (*schweiz. für* Anschlag[zettel], Aushang); **af|fi|chie|ren**
Af|fi|da|vit, das; -s, -s ‹lat.› (eidesstattl. Versicherung)
af|fig (*ugs. abwertend für* eitel); **Af|fig|keit** (*ugs. abwertend*)
Af|fi|li|a|ti|on, die; -, -en ‹lat.›

A

(Wechsel der Loge eines Freimaurers; Tochtergesellschaft)
af|fin ‹lat.›; affine Abbildung (eine geometrische Abbildung)
Af|fin, die; -, -nen
af|fi|nie|ren ‹franz.› (*Chemie* läutern; scheiden [z. B. Edelmetalle])
Af|fi|ni|tät, die; -, -en ‹lat.› (Verwandtschaft; Ähnlichkeit; *Chemie* Verbindungsneigung von Atomen od. Atomgruppen)
Af|fir|ma|ti|on, die; -, -en ‹lat.› (Bejahung, Zustimmung); **af|fir|ma|tiv** (bejahend, zustimmend); **af|fir|mie|ren** (bejahen, bekräftigen)
äf|fisch
Af|fix, das; -es, -e ‹lat.› (*Sprachw.* an den Wortstamm vorn od. hinten angefügtes Wortbildungselement); *vgl.* Präfix *u.* Suffix
af|fi|zie|ren ‹lat.› (*Med.* reizen; krankhaft verändern)
Af|fo|dill, As|pho|dill, der; -s, -e ‹griech.› (ein Liliengewächs)
Af|fri|ka|ta, Af|fri|ka|te, die; -, ...ten ‹lat.› (*Sprachw.* Verschlusslaut mit folgendem Reibelaut, z. B. pf)
Af|front [aˈfrõː, *auch* aˈfrɔnt], der; -s, *Plur.* -s [aˈfrõːs] *u.* -e [aˈfrɔntə] ‹franz.› (Schmähung; Beleidigung)
Af|gha|ne [...ˈgaː...], der; -n, -n (Angehöriger eines vorderasiat. Volkes; *auch* eine Hunderasse)
Af|gha|ni, der; -[s], -[s] (afghanische Währungseinheit)
Af|gha|nin
af|gha|nisch; Af|gha|nisch, das; -[s]; *vgl.* Paschtu
Af|gha|ni|s|tan (Staat in Vorderasien)
AFL [eːlɛfˈlɛl] = American Federation of Labor (amerikanischer Gewerkschaftsverband)
A|f|la|to|xin, das; -s, -e ‹lat.› (Giftstoff in Schimmelpilzen)
AFN [eːlɛfˈlɛn] = American Forces Network (Rundfunkanstalt der außerhalb der USA stationierten amerik. Streitkräfte)
à fonds per|du [a fõː ...ˈdyː] ‹franz.› (auf Verlustkonto; [Zahlung] ohne Aussicht auf Gegenleistung od. Rückerhalt)
AFP = Agence France-Presse
A|f|ra (w. Vorn.)
a fres|co ‹ital.› (auf den noch feuchten Verputz [gemalt])
A|f|ri|ka [ˈa(ː)f...]
a|f|ri|kaans; die afrikaanse Sprache; **A|f|ri|kaans,** das; - (Sprache [der Weißen] in Südafrika)
A|f|ri|ka|na *Plur.* (Werke über Afrika)
A|f|ri|ka|ner; A|f|ri|ka|ne|rin
a|f|ri|ka|nisch
A|f|ri|ka|nist, der; -en, -en; **A|f|ri|ka|nis|tik** [*alte Trennung* ...|st...], die; - (wissenschaftl. Erforschung der Geschichte, Sprachen u. Kulturen Afrikas); **A|f|ri|ka|nis|tin**
A|f|ro|a|me|ri|ka|ner [ˈa(ː)f...] (Amerikaner schwarzafrikanischer Abstammung); **A|f|ro|a|me|ri|ka|ne|rin; a|f|ro|a|me|ri|ka|nisch** (die Afroamerikaner betreffend; *auch für* Afrika und Amerika betreffend [*alte Schreibung* afro-amerikanisch]); afroamerikanische Beziehungen, Musik
a|f|ro|a|si|a|tisch [ˈa(ː)f...; *alte Schreibung* afro-asia|tisch] (Afrika und Asien betreffend)
A|f|ro|look, der; -s ‹engl.› (aus stark gekrausten, dichten Locken bestehende Frisur)
Af|ter, der; -s, -
Af|ter|le|der (*österr. für* Hinterleder des Schuhes); **Af|ter|sau|sen,** das; - (*derb für* Angst)
Af|ter|shave [...ʃeːf; *alte Schreibung* Af|ter-shave], das; -[s], -s (*kurz für* Aftershavelotion); **Af|ter|shave|lo|tion,** *auch* **Af|ter-Shave-Lo|tion** [...loːʃn̩; *alte Schreibung* Af|ter-shave-Lo|tion], die; -, -s ‹engl.› (Rasierwasser zum Gebrauch nach der Rasur)
Ag = Argentum (*chem. Zeichen für* Silber)
AG = Aktiengesellschaft, Amtsgericht, Arbeitsgemeinschaft
a. G. = auf Gegenseitigkeit; *(beim Theater)* als Gast
A|ga, der; -s, -s ‹türk.› (früherer türkischer Titel)
Ä|ga|di|sche In|seln *Plur.* (Inselgruppe westlich von Sizilien ↑K 140)
Ä|gä|is, die; - (Ägäisches Meer); **Ä|gä|i|sche Meer,** das; -n -[e]s ↑K 140
A|ga Khan [- k...], der; - -s, - -e ‹türk.› (Oberhaupt eines Zweiges der Ismailiten)
A|ga|mem|non (sagenhafter König von Mykenä)
A|ga|pe, die; - ‹griech.› (schenkende [Nächsten]liebe)
A|gar-A|gar, der *od.* das; -s ‹malai.› (Gallerte aus ostasiat. Algen)
A|ga|the (w. Vorn.); **A|ga|thon** [*auch* ˈa...] (m. Eigenn.)
A|ga|ve, die; -, -n ‹griech.› ([sub]trop. Pflanze)
A|gence France-Presse [aˈʒãːs ˈfrãːs ˈprɛs], die; - - ‹franz.› (Name einer französischen Nachrichtenagentur; *Abk.* AFP)
A|gen|da, die; -, ...den ‹lat.› (Merkbuch; Liste von Gesprächspunkten)
A|gen|de, die; -, -n (*ev. Kirche* Gottesdienstordnung); **A|gen|den** *Plur.* (*österr. für* Obliegenheiten, Aufgaben)
A|gens, das; -, Agenzien ‹lat.› (*Philos.* tätiges Wesen od. Prinzip; *Med.* wirkendes Mittel; *Sprachw.* Träger eines im Verb genannten aktiven Verhaltens)
A|gent, der; -en, -en ‹lat.› (Spion; Vermittler von Engagements; *veraltet für* Geschäftsvermittler, Vertreter); **A|gen|ten|ring; A|gen|ten|tä|tig|keit**
A|gen|tie [...ˈtsiː], die; -, ...tien ‹ital.› (*österr. veraltet für* Geschäftsstelle)
a|gen|tie|ren (*österr. für* Kunden werben)
A|gen|tin
A|gent Pro|vo|ca|teur, *auch* **A|gent pro|vo|ca|teur** [aˈʒãː ...ˈtøːɐ̯], der; - -, -s -s [aˈʒãː ...ˈtøːɐ̯] ‹franz.› (Lockspitzel)
A|gen|tur, die; -, -en ‹lat.› (Geschäfts[neben]stelle, Vertretung; Nachrichtenbüro; Vermittlungsbüro)
A|gen|zi|en (*Plur. von* Agens)
A|ge|si|la|os, A|ge|si|la|us (König von Sparta)
Ag|fa® (*Bez. für* fotografische Erzeugnisse); **Ag|fa|co|lor**® (Farbfilme, Farbfilmverfahren)
Ag|glo|me|rat, das; -[e]s, -e ‹lat.› (*fachspr. für* Anhäufung; *Geol.* Ablagerung loser Gesteinsbruchstücke); **Ag|glo|me|ra|ti|on,** die; -, -en (*fachspr. für* Anhäufung; Zusammenballung; Ballungsraum); **ag|glo|me|rie|ren**
Ag|glu|ti|na|ti|on, die; -, -en ‹lat.› (*Med.* Verklebung, Verklumpung; *Sprachw.* Anfügung von Bildungselementen an das unverändert bleibende Wort); **ag|glu|ti|nie|ren;** agglutinierende Sprachen

A

Ag|gre|gat, das; -[e]s, -e ‹lat.› (Maschinensatz; aus mehreren Gliedern bestehender mathematischer Ausdruck)
Ag|gre|ga|ti|on, die; -, -en (*Chemie* Zusammenlagerung [von Molekülen])
Ag|gre|gat|zu|stand (*Chemie, Physik* Erscheinungsform eines Stoffes)
Ag|gres|si|on, die; -, -en ‹lat.› (Angriff[sverhalten], Überfall); **Ag|gres|si|ons|krieg; Ag|gres|si|ons|trieb**
ag|gres|siv (angriffslustig); **Ag|gres|si|vi|tät,** die; -, -en
Ag|gres|sor, der; -s, ...oren (Angreifer)
Ä|gid, Ä|gi|di|us (m. Vorn.)
Ä|gi|de, die; - ‹griech.› (Schutz, Obhut); unter der Ägide von ...
a|gie|ren ‹lat.› (handeln; *Theater* als Schauspieler auftreten)
a|gil ‹lat.› (flink, wendig, beweglich); **A|gi|li|tät,** die; -
Ä|gi|na (griech. Insel; Stadt)
Ä|gi|ne|te, der; -n, -n (Bewohner Äginas); **Ä|gi|ne|ten** *Plur.* (Giebelfiguren des Tempels von Ägina)
A|gio [...dʒo, *auch* ...ʒi̯o], das; -s, *Plur.* -s *u.* Agien [...dʒn̩, *auch* ...ʒi̯ən] ‹ital.› (*Wirtsch.* Aufgeld; z. B. Betrag, um den der Preis eines Wertpapiers über dem Nennwert liegt); **A|gi|o|ta|ge** [aʒi̯o'ta:ʒə, *österr.* ...'ta:ʒ], die; -, -n ‹franz.› (Ausnutzung von Börsenkursschwankungen)
A|gi|o|teur [...'tø:ɐ̯], der; -s, -e (Börsenmakler); **a|gi|o|tie|ren**
Ä|gir (*nord. Mythol.* Meerriese)
Ä|gis, die; - (Schild des Zeus und der Athene)
A|gi|ta|ti|on, die; -, -en ‹lat.› (politische Hetze; intensive politische Aufklärungs-, Werbetätigkeit)
A|gi|ta|tor, der; -s, ...oren (jmd., der Agitation betreibt); **a|gi|ta|to|risch**
a|gi|tie|ren
A|git|prop, die; - (*Kurzw. aus* Agitation und Propaganda); **A|git|prop|the|a|ter** (Laientheater der Arbeiterbewegung in den 20er-Jahren)
A|g|la|ia [...ja] ‹»Glanz«› (eine der drei griech. Göttinnen der Anmut, der Chariten; w. Vorn.)
A|g|nat, der; -en, -en ‹lat.› (Blutsverwandte[r] der männl. Linie); **a|g|na|tisch**
A|g|nes (w. Vorn.)
A|g|ni (ind. Gott des Feuers)
A|g|no|sie, die; -, ...ien ‹griech.› (*Med.* Störung des Erkennens; *Philos.* Nichtwissen)
A|g|nos|ti|ker [*alte Trennung* ...|st...] (Verfechter des Agnostizismus); **A|g|nos|ti|ke|rin**
A|g|nos|ti|zis|mus [*alte Trennung* ...|st...], der; - (philosophische Lehre, die das übersinnliche Sein für unerkennbar hält)
a|g|nos|zie|ren ‹lat.› (*veraltet für* anerkennen; *österr. Amtsspr.* identifizieren); einen Toten agnoszieren; **A|g|nos|zie|rung**
A|g|nus Dei, das; - -, - - ‹lat., »Lamm Gottes«› (Bezeichnung Christi *[nur Sing.]*; Gebet; geweihtes Wachstäfelchen)
A|go|gik, die; - ‹griech.› (*Musik* Lehre von der individuellen Gestaltung des Tempos); **a|go|gisch**
à go|go ‹franz.› (*ugs. für* in Hülle u. Fülle, nach Belieben)
A|gon, der; -s, -e ‹griech.› (Wettkampf der alten Griechen; Streitgespräch als Teil der attischen Komödie); **a|go|nal** (kämpferisch)
A|go|nie, die; -, ...ien (Todeskampf)
A|go|nist, der; -en, -en (Teilnehmer an einem Agon)
[1]**A|go|ra,** die; -, Agoren ‹griech.› (Markt u. auch die dort stattfindende Volksversammlung im alten Griechenland)
[2]**A|go|ra,** die; -, Agorot ‹hebr.› (Untereinheit des Schekels)
A|go|ra|pho|bie, die; -, ...ien ‹griech.› (Platzangst beim Überqueren freier Plätze)
A|g|raf|fe [*schweiz. auch* 'a...] die; -, -n ‹franz.› (Schmuckspange; *Bauw.* klammerförmige Rundbogenverzierung; *Med.* Wundklammer; *schweiz. auch für* Krampe)
A|gra|fie *vgl.* Agraphie
A|g|ram (*früherer dt. Name von* Zagreb)
A|gra|phie, *auch* A|gra|fie, die; -, ...ien ‹griech.› (*Med.* Verlust des Schreibvermögens)
A|g|rar|be|völ|ke|rung
A|g|ra|ri|er ‹lat.› (Großgrundbesitzer, Landwirt); **a|g|ra|risch**
A|g|rar|land
A|g|rar|po|li|tik; a|g|rar|po|li|tisch
A|g|rar|pro|dukt; A|g|rar|re|form; A|g|rar|staat; A|g|rar|tech|nik
A|g|ree|ment [ɛ'gri:mənt], das; -s, -s ‹engl.› (*Politik* formlose Übereinkunft im zwischenstaatlichen Verkehr); *vgl.* Gentleman's Agreement
A|g|ré|ment [agre'mã:] das; -s, -s ‹franz.› (*Politik* Zustimmung zur Ernennung eines diplomat. Vertreters); **A|g|ré|ments** *Plur.* (*Musik* Verzierungen)
A|g|ri|co|la, Georgius (dt. Naturforscher)
A|g|ri|kul|tur ‹lat.› (Ackerbau, Landwirtschaft); **A|g|ri|kul|tur|che|mie**
A|g|rip|pa (röm. m. Eigenn.); **A|g|rip|pi|na** (röm. w. Eigenn.)
A|g|ro|nom, der; -en, -en ‹griech.› (wissenschaftlich ausgebildeter Landwirt); **A|g|ro|no|mie,** die; - (Ackerbaukunde, Landwirtschaftswissenschaft); **a|g|ro|no|misch**
A|g|ro|tech|nik (Landwirtschaftstechnik)
Ä|gyp|ten; Ä|gyp|ter; Ä|gyp|te|rin
ä|gyp|tisch; eine ägyptische (tiefe) Finsternis; *vgl.* deutsch/Deutsch; **Ä|gyp|tisch,** das; -[s] (Sprache); **Ä|gyp|ti|sche,** das; -n; *vgl.* Deutsche, das
Ä|gyp|to|lo|ge, der; -n, -n (Wissenschaftler auf dem Gebiet der Ägyptologie); **Ä|gyp|to|lo|gie,** die; - (wissenschaftl. Erforschung des ägypt. Altertums); **Ä|gyp|to|lo|gin; ä|gyp|to|lo|gisch**
ah!; ah so!; ah was!; **Ah,** das; -s, -s; ein lautes Ah ertönte
Ah = Amperestunde
A. H. = Alter Herr (einer student. Verbindung)
äh! [*auch* ɛ]
a|ha! [*od.* a'ha:]; **A|ha|er|leb|nis,** *auch* **A|ha-Er|leb|nis** *(Psych.)*
A|has|ver [a'ha...], der; -s, *Plur.* -s *u.* -e, *auch* **A|has|ve|rus,** der; -, -se *Plur. selten* ‹hebr.-lat.› (ruhelos umherirrender Mensch; der Ewige Jude); **a|has|ve|risch**
ahd. = althochdeutsch
a|his|to|risch [*alte Trennung* ...|st...] (nicht historisch)
Ahl|beck, See|bad (Stadt auf Usedom)
Ah|le, die; -, -n (nadelartiges Werkzeug); *vgl.* Pfriem
Ah|ming, die; -, *Plur.* -e *u.* -s (*Seemannsspr.* Tiefgangsmarke)
Ahn, der; *Gen.* -[e]s *u.* -en, *Plur.* -en (Stammvater, Vorfahr)

A

ah|den (*geh. für* strafen; rächen); **Ahn|dung**

[1]**Ah|ne**, der; -n, -n (*geh. Nebenform von* Ahn)

[2]**Ah|ne**, die; -, -n (Stammmutter, Vorfahrin)

äh|neln; ich ähn[e]le

ah|nen

Ah|nen|ga|le|rie; Ah|nen|kult; Ah|nen|rei|he; Ah|nen|ta|fel

Ahn|frau (*geh. veraltend*); **Ahn|herr** (*geh. veraltend*)

ähn|lich

- zwei ähnliche Bilder
- einander, sich, jmdm. ähnlich sehen

Großschreibung der Substantivierung ↑K72:
- das Ähnliche und das Verschiedene
- Ähnliches und Verschiedenes
- etwas, viel, nichts Ähnliches
- ich habe Ähnliches [*alte Schreibung* ähnliches] erlebt
- oder Ähnliche[s] (*Abk.* o. Ä.) [*alte Schreibungen* oder ähnliche(s); o. ä.]; Hüte, Mützen o. Ä. [*alte Schreibung* o. ä.] (*aber* Hüte, Mützen o. ä. Kopfbedeckungen)
- es ging um Abgaben und Ähnliches [*alte Schreibung* ähnliches]; und Ähnliche[s] (*Abk.* u. Ä.) [*alte Schreibungen* und ähnliche(s); u. ä.]; und dem Ähnliche[s] [*alte Schreibung* und dem ähnliche(s)]

Ähn|lich|keit

Ah|nung

ah|nungs|los; Ah|nungs|lo|sig|keit die; -

ah|nungs|voll

a|hoi! (*Seemannsspr.* Anruf [eines Schiffes]); Boot ahoi!

A|horn, der; -s, -e (ein Laubbaum)

Ahr, die; - (linker Nebenfluss des Rheins)

Äh|re, die; -, -n; **Äh|ren|le|se**

...äh|rig (z. B. kurzährig)

A|hu|ra Mas|dah (Gestalt der iran. Religion); *vgl.* Ormuzd

AHV = Alters- und Hinterlassenenversicherung (Schweiz)

Ai, das; -s, -s ⟨indian.⟩ (ein Dreizehenfaultier)

Ai|chin|ger (österr. Schriftstellerin)

A|i|da (Titelgestalt der Oper von Verdi)

Aide [ɛ:t], der; -n, -n ⟨franz.⟩ (Mitspieler, Partner bes. im Whist)

Aide-Mé|moire ['ɛ:tme'mo̯a:ɐ̯; *alte Schreibung* Aide-mé|moire], das; -, -[s] (*Politik* Niederschrift von mündlich getroffenen Vereinbarungen)

Aids [e:ts], das; - *meist ohne Artikel* = acquired immune deficiency syndrome ⟨engl.⟩ (erworbenes Immunschwächesyndrom, eine gefährliche Infektionskrankheit)

aids|krank; Aids|kran|ke; Aids|test (*für* HIV-Test)

Ai|g|ret|te [ɛ'grɛt(ə)], die; -, -n ⟨franz.⟩ ([Reiher]federschmuck; büschelförmiges Gebilde)

Ai|ki|do, das; -[s] ⟨jap.⟩ (jap. Form der Selbstverteidigung)

Ai|nu, der; -[s], -[s] (Ureinwohner der jap. Inseln u. Südsachalins)

[1]**Air** [ɛ:ɐ̯], das; -s, -s *Plur. selten* ⟨franz.⟩ (Aussehen, Haltung; Fluidum)

[2]**Air**, das; -s, -s (alte Form der Vokal- od. Instrumentalmusik, z. B. in der Suite)

Air|bag ['ɛ:ɐ̯bɛk], der; -s, -s ⟨engl.⟩ (Luftkissen im Auto, das sich bei einem Aufprall automatisch aufbläst)

Air|bus® ['ɛ:ɐ̯...] (ein Großraumflugzeug für Kurz- und Mittelstrecken)

Air|con|di|tio|ner, *auch* **Air-Con|di|tio|ner** [...kəndɪʃ(ə)...; *alte Schreibung* Air-con|di|tio|ner], der; -s, -, **Air|con|di|tio|ning**, *auch* **Air-Con|di|tio|ning** [*alte Schreibung* Air-con|di|tio|ning], das; -s, -s (Klimaanlage)

Aire|dale|ter|ri|er ['ɛ:ɐ̯de:l...] ⟨engl.⟩ (eine Hunderasse)

Air France [ɛ:ɐ̯'frã:s], die; - - (franz. Luftfahrtges.; *Abk.* AF)

Air|line ['ɛ:ɐ̯lain], die; -, -s ⟨engl.⟩ (*engl. Bez. für* Fluggesellschaft)

Air|port ['ɛ:ɐ̯...], der; -s, -s ⟨engl.⟩ (Flughafen)

a|is, A|is, das; -, - (Tonbezeichnung)

Ais|chy|los [...ç...] *vgl.* Äschylus

Ai|tel, der; -s, - (*südd., österr. für* [1]Döbel [ein Fisch])

A|ja, die; -, -s ⟨ital.⟩ (*veraltet für* Erzieherin [fürstlicher Kinder])

A|ja|tol|lah, der; -[s], -s ⟨pers.⟩ (schiitischer Ehrentitel)

A|jax (griech. Sagengestalt)

[1]**à jour** [a 'ʒu:ɐ̯] ⟨franz., »bis zum [heutigen] Tag«⟩; à jour sein (auf dem Laufenden sein)

[2]**à jour** ⟨franz., *zu* jour »Fenster«, eigtl. = durchbrochen⟩ (*Bauw.* frei gegen den Raum stehend; durchbrochen [von Geweben]); à jour gefasst (nur am Rande gefasst [von Edelsteinen]); **A|jour|ar|beit; a|jou|rie|ren** (*österr. für* Ajourarbeit machen)

AK = Armeekorps

A|ka|de|mie, die; -, ...ien ⟨griech.⟩ (wissenschaftliche Gesellschaft; [Fach]hochschule; *österr. auch für* literarische od. musikalische Veranstaltung)

A|ka|de|mi|ker (Person mit Hochschulausbildung); **A|ka|de|mi|ke|rin**

a|ka|de|misch; das akademische Viertel

A|kan|thit, der; -s ⟨griech.⟩ (ein Mineral)

A|kan|thus, der; -, - (stachliges Staudengewächs); **A|kan|thus|blatt**

A|ka|ro|id|harz ⟨griech.; dt.⟩ (ein Baumharz)

a|ka|ta|lek|tisch ⟨griech.⟩ (*Verslehre* unverkürzt)

A|ka|tho|lik, der; -en, -en ⟨griech.⟩ (nicht katholischer Christ); **a|ka|tho|lisch**

A|ka|zie, die; -, -n ⟨griech.⟩ (tropischer Laubbaum od. Strauch)

A|ke|lei, die; -, -en ⟨mlat.⟩ (eine Zier- u. Wiesenpflanze)

A|ki, das; -[s], -[s] (*Kurzw. für* Aktualitätenkino)

Akk. = Akkusativ

Ak|kad (ehemalige Stadt in Babylonien)

ak|ka|disch; *vgl.* deutsch/Deutsch; **Ak|ka|disch**, das; -[s] (Sprache); **Ak|ka|di|sche**, das; -n; *vgl.* Deutsche, das

Ak|kla|ma|ti|on, die; -, -en ⟨lat.⟩ (*geh. für* Zuruf; Beifall); **ak|kla|mie|ren** (*geh.*)

Ak|kli|ma|ti|sa|ti|on, die; -, -en ⟨lat.⟩ (Anpassung an veränderte Klima-, Umwelt- od. Lebensbedingungen)

ak|kli|ma|ti|sie|ren, sich; **Ak|kli|ma|ti|sie|rung** *vgl.* Akklimatisation

Ak|ko|la|de, die; -, -n ⟨franz.⟩ (feierliche Umarmung beim Ritterschlag u. a.; *Druckw.* Klammer ⏞)

Ak|kom|mo|da|ti|on, die; -, -en ⟨franz.⟩ (*fachspr. für* Anpassung)

A

ak|kom|mo|die|ren

Ak|kom|pa|g|ne|ment [...panjəˈmã:], das; -s, -s ‹franz.› (*Musik* Begleitung); **ak|kom|pa|g|nie|ren**

Ak|kord, der; -[e]s, -e ‹lat.› (*Musik* Zusammenklang; *Wirtsch.* Bezahlung nach Stückzahl; Übereinkommen)

Ak|kord|ar|beit; Ak|kord|ar|bei|ter

Ak|kor|de|on, das; -s, -s; **Ak|kor|de|o|nist**, der; -en, -en (Akkordeonspieler); **Ak|kor|de|o|nis|tin** [*alte Trennung* ...|st...]

ak|kor|die|ren (*Rechtsspr.* vereinbaren)

ak|kre|di|tie|ren ‹*Politik* franz., *Bankw.* ital.› (*Politik* beglaubigen; bevollmächtigen; *Bankw.* Kredit einräumen); jmdn. bei einer Bank für einen Betrag akkreditieren; **Ak|kre|di|tie|rung**

Ak|kre|di|tiv, das; -s, -e ‹franz.› (*Politik* Beglaubigungsschreiben eines Botschafters; *Bankw.* Handelsklausel, Kreditbrief)

Ak|ku, der; -s, -s (*Kurzw. für* Akkumulator)

Ak|kul|tu|ra|ti|on, die; -, -en ‹lat.› (kultureller Anpassungsprozess); **ak|kul|tu|rie|ren**

Ak|ku|mu|lat, das; -[e]s, -e ‹lat.› (*Geol.* Anhäufung von Gesteinstrümmern); **Ak|ku|mu|la|ti|on**, die; -, -en (Anhäufung)

Ak|ku|mu|la|tor, der; -s, ...oren (ein Stromspeicher; ein Druckwasserbehälter; *Kurzw.* Akku)

ak|ku|mu|lie|ren (anhäufen; sammeln, speichern)

ak|ku|rat ‹lat.› (sorgfältig, ordentlich; *landsch. für* genau); **Ak|ku|ra|tes|se**, die; - ‹franz.›

Ak|ku|sa|tiv, der; -s, -e ‹lat.› (*Sprachw.* Wenfall, 4. Fall; *Abk.* Akk.); Akkusativ mit Infinitiv, *lat.* accusativus cum infinitivo (eine grammatische Konstruktion; *Abk.* acc. c. inf. *od.* a. c. i.); **Ak|ku|sa|tiv|ob|jekt**

Ak|me, die; - ‹griech.› (*Med.* Höhepunkt [einer Krankheit])

Ak|mo|la (Hauptstadt Kasachstans)

Ak|ne, die; -, -n ‹griech.› (*Med.* Hautausschlag)

A|ko|luth (*selten für* Akolyth); **A|ko|lyth**, der; *Gen.* -en *u.* -s, *Plur.* -en ‹griech.› (Laie, der während der Messe bestimmte Dienste am Altar verrichtet; *früher* katholischer Kleriker im 4. Grad der niederen Weihen)

A|kon|to, das; -s, *Plur.* ...ten *u.* -s ‹ital.› (*österr. für* Anzahlung); **A|kon|to|zah|lung** (*Bankw.* Abschlagszahlung); *vgl.* a conto

AKP = Afrika, Karibik und pazifischer Raum; **AKP-Staa|ten** *Plur.* (mit den EU-Staaten assoziierte Entwicklungsländer aus Afrika, der Karibik und dem Pazifik)

ak|qui|rie|ren [akvi...] ‹lat.› (als Akquisiteur tätig sein; *veraltet für* erwerben)

Ak|qui|se, die; -, -n (*ugs. für* Akquisition)

Ak|qui|si|teur [...ˈtø:ɐ̯], der; -s, -e ‹franz.› (Kunden-, Anzeigenwerber); **Ak|qui|si|teu|rin**

Ak|qui|si|ti|on, die; -, -en (Anschaffung; *Wirtsch.* Kundenwerbung)

Ak|qui|si|tor, der; -s, ...oren (*österr. für* Akquisiteur); **ak|qui|si|to|risch**

A|k|ri|bie, die; - ‹griech.› (höchste Genauigkeit); **a|k|ri|bisch**

A|k|ro|bat, der; -en, -en ‹griech.›; **A|k|ro|ba|tik**, die; - (große körperliche Gewandtheit, Körperbeherrschung); **A|k|ro|ba|tin; a|k|ro|ba|tisch**

A|k|ro|le|in, das; -s ‹griech.; lat.› (eine chemische Verbindung)

A|k|ro|nym, das; -s, -e ‹griech.› (aus den Anfangsbuchstaben mehrerer Wörter gebildetes Wort, z. B. »Aids«)

A|k|ro|po|lis, die; -, ...polen (altgriech. Stadtburg [von Athen])

A|k|ros|ti|chon [*alte Trennung* ...|st...], das; -s, *Plur.* ...chen *u.* ...cha (Anfangsbuchstaben, -silben oder -wörter der Verszeilen eines Gedichtes, die ein Wort oder einen Satz ergeben)

A|k|ro|ter, der; -s, -e *u.* **A|k|ro|te|ri|on**, das; -s, ...ien (*Archit.* Giebelverzierung)

A|k|ro|ze|pha|lie, die; -, ...ien (*Med.* Spitzschädeligkeit)

äks! (*ugs. für* pfui!)

Akt, der; -[e]s, -e ‹lat.› (Abschnitt, Aufzug eines Theaterstückes; Handlung, Vorgang; künstler. Darstellung des nackten Körpers); *vgl.* Akte

Ak|tant, der; -en, -en ‹franz.› (*Sprachw.* abhängiges Satzglied)

Ak|te, die; -, -n, *auch* Akt, der; -[e]s, *Plur.* -e, *österr.* -en ‹lat.›; zu den Akten (erledigt; *Abk.* z. d. A.); **Ak|tei** (Aktensammlung)

ak|ten|kun|dig; Ak|ten|la|ge; nach Aktenlage (*Amtsspr.*)

Ak|ten|schrank; Ak|ten|ta|sche

Ak|ten|zei|chen (*Abk.* AZ *od.* Az.)

Ak|teur [...ˈtø:ɐ̯], der; -s, -e ‹franz.› (Handelnder; Spieler; Schauspieler); **Ak|teu|rin**

Ak|tie, die; -, -n ‹niederl.› (Anteil[schein])

Ak|ti|en|ge|sell|schaft (*Abk.* AG); **Ak|ti|en|in|ha|ber** (*svw.* Aktionär); **Ak|ti|en|ka|pi|tal; Ak|ti|en|pa|ket**

Ak|ti|nie, die; -, -n ‹griech.› (*Zool.* eine sechsstrahlige Koralle)

ak|ti|nisch (*Physik* radioaktiv; *Med.* durch Strahlung hervorgerufen, z. B. von Krankheiten)

Ak|ti|no|me|ter, das; -s, - (*Meteor.* Strahlungsmesser); **ak|ti|no|morph** (*Biol.* strahlenförmig)

Ak|ti|on, die; -, -en ‹lat.› (*schweiz. auch für* Sonderangebot); eine konzertierte Aktion

Ak|ti|o|när, der; -s, -e ‹franz.› (Besitzer von Aktien); **Ak|ti|o|nä|rin**

Ak|ti|o|närs|ver|samm|lung

Ak|ti|o|nis|mus, der; - ‹lat.› (Bestreben, durch [provozierende, künstlerische] Aktionen die Gesellschaft zu verändern; übertriebener Tätigkeitsdrang); **Ak|ti|o|nist**, der; -en, -en (Verfechter des Aktionismus); **Ak|ti|o|nis|tin** [*alte Trennung* ...|st...]; **ak|ti|o|nis|tisch**

Ak|ti|ons|art (*Sprachw.* Geschehensweise beim Verb, z. B. perfektiv: »verblühen«); **Ak|ti|ons|ko|mi|tee; Ak|ti|ons|preis** (*Werbespr.*)

Ak|ti|ons|ra|di|us (Reichweite; Fahr-, Flugbereich)

Ak|ti|ons|tag; Ak|ti|ons|wo|che

Ak|ti|um (griech. Landzunge)

ak|tiv [*auch* ˈa...] ‹lat.› (tätig; wirksam; im Dienst stehend; *seltener für* aktivisch); aktive Bestechung; aktive Bilanz; aktives Wahlrecht

[1]**Ak|tiv**, das; -s, -e *Plur. selten* (*Sprachw.* Tatform, Tätigkeitsform)

[2]**Ak|tiv**, das; -s, *Plur.* -s, *seltener* -e (*regional* Personen, die gemeinsam an der Lösung bestimmter Aufgaben arbeiten)

Ak|ti|va, Ak|ti|ven *Plur.* (Summe der Vermögenswerte eines Unternehmens)

Ak|tiv|bür|ger (*schweiz. für* Bürger im Besitz des Stimm- u. Wahlrechts)

A

Ak|ti|ven *vgl.* Aktiva
Ak|tiv|for|de|rung (*Kaufmannsspr.* ausstehende Forderung)
ak|ti|vie|ren (in Tätigkeit setzen; Vermögensteile in die Bilanz einsetzen)
ak|ti|visch ‹lat.› (*Sprachw.* das [1]Aktiv betreffend)
Ak|ti|vis|mus, der; - (Tätigkeitsdrang; zielstrebiges Handeln)
Ak|ti|vist, der; -en, -en (zielbewusst Handelnder; *in der DDR* jmd., der für vorbildliche Leistungen ausgezeichnet wurde); **Ak|ti|vis|tin** [*alte Trennung* ...|st...]
ak|ti|vis|tisch [*alte Trennung* ...|st...]
Ak|ti|vi|tas, die; - (*Verbindungsw.* Gesamtheit der zur aktiven Beteiligung in einer Studentenverbindung Verpflichteten)
Ak|ti|vi|tät, die; -, -en (Tätigkeit[sdrang]; Wirksamkeit)
Ak|tiv|koh|le (staubfeiner, poröser Kohlenstoff); **Ak|tiv|le|gi|ti|ma|ti|on** (*Rechtsspr.* im Zivilprozess die Rechtszuständigkeit auf der Klägerseite)
Ak|tiv|pos|ten [*alte Trennung* ...|st...]
Ak|tiv|sal|do (Einnahmeüberschuss); **Ak|tiv|ver|mö|gen** (wirkliches Vermögen)
Ak|t|ri|ce [...sə], die; -, -n ‹franz.› (*veraltend für* Schauspielerin)
ak|tu|a|li|sie|ren ‹lat.› (aktuell machen); **Ak|tu|a|li|sie|rung**
Ak|tu|a|li|tät, die; -, -en (Gegenwartsbezogenheit; Bedeutsamkeit für die unmittelbare Gegenwart); **Ak|tu|a|li|tä|ten|ki|no** (*Kurzw.* Aki)
Ak|tu|ar, der; -s, -e (*veraltet für* Gerichtsschreiber; *schweiz. auch für* Schriftführer)
ak|tu|ell ‹franz.› (im augenblicklichen Interesse liegend, zeitgemäß); aktuelle Stunde (im Parlament)
A|ku|pres|sur, die; -, -en ‹lat.› (Heilbehandlung durch leichten Druck der Fingerkuppen)
A|ku|punk|teur [...'tøːɐ̯], der; -s, -e (Person, die Akupunkturen durchführt); **A|ku|punk|teu|rin**
a|ku|punk|tie|ren
A|ku|punk|tur, die; -, -en (Heilbehandlung durch Einstechen von Nadeln an best. Körperpunkten)
A|kü|spra|che, die; -, -n (*kurz für* Abkürzungssprache)
A|kus|tik [*alte Trennung* ...|st...], die; - ‹griech.› (Lehre vom Schall, von den Tönen; Klangwirkung); **a|kus|tisch**
a|kut ‹lat.›; akutes (dringendes) Problem; akute (unvermittelt auftretende, heftig verlaufende) Krankheit
A|kut, der; -[e]s, -e (*Phon.* ein Betonungszeichen: ´, z. B. é)
AKW = Atomkraftwerk; **AKW-Geg|ner** ↑K 28
Ak|ze|le|ra|ti|on, die; -, -en ‹lat.› (*Physik* Beschleunigung); **Ak|ze|le|ra|tor,** der; -s, ...oren (Beschleuniger); **ak|ze|le|rie|ren**
Ak|zent, der; -[e]s, -e ‹lat.› (Betonung[szeichen]; Tonfall, Aussprache; Nachdruck); **Ak|zent|buch|sta|be**
ak|zent|frei; ak|zent|los
Ak|zen|tu|a|ti|on, die; -, -en (Betonung)
ak|zen|tu|ie|ren (betonen); **Ak|zen|tu|ie|rung**
Ak|zent|wech|sel
Ak|zept, das; -[e]s, -e ‹lat.› (*Bankw.* Annahmeerklärung des Bezogenen auf einem Wechsel; der akzeptierte Wechsel selbst)
ak|zep|ta|bel (annehmbar); ...a|ble Bedingungen; **Ak|zep|ta|bi|li|tät,** die; -
Ak|zep|tant, der; -en, -en (*Bankw.* der zur Bezahlung des Wechsels Verpflichtete; Bezogener)
Ak|zep|tanz, die; - (Bereitschaft, etwas zu akzeptieren)
Ak|zep|ta|ti|on, die; -, -en (Annahme)
ak|zep|tie|ren (annehmen; hinnehmen); **Ak|zep|tie|rung**
Ak|zep|tor, der; -s, ...oren (*Bankw.* Empfänger)
Ak|zes|si|on, die; -, -en ‹lat.› (Zugang; Erwerb; Beitritt)
Ak|zes|so|ri|e|tät, die; -, -en (*Rechtsw.* Abhängigkeit des Nebenrechtes von dem zugehörigen Hauptrecht); **ak|zes|so|risch** (hinzutretend; nebensächlich)
Ak|zi|dens, das; -, *Plur.* ...denzien *u.* ...dentia ‹lat.› (das Zufällige, was einer Sache nicht wesenhaft zukommt)
ak|zi|den|tell, ak|zi|den|ti|ell (zufällig; unwesentlich)
Ak|zi|denz, die; -, -en *meist Plur.* (Druckarbeit, die nicht zum Buch-, Zeitungs- u. Zeitschriftendruck gehört [z. B. Formulare])
Ak|zi|denz|druck *Plur.* ...drucke; **Ak|zi|denz|set|zer**
Ak|zi|se, die; -, -n ‹franz.› (*früher für* Verbrauchssteuer; Zoll)
Al = *chem. Zeichen für* Aluminium
AL = Alternative Liste
Al. = Alinea
a. l. = ad libitum
ä. L. = ältere[r] Linie *(Geneal.)*
Ala. = Alabama
à la [a la] ‹franz.› (im Stil, nach Art von)
a|laaf! (Karnevalsruf); Kölle alaaf!
à la baisse [- - 'bɛːs] ‹franz.› (*Börsenw.* auf Fallen der Kurse [spekulieren])
A|la|ba|ma (Staat in den USA; *Abk.* Ala.)
A|la|bas|ter [*alte Trennung* ...|st...], der; -s, - *Plur. selten* ‹griech.› (eine Gipsart); **a|la|bas|tern** (aus od. wie Alabaster)
à la bonne heure! [- - bɔ'nøːɐ̯] ‹franz.› (so ist es recht!)
à la carte [- - 'kart] ‹franz.› (nach der Speisekarte); à la carte essen; **À-la-carte-Es|sen,** das
A|la|din (m. Eigenn.; Gestalt aus »1001 Nacht«)
à la hausse [- - 'oːs] ‹franz.› (*Börsenw.* auf Steigen der Kurse [spekulieren])
à la longue [- - 'lõːk] (auf längere Zeit)
à la mode [- - 'mɔt] ‹franz.› (nach der neuesten Mode)
A|la|mo|de|li|te|ra|tur, die; -; **A|la|mo|de|zeit,** die; -
A|land, der; -[e]s, -e (ein Fisch)
Å|land|in|seln ['oː...] *Plur.* (finn. Inselgruppe in der Ostsee)
A|la|ne, der; -n, -n (Angehöriger eines alten Nomadenvolkes)
A|lant, der; -[e]s, -e (eine Heilpflanze)
A|la|rich (König der Westgoten)
A|larm, der; -[e]s, -e ‹ital.›; **A|larm|an|la|ge**
a|larm|be|reit; A|larm|be|reit|schaft
a|lar|mie|ren ‹ital.-franz.›
A|larm|ka|me|ra (*österr. für* Überwachungskamera); **A|larm|si|g|nal; A|larm|stu|fe; A|larm|zu|stand**
Alas. = Alaska
A|las|ka (nordamerik. Halbinsel; Staat der USA; *Abk.* Alas.)
A|laun, der; -s, -e ‹lat.› (*Chemie* ein Salz); **a|lau|ni|sie|ren** (mit Alaun behandeln); **A|laun|stein**

A

a-Laut ↑K29
[1]**Alb,** der; -[e]s, -en (unterirdischer Naturgeist; *auch für* gespenstisches Wesen; Albdrücken [*alte Schreibung hierfür* Alp]); *vgl. aber* [2]Alp
[2]**Alb,** die; - (Gebirge); Schwäbische, Fränkische Alb ↑K140
Al|ban, Al|ba|nus (m. Vorn.)
Al|ba|ner; Al|ba|ne|rin
Al|ba|ni|en (Balkanstaat)
al|ba|nisch *vgl.* deutsch/Deutsch; **Al|ba|nisch,** das; -[s] (Sprache); **Al|ba|ni|sche,** das; -n; *vgl.* Deutsche, das
Al|ba|nus *vgl.* Alban
Al|ba|t|ros, der; -, -se ‹angloind.-niederl.› (ein Sturmvogel)
Alb|druck, Alp|druck, der; -[e]s, ...drücke; **Alb|drü|cken,** Alp|drü|cken [*alte Trennung* ...k|k...], das; -s
Al|be, die; -, -n ‹lat.› (weißes liturgisches Gewand)
Al|be|rei
Al|be|rich (den Nibelungenhort bewachender Zwerg)
[1]**al|bern;** ich albere
[2]**al|bern;** alberne Witze; **Al|bern|heit**
Al|bert (m. Vorn.)
[1]**Al|ber|ta** [*auch* ɛl'bø:ɐ̯tə] (kanadische Provinz)
[2]**Al|ber|ta,** Al|ber|ti|ne (w. Vorn.)
Al|ber|ti|na, die; - (Sammlung grafischer Kunst in Wien)
al|ber|ti|ni|sche Li|nie [*alte Schreibung* Al|ber|ti|ni|sche Linie], die; -n - (sächsische Linie der Wettiner)
Al|ber|ti|num, das; -s (Museum in Dresden)
Al|bi|gen|ser, der; -s, - (*svw.* Katharer)
Al|bin, Al|bi|nus (m. Vorn.)
Al|bi|nis|mus, der; - ‹lat.› (Unfähigkeit, Farbstoffe in Haut, Haaren u. Augen zu bilden)
Al|bi|no, der; -s, -s ‹span.› (Mensch, Tier od. Pflanze mit fehlender Farbstoffbildung); **al|bi|no|tisch**
Al|bi|nus *vgl.* Albin
Al|bi|on ‹kelt.-lat.› (*alter dichterischer Name für* England)
Al|bo|in, Al|bu|in (langobardischer König)
Al|b|recht (m. Vorn.)
Alb|traum, Alp|traum
Al|bu|in *vgl.* Alboin
Al|bu|la, die; - (Fluss in der Schweiz); **Al|bu|la|pass** [*alte Schreibung* ...paß], *auch* **Al|bu|la-Pass,** der; -es
Al|bum, das; -s, ...ben ‹lat.› (Gedenk-, Sammelbuch)
Al|bu|men, das; -s (*Med., Biol.* Eiweiß); **Al|bu|min,** das; -s, -e *meist Plur.* (ein Eiweißstoff); **al|bu|mi|nös** (eiweißhaltig); **Al|bu|mi|n|u|rie,** die; -, ...ien ‹lat.; griech.› (*Med.* Ausscheidung von Eiweiß im Harn)
Al|bus, der; -, -se (Weißpfennig, alte deutsche Münze)
Al|can|ta|ra ®, das; -[s] ‹Kunstwort› (Veloursléderimitat)
Al|cä|us *vgl.* Alkäus
Al|ces|te [*alte Trennung* ...|st...] *vgl.* Alkeste
Al|che|mie, die; - ‹arab.› (Chemie des MA.s; vermeintl. Goldmacherkunst; Schwarzkunst)
Al|che|mist, der; -en, -en (die Alchemie Ausübender); **al|che|mis|tisch** [*alte Trennung* ...|st...]
Äl|chen (kleiner Aal; *Zool.* Fadenwurm)
Al|chi|mie usw. *vgl.* Alchemie usw.
Al|ci|bi|a|des *vgl.* Alkibiades
Al|cy|o|ne [*auch* ...'tsy:one] usw. *vgl.* Alkyone usw.
Al|de|ba|ran [*auch* ...'ba:...], der; -s ‹arab.› (ein Stern)
Al|de|hyd, der; -s, -e (*Chemie* eine organische Verbindung)
al den|te ‹ital.› (*Gastron.* bissfest)
Al|der|man ['o:ldɐmən], der; -s, ...men [...mən] ‹engl.› (Ratsherr, Vorsteher in angelsächsischen Ländern)
[1]**Al|di|ne,** die; -, -n (Druckwerk des venezianischen Druckers Aldus Manutius)
[2]**Al|di|ne,** die; - (*Druckw.* halbfette Antiqua)
Ale [e:l], das; -s ‹engl.› (engl. Bier)
a|lea ia|c|ta est ‹lat., »der Würfel ist geworfen«› (die Entscheidung ist gefallen)
A|le|a|to|rik, die; - ‹lat.› (*Musik* moderner Kompositionsstil mit Zufallselementen); **a|le|a|to|risch** (vom Zufall abhängig)
A|lek|to (eine der drei Erinnyen)
A|le|man|ne, der; -n, -n (Angehöriger eines germanischen Volksstammes); **A|le|man|nin**
a|le|man|nisch *vgl.* deutsch/Deutsch; **A|le|man|nisch,** das; -[s] (deutsche Mundart); **A|le|man|ni|sche,** das; -n; *vgl.* Deutsche, das
A|lep|po|kie|fer ‹nach der syrischen Stadt Aleppo› (Kiefernart des Mittelmeerraumes)
a|lert ‹ital.› (*landsch. für* munter, flink)
A|leu|ron [*od.* 'a(:)lɔy...], das; -s ‹griech.› (*Biol.* Reserveeiweiß der Pflanzen)
A|le|u|ten *Plur.* (Inseln zwischen Beringmeer und Pazifischem Ozean)
A|lex (m. Vorn.); **A|le|x|an|der** (m. Vorn.)
A|le|x|an|der Lu|cas, die; - -, - - (eine Birnensorte)
A|le|x|an|d|ra (w. Vorn.)
A|le|x|an|d|ria [*auch* ...'dri:a], **A|le|x|an|d|ri|en** (ägypt. Stadt)
A|le|x|an|d|ri|ner (Bewohner von Alexandria; ein Versmaß); **a|le|x|an|d|ri|nisch**
A|le|xi|a|ner, der; -s, - ‹griech.› (Angehöriger einer Laienbruderschaft)
A|le|xie, die; - ‹griech.› (*Med.* Leseunfähigkeit bei erhaltenem Sehvermögen)
A|le|xin, das; -s, -e *meist Plur.* ‹griech.› (*Biochemie* ein Abwehrstoff gegen Bakterien)
Al|fa|gras ‹arab.; dt.› (Grasart, die als Rohstoff zur Papierfabrikation verwendet wird)
Al|fons (m. Vorn.)
Al|f|red (m. Vorn.)
al fres|co (*häufig für* a fresco)
Al|f|ried (m. Vorn.)
Al|gar|ve, die u. der; - (südlichste Provinz Portugals)
Al|ge, die; -, -n ‹lat.› (eine blütenlose Wasserpflanze)
Al|ge|b|ra [*österr.* ...'ge:...], die; -, *Plur.* (*für* algebraische Strukturen:) ...ebren ‹arab.› (Lehre von den mathematischen Gleichungen); **al|ge|b|ra|isch;** algebraische Gleichungen
Al|ge|nib, der; -s ‹arab.› (ein Stern)
Al|ge|ri|en (Staat in Nordafrika); **Al|ge|ri|er; Al|ge|ri|e|rin; al|ge|risch**
Al|gier [...ʒi:ɐ̯, *schweiz.* ...gi:r] (Hauptstadt Algeriens)
Al|gol [*auch* 'a...], der; -s ‹arab.› (ein Stern)
ALGOL, das; -[s] ‹Kunstwort aus engl. **algorithmic language**› (eine Programmiersprache)
Al|go|lo|ge, der; -n, -n; **Al|go|lo|gie,** die; - ‹lat.; griech.› (Algenkunde); **Al|go|lo|gin**
Al|gon|kin, das; -[s] (eine indian. Sprachfamilie in Nordamerika)

all

alle, alles
– all[e] diese; alle beide
– alle, die geladen waren; sie kamen alle
– sie alle (*als Anrede* Sie alle)
– er opferte sich für alle; ich grüße euch alle
– in, vor, bei allem
– bei, in, mit, nach, trotz, von, zu allem dem *od.* all[e]dem, all[em] diesem
– das, dies[es], was, wer alles
– all[es] das, dies[es]
– alles, was; für, um alles
– bei, mit all[e] diesem
– dem allen (*häufiger für* dem allem)
– diese alle; diesem allen (*auch* diesem allem)
– alle Anwesenden
– alles Gute
– die Freude an allem Schönen; die Freunde alles Schönen
– allen Übels (*meist für* alles Übels)
– etwas allen Ernstes behaupten
– all[e] die Fehler; all[e] die Mühe
– all der Schmerz; all das Schöne
– alle ehrlichen Menschen; aller erwiesene Respekt
– das Bild allen (*auch* alles) geistigen Lebens; aller guten Dinge sind drei; trotz aller vorherigen Planung; mit all[er] seiner Habe

In festen Verbindungen und Redewendungen:
– mein Ein und [mein] Alles [*alte Schreibung* mein ein und (mein) alles]
– alles und jedes; alles oder nichts; alles in allem; alles andere
– ein für alle Mal[e], *aber* allemal *(vgl. d.)*
– alle neun[e] (beim Kegeln)
– alle (*landsch.* aller) nase[n]lang, naslang *(ugs.)*
– all[e]zeit; allesamt; allenfalls; allenthalben; allerart *(vgl. d.);* allerdings; allerhand *(vgl. d.);* allerlei *(vgl. d.);* allerorten, allerorts; all[er]seits; allerwärts; alle[r]wege *(vgl. d.);* alltags *(vgl. d.);* allwöchentlich; allzu *(vgl. d.)*

al|go|rith|misch ⟨arab.⟩ *(Math.);* **Al|go|rith|mus,** der; -, ...men (nach einem bestimmten Schema ablaufender Rechenvorgang)

Al|gra|phie, *auch* Al|gra|fie, die; -, ...ien ⟨lat.; griech.⟩ (Flachdruckverfahren u. danach hergestelltes Kunstblatt)

Al|ham|b|ra, die; - ⟨arab.⟩ (Palast bei Granada)

A|li [*auch* 'ali, a'li:] (m. Vorn.)

a|li|as ⟨lat.⟩ (anders; sonst, auch ... genannt [z. B. Meyer alias Neumann])

A|li|bi, das; -s, -s ([Nachweis der] Abwesenheit vom Tatort des Verbrechens; Rechtfertigung) **A|li|bi|frau** (Frau, die als Beweis für die Verwirklichung der Chancengleichheit angeführt wird)

A|li|ce [...sə, *österr.* ...s] (w. Vorn.)

A|li|en ['eɪlɪən], der *od.* das; -s, -s ⟨engl.⟩ (außerirdisches Lebewesen)

A|li|e|na|ti|on, die; -, -en ⟨lat.⟩ (*veraltet für* Entfremdung; Verkauf); **a|li|e|nie|ren** (*veraltet für* entfremden; verkaufen)

A|li|g|ne|ment [alɪnjə'mã:], das; -s, -s ⟨franz.⟩ ([Abstecken einer] Richtlinie); **a|li|g|nie|ren**

A|li|men|ta|ti|on, die; -, -en ⟨lat.⟩ (Lebensunterhalt)

A|li|men|te *Plur.* (Unterhaltsbeiträge, bes. für nichteheliche Kinder); **a|li|men|tie|ren** (mit Geldmitteln unterstützen)

A|li|nea, das; -s, -s ⟨lat.⟩ (*veraltet für* [mit Absatz beginnende] neue Druckzeile; *Abk.* Al.)

a|li|pha|tisch ⟨griech.⟩ *(Chemie);* aliphatische Verbindungen (Verbindungen mit offenen Kohlenstoffketten)

a|li|quant ⟨lat.⟩ (*Math.* mit Rest teilend)

a|li|quot [*auch* ...'kvo:t] ⟨lat.⟩ (*Math.* ohne Rest teilend)

A|li|i|ta|lia, die; - ⟨ital.⟩ (italien. Luftfahrtgesellschaft)

A|li|za|rin, das; -s ⟨arab.⟩ (ein [Pflanzen]farbstoff)

Alk, der; *Gen.* -[e]s *od.* -en, *Plur.* -e[n] ⟨nord.⟩ (ein arktischer Meeresvogel)

Al|kai|os *vgl.* Alkäus; **al|kä|isch** (nach Alkäus benannt)

Al|kal|de, der; -n, -n ⟨span.⟩ (spanischer Bürgermeister, Dorfrichter)

Al|ka|li [*auch* 'a...], das; -s, ...alien *meist Plur.* ⟨arab.⟩ (*Chemie* eine stark basische Verbindung); **Al|ka|li|me|tall** *(Chemie)*

al|ka|lisch (basisch; laugenhaft)

Al|ka|lo|id, das; -[e]s, -e ⟨arab.; griech.⟩ (eine in Pflanzen vorkommende giftige Stickstoffverbindung)

Al|kä|us (griech. Dichter)

Al|ka|zar [...zar, *österr.* ...'za(:)r], der; -s, ...zare ⟨arab.-span.⟩ (Burg, Palast [in Spanien])

Al|ke, Alk|je (w. Vorn.)

Al|kes|te [*alte Trennung* ...|ste] (w. Gestalt der griech. Mythol.)

Al|ki|bi|a|des (griech. Staatsmann)

Alk|je, Al|ke (w. Vorn.)

Alk|man [*auch* 'a...] (griech. Dichter); **alk|ma|nisch;** alkmanischer Vers

Alk|me|ne (Gattin des Amphitryon, Mutter des Herakles)

Al|ko|hol [*auch* ...'ho:l], der; -s, -e ⟨arab.⟩

al|ko|hol|ab|hän|gig; al|ko|hol|frei

Al|ko|ho|li|ka *Plur.* (alkoholische Getränke)

Al|ko|ho|li|ker; Al|ko|ho|li|ke|rin; al|ko|ho|lisch

al|ko|ho|li|sie|ren (mit Alkohol versetzen; *scherzh. für* unter Alkohol setzen); **al|ko|ho|li|siert** (betrunken)

Al|ko|ho|lis|mus, der; -

al|ko|hol|krank

Al|ko|hol|miss|brauch [*alte Schreibung* ...miß|brauch], der; -[e]s; **Al|ko|hol|pro|b|lem; Al|ko|hol|spie|gel; Al|ko|hol|sün|der; Al|ko|hol|ver|gif|tung**

Al|ko|len|ker (*österr. für* alkoholisierter Autofahrer)

Al|ko|mat, der; -en, -en (Gerät zur Messung des Alkoholspiegels im Blut)

Al|kor [*auch* 'a...], der; -s ⟨arab.⟩ (ein Stern)

Al|ko|ven [*auch* 'a...], der; -s, - ⟨arab.⟩ (Nebenraum; Bettnische)

Al|ku|in (angelsächsischer Gelehrter)

Al|kyl, das; -s, -e ⟨arab.; griech.⟩ (*Chemie* einwertiger Kohlenwasserstoffrest); **al|ky|lie|ren** (eine Alkylgruppe einführen)

al|lein

– von allein[e] *(ugs.)*

Getrenntschreibung in Verbindung mit Verben, Partizipien und Adjektiven ↑K 58:
- allein sein, stehen, bleiben, erziehen
- jmdn. allein lassen
- die allein selig machende [*alte Schreibung* alleinseligmachende] Kirche *(bes. kath. Kirche)*
- ich stehe allein; sie hat allein gestanden
- eine allein stehende Frau; eine allein erziehende Mutter [*alte Schreibungen* alleinstehende, alleinerziehende]

Bei Substantivierungen ist sowohl Getrennt- als auch Zusammenschreibung möglich ↑K 72:
- die allein Stehenden, *auch* die Alleinstehenden
- die allein Erziehenden, *auch* die Alleinerziehenden

[1]**Al|ky|o|ne** [*auch* ...'ky:one] (Tochter des Äolus)

[2]**Al|ky|o|ne,** die; - (ein Stern)

al|ky|o|nisch (*geh. für* friedlich, windstill)

all *s. Kasten S. 151*

All, das; -s (Weltall)

all|a|bend|lich

al|la bre|ve ‹ital.› (*Musik* im $^{1}/_{2}$- statt $^{1}/_{4}$-Takt); **Al|la-bre|ve-Takt** ↑K 26

Al|lah ‹arab.› (*bes. islam. Rel.* Gott)

al|la mar|cia [- ...tʃa] ‹ital.› (*Musik* marschmäßig)

al|la po|lac|ca ‹ital.› (*Musik* in der Art der Polonaise)

Al|lasch, der; -[e]s, -e (ein Kümmellikör)

al|la te|des|ca ‹ital.› (*Musik* in der Art eines deutschen Tanzes)

al|la tur|ca ‹ital.› (*Musik* in der Art der türkischen Musik)

al|la zin|ga|re|se ‹ital.› (*Musik* in der Art der Zigeunermusik)

all|be|kannt

all|da *(veraltend)*

all|dem, al|le|dem; bei all[e]dem; *aber* sie sagte nichts von all dem, was sie wusste

all|die|weil, die|weil *(veraltet)*

al|le *vgl.* all

al|le|dem, all|dem; bei all[e]dem

Al|lee, die; -, Alleen ‹franz.›; *Schreibung in Straßennamen:* ↑K 162 *u.* 163

Al|le|ghe|nies ['ɛligɛnɪs] *Plur.* (*svw.* Alleghenygebirge); **Al|le|ghe|ny|ge|bir|ge** [...ni...], das; -s (nordamerik. Gebirge)

Al|le|go|rie, die; -, ...ien ‹griech.› (Sinnbild; Gleichnis); **al|le|go|risch; al|le|go|ri|sie|ren** (versinnbildlichen)

al|le|g|ret|to ‹ital.› (*Musik* mäßig schnell, mäßig lebhaft); **Al|le|g|ret|to,** das; -s, *Plur.* -s *u.* ...tti

al|le|g|ro (*Musik* lebhaft); **Al|le|g|ro,** das; -s, *Plur.* -s *u.* ...gri

al|lein *s. Kasten*

al|lei|ne (*ugs. für* allein)

Al|lein|er|be

al|lein er|zie|hend [*alte Schreibung* al|lein|er|zie|hend]; *vgl.* allein

al|lein Er|zie|hen|de, der *u.* die; - -n, - -n, *auch* **Al|lein|er|zie|hen|de,** der *u.* die; -n, -n

Al|lein|flug; Al|lein|gang, der

Al|lein|heit, die; - *(Philos.)*

Al|lein|herr|schaft; Al|lein|herr|scher

al|lei|nig

Al|lein|in|ha|ber

Al|lein|sein, das; -s

al|lein se|lig ma|chend [*alte Schreibung* al|lein|se|lig|ma|chend]; *vgl.* allein

al|lein ste|hen *vgl.* allein; **al|lein ste|hend** [*alte Schreibung* al|lein|ste|hend]; *vgl.* allein

al|lein Ste|hen|de, der *u.* die; - -n, - -n, *auch* **Al|lein|ste|hen|de,** der *u.* die; -n, -n; *vgl.* allein

Al|lein|un|ter|hal|ter; Al|lein|ver|die|ner; Al|lein|ver|tre|tung; Al|lein|ver|trieb

al|lel ‹griech.› *(Biol.);* allele Gene; **Al|lel,** das; -s, -e *meist Plur.* (eines von zwei einander entsprechenden Genen in homologen Chromosomen)

al|le|lu|ja! usw. *vgl.* halleluja! usw.

al|le|mal (*ugs. für* natürlich, in jedem Fall); das kann sie allemal besser; *aber:* ein für alle Mal [*alte Schreibung* allemal], ein für alle Male

Al|le|man|de [al(ə)'mã:...], die; -, -n ‹franz.› (alter dt. Tanz)

al|len|falls; *vgl.* Fall, der

al|lent|hal|ben

Al|ler, die; - (Nebenfluss der Weser)

al|ler|al|ler|letz|te; *vgl.* letzte

al|ler|art (allerlei); allerart Dinge, *aber* Dinge aller Art

Al|ler|bar|mer, der; -s (Christus)

al|ler|bes|te [*alte Trennung* ...|st...]; das kann sie am allerbesten; *aber* ↑K 72: es ist das Allerbeste [*alte Schreibung* allerbeste], dass ...; *vgl.* beste

al|ler|christ|lichs|te [*alte Trennung* ...|st...]; **Al|ler|christ|lichs|te Ma|jes|tät,** die; -n - (*früher* Titel der franz. Könige)

al|ler|dings

al|ler|durch|lauch|tigs|te [*alte Trennung* ...|st...]; **Al|ler|durch|lauch|tigs|ter ...** (*früher* Anrede an einen Kaiser)

al|ler|en|den (*veraltend für* überall)

al|ler|ers|te [*alte Trennung* ...|ste]; *zur Groß- u. Kleinschreibung vgl.* erste

al|ler|frü|hes|tens [*alte Trennung* ...|st...]

Al|l|er|gen, das; -s, -e *meist Plur.* ‹griech.› (*Med.* Stoff, der eine Allergie hervorrufen kann)

Al|l|er|gie, die; -, ...ien (Überempfindlichkeit); **al|l|er|gie|ge|tes|tet** [*alte Trennung* ...|st...]

Al|l|er|gi|ker; Al|l|er|gi|ke|rin

al|l|er|gisch (überempfindlich)

Al|l|er|go|lo|ge, der; -n, -n; **Al|l|er|go|lo|gie,** die; - (wissenschaftliche Erforschung der Allergien); **Al|l|er|go|lo|gin; al|l|er|go|lo|gisch**

al|ler|größ|te; *zur Groß- u. Kleinschreibung vgl.* groß

al|ler|hand *(ugs.);* allerhand Neues ↑K 72; allerhand Streiche; das ist ja allerhand

Al|ler|hei|li|gen, das; -, *österr. Plur.* (kath. Fest zu Ehren aller Heiligen); **Al|ler|hei|li|gen|fest**

al|ler|hei|ligs|te [*alte Trennung* ...|ste]; die allerheiligsten Güter; **Al|ler|hei|ligs|te,** das; -n

al|ler|höchs|te [*alte Trennung* ...|ste]; allerhöchstens; auf das, aufs Allerhöchste, *auch* auf das, aufs allerhöchste ↑K 75

Al|ler|ka|tho|lischs|te Ma|jes|tät [*alte Trennung* ...|ste ...|st...], die; -n - (Titel der span. Könige)

A

al|ler|lei; allerlei Wichtiges ↑K72; **Al|ler|lei**, das; -s, -s; Leipziger Allerlei (Mischgemüse)

al|ler|letz|te; zuallerletzt; *zur Groß- u. Kleinschreibung vgl.* letzte

al|ler|liebst; Al|ler|liebs|te [*alte Trennung* ...|ste], der *u.* die; -n, -n

Al|ler|manns|har|nisch (Pflanze)

al|ler|meis|te [*alte Trennung* ...|ste]; die allermeisten glauben ... ↑K77

al|ler|min|des|te [*alte Trennung* ...|ste]; das allermindeste, *auch* Allermindeste wäre ...; *vgl.* mindeste

al|ler|nächs|te [*alte Trennung* ...|ste]; *zur Groß- u. Kleinschreibung vgl.* nächste

al|ler|neu|e|s|te, al|ler|neus|te [*alte Trennungen* ...|ste]; das Allerneu[e]ste ↑K72

al|ler|nö|tigs|te [*alte Trennung* ...|ste]; das Allernötigste ↑K72

al|ler|or|ten *(veraltend),* **al|ler|orts** *(geh.)*

Al|ler|see|len, das; - (kath. Gedächtnistag für die Verstorbenen); **Al|ler|see|len|tag**

al|ler|seits, all|seits

al|ler|spä|tes|te [*alte Trennung* ...|ste]; **al|ler|spä|tes|tens** [*alte Trennung* ...|st...]

al|ler|wärts

al|le[r]|we|ge, al|ler|we|gen, al|ler|wegs (*veraltet für* überall, immer)

al|ler|weil *vgl.* allweil

Al|ler|welts|kerl; Al|ler|welts|mit|tel, das; **Al|ler|welts|wort** *Plur.* ...wörter

al|ler|we|nigs|te [*alte Trennung* ...|ste]; ↑K77: das allerwenigste, was ...; am allerwenigsten; allerwenigstens

Al|ler|wer|tes|te [*alte Trennung* ...|ste], der; -n, -n (*ugs. scherzh. für* Gesäß)

al|les *vgl.* all

al|le|samt *(ugs.)*

Al|les|bes|ser|wis|ser *(ugs.)*

Al|les|bren|ner (Ofen)

Al|les|fres|ser; Al|les|kle|ber

al|le|we|ge *vgl.* alle[r]wege

al|le|weil *vgl.* allweil

al|lez! [aˈleː] ‹franz., »geht!«› (vorwärts!)

al|le|zeit, all|zeit (*veraltend, noch landsch. für* immer)

all|fäl|lig [*österr.* ...ˈfɛ...] (*österr., schweiz. für* etwaig, allenfalls [vorkommend], eventuell); **All|fäl|li|ge**, das; -n *meist ohne Artikel* (*österr.* letzter Punkt einer Tagesordnung)

All|gäu, das; -s; **All|gäu|er; All|gäu|e|rin; all|gäu|isch**

All|ge|gen|wart; all|ge|gen|wär|tig

all|ge|mein *s. Kasten*

All|ge|mein|arzt; All|ge|mein|be|fin|den, das; -s

all|ge|mein bil|dend [*alte Schreibung* all|ge|mein|bil|dend]; *vgl.* allgemein; **All|ge|mein|bil|dung**, die; -

all|ge|mein gül|tig [*alte Schreibung* all|ge|mein|gültig]; *vgl.* allgemein; **All|ge|mein|gül|tig|keit**, die; -

All|ge|mein|gut

All|ge|mein|heit, die; -

All|ge|mein|me|di|zin, die; -; **All|ge|mein|me|di|zi|ner; All|ge|mein|platz** (abgegriffene Redensart)

all|ge|mein ver|ständ|lich [*alte Schreibung* all|ge|mein|ver|ständ|lich]; *vgl.* allgemein

All|ge|mein|wis|sen; All|ge|mein|wohl; All|ge|mein|zu|stand, der; -[e]s

All|ge|walt, die; - *(geh.);* **all|ge|wal|tig** *(geh.)*

All|heil|mit|tel, das

All|heit, die; - *(Philos.)*

Al|li|anz, die; -, -en ‹franz.› ([Staaten]bündnis); die Heilige Allianz

Al|li|ga|tor, der; -s, ...oren ‹lat.› (eine Panzerechse)

al|li|ie|ren, sich ‹franz.› (sich verbünden); **Al|li|ier|te**, der *u.* die; -n, -n

Al|li|te|ra|ti|on, die; -, -en ‹lat.› (*Verslehre* Anlaut-, Stabreim); **al|li|te|rie|rend** (stabreimend)

all|jähr|lich

all|lie|bend [*alte Schreibung* alliebend, *alte Trennung* ...ll|l...] *(geh.)*

All|macht, die; - *(geh.);* **all|mäch|tig; All|mäch|ti|ge**, der; -n (Gott); Allmächtiger!

all|mäh|lich

All|meind, All|mend, die; -, -en (*schweiz. svw.* Allmende); **All|men|de**, die; -, -n (*früher für* gemeinsam genutztes Gemeindegut); **All|mend|recht**

all|mo|nat|lich

all|mor|gend|lich

All|mut|ter, die; - *(geh.);* Allmutter Natur

all|nächt|lich

al|lo|ch|thon [...x...] ‹griech.› (*Geol.* an anderer Stelle entstanden)

Al|lod, das; -[e]s, -e (*MA.* dem Le-

---

all|ge|mein

Kleinschreibung:
- die allgemeine Schul-, Wehrpflicht
- allgemeine Geschäftsbedingungen (*Abk.* AGB), *aber* Gesetz zur Regelung des Rechts der Allgemeinen Geschäftsbedingungen

Großschreibung der Substantivierung:
- im Allgemeinen (= gewöhnlich; *Abk.* i. Allg.) [*alte Schreibung* im allgemeinen]
- er bewegt sich stets nur im Allgemeinen (= beachtet nicht das Besondere)

Großschreibung auch als Bestandteil von Namen ↑K88:
- Allgemeine Deutsche Biographie (*Abk.* ADB)
- Allgemeiner Deutscher Automobil-Club (*Abk.* ADAC)
- Allgemeiner Studentenausschuss (*Abk.* AStA)
- Allgemeines Bürgerliches Gesetzbuch (in Österreich geltend; *Abk.* ABGB)
- Deutsches Allgemeines Sonntagsblatt (Zeitung)

Getrenntschreibung in Verbindung mit Verben, Partizipien und Adjektiven:
- allgemein gelten
- ein allgemein anerkanntes Verfahren
- die allgemein bildenden [*alte Schreibung* allgemeinbildenden] Schulen
- die allgemein gültigen [*alte Schreibung* allgemeingültigen] Ausführungen
- allgemein verständliche [*alte Schreibung* allgemeinverständliche] Texte

hensträger persönlich gehörender Grund und Boden); **al|lo|di|al** ‹germ.-mlat.› (zum Allod gehörend)

Al|lo|ga|mie, die; -, ...ien ‹griech.› (*Bot.* Fremdbestäubung)

Al|lo|ku|ti|on, die; -, -en ‹lat.› (feierliche [päpstliche] Ansprache [an die Kardinäle])

Al|lon|ge [a'lõ:ʒə], die; -, -n ‹franz.› (*Wirtsch.* Verlängerungsstreifen [bei Wechseln])

Al|lon|ge|pe|rü|cke [*alte Trennung* ...k|k...] (langlockige Perücke des 17. u. 18. Jh.s)

Al|lo|pa|thie, die; - ‹griech.› (ein Heilverfahren der Schulmedizin); **al|lo|pa|thisch**

Al|lo|t|ria *Plur., heute meist* das; -[s] ‹griech.› (Unfug)

All|par|tei|en|re|gie|rung

All|rad|an|trieb; all|rad|be|trie|ben; allradbetriebene Fahrzeuge

all right! ['o:l 'rait] ‹engl.› (richtig!, in Ordnung!)

All|roun|der ['o:l'raundɐ], der; -s, - *u.* **All|round|man** [...'rauntmən], der; -s, ...men [...mən] ‹engl.› (jmd., der viele Bereiche beherrscht); **All|roun|de|rin**

all|sei|tig; All|sei|tig|keit; all|seits, al|ler|seits

All-Star-Band ['o:l'sta:ɐ̯...], die; -, -s ‹engl.› (Jazzband, die aus berühmten Spielern besteht)

all|stünd|lich

All|tag *Plur. selten*

all|täg|lich [*auch* 'a... (= alltags) *u.* al'tɛ:... (= üblich, gewöhnlich)]; **All|täg|lich|keit**

all|tags ↑K 70, *aber* des Alltags; alltags wie feiertags

All|tags|be|schäf|ti|gung; All|tags|kleid; All|tags|sor|gen *Plur.;* **All|tags|spra|che,** die; -; **All|tags|trott**

all|über|all *(geh.)*

all|um|fas|send

Al|lü|re, die; -, -n *meist Plur.* ‹franz.› (*meist abwertend für* eigenwilliges Benehmen)

al|lu|vi|al ‹lat.› (*Geol.* angeschwemmt, abgelagert)

Al|lu|vi|on, die; -, -en (angeschwemmtes Land)

Al|lu|vi|um, das; -s (*ältere Bez. für* Holozän)

All|va|ter, der; -s (*Bez. für* Gott)

all|weil, al|le[r]|weil (*bes. österr. ugs. für* immer)

All|wet|ter|klei|dung

all|wis|send; Doktor Allwissend (Märchengestalt); **All|wis|sen|heit,** die; -

all|wö|chent|lich

all|zeit, al|le|zeit (*veraltend, noch landsch. für* immer)

all|zu; allzu bald, allzu oft, allzu sehr, allzu selten usw. *immer getrennt* [*alte Schreibungen* allzubald, allzuoft, allzusehr, allzuselten usw. *(getrennt, wenn das zweite Wort deutlich unterscheidbar betont oder gebeugt wird)*], *aber* **all|zu|mal** (*veraltet für* alle zusammen; immer)

All|zweck|tuch *Plur.* ...tücher

Alm, die; -, -en (Bergweide)

Al|ma (w. Vorn.)

Al|ma-A|ta (frühere Hauptstadt Kasachstans)

Al|ma Ma|ter ↑K 40 [*alte Schreibung* Al|ma ma|ter], die; - - ‹lat.› (*geh. für* Universität)

Al|ma|nach, der; -s, -e ‹niederl.› (Kalender, Jahrbuch)

Al|man|din, der; -s, -e (Abart des [1]Granats)

Al|ma|ty (*kasachische Form von* Alma-Ata)

al|men (*österr. für* Vieh auf der Alm halten); **Al|men|rausch,** Alm|rausch, der; -[e]s (Alpenrose)

Al|mer (*österr. neben* Senner); **Al|me|rin,** die; -, -nen

Al|mo|sen, das; -s, - ‹griech.› (kleine Gabe, geringes Entgelt); **Al|mo|sen|emp|fän|ger**

Al|mo|se|nier, der; -s, -e (geistlicher Würdenträger)

Alm|rausch *vgl.* Almenrausch

Alm|ro|se (*südd., österr. neben* Alpenrose)

Al|mut (w. Vorn.)

A|loe [...loe], die; -, -n [...loən] ‹griech.› (eine Zier- und Heilpflanze)

a|lo|gisch ‹griech.› (nicht logisch)

A|lo|is [...ɪs, ...i:s], A|lo|i|si|us [*auch* a'lɔy...] (m. Vorn.); **A|lo|i|sia** [*auch* a'lɔy...] (w. Vorn.)

[1]**Alp** *alte Schreibung für* [1]Alb usw.

[2]**Alp,** die; -, -en (*landsch., bes. schweiz. für* Alm)

[1]**Al|pa|ka,** das; -s, -s ‹indian.-span.› (südamerik. Lamaart)

[2]**Al|pa|ka,** das *u.* (*für* Gewebeart:) der; -s (Wolle vom Alpaka; Reißwolle)

[3]**Al|pa|ka** (*als* ® Alpacca), das; -s (Neusilber)

al pa|ri ‹ital.› (*Bankw.* zum Nennwert [einer Aktie]); vgl. pari

Alp|druck, Alb|druck, der; -[e]s, ...drücke; **Alp|drü|cken,** Alb|drü|cken, das; -s

al|pen (*schweiz. für* Vieh auf einer [2]Alp halten)

Al|pen *Plur.* (Gebirge)

Al|pen|glü|hen, das; -s; **Al|pen|jä|ger; al|pen|län|disch; Al|pen|ro|se; Al|pen|veil|chen; Al|pen|ver|ein**

Al|pen|vor|land

Al|pha, das; -[s], -s (griechischer Buchstabe: *A, α*); das Alpha und [das] Omega (*geh. für* der Anfang und das Ende)

Al|pha|bet, das; -[e]s, -e (Abc); **al|pha|be|tisch**

al|pha|be|ti|sie|ren (alphabetisch ordnen; Analphabeten lesen und schreiben lehren)

Al|pha Cen|tau|ri, der; - - (hellster Stern im Sternbild Zentaur)

al|pha|me|risch, al|pha|nu|me|risch ‹griech.; lat.› (*EDV* Buchstaben und Ziffern enthaltend)

Al|phard, der; - ‹arab.› (ein Stern)

Al|pha|strah|len, α-Strah|len *Plur.;* ↑K 29 (*Physik* beim Zerfall von Atomkernen bestimmter radioaktiver Elemente auftretende Strahlen)

Al|phei|os *vgl.* Alphios; **Al|phi|os,** der; - (peloponnes. Fluss)

Alp|horn *Plur.* ...hörner

al|pin ‹lat.› (die Alpen, das Hochgebirge betreffend od. darin vorkommend); alpine Kombination *(Skisport)*

Al|pi|na|ri|um, das; -s, ...ien (Naturwildpark im Hochgebirge)

Al|pi|ni *Plur.* ‹ital.› (italienische Alpenjäger)

Al|pi|nis|mus, der; - ‹lat.› (sportl. Bergsteigen); **Al|pi|nist,** der; -en, -en (sportl. Bergsteiger im Hochgebirge); **Al|pi|nis|tik** [*alte Trennung* ...|st...], die; - (*svw.* Alpinismus); **Al|pi|nis|tin**

Al|pin|sport (*bes. österr., schweiz. für* alpiner [Ski]sport)

Al|pi|num, das; -s, ...nen (Anlage mit Alpenpflanzen)

Älp|ler (Alpenbewohner); **älp|le|risch; Älp|ler|mag|ro|nen, Älp|ler|mak|ka|ro|nen** *Plur.* (schweiz. Gericht aus Nudeln, Kartoffeln u. Käse)

Alp|traum, Alb|traum

Al|raun, der; -[e]s, -e *vgl.* Alraune; **Al|rau|ne,** die; -, -n (menschenähnlich aussehende Zauberwurzel; Zauberwesen)

als

- als ob
- sie ist klüger als ihr Freund, *aber (bei Gleichheit):* sie ist so klug wie ihre Freundin

Kommasetzung:
- ↑K 112: er ist größer als sein Bruder Ludwig; er ist größer, als sein Bruder Ludwig im gleichen Alter war
- ↑K 116: ich konnte nichts Besseres tun[,] als nach Hause zu gehen

al s. = al segno
als|bald [*schweiz.* 'a...]; **als|bal|dig** [*schweiz.* 'a...]; **als|dann** [*schweiz.* 'a...]
als dass [*alte Schreibung* als daß]; es ist zu schön, als dass es wahr sein könnte ↑K 126
al se|g|no [- ...njo] ‹ital.› (*Musik* bis zum Zeichen [bei Wiederholung eines Tonstückes]; *Abk.* al s.)
al|so
Als-ob, das; -; **Als-ob-Phi|lo|so|phie** ↑K 26
Als|ter [*alte Trennung* ...|st...], die; - (rechter Nebenfluss der unteren Elbe); **Als|ter|was|ser** *Plur.* ...wässer (*landsch. für* Getränk aus Bier und Limonade)
alt *s. Kasten*
Alt, der; -s, -e ‹lat.› (tiefe Frauen- od. Knabenstimme; Sängerin mit dieser Stimme)
Alt... (z. B. Altbundespräsident; in der Schweiz gewöhnlich so geschrieben: alt Bundesrat)
Al|tai, der; -[s] (Gebirge in Zentralasien)
Al|ta|ir *vgl.* Atair
al|ta|isch; altaische Sprachen
Al|ta|mi|ra (Höhle in Spanien mit altsteinzeitlichen Malereien)
Al|tan, der; -[e]s, -e ‹ital.› (Balkon; Söller)
Alt|an|la|ge, die; -, -n *(Technik)*
Al|tar, der; -[e]s, ...täre ‹lat.›; **Al|tar|bild**
Al|tar[s]|sa|k|ra|ment, das; -[e]s
alt|ba|cken [*alte Trennung* ...k|k...]; altbackenes Brot
Alt|bau, der; -[e]s, -ten
Alt|bau|woh|nung
alt|be|kannt
Alt-Ber|lin ↑K 144
alt|be|währt
Alt|bier (obergäriges Bier)
Alt|bun|des|kanz|ler; Alt|bun|des|prä|si|dent; Alt|bun|des|trai|ner
alt|deutsch
Alt|dorf (Hauptort des Kantons Uri)
Alt|dor|fer (deutscher Maler)
Al|te, der *u.* die; -n, -n (*ugs. für* Vater u. Mutter, Ehemann u. -frau, Chef u. Chefin)
alt|ehr|wür|dig *(geh.)*
alt|ein|ge|ses|sen
Alt|ei|sen, das; -s
Al|te Land, das; -n -[e]s (Teil der Elbmarschen)
Al|te|na (Stadt im Sauerland); **Al|te|na|er; al|te|na|isch**
alt|eng|lisch
Al|ten|heim; Al|ten|hil|fe, die; -
Al|ten|pfle|ger; Al|ten|pfle|ge|rin; Al|ten|teil, das
Al|ter, das; -s, -; eine Frau mittleren Alters, *aber* ↑K 70: seit alters *(geh.),* von alters her *(geh.)*
Al|te|ra|ti|on, die; -, -en ‹lat.› (*Musik* chromatische Veränderung eines Akkordtones; *Med.* krankhafte Veränderung)
Al|ter|chen
Al|ter Ego [*auch* - 'ɛ...; *alte Schreibung* Al|ter ego], das; - - ‹lat.› (anderes Ich; vertrauter Freund)
al|te|rie|ren ‹franz.›; sich alterieren (sich aufregen); alterierter Klang (*Musik* Alteration)
al|tern; ich altere; **Al|tern,** das; -s
Al|ter|nanz, die; -, -en ‹lat.› (Wechsel, Abwechslung)
al|ter|na|tiv (wahlweise; zwischen zwei Möglichkeiten die Wahl lassend; für als menschen- und umweltfreundlicher angesehene Formen des [Zusammen]lebens eintretend); alternative Wählervereinigungen; **Al|ter|na|tiv|be|we|gung**
[1]Al|ter|na|ti|ve, die; -, -n (Entscheidung zwischen zwei [oder mehr] Möglichkeiten; Möglich-

alt

äl|ter, äl|tes|te

Kleinschreibung:
- alte Sprachen
- die alten Bundesländer
- alter Mann (*auch Bergmannsspr. für* abgebaute Teile der Grube)
- alten Stils (Zeitrechnung; *Abk.* a. St.).

Großschreibung der Substantivierung ↑K 72:
- etwas Altes
- der Alte (Greis), die Alte (Greisin)
- er ist immer der Alte (derselbe) [*alte Schreibung:* der alte]; wir bleiben die Alten (dieselben) [*alte Schreibung:* die alten]
- es bleibt alles beim Alten [*alte Schreibung* beim alten]; es beim Alten lassen [*alte Schreibung:* beim alten]
- am Alten hängen [*alte Schreibung* am alten]
- Altes und Neues
- eine Mischung aus Alt und Neu
- aus Alt mach Neu [*alte Schreibung:* aus alt mach neu]
- Alte und Junge
- der Konflikt zwischen Alt und Jung (den Generationen)
- ein Fest für Alt und Jung (jedermann) [*alte Schreibung:* alt und jung]
- die Alten (alte Leute, Völker)
- der Älteste (Kirchenälteste); die Ältesten (der Gemeinde)
- mein Ältester (ältester Sohn), *aber* er ist der älteste meiner Söhne.

Großschreibung auch als Bestandteil von Namen und in bestimmten namenähnlichen Verbindungen ↑K 88 u. 89:
- der Ältere (*Abk.* d. Ä.; als Ergänzung bei Eigennamen)
- der Alte Fritz
- Alter Herr (*Verbindungsw. für* Vater *u. für* Altmitglied einer studentischen Verbindung; *Abk.* A. H.)
- das Alte Testament (*Abk.* A. T.)
- die Alte Welt (Europa, Asien u. Afrika im Gegensatz zu Amerika)

A

keit des Wählens; eine von zwei oder mehr Möglichkeiten)

[2]**Al|ter|na|ti|ve,** der *u.* die; -n, -n (jmd., der einer Alternativbewegung angehört)

Al|ter|na|tiv|e|ner|gie; Al|ter|na|tiv|kul|tur; Al|ter|na|tiv|pro|gramm

al|ter|nie|ren ([ab]wechseln); **al|ter|nie|rend;** alternierende Blattstellung *(Bot.)*

Al|terns|for|schung, die; - (*für* Gerontologie); **Al|terns|vor|gang**

alt|er|probt

al|ters *vgl.* Alter; **al|ters|be|dingt**

Al|ters|be|schwer|den *Plur.*

Al|ters|di|a|be|tes

al|ters|ge|recht

Al|ters|gren|ze; Al|ters|grup|pe; Al|ters|heil|kun|de, die; - (*für* Geriatrie)

Al|ters|heim; Al|ters|jahr (*schweiz. für* Lebensjahr); **Al|ters|py|ra|mi|de** (graf. Darstellung des Altersaufbaus einer Bevölkerung in Form einer Pyramide)

Al|ters|ren|te; Al|ters|ru|he|geld

al|ters|schwach; Al|ters|schwä|che, die; -

Al|ters|sich|tig|keit, die; -

Al|ters|starr|sinn; Al|ters|teil|zeit; Al|ters|ver|si|che|rung; Al|ters|ver|sor|gung; Al|ters|werk

Al|ter|tum, das; -s; das klassische Altertum

Al|ter|tü|me|lei; al|ter|tü|meln (Stil u. Wesen des Altertums nachahmen); ich altertüm[e]le

Al|ter|tü|mer *Plur.* (Gegenstände aus dem Altertum); **al|ter|tüm|lich; Al|ter|tüm|lich|keit,** die; -

Al|ter|tums|for|scher; Al|ter|tums|for|schung, die; -; **Al|ter|tums|kun|de,** die; - (*für* Archäologie); **Al|ter|tums|wis|sen|schaft**

Al|te|rung (*auch für* Reifung; Veränderung durch Altern)

Äl|tes|te [*alte Trennung* ...|st...], der *u.* die; -n, -n; **Äl|tes|ten|rat; Äl|tes|ten|recht** (*für* Seniorat)

alt|frän|kisch (*veraltend für* altmodisch)

alt|ge|dient

Alt|gei|ge (Bratsche)

Alt|ge|sel|le

alt|ge|wohnt

Alt|glas, das; -es; **Alt|glas|be|häl|ter**

Alt|gold

Alt|grad *vgl.* Grad

alt|grie|chisch

Al|thee, die; -, -n ‹griech.› (Eibisch)

Alt-Hei|del|berg ↑K 144

alt|her|ge|bracht

Alt|her|ren|mann|schaft *(Sport);* **Alt|her|ren|schaft** *(Verbindungsw.)*

alt|hoch|deutsch (*Abk.* ahd.); *vgl.* deutsch; **Alt|hoch|deutsch,** das; -[s] (Sprache); *vgl.* Deutsch; **Alt|hoch|deut|sche,** das; -n; *vgl.* Deutsche, das

Al|tist, der; -en, -en ‹lat.› (Knabe mit Altstimme); **Al|tis|tin** [*alte Trennung* ...|st...] (Altsängerin)

Alt|jahr|a|bend, Alt|jahrs|a|bend [*auch* ...ˈja:...] *landsch., schweiz. für* Silvesterabend); **Alt|jahrs|tag** (*österr., schweiz. für* Silvester)

alt|jüng|fer|lich

Alt|kanz|ler

Alt|ka|tho|lik, *auch* **Alt-Ka|tho|lik; alt|ka|tho|lisch,** *auch* **alt-ka|tho|lisch; Alt|ka|tho|li|zis|mus,** *auch* **Alt-Ka|tho|li|zis|mus**

alt|klug; alt|klu|ger, alt|klugs|te

Alt|last *meist Plur.* (Halden mit umweltgefährdenden Produktionsrückständen u. Ä., *auch übertr. für* ungelöste Probleme aus der Vergangenheit)

ält|lich

Alt|mark, die; - (Landschaft westlich der Elbe)

Alt|ma|te|ri|al

Alt|meis|ter [*alte Trennung* ...|st...] (*urspr.* Vorsteher einer Innung; [als Vorbild geltender] altbewährter Meister in einem Fachgebiet)

Alt|me|tall

alt|mo|disch

alt|nor|disch; *vgl.* deutsch; **Alt|nor|disch,** das; -[s] (älteste nordgermanische Sprachstufe); *vgl.* Deutsch; **Alt|nor|di|sche,** das; -n; *vgl.* Deutsche, das

Al|to A|di|ge [- ...dʒe] (*ital. Name für* Südtirol)

Alt|öl

Al|to|na (Stadtteil von Hamburg); **Al|to|na|er; al|to|na|isch**

Alt|pa|pier, das; -s

Alt|pa|pier|be|häl|ter; Alt|pa|pier|samm|lung

Alt|par|tei|en *Plur.*

Alt|phi|lo|lo|ge; Alt|phi|lo|lo|gie (klassische Philologie); **Alt|phi|lo|lo|gin; alt|phi|lo|lo|gisch**

alt|rö|misch

alt|ro|sa

Al|t|ru|is|mus, der; - ‹lat.› (Selbstlosigkeit)

Al|t|ru|ist, der; -en, -en; **Al|t|ru|is|tin** [*alte Trennung* ...|st...]; **al|t|ru|is|tisch** (selbstlos)

alt|sprach|lich; altsprachlicher Zweig

Alt|stadt; Alt|stadt|sa|nie|rung

Alt|stein|zeit, die; - (*für* Paläolithikum)

Alt|stim|me

Alt|stoff *meist Plur.;* **Alt|stoff|samm|lung**

alt|tes|ta|men|ta|risch [*alte Trennung* ...|st...]

Alt|tes|ta|ment|ler [*alte Trennung* ...|st...] (Erforscher des A. T.); **alt|tes|ta|ment|lich**

Alt|tier (*Jägerspr.* Muttertier beim Rot- u. Damwild)

Alt|ti|rol (das historische Tirol bis 1919)

alt|ü|ber|lie|fert

alt|vä|te|risch (altmodisch); **alt|vä|ter|lich** (ehrwürdig)

alt|ver|traut

Alt|vor|dern *Plur.* (*veraltend für* Vorfahren)

Alt|wa|ren *Plur.;* **Alt|wa|ren|händ|ler**

Alt|was|ser, das; -s, ...wasser (ehemaliger Flussarm mit stehendem Wasser)

Alt|wei|ber|fas[t]|nacht (*bes. landsch. für* letzter Donnerstag vor Aschermittwoch); **Alt|wei|ber|ge|schwätz** *(abwertend);* **Alt|wei|ber|som|mer** (warme Nachsommertage; vom Wind getragene Spinnweben)

Alt-Wien ↑K 144; **alt-wie|ne|risch** [*alte Schreibung* alt|wie|ne|risch]

[1]**A|lu** *(ugs.)* = Arbeitslosenunterstützung

[2]**A|lu,** das; -s (*ugs. Kurzwort für* Aluminium)

A|lu|fo|lie (*kurz für* Aluminiumfolie)

A|lu|mi|nat, das; -[e]s, -e ‹lat.› (*Chemie* Salz der Aluminiumsäure)

a|lu|mi|nie|ren (Metallteile mit Aluminium überziehen)

A|lu|mi|nit, der; -s (ein Mineral)

A|lu|mi|ni|um, das; -s (chemisches Element, Leichtmetall; *Zeichen* Al); **A|lu|mi|ni|um|fo|lie**

A|lum|nat, das; -[e]s, -e ‹lat.› (Schülerheim; *österr. veraltend für* Einrichtung zur Ausbildung von Geistlichen)

A|lum|ne, der; -n, -n *u.* **A|lum|nus,** der; -, ...nen (Alumnatszögling)

Al|ve|o|lar, der; -s, -e ‹lat.› (*Sprachw.* am Gaumen unmittelbar hinter den Zähnen gebildeter Laut, z. B. d)

Al|ve|o|le, die; -, -n (*Med.* Zahnmulde im Kiefer; Lungenbläschen)

Al|weg|bahn ⟨Kurzw. nach dem Schweden Axel Leonard Wenner-Gren⟩ (Einschienenbahn)

Al|win (m. Vorn.); **Al|wi|ne** (w. Vorn.)

Alz|hei|mer, der; -s *(ugs.)*, **Alz|hei|mer|krank|heit**, *auch* **Alz|hei|mer-Krank|heit**, die; - ⟨nach dem dt. Neurologen Alzheimer⟩ (mit fast völligem Gedächtnisverlust verbundene Gehirnkrankheit)

am (an dem; *Abk.* a. [*bei Ortsnamen, z. B.* Ludwigshafen a. Rhein]; *vgl.* an); am Sonntag, dem (*od.* den) 27. März ↑K32

Am = *chem. Zeichen für* Americium

a. m. = ante meridiem; ante mortem

A|ma|de|us (m. Vorn.)

A|ma|ler, A|me|lun|gen *Plur.* (ostgot. Königsgeschlecht)

A|mal|gam, das; -s, -e ⟨mlat.⟩ (Quecksilberlegierung); **A|mal|gam|fül|lung**

a|mal|ga|mie|ren (mit Quecksilber legieren; mit Quecksilber aus Erzen gewinnen)

A|ma|lia, A|ma|lie (w. Vorn.)

A|man|da (w. Vorn.)

am an|ge|führ|ten, *auch* **an|ge|ge|be|nen Ort** (*Abk.* a. a. O.)

[1]**A|ma|rant**, der; -s, -e ⟨griech.⟩ (eine Zierpflanze)

[2]**A|ma|rant**, der, *auch* das; -s (ein Farbstoff)

a|ma|ran|ten (dunkelrot); **a|ma|rant|rot**

A|ma|rel|le, die; -, -n ⟨lat.⟩ (eine Sauerkirschensorte)

A|ma|ret|to, der; -s, ...tti ⟨ital.⟩ (ein Mandellikör)

A|ma|ryl, der; -s, -e ⟨griech.⟩ (künstl. Saphir); **A|ma|ryl|lis**, die; -, ...llen (eine Zierpflanze)

A|ma|teur [...'tøːɐ̯], der; -s, -e ⟨franz.⟩ (jmd., der Kunst, Sport usw. aus Liebhaberei ausübt; Nichtfachmann)

A|ma|teur|film

A|ma|teu|rin

A|ma|teur|sport; A|ma|teur|sta|tus

[1]**A|ma|ti** (italienischer Meister des Geigenbaus)

[2]**A|ma|ti**, die; -, -s (von der Geigenbauerfamilie Amati hergestellte Geige)

A|ma|zo|nas, der; - (südamerikanischer Strom)

A|ma|zo|ne, die; -, -n (Angehörige eines kriegerischen Frauenvolkes der griechischen Sage; *auch für* Turnierreiterin); **A|ma|zo|nen|sprin|gen**, das; -s, - (Springreiten, an dem nur Reiterinnen teilnehmen)

Am|bas|sa|deur [...'døːɐ̯], der; -s, -e (*veraltet für* Botschafter, Gesandter)

Am|be, die; -, -n ⟨lat.⟩ (*Math.* Verbindung zweier Größen in der Kombinationsrechnung)

Am|ber, der; -s, -[n] *u.* Am|b|ra, die; -, -s ⟨arab.⟩ (Ausscheidung des Pottwals; Duftstoff)

Am|bi|ance [ãbi̯ãs], die; - ⟨franz.⟩ (*schweiz. für* Umgebung, Stimmung)

Am|bi|en|te, das; - ⟨ital.⟩ (Umwelt, Atmosphäre)

am|big, am|bi|gue [...gu̯ə] ⟨lat.⟩ (mehrdeutig, doppelsinnig); **Am|bi|gu|i|tät**, die; -, -en

Am|bi|ti|on, die; -, -en (Ehrgeiz); **am|bi|ti|o|niert** (ehrgeizig, strebsam); **am|bi|ti|ös** (*meist abwertend* ehrgeizig)

am|bi|va|lent ⟨lat.⟩ (doppelwertig; zwiespältig); **Am|bi|va|lenz**, die; -, -en (Doppelwertigkeit)

[1]**Am|bo**, der; -s, *Plur.* -s *u.* ...ben ⟨lat.⟩ (*österr. für* Doppeltreffer beim Lotto)

[2]**Am|bo**, der; -s, -s, **Am|bon**, der; -s, ...bo̱nen (erhöhtes Lesepult in christl. Kirchen)

Am|boss [*alte Schreibung* Amboß], der; Ambosses, Ambosse

Am|b|ra *vgl.* Amber

Am|b|ro|sia, die; - ⟨griech.⟩ (Götterspeise in der griech. Sage)

am|b|ro|si|a|nisch ↑K135 ⟨zu Ambrosius⟩; ambrosianische Hymnen [*alte Schreibung* Ambrosianische Hymnen] *(kath. Kirche)*

am|b|ro|sisch ⟨griech.⟩ (*geh., veraltend für* himmlisch)

Am|b|ro|si|us (Kirchenlehrer)

am|bu|lant ⟨lat.⟩ (wandernd; *Med.* nicht stationär); ambulantes Gewerbe (Wandergewerbe); ambulante Behandlung

Am|bu|lanz, die; -, -en (bewegliches Lazarett; Krankentransportwagen; Abteilung einer Klinik für ambulante Behandlung)

am|bu|la|to|risch; ambulatorische Behandlung; **Am|bu|la|to|ri|um**, das; -s, ...ien (Raum, Abteilung, medizin. Einrichtung für ambulante Behandlung)

A|mei|se, die; -, -n

A|mei|sen|bär; A|mei|sen|hau|fen

A|mei|sen|säu|re, die; -

A|me|lia, A|me|lie [...li, *auch* ame'liː, a'meːli̯ə] (w. Vorn.)

A|me|li|o|ra|ti|on, die; -, -en ⟨lat.⟩ (Verbesserung [des Ackerbodens]); **a|me|li|o|rie|ren**

A|me|lun|gen *vgl.* Amaler

a|men ⟨hebr.⟩; in Ewigkeit, amen!

A|men, das; -s, - *Plur. selten* (feierliche Bekräftigung); zu allem Ja und Amen, *auch* ja und amen sagen *(ugs.)*; sein Amen (Einverständnis) zu etwas geben

A|men|de|ment [amãdə'mãː], das; -s, -s ⟨franz.⟩ (Zusatz-, Abänderungsantrag zu Gesetzen); **a|men|die|ren** [amɛn...]

A|men|ho|tep, A|me|no|phis (ägyptischer Königsname)

A|me|nor|rhö, die; -, -en ⟨griech.⟩ (*Med.* Ausbleiben der Menstruation); **a|me|nor|rho|isch**

A|me|ri|ci|um, das; -s ⟨*nach* Amerika⟩ (chemisches Element, Transuran; *Zeichen* Am)

A|me|ri|ka

A|me|ri|ka|deut|sche, der *u.* die

A|me|ri|ka|ner; A|me|ri|ka|ne|rin

a|me|ri|ka|nisch; *vgl.* deutsch

a|me|ri|ka|ni|sie|ren; A|me|ri|ka|ni|sie|rung

A|me|ri|ka|nis|mus, der; -, ...men (sprachliche Besonderheit im amerik. Englisch; Entlehnung aus dem Amerikanischen)

A|me|ri|ka|nist, der; -en, -en

A|me|ri|ka|nis|tik [*alte Trennung* ...|st...], die; - (Erforschung der Sprache u. Kultur Amerikas); **A|me|ri|ka|nis|tin**

A|me|thyst, der; -[e]s, -e ⟨griech.⟩ (ein Schmuckstein); **a|me|thys|ten** [*alte Trennung* ...|st...] (amethystfarben)

A|me|t|rie, die; -, ...i̱en ⟨griech.⟩ (Ungleichmäßigkeit; Missverhältnis); **a|me|t|risch**

Am|ha|ra *Plur.* (hamitisches Volk in Äthiopien); **am|ha|risch**; *vgl.* deutsch; **Am|ha|risch**, das; -[s] (Sprache); *vgl.* Deutsch

A|mi, der; -s, -s (*Kurzw. für* Amerikaner)

A|mi|ant, der; -s, -e ⟨griech.⟩ (ein Mineral)

A|mi|go, der; -s, -s ⟨span., »Freund«⟩ (*ugs. für* Geschäftsmann als Freund und Gönner eines Politikers)

A

A|min, das; -s, -e (*Chemie* organische Stickstoffverbindung)
A|mi|no|säu|re, die; - (Eiweißbaustein)
A|mi|to|se, die; - ‹griech.› (*Biol.* einfache Zellkernteilung)
Am|man (Hauptstadt Jordaniens)
Am|mann, der; -[e]s, ...männer (*schweiz.*); *vgl.* Gemeinde-, Landammann
Am|me, die; -, -n; **Am|men|mär|chen**
¹Am|mer, die; -, -n, *fachspr. auch* der; -s, -n (ein Singvogel)
²Am|mer, *im Unterlauf* Am|per, die; - (Isarzufluss)
Am|mon (altägyptischer Gott); Jupiter Ammon
Am|mo|ni|ak [*auch* 'a..., *österr.* a'mo:...], das; -s ‹ägypt.› (*Chemie* stechend riechende, gasförmige Verbindung von Stickstoff u. Wasserstoff)
Am|mo|nit, der; -en, -en ‹ägypt.› (Ammonshorn)
Am|mo|ni|ter, der; -s, - ‹ägypt.› (Angehöriger eines alttestamentl. Nachbarvolks der Israeliten)
Am|mo|ni|um, das; -s ‹ägypt.› (*Chemie* aus Stickstoff u. Wasserstoff bestehende Atomgruppe)
Am|mons|horn, das; -[e]s, ...hörner ‹ägypt.; dt.› (Versteinerung)
A|m|ne|sie, die; -, ...ien ‹griech.› (*Med.* Gedächtnisschwund)
A|m|nes|tie [*alte Trennung* ...|st...], die; -, ...ien (Begnadigung, Straferlass); **a|m|nes|tie|ren** [*alte Trennung* ...|st...]
Am|nes|ty In|ter|na|tio|nal ['ɛmnɪsti ɪntɐ'nɛʃənl; *alte Trennung* ...|st...] ‹engl.› (internationale Organisation zum Schutz der Menschenrechte)
A|mö|be, die; -, -n ‹griech.› (*Zool.* ein Einzeller); **a|mö|bo|id** (amöbenartig)
A|mok [*auch* a'mɔk], der; -s ‹malai.›; Amok laufen ([in einem Anfall von Paranoia] umherlaufen und blindwütig töten)
A|mok|fah|rer; A|mok|lau|fen, das; -s; **A|mok|läu|fer; A|mok|schüt|ze**
a-Moll [*auch* 'a:'mɔl], das; - (Tonart; *Zeichen* a); **a-Moll-Ton|lei|ter** ↑K 26
A|mor (röm. Liebesgott)
a|mo|ra|lisch ‹lat.› (sich über die Moral hinwegsetzend)
A|mo|ra|lis|mus, der; - (gleichgültige od. feindl. Einstellung gegenüber der geltenden Moral)
A|mo|ra|li|tät, die; - (amoralische Lebenshaltung)
A|mo|ret|te, die; -, -n ‹franz.› (*bild. Kunst* Figur eines geflügelten Liebesgottes)
a|morph ‹griech.› (ungeformt, gestaltlos)
a|mor|ti|sa|bel ‹franz.› (tilgbar); ...a|b|le Anleihen
A|mor|ti|sa|ti|on, die; -, -en ‹lat.› ([allmähliche] Tilgung; Abschreibung, Abtragung [einer Schuld])
a|mor|ti|sier|bar; a|mor|ti|sie|ren
A|mos (biblischer Prophet)
A|mou|ren [a'mu:...] *Plur.* ‹franz.› (*veraltend für* Liebschaften, Liebesabenteuer); **a|mou|rös**
Am|pel, die; -, -n; **Am|pel|ko|a|li|ti|on** ‹nach den Parteifarben Rot, Gelb, Grün› (Koalition aus SPD, FDP und Grünen)
Am|pel|männ|chen (Symbol bei Fußgängerampeln)
Am|per *vgl.* ²Ammer
Am|pere [...'pe:ɐ̯], das; -[s], - ‹nach dem franz. Physiker Ampère› (Einheit der elektr. Stromstärke; *Zeichen* A)
Am|pere|me|ter, das; -s, - (Strommesser); **Am|pere|se|kun|de** (Einheit der Elektrizitätsmenge; *Zeichen* As); **Am|pere|stun|de** (Einheit der Elektrizitätsmenge; *Zeichen* Ah)
Amp|fer, der; -s, - (eine Pflanze)
Am|phe|t|a|min, das; -s, -e (als Weckamin gebrauchte chemische Verbindung)
Am|phi|bie, die; -, -n *meist Plur.* ‹griech.› (sowohl im Wasser als auch auf dem Land lebendes Wirbeltier, Lurch)
Am|phi|bi|en|fahr|zeug (Land-Wasser-Fahrzeug); **Am|phi|bi|en|pan|zer**
am|phi|bisch
Am|phi|go|nie, die; - ‹griech.› (*Biol.* zweigeschlechtige Fortpflanzung)
Am|phi|k|ty|o|ne, der; -n, -n ‹griech.› (Mitglied einer Amphiktyonie); **Am|phi|k|ty|o|nie,** die; -, ...ien (kultisch-politischer Verband altgriechischer Nachbarstaaten od. -stämme)
Am|phi|o|le®, die; -, -n (*Med.* Kombination aus Ampulle und Injektionsspritze)
Am|phi|the|a|ter ‹griech.› (elliptisches, meist dachloses Theatergebäude mit stufenweise aufsteigenden Sitzen); **am|phi|the|a|t|ra|lisch**
Am|phi|t|ri|te (griechische Meeresgöttin)
Am|phi|t|ry|on (sagenhafter König von Tiryns, Gemahl der Alkmene)
Am|pho|ra, Am|pho|re, die; -, ...oren ‹griech.› (zweihenkliges Gefäß der Antike)
am|pho|ter ‹griech., »zwitterhaft«› (*Chemie* sich teils als Säure, teils als Base verhaltend)
Am|p|li|fi|ka|ti|on, die; -, -en ‹lat.› (*fachspr. für* Erweiterung; kunstvolle Ausweitung einer Aussage); **am|p|li|fi|zie|ren**
Am|p|li|tu|de, die; -, -n (*Physik* Schwingungsweite, Ausschlag)
Am|pul|le, die; -, -n ‹griech.› (Glasröhrchen [bes. für Injektionslösungen])
Am|pu|ta|ti|on, die; -, -en ‹lat.› (operative Abtrennung eines Körperteils); **am|pu|tie|ren**
Am|rum (Nordseeinsel)
Am|sel, die; -, -n
Ams|ter|dam [*auch* 'a...; *alte Trennung* ...|st...] (Hauptstadt der Niederlande); **Ams|ter|da|mer**
Amt, das; -[e]s, Ämter; von Amts wegen; ein Amt bekleiden; **Ämt|chen**
am|ten (*schweiz., sonst veraltet*)
Äm|ter|häu|fung; Äm|ter|pa|t|ro|na|ge; äm|ter|ü|ber|grei|fend
Amt|frau
am|tie|ren
amt|lich
Amt|mann *Plur.* ...männer *u.* ...leute; **Amt|män|nin,** die; -, -nen
amts|ärzt|lich
amts|be|kannt (*österr.*)
Amts|deutsch; Amts|ent|he|bung; Amts|ge|heim|nis
Amts|ge|richt (*Abk.* AG); **Amts|ge|richts|rat** *Plur.* ...räte
amts|hal|ber
amts|han|deln (*österr.*); ich amtshand[e]le; amtsgehandelt; **Amts|hand|lung**
Amts|haus (*bes. österr.*)
Amts|hil|fe; Amts|kap|pel, das; -s, -n (*österr. ugs. für* engstirniger Beamter); **Amts|kir|che**
amts|mü|de
Amts|per|son; Amts|rich|ter; Amts|schim|mel, der; -s (*ugs.*); **Amts|spra|che; Amts|ta|fel** (*österr. für*

offizielles Anschlagbrett); **Ạmts|weg; Ạmts|we|gig|keit** (*österr. Rechtsspr.* Prinzip, dass eine Behörde von Amts wegen vorzugehen hat)

A|mu|lẹtt, das; -[e]s, -e ‹lat.› (Gegenstand, dem Unheil abwehrende Kraft zugeschrieben wird)

A|mund|sen (norwegischer Polarforscher)

A|mur [*auch* aˈmuːɐ̯], der; -[s] (asiatischer Fluss)

a|mü|sạnt ‹franz.› (unterhaltend; vergnüglich); **A|mü|se|ment** [...ˈmãː], das; -s, -s

A|mü|sier|be|trieb

a|mü|sie|ren; sich amüsieren

ạ|mu|sisch ‹griech.› (ohne Kunstverständnis)

A|myg|da|lin, das; -s ‹griech.› (Geschmacksstoff in bitteren Mandeln u. Ä.)

ạn

- am (an dem; *vgl.* am)
- ans (an das; *vgl.* ans)
- an [und für] sich (eigentlich, im Grunde)
- ab und an (*landsch. für* ab und zu)
- Gemeinden von an [die] 1 000 Einwohnern

Mit Dativ (zur Angabe einer Position) oder Akkusativ (zur Angabe einer Richtung):

- an dem Zaun stehen, *aber* an den Zaun stellen
- an der Kante liegen, *aber* an die Kante legen

Getrenntschreibung in Verbindung mit »sein« ↑K 49:

- an sein (*ugs. für* angeschaltet sein) [*alte Schreibung:* ansein]; das Radio ist an gewesen [*alte Schreibung:* angewesen]

Abkürzung bei Ortsnamen:

- Frankfurt a. Main
- Bad Neustadt a. d. Saale

---

an... (*in Zus. mit Verben,* z. B. anbinden, du bindest an, angebunden, anzubinden)

...a|na *Plur.* ‹lat.› (z. B. Afrikana; *vgl. d.*)

A|na|bap|tis|mus, der; - ‹griech.› (Wiedertäuferlehre); **A|na|bap|tist,** der; -en, -en (Wiedertäufer)

a|na|bol ‹griech.›; anabole Medikamente; **A|na|bo|li|kum,** das; -s, ...ka ‹griech.-lat.› (*Med.* muskelbildendes Präparat)

A|na|cho|ret [...ç..., ...x..., *auch* ...k...], der; -en, -en ‹griech.› (frühchristlicher Einsiedler)

A|na|cho|re|ten|tum, das; -s

a|na|cho|re|tisch

A|na|chro|nis|mus [...k...], der; -, ...men ‹griech.› (falsche zeitliche Einordnung; veraltete, überholte Einrichtung); **a|na|chro|nis|tisch** [*alte Trennung* ...|st...]

A|na|dy|o|me|ne [...ne, *auch* ...ˈmeːnə] ‹griech., »die [aus dem Meer] Aufgetauchte«› (Beiname der griech. Göttin Aphrodite)

an|a|e|rob ‹griech.› (*Biol.* ohne Sauerstoff lebend)

A|na|gly|phen|bril|le ‹griech.; dt.› (für das Betrachten von dreidimensionalen Bildern)

A|na|grạmm, das; -s, -e ‹griech.› (durch Umstellung von Buchstaben od. Silben eines Wortes entstandenes neues Wort; Buchstabenrätsel)

A|n|a|ko|luth, das, *auch* der; -s, -e ‹griech.› (*Sprachw.* Satzbruch); **a|n|a|ko|lu|thisch**

A|na|kọn|da, die; -, -s (eine Riesenschlange)

A|na|kre|on (altgriech. Lyriker)

A|na|kre|ọn|ti|ker (Nachahmer Anakreons); **a|na|kre|ọn|tisch**

a|nal ‹lat.› (*Med.* den After betreffend)

A|na|lẹk|ten *Plur.* ‹griech.› (gesammelte Aufsätze, Auszüge)

A|na|lẹp|ti|kum, das; -s, ...ka ‹griech.› (*Med.* anregendes Mittel); **a|na|lẹp|tisch**

A|nal|e|ro|tik ‹lat.; griech.› (*Psych.* [frühkindliches] sexuelles Lustempfinden im Bereich des Afters); **A|nal|fis|sur** *(Med.)*

An|al|ge|sie, An|al|gie, die; -, ...ien ‹griech.› (*Med.* Schmerzlosigkeit)

An|al|ge|ti|kum, das; -s, ...ka (Schmerzen stillendes Mittel)

An|al|gie *vgl.* Analgesie

a|na|log ‹griech.› (entsprechend); analog [zu] diesem Fall; **A|na|lo|gie,** die; -, ...ien; **A|na|lo|gie|bil|dung**

A|na|lo|gon, das; -s, ...ga (ähnlicher Fall)

A|na|log|rech|ner (eine Rechenanlage); **A|na|log|uhr** (Uhr mit Zeigern)

An|al|pha|bet [*auch* ˈa...], der; -en, -en ‹griech.› (jmd., der nicht lesen und schreiben gelernt hat)

An|al|pha|be|ten|tum, das; -s

An|al|pha|be|tin

A|nal|ver|kehr ‹lat.; dt.› (Variante des Geschlechtsverkehrs)

A|na|ly|sạnd, der; -en, -en ‹griech.› (*Psychoanalyse* die zu analysierende Person)

A|na|ly|se, die; -, -n (Zergliederung, Untersuchung)

a|na|ly|sie|ren

A|na|ly|sis, die; - (Gebiet der Mathematik, in dem mit Grenzwerten u. veränderlichen Größen gearbeitet wird; Voruntersuchung beim Lösen geometrischer Aufgaben)

A|na|lyst, der; -en, -en (Fachmann, der das Geschehen an der Börse beobachtet und analysiert); **A|na|lys|tin** [*alte Trennung* ...|st...]

A|na|ly|tik, die; - (Kunst od. Lehre der Analyse); **A|na|ly|ti|ker; A|na|ly|ti|ke|rin; a|na|ly|tisch;** analytische Geometrie

A|n|ä|mie, die; -, ...ien ‹griech.› (*Med.* Blutarmut); **a|n|ä|misch**

A|na|m|ne|se, die; -, -n ‹griech.› (*Med.* Vorgeschichte einer Krankheit); **a|na|m|nẹs|tisch** [*alte Trennung* ...|st...], *auch* **a|na|m|ne|tisch**

Ạ|na|nas, die; -, *Plur.* - *u.* -se ‹indian.-span.› (tropische Frucht)

A|na|ni|as, *ökum.* Ha|na|ni|as (bibl. m. Eigenn.)

A|n|an|kạs|mus, der; -, ...men ‹griech.› (*Psych.* krankhafter Zwang zu bestimmten Handlungen)

A|na|päst, der; -[e]s, -e ‹griech.› (ein Versfuß); **a|na|päs|tisch** [*alte Trennung* ...|st...]

A|na|pha|se, die; -, -n ‹griech.› (*Biol.* dritte Phase der indirekten Zellkernteilung)

A|nạ|pher, die; -, -n *u.* **A|nạ|pho|ra,** die; -, ...rä ‹griech.› (*Rhet.* Wiederholung des Anfangswortes [in aufeinander folgenden Sätzen], z. B.: mit all meinen Gedanken, mit all meinen Wünschen ...); **a|na|pho|risch** (die Anapher betreffend; *Sprachw.* rückweisend)

a|na|phy|lạk|tisch ‹griech.› *(Med.);* anaphylaktischer Schock; **A|na|phy|la|xie,** die; -, ...ien (schockartige allergische Reaktion)

A|n|ar|chie, die; -, ...ien ‹griech.›

([Zustand der] Herrschafts-, Gesetzlosigkeit; Chaos in polit., wirtschaftl. o. ä. Hinsicht)

a|n|ar|chisch

A|n|ar|chis|mus, der; - (Lehre, die sich gegen jede Autorität richtet u. für unbeschränkte Freiheit des Individuums eintritt)

A|n|ar|chist, der; -en, -en; **A|n|ar|chis|tin** [*alte Trennung* ...|st...]; **a|n|ar|chis|tisch**

A|n|ar|cho, der; -[s], -[s] (*ugs. für* jmd., der sich gegen die bürgerliche Gesellschaft mit [gewaltsamen] Aktionen auflehnt); **A|n|ar|cho|sze|ne**

A|nas|ta|sia [*alte Trennung* ...|st...] (w. Vorn.); **A|nas|ta|si|us** (m. Vorn.)

A|n|äs|the|sie, die; -, ...ien ‹griech.› (*Med.* Schmerzunempfindlichkeit; Schmerzbetäubung); **a|n|äs|the|sie|ren,** an|äs|the|ti|sie|ren; **A|n|äs|the|sist,** der; -en, -en (Narkosefacharzt); **A|n|äs|the|sis|tin** [*alte Trennung* ...|st...]

A|n|äs|the|ti|kum, das; -s, ...ka (Schmerzen stillendes Mittel)

a|n|äs|the|tisch; a|n|äs|the|ti|sie|ren, an|äs|the|sie|ren

An|a|s|tig|mat, der; -en, -en, *auch* das; -s, -e ‹griech.› (*Fotogr.* ein Objektiv); **an|a|s|tig|ma|tisch** (unverzerrt)

A|na|s|to|mo|se, die; -, -n ‹griech.› (*Med.* Verbindung, z. B. zwischen Blut- od. Lymphgefäßen)

A|na|them, das; -s, -e *u.* **A|na|the|ma,** das; -s, ...themata ‹griech.› (*Rel.* Verfluchung, Kirchenbann); **a|na|the|ma|ti|sie|ren**

A|na|tol (m. Vorn.)

A|na|to|li|en (asiatischer Teil der Türkei); **a|na|to|lisch**

A|na|tom, der; -en, -en ‹griech.› (*Med.* Lehrer der Anatomie)

A|na|to|mie, die; -, ...ien (Lehre von Form u. Körperbau der [menschlichen] Lebewesen; anatomisches Institut)

a|na|to|mie|ren (sezieren)

a|na|to|misch

A|na|xa|go|ras (altgriechischer Philosoph)

an|ba|cken [*alte Trennung* ...k|k...]

an|bag|gern (*ugs. für* [herausfordernd] ansprechen)

an|bah|nen; Kontakte anbahnen; **An|bah|nung**

an|ban|deln (*südd., österr. für* anbändeln)

an|bän|deln (*ugs.*); ich bänd[e]le an

An|bau, der; -[e]s, -ten

an|bau|en; an|bau|fä|hig

An|bau|flä|che; An|bau|mö|bel

An|be|ginn (*geh.*); seit Anbeginn, von Anbeginn [an]

an|be|hal|ten (*ugs.*)

an|bei [*auch* 'a...] (*Amtsspr.*)

an|bei|ßen; ↑K82: zum Anbeißen sein (*ugs. für* reizend anzusehen sein)

an|[be|]lan|gen; was mich an[be]langt, so bin ich einverstanden

an|bel|len

an|be|que|men, sich (*veraltend für* sich anpassen)

an|be|rau|men; ich beraum[t]e an, *selten* ich anberaum[t]e; anberaumt; anzuberaumen; **An|be|rau|mung**

an|be|ten

An|be|tracht; *nur in* in Anbetracht seiner Lage; in Anbetracht dessen, dass er all dies schon hat

an|be|tref|fen; *nur in* was jmdn., etw. anbetrifft

An|be|tung

an|bie|dern, sich (*abwertend*); ich biedere mich an; **An|bie|de|rung** (*abwertend*)

an|bie|ten; An|bie|ter

an|bin|den; angebunden (*vgl. d.*)

An|biss [*alte Schreibung* An|biß]

an|blaf|fen (*ugs. für* anbellen; zurechtweisen)

an|bla|sen

An|blick; an|bli|cken [*alte Trennung* ...k|k...]

an|blin|ken

an|boh|ren

An|bot, das; -[e]s, -e (*österr. neben* Angebot)

an|bras|sen (*Seemannsspr.* die Rahen in Längsrichtung bringen)

an|bra|ten; das Fleisch anbraten

an|bräu|nen

an|bre|chen; der Tag bricht an (*geh.*)

an|bren|nen

an|brin|gen; etwas am Haus[e] anbringen

An|bruch, der; -[e]s, ...brüche (*geh. für* Beginn; *Bergmannsspr.* bloßgelegter Erzgang)

an|brül|len

an|brum|men

an|brü|ten

ANC = African National Congress ‹engl.› (Afrikanischer Nationalkongress, südafrikanische Partei)

An|chor|man ['ɛŋkɐmən], der; -, ...men ‹engl.› (Journalist o. Ä., der bes. in Nachrichtensendungen die verbindenden Worte u. Kommentare spricht)

An|chor|wo|man ['ɛŋkɐwʊmən] die; -, ...women; *vgl.* Anchorman

An|cho|vis [...'ʃo:...] *vgl.* Anschovis

An|ci|en|ni|tät [ãsi̯ɛ...], die; - ‹franz.› (*veraltet für* [Reihenfolge nach dem] Dienstalter); **An|ci|en|ni|täts|prin|zip**

An|ci|en Ré|gi|me [ã'si̯ɛ̃: re'ʒi:m; *alte Schreibung* An|ci|en régime], das; - - (Zeit des französischen Absolutismus [vor der Französischen Revolution])

An|dacht, die; -, *Plur.* (*für* Gebetsstunden:) -en

an|däch|tig

An|dachts|ü|bung

an|dachts|voll (*geh.*)

An|da|lu|si|en (spanische Landschaft); **An|da|lu|si|er; An|da|lu|si|e|rin; an|da|lu|sisch**

An|da|lu|sit, der; -s, -e (ein Mineral)

An|da|ma|nen *Plur.* (Inselkette im nordöstl. Indischen Ozean)

an|dan|te ‹ital., »gehend«› (*Musik* mäßig langsam); **An|dan|te,** das; -[s], -s (mäßig langsames Musikstück)

an|dan|ti|no (*Musik* etwas leichter akzentuiert als andante); **An|dan|ti|no,** das; -s, *Plur.* -s *u.* ...ni (etwas leichter akzentuiertes Musikstück als das Andante)

an|dau|en (*Med.* anfangen zu verdauen)

an|dau|ern; an|dau|ernd

An|dau|ung, die; - ‹*zu* andauen›

An|den *Plur.* (südamerikanisches Gebirge); *vgl.* Kordilleren

An|den|ken, das; -s, -

an|de|re *s. Kasten S. 161*

an|de|ren|falls[1]; *vgl.* Fall, der

an|de|ren|orts[1], an|der|orts

an|de|ren|tags[1]

an|de|ren|teils[1]; einesteils ..., anderenteils

an|de|rer|seits, an|der|seits, and|rer|seits; einerseits macht es Spaß, andererseits Angst

An|der|ge|schwis|ter|kind [*auch* ...'ʃvɪ...] (*landsch. für* Ver-

[1]*Auch* an|dern|...

ạn|de|re; ạnd|re

Im Allgemeinen wird »andere, andre« - auch in Verbindung mit einem Artikel - kleingeschrieben ↑K77:
- der, die, das and[e]re
- eine, keine, jeder, alles and[e]re
- die, keine, alle and[e]ren, andern
- ein, kein and[e]rer
- ein, kein, etwas, allerlei, nichts and[e]res
- der eine, der and[e]re
- einer, eins nach dem and[e]ren
- und and[e]re, und and[e]res (*Abk.* u. a.)
- und and[e]re mehr, und and[e]res mehr (*Abk.* u. a. m.)
- von etwas and[e]rem, anderm sprechen
- unter and[e]rem, anderm (*Abk.* u. a.)
- [zum einen ...,] zum and[e]ren
- sich eines and[e]ren, andern besinnen
- ich bin and[e]ren, andern Sinnes
- and[e]res gedrucktes Material
- and[e]re ähnliche Fälle
- andere Gute
- ein andermal, *aber* ein and[e]res Mal
- das and[e]re Mal
- ein um das and[e]re Mal
- ein und das and[e]re Mal

Großgeschrieben werden kann, wenn »andere, andre« qualifizierend, also im Sinne von »etwas Andersartiges« verstanden wird:
- die Suche nach dem and[e]ren, *auch* And[e]ren (nach einer neuen Welt)
- der Dialog mit dem and[e]ren, *auch* And[e]ren (dem Gegenüber; *Philos.*)

wandte, deren Großväter oder Großmütter Geschwister sind)

Ạn|der|kon|to (Treuhandkonto)

ạn|der|lei *(geh.)*

ạn|der|mal; ein andermal, *aber* ein and[e]res Mal

Ạn|der|matt (schweiz. Ortsn.)

ạ̈n|dern; ich ändere

ạn|dern|falls usw. *vgl.* anderenfalls usw.

ạn|der|orts, ạn|de|ren|orts, ạn|dern|orts

ạn|ders; jemand, niemand, wer anders (*bes. südd., österr. auch* and[e]rer); mit jemand, niemand anders (*bes. südd., österr. auch* and[e]rem, anderm) reden; ich sehe jemand, niemand anders (*bes. südd., österr. auch* and[e]ren, andern); irgendwo anders (irgendwo sonst), wo anders? (wo sonst?; *vgl. aber* woanders); anders als ... (*nicht:* anders wie ...); anders sein, anders denken[d], anders geartet, lautend [*alte Schreibungen* andersdenkend, andersgeartet, anderslautend]; ↑K58: die anders Denkenden, *auch* Andersdenkenden

ạn|ders|ar|tig; Ạn|ders|ar|tig|keit, die; -

Ạn|dersch (dt. Schriftsteller)

ạn|ders den|kend [*alte Schreibung* an|ders|den|kend]; **ạn|ders Den|ken|de,** der *u.* die; - -n, - -n, *auch* **Ạn|ders|den|ken|de,** der *u.* die; -n, -n

ạn|der|seits, ạn|de|rer|seits, ạnd|rer|seits

Ạn|der|sen (dän. Dichter)

ạn|ders|far|big

ạn|ders ge|ar|tet [*alte Schreibung* an|ders|ge|ar|tet]

ạn|ders ge|sinnt [*alte Schreibung* an|ders|ge|sinnt]

ạn|ders|gläu|big; Ạn|ders|gläu|bi|ge, der *u.* die; -n, -n

ạn|ders|he|r|um

ạn|ders lau|tend [*alte Schreibung* an|ders|lau|tend]; **ạn|ders Lau|ten|de,** das; - -n, *auch* **Ạn|ders|lau|ten|de,** das; -n; nichts anders Lautendes, *auch* nichts Anderslautendes ↑K58

ạn|ders|rum

Ạn|ders|sein

ạn|ders|spra|chig

ạn|ders|wie; ạn|ders|wo; ạn|ders|wo|her; ạn|ders|wo|hin

ạn|dert|halb; in anderthalb Stunden; anderthalb Pfund; **ạn|dert|halb|fach; Ạn|dert|halb|fa|che,** das; -n; *vgl.* Achtfache; **ạn|dert|halb|mal;** anderthalbmal so groß wie (*seltener* als) sie; *vgl.* [1]Mal

Ạ̈n|de|rung; Ạ̈n|de|rungs|kün|di|gung *(Betriebsrecht)*

ạn|der|wär|tig; ạn|der|wärts

ạn|der|weit, ạn|der|wei|tig

ạn|deu|ten; Ạn|deu|tung; ạn|deu|tungs|wei|se

ạn|dich|ten; jmdm. etwas andichten

ạn|di|cken [*alte Trennung* ...k|k...]

ạn|die|nen (*Kaufmannsspr.* [Waren] anbieten); **Ạn|die|nung,** die; - *(Kaufmannsspr., Versicherungsw.)*; **Ạn|die|nungs|pflicht,** die; - *(Versicherungsw.)*

an|din (die Anden betreffend)

ạn|do|cken [*alte Trennung* ...k|k...] ⟨dt.; engl.⟩ (ein Raumfahrzeug an das andere koppeln)

An|dọr|ra (Staat in den Pyrenäen); **An|dor|ra|ner; An|dor|ra|ne|rin; an|dor|ra|nisch**

Ạn|drang, der; -[e]s; **ạn|drän|gen**

ạnd|re *s. Kasten*

An|d|ré [*auch* ã...] (m. Vorn.); **An|d|rea** (w. Vorn.); **An|d|re|as** (m. Vorn.)

An|d|re|as|kreuz; An|d|re|as|or|den (ehem. höchster russ. Orden)

ạn|dre|hen; jmdm. etwas andrehen (*ugs. für* jmdm. etwas Minderwertiges aufschwatzen)

ạnd|rer|seits, ạn|de|rer|seits, ạn|der|seits

an|d|ro|gyn ⟨griech.⟩ (*Biol.* männliche und weibliche Merkmale vereinigend; zwittrig); **An|d|ro|gy|nie,** die; -

ạn|dro|hen; Ạn|dro|hung

An|d|ro|i|de, der; -n, -n ⟨griech.⟩ (künstlicher Mensch, menschenähnliche Maschine)

An|d|ro|lo|ge, der; -n, -n; **An|d|ro|lo|gie,** die; - ⟨griech.⟩ (Männerheilkunde); **an|d|ro|lo|gisch**

An|d|ro|ma|che [...xe] (griech. Sagengestalt, Frau Hektors)

[1]**An|d|ro|me|da** (weibl. griech. Sagengestalt)

[2]**An|d|ro|me|da,** die; - (ein Sternbild)

Ạn|druck, der; -[e]s, -e (*Druckw.* Probe-, Prüfdruck); **ạn|dru|cken** [*alte Trennung* ...k|k...]

ạn|du|deln; sich einen andudeln (*ugs.* sich betrinken); ich dud[e]le mir einen an

Ä|ne|as (Held der griechisch-römischen Sage)

ạn|e|cken (an etwas anstoßen; *ugs. auch für* Anstoß erregen)
ạn|ei|fern (*südd., österr. für* anspornen)
ạn|eig|nen, sich; ich eigne mir Kenntnisse an; **Ạn|eig|nung**

an|ei|n|ạn|der

Man schreibt »aneinander« immer getrennt vom folgenden Verb oder Partizip ↑K 50:
– aneinander denken; sie haben aneinander gedacht
– aneinander fügen; er hat die Teile aneinander gefügt; [im Streit] aneinander geraten; aneinander grenzen, legen, reihen usw. [*alte Schreibungen* aneinanderfügen, aneinandergeraten, aneinandergrenzen usw.]

Ä|ne̲|is, die; - (eine Dichtung Vergils)
A|n|ek|dö̲t|chen
A|n|ek|do̲|te, die; -, -n ‹griech.› (kurze, jmdn. od. etwas [humorvoll] charakterisierende Geschichte)
a|n|ek|do̲|ten|haft; a|n|ek|do̲|tisch
ạn|e|keln; du ekelst mich an
A|ne|mo|gra̲ph, *auch* **...graf,** der; -en, -en ‹griech.› (*Meteor.* selbst schreibender Windmesser); **A|ne|mo|me̲|ter,** das; -s, - (Windmesser)
A|ne|mo̲|ne, die; -, -n (Windröschen)
ạn|emp|feh|len (*besser das einfache Wort* empfehlen); ich empfehle (empfahl) an *u.* ich anempfehle (anempfahl); anempfohlen; anzuempfehlen
Ạn|er|be, der; -n, -n (*Rechtsspr.* bäuerlicher Alleinerbe, Hoferbe); **Ạn|er|ben|recht**
ạn|er|bie|ten, sich; ich erbiete mich an; anerboten; anzuerbieten; *vgl.* bieten
Ạn|er|bie|ten, das; -s, -
ạn|er|kann|ter|ma̲|ßen
ạn|er|ken|nen; ich erkenne (erkannte) an, *seltener* ich anerkenne (anerkannte); anerkannt; anzuerkennen
ạn|er|ken|nens|wert
Ạn|er|kennt|nis, das; -ses, -se (*Rechtsspr.*), *sonst:* die; -, -se
Ạn|er|ken|nung
A|ne|ro|i̲d|ba|ro|me|ter ‹griech.› (*Meteor.* Gerät zum Anzeigen des Luftdrucks)
ạn|es|sen; ich habe mir einen Bauch angegessen; ich habe mich angegessen (*österr. ugs. für* bin satt)
A|n|eu|ry̲s|ma, das; -s, ...men ‹griech.› (*Med.* Erweiterung der Schlagader)
ạn|fa|chen (*geh.*); er facht die Glut an
ạn|fah|ren (*auch für* heftig anreden); **Ạn|fahrt; Ạn|fahrts|skiz|ze; Ạn|fahrts|weg**
Ạn|fall, der; **ạn|fal|len**
ạn|fäl|lig; Ạn|fäl|lig|keit
Ạn|fang, der; -[e]s, ...fänge; *vgl.* anfangs; im Anfang; von Anfang an; zu Anfang; Anfang Januar; Anfang nächsten Jahres
ạn|fan|gen; sie fing an
Ạn|fän|ger; Ạn|fän|ge|rin
Ạn|fän|ger|kurs
ạn|fäng|lich; ạn|fangs ↑K 70
Ạn|fangs|buch|sta|be; Ạn|fangs|er|folg; Ạn|fangs|ge|halt, das; **Ạn|fangs|sta|di|um; Ạn|fangs|ver|dacht**
ạn|fas|sen; *vgl.* fassen
ạn|fau|chen
ạn|fau|len
ạn|fa|xen (ein Fax schicken)
ạn|fecht|bar; Ạn|fecht|bar|keit, die; -
ạn|fech|ten; das ficht mich nicht an; **Ạn|fech|tung**
ạn|fein|den; Ạn|fein|dung
ạn|fer|ti|gen; Ạn|fer|ti|gung
ạn|feuch|ten; Ạn|feuch|ter
ạn|feu|ern;
ạn|fi|xen (*ugs.* jmdn. zum Einnehmen von Drogen animieren)
ạn|flan|schen (*Technik*)
ạn|fle|hen; Ạn|fle|hung
ạn|flie|gen; Ạn|flug
ạn|for|dern; Ạn|for|de|rung
Ạn|for|de|rungs|pro|fil (Eigenschaften, Fähigkeiten, die ein Stellenbewerber haben soll)
Ạn|fra|ge; die kleine oder große Anfrage [im Parlament]; **ạn|fra|gen;** bei jmdm. anfragen, *schweiz.* jmdn. anfragen
ạn|freun|den, sich; **Ạn|freun|dung**
ạn|fü|gen; Ạn|fü|gung
Ạn|fuhr, die; -, -en
ạn|füh|ren; Ạn|füh|rer
Ạn|füh|rung; Ạn|füh|rungs|strich; Ạn|füh|rungs|zei|chen
ạn|fun|ken (durch Funkspruch)
ạn|fut|tern, sich (*ugs.*); du futterst dir einen Bauch an
Ạn|ga|be (*auch [nur Sing.] ugs. für* Prahlerei, Übertreibung)
ạn|gän|gig (erlaubt; zulässig)
Ạn|ga|ra [*auch* ...'ra], die; - (Fluss in Mittelsibirien)
ạn|geb|bar; ạn|ge|ben
Ạn|ge|ber (*ugs.*); **Ạn|ge|be|re̲i** (*ugs.*)
ạn|ge|be|risch (*ugs.*)
Ạn|ge|be|te|te, der *u.* die; -n, -n
Ạn|ge|bin|de, das; -s, - (*geh. für* Geschenk)
ạn|geb|lich
ạn|ge|bo|ren
Ạn|ge|bot; Ạn|ge|bots|lü|cke [*alte Trennung* ...k|k...] (*Wirtsch.*)
ạn|ge|bracht
ạn|ge|bro|chen; eine Flasche ist angebrochen
ạn|ge|bun|den; kurz angebunden (*ugs. für* abweisend) sein
ạn|ge|dei|hen; *nur in* jmdm. etwas angedeihen lassen
Ạn|ge|den|ken, das; -s (*veraltet für* Andenken, Souvenir; *geh. für* Erinnerung, Gedenken)
ạn|ge|führt; am angeführten Ort (*Abk.* a. a. O.)
ạn|ge|ge|ben; am angegebenen Ort (*Abk.* a. a. O.)
ạn|ge|gos|sen; wie angegossen sitzen (*ugs. für* genau passen)
ạn|ge|graut; angegraute Schläfen
ạn|ge|grif|fen (*auch für* geschwächt); **Ạn|ge|grif|fen|heit**
ạn|ge|hei|ra|tet
ạn|ge|hei|tert (leicht betrunken)
ạn|ge|hen; das geht nicht an; es geht mich [nichts] an; jmdn. um etwas angehen (bitten)
ạn|ge|hend (künftig)
ạn|ge|hö|ren; einem Volk[e] angehören; **ạn|ge|hö|rig; Ạn|ge|hö|ri|ge,** der *u.* die; -n, -n; **Ạn|ge|hö|rig|keit,** die; -
ạn|ge|jahrt
Angekl. = Angeklagte[r]
Ạn|ge|klag|te, der *u.* die; -n, -n (*Abk.* Angekl.)
ạn|ge|knackst (*ugs.*)
ạn|ge|krän|kelt
Ạn|gel, die; -, -n
Ạn|ge|la [*österr.* ...'ge:...] (w. Vorn.)
ạn|ge|le|gen; ich lasse mir etwas angelegen sein
Ạn|ge|le|gen|heit
ạn|ge|le|gent|lich; auf das, aufs Angelegentlichste *od.* auf das, aufs angelegentlichste ↑K 75
Ạn|gel|ha|ken
¹**An|ge̲|li|ka** (w. Vorn.)
²**An|ge̲|li|ka,** die; -, *Plur.* ...ken *u.* -s (Engelwurz)
An|ge|li̲|na [...dʒ...] (w. Vorn.)
ạn|geln; ich ang[e]le

An|geln *Plur.* (germ. Volksstamm)
An|ge|lo [...dʒ...] (m. Vorn.)
an|ge|lo|ben (*geh. für* zusagen, versprechen; *österr. für* feierlich vereidigen); **An|ge|lo|bung**
An|gel|punkt; An|gel|ru|te
An|gel|sach|se, der; -n, -n (Angehöriger eines germ. Volksstammes)
an|gel|säch|sisch *vgl.* deutsch
An|gel|säch|sisch, das; -[s] (Sprache); *vgl.* Deutsch; **An|gel|säch|si|sche,** das; -n; *vgl.* Deutsche, das
An|gel|schein
An|ge|lus, der, *auch* das; -, - ‹lat.› (kath. Gebet; Glockenzeichen); **An|ge|lus|läu|ten,** das; -s
an|ge|mes|sen; An|ge|mes|sen|heit, die; -
an|ge|nehm; etwas Angenehmes erleben
an|ge|nom|men; angenommener Standort; angenommen[,] dass ... ↑K 127
an|ge|passt [*alte Schreibung* an|ge|paßt]; **An|ge|passt|heit,** die; -
An|ger, der; -s, -; **An|ger|dorf**
an|ge|regt
an|ge|säu|selt (*ugs. für* leicht betrunken)
an|ge|schla|gen (*ugs. für* erschöpft; beschädigt)
an|ge|schmutzt (leicht schmutzig)
An|ge|schul|dig|te, der *u.* die; -n, -n
an|ge|se|hen (geachtet)
An|ge|sicht *Plur.* Angesichter *u.* Angesichte (*geh.*)
an|ge|sichts ↑K 70; *Präp. mit Gen.:* angesichts des Todes
an|ge|spannt
an|ge|stammt
An|ge|stell|te, der *u.* die; -n, -n
An|ge|stell|ten|ver|si|che|rung
An|ge|stell|ten|ver|si|che|rungs|ge|setz (*Abk.* AVG)
an|ge|stie|felt; angestiefelt kommen (*ugs.*)
an|ge|strengt; An|ge|strengt|heit, die; -
an|ge|tan
an|ge|trun|ken (leicht betrunken)
an|ge|wandt; angewandte Kunst; angewandte Mathematik, Physik; *vgl.* anwenden
an|ge|wie|sen; auf eine Person oder eine Sache angewiesen sein
an|ge|wöh|nen; ich gewöhne mir etwas an; **An|ge|wohn|heit; An|ge|wöh|nung**
an|ge|wur|zelt; wie angewurzelt stehen bleiben
An|gi|na, die; -, ...nen ‹lat.› (*Med.* Mandelentzündung)
An|gi|na Pec|to|ris [*alte Schreibung* An|gi|na pec|to|ris], die; - - ‹lat.› (Herzkrampf)
An|gi|om, das; -s, -e ‹griech.› (*Med.* Gefäßgeschwulst)
An|gi|o|sper|me, die; -, -n *meist Plur.* (*Bot.* bedecktsamige Blütenpflanze)
Ang|kor (Ruinenstadt in Kambodscha)
An|g|lai|se [ãˈglɛː...], die; -, -n ‹franz.› (»englischer« Tanz)
an|glei|chen; An|glei|chung
Ang|ler
an|glie|dern; An|glie|de|rung
an|g|li|ka|nisch ‹mlat.›; anglikanische Kirche (engl. Staatskirche); **An|g|li|ka|nis|mus,** der; - (Lehre u. Wesen[sform] der engl. Staatskirche)
an|g|li|sie|ren (englische Sitten u. Gebräuche einführen; englisieren)
An|g|list, der; -en, -en (Wissenschaftler auf dem Gebiet der Anglistik)
An|g|lis|tik [*alte Trennung* ...|st...], die; - (engl. Sprach- u. Literaturwissenschaft); **An|g|lis|tin**
An|g|li|zis|mus, der; -, ...men (engl. Spracheigentümlichkeit in einer anderen Sprache)
An|g|lo|a|me|ri|ka|ner (aus England stammender Amerikaner; *auch* [*alte Schreibung* An|glo-Ame|ri|ka|ner] Sammelname für Engländer u. Amerikaner)
an|g|lo|fon *vgl.* anglophon
an|g|lo|fran|zö|sisch [*auch* ˈa...]
An|g|lo|ka|na|di|er; *vgl.* Angloamerikaner
An|g|lo|ma|ne, der; -n, -n ‹lat; griech.› (jmd., der alles Englische in übertriebener Weise schätzt); **An|g|lo|ma|nie,** die; -
an|g|lo|nor|man|nisch
an|g|lo|phil (englandfreundlich); **An|g|lo|phi|lie,** die; -
an|g|lo|phob (englandfeindlich); **An|g|lo|pho|bie,** die; -
an|g|lo|phon, *auch* **an|g|lo|fon** (englischsprachig)
An|go|la (Staat in Afrika)
An|go|la|ner; An|go|la|ne|rin
an|go|la|nisch
An|go|ra|ka|nin|chen; An|go|ra|kat|ze; An|go|ra|wol|le ‹*nach* Angora, dem früheren Namen von Ankara›
An|gos|tu|ra® [*alte Trennung* ...|st...], der; -s, -s ‹span.› (ein Bitterlikör)
an|gra|ben (*ugs. auch für* ansprechen, belästigen; *vgl.* anmachen)
an|grei|fen; *vgl.* angegriffen; **An|grei|fer; An|grei|fe|rin**
an|gren|zen; An|gren|zer; An|gren|zung
An|griff, der; -[e]s, -e; etwas in Angriff nehmen; **an|grif|fig** (*schweiz. für* draufgängerisch, zupackend)
An|griffs|drit|tel (*Eishockey*); **An|griffs|geist; An|griffs|krieg**
An|griffs|lust; an|griffs|lus|tig [*alte Trennung* ...|st...]
An|griffs|spie|ler (*Sportspr.*); **An|griffs|waf|fe**
an|griffs|wei|se
Angst, die; -, Ängste; in Angst, in [tausend] Ängsten sein; Angst haben; jmdm. Angst und Bange [*alte Schreibungen* angst und bange] machen; *aber* ↑K 70: mir ist, wird angst [und bange]
ängs|ten, sich [*alte Trennung* ...|st...] (*nur noch geh. für* sich ängstigen)
angst|er|füllt; angst|frei
Angst|ge|fühl
Angst|geg|ner (*Sportspr.* Gegner, der einem nicht liegt, den man fürchtet)
Angst|ha|se (*ugs.*)
ängs|ti|gen [*alte Trennung* ...|st...]; **Ängs|ti|gung**
ängst|lich; Ängst|lich|keit, die; -
Angst|neu|ro|se (*Med., Psych.* krankhaftes Angstgefühl)
Angst|par|tie (*Sportspr.*)
Angst|psy|cho|se (*Med.. Psych.*)
Ång|s|t|röm [ˈɔ..., *auch* ˈa...], das; -[s] (veraltende Einheit der Licht- u. Röntgenwellenlänge; *Zeichen* Å)
Angst|ruf; Angst|schweiß
angst|voll
an|gu|lar ‹lat.› (zu einem Winkel gehörend, Winkel...)
an|gur|ten; sich angurten
Anh. = Anhang
an|ha|ben; ..., dass er nichts anhat, angehabt hat (*ugs.*); er kann mir nichts anhaben
an|ha|ken
[1]**An|halt** (ehem. Land des Deutschen Reichs)
[2]**An|halt** (Anhaltspunkt)

A

ạn|hal|ten; ạn|hal|tend
[1]**Ạn|hal|ter** *vgl.* Anhaltiner
[2]**Ạn|hal|ter** *(ugs.);* per Anhalter fahren (Fahrzeuge anhalten, um mitgenommen zu werden)
An|hal|ti|ner *od.* Ạn|hal|ter ‹*zu* [1]Anhalt›; **ạn|hal|tisch**
Ạn|halts|punkt
an|hạnd; *Präp. mit Gen.:* anhand des Buches; anhand von Unterlagen; *vgl.* Hand
Ạn|hang, der; -[e]s, Anhänge (*Abk.* Anh.)
[1]**ạn|hän|gen;** er hing einer Sekte an; *vgl.* [1]hängen
[2]**ạn|hän|gen;** sie hängte den Zettel [an die Tür] an; *vgl.* [2]hängen
Ạn|hän|ger; Ạn|hän|ge|rin; Ạn|hän|ger|schaft
ạn|hän|gig (*Rechtsspr.* beim Gericht zur Entscheidung liegend); eine Klage anhängig machen (Klage erheben)
ạn|häng|lich (treu); **Ạn|häng|lich|keit,** die; -
Ạn|häng|sel, das; -s, -
ạn|hangs|wei|se
ạn|hau|chen
ạn|hau|en (*ugs. auch für* formlos ansprechen, um etwas bitten); wir hauten das Mädchen an
ạn|häu|fen; Ạn|häu|fung
ạn|he|ben (*auch geh. für* anfangen); er hob (*veraltet* hub) an[,] zu singen, zu sprechen usw.; **Ạn|he|bung**
ạn|hef|ten; etwas am Hut *od.* an den Hut anheften
an|heim *(geh.); nur in* anheim fallen (zufallen, zum Opfer fallen); anheim geben (anvertrauen, überlassen); anheim stellen (überlassen) [*alte Schreibungen* anheimfallen, anheimgeben, anheimstellen]
ạn|hei|meln; es heimelt mich an
an|heim fal|len, an|heim ge|ben, an|heim stel|len [*alte Schreibungen* an|heim|fal|len, an|heim|ge|ben, an|heim|stel|len]; *vgl.* anheim
ạn|hei|schig; *nur in* sich anheischig machen (*geh. für* sich verpflichten, sich anbieten)
ạn|hei|zen
ạn|herr|schen; jmdn. anherrschen
ạn|heu|ern; ich heuere ihn an; auf einem Schiff anheuern
Ạn|hieb; *nur in* auf Anhieb (sofort)
ạn|him|meln *(ugs.)*
ạn|hin; bis anhin (*schweiz.* bis jetzt)
Ạn|hö|he
ạn|hö|ren; Ạn|hö|rung (*für* Hearing)
An|hy|d|rid, das; -s, -e ‹griech.› (*Chemie* durch Wasserentzug entstandene Verbindung)
An|hy|d|rit, der; -s, -e (wasserfreier Gips)
ä|nig|ma|tisch ‹griech.› (*selten für* rätselhaft)
A|ni|lin, das; -s ‹arab.-port.› (Ausgangsstoff für Farben u. Heilmittel)
A|ni|lin|far|be; A|ni|lin|le|der; A|ni|lin|rot
a|ni|ma|lisch ‹lat.› (tierisch; tierhaft; triebhaft)
A|ni|ma|lis|mus, der; - (religiöse Verehrung von Tieren)
A|ni|ma|teur [...ˈtøːɐ̯], der; -s, -e ‹franz.› (Spielleiter in einem Freizeitzentrum); **A|ni|ma|teu|rin**
A|ni|ma|ti|on, die; -, -en ‹lat.› (organisierte Sport- u. Freizeitaktivitäten für Urlauber; Belebung, Bewegung der Figuren im Trickfilm)
a|ni|ma|to ‹ital.› (*Musik* beseelt, belebt)
a|ni|mie|ren ‹franz.› (beleben, anregen, ermuntern)
A|ni|mier|knei|pe *(ugs.);* **A|ni|mier|mäd|chen** *(ugs.)*
A|ni|mis|mus, der; -, ...men ‹lat.› (Lehre von der Beseeltheit aller Dinge)
A|ni|mo, das; -s ‹ital.› (*österr. für* Schwung, Lust; Vorliebe)
A|ni|mo|si|tät, die; -, -en ‹lat.› (Feindseligkeit)
A|ni|mus, der; - ‹»Seele«› (*scherzh. für* Ahnung)
Ạn|i|on, das; -s, -en ‹griech.› (*Physik* negativ geladenes elektrisches Teilchen)
A|nis [*auch* ˈaː..., *österr. u. schweiz. nur so*], der; -[es], -e ‹griech.› (eine Gewürz- u. Heilpflanze)
A|ni|sette [...ˈzɛt], der; -s, -s ‹franz.› (Anislikör)
A|ni|ta (w. Vorn.)
Ạn|ja (w. Vorn.)
An|jou [ãˈʒuː] (altfranz. Grafschaft; Fürstengeschlecht)
Ank. = Ankunft
Ạn|ka|ra (Hauptstadt der Türkei)
Ạn|ka|the|te, die; -, -n *(Geom.)*
Ạn|kauf; An- und Verkauf ↑K31; **ạn|kau|fen**
Ạn|kaufs|e|tat; Ạn|kaufs|recht
Ạn|ke (w. Vorn.)
Ạn|ken, der; -s (*schweiz. mdal. für* Butter)
Ạn|ker, der; -s, -; vor Anker gehen, liegen
Ạn|ker|bo|je; Ạn|ker|ket|te
ạn|kern; ich ankere
Ạn|ker|platz; Ạn|ker|spill; Ạn|ker|tau, das; -[e]s, -e; **Ạn|ker|win|de**
ạn|ket|ten
ạn|kläf|fen *(ugs.)*
Ạn|kla|ge; Ạn|kla|ge|bank *Plur.* ...bänke
ạn|kla|gen
Ạn|klä|ger; Ạn|klä|ge|rin
Ạn|kla|ge|schrift
Ạn|k|lam (Stadt an der Peene)
ạn|klam|mern; sich anklammern
Ạn|klang; Anklang finden
ạn|kle|ben
Ạn|klei|de|ka|bi|ne
ạn|klei|den; sich ankleiden
Ạn|klei|de|raum
ạn|kli|cken [*alte Trennung* ...k|k...]
ạn|klin|gen
ạn|klop|fen
ạn|knab|bern
ạn|knack|sen (*ugs. für* leicht anbrechen; schädigen); meine Gesundheit ist angeknackst
ạn|knip|sen; das Licht anknipsen *(ugs.)*
ạn|knüp|fen
Ạn|knüp|fung; Ạn|knüp|fungs|punkt
ạn|ko|chen
ạn|koh|len; jmdn. ankohlen (*ugs. für* zum Spaß belügen)
ạn|kom|men; mich (*veraltet* mir) kommt ein Ekel an; es kommt mir nicht darauf an
Ạn|kömm|ling
ạn|kön|nen (*ugs. für* sich gegen jmdn. durchsetzen können); er kann gegen sie nicht an
ạn|kop|peln; ich kopp[e]le an
ạn|kör|nen (*Handw.* zu bohrende Löcher mit dem Körner markieren)
ạn|kot|zen *(derb);* jmdn. ankotzen (anwidern)
ạn|kral|len; sich an das *od.* am Gitter ankrallen
ạn|krat|zen; sich ankratzen (*ugs. für* sich einschmeicheln)
ạn|krei|den; jmdm. etwas ankreiden (*ugs. für* zur Last legen)
Ạn|kreis *(Geometrie)*
ạn|kreu|zen
ạn|kün|den, *älter u. schweiz. für* **ạn|kün|di|gen**
Ạn|kün|di|gung
Ạn|kunft, die; -, Ankünfte *Plur. selten* (*Abk.* Ank.)

A

An|kunfts|stem|pel; An|kunfts|zeit
an|kur|beln
An|kur|be|lung, An|kurb|lung
An|ky|lo|se, die; -, -n ⟨griech.⟩ (*Med.* Gelenkversteifung)
an|lä|cheln; ich läch[e]le sie an
an|la|chen
An|la|ge; etwas als *od.* in der Anlage übersenden; öffentliche Anlagen (Parks)
An|la|ge|be|ra|ter *(Wirtsch.)*
An|la|gen|fi|nan|zie|rung
An|la|ge|pa|pier
an|la|gern *(Chemie);* **An|la|ge|rung**
An|la|ge|ver|mö|gen
an|lan|den; etwas, jmdn. anlanden (an Land bringen); irgendwo anlanden (anlegen); das Ufer landet an (*Geol.* verbreitert sich durch Sandansammlung)
An|lan|dung
an|lan|gen *vgl.* an[be]langen
An|lass [*alte Schreibung* An|laß], der; Anlasses, Anlässe; Anlass geben, nehmen; **an|lass|be|zo|gen**
an|las|sen; An|las|ser *(Technik)*
an|läss|lich [*alte Schreibung* an|läß|lich] *(Amtsspr.); Präp. mit Gen.:* anlässlich des Festes
an|las|ten [*alte Trennung* ...|st...] (zur Last legen)
An|lauf; an|lau|fen
An|lauf|ge|schwin|dig|keit; An|lauf|stel|le; An|lauf|zeit
An|laut
an|lau|ten (mit einem bestimmten Laut beginnen)
an|läu|ten; jmdn., *südd. auch, schweiz. nur* jmdm. anläuten (jmdn. telefonisch anrufen)
an|le|gen
An|le|ge|platz
An|le|ger (jmd., der Kapital anlegt; *Druckw.* Papiereinführer); **An|le|ge|rin**
An|le|ge|stel|le
an|leh|nen; ich lehne mich an die Wand an
An|leh|nung
an|leh|nungs|be|dürf|tig
An|leh|re (*schweiz. für* Anlernzeit, Kurzausbildung)
an|lei|ern (*ugs. für* ankurbeln); ein Hilfsprogramm anleiern
An|lei|he
An|lei|he|ab|lö|sung; An|lei|he|pa|pier
an|lei|men
an|lei|nen; den Hund anleinen
an|lei|ten; An|lei|tung
An|lern|be|ruf
an|ler|nen; jmdn. anlernen; das habe ich mir angelernt *(ugs.)*
An|lern|ling; An|lern|zeit
an|le|sen
an|lie|fern; An|lie|fe|rung
an|lie|gen; eng am Körper anliegen; *vgl.* angelegen
An|lie|gen, das; -s, - (Wunsch)
an|lie|gend *(Kaufmannsspr.);* anliegend (anbei, hiermit) der Bericht
An|lie|ger (Anwohner); **An|lie|ge|rin**
An|lie|ger|staat *Plur.* ...staaten; **An|lie|ger|ver|kehr**
an|lie|ken (*Seemannsspr.* das Liek an einem Segel befestigen)
an|lo|cken [*alte Trennung* ...k|k...]
an|lö|ten
an|lü|gen
an|lu|ven (*Seemannsspr.* Winkel zwischen Kurs u. Windrichtung verkleinern)
Anm. = Anmerkung
An|ma|che, die; - *(ugs.)*
an|mä|che|lig (*schweiz. mdal. für* reizend, attraktiv)
an|ma|chen (*ugs. auch für* ansprechen; belästigen); jmdn. anmachen
an|mah|nen
an|ma|len
An|marsch, der; **An|marsch|weg**
an|ma|ßen, sich; du maßt dir etwas an; sich so etwas anzumaßen; **an|ma|ßend; An|ma|ßung**
an|me|ckern [*alte Trennung* ...k|k...] (*ugs. für* nörgelnd belästigen); jmdn. anmeckern
an|mei|ern (*ugs. für* anführen, betrügen)
An|mel|de|for|mu|lar
an|mel|den
An|mel|de|pflicht; an|mel|de|pflich|tig
An|mel|dung
an|men|gen *(landsch.);* Mehl [mit Sauerteig] anmengen (anrühren)
an|mer|ken; ich ließ mir nichts anmerken; **An|mer|kung** (*Abk.* Anm.)
an|mes|sen; jmdm. etwas anmessen
an|mie|ten; An|mie|tung
an|mon|tie|ren
an|mot|zen (*ugs. für* nörgelnd belästigen); jmdn. anmotzen
an|mus|tern [*alte Trennung* ...|st...] (*Seemannsspr.* anwerben; den Dienst aufnehmen); **An|mus|te|rung**
An|mut, die; -
an|mu|ten; es mutet mich komisch an
an|mu|tig; an|mut[s]|voll
An|mu|tung (Eindruck; bestimmte Wirkung)
¹An|na (w. Vorn.); Anna selbdritt (Anna, Maria u. das Jesuskind)
²An|na, der; -[s], -[s] ⟨Hindi⟩ (frühere Münzeinheit in Indien; $^1/_{16}$ Rupie)
An|na|bel|la (w. Vorn.)
an|na|geln; ich nag[e]le an
an|nä|hen
an|nä|hern; sich annähern; **an|nä|hernd;** annähernd gleich groß
An|nä|he|rung; An|nä|he|rungs|ver|such
an|nä|he|rungs|wei|se
An|nah|me, die; -, -n
An|nah|me|er|klä|rung; An|nah|me|stel|le; An|nah|me|ver|merk; An|nah|me|ver|wei|ge|rung
An|na|len *Plur.* ⟨lat.⟩ ([geschichtliche] Jahrbücher)
An|na|pur|na, der; -[s] (Gebirgsmassiv im Himalaja)
An|na|ten *Plur.* ⟨lat.⟩ (finanzielle Abgaben an die päpstl. Kurie im MA.)
Änn|chen (w. Vorn.)
An|ne, Än|ne (*für* Anna; w. Vorn.)
An|ne|do|re (w. Vorn.)
An|ne|gret (w. Vorn.)
An|ne|heid *u.* **An|ne|hei|de** (w. Vorn.)
an|nehm|bar
an|neh|men; *vgl.* angenommen
an|nehm|lich *(veraltet);* **An|nehm|lich|keit**
an|nek|tie|ren ⟨lat.⟩ (sich [gewaltsam] aneignen)
An|ne|li (w. Vorn.)
An|ne|lie|se (w. Vorn.)
An|ne|lo|re (w. Vorn.)
An|ne|ma|rie (w. Vorn.)
An|ne|ro|se (w. Vorn.)
An|net|te (w. Vorn.)
An|nex, der; -es, -e ⟨lat.⟩ (Zubehör; Anhängsel)
An|ne|xi|on, die; -, -en ([gewaltsame] Aneignung); **An|ne|xi|o|nis|mus,** der; - (Bestrebungen, eine Annexion herbeizuführen)
An|ni, Än|ni (w. Vorn.)
An|ni|ver|sar, das; -s, -e ⟨lat.⟩ *u.* **An|ni|ver|sa|ri|um,** das; -s, ...ien *meist Plur.* (*kath. Kirche* jährlich wiederkehrende Gedächtnisfeier für einen Toten)
an|no, *auch* **An|no** ⟨lat.⟩ (*veraltet für* im Jahre; *Abk.* a. *od.* A.); anno, *auch* Anno elf; anno, *auch* Anno 1648; anno, *auch*

A

Anno dazumal; anno, *auch* Anno Tobak (*ugs. für* in alter Zeit)
An|no Do|mi|ni (im Jahre des Herrn; *Abk.* A. D.); Anno Domini 1648
An|non|ce [aˈnõ:sə, *österr.* aˈnõ:s], die; -, -n ‹franz.› (Zeitungsanzeige); **An|non|cen|ex|pe|di|ti|on** (Anzeigenvermittlung)
An|non|ceur [...ˈsø:...], der; -s, -e (Angestellter im Gaststättengewerbe); **An|non|ceu|rin**
an|non|cie|ren
An|no|ne, die; -, -n ‹indian.› (trop. Baum mit essbaren Früchten)
An|no|ta|ti|on, die; -, -en *meist Plur.* ‹lat.› (*veraltet für* Aufzeichnung, Vermerk; *Buchw.* kurze Charakterisierung eines Buches)
an|nu|ell ‹franz.› (*Bot.* einjährig)
An|nu|i|tät, die; -, -en ‹lat.› (jährliche Zahlung zur Tilgung einer Schuld)
an|nul|lie|ren ‹lat.› (für ungültig erklären); **An|nul|lie|rung**
An|nun|zi|a|ten|or|den (ehem. höchster ital. Orden)
A|no|de, die; -, -n ‹griech.› (*Physik* positive Elektrode, Pluspol)
an|ö|den (*ugs. für* langweilen)
A|no|den|bat|te|rie *(Physik)*; **A|no|den|span|nung**
a|n|o|mal [*od.* ...ˈma:l] ‹griech.› (unregelmäßig, regelwidrig); **A|n|o|ma|lie**, die; -, ...ien
A|n|o|mie, die; -, -n ‹griech.› (*Soziol.* Zustand, in dem die Stabilität der sozialen Beziehungen gestört ist)
a|n|o|nym ‹griech.› (ohne Nennung des Namens, ungenannt); ein anonymer Anrufer, *aber* ↑K 88: Anonyme Alkoholiker; **a|n|o|ny|mi|sie|ren**
A|n|o|ny|mi|tät, die; - (Unbekanntheit des Namens; Namenlosigkeit)
A|n|o|ny|mus, der; -, *Plur.* ...mi *u.* ...nymen (Ungenannter)
A|n|o|phe|les, die; -, - ‹griech.› (*Zool.* Malariamücke)
A|no|rak, der; -s, -s ‹eskim.› (Windbluse mit Kapuze)
an|ord|nen; An|ord|nung (*Abk.* AO)
A|n|o|rek|ti|kum, das; -s, ...ka ‹griech.› (Appetitzügler); **A|n|o|re|xia ner|vo|sa**, die; - - ‹nlat.› (*Med.* Magersucht)
an|or|ga|nisch ‹griech.› (unbelebt); anorganische Chemie
a|nor|mal ‹mlat.› (regelwidrig, ungewöhnlich, krankhaft)
A|n|or|thit, der; -s ‹griech.› (ein Mineral)
A|nouilh [aˈnuj] (franz. Dramatiker)
an|pa|cken [*alte Trennung* ...k|k...]
an|pad|deln; ich padd[e]le an; **An|pad|deln**, das; -s (jährl. Beginn des Paddelsports)
an|pas|sen; sich anpassen; **An|pas|sung**, die; -, -en *Plur. selten*
an|pas|sungs|fä|hig
an|pat|zen (*südd., österr. ugs. für* bekleckern)
an|pei|len
an|pfei|fen (*ugs. auch für* heftig tadeln); **An|pfiff**
an|pflan|zen; An|pflan|zung
an|pflau|men (*ugs. für* necken, verspotten; heftig zurechtweisen); **An|pflau|me|rei**
an|pi|cken [*alte Trennung* ...k|k...] (*österr. ugs. für* ankleben)
an|pin|keln *(ugs.)*
an|pin|nen (*ugs. für* mit Pinnen befestigen)
an|pir|schen; sich anpirschen (*ugs. für* sich heranschleichen)
an|pö|beln (*ugs. abwertend* in grober Weise belästigen)
An|prall, der; -[e]s; **an|pral|len**
an|pran|gern (öffentl. tadeln); ich prangere an; **An|pran|ge|rung**
an|prei|en *(Seemannsspr.)*; ein anderes Schiff anpreien (anrufen)
an|prei|sen; An|prei|sung
An|pro|be; an|pro|bie|ren
an|pum|pen *(ugs.)*; jmdn. anpumpen (sich von jmdm. Geld leihen)
an|quas|seln (*ugs. für* ungeniert ansprechen)
an|quat|schen (*ugs. für* ungeniert ansprechen)
an|rai|nen (angrenzen); **An|rai|ner** (*Rechtsspr., bes. österr. für* Anlieger, Grenznachbar)
An|rai|ner|staat
an|ran|zen (*ugs. für* scharf tadeln); du ranzt an; **An|ran|zer** *(ugs.)*
an|ra|ten; An|ra|ten, das; -s; auf Anraten des Arztes
an|rau|chen; die Zigarre anrauchen
an|rau|en; angeraut [*alte Schreibungen* an|rau|hen, angerauht]
an|raun|zen (*ugs. für* scharf zurechtweisen)
an|rech|nen; das rechne ich dir hoch an; **An|rech|nung**; *(Amtsspr.:)* in Anrechnung bringen, *dafür besser* anrechnen
An|recht; An|rechts|kar|te
An|re|de
An|re|de|fall, der (*für* Vokativ); **An|re|de|für|wort** (z. B. du, Sie)
an|re|den; jmdn. mit Sie, Du [*alte Schreibung* du] anreden
an|re|gen; an|re|gend
An|re|gung; An|re|gungs|mit|tel, das
an|rei|chern; ich reichere an; Lebensmittel mit Vitaminen anreichern; **An|rei|che|rung**
an|rei|hen; an|rei|hend (*für* kopulativ)
An|rei|se; an|rei|sen; An|rei|se|tag
an|rei|ßen
An|rei|ßer (Vorzeichner; aufdringlicher Kundenwerber)
an|rei|ße|risch (aufdringlich; marktschreierisch)
An|reiz; an|rei|zen
an|rem|peln *(ugs.)*; ich remp[e]le an; **An|rem|pe|lung, An|remp|lung** *(ugs.)*
an|ren|nen
An|rich|te, die; -, -n; **an|rich|ten; An|rich|te|tisch**
An|riss [*alte Schreibung* An|riß], der; Anrisses, Anrisse (*Technik* Vorzeichnung; *Sport* kräftiges Durchziehen zu Beginn eines Ruderschlages)
an|rü|chig; An|rü|chig|keit, die; -
an|ru|cken [*alte Trennung* ...k|k...] (mit einem Ruck anfahren)
an|rü|cken [*alte Trennung* ...k|k...] ([in einer Formation] näher kommen)
an|ru|dern; An|ru|dern, das; -s (jährl. Beginn des Rudersports)
An|ruf; An|ruf|be|ant|wor|ter
an|ru|fen; An|ru|fer; An|ru|fe|rin; An|ru|fung
an|rüh|ren
ans; ↑K 14 (an das); bis ans Ende
an|sä|en; Weizen ansäen
An|sa|ge, die; -, -n; **An|sa|ge|dienst; an|sa|gen**
an|sä|gen
An|sa|ger (*kurz für* Rundfunk-, Fernsehansager); **An|sa|ge|rin**
an|sa|men (*Forstw.* sich durch herabfallende Samen entwickeln)
an|sam|meln; An|samm|lung
an|säs|sig; An|säs|sig|keit, die; -
An|satz; An|satz|punkt; An|satz|rohr *(Med.)*; **An|satz|stück**
an|satz|wei|se
an|sau|fen *(derb)*; ich saufe mir einen an (*derb für* betrinken mich)

an|sau|gen
an|säu|seln; ich säus[e]le mir einen an (*ugs. für* betrinke mich leicht); *vgl.* angesäuselt
Ans|bach (Stadt in Mittelfranken)
An|schaf|fe, die; - (*ugs.; auch für* Prostitution)
an|schaf|fen (*bayr., österr. auch für* anordnen); *vgl.* ¹schaffen
An|schaf|fung; An|schaf|fungs|kos|ten [*alte Trennung* ...|st...] *Plur.*
an|schäf|ten; Pflanzen anschäften (veredeln)
an|schal|ten
an|schau|en
an|schau|lich; An|schau|lich|keit, die; -
An|schau|ung; An|schau|ungs|ma|te|ri|al; An|schau|ungs|un|ter|richt
An|schein, der; -[e]s; allem, dem Anschein nach
an|schei|nend; *vgl.* scheinbar
an|schei|ßen (*derb für* heftig tadeln)
an|schi|cken, sich [*alte Trennung* ...k|k...]
an|schie|ben
an|schie|ßen
an|schim|meln
an|schir|ren; ein Pferd anschirren
An|schiss [*alte Schreibung* Anschiß], der; Anschisses, Anschisse (*derb für* heftiger Tadel)
An|schlag
an|schla|gen; das Essen schlägt an; er hat angeschlagen (*südd., österr. für* das Fass angestochen)
An|schlä|ger (*Bergmannsspr.*)
an|schlä|gig (*landsch. für* schlau, geschickt)
An|schlag|säu|le
an|schlei|chen; sich anschleichen
¹**an|schlei|fen;** sie hat das Messer angeschliffen (ein wenig scharf geschliffen); *vgl.* schleifen
²**an|schlei|fen;** er hat den Sack angeschleift (*ugs. für* schleifend herangezogen); *vgl.* schleifen
an|schlep|pen
an|schlie|ßen; an|schlie|ßend
An|schluss [*alte Schreibung* Anschluß]
An|schluss|ka|bel [*alte Schreibung* An|schluß...]
An|schluss|stre|cke, *auch* **An|schluss-Stre|cke** [*alte Schreibung* An|schluß|strecke, *alte Trennung* ...k|k...]
An|schluss|tref|fer [*alte Schreibung* An|schluß...] (*Sport*)
an|schmei|cheln, sich
an|schmie|gen; sich an jmdn. anschmiegen
an|schmieg|sam; An|schmieg|sam|keit, die; -
an|schmie|ren (*ugs. auch für* betrügen)
an|schmut|zen; angeschmutzt
an|schnal|len; sich anschnallen
An|schnall|pflicht, die; -
an|schnau|zen (*ugs. für* grob tadeln); **An|schnau|zer** (*ugs.*)
an|schnei|den; An|schnitt
An|schop|pung (*Med.* vermehrte Ansammlung von Blut in den Kapillaren)
An|scho|vis, *auch* An|cho|vis, die; -, - ⟨griech.⟩ ([gesalzene] kleine Sardelle)
an|schrau|ben
an|schrei|ben; An|schrei|ben
an|schrei|en
An|schrift
an|schul|di|gen; An|schul|di|gung
An|schuss [*alte Schreibung* Anschuß] (*Jägerspr.*)
an|schüt|ten (*österr. für* Flüssigkeit auf jmdn. schütten; verleumden)
an|schwär|zen (*ugs. auch für* verleumden)
an|schwei|ßen
¹**an|schwel|len;** der Strom schwillt an, war angeschwollen; *vgl.* ¹schwellen
²**an|schwel|len;** der Regen hat die Flüsse angeschwellt; *vgl.* ²schwellen
An|schwel|lung
an|schwem|men; An|schwem|mung
an|schwin|deln (*ugs.*); ich schwind[e]le sie an
an|schwit|zen (in heißem Fett gelb werden lassen)
An|schwung (*Sportspr.*)
An|se, die; -, -n (kleine, seichte Bucht)
an|se|geln; ich seg[e]le an; **An|se|geln,** das; -s (jährl. Beginn des Segel[flug]sports)
an|se|hen; ich sehe mir das an; *vgl.* angesehen
An|se|hen, das; -s; ohne Ansehen der Person (ganz gleich, um wen es sich handelt)
an|se|hens|wert
an|sehn|lich; An|sehn|lich|keit, die; -
an|sei|len; sich anseilen
an sein [*alte Schreibung* an|sein]; *vgl.* an
An|selm (m. Vorn.); *vgl.* Anshelm
An|sel|ma (w. Vorn.)
an|set|zen; am oberen Ende ansetzen; einen Saum an den *od.* am Rock ansetzen
Ans|gar (m. Vorn.)
Ans|helm (m. Vorn.)
¹**an sich** (eigentlich)
²**an sich;** etw. an sich haben, bringen
An|sicht, die; -, -en; meiner Ansicht nach (*Abk.* m. A. n.)
an|sich|tig; *mit Gen.:* des Gebirges ansichtig werden (*geh.*)
An|sichts|kar|te; An|sichts|sa|che; An|sichts|sen|dung
an|sie|deln; ich sied[e]le mich an
An|sie|de|lung; An|sied|ler
An|sied|le|rin; An|sied|lung *vgl.* Ansiedelung
An|sin|nen, das; -s, -; ein Ansinnen an jmdn. stellen
An|sitz (*Jägerspr.; österr. auch für* repräsentativer Wohnsitz)
an|sonst (*schweiz., österr. für* anderenfalls); **an|sons|ten** [*alte Trennung* ...|st...] (*ugs. für* im Übrigen, anderenfalls)
an|span|nen; An|span|nung
an|spa|ren
an|spei|en (*geh.*); jmdn. anspeien (anspucken)
An|spiel, das; -[e]s (*Sportspr.*)
an|spiel|bar; an|spie|len
An|spie|lung (versteckter Hinweis)
an|spin|nen; etw. spinnt sich an
an|spit|zen (*ugs. auch für* antreiben)
An|spit|zer
An|sporn, der; -[e]s; **an|spor|nen; An|spor|nung**
An|spra|che
an|sprech|bar
an|spre|chen; auf etw. ansprechen (reagieren)
an|spre|chend; am ansprechendsten ↑K 74
An|sprech|part|ner
an|sprin|gen
an|sprit|zen
An|spruch; etwas in Anspruch nehmen
an|spruchs|los; An|spruchs|lo|sig|keit, die; -
an|spruchs|voll
An|sprung
an|spu|cken [*alte Trennung* ...k|k...]
an|spü|len; An|spü|lung
an|sta|cheln
An|stalt, die; -, -en; keine Anstalten zu etw. machen (nicht beginnen [wollen])
An|stalts|er|zie|hung; An|stalts|lei|ter, der

An|stand, der; -s, ...stände; keinen Anstand an dem Vorhaben nehmen (*geh. für* keine Bedenken haben); auf dem Anstand stehen *(Jägerspr.)*
an|stän|dig; An|stän|dig|keit, die; -
an|stands|hal|ber; an|stands|los
An|stands|re|gel; An|stands|wau-wau *(ugs.)*
an|stän|kern *(ugs.);* gegen etw., jmdn. anstänkern
an|star|ren
an|statt *vgl.* statt; anstatt dass ↑K 126
an|stau|ben
an|stau|en
an|stau|nen
an|ste|chen; ein Fass anstechen (anzapfen)
an|ste|cken [*alte Trennung* ...k|k...]; *vgl.* ²stecken; **an|ste-ckend** [*alte Trennung* ...k|k...]
An|steck|na|del
An|ste|ckung [*alte Trennung* ...k|k...] *Plur. selten;* **An|ste-ckungs|ge|fahr** [*alte Trennung* ...k|k...]
an|ste|hen (*auch Bergmannsspr.* hervortreten, zutage liegen); ich stehe nicht an (habe keine Bedenken); anstehendes (*Geol.* zutage liegendes) Gestein; auf jmdn. anstehen (*österr. für* angewiesen sein)
an|stei|gen

> **an|stel|le,**
>
> *auch* **an Stel|le**
> *mit Genitiv:*
> - anstelle, *auch* an Stelle des Vaters
> - anstelle, *auch* an Stelle von Worten
> - *aber* an die Stelle des Vaters ist der Vormund getreten

an|stel|len; sich anstellen; **An|stel-le|rei**
an|stel|lig (geschickt); **An|stel|lig-keit,** die; -
An|stel|lung; An|stel|lungs|ver|trag
an|steu|ern; ich steuere den Hafen an
An|stich (eines Fasses [Bier])
An|stieg, der; -[e]s, -e
an|stie|ren
an|stif|ten
An|stif|ter; An|stif|te|rin
An|stif|tung
an|stim|men; ein Lied anstimmen
An|stoß; an etwas Anstoß nehmen
an|sto|ßen
An|stö|ßer (*schweiz. für* Anlieger, Anrainer); **An|stö|ße|rin**
an|stö|ßig; An|stö|ßig|keit
an|strah|len; An|strah|lung
an|strän|gen; ein Pferd ansträngen (anschirren)
an|stre|ben; an|stre|bens|wert
an|strei|chen; An|strei|cher
an|stren|gen; sich anstrengen (sehr bemühen); einen Prozess anstrengen
an|stren|gend; An|stren|gung
An|strich
an|stü|cken [*alte Trennung* ...k|k...]
An|sturm, der; -[e]s; **an|stür|men**
an|su|chen; um etwas ansuchen (*Amtsspr.* um etwas bitten)
An|su|chen, das; -s, - (förmliche Bitte; Gesuch); auf Ansuchen;
An|su|cher
An|t|a|go|nis|mus, der; -, ...men ⟨griech.⟩ (Widerstreit; Gegensatz)
An|t|a|go|nist, der; -en, -en (Gegner); **An|t|a|go|nis|tin** [*alte Trennung* ...|st...]; **an|t|a|go|nis-tisch**
an|tail|lie|ren (*Schneiderei* mit leichter Taille versehen); leicht antailliert
An|ta|na|na|ri|vo (Hauptstadt Madagaskars)
an|tan|zen (*ugs. für* kommen)
An|t|a|res, der; - ⟨griech.⟩ (ein Stern)
Ant|ark|ti|ka (antarktischer Kontinent); **Ant|ark|tis,** die; - ⟨griech.⟩ (Gebiet um den Südpol); **ant|ark|tisch**
an|tas|ten [*alte Trennung* ...|st...]
an|tau|chen (*österr. ugs. für* anschieben; sich mehr anstrengen)
an|tau|en
An|tä|us (Gestalt der griech. Sage)
an|täu|schen *(Sport)*
An|te, die; -, -n ⟨lat.⟩ (*Archit.* viereckiger Wandpfeiler)
an|te Chris|tum [na|tum] [*alte Trennung* ...|st...] ⟨lat.⟩ (*veraltet für* vor Christi Geburt, vor Christus; *Abk.* a. Chr. [n.])
an|te|da|tie|ren ⟨lat.⟩ (*veraltet für* [ein Schreiben] vorausdatieren od. zurückdatieren)
An|teil, der; -[e]s, -e; Anteil haben, nehmen; **an|tei|lig**
An|teil|nah|me, die; -
An|teil|schein; An|teils|eig|ner (Inhaber eines Anteilscheins)
an|teil[s]|mä|ßig
an|te me|ri|di|em ⟨lat.⟩ (vormittags; *Abk.* a. m.)
an|te mor|tem ⟨lat.⟩ (*Med.* kurz vor dem Tode; *Abk.* a. m.)
An|ten|ne, die; -, -n ⟨lat.⟩ (Vorrichtung zum Senden od. Empfangen elektromagnet. Wellen; Fühler der Gliedertiere)
An|ten|nen|mast
An|ten|nen|wald *(ugs.)*
An|ten|tem|pel ⟨lat.⟩ (altgriech. Tempel mit Anten)
An|te|pen|di|um, das; -s, ...ien ⟨lat.⟩ (Verkleidung des Altarunterbaus)
An|the|mi|on, das; -s, ...ien ⟨griech.⟩ (*Archit.* [altgriech.] Schmuckfries)
An|the|re, die; -, -n (*Bot.* Staubbeutel der Blütenpflanzen)
An|tho|lo|gie, die; -, ...ien ([Gedicht]sammlung; Auswahl); **an-tho|lo|gisch** (ausgewählt)
An|th|ra|cen, *auch* **An|th|ra|zen,** das; -s, -e ⟨griech.⟩ (aus Steinkohlenteer gewonnene chem. Verbindung)
an|th|ra|zit (schwarzgrau); **An|th-ra|zit,** der; -s, -e *Plur. selten* (hochwertige, glänzende Steinkohle)
an|th|ra|zit|far|ben *od.* **an|th|ra|zit-far|big**
an|th|ro|po|gen ⟨griech.⟩ (durch den Menschen beeinflusst, verursacht); anthropogene Faktoren; **An|th|ro|po|ge|nie,** die; - ([Lehre von der] Entstehung des Menschen)
an|th|ro|po|id (menschenähnlich); **An|th|ro|po|i|de,** der; -n, -n, *auch* An|th|ro|po|id, der; -en, -en (Menschenaffe)
An|th|ro|po|lo|ge, der; -n, -n; **An-th|ro|po|lo|gie,** die; - (Wissenschaft vom Menschen u. seiner Entwicklung); **An|th|ro|po|lo-gin; an|th|ro|po|lo|gisch**
an|th|ro|po|morph (menschenähnlich); **an|th|ro|po|mor|phisch** (die menschliche Gestalt betreffend); **An|th|ro|po|mor|phis-mus,** der; -, ...men (Vermenschlichung [des Göttlichen])
An|th|ro|po|pha|ge, der; -n, -n (*fachspr. für* Kannibale)
An|th|ro|po|pho|bie, die; - (*Psych.* Menschenscheu)
An|th|ro|po|soph, der; -en, -en (Vertreter der Anthroposophie)
An|th|ro|po|so|phie, die; - (Lehre, nach der der Mensch aufgrund höherer seelischer Fähigkeiten

übersinnliche Erkenntnisse erlangen kann)

An|th|ro|po|so|phin; an|th|ro|po|so|phisch

an|th|ro|po|zen|t|risch (den Menschen in den Mittelpunkt stellend)

An|thu|rie, die; -, -n ‹griech.› (Flamingoblume, eine Zierpflanze)

an|ti... ‹griech.› (gegen...); **An|ti...** (Gegen...)

An|ti-AKW-De|mons|t|ra|ti|on [...|a:ka:ˈve:...; *alte Trennung* ...|st...]

An|ti|al|ko|ho|li|ker[1] ‹griech.; arab.› (Alkoholgegner)

an|ti|a|me|ri|ka|nisch[1] (gegen die USA gerichtet)

An|ti|a|part|heid|be|we|gung

an|ti|au|to|ri|tär[1] ‹griech.; lat.› (autoritäre Normen ablehnend)

An|ti|ba|by|pil|le [...ˈbe:...] ‹griech.; engl.; lat.› (ein hormonales Empfängnisverhütungsmittel)

an|ti|bak|te|ri|ell[1] ‹griech.›

An|ti|bi|o|ti|kum, das; -s, ...ka ‹griech.› (*Med.* biologischer Wirkstoff gegen Krankheitserreger); **an|ti|bi|o|tisch**

An|ti|blo|ckier|sys|tem [*alte Trennung* ...blok|kier|sy|stem] ‹griech.; franz.; griech.› (*Abk.* ABS)

an|ti|cham|b|rie|ren [...ʃ...] ‹franz.› (*veraltet* im Vorzimmer warten; katzbuckeln, dienern)

An|ti|christ, der; -[s] (*Rel.* der Widerchrist, Teufel) *u.* der; -en, -en ‹griech.› (Gegner des Christentums); **an|ti|christ|lich**

an|ti|de|mo|kra|tisch[1] ‹griech.›

An|ti|de|pres|si|vum, das; -s, ...va *meist Plur.* ‹griech.; lat.› (*Med.* Mittel gegen Depressionen)

An|ti|di|a|be|ti|kum, das; -s, ...ka ‹griech.› (*Med.* Medikament gegen Diabetes)

An|ti|dot, das; -[e]s, -e *u.* **An|ti|do|ton,** das; -s, ...ta ‹griech.› (*Med.* Gegengift)

An|ti|dum|ping|ge|setz [...ˈda...] ‹griech.; engl.; dt.› (*Wirtsch.* Verbot des Dumpings)

An|ti|fa|schis|mus[1] ‹griech.; ital.› (Gegnerschaft gegen Faschismus und Nationalsozialismus); **An|ti|fa|schist**[1], der; -en, -en; **an|ti|fa|schis|tisch**[1] [*alte Trennung* ...|st...]

An|ti|fon usw. *vgl.* Antiphon usw.

An|ti|fou|ling [ˈɛntifau..., *auch* ˈa...], das; -s ‹griech.; engl.› (Anstrich für den unter Wasser befindlichen Teil des Schiffes, der pflanzl. u. tier. Bewuchs verhindert)

An|ti|gen, das; -s, -e ‹griech.› (*Med., Biol.* artfremder Eiweißstoff, der im Körper die Bildung von Abwehrstoffen gegen sich selbst bewirkt)

An|ti|go|ne [...ne] (griech. Sagengestalt, Tochter des Ödipus)

An|ti|gu|a|ner; an|ti|gu|a|nisch; An|ti|gua und Bar|bu|da (Inselstaat in der Karibik)

An|ti|haft|be|schich|tung

An|ti|held ‹griech.; dt.› (inaktive od. negative Hauptfigur in der Literatur)

an|ti|im|pe|ri|a|lis|tisch[1] [*alte Trennung* ...|st...] (gegen den Imperialismus gerichtet)

an|tik ‹lat.› (altertümlich; dem klass. Altertum angehörend)

[1]**An|ti|ke,** die; - (das klass. Altertum u. seine Kultur)

[2]**An|ti|ke,** die; -, -n *meist Plur.* (antikes Kunstwerk); **An|ti|ken|samm|lung**

an|ti|kisch (der [1]Antike nachstrebend); **an|ti|ki|sie|ren** (die [1]Antike nachahmen)

an|ti|kle|ri|kal[1] ‹griech.› (kirchenfeindlich); **An|ti|kle|ri|ka|lis|mus**[1]

An|ti|kli|max, die; -, -e *Plur. selten* ‹griech.› (*Rhet., Stilk.* Übergang vom stärkeren zum schwächeren Ausdruck)

an|ti|kli|nal ‹griech.› (*Geol.* sattelförmig)

An|ti|klopf|mit|tel, das; -s, - (Zusatz zu Vergaserkraftstoffen)

An|ti|kom|mu|nis|mus[1] ‹griech.; lat.›; **an|ti|kom|mu|nis|tisch**[1] [*alte Trennung* ...|st...]

an|ti|kon|zep|ti|o|nell[1] ‹griech.; lat.› (*Med.* die Empfängnis verhütend)

An|ti|kör|per *Plur.* ‹griech.; dt.› (*Med.* Abwehrstoffe im Blut gegen artfremde Eiweiße)

An|ti|kri|tik[1] ‹griech.› (Erwiderung auf eine Kritik)

An|til|len *Plur.* (Inselgruppe in der Karibik)

An|ti|lo|pe, die; -, -n ‹franz.› (ein Huftier)

An|ti|ma|chi|a|vell [...ki̯a...], der; -s ‹griech.; ital.› (Schrift Friedrichs d. Gr. gegen Machiavelli)

An|ti|ma|te|rie[1] ‹griech.; lat.› (*Kernphysik* aus Antiteilchen aufgebaute Materie)

An|ti|mi|li|ta|ris|mus[1], der; - ‹griech.; lat.› (Ablehnung militärischer Gesinnung u. Rüstung); **an|ti|mi|li|ta|ris|tisch**[1] [*alte Trennung* ...|st...]

An|ti|mon [*österr.* ˈa...], das; -s ‹arab.› (chemisches Element, Metall; *Zeichen* Sb [*vgl.* Stibium])

an|ti|mo|n|ar|chisch[1] ‹griech.› (monarchiefeindlich)

An|ti|neu|r|al|gi|kum, das; -s, ...ka ‹griech.› (*Med.* Schmerzen stillendes Mittel)

An|ti|no|mie, die; -, ...i̯en ‹griech.› (*fachspr.* Widerspruch eines Satzes in sich oder zweier gültiger Sätze)

An|ti|no|us (schöner griech. Jüngling an Hadrians Hof)

an|ti|o|che|nisch; An|ti|o|chia [*auch* ...ˈxi:a] (altsyr. Stadt); **An|ti|o|chi|en** (mittelalterl. Patriarchat in Kleinasien)

An|ti|o|chi|er; An|ti|o|chos, An|ti|o|chus (m. Eigenname)

An|ti|pa|thie, die; -, ...i̯en ‹griech.› (Abneigung; Widerwille); **an|ti|pa|thisch**

An|ti|per|so|nen|mi|ne

An|ti|phon, *auch* An|ti|fon, die; -, -en ‹griech.› (liturg. Wechselgesang)

An|ti|pho|na|le, *auch* An|ti|fo|na|le, das; -s, ...lien *u.* **An|ti|pho|nar,** *auch* An|ti|fo|nar, das; -s, -ien (Sammlung von Antiphonen)

An|ti|po|de, der; -n, -n ‹griech.› (*Geogr.* auf dem gegenüberliegenden Punkt der Erde wohnender Mensch; *übertr. für* Gegner)

an|tip|pen

An|ti|py|re|ti|kum, das; -s, ...ka ‹griech.› (*Med.* fiebersenkendes Mittel)

An|ti|qua, die; - ‹lat.› (*Druckw.* Lateinschrift)

An|ti|quar, der; -s, -e (jmd., der mit alten Büchern handelt; Antiquitätenhändler)

An|ti|qua|ri|at, das; -[e]s, -e (Geschäft, in dem alte Bücher ge- u. verkauft werden; *nur Sing.:* Handel mit alten Büchern); **An|ti|qua|rin; an|ti|qua|risch**

An|ti|qua|schrift *(Druckw.)*

an|ti|quiert (veraltet; altertümlich); **An|ti|quiert|heit** *Plur. selten*

An|ti|qui|tät, die; -, -en *meist Plur.*

---

[1] [*auch* ˈan...]

A

(altertümliches Kunstwerk, Möbel u. a.)

An|ti|qui|tä|ten|han|del; An|ti|qui|tä|ten|händ|ler; An|ti|qui|tä|ten|samm|ler

An|ti|ra|ke|te; An|ti|ra|ke|ten|ra|ke|te

An|ti|rau|cher|kam|pa|g|ne

An|ti|se|mit, der; -en, -en; **An|ti|se|mi|tin; an|ti|se|mi|tisch; An|ti|se|mi|tis|mus,** der; - (Abneigung od. Feindschaft gegenüber Juden)

An|ti|sep|sis, An|ti|sep|tik, die; - ‹griech.› (*Med.* Vernichtung von Krankheitskeimen [bes. in Wunden])

An|ti|sep|ti|kum, das; -s, ...ka (keimtötendes Mittel [bes. bei der Wundbehandlung]); **an|ti|sep|tisch**

An|ti|se|rum[1], das; -s, *Plur.* ...ren *u.* ...ra ‹griech.; lat.› (*Med.* Heilserum mit Antikörpern)

An|ti|spas|mo|di|kum, das; -s, ...ka ‹griech.› (*Med.* krampflösendes Mittel); **an|ti|spas|tisch** [*alte Trennung* ...|st...] (*Med. für* krampflösend)

an|ti|sta|tisch ‹griech.› (*Physik* elektrostatische Aufladung aufhebend)

An|ti|s|tes, der; -, ...stites ‹lat.› (*kath. Kirche* Ehrentitel für Bischof u. Abt)

An|ti|stro|phe[1] ‹griech.› (Chorlied im antiken griech. Drama)

An|ti|teil|chen (*Kernphysik* zu einem Elementarteilchen komplementäres Teilchen mit entgegengesetzter elektrischer Ladung)

An|ti|ter|ror|ein|heit

An|ti|the|se[1] ‹griech.› (entgegengesetzte Behauptung); **An|ti|the|tik,** die; - *(Philos.);* **an|ti|the|tisch**

An|ti|to|xin[1], das; -s, -e ‹griech.› (*Med.* Gegengift); **an|ti|to|xisch**[1]

An|ti|tran|spi|rant, das; -s, *Plur.* -e *u.* -s ‹griech.; lat.› (schweißhemmendes Mittel)

An|ti|zi|pa|ti|on, die; -, -en ‹lat.› (Vorwegnahme; Vorgriff); **an|ti|zi|pie|ren**

an|ti|zy|k|lisch[1] (*Wirtsch.* einem Konjunkturzustand entgegenwirkend)

An|ti|zy|k|lo|ne[1] (*Meteor.* Hochdruckgebiet)

Ant|je (w. Vorn.)

Ant|litz, das; -es, -e *(geh.)*

An|toi|net|te [antoa'nɛt(ə), *auch* ã...] (w. Vorn.)

An|ton (m. Vorn.)

an|tö|nen (*schweiz. für* andeuten)

An|to|nia, An|to|nie (w. Vorn.)

An|to|ni|us (röm. m. Eigenn.; Heiliger)

an|t|o|nym ‹griech.› (*Sprachw.* von entgegengesetzter Bedeutung); **An|t|o|nym,** das; -s, -e (*Sprachw.* Gegen[satz]wort, z. B. »gesund – krank«)

an|t|o|ny|misch *vgl.* antonym

an|tör|nen (*ugs. für* in einen Rausch versetzen)

An|trag, der; -[e]s, ...träge; einen Antrag auf etwas stellen; auf, *österr. auch* über Antrag von ...; **an|tra|gen**

An|trags|for|mu|lar; an|trags|ge|mäß

An|trag|stel|ler; An|trag|stel|le|rin

an|trai|nie|ren

an|trau|en; angetraut

an|tref|fen

an|trei|ben; An|trei|ber

an|tre|ten

An|trieb

An|triebs|kraft; An|triebs|schei|be

An|triebs|sys|tem [*alte Trennung* ...|st...]; **An|triebs|wel|le**

an|trin|ken; sich antrinken (*österr. ugs. für* sich betrinken); ich trinke mir einen an *(ugs.)*

An|tritt, der; -[e]s

An|tritts|be|such; An|tritts|re|de

an|trock|nen

an|tun; jmdm. etwas antun; ich tue mir das nicht an (*österr. ugs. auch für* sich über etwas [grundlos] aufregen)

[1]**an|tur|nen** (*ugs. für* herbeieilen)

[2]**an|tur|nen** [...tø:ɐ̯...] ‹dt.; engl.› *vgl.* antörnen

Antw. = Antwort

Ant|wer|pen (belg. Hafenstadt)

Ant|wort, die; -, -en (*Abk.* Antw.); um [*od.* Um] Antwort wird gebeten (*Abk.* u. [*od.* U.] A. w. g.); **ant|wor|ten**

ant|wort|lich; antwortlich Ihres Briefes (*Amtsspr.* auf Ihren Brief)

Ant|wort|schein *(Postw.)*

an und für sich [*auch* - - 'fy:ɐ̯ -]

A|n|u|rie, die; -, ...ien ‹griech.› (*Med.* Versagen der Harnausscheidung)

A|nus, der; -, Ani ‹lat.› (*Med.* After); **A|nus prae|ter,** der; - -, Ani - (*Med.* künstlicher Darmausgang)

an|ver|trau|en; jmdm. einen Brief anvertrauen; sich jmdm. anvertrauen; ich vertrau[t]e an, *seltener* ich anvertrau[t]e; anvertraut; anzuvertrauen

an|ver|wan|deln *(geh.);* sich etwas anverwandeln (zu Eigen machen); ich verwand[e]le mir ihre Meinung an, *seltener* ich anverwand[e]le mir ...; **An|ver|wand|lung** *(geh.)*

An|ver|wand|te, der *u.* die; -n, -n

an|vi|sie|ren

Anw. = Anweisung

an|wach|sen

an|wäh|len *(Fernsprechwesen)*

An|walt, der; -[e]s, ...wälte; **An|wäl|tin**

An|walt|schaft, die; -, -en *Plur. selten;* **An|walts|kam|mer**

an|wan|deln; An|wan|de|lung, *häufiger* **An|wand|lung**

an|wär|men

An|wär|ter; An|wär|te|rin

An|wart|schaft, die; -, -en *Plur. selten*

an|wei|sen; Geld anweisen; *vgl.* angewiesen

An|wei|sung (*Abk.* Anw.)

an|wend|bar; An|wend|bar|keit, die; -

an|wen|den; ich wandte *od.* wendete die Regel an, habe angewandt *od.* angewendet; die angewandte *od.* angewendete Regel; *vgl.* angewandt; **An|wen|der**

an|wen|der|freund|lich; ein anwenderfreundliches Computerprogramm; **An|wen|de|rin**

An|wen|dung

an|wen|dungs|be|zo|gen

an|wer|ben; An|wer|bung

an|wer|fen

An|wert, der; -[e]s (*bayr., österr. für* Wertschätzung); Anwert finden, haben

An|we|sen (Grundstück [mit Wohnhaus, Stall usw.])

an|we|send; An|we|sen|de, der *u.* die; -n, -n

An|we|sen|heit, die; -; **An|we|sen|heits|lis|te** [*alte Trennung* ...|st...]

an|wi|dern; es widert mich an

an|win|keln; ich wink[e]le an

An|woh|ner; An|woh|ne|rin; An|woh|ner|schaft, die; -

An|wuchs *(Forstw.)*

An|wurf

an|wur|zeln; *vgl.* angewurzelt

An|zahl, die; -; eine Anzahl gute[r] Freunde

---

[1] [*auch* 'an...]

A

an|zah|len
an|zäh|len
An|zah|lung; An|zah|lungs|sum|me
an|zap|fen; An|zap|fung
An|zei|chen
an|zeich|nen
An|zei|ge, die; -, -n; **an|zei|gen**
An|zei|ge[n]|blatt; An|zei|gen|teil
An|zei|ge|pflicht; an|zei|ge|pflich|tig; anzeigepflichtige Krankheit
An|zei|ger; An|zei|ge|ta|fel
An|zen|gru|ber (österr. Schriftsteller)
An|zet|te|ler, An|zettl|ler; **an|zet|teln** *(ugs.);* ich zett[e]le an; **An|zet|te|lung, An|zett|lung**
an|zie|hen; sich anziehen
an|zie|hend (reizvoll)
An|zie|hung; An|zie|hungs|kraft
an|zie|len (zum Ziel haben)
an|zi|schen
[1]**An|zucht,** die; -, ...züchte (*Bergmannsspr.* Abwassergraben)
[2]**An|zucht,** die; - (Aufzucht junger Pflanzen [und Tiere]); **An|zucht|gar|ten**
An|zug, der; -[e]s, ...züge (*schweiz. auch für* [Bett]bezug, Überzug; *schweiz. [Basel] auch* Antrag [im Parlament]); es ist Gefahr im Anzug
an|züg|lich; An|züg|lich|keit
An|zugs|kraft
An|zug|stoff
An|zugs|ver|mö|gen
an|zün|den; An|zün|der
an|zwe|cken [*alte Trennung* ...k|k...]
an|zwei|feln; ich zweif[e]le an
An|zwei|fe|lung, An|zweif|lung
an|zwit|schern; sich einen anzwitschern (*ugs. für* sich betrinken); ich zwitschere mir einen an
AO = Abgabenordnung; Anordnung
ao., a. o. [Prof.] = außerordentlich[er Professor]
AOK = Allgemeine Ortskrankenkasse
Äo|li|en (antike Landschaft an der Nordwestküste von Kleinasien); **Äo|li|er**
[1]**äo|lisch** ⟨*zu* Äolien⟩; äolischer Dialekt; äolische Versmaße; Äolische Inseln; *vgl.* Liparische Inseln
[2]**äo|lisch** ⟨*zu* Äolus⟩ (durch Windeinwirkung entstanden); äolische Sedimente
Äo|ls|har|fe (Windharfe)
Äo|lus (griech. Windgott)
Äon, der; -s, -en *meist Plur.* ⟨griech.⟩ (Zeitraum, Weltalter; Ewigkeit); **äo|nen|lang**
Ao|rist, der; -[e]s, -e ⟨griech.⟩ (*Sprachw.* eine Zeitform, bes. im Griechischen)
Aor|ta, die; -, ...ten ⟨griech.⟩ (*Med.* Hauptschlagader); **Aor|ten|klap|pe**
AP [eːˈpiː] = Associated Press
APA = Austria Presse Agentur *(so die von den Richtlinien der Rechtschreibung abweichende Schreibung)*
Apa|che [...tʃə, *auch* ...xə], der; -n, -n (Angehöriger eines Indianerstammes; [*nur* ...x...] *veraltend für* Verbrecher, Zuhälter [in Paris])
Apa|na|ge [...ʒə, *österr.* ...ʒ], die; -, -n ⟨franz.⟩ (regelmäßige finanzielle Zuwendung)
apart ⟨franz.⟩ (geschmackvoll, reizvoll); etwas Apartes
Apart|be|stel|lung (*Buchhandel* Einzelbestellung [eines Heftes oder Bandes aus einer Reihe])
Apart|heid, die; - ⟨afrikaans⟩ (*früher* Trennung zwischen Weißen und Farbigen in der Republik Südafrika); **Apart|heid|po|li|tik**
Apart|ment, das; -s, -s ⟨engl.⟩ (kleinere Wohnung); *vgl.* Appartement; **Apart|ment|haus**
Apa|thie, die; -, ...ien *Plur. selten* ⟨griech.⟩ (Teilnahmslosigkeit); **apa|thisch**
Apa|tit, der; -s, -e ⟨griech.⟩ (ein Mineral)
Apa|to|sau|rus, der; -, ...rier ⟨griech.⟩ (ausgestorbene Rieseneechse)
Apel|les (altgriech. Maler)
Apen|nin, der; -s, *auch* **Apen|ni|nen** *Plur.* (Gebirge in Italien)
Apen|ni|nen|halb|in|sel, *auch* **Apen|ni|nen-Halb|in|sel,** die; -; **apen|ni|nisch,** *aber* die Apenninische Halbinsel
aper (*südd., schweiz., österr. für* schneefrei); apere Wiesen
Aper|çu [...ˈsyː], das; -s, -s ⟨franz.⟩ (geistreiche Bemerkung)
Ape|ri|tif, der; -s, *Plur.* -s, *auch* -e ⟨franz.⟩ (appetitanregendes alkohol. Getränk)
apern ⟨*zu* aper⟩ (*südd., schweiz., österr. für* schneefrei werden); es apert (taut)
Apé|ro, Ape|ro [...pe..., *auch* ...ˈroː], der, *selten* das; -s, -s ⟨franz.⟩ (*bes. schweiz., Kurzform von* Aperitif)
Aper|tur, die; -, -en ⟨lat.⟩ (*Optik* Maß für die Fähigkeit eines Systems, sehr feine Details abzubilden; *Med.* Öffnung, Eingang eines Organs)
Apex, der; -, Apizes ⟨lat.⟩ (*Astron.* Zielpunkt der Bewegung eines Gestirns; *Sprachw.* Zeichen zur Bezeichnung langer Vokale, z. B. â, á)
Ap|fel, der; -s, Äpfel
Ap|fel|baum
Äp|fel|chen; ap|fel|för|mig
Ap|fel|gel|lee; Ap|fel|kraut, das; -[e]s (*landsch.* Sirup)
Ap|fel|most; Ap|fel|mus
äp|feln; das Pferd musste äpfeln
Ap|fel|saft; Ap|fel|saft|schor|le
Ap|fel|schim|mel (*vgl.* [2]Schimmel)
Ap|fel|si|ne, die; -, -n; **Ap|fel|si|nen|scha|le**
Ap|fel|stru|del; Ap|fel|wein
Ap|fel|wick|ler (ein Kleinschmetterling)
Aphä|re|se, Aphä|re|sis, die; -, ...resen ⟨griech.⟩ (*Sprachw.* Wegfall eines Lautes od. einer Silbe am Wortanfang, z. B. 's *für* »es«)
Apha|sie, die; -, ...ien ⟨griech.⟩ (*Philos.* Urteilsenthaltung; *Med.* Verlust des Sprechvermögens)
Aph|el [aˈfeːl], **Ap|hel** [apˈheːl], das; -s, -e ⟨griech.⟩ (*Astron.* Punkt der größten Sonnenferne eines Planeten od. Kometen; *Ggs.* Perihel)
Aphe|l|an|d|ra, die; -, ...dren ⟨griech.⟩ (eine Zierpflanze)
Apho|ris|mus, der; -, ...men ⟨griech.⟩ (geistreicher, knapp formulierter Gedanke, der eine Erfahrung, Lebensweisheit vermittelt)
Apho|ris|ti|ker [*alte Trennung* ...|st...]; **apho|ris|tisch**
Aph|ro|di|si|a|kum, das; -s, ...ka ⟨griech.⟩ (*Med.* den Geschlechtstrieb anregendes Mittel); **aph|ro|di|sisch** (auf Aphrodite bezüglich; den Geschlechtstrieb steigernd)
Aph|ro|di|te (griech. Göttin der Liebe); **aph|ro|di|tisch** (auf Aphrodite bezüglich)
Aph|the, die; -, -n *meist Plur.* ⟨griech.⟩ (*Med.* [schmerzhaftes] kleines Geschwür der Mundschleimhaut)
Aph|then|seu|che (*Tiermed.* Maul- u. Klauenseuche)

A|pia (Hauptstadt von Samoa)
a|pi|kal ‹lat.› (den Apex betreffend)
A|pis, der; - (heiliger Stier der alten Ägypter); **A|pis|stier**
A|pi|zes (*Plur. von* Apex)
apl. = außerplanmäßig
A|p|la|nat, der; -en, -en, *auch* das; -s, -e ‹griech.› (*Optik* Linsensystem, durch das die Aberration korrigiert wird); **a|p|la|na|tisch**
A|p|lomb [a'plõ:], der; -s ‹franz.› (Sicherheit im Auftreten, Nachdruck; Abfangen einer Bewegung im Balletttanz)
Ap|noe [a'pno:ə], die; - ‹griech.› (*Med.* Atemstillstand; Atemlähmung)
APO, *auch* **A|po,** die; - = außerparlamentarische Opposition [in den Sechzigerjahren]
A|po|chro|mat [...k...], der; -en, -en, *auch* das; -s, -e ‹griech.› (*Optik* Linsensystem, das Farbfehler korrigiert); **a|po|chro|ma|tisch**
a|po|dik|tisch ‹griech.› (sicher; keinen Widerspruch duldend)
A|po|gä|um, das; -s, ...äen ‹griech.› (*Astron.* Punkt der größten Erdferne des Mondes od. eines Satelliten; *Ggs.* Perigäum)
A|po|ka|lyp|se, die; -, -n ‹griech.› (*Rel.* Schrift über das Weltende, bes. die Offenbarung des Johannes; Unheil, Grauen); **a|po|ka|lyp|tisch;** die apokalyptischen Reiter
A|po|ko|pe [...pe], die; -, ...kopen ‹griech.› (*Sprachw.* Abfall eines Lautes od. einer Silbe am Wortende, z. B. »hatt'« *für* »hatte«); **a|po|ko|pie|ren**
a|po|kryph ‹griech.› (unecht); **A|po|kryph,** das; -s, -en *meist Plur.* ‹griech.› (*Rel.* nicht anerkannte Schrift [der Bibel])
A|pol|da (Stadt in Thüringen)
a|po|li|tisch ‹griech.› (unpolitisch)
A|poll (*geh. für* [1,2]Apollo)
A|pol|li|na|ris (Heiliger)
a|pol|li|nisch (in der Art Apollos; harmonisch, ausgeglichen)
[1]**A|pol|lo** (griech.-röm. Gott [der Dichtkunst])
[2]**A|pol|lo,** der; -s, -s (schöner [junger] Mann)
[3]**A|pol|lo** (amerik. Raumfahrtprogramm, das die Landung bemannter Raumfahrzeuge auf dem Mond zum Ziel hatte)
A|pol|lo|fal|ter (ein Schmetterling)
A|pol|lon *vgl.* [1]Apollo
A|pol|lo|nia (w. Vorn.)
A|pol|lo|ni|us (m. Vorn.)
A|pol|lo|raum|schiff, *auch* **A|pol|lo-Raum|schiff** *vgl.* [3]Apollo
A|po|lo|get, der; -en, -en ‹griech.› (Verfechter, Verteidiger)
A|po|lo|ge|tik, die; -, -en (*bes. Theol.* Verteidigung, Rechtfertigung [der christl. Lehren])
A|po|lo|ge|tin; a|po|lo|ge|tisch
A|po|lo|gie, die; -, ...ien (*geh. für* Verteidigung; Verteidigungsrede, -schrift)
A|po|ph|theg|ma, das; -s, *Plur.* ...men *u.* ...mata ‹griech.› ([witziger] Aus-, Sinnspruch); **a|po|ph|theg|ma|tisch**
A|po|phy|se, die; -, -n ‹griech.› (*Med.* Knochenfortsatz)
A|po|plek|ti|ker ‹griech.› (*Med.* zu Schlaganfällen Neigender; an den Folgen eines Schlaganfalls Leidender); **A|po|plek|ti|ke|rin**
a|po|plek|tisch; A|po|ple|xie, die; -, ...ien (Schlaganfall)
A|po|rie, die; -, ...ien ‹griech.› (*Philos.* Unmöglichkeit, eine philos. Frage zu lösen)
A|po|s|ta|sie, die; -, ...ien ‹griech.› (*Rel.* Abfall [vom Glauben]); **A|po|s|tat,** der; -en, -en (Abtrünniger)
A|po|s|tel, der; -s, - ‹griech.›
A|po|s|tel|brief (im N. T.); **A|po|s|tel|ge|schich|te**
a pos|te|ri|o|ri [*alte Trennung* ...|st...] ‹lat.› (*Philos.* aus der Wahrnehmung gewonnen, aus Erfahrung; *geh. für* nachträglich); **A|pos|te|ri|o|ri,** das; -, - (Erfahrungssatz); **a|pos|te|ri|o|risch** (erfahrungsgemäß)
A|po|s|til|le, die; -, -n ‹griech.› ([empfehlende od. beglaubigende] Nachschrift; Randbemerkung)
A|po|s|to|lat, das, *Theol. auch* der; -[e]s, -e ‹griech.› (Apostelamt); **A|po|s|to|li|kum,** das; -s (*Theol.* Apostolisches Glaubensbekenntnis)
a|po|s|to|lisch (nach Art der Apostel; von den Aposteln ausgehend); die apostolische Sukzession; die apostolischen Väter; den apostolischen Segen erteilen; *aber* ↑K 150 *u.* 151: das Apostolische Glaubensbekenntnis, die Apostolische Majestät; der Apostolische Delegat, Nuntius, Stuhl
A|po|s|t|roph [*schweiz.* 'apo...], der; -s, -e ‹griech.› (Auslassungszeichen, z. B. in »wen'ge«)
A|po|s|t|ro|phe [*auch* a'pɔstrofe], die; -, -n (*Rhet.* feierliche Anrede)
a|po|s|t|ro|phie|ren ([feierlich] anreden; [jmdn.] nachdrücklich bezeichnen); jmdn. als Ignoranten apostrophieren; **A|po|s|t|ro|phie|rung**
A|po|the|ke, die; -, -n ‹griech.›
A|po|the|ken|hel|fe|rin
a|po|the|ken|pflich|tig
A|po|the|ker; A|po|the|ker|ge|wicht (*vgl.* [2]Gewicht)
A|po|the|ke|rin
A|po|the|ker|waa|ge
A|po|the|o|se, die; -, -n ‹griech.› (Vergöttlichung; Verklärung; *Theater* wirkungsvolles Schlussbild)
a|po|tro|pä|isch ‹griech.-nlat.› (*geh. für* Unheil abwehrend)
Ap|pa|la|chen *Plur.* (nordamerik. Gebirge)
Ap|pa|rat, der; -[e]s, -e ‹lat.› (größeres Gerät, Vorrichtung technischer Art)
Ap|pa|ra|te|bau, der; -[e]s
Ap|pa|ra|te|me|di|zin, die; - (med. Versorgung mit [übermäßigem] Einsatz technischer Apparate)
ap|pa|ra|tiv (den Apparat[ebau] betreffend); apparative Diagnostik
Ap|pa|rat|schik, der; -s, -s ‹russ.› (*abwertend* Funktionär im Staats- u. Parteiapparat stalinistisch geprägter Staaten, der Weisungen und Maßnahmen bürokratisch durchzusetzen sucht)
Ap|pa|ra|tur, die; -, -en (Gesamtanlage von Apparaten)
Ap|par|te|ment [...'mã:, *schweiz. auch* ...'mɛnt], das; -s, *Plur.* -s, *schweiz. auch* -e ‹franz.› (Zimmerflucht in einem Hotel); *vgl.* Apartment
Ap|pas|si|o|na|ta, die; - ‹ital.› (eine Klaviersonate von Beethoven)
Ap|peal [ɛ'pi:l], der; -s ‹engl.› (Anziehungskraft, Ausstrahlung)
Ap|pease|ment [ɛ'pi:smɛnt], das; -s ‹engl.› (nachgiebige Haltung, Beschwichtigungspolitik)
Ap|pell, der; -s, -e ‹franz.› (Aufruf; Mahnruf; *Milit.* Antreten zum Befehlsempfang usw.)
Ap|pel|la|ti|on, die; -, -en

(*schweiz., sonst veraltet für* Berufung); **Ap|pel|la|ti|ons|ge|richt**

Ap|pel|la|tiv, das; -s, -e (*Sprachw.* Wort, das eine Gattung gleich gearteter Dinge od. Wesen u. zugleich jedes einzelne Wesen od. Ding dieser Gattung bezeichnet, z. B. »Mensch«)

ap|pel|lie|ren (sich mahnend, beschwörend an jmdn. wenden; *veraltet für* Berufung einlegen)

Ap|pell|platz

[1]**Ap|pen|dix,** der; *Gen.* -, *auch* -es, *Plur.* ...dizes, *auch* -e ⟨lat.⟩ (Anhängsel; *fachspr. auch* Anhang)

[2]**Ap|pen|dix,** die; -, ...dices [...tse:s], *alltagssprachlich auch* der; -, ...dizes [...tse:s] ⟨lat.⟩ (*Med.* Wurmfortsatz)

Ap|pen|di|zi|tis, die; -, ...itiden (*Med.* Entzündung der Appendix)

Ap|pen|zell (Kanton der Schweiz [Halbkantone Appenzell Außerrhoden u. Appenzell Innerrhoden]; Hauptort von Innerrhoden)

Ap|pen|zel|ler; Ap|pen|zel|le|rin; ap|pen|zel|lisch

Ap|per|zep|ti|on, die; -, -en ⟨lat.⟩ (*Psych.* bewusste Wahrnehmung); **ap|per|zi|pie|ren** (bewusst wahrnehmen)

Ap|pe|tenz, die; -, -en ⟨lat.⟩ (*Biol.* Trieb); **Ap|pe|tenz|ver|hal|ten**

Ap|pe|tit, der; -[e]s, -e

ap|pe|tit|an|re|gend; eine appetitanregende Vorspeise; es roch appetitanregend; *aber* ↑K 59: den Appetit anregend

Ap|pe|tit|hap|pen; Ap|pe|tit|hem|mer (*svw.* Appetitzügler)

ap|pe|tit|lich

ap|pe|tit|los; Ap|pe|tit|lo|sig|keit, die; -

Ap|pe|tit|züg|ler (den Appetit zügelndes Mittel)

Ap|pe|ti|zer [ˈɛpitaizɐ], der; -s, - ⟨lat.-engl.⟩ (appetitanregendes Mittel)

ap|plau|die|ren ⟨lat.⟩ (Beifall klatschen); jmdm. applaudieren

Ap|plaus, der; -es, -e *Plur. selten* (Beifall)

App|let [ɛpˈlət], das; -s, -s ⟨engl.⟩ (*EDV* kleineres Anwendungsprogramm)

Ap|pli|ka|ti|on, die; -, -en ⟨lat.⟩ (Anwendung; *Med.* Verabreichung [von Arzneimitteln]; aufgenähte Verzierung)

ap|pli|ka|tiv; ap|pli|zie|ren

ap|port! ⟨franz.⟩ (*Befehl an den Hund* bring es her!); **Ap|port,** der; -s, -e (Herbeibringen); **ap|por|tie|ren**

Ap|po|si|ti|on, die; -, -en ⟨lat.⟩ (*Sprachw.* substantivische Beifügung, z. B. Konrad Adenauer, der erste deutsche Bundeskanzler, ...); **ap|po|si|ti|o|nell**

Ap|pre|teur [...ˈtøːɐ̯], der; -s, -e ⟨franz.⟩ (*Textilind.* Zurichter, Ausrüster [von Geweben]); **ap|pre|tie|ren** ([Gewebe] zurichten, ausrüsten); **Ap|pre|tur,** die; -, -en ⟨lat.⟩ ([Gewebe]zurichtung, -veredelung)

Ap|proach [ɛˈproːtʃ], der; -[e]s, -s ⟨engl.⟩ (*Wissensch.* Art der Annäherung an ein Problem; *Werbespr.* besonders wirkungsvolle Werbezeile)

Ap|pro|ba|ti|on, die; -, -en ⟨lat.⟩ (staatl. Zulassung als Arzt od. Apotheker); **ap|pro|bie|ren;** approbierter Arzt

Ap|pro|xi|ma|ti|on, die; -, -en ⟨lat.⟩ (*bes. Math.* Annäherung); **ap|pro|xi|ma|tiv** (annähernd, ungefähr)

Apr. = April

A|p|rès-Ski [aprɛˈʃiː], das; - ⟨franz.; norw.⟩ (bequeme [modische] Kleidung, die man nach dem Skilaufen trägt; Vergnügung nach dem Skilaufen); **A|p|rès-Ski-Klei|dung** ↑K 26

A|p|ri|ko|se, die; -, -n ⟨lat.⟩

A|p|ri|ko|sen|kon|fi|tü|re; A|p|ri|ko|sen|mar|me|la|de

A|p|ril, der; -[s], -e ⟨lat.⟩ (vierter Monat im Jahr, Ostermond, Wandelmonat; *Abk.* Apr.)

A|p|ril|scherz; A|p|ril|tag; A|p|ril|wet|ter

a pri|ma vis|ta [*alte Trennung* ...|st...] ⟨ital.⟩ (ohne vorherige Kenntnis)

a pri|o|ri ⟨lat.⟩ (*bes. Philos.* von der Wahrnehmung unabhängig, aus Vernunftgründen; von vornherein)

A|pri|o|ri, das; -, - (*Philos.* Vernunftsatz)

a|pri|o|risch (allein durch Denken gewonnen; aus Vernunftgründen [erschlossen]); **A|pri|o|ris|mus,** der; - (philos. Lehre, die eine von der Erfahrung unabhängige Erkenntnis annimmt)

a|p|ro|pos [...ˈpoː] ⟨franz.⟩ (nebenbei bemerkt; übrigens)

Ap|si|de, die; -, -n ⟨griech.⟩ (*Astron.* Punkt der kleinsten od. größten Entfernung eines Planeten von dem Gestirn, das er umläuft; *auch für* Apsis)

Ap|sis, die; -, ...siden ⟨griech.⟩ (*Archit.* halbrunde, auch vieleckige Altarnische; [halbrunde] Nische im Zelt für Gepäck u. a.)

ap|tie|ren ⟨lat.⟩ (*Philatelie* [einen Stempel] so ändern, dass eine weitere Benutzung möglich ist)

A|pu|li|en (Region in Italien)

A|qua de|s|til|la|ta, das; - - ⟨lat.⟩ (destilliertes Wasser)

A|quä|dukt, der, *auch* das; -[e]s, -e (über eine Brücke geführte antike Wasserleitung)

A|qua|kul|tur (Bewirtschaftung des Meeres, z. B. durch Muschelkulturen)

a|qua|ma|rin (von der Farbe des Aquamarins); **A|qua|ma|rin,** der; -s, -e (ein Edelstein)

A|qua|naut, der; -en, -en (Unterwasserforscher); **A|qua|nau|tin**

A|qua|pla|ning [*selten auch* ...ˈpleːnɪŋ], das; -[s] ⟨lat.; engl.⟩ (Wasserglätte; das Rutschen der Reifen eines Kraftfahrzeugs auf aufgestautem Wasser bei regennasser Straße)

A|qua|rell, das; -s, -e ⟨ital. (-franz.)⟩ (mit Wasserfarben gemaltes Bild); in Aquarell (Wasserfarben) malen; **A|qua|rell|far|be; a|qua|rel|lie|ren** (in Wasserfarben malen)

A|qua|ri|a|ner ⟨lat.⟩ (Aquarienliebhaber); **A|qua|ri|en|glas** *Plur.* ...gläser

A|qua|ris|tik [*alte Trennung* ...|st...], die; - (sachgerechtes Halten und Züchten von Wassertieren u. -pflanzen)

A|qua|ri|um, das; -s, ...ien (Behälter zur Pflege und Züchtung von Wassertieren und -pflanzen; Gebäude für diese Zwecke)

A|qua|tin|ta, die; -, ...ten ⟨ital.⟩ (ein Kupferstichverfahren *[nur Sing.]*; nach diesem Verfahren hergestellte Grafik)

a|qua|tisch ⟨lat.⟩ (dem Wasser angehörend); aquatische Fauna

Ä|qua|tor, der; -s ⟨lat.⟩ (größter Breitenkreis der Erde); **ä|qua|to|ri|al** (in der Nähe des Äquators befindlich)

Ä|qua|to|ri|al|gui|nea (Staat in Afrika)

Ä|qua|tor|tau|fe

A|qua|vit [*auch* ...ˈvɪt], der; -s, -e ⟨lat.⟩ (ein mit Kümmel aromatisierter Branntwein)

äl quildilsl tant ⟨lat.⟩ (*Math.* gleich weit voneinander entfernt)
Äl quillilbl rist, Eǀ quillilbl rist, der; -en, -en ⟨franz.⟩ (Gleichgewichtskünstler, bes. Seiltänzer)
äl quilnokltilal ⟨lat.⟩ (*fachspr.* das Äquinoktium betreffend); **Äl quilnokltilallstürlme** *Plur.*
Äl quilnokltilum, das; -s, ...ien (Tagundnachtgleiche)
Al quiltalnilen (hist. Landschaft in Südwestfrankreich)
äl quilvallent ⟨lat.⟩ (gleichwertig); **Äl quilvallent,** das; -[e]s, -e (Gegenwert; Ausgleich); **Äl quilvalenz,** die; -, -en (Gleichwertigkeit)
äl quilvok (mehrdeutig, doppelsinnig)
[1]**Ar,** das, *österr. nur so, auch* der; -s, -e ⟨lat.⟩ (ein Flächenmaß; *Zeichen* a); drei Ar
[2]**Ar** = *chem. Zeichen für* Argon
Al ra, Alrala, der; -s, -s ⟨indian.⟩ (trop. Langschwanzpapagei)
Äl ra, die; -, Ären *Plur. selten* ⟨lat.⟩ (Zeitalter, Epoche)
Al ralbellla (w. Vorn.)
Al ralber [*auch* 'a..., *österr. u. schweiz. auch* a'ra:...], der; -s, -; **Al ralbelrin**
Al ralbeslke, die; -, -n ⟨franz.⟩ (*bild. Kunst* stilisiertes Rankenornament)
Al ralbilen
al ralbisch; ↑K 142: arabisches Vollblut; arabische Ziffern, *aber* ↑K 150: Arabische Republik Ägypten; Arabisches Meer; Arabische Liga; *vgl.* deutsch
Al ralbisch, das; -[s] (eine Sprache); *vgl.* Deutsch; **Al ralbilsche,** das; -n; *vgl.* Deutsche, das
al ralbilsielren
Al ralbist, der; -en, -en (Wissenschaftler auf dem Gebiet der Arabistik)
Al ralbisl tik [*alte Trennung* ...ǀst...], die; - (Erforschung der arabischen Sprache u. Literatur); **Al ralbisl tin**
Al rachlnilden, Al rachlnol ilden *Plur.* ⟨griech.⟩ (*Zool.* Spinnentiere)
Al rachlnollolge, der; -n, -n (Wissenschaftler auf dem Gebiet der Arachnologie)
Al rachlnollolgie, die; - (Wissenschaft von den Spinnentieren); **Al rachlnollolgin;**
Al ralgón (*span. Schreibung für* Aragonien)
Al ralgolnelse, der; -n, -n (*auch für* Aragonier); **Al ralgolnelsin**
Al ralgolnilen (hist. Provinz in Spanien)
Al ralgolnilerr; Al ralgolnil elrin; al ralgolnisch
Al ralgolnit, der; -s (ein Mineral)
Al ralllie, die; -, -n (Pflanzengattung; Zierpflanze)
Al rallsee, *auch* **Al ral-See,** der; -s (abflussloser See in Mittelasien)
Al ralmäa ⟨aram., »Hochland«⟩ (alter Name für Syrien)
Al ralmäler, der; -s, - (Angehöriger eines westsemit. Nomadenvolkes); **Al ralmäl elrin**
al ralmälisch; *vgl.* deutsch; **Al ramälisch,** das; -[s] (eine Sprache); *vgl.* Deutsch; **Al ralmäl ilsche,** das; -n; *vgl.* Deutsche, das
Al ranlcilni [aran'tʃi:ni] *vgl.* Aranzini
Al ranljulez [...xuɛs, ...'xu̯ɛs] (span. Stadt)
Al ranlzilni *Plur.* ⟨pers.-ital.⟩ (*bes. österr. für* überzuckerte od. schokoladenüberzogene gekochte Orangenschalen)
Äl rar, das; -s, -e ⟨lat.⟩ (Staatsvermögen; *österr. für* Fiskus)
Al rara *vgl.* Ara
Al ralrat ['a(:)...], der; -[s] (höchster Berg der Türkei)
äl ralrisch ⟨lat.⟩ (zum Ärar gehörend; staatlich)
Al raulkalner (chilen. u. argentin. Indianer)
Al raulkalrie, die; -, -en (Zimmertanne)
Al razlzo, der; -s, ...zzi ⟨ital., nach der franz. Stadt Arras⟩ (gewirkter Bildteppich)
Arlbeit, die; -, -en; Arbeit suchende [*alte Schreibung* arbeitsuchende] Menschen; die Arbeit Suchenden, *auch* Arbeitsuchenden
arlbeilten; Arlbeilter
Arlbeilterlbelwelgung; Arlbeilterdichlter; Arlbeilterlführler
Arlbeilteltrin
Arlbeilterlklaslse; Arlbeilterlpartei
Arlbeilterlpriesl ter [*alte Trennung* ...ǀst...] (kath. Priester, der unter denselben Bedingungen wie die Arbeiter lebt)
Arlbeilterlschaft, die; -
Arlbeillter-und-Baulern-Falkulltät (Bildungseinrichtung in der DDR; *Abk.* ABF)
Arlbeilterlunlfalllverlsilchelrungsgelsetz
Arlbeitlgelber; Arlbeitlgelberlverband
Arlbeitlnehlmer; Arlbeitlnehlmerin
Arlbeitlnehlmer/-innen, Arlbeitnehlmer(innen) (*Kurzformen für* Arbeitnehmerinnen u. Arbeitnehmer)
arlbeitlsam
Arlbeitslamt; Arlbeitslbelschaffung; Arlbeitslbelschaflfungsmaßlnahlme (*Abk.* ABM)
Arlbeitslbelsuch *(Politik);* **Arlbeitsdilrekltor; Arlbeitslesl sen**
arlbeitslfälhig; Arlbeitslfälhiglkeit, die; -
Arlbeitslfeld; Arlbeitslgang, der; **Arlbeitslgelmeinlschaft**
Arlbeitslgelricht
Arlbeitslhaus; Arlbeitslhylgil elne
arlbeitslinltenlsiv
Arlbeitslkalmelrad; Arlbeitskampf; Arlbeitslklilma; Arlbeitskraft, die
Arlbeitsllalger; Arlbeitsllohn
arlbeitsllos; Arlbeitslllolse, der *u.* die; -n, -n
Arlbeitslllolsenlgeld; Arlbeitslllosenlhillfe, die; - **Arlbeitslllolsenquolte**
Arlbeitslllolsenlunlterlstütlzung; Arlbeitslllolsenlverlsilchelrung, die; -
Arlbeitslllolsiglkeit, die; -
Arlbeitslmarkt
Arlbeitslmilnisl telrilum [*alte Trennung* ...ǀst...]
Arlbeitslmolral; Arlbeitslplatz; Arbeitslrecht; Arlbeitslstätlte
arlbeitslsulchend; Arlbeitslsuchenlde, der *u.* die; -n, -n
Arlbeitsltag; arlbeitsltägllich
arlbeitslteilllig; Arlbeitslteilllung
Arlbeit sulchend [*alte Schreibung* arlbeitlsulchend] *vgl.* Arbeit; **Arlbeit Sulchenlde,** der *u.* die; - -n, - -n, *auch* **Arlbeitlsulchende,** der *u.* die; -n, -n *vgl.* Arbeit
Arlbeitslunlterlricht (method. Prinzip der Unterrichtsgestaltung)
Arlbeitslverlhältlnis; Arlbeitslvermittllung
arlbeitslwilllig; Arlbeitslwillllilge, der *u.* die; -n, -n
Arlbeitslzeit; Arlbeitslzeitlkonlto; Arlbeitslzeitlverlkürlzung; Arbeitslzimlmer
Arlbiltl ralge [...ʒə, *österr.* ...ʒ], die; -, -n ⟨franz.⟩ (Schiedsgerichtsvereinbarung im Handelsrecht;

[Ausnutzen der] Kursunterschiede an verschiedenen Börsen)

ar|bi|t|rär (nach Ermessen, willkürlich)

Ar|bi|t|ra|ti|on, die; -, -en (Schiedswesen für Streitigkeiten an der Börse)

ARBÖ = Auto-, Motor- und Radfahrerbund Österreichs

Ar|bo|re|tum, das; -s, ...ten ‹lat.› (*Bot.* Pflanzung verschiedener Bäume zu Studienzwecken)

Ar|bu|se, die; -, -n ‹pers.-russ.› (Wassermelone)

arc = Arkus

ARCD = Auto- u. Reiseclub Deutschland

Arc de Tri|omphe [ˈark də triˈõ:f], der; - - - (Triumphbogen in Paris)

Ar|cha|i|kum, Ar|chä|i|kum, das; -s ‹griech.› (*Geol.* ältestes Zeitalter der Erdgeschichte)

ar|cha|isch (aus sehr früher Zeit [stammend], altertümlich)

ar|chä|isch (das Archäikum betreffend)

ar|cha|i|sie|ren (archaische Formen verwenden; altertümeln); **Ar|cha|is|mus**, der; -, ...men (altertümliche Ausdrucksform, veraltetes Wort); **ar|cha|is|tisch** [*alte Trennung* ...|st...]

Ar|chan|gelsk [*auch* ...x...] (russ. Stadt)

Ar|chä|o|lo|ge, der; -n, -n ‹griech.› (Wissenschaftler auf dem Gebiet der Archäologie)

Ar|chä|o|lo|gie, die; - (Altertumskunde, -wissenschaft); **Ar|chä|o|lo|gin; ar|chä|o|lo|gisch**

Ar|chä|o|p|te|ryx, der *od.* die; -, *Plur.* -e *u.* ...teryges (Urvogel)

Ar|che, die; -, -n ‹lat.› (schiffähnlicher Kasten); Arche Noah

Ar|che|typ [*auch* ˈa...], der; -s, -en *u.* **Ar|che|ty|pus**, der; -, ...pen ‹griech.› (Urbild, Urform; älteste erreichbare Gestalt [einer Schrift]); **ar|che|ty|pisch** (dem Urbild entsprechend)

Ar|chi|bald (m. Vorn.)

Ar|chi|di|a|kon ‹griech.› (Titel von Geistlichen [der anglikanischen Kirche])

Ar|chi|man|d|rit, der; -en, -en (*Ostkirche* Klostervorsteher; Ehrentitel für Priester)

Ar|chi|me|des (altgriech. Mathematiker); **ar|chi|me|disch;** archimedisches [*alte Schreibung* Archimedisches] Prinzip; archimedischer [*alte Schreibung* Archimedischer] Punkt (Angelpunkt); archimedische Spirale ↑K 135

Ar|chi|pel, der; -s, -e ‹griech.-ital.› (Inselmeer, -gruppe)

Ar|chi|tekt, der; -en, -en ‹griech.›; **Ar|chi|tek|ten|bü|ro; Ar|chi|tek|tin**

Ar|chi|tek|to|nik, die; -, -en (Wissenschaft der Baukunst [*nur Sing.*]; Bauart; planmäßiger Aufbau); **ar|chi|tek|to|nisch** (baulich; baukünstlerisch)

Ar|chi|tek|tur, die; -, -en (Baukunst; Baustil); **Ar|chi|tek|tur|bü|ro**

Ar|chi|t|rav, der; -s, -e (*Archit.* auf Säulen ruhender Tragbalken)

Ar|chiv, das; -s, -e (Akten-, Urkundensammlung; Titel wissenschaftlicher Zeitschriften)

Ar|chi|va|le, das; -s, ...lien *meist Plur.* (Aktenstück [aus einem Archiv]); **ar|chi|va|lisch** (urkundlich)

Ar|chi|var, der; -s, -e (Archivbeamter); **Ar|chi|va|rin**

Ar|chiv|bild

ar|chi|vie|ren (in ein Archiv aufnehmen); **Ar|chi|vie|rung**

Ar|chon, der; -s, Archonten ‹griech.›, **Ar|chont**, der; -en, -en (höchster Beamter im alten Athen)

Ar|cus *vgl.* Arkus

ARD, die; - = Arbeitsgemeinschaft der öffentlich-rechtlichen Rundfunkanstalten der Bundesrepublik Deutschland

Ar|da|bil, Ar|de|bil, der; -[s], -s (iran. Teppich)

Ar|den|nen *Plur.* (Gebirge)

Ar|den|ner Wald, der; - -[e]s (*früher für* Ardennen)

Ar|dey, der; -s (gebirgiger Teil des Sauerlandes)

A|re, die; -, -n (*schweiz. für* [1]Ar)

A|re|al, das; -s, -e ([Boden]fläche, Gelände)

A|re|ka|nuss [*alte Schreibung* Arekanuß] ‹Malajalam-port.; dt.› (Frucht der Arekapalme; Betelnuss)

Ä|ren (*Plur. von* Ära)

A|re|na, die; -, ...nen ‹lat.› ([sandbestreuter] Kampfplatz; Sportplatz; Manege im Zirkus; *österr. veraltend auch* Sommerbühne)

A|re|o|pag, der; -s ‹griech.› (Gerichtshof im alten Athen)

A|res (griech. Kriegsgott)

A|rez|zo (ital. Stadt)

arg; ärger, ärgste; ein arger Bösewicht, *aber* der Arge *(vgl. d.)*; im Argen [*alte Schreibung* im argen] liegen; zum Ärgsten kommen; vor dem Ärgsten bewahren; das Ärgste verhüten; nichts Arges denken

Arg, das; -s *(geh.)*; ohne Arg; kein Arg an einer Sache finden; es ist kein Arg an ihm

Ar|ge, der; -n (Teufel)

Ar|gen|ti|ni|en (südamerik. Staat)

Ar|gen|ti|ni|er; Ar|gen|ti|ni|e|rin

ar|gen|ti|nisch; argentinische Literatur, *aber* die Argentinische Republik

Ar|gen|tit, der; -s (Silberglanz; Silbersulfid)

Ar|gen|tum, das; -[s] (*lat. Bez. für* Silber; *Zeichen* Ag)

Är|ger, der; -s; **är|ger|lich**

är|gern; ich ärgere; sich über etwas ärgern; **Är|ger|nis**, das; ...nisses, ...nisse

Arg|list, die; -; **arg|lis|tig** [*alte Trennung* ...|st...]

arg|los; Arg|lo|sig|keit, die; -

Ar|go, die; - ‹griech.› (Name des Schiffes der Argonauten; ein Sternbild)

Ar|go|lis (griech. Landschaft)

Ar|gon [*auch* ...ˈgo:n], das; -s ‹griech.› (chemisches Element, Edelgas; *Zeichen* Ar)

Ar|go|naut, der; -en, -en ‹griech.› (Held der griech. Sage; ein Tintenfisch)

Ar|go|nen *Plur.* (franz. Gebirge)

Ar|got [...ˈgo:], das *od.* der; -s, -s ‹franz.› (franz. Gaunersprache [im MA.]; Jargon bestimmter sozialer Gruppen)

Ar|gu|ment, das; -[e]s, -e ‹lat.› (Beweis[mittel, -grund]); **Ar|gu|men|ta|ti|on**, die; -, -en (Beweisführung)

ar|gu|men|ta|tiv (mit Argumenten); **ar|gu|men|tie|ren**

[1]**Ar|gus** (Riese der griech. Sage)

[2]**Ar|gus**, der; -, -se (scharf beobachtender Wächter)

Ar|gus|au|gen *Plur.* ↑K 136 (scharfe, wachsame Augen); **ar|gus|äu|gig**

Arg|wohn, der; -[e]s *(geh.)*

arg|wöh|nen *(geh.)*; ich argwöhne; geargwöhnt; zu argwöhnen; **arg|wöh|nisch**

A|rhyth|mie *vgl.* Arrhythmie

A|ri|ad|ne (griech. weibliche Sagengestalt); **A|ri|ad|ne|fa|den**, der; -s ↑K 136

A

A|ri|a|ne (w. Vorn.; Name einer europ. Trägerrakete)
A|ri|a|ner (*Rel.* Anhänger des Arianismus); **a|ri|a|nisch;** der Arianische Streit ↑K 89
A|ri|a|nis|mus, der; - (Lehre des Arius, wonach Christus mit Gott nicht wesenseins, sondern ihm nur wesensähnlich sei)
a|rid ‹lat.› (*Geogr.* trocken; wüstenhaft); **A|ri|di|tät,** die; -
A|rie, die; -, -n ‹ital.› (Sologesangsstück mit Instrumentalbegleitung)
¹A|ri|el [...ɛl, *auch* ...e:l] ‹hebr.› (alter Name Jerusalems; Name eines Engels; Luftgeist in Shakespeares »Sturm«)
²A|ri|el, der; -s (Uranusmond)
A|ri|er, der; -s, - ‹sanskr.› (Angehöriger eines der frühgeschichtl. Völker mit idg. Sprache; *nationalsoz.* Angehöriger der sog. nordischen Rasse)
A|ri|es, der; - ‹lat., »Widder«› (ein Sternbild)
A|ri|ma|thia, *ökum.* A|ri|ma|täa (altpalästinensischer Ort)
A|ri|on (altgriech. Sänger)
a|ri|o|so ‹ital.› (*Musik* liedmäßig [vorgetragen]); **A|ri|o|so,** das; -s, *Plur.* -s *u.* ...si (liedhaftes Gesangs- od. Instrumentalstück)
A|ri|ost, A|ri|os|to [*alte Trennung* ...|st...] (ital. Dichter)
A|ri|o|vist (Heerkönig der Sweben)
a|risch ‹*zu* Arier›; **a|ri|sie|ren** (*nationalsoz.* jüdisches Eigentum in den Besitz so genannter Arier überführen)
A|ris|ti|des [*alte Trennung* ...|st...] (athen. Staatsmann)
A|ris|to|krat [*alte Trennung* ...|st...], der; -en, -en ‹griech.› (Angehöriger des Adels; vornehmer Mensch); **A|ris|to|kra|tie,** die; -, ...ien; **a|ris|to|kra|tisch**
A|ris|to|pha|nes [*alte Trennung* ...|st...] (altgriech. Lustspieldichter); **a|ris|to|pha|nisch;** die aristophanische [*alte Schreibung* Aristophanische] Komödie; von aristophanischer Laune ↑K 135
A|ris|to|te|les [*alte Trennung* ...|st...] (altgriech. Philosoph); Aristoteles' Schriften ↑K 16; **A|ris|to|te|li|ker** (Anhänger der Lehre des Aristoteles); **a|ris|to|te|lisch;** die aristotelische [*alte Schreibung* Aristotelische] Logik ↑K 135

A|rith|me|tik, die; - ‹griech.› (Zahlenlehre, Rechnen mit Zahlen); **A|rith|me|ti|ker**
a|rith|me|tisch (auf die Arithmetik bezüglich); arithmetisches Mittel (Durchschnittswert)
A|rith|mo|griph, der; -en, -en (Zahlenrätsel)
A|ri|us (alexandrinischer Presbyter)
Ariz. = Arizona
A|ri|zo|na (Staat in den USA; *Abk.* Ariz.)
Ark. = Arkansas
Ar|ka|de, die; -, -n ‹franz.› (*Archit.* Bogen auf zwei Pfeilern od. Säulen); **Ar|ka|den** *Plur.* (Bogenreihe)
Ar|ka|di|en (griech. Landschaft); **Ar|ka|di|er; ar|ka|disch;** arkadische Poesie (Hirten- u. Schäferdichtung)
Ar|kan|sas (Staat in den USA; *Abk.* Ark.)
Ar|ka|num, das; -s, ...na ‹lat.› (Geheimnis; Geheimmittel)
Ar|ke|bu|se, die; -, -n ‹niederl., »Hakenbüchse«› (Gewehr im 15./16. Jh.); **Ar|ke|bu|sier,** der; -s, -e (Soldat mit Arkebuse)
Ar|ko|na (Kap auf Rügen)
Ar|ko|se, die; - ‹franz.› (*Geol.* feldspatreicher Sandstein)
Ark|ti|ker, der; -s, - ‹griech.› (Bewohner der Arktis); **Ark|tis,** die; - (Gebiet um den Nordpol); **ark|tisch**
Ark|tur, Ark|tu|rus, der; - (ein Stern)
Ar|kus, *auch* Ar|cus, der; -, - ‹lat.› (*Math.* Kreisbogen eines Winkels; *Zeichen* arc)
Arl|berg, der; -[e]s (Alpenpass); **Arl|berg|bahn,** *auch* **Arl|berg-Bahn,** die; -
Ar|les [arl] (franz. Stadt am Rhonedelta)

arm

ärmer, ärms|te
– arme Ritter (eine Süßspeise)
– wir armen Kinder; *aber* wir Armen
– Arm und Reich [*alte Schreibung* arm und reich] (*veraltet für* jedermann)
– ein Konflikt zwischen Arm und Reich (armen u. reichen Menschen); Arme und Reiche, bei Armen und Reichen, der Arme (*vgl. d.*) und der Reiche

Arm, der; -[e]s, -e; ein Arm voll [*alte Schreibung* Armvoll] Reisig
Ar|ma|da, die; -, *Plur.* ...den *u.* -s ‹span.› ([mächtige] Kriegsflotte)
Ar|ma|g|nac [...manˈjak], der; -[s], -s ‹franz.› (franz. Weinbrand)
arm|am|pu|tiert; ein armamputierter Mann
Ar|ma|tur, die; -, -en ‹lat.›; **Ar|ma|tu|ren|brett**
Arm|band, das; *Plur.* ...bänder; **Arm|band|uhr**
Arm|beu|ge; Arm|bin|de; Arm|blatt (Einlage gegen Achselschweiß in Kleidungsstücken)
Arm|brust, die; -, *Plur.* ...brüste, *auch* -e
Ärm|chen
arm|dick; ein armdicker Ast, *aber* einen Arm dick
Ar|me, der *u.* die; -n, -n
Ar|mee, die; -, ...meen ‹franz.› (Heer; Heeresabteilung); **ar|mee|ei|gen** ↑K 169
Ar|mee|ein|heit, *auch* **Ar|mee-Ein|heit; Ar|mee|korps** (*Abk.* AK)
Är|mel, der; -s, -
Ar|me|leu|te|es|sen; Ar|me|leu|te|ge|ruch *(abwertend);* **Ar|me|leu|te|vier|tel**
...är|me|lig, ...ärm|lig (z. B. kurzärm[e]lig)
Är|mel|ka|nal, der; -s
Är|mel|län|ge; är|mel|los
Ar|men|haus *(veraltet)*
Ar|me|ni|en (Staat in Vorderasien)
Ar|me|ni|er; Ar|me|ni|e|rin
ar|me|nisch
Ar|men|pfle|ger *(veraltet);* **Ar|men|recht,** das; -[e]s
Ar|men|sün|der|glo|cke [*alte Trennung* ...k|k...], die; -, -n (*österr. für* Armesünderglocke)
Ar|men|vier|tel
Ar|mes|län|ge; auf Armeslänge an jmdn. herankommen; um Armeslänge voraus sein
Ar|me|sün|der, der; des Armesünders, die Armesünder; *bei Beugung des ersten Bestandteils Getrenntschreibung:* des armen Sünders, die armen Sünder, ein armer Sünder [*alte Schreibungen* des Armensünders, die Armensünder, ein Armersünder]
Ar|me|sün|der|glo|cke, [*alte Trennung* ...k|k...], *auch* **Ar|me-Sün|der-Glo|cke**, die; -, -n *(bei Beugung des ersten Bestandteils nur mit Bindestrichen)*

A

ar|mie|ren ‹lat.› (*Technik* ausrüsten, bestücken, bewehren)
Ar|mie|rung; Ar|mie|rungs|ei|sen
...ar|mig (z. B. langarmig)
Ar|min (m. Vorn.)
Ar|mi|ni|us (Cheruskerfürst)
arm|lang; ein armlanger Stiel, *aber* einen Arm lang
Arm|län|ge; Arm|leh|ne
Arm|leuch|ter (*auch* Schimpfwort)
ärm|lich; Ärm|lich|keit, die; -
...ärm|lig *vgl.* ...ärmelig
Ärm|ling (Ärmel zum Überstreifen)
Arm|mus|kel
Ar|mo|ri|ka (*kelt. Bez. für* die Bretagne); **ar|mo|ri|ka|nisch,** *aber* ↑K 140: das Armorikanische Gebirge *(Geol.)*
Arm|reif, der; -[e]s, -e
arm|se|lig; Arm|se|lig|keit, die; -
¹Arm|strong, Louis (amerik. Jazzmusiker)
²Arm|strong, Neil [ni:l] (amerik. Astronaut)
Arm|sün|der|glo|cke *vgl.* Armesünderglocke
Ar|mu|re [...'my:...], **Ar|mü|re,** die; -, -n ‹franz.› (klein gemustertes [Kunst]seidengewebe)
Ar|mut, die; -
Ar|muts|flücht|ling *(Soziol.)*
Ar|muts|zeug|nis
Arm voll [*alte Schreibung* Armvoll] *vgl.* Arm
Arndt (dt. Dichter)
Ar|ni|ka, die; -, -s ‹griech.› (eine Heilpflanze); **Ar|ni|ka|tink|tur**
Ar|nim (märk. Adelsgeschlecht)
¹Ar|no, der; -[s] (ital. Fluss)
²Ar|no (m. Vorn.)
Ar|nold (m. Vorn.)
Ar|nulf (m. Vorn.)
A|rom, das; -s, -e ‹griech.› (*geh. für* Aroma); **A|ro|ma,** das; -s, *Plur.* ...men, -s *u. älter* -ta
a|ro|ma|tisch; aromatische Verbindungen *(Chemie);* **a|ro|ma|ti|sie|ren** (mit Aroma versehen)
A|ron|stab ‹griech.; dt.› (eine Pflanze)
A|ro|sa (Ort in Graubünden); **A|ro|ser**
Ar|pad (erster Herzog der Ungarn); **Ar|pa|de,** der; -n, -n (Angehöriger eines ung. Fürstengeschlechtes)
Ar|peg|gia|tur [...dʒa...], die; -, -en ‹ital.› (*Musik* Reihe gebrochener Akkorde)
ar|peg|gie|ren (nach Harfenart spielen)
ar|peg|gio (nach Harfenart); **Ar|peg|gio,** das; -s, *Plur.* -s *u.* ...ggien [...dʒi̯ən]
Ar|rak, der; -s, *Plur.* -e *u.* -s ‹arab.› (Branntwein aus Reis od. Melasse)
Ar|ran|ge|ment [arãʒəˈmã:], das; -s, -s ‹franz.› (Anordnung; Übereinkunft; Einrichtung eines Musikstücks)
Ar|ran|geur [...ˈʒø:ɐ̯], der; -s, -e (jmd., der etwas arrangiert; jmd., der ein Musikstück einrichtet, einen Schlager instrumentiert)
ar|ran|gie|ren
Ar|ran|gier|pro|be (*Theater* Stellprobe)
Ar|ras (franz. Stadt)
Ar|rest, der; -[e]s, -e ‹lat.› (Beschlagnahme; Haft); **Ar|res|tant** [*alte Trennung* ...|st...], der; -en, -en (*veraltend für* Inhaftierter); **Ar|rest|zel|le**
ar|re|tie|ren (*Technik* anhalten; sperren; *veraltet für* verhaften); **Ar|re|tie|rung** (Sperrvorrichtung)
Ar|rhe|ni|us (schwed. Chemiker u. Physiker)
Ar|rhyth|mie, die; -, ...i̯en ‹griech.› (Unregelmäßigkeit in einer sonst rhythm. Bewegung; *Med.* Unregelmäßigkeit des Herzschlags); **ar|rhyth|misch** [*od.* aˈrʏ...]
Ar|ri|val [ɛˈrai̯vl̩], das; -s, -s ‹engl.› (Ankunft [Hinweis auf Flughäfen])
ar|ri|vie|ren ‹franz.› (in der Karriere vorwärts kommen); **ar|ri|viert** (anerkannt, erfolgreich); **Ar|ri|vier|te,** der *u.* die; -n, -n (anerkannte[r] Künstler[in]; Emporkömmling)
ar|ro|gant ‹lat.› (anmaßend); **Ar|ro|ganz,** die; -
ar|ron|die|ren [arõ...] ‹franz.›; Grundbesitz arrondieren (abrunden, zusammenlegen); **Ar|ron|die|rung**
Ar|ron|dis|se|ment [arõdɪsəˈmã:], das; -s, -s (Unterabteilung eines franz. Departements; Bezirk)
Ar|row|root [ˈɛroru:t], das; -s ‹engl., »Pfeilwurz«› (ein Stärkemehl)
Ar|sa|ki|de, der; -n, -n (Angehöriger eines pers. u. armen. Herrschergeschlechtes)
Arsch [*auch* ˈa:...], der; -[e]s, Ärsche *(derb)*
Arsch|ba|cke ([*alte Trennung* ...k|k...] *derb*); **Arsch|gei|ge** *(derb);* **Arsch|krie|cher** (*derb für* übertrieben schmeichlerischer Mensch)
Arsch|le|der *(Bergmannsspr.)*
Arsch|loch *(derb);* **Arsch|pau|ker** (*derb für* Lehrer); **Arsch|wisch** (*derb für* wertloses Schriftstück)
Ar|sen, das; -s ‹griech.› (chemisches Element; *Zeichen* As)
Ar|se|nal, das; -s, -e ‹arab.-ital.› (Geräte-, Waffenlager)
ar|se|nig ‹griech.› (arsenikhaltig); **Ar|se|nik,** das; -s (*Chemie* giftige Arsenverbindung); **ar|se|nik|hal|tig**
Ar|sen|kies (ein Mineral)
Ar|sen|ver|gif|tung
Ar|sis, die; -, Arsen ‹griech.› (*Verslehre* Hebung)
Art, die; -, -en; ein Mann [von] der Art (solcher Art), *aber* sie hat mich derart (so) beleidigt, dass ...; *vgl.* allerart
Art. = Artikel
Art|an|ga|be (*Sprachw.* Umstandsangabe der Art u. Weise)
Art dé|co [ˈa:ɐ̯ de...], der *u.* das; - - ‹franz.› (Kunst[gewerbe]stil der Jahre 1920–40)
Art|di|rec|tor [ˈɑ:t dɪˈrɛktɐ, *auch* ˈ- daɪˈrɛktɐ; *alte Schreibung* Art-di|rec|tor], der; -s, -s ‹engl.› (künstlerischer Leiter/künstlerische Leiterin des Layouts in einer Werbeagentur)
Art-Di|rek|tor (Berufsbez.); *vgl.* Artdirector; **Art-Di|rek|to|rin**
Ar|te|fakt, das; -[e]s, -e ‹lat.› (*Archäol.* von Menschen geformter vorgeschichtlicher Gegenstand; *geh. für* Kunstwerk)
art|ei|gen (*Biol.* einer bestimmten Art entsprechend, eigen)
Ar|tel, das; -s, -s ‹russ., »Gemeinschaft«› ([Arbeiter]genossenschaft im alten Russland u. in der sowjet. Kollektivwirtschaft)
Ar|te|mis (griech. Göttin der Jagd)
ar|ten; nach jmdm. arten
Ar|ten|reich|tum, der; -s; **Ar|ten|schutz,** der; -es
art|er|hal|tend
Ar|te|rie, die; -, -n ‹griech.› (*Med.* Schlagader); **ar|te|ri|ell;** arterielles Blut
Ar|te|ri|en|ver|kal|kung
Ar|te|ri|i|tis, die; -, ...iiti̯den (Arterienentzündung)
Ar|te|ri|o|skle|ro|se (Arterienverkalkung); **ar|te|ri|o|skle|ro|tisch**
ar|te|sisch ‹*zu* Artois›; artesischer Brunnen (Brunnen, dessen

A

Wasser durch Überdruck des Grundwassers selbsttätig aufsteigt)

art|fremd *(Biol.)*; artfremdes Gewebe

Art|ge|nos|se; art|ge|recht

Ar|th|ral|gie, die; -, ...ien ⟨griech.⟩ *(Med.* Gelenkschmerz, Gliederreißen)

Ar|th|ri|ti|ker (an Arthritis Leidender); **Ar|th|ri|tis,** die; -, ...itiden (Gelenkentzündung); **ar|thri|tisch**

Ar|th|ro|po|den *Plur.* (*Zool.* Gliederfüßer)

Ar|th|ro|se, die; -, -n (*Med.* chronische Gelenkerkrankung)

Ar|thur *vgl.* Artur

ar|ti|fi|zi|ell ⟨franz.⟩ (künstlich)

ar|tig (gesittet; folgsam)

...ar|tig (z. B. gleichartig)

Ar|tig|keit

Ar|ti|kel [*auch* ...ˈtɪ...], der; -s, - ⟨lat.⟩ (Geschlechtswort; Abschnitt eines Gesetzes u. Ä. [*Abk.* Art.]; Ware; Aufsatz); **Ar|ti|kel|se|rie** (Folge von Artikeln zu einem Thema)

ar|ti|ku|lar (*Med.* zum Gelenk gehörend)

Ar|ti|ku|la|ti|on, die; -, -en (*Sprachw.* Lautbildung; [deutliche] Aussprache); **ar|ti|ku|la|to|risch; ar|ti|ku|lie|ren** ([deutlich] aussprechen; zum Ausdruck bringen)

Ar|til|le|rie [...riː, *auch* ...ˈriː], die; -, ...ien ⟨franz.⟩; **Ar|til|le|rist** [*auch* ˈa...], der; -en, -en; **ar|til|le|ris|tisch** [*alte Trennung* ...|st...]

Ar|ti|scho|cke [*alte Trennung* ...k|k...], die; -, -n ⟨ital.⟩ (eine Zier- u. Gemüsepflanze); **Ar|ti|scho|cken|bo|den**

Ar|tist, der; -en, -en ⟨franz.⟩; **Ar|tis|tik** [*alte Trennung* ...|st...], die; - (Kunst der Artisten); **Ar|tis|tin; ar|tis|tisch**

Art nou|veau [ˈaːɐ̯ nuˈvoː], der *u.* das; - - ⟨franz.⟩ (*Bez. für* Jugendstil in England u. Frankreich)

Ar|tois [...ˈto̯a], das; - (hist. Provinz in Nordfrankreich)

Ar|to|thek, die; -, -en ⟨lat.; griech.⟩ (Galerie, die Bilder od. Plastiken ausleiht)

Ar|tur (m. Vorn.)

Ar|tus (sagenhafter walis. König); **Ar|tus|hof,** der; -[e]s

art|ver|wandt

Ar|ve [...və, *schweiz.* ...fə], die; -, -n (Zirbelkiefer)

Arz|nei; Arz|nei|kun|de, die; -

arz|nei|lich

Arz|nei|mit|tel, das; **Arz|nei|mit|tel|leh|re**

Arzt, der; -es, Ärzte

Ärz|te|kam|mer; Ärz|te|schaft, die; -

Arzt|hel|fe|rin

Ärz|tin; ärzt|lich

Arzt|rech|nung; Arzt|ro|man

[1]**as,**[1]**As,** das; -, - (Tonbezeichnung)

[2]**as** (*Zeichen für* as-Moll); in as

[2]**As** (*Zeichen für* As-Dur); in As

[3]**As,** der; Asses, Asse ⟨lat.⟩ (altrömische Gewichts- und Münzeinheit)

[4]**As** = chem. Zeichen für Arsen

[5]**As** [*alte Schreibung für* Ass]

A-Sai|te (z. B. bei der Geige)

asb = Apostilb

As|best, der; -[e]s, -e ⟨griech.⟩ (feuerfeste mineralische Faser); **As|bes|to|se** [*alte Trennung* ...|st...], die; -, -n (*Med.* durch Asbeststaub hervorgerufene Lungenerkrankung)

Asch, der; -[e]s, Äsche (*ostmitteld. für* Napf, [tiefe] Schüssel)

[1]**A|schan|ti,** der; -, - (Angehöriger eines Volksstammes in Ghana)

[2]**A|schan|ti,** die; -, - (*ostösterr. für* Erdnuss); **A|schan|ti|nuss** [*alte Schreibung* Aschan|ti|nuß]

Asch|be|cher *vgl.* Aschenbecher

asch|bleich; asch|blond

A|sche, die; -, -n

Ä|sche, die; -, -n (ein Fisch)

A|sche|ge|halt, der

A|schen|bahn

A|schen|be|cher, Asch|be|cher

A|schen|brö|del, das; -s, - (eine Märchengestalt)

A|schen|gru|be

a|schen|hal|tig

A|schen|put|tel, das; -s, -; *vgl.* Aschenbrödel

A|scher (*ugs. für* Aschenbecher)

Ä|scher (*Gerberei* Aschen- und Kalklauge)

A|scher|mitt|woch (Mittwoch nach Fastnacht)

asch|fahl; asch|far|ben *od.* **asch|far|big**

Asch|ga|bat (Hauptstadt von Turkmenistan)

asch|grau, *aber* ↑K 72: bis ins Aschgraue (bis zum Überdruss); **a|schig**

Asch|ke|na|sim [...ziːm, *auch* ...ˈziːm] *Plur.* ⟨hebr.⟩ (*Bez. für* die ost- u. mitteleuropäischen Juden); **asch|ke|na|sisch**

Asch|ku|chen (*ostmitteld. für* Napfkuchen)

Asch|mo|dai *vgl.* [1]Asmodi

Asch|ram, der; -s, -s ⟨sanskr.⟩ (Zentrum für Meditation in Indien)

ä|schy|le|isch; Ä|schy|lus [*auch* ˈɛː...] (altgriech. Tragiker)

ASCII-Code [ˈaski...] = American Standard Code of Information Interchange ⟨engl.⟩ (*EDV* Zeichenkode zur Darstellung bestimmter Informationen)

As|co|na (schweiz. Ort am Lago Maggiore)

A|s|cor|bin|säu|re *vgl.* Askorbinsäure

As|cot [ˈɛskət] (Dorf in der Nähe von London, berühmter Austragungsort für Pferderennen)

As-Dur [*auch* ˈasˈduːɐ̯], das; - (Tonart; *Zeichen* As); **As-Dur-Ton|lei|ter** ↑K 26

A|se, der; -n, -n *meist Plur.* (germanische Gottheit)

ASEAN [ˈɛsi̯ɛn], die; - = Association of South East Asian Nations (Vereinigung südostasiatischer Staaten zur Förderung von Frieden und Wohlstand); **ASEAN-Staa|ten** *Plur.*

ä|sen; das Rotwild äst (weidet)

A|sep|sis, die; - ⟨griech.⟩ (*Med.* Keimfreiheit); **a|sep|tisch** (keimfrei)

A|ser (*südd. für* Jagdtasche)

Ä|ser; *vgl.* Aas

A|ser|bai|d|schan (Landschaft u. Provinz im nordwestl. Iran; Staat am Kaspischen Meer)

A|ser|bai|d|scha|ner; A|ser|bai|d|scha|ne|rin; a|ser|bai|d|scha|nisch

a|se|xu|al [*auch* azɛˈksu̯aːl], **a|se|xu|ell** [*auch* azɛˈksu̯ɛl] ⟨griech.; lat.⟩ (geschlechtslos)

As|gard (*germ. Mythol.* Sitz der Asen)

A|si|at, der; -en, -en ⟨lat.⟩; **A|si|a|tin; a|si|a|tisch;** asiatische Grippe; **A|si|en**

As|ka|ni|er, der; -s, - (Angehöriger eines alten deutschen Fürstengeschlechtes)

As|ka|ri, der; -s, -s ⟨arab.⟩ (eingeborener Soldat im ehemaligen Deutsch-Ostafrika)

As|ka|ris, die; -, ...iden ⟨griech.⟩ (*Med., Zool.* Spulwurm)

As|ke|se, die; - ⟨griech.⟩ (enthaltsame Lebensweise); **As|ket,** der; -en, -en (enthaltsam lebender

Mensch); **As|ke|tik** *vgl.* Aszetik; **As|ke|tin; as|ke|tisch**

As|k|le|pi|os, As|k|le|pi|us *vgl.* Äskulap

A|s|kor|bin|säu|re, *fachspr.* A|s-cor|bin|säu|re (Vitamin C)

Äs|ku|lap [*auch* 'ɛ...] (griech.-röm. Gott der Heilkunde); **Äs|ku|lap-schlan|ge; Äs|ku|lap|stab**

As|ma|ra (Hauptstadt Eritreas)

[1]**As|mo|di,** *ökum.* Asch|mo|dai ⟨aram.⟩ (ein Dämon im A. T. u. im jüdischen Volksglauben)

[2]**As|mo|di** (dt. Dramatiker)

as-Moll [*auch* 'as'mɔl], das; - (Tonart; *Zeichen* as); **as-Moll-Ton|lei|ter** ↑K 26

Ä|sop (altgriech. Fabeldichter); **ä|so|pisch** (*auch veraltend für* witzig); **Ä|so|pus** *vgl.* Äsop

A|sow|sche Meer [*auch* a'zɔ... -], das; -n -[e]s (Teil des Schwarzen Meeres)

a|so|zi|al ⟨griech.; lat.⟩ (unfähig zum Leben in der Gemeinschaft; am Rand der Gesellschaft lebend); **A|so|zi|a|le,** der *u.* die; **A|so|zi|a|li|tät,** die; -

As|pa|ra|gin, das; -s ⟨griech.⟩ (chem. Verbindung)

As|pa|ra|gus [*auch* ...'ra:...], der; - (Zierspargel)

As|pa|sia (Geliebte [und später Frau] des Perikles)

A|s|pekt, der; -[e]s, -e ⟨lat.⟩ (Ansicht, Gesichtspunkt; *Sprachw.* [den slaw. Sprachen eigentümliche] grammat. Kategorie, die die subjektive Sicht u. Auffassung des Geschehens durch den Sprecher ausdrückt; *Astron.* bestimmte Stellung der Planeten zueinander)

A|s|per|gill, das; -s, -e ⟨lat.⟩ (*kath. Kirche* Weihwasserwedel)

A|s|per|si|on, die; -, -en ⟨lat.⟩ (Besprengung mit Weihwasser)

As|phalt [*auch* 'a...], der; -[e]s, -e ⟨griech.⟩; **as|phal|tie|ren**

as|phal|tisch

As|phalt|lack; As|phalt|stra|ße

As|pho|dill *vgl.* Affodill

As|pik [*auch* ...'pɪk, 'a...], der, *auch* das; -s, -e ⟨franz.⟩ (Gallert aus Gelatine od. Kalbsknochen)

A|s|pi|rant, der; -en, -en ⟨lat.⟩ (Bewerber; Anwärter; *schweiz. auch für* Offiziersschüler)

A|s|pi|ran|tur, die; -, -en (besonderer Ausbildungsgang des wissenschaftlichen Nachwuchses in der DDR)

A|s|pi|ra|ta, die; -, *Plur.* ...ten *u.* ...tä (*Sprachw.* behauchter Verschlusslaut, z. B. griech. ϑ)

A|s|pi|ra|teur [...'tø:ɐ̯], der; -s, -e ⟨franz.⟩ (Maschine zum Vorreinigen des Getreides)

A|s|pi|ra|ti|on, die; -, -en ⟨lat.⟩ (*Sprachw.* [Aussprache mit] Behauchung; *Med.* Ansaugung)

A|s|pi|ra|tor, der; -s, ...oren (Luft-, Gasansauger)

a|s|pi|ra|to|risch (*Sprachw.* mit Behauchung gesprochen); **a|s-pi|rie|ren** (*Sprachw.* mit Behauchung aussprechen; *österr. auch für* sich um etwas bewerben)

A|s|pi|rin ®, das; -s (ein Schmerzmittel)

[1]**Ass** [*alte Schreibung* As], das; Asses, Asse ⟨franz.⟩ (Eins [auf Karten]; das od. der Beste [z. B. im Sport]; *Tennis* für den Gegner unerreichbarer Aufschlagball)

[2]**Ass** [*alte Schreibung* Aß], das; Asses, Asse (*österr. ugs. für* Abszess, Eitergeschwür)

Ass. = Assessor

As|sa|gai, der; -s, -e ⟨berberisch⟩ (Wurfspeer der Bantus)

As|sam (Bundesstaat der Republik Indien)

as|sa|nie|ren ⟨franz.⟩ (*österr.* Grundstücke, Wohngebiete o. Ä. aus hygienischen, sozialen o. a. Gründen verbessern); **As-sa|nie|rung** *(österr.)*

As|sas|si|ne, der; -n, -n ⟨arab.-ital.⟩ (Angehöriger einer moslem. religiösen Gemeinschaft; *veraltet für* Meuchelmörder)

As|saut [a'so:], das; -s, -s ⟨franz.⟩ (Übungsform des Fechtens)

As|se|ku|ranz, die; -, -en ⟨lat.⟩ (*veraltet für* Versicherung, Versicherungsgesellschaft)

As|sel, die; -, -n (ein Krebstier)

As|sem|b|la|ge [asã...ʒə], die; -, -n ⟨franz.⟩ (*Kunst* Kombination verschiedener Objekte)

As|sem|b|ler [ɛ'sɛ..., *auch* a...], der; -s, - ⟨engl.⟩ (*EDV* eine Programmiersprache; Übersetzungsprogramm)

As|ser|ti|on, die; -, -en ⟨lat.⟩ (*Philos.* bestimmte Behauptung); **as|ser|to|risch** (behauptend)

As|ser|vat, das; -[e]s, -e ⟨lat.⟩ (*Rechtsw.* amtlich aufbewahrte Sache); **As|ser|va|ten|kam|mer**

As|sess|ment|cen|ter, *auch* **As-sess|ment-Cen|ter** [ɛ'sɛsmənt-sɛntə(r)] ↑K 22, das; -s, - ⟨engl.⟩ (ein psychologischer Eignungstest; *Abk.* AC); **As|sess|ment-cen|ter|me|tho|de,** *auch* **As|sess-ment-Cen|ter-Me|tho|de** [ɛ'sɛs-mənt...], die; - ⟨engl.⟩ (*Abk.* AC-Methode)

As|ses|sor, der; -s, ...oren ⟨lat.⟩ (Anwärter der höheren Beamtenlaufbahn nach der zweiten Staatsprüfung; *Abk.* Ass.); **as-ses|so|ral; As|ses|so|rin; as|ses-so|risch**

As|si|bi|la|ti|on, die; -, -en ⟨lat.⟩ (*Sprachw.* Aussprache eines Verschlusslautes in Verbindung mit einem Zischlaut, z. B. z = ts in »Zahn«; Verwandlung eines Verschlusslautes in einen Zischlaut, z. B. niederdeutsch »Water« = hochdeutsch »Wasser«); **as|si|bi|lie|ren**

As|si|et|te, die; -, -n ⟨franz.⟩ (flacher Behälter aus Aluminiumfolie)

As|si|mi|la|ti|on, die; -, -en ⟨lat.⟩ *vgl.* Assimilierung; **as|si|mi|lie-ren;** sich assimilieren (anpassen); **As|si|mi|lie|rung** (Angleichung; *Sprachw.* Angleichung eines Mitlautes an einen anderen, z. B. das m in »Lamm« aus mittelhochd. »lamb«)

As|si|sen *Plur.* ⟨lat.⟩ (Schwurgericht in der Schweiz u. in Frankreich)

As|si|si (mittelital. Stadt)

As|sist [ɛ'sɪ...], der; -s, -s ⟨engl.⟩ (*Eishockey, Basketball* Zuspiel, das zum Tor *od.* Korb führt)

As|sis|tent [*alte Trennung* ...|st...], der; -en, -en ⟨lat.⟩ (Gehilfe, Mitarbeiter [an Hochschulen]); **As-sis|ten|tin**

As|sis|tenz [*alte Trennung* ...|st...], die; -, -en (Beistand)

As|sis|tenz|arzt [*alte Trennung* ...|st...]; **As|sis|tenz|trai|ner**

as|sis|tie|ren [*alte Trennung* ...|st...] (beistehen, mitwirken)

As|so|ci|a|ted Press [ɛ'so:ʃi̯e:tɪt -], die; - - ⟨engl.⟩ (US-amerik. Nachrichtenbüro; *Abk.* AP)

As|so|cié [...'si̯e:], der; -s, -s ⟨franz.⟩ (*veraltet für* Teilhaber)

As|so|lu|ta, die; -, -s ⟨ital.⟩ (weibl. Spitzenstar in Ballett u. Oper)

As|so|nanz, die; -, -en ⟨lat.⟩ (*Verslehre* Gleichklang nur der Vokale am Versende, z. B. »haben«; »klagen«)

as|sor|tie|ren ⟨franz.⟩ (nach Warenarten ordnen und vervollständigen)

A

As|sor|ti|ment, das; -[e]s, -e (*veraltet für* Lager; Auswahl, Sortiment)

As|so|zi|a|ti|on, die; -, -en ‹lat.› (Vereinigung; *Psych.* Vorstellungsverknüpfung); **as|so|zi|a|tiv** (durch Vorstellungsverknüpfung bewirkt)

as|so|zi|ie|ren ‹franz.› (verknüpfen); sich assoziieren (sich [genossenschaftlich] zusammenschließen); assoziierte Staaten; **As|so|zi|ie|rung**

ASSR = Autonome Sozialistische Sowjetrepublik (bis 1991)

As|su|an [*od.* 'a...] (oberägypt. Stadt); **As|su|an|stau|damm,** *auch* **As|su|an-Stau|damm**

As|sump|ti|o|nist, der; -en, -en (Angehöriger einer katholischen Ordensgemeinschaft)

As|sum|ti|on, die; -, -en (Mariä Himmelfahrt *[nur Sing.]*; deren bildliche Darstellung)

As|sy|rer; As|sy|ri|en (altes Reich in Mesopotamien); **As|sy|ri|er** *vgl.* Assyrer

As|sy|ri|o|lo|ge, der; -n, -n (Wissenschaftler auf dem Gebiet der Assyriologie); **As|sy|ri|o|lo|gie,** die; - (Erforschung der assyrisch-babylonischen Kultur u. Sprache)

as|sy|risch

Ast, der; -[e]s, Äste

a. St. = alten Stils (Zeitrechnung)

As|ta (w. Vorn.)

AStA, der; -[s], *Plur.* -[s], *auch* ASten = Allgemeiner Studentenausschuss

As|ta|na (Hauptstadt Kasachstans)

As|tar|te (altsemitische Liebes- u. Fruchtbarkeitsgöttin)

A|s|tat, A|s|ta|tin, das; -s ‹griech.› (chemisches Element; *Zeichen* At)

a|s|ta|tisch (*Physik* gegen den Einfluss elektrischer oder magnetischer Felder geschützt)

Äst|chen

as|ten (*ugs. für* sich abmühen); geastet

äs|ten (Äste treiben)

As|ter, die; -, -n ‹griech.› (eine Gartenblume)

As|te|ris|kus, der; -, ...ken (*Druckw.* Sternchen; *Zeichen* *)

As|tern|strauß

As|te|ro|id, der; -en, -en (Planetoid)

ast|frei; astfreies Holz

Ast|ga|bel

A|s|the|nie, die; -, ...ien ‹griech.› (*Med.* allgemeine Körperschwäche); **A|s|the|ni|ker** (schmaler, schmächtiger Mensch); **A|s|the|ni|ke|rin; a|s|the|nisch**

Äs|thet, der; -en, -en (Mensch mit stark ausgeprägtem Schönheitssinn)

Äs|the|tik, die; -, -en *Plur. selten* (Wissenschaft von den Gesetzen der Kunst, bes. vom Schönen; das Schöne, Schönheit); **Äs|the|ti|ker** (Vertreter od. Lehrer der Ästhetik)

Äs|the|tin

äs|the|tisch (*auch für* überfeinert)

äs|the|ti|sie|ren ([einseitig] nach den Gesetzen des Schönen urteilen *od.* gestalten)

Äs|the|ti|zis|mus, der; - (das Ästhetische betonende Haltung)

Asth|ma, das; -s ‹griech.› (anfallsweise auftretende Atemnot); **Asth|ma|an|fall**

Asth|ma|ti|ker; Asth|ma|ti|ke|rin; asth|ma|tisch

[1]**As|ti** (italienische Stadt)

[2]**As|ti,** der; -[s], - (Wein [von [1]Asti]); Asti spumante (italienischer Schaumwein)

a|s|tig|ma|tisch ‹griech.› (*Optik* Punkte strichförmig verzerrend); **A|s|tig|ma|tis|mus,** der; - (*Med.* Stabsichtigkeit; *Optik* Abbildungsfehler von Linsen)

äs|ti|mie|ren ‹franz.› (*veraltend für* schätzen, würdigen)

Ast|loch

[1]**As|t|ra|chan** [...xa(:)n] (russische Stadt)

[2]**As|t|ra|chan,** der; -s, -s (eine Lammfellart)

As|t|ra|chan|ka|vi|ar, *auch* **As|t|ra|chan-Ka|vi|ar**

as|t|ral ‹griech.› (die Gestirne betreffend; Stern...)

As|t|ral|leib (*Okkultismus* dem irdischen Leib innewohnender ätherischer Leib)

ast|rein (*ugs. auch für* völlig in Ordnung, sehr schön)

As|t|rid (w. Vorn.)

As|t|ro|graph, *auch* As|t|ro|graf, der; -en, -en ‹griech.› (Vorrichtung zur fotografischen Aufnahme von Gestirnen, zum Zeichnen von Sternkarten); **As|t|ro|gra|phie,** *auch* As|t|ro|gra|fie, die; -, ...ien (Sternbeschreibung)

As|t|ro|la|bi|um, das; -s, ...ien (altes astron. Instrument)

As|t|ro|lo|ge, der; -n, -n (Sterndeuter); **As|t|ro|lo|gie,** die; - (Sterndeutung); **As|t|ro|lo|gin; as|t|ro|lo|gisch**

As|t|ro|naut, der; -en, -en (Weltraumfahrer); **As|t|ro|nau|tik,** die; - (Wissenschaft von der Raumfahrt, *auch* die Raumfahrt selbst); **As|t|ro|nau|tin; as|t|ro|nau|tisch**

As|t|ro|nom, der; -en, -en (Stern-, Himmelsforscher); **As|t|ro|no|mie,** die; - (wissenschaftliche Stern-, Himmelskunde); **As|t|ro|no|min; as|t|ro|no|misch**

As|t|ro|phy|sik [*auch* ...'zi:k] (Teilgebiet der Astronomie); **as|t|ro|phy|si|ka|lisch**

Äs|tu|ar, das; -s, *Plur.* -e *u.* ...rien ‹lat.› (*fachspr. für* trichterförmige Flussmündung)

As|tu|ri|en (hist. Provinz in Spanien); **As|tu|ri|er; as|tu|risch**

Ast|werk, das; -[e]s

ASU = Abgassonderuntersuchung

A|sun|ci|ón [...'si̯ɔn] (Hauptstadt von Paraguay)

Ä|sung ‹*zu* äsen›

A|syl, das; -s, -e ‹griech.› (Zufluchtsort); **A|sy|lant,** der; -en, -en (*gelegentlich als diskriminierend empfunden* Bewerber um Asylrecht); **A|sy|lan|tin**

A|syl|an|trag; A|syl|be|wer|ber; A|syl|recht (das; -[e]s)

A|sym|me|t|rie [*auch* ...'tri:], die; -, ...ien ‹griech.› (Mangel an Symmetrie); **a|sym|me|t|risch** [*auch* ...'me:...]

A|sym|p|to|te, die; -, -n ‹griech.› (*Math.* Gerade, der sich eine ins Unendliche verlaufende Kurve beliebig nähert, ohne sie zu erreichen); **a|sym|p|to|tisch**

a|syn|chron [*auch* ...'kro:n] ‹griech.› (nicht gleichzeitig)

a|syn|de|tisch [*auch* ...'de...] ‹griech.› (*Sprachw.* nicht durch Konjunktion verbunden); **A|syn|de|ton,** das; -s, ...ta (*Sprachw.* Wort- od. Satzreihe, deren Glieder nicht durch Konjunktionen verbunden sind, z. B. »alles rennet, rettet, flüchtet«)

A|s|zen|dent, der; -en, -en ‹lat.› (*Genealogie* Vorfahr; Verwandter in aufsteigender Linie; *Astron.* Aufgangspunkt eines Gestirns); **A|s|zen|denz,** die; - (Verwandtschaft in aufsteigender Linie; Aufgang eines Gestirns); **a|s|zen|die|ren** (*Astron.* [von Gestirnen] aufsteigen)

As|ze|se usw. *vgl.* Askese usw.

As|ze|tik, die; - (*kath. Kirche* Lehre vom Streben nach christlicher Vollkommenheit)

at *(veraltet)* = technische Atmosphäre

At = chem. Zeichen für Astat

A. T. = Altes Testament

A|ta|ir, der; -s ‹arab.› (ein Stern im Sternbild Adler)

A|ta|man, der; -s, -e ‹russ.› (frei gewählter Stammes- u. militär. Führer der Kosaken)

A|ta|ra|xie, die; - ‹griech.› (Unerschütterlichkeit, Seelenruhe [in der griech. Philosophie])

A|ta|vis|mus, der; -, ...men ‹lat.› (*Biol.* Wiederauftreten von Merkmalen od. Verhaltensweisen aus einem früheren entwicklungsgeschichtlichen Stadium); **a|ta|vis|tisch** [*alte Trennung* ...|st...]

A|te (griech. Göttin des Unheils)

A|te|li|er [atəˈli̯eː], das; -s, -s ‹franz.› (Werkstatt eines Künstlers, Fotografen o. Ä.; Gebäude für Filmaufnahmen); **A|te|li|er|auf|nah|me; A|te|li|er|fens|ter** [*alte Trennung* ...|st...]; **A|te|li|er|fest; A|te|li|er|woh|nung**

A|tem, der; -s; Atem holen; außer Atem sein

a|tem|be|rau|bend

A|tem|be|schwer|den *Plur.*

A|tem|ho|len, das; -s

a|tem|los

A|tem|not, die; -; **A|tem|pau|se**

a tem|po ‹ital.› (*ugs. für* schnell, sofort; *Musik* im Anfangstempo)

a|tem|rau|bend

A|tem|ü|bung; A|tem|we|ge *Plur.*; **A|tem|zug**

Ä|than, *fachspr. auch* E|than, das; -s ‹griech.› (gasförmiger Kohlenwasserstoff)

A|tha|na|sia ‹griech., »die Unsterbliche«› (w. Vorn.); **a|tha|na|si|a|nisch** *(Rel.)*; das Athanasianische Glaubensbekenntnis ↑K 88; **A|tha|na|sie,** die; - (*Rel.* Unsterblichkeit)

A|tha|na|si|us (Kirchenlehrer)

Ä|tha|nol, *fachspr. auch* E|tha|nol, das; -s ‹griech.› (*Chemie* eine organische Verbindung; Weingeist)

A|the|is|mus, der; - ‹griech.› (Weltanschauung, die die Existenz eines Gottes verneint); **A|the|ist,** der; -en, -en; **A|the|is|tin** [*alte Trennung* ...|st...]; **a|the|is|tisch**

A|then (Hauptstadt Griechenlands)

A|the|nä|um, das; -s, ...äen (Tempel der Göttin Athene); **A|the|ne** (griech. Göttin der Weisheit)

A|the|ner; A|the|ne|rin; a|the|nisch

[1]**Ä|ther,** der; -s ‹griech.› (feiner Urstoff in der griech. Philosophie; *geh. für* Himmel)

[2]**Ä|ther,** *fachspr. auch* E|ther, der; -s, - (chem. Verbindung; Betäubungs-, Lösungsmittel)

ä|the|risch (ätherartig; himmlisch; zart); ätherische Öle; **ä|the|ri|sie|ren** (mit [2]Äther behandeln)

a|ther|man ‹griech.› (*Physik* für Wärmestrahlen undurchlässig)

Ä|thi|o|pi|en ‹griech.› (Staat in Ostafrika); **Ä|thi|o|pi|er; Ä|thi|o|pi|e|rin; ä|thi|o|pisch**

Ath|let, der; -en, -en ‹griech.› (kräftig gebauter, muskulöser Mann; Wettkämpfer im Sport); **Ath|le|tik,** die; -; *bes. in* Leichtathletik, Schwerathletik; **Ath|le|ti|ker** (Mensch von athletischer Konstitution); **Ath|le|tin; ath|le|tisch**

A|thos, der; - (Berg auf der nordgriech. Halbinsel Chalkidike)

Ä|thyl, *fachspr. auch* E|thyl, das; -s ‹griech.› (Atomgruppe zahlreicher chem. Verbindungen); **Ä|thyl|al|ko|hol,** der; -s; *vgl.* Äthanol; **Ä|thy|len,** *fachspr. auch* E|thy|len, das; -s (im Leuchtgas enthaltener ungesättigter Kohlenwasserstoff)

Ä|ti|o|lo|gie, die; - ‹griech.› (Lehre von den Ursachen, bes. der Krankheiten)

At|lant, der; -en, -en ‹griech.› (*Bauw.* Gebälkträger in Form einer Männerfigur); *vgl.* [2]Atlas

At|lan|tik, der; -s (Atlantischer Ozean)

At|lan|tik|char|ta, die; - (1941 abgeschlossene Vereinbarung zwischen Großbritannien u. den USA über die Kriegs- u. Nachkriegspolitik)

At|lan|tik|pakt (NATO)

At|lan|tis (sagenhaftes, im Meer versunkenes Inselreich)

at|lan|tisch; ein atlantisches Tief; *aber* ↑K 140: der Atlantische Ozean

[1]**At|las** (griech. Sagengestalt)

[2]**At|las,** der; *Gen.* - *u.* ...lasses, *Plur.* ...lasse *u.* ...lanten (*selten für* Atlant)

[3]**At|las,** der; - (Gebirge in Nordwestafrika)

[4]**At|las,** der; *Gen.* - *u.* ...lasses, *Plur.* ...lasse *u.* ...lanten (Sammlung geographischer Karten [als Buch]; Bildtafelwerk)

[5]**At|las,** der; *Gen.* - *u.* ...lasses (*Med.* erster Halswirbel)

[6]**At|las,** der; *Gen.* - *u.* ...lasses, *Plur.* ...lasse ‹arab.› (ein Seidengewebe); **at|las|sen** (aus [6]Atlas)

atm *(veraltet)* = physikal. Atmosphäre

at|men

At|mo|s|phä|re, die; -, -n ‹griech.› (Lufthülle; *als Druckeinheit früher für* Pascal; *nur Sing.*: Stimmung, Milieu, Umwelt); **At|mo|s|phä|ren|ü|ber|druck** *Plur.* ...drücke; (*Zeichen [veraltet]* atü); **At|mo|s|phä|ri|li|en** *Plur.* (Bestandteile der Luft); **at|mo|s|phä|risch**

AT-Mo|tor [aːˈteː...] = Austauschmotor

At|mung, die; -

at|mungs|ak|tiv *(Werbespr.)*

At|mungs|or|gan *meist Plur.*

Ät|na [*auch* ˈɛ...], der; -[s] (Vulkan auf Sizilien)

Ä|to|li|en (altgriechische Landschaft; Gebiet im westlichen Griechenland); **Ä|to|li|er,** der; -s, - (Angehöriger eines altgriechischen Stammes); **ä|to|lisch**

A|toll, das; -s, -e ‹drawid.› (ringförmige Koralleninsel)

A|tom, das; -s, -e ‹griech.› (kleinste Einheit eines chemischen Elements)

a|to|mar (das Atom, die Kernenergie, die Atomwaffen betreffend; mit Atomwaffen [versehen]); **a|tom|be|trie|ben**

A|tom|bom|be (*kurz* A-Bombe); **A|tom|bom|ben|ver|such**

A|tom|e|ner|gie, die; -; **A|tom|geg|ner; A|tom|ge|wicht**

A|to|mi|seur [...ˈzøːɐ̯], der; -s, -e (Zerstäuber); **a|to|mi|sie|ren** (in Atome auflösen; völlig zerstören); **A|to|mi|sie|rung**

A|to|mis|mus, der; - (Weltanschauung, die alle Vorgänge in der Natur auf Atome und ihre Bewegungen zurückführt); **a|to|mis|tisch** [*alte Trennung* ...|st...]

A|to|mi|um, das; -s (Bauwerk in Brüssel)

A|tom|kern; A|tom|kraft, die; -; **A|tom|kraft|werk** (*Abk.* AKW)

A|tom|krieg; A|tom|macht (Staat, der über Atomwaffen verfügt)

A|tom|mei|ler; A|tom|mi|ne; A|tom|müll; A|tom|phy|sik; A|tom|ra|ke|te; A|tom|re|ak|tor; A|tom|schmug|gel; A|tom-spreng|kopf; A|tom|stopp; A|tom|strom; A|tom|tech|nik

A|tom|test; A|tom|test|stopp|ab-kom|men

A|tom-U-Boot ↑K 26

A|tom|waf|fe *meist Plur.;* **a|tom-waf|fen|frei;** atomwaffenfreie Zone; **A|tom|waf|fen|sperr|ver-trag,** der; -[e]s

A|tom|zeit|al|ter, das; -s

a|to|nal ‹griech.› (*Musik* an keine Tonart gebunden); atonale Musik; **A|to|na|li|tät,** die; -

A|to|nie, die; -, ...ien ‹griech.› (*Med.* Muskelerschlaffung); **a|to|nisch**

A|tout [a'tu:], das, *auch* der; -s, -s ‹franz.› (Trumpf im Kartenspiel)

a|to|xisch [*auch* a'tɔ...] ‹griech.› (*fachspr. für* ungiftig)

A|t|reus (griech. Sagengestalt)

A|t|ri|um, das; -s, ...ien ‹lat.› (nach oben offener [Haupt]raum des altrömischen Hauses; *Archit.* Innenhof)

A|tro|phie, die; -, ...ien ‹griech.› (*Med.* Schwund von Organen, Geweben, Zellen); **a|tro|phisch**

A|t|ro|pin, das; -s ‹griech.› (Gift der Tollkirsche)

A|t|ro|pos (eine der drei Parzen)

ATS (Währungscode für Schilling)

ätsch! *(ugs.)*

At|ta|ché [...'ʃe:], der; -s, -s ‹franz.› (Anwärter des diplomatischen Dienstes; einer Auslandsvertretung zugeteilter Berater); **At|ta|chée,** die; -, -n *vgl.* Attaché; **at|ta|chie|ren** (*veraltet für* zuteilen)

At|ta|cke [*alte Trennung* ...k|k...], die; -, -n ([Reiter]angriff; *Med.* Anfall); **at|ta|ckie|ren** (angreifen)

At|ten|tat [*auch* ...'ta:t], das; -[e]s, -e ‹franz.› ([Mord]anschlag); **At|ten|tä|ter,** der; -s, -

At|ter|see, der; -s (österr. See)

At|test, das; -[e]s, -e ‹lat.› (ärztliche Bescheinigung; Gutachten; Zeugnis)

At|tes|ta|ti|on [*alte Trennung* ...|st...], die; -, -en ‹lat.› (*in der DDR* Qualifikationsbescheinigung ohne Prüfungsnachweis)

at|tes|tie|ren [*alte Trennung* ...|st...] (bescheinigen)

Ät|ti, der; -s (*südwestd. u. schweiz. mdal. für* Vater)

¹At|ti|ka (griech. Halbinsel)

²At|ti|ka, die; -, ...ken ‹griech.-lat.› ([Skulpturen tragender] Aufsatz über dem Hauptgesims eines Bauwerks)

At|ti|ka|woh|nung (*schweiz. für* Penthouse)

¹At|ti|la (Hunnenkönig); *vgl.* Etzel

²At|ti|la, die; -, -s (mit Schnüren besetzte Husarenjacke)

at|tisch (aus ¹Attika)

At|ti|tü|de, die; -, -n ‹franz.› ([innere] Einstellung; [leere] Pose; *Ballett* eine [Schluss]figur)

At|ti|zis|mus, der; -, ...men ‹griech.› (an klassischen Vorbildern orientierter Sprachstil im antiken Griechenland)

At|ti|zist, der; -en, -en (Anhänger des Attizismus); **at|ti|zis|tisch** [*alte Trennung* ...|st...]

Att|nang-Puch|heim (österr. Ort)

At|to... ‹skand.› (ein Trillionstel einer Einheit, z. B. Attofarad = 10^{-18} Farad; *Zeichen* a)

At|trak|ti|on, die; -, -en ‹lat.› (etwas, was große Anziehungskraft hat); **at|trak|tiv** (anziehend); **At|trak|ti|vi|tät,** die; - (Anziehungskraft)

At|trap|pe, die; -, -n ‹franz.› ([täuschend ähnliche] Nachbildung; Schau-, Blindpackung)

at|tri|bu|ie|ren ‹lat.› (als Attribut beifügen); **At|tri|but,** das; -[e]s, -e (charakteristische Eigenschaft; *Sprachw.* Beifügung); **at-tri|bu|tiv** [*auch* 'a...] (beifügend); **At|tri|but|satz**

a|tü *(veraltet)* = Atmosphärenüberdruck

a|ty|pisch (nicht typisch)

Ätz|al|ka|li|en *Plur.* (stark ätzende Hydroxide der Alkalimetalle)

Ätz|druck *Plur.* ...drucke

At|zel, die; -, -n (*landsch. für* Elster)

at|zen (*Jägerspr.* [Greifvögel] füttern); du atzt

ät|zen (mit Säure, Lauge o. Ä. bearbeiten); du ätzt

ät|zend (*ugs. auch für* sehr schlecht)

Ätz|flüs|sig|keit

At|zung (*Jägerspr.* Fütterung, Nahrung [junger Greifvögel])

Ät|zung *(Druckw.)*

au!; au Backe!; auweh!

Au = Aurum (*chem. Zeichen für* Gold)

Au, *österr. nur so, od.* **Aue,** die; -, Auen (*landsch. od. geh. für* flaches Wiesengelände)

AU = Abgasuntersuchung

AUA = Austrian Airlines (österr. Luftverkehrsgesellschaft)

au|ber|gi|ne [obɛr'ʒi:...] ‹arab.-franz.› (rötlich violett); **Au|ber-gi|ne,** die; -, -n (Pflanze mit gurkenähnlichen [violetten] Früchten; Eierpflanze)

a. u. c. = ab urbe condita

auch; wenn auch; auch wenn ↑K 126 *u.* 128

Auck|land ['o:klənt] (Hafenstadt in Neuseeland)

au con|t|raire [o kõ'trɛ:ɐ̯] ‹franz.› (im Gegenteil)

AUD (Währungscode für austral. Dollar)

Au|di ®, der; -[s], -s ‹lat. „audi!" = „horch!"; nach dem Automobilkonstrukteur u. Firmengründer August Horch› (dt. Kraftfahrzeugmarke)

au|di|a|tur et al|te|ra pars ‹lat.› (römischer Rechtsgrundsatz: auch die Gegenpartei soll angehört werden)

Au|di|enz, die; -, -en (feierlicher Empfang; Zulassung zu einer Unterredung)

Au|di|max, das; - (*stud. Kurzw. für* Auditorium maximum)

Au|di|o|book [...'buk], das; -s, -s (gesprochener Text auf Kassette oder CD; Hörbuch)

Au|di|on, das; -s, *Plur.* -s *u.* ...onen (*Elektrot.* Schaltung in Rundfunkempfängern zur Verstärkung der hörbaren Schwingungen)

Au|di|o|vi|si|on, die; - (audiovisuelle Technik; Information durch Wort und Bild); **au|di|o-vi|su|ell** (zugleich hör- u. sichtbar, Hören u. Sehen ansprechend); audiovisueller Unterricht

Au|dit [*auch* 'ɔ:dɪt], das; -s, -s (Prüfung betrieblicher Qualitätsmerkmale)

au|di|tiv ‹lat.› (*Med.* das Hören betreffend; *Psych.* vorwiegend mit Gehörsinn begabt)

Au|di|tor, der; -s, ...oren (Beamter der röm. Kurie, Richter im kanonischen Recht; *österr. früher, schweiz.* öffentl. Ankläger bei einem Militärgericht)

A

auf

– aufs (auf das) – aufs, auf das Beste gespannt sein; *aber* aufs, auf das Beste *od.* beste (sehr gut) informiert sein – auf einmal (*vgl. auch* [1]Mal); aufs Mal (*schweiz. svw.* auf einmal) – auf und ab *(vgl. d.), seltener* auf und nieder – auf und davon *(vgl. d.)* – aufgrund, *auch* auf Grund (*vgl.* Grund) – aufseiten, *auch* auf Seiten [*alte Schreibung* auf seiten]	*Präposition mit Dativ (zur Angabe einer Position) oder Akkusativ (zur Angabe einer Richtung):* – auf dem Tisch liegen, *aber* auf den Tisch legen *Getrenntschreibung in Verbindung mit »sein«* ↑K49: – auf sein [*alte Schreibung* aufsein] (*ugs. für* geöffnet sein; nicht mehr im Bett sein) *Großschreibung der Substantivierung* ↑K81: – das Auf und Nieder, das Auf und Ab

Au|di|to|ri|um, das; -s, ...ien (ein Hörsaal [der Hochschule]; Zuhörerschaft); **Au|di|to|ri|um ma|xi|mum,** das; - - (größter Hörsaal einer Hochschule; *stud. Kurzw.* Audimax)
Aue *vgl.* Au; **Au|en|land|schaft; Au|en|wald,** Au|wald
Au|er|hahn; Au|er|och|se
Au|er|stedt (Dorf in Thüringen)
auf *s. Kasten*
auf... (*in Zus. mit Verben,* z. B. aufführen, du führst auf, aufgeführt, aufzuführen)
auf|ad|die|ren
auf|ar|bei|ten; Auf|ar|bei|tung
auf|at|men
auf|ba|cken [*alte Trennung* ...k|k...]
auf|bag|gern
auf|bah|ren; Auf|bah|rung
auf|bam|meln (*ugs. für* aufhängen)
auf|bän|ken; einen Steinblock aufbänken (auf zwei Haublöcke legen)
Auf|bau, der; -[e]s, *Plur.* (*für* Gebäude-, Schiffsteil:) -ten
Auf|bau|ar|beit; Auf|bau|dar|le|hen
auf|bau|en; eine Theorie auf einer Annahme aufbauen
auf|bau|meln (*ugs. für* aufhängen)
auf|bau|men (*Jägerspr.* sich auf einem Baum niederlassen [vom Federwild]; auf einen Baum klettern [von Luchs, Marder u. a.])
auf|bäu|men, sich
auf|bau|schen (*auch für* übertreiben)
Auf|bau|schu|le
Auf|bau|spie|ler *(Sport)*
Auf|bau|ten *vgl.* Aufbau
Auf|bau|trai|ning *(Sport)*
auf|be|geh|ren
auf|be|hal|ten
auf|bei|ßen
auf|be|kom|men
auf|be|rei|ten; Auf|be|rei|tung
auf|bes|sern; Auf|bes|se|rung, *selten* **Auf|bess|rung** [*alte Schreibung* Auf|beß|rung]
auf|bet|ten (*landsch. für* das Bett machen; *auch für* im Bett höher legen); einen Kranken aufbetten; **Auf|bet|tung**
auf|be|wah|ren; Auf|be|wah|rung; Auf|be|wah|rungs|ort, der; -[e]s, -e
auf|bie|gen
auf|bie|ten; Auf|bie|tung, die; -; unter Aufbietung aller Kräfte
auf|bin|den; jmdm. etwas aufbinden (*ugs. für* weismachen)
auf|blä|hen; *vgl.* aufgebläht; **Auf|blä|hung**
auf|blas|bar; auf|bla|sen
auf|blät|tern
auf|blei|ben
auf|blen|den
auf|bli|cken [*alte Trennung* ...k|k...]
auf|blin|ken
auf|blit|zen
auf|blo|cken [*alte Trennung* ...k|k...]; ein Bild aufblocken
auf|blü|hen
auf|bo|cken [*alte Trennung* ...k|k...]
auf|boh|ren
auf|bra|ten
auf|brau|chen
auf|brau|sen; auf|brau|send
auf|bre|chen (*Jägerspr. auch für* ausweiden)
auf|bren|nen
auf|bre|zeln, sich (*ugs. für* sich auffällig kleiden *u.* schminken)
auf|brin|gen (*auch für* kapern); **Auf|brin|gung,** die; -
auf|bri|sen ⟨*zu* Brise⟩ (an Stärke zunehmen [vom Wind])
auf|bro|deln; Nebel brodelt auf
Auf|bruch, der; -[e]s, ...brüche (*Jägerspr. auch für* Eingeweide des erlegten Wildes; *Bergmannsspr.* senkrechter Blindschacht)
Auf|bruch[s]|stim|mung, die; -
auf|brü|hen
auf|brül|len
auf|brum|men (*ugs. für* auferlegen); eine Strafe aufbrummen
Auf|bü|gel|mus|ter [*alte Trennung* ...|st...]; **auf|bü|geln**
auf|bür|den *(geh.)*
auf|däm|mern
auf|damp|fen
auf|dämp|fen
auf dass [*alte Schreibung* auf daß] (*veraltend für* damit)
auf|de|cken [*alte Trennung* ...k|k...]; **Auf|de|ckung**
auf|don|nern, sich (*ugs. für* sich auffällig kleiden *u.* schminken)
auf|drän|geln, sich *(ugs.);* ich dräng[e]le mich auf
auf|drän|gen; jmdm. etwas aufdrängen; sich jmdm. aufdrängen
auf|dre|hen (*südd., österr. auch für* einschalten; zu schimpfen anfangen, wütend werden)
auf|dring|lich; Auf|dring|lich|keit
auf|drö|seln (*landsch. für* [etwas Verheddertes, Wolle o. Ä. mühsam] aufdrehen)
Auf|druck, der; -[e]s, -e; **auf|drucken** [*alte Trennung* ...k|k...]
auf|drü|cken [*alte Trennung* ...k|k...]

auf|ei|n|an|der

Man schreibt »aufeinander« immer getrennt vom folgenden Verb oder Partizip ↑K50:
– aufeinander achten; aufeinander auffahren; aufeinander warten
– aufeinander beißen, aufeinander folgen, aufeinander legen usw. [*alte Schreibungen* aufeinanderbeißen, aufeinanderfolgen usw.]
– um nicht aufeinander zu prallen [*alte Schreibung* aufeinanderzuprallen]
– die Bücher waren aufeinander gestapelt [*alte Schreibung* aufeinandergestapelt]

A

Auf|ei|n|an|der|fol|ge, die; -
auf|ei|n|an|der fol|gen, auf|ei|n|an|der le|gen, auf|ei|n|an|der sit|zen usw. [*alte Schreibungen* auf|ein|an|der|fol|gen, auf|ein|an|der|le|gen usw.] *vgl.* aufeinander
auf|en|tern; *vgl.* entern
Auf|ent|halt, der; -[e]s, -e
Auf|ent|hal|ter (*schweiz. für* jmd., der an einem Ort nur vorübergehend seinen Wohnsitz hat)
Auf|ent|halts|dau|er; Auf|ent|halts|ge|neh|mi|gung; Auf|ent|halts|ort, der; -[e]s, -e; **Auf|ent|halts|raum**
auf|er|le|gen; ich erlege ihm etwas auf, *seltener* ich auferlege; auferlegt; aufzuerlegen
auf|er|ste|hen; *üblich sind nur ungetrennte Formen, z. B.* wenn er auferstünde, er ist auferstanden; **Auf|er|ste|hung,** die; -
auf|er|we|cken [*alte Trennung* ...k|k...]; *vgl.* auferstehen; **Auf|er|we|ckung**
auf|es|sen
auf|fä|chern; Auf|fä|che|rung
auf|fä|deln; Auf|fä|de|lung, Auf|fäd|lung
auf|fah|ren
Auf|fahrt, die; -, -en (*nur Sing.: südd. u. schweiz. auch für* Christi Himmelfahrt)
Auf|fahrt|ram|pe
Auf|fahrts|stra|ße
Auf|fahr|un|fall
auf|fal|len; damit es nicht auffällt; *aber* auf fällt, dass ... ↑K 47; **auf|fal|lend;** die auffallends|ten Merkmale
auf|fäl|lig; Auf|fäl|lig|keit
Auf|fang|be|cken [*alte Trennung* ...k|k...]
auf|fan|gen
Auf|fang|la|ger; Auf|fang|stel|le
auf|fas|sen
Auf|fas|sung; Auf|fas|sungs|ga|be; Auf|fas|sungs|sa|che *(ugs.)*
auf|fe|gen *(bes. nordd.)*
auf|fin|den; Auf|fin|dung
auf|fi|schen *(ugs.)*
auf|fla|ckern [*alte Trennung* ...k|k...]; **auf|flam|men**
auf|flat|tern
auf|flie|gen (*ugs. auch für* entdeckt werden)
auf|for|dern
Auf|for|de|rung; Auf|for|de|rungs|satz
auf|fors|ten [*alte Trennung* ...|st...] (Wald [wieder] anpflanzen); **Auf|fors|tung**

auf|fres|sen
auf|fri|schen; der Wind frischt auf; **Auf|fri|schung**
auf|führ|bar; Auf|führ|bar|keit, die; -
auf|füh|ren; Auf|füh|rung; Auf|füh|rungs|recht
auf|fül|len; Auf|fül|lung
auf|fut|tern (*ugs. für* aufessen)
Auf|ga|be
auf|ga|beln (*ugs. auch für* zufällig treffen und mitnehmen)
Auf|ga|ben|be|reich, der
Auf|ga|ben|heft
Auf|ga|ben|stel|lung
Auf|ga|be|stem|pel
auf|ga|gen [...gɛ...] (mit Gags versehen, ausstatten)
Auf|ga|lopp (*Reiten* Probegalopp an den Schiedsrichtern vorbei zum Start)
Auf|gang, der
Auf|gangs|punkt *(Astron.)*
auf|ge|ben
auf|ge|bläht (*auch abwertend für* großtuerisch)
auf|ge|bla|sen; ein aufgeblasener (*ugs. für* eingebildeter) Kerl
Auf|ge|bla|sen|heit, die; - *(ugs.)*
Auf|ge|bot; Auf|ge|bots|schein
auf|ge|bracht (*auch für* erzürnt)
auf|ge|don|nert; *vgl.* aufdonnern
auf|ge|dreht (*ugs. für* angeregt)
auf|ge|dun|sen
auf|ge|hen
auf|gei|en (*Seemannsspr.* Segel mit Geitauen zusammenholen)
auf|gei|len *(derb);* sich aufgeilen
auf|ge|klärt; Auf|ge|klärt|heit, die; -
auf|ge|knöpft (*ugs. auch für* mitteilsam)
auf|ge|kratzt; in aufgekratzter (*ugs. für* froher) Stimmung sein
Auf|geld (*für* Agio)
auf|ge|legt (*auch für* zu etwas bereit, gelaunt; *österr. ugs. auch für* offensichtlich); zum Spazierengehen aufgelegt sein
auf|ge|passt! [*alte Schreibung* auf|ge|paßt!]
auf|ge|räumt (*auch für* heiter)
Auf|ge|räumt|heit, die; -
auf|ge|raut [*alte Schreibung* auf|ge|rauht]
auf|ge|regt; Auf|ge|regt|heit, die; -, -en
Auf|ge|sang (*Verslehre* erster Teil der Strophe beim Meistersang)
auf|ge|schlos|sen; Auf|ge|schlos|sen|heit, die; -
auf|ge|schmis|sen; aufgeschmissen (*ugs. für* hilflos) sein

auf|ge|schos|sen; hoch aufgeschossen
auf|ge|schwemmt
auf|ge|ta|kelt (*ugs. für* auffällig, geschmacklos gekleidet)
auf|ge|wärmt
auf|ge|weckt; ein aufgeweckter (kluger) Junge; **Auf|ge|weckt|heit,** die; -
auf|ge|wor|fen; ein aufgeworfener Mund
auf|gie|ßen
auf|glei|sen (*Technik* auf Gleise setzen); du gleist auf; er gleis|te auf; **Auf|glei|sung**
auf|glei|ten (*Meteor.* sich [gleitend] über etwas schieben [von Luftmassen])
auf|glie|dern; Auf|glie|de|rung
auf|glim|men
auf|glü|hen
auf|gra|ben; Auf|gra|bung
auf|grät|schen; auf den Barren aufgrätschen
auf|grei|fen
auf|grund, *auch* **auf Grund;** *Präposition mit Genitiv:* aufgrund, *auch* auf Grund des Wetters
Auf|guss [*alte Schreibung* Aufguß]; **Auf|guss|beu|tel; Auf|guss|tier|chen** (*für* Infusorium)
auf|ha|ben *(ugs.);* es ist schön, einen Hut aufzuhaben; für die Schule viel aufhaben; ein Laden, der mittags aufhat (geöffnet ist)
auf|ha|cken [*alte Trennung* ...k|k...]; den Boden aufhacken
auf|ha|ken (einen Hakenverschluss lösen)
auf|hal|sen (*ugs. für* aufbürden)
auf|hal|ten; Auf|hal|tung
auf|hän|gen; *vgl.* ²hängen
Auf|hän|ger
Auf|hän|ge|vor|rich|tung
Auf|hän|gung
auf|hau|en *(ugs.)*
auf|häu|fen
auf|he|ben
Auf|he|ben, das; -s; [ein] großes Aufheben, viel Aufheben[s] von dem Buch machen
Auf|he|bung, die; -
auf|hei|tern; ich heitere auf; **Auf|hei|te|rung**
auf|hei|zen; Auf|hei|zung
auf|hel|fen
auf|hel|len; Auf|hel|ler; optischer Aufheller *(Chemie);* **Auf|hel|lung**
auf|het|zen; Auf|het|zung
auf|heu|len
auf|ho|len; Auf|hol|jagd
auf|hor|chen

auf|hö|ren
auf|hu|cken [*alte Trennung* ...k|k...] (*ugs. für* auf den Rücken nehmen)
auf|hus|sen (*österr. ugs. für* aufwiegeln)
auf|ja|gen
auf|jauch|zen
auf|jau|len
Auf|kauf; auf|kau|fen; Auf|käu|fer; Auf|käu|fe|rin
auf|keh|ren (*bes. südd. für* zusammenkehren u. aufnehmen)
auf|kei|men
auf|klapp|bar
auf|klap|pen
auf|kla|ren (klar werden, sich aufklären [vom Wetter]; *Seemannsspr.* aufräumen); der Himmel klart auf
auf|klä|ren (Klarheit in etwas Ungeklärtes bringen; belehren; sich aufhellen); der Himmel klärt sich auf
Auf|klä|rer; Auf|klä|re|rin; auf|klä|re|risch; Auf|klä|rung
Auf|klä|rungs|flug|zeug
Auf|klä|rungs|kam|pa|g|ne
auf|klat|schen
auf|klau|ben (*südd., österr. für* aufheben)
auf|kle|ben; Auf|kle|ber
auf|klin|gen
auf|klin|ken
auf|kna|cken [*alte Trennung* ...k|k...]
auf|knöp|fen; *vgl.* aufgeknöpft
auf|kno|ten
auf|knüp|fen; Auf|knüp|fung
auf|ko|chen (*südd., österr. auch für* einen besonderen Anlass reichlich kochen)
auf|kom|men
Auf|kom|men, das; -s, - (Summe der [Steuer]einnahmen)
auf|krat|zen; *vgl.* aufgekratzt
auf|krei|schen
auf|krem|peln
auf|kreu|zen *(ugs.)*
auf|krie|gen *(ugs.)*
auf|kün|den (*älter für* aufkündigen); **auf|kün|di|gen; Auf|kün|di|gung**
Aufl. = Auflage
auf|la|chen
auf|lad|bar; eine aufladbare Chipkarte
auf|la|den; *vgl.* [1]laden; **Auf|la|de|platz; Auf|la|der**
Auf|la|ge (*Abk.* Aufl.); **Auf|la|ge[n]|hö|he; auf|la|gen|stark**
Auf|la|ger *(Bauw.)*

auf|lan|dig (*Seemannsspr.* auf das Land zu wehend od. strömend)
auf|las|sen (aufsteigen lassen; *Bergmannsspr.* [eine Grube] stilllegen; *Rechtsspr.* [Grundeigentum] übertragen; *bes. südd., österr. für* stilllegen, schließen, aufgeben; *ugs. für* geöffnet lassen)
auf|läs|sig (*Bergmannsspr.* außer Betrieb)
Auf|las|sung
auf|las|ten [*alte Trennung* ...|st...] (*für* aufbürden)
auf|lau|ern; jmdm. auflauern
Auf|lauf (Ansammlung; überbackene [Mehl]speise)
Auf|lauf|brem|se *(Technik)*
auf|lau|fen (anwachsen [von Schulden]; *Seemannsspr.* auf Grund geraten)
Auf|lauf|form
auf|le|ben
auf|le|cken [*alte Trennung* ...k|k...]
Auf|le|ge|ma|t|rat|ze
auf|le|gen; *vgl.* aufgelegt
Auf|le|ger
auf|leh|nen, sich; **Auf|leh|nung**
auf|le|sen
auf|leuch|ten
auf|lich|ten; Auf|lich|tung
Auf|lie|fe|rer; auf|lie|fern; Auf|lie|fe|rung
auf|lie|gen (offen ausgelegt sein); sich aufliegen (sich wund liegen)
Auf|lie|ge|zeit (Ruhezeit der Schiffe)
auf|lis|ten [*alte Trennung* ...|st...]; **Auf|lis|tung**
auf|lo|ckern [*alte Trennung* ...k|k...]; **Auf|lo|cke|rung**
auf|lo|dern
auf|lö|sen; Auf|lö|sung
Auf|lö|sungs|er|schei|nung; Auf|lö|sungs|pro|zess [*alte Schreibung* ...pro|zeß]; **Auf|lö|sungs|zei|chen** *(Musik)*
auf|lüp|fisch (*schweiz. für* rebellisch, aufrührerisch)
auf|lut|schen *(ugs.);* den Bonbon auflutschen
auf|lu|ven (*Seemannsspr.* den Winkel zwischen Kurs und Windrichtung verkleinern)
aufm, *auch* **auf'm** ↑K 14; *ugs. für* auf dem, auf einem)
auf|ma|chen; auf- und zumachen; sich aufmachen (sich auf den Weg machen)
Auf|ma|cher (wirkungsvoller Titel; eingängige Schlagzeile)

Auf|ma|chung
auf|ma|len
Auf|marsch, der; **Auf|marsch|ge|län|de; auf|mar|schie|ren**
auf|ma|scherln (*österr. ugs. für* aufputzen); aufgemascherlt
Auf|maß *(Bauw.)*
auf|mer|ken
auf|merk|sam; jmdn. auf etwas aufmerksam machen; **Auf|merk|sam|keit**
auf|mes|sen *(Bauw.)*
auf|mi|schen (*ugs. auch für* verprügeln)
auf|mö|beln (*ugs. für* aufmuntern; erneuern); ich möb[e]le auf
auf|mon|tie|ren
auf|mot|zen (*ugs. für* effektvoller gestalten, zurechtmachen)
auf|mu|cken [*alte Trennung* ...k|k...] *(ugs.)*
auf|mun|tern; ich muntere auf; **Auf|mun|te|rung**
auf|müp|fig (*landsch. für* aufsässig, trotzig); **Auf|müp|fig|keit**
auf|mut|zen (*landsch. für* zum Vorwurf machen)
aufn, *auch* **auf'n** ↑K 14; *ugs. für* auf den, auf einen)
auf|nä|hen; Auf|nä|her
Auf|nah|me, die; -, -n; **Auf|nah|me|be|din|gung** *meist Plur.*
auf|nah|me|fä|hig; Auf|nah|me|fä|hig|keit
Auf|nah|me|ge|bühr; Auf|nah|me|lei|ter, der *(Film);* **Auf|nah|me|prü|fung; Auf|nah|me|tech|nik**
auf|nahms|fä|hig *(österr.);* **Auf|nahms|prü|fung** *(österr.)*
auf|neh|men; Auf|neh|mer (*landsch. für* Scheuerlappen)
äuf|nen (*schweiz. für* [Güter, Bestände, Fonds] vermehren)
auf|nes|teln [*alte Trennung* ...|st...]
auf|nö|ti|gen; jmdm. etw. aufnötigen
Äuf|nung, die; - *(schweiz.)*
auf|ok|t|ro|y|ie|ren (aufdrängen, aufzwingen)
auf|op|fern; sich [für jmdn. *od.* etwas] aufopfern; **Auf|op|fe|rung; auf|op|fe|rungs|voll**
auf|pa|cken [*alte Trennung* ...k|k...]
auf|päp|peln *(ugs.);* ein Kind aufpäppeln
auf|pas|sen; Auf|pas|ser; Auf|pas|se|rin
auf|peit|schen
auf|pel|zen (*österr. für* aufbürden)
auf|pep|pen (*ugs.* einer Sache Pep, Schwung geben)

A

auf|pflan|zen
auf|pfrop|fen
auf|pi|cken [*alte Trennung* ...k|k...] (*österr. ugs. auch für* aufkleben)
auf|plat|zen
auf|plus|tern [*alte Trennung* ...|st...]; sich aufplustern
auf|po|lie|ren
auf|pols|tern [*alte Trennung* ...|st...]
auf|pop|pen (*ugs. für* nach Art der Popkunst aufmachen)
auf|prä|gen
Auf|prall, der; -[e]s, -e *Plur. selten;* **auf|pral|len; Auf|prall|schutz**
Auf|preis (Mehrpreis)
auf|pro|bie|ren
auf|pul|vern
auf|pum|pen
auf|pus|ten [*alte Trennung* ...|st...]
auf|put|schen; Auf|putsch|mit|tel, das
auf|put|zen; sich aufputzen
auf|quel|len; *vgl.* [1]quellen
auf|raf|fen; sich aufraffen
auf|ra|gen
auf|rap|peln, sich (*ugs. für* sich aufraffen)
auf|rau|en [*alte Schreibung* auf|rau|hen]
auf|räu|feln (*landsch. für* [Gestricktes] wieder auflösen); ich räuf[e]le auf
auf|räu|men; *vgl.* aufgeräumt; **Auf|räu|mung; Auf|räu|mungs|ar|bei|ten** *Plur.*
auf|rech|nen; Auf|rech|nung
auf|recht; aufrecht halten, sitzen, stehen, stellen; er kann sich nicht aufrecht halten; aufrecht gehalten; aufrecht zu halten
auf|recht|er|hal|ten (weiterhin bestehen lassen, nicht aufgeben); um einen Anspruch aufrechtzuerhalten; **Auf|recht|er|hal|tung**, die; -
auf|re|gen; auf|re|gend; aufregends|te; **Auf|re|gung**
auf|rei|ben; auf|rei|bend; aufreibends|te
auf|rei|hen; sich aufreihen
auf|rei|ßen (*auch für* im Überblick darstellen; *ugs. auch für* mit jmdm. eine [sexuelle] Beziehung anzuknüpfen versuchen)
auf|rei|ten (*auch Zool.* [von bestimmten Säugetieren] begatten)
auf|rei|zen; auf|rei|zend; aufreizends|te
auf|rib|beln (*landsch. für* aufräufeln)
Auf|rich|te, die; -, -n (*schweiz. für* Richtfest)
auf|rich|ten; sich aufrichten
auf|rich|tig; Auf|rich|tig|keit, die; -
Auf|rich|tung, die; -
Auf|riss [*alte Schreibung* Auf|riß] (Bauzeichnung)
auf|rol|len; Auf|rol|lung, die; -
auf|rü|cken [*alte Trennung* ...k|k...]
Auf|ruf; auf|ru|fen
Auf|ruhr, der; -[e]s, -e *Plur. selten;* **auf|rüh|ren; Auf|rüh|rer; auf|rüh|re|risch**
auf|run|den ([Zahlen] nach oben runden); **Auf|run|dung**
auf|rü|schen (*ugs. für* herausputzen)
auf|rüs|ten [*alte Trennung* ...|st...]; **Auf|rüs|tung**
auf|rüt|teln; Auf|rüt|te|lung, Auf|rütt|lung
aufs; ↑K 14 (auf das); *vgl.* auf
auf|sa|gen; Auf|sa|gung (*geh. auch für* Kündigung)
auf|sam|meln
Auf|san|dung (*österr. Rechtsw.* Einwilligung eines Liegenschaftseigentümers zur Belastung des Grundstücks); **Auf|san|dungs|ur|kun|de**
auf|säs|sig; Auf|säs|sig|keit, die; -
Auf|satz; Auf|satz|the|ma
auf|sau|gen
auf|schal|ten (*Fernspr.* eine Verbindung zu einem besetzten Anschluss herstellen); **Auf|schal|tung**
auf|schär|fen (*Jägerspr.* [den Balg] aufschneiden)
auf|schau|en
auf|schau|keln
auf|schäu|men
auf|schei|nen (*österr. für* erscheinen, vorkommen)
auf|scheu|chen
auf|scheu|ern; ich scheuere mir die Knie auf
auf|schich|ten; Auf|schich|tung
auf|schie|ben; Auf|schie|bung
auf|schie|ßen
Auf|schlag; auf|schla|gen; Auf|schlä|ger
Auf|schlag|feh|ler; Auf|schlag|ver|lust (*Tennis*); **Auf|schlag|zün|der**
auf|schläm|men
auf|schlie|ßen; *vgl.* aufgeschlossen; **Auf|schlie|ßung**, die; -
auf|schlit|zen
auf|schluch|zen
Auf|schluss [*alte Schreibung* Aufschluß]
auf|schlüs|seln; Auf|schlüs|se|lung, Auf|schlüss|lung [*alte Schreibung* Auf|schlüß|lung]
auf|schluss|reich [*alte Schreibung* auf|schluß|reich]
auf|schnap|pen
auf|schnei|den (*ugs. auch für* prahlen)
Auf|schnei|der; Auf|schnei|de|rei; auf|schnei|de|risch
Auf|schnitt, der; -[e]s
auf|schnü|ren
auf|schrau|ben
[1]**auf|schre|cken** [*alte Trennung* ...k|k...]; sie schrak *od.* schreckte auf; sie war aufgeschreckt; *vgl.* schrecken
[2]**auf|schre|cken** [*alte Trennung* ...k|k...]; ich schreckte ihn auf; sie hatte ihn aufgeschreckt; *vgl.* schrecken
Auf|schrei
auf|schrei|ben; ich schreibe mir etwas auf
auf|schrei|en
Auf|schrift
Auf|schub
auf|schür|fen
auf|schüt|teln
auf|schüt|ten; Auf|schüt|tung
auf|schwat|zen, *landsch.* **auf|schwät|zen**
auf|schwei|ßen
[1]**auf|schwel|len;** der Leib schwoll auf, ist aufgeschwollen; *vgl.* [1]schwellen
[2]**auf|schwel|len;** der Exkurs schwellte das Buch auf, hat das Buch aufgeschwellt; *vgl.* [2]schwellen
Auf|schwel|lung
auf|schwem|men; Auf|schwem|mung
auf|schwin|gen; Auf|schwung
auf|se|hen; zu jmdm. aufsehen (jmdn. bewundern)
Auf|se|hen, das; -s; Aufsehen erregen
Auf|se|hen er|re|gend, *auch* **auf|se|hen|er|regend** ↑K 58 *u.* 59; ein Aufsehen erregender, *auch* aufsehenerregender Fall; *aber nur* ein großes Aufsehen erregender Fall, ein äußerst aufsehenerregender Fall, ein noch aufsehenerregenderer Fall
Auf|se|her; Auf|se|he|rin
auf sein [*alte Schreibung* auf|sein] *vgl.* auf
auf|sei|ten, *auch* **auf Sei|ten** [*alte Schreibung* auf sei|ten]; *mit Genitiv:* aufseiten, *auch* auf Seiten der Regierung

auf|set|zen; Auf|set|zer *(bes. Fußball, Handball)*
auf|seuf|zen
Auf|sicht, die; -, -en; der Aufsicht führende [*alte Schreibung* aufsichtführende] Lehrer
Auf|sicht Füh|ren|de, der *u.* die; - -n, - -n, *auch* **Auf|sicht|füh|ren|de,** der *u.* die; -n, -n
Auf|sichts|be|am|te
Auf|sichts|be|hör|de
auf|sicht[s]|los
Auf|sichts|pflicht
Auf|sichts|rat *Plur.* ...räte
Auf|sichts|rats|sit|zung
Auf|sichts|rats|vor|sit|zen|de
auf|sit|zen; jmdm. aufsitzen (auf jmdn. hereinfallen); **Auf|sit|zer** (*österr. für* Reinfall)
auf|spal|ten; Auf|spal|tung
auf|span|nen
auf|spa|ren; ich spare mir etwas auf; **Auf|spa|rung**
auf|spei|chern; Auf|spei|che|rung
auf|sper|ren
auf|spie|len; sich aufspielen
auf|spie|ßen
auf|split|tern; Auf|split|te|rung
auf|spray|en
auf|spren|gen
auf|sprie|ßen
auf|sprin|gen
auf|sprit|zen
auf|sprü|hen
Auf|sprung
auf|spu|len
auf|spü|len; Sand aufspülen
auf|spü|ren; Auf|spü|rung
auf|sta|cheln; Auf|sta|che|lung, Auf|stach|lung
auf|stamp|fen
Auf|stand
auf|stän|dern (*Technik* auf Ständern errichten); ich ständere auf; **Auf|stän|de|rung**
auf|stän|disch; Auf|stän|di|sche, der *u.* die; -n, -n
auf|sta|peln; Auf|sta|pe|lung, Auf|stap|lung
Auf|stau *(Technik, Wasserbau)*
auf|stäu|ben
auf|stau|en
auf|ste|chen
auf|ste|cken [*alte Trennung* ...k|k...]; *vgl.* ²stecken
auf|ste|hen
auf|stei|gen (*österr. auch für* in die nächste Klasse kommen); **Auf|stei|ger; Auf|stei|ge|rin**
auf|stel|len; Auf|stel|lung
auf|stem|men
auf|step|pen
Auf|stieg, der; -[e]s, -e
Auf|stiegs|mög|lich|keit
Auf|stiegs|spiel *(Sport)*
auf|stö|bern
auf|sto|cken [*alte Trennung* ...k|k...] ([um ein Stockwerk] erhöhen); **Auf|sto|ckung**
auf|stöh|nen
auf|stöp|seln *(ugs.);* eine Flasche aufstöpseln
auf|stö|ren; jmdn. aufstören
auf|sto|ßen; mir stößt etwas auf
auf|stre|ben; auf|stre|bend
auf|strei|chen; Auf|strich
Auf|strom, der; -[e]s (*Technik* aufsteigender Luftstrom)
auf|stu|fen (höher einstufen); **Auf|stu|fung**
auf|stül|pen
auf|stüt|zen
auf|su|chen
auf|sum|men, auf|sum|mie|ren (*EDV* Werte addieren od. subtrahieren)
auf|ta|keln (*Seemannsspr.* mit Takelwerk ausrüsten); sich auftakeln (*ugs. für* sich sehr auffällig kleiden und schminken); *vgl.* aufgetakelt; **Auf|ta|ke|lung, Auf|tak|lung**
Auf|takt, der; -[e]s, -e
auf|tan|ken
auf|tau|chen
auf|tau|en
auf|tei|len; Auf|tei|lung
auf|tip|pen; den Ball kurz auftippen
auf|ti|schen ([Speisen] auftragen; *ugs. für* vorbringen)
auf|top|pen (*Seemannsspr.* die Rahen in senkrechter Richtung bewegen)
Auf|trag, der; -[e]s, ...träge; im -[e] (*Abk.* i. A. *od.* I. A.; *vgl. d.*)
auf|tra|gen
Auf|trag|ge|ber; Auf|trag|neh|mer
Auf|trags|ar|beit; Auf|trags|be|stand; Auf|trags|be|stä|ti|gung; Auf|trags|buch
auf|trags|ge|mäß
Auf|trags|la|ge *(Wirtsch.);* **Auf|trags|pols|ter** ([*alte Trennung* ...|st...] *Wirtsch.* Vorrat an Aufträgen); **Auf|trags|rück|gang**
Auf|trag[s]|wal|ze *(Druckw.)*
auf|tref|fen
auf|trei|ben
auf|tren|nen
auf|tre|ten; Auf|tre|ten, das; -s
Auf|trieb; Auf|triebs|kraft
Auf|tritt; Auf|tritts|ver|bot
auf|trump|fen
auf|tun; sich auftun
auf|tup|fen; Wassertropfen [mit einem Tuch] auftupfen
auf|tür|men; sich auftürmen
auf und ab; auf und ab gehen (ohne bestimmtes Ziel), *aber* (*in Zus.;* ↑K 31): auf- und absteigen (aufsteigen und absteigen)
Auf und Ab, das; - - -[s]
Auf-und-ab-Ge|hen, das; -s; ↑K 27 ein Platz zum Auf-und-ab-Gehen, *aber* ↑K 31 *u.* 82: das Auf- und Absteigen (Aufsteigen und Absteigen)
auf und da|von; sich auf und davon machen *(ugs.);* zum Auf-und-davon-Laufen sein ↑K 27
auf|wa|chen
auf|wach|sen
auf|wal|len; Auf|wal|lung
auf|wäl|ti|gen (*Bergmannsspr.; vgl.* gewältigen)
Auf|wand, der; -[e]s, Aufwände
auf|wän|dig, auf|wen|dig; ein aufwändiger *od.* aufwendiger Lebensstil
Auf|wands|ent|schä|di|gung
auf|wär|men; Auf|wär|mung
Auf|war|te|frau
auf|war|ten

auf|wärts

– auf- und abwärts

Man schreibt »aufwärts« immer getrennt vom folgenden Verb oder Partizip ↑K 50:
- aufwärts gehen, fahren, laufen usw.; er ist diesen Weg aufwärts gegangen
- es ist mit ihr aufwärts gegangen [*alte Schreibung* aufwärtsgegangen] (besser geworden)

Auf|wärts|ent|wick|lung; Auf|wärts|ha|ken *(Boxen);* **Auf|wärts|trend**
Auf|war|tung
Auf|wasch, der; -[e]s (Geschirrspülen; schmutziges Geschirr); **auf|wa|schen**
Auf|wasch|tisch; Auf|wasch|was|ser *Plur.* ...wässer
auf|we|cken [*alte Trennung* ...k|k...]; *vgl.* aufgeweckt
auf|wei|chen; *vgl.* ¹weichen; **Auf|wei|chung**
Auf|weis, der; -es, -e; **auf|wei|sen**
auf|wen|den; ich wandte *od.* wendete viel Zeit auf, habe aufgewandt *od.* aufgewendet; aufgewandte *od.* aufgewendete Zeit

A

auf|wen|dig, auf|wän|dig; ein aufwendiger *od.* aufwändiger Lebensstil
Auf|wen|dung
auf|wer|fen; sich zum Richter aufwerfen
auf|wer|ten; Auf|wer|tung
auf|wi|ckeln [*alte Trennung* ...k|k...]; **Auf|wi|cke|lung, Auf|wick|lung**
Auf|wie|ge|lei *(abwertend);* **auf|wie|geln; Auf|wie|ge|lung**
auf|wie|gen
Auf|wieg|ler; Auf|wieg|le|rin; auf|wieg|le|risch; Auf|wieg|lung *vgl.* Aufwiegelung
Auf|wind (*Meteor.* aufsteigender Luftstrom)
auf|wir|beln
auf|wi|schen; Auf|wisch|lap|pen
auf|wöl|ben
auf|wöl|ken
Auf|wuchs *(Forstw.)*
auf|wüh|len
Auf|wurf
auf|zah|len (*südd., österr. für* dazuzahlen); **auf|zäh|len**
Auf|zah|lung (*südd., österr., schweiz. auch für* Aufpreis); **Auf|zäh|lung**
auf|zäu|men; das Pferd am *od.* beim Schwanz aufzäumen (*ugs. für* etwas verkehrt beginnen)
auf|zeh|ren
auf|zeich|nen; Auf|zeich|nung
auf|zei|gen (dartun, darlegen)
auf Zeit (*Abk.* a. Z.)
auf|zie|hen; Auf|zucht; auf|züch|ten
auf|zu|cken [*alte Trennung* ...k|k...]
Auf|zug; Auf|zug|füh|rer; Auf|zug[s]|schacht
auf|zün|geln *(geh.)*
auf|zwin|gen; jmdm. etwas aufzwingen
auf|zwir|beln; die Bartenden aufzwirbeln
Aug. = August (Monat)
Aug|ap|fel
Au|ge, das; -s, -n; Auge um Auge; **Äu|gel|chen**
äu|geln (*veraltet für* [verstohlen] blicken; *auch für* okulieren); ich äug[e]le
äu|gen ([angespannt] blicken)
Au|gen|arzt; Au|gen|auf|schlag; Au|gen|bank *Plur.* ...banken *(Med.)*
Au|gen|blick[1]; **au|gen|blick|lich**[1]; **au|gen|blicks**[1] (*veraltend für* sofort, sogleich)
Au|gen|blicks|i|dee[1], **Au|gen|blicks|sa|che**[1]
Au|gen|braue; Au|gen|brau|en|stift
Au|gen|de|ckel [*alte Trennung* ...k|k...]; **Au|gen|di|a|g|no|se**
au|gen|fäl|lig
Au|gen|far|be
Au|gen|glas (*veraltend; vgl.* [1]Glas)
Au|gen|heil|kun|de; Au|gen|kli|nik; Au|gen|krank|heit; Au|gen|licht, das; -[e]s; **Au|gen|lid**
Au|gen-Make-up ↑K 26
Au|gen|maß, das
Au|gen|merk, das; -[e]s
Au|gen|op|ti|ker
Au|gen|pul|ver, das; -s (*ugs. für* sehr kleine Schrift)
Au|gen|rin|ge *Plur.* (Schatten unter den Augen); **Au|gen|schat|ten** *Plur.*
Au|gen|schein, der; -[e]s; **au|gen|schein|lich** [*auch* ...ˈʃai...]
Au|gen|stern (*ugs. für* das Liebste)
Au|gen|trost (eine Heilpflanze)
Au|gen|wei|de, die; -
Au|gen|win|kel
Au|gen|wi|sche|rei
Au|gen|zahn (oberer Eckzahn)
Au|gen|zeu|ge; Au|gen|zeu|gen|be|richt
Au|gen|zwin|kern, das; -s; **au|gen|zwin|kernd**
Au|gi|as (Gestalt der griech. Sage); **Au|gi|as|stall** [*auch* ˈau...] (*übertr. auch für* korrupte Verhältnisse)
...äu|gig (z. B. braunäugig)
Au|git, der; -s, -e ‹griech.› (ein Mineral)
Äug|lein
Aug|ment, das; -s, -e ‹lat.› (*Sprachw.* Vorsilbe des Verbstammes zur Bezeichnung der Vergangenheit, bes. im Sanskrit u. im Griechischen)
Aug|men|ta|ti|on, die; -, -en (*Musik* Vergrößerung der Notenwerte)
au gra|tin [o ...ˈtɛ̃ː] ‹franz.› (*Gastron.* mit einer Kruste überbacken)
Augs|burg (Stadt am Lech)
Augs|bur|ger; Augsburger Bekenntnis (*Abk. [österr.]* A. B.)
augs|bur|gisch, *aber* ↑K 150: die Augsburgische Konfession
Aug|spross [*alte Schreibung* ...sproß] *od.* **...spros|se** (*Jägerspr.* unterste Sprosse am Hirschgeweih)
Au|gur, der; *Gen.* -s *u.* ...uren, *Plur.* ...uren ‹lat., »Vogelschauer«› (Priester im alten Rom; Wahrsager)
Au|gu|ren|lä|cheln, das; -s (wissendes Lächeln Eingeweihter)
[1]**Au|gust,** der; *Gen.* -[e]s *u.* -, *Plur.* -e ‹lat.› (achter Monat im Jahr, Ernting, Erntemonat; *Abk.* Aug.)
[2]**Au|gust** (m. Vorn.); der dumme August (Clown)
Au|gus|ta, Au|gus|te [*alte Trennung* ...st...] (w. Vorn.)
au|gus|te|isch [*alte Trennung* ...|st...] ↑K 89; das Augusteische Zeitalter (Zeitalter des Kaisers Augustus); *aber* ein augusteisches (der Kunst und Literatur günstiges) Zeitalter
[1]**Au|gus|tin** [*alte Trennung* ...|st...] (m. Vorn.)
[2]**Au|gus|tin** [*alte Trennung* ...|st...] *vgl.* Augustinus
Au|gus|ti|ne [*alte Trennung* ...|st...] (w. Vorn.)
Au|gus|ti|ner [*alte Trennung* ...|st...], der; -s, - (Angehöriger eines katholischen Ordens)
Au|gus|ti|nus, Au|gus|tin [*alte Trennung* ...|st...] (Heiliger, Kirchenlehrer); **Au|gus|tus** (Beiname des römischen Kaisers Oktavian)
Auk|ti|on, die; -, -en ‹lat.› (Versteigerung)
Auk|ti|o|na|tor, der; -s, ...oren (Versteigerer); **Auk|ti|o|na|to|rin; auk|ti|o|nie|ren**
Au|la, die; -, *Plur.* ...len *u.* -s ‹lat.› (Fest-, Versammlungssaal in [Hoch]schulen)
Au|le, die; -, -n (*landsch. derb für* Auswurf)
Au|los, der; -, ...oi ‹griech.› (ein antikes griechisches Musikinstrument)
au na|tu|rel [o ...ty...] ‹franz.› (*Gastron.* ohne künstlichen Zusatz [bei Speisen, Getränken])
au pair [o ˈpɛːɐ̯] ‹franz.› (ohne Bezahlung, nur gegen Unterkunft u. Verpflegung)
Au|pair|mäd|chen, *auch* **Au-pair-Mädchen** ↑K 26
AU-Pla|ket|te [aːˈuː...]
Au|ra, die; -, Auren *od.* Aurae ‹lat.› (besondere Ausstrahlung; *Med.* Unbehagen vor epileptischen Anfällen)
Au|ra|min, das; -s ‹nlat.› (gelber Farbstoff)
Au|rar *vgl.* Eyrir

[1] [*auch* ...ˈblɪk(...)]

Au|re|lia, Au|re|lie (w. Vorn.)
Au|re|li|an (römischer Kaiser)
Au|re|lie *vgl.* Aurelia
Au|re|li|us (altrömischer Geschlechtername)
Au|re|o|le, die; -, -n ‹lat.› (Heiligenschein; Hof [um Sonne und Mond])
Au|ri|g|na|ci|en [orɪnja'si̯ɛ̃:], das; -[s] ‹nach der französischen Stadt Aurignac› (Kulturstufe der jüngeren Altsteinzeit); **Au|ri|g|nac|mensch** [...'jak...]
Au|ri|kel, die; -, -n ‹lat.› (eine Primelart)
au|ri|ku|lar (*Med.* die Ohren betreffend)
Au|ri|pig|ment, das; -[e]s ‹lat.› (ein Mineral, Rauschgelb)
[1]**Au|ro|ra** (römische Göttin der Morgenröte)
[2]**Au|ro|ra,** die; -, -s (ein Schmetterling; Lichterscheinung in der oberen Atmosphäre); **Au|ro|ra|fal|ter**
Au|rum, das; -[s] ‹lat.› (*lat. Bez. für* Gold; *Zeichen* Au)

aus

Präposition mit Dativ:
– aus dem Hause; aus aller Herren Länder[n]

Adverb:
– aus sein [*alte Schreibung* aussein] (*ugs. für* zu Ende, erloschen, ausgeschaltet sein); auf etwas aus sein [*alte Schreibung* aussein] (*ugs. für* erpicht sein)
– weder aus noch ein wissen; aus und ein gehen (verkehren), *aber* (*in Zusammensetzungen;* ↑K31): aus- und eingehende (ausgehende und eingehende) Waren

Aus, das; -, - (*Sportspr.* Raum außerhalb des Spielfeldes)
aus... (*in Zus. mit Verben,* z. B. ausbeuten, du beutest aus, ausgebeutet, auszubeuten)
aus|a|gie|ren *(Psych.)*
aus|a|pern (*südd., österr., schweiz. für* schneefrei werden)
aus|ar|bei|ten; sich ausarbeiten; **Aus|ar|bei|tung**
aus|ar|ten; Aus|ar|tung
aus|äs|ten [*alte Trennung* ...|st...]; Obstbäume ausästen
aus|at|men; Aus|at|mung
aus|ba|cken [*alte Trennung* ...k|k...]
aus|ba|den; etwas ausbaden müssen *(ugs.)*
aus|bag|gern
aus|ba|ken (*Seew.* mit Baken versehen)
aus|ba|lan|cie|ren
aus|bal|do|wern ‹dt.; jidd.› (*ugs. für* auskundschaften)
Aus|ball *(Sportspr.)*
Aus|bau, der; -[e]s, *Plur.* (*für* Gebäudeteile, abseits gelegene Anwesen:) ...bauten
aus|bau|chen; Aus|bau|chung
aus|bau|en; aus|bau|fä|hig
Aus|bau|woh|nung
aus|be|din|gen, sich; *vgl.* [2]bedingen
aus|bei|nen (*landsch. für* Knochen aus dem Fleisch lösen)
aus|bei|ßen; ich beiße mir die Zähne aus
aus|bes|sern; Aus|bes|se|rung
aus|bes|se|rungs|be|dürf|tig
aus|beu|len
Aus|beu|te, die; -, -n
aus|beu|teln (*bes. österr. für* ausschütteln)
aus|beu|ten; Aus|beu|ter; Aus|beu|te|rei, die; -; **Aus|beu|te|rin; aus|beu|te|risch**
Aus|beu|ter|klas|se, die; - *(marxist. Theorie)*
Aus|beu|tung
aus|be|zah|len
aus|bie|gen
aus|bie|ten (feilbieten); **Aus|bie|tung** (Aufforderung zum Bieten bei Versteigerungen)
aus|bil|den
Aus|bil|den|de, der *u.* die; -n, -n
Aus|bil|der; Aus|bil|de|rin; Aus|bild|ner *(österr. u. schweiz.)*
Aus|bil|dung; Aus|bil|dungs|bei|hil|fe; Aus|bil|dungs|för|de|rungs|ge|setz; Aus|bil|dungs|ver|trag; Aus|bil|dungs|zen|t|rum
aus|bit|ten; ich bitte mir Ruhe aus
aus|bla|sen; Aus|blä|ser (ausgebranntes, nicht auseinander gesprengtes Artilleriegeschoss)
aus|blei|ben
[1]**aus|blei|chen** (bleich machen); du bleichtest aus; ausgebleicht; *vgl.* [1]bleichen
[2]**aus|blei|chen** (bleich werden); es blich aus; ausgeblichen (*auch* ausgebleicht); *vgl.* [2]bleichen
aus|blen|den
Aus|blick; aus|bli|cken [*alte Trennung* ...k|k...]
aus|blü|hen (*fachspr. auch für* an die Oberfläche treten und eine Verkrustung entstehen lassen [von bestimmten Salzen]); **Aus|blü|hung**
aus|blu|ten
aus|bo|gen; ausgebogte Zacken
aus|boh|ren
aus|bo|jen (*Seew.* ein Fahrwasser mit Seezeichen versehen); er bojet aus, hat ausgebojet
aus|bom|ben; *vgl.* Ausgebombte
aus|boo|ten (*ugs. auch für* entmachten, entlassen)
aus|bor|gen; ich borge mir ein Buch von ihm aus
aus|bra|ten; Speck ausbraten
aus|bre|chen; Aus|bre|cher
aus|brei|ten; Aus|brei|tung, die; -
aus|brem|sen *(Rennsport)*
aus|bren|nen
aus|brin|gen; einen Trinkspruch ausbringen
Aus|bruch, der; -[e]s, ...brüche (*auch für* Wein besonderer Güte); **Aus|bruchs|ver|such**
aus|brü|hen; die Teekanne ausbrühen
aus|brü|ten
aus|bu|chen (*Kaufmannsspr.* aus dem Rechnungsbuch streichen); *vgl.* ausgebucht
aus|buch|ten; Aus|buch|tung
aus|bud|deln *(ugs.)*
aus|bü|geln (*ugs. auch für* bereinigen)
aus|bu|hen (*ugs.* durch Buhrufe sein Missfallen ausdrücken)
Aus|bund, der; -[e]s; **aus|bün|dig** (*veraltet für* außerordentlich)
aus|bür|gern; ich bürgere aus; **Aus|bür|ge|rung**
aus|bürs|ten [*alte Trennung* ...|st...]
aus|bü|xen (*landsch. für* weglaufen); du büxt aus
aus|che|cken [*alte Trennung* ...k|k...] ‹dt.; engl.› *(Flugw.)*
Ausch|witz (im 2. Weltkrieg Vernichtungslager der Nationalsozialisten in Polen)
Aus|dau|er; aus|dau|ernd
aus|deh|nen; sich ausdehnen; **Aus|deh|nung; Aus|deh|nungs|ko|ef|fi|zi|ent** *(Physik)*
aus|dei|chen (Landflächen durch Zurückverlegung des Deichs preisgeben)
aus|den|ken; ich denke mir etwas aus
aus|deu|ten (*für* interpretieren)
aus|die|nen; *vgl.* ausgedient
aus|dif|fe|ren|zie|ren; sich ausdifferenzieren
aus|dis|ku|tie|ren
aus|do|cken [*alte Trennung*

A

aus|ei|n|a̤n|der

Man schreibt »auseinander« immer getrennt vom folgenden Verb oder Partizip K↑50:
- auseinander sein
- auseinander biegen, dividieren, fallen, laufen, ziehen [*alte Schreibungen* auseinanderbiegen, auseinanderdividieren, auseinanderfallen usw.]
- sie sind als Freunde auseinander gegangen [*alte Schreibung* auseinandergegangen]
- der Lehrer will die Schüler auseinander setzen; wir haben uns noch mit diesem Thema auseinander zu setzen [*alte Schreibung* auseinanderzusetzen]
- jmdm. etwas auseinander klamüsern, posamentieren [*alte Schreibungen* auseinanderklamüsern, auseinanderposamentieren] (*landsch. für* erklären)

...k|k...] (*Schiffbau* aus dem Dock holen)
aus|dor|ren; aus|dör|ren
aus|dre|hen
Aus|druck, der; -[e]s, *Plur.* ...drücke *u.* (*Druckw.:*) ...drucke
aus|dru|cken [*alte Trennung* ...k|k...]; einen Text ausdrucken
aus|drü|cken [*alte Trennung* ...k|k...]; sich ausdrücken
aus|drück|lich [*auch* ...'drʏ...];
Aus|drucks|kunst, die; - (*auch für* Expressionismus)
aus|drucks|los; Aus|drucks|lo|sig|keit, die; -
Aus|drucks|mit|tel *meist Plur.*
aus|drucks|stark; aus|drucks|voll
Aus|drucks|wei|se
Aus|drusch, der; -[e]s, -e (Ertrag des Dreschens)
aus|dün|nen; Aus|dün|nung
aus|duns|ten, *häufiger* **aus|düns|ten** [*alte Trennung* ...|st...]
Aus|duns|tung, *häufiger* **Aus|düns|tung** [*alte Trennung* ...|st...]
aus|ei|n|a̤n|der *s. Kasten*
Aus|ei|n|a̤n|der|ent|wick|lung
aus|ei|n|a̤n|der fal|len, aus|ei|n|a̤n|der hal|ten, aus|ei|n|a̤n|der le|ben usw. [*alte Schreibungen* aus|ein|an|der|fal|len, aus|ein|an|der|hal|ten usw.] *vgl.* auseinander
Aus|ei|n|a̤n|der|set|zung
aus|ei|n|a̤n|der sprin|gen, aus|ei|n|a̤n|der sprit|zen usw. [*alte Schreibungen* aus|ein|an|der|sprin|gen, aus|ein|an|der|sprit|zen usw.] *vgl.* auseinander
aus|er|ko|ren (*geh. für* auserwählt)
aus|er|le|sen
aus|er|se|hen
aus|er|wäh|len; aus|er|wählt; Aus|er|wähl|te, der *u.* die; -n, -n;
Aus|er|wäh|lung
aus|fä|chern
aus|fä|deln, sich (*Verkehrsw.*)
aus|fahr|bar; aus|fah|ren
aus|fah|rend (heftig)
Aus|fahr|gleis; Aus|fahr|si|g|nal (*Eisenb.*)
Aus|fahrt
Aus|fahrt[s]|er|laub|nis
Aus|fahrt[s]|gleis; *vgl.* Ausfahrgleis
Aus|fahrts|schild, das; **Aus|fahrt[s]|si|g|nal;** *vgl.* Ausfahrsignal; **Aus|fahrt[s]|stra|ße**
Aus|fall, der; **aus|fal|len**
aus|fäl|len (*Chemie* gelöste Stoffe in Form von Kristallen, Flocken o. Ä. ausscheiden; *schweiz. auch für* verhängen [eine Strafe usw.])
aus|fal|lend *od.* **aus|fäl|lig** (beleidigend)
Aus|fall[s]|er|schei|nung (*Med.*)
Aus|fall[s]|tor, das
Aus|fall|stra|ße
Aus|fäl|lung (*Chemie*)
Aus|fall|zeit
aus|falt|bar; aus|fal|ten
aus|fech|ten
aus|fe|gen (*landsch.*); **Aus|fe|ger** (*landsch.*)
aus|fei|len
aus|fer|ti|gen; Aus|fer|ti|gung
aus|fet|ten
aus|fil|tern
aus|fin|dig; ausfindig machen; **Aus|fin|dig|ma|chen,** das; -s
aus|fit|ten ([ein Schiff] mit seemännischem Zubehör ausrüsten)
aus|flag|gen (mit Flaggen kennzeichnen)
aus|flie|gen
aus|flie|ßen
aus|flip|pen (*ugs. für* sich der Realität durch Drogenkonsum entziehen; sich [bewusst] außerhalb der gesellschaftlichen Norm stellen; außer sich geraten); ausgeflippt sein
aus|flo|cken [*alte Trennung* ...k|k...] (Flocken bilden)
Aus|flucht, die; -, ...flüchte *meist Plur.*
Aus|flug; Aus|flüg|ler; Aus|flüg|le|rin
Aus|flugs|ort, der; -[e]s, -e; **Aus|flugs|schiff; Aus|flugs|ver|kehr; Aus|flugs|ziel**
Aus|fluss [*alte Schreibung* Ausfluß]
aus|fol|gen (*bes. österr. für* übergeben, aushändigen); **Aus|fol|gung** (*bes. österr.*)
aus|for|men
aus|for|mu|lie|ren
Aus|for|mung
aus|for|schen (*österr. auch für* ausfindig machen); **Aus|for|schung** (*österr. auch für* [polizeiliche] Ermittlung)
aus|fra|gen; Aus|fra|ge|rei (*ugs. abwertend*)
aus|fran|sen; *vgl.* ausgefranst
aus|fres|sen; etwas ausgefressen (*ugs. für* verbrochen) haben
aus|fu|gen; eine Mauer ausfugen
Aus|fuhr, die; -, -en
aus|führ|bar; Aus|führ|bar|keit, die; -; **aus|füh|ren; Aus|füh|rer** (*für* Exporteur)
Aus|fuhr|land *Plur.* ...länder (*Wirtsch.*)
aus|führ|lich[1]; Ausführlicheres in meinem nächsten Brief ↑K72;
Aus|führ|lich|keit[1], die; -
Aus|fuhr|prä|mie
Aus|füh|rung
Aus|füh|rungs|be|stim|mung
Aus|fuhr|ver|bot
aus|fül|len; Aus|fül|lung
aus|füt|tern
Aus|ga|be
Aus|ga|be[n]|buch; Aus|ga|ben|po|li|tik
Aus|ga|be|stel|le; Aus|ga|be|ter|min
Aus|gang
aus|gangs (*Amtsspr.*); *Präp. mit Gen.:* ausgangs des Tunnels
Aus|gangs|ba|sis; Aus|gangs|la|ge; Aus|gangs|punkt
Aus|gangs|sper|re
Aus|gangs|spra|che (*Sprachw.*); **Aus|gangs|stel|lung**
aus|gä|ren (fertig gären)
aus|ga|sen; Aus|ga|sung
aus|ge|ben; Geld ausgeben
Aus|ge|beu|te|te, der *u.* die; -n, -n
aus|ge|bil|det
aus|ge|bleicht; *vgl.* [1]ausbleichen;

[1] [*auch* ...'fy:ɐ̯...]

aus|ge|bli|chen; *vgl.* ²ausbleichen
Aus|ge|bomb|te, der *u.* die; -n, -n
aus|ge|bucht; ein ausgebuchtes Hotel, Flugzeug
aus|ge|bufft (*ugs. für* raffiniert)
Aus|ge|burt *(geh. abwertend)*
aus|ge|dehnt
aus|ge|dient; ausgedient haben
Aus|ge|din|ge, das; -s, - (*landsch. für* Altenteil); **Aus|ge|din|ger**
aus|ge|dorrt; aus|ge|dörrt
aus|ge|fal|len
aus|ge|feilt
aus|ge|feimt (*landsch. für* abgefeimt)
aus|ge|flippt *(ugs.); vgl.* ausflippen
aus|ge|franst
aus|ge|fuchst (*ugs. für* durchtrieben)
aus|ge|gli|chen; Aus|ge|gli|chen|heit, die; -
Aus|geh|an|zug
aus|ge|hen; es geht sich aus (*österr. ugs. für* es reicht, passt)
Aus|ge|her (*landsch. für* Bote, Laufbursche)
aus|ge|hun|gert (sehr hungrig)
Aus|geh|u|ni|form *(Milit.)*
Aus|geh|ver|bot
aus|ge|klü|gelt
aus|ge|kocht (*ugs. auch für* durchtrieben)
aus|ge|las|sen (*auch für* übermütig); **Aus|ge|las|sen|heit**
aus|ge|las|tet [*alte Trennung* ...|st...]
aus|ge|latscht *(ugs.)*
aus|ge|laugt; ausgelaugte Böden
aus|ge|lei|ert
aus|ge|lernt; ein ausgelernter Schlosser; **Aus|ge|lern|te,** der *u.* die; -n, -n
aus|ge|lit|ten; ausgelitten haben
aus|ge|macht (feststehend); ein ausgemachter (*ugs. für* großer) Schwindel
aus|ge|mer|gelt
aus|ge|mu|gelt *(österr. ugs.);* ausgemugelte (stark ausgefahrene) Skipisten
aus|ge|nom|men; alle waren zugegen, er ausgenommen (*od.* ausgenommen er); ich erinnere mich aller Vorgänge, ausgenommen dieses einen (*od.* diesen einen ausgenommen); der Tadel galt allen, ausgenommen ihm (*od.* ihn ausgenommen); ausgenommen[,] dass/wenn ↑K 127
aus|ge|picht (*ugs. für* gerissen)
¹**aus|ge|pow|ert** [...pauə(r)t] *(ugs.); vgl.* ¹auspowern
²**aus|ge|po|wert** *(ugs.); vgl.* ²auspowern
aus|ge|prägt; Aus|ge|prägt|heit, die; -
aus|ge|pumpt (*ugs. für* erschöpft)
aus|ge|rech|net (eben, gerade)
aus|ge|schamt (*landsch. für* unverschämt)
aus|ge|schla|fen (*ugs. auch für* gewitzt)
aus|ge|schlos|sen
aus|ge|schnit|ten
aus|ge|sorgt; ausgesorgt haben
aus|ge|spielt; ausgespielt haben
aus|ge|spro|chen (entschieden, sehr groß); eine ausgesprochene Abneigung; **aus|ge|spro|che|ner|ma|ßen**
aus|ge|stal|ten; eine Feier ausgestalten; **Aus|ge|stal|tung**
aus|ge|stellt; ein ausgestellter (nach unten erweiterter) Rock
aus|ge|steu|ert; Aus|ge|steu|er|te, der *u.* die; -n, -n
aus|ge|sucht
aus|ge|wach|sen (voll ausgereift)
aus|ge|wo|gen; Aus|ge|wo|gen|heit, die; -
aus|ge|zehrt
aus|ge|zeich|net
aus|gie|big (reichlich); **Aus|gie|big|keit,** die; -
aus|gie|ßen; Aus|gie|ßer; Aus|gie|ßung
Aus|gleich, der; -[e]s, -e; **aus|gleich|bar; aus|glei|chen;** *vgl.* ausgeglichen
Aus|gleichs|ab|ga|be; Aus|gleichs|amt; Aus|gleichs|fonds
Aus|gleichs|ge|trie|be (*für* Differenzial)
Aus|gleichs|sport; Aus|gleichs|tref|fer
aus|glei|ten
aus|glie|dern; Aus|glie|de|rung
aus|glit|schen (*landsch. für* ausrutschen)
aus|glü|hen (z. B. einen Draht)
aus|gra|ben
Aus|grä|ber; Aus|gra|bung; Aus|gra|bungs|stät|te
aus|grei|fen
aus|gren|zen; Aus|gren|zung
aus|grün|den (*Wirtsch.* einen Teil eines Betriebes getrennt als selbstständiges Unternehmen weiterführen); **Aus|grün|dung**
Aus|guck, der; -[e]s, -e; **aus|gu|cken** [*alte Trennung* ...k|k...]; **Aus|guck|pos|ten** [*alte Trennung* ...|st...]
Aus|guss [*alte Schreibung* Ausguß]
aus|ha|ben *(ugs.);* ..., dass er den Mantel aushat; das Buch aushaben; um 12 Uhr Schule aushaben
aus|ha|cken [*alte Trennung* ...k|k...]; Unkraut aushacken
aus|ha|ken (*ugs. auch für* zornig werden)
aus|hal|ten; ↑K 82: es ist nicht zum Aushalten
aus|han|deln
aus|hän|di|gen; Aus|hän|di|gung
Aus|hang
Aus|hän|ge|bo|gen *(Druckw.)*
aus|han|gen (*älter u. mdal. für* ¹aushängen)
¹**aus|hän|gen;** die Verordnung hat ausgehangen; *vgl.* ¹hängen
²**aus|hän|gen;** ich habe die Tür ausgehängt; *vgl.* ²hängen
Aus|hän|ger (*svw.* Aushängebogen)
Aus|hän|ge|schild, das
aus|har|ren
aus|här|ten *(Technik);* **Aus|här|tung**
aus|hau|chen *(geh.);* sein Leben aushauchen
aus|hau|en
aus|häu|sig (*landsch. für* außer Hauses; selten zu Haus); **Aus|häu|sig|keit,** die; -
aus|he|beln; ich heb[e]le aus
aus|he|ben (herausheben; zum Heeresdienst einberufen; *österr. auch für* [einen Briefkasten] leeren)
Aus|he|ber (Griff beim Ringen)
aus|he|bern (mit einem Heber herausnehmen; *Med.* bes. den Magen spülen); ich hebere aus; **Aus|he|be|rung**
Aus|he|bung (*österr. auch für* Leerung des Briefkastens)
aus|he|cken [*alte Trennung* ...k|k...] (*ugs. für* mit List ersinnen)
aus|hei|len; Aus|hei|lung
aus|hel|fen; Aus|hel|fer; Aus|hel|fe|rin
Aus|hil|fe
Aus|hilfs|ar|beit; Aus|hilfs|kell|ner; Aus|hilfs|koch; Aus|hilfs|kraft, die
aus|hilfs|wei|se
aus|höh|len; Aus|höh|lung
aus|ho|len
aus|hol|zen; Aus|hol|zung
aus|hor|chen; Aus|hor|cher
aus|hors|ten [*alte Trennung*

...|st...] (*Jägerspr.* junge Greifvögel aus dem Horst nehmen)
Aus|hub, der; -[e]s, -e
aus|hun|gern; *vgl.* ausgehungert
aus|hus|ten [*alte Trennung* ...|st...]; sich aushusten
aus|i|xen (*ugs. für* [durch Übertippen] mit dem Buchstaben x ungültig machen); du ixt aus
aus|jä|ten
aus|kal|ku|lie|ren
aus|käm|men; Aus|käm|mung
aus|ke|geln (*landsch. auch für* ausrenken)
aus|keh|len; Aus|keh|lung (das Anbringen einer Hohlkehle)
aus|keh|ren; Aus|keh|richt, der; -s (*veraltet, noch landsch.*)
aus|kei|len
aus|kei|men; Aus|kei|mung
aus|ken|nen, sich
aus|ker|ben; Aus|ker|bung
aus|ker|nen; Aus|ker|nung
aus|kip|pen
aus|kla|gen (*Rechtsspr.*); **Aus|kla|gung**
aus|klam|mern; Aus|klam|me|rung
aus|kla|mü|sern (*ugs. für* austüfteln)
Aus|klang
aus|klapp|bar; aus|klap|pen
aus|kla|rie|ren (Schiff und Güter vor der Ausfahrt verzollen)
aus|klau|ben (*landsch. für* mit den Fingern [mühsam] auslesen)
aus|klei|den; sich auskleiden; **Aus|klei|dung**
aus|klin|gen
aus|klin|ken; ein Seil ausklinken; ich klinke mich aus der Sitzung aus
aus|klop|fen; Aus|klop|fer
aus|klü|geln; Aus|klü|ge|lung, Aus|klüg|lung
aus|knei|fen (*ugs. für* feige u. heimlich weglaufen)
aus|knip|sen (*ugs.*)
aus|kno|beln (*ugs. auch für* ausdenken)
aus|kno|cken [...nɔ...; *alte Trennung* ...k|k...] ‹engl.› (*Boxen* durch K. o. besiegen)
aus|knöpf|bar; aus|knöp|fen
aus|ko|chen; *vgl.* ausgekocht
aus|kof|fern (*Straßenbau* eine vertiefte Fläche für den Unterbau schaffen); ich koffere aus; **Aus|kof|fe|rung**
aus|kol|ken (*Geol.* auswaschen); **Aus|kol|kung**
aus|kom|men; Aus|kom|men, das; -s; **aus|kömm|lich**
aus|kop|peln
aus|kos|ten [*alte Trennung* ...|st...]
aus|kot|zen (*derb*); sich auskotzen
aus|kra|gen (*Bauw.* herausragen [lassen]); **Aus|kra|gung**
aus|kra|men (*ugs.*)
aus|krat|zen
aus|krie|chen
aus|krie|gen (*ugs.*)
aus|kris|tal|li|sie|ren [*alte Trennung* ...|st...]; sich auskristallisieren; **Aus|kris|tal|li|sie|rung**
aus|ku|geln
aus|küh|len; Aus|küh|lung
Aus|kul|tant, der; -en, -en ‹lat.› (*Rechtsspr. veraltet für* Beisitzer ohne Stimmrecht)
Aus|kul|ta|ti|on, die; -, -en (*Med.* das Abhorchen); **aus|kul|ta|to|risch** (*Med.* durch Abhorchen); **aus|kul|tie|ren** (*Med.* abhorchen)
aus|kund|schaf|ten
Aus|kunft, die; -, ...künfte
Aus|kunf|tei
Aus|kunfts|bü|ro; Aus|kunfts|stel|le
aus|kup|peln
aus|ku|rie|ren
aus|la|chen
Aus|lad, der; -s (*schweiz. für* das Ausladen [von Gütern])
[1]**aus|la|den;** Waren ausladen; *vgl.* [1]laden
[2]**aus|la|den** (eine Einladung zurücknehmen); *vgl.* [2]laden
aus|la|dend (weit ausgreifend)
Aus|la|de|ram|pe; Aus|la|dung
Aus|la|ge
aus|la|gern; Aus|la|ge|rung
Aus|land, das; -[e]s
Aus|län|der; Aus|län|der|be|auf|trag|te
aus|län|der|feind|lich; Aus|län|der|feind|lich|keit
Aus|län|de|rin; aus|län|disch
Aus|lands|ab|satz; Aus|lands|auf|ent|halt; Aus|lands|be|zie|hun|gen (*Plur.*)
Aus|land|schwei|zer; Aus|land|schwei|ze|rin
aus|lands|deutsch; Aus|lands|deut|sche, der *u.* die
Aus|lands|ge|schäft; Aus|lands|ge|spräch; Aus|lands|kor|res|pon|dent; Aus|lands|rei|se; Aus|lands|schutz|brief; Aus|lands|tour|nee; Aus|lands|ver|tre|tung
aus|lan|gen (*landsch. für* zum Schlag ausholen; ausreichen); **Aus|lan|gen,** das; -s; das Auslangen finden (*österr. für* auskommen)
Aus|lass [*alte Schreibung* Auslaß], der; Auslasses, Auslässe
aus|las|sen (*österr. auch für* frei-, loslassen); sich [über jmdn. *od.* etw.] auslassen; *vgl.* ausgelassen; **Aus|las|sung**
Aus|las|sungs|punk|te *Plur.*; **Aus|las|sungs|satz** (*für* Ellipse); **Aus|las|sungs|zei|chen** (*für* Apostroph)
Aus|lass|ven|til [*alte Schreibung* Aus|laß...] (beim Viertaktverbrennungsmotor)
aus|las|ten [*alte Trennung* ...|st...]; **Aus|las|tung**
aus|lat|schen (*ugs.*); die Schuhe auslatschen
Aus|lauf; Aus|lauf|bahn (*Skisport*)
aus|lau|fen; ausgelaufene Farbe
Aus|läu|fer
Aus|lauf|mo|dell (Modell, das nicht weiterhin produziert wird)
aus|lau|gen
Aus|laut; aus|lau|ten; auf »n« auslauten
aus|läu|ten
aus|le|ben; sich ausleben
aus|le|cken [*alte Trennung* ...k|k...]
aus|lee|ren; Aus|lee|rung
aus|le|gen
Aus|le|ger
Aus|le|ger|boot; Aus|le|ger|brü|cke [*alte Trennung* ...k|k...]
Aus|le|ge|wa|re, die; - (Teppichmaterial zum Auslegen von Fußböden)
Aus|le|gung
aus|lei|ern (*ugs.*)
Aus|lei|he; aus|lei|hen; ich leihe mir bei ihm ein Buch aus; **Aus|lei|hung**
aus|lei|ten; Aus|lei|tung
aus|ler|nen; *vgl.* ausgelernt
Aus|le|se; aus|le|sen; Aus|le|se|pro|zess [*alte Schreibung* ...prozeß]
aus|leuch|ten; Aus|leuch|tung
aus|lich|ten; Obstbäume auslichten
aus|lie|fern; Aus|lie|fe|rung
aus|lie|gen
Aus|li|nie (*Sport*)
aus|lo|ben (*Rechtsspr.* als Belohnung aussetzen); **Aus|lo|bung**
aus|löf|feln; die Suppe auslöffeln
aus|log|gen; sich ausloggen
aus|lo|gie|ren (anderswo einquartieren)
aus|lös|bar
[1]**aus|lö|schen;** er löschte das Licht

aus, hat es ausgelöscht; *vgl.* [1]löschen

[2]**aus|lö|schen** *(veraltet);* das Licht losch (*auch* löschte) aus, ist ausgelöscht; *vgl.* [2]löschen

aus|lo|sen

aus|lö|sen; Aus|lö|ser

Aus|lo|sung (durch das Los getroffene [Aus]wahl)

Aus|lö|sung (pauschale Entschädigung für Reisekosten; Loskaufen [eines Gefangenen])

aus|lo|ten

Aus|lucht, die; -, -en (*Archit.* Vorbau an Häusern; Quergiebel einer Kirche)

aus|lüf|ten

Aus|lug, der; -[e]s, -e (*veraltet für* Ausguck); **aus|lu|gen** *(veraltet)*

aus|lut|schen

ausm, *auch* **aus'm** ↑K14; *ugs. für* aus dem, aus einem)

aus|ma|chen; *vgl.* ausgemacht

aus|mah|len; Aus|mah|lung, die; - (z. B. des Kornes)

aus|ma|len; Aus|ma|lung (z. B. des Bildes)

aus|ma|nö|v|rie|ren

aus|mar|chen (*schweiz. für* seine Rechte, Interessen abgrenzen; sich auseinander setzen); **Aus|mar|chung** *(schweiz.)*

aus|mä|ren, sich (*bes. ostmitteld. für* trödeln; *auch* zu trödeln aufhören)

Aus|maß, das

aus|mau|ern; Aus|mau|e|rung

aus|mei|ßeln

aus|mer|geln; Kalk mergelt aus; **Aus|mer|ge|lung, Aus|merg|lung**

aus|mer|zen (radikal beseitigen); du merzt aus; **Aus|mer|zung**

aus|mes|sen; Aus|mes|sung

aus|mie|ten *(Landw.);* Kartoffeln ausmieten; **Aus|mie|tung**

aus|mis|ten [*alte Trennung* ...|st...]

aus|mit|teln (*veraltend für* ermitteln); ich mitt[e]le aus

aus|mit|tig, au|ßer|mit|tig (*Technik* außerhalb des Mittelpunktes)

aus|mon|tie|ren

aus|mün|den

aus|mün|zen; Aus|mün|zung (Münzprägung)

aus|mus|tern [*alte Trennung* ...|st...]; **Aus|mus|te|rung**

Aus|nah|me, die; -, -n

Aus|nah|me|ath|let *(Sport);* **Aus|nah|me|be|stim|mung; Aus|nah|me|er|schei|nung**

Aus|nah|me|fall, der; **Aus|nah|me|ge|neh|mi|gung; Aus|nah|me|zu|stand**

Aus|nahms|fall *(österr.)*

aus|nahms|los; aus|nahms|wei|se

Aus|nahms|zu|stand *(österr.)*

aus|neh|men; sich gut ausnehmen (gut wirken); *vgl.* ausgenommen; **aus|neh|mend** (sehr)

aus|nüch|tern; Aus|nüch|te|rung; Aus|nüch|te|rungs|zel|le

aus|nut|zen *od.* **aus|nüt|zen,** *südd., österr. u. schweiz. meist so;* **Aus|nut|zung** *od.* **Aus|nüt|zung,** *südd., österr. u. schweiz. meist so*

aus|pa|cken [*alte Trennung* ...k|k...]

aus|par|ken

aus|peit|schen; Aus|peit|schung

aus|pen|deln (*Boxen* mit dem Oberkörper seitlich od. nach hinten ausweichen)

Aus|pend|ler (Person, die außerhalb ihres Wohnortes arbeitet)

aus|pen|nen (*ugs. für* ausschlafen)

aus|pfäh|len (einzäunen; *Bergmannsspr.* mit Pfählen Gesteinsmassen abstützen)

aus|pfei|fen

aus|pflan|zen

aus|pflü|cken [*alte Trennung* ...k|k...]

Au|s|pi|zi|um, das; -s, ...ien *meist Plur.* ‹lat.› (*geh. für* Vorbedeutung; Aussichten); unter jemandes Auspizien (unter jmds. Schirmherrschaft, Oberhoheit)

aus|plau|dern

aus|plau|schen *(österr.)*

aus|plün|dern; Aus|plün|de|rung

aus|pols|tern [*alte Trennung* ...|st...]; **Aus|pols|te|rung**

aus|po|sau|nen (*ugs. für* [etwas, was nicht bekannt werden sollte] überall erzählen)

[1]**aus|pow|ern** [...pau...] ‹dt.; engl.› (*ugs. für* seine Kräfte vollständig aufbrauchen); am Ende des Tages war sie völlig ausgepowert

[2]**aus|po|wern** ‹dt.; franz.› (*ugs. abwertend für* bis zur Verelendung ausbeuten); ich powere aus

aus|prä|gen; *vgl.* ausgeprägt; **Aus|prä|gung**

aus|prei|sen (Waren mit einem Preis versehen)

aus|pres|sen

aus|pro|bie|ren

Aus|puff, der; -[e]s, -e

Aus|puff|an|la|ge

Aus|puff|flam|me, *auch* **Aus|puff-Flam|me**

Aus|puff|topf

aus|pum|pen; *vgl.* ausgepumpt

aus|punk|ten (*Boxen* nach Punkten besiegen)

aus|pus|ten [*alte Trennung* ...|st...]

aus|put|zen; Aus|put|zer

aus|quar|tie|ren; Aus|quar|tie|rung

aus|quat|schen *(ugs.);* sich ausquatschen

aus|quet|schen

aus|ra|deln, aus|rä|deln (mit einem Rädchen ausschneiden, übertragen); ich rad[e]le *od.* räd[e]le aus

aus|ra|die|ren

aus|ran|gie|ren (*ugs. für* aussondern; ausscheiden)

aus|ra|sie|ren

aus|ras|ten [*alte Trennung* ...|st...] (*ugs. auch für* zornig werden; *südd., österr.* sich ausrasten *für* ausruhen)

aus|rau|ben; aus|räu|bern

aus|räu|chern

aus|rau|fen; ich könnte mir [vor Wut] die Haare ausraufen

aus|räu|men; Aus|räu|mung

aus|rech|nen; Aus|rech|nung

aus|re|cken [*alte Trennung* ...k|k...]

Aus|re|de; aus|re|den; jmdm. etwas auszureden versuchen

aus|reg|nen, sich

aus|rei|ben (*österr. auch für* scheuern); **Aus|reib|tuch** (*österr. für* Scheuertuch)

aus|rei|chen; aus|rei|chend; er hat mit [der Note] »ausreichend« bestanden; er hat nur ein [knappes] Ausreichend bekommen ↑K72

aus|rei|fen; Aus|rei|fung, die; -

Aus|rei|se

Aus|rei|se|er|laub|nis; Aus|rei|se|ge|neh|mi|gung

aus|rei|sen

Aus|rei|se|sper|re

aus|rei|se|wil|lig

aus|rei|ßen; Aus|rei|ßer; Aus|rei|ße|rin

aus|rei|ten

aus|rei|zen; die Karten ausreizen

aus|ren|ken; du hast dir den Arm ausgerenkt; **Aus|ren|kung**

aus|rich|ten; etwas ausrichten; **Aus|rich|ter; Aus|rich|tung**

aus|rin|gen (*landsch. für* auswringen)

aus|rin|nen

A

aus|rip|pen (von den Rippen lösen); Tabakblätter ausrippen
Aus|ritt
aus|ro|den; Aus|ro|dung
aus|rol|len
aus|rot|ten; Aus|rot|tung
aus|rü|cken [*alte Trennung* ...k|k...] (*ugs. auch für* fliehen)
Aus|ruf; aus|ru|fen; Aus|ru|fer
Aus|ru|fe|satz; Aus|ru|fe|wort (*für* Interjektion; *Plur.* ...wörter); **Aus|ru|fe|zei|chen**
Aus|ru|fung
Aus|ru|fungs|zei|chen (*selten*); **Aus|ruf|zei|chen** (*österr. für, schweiz. neben* Ausrufezeichen)
aus|ru|hen; sich ausruhen
aus|rup|fen
aus|rüs|ten [*alte Trennung* ...|st...]; **Aus|rüs|ter; Aus|rüs|te|rin; Aus|rüs|tung**
Aus|rüs|tungs|ge|gen|stand [*alte Trennung* ...|st...]; **Aus|rüs|tungs|stück**
aus|rut|schen; Aus|rut|scher
Aus|saat; aus|sä|en
Aus|sa|ge, die; -, -n; **Aus|sa|ge|kraft,** die; -; **aus|sa|gen**
aus|sä|gen
Aus|sa|ge|satz; Aus|sa|ge|wei|se (die; *Sprachw. für* Modus); **Aus|sa|ge|wert**
Aus|satz, der; -es (eine Krankheit); **aus|sät|zig; Aus|sät|zi|ge,** der *u.* die; -n, -n
aus|sau|fen
aus|sau|gen
Aussch. = Ausschuss
aus|scha|ben; Aus|scha|bung
aus|schach|ten; Aus|schach|tung
aus|scha|len (*Bauw.* Verschalung entfernen; verschalen)
aus|schä|len
aus|schal|men; Bäume ausschalmen (*Forstw.* durch Kerben kennzeichnen)
aus|schal|ten; Aus|schal|ter; Aus|schal|tung
Aus|scha|lung (*Bauw.*)
Aus|schank
aus|schar|ren
Aus|schau, die; -; Ausschau halten; **aus|schau|en** (*südd., österr. auch für* aussehen)
aus|schau|feln
aus|schäu|men
Aus|scheid, der; -[e]s, -e (*regional für* Ausscheidungskampf)
aus|schei|den
Aus|schei|dung
Aus|schei|dungs|kampf; Aus|schei|dungs|run|de; Aus|schei|dungs|spiel

aus|schei|ßen (*derb*)
aus|schel|ten
aus|schen|ken (Bier, Wein usw.)
aus|sche|ren (die Linie, Spur verlassen [von Fahrzeugen]); scherte aus; ausgeschert
aus|schi|cken [*alte Trennung* ...k|k...]
aus|schie|ßen (*Druckw.*)
Aus|schieß|plat|te (*Druckw.*)
aus|schif|fen; Aus|schif|fung
aus|schil|dern (mit Schildern markieren); **Aus|schil|de|rung**
aus|schimp|fen
aus|schir|ren
aus|schlach|ten; Aus|schlach|te|rei; Aus|schlach|tung
aus|schla|fen; sich ausschlafen; *vgl.* ausgeschlafen
Aus|schlag; aus|schla|gen
aus|schlag|ge|bend
aus|schläm|men (Schlamm aus etwas entfernen)
aus|schle|cken [*alte Trennung* ...k|k...]
aus|schlei|men; sich ausschleimen (*ugs. für* sich aussprechen)
aus|schlie|ßen
aus|schließ|lich[1]; ausschließlich der Verpackung; ausschließlich des genannten Betrages; ausschließlich Porto; ausschließlich Getränken; *vgl.* einschließlich
Aus|schließ|lich|keit[1], die; -; **Aus|schlie|ßung**
aus|schlip|fen (*schweiz. mdal. für* ausrutschen)
Aus|schlupf; aus|schlüp|fen
aus|schlür|fen
Aus|schluss [*alte Schreibung* Ausschluß]
aus|schmie|ren (*ugs. auch für* übertölpeln)
aus|schmü|cken [*alte Trennung* ...k|k...]; den Saal ausschmücken; **Aus|schmü|ckung**
aus|schnau|ben
aus|schnei|den; Aus|schnitt
aus|schnüf|feln
aus|schöp|fen; Aus|schöp|fung, die; -
aus|schop|pen (*österr. ugs. für* ausstopfen)
aus|schrei|ben; Aus|schrei|bung
aus|schrei|en; Aus|schrei|er
aus|schrei|ten; Aus|schrei|tung *meist Plur.*
aus|schu|len (aus der Schule nehmen); **Aus|schu|lung**
Aus|schuss [*alte Schreibung* Ausschuß] (*Abk. für* »Kommission«: Aussch.)
Aus|schuss|mit|glied [*alte Schreibung* Aus|schuß...]; **Aus|schuss|quo|te; Aus|schuss|sit|zung**
Aus|schuss|wa|re [*alte Schreibung* Aus|schuß...]
aus|schüt|teln
aus|schüt|ten; Aus|schüt|tung
aus|schwär|men
aus|schwe|feln
aus|schwei|fen; aus|schwei|fend; Aus|schwei|fung
aus|schwei|gen, sich
aus|schwem|men; Sand ausschwemmen; **Aus|schwem|mung**
aus|schwen|ken
aus|schwin|gen; Aus|schwin|get, der; -s (*schweiz.* Endkampf im Schwingen)
aus|schwit|zen; Aus|schwit|zung
Aus|see, Bad (Solbad in der Steiermark); **Aus|se|er; Aus|se|er Land** (Gebiet in der Steiermark)
aus|seg|nen (Verstorbenen den letzten Segen erteilen); **Aus|seg|nung**
aus|se|hen; Aus|se|hen, das; -s
aus sein [*alte Schreibung* aussein] *vgl.* aus
au|ßen; von außen [her]; nach innen und außen; nach außen [hin]; Farbe für außen und innen; außen vor lassen (*nordd. für* unberücksichtigt lassen); er spielt außen (augenblickliche Position eines Spielers), *vgl.* Außen; die außen liegenden [*alte Schreibung* außenliegenden] Kabinen; außen gelegen; die außen Stehenden, *auch* die Außenstehenden
Au|ßen, der; -, - (*Sportspr.* Außenspieler); er spielt Außen (als Außenspieler), *aber vgl.* außen
Au|ßen|als|ter [*alte Trennung* ...-st...]; **Au|ßen|an|ten|ne; Au|ßen|ar|bei|ten** *Plur.*; **Au|ßen|auf|nah|me** *meist Plur.*
Au|ßen|bahn (*Sport*); **Au|ßen|be|zirk; Au|ßen|bor|der** ([Boot mit] Außenbordmotor)
Au|ßen|bord|mo|tor
au|ßen|bords (außerhalb des Schiffes)
aus|sen|den
Au|ßen|dienst; Au|ßen|dienst|ler; au|ßen|dienst|lich
Aus|sen|dung (*österr. auch für* schriftliche Verlautbarung, Pressemitteilung)
Au|ßen|el|be
Au|ßen|han|del, der; -s; **Au|ßen|han|dels|po|li|tik,** die; -

[1] [...'ʃli:..., *auch* 'aus'ʃli:...]

au|ßer

Konjunktion: – außer dass/wenn/wo	– außer allem Zweifel – außer Dienst (*Abk.* a. D.) – außer Rand und Band – ich bin außer mir (empört) – außer Acht [*alte Schreibung* acht] lassen; außer aller Acht lassen
mit Komma: – wir fahren in die Ferien, außer [wenn] es regnet ↑K 126	*Präpositon mit Akkusativ (bei Verben der Bewegung):* – außer allen Zweifel setzen – etwas außer jeden Zusammenhang stellen – ich gerate außer mich (*od.* mir) vor Freude
ohne Komma: – niemand kann diese Schrift lesen außer er selbst	*Präposition mit Genitiv nur in:* – außer Landes gehen, sein
Zusammen- oder Getrenntschreibung bei: – außerstande, *auch* außer Stande sein – sich außerstande, *auch* außer Stande sehen – außerstand, *auch* außer Stand setzen	
Präposition mit Dativ: – niemand kann es lesen außer ihm selbst – außer [dem] Haus[e]	

Au|ßen|kur|ve
au|ßen lie|gend [*alte Schreibung* au|ßen|lie|gend] *vgl.* außen
Au|ßen|mi|nis|ter [*alte Trennung* ...|st...]; **Au|ßen|mi|nis|te|ri|um**
Au|ßen|po|li|tik, die; -; **au|ßen|po|li|tisch**
Au|ßen|rist (*bes. Fußball* äußere Seite des Fußrückens); **Au|ßen|sei|te**
Au|ßen|sei|ter; Au|ßen|sei|te|rin
Au|ßen|spie|gel; Au|ßen|stän|de *Plur.* (ausstehende Forderungen)
Au|ßen|ste|hen|de, der *u.* die; -n, -n; *vgl.* außen; **Au|ßen|stel|le; Au|ßen|stür|mer**
Au|ßen|tem|pe|ra|tur; Au|ßen|trep|pe; Au|ßen|tür; Au|ßen|ver|tei|di|ger
Au|ßen|wand; Au|ßen|welt, die; -; **Au|ßen|wirt|schaft,** die; -
au|ßer *s. Kasten*
Au|ßer|acht|las|sung, die; -
au|ßer|amt|lich; au|ßer|be|ruf|lich
au|ßer dass [*alte Schreibung* außer daß] ↑K 126
au|ßer|dem [*auch* ...'de:m]
au|ßer|dienst|lich
äu|ße|re ↑K 140: die Äußere Mongolei; **Äu|ße|re,** das; ...r[e]n; im Äußer[e]n; sein Äußeres; ein erschreckendes Äußere[s]; Minister des Äußeren
au|ßer|e|he|lich; au|ßer|eu|ro|pä|isch; au|ßer|ge|richt|lich; au|ßer|ge|wöhn|lich
au|ßer|halb; außerhalb von München; *als Präp. mit Gen.:* außerhalb des Lagers; außerhalb Münchens
au|ßer|ir|disch
Au|ßer|kraft|set|zung
äu|ßer|lich; Äu|ßer|lich|keit
äu|ßerln *nur im Infinitiv gebr. (österr. ugs.);* seinen Hund äußerln führen; äußerln gehen
au|ßer|mit|tig *vgl.* ausmittig
äu|ßern; ich äußere; sich äußern
au|ßer|or|dent|lich [*auch* 'au...]; außerordentlicher [Professor], außerordentliche [Professorin] (*Abk.* ao., a. o. [Prof.])
au|ßer|orts (*schweiz. für* außerhalb einer Ortschaft)
au|ßer|par|la|men|ta|risch; die außerparlamentarische Opposition (*Abk.* APO, *auch* Apo)
au|ßer|plan|mä|ßig (*Abk.* apl.)
Au|ßer|rho|den (*kurz für* Appenzell Außerrhoden)
au|ßer|schu|lisch

äu|ßerst

Kleinschreibung: – mit äußerster Konzentration
Großschreibung der Substantivierung ↑K 72: – das Äußerste befürchten – 20 Mark sind *od.* ist das Äußerste – das Äußerste, was ... – es zum Äußersten kommen lassen; bis zum Äußersten gehen
Groß- oder Kleinschreibung ↑K 75: – auf das, aufs Äußerste, *auch* auf das, aufs äußerste (sehr) erschrocken sein

au|ßer|stand [*auch* 'au...], *auch* **au|ßer Stand** *vgl.* außer
au|ßer|stan|de, *auch* **au|ßer Stande** *vgl.* außer
äu|ßers|ten|falls [*alte Trennung* ...|st...]; *vgl.* [1]Fall
au|ßer|tour|lich [...'tu:...] (*österr. für* außer der Reihe)
Äu|ße|rung
au|ßer wenn/wo ↑K 126
aus|set|zen; Aus|set|zer (*ugs. auch für* Geistesabwesenheit, Erinnerungslücke); **Aus|set|zung**
Aus|sicht, die; -, -en
aus|sichts|los; Aus|sichts|lo|sig|keit, die; -
Aus|sichts|punkt
aus|sichts|reich
Aus|sichts|turm
aus|sichts|voll
Aus|sichts|wa|gen
aus|sie|ben
aus|sie|deln; Aus|sie|de|lung
Aus|sied|ler; Aus|sied|ler|hof
Aus|sied|lung
aus|sit|zen (*ugs. auch für* in der Hoffnung, dass sich etwas von allein erledigt, untätig bleiben)
aus|söh|nen; sich aussöhnen; **Aus|söh|nung**
aus|son|dern; Aus|son|de|rung
aus|sor|gen; ausgesorgt haben
aus|sor|tie|ren
aus|spä|hen
Aus|spann, der; -[e]s, -e (*früher* Wirtshaus mit Stall)
aus|span|nen; Aus|span|nung
aus|spa|ren; Aus|spa|rung
aus|spei|en
aus|sper|ren; Aus|sper|rung
aus|spie|len; Aus|spie|lung
aus|spin|nen
aus|spi|o|nie|ren
Aus|spra|che
Aus|spra|che|an|ga|be; Aus|spra|che|be|zeich|nung; Aus|spra|che|wör|ter|buch
aus|sprech|bar; aus|spre|chen; sich aussprechen

aus|spren|gen; ein Gerücht aussprengen
aus|sprit|zen; Aus|sprit|zung
Aus|spruch
aus|spu|cken [*alte Trennung* ...k|k...]
aus|spü|len; Aus|spü|lung
aus|staf|fie|ren (ausstatten); **Aus|staf|fie|rung**
Aus|stand, der; -[e]s (*schweiz. auch für* vorübergehendes Verlassen eines Gremiums); in den Ausstand treten (streiken); **aus|stän|dig** (*südd., österr. für* ausstehend); **Aus|stän|ler** (Streikender)
aus|stan|zen
aus|stat|ten; Aus|stat|tung
Aus|stat|tungs|film; Aus|stat|tungs|stück
aus|ste|chen
aus|ste|cken [*alte Trennung* ...k|k...]
aus|ste|hen; jmdn. nicht ausstehen können
aus|stei|fen (*Bauw.*); **Aus|stei|fung**
aus|stei|gen; Aus|stei|ger (jmd., der seinen Beruf, seine gesellschaftliche Rolle o. Ä. plötzlich aufgibt); **Aus|stei|ge|rin**
aus|stei|nen; Pflaumen aussteinen
aus|stel|len; Aus|stel|ler
Aus|stell|fens|ter [*alte Trennung* ...|st...] (*Kfz*)
Aus|stel|lung
Aus|stel|lungs|flä|che; Aus|stel|lungs|ge|län|de; Aus|stel|lungs|hal|le; Aus|stel|lungs|ka|ta|log
Aus|stel|lungs|pa|vil|lon; Aus|stel|lungs|raum; Aus|stel|lungs|stand; Aus|stel|lungs|stück
Aus|ster|be|e|tat; *in Wendungen wie* auf dem Aussterbeetat stehen (*ugs.* keine Bedeutung mehr haben), auf den Aussterbeetat setzen (*ugs.* langsam ausschalten)
aus|ster|ben
Aus|steu|er, die; -, -n *Plur. selten*
aus|steu|ern; Aus|steu|e|rung
Aus|stich (das Beste [vom Wein]; *schweiz. Sportspr. auch für* Entscheidungskampf)
Aus|stieg, der; -[e]s, -e; **Aus|stieg|lu|ke**
aus|stop|fen; Aus|stop|fung
Aus|stoß, der; -es, Ausstöße *Plur. selten* (z. B. von Bier)
aus|sto|ßen; jmdn. ausstoßen; **Aus|sto|ßung**
aus|strah|len; Aus|strah|lung
aus|stre|cken [*alte Trennung* ...k|k...]
aus|strei|chen
aus|streu|en; Gerüchte ausstreuen
Aus|strich (*Med.*)
aus|strö|men
aus|stül|pen; Aus|stül|pung
aus|su|chen; ich suche es mir aus
aus|sü|ßen (zu Süßwasser werden)
aus|tan|zen (*bes. Fußball* den Gegner geschickt und spektakulär umspielen)
aus|ta|pe|zie|ren
aus|ta|rie|ren (ins Gleichgewicht bringen; *österr. auch* [auf der Waage] das Leergewicht feststellen)
Aus|tausch, der; -[e]s
aus|tausch|bar; Aus|tausch|bar|keit, die; -
aus|tau|schen
Aus|tausch|mo|tor ([als neuwertig geltender] Ersatzmotor); **Aus|tausch|schü|ler; Aus|tausch|stoff** (künstlicher Roh- u. Werkstoff)
aus|tausch|wei|se
aus|tei|len; Aus|tei|lung
Aus|te|nit [*alte Trennung* ...|st...], der; -s, -e ‹nach dem engl. Forscher Roberts-Austen› (ein Eisenmischkristall, Gammaeisen)
Aus|ter [*alte Trennung* ...|st...], die; -, -n ‹niederl.› (essbare Meeresmuschel)
Aus|te|ri|ty [ɔ...ti; *alte Trennung* ...|st...], die; - (*engl. Bez. für* Strenge; wirtschaftliche Einschränkung)
Aus|ter|litz [*alte Trennung* ...|st...] (Schlachtort bei Brünn)
Aus|tern|bank [*alte Trennung* ...|st...] *Plur.* ...bänke; **Aus|tern|fi|scher** (Watvogel); **Aus|tern|zucht**
aus|tes|ten [*alte Trennung* ...|st...]
aus|til|gen
aus|to|ben; sich austoben
aus|ton|nen (*Seew.* ausbojen)
Aus|trag, der; -[e]s (*südd. u. österr. auch für* Altenteil); zum Austrag kommen (*Amtsspr.*)
aus|tra|gen; Aus|trä|ger (Person, die etwas austrägt); **Aus|träg|ler** (*südd. u. österr. für* Bauer, der auf dem Altenteil lebt)
Aus|tra|gung
Aus|tra|gungs|mo|dus; Aus|tra|gungs|ort
aus|trai|niert (völlig trainiert)
Aus|t|ra|li|en [*alte Trennung* ...|st...]; **Aus|t|ra|li|er; Aus|t|ra|li|e|rin; aus|t|ra|lisch,** *aber* ↑K 150: die Australischen Alpen
aus|träu|men; ausgeträumt
aus|trei|ben; Aus|trei|bung
aus|tre|ten
Aus|t|ria [*alte Trennung* ...|st...] (*lat. Form von* Österreich); **Aus|t|ri|a|zis|mus,** der; -, ...men ‹lat.› (österr. Sprachvariante)
aus|trick|sen (*auch Sportspr.*)
aus|trin|ken
Aus|tritt; Aus|tritts|er|klä|rung
aus|t|ro|a|si|a|tisch [*alte Trennung* ...|st...]; austroasiatische Sprachen
aus|trock|nen; Aus|trock|nung, die; -
Aus|t|ro|fa|schis|mus [*alte Trennung* ...|st...] ([*auch* 'au...] österr. Sonderform des Faschismus [1933 bis 1938]); **Aus|t|ro|mar|xis|mus** ([*auch* 'au...] österr. Sonderform des Marxismus vor 1938)
aus|trom|pe|ten *vgl.* ausposaunen
Aus|t|ro|pop [*alte Trennung* ...|st...] (österr. Popmusik)
aus|tru|deln
aus|tüf|teln; Aus|tüf|te|lung, Aus|tüft|lung
aus|tun; sich austun können (*ugs. für* sich ungehemmt betätigen können)
aus|tup|fen; eine Wunde austupfen
aus|ü|ben; Aus|ü|bung, die; -
aus|u|fern (über die Ufer treten; das Maß überschreiten)
Aus|ver|kauf; aus|ver|kau|fen; aus|ver|kauft
aus|ver|schämt (*landsch. für* dreist, unverschämt)
aus|wach|sen; ↑K 82: es ist zum Auswachsen (*ugs. für* zum Verzweifeln); *vgl.* ausgewachsen
aus|wä|gen (*fachspr. für* das Gewicht feststellen, vergleichen)
Aus|wahl; aus|wäh|len
Aus|wahl|mann|schaft; Aus|wahl|mög|lich|keit; Aus|wahl|spie|ler; Aus|wahl|wet|te (Wette, bei der bestimmte Fußballergebnisse vorausgesagt werden müssen)
aus|wal|len (*schweiz., auch bayr. für* [Teig] ausrollen)
aus|wal|zen
Aus|wan|de|rer; Aus|wan|de|rer|schiff; Aus|wan|de|rin
aus|wan|dern; Aus|wan|de|rung
Aus|wan|de|rungs|wel|le
aus|wär|tig; auswärtiger Dienst, *aber* ↑K 150: das Auswärtige Amt (*Abk.* AA); Minister des Auswärtigen ↑K 72

A

aus|wärts

- nach, von auswärts kommen
- nach auswärts gehen
- auswärts (nicht zu Hause) essen

Man schreibt »auswärts« immer getrennt vom folgenden Verb oder Partizip ↑K 50:
- auswärts gehen, laufen [*alte Schreibungen* auswärtsgehen, auswärtslaufen]
- mit auswärts gerichteten Füßen

Aus|wärts|spiel
aus|wa|schen; Aus|wa|schung
Aus|wech|sel|bank (*Plur.* ...bänke)
aus|wech|sel|bar
aus|wech|seln; Aus|wech|se|lung, Aus|wechs|lung
Aus|weg; aus|weg|los; Aus|weg|lo|sig|keit, die; -
Aus|wei|che; aus|wei|chen; *vgl.* ²weichen; **aus|wei|chend**
Aus|weich|ma|nö|ver; Aus|weich|mög|lich|keit; Aus|weich|stel|le
aus|wei|den (*Jägerspr.* Eingeweide entfernen [bei Wild usw.])
aus|wei|nen; sich ausweinen
Aus|weis, der; -es, -e; **aus|wei|sen;** sich ausweisen
Aus|weis|kon|t|rol|le
aus|weis|lich (*Amtsspr.* wie aus ... zu erkennen ist); *Präp. mit Gen.:* ausweislich der Akten
Aus|weis|pa|pier *meist Plur.*
aus|wei|ßen (z. B. einen Stall)
Aus|wei|sung
aus|wei|ten; Aus|wei|tung
aus|wel|len; Teig auswellen
aus|wen|dig; etwas auswendig lernen, wissen
Aus|wen|dig|ler|nen, das; -s
aus|wer|fen; Aus|wer|fer *(Technik)*
aus|wer|keln; das Türschloss ist ausgewerkelt (*österr. ugs. für* ausgeleiert, stark abgenutzt)
aus|wer|ten; Aus|wer|tung
aus|wet|zen; eine Scharte auswetzen
aus|wi|ckeln [*alte Trennung* ...k|k...]
aus|wie|gen; *vgl.* ausgewogen
aus|win|den (*landsch. u. schweiz. für* auswringen)
aus|win|tern (durch Frost Schaden leiden); die Saat ist ausgewintert; **Aus|win|te|rung,** die; -
aus|wir|ken, sich; **Aus|wir|kung**
aus|wi|schen; jmdm. eins auswischen (*ugs. für* schaden)
aus|wit|tern (verwittern; an die Oberfläche treten lassen)
aus|wrin|gen; Wäsche auswringen
Aus|wuchs, der; -es, ...wüchse
aus|wuch|ten *(bes. Kfz-Technik);* die Reifen auswuchten; **Aus|wuch|tung**
Aus|wurf
Aus|würf|ling (*Geol.* von einem Vulkan ausgeworfenes Magma- od. Gesteinsbruchstück); **Aus|wurf[s]|mas|se** *(Geol.)*
aus|zah|len; das zahlt sich nicht aus (*ugs. für* das lohnt sich nicht)
aus|zäh|len; Aus|zähl|reim (*österr. für* Abzählreim)
Aus|zah|lung
Aus|zäh|lung; Aus|zähl|vers *(österr.)*
aus|zan|ken (*landsch. für* ausschimpfen)
aus|zeh|ren; Aus|zeh|rung, die; - (Kräfteverfall; *veraltet für* Tuberkulose)
aus|zeich|nen; sich auszeichnen; **Aus|zeich|nung; Aus|zeich|nungs|pflicht**
Aus|zeit (*Sportspr.* [einer Mannschaft zustehende] Spielunterbrechung)
aus|zieh|bar; aus|zie|hen; sich ausziehen; **Aus|zieh|tisch**
aus|zir|keln (genau ausmessen)
aus|zi|schen (durch Zischen sein Missfallen kundtun)
Aus|zu|bil|den|de, der *u.* die; -n, -n; *Kurzw.* Azubi
Aus|zug (*südd. auch für* Altenteil; *schweiz. früher auch für* erste Altersklasse der Wehrpflichtigen); **Aus|züg|ler** (*landsch. für* auf dem Altenteil lebender Bauer)
Aus|zug|mehl *vgl.* Auszugsmehl
Aus|zugs|bau|er (*österr. für* auf dem Altenteil lebender Bauer)
Aus|zug[s]|mehl (feines, kleiefreies Weizenmehl); **aus|zugs|wei|se**
aus|zup|fen
au|t|ark ⟨griech.⟩ (sich selbst genügend; wirtschaftlich unabhängig vom Ausland); **Au|t|ar|kie,** die; -, ...ien (wirtschaftliche Unabhängigkeit vom Ausland)
Au|then|tie, die; - ⟨griech.⟩ (*svw.* Authentizität); **au|then|ti|fi|zie|ren** ⟨griech.; lat.⟩ (die Echtheit bezeugen; beglaubigen)
au|then|tisch ⟨griech.⟩ (im Wortlaut verbürgt; echt); **au|then|ti|sie|ren** (*geh. für* glaubwürdig, rechtsgültig machen)
Au|then|ti|zi|tät, die; - (Echtheit; Rechtsgültigkeit)
Au|tis|mus, der; - ⟨griech.⟩ (*Med.* psych. Störung, die sich in völliger Teilnahmslosigkeit, Kontaktunfähigkeit ausdrückt); **au|tis|tisch** [*alte Trennung* ...|st...]
Au|to, das; -s, -s ⟨griech.⟩ (*kurz für* Automobil); ↑K 54: Auto fahren; ich bin Auto gefahren
au|to... ⟨griech.⟩ (selbst...)
Au|to... (Selbst...)
Au|to|at|las
Au|to|bahn (*Zeichen* A, z. B. A 14); **au|to|bahn|ar|tig**
Au|to|bahn|auf|fahrt; Au|to|bahn|aus|fahrt; Au|to|bahn|drei|eck; Au|to|bahn|ein|fahrt; Au|to|bahn|ge|bühr; Au|to|bahn|kno|ten *(bes. österr.);* **Au|to|bahn|kreuz; Au|to|bahn|maut** *(österr.);* **Au|to|bahn|rast|stät|te; Au|to|bahn|vi|g|net|te; Au|to|bahn|zu|brin|ger**
Au|to|bi|o|gra|fie, *auch* Au|to|bi|o|gra|phie, die; -, ...ien ⟨griech.⟩ (literarische Darstellung des eigenen Lebens)
au|to|bi|o|gra|fisch, *auch* au|to|bi|o|gra|phisch
Au|to|bom|be
Au|to|bus, der; ...busses, ...busse ⟨griech.; lat.⟩; *vgl. auch* Bus
Au|to|car, der; -s, -s ⟨franz.⟩ (*schweiz. für* [Reise]omnibus)
au|to|ch|thon [...x..] ⟨griech.⟩ (an Ort und Stelle [entstanden]; eingesessen); **Au|to|ch|tho|ne,** der *u.* die; -n, -n (Ureinwohner[in])
Au|to|coat, der; -s, -s (kurzer Mantel für den Autofahrer)
Au|to|cross, *auch* **Au|to-Cross,** das; -, -e (Geländeprüfung für Autosportler)
Au|to|da|fé, das; -s, -s ⟨port.⟩ (Ketzergericht u. -verbrennung)
Au|to|di|dakt, der; -en, -en ⟨griech.⟩ (jmd., der sich sein Wissen durch Selbstunterricht angeeignet hat); **Au|to|di|dak|tin; au|to|di|dak|tisch**
Au|to|drom, das; -s, -e ⟨griech.-franz.⟩ (ringförmige Straßenanlage für Renn- u. Testfahrten; *österr.* [Fahrbahn für] Skooter)
Au|to|e|ro|tik, die; - (*svw.* Narzissmus, Masturbation); **au|to|e|ro|tisch**
Au|to|fäh|re
Au|to|fah|ren, das; -s ↑K 82; *aber*

A

Auto fahren; **Au|to|fah|rer; Au|to|fah|re|rin; Au|to|fahrt**

Au|to|fo|kus (*Fotogr.* Einrichtung zur automatischen Einstellung der Bildschärfe bei Kameras etc.)

au|to|frei; autofreier Sonntag

Au|to|fried|hof *(ugs.);* **Au|to|gas** (Gasgemisch als Treibstoff für Kraftfahrzeuge)

au|to|gen ‹griech.› (ursprünglich; selbsttätig); autogenes Schweißen *(Technik);* autogenes Training (*Med.* eine Methode der Selbstentspannung)

Au|to|gramm, das; -s, -e ‹griech.› (eigenhändig geschriebener Name); **Au|to|gramm|jä|ger**

Au|to|graph, *auch* Au|to|graf, das; -s, *Plur.* -e *od.* -en (eigenhändig geschriebenes Schriftstück einer bedeutenden Persönlichkeit); **Au|to|gra|phie,** *auch* Au|to|gra|fie, die; -, ...ien (*Druckw.* Umdruckverfahren)

Au|to|hil|fe; Au|to|hof (Einrichtung des Güterfernverkehrs)

Au|to|hyp|no|se ‹griech.› (Selbsthypnose)

Au|to|in|dus|t|rie [*alte Trennung* ...|st...]; **Au|to|kar|te; Au|to|ki|no**

Au|to|klav, der; -s, -en ‹griech.; lat.› (Gefäß zum Erhitzen unter Druck)

Au|to|kna|cker [*alte Trennung* ...k|k...]; **Au|to|ko|lon|ne; Au|to|kor|so**

Au|to|krat, der; -en, -en ‹griech.› (Alleinherrscher; selbstherrlicher Mensch); **Au|to|kra|tie,** die; -, ...ien (unumschränkte [Allein]herrschaft); **au|to|kra|tisch**

Au|to|len|ker *(bes. österr. neben* Autofahrer); **Au|to|len|ke|rin**

Au|to|ly|se, die; - ‹griech.› (*Med.* Abbau von Körpereiweiß ohne Mitwirkung von Bakterien)

Au|to|mar|der (*ugs.; svw.* Autoknacker); **Au|to|mar|ke**

Au|to|mat, der; -en, -en ‹griech.›; am, auf den Automaten

Au|to|ma|ten|kna|cker [*alte Trennung* ...k|k...]; **Au|to|ma|ten|re|s|tau|rant**

Au|to|ma|tik, die; -, -en (Vorrichtung, die einen techn. Vorgang steuert u. regelt); **Au|to|ma|tik|ge|trie|be**

Au|to|ma|ti|on, die; - ‹engl.› (vollautomatische Fabrikation)

au|to|ma|tisch ‹griech.› (selbsttätig; selbst regelnd; unwillkürlich; zwangsläufig)

au|to|ma|ti|sie|ren (auf vollautomatische Fabrikation umstellen); **Au|to|ma|ti|sie|rung**

Au|to|ma|tis|mus, der; -, ...men (sich selbst steuernder, unbewusster Ablauf)

Au|to|me|cha|ni|ker

Au|to|mi|nu|te; zehn Autominuten entfernt

Au|to|mo|bil, das; -s, -e ‹griech.; lat.›

Au|to|mo|bil|aus|stel|lung; Au|to|mo|bil|bau, der; -[e]s; **Au|to|mo|bil|in|dus|t|rie** [*alte Trennung* ...|st...]

Au|to|mo|bi|list, der; -en, -en (*bes. schweiz. für* Autofahrer); **Au|to|mo|bi|lis|tin** [*alte Trennung* ...|st...]

Au|to|mo|bil|klub, *aber* Allgemeiner Deutscher Automobil-Club (*Abk.* ADAC); Automobilclub von Deutschland (*Abk.* AvD)

au|to|nom ‹griech.› (selbstständig, unabhängig); **Au|to|no|me,** der *u.* die; -n, -n; **Au|to|no|mie,** die; -, ...ien (Selbstständigkeit, Unabhängigkeit)

Au|to|num|mer; Au|to|öl

Au|to|pi|lot (automatische Steuerung von Flugzeugen u. Ä.)

Au|to|plas|tik [*alte Trennung* ...|st...] (*Med.* Verpflanzung körpereigenen Gewebes)

Au|t|op|sie, die; -, ...ien ‹griech.› (Prüfung durch Augenschein; *Med.* Leichenöffnung)

Au|tor, der; -s, ...oren ‹lat.› (Verfasser); dem, den Autor

Au|to|ra|dio; Au|to|rei|fen; Au|to|rei|se|zug

Au|to|ren|grup|pe; Au|to|ren|kol|lek|tiv *(bes. in der DDR)*

Au|to|ren|kor|rek|tur (*selten für* Autorkorrektur); **Au|to|ren|le|sung**

Au|to|ren|nen; Au|to|re|pa|ra|tur

Au|to|re|verse [...rivø:ɐ̯s], das; - ‹engl.› (Umschaltautomatik bei Kassettenrekordern)

Au|to|rin, die; -, -nen ‹lat.›

Au|to|r(inn)en (*Kurzform für* Autorinnen u. Autoren)

Au|to|ri|sa|ti|on, die; -, -en (Ermächtigung, Vollmacht); **au|to|ri|sie|ren; au|to|ri|siert** ([einzig] berechtigt; ermächtigt)

au|to|ri|tär (unbedingten Gehorsam fordernd; diktatorisch); ein autoritäres Regime

Au|to|ri|tät, die; -, -en (Einfluss u. Ansehen; bedeutende[r] Vertreter[in] eines Faches; maßgebende Institution)

au|to|ri|ta|tiv (sich auf echte Autorität stützend, maßgebend)

au|to|ri|täts|gläu|big

Au|tor|kor|rek|tur; Au|tor|re|fe|rat (Referat des Autors über sein Werk)

Au|tor|schaft, die; -

Au|to|schlan|ge; Au|to|schlos|ser; Au|to|schlüs|sel; Au|to|ser|vice; Au|to|skoo|ter; Au|to|speng|ler (*südd., österr., schweiz. für* Karosserieschlosser); **Au|to|stopp** (*vgl.* Anhalter); **Au|to|strich** (*ugs. für* Prostitution an Autostraßen)

Au|to|sug|ges|ti|on [*auch* ...'ti̯o:n; *alte Trennung* ...|st...], die; -, -en ‹griech.; lat.› (Selbstbeeinflussung)

Au|to|te|le|fon

Au|to|to|xin (*Med.* Eigengift)

au|to|troph ‹griech.› (*Biol.* sich von anorganischen Stoffen ernährend)

Au|to|ty|pie, die; -, ...ien ‹griech.› (*Druckw.* netzartige Bildätzung für Buchdruck; Netz-, Rasterätzung)

Au|to|un|fall; Au|to|ver|kehr; Au|to|ver|leih; Au|to|werk|statt

Au|to|zoom (*Fotogr.* automatische Abstimmung von Brennweite und Entfernungseinstellung bei einer Filmkamera)

autsch!

Au|ver|g|ne [o'vɛrnjə], die; - (Region in Frankreich)

Au|wald, Au|en|wald

au|weh!; au|wei!; au|weia!

Au|xin, das; -s, -e ‹griech.› (*Bot.* Pflanzenwuchsstoff)

a v. = a vista

A|val, der, *seltener* das; -s, -e ‹franz.› (*Bankw.* Wechselbürgschaft); **a|val|lie|ren** ([Wechsel] als Bürge unterschreiben)

A|van|ce [a'vã:sə], die; -, -n ‹franz.› (*veraltet für* Vorteil; Vorschuss); jmdm. Avancen machen (jmdm. entgegenkommen, um ihn für sich zu gewinnen)

A|van|ce|ment [avãsə'mã:, *österr.* avãs'mã:], das; -s, -s (*veraltet für* Beförderung)

a|van|cie|ren (befördert werden)

A|vant|gar|de [a'vã:...], die; -, -n ‹franz.› (die Vorkämpfer für eine Idee); **A|vant|gar|dis|mus** [avã...], der; -; **A|vant|gar|dist,** der; -en, -en; **A|vant|gar|dis|tin**

[*alte Trennung* ...|st...]; **a|vant|gar|dis|tisch**

a|van|ti! ⟨ital.⟩ (*ugs. für* vorwärts!)

A|va|tar ['ɛvəta:ɐ̯], der; -s, -s ⟨engl.⟩ (*EDV* bewegliche Grafik, die den Teilnehmer eines Chats darstellt)

AvD = Automobilclub von Deutschland

A|ve, das; -[s], -[s] ⟨lat.⟩ (*kurz für* Ave-Maria); **A|ve-Ma|ria,** das; -[s], -[s] ⟨»Gegrüßet seist du, Maria!«⟩ (kath. Gebet); **A|ve-Ma|ria-Läu|ten,** das; -s ↑ K 27

A|ven|tin, der; -s (Hügel in Rom); **A|ven|ti|ni|sche Hü|gel,** der; -n -s

A|ven|tiu|re [...'ty:...], die; -, -n ⟨franz.⟩ (mittelhochd. Rittererzählung); *als Personifikation* Frau Aventiure

A|ven|tu|rin, der; -s, -e ⟨lat.-franz.⟩ (goldflimmriger Quarzstein); **A|ven|tu|rin|glas**

A|ve|nue [avə'ny:], die; -, ...uen [...'ny:ən] (Prachtstraße)

A|ver|ro|es (arab. Philosoph u. Theologe im MA.)

A|vers [*österr.* a'vɛr], der; -es, -e ⟨franz.⟩ (*Münzw.* Vorderseite [einer Münze])

A|ver|si|on, die; -, -en ⟨lat.⟩ (Abneigung, Widerwille)

AVG = Angestelltenversicherungsgesetz

A|vi|a|ri|um, das; -s, ...ien ⟨lat.⟩ (großes Vogelhaus)

A|vi|g|non [avɪn'jõ:] (franz. Stadt)

A|vis [a'vi:], der *od.* das; -, -; *auch* [a'vi:s], der *od.* das; -es, -e ⟨franz.⟩ (*Wirtsch.* Nachricht, Anzeige); **a|vi|sie|ren** (ankündigen; *schweiz. auch für* benachrichtigen)

[1]A|vi|so, der; -s, -s ⟨span.⟩ (*früher* leicht bewaffnetes, kleines, schnelles Kriegsschiff)

[2]A|vi|so, das; -s, -s ⟨ital.⟩ (*österr. für* Avis)

a vis|ta [*alte Trennung* ...|st...] ⟨ital.⟩ (*Bankw.* bei Vorlage zahlbar; *Abk.* a v.); *vgl.* a prima vista

A|vis|ta|wech|sel [*alte Trennung* ...|st...] (Sichtwechsel)

A|vi|t|a|mi|no|se, die; -, -n ⟨lat.⟩ (*Med.* durch Vitaminmangel hervorgerufene Krankheit)

a|vi|vie|ren ⟨franz.⟩ (*Färberei* Gewebe nachbehandeln, ihnen mehr Glanz verleihen)

A|vo|ca|do, die; -, -s ⟨indian.-span.⟩ (birnenförmige Frucht eines südamerik. Baumes)

A|vo|ga|d|ro (ital. Physiker u. Chemiker)

A|vus, die; - (*Kurzw. für* Automobil-Verkehrs- u. -Übungsstraße [frühere Autorennstrecke in Berlin, heute Teil der Stadtautobahn])

AWACS = airborne early warning and control system (Frühwarnsystem der NATO)

A|wa|re, der; -n, -n (Angehöriger eines untergegangenen türk.-mongol. Steppennomadenvolkes); **A|wa|rin; a|wa|risch**

A|wes|ta [*alte Trennung* ...|st...], das; - ⟨pers.⟩ (heilige Schriften der Parsen); **a|wes|tisch;** awestische Sprache

[1]A|xel (m. Vorn.)

[2]A|xel, der; -s, - (*kurz für* Axel-Paulsen-Sprung); doppelter Axel; **A|xel-Paul|sen-Sprung;** ↑ K 137 (nach dem norw. Eiskunstläufer Axel Paulsen benannter Kürsprung)

A|xen|stra|ße, die; - (in der Schweiz)

a|xi|al ⟨lat.⟩ (in der Achsenrichtung; längs der Achse); **A|xi|a|li|tät,** die; -, -en (Achsigkeit); **A|xi|al|ver|schie|bung**

a|xil|lar ⟨lat.⟩ (*Bot.* achsel-, winkelständig); **A|xil|lar|knos|pe** (Knospe in der Blattachsel)

A|xi|om, das; -s, -e ⟨griech.⟩ (keines Beweises bedürfender Grundsatz)

A|xi|o|ma|tik, die; - (Lehre von den Axiomen); **a|xi|o|ma|tisch;** axiomatisches System; **a|xi|o|ma|ti|sie|ren**

Ax|mins|ter|tep|pich, *auch* **Ax|mins|ter-Tep|pich** ['ɛ...; *alte Trennung* ...|st...] (nach dem engl. Ort)

A|xo|lotl, der; -s, - ⟨aztekisch⟩ (mexik. Schwanzlurch)

A|xon, das; -s, *Plur.* Axone *u.* Axonen (*Biol.* zentraler Strang einer Nervenfaser)

Axt, die; -, Äxte; **Axt|helm** (Axtstiel); *vgl.* [2]Helm; **Axt|hieb**

A|ya|tol|lah [aja...] *vgl.* Ajatollah

A|yur|ve|da, *auch* A|yur|we|da [ajur...], der; -[s] ⟨sanskr.⟩ (Sammlung der wichtigsten Lehrbücher der altindischen Medizin); **a|yur|ve|disch,** *auch* **a|yur|we|disch**

AZ, Az. = Aktenzeichen

a. Z. = auf Zeit

A|za|lee, A|za|lie, die; -, -n ⟨griech.⟩ (eine Zierpflanze aus der Familie der Heidekrautgewächse)

A|ze|tat, *fachspr. auch* A|ce|tat, das; -s, -e ⟨lat.⟩ (*Chemie* Salz der Essigsäure; Chemiefaser); **A|ze|tat|sei|de,** *fachspr. auch* A|ce|tat|sei|de

A|ze|ton, *fachspr. auch* A|ce|ton, das; -s (ein Lösungsmittel)

A|ze|ty|len, *fachspr. auch* A|ce|ty|len, das; -s (gasförmiger Kohlenwasserstoff); **A|ze|ty|len|gas,** *fachspr. auch* A|ce|ty|len|gas

A|zid, das; -[e]s, -e ⟨griech.⟩ (*Chemie* Salz der Stickstoffwasserstoffsäure)

A|zi|di|tät *vgl.* Acidität

A|zi|do|se *vgl.* Acidose

A|zi|mut, das, *auch* der; -s, -e ⟨arab.⟩ (*Astron.* eine bestimmte Winkelgröße)

A|zo|farb|stoff ⟨griech.; dt.⟩ (*Chemie* Farbstoff aus der Gruppe der Teerfarbstoffe)

A|zo|i|kum, das; -s ⟨griech.⟩ (*Geol.* erdgeschichtl. Urzeit ohne Spuren organ. Lebens); **a|zo|isch**

A|zo|o|sper|mie, die; -, ...ien (*Biol., Med.* Fehlen reifer Samenzellen in der Samenflüssigkeit)

A|zo|ren *Plur.* (Inselgruppe im Atlantischen Ozean)

Az|te|ke, der; -n, -n (Angehöriger eines Indianerstammes in Mexiko); **Az|te|ken|reich,** das; -[e]s

A|zu|bi [*auch* a'tsu:...], der; -s, -s *u.* die; -, -s (*ugs. für* Auszubildende[r])

A|zu|le|jos [...xɔs] *Plur.* ⟨span.⟩ (bunte, bes. blaue Wandkacheln)

A|zur, der; -s ⟨pers.⟩ (*geh. für* Himmelsblau); **a|zur|blau**

A|zu|ree|li|ni|en *Plur.* (waagerechtes, meist wellenförmiges Linienband auf Vordrucken [z. B. auf Schecks]); **a|zu|riert** (mit Azureelinien versehen)

A|zu|rit, der; -s (ein dunkelblaues Mineral)

a|zurn (himmelblau)

a|zy|k|lisch ⟨griech.⟩ (*Chemie* nicht ringförmig geschlossen [*vgl.* aliphatisch]; *Med.* zeitlich unregelmäßig; *Bot. bei Blüten* spiralig gebaut)

Az|zur|ri, Az|zur|ris *Plur.* ⟨ital., »die Blauen«⟩ (*Bez. für* ital. Sportmannschaften)

B*b*

B (Buchstabe); das B; des B, die B, *aber* das b in Abend; der Buchstabe B, b
b, B, das; -, - (Tonbezeichnung)
b (*Zeichen für* b-Moll); in b
B (*Zeichen für* B-Dur); in B
B = *Zeichen für* Bel; Bundesstraße
B = *chem. Zeichen für* Bor
B *(auf dt. Kurszetteln)* = Brief (d. h., das Wertpapier wurde zum angegebenen Preis angeboten)
B, β = Beta
b. = bei[m]
B. = Bachelor
Ba = *chem. Zeichen für* Barium
BA [biː'|eː] = British Airways (brit. Luftverkehrsgesellschaft)
Baal ⟨hebr.⟩ (semit. Wetter- und Himmelsgott)
Baal|bek (Stadt im Libanon)
Baals|dienst, der; -[e]s
Baar, die; - (Gebiet zwischen Schwarzwald u. Schwäbischer Alb)
Baas, der; -es, -e ⟨niederl.⟩ (*nordd., bes. Seemannsspr.* Herr, Meister, Aufseher)
ba|ba, bä|bä (*kinderspr. für* schmutzig, eklig)
bab|beln (*landsch. für* schwatzen); ich babb[e]le
Ba|bel *vgl.* Babylon
Ba|ben|ber|ger, der; -s, - (Angehöriger eines Fürstengeschlechtes)
Ba|bet|te (w. Vorn.)
Ba|bu|sche, [*auch* ...'buː...], Pampu|sche [*auch* ...'puː...], die; -, -n ⟨pers.⟩ (*landsch., bes. ostmitteld. für* Stoffpantoffel)
Ba|by ['beːbi], das; -s, -s ⟨engl.⟩ (Säugling, Kleinkind)
Ba|by|ak|tie (*Wirtsch.* Aktie mit kleinem Nennwert)
Ba|by|boom ['beːbibuːm] (Anstieg der Geburtenzahlen); **Ba|by|boo|mer,** der; -s, - (jmd., der zu den geburtenstarken Jahrgängen gehört)
Ba|by|fon, *auch* Ba|by|phon, das; -s, -e (telefonähnliches Gerät, das Geräusche aus dem Kinderzimmer überträgt)
Ba|by|jahr (einjähriger Mutterschaftsurlaub)
Ba|by|lon, Ba|bel (Ruinenstadt am Euphrat)
Ba|by|lo|ni|en (antiker Name für das Land zwischen Euphrat u. Tigris); **Ba|by|lo|ni|er; Ba|by|lo|ni|e|rin**
ba|by|lo|nisch; babylonische Kunst; ein babylonisches Sprachengewirr; *aber* ↑K150: die Babylonische Gefangenschaft; der Babylonische Turm
Ba|by|nah|rung ['beː...]
Ba|by|phon *vgl.* Babyfon
ba|by|sit|ten *nur im Infinitiv gebräuchlich (ugs.);* **Ba|by|sit|ter,** der; -s, - ⟨engl.⟩ (jmd., der Kleinkinder bei Abwesenheit der Eltern beaufsichtigt); **Ba|by|sit|te|rin**
Ba|by|speck
Ba|by|zel|le (kleine Batterie)
Bac|cha|nal [...xa..., *österr. auch* ...ka...], das; -s, *Plur.* -e *u.* -ien ⟨griech.⟩ (altröm. Bacchusfest; wüstes Trinkgelage)
Bac|chant, der; -en, -en (*geh. für* weinseliger Trinker); **Bac|chan|tin; bac|chan|tisch** (trunken; ausgelassen)
bac|chisch (nach Art des Bacchus)
Bac|chi|us (antiker Versfuß)
Bac|chus (röm. Gott des Weines)
[1]**Bach,** der; -[e]s, Bäche
[2]**Bach,** Johann Sebastian (dt. Komponist)
bach|ab *(schweiz.);* bachab gehen (zunichte werden); bachab schicken (verwerfen, ablehnen)
Bach|blü|ten, *auch* **Bach-Blü|ten** *Plur.* ⟨nach dem brit. Arzt E. Bach⟩ (Essenz aus bestimmten Blüten u. Pflanzenteilen zur Beeinflussung seelisch-geistiger Zustände); **Bach|blü|ten|the|ra|pie,** *auch* **Bach-Blü|ten-The|ra|pie,** die; -
Ba|che, die; -, -n (*Jägerspr.* w. Wildschwein)
Ba|che|lor ['bɛtʃəlɐ], der; -[s], -s ⟨engl.⟩ (akadem. Grad, bes. in englischsprachigen Ländern; *Abk.* B.; *vgl.* Bakkalaureus)
Bach|fo|rel|le; Bäch|lein
Bach|stel|ze
Bach-Wer|ke-Ver|zeich|nis ↑K137
back (*nordd. u. Seemannsspr.* zurück)
[1]**Back,** die; -, -en (*Seemannsspr.* [Ess]schüssel; Esstisch; Tischgemeinschaft; Aufbau auf dem Vordeck)
[2]**Back** [bɛk], der; -s, -s ⟨engl.⟩ (*schweiz. u. österr. veraltet für* Verteidiger [beim Fußball etc.])
Back|blech
Back|bord, das; -[e]s, -e (linke Schiffsseite [von hinten gesehen]); **back|bord[s]**
Bäck|chen
Ba|cke, die; -, -n, *landsch.* **Ba|cken** [*alte Trennung* ...k|k...], der; -s, -

ba|cken
– [*alte Trennung* ...k|k...]
Für »backen« gibt es in Präsens und Präteritum neben regelmäßigen auch unregelmäßige Formen: – du bäckst *od.* backst – er/sie bäckt *od.* backt – du backtest (*älter* buk[e]st) – du backtest (*älter* bükest) – gebacken; back[e]!
In der Bedeutung »kleben« wird nur regelmäßig gebeugt: – der Schnee backt, backte, hat gebackt (*vgl.* festbacken)

Ba|cken|bart [*alte Trennung* ...k|k...]; **Ba|cken|zahn**
Bä|cker [*alte Trennung* ...k|k...]; **Bä|cke|rei** (*österr. auch für* süßes Kleingebäck); **Bä|cke|rin; Bä|cker|jun|ge; Bä|cker|la|den; Bä|cker[s]|frau**
Back|fisch (*veraltend auch für* junges Mädchen)
Back|gam|mon [bɛk'gɛmən], das; -[s] ⟨engl.⟩ (dem Tricktrack ähnliches Würfelspiel)
Back|ground ['bɛkgraunt], der; -s, -s ⟨engl.⟩ (Hintergrund; *übertr. für* [Lebens]erfahrung); **Back|ground|sän|ger**
Back|hen|del, das; -s, -n (*österr. für* paniertes Hähnchen); **Back|hen|del|sta|ti|on** *(österr.)*
...ba|ckig, ...bä|ckig [*alte Trennung* ...k|k...] (z. B. rotbackig, rotbäckig)
Back|list ['bɛk...], die; -, -s ⟨engl.⟩ (Liste lieferbarer Bücher)
Back|obst; Back|o|fen
Back|pa|cker ['bɛkpɛkɐ; *alte Trennung* ...k|k...], der; -s, - ⟨engl.⟩ (Rucksacktourist)
Back|pa|pier
Back|pfei|fe (*landsch. für* Ohrfeige); **back|pfei|fen** *(landsch.);* sie backpfeifte ihn, hat ihn ge-

backpfeift; **Back|pfei|fen|ge|sicht**
Back|pflau|me; Back|pul|ver; Back|rohr *(österr.),* **Back|röh|re**
Back|schaft (*Seemannsspr.* Tischgemeinschaft)
Back|slash ['bɛkslɛʃ], der; -s, -s ‹engl.› (*EDV* Schrägstrich von links oben nach rechts unten)
Back|stag [...st...] (den Mast von hinten haltendes [Draht]seil)
back|stage ['bɛkste:dʒ] ‹engl.› (hinter der Bühne, den Kulissen); **Back|stage,** die; -, -s (Raum hinter der Bühne); **Back|stage|aus|weis**
Back|stein; Back|stein|bau *Plur.* ...bauten
Back-up, *auch* **Back|up** ['bɛkap], der; -s, -s ‹engl.› (Kopie von Daten auf einem zweiten Datenträger)
Back|wa|re *meist Plur.*
[1]**Ba|con** ['be:kn̩], der; -s ‹engl.› (Frühstücksspeck)
[2]**Ba|con** ['be:kn̩] (engl. Philosoph)
Bad, das; -[e]s, Bäder; Bad Ems, Bad Homburg v. d. H., Stuttgart-Bad Cannstatt ↑K 144 *u.* 147
Bad... (*südd., österr., schweiz. in Zusammensetzungen neben* Bade..., z. B. Badanstalt)
Bad Aus|see *vgl.* Aussee
Bad Bram|bach *vgl.* Brambach
Ba|de|an|stalt; Ba|de|an|zug; Ba|de|arzt; Ba|de|ho|se; Ba|de|kap|pe; Ba|de|man|tel; Ba|de|mat|te; Ba|de|meis|ter [*alte Trennung* ...|st...]; **Ba|de|müt|ze**
ba|den; baden gehen (*ugs. auch für* scheitern)
Ba|den (Teil des Bundeslandes Baden-Württemberg)
Ba|den-Ba|den (Badeort im nördl. Schwarzwald)
Ba|de|ner, *auch* **Ba|den|ser**
Ba|den-Würt|tem|berg ↑K 144–145; **Ba|den-Würt|tem|ber|ger; Ba|den-Würt|tem|ber|ge|rin; ba|den-würt|tem|ber|gisch**
Ba|de|ort, der; -[e]s, -e
Ba|der (*veraltet für* Barbier; Heilgehilfe)
Ba|de|sai|son; Ba|de|salz; Ba|de|tuch; Ba|de|wan|ne; Ba|de|zeit; Ba|de|zim|mer
Bad|gas|tein [*alte Trennung* ...|st...] (österr. Badeort)
ba|disch ↑K 150 (aus Baden)
Bad Ischl *vgl.* Ischl
Bad|min|ton ['bɛtmɪntn̩], das; - ‹nach dem Landsitz des Herzogs von Beaufort in England› (Federballspiel)
Bad Oeyn|hau|sen *vgl.* Oeynhausen
Bad Pyr|mont *vgl.* Pyrmont
Bad Ra|gaz *vgl.* Ragaz
Bad Wö|ris|ho|fen *vgl.* Wörishofen
Bae|de|ker ®, der; -[s], - (ein Reisehandbuch)
Ba|fel, der; -s, - ‹jidd.› (*ugs. für* Ausschussware; *nur Sing.:* Geschwätz)
baff (*ugs. für* verblüfft); baff sein
BAföG, *auch* **Ba|fög,** das; -[s] = Bundesausbildungsförderungsgesetz (*auch für* Geldzahlungen nach diesem Gesetz)
Ba|ga|ge [...ʒə, *österr.* ...ʒ], die; -, -n *Plur. selten* ‹franz.› (*veraltet für* Gepäck; *ugs. für* Gesindel)
Ba|gas|se, die; -, -n ‹franz.› (Pressrückstand bei der Rohrzuckergewinnung)
Ba|ga|tel|le, die; -, -n ‹franz.› (unbedeutende Kleinigkeit; kleines, leichtes Musikstück)
ba|ga|tel|li|sie|ren (als unbedeutende Kleinigkeit behandeln)
Ba|ga|tell|sa|che; Ba|ga|tell|scha|den
Bag|dad (Hauptstadt Iraks); **Bag|da|der; Bag|da|de|rin**
Bag|ger, der; -s, -; **Bag|ge|rer; Bag|ger|füh|rer**
bag|gern; ich baggere
Bag|ger|prahm; Bag|ger|schau|fel; Bag|ger|see
Ba|g|no ['banjo], das; -s, *Plur.* -s *u.* ...gni ‹ital.› (*früher für* Straflager [in Italien und Frankreich])
Ba|guette [...'gɛt], die; -, -n, *auch* das; -s, -s ‹franz.› (franz. Stangenweißbrot)
bah!, pah! (Ausruf der Geringschätzung, des Ekels)
bäh! (Ausruf der Schadenfreude, des Ekels)
Ba|hai, der; -, -[s] ‹pers.› (Anhänger des Bahaismus); **Ba|ha|is|mus,** der; - (aus dem Islam hervorgegangene Religion)
Ba|ha|ma|er; Ba|ha|ma|e|rin
Ba|ha|ma|in|seln *vgl.* Bahamas
ba|ha|ma|isch
Ba|ha|mas (Inselstaat im Atlantischen Ozean)
bä|hen (*südd., österr., schweiz.* [Brot] leicht rösten)
Bahn, die; -, -en; ich breche mir Bahn; eine sich Bahn brechende Entwicklung; *vgl. aber* bahnbrechend
bahn|amt|lich *(früher)*
bahn|bre|chend; eine bahnbrechende Erfindung; *vgl. aber* Bahn; **Bahn|bre|cher**
Bahn|bus; bahn|ei|gen
bah|nen; ich bahne mir einen Weg
bah|nen|wei|se
Bahn|hof (*Abk.* Bf., Bhf.)
Bahn|hof|buf|fet (*schweiz. für* Bahnhofsgaststätte)
Bahn|hofs|buch|hand|lung; Bahn|hofs|buf|fet *od.* **...büf|fet** *(österr.)*
Bahn|hofs|hal|le; Bahn|hofs|mis|si|on
Bahn|hofs|vor|stand (*österr. für* Bahnhofsvorsteher)
Bahn|hofs|vor|ste|her
Bahn|hof|vor|stand (*schweiz. für* Bahnhofsvorsteher)
bahn|la|gernd
Bahn|li|nie; Bahn|schran|ke
Bahn|steig; Bahn|steig|kan|te; Bahn|steig|kar|te
Bahn|ü|ber|gang; Bahn|wär|ter
Ba|höl, der; -s (*ostösterr. ugs. für* großer Lärm, Tumult)
Bah|rain [*auch* bax...] (Inselgruppe u. Scheichtum im Persischen Golf); **Bah|rai|ner; Bah|rai|ne|rin; bah|rai|nisch**
Bah|re, die; -, -n
Bahr|tuch *Plur.* ...tücher
Baht, der; -, - (Währungseinheit in Thailand)
Bä|hung (Heilbehandlung mit warmen Umschlägen oder Dämpfen)
Bai, die; -, -en ‹niederl.› (Bucht)
Bai|er (*Sprachw.* Sprecher der bayerischen Mundart)
Bai|kal, der; -[s] (Baikalsee)
Bai|kal-A|mur-Ma|gis|t|ra|le [*alte Trennung* ...|st...], die; - (Eisenbahnstrecke in Sibirien)
Bai|kal|see, der; -s (See in Südsibirien)
Bai|ko|nur (russ. Raumfahrtzentrum)
Bai|ri|ki (Hauptstadt von Kiribati)
bai|risch (*Sprachw.* die bayerische Mundart betreffend)
Bai|ser [bɛ'ze:], das; -s, -s ‹franz.› (Schaumgebäck)
Bais|se ['bɛ:...], die; -, -n ‹franz.› ([starkes] Fallen der Börsenkurse od. Preise); **Bais|si|er** [bɛ'si̯e:], der; -s, -s (auf Baisse Spekulierender)
Ba|ja|de|re, die; -, -n ‹franz.› (ind. [Tempel]tänzerin)
Ba|jaz|zo, der; -s, -s ‹ital.› (Pos-

B

senreißer; *auch* Titel einer Oper von Leoncavallo)

Ba|jo|nett, das; -[e]s, -e ‹nach der Stadt Bayonne in Südfrankreich› (Seitengewehr); **ba|jo|net|tie|ren** (mit dem Bajonett fechten)

Ba|jo|nett|ver|schluss [*alte Schreibung* ...ver|schluß] (*Technik* [leicht lösbare] Verbindung von rohrförmigen Teilen)

Ba|ju|wa|re, der; -n, -n (*veraltet, noch scherzh. für* ²Bayer); **Ba|ju|wa|rin; ba|ju|wa|risch**

Ba|ke, die; -, -n (festes Orientierungszeichen für Seefahrt, Luftfahrt, Straßenverkehr; Vorsignal auf Bahnstrecken)

Ba|ke|lit®, das; -s ‹nach dem belg. Chemiker Baekeland› (ein Kunststoff)

Ba|ken|ton|ne (ein Seezeichen)

Bak|ka|lau|re|at, das; -[e]s, -e ‹lat.› (unterster akadem. Grad [in England u. Nordamerika]; Abschluss der höheren Schule [in Frankreich])

Bak|ka|lau|re|us, der; -, ...rei (Inhaber des Bakkalaureats)

Bak|ka|rat [*od.* ...'ra], das; -s ‹franz.› (ein Kartenglücksspiel)

Bak|ken, der; -[s], - ‹norw.› (*Skisport* Sprungschanze)

Bak|schisch, das; -[(e)s], -e ‹pers.› (Almosen; Trinkgeld)

Bak|te|ri|ä|mie, die; -, ...ien ‹griech.› (Überschwemmung des Blutes mit Bakterien)

Bak|te|rie, die; -, -n *meist Plur.* (einzelliges Kleinstlebewesen)

bak|te|ri|ell (durch Bakterien hervorgerufen, die Bakterien betreffend); **bak|te|ri|en|be|stän|dig** (widerstandsfähig gegenüber Bakterien)

Bak|te|ri|en|trä|ger *(Med.)*

Bak|te|ri|o|lo|ge, der; -n, -n; **Bak|te|ri|o|lo|gie,** die; - (Lehre von den Bakterien); **Bak|te|ri|o|lo|gin; bak|te|ri|o|lo|gisch**

Bak|te|ri|o|ly|se, die; -, -n (Auflösung von Bakterien); **Bak|te|ri|o|pha|ge,** der; -n, -n (Kleinstlebewesen, das Bakterien vernichtet); **Bak|te|ri|o|se,** die; -, -n (durch Bakterien verursachte Pflanzenkrankheit)

Bak|te|ri|um, das; -s, ...ien (*veraltet für* Bakterie)

bak|te|ri|zid (*Med.* keimtötend); **Bak|te|ri|zid,** das; -s, -e (keimtötendes Mittel)

Bak|t|ri|en (altpers. Landschaft)

Ba|ku [*auch* ...'ku:] (Hauptstadt Aserbaidschans)

Ba|la|lai|ka, die; -, *Plur.* -s *u.* ...ken (russ. Saiteninstrument)

Ba|lan|ce [...'lã:s(ə)], die; -, -n ‹franz.› (Gleichgewicht); **Ba|lan|ce|akt**

Ba|lan|cier|bal|ken

ba|lan|cie|ren ‹franz.› (das Gleichgewicht halten)

Ba|lan|cier|stan|ge

Ba|la|ta [*auch* ...'la:...], die; - ‹indian.-span.› (kautschukähnliches Naturerzeugnis)

Ba|la|ton, der; -[s] ‹ung.› (ung. Name für den Plattensee)

bal|bie|ren (*landsch. veraltet für* rasieren); jmdn. über den Löffel balbieren, *auch* barbieren (*ugs. für* betrügen)

Bal|boa, der; -[s], -[s] ‹nach dem gleichnamigen span. Entdecker› (Währungseinheit in Panama)

bald; *Steigerung* eher, am ehesten; möglichst bald; so bald wie, *auch* als möglich; *vgl.* sobald

Bal|da|chin [*österr. auch* ...'xi:n], der; -s, -e ‹nach der Stadt Baldacco, d. h. Bagdad› (Trag-, Betthimmel); **bal|da|chin|ar|tig**

Bäl|de; *nur in* in Bälde (*Amtsspr. für* bald)

bal|dig; bald|mög|lichst

bal|do|wern (*ugs. für* nachforschen)

Baldr, Bal|dur (*nord. Mythol.* Lichtgott)

Bal|d|ri|an, der; -s, -e (eine Heilpflanze)

Bal|d|ri|an|tee; Bal|d|ri|an|tink|tur; Bal|d|ri|an|trop|fen *Plur.*

Bal|du|in (m. Vorn.)

Bal|dung, Hans, *genannt* Grien (dt. Maler)

Bal|dur (m. Vorn.; *auch für* Baldr)

Ba|le|a|ren *Plur.* (Inselgruppe im westl. Mittelmeer)

Ba|les|ter [*alte Trennung* ...|st...], der; -s, - ‹lat.› (*früher* Armbrust, mit der Kugeln abgeschossen werden können)

[1]**Balg,** der; -[e]s, Bälge (Tierhaut; Luftsack; ausgestopfter Körper einer Puppe; *auch für* Balgen)

[2]**Balg,** der *od.* das; -[e]s, Bälger (*ugs. für* unartiges Kind)

Bal|ge, die; -, -n (*nordd. für* Waschfass; Wasserlauf im Watt)

bal|gen, sich (*ugs. für* raufen)

Bal|gen, der; -s, - (ausziehbares Verbindungsteil zwischen Objektiv u. Gehäuse beim Fotoapparat); **Bal|gen|ka|me|ra**

Bal|ge|rei *(ugs.)*

Balg|ge|schwulst

Ba|li (westlichste der Kleinen Sundainseln)

Ba|li|ne|se, der; -n, -n; **Ba|li|ne|sin; ba|li|ne|sisch**

Bal|kan, der; -s (Gebirge; *auch für* Balkanhalbinsel); **Bal|kan|halb|in|sel,** *auch* **Bal|kan-Halb|in|sel**

bal|ka|nisch

bal|ka|ni|sie|ren (ein Land staatlich so zersplittern wie die Staaten der Balkanhalbinsel vor dem Ersten Weltkrieg); **Bal|ka|ni|sie|rung,** die; -

Bal|ka|nis|tik [*alte Trennung* ...|st...], die; - (*svw.* Balkanologie); **Bal|kan|krieg**

Bal|ka|no|lo|ge, der; -n, -n; **Bal|ka|no|lo|gie,** die; - (wissenschaftl. Erforschung der Balkansprachen u. -literaturen); **Bal|ka|no|lo|gin**

Bälk|chen; Bal|ken, der; -s, -

Bal|ken|de|cke [*alte Trennung* ...k|k...]; **Bal|ken|kon|s|t|ruk|ti|on**

Bal|ken|schrö|ter (Zwerghirschkäfer); **Bal|ken|waa|ge**

Bal|kon [...'kõ:, *auch, südd., österr. u. schweiz. nur* ...'ko:n], der; -s, *Plur.* -s *u.* -e [...'ko:nə] ‹franz.›

Bal|kon|mö|bel; Bal|kon|pflan|ze

[1]**Ball,** der; -[e]s, Bälle (kugelförmiges Spielzeug, Sportgerät); Ball spielen ↑K54, *aber* das Ballspielen ↑K82

[2]**Ball,** der; -[e]s, Bälle ‹franz.› (Tanzfest); **Ball|a|bend**

Ball|ab|ga|be *(Sportspr.)*

Bal|la|de, die; -, -n ‹griech.› (episch-dramatisches Gedicht); **bal|la|den|haft; Bal|la|den|stoff; bal|la|desk**

Ball|an|nah|me *(Sportspr.)*

Bal|last [*auch, österr. u. schweiz. nur* ...'la...], der; -[e]s, -e *Plur. selten* (tote Last; Bürde)

Bal|last|stof|fe *Plur.* (Nahrungsbestandteile, die der Körper nicht verwertet); **bal|last|stoff|reich**

Bal|la|watsch *vgl.* Pallawatsch

Ball|be|hand|lung *(Sportspr.)*

Bäll|chen

Bal|lei ‹lat.› ([Ritter]ordensbezirk)

Bal|lei|sen, Bal|len|ei|sen (Werkzeug)

bal|len; sich ballen

Bal|len, der; -s, -
Bal|len|stedt (Stadt am Harz)
Bal|le|rei (*ugs. für* sinnloses, lautes Schießen)
Bal|le|ri|na, *selten* **Bal|le|ri|ne,** die; -, ...nen ‹ital.› (Balletttänzerin)
Bal|ler|mann, der; -s, ...männer (*scherzh. für* Revolver)
bal|lern (*ugs. für* knallen, schießen); ich ballere
Bal|le|ron, der; -s, -s ‹franz.› (*schweiz.* eine dicke Aufschnittwurst)
bal|les|tern [*alte Trennung* ...|st...] (*österr. ugs. für* Fußball spielen); ich ballestere
Bal|lett, das; -[e]s, -e ‹ital.› (Bühnentanz[gruppe]; Ballettmusik)
Bal|lett|korps (Theatertanzgruppe); **Bal|lett|meis|ter** [*alte Trennung* ...|st...]; **Bal|lett|musik**
Bal|lett|tän|zer, *auch* **Bal|lett-Tänzer** [*alte Schreibung* Bal|lettänzer, *alte Trennung* ...tt|t...]; **Bal|lett|tän|ze|rin,** *auch* **Bal|lett-Tän|ze|rin**
Bal|lett|the|a|ter, *auch* **Bal|lett-The|a|ter** [*alte Schreibung* Bal|letthea|ter, *alte Trennung* ...tt|th...]; **Bal|lett|trup|pe,** *auch* **Bal|lett-Trup|pe**
Ball|füh|rung (*Sportspr.*); **Ball|gefühl,** das; -[e]s (*Sportspr.*)
ball|hor|ni|sie|ren *vgl.* verballhornen
bal|lig (ballförmig, gerundet)
Bal|lis|te [*alte Trennung* ...|st...], die; -, -n ‹griech.› (antikes Wurfgeschütz)
Bal|lis|tik [*alte Trennung* ...|st...], die; - (Lehre von der Bewegung geschleuderter od. geschossener Körper); **Bal|lis|ti|ker; Bal|lis|ti|ke|rin; bal|lis|tisch;** ballistische Kurve (Flugbahn); ballistisches Pendel (Stoßpendel)
Ball|jun|ge (Junge, der beim Tennis die Bälle aufsammelt)
Ball|kleid
Ball|lo|kal, *auch* **Ball-Lo|kal** [*alte Scheibung* Ballo|kal, *alte Trennung* ...ll|l...]
Ball|mäd|chen *vgl.* Balljunge
Ball|nacht
Bal|lon [...ˈlõ:, *auch, südd., österr. u. schweiz. nur* ...ˈlo:n], der; -s, *Plur.* -s *u.* -e [...ˈlo:nə] ‹franz.› (*auch für* Korbflasche; Glaskolben)
Bal|lo|nett, das; -[e]s, *Plur.* -e *u.* -s (Luftkammer im Innern von Fesselballons und Luftschiffen)
Bal|lon|fah|rer; Bal|lon|rei|fen; Bal|lon|sper|re
Bal|lot [...ˈlo:], das; -s, -s (kleiner Warenballen)
Bal|lo|ta|de, die; -, -n (Sprung des Pferdes bei der hohen Schule)
Bal|lo|ta|ge [...ʒə], die; -, -n (geheime Abstimmung mit weißen od. schwarzen Kugeln); **bal|lo|tie|ren** (durch Ballotage abstimmen)
Ball|spiel; Ball|spie|len, das; -s, *aber* ↑K 54: ich will Ball spielen; **Ball|tech|nik** (*Sportspr.*)
Bal|lung
Bal|lungs|ge|biet; Bal|lungs|raum
Ball|wech|sel (*Sportspr.*)
Bal|ly|hoo [ˈbɛlihu, *auch* ...ˈhu:], das; - ‹engl.› (Reklamerummel)
Bal|mung (Name von Siegfrieds Schwert)
Bal|ne|o|gra|phie, *auch* Bal|ne|o|gra|fie, die; -, ...ien ‹griech.› (Bäderbeschreibung)
Bal|ne|o|lo|gie, die; - (Bäderkunde)
Bal|ne|o|the|ra|pie, die; - (Heilung durch Bäder)
Bal pa|ré [- ...ˈre:], der; - -, -s -s [- -] ‹franz.› (*geh. veraltet für* festlicher Ball)
Bal|sa, das; - ‹span.› (sehr leichte Holzart); **Bal|sa|holz**
Bal|sam, der; -s, ...same *Plur. selten* ‹hebr.›; **bal|sa|mie|ren** (einsalben); **Bal|sa|mie|rung**
Bal|sa|mi|ne, die; -, -n (eine Zierpflanze)
bal|sa|misch (würzig; lindernd)
Bal|te, der; -n, -n (Angehöriger der balt. Sprachfamilie; Bewohner des Baltikums); **Bal|ten|land**
Bal|tha|sar (m. Vorn.)
Bal|ti|kum, das; -s (das Gebiet der Staaten Estland, Lettland und Litauen)
Bal|ti|more [...mo:ɐ̯] (Stadt in den USA)
Bal|tin; bal|tisch, *aber* ↑K 140: der Baltische Höhenrücken
bal|to|sla|wisch
Ba|lu|ba, der; -[s], -[s]; *vgl.* Luba
Ba|lus|ter [*alte Trennung* ...|st...], der; -s, - ‹franz.› (*Archit.* kleine Säule als Geländerstütze); **Ba|lus|ter|säu|le**
Ba|lus|t|ra|de [*alte Trennung* ...|st...], die; -, -n (Brüstung, Geländer)
Balz, die; -, -en (Paarungsspiel u. -zeit bestimmter Vögel)
Bal|zac [...ˈzak] (franz. Schriftsteller)
bal|zen (werben [von bestimmten Vögeln]); **Balz|ruf; Balz|zeit**
BAM, die; - = Baikal-Amur-Magistrale
Ba|ma|ko [*auch* ...ˈma...] (Hauptstadt von Mali)
Bam|berg (Stadt an der Regnitz)
Bam|ber|ger; Bamberger Reiter (bekanntes Standbild im Bamberger Dom); **bam|ber|gisch**
[1]**Bam|bi,** das; -s, -s (*Kinderspr.* kleines Reh)
[2]**Bam|bi,** der; -s, -s (Filmpreis)
Bam|bi|no, der; -s, *Plur.* ...ni, *ugs.* -s ‹ital.› (*ugs. für* Kind, kleiner Junge)
Bam|bu|le, die; -, -n ‹franz.› (*Gaunerspr.* Krawall protestierender Häftlinge od. Heiminsassen)
Bam|bus, der; *Gen.* - *u.* ...busses, *Plur.* ...busse ‹malai.› (trop. baumartige Graspflanze)
Bam|bus|hüt|te; Bam|bus|rohr
Ba|mi|go|reng [*alte Schreibung* Ba|mi-go|reng], das; -[s], -s ‹malai.› (indones. Nudelgericht)
Bam|mel, der; -s (*ugs. für* Angst); **bam|meln** (*ugs. für* baumeln); ich bamm[e]le
Bam|per|letsch, Pam|per|letsch, der; -[en], -[en] ‹ital.› (*österr. ugs. für* kleines Kind)
[1]**Ban,** der; -s, -e *u.* Ba|nus, der; -, - (früherer ung. u. kroat. Gebietsvorsteher)
[2]**Ban,** der; -[s], Bani ‹rumän.› (Untereinheit des [2]Leu)
ba|nal ‹franz.› (alltäglich, fade, flach); **Ba|na|li|tät,** die; -, -en
Ba|na|ne, die; -, -n ‹afrik.-port.›
Ba|na|nen|flan|ke (*Fußball*)
Ba|na|nen|re|pu|b|lik (*abwertend*)
Ba|na|nen|split, das; -s, -s (Banane mit Eis u. Schlagsahne)
Ba|na|nen|ste|cker [*alte Trennung* ...k|k...] (*Elektrot.*)
Ba|nat, das; -[e]s (Gebiet zwischen Donau, Theiß u. Maros); **Ba|na|ter**
Ba|nau|se, der; -n, -n ‹griech.› (unkultivierter Mensch; Spießbürger); **Ba|nau|sen|tum,** das; -s; **ba|nau|sisch**
[1]**Band,** der; -[e]s, Bände (Buch; *Abk. Sing.:* Bd., *Plur.:* Bde.)
[2]**Band,** das; -[e]s, -e *meist Plur.* (*geh. für* Bindung; Fessel); außer Rand und Band
[3]**Band,** das; -[e]s, Bänder ([Gewebe]streifen; Gelenkband); auf Band spielen, sprechen; am laufenden Band

B

[4]Band [bɛ...], die; -, -s ‹engl.› (Gruppe von Musikern, bes. Tanzkapelle, Jazz- u. Rockband)

Ban|da|ge [...ʒə], die; -, -n ‹franz.› (Stütz- od. Schutzverband); **ban|da|gie|ren** (mit Bandagen versehen)

Ban|da|gist, der; -en, -en (Hersteller von Bandagen u. Heilbinden); **Ban|da|gis|tin** [*alte Trennung* ...|st...]

Ban|dar Se|ri Be|ga|wan (Hauptstadt von Brunei)

Band|brei|te; Bänd|chen

[1]Ban|de, die; -, -n (Einfassung, z. B. Billardbande)

[2]Ban|de, die; -, -n ‹franz.› (organisierte Gruppe von Verbrechern; *abwertend od. scherzh. für* Gruppe von Jugendlichen)

Band|ei|sen

Ban|del, das; -s, - *(bayr., österr.),* **Bän|del** [*alte Schreibung* Bendel], der *(schweiz. nur so) od.* das; -s, - ([schmales] Band, Schnur)

Ban|den|kri|mi|na|li|tät

Ban|den|spek|t|rum *(Physik)*

Ban|den|wer|bung (Werbung auf der Einfassung von Spielflächen u. -feldern)

Ban|de|ril|la [...'rɪlja], die; -, -s ‹span.› (mit Bändern geschmückter Spieß, den der Banderillero dem Stier in den Nacken stößt)

Ban|de|ril|le|ro [...rɪl'je:...], der; -s, -s (Stierkämpfer, der den Stier mit Banderillas reizt)

bän|dern; ich bändere

Ban|de|ro|le, die; -, -n ‹franz.› (Verschlussband [mit Steuervermerk]); **Ban|de|ro|len|steu|er,** die (Verbrauchssteuer auf verpackte Konsumgüter)

ban|de|ro|lie|ren (mit Banderole[n] versehen; versteuern)

Bän|der|riss [*alte Schreibung* ...riß], der; -es, -e (*Med.* Riss in den [3]Bändern)

Bän|der|ton, der; -[e]s, ...tone *(Geol.)*

Bän|de|rung

Bän|der|zer|rung *(Med.)*

Band|för|de|rer; Band|ge|ne|ra|tor; Band|ge|schwin|dig|keit

...bän|dig (z. B. vielbändig)

bän|di|gen

Bän|di|ger; Bän|di|ge|rin

Ban|dit, der; -en, -en ‹ital.› ([Straßen]räuber); **Ban|di|ten|we|sen**

Band|ke|ra|mik, die; - (älteste steinzeitliche Kultur Mitteleuropas)

Band|lea|der ['bɛntli:də], der; -s, - ‹engl.› (Leiter einer Jazz- od. Rockgruppe); **Band|lea|de|rin**

Band|maß; Band|nu|del

Ban|do|ne|on, Ban|do|ni|on, das; -s, -s ‹nach dem dt. Erfinder Band› (ein Musikinstrument)

Ban|do|ne|o|nist, der; -en, -en (Bandoneonspieler); **Ban|do|ne|o|nis|tin** [*alte Trennung* ...|st...]

Band|sä|ge

Band|schei|be *(Med.);* **Band|schei|ben|scha|den** *(Med.)*

Bänd|sel, das; -s, - (*Seemannsspr.* dünnes Tau)

Ban|dung (Stadt in Westjava); **Ban|dung|kon|fe|renz,** *auch* **Ban|dung-Kon|fe|renz**

Band|wurm; Band|wurm|be|fall

---

bang

ban|ge
– banger *u.* bänger; am bangs|ten *u.* am bängs|ten ↑K 74

Kleinschreibung:
mir ist angst und bang[e]; ihm wird ganz bang ↑K 70

Großschreibung:
er hat keine Bange; nur keine Bange!
sie hat mir ganz schön Bange [*alte Schreibung* bange] gemacht; jemandem Angst und Bange [*alte Schreibung* angst und bange] machen
das Bangemachen ↑K 82; Bangemachen, *auch* Bange machen [*alte Schreibung* bange machen] gilt nicht

---

Ban|ga|le, der; -n, -n (Bangladescher); **Ban|ga|lin; ban|ga|lisch**

Bang|büx *od.* **Bang|bü|xe** *od.* **Bang|bu|xe,** die; -, ...xen (*nordd. scherzh. für* Angsthase)

ban|ge *vgl.* bang; **Ban|ge,** die; - (*landsch. für* Angst); *vgl.* bang

ban|gen; Ban|gig|keit, die; -

Bang|ka (eine Sundainsel)

Bang|kok (Hauptstadt Thailands)

Bang|krank|heit, *auch* **Bang-Krank|heit,** die; - ‹nach dem dän. Tierarzt B. Bang› (auf Menschen übertragbare Rinderkrankheit)

Ban|g|la|desch [...'dɛʃ] (Staat am Golf von Bengalen)

Ban|g|la|de|scher; Ban|g|la|de|sche|rin; ban|g|la|de|schisch

bäng|lich; Bang|nis, die; -, -se

Ban|gui [bã'gi:] (Hauptstadt der Zentralafrikanischen Republik)

Ba|ni (*Plur. von* [2]Ban)

Ban|jo [*auch* 'bɛndʒo], das; -s, -s ‹amerik.› (ein Musikinstrument)

Ban|jul [bɛn'dʒu:l] (Hauptstadt Gambias)

[1]Bank, die; -, Bänke (Sitzgelegenheit)

[2]Bank, die; -, -en ‹ital.(-franz.)› (Kreditanstalt)

Ban|ka *vgl.* Bangka

Bank|ak|zept (ein auf eine [2]Bank gezogener Wechsel)

Bank|au|to|mat

Ban|ka|zinn ‹*zu* Bangka›

Bank|be|am|te; Bank|be|am|tin; Bank|buch

Bänk|chen; Bank|ei|sen (gelochtes Flacheisen an Tür- u. Fensterrahmen)

Bän|kel|lied; Bän|kel|sang; Bän|kel|sän|ger; bän|kel|sän|ge|risch

Ban|ker [*auch* 'bɛŋkɐ] ‹engl.› (*ugs. für* Bankier, Bankfachmann); **Ban|ke|rin**

ban|ke|rott, Ban|ke|rott (*veraltet für* bankrott, Bankrott)

Ban|kert, der; -s, -e (*veraltend, abwertend für* uneheliches Kind)

[1]Ban|kett, das; -[e]s, -e ‹ital.› (Festmahl)

[2]Ban|kett, das; -[e]s, -e, *auch* **Ban|ket|te,** die; -, -n ‹franz.› ([unfester] Randstreifen neben einer Straße)

Bank|fach, das; -s, *Plur.* (*nur für* Schließfach:) ...fächer (Spezialgebiet des Bankkaufmanns; Schließfach in einer [2]Bank)

bank|fä|hig; bankfähiger Wechsel

Bank|fei|er|tag; Bank|ge|heim|nis; Bank|gut|ha|ben; Bank|hal|ter (Spielleiter bei Glücksspielen)

Ban|ki|er [...'kie:], der; -s, -s ‹franz.› (Inhaber eines Bankhauses)

Bank|kauf|frau; Bank|kauf|mann; Bank|kon|to

Bank|leit|zahl (*Abk.* BLZ)

Bänk|ler (*schweiz. svw.* Banker)

Bank|no|te

Ban|ko|mat, der; -en, -en (*bes. österr. für* Geldautomat)

Bank|raub; Bank|räu|ber

ban|k|rott ‹ital.› (zahlungsunfähig; *auch übertr. für* am Ende, erledigt); bankrott sein, werden; **Ban|k|rott,** der; -[e]s, -e; Bankrott machen; Bankrott [*alte Schreibung* bankrott] gehen ↑K 54

B

Ban|k|rott|er|klä|rung
Ban|k|rot|teur [...ˈtøːɐ̯], der; -s, -e (Person, die Bankrott macht); **Ban|k|rot|teu|rin; ban|k|rot|tie|ren**
Bank|ü|ber|fall; Bank|ver|bin|dung; Bank|we|sen, das; -s
Bann, der; -[e]s, -e (Ausschluss [aus einer Gemeinschaft]; *geh. für* beherrschender Einfluss, magische Wirkung)
Bann|bruch, der *(Rechtsw.)*; **Bann|bul|le,** die *(kath. Kirche)*
ban|nen
Ban|ner, das; -s, - (Fahne; *auch für* Werbung im Internet); **Ban|ner|trä|ger; Ban|ner|wer|bung**
Bann|fluch (im MA.); **Bann|gut** *(Rechtsw.)*
ban|nig (*nordd. ugs. für* sehr)
Bann|kreis; Bann|mei|le; Bann|strahl; Bann|wald (Schutzwald gegen Lawinen); **Bann|wa|re; Bann|wart** (*schweiz. für* Flur- und Waldhüter)
Ban|se, die; -, -n, *auch* der, -s, -e (*mitteld. u. nordd. für* Lagerraum in einer Scheune)
ban|sen, *auch* ban|seln; Getreide, Holz bansen, *auch* banseln (*mitteld. u. nordd. für* aufladen, aufschichten); du banst; ich bans[e]le
Ban|sin, See|bad (auf Usedom)
Ban|tam (Ort auf Java)
Ban|tam|ge|wicht (Gewichtsklasse in der Schwerathletik)
Ban|tam|huhn (Zwerghuhn)
Ban|tu, der; -[s], -[s] (Angehöriger einer Sprach- u. Völkergruppe in Afrika); **Ban|tu|frau; Ban|tu|spra|che**
Ba|nus *vgl.* [1]Ban
Ba|o|bab, der; -s, -s ⟨afrik.⟩ (Affenbrotbaum)
Ba|pho|met, der; -[e]s ⟨arab.⟩ ([angebl.] Götzenbild der Tempelherren)
Bap|tis|mus, der; - ⟨griech.⟩ (Lehre evangel. Freikirchen, die als Bedingung für die Taufe ein persönliches Bekenntnis voraussetzt)
[1]**Bap|tist** (m. Vorn.)
[2]**Bap|tist,** der; -en, -en (Anhänger des Baptismus)
Bap|tis|te|ri|um [*alte Trennung* ...|st..], das; -s, ...ien (*christl. Rel., Kunstwiss.* Taufbecken; Taufkirche, -kapelle)
Bap|tis|tin [*alte Trennung* ...|st...]
[1]**bar** = [1]Bar
[2]**bar;** aller Ehre[n] bar; bares Geld, *aber* Bargeld; bar zahlen; in bar; gegen bar; barer Unsinn
[1]**Bar,** das; -s, -s ⟨griech.⟩ (veraltende Maßeinheit des [Luft]druckes; *Zeichen* bar; *Meteor. nur* b); 5 Bar
[2]**Bar,** die; -, -s ⟨engl.⟩ (kleines [Nacht]lokal; Theke)
[3]**Bar,** der; -[e]s, -e (ein Meistersingerlied)
[1]**Bär,** der; -en, -en (ein Raubtier); ↑K 150: der Große, der Kleine Bär (Sternbilder)
[2]**Bär,** der; -s, *Plur.* -en, *fachspr.* -e (Maschinenhammer)
...bar (z. B. lesbar, offenbar)
Ba|rab|bas (bibl. Gestalt)
Ba|ra|ber, der; -s, - ⟨ital.⟩ (*österr. ugs. für* Bauarbeiter); **ba|ra|bern** (*österr. ugs. für* schwer arbeiten)
Ba|ra|cke [*alte Trennung* ...k|k...], die; -, -n ⟨franz.⟩ (leichtes, meist eingeschossiges Behelfshaus); **Ba|ra|cken|la|ger**
Ba|rack|ler (*ugs. für* Barackenbewohner); **Ba|rack|le|rin**
Ba|ratt, der; -[e]s ⟨ital.⟩ (*Kaufmannsspr.* Austausch von Waren); **ba|rat|tie|ren**
Bar|ba|di|er (Bewohner von Barbados); **Bar|ba|di|e|rin; bar|ba|disch**
Bar|ba|dos (Inselstaat im Osten der Kleinen Antillen)
Bar|bar, der; -en, -en ⟨griech.⟩ (*urspr.* Nichtgrieche; *jetzt* roher, ungesitteter, wilder Mensch)
Bar|ba|ra (w. Vorn.)
Bar|ba|ra|zweig
Bar|ba|rei (Rohheit); **Bar|ba|rin; bar|ba|risch**
Bar|ba|ris|mus, der; -, ...men (grober sprachlicher Fehler)
Bar|ba|ros|sa ⟨»Rotbart«⟩ (Beiname des Kaisers Friedrich I.)
Bar|be, die; -, -n ⟨lat.⟩ (ein Karpfenfisch; *früher* Spitzenband an Frauenhauben)
Bar|be|cue [...bɪkju], das; -[s], -s ⟨engl.⟩ (Gartenfest mit Spießbraten; Grill[fleisch])
bär|bei|ßig (grimmig; verdrießlich); **Bär|bei|ßig|keit,** die; -
Bär|bel (w. Vorn.)
Bar|bier, der; -s, -e ⟨franz.⟩ (*veraltet für* Herrenfriseur); **bar|bie|ren** (*veraltet für* rasieren); *vgl. auch* balbieren
Bar|bi|tu|rat, das; -s, -e ⟨Kunstwort⟩ (*Pharm.* Schlaf- u. Beruhigungsmittel)
Bar|bi|tur|säu|re (chem. Substanz mit narkotischer Wirkung)
bar|bu|sig (mit nacktem Busen)
Bar|ce|lo|na (Hauptstadt Kataloniens)
Bar|chent, der; -s, -e ⟨arab.⟩ (Baumwollflanell)
Bar|da|me
[1]**Bar|de,** die; -, -n ⟨arab.-franz.⟩ (Speckscheibe auf gebratenem magerem Fleisch)
[2]**Bar|de,** der; -n, -n ⟨kelt.-franz.⟩ ([altkelt.] Sänger u. Dichter)
bar|die|ren (mit [1]Barden umwickeln)
Bar|diet, das; -[e]s, -e ⟨germ.-lat.⟩ *u.* Bar|di|tus, der; -, - (Schlachtgeschrei der Germanen vor dem Kampf)
bar|disch ⟨*zu* [2]Barde⟩
Bar|di|tus *vgl.* Bardiet
Bar|do|wick [*auch* ˈba...] (Ort in Niedersachsen)
Bä|ren|dienst (*ugs. für* schlechter Dienst); **Bä|ren|dreck** (*südd., österr., schweiz. ugs. für* Lakritze); **Bä|ren|fang,** der; -[e]s (Honiglikör); **Bä|ren|fell; Bä|ren|haut; Bä|ren|hun|ger** (*ugs. für* großer Hunger)
Bä|ren|klau, die; - *od.* der; -s (ein Doldengewächs)
bä|ren|mä|ßig
Bä|ren|na|tur (bes. kräftiger, körperlich unempfindlicher Mensch)
bä|ren|ru|hig (*ugs. für* sehr ruhig); **bä|ren|stark** (*ugs. für* sehr stark; *auch für* hervorragend)
Bä|ren|trau|be (eine Heilpflanze); **Bä|ren|trau|ben|blät|ter|tee**
Ba|rents|see, *auch* **Ba|rents-See,** die; - ⟨nach dem niederl. Seefahrer W. Barents⟩ (Teil des Nordpolarmeeres)
Bä|ren|zu|cker [*alte Trennung* ...k|k...] (*österr. neben* Bärendreck)
Ba|rett, das; -[e]s, *Plur.* -e, *selten* -s ⟨lat.⟩ (flache, randlose Kopfbedeckung, auch als Teil einer Amtstracht)
Bar|frei|ma|chung *(Postw.)*
Bar|frost (*landsch. für* Frost ohne Schnee)
bar|fuß; barfuß gehen
Bar|fuß|arzt ([in der Volksrepublik China] jmd., der medizin. Grundkenntnisse hat und auf dem Land einfachere Krankheiten behandelt)
Bar|fü|ßer, der; -s, - (*kath. Kirche* Angehöriger eines Ordens, des-

B

sen Mitglieder ursprünglich barfuß gingen); **bar|fü|ßig; Bar|füß|ler** (*svw.* Barfüßer)
Bar|geld, das; -[e]s; **bar|geld|los;** bargeldloser Zahlungsverkehr
Bar|ge|schäft
bar|haupt *(geh.);* **bar|häup|tig** *(geh.)*
Bar|ho|cker [*alte Trennung* ...k|k...]
Ba|ri (Stadt in Apulien)
Ba|ri|bal, der; -s, -s (nordamerik. Schwarzbär)
bä|rig (*landsch. für* bärenhaft, stark; *ugs. für* gewaltig, toll)
Bä|rin, die; -, -nen
ba|risch ‹griech.› (*Meteor.* den Luftdruck betreffend)
Ba|ri|ton ['ba(:)...], der; -s, -e ‹ital.› (Männerstimme zwischen Tenor u. Bass; *auch* Sänger mit dieser Stimme); **ba|ri|to|nal; Ba|ri|to|nist,** der; -en, -en (Baritonsänger)
Ba|ri|um, das; -s ‹griech.› (chemisches Element, Metall; *Zeichen* Ba)
Bark, die; -, -en ‹niederl.› (ein Segelschiff)
Bar|ka|ro|le, die; -, -n ‹ital.› (Gondellied)
Bar|kas|se, die; -, -n ‹niederl.› (Motorboot; größtes Beiboot auf Kriegsschiffen)
Bar|kauf
Bar|ke, die; -, -n (kleines Boot)
Bar|kee|per, der; -s, - ‹engl.› (jmd., der in einer [2]Bar Getränke mixt und ausschenkt)
Bar|lach (dt. Bildhauer, Grafiker u. Dichter)
Bär|lapp, der; -s, -e (moosähnliche Sporenpflanze)
Bar|mann, der; -[e]s, ...männer (*svw.* Barkeeper)
Barm|bek (Stadtteil von Hamburg)
Bär|me, die; - (*nordd. für* Hefe)
bar|men (*nord- u. ostd. abwertend für* klagen, jammern)
Bar|men (Stadtteil von Wuppertal); **Bar|mer**
barm|her|zig; ein barmherziger Mensch, *aber* ↑K 150: Barmherzige Brüder, Barmherzige Schwestern (religiöse Genossenschaften für Krankenpflege); **Barm|her|zig|keit,** die; -
Bar|mi|xer (Getränkemischer in einer [2]Bar)
[1]Bar-Miz|wa, der; -s, -s ‹hebr.› (Jude nach Vollendung des 13. Lebensjahres)
[2]Bar-Miz|wa, die; -, -s ‹hebr.› (Feier zur Initiation der [1]Bar-Mizwas)
Bar|na|bas (ein urchristl. Missionar); **Bar|na|bit,** der; -en, -en (Angehöriger eines kath. Männerordens)
Bar|nim, der; -s (Landsch. nordöstl. von Berlin)
ba|rock ‹franz.› (im Stil des Barocks; verschnörkelt, überladen); **Ba|rock,** das *od.* der; *Gen.* -s, *fachspr. auch* - ([Kunst]stil des 17. u. 18. Jh.s)
Ba|rock|bau *Plur.* ...bauten; **Ba|rock|kir|che; Ba|rock|kunst; Ba|rock|per|le** (unregelmäßig geformte Perle); **Ba|rock|stil,** der; -[e]s; **Ba|rock|zeit,** die; -
Ba|ro|graph, *auch* Ba|ro|graf, der; -en, -en ‹griech.› (*Meteor.* Gerät zur Registrierung des Luftdrucks)
Ba|ro|me|ter, das, *österr. u. schweiz. auch* der; -s, - (Luftdruckmesser); **Ba|ro|me|ter|stand; ba|ro|me|t|risch**
Ba|ron, der; -s, -e ‹franz.› (*svw.* Freiherr)
Ba|ro|ness [*alte Schreibung* Ba|roneß], die; -, Baronessen, *häufiger* **Ba|ro|nes|se,** die; -, -n (*svw.* Freifräulein)
Ba|ro|net ['ba..., *auch* 'bɛ...], der; -s, -s ‹engl.› (engl. Adelstitel)
Ba|ro|nie, die; -, ...ien ‹franz.› (Besitz eines Barons; Freiherrnwürde); **Ba|ro|nin** (*svw.* Freifrau); **ba|ro|ni|sie|ren** (in den Freiherrnstand erheben)
Bar|ra|ku|da, der; -s, -s ‹span.› (Pfeilhecht, ein Raubfisch)
Bar|ras, der; - (*Soldatenspr.* Heerwesen; Militär)
Bar|re, die; -, -n ‹franz.› (*Bauw.* Schranke aus waagerechten Stangen; *Geol.* Sand-, Schlammbank)
Bar|rel ['bɛ...], das; -s, -s ‹engl., »Fass, Tonne«› (in Großbritannien u. in den USA verwendetes Hohlmaß unterschiedl. Größe); drei Barrel[s] Weizen
bar|ren (*Pferdesport* [ein Springpferd] durch Schlagen mit einer Stange an die Beine dazu bringen, einen Abwurf zu vermeiden)
Bar|ren, der; -s, - (Turngerät; Handelsform der Edelmetalle; *südd., österr. auch für* Futtertrog)
Bar|ri|e|re, die; -, -n ‹franz.› (Schranke; Sperre)
Bar|ri|ka|de ([Straßen]sperre, Hindernis)
Bar|ris|ter [*alte Trennung* ...|st...; 'bɛ...], der; -s, - ‹engl.› (Rechtsanwalt bei den englischen Obergerichten)
barsch (unfreundlich, rau)
Barsch, der; -[e]s, -e (ein Raubfisch)
Bar|schaft; Bar|scheck (in bar einzulösender Scheck)
Barsch|heit
Bar|soi, der; -s, -s ‹russ.› (russ. Windhund)
Bar|sor|ti|ment (Buchhandelsbetrieb zwischen Verlag u. Einzelbuchhandel)
Bart, der; -[e]s, Bärte; **Bärt|chen**
Bar|te, die; -, -n (Hornplatte im Oberkiefer der Bartenwale, Fischbein); **Bar|tel,** die; -, -n *meist Plur.* (bartähnliche Hautanhänge am Maul von Fischen)
Bar|ten|wal
Bar|terl, das; -s, -n (*bayr. u. österr. ugs. für* Kinderlätzchen)
Bart|flech|te; Bart|haar
Bar|thel, Bar|tho|lo|mä|us (m. Vorn.)
Bär|tier|chen (mikroskopisch kleines, wurmförmiges Tier)
bär|tig; Bär|tig|keit, die; -
bart|los; Bart|lo|sig|keit, die; -
Bar|tók [...tɔk], Béla (ung. Komponist)
Bart|stop|pel; Bart|trä|ger
Bart|wisch (*bayr., österr. für* Handbesen; *vgl.* Borstwisch)
Bart|wuchs
Ba|ruch (Gestalt im A. T.)
ba|ry... ‹griech.› (schwer...); **Ba|ry...** (Schwer...)
Ba|ry|on, das; -s, ...onen (*Kernphysik* schweres Elementarteilchen)
Ba|ry|s|phä|re, die; - (*Geol.* Erdkern)
Ba|ryt, der; -[e]s, -e (Schwerspat; chem. Bariumsulfat)
Ba|ry|ton, das; -s, -e (gambenähnliches Saiteninstrument des 18. Jh.s)
Ba|ryt|pa|pier (mit Baryt beschichtetes Papier)
ba|ry|zen|t|risch (auf das Baryzentrum bezüglich); **Ba|ry|zen|t|rum,** das; -s, *Plur.* ...tra *u.* ...tren (*Physik* Schwerpunkt)
Bar|zah|lung
ba|sal (die Basis betreffend)
Ba|salt, der; -[e]s, -e ‹griech.› (vulkanische Gestein)
Ba|sal|tem|pe|ra|tur (*Med.* mor-

gens gemessene Körpertemperatur bei der Frau zur Feststellung des Eisprungs)
ba|sal|ten, ba|sal|tig, ba|sal|tisch
Ba|salt|tuff, der; -s, -e
Ba|sar, Ba|zar, der; -s, -e ⟨pers.⟩ (orientalisches Händlerviertel; Verkauf von Waren für wohltätige Zwecke)
Bäs|chen
Basch|ki|re, der; -n, -n (Angehöriger eines turkotatar. Stammes); **Basch|ki|ri|en; Basch|ki|rin; basch|ki|risch**
Basch|lik, der; -s, -s ⟨turkotatar.⟩ (kaukas. Wollkapuze)
[1]**Ba|se,** die; -, -n (*veraltet, noch südd. für* Kusine)
[2]**Ba|se,** die; -, -n ⟨griech.⟩ (*Chemie* Verbindung, die mit Säuren Salze bildet); *vgl.* Basis
Base|ball ['be:sbo:l], der; -s ⟨engl.⟩ (amerik. Schlagballspiel)
Ba|se|dow [...do], der; -s (*kurz für* Basedowkrankheit); **Ba|se|dow|krank|heit,** *auch* **Ba|se|dow-Krank|heit,** die; - ⟨nach dem Arzt K. v. Basedow⟩ (auf vermehrter Tätigkeit der Schilddrüse beruhende Krankheit)
Ba|sel (schweiz. Stadt am Rhein)
Ba|sel|biet, das; -s (*svw.* Basel-land); **Ba|sel|bie|ter**
Ba|se|ler, Bas|ler (*schweiz. nur so);* Baseler Friede
Ba|sel-Land|schaft, *kurz auch* **Ba|sel|land** (schweiz. Halbkanton); **ba|sel-land|schaft|lich** [*alte Schreibung* ba|sel|land|schaft|lich] ↑K 145
Ba|sel-Stadt (schweiz. Halbkanton); **ba|sel-städ|tisch** [*alte Schreibung* ba|sel|städ|tisch] ↑K 145
Ba|sen (*Plur. von* Base, Basis)
BASIC ['be:sɪk], das; -[s] = *Kunstwort aus* beginner's all purpose symbolic instruction code ⟨engl.⟩ (eine einfache Programmiersprache)
Ba|sic En|g|lish ['be:sɪk 'ɪŋglɪʃ], das; - - (Grundenglisch; vereinfachte Form des Englischen)
ba|sie|ren ⟨franz.⟩; etwas basiert auf der Tatsache (gründet sich auf die Tatsache)
Ba|si|li|a|ner (nach der Regel des hl. Basilius [4. Jh.] lebender Mönch)
Ba|si|li|en|kraut (*selten* Basilikum)
Ba|si|li|ka, die; -, ...ken ⟨griech.⟩ (altröm. Markt- od. Gerichtshalle; Kirchenbauform mit überhöhtem Mittelschiff); **ba|si|li|kal; ba|si|li|ken|för|mig**
Ba|si|li|kum, das; -s, *Plur.* -s *u.* ...ken ⟨griech.-lat.⟩ (ein Kraut)
Ba|si|lisk, der; -en, -en ⟨griech.⟩ (Fabeltier; trop. Echse); **Ba|si|lis|ken|blick** (böser, stechender Blick)
Ba|si|li|us (griech. Kirchenlehrer)
Ba|sis, die; -, Basen ⟨griech.⟩ (Grundlage; *Math.* Grundlinie, -fläche; Grundzahl; *Archit.* Fuß[punkt]; Sockel; Unterbau; Stütz-, Ausgangspunkt; *Politik* Masse des Volkes, der Parteimitglieder o. Ä.)
ba|sisch (*Chemie* sich wie eine Base verhaltend); basische Salze; basischer Stahl
Ba|sis|de|mo|kra|tie; Ba|sis|grup|pe ([links orientierter] politisch aktiver [Studenten]arbeitskreis)
Ba|sis|kurs (*Börsenw.)*
Ba|si|zi|tät, die; - (*Chemie)*
Bas|ke, der; -n, -n (Angehöriger eines Pyrenäenvolkes); **Bas|ken|land,** das; -[e]s; **Bas|ken|müt|ze**
Bas|ket|ball ⟨engl.⟩
Bas|kin
bas|kisch; *vgl.* deutsch; **Bas|kisch,** das; -[s] (Sprache); *vgl.* Deutsch; **Bas|ki|sche,** das; -n; *vgl.* Deutsche, das
Bas|kü|le, die; -, -n ⟨franz.⟩ (Riegelverschluss für Fenster u. Türen, der zugleich oben u. unten schließt); **Bas|kü|le|ver|schluss** [*alte Schreibung* ...verschluß]
Bas|ler (*schweiz. nur so),* Ba|se|ler; Basler Leckerli; **bas|le|risch**
Bas|ma|ti, der; -s (eine indische Reissorte); **Bas|ma|ti|reis**
Bas|re|li|ef ['bareli̯ɛf] ⟨franz.⟩ (*bild. Kunst* Flachrelief)
bass [*alte Schreibung* baß] (*veraltet, noch scherzh. für* sehr); er war bass erstaunt
Bass [*alte Schreibung* Baß], der; Basses, Bässe ⟨ital.⟩ (tiefe Männerstimme; Sänger; Streichinstrument)
Bass|a|rie [*alte Schreibung* Baß|arie]; **Bass|ba|ri|ton; Bass|blä|ser; Bass|buf|fo**
Bas|se, der; -n, -n (*Jägerspr.* [älterer] starker Keiler)
Bas|se|na, die; -, -s ⟨ital.⟩ (*ostösterr. für* Wasserbecken für mehrere Mieter im Flur eines Altbaus)
Bas|set [...'sɛ:, *auch* 'bɛsɪt], der; -s, -s (eine Hunderasse)
Basse|terre [bas'tɛ:ɐ̯] (Hauptstadt von St. Kitts und Nevis)
Bas|sett|horn *Plur.* ...hörner (Blasinstrument des 18. Jh.s)
Bass|gei|ge [*alte Schreibung* Baß...]
Bas|sin [...'sɛ̃:], das; -s, -s ⟨franz.⟩ (künstliches Wasserbecken)
Bas|sist, der; -en, -en ⟨ital.⟩ (Basssänger)
Bas|so, der; -, Bassi (*Musik);* Basso con|ti|nuo (Generalbass); Bas|so os|ti|na|to [*alte Trennung* osti|na|to] (sich oft wiederholendes Bassthema)
Bass|sän|ger, *auch* **Bass-Sän|ger** [*alte Schreibung* Baß|sän|ger]
Bass|schlüs|sel, *auch* **Bass-Schlüs|sel** [*alte Schreibung* Baß|schlüs|sel]
Bass|stim|me, *auch* **Bass-Stim|me** [*alte Schreibung* Baß|stim|me]
Bast, der; -[e]s, -e (Pflanzenfaser; *Jägerspr.* Haut am Geweih)
bas|ta [*alte Trennung* ...|st...] ⟨ital.⟩ (*ugs. für* genug!); [und] damit basta!
Bas|tard [*alte Trennung* ...|st...], der; -[e]s, -e ⟨franz.⟩ (*Biol.* Pflanze od. Tier als Ergebnis von Kreuzungen; *veraltet für* uneheliches Kind)
bas|tar|die|ren [*alte Trennung* ...|st...] (*Biol.* Arten kreuzen); **Bas|tar|die|rung**
Bas|tard|pflan|ze [*alte Trennung* ...|st...]; **Bas|tard|schrift** (Druckschrift, die die Merkmale zweier Schriftarten vermischt)
Bas|te [*alte Trennung* ...|st...], die; -, -n ⟨franz.⟩ (Trumpfkarte in einigen Kartenspielen)
Bas|tei [*alte Trennung* ...|st...] ⟨ital.⟩ (vorspringender Teil an alten Festungsbauten; *nur Sing.:* Felsgruppe im Elbsandsteingebirge)
Bas|tel|ar|beit [*alte Trennung* ...|st...]
bas|teln [*alte Trennung* ...|st...] ich bast[e]le
bas|ten [*alte Trennung* ...|st...] (aus Bast)
bast|far|ben, bast|far|big
Bas|ti|an [*alte Trennung* ...|st...] (m. Vorn.)
Bas|til|le [*alte Trennung* ...|st...; ...'ti:jə], die; -, -n ⟨franz.⟩ (befestigtes Schloss, bes. das 1789 erstürmte Staatsgefängnis in Paris)

Bas|ti|on [*alte Trennung* ...|st...], die; -, -en (Bollwerk)

Bast|ler; Bast|le|rin

Bas|to|na|de [*alte Trennung* ...|st...], die; -, -n ⟨franz.⟩ (Prügelstrafe, bes. Schläge auf die Fußsohlen)

Ba|su|to, der; -[s], -[s] (Angehöriger eines Bantustammes)

BAT = Bundesangestelltentarif

Bat. = Bataillon

Ba|tail|le [...'taljə, *auch* ...'ta:jə], die; -, -n ⟨franz.⟩ (*veraltet für* Schlacht; Kampf)

Ba|tail|lon [...tal'jo:n], das; -s, -e (Truppenabteilung; *Abk.* Bat., Btl.); **Ba|tail|lons|kom|man|deur**

Ba|ta|te, die; -, -n ⟨indian.-span.⟩ (trop. Süßkartoffel[pflanze])

Ba|ta|ver, der; -s, - (Angehöriger eines germ. Stammes)

Ba|ta|via (*alter Name von* Jakarta)

ba|ta|visch

Bath|se|ba, *ökum.* Bat|se|ba (bibl. w. Eigenn.)

Ba|thy|scaphe [...'ska:f], der *u.* das; -[s], - [...fə] ⟨griech.⟩ *u.* **Ba|thy|skaph,** der; -en, -en (Tiefseetauchgerät)

Ba|thy|s|phä|re, die; - (*Geol.* tiefste Schicht des Weltmeeres)

Ba|tik, der; -s, -en, *auch* die; -, -en ⟨malai.⟩ (Textilfärbeverfahren unter Verwendung von Wachs *[nur Sing.]*; derart gemustertes Gewebe)

Ba|tik|druck *Plur.* ...drucke

ba|ti|ken; gebatikt

Ba|tist, der; -[e]s, -e ⟨franz.⟩ (feines Gewebe); **ba|tis|ten** [*alte Trennung* ...|st...] (aus Batist)

Bat-Miz|wa, die; -, -s ⟨hebr.⟩ (*selten* Jüdin nach Vollendung des 13. Lebensjahres)

Bat|se|ba *vgl.* Bathseba

Batt., Battr. = Batterie *(Milit.)*

Bat|te|rie, die; -, ...ien ⟨franz.⟩ (*Milit.* Einheit der Artillerie [*Abk.* Batt(r).]; *Technik* [aus mehreren Elementen bestehender] Stromspeicher)

bat|te|rie|be|trie|ben

Bat|te|rie|ge|rät

Battr. *vgl.* Batt.

Bat|zen, der; -s, - (*ugs. für* Klumpen; frühere Münze; *schweiz. mdal. veraltend für* Zehnrappenstück)

Bau

der; -[e]s, -ten *u.* -e
- sich im *od.* in Bau befinden
- *In der Bedeutung »Bauwerk, Gebäude« lautet der Plural:* die Bauten (Altbauten, Neubauten, Hochbauten)
- *In der Bedeutung »Höhle« als Unterschlupf für Tiere und »Stollen« (in der Bergmannsspr.) lautet der Plural:* die Baue (Fuchsbaue, Dachsbaue; Tagebaue, Abbaue)

Bau|ab|schnitt; Bau|ar|bei|ter; Bau|art

Bau|auf|sicht, die; -; **Bau|auf|sichts|be|hör|de; Bau|be|wil|li|gung** (*schweiz. für* Baugenehmigung)

Bau|bi|o|lo|gie (Lehre von der Beziehung zwischen Mensch und Wohnumwelt)

Bau|block *Plur.* ...blocks *od.* ...blöcke

Bauch, der; -[e]s, Bäuche

Bauch|an|satz; Bauch|bin|de

Bauch|de|cke [*alte Trennung* ...k|k...]; **Bauch|fell**

Bauch|fleck (*österr. für* Bauchklatscher)

Bauch|fleisch

Bauch|grim|men (*veraltend für* Bauchschmerzen)

Bauch|höh|le

bau|chig, bäu|chig

Bauch|klat|scher (*ugs. für* ungeschicktes Auftreffen mit dem Bauch beim Sprung ins Wasser)

Bauch|knei|fen; Bauch|knei|pen, das; -s (*landsch. für* Bauchschmerzen); **Bauch|la|den**

Bauch|lan|dung

Bäuch|lein; bäuch|lings

Bauch|mus|ku|la|tur; Bauch|na|bel

bauch|re|den *meist nur im Infinitiv gebr.;* **Bauch|red|ner**

Bauch|schmerz *meist Plur.;* **Bauch|spei|chel|drü|se**

Bauch|tanz; bauch|tan|zen *meist nur im Infinitiv gebr.*

Bau|chung

Bauch|weh, das; -s (*ugs. für* Bauchschmerzen)

Bau|cis *vgl.* Philemon und Baucis

Baud [*auch* bo:t], das; -[s], - ⟨nach dem franz. Ingenieur Baudot⟩ (Maßeinheit der Telegrafiergeschwindigkeit)

Bau|de, die; -, -n (*ostmitteld. für* Unterkunftshütte im Gebirge)

Bau|de|laire [bodə'lɛ:ɐ̯] (franz. Dichter)

Bau|denk|mal, das; -[e]s, *Plur.* ...mäler, *geh. auch* ...male

Bau|dou|in [bo'du̯ɛ̃:] (m. Vorn.)

Bau|e|le|ment

bau|en

Bau|ent|wurf

[1]**Bau|er,** der; -s, - (Be-, Erbauer)

[2]**Bau|er,** der; *Gen.* -n, *selten* -s, *Plur.* -n (Landwirt; eine Schachfigur; eine Spielkarte)

[3]**Bau|er,** das, *auch* der; -s, - (Vogelkäfig)

Bäu|er|chen; [ein] Bäuerchen machen (*ugs. für* aufstoßen)

Bäu|e|rin; bäu|e|risch (*seltener für* bäurisch); **bäu|er|lich**

Bau|ern|brot; Bau|ern|bur|sche

Bau|ern|fän|ger *(abwertend);* **Bau|ern|fän|ge|rei** *(abwertend)*

Bau|ern|früh|stück (Bratkartoffeln mit Rührei und Speck)

Bau|ern|gut; Bau|ern|haus

Bau|ern|hof; Bau|ern|krieg

Bau|ern|le|gen, das; -s (Einziehen von Bauernhöfen durch den Großgrundbesitzer vom 16. bis zum 18. Jh.)

Bau|ern|sa|me, Bau|er|sa|me, die; - (*schweiz. veraltend für* Bauernschaft)

Bau|ern|schaft, die; - (Gesamtheit der Bauern)

bau|ern|schlau; Bau|ern|schläue

Bau|ern|stand, der; -[e]s; **Bau|ern|ster|ben,** das; -s; **Bau|ern|stu|be**

Bau|er|sa|me *vgl.* Bauernsame

Bau|er|schaft (*landsch. für* Bauernsiedlung)

Bau|ers|frau (*svw.* Bäuerin); **Bau|ers|leu|te** *Plur.;* **Bau|ers|mann,** der; -[e]s *(veraltet)*

Bau|er|war|tungs|land, das; -[e]s (zum Bauen vorgesehenes Land)

bau|fäl|lig; Bau|fäl|lig|keit, die; -

Bau|fir|ma; Bau|flucht (*vgl.* [1]Flucht); **Bau|füh|rer**

Bau|ge|neh|mi|gung

Bau|ge|nos|sen|schaft

Bau|ge|spann (*schweiz. für* Stangen, die die Ausmaße eines geplanten Gebäudes anzeigen)

Bau|ge|wer|be; Bau|gru|be

Bau|haus, das; -es (dt. Hochschule für Gestaltung, an der bekannte Maler und Architekten der Zwanzigerjahre arbeiteten)

Bau|herr; Bau|her|ren|mo|dell (Finanzierungsmodell für Bauobjekte, bei dem bestimmte Steuervorteile erzielt werden können); **Bau|her|rin**

Bau|holz; Bau|hüt|te; Bau|jahr

Bau|kas|ten [*alte Trennung* ...|st...]; **Bau|kas|ten|sys|tem** *(Technik)*

Bau|klotz, der; -es, *Plur.* ...klötze, *ugs. auch* ...klötzer; Bauklötze[r] staunen *(ugs.)*

Bau|kos|ten [*alte Trennung* ...|st...] *Plur.;* **Bau|kos|ten|zu|schuss** [*alte Schreibung* ...zuschuß]

Bau|kunst, die; -

Bau|land, das; -[e]s (*auch* eine badische Landschaft)

bau|lich; Bau|lich|keit *meist Plur. (Amtsspr.)*

Bau|lü|cke [*alte Trennung* ...k|k...]

Baum, der; -[e]s, Bäume

Bau|markt; Bau|ma|schi|ne; Bau|ma|te|ri|al

Baum|blü|te, die; -

Bäum|chen

Bau|mé|grad [bo'me:...] ⟨nach dem franz. Chemiker Baumé⟩ (alte Maßeinheit für das spezifische Gewicht von Flüssigkeiten; ↑K 135; *Zeichen* °Bé); 5 °Bé

Bau|meis|ter [*alte Trennung* ...|st...]

bau|meln; ich baum[e]le

[1]**bau|men** *vgl.* aufbaumen

[2]**bau|men,** [1]**bäu|men** (mit dem Wiesbaum befestigen)

[2]**bäu|men,** sich

Baum|farn; Baum|gren|ze

baum|kan|tig ([von Holzbalken] an den Kanten noch die Rinde zeigend)

Baum|ku|chen

baum|lang

Baum|läu|fer (ein Vogel)

Baum|nuss [*alte Schreibung* ...nuß] (*schweiz. für* Walnuss)

baum|reich

Baum|sche|re; Baum|schu|le; Baum|stamm

baum|stark

Baum|strunk; Baum|stumpf; Baum|wip|fel

Baum|wol|le; baum|wol|len

Baum|woll|garn; Baum|woll|hemd

Baum|woll|in|dus|t|rie [*alte Trennung* ...|st...]; **Baum|woll|pi|kee; Baum|woll|spin|ne|rei**

Baun|zerl, das; -s, -n (*österr. für* längliches Milchbrötchen)

Bau|ord|nung; Bau|plan (*vgl.* [2]Plan); **Bau|platz**

Bau|po|li|zei; bau|po|li|zei|lich

Bau|rat *Plur.* ...räte; **Bau|recht**

bau|reif; ein baureifes Grundstück

Bau|rei|he

bäu|risch, *seltener* bäu|e|risch

Bau|ru|i|ne; Bau|satz

Bausch, der; -[e]s, *Plur.* -e *u.* Bäusche; in Bausch und Bogen (ganz und gar)

Bäu|schel, Päu|schel, der *od.* das; -s, - (*Bergmannsspr.* schwerer Hammer)

bau|schen; du bauschst; sich bauschen; **Bau|schen,** der; -s, - (*österr. neben* Bausch)

bau|schig

bau|spa|ren *fast nur im Infinitiv gebräuchlich;* bauzusparen; **Bau|spa|rer; Bau|spa|re|rin**

Bau|spar|kas|se; Bau|spar|ver|trag

Bau|stein Bau|stel|le; Bau|stil; Bau|stoff; Bau|stopp; Bau|sub|stanz

Bau|ta|stein ⟨altnord.⟩ (Gedenkstein der Wikingerzeit in Skandinavien)

Bau|te, die; -, -n (*schweiz. Amtsspr. für* Bau[werk], Gebäude)

Bau|teil, der (Gebäudeteil) *od.* das (Bauelement)

Bau|ten *vgl.* Bau

Bau|trä|ger

Baut|zen (Stadt in der Oberlausitz); **Baut|ze|ner; bautz|nisch**

Bau|un|ter|neh|mer; Bau|vor|ha|ben; Bau|wei|se

Bau|werk; Bau|wer|ker; Bau|we|sen, das; -s

Bau|wich, der; -[e]s, -e (*Bauw.* Häuserzwischenraum)

bau|wür|dig (*Bergmannsspr.* abbauwürdig)

Bau|xerl, das; -s, -n (*österr. ugs. für* kleines, herziges Kind)

Bau|xit, der; -s, -e ⟨nach dem ersten Fundort Les Baux in Südfrankreich⟩ (ein Aluminiummineral)

bauz!

Bau|zaun

Ba|va|ria, die; - ⟨lat.⟩ (Frauengestalt als Sinnbild Bayerns)

Bay|er, der; -n, -n; *vgl.* Baier; **Bay|e|rin,** Bay|rin; **bay|e|risch,** bayrisch, *aber* ↑K 140: der Bayerische Wald; *vgl.* bairisch; **Bay|er|land,** das; -[e]s

Bay|ern

Bay|reuth (Stadt am Roten Main)

bay|risch *vgl.* bayerisch

Ba|zar [...'za:ɐ̯] *vgl.* Basar

Ba|zi, der; -[s], -[s] (*bayr., österr. ugs. für* Gauner, Taugenichts)

Ba|zil|len|trä|ger ⟨lat.; dt.⟩

Ba|zil|lus, der; -, ...llen ⟨lat.⟩ (*Biol.; Med.* Sporen bildender Spaltpilz)

BBC [bi:bi:'si:], die; - = British Broadcasting Corporation (britische Rundfunkgesellschaft)

BBk = Deutsche Bundesbank

BCG = Bazillus Calmette-Guérin ⟨nach zwei franz. Tuberkuloseforschern⟩; **BCG-Schutz|imp|fung** [be:tse:'ge:...] (vorbeugende Tuberkuloseimpfung)

Bd. = Band (Buch); Bde. = Bände

BDA, der; - = Bund Deutscher Architekten

BDPh = Bund Deutscher Philatelisten

BDÜ, der; - = Bundesverband der Dolmetscher und Übersetzer

B-Dur ['be:..., *auch* 'be:'du:ɐ̯], das; - (Tonart; *Zeichen* B);

B-Dur-Ton|lei|ter ↑K 26

Be = *chem. Zeichen für* Beryllium

BE = Broteinheit

Bé = Baumé; *vgl.* Baumégrad

be... (*Vorsilbe von Verben,* z. B. beabsichtigen, du beabsichtigst, beabsichtigt, zu beabsichtigen)

be|ab|sich|ti|gen

be|ach|ten; be|ach|tens|wert

be|acht|lich

Be|ach|tung

Beach|vol|ley|ball, *auch* **Beach-Vol|ley|ball** ['bi:tʃ...] (auf Sand von Zweiermannschaften gespielte Art des Volleyballs)

be|a|ckern [*alte Trennung* ...k|k...] ([den Acker] bestellen; *ugs. auch für* gründlich bearbeiten)

Bea|gle ['bi:gl̩], der; -s, -[s] ⟨engl.⟩ (eine Hunderasse)

bea|men ['bi:mən] ⟨engl.⟩ (bis zur Unsichtbarkeit auflösen und an einem anderen Ort wieder Gestalt annehmen lassen [in Science-Fiction-Filmen]); gebeamt

be|am|peln *(fachspr.);* eine beampelte Kreuzung

Be|am|te, der; -n, -n

Be|am|ten|an|wär|ter; Be|am|ten|be|lei|di|gung; Be|am|ten|deutsch; Be|am|ten|schaft, die; -; **Be|am|ten|stand,** der; -[e]s; **Be|am|ten|tum,** das; -s; **Be|am|ten|ver|hält|nis,** das; -ses

be|am|tet; Be|am|te|te, der *u.* die; -n, -n

Be|am|tin

be|ängs|ti|gend [*alte Trennung* ...|st...]

be|an|schrif|ten *(Amtsspr.)*

be|an|spru|chen; Be|an|spru|chung

B

be|an|stan|den; Be|an|stan|dung
be|an|tra|gen; du beantragtest; beantragt; **Be|an|tra|gung**
be|ant|wor|ten; Be|ant|wor|tung
be|ar|bei|ten; Be|ar|bei|ter; Be|ar|bei|te|rin; Be|ar|bei|tung
be|arg|wöh|nen *(geh.)*
Beat [biːt], der; -[s], -s ‹engl.› (*im Jazz* Schlagrhythmus; betonter Taktteil; *kurz für* Beatmusik)
Be|a|ta, Be|a|te (w. Vorn.)
bea|ten [ˈbiːtn̩] ‹engl.› (*ugs.* Beatmusik spielen; nach Beatmusik tanzen)
Beat|ge|ne|ra|tion, *auch* **Beat-Ge|ne|ra|tion** [ˈbiːtdʒɛnəˈreːʃn̩], die; - ‹amerik.› (durch eine radikale Ablehnung alles Bürgerlichen gekennzeichnete amerikan. [Schriftsteller]gruppe der Fünfzigerjahre)
Be|a|ti|fi|ka|ti|on, die; -, -en ‹lat.› (*kath. Kirche* Seligsprechung); **be|a|ti|fi|zie|ren**
be|at|men (*Med.* Luft od. Gasgemische in die Atemwege blasen); **Be|at|mung**
Be|at|mungs|an|la|ge; Be|at|mungs|ge|rät; Be|at|mungs|stö|rung
Beat|mu|sik [ˈbiːt...], die; - ([Tanz]musik mit betontem Schlagrhythmus)
Beat|nik [ˈbiːt...], der; -s, -s ‹amerik.› (Vertreter der Beatgeneration)
Be|a|t|ri|ce [...sə, ...tʃə], **Be|a|t|rix** (w. Vorn.)
Be|a|tus ‹lat.› (m. Vorn.)
Beau [boː], der; -, -s ‹franz.› (*spöttisch für* schöner Mann)
Beau|fort|ska|la, *auch* **Beau|fort-Ska|la** [ˈboːfɐ...], die; - ‹nach dem engl. Admiral› (Skala für Windstärken ↑K 136)
be|auf|schla|gen (*Technik* auf etw. auftreffen); der Dampf beaufschlagte das Laufrad; beaufschlagt; **Be|auf|schla|gung**
be|auf|sich|ti|gen; Be|auf|sich|ti|gung
be|auf|tra|gen; du beauftragtest; beauftragt; **Be|auf|trag|te**, der *u.* die; -n, -n
be|aug|ap|feln *(landsch. scherzh.)*; ich beaugapf[e]le
be|äu|geln *(ugs. scherzh.)*; ich beäug[e]le; beäugelt; **be|äu|gen;** beäugt
be|au|gen|schei|ni|gen *(Amtsspr.; auch scherzh.)*; der neue Wagen wurde beaugenscheinigt
Beau|jo|lais [boʒoˈlɛː], der; -, - ‹franz.› (ein franz. Rotwein)
Beau|mar|chais [bomarˈʃɛː] (franz. Schriftsteller)
Beau|té [boˈteː], die; -, -s ‹franz.› (*geh. für* schöne Frau)
Beau|ty|farm, *auch* **Beau|ty-Farm** [ˈbjuːti...], die; -, -en ‹engl.› (Schönheitsfarm)
Beau|voir, de [də boˈvo̯aːɐ̯] (franz. Schriftstellerin)
be|bän|dern
be|bar|tet (mit Bart versehen)
be|bau|en; Be|bau|ung
Bé|bé [beːˈbeː], das; -s, -s ‹franz.› (*schweiz. für* Säugling, Baby)
Be|bel (Mitbegründer der dt. Sozialdemokratischen Partei)
be|ben; Be|ben, das; -s, -
be|bil|dern; ich bebildere; **Be|bil|de|rung**
Be|bop [ˈbiː...], der; -[s], -s ‹amerik.› (Jazzstil der 40er-Jahre *[nur Sing.]*; Tanz in diesem Stil)
be|brillt
be|brü|ten
Be|bung *(Musik)*
be|bun|kern ([ein Schiff] mit Brennstoff versehen)
be|buscht; ein bebuschter Hang
Bé|cha|mel|kar|tof|feln [beʃa...] ‹nach dem Marquis de Béchamel›; **Bé|cha|mel|so|ße**, *auch* ...sau|ce
Be|cher, der; -s, -; **be|cher|för|mig**
be|chern (*ugs. scherzh. für* tüchtig trinken); ich bechere
Be|cher|werk (*Technik* Fördergerät)
be|cir|cen *vgl.* bezirzen
Be|cken [*alte Trennung* ...k|k...], das; -s, -; **Be|cken|bruch**, der *(Med.)*
Be|ckett (ir.-franz. Schriftsteller)
Beck|mann (dt. Maler)
Beck|mes|ser (Gestalt aus Wagners »Meistersingern«; *abwertend* kleinlicher Kritiker); **Beck|mes|se|rei; beck|mes|sern** (kleinlich tadeln, kritteln); ich beckmessere *u.* beckmessre [*alte Schreibung* beckmeßre]; gebeckmessert
Bec|que|rel [bɛkə...], das; -s, - ‹nach dem franz. Physiker› (Maßeinheit für die Aktivität ionisierender Strahlung; *Zeichen* Bq)
be|da|chen (*Handw.* mit einem Dach versehen)
be|dacht; auf eine Sache bedacht sein; **Be|dacht**, der; -[e]s; mit Bedacht; auf etwas Bedacht nehmen *(Amtsspr.)*; **Be|dach|te**, der *u.* die; -n, -n (jmd., dem ein Vermächtnis ausgesetzt worden ist)
be|däch|tig; Be|däch|tig|keit, die; -
be|dacht|sam; Be|dacht|sam|keit, die; -
Be|da|chung *(Handw.)*
be|damp|fen (*Technik* durch Verdampfen von Metall mit einer Metallschicht überziehen)
be|dan|ken, sich; sei bedankt! *(südd., österr.)*
Be|darf, der; -[e]s, *Plur. (fachspr.)* -e; nach Bedarf; der Bedarf an, *Kaufmannsspr. auch* in etwas; bei Bedarf
Be|darfs|am|pel; Be|darfs|ar|ti|kel
Be|darfs|de|ckung [*alte Trennung* ...k|k...]; **Be|darfs|fall**, der; im Bedarfsfall[e]
be|darfs|ge|recht
Be|darfs|gü|ter *Plur.*; **Be|darfs|hal|te|stel|le**
be|dau|er|lich; be|dau|er|li|cher|wei|se; sie war bedauerlicherweise nicht zu Hause, *aber* sie hat in bedauerlicher Weise auf unsere Kritik reagiert
be|dau|ern; ich bedauere; **Be|dau|ern**, das; -s
be|dau|erns|wert
Be|de, die; -, -n (Abgabe im MA.)
be|de|cken [*alte Trennung* ...k|k...]; **be|deckt;** bedeckter Himmel
Be|deckt|sa|mer, der; -s, - *meist Plur.* (*Bot.* Pflanze, deren Samenanlage im Fruchtknoten eingeschlossen ist; *Ggs.* Nacktsamer); **be|deckt|sa|mig** *(Bot.)*
Be|de|ckung [*alte Trennung* ...k|k...]
be|den|ken; bedacht *(vgl. d.)*; sich eines Besser[e]n bedenken; **Be|den|ken**, das; -s, -
be|den|ken|los; Be|den|ken|lo|sig|keit, die; -
be|den|kens|wert
Be|den|ken|trä|ger
be|denk|lich; Be|denk|lich|keit
Be|denk|zeit
be|dep|pert (*ugs. für* ratlos, gedrückt)
be|deu|ten; be|deu|tend; am bedeutendsten; *aber* ↑K 72: das Bedeutendste; etwas Bedeutendes; um ein Bedeutendes [*alte Schreibung* bedeutendes] zunehmen
be|deut|sam; Be|deut|sam|keit, die; -
Be|deu|tung

Be|deu|tungs|an|ga|be; Be|deu|tungs|leh|re, die; - *(Sprachw.)*

be|deu|tungs|los; Be|deu|tungs|lo|sig|keit, die; -

Be|deu|tungs|un|ter|schied

be|deu|tungs|voll

Be|deu|tungs|wan|del; Be|deu|tungs|wör|ter|buch

be|dien|bar; leicht bedienbare Armaturen; **Be|dien|bar|keit,** die; -

be|die|nen; sich eines Kompasses bedienen *(geh.);* jmdn. bedienen (*österr. ugs. auch für* benachteiligen); bedient sein (*ugs. für* genug haben)

Be|die|ner; Be|die|ne|rin (*bes. österr. für* Aufwartefrau)

be|diens|tet [*alte Trennung* ...|st...] (in Dienst stehend); **Be|diens|te|te,** der *u.* die; -n, -n

Be|dien|te, der *u.* die; -n, -n (*veraltet für* Diener[in])

Be|die|nung (*österr. auch* Stelle als Bedienerin)

Be|die|nungs|an|lei|tung

Be|die|nungs|feh|ler; Be|die|nungs|geld

¹be|din|gen (voraussetzen; zur Folge haben); sich gegenseitig bedingen; *vgl.* bedingt

²be|din|gen (*älter für* ausbedingen); du bedangst; bedungen; der bedungene Lohn

Be|ding|nis, das; -ses, -se (*österr. Amtsspr. für* Bedingung)

be|dingt (eingeschränkt, an Bedingungen geknüpft); bedingter Reflex; bedingte Verurteilung (*schweiz. für* Verurteilung mit Bewährungsfrist)

Be|dingt|gut, das; -[e]s (*für* Kommissionsgut)

Be|dingt|heit, die; -

Be|dingt|sen|dung (*für* Kommissionssendung)

Be|din|gung; Be|din|gungs|form (*für* Konditional)

be|din|gungs|los

Be|din|gungs|satz (*für* Konditionalsatz)

be|din|gungs|wei|se

be|drän|gen; Be|dräng|nis, die; -, -se; **Be|dräng|te,** der *u.* die; -n, -n; **Be|drän|gung**

be|dripst (*nordd. für* kleinlaut; betrübt)

be|dro|hen

be|droh|lich; Be|droh|lich|keit

Be|dro|hung

be|dru|cken [*alte Trennung* ...k|k...]

be|drü|cken [*alte Trennung* ...k|k...]; **Be|drü|cker**

be|drückt; Be|drückt|heit

Be|dru|ckung [*alte Trennung* ...k|k...], die; - (das Bedrucken)

Be|drü|ckung [*alte Trennung* ...k|k...]

Be|du|i|ne, der; -n, -n ‹arab.› (arab. Nomade); **Be|du|i|nin,** die; -, -nen

be|dun|gen *vgl.* ²bedingen

be|dün|ken *(veraltet);* es will mich bedünken; **Be|dün|ken,** das; -s; meines Bedünkens (*veraltet für* nach meiner Ansicht)

be|dür|fen *(geh.); mit Gen.:* des Trostes bedürfen

Be|dürf|nis, das; -ses, -se; **Be|dürf|nis|an|stalt** *(Amtsspr.)*

be|dürf|nis|los

be|dürf|tig; *mit Gen.:* der Hilfe bedürftig; **Be|dürf|tig|keit**

be|du|seln, sich (*ugs. für* sich leicht betrinken)

Bee|fal|lo ['bi:...], der; -[s], -s ‹amerik.› (Kreuzung aus Bison und Hausrind)

Beef|ea|ter ['bi:fǀi:tɐ], der; -s, -s ‹engl.› (Angehöriger der königl. Leibwache im Londoner Tower)

Beef|steak, das; -s, -s (Rinds[lenden]stück); deutsches Beefsteak ↑K 151; **Beef|tea** [...ti:], der; -s, -s (Rindfleischbrühe)

be|eh|ren *(geh.);* sich beehren

be|ei|den (mit einem Eid bekräftigen); **be|ei|di|gen** (*geh. für* beeiden; *österr. für* in Eid nehmen); gerichtlich beeidigter Sachverständiger

be|ei|fern, sich (*selten für* sich eifrig bemühen)

be|ei|len, sich; **Be|ei|lung!** (*ugs. für* bitte schnell!)

be|ein|dru|cken [*alte Trennung* ...k|k...]; von etwas beeindruckt sein

be|ein|fluss|bar [*alte Schreibung* beeinflußbar]; **Be|ein|fluss|bar|keit,** die; -

be|ein|flus|sen; du beeinflusst [*alte Schreibung* beeinflußt]; **Be|ein|flus|sung**

be|ein|träch|ti|gen; Be|ein|träch|ti|gung

be|e|len|den (*schweiz. für* nahe gehen; betrüben); es beelendet mich

Beel|ze|bub [*auch* be'ɛ...], der; - ‹hebr.› (Herr der bösen Geister, oberster Teufel im N. T.)

be|en|den; beendet

be|en|di|gen; beendigt; **Be|en|di|gung**

Be|en|dung

be|en|gen; Be|engt|heit, die; -

Be|en|gung

Bee|per ['bi:pɐ], der; -s, - ‹engl.› (elektronisches Fernrufgerät)

be|er|ben; jmdn. beerben; **Be|er|bung**

be|er|den ([Pflanzen] mit Erde versehen)

be|er|di|gen; Be|er|di|gung; Be|er|di|gungs|in|s|ti|tut

Bee|re, die; -, -n

Bee|ren|aus|le|se; bee|ren|för|mig; Bee|ren|obst

Beet, das; -[e]s, -e

Bee|te *vgl.* Bete

Beet|ho|ven [...ho:fn̩], Ludwig van (dt. Komponist)

BEF (Währungscode für belg. Franc)

be|fä|hi|gen; ein befähigter Mensch; **Be|fä|hi|gung,** die; -; **Be|fä|hi|gungs|nach|weis**

be|fahr|bar; Be|fahr|bar|keit, die; -

¹be|fah|ren; befahrener (*Jägerspr.* bewohnter) Bau; befahrene (*Seemannsspr.* im Seedienst erfahrene) Matrosen

²be|fah|ren; eine Straße befahren

Be|fall, der; -[e]s; **be|fal|len**

be|fan|gen (schüchtern; voreingenommen); **Be|fan|gen|heit**

be|fas|sen; befasst [*alte Schreibung* befaßt]; sich mit etwas befassen; jmdn. mit etwas befassen *(Amtsspr.)*

be|feh|den (*geh. für* bekämpfen); **Be|feh|dung** *(geh.)*

Be|fehl, der; -[e]s, -e

be|feh|len; du befiehlst; du befahlst; du befählest, *älter* beföhlest; befohlen; befiehl!; **be|feh|le|risch**

be|feh|li|gen

Be|fehls|aus|ga|be; Be|fehls|emp|fän|ger; Be|fehls|form (*für* Imperativ)

be|fehls|ge|mäß

Be|fehls|ge|walt, die; -

Be|fehls|ha|ber; be|fehls|ha|be|risch

Be|fehls|not|stand; Be|fehls|satz

Be|fehls|ton, der; -[e]s; **Be|fehls|ver|wei|ge|rung**

be|fein|den; Be|fein|dung

be|fes|ti|gen [*alte Trennung* ...|st...]; **Be|fes|ti|gung; Be|fes|ti|gungs|an|la|ge**

be|feuch|ten; Be|feuch|tung

be|feu|ern (*Seemannsspr. auch für* mit Leuchtfeuern versehen); **Be|feu|e|rung**

Beff|chen (Halsbinde mit zwei Leinenstreifen vorn am Halsausschnitt von Amtstrachten bes. evangelischer Geistlicher)

B

be|fie|dern; ich befiedere

be|fin|den; befunden; den Plan für gut befinden; sich befinden

Be|fin|den, das; -s

be|find|lich

(vorhanden)
– der im Kasten *befindliche* Schmuck; der *sich* im Kasten *befindende* Schmuck

Nicht korrekt ist dagegen:
– der *sich* im Kasten *befindliche* Schmuck

Be|find|lich|keit (seel. Zustand, in dem sich jmd. befindet)

be|fin|gern (*ugs. für* betasten)

be|fi|schen; einen See befischen; **Be|fi|schung**

be|flag|gen; die Gebäude sind beflaggt; **Be|flag|gung,** die; -

be|fle |cken [*alte Trennung* ...k|k...]; **Be|fle |ckung**

be|fle|geln (*österr. für* beschimpfen)

be|flei|ßen, sich (*veraltet, selten noch für* sich befleißigen); du befleißt dich; ich befliss [*alte Schreibung* befliß] mich, du beflissest dich; beflissen *(vgl. d.)*; befleiß[e] dich!

be|flei|ßi|gen, sich *(geh.); mit Gen.:* sich eines guten Stils befleißigen

be|flie|gen; eine Strecke befliegen

be|flis|sen (eifrig bemüht); um Anerkennung beflissen; **Be|flis|sen|heit,** die; -

be|flis|sent|lich (*seltener für* geflissentlich)

be|flü|geln *(geh.)*

be|flu|ten (unter Wasser setzen); **Be|flu|tung**

be|fol|gen; Be|fol|gung, die; -

be|för|der|bar; Be|för|de|rer, Be|förd|rer; **Be|för|de|rin,** Be|förd|re|rin

be|för|der|lich (*schweiz. für* beschleunigt, rasch)

be|för|dern; Be|för|de|rung

Be|för|de|rungs|be|din|gun|gen; Be|för|de|rungs|kos |ten [*alte Trennung* ...|st...]

Be|för|de|rungs|mit|tel; Be|för|de|rungs|ta|rif

Be|förd|rer, Be|för|de|rer; **Be|förd|re|rin,** Be|för|de|rin

be|fors |ten [*alte Trennung* ...|st...] (forstlich bewirtschaften)

be|förs |tern [*alte Trennung* ...|st...] (*Forstw.* nicht staatliche Waldungen durch staatliche Forstbeamte verwalten lassen)

Be|fors |tung [*alte Trennung* ...|st...]

be|frach|ten; Be|frach|ter; Be|frach|tung

be|frackt (einen Frack tragend)

be|fra|gen; du befragst; du befragtest; befragt; befrag[e]!; ↑K 82: auf Befragen; **Be|fra|gung**

be|franst

be|frei|en; sich befreien

Be|frei|er; Be|frei |e|rin; Be|frei|ung, die; -

Be|frei|ungs|be|we|gung; Be|frei|ungs|kampf; Be|frei|ungs|krieg

Be|frei|ungs|schlag *(Eishockey)*

be|frem|den; es befremdet [mich]; **Be|frem|den,** das; -s

be|frem|dend; be|fremd|lich

Be|frem|dung, die; -

be|freun|den, sich; **be|freun|det**

be|frie|den (Frieden bringen; *geh. für* einhegen); befriedet

be|frie|di|gen (zufrieden stellen); **be|frie|di|gend;** die befriedigends|te Lösung; *vgl.* ausreichend; **Be|frie|di|gung,** die; -

Be|frie|dung, die; -

be|fris |ten [*alte Trennung* ...|st...]; **Be|fris |tung,** die; -

be|fruch|ten; Be|fruch|tung

be|fu|gen; Be|fug|nis, die; -, -se; **be|fugt;** befugt sein

be|füh|len

be|fum|meln (*ugs. für* betasten, untersuchen)

Be|fund, der; -es, -e (Feststellung); nach Befund; ohne Befund (*Med.; Abk.* o. B.)

be|fürch|ten; Be|fürch|tung

be|für|wor|ten; Be|für|wor|ter; Be|für|wor|te|rin; Be|für|wor|tung

Beg, der; -s, -s (höherer türk. Titel); *vgl.* Bei

be|ga|ben (*geh. für* mit etw. ausstatten)

be|gabt; Be|gab|te, der *u.* die; -n, -n; **Be|gab|ten|för|de|rung**

Be|ga|bung

Be|ga|bungs|re|ser|ve

be|gaf|fen *(ugs. abwertend)*

Be|gäng|nis, das; -ses, -se (*veraltet, noch geh. für* feierliche Bestattung)

be|ga|sen *(fachspr.)*; du begast; **Be|ga|sung**

be|gat|ten; Be|gat|tung

be|gau|nern (*ugs. für* betrügen)

be|geb|bar

[1]be|ge|ben (*Bankw.* verkaufen, in Umlauf setzen); einen Wechsel begeben

[2]be|ge|ben, sich (irgendwohin gehen; sich ereignen; verzichten); er begibt sich eines Rechtes (er verzichtet darauf)

Be|ge|ben|heit

Be|ge|ber (*für* Girant [eines Wechsels])

Be|geb|nis, das; -ses, -se (*veraltend für* Begebenheit, Ereignis)

Be|ge|bung *(Bankw.)*; die Begebung von Aktien

be|geg|nen; jmdm. begegnen; **Be|geg|nung; Be|geg|nungs|stät|te**

be|geh|bar; Be|geh|bar|keit

be|ge|hen

Be|gehr, das, *auch* der; -s *(veraltet)*

be|geh|ren; Be|geh|ren, das; -s; **be|geh|rens|wert**

be|gehr|lich; Be|gehr|lich|keit

Be|ge|hung

be|gei|fern (*auch für* beschimpfen); **Be|gei|fe|rung**

be|geis |tern [*alte Trennung* ...|st...]; ich begeistere; sich begeistern

Be|geis |te|rung [*alte Trennung* ...|st...], die; -; **be|geis |te|rungs|fä|hig; Be|geis |te|rungs|sturm**

be|gich|ten (*Hüttenw.* Erz in den Schachtofen einbringen); **Be|gich|tung**

Be|gier *(geh.)*; **Be|gier|de,** die; -, -n; **be|gie|rig**

be|gie|ßen; Be|gie|ßung

Be|gi|ne, die; -, -n ‹niederl.› (Angehörige einer halbklösterl. Frauenvereinigung)

Be|ginn, der; -[e]s; von Beginn an; zu Beginn

be|gin|nen; du begannst; du begännest, *seltener* begönnest; begonnen; beginn[e]!; **Be|gin|nen,** das; -s (Vorhaben)

be|glän|zen *(geh.)*

be|glau|bi|gen; beglaubigte Abschrift; **Be|glau|bi|gung; Be|glau|bi|gungs|schrei|ben**

be|glei|chen; eine Rechnung begleichen; **Be|glei|chung**

Be|gleit|a |d |res|se (Begleitschein); **Be|gleit|brief**

be|glei|ten (mitgehen); begleitet; **Be|glei|ter; Be|glei|te|rin**

Be|glei|ter|schei|nung; Be|gleit|mu|sik; Be|gleit|pa|pier *meist Plur.*; **Be|gleit|per|son; Be|gleit|schein** *(Zollw.)*; **Be|gleit|schrei|ben; Be|gleit|text; Be|gleit|um|stand**

Be|glei|tung

Beg|ler|beg, der; -s, -s ‹türk.› (Provinzstatthalter in der alten Türkei)
be|glot|zen (*ugs. für* anstarren)
be|glü|cken [*alte Trennung* ...k|k...]; **Be|glü|cker; Be|glü|cke|rin; Be|glü|ckung**
be|glück|wün|schen; beglückwünscht; **Be|glück|wün|schung**
be|gna|det (hoch begabt)
be|gna|di|gen (jmdm. seine Strafe erlassen); **Be|gna|di|gung; Be|gna|di|gungs|recht,** das; -[e]s
be|gnü|gen, sich
Be|go|nie, die; -, -n ‹nach dem Franzosen Michel Bégon› (eine Zierpflanze)
be|gön|nern; ich begönnere
be|gö|schen (*nordd. für* beschwichtigen); du begöschst
begr. = begraben (*Zeichen* ▭)
be|gra|ben
Be|gräb|nis, das; -ses, -se
Be|gräb|nis|fei|er; Be|gräb|nis|fei|er|lich|keit; Be|gräb|nis|kos|ten [*alte Trennung* ...|st...] *Plur.;* **Be|gräb|nis|stät|te**
be|gra|di|gen ([einen ungeraden Weg od. Wasserlauf] gerade legen, [eine Grenzlinie] ausgleichen); **Be|gra|di|gung**
be|grannt (mit Grannen)
be|grap|schen (*landsch. abwertend für* betasten, anfassen)
be|grei|fen; *vgl.* begriffen
be|greif|lich; be|greif|li|cher|wei|se
be|gren|zen; Be|gren|zer (*Technik* bei Erreichen eines Grenzwertes einsetzende Unterbrechervorrichtung)
be|grenzt; Be|grenzt|heit *Plur. selten;* **Be|gren|zung**
Be|griff, der; -[e]s, -e; im Begriff sein
be|grif|fen; diese Tierart ist im Aussterben begriffen
be|griff|lich; begriffliches Substantiv (*für* Abstraktum)
Be|griffs|be|stim|mung; Be|griffs|bil|dung; Be|griffs|form (*für* Kategorie)
be|griffs|mä|ßig; be|griffs|stut|zig; be|griffs|stüt|zig (*österr.*)
Be|griffs|ver|wir|rung
be|grün|den; be|grün|dend
Be|grün|der; Be|grün|de|rin; Be|grün|dung
Be|grün|dungs|an|ga|be (*Sprachw.* Umstandsangabe des Grundes); **Be|grün|dungs|satz** (*für* Kausalsatz); **Be|grün|dungs|wei|se**
be|grü|nen (mit Grün bedecken); **Be|grü|nung,** die; -
be|grü|ßen (*schweiz. auch für* nach jmds. Ansicht fragen); **be|grü|ßens|wert**
Be|grü|ßung
Be|grü|ßungs|a|bend; Be|grü|ßungs|an|spra|che; Be|grü|ßungs|kuss [*alte Schreibung* ...kuß]; **Be|grü|ßungs|trunk**
be|gu|cken [*alte Trennung* ...k|k...] (*ugs.*)
Be|gum [*auch* ...am], die; -, -en ‹angloind.› (Titel ind. Fürstinnen)
be|güns|ti|gen [*alte Trennung* ...|st...]; **Be|güns|ti|gung**
be|gut|ach|ten; begutachtet; **Be|gut|ach|ter; Be|gut|ach|te|rin; Be|gut|ach|tung**
be|gü|tert
be|gü|ti|gen; Be|gü|ti|gung
be|haa|ren, sich; **be|haart; Be|haa|rung**
be|hä|big; Be|hä|big|keit, die; -
be|ha|cken [*alte Trennung* ...k|k...] (*ugs. auch für* betrügen)
be|haf|ten (*schweiz.*); jmdn. auf od. bei etwas behaften (jmdn. auf etwas festlegen, beim Wort nehmen)
be|haf|tet; mit etwas behaftet sein
be|ha|gen; Be|ha|gen, das; -s
be|hag|lich; Be|hag|lich|keit
be|hal|ten
Be|häl|ter; Be|hält|nis, das; -ses, -se
be|häm|mern; be|häm|mert (*ugs. für* verrückt)
be|hän|de [*alte Schreibung* be|hen|de] ↑K 133
be|han|deln
be|hän|di|gen (*schweiz. Amtsspr. für* an sich nehmen)
Be|hän|dig|keit [*alte Schreibung* Be|hen|dig|keit], die; -
Be|hand|lung
Be|hand|lungs|kos|ten [*alte Trennung* ...|st...] *Plur.*
Be|hand|lungs|pflicht; Be|hand|lungs|raum; Be|hand|lungs|stuhl; Be|hand|lungs|wei|se
be|hand|schuht (Handschuhe tragend)
Be|hang, der; -[e]s, Behänge (*Jägerspr. auch* Schlappohren)
be|han|gen; der Baum ist mit Äpfeln behangen
be|hän|gen; *vgl.* [2]hängen; **be|hängt;** eine grün behängte Wand
be|har|ken; sich beharken (*ugs. für* bekämpfen)
be|har|ren
be|harr|lich; Be|harr|lich|keit, die; -
Be|har|rung; Be|har|rungs|ver|mö|gen
be|hau|chen; behauchte Laute (*für* Aspiraten); **Be|hau|chung**
be|hau|en; ich behaute den Stein
be|haup|ten; sich behaupten
be|haup|tet (*Börse* fest, gleich bleibend)
Be|haup|tung
be|hau|sen; Be|hau|sung
Be|ha|vi|o|ris|mus [biheviə...], der; - ‹engl.› (amerik. sozialpsychologische Forschungsrichtung); **be|ha|vi|o|ris|tisch** [*alte Trennung* ...|st...]
be|he|ben (beseitigen; *österr. auch für* abheben, abholen, z. B. Geld von der Bank); **Be|he|bung** (Beseitigung; *österr. auch für* Abhebung, Abholung)
be|hei|ma|ten; be|hei|ma|tet; Be|hei|ma|tung, die; -
be|heiz|bar; be|hei|zen; Be|hei|zung, die; -
Be|helf, der; -[e]s, -e; **be|hel|fen,** sich; ich behelfe mich
Be|helfs|heim; be|helfs|mä|ßig; Be|helfs|un|ter|kunft; be|helfs|wei|se
be|hel|li|gen (belästigen); **Be|hel|li|gung**
be|helmt
Be|he|mot[h] [*auch* 'be:...], der; -[e]s, -s ‹hebr., »Riesentier«› (im A. T. Name des Nilpferdes)
be|hen|de *alte Schreibung für* behände
Be|hen|nuss, Ben|nuss [*alte Schreibung* ...nuß] ‹span.-dt.› (ölhaltige Frucht eines afrik. Baumes)
be|her|ber|gen; Be|her|ber|gung
be|herrsch|bar; Be|herrsch|bar|keit, die; -
be|herr|schen; sich beherrschen; **Be|herr|scher; Be|herr|sche|rin**
be|herrscht; Be|herrsch|te, der *u.* die; -n, -n; **Be|herrscht|heit**
Be|herr|schung
be|her|zi|gen; be|her|zi|gens|wert; Be|her|zi|gung
be|herzt (entschlossen); **Be|herzt|heit,** die; -
be|he|xen
be|hilf|lich
Be|hind [bi'haind], das; -s ‹engl.› (*schweiz. Sportspr.* Raum hinter der Torlinie)
be|hin|dern
be|hin|dert; geistig behindert; **Be|hin|der|te,** der *u.* die; -n, -n; die körperlich Behinderten

B

bei|de

Man schreibt »beide« immer klein ↑K 76: – es waren die beiden dort; beide Mal [*alte Schreibung* beidemal], beide Male	– wir, ihr beiden jungen Leute – sie beide (*als Anrede* Sie beide) – unser, euer, ihrer beider – uns, euch, ihnen beiden – uns, euch, sie beide – euer beider Anteilnahme – der Gegenstand ihrer beider Interesses – mit unser beider Hilfe – von beider Leben ist nichts bekannt – euch beide jungen Leute kennt hier niemand
Beispiele zur Beugung: – die beiden, diese beiden – dies beides, dieses beides – beides; alles beides; alle beide – man bedarf aller beider – einer von beiden; für euch beide – wir beide, *seltener* wir beiden – ihr beiden, *auch* ihr beide	

Be|hin|der|ten|sport
Be|hin|de|rung; Be|hin|de|rungs|fall, der; im Behinderungsfall[e]
Behm|lot ⟨nach dem dt. Physiker Behm⟩ (Echolot)
be|ho|beln
be|hor|chen (*ugs. für* abhören, belauschen)
Be|hör|de, die; -, -n
Be|hör|den|deutsch *(oft abwertend);* **Be|hör|den|schrift|ver|kehr; Be|hör|den|spra|che** (*svw.* Behördendeutsch)
be|hörd|lich; be|hörd|li|cher|seits
be|host (*ugs. für* mit Hosen bekleidet)
Be|huf, der; -[e]s, -e (*Amtsspr. veraltend für* Zweck, Erfordernis); zum Behuf[e]; zu diesem Behuf[e]; **be|hufs** (*Amtsspr. veraltet* ↑K 70); *Präp. mit Gen.:* behufs des Verfahrens
be|hum|sen, be|hump|sen (*ostmitteld. für* übervorteilen, bemogeln)
be|hü|ten; behüt' dich Gott!
be|hut|sam; Be|hut|sam|keit, die; -
Be|hü|tung, die; -

bei

(*Abk.* b.)
Präposition mit Dativ:
– beim *(vgl. d.)*
– bei diesem Denkmal
– bei jmdm. stehen
– bei seinen Eltern wohnen
– bei der Hand sein
– bei[m] Abgang des Sängers
– bei aller Bescheidenheit
– bei all dem Treiben
– bei all[e]dem; bei dem allen (*häufiger für* allem); bei diesem allem (*neben* allen)
– ↑K 72: bei weitem
– komm bei mich (*veraltet, noch landsch. für* komm zu mir)

Bei, Bey [bai], der; -s, *Plur.* -e *u.* -s ⟨türk., »Herr«⟩ (türk. Titel, *oft hinter Namen,* z. B. Ali-Bei); *vgl.* Beg
bei... (*in Zus. mit Verben,* z. B. beidrehen, du drehst bei, beigedreht, beizudrehen)
bei|be|hal|ten; Bei|be|hal|tung, die; -
bei|bie|gen (*ugs. für* jmdm. etw. beibringen)
Bei|blatt
Bei|boot
bei|brin|gen; jmdm. etwas beibringen (lehren, übermitteln); eine Bescheinigung, Zeugen beibringen; jmdm. eine Wunde beibringen; **Bei|brin|gung,** die; -
Beich|te, die; -, -n; **beich|ten**
Beicht|ge|heim|nis
Beich|ti|ger (*veraltet für* Beichtvater)
Beicht|kind (der od. die Beichtende); **Beicht|sie|gel,** das; -s (*svw.* Beichtgeheimnis)
Beicht|stuhl; Beicht|va|ter (die Beichte hörender Priester)
beid|ar|mig (*Sportspr.* mit beiden Armen [gleich geschickt]); beidarmiges Reißen; beidarmiger Stürmer; **beid|bei|nig** *(Sportspr.);* beidbeiniger Absprung
bei|de *s. Kasten*
bei|der|lei; beiderlei Geschlecht[e]s
bei|der|sei|tig; bei|der|seits; *Präp. mit Gen.:* beiderseits des Flusses
Bei|der|wand, die; - *od.* das; -[e]s (grobes Gewebe)
beid|fü|ßig (*Sportspr.* mit beiden Füßen [gleich geschickt]); beidfüßiger Stürmer
Beid|hän|der (jmd., der mit beiden Händen gleich geschickt ist); **beid|hän|dig**
bei|dre|hen (*Seemannsspr.* die Fahrt verlangsamen)
beid|sei|tig; *vgl.* beiderseitig; **beid|seits** (*bes. schweiz. für* zu beiden Seiten); beidseits des Rheins

bei|ei|n|an|der

Man schreibt »beieinander« immer getrennt vom folgenden Verb oder Partizip ↑K 50:
– sie möchten immer beieinander sein (zusammen sein); er scheint noch gut beieinander zu sein [*alte Schreibung* beieinanderzusein] (gesund zu sein)
– beieinander haben, sitzen, stehen usw. [*alte Schreibungen* beieinanderhaben, beieinandersitzen, beieinanderstehen usw.]

bei|ern (*landsch.* mit dem Klöppel läuten); ich beiere
beif. = beifolgend
Bei|fah|rer; Bei|fah|rer|air|bag
Bei|fah|re|rin; Bei|fah|rer|sitz
Bei|fall, der; -[e]s; ein Beifall heischender [*alte Schreibung* beifallheischender] Blick
bei|fal|len (*veraltet für* in den Sinn kommen)
Bei|fall hei|schend [*alte Schreibung* bei|fall|hei|schend] *vgl.* Beifall
bei|fäl|lig
Bei|fall[s]|klat|schen, das; -s
Bei|falls|kund|ge|bung; Bei|falls|sturm
Bei|film
bei|fol|gend (*Amtsspr. veraltend; Abk.* beif.); beifolgend (anbei) der Bericht
bei|fü|gen; Bei|fü|gung (*auch für* Attribut)
Bei|fuß, der; -es (eine Gewürz- u. Heilpflanze)

Bei|fut|ter (Zugabe zum gewöhnlichen Futter)

Bei|ga|be (Zugabe)

beige [beːʃ, *schweiz.* bɛːʃ] ⟨franz.⟩ (sandfarben); ein beige (*ugs. auch gebeugt* beiges [...ʒəs]) Kleid; *vgl.* blau

¹**Beige,** das; -, *Plur.* -, *ugs.* -s

²**Bei|ge,** die; -, -n (*südd. u. schweiz. für* Stoß, Stapel)

bei|ge|ben (*auch für* sich fügen); klein beigeben

beige|far|ben *od.* **beige|far|big**

bei|gen (*südd. u. schweiz. für* [auf]schichten, stapeln)

Bei|ge|ord|ne|te, der *u.* die; -n, -n

Bei|ge|schmack, der; -[e]s

bei|ge|sel|len *(geh.);* sich jmdm. beigesellen

Bei|g|net [bɛnˈjeː] der; -s, -s ⟨franz.⟩ (Schmalzgebackenes mit Füllung)

Bei|heft; bei|hef|ten; beigeheftet

Bei|hil|fe; Beihilfe beantragen; **bei|hil|fe|fä|hig** *(Amtsspr.)*

Bei|hirsch (*Jägerspr.* im Rudel mitlaufender, in der Brunft vom Platzhirsch verdrängter Hirsch)

Bei|jing [ˈbe̯idʒɪŋ, *auch* ...ˈdʒɪŋ] *vgl.* Peking

Bei|klang

Bei|koch, der (Hilfskoch); **Bei|kö|chin**

bei|kom|men; ihm ist nicht beizukommen (er ist nicht zu fassen, zu besiegen); mir ist nichts beigekommen (*geh. für* nichts eingefallen)

Bei|kost (zusätzliche Nahrung)

Beil, das; -[e]s, -e

beil. = beiliegend

bei|la|den; *vgl.* ¹laden; **Bei|la|dung** *(auch Rechtsw.)*

Bei|la|ge

Bei|la|ger (*veraltet für* Beischlaf)

bei|läu|fig (*österr. auch für* ungefähr, etwa); **Bei|läu|fig|keit**

bei|le|gen; Bei|le|gung

bei|lei|be; beileibe nicht (auf keinen Fall)

Bei|leid

Bei|leids|be|zei|gung *od.* **Bei|leids|be|zeu|gung; Bei|leids|kar|te; Bei|leids|schrei|ben**

bei|lie|gend (*Abk.* beil.); **Bei|lie|gen|de,** das; -n

Beiln|gries (Stadt in Oberbayern)

beim ↑K 14: bei dem; *Abk.* b.; ↑K 72: es beim Alten [*alte Schreibung* alten] lassen; ↑K 82: beim Singen und Spielen

bei|men|gen; Bei|men|gung

bei|mes|sen; Bei|mes|sung

bei|mi|schen; Bei|mi|schung

be|imp|fen

Bein, das; -[e]s, -e

bei|nah [*auch* ...ˈnaː], **bei|na|he** [*auch* ...ˈnaːə]

Bei|na|he|zu|sam|men|stoß (bes. bei Flugzeugen)

Bei|na|me

bein|am|pu|tiert; Bein|am|pu|tier|te, der *u.* die

Bein|ar|beit *(Sport)*

Bein|brech, der; -[e]s (Liliengewächs)

Bein|bruch, der

bei|nern (aus Knochen)

Bein|fleisch (*österr. für* Rindfleisch mit Knochen)

be|in|hal|ten (*Amtsspr.* enthalten); es beinhaltete; beinhaltet

bein|hart (*ugs. für* sehr hart)

Bein|haus (Aufbewahrungsort für ausgegrabene Gebeine auf Friedhöfen)

...bei|nig (z. B. hochbeinig)

Bein|kleid (*veraltet für* Hose)

Bein|ling (Strumpfoberteil; *auch* Hosenbein)

Bein|pro|the|se; Bein|ring; Bein|sche|re *(Sport);* **Bein|schlag** *(Sport);* **Bein|stumpf**

bein|ver|sehrt

Bein|well, der; -s (eine Heilpflanze)

Bein|zeug (Beinschutz der Ritterrüstung)

bei|ord|nen; bei|ord|nend (*für* koordinierend); **Bei|ord|nung**

Bei|pack, der; -[e]s (zusätzliches Frachtgut; *Fernmeldetechnik* um den Mittelleiter liegende Leitungen bei Breitbandkabeln)

bei|pa|cken [*alte Trennung* ...k|k...]; beigepackt

Bei|pack|zet|tel (einer Ware beiliegender Zettel mit Angaben zur Zusammensetzung und Verwendung)

bei|pflich|ten

Bei|pro|gramm *(Film)*

Bei|rat *Plur.* ...räte

Bei|ried, das; -[e]s *u.* die; - (*österr. für* Rippen-, Rumpfstück)

be|ir|ren; sich nicht beirren lassen

Bei|rut [*auch* ˈbai..., ˈbeːruːt] (Hauptstadt Libanons); **Bei|ru|ter**

bei|sam|men; beisammen sein (einer bei dem andern sein; *auch für* in guter körperlicher *u.* geistiger Verfassung sein [*alte Schreibung* beisammensein]); beisammen gewesen

bei|sam|men|blei|ben; bei|sam|men|ha|ben

Bei|sam|men|sein, das; -s

bei|sam|men|sit|zen; bei|sam|men|ste|hen

Bei|sas|se, der; -n, -n (Einwohner ohne Bürgerrecht im MA., Häusler)

Bei|satz (*für* Apposition)

bei|schie|ßen (einen [Geld]beitrag leisten)

Bei|schlaf (*geh., Rechtsw.* Geschlechtsverkehr); **bei|schla|fen**

Bei|schlä|fer; Bei|schlä|fe|rin

Bei|schlag, der; -[e]s, Beischläge (*Archit.* erhöhter Vorbau an Häusern)

bei|schla|gen (*Jägerspr.* in das Bellen eines anderen Hundes einstimmen)

Bei|schluss [*alte Schreibung* Beischluß] (*österr. für* das Beigeschlossene; Anlage); unter Beischluss von ...

Bei|se|gel (zusätzliches Segel)

Bei|sein, das; -s; in seinem Beisein

bei|sei|te ↑K 63; beiseite legen, schaffen, stoßen usw.

Bei|sei|te|schaf|fung, die; -; **Bei|sei|te|set|zung** (*svw.* Hintansetzung)

bei|seits (*südwestd. für* beiseite)

Bei|sel, *auch* Beisl, das; -s, -[n] (*bayr. ugs., österr. für* Kneipe)

bei|set|zen; Bei|set|zung

Bei|sit|zer; Bei|sit|ze|rin

Beisl *vgl.* Beisel

beisp. = beispielsweise

Bei|spiel, das; -[e]s, -e; zum Beispiel (*Abk.* z. B.)

bei|spiel|ge|bend; bei|spiel|haft; bei|spiel|los

Bei|spiel|satz; Bei|spiels|fall, der

bei|spiels|hal|ber; bei|spiels|wei|se (*Abk.* beisp.; bspw.)

bei|sprin|gen (*geh. für* helfen)

Bei|ßel, der; -s, - (*mitteld. für* Beitel, Meißel)

bei|ßen; du beißt; ich biss [*alte Schreibung* biß], du bissest; gebissen; beiß[e]; der Hund beißt ihn (*auch* ihm) ins Bein; sich beißen ([von Farben] nicht harmonieren)

Bei|ßer; Bei|ße|rei

Beiß|korb; Beiß|ring

beiß|wü|tig

Beiß|zan|ge

Bei|stand, der; -[e]s, Beistände

B

B

be|kannt

Getrenntschreibung in Verbindung mit Verben und Partizipien:
- bekannt sein
- bekannt geben [*alte Schreibung* bekanntgeben]; sie hat die Verfügung bekannt gegeben [*alte Schreibung* bekanntgegeben];
- bekannt machen (*auch für* veröffentlichen, öffentlich mitteilen); er soll mich mit ihm bekannt machen; sich mit einer Sache bekannt (vertraut) machen; einen Schriftsteller bekannt machen; das Gesetz wurde bekannt gemacht [*alte Schreibung* bekanntgemacht] (veröffentlicht)
- bekannt werden (*auch für* veröffentlicht werden, in die Öffentlichkeit dringen); ich bin bald mit ihm bekannt geworden; erst jetzt bekannt werdende [*alte Schreibung* bekanntwerdende] Absprachen; der Wortlaut ist bekannt geworden [*alte Schreibung* bekanntgeworden]

Großschreibung der Substantivierung ↑K 72:
- jemand Bekanntes
- etwas Bekanntes

(*österr. auch für* Trauzeuge); **Bei|stands|pakt**

bei|ste|hen

bei|stel|len (*österr. für* [zusätzlich] zur Verfügung stellen)

Bei|stell|mö|bel

Bei|stel|lung

Bei|steu|er, die *(bes. südd.);* **bei|steu|ern**

bei|stim|men

Bei|strich (*für* Komma)

Bei|tel, der; -s, - (meißelartiges Werkzeug)

Bei|trag, der; -[e]s, ...träge; **bei|tra|gen;** er hat das Seine, sie hat das Ihre dazu beigetragen; **Bei|trä|ger**

Bei|trags|be|mes|sungs|gren|ze *(Sozialversicherung);* **Bei|trags|klas|se; Bei|trags|rück|er|stat|tung; Bei|trags|satz; Bei|trags|zah|lung**

bei|trei|ben *(Rechtsw.);* Schulden beitreiben; **Bei|trei|bung**

bei|tre|ten

Bei|tritt; Bei|tritts|er|klä|rung

Bei|wa|gen; Bei|wa|gen|fah|rer

Bei|werk, das; -[e]s ([schmückende] Zutat; Unwichtiges)

bei|woh|nen *(geh.);* einem Staatsakt beiwohnen; einer Frau beiwohnen (Geschlechtsverkehr mit einer Frau haben); **Bei|woh|nung**

Bei|wort *Plur.* ...wörter (*für* Adjektiv)

Beiz, die; -, -en (*schweiz. mdal. für* Schenke, Wirtshaus)

Bei|zäu|mung *(Pferdesport)*

[1]**Bei|ze,** die; -, -n (chem. Flüssigkeit zum Färben, Gerben u. Ä.)

[2]**Bei|ze,** die; -, -n (Beizjagd)

[3]**Bei|ze,** die; -, -n (*landsch. für* Wirtshaus)

bei|zei|ten ↑K 63

bei|zen; du beizt

Bei|zer (*landsch. u. schweiz. für* Besitzer einer [3]Beize)

bei|zie|hen (*bes. südd., österr., schweiz. für* hinzuziehen); **Bei|zie|hung,** die; -

Beiz|jagd

Bei|zung (Behandlung mit [1]Beize)

Beiz|vo|gel (für die Jagd abgerichteter Falke)

be|ja|gen *(Jägerspr.);* **Be|ja|gung**

be|ja|hen

be|jahrt *(geh.)*

Be|ja|hung

be|jam|mern; be|jam|merns|wert

be|ju|beln

be|ka|keln (*nordd. ugs. für* gemeinsam besprechen)

be|kämp|fen; Be|kämp|fung

be|kannt *s. Kasten*

Be|kann|te, der *u.* die; -n, -n; liebe Bekannte; **Be|kann|ten|kreis**

be|kann|ter|ma|ßen

Be|kannt|ga|be, die; -

be|kannt ge|ben [*alte Schreibung* be|kannt|ge|ben] *vgl.* bekannt

Be|kannt|heit, die; -; **Be|kannt|heits|grad,** der; -[e]s

be|kannt|lich

be|kannt ma|chen [*alte Schreibung* be|kannt|ma|chen] *vgl.* bekannt; **Be|kannt|ma|chung**

Be|kannt|schaft

be|kannt wer|den [*alte Schreibung* be|kannt|wer|den] *vgl.* bekannt

be|kan|ten (mit Kanten versehen); **Be|kan|tung,** die; -

Be|kas|si|ne, die; -, -n ‹franz.› (Sumpfschnepfe)

be|kau|fen, sich (*landsch. für* zu teuer, unüberlegt einkaufen)

be|keh|ren; sich bekehren; **Be|keh|rer; Be|keh|re|rin**

Be|kehr|te, der *u.* die; -n, -n

Be|keh|rung

be|ken|nen; sich bekennen; Bekennende Kirche (Name einer Bewegung in den dt. ev. Kirchen); ↑K 150

Be|ken|ner|brief (*svw.* Bekennerschreiben); **Be|ken|ner|schrei|ben** (Schreiben, in dem sich jmd. zu einem [politischen] Verbrechen bekennt)

Be|kennt|nis, das; ...nisses, ...nisse (*österr. Amtsspr. auch für* Steuererklärung)

Be|kennt|nis|buch; Be|kennt|nis|frei|heit, die; -; **Be|kennt|nis|kir|che** (Bekennende Kirche)

be|kennt|nis|mä|ßig

Be|kennt|nis|schu|le (Schule mit Unterricht im Geiste eines religiösen Bekenntnisses)

be|kie|ken (*landsch. für* betrachten)

be|kiest; bekieste Wege

be|kla|gen; sich beklagen; **be|kla|gens|wert**

Be|klag|te, der *u.* die; -n, -n (jmd., gegen den eine [Zivil]klage erhoben wird)

be|klat|schen (mit Händeklatschen begrüßen)

be|klau|en (*ugs. für* bestehlen)

be|kle|ben; Be|kle|bung

be|kle|ckern [*alte Trennung* ...k|k...] (*ugs. für* beklecksen); sich bekleckern; **be|kleck|sen;** sich beklecksen; bekleckst

be|klei|den; ein Amt bekleiden

Be|klei|dung; Be|klei|dungs|in|dus|t|rie [*alte Trennung* ...|st...]

be|klem|men; beklemmt; **be|klem|mend; Be|klemm|nis,** die; -, -se; **Be|klem|mung**

be|klom|men (ängstlich, bedrückt); **Be|klom|men|heit,** die; -

be|klop|fen

be|kloppt (*ugs. für* blöd)

be|knab|bern

be|knackt (*ugs. für* dumm; unerfreulich)

be|knien; jmdn. beknien (*ugs. für* jmdn. dringend bitten)

be|ko|chen; jmdn. bekochen (*ugs. für* für jmdn. kochen)

be|kö|dern (*Angeln* mit einem Köder versehen)
be|koh|len (*fachspr. für* mit Kohlen versorgen); **Be|koh|lung**
be|kom|men; ich habe es bekommen; es ist mir gut bekommen
be|kömm|lich; der Wein ist leicht bekömmlich, ein leicht bekömmliches [*alte Schreibung* leichtbekömmliches] Essen; **Bekömm|lich|keit,** die; -
be|kös|ti|gen [*alte Trennung* ...|st...]; **Be|kös|ti|gung**
be|kot|zen *(derb)*
be|kräf|ti|gen; Be|kräf|ti|gung
be|krallt (mit Krallen versehen)
be|krän|zen; Be|krän|zung
be|kreu|zen (mit dem Kreuzzeichen segnen); bekreuzt; **bekreu|zi|gen,** sich
be|krie|chen
be|krie|gen
be|krit|teln (*abwertend für* bemängeln, [kleinlich] tadeln); **Be|krit|te|lung, Be|kritt|lung**
be|krit|zeln; Wände bekritzeln
be|krö|nen; Be|krö|nung
be|ku|cken [*alte Trennung* ...k|k...] (*nordd. für* begucken)
be|küm|mern; das bekümmert ihn; sich um jmdn. *od.* etwas bekümmern; **Be|küm|mer|nis,** die; -, -se *(geh.);* **Be|küm|mert|heit,** die; -; **Be|küm|me|rung,** die; -
be|kun|den *(geh.);* sich bekunden; **Be|kun|dung**
Bel, das; -s, - ‹nach dem amerik. Physiologen A. G. Bell› (eine physikal. Zählungseinheit; *Zeichen* B)
Bé|la (m. Vorn.)
be|lä|cheln
be|la|chen
be|la|den; *vgl.* [1]laden; **Be|la|dung**
Be|lag, der; -[e]s, ...läge
Be|la|ge|rer; Be|la|ge|rin; be|lagern
Be|la|ge|rung; Be|la|ge|rungs|zustand
Be|l|a|mi, der; -[s], -s ‹franz.› (Frauenliebling)
be|läm|mern [*alte Schreibung* be|lem|mern] (*nordd. für* [mit dauernden Bitten] belästigen); **be|läm|mert** [*alte Schreibung* be|lem|mert] (*ugs. für* betreten, eingeschüchtert; übel)
Be|lang, der; -[e]s, -e; von Belang sein
be|lan|gen; was mich belangt (*veraltend für* an[be]langt); jmdn. belangen (zur Rechenschaft ziehen; verklagen)
be|lang|los; Be|lang|lo|sig|keit
be|lang|reich
Be|lang|sen|dung (*österr. für* Sendung einer Interessenvertretung in Funk u. Fernsehen)
Be|lan|gung; be|lang|voll
Be|la|rus (österr. u. schweiz. Name für Weißrussland, auch in Deutschland im internationalen Verkehr zu benutzen); **Be|la|rus|se; Be|la|rus|sin; be|larus|sisch** (weißrussisch)
be|las|sen; Be|las|sung, die; -
be|last|bar; Be|last|bar|keit
be|las|ten [*alte Trennung* ...|st...]; **be|las|tend**
be|läs|ti|gen [*alte Trennung* ...|st...]; **Be|läs|ti|gung**
Be|las|tung [*alte Trennung* ...|st...]; **Be|las|tungs-EKG**
Be|las|tungs|gren|ze [*alte Trennung* ...|st...]; **Be|las|tungs|mate|ri|al; Be|las|tungs|pro|be; Belas|tungs|zeu|ge**
be|lau|ben, sich; **Be|lau|bung**
be|lau|ern; Be|lau|e|rung
[1]**Be|lauf,** der; -[e]s (*veraltet für* Betrag; Höhe [der Kosten])
[2]**Be|lauf** (Forstbezirk)
be|lau|fen; sich belaufen; die Kosten haben sich auf ... belaufen
be|lau|schen
Bel|can|to *vgl.* Belkanto
Bel|chen, der; -s; ↑K 140 (Erhebung im südl. Schwarzwald); Großer Belchen, Elsässer Belchen (Erhebung in den Vogesen)
be|le|ben
be|lebt; Be|lebt|heit
Be|le|bung
be|le|cken [*alte Trennung* ...k|k...]
Be|leg, der; -[e]s, -e (Beweis[stück]); zum Beleg[e]
Be|leg|arzt
be|leg|bar; be|le|gen
Be|leg|e|x|em|p|lar
Be|leg|schaft; Be|leg|schafts|aktie; Be|leg|schafts|stär|ke
Be|leg|sta|ti|on (im Krankenhaus); **Be|leg|stück**
be|legt
Be|le|gung *Plur. selten;* **Be|legungs|dich|te**
be|leh|nen (*früher* in ein Lehen einsetzen; *schweiz. für* beleihen); **Be|leh|nung**
be|lehr|bar; be|leh|ren ↑K 77: eines and[e]ren *od.* andern belehren, *aber* ↑K 72: eines Besser[e]n *od.* Bessren belehren; **Be|leh|rung**
be|leibt; Be|leibt|heit, die; -
be|lei|di|gen; Be|lei|di|ger; be|leidigt
Be|lei|di|gung; Be|lei|di|gungs|klage; Be|lei|di|gungs|pro|zess
be|leih|bar; be|lei|hen; Be|lei|hung
be|lem|mern, be|lem|mert *alte Schreibungen für* belämmern, belämmert
Be|lem|nit, der; -en, -en ‹griech.› (*Geol.* fossiler Schalenteil von Tintenfischen)
be|le|sen (unterrichtet; viel wissend); **Be|le|sen|heit,** die; -
Bel|es|p|rit [bɛlɛsˈpriː], der; -s, -s ‹franz.› (*veraltet, noch spöttisch für* Schöngeist)
Bel|e|ta|ge [bɛ...ʒə], die; -, -n (*veraltet für* Hauptgeschoss, erster Stock)
be|leuch|ten; Be|leuch|ter
Be|leuch|tung *Plur. selten;* **Beleuch|tungs|an|la|ge; Be|leuchtungs|ef|fekt; Be|leuch|tungstech|nik**
be|leum|det, be|leu|mun|det; sie ist gut, übel beleumdet
Bel|fast [*od.* ˈbɛ...] (Hauptstadt von Nordirland)
bel|fern (*ugs. für* bellen; keifend schimpfen); ich belfere
Bel|gi|en; Bel|gi|er; Bel|gi|e|rin; bel|gisch
Bel|grad (Hauptstadt Jugoslawiens und Serbiens); *vgl.* Beograd
Be|li|al, *ökum.* **Be|li|ar,** der; -[s] ‹hebr.› (Teufel im N. T.)
be|lich|ten
Be|lich|tung; Be|lich|tungs|mes|ser, der; **Be|lich|tungs|zeit**
be|lie|ben (*geh. für* wünschen): es beliebt (gefällt) mir *(oft iron.);* **Be|lie|ben,** das; -s; nach Belieben; es steht in seinem Belieben

be|lie|big
– x-beliebig ↑K 29 *Kleinschreibung:* – ein beliebiges Beispiel; eine beliebig große Zahl; etwas beliebig verändern
Großschreibung ↑K 72: – etwas Beliebiges; ein Beliebiger [*alte Schreibung* beliebiger] – jeder Beliebige [*alte Schreibung* beliebige] – alle Beliebigen [*alte Schreibung* beliebigen] – alles Beliebige [*alte Schreibung* beliebige]

B

be|lie̲bt; Be|lie̲bt|heit, die; -
be|lie̲|fern; Be|lie̲|fe|rung, die; -
Be|lin|da (w. Vorn.)
Be|lize [...'li:s] (Staat in Mittelamerika); **Be|li̲|zer** [...zɐ]; **Be|li̲|ze|rin** [...zərɪn]; **be|li̲|zisch**
Bel|ka̲n|to, *auch* Bel|ca̲n|to, der; -s ‹ital.› (ital. Gesangsstil)
Be̲l|la (w. Vorn.)
Bel|la|do̲n|na, die; -, ...nnen ‹ital.› (Tollkirsche)
Belle-Al|li|ance [bɛla'li̯ã:s]; die Schlacht bei Belle-Alliance (Waterloo)
Belle É|poque ['bɛl e'pɔk], die; - - ‹franz.› (Bez. für die Zeit des gesteigerten Lebensgefühls in Frankreich zu Beginn des 20. Jh.s.)
be̲l|len; Be̲l|ler
Bel|le|t|ri̲st, der; -en, -en ‹franz.› (Unterhaltungsschriftsteller); **Bel|le|t|ri̲s|tik** [*alte Trennung* ...|st...], die; - (Unterhaltungsliteratur); **Bel|le|t|ri̲s|tin; bel|let|ri̲s|tisch**
[1]**Belle|vue** [bɛl'vy:], die; -, -n [...'vy:ən] ‹franz.› (*veraltet für* Aussichtspunkt)
[2]**Belle|vue,** das; -[s], -s (*Bez. für* Schloss, Gaststätte mit schöner Aussicht)
Bel|li̲|ni (ital. Malerfamilie; ital. Komponist)
Bel|lin|zo̲|na (Hauptstadt des Kantons Tessin)
Bel|li|zi̲st, der; -en, -en (Anhänger und Befürworter des Krieges); **Bel|li|zi̲s|tin** [*alte Trennung* ...|st...]; **bel|li|zi̲s|tisch**
Be̲l|lo (ein Hundename)
Bel|lo̲|na (röm. Kriegsgöttin)
Bel|mo̲|pan (Hauptstadt von Belize)
be|lo̲|ben (*veraltet für* belobigen); **be|lo̲|bi|gen**
Be|lo̲|bi|gung
Be|lo̲|bi|gungs|schrei|ben
Be|lo̲|bung (*veraltet für* Belobigung)
be|lo̲h|nen; Be|lo̲h|nung
be̲|lo|rus|sisch *vgl.* belarussisch
Bel Pa|e̲|se, der; - -, *auch* **Bel|pa|e̲|se®,** der; - (ein ital. Weichkäse)
Bel|sa̲|zar, *ökum.* **Bel|scha̲z|zar** (babylon. Kronprinz, nach dem A. T. letzter König von Babylon)
Be̲lt, der; -[e]s, -e ↑K 140 (Meerenge); der Große Belt, der Kleine Belt
be|lü̲f|ten; Be|lü̲f|tung, die; -
[1]**Be|lu̲|ga,** die; -, -s ‹russ.› (Hausen [*vgl. d.*]; Weißwal)
[2]**Be|lu̲|ga,** der; -s (der aus dem Rogen des Hausens bereitete Kaviar)
be|lü̲|gen
be|lu̲s|ti|gen [*alte Trennung* ...|st...]; sich belustigen; **Be|lu̲s|ti|gung**
Be|lu̲|t|sche [*auch* ...'lʊ...], der; -n, -n (Angehöriger eines asiat. Volkes); **be|lu̲|t|schisch** [*od.* be'lu...]; **Be|lu̲|t|schi|s|tan** (westpakistan. Hochland)
Bel|ve|de̲|re, das; -[s], -s ‹ital., »schöne Aussicht«› (Aussichtspunkt; *Bez. für* Schloss, Gaststätte mit schöner Aussicht)
[1]**be̲l|zen** (*landsch. für* sich vor der Arbeit drücken); *vgl.* [1]pelzen
[2]**be̲l|zen** (*landsch. für* [2]pelzen)
Be̲lz|ni|ckel [*alte Trennung* ...k|k...], der; -s, - (*westmitteld. für* Nikolaus)
Bem. = Bemerkung
be|ma̲|chen (*ugs. für* besudeln; betrügen); sich bemachen (*ugs. auch für* sich aufregen)
be|mä̲ch|ti|gen, sich (*geh.*); sich des Geldes bemächtigen; **Be|mä̲ch|ti|gung,** die; -
be|mä̲|keln (*ugs. für* bemängeln, bekritteln); **Be|mä̲|ke|lung, Be|mä̲k|lung**
be|ma̲|len; Be|ma̲|lung
be|mä̲n|geln; ich bemäng[e]le; **Be|mä̲n|ge|lung, Be|mä̲ng|lung**
be|ma̲n|nen; ein Schiff bemannen; **Be|ma̲n|nung**
be|mä̲n|teln (beschönigen); ich bemänt[e]le; **Be|mä̲n|te|lung, Be|mä̲nt|lung**
be|ma̲|ßen (*fachspr. für* mit Maßen versehen); **Be|ma̲|ßung**
be|ma̲s|ten [*alte Trennung* ...|st...] (mit einem Mast versehen); **Be|ma̲s|tung**
be|mau̲|sen (*ugs. für* bestehlen)
be|mau̲|ten (*österr. Amtsspr. für* mit einer Maut belegen); **Be|mau̲|tung**
Be̲m|bel, der; -s, - (*landsch. für* [Apfelwein]krug; kleine Glocke)
be|me̲h|len; Be|me̲h|lung
be|mei̲|ern (*ugs. für* überlisten); ich bemeiere
be|me̲rk|bar; sich bemerkbar machen
be|me̲r|ken; Be|me̲r|ken, das; -s; mit dem Bemerken
be|me̲r|kens|wert; be|me̲r|kens|wer|ter|wei|se, *aber* in bemerkenswerter Weise
Be|me̲r|kung (*Abk.* Bem.)
be|me̲s|sen; sich bemessen; die Steuern bemessen sich nach dem Einkommen; **Be|me̲s|sung**
be|mi̲t|lei|den; Be|mi̲t|lei|dung
be|mi̲t|telt (wohlhabend)
Be̲mm|chen (*ostmitteld.*); **Be̲m|me,** die; -, -n ‹slaw.› (*ostmitteld. für* Brotschnitte mit Belag)
be|mo̲|geln (*ugs. für* betrügen)
be|mo̲ost
be|mü̲|hen; sich bemühen; er ist um sie bemüht
be|mü̲|hend (*schweiz. für* unerfreulich, peinlich)
Be|mü̲|hung
be|mü̲|ßi|gen (*geh. für* sich einer Sache bedienen); **be|mü̲|ßigt;** ich sehe mich bemüßigt (*geh., oft iron. für* veranlasst, genötigt)
be|mu̲s|tern [*alte Trennung* ...|st...] (*Kaufmannsspr.* mit Warenmustern versehen); **Be|mu̲s|te|rung**
be|mu̲t|tern; ich bemuttere; **Be|mu̲t|te|rung**
be|mü̲tzt
Be̲n (*bei hebr. u. arab. Eigennamen* Sohn od. Enkel)
be|na̲ch|bart
be|na̲ch|rich|ti|gen; Be|na̲ch|rich|ti|gung
be|na̲ch|tei|li|gen; Be|na̲ch|tei|li|gung
be|na̲|geln (mit Nägeln versehen); **Be|na̲|ge|lung**
be|na̲|gen
Be|na̲g|lung *vgl.* Benagelung
be|na̲m|sen (*ugs. u. scherzh. für* benennen); du benamst
be|na̲nnt
be|na̲rbt (mit Narben bedeckt)
Be|na̲|res (*früherer Name für* Varanasi)
be|nä̲s|sen (*geh.*)
Bench|mark ['bɛntʃma:k], die; -, -s ‹engl.› (*Wirtsch.* Maßstab für Leistungsvergleich); **Bench|marking,** das; -s (*Wirtsch.* das Vergleichen von Herstellungsprozessen, Managementpraktiken sowie Produkten oder Dienstleistungen)
Be̲n|del *alte Schreibung für* Bändel
Be̲n|dix (m. Vorn.)
be̲|ne ‹lat.› (gut)
be|ne̲|beln (verwirren, den Verstand trüben)
be|ne̲|belt (*ugs. für* [durch Alkohol] geistig verwirrt)
Be|ne̲|be|lung, Be|ne̲b|lung *Plur. selten*

be|ne|dei|en ‹lat.› (segnen; selig preisen); du benedeist; du benedeitest; gebenedeit (*auch* benedeit); die Gebenedeite (*vgl. d.*)
Be|ne|dic|tus, das; -, - ‹lat.› (Teil der lat. Liturgie)
Be|ne|dikt, Be|ne|di|k|tus (m. Vorn.); **Be|ne|dik|ta** (w. Vorn.)
Be|ne|dikt|beu|ern (Ort u. Kloster in Bayern)
Be|ne|dik|ten|kraut, das; -[e]s (eine Heilpflanze)
Be|ne|dik|ti|ner (Mönch des Benediktinerordens; *auch* Likörsorte); **Be|ne|dik|ti|ne|rin; Be|ne|dik|ti|ner|or|den,** der; -s (*Abk.* OSB; *vgl. d.*)
Be|ne|dik|ti|on, die; -, -en (Segnung, kath. kirchl. Weihe)
Be|ne|dik|tus *vgl.* Benedikt
be|ne|di|zie|ren (segnen, weihen)
Be|ne|fiz, das; -es, -e ‹lat.› (Vorstellung zu Ehren eines Künstlers; Wohltätigkeitsveranstaltung)
Be|ne|fi|zi|ar, der; -s, -e *u.* **Be|ne|fi|zi|at,** der; -en, -en (Inhaber eines [kirchl.] Benefiziums)
Be|ne|fi|zi|um, das; -s, ...ien (Pfründe; mittelalterl. Lehen)
Be|ne|fiz|kon|zert; Be|ne|fiz|spiel; Be|ne|fiz|vor|stel|lung
be|neh|men, sich; *vgl.* benommen; **Be|neh|men,** das; -s; sich mit jmdm. ins Benehmen setzen
be|nei|den; be|nei|dens|wert
Be|ne|lux [*auch* ...ˈlʊ...] (*Kurzw. für* die seit 1947 in einer Zollunion zusammengefassten Länder **Be**lgique [Belgien], **Ne**derland [Niederlande] u. **Lux**embourg [Luxemburg])
Be|ne|lux|staa|ten, *auch* **Be|ne|lux-Staa|ten** *Plur.*
be|nen|nen; Be|nen|nung
be|net|zen *(geh.)*; **Be|net|zung**
Ben|ga|le, der; -n, -n (Einwohner von Bengalen); **Ben|ga|len** (vorderind. Landschaft)
Ben|ga|li, das; -[s] (Sprache)
Ben|ga|lin; ben|ga|lisch; bengalisches Feuer (Buntfeuer); bengalische Beleuchtung
Ben|gel, der; -s, *Plur.* -, *ugs.* -s ([ungezogener] Junge; *veraltet, noch landsch. für* Stock, Prügelholz)
be|nie|sen; etwas beniesen
Be|nimm, der; -s (*ugs. für* Betragen, Verhalten)
Be|nin (Staat in Afrika, *früher* Dahome[y]); **Be|ni|ner** (Einwohner von Benin); **Be|ni|ne|rin; be|ni|nisch**
Be|ni|to (m. Vorn.)
[1]**Ben|ja|min** (m. Vorn.)
[2]**Ben|ja|min,** der; -s, -e (Jüngster in einer Gruppe)
Benn (dt. Dichter)
Ben|ne, die; -, -n ‹lat.› (*schweiz. mdal. für* Schubkarren)
Ben|no (m. Vorn.)
Ben|nuss [*alte Schreibung* ...nuß] *vgl.* Behennuss
be|nom|men (fast betäubt); **Be|nom|men|heit,** die; -
be|no|ten
be|nö|ti|gen
Be|no|tung
Ben|thal, das; -s ‹griech.› (*Biol.* Bodenregion eines Gewässers)
Ben|thos, das; - (in der Bodenregion eines Gewässers lebende Tier- und Pflanzenwelt)
be|num|mern; Be|num|me|rung
be|nutz|bar *od.* **be|nütz|bar**[1]
Be|nutz|bar|keit, die; -
be|nut|zen *od.* **be|nüt|zen**[1]
Be|nut|zer *od.* **Be|nüt|zer**[1]
Be|nut|ze|rin *od.* **Be|nüt|ze|rin**[1]
Be|nut|zer|kreis
Be|nut|zer|o|ber|flä|che (*EDV* auf einem Computerbildschirm sichtbare Darstellung eines Programms)
Be|nut|zung *od.* **Be|nüt|zung**[1]
Be|nut|zungs|ge|bühr
Ben|ve|nu|ta (w. Vorn.); **Ben|ve|nu|to** (m. Vorn.)
Benz (dt. Ingenieur)
ben|zen *vgl.* penzen
Ben|zin, das; -s, -e ‹arab.› (Treibstoff; Lösungsmittel)
Ben|zin|hahn; Ben|zin|ka|nis|ter [*alte Trennung* ...|st...]; **Ben|zin|kut|sche** (*ugs. scherzh. für* Auto)
Ben|zin|preis; Ben|zin|preis|er|hö|hung
Ben|zin|tank; Ben|zin|uhr; Ben|zin|ver|brauch
Ben|zo|di|a|ze|pin, das; -s, -e (*Med.* ein Tranquilizer)
Ben|zoe [...oe], die; - (ein duftendes ostind. Harz); **Ben|zo|e|harz**
Ben|zo|e|säu|re (ein Konservierungsmittel)
Ben|zol, das; -s, -e (Teerdestillat aus Steinkohle; Lösungsmittel)
Benz|py|ren, das; -s (*Chemie* ein als Krebs erzeugend geltender Kohlenwasserstoff)
Ben|zyl, das; -s (*Chemie* Atomgruppe in zahlreichen chem. Verbindungen); **Ben|zyl|al|ko|hol** (*Chemie* aromat. Alkohol; Grundstoff für Parfüme)
Beo, der; -s, -s ‹indones.› (Singvogel aus Indien)
be|o|b|ach|ten; Be|o|b|ach|ter; Be|o|b|ach|te|rin
Be|o|b|ach|ter|sta|tus *(Völkerrecht)*
Be|o|b|ach|tung; Be|o|b|ach|tungs|ga|be; Be|o|b|ach|tungs|sta|ti|on
Be|o|grad [*auch* bɛˈɔ...] (*serbischer Name für* Belgrad)
be|ö|len, sich (*Jugendspr.* sich sehr amüsieren)
be|or|dern; ich beordere
be|pa|cken [*alte Trennung* ...k|k...]
be|pelzt
be|pflan|zen; Be|pflan|zung
be|pflas|tern [*alte Trennung* ...|st...]; **Be|pflas|te|rung**
be|pin|keln *(ugs.)*
be|pin|seln; Be|pin|se|lung, Be|pins|lung
be|pis|sen *(derb)*
be|pu|dern; Be|pu|de|rung
be|quas|seln (*ugs. für* bereden)
be|quat|schen (*ugs. für* bereden)
be|quem; be|que|men, sich
be|quem|lich (*veraltet für* bequem)
Be|quem|lich|keit
be|ran|ken; Be|ran|kung
Be|rapp, der; -[e]s (*Bauw.* rauer Verputz)
[1]**be|rap|pen**
[2]**be|rap|pen** (*ugs. für* bezahlen)
be|ra|ten; beratende Ingenieurin
Be|ra|ter; Be|ra|te|rin
Be|ra|ter|ver|trag *(Wirtsch.)*
be|rat|schla|gen; du beratschlagtest; beratschlagt; **Be|rat|schla|gung**
Be|ra|tung
Be|ra|tungs|aus|schuss [*alte Schreibung* ...aus|schuß]; **Be|ra|tungs|ge|spräch**
Be|ra|tungs|stel|le; Be|ra|tungs|ver|trag *(Wirtsch.)*
be|rau|ben; Be|rau|bung
be|rau|schen; sich [an etw.] berauschen
be|rau|schend; be|rauscht
Be|rauscht|heit, die; -; **Be|rau|schung,** die, -
Ber|ber, der; -s, - (Angehöriger einer Völkergruppe in Nordafrika; Berberteppich; *auch für* Nichtsesshafter); **Ber|be|rei,** die; - (alter Name für die Küs-

[1]*Südd., österr. u. schweiz. meist so.*

tenländer im westl. Nordafrika); **Ber|be|rin; ber|be|risch**
Ber|be|rit|ze, die; -, -n ⟨lat.⟩ (Sauerdorn, ein Zierstrauch)
Ber|ber|pferd; Ber|ber|tep|pich
Ber|ceu|se [...'sø:...], die; -, -n ⟨franz.⟩ (*Musik* Wiegenlied)
Berch|tes|ga|den (Luftkurort in Oberbayern); **Berch|tes|ga|de|ner;** Berchtesgadener Alpen
Berch|told (m. Vorn.)
Berch|tolds|tag (2. Januar; in der Schweiz vielerorts Feiertag)
be|re|chen|bar; Be|re|chen|bar|keit, die; -
be|rech|nen; be|rech|nend
Be|rech|nung; Be|rech|nungs|grund|la|ge
be|rech|ti|gen; be|rech|tigt
Be|rech|tig|te, der *u.* die; -n, -n
be|rech|tig|ter|wei|se
Be|rech|ti|gung; Be|rech|ti|gungs|schein
be|re|den; be|red|sam; Be|red|sam|keit, die; -
be|redt; Be|redt|heit, die; -
Be|re|dung
be|ree|dert (*Seew.* einer Reederei gehörend, von ihr betreut)
be|reg|nen; Be|reg|nung
Be|reg|nungs|an|la|ge
Be|reich, der, *selten* das; -[e]s, -e
be|rei|chern; ich bereichere; sich [an etw.] bereichern; **Be|rei|che|rung**
Be|rei|che|rungs|ab|sicht; Be|rei|che|rungs|ver|such
be|rei|fen (mit Reifen versehen); das Auto ist neu bereift
be|reift (mit Reif bedeckt)
Be|rei|fung
be|rei|ni|gen; Be|rei|ni|gung
be|rei|sen; ein Land bereisen; **Be|rei|sung**

> **be|reit**
>
> *Getrenntschreibung:*
> – wir werden bereit sein
> – sich zu etwas bereit erklären, finden, zeigen
>
> *Zusammenschreibung:*
> – wir werden alles rechtzeitig bereithaben [*alte Schreibung* bereit haben]
> – du musst dich immer bereithalten [*alte Schreibung* bereit halten]
> – sie wird alles bereithalten, bereitlegen, bereitmachen
> – es muss immer alles bereitliegen, bereitstehen

[1]**be|rei|ten** (zubereiten); bereitet
[2]**be|rei|ten** (zureiten); beritten; **Be|rei|ter** (Zureiter); **Be|rei|te|rin**
be|reit|ha|ben [*alte Schreibung* be|reit ha|ben]; wir werden alles rechtzeitig bereithaben
be|reit|hal|ten; ich habe das Geld bereitgehalten; wir werden uns bereithalten [*alte Schreibung* bereit halten]; ↑K 31: bereit- u. zur Verfügung halten, *aber* zur Verfügung u. bereithalten
be|reit|le|gen; ich habe das Buch bereitgelegt; **be|reit|lie|gen;** die Bücher werden bereitliegen
be|reit|ma|chen; ich habe alles bereitgemacht; ich habe mich bereitgemacht [*alte Schreibung* bereit gemacht]
be|reits (schon)
Be|reit|schaft
Be|reit|schafts|arzt; Be|reit|schafts|dienst; Be|reit|schafts|po|li|zei
be|reit|ste|hen; das Essen hat bereitgestanden
be|reit|stel|len; Be|reit|stel|lung
Be|rei|tung
be|reit|wil|lig; Be|reit|wil|lig|keit, die; -
Be|re|ni|ce [...tsə, *auch* ...tʃe] *vgl.* Berenike; **Be|re|ni|ke** (w. Vorn.)
be|ren|nen; das Tor berennen (*Sportspr.*)
be|ren|ten (*Amtsspr.* eine Rente zusprechen)
Be|re|si|na [*od.* ...'na], die; - (Nebenfluss des Dnjepr)
Bé|ret [berɛ], das; -s, -s ⟨franz.⟩ (*schweiz. für* Baskenmütze)
be|reu|en
[1]**Berg** (früheres Großherzogtum)
[2]**Berg,** Alban (österr. Komponist)
[3]**Berg,** der; -[e]s, -e; zu Berg[e] fahren; die Haare stehen einem zu Berg[e] (*ugs.*)
berg|ab; bergab gehen
berg|ab|wärts
Berg|a|horn; Berg|a|ka|de|mie
Ber|ga|mas|ke, der; -n, -n (Einwohner von Bergamo); **Ber|ga|mas|ker; Ber|ga|mas|kin; ber|ga|mas|kisch**
Ber|ga|mo (ital. Stadt)
Ber|ga|mot|te, die; -, -n ⟨türk.⟩ (eine Birnensorte; eine Zitrusfrucht); **Ber|ga|mott|öl**
Berg|amt (Aufsichtsbehörde für den Bergbau)
berg|an; bergan gehen
Berg|ar|bei|ter
berg|auf; bergauf steigen
berg|auf|wärts; *aber* den Berg aufwärts
Berg|bahn; Berg|bau, der; -[e]s
Berg|bau|er, der; -n, -n; **Berg|be|hör|de; Berg|be|woh|ner**
Ber|ge *Plur.* (*Bergbau* taubes Gestein)
ber|ge|hoch, berg|hoch
Ber|gell, das; -s (südliches Tal von Graubünden)
Ber|ge|lohn (*Seew.*)
ber|gen; [etw in sich] bergen; du birgst; du bargst; du bärgest; geborgen; birg!
Ber|gen|gruen [...gry:n] (dt. Schriftsteller)
Ber|ges|hö|he (*geh.*)
ber|ge|wei|se (*ugs.*)
Berg|fahrt (Fahrt den Strom, den Berg hinauf; *Ggs.* Talfahrt)
berg|fern
Berg|fex (leidenschaftl. Bergsteiger)
Berg|fried, der; -[e]s, -e (Hauptturm auf Burgen; Wehrturm); *vgl. auch* Burgfried
Berg|füh|rer; Berg|gip|fel
berg|hoch, ber|ge|hoch
Berg|ho|tel; Berg|hüt|te
ber|gig
ber|gisch (zum Lande Berg gehörend), *aber* ↑K 140: das Bergische Land (Gebirgslandschaft zwischen Rhein, Ruhr und Sieg)
Berg I|sel, der; - -, *auch, österr. nur* **Berg|i|sel,** der; - (Berg bei Innsbruck)
Berg|ket|te; Berg|kie|fer
Berg|knap|pe (*veraltet*)
Berg|krank|heit; Berg|kris|tall [*alte Trennung* ...|st...], der; -s, -e (ein Mineral); **Berg|kup|pe**
Berg|ler, der; -s, - (im Bergland Wohnender)
Berg|luft, die; -
Berg|mann *Plur.* ...leute, *seltener* ...männer; **berg|män|nisch; Berg|manns|spra|che**
Berg|mas|siv; Berg|meis|ter [*alte Trennung* ...|st...]; **Berg|not**
Berg|par|te, die; -, -n (*Bergbau* Paradebeil der Bergleute)
Berg|pfad
Berg|pre|digt, die; - (*N. T.*)
berg|reich
Berg|ren|nen (*Motorsport*); **Berg|ret|tungs|dienst; Berg|rutsch**
Berg|schä|den *Plur.* (durch den Bergbau an der Erdoberfläche hervorgerufene Schäden)
Berg|schuh
berg|schüs|sig (*Bergmannsspr.* reich an taubem Gestein)

B

Bẹrg|see
bẹrg|seits
Bẹrg|ski, *auch* Bẹrg|schi (bei der Fahrt am Hang der obere Ski)
Bẹrg|spit|ze
bẹrg|stei|gen *nur im Infinitiv und Partizip II gebräuchlich;* berggestiegen; **Bẹrg|stei|gen,** das; -s; **Bẹrg|stei|ger; Bẹrg|stei|ge|rin; bẹrg|stei|ge|risch**
Bẹrg|stra|ße (am Westrand des Odenwaldes); **Bẹrg|strä|ßer;** Bergsträßer Wein
Bẹrg|tod, der; -[e]s; **Bẹrg|tour**
Bẹrg-und-Tal-Bahn, die; -, -en ↑ K 26
Bẹr|gung; Bẹr|gungs|mann|schaft
Bẹrg|wacht; Bẹrg|wand; Bẹrg|wan|de|rung; Bẹrg|werk
Bẹrg|werks|ab|ga|be
Be|ri|be|ri, die; - ⟨singhales.⟩ (auf einem Mangel an Vitamin B_1 beruhende Krankheit)
Be|rịcht, der; -[e]s, -e; Bericht erstatten
be|rịch|ten; falsch, gut berichtet sein *(veraltend)*
Be|rịch|ter; Be|rịch|te|rin
Be|rịcht|er|stat|ter; Be|rịcht|er|stat|te|rin; Be|rịcht|er|stat|tung
be|rịch|ti|gen; Be|rịch|ti|gung
Be|rịchts|heft (Heft für wöchentl. Arbeitsberichte von Auszubildenden)
Be|rịchts|jahr; Be|rịchts|zeit|raum
be|rie|chen; sich beriechen (*ugs. für* vorsichtig Kontakte herstellen)
be|rie|seln; ich beries[e]le; **Be|rie|se|lung,** Be|ries|lung *Plur. selten*
Be|rie|se|lungs|an|la|ge
be|rịn|gen ([Vögel u. a.] mit Ringen [am Fuß] versehen)
Be|ring|meer, *auch* **Be|ring-Meer,** das; -[e]s (nördlichstes Randmeer des Pazifiks); **Be|ring|stra|ße,** *auch* **Be|ring-Stra|ße,** die; -
Be|rịn|gung (von Vögeln u. a.)
Be|rịtt ([Forst]bezirk; [kleine] Abteilung Reiter); **be|rit|ten**
Ber|ke|li|um, das; -s ⟨nach der Universität Berkeley in den USA⟩ (chemisches Element, Transuran; *Zeichen* Bk)
Ber|lin (Hauptstadt und Land der Bundesrepublik Deutschland)
Ber|li|na|le, die; -, -n (*Bez. für* die Filmfestspiele in Berlin)
Ber|lin-Dah|lem
Ber|li|ner (*auch kurz für* Berliner Pfannkuchen); Berliner Bär (Wappen von Berlin); Berliner Republik
Ber|li|ner Blau, das; - -s (ein Farbstoff)
ber|li|ne|risch; ber|li|nern (berlinerisch sprechen); ich berlinere
Ber|lin-Fried|richs|hain
ber|li|nisch
Ber|lin-Jo|han|nis|thal; Ber|lin-Kö|pe|nick; Ber|lin-Lich|ten|berg; Ber|lin-Mar|zahn; Ber|lin-Neu|kölln; Ber|lin-Pan|kow; Ber|lin-Prenz|lau|er Berg; Ber|lin-Rei|ni|cken|dorf [*alte Trennung* ...k|k...]; **Ber|lin-Steg|litz; Ber|lin-Trep|tow** [...'tre:pto, *auch* ...'trɛ...]; **Ber|lin-Wed|ding; Ber|lin-Wil|mers|dorf; Ber|lin-Zeh|len|dorf**
Ber|li|oz [bɛr'li̯o:s] (franz. Komponist)
Bẹr|litz|schu|le, *auch* **Bẹr|litz-Schu|le** ⟨nach dem Gründer⟩ ↑ K 136 (eine Sprachschule)
Ber|lo|cke [*alte Trennung* ...k|k...], die; -, -n ⟨franz.⟩ (kleiner Schmuck an [Uhr]ketten)
Bẹr|me, die; -, -n (*Deichbau* Absatz an einer Böschung)
Ber|mu|da|drei|eck, *auch* **Ber|mu|da-Drei|eck,** das; -s (Teil des Atlantiks, in dem sich auf bisher nicht befriedigend geklärte Weise Schiffs- und Flugzeugunglücke häufen)
Ber|mu|da|in|seln, *auch* **Ber|mu|da-In|seln** *od.* **Ber|mu|das** *Plur.* (Inseln im Atlantik)
Ber|mu|da|shorts, *auch* **Ber|mu|da-Shorts** *Plur.* (fast knielange Shorts od. Badehose)
Bẹrn (Hauptstadt der Schweiz, schweizerischer Kanton und Hauptstadt dieses Kantons)
Ber|na|dette [...'dɛt] (w. Vorn.)
Ber|na|dotte [...'dɔt] (schwed. Königsgeschlecht)
Ber|na|nos (franz. Schriftsteller)
Ber|nar|di|no, der; -[s] (*ital. Form von* Bernhardin)
Bẹrn|biet, das; -s (*svw.* Kanton Bern)
Bẹrnd, Bẹrnt (m. Vorn.)
Bẹr|ner; die Berner Alpen, das Berner Oberland
Bẹrn|hard (m. Vorn.); **Bern|har|de** (w. Vorn.)
Bern|har|din, der; -s, *auch* Bern|har|din|pass [*alte Schreibung* ...paß], der; -es (*kurz für* Sankt-Bernhardin-Pass); *vgl.* Bernardino
Bern|har|di|ne (w. Vorn.)
Bern|har|di|ner, der; -s, - (eine Hunderasse); **Bern|har|di|ner|hund**
Bẹrn|hild, Bern|hil|de (w. Vorn.)
Ber|ni|na, der; -s, *auch* die; - (*kurz für* Piz Bernina *bzw. für* Berninagruppe, -massiv); **Ber|ni|na|bahn,** *auch* **Bernina-Bahn,** die; -; **Ber|ni|na|grup|pe,** *auch* **Ber|ni|na-Grup|pe; Ber|ni|na|mas|siv,** *auch* **Ber|ni|na-Mas|siv**
bẹr|nisch ⟨*zu* Bern⟩
[1]**Bẹrn|stein** [*auch* 'bø:ɐ̯...], Leonard (amerik. Komponist u. Dirigent)
[2]**Bẹrn|stein** ([als Schmuckstein verarbeitetes] fossiles Harz); **bẹrn|stei|ne[r]n** (aus Bernstein); **Bẹrn|stein|ket|te**
Bẹrnt *vgl.* Bernd
Bẹrn|ward (m. Vorn.)
Bẹrn|wards|kreuz, das; -es
Be|ro|li|na, die; - (Frauengestalt als Sinnbild Berlins)
Ber|sa|g|li|e|re [...al'je:...], der; -[s], ...ri ⟨ital.⟩ (ital. Scharfschütze)
Bẹr|ser|ker [*od.* ...'zɛ...], der; -s, - ⟨altnord.⟩ (wilder Krieger der altnord. Sage; *auch für* blindwütig tobender Mensch); **bẹr|ser|ker|haft; Bẹr|ser|ker|wut**
bẹrs|ten [*alte Trennung* ...|st...]; es birst; es barst; geborsten
Bẹrst|schutz, der; -es *(Kerntechnik)*
Bẹrt (m. Vorn.)
Bẹr|ta, Bẹr|tha (w. Vorn.)
Bẹrt|hil|de (w. Vorn.)
Bẹrt|hold *vgl.* Bertold
Bẹr|ti (w. *od.* m. Vorn.)
Ber|ti|na, Ber|ti|ne (w. Vorn.)
Bẹr|told, Bẹrt|hold (m. Vorn.)
Bẹrt|ram (m. Vorn.); **Bẹrt|rand** (m. Vorn.)
be|rüch|tigt
be|rü|cken [*alte Trennung* ...k|k...] (betören); **be|rü|ckend**
be|rück|sich|ti|gen; Be|rück|sich|ti|gung, die; -
Be|rü|ckung [*alte Trennung* ...k|k...] (*geh., selten für* Bezauberung)
Be|ruf, der; -[e]s, -e
be|ru|fen (*österr. auch für* Berufung einlegen); sich auf jmdn. *od.* etwas berufen
be|ruf|lich
Be|rufs|an|fän|ger
Be|rufs|auf|bau|schu|le (Schulform des zweiten Bildungsweges zur Erlangung der Fachschulreife)
Be|rufs|aus|bil|dung; Be|rufs|aus|sich|ten *Plur.;* **Be|rufs|be|am|te**

be|rufs|be|dingt; be|rufs|be|glei|tend; berufsbegleitende Schulen
Be|rufs|be|ra|ter; Be|rufs|be|ra|tung; Be|rufs|be|zeich|nung
be|rufs|be|zo|gen; be|rufs|bil|dend; berufsbildende Schulen; **Be|rufs|bil|dungs|werk** (Einrichtung zur Berufsausbildung für behinderte Jugendliche)
Be|rufs|bo|xen, das; -s
Be|rufs|eig|nung
be|rufs|er|fah|ren; Be|rufs|er|fah|rung
Be|rufs|e|thos; Be|rufs|fach|schu|le; Be|rufs|fah|rer; Be|rufs|feu|er|wehr
be|rufs|fremd
Be|rufs|ge|heim|nis; Be|rufs|ge|nos|sen|schaft; Be|rufs|heer
Be|rufs|klas|se; Be|rufs|klei|dung; Be|rufs|krank|heit; Be|rufs|le|ben
be|rufs|los; be|rufs|mä|ßig
Be|rufs|or|ga|ni|sa|ti|on; Be|rufs|pä|d|a|go|gik; Be|rufs|prak|ti|kum
Be|rufs|re|vo|lu|ti|o|när; Be|rufs|rich|ter; Be|rufs|ri|si|ko
Be|rufs|schu|le; Be|rufs|sol|dat
Be|rufs|spie|ler; Be|rufs|sport|ler
Be|rufs|stand; be|rufs|stän|disch
be|rufs|tä|tig; Be|rufs|tä|ti|ge, der *u.* die; -n, -n
Be|rufs|ver|band; Be|rufs|ver|bot; Be|rufs|ver|bre|cher; Be|rufs|ver|kehr, der; -[e]s
Be|rufs|wahl, die; -; **Be|rufs|wech|sel**
Be|ru|fung
Be|ru|fungs|frist *(Rechtsspr.);* **Be|ru|fungs|in|stanz; Be|ru|fungs|recht; Be|ru|fungs|ver|fah|ren**
be|ru|hen; auf einem Irrtum beruhen; die Sache auf sich beruhen lassen
be|ru|hi|gen; sich beruhigen; **Be|ru|hi|gung; Be|ru|hi|gungs|mit|tel,** das; **Be|ru|hi|gungs|sprit|ze**
be|rühmt; be|rühmt-be|rüch|tigt; Be|rühmt|heit
be|rüh|ren; sich berühren; **Be|rüh|rung**
Be|rüh|rungs|angst *(Psych.)*
Be|rüh|rungs|li|nie; Be|rüh|rungs|punkt
be|ru|ßen; berußt sein
Be|ryll, der; -[e]s, -e ‹griech.› (ein Edelstein); **Be|ryl|li|um,** das; -s (chemisches Element, Metall; *Zeichen* Be)
bes. = besonders
be|sab|beln (*ugs. für* mit Speichel beschmutzen); sich besabbeln; ich besabb[e]le
be|sab|bern (*ugs. für* mit Speichel beschmutzen); sich besabbern; ich besabbere
be|sä|en
be|sa|gen; das besagt nichts; **be|sagt** (*Amtsspr. für* erwähnt)
be|sai|ten; besaitet
be|sa|men
be|sam|meln (*schweiz. für* sammeln [der Mitglieder einer Gruppe u. Ä.]); ich besamm[e]le; sich besammeln (*schweiz. für* sich versammeln); **Be|samm|lung** *(schweiz.)*
Be|sa|mung (Befruchtung); künstliche Besamung; **Be|sa|mungs|sta|ti|on; Be|sa|mungs|zen|t|rum**
Be|san, der; -s, -e ‹niederl.› (*Seemannsspr.* Segel am hintersten Mast)
be|sänf|ti|gen; Be|sänf|ti|gung
Be|san|mast (*Seemannsspr.* hinterster Mast eines Segelschiffes)
be|sät; mit etwas besät (über u. über bedeckt) sein
Be|satz, der; -es, Besätze
Be|sat|zer, der; -s, - (*ugs. abwertend für* Angehöriger einer Besatzungsmacht)
Be|satz|strei|fen
Be|sat|zung
Be|sat|zungs|kind; Be|sat|zungs|kos|ten [*alte Trennung* ...|st...] *Plur.;* **Be|sat|zungs|macht; Be|sat|zungs|sol|dat; Be|sat|zungs|zo|ne**
be|sau|fen, sich (*derb für* sich betrinken); besoffen
[1]Be|säuf|nis, das; -ses, -se *od.* die; -, -se (*ugs. für* ausgiebiges Zechen)
[2]Be|säuf|nis, die; - (*ugs. für* Volltrunkenheit)
be|säu|seln, sich (*ugs. für* sich [leicht] betrinken); **be|säu|selt**
be|schä|di|gen; Be|schä|di|gung
be|schaff|bar
[1]be|schaf|fen (besorgen); *vgl.* [1]schaffen
[2]be|schaf|fen (geartet); mit etwas ist es gut, schlecht beschaffen; **Be|schaf|fen|heit,** die; -
Be|schaf|fung, die; -; **Be|schaf|fungs|kri|mi|na|li|tät** (kriminelle Handlungen zur Beschaffung von [Geld für] Drogen)
be|schäf|ti|gen; sich [mit etw.] beschäftigen; beschäftigt sein; **Be|schäf|tig|te,** der *u.* die; -n, -n
Be|schäf|ti|gung
Be|schäf|ti|gungs|ge|sell|schaft *(Wirtsch.)*
be|schäf|ti|gungs|los
Be|schäf|ti|gungs|stand, der; -[e]s; **Be|schäf|ti|gungs|the|ra|pie**
be|schä|len (begatten [von Pferden]); **Be|schä|ler** (Zuchthengst)
be|schal|len (starken Schall eindringen lassen; *Technik u. Med.* mit Ultraschall behandeln, untersuchen); **Be|schal|lung**
be|schä|men; be|schä|mend
be|schä|men|der|wei|se
Be|schä|mung
be|schat|ten; Be|schat|tung
Be|schau, die; -; **be|schau|en**
Be|schau|er; Be|schau|e|rin
be|schau|lich
Be|schau|lich|keit, die; -
Be|scheid, der; -[e]s, -e; Bescheid geben, sagen, tun, wissen
[1]be|schei|den; eine bescheidene Frau
[2]be|schei|den; beschied; beschieden; ein Gesuch abschlägig bescheiden (*Amtsspr.* ablehnen); jmdn. irgendwohin bescheiden (*geh. für* kommen lassen); sich bescheiden (sich zufrieden geben)
Be|schei|den|heit, die; -
be|schei|dent|lich *(geh., veraltend)*
be|schei|nen
be|schei|ni|gen; Be|schei|ni|gung
be|schei|ßen (*derb für* betrügen); beschissen
be|schen|ken; Be|schenk|te, der *u.* die; -n, -n
[1]be|sche|ren (beschneiden); beschoren; *vgl.* [1]scheren
[2]be|sche|ren (schenken; zuteil werden lassen; *auch für* beschenken); jmdm. [etwas] bescheren; die Kinder wurden [reich] beschert; **Be|sche|rung**
be|scheu|ert (*derb für* dumm, schwer von Begriff)
be|schich|ten *(fachspr.);* **Be|schich|tung**
be|schi|cken [*alte Trennung* ...k|k...]
be|schi|ckert [*alte Trennung* ...k|k...] (*ugs. für* leicht betrunken)
Be|schi|ckung [*alte Trennung* ...k|k...]
be|schie|den; das ist ihm beschieden; *vgl.* [2]bescheiden
be|schie|ßen; Be|schie|ßung
be|schil|dern (mit einem [1]Schild versehen); **Be|schil|de|rung**
be|schimp|fen; Be|schimp|fung

be|schir|men
Be|schir|mer; Be|schir|me|rin
be|schirmt (*scherzh. für* mit einem Schirm ausgerüstet)
Be|schiss [*alte Schreibung* Beschiß], der; Beschisses (*derb für* Betrug); **be|schis|sen** (*derb für* sehr schlecht); *vgl.* bescheißen
be|schlab|bern, sich (sich beim Essen beschmutzen)
Be|schlächt, das; -[e]s, -e (hölzerner Uferschutz)
be|schla|fen (überschlafen); ich muss das noch beschlafen
Be|schlag, der; -[e]s, Beschläge; mit Beschlag belegen; in Beschlag nehmen, halten
Be|schläg, das; -s, -e (*schweiz. für* Beschlag, Metallteile an Türen, Fenstern, Schränken)
[1]**be|schla|gen;** gut beschlagen (bewandert; kenntnisreich) sein
[2]**be|schla|gen;** Pferde beschlagen; die Fenster sind beschlagen; die Glasscheibe beschlägt [sich] (läuft an); die Hirschkuh ist beschlagen [worden] (*Jägerspr. für* befruchtet, begattet [worden])
Be|schla|gen|heit, die; - ⟨*zu* [1]beschlagen⟩
Be|schlag|nah|me, die; -, -n; **be|schlag|nah|men;** beschlagnahmt; **Be|schlag|nah|mung**
be|schlei|chen
be|schleu|ni|gen; Be|schleu|ni|ger; be|schleu|nigt (schnell)
Be|schleu|ni|gung; Be|schleu|ni|gungs|an|la|ge *(Kernphysik);* **Be|schleu|ni|gungs|ver|mö|gen,** das; -s *(Technik);* **Be|schleu|ni|gungs|wert** *(Technik)*
be|schleu|sen (mit Schleusen versehen); einen Fluss beschleusen
be|schlie|ßen
Be|schlie|ßer (*veraltend für* Aufseher, Haushälter); **Be|schlie|ße|rin** *(veraltend)*
be|schlos|sen; be|schlos|se|ner|ma|ßen
Be|schluss [*alte Schreibung* Beschluß]
be|schluss|fä|hig [*alte Schreibung* beschluß...]; **Be|schluss|fä|hig|keit** [*alte Schreibung* Beschluß...], die; -
Be|schluss|fas|sung [*alte Schreibung* Be|schluß...]; **Be|schluss|or|gan; Be|schluss|recht**
be|schmei|ßen *(ugs.)*
be|schmie|ren
be|schmut|zen; ich beschmutze mir das Kleid; **Be|schmut|zung**
be|schnei|den; Be|schnei|dung; Beschneidung Jesu (kath. Fest)
be|schnei|en; beschneite Dächer
be|schnüf|feln (*ugs. auch für* vorsichtig prüfen)
be|schnup|pern
be|schö|ni|gen; Be|schö|ni|gung
be|schot|tern *(fachspr.);* **Be|schot|te|rung**
be|schrän|ken; sich beschränken
be|schrankt (*Eisenb.* mit Schranken versehen); beschrankter Bahnübergang
be|schränkt (beengt); **Be|schränkt|heit,** die; -
Be|schrän|kung
be|schreib|bar; be|schrei|ben; Be|schrei|bung
be|schrei|en; etwas nicht beschreien
be|schrei|ten *(geh.)*
Be|schrieb, der; -s, -e (*schweiz. neben* Beschreibung)
be|schrif|ten; Be|schrif|tung
be|schu|hen; be|schuht
be|schul|di|gen; eines Verbrechens beschuldigen
Be|schul|di|ger; Be|schul|di|ge|rin
Be|schul|dig|te, der *u.* die; -n, -n; **Be|schul|di|gung**
be|schu|len (*Amtsspr.* mit [Schulen u.] Schulunterricht versorgen); **Be|schu|lung** *Plur. selten;* **Be|schu|lungs|ver|trag**
be|schum|meln *(ugs.)*
be|schup|pen *vgl.* beschupsen
be|schuppt (mit Schuppen bedeckt)
be|schup|sen (*ugs. für* betrügen)
be|schürzt
Be|schuss [*alte Schreibung* Beschuß], der; Beschusses
be|schüt|zen
Be|schüt|zer; Be|schüt|ze|rin
be|schwat|zen, *landsch.* **be|schwät|zen** *(ugs.)*
Be|schwer, die; -, *auch* das; -[e]s (*veraltet für* Anstrengung, Bedrückung; *auch Rechtsspr.* ungünstige Entscheidung als Voraussetzung für die Einlegung eines Rechtsmittels)
Be|schwer|de, die; -, -n; Beschwerde führen
Be|schwer|de|buch; be|schwer|de|frei
Be|schwer|de|frist *(Rechtsw.)*
Be|schwer|de|füh|ren|de, der *u.* die; -n, -n
Be|schwer|de|füh|rer; Be|schwer|de|füh|re|rin
Be|schwer|de|in|s|tanz; Be|schwer|de|weg, der; -[e]s; auf dem Beschwerdeweg
be|schwe|ren; sich beschweren
be|schwer|lich; Be|schwer|lich|keit
Be|schwer|nis, die; -, -se, *auch* das; -ses, -se
Be|schwe|rung
be|schwich|ti|gen; Be|schwich|ti|gung
be|schwin|deln
be|schwin|gen (in Schwung bringen); **be|schwingt; Be|schwingt|heit,** die; -
be|schwipst (*ugs. für* leicht betrunken); **Be|schwips|te,** der *u.* die; -n, -n
be|schwö|ren; du beschworst; er beschwor; du beschwörest; beschworen; beschwör[e]!
Be|schwö|rer; Be|schwö|re|rin
Be|schwö|rung; Be|schwö|rungs|for|mel
be|see|len (*geh. für* beleben; mit Seele erfüllen); **be|seelt; Be|seelt|heit,** die; -; **Be|see|lung**
be|se|geln; die Meere besegeln
Be|se|ge|lung, *seltener* **Be|seg|lung**
be|se|hen
be|sei|ti|gen; Be|sei|ti|gung
be|se|li|gen (*geh. für* glücklich machen); **be|se|ligt** *(geh.);* **Be|se|li|gung** *(geh.)*
Be|sen, der; -s, -
Be|sen|bin|der; Be|sen|bin|de|rin
Be|sen|kam|mer
Be|sen|ma|cher (Berufsbez.); **Be|sen|ma|che|rin**
be|sen|rein
Be|sen|rei|ser *Plur. (Med.)*
Be|sen|schrank; Be|sen|stiel
Be|serl|baum (*österr. ugs. für* unansehnlicher Baum); **Be|serl|park** (*österr. ugs. für* kleiner Park)
be|ses|sen; von einer Idee besessen; **Be|ses|se|ne,** der *u.* die; -n, -n; **Be|ses|sen|heit,** die; -
be|set|zen; besetzt
Be|setzt|zei|chen *(Telefon)*
Be|set|zung; Be|set|zungs|lis|te [*alte Trennung* ...|st...] (Liste der Rollenverteilung für ein Theaterstück)
be|sich|ti|gen; Be|sich|ti|gung
be|sie|deln; Be|sie|de|lung, Be|sied|lung
be|sie|geln; Be|sie|ge|lung
be|sie|gen
Be|sieg|lung *vgl.* Besiegelung
Be|sieg|te, der *u.* die; -n, -n
be|sin|gen
be|sin|nen, sich; sich eines and[e]ren, andern besinnen,

bẹs|ser

Kleinschreibung: – es ist besser, wenn du gleich kommst	– dem Kranken wird es bald besser gehen [*alte Schreibung* bessergehen] – besser stellen [*alte Schreibung* besserstellen] (in eine bessere finanzielle, wirtschaftliche Lage versetzen) – du musst immer alles besser wissen!
Großschreibung der Substantivierung ↑K 72: – es ist das Bessere, *auch* Bessre [*alte Schreibungen* bessere, beßre], wenn du gleich kommst – eines Besser[e]n, *auch* Bessren [*alte Schreibung* Beßren] belehren – sich eines Besser[e]n, *auch* Bessren [*alte Schreibung* Beßren] besinnen – eine Wendung zum Besser[e]n, *auch* Bessren [*alte Schreibung* Beßren] – das Bessere ist des Guten Feind	*Bei Substantivierungen ist sowohl Getrennt- als auch Zusammenschreibung möglich* ↑K 72: – die besser Gestellten, *auch* Bessergestellten – besser Gestellte, *auch* Bessergestellte – die besser Verdienenden, *auch* Besserverdienenden – besser Verdienende, *auch* Besserverdienende *Vgl. auch* gut, beste
Getrenntschreibung in Verbindung mit Verben und Partizipien: – mit den neuen Schuhen wirst du besser gehen können	

aber ↑K 72: sich eines Besseren, Bessren besinnen

be|sinn|lich; Be|sinn|lich|keit, die; -

Be|sin|nung, die; -; **Be|sin|nungs|auf|satz**

be|sin|nungs|los

Be|sitz, der; -es; **Be|sitz|an|spruch**

be|sitz|an|zei|gend; besitzanzeigendes Fürwort (*für* Possessivpronomen)

Be|sitz|bür|ger *(meist abwertend);* **Be|sitz|bür|ger|tum**

be|sit|zen

Be|sit|zer

Be|sitz|er|grei|fung

Be|sit|ze|rin

Be|sit|zer|stolz; Be|sit|zer|wech|sel

be|sitz|los; Be|sitz|lo|se, der *u.* die; -n, -n; **Be|sitz|lo|sig|keit,** die; -

Be|sitz|nah|me, die; -, -n

Be|sitz|stand; Be|sitz|tum

Be|sit|zung

Be|sitz|ver|hält|nis|se *Plur.;* **Be|sitz|ver|tei|lung; Be|sitz|wech|sel**

Bes|ki|den *Plur.* (Teil der Karpaten)

be|sof|fen (*derb für* betrunken); **Be|sof|fen|heit,** die; - *(derb)*

be|soh|len; Be|soh|lung

be|sol|den; Be|sol|de|te, der *u.* die; -n, -n

Be|sol|dung

Be|sol|dungs|grup|pe; Be|sol|dungs|ord|nung; Be|sol|dungs|recht; Be|sol|dungs|ta|rif

be|söm|mern (*Landw.* den Boden nur im Sommer nutzen)

be|son|de|re; zur besonderen Verwendung (*Abk.* z. b. V.); insbesond[e]re; ↑K 72: das Besond[e]re; etwas, nichts Besond[e]res; im Besonder[e]n, im Besondren [*alte Schreibungen* im besonder[e]n, im besondren]

Be|son|der|heit

be|son|ders (*Abk.* bes.); besonders[,] wenn ↑K 127

[1]**be|son|nen** (überlegt, umsichtig)

[2]**be|son|nen;** sich besonnen (von der Sonne bescheinen) lassen

Be|son|nen|heit, die; -

be|sonnt; besonnte Hänge

be|sor|gen

Be|sorg|nis, die; -, -se; Besorgnis erregen; *vgl.* Besorgnis erregend

Be|sorg|nis er|re|gend, *auch* **be|sorg|nis|er|re|gend;** ein Besorgnis erregender, *auch* besorgniserregender Zustand, *aber nur* ein große Besorgnis erregender Zustand, ein äußerst besorgniserregender Zustand, ein noch besorgniserregenderer Zustand ↑K 58 u. 59

be|sorgt; Be|sorgt|heit, die; -

Be|sor|gung

be|span|nen; Be|span|nung

be|spei|en (*geh. für* bespucken)

be|spickt (dicht besteckt)

be|spie|geln; Be|spie|ge|lung, Be|spieg|lung

be|spiel|bar

be|spie|len; eine Kassette bespielen

be|spi|ken [...'spai...] (*fachspr.* mit Spikes versehen)

be|spit|zeln; Be|spit|ze|lung, Be|spitz|lung

be|spöt|teln; be|spot|ten

be|spre|chen; Be|spre|chung

be|spren|gen; mit Wasser besprengen

be|spren|keln

be|sprin|gen (begatten [von Tieren])

be|sprit|zen

be|sprü|hen; Be|sprü|hung

be|spu|cken

Bes|sa|ra|bi|en (Gebiet nordwestl. vom Schwarzen Meer)

Bes|se|mer|bir|ne ↑K 136 ⟨nach dem engl. Erfinder⟩ (techn. Anlage zur Stahlgewinnung)

bes|ser *s. Kasten*

bes|ser Ge|stell|te, der *u.* die; - -n, - -n, *auch* **Bes|ser|ge|stell|te,** der *u.* die; -n, -n; *vgl.* besser

bes|sern; ich bessere, *auch* bessre [*alte Schreibung* beß|re]; sich bessern

bes|ser stel|len [*alte Schreibung* bes|ser|stel|len] *vgl.* besser

Bes|se|rung, *auch* Bess|rung [*alte Schreibung* Beß|rung]

bes|ser Ver|die|nen|de, der *u.* die; - -n, - -n, *auch* **Bes|ser|ver|die|nen|de,** der *u.* die; -n, -n

Bes|ser|wes|si *(ugs. abwertend)*

Bes|ser|wis|ser; Bes|ser|wis|se|rei; bes|ser|wis|se|risch

Bess|rung [*alte Schreibung* Beßrung] *vgl.* Besserung

Best, das; -s, -e (*bayr., österr. für* ausgesetzter [höchster] Preis, Gewinn)

best... (z. B. bestgehasst)

be|stal|len (*Amtsspr.* [förmlich] in ein Amt einsetzen); wohlbestallt

Be|stal|lung *(Amtsspr.);* **Be|stal|lungs|ur|kun|de**

Be|stand, der; -[e]s, Bestände; Bestand haben; von Bestand sein; der zehnjährige Bestand (*österr. für* das Bestehen) des Vereins;

ein Gut in Bestand (*österr. für* Pacht) haben, nehmen
be|stan|den (bewachsen); dicht mit Wald bestanden sein; (*schweiz. auch für* in vorgerücktem Alter:) ein bestandener Mann
Be|stan|des|auf|nah|me (*schweiz. svw.* Bestandsaufnahme); **Be|stan|des|ver|trag,** Be|stand|ver|trag (*österr. Amtsspr. für* Pachtvertrag)
be|stän|dig; das Barometer steht auf »beständig«; **Be|stän|dig|keit,** die; -
Be|stands|auf|nah|me
Be|stand[s]|ju|bi|lä|um (*österr. für* Jubiläum des Bestehens)
Be|stand|teil, der; **Be|stand|ver|trag** *vgl.* Bestandesvertrag
be|stär|ken; Be|stär|kung
be|stä|ti|gen; Be|stä|ti|gung
be|stat|ten; Be|stat|tung; Be|stat|tungs|in|s|ti|tut
be|stau|ben; bestaubt; sich bestauben (staubig werden)
be|stäu|ben *(Bot.);* **Be|stäu|bung**
be|stau|nen
best|aus|ge|rüs|tet [*alte Trennung* ...|st...]; **best|be|währt; best|be|zahlt**
Best|bie|ter
bes|te *s. Kasten*
be|ste|chen; be|stech|lich; Be|stech|lich|keit, die; -
Be|ste|chung; Be|ste|chungs|geld; Be|ste|chungs|skan|dal; Be|ste|chungs|sum|me; Be|ste|chungs|ver|such
Be|steck, das; -[e]s, *Plur.* -e, *ugs.* -s
be|ste|cken [*alte Trennung* ...k|k...]
Be|steck|kas|ten [*alte Trennung* ...|st...]
Be|steg, der; -[e]s, -e (*Geol.* tonige Zwischenlage zwischen Gesteinsschichten)
be|ste|hen; auf etwas bestehen; ich bestehe auf meiner (*heute selten* meine) Forderung; die Verbindung soll bestehen bleiben [*alte Schreibung* bestehenbleiben]; wir wollen die Regelung bestehen lassen [*alte Schreibung* bestehenlassen] (beibehalten)
Be|ste|hen, das; -s; seit Bestehen der Firma
be|steh|len
be|stei|gen; Be|stei|gung
Be|stell|block *Plur.* ...blocks
be|stel|len; Be|stel|ler; Be|stel|le|rin
Be|stell|geld (*Postw.* Zustellgebühr)
Be|stell|kar|te
Be|stell|lis|te, *auch* **Be|stell-Lis|te** [*alte Schreibung* Bestelliste, *alte Trennungen* Bestell|li|ste], die; -, -n
Be|stell|num|mer
Be|stel|lung
bes|ten|falls [*alte Trennung* ...|st...]; *vgl.* Fall, der
bes|tens [*alte Trennung* ...|st...]
be|sternt; der besternte Himmel
be|steu|ern; Be|steu|e|rung
Best|form, die; - *(Sport)*
best|ge|hasst [*alte Schreibung* ...ge|haßt]; **best|ge|pflegt**
bes|ti|a|lisch [*alte Trennung* ...|st...] ‹lat.› (unmenschlich, grausam); **Bes|ti|a|li|tät,** die; -, -en (Unmenschlichkeit, grausames Verhalten)
Bes|ti|a|ri|um [*alte Trennung* ...|st...], das; -s, ...ien (Titel mittelalterlicher Tierbücher)
be|sti|cken [*alte Trennung* ...k|k...]
Be|stick|hö|he *(Deichbau)*
Be|sti|ckung [*alte Trennung* ...k|k...]
Bes|tie [*alte Trennung* ...|st...], die; -, -n (wildes Tier; Unmensch)
be|stie|felt
be|stimm|bar; be|stim|men
be|stimmt; an bestimmten Tagen; bestimmter Artikel *(Sprachw.)*
Be|stimmt|heit, die; -
Be|stim|mung; Be|stim|mungs|bahn|hof
be|stim|mungs|ge|mäß
Be|stim|mungs|ha|fen; Be|stim|mungs|ort
Be|stim|mungs|wort, *Plur.* ...wörter (*Sprachw.* erster Bestandteil einer Zusammensetzung, der den zweiten [das Grundwort, *vgl. d.*] näher bestimmt, z. B. »Schinken« in »Schinkenbrötchen«)
best|in|for|miert
be|stirnt; der bestirnte Himmel
Best|leis|tung [*alte Trennung* ...|st...]
Best|mann, der; -[e]s, ...männer (*Seemannsspr.* erfahrener Seemann, der auf Küstenschiffen den Schiffsführer vertritt)
Best|mar|ke (*Sport* Rekord)
best|mög|lich; *falsch:* bestmöglichst
be|sto|cken [*alte Trennung* ...k|k...]; **Be|sto|ckung** (*Bot.* Seitentriebbildung; *Forstw.* Aufforstung)
be|sto|ßen (*fachspr.; schweiz. auch für* [eine Alp] mit Vieh besetzen)
be|stra|fen; Be|stra|fung
be|strah|len; Be|strah|lung
Be|strah|lungs|do|sis; Be|strah|lungs|zeit
be|stre|ben, sich; **Be|stre|ben,** das; -s; **be|strebt;** bestrebt sein; **Be|stre|bung**
be|strei|chen; Be|strei|chung
be|strei|ken; Be|strei|kung
be|strei|ten; Be|strei|tung

bes|te

[*alte Trennung* ...|st...]

Kleinschreibung:
- das beste [Buch] ihrer Bücher
- dieser Wein ist der beste
- es ist am besten, wenn ...
- wir fangen am besten gleich an

Großschreibung der Substantivierung ↑K 72:
- ich halte es für das Beste [*alte Schreibung* das beste], wenn ...
- er ist der Beste in der Klasse; sie hat ihr Bestes getan; aus etwas das Beste machen
- wir arbeiten auf das, aufs Beste, *auch* beste zusammen; *aber nur* seine Wahl ist auf das, aufs Beste gefallen
- mit ihrer Gesundheit steht es nicht zum Besten [*alte Schreibung* zum besten] (nicht gut)
- etw. zum Besten [*alte Schreibung* zum besten] geben
- jmdn. zum Besten [*alte Schreibung* zum besten] haben, halten
- es ist nur zu deinem Besten
- ich will nicht das erste Beste [*alte Schreibung* das erste beste]

best|re|nom|miert; das bestrenommierte Hotel

be|streu|en; Be|streu|ung

be|stri|cken [*alte Trennung* ...k|k...] (bezaubern; für jmdn. stricken); **be|stri|ckend; Be|stri|ckung**

be|strumpft

Best|sel|ler, der; -s, - ‹engl.› (Ware [bes. Buch] mit bes. hohen Verkaufszahlen)

Best|sel|ler|au|tor; Best|sel|ler|lis|te [*alte Trennung* ...|st...]

be|stü|cken [*alte Trennung* ...k|k...] (ausstatten, ausrüsten); **Be|stü|ckung**

be|stuh|len (mit Stühlen ausstatten); **Be|stuh|lung**

be|stür|men; Be|stür|mung

be|stür|zen; be|stür|zend

be|stürzt; bestürzt sein; **Be|stürzt|heit,** die; -; **Be|stür|zung,** die; -

be|stusst [*alte Schreibung* bestußt] (*ugs. für* dumm)

best|vor|be|rei|tet

Best|wert (*für* Optimum); **Best|zeit** *(Sport);* **Best|zu|stand**

Be|such, der; -[e]s, -e; auf, zu Besuch sein

be|su|chen; Be|su|cher

Be|su|cher|fre|quenz

Be|su|che|rin

Be|su|cher|strom; Be|su|cher|zahl

Be|suchs|er|laub|nis

Be|suchs|rit|ze (*scherzh. für* Spalt zwischen zwei Ehebetten)

Be|suchs|tag; Be|suchs|zeit; Be|suchs|zim|mer

be|su|deln; Be|su|de|lung, Be|sud|lung

Be|ta, das; -[s], -s (griech. Buchstabe: *B, β*); **Be|ta|blo|cker** [*alte Trennung* ...k|k...] (*kurz für* Betarezeptorenblocker)

Be|ta|ca|ro|tin, *β*-Ca|ro|tin (ein Provitamin); **be|ta|ca|ro|tin|reich, *β*-Ca|ro|tin-reich**

be|tagt (*geh. für* alt); *vgl.* hochbetagt; **Be|tagt|heit,** die; -

be|ta|keln (*Seemannsspr.* mit Takelwerk versehen; *österr. ugs. für* beschwindeln); **Be|ta|ke|lung, Be|tak|lung**

Be|ta|ni|en *vgl.* Bethanien

be|tan|ken; ein Fahrzeug betanken; **Be|tan|kung**

Be|ta|re|zep|to|ren|blo|cker *od.* ***β*-Re|zep|to|ren-Blo|cker** ['be:ta...; *alte Trennung* ...k|k...] ↑K 26 (Arzneimittel für bestimmte Herzkrankheiten)

be|tas|ten [*alte Trennung* ...|st...]

Be|ta|strah|len, *β*-Strah|len ['be:ta...] *Plur.* ↑K 29 *(Kernphysik);* **Be|ta|strah|ler** (*Med.* Bestrahlungsgerät); **Be|ta|strah|lung** *(Kernphysik)*

Be|tas|tung [*alte Trennung* ...|st...]

be|tä|ti|gen; sich betätigen; **Be|tä|ti|gung; Be|tä|ti|gungs|feld**

Be|ta|t|ron, das; -s, *Plur.* ...one *od.* -s (*Kernphysik* Elektronenschleuder)

be|tat|schen (*ugs. für* betasten)

be|täu|ben; Be|täu|bung

Be|täu|bungs|mit|tel, das

be|tau|en; betaute Wiesen

Be|ta|zer|fall *(Kernphysik)*

Bet|bank; Bet|bru|der

Be|te, *landsch. auch* Bee|te, die; -, -n (Wurzelgemüse; Futterpflanze); Rote [*alte Schreibung* rote] Bete, *auch* Beete ↑K 89

Be|tei|geu|ze, der; - ‹arab.› (ein Stern)

be|tei|len (*österr. für* beschenken; versorgen)

be|tei|li|gen; sich beteiligen; **Be|tei|lig|te,** der *u.* die; -n, -n

Be|tei|ligt|sein

Be|tei|li|gung; Be|tei|li|gungs|fi|nan|zie|rung

Be|tei|lung (*österr. für* Beschenkung, Zuteilung)

Be|tel, der; -s ‹Malajalam-port.› (Genussmittel aus der Betelnuss); **Be|tel|kau|er; Be|tel|nuss** [*alte Schreibung* ...nuß]

be|ten; Be|ter

Be|tes|da *vgl.* Bethesda

be|teu|ern; ich beteuere; **Be|teu|e|rung**

be|tex|ten

Be|tha|ni|en, *ökum.* Be|ta|ni|en (bibl. Ortsn.)

Be|thel (Heil- u. Pflegeanstalt bei Bielefeld)

Be|thes|da, *ökum.* Be|tes|da, der; -[s] (ehem. Teich in Jerusalem)

Beth|le|hem, *ökum.* Bet|le|hem (Stadt in Palästina); **beth|le|he|mi|tisch** ↑K 142: der bethlehemitische Kindermord

Beth|männ|chen ‹nach der Frankfurter Bankiersfamilie Bethmann› (ein Gebäck aus Marzipan und Mandeln)

Be|ti|se, die; -, -n ‹franz.› (*geh. für* Dummheit)

be|ti|teln; Be|ti|te|lung, Be|tit|lung

Bet|le|hem *vgl.* Bethlehem

be|töl|peln (übertölpeln); **Be|töl|pe|lung**

Be|ton [...'tõ, *österr.* be'to:n], der; -s, *Plur.* -s, *österr.* -e ‹franz.› (Baustoff aus einer Mischung von Zement, Wasser, Sand usw.)

Be|ton|bau *Plur.* ...bauten; **Be|ton|block** *Plur.* ...blöcke

be|to|nen

Be|to|nie, die; -, -n ‹lat.› (eine Wiesenblume; Heilpflanze)

be|to|nie|ren (*auch übertr. für* festlegen, unveränderlich machen); **Be|to|nie|rung**

Be|ton|kopf (*abwertend für* völlig uneinsichtiger, auf seinen [politischen] Ansichten beharrender Mensch)

Be|ton|misch|ma|schi|ne

be|ton|nen (*Seemannsspr.* ein Fahrwasser durch Seezeichen [Tonnen usw.] bezeichnen)

be|tont; be|ton|ter|ma|ßen; Be|to|nung

be|tö|ren *(geh.);* **Be|tö|rer; Be|tö|re|rin; Be|tö|rung**

Bet|pult *(kath. Kirche)*

betr. = betreffend, betreffs; **Betr.** = Betreff

Be|tracht, der; *nur noch in Fügungen wie* in Betracht kommen, ziehen; außer Betracht bleiben

be|trach|ten; sich betrachten

Be|trach|ter; Be|trach|te|rin

be|trächt|lich; eine beträchtliche Summe, *aber* um ein Beträchtliches [*alte Schreibung* um ein beträchtliches] höher

Be|trach|tung; Be|trach|tungs|wei|se, die; **Be|trach|tungs|win|kel**

Be|trag, der; -[e]s, Beträge

be|tra|gen; sich betragen; **Be|tra|gen,** das; -s

be|tram|peln *(ugs.)*

be|trau|en; mit etwas betraut sein

be|trau|ern

be|träu|feln

Be|trau|ung

Be|treff, der; -[e]s, -e (*Amtsspr.; Abk.* Betr.); in dem Betreff (in dieser Beziehung); in Betreff [*alte Schreibung* in betreff], *aber* betreffs *(vgl. d.)* des Neubaus

be|tref|fen; was mich betrifft ...

be|tref|fend (zuständig; sich auf jmdn., etwas beziehend; *Abk.* betr.); die betreffende Behörde; den Neubau betreffend

Be|tref|fen|de, der *u.* die; -n, -n

Be|treff|nis, das; -ses, -se (*schweiz. für* Anteil; Summe, die auf jmdn. entfällt)

be|treffs (*Amtsspr.; Abk.* betr. ↑K 70); *Präp. mit Gen.:* betreffs des Neubaus (*besser:* wegen)

be|trei|ben (*schweiz. auch für*

jmdn. durch das Betreibungsamt zur Zahlung einer Schuld veranlassen)
Be|trei|ben, das; -s; auf mein Betreiben
Be|trei|ber; Be|trei|be|rin
Be|trei|bung (Förderung, das Voranbringen; *schweiz. auch für* Beitreibung)
be|tresst [*alte Schreibung* betreßt] (mit Tressen versehen)
[1]**be|tre|ten** (verlegen)
[2]**be|tre|ten** (*österr. Amtsspr. auch für* ertappen); einen Raum betreten; **Be|tre|ten,** das; -s
Be|tre|ten|heit, die; -
Be|tre|tungs|fall; im Betretungsfall (*österr. Amtsspr. für* beim Ertapptwerden)
be|treu|en; betreutes Wohnen
Be|treu|er; Be|treu|e|rin
Be|treu|te, der *u.* die; -n, -n
Be|treu|ung, die; -; **Be|treu|ungs|stel|le**
Be|trieb, der; -[e]s, -e; eine Maschine in Betrieb setzen; die Maschine ist in Betrieb (läuft)
be|trieb|lich
be|trieb|sam; Be|trieb|sam|keit, die; -
Be|triebs|an|ge|hö|ri|ge
Be|triebs|an|lei|tung
Be|triebs|arzt; Be|triebs|aus|flug; Be|triebs|aus|schuss [*alte Schreibung* ...aus|schuß]; **Be|triebs|be|ge|hung**
be|triebs|be|reit
Be|triebs|be|wil|li|gung (*bes. österr.*)
be|triebs|blind; Be|triebs|blind|heit
Be|triebs|di|rek|tor
be|triebs|ei|gen
Be|triebs|er|laub|nis
be|triebs|fä|hig
Be|triebs|fe|ri|en; Be|triebs|fest; Be|triebs|form
be|triebs|fremd; Be|triebs|frie|den; Be|triebs|ge|heim|nis
Be|triebs|ge|mein|schaft; Be|triebs|grö|ße; Be|triebs|in|ha|ber
be|triebs|in|tern
Be|triebs|ka|pi|tal; Be|triebs|kli|ma; Be|triebs|kos|ten [*alte Trennung* ...|st...]
Be|triebs|kran|ken|kas|se; Be|triebs|kü|che
Be|triebs|lei|ter; Be|triebs|lei|tung
Be|triebs|nu|del (*ugs.* jmd., der Stimmung zu machen versteht)
Be|triebs|ob|mann
Be|triebs|rat *Plur.* ...räte; **Be|triebs|rä|tin; Be|triebs|rats|mit|glied; Be|triebs|rats|vor|sit|zen|de**
Be|triebs|ru|he; Be|triebs|schluss [*alte Schreibung* ...schluß], der; ...schlusses
be|triebs|si|cher
Be|triebs|stät|te (*amtl. auch* Be|trieb|stät|te); **Be|triebs|stö|rung**
Be|triebs|sys|tem [*alte Trennung* ...|st...] (*EDV*)
be|trieb|stö|rend
Be|triebs|treue; Be|triebs|un|fall
Be|triebs|ver|fas|sung; Be|triebs|ver|fas|sungs|ge|setz
Be|triebs|wirt; Be|triebs|wir|tin; Be|triebs|wirt|schaft; Be|triebs|wirt|schaf|ter (*schweiz. für* Betriebswirt); **Be|triebs|wirt|schafts|leh|re**
be|trin|ken, sich; betrunken
be|trof|fen; betroffen sein; **Be|trof|fe|ne,** der *u.* die; -n, -n; **Be|trof|fen|heit,** die; -
be|trop|pezt ‹jidd.› (*österr. ugs. für* bestürzt)
be|trü|ben; be|trüb|lich; be|trüb|li|cher|wei|se
Be|trüb|nis, die; -, -se (*geh.*); **be|trübt; Be|trübt|heit,** die; -
Be|trug, der; -[e]s; **be|trü|gen; Be|trü|ger; Be|trü|ge|rei; Be|trü|ge|rin; be|trü|ge|risch**
be|trun|ken; Be|trun|ke|ne, der *u.* die; -n, -n
Bet|schwes|ter [*alte Trennung* ...|st...] (*abwertend*)
Bett, das; -[e]s, -en; zu Bett gehen
Bet|tag *vgl.* Buß- und Bettag
Bett|bank *Plur.* ...bänke (*österr. für* Bettcouch)
Bett|be|zug; Bett|couch; Bett|de|cke [*alte Trennung* ...k|k...]
Bet|tel, der; -s (*abwertend für* minderwertiges Zeug, Kram)
bet|tel|arm; Bet|te|lei (*abwertend*)
Bet|tel|mann *Plur.* ...leute (*veraltet*); **Bet|tel|mönch**
bet|teln; ich bett[e]le
Bet|tel|stab; jmdn. an den Bettelstab bringen (finanziell ruinieren)
bet|ten; sich betten
Bet|ten|bau, der; -[e]s; **Bet|ten|ma|chen,** das; -s; **Bet|ten|man|gel,** der; -s
Bett|fe|der; Bett|ge|stell
Bett|ha|se (*ugs.*); **Bett|him|mel; Bett|hup|ferl,** das; -s, - (*landsch. für* Süßigkeiten vor dem Zubettgehen)
Bet|ti, Bet|ti|na, Bet|ti|ne (w. Vorn.)
Bett|ja|cke [*alte Trennung* ...k|k...]; **Bett|kan|te; Bett|kas|ten** [*alte Trennung* ...|st...]; **Bett|la|de** (*landsch. für* Bett[stelle])
bett|lä|ge|rig
Bett|la|ken; Bett|lek|tü|re
Bett|ler; Bett|le|rin
Bett|näs|ser; Bett|näs|se|rin
Bett|pfan|ne; Bett|pfos|ten [*alte Trennung* ...|st...]; **Bett|rand**
bett|reif (*ugs.*)
Bett|ruhe; Bett|schwe|re (*ugs.*)
Bett|statt *Plur.* ...stätten, *schweiz.* ...statten (*landsch. u. schweiz. für* Bett[stelle]); **Bett|stel|le**
Bett|sze|ne (*Film*)
Bett|tru|he, *auch* **Bett-Tru|he**
Bett|tuch [*alte Schreibung* Bettuch, *alte Trennung* Bett|tuch], das; -[e]s, ...tücher, *auch* **Bett-Tuch,** das; -[e]s, ...-Tücher
Bet|tuch *Plur.* ...tücher (beim jüdischen Gottesdienst)
Bett|um|ran|dung
Bet|tung (*fachspr.*)
Bett|vor|le|ger; Bett|wä|sche
Bet|ty [...ti] (w. Vorn.)
Bett|zeug
be|tucht ‹jidd.› (*ugs. für* vermögend, wohlhabend)
be|tu|lich (in umständlicher Weise freundlich u. geschäftig; gemächlich); **Be|tu|lich|keit**
be|tun (jmdn. verwöhnen); sich betun (sich zieren); betan
be|tup|fen
be|tu|sam (*seltener für* betulich)
be|tü|tern (*nordd. für* umsorgen); sich betütern (*nordd. ugs. für* sich einen Schwips antrinken); **be|tü|tert** (*nordd. ugs. für* beschwipst)
Beu|che, die; -, -n (*fachspr.* Lauge zum Bleichen von Textilien); **beu|chen** (in Lauge kochen)
beug|bar (*auch für* flektierbar)
Beu|ge, die; -, -n (Turnübung; *selten für* Biegung)
Beu|ge|haft, die
Beu|gel, das; -s, - (*österr.* Hörnchen)
Beu|ge|mus|kel
beu|gen (*auch für* flektieren, deklinieren, konjugieren); sich beugen
Beu|ger (Beugemuskel)
beug|sam (*veraltet*)
Beu|gung (*auch für* Flexion, Deklination, Konjugation)
Beu|gungs|en|dung (*Sprachw.*); **Beu|gungs-s,** das; -, - (↑ K 29; *Sprachw.*)
Beu|le, die; -, -n
beu|len; sich beulen

Beu|len|pest, die; -; **beu|lig**
be|un|ru|hi|gen; sich beunruhigen; **Be|un|ru|hi|gung** *Plur. selten*
be|ur|grun|zen (*ugs. scherzh. für* näher untersuchen)
be|ur|kun|den; Be|ur|kun|dung
be|ur|lau|ben; Be|ur|lau|bung
be|ur|tei|len; Be|ur|tei|ler; Be|ur|tei|le|rin
Be|ur|tei|lung; Be|ur|tei|lungs|maß|stab
Beu|schel, das; -s, - (*österr. für* Gericht aus Lunge u. Herz)
beut, beutst (*veraltet u. geh. für* bietet, bietest); *vgl.* bieten
[1]**Beu|te,** die; - (Erbeutetes)
[2]**Beu|te,** die; -, -n (*landsch. für* Holzgefäß; *Imkerspr.* Bienenstock)
beu|te|gie|rig
Beu|te|gut; Beu|te|kunst (im Krieg erbeutete Kunstwerke)
Beu|tel, der; -s, -
beu|teln; ich beut[e]le (*südd., österr. für* schütteln; sich bauschen); das Kleid beutelt [sich]
Beu|tel|rat|te; Beu|tel|schnei|der (*ugs. für* Taschendieb; Wucherer); **Beu|tel|tier**
beu|tel|lüs|tern [*alte Trennung* ...|st...]; **beu|tel|lus|tig** [*alte Trennung* ...|st...]
beu|ten; Bienen beuten (*Imkerspr.* einsetzen); du beutst; er beutet; gebeutet; **Beu|ten|ho|nig**
Beu|te|recht; Beu|te|stück; Beu|te|zug
Beut|ler (*Zool.* Beuteltier)
Beut|ner (*Imkerspr.* Bienenzüchter); **Beut|ne|rei,** die; -
beutst *vgl.* beut
Beuys [bɔys], Joseph (dt. Zeichner u. Aktionist)
be|völ|kern; ich bevölkere
Be|völ|ke|rung
Be|völ|ke|rungs|dich|te; Be|völ|ke|rungs|ex|plo|si|on; Be|völ|ke|rungs|grup|pe; Be|völ|ke|rungs|po|li|tik; Be|völ|ke|rungs|schicht; Be|völ|ke|rungs|schwund; Be|völ|ke|rungs|sta|tis|tik [*alte Trennung* ...|st...]
Be|völ|ke|rungs|wis|sen|schaft; Be|völ|ke|rungs|zahl; Be|völ|ke|rungs|zu|nah|me
be|voll|mäch|ti|gen; Be|voll|mäch|tig|te, der *u.* die; -n, -n; **Be|voll|mäch|ti|gung**
be|vor
be|vor|mun|den; Be|vor|mun|dung
be|vor|ra|ten (mit einem Vorrat ausstatten); **Be|vor|ra|tung,** die; -
be|vor|rech|ten (*älter für* bevorrechtigen); bevorrechtet
be|vor|rech|ti|gen; bevorrechtigt; **Be|vor|rech|ti|gung**
Be|vor|rech|tung (*älter für* Bevorrechtigung)
be|vor|schus|sen; du bevorschusst [*alte Schreibung* bevorschußt] (*Amtsspr.*); **Be|vor|schus|sung**
be|vor|ste|hen
be|vor|tei|len (jmdm. einen Vorteil zuwenden; *veraltet für* übervorteilen); **Be|vor|tei|lung**
be|vor|wor|ten (mit einem Vorwort versehen)
be|vor|zu|gen; Be|vor|zu|gung
be|wa|chen; Be|wa|cher
be|wach|sen
Be|wa|chung
be|waff|nen; Be|waff|ne|te, der *u.* die; -n, -n; **Be|waff|nung**
be|wah|ren (hüten; aufbewahren); jmdn. vor Schaden bewahren; Gott bewahre uns davor!, *aber* gottbewahre! (*ugs.*)
be|wäh|ren, sich
Be|wah|rer; Be|wah|re|rin
be|wahr|hei|ten, sich; **Be|wahr|hei|tung**
be|währt; Be|währt|heit, die; -
Be|wah|rung (Schutz; Aufbewahrung)
Be|wäh|rung (Erprobung)
Be|wäh|rungs|frist (*Rechtsspr.*); **Be|wäh|rungs|hel|fer; Be|wäh|rungs|pro|be; Be|wäh|rungs|zeit**
be|wal|den; be|wal|det
be|wald|rech|ten (*Forstw.* [gefällte Bäume] behauen)
Be|wal|dung
be|wäl|ti|gen; Be|wäl|ti|gung
be|wan|dert (erfahren; unterrichtet)
be|wandt (*veraltet für* beschaffen); **Be|wandt|nis,** die; -, -se
be|wäs|sern; Be|wäs|se|rung, *selten* Be|wäss|rung [*alte Schreibung* Be|wäß|rung]; **Be|wäs|se|rungs|sys|tem** [*alte Trennung* ...|st...]
be|weg|bar
[1]**be|we|gen** (Lage ändern); du bewegst; du bewegtest; bewegt; beweg[e]!; sich bewegen
[2]**be|we|gen** (veranlassen); du bewegst; du bewogst; du bewögest; bewogen; beweg[e]!
Be|weg|grund
be|weg|lich; Be|weg|lich|keit, die; -; **be|wegt;** bewegt sein; **Be|wegt|heit,** die; -
Be|we|gung
Be|we|gungs|ab|lauf; Be|we|gungs|drang; Be|we|gungs|frei|heit, die; -
be|we|gungs|los
Be|we|gungs|mel|der (*Technik*)
Be|we|gungs|stu|die; Be|we|gungs|the|ra|pie
be|we|gungs|un|fä|hig
be|weh|ren (*Technik* ausrüsten; *veraltend für* bewaffnen); **Be|weh|rung**
be|wei|ben, sich (*veraltet, noch scherzh. für* sich verheiraten)
be|wei|den (*Landw.*)
be|weih|räu|chern (*auch abwertend für* übertrieben loben); **Be|weih|räu|che|rung**
be|wei|nen
be|wein|kau|fen (*landsch.* einen Kauf durch Weintrinken besiegeln)
Be|wei|nung; Beweinung Christi
Be|weis, der; -es, -e; etwas unter Beweis stellen (*Amtsspr.*)
Be|weis|an|trag (*Rechtsspr.*); **Be|weis|auf|nah|me**
be|weis|bar; kaum beweisbar sein; **Be|weis|bar|keit,** die; -
be|wei|sen; bewiesen
Be|weis|er|he|bung; Be|weis|füh|rung
Be|weis|kraft; be|weis|kräf|tig
Be|weis|last; Be|weis|mit|tel, das; **Be|weis|stück**
be|wen|den, *nur in* es bei etw. bewenden lassen; **Be|wen|den,** das; -s; es hat dabei sein Bewenden (es bleibt dabei)
Be|werb, der; -s, -e (*österr. Sportspr. für* Wettbewerb); aus dem Bewerb werfen
Be|werb|chen (*landsch.*); *nur in* sich ein Bewerbchen machen (unter Vortäuschung einer Beschäftigung ein bestimmtes Ziel verfolgen); ich mache mir ein Bewerbchen
be|wer|ben, sich; sich um eine Stelle bewerben
Be|wer|ber; Be|wer|be|rin; Be|wer|bung
Be|wer|bungs|schrei|ben; Be|wer|bungs|un|ter|la|gen (*Plur.*)
be|wer|fen; Be|wer|fung
be|werk|stel|li|gen; Be|werk|stel|li|gung
be|wer|ten; Be|wer|tung
Be|wet|te|rung (*Bergmannsspr.* Versorgung der Grubenbaue mit Frischluft)
be|wi|ckeln [*alte Trennung*

B

...k|k...]; **Be|wi|cke|lung, Be|wick|lung**

be|wil|li|gen; Be|wil|li|gung

be|will|komm|nen; du bewillkommnest; bewillkommnet; **Be|will|komm|nung**

be|wim|pert

be|wir|ken; Be|wir|kung

be|wir|ten

be|wirt|schaf|ten; Be|wirt|schaf|tung

Be|wir|tung; Be|wir|tungs|ver|trag

Be|wit|te|rung (Methode der Werkstoffprüfung, bei der Verwitterungsvorgänge simuliert werden)

be|wit|zeln

be|wohn|bar; be|woh|nen

Be|woh|ner; Be|woh|ne|rin; Be|woh|ner|schaft

be|wöl|ken, sich; **be|wölkt;** bewölkter Himmel

Be|wöl|kung, die; -

Be|wöl|kungs|auf|lo|cke|rung [alte Trennung ...k|k...]; **Be|wöl|kungs|zu|nah|me**

be|wu|chern

Be|wuchs, der; -es

Be|wun|de|rer, Be|wund|rer

Be|wun|de|rin, Be|wund|re|rin

be|wun|dern

be|wun|derns|wert; be|wun|derns|wür|dig

Be|wun|de|rung *Plur. selten*

be|wun|de|rungs|wert; be|wun|de|rungs|wür|dig

Be|wund|rer, Be|wun|de|rer

Be|wund|re|rin, Be|wun|de|rin

Be|wurf

be|wur|zeln, sich (Wurzeln bilden)

be|wusst [*alte Schreibung* bewußt]; *mit Gen.:* ich bin mir keines Vergehens bewusst; ich war mir dessen bewusst; sich eines Versäumnisses bewusst werden; er hat den Fehler bewusst (mit Absicht) gemacht; sie hat mir den Zusammenhang bewusst gemacht [*alte Schreibung* bewußtgemacht] (deutlich gemacht)

Be|wusst|heit [*alte Schreibung* Be|wußt|heit], die; -

be|wusst|los [*alte Schreibung* be|wußt|los]; **Be|wusst|lo|sig|keit,** die; -

be|wusst ma|chen [*alte Schreibung* be|wußt|ma|chen] *vgl.* bewusst; **Be|wusst|ma|chung**

Be|wusst|sein [*alte Schreibung* Be|wußt|sein], das; -s

Be|wusst|seins|bil|dung [*alte Schreibung* Be|wußt|seins...], die; -; **Be|wusst|seins|er|wei|te|rung; Be|wusst|seins|spal|tung** (*Psych.*); **Be|wusst|seins|trü|bung**

Be|wusst|wer|dung [*alte Schreibung* Be|wußt|wer|dung], die, -

Bey, Bei, der; -s, *Plur.* -e *u.* -s ⟨türk., „Herr"⟩ (türk. Titel, *oft hinter Namen,* z. B. Ali-Bey); *vgl.* Beg

bez., bez, bz = bezahlt

bez. = bezüglich

Bez. = Bezeichnung

Bez., Bz. = Bezirk

be|zah|len; eine gut bezahlte [*alte Schreibung* gutbezahlte] Stellung; **Be|zah|ler; Be|zah|le|rin**

Be|zahl|fern|se|hen (*ugs. für* Pay-TV)

be|zahlt (*Abk.* bez., bez, bz); sich bezahlt machen (lohnen); **Be|zah|lung** *Plur. selten*

be|zähm|bar; be|zäh|men; sich bezähmen; **Be|zäh|mung**

be|zau|bern; be|zau|bernd; Be|zau|be|rung

be|zecht (betrunken)

be|zeich|nen; be|zeich|nend

be|zeich|nen|der|wei|se

Be|zeich|nung (*Abk.* Bez.); **Be|zeich|nungs|leh|re,** die; - (*für* Onomasiologie)

be|zei|gen (*geh. für* zu erkennen geben); Gunst, Beileid, Ehren bezeigen; **Be|zei|gung**

be|zeu|gen (Zeugnis ablegen; bekunden); **Be|zeu|gung**

be|zich|ti|gen; jemanden eines Verbrechens bezichtigen; **Be|zich|ti|gung**

be|zieh|bar

be|zie|hen; sich auf eine Sache beziehen

be|zie|hent|lich (*Amtsspr.* mit Bezug auf); *Präp. mit Gen.:* beziehentlich des Unfalles

Be|zie|her; Be|zie|he|rin

Be|zie|hung; in Beziehung setzen

Be|zie|hungs|kis|te [*alte Trennung* ...|st...] (*ugs. für* Beziehung zu einem [Lebens]partner)

Be|zie|hungs|leh|re (Theorie der Soziologie)

be|zie|hungs|los; Be|zie|hungs|lo|sig|keit, die; -

be|zie|hungs|reich

Be|zie|hungs|stress [*alte Schreibung:* ...streß]

be|zie|hungs|wei|se (*Abk.* bzw.)

be|zif|fern; ich beziffere; sich beziffern auf; **Be|zif|fe|rung**

Be|zirk, der; -[e]s, -e (*Abk.* Bez. *od.* Bz.); **be|zirk|lich**

Be|zirks|amt; Be|zirks|ge|richt (*österr. u. schweiz.*); **Be|zirks|haupt|frau** (*österr.*); **Be|zirks|haupt|mann** (*österr.*); **Be|zirks|haupt|mann|schaft** (*österr.*)

Be|zirks|kar|te (*Verkehrsw.*)

Be|zirks|klas|se (*Sport*); **Be|zirks|li|ga** (*Sport*)

Be|zirks|rich|ter (*österr. u. schweiz.*); **Be|zirks|schul|rat** (*österr.*); **Be|zirks|vor|ste|her** (*österr.*)

be|zirks|wei|se

be|zir|zen, *auch* be|cir|cen ⟨nach der sagenhaften griech. Zauberin Circe⟩ (*ugs. für* verführen, verzaubern); du bezirzt, *auch* becirct; er wurde bezirzt, *auch* becirct

Be|zo|ar, der; -s, -e ⟨pers.⟩ (in der Volksmedizin verwendeter Magenstein von Wiederkäuern)

Be|zo|ge|ne, der; -n, -n (*Bankw.* Adressat u. Akzeptant [eines Wechsels]); **Be|zo|gen|heit**

be|zopft

Be|zug

(*österr. auch für* Gehalt; *vgl.* Bezüge)

- in Bezug [*alte Schreibung* in bezug] auf
- mit Bezug auf
- auf etwas Bezug haben, nehmen (*dafür besser* sich auf etwas beziehen)
- Bezug nehmend auf (*dafür besser* mit Bezug auf)

Be|zü|ge *Plur.* (Einkünfte)

Be|zü|ger (*schweiz. für* Bezieher)

be|züg|lich; bezügliches Fürwort (*für* Relativpronomen); *als Präp. mit Gen.* (*Amtsspr.; Abk.* bez.): bezüglich Ihres Briefes; **Be|züg|lich|keit**

Be|zug|nah|me, die; -, -n

Bezug nehmend *vgl.* Bezug

be|zugs|fer|tig

Be|zugs|per|son; Be|zugs|punkt; Be|zugs|quel|le; Be|zugs|recht

Be|zug[s]|schein; Be|zug[s]|stoff; Be|zug[s]|sys|tem [*alte Trennung* ...|st...]

be|zu|schus|sen (*Amtsspr.*); du bezuschusst [*alte Schreibung* du bezuschußt]; **Be|zu|schus|sung**

be|zwe|cken [*alte Trennung* ...k|k...]

be|zwei|feln; Be|zwei|fe|lung, Be|zweif|lung

B

be|zwing|bar; be|zwin|gen; be|zwin|gend
Be|zwin|ger; Be|zwin|ge|rin; Be|zwin|gung, die; -
be|zwun|gen
Bf. = Bahnhof; Brief
BfA = Bundesversicherungsanstalt für Angestellte
bfn. = brutto für netto
bfr *vgl.* Franc
Bg. = Bogen (Papier)
BGB = Bürgerliches Gesetzbuch
BGBl. = Bundesgesetzblatt
BGL (Währungscode für Lew)
BGS = Bundesgrenzschutz
[1]**BH** *(österr.)* = Bezirkshauptmannschaft; Bundesheer
[2]**BH** [be:'ha:], der; -[s], -[s] *(ugs. für* Büstenhalter)
Bhag|van, Bhag|wan [*beide* b...], der; -s, -s ‹Hindi› (Ehrentitel für religiöse Lehrer des Hinduismus *[nur Sing.];* Träger dieses Ehrentitels)
Bha|rat [b...] *(amtl. Bez. der* Republik Indien)
Bhf. = Bahnhof
Bhu|tan [b...] (Königreich im Himalaja); **Bhu|ta|ner** (Einwohner von Bhutan); **Bhu|ta|ne|rin; bhu|ta|nisch**
bi *(ugs. für* bisexuell)
Bi = Bismutum *(chem. Zeichen für* Wismut)
bi... ‹lat.› (zwei...; doppel[t]...)
Bi... (Zwei...; Doppel[t]...)
Bi|a|f|ra (Teil von Nigeria)
Bi|a|ły|s|tok [...'ly...] (Stadt in Polen)
Bi|an|ca, Bi|an|ka (w. Vorn.)
Bi|ath|let, der; -en, -en ‹lat.; griech.›; **Bi|ath|lon,** das; -s, -s (Kombination aus Skilanglauf u. Scheibenschießen)
bib|bern *(ugs. für* zittern)
Bi|bel, die; -, -n ‹griech.›
Bi|bel|druck, der; -[e]s, -e; **Bi|bel|druck|pa|pier**
Bi|bel|es|käs, der; -es, **Bi|bel|es|kä|se,** der; -s *(alemannisch für* Quark)
bi|bel|fest
Bi|bel|kon|kor|danz; Bi|bel|le|se *(ev. Kirche);* **Bi|bel|re|gal** (kleine Orgel des 16. bis 18. Jh.s)
Bi|bel|spruch; Bi|bel|stun|de; Bi|bel|vers; Bi|bel|wort *Plur.* ...worte
[1]**Bi|ber,** der; -s, - (ein Nagetier; Pelz)
[2]**Bi|ber,** der *od.* das; -s (Rohflanell)
[3]**Bi|ber,** der; -s, - *(schweiz.* eine Art Lebkuchen)
Bi|be|r|ach an der Riß (Stadt in Oberschwaben)
Bi|ber|bett|tuch *[alte Schreibung* ...bettuch, *alte Trennung* ...tt|t...]
Bi|ber|fla|den ([3]Biber)
Bi|ber|geil, das; -[e]s (Drüsenabsonderung des Bibers)
Bi|ber|nel|le, die; -, -n *(Nebenform von* Pimpernell)
Bi|ber|pelz; Bi|ber|schwanz *(auch* Dachziegelart)
Bi|bi, der; -s, -s *(ugs. für* steifer Hut; Kopfbedeckung)
Bi|b|li|o|graf, *auch* Bi|b|li|o|graph, der; -en, -en ‹griech.› (Bearbeiter einer Bibliografie)
Bi|b|li|o|gra|fie, *auch* Bi|b|li|o|gra|phie, die; -, ...ien (Bücherkunde, Bücherverzeichnis)
bi|b|li|o|gra|fie|ren, *auch* bi|b|li|o|gra|phie|ren (den Titel einer Schrift bibliografisch verzeichnen, *auch* genau feststellen)
Bi|b|li|o|gra|fin, *auch* Bi|b|li|o|gra|phin, die; -, -nen
bi|b|li|o|gra|fisch, *auch* bi|b|li|o|gra|phisch (bücherkundlich)
Bi|b|li|o|graph, Bi|b|li|o|gra|phie usw. *vgl.* Bibliograf, Bibliografie usw.
Bi|b|li|o|ma|ne, der; -n, -n (Büchernarr); **Bi|b|li|o|ma|nie,** die; - (krankhafte Bücherliebe); **Bi|b|li|o|ma|nin**
bi|b|li|o|phil (schöne od. seltene Bücher liebend; für Bücherliebhaber); **Bi|b|li|o|phi|le,** der *u.* die; -n, -n (Bücherliebhaber[in]); zwei Bibliophile[n]; **Bi|b|li|o|phi|lie,** die; - (Liebe zu Büchern)
Bi|b|li|o|thek, die; -, -en ([wissenschaftliche] Bücherei); Deutsche Bibliothek (in Frankfurt)
Bi|b|li|o|the|kar, der; -s, -e (Verwalter einer Bibliothek); **Bi|b|li|o|the|ka|rin; bi|b|li|o|the|ka|risch**
Bi|b|li|o|theks|saal; Bi|b|li|o|theks|si|g|na|tur; Bi|b|li|o|theks|we|sen
bi|b|lisch ‹griech.›; eine biblische Geschichte (Erzählung aus der Bibel)
Bick|bee|re *(nordd. für* Heidelbeere)
Bi|det [...'de:], das; -s, -s ‹franz.› (längliches Sitzbecken für Spülungen u. Waschungen)
Bi|don [bidõ:], das; -s, -s ‹franz.› *(schweiz. für* Kanne, Kanister)
bie|der; Bie|der|keit, die; -
Bie|der|mann *Plur.* ...männer; **Bie|der|mei|er,** das; *Gen.* -s, *fachspr. auch* - ([Kunst]stil in der Zeit des Vormärz [1815 bis 1848]); **bie|der|mei|er|lich**
Bie|der|mei|er|stil, der; -[e]s; **Bie|der|mei|er|zeit,** die; -; **Bie|der|mei|er|zim|mer**
Bie|der|sinn, der; -[e]s *(geh.)*
bieg|bar; Bie|ge, die; -, -n *(landsch. für* Krümmung)
bie|gen; du bogst; du bögest; gebogen; bieg[e]!; sich biegen; ↑K82: es geht auf Biegen oder Brechen *(ugs.)*
bieg|sam; Bieg|sam|keit, die; -
Bie|gung
Biel (BE) (schweiz. Stadt)
Bie|le|feld (Stadt am Teutoburger Wald); **Bie|le|fel|der**
Bie|ler See, der; - -s (in der Schweiz)
Bien, der; -s *(Imkerspr.* Gesamtheit des Bienenvolkes)
Bien|chen
Bie|ne, die; -, -n; **Bie|nen|fleiß; bie|nen|flei|ßig; bie|nen|haft**
Bie|nen|haus; Bie|nen|ho|nig; Bie|nen|kö|ni|gin; Bie|nen|korb; Bie|nen|schwarm; Bie|nen|spra|che
Bie|nen|stich *(auch* Hefekuchen mit Kremfüllung und Mandelbelag); **Bie|nen|stock** *Plur.* ...stöcke; **Bie|nen|volk**
Bie|nen|wachs; Bie|nen|wachs|ker|ze
Bie|nen|zucht; Bie|nen|züch|ter
bi|en|nal ‹lat.› (zweijährlich; alle zwei Jahre stattfindend); **Bi|en|na|le,** die; -, -n ‹ital.› (zweijährliche Veranstaltung, bes. in der bildenden Kunst u. im Film)
Bier, das; -[e]s, -e; 5 Liter helles Bier; 3 [Glas] Bier; untergäriges, obergäriges Bier
Bier|abend; Bier|arsch *(derb für* breites Gesäß)
Bier|bank|po|li|tik *(abwertend)*
Bier|bass *[alte Schreibung* ...baß] *(ugs.);* **Bier|bauch** *(ugs. für* dicker Bauch); **Bier|brau|er; Bier|de|ckel** *[alte Trennung* ...k|k...]; **Bier|do|se; Bier|ei|fer** *(ugs.)*
bier|ernst *(ugs. für* übertrieben ernst); **Bier|ernst** *(ugs.)*
Bier|fass *[alte Schreibung* ...faß]; **Bier|fla|sche; Bier|gar|ten; Bier|glas** *(Plur.* ...gläser); **Bier|kas|ten** *[alte Trennung* ...|st...]
Bier|kel|ler; Bier|krug; Bier|krü|gel *(österr.);* **Bier|lachs** (beim Skat ein Spiel um eine Runde Bier);

Bier|lei|che (*ugs. scherzh. für* Betrunkener)
Bier|rei|se *(ugs. scherzh.);* **Bier|ruhe** (*ugs. für* unerschütterliche Ruhe); **Bier|schin|ken** (eine Wurstsorte); **Bier|sei|del**
bier|se|lig *(scherzh.)*
Bier|sie|der (Berufsbez.); **Bier|stim|me** (*ugs. für* tiefe Stimme); **Bier|ver|lag** (Unternehmen für den Zwischenhandel mit Bier)
Bier|wär|mer; Bier|wurst; Bier|zei|tung; Bier|zelt
Bie|se, die; -, -n (farbiger Streifen an Uniformen; Ziersäumchen)
Bies|flie|ge (Dasselfliege)
[1]**Biest,** das; -[e]s, -er (*ugs. für* Tier; Schimpfwort)
[2]**Biest,** der; -[e]s (Biestmilch)
Bies|te|rei [*alte Trennung* ...|st...] ⟨*zu* [1]Biest⟩ (*ugs. abwertend für* Gemeinheit); **bies|tig** (*ugs. für* gemein; unangenehm; sehr [stark]); eine biestige Kälte
Biest|milch ⟨*zu* [2]Biest⟩ (erste Kuhmilch nach dem Kalben)
bie|ten; du bietest (*selten* bietst); *vgl.* beut; du botst (*geh.* botest); du bötest; geboten; biet[e]!; sich bieten
Bie|ter; Bie|te|rin
Bi|fo|kal|bril|le ⟨lat.; dt.⟩ (Brille mit Bifokalgläsern)
Bi|fo|kal|glas *Plur.* ...gläser (Brillenglas mit Fern- und Nahteil)
Bi|ga, die; -, ...gen ⟨lat.⟩ (von zwei Pferden gezogener [Renn]wagen in der Antike)
Bi|ga|mie, die; -, ...ien ⟨lat.; griech.⟩ (Doppelehe); **bi|ga|misch**
Bi|ga|mist, der; -en, -en; **Bi|ga|mis|tin** [*alte Trennung* ...|st...]; **bi|ga|mis|tisch**
Big|band, die; -, -s, *auch* **Big Band,** die; - -, - -s ⟨engl.-amerik.⟩ (großes Jazz- od. Tanzorchester)
Big|bang [...ˈbɛŋ], der; -s, -s, *auch* **Big Bang,** der; - -s, - -s ⟨engl.⟩ (Urknall)
Big Ben, der; - - ⟨engl.⟩ (Stundenglocke der Uhr im Londoner Parlamentsgebäude; *auch* der Glockenturm)
Big|busi|ness [...ˈbɪsnɛs], das; -, *auch* **Big Busi|ness,** das; - - ⟨engl.-amerik.⟩ (Geschäftswelt der Großunternehmer)
Bi|gos, Bi|gosch, das; - (ein polnischer Eintopf)
bi|gott ⟨franz.⟩ (engherzig fromm; scheinheilig); **Bi|got|te|rie,** die; -, ...ien
Big|point, der; -s, -s, *auch* **Big Point,** der; - -s, - -s ⟨engl.⟩ (*Tennis* [spiel]entscheidender Punkt)
Bi|jou [...ˈʒuː], das; -s, -s ⟨franz.⟩ (*schweiz. für* Kleinod, Schmuckstück); **Bi|jou|te|rie,** die; -, ...ien ([billiger] Schmuck; *schweiz. auch für* Schmuckwarengeschäft)
Bi|kar|bo|nat, *fachspr.* Bi|car|bo|nat ⟨lat.⟩ (doppeltkohlensaures Salz)
Bike [baik], das; -s, -s ⟨engl.⟩ (Motorrad; Fahrrad); **Bi|ker** [ˈbaikɐ], der; -s, - (Motorrad-, Fahrradfahrer); **Bi|ke|rin** [ˈbaikərɪn]
Bi|ki|ni, der; -s, -s ⟨nach dem Südseeatoll⟩ (knapper, zweiteiliger Badeanzug)
bi|kon|kav [*auch* ...ˈkaːf] ⟨lat.⟩ (*Optik* beiderseits hohl)
bi|kon|vex [*auch* ...ˈvɛ...] ⟨lat.⟩ (*Optik* beiderseits gewölbt)
bi|la|bi|al [*auch* ...ˈbi̯aːl] ⟨lat.⟩ (*Sprachw.* mit beiden Lippen gebildet); **Bi|la|bi|al,** der; -s, -e *u.* **Bi|la|bi|al|laut,** der; -[e]s, -e (mit Ober- u. Unterlippe gebildeter Laut, z. B. p)
Bi|lanz, die; -, -en ⟨ital.⟩ (*Wirtsch.* Gegenüberstellung von Vermögen u. Schulden für ein Geschäftsjahr; *übertr. für* Ergebnis); **Bi|lanz|buch|hal|ter**
bi|lan|zie|ren (*Wirtsch.* sich ausgleichen; eine Bilanz abschließen); **Bi|lan|zie|rung**
bi|lanz|si|cher; ein bilanzsicherer Buchhalter; **Bi|lanz|sum|me**
bi|la|te|ral [*od.* ...ˈraːl] ⟨lat.⟩ (zweiseitig); bilaterale Verträge
Bilch, der; -[e]s, -e ⟨slaw.⟩ (ein Nagetier); **Bilch|maus**
Bild, das; -[e]s, -er; im Bilde sein
Bild|ar|chiv; Bild|aus|schnitt; Bild|band, der; **Bild|bei|la|ge**
Bild|be|richt; Bild|be|richt|er|stat|ter; Bild|be|schrei|bung
Bild|chen; bil|den; sich bilden; die bildenden Künste ↑K 151
Bil|der|at|las; Bil|der|bo|gen; Bil|der|buch
Bil|der|buch|e|he (sehr gute Ehe); **Bil|der|buch|kar|ri|e|re; Bil|der|buch|lan|dung; Bil|der|buch|tor** *(Sport);* **Bil|der|buch|wet|ter**
Bil|der|chro|nik; Bil|der|rah|men; Bil|der|rät|sel
bil|der|reich
Bil|der|schrift; Bil|der|sturm, der; -[e]s; **Bil|der|stür|mer; Bil|der|stür|me|rei**
Bild|flä|che; Bild|fol|ge; Bild|fre|quenz; Bild|funk; Bild|ge|schich|te; Bild|ge|stal|tung
bild|haft; Bild|haf|tig|keit, die; -
Bild|hau|er; Bild|hau|e|rei; Bild|hau|e|rin
bild|hau|e|risch; Bild|hau|er|kunst
bild|hau|ern *(ugs.);* ich bildhauere; gebildhauert
bild|hübsch
Bild|in|halt; Bild|kon|ser|ve *(Fernsehjargon);* **Bild|kraft,** die; -
bild|kräf|tig; bild|lich; bild|mä|ßig
Bild|mi|scher *(Fernsehen)*
Bild|ner; Bild|ne|rin; bild|ne|risch
Bild|nis, das; -ses, -se *(geh.)*
Bild|plat|te; Bild|re|por|ta|ge; Bild|re|por|ter; Bild|röh|re
bild|sam *(geh.);* **Bild|sam|keit**
Bild|säu|le; Bild|schär|fe
Bild|schirm
Bild|schirm|le|xi|kon; Bild|schirm|scho|ner (*EDV* sich selbst aktivierendes Programm zum Schutz der Bildröhre)
Bild|schirm|text (*Abk.* Btx); **Bild|schirm|zei|tung**
bild|schön
Bild|stel|le; Bild|stock *Plur.* ...stöcke; **Bild|stö|rung; Bild|strei|fen**
bild|syn|chron; bildsynchroner Ton
Bild|ta|fel; Bild|te|le|fon
Bild|te|le|gra|fie, *auch* Bild|te|le|gra|phie
Bild-Ton-Ka|me|ra ↑K 26
Bil|dung; Bil|dungs|an|stalt *(Amtsspr.)*
bil|dungs|be|flis|sen
Bil|dungs|bür|ger|tum *(Soziol.);* **Bil|dungs|chan|cen** *Plur.;* **Bil|dungs|er|leb|nis**
bil|dungs|fä|hig; bil|dungs|feind|lich
Bil|dungs|gang, der; **Bil|dungs|grad; Bil|dungs|lü|cke** [*alte Trennung* ...k|k...]; **Bil|dungs|mög|lich|keit**
Bil|dungs|not|stand; Bil|dungs|plan; Bil|dungs|po|li|tik; Bil|dungs|pri|vi|leg; Bil|dungs|rei|se
bil|dungs|sprach|lich
Bil|dungs|stu|fe; Bil|dungs|ur|laub; Bil|dungs|weg; Bil|dungs|we|sen (das; -s)
Bild|vor|la|ge; Bild|wer|bung; Bild|wer|fer (*für* Projektionsapparat)
Bild|wör|ter|buch; Bild|zu|schrift
Bil|ge, die; -, -n ⟨engl.⟩ (*Seemannsspr.* Kielraum, in dem sich das Leckwasser sammelt); **Bil|ge|was|ser,** das; -s

B

Bil|har|zi|o|se, die; -, -n ⟨nach dem dt. Arzt Bilharz⟩ (eine Wurmkrankheit)
bi|lin|gu|al [*auch* 'bi:...] ⟨lat.⟩ (*fachspr. für* zwei Sprachen sprechend; zweisprachig); **bi|lin|gu|isch** [*auch* 'bi:...] (in zwei Sprachen geschrieben; zweisprachig)
Bi|li|ru|bin, das; -s ⟨lat.⟩ (*Med.* Gallenfarbstoff)
[1]**Bill,** die; -, -s ⟨engl.⟩ (Gesetzentwurf im engl. Parlament)
[2]**Bill** (m. Vorn.)
Bil|lard ['bɪlja..., *österr. auch* bi'ja:r], das; -s, *Plur.* -e, *österr.* -s ⟨franz.⟩ (Kugelspiel; dazugehörender Tisch)
bil|lar|die|ren (beim Billard in regelwidriger Weise stoßen)
Bil|lard|queue (Billardstock)
Bill|ber|gie, die; -, -n ⟨nach dem schwed. Botaniker Billberg⟩ (eine Zimmerpflanze)
Bil|le|teur [bɪljɛ'tø:ɐ̯, *österr.* bijɛ'tø:r], der; -s, -e (*österr. für* Platzanweiser; *schweiz. früher für* Schaffner); **Bil|le|teu|se** [...'tø:...], die; -, -n
Bil|lett [bɪl'jɛt, *österr. meist* bi'je:, *auch* bi'lɛt], das; -[e]s, *Plur.* -s *u.* -e (*veraltet für* Zettel, kurzes Briefchen; *bes. österr. für* Briefkarte; *schweiz. für* Einlasskarte, Fahrkarte)
Bil|li|ar|de, die; -, -n ⟨franz.⟩ (10^{15}; tausend Billionen)
bil|lig; das ist nur recht und billig; **Bil|lig|an|ge|bot**
bil|li|gen
bil|li|ger|ma|ßen; bil|li|ger|wei|se
Bil|lig|job (*ugs.* schlecht entlohnte Tätigkeit)
Bil|lig|keit, die; -
Bil|lig|lohn|land *Plur.* ...länder (Land, in dem vergleichsweise niedrige Löhne gezahlt werden); **Bil|lig|preis**
Bil|li|gung, die; -
Bil|lig|wa|re
Bil|li|on, die; -, -en ⟨franz.⟩ (10^{12}; eine Million Millionen od. tausend Milliarden)
bil|li|on[s]|tel [*alte Trennung* ...|st...]; *vgl.* achtel; **Bil|li|on[s]|tel** [*alte Trennung* ...|st...], das, *schweiz. meist* der; -s, -; *vgl.* Achtel
Bil|lon [bɪl'jõ:], der *od.* das; -s ⟨franz.⟩ (Silberlegierung mit hohem Kupfergehalt [für Münzen])
Bil|sen|kraut, das; -[e]s (ein giftiges Kraut)
Bil|wiss [*alte Schreibung* Bil|wiß], der; Bilwisses (*landsch. für* Kobold, Zauberer)
bim!; bim, bam!
Bim, die; - (*österr. ugs. für* Straßenbahn)
Bim|bam, das; -s; *aber* heiliger Bimbam! *(ugs.)*
Bim|bes, der *od.* das; - (*landsch. für* Geld)
Bi|mes|ter [*alte Trennung* ...|st...], das; -s, - ⟨lat.⟩ (*veraltet für* Zeitraum von zwei Monaten)
Bi|me|tall (*Elektrot.* zwei miteinander verbundene Streifen aus verschiedenem Metall); **Bi|me|tal|lis|mus,** der; - (Doppelwährung)
Bim|mel, die; -, -n (*ugs. für* Glocke)
Bim|mel|bahn *(ugs.)*
Bim|me|lei, die; - *(ugs.)*; **bim|meln** *(ugs.)*; ich bimm[e]le
bim|sen (*ugs. für* schleifen, drillen; angestrengt lernen); du bimst
Bims|stein
bi|när, bi|när, bi|na|risch ⟨lat.⟩ (*fachspr.* aus zwei Einheiten bestehend, Zweistoff...)
Bin|de, die; -, -n; **Bin|de|ge|we|be**
Bin|de|ge|webs|ent|zün|dung; Bin|de|ge|webs|fa|ser; Bin|de|ge|webs|mas|sa|ge; Bin|de|ge|webs|schwä|che
Bin|de|glied; Bin|de|haut; Bin|de|haut|ent|zün|dung
Bin|de|mit|tel, das
bin|den; du bandst (bandest); du bändest; gebunden *(vgl. d.)*; bind[e]!; sich binden
Bin|der; Bin|de|rei; Bin|de|rin
Bin|de-s, das; -, - ↑K 29
Bin|de|strich; Bin|de|wort *Plur.* ...wörter (*für* Konjunktion)
Bind|fa|den
bin|dig; bindiger (schwerer, zäher) Boden; **Bin|dung**
Bin|ge, Pin|ge, die; -, -n (*Bergmannsspr.* durch Einsturz alter Grubenbaue entstandene trichterförmige Vertiefung)
Bin|gel|kraut (ein Gartenunkraut)
Bin|gen (Stadt am Rhein); **Bin|ger;** das Binger Loch; **bin|ge|risch**
Bin|go, das; -[s] ⟨engl.⟩ (Glücksspiel; eine Art Lotto)
Bin|kel, der; -s, -[n] (*bayr., österr. ugs. für* Bündel; Beule)

bin|nen

Präposition mit Dativ:
- binnen einem Jahr (*geh. auch mit Genitiv:* binnen eines Jahres)
- binnen drei Tagen (*auch* binnen dreier Tage)
- binnen kurzem ↑K 72; binnen Jahr und Tag

bin|nen|bords (innerhalb des Schiffes)
bin|nen|deutsch; Bin|nen|deutsch, Bin|nen|deut|sche, das (die deutsche Sprache innerhalb Deutschlands)
Bin|nen|eis; Bin|nen|fi|sche|rei; Bin|nen|han|del; Bin|nen|land *Plur.* ...länder
Bin|nen|markt; Bin|nen|meer; Bin|nen|schif|fer; Bin|nen|see, der
Bi|n|o|kel [*auch* ...'nɔ...], das; -s, - ⟨franz.⟩ (*veraltet für* Brille, Fernrohr, Mikroskop für beide Augen); **bi|n|o|ku|lar** [*auch* 'bi:...] ⟨lat.⟩ (mit beiden Augen, für beide zugleich)
Bi|nom, das; -s, -e ⟨lat.; griech.⟩ (*Math.* Summe aus zwei Gliedern)
Bi|no|mi|al|ko|ef|fi|zi|ent; Bi|no|mi|al|rei|he
bi|no|misch (*Math.* zweigliedrig); binomischer Lehrsatz
Bin|se, die; -, -n; in die Binsen gehen (*ugs. für* verloren gehen; unbrauchbar werden)
Bin|sen|wahr|heit (allgemein bekannte Wahrheit); **Bin|sen|weis|heit**
bi|o... ⟨griech.⟩ (leben[s]...); **Bi|o...** (Leben[s]...)
bi|o|ak|tiv[1] (biologisch aktiv); ein bioaktives Waschmittel
Bi|o|che|mie[1] (Lehre von den chemischen Vorgängen in Lebewesen); **Bi|o|che|mi|ker**[1]; **bi|o|che|misch**[1]
bi|o|dy|na|misch (nur mit organischer Düngung)
Bi|o|e|thik (auf biologisch-medizinische Forschung angewandte Ethik); **Bi|o|e|thi|ker**
Bi|o|gas (bei der Zersetzung von Mist o. Ä. entstehendes Gas)
bi|o|gen (*Biol.* von Lebewesen stammend); **Bi|o|ge|ne|se,** die; -, -n (Entwicklung[sgeschichte] der Lebewesen); **bi|o|ge|ne|tisch**
Bi|o|ge|o|gra|phie[1], *auch* Bi|o|ge-

[1] [*auch* 'bi:...]

o|gra|fie, die; - (Beschreibung der geographischen Verbreitung der Lebewesen)
Bi|o|ge|o|zö|no|se, die; - (Wechselbeziehungen zwischen Pflanzen u. Tieren einerseits u. der unbelebten Umwelt andererseits)
Bi|o|graf, *auch* Bi|o|graph, der; -en, -en (Verfasser einer Lebensbeschreibung); **Bi|o|gra|fie,** *auch* Bi|o|gra|phie, die; -, ...ien (Lebensbeschreibung); **Bi|o|gra|fin,** *auch* Bi|o|gra|phin; **bi|o|gra|fisch,** *auch* bi|o|gra|phisch
Bi|o|graph, Bi|o|gra|phie usw. *vgl.* Biograf, Biografie usw.
Bi|o|ka|ta|ly|sa|tor[1] (die Stoffwechselvorgänge steuernder biolog. Wirkstoff)
Bi|o|kost (Kost, die nur aus natürlichen Nahrungsmitteln besteht)
Bi|o|la|den (Laden, in dem nur chemisch unbehandelte Produkte verkauft werden)
Bi|o|lo|ge, der; -n, -n; **Bi|o|lo|gie,** die; - (Lehre von der belebten Natur); **Bi|o|lo|gie|un|ter|richt; Bi|o|lo|gin**
bi|o|lo|gisch; biologische Schädlingsbekämpfung, *aber* ↑K 150: Biologische Anstalt Helgoland; **bi|o|lo|gisch-dy|na|misch** (nur mit organischer Düngung [arbeitend])
Bi|o|ly|se, die; -, -n (chem. Zersetzung durch lebende Organismen); **bi|o|ly|tisch**
Bi|o|mas|se, die; - (Gesamtheit aller Organismen einschließlich der von ihnen produzierten organischen Substanz an einem Ort)
Bi|o|me|t|rie, Bi|o|me|t|rik, die; - ([Lehre von der] Zählung u. [Körper]messung an Lebewesen)
Bi|o|müll (organische [Haushalts]abfälle)
Bi|o|nik, die; - ⟨*Kurzw. aus* Biologie *u.* Technik⟩ (Wissenschaft, die technische u. elektronische Probleme nach dem Vorbild biologischer Funktionen zu lösen versucht); **bi|o|nisch**
Bi|o|phy|sik[1] (Lehre von den physikalischen Vorgängen in u. an Lebewesen; heilkundlich angewandte Physik)
Bi|op|sie, die; -, -n (*Med.* Untersuchung von Gewebe, das dem lebenden Organismus entnommen ist)
Bi|o|s|phä|re[1] (gesamter irdischer Lebensraum der Pflanzen und Tiere)
Bi|o|tech|nik[1] (Nutzbarmachung biologischer Vorgänge)
bi|o|tisch (*fachspr. für* auf Lebewesen, auf Leben bezüglich)
Bi|o|tit, der; -[e]s, -e ⟨nach dem franz. Physiker Biot⟩ (ein Mineral)
Bi|o|ton|ne ⟨griech.; dt.⟩ (Mülltonne für organische [Haushalts]abfälle)
Bi|o|top, der *u.* das; -s, -e ⟨griech.⟩ (*Biol.* durch bestimmte Lebewesen od. eine bestimmte Art gekennzeichneter Lebensraum)
Bi|o|typ, Bi|o|ty|pus (*Biol.* Gruppe von Lebewesen mit gleicher Erbanlage)
Bi|o|zö|no|se, die; - (Lebensgemeinschaft von Pflanzen u. Tieren); **bi|o|zö|no|tisch**
bi|po|lar [*od.* ...ˈlaːɐ̯] ⟨lat.; griech.⟩ (zweipolig); **Bi|po|la|ri|tät** [*auch* ...ˈtɛːt], die; -
Bi|qua|d|rat ⟨lat.⟩ (*Math.* Quadrat des Quadrats, vierte Potenz); **bi|qua|d|ra|tisch** [*auch* ...ˈdraː...]; biquadratische Gleichung (Gleichung vierten Grades)
Bir|cher|mü|es|li ⟨nach dem Arzt Bircher-Benner⟩ ↑K 136 *vgl.* Müesli *u.* Müsli; **Bir|cher|mus** ↑K 136
Bir|die [ˈbøːɐ̯di], das; -s, -s ⟨engl.⟩ (*Golf* ein Schlag unter Par)
Bi|re|me, die; -, -n ⟨lat., »Zweiruderer«⟩ (antikes Kriegsschiff)
Bi|rett, das; -[e]s, -e ⟨lat.⟩ (Kopfbedeckung des katholischen Geistlichen)
Bir|ger (m. Vorn.)
Bir|git, Bir|git|ta (w. Vorn.)
Bir|ke, die; -, -n (Laubbaum); **bir|ken** (aus Birkenholz)
Bir|ken|stock|san|da|le® (bequeme, der Fußsohle angepasste Sandale)
Bir|ken|wald
Birk|hahn; Birk|huhn
Bir|ma (Staat in Hinterindien; *vgl.* Myanmar); **Bir|ma|ne,** der; -n, -n; **Bir|ma|nin; bir|ma|nisch**
Bir|ming|ham [ˈbøːɐ̯mɪŋəm] (engl. Stadt)
Birn|baum
Bir|ne, die; -, -n; **bir|nen|för|mig, birn|för|mig**
Birn|stab (*Archit.* Stilelement der got. Baukunst)
Birr, das; -[s], -[s] (äthiop. Währungseinheit)
Bir|te (w. Vorn.)

bis

- bis [nach] Berlin; bis hierher; bis wann?
- bis jetzt; bis auf weiteres ↑K 72
- bis nächsten Montag; bis ans Ende der Welt
- bis zu 50 %
- vier- bis fünfmal ↑K 31; *mit Ziffern* 4- bis 5-mal [*alte Schreibung* 5mal])
- bis und mit (*schweiz.* bis einschließlich): bis und mit achtem August

Im folgenden Beispiel steht nach der präpositionalen Fügung »bis zu« der Dativ:
- Gemeinden bis zu 10 000 Einwohnern

Dagegen hat »bis zu« im folgenden Satz keinen Einfluss auf die Beugung, weil es adverbial gebraucht wird:
- wir können bis zu vier gebundene Exemplare abgeben

Zur Setzung des bis-Strichs (–) vgl. das Kapitel »Strich für ›gegen‹ und ›bis‹« im Abschnitt »Textverarbeitung«, S. 114

Bi|sam, der; -s, *Plur.* -e *u.* -s ⟨hebr.⟩ (Moschus *[nur Sing.]*; Pelz); **Bi|sam|rat|te**
Bis|ca|ya *vgl.* Biskaya
bi|schen (*mitteld. für* [ein Baby] beruhigend auf dem Arm wiegen); du bischst
Bisch|kek (Hauptstadt Kirgisiens)
Bi|schof, der; -s, Bischöfe (kirchl. Würdenträger); **Bi|schö|fin,** die, -, -nen; **bi|schöf|lich**
Bi|schofs|hut, der; **Bi|schofs|kon|fe|renz**
bi|schofs|li|la
Bi|schofs|müt|ze; Bi|schofs|sitz; Bi|schofs|stab; Bi|schofs|stuhl
Bi|se, die; -, -n *Plur. selten* (*schweiz. für* Nord[ost]wind)
Bi|se|xu|a|li|tät [*auch* ...ˈtɛːt] (*Biol.* Doppelgeschlechtigkeit; *Med., Psych.* Nebeneinander von homo- u. heterosexuellen Veranlagungen)

[1] [*auch* ˈbiː...]

B

bi|se|xu|ell [*auch* ...'ksu̯ɛl] ⟨lat.⟩ (*Biol.* doppelgeschlechtig; sowohl heterosexuell als auch homosexuell)

bis|her (bis jetzt); **bis|he|rig;** der bisherige Außenminister; *aber* das Bisherige; Bisheriges; beim Bisherigen bleiben; im Bisherigen [*alte Schreibung* bisherigen] (im bisher Gesagten, Geschriebenen)

Bis|ka|ya, *auch* Bis|ca|ya [*beide* ...'ka:ja], die; - (*kurz für* Golf von Biskaya; Bucht des Atlantiks)

Bis|kot|te, die; -, -n ⟨ital.⟩ (*österr. für* Löffelbiskuit)

Bis|kuit [...'kvi:t, *auch* ...'kvɪt], das, *auch* der; -[e]s, *Plur.* -s, *auch* -e ⟨franz.⟩ (feines Gebäck aus Eierschaum)

Bis|kuit|por|zel|lan; Bis|kuit|teig

bis|lang (bis jetzt)

Bis|marck (Gründer und Kanzler des Deutschen Reiches)

Bis|marck|ar|chi|pel, der; -s (Inselgruppe nordöstl. von Neuguinea); **Bis|marck|he|ring**

bis|mar|ckisch, bis|marcksch; die bismarck[i]schen, *auch* Bismarck'schen [*alte Schreibung* Bismarck[i]schen] Sozialgesetze; ein Politiker von bismarck[i]schem, *auch* Bismarck'schem Format

Bis|mark (Stadt in der Altmark)

Bis|mut *vgl.* Wismut; **Bis|mu|tum,** das; -[s] (*lat. Bez. für* Wismut; *Zeichen* Bi)

Bi|son, der; -s, -s (nordamerik. Büffel)

Biss [*alte Schreibung* Biß], der; Bisses, Bisse

Bis|sau (Hauptstadt von Guinea-Bissau)

biss|chen [*alte Schreibung* bißchen] ↑K 70; das bisschen; dieses kleine bisschen; ein bisschen (ein wenig); ein klein bisschen; mit ein bisschen Geduld

Biss|chen [*alte Schreibung* Bißchen] (kleiner Bissen)

bis|sel, bis|serl (*landsch. für* bisschen); ein bissel Brot

Bis|sen, der; -s, -; **bis|sen|wei|se**

bis|serl *vgl.* bissel

biss|fest [*alte Schreibung* bißfest]; Nudeln bissfest kochen

Biss|gurn [*alte Schreibung* Bißgurn], die; -, - (*bayr., österr. ugs. für* zänkische Frau)

bis|sig; Bis|sig|keit

Bis|ten [*alte Trennung* ...|st...], das; -s (Lockruf der Haselhenne)

Bis|ter [*alte Trennung* ...|st...], der *od.* das; -s ⟨franz.⟩ (braune Wasserfarbe)

Bis|t|ro [*auch* ...'tro:; *alte Trennung* ...|st...], das; -s, -s ⟨franz.⟩ (kleines Lokal)

Bis|tum, das; -s, ...tümer (Amtsbezirk eines kath. Bischofs)

bis|wei|len

Bis|wind, der; -[e]s (*schweiz., südbad. neben* Bise)

Bit, das; -[s], -[s] ⟨engl.; *Kurzw. aus* binary digit⟩ (*EDV* Informationseinheit); *Zeichen* bit

Bi|thy|ni|en (antike Landschaft in Kleinasien); **Bi|thy|ni|er; bi|thy|nisch**

Bitt|brief

bit|te; bitte schön!; bitte wenden! (*Abk.* b. w.); geben Sie mir[,] bitte[,] das Buch ↑K 130; du musst Bitte, *auch* bitte sagen; **Bit|te,** die; -, -n

bit|ten; du batst (batest); du bätest; gebeten; bitt[e]!; **Bit|ten,** das; -s

bit|ter; bit|ter|bö|se

Bit|te|re, der; Bitter[e]n, Bitter[e]n *u.* Bitt|re, der; -n, -n (bitterer Schnaps)

bit|ter|ernst; es wird bitterernst (sehr ernst); **bit|ter|kalt;** es ist bitterkalt [*alte Schreibung* bitter kalt]; ein bitterkalter Wintertag

Bit|ter|keit, die; -; **Bit|ter|klee**

bit|ter|lich; Bit|ter|ling (Fisch; Pflanze; Pilz)

Bit|ter|man|del|öl, das; -s

Bit|ter|nis, die; -, -se (*geh.*)

Bit|ter|salz (Magnesiumsulfat)

bit|ter|süß, *auch* **bit|ter-süß** ↑K 23

Bit|ter|was|ser *Plur.* ...wässer; Mineralwasser mit Bittersalzen

Bit|ter|wurz *od.* **Bit|ter|wur|zel** (Gelber Enzian)

Bit|te|schön, das; -s; sie sagte ein höfliches Bitteschön; *vgl. aber* bitte

Bitt|gang, der; **Bitt|ge|bet; Bitt|ge|such**

Bitt|re *vgl.* Bittere

Bitt|schrift (*veraltend*); **Bitt|stel|ler**

Bitt|tag, *auch* **Bitt-Tag** [*alte Schreibung* Bittag, *alte Trennung* ...tt|t...] (*kath. Kirche*)

Bi|tu|men, das; -s, *Plur.* -, *auch* ...mina ⟨lat.⟩ (teerartige [Abdichtungs- u. Isolier]masse); **bi|tu|mig**

bi|tu|mi|nie|ren (mit Bitumen behandeln); **bi|tu|mi|nös**

¹bit|zeln (*bes. südd. für* prickeln; [vor Kälte] beißend weh tun; *österr. auch für* zornig, gereizt sein; kleinlich genau vorgehen)

²bit|zeln (*mitteld. für* kleine Stückchen abschneiden); ich bitz[e]le

Bit|zel|was|ser (*bes. südd. für* Sprudelwasser)

Bitz|ler ⟨zu ¹bitzeln⟩ (*österr. ugs.*); **bitz|lig**

bi|va|lent [*auch* 'bi:...] (zweiwertig)

Bi|wak, das; -s, *Plur.* -s *u.* -e ⟨nordd.-franz.⟩ (behelfsmäßiges Nachtlager im Freien); **bi|wa|kie|ren**

bi|zarr ⟨franz.⟩ (wunderlich; seltsam); **Bi|zar|re|rie,** die; -, ...ien

Bi|zeps, der; -[es], -e ⟨lat.⟩ (Beugemuskel des Oberarmes)

Bi|zet [...'ze:] (franz. Komponist)

bi|zy|k|lisch, *fachspr.* bi|cy|c|lisch [*auch* ...'tsy:...] (einen Kohlenstoffdoppelring enthaltend)

Björn (m. Vorn.)

Bjørn|son ['bjœ...] (norweg. Schriftsteller)

Bk = *chem. Zeichen für* Berkelium

BKA, das; - = Bundeskriminalamt

Bl. = Blatt (Papier)

Bla|bla, das; -[s] (*ugs. für* Gerede)

Bla|che (*landsch. u. schweiz. Nebenform von* Blahe)

Blach|feld (*geh. veraltend für* flaches Feld)

Black|box ['blɛk...], die; -, -es, *auch* **Black Box** [*alte Schreibung* Black box], die; - -, - -es ⟨engl.⟩ (Teil eines kybernetischen Systems; Flugschreiber)

Black-out, *auch* **Black|out** [blɛk-'aut], das *u.* der; -[s], -s (Geistesabwesenheit, Erinnerungslücke; *Theater* plötzliche Verdunkelung am Szenenschluss; *auch* kleiner Sketsch; *Raumfahrt* Unterbrechung des Funkkontakts)

Black|po|w|er ['blɛk'pau̯ɐ], die; -, *auch* **Black Po|w|er,** die; - - (Bewegung nordamerikanischer Schwarzer gegen die Rassendiskriminierung)

blad (*österr. ugs. abwertend für* dick); **Bla|de,** der *u.* die; -n, -n

blaf|fen, bläf|fen (*ugs. für* bellen)

Blaf|fer, Bläf|fer (*ugs.*)

Blag, das; -s, -en *u.* **Bla|ge,** die; -, -n (*ugs. für* [lästiges] Kind)

Bläh|bauch (aufgeblähter Bauch)

Bla|he, *landsch. auch* Bla|che, *ös-*

terr. Pla̤che, die; -, -n (Plane, Wagendecke; grobe Leinwand)
blä̤|hen; sich blähen; **Blä̤|hung**
bla̤|ken (*nordd.* schwelen, rußen)
blä̤|ken (*ugs. abwertend* schreien)
Bla̤|ker ‹*zu* blaken› (metallene [Wand]leuchte mit reflektierendem Schild)
bla̤|kig (*nordd. für* rußend)
bla|ma̤|bel ‹franz.› (beschämend); ...a|b|le Geschichte
Bla|ma̤|ge [...ʒə], die; -, -n (Schande; Bloßstellung)
bla|mie̤|ren ‹franz.›
Bla̤n|ca (w. Vorn.)
blan|chie|ren [blãˈʃiː...] ‹franz.› (*Gastron.* überbrühen)
bla̤nd ‹lat.› (*Med.* milde, reizlos [von einer Diät]; ruhig verlaufend [von einer Krankheit])
Blan|di̤|ne (w. Vorn.)

bla̤nk
(rein, bloß) – blan|ker, blanks|te – ↑K 140: der Blanke [*alte Schreibung* blanke] Hans (*nordd. für* stürmische Nordsee)
Getrenntschreibung vom folgenden Verb oder Partizip, wenn »blank« gesteigert oder erweitert werden kann: – blank machen, reiben usw. – wenn die Nerven blank liegen [*alte Schreibung* blankliegen]; Kabel sollen nicht blank liegen – die blank polierte [*alte Schreibung* blankpolierte] Dose; die Dose ist blank poliert *Vgl. aber* blankziehen

Blank [blɛŋk], das; -s, -s ‹engl.› (*EDV* [Wort]zwischenraum, Leerstelle)
Bla̤n|ka (w. Vorn.)
Blä̤n|ke, die; -, -n (*selten für* kleiner Tümpel)
Bla̤nk|eis ([Gletscher]eis ohne Schnee)
Blan|ke|ne̤|se (Stadtteil von Hamburg)
Blan|ke̤tt, das; -[e]s, -e ‹*zu* blank› (unterschriebenes, noch nicht [vollständig] ausgefülltes Schriftstück)
bla̤n|ko ‹ital.› (leer, unausgefüllt)
Bla̤n|ko|scheck; Bla̤n|ko|voll|macht (*übertr. für* unbeschränkte Vollmacht)
Bla̤nk|vers ‹engl.› (fünffüßiger Jambenvers)
bla̤nk|zie|hen; er hat den Säbel blankgezogen (aus der Scheide)
Blä̤s|chen; Bla̤|se, die; -, -n; ein Blasen ziehendes [*alte Schreibung* blasenziehendes] Mittel
Bla̤|se|balg *Plur.* ...bälge
bla̤|sen; du bläst, er bläst; ich blies, du bliesest; geblasen; blas[e]!
Bla̤|sen|bil|dung
Bla̤|sen|ent|zün|dung
Bla̤|sen|kam|mer (*Kernphysik* Gerät zum Sichtbarmachen der Bahnspuren ionisierender Teilchen)
Bla̤|sen|ka|tarrh, *auch* Bla̤|sen|ka|tarr; **Bla̤|sen|ka|the|ter; Bla̤|sen|lei|den; Bla̤|sen|spie|ge|lung; Bla̤|sen|stein**
Bla̤|sen|tang (eine Braunalgenart)
Bla̤|sen zie|hend [*alte Schreibung* bla|sen|zie|hend] *vgl.* Blase
Blä̤|ser; Bla|se|re̤i; Blä̤|se|rin
bla|sie̤rt ‹franz.› (dünkelhaft-herablassend; hochnäsig); **Bla|sie̤rt|heit,** die; -
bla̤|sig; Bla̤s|in|s|t|ru|ment
Bla̤|si|us (m. Vorn.)
Bla̤s|ka|pel|le; Bla̤s|mu|sik
Bla|son [...ˈzõː], der; -s, -s ‹franz.› (*Heraldik* Wappen[schild])
bla|so|nie̤|ren (Wappen fachgerecht beschreiben); **Bla|so|nie̤|rung**
Blas|phe|mie̤, die; -, ...i̤en ‹griech.› (Gotteslästerung); **blas|phe|mie̤|ren**
blas|phe̤|misch, blas|phe|mi̤s|tisch [*alte Trennung* ...|st...]
Bla̤s|rohr
bla̤ss [*alte Schreibung* blaß]; blasser (*auch* blässer), blasseste (*auch* blässeste); blass sein; blass werden; **bla̤ss|blau** [*alte Schreibung* blaß|blau]
Blä̤s|se, die; - (Blassheit); *vgl. aber* Blesse
bla̤s|sen (*selten für* blass werden); du blasst [*alte Schreibung* blaßt]; geblasst [*alte Schreibung* geblaßt]
Blä̤ss|huhn, Ble̤ss|huhn [*alte Schreibungen* Bläß|huhn, Bleßhuhn]
blä̤ss|lich [*alte Schreibung* bläßlich]; **bla̤ss|ro|sa** [*alte Schreibung* blaß|ro|sa]
Blas|to|ge|ne̤|se [*alte Trennung* ...|st...], die; - ‹griech.› (*Biol.* ungeschlechtliche Entstehung eines Lebewesens)
Blas|to̤m [*alte Trennung* ...|st...], das; -s, -e (*Med.* Geschwulst)
Bla̤s|tu|la [*alte Trennung* ...|st...], die; -, ...lae (*Biol.* Entwicklungsstadium des Embryos nach der Furchung der Eizelle)
Bla̤tt, das; -[e]s, Blätter (*Abk.* Bl. [Papier]); 5 Blatt Papier
bla̤t|ten (*Jägerspr.* auf einem Blatt [Pflanzenblatt od. Instrument] Rehe anlocken); **Bla̤t|ter** (Instrument zum Blatten)
blä̤t|te|rig, blätt|rig; **Blä̤t|ter|ma|gen** (Magen der Wiederkäuer)
blä̤t|tern; ich blättere
Bla̤t|tern *Plur.* (*älter für* Pocken); **Bla̤t|ter|nar|be** (*älter für* Pockennarbe); **bla̤t|ter|nar|big** (*älter für* pockennarbig)
Blä̤t|ter|teig
Blä̤t|ter|wald (*scherzh. für* Vielzahl von Zeitungen)
blä̤t|ter|wei|se, blatt|wei|se; **Blä̤t|ter|werk,** Blatt|werk, das; -[e]s
Bla̤tt|fe|der; Bla̤tt|gold; Bla̤tt|grün; Bla̤tt|laus
bla̤tt|los; Bla̤tt|pflan|ze
blä̤tt|rig, blät|te|rig
Bla̤tt|schuss [*alte Schreibung* Blatt|schuß]
Bla̤tt|tang, *auch* **Bla̤tt-Tang** [*alte Schreibung* Blattang, *alte Trennung* ...tt|t...], der; -[e]s
Bla̤tt|trieb, *auch* **Bla̤tt-Trieb**
bla̤tt|wei|se, blät|ter|wei|se; **Bla̤tt|werk,** Blät|ter|werk, das; -[e]s
blau̲ *s. Kasten S. 236*
Blau̲, das; -s, *Plur.* -, *ugs.* -s (blaue Farbe); in Blau gekleidet; mit Blau bemalt; Stoffe in Blau; das Blau des Himmels; **blau̲|äu|gig**
Blau̲|bart, der; -[e]s, ...bärte (Frauenmörder [im Märchen]); **Blau̲|ba|salt; Blau̲|bee|re** (*ostmitteld. für* Heidelbeere)
blau̲|blü|tig (*ugs. für* adlig); **Blau̲|druck** *Plur.* ...drucke
Blau̲e, das; -n ↑K 72; ins Blaue schießen; das Blaue vom Himmel [herunter]reden; Fahrt ins Blaue; **Blä̲ue,** die; - (Himmel[sblau])
Blau̲|ei|sen|erz
blau̲|en (*geh. für* blau werden); der Himmel blaut
[1]**bläu̲|en** (blau machen, färben)
[2]**bläu̲|en** [*alte Schreibung* bleu|en] (*ugs. für* schlagen)
Blau̲|fel|chen (ein Fisch); **Blau̲|fuchs**
blau̲|grau ↑K 23; **blau̲|grün** ↑K 23
Blau̲|helm, der; -[e]s, -e (UNO-Soldat)
Blau̲|ja|cke [*alte Trennung* ...k|k...] (*ugs. für* Matrose)

B

blau

blau|er, blau[e]s|te

Kleinschreibung:
– blau sein (*auch ugs. für* betrunken sein)
– blau in blau;
– die blaue Blume (Sinnbild der Romantik);
– blauer Brief (*ugs. für* Mahnschreiben der Schule an die Eltern, *auch* Kündigungsschreiben)
– jmdm. blauen Dunst vormachen *(ugs.)*
– blauer Fleck (*ugs. für* Bluterguss)
– unsere blauen Jungs (*ugs. für* Marinesoldaten)
– die blaue Mauritius; blauer Montag
– sein blaues Wunder erleben (*ugs. für* staunen)
– Aal blau
– *im Pass o. Ä.:* Augen: blau

Großschreibung der Substantivierung ↑K 72:
– die Farbe Blau; ins Blaue reden; Fahrt ins Blaue
in Namen und bestimmten namenähnlichen Fügungen ↑K 88 *u.* 89:
– das Blaue Band des Ozeans
– Blauer Eisenhut
– der Blaue Engel (Siegel für umweltschonende Produkte)
– die Blaue Grotte (von Capri)
– der Blaue Nil
– der Blaue [*alte Schreibung* blaue] Planet (die Erde)
– der Blaue Reiter (Name einer Künstlergemeinschaft)
Vgl. auch Blau, Blaue

Zusammensetzungen von »blau« mit einer anderen Farbbezeichnung:
– blaugrün, *auch* blau-grün; blaurot, *auch* blau-rot usw. ↑K 23

Getrennt- und Zusammenschreibung:
– das Kleid ist blau gestreift; ein blau gestreifter [*alte Schreibung* blaugestreifter] Stoff
– etwas blau färben, blau machen, blau streichen
Vgl. aber blaumachen

Blau|kraut, das; -[e]s; (*landsch. u. österr. für* Rotkohl)
bläu|lich; bläulich grün [*alte Schreibung* bläulichgrün], bläulich rot [*alte Schreibung* bläulichrot] usw. ↑K 61
Blau|licht *Plur.* ...lichter
Blau|ling, Bläu|ling (ein Schmetterling; Fisch)
blau|ma|chen (*ugs. für* nicht zur Arbeit, Schule o. Ä. gehen), *aber* blau ma|chen (blau färben)
Blau|mann *Plur.* ...männer (*ugs. für* blauer Monteuranzug)
Blau|mei|se; Blau|pau|se (Lichtpause auf bläulichem Papier)
Blau|ra|cke [*alte Trennung* ...k|k...] (ein Vogel)
blau|rot ↑K 23
Blau|säu|re, die; -; **Blau|schim|mel**
blau|sti|chig; ein blaustichiges Farbfoto
Blau|strumpf (*veraltend scherzh. für* intellektuelle Frau)
Blau|weiß|por|zel|lan *(fachspr.)*
Bla|zer ['ble:zɐ], der; -s, - ‹engl.› (Klubjacke; sportl. Jackett)
Blech, das; -[e]s, -e
Blech|blas|in|s|t|ru|ment; Blech|büch|se; Blech|do|se
ble|chen (*ugs. für* zahlen)
ble|chern (aus Blech); **Blech|la|wi|ne** (*ugs. für* lange Kolonne dicht aufeinander folgender Autos); **Blech|mu|sik**
Blech|ner (*südd. für* Klempner)
Blech|sa|lat (*ugs. für* Autounfall mit Totalschaden); **Blech|schach|tel; Blech|scha|den; Blech|sche|re**
ble|cken [*alte Trennung* ...k|k...]; die Zähne blecken
[1]**Blei,** der; -[e]s, -e (*svw.* Brachse)
[2]**Blei,** das; -[e]s, -e (chemisches Element, Metall; *Zeichen* Pb [*vgl.* Plumbum]; Richtblei; *zollamtlich für* Plombe)
[3]**Blei,** der, *auch* das; -[e]s, -e (*ugs. kurz für* Bleistift)
Blei|a|sche
Blei|be, die; -, -n *Plur. selten* (Unterkunft)
blei|ben; du bliebst; geblieben; bleib[e]!; ↑K 55: bleiben lassen (*auch für* unterlassen, [*alte Schreibung* bleibenlassen]); sie hat es bleiben lassen (*seltener* bleiben gelassen)
Blei|be|recht (Aufenthaltsrecht von Ausländern im Inland)
bleich; Blei|che, die; -, -n
[1]**blei|chen** (bleich machen); du bleichtest; gebleicht; bleich[e]!; die Sonne bleicht das Haar
[2]**blei|chen** (bleich werden); du bleichtest (*veraltet* blichst); gebleicht (*veraltet* geblichen); bleich[e]!; der Teppich bleicht in der Sonne
Blei|che|rei; Blei|chert, der; -s, -e (blasser Rotwein)
Bleich|ge|sicht *Plur.* ...gesichter
Bleich|sand (*Geol.* graublaue Sandschicht)
Bleich|sucht, die; -
bleich|süch|tig
blei|en (mit Blei versehen); **blei|ern** (aus Blei); **blei|far|ben**
blei|frei; bleifrei (mit bleifreiem Benzin) fahren; **Blei|frei,** das; -s *meist ohne Artikel;* Bleifrei (bleifreies Benzin) tanken
Blei|fuß *(ugs.);* mit Bleifuß (ständig mit Vollgas) fahren
Blei|gie|ßen, das; -s; **Blei|glanz** (ein Mineral)
blei|hal|tig
Blei|kris|tall [*alte Trennung* ...|st...]; **blei|schwer**
Blei|stift, der; *vgl. auch* [3]Blei
Blei|stift|ab|satz *(ugs.);* **Blei|stift|spit|zer; Blei|stift|stum|mel**
Blei|weiß (Bleifarbe)
Blen|de, die; -, -n (ein Mineral; *Optik* lichtabschirmende Scheibe; *Fotogr.* Einrichtung zur Belichtungsregulierung; *Archit.* blindes Fenster, Nische)
blen|den; Blen|den|au|to|ma|tik *(Fototechnik)*
blen|dend; ein blendend weißes [*alte Schreibung* blendendweißes] Kleid; der Schnee war blendend weiß
Blen|der; blend|frei
Blend|gra|na|te; Blend|la|ter|ne
Blend|schutz; Blend|schutz|zaun *(Verkehrsw.)*
Blen|dung; Blend|werk *(geh.)*
Bles|se, die; -, -n (weißer Stirnfleck od. -streifen; Tier mit weißem Stirnfleck); *vgl. aber* Blässe
Bless|huhn [*alte Schreibung* Bleßhuhn] *vgl.* Blässhuhn
bles|sie|ren ‹franz.› (*veraltet für* verwunden)
Bles|sur, die; -, -en (*geh. für* Verwundung)
bleu [blø:] ‹franz.› (blassblau);

vgl. auch beige; **Bleu,** das; -s, *Plur.* -, *ugs.* -s

Bleu|el, der; -s, - (*veraltet für* Schlägel [zum Wäscheklopfen])

bleu|en *alte Schreibung für* ²bläuen

Blick, der; -[e]s, -e; **blick|dicht;** blickdichte Strumpfhosen

bli|cken [*alte Trennung* ...k|k...]

Blick|fang; Blick|feld; Blick|kon|takt

blick|los

Blick|punkt; Blick|rich|tung; Blick|win|kel

blind; blinder Alarm; blind sein, werden; sich blind stellen; ein blind geborenes [*alte Schreibung* blindgeborenes] Kind; *vgl.* blind fliegen, blind schreiben, blind spielen, blind Geborene

Blind|darm; Blind|darm|ent|zün|dung

Blind|date ['blaind'de:t] das; -[s], -s, *auch* **Blind Date,** das; - -[s], - -s ‹amerik.› (Verabredung mit einer unbekannten Person)

Blin|de, der *u.* die; -n, -n; **Blin|de|kuh** *ohne Artikel;* Blindekuh spielen

Blin|den|an|stalt; Blin|den|füh|rer; Blin|den|hund; Blin|den|schrift; Blin|den|stock

Blin|den|ver|band; Deutscher Blindenverband

blind flie|gen, *fachspr. auch* **blind|flie|gen** (ohne Sicht, nur mit Instrumenten fliegen); **Blind|flie|gen,** das; -s; **Blind|flug**

Blind|gän|ger

blind ge|bo|ren [*alte Schreibung* blind|ge|bo|ren] *vgl.* blind; **blind Ge|bo|re|ne, blind Ge|bor|ne,** der *u.* die; - -n, - -n, *auch* **Blind|ge|bo|re|ne, Blind|ge|bor|ne,** der *u.* die; -n, -n

Blind|heit, die; -

blind|lings

Blind|schacht (*Bergmannsspr.* nicht zu Tage gehender Schacht)

Blind|schlei|che, die; -, -n

blind schrei|ben, *fachspr. auch* **blind|schrei|ben** (auf Schreibmaschine od. Computertastatur); um blind zu schreiben, *fachspr. auch* um blindzuschreiben; **Blind|schreib|ver|fah|ren**

blind spie|len, *fachspr. auch* **blind|spie|len** *(Schach);* **Blind|spie|ler**

blind|wü|tig; Blind|wü|tig|keit

blink; blink und blank

blin|ken; Blin|ker; Blin|ke|rei

blin|kern; ich blinkere

Blink|feu|er (Seezeichen); **Blink|leuch|te; Blink|licht** *Plur.* ...lichter; **Blink|zei|chen**

blin|zeln; ich blinz[e]le

Blis|ter [*alte Trennung* ...|st...], der; -s, - ‹engl.› (Kunststofffolie zur Verpackung)

Blitz, der; -es, -e

Blitz|ab|lei|ter; Blitz|ak|ti|on

blitz|ar|tig

blitz|blank, *ugs. auch* blit|ze|blank; **blitz|blau,** *ugs. auch* blit|ze|blau

blit|zen (*ugs. auch für* mit Blitzlicht fotografieren; [in provozierender Absicht] nackt über belebte Straßen o. Ä. rennen)

Blit|zes|schnel|le, die; -

Blitz|ge|rät; blitz|ge|scheit

Blitz|ge|spräch; Blitz|kar|ri|e|re

Blitz|krieg

Blitz|lam|pe *(Fototechnik);* **Blitz|licht** *Plur.* ...lichter; **Blitz|licht|auf|nah|me**

blitz|sau|ber

Blitz|schach; Blitz|schlag

blitz|schnell

Blitz|sieg; Blitz|strahl; Blitz|um|fra|ge; Blitz|wür|fel *(Fototechnik)*

Bliz|zard [...zɐt], der; -s, -s ‹engl.› (Schneesturm [in Nordamerika])

¹Bloch, der, *auch* das; -[e]s, *Plur.* Blöcher, *österr. meist* Bloche (*südd. u. österr. für* Holzblock, -stamm)

²Bloch (dt. Philosoph)

blo|chen (*schweiz. für* bohnern); **Blo|cher** (*schweiz. für* Bohner[besen])

Block
der; -[e]s
Plural für Beton-, Eisen-, Fels-, Granit-, Hack-, Holz-, Metall-, Motor-, Stein-, Zylinderblock: – Blö|cke [*alte Trennung* ...k|ke]
Plural für Abreiß-, Brief-, Buch-, Formular-, Häuser-, Kalender-, Kassen-, Notiz-, Rezept-, Schreib-, Steno[gramm]-, Wohn-, Zeichenblock: – Blocks *od.* Blö|cke, *österreichisch u. schweizerisch nur* Blöcke
Plural für Macht-, Militär-, Währungs-, Wirtschaftsblock u. a.: – Blö|cke, *selten* Blocks

Blo|cka|de [*alte Trennung* ...k|k...], die; -, -n ‹franz.› ([See]sperre, Einschließung; *Druckw.* durch Blockieren gekennzeichnete Stelle)

Block|bil|dung

Block|buch (aus einzelnen Holzschnitten geklebtes Buch des 15. Jh.s)

Block|buch|sta|be

Block|bus|ter ['blɔkbastɐ; *alte Trennung* ...|ster], der; -s, - ‹engl.› (außergewöhnlich erfolgreiches Produkt, bes. ein Kinofilm)

blo|cken [*alte Trennung* ...k|k...] (*südd. auch für* bohnern); **Blo|cker** (*südd. für* Bohnerbesen)

Block|flö|te; Block|haus

blo|ckie|ren [*alte Trennung* ...k|k...] ‹franz.› (einschließen, blocken, [ab]sperren; unterbinden, unterbrechen; *Druckw.* fehlenden Text durch ▮▮ kennzeichnen); **Blo|ckie|rung**

blo|ckig [*alte Trennung* ...k|k...] (klotzig)

Block|malz (Hustenbonbon[s] aus Malzzucker); **Block|po|li|tik**

Blocks|berg, der; -[e]s (*in der Volkssage für* ²Brocken)

Block|scho|ko|la|de; Block|schrift; Block|si|g|nal *(Eisenb.)*

Block|stel|le *(Eisenb.);* **Block|stun|de** (*Schulw.* Doppelstunde im Schulunterricht)

Blo|ckung [*alte Trennung* ...k|k...]

Block|un|ter|richt *(Schulw.);* **Block|werk** (*Eisenb.* Kontrollstelle für einen Streckenabschnitt)

blöd, blö|de; blödes|te (*ugs. für* dumm); sich blöd stellen

Blö|del, der; -s, - (*ugs. abwertend für* dummer Mensch)

Blö|del|bar|de; Blö|de|lei; blö|deln (*ugs. für* Unsinn reden, albern sein); ich blöd[e]le

Blöd|ham|mel (*svw.* Blödel); **Blöd|heit** (Dummheit)

Blö|di|an, der; -[e]s, -e (*svw.* Blödel); **Blö|dig|keit,** die; - (*veraltet für* Schwäche; Schüchternheit)

Blöd|ling (*svw.* Blödel); **Blöd|mann** *Plur.* ...männer (*svw.* Blödel)

Blöd|sinn, der; -[e]s *(ugs.);* **blöd|sin|nig** (*svw.* blöd); **Blöd|sin|nig|keit** *(ugs.)*

blö|ken

blond ‹franz.›; blond gefärbtes [*alte Schreibung* blondgefärbtes], blond gelocktes [*alte Schreibung* blondgelocktes]

B

Haar; ihr Haar war blond gefärbt
¹Blon|de, die *u.* der; -n, -n (blonde Frau; blonder Mann)
²Blon|de, die *u.* das; -n, -n (Glas Weißbier, helles Bier); zwei Blonde; ein kühles Blondes
³Blon|de [*auch* blõ:t, 'blõ:də], die; -, -n (Seidenspitze)
blond ge|lockt [*alte Schreibung* blond|ge|lockt] *vgl.* blond; **Blond|haar,** das; -[e]s
blon|die|ren (blond färben)
Blon|di|ne, die; -, -n (blonde Frau); zwei reizende Blondinen; **Blon|di|nen|witz**
Blond|kopf; blond|lo|ckig [*alte Trennung* ...k|k...]
¹bloß (nur)
²bloß (entblößt); **Blö|ße,** die; -, -n; **bloß|fü|ßig** *(veraltend)*
bloß|le|gen; bloß|lie|gen; bloß|stel|len; Bloß|stel|lung
bloß|stram|peln, sich
Blou|son [blu'zõ:], das, *auch* der; -[s], -s ‹franz.› (über Rock od. Hose getragene, an den Hüften eng anliegende Jacke mit Bund)
Blow-up ['blo:|ap], das; -s, -s ‹engl.› (fotograf. Vergrößerung)
blub|bern (*nordd. für* glucksen; rasch u. undeutlich sprechen); ich blubbere
Blü|cher (preuß. Feldmarschall)
Blu|denz (österr. Stadt)
Blue|chip ['blu:'tʃɪp], der; -s, -s, *auch* **Blue Chip** [*alte Schreibung* Blue chip], der; - -s, - -s ‹engl.› (erstklassiges Wertpapier)
Blue|jean, *auch* **Blue Jean** [blu:'dʒi:n], die; -, -s (*österr. für* Bluejeans)
Blue|jeans ['blu:dʒi:ns], *auch* **Blue Jeans** [*alte Schreibung* Blue jeans] *Plur.* ‹amerik.› (blaue [Arbeits]hose aus geköpertem Baumwollgewebe)
Blues [blu:s], der; -, - (*urspr.* Volkslied der nordamerik. Schwarzen; ältere Jazzform; langsamer Tanz im $^4/_4$-Takt)
Bluff [*auch* blœf], der; -s, -s ‹engl.› (Verblüffung; Täuschung); **bluf|fen**
blü|hen
Blüm|chen; Blüm|chen|kaf|fee (*ugs. scherzh. für* dünner Kaffee)
Blu|me, die; -, -n
Blu|men|beet; Blu|men|bin|der (Berufsbez.); **Blu|men|bin|de|rin**
Blu|men|bou|quet, ...bu|kett
Blu|men|draht; Blu|men|frau; Blu|men|ge|schäft
blu|men|ge|schmückt ↑K 59
Blu|men|gruß; Blu|men|kas|ten [*alte Trennung* ...|st...]; **Blu|men|kind; Blu|men|kohl; Blu|men|ra|bat|te**
blu|men|reich; Blu|men|strauß *Plur.* ...sträuße; **Blu|men|topf**
blü|me|rant ‹franz.› (*ugs. für* übel, flau); mir ist ganz blümerant
blu|mig; Blüm|lein
Blun|ze, die; -, -n, *auch* **Blun|zen,** die; -, - (*bayr., österr. ugs. für* Blutwurst)
Blu|se, die; -, -n ‹franz.›
Blü|se, die; -, -n (*Seemannsspr.* Leuchtfeuer)
blu|sig
Blust, der *od.* das; -[e]s (*südd. u. schweiz., sonst veraltet für* Blütezeit, Blühen)
Blut, das; -[e]s, *Plur. (Med. fachspr.)* -e; *vgl.* blutbildend, blutreinigend, blutsaugend, blutstillend
Blut|a|der; Blut|al|ko|hol
¹blut|arm (arm an Blut)
²blut|arm (*ugs. für* sehr arm)
Blut|ar|mut; Blut|bad; Blut|bahn; Blut|bank *Plur.* ...banken (Sammelstelle für Blutkonserven)
blut|be|schmiert
Blut|bild; blut|bil|dend, *auch* **Blut bil|dend;** ein blutbildendes, *auch* Blut bildendes Medikament; das Medikament ist, wirkt blutbildend ↑K 58 *u.* 59
Blut|bla|se; Blut|bu|che
Blut|do|ping (*Sport* leistungssteigernde Eigenblutinjektion)
Blut|druck, der; -[e]s; **blut|druck|sen|kend**
Blut|durst *(geh.);* **blut|dürs|tig** [*alte Trennung* ...|st...] *(geh.)*
Blü|te, die; -, -n
Blut|e|gel; Blut|ei|weiß
blu|ten
Blü|ten|blatt; Blü|ten|ho|nig; Blü|ten|kelch; Blü|ten|le|se
blü|ten|los; blütenlose Pflanze
Blü|ten|stand; Blü|ten|staub
blü|ten|weiß; blütenweiße Wäsche
Blü|ten|zweig
Blu|ter (jmd., der an der Bluterkrankheit leidet)
Blut|er|guss [*alte Schreibung* Blut|er|guß]
Blu|ter|krank|heit, die; - (erbliche Störung der Gerinnungsfähigkeit des Blutes)
Blü|te|zeit
Blut|farb|stoff; Blut|fleck; Blut|ge|fäß; Blut|ge|rinn|sel
Blut|grup|pe; Blut|grup|pen|un|ter|su|chung
Blut|hoch|druck; Blut|hund
blu|tig
¹...blü|tig ‹*zu* Blut› (z. B. heißblütig)
²...blü|tig ‹*zu* Blüte› (z. B. langblütig)
blut|jung (*ugs. für* sehr jung)
Blut|kon|ser|ve (konserviertes Blut); **Blut|kör|per|chen; Blut|krebs; Blut|kreis|lauf; Blut|la|che**
blut|leer (ohne Blut)
...blüt|ler (z. B. Lippenblütler)
blut|mä|ßig *vgl.* blutsmäßig
Blut|o|ran|ge; Blut|pfropf; Blut|plas|ma
Blut|plätt|chen; Blut|pro|be; Blut|ra|che; Blut|rausch
blut|rei|ni|gend, *auch* **Blut rei|ni|gend;** blutreinigender, *auch* Blut reinigender Tee; das Getränk ist, wirkt blutreinigend ↑K 58 *u.* 59
blut|rot
blut|rüns|tig [*alte Trennung* ...|st...]
blut|sau|gend, *auch* **Blut sau|gend;** ein blutsaugender, *auch* Blut saugender Vampir ↑K 58 *u.* 59; **Blut|sau|ger**
Bluts|bru|der; Bluts|brü|der|schaft
Blut|schan|de, die; -; **blut|schän|de|risch**
Blut|sen|kung; Blut|se|rum
bluts|mä|ßig (durch Blutsverwandtschaft bedingt)
Blut|spen|der; Blut|spur
blut|stil|lend, *auch* **Blut stil|lend;** blutstillende, *auch* Blut stillende Watte; das Mittel wirkt blutstillend ↑K 58 *u.* 59
Bluts|trop|fen; Blut|sturz
bluts|ver|wandt; Bluts|ver|wand|te; Bluts|ver|wandt|schaft
Blut|tat; Blut|trans|fu|si|on
blut|trie|fend; blut|ü|ber|strömt
Blut|ü|ber|tra|gung
Blu|tung
blut|un|ter|lau|fen
Blut|un|ter|su|chung; Blut|ver|gie|ßen; Blut|ver|gif|tung; Blut|ver|lust
blut|ver|schmiert; blut|voll
Blut|wä|sche; Blut|was|ser
blut|we|nig (*ugs. für* sehr wenig)
Blut|wurst; Blut|zeu|ge (*für* Märtyrer); **Blut|zoll** *(geh.)*
Blut|zu|cker [*alte Trennung* ...k|k...]; **Blut|zu|fuhr**
BLZ = Bankleitzahl

B-Ma|tu|ra (*österr.* Beamtenaufstiegsprüfung)
b-Moll ['be:..., *auch* 'be:'mɔl], das; - (Tonart; *Zeichen* b); **b-Moll-Ton|lei|ter** ↑K26
BMW®, der; -[s], -[s] ‹nach dem Unternehmen Bayerische Motoren Werke AG› (deutsche Kraftfahrzeugmarke)
BMX-Rad [be:|ɛm'|ɪks...] ‹zu engl. bicycle moto-cross› (kleineres, bes. geländegängiges Fahrrad)
BND = Bundesnachrichtendienst
Bö, *auch* Böe, die; -, Böen (heftiger Windstoß)
Boa, die; -, -s (eine Riesenschlange; langer, schmaler Schal aus Pelz oder Federn)
Boat|peo|p|le, *auch* **Boat-Peo|p|le** ['bo:tpi:pl̩; *alte Schreibung* Boat peo|ple] *Plur.* ‹engl.› (mit Booten geflohene [vietnamesische] Flüchtlinge)
[1]**Bob** (m. Vorn.)
[2]**Bob**, der; -s, -s ‹engl., *Kurzform für* Bobsleigh› (Rennschlitten); **Bob|bahn**
bob|ben (beim Bobfahren durch eine ruckweise Oberkörperbewegung die Fahrt beschleunigen)
Bob|by [...bi], der; -s, -s ‹nach dem Reorganisator der engl. Polizei, Robert (»Bobby«) Peel› (*engl. ugs. für* Polizist)
[1]**Bo|ber**, der; -s, - (schwimmendes Seezeichen)
[2]**Bo|ber**, der; -s (Nebenfluss der Oder)
Bo|bi|ne, die; -, -n ‹franz.› ([Garn]spule in der Baumwollspinnerei; endloser Papierstreifen zur Herstellung von Zigarettenhülsen; *Bergmannsspr.* Wickeltrommel für Förderseile)
Bo|bi|net [*auch* ...'nɛt], der; -s, -s ‹engl.› (Gewebe; engl. Tüll)
Bob|sleigh [...sle:], der; -s, -s; *vgl.* [2]Bob
Bob|tail [...te:l], der; -s, -s ‹engl.› (Hunderasse)
Boc|cac|cio [...'katʃo] (ital. Dichter)
Boc|cia [...tʃa], das *od.* die; -, -s ‹ital.› (ital. Kugelspiel)
Boche [bɔʃ], der; -, -s ‹franz.› (franz. Schimpfname für den Deutschen)
Bo|cholt (Stadt im Münsterland)
Bo|chum (Stadt im Ruhrgebiet); **Bo|chu|mer**
[1]**Bock**, der; -[e]s, Böcke (Ziegen-, Rehbock o. Ä.; Gestell; Turngerät); Bock springen; *aber* das Bockspringen; *(bes. Jugendspr.)* auf etw. Bock (Lust) haben
[2]**Bock**, das, *auch* der; -s (*Kurzform für* Bockbier); zwei Bock
bock|bei|nig
Bock|bier
Böck|chen
bö|ckeln [*alte Trennung* ...k|k...] (*landsch. für* nach [1]Bock riechen)
bo|cken [*alte Trennung* ...k|k...]
bo|ckig [*alte Trennung* ...k|k...]; **Bo|ckig|keit**, die; -
Bock|kä|fer; Bock|lei|ter, die
Böck|lin (schweiz. Maler)
Bock|mist (*ugs. für* Blödsinn, Fehler)
Bocks|beu|tel (bauchige Flasche; Frankenwein in solcher Flasche); **Bocks|dorn**, der; -[e]s (Strauch)
Böck|ser, der; -s, - (*Winzerspr.* fauliger Geruch u. Geschmack bei jungem Wein)
Bocks|horn *Plur.* ...hörner; lass dich nicht ins Bockshorn jagen (*ugs. für* einschüchtern)
Bocks|hörndl, das; -s, -n (*österr. ugs. für* Frucht des Johannisbrotbaumes); **Bocks|horn|klee**, der; -s (eine Pflanze)
Bock|sprin|gen, das; -s ↑K82; **Bock|sprung; Bock|wurst**
Bod|den, der; -s, - (*nordd. für* Strandsee, [Ostsee]bucht)
Bo|de|ga, die; -, -s ‹span.› (span. Weinkeller, -schenke)
Bo|de|gym|nas|tik, *auch* **Bo|de-Gym|nas|tik** [*alte Trennung* ...|st...], die; - (Ausdrucksgymnastik nach Rudolf Bode)
Bo|del|schwingh (dt. ev. Theologe)
Bo|den, der; -s, Böden
Bo|den|ab|wehr *(Milit.)*; **Bo|den|be|ar|bei|tung; Bo|den|be|lag**
Bo|den-Bo|den-Ra|ke|te
Bo|den|e|ro|si|on *(Geol.)*; **Bo|den|frei|heit** *(Technik)*; **Bo|den|frost; Bo|den|haf|tung** *(Motorsport)*
Bo|den|hal|tung *(Landw.)*
Bo|den|kam|mer
Bo|den|le|ger (Berufsbez.)
bo|den|los ↑K72: ins Bodenlose fallen
Bo|den|ne|bel; Bo|den|per|so|nal; Bo|den|re|form; Bo|den|satz; Bo|den|schät|ze *(Plur.)*
Bo|den|see, der; -s
Bo|den|spe|ku|la|ti|on
bo|den|stän|dig
Bo|den|sta|ti|on; Bo|den|tur|nen; Bo|den|va|se; Bo|den|wel|le; Bo|den|wich|se (*schweiz. für* Bohnerwachs)
bo|di|gen (*schweiz. für* besiegen)
Bod|me|rei (Schiffsbeleihung, -verpfändung)
Bo|do (m. Vorn.); *vgl.* Boto
Bo|dy [...di], der; -s, -s ‹engl.› (*engl. Bez. für* Körper; *kurz für* Bodysuit)
Bo|dy|buil|der [...bɪldɐ], der; -s, - (jmd., der Bodybuilding betreibt); **Bo|dy|buil|de|rin; Bo|dy|buil|ding**, das; -[s] (gezieltes Muskeltraining mit besonderen Geräten)
Bo|dy|check, der; -s, -s (erlaubtes Rempeln des Gegners beim Eishockey)
Bo|dy|guard [...ga:ɐ̯t], der; -s, -s (Leibwächter)
Bo|dy|pain|ting [...pe:n...], das; -[s] (Bemalung des ganzen Körpers als Kunstform)
Bo|dy|sto|cking [...stɔ...; *alte Trennung* ...k|k...], der; -[s], -s; *vgl.* Bodysuit
Bo|dy|suit [...sju:t], der; -[s], -s (eng anliegende, einteilige Unterkleidung)
Böe *vgl.* Bö
Boe|ing ['bo:ɪŋ], die; -, -s (amerik. Flugzeugtyp)
Bo|e|thi|us (spätröm. Philosoph)
Bo|fist [*auch* bo'fist], **Bo|vist** ['bo:vist, *auch* bo'vist], der; -[e]s, -e (ein Pilz)
Bo|gen, der; -s, *Plur.* - *u. (bes. südd., österr. u. schweiz.)* Bögen; *Abk.* (für den Bogen Papier:) Bg.; in Bausch und Bogen (ganz und gar)
Bo|gen|füh|rung *(Musik)*
Bo|gen|lam|pe
Bo|gen|schie|ßen, das; -s *(Sport)*; **Bo|gen|schüt|ze**
Bo|gey ['boʊgi], das; -s, -s ‹engl.› (*Golf* ein Schlag über Par)
bo|gig
Bo|gis|law (m. Vorn.)
Bo|go|tá, *amtlich* Santafé de Bogotá (Hauptstadt Kolumbiens)
Bo|heme [bo'ɛ:m, *auch* bo'hɛ:m], die; - (unkonventionelles Künstlermilieu); **Bo|he|mi|en** [boe'mi̯ɛ̃:, *auch* bohe...], der; -s, -s (Angehöriger der Boheme)
Boh|le, die; -, -n (starkes Brett); **Boh|len|be|lag**
Böh|me, der; -n, -n; **Böh|men; Böh|mer|land**, das; -[e]s; **Böh|mer-**

B

wald, der; -[e]s ↑K 143 (Gebirge); **Böh|mer|wäld|ler**
Böh|min; böh|misch (*auch ugs. für* unverständlich); das kommt mir böhmisch vor; das sind für mich böhmische Dörfer, *aber* ↑K 140: Böhmisches Mittelgebirge
Böhn|chen; Boh|ne, die; -, -n
boh|nen (*landsch. für* bohnern)
Boh|nen|ein|topf; Boh|nen|kaf|fee; Boh|nen|kraut; Boh|nen|sa|lat; Boh|nen|stan|ge
Boh|nen|stroh; dumm wie Bohnenstroh *(ugs.)*
Boh|ner (*svw.* Bohnerbesen); **Boh|ner|be|sen**
boh|nern; ich bohnere; **Boh|ner|wachs**
boh|ren; Boh|rer
Bohr|fut|ter *(Technik);* **Bohr|ham|mer** (mit Druckluft betriebener Schlagbohrer)
Bohr|in|sel; Bohr|loch; Bohr|ma|schi|ne; Bohr|turm
Boh|rung
bö|ig; böiger Wind (in kurzen Stößen wehender Wind)
Boi|ler, der; -s, - ‹engl.› (Warmwasserbereiter)
Boi|zen|burg (Stadt an der Elbe)
Bo|jar, der; -en, -en ‹russ.› (Adliger im alten Russland; Großgrundbesitzer im alten Rumänien)
Bo|je, die; -, -n (*Seemannsspr.* [verankerter] Schwimmkörper als Seezeichen od. zum Festmachen); **Bo|jen|ge|schirr**
Bok|mål [...mo:l], das; -[s] ‹norw.› (vom Dänischen beeinflusste norw. Schriftsprache [*vgl.* Riksmål *u.* Nynorsk])
Bol *vgl.* Bolus
Bo|la, die; -, -s ‹span.› (südamerik. Wurf- und Fangleine)
Bo|le|ro, der; -s, -s (Tanz; kurze Jacke); **Bo|le|ro|jäck|chen**
Bo|lid, Bo|li|de, der; ...iden, ...iden (schwerer Rennwagen; *Astron.* Meteor)
Bo|li|var, der; -[s], -[s] (Währungseinheit in Venezuela)
Bo|li|vi|a|ner; Bo|li|vi|a|ne|rin; bo|li|vi|a|nisch
Bo|li|vi|a|no, der; -[s], -[s] (bolivianische Währungseinheit)
Bo|li|vi|en (südamerikanischer Staat); **Bo|li|vi|er** *vgl.* Bolivianer; **Bo|li|vi|e|rin** *vgl.* Bolivianerin; **bo|li|visch** *vgl.* bolivianisch
böl|ken (*nordd. für* blöken [vom Rind, Schaf], brüllen; aufstoßen)
Böll (dt. Schriftsteller)
Bol|lan|dist, der; -en, -en (Mitglied der jesuit. Arbeitsgemeinschaft zur Herausgabe von Heiligenleben)
Bol|le, die; -, -n (*landsch. für* Zwiebel; Loch im Strumpf)
Böl|ler (kleiner Mörser zum Schießen, Feuerwerkskörper)
bol|lern (*landsch. für* poltern, krachen)
böl|lern; ich böllere
Bol|ler|wa|gen (*landsch. für* Handwagen)
Bol|let|te, die; -, -n ‹ital.› (*österr. für* Zoll-, Steuerbescheinigung)
Boll|werk
Bo|lo|g|na [...ˈlɔnja] (italienische Stadt); **Bo|lo|g|ne|se,** der; -n, -n; **Bo|lo|g|ne|ser; bo|lo|g|ne|sisch**
Bo|lo|me|ter, das; -s, - ‹griech.› (Strahlungsmessgerät)
Bol|sche|wik, der; -en, *Plur.* -i *u.* (abwertend) -en ‹russ.› (*histor. Bez. für* Mitglied der kommunistischen Partei Russlands bzw. der Sowjetunion); **Bol|sche|wi|kin**
bol|sche|wi|sie|ren; Bol|sche|wi|sie|rung
Bol|sche|wis|mus, der; -; **Bol|sche|wist,** der; -en, -en; **Bol|sche|wis|tin** [*alte Trennung* ...|st...]; **bol|sche|wis|tisch**
Bol|schoi|the|a|ter (Opern- u. Ballettbühne in Moskau)
Bo|lus, Bol, der; -, ...li ‹griech.› (Tonerdesilikat; *Med.* Bissen; große Pille)
Bol|za|no (*ital. Name von* Bozen)
bol|zen (*Fußball* derb, systemlos spielen); du bolzt; **Bol|zen,** der; -s, -; **bol|zen|ge|ra|de**
Bol|ze|rei; Bolz|platz
Bom|ba|ge [...ʒə, *österr.* ...ʒ], die; -, -n ‹franz.› (Biegen von Glastafeln u. Blech; Hervorwölbung des Deckels von Konservendosen mit verdorbenem Inhalt)
Bom|bar|de, die; -, -n (Steinschleudermaschine des 15. bis 17. Jh.s)
Bom|bar|de|ment [...ˈmã:, *österr.* ...bardˈmã:, *schweiz.* bɔmbardəˈmɛnt], das; -s, *Plur.* -s, *schweiz.* -e (Beschießung; Abwurf von Bomben); **bom|bar|die|ren**
Bom|bar|dier|kä|fer *(Zool.);* **Bom|bar|die|rung**
Bom|bar|don [...ˈdõ:], das; -s, -s (Basstuba)
Bom|bast, der; -[e]s ‹pers.-engl.› ([Rede]schwulst, Wortschwall); **bom|bas|tisch** [*alte Trennung* ...|st...]
Bom|bay [...be] (Stadt in Indien)
Bom|be, die; -, -n ‹franz.› (mit Sprengstoff angefüllter Hohlkörper; *ugs.* wuchtiger Schuss aufs [Fußball]tor); **bom|ben** *(ugs.)*
Bom|ben|an|griff; Bom|ben|an|schlag; Bom|ben|dro|hung; Bom|ben|er|folg (*ugs. für* großer Erfolg)
[1]**bom|ben|fest;** ein bombenfester Unterstand
[2]**bom|ben|fest** (*ugs. für* ganz sicher); sie behauptet es bombenfest
Bom|ben|flug|zeug; Bom|ben|form *(ugs.);* **Bom|ben|ge|schäft** *(ugs.)*
Bom|ben|krieg
Bom|ben|schuss [*alte Schreibung* ...schuß] *(Sport)*
[1]**bom|ben|si|cher;** ein bombensicherer Keller
[2]**bom|ben|si|cher** *(ugs.);* sie weiß es bombensicher
Bom|ben|stim|mung *(ugs.);* **Bom|ben|tep|pich; Bom|ben|ter|ror**
Bom|ber; Bom|ber|ja|cke [*alte Trennung* ...k|k...]; **Bom|ber|ver|band**
bom|bie|ren ‹*zu* Bombage› (*fachspr. für* biegen [von Glas, Blech]); bombiertes Blech (Wellblech); **Bom|bie|rung**
bom|big (*ugs. für* hervorragend)
Bom|mel, die; -, -n *u.* der; -s, - (*landsch. für* Quaste)
Bon [bõ:], der; -s, -s ‹franz.› (Gutschein; Kassenzettel)
bo|na fi|de ‹lat.› (guten Glaubens)
Bo|na|par|te (Familienn. Napoleons)
Bo|na|par|tis|mus, der; -; **Bo|na|par|tist,** der; -en, -en (Anhänger der Familie Bonaparte)
Bo|na|ven|tu|ra (Kirchenlehrer)
Bon|bon [bõˈbõ:], der *od. (österr. nur)* das; -s, -s ‹franz.› (Süßigkeit zum Lutschen); **bon|bon|far|ben**
Bon|bon|ni|e|re, *auch* Bon|bo|ni|e|re, die; -, -n (gut ausgestattete Pralinenpackung)
Bond, der; -s, -s ‹engl.› (*Bankw.* Schuldverschreibung mit fester Verzinsung)
bon|gen ‹franz.› (*ugs. für* einen

B

Kassenbon tippen); ist gebongt (*ugs. für* ist abgemacht)
Bon|go, das; -[s], -s *od.* die; -, -s *meist Plur.* ‹span.› (paarweise verwendete [Jazz]trommel)
Bön|ha|se (*nordd. für* Pfuscher; nichtzünftiger Handwerker)
Bon|ho|mie [bɔno'mi:], die; -, ...ien ‹franz.› (*veraltet für* Gutmütigkeit, Einfalt); **Bon|homme** [bɔ'nɔm], der; -, -s (*veraltet für* gutmütiger, einfältiger Mensch)
Bo|ni|fa|ti|us, Bo|ni|faz [*auch* 'bo:...] (Verkünder des Christentums in Deutschland; m. Vorn.); **Bo|ni|fa|ti|us|brun|nen**
Bo|ni|fi|ka|ti|on, die; -, -en ‹lat.› (Vergütung, Gutschrift); **bo|ni|fi|zie|ren** (vergüten, gutschreiben)
Bo|ni|tät, die; -, -en (*Kaufmannsspr.* [guter] Ruf einer Person od. Firma in Bezug auf ihre Zahlungsfähigkeit *[nur Sing.]; Forstw., Landw.* Güte, Wert eines Bodens)
bo|ni|tie|ren ([Grundstück, Boden, Waren] schätzen); **Bo|ni|tie|rung**
Bon|mot [bõ'mo:], das; -s, -s ‹franz.› (geistreiche Wendung)
Bonn (Bundesstadt)
Bon|nard [...'na:ɐ̯] (franz. Maler)
Bon|ner ‹*zu* Bonn›
Bon|net [...'ne:], das; -s, -s ‹franz.› (Damenhaube des 18. Jh.s)
[1]**Bon|sai**, der; -[s], -s ‹jap.› (japan. Zwergbaum)
[2]**Bon|sai**, das; - (Kunst des Ziehens von Zwergbäumen)
Bon|sels (dt. Schriftsteller)
Bont|je, der; -s, -s (*landsch. für* Bonbon)
Bo|nus, der; *Gen.* - *u.* Bonusses, *Plur.* - *u.* Bonusse, *auch* Boni ‹lat.› (Vergütung; Rabatt)
Bon|vi|vant [bõvi'vã:], der; -s, -s ‹franz.› (*veraltend für* Lebemann; *Theater* Fach des Salonhelden)
Bon|ze, der; -n, -n ‹jap.› ([buddhistischer] Mönch, Priester; *abwertend für* dem Volk entfremdeter höherer Funktionär)
Bon|zen|tum, das; -s
Boo|gie-Woo|gie ['bʊgi'vʊgi], der; -[s], -s ‹amerik.› (Jazzart; ein Tanz)
Book|let ['buklɪt] das; -s, -s ‹engl.› (kleines Beiheft)
Book|mark ['bukma:k], die; -, -s *od.* das; -s, -s ‹engl.› (*EDV* Eintrag einer Internetadresse in einem elektronischen Verzeichnis)
Boom [bu:m], der; -s, -s ‹engl.› ([plötzlicher] Wirtschaftsaufschwung, Hausse an der Börse); **boo|men** (*ugs. für* einen Boom erleben)
[1]**Boot**, das; -[e]s, *Plur.* -e, *landsch. auch* Böte; Boot fahren
[2]**Boot** [bu:t], der; -s, -s *meist Plur.* ‹engl.› (bis über den Knöchel reichender [Wildleder]schuh)
Boot|chen *(landsch.)*
boo|ten ['bu:tn̩] (*EDV* einen Computer neu starten); ich boote, ich habe gebootet
Bo|o|tes, der; - ‹griech.› (ein Sternbild)
Bö|o|ti|en (altgriech. Landschaft); **Bö|o|ti|er; Bö|o|ti|e|rin**
Boot|leg|ger ['bu:t...], der; -s, - ‹amerik.› (*amerik. Bez. für* Alkoholschmuggler)
Boots|bau *Plur.* ...bauten; **Boots|gast** *Plur.* -en (Matrose im Bootsdienst)
Boots|ha|ken; Boots|haus; Boots|län|ge
Boots|mann *Plur.* ...leute; **Boots|manns|maat**
Boots|mo|tor; Boots|steg
boot[s]|wei|se
Bor, das; -s ‹pers.› (chemisches Element, Nichtmetall; *Zeichen* B)
Bo|ra, die; -, -s ‹ital.› (kalter Adriawind)
Bo|ra|go, der; -s ‹arab.› (Borretsch)
Bo|rat, das; -[e]s, -e ‹pers.› (borsaures Salz)
Bo|rax, der, *österr. auch* das; *Gen.* - *u.* -es (Borverbindung)
Bor|chardt (dt. Schriftsteller)
Bor|chert (dt. Schriftsteller)
[1]**Bord**, das; -[e]s, -e ([Bücher-, Wand]brett)
[2]**Bord**, der; -[e]s, -e ([Schiffs]rand, -deck, -seite; *übertr. auch für* Schiff, Luftfahrzeug); *heute meist in Fügungen wie* an Bord gehen; Mann über Bord!
[3]**Bord**, das; -[e]s, -e (*schweiz. für* Rand, [kleiner] Abhang, Böschung)
Bord|buch (Schiffstagebuch; Fahrtenbuch)
Bord|case [...ke:s], das *u.* der; -, *Plur.* - *u.* -s ‹dt.; engl.› (kleiner Koffer [für Flugreisen])
Bord|com|pu|ter; Bord|dienst
Bör|de, die; -, -n (fruchtbare Ebene); Magdeburger Börde
[1]**Bor|deaux** [...'do:] (franz. Stadt); Bordeaux' [...'do:s] Hafen
[2]**Bor|deaux**, der; -, *Plur. (Sorten:)* - (ein Wein); **bor|deaux|rot** (weinrot)
Bor|de|lai|ser [...'lɛ:...]; Bordelaiser Brühe (Mittel gegen [Reben]krankheiten)
Bor|de|le|se, der; -n, -n (Einwohner von Bordeaux); **Bor|de|le|sin**
Bor|dell, das; -s, -e (Haus, in dem Prostituierte ihrem Gewerbe nachgehen)
bör|deln (Blech mit einem Rand versehen; umbiegen); ich börd[e]le; **Bör|de|lung**
Bor|de|reau [...'ro:], *auch* **Bor|de|ro**, der *od.* das; -s, -s ‹franz.› (*Bankw.* Verzeichnis eingelieferter Wertpapiere)
Bor|der|preis ‹engl.; dt.› (Preis frei Grenze)
Bord|funk; Bord|fun|ker
bor|die|ren ‹franz.› (*fachspr. für* einfassen, besetzen); **Bor|die|rung**
Bord|ka|me|ra; Bord|kan|te
Bord|stein; Bord|stein|kan|te
Bor|dü|re, die; -, -n ‹franz.› (Einfassung, [farbiger] Geweberand, Besatz); **Bor|dü|ren|kleid**
Bord|waf|fe *meist Plur.;* **Bord|zei|tung**
bo|re|al ‹griech.› (nördlich)
[1]**Bo|re|as** (griech. Gottheit [des Nordwindes])
[2]**Bo|re|as**, der; - (Nordwind im Gebiet des Ägäischen Meeres)
[1]**Borg** (das Borgen); *nur noch in* auf Borg kaufen
[2]**Borg**, der; -[e]s, -e (bereits als Ferkel kastriertes männliches Schwein)
bor|gen
Bor|ghe|se [...'ge:...] (röm. Adelsgeschlecht)
Bor|gia [...dʒa], der; -s, -s *u.* die; -, -s (Angehörige[r] eines span.-ital. Adelsgeschlechtes)
Bor|gis, die; - ‹franz.› (*Druckw.* ein Schriftgrad)
borg|wei|se *(selten)*
Bo|ris (m. Vorn.)
Bor|ke, die; -, -n (Rinde)
Bor|ken|kä|fer; Bor|ken|krepp
Bor|ken|scho|ko|la|de
bor|kig
Bor|kum (eine der Ostfriesischen Inseln)

B

Born, der; -[e]s, -e (*veraltet, noch geh. für* Quelle, Brunnen)
Bör|ne (dt. Schriftsteller)
Bor|neo (größte der Großen Sundainseln)
Born|holm (eine dän. Ostseeinsel)
bor|niert ‹franz.› (unbelehrbar, engstirnig); **Bor|niert|heit**
Bor|retsch, der; -[e]s (ein Küchenkraut)
Bör|ri|es (m. Vorn.)
Bor|ro|mä|i|sche In|seln *Plur.* ↑K 135 (im Lago Maggiore)
Bor|ro|mä|us (m. Eigenn.); **Bor|ro|mä|us|ver|ein,** *auch* **Bor|ro|mä|us-Ver|ein**
Bor|sal|be, die; - (ein Heilmittel); **Bor|säu|re,** die; -
Borschtsch, der; - ‹russ.› (russ. Kohlsuppe mit Fleisch)
Bör|se, die; -, -n ‹niederl.› (*Wirtsch.* Markt für Wertpapiere; *veraltend für* Portmonee; *Boxen* Einnahme aus einem Wettkampf)
Bör|sen|be|richt; Bör|sen|ge|schäft; Bör|sen|kurs; Bör|sen|mak|ler; Bör|sen|mak|le|rin
bör|sen|no|tiert, *auch (bes. österr.)* **bör|se|no|tiert**
Bör|sen|spe|ku|lant; Bör|sen|spe|ku|la|ti|on
Bör|sen|tipp [*alte Schreibung* ...tip]; **Bör|sen|ver|ein**
Bör|si|a|ner (*ugs. für* Börsenspekulant)
Bors|te [*alte Trennung* ...|st...], die; -, -n (starkes Haar); **Bors|ten|vieh** *(ugs. scherzh.)*
bors|tig [*alte Trennung* ...|st...]; **Bors|tig|keit**
Borst|wisch (*ostmitteld. für* Handfeger; vgl. Bartwisch)
Bor|te, die; -, -n (gemustertes Band als Besatz)
Bo|rus|se, der; -n, -n (*scherzh. für* Preuße); **Bo|rus|sia,** die; - (Frauengestalt als Symbol Preußens)
Bor|was|ser, das; -s
bös *vgl.* böse
bös|ar|tig; Bös|ar|tig|keit, die; -
[1]**Bosch,** Robert (dt. Erfinder); die boschsche, *auch* Bosch'sche [*alte Schreibung* Boschsche] Zündkerze
[2]**Bosch** [*auch* bɔs], Hieronymus (niederländ. Maler)
bö|schen (*Eisenb., Straßenbau* abschrägen)
Bö|schung; Bö|schungs|win|kel
Bos|co, Don (Priester u. Pädagoge)

bö|se,
bös
Kleinschreibung: – böser Blick; böses Wetter; eine böse Sieben; der böses|te seiner Feinde; jenseits von gut und böse [*alte Schreibung* jenseits von Gut und Böse]
Großschreibung der Substantivierung ↑K 72: – das Gute und das Böse unterscheiden; das Böses|te, was mir passieren kann; sich zum Bösen wenden – der Böse *(vgl. d.)* – im Bösen [*alte Schreibung* bösen] auseinander gehen; im Guten wie im Bösen [*alte Schreibung* im guten wie im bösen]

Bö|se, der; -n, -n (*auch für* Teufel *[nur Sing.]*)
Bö|se|wicht, der; -[e]s, *Plur.* -er, *auch, österr. nur,* -e
bos|haft; Bos|haf|tig|keit
Bos|heit
Bos|kett, das; -s, -e ‹franz.› (Ziergebüsch)
Bos|koop, Bos|kop, der; -s, - ‹nach dem niederl. Ort Boskoop› (Apfelsorte)
Bos|ni|a|ke, der; -n, -n (südslaw. Moslem in Bosnien und Herzegowina); **Bos|ni|a|kin**
Bos|ni|en (Gebiet im Norden von Bosnien und Herzegowina); **Bos|ni|en-Her|ze|go|wi|na,** -s, *amtlich* **Bos|ni|en und Her|ze|go|wi|na,** -s - -s (Staat in Südosteuropa)
Bos|ni|er; Bos|ni|e|rin
Bos|nigl, der; -s, -n (*bayr., österr. ugs. für* boshafter Mensch)
bos|nisch; bos|nisch-her|ze|go|wi|nisch
Bos|po|rus, der; - (Meerenge bei Istanbul)
Boss [*alte Schreibung* Boß], der; Bosses, Bosse ‹amerik.› (Chef; Vorgesetzter)
Bos|sa no|va, der; - -, - -s ‹port.› (ein Tanz)
Bo|ßel, der; -s, - *u.* die; -, -n (*nordd. für* Kugel)
bos|se|lie|ren *vgl.* bossieren
bos|seln (*ugs. für* kleine Arbeiten [peinlich genau] machen; *auch für* bossieren); ich boss[e]le
bo|ßeln (*nordd. für* mit der [dem] Boßel werfen); ich ...[e]le
Bos|sen|qua|der *(Bauw.);* **Bos|sen|werk** (rau bearbeitetes Mauerwerk)
Bos|sier|ei|sen (Gerät zum Behauen roher Mauersteine)
bos|sie|ren (die Rohform einer Figur aus Stein herausschlagen; Mauersteine behauen; *auch* in Ton, Wachs od. Gips modellieren); **Bos|sie|rer**
Bos|sier|wachs
Bos|sing, das; -s ‹engl.› (ständiges Schikanieren einzelner Mitarbeiter[innen] durch den Vorgesetzten [um sie von ihrem Arbeitsplatz zu vertreiben])
Bos|titch®, der -es, -e (*schweiz. für* Gerät zum Zusammenheften)
[1]**Bos|ton** [...tn; *alte Trennung* ...|st...] (Stadt in England und in den USA)
[2]**Bos|ton** [*alte Trennung* ...|st...], das; -s (ein Kartenspiel)
[3]**Bos|ton** [*alte Trennung* ...|st...], der; -s, -s (ein Tanz)
bös|wil|lig; Bös|wil|lig|keit, die; -
Bo|ta|nik, die; - ‹griech.› (Pflanzenkunde); **Bo|ta|ni|ker; Bo|ta|ni|ke|rin**
bo|ta|nisch; botanische Gärten, *aber* ↑K 150: der Botanische Garten in München
bo|ta|ni|sie|ren (Pflanzen sammeln)
Bo|ta|ni|sier|trom|mel
Böt|chen (kleines Boot)
Bo|te, der; -n, -n
Bo|tel, das; -s, -s ‹*Kurzw. aus* Boot u. Hotel› (als Hotel ausgebautes Schiff)
Bo|ten|dienst; Bo|ten|frau; Bo|ten|gang; Bo|ten|lohn
Bo|tin
Böt|lein (kleines Boot)
bot|mä|ßig (*geh., veraltet für* untertan); **Bot|mä|ßig|keit,** die; -
Bo|to (m. Vorn.)
Bo|to|ku|de, der; -n, -n (brasilian. Indianer); **bo|to|ku|disch**
Bot|schaft (diplomatische Vertretung); **Bot|schaf|ter; Bot|schaf|ter|e|be|ne;** auf Botschafterebene; **Bot|schaf|te|rin**
Bot|schafts|rat *Plur.* ...räte; **Bot|schafts|se|k|re|tär**
Bo|t|su|a|na (Staat in Afrika); **Bo|t|su|a|ner; Bo|t|su|a|ne|rin; bo|t|su|a|nisch**
Bo|ts|wa|na (*schweiz. für* Botsuana); **bo|ts|wa|nisch** (*schweiz. für* botsuanisch)
Bott, das; -[e]s, -e (*schweiz. für* Mitgliederversammlung)

Bött|cher (Bottichmacher); *vgl. auch* Büttner *u.* Küfer; **Bött|cher|ar|beit; Bött|che|rei**
bött|chern; ich böttch[e]re
Bot|ten *Plur.* (*landsch. für* Stiefel; große, klobige Schuhe)
Bot|ti|cel|li [...'tʃɛl...], Sandro (ital. Maler)
Bot|tich, der; -[e]s, -e
Bot|tle|par|ty, *auch* **Bot|tle-Par|ty** [...tl̩...], die; -, -s ‹engl.› (Party, zu der die Gäste die Getränke mitbringen)
bott|nisch, *aber* ↑K 140: der Bottnische Meerbusen
Bo|tu|lis|mus, der; - ‹lat.› (*Med.* bakterielle Lebensmittelvergiftung)
[1]**Bou|c|lé** [bu'kle:], *auch* Bu|k|lee, das; -s, -s ‹franz.› (Garn mit Knoten u. Schlingen)
[2]**Bou|c|lé,** *auch* Bu|k|lee, der; -s, -s (Gewebe u. Teppich aus [1]Bouclé)
Bou|doir [bu'dọa:ɐ̯], das; -s, -s ‹franz.› (*veraltet für* elegantes Zimmer einer Dame)
Bou|gain|vil|lea [bugɛ̃...], die; -, ...le|en ‹nach dem Comte de Bougainville› (eine Zierpflanze)
Bou|gie [bu'ʒi:], die; -, -s ‹franz.› (*Med.* Dehnsonde); **bou|gie|ren** (*Med.* mit der Dehnsonde untersuchen, erweitern)
Bouil|la|baisse [buja'bɛ:s], die; -, -s ‹franz.› (provenzalische Fischsuppe)
Bouil|lon [bʊl'jõ:, *österr.* bu'jõ], die; -, -s (Kraft-, Fleischbrühe); **Bouil|lon|wür|fel**
Boule [bu:l], das; -[s], *auch* die; - ‹franz.› (franz. Kugelspiel)
Bou|le|vard [bulə'va:ɐ̯, *österr.* bʊl-'va:ɐ̯], der; -s, -s ‹franz.› (breite [Ring]straße)
Bou|le|vard|pres|se *(abwertend);* **Bou|le|vard|the|a|ter; Bou|le|vard|zei|tung**
Bou|lez [bu'lɛ:s] (franz. Komponist u. Dirigent)
Bou|lo|g|ner [bu'lɔnjɐ]; **Bou|lo|g|ne-sur-Mer** [bu'lɔnjəsʏrmɛ:r] (franz. Stadt)
Bou|quet [bu'ke:], das; -s, -s, Bukett, das; -[e]s, *Plur.* -s *u.* -e ‹franz.› ([Blumen]strauß; Duft [des Weines]
Bou|qui|nist [buki...], der; -en, -en ‹franz.› ([Straßen]buchhändler in Paris)
Bour|bo|ne [bʊr...], der; -n, -n (Angehöriger eines franz. Herrschergeschlechtes); **bour|bo|nisch**
bour|geois [bʊr'ʒọa] ‹franz.› (der Bourgeoisie angehörend, entsprechend); bourgeoises [...'ʒọa:zəs] Verhalten
Bour|geois, der; -, - (*abwertend für* wohlhabender, selbstzufriedener Bürger)
Bour|geoi|sie [...ʒọa'zi:], die; -, ...i̯en ([wohlhabender] Bürgerstand; *marxist.* herrschende Klasse im Kapitalismus)
Bour|rée [bʊ're:], die; -, -s ‹franz.› (ein alter Tanz; Teil der Suite)
Bour|ret|te [bʊ...], die; -, -n ‹franz.› (Gewebe aus Abfallseide)
Bour|tan|ger Moor ['bu:ɐ̯... -], das; - -[e]s (teilweise trockengelegtes Moorgebiet westl. der mittleren Ems)
Bou|teil|le [bu'tɛ:j(ə)], die; -, -n [...'tɛ:jən] ‹franz.› (*veraltet für* Flasche)
Bou|tique [bu'ti:k, *österr.* bu'tɪk], die; -, *Plur.* -n, *selten* -s ‹franz.› *u.* Bu|ti|ke, die; -, -n ‹franz.› (kleiner Laden für meist [exklusive] modische Artikel)
Bou|ton [bu'tõ:], der; -s, -s ‹franz.› (Ohrklipp; Anstecker)
Bo|vist ['bo:vɪst, *auch* ...'vɪst], Bofist [*auch* ...'fɪst], der; -[e]s, -e (ein Pilz)
Bow|den|zug ['bau...], der; -s, ...züge ↑K 136 ‹nach dem engl. Erfinder Bowden› (*Technik* Drahtkabel zur Übertragung von Zugkräften)
Bo|wie|mes|ser [...vi...], das; -s, - ↑K 136 ‹nach dem amerik. Oberst James Bowie› ([nordamerik.] Jagdmesser)
Bow|le ['bo:...], die; -, -n ‹engl.› (Getränk aus Wein, Zucker u. Früchten; Gefäß für dieses Getränk)
bow|len ['bo:...] ‹engl.› (*Sport* Bowling spielen)
Bow|len|glas ['bo:...] *Plur.* ...gläser
Bow|ling ['bo:...], das; -s, -s ‹engl.› (amerik. Art des Kegelspiels; engl. Kugelspiel auf glattem Rasen); **Bow|ling|bahn**
Box, die; -, -en ‹engl.› (Pferdestand; Unterstellraum; Montageplatz bei Autorennen; einfache, kastenförmige Kamera)
Box|calf *vgl.* Boxkalf
bo|xen ‹engl.›; du boxt; er boxte ihn (*auch* ihm) in den Magen
Bo|xen|stopp *(Automobilsport)*
Bo|xer, der; -s, - (*bes. südd., österr. auch* Faustschlag; eine Hunderasse)
bo|xe|risch; boxerisches Können
Bo|xer|mo|tor *(Technik);* **Bo|xer|na|se**
Box|hand|schuh; Box|hieb
Box|kalf, *auch* Box|calf [*auch* ...ka:f], das; -s, -s ‹engl.› (Kalbsleder); **Box|kalf|schuh**
Box|kampf; Box|ring; Box|sport
Boy [bɔy], der; -s, -s ‹engl.› ([Hotel]diener, Bote)
Boy|group [...gru:p], die; -, -s ‹engl.› (Popgruppe aus jungen, attraktiven Männern, deren Bühnenshow bes. durch tänzerische Elemente geprägt ist)
Boy|kott, der; -[e]s, *Plur.* -s, *auch* -e ‹nach dem geächteten engl. Gutsverwalter Boycott› (politische, wirtschaftliche od. soziale Ächtung; Nichtbeachten)
boy|kot|tie|ren
Boy|kott|maß|nah|me *meist Plur.*
Boyle-Ma|ri|otte-Ge|setz ['bɔylma-'ri̯ɔt...], das; -es; *vgl.* Mariotte
Boy|scout, *auch* **Boy-Scout** [...skau̯t], der; -[s], -s (*engl. Bez. für* Pfadfinder)
Bo|zen (Stadt in Südtirol); *vgl.* Bolzano; **Boz|ner**
Bq = Becquerel
Br = *chem. Zeichen für* Brom
BR = Bayerischer Rundfunk
Bra|ban|çonne [...bã'sɔn], die; - ‹franz.; nach der belg. Provinz Brabant› (belg. Nationalhymne)
Bra|bant (belg. Provinz); **Bra|ban|ter;** Brabanter Spitzen
brab|beln (*ugs. für* undeutlich vor sich hin reden); ich brabb[e]le
brach (unbestellt; unbebaut); brachliegen *(vgl. d.);* **Bra|che,** die; -, -n (Brachfeld)
Bra|chet, der; -s, -e (*alte Bez. für* Juni)
Brach|feld
bra|chi|al ‹griech.› (*Med.* den Arm betreffend; mit roher Körperkraft); **Bra|chi|al|ge|walt,** die; - (rohe, körperliche Gewalt)
Bra|chi|o|sau|rus, der; -, ...rier (ausgestorbene Riesenechse)
brach|le|gen ↑K 47 (nicht bebauen; nicht nutzen)
brach|lie|gen ↑K 47 (unbebaut liegen; nicht genutzt werden); der Acker liegt brach; brachgelegen; brachzuliegen; brachliegende Felder
Brach|mo|nat *od.* **Brach|mond** *vgl.* Brachet

Brach|se, die; -, -n, **Brach|sen,** *schweiz.* **Brachs|men,** der; -s, - (ein Karpfenfisch); *vgl. auch* Brasse *u.* Brassen
Brach|vo|gel (Schnepfenart)
bra|chy... ⟨griech.⟩ (kurz...); **Bra|chy...** (Kurz...); **Bra|chy|lo|gie,** die; -, ...ien (*Rhet., Stilk.* Kürze im Ausdruck)
Brack, das; -[e]s, *Plur.* -s *od.* -en (*landsch. für* Tümpel, kleiner See; Brackwasser)
Bra|cke [*alte Trennung* ...k|k...], der; -n, -n, *seltener* die; -, -n (Spürhundrasse)
bra|ckig [*alte Trennung* ...k|k...] (schwach salzig u. daher ungenießbar)
Brä|ckin [*alte Trennung* ...k|k...] (*w. Form von* Bracke)
bra|ckisch [*alte Trennung* ...k|k...] (aus Brackwasser abgelagert)
Brack|was|ser, das; -s, ...wasser (Gemisch aus Salz- u. Süßwasser)
Brä|gen, der; -s, - (*Nebenform von* Bregen)
Bra|gi (nord. Gott der Dichtkunst)
Brah|ma ⟨sanskr.⟩ (ind. Gott)
Brah|ma|huhn *vgl.* Brahmaputrahuhn
Brah|ma|is|mus *vgl.* Brahmanismus
Brah|man, das; -s (*ind. Rel. u. Philos.* Weltseele); **Brah|ma|ne,** der; -n, -n (Angehöriger einer ind. Priesterkaste); **brah|ma|nisch; Brah|ma|nis|mus,** der; - (eine ind. Religion; *auch für* Hinduismus)
Brah|ma|pu|t|ra, der; -[s] (südasiatischer Strom); **Brah|ma|pu|t|ra|huhn,** *auch* Brah|ma|huhn ↑K 136 (eine Hühnerrasse)
Brahms (dt. Komponist)
Braille|schrift ['braj...], die; - ↑K 136 ⟨nach dem franz. Erfinder Braille⟩ (Blindenschrift)
Brain|drain, *auch* **Brain-Drain** ['bre:ndre:n], der; -s ⟨engl.-amerik.⟩ (Abwanderung von Wissenschaftlern)
Brain|stor|ming [...sto:ɐ̯...], das; -s (*bes. Wirtsch.* Verfahren, durch Sammeln spontaner Einfälle die [beste] Lösung für ein Problem zu finden)
Brain|trust, *auch* **Brain-Trust,** der; -[s], -s ([wirtschaftl.] Beratungsausschuss)
Brak|te|at, der; -en, -en ⟨lat.⟩ (einseitig geprägte mittelalterl. Münze)
Bram, die; -, -en ⟨niederl.⟩ (*Seemannsspr.* zweitoberste Verlängerung der Masten sowie deren Takelung)
Bra|mar|bas, der; -, -se (Aufschneider); **bra|mar|ba|sie|ren** (aufschneiden, prahlen)
Bram|bach, Bad (Stadt im südl. Vogtland)
Bram|busch (*nordd. für* Ginster)
Bram|me, die; -, -n (*Walztechnik* Eisenblock); **Bram|men|walz|werk**
Bram|se|gel *(Seemannsspr.)*
bram|sig (*nordd. ugs. für* derb; protzig; prahlerisch)
Bram|sten|ge *vgl.* Bram
Bran|che ['brã:ʃə, *österr.* brã:ʃ], die; -, -n ['braŋʃ(ə)n] ⟨franz.⟩ (Wirtschafts-, Geschäftszweig; *ugs. für* Fachgebiet)
Bran|che[n]|er|fah|rung
bran|che[n]|fremd
Bran|che[n]|kennt|nis
bran|che[n]|kun|dig
bran|che[n]|ü|ber|grei|fend
bran|che[n]|üb|lich
Bran|chen|ver|zeich|nis
Bran|chi|at, der; -en, -en ⟨griech.⟩ (mit Kiemen atmender Gliederfüßer)
Bran|chie, die; -, -n *meist Plur.* (*Zool.* Kieme)
Brand, der; -[e]s, Brände; in Brand stecken
brand|ak|tu|ell
Brand|an|schlag; Brand|bin|de; Brand|bla|se; Brand|bom|be
Brand|brief *(ugs.)*
Brand|di|rek|tor
brand|ei|lig (*ugs. für* sehr eilig)
bran|deln (*österr. ugs. für* brenzlig riechen; viel zahlen müssen)
bran|den
Bran|den|burg (Stadt an der Havel; dt. Land); **Bran|den|bur|ger; bran|den|bur|gisch,** *aber* ↑K 150: die Brandenburgischen Konzerte (von Bach)
Brand|en|te (ein Vogel)
Brand|fa|ckel [*alte Trennung* ...k|k...]
Brand|grab *(Archäol.)*
brand|heiß
Brand|herd
bran|dig
Brand|kas|se; Brand|le|ger (*österr. für* Brandstifter); **Brand|le|gung** (*österr. für* Brandstiftung); **Brand|mal** (*Plur.* ...male, *seltener* ...mäler; *geh.*)
brand|mar|ken; gebrandmarkt
Brand|mau|er; Brand|meis|ter [*alte Trennung* ...|st...]
brand|neu; brand|rot
Brand|sal|be
brand|schat|zen; du brandschatzt; gebrandschatzt (*früher für* durch Branddrohung erpressen); **Brand|schat|zung** *(früher)*
Brand|soh|le; Brand|stif|ter; Brand|stif|tung; Brand|teig
Bran|dung
Brand|ur|sa|che; Brand|wa|che; Brand|wun|de
Bran|dy ['brɛndi], der; -s, -s ⟨engl.⟩ (*engl. Bez. für* Weinbrand)
Brand|zei|chen
Brannt|kalk (Ätzkalk)
Brannt|wein; Brannt|wei|ner (*österr. für* [Wirt einer] Branntweinschenke); **Brannt|wein|steu|er,** die
Braque [brak] (franz. Maler)
¹**Bra|sil,** der; -s, *Plur.* -e *u.* -s ⟨*nach* Brasilien⟩ (Tabak; Kaffeesorte)
²**Bra|sil,** die; -, -[s] (Zigarre)
Bra|sil|holz ↑K 143
Bra|si|lia, Bra|si|lia (Hauptstadt Brasiliens); **Bra|si|li|a|ner; Bra|si|li|a|ne|rin; bra|si|li|a|nisch; Bra|si|li|en** (südamerik. Staat)
Bra|si|li|en|holz *vgl.* Brasilholz
Brass [*alte Schreibung* Braß], der; Brasses (*ugs. für* Ärger, Wut); Brass haben; in Brass kommen
¹**Bras|se,** die; -, -n *u.* Bras|sen, der; -s, - (*nordd., mitteld. für* Brachse)
²**Bras|se,** die; -, -n (*Seemannsspr.* Tau zum Stellen der Segel)
Bras|se|lett, das; -s, -e ⟨franz.⟩ (*Gaunerspr.* Handschelle)
bras|sen (*Seemannsspr.* die ²Brassen benutzen); du brasst [*alte Schreibung* braßt]
Bras|sen *vgl.* ¹Brasse
Brät, *(bayr., österr.)* Brat, das; -s (fein gehacktes [Bratwurst]fleisch)
Brat|ap|fel
brä|teln; ich brät[e]le
bra|ten; du brätst, er brät; du brietst; du brietest; gebraten; brat[e]!; **Bra|ten,** der; -s, -
Bra|ten|duft; Bra|ten|fett
Bra|ten|rock (*veraltend scherzh. für* Gehrock)
Bra|ten|saft; Bra|ten|so|ße, *auch* ...sau|ce
Brä|ter (*landsch. für* Schmortopf)
brat|fer|tig
Brat|fisch; Brat|hähn|chen; Brat-

hen|del, das; -s, -n (*südd., österr. für* Brathähnchen)
Brat|he|ring
Bra|ti|s|la|va (Hauptstadt der Slowakei); *vgl.* Pressburg
Brat|kar|tof|fel *meist Plur.*
Brat|ling (gebratener Kloß aus Gemüse od. Getreide)
Brät|ling (Pilz; Fisch)
Brat|pfan|ne; Brat|röh|re; Brat|rost
Brat|sche, die; -, -n ‹ital.› (ein Streichinstrument); **Brat|scher** (Bratschenspieler); **Brat|schist,** der; -en, -en
Brat|spieß
Brat|spill (*Seemannsspr.* Ankerwinde mit waagerechter Welle)
Brat|wurst
Bräu, das; -[e]s, *Plur.* -e *u.* -s (*bes. südd., österr. für* Bier; Brauerei); z. B. in Löwenbräu
Brauch, der; -[e]s, Bräuche; in *od.* im Brauch sein
brauch|bar; Brauch|bar|keit, die; -
brau|chen; du brauchst, er braucht; du brauchtest; du brauchtest (*ugs. auch* bräuchtest); gebraucht; er hat es nicht zu tun brauchen; *vgl. aber* gebrauchen
Brauch|tum, das; -s, ...tümer *Plur. selten*
Brauch|was|ser, das; -s (Wasser für industrielle Zwecke)
Braue, die; -, -n
brau|en; Brau|er; Brau|e|rei; Brau|e|rin
Brau|haus; Brau|meis|ter [*alte Trennung* ...|st...]
braun; eine braun gebrannte [*alte Schreibung* braungebrannte] Frau; die Sonne hat uns braun gebrannt; *vgl.* blau
Braun, das; -s, *Plur.* -, *ugs.* -s (braune Farbe); *vgl.* Blau
Braun|al|ge
braun|äu|gig
Braun|bär
[1]**Brau|ne,** der; -n, -n; (braunes Pferd; *österr. auch für* Kaffee mit Milch)
[2]**Brau|ne,** das; -n ↑K 72
Bräu|ne, die; - (braune Färbung; *veraltend für* Halsentzündung)
Braun|ei|sen|erz, das; -es *od.* **Braun|ei|sen|stein,** der; -[e]s
[1]**Brau|nel|le,** die; -, -n (ein Singvogel)
[2]**Brau|nel|le,** Bru|nel|le, die; -, -n ‹franz.› (eine Pflanze)
bräu|nen
braun ge|brannt [*alte Schreibung* braun|ge|brannt] *vgl.* braun
Braun|kehl|chen
Braun|koh|le; Braun|koh|len|berg|werk; Braun|koh|len|bri|kett
bräun|lich; bräunlich gelb [*alte Schreibung* bräunlichgelb] usw.
Braun|schweig (Stadt im nördl. Vorland des Harzes); **Braun|schwei|ger; braun|schwei|gisch**
Braun|stein, der; -[e]s (ein Mineral)
Bräu|nung; Bräu|nungs|stu|dio
Braus, der; *nur noch in* in Saus und Braus (verschwenderisch) leben
Brau|sche, die; -, -n (*landsch. für* Beule, bes. an der Stirn)
Brau|se, die; -, -n; **Brau|se|bad**
Brau|se|kopf (*veraltend für* Hitzkopf)
Brau|se|li|mo|na|de
brau|sen; du braust; er braus|te [*alte Trennung* ...|st...]; **Brausen,** das; -s
Brau|se|pul|ver
Bräu|stüb|chen (*südd. für* kleines Gasthaus; Gastraum)
Braut, die; -, Bräute
Braut|el|tern *Plur.;* **Braut|füh|rer**
Bräu|ti|gam, der; -s, -e
Braut|jung|fer; Braut|kleid; Braut|kranz; Braut|leu|te
bräut|lich
Braut|mut|ter; Braut|nacht; Braut|paar
Braut|schau; auf Brautschau gehen
Braut|stand, der; -[e]s; **Braut|va|ter**
brav ‹franz.› (tüchtig; artig, ordentlich)
Brav|heit, die; -
bra|vis|si|mo! ‹ital.› (sehr gut!); **bra|vo!** (gut!)
[1]**Bra|vo,** das; -s, -s (Beifallsruf); Bravo, *auch* bravo rufen
[2]**Bra|vo,** der; -s, *Plur.* -s *u.* ...vi (*frühere ital. Bezeichnung für* gedungener Mörder, Räuber)
Bra|vo|ruf
Bra|vour [...'vu:ɐ̯], *auch* Bra|vur, die; - ‹franz.› (Tapferkeit; meisterhafte Technik)
Bra|vour|a|rie, *auch* Bra|vur|a|rie
Bra|vour|leis|tung, *auch* Bra|vur|leis|tung [*alte Trennung* ...|st...]
bra|vou|rös, *auch* bra|vu|rös (schneidig; meisterhaft)
Bra|vour|stück, *auch* Bra|vur|stück
Bra|vur usw. *vgl.* Bravour usw.
Braz|za|ville [...za'vi:l] (Hauptstadt der Republik Kongo)
BRD = Bundesrepublik Deutschland
break! [bre:k] ‹engl., »trennt euch«› (Trennkommando des Ringrichters beim Boxkampf)
Break, der *od.* das; -s, -s (*Sport* unerwarteter Durchbruch; *Tennis* Durchbrechen des gegnerischen Aufschlags; *Jazz* kurzes Zwischensolo)
Break|dance [...da:ns], der; -[s] ‹amerik.› (tänzerisch-akrobatische Darbietung zu moderner Popmusik); **Break|dan|cer**
brea|ken ‹*zu* Break› (*Tennis* dem Gegner bei dessen Aufschlag ein Spiel abnehmen; *Funktechnik* über CB-Funk ein Gespräch führen)
Break-e|ven-Point [bre:k'i:vn̩pɔynt], der; -[s], -s ‹engl.› (*Wirtsch.* Rentabilitätsschwelle)
Brec|cie [...tʃə] *od.* Brek|zie, die; -, -n ‹ital.› (*Geol.* Sedimentgestein aus kantigen Gesteinstrümmern)
brech|bar; Brech|boh|ne
Brech|durch|fall
Brech|ei|sen
bre|chen; du brichst, er bricht; du brachst; du brächest; gebrochen; brich!; sich brechen; brechend voll; er brach den Stab über ihn (*nicht* ihm); auf Biegen oder Brechen (*ugs.*)
Bre|cher (Sturzsee; Grobzerkleinerungsmaschine)
Brech|mit|tel, das; **Brech|reiz**
Brech|stan|ge
Brecht, Bert[olt] (dt. Schriftsteller)
Bre|chung; Bre|chungs|win|kel (*Physik*)
Bre|douil|le [...'dʊljə], die; - ‹franz.› (*ugs. für* Verlegenheit, Bedrängnis); in der Bredouille sein; in die Bredouille kommen
Bree|ches ['brɪtʃəs] *Plur.* ‹engl.› (Sport-, Reithose)
Bre|gen, der; -s, - (*nordd. für* Gehirn [vom Schlachttier]); *vgl. auch* Brägen
Bre|genz (österr. Stadt; Hauptstadt des Landes Vorarlberg); **Bre|gen|zer**
Bre|gen|zer|wald, der; -[e]s, *auch* **Bre|gen|zer Wald,** der; - -[e]s (Bergland)
Brehm (dt. Zoologe)
Brei, der; -[e]s, -e; **brei|ig**
Brein, der; -s (*österr. mdal. für* Hirse, Hirsebrei)

B

breit

Kleinschreibung:
- ein breites Spektrum
- weit und breit

Großschreibung der Substantivierung ↑K72:
- des Langen und Breiten [*alte Schreibung* des langen und breiten] (umständlich) darlegen
- des Breiter[e]n [*alte Schreibung* breiter[e]n] darlegen
- ein Langes und Breites [*alte Schreibung* ein langes und breites] (viel) sagen
- ins Breite fließen

Getrenntschreibung in Verbindung mit Verben oder Partizipien, wenn »breit« gesteigert oder erweitert werden kann ↑K56:
- die Straße breit machen, breiter machen; sich breit machen [*alte Schreibung* breitmachen] (*ugs. für* viel [Platz] in Anspruch nehmen; sich immer weiter ausbreiten)
- breit getretene Schuhe
- ein [sehr] breit gefächertes [*alte Schreibung* breitgefächertes] Angebot; die Angebote sind [sehr] breit gefächert

Vgl. aber breitschlagen, breittreten

Brei|sach (Stadt am Oberrhein)
Breis|gau, der, *landsch.* das; -[e]s (südwestdt. Landschaft)
breit *s. Kasten*
breit|bei|nig
Brei|te, die; -, -n; nördliche Breite (*Abk.* n. Br.); südliche Breite (*Abk.* s. Br.); in die Breite gehen (*ugs. für* dick werden)
brei|ten; ein Tuch über den Tisch breiten
Brei|ten|ar|beit, die; -; **Brei|ten|grad** *(Geogr.);* **Brei|ten|sport; Brei|ten|wir|kung**
breit ge|fä|chert [*alte Schreibung* breit|ge|fä|chert] *vgl.* breit
Breit|ling (Fisch)
breit ma|chen [*alte Schreibung* breit|ma|chen] *vgl.* breit
breit|na|sig; breit|ran|dig
breit|schla|gen ↑K47 (*ugs. für* überreden); er hat mich breitgeschlagen; sich breitschlagen lassen; *aber* er hat den Nagel breit geschlagen
breit|schul|te|rig, breit|schult|rig
Breit|schwanz (ein Lammfell)
Breit|sei|te
breit|spu|rig
breit|tre|ten (*ugs. für* weitschweifig darlegen); ein Thema breittreten
Breit|wand (im Kino); **Breit|wand|film**
Brek|zie *vgl.* Breccie
Bre|me, die; -, -n (*südd., schweiz. mdal. für* Stechfliege, ²Bremse)
Bre|men (Land und Hafenstadt an der Weser); **Bre|mer**
Bre|mer|ha|ven (Hafenstadt an der Wesermündung)
bre|misch
Brems|ba|cke [*alte Trennung* ...k|k...] *(Technik);* **Brems|be|lag; Brems|berg** *(Bergbau)*
¹Brem|se, die; -, -n (Hemmvorrichtung)
²Brem|se, die; -, -n (ein Insekt)
brem|sen; du bremst
Brem|sen|pla|ge; Brem|sen|stich
Brem|ser; Brem|ser|häus|chen
Brems|flüs|sig|keit; Brems|he|bel; Brems|klotz; Brems|licht, *Plur.* ...lichter; **Brems|pe|dal; Brems|pro|be; Brems|ra|ke|te; Brems|spur**
Brem|sung
Brems|weg
brenn|bar; Brenn|bar|keit, die; -
Brenn|dau|er
Brenn|e|le|ment *(Kernphysik)*
bren|nen; du branntest; *selten* du brenntest; gebrannt; brenn[e]!; brennend gern *(ugs.)*
¹Bren|ner
²Bren|ner, der; -s (ein Alpenpass); **Bren|ner|bahn,** *auch* **Bren|ner-Bahn,** die; - ↑K143
Bren|ne|rei
Brenn|glas
brenn|heiß (*österr. für* sehr heiß)
Brenn|holz, das; -es; **Brenn|ma|te|ri|al**
Brenn|nes|sel, *auch* **Brenn-Nes|sel** [*alte Schreibung* Brennes|sel, *alte Trennung* ...nn|n...], die
Brenn|punkt; Brenn|sche|re; Brenn|spie|gel; Brenn|spi|ri|tus; Brenn|stab *(Kernphysik)*
Brenn|stoff; Brenn|stoff|fra|ge, *auch* **Brenn|stoff-Fra|ge**
Brenn|wei|te *(Optik)*
Bren|ta|no (dt. Dichter)
Bren|te, die; -, -n (*schweiz. für* Tragbütte)
bren|zeln (*landsch. für* nach Brand riechen)
brenz|lich (*landsch. für* brenzlig)
brenz|lig
Bre|sche, die; -, -n ⟨franz.⟩ (*veraltend für* große Lücke)
Bres|lau (*poln.* Wrocław); **Bres|lau|er**
Bre|ta|g|ne [...ˈtanjə], die; - (franz. Halbinsel)
Bre|ton [brəˈtõː], der; -s, -s ([Stroh]hut mit nach oben gerollter Krempe)
Bre|to|ne [bre...], der; -n, -n; **Bre|to|nin; bre|to|nisch**
Brett, das; -[e]s, -er
Bret|tel, Brettl, das; -s, -[n] *meist Plur.* (*südd., österr. für* kleines Brett; Ski); **bret|tel|e|ben** (*österr. für* ganz flach); **Bret|tel|jau|se** (*österr. für* auf einem Brett servierte Jause)
Bret|ter|bu|de
bret|tern (aus Brettern bestehend)
Bret|ter|wand; Bret|ter|zaun
bret|tig; brettiger Stoff
Brettl, das; -s, - (Kleinkunstbühne; *vgl.* Brettel) **Brettl|spiel**
Bret|zel, die; -, -n (*schweiz. für* Brezel)
Breu|ghel [...gl] *vgl.* Brueg[h]el
Bre|ve, das; -s, *Plur.* -n *u.* -s ⟨lat.⟩ (kurz gefasster päpstl. Erlass)
Bre|vet, das; -s, -s (*früher* Gnadenbrief des franz. Königs; *veraltet für* Schutz-, Verleihungs-, Ernennungsurkunde; *schweiz. für* Prüfungsausweis, Ernennungsurkunde)
bre|ve|tie|ren (*schweiz.* ein Brevet erwerben, ausstellen)
Bre|vier, das; -s, -e (Gebetbuch der kath. Geistlichen; Stundengebet)
Bre|zel, die; -, -n, *österr. auch* das; -s, -, *schweiz.* Bret|zel, die; -, -n (salziges od. süßes Gebäck); **Bre|zen,** die; -, - *(bayr., österr.)*
Bri|and-Kel|logg-Pakt [briˈãː...], der; -[e]s ↑K136 ⟨nach dem franz. Außenminister A. Briand u. dem nordamerik. Außenminister F. B. Kellogg⟩ (Kriegsächtungspakt von 1928)
Bri|cke [*alte Trennung* ...k|k...], die; -, -n (*landsch. für* Neunauge)

Bri|de, die; -, -n ‹franz.› (*schweiz. für* Kabelschelle)
Bridge [brɪtʃ], das; - ‹engl.› (Kartenspiel); **Bridge|par|tie**
Bridge|town [ˈbrɪtʃtaun] (Hauptstadt von Barbados)
Brief, der; -[e]s, -e *(Abk.* Bf., *auf dt. Kurszetteln* B; *vgl. d.)*
Brief|a|del; Brief|be|schwe|rer; Brief|block (*vgl.* Block); **Brief|bogen; Brief|bom|be; Brief|druck|sa|che**
brie|fen ‹engl.› (jmdn. über einen Sachverhalt informieren)
Brief|freund; Brief|freun|din; Brief|ge|heim|nis, das; -ses
Brie|fing, das; -s, -s ‹engl.-amerik.› (Informationsgespräch)
Brief|kar|te
Brief|kas|ten [*alte Trennung* ...|st...] *Plur.* ...kästen; **Brief|kasten|fir|ma** (Scheinfirma); **Brief|kas|ten|on|kel; Brief|kas|ten|tan|te**
Brief|kopf
brief|lich
Brief|mar|ke ↑K 26: 80-Pfennig-Briefmarke; 1-DM-Briefmarke
Brief|mar|ken|auk|ti|on; Brief|marken|block (*vgl.* Block); **Brief|marken|kun|de,** die; -; **Brief|mar|ken|samm|ler**
Brief|öff|ner; Brief|pa|pier; Brief|part|ner; Brief|part|ne|rin; Brief|por|to; Brief|ro|man
Brief|schaf|ten *Plur.*
Brief|schrei|ber; Brief|schrei|be|rin; Brief|stel|ler *(veraltend);* **Brief|ta|sche**
Brief|tau|be; Brief|trä|ger; Brief|trä|ge|rin; Brief|um|schlag
Brief|wahl; Brief|wech|sel; Brief|zu|stel|ler; Brief|zu|stel|le|rin
Brie|kä|se ↑K 143
Brienz (BE) (schweiz. Ort); Brienzer See (im Berner Oberland)
Bries, das; -es, -e *u.* Brie|sel, das; -s, - (innere Brustdrüse bei Tieren, bes. beim Kalb)
Bries|chen, Brös|chen (Gericht aus Briesen des Kalbs)
Bri|ga|de, die; -, -n ‹franz.› (größere Truppenabteilung; *DDR* kleinste Arbeitsgruppe in einem Produktionsbetrieb)
Bri|ga|de|füh|rer; Bri|ga|de|ge|ne|ral; Bri|ga|de|lei|ter, der; **Bri|ga|de|lei|te|rin**
Bri|ga|di|er [...ˈdi̯e:], der; -s, -s (Befehlshaber einer Brigade) *u.* [...ˈdi̯e:, *auch* ...ˈdi:ɐ̯], der; -s, *Plur.* -s [...ˈdi̯e:s] *od.* -e [...ˈdi:rə] (*DDR* Leiter einer Arbeitsbrigade); **Bri|ga|die|rin**
Bri|gant, der; -en, -en ‹ital.› (*frühere ital. Bezeichnung für* [Straßen]räuber)
Bri|gan|ti|ne, die; -, -n (*svw.* Brigg)
Brigg, die; -, -s ‹engl.› (zweimastiges Segelschiff)
Briggs (engl. Mathematiker) ↑K 135: briggssche, *auch* Briggs'sche [*alte Schreibung* Briggssche] Logarithmen; **Briggs-Lo|ga|rith|mus**
Bri|git|ta, Bri|git|te (w. Vorn.)
Bri|kett, das; -s, *Plur.* -s, *selten* -e ‹franz.› (in Form gepresste Braun- od. Steinkohle)
bri|ket|tie|ren (zu Briketts formen); **Bri|ket|tie|rung**
bri|ko|lie|ren ‹franz.› (*Billard* durch Rückprall [von der Bande] treffen)
bril|lant [brɪlˈjant] ‹franz.› (glänzend; fein)
[1]**Bril|lant,** der; -en, -en (geschliffener Diamant)
[2]**Bril|lant,** die; - (*Druckw.* ein Schriftgrad)
Bril|lant|bro|sche; Bril|lant|feu|er|werk
Bril|lan|tin, das; -s, -e (*österr. neben* Brillantine)
Bril|lan|ti|ne, die; -, -n (Haarpomade)
Bril|lant|kol|li|er; Bril|lant|na|del; Bril|lant|ring; Bril|lant|schliff; Bril|lant|schmuck
Bril|lanz, die; - (Glanz; Virtuosität)
Bril|le, die; -, -n
Bril|len|e|tui; Bril|len|fut|te|ral; Bril|len|ge|stell; Bril|len|glas *Plur.* ...gläser
Bril|len|schlan|ge (*ugs. scherzh. auch für* Brillenträger[in])
Bril|len|trä|ger; Bril|len|trä|ge|rin
bril|lie|ren [brɪlˈji:..., *auch, österr. nur,* brɪˈli:...] (glänzen)
Brim|bo|ri|um, das; -s ‹lat.› (*ugs. für* Gerede; Umschweife)
Brim|sen, der; -s, - ‹tschech.› (*österr. für* Schafskäse)
Bri|nell|här|te, die; - ‹nach dem schwed. Ingenieur Brinell› ↑K 136 (Maß der Härte eines Werkstoffes; *Zeichen* HB)
brin|gen; du brachtest; du brächtest; gebracht; bring[e]!
Brin|ger (*veraltend für* Überbringer; *ugs. für* jmd., der Erfolg hat, etwas Erfolgreiches)
Bring|schuld (*Rechtsspr.* beim Gläubiger zu bezahlende Schuld)
Bri|oche [...ɔʃ], die; -, -s ‹franz.› (ein Gebäck)
Bri|o|ni|sche In|seln *Plur.* (Inselgruppe vor Istrien)
bri|sant ‹franz.› (hochexplosiv; sehr aktuell); **Bri|sanz,** die; -, -en (Sprengkraft; *nur Sing.:* brennende Aktualität)
Bris|bane [...be:n, *auch* ...bn̩] (australische Stadt)
Bri|se, die; -, -n ‹franz.›
Bri|so|lett, das; -s, -e *u.* **Bri|so|let|te,** die; -, -n ‹franz.› (gebratenes Kalbfleischklößchen)
[1]**Bris|sa|go** (Schweizer Ort am Lago Maggiore)
[2]**Bris|sa|go,** die; -, -s ‹nach dem Ort [1]Brissago› (*schweiz.* Zigarrensorte aus der Schweiz)
Bris|tol [ˈbrɪstl̩; *alte Trennung* ...|st...] (engl. Stadt am Avon); **Bris|tol|ka|nal** (Bucht zwischen Wales u. Cornwall); **Bris|tol|kar|ton** ↑K 143 (Zeichenkarton aus mehreren Lagen)
Brit (w. Vorn.)
Bri|tan|ni|a|me|tall, das; -s ↑K 143 (Zinnlegierung)
Bri|tan|ni|en; bri|tan|nisch
Bri|te, der; -n, -n; **Bri|tin; bri|tisch,** *aber* ↑K 150: die Britischen Inseln, das Britische Museum
Bri|tisch-Hon|du|ras *vgl.* Belize
Bri|tisch-Ko|lum|bi|en (kanad. Provinz)
Bri|ti|zis|mus, der; -, ...men (Spracheigentümlichkeit des britischen Englisch)
Brit|ta (w. Vorn.)
Brit|ten (engl. Komponist)
Brno [ˈbɪrnɔ] (Stadt in Mähren; *vgl.* Brünn)
Broad|way [ˈbro:tve:], der; -s ‹engl.› (Hauptstraße in New York)
Broc|co|li *vgl.* Brokkoli
Broch (österr. Schriftsteller)
Bröck|chen
bröck|chen|wei|se
brö|cke|lig [*alte Trennung* ...k|k...], bröck|lig; **Brö|cke|lig|keit,** Bröck|lig|keit, die; -
brö|ckeln [*alte Trennung* ...k|k...]; ich bröck[e]le
bro|cken [*alte Trennung* ...k|k...] (einbrocken; *südd. u. österr. auch für* pflücken)
[1]**Bro|cken** [*alte Trennung* ...k|k...], der; -s, - (das Abgebrochene)
[2]**Bro|cken** [*alte Trennung* ...k|k...],

B

der; -s (höchster Berg im Harz)

bro|cken|wei|se [*alte Trennung* ...k|k...]

Bro|ckes [*alte Trennung* ...k|k...] (dt. Dichter)

bröck|lig, brö|cke|lig [*alte Trennung* ...k|k...]; **Bröck|lig|keit** *vgl.* Bröckeligkeit

Brod (österr. Schriftsteller)

bro|deln (dampfend aufsteigen, aufwallen; *österr. ugs. für* Zeit vertrödeln)

Bro|dem, der; -s (*geh. für* Qualm, Dampf, Dunst)

Bro|de|rie, die; -, ...ien ⟨franz.⟩ (*veraltet für* Stickerei)

Brod|ler (*österr. ugs. für* jmd., der die Zeit vertrödelt)

Broi|ler, der; -s, - ⟨engl.⟩ (*regional für* Hähnchen zum Grillen); **Broi|ler|mast,** die

Bro|kat, der; -[e]s, -e ⟨ital.⟩ (kostbares [Seiden]gewebe)

Bro|ka|tell, der; -s, -e *u.* **Bro|ka|tel|le,** die; -, -n (ein Baumwollgewebe)

bro|ka|ten *(geh.);* ein brokatenes Kleid

Bro|ker, der; -s, - ⟨engl.⟩ (*engl. Bez. für* Börsenmakler)

Brok|ko|li, *auch* Broc|co|li *Plur.*, *auch* der; -s, -s ⟨ital.⟩ (Spargelkohl)

Brom, das; -s ⟨griech.⟩ (chemisches Element, Nichtmetall; *Zeichen* Br)

Brom|bee|re; Brom|beer|strauch

brom|hal|tig

Bro|mid, das; -[e]s, -e ⟨griech.⟩ (Salz des Bromwasserstoffs)

Bro|mit, das; -s, -e (Bromsilber [ein Mineral])

Brom|säu|re, die; -; **Brom|sil|ber; Brom|sil|ber|pa|pier**

bron|chi|al ⟨griech.⟩

Bron|chi|al|asth|ma; Bron|chi|al|ka|tarrh, *auch* Bron|chi|al|ka|tarr (Luftröhrenkatarrh)

Bron|chie, die; -, -n *meist Plur.* (*Med.* Luftröhrenast)

Bron|chi|tis, die; -, ...itiden (Bronchialkatarrh)

Bron|to|sau|rus, der; -, ...rier ⟨griech.⟩ (eine ausgestorbene Riesenechse)

Bron|ze ['brõ:sə, *österr.* brõ:s], die; -, -n ⟨ital.(-franz.)⟩ (Metallmischung; Kunstgegenstand aus Bronze; *nur Sing.:* Farbe)

bron|ze|far|ben *od.* **bron|ze|far|big**

Bron|ze|kunst, die; -; **Bron|ze|me|dail|le**

bron|zen (aus Bronze)

Bron|ze|zeit, die; - (vorgeschichtliche Kulturzeit); **bron|ze|zeit|lich**

bron|zie|ren (mit Bronze überziehen)

Bron|zit, der; -s (ein Mineral)

Brook|lyn ['brʊklın] (Stadtteil von New York)

Bro|sa|me, die; -, -n *meist Plur.*

brosch. = broschiert

Bro|sche, die; -, -n ⟨franz.⟩ (Anstecknadel)

Brös|chen, Bries|chen (Gericht aus Briesen des Kalbs)

bro|schie|ren ⟨franz.⟩ (Druckbogen in einen Papierumschlag heften od. leimen); **bro|schiert** (*Abk.* brosch.)

[1]**Bro|schur,** die; - (das Heften od. Leimen)

[2]**Bro|schur,** die; -, -en (in Papierumschlag geheftete Druckschrift)

Bro|schü|re, die; -, -n (leicht geheftetes Druckwerk)

Brö|sel, der, *österr.* das; -s, - *meist Plur.* (Krümel, Bröckchen)

brö|se|lig, brös|lig

brö|seln (bröckeln); ich brös[e]le

Brot, das; -[e]s, -e

Brot|auf|strich; Brot|beu|tel

Bröt|chen

Bröt|chen|ge|ber (*scherzh. für* Arbeitgeber)

Brot|ein|heit (*Med.; Abk.* BE)

Brot|er|werb; Brot|fa|b|rik; Brot|ge|trei|de; Brot|kas|ten [*alte Trennung* ...|st...]

Brot|korb; Brot|kru|me; Brot|krü|mel; Brot|laib

brot|los; brotlose Künste

Brot|ma|schi|ne; Brot|mes|ser; Brot|neid; Brot|preis; Brot|schei|be; Brot|schnit|te

Brot|stu|di|um, das; -s

Brot|sup|pe; Brot|teig; Brot|zeit (*landsch. für* Zwischenmahlzeit [am Vormittag])

Brow|ning ['brau...], der; -s, -s ⟨nach dem amerik. Erfinder⟩ (eine Schusswaffe)

Brow|ser ['brauzə], der; -s, - ⟨engl.⟩ (Software zum Verwalten, Finden und Ansehen von Dateien)

brr! (*Zuruf an Zugtiere* halt!)

BRT = Bruttoregistertonne

[1]**Bruch,** der; -[e]s, Brüche (Brechen; Zerbrochenes; Bruchzahl; *ugs. für* Einbruch); zu Bruch gehen; in die Brüche gehen

[2]**Bruch** [*auch* bru:x], der *u.* das; -[e]s, *Plur.* Brüche, *landsch.* Brücher (Sumpfland)

Bruch|band, das; *Plur.* ...bänder *(Med.);* **Bruch|bu|de** (*ugs. für* schlechtes, baufälliges Haus)

bruch|fest; Bruch|fes|tig|keit [*alte Trennung* ...|st...]

bru|chig [*auch* 'bru:...] (sumpfig)

brü|chig (morsch); **Brü|chig|keit,** die; -

bruch|lan|den *fast nur im Partizip II gebr.:* bruchgelandet; **Bruch|lan|dung**

bruch|los

bruch|rech|nen *nur im Infinitiv üblich;* **Bruch|rech|nen,** das; -s; **Bruch|rech|nung,** die; -

Bruch|scha|den

Bruch|scho|ko|la|de

bruch|si|cher; bruchsicher verpackt

Bruch|stein; Bruch|stel|le; Bruch|strich; Bruch|stück

bruch|stück|haft

Bruch|teil, der; **Bruch|zahl**

Brück|chen

Brü|cke [*alte Trennung* ...k|k...], die; -, -n; *Schreibung in Straßennamen* ↑K 162 *u.* 163

Brü|cken|bau [*alte Trennung* ...k|k...] *Plur.* ...bauten; **Brü|cken|ge|län|der; Brü|cken|kopf** *(Milit.);* **Brü|cken|pfei|ler**

Bruck|ner (österr. Komponist)

Brü|den, der; -s, - (*Technik* Schwaden, Abdampf); *vgl.* Brodem

Bru|der, der; -s, Brüder; die Brüder Grimm; **Brü|der|chen**

Brü|der|ge|mei|ne, die; -, -n ⟨*Kurzform von* Herrnhuter Brüdergemeine⟩ (pietistische Freikirche)

Bru|der|hand; Bru|der|herz (*noch scherzh. für* Bruder, Freund)

Bru|der|krieg; Bru|der|kuss [*alte Schreibung* ...kuß]

Brü|der|lein; brü|der|lich; Brü|der|lich|keit, die; -

Bru|der Lus|tig [*alte Trennung* ...|st...], der; *Gen.* Bruder Lustigs *u.* Bruder[s] Lustig, *Plur.* Brüder Lustig (*veraltend für* leichtlebiger Mensch)

Bru|der|mord

Bru|der|schaft ([rel.] Vereinigung)

Brü|der|schaft (brüderliches Verhältnis); Brüderschaft trinken

Bru|der|volk; Bru|der|zwist

Brue|g[h]el ['brɔygḷ] (fläm. Malerfamilie)

Brü|ge (belg. Stadt)
Brü|he, die; -, -n; **brü|hen**
brüh|heiß
Brüh|kar|tof|feln *Plur.*
brüh|warm *(ugs.)*
Brüh|wür|fel; Brüh|wurst
Brüll|af|fe
brül|len; Brül|ler
Bru|maire [bry'mɛːɐ̯], der; -[s], -s ‹franz., »Nebelmonat«› (2. Monat des Kalenders der Franz. Revolution: 22. Okt. bis 20. Nov.)
Brumm|bär *(ugs.)*; **Brumm|bass** [*alte Schreibung* ...baß]
brum|meln (*ugs. für* leise brummen; undeutlich sprechen); ich brumm[e]le
brum|men; Brum|mer *(ugs.)*
Brum|mi, der; -s, -s (*ugs. scherzh. für* Lastkraftwagen)
brum|mig; Brum|mig|keit, die; -
Brumm|krei|sel; Brumm|schä|del *(ugs.)*
Brunch [brantʃ], der; -[e]s, *Plur.* -[e]s *u.* -e ‹engl.› (ausgedehntes u. reichhaltiges, das Mittagessen ersetzendes Frühstück)
Bru|nei (Staat auf Borneo); **Bru|nei|er; bru|nei|isch**
Bru|nel|le, Brau|nel|le, die; -, -n ‹franz.› (eine Pflanze)
brü|nett (braunhaarig, -häutig); **Brü|net|te**, die; -, -n (brünette Frau); zwei reizende Brünette[n]
Brunft, die; -, Brünfte (*Jägerspr. svw.* Brunst beim Wild)
brunf|ten
Brunft|hirsch
brunf|tig
Brunft|schrei; Brunft|zeit
Brun|hild, Brun|hil|de (dt. Sagengestalt; w. Vorn.)
brü|nie|ren ‹franz.› (*fachspr. für* [Metall] bräunen)
Brünn (*tschech.* Brno)
Brünn|chen
Brün|ne, die; -, -n (Nackenschutz der mittelalterl. Ritterrüstung)
Brun|nen, der; -s, -
Brun|nen|fi|gur; Brun|nen|kres|se (Salatpflanze); **Brun|nen|ver|gif|ter** (*abwertend für* Verleumder); **Brun|nen|ver|gif|tung**
Brünn|lein *(geh.)*
Bru|no (m. Vorn.)
Brunst, die; -, Brünste (Periode der geschlechtl. Erregung u. Paarungsbereitschaft bei einigen Tieren); *vgl. auch* Brunft
bruns|ten [*alte Trennung* ...|st...]
brüns|tig [*alte Trennung* ...|st...]
Brunst|zeit
brun|zen (*landsch. derb* urinieren)
brüsk; brüskes|te (barsch; schroff)
brüs|kie|ren (barsch, schroff behandeln); **Brüs|kie|rung**
Brüs|sel, *niederl.* **Brus|sel** ['brʏsl̩] (Hauptstadt Belgiens) *vgl.* Bruxelles; **Brüs|se|ler**, *seltener* **Brüss|ler** [*alte Schreibung* Brüßler]
Brust, die; -, Brüste
Brust|bein; Brust|beu|tel; Brust|bild; Brust|brei|te
Brüst|chen
brüs|ten [*alte Trennung* ...|st...], sich
Brust|fell; Brust|fell|ent|zün|dung
brust|hoch
Brust|höh|le
...brüs|tig [*alte Trennung* ...|st...] (z. B. engbrüstig)
Brust|kas|ten [*alte Trennung* ...|st...] *Plur.* ...kästen; **Brust|kind; Brust|korb**
Brust|krebs; Brust|la|ge
brust|schwim|men *im Allg. nur im Infinitiv gebr.*; **Brust|schwim|men**, das; -s
Brust|stim|me; Brust|ta|sche
Brust|tee; Brust|ton *Plur.* ...töne; **Brust|um|fang**
Brüs|tung [*alte Trennung* ...|st...]
Brust|war|ze; Brust|wehr, die; **Brust|wi|ckel** [*alte Trennung* ...k|k...]
brut [brʏt] ‹franz.› (*von Schaumweinen* sehr trocken)
Brut, die; -, -en *Plur. selten*
bru|tal ‹lat.› (roh; gefühllos; gewalttätig; rücksichtslos)
bru|ta|li|sie|ren; Bru|ta|li|sie|rung
Bru|ta|li|tät, die; -, -en
Brut|ap|pa|rat
brü|ten; brü|tend; brütende Hitze; ein brütend heißer [*alte Schreibung* brütendheißer] Tag
Brü|ter (*Kernphysik* Brutreaktor); schneller Brüter
Brut|hit|ze *(ugs.)*
brü|tig (zum Brüten bereit)
Brut|kas|ten [*alte Trennung* ...k|k...]; **Brut|o|fen; Brut|pfle|ge**
Brut|re|ak|tor (*svw.* Brüter); **Brut|schrank; Brut|stät|te**
brut|to ‹ital.› (mit Verpackung; ohne Abzug der [Un]kosten; *Abk.* btto.); brutto für netto (*Abk.* bfn.)
Brut|to|ein|kom|men; Brut|to|er|trag (Rohertrag); **Brut|to|ge|halt**, das; **Brut|to|ge|wicht; Brut|to|mas|se**, die; -
Brut|to|raum|zahl (*Abk.* BRZ); **Brut|to|re|gis|ter|ton|ne** [*alte Trennung* ...|st...] (*früher für* Bruttoraumzahl; *Abk.* BRT)
Brut|to|so|zi|al|pro|dukt (*Wirtsch.*; *Abk.* BSP)
Brut|to|ver|dienst, der
Bru|tus (röm. Eigenn.)
brut|zeln (*ugs. für* in zischendem Fett braten); ich brutz[e]le
Bru|xelles [bry'sɛl] (*franz. Form von* Brüssel)
Bru|yère|holz [bry'jɛːɐ̯...] ‹franz.; dt.› (Wurzelholz der Baumheide)
Bry|o|lo|gie, die; - ‹griech.› (Mooskunde)
BRZ = Bruttoraumzahl
BSA = Bund schweizerischer Architekten
BSE, die; - = bovine spongiforme Enzephalopathie (Rinderwahnsinn)
BSP = Bruttosozialprodukt
Bsp. = Beispiel
bspw. = beispielsweise
bst! *vgl.* pst!
Btl. = Bataillon
btto. = brutto
Bttr. = Batterie *(Militär)*
Btx = Bildschirmtext
Bub, der; -en, -en (*südd., österr. u. schweiz. für* Junge)
Büb|chen
Bu|be, der; -n, -n (*veraltend für* niederträchtiger Mensch; Spielkartenbezeichnung)
bu|ben|haft
Bu|ben|streich (*auch veraltend für* übler Streich); **Bu|ben|stück** *(veraltend)*; **Bü|be|rei** *(veraltend)*
Bu|bi, der; -s, -s (*Koseform von* Bub)
Bu|bi|kopf (Damenfrisur)
Bü|bin *(abwertend)*
bü|bisch
Bu|bo, der; -s, ...onen ‹griech.› (*Med.* entzündl. Lymphknotenschwellung im Leistenbereich)
Buch, das; -[e]s, Bücher; Buch führen; die Buch führende [*alte Schreibung* buchführende] Geschäftsstelle; zu Buche schlagen
[1]**Bu|cha|ra** (Landschaft u. Stadt in Usbekistan)
[2]**Bu|cha|ra**, der; -[s], -s (ein Teppich)
Bu|cha|re, der; -n, -n

B

Buch|aus|stat|tung; Buch|be|spre|chung
Buch|bin|der; Buch|bin|de|rei; Buch|bin|de|rin
buch|bin|dern; ich buchbindere; gebuchbindert
Buch|block (*vgl.* Block); **Buch|de|ckel** [*alte Trennung* ...k|k...]
Buch|druck, der; -[e]s; **Buch|dru|cker** [*alte Trennung* ...k|k...]; **Buch|dru|cke|rei; Buch|dru|cker|kunst,** die; -
Buch|druck|ge|wer|be, das; -s
Bu|che, die; -, -n
Buch|e|cker [*alte Trennung* ...k|k...]
Bu|chel, die; -, -n (*landsch. für* Buchecker)
Bü|chel|chen
[1]**bu|chen** (aus Buchenholz)
[2]**bu|chen** (in ein Rechnungsbuch eintragen; reservieren lassen)
Bu|chen|holz; Bu|chen|klo|ben
Bu|chen|land, das; -[e]s (dt. Name der Bukowina); **bu|chen|län|disch**
Bu|chen|scheit; Bu|chen|stamm; Bu|chen|wald
Bü|cher|bord, das; **Bü|cher|brett**
Bü|che|rei; Deutsche Bücherei (in Leipzig; *Abk.* DB)
Bü|cher|kun|de, die; -; **bü|cher|kund|lich**
Bü|cher|re|gal; Bü|cher|re|vi|sor ([Rechnungs]buchprüfer)
Bü|cher|schrank; Bü|cher|stu|be; Bü|cher|ver|bren|nung; Bü|cher|wand; Bü|cher|wurm, der (*scherzh.*)
Buch|fink
Buch füh|rend [*alte Schreibung* buchführend] *vgl.* Buch
Buch|füh|rung; Buch|ge|mein|schaft; Buch|ge|wer|be, das; -s
Buch|hal|ter; Buch|hal|te|rin; buch|hal|te|risch; Buch|hal|tung
Buch|han|del (*vgl.* [1]Handel); **Buch|händ|ler; Buch|händ|le|rin; buch|händ|le|risch; Buch|hand|lung**
Buch|kri|tik; Buch|kunst, die; -
Buch|lauf|kar|te
Büch|lein
Buch|ma|cher; Buch|mes|se
Büch|ner (dt. Dichter)
Buch|prü|fer (Bücherrevisor)
Buchs, der; -es, -e (*svw.* Buchsbaum); **Buchs|baum**
Buch|se, die; -, -n (Steckdose; Hohlzylinder als Lager einer Welle, eines Zapfens usw.)
Büch|se, die; -, -n (zylindrisches Gefäß mit Deckel; Feuerwaffe)
Büch|sen|fleisch
Büch|sen|licht, das; -[e]s; (zum Schießen ausreichende Helligkeit)
Büch|sen|ma|cher
Büch|sen|milch; Büch|sen|öff|ner
Büch|sen|schuss [*alte Schreibung* ...schuß]
Buch|sta|be, der; *Gen.* -ns, *selten* -n, *Plur.* -n
buch|sta|ben|ge|treu; buch|sta|ben|gläu|big
Buch|sta|ben|kom|bi|na|ti|on; Buch|sta|ben|rät|sel
buch|sta|bie|ren
...buch|sta|big (z. B. vierbuchstabig; *mit Ziffer* 4-buchstabig [*alte Schreibung* 4buchstabig] ↑K 66)
buch|stäb|lich (genau nach dem Wortlaut)
Buch|stüt|ze
Bucht, die; -, -en
Buch|tel, die; -, -n ⟨tschech.⟩ (*österr.* ein Hefegebäck)
buch|tig
Buch|ti|tel
Bu|chung; Bu|chungs|ma|schi|ne
Buch|ver|leih; Buch|ver|sand
Buch|wei|zen (eine Nutzpflanze); **Buch|wei|zen|mehl**
Buch|we|sen, das; -s; **Buch|wis|sen** (*abwertend*); **Buch|zei|chen**
Bu|cin|to|ro [...tʃ...], der; -s ⟨ital.⟩ (*ital. für* Buzentaur)
Bü|cke [*alte Trennung* ...k|k...], die; -, -n (Turnübung)
[1]**Bu|ckel** [*alte Trennung* ...k|k...] der; -s, -, *auch* die; -, -n (erhabene Metallverzierung)
[2]**Bu|ckel** [*alte Trennung* ...k|k...], der; -s, - (Höcker, Rücken)
Bu|ckel|flie|ge [*alte Trennung* ...k|k...]
bu|cke|lig [*alte Trennung* ...k|k...], buck|lig
Bu|ckel|kra|xe [*alte Trennung* ...k|k...], die; -, -n (*bayr., österr. ugs.* eine Rückentrage); **bu|ckel|kra|xen** (*österr. für* huckepack); buckelkraxen tragen
bu|ckeln [*alte Trennung* ...k|k...] (*ugs. für* einen Buckel machen; auf dem Buckel tragen; *abwertend für* sich unterwürfig verhalten); ich buck[e]le
Bu|ckel|rind [*alte Trennung* ...k|k...] (Zebu)
bü|cken [*alte Trennung* ...k|k...], sich
Bu|ckerl [*alte Trennung* ...k|k...], das; -s, -n (*österr. ugs. für* Verbeugung)
Bü|cking [*alte Trennung* ...k|k...], Bück|ling (geräucherter Hering)
Bu|ck|ing|ham ['bakɪŋəm] (engl. Orts- u. Familienn.); **Bu|ck|ing|ham-Pa|last,** der; -[e]s ↑K 136
buck|lig *vgl.* buckelig; **Buck|li|ge,** der *u.* die; -n, -n
[1]**Bück|ling** (*scherzh., auch abwertend für* Verbeugung)
[2]**Bück|ling,** Bü|cking [*alte Trennung* ...k|k...] (geräucherter Hering)
Buck|ram, der; -s ⟨nach der Stadt Buchara⟩ (stark appretiertes Gewebe [für Bucheinbände])
Buck|skin, der; -s, -s ⟨engl.⟩ (gerautes Wollgewebe)
Bu|cu|re|ști [buku'rɛʃtj] (*rumän. Form von* Bukarest)
Bu|da|pest (Hauptstadt Ungarns); **Bu|da|pes|ter** [*alte Trennung* ...|st...]
Büd|chen (kleine Bude)
Bud|del, But|tel, die; -, -n (*ugs. für* Flasche)
Bud|de|lei (*ugs.*)
Bud|del|kas|ten [*alte Trennung* ...|st...] (*ugs.*)
bud|deln (*ugs. für* [im Sand] graben); ich budd[e]le
Bud|del|schiff
Bud|den|brooks (Romantitel)
[1]**Bud|dha** [...da] ⟨sanskr., »der Erwachte, der Erleuchtete«⟩ (Ehrenname des ind. Religionsstifters Siddhartha)
[2]**Bud|dha,** der; -s, -s (Abbild, Statue Buddhas)
Bud|dhis|mus, der; - (Lehre Buddhas)
Bud|dhist, der; -en, -en; **bud|dhis|tisch** [*alte Trennung* ...|st...]
Budd|leia, Budd|le|ja, die; -, -s ⟨nach dem engl. Botaniker A. Buddle⟩ (ein Gartenstrauch)
Bu|de, die; -, -n
Bu|del, die; -, -[n] (*bayr. u. österr. ugs. für* Verkaufstisch)
Bu|den|zau|ber (*ugs. für* ausgelassenes Fest in der Wohnung)
Bud|get [bʏ'dʒe:], das; -s, -s ⟨franz.⟩ ([Staats]haushaltsplan, Voranschlag)
bud|ge|tär
Bud|get|be|trag
bud|ge|tie|ren (ein Budget aufstellen)
Bu|di|ke, die; -, -n ⟨franz.⟩ (*ugs. für* kleiner Laden; kleine Kneipe); **Bu|di|ker** (Besitzer einer Budike)
Büd|ner (*landsch. für* Kleinbauer)

Bu|do, das; -s ⟨jap.⟩ (Sammelbegriff für Kampfsportarten)

Bu|do|ka, der; -[s], -[s] (Budosportler)

Bu|e|nos Ai|res (Hauptstadt Argentiniens)

Bü|fett, das; -[e]s, *Plur.* -s *u.* -e [bʏˈfeː], *(bes. österr., schweiz.)* Buf|fet [*schweiz.* ˈbyfe], das; -s, -s ⟨franz.⟩ (Anrichte; Geschirrschrank; Theke); kaltes Büfett (zur Selbstbedienung angerichtete kalte Speisen)

Bü|fet|ti|er [...ˈti̯eː], der; -s, -s ([Bier]ausgeber, Zapfer)

Büf|fel, der; -s, - (wild lebende Rinderart)

Büf|fe|lei *(ugs.)*

Büf|fel|her|de

büf|feln (*ugs. für* angestrengt lernen); ich büff[e]le

Buf|fet *vgl.* Büfett

Buf|fo, der; -s, *Plur.* -s *u.* Buffi ⟨ital.⟩ (Sänger komischer Rollen)

buf|fo|nesk (im Stil eines Buffos)

[1]Bug, der; -[e]s, *Plur.* (*für* Schiffsvorderteil:) -e *u.* (*für* Schulterstück [des Pferdes u. des Rindes]:) Büge

[2]Bug, der; -s (Fluss in Osteuropa); der Westliche, Südliche Bug

[3]Bug [bak], der; -s, -s ⟨engl.⟩ (*EDV* Fehler in Hard- *od.* Software)

Bü|gel, der; -s, -

Bü|gel|au|to|mat; Bü|gel|brett; Bü|gel|ei|sen; Bü|gel|fal|te

bü|gel|fest; bü|gel|frei

bü|geln; ich büg[e]le

Bü|gel|sä|ge

Bug|gy [ˈbagi], der; -s, -s ⟨engl.⟩ (leichter [offener] Wagen; kleines Auto mit offener Karosserie; zusammenklappbarer Kindersportwagen)

Büg|le|rin

bug|sie|ren ⟨niederl.⟩ ([ein Schiff] schleppen, ins Schlepptau nehmen; *ugs. für* mühsam an einen Ort befördern); **Bug|sie|rer** (*Seemannsspr.* Bugsierschiff)

Bug|spriet, das *u.* der; -[e]s, -e (*Seemannsspr.* über den Bug hinausragende Segelstange)

Bug|wel|le

buh! (Ausruf als Ausdruck des Missfallens); **Buh,** das; -s, -s *(ugs.);* es gab viele Buhs

Bu|hei, das; -s (*landsch. für* Aufheben); großes Buhei [um etw.] machen

Bü|hel, der; -s, - *u.* Bühl, der; -[e]s, -e (*südd. u. österr. in geographischen Namen für* Hügel)

bu|hen (*ugs. für* durch Buhrufe sein Missfallen ausdrücken)

Bühl *vgl.* Bühel

[1]Buh|le, der; -n, -n (*geh. veraltet für* Geliebter)

[2]Buh|le, die; -, -n (*geh. veraltet für* Geliebte)

buh|len *(veraltet);* um jmds. Gunst buhlen *(geh.)*

Buh|ler *(veraltet);* **Buh|le|rei** *(veraltet);* **Buh|le|rin** *(veraltet)*

buh|le|risch *(veraltet)*

Buhl|schaft (*veraltet für* Liebesverhältnis)

Buh|mann *Plur.* ...männer (*ugs. für* Schreckgespenst, Prügelknabe)

Buh|ne, die; -, -n (künstlicher Damm zum Uferschutz)

Büh|ne, die; -, -n ([hölzerne] Plattform; Schaubühne; Spielfläche; *südd., schweiz. auch für* Dachboden; *vgl.* Heubühne)

Büh|nen|ar|bei|ter; Büh|nen|aus|spra|che; Büh|nen|be|ar|bei|tung

Büh|nen|bild; Büh|nen|bild|ner; Büh|nen|bild|ne|rin

Büh|nen|fas|sung; Büh|nen|ge|stalt; Büh|nen|haus

Buh|nen|kopf (äußerstes Ende einer Buhne *[vgl. d.]*)

büh|nen|mä|ßig

Büh|nen|mu|sik

büh|nen|reif

Büh|nen|schaf|fen|de, der *u.* die; -n, -n

büh|nen|wirk|sam

Buh|ruf

Bu|hurt, der; -[e]s, -e ⟨franz.⟩ (mittelalterl. Reiterkampfspiel)

Bu|jum|bu|ra [...ʒʊm...] (Hauptstadt von Burundi)

Bu|ka|ni|er, der; -s, - ⟨engl.⟩ (westindischer Seeräuber im 17. Jh.)

Bu|ka|rest (Hauptstadt Rumäniens); *vgl.* București; **Bu|ka|res|ter** [*alte Trennung* ...|st...]

Bu|kett, das; -[e]s, *Plur.* -s *u.* -e, Bou|quet, das; -s, -s ⟨franz.⟩ ([Blumen]strauß; Duft [des Weines])

Bu|k|lee *vgl.* [1,2]Bouclé

Bu|ko|lik, die; - ⟨griech.⟩ (*Literaturw.* Hirtendichtung); **bu|ko|lisch;** bukolische Dichtung

Bu|ko|wi|na, die; - (Karpatenlandschaft; *vgl.* Buchenland); **Bu|ko|wi|ner; bu|ko|wi|nisch**

bul|bös ⟨lat.⟩ (*Med.* zwiebelartig, knollig); bulböse Schwellung

Bul|bus, der; -, *Plur.* ...bi *od., Bot. nur,* ...ben (*Bot.* Zwiebel; *Med.* Augapfel; Anschwellung)

Bu|let|te, die; -, -n ⟨franz.⟩ (*landsch. für* Frikadelle)

Bul|ga|re, der; -n, -n; **Bul|ga|ri|en** [...i̯ən]; **Bul|ga|rin**

bul|ga|risch

Bul|ga|risch, das; -[s] (Sprache); *vgl.* Deutsch; **Bul|ga|ri|sche,** das; -n; *vgl.* Deutsche, das

Bu|li|mie, die; - ⟨griech.⟩ (*Med.* Ess-Brech-Sucht)

Bulk|car|ri|er [ˈbalkkɛri̯ɐ], der; -s, - ⟨engl.⟩ (Massengutfrachtschiff)

Bulk|la|dung (*Seemannsspr.* Schüttgut)

Bull|au|ge (rundes Schiffsfenster)

Bull|dog ®, der; -s, -s ⟨engl.⟩ (Zugmaschine)

Bull|dog|ge (eine Hunderasse)

Bull|do|zer [...zɐ], der; -s, - (schweres Raupenfahrzeug)

[1]Bul|le, der; -n, -n (Stier, männliches Zuchtrind; *auch* männliches Tier verschiedener großer Säugetierarten; *ugs. oft abwertend für* Polizist)

[2]Bul|le, die; -, -n ⟨lat.⟩ (mittelalterliche Urkunde; feierlicher päpstlicher Erlass); die Goldene Bulle ↑K 150

Bul|len|bei|ßer (*svw.* Bulldogge; *ugs. für* grober Mensch)

Bul|len|hit|ze *(ugs.)*

bul|len|stark *(ugs.)*

bul|le|rig, bull|rig (*landsch. für* polternd, aufbrausend)

bul|lern (*ugs. für* dumpfe, unregelmäßige Geräusche machen); das Wasser, der Ofen bullert

Bul|le|tin [bʏlˈtɛ̃ː], das; -s, -s ⟨franz.⟩ (amtliche Bekanntmachung; Krankenbericht)

Bull|finch [...fɪntʃ], der; -s, -s ⟨engl.⟩ (Hecke als Hindernis beim Pferderennen)

bul|lig; bull|rig *vgl.* bullerig

Bull|ter|ri|er (engl. Hunderasse)

Bul|ly [...li], das; -s, -s ⟨engl.⟩ (Anspiel im [Eis]hockey)

Bü|low [...lo] (Familienname)

Bult, der; -s, *Plur.* Bülte *od.* Bulten *u.* **Bül|te,** die; -, -n (*nordd. für* feste, grasbewachsene [Moor]stelle; Hügelchen)

Bult|sack (*früher für* Seemannsmatratze)

bum!; bum, bum!

Bum|bass [*alte Schreibung* Bumbaß], der; ...basses, ...basse (*früher* Musikinstrument)

Bum|boot (kleines Händlerboot zur Versorgung großer Schiffe)

B

Bum|bum, das; -s (*ugs. für* Gepolter)
Bu|me|rang [*auch* 'bʊ...], der; -s, *Plur.* -s *od.* -e ‹engl.› (gekrümmtes Wurfholz)
[1]**Bum|mel,** der; -s, - (*ugs. für* Spaziergang)
[2]**Bum|mel** *vgl.* Bommel
Bum|me|lant, der; -en, -en *(ugs. abwertend);* **Bum|me|lei** *(ugs.)*
bum|me|lig *(ugs.);* **Bum|me|lig|keit**
bum|meln; ich bumm[e]le *(ugs.)*
Bum|mel|streik
Bum|mel|zug *(scherzh.)*
Bum|merl, das; -s, -n (*österr. ugs. für* Verlustpunkt beim Kartenspiel); das Bummerl (der Gefoppte, Benachteiligte) sein
bum|mern (*ugs. für* dröhnend klopfen); ich bummere
Bumm|ler *(ugs.)*
bumm|lig *(ugs.);* **Bumm|lig|keit,** die; - *(ugs.)*
bums!; Bums, der; -es, -e (*ugs. für* dumpfer Schlag)
bum|sen (*ugs. für* dröhnend aufschlagen; koitieren); du bumst
Bums|lo|kal (*ugs. für* zweifelhaftes Vergnügungslokal)
Bums|mu|sik (*ugs. für* laute, dröhnende Musik)
bums|voll (*ugs. für* sehr voll)
Bu|na ®, der *od.* das; -[s] (synthet. Gummi); **Bu|na|rei|fen**
[1]**Bund,** der; -[e]s, Bünde (»das Bindende«; Vereinigung; oberer Rand an Rock od. Hose); der Alte, Neue Bund ↑K 150
[2]**Bund,** das; -[e]s, -e (»das Gebundene«; Gebinde); vier Bund Stroh
BUND = Bund für Umwelt und Naturschutz Deutschland
Bun|da, die; -, -s ‹ung.› (Schaffellmantel ung. Bauern)
Bünd|chen
Bün|del, das; -s, -; **Bün|de|lei**
bün|deln; ich bünd[e]le
Bün|den (*schweiz. Kurzform von* Graubünden)
Bun|des|amt; Bun|des|an|ge|stell|ten|ta|rif (*Abk.* BAT); **Bun|des|an|lei|he**
Bun|des|an|stalt; Bun|des|an|walt; Bun|des|an|walt|schaft, die; -
Bun|des|aus|bil|dungs|för|de|rungs|ge|setz (*Abk.* BAföG)
Bun|des|au|to|bahn
Bun|des|bank, die; -
Bun|des|be|hör|de
Bun|desbru|der
Bun|desbür|ger
bun|des|deutsch; Bun|des|deut|sche, der *u.* die
Bun|des|e|be|ne, die; -; auf Bundesebene
bun|des|ei|gen
Bun|des|frau|en|mi|nis|te|rin [*alte Trennung* ...|st...]
Bun|des|ge|biet, das; -[e]s
Bun|desge|nos|se
bun|des|ge|nös|sisch
Bun|des|ge|richt; Bun|des|ge|richts|hof, der; -[e]s; **Bun|des|ge|setz|blatt** (*Abk.* BGBl.)
Bun|des|grenz|schutz, der; -es (*Abk.* BGS)
Bun|des|haupt|stadt; Bun|des|haus, das; -es; **Bun|des|haus|halt**
Bun|des|ka|bi|nett; Bun|des|kanz|ler; Bun|des|kri|mi|nal|amt, das; -[e]s (*Abk.* BKA)
Bun|des|la|de *(jüd. Rel.)*
Bun|des|land *Plur.* ...länder
Bun|des|li|ga (Spielklasse im Fußball u. a. in Deutschland); die Erste, Zweite Bundesliga; **Bun|des|li|gist,** der; -en, -en
Bun|des|ma|ri|ne
Bun|des|mi|nis|ter [*alte Trennung* ...|st...]; **Bun|des|mi|nis|te|rin; Bun|des|mi|nis|te|ri|um**
Bun|des|nach|rich|ten|dienst (*Abk.* BND); **Bun|des|prä|si|dent**
Bun|des|pres|se|amt
Bun|des|rat; Bun|des|rech|nungs|hof; Bun|des|re|gie|rung
bun|des|re|pu|b|li|ka|nisch; Bun|des|re|pu|b|lik Deutsch|land (*nicht amtliche Abk.* BRD)
Bun|des|so|zi|al|ge|richt, das; -[e]s; **Bun|des|staat** *Plur.* ...staaten
Bun|des|stadt, die; - (*schweiz. für* Bern als Sitz von Bundesregierung u. -parlament; *auch für* Bonn als ehemalige bundesdeutsche Hauptstadt)
Bun|des|stra|ße (*Zeichen* B, z. B. B 38)
Bun|des|tag
Bun|des|tags|ab|ge|ord|ne|te; Bun|des|tags|de|bat|te; Bun|des|tags|prä|si|dent; Bun|des|tags|prä|si|den|tin; Bun|des|tags|sit|zung
Bun|des|tags|wahl
Bun|des|trai|ner; Bun|des|ver|dienst|kreuz; Bun|des|ver|fas|sungs|ge|richt, das; -[e]s
Bun|des|ver|samm|lung, die; -
Bun|des|vor|stand; Bun|des|wehr
bun|des|weit
Bund|fal|ten|ho|se; Bund|ho|se
bün|dig (bindend; *Bauw.* in gleicher Fläche liegend); kurz und bündig; **Bün|dig|keit,** die; -
bün|disch (der freien Jugendbewegung angehörend); die bündische Jugend
Bünd|ner (*schweiz. für* Graubündner); **Bünd|ner Fleisch; bünd|nerisch** (*schweiz. für* graubündnerisch)
Bünd|nis, das; -ses, -se; Bündnis 90/Die Grünen (*Kurzform* die Grünen, *auch* Bündnisgrünen)
Bünd|nis|block *vgl.* Block
Bünd|nis|grü|ne, der *u.* die; -n, -n (Mitglied der Partei Bündnis 90/Die Grünen)
Bünd|nis|sys|tem [*alte Trennung* ...|st...]
Bünd|nis|treue; Bünd|nis|ver|trag
Bund|schuh (Bauernschuh im MA.)
Bund|steg *(Druckw.);* **Bund|wei|te**
Bun|ga|low [...lo:], der; -s, -s ‹Hindi-engl.› (eingeschossiges Wohn- od. Sommerhaus mit flachem Dach)
Bun|ge, die; -, -n (kleine Fischreuse aus Netzwerk od. Draht)
Bun|gee|jum|ping, *auch* **Bungee-Jum|ping** ['bandʒidʒa...], das; -s ‹engl.› (Springen aus großer Höhe mit Sicherung durch ein starkes Gummiseil)
Bun|ker, der; -s, - (Behälter für Massengut [Kohle, Erz]; Betonunterstand; *Golf* Sandloch); **bun|kern** (in den Bunker füllen; Brennstoff aufnehmen [von Schiffen]; *ugs. für* in großer Menge ansammeln, horten); ich bunkere
Bun|ny ['bani], das; -s, -s ‹engl.› (als Häschen kostümierte Serviererin in bestimmten Klubs)
Bun|sen|bren|ner ‹nach dem Erfinder Bunsen› ↑K 136
bunt; die buntes|ten Farben; bunt bemalen; ein bunter Abend; ein bunt gefiederter Vogel; ein bunt gemischtes Programm; eine bunt gescheckte Katze; bunt schillernde Fische; ein bunt gestreiftes Tuch [*alte Schreibungen* buntgefiedert, buntgemischt, buntgescheckt, buntschillernd, buntgestreift]; *vgl. aber* buntscheckig
Bunt|bart|schlüs|sel; Bunt|druck *Plur.* ...drucke; **Bunt|film; Bunt|fo|to**
bunt ge|fie|dert, bunt ge|mischt usw. [*alte Schreibungen* bunt-

gefiedert, buntgemischt usw.] *vgl.* bunt
Bunt|heit, die; -
Bunt|me|tall; Bunt|pa|pier
Bunt|sand|stein (Gestein; *nur Sing.: Geol.* unterste Stufe der Trias)
bunt|sche|ckig [*alte Trennung* ...k|k...]
bunt schil|lernd [*alte Schreibung* bunt|schil|lernd] *vgl.* bunt
Bunt|specht
Bunt|stift; Bunt|wä|sche
Bunz|lau (Stadt in Niederschlesien); **Bunz|lau|er;** Bunzlauer [Stein]gut
Bu|o|nar|ro|ti, Michelangelo (ital. Künstler)
Burck|hardt (schweiz. Historiker)
Bür|de, die; -, -n
Bu|re, der; -n, -n (Nachkomme der niederländischen u. deutschen Ansiedler in Südafrika)
Bu|ren|krieg, der; -[e]s
Bu|ren|wurst (*ostösterr. für* eine Brühwurst)
Bü|ret|te, die; -, -n ‹franz.› (Messröhre für Flüssigkeiten)
Burg, die; -, -en
Bür|ge, der; -n, -n
bür|gen
Bur|gen|land, das; -[e]s (österr. Bundesland); **bur|gen|län|disch**
Bur|ger, der; -s, - (*schweiz. landsch. für* Ortsbürger)
Bür|ger
Bür|ger|be|geh|ren, das; -s, -; **Bür|ger|be|we|gung; Bür|ger|haus**
Bür|ge|rin
Bür|ger|i|n|i|ti|a|ti|ve; Bür|ger|ko|mi|tee; Bür|ger|krieg
bür|ger|lich; bürgerliche Ehrenrechte; bürgerliches Recht, *aber* ↑K 150: das Bürgerliche Gesetzbuch (*Abk.* BGB); **Bür|ger|lich|keit,** die; -
Bür|ger|meis|ter [*auch* ...'mai...; *alte Trennung* ...|st...]; **Bür|ger|meis|te|rei**
bür|ger|nah; bürgernahe Politik; **Bür|ger|nä|he**
Bür|ger|pflicht
Bür|ger|recht; Bür|ger|recht|ler
Bür|ger|schaft; bür|ger|schaft|lich
Bür|ger|schreck, der; -s (Mensch mit provozierendem Verhalten)
Bür|ger|sinn (*svw.* Gemeinsinn)
Bür|gers|mann *Plur.* ...leute (*veraltet*)
Bür|ger|steig
Bür|ger|tum, das; -s
Burg|fried *vgl.* Bergfried
Burg|frie|de[n]; Burg|gra|ben; Burg|graf
Bür|gin
Burgk|mair (dt. Maler)
Bur|gos (span. Stadt)
Burg|ru|i|ne
Bürg|schaft
Burg|the|a|ter (österr. Nationaltheater in Wien)
Bur|gund (franz. Landschaft und früheres Herzogtum)
Bur|gun|de, der; -n, -n (Angehöriger eines germ. Volksstammes); **Bur|gun|der** (Einwohner von Burgund; franz. Weinsorte; *auch für* Burgunde)
Bur|gun|der|wein ↑K 143
bur|gun|disch, *aber* ↑K 140: die Burgundische Pforte
Burg|ver|lies; Burg|vogt
bu|risch ‹*zu* Bure›
Bur|ja|te, *auch* **Bur|jä|te,** der; -n, -n (Angehöriger eines mongol. Volksstammes); **bur|ja|tisch,** *auch* **bur|jä|tisch**
Burk|hard (m. Vorn.)
Bur|ki|na Fa|so (Staat in Westafrika, früher Obervolta); **Bur|ki|ner; bur|ki|nisch**
bur|lesk ‹franz.› (possenhaft); **Bur|les|ke,** die; -, -n (Posse, Schwank)
Bur|ma (*engl. u. schweiz. für* Myanmar; *vgl.* Birma); **Bur|me|se,** der; -n, -n; **bur|me|sisch**
Burn-out-Syn|drom [bøːɐ̯n'aut...] ‹engl.› (*Med.* Syndrom der völligen seelischen u. körperlichen Erschöpfung)
Burns [bøːɐ̯...] (schott. Dichter)
Bur|nus, der; *Gen.* - *u.* -ses, *Plur.* -se ‹arab.› (Beduinenmantel mit Kapuze)
Bü|ro, das; -s, -s ‹franz.›
Bü|ro|an|ge|stell|te; Bü|ro|ar|beit Bü|ro|be|darf; Bü|ro|ge|mein|schaft; Bü|ro|haus
Bü|ro|kauf|frau; Bü|ro|kauf|mann
Bü|ro|klam|mer
Bü|ro|kom|mu|ni|ka|ti|on
Bü|ro|krat, der; -en, -en; **Bü|ro|kra|tie,** die; -, ...ien; **bü|ro|kra|tisch**
bü|ro|kra|ti|sie|ren
Bü|ro|kra|ti|sie|rung
Bü|ro|kra|tis|mus, der; - (*abwertend für* bürokratische Pedanterie)
Bü|ro|kra|ti|us, der; - (*scherzh.* Personifizierung des Bürokratismus); heiliger Bürokratius!
Bü|ro|list, der; -en, -en (*schweiz. veraltend für* Büroangestellter)
Bü|ro|ma|te|ri|al; Bü|ro|mensch (*ugs.*); **Bü|ro|mö|bel**
Bü|ro|schluss [*alte Schreibung* ...schluß], der; ...schlusses; **Bü|ro|zeit**
Bursch *vgl.* Bursche
Bürsch|chen
Bur|sche, der; -n, -n, Bursch, der; -en, -en (junger Mann; *Verbindungsw.* Verbindungsstudent mit allen Rechten)
Bur|schen|schaft; Bur|schen|schaf|ter; bur|schen|schaft|lich
bur|schi|kos ([betont] ungezwungen; formlos); **Bur|schi|ko|si|tät,** die; -, -en
Bur|se, die; -, -n (*früher für* Studentenheim)
Bürst|chen; Bürs|te [*alte Trennung* ...|st...], die; -, -n; **bürs|ten**
Bürs|ten|ab|zug [*alte Trennung* ...|st...] (*Druckw.* Probeabzug)
Bürs|ten|bin|der
Bürs|ten|[haar|]schnitt
Bu|run|di (Staat in Afrika); **Bu|run|di|er; bu|run|disch**
Bür|zel, der; -s, - (Schwanz[wurzel], bes. von Vögeln); **Bür|zel|drü|se** (*Zool.*)
Bus, der; Busses, Busse (*Kurzform für* Autobus, Omnibus)
[1]**Busch** (deutscher Maler, Zeichner und Dichter); die buschschen, *auch* Busch'schen [*alte Schreibung* Buschschen] Gedichte
[2]**Busch,** der; -[e]s, Büsche; **Busch|boh|ne; Büsch|chen**
Bü|schel, das; -s, -
bü|sche|lig, büsch|lig
bü|scheln (*südd. u. schweiz. für* zu einem Büschel, Strauß zusammenbinden); ich büsch[e]le
bü|schel|wei|se
Bu|schen, der; -s, - (*südd., österr. ugs. für* [Blumen]strauß)
Bu|schen|schank, Bu|schen|schen|ke, *auch* ...**schän|ke** (*österr. für* Straußwirtschaft)
Busch|hemd; bu|schig
Busch|klep|per (*veraltet für* sich in Gebüschen versteckt haltender Dieb)
büsch|lig, bü|sche|lig
Busch|mann *Plur.* ...männer (Angehöriger eines in Südwestafrika lebenden Volkes); **Busch|mann|frau**
Busch|mes|ser, das
Busch|werk, das; -s
Busch|wind|rös|chen
Bu|sen, der; -s, -; **bu|sen|frei**
Bu|sen|freund; Bu|sen|freun|din
Bu|sen|grap|schen, das; -s (*ugs.*)

B

B

Bu|sen|grap|scher *(ugs.)*
Bus|fah|rer; Bus|hal|te|stel|le
Bu|shel [...ʃl], der; -s, -s ⟨engl.⟩ (engl.-amerik. Getreidemaß); 6 Bushel[s]
bu|sig *(ugs.)*; eine busige Schönheit
Busi|ness [ˈbɪsnɛs, *auch* ˈbɪznɪs; *alte Schreibung* Busi|neß], das; - ⟨engl.⟩ (Geschäft[sleben])
Busi|ness|class, *auch* **Business-Class**[...ˈkla:s; *alte Schreibung* Business class], die; - (bes. für Geschäftsreisende eingerichtete Reiseklasse im Flugverkehr)
bus|per (*südwestd. u. schweiz. mdal. für* munter, lebhaft)
Buß|an|dacht *(kath. Kirche)*
Bus|sard, der; -s, -e ⟨franz.⟩ (ein Greifvogel)
Bu|ße, die; -, -n (*auch für* Geldstrafe)
bü|ßen (*schweiz. auch für* jmdn. mit einer Geldstrafe belegen); du büßt
Bü|ßer; Bü|ßer|hemd
Bü|ße|rin
Bus|serl, das; -s, -n (*bayr., österr. ugs. für* Kuss)
buß|fer|tig *(Rel.)*; **Buß|fer|tig|keit**
Buß|geld; Buß|geld|be|scheid
Buß|got|tes|dienst *(kath. Kirche)*
Bus|so|le, die; -, -n ⟨ital.⟩ (Magnetkompass)
Buß|pre|di|ger; Buß|sa|k|ra|ment *(kath. Kirche)*; **Buß|tag**
Buß- und Bet|tag
Büs|te [*auch* ˈby:...; *alte Trennung* ...|st...], die; -, -n; **Büs|ten|hal|ter** (*Abk.* BH)
Bus|ti|er [bʏsˈti̯e:; *alte Trennung* ...|st...], das; -s, -s ⟨franz.⟩ (miederartig anliegendes Damenunterhemd ohne Ärmel)
Bu|s|t|ro|phe|don, das; -s ⟨griech.⟩ (Art des Schreibens, bei der die Schrift abwechselnd nach rechts u. nach links läuft [in alten Inschriften])
Bu|su|ki, die; -, -s ⟨neugriech.⟩ (griech. Lauteninstrument)
Bu|ta|di|en, das; -s (*Chemie* ungesättigter gasförmiger Kohlenwasserstoff)
Bu|tan, das; -s ⟨griech.⟩ (gasförmiger Kohlenwasserstoff)
Bu|tan|gas (Heiz- u. Treibstoff)
bu|ten (*nordd. für* draußen, jenseits [der Deiche])
[1]**Bu|ti|ke** *vgl.* Budike
[2]**Bu|ti|ke** *vgl.* Boutique
But|ja|din|gen (Halbinsel zwischen der Unterweser u. dem Jadebusen)
But|ler [ˈba...], der; -s, - ⟨engl.⟩ (Diener in vornehmen [engl.] Häusern)
Bu|tor [by...] (franz. Schriftsteller)
But|scher *vgl.* Buttje[r]
Buts|kopf (Schwertwal)
Butt, der; -[e]s, -e (*nordd. für* Scholle)
Bütt, die; -, -en (*landsch.* fassförmiges Vortragspult für Karnevalsredner); in die Bütt steigen
But|te, die; -, -n (*südd. u. österr. für* Bütte); **Büt|te,** die; -, -n (wannenartiges Gefäß)
But|tel *vgl.* Buddel
Büt|tel, der; -s, - (*veraltend, noch abwertend für* Ordnungshüter, Polizist)
Büt|ten, das; -s ⟨*zu* Bütte⟩ (Papierart)
Büt|ten|pa|pier
Büt|ten|re|de
But|ter, die; -; **But|ter|berg** *(ugs.)*
But|ter|bir|ne
But|ter|blu|me
But|ter|brot; But|ter|brot|pa|pier
But|ter|creme, *auch* But|ter|krem, But|ter|kre|me
But|ter|do|se
But|ter|fahrt (*ugs. für* Schiffsfahrt mit der Möglichkeit, [zollfrei] billig einzukaufen)
But|ter|fass [*alte Schreibung* ...faß]
But|ter|fly [ˈbatɐfla̯i], der; -s ⟨engl.⟩, **But|ter|fly|stil,** der; -[e]s (*Schwimmsport* Schmetterlingsstil)
But|ter|ge|bäck; But|ter|ge|ba|cke|ne [*alte Trennung* ...k|k...]
but|ter|gelb; but|te|rig, butt|rig
But|ter|kä|se; But|ter|krem, But|ter|kre|me *vgl.* But|ter|creme
But|ter|ku|chen; But|ter|milch
but|tern; ich buttere
But|ter|stul|le *(nordostd.)*
but|ter|weich
Butt|je[r], But|scher, der; -s, -s (*nordd. für* Junge, Kind)
Bütt|ner (*landsch. für* Böttcher)
But|ton [ˈbatn̩], der; -s, -s ⟨engl.-amerik.⟩ (Ansteckplakette)
butt|rig, but|te|rig
Bu|tyl|al|ko|hol ⟨griech.; arab.⟩ (chem. Verbindung)
Bu|ty|ro|me|ter, das; -s, - ⟨griech.⟩ (Fettgehaltmesser)
Butz, der; -en, -en *vgl.* [1]Butze
Bütz|chen (*rhein. für* Kuss)
[1]**But|ze,** der; -n, -n (*landsch. für* Kobold; Knirps)
[2]**But|ze,** die; -, -n (*nordd. für* Verschlag, Wandbett)
But|ze|mann *Plur.* ...männer (*svw.* Kobold, Kinderschreck)
büt|zen (*rhein. für* küssen)
But|zen, der; -s, - (*landsch. für* Kerngehäuse; Verdickung [im Glas]; *Bergmannsspr.* unregelmäßige Mineralanhäufung im Gestein); **But|zen|schei|be** (in der Mitte verdickte [runde] Glasscheibe)
Bux, die; -, Buxen *u.* **Bu|xe,** die; -, Buxen (*nordd. für* Hose)
Bux|te|hu|de (Stadt südwestl. von Hamburg)
Buy-out [ˈba̯i|a̯ut; *alte Schreibung* Buyout], das; -s, -s (*kurz für* Management-Buy-out)
Bu|zen|taur, der; -en, -en ⟨griech.⟩ (Untier in der griech. Sage; Prunkschiff der Dogen von Venedig); *vgl.* Bucintoro
BV = [schweizerische] Bundesverfassung
BVG = Berliner Verkehrs-Betriebe (*früher* Berliner Verkehrs-Gesellschaft); Bundesversorgungsgesetz
b. w. = bitte wenden!
BWV = Bach-Werke-Verzeichnis
bye-bye! [ˈba̯iˈba̯i] ⟨engl.⟩ (*ugs. für* auf Wiedersehen!)
By|pass [ˈba̯i...], der; -es, ...pässe ⟨engl.⟩ (*Med.* Überbrückung eines krankhaft veränderten Abschnittes der Blutgefäße)
By|pass|o|pe|ra|ti|on
By|ron [ˈba̯irən] (engl. Dichter)
Bys|sus, der; - ⟨griech.⟩ (feines Gewebe des Altertums; *Zool.* Haftfäden mancher Muscheln)
Byte [ba̯it], das; -[s], -[s] ⟨engl.⟩ (*EDV* Zusammenfassung von acht Bits)
By|zan|ti|ner (Bewohner von Byzanz; *veraltet für* Kriecher, Schmeichler); **By|zan|ti|ne|rin**
by|zan|ti|nisch; byzantinische Zeitrechnung, *aber* ↑K 150: das Byzantinische Reich
By|zan|ti|nis|mus, der; - (*abwertend* Kriecherei, Schmeichelei)
By|zan|ti|nist, der; -en, -en; **By|zan|ti|nis|tik** [*alte Trennung* ...|st...], die; - (Wissenschaft von der byzantinischen Literatur u. Kultur); **By|zan|ti|nis|tin**
By|zanz (*alter Name von* Istanbul)
bz, bez, bez. = bezahlt (*auf Kurszetteln*)
Bz., Bez. = Bezirk
bzw. = beziehungsweise

Cc

c, ch *s. Kasten*
C (Buchstabe); das C; des C, die C, *aber* das c in Tacitus
c = Cent, Centime; Zenti...
c, C, das; -, - (Tonbezeichnung); das hohe C; **c** (*Zeichen für* c-Moll); in c; **C** (*Zeichen für* C-Dur); in C
C = Carboneum (*chem. Zeichen für* Kohlenstoff); Celsius (*fachsprachl.* °C); Coulomb
C (röm. Zahlzeichen) = 100
C. = Cajus; *vgl.* Gajus
Ca = *chem. Zeichen für* Calcium (*vgl.* Kalzium)
ca. = circa; *vgl.* zirka
Ca. = Carcinoma; *vgl.* Karzinom
Cab [kɛp], das; -s, -s ⟨engl.⟩ (einspännige engl. Droschke)
Ca|bal|le|ro [...bal'je:...], der; -s, -s ⟨span.⟩ (Herr; *früher* span. Edelmann, Ritter)
Ca|ban [...'bã:], der; -s, -s ⟨franz.⟩ (kurzer Mantel)
Ca|ba|ret [...'re:] *vgl.* Kabarett
Ca|bo|chon [...'ʃõ:], der; -s, -s ⟨franz.⟩ (ein gewölbt geschliffener Edelstein)
Ca|b|rio, Ka|b|rio, das; -[s], -s (*Kurzform von* Cabriolet, Kabriolett); **Ca|b|ri|o|let** [...'le:], Ka|b|ri|o|lett [*auch* ...'le:, *österr. nur so*], das; -s, -s ⟨franz.⟩ (Pkw mit zurückklappbarem Verdeck; *früher* leichter, zweirädriger Wagen)
Ca|che|nez [...ʃ(ə)'ne:], das; -, - ⟨franz.⟩ ([seidenes] Halstuch)
Ca|chet [kaʃɛ], das; -s, -s ⟨franz.⟩ (*schweiz. für* Gepräge; Eigentümlichkeit)
Ca|che|te|ro [...tʃ...], der; -s, -s ⟨span.⟩ (Stierkämpfer, der dem Stier den Gnadenstoß gibt)
Cä|ci|lia, Cä|ci|lie (w. Vorn.); **Cä|ci|li|en-Ver|band** ↑K 136, der; -[e]s (Vereinigung für kath. Kirchenmusik)
[1]**CAD** = computer-aided design (*EDV* computerunterstütztes Konstruieren)
[2]**CAD** (Währungscode für kanad. Dollar)
Cad|die ['kɛdi], der; -s, -s ⟨engl.⟩ (jmd., der für den Golfspieler die Schlägertasche trägt; ® Einkaufswagen im Supermarkt; Wagen zum Transportieren der Golfschläger)
Ca|dil|lac® [*franz.* ...di'jak, *engl.* 'kɛdilɛk], der; -s, -s ⟨nach dem franz. Offizier Antoine de la Mothe Cadillac, dem Gründer der amerik. Autostadt Detroit⟩ (amerik. Kraftfahrzeug)
Cá|diz [...dɪs] (span. Hafenstadt u. Provinz)
Cad|mi|um *vgl.* Kadmium
Cae|li|us, der; - (Hügel in Rom)
Cae|sar *vgl.* [1]Cäsar
Cae|si|um *vgl.* Zäsium
Ca|fard [kafa:r], der; -s ⟨franz.⟩ (*schweiz. für* Überdruss)
Ca|fé, das; -s, -s ⟨franz.⟩ (Kaffeehaus, -stube); *vgl.* Kaffee; **Ca|fé com|p|let** [kafe kõ'plɛ], der; - -, -s -s (*schweiz. für* Kaffee mit Milch, Brötchen, Butter u. Marmelade); **Ca|fé crème** [kafe 'krɛ:m], der; - -, -s - (*schweiz. für* Kaffee mit Sahne)
Ca|fe|te|ria, die; -, *Plur.* -s *u.* ...ien ⟨amerik.-span.⟩ (Café od. Restaurant mit Selbstbedienung)
Ca|g|li|os|t|ro [kal'jɔ...; *alte Trennung* ...|st...] (ital. Abenteurer)
Cai|pi|rin|ha [kaipi'rinja], der; -s, -s ⟨port.⟩ (Mixgetränk aus Zitronensaft, Rum u. Eis)
Ca|is|sa (Göttin des Schachspiels)
Cais|son [kɛ'sõ:], der; -s, -s ⟨franz.⟩ (Senkkasten für Bauarbeiten unter Wasser); **Cais|son|krank|heit,** die; - (*Med.*)
Ca|jus *vgl.* Gajus
cal = Kalorie
Ca|lais [...'lɛ:] (franz. Stadt)
Ca|la|ma|res *Plur.* ⟨span.⟩ (Gericht aus Tintenfischstückchen)
cal|an|do ⟨ital.⟩ (*Musik* an Tonstärke u. Tempo gleichzeitig abnehmend)
Ca|lau (Stadt in der Niederlausitz)
Cal|be (Saa|le) (Stadt an der unteren Saale); *vgl. aber* Kalbe (Milde)
Cal|ci... usw. *vgl.* Kalzi... usw.
Cal|cit *vgl.* Kalzit
Cal|ci|um *vgl.* Kalzium
Cal|de|rón [...rɔn, *auch* ...'rɔn] (span. Dichter)
Calif. = California; *vgl.* Kalifornien
Ca|li|for|ni|um, das; -s (radioaktives chemisches Element, ein Transuran; *Zeichen* Cf)
Ca|li|gu|la (röm. Kaiser)
Ca|lixt, Ca|lix|tus *vgl.* Kalixt[us]
Cal|la, die; -, -s ⟨griech.⟩ (eine Zierpflanze)
Cal|la|ne|tics® [kɛlə...] *Plur.* ⟨nach der Amerikanerin Callan Pinckney⟩ (ein Fitnesstraining)
Call|boy ['ko:l...], der; -s, -s ⟨engl.⟩ (*vgl.* Callgirl)
Call-by-Call ['kɔ:lbai'kɔ:l], das; -s *meist ohne Artikel* ⟨engl.⟩ (Auswahl einer bestimmten Telefongesellschaft durch Vorwählen einer entsprechenden Nummer)
Call|cen|ter, *auch* **Call-Cen|ter** ['kɔ:lsɛntɐ], das; -s, - ⟨engl.-

c, ch	
Häufig gebrauchte Fremdwörter, die ein c *oder ein* ch *enthalten, können sich nach und nach der deutschen Schreibweise angleichen.*	*Dagegen wurde* c *zu* z *vor* e, i, y, ä *und* ö: – Zentrum *für* Centrum – Zirkus *für* Circus – Zäsur *für* Cäsur
Dabei wurde c *in der Regel zu* k *vor* a, o, u *und vor Konsonanten (Mitlauten):* – Kalzium, *fachsprachlich* Calcium – Kopie *für* Copie – Akkusativ *für* Accusativ – Spektrum *für* Spectrum	*In manchen Fremdwörtern kann* ch *der ursprünglichen Aussprache entsprechend auch* sch *geschrieben werden:* – Chicorée, *auch* Schikoree – Charme, *auch* Scharm

C

amerik.⟩ (Büro für telefonische Dienstleistungen)
Call|girl, das; -s, -s (Prostituierte, die auf telefonischen Anruf hin kommt od. jmdn. empfängt)
Cal|mette [...'mɛt] (franz. Bakteriologe)
ca|lo|ri|sie|ren (*chem. fachspr. für* kalorisieren)
Ca|lu|met *vgl.* Kalumet
Cal|va|dos, der; -, - ⟨franz.⟩ (ein Apfelbranntwein)
Cal|vin [*österr.* 'ka...] (Genfer Reformator); **cal|vi|nisch,** kal|vinisch; das calvinische, kalvinische Bekenntnis
Calw [kalf] (Stadt a. d. Nagold); **Cal|wer** [...vɐ]
Ca|lyp|so [...'lɪ...], der; -[s], -s (Tanz im Rumbarhythmus); *vgl. aber* Kalypso
CAM = computer-aided manufacturing (computerunterstütztes Fertigen)
Ca|margue [...'mark], die; - (südfranz. Landschaft)
Cam|bridge ['ke:mbrɪtʃ] (engl. u. nordamerik. Ortsn.)
Cam|burg (Stadt a. d. Saale)
Cam|cor|der, der; -s, - ⟨engl.⟩; *vgl.* Kamerarekorder
Ca|mem|bert [...be:ɐ̯, *auch* ...mã'bɛ:ɐ̯], der; -s, -s ⟨nach dem franz. Ort⟩ (ein Weichkäse)
Ca|me|ra ob|s|cu|ra, die; - -, ...rae ...rae ⟨lat.⟩ (Lochkamera)
Ca|mil|la (w. Vorn.); **Ca|mil|lo** (m. Vorn.)
Ca|mi|on [kami̯õ], der; -s, -s ⟨franz.⟩ (*schweiz. für* Lastkraftwagen); **Ca|mi|on|na|ge** [kami̯ɔna:ʒə], die; - (*schweiz. für* Spedition); **Ca|mi|on|neur** [kami̯ɔnø:r], der; -s, -e (*schweiz. für* Spediteur)
Ca|mõ|es [...'mõ:ɪʃ] (port. Dichter)
Ca|mor|ra *vgl.* Kamorra
Ca|mou|f|la|ge [...mu...ʒə], die; -, -n ⟨franz.⟩ (*veraltet für* milit. Tarnung; Verbergen); **ca|mou|f|lie|ren** *(veraltet)*
Camp [kɛmp], das; -s, -s ⟨engl.⟩ ([Feld-, Gefangenen]lager)
Cam|pa|g|na [kam'panja], die; - (ital. Landschaft)
Cam|pa|g|ne *vgl.* Kampagne
Cam|pa|ni|le *vgl.* Kampanile
Cam|pa|ri ®, der; -s, - ⟨ital.⟩ (ein Bitterlikör)
Cam|pe|che|holz [...'pɛtʃə...] *vgl.* Kampescheholz
cam|pen ['kɛ...] ⟨engl.⟩ (im Zelt od. Wohnwagen leben); **Camper; Cam|pe|rin**
Cam|pe|si|no [ka...], der; -s, -s ⟨span.⟩ (armer Landarbeiter, Bauer [in Spanien u. Lateinamerika])
cam|pie|ren (*österr. für, schweiz. neben* campen); *vgl.* kampieren
Cam|ping ['kɛ...], das; -s ⟨engl.⟩ (Leben auf Zeltplätzen im Zelt od. Wohnwagen)
Cam|ping|an|hän|ger; Cam|ping|ar|ti|kel; Cam|ping|aus|rüs|tung [*alte Trennung* ...|st...]; **Camping|bus; Cam|ping|füh|rer; Cam|ping|platz**
Cam|pus [*auch* 'kɛmpəs], der; -, - ⟨lat.-engl.⟩ (Universitätsgelände, bes. in den USA)
Ca|mus [ka'my:] (franz. Schriftsteller)
Ca|na|da (*engl. Schreibung von* Kanada)
Ca|nail|le [...'naljə] *vgl.* Kanaille
Ca|na|let|to (ital. Maler)
Ca|na|pé [...pe] *vgl.* Kanapee
Ca|nas|ta [*alte Trennung* ...|st...], das; -s ⟨span.⟩ (ein Kartenspiel)
Ca|na|ve|ral *vgl.* Kap Canaveral
Can|ber|ra ['kɛnbərə] (Hauptstadt Australiens)
Can|can [kã'kã:], der; -s, -s ⟨franz.⟩ (ein Tanz)
can|celn ['kɛntsl̩n] ⟨lat.-fr.-engl.⟩ (streichen, absagen, rückgängig machen); die Buchung wurde gecancelt
cand. = candidatus; *vgl.* Kandidat
Can|de|la, die; -, - ⟨lat.⟩ (Lichtstärkeeinheit; *Zeichen* cd)
Can|di|da (w. Vorn.); **Can|di|dus** (m. Vorn.)
Ca|net|ti, Elias (deutschsprachiger Schriftsteller)
Can|na, die; -, -s ⟨sumer.-lat.⟩ (eine Zierpflanze)
Can|na|bis, der; - ⟨griech.-lat.⟩ (Hanf; *auch für* Haschisch)
Can|nae *vgl.* Kannä
Can|nel|lo|ni *Plur.* ⟨ital.⟩ (gefüllte Röllchen aus Nudelteig)
Cannes [kan] (Seebad an der Côte d'Azur)
Cann|statt, Bad ↑K 147 (Stadtteil von Stuttgart); **Cann|stat|ter;** Cannstatter Wasen (Volksfest)
Ca|ñon [...njɔn, *auch* kan'jo:n], der; -s, -s ⟨span.⟩ (enges, tief eingeschnittenes Tal, bes. im westl. Nordamerika)
Ca|no|pus *vgl.* ²Kanopus
Ca|nos|sa, Ka|nos|sa, das; -s, -s ⟨nach der Felsenburg Canossa in Norditalien⟩; ein Gang nach Canossa (*übertr. für* Demütigung); **Ca|nos|sa|gang,** Ka|nossa|gang, der ↑K 143
Can|stein|sche Bi|bel|an|stalt, die; -n - ↑K 150 ⟨nach dem Gründer Frhr. von Canstein⟩
can|ta|bi|le ⟨ital.⟩ (*Musik* gesangartig, ausdrucksvoll)
Can|ta|te *vgl.* ²Kantate
Can|ter|bu|ry ['kɛntɐbəri] (engl. Stadt)
Can|tha|ri|din *vgl.* Kantharidin
Can|to, der; -s, -s ⟨ital.⟩ (Gesang)
Can|tus fir|mus, der; - -, - ...mi (Hauptmelodie eines mehrstimmigen Chor- od. Instrumentalsatzes)
Can|yon ['kɛnjən], der; -s, -s ⟨engl.⟩ (*engl. Bez. für* Cañon)
Can|yo|ning ['kɛnjənɪŋ], das; -s ⟨engl.⟩ (als Sport betriebenes Durchwandern von Gebirgsschluchten u. -flüssen)
Ca|pa, die; -, -s ⟨span.⟩ (roter Umhang der Stierkämpfer)
Cape [ke:p], das; -s, -s ⟨engl.⟩ (ärmelloser Umhang)
Ca|pe|a|dor [ka...], der; -s, -es ⟨span.⟩ (Stierkämpfer, der den Stier mit der Capa reizt)
Ca|pel|la *vgl.* Kapella
Cap|puc|ci|no [...'tʃi:...], der; -[s], -[s] ⟨ital.⟩ (Kaffeegetränk)
Ca|p|re|se, der; -n, -n (Bewohner von Capri); **ca|p|re|sisch**
Ca|p|ri (Insel im Golf von Neapel)
Ca|p|ric|cio [...'prɪtʃo], das; -s, -s ⟨ital.⟩ (scherzhaftes, launiges Musikstück); **ca|p|ric|cio|so** (*Musik* scherzhaft, launig)
Ca|p|ri|ce [...'pri:sə] *vgl.* Kaprice
Cap|ta|tio Be|ne|vo|len|ti|ae [*alte Schreibung* Cap|ta|tio be|ne|vo|len|tiae], die; - - ⟨lat.⟩ (Redewendung, mit der man das Wohlwollen des Publikums zu gewinnen sucht)
Ca|pua (ital. Stadt)
Ca|put mor|tu|um, das; - - ⟨lat.⟩ (Eisenrot, rote Malerfarbe; *veraltet für* Wertloses)
Caque|lon [kaklõ], das; -s, -s ⟨franz.⟩ (*schweiz. für* feuerfestes irdenes Gefäß)
Car, der; -s, -s ⟨franz.⟩ (*schweiz. kurz für* Autocar)
Ca|ra|bi|ni|e|re *vgl.* Karabiniere
Ca|ra|cas (Hauptstadt Venezuelas)
ca|ram|ba! ⟨span.⟩ (*ugs. für* Donnerwetter!, Teufel!)

Ca|ra|van ['ka(:)..., *auch* ...'va:n, 'kɛrəvɛn], der; -s, -s ‹engl.› (kombinierter Personen- u. Lastenwagen; Wohnwagen);
Ca|ra|va|ner; Ca|ra|va|ning, das; -s (Leben im Wohnwagen)
Car|bid *vgl.* ²Karbid
Car|bo... usw. *vgl.* Karbo... usw.;
Car|bo|ne|um, das; -s ‹lat.› (*veraltete Bez. für* Kohlenstoff, chemisches Element; *Zeichen* C)
Car|bo|run|dum® *vgl.* Karborund
Car|ci|no|ma *vgl.* Karzinom
Car|di|gan, der; -s, -s ‹engl.› (lange Damenstrickweste)
CARE [kɛ:ɐ̯] = Cooperative for American Remittances to Europe (eine Hilfsorganisation)
care of ['kɛ:ɐ̯ ɔf] ‹engl.› (*in Briefanschriften usw.* wohnhaft bei...; per Adresse; *Abk.* c/o)
Care|pa|ket [kɛ:(r)...]; *vgl.* CARE
Car|go *vgl.* Kargo
Ca|ri|na *vgl.* Karina
Ca|ri|o|ca, die; -, -s ‹indian.-port.› (lateinamerik. Tanz)
Ca|ri|tas, die; - (*kurz für* Deutscher Caritasverband); *vgl.* Karitas
Car|ja|cking, *auch* **Car-Ja|cking** ['ka:dʒɛkɪŋ; *alte Trennung* ...k|k...], das; -[s], -s ‹engl.› (Vorgang, bei dem ein Auto unter Androhung von Gewalt seinem Fahrer weggenommen wird)
Car|los (m. Vorn.)
Car|lyle [ka:ɐ̯'lail] (schott. Schriftsteller u. Historiker)
Car|ma|g|no|le [...man'jo:...], die; -, -n (*nur Sing.:* franz. Revolutionslied; *auch für* ärmellose Jacke der Jakobiner)
Car|men (w. Vorn.)
Car|nal|lit *vgl.* Karnallit
Car|ne|gie [ka:ɐ̯'nɛgi] (nordamerik. Milliardär); **Car|ne|gie Hall** [... 'hɔ:l], die; - - (Konzerthalle in New York)
Car|net [de Pas|sa|ges] [...'ne: (də ...ʒə); *alte Schreibung* Car|net de pas|sa|ges], das; - - -, -s [...'ne:] - - (Zollbescheinigung zur Einfuhr von Kraftfahrzeugen)
Car|not|zet [...tsɛt, *schweiz.* ...tsɛ], das; -s, -s ‹franz. mdal.› (kleine [Keller]schenke [in der französischen Schweiz])
Ca|ro|la *vgl.* Karola
Ca|ros|sa (dt. Schriftsteller)
Ca|ro|tin *vgl.* Karotin
Car|pac|cio [kar'patʃo], das *u.* der; -s, -s ‹ital.› (kalte [Vor]speise aus rohen, dünn geschnittenen Zutaten)
Car|port, der; -s, -s ‹engl.-amerik.› (überdachter Abstellplatz für Autos)
Car|ra|ra (ital. Stadt); **Car|ra|rer; car|ra|risch;** carrarischer Marmor
Car|roll ['kɛrəl], Lewis ['lu:ɪs] (engl. Schriftsteller)
Car|sha|ring, *auch* **Car-Sha|ring** ['ka:ʃɛərɪŋ], das; -[s] ‹engl.› (organisierte Nutzung eines Autos von mehreren Personen)
Cars|ten [*alte Trennung* ...|st...] *vgl.* Karsten
Cars|tens [*alte Trennung* ...|st...] (fünfter dt. Bundespräsident)
Carte blanche [kart 'blã:ʃ], die; - -, -s -s [kart 'blã:ʃ] ‹franz.› (unbeschränkte Vollmacht)
car|te|si|a|nisch, car|te|sisch *vgl.* kartesianisch, kartesisch; **Car|te|si|us** (*lat. Form von* Descartes)
Car|tha|min *vgl.* Karthamin
Car|toon [...'tu:n], der *od.* das; -[s], -s ‹engl.› (Karikatur, Witzzeichnung; kurzer Comicstrip);
Car|too|nist, der; -en, -en (Cartoonzeichner); **Car|too|nis|tin** [*alte Trennung* ...|st...]
Ca|ru|so (ital. Sänger)
Car|ver, der; -[s], -; **Car|ving,** das; -[s] ‹engl.› (beim Snowboardfahren das Fahren auf der Kante, ohne zu rutschen)
Ca|sa|blan|ca (Stadt in Marokko)
Ca|sals (span. Cellist)
¹Ca|sa|no|va (ital. Abenteurer, Schriftsteller u. Frauenheld)
²Ca|sa|no|va, der; -[s], -s (*ugs. für* Frauenheld, -verführer)
¹Cä|sar (röm. Feldherr u. Staatsmann; m. Vorn.)
²Cä|sar, der; Cäsaren, Cäsaren (Ehrenname der römischen Kaiser)
Cä|sa|ren|wahn
cä|sa|risch (kaiserlich; selbstherrlich)
Cä|sa|ris|mus, der; - (unbeschränkte [despotische] Staatsgewalt); **Cä|sa|ro|pa|pis|mus,** der; - (Staatsform, bei der der weltl. Herrscher zugleich geistl. Oberhaupt ist)
cash [kɛʃ] ‹engl.› (*Wirtsch.* bar);
Cash, das; - (*Wirtsch.* Kasse, Bargeld, Barzahlung);
Cash-and-car|ry-Klau|sel ['kɛʃ-ɛnt'kɛri...], die; - (*Überseehandel* Klausel, nach der der Käufer die Ware bar bezahlen u. im eigenen Schiff abholen muss)
Ca|shew|nuss ['kɛʃu...; *alte Schreibung* ...nuß], die; -, ...nüsse ‹port.-engl.; dt.› (trop. Nusssorte)
Cash|flow [...flo:; *alte Schreibung* Cash-flow], der; -s ‹engl.› (*Wirtsch.* Überschuss nach Abzug aller Unkosten)
Ca|si|mir *vgl.* Kasimir
Cä|si|um *vgl.* Zäsium
Cas|sa|ta, die; -, -s (Speiseeisspezialität)
Cas|si|us (Name eines röm. Staatsmannes)
Cas|tel Gan|dol|fo [*alte Trennung* ...|st...] (ital. Stadt am Albaner See; Sommerresidenz des Papstes)
Cas|ting, das; -[s], -s ‹engl.› (Rollenbesetzung; Wettkampf in der Sportfischerei)
Cas|tor®, der; -s, -s *u.* ...oren ‹engl.›, **Cas|tor|be|häl|ter** [*alte Trennung* ...|st...] (Spezialbehälter für radioaktives Material)
Cas|t|ries [...rɪs, *auch* ka'stri:; *alte Trennung* ...|st...] (Hauptstadt von St. Lucia)
Cas|t|ro, Fidel [*alte Trennung* ...|st...] (kuban. Politiker)
Ca|sus Bel|li [*alte Schreibung* Casus bel|li], der; - -, - - ‹lat., Kriegsfall› (Grund für einen Konflikt); **Ca|sus o|b|li|quus,** der; - -, - ...qui (*Sprachw.* abhängiger Fall, z. B. Genitiv, Dativ, Akkusativ); **Ca|sus rec|tus,** der; - -, - ...ti (*Sprachw.* unabhängiger Fall, Nominativ)
Ca|ta|nia (Stadt auf Sizilien)
Cat|boot ['kɛ...], das; -[e]s, -e ‹engl.; dt.› (kleines Segelboot)
Catch-as-catch-can ['kɛtʃ-ɛs'kɛtʃ'kɛn], das; - ‹amerik.› (Freistilringkampf); **cat|chen;**
Cat|cher
Ca|te|nac|cio [...tʃo], der; -[s] ‹ital.› (Verteidigungstechnik im Fußball)
Ca|te|ring ['ke:tərɪŋ], das; -[s] ‹engl.› (Verpflegung)
Ca|ter|pil|lar ['kɛtɐpɪlɐ], der; -s, -[s] ‹engl.› (Raupenschlepper)
Cat|gut ['kɛtgat] *vgl.* Katgut
Ca|ti|li|na (röm. Verschwörer); *vgl.* katilinarisch
Ca|to (röm. Zensor)
Cat|ta|ro (*ital. Name von* Kotor)
Ca|tull, Ca|tul|lus (röm. Dichter)

C

Cat|walk ['kɛtwɔːk], der; -s, -s (*engl. Bez. für* Laufsteg)

Cau|dil|lo [...'dɪljo], der; -[s], -s ⟨span.⟩ (Diktator)

Cau|sa, die; -, ...sae ⟨lat.⟩ (Grund, Ursache, [Streit]sache); **Cause cé|lè|b|re** ['koːs se'lɛːbrə], die; - -, *Plur.* -s -s [- -] ⟨franz.⟩ (berühmter Rechtsstreit)

Cau|seur [...'zøːɐ̯], der; -s, -e (*veraltet für* Plauderer)

Ca|yenne [...'jɛn] (Hauptstadt von Französisch-Guayana); **Ca|yenne|pfef|fer** ↑K 143 (ein scharfes Gewürz)

CB [t͜seː'beː] = Citizen-Band ⟨engl.-amerik.⟩ (für den privaten Funkverkehr freigegebener Wellenbereich); **CB-Funk**

cbm = Kubikmeter (*früher für* m^3)

cc = carbon copy ⟨engl.⟩ (Durchschlag, Kopie)

CC = Corps consulaire

ccm = Kubikzentimeter (*früher für* cm^3)

cd = Candela

Cd = *chem. Zeichen für* Cadmium; *vgl.* Kadmium

¹CD = Corps diplomatique

²CD [t͜seː'deː], die; -, -s ⟨*zu* engl. compact disc⟩ (Kompaktschallplatte)

CD-Lauf|werk (für CDs *od.* CD-ROMs); **CD-Play|er,** der; -s, - (CD-Spieler); **CD-ROM,** die; -, -[s] (Nur-Lese-Speicher auf CD); **CD-Spie|ler** (Wiedergabegerät für CDs)

CDU = Christlich-Demokratische Union (Deutschlands)

CDU-ge|führt; die CDU-geführten Länder

C-Dur ['t͜seː..., *auch* 't͜seː'duːɐ̯], das; - (Tonart; *Zeichen* C); **C-Dur-Ton|lei|ter** ↑K 26

Ce = *chem. Zeichen für* Cer

Ce|dil|le [se'diːjə], die; -, -n ⟨franz.⟩ (*Sprachw.* Häkchen als Aussprachezeichen, z. B. bei franz. ç als stimmloses s vor a, o, u)

Ce|lan (deutschsprachiger Autor)

Ce|le|bes [t͜se..., *auch* 't͜seː...] (eine der Großen Sundainseln)

Ce|les|ta [t͜ʃ...; *alte Trennung* ...|st...], die; -, *Plur.* -s *u.* ...sten ⟨ital.⟩ (ein Tasteninstrument)

Ce|li|bi|da|che [t͜ʃ...ke] (rumän. Dirigent)

Cel|la, die; -, Cellae ⟨lat.⟩ (Hauptraum im antiken Tempel; *Med.* Zelle)

Cel|le (Stadt an der Aller); **Cel|ler**

Cel|li|ni [t͜ʃ...] (ital. Bildhauer)

cel|lisch, *auch* cel|lesch ⟨*zu* Celle⟩

Cel|list [t͜ʃ...], der; -en, -en ⟨ital.⟩ (Cellospieler); **Cel|lis|tin** [*alte Trennung* ...|st...]

Cel|lo, das; -s, *Plur.* -s *u.* ...lli ⟨ital.⟩ (*Kurzform für* Violoncello)

Cel|lo|phan ®, das; -s *u.* **Cel|lo|pha|ne** ®, die; - ⟨lat.; griech.⟩ (glasklare Folie) *vgl.* Zellophan; **cel|lo|pha|nie|ren**

Cel|lu|li|te, Cel|lu|li|tis *vgl.* Zellulitis

Cel|lu|loid *vgl.* Zelluloid; **Cel|lu|lo|se** *vgl.* Zellulose

Cel|si|us ⟨nach dem Schweden Anders Celsius⟩ (Gradeinheit auf der Celsiusskala; *Zeichen* C; *fachspr.* °C); 5° C (*fachspr.* 5 °C)

Cem|ba|lo [t͜ʃ...], das; -s, *Plur.* -s *u.* ...li ⟨ital.⟩ (ein Tasteninstrument)

Cent [t͜s..., s...], der; -[s], -[s] ⟨engl.⟩ (Untereinheit von Dollar [*Abk.* c, ct] u. Euro); 5 Cent

Cen|ta|vo [s...], der; -[s], -[s] ⟨port. *u.* span.⟩ (Untereinheit süd- u. mittelamerik. Währungen)

Cen|ter [s...], das; -s, - ⟨amerik.⟩ (Geschäftszentrum; Großeinkaufsanlage)

Cen|te|si|mo [t͜ʃ...], der; -[s], ...mi ⟨ital.⟩ (ehem. ital. Münze)

Cen|té|si|mo [s...], der; -[s], -[s] ⟨span.⟩ (Untereinheit süd- u. mittelamerik. Währungen)

Cen|time [sã'tiːm], der; -s, -s ⟨franz.⟩ (Untereinheit des Franc; *Abk.* c, ct; *schweiz. früher neben* Rappen)

Cén|ti|mo [s...], der; -[s], -[s] ⟨span.⟩ (Währungsuntereinheit in Spanien, Mittel- u. Südamerika)

Cen|t|re|court, *auch* **Cen|t|re-Court** ['sɛntɐ...; *alte Schreibung* Cen|tre Court], der; -s, -s ⟨engl.⟩ (Hauptplatz großer Tennisanlagen)

Cer, das; -s ⟨lat.⟩ (chemisches Element, Metall; *Zeichen* Ce)

Cer|be|rus *vgl.* Zerberus

Cer|c|le ['sɛrkl̩], der; -s, -s ⟨franz.⟩ (*veraltet für* Empfang, vornehmer Gesellschaftskreis; *österr. auch für* die ersten Reihen im Theater u. Konzertsaal); Cercle halten; **Cer|cle|sitz** (*österr. für* Sitz im Cercle)

Ce|re|a|li|en *Plur.* ⟨lat.⟩ (altröm. Fest zu Ehren der Ceres); *vgl. aber* Zerealie

Ce|re|bel|lum *vgl.* Zerebellum

Ce|re|b|rum *vgl.* Zerebrum

Ce|res (röm. Göttin des Ackerbaus)

Ce|re|sin *vgl.* Zeresin

Cer|to|sa [t͜ʃ...], die; -, ...sen ⟨ital.⟩ (Kloster der Kartäuser in Italien)

Cer|van|tes [s...] (span. Dichter)

Cer|ve|lat, [sɛrvəla], der; -s, -s ⟨franz.⟩ (*schweiz. für* Brühwurst aus Rindfleisch mit Schwarten und Speck); *vgl.* Servela *u.* Zervelatwurst

ces, Ces, das; -, - (Tonbezeichnung); **Ces** (*Zeichen für* Ces-Dur); in Ces; **Ces-Dur** [*auch* 'duːɐ̯], das; - (Tonart; *Zeichen* Ces); **Ces-Dur-Ton|lei|ter** ↑K 26

ce|te|rum cen|seo ⟨lat., »übrigens meine ich«⟩ (als Einleitung einer immer wieder vorgebrachten Forderung od. Ansicht)

Ce|vap|ci|ci, Če|vap|či|ći [t͜ʃe'vapt͜ʃit͜ʃi] *Plur.* ⟨serbokroat.⟩ (gegrillte Hackfleischröllchen)

Ce|ven|nen [s...] *Plur.* (franz. Gebirge)

Cey|lon ['t͜sei...] (*früherer Name von* Sri Lanka); **Cey|lo|ne|se,** der; -n, -n; **Cey|lo|ne|sin; cey|lo|ne|sisch; Cey|lon|tee** ↑K 143

Cé|zanne [se'zan] (franz. Maler)

cf = cost and freight ⟨engl.⟩ (*Klausel im Überseehandel* Verladekosten und Fracht im Preis eingeschlossen)

Cf = *chem. Zeichen für* Californium

cf. = confer!

C-Fal|ter ['t͜seː...]; ↑K 29 (ein Tagfalter)

cg = Zentigramm

CH = Confoederatio Helvetica

Cha|b|lis [ʃa'bliː], der; -, - ⟨franz.⟩ (franz. Weißwein)

Cha-Cha-Cha ['t͜ʃa't͜ʃa't͜ʃa], der; -[s], -s (ein Tanz)

Cha|conne [ʃa'kɔn], die; -, *Plur.* -s *u.* -n ⟨franz.⟩ *u.* Cia|co|na [t͜ʃa...], die; -, -s ⟨ital.⟩ (ein Tanz; Instrumentalstück)

Cha|gall [ʃa...] (russ. Maler)

Cha|g|rin [ʃa'grɛ̃ː], das; -s, -s (Leder mit künstl. Narben); **cha|g|ri|nie|ren** (Leder mit Narben versehen); **Cha|g|rin|le|der**

Chai|ne ['ʃɛːn(ə)], die; -, -n ⟨franz.⟩ (*Weberei* Kettfaden)

Chair|man ['t͜ʃɛːɐ̯mɛn], der; -, ...men ⟨engl.⟩ (*engl. Bez. für*

Vorsitzender); **Chair|per|son** [ˈtʃɛːɐ̯pəːsn̩], die; -, -s (*engl. Bez. für* Vorsitzende *od.* Vorsitzender)

Chai|se [ˈʃɛːzə], die; -, -n ⟨franz.⟩ (*ugs. abwertend für* altes Auto); **Chai|se|longue** [ʃɛzəˈlɔŋ], die; -, *Plur.* -n [...ˈlɔŋən] *od.* -s, *ugs. auch* das; -s, -s (gepolsterte Liege mit Kopflehne)

Chal|dä̲a [kal...] (*A. T.* Babylonien); **Chal|dä̲|er** (Angehöriger eines aramäischen Volksstammes); **Chal|dä̲|e|rin; chal|dä̲|isch**

Cha|let [ʃaˈleː, *auch* ʃaˈlɛ], das; -s, -s ⟨franz.⟩ (Sennhütte; Landhaus)

Chal|ki|di|ke [çalˈkiːdikeː], die; - (nordgriech. Halbinsel)

chal|ko|ge̲n ⟨griech.-lat., »Erz bildend«⟩ *(Chemie);* **Chal|ko|ge̲n,** das; -s, -e *meist Plur.* (Element einer chem. Gruppe)

Chal|ko|li̲|thi|kum [*auch* ...ˈli...], das; -s (späte Stufe der Jungsteinzeit)

Chal|len|ger [ˈtʃɛlindʒə(r)], die; - ⟨engl., »Herausforderer«⟩ (Name einer amerik. Raumfähre)

Chal|ze|do̲n [kal...], der; -s, -e (ein Mineral)

Cham [kaːm] (Stadt am Regen u. Gemeinde im schweiz. Kanton Zug)

Cha|ma̲|de [ʃa...] *vgl.* Schamade

Cha|mä̲|le|on [ka...], das; -s, -s ⟨griech.⟩ (eine Echse; *abwertend für* oft seine Überzeugung wechselnder Mensch); **cha|mä̲|le|on|ar|tig**

Cha|ma|ve [çaˈmaːvə], der; -n, -n (Angehöriger eines germ. Volksstammes)

Cham|ber|lain [ˈtʃe(ː)mbə(r)lin] (engl. Familienn.)

Cham|b|re sé|pa|rée [ˈʃãːbr(ə) sepaˈreː], das; - -, -s -s [ˈʃãːbr(ə) sepaˈreː] ⟨franz.⟩ (*veraltet für* kleiner Nebenraum für ungestörte Zusammenkünfte)

Cha|mịs|so [ʃa...] (dt. Dichter)

cha|mois [ʃaˈmo̯a] ⟨franz.⟩ (gämsfarben, bräunlich gelb); ein chamois Hemd; *vgl. auch* beige; **Cha|mois,** das; - (chamois Farbe; weiches Gämsen-, Ziegen-, Schafleder); Stoffe in Chamois; **Cha|mois|le|der**

Champ [tʃɛmp], der; -s, -s ⟨engl.⟩ (*Kurzw. für* Champion)

Cham|pa|g|ne [ʃãˈpanjə], die; - (franz. Landschaft)

Cham|pa|g|ner [ʃamˈpanjər] (ein Schaumwein); **cham|pạ|g|ner|far|ben, cham|pạ|g|ner|far|big; Cham|pạ|g|ner|wein**

Cham|pi|g|non [ˈʃãːpɪnjõ], der; -s, -s (ein Edelpilz)

Cham|pi|on [ˈtʃɛmpi̯ən, *auch* ʃãˈpi̯õː], der; -s, -s ⟨engl.⟩ (Meister in einer Sportart); **Cham|pi|o|na̲t** [ʃa...], das; -[e]s, -e ⟨franz.⟩ (Meisterschaft)

Cham|pi|ons League [ˈtʃɛmpi̯əns ˈliːk], die; - - ⟨engl.⟩ (*Sport* jährlich ausgetragene Finalrunde im Europapokal der Landesmeister)

Champs-É|ly|sées [ʃãzeliˈzeː] *Plur.* (eine Hauptstraße in Paris)

Cha̲n [k..., *auch* x...], Kha̲n [k...], der; -s, -e ⟨mong.⟩ (mong.-türk. Herrschertitel)

Chan|ce [ˈʃãːs(ə), *auch* ˈʃaŋsə], die; -, -n ⟨franz.⟩ (günstige Gelegenheit; *meist Plur.;* Aussichten auf Erfolg)

Chan|cel|lor [ˈtʃaːnsələ], der; -s, -s ⟨engl.⟩ (*engl. Bez. für* Kanzler)

Chan|cen|gleich|heit, die; - *(Päd., Soziol.)*

Change [tʃeːntʃ], der; - ⟨engl.⟩ *u.* [ʃãːʃ], die; - ⟨franz.⟩ (*engl. u. franz. Bez. für* [Geld]wechsel)

chan|geant [ʃãˈʒãː] ⟨franz.⟩ (in mehreren Farben schillernd [von Stoffen]); ein changeant Stoff; *vgl. auch* beige; **Changeant,** der; -[s], -s (schillernder Stoff; Edelstein mit schillernder Färbung)

chan|gie|ren (schillern [von Stoffen]; *Jägerspr.* die Fährte wechseln [vom Jagdhund])

Chang|ji|ang, Chang Ji|ang [*beide* tʃaŋˈdʒi̯aŋ]; *vgl.* Jangtse

Chan|son [ʃãˈsõː], das; -s, -s ⟨franz.⟩ ([Kabarett]lied); **Chanson|nẹt|te,** *auch* Chan|so|nẹt|te, die; -, -n (Chansonsängerin; kleines Chanson); **Chan|son|nier,** *auch* Chan|so|ni|er [...ˈni̯eː], der; -s, -s (Chansonsänger, -dichter); **Chan|son|ni|è|re,** *auch* Chan|so|ni|e|re [...ˈni̯eːrə], die; -, -n (Chansonsängerin)

Cha|nuk|ka̲ [x...], die; - ⟨hebr.⟩ (ein jüd. Fest); **Cha|nuk|ka̲|leuch|ter** (Leuchter, der zur Chanukka angezündet wird)

Cha̲|os [k...], das; - ⟨griech.⟩ (wüstes Durcheinander, Auflösung aller Ordnung); **Cha̲|os|the|o|rie** (eine mathematisch-physikalische Theorie)

Cha|o̲t, der; -en, -en (jmd., der die bestehende Gesellschaftsordnung durch Gewaltaktionen zu zerstören versucht; *ugs. für* sprunghafter Mensch, Wirrkopf); **Cha|o̲|tin; cha|o̲|tisch**

Cha|peau [ʃaˈpoː], der; -s, -s ⟨franz.⟩ (*veraltet, noch scherzh. für* Hut); **Cha|peau** Claque, *auch* **Cha|peau claque** [ʃaˈpoː ˈklak], der; - -, -x -s [- -] (Klappzylinder)

Chap|lin [ˈtʃɛ...] (engl. Filmschauspieler, Autor u. Regisseur); **Chap|li|na̲|de** [tʃa...], die; -, -n (komischer Vorgang [wie in Chaplins Filmen]); **chap|li|nẹsk**

Cha|ra̲|de [ʃ...] *ältere Schreibung für* Scharade

Cha|rạk|ter [k...], der; -s, ...e̲re ⟨griech.⟩; **Cha|rạk|ter|an|la|ge; Cha|rạk|ter|bild; Cha|rạk|ter|bil|dung; Cha|rạk|ter|dar|stel|ler; Cha|rạk|ter|ei|gen|schaft; Cha|rạk|ter|feh|ler**

cha|rạk|ter|fest; Cha|rạk|ter|fes|tig|keit [*alte Trennung* ...|st...], die; -

cha|rak|te|ri|si̲e̲|ren; Cha|rak|te|ri|si̲e̲|rung

Cha|rak|te|rịs|tik [*alte Trennung* ...|st...], die; -, -en (Kennzeichnung; [treffende] Schilderung); **Cha|rak|te|rịs|ti|kum,** das; -s, ...ka (kennzeichnendes Merkmal)

cha|rak|te|rịs|tisch [*alte Trennung* ...|st...]; **cha|rak|te|rịs|ti|scher|wei̲|se**

Cha|rạk|ter|kopf; Cha|rạk|ter|kun|de, die; - (*für* Charakterologie)

cha|rạk|ter|lich

cha|rạk|ter|los; Cha|rạk|ter|lo|sig|keit

Cha|rak|te|ro|lo|gi̲e̲, die; - (Charakterkunde); **cha|rak|te|ro|lo̲|gisch**

Cha|rạk|ter|rol|le; Cha|rạk|ter|schwä|che; Cha|rạk|ter|stär|ke; Cha|rạk|ter|stu|die

cha|rạk|ter|voll

Cha|rạk|ter|zug

Char|cu|te|rie [ʃarkytˈriː], die; -, -n ⟨franz.⟩ (*schweiz. für* Wurstwaren[abteilung])

Char|ge [ˈʃarʒə], die; -, -n ⟨franz.⟩ (Amt; Rang; *Milit.* Dienstgrad; *Pharm.* eine bestimmte Serie von Arzneimitteln; *Technik* Ladung, Beschickung; *Theater* [stark ausgeprägte] Nebenrolle); **Char|gen|num|mer** *(Pharm.);* **char|gi̲e̲|ren** (*Technik* beschicken; *Theater* eine Charge spielen)

Char|gier|te, der; -n, -n (Mitglied des Vorstandes einer stud. Verbindung)

C

Cha|ris ['ça(:)...], die; -, ...iten *meist Plur.* ⟨griech.⟩ (eine der griech. Göttinnen der Anmut [Aglaia, Euphrosyne, Thalia])

Cha|ris|ma ['ça(:)..., *auch* ...'rɪ...], das; -s, *Plur.* ...rismen *u.* ...rismata (besondere Ausstrahlung); **cha|ris|ma|tisch**

Cha|ri|té [ʃ...], die; -, -s ⟨franz., »[Nächsten]liebe«⟩ (Name von Krankenhäusern)

Cha|ri|ten [ça...] *vgl.* Charis; **Cha|ri|tin,** die; -, -nen ⟨griech.⟩ (*svw.* Charis)

Cha|ri|va|ri [ʃ...], das; -s, -s ⟨franz.⟩ (*veraltet für* Durcheinander; Katzenmusik; *bayr. für* [Anhänger für die] Uhrkette)

Char|kow [ç.., *auch* 'x...] (Stadt in der Ukraine)

Charles [ʃarl] (franz. m. Vorn.), [tʃa:ɐ̯ls] (engl. m. Vorn.)

Charles|ton [tʃa:lstn̩], der; -, -s ⟨engl.⟩ (ein Tanz)

Char|ley, Char|lie [tʃ...] (m. Vorn.)

Char|lot|te [ʃ...] (w. Vorn.)

Char|lot|ten|burg (Stadtteil Berlins); *vgl.* Berlin

char|mant [ʃ...], *auch* schar|mant ⟨franz.⟩

Charme [ʃarm], der; -s, *auch* Scharm, der; -[e]s (liebenswürdig-gewinnende Wesensart); **Char|meur** [...'mø:ɐ̯], der; -s, *Plur.* -s *od.* -e (charmanter Plauderer)

Char|meuse [...'mø:s], die; - (maschenfeste Wirkware [aus synthet. Fasern])

Cha|ron [ç...] (in der griech. Sage Fährmann in der Unterwelt)

Chart [tʃ...], der *od.* das; -s, -s ⟨engl.⟩ (grafische Darstellung von Zahlenreihen); *vgl.* Charts

Char|ta [k...], die; -, -s ⟨lat.⟩ ([Verfassungs]urkunde)

Char|te [ʃ...], die; -, -n ⟨franz.⟩ (wichtige Urkunde im Staats- u. Völkerrecht)

Char|ter [tʃ..., ʃ...], der; -s, -s ⟨engl.⟩ (Freibrief, Urkunde; Frachtvertrag); **Char|te|rer** (Mieter eines Schiffes od. Flugzeugs); **Char|ter|flug; Char|ter|ge|schäft; Char|ter|ge|sell|schaft; Char|ter|ma|schi|ne**

char|tern ⟨engl.⟩ (ein Schiff od. Flugzeug mieten); ich chartere; gechartert

Char|t|res ['ʃartrə] (franz. Stadt)

[1]**Char|t|reu|se** [ʃar'trø:...], die; - ⟨franz.⟩ (Hauptkloster des Kartäuserordens)

[2]**Char|t|reu|se** ®, der; - (Kräuterlikör der Mönche von [1]Chartreuse)

[3]**Char|t|reu|se,** die; -, -n (Pudding aus Gemüse u. Fleischspeisen)

Charts [tʃ...] *Plur.* ⟨engl.⟩ (Liste[n] der beliebtesten Schlager)

Cha|ryb|dis [ç...], die; - ⟨griech.⟩ (Meeresstrudel in der Straße von Messina); *vgl.* Szylla

Chas|sis [ʃa'si:], das; -, - ⟨franz.⟩ (Fahrgestell von Kraftfahrzeugen; Montagerahmen [eines Rundfunkgerätes])

Cha|su|ble [ʃa'zy:bl̩, 'tʃɛzjubl̩], das; -s, -s ⟨franz.⟩ (westenähnliches Überkleid)

Chat [tʃɛt], der; -s, -s ⟨engl.⟩ ([zwanglose] Kommunikation im Internet)

Cha|teau, Châ|teau [ʃa'to:], das; -s, -s ⟨franz.⟩ (*franz. Bez. für* Schloss)

Cha|teau|bri|and [ʃatobri'ã:], das; -[s], -s ⟨nach dem franz. Schriftsteller u. Politiker⟩ (gebratenes Rinderfilet)

Chat|group, *auch* **Chat-Group** ['tʃɛtgru:p], die; -, -s ⟨engl.⟩ (Gruppe, die im Internet miteinander kommuniziert)

Chat|room, *auch* **Chat-Room** ['tʃɛtru:m], der; -s, -s ⟨engl.⟩ (Internetdienst, der das Chatten ermöglicht)

Cha|t|scha|tur|jan [x...] (armen. Komponist)

Chat|te [k..., *auch* ç...], der; -n, -n (Angehöriger eines westgerm. Volksstammes)

chat|ten [tʃɛtn] ⟨engl.⟩ (über Tastatur und Bildschirm elektronisch kommunizieren)

Chau|cer ['tʃo:sɐ] (engl. Dichter)

Chau|deau [ʃo'do:], das; -[s], -s ⟨franz.⟩ (Weinschaumsoße)

Chauf|feur [ʃɔ'fø:ɐ̯], der; -s, -e ⟨franz.⟩ (Fahrer); **chauf|fie|ren**

Chau|ke [ç...], der; -n, -n (Angehöriger eines westgerm. Volksstammes)

Chaus|see [ʃɔ...], die; -, ...sseen ⟨franz.⟩ (*veraltend für* Landstraße) ↑K 162 *u.* 163; **Chaus|see|baum; Chaus|see|gra|ben**

Chau|vi ['ʃo:...], der; -s, -s (*ugs. für* Mann, der sich Frauen gegenüber überlegen fühlt, der ein übertriebenes männliches Selbstwertgefühl hat); **Chau|vi|nis|mus,** der; - ⟨franz.⟩ (übersteigerter Nationalismus, Patriotismus; übertriebenes männliches Selbstwertgefühl)

Chau|vi|nist, der; -en, -en; **chau|vi|nis|tisch** [*alte Trennung* ...is|t...]

Chaux-de-Fonds [ʃot'fõ:] *vgl.* La Chaux-de-Fonds

Che [tʃ...] (*volkstüml. Name von* Guevara)

Cheb [x...] (tschech. Stadt in Westböhmen; *vgl.* Eger)

[1]**Check** [ʃ...] *vgl.* [1]Scheck

[2]**Check** [tʃ...], der; -s, -s ⟨engl.⟩ (*Eishockey* Behinderung, Rempeln)

che|cken [*alte Trennung* ...k|k...] (*Eishockey* behindern, [an]rempeln; *bes. Technik* kontrollieren; *ugs. auch für* begreifen)

Check|lis|te [*alte Trennung* ...is|t...] (Kontrollliste); **Check|point,** der; -s, -s (Kontrollpunkt an Grenzübergängen)

chee|rio! ['tʃi:...] ⟨engl.⟩ (*ugs. für* auf Wiedersehen!; zum Wohl!)

Cheese|bur|ger ['tʃi:sbø:ɐ̯...], der; -s, - ⟨engl.⟩ ([2]Hamburger mit Käse)

Chef [ʃ..., *österr.* ʃe:f], der; -s, -s ⟨franz.⟩; **Chef|arzt; Chef|coach**

Chef de Mis|si|on [- də ...'siɔ̃:; *alte Schreibung* Chef de mis|sion], der; -[s] - -, -s - - ⟨franz.⟩ (Leiter einer [sportl.] Delegation)

Chef|di|ri|gent; Chef|e|ta|ge

Che|fin

Chef|in|ge|ni|eur; Chef|lek|tor; Chef|pi|lot; Chef|re|dak|teur; Chef|se|k|re|tä|rin; Chef|trai|ner; Chef|vi|si|te (Visite des Chefarztes)

Cheib *vgl.* Keib

Che|mie
die; - ⟨arab.⟩
In der Standardlautung gilt nur die Aussprache çe'mi: *als korrekt; süddeutsch und österreichisch wird die Aussprache* ke'mi: *verwendet.*

Che|mie|ar|bei|ter; Che|mie|fa|ser; Che|mie|in|ge|ni|eur; Che|mie|la|bo|rant; Che|mie|wer|ker

Che|mi|graph, *auch* Che|mi|graf, der; -en, -en ⟨arab.; griech.⟩ (Hersteller von Druckplatten); **Che|mi|gra|phie,** *auch* Che|mi|gra|fie, die; - (fotomechanische

Bildreproduktion u. Druckplattenherstellung)

Che|mi|ka|lie, die; -, -n

Che|mi|kant, der; -en, -en (*regional für* Chemiefacharbeiter)

Che|mi|ker; Che|mi|ke|rin

Che|mi|née ['ʃəmine:], das; -s, -s ⟨franz.⟩ (*schweiz. für* offener Kamin in einem Wohnraum)

che|misch [ç..., *südd., österr.* k...] ⟨arab.⟩; chemische Reinigung; chemisches Element; chemische Waffen; chemische Keule (Tränengasspray)

che|misch-tech|nisch ↑K 23

Che|mi|sett, das; -[e]s, *Plur.* -s *u.* -e *u.* **Che|mi|set|te,** die; -, -n ⟨franz.⟩ (Hemdbrust; Einsatz an Damenkleidern)

Che|mis|mus, der; - (Gesamtheit der chem. Vorgänge, bes. beim Stoffwechsel)

Chem|nitz [k...] (Stadt und Fluss in Sachsen); **Chem|nit|zer**

Che|mo|keu|le [ç..., *südd., österr.* k...] ⟨arab.; dt.⟩ (chemische Keule)

che|mo|tak|tisch ⟨arab.; griech.⟩ (*Biol.* die Chemotaxis betreffend); **Che|mo|ta|xis,** die; -, ...xen (durch chem. Reizung ausgelöste Orientierungsbewegung niederer Organismen)

Che|mo|tech|ni|ker

Che|mo|the|ra|peu|ti|kum *meist Plur. (Pharm.);* **che|mo|the|ra|peu|tisch; Che|mo|the|ra|pie** (Heilbehandlung mit Chemotherapeutika)

...chen (z. B. Mädchen, das; -s, -)

Che|nil|le [ʃə'nɪljə, *auch* ...'ni:jə], die; -, -n ⟨franz.⟩ (Garn mit flauschig abstehenden Fasern)

Che|ops [ç..., *südd., österr.* k...] (altägypt. Herrscher); **Che|ops|py|ra|mi|de,** *auch* **Che|ops-Py|ra|mi|de,** die; -

Cheque [ʃɛk] *vgl.* [1]Scheck

Cher|bourg [ʃɛr'bu:ɐ̯] (franz. Stadt)

cher|chez la femme! [ʃɛr'ʃe: la 'fam] ⟨franz., »sucht nach der Frau!«⟩ (hinter der Sache steckt bestimmt eine Frau)

Cher|ry|bran|dy, *auch* **Cher|ry-Bran|dy** ['tʃɛri'brɛndi; *alte Schreibung* Cher|ry Bran|dy], der; -s, -s ⟨engl.⟩ (Kirschlikör)

Che|rub [ç..., *auch* k...], *ökum.* Kerub, der; -s, *Plur.* -im *u.* -inen ⟨hebr.⟩ (das Paradies bewachender Engel); **che|ru|bi|nisch** (engelgleich), *aber* ↑K 150: der Cherubinische Wandersmann (eine Sinnspruchsammlung)

Che|rus|ker [ç...], der; -s, - (Angehöriger eines westgerm. Volksstammes)

Ches|ter [tʃ...; *alte Trennung* ...|st...] (engl. Stadt)

Ches|ter|field [*alte Trennung* ...|st...] (engl. Stadt)

Ches|ter|kä|se [*alte Trennung* ...|st...] ↑K 143

che|va|le|resk [ʃə...] ⟨franz.⟩ (ritterlich)

Che|va|li|er [...'li̯e:], der; -s, -s (franz. Adelstitel)

Che|vau|le|ger [...vole'ʒe:], der; -s, -s (*Milit. früher* leichter Reiter)

Che|v|reau [ʃə'vro:, *auch* 'ʃɛvro], das; -s, -s ⟨franz.⟩ (Ziegenleder); **Che|v|reau|le|der**

Che|v|ron [ʃə'vrõ:], der; -s, -s (Gewebe mit Fischgrätenmusterung; franz. Dienstgradabzeichen; *Heraldik* Sparren [nach unten offener Winkel])

Che|w|ing|gum, *auch* **Che|w|ing-Gum** ['tʃu:ɪŋgam; *alte Schreibung* Chew|ing-gum], der; -[s], -s ⟨engl.⟩ (Kaugummi)

Chey|enne [ʃai̯'ɛn], der; -, - (Angehöriger eines nordamerik. Indianerstammes)

CHF (Währungscode für Schweizer Franken)

Chi [ç...], das; -[s], -s (griech. Buchstabe: X, χ)

Chi|an|ti [k...], der; -[s], -s (ein ital. Rotwein)

Chi|as|mus [ç...], der; -, ...men ⟨griech.⟩ (*Sprachw.* Kreuzstellung von Satzgliedern, z. B.: »der Einsatz war groß, gering war der Gewinn«)

Chi|as|so [k...] (schweiz. Ortsn.)

chi|as|tisch [ç...; *alte Trennung* ...|st...] ⟨griech.⟩ (*Sprachw.* in der Form des Chiasmus)

chic [ʃɪk] usw. *vgl.* schick usw. *(gebeugte Formen nur in deutscher Schreibung)*

Chi|ca|go [ʃ...] (Stadt in den USA)

Chi|chi [ʃi'ʃi:], das; -[s] ⟨franz.⟩ (Getue, Gehabe; verspielte Accessoires)

Chi|co|rée [ʃ...re, *auch* ...'re:], *auch* Schi|ko|ree, der; -s, *auch* die; - ⟨franz.⟩ (ein Gemüse)

Chiem|see [k...], der; -s

Chif|fon ['ʃɪfõ, *österr.* ʃi'fo:n], der; -s, *Plur.* -s, *österr.* -e (feines Gewebe)

Chif|f|re ['ʃɪfrə, *auch* 'ʃɪfɐ], die; -, -n ⟨franz.⟩ (Ziffer; Geheimzeichen; Kennwort); **Chif|f|re|schrift** (Geheimschrift)

chif|f|rie|ren (in Geheimschrift abfassen); **Chif|f|rier|kunst**

Chi|g|non [ʃɪn'jõ:], der; -s, -s ⟨franz.⟩ (im Nacken getragener Haarknoten)

Chi|hu|a|hua [tʃi'u̯au̯a], der; -s, -s ⟨span.⟩ (eine Hunderasse)

Chi|ka|go [ʃ...] (*dt. Form von* Chicago)

Chil|bi [x...], die; -, Chilbenen (*schweiz. für* Kirchweih)

Chi|le ['tʃi:le, *österr. u. schweiz. nur so, auch* 'çi:le] (südamerik. Staat); **Chi|le|ne,** der; -n, -n; **Chi|le|nin; chi|le|nisch**

Chi|le|sal|pe|ter ↑K 143

Chi|li [tʃ...], der; -s ⟨span.⟩ (ein scharfes Gewürz)

Chi|li|as|mus [ç...], der; - ⟨griech.⟩ (Lehre von der Erwartung des Tausendjährigen Reiches Christi); **Chi|li|ast,** der; -en, -en (Anhänger des Chiliasmus); **Chi|li|as|tin** [*alte Trennung* ...|st...]; **chi|li|as|tisch**

Chi|li con Car|ne [tʃ... - -]⟨span.-engl.⟩ (mit Chilischoten gewürztes mexik. Rinderragout mit Bohnen)

Chill-out-Room [tʃɪl'aʊt'ru:m], der; -s, -s ⟨engl.⟩ (Erholungsraum für Raver)

Chi|mä|ra, [1]Chi|mä|re [*beide* ç...], die; - ⟨griech.⟩ (Ungeheuer der griech. Sage)

[2]Chi|mä|re usw. *vgl.* Schimäre usw.

[3]Chi|mä|re, die, -, -n (*Biol.* auf dem Wege der Mutation od. Pfropfung entstandener Organismus)

Chim|bo|ras|so [tʃ...], der; -[s] (ein südamerik. Berg)

Chi|na [ç..., *südd., österr.* k...]

Chi|na|kohl, der; -[e]s

Chi|na|rin|de [ç..., *südd., österr.* k...] (eine chininhaltige Droge)

[1]Chin|chil|la [tʃɪn'tʃɪl(j)a], die; -, -s *od., österr. nur,* das; -s, -s ⟨indian.-span.⟩ (Nagetier)

[2]Chin|chil|la, das; -s, -s (Kaninchenrasse; Fell von [1,2]Chinchilla)

Chi|ne|se
der; -n, -n
In der Standardlautung gilt nur die Aussprache çi'ne:sə usw. *als korrekt; süddeutsch und österreichisch wird die Aussprache* ki'ne:sə usw. *verwendet.*

C

Chi|ne|sin; chi|ne|sisch, *aber* ↑K 150: die Chinesische Mauer; **Chi|ne|sisch,** das; -[s] (Sprache); *vgl.* Deutsch; **Chi|ne|si|sche,** das; -n; *vgl.* Deutsche, das
Chi|nin [ç..., *südd., österr.* k...], das; -s ‹indian.› (Alkaloid der Chinarinde als Arznei gegen Fieber)
Chi|noi|se|rie [ʃinoazə...], die; -, ...ien ‹franz.› (kunstgewerbl. Arbeit in chinesischem Stil)
Chintz [tʃ...], der; -[es], -e ‹Hindi› (bedrucktes, glänzendes [Baumwoll]gewebe)
Chip [tʃ...], der; -s, -s ‹engl.› (Spielmarke [bei Glücksspielen]; *meist Plur.:* roh in Fett gebackene Kartoffelscheiben; *Elektronik* sehr kleines Halbleiterplättchen mit elektronischen Schaltelementen)
Chip|kar|te (Plastikkarte mit einem elektronischen Chip, die als Ausweis, Zahlungsmittel o. Ä. verwendet wird)
Chip|pen|dale [ˈtʃɪpn̩deːl, ˈʃ...], das; -[s] ‹nach dem engl. Tischler› ([Möbel]stil)
Chi|rac [ʃiˈrak] (franz. Staatspräsident)
Chi|r|a|g|ra [ç..., *südd., österr.* k...], das; -s ‹griech.› (*Med.* Handgicht)
Chi|ro|mant, der; -en, -en (Handliniendeuter); **Chi|ro|man|tie,** die; -
Chi|ro|prak|tik, die; - (Einrenken verschobener Wirbelkörper u. Bandscheiben mithilfe der Hände); **Chi|ro|prak|ti|ker**
Chi|r|urg [ç...], der; -en, -en (Facharzt für operative Medizin); **Chi|r|ur|gie,** die; -, ...ien; **Chi|r|ur|gin; chi|r|ur|gisch**
Chi|și|nău [kiʃiˈnəʊ] (Hauptstadt der Republik Moldau)
Chi|tin [ç..., *südd., österr.* k...], das; -s ‹semit.› (hornähnlicher Stoff im Panzer der Gliederfüßer); **chi|ti|nig**
Chi|ton, der; -s, -e (altgriech. Untergewand)
chlad|nisch [k...] ‹nach dem dt. Physiker Chladni›; chlad|ni|sche, *auch* Chlad|ni'sche [*alte Schreibung* Chladnische] Klangfigur ↑K 135
Chla|mys [ç...], die; -, - ‹griech.› (altgriech. Überwurf für Reiter u. Krieger)
ch-Laut [tseːˈhaː...] ↑K 29
Chlod|wig [k...] (fränk. König)
Chloe [ˈkloːe] (w. Vorn.)
Chlor [k...], das; -s ‹griech.› (chemisches Element; *Zeichen* Cl); **Chlo|ral,** das; -s (*Chemie* eine Chlorverbindung); **chlo|ren** (mit Chlor behandeln; *Chemie* Chlor in eine chem. Verbindung einführen); **chlor|hal|tig**
Chlo|rid, das; -[e]s, -e (*Chemie* eine Chlorverbindung)
chlo|rie|ren (*svw.* chloren); **chlo|rig**
[1]**Chlo|rit,** der; -s, -e (ein Mineral)
[2]**Chlo|rit,** das; -s, -e (*Chemie* ein Salz)
Chlor|kalk
Chlo|ro|form, das; -s ‹griech.; lat.› (Betäubungs-, Lösungsmittel); **chlo|ro|for|mie|ren** (mit Chloroform betäuben)
Chlo|ro|phyll, das; -s ‹griech.› (*Bot.* Blattgrün)
Chlo|ro|se, die; -, -n (*Med.* Bleichsucht)
Chlo|rung
Chlot|hil|de [k...] *vgl.* Klothilde
Cho|do|wi|ęc|ki [k...tski, *auch* x...] (dt. Kupferstecher)
Choke [tʃoːk], der; -s, -s ‹engl.›, **Cho|ker** [ˈtʃoːkə(r)], der; -s, - (*Kfz-Technik* Luftklappe am Vergaser; Kaltstarthilfe)
Cho|le|ra [k...], die; - ‹griech.› (*Med.* eine Infektionskrankheit); **Cho|le|ra|e|pi|de|mie**
Cho|le|ri|ker (leicht erregbarer, jähzorniger Mensch); **Cho|le|ri|ke|rin; cho|le|risch**
Cho|les|te|rin, *fachspr.* Cho|les|te|rol [ç..., *auch* k...; *alte Trennung* ...|st...], das; -s (eine in tierischen Geweben vorkommende organ. Verbindung; Hauptbestandteil der Gallensteine); **Cho|les|te|rin|spie|gel; Cho|les|te|rol** *vgl.* Cholesterin
Cho|mai|ni [x...] *vgl.* Khomeini
Cho|pin [ʃoˈpɛ̃ː] (poln. Komponist)
Chop|per [tʃ...], der; -s, -[s] ‹engl.› (Motorrad mit hohem Lenker und langer Gabel)
Chop|su|ey [tʃɔpˈsuːi; *alte Schreibung* Chop-suey], das; -[s], -s ‹chin.-engl.› (Gericht aus Fleisch- od. Fischstückchen mit Gemüse u. anderen Zutaten)
Chor [k...], der; -[e]s, Chöre ‹griech.› ([erhöhter] Kirchenraum mit [Haupt]altar; Gruppe von Sängern; Komposition für Gruppengesang); gemischter Chor; **Cho|ral,** der; -s, ...räle (Kirchengesang, -lied)
Cho|ral|buch; Cho|ral|vor|spiel
Chör|chen
Chor|da [k...], die; -, ...den ‹griech.-lat.› (*Biol.* knorpeliges Gebilde als Vorstufe der Wirbelsäule); **Chor|dat,** der; -en, -en *u.* **Chor|da|te,** der; -n, -n *od.* **Chor|da|tier,** das; -[e]s, -e, *alle meist im Plur.* (*Zool.* Angehöriger eines Tierstammes, dessen Kennzeichen die Chorda ist)
Cho|rea [k...], die; - ‹griech.› (*Med.* Veitstanz); Chorea Huntington
Cho|re|o|graf [k...], *auch* Cho|re|o|graph, der; -en, -en; **Cho|re|o|gra|fie,** *auch* Cho|re|o|gra|phie, die; -, ...ien (Gestaltung, Einstudierung eines Balletts); **cho|re|o|gra|fie|ren,** *auch* cho|re|o|gra|phie|ren; ein Ballett choreografieren; **Cho|re|o|gra|fin,** *auch* Cho|re|o|gra|phin
Cho|reut [ç...], der; -en, -en (altgriech. Chortänzer)
Chor|ge|bet [k...]; **Chor|ge|sang; Chor|ge|stühl; Chor|herr** *(kath. Kirche)*
...chö|rig (z. B. zwei-, dreichörig)
Cho|rin [k...] (Ort u. ehem. Zisterzienserkloster bei Angermünde)
cho|risch [k...] ‹griech.›; **Cho|rist,** der; -en, -en ([Berufs]chorsänger); **Cho|ris|tin** [*alte Trennung* ...|st...]
Chor|kna|be
Chör|lein (kleiner Erker an mittelalterlichen Wohnbauten)
Chor|lei|ter, der; **Chor|re|gent** (*südd. für* Leiter eines kath. Kirchenchors); **Chor|sän|ger; Chor|sän|ge|rin**
Cho|rus, der; -, -se (Sängerchor; *Jazz* das mehrfach wiederholte u. improvisierte Thema)
Cho|se [ʃ...], *auch* Scho|se, die; -, -n *Plur. selten* ‹franz.› (*ugs. für* Sache, Angelegenheit)
Chow-Chow [ˈtʃau̯ˈtʃau̯, auch ˈʃau̯ˈʃau̯], der; -s, -s ‹chin.-engl.› (chin. Spitz)
Chres|to|ma|thie [k...; *alte Trennung* ...|st...], die; -, ...ien ‹griech.› (Auswahl von Texten bekannter Autoren)
Chri|sam *vgl.* Chrisma; **Chris|ma** [ç...], das; -s *u.* Chri|sam [ç...], das *od.* der; -s ‹griech.› (Salböl der kath. Kirche)
[1]**Christ** [k...] ‹griech.› (*veraltet für* Christus)

Christ, der; -en, -en (Anhänger des Christentums)
Chris|ta [*alte Trennung* ...|st...] (w. Vorn.)
Christ|baum (*landsch. für* Weihnachtsbaum)
Christ|de|mo|krat, der; -en, -en (Anhänger einer christlich-demokratischen Partei); **Christ|de|mo|kra|tin; christ|de|mo|kra|tisch**
Chris|tel [*alte Trennung* ...|st...] (w. Vorn.)
Chris|ten|glau|be[n] [*alte Trennung* ...|st...]; **Chris|ten|heit,** die; -; **Chris|ten|leh|re,** die; - (kirchl. Unterweisung der konfirmierten ev. Jugend; *regional für* christl. Religionsunterricht)
Chris|ten|tum [*alte Trennung* ...|st...], das; -s
Chris|ten|ver|fol|gung
Christ|fest (*landsch. für* Weihnachten)
Chris|ti|an [*alte Trennung* ...|st...] (m. Vorn.); **Chris|ti|a|ne** (w. Vorn.); **Chris|ti|a|nia** (*früherer Name von* Oslo; *ältere Schreibung von* [1]Kristiania)
chris|ti|a|ni|sie|ren [*alte Trennung* ...|st...]; **Chris|ti|a|ni|sie|rung**
Chris|tin [*alte Trennung* ...|st...]
Chris|ti|na, Chris|ti|ne [*alte Trennung* ...|st...] (w. Vorn.)
christ|ka|tho|lisch (*schweiz. für* altkatholisch)
Christ|kind; Christ|kindl|markt (*bayr., österr.*)
Christ|kö|nigs|fest (*kath. Kirche*)
christ|lich; christliche Seefahrt, *aber* ↑K 150: die Christlich-Demokratische Union [Deutschlands] (*Abk.* CDU), die Christlich-Soziale Union (*Abk.* CSU); **Christ|lich|keit,** die; -
Christ|met|te; Christ|mo|nat *od.* ...mond (*veraltet für* Dezember)
Chris|to|lo|gie [*alte Trennung* ...|st...], die; -, ...ien (*Theol.* Lehre von Christus); **chris|to|lo|gisch**
Chris|toph[*alte Trennung* ...|st...] (m. Vorn.); **Chris|to|pher** (m. Vorn.); **Chris|to|pho|rus** (legendärer Märtyrer)
Christ|ro|se; Christ|stol|le[n]
Chris|tus [*alte Trennung* ...|st...] (»Gesalbter«) (Jesus Christus); Christi Himmelfahrt; nach Christo *od.* nach Christus (*Abk.* n. Chr.), nach Christi Geburt (*Abk.* n. Chr. G.); vor Christo *od.* vor Christus (*Abk.* v. Chr.), vor Christi Geburt (*Abk.* v. Chr. G.); *vgl.* Jesus Christus
Chris|tus|dorn [*alte Trennung* ...|st...], der; -s, -e (Zierpflanze)
Chris|tus|kopf; Chris|tus|mo|no|gramm; Chris|tus|or|den (port. geistl. Ritterorden; höchster päpstl. Orden)
Chrom [k...], das; -s ⟨griech.⟩ (chemisches Element, Metall; *Zeichen* Cr)
Chro|ma|tik, die; - (*Physik* Farbenlehre; *Musik* Veränderung der Grundtöne um einen Halbton); **chro|ma|tisch;** chromatische Tonleiter
Chro|ma|to|phor, das; -s, -en *meist Plur.* (*Bot.* Farbstoffträger in der Pflanzenzelle; *Zool.* Farbstoffzelle bei Tieren, die den Farbwechsel der Haut ermöglicht)
chrom|blit|zend
Chrom|gelb (eine Farbe); **Chrom|grün** (eine Farbe)
Chro|mo|lith, der; *Gen.* -s *u.* -en, *Plur.* -e[n] (unglasiertes, farbig gemustertes Steinzeug); **Chro|mo|li|tho|gra|phie,** *auch* Chro|mo|li|tho|gra|fie (Farbdruck, farbiger Steindruck)
Chro|mo|som, das; -s, -en *meist Plur.* (*Biol.* das Erbgut tragendes, fadenförmiges Gebilde im Zellkern); **chro|mo|so|mal; Chro|mo|so|men|satz; Chro|mo|so|men|zahl**
Chro|mo|s|phä|re, die; - (glühende Gasschicht um die Sonne)
Chrom|rot (eine Farbe)
Chro|nik [k...], die; -, -en ⟨griech.⟩ (Aufzeichnung geschichtl. Ereignisse nach ihrer Zeitfolge; *im Sing. auch für* Chronika); **Chro|ni|ka** *Plur.* (Geschichtsbücher des A. T.); **chro|ni|ka|lisch**
Chro|nique scan|da|leuse [...'ni:k skãda'lø:s], die; - -, -s -s [- -] ⟨franz.⟩ (Skandalgeschichten)
chro|nisch ⟨griech.⟩ (*Med.* langsam verlaufend, langwierig; *ugs. für* dauernd)
Chro|nist, der; -en, -en (Verfasser einer Chronik); **Chro|nis|ten|pflicht** [*alte Trennung* ...|st...]; **Chro|nis|tin**
Chro|no|gra|phie, *auch* Chro|no|gra|fie, die; -, ...ien (Geschichtsschreibung nach der zeitl. Abfolge); **chro|no|gra|phisch,** *auch* chro|no|gra|fisch
Chro|no|lo|gie, die; -, -n (*nur Sing.:* Wissenschaft von der Zeit[messung]; Zeitrechnung; zeitliche Folge); **chro|no|lo|gisch** (zeitlich geordnet)
Chro|no|me|ter, das, *ugs. auch* der; -s, - (genau gehende Uhr); **chro|no|me|t|risch**
Chru|scht|schow [k...] (sowjet. Politiker)
Chry|s|an|the|me [k...], die; -, -n ⟨griech.⟩ *u.* **Chry|s|an|the|mum** [*auch* ç...], das; -s, -[s] (Zierpflanze mit großen strahligen Blüten)
Chry|so|be|ryll [ç...] ⟨griech.⟩ (ein Schmuckstein); **Chry|so|lith,** der; *Gen.* -s *u.* -en, *Plur.* -e[n] (ein Mineral); **Chry|so|p|ras,** der; -es, -e (ein Edelstein)
Chry|sos|to|mus [ç...; *alte Trennung* ...|st...] (griech. Kirchenlehrer)
chtho|nisch [ç...] ⟨griech.⟩ (der Erde angehörend; unterirdisch)
Chur [k...] (Hauptstadt des Kantons Graubünden)
Chur|chill ['tʃø:ɐ̯tʃɪl] (engl. Familienname)
Chur|firs|ten [k...; *alte Trennung* ...|st...] *Plur.* (schweiz. Bergkette)
Chut|ney ['tʃatni], das; -[s], -s ⟨Hindi-engl.⟩ (Paste aus Früchten und Gewürzen)
Chuz|pe [x...], die; - ⟨hebr.-jidd.⟩ (*ugs. abwertend für* Dreistigkeit, Unverschämtheit)
Chy|mo|sin [ç...], das; -s ⟨griech.⟩ (*Biol.* Labferment)
Chy|mus, der; - (*Med.* Speisebrei)
Ci = Curie
CIA [si:ai̯:'e:] = Central Intelligence Agency, die *od.* der; - (US-amerik. Geheimdienst)
Cia|bat|ta [tʃa...], die; -, ...te, *auch* das; -s, -s ⟨ital.⟩ (knuspriges ital. Weißbrot)
Cia|co|na *vgl.* Chaconne
ciao! [tʃau̯], tschau! ⟨ital.⟩ (*ugs.* [Abschieds]gruß)
[1]**Ci|ce|ro** (röm. Redner)
[2]**Ci|ce|ro,** die, *schweiz.* der; - (ein Schriftgrad); 3 Cicero
Ci|ce|ro|ne [tʃitʃe...], der; -[s], *Plur.* -s *u.* ...ni ⟨ital.⟩ (*scherzh. für* Fremdenführer)
Ci|ce|ro|ni|a|ner [tsitse...] ⟨lat.⟩ (Anhänger der mustergültigen Schreibweise Ciceros); **ci|ce|ro|ni|a|nisch** (*seltener für* ciceronisch); **ci|ce|ro|nisch** (von Cicero; nach der Art des Cicero; mustergültig, stilistisch vollkommen); ciceronische Beredsamkeit; ciceronische [*alte*

C

Schreibung Ciceronische] Schriften

Ci|cis|beo [tʃitʃı...], der; -[s], -s ‹ital.› (Hausfreund)

Cid [s...], der; -[s] ‹»Herr«› (span. Nationalheld)

Ci|d|re [s..., *auch* ...dɐ], Zi|der, der; -s ‹franz.› (franz. Apfelwein)

Cie. (*schweiz., sonst veraltet für* Co.)

cif [ts..., s...] = cost, insurance, freight [kɔst, inˈʃu:r(ə)ns, fre:t] ‹engl.› (*Klausel im Überseehandel* frei von Kosten für Verladung, Versicherung, Fracht)

Ci|li [ts...] (w. Vorn.)

Cin|cin|na|ti [sınsıˈnɛ...] (Stadt in den USA)

Cin|cin|na|tus (röm. Staatsmann)

Ci|ne|ast [s...], der; -en, -en ‹griech.› (Filmfachmann; Filmfan); **Ci|ne|as|tin** [*alte Trennung* ...|st...]; **ci|ne|as|tisch**

Ci|ne|cit|tà [tʃ...tʃ...] ‹ital.› (ital. Filmproduktionszentrum bei Rom)

Ci|ne|ma|scope® [s...ˈsko:p], das; - ‹engl.› (besonderes Breitwand- u. Raumtonverfahren beim Film)

Ci|ne|ma|thek [s...], die; -, -en ‹griech.› (*svw.* Kinemathek)

Ci|ne|ra|ma®, das; - (besonderes Breitwand- u. Raumtonverfahren)

Cin|que|cen|tist [tʃ...tʃɛ...], der; -en, -en ‹ital.› (Dichter, Künstler des Cinquecentos); **Cin|que|cen|to,** das; -[s] (Kunst u. Kultur in Italien im 16. Jh.)

CIO [si:|ai̯ˈ|o:] = Congress of Industrial Organizations (Spitzenverband der amerik. Gewerkschaften)

CIP = cataloguing in publishing (Neuerscheinungs-Sofortdienst der Deutschen Bibliothek)

Ci|pol|lin, Ci|pol|li|no [*beide* tʃ...], der; -s ‹ital.› (Zwiebelmarmor)

cir|ca *vgl.* zirka (*Abk.* ca.)

Cir|ce, die; -, -n (verführerische Frau; *nur Sing.:* eine Zauberin der griech. Mythologie); *vgl.* bezirzen

Cir|cu|lus vi|ti|o|sus, der; - -, ...li ...si (Zirkelschluss; Teufelskreis)

Cir|cus *vgl.* Zirkus

[1]**cis, Cis,** das; -, - (Tonbezeichnung)

[2]**cis** (*Zeichen für* cis-Moll); in cis

Cis (*Zeichen für* Cis-Dur); in Cis; **Cis-Dur** [*auch* ˈtsısˈdu:ɐ̯], das; - (Tonart; *Zeichen* Cis); **Cis-Dur-Ton|lei|ter** ↑K 26

Cis|jor|da|ni|en (*schweiz. für* Westjordanland)

Cis|la|weng *vgl.* Zislaweng

cis-Moll [*auch* ˈtsısˈmɔl], das; - (Tonart; *Zeichen* cis); **cis-Moll-Ton|lei|ter** ↑K 26

Ci|to|y|en [sitoaˈjɛ̃:], der; -s, -s ‹franz.› (*franz. Bez. für* Bürger)

Ci|t|rat, Ci|t|rin *vgl.* Zitrat, Zitrin

Ci|ty [ˈsıti], die; -, -s ‹engl.› (Innenstadt)

Ci|vet [siˈve:], das; -s, -s ‹franz.› (Ragout von Hasen u. anderem Wild)

Ci|vi|tas Dei, die; - - ‹lat.› (der kommende [jenseitige] Gottesstaat [nach Augustinus])

cl = Zentiliter

Cl = *chem. Zeichen für* Chlor

c. l. = citato loco ‹lat.› (am angeführten Ort)

Claim [kle:m], das; -[s], -s ‹engl.› (Anspruch, Besitztitel; Anteil an einem Goldgräberunternehmen)

Clair-ob|s|cur [klɛrɔpˈsky:ɐ̯], das; -s ‹franz.› (Helldunkelmalerei)

Clair|vaux [klɛrˈvo:] (ehemalige franz. Abtei)

Clan [kla:n, *auch* klɛn] ‹engl.›, Klan, der; -s, *Plur.* -e, *bei engl. Ausspr.* -s ([schott.] Lehns-, Stammesverband; Gruppe von Personen, die jmd. um sich schart)

Claque [klak], die; -, -n ‹franz.› (eine bestellte Gruppe von Claqueuren); **Cla|queur** [...ˈkøːɐ̯], der; -s, -e (bezahlter Beifallklatscher)

Clau|del [klo...] (franz. Schriftsteller)

Clau|dia, Clau|di|ne (w. Vorn.)

Clau|dio (m. Vorn.)

[1]**Clau|di|us** (röm. Kaiser)

[2]**Clau|di|us,** Matthias (dt. Dichter)

Claus *vgl.* Klaus

Clau|se|witz (preuß. General)

Claus|thal-Zel|ler|feld (Stadt im Harz)

Cla|vi|cem|ba|lo [...ˈtʃɛ...], das; -s, *Plur.* -s *u.* ...li ‹ital.› (*älter für* Cembalo; *vgl.* Klavizimbel)

Cla|vi|cu|la *vgl.* Klavikula

clean [kli:n] ‹engl., »sauber«› (*ugs. für* nicht mehr [drogen]abhängig)

Clea|ring [ˈkli:...], das; -s, -s ‹engl.› (*Wirtsch.* Verrechnung[sverfahren]); **Clea|ring|ver|kehr,** der; -[e]s

Cle|ma|tis (*bot. fachspr. für* Klematis)

Cle|mens (m. Vorn.); **Cle|men|tia** (w. Vorn.)

[1]**Cle|men|ti|ne** (w. Vorn.)

[2]**Cle|men|ti|ne** (*fachspr. für* [2]Klementine)

Clerk [kla:k], der; -s, -s ‹engl.› (kaufmänn. Angestellter, Verwaltungsbeamter in England u. in den USA)

cle|ver ‹engl.› (klug, gewitzt); **Cle|ver|ness** [*alte Schreibung* Clever|neß], die; -

Cli|ché [...ˈʃe:] *alte Schreibung für* Klischee

Clinch [...ntʃ], der; -[e]s ‹engl.› (Umklammerung des Gegners im Boxkampf); mit jmdm. im Clinch liegen (*ugs. für* eine Meinungsverschiedenheit, Streit haben); **clin|chen** *(Boxen)*

Clin|ton [...tn̩] (Präsident der USA)

Clip *vgl.* Klipp, Klips, Videoclip

Clip|per® ‹engl.› (amerik. Langstreckenflugzeug); *vgl. aber* Klipper

Cli|que [ˈklıkə, *auch* ˈkli:...], die; -, -n (Freundeskreis [junger Leute]; Klüngel)

Cli|quen|we|sen, das; -s; **Cli|quen|wirt|schaft,** die; -

Cli|via, Kli|vie, die; -, ...ien ‹nach Lady Clive [klai̯v]› (eine Zierpflanze)

Clo|chard [...ˈʃa:ɐ̯], der; -[s], -s ‹franz.› (franz. Bez. für Stadt- od. Landstreicher)

Clog, der; -s, -s *meist Plur.* ‹engl.› (mod. Holzpantoffel)

Cloi|son|né [kloa...], das; -s, -s ‹franz.› (Art der Emailmalerei)

Clo|qué [...ˈke:], der; -[s], -s ‹franz.› ([1]Krepp mit blasiger Oberfläche)

Cloth [klɔθ], der *od.* das; -[s], -s ‹engl.› (glänzendes Baumwollgewebe)

Clou [klu:], der; -s, -s ‹franz.› (Glanzpunkt)

Clown [klau̯n], der; -s, -s ‹engl.› (Spaßmacher); **Clow|ne|rie,** die; -, ...ien (Betragen nach Art eines Clowns); **clow|nesk** (nach Art eines Clowns); **Clow|nin**

Club usw. *vgl.* Klub usw.

Clu|ny [klyˈni:] (franz. Stadt; Abtei)

Clus|ter [ˈkla...; *alte Trennung* ...|st...], der; -s, - ‹engl.› (*Che-*

mie, Physik aus vielen Teilen od. Molekülen zusammengesetztes System; *Musik* Klangballung; *Sprachw.* ungeordnete Menge semantischer Merkmale eines Begriffs)

cm = Zentimeter

Cm = *chem. Zeichen für* Curium

cm^2 = Quadratzentimeter

cm^3 = Kubikzentimeter

cmm = Kubikmillimeter (*früher für* mm^3)

c-Moll ['tse:mɔl, *auch* 'tse:'mɔl], das; - (Tonart; *Zeichen* c); **c-Moll-Ton|lei|ter** ↑K 26

cm/s, *früher auch* **cm/sec** = Zentimeter in der Sekunde

CNY (Währungscode für Yuan)

c/o = care of

[1]**Co** = Cobaltum (*chem. Zeichen für* Kobalt)

[2]**Co, Co.** = Compagnie, Kompanie; *vgl.* Komp. *u.* Cie.

Coach [ko:tʃ], der; -[s], -s ⟨engl.⟩ (Sportlehrer, Trainer; Betreuer)

coa|chen (trainieren, betreuen)

Coa|ching, das; -[s] (das Coachen, bes. das Betreuen während des Wettkampfs)

Coat [ko:t], der; -[s], -s ⟨engl.⟩ (dreiviertellanger Mantel)

Co|balt *vgl.* Kobalt; **Co|bal|tum,** das; -[s] (*lat. Bez. für* Kobalt; *Zeichen* Co)

Cob|b|ler, der; -s, -s ⟨engl.⟩ (Cocktail mit Fruchtsaft)

COBOL, *auch* **Co|bol,** das; -[s] ⟨engl.⟩ (*Kunstwort aus* common business oriented language; eine Programmiersprache)

Co|burg (Stadt in Oberfranken); die Veste Coburg

[1]**Co|ca** *vgl.* Koka

[2]**Co|ca,** das; -[s], -s *od.* die; -, -s (*ugs. kurz für* Coca-Cola); **Coca-Co|la**®, das; -[s] *od.* die; - (Erfrischungsgetränk); 5 [Flaschen] Coca-Cola

Co|ca|in *vgl.* Kokain

Co|chem (Stadt a. d. Mosel)

Co|che|nil|le [...ʃə'nɪljə] *vgl.* Koschenille

Co|chon|ne|rie [...ʃɔnə'ri:], die; -, ...i̲en ⟨franz.⟩ (*veraltet für* Schweinerei)

Co|cker|spa|ni|el [*alte Trennung* ...k|k...]; der; -s, -s ⟨engl.⟩ (engl. Jagdhundeart)

Cock|ney [...ni], das; -[s] ⟨engl.⟩ (Londoner Mundart)

Cock|pit, das; -s, -s ⟨engl.⟩ (Pilotenkabine in Flugzeugen; Fahrersitz in einem Rennwagen; vertiefter Sitzraum für die Besatzung von Jachten u. Ä.)

Cock|tail [...te:l], der; -s, -s ⟨engl.⟩ (alkohol. Mischgetränk)

Cock|tail|kleid; Cock|tail|par|ty

Co|coo|ning [kə'kuniŋ], das; -s ⟨engl.⟩ (das Zu-Hause-Bleiben während der Freizeit)

Coc|teau [kɔk'to:] (franz. Dichter)

Co|da *vgl.* Koda

Code *vgl.* Kode

Code ci|vil ['ko:t s...], der; - - (bürgerliches Gesetzbuch in Frankreich)

Co|de|in *vgl.* Kodein

Code Na|po|lé|on ['ko:t ...le'õ:], der; - - (Bez. des Code civil im 1. u. 2. franz. Kaiserreich)

Co|dex usw. *vgl.* Kodex usw.

co|die|ren, Co|die|rung *vgl.* kodieren, Kodierung

Coes|feld ['ko:...] (Stadt in Nordrhein-Westfalen)

Cœur [kø:ɐ̯], das; -[s], -[s] ⟨franz.⟩ (Herz im Kartenspiel); **Cœur-ass,** *auch* **Cœur-Ass** ['kø:ɐ̯|as, *auch* 'kø:ɐ̯'|as; *alte Schreibung* Cœur|as], das; -es, -e

Cof|fe|in *vgl.* Koffein

co|gi|to, er|go sum ⟨lat., »ich denke, also bin ich«⟩ (Grundsatz des franz. Philosophen Descartes)

co|g|nac ['kɔnjak] (goldbraun); ein cognac Hemd; *vgl. auch* beige; in Cognac ↑K 72

[1]**Co|g|nac** [kɔn'jak] (franz. Stadt)

[2]**Co|g|nac**® ['kɔnjak], der; -s, -s (franz. Weinbrand); *vgl. aber* Kognak; **co|g|nac|far|ben**

Coif|feur [ko̯a'fø:ɐ̯], der; -s, -e (*schweiz., sonst geh. für* Friseur); **Coif|feu|se** [ko̯a'fø:...], die; -, -n

Coif|fure [ko̯a'fy:ɐ̯], die; -, -n (*franz. Bez. für* Frisierkunst; *schweiz. auch für* Coiffeursalon, Haartracht)

Co|ir, das; -[s] *od.* die; - ⟨engl.⟩ (Faser der Kokosnuss)

Co|i|tus usw. *vgl.* Koitus usw.

Coke® [ko:k], das; -[s], -s ⟨amerik.⟩ (*Kurzw. für* Coca-Cola)

col. = columna (Spalte)

Col., Colo. = Colorado

Co|la, das; -[s], -s *od.* die; -, -s (*ugs. kurz für* Coca-Cola)

Co|la|ni *vgl.* Kolani

Cold|cream, *auch* **Cold Cream,** die; -, -s ⟨engl.⟩ (kühlende Hautcreme)

Cö|les|tin [*alte Trennung* ...|st...]; *vgl.* [2]Zölestin; **Cö|les|ti|ne** *vgl.* Zölestine; **Cö|les|ti|nus** *vgl.* Zölestinus

Co|li|g|ny [...lɪn'ji:] (franz. Hugenottenführer)

Col|la|ge [...ʒə, *österr.* ...ʒ], die; -, -n ⟨franz.⟩ (*Kunst* aus Papier od. anderem Material geklebtes Bild; *auch für* literar. od. musikal. Komposition aus verschiedenen sprachl. bzw. musikal. Materialien)

col|la|gie|ren (aus verschiedenen Materialien zusammensetzen)

Col|lege [...lɪtʃ], das; -[s], -s ⟨engl.⟩ (höhere Schule in England; Eingangsstufe der Universität in den USA)

Col|lège [...'lɛ:ʃ], das; -[s], -s ⟨franz.⟩ (höhere Schule in Frankreich, Belgien u. in der Westschweiz)

Col|le|gi|um mu|si|cum, das; - -, ...gia ...ca ⟨lat.⟩ (freie Vereinigung von Musizierenden, bes. an Universitäten)

Col|li|co®, der; -s, -s (zusammenlegbare, bahneigene Transportkiste aus Metall); **Col|li|co|kis|te,** *auch* **Col|li|co-Kis|te** [*alte Trennung* ...|st...]

Col|lie [...li], der; -s, -s ⟨engl.⟩ (schottischer Schäferhund)

Col|li|er [...'li̲e:] *vgl.* Kollier

Col|mar (Stadt im Elsass); **Col|ma|rer; col|ma|risch**

Colo., Col. = Colorado

Co|lom|bo (Hauptstadt von Sri Lanka)

Co|lón, der; -[s], -[s] (Währungseinheit von Costa Rica u. El Salvador)

Co|lo|nel [...'nɛl, 'kø:ɐ̯nl̩], der; -s, -s ⟨franz. (-engl.)⟩ (*franz. u. engl. Bez. für* Oberst)

Co|lo|ni|a|kü|bel, Ko|lo|ni|a|kübel (*ostösterr. für* Mülltonne)

Co|lor... [*auch* ...'lo:ɐ̯...] ⟨lat.⟩ (*in Zus.* = Farb..., z. B. Colorfilm, Colornegativfilm)

Co|lo|ra|do (Staat in den USA; *Abk.* Col., Colo.)

Co|lo|ra|do|kä|fer *vgl.* Koloradokäfer

Colt®, der; -s, -s ⟨nach dem amerik. Erfinder⟩ (Revolver); **Colt|ta|sche**

Co|lum|bia *vgl.* D. C.

Com|bo, die; -, -s (kleines Jazz- od. Tanzmusikensemble)

Come-back, *auch* **Come|back** [kam'bɛk], das; -[s], -s ⟨engl.⟩ (erfolgreiches Wiederauftreten eines bekannten Künstlers,

C

Sportlers, Politikers nach längerer Pause)

CỌMECON, Cọ|me|con, der *od.* das; - = Council for Mutual Economic Assistance/Aid (*engl. Bez. für* RGW; *vgl. d.*)

Co|me|di|an [kɔˈmiːdi̯ən], der; -s, -s ⟨engl.⟩ (humoristischer Unterhaltungskünstler)

Co|me|dy [ˈkɔmədi], die; -, -s ⟨engl.⟩ ([oft als Serie produzierte] humoristische Sendung)

Co|me|ni|us (tschech. Theologe u. Pädagoge)

Co|mer See, der; - -s (in Italien)

Co|mes|ti|bles [komɛsˈtiːbl̩; *alte Trennung* ...|st...] *Plur.* ⟨franz.⟩ (*schweiz. für* Feinkost, Delikatessen)

Cọ|mic [...mɪk], der; -s, -s ⟨amerik.⟩ (*kurz für* Comicstrip)

Cọ|mic|heft; Cọ|mic|held; Cọ|mic|hel|din

Cọ|mic|strip, *auch* **Cọ|mic Strip** [*alte Schreibung* Co|mic strip], der; -s, -s (Bildgeschichte [mit Sprechblasentext])

Co|ming-out [kamɪŋˈ|aut], das; -[s], -s ⟨engl.⟩ (öffentliches Sichbekennen zu seiner Homosexualität; das Öffentlichmachen von etwas [als bewusstes Handeln])

Com|me|dia dell'Ạr|te [*alte Schreibung* Com|me|dia dell'ar|te], die; - - ⟨ital.⟩ (volkstümliche ital. Stegreifkomödie des 16. bis 18. Jh.s)

comme il faut [kɔm ɪl ˈfoː] ⟨franz.⟩ (wie es sich gehört, musterhaft, vorbildlich)

Cọm|mon|sense, *auch* **Cọm|mon Sense** [...mənˈsɛns; *alte Schreibung* Com|mon sense], der; - ⟨engl.⟩ (gesunder Menschenverstand)

Com|mon|wealth [ˈkɔmənvɛlθ], das; - ⟨engl.⟩ (*kurz für* British Commonwealth of Nations; Gemeinschaft der Staaten des ehemaligen brit. Weltreichs)

Com|mu|ni|qué *alte Schreibung für* Kommuniqué

Com|pact|disc, *auch* **Com|pact Disc** [*beide* ...ˈpaktdɪsk], die; -, -s ⟨engl.⟩ (*Abk.* CD; *vgl. d.*)

Com|pa|g|nie [...paˈniː] *vgl.* Kompanie

Com|pi|ler [...ˈpai̯...], der; -s, - ⟨engl.⟩ (*EDV* Programm zur Übersetzung einer Programmiersprache in eine andere)

Com|po|sẹ́ [kõ...], das; -[s], -s ⟨lat.-franz.⟩ (mehrere farblich u. im Muster aufeinander abgestimmte Stoffe)

Com|po|ser, der; -s, - ⟨engl.⟩ (*Druckw.* halbautomat. Schreibsatzmaschine)

Com|prẹt|te ®, die; -, -n *meist Plur.* (ein Arzneimittel)

Com|pu|ter [...ˈpjuː...], der; -s, - ⟨engl.⟩ (programmgesteuerte, elektron. Rechenanlage; Rechner)

Com|pu|ter|a|ni|ma|ti|on (durch Computer erzeugte bewegte Bilder); **Com|pu|ter|bild; Com|pu|ter|di|a|g|nos|tik** [*alte Trennung* ...|st...]; **Com|pu|ter|ge|ne|ra|ti|on**

com|pu|ter|ge|steu|ert; com|pu|ter|ge|stützt

com|pu|te|ri|sie|ren (mit Computern ausstatten)

Com|pu|ter|kri|mi|na|li|tät

com|pu|tern (*ugs. für* mit dem Computer arbeiten, umgehen)

Com|pu|ter|spiel; Com|pu|ter|spra|che

Com|pu|ter|to|mo|gra|phie, *auch* **Com|pu|ter|to|mo|gra|fie,** die; -, -n (*Abk.* CT)

Com|pu|ter|vi|rus

Co|na|k|ry [...ˈkriː, *auch* ...ˈnaː...] (Hauptstadt von [1]Guinea)

con|a|xi|al *vgl.* koaxial

con brio ⟨ital.⟩ (*Musik* lebhaft, feurig)

Cọn|cept|art, *auch* **Cọn|cept-Art** [ˈkɔnsɛpt|aːɐ̯t; *alte Schreibung* Con|cept-art], die; - ⟨engl.⟩ (moderne Kunstrichtung)

Cọn|cha *vgl.* Koncha

Con|ci|er|ge [kõˈsi̯ɛrʃ], der *u.* die; -, -s ⟨franz.⟩ (*franz. Bez. für* Pförtner[in])

Con|corde [kõˈkɔrt], die; -, -s (brit.-franz. Überschallverkehrsflugzeug)

Con|di|tio si|ne qua non, die; - - - - ⟨lat.⟩ (unerlässliche Bedingung)

cọn|fer! ⟨lat.⟩ (vergleiche!; *Abk.* cf.)

Con|fé|rence [kõfeˈrãːs], die; -, -n ⟨franz.⟩ (Ansage); **Con|fé|ren|ci|er** [kõferãˈsi̯eː], der; -s, -s (Sprecher, Ansager)

Con|fi|se|rie usw. *vgl.* Konfiserie usw.

Con|foe|de|ra|tio Hel|ve|ti|ca, die; - - ⟨lat.⟩ (Schweizerische Eidgenossenschaft; *Abk.* CH)

Conn. = Connecticut

Con|nec|ti|cut [kəˈnɛtikət] (Staat in den USA; *Abk.* Conn.)

Con|se|cu|tio Tẹm|po|rum [*alte Schreibung* Con|se|cu|tio tem|po|rum], die; - - ⟨lat.⟩ (*Sprachw.* Zeitenfolge in einem zusammengesetzten Satz)

Con|si|li|um Ab|e|un|di [*alte Schreibung* Con|si|li|um ab|eun|di], das; - - ⟨lat.⟩ (*veraltend für* Aufforderung, eine höhere Schule od. Hochschule zu verlassen)

Con|som|mé [kõ...], die; -, -s *od.* das; -s, -s (Fleischbrühe)

con sor|di|no ⟨ital.⟩ (*Musik* mit Dämpfer, gedämpft)

Cọn|stan|tin *vgl.* Konstantin

Con|stạn|ze *vgl.* Konstanze

Con|s|ti|tu|ante [kõstiˈty̆ãːt], die; -, -s *u.* Kon|s|ti|tu|ạn|te, die; -, -n ⟨franz.⟩ (grundlegende verfassunggebende [National]versammlung, bes. die der Franz. Revolution von 1789)

Con|tai|ner [...ˈteː...], der; -s, - ⟨engl.⟩ ([genormter] Großbehälter)

Con|tai|ner|bahn|hof; Con|tai|ner|ha|fen; Con|tai|ner|schiff; Con|tai|ner|ver|kehr

Con|te|nance [kõtəˈnãːs], die; - ⟨franz.⟩ (*veraltend für* Fassung, Haltung [in einer schwierigen Lage]); die Contenance wahren

Con|ti|nuo, der; -s, -s ⟨ital.⟩ (Generalbass)

cọn|t|ra *vgl.* kontra

con|t|re..., Con|t|re... *vgl.* konter..., Konter...

Con|t|rol|ler [*auch* kənˈtroʊlə], der; -s, - ⟨engl.⟩ (*Wirtsch.* Fachmann für Kostenrechnung u. -planung in einem Betrieb)

Con|t|rol|ling, das; -s ⟨engl.⟩ (von der Unternehmensführung ausgeübte Steuerungsfunktion)

Con|vey|er [...ˈveɐ], der; -s, - ⟨engl.⟩ (Becherwerk, Förderband)

Cook [kʊk] (brit. Entdecker)

Coo|kie [ˈkuki], das; -s, -s ⟨engl.⟩ (*EDV* Datengruppe, mit der der Benutzer einer Website identifiziert werden kann)

cool [kuːl] ⟨engl.-amerik.⟩ (*ugs. für* ruhig, überlegen, kaltschnäuzig; *Jugendspr. für* hervorragend)

Cool|jazz [ˈkuːlˈdʒɛs], der; -, *auch* **Cool Jazz,** der; - - (Jazzstil der 50er-Jahre)

Cọp, der; -s, -s ⟨amerik.⟩ (*amerik. ugs. Bez. für* Polizist)

Co|pi|lot *vgl.* Kopilot

Co|py|right [...pirait], das; -s, -s ‹engl.› (Urheberrecht; *Zeichen* ©)
Coq au Vin ['kɔk o 'vɛ̃:], das; - - -, -s - - ‹franz.› (Hähnchen in Weinsoße)
Co|ra (w. Vorn.)
co|ram pu|b|li|co ‹lat.› (vor aller Welt; öffentlich)
Cord, *auch* Kord, der; -[e]s, *Plur.* -e *u.* -s ‹engl.› (geripptes Gewebe); **Cord|an|zug,** *auch* Kord|an|zug
Cor|de|lia, Cor|de|lie (w. Vorn.)
Cord|ho|se, *auch* Kord|ho|se
¹Cór|do|ba (span. Stadt)
²Cór|do|ba, der; -[s], -[s] ‹nach dem span. Forscher› (Währungseinheit in Nicaragua)
Cor|don bleu [...'dõ:'blø:], das; - -, -s -s [- -] ‹franz.› (mit Käse u. gekochtem Schinken gefülltes [Kalbs]schnitzel)
Cord|samt, *auch* Kord|samt
Cor|du|la (w. Vorn.)
Core [ko:ɐ̯], das; -[s], -s ‹engl.› (*Kernphysik* wichtigster Teil eines Kernreaktors)
Co|rel|li (ital. Komponist)
Co|rin|na (w. Vorn.)
Co|rinth, Lovis (dt. Maler)
Cor|nea, die; -, ...neae ‹lat.› (*Med.* Hornhaut des Auges)
Cor|ned|beef, *auch* **Cor|ned Beef** [...nətbi:f, *auch* 'ko:ɐ̯ntbi:f; *alte Schreibung* Cor|ned beef], das; - (gepökeltes [Büchsen]rindfleisch); **Cor|ned|beef|büch|se,** *auch* **Cor|ned-Beef-Büch|se**
Cor|neille [...'nei̯] (franz. Dramatiker)
Cor|ne|lia, Cor|ne|lie [...i̯ə] (w. Vorn.)
Cor|ne|li|us (m. Vorn.)
Cor|ner, der; -s, - ‹engl.› (*Börse* planmäßig herbeigeführter Kursanstieg; *Boxen* Ringecke; *österr. u. schweiz. für* Eckball beim Fußballspiel)
Corn|flakes [...fle:ks, *auch* 'ko:ɐ̯...] *Plur.* ‹engl.› (geröstete Maisflocken)
Cor|ni|chon [...'ʃõ:], das; -s, -s (kleine Pfeffergurke)
Corn|wall ['ko:ɐ̯nvəl] (Grafschaft in Südwestengland)
Co|ro|na (w. Vorn.); *vgl. auch* ²Korona
Co|ro|ner ['kɔrə...], der; -s, -s ‹engl.› (Beamter in England u. in den USA, der ungeklärte Todesfälle untersucht)
Cor|po|ra (*Plur. von* Corpus)

Corps usw. *vgl.* Korps usw.
Corps con|su|laire ['ko:ɐ̯ kõsy'lɛ:ɐ̯], das; - -, - -s (Konsularisches Korps; *Abk.* CC)
Corps de Bal|let [- də ...'lɛ:; *alte Schreibung* Corps de bal|let], das; - - -, - - - (Ballettgruppe, -korps); **Corps di|p|lo|ma|tique** [- ...'ti:k], das; - -, - -s (Diplomatisches Korps; *Abk.* CD)
Cor|pus, das; -, ...pora ‹lat.›; *vgl.* ²Korpus
Cor|pus De|lic|ti [*alte Schreibung* Cor|pus de|lic|ti], das; - -, ...pora - ‹lat.› (Gegenstand od. Werkzeug eines Verbrechens; Beweisstück)
Cor|pus Ju|ris [*alte Schreibung* Cor|pus ju|ris], das; - - (Gesetzbuch, -sammlung)
Cor|reg|gio [...'rɛdʒo] (ital. Maler)
Cor|ri|da [de To|ros], die; - [- -], -s [- -] ‹span.› (*span. Bez. für* Stierkampf)
cor|ri|ger la for|tune [...'ʒe: la ...'ty:n] ‹franz.› (dem Glück nachhelfen; falsch spielen)
Cor|so *vgl.* Korso
Cor|tes *Plur.* ‹span.› (Volksvertretung in Spanien)
Cor|tez [...tɛs], *span.* Cortés [...'tɛs] (span. Eroberer)
Cor|ti|na d'Am|pez|zo (Kurort in den Dolomiten)
cor|ti|sch ‹nach dem ital. Arzt Corti›; das **cor|ti|sche,** *auch* **Cor|ti'sche** [*alte Schreibung* Cor|ti|sche] Or|gan (*Med.* Teil des inneren Ohres)
Cor|ti|son *vgl.* Kortison
Cor|vey (ehem. Benediktinerabtei bei Höxter)
cos = Kosinus
Co|sa Nos|t|ra [*alte Trennung* ...|st...], die; - - ‹ital., »unsere Sache«› (amerik. Verbrechersyndikat)
cosec = Kosekans
Co|sì fan tut|te ‹ital., »so machens alle [Frauen]«› (Titel einer Oper von Mozart)
Co|si|ma (w. Vorn.)
Co|si|mo (m. Vorn.)
Cos|ta Bra|va [*alte Trennung* ...|st...], die; - - (Küstengebiet in Nordostspanien)
Cos|ta Ri|ca [*alte Trennung* ...|st...] (Staat in Mittelamerika)
Cos|ta-Ri|ca|ner, *auch* **Cos|ta Ri|ca|ner** [*alte Schreibung* Co|sta|ri|ca|ner] ↑K 145; **Cos|ta-Ri|ca|ne|rin,** *auch* **Cos|ta Ri|ca|ne|rin;**

cos|ta-ri|ca|nisch [*alte Schreibung* co|sta|ri|ca|nisch] ↑K 145
Cos|wig (dt. Ortsn.)
cot = Kotangens
Côte d'A|zur ['ko:t da'zy:ɐ̯], die; - - (franz. Riviera)
Côte d'I|voire ['ko:t di'vo̯a:ɐ̯], die; - - (*amtl. Bez. für* Elfenbeinküste)
Côte d'Or ['ko:t -], die; - - (franz. Landschaft)
CO-Test [tse:'lo:...] ‹*zu* CO = Kohlenmonoxid› (Messung des Kohlenmonoxidgehalts in Abgasen)
Co|to|nou [...'nu:] (Regierungssitz von Benin)
Cot|tage [...ɪtʃ], das; -, -s ‹engl.› (*engl. Bez. für* Landhaus)
Cott|bus (Stadt an der Spree); **Cott|bus|ser,** *auch* Cott|bu|ser
Cot|ti|sche Al|pen *Plur.* ↑K 140 (Teil der Westalpen)
Cot|ton [...tn̩], der *od.* das; -s ‹engl.› (*engl. Bez. für* Baumwolle, Kattun); *vgl.* Koton usw.
Cot|ton|ma|schi|ne ‹nach dem Erfinder› (Wirkmaschine zur Herstellung von Damenstrümpfen)
Cot|ton|öl, das; -s (Öl aus Baumwollsamen)
Cou|ber|tin [kubɛr'tɛ̃:] (Initiator der Olympischen Spiele der Neuzeit)
Couch [kau̯tʃ], die; -, *Plur.* -s, *auch* -en, *schweiz. auch* der; -s, -[e]s ‹engl.› (Liegesofa)
Couch|gar|ni|tur; Couch|tisch
Cou|den|ho|ve-Ka|ler|gi [ku...] (Gründer der Paneuropa-Bewegung)
Cou|leur [ku'lø:ɐ̯], die; -, -s ‹franz.› (*nur Sing.:* bestimmte [Eigen]art, Prägung; Trumpf [im Kartenspiel]; *Verbindungsw.* Band u. Mütze einer Verbindung)
Cou|loir [ku'lo̯a:ɐ̯], der *od.* das; -s, -s ‹franz.› (*Alpinistik* Schlucht, schluchtartige Rinne; *Reiten* ovaler Sprunggarten für Pferde)
Cou|lomb [ku'lõ:, *auch* ...'lɔmp], das; -s, - ‹nach dem franz. Physiker› (Maßeinheit für die Elektrizitätsmenge; *Zeichen* C); 6 Coulomb
Count [kau̯nt], der; -s, -s ‹engl.› (engl. Titel für einen nichtbritischen Grafen)
Count-down ['kau̯nt'dau̯n], *auch* **Count|down,** der *u.* das; -[s], -s ‹amerik.› (bis zum [Start]zeit-

C

punkt null rückwärts schreitende Zeitzählung; die letzten [techn.] Vorbereitungen, die letzten Augenblicke vor dem Beginn eines Unternehmens)

Coun|ter|part ['kau̯...], der; -s, -s ‹engl.› (einem Entwicklungsexperten in der Dritten Welt zugeordnete [heimische] Fachkraft)

Coun|ter|te|nor ['kau̯...] ‹engl.› (*Musik* Altist)

Coun|tess ['kau̯ntɪs; *alte Schreibung auch* Coun|teß], die; -, ...tesses [...tisiz] *u.* ...tessen ‹engl.› (Gräfin)

Coun|t|ry|mu|sic ['kantrimju:zɪk; *alte Schreibung* Coun|try-music], die; - ‹amerik.› (Volksmusik [der Südstaaten in den USA]); **Coun|t|ry|song**

Coun|ty ['kau̯nti], die; -, *Plur.* -s ‹engl.› (Verwaltungsbezirk in England u. in den USA)

Coup [ku:], der; -s, -s ‹franz.› (Schlag; [Hand]streich)

Coup d'É|tat ['ku: de'ta], der; - -, -s - [- -] ‹franz.› (*veraltend für* Staatsstreich)

Coupe [kup], die; -, *Plur.* -s *od.* -n, *auch* der; -s, *Plur.* -s *od.* -n ‹franz.› (*schweiz. für* Eisbecher)

Cou|pé, *auch* Ku|pee, das; -s, -s (Auto mit sportlicher Karosserie; *veraltet für* [Wagen]abteil)

Cou|p|let [ku'ple:], das; -s, -s ‹franz.› (scherzhaft-satirisches Lied [für die Kleinkunstbühne])

Cou|pon *vgl.* Kupon

Cour [ku:ɐ̯], die; - ‹franz.›; *in* jmdm. die Cour machen, schneiden (den Hof machen)

Cou|ra|ge [ku...ʒə], die; - ‹franz.› (Mut)

cou|ra|giert (beherzt)

Cour|bet [kʊr'be:] (franz. Maler)

Court [ko:ɐ̯t], der; -s, -s ‹engl.› (Tennisplatz)

Cour|ta|ge [kʊr'ta:ʒə], *auch* Kur|ta|ge, die; -, -n ‹franz.› (Maklergebühr bei Börsengeschäften)

Courths-Mah|ler ['kʊrts...] (dt. Schriftstellerin)

Cour|toi|sie [kʊrto̯a...], die; -, ...i̯en ‹franz.› (*veraltend für* feines, ritterliches Benehmen, Höflichkeit)

Cous|cous ['kʊskʊs] *vgl.* ²Kuskus

Cou|sin [ku'zɛ̃:], der; -s, -s ‹franz.› (Vetter)

Cou|si|ne [ku...] *vgl.* Kusine

Cou|ture [ku'ty:ɐ̯] *vgl.* Haute Couture

Cou|tu|ri|er [...'ri̯e:], der; -s, -s ‹franz.› (Modeschöpfer)

Cou|vert [ku've:ɐ̯], das; -s, -s usw. *alte Schreibung für* Kuvert usw.

Co|ven|t|ry [...ri] (engl. Stadt)

Co|ver ['ka...], das; -s, -[s] ‹engl.› (Titelbild; Schallplattenhülle)

Co|ver|coat, der; -[s], -s ([Mantel aus] Wollstoff)

Co|ver|girl, das; -s, -s (auf der Titelseite einer Illustrierten abgebildete junge Frau)

co|vern ['kavə(r)n] (eine Coverversion aufnehmen)

Co|ver|sto|ry (Titelgeschichte)

Co|ver|ver|si|on (neue Fassung eines älteren Schallplattentitels)

Cow|boy ['kau̯...], der; -s, -s ‹engl.› (berittener amerik. Rinderhirt); **Cow|boy|hut**

Cow|per ['kau̯...], der; -s, -[s] ‹nach dem engl. Erfinder› (*Technik* Winderhitzer bei Hochöfen)

Cox' O|ran|ge ['kɔks -], die; - -, - -n, *auch* Cox O|ran|ge, der; - -, - - ‹nach dem engl. Züchter Cox› (eine Apfelsorte)

Co|yo|te *vgl.* Kojote

Cr = *chem. Zeichen für* Chrom

cr. = currentis

¹Crack [krɛk], der; -s, -s ‹engl.› (*Sport* bes. aussichtsreicher Spitzensportler; gutes Rennpferd)

²Crack [krɛk], das; -s ‹engl.› (Kokain enthaltendes synthetisches Rauschgift)

Cra|cker [*alte Trennung* ...k|k...], der; -s, -[s] ‹engl.› (sprödes Kleingebäck)

Cra|nach (dt. Malerfamilie)

Cra|que|lé, *auch* Kra|ke|lee [...kə'le:], das; -s, -s ‹franz.› (feine Haarrisse in der Glasur von Keramiken, auch auf Glas)

Crash [krɛʃ], der; -s, -s ‹engl.› (Zusammenstoß; Zusammenbruch)

Crash|kid, das; -s, -s (Jugendlicher, der Autos aufbricht, um sie kaputtzufahren)

Crash|kurs (Lehrgang, in dem der Unterrichtsstoff besonders komprimiert vermittelt wird)

Crash|test (Test, mit dem das Unfallverhalten von Kraftfahrzeugen ermittelt wird)

Cras|sus (röm. Staatsmann)

Crawl [kro:l], **craw|len** usw. *vgl.* Kraul, kraulen usw.

Cra|y|on [krɛ'jõ:] *vgl.* Krayon

Cream [kri:m], die; -, -s (*engl. Bez. für* Creme; Sahne)

Cre|do *vgl.* Kredo

Creek [kri:k], der; -s, -s ‹engl.› ([zeitweise ausgetrockneter] Flusslauf, bes. in Nordamerika u. Australien)

creme [krɛ:m, *auch* kre:m] ‹franz.› (mattgelb); ein creme Kleid; in Creme ↑K 72

Creme, die; -, *Plur.* -s, *schweiz. u. österr.* -n ['krɛ:mən], *auch* Krem, Kre|me ‹franz.› (Salbe zur Hautpflege; Süßspeise; Tortenfüllung; *nur Sing.:* gesellschaftl. Oberschicht)

creme|far|ben *od.* **creme|far|big**

Crème fraîche ['krɛ:m 'frɛʃ], die; - -, -s -s [- -] ‹franz.› (saure Sahne mit hohem Fettgehalt)

cre|men; die Haut cremen; **Creme|tor|te,** *auch* Krem|tor|te, Kre|me|tor|te

cre|mig, *auch* kre|mig

Cre|o|le, die; -, -n ‹franz.› (großer Ohrring)

¹Crêpe [krɛp], der; -s, -s *vgl.* ¹Krepp

²Crêpe *vgl.* ²Krepp

Crêpe de Chine ['krɛp də 'ʃi:n], der; - - -, -s - - [- - -] ‹franz.› (Seidenkrepp in Taftbindung)

Crêpe Geor|gette ['krɛp ʒɔr'ʒɛt], der; - -, -s - [- -] (durchsichtiges Gewebe aus Kreppgarn)

Crêpe Su|zette ['krɛp sy'zɛt], die; - -, -s - [- -] (dünner Eierkuchen, mit Likör flambiert)

cresc. = crescendo

cre|scen|do [...'ʃɛ...] ‹ital.› (*Musik* anschwellend; *Abk.* cresc.); **Cre|scen|do,** das; -s, *Plur.* -s *u.* ...di

Cres|cen|tia *vgl.* Kreszentia

Cre|tonne [kre'tɔn], die *od.* der; -, -s ‹franz.› (Baumwollstoff)

Creutz|feldt-Ja|kob-Krank|heit, die; - ‹nach den Neurologen H. G. Creutzfeldt u. A. Jakob› (*Med.* eine Erkrankung des zentralen Nervensystems)

Cre|vet|te *vgl.* Krevette

Crew [kru:], die; -, -s ‹engl.› ([Schiffs- u. Flugzeug]mannschaft)

c. r. m. = cand. rev. min.; *vgl.* Kandidat

Croi|sé [kro̯a...], das; -[s], -s ‹franz.› (ein Gewebe in Köperbindung)

Crois|sant [kro̯a'sã:], das; -[s], -s ‹franz.› (Blätterteighörnchen)

Cro|ma|g|non|ty|pus [...man'jõ:...],

die; - ⟨nach dem Fundort⟩ (Menschentypus der jüngeren Altsteinzeit)
Cro|mar|gan®, das; -s (rostfreier Chrom-Nickel-Stahl)
Crom|well [...vl] (engl. Staatsmann)
Cro|quet|te [...'kɛ...] (*franz. Schreibung für* Krokette)
Cro|quis [...'ki:] *vgl.* Kroki
cross ⟨engl.⟩ (*Tennis* diagonal); den Ball cross spielen; **Cross**, der; -, - (*Tennis* diagonal über den Platz geschlagener Ball; *kurz für* Crosscountry)
Cross|coun|t|ry, *auch* **Cross-Coun|t|ry** [...kantri], das; -[s], -s (Querfeldeinwettbewerb)
Cross-o|ver, *auch* **Cross|o|ver** [...oʊvə], das; - (Vermischung unterschiedl. Musikstile; *Biol.* Erbfaktorenaustausch zw. homologen Chromosomen)
Crou|pi|er [kru'pie:], der; -s, -s ⟨franz.⟩ (Angestellter einer Spielbank); **Crou|pi|è|re** [...'pie:re], die; -, -n
Crou|pon [...'põ:], der; -s, -s (Kern-, Rückenstück einer [gegerbten] Haut)
Croû|ton [kru'tõ:], der; -[s], -s (gerösteter Weißbrotwürfel)
crt. = courant; *vgl.* kurant
Cruise|mis|sile, *auch* **Cruise-Mis|sile** ['kru:smɪsail], das; -s, -s ⟨engl.-amerik.⟩ (*Milit.* Marschflugkörper)
Crux, Krux, die; - ⟨lat., »Kreuz«⟩ (Last, Kummer)
Cru|zei|ro Re|al [...'ze:... -], der; - -s, - -s ⟨port.⟩ (Währungseinheit in Brasilien)
Cs = *chem. Zeichen für* Cäsium
Csar|das, **Csár|dás** [*beide* 'tʃardaʃ], der; -, - ⟨ung.⟩ (ungarischer Nationaltanz)
C-Schlüs|sel ['tse:...] *(Musik)*
ČSFR (*früher* Tschechoslowakische Republik; *vgl.* Tschechische Republik *u.* Slowakei
Csi|kós ['tʃi:ko:ʃ, *auch* 'tʃɪ...], der; -, -, *auch* Tschi|kosch, der; -[es], -[e] ⟨ung.⟩ (ungarischer Pferdehirt)
Cso|kor [tʃɔ...] (österr. Schriftsteller)
CSU = Christlich-Soziale Union
ct = Centime[s]; Cent[s]
CT = Computertomographie
Ct. = Centime
c. t. = cum tempore
cts = Centimes; Cents
Cu = Cuprum (*chem. Zeichen für* Kupfer)
Cu|ba (*span. Schreibung von* Kuba)
cui bo|no? ⟨lat., »wem nutzt es?«⟩ (wer hat einen Vorteil?)
Cul de Pa|ris ['ky: də ...'ri:], der; - -, -s - - [- - -] ⟨franz.⟩ (um die Jahrhundertwende unter dem Kleid getragenes Gesäßpolster)
Cu|le|mey|er, der; -s, -s ⟨nach dem Erfinder⟩ (schwerer Tieflader, auf den ein Eisenbahnwaggon verladen werden kann)
Cul|li|nan ['kalinən], der; -s ⟨engl.⟩ (ein großer Diamant)
Cu|ma|rin usw. *vgl.* Kumarin usw.
Cum|ber|land|so|ße, *auch* ...sau|ce ['kambɐlɛnt...], die; - ⟨nach der engl. Grafschaft⟩ (pikante Würzsoße)
cum gra|no sa|lis ⟨lat., »mit einem Körnchen Salz«⟩ (mit entsprechender Einschränkung, nicht ganz wörtlich zu nehmen)
cum lau|de ⟨lat., »mit Lob«⟩ (drittbeste Note der Doktorprüfung)
cum tem|po|re ⟨lat.⟩ (mit akadem. Viertel, d. h. [Vorlesungsbeginn] eine Viertelstunde nach der angegebenen Zeit; *Abk.* c. t.)
Cun|ni|lin|gus, der; - ⟨lat.⟩ (sexuelle Stimulierung der äußeren weibl. Geschlechtsorgane mit der Zunge); *vgl.* Fellatio
Cup [kap], der; -s, -s ⟨engl.⟩ (Pokal; Pokalwettbewerb; Schale des Büstenhalters)
Cup|fi|na|le
Cu|pi|do (röm. Liebesgott, Amor)
Cu|p|rum, das; -s (*lat. Bez. für* Kupfer; *Zeichen* Cu)
[1]**Cu|ra|çao** [kyra'sa:o] (Insel im Karibischen Meer)
[2]**Cu|ra|çao®**, der; -[s], -s (ein Likör)
Cu|ra pos|te|ri|or [*alte Trennung* ...|st...], die; - - ⟨lat., »spätere Sorge«⟩ (nicht vorrangig zu klärende Angelegenheit)
Cu|ra|re (*fachspr. für* Kurare)
Cur|cu|ma *vgl.* Kurkuma
Cu|ré [ky...], der; -s, -s ⟨franz.⟩ (kath. Pfarrer in Frankreich)
Cu|rie [ky...], das; -, - ⟨nach dem franz. Physikerehepaar⟩ (Maßeinheit der Radioaktivität; *Zeichen* Ci)
Cu|ri|um, das; -s (chemisches Element, Transuran; *Zeichen* Cm)
Cur|ling ['kø:ɐ...], das; -s (schott. Eisspiel)
cur|ren|tis ⟨lat.⟩ (*veraltet für* »[des] laufenden« [Jahres, Monats]; *Abk.* cr.); am 15. cr., *dafür besser* am 15. d. M.
cur|ri|cu|lar (*Päd.* das Curriculum betreffend)
Cur|ri|cu|lum, das; -s, ...la ⟨lat.-engl.⟩ (*Päd.* Theorie des Lehr- u. Lernablaufs; Lehrplan); **Cur|ri|cu|lum Vi|tae** [*alte Schreibung* Cur|ri|cu|lum vi|tae], das; - -, ...la - (Lebenslauf)
Cur|ry ['kœri, *seltener* 'ka...], der, *auch* das; -s ⟨angloind.⟩ (Gewürzpulver; indisches Gericht)
Cur|ry|pul|ver (eine Gewürzmischung); **Cur|ry|wurst**
Cur|sor ['kø:ɐsɐ], der; -s, -s ⟨engl.⟩ (*EDV* [meist blinkendes] Zeichen auf dem Bildschirm, das anzeigt, an welcher Stelle die nächste Eingabe erscheint)
Cus|tard ['kastɐt; *alte Trennung* ...|st...], der; -, -s ⟨engl.⟩ (eine engl. Süßspeise)
Cut [kœt, *auch* kat], der; -s, -s (Filmschnitt; *kurz für* Cutaway; *Boxen* Riss der Haut; *Golf* Ausscheiden der schlechteren Spieler vor den Schlussrunden)
Cu|t|a|way [...ve:], der; -s, -s ⟨engl.⟩ (abgerundet geschnittener Herrenschoßrock)
cut|ten ['ka..., *auch* 'kœ...] ⟨engl.⟩ (Filmszenen, Tonbandaufnahmen schneiden)
Cut|ter, der; -s, - (*Film, Rundf., Fernsehen* Schnittmeister; Gerät zum Zerkleinern von Fleisch); **Cut|te|rin**
cut|tern; ich cuttere; *vgl.* cutten
Cux|ha|ven [...fn] (Hafenstadt a. d. Elbmündung)
CVJM = *früher* Christlicher Verein Junger Männer; *heute in Deutschland:* ... Menschen
CVP = Christlichdemokratische Volkspartei (in der Schweiz)
c_w = Luftwiderstandsbeiwert
cwt, cwt. *vgl.* Hundredweight
c_w-Wert *(Technik)*
Cy|an *vgl.* Zyan
Cy|ber|space ['saibɐspe:s], der; -, -s ⟨engl.⟩ (*EDV* virtueller Raum)
cy|c|lisch *vgl.* zyklisch
Cy|re|nai|ka, die; - (Landschaft in Nordafrika)
Cy|rus *vgl.* Kyros
CZK (Währungscode für tschech. Krone)

D d

D (Buchstabe); das D; des D, die D, *aber* das d in Bude ↑K 97; der Buchstabe D, d
d = dextrogyr; Denar; Dezi...; Penny, Pence
d, D, das; -, - (Tonbezeichnung); **d** (*Zeichen für* d-Moll); in d; **D** (*Zeichen für* D-Dur); in D
d *[stets in Kursiv zu setzen]* = Durchmesser
₰ = deleatur
D = Deuterium
D (röm. Zahlzeichen) = 500
Δ, δ = Delta
D. = Decimus
D. *vgl.* Doktor
da = Deka...; Deziar

---

da̲

Konjunktion:
– da (weil) sie krank war, fehlte sie
Adverb:
– hier und da; da und dort

Getrenntschreibung in Verbindung mit »sein«:
– da sein [*alte Schreibung* dasein]; weil wir da sind
– es ist alles schon da gewesen [*alte Schreibung* dagewesen]; noch nie da gewesene [*alte Schreibung* dagewesene] Ereignisse ↑K 49

aber:
– das Dasein
– etwas noch nie da Gewesenes, *auch* Dagewesenes ↑K 72
– *vgl.* dableiben, dalassen usw.
– *vgl.* dabei, dafür usw.

---

d. Ä. = der Ältere
DAAD = Deutscher Akademischer Austauschdienst
DAB = Deutsches Arzneibuch
da̲|be|hal|ten (zurückbehalten, nicht weglassen); sie haben ihn gleich dabehalten

---

da|be̲i

[*auch* ˈda:...]
– sie ist sehr schön und dabei (trotzdem) gar nicht eitel

Getrenntschreibung in Verbindung mit »sein«:
– dabei sein [*alte Schreibung* dabeisein]; weil sie dabei ist
– wir sind dabei gewesen [*alte Schreibung* dabeigewesen]

aber:
– alle dabei Gewesenen, *auch* Dabeigewesenen ↑K 72
– *vgl.* dabeibleiben, dabeisitzen, dabeistehen

---

da|be̲i|blei|ben (bei einer Tätigkeit bleiben); sie hat mit dem Training begonnen, ist aber nicht dabeigeblieben; *aber* wenn er dabei (bei der Behauptung) bleibt; falls es dabei (bei der Verabredung, bei den Gegebenheiten) bleibt
da|be̲i|ha|ben (*ugs. für* bei sich haben; teilnehmen lassen); ..., weil er nichts dabeihatte; sie wollten ihn gern dabeihaben
da|be̲i sein [*alte Schreibung* dabei|sein] *vgl.* dabei
da|be̲i|sit|zen (sitzend zugegen sein); er hat nur dabeigesessen und kein Wort gesagt; *aber* du kannst dabei (bei dieser Tätigkeit) sitzen (brauchst nicht zu stehen)
da|be̲i|ste|hen (stehend zugegen sein); sie hat bei dem Gespräch dabeigestanden; *aber* du solltest dabei (bei dieser Tätigkeit) stehen (nicht sitzen)
da̲|blei|ben (nicht fortgehen); er ist den ganzen Tag dageblieben; *aber* er ist da geblieben, wo er war
da ca̲|po ‹ital.› (*Musik* noch einmal von Anfang an; *Abk.* d. c.)
Da|ca̲|po, das; -s, -s; **Da|ca̲|po|a|rie,** *auch* **Da-ca̲|po-A|rie**
Dac|ca *vgl.* Dhaka
d'ac|cord [daˈkoːɐ̯] ‹franz.› (*geh. für* einig; einverstanden)
Dạch, das; -[e]s, Dächer; **dạch|ar|tig**
Da|ch|au (Stadt in Bayern; ehem. Konzentrationslager)
Dạch|bo|den; Dạch|de|cker [*alte Trennung* ...k|k...]
Dä̲|chel|chen; Dä̲|cher|chen *Plur.*
Dạch|fens|ter [*alte Trennung* ...|st...]; **Dạch|first; Dạch|gar|ten; Dạch|gau|be** *od.* **Dạch|gau|pe**
Dạch|ge|schoss [*alte Schreibung* ...ge|schoß]
Dạch|ge|sell|schaft (Spitzen-, Muttergesellschaft)
Dạch|glei|che, die; -, -n (*österr. svw.* Dachgleichenfeier); **Dạch|glei|chen|fei|er** (*österr. für* Richtfest)
Dạch|ha|se (*ugs. scherzh. für* Katze)
Dạch|kam|mer; Dạch|lat|te; Dạch|la|wi|ne; Dạch|lu|ke
Dạch|or|ga|ni|sa|ti|on
Dạch|pap|pe; Dạch|pfan|ne; Dạch|rei|ter; Dạch|rin|ne
Dạchs, der; -es, -e; **Dạchs|bau** *Plur.* ...baue
Dạch|scha|den, der; -s (*ugs. abwertend für* geistiger Defekt)
Dạ̈chs|chen; Dạ̈ch|sel, der; -s, - (*Jägerspr.* Dachshund)
Dạchs|fell; Dạchs|haar; Dạchs|hund
Dạ̈ch|sin
Dạch|spar|ren
Dạchs|pin|sel (Rasierpinsel aus Dachshaar; ein Hutschmuck)
Dạch|stu|be; Dạch|stuhl
Dạch|stuhl|brand
Dạch|tel, die; -, -n (*landsch. für* Ohrfeige)
Dạch|ter|ras|se; Dạch|trau|fe; Dạch|ver|band
Dạch|woh|nung; Dạch|zie|gel; Dạch|zie|gel|ver|band (*Med.*)
Da|ckel [*alte Trennung* ...k|k...], der; -s, - (Dachshund, Teckel)
Da|da|i̤s|mus, der; - ‹nach franz. kindersprachl. »dada« = Holzpferdchen› (Kunst- u. Literaturrichtung um 1920)
Da|da|i̤st, der; -en, -en; **Da|da|i̤s|tin** [*alte Trennung* ...|st...]
Dä̲|da|lus (Baumeister u. Erfinder in der griech. Sage)
Dad|dy [ˈdɛdi], der; -s, -s ‹engl.› (*engl. ugs. Bez. für* Vater)
da|dụrch [*auch* ˈda:...]; es geschah dadurch, dass sie zu spät kam; dadurch, dass *u.* dadurch, weil
Dạff|ke ‹hebr.› *nur in* aus Daffke (aus Trotz; nur zum Spaß)
da|fü̲r [*auch* ˈda:...]; das Auto ist gebraucht, dafür aber billig; ich kann nicht dafür sein (kann nicht zustimmen)
da|fü̲r|hal|ten, *auch* **da|fü̲r hal|ten** (meinen); da ich dafürhalte, *auch* dafür halte, dass ...; *aber nur* er war der Täter, obwohl niemand ihn dafür hielt; **Da|fü̲r-**

da|hin|ter

[*auch* 'da:...]

Getrenntschreibung in Verbindung mit Verben:
- sie hat den Brief dahinter (hinter das Buch) geklemmt; er wird sich dahinter klemmen [*alte Schreibung* dahinterklemmen] (*ugs. für* es mit Nachdruck betreiben)
- er wollte sich dahinter (hinter den Stein) knien; sie hat sich sehr dahinter gekniet [*alte Schreibung* dahintergekniet] (*ugs. für* sie hat sich dabei angestrengt)
- die Ampel soll genau dahinter (hinter dem grünen Haus) kommen; wir werden dahinter kommen [*alte Schreibung* dahinterkommen] (*ugs. für* es erkennen, erfahren)
- ich möchte wissen, was dahinter steckt [*alte Schreibung* dahintersteckt] (*ugs. für* es zu bedeuten hat)
- der Besen wird dahinter stehen; er hat dahinter gestanden [*alte Schreibung* dahintergestanden] (*ugs. für* es unterstützt)

D

hal|ten, das; -s; nach meinem Dafürhalten
da|für|kön|nen, *auch* **da|für kön|nen;** sie behauptet, nichts dafürzukönnen, *auch* dafür zu können
da|für sein *vgl.* dafür
da|für|spre|chen, *auch* **dafür spre|chen;** weil viel dafürspricht, *auch* dafür spricht
da|für|ste|hen, *auch* **da|für ste|hen** (*veraltet für* für etwas bürgen; *österr. für* sich lohnen); es steht [nicht] dafür
dag = Deka[gramm]
DAG = Deutsche Angestellten-Gewerkschaft
da|ge|gen [*auch* 'da:...]; eure Arbeit war gut, seine dagegen schlecht; dagegen sein; etwas, nichts dagegen haben; *vgl.* dagegenhalten, dagegensetzen, dagegenstellen
da|ge|gen|hal|ten (vorhalten, erwidern); sie wird dagegenhalten, das sei zu teuer; *aber* ob die Wandfarbe zu den Fliesen passt, sieht man erst, wenn man eine dagegen hält
da|ge|gen|set|zen (entgegensetzen, gegen etwas vorbringen); es gibt nichts dagegenzusetzen
da|ge|gen|stel|len, sich (sich widersetzen); die Verwaltung hat sich dagegengestellt; *aber* die Tür bleibt zu, wenn du einen Stuhl dagegen stellst
Dag|mar (w. Vorn.)
Da|go|bert (m. Vorn.)
Da|gon (Hauptgott der Philister)
Da|guerre [...'gɛ:ɐ̯] (Erfinder der Fotografie); **Da|guer|reo|ty|pie** [...gɛro...], die; - (fotogr. Verfahren mit Metallplatten)
da|ha|ben (*ugs. für* vorrätig haben); mal sehen, was ich dahabe; *aber* da haben wir den Salat!; mal sehen, was ich da habe (was ich gefunden habe)
da|heim; daheim bleiben, sein, sitzen; von daheim; **Da|heim,** das; -s; **da|heim Ge|blie|be|ne,** der *u.* die; - -n, - -n, *auch* **Da|heim|ge|blie|be|ne,** der *u.* die; -n, -n
da|her [*auch* 'da:...]; daher (von da) bin ich; daher, dass *u.* daher, weil
da|her|brin|gen (*südd., österr. für* herbeibringen)
da|her|flie|gen; ein Luftballon kam dahergeflogen
da|her|ge|lau|fen; ein dahergelaufener Kerl; **Da|her|ge|lau|fe|ne,** der *u.* die; -n, -n
da|her|kom|men; man sah ihn daherkommen; *aber* es wird daher kommen, dass ...
da|her|re|den; dümmlich daherreden
da|hier (*veraltet für* an diesem Ort)

da|hin

[*auch* 'da:...]
- wie weit ist es bis dahin?
- er hat es bis dahin gebracht, dass ...
- da- und dorthin ↑K 31

Getrenntschreibung:
- dahin (an das bezeichnete Ziel) fahren, gehen, kommen
- ein dahin gehender Antrag; er äußerte sich dahin gehend

Vgl. aber dahindämmern, dahineilen usw.

da|hi|n|ab [*auch* 'da:...]
da|hi|n|auf [*auch* 'da:...]
da|hi|n|aus [*auch* 'da:...]
da|hin|däm|mern; ich dämmere dahin
da|hin|ei|len (*geh. für* vergehen); die Jahre sind dahingeeilt
da|hi|n|ein [*auch* 'da:...]
da|hin|fah|ren (*geh. verhüllend für* sterben); sie ist dahingefahren
da|hin|fal|len (*schweiz.* als erledigt, als überflüssig wegfallen)
da|hin|flie|gen (*geh. für* vergehen); die Zeit ist dahingeflogen
da|hin|ge|gen [*auch* 'da:...]
da|hin|ge|hen (*geh. für* vergehen); wie schnell sind die Tage dahingegangen
da|hin|ge|stellt; dahingestellt bleiben, sein; dahingestellt sein lassen
da|hin|le|ben; da|hin|plät|schern; da|hin|raf|fen
da|hin|schlep|pen, sich (sich mühsam fortbewegen)
da|hin|schwin|den (*geh. für* sich vermindern, abnehmen)
da|hin|se|geln; ich seg[e]le dahin
da|hin|sie|chen; elend dahinsiechen
da|hin|ste|hen (nicht sicher, noch fraglich sein)
da|hin|ster|ben (*geh. für* sterben)
da|hin|ten [*auch* 'da:...]; dahinten auf der Bank
da|hin|ter *s. Kasten*
da|hin|ter|her; dahinterher sein (*ugs. für* sich intensiv darum bemühen) *s. Kasten*
da|hin|ter klem|men, knien, kom|men usw. [*alte Schreibungen* da|hin|ter|klem|men, da|hin|ter|knien, da|hin|ter|kom|men usw.] *vgl.* dahinter
da|hi|n|un|ter [*auch* 'da:...]
Däh|le, die; -, -n (*schweiz. regional für* Föhre)
Dah|lie, die; -, -n ⟨nach dem schwed. Botaniker Dahl⟩ (Zierpflanze); *vgl.* [1]Georgine
Da|ho|me *u.* **Da|ho|mey** [daho'mɛ:] (*früher für* Benin)
Dail Ei|reann ['da:l 'e:rɪn], der; - - (das irische Abgeordnetenhaus)
Dai|ly Soap ['de:li 'so:p], die; - -, - -s ⟨engl.⟩ (werktägl. ausgestrahlte triviale Hörspiel- od. Fernsehserie)
Daim|ler (dt. Ingenieur)
Dai|mo|ni|on, das; -s ⟨griech.⟩ (die warnende innere Stimme [der Gottheit] bei Sokrates)

D

¹Dai|na, die; -, Dainos ‹lit.› (lit. Volkslied)
²Dai|na, die; -, -s ‹lett.› (lett. Volkslied)
Dai|sy ['de:zi] (w. Vorn.)
Da|ka|po *vgl.* Dacapo
Da|kar [*auch* ...'ka:ɐ̯] (Hauptstadt von Senegal)
Da|ker
Da|ki|en (*im Altertum* das Land zwischen Theiß, Donau und Dnjestr)
da|kisch, *aber* ↑K 151: die Dakischen Kriege
Dak|ka *vgl.* Dhaka
¹Da|ko|ta, der; -[s], -[s] (Angehöriger eines nordamerik. Indianerstammes)
²Da|ko|ta (Staaten in den USA [Nord- u. Süddakota])
dak|ty|lisch ‹griech.› (*Verslehre* aus Daktylen bestehend [*vgl.* Daktylus])
Dak|ty|lo|gramm, das; -s, -e (Fingerabdruck)
Dak|ty|lo|s|ko|pie, die; -, ...ien (Fingerabdruckverfahren)
Dak|ty|lus, der; -, ...ylen (*Verslehre* ein Versfuß)
dal = Dekaliter
Da|lai-La|ma, der; -[s], -s ‹tibet.› (weltl. Oberhaupt des Lamaismus)
da|las|sen; sie hat uns etwas Geld dagelassen; er lässt [*alte Schreibung* läßt] mir seine Uhr da; *aber* wenn man das Bild genau da (dort) lässt [*alte Schreibung* läßt], wo es sich befindet ...
Dal|be, Dal|ben (*Kurzw. für* Duckdalbe, Duckdalben)
dal|bern; ich dalbere (*landsch. veraltend für* sich albern verhalten)
Da|lí (span. Maler)
da|lie|gen (hingestreckt liegen); er hat wie tot dagelegen; *aber* lass es da (dort) liegen, wo es liegt
Da|li|la *vgl.* Delila
Dalk, der; -[e]s, -e (*südd., österr. ugs. für* ungeschickter Mensch)
dal|ken (*österr. ugs. für* kindisch, dumm reden)
Dal|ken *Plur.* (*österr.* eine Mehlspeise)
dal|kert (*österr. ugs. für* dumm, ungeschickt; nichts sagend)
Dal|las [*auch* 'dɛləs] (Stadt in Texas)
Dal|le, die; -, -n (*landsch. für* Delle)
Dal|les, der; - ‹hebr.-jidd.› (*landsch. für* Armut; Not)
dal|li! ‹poln.› (*ugs. für* schnell!)
Dal|ma|ti|en (Küstenland an der Adria)
Dal|ma|tik, Dal|ma|ti|ka, die; -, ...ken (liturg. Gewand)
Dal|ma|ti|ner (*auch* Hunderasse; Wein)
dal|ma|ti|nisch, dal|ma|tisch
dam = Dekameter
da|ma|lig; da|mals
Da|mas|kus (Hauptstadt Syriens)
Da|mast, der; -[e]s, -e (ein Gewebe); **da|mast|ar|tig**
Da|mast|be|zug; da|mas|ten [*alte Trennung* ...|st...] (*geh. für* aus Damast)
Da|mas|ze|ner; Damaszener Klinge, Stahl; **da|mas|ze|nisch**
da|mas|zie|ren (Stahl mit flammigen, aderigen Zeichnungen versehen); **Da|mas|zie|rung**
Dam|bock (*Jägerspr. selten für* männl. Damhirsch)
Däm|chen
Da|me, die; -, -n (*ohne Artikel kurz für* Damespiel); **Da|me|brett**
Dä|mel, der; -s, - (*ugs. für* Dummkopf, alberner Kerl)
Da|men|bart; Da|men|be|glei|tung, die; -; **Da|men|be|kannt|schaft**
Da|men|be|such; Da|men|bin|de (*svw.* Monatsbinde); **Da|men|dop|pel** *(Sport)*; **Da|men|ein|zel** *(Sport)*
Da|men|fahr|rad; Da|men|fri|seur, *auch* **Da|men|fri|sör; Da|men|fuß|ball; Da|men|ge|sell|schaft**
da|men|haft; Da|men|hut, der; **Da|men|mann|schaft**
Da|men|o|ber|be|klei|dung; Da|men|re|de; Da|men|sat|tel; Da|men|schnei|der
Da|men|toi|let|te; Da|men|wahl (beim Tanz)
Da|me|spiel; Da|me|stein
Dam|hirsch
da|misch (*bayr.-schwäb., österr. ugs. für* dumm, albern; schwindlig; sehr)
¹da|mit [*auch* 'da:...]; [und] damit basta! *(ugs.)*; was soll ich damit tun?
²da|mit; er sprach langsam, damit es alle verstanden
Däm|lack, der; -s, *Plur.* -e *u.* -s (*ugs. für* Dummkopf)
Dam|le|der; dam|le|dern
däm|lich (*ugs. für* dumm, albern)
Damm, der; -[e]s, Dämme
Dam|mar, das; -s (Harz südostasiat. Bäume)
Dam|ma|ra|fich|te; Dam|ma|ra|lack
Dam|mar|harz
Damm|bruch, der; -[e]s, ...brüche
däm|men (*auch für* isolieren)
Däm|mer, der; -s (*geh. für* Dämmerung)
däm|me|rig, dämm|rig
Däm|mer|licht, das; -[e]s; **däm|mern**; es dämmert
Däm|mer|schein, der; -[e]s *(geh.)*; **Däm|mer|schlaf**, der; -[e]s
Däm|mer|schop|pen; Däm|mer|stun|de
Däm|me|rung; däm|me|rungs|ak|tiv; dämmerungsaktive Tiere
Däm|me|rungs|schal|ter (vom Tageslicht abhängiger Lichtschalter); **Däm|mer|zu|stand**
Dämm|ma|te|ri|al, *auch* **Dämm-Ma|te|ri|al** [*alte Schreibung* Dämmaterial, *alte Trennung* ...mm|m...]
dämm|rig *vgl.* däm|me|rig
Damm|riss [*alte Schreibung* ...riß] *(Med.)*; **Damm|schnitt** *(Med.)*; **Damm|schutz** *(Med.)*
Däm|mung (*auch für* Isolierung)
Dam|num, das; -s, ...na ‹lat.› (*Wirtsch.* Abzug vom Nennwert eines Darlehens)
Da|mo|k|les (griech. m. Eigenn.); **Da|mo|k|les|schwert** ↑K 136, das; -[e]s
Dä|mon, der; -s, ...onen ‹griech.›; **dä|mo|nen|haft**
Dä|mo|nie, die; -, ...ien
dä|mo|nisch; dä|mo|ni|sie|ren
Dä|mo|nis|mus, der; - (Glaube an Dämonen); **Dä|mo|no|lo|gie**, die; -, ...ien (Lehre von den Dämonen)
Dampf, der; -[e]s, Dämpfe
Dampf|bad; Dampf|bü|gel|ei|sen
Dampf|dom *(Technik) vgl.* ²Dom; **Dampf|druck** *Plur. meist* ...drücke
damp|fen; die Suppe dampft, hat gedampft
dämp|fen; ich dämpfe das Gemüse, den Ton, seinen Zorn usw., habe gedämpft
Damp|fer (*kurz für* Dampfschiff)
Dämp|fer; einen Dämpfer bekommen (*ugs. für* eine Rüge einstecken müssen); jmdm. einen Dämpfer aufsetzen (*ugs. für* jmds. Überschwang dämpfen)
Damp|fer|fahrt
Dampf|hei|zung; damp|fig (voll Dampf)
dämp|fig (kurzatmig [vom Pferd]; *landsch. für* schwül); **Dämp|fig|keit**, die; - (Atembeschwerden bei Pferden)

Dampf|kes|sel; Dampf|koch|topf; Dampf|lo|ko|mo|ti|ve
Dampf|ma|schi|ne; Dampf|nu|del; Dampf|schiff; Dampf|schiff|fahrt [*alte Schreibung* ...schiffahrt, *alte Trennung* ...ff|f...]
Dämp|fung (Abschwächung)
Dampf|wal|ze
Dam|wild
Dan, der; -, - ⟨jap.⟩ (Rangstufe im Budo)
da|nach [*auch* 'da:...]; sich danach richten
Da|nae [...nae] (Mutter des Perseus)
Da|na|er|ge|schenk; ↑K 136 (Unheil bringendes Geschenk [der Danaer = Griechen])
Da|na|i|de, die; -, -n *meist Plur.* (Tochter des Danaos)
Da|na|i|den|ar|beit; Da|na|i|den|fass [*alte Schreibung* ...faß]
Da|na|os, Da|na|us (sagenhafter König, Stammvater der Griechen)
Dance|floor ['da:nsflɔ:ɐ̯], der; -s, -s (Tanzfläche; *nur Sing.*: elektron. erzeugte, bes. zum Tanzen geeignete Musik)
Dan|cing [...sɪŋ], das; -s, -s ⟨engl.⟩ (Tanz[veranstaltung], Tanzlokal)
Dan|dy ['dɛndi], der; -s, -s ⟨engl.⟩ (sich übertrieben modisch kleidender Mann); **dan|dy|haft**
Dan|dy|is|mus, der; -; **Dan|dy|tum,** das; -s
Dä|ne, der; -n, -n
da|ne|ben [*seltener* 'da:...]; daneben (neben dem/den bezeichneten Ort od. Gegenstand) gehen, liegen, stellen usw.; ich will den Stuhl daneben stellen; *vgl. aber* danebenbenehmen, danebengehen usw.; ↑K 48
da|ne|ben|be|neh|men, sich (*ugs. für* sich unpassend benehmen)
da|ne|ben|ge|hen (*ugs. für* misslingen); es ist danebengegangen; ↑K 48
da|ne|ben|grei|fen (einen Fehlgriff tun); er hat mit seiner Bemerkung etwas danebengegriffen
da|ne|ben|hau|en (*ugs. für* aus der Rolle fallen, sich irren)
da|ne|ben|lie|gen (*ugs. für* sich irren); er hat mit seiner Ansicht danebengelegen; ↑K 48
da|ne|ben|schie|ßen (*ugs. für* sich irren); ↑K 48
Da|ne|b|rog, der; -s ⟨dän.⟩ (dän. Flagge)
Dä|ne|mark
Da|ne|werk, das; -[e]s (dän. Grenzwall)
da|nie|den (*veraltet, noch geh. für* [hier] unten auf der Erde)
da|nie|der *(geh.)*; **da|nie|der|lie|gen;** die Wirtschaft hat daniedergelegen; ↑K 48
Da|ni|el [...e:l, *auch* ...ɛl] (m. Vorn.; bibl. Prophet)
Da|ni|e|la (w. Vorn.); **Da|ni|elle** [...'ni̯ɛl] (w. Vorn.)
Dä|nin
dä|nisch; ↑K 89: Dänische [*alte Schreibung* dänische] Dogge; ↑K 90: der Dänische Wohld (Halbinsel in Schleswig-Holstein); *vgl.* deutsch; **Dä|nisch,** das; -[s] (Sprache); *vgl.* Deutsch; **Dä|ni|sche,** das; -n; *vgl.* Deutsche, das
dä|ni|sie|ren (dänisch machen)
dank ↑K 70; *Präp. mit Gen. od. Dat., im Plur. meist mit Gen.*: dank meinem Fleiße; dank eures guten Willens; dank raffinierter Verfahren
Dank, der; -[e]s; Gott sei Dank!; vielen, herzlichen, tausend Dank!; hab[t] Dank!; sie weiß dir dafür (*auch* dessen) keinen Dank; jmdm. Dank sagen (*vgl.* danksagen), schulden, wissen; mit Dank [zurück]; zu Dank verpflichtet
Dank|a|d|res|se; dank|bar; Dank|bar|keit, die; -
dan|ke!; du musst Danke, *auch* danke sagen; danke schön!; ich möchte ihr Danke schön, *auch* danke schön sagen; er sagte: »Danke schön!«, *vgl. aber* Dankeschön; **dan|ken**
dan|kens|wert; dan|kens|wer|ter|wei|se
dank|er|füllt *(geh.)*; **Dan|kes|be|zei|gung** (*nicht* ...bezeugung)
Dan|ke|schön, das; -s; sie sagte ein herzliches Dankeschön, *vgl. aber* danke!
Dan|kes|for|mel; Dan|kes|schuld; Dan|kes|wor|te *Plur.*
Dank|ge|bet
dank|sa|gen *u.* **Dank sa|gen** ↑K 54; du danksagtest *u.* du sagtest Dank; dankgesagt *u.* Dank gesagt; dankzusagen *u.* Dank zu sagen; *aber* ich sage vielen Dank; *vgl.* Dank
Dank|sa|gung; Dank|schrei|ben
Dank|ward (m. Vorn.)
dann; dann und wann; *vgl.* dannzumal *u.* dazumal
dan|nen; *nur in* von dannen gehen, eilen *(veraltet)*
dann|zu|mal (*schweiz. für* dann, in jenem Augenblick)
Danse ma|ca|b|re ['dã:s -], der; - -, -s -s [- -] ⟨franz.⟩ (Totentanz)
Dan|te A|li|ghi|e|ri [- ...'gi̯e:...] (ital. Dichter)
Dan|tes, Tan|tes *Plur.* ⟨span.⟩ (*veraltet für* Spielmarken)
dan|tesk (nach Art der Schöpfungen Dantes)
dan|tisch; Verse von dantischer Schönheit, die dantischen [*alte Schreibung* Dantischen] Werke
Dan|ton [dã'tõ:] (franz. Revolutionär)
Dan|zig (*poln.* Gdańsk); **Dan|zi|ger;** Danziger Goldwasser (ein Likör)
¹Daph|ne (w. Vorn.)
²Daph|ne, die; -, -n ⟨griech.⟩ (Seidelbast, ein Zierstrauch)
Daph|nia, Daph|nie, die; -, ...ien (Wasserfloh)
dar... (*in Zus. mit Verben,* z. B. dartun, du tust dar, dargetan, darzutun)

da|r|an

[*auch* 'da:...], *ugs.* dran

Getrenntschreibung:
- daran denken, glauben, zweifeln, dass ...
- daran teilhaben, teilnehmen
- du wirst gut daran tun, dir das zu merken
- wir sollten lieber nicht daran rühren

Zusammenschreibung:
- darangehen, daranmachen (mit etwas beginnen, etwas in Angriff nehmen)
- daransetzen (einsetzen, aufbieten)

da|r|an|ge|ben (*auch geh. für* opfern); alles darangeben wollen
da|r|an|ge|hen; er ist endlich darangegangen[,] die Garage aufzuräumen
da|r|an|hal|ten; du musst dich schon daranhalten (dich anstrengen, beeilen), wenn du fertig werden willst; *aber* wir müssen uns alle daran (an diese Vorschrift) halten; ↑K 48
da|r|an|ma|chen *(ugs.)*; sie soll einen Zettel, eine Schnur daranmachen; wir werden uns daran-

da|r|auf	
[*auch* ˈda:...], *ugs.* drauf	– die Bank ist frisch gestrichen, ich würde mich nicht darauf setzen; würdest du zehn Mark darauf setzen, dass das Pferd gewinnt?
Getrenntschreibung in Verbindung mit Verben: – darauf vertrauen, dass ... – darauf (auf das Ziel) losgehen, *aber* drauflosgehen *(vgl. d.)* – darauf folgen; das Schreiben und der darauf folgende Briefwechsel, am darauf folgenden [*alte Schreibung* darauffolgenden] Tag	*Wenn statt »darauf« die umgangssprachliche Form »drauf« verwendet wird, erfolgt Zusammenschreibung:* – draufgehen, drauflegen usw.

D

machen (damit beginnen)[,] die Kartoffeln zu schälen; *aber* was kann ich denn daran machen (ändern)?; ↑K 48

da|r|an|set|zen; sie hat alles darangesetzt[,] um ihr Ziel zu erreichen; ↑K 48

da|r|auf *s. Kasten*

da|r|auf|hin [*auch* ˈda:...] (demzufolge, danach, darauf, unter diesem Gesichtspunkt); ihr Vermögen wurde daraufhin beschlagnahmt; wir haben alles daraufhin überprüft, ob ...; *aber* darauf hindeuten; alles deutet darauf hin; er hat darauf hingewiesen, dass ...

da|r|aus [*auch* ˈda:...], *ugs.* draus; sich nichts daraus machen; es wird nichts daraus werden

dar|ben (*geh. für* Not, Hunger leiden)

dar|bie|ten *(geh.);* **Dar|bie|tung; Dar|bie|tungs|kunst**

dar|brin|gen; Dar|brin|gung

Dar|da|nel|len *Plur.* (Meerenge zwischen der Ägäis u. dem Marmarameer)

da|r|ein [*auch* ˈda:...] *(geh.), ugs.* drein

da|r|ein|fin|den *(geh.), ugs.* drein|fin|den, sich; sie hat sich dareingefunden

da|r|ein|mi|schen *(geh.), ugs.* drein|mi|schen, sich; du darfst dich nicht überall dareinmischen; ↑K 48

da|r|ein|re|den *(seltener), ugs.* drein|re|den; er hat uns ständig dareingeredet

da|r|ein|set|zen (*geh. für* aufbieten, einsetzen); sie hat ihren Ehrgeiz dareingesetzt[,] als Erste fertig zu sein; ↑K 48

Da|r|es|sa|lam (frühere Hauptstadt von Tansania; *vgl.* Dodoma)

Darg, Dark, der; -s, -e (*nordd. für* fester Moorgrund, torfartige Schicht)

Dar|ge|bot, das; -[e]s (*Technik* die einer Anlage zur Verfügung stehende [Wasser]menge)

dar|ge|tan *vgl.* dartun

da|r|in [*auch* ˈda:...], *ugs.* drin; wir können alle darin (im Wagen) sitzen, *aber* drinsitzen *(vgl. d.)*; der Schlüssel bleibt darin (im Schloss) stecken, *aber* drinstecken *(vgl. d.)*

da|r|in|nen (*geh. für* drinnen)

Da|ri|us (pers. König)

Dar|jee|ling [...ˈdʒi:...], der; -s, -s ⟨nach dem Ort⟩ (ind. Tee)

Dark *vgl.* Darg

dar|le|gen; Dar|le|gung

Dar|le|hen, *seltener* Dar|lehn, das; -s, -

Dar|le|hens|kas|se, *auch* Dar|lehns|kas|se; **Dar|le|hens|sum|me** *auch* Dar|lehns|sum|me

Dar|le|hens|ver|trag, *auch* Dar|lehns|ver|trag; **Dar|le|hens|zins,** *auch* Dar|lehns|zins

Dar|lehn usw. *vgl.* Darlehen usw.

Dar|ling, der; -s, -s ⟨engl.⟩ (*svw.* Liebling)

Darm, der; -[e]s, Därme; **Darm|bak|te|ri|en** *Plur.* (die die Darmflora bildenden Bakterien)

Darm|blu|tung; Darm|bruch, der; **Darm|ent|lee|rung**

Darm|flo|ra *Plur. selten (Med.* Gesamtheit der im Darm lebenden Bakterien)

Darm|in|fek|ti|on; Darm|ka|nal

Darm|ka|tarrh, *auch* **Darm|ka|tarr**

Darm|krank|heit; Darm|krebs; Darm|pa|ra|sit; Darm|sai|te; Darm|spü|lung

Darm|stadt (Stadt in Hessen); **Darm|städ|ter; darm|städ|tisch**

Darm|tä|tig|keit; Darm|träg|heit; Darm|trakt; Darm|ver|schlin|gung

Darm|ver|schluss [*alte Schreibung* ...ver|schluß]; **Darm|vi|rus; Darm|wand; Darm|wind**

dar|nach, dar|ne|ben, dar|nie|der (*älter für* danach usw.)

da|r|ob [*auch* ˈda:...], drob (*veraltet für* deswegen)

Dar|re, die; -, -n (*fachspr. für* Trocken- od. Röstvorrichtung; *auch svw.* Darrsucht)

dar|rei|chen *(geh.);* **Dar|rei|chung** *(geh.)*

dar|ren (*fachspr. für* dörren, trocknen, rösten)

Darr|ge|wicht; Darr|malz; Darr|o|fen; Darr|sucht, die; - (eine Tierkrankheit)

Dar|rung

Darß, der; -es (Halbinsel an der Ostseeküste); Darßer Ort

dar|stell|bar; dar|stel|len; darstellende Geometrie

Dar|stel|ler; Dar|stel|le|rin

dar|stel|le|risch; Dar|stel|lung

Dar|stel|lungs|form; Dar|stel|lungs|kunst; Dar|stel|lungs|mit|tel, das; **Dar|stel|lungs|wei|se**

dar|stre|cken [*alte Trennung* ...k|k...] (*veraltet für* hinstrecken)

Darts, das; - ⟨engl.⟩ (ein Wurfpfeilspiel)

dar|tun (zeigen); dargetan

da|rü|ber *s. Kasten S. 275*

da|r|ü|ber hi|n|aus (außerdem); es gab darüber hinaus nicht viel Neues; *aber* darüber hinausgehende Informationen; das darüber Hinausgehende

da|r|ü|ber ma|chen, ste|hen [*alte Schreibungen* dar|über|ma|chen, dar|über|ste|hen] *vgl.* darüber

da|r|um [*auch* ˈda:...], *ugs.* drum; sie lässt darum bitten; darum herum; nicht darum herumkommen; er hat nur darum herumgeredet

da|r|um|kom|men (nicht bekommen); er ist darumgekommen; *aber* weil sie nur darum (aus diesem Grunde) kommt

da|r|um|le|gen (um etwas legen); sie hat Mull darumgelegt

da|r|um|ste|hen (um etwas stehen); sie sah das brennende Auto und die Leute, die darumstanden

da|r|un|ter [*auch* ˈda:...], *ugs.*

drunter; *in Verbindung mit Verben immer getrennt:* es sollen auch kleine Kinder darunter sein, darunter fallen [*alte Schreibung* darunterfallen]; darunter legen, sitzen, stehen; er ist darunter gefallen, gestürzt; aufgrund des neuen Gesetzes wirst du darunter fallen [*alte Schreibung* darunterfallen] (davon betroffen sein); ihre Schätzungen haben darunter gelegen [*alte Schreibung* daruntergelegen] (waren niedriger); *aber in Zusammenschreibung:* drunterfallen, drunterlegen usw.

Dar|win (engl. Naturforscher)

dar|wi|nisch, dar|winsch, die darwinische *od.* darwinsche, *auch* Darwin'sche [*alte Schreibungen* Darwinische *od.* Darwinsche] Lehre

Dar|wi|nis|mus, der; - (Lehre Darwins)

Dar|wi|nist, der; -en, -en; **Dar|wi|nis|tin** [*alte Trennung* ...|st...]; **dar|wi|nis|tisch**

das *(Nom. u. Akk.); vgl.* der; alles das, was ich gesagt habe

da sein [*alte Schreibung* da|sein] *vgl.* da

Da|sein, das; -s; **Da|seins|angst; da|seins|be|din|gend**

Da|seins|be|rech|ti|gung, die; -; **Da|seins|form; Da|seins|freu|de**

da|seins|hung|rig; Da|seins|kampf, der; -[e]s

da|seins|mä|ßig (*für* existenziell)

Da|seins|recht; Da|seins|wei|se, die; **Da|seins|zweck**

da|selbst (*geh., veraltend für* dort)

das heißt (*Abk.* d. h.); ↑K 105; seine Freunde werden ihn am 27. August, d. h. an seinem Geburtstag, besuchen; wir weisen darauf hin, dass der Teilnehmerkreis gemischt ist, d. h., dass ein Teil bereits gute Fachkenntnisse besitzt

das ist (*Abk.* d. i.); ↑K 105

da|sit|zen; wenn ihr so dasitzt ...; *aber* er soll da (dort) sitzen

das|je|ni|ge; *Gen.* desjenigen, *Plur.* diejenigen

dass [*alte Schreibung* daß]; so dass *od.* sodass [*alte Schreibung* so daß]; auf dass [*alte Schreibung* auf daß] *(veraltet);* bis dass [*alte Schreibung* bis daß] *(veraltet);* ich glaube, dass [*alte Schreibung* daß] ...; Dasssatz, *auch* dass-Satz [*alte Schreibung* daß-Satz]

das|sel|be; *Gen.* desselben, *Plur.* dieselben; es ist alles ein und dasselbe

Das|sel|beu|le; Das|sel|flie|ge

Dass|satz, *auch* **dass-Satz** [*alte Schreibung* daß-Satz]

da|ste|hen; fassungslos, steif dastehen; die Firma hat glänzend dagestanden (war wirtschaftlich gesund); ein einmalig dastehender Fall; *aber* er soll da (dort) stehen ↑K 48

Da|sy|me|ter, das; -s, - ‹griech.› (Gasdichtemesser)

DAT, das; -[s] ‹*zu* engl. digital audio tape› (kurz für DAT-System, *vgl. d.*)

dat. = datum

Dat. = Dativ

Date [de:t], das; -[s], -s ‹amerik.› (*ugs. für* Verabredung, Treffen)

Da|tei (Beleg- u. Dokumentensammlung, bes. in der EDV)

Da|ten (*Plur. von* Datum; Zahlenwerte; Angaben); Daten verarbeitende [*alte Schreibung* datenverarbeitende] Maschinen ↑K 58

Da|ten|au|to|bahn (*EDV* Telekommunikationsnetz zur schnellen Übertragung großer Datenmengen)

Da|ten|bank *Plur.* ...banken; **da|ten|bank|ge|stützt**

Da|ten|be|stand; Da|ten|er|fas|sung

Da|ten|high|way (*EDV; svw.* Datenautobahn); **Da|ten|sa|lat** *(ugs.);* **Da|ten|schat|ten,** der; -s (bei der Benutzung eines Computers hinterlassene elektronische Spur)

Da|ten|schutz; Da|ten|schutz|be|auf|trag|te, der *u.* die; **Da|ten|schutz|ge|setz**

Da|ten|trä|ger; Da|ten|ty|pis|tin [*alte Trennung* ...|st...]; **Da|ten|über|tra|gung**

Da|ten ver|ar|bei|tend [*alte Schreibung* datenverarbeitend] *vgl.* Daten; **Da|ten|ver|ar|bei|tung** (*Abk.* DV); elektronische Datenverarbeitung (*Abk.* EDV);

Da|ten|ver|ar|bei|tungs|an|la|ge

da|tie|ren ‹franz.› ([Brief usw.] mit Zeitangabe versehen); einen Brief [auf den 5. Mai] datieren; die Handschrift datiert (stammt) aus dem 4. Jh.; der Brief datiert (trägt das Datum) vom 1. Oktober; **Da|tie|rung**

Da|tiv, der; -s, -e ‹lat.› (*Sprachw.* Wemfall, 3. Fall; *Abk.* Dat.); das Dativ-e; **Da|tiv|ob|jekt**

Da|ti|vus e|thi|cus, der; - -, ...vi ...ci *(Sprachw.)*

da|to ‹ital.› (*Kaufmannsspr. veraltet* heute); bis dato (bis heute); **Da|to|wech|sel** (*Bankw.* der auf eine bestimmte Zeit nach dem Ausstellungstag zahlbar gestellte Wechsel)

DAT-Re|kor|der (Gerät zur Aufnahme und Wiedergabe von Digitaltonbändern)

Dat|scha, die; -, *Plur.* -s *od.* ...schen ‹russ.› (russ. Holzhaus, Wochenendhaus); **Dat|sche,** die; -, -n (*regional für* bebautes Wochenendgrundstück)

DAT-Sys|tem [*alte Trennung* ...|st...], das; -s (techn. Verfahren, mit dessen Hilfe akustische Signale digital auf einem Magnetband gespeichert werden)

Dat|tel, die; -, -n; **Dat|tel|pal|me**

da|tum ‹lat., »gegeben«› (*veraltet*

da|r|ü|ber

[*auch* 'da:...], *ugs.* drü|ber
- sie ist darüber sehr böse; darüber hinaus habe ich keine Fragen
- die Vorwürfe stören uns nicht, weil wir darüber stehen [*alte Schreibung* darüberstehen] (darüber erhaben sind)

Getrenntschreibung in Verbindung mit Verben:
- mit der Hand darüber fahren [*alte Schreibung* darüberfahren]
- darüber fallen, fliegen, liegen
- sich darüber machen [*alte Schreibung* darübermachen] (*ugs. für* mit etw. beginnen)

Wenn statt »darüber« die umgangssprachliche Form »drüber« verwendet wird, erfolgt Zusammenschreibung:
- drüberfahren, drüberfallen, drüberfliegen, drübersteigen usw.

D

für geschrieben; *Abk.* dat.); **Da|tum,** das; -s, ...ten; *vgl.* Daten

Da|tums|an|ga|be; Da|tums|gren|ze; Da|tums|stem|pel

Dau, Dhau [dau], die; -, -en ‹arab.› (arab. Segelschiff)

Dau|be, die; -, -n (Seitenbrett eines Fasses; hölzernes Zielstück beim Eisschießen)

Dau|bel, die; -, -n (*österr. für* Fischnetz)

Dau|er, die; -, *Plur. fachspr. gelegentlich* -n

Dau|er|ar|beits|lo|se, der *u.* die; **Dau|er|ar|beits|lo|sig|keit**

Dau|er|auf|trag; Dau|er|aus|weis; Dau|er|be|las|tung [*alte Trennung* ...|st...]; **Dau|er|be|schäf|ti|gung; Dau|er|bren|ner**

Dau|er|ein|rich|tung; Dau|er|frost; Dau|er|gast *Plur.* ...gäste; **Dau|er|ge|schwin|dig|keit**

dau|er|haft; Dau|er|haf|tig|keit, die; -

Dau|er|kar|te; Dau|er|kun|de, der; **Dau|er|lauf; Dau|er|lut|scher; Dau|er|mie|ter**

[1]**dau|ern;** es dauert nicht lange

[2]**dau|ern** (*geh. für* Leid tun); es dauert mich; mich dauert jeder Pfennig

dau|ernd

Dau|er|par|ker; Dau|er|re|gen; Dau|er|ritt

Dau|er|scha|den; Dau|er|stel|lung

Dau|er|test; Dau|er|ton *Plur.* ...töne

Dau|er|wel|le; Dau|er|wurst; Dau|er|zu|stand *Plur. selten*

Däum|chen

Däu|me|lin|chen (eine Märchengestalt)

Dau|men, der; -s, -

Dau|men|ab|druck; Dau|men|bal|len

dau|men|breit; ein daumenbreiter Abstand, *aber* der Abstand ist 2 Daumen breit; **dau|men|dick;** *vgl.* daumenbreit

Dau|men|lut|scher; Dau|men|na|gel; Dau|men|re|gis|ter [*alte Trennung* ...|st...]

Dau|men|schrau|be

Dau|mi|er [do'mie:] (franz. Grafiker, Zeichner u. Maler)

Däum|ling (Daumenschutzkappe; *nur Sing.:* eine Märchengestalt)

Dau|ne, die; -, -n (Flaumfeder)

Dau|nen|bett; Dau|nen|de|cke [*alte Trennung* ...k|k...]; **Dau|nen|fe|der; Dau|nen|kis|sen**

dau|nen|weich

Dau|phin [do'fɛ̃:], der; -s, -s ‹franz.› (*früher* franz. Thronfolger)

Dau|phi|né [do...], die; - (franz. Landschaft)

[1]**Daus;** *in* ei der Daus! (veralteter Ausruf des Erstaunens)

[2]**Daus,** das; -es, *Plur.* Däuser, *auch* -e ‹lat.› (zwei Augen im Würfelspiel; Ass in der Spielkarte)

Da|vid [...f..., *auch* ...v...] (m. Vorn.; bibl. König); **Da|vid[s]|stern** *vgl.* [2]Stern

Da|vis|cup, *auch* **Da|vis-Cup** ['de:...], **Da|vis|po|kal,** *auch* **Da|vis-Po|kal,** der; -s ↑K 136 ‹nach dem amerik. Stifter› (internationaler Tenniswanderpreis); **Da|vis|po|kal|mann|schaft,** *auch* **Da|vis-Po|kal-Mann|schaft**

Da|vis|stra|ße, *auch* **Da|vis-Stra|ße** ['de:...], die; - ‹nach dem Entdecker› (Durchfahrt zwischen Grönland u. Nordamerika)

> **da|von**
>
> [*auch* 'da:...]
> – er will etwas davon, viel davon, nichts davon haben; sie wird auf und davon laufen
> – es ist nichts davon (von der bezeichneten Sache) geblieben; es ist davon gekommen, dass ...; sie können nicht davon lassen
>
> *Vgl. aber* davonbleiben, davonkommen, davonlassen usw.

da|von|blei|ben (sich entfernt halten, nicht anfassen); er sollte besser davonbleiben

da|von, dass [*alte Schreibung* daß]

da|von|ge|hen (weggehen); sie ist davongegangen

da|von|kom|men (glücklich entrinnen); er ist noch einmal davongekommen

da|von|las|sen; er soll die Finger davonlassen (sich nicht damit abgeben)

da|von|lau|fen (weglaufen); wenn sie davonläuft; ↑K 82: es ist zum Davonlaufen; *aber* auf und davon laufen

da|von|ma|chen, sich (*ugs. für* davonlaufen, *auch für* sterben); er hat sich davongemacht

da|von|steh|len, sich (sich unbemerkt entfernen); sie hat sich davongestohlen

da|von|tra|gen (wegtragen); weil er den Sack davontrug; er hat den Sieg davongetragen

da|vor [*auch* 'da:...]; ich fürchte mich davor; davor war alles gut; *in Verbindung mit Verben getrennt:* sie soll einen Vorhang **davor hängen** [*alte Schreibung* davorhängen]; du musst einen Riegel **davor schieben** [*alte Schreibung* davorschieben]

Da|vos (Kurort in der Schweiz); **Da|vo|ser**

Da|vy ['de:vi] (engl. Chemiker); **da|vysch** ↑K 135; **davysche,** *auch* **Davy'sche** [*alte Schreibung* Davysche] Lampe

da|wai! ‹russ.› (los!); dawai, dawai! (los, los!)

Dawes [do:s] (amerik. Finanzmann); **Dawes|plan,** *auch* **Dawes-Plan,** der; -[e]s

da|wi|der (*veraltet für* dagegen); dawider sein

da|wi|der|re|den (*veraltet für* das Gegenteil behaupten); sie hat dawidergeredet

DAX® = Deutscher Aktienindex (Durchschnittskurs der 30 wichtigsten deutschen Aktien)

Day|tra|ding ['deɪtreɪdɪŋ], *auch* **Day-Tra|ding,** das; -s ‹engl. »Tageshandel«› (kurzfristiger Handel mit Aktien [über das Internet])

Da|zi|en, Da|zi|er usw. *vgl.* Dakien, Daker usw.

> **da|zu**
>
> [*auch* 'da:...]
> – dazu bin ich gut genug; sie sind nicht dazu bereit
> – die Entwicklung wird dazu (zu dieser Sache) führen, dass ...; weil viel Mut dazu gehört; er war nicht dazu gekommen, zu antworten
>
> *Vgl. aber* dazubekommen, dazugeben, dazugehören usw.

da|zu|be|kom|men (zusätzlich bekommen); sie hat noch zwei Äpfel dazubekommen

da|zu|ge|ben (hinzutun); du musst noch etwas Mehl dazugeben

da|zu|ge|hö|ren (zu jmdm. od. etw. gehören); er wünscht sich[,] dazuzugehören

da|zu|ge|hö|rig

da|zu|hal|ten, sich (*landsch. für* sich anstrengen, beeilen); er hat sich nach Kräften dazugehalten

da|zu|kom|men (hinzukommen); es sind noch Gäste dazugekom-

men; *aber* ↑K47: dazu kommt, dass ...
da|zu̲|kön|nen (*ugs. für* dafürkönnen)
da|zu̲|le|gen (zu etwas anderem legen); du kannst deine Tasche dazulegen
da|zu̲|ler|nen (zusätzlich, neu lernen); man kann immer noch [etwas] dazulernen
da̲|zu|mal; anno dazumal
da|zu̲|rech|nen (rechnend hinzufügen); er hat den Betrag dazugerechnet
da|zu̲|schau|en (*österr. für* sich anstrengen); er muss dazuschauen, dass er fertig wird
da|zu̲|schrei|ben (hinzufügen); er hat einige Zeilen dazugeschrieben
da|zu̲|set|zen (hinzusetzen); sie hat sich am Nachbartisch dazugesetzt; *aber* du musst dich dazu (zu dieser Tätigkeit) setzen
da|zu̲|tun (hinzutun); er hat einen Apfel dazugetan; *aber* was kann ich noch dazu tun?
Da|zu̲|tun, das (Hilfe, Unterstützung); *noch in* ohne mein Dazutun
da|zu̲|ver|die|nen (zusätzlich verdienen); in den Ferien hat er sich etwas dazuverdient

da|zwị|schen

[*seltener* ˈda:...]
– dazwischen hindurchgehen; genau dazwischen sein, sich genau dazwischen befinden ↑K 48
Vgl. aber dazwischenfahren, dazwischenfragen, dazwischengehen usw.

da|zwị|schen|fah|ren (sich in etwas einmischen, Ordnung schaffen); du musst mal ordentlich dazwischenfahren
da|zwị|schen|fra|gen; er hat ständig dazwischengefragt
da|zwị|schen|fun|ken (*ugs. für* sich in etwas einschalten, etwas durchkreuzen); der Chef hat dauernd dazwischengefunkt
da|zwị|schen|kom|men (*auch übertr. für* sich in etwas einmischen); er ist dazwischengekommen
Da|zwi|schen|kunft, die; -, ...künfte *(veraltet)*
da|zwị|schen|re|den; er hat ständig dazwischengeredet
da|zwị|schen|ru|fen; sie hat ständig dazwischengerufen
da|zwị|schen|schal|ten; ein dazwischengeschaltetes Modul
da|zwị|schen|schla|gen (mit Schlägen in eine Auseinandersetzung o. Ä. eingreifen)
da|zwị|schen|tre|ten (*auch übertr. für* schlichten, ausgleichen); er ist mutig dazwischengetreten; **Da|zwị|schen|tre|ten,** das; -s
dB = *Zeichen für* Dezibel
DB = Deutsche Bücherei; Deutsche Bundesbahn (bis 1993); Deutsche Bahn (ab 1994)
DBB = Deutscher Beamtenbund
DBD = Demokratische Bauernpartei Deutschlands *(in der DDR)*
DB-ei|gen; DB-eigene Einrichtungen
DBGM = Deutsches Bundes-Gebrauchsmuster
DBP = Deutsches Bundespatent
d. c. = da capo
D. C. [di:ˈsi:] = District of Columbia (dem Bundeskongress unterstellter Bundesdistrikt der USA um Washington)
d. d. = de dato
Dd. = doctorạndus; *vgl.* Doktorand
DDD = digitale Aufnahme, digitale Bearbeitung, digitale Wiedergabe; *vgl.* AAD
DDR = Deutsche Demokratische Republik (1949–1990); **DDR-Bür|ger** [de:de:ˈɛr...]
DDT®, das; - ⟨*aus* Dichlordiphenyltrichloräthan⟩ ([heute weitgehend verbotenes] Insektenvernichtungsmittel)
D-Dur [ˈde:..., *auch* ˈde:ˈdu:ɐ̯], das; - (Tonart; *Zeichen* D); **D-Dur-Ton|lei|ter** ↑K 26
Dead|line [ˈdɛtla̲in], die; -, -s ⟨engl.⟩ (letzter Termin)
Deal [di:l], der; -s, -s (*ugs. für* Handel, Geschäft)
dea|len ⟨engl.⟩ (illegal mit Rauschgift handeln); **Dea|ler,** der; -s, - (Rauschgifthändler)
De|ba̲|kel, das; -s, - ⟨franz.⟩ (Zusammenbruch; Niederlage)
De|bạt|te, die; -, -n ⟨franz.⟩ (Erörterung [im Parlament])
De|bạt|ter ⟨engl.⟩ (*svw.* Debattierer); **De|bạt|te|rin**
de|bat|tie̲|ren ⟨franz.⟩ (erörtern, verhandeln)
De|bat|tie̲|rer (jmd., der an einer Debatte teilnimmt, der debattiert); **De|bat|tie̲|re|rin**
De|bat|tie̲r|klub, *auch* De|bat|tie̲r|club *(abwertend)*
de Beau|voir [də boˈvo̯a:ɐ̯] *vgl.* Beauvoir, de
De̲|bet, das; -s, -s ⟨lat.⟩ (*Bankw.* die linke Seite, Sollseite eines Kontos)
de|bi̲l ⟨lat.⟩ (*Med.* an Debilität leidend); **De|bi|li|tä̲t,** die; - (*Med.* gravierender Intelligenzdefekt)
de|bi|tie̲|ren ⟨lat.⟩ (*Bankw.* jmdn., ein Konto belasten)
De̲|bi|tor, der; -s, ...o̲ren *meist Plur.* (Schuldner, der Waren auf Kredit bezogen hat); **De|bi|to̲|ren|kon|to**
De|bo̲|ra (bibl. w. Eigenn.); **De|bo̲|rah,** *auch* De|bo̲|ra (w. Vorn.)
Dẹ|b|re|cen (Stadt in Ungarn)
Dẹ|b|re|czin [...tsi̲:n], *auch* **Dẹ|b|re|zin** (*im Dt. gebräuchliche Formen von* Debrecen)
Dẹ|b|re|czi|ner, *auch* **Dẹ|b|re|zi|ner,** die; -, - (stark gewürztes Würstchen)
De|bus|sy [dəbyˈsi:] (franz. Komponist)
De|büt [...ˈby:], das; -s, -s ⟨franz.⟩ (erstes Auftreten)
De|bü|tạnt, der; -en, -en (erstmalig Auftretender; Anfänger); **De|bü|tạn|tin; De|bü|tạn|tin|nen|ball**
de|bü|tie̲|ren
De|c|a|me|ro̲|ne, der, *auch* das; -s ⟨ital.⟩ *vgl.* Dekameron
De|cha|na̲t, De|ka|na̲t, das; -[e]s, -e ⟨lat.⟩ (Amt od. Sprengel eines Dechanten, Dekans)
De|cha|ne̲i, De|ka|ne̲i (Wohnung eines Dechanten)
De|chạnt [*auch, österr. nur,* ˈdɛ...], der; -en, -en, De|ka̲n, der; -s, -e (höherer kath. Geistlicher, Vorsteher eines kath. Kirchenbezirkes u. a.)
Dẹ|cher, das *od.* der; -s, - ⟨lat.⟩ (früheres deutsches Maß [= 10 Stück] für Felle u. Rauchwaren)
de|chif|f|rie̲|ren [deʃ...] ⟨franz.⟩ ([Geheimschrift, Nachricht] entschlüsseln); **De|chif|f|rie̲|rung**
Dẹch|sel, die; -, -n (beilähnliches Werkzeug)
De̲|ci|mus (röm. m. Vorn.; *Abk.* D.)
Dẹck, das; -[e]s, *Plur.* -s, *selten* -e
Dẹck|a|d|res|se; Dẹck|an|schrift; Dẹck|auf|bau|ten *Plur.;* **Dẹck|bett; Dẹck|blatt**

D

De|cke [*alte Trennung* ...k|k...], die; -, -n

De|ckel [*alte Trennung* ...k|k...], der; -s, -

De|ckel|glas [*alte Trennung* ...k|k...] *Plur.* ...gläser; **De|ckel|kan|ne; De|ckel|krug**

de|ckeln [*alte Trennung* ...k|k...] (*ugs. auch für* rügen; [Ausgaben] begrenzen); ich deck[e]le

de|cken [*alte Trennung* ...k|k...]

De|cken|be|leuch|tung [*alte Trennung* ...k|k...]; **De|cken|flu|ter** (zur Decke strahlende Standleuchte); **De|cken|ge|mäl|de; De|cken|kon|s|t|ruk|ti|on; De|cken|lam|pe; De|cken|ma|le|rei**

Deck|far|be; Deck|haar; Deck|hengst; Deck|man|tel; Deck|na|me, der; -ns, -n

Deck|of|fi|zier *(Seemannsspr.)*

Deck|plat|te

Deck[s]|la|dung; Deck[s]|last; Deck[s]|plan|ke

De|ckung [*alte Trennung* ...k|k...]

De|ckungs|bei|trag [*alte Trennung* ...k|k...] *(Wirtsch.)*

De|ckungs|feh|ler [*alte Trennung* ...k|k...] *(Sportspr.)*

de|ckungs|gleich [*alte Trennung* ...k|k...] (*für* kongruent)

De|ckungs|kar|te [*alte Trennung* ...k|k...] *(Kfz-Versicherung);* **De|ckungs|lü|cke; De|ckungs|sum|me**

Deck|weiß; Deck|wort *Plur.* ...wör|ter

De|co|der (*Elektronik* Datenentschlüssler); **de|co|die|ren** *vgl.* dekodieren

De|col|la|ge [...ʒə], die; -, -n ⟨franz.⟩ (Kunstwerk, das durch zerstörende Veränderung von Materialien entsteht)

De|col|la|gist, der; -en, -en (Künstler, der Decollagen herstellt); **De|col|la|gis|tin** [*alte Trennung* ...|st...]

de|cou|ra|giert [...kuraˈʒiːɐ̯t] ⟨franz.⟩ (*veraltend für* verzagt)

de|cresc. = decrescendo

de|cre|scen|do [...ˈʃɛ...] ⟨ital.⟩ (*Musik* abnehmend; *Abk.* decresc.)

De|cre|scen|do, das; -s, *Plur.* -s *u.* ...di *(Musik)*

de da|to ⟨lat.⟩ (*veraltet für* vom Tage der Ausstellung an; *Abk.* d. d.); *vgl.* a dato

De|di|ka|ti|on, die; -, -en ⟨lat.⟩ (Widmung; Geschenk); **de|di|zie|ren** (widmen; schenken)

De|duk|ti|on, die; -, -en ⟨lat.⟩ (*Philos.* Herleitung des Besonderen aus dem Allgemeinen; Beweis)

de|duk|tiv [*auch* ˈde:...]

de|du|zier|bar; de|du|zie|ren

Deern, die; -, -s (*nordd. für* Mädchen)

De|es|ka|la|ti|on [*auch* ˈde:...], die; -, -en ⟨franz.-engl.⟩ (stufenweise Abschwächung); **de|es|ka|lie|ren** [*auch* ˈde:...]

DEFA, die; - = Deutsche Film-AG

de fac|to ⟨lat.⟩ (tatsächlich [bestehend]); **De-fac|to-An|er|ken|nung** ↑K 26

De|fä|ka|ti|on, die; -, -en ⟨lat.⟩ (*Med.* Stuhlentleerung); **de|fä|kie|ren**

De|fä|tis|mus, *schweiz. meist* De|fai|tis|mus [...fɛ...], der; - ⟨franz.⟩ (Hoffnungslosigkeit, Neigung zum Aufgeben)

De|fä|tist, *schweiz. meist* De|fai|tist [...fɛ...], der; -en, -en (jmd., der mut- u. hoffnungslos ist)

de|fä|tis|tisch, *schweiz. meist* de|fai|tis|tisch [...fɛ...; *alte Trennung* ...|st...]

de|fekt ⟨lat.⟩ (schadhaft; fehlerhaft); **De|fekt,** der; -[e]s, -e

de|fek|tiv [*auch* ˈde:...] (mangelhaft)

De|fek|ti|vum, das; -s, ...va (*Sprachw.* nicht an allen grammatischen Möglichkeiten seiner Wortart teilnehmendes Wort, z. B. »Leute« [ohne Singular])

de|fen|siv [*auch* ˈde:...] ⟨lat.⟩ (verteidigend); **De|fen|si|ve,** die; -, -n *Plur. selten* (Verteidigung)

De|fen|siv|krieg; De|fen|siv|spiel *(Sportspr.);* **De|fen|siv|spie|ler** *(Sportspr.);* **De|fen|siv|stel|lung; De|fen|siv|tak|tik**

De|fen|sor, der; -s, ...oren (Verteidiger, *z. B. in* Fidei Defensor = Verteidiger des Glaubens [Ehrentitel des engl. Königs])

De|fe|r|eg|gen, das; -s (österr. Alpental); **De|fe|r|eg|gen|tal,** *auch* **De|fe|r|eg|gen-Tal**

De|fi|lee [*schweiz.* ˈde...], das; -s, *Plur.* -s, *schweiz. nur so, sonst auch* ...leen ⟨franz.⟩ ([parademäßiger] Vorbeimarsch)

de|fi|lie|ren (parademäßig od. feierlich vorbeiziehen)

de|fi|nier|bar

de|fi|nie|ren ⟨lat.⟩ ([einen Begriff] erklären, bestimmen)

de|fi|nit (bestimmt); definite Größen (*Math.* Größen, die immer das gleiche Vorzeichen haben)

De|fi|ni|ti|on, die; -, -en

de|fi|ni|tiv [*auch* ˈde:...] (endgültig, abschließend)

De|fi|ni|ti|vum, das; -s, ...va (endgültiger Zustand)

de|fi|ni|to|risch (die Definition betreffend)

De|fi|zi|ent, der; -en, -en ⟨lat.⟩ (*veraltet für* Dienstunfähiger)

De|fi|zit, das; -s, -e (Fehlbetrag; Mangel); **de|fi|zi|tär**

De|fla|ti|on, die; -, -en ⟨lat.⟩ (*Geol.* Abblasung lockeren Gesteins durch Wind; *Wirtsch.* Abnahme des Preisniveaus)

de|fla|ti|o|när, de|fla|ti|o|nis|tisch [*alte Trennung* ...|st...], **de|fla|to|risch** (*Wirtsch.* eine Deflation betreffend, bewirkend)

De|flek|tor, der; -s, ...oren ⟨lat.⟩ (*Technik* Saug-, Rauchkappe; *Kerntechnik* Ablenkungselektrode im Zyklotron)

De|flo|ra|ti|on, die; -, -en ⟨lat.⟩ (Zerstörung des Hymens beim ersten Geschlechtsverkehr)

de|flo|rie|ren; De|flo|rie|rung

De|foe [dəˈfo:] (engl. Schriftsteller)

De|for|ma|ti|on, die; -, -en (Formänderung; Verunstaltung)

de|for|mie|ren; De|for|mie|rung (*svw.* Deformation)

De|frau|dant, der; -en, -en ⟨lat.⟩ (*veraltend für* Betrüger)

De|frau|da|ti|on, die; -, -en (Unterschlagung, Hinterziehung)

de|frau|die|ren

De|fros|ter [*alte Trennung* ...|st...] ⟨engl.⟩, **De|fros|ter|an|la|ge** ⟨engl.; dt.⟩ (Anlage im Auto, die das Vereisen der Windschutzscheibe verhütet)

def|tig (derb, saftig; tüchtig, sehr); **Def|tig|keit**

De|ga|ge|ment [...ʒəˈmã:], das; -s, -s ⟨franz.⟩ (*veraltet für* Zwanglosigkeit; Befreiung); **de|ga|gie|ren** (*veraltet für* [von einer Verbindlichkeit] befreien)

De|gas [dəˈga] (franz. Maler)

de Gaulle [də ˈgo:l] *vgl.* Gaulle, de; **De-Gaulle-An|hän|ger** ↑K 137; **de-Gaulle-freund|lich** ↑K 137

[1]**De|gen,** der; -s, - (*altertüml. für* [junger] Held; Krieger)

[2]**De|gen,** der; -s, - (Stichwaffe)

De|ge|ne|ra|ti|on, die; -, -en (Entartung; Rückbildung); **De|ge|ne|ra|ti|ons|er|schei|nung**

de|ge|ne|ra|tiv

de|ge|ne|rie|ren

De|gen|fech|ten; De|gen|griff

De|gen|hard (m. Vorn.)
De|gen|klin|ge; De|gen|korb; De|gen|stoß
De|gout […ˈguː], der; -s ‹franz.› (*geh. für* Ekel, Widerwille); **de|gou|tant** (*geh. für* ekelhaft)
de|gou|tie|ren (*geh. für* anekeln; ekelhaft finden)
De|gra|da|ti|on, die; -, -en ‹lat.› (Degradierung; Ausstoßung eines kath. Geistlichen aus dem geistl. Stand)
de|gra|die|ren; De|gra|die|rung (Herabsetzung [im Rang]; Herabwürdigung)
De|gres|si|on, die; -, -en ‹franz.› (*Wirtsch.* relative Kostenabnahme bei steigender Produktionsmenge; *Steuerw.* Abnahme des Steuersatzes bei abnehmendem Einkommen)
de|gres|siv (abnehmend, sich [stufenweise] vermindernd); degressive Kosten
De|gus|ta|ti|on [*alte Trennung* …|st…], die; -, -en ‹lat.› (*bes. schweiz. für* Kostprobe)
de gus|ti|bus non est dis|pu|tan|dum [*alte Trennung* …|st…] ‹lat., »über den Geschmack ist nicht zu streiten«›
de|gus|tie|ren [*alte Trennung* …|st…] (*bes. schweiz. für* probieren, kosten); Weine degustieren
dehn|bar; Dehn|bar|keit, die; -
deh|nen
Dehn|fä|hig|keit; Dehn|son|de
Deh|nung; Deh|nungs-h, das; -, - ↑K 29; **Deh|nungs|zei|chen**
De|hors [deˈoːɐ̯(s)] *Plur.* ‹franz.› (*veraltend für* äußerer Schein; gesellschaftlicher Anstand); die Dehors wahren
De|hy|d|ra|ta|ti|on, die; -, -en ‹lat.; griech.› (*fachspr. für* Trocknung [von Lebensmitteln])
De|hy|d|ra|ti|on, die; -, -en; *vgl.* Dehydrierung
de|hy|d|ra|ti|sie|ren ([Lebensmitteln] zur Trocknung Wasser entziehen)
de|hy|d|rie|ren ([einer chem. Verbindung] Wasserstoff entziehen); **De|hy|d|rie|rung** (Entzug von Wasserstoff)
Dei|bel *vgl.* Deiwel
Deich, der; -[e]s, -e (Damm)
Deich|bau, der; -[e]s; **Deich|bruch,** der
dei|chen
Deich|fuß; Deich|graf, *auch* **Deich|gräf; Deich|haupt|mann; Deich|kro|ne**
¹Deich|sel, die; -, -n (Wagenteil)
²Deich|sel, die; -, -n (*Nebenform von* Dechsel)
Deich|sel|bruch, der; **Deich|sel|kreuz**
deich|seln (*ugs. für* [etwas Schwieriges] zustande bringen); ich deichs[e]le
De|i|fi|ka|ti|on, die; -, -en ‹lat.› (Vergottung einer Person od. Sache); **de|i|fi|zie|ren**
Dei gra|tia (von Gottes Gnaden; *Abk.* D. G.)
deik|tisch [*auch* deˈɪ… (*mit Trennung* de|ik|tisch)] ‹griech.› (hinweisend; auf Beispiele gegründet)

¹dein

- dein Buch, deine Brille; Wessen Buch ist das? Ist es dein[e]s?
- ein Streit über Mein und Dein [*alte Schreibung* mein und dein]; Mein und Dein [*alte Schreibung* mein und dein] verwechseln

Auch in Briefen wird »dein« kleingeschrieben:

- Liebe Petra, vielen Dank für deinen [*alte Schreibung* Deinen] Brief

Vgl. auch deine

²dein, dei|ner (*Gen. von* »du«; *geh.*); ich gedenke dein[er]
dei|ne, dei|ni|ge; Wessen Garten ist das? Ist es der dein[ig]e?; *aber* grüße die dein[ig]en *od.* die Dein[ig]en (deine Angehörigen); du musst das dein[ig]e *od.* das Dein[ig]e tun
dei|ner *vgl.* ²dein
dei|ner|seits
dei|nes|glei|chen
dei|nes|teils
dei|net|hal|ben (*veraltend*)
dei|net|we|gen
dei|net|wil|len; um deinetwillen
dei|ni|ge *vgl.* deine
De|is|mus, der; - ‹lat.› (Gottesglaube [aus Vernunftgründen])
De|ist, der; -en, -en; **de|is|tisch** [*alte Trennung* …|st…]
Dei|wel, Dei|xel, der; -s (*ugs. für* Teufel)
Dé|jà-vu-Er|leb|nis [deʒaˈvyː…] ‹franz.; dt.› (*Psych.* Eindruck, Gegenwärtiges schon einmal »gesehen«, erlebt zu haben)
De|jekt, das; -[e]s, -e ‹lat.› (*Med.* Ausgeschiedenes [bes. Kot]);
De|jek|ti|on, die; -, -en (Ausscheidung)
De|jeu|ner […ʒøˈneː], das; -s, -s ‹franz.› (*geh. für* Frühstücksgedeck; *veraltet für* Frühstück)
de ju|re ‹lat.› (von Rechts wegen); **De-ju|re-An|er|ken|nung** ↑K 26
De|ka, das; -[s], - ‹griech.› (*österr. Kurzform für* Dekagramm; *Abk.* dag)
de|ka… (zehn…); **De|ka…** (Zehn…; das Zehnfache einer Einheit, z. B. Dekameter = 10 Meter; *Zeichen* da)
De|ka|b|rist, der; -en, -en ‹griech.-russ.› (Teilnehmer an dem Aufstand im Dezember 1825 in Russland)
De|ka|de, die; -, -n ‹griech.› (zehn Stück; Zeitraum von zehn Tagen, Wochen, Monaten oder Jahren)
de|ka|dent ‹lat.› (im Verfall begriffen); **De|ka|denz,** die; - ([kultureller] Verfall, Niedergang)
de|ka|disch ‹griech.› (zehnteilig); dekadischer Logarithmus, dekadisches System *(Math.)*
De|ka|e|der, das; -s, - (Zehnflächner)
De|ka|gramm [*auch* ˈdɛ…] (10 g; *Zeichen* dag); *vgl.* Deka
De|ka|li|ter [*auch* ˈdɛ…] (10 l; *Zeichen* dal)
De|kal|kier|pa|pier ‹lat.; griech.› (für den Druck von Abziehbildern)
De|ka|log, der; -[e]s ‹griech.› (*christl. Rel.* die Zehn Gebote)
De|k|a|me|ron, das; -s ‹ital.› (Boccaccios Erzählungen der »zehn Tage«); *vgl.* Decamerone
De|ka|me|ter [*auch* ˈdɛ…] ‹griech.› (10 m; *Zeichen* dam)
De|kan, der; -s, -e ‹lat.› (Vorsteher einer Fakultät; Amtsbezeichnung für Geistliche); *vgl.* Dechant
De|ka|nat, das; -[e]s, -e (Amt, Bezirk eines Dekans); *vgl.* Dechanat
De|ka|nei (Wohnung eines Dekans); *vgl.* Dechanei
De|ka|nin
de|kan|tie|ren ‹franz.› (*bes. Chemie* [eine Flüssigkeit vom Bodensatz] abgießen)
de|ka|pie|ren ‹franz.› (*fachspr. für* [Metalle] abbeizen; entzundern)
De|ka|po|de, der; -n, -n *meist*

Plur.; ‹griech.› (*Zool.* Zehnfußkrebs)
De|k|ar, das; -s, -e; 3 Dekar *u. schweiz.* **De|k|a|re,** die; -, -n ‹lat.› (10 Ar)
de|kar|tel|lie|ren, *häufiger* **de|kar|tel|li|sie|ren** ‹franz.› (*Wirtsch.* Kartelle entflechten, auflösen); **De|kar|tel|li|sie|rung**

D

De|ka|ster, der; -s, *Plur.* -e *u.* -s ‹griech.› (10 Ster = 10 m³)
De|ka|teur [...ˈtøːɐ̯], der; -s, -e ‹franz.› (*Textilw.* Fachmann, der dekatiert) **de|ka|tie|ren** (bes. Wollstoffe durch Dämpfen behandeln, um nachträgliches Einlaufen zu vermeiden); **De|ka|tie|rer** *vgl.* Dekateur
De|ka|tur, die; -, -en (Vorgang des Dekatierens)
De|kla|ma|ti|on, die; -, -en ‹lat.› (kunstgerechter Vortrag [einer Dichtung])
De|kla|ma|tor, der; -s, ...oren; **de|kla|ma|to|risch**
de|kla|mie|ren
De|kla|ra|ti|on, die; -, -en ‹lat.› ([öffentl.] Erklärung; Steuer-, Zollerklärung; Inhalts-, Wertangabe)
de|kla|ra|tiv;
de|kla|ra|to|risch; deklaratorische Urkunde
de|kla|rie|ren; De|kla|rie|rung
de|klas|sie|ren ‹lat.› (herabsetzen; *Sport* [einen Gegner] überlegen besiegen); **De|klas|sie|rung**
de|kli|na|bel ‹lat.› (*Sprachw.* veränderlich, beugbar); ...a|b|le Wörter
De|kli|na|ti|on, die; -, -en (*Sprachw.* Beugung der Substantive, Adjektive, Pronomen u. Numeralien; *Geophysik* Abweichung der Richtung einer Magnetnadel von der geograph. Nordrichtung; *Astron.* Abweichung, Winkelabstand eines Gestirns vom Himmelsäquator); **De|kli|na|ti|ons|en|dung** *(Sprachw.)*
De|kli|na|tor, der; -s, ...oren *u.* **De|kli|na|to|ri|um,** das; -s, ...ien (*Geophysik* Gerät zur Bestimmung [zeitlicher Änderungen] der Deklination)
de|kli|nier|bar (*Sprachw.* beugbar); **de|kli|nie|ren** (*Sprachw.* [Substantive, Adjektive, Pronomen u. Numeralien] beugen)
de|ko|die|ren, *in der Technik meist* de|co|die|ren (eine Nachricht entschlüsseln); **De|ko|die|rung**
De|kokt, das; -[e]s, -e ‹lat.› (*Pharm.* Abkochung, Absud [von Arzneimitteln])
De|kolle|tee [...kɔlˈteː], *auch* **De|kolle|té,** das; -s, -s ‹franz.› (tiefer [Kleid]ausschnitt); **de|kolle|tie|ren; de|kolle|tiert**
De|ko|lo|ni|sa|ti|on, die; -, -en ‹nlat.› (Entlassung einer Kolonie aus der Abhängigkeit vom Mutterland)
de|ko|lo|ni|sie|ren; De|ko|lo|ni|sie|rung
de|kom|po|nie|ren ‹lat.› (zerlegen [in die Grundbestandteile])
De|kom|po|si|ti|on, die; -, -en; **de|kom|po|si|to|risch** (*geh. für* zersetzend, zerstörend)
De|kom|pres|si|on, die; -, -en ‹lat.› (*Technik* Druckabfall; Druckentlastung); **de|kom|pri|mie|ren**
De|kon|struk|ti|vis|mus, der; -s ‹lat.-engl.› (gegenwärtige Strömung der Architektur, Wissenschaftstheorie u. Literaturwissenschaft)
De|kon|ta|mi|na|ti|on, die; -, -en ‹nlat.› (Entgiftung; Beseitigung od. Verringerung radioaktiver Verstrahlung)
de|kon|ta|mi|nie|ren; De|kon|ta|mi|nie|rung
De|kon|zen|t|ra|ti|on, die; -, -en ‹nlat.› (Zerstreuung, Zersplitterung); **de|kon|zen|t|rie|ren**
De|kor, der *od.* das; -s, *Plur.* -s *u.* -e ‹franz.› ([farbige] Verzierung, Ausschmückung, Vergoldung; Muster)
De|ko|ra|teur [...ˈtøːɐ̯], der; -s, -e; **De|ko|ra|teu|rin**
De|ko|ra|ti|on, die; -, -en
De|ko|ra|ti|ons|ma|ler; De|ko|ra|ti|ons|pa|pier; De|ko|ra|ti|ons|stoff
de|ko|ra|tiv
de|ko|rie|ren (ausschmücken, gestalten; mit einem Orden ehren); **De|ko|rie|rung** (*auch für* Auszeichnung mit Orden u. Ä.)
De|kort [...ˈkoːɐ̯, *auch* ...ˈkɔrt], der; -s, *Plur.* -s *u. (bei dt. Ausspr.)* -e ‹franz.› (*Wirtsch.* Zahlungsabzug wegen Mindergewicht, Qualitätsmangel u. Ä.; Preisnachlass); **de|kor|tie|ren**
De|ko|rum, das; -s ‹lat.› (*veraltend für* Anstand, Schicklichkeit); das Dekorum wahren
De|ko|stoff (*Kurzform für* Dekorationsstoff)
DEKRA = Deutscher Kraftfahrzeug-Überwachungsverein
De|kre|ment, das; -[e]s, -e ‹lat.› (Verminderung, Verfall; *Med.* Abklingen einer Krankheit)
De|kre|pi|ta|ti|on, die; -, -en (*Chemie* Verpuffen, knisterndes Zerplatzen [beim Erhitzen]); **de|kre|pi|tie|ren**
De|kre|scen|do [...ˈʃɛ...] *vgl.* Decrescendo; **De|kres|zenz,** die; -, -en (*fachspr. für* Abnahme)
De|kret, das; -[e]s, -e ‹lat.› (Beschluss; Verordnung; behördliche, richterliche Verfügung)
De|kre|ta|le, das; -, ...lien *od.* die; -, -n *meist Plur.* ([päpstlicher] Entscheid)
de|kre|tie|ren
De|ku|ma|ten|land, De|ku|mat|land, das; -[e]s ‹lat.; dt., »Zehntland«› (altrömisches Kolonialgebiet zwischen Rhein, Main u. Neckar)
de|ku|pie|ren ‹franz.› (ausschneiden, aussägen); **De|ku|pier|sä|ge** (Schweif-, Laubsäge)
De|ku|rie [...i̯ə], die; -, -n ‹lat.› (*bei den Römern urspr.* Abteilung von zehn Mann in der altröm. Reiterei; *dann allgemein für* Gruppe von Senatoren, Richtern, Rittern)
De|ku|rio, der; *Gen.* -s *u.* ...onen, *Plur.* ...onen (*urspr.* Vorsteher einer Dekurie; *dann auch* Mitglied des Stadtrates in altröm. Städten)
De|ku|vert [...ˈveːɐ̯, *auch* ...ˈvɛːɐ̯], das; -s, -s ‹franz.› (*Börse* Überschuss der Baissegeschäfte über die Haussegeschäfte)
de|ku|v|rie|ren (*geh. für* entlarven); **De|ku|v|rie|rung** *(geh.)*
del. = deleatur; delineavit
Del. = ¹Delaware
De|la|croix [dəlaˈkro̯a], Eugène [øˈʒɛːn] (franz. Maler)
¹De|la|ware [...ləvɛːɐ̯] (Staat in den USA; *Abk.* Del.)
²De|la|wa|re [dela...], der; -n, -n (Angehöriger eines nordamerik. Indianerstammes)
de|le|a|tur ‹lat., »man streiche«› (*Druckw.* Anweisung zur Streichung; *Abk.* del.; *Zeichen* ₰)
De|le|a|tur, das; -s, - (*Druckw.* Tilgungszeichen ₰); **De|le|a|tur|zei|chen**
De|le|gat, der; -en, -en ‹lat.› (Bevollmächtigter); Apostolischer Delegat

De|le|ga|ti|on, die; -, -en (Abordnung)
De|le|ga|ti|ons|lei|ter, der; **De|le|ga|ti|ons|mit|glied**
de|le|gie|ren (abordnen; auf einen anderen übertragen)
De|le|gier|te, der *u.* die; -n, -n (Abgesandte[r], Mitglied einer Delegation)
De|le|gier|ten|kon|fe|renz; De|le|gier|ten|ver|samm|lung
De|le|gie|rung
de|lek|tie|ren ⟨lat.⟩ (*geh. für* erfreuen); sich delektieren
de|le|tär ⟨nlat.⟩ (*Med.* tödlich, verderblich)
Del|fin, del|fin|schwim|men usw. *vgl.* Delphin, delphinschwimmen usw.
Delft (niederl. Stadt); **Delf|ter;** Delfter Fayencen
Del|hi [...li] (Hauptstadt der Republik Indien); *vgl.* Neu-Delhi
De|lia (w. Vorn.)
de|li|kat ⟨franz.⟩ (lecker, wohlschmeckend; zart; heikel)
De|li|ka|tes|se, die; -, -n (Leckerbissen; Feinkost; *nur Sing.:* Zartgefühl)
De|li|ka|tes|sen|ge|schäft, De|li|ka|tess|ge|schäft [*alte Schreibung* De|li|ka|teß|ge|schäft]; **De|li|ka|tess|senf,** *auch* **De|li|ka|tess-Senf** [*alte Schreibung* De|li|ka|teß|senf]
De|li|kat|la|den (*in der DDR* Geschäft für hochwertige Lebens- u. Genussmittel)
De|likt, das; -[e]s, -e ⟨lat.⟩ (Vergehen; Straftat)
De|li|la (w. Vorn.; bibl. w. Eigenn.)
de|lin., del. = delineavit; **de|li|ne|a|vit** ⟨lat., »hat [es] gezeichnet«⟩ (unter Bildern; *Abk.* del., delin.)
de|lin|quent ⟨lat.⟩ (straffällig, verbrecherisch); **De|lin|quent,** der; -en, -en (Übeltäter); **De|lin|quen|tin; De|lin|quenz,** die; - (*fachspr. für* Straffälligkeit)
de|li|rie|ren ⟨lat.⟩ (*Med.* sich im Delirium befinden)
De|li|ri|um, das; -s, ...ien (Form der Psychose mit Bewusstseins- u. Orientierungsstörungen); **De|li|ri|um tre|mens,** das; - - (bei [Alkohol]vergiftungen auftretendes Delirium)
de|lisch (von Delos); ↑K 142: das delische Problem (von Apollo den Griechen gestellte Aufgabe, seinen würfelförmigen Altar auf Delos zu verdoppeln), *aber* ↑K 150: der Delische Bund
de|li|zi|ös ⟨franz.⟩ (*geh. für* köstlich)
De|li|zi|us, der; -, -; *vgl.* Golden Delicious
Del|kre|de|re, das; -, - ⟨ital.⟩ (*Wirtsch.* Haftung; Wertberichtigung für voraussichtliche Ausfälle)
Del|le, die; -, -n (*landsch. für* [leichte] Vertiefung; Beule)
de|lo|gie|ren [...'ʒiː...] ⟨franz.⟩ (*bes. österr. für* jmdn. zum Auszug aus einer Wohnung veranlassen od. zwingen); **De|lo|gie|rung** (Zwangsräumung)
De|los (Insel im Ägäischen Meer)
Del|phi (altgriech. Orakelstätte)
Del|phin, *auch* **Del|fin,** der; -s, -e ⟨griech.⟩ (ein Zahnwal)
Del|phi|na|ri|um, *auch* **Del|fi|na|ri|um,** das; -s, ...ien (Anlage zur Pflege, Züchtung und Dressur von Delphinen)
Del|phi|no|lo|ge, *auch* **Del|fi|no|lo|ge,** der; -n, -n (Delphinforscher)
del|phin|schwim|men, *auch* **del|fin|schwim|men;** *im Allg. nur im Infinitiv gebr.*
Del|phin|schwim|men, *auch* **Del|fin|schwim|men,** das; -s; **Del|phin|schwim|mer,** *auch* **Del|fin|schwim|mer; Del|phin|sprung,** *auch* **Del|fin|sprung**
del|phisch; ↑K 142: ein delphisches ([nach Delphi benanntes] doppelsinniges) Orakel; *aber* das Delphische (in Delphi bestehende) Orakel
[1]**Del|ta,** das; -[s], -s (griech. Buchstabe: Δ, δ)
[2]**Del|ta,** das; -s, *Plur.* -s *u.* ...ten (fächerförmiges Gebiet im Bereich einer mehrarmigen Flussmündung)
del|ta|för|mig
Del|ta|strah|len, δ-Strah|len ['dɛlta...] *Plur.* (beim Durchgang radioaktiver Strahlung durch Materie freigesetzte Elektronenstrahlen)
Del|to|id, das; -[e]s, -e ⟨griech.⟩ (Viereck aus zwei gleichschenkligen Dreiecken)
de luxe [də'lʏks] ⟨franz.⟩ (aufs Beste ausgestattet, mit allem Luxus); **De-luxe-Aus|stat|tung**
dem *vgl.* der
DEM (Währungscode für Deutsche Mark)
De|ma|go|ge, der; -n, -n ⟨griech.⟩ (Volksverführer, -aufwiegler); **De|ma|go|gie,** die; -, ...ien; **De|ma|go|gin; de|ma|go|gisch**
De|mant [*auch* ...'mant], der; -[e]s, -e ⟨franz.⟩ (*geh. für* Diamant); **de|man|ten** (*geh. für* diamanten)
De|man|to|id, der; -[e]s, -e ⟨griech.⟩ (ein Mineral)
De|mar|che [...ʃ(ə)], die; -, -n ⟨franz.⟩ (diplomatischer Schritt, mündlich vorgetragener diplomatischer Einspruch)
De|mar|ka|ti|on, die; -, -en ⟨franz.⟩ (Abgrenzung); **De|mar|ka|ti|ons|li|nie**
de|mar|kie|ren; De|mar|kie|rung
de|mas|kie|ren ⟨franz.⟩ (entlarven); sich demaskieren (die Maske abnehmen); **De|mas|kie|rung**
De|men (*Plur. von* Demos)
dem|ent|ge|gen (dagegen)
De|men|ti, das; -s, -s ⟨lat.⟩ (offizieller Widerruf; Berichtigung)
De|men|tia, die; -, ...tiae ⟨lat.⟩ (*svw.* Demenz)
de|men|ti|ell *vgl.* demenziell
de|men|tie|ren ⟨lat.⟩ (widerrufen; für unwahr erklären)
dem|ent|spre|chend; er war müde und dementsprechend ungehalten, *aber* eine dem [Gesagten] entsprechende Antwort
De|menz, die; -, -en ⟨lat.⟩ (*Med.* krankheitsbedingter Abbau der Leistungsfähigkeit des Gehirns); **de|men|zi|ell,** *auch* de|men|ti|ell
De|me|rit, der; -en, -en ⟨franz.⟩ (*kath. Kirche* straffällig gewordener Geistlicher)
De|me|ter [*österr. meist* 'deː...] (griech. Göttin des Ackerbaues)
dem|ge|gen|über (anderseits), *aber* dem [Mann] gegenüber saß ...
dem|ge|mäß
De|mi|john [...dʒɔn], der; -s, -s ⟨engl.⟩ (Korbflasche)
de|mi|li|ta|ri|sie|ren (entmilitarisieren); **De|mi|li|ta|ri|sie|rung**
De|mi|mon|de [dəmi'mõːdə], die; - ⟨franz.⟩ (»Halbwelt«)
de|mi|nu|tiv usw. (*Nebenform von* diminutiv usw.)
de|mi-sec [...'sɛk] ⟨franz.⟩ (halbtrocken [von Schaumweinen])
De|mis|si|on ⟨franz.⟩ (Rücktritt eines Ministers od. einer Regierung)
De|mis|si|o|när, der; -s, -e (*schweiz. für* Funktionär, der

D

seinen Rücktritt erklärt hat; *veraltet für* entlassener, verabschiedeter Beamter)
de|mis|si|o|nie|ren
De|mi|urg, der; *Gen.* -en *u.* -s ‹griech.› (Weltschöpfer, göttlicher Weltbaumeister [bei Platon u. in der Gnosis])

D

dem|nach
dem|nächst [*auch* ...'nɛ:...]
De|mo [*auch* 'dɛ...], die; -, -s (*ugs. kurz für* Demonstration)
De|mo|bi|li|sa|ti|on, die; -, -en ‹lat.›
de|mo|bi|li|sie|ren (den Kriegszustand beenden, die Kriegswirtschaft abbauen); **De|mo|bi|li|sie|rung**
De|mo|bil|ma|chung
De|mo|graph, *auch* De|mo|graf, der; -en, -en ‹griech.› (jmd., der berufsmäßig Demographie betreibt)
De|mo|gra|phie, *auch* De|mo|gra|fie die; -, ...ien (Bevölkerungsstatistik, -wissenschaft)
De|mo|gra|phin, *auch* De|mo|gra|fin
de|mo|gra|phisch, *auch* de|mo|gra|fisch
De|moi|selle [...mo̯a'zɛl], die; -, -n ‹franz.› (*veraltet für* unverheiratete Frau)
De|mo|krat, der; -en, -en ‹griech.›
De|mo|kra|tie, die; -, ...ien ‹griech., »Volksherrschaft«› (Staatsform, in der die vom Volk gewählten Vertreter die Herrschaft ausüben); mittelbare, parlamentarische, repräsentative, unmittelbare Demokratie
De|mo|kra|tie|ver|ständ|nis
De|mo|kra|tin
de|mo|kra|tisch; eine demokratische Verfassung, demokratische Wahlen; *aber* ↑K 150: Freie Demokratische Partei (*Abk.* F.D.P.); Partei des Demokratischen Sozialismus (*Abk.* PDS)
de|mo|kra|ti|sie|ren; De|mo|kra|ti|sie|rung
De|mo|krit (griech. Philosoph); **De|mo|kri|tos** *vgl.* Demokrit
de|mo|lie|ren ‹franz.› (gewaltsam beschädigen); **De|mo|lie|rung**
de|mo|ne|ti|sie|ren ‹franz.› (*Bankw.* [Münzen] aus dem Verkehr ziehen); **De|mo|ne|ti|sie|rung**
De|mons|t|rant [*alte Trennung* ...|st...], der; -en, -en ‹lat.›; **De|mons|t|ran|tin**
De|mons|t|ra|ti|on [*alte Trennung* ...|st...], die; -, -en ([Protest]kundgebung; nachdrückliche Bekundung; Veranschaulichung)
De|mons|t|ra|ti|ons|ma|te|ri|al [*alte Trennung* ...|st...]; **De|mons|t|ra|ti|ons|ob|jekt; De|mons|t|ra|ti|ons|recht; De|mons|t|ra|ti|ons|ver|bot; De|mons|t|ra|ti|ons|zug**
de|mons|t|ra|tiv [*alte Trennung* ...|st...]; **De|mons|t|ra|tiv,** das; -s, -e; *vgl.* Demonstrativpronomen; **De|mons|t|ra|tiv|pro|no|men** (*Sprachw.* hinweisendes Fürwort, z. B. »dieser, diese, dieses«)
De|mons|t|ra|tor [*alte Trennung* ...|st...], der; -s, ...oren (Vorführer)
de|mons|t|rie|ren [*alte Trennung* ...|st...] (beweisen, vorführen; eine Demonstration veranstalten, daran teilnehmen)
De|mon|ta|ge [...ʒə, *auch* ...mõ...] ‹franz.› (Abbau, Abbruch, Zerlegung [besonders von Industrieanlagen])
de|mon|tie|ren; De|mon|tie|rung
De|mo|ra|li|sa|ti|on, die; -, -en ‹franz.› (Untergrabung der Moral; Entmutigung)
de|mo|ra|li|sie|ren (jmdm. den moralischen Halt nehmen; entmutigen); **De|mo|ra|li|sie|rung**
de mor|tu|is nil ni|si be|ne ‹lat.› (»von den Toten [soll man] nur gut [sprechen]«)
De|mos, der; -, Demen (*früher* [niederes] Volk; Gebiet u. Bürgerschaft eines altgriech. Stadtstaates; *heute* in Griechenland kleinster staatl. Verwaltungsbezirk)
De|mo|s|kop, der; -en, -en ‹griech.› (Meinungsforscher); **De|mo|s|ko|pie,** die; -, ...ien (Meinungsumfrage, Meinungsforschung); **De|mo|s|ko|pin**
de|mo|s|ko|pisch; demoskopische Untersuchungen
De|mos|the|nes [*alte Trennung* ...|st...] (altgriech. Redner); **de|mos|the|nisch;** demosthenische Beredsamkeit; die demosthenischen [*alte Schreibung* Demosthenischen] Reden ↑K 91
de|mo|tisch ‹griech.› (altägyptisch [in der volkstüml. jüngeren Form]) demotische Schrift
De|mo|tisch, das; -[s]; *vgl.* Deutsch; **De|mo|ti|sche,** das; -n; *vgl.* Deutsche, das
De|mo|ti|va|ti|on, die; -, -en ‹nlat.› (das Demotivieren; das Demotiviertsein); **de|mo|ti|vie|ren** (jmds. Motivation schwächen)
De|mut, die; -; **de|mü|tig; de|mü|ti|gen; De|mü|ti|gung**
De|muts|ge|bär|de; De|muts|hal|tung
de|mut[s]|voll
dem|zu|fol|ge (demnach); demzufolge ist die Angelegenheit geklärt, *aber* das Vertragswerk, dem zufolge die Staaten sich verpflichten ...
den *vgl.* der
den = Denier
De|nar, der; -s, -e ‹lat.› (altröm. Münze; merowing.-karoling. Münze, Pfennig [*Abk.* d])
De|na|tu|ra|li|sa|ti|on, die; -, -en ‹lat.› (Entlassung aus der bisherigen Staatsangehörigkeit); **de|na|tu|ra|li|sie|ren**
de|na|tu|rie|ren (*fachspr. für* ungenießbar machen; vergällen); denaturierter Spiritus; **De|na|tu|rie|rung**
de|na|zi|fi|zie|ren (*svw.* entnazifizieren); **De|na|zi|fi|zie|rung**
Den|d|rit, der; -en, -en ‹griech.› (*Geol.* Gestein mit feiner, verästelter Zeichnung; *Med.* verästelter Protoplasmafortsatz einer Nervenzelle); **den|d|ri|tisch** (verzweigt, verästelt)
Den|d|ro|lo|gie, die; - (wissenschaftliche Baumkunde); **Den|d|ro|me|ter,** das; -s, - (Baummessgerät)
De|neb, der; -s ‹arab.› (ein Stern)
de|nen *vgl.* der
Den|gel, der; -s, - (Schneide einer Sense o. Ä.)
Den|gel|am|boss [*alte Schreibung* ...am|boß]; **Den|gel|ham|mer**
den|geln ([eine Sense o. Ä.] durch Hämmern schärfen); ich deng[e]le
deng|lisch (*abwertend für* deutsch mit [zu] vielen englischen Ausdrücken vermischt); **Deng|lisch,** das; -[s] (*abwertend*)
Den|gue|fie|ber ['dɛŋge...], das; -s ‹span.› (eine tropische Infektionskrankheit)
Deng Xi|ao|ping [- çi̯au...] (chin. Politiker)
Den Haag *vgl.* Haag, Den
De|ni|er [də'ni̯e:], das; -[s], - ‹franz.› (Einheit für die Fadenstärke bei Seide u. Chemiefasern; *Abk.* den); *vgl.* Tex
De|nise [də'ni:s] (w. Vorn.)

Denk|an|satz; Denk|an|stoß; Denk|art; Denk|auf|ga|be
denk|bar; die denkbar günstigsten Bedingungen
den|ken; du dachtest; du dächtest; gedacht; denk[e]!; **Denken,** das; -s; ihr ganzes Denken
Den|ker; Den|ke|rin
den|ke|risch
Den|ker|stirn
denk|faul
Denk|feh|ler; Denk|form; Denk|hil|fe
Denk|mal *Plur.* ...mäler, *österr. nur so, auch* ...male
denk|mal|ge|schützt
Denk|mal[s]|kun|de, die; -; **denk|mal[s]|kund|lich**
Denk|mal[s]|pfle|ge; Denk|mal[s]|pfle|ger; denk|mal[s]|pfle|ge|risch
Denk|mal[s]|schän|dung; Denk|mal[s]|schutz
Denk|mo|dell; Denk|mus|ter [*alte Trennung* ...|st...]; **Denk|pau|se;** **Denk|pro|zess** [*alte Schreibung* ...pro|zeß]; **Denk|scha|b|lo|ne; Denk|schrift**
Denk|sport; Denk|sport|auf|ga|be
Denk|spruch
denks|te! [*alte Trennung* ...|st...] (*ugs. für* das hast du dir so gedacht!)
Denk|stein; Denk|ü|bung
Den|kungs|art
Denk|ver|mö|gen, das; -s; **Denk|wei|se**
denk|wür|dig; Denk|wür|dig|keit, die; -, -en
Denk|zet|tel; jmdm. einen Denkzettel geben
denn; es sei denn, dass ...; mehr denn je; man kennt ihn eher als Maler denn als Dichter
den|noch
denn|schon *vgl.* wennschon
De|no|mi|na|ti|on, die; -, -en ⟨lat.⟩ (*veraltet für* Benennung; *amerik. Bez. für* christliche Glaubensgemeinschaft, Sekte)
De|no|mi|na|tiv, das; -s, -e *u.* **De|no|mi|na|ti|vum,** das; -s, ...va (*Sprachw.* Ableitung von einem Substantiv od. Adjektiv, z. B. »trösten« von »Trost«, »bangen« von »bang«)
De|no|ta|ti|on, die; -, -en (*Sprachw.* begriffliche od. Sachbedeutung eines Wortes); **de|no|ta|tiv**
Den|si|me|ter, das; -s, - ⟨lat.; griech.⟩ (Gerät zur Messung des spezifischen Gewichts [vorwiegend von Flüssigkeiten])
den|tal ⟨lat.⟩ (*Med.* die Zähne betreffend; *Sprachw.* mithilfe der Zähne gebildet); **Den|tal,** der; -s, -e *od.* **Den|tal|laut,** der; -[e]s, -e (*Sprachw.* Zahnlaut, an den oberen Schneidezähnen gebildeter Laut, z. B. t)
den|te|lie|ren [dãtə...] ⟨franz.⟩ (*Textilw.* auszacken)
Den|tin, das; -s ⟨lat.⟩ (*Med.* Zahnbein; *Biol.* Hartsubstanz der Haischuppen)
Den|tist, der; -en, -en (*früher* Zahnarzt ohne Hochschulprüfung); **Den|tis|tin** [*alte Trennung* ...|st...]
Den|ti|ti|on, die; -, -en (*Med.* Zahnen; Zahndurchbruch)
Den|to|lo|gie, die; - ⟨lat.; griech.⟩ (Zahnheilkunde)
De|nu|da|ti|on, die; -, -en ⟨lat.⟩ (*Geol.* flächenhafte Abtragung der Erdoberfläche durch Wasser, Wind u. a.)
De|nun|zi|ant, der; -en, -en ⟨lat.⟩ (jmd., der einen anderen denunziert); **De|nun|zi|an|ten|tum,** das; -s; **De|nun|zi|a|ti|on,** die; -, -en (das Denunzieren)
de|nun|zi|a|to|risch; de|nun|zie|ren (aus persönlichen, niedrigen Beweggründen anzeigen; als negativ hinstellen)
Den|ver (Hauptstadt des amerikanischen Bundesstaates Colorado)
Deo, das; -s, -s (*Kurzwort für* Deodorant); **De|o|do|rant,** das; -s, *Plur.* -s, *auch* -e ⟨engl.⟩ (Mittel gegen Körpergeruch)
De|o|do|rant|spray
de|o|do|rie|ren ([Körper]geruch hemmen)
Deo gra|ti|as! ⟨lat., »Gott sei Dank!«⟩ *(kath. Kirche)*
De|o|rol|ler (ein Deodorantstift)
De|o|spray (*kurz für* Deodorantspray)
De|par|te|ment [...tə'mã:, *österr.* ...part'mã:, *schweiz.* ...tə'mɛnt], das; *Gen.* -s, *schweiz.* -[e]s, *Plur.* -s, *schweiz.* -e ⟨franz.⟩ (Verwaltungsbezirk in Frankreich; Ministerium beim Bund und in einigen Kantonen der Schweiz; *veraltet für* Abteilung, Geschäftsbereich)
De|part|ment [di...mɛnt], das; -s, -s (*engl. Form von* Departement)
De|par|ture [di...tʃɐ], das; -s, -s ⟨engl.⟩ (Abflug [Hinweis auf Flughäfen])
De|pen|dance [...pã'dã:s], *schweiz. meist* **Dé|pen|dance** ['de:pã-dã:s], die; -, -n ⟨franz.⟩ (Zweigstelle; Nebengebäude [eines Hotels])
De|pen|denz, die; -, -en ⟨lat.⟩ (*Philos., Sprachw.* Abhängigkeit)
De|pen|denz|gram|ma|tik (Forschungsrichtung der modernen Linguistik)
De|pe|sche, die; -, -n ⟨franz.⟩ (*veraltet für* Telegramm); **de|pe|schie|ren** *(veraltet)*
De|pi|la|ti|on, die; -, -en ⟨lat.⟩ (*Med.* Enthaarung); **De|pi|la|to|ri|um,** das; -s, ...ien (Enthaarungsmittel); **de|pi|lie|ren**
De|pla|ce|ment [...sə'mã:], das; -s, -s ⟨franz.⟩ (*Seew.* Wasserverdrängung eines Schiffes)
de|pla|ciert [...'siət] (*veraltet für* deplatziert); **de|plat|ziert** [*alte Schreibung* de|pla|ziert] (unangebracht)
De|po|la|ri|sa|ti|on, die; -, -en ⟨lat.⟩ (*Physik* Aufhebung der Polarisation); **de|po|la|ri|sie|ren**
De|po|nat, das; -[e]s, -e ⟨lat.⟩ (etwas, was deponiert ist)
De|po|nens, das; -, *Plur.* ...nentia *u.* ...nenzien (*Sprachw.* Verb mit passivischen Formen, aber aktivischer Bedeutung)
De|po|nent, der; -en, -en (jmd., der etw. hinterlegt)
De|po|nie, die; -, ...ien ⟨lat.-franz.⟩ (zentraler Müllabladeplatz); geordnete, wilde Deponie
de|po|nie|ren ⟨lat.⟩; **De|po|nie|rung**
De|port [*auch* ...'po:ɐ̯], der; -s, *Plur.* -s, *bei dt. Ausspr.* -e ⟨franz.⟩ (*Bankw.* Kursabschlag)
De|por|ta|ti|on, die; -, -en ⟨lat.⟩ (zwangsweise Verschickung; Verbannung); **De|por|ta|ti|ons|la|ger**
de|por|tie|ren; De|por|tier|te, der *u.* die; -n, -n; **De|por|tie|rung**
De|po|si|tar ⟨lat.⟩, **De|po|si|tär** ⟨franz.⟩, der; -s, -e (Verwahrer von Wertgegenständen, -papieren u. a.)
De|po|si|ten *Plur.* ⟨lat.⟩ (*Bankw.* Gelder, die bei einem Kreditinstitut gegen Verzinsung angelegt, aber nicht auf ein Spar- od. Kontokorrentkonto verbucht werden); **De|po|si|ten|bank** *Plur.* ...banken; **De|po|si|ten|kas|se**
De|po|si|ti|on, die; -, -en (Hinter-

legung; Absetzung eines kath. Geistlichen)
De|po|si|to|ri|um, das; -s, ...ien (Aufbewahrungsort; Hinterlegungsstelle)
De|po|si|tum, das; -s (das Hinterlegte; hinterlegter Betrag); *vgl.* Depositen
D
De|pot [...'po:], das; -s, -s ⟨franz.⟩ (Aufbewahrungsort; Hinterlegtes; Sammelstelle, Lager; Bodensatz; *Med.* Ablagerung)
De|pot|fund (*Archäol.* Sammelfund); **De|pot|prä|pa|rat** *(Med.);* **De|pot|schein** (*Bankw.* Hinterlegungsschein); **De|pot|wech|sel** (*Bankw.* als Sicherheit hinterlegter Wechsel)
Depp, der; *Gen.* -en, *auch* -s, *Plur.* -en, *auch* -e (*bes. südd., österr. ugs. für* ungeschickter, einfältiger Mensch); **dep|pert** (*südd., österr. ugs. für* einfältig, dumm)
De|p|ra|va|ti|on, die; -, -en ⟨lat.⟩ (Wertminderung im Münzwesen; *Med.* Verschlechterung eines Krankheitszustandes)
de|p|ra|vie|ren (*geh. für* verderben; im Wert mindern [von Münzen])
De|pres|si|on, die; -, -en ⟨lat.⟩ (Niedergeschlagenheit; Senkung; wirtschaftlicher Rückgang; *Meteor.* Tief)
de|pres|siv (niedergeschlagen); **De|pres|si|vi|tät,** die; -
de|pri|mie|ren ⟨franz.⟩ (niederdrücken; entmutigen); **de|pri|miert** (entmutigt, niedergeschlagen, schwermütig)
De|pri|va|ti|on, die; -, -en ⟨lat.⟩ (*Psych.* Entzug von Liebe und Zuwendung; Absetzung eines kath. Geistlichen); **de|pri|vie|ren** (*Psych.* [Liebe] entbehren lassen)
De Pro|fun|dis, das; - - ⟨lat., »Aus der Tiefe [rufe ich, Herr, zu dir]«⟩ (Anfangsworte und Bez. des 130. Psalms nach der Vulgata)
De|pu|tant, der; -en, -en ⟨lat.⟩ (jmd., der auf ein Deputat Anspruch hat); **De|pu|tan|tin**
De|pu|tat, das; -[e]s, -e (regelmäßige Leistungen in Naturalien als Teil des Lohnes; Anzahl der Pflichtstunden, die eine Lehrkraft zu geben hat)
De|pu|ta|ti|on, die; -, -en (Abordnung)
De|pu|tat|lohn
de|pu|tie|ren (abordnen); **De|pu|tier|te,** der *u.* die; -n, -n; **De|pu|tier|ten|kam|mer**
der, die *(vgl. d.),* das *(vgl. d.);* des *u.* dessen *(vgl. d.),* dem, den; *Plur.* die, der, deren *u.* derer *(vgl. d.),* den *u.* denen, die
De|ran|ge|ment [...rãʒəˈmã:], das; -s, -s ⟨franz.⟩ (*veraltet für* Störung, Verwirrung)
de|ran|gie|ren [...ʒi:...] (verwirren, durcheinander bringen; *veraltet für* stören); **de|ran|giert** (verwirrt, zerzaust)
der|art (so); *vgl.* Art
der|ar|tig; derartige Überlegungen; etwas derartig Schönes; wir haben Derartiges [*alte Schreibung* derartiges], etwas Derartiges noch nie erlebt ↑K 72
derb; Derb|heit
derb|kno|chig
derb|ko|misch ↑K 23
[1]**Der|by** [ˈda:ɐ̯bi] (engl. Stadt)
[2]**Der|by** [...bi], das; -[s], -s ⟨nach dem 12. Earl of Derby⟩ (Pferderennen); **Der|by|ren|nen**
De|re|gu|lie|rung (Abbau von Regeln, Vorschriften o. Ä.)
der|einst, *selten* **der|eins|tig** [*alte Trennung* ...|st...]

de|ren / de|rer

deren *(Relativpronomen und zurückweisendes Demonstrativpronomen; das Bezugswort geht voraus):*
- mit deren nettem Mann; von deren bester Art; seit deren erstem Hiersein; mit Ausnahme der Mitarbeiter und deren Angehöriger
- die Frist, innerhalb deren ...; die Beweise, aufgrund deren sie verurteilt wurden
- die Freunde, deren Geschenke du siehst
- ich habe deren (z. B. Freunde) nicht viele

derer *(vorausweisendes Demonstrativpronomen; das Bezugswort folgt):*
- der Andrang derer, die ...
- gedenkt derer, die euer gedenken
- das Haus derer von Arnim

de|rent|hal|ben; de|rent|we|gen; de|rent|wil|len; um derentwillen
de|rer *vgl.* deren/derer
der|ge|stalt (so)
der|glei|chen (*Abk.* dgl.); und dergleichen [mehr] (*Abk.* u. dgl. [m.])
De|ri|vat, das; -[e]s, -e ⟨lat.⟩ (*Chemie* chem. Verbindung, die aus einer anderen entstanden ist; *Biol.* aus einer Vorstufe abgeleitetes Organ); (*Wirtsch. [meist Plur.]* Finanzprodukte, die von traditionellen Wertpapieren wie Aktien, Anleihen u. Ä. abgeleitet sind)
De|ri|va|ti|on, die; -, -en (*Sprachw.* Ableitung)
de|ri|va|tiv (durch Ableitung entstanden); **De|ri|va|tiv,** das; -s, -e; **de|ri|vie|ren**
der|je|ni|ge *Gen.* desjenigen, *Plur.* diejenigen
Derk (m. Vorn.)
der|lei (dergleichen)
Der|ma, das; -s, -ta (*Med.* Haut); **der|mal** (*Med.* die Haut betreffend, an ihr gelegen)
der|mal|einst *(veraltet)*
der|mal|len [*österr.* ...ˈma:...] (*veraltet für* jetzt); **der|ma|lig** [*österr.* ...ˈma:...] (*veraltet für* jetzig)
der|ma|ßen (so)
der|ma|tisch *vgl.* dermal
Der|ma|ti|tis, die; -, ...itiden ⟨griech.⟩ (*Med.* Hautentzündung)
Der|ma|to|lo|ge, der; -n, -n (Hautarzt); **Der|ma|to|lo|gie,** die; - (Lehre von den Hautkrankheiten); **Der|ma|to|lo|gin**
Der|ma|to|plas|tik [*alte Trennung* ...|st...], die; -, -en (*Med.* operativer Ersatz von kranker od. verletzter Haut durch gesunde)
Der|ma|to|se, die; -, -n (*Med.* Hautkrankheit)
Der|mo|gra|phie, *auch* Der|mo|gra|fie, die; - *u.* **Der|mo|gra|phis|mus,** *auch* Der|mo|gra|fis|mus, der; - (*Med.* Streifen- od. Striemenbildung auf gereizten Hautstellen)
Der|mo|plas|tik [*alte Trennung* ...|st...], die; -, -en (Verfahren zur Präparation von Tieren; *Med. svw.* Dermatoplastik)
Der|ni|er Cri [...ˈni̯e: -; *alte Schreibung* Der|nier cri], der; - -, -s -s [...ˈni̯e: kri:] ⟨franz., »letzter Schrei«⟩ (neueste Mode)
de|ro (*veraltet für* deren); *in der Anrede* Dero
De|ro|ga|ti|on, die; -, -en ⟨lat.⟩ (*Rechtsspr.* Teilaufhebung [eines Gesetzes])

de|ro|ga|ti̱v, de|ro|ga|to̱|risch ([ein Gesetz] zum Teil aufhebend)
de|ro|gie̱|ren ([ein Gesetz] zum Teil aufheben)
De|rou|te [...'ru:t(ə)], die; -, -n ‹franz.› (*Wirtsch.* Kurs-, Preissturz; *veraltet für* wilde Flucht)
de̱|ro|we̱|gen (*veraltet); vgl.* dero
De̱r|rick, der; -s, -s ‹nach einem engl. Henker› (Drehkran); **De̱r|rick|kran**
der|se̱l|be *Gen.* desselben, *Plur.* dieselben; ein und derselbe; mit ein[em] und demselben; ein[en] und denselben; es war derselbe Hund
der|se̱l|bi|ge (↑K 76; *veraltet für* derselbe)
de̱r|wei̱l, de̱r|wei̱|le[n]
De̱r|wisch, der; -[e]s, -e ‹pers.› (Mitglied eines islamischen religiösen Ordens); **De̱r|wisch|tanz**
de̱r|zeit (augenblicklich, gegenwärtig; *veraltend für* früher, damals; *Abk.* dz.); **de̱r|zei̱|tig** (*vgl.* derzeit)
de̱s; *auch ältere Form für* dessen *(vgl. d.);* des (dessen) bin ich sicher; des ungeachtet [*alte Schreibung* desungeachtet]
de̱s, De̱s, das; -, - (Tonbezeichnung); **De̱s** (*Zeichen für* Des-Dur); in Des
des. = designatus
des|ar|mie̱|ren ‹franz.› (*veraltet für* entwaffnen; *Fechten* dem Gegner die Klinge aus der Hand schlagen)
De|sa̱s|ter [*alte Trennung* ...|st...], das; -s, - ‹franz.› (schweres Missgeschick; Zusammenbruch)
de|sas|t|rö̱s [*alte Trennung* ...|st...] (*ugs. für* verhängnisvoll, katastrophal)
de|s|a|vou|ie̱|ren [...vu...] ‹franz.› (nicht anerkennen, in Abrede stellen; bloßstellen); **De|s|a|vou|ie̱|rung**
Des|cartes [de'kart] (franz. Philosoph)
Des|de|mo̱|na [*auch* ...'de:...] (Frauengestalt bei Shakespeare)
De̱s-Dur [*auch* 'dɛs'du:ɐ̯], das; - (Tonart; *Zeichen* Des); **De̱s-Dur-Ton|lei|ter** ↑K 26
de|sen|si|bi|li|sie̱|ren ‹lat.› (*Med.* unempfindlich machen; *Fotogr.* Filme weniger lichtempfindlich machen); **De|sen|si|bi|li|sie̱|rung**
De|ser|teur [...'tø:ɐ̯], der; -s, -e ‹franz.› (Fahnenflüchtiger, Überläufer); **de|ser|tie̱|ren; De|ser|ti|o̱n,** die; -, -en (Fahnenflucht)
desgl. = desgleichen; **de̱s|glei̱|chen** (*Abk.* desgl.)
de̱s|ha̱lb
de|si|de|ra̱|bel ‹lat.› (*geh. für* wünschenswert); ...a|b|le Erfolge
De|si|de|ra̱t, das; -[e]s, -e *u.* **De|si|de|ra̱|tum,** das; -s, ...ta (vermisstes u. zur Anschaffung in Bibliotheken vorgeschlagenes Buch; etwas Erwünschtes, Fehlendes)
De|sign [di'za̱in], das; -s, -s ‹engl.› (Gestalt, Muster)
De|si|g|na|ti|o̱n [dezɪgna...], die; -, -en ‹lat.› (Bestimmung; vorläufige Ernennung); **de|si|g|na̱|tus** (im Voraus ernannt, vorgesehen; *Abk.* des.; z. B. Dr. des.)
de|si|g|nen [di'za̱inən] ‹engl.› (das Desgin von Gebrauchs- und Verbrauchsgütern entwerfen); designt; **De|si|g|ner** [di'za̱inɐ], der; -s, -
De|si|g|ner|dro|ge (synthetisch hergestelltes, neuartiges Rauschmittel)
De|si|g|ne|rin
De|si|g|ner|mo|de
de|si|g|nie|ren [dezɪ'gni:...] ‹lat.› (für ein Amt vorsehen)
Des|il|lu|si|o̱n, die; -, -en ‹franz.› (Enttäuschung; Ernüchterung); **des|il|lu|si|o|nie̱|ren; Des|il|lu|si|o|nie̱|rung**
Des|in|fek|ti|o̱n, Des|in|fi|zie̱rung, die; -, -en ‹lat.› (Vernichtung von Krankheitserregern; Entkeimung)
Des|in|fek|ti|o̱ns|lö|sung; Des|in|fek|ti|o̱ns|mit|tel, das
Des|in|fi̱|zi|ens, das; -, *Plur.* ...zie̜nzien *u.* ...zie̜ntia (Entkeimungsmittel); **des|in|fi|zie̱|ren; Des|in|fi|zie̱|rung** *vgl.* Desinfektion
Des|in|for|ma|ti|o̱n [*auch* 'dɛ...], die; -, -en ‹lat.› (bewusst falsche Information)
Des|in|te|g|ra|ti|o̱n, die; -, -en ‹lat.› (Spaltung, Auflösung eines Ganzen in seine Teile)
Des|in|te|g|ra̱|tor, der; -s, ...o̱ren (eine techn. Apparatur)
des|in|te|g|rie̱|ren
De̱s|in|te|r|es|se, das; -s ‹franz.› (Uninteressiertheit, Gleichgültigkeit); **de̱s|in|te|r|es|siert**
Des|in|ves|ti|ti|o̱n [*alte Trennung* ...|st...], die; -, -en ‹lat.-nlat.› (Verringerung des Bestandes an Gütern für späteren Bedarf)
De|s|k|rip|ti|o̱n, die; -, -en ‹lat.› (Beschreibung); **de|s|k|rip|ti̱v** (beschreibend)
De|s|k|ri̱p|tor, der; -s, ...o̱ren (*Buchw., EDV* Kenn-, Schlüsselwort)
De̱sk|top|pu|b|li|shing, *auch* **De̱sk|top-Pu|b|li|shing** [...'pablɪʃɪŋ; *alte Schreibung* Desk|top pu|bli|shing] ↑K 22, das; -[s] ‹engl.› (*EDV* das Erstellen von Satz und Lay-out eines Textes am Schreibtisch mithilfe der EDV; *Abk.* DTP)

D

De|s|o|do|ra̱nt, das; -s, *Plur.* -s, *auch* -e ‹nlat.›; *vgl.* Deodorant; **de|s|o|do|rie̱|ren,** de|s|o|do|ri|sie̱|ren; *vgl.* deodorieren; **De|s|o|do|rie̱|rung, De|s|o|do|ri|sie̱|rung**
de|so|la̱t ‹lat.› (trostlos, traurig)
De|s|or|d|re [...dɐ], der; -s, -s ‹franz.› (*veraltet für* Unordnung, Verwirrung)
Des|or|ga|ni|sa|ti|o̱n [*auch* 'dɛ...], die; -, -en ‹franz.› (Auflösung, Zerrüttung, Unordnung); **des|or|ga|ni|sie̱|ren** [*auch* 'dɛ...]
des|o|ri|en|tie̱rt [*auch* 'dɛ...] (falsch unterrichtet; verwirrt); **Des|o|ri|en|tie|rung**
Des|o|xi|da|ti|o̱n, *auch* Des|o|xy|da|ti|o̱n, die; -, -en ‹griech.› (Entzug von Sauerstoff); *vgl.* Oxidation; **des|o|xi|die̱|ren,** *auch* des|o|xy|die̱|ren
Des|o|xy|ri|bo|nu|k|le|i̱n|säu|re (Bestandteil des Zellkerns; *Abk.* DNS, DNA)
de|s|pek|tie̱r|lich ‹lat.› (*geh. für* geringschätzig, abfällig; respektlos)
De|s|pe|ra̱|do, der; -s, -s ‹span.› (zu jeder Verzweiflungstat entschlossener [politischer] Abenteurer; Bandit)
de|s|pe|ra̱t ‹lat.› (verzweifelt, hoffnungslos)
Des|po̱t, der; -en, -en ‹griech.› (Gewaltherrscher; herrische Person); **Des|po|ti̱e,** die; -, ...i̱en
Des|po̱|tin; des|po̱|tisch; Des|po|ti̱s|mus, der; -
De̱s|sau (Stadt nahe der Mündung der Mulde in die Elbe); **De̱s|sau|er;** der Alte Dessauer (Leopold I. von Anhalt-Dessau; ↑K 134); **de̱s|sau|isch**
des|se̱l|ben; *vgl.* der-, dasselbe
de̱s|sen (*Gen. Sing. der [als Vertreter eines Substantivs gebrauchten] Pronomen* der, das); mit dessen neuem Wagen; die An-

kunft meines Bruders und dessen Verlobter; dessen ungeachtet [*alte Schreibung* dessenungeachtet]; *vgl.* des; indessen, währenddessen *(vgl. d.)*
des|sent|hal|ben
des|sent|we|gen, des|we|gen
des|sent|wil|len, des|wil|len; um des[sent]willen
D
des|sen un|ge|ach|tet [*alte Schreibung* des|sen|un|ge|ach|tet]; *vgl.* dessen
Des|sert [dɛˈsɛːɐ̯, *auch* dɛˈsɛrt, *österr.* dɛˈsɛːr, *schweiz.* ˈdɛsɛːr], das; -s, -s ‹franz.› (Nachtisch)
Des|sert|ga|bel; Des|sert|löf|fel; Des|sert|mes|ser, das; **Des|sert|tel|ler; Des|sert|wein**
Des|sin [...ˈsɛ̃ː], das; -s, -s ‹franz.› (Zeichnung; Muster)
Des|si|na|teur [...ˈtøːɐ̯], der; -s, -e (Musterzeichner [im Textilgewerbe]); **Des|si|na|teu|rin**
des|si|nie|ren (*fachspr. für* [Muster] zeichnen); **des|si|niert** (gemustert); **Des|si|nie|rung**
Des|sous [...ˈsuː], das; -, - *meist Plur.* ‹franz.› (Damenunterwäsche)
de|sta|bi|li|sie|ren ‹lat.› (aus dem Gleichgewicht bringen); **De|sta|bi|li|sie|rung**
De|s|til|lat, das; -[e]s, -e ‹lat.› (wieder verflüssigter Dampf bei einer Destillation)
De|s|til|lat|bren|ner (Lehrberuf der Industrie)
De|s|til|la|teur [...ˈtøːɐ̯], der; -s, -e ‹franz.› (Branntweinbrenner)
De|s|til|la|ti|on, die; -, -en ‹lat.› (Trennung flüssiger Stoffe durch Verdampfung u. Wiederverflüssigung; Branntweinbrennerei); **De|s|til|la|ti|ons|gas**
De|s|til|le, die; -, -n (*ugs. veraltend für* Branntweinausschank)
De|s|til|lier|ap|pa|rat
de|s|til|lie|ren; destilliertes Wasser (chemisch reines Wasser)
De|s|til|lier|kol|ben; De|s|til|lier|ofen
De|s|ti|na|tar ‹lat.›, **De|s|ti|na|tär,** der; -s, -e ‹franz.› (*auf Seefrachtbriefen* Empfänger von Gütern)
De|s|ti|na|ti|on, die; -, -en ‹lat.› (*veraltet für* Bestimmung, Endzweck)
des|to [*alte Trennung* ...|st...]; desto besser, größer, mehr, weniger; *aber* nichtsdestoweniger
de|s|t|ru|ie|ren ‹lat.› (*selten für* zerstören)
De|s|t|ruk|ti|on, die; -, -en (Zerstörung; *Geol.* Abtragung der Erdoberfläche durch Verwitterung)
de|s|t|ruk|tiv [*auch* ˈdeː...] (zersetzend, zerstörend); **De|s|t|ruk|ti|vi|tät,** die; - (*auch für* destruktive Art)
des un|ge|ach|tet [*auch* - ...ˈa...; *alte Schreibung* des|un|ge|ach|tet] *vgl.* des
des|we|gen, des|sent|we|gen
des Wei|te|ren [*alte Schreibung* des wei|te|ren] *vgl.* weiter
des|wil|len *vgl.* dessentwillen
de|s|zen|dent ‹lat.› (*fachspr. für* nach unten sinkend, absteigend); deszendentes Wasser
De|s|zen|dent, der; -en, -en; (Nachkomme, Ab-, Nachkömmling; *Astron.* Gestirn im Untergang; Untergangspunkt)
De|s|zen|denz, die; -, -en (Abstammung; Nachkommenschaft; *Astron.* Untergang eines Gestirns); **De|s|zen|denz|the|o|rie,** die; - (Abstammungslehre)
de|s|zen|die|ren (*fachspr. für* absteigen, sinken)
De|ta|che|ment [...ʃəˈmãː, *schweiz.* ...ˈmɛ...], das; -s, *Plur.* -s, *schweiz.* -e ‹franz.› (*veraltet für* abkommandierte Truppe)
[1]De|ta|cheur [...ˈʃøːɐ̯], der; -s, -e (Maschine zum Lockern des Mehls)
[2]De|ta|cheur, der; -s, -e ‹franz.› (Fachmann für chem. Fleckenentfernung); **De|ta|cheu|rin**
[1]de|ta|chie|ren (von Flecken reinigen)
[2]de|ta|chie|ren ‹franz.› (Mehl auflockern; *veraltet für* abkommandieren, entsenden)
De|tail [deˈtai̯], das; -s, -s ‹franz.› (Einzelheit, Einzelteil); *vgl.* en détail; **De|tail|fra|ge**
de|tail|ge|treu
De|tail|han|del ‹*zu* [1]Handel› (*schweiz., sonst veraltet für* Einzelhandel)
De|tail|kennt|nis
de|tail|lie|ren [...taˈjiː...] (im Einzelnen darlegen); **de|tail|liert**
De|tail|list [...tai̯ˈlɪst, *auch* ...ˈjɪst], der; -en, -en (*schweiz. für* Einzelhändler)
de|tail|reich
De|tek|tei ‹lat.› (Detektivbüro)
De|tek|tiv, der; -s, -e; dem, den Detektiv
De|tek|tiv|bü|ro; De|tek|tiv|ge|schich|te
De|tek|ti|vin; de|tek|ti|visch
De|tek|tiv|ro|man
De|tek|tor, der; -s, ...oren ‹lat.› (*Technik* Hochfrequenzgleichrichter)
De|tek|tor|emp|fän|ger; De|tek|tor|ge|rät
Dé|tente [deˈtãːt], die; - ‹franz.› (Entspannung zwischen Staaten); **Dé|tente|po|li|tik**
De|ter|gens, das; -, *Plur.* ...gentia *u.* ...genzien *meist Plur.* ‹lat.› (*fachspr. für* Wasch-, Reinigungsmittel)
De|te|ri|o|ra|ti|on, die; -, -en ‹lat.› (*Rechtsw.* Wertminderung einer Sache)
de|te|ri|o|rie|ren; De|te|ri|o|rie|rung *vgl.* Deterioration
De|ter|mi|nan|te, die; -, -n ‹lat.› (Hilfsmittel der Algebra zur Lösung eines Gleichungssystems; bestimmender Faktor)
De|ter|mi|na|ti|on, die; -, -en (nähere Begriffsbestimmung)
de|ter|mi|na|tiv (bestimmend, begrenzend, festlegend; entschieden, entschlossen)
de|ter|mi|nie|ren (bestimmen, begrenzen, festlegen); **De|ter|mi|niert|heit,** die; -
De|ter|mi|nis|mus, der; - (Lehre von der Unfreiheit des menschlichen Willens); **De|ter|mi|nist,** der; -en, -en; **de|ter|mi|nis|tisch** [*alte Trennung* ...|st...]
de|te|s|ta|bel ‹lat.› (*veraltet für* verabscheuungswürdig); ...a|b|le Ansichten
Det|lef [*auch* ˈdɛ...] (m. Vorn.)
Det|mold (Stadt am Teutoburger Wald)
[1]De|to|na|ti|on, die; -, -en ‹lat.› (Knall, Explosion)
[2]De|to|na|ti|on, die; -, -en ‹franz.› (*Musik* Unreinheit des Tones)
De|to|na|tor, der; -s, ...oren ‹lat.› (*fachspr. für* Zündmittel)
[1]de|to|nie|ren (explodieren)
[2]de|to|nie|ren ‹franz.› (*Musik* unrein singen, spielen)
De|t|ri|tus, der; - ‹lat.› (*Med.* Zell- u. Gewebstrümmer; *Geol.* zerriebenes Gestein; *Biol.* Schwebe- und Sinkstoffe in den Gewässern)
De|t|roit [di...] (Stadt in den USA)
det|to ‹ital.› (*bes. bayr., österr. für* dito)
De|tu|mes|zenz, die; - ‹lat.› (*Med.* Abschwellung [einer Geschwulst])
Deu|bel *vgl.* Deiwel

deucht usw. *vgl.* dünken
Deu|ka|li|on (Gestalt der griech. Sage); die Sintflut des Deukalion
De|us ex Ma|chi|na [*alte Schreibung* De|us ex ma|chi|na], der; - - -, Dei - - *Plur. selten* ‹lat., »Gott aus der [Theater]maschine«› (unerwarteter Helfer)
Deut, der ‹niederl.› (*veraltet für* kleine Münze); *nur noch in* keinen Deut, nicht einen Deut (*ugs. für* gar nicht, gar nichts)
deut|bar
Deu|te|lei (*abwertend für* kleinliche Auslegung); **deu|teln;** ich deut[e]le
deu|ten; Deu|ter
Deu|te|r|a|go|nist, der; -en, -en ‹griech.› (zweiter Schauspieler auf der altgriech. Bühne)
Deu|te|ri|um, das; -s ‹griech.› (schwerer Wasserstoff, Wasserstoffisotop; *Zeichen* D); **Deu|te|ron,** das; -s, ...onen (Atomkern des Deuteriums)
Deu|te|ro|no|mi|um, das; -s (5. Buch Mosis)
...deu|tig (z. B. zweideutig)
Deut|ler
deut|lich; auf das, aufs Deut|lichs|te *od.* auf das, aufs deut|lichs|te ↑K75; etwas deutlich machen; **Deut|lich|keit**
deut|lich|keits|hal|ber
deutsch, Deutsch *s. Kasten S. 288*
Deutsch|a|me|ri|ka|ner [*auch* ...'ka:...] (↑K149; Amerikaner dt. Abstammung); **deutsch|a|me|ri|ka|nisch** ↑K149; die deutschamerikanische Kultur; der deutschamerikanische, *auch* deutsch-amerikanische Schiffsverkehr
Deutsch|ar|beit; eine Deutscharbeit schreiben
deutsch-deutsch; die deutschdeutschen Beziehungen (*früher* zwischen BRD u. DDR)
[1]**Deut|sche,** der *u.* die; -n, -n; ich Deutscher; wir Deutschen (*auch* wir Deutsche); alle Deutschen; alle guten Deutschen
[2]**Deut|sche,** das; des -n, dem -n (die deutsche Sprache überhaupt; in Zusammensetzungen bes. zur Bezeichnung der hist. u. landsch. Teilbereiche der deutschen Sprache); das Deutsche (z. B. im Ggs. zum Französischen); das Althochdeutsche, das Mittelhochdeutsche, das Neuhochdeutsche; die Laute des Deutschen (z. B. im Ggs. zum Englischen); die Formen des Niederdeutschen; im Deutschen (z. B. im Ggs. zum Italienischen); aus dem Deutschen, ins Deutsche übersetzen; *vgl. auch* Deutsch
Deut|schen|feind; Deut|schen|freund
Deut|schen|hass [*alte Schreibung* ...haß]
deutsch|feind|lich; deutsch|freund|lich
Deutsch|herr *meist Plur.* (*svw.* Deutschordensritter)
Deutsch|kun|de, die; -; **deutsch|kund|lich;** deutschkundlicher Unterricht
Deutsch|land; des vereinigten Deutschland[s]
Deutsch|land|funk (in Köln)
Deutsch|land|lied, das; -[e]s (Nationalhymne des Deutschen Reiches [seit 1922], deren dritte Strophe heute die offizielle Hymne Deutschlands ist)
Deutsch|land|po|li|tik
deutsch|land|weit
Deutsch|leh|rer
Deutsch|meis|ter [*alte Trennung* ...|st...] (Landmeister des Deutschen Ordens)
Deutsch|or|dens|rit|ter; Deutsch|rit|ter|or|den, der; -s
Deutsch|schweiz, die; - (*schweiz. für* deutschsprachige Schweiz)
Deutsch|schwei|zer (Schweizer deutscher Muttersprache)
deutsch|schwei|ze|risch ↑K149; die deutschschweizerische Literatur; ein deutschschweizerisches, *auch* deutsch-schweizerisches Abkommen; *vgl.* schweizerdeutsch
deutsch|spra|chig (die deutsche Sprache sprechend, in ihr abgefasst, vorgetragen); deutschsprachige Bevölkerung
deutsch|sprach|lich (die deutsche Sprache betreffend); deutschsprachlicher Unterricht
Deutsch|spre|chen, das; -s
deutsch spre|chend, Deutsch spre|chend [*alte Schreibung* deutsch|spre|chend] *vgl.* deutsch, Deutsch
deutsch|stäm|mig
Deutsch|tum, das; -s (deutsche Eigenart)
Deutsch|tü|me|lei (*abwertend für* aufdringliche Betonung des Deutschtums); **deutsch|tü|melnd; Deutsch|tüm|ler** (*abwertend*)
Deutsch|un|ter|richt, der; -[e]s
Deu|tung; Deu|tungs|ver|such
Deut|zie, die; -, -n ‹nach dem Holländer van der Deutz› (ein Zierstrauch)
Deux|pi|èces, *auch* **Deux-Pi|èces** [dø'piɛ:s; *alte Schreibung* Deux-pi|èces], das; -, - ‹franz.› (zweiteiliges Kleid)
De|val|va|ti|on, die; -, -en ‹lat.› (Abwertung einer Währung); **de|val|va|to|risch,** *auch* de|val|va|ti|o|nis|tisch [*alte Trennung* ...|st...] (abwertend); **de|val|vie|ren**
De|vas|ta|ti|on [*alte Trennung* ...|st...], die; -, -en ‹lat.› (Verwüstung); **de|vas|tie|ren**
De|ver|ba|tiv, das; -s, -e *u.* **De|ver|ba|ti|vum,** das; -s, ...va ‹lat.› (*Sprachw.* von einem Verb abgeleitetes Substantiv od. Adjektiv, z. B. »Eroberung« von »erobern«, »hörig« von »hören«)
de|vi|ant ‹lat.› (*fachspr. für* abweichend); **De|vi|a|ti|on,** die; -, -en (Abweichung); **de|vi|ie|ren**
De|vi|se, die; -, -n ‹franz.› (Wahlspruch)
De|vi|sen *Plur.* (Zahlungsmittel in ausländischer Währung)
De|vi|sen|aus|gleich; De|vi|sen|be|stim|mung *meist Plur.*
De|vi|sen|be|wirt|schaf|tung; De|vi|sen|brin|ger
De|vi|sen|ge|schäft; De|vi|sen|han|del *vgl.* [1]Handel; **De|vi|sen|kurs; De|vi|sen|markt; De|vi|sen|re|ser|ve**
De|vi|sen|schmug|gel; De|vi|sen|ver|ge|hen; De|vi|sen|ver|kehr
De|von, das; -[s] ‹nach einer engl. Grafschaft› (*Geol.* Formation des Paläozoikums); **de|vo|nisch**
de|vot ‹lat.› (unterwürfig); **De|vo|ti|on,** die; -, -en (Unterwürfigkeit; Andacht)
De|vo|ti|o|na|li|en *Plur.* (*kath. Kirche* der Andacht dienende Gegenstände)
De|wa|na|ga|ri, die; - ‹sanskr.› (ind. Schrift [für das Sanskrit])
Dex|t|rin, das; -s, -e ‹lat.› ([Klebe]stärke)
dex|t|ro|gyr ‹lat.; griech.› (*Chemie* die Ebene polarisierten Lichtes nach rechts drehend; *Zeichen* d)
Dex|t|ro|kar|die, die; -, ...ien ‹lat.; griech.› (*Med.* anomale rechtsseitige Lage des Herzens)

D

deutsch / Deutsch

deutsch
– *Abk.* dt.
I. *Kleinschreibung:*
Da das Adjektiv »deutsch« nur in echten Namen und Substantivierungen großgeschrieben wird, gilt in den folgenden Fällen Kleinschreibung:
die deutsche Einheit, *aber* der Tag der Deutschen Einheit
das deutsche Volk
die deutsche Sprache
die deutschen Meisterschaften [im Eiskunstlauf]
sie ist deutsche Meisterin [im Eiskunstlauf], *aber* (als Titel:) Anita G., Deutsche Meisterin
das deutsche Recht
der deutsche Michel
↑K 150: Gesellschaft für deutsche Sprache
Vgl. aber II

Kleinschreibung gilt für »deutsch« auch in Verbindung mit Verben, wenn es mit wie? erfragt werden kann:
der Redner hat deutsch (nicht englisch) gesprochen
am Nebentisch saß ein (gerade jetzt, bei dieser Gelegenheit) deutsch sprechendes Ehepaar
sich deutsch unterhalten
der Brief ist deutsch (in deutscher Sprache bzw. in deutscher Schreibschrift) geschrieben
deutsch mit jmdm. reden (*auch ugs. für* jmdm. unverblümt die Wahrheit sagen)
Staatsangehörigkeit: deutsch (in Formularen u. Ä.)
(*Vgl. aber* II *u.* Deutsch)

II. *Großschreibung* ↑K 72:
Großgeschrieben wird das substantivierte Adjektiv, wenn es im Sinne von 'deutsche Sprache' verwendet wird:
etwas auf Deutsch sagen [*alte Schreibung* auf deutsch]
der Brief ist in Deutsch abgefasst; eine Zusammenfassung in Deutsch [*alte Schreibungen* in deutsch]
auf gut Deutsch gesagt [*alte Schreibung* auf gut deutsch]
das heißt auf/zu Deutsch ... [*alte Schreibung* auf/zu deutsch]
Vgl. aber I; *vgl. auch* Deutsch

Großgeschrieben wird »deutsch« auch als Bestandteil von Namen und bestimmten namenähnlichen Fügungen ↑K 88 *u.* 89:
der Deutsch-Französische Krieg (1870/71) [*aber* ein deutsch-französischer Krieg (irgendeiner)]
Deutscher Akademischer Austauschdienst (*Abk.* DAAD)
Deutsche Angestellten-Gewerkschaft (*Abk.* DAG)
die Deutsche Bibliothek (in Frankfurt)
die Deutsche Bücherei (in Leipzig; *Abk.* DB)
die Deutsche Bucht (Teil der Nordsee)
der Deutsche Bund (1815–66)
der Deutsche Bundestag
Deutsche Bahn (*Abk.* DB)
Deutsche Bundesbank (*Abk.* BBk)
Deutsche Demokratische Republik (1949–90; *Abk.* DDR)
die Deutsche Dogge [*alte Schreibung* deutsche Dogge]
der Tag der Deutschen Einheit (3. Oktober)
Deutscher Fußball-Bund (*Abk.* DFB)
Deutscher Gewerkschaftsbund (*Abk.* DGB)
Deutscher Industrie- und Handelstag (*Abk.* DIHT)
Verein Deutscher Ingenieure
Deutsches Institut für Normung (*Zeichen* DIN)
Deutsche Jugendherberge (*Abk.* DJH)
Deutsche Lebens-Rettungs-Gesellschaft (*Abk.* DLRG)
Deutsche Mark (*Abk.* DM)
der Deutsche Orden
Deutsche Post AG
Deutsche Presse-Agentur (*Abk.* dpa)
das Deutsche Reich
Deutsches Rotes Kreuz (*Abk.* DRK)
der Deutsche Schäferhund [*alte Schreibung* deutsche Schäferhund]
Institut für Deutsche Sprache
Deutscher Turnerbund (*Abk.* DTB)
Vgl. I, Deutsch *u.* Deutsche, das

Deutsch
das; des Deutsch[s], dem Deutsch
(die deutsche Sprache, sofern sie die Sprache eines Einzelnen oder einer bestimmten Gruppe bezeichnet oder sonst näher bestimmt ist; Kenntnis der deutschen Sprache)
mein, dein, sein Deutsch ist schlecht
die Aussprache seines Deutsch[s]
das Plattdeutsch Fritz Reuters
das Kanzleideutsch, das Kaufmannsdeutsch, das Schriftdeutsch
sie kann, lehrt, lernt, schreibt, spricht, versteht [kein, nicht, gut, schlecht] Deutsch
ein Deutsch sprechender Ausländer (*vgl. aber* deutsch I) [*alte Schreibung* deutsch sprechender]
[das ist] gutes Deutsch
er spricht gut[es] Deutsch
sie kann kein Wort Deutsch
ein Lehrstuhl für Deutsch
er hat eine Eins in Deutsch (im Fach Deutsch)
in heutigem Deutsch *od.* im heutigen Deutsch
Vgl. auch Deutsche, das *u.* deutsch I *u.* II

Dex|t|ro|se, die; - (Traubenzucker)

Dez, der; -es, -e (*mdal. für* Kopf)

Dez. = Dezember

De|zem|ber, der; -[s], - ⟨lat.⟩ (zwölfter Monat im Jahr; Christmond, Julmond, Wintermonat; *Abk.* Dez.)

De|zem|ber|a|bend; De|zem|ber|tag

De|zem|vir, der; *Gen.* -s *u.* -n, *Plur.* -n (Mitglied des Dezemvirats)

De|zem|vi|rat, das; -[e]s, -e (altrömisches Zehnmännerkollegium)

De|zen|ni|um, das; -s, ...ien (Jahrzehnt)

de|zent ⟨lat.⟩ (zurückhaltend,

taktvoll, feinfühlig; unaufdringlich)
de|zen|t|ral [*auch* 'de:...] ⟨nlat.⟩ (vom Mittelpunkt entfernt)
De|zen|t|ra|li|sa|ti|on *u.* De|zen-t|ra|li|sie|rung, die; -, -en (Auseinanderlegung von Verwaltungen usw.)
de|zen|t|ra|li|sie|ren
De|zen|t|ra|li|sie|rung *vgl.* Dezentralisation
De|zenz, die; - ⟨lat.⟩ (*geh. für* Anstand, Zurückhaltung; unauffällige Eleganz)
De|zer|nat, das; -[e]s, -e ⟨lat.⟩ (Geschäftsbereich eines Dezernenten; Sachgebiet)
De|zer|nent, der; -en, -en (Sachbearbeiter mit Entscheidungsbefugnis [bei Behörden]; Leiter eines Dezernats); **De|zer|nen|tin**
De|zi... ⟨lat.⟩ (Zehntel...; ein Zehntel einer Einheit [z. B. Dezimeter = $^1/_{10}$ Meter]; *Zeichen* d)
De|zi|bel, das; -s, - ($^1/_{10}$ Bel; bes. Maß der relativen Lautstärke; *Zeichen* dB)
de|zi|diert ⟨lat.⟩ (entschieden, energisch, bestimmt)
De|zi|gramm ⟨lat.; griech.⟩ ($^1/_{10}$ g; *Zeichen* dg)
De|zi|li|ter ($^1/_{10}$ l; *Zeichen* dl)
de|zi|mal ⟨lat.⟩ (auf die Grundzahl 10 bezogen)
De|zi|mal|bruch, der (Bruch, dessen Nenner mit [einer Potenz von] 10 gebildet wird)
De|zi|ma|le, die; -[n], -n (*Math.* eine Ziffer der Ziffernfolge, die rechts vom Komma einer Dezimalzahl steht)
de|zi|ma|li|sie|ren (auf das Dezimalsystem umstellen); **De|zi|ma|li|sie|rung**
De|zi|mal|klas|si|fi|ka|ti|on, die; - (*Abk.* DK)
De|zi|mal|maß; De|zi|mal|rech|nung; De|zi|mal|stel|le
De|zi|mal|sys|tem [*alte Trennung* ...|st...], das; -s; **De|zi|mal|waa|ge; De|zi|mal|zahl**
De|zi|me, die; -, -n (*Musik* zehnter Ton vom Grundton an)
De|zi|me|ter ⟨lat.; griech.⟩ ($^1/_{10}$ m; *Zeichen* dm)
de|zi|mie|ren ⟨lat.⟩ (stark vermindern); **de|zi|miert**
De|zi|mie|rung
de|zi|siv ⟨lat.⟩ (entscheidend, bestimmt)
De|zi|ton|ne (100 kg; *Zeichen* dt)
DFB = Deutscher Fußball-Bund
DFF = Deutscher Fernsehfunk
dg = Dezigramm
Dg = Dekagramm
D. G. = Dei gratia
DGB = Deutscher Gewerkschaftsbund
dgl. = dergleichen
d. Gr. = der *od.* die Große
d. h. = das heißt
Dha|ka [d...] (Hauptstadt von Bangladesch)
Dhau *vgl.* Dau
d'hondtsch ['dɔ...] ⟨nach dem belgischen Juristen d'Hondt⟩; das d'hondt|sche, *auch* d'Hondt'sche System [*alte Schreibung* d'Hondtsche System] (ein Berechnungsmodus bei [Parlaments]wahlen)
Di. = Dienstag
d. i. = das ist
Dia, das; -s, -s (*Kurzform für* Diapositiv)
Di|a|bas, der; -es, -e ⟨griech.⟩ (ein Ergussgestein)
Di|a|be|tes, der; - ⟨griech.⟩ (*Med.* Harnruhr); Diabetes mellitus (*Med.* Zuckerkrankheit)
Di|a|be|ti|ker; Di|a|be|ti|ke|rin
di|a|be|tisch
Di|a|bo|lie, Di|a|bo|lik, die; - ⟨griech.⟩ (teuflisches Verhalten)
di|a|bo|lisch (teuflisch); diabolisches (magisches) Quadrat
Di|a|bo|lo, das; -s, -s ⟨ital.⟩ (ein Geschicklichkeitsspiel)
Di|a|bo|los, Di|a|bo|lus, der; - ⟨griech.⟩ (der Teufel)
di|a|chron [...k...], di|a|chro|nisch ⟨griech.⟩ (*Sprachw.* [entwicklungs]geschichtlich)
Di|a|chro|nie, die; - (*Sprachw.* [Darstellung der] geschichtl. Entwicklung einer Sprache)
di|a|chro|nisch *vgl.* diachron
Di|a|dem, das; -s, -e ⟨griech.⟩ (kostbarer [Stirn]reif)
Di|a|do|che, der; -n, -n ⟨griech.⟩ (mit anderen konkurrierender Nachfolger [Alexanders d. Gr.])
Di|a|do|chen|kämp|fe *Plur.;* **Di|a|do|chen|zeit,** die; -
Di|a|ge|ne|se, die; -, -n ⟨griech.⟩ (Veränderung eines Sediments durch Druck u. Temperatur)
Di|a|g|no|se, die; -, -n ⟨griech.⟩ ([Krankheits]erkennung; *Zool., Bot.* Bestimmung)
Di|a|g|no|se|ver|fah|ren; Di|a|g|no|se|zen|t|rum
Di|a|g|nos|tik [*alte Trennung* ...|st...], die; - (*Med.* Fähigkeit und Lehre, Krankheiten usw. zu erkennen); **Di|a|g|nos|ti|ker; Di|a|g|nos|ti|ke|rin**
di|a|g|nos|tisch [*alte Trennung* ...|st...]; **di|a|g|nos|ti|zie|ren**
di|a|go|nal ⟨griech.⟩ (schräg laufend); **Di|a|go|nal,** der; -[s], -s (schräg gestreifter Kleiderstoff)
Di|a|go|na|le, die; -, -n (Gerade, die zwei nicht benachbarte Ecken eines Vielecks miteinander verbindet); drei Diagonale[n]
Di|a|go|nal|rei|fen
Di|a|gramm, das; -s, -e ⟨griech.⟩ (zeichnerische Darstellung errechneter Werte in einem Koordinatensystem; Stellungsbild beim Schach)
Di|a|kaus|tik [*alte Trennung* ...|st...], die; -, -en ⟨griech.⟩ (die beim Durchgang von parallelem Licht bei einer Linse entstehende Brennfläche); **di|a|kaus|tisch**
Di|a|kon [*österr.* 'di:...], der; *Gen.* -s *u.* -en, *Plur.* -e[n] ⟨griech.⟩ (kath., anglikan. od. orthodoxer Geistlicher; karitativ od. seelsorgerisch tätiger Angestellter in ev. Kirchen); *vgl.* Diakonus
Di|a|ko|nat, das, *auch* der; -[e]s, -e (Diakonenamt, -wohnung)
Di|a|ko|nie, die; - ([berufsmäßige] Sozialtätigkeit [Krankenpflege, Gemeindedienst] in der ev. Kirche)
Di|a|ko|nin; di|a|ko|nisch
Di|a|ko|nis|se, die; -, -n *u.* Di|a|ko|nis|sin, die; -, -nen (ev. Kranken- u. Gemeindeschwester); **Di|a|ko|nis|sen|haus; Di|a|ko|nis|sin** *vgl.* Diakonisse
Di|a|ko|nus, der; -, ...kone[n] (*veraltet für* zweiter od. dritter Pfarrer einer ev. Gemeinde, Hilfsgeistlicher)
Di|a|kri|se, Di|a|kri|sis, die; -, ...isen ⟨griech.⟩ (*Med.* entscheidende Krise einer Krankheit)
di|a|kri|tisch (unterscheidend); diakritisches Zeichen (*Sprachw.*)
Di|a|lekt, der; -[e]s, -e ⟨griech.⟩ (Mundart); **di|a|lek|tal** (mundartlich); dialektale Besonderheiten
Di|a|lekt|aus|druck; Di|a|lekt|dich|tung; Di|a|lekt|fär|bung; Di|a|lekt|for|schung
di|a|lekt|frei
Di|a|lekt|ge|o|gra|phie, *auch* Di|a|lekt|ge|o|gra|fie

D

D

Di|a|lek|tik, die; - (Erforschung der Wahrheit durch Aufweisung u. Überwindung von Widersprüchen)
Di|a|lek|ti|ker (jmd., der die dialektische Methode anwendet)
di|a|lek|tisch (die Dialektik betreffend; *auch für* spitzfindig; *seltener für* mundartlich); dialektische Methode (von den Sophisten ausgebildete Kunst der Gesprächsführung); dialektischer Materialismus (marxist. Lehre von den Grundbegriffen der Dialektik u. des Materialismus); dialektische Theologie (eine Richtung der ev. Theologie nach dem 1. Weltkrieg)
Di|a|lek|to|lo|gie, die; - (Mundartforschung); **di|a|lek|to|lo|gisch**
Di|a|log, der; -[e]s, -e ‹griech.› (Zwiegespräch; Wechselrede); **Di|a|log|be|reit|schaft,** die; -
di|a|lo|gisch (in Dialogform); **di|a|lo|gi|sie|ren** (in Dialogform kleiden)
Di|a|log|kunst, die; -
Di|a|ly|sa|tor, der; -s, ...oren ‹griech.› (*Chemie* Gerät zur Durchführung der Dialyse)
Di|a|ly|se, die; -, -n (chem. Trennungsmethode; *Med.* Blutwäsche)
Di|a|ly|se|sta|ti|on; Di|a|ly|se|zen|t|rum (für Nierenkranke)
di|a|ly|sie|ren; di|a|ly|tisch (auf Dialyse beruhend)
¹Di|a|mant, die; - ‹franz.› (*Druckw.* ein Schriftgrad)
²Di|a|mant, der; -en, -en; *vgl. auch* Demant; **Di|a|mant|boh|rer**
di|a|man|ten; diamantene Hochzeit (60. Jahrestag der Hochzeit)
Di|a|mant|feld
Di|a|mant|kol|li|er, *auch* Di|a|mant|col|li|er
Di|a|mant|leim (zum Fassen von Schmucksteinen)
Di|a|mant|schild|krö|te
Di|a|mant|schlei|fer; Di|a|mant|schliff; Di|a|mant|schmuck; Di|a|mant|staub
Di|a|mant|tin|te (ein Ätzmittel für Glas)
DIAMAT, Di|a|mat, der; - (dialektischer Materialismus) *vgl.* dialektisch
Di|a|me|ter, der; -s, - ‹griech.› (Durchmesser)
di|a|me|t|ral (entgegengesetzt); **di|a|me|t|risch** (dem Durchmesser entsprechend)

Di|a|na (röm. Göttin der Jagd)
Di|a|pa|son, der; -s, *Plur.* -s *u.* ...one ‹griech.› (Kammerton; Stimmgabel; [*auch* das; -s, -s:] engl. Orgelregister)
di|a|phan ‹griech.› (*Kunstwiss.* durchscheinend); **Di|a|phan|bild** (durchscheinendes Bild)
Di|a|pho|ra, die; - ‹griech.› (*Rhet.* Betonung des Unterschieds zweier Dinge)
Di|a|pho|re|se, die; -, -n (*Med.* Schwitzen); **di|a|pho|re|tisch** (schweißtreibend)
Di|a|phrag|ma, das; -s, ...men ‹griech.› (*Chemie* durchlässige Scheidewand; *Med.* Zwerchfell; mechanisches Empfängnisverhütungsmittel)
Di|a|po|si|tiv [*auch* ...'ti:f], das; -s, -e ‹griech.; lat.› (durchscheinendes fotografisches Bild; *Kurzform* Dia); **Di|a|pro|jek|tor** (Vorführgerät für Dias)
Di|ä|re|se *u.* **Di|ä|re|sis,** die; -, ...resen ‹griech.› (*Sprachw.* getrennte Aussprache zweier Vokale, z. B. naiv; *Verslehre* Einschnitt im Vers an einem Wortende; *Philos.* Begriffszerlegung; *Med.* Zerreißung eines Gefäßes mit Blutaustritt)
Di|a|ri|um, das; -s, ...ien ‹lat.› (Tagebuch; Kladde)
Di|ar|rhö, die; -, -en ‹griech.› (*Med.* Durchfall); **di|ar|rhö|isch**
Di|a|s|kop, das; -s, -e ‹griech.› (*veraltend für* Diaprojektor)
Di|a|s|po|ra, die; - ‹griech.› (*Rel.* Gebiet, in dem die Anhänger einer Konfession in der Minderheit sind; religiöse od. nationale Minderheit); **Di|a|s|po|ra|ge|mein|de**
Di|a|s|to|le [...le, *auch* ...'sto:lə], die; -, ...olen (*Med.* mit der Systole rhythmisch abwechselnde Erweiterung des Herzens); **di|a|s|to|lisch;** diastolischer Blutdruck *(Med.)*
Di|ät, die; -, *Plur. (Arten:)* -en ‹griech.› (Krankenkost; Schonkost; spezielle Ernährungsweise); Diät leben [*alte Schreibung* diät leben]; Diät halten, kochen; jmdn. auf Diät setzen
Di|ät|as|sis|ten|tin [*alte Trennung* ...|st...] (*svw.* Diätistin)
Di|ä|ten *Plur.* ‹lat.› (Tagegelder; Aufwandsentschädigung u. a. [bes. von Parlamentariern])
Di|ä|te|tik, die; -, -en ‹griech.› (Ernährungslehre); **Di|ä|te|ti|kum,** das; -s, ...ka (für eine Diät geeignetes Nahrungsmittel); **di|ä|te|tisch** (der Diätetik gemäß)
Di|ät|feh|ler (*Med.* Fehler in der Ernährungsweise)
Di|a|thek, die; -, -en ‹griech.› (Diapositivsammlung)
di|a|ther|man ‹griech.› (*Med., Meteor.* Wärmestrahlen durchlassend); **Di|a|ther|mie,** die; - (*Med.* Heilverfahren, bei dem Hochfrequenzströme innere Körperteile durchwärmen)
Di|a|the|se, die; -, -n ‹griech.› (*Med.* Veranlagung zu bestimmten Krankheiten)
Di|ä|thy|len|gly|kol, *fachspr. auch* Di|e|thy|len|gly|kol ‹griech.› (Bestandteil von Frostschutzmitteln u. a.)
di|ä|tisch ‹griech.› (die Ernährung betreffend)
Di|ä|tis|tin [*alte Trennung* ...|st...] (w. Fachkraft, die bei der Aufstellung von Diätplänen mitwirkt)
Di|ät|kost; Di|ät|kü|che; Di|ät|kur
Di|a|to|mee, die; -, -n *meist Plur.* ‹griech.› (*Bot.* Kieselalge)
Di|a|to|me|en|er|de, die; - (*svw.* Kieselgur); **Di|a|to|me|en|schlamm** (Ablagerung von Diatomeen)
Di|a|to|nik, die; - ‹griech.› (*Musik* Dur-Moll-Tonsystem; das Fortschreiten in der Tonfolge der 7-stufigen Tonleiter); **di|a|to|nisch** (auf der Diatonik beruhend); die diatonische Tonleiter
Di|ät|plan
Di|a|t|ri|be, die; -, -n ‹griech.› (Abhandlung; Streitschrift)
Dib|bel|ma|schi|ne ‹engl.; franz.›; **dib|beln** ‹engl.› (*Landw.* in Reihen mit größeren Abständen säen); ich dibb[e]le; *vgl. aber* tippeln
dich *(auch in Briefen kleingeschrieben)*
Di|cho|to|mie, die; -, ...ien ‹griech.› (Zweiteilung [in Begriffspaare]; *Bot.* Gabelung); **di|cho|to|misch,** di|cho|tom
Di|chro|is|mus [...k...], der; - ‹griech.› (*Physik* Zweifarbigkeit von Kristallen bei Lichtdurchgang); **di|chro|i|tisch;** dichroitische Spiegel
di|chro|ma|tisch (*Optik* zweifarbig); dichromatische Gläser
Di|chro|s|kop, das; -s, -e (beson-

dere Lupe zur Prüfung auf Dichroismus); **di|chro|s|ko|pisch**

dicht

Getrenntschreibung in Verbindung mit Verben und Partizipien, wenn »dicht« gesteigert oder erweitert werden kann ↑K 56:
- eine dicht behaarte [*alte Schreibung* dichtbehaarte] Brust; dicht bevölkerte [*alte Schreibung* dichtbevölkerte] Landstriche; die Menschen standen dicht gedrängt [*alte Schreibung* dichtgedrängt]
- der Deckel hat dicht gehalten
- ein Fass dicht machen

Vgl. aber dichthalten, dichtmachen

dicht|auf; dichtauf folgen
dicht be|haart, dicht be|völ|kert [*alte Schreibungen* dicht|behaart, dicht|be|völ|kert] *vgl.* dicht
Dich|te, die; -, -n *Plur. selten* (*Technik auch für* Verhältnis der Masse zur Raumeinheit); **Dich|te|mes|ser,** der (*für* Densimeter)
[1]**dich|ten** (dicht machen)
[2]**dich|ten** (Verse schreiben); **Dichten,** das; -s; ↑K 82: das Dichten und Trachten der Menschen
Dich|ter; Dich|te|rin; dich|te|risch; dichterische Freiheit
Dich|ter|kom|po|nist (Dichter u. Komponist in einer Person)
Dich|ter|kreis; Dich|ter|le|sung; Dich|ter|spra|che
Dich|ter|tum, das; -s; **Dich|ter|wort** *Plur.* ...worte
dicht ge|drängt [*alte Schreibung* dicht|ge|drängt] *vgl.* dicht
dicht|hal|ten (*ugs. für* nichts verraten); sie hat [absolut] dichtgehalten, *aber* der Verschluss hat dicht gehalten ↑K 56
Dicht|heit, die; -
Dich|tig|keit, die; -
Dicht|kunst, die; -
dicht|ma|chen (*ugs. für* schließen); sie haben die Fabrik dichtgemacht; *aber* das Fass wurde dicht gemacht
[1]**Dich|tung** (Gedicht)
[2]**Dich|tung** (Vorrichtung zum Dichtmachen)
Dich|tungs|art; Dich|tungs|gat|tung
Dich|tungs|mas|se; Dich|tungs|ma|te|ri|al; Dich|tungs|mit|tel, das; **Dich|tungs|ring; Dich|tungs|schei|be; Dich|tungs|stoff**
dick; durch dick und dünn ↑K 72; **dick|bau|chig**
Dick|darm
Dick|darm|ent|zün|dung
di|cke [*alte Trennung* ...k|k...]; *nur in* jmdn., eine Sache dicke haben (*ugs. für* jmds., einer Sache überdrüssig sein)
[1]**Di|cke** [*alte Trennung* ...k|k...], die; -, -n (*nur Sing.:* Dicksein; *[in Verbindung mit Maßangaben]* Abstand von einer Seite zur anderen); Bretter von 2 mm Dicke, von verschiedenen Dicken
[2]**Di|cke** [*alte Trennung* ...k|k...], der *u.* die; -n, -n
di|cken [*alte Trennung* ...k|k...] (zähflüssig machen, werden); Brombeersaft dickt leicht
Di|ckens (engl. Schriftsteller)
Di|cken|wachs|tum [*alte Trennung* ...k|k...] (z. B. eines Baumes)
Di|cker|chen [*alte Trennung* ...k|k...]
di|cke|tun [*alte Trennung* ...k|k...], dick|tun (*ugs. für* sich wichtig machen); ich tue mich dick[e]; dick[e]getan; dick[e]zutun
dick|fel|lig *(ugs. abwertend);* **Dick|fel|lig|keit,** die; - *(ugs. abwertend)*
dick|flüs|sig
Dick|häu|ter
Di|ckicht [*alte Trennung* ...k|k...], das; -s, -e
Dick|kopf *(ugs.);* **dick|köp|fig** *(ugs.)*
dick|lei|big; dick|lich
Dick|ma|cher (*ugs. für* sehr kalorienreiches Nahrungsmittel)
Dick|milch
Dick|schä|del *(ugs.)*
Dick|schiff (großes Seeschiff)
Dick|sein, das; -s
Dick|te, die; -, -n (*Druckw.* Buchstabenbreite)
Dick|tu|er; Dick|tu|e|rei; dick|tun *vgl.* dicketun
Di|ckung [*alte Trennung* ...k|k...] (*Jägerspr.* Dickicht)
dick|wan|dig
Dick|wanst *(ugs. abwertend);* **Dick|wurz** (Runkelrübe)
Di|dak|tik, die; -, -en ⟨griech.⟩ (Unterrichtslehre); **Di|dak|ti|ker; Di|dak|ti|ke|rin; di|dak|tisch** (unterrichtskundlich; lehrhaft)
di|del|dum!, di|del|dum|dei!
Di|de|rot [...'ro:] (franz. Schriftsteller u. Philosoph)
Did|ge|ri|doo [dɪdʒəri'du:], das; -s, -s ⟨engl.⟩ (röhrenförmiges Blasinstrument der australischen Ureinwohner)
Di|do (sagenhafte Gründerin Karthagos)
die; *Gen.* der *u.* deren *(vgl. d.); Plur. vgl.* der
Dieb, der; -[e]s, -e; **Die|be|rei**
Die|bes|ban|de *vgl.* [2]Bande; **Die|bes|beu|te; Die|bes|gut; Die|bes|hal|ken** ([2]Dietrich); **Die|bes|nest**
die|bes|si|cher
Die|bes|tour; Die|bes|zug
Die|bin
die|bisch
Dieb|stahl, der; -[e]s, ...stähle; **Dieb|stahl|ver|si|che|rung**
Dief|fen|ba|chie, die; -, -n ⟨nach dem österr. Botaniker Dieffenbach⟩ (Zierpflanze mit großen, länglich-runden Blättern)
die|je|ni|ge; *Gen.* derjenigen, *Plur.* diejenigen
Die|le, die; -, -n
Di|e|lek|t|ri|kum, das; -s, ...ka ⟨griech.⟩ (elektr. Nichtleiter); **di|e|lek|t|risch**
Di|e|lek|t|ri|zi|täts|kon|s|tan|te (Wert, der die elektrischen Eigenschaften eines Stoffes kennzeichnet; *Zeichen ε*)
die|len
Die|len|bo|den; Die|len|brett
Die|me, die; -, -n *u.* **Die|men,** der; -s, - (*nordd. für* [Heu]haufen)
die|nen
Die|ner; Die|ne|rin
die|nern; ich dienere
Die|ner|schaft; Die|ner|schar *vgl.* [1]Schar
dien|lich
Dienst, der; -[e]s, -e; zu Diensten stehen; etw. in Dienst stellen (in Betrieb nehmen); außer Dienst (*Abk.* a. D.); der Dienst habende [*alte Schreibung* diensthabende] Beamte; die Dienst tuende [*alte Schreibung* diensttuende] Ärztin; Dienst leistende [*alte Schreibung* dienstleistende] Tätigkeiten; ↑K 72: der Diensthabende wurde gerufen
Dienst|ab|teil
Diens|tag *s. Kasten S. 292*
Diens|tag|a|bend [*auch* 'di:...|'a:...]; meine Dienstagabende sind schon alle belegt; sie kommt Dienstagabend [*alte Schreibung* Dienstag abend]; er ist für Dienstagabend [*alte Schreibung* Dienstag abend] bestellt; *aber* dienstagabends *od.*

Diens|tag

der; -[e]s, -e (*Abk.* Di.)	*Verbindungen aus Wochentag und Tageszeitangabe werden zusammengeschrieben:* – am [nächsten] Dienstagabend [*alte Schreibung* Dienstag abend] – *entsprechend in Verbindung mit* Morgen, morgens usw., *aber* Dienstag früh beginnen wir *Vgl. auch* Dienstagabend
Das Substantiv »Dienstag« wird großgeschrieben: – ich werde Sie [am] Dienstag aufsuchen – alle Dienstage; eines Dienstags; des Dienstags	
Hingegen wird das Adverb »dienstags« kleingeschrieben ↑K70: – dienstags; immer dienstags	

D

dienstags abends spielen wir Skat; am, jeden Dienstagabend [*alte Schreibung* Dienstag abend]; eines schönen Dienstagabends; *vgl.* Dienstag
diens|tä|gig; *vgl.* ...tägig; **diens|täg|lich;** *vgl.* ...täglich
Diens|tag|nacht [*auch* 'di:...'na...]; *vgl.* Dienstag
diens|tags *vgl.* Dienstag
Diens|tags|ver|an|stal|tung
Dienst|al|ter; Dienst|äl|tes|te [*alte Trennung* ...|st...]
Dienst|an|tritt; Dienst|an|zug; Dienst|auf|fas|sung
Dienst|auf|sicht; Dienst|auf|sichts|be|schwer|de *(Rechtsw.)*
Dienst|aus|weis
dienst|bar; Dienst|bar|keit
dienst|be|flis|sen
Dienst|be|ginn
dienst|be|reit; Dienst|be|reit|schaft, die; -
Dienst|bo|te
dienst|eif|rig; dienst|fer|tig; dienst|frei; dienstfrei haben, sein
Dienst|ge|ber (*österr. neben* Arbeitgeber); **Dienst|ge|brauch;** nur für den Dienstgebrauch
Dienst|ge|heim|nis; Dienst|ge|spräch; Dienst|grad
Dienst ha|bend [*alte Schreibung* dienst|ha|bend] *vgl.* Dienst
Dienst|ha|ben|de, der *u.* die; -n, -n ↑K72
Dienst|herr; Dienst|jahr *meist Plur.*
Dienst leis|tend [*alte Schreibung* dienst|lei|stend] *vgl.* Dienst
Dienst|leis|tung [*alte Trennung* ...|st...]
Dienst|leis|tungs|a|bend [*alte Trennung* ...|st...]; **Dienst|leis|tungs|be|trieb; Dienst|leis|tungs|ge|sell|schaft** *(Soziol.);* **Dienst|leis|tungs|ge|wer|be; Dienst|leis|tungs|sek|tor**
dienst|lich
Dienst|mäd|chen *(veraltet)*
[1]**Dienst|mann** *Plur.* ...mannen (*früher für* Lehnsmann)
[2]**Dienst|mann** *Plur.* ...männer *u.* ...leute (*veraltend für* Gepäckträger)
Dienst|neh|mer (*österr. neben* Arbeitnehmer); **Dienst|per|so|nal**
Dienst|pflicht; dienst|pflich|tig
Dienst|prag|ma|tik, die; - (*österr. früher für* generelle Norm für das öffentl.-rechtl. Dienstverhältnis)
Dienst|rang; dienst|recht|lich
Dienst|rei|se; Dienst|sa|che
Dienst|schluss [*alte Schreibung* ...schluß], der; ...schlusses
Dienst|sie|gel; Dienst|stel|le; Dienst|stem|pel
dienst|taug|lich
Dienst tu|end [*alte Schreibung* dienst|tu|end] *vgl.* Dienst
dienst|un|fä|hig; Dienst|un|fä|hig|keit, die; -
dienst|ver|pflich|tet
Dienst|vor|schrift; Dienst|waf|fe; Dienst|wa|gen; Dienst|weg
dienst|wid|rig
Dienst|woh|nung; Dienst|zeit
Dierk *vgl.* Dirk
dies, dieses; *Gen.* dieses; diesjährig, diesmal, diesseits
Di|es, der; - (*kurz für* Dies academicus); **Di|es a|ca|de|mi|cus,** der; - - ‹lat.› (vorlesungsfreier Tag an der Universität, an dem aus besonderem Anlass eine Feier o. Ä. angesetzt ist)
dies|be|züg|lich
Die|sel, der; -[s], - ‹nach dem Erfinder› (*kurz für* Dieselkraftstoff; [Auto mit] Dieselmotor)
die|sel|be; *Gen.* derselben; *Plur.* dieselben; ein[e] und dieselbe; **die|sel|bi|ge** (*veraltet für* dieselbe)
die|sel|e|lek|t|risch
Die|sel|kraft|stoff (*Abk.* DK)
Die|sel|mo|tor ↑K136
die|seln (wie ein Dieselmotor ohne Zündung weiterlaufen [vom Ottomotor])
Die|sel|öl
die|ser, diese, dieses (dies); *Gen.* dieses, dieser, dieses; *Plur.* diese; dieser selbe [Augenblick]
die|ser|art (auf diese Weise; so); *aber* Fälle [von] dieser Art
die|ser|halb *(veraltend)*
die|ses *vgl.* dies
die|ses Jah|res (*Abk.* d. J.)
die|ses Mo|nats (*Abk.* d. M.)
die|sig (dunstig, trübe u. feucht); **Die|sig|keit,** die; -
Di|es I|rae [*alte Schreibung* Di|es irae], das; - - ‹lat., »Tag des Zornes«› (*Rel.* Anfang eines Hymnus auf das Weltgericht; Teil des Requiems)
dies|jäh|rig
dies|mal, *aber* dieses Mal, dieses *od.* dies eine, letzte Mal; **dies|ma|lig**
dies|sei|tig; Dies|sei|tig|keit, die; -
dies|seits; *Präp. mit Gen.:* diesseits des Flusses; **Dies|seits,** das; -; im Diesseits
Dies|seits|glau|be
Die|ter, Die|ther (m. Vorn.)
Diet|hild, Diet|hil|de (w. Vorn.)
Di|e|thy|len|gly|kol *vgl.* Diäthylenglykol
Diet|lind, Diet|lin|de (w. Vorn.)
Diet|mar (m. Vorn.)
[1]**Diet|rich** (m. Vorn.)
[2]**Diet|rich,** der; -s, -e (Nachschlüssel)
die|weil, all|die|weil *(veraltet)*
Dif|fa|ma|ti|on, die; -, -en ‹lat.› (Verleumdung); **dif|fa|ma|to|risch**
Dif|fa|mie, die; -, ...ien (verleumderische Bosheit); **dif|fa|mie|ren; Dif|fa|mie|rung**
dif|fe|rent ‹lat.› (verschieden)
dif|fe|ren|ti|al, Dif|fe|ren|ti|al usw. *vgl.* differenzial, Differenzial usw.
dif|fe|ren|ti|ell *vgl.* differenzial
Dif|fe|renz, die; -, -en (Unterschied; Unstimmigkeit)
Dif|fe|renz|be|trag; Dif|fe|renz|ge|schäft (Börsentermingeschäft)
dif|fe|ren|zi|al, *auch* dif|fe|ren|ti|al (einen Unterschied begründend od. darstellend)
Dif|fe|ren|zi|al, *auch* Dif|fe|ren|ti|al, das; -s, -e (*Math.* unendlich

D

kleine Differenz; *kurz für* Differenzialgetriebe)

Dif|fe|ren|zi|al|ge|o|me|t|rie, *auch* Dif|fe|ren|ti|al|ge|o|me|t|rie *(Math.)*

Dif|fe|ren|zi|al|ge|trie|be, *auch* Dif|fe|ren|ti|al|ge|trie|be (Ausgleichsgetriebe beim Kraftfahrzeug)

Dif|fe|ren|zi|al|quo|ti|ent, *auch* Dif|fe|ren|ti|al|quo|ti|ent *(Math.)*; **Dif|fe|ren|zi|al|rech|nung**, *auch* Dif|fe|ren|ti|al|rech|nung *(Math.)*

Dif|fe|ren|zi|al|schal|tung, *auch* Dif|fe|ren|ti|al|schal|tung *(Elektrot.)*

Dif|fe|ren|zi|a|ti|on, *auch* **Dif|fe|ren|ti|a|ti|on**, die; -, -en (*Math.* Anwendung der Differenzialrechnung; *Geol.* Aufspaltung einer Stammschmelze)

dif|fe|ren|zi|ell, *auch* dif|fe|ren|ti|ell (*svw.* differenzial)

dif|fe|ren|zie|ren (unterscheiden; abstufen; *Math.* die Differenzialrechnung anwenden)

Dif|fe|ren|ziert|heit, die; - (Unterschiedlichkeit; Abgestuftsein)

Dif|fe|ren|zie|rung

dif|fe|rie|ren (verschieden sein; voneinander abweichen)

dif|fi|zil ⟨franz.⟩ (schwierig, kompliziert; schwer zu behandeln)

Dif|frak|ti|on, die; -, -en ⟨lat.⟩ (*Physik* Strahlenbrechung, Beugung des Lichtes)

dif|fun|die|ren ⟨lat.⟩ (*fachspr. für* durchdringen; zerstreuen)

dif|fus (zerstreut; verschwommen); diffuses Licht

Dif|fu|si|on, die; -, -en (*Chemie* gegenseitige Durchdringung [von Gasen od. Flüssigkeiten]; *Physik* Zerstreuung; *Bergmannsspr.* Wetteraustausch; *Zuckerherstellung* Auslaugung)

Dif|fu|sor, der; -s, ...oren (*Technik* Rohrleitungsteil, dessen Querschnitt sich erweitert; *Fot.* Licht streuende Plastikscheibe zur Erweiterung des Messwinkels bei Lichtmessern)

Di|gam|ma, das; -[s], -s (Buchstabe im ältesten griech. Alphabet Ϝ)

di|gen ⟨griech.⟩ (*Biol.* durch Verschmelzung zweier Zellen gezeugt)

di|ge|rie|ren ⟨lat.⟩ (*Chemie* auslaugen, -ziehen; *Med.* verdauen)

Di|gest [ˈdaidʒɛst], der *od.* das; -[s], -s ⟨engl.⟩ (Zeitschrift, die Auszüge aus Büchern, Zeitschriften u. Ä. bringt)

Di|ges|ten [diˈgɛ...; *alte Trennung* ...|st...] *Plur.* ⟨lat.⟩ (Gesetzessammlung des Kaisers Justinian)

Di|ges|tif [...ʒɛsˈti:f; *alte Trennung* ...|st...], der; -s, -s ⟨franz.⟩ (Verdauungsgetränk)

Di|ges|ti|on [...g...; *alte Trennung* ...|st...], die; -, -en ⟨lat.⟩ (*Med.* Verdauung; *Chemie* Auslaugen)

di|ges|tiv [*alte Trennung* ...|st...] (*Med.* Verdauung bewirkend; Verdauungs...)

Di|git [...dʒɪt], das; -[s], -s ⟨engl.⟩ (Ziffer einer elektron. Anzeige)

di|gi|tal [digi...] ⟨lat.⟩ (*Med.* mit dem Finger; *Technik* in Ziffern dargestellt, ziffernmäßig; *EDV* in Stufen erfolgend)

Di|gi|ta|lis, die; -, - (Fingerhut, eine Arzneipflanze)

di|gi|ta|li|sie|ren (*Technik* mit Ziffern darstellen; in ein digitales Signal umwandeln)

Di|gi|tal|ka|me|ra; Di|gi|tal|rech|ner; Di|gi|tal|tech|nik; Di|gi|tal|ton|band; Di|gi|tal|uhr

Di|glos|sie, die; -, ...ien ⟨griech.⟩ (*Sprachw.* Zweisprachigkeit)

Di|glyph, der; -s, -e ⟨griech.⟩ (*Archit.* zweigeschlitzte Platte am Gebälk [ital. Renaissance])

Di|g|ni|tar ⟨lat.⟩, **Di|g|ni|tär** ⟨franz.⟩, der; -s, -e (Würdenträger der kath. Kirche); **Di|g|ni|tät**, die; -, -en ⟨lat.⟩ (kath. kirchl. Würde)

Di|gres|si|on, die; -, -en ⟨lat.⟩ (*Astron.* Winkel zwischen dem Meridian u. dem Vertikalkreis, der durch ein polnahes Gestirn geht)

DIHT = Deutscher Industrie- und Handelstag; *vgl.* deutsch

Di|jam|bus, der; -, ...ben ⟨griech.⟩ (*Verslehre* Doppeljambus)

Di|ke (griech. Göttin der Gerechtigkeit, eine der [2]Horen)

di|klin ⟨griech.⟩ (*Bot.* eingeschlechtig)

Di|ko|ty|le, Di|ko|ty|le|do|ne, die; -, -n ⟨griech.⟩ (*Bot.* zweikeimblättrige Pflanze)

Dik|ta|fon *vgl.* Diktaphon

Dik|tant, der; -en, -en (jmd., der diktiert)

Dik|ta|phon, *auch* Dik|ta|fon, das; -s, -e ⟨lat.; griech.⟩ (Tonbandgerät zum Diktieren)

Dik|tat, das; -[e]s, -e ⟨lat.⟩

Dik|ta|tor, der; -s, ...oren; **Dik|ta|to|rin; dik|ta|to|risch**

Dik|ta|tur, die; -, -en

dik|tie|ren (zur Niederschrift vorsprechen; aufzwingen)

Dik|tier|ge|rät

Dik|ti|on, die; -, -en (Schreibart; Ausdrucksweise)

Dik|ti|o|när, das *u.* der; -s, -e ⟨franz.⟩ (Wörterbuch)

Dik|tum, das; -s, ...ta ⟨lat., »Gesagtes«⟩ (Ausspruch)

di|la|ta|bel ⟨lat.⟩ (dehnbar); ...tab|le Buchstaben; **Di|la|ta|bi|les** *Plur.* (in die Breite gezogene hebr. Buchstaben)

Di|la|ta|ti|on, die; -, -en (*Physik* Ausdehnung; *Med.* Erweiterung [von Körperhöhlen])

Di|la|ti|on, die; -, -en ⟨lat.⟩ (*Rechtsw.* Aufschub[frist]); **di|la|to|risch** (aufschiebend)

Di|lem|ma, das; -s, *Plur.* -s, *auch* -ta ⟨griech.⟩ (Zwangslage; Wahl zwischen zwei [unangenehmen] Dingen)

Di|let|tant, der; -en, -en ⟨ital.⟩ (*geh. für* [Kunst]liebhaber; Nichtfachmann; Stümper)

di|let|tan|ten|haft, di|let|tan|tisch

Di|let|tan|tis|mus, der; - (laienhafte Beschäftigung mit etwas, Liebhaberei; Stümperhaftigkeit); **di|let|tie|ren**

Di|li|gence [...ˈʒã:s], die; -, -n ⟨franz.⟩ (*früher* [Eil]postkutsche)

Dill, der; -s, -e, *bes. österr. auch* **Dil|le**, die; -, -n (eine Gewürzpflanze)

Dil|len|kraut, Dill|kraut *(österr.)*

Dil|they (dt. Philosoph)

Di|lu|vi|um, das; -s (*älter für* Pleistozän)

dim. = diminuendo

Dime [daim], der; -s, -s (US-amerik. Münze); 10 Dime

Di|men|si|on, die; -, -en ⟨lat.⟩ (Ausdehnung; [Aus]maß; Bereich); **di|men|si|o|nal** (die Ausdehnung bestimmend); **di|men|si|o|nie|ren** (abmessen; *Technik* die Maße festlegen)

Di|me|ter, der; -s, - ⟨griech.⟩ (*Verslehre* antike Verseinheit aus zwei Füßen)

di|mi|nu|en|do ⟨ital.⟩ (*Musik* in der Tonstärke abnehmend; *Abk.* dim.); **Di|mi|nu|en|do**, das; -s, *Plur.* -s *u.* ...di

di|mi|nu|ie|ren ⟨lat.⟩ (verkleinern, verringern); **Di|mi|nu|ti|on**, die; -, -en (Verkleinerung, Verringerung; *Musik* Verkürzung der Notenwerte; variierende Verzierung)

di|mi|nu|tiv (*Sprachw.* verkleinernd); **Di|mi|nu|tiv,** das; -s, -e *u.* Di|mi|nu|ti|vum, das; -s, ...va (*Sprachw.* Verkleinerungswort, z. B. »Öfchen«); **Di|mi|nu|tiv|form** *(Sprachw.)*

Di|mi|nu|ti|vum *vgl.* Diminutiv

Dim|mer, der; -s, - ‹engl.› (stufenloser Helligkeitsregler)

di|morph ‹griech.› (zweigestaltig, zweiformig); **Di|mor|phis|mus,** der; -, ...men

DIN® ‹*Abk. für* Deutsche Industrie-Norm(en), *später gedeutet als* Das Ist Norm› (Verbandszeichen des Deutschen Instituts für Normung e. V.); *Schreibweise:* DIN (*mit einer Nummer zur Bezeichnung einer Norm* [z. B. DIN 16 511] *u. bei Kopplungen* [z. B. DIN-Norm, DIN-Mitteilungen, DIN-Format]; *vgl. auch* ↑K 26

Di|na (w. Vorn.; bibl. w. Eigenn.)

Di|nar, der; -[s], -e (Währungseinheit in Algerien, Irak, Jordanien, Jugoslawien, Kroatien, Kuwait, Tunesien)

di|na|risch; *aber* ↑K 140: das Dinarische Gebirge (im Westen des ehem. Jugoslawien)

Di|ner [...'ne:], das; -s, -s ‹franz.› (*geh. für* [festliches] Abend- od. Mittagessen mit mehreren Gängen)

[1]Ding, das; -[e]s, *Plur.* -e, *ugs.* -er (Sache); guter Dinge sein

[2]Ding, das; -[e]s, -e (germ. Volks-, Gerichts- u. Heeresversammlung); *vgl. auch* Thing

Din|gel|chen (kleines Ding)

din|gen (*veraltend für* zu Dienstleistungen gegen Entgelt verpflichten; in Dienst nehmen); du dingtest (*selten* dangst, *Konj.* dängest); gedungen (*seltener* gedingt); ding[e]!

Din|ger|chen *Plur.*

ding|fest; *nur in* jmdn. dingfest machen (verhaften)

Din|gi, das; -s, -s ‹Hindi› (kleines Beiboot)

ding|lich (eine Sache betreffend; gegenständlich); dinglicher Anspruch; **Ding|lich|keit,** die; -

Din|go, der; -s, -s ‹austral.› (austral. Wildhund)

...dings (z. B. neuerdings)

Dings, der, die, das; - *u.* **Dingsbums,** der, die, das; - *u.* **[1]Dingsda,** der, die, das; - (*ugs. für* eine unbekannte od. unbenannte Person od. Sache)

[2]Dings|da, Dings|kir|chen [*auch* ...'kɪ...] (*ugs. für* einen unbekannten od. unbenannten Ort)

Ding|wort *Plur.* ...wörter (*für* Substantiv)

di|nie|ren ‹franz.› (*geh. für* [in festlichem Rahmen] essen, speisen)

Di|ning|room ['daɪnɪŋru:m; *alte Schreibung* Di|ning-room], der; -s, -s ‹engl.› (*engl. Bez. für* Speisezimmer)

Dink, der; -s, -s *meist Plur.* ‹*aus* engl. **d**ouble **i**ncome, **n**o **k**ids = doppeltes Einkommen, keine Kinder› (jmd., der in einer kinderlosen Partnerschaft lebt, in der beide Partner einem Beruf nachgehen)

Din|kel, der; -s, - *Plur. selten* (Weizenart, Spelt)

Din|ner, das; -s, -[s] ‹engl.› (Hauptmahlzeit in England [abends eingenommen])

Din|ner|ja|cket [...dʒɛkɪt; *alte Trennung* ...k|k...], das; -s, -s (*engl. Bez. für* Smoking[jackett])

Di|no, der; -s, -s (*ugs. kurz für* Dinosaurier); **Di|no|sau|ri|er,** der; -s, - *u.* **Di|no|sau|rus,** der; -, ...rier ‹griech.› (ausgestorbene Riesenechse)

Di|no|the|ri|um, das; -s, ...ien (ausgestorbenes Rüsseltier Europas)

Di|o|de, die; -, -n ‹griech.› (elektronisches Bauelement)

Di|o|ge|nes (altgriech. Philosoph)

Di|o|k|le|ti|an (röm. Kaiser); **di|o|k|le|ti|a|nisch;** die diokletianischen [*alte Schreibung* Diokletianischen] Reformen; ↑K 135

Di|o|len®, das; -[s] (eine synthetische Faser)

Di|on, die; -, -en (*österr. kurz für* Direktion, *selten für* Division)

Di|o|ny|si|en *Plur.* ‹griech.› (Dionysosfest); **di|o|ny|sisch** ↑K 135 (dem Gott Dionysos zugehörend; *auch für* wild begeistert, tobend; rauschend [von Festen]); **Di|o|ny|sos** (griech. Gott des Weines, des Rausches u. der Fruchtbarkeit)

di|o|phan|tisch ‹nach dem altgriech. Mathematiker Diophantos›; diophantische Gleichung; ↑K 135

Di|op|ter, das; -s, - ‹griech.› (Zielgerät; *Fotogr.* Rahmensucher)

Di|op|t|rie, die; -, ...ien (*Optik* Maßeinheit für den Brechwert von Linsen); *Abk.* dpt, dptr., Dptr.; **di|op|t|risch** (das Licht brechend)

Di|o|ra|ma, das; -s, ...men ‹griech.› (plastisch wirkendes Schaubild)

Di|o|rit, der; -s, -e ‹griech.› (ein Tiefengestein)

Di|os|ku|ren *Plur.* ‹griech., »Zeussöhne«› (Kastor u. Pollux; *auch für* unzertrennliche Freunde)

Di|o|ti|ma [*auch* ...'ti:...] (myth. Priesterin bei Platon; Gestalt bei Hölderlin)

Di|o|xid, *auch* **Di|o|xyd** [*auch* ...'ksy:t] (Oxid, das zwei Sauerstoffatome enthält); *vgl.* Oxid

Di|o|xin, das; -s, -e ‹griech.› (hochgiftige Verbindung von Chlor und Kohlenwasserstoff)

Di|o|xyd *vgl.* Dioxid

Di|ö|ze|san, der; -en, -en ‹griech.› (Angehöriger einer Diözese)

Di|ö|ze|se, die; -, -n (Amtsgebiet eines kath. Bischofs)

Di|ö|zie, die; - (*Bot.* Zweihäusigkeit); **di|ö|zisch** *(Bot.)*

Dip, der; -s, -s ‹engl.› (Soße zum Eintunken)

Diph|the|rie, die; -, ...ien ‹griech.› (*Med.* eine Infektionskrankheit)

Diph|the|rie|schutz|imp|fung; Diph|the|rie|se|rum; diph|the|risch

Di|ph|thong, der; -s, -e ‹griech.› (*Sprachw.* Doppellaut, z. B. ei, au; *Ggs.* Monophthong)

di|ph|thon|gie|ren (einen Vokal zum Diphthong entwickeln); **Di|ph|thon|gie|rung; di|ph|thon|gisch**

dipl. *(schweiz.)* = diplomiert; z. B. dipl. Ing. = diplomierter Ingenieur (Diplomingenieur)

Dipl.-Betriebsw. = Diplombetriebswirt[in]; **Dipl.-Bibl.** = Diplombibliothekar[in]; **Dipl.-Biol.** = Diplombiologe/-biologin; **Dipl.-Chem.** = Diplomchemiker[in]; **Dipl.-Dolm.** = Diplomdolmetscher[in]

Di|plex|be|trieb *vgl.* Duplexbetrieb

Dipl.-Hdl. = Diplomhandelslehrer[in]; **Dipl.-Hist.** = Diplomhistoriker[in]; **Dipl.-Holzw.** = Diplomholzwirt[in]; **Dipl.-Inform.** = Diplominformatiker[in]; **Dipl.-Ing.** = Diplomingenieur[in]; **Dipl.-Kff[r].** = Diplomkauffrau; **Dipl.-Kfm.** = Diplomkaufmann; **Dipl.-Landw.** =

Di|p|lom

das; -[e]s, -e
‹griech.› (amtliches Schriftstück; Urkunde; [Ehren]zeugnis; akademischer Grad)

Im Folgenden sind ausgewählte Berufsbezeichnungen mit »Diplom« und die zugehörigen Abkürzungen aufgeführt, wobei die Abkürzungen sowohl für die männlichen als auch für die weiblichen Titel gelten. Alle Bezeichnungen können auch mit Bindestrich geschrieben werden: Diplombetriebswirt, *auch* Diplom-Betriebswirt usw.

- Diplombetriebswirt[in], *Abk.* Dipl.-Betriebsw.
- Diplombibliothekar[in], *Abk.* Dipl.-Bibl.
- Diplombiologe/-biologin, *Abk.* Dipl.-Biol.
- Diplomchemiker[in], *Abk.* Dipl.-Chem.
- Diplomdolmetscher[in], *Abk.* Dipl.-Dolm.
- Diplomhandelslehrer[in], *Abk.* Dipl.-Hdl.
- Diplomhistoriker[in], *Abk.* Dipl.-Hist.
- Diplomholzwirt[in], *Abk.* Dipl.-Holzw.
- Diplominformatiker[in], *Abk.* Dipl.-Inform.
- Diplomingenieur[in], *Abk.* Dipl.-Ing.
- Diplomkauffrau, *Abk.* Dipl.-Kff[r].
- Diplomkaufmann *Plur.* ...leute, *Abk.* Dipl.-Kfm., *österr.* Dkfm.
- Diplomlandwirt[in], *Abk.* Dipl.-Landw.
- Diplommathematiker[in], *Abk.* Dipl.-Math.
- Diplommediziner[in], *Abk.* Dipl.-Med.
- Diplommeteorologe/-meteorologin, *Abk.* Dipl.-Met.
- Diplomoecotrophologe/-oecotrophologin, *Abk.* Dipl.-Oecotroph.
- Diplomökonom[in], *Abk.* Dipl.-Ök.
- Diplompädagoge/-pädagogin, *Abk.* Dipl.-Päd.
- Diplomphysiker[in], *Abk.* Dipl.-Phys.
- Diplompsychologe/-psychologin, *Abk.* Dipl.-Psych.
- Diplomsportlehrer[in], *Abk.* Dipl.-Sportl.
- Diplomvolkswirt[in], *Abk.* Dipl.-Volksw.
- Diplomwirtschaftsingenieur[in], *Abk.* Dipl.-Wirtsch.-Ing.

D

Diplomlandwirt[in]; **Dipl.-Math.** = Diplommathematiker[in]; **Dipl.-Med.** = Diplommediziner[in]; **Dipl.-Met.** = Diplommeteorologe/-meteorologin

Di|p|lo|do|kus, der; -, ...ken ‹griech.› (ausgestorbene Riesenechse)

Dipl.-Oecotroph. = Diplomoecotrophologe/-oecotrophologin

di|p|lo|id ‹griech.› (*Biol.* mit doppeltem Chromosomensatz)

Dipl.-Ök. = Diplomökonom[in]

Di|p|lo|kok|kus, der; -, ...kken ‹griech.› (*Med.* Kokkenpaar [Krankheitserreger])

Di|p|lom *s. Kasten*

Di|p|lo|mand, der; -en, -en; (jmd., der sich auf die Diplomprüfung vorbereitet); **Di|p|lo|man|din; Di|p|lom|ar|beit**

Di|p|lo|mat, der; -en, -en; ‹griech.› (beglaubigter Vertreter eines Landes bei einem fremden Staat)

Di|p|lo|ma|ten|aus|weis; Di|p|lo|ma|ten|kof|fer; Di|p|lo|ma|ten|lauf|bahn

Di|p|lo|ma|ten|pass [*alte Schreibung* Di|plo|ma|ten|paß]

Di|p|lo|ma|tie, die; - (Regeln u. Methoden für die Führung außenpolit. Verhandlungen; Gesamtheit der Diplomaten; Geschicktheit im Umgang)

Di|p|lo|ma|tik, die; - (Urkundenlehre)

Di|p|lo|ma|ti|ker (Urkundenforscher u. -kenner)

Di|p|lo|ma|tin

di|p|lo|ma|tisch (die Diplomatie u. die Diplomatik betreffend; urkundlich; klug u. geschickt im Umgang); das diplomatische Korps; *vgl. aber* ↑K 89: das Diplomatische Korps in Rom

di|p|lo|mie|ren (ein Diplom erteilen)

Dipl.-Päd. = Diplompädagoge/-pädagogin; **Dipl.-Phys.** = Diplomphysiker[in]; **Dipl.-Psych.** = Diplompsychologe/-psychologin; **Dipl.-Sportl.** = Diplomsportlehrer[in]; **Dipl.-Volksw.** = Diplomvolkswirt[in]; **Dipl.-Wirtsch.-Ing.** = Diplomwirtschaftsingenieur[in]

Di|po|die, die; -, ...ien ‹griech.› (*Verslehre* zweiteilige Taktgruppe in einem Vers); **di|po|disch**

Di|pol, der; -s, -e ‹griech.› (*Physik* Anordnung von zwei entgegengesetzt gleichen elektrischen Ladungen)

Di|pol|an|ten|ne

Dip|pel, der; -s, - (*südd. für* Dübel; *österr. ugs. für* Beule; *vgl.* Tippel)

Dip|pel|baum (*österr. für* Trag-, Deckenbalken)

[1]**dip|pen** (*landsch. für* eintauchen)

[2]**dip|pen** ‹engl.› (*Seemannsspr.* die Flagge zum Gruß halb niederholen u. wieder hochziehen)

Dip|tam, der; -s ‹griech.› (eine Zierpflanze)

Di|p|te|ren, *Plur.* ‹griech.› (*Zool.* zweiflüglige Insekten)

Di|p|te|ros, der; -, ...roi (Tempel mit doppelter Säulenreihe)

Di|p|ty|chon, das; -s, *Plur.* ...chen *u.* ...cha ‹griech.› (zusammenklappbare Schreibtafel im Altertum; zweiflügeliges Altarbild)

dir

Beugung des folgenden [substantivierten] Adjektivs oder Partizips:
- dir alten (*selten* alter) Frau; dir jungem (*auch* jungen) Menschen
- dir Geliebten (*weibl.; selten* Geliebter); dir Geliebtem (*männl.; neben* Geliebten)

Auch in Briefen wird »dir« kleingeschrieben

Dir. = Direktor[in]

Di|rec|toire [...rɛkˈtoaːɐ̯], das; -[s] ‹franz.› (französ. [Kunst]stil Ende des 18. Jh.s)

di|rekt ‹lat.›; direkte Rede (*Sprachw.* wörtliche Rede)

Di|rekt|flug; Di|rekt|heit

Di|rek|ti|on, die; -, -en (*schweiz. auch* kantonales Ministerium)

Di|rek|ti|ons|kraft *(Physik)*; **di|rek|ti|ons|los** (richtungslos)

Di|rek|ti|ons|se|k|re|tä|rin; Di|rek|ti|ons|zim|mer

Di|rek|ti|ve, die; -, -n (Weisung; Verhaltensregel)

Di|rekt|man|dat

Di|rek|tor, der; -s, ...oren (*Abk.* Dir.); **Di|rek|to|rat,** das; -[e]s, -e;

D

di|rek|to|ri|al (dem Direktor zustehend, von ihm herrührend); **Di|rek|to|rin; Di|rek|to|ri|um,** das; -s, ...ien; **Di|rek|tor|zim|mer**

Di|rek|t|ri|ce [...sə, *österr.* ...s], die; -, -n ⟨franz.⟩ (leitende Angestellte [bes. in der Bekleidungsindustrie])

Di|rek|t|rix, die; - ⟨lat.⟩ (*Math.* Leitlinie von Kegelschnitten)

Di|rekt|sen|dung; Di|rekt|spiel *(Sport);* **Di|rekt|ü|ber|tra|gung**

Di|rekt|ver|kauf; Di|rekt|wer|bung

Di|ret|tis|si|ma, die; -, -s ⟨ital.⟩ (Route, die ohne Umwege zum Berggipfel führt)

Di|rex, der; -, -e (*Schülerspr.* Direktor)

Dir|ham, *auch* **Dir|hem,** der; -s, -s (Währungseinheit in arab. Ländern; frühere Gewichtseinheit in islam. Ländern)

Di|ri|gat, das; -[e]s, -e ⟨lat.⟩ (das Dirigieren [eines Orchesters])

Di|ri|gent, der; -en, -en

Di|ri|gen|ten|pult; Di|ri|gen|ten|stab

Di|ri|gen|tin; di|ri|gie|ren ([ein Orchester] leiten; lenken)

Di|ri|gis|mus, der; - (staatl. Lenkung der Wirtschaft); **di|ri|gis|tisch** [*alte Trennung* ...is|t...]

di|ri|mie|ren ⟨lat.⟩ (*österr. für* bei Stimmengleichheit entscheiden); **Di|ri|mie|rungs|recht**

Dirk, Dierk (m. Vorn.)

Dirn, die; -, -en (*bayr., österr. mdal. für* Magd)

Dirndl, das; -s, -n (*bayr., österr. für* junges Mädchen; Dirndlkleid; *ostösterr. ugs. auch für* [Frucht der] Kornelkirsche); **Dirndl|kleid**

Dirndl|strauch (*ostösterr. ugs. für* Strauch der Kornelkirsche)

Dir|ne, die; -, -n (Prostituierte; *mdal. für* junges Mädchen)

Dir|schen|öl (*österr. für* aus Ölschiefer gewonnenes Öl)

dis, Dis, das; -, - (Tonbezeichnung); **dis** (*Zeichen für* dis-Moll); in dis

Dis|a|gio [...ˈa:dʒo, *auch* ...ˈa:ʒio], das; -s, *Plur.* -s *u.* ...gien [...ˈa:dʒn, *auch* ...ˈa:ʒiən] ⟨ital.⟩ (Abschlag, um den der Kurs von Wertpapieren od. Geldsorten unter dem Nennwert od. der Parität steht)

Disc|jo|ckey [*alte Trennung* ...k|k...]; *vgl.* Diskjockei

Dis|co *vgl.* Disko

Dis|coun|ter [...ˈkaun...], der; -s, - (Geschäft, in dem Waren mit hohen Rabatten verkauft werden): **Dis|count|preis**

Dis|co|ve|ry [...ˈkavəri], die; - ⟨engl., »Entdeckung«⟩ (Name einer amerik. Raumfähre)

Dis|en|gage|ment [dizınˈge:tʃmɛ...], das; -s ⟨engl.⟩ (milit. Auseinanderrücken der Machtblöcke)

Di|seur [...ˈzø:ɐ̯], der; -s, -e ⟨franz.⟩ (Sprecher, Vortragskünstler); **Di|seu|se** [...ˈzø:...], die; -, -n

Dis|har|mo|nie [*auch* ˈdɪs...], die; -, ...ien ⟨lat.; griech.⟩ (Missklang; Uneinigkeit); **dis|har|mo|nie|ren; dis|har|mo|nisch**

Dis|junk|ti|on, die; -, -en ⟨lat.⟩ (Trennung; Sonderung); **dis|junk|tiv;** disjunktive Konjunktion (*Sprachw.* ausschließendes Bindewort, z. B. »oder«)

Dis|kant, der; -s, -e ⟨lat.⟩ (*Musik* höchste Stimm- od. Tonlage)

Dis|kant|schlüs|sel; Dis|kant|stim|me

Dis|ken (*Plur. von* Diskus)

Dis|ket|te, die; -, -n ⟨engl.; franz.⟩ (als Datenspeicher dienende Magnetplatte)

Disk|jo|ckei, *auch* Disc|jo|ckey [*alte Trennung* ...k|k...], der; -s, -s ⟨engl.⟩ (jmd., der Schallplatten präsentiert)

Disk|ka|me|ra ⟨griech.; lat.⟩ (Kamera, bei der die Fotos auf einer runden Scheibe belichtet werden)

Dis|ko, *auch* Dis|co, die; -, -s ⟨engl.⟩ (Tanzlokal u. -veranstaltung mit Schallplattenmusik)

Dis|ko|gra|phie, *auch* Dis|ko|gra|fie, die; -, ...ien ⟨griech.⟩ (Schallplattenverzeichnis)

Dis|ko|mu|sik, *auch* Dis|co|mu|sik

Dis|kont, der; -s, -e ⟨ital.⟩ (*Bankw.* Zinsvergütung bei noch nicht fälligen Zahlungen)

Dis|kon|ten *Plur.* (inländische Wechsel)

Dis|kont|er|hö|hung; Dis|kont|ge|schäft; Dis|kont|he|r|ab|set|zung

dis|kon|tie|ren (eine später fällige Forderung unter Abzug von Zinsen ankaufen)

dis|kon|ti|nu|ier|lich [*auch* ˈdɪs...] ⟨lat.⟩ (unterbrochen, zusammenhanglos); **Dis|kon|ti|nu|i|tät** [*auch* ˈdɪ...], die; -, -en

Dis|kont|satz (*Bankw.* Zinssatz); **Dis|kont|sen|kung; Dis|kont|spe|sen** *Plur.* (Wechselspesen)

Dis|kor|danz, die; -, -en ⟨lat.⟩ (Uneinigkeit, Missklang; *Geol.* ungleichförmige Lagerung zweier Gesteinsverbände)

Dis|ko|rol|ler, *auch* Dis|co|rol|ler, der; -s, - ⟨engl.⟩ (Rollschuh [mit Kunststoffrollen])

Dis|ko|thek, die; -, -en ⟨griech.⟩ (Schallplattensammlung; *auch svw.* Disko); **Dis|ko|the|kar,** der; -s, -e (Verwalter einer Diskothek [beim Rundfunk])

Dis|kre|dit, der; -[e]s ⟨lat.⟩ (übler Ruf); **dis|kre|di|tie|ren** (in Verruf bringen); **Dis|kre|di|tie|rung**

dis|kre|pant ⟨lat.⟩ (abweichend; widersprüchlich); **Dis|kre|panz,** die; -, -en (Missverhältnis)

dis|kret ⟨lat.⟩ (taktvoll; unauffällig; vertraulich; *Physik, Math.* abgegrenzt, getrennt); diskrete Zahlenwerte; **Dis|kre|ti|on,** die; - (Verschwiegenheit, ²Takt)

Dis|kri|mi|nan|te, die; -, -n ⟨lat.⟩ (math. Ausdruck bei Gleichungen zweiten u. höheren Grades)

dis|kri|mi|nie|ren; Dis|kri|mi|nie|rung (unterschiedliche Behandlung; Herabsetzung)

dis|kur|rie|ren ⟨lat.⟩ (*landsch. für* sich eifrig unterhalten)

Dis|kurs, der; -es, -e ([eifrige] Erörterung; methodisch aufgebaute Abhandlung); **dis|kur|siv** (*Philos.* von Begriff zu Begriff logisch fortschreitend)

Dis|kus, der; *Gen.* - *u.* -ses, *Plur.* ...ken *u.* -se ⟨griech.⟩ (Wurfscheibe)

Dis|kus|si|on, die; -, -en ⟨lat.⟩ (Erörterung; Aussprache; Meinungsaustausch)

Dis|kus|si|ons|a|bend; Dis|kus|si|ons|bei|trag

dis|kus|si|ons|freu|dig

Dis|kus|si|ons|ge|gen|stand; Dis|kus|si|ons|grund|la|ge; Dis|kus|si|ons|lei|ter; Dis|kus|si|ons|red|ner; Dis|kus|si|ons|run|de; Dis|kus|si|ons|teil|neh|mer; Dis|kus|si|ons|the|ma

dis|kus|si|ons|wür|dig

Dis|kus|wer|fen, das; -s; **Dis|kus|wer|fer; Dis|kus|wurf**

dis|ku|ta|bel ⟨lat.⟩ (erwägenswert; strittig); diskuta|b|le Fragen

Dis|ku|tant, der; -en, -en; (Diskussionsteilnehmer); **Dis|ku|tan|tin**

dis|ku|tier|bar; dis|ku|tie|ren; [über] etwas diskutieren

Dis|lo|ka|ti|on, die; -, -en ⟨lat.⟩ (räumliche Verteilung [von Truppen]; *Geol.* Störung der normalen Lagerung von Gesteinsverbänden; *Med.* Verschiebung der Bruchenden)

dis|lo|zie|ren ([Truppen] räumlich verteilen, verlegen); **Dis|lo|zie|rung**

dis-Moll [*auch* 'dis'mɔl], das; - (Tonart; *Zeichen* dis); **dis-Moll-Ton|lei|ter** ↑K 26

Dis|ney [...ni], Walt [vo:lt] (amerik. Trickfilmzeichner u. Filmproduzent)

Dis|pa|che [...ʃə], die; -, -n ⟨franz.⟩ (*Seew.* Schadensberechnung u. -verteilung bei Seeschäden); **Dis|pa|cheur** [...'ʃø:ɐ̯], der; -s, -e (Seeschadenberechner); **dis|pa|chie|ren**

dis|pa|rat ⟨lat.⟩ (ungleichartig; unvereinbar); **Dis|pa|ri|tät**, die; -, -en (Ungleichheit)

Dis|pat|cher [...'pɛtʃ...], der; -s, - ⟨engl.⟩ (leitender Angestellter in der Industrie, der den Produktionsablauf überwacht); **Dis|pat|che|rin**

Dis|pat|cher|sys|tem [*alte Trennung* ...|st...]

Dis|pens, der; -es, -e *u. (österr. u. im kath. Kirchenrecht nur)* die; -, -en ⟨lat.⟩ (Aufhebung einer Verpflichtung, Befreiung; Ausnahme[bewilligung])

Dis|pen|saire|be|treu|ung [...'sɛ:ɐ̯..., *auch* ...pã'sɛ:ɐ̯...] ⟨franz.; dt.⟩ (vorbeugende med. Betreuung Gefährdeter)

Dis|pen|sa|ti|on [...pɛ...], die; -, -en ⟨lat.⟩ (Befreiung)

Dis|pen|sa|to|ri|um, das; -s, ...ien (Arznei-, Apothekerbuch)

Dis|pens|e|he

dis|pen|sie|ren (von einer Vorschrift befreien, freistellen; Arzneien bereiten u. abgeben); **Dis|pen|sie|rung**

di|s|per|gie|ren ⟨lat.⟩ (verbreiten)

di|s|pers (fein verteilt; zerstreut); disperse Phase *(Physik)*; **Di|s-per|si|on**, die; -, -en (feinste Verteilung eines Stoffes in einem anderen; *Physik* Abhängigkeit der Fortpflanzungsgeschwindigkeit einer Wellenbewegung von der Wellenlänge)

Di|s|per|si|ons|far|be

Dis|placed Per|son [...'ple:st 'pø:ɐ̯sn̩; *alte Schreibung* Displaced per|son], die; - -, - -s (*Bez. für* Ausländer, der während des Zweiten Weltkriegs nach Deutschland [zur Arbeit] verschleppt wurde)

Dis|play [...'ple:], das; -s, -s ⟨engl.⟩ (optisch wirksames Ausstellen von Waren; aufstellbares Werbungsmaterial; *EDV* optische Datenanzeige)

Dis|play|er, der; -s, - (Dekorations-, Packungsgestalter)

Dis|play|gra|fi|ker, *auch* **Dis|play-gra|phi|ker**

Dis|play|ma|te|ri|al

Di|spon|de|us, der; -, ...een ⟨griech.⟩ (*Verslehre* Doppelspondeus)

Dis|po|nen|de, die; -, -n *meist Plur.* ⟨lat.⟩ (bis zum Abrechnungstermin unverkauftes Buch, dessen weitere Lagerung beim Buchhändler der Verleger gestattet)

Dis|po|nent, der; -en, -en (kaufmänn. Angestellter mit besonderen Vollmachten, der einen größeren Unternehmungsbereich leitet); **Dis|po|nen|tin**

dis|po|ni|bel (verfügbar); disponib|le Gelder; **Dis|po|ni|bi|li|tät**, die; - (Verfügbarkeit)

dis|po|nie|ren; dis|po|niert (*auch für* aufgelegt; empfänglich [für Krankheiten])

Dis|po|si|ti|on, die; -, -en ⟨lat.⟩ (Anordnung, Gliederung; Verfügung; Anlage; Empfänglichkeit [für Krankheiten]); zur Disposition (im einstweiligen Ruhestand; *Abk.* z. D.); **dis|po|si-ti|ons|fä|hig** (geschäftsfähig)

Dis|po|si|ti|ons|fonds; Dis|po|si|ti-ons|gel|der *Plur.* (Verfügungsgelder); **Dis|po|si|ti|ons|kre|dit** (Überziehungskredit)

dis|po|si|tiv (anordnend, verfügend; *Rechtsw.* abdingbar; *vgl. d.*); dispositives Recht

Dis|po|si|tiv, das; -s, -e (*schweiz. für* Gesamtheit der Vorkehrungen für einen bestimmten Fall)

Dis|pro|por|ti|on [*auch* 'dɪs...], die; -, -en ⟨lat.⟩ (Missverhältnis); **dis|pro|por|ti|o|nal** (schlecht proportioniert); **Dis|pro|por|ti|o-na|li|tät**, die; -, -en; **dis|pro|por-ti|o|niert**

Dis|put, der; -[e]s, -e ⟨lat.⟩ (Wortwechsel; Streitgespräch)

dis|pu|ta|bel (strittig); disputab-le Fragen

Dis|pu|tant, der; -en, -en (Disputierender); **Dis|pu|tan|tin**

Dis|pu|ta|ti|on, die; -, -en (Streitgespräch); **dis|pu|tie|ren**

Dis|qua|li|fi|ka|ti|on, die; -, -en; ⟨lat.⟩; **dis|qua|li|fi|zie|ren** (vom sportl. Wettbewerb ausschließen; für untauglich erklären); **Dis|qua|li|fi|zie|rung**

Dis|ra|e|li [*engl.* ...'re:li] (brit. Schriftsteller u. Politiker)

Diss. = Dissertation

dis|sen ⟨amerik.⟩ (*Rapperjargon* verächtlich machen, schmähen)

Dis|sens, der; -es, -e ⟨lat.⟩ (Meinungsverschiedenheit)

Dis|sen|ter, der; -s, -s *meist Plur.* ⟨engl.⟩ (sich nicht zur anglikan. Kirche Bekennender)

dis|sen|tie|ren ⟨lat.⟩ (abweichender Meinung sein)

Dis|ser|tant, der; -en, -en ⟨lat.⟩ (jmd., der eine Dissertation anfertigt); **Dis|ser|tan|tin**

Dis|ser|ta|ti|on, die; -, -en (wissenschaftl. Abhandlung zur Erlangung der Doktorwürde; *Abk.* Diss.); **dis|ser|tie|ren**

Dis|si|dent, der; -en, -en ⟨lat.⟩ (jmd., der außerhalb einer staatlich anerkannten Religionsgemeinschaft steht; jmd., der von einer offiziellen politischen Meinung abweicht); **Dis|si|den-tin; dis|si|die|ren** (anders denken; [aus der Kirche] austreten)

Dis|si|mi|la|ti|on, die; -, -en ⟨lat.⟩ (*Sprachw.* »Entähnlichung« von Lauten, z. B. Wechsel von t zu k in »Kartoffel« [*aus* »Tartüffel«]; *Biol.* Abbau u. Verbrauch von Nährstoffen unter Energiegewinnung); **dis|si|mi|lie|ren**

Dis|si|mu|la|ti|on, die; -, -en ⟨lat.⟩ (*Med., Psych.* bewusste Verheimlichung einer Krankheit); **dis|si|mu|lie|ren**

Dis|si|pa|ti|on, die; -, -en ⟨lat.⟩ (*Physik* Übergang einer Energieform in Wärmeenergie)

Dis|si|pa|ti|ons|sphä|re, die; - (*svw.* Exosphäre)

dis|so|lu|bel ⟨lat.⟩ (löslich, auflösbar, zerlegbar); dissolub|le Mischungen; **Dis|so|lu|ti|on**, die; -, -en (Auflösung, Trennung)

dis|so|nant ⟨lat.⟩ (misstönend)

Dis|so|nanz, die; -, -en (Missklang; Unstimmigkeit)

dis|so|nie|ren

Dis|so|zi|a|ti|on, die; -, -en ⟨lat.⟩ (*fachspr. für* Zerfall, Trennung; Auflösung); **dis|so|zi|ie|ren**

Dis|stress [*alte Schreibung* Disstreß], der; -es, -e ⟨griech., engl.⟩ (*Psych., Med.* lang andauernder starker Stress)

di|s|tal ⟨lat.⟩ (*Med.* weiter von der Körpermitte, bei Blutgefäßen weiter vom Herzen entfernt)

D

Di|s|tạnz, die; -, -en ‹lat.› (Entfernung; Abstand); **Di|s|tạnz|ge|schäft** (Verkauf nach Katalog od. Mustern)
di|s|tan|zie|ren ([im Wettkampf] überbieten, hinter sich lassen); sich distanzieren (von jmdm. od. etwas abrücken)
di|s|tan|ziert; Di|s|tan|zie|rung
Di|s|tạnz|re|lais *(Elektrot.)*
Di|s|tạnz|ritt (Ritt über eine sehr lange Strecke)
Di|s|tạnz|wech|sel (*Bankw.* Wechsel mit verschiedenem Ausstellungs- u. Zahlungsort)
Dịs|tel [*alte Trennung* ...|st...], die; -, -n; **Dịs|tel|fal|ter** (ein Schmetterling); **Dịs|tel|fink** (ein Vogel)
Di|s|then, der; -s, -e ‹griech.› (ein Mineral)
Dị|s|ti|chon, das; -s, ...chen ‹griech.› (*Verslehre* Verspaar aus Hexameter u. Pentameter)
di|s|tin|guiert [...'gi:gt] ‹lat.› (betont vornehm); **Di|s|tin|guiert|heit,** die; -
di|s|tịnkt (klar und deutlich [abgegrenzt])
Di|s|tink|ti|on, die; -, -en (Auszeichnung; [hoher] Rang; *österr. für* Rangabzeichen)
di|s|tink|tiv (unterscheidend)
Dis|tor|si|on, die; -, -en ‹lat.› (*Optik* Verzerrung, Verzeichnung; *Med.* Verstauchung)
dis|tra|hie|ren ‹lat.› (*fachspr. für* auseinander ziehen; trennen)
Dis|trak|ti|on, die; -, -en (*veraltet für* Zerstreuung; *Geol.* Zerrung von Teilen der Erdkruste; *Med.* Behandlung von Knochenbrüchen mit Streckverband)
Dis|tri|bu|ẹnt, der; -en, -en ‹lat.› (Verteiler); **Dis|tri|bu|ẹn|tin; dis|tri|bu|ie|ren** (verteilen)
Dis|tri|bu|ti|on, die; -, -en (Verteilung; Auflösung; *Wirtsch.* Einkommensverteilung, Verteilung von Handelsgütern; *Sprachw.* die Umgebung eines sprachlichen Elements; *Psych.* Verteilung u. Aufspaltung der Aufmerksamkeit)
Dis|tri|bu|ti|ons|for|mel (Spendeformel beim Abendmahl)
dis|tri|bu|tiv (verteilend)
Dis|tri|bu|tiv|ge|setz *(Math.)*; **Dis|tri|bu|tiv|zahl** (im Deutschen mit »je« gebildet, z. B. »je acht«)
Di|s|t|rịkt, der; -[e]s, -e ‹lat.› (Bezirk, Bereich); **Di|s|t|rịkts|vor|ste|her**
Dis|zi|p|lin, die; -, -en ‹lat.› (*nur Sing.:* Zucht, Ordnung; Fach einer Wissenschaft; Teilbereich des Sports); **dis|zi|p|li|när** (*bes. österr. für* disziplinarisch)
Dis|zi|p|li|nar|ge|walt (Ordnungsgewalt)
dis|zi|p|li|na|risch, dis|zi|p|li|nẹll (die Disziplin, Dienstordnung betreffend; mit gebotener Strenge)
Dis|zi|p|li|nar|maß|nah|me; Dis|zi|p|li|nar|recht (Teil des Beamtenrechts); **Dis|zi|p|li|nar|stra|fe; Di|s|zi|p|li|nar|ver|fah|ren; Dis|zi|p|li|nar|ver|ge|hen**
dis|zi|p|li|nẹll *vgl.* disziplinarisch
dis|zi|p|li|nie|ren (zur Ordnung erziehen); **dis|zi|p|li|niert**
Dis|zi|p|li|niert|heit, die; -
dis|zi|p|lin|los; dis|zi|p|lin|wid|rig
Di|te|t|ro|de, die; -, -n ‹griech.› (*Elektrot.* Doppelvierpolröhre)
Dịth|mar|schen (Gebiet an der Nordseeküste); **Dịth|mar|scher; dịth|mar|sisch**
Di|thy|rạm|be, die; -, -n ‹griech.› *u.* Di|thy|rạm|bus, der; -, ...ben (Weihelied [auf Dionysos]; überschwängliches Gedicht); **di|thy|ram|bisch** (begeistert, überschwänglich)
Di|thy|rạm|bus *vgl.* Dithyrambe
di|to ‹lat.› (dasselbe, ebenso; *Abk.* do. *od.* dto.); *vgl.* detto
Di|tro|chä|us, der; -, ...äen ‹griech.› (*Verslehre* Doppeltrochäus)
Dịt|te (w. Vorn.)
Dit|to|gra|phie, *auch* Dit|to|gra|fie, die; -, ...ien ‹griech.› (Doppelschreibung von Buchstaben[gruppen])
Di|u|re|se, die; -, -n ‹griech.› (*Med.* Harnausscheidung); **Di|u|re|ti|kum,** das; -s, ...ka (harntreibendes Mittel); **di|u|re|tisch**
Di|ur|nal, das; -s, -e ‹lat.› *u.* **Di|ur|na|le,** das; -, ...lia (Gebetbuch der kath. Geistlichen mit den Tagesgebeten)
Di|va, die; -, *Plur.* -s *u.* ...ven ‹ital., »Göttliche«› (erste Sängerin, gefeierte Schauspielerin)
di|ver|gent ‹lat.› (auseinander gehend; in entgegengesetzter Richtung [ver]laufend); **Di|ver|genz,** die; -, -en (Auseinandergehen; Meinungsverschiedenheit); **di|ver|gie|ren**
di|vers ‹lat.› (verschieden; *im Plur. auch* mehrere)
Di|ver|sant, der; -en, -en (*im kommunist. Sprachgebrauch* Saboteur)
Di|ver|si|fi|ka|ti|on, die; -, -en (Abwechslung, Mannigfaltigkeit; *Wirtsch.* Ausweitung des Waren- oder Produktionssortiments eines Unternehmens)
di|ver|si|fi|zie|ren
Di|ver|si|on, die; -, -en (*veraltet für* Ablenkung; Angriff von der Seite; *im kommunist. Sprachgebrauch* Sabotage durch den Klassenfeind)
Di|ver|si|tät, die; - (Vielfalt, Vielfältigkeit)
Di|ver|ti|kel, das; -s, - (*Med.* Ausbuchtung an Organen)
Di|ver|ti|mẹn|to, das; -s, *Plur.* -s *u.* ...ti ‹ital.› (*Musik* heiteres Instrumentalstück; Tanzeinlage; Zwischenspiel)
Di|ver|tis|se|ment [...sə'mã:], das; -s, -s ‹franz.› (Gesangs- od. Balletteinlage der franz. Oper des 17./18. Jh.s; *selten für* Divertimento)
di|vi|de et ịm|pe|ra ‹lat., »teile und herrsche!«› (legendäres Prinzip der altrömischen Außenpolitik)
Di|vi|dẹnd, der; -en, -en ‹lat.› (*Math.* zu teilende Zahl; Zähler eines Bruchs)
Di|vi|dẹn|de, die; -, -en (*Wirtsch.* der auf eine Aktie entfallende Gewinnanteil)
Di|vi|dẹn|den|aus|schüt|tung; Di|vi|dẹn|den|schein
di|vi|die|ren (*Math.* teilen); zehn dividiert durch fünf ist, macht, gibt (*nicht:* sind, machen, geben) zwei
Di|vi|di|vi *Plur.* ‹indian.-span.› (gerbstoffreiche Schoten einer [sub]tropischen Pflanze)
Di|vi|na Com|me|dia, die; - - ‹ital.› (Dantes »Göttliche Komödie«)
di|vi|na|to|risch ‹lat.› (vorahnend; seherisch)
Di|vi|ni|tät, die; - (Göttlichkeit)
Di|vis, das; -es, -e ‹lat.› (*Druckw.* Trennungs- od. Bindestrich)
Di|vi|si|on, die; -, -en (*Math.* Teilung; Heeresabteilung)
Di|vi|si|o|när, der; -s, -e ‹franz.› (*bes. schweiz., österr. für* Befehlshaber einer Division)
Di|vi|si|ons|kom|man|deur; Di|vi|si|ons|la|za|rett; Di|vi|si|ons|stab
Di|vi|sor, der; -s, ...oren ‹lat.› (*Math.* teilende Zahl; Nenner)
Di|vi|so|ri|um, das; -s, ...ien (*Druckw.* gabelförmige Klammer [zum Halten der Vorlage])
Di|wan, der; -s, -e ‹pers.› (*veral-*

tend für niedriges Liegesofa; *Literaturw.* [oriental.] Gedichtsammlung; *früher* türk. Staatsrat); [Goethes] »Westöstlicher Diwan«

Dix (dt. Maler)

Di|xie [...ksi], der; -s (*ugs. Kurzform für* Dixieland)

Di|xie|land [...lɛnt], der; -[s] ⟨amerik.⟩ *u.* **Di|xie|land|jazz**, *auch* **Di|xie|land-Jazz** (eine nordamerik. Variante des Jazz)

DJ [ˈdi:dʒe:], der; -[s], -s = Diskjockei ⟨engl.⟩

d. J. = dieses Jahres; der Jüngere

Dja|kar|ta [dʒ...] (*ältere Schreibung für* Jakarta)

Dja|maa, die; - ⟨arab.⟩ (Gemeinschaft der rechtgläubigen Muslime)

DJane [diˈdʒe:n], die; -, -s (weibl. DJ)

Djan|na, die; - ⟨arab.⟩ (islam. Bezeichnung für Paradies)

Djer|ba [dʒ...] (tunes. Insel)

DJH, das; -[s] = Deutsches Jugendherbergswerk

Dji|bou|ti [dʒ...] (*schweiz. u. franz. für* Dschibuti)

DJK, die; - = Deutsche Jugendkraft [e. V.]

Dju|ma [dʒ...], die; - ⟨arab.⟩ (Freitagsgebet im Islam)

DK = Dezimalklassifikation; Dieselkraftstoff

Dkfm. *(österr.)* = Diplomkaufmann

DKK (Währungscode für dän. Krone)

DKP, die; - = Deutsche Kommunistische Partei

dkr = dänische Krone (Münze)

dl = Deziliter

DLF, der; - = Deutschlandfunk

DLG = Deutsche Landwirtschaftsgesellschaft

DLRG = Deutsche Lebens-Rettungs-Gesellschaft

dm = Dezimeter

DM = Deutsche Mark

dm² = Quadratdezimeter

dm³ = Kubikdezimeter

d. M. = dieses Monats

D-Mark, die; -, - (Deutsche Mark); Francs in D-Mark wechseln

d-Moll [ˈde:mɔl, *auch* ...ˈmɔl], das; - (Tonart; *Zeichen* d); **d-Moll-Ton|lei|ter** ↑K 26

DNA, die; - = deoxyribonucleic acid ⟨engl.⟩ (Desoxyribonukleinsäure)

Dnjepr, der; -[s] (russ. Strom)

Dnjestr, der; -[s] (russ. Strom)

DNS, die; - = Desoxyribonukleinsäure (*veraltend für* DNA)

do. = dito

Do. = Donnerstag

d. O. = der *od.* die Obige

Do|bel *vgl.* Tobel

¹**Dö|bel**, der; -s, - (ein Fisch)

²**Dö|bel** usw. *vgl.* Dübel usw.

Do|ber|mann, der; -s, ...männer ⟨nach dem Züchter⟩ (Hunderasse); **Do|ber|mann|pin|scher**

Döb|lin (dt. Schriftsteller)

Do|bos|tor|te [...bɔʃ...] ⟨ung.⟩ (*österr.* eine glasierte Cremetorte)

Dob|ratsch, der; -[e]s (Gebirge in Kärnten)

Dob|ru|dscha, die; - (Gebiet zwischen Donau u. Schwarzem Meer)

doch; ja doch!; nicht doch!; o dass doch ...!

Docht, der; -[e]s, -e; **Docht|sche|re**

Dock, das; -s, *Plur.* -s, *selten* -e ⟨niederl. *od.* engl.⟩ (Anlage zum Ausbessern von Schiffen)

Do|cke [*alte Trennung* ...k|k...], die; -, -n (Garnmaß; zusammengedrehter Garnstrang; *landsch. für* Puppe); *vgl. aber* Dogge; ¹**do|cken** (Garn, Flachs, Tabak bündeln)

²**do|cken** [*alte Trennung* ...k|k...] ⟨niederl. *od.* engl.⟩ (ein Schiff ins Dock bringen; im Dock liegen; *auch svw.* andocken)

Do|cker [*alte Trennung* ...k|k...] (Arbeiter in einem Dock); **Dock|ha|fen**; *vgl.* ¹Hafen

Do|cking [*alte Trennung* ...k|k...], das; -s, -s (Ankoppelung an ein Raumfahrzeug); **Do|cking|ma|nö|ver**

do|de|ka|disch ⟨griech.⟩ (12 Einheiten umfassend, duodezimal)

Do|de|ka|e|der, das; -s, - (von zwölf gleichen, regelmäßigen Fünfecken begrenzter Körper)

Do|de|ka|nes, der; - ⟨»Zwölfinseln«⟩ (Inselgruppe im Ägäischen Meer)

Do|de|ka|pho|nie, *auch* Do|de|ka|fo|nie, die; - ⟨griech.⟩ (Zwölftonmusik); **do|de|ka|pho|nisch**, *auch* do|de|ka|fo|nisch (die Dodekaphonie betreffend); **Do|de|ka|pho|nist**, *auch* Do|de|ka|fo|nist, der; -en, -en (Komponist der Zwölftonmusik)

Do|de|rer, Heimito von (österr. Schriftsteller)

Do|do|ma (Hauptstadt von Tansania)

Do|do|na (Orakelheiligtum des Zeus); **do|do|nä|isch**

Do|ga|res|sa, die; -, ...essen ⟨ital.⟩ (Gemahlin des Dogen)

Dog|cart [...ka:ɐ̯t], der; -s, -s ⟨engl.⟩ (offener, zweirädriger Einspänner)

Do|ge [...ʒə, *auch* ...dʒə], der; -n, -n ⟨ital., »Herzog«⟩ (*früher* Titel des Staatsoberhauptes in Venedig u. Genua)

Do|gen|müt|ze; **Do|gen|pa|last**

Dog|ge, die; -, -n ⟨engl.⟩ (eine Hunderasse); *vgl. aber* Docke

¹**Dog|ger**, der; -s ⟨engl.⟩ (*Geol.* mittlere Juraformation)

²**Dog|ger**, der; -s, - ⟨niederl.⟩ (niederl. Fischereifahrzeug); **Dog|ger|bank**, die; - (Untiefe in der Nordsee)

Dög|ling ⟨schwed.⟩ (Entenwal)

Dog|ma, das; -s, ...men ⟨griech.⟩ (Kirchenlehre; [Glaubens]satz; Lehrmeinung)

Dog|ma|tik, die; -, -en (Glaubenslehre); **Dog|ma|ti|ker** (Glaubenslehrer; *abwertend für* [unkritischer] Verfechter einer Lehrmeinung); **Dog|ma|ti|ke|rin**

dog|ma|tisch (die [Glaubens]lehre betreffend; lehrhaft; streng [an Lehrsätze] gebunden); **dog|ma|ti|sie|ren** (zum Dogma erheben); **Dog|ma|tis|mus**, der; - (*oft abwertend für* [unkritisches] Festhalten an Lehrmeinungen u. Glaubenssätzen)

Dog|men|ge|schich|te

Dog|skin, das; -s ⟨engl.⟩ (Leder aus kräftigem Schaffell)

Do|ha (Hauptstadt Katars)

Doh|le, die; -, -n (ein Rabenvogel)

Doh|ne, die; -, -n (Schlinge zum Vogelfang)

do it your|self! [ˈdu: ɪt ju:ɐ̯...] ⟨engl., »mach es selbst!«⟩ (Schlagwort für die eigene Ausführung handwerklicher Arbeiten); **Do-it-your|self-Be|we|gung**

Do|ket, der; -en, -en ⟨griech.⟩ (Anhänger einer Glaubensgemeinschaft der ersten christl. Jahrhunderte)

dok|tern ⟨lat.⟩ (*ugs. u. scherzh. für* Arzt spielen); ich doktere

Dok|tor *s. Kasten S. 300*

Dok|to|rand, der; -en, -en (Student, der sich auf die Doktorprüfung vorbereitet; *Abk.* Dd.); **Dok|to|ran|din**

Dok|tor|ar|beit; **Dok|to|rat**, das; -[e]s, -e (*veraltend für* Doktorwürde)

D

Dọk|tor

der; -s, ...o̲ren
(höchster akademischer Grad; *ugs. auch für* Arzt; *Abk.* Dr. [*im Plur.* Dres., *wenn mehrere Personen, nicht mehrere Titel einer Person gemeint sind*] *u.* D. [*in* D. theol.])
- Ehrendoktor, Doktor ehrenhalber, *auch* Ehren halber (*Abk.* Dr. eh., Dr. e. h. *u.* Dr. E. h.; *vgl.* E. h.), Doktor honoris causa (*Abk.* Dr. h. c.)
- mehrfacher Doktor (*Abk.* Dr. mult.); mehrfacher Doktor honoris causa (*Abk.* Dr. h. c. mult.)
- *im Brief:* Sehr geehrter Herr/Sehr geehrte Frau Doktor!, Sehr geehrter Herr/Sehr geehrte Frau Dr. Schmidt!

Im Folgenden sind ausgewählte Doktortitel und deren Abkürzungen aufgeführt. Sie stehen für Träger und Trägerinnen des Doktortitels.
- Doktor der Arzneikunde (*Abk.* Dr. pharm.)
- Doktor der Bergbauwissenschaften (*Abk.* Dr. rer. mont., *österr.* Dr. mont.)
- *österr.* Doktor der Bodenkultur (*Abk.* Dr. nat. techn.)
- Doktor der Forstwissenschaft (*Abk.* Dr. forest. *od.* Dr. rer. silv.)
- Doktor der Gartenbauwissenschaften (*Abk.* Dr. rer. hort.)
- habilitierter Doktor [z. B. der Philosophie] (*Abk.* Dr. [z. B. phil.] habil.)
- *österr.* Doktor der Handelswissenschaften (*Abk.* Dr. rer. comm.)
- Doktor der Humanwissenschaften (*Abk.* Dr. sc. hum.)
- Doktor der Ingenieurwissenschaften (Doktoringenieur, *Abk.* Dr.-Ing.)
- Doktor der Landwirtschaft (*Abk.* Dr. [sc.] agr.)
- Doktor der mathematischen Wissenschaften (*Abk.* Dr. sc. math.)
- Doktor der Medizin (*Abk.* Dr. med.); *österr.* Doktor der gesamten Medizin (*Abk.* Dr. med. univ.)
- Doktor der Naturwissenschaften (*Abk.* Dr. phil. nat. *od.* Dr. rer. nat. *od.* Dr. sc. nat.)
- Doktor der Pädagogik (*Abk.* Dr. paed.)
- Doktor der Philosophie (*Abk.* Dr. phil.)
- Doktor der Rechtswissenschaft (*Abk.* Dr. jur. *od.* Dr. iur.); Doktor beider Rechte (*Abk.* Dr. jur. utr. *od.* Dr. iur. utr.)
- Doktor der Sozialwissenschaften (*Abk.* Dr. disc. pol.); *österr.* Doktor der Sozial- und Wirtschaftswissenschaften (*Abk.* Dr. rer. soc. oec.)
- Doktor der Staatswissenschaften (*Abk.* Dr. rer. pol. *od.* Dr. sc. pol. *od.* Dr. oec. publ.)
- Doktor der technischen Wissenschaften (*Abk.* Dr. rer. techn., Dr. sc[ient]. techn. [*österr.* Dr. techn.])
- Doktor der Theologie (*Abk.* Dr. theol.; Ehrenwürde der ev. Theologie, *Abk.* D. *od.* D. theol.)
- Doktor der Tierheilkunde (*Abk.* Dr. med. vet.)
- Doktor der Wirtschaftswissenschaft (*Abk.* Dr. oec. *od.* Dr. rer. oec.)
- Doktor der Zahnheilkunde (*Abk.* Dr. med. dent.)

Dọk|tor|di|p|lom; Dọk|tor|e|x|a|men; Dọk|tor|fra|ge (sehr schwierige Frage)

Dọk|tor|grad; Dọk|tor|hut, der

dok|to|ri̲e̲|ren (*veraltet für* promovieren)

Dok|to̲|rin [*auch* ˈdɔ...] (*ugs. für* Ärztin; *auch* akad. Titel)

Dọk|tor|in|ge|ni|eur (*Abk.* Dr.-Ing.); **Dọk|tor|mut|ter; Dọk|tor|prü|fung; Dọk|tor|schrift; Dọk|tor|ti|tel; Dọk|tor|va|ter; Dọk|tor|wür|de**

Dok|t|ri̲n, die; -, -en (Lehrsatz; Lehrmeinung)

dok|t|ri|nä̲r ‹franz.› (*abwertend für* an einer Lehrmeinung starr festhaltend); **Dok|t|ri|när,** der; -s, -e; **Dok|t|ri|na|rịs|mus,** der; -

Do|ku|mẹnt, das; -[e]s, -e ‹lat.› (amtl. Schriftstück; Beweis)

Do|ku|men|ta|lịst, der; -en, -en (*svw.* Dokumentar); **Do|ku|men|ta|lịs|tin** [*alte Trennung* ...|st...]

Do|ku|men|ta̲r, der; -s, -e (wissenschaftlicher Mitarbeiter in einer Dokumentationsstelle)

Do|ku|men|ta̲r|auf|nah|me

Do|ku|men|ta̲r|film

Do|ku|men|ta̲|rin

do|ku|men|ta̲|risch

Do|ku|men|ta|rịst, der; -en, -en (jmd., der Dokumentarfilme macht); **Do|ku|men|ta|rịs|tin** [*alte Trennung* ...|st...]

Do|ku|men|ta|ti|o̲n, die; -, -en (Zusammenstellung und Nutzbarmachung von Dokumenten u. Materialien jeder Art)

Do|ku|mẹn|ten|samm|lung

do|ku|men|ti̲e̲|ren (zeigen; beweisen)

Do̲|ku|soap, *auch* **Do̲|ku-Soap,** die; -, -s ‹engl.› (*Fernsehen* Dokumentarserie mit teilweise inszeniertem Ablauf)

Dọl|by-Sys|tem® [*alte Trennung* ...|st...] ‹nach dem amerik. Elektrotechniker› (Verfahren zur Rauschunterdrückung bei Tonbandaufnahmen)

dọl|ce [...tʃə] ‹ital.› (*Musik* sanft, lieblich, weich)

dọl|ce fa̲r ni|ẹn|te ‹»süß [ists], nichts zu tun«›; **Dol|ce|far|ni|ẹn|te,** das; - (süßes Nichtstun)

Dọl|ce Vi̲|ta [*alte Schreibung* Dolce vi|ta], das *od.* die; - - ‹»süßes Leben«› (ausschweifendes Müßiggängertum)

Dọlch, der; -[e]s, -e

Dọlch|mes|ser (das); **Dọlch|spit|ze; Dọlch|stich; Dọlch|stoß**

Dọlch|stoß|le|gen|de, die; -

Dọl|de, die; -, -n (schirmähnlicher Blütenstand); **Dọl|den|blüt|ler; dọl|den|för|mig; Dọl|den|ge|wächs; Dọl|den|ris|pe; dọl|dig**

Do̲|le, die; -, -n (bedeckter Abzugsgraben; *schweiz. auch für* Sinkkasten)

Do|le|ri̲t, der; -s, -e ‹griech.› (grobkörnige Basaltart)

Dọlf (m. Vorn.)

Do|li|cho|ze|pha|li̲e̲, die; - ‹griech.› (*Biol.* Langköpfigkeit)

dol|li̲e̲|ren *vgl.* dollieren

Do|li̲|ne, die; -, -n ‹slaw.› (*Geol.* trichterförmige Vertiefung im Karst)

dọll (*landsch. für* toll)

Dọl|lar, der; -[s], -s ‹amerik.› (Währungseinheit in den USA [*Währungscode* USD], in Kanada [CAD], Australien [AUD], Neuseeland [NZD] u. a.; *Zeichen* $); 30 Dollar; **Dọl|lar|kurs**

Dọl|lart, der; -s (Nordseebucht an der Emsmündung)

Dọl|lar|wäh|rung; Dọl|lar|zei|chen

Doll|boh|rer (*ugs. für* ungeschickter Mensch)

Doll|bord, der; -[e]s, -e (obere Planke auf dem Bootsbord)

Dol|le, die; -, -n (Vorrichtung zum Halten der Riemen [Ruder])

Dol|len, der; -s, - (*fachspr. für* Dübel)

dol|lie|ren, dol|lie|ren ‹franz.› (*Gerberei* [Leder] abschleifen)

Doll|punkt (*ugs. für* umstrittener Punkt)

Dol|man, der; -s, -e ‹türk.› (Kleidungsstück)

Dol|men, der; -s, - ‹breton.-franz.› (prähist. Steingrabkammer)

Dol|metsch, der; -[e]s, -e ‹türk.-ung.› (*österr., sonst seltener für* Dolmetscher)

dol|met|schen; du dolmetschst

Dol|met|scher, der; -s, - (jmd., der [berufsmäßig] mündlich übersetzt); **Dol|met|sche|rin**

Dol|met|scher|in|s|ti|tut; Dol|met|scher|schu|le

Do|lo|mit, der; -s, -e ‹nach dem franz. Mineralogen Dolomieu› (ein Mineral; Sedimentgestein)

Do|lo|mi|ten *Plur.* (Teil der Südalpen)

Do|lo|res (w. Vorn.)

do|los ‹lat.› (*Rechtsspr.* vorsätzlich); dolose Täuschung

Do|lus, der; - (*Rechtsw.* List; böse Absicht); **Do|lus e|ven|tu|a|lis,** der; - - (*Rechtsw.* das In-Kauf-Nehmen einer Folge)

¹Dom, der; -[e]s, -e ‹lat.› (Bischofs-, Hauptkirche)

²Dom, der; -[e]s, -e ‹griech.› (Kuppel, gewölbter Aufsatz)

³Dom [*port.* dõ:], der; - ‹port.› (Herr; *vor Vornamen ohne Artikel*)

Do|ma, das; -s, ...men ‹griech.› (Kristallfläche, die zwei Kristallachsen schneidet)

Do|main [dɔˈme:n], die; -, -s ‹engl.› (Internetadresse)

Do|mä|ne, die; -, -n ‹franz.› (Staatsgut, -besitz; Spezialgebiet); **Do|mä|nen|amt**

Do|ma|ni|al|be|sitz (staatlicher Landbesitz)

Dom|chor; Dom|de|chant

Do|mes|tik [*alte Trennung* ...|st...], der; -en, -en *meist Plur.* (*veraltend für* Dienstbote); **Do|mes|ti|ka|ti|on,** die; -, -en ‹lat.› (Umzüchtung wilder Tiere zu Haustieren); **Do|mes|ti|ke,** der; -n, -n; *vgl.* Domestik; **do|mes|ti|zie|ren**

Dom|frei|heit (der um einen ¹Dom gelegene Bereich, der im MA. unter der geistl. Gerichtsbarkeit des Domstiftes stand)

Dom|herr

¹Do|mi|na, die; -, ...nä ‹lat., »Herrin«› (Stiftsvorsteherin)

²Do|mi|na, die; -, -s (*Jargon* Prostituierte, die sadistische Handlungen vornimmt)

do|mi|nant (vorherrschend; bestimmend; überdeckend)

Do|mi|nan|te, die; -, -n (vorherrschendes Merkmal; *Musik* die Quinte vom Grundton aus)

Do|mi|nanz, die; -, -en

Do|mi|ni|ca (Inselstaat in Mittelamerika)

do|mi|nie|ren ([vor]herrschen; beherrschen)

Do|mi|nik, Do|mi|ni|kus (m. Vorn.)

¹Do|mi|ni|ka|ner, der; -s, - (Angehöriger des vom hl. Dominikus gegründeten Ordens)

²Do|mi|ni|ka|ner (Einwohner der Dominikanischen Republik); **Do|mi|ni|ka|ne|rin**

Do|mi|ni|ka|ner|klos|ter [*alte Trennung* ...|st...]; **Do|mi|ni|ka|ner|mönch**

Do|mi|ni|ka|ner|or|den, der; -s (*Abk.* O. P. *od.* O. Pr.; *vgl. d.*)

do|mi|ni|ka|nisch; Do|mi|ni|ka|ni|sche Re|pu|b|lik, die; -n - (Staat in Mittelamerika)

Do|mi|ni|kus *vgl.* Dominik

Do|mi|ni|on [...njən], das; -s, *Plur.* -s *u.* ...ien ‹engl.› (*früher* sich selbst regierender Teil des Commonwealth)

Do|mi|nique [...ˈni:k] (m. *u.* w. Vorn.)

Do|mi|ni|um, das; -s, *Plur.* -s *u.* ...ien ‹lat.› (altröm. Herrschaftsgebiet)

¹Do|mi|no, der; -s, -s (Maskenmantel, -kostüm)

²Do|mi|no, das; -s, -s (Spiel)

Do|mi|no|spiel; Do|mi|no|stein

Do|mi|nus vo|bis|cum! ‹ »Der Herr sei mit euch!«› (liturg. Gruß)

Do|mi|zil, das; -s, -e (Wohnsitz; *Bankw.* Zahlungsort [von Wechseln]); **do|mi|zi|lie|ren** (ansässig sein, wohnen; *Bankw.* [Wechsel] an einem andern Ort als dem Wohnort des Bezogenen zahlbar anweisen)

Do|mi|zil|wech|sel (*Bankw.*)

Dom|ka|pi|tel; Dom|ka|pi|tu|lar (Domherr)

Dom|lesch|g, das; -s (unterste Talstufe des Hinterrheins)

Do|mo|wi|na [*auch* ˈdɔ...], die; - ‹sorb., »Heimat«› (Organisation der sorb. Minderheit in Deutschland)

Dom|pfaff, der; *Gen.* -en, *auch* -s, *Plur.* -en (ein Singvogel)

Domp|teur [...ˈtø:ɐ̯], der; -s, -e ‹franz.› (Tierbändiger); **Domp|teu|rin; Domp|teur|kunst**

Domp|teu|se [...ˈtø:...], die; -, -n

Dom|ra, die; -, *Plur.* -s *u.* ...ren ‹russ.› (russ. Instrument)

Dom|schatz

¹Don, der; -[s] (russ. Fluss)

²Don, der; -[s], -s (*vor Vornamen ohne Artikel*) ‹span. *u.* ital., Herr› (*in Spanien* höfl. Anrede, *w. Form* Doña; *vgl. d.; in Italien* Titel der Priester u. bestimmter Adelsfamilien, *w. Form* Donna; *vgl. d.*); **Do|ña** [...nja], die; -, -s ‹span.› (Frau; *vor Vornamen ohne Artikel*)

Do|nar (germ. Gott); *vgl.* Thor

Do|na|rit, der; -s (ein Sprengstoff)

Do|na|tor, der; -s, ...oren ‹lat.› (*schweiz., sonst veraltet für* Geber, Spender; *Physik, Chemie* Atom od. Molekül, das Elektronen od. Ionen abgibt)

Do|na|tus (m. Vorn.)

Do|nau, die; - (europ. Strom); die Donauauen, *auch* Donau-Auen

Do|nau-Dampf|schiff|fahrts|ge|sell|schaft [*alte Schreibung* Donau-Dampf|schiffahrts|ge|sell|schaft, *alte Trennung* ...ff|f...], die; - ↑K 22

Do|nau|mo|n|ar|chie, *auch* **Do|nau-Mo|n|ar|chie,** die; - (österreichisch-ungarische Monarchie von 1869 bis 1918)

Do|nau|wörth (Stadt in Bayern)

Don|bass [*auch* ...ˈbas], der, *auch* das; - ‹russ.› (*russ. Kurzw. für* Donez-Steinkohlenbecken; Industriegebiet westl. des Donez)

Don Bos|co *vgl.* Bosco

Don Car|los (span. Prinz)

Dö|ner, der; -s, - (*kurz für* Dönerkebab); **Dö|ner|ke|bab,** der; -[s], -s ‹türk.› (Kebab aus an einem Drehspieß gebratenem Fleisch)

Do|nez, der; - (rechter Nebenfluss des Don)

Dong, der; -[s], -[s] (vietnam. Währungseinheit); 50 Dong

Don Gio|van|ni [- dʒ...] ‹ital.› (Titelgestalt der Oper von Mozart)

Do|ni|zet|ti (ital. Komponist)

Don|jon [dõˈʒõ:], der; -s, -s ‹franz.› (Hauptturm mittelalterl. Burgen in Frankreich)

Don Ju|an [- ˈxu̯an], der; - -s, - -s ‹span.› (span. Sagengestalt; Verführer; Frauenheld)

Don|ko|sak *meist Plur.* (Angehöriger eines am Don wohnenden Stammes der Kosaken); **Don|ko|sa|ken|chor,** der; -[e]s

Don|na, die; -, *Plur.* -s *u.* Donnen ‹ital., »Herrin«› *(vor Vornamen ohne Artikel); vgl. auch* Madonna

Don|ner, der; -s, -; Donner und Doria! *(ugs.; vgl.* Doria)

Don|ner|bal|ken *(ugs. scherzh. für* Latrine); **Don|ner|büch|se** *(scherzh. für* Feuerwaffe)

Don|ne|rer (Donnergott); **Don|ner|keil** (Belemnit)

Don|ner|litt|chen!, Don|ner|lütt|chen! *(landsch.)*

don|nern; ich donnere

Don|ner|schlag

Don|ners|tag, der; -[e]s, -e *(Abk.* Do.); *vgl.* Dienstag; **don|ners|tags** ↑K 70; *vgl.* Dienstag

Don|ner|wet|ter; Donnerwetter [noch einmal]!

Don Qui|chotte [- kiˈʃɔt], der; -s, -s ‹span.› (Romanheld bei Cervantes; weltfremder Idealist)

Don|qui|chot|te|rie, die; -, ...ien (Torheit [aus weltfremdem Idealismus])

Don Qui|jo|te *u.* **Don Qui|xo|te** [- kiˈxo:...] *vgl.* Don Quichotte

Dont|ge|schäft [ˈdõ:...] ‹franz.; dt.› *(Börse* Termingeschäft)

doof *(ugs.);* **Doof|heit**

Dope [do:p], das; -[s] ‹niederl.-engl.› *(ugs. für* Rauschgift)

do|pen [*auch* ˈdo:...] *(Sport* durch [verbotene] Substanzen zu Höchstleistungen zu bringen versuchen); gedopt; **Do|ping,** das; -s, -s; **Do|ping|kon|t|rol|le**

[1]**Dop|pel,** das; -s, - (zweite Ausfertigung; *[Tisch]tennis* Zwei-gegen-zwei-Spiel)

[2]**Dop|pel,** der; -s, -e *(schweiz. für* Einsatz beim Schützenfest)

Dop|pel|ad|ler; Dop|pel|a|gent; Dop|pel|a|xel (doppelter [2]Axel)

Dop|pel|bau|er, der *(Schach);* **Dop|pel|be|las|tung** [*alte Trennung* ...|st...]; **Dop|pel|be|lich|tung** *(Fotogr., Film)*

Dop|pel|be|steu|e|rung; Dop|pel|bett; Dop|pel|bock, das, *auch* der; -s (ein Starkbier)

dop|pel|bö|dig (hintergründig); **Dop|pel|bö|dig|keit**

Dop|pel|ci|ce|ro (ein Schriftgrad); **Dop|pel|de|cker** ([*alte Trennung* ...k|k...]; ein Flugzeugtyp; *ugs. für* Omnibus mit Oberdeck)

dop|pel|deu|tig; Dop|pel|deu|tig|keit

Dop|pel|er|folg; Dop|pel|feh|ler *(Sport);* **Dop|pel|fens|ter** [*alte Trennung* ...|st...]

Dop|pel|gän|ger; Dop|pel|gän|ge|rin

dop|pel|glei|sig

Dop|pel|haus; Dop|pel|heft

Dop|pel|heit *Plur. selten*

Dop|pel|he|lix, die; - *(Biol.* Struktur des DNA-Moleküls)

Dop|pel|hoch|zeit; Dop|pel|kinn

Dop|pel|klick *(EDV* zweimaliges Betätigen der Maustaste); **dop|pel|kli|cken** [*alte Trennung* ...k|k...]; **Dop|pel|kno|ten; Dop|pel|kopf,** der; -[e]s (Kartenspiel)

Dop|pel|laut *(für* Diphthong); **Dop|pel|le|ben,** das; -s; **Dop|pel|lutz** (doppelter [2]Lutz)

Dop|pel|mo|ral; Dop|pel|mord

dop|peln *(auch südd. mdal. u. österr. für* besohlen)

Dop|pel|na|me; Dop|pel|nel|son (doppelter [2]Nelson)

Dop|pel|num|mer (doppeltes Heft einer Zeitschrift u. Ä.)

Dop|pel|part|ner *([Tisch]tennis);* **Dop|pel|pass** [*alte Schreibung* ...paß]; **Dop|pel|punkt**

dop|pel|rei|hig

Dop|pel|ritt|ber|ger (doppelter Rittberger); **Dop|pel|rol|le; Dop|pel|sal|chow** (doppelter Salchow)

dop|pel|sei|tig; eine doppelseitige Anzeige; **dop|pel|sin|nig**

Dop|pel|spit|ze (gemeinsames Innehaben eines hohen Amtes durch zwei Personen)

---

dop|pelt

Kleinschreibung:
- doppelte Buchführung
- ein doppelt wirkendes [*alte Schreibung* doppeltwirkendes] Mittel ↑K 58
- doppelt gemoppelt *(ugs. für* unnötigerweise zweimal)
- doppelt so groß, doppelt so viel
- er ist doppelt so reich wie *(selten* als) ich

Großschreibung der Substantivierung ↑K 72:
- um das, ums Doppelte größer
- das Doppelte an Zeit

---

dop|pelt koh|len|sau|er, *fachspr.* **dop|pelt|koh|len|sau|er;** doppeltkohlensaures Natron

Dop|pel-T-Trä|ger, der; -s, -; ↑K 26 *(Bauw.)*

Dop|pel|tür

dop|pelt wir|kend [*alte Schreibung* dop|pelt|wir|kend] *vgl.* doppelt

Dop|pe|lung

Dop|pel|ver|die|ner; Dop|pel|zent|ner (2 × 100 Pfund = 100 kg; *Zeichen* dz, *österr. u. schweiz.* q; *vgl.* Zentner); **Dop|pel|zim|mer**

dop|pel|zün|gig *(abwertend);* **Dop|pel|zün|gig|keit**

Dop|pik, die; - ‹Kunstwort› (doppelte Buchführung)

Dopp|ler *(südd. mdal. u. österr. für* erneuerte Schuhsohle; Zweiliterflasche)

Dopp|ler|ef|fekt, *auch* **Dopp|ler-Ef|fekt,** der; -[e]s ‹nach dem österr. Physiker› (ein physikalisches Prinzip)

Dopp|lung

Do|ra (w. Vorn.)

Do|ra|de, die; -, -n ‹franz.› (ein Fisch)

Do|ra|do *vgl.* Eldorado

Do|rant, der; -[e]s, -e ‹mlat.› (Zauber abwehrende Pflanze)

Dor|chen (w. Vorn.)

Dor|do|g|ne [...ˈdɔnjə], die; - (Fluss u. Departement in Frankreich)

Dor|d|recht (Stadt in den Niederlanden)

Do|reen [...ˈri:n] (w. Vorn.)

Do|rer *vgl.* Dorier

Dorf, das; -[e]s, Dörfer

Dorf|an|ger; Dorf|bach; Dorf|be|woh|ner

Dörf|chen; dör|fisch *(meist abwertend)*

Dorf|klub, *auch* Dorf|club *(regional für* kulturelles Zentrum auf dem Land)

Dörf|ler; Dörf|le|rin; dörf|lich

Dorf|lin|de

Dorf|schaft *(schweiz. für* Gesamtheit der Dorfbewohner)

Dorf|schen|ke, *auch* **Dorf|schän|ke**

Dorf|schö|ne; Dorf|schön|heit; Dorf|schu|le; Dorf|schul|ze *(veraltet);* **Dorf|stra|ße; Dorf|teich; Dorf|trot|tel**

Do|ria (ital. Familienn.); *nur in* Donner und Doria! (Ausruf)

Do|ri|er, Do|rer, der; -s, - (Angehöriger eines altgriech. Volksstammes)

[1]**Do|ris** (altgriech. Landschaft)

²Do|ris (w. Vorn.)
do|risch (auf die Dorier bezüglich; aus ¹Doris); dorische Tonart
Do|rit (w. Vorn.)
Dor|mi|to|ri|um, das; -s, ...ien ‹lat.› (Schlafsaal eines Klosters)
Dorn, der; -[e]s, *Plur.* -en, *ugs. auch* Dörner, *in der Technik* -e
Dorn|busch; Dörn|chen
Dor|nen|he|cke, Dorn|he|cke [*alte Trennung* ...k|k...]
Dor|nen|kro|ne; dor|nen|reich; Dor|nen|weg (Leidensweg)
Dorn|fel|der (Rebsorte; ein Rotwein)
Dorn|fort|satz (*Med.* nach hinten gerichteter Wirbelfortsatz)
Dorn|ge|strüpp; Dorn|he|cke ([*alte Trennung* ...k|k...]; *vgl.* Dornenhecke); **Dor|nicht,** das; -s, -e (*veraltet für* Dorngestrüpp)
dor|nig
Dorn|rös|chen (eine Märchengestalt); **Dorn|rös|chen|schlaf**
Do|ro|thea, Do|ro|thee [*auch* ...'te:(ə)] (w. Vorn.)
Dor|pat (Stadt in Estland; *estn.* Tartu)
Dör|re, die; -, -n (*landsch. für* Darre)
dor|ren (*geh. für* dürr werden)
dör|ren (dürr machen); *vgl.* darren
Dörr|fleisch; Dörr|ge|mü|se; Dörr|obst; Dörr|o|fen; Dörr|pflau|me; Dörr|zwetsch|ke *(österr.)*
dor|sal ‹lat.› (*Med.* den Rücken betreffend, rückseitig)
Dor|sal, der; -s, -e *od.* **Dor|sal|laut,** der; -[e]s, -e (*Sprachw.* mit dem Zungenrücken gebildeter Laut)
Dorsch, der; -[e]s, -e (junger Kabeljau)
dort; dort drüben; von dort aus; dort behalten, dort bleiben [*alte Schreibungen* dortbehalten, dortbleiben]
dort|her [*auch* 'dɔ...]; von dorther
dort|hin [*auch* 'dɔ...] ↑K 31: da- und dorthin
dort|hi|n|ab [*auch* 'dɔ...]
dort|hi|n|aus [*auch* 'dɔ...]; bis dorthinaus
dor|tig
Dort|mund (Stadt im Ruhrgebiet); **Dort|mund-Ems-Ka|nal,** der; -[e]s; ↑K 146; **Dort|mun|der**
dort|sei|tig (*Amtsspr. für* dortig); **dort|seits** (*Amtsspr. für* [von] dort); **dort|selbst** *(veraltend)*
dort|zu|lan|de, *auch* **dort zu Lande**
Do|ry|pho|ros, der; - ‹griech., »Speerträger«› (berühmte Statue des Bildhauers Polyklet)
Dos, die; -, Dotes ‹lat.› (*Rechtsspr.* Mitgift)
dos à dos ['doza'do:] ‹franz.› (Rücken an Rücken)
Dös|chen; Do|se, die; -, -n (kleine Büchse; *selten für* Dosis)
Do|sen (*Plur. von* Dose *u.* Dosis)
dö|sen (*ugs. für* wachend träumen; halb schlafen); du döst; er dös|te
Do|sen|bier; Do|sen|blech
do|sen|fer|tig
Do|sen|fleisch; Do|sen|ge|mü|se; Do|sen|milch; Do|sen|öff|ner; Do|sen|sup|pe; Do|sen|wurst
do|sier|bar; do|sie|ren ‹franz.› (ab-, zumessen); **Do|sie|rung**
dö|sig (*ugs. für* schläfrig; *auch für* stumpfsinnig)
Do|si|me|ter, das ‹griech.› (Gerät zur Messung der aufgenommenen Menge radioaktiver Strahlen); **Do|si|me|t|rie,** die; - (Messung der Energiemenge von Strahlen)
Do|sis, die; -, Dosen (zugemessene [Arznei]gabe, kleine Menge)
Dos|si|er [...'si̯e:], das, *veraltet* der; -s, -s ‹franz.› (Aktenheft, -bündel)
dos|sie|ren (*fachspr. für* abschrägen; böschen); **Dos|sie|rung** (flache Böschung)
Dost, der; -[e]s, -e (eine Gewürzpflanze [Origanum])
Dos|tal, Nico [*alte Trennung* ...|st...] (österr. Komponist)
Dos|to|jew|s|ki [*alte Trennung* ...|st...] (russ. Schriftsteller)
Do|ta|ti|on, die; -, -en ‹lat.› (Schenkung; [geldliche] Zuwendung; *veraltet für* Mitgift)
do|tie|ren (mit einer bestimmten Geldsumme ausstatten; bezahlen); **Do|tie|rung**
Dot|ter, der *u.* das; -s, - (Eigelb); **Dot|ter|blu|me**
dot|ter|gelb
Dot|ter|sack *(Zool.)*
¹Dou|a|la (Hafenstadt in Kamerun)
²Dou|a|la, der; -[s], -[s] (Angehöriger eines Bantustammes)
³Dou|a|la, das; - (Sprache)
Dou|a|ne [du'a:n(ə)], die; -, -n ‹arab.-franz.› (*veraltet für* Zoll[amt]); **Dou|a|ni|er** [...'ni̯e:], der; -s, -s (*franz. Bez. für* Zollbeamter)
dou|beln ['du:...] ‹franz.› (*Film* als Double spielen); ich doub[e]le; **Dou|b|le** ['du:bl̩], das; -s, -s (*Film* Ersatzschauspieler [ähnlichen Aussehens])
Dou|b|lé [du...]; *vgl.* Dublee; **dou|b|lie|ren** *vgl.* dublieren
Doug|las|fich|te ['du:...] *u.* **Doug|la|sie** [du...], die; -, -n *u.* **Doug|las|tan|ne** ↑K 136 ‹nach dem schott. Botaniker David Douglas› (Nadelbaum)
Dou|ro ['do:...], der; - (*port. Form von* Duero)
do ut des ‹lat., »ich gebe, damit du gibst«› *(Rechtsw.)*
Do|ver (engl. Hafenstadt)
Dow-Jones-In|dex ['dau̯'dʒo:ns...], der; - ‹nach der amerik. Firma Dow, Jones & Co.› (*Wirtsch.* Durchschnitt der Aktienkurse von ausgewählten Unternehmen an der New Yorker Börse)
down [dau̯n] ‹engl., hinunter›; down sein (*ugs. für* bedrückt, abgespannt sein)
Dow|ning Street ['dau̯... 'stri:t], die; - - ‹nach dem engl. Diplomaten Sir George Downing› (Straße in London; Amtssitz des Premierministers; *übertr. für* die britische Regierung)
Down|load ['daʊnloʊd], der; -s, -s ‹engl.› (*EDV* das Herunterladen); **down|loa|den** ['daʊnloʊdn̩] ‹engl.› (*EDV* Daten von einem Computer, aus dem Internet herunterladen); ich habe downgeloadet
Down|syn|drom, *auch* **Down-Syndrom** ['dau̯...] ‹nach dem britischen Arzt J. L. H. Down› (genetisch bedingte Entwicklungshemmungen und Veränderungen des Erscheinungsbildes eines Menschen)
Do|xa|le, das; -s, -s ‹lat.› (*Archit.* Gitter zwischen hohem Chor u. Hauptschiff)
Do|xo|lo|gie, die; -, ...ien ‹griech.› (gottesdienstliche Lobpreisungsformel)
Do|yen [doa'jɛ̃:], der; -s, -s ‹franz.› ([Rang-, Dienst]ältester u. Wortführer [des diplomatischen Korps])
Doz. = Dozent; **Do|zent,** der; -en, -en ‹lat.› (Lehrer [an einer Universität od. Hochschule]; *Abk.* Doz.); **Do|zen|ten|schaft; Do|zen|tin**
Do|zen|t(inn)en (*Kurzform für* Dozentinnen u. Dozenten)
Do|zen|tur, die; -, -en; **do|zie|ren**
DP = Deutsche Post

dpa = Deutsche Presse-Agentur; **dpa-Mel|dung** ↑K 28
dpt, dptr., Dptr. = Dioptrie
Dr = Drachme
DR = Deutsche Reichsbahn
Dr. = doctor, Doktor; *vgl. d.*
Dr. ... (z. B. Dr. phil.)
D
d. R. = der Reserve *(Milit.)*; des Ruhestandes
Dra|che, der; -n, -n (ein Fabeltier)
Dra|chen, der; -s, - (Fluggerät; Segelboot; *kurz für* Drachenviereck; *abwertend für* zänkische Frau); **Dra|chen|boot** *(Segeln)*
Dra|chen|fels, der; - (Berg im Siebengebirge)
Dra|chen|flie|gen, das; -s *(Sport)*; **Dra|chen|flie|ger; Dra|chen|gift**
Dra|chen|klas|se *(Segeln)*; **Dra|chen|saat; Dra|chen|vier|eck** *(Math.)*
Drach|me, die; -, -n ⟨griech.⟩ (griech. Währungseinheit; *Währungscode* GRD; *Abk.* Dr; früheres Apothekergewicht)
Dra|cu|la (Titelfigur eines Vampirromans)
Dra|gee, *auch* **Dra|gée** [...'ʒe:], das; -s, -s ⟨franz.⟩ (mit Zucker od. Schokolade überzogene Süßigkeit; Arzneipille)
Dra|geur [...'ʒø:ɐ̯], der; -s, -e (jmd., der Dragees herstellt)
Drag|gen, der; -s, - (*Seemannsspr.* mehrarmiger Anker ohne Stock)
dra|gie|ren [...'ʒi:...] ⟨franz.⟩ (Dragees herstellen)
Dra|go|man, der; -s, -e ⟨arab.⟩ (einheim. Dolmetscher, Übersetzer im Nahen Osten)
Dra|gon, Dra|gun, der *od.* das; -s ⟨arab.⟩ (*seltener für* Estragon)
Dra|go|na|de, die; -, -n ⟨franz.⟩ (*früher* gewaltsame [durch Dragoner ausgeführte] Maßregel)
Dra|go|ner, der; -s, - (*früher* leichter Reiter; *österr. noch für* Rückenspange am Rock u. am Mantel; *ugs. für* resolute Frau)
Dr. agr. = doctor agronomiae; *vgl.* Doktor
Dra|gun *vgl.* Dragon
drahn (*österr. ugs. für* [nachts] feiern, sich vergnügen)
Drah|rer, der; -s, - (*österr. ugs. für* Nachtschwärmer)
Draht, der; -[e]s, Drähte
Draht|be|sen; Draht|bürs|te [*alte Trennung* ...|st...]
Dräht|chen
[1]**drah|ten** (mit Draht zusammenflechten; *veraltend für* telegrafieren)
[2]**drah|ten** (aus Draht)
Draht|esel (*ugs. scherzh. für* Fahrrad); **Draht|funk** (*früher* Verbreitung von Rundfunksendungen über Fernsprecher)
Draht|ge|flecht; Draht|git|ter; Draht|glas
Draht|haar|fox (eine Hunderasse)
draht|haa|rig; drah|tig
...dräh|tig (z. B. dreidrähtig; *mit Ziffer* 3-drähtig [*alte Schreibung* 3drähtig]; ↑K 29)
Draht|kom|mo|de (*ugs. scherzh. für* Klavier); **Draht|korb**
Draht|leh|re (Werkzeug zur Bestimmung der Drahtdicke)
draht|los; drahtlose Telegrafie
Draht|sche|re
Draht|seil; Draht|seil|akt; Draht|seil|bahn
Draht|ver|hau; Draht|zan|ge; Draht|zaun
Draht|zie|her (*auch für* jmd., der im Verborgenen andere für seine [polit.] Ziele einsetzt)
Drain *vgl.* Drän; **Drai|na|ge** *vgl.* Dränage; **drai|nie|ren** *vgl.* dränieren
Drai|si|ne [drai..., *auch, bes. österr., schweiz.* drɛ...], die; -, -n ⟨nach dem dt. Erfinder Drais⟩ (Vorläufer des Fahrrades; Eisenbahnfahrzeug zur Streckenkontrolle)
Drake [dre:k] (engl. Seefahrer)
Dra|ko *vgl.* Drakon; **Dra|kon** (altgriech. Gesetzgeber)
dra|ko|nisch (sehr streng)
drall (derb, stramm)
Drall, der; -[e]s, -e *Plur. selten* ([Geschoss]drehung; Windung der Züge in Feuerwaffen; Drehung bei Garn und Zwirn)
Drall|heit, die; -
Dra|lon ®, das; -[s] (eine synthet. Faser)
Dra|ma, das; -s, ...men ⟨griech.⟩ (Schauspiel; erregendes od. trauriges Geschehen)
Dra|ma|tik, die; - (dramatische Dichtkunst; erregende Spannung); **Dra|ma|ti|ker** (Dramendichter); **Dra|ma|ti|ke|rin**
dra|ma|tisch (in Dramenform; auf das Drama bezüglich; aufregend u. spannend; drastisch); dramatische Musik
dra|ma|ti|sie|ren (als Schauspiel für die Bühne bearbeiten; als besonders aufregend, schlimm darstellen); **Dra|ma|ti|sie|rung**
Dra|ma|turg, der; -en, -en (literarisch-künstlerischer Berater bei Theater, Film u. Fernsehen); **Dra|ma|tur|gie,** die; -, ...ien (Gestaltung, Bearbeitung eines Dramas; Lehre vom Drama); **Dra|ma|tur|gin; dra|ma|tur|gisch**
dran (*ugs. für* daran); dran sein (*ugs. für* an der Reihe sein); dran glauben müssen (*ugs. für* vom Schicksal ereilt werden); das Drum und Dran ↑K 81
Drän, der; -s, *Plur.* -s *u.* -e, *auch* Drain [drɛ:n, *schweiz.* drɛ̃:], der; -s, -s ⟨franz.⟩ (*Med.* Wundröhrchen; der Entwässerung dienendes unterirdisches Abzugsrohr)
Drä|na|ge, *auch* Drai|na|ge [...ʒə, *österr.* ...ʒ], die; -, -n (*Med.* Ableitung von Wundabsonderungen; *schweiz., sonst veraltet für* Dränung)
dran|blei|ben (*ugs. für* an jmdm., etwas bleiben); am Gegner dranbleiben
drä|nen ⟨*zu* Drän⟩ ([Boden] entwässern; *vgl. auch* dränieren)
Drang, der; -[e]s, Dränge *Plur. selten*
dran|ge|ben (*ugs. für* darangeben [*vgl. d.*])
dran|ge|hen (*ugs. für* darangehen [*vgl. d.*])
Drän|ge|lei; drän|geln; ich dräng[e]le
drän|gen; Drän|ge|rei
Drang|pe|ri|o|de *(Ballsport)*
Drang|sal, die; -, -e, *veraltet* das; -[e]s, -e *(geh.)*; **drang|sa|lie|ren** (quälen, peinigen)
drang|voll
dran|hal|ten, sich (*ugs. für* daranhalten, sich [*vgl. d.*])
dran|hän|gen (*ugs. für* zusätzlich Zeit für etwas aufbringen)
drä|nie|ren, *auch* drai|nie|ren [drɛ...] (*Med.* eine Dränage legen; *älter für* dränen)
Drank, der; -[e]s (*nordd. für* Küchenabfälle; Spülwasser; flüssiges Viehfutter); **Drank|fass** [*alte Schreibung* ...faß]
dran|kom|men (*ugs. für* an die Reihe kommen)
dran|krie|gen *(ugs.)*; jmdn. drankriegen
Drank|ton|ne *(nordd.)*
dran|ma|chen (*ugs. für* daranmachen [*vgl. d.*])
Drän|netz, *auch* Drain|netz ['drɛn...]
Drän|rohr, *auch* Drain|rohr

drei

Beugung:
Genitiv dreier, *Dativ* dreien, drei;
– wir sind zu dreien *od.* zu dritt; herzliche Grüße von uns dreien
– die Interessen dreier großer, *selten* großen Völker, *aber* dreier Angestellten, *seltener* Angestellter

Nur Kleinschreibung ↑K 78:
– die drei Grazien
– die ersten drei; alle drei
– die drei sagten übereinstimmend aus
– der Junge ist schon drei [Jahre]
– sie kommt um drei [Uhr]
– aller guten Dinge sind drei
– er arbeitet für drei (*ugs. für* er arbeitet sehr viel)
– er kann nicht bis drei zählen (*ugs. für* er ist sehr dumm)
– *(im Zeugnis:)* Latein: drei Komma fünf (*vgl. aber* Drei)

Schreibung in Verbindung mit »viertel«:
– der Saal war erst drei viertel [*alte Schreibung* dreiviertel] voll
– es ist drei viertel [*alte Schreibung* dreiviertel, drei Viertel] acht
– in einer Dreiviertelstunde, *aber* in drei viertel Stunden (*mit Ziffern* $^3/_4$ Stunden), in drei Viertelstunden
Vgl. acht *u.* Viertel

dran|set|zen (*ugs. für* daransetzen [*vgl. d.]*)
Drä|nung (Bodenentwässerung durch Dränen)
Dra|pé, *auch* **Dra|pee,** der; -s, -s ‹franz.› (ein Stoff)
Dra|pe|rie, die; -, ...ien (*veraltend für* [kunstvoller] Faltenwurf)
dra|pie|ren ([mit Stoff] behängen, [aus]schmücken; raffen; in Falten legen); **Dra|pie|rung**
drapp, drapp|far|ben *od.* **drapp|far|big** (*österr. für* sandfarben)
Drasch, der; -s (*landsch. für* lärmende Geschäftigkeit, Hast)
Dras|tik [*alte Trennung* ...s|t...], die; - ‹griech.› (Deutlichkeit, Derbheit)
Dras|ti|kum [*alte Trennung* ...s|t...], das; -s, ...ka (*Pharm.* starkes Abführmittel)
dras|tisch [*alte Trennung* ...s|t...] (sehr deutlich; derb)
Drau, die; - (Nebenfluss der Donau)
dräu|en (*veraltet für* drohen)
drauf (*ugs. für* darauf); drauf und dran (*ugs. für* nahe daran) sein, etwas zu tun; [gut/schlecht] drauf sein [*alte Schreibung* draufsein] (*ugs. für* [gut/schlecht] gelaunt sein)
Drauf|ga|be (Handgeld beim Vertrags- od. Kaufabschluss; *österr. auch für* Zugabe des Künstlers)
Drauf|gän|ger; Drauf|gän|ge|rin; drauf|gän|ge|risch; Drauf|gän|ger|tum, das; -s
drauf|ge|ben; jmdm. eins draufgeben (*ugs. für* einen Schlag versetzen; zurechtweisen)
drauf|ge|hen (*ugs. auch für* verbraucht werden; sterben); er geht drauf; ist draufgegangen
Drauf|geld (Draufgabe)
drauf|ha|ben (*ugs. für* etw. beherrschen)
drauf|hal|ten (*ugs. für* etwas zum Ziel nehmen)
drauf|hau|en *(ugs.)*
drauf|krie|gen; eins, etwas draufkriegen (*ugs. für* getadelt werden; enttäuscht werden)
drauf|le|gen (*ugs. für* zusätzlich bezahlen)
drauf|los; immer drauflos!
drauf|los|ge|hen; sie geht drauflos; drauflosgegangen; draufloszugehen; *aber* darauf losgehen
drauf|los|re|den; drauf|los|rei|ten; drauf|los|schie|ßen; drauf|los|schimp|fen; drauf|los|wirt|schaf|ten
drauf|ma|chen; einen draufmachen (*ugs. für* ausgiebig feiern)
drauf|sat|teln (*ugs. für* zusätzlich geben)
drauf|schla|gen (*ugs. für* auf etwas schlagen; aufschlagen)
drauf sein [*alte Schreibung* draufsein] *vgl.* drauf
Drauf|sicht, die; - *(Zeichenlehre)*
drauf|ste|hen (*ugs. für* darauf zu lesen sein)
drauf|zah|len (*svw.* drauflegen)
draus (*ugs. für* daraus)
drau|ßen; die Hunde müssen draußen bleiben
Dra|wi|da [*auch* 'dra:...], der; -[s], -[s] (Angehöriger einer Völkergruppe in Vorderindien); **dra|wi|disch;** drawidische Sprachen
Dr. disc. pol. = doctor disciplinarum politicarum; *vgl.* Doktor
Dream|team, *auch* **Dream-Team** ['dri:...; *alte Schreibung* Dream Team], das; -s, -s ‹engl.› (*bes. Sport* ideal besetzte Mannschaft)
Drech|sel|lei (*auch für* geschraubte [Schreib]weise)
drech|seln; ich drechs[e]le
Drechs|ler; Drechs|ler|ar|beit; Drechs|le|rei
Dreck, der; -[e]s *(ugs.)*
Dreck|ar|beit; Dreck|ei|mer *(ugs.);* **Dreck|fink,** der; *Gen.* -en, *auch* -s, *Plur.* -en *(ugs.);* **Dreck|hau|fen** *(ugs.)*
dre|ckig [*alte Trennung* ...k|k...]
Dreck|kerl *vgl.* Deckskerl
Dreck|nest (*ugs. abwertend für* Dorf, Kleinstadt); **Dreck|pfo|te** (*ugs. für* schmutzige Hand); **Dreck|sack** *(derb abwertend)*
Drecks|ar|beit *(ugs. abwertend)*
Dreck|sau *(derb abwertend)*
Dreck|schleu|der (*ugs. für* freches Mundwerk; Fabrikanlage o. Ä., die die Luft stark verschmutzt)
Drecks|kerl *(derb abwertend)*
Dreck|spatz *(ugs.)*
Dred|sche, die; -, -n ‹engl.› (*fachspr. für* Schleppnetz)
Dreesch usw. *vgl.* Driesch usw.
Dreh, der; -[e]s, *Plur.* -s *od.* -e (*ugs. für* Einfall, Kunstgriff; *seltener für* Drehung)
Dr. eh., *auch* **e. h.** *u.* **E. h.** = Ehrendoktor, Doktor Ehren halber; *vgl.* Doktor
Dreh|ach|se; Dreh|ar|beit, die; -, -en; *meist Plur. (Film)*
Dreh|bank *Plur.* ...bänke
dreh|bar; drehbarer Sessel
Dreh|be|we|gung; Dreh|blei|stift; Dreh|brü|cke [*alte Trennung* ...k|k...]
Dreh|buch; Dreh|buch|au|tor
Dreh|büh|ne
Dre|he, die; - (*landsch. ugs. für* Gegend); in der Drehe kenne ich mich aus
dre|hen; Dre|her; Dre|he|rei
Dreh|kran; Dreh|krank|heit, die; -; **Dreh|kreuz; Dreh|ma|schi|ne**
Dreh|mo|ment, das *(Physik)*

Dreh|or|gel; Dreh|ort *(Film);* **Dreh|pau|se** *(Film);* **Dreh|punkt**
Dreh|re|s |tau|rant; Dreh|schei|be
Dreh|schuss [*alte Schreibung* ...schuß] *(Fußball)*
Dreh|strom *(Elektrot.);* **Dreh|strom|mo|tor**
Dreh|stuhl; Dreh|tür
Dre|hung
Dreh|vor|rich|tung; Dreh|wurm
Dreh|zahl (Anzahl der Umdrehungen in einer Zeiteinheit); **Dreh|zahl|mes|ser,** der
drei *s. Kasten S. 305*
Drei, die; -, -en; eine Drei würfeln; er schrieb in Latein eine Drei; die Note »Drei«; mit [der Durchschnittsnote] »Drei-Komma-fünf« bestanden; *vgl.* [1]Acht *u.* Eins
Drei|ach|ser (Wagen mit drei Achsen; *mit Ziffer* **3-Achser** [*alte Schreibung* 3achser]; ↑K 29); **drei|ach|sig**
Drei|ach|tel|takt, der; -[e]s (*mit Ziffern* $^3/_8$-Takt; ↑K 26); im Dreiachteltakt
Drei|an|gel, der; -s, - (*landsch. u. schweiz. für* winkelförmiger Riss im Stoff)
drei|ar|mig
drei|bän|dig; drei|bei|nig
Drei|blatt (Name von Pflanzen); **drei|blät|te|rig; drei|blätt|rig**
Drei|bund, der; -[e]s
drei|di|men|si|o|nal; dreidimensionales Bild, dreidimensionaler Film *od.* ↑K 26: Drei-D-Bild, Drei-D-Film *od. mit Ziffer:* 3-D-Bild, 3-D-Film
Drei|eck; drei|e |ckig [*alte Trennung* ...k|k...]
Drei|eck|schal|tung *(Technik)*
Drei|ecks|ge|schich|te; Drei|ecks|mes|sung; Drei|ecks|netz
Drei|ecks|tuch, Drei|eck|tuch
drei|ein|halb, drei|und|ein|halb
drei|ei|nig; der dreieinige Gott; **Drei|ei|nig|keit,** die; - *(christl. Rel.)*
Drei|ei|nig|keits|fest (erster Sonntag nach Pfingsten)
Drei|er *vgl.* Achter; **Drei|er|kom|bi|na|ti|on** *(Sportspr.)*
drei|er|lei; Drei|er|rei|he
drei|fach; Drei|fa|che, das; -n; *vgl.* Achtfache
Drei|fal|tig|keit, die; - (*svw.* Dreieinigkeit); **Drei|fal|tig|keits|fest** (erster Sonntag nach Pfingsten)
Drei|far|ben|druck *Plur.* ...drucke; **drei|far|big**
Drei|fel|der|wirt|schaft, die; -
drei|fenst|rig
Drei|fin|ger|faul|tier (Ai)
Drei|fuß; Drei|ge|stirn
drei|ge|stri|chen *(Musik)*
Drei|heit, die; -
drei|hun|dert
drei|jäh|rig *vgl.* achtjährig
Drei|kai|ser|bünd|nis
Drei|kant, das *od.* der; -[e]s, -e; **Drei|kan|ter** (Gesteinsform); **drei|kan|tig; Drei|kant|stahl** (*vgl.* [1]Stahl *u.* ↑K 66)
Drei|kä|se|hoch, der; -s, -[s]
Drei|klang
Drei|klas|sen|wahl|recht, das; -[e]s
Drei|kö|ni|g, Drei|kö|ni|ge, *ohne Artikel* (Dreikönigsfest); an, auf, nach, vor, zu Dreikönig[e]; **Drei|kö|nigs|fest** (6. Jan.); **Drei|kö|nigs|spiel**
Drei|län|der|tref|fen
Drei|ling (alte Münze; altes Weinmaß)
drei|mäh|dig (dreischürig)
drei|mal; ↑K 31: zwei- bis dreimal (2- bis **3-mal** [*alte Schreibung* 3mal]); *vgl.* achtmal; **drei|ma|lig**
Drei|mas |ter [*alte Trennung* ...|st...] (dreimastiges Schiff; *auch für* Dreispitz); **drei|mas |tig**
Drei|mei|len|zo|ne
Drei|me|ter|brett
drein (*ugs. für* darein)
drein|bli |cken [*alte Trennung* ...k|k...] (in bestimmter Weise blicken); finster dreinblicken
drein|fah|ren (*ugs. für* energisch in eine Angelegenheit eingreifen)
drein|fin|den, sich (*ugs. für* dareinfinden, sich)
Drein|ga|be (*landsch. u. schweiz. für* Zugabe)
drein|mi|schen, sich (*ugs. für* dareinmischen, sich)
drein|re|den (*ugs. für* dareinreden)
drein|schla|gen (*ugs. für* in etwas hineinschlagen)
Drei|pass [*alte Schreibung* Dreipaß], der; ...passes, ...passe (*Archit.* Verzierungsform mit drei Bogen)
Drei|pfund|brot
Drei|pha|sen|strom (*svw.* Drehstrom)
Drei|punkt|gurt *(Verkehrsw.)*
Drei|rad
Drei|raum|woh|nung (*regional für* Dreizimmerwohnung)
Drei|ru|de|rer (antikes Kriegsschiff); **Drei|satz; Drei|schneuß** (Ornament im got. Maßwerk)
Drei|schritt|re|gel, die; - *(Handball)*
drei|schü|rig (drei Ernten liefernd); dreischürige Wiese
Drei|se|kun|den|re|gel *(Handball, Basketball)*
drei|sil|big; drei|spal|tig
Drei|spän|ner; Drei|spitz (*früher* ein dreieckiger Hut); **Drei|sprung**
drei|ßig usw. *vgl.* achtzig usw.
drei|ßig|jäh|rig; eine dreißigjährige Frau, *aber* ↑K 89: der Dreißigjährige Krieg; *vgl.* achtjährig
dreist
drei|stel|lig; dreistellige Ziffer
Drei|ster|ne|ho|tel
Dreist|heit; Dreis |tig|keit [*alte Trennung* ...|st...]
drei|stim|mig; drei|stö |ckig [*alte Trennung* ...k|k...]; **drei|strah|lig**
drei|stück|wei|se
Drei|stu|fen|ra|ke|te
Drei|ta|ge|fie|ber (Infektionskrankheit)
drei|tau|send; Drei|tau|sen|der ([über] 3000 m hoher Berg)
drei|tei|lig
drei|und|ein|halb, drei|ein|halb
drei|und|zwan|zig *vgl.* acht
drei vier|tel [*alte Schreibung* dreivier|tel]; *vgl.* drei *u.* Viertel; **drei|vier|tel|lang** [...'fɪ...]
Drei|vier|tel|li|ter|fla|sche (*mit Ziffern* $^3/_4$-Liter-Flasche; ↑K 26)
Drei|vier|tel|mehr|heit [...'fɪ...]; **Drei|vier|tel|mil|li|on; Drei|vier|tel|stun|de**
Drei|vier|tel|takt [...'fɪ...], der; -[e]s (*Musik; mit Ziffern* $^3/_4$-Takt; ↑K 29); im Dreivierteltakt
Drei|we|ge|ka|ta|ly|sa|tor *(Kfz-Technik)*
Drei|zack, der; -[e]s, -e; **drei|za - ckig** [*alte Trennung* ...k|k...]
drei|zehn; die verhängnisvolle Dreizehn ↑K 78; *vgl.* acht; **drei|zehn|hun|dert**
Drei|zim|mer|woh|nung (*mit Ziffer* 3-Zimmer-Wohnung; ↑K 26)
Drei|zü|ger *(Schach)*
Drell, der; -s, -e (*nordd. für* Drillich)
drem|meln (*landsch. für* bittend drängen); ich dremm[e]le
Drem|pel, der; -s, - (Mauer zur Vergrößerung des Dachraumes; Schwelle [im Schleusenbau])
Dres. = doctores; *vgl.* Doktor
Dre|sche, die; - (*ugs. für* Prügel)
dre|schen; du drischst, er drischt; du droschst, *veraltet* drasch[e]st; du dröschest, *ver-*

drit|te

Kleinschreibung:	– zum Dritten [*alte Schreibung* dritten] wäre dies noch zu erwähnen
– das dritte Kapitel – jeder dritte Bundesbürger – der dritte Stand (Bürgerstand) – die dritte seiner Töchter ist hellblond	– die Dritten (*ugs. für* die dritten Zähne, das künstliche Gebiss) *Großschreibung in Namen und bestimmten namenähnlichen Fügungen* ↑K 88 u. 89:
Großschreibung der Substantivierung ↑K 80: – er ist der Dritte im Bunde – ein Dritter (ein Unbeteiligter) – sie ist die Dritte in der Klasse; sie ist die Dritte [*alte Schreibung* dritte] in der Reihe – von dreien der Dritte [*alte Schreibung* dritte] – nur jeder Dritte [*alte Schreibung* dritte] erhielt die Zulassung – es bleibt noch ein Drittes zu erwähnen	– Friedrich der Dritte – der Dritte Oktober (Tag der Deutschen Einheit) – der Dritte Punische Krieg – das Dritte Reich – die Dritte [*alte Schreibung* dritte] Welt (die Entwicklungsländer) *Vgl.* achte *u.* erste

altet dräschest; gedroschen; drisch!

Dre|scher; Dre|sche|rin

Dresch|fle|gel; Dresch|gut, das; -[e]s; **Dresch|ma|schi|ne**

Dres|den (Hauptstadt von Sachsen); **Dres|den-Alt|stadt; Dres|de|ner,** Dresd|ner; **Dres|den-Neu|stadt; Dresd|ner** *vgl.* Dresdener

Dress [*alte Schreibung* Dreß], der; *Gen.* - *u.* Dresses, *Plur.* Dresse, *österr. auch* die; -, Dressen *Plur. selten* ‹engl.› ([Sport]kleidung)

Dres|seur [...ˈsøːɐ̯], der; -s, -e ‹franz.› (jmd., der Tiere abrichtet); **Dres|seu|rin** [...ˈsøː...]; **dres|sie|ren**

Dres|sing, das; -s, -s ‹engl.› (Salatsoße)

Dress|man [...mən], der; -s, ...men [...mən] ‹anglisierend› (männliches Mannequin)

Dres|sur, die; -, -en ‹franz.›; **Dres|sur|akt; Dres|sur|leis|tung** [*alte Trennung* ...|st...]

Dres|sur|num|mer; Dres|sur|prü|fung; Dres|sur|rei|ten, das; -s

Drey|fus|af|fä|re, *auch* **Drey|fus-Af|fä|re,** die; - (der 1894–1906 gegen den franz. Offizier A. Dreyfus geführte Prozess u. seine Folgen)

Dr. forest. = doctor scientiae rerum forestalium; *vgl.* Doktor

Dr. ... habil. = doctor ... (z. B. philosophiae) habilitatus; *vgl.* Doktor

Dr. h. c. = doctor honoris causa; *vgl.* Doktor

Dr. h. c. mult. = doctor honoris causa multiplex; *vgl.* Doktor

drib|beln ‹engl.› (*Sport* den Ball durch kurze Stöße vortreiben); ich dribb[e]le; **Dribb|ling,** das; -s, -s (das Dribbeln)

Driesch, Dreesch, der; -s, -e (*landsch. für* Brache)

Drift, die; -, -en (Strömung an der Meeresoberfläche; *auch svw.* Abtrift; *vgl.* Trift)

drif|ten (*Seemannsspr.* treiben); **drif|tig** (treibend)

Drilch, der; -[e]s, -e (*schweiz. für* Drillich)

[1]**Drill,** der; -[e]s, -e (*Nebenform von* Drell)

[2]**Drill,** der; -[e]s ([militär.] harte Ausbildung)

Drill|boh|rer

dril|len ([militär.] hart ausbilden; mit dem Drillbohrer bohren; *Landw.* in Reihen säen)

Dril|lich, der; -s, -e (ein festes Gewebe); **Dril|lich|an|zug; Dril|lich|ho|se; Dril|lich|zeug,** das; -[e]s

Dril|ling (*auch für* Jagdgewehr mit drei Läufen)

Drill|ma|schi|ne (*Landw.* Maschine, die in Reihen sät)

drin (*ugs. für* darin); drin sein [*alte Schreibung* drinsein] (*ugs. auch für* möglich sein)

Dr.-Ing. = Doktoringenieur, Doktor der Ingenieurwissenschaften; *vgl.* Doktor

drin|gen; du drang[e]st; du drängest; gedrungen; dring[e]!; **drin|gend;** auf das, aufs Dringendste *od.* auf das, aufs dringendste ↑K 75

dring|lich; Dring|lich|keit, die; -

Dring|lich|keits|an|fra|ge; Dring|lich|keits|an|trag

Drink, der; -[s], -s ‹engl.› (meist alkohol. [Misch]getränk)

drin|nen

drin sein [*alte Schreibung* drinsein] *vgl.* drin

drin|sit|zen (*ugs. für* in der Patsche sitzen); *vgl.* darin

drin|ste|cken [*alte Trennung* ...k|k...] (*ugs.* viel Arbeit, Schwierigkeiten haben); er hat bis über die Ohren dringesteckt; *vgl.* darin

drin|ste|hen (*ugs. für* in etwas zu lesen sein); *vgl.* darin

Dri|schel, der; -s, - *od.* die; -, -n (*bayr. u. österr. für* [Schlagkolben am] Dreschflegel)

dritt *vgl.* drei

drit|te *s. Kasten*

drit|tel *vgl.* achtel; **Drit|tel,** das, *schweiz. meist* der; -s, -; *vgl.* Achtel; **drit|teln** (in drei Teile teilen); ich dritt[e]le

Drit|ten|ab|schla|gen, das; -s (ein Laufspiel)

drit|tens

Drit|te-Welt-La|den (Laden, in dem Erzeugnisse der Entwicklungsländer verkauft werden); *vgl.* dritte

dritt|höchs|te [*alte Trennung* ...|st...]

Dritt|land *Plur.* ...länder

dritt|letz|te *vgl.* letzte

Dritt|mit|tel *Plur.;* etwas aus Drittmitteln finanzieren

Dritt|scha|den *(Rechtsspr.);* **Dritt|schuld|ner; Dritt|welt...** (*schweiz. meist in Zusammensetzungen für* Dritte-Welt-...)

Dr. iur., Dr. jur. = doctor juris; *vgl.* Doktor

Dr. iur. utr., Dr. jur. utr. = doctor juris utriusque; *vgl.* Doktor

Drive [draif], der; -s, -s ‹engl.› (Schwung; Tendenz, Neigung; Treibschlag beim Golf u. Tennis; *Jazz* treibender Rhythmus)

Drive-in-Re|s|tau|rant [draɪ̯ˈvɪn...] (Schnellgaststätte für Autofahrer mit Bedienung am Fahrzeug)

Dri|ver ['draivɐ], der; -s, - (ein Golfschläger)

Dr. jur. *vgl.* Dr. iur.

DRK, das; - = Deutsches Rotes Kreuz

Dr. med. = doctor medicinae; *vgl.* Doktor

Dr. med. dent. = doctor medicinae dentariae; *vgl.* Doktor

Dr. med. univ. (in Österr.) = doctor medicinae universae; *vgl.* Doktor

Dr. med. vet. = doctor medicinae veterinariae; *vgl.* Doktor

Dr. mont. (in Österr.) = doctor rerum montanarum; *vgl.* Doktor

Dr. mult. = doctor multiplex; *vgl.* Doktor

Dr. nat. techn. = doctor rerum naturalium technicarum; *vgl.* Doktor

drob *vgl.* darob; **dro|ben** (*geh.; südd. u. österr. für* da oben)

Dr. oec. = doctor oeconomiae; *vgl.* Doktor

Dr. oec. publ. = doctor oeconomiae publicae; *vgl.* Doktor

Dro|ge, die; -, -n ‹franz.› (Rohstoff für Heilmittel; *auch für* Rauschgift)

drö|ge (*nordd. für* trocken; langweilig)

dro|gen|ab|hän|gig; Dro|gen|ab|hän|gi|ge, der *u.* die; -n, -n

Dro|gen|be|ra|tungs|stel|le; Dro|gen|dea|ler (Rauschgifthändler); **Dro|gen|fahn|der** (jmd., der nach Rauschgifthändlern fahndet)

Dro|gen|ge|schäft; Dro|gen|kon|sum; Dro|gen|miss|brauch [*alte Schreibung* ...miß|brauch]

Dro|gen|sucht; Dro|gen|sze|ne, die; -; **Dro|gen|to|te**

Dro|ge|rie, die; -, ...ien; **Dro|ge|rie|markt**

Dro|gist, der; -en, -en; **Dro|gis|tin** [*alte Trennung* ...|st...]

Droh|brief

dro|hen; Droh|ge|bär|de

Drohn, der; -en, -en (*fachspr. für* Drohne); **Droh|ne,** die; -, -n (Bienenmännchen)

dröh|nen

Droh|nen|da|sein; Droh|nen|schlacht

Dröh|nung (*ugs. für* Rauschgiftdosis; Rauschzustand)

Dro|hung; Droh|wort *Plur.* ...worte

drol|lig; Drol|lig|keit

Dro|me|dar [*auch* 'dro:...], das; -s, -e ‹griech.› (einhöckeriges Kamel)

Dröm|ling, der; -s (Landschaft im Südwesten der Altmark)

Dron|te, die; -, -n (ein ausgestorbener Vogel)

Dront|heim (norweg. Stadt); *vgl. auch* Trondheim

Drop|kick, der; -s, -s ‹engl.› *(Fußball)*

Drop-out [...|aut], der; -[s], -s (jmd., der aus seiner sozialen Gruppe ausgebrochen ist; *Tontechnik* Aussetzen der Schallaufzeichnung)

Drops, der, *auch* das; -, - *meist Plur.* ‹engl.› (Fruchtbonbon)

Drosch|ke, die; -, -n ‹russ.›

Drosch|ken|gaul; Drosch|ken|kut|scher

drö|seln (*landsch. für* [Faden] drehen; trödeln); ich drös[e]le

[1]Dros|sel, die; -, -n (ein Singvogel)

[2]Dros|sel, die; -, -n (*Jägerspr.* Luftröhre des Wildes; *auch für* Drosselspule)

Dros|sel|bart; König Drosselbart (eine Märchengestalt)

Dros|sel|klap|pe *(Technik)*

dros|seln; ich dross[e]le

Dros|sel|spu|le *(Elektrot.)*

Dros|se|lung

Dros|sel|ven|til *(Technik)*

Dross|lung [*alte Schreibung* Droßlung] *vgl.* Drosselung

Drost, der; -es, -e (*nordd. früher* Verwalter einer Drostei)

Dros|te-Hüls|hoff [*alte Trennung* ...|st...] (dt. Dichterin)

Dros|tei [*alte Trennung* ...|st...] (*nordd. früher* Verwaltungsbezirk)

Dr. paed. = doctor paedagogiae; *vgl.* Doktor

Dr. pharm. = doctor pharmaciae; *vgl.* Doktor

Dr. phil. = doctor philosophiae; *vgl.* Doktor

Dr. phil. nat. = doctor philosophiae naturalis; *vgl.* Doktor

Dr. rer. camer. = doctor rerum cameralium; *vgl.* Doktor

Dr. rer. comm. (in Österr.) = doctor rerum commercialium; *vgl.* Doktor

Dr. rer. hort. = doctor rerum hortensium; *vgl.* Doktor

Dr. rer. mont. = doctor rerum montanarum; *vgl.* Doktor

Dr. rer. nat. = doctor rerum naturalium; *vgl.* Doktor

Dr. rer. oec. = doctor rerum oeconomicarum; *vgl.* Doktor

Dr. rer. pol. = doctor rerum politicarum; *vgl.* Doktor

Dr. rer. silv. = doctor rerum silvestrium; *vgl.* Doktor

Dr. rer. soc. oec. (in Österr.) = doctor rerum socialium oeconomicarumque; *vgl.* Doktor

Dr. rer. techn. = doctor rerum technicarum; *vgl.* Doktor

Dr. sc. agr. = doctor scientiarum agrarium; *vgl.* Doktor

Dr. sc. hum. = doctor scientiarum humanarum; *vgl.* Doktor

Dr. sc[ient]. techn. = doctor scientiarum technicarum; *vgl.* Doktor

Dr. sc. math. = doctor scientiarum mathematicarum; *vgl.* Doktor

Dr. sc. nat. = doctor scientiarum naturalium *od.* doctor scientiae naturalis; *vgl.* Doktor

Dr. sc. pol. = doctor scientiarum politicarum *od.* doctor scientiae politicae; *vgl.* Doktor

Dr. techn. (in Österr.) = doctor rerum technicarum; *vgl.* Doktor

Dr. theol. = doctor theologiae; *vgl.* Doktor

drü|ben (auf der anderen Seite); hüben und drüben

drü|ber (*ugs. für* darüber; *[vgl. d.]*); es geht drunter und drüber

drü|ber|fah|ren *(ugs.)*

Druck, der; -[e]s, *Plur. (Technik:)* Drücke, *seltener* -e, *(Druckw.:)* Drucke *u.* (*Textilw.* bedruckte Stoffe:) -s

Druck|ab|fall, der; -[e]s; **Druck|an|stieg,** der; -[e]s; **Druck|aus|gleich,** der; -[e]s

Druck|bo|gen, der; -s, -; **Druck|buch|sta|be**

Drü|cke|ber|ger [*alte Trennung* ...k|k...]; **Drü|cke|ber|ge|rei; drü|cke|ber|ge|risch**

druck|emp|find|lich

dru|cken [*alte Trennung* ...k|k...]

drü|cken [*alte Trennung* ...k|k...]

drü|ckend [*alte Trennung* ...k|k...]; drückend heißes [*alte Schreibung* drückendheißes] Wetter; es war drückend heiß

Dru|cker [*alte Trennung* ...k|k...]

Drü|cker [*alte Trennung* ...k|k...]

Dru|cke|rei [*alte Trennung* ...k|k...]

Drü|cke|rei [*alte Trennung* ...k|k...]

Drü|cker|fisch [*alte Trennung* ...k|k...] (ein Aquarienfisch)

Druck|er|laub|nis, die; -

du

Kleinschreibung:
- du Glücklicher!
- du hast ganz Recht
- Leute wie du und ich

Auch in Briefen wird »du« kleingeschrieben:
- Liebe Maria, wie du [*alte Schreibung* Du] bestimmt schon gemerkt hast ...

Großschreibung ↑K 76:
- das vertraute Du; jmdm. das Du anbieten
- jmdn. mit Du [*alte Schreibung* du] anreden
- mit jmdm. auf Du und Du [*alte Schreibung* du und du] stehen
- du, *auch* Du zueinander sagen
- mit jmdm. per du, *auch* per Du sein

D

Drụ|cker|pres|se [*alte Trennung* ...k|k...]; **Drụ|cker|schwär|ze; Drụ|cker|spra|che**
[1]**Drụck|er|zeug|nis,** *auch* **Drụck-Er|zeug|nis**
[2]**Drụ|cker|zeug|nis,** *auch* **Drụ|cker-Zeug|nis** [*alte Trennung* ...k|k...]
Drụck|fah|ne; Drụck|feh|ler; Drụck|feh|ler|teu|fel *(scherzh.)*
drụck|fer|tig; drụck|fest; drụck|frisch
drụck|gas|be|trie|ben; druckgasbetriebene Fahrzeuge
Drụck|gra|fik, *auch* **Drụck|gra|phik** *(Kunstwiss.)*
Drụck|in|dus|t|rie [*alte Trennung* ...|st...]
Drụck|ka|bi|ne; Drụck|kes|sel
Drụck|knopf
Drụck|koch|topf; Drụck|kraft
Drụck|le|gung
Drụck|luft|brem|se
drụck|luft|ge|steu|ert
Drụck|mit|tel, das
Drụck|mus|ter [*alte Trennung* ...|st...]
Drụck|pa|pier; Drụck|plat|te
Drụck|punkt
drụck|reif
Drụck|sa|che; Drụck|schrift; Drụck|sei|te
drụck|sen (*ugs. für* zögerlich antworten); du druckst; **Drụck|se|rei**
Drụck|sor|te (*österr. für* Formular); **Drụck|spal|te**
Drụck|stel|le
Drụck|stock *Plur.* ...stöcke
Drụck|tas|te [*alte Trennung* ...|st...]
Drụck|ver|band
Drụck|ver|fah|ren
Drụck|wel|le
Drụck|we|sen; Drụck|zy|lin|der
Drud, die; -, -en *(österr.)*, **Dru|de,** die; -, -n (Nachtgeist; Zauberin)
Dru|den|fuß (Zeichen gegen Zauberei; Pentagramm)
Drug|store ['draksto:ɐ̯], der; -s, -s ⟨engl.-amerik.⟩ ([in den USA] Verkaufsgeschäft für gängige Bedarfsartikel mit Imbissecke)
Dru|i|de, der; -n, -n (kelt. Priester); **dru|i|disch**
drụm (*ugs. für* darum); drum herum, *aber* das Drumherum; das Drum und Dran
Drum [dram], die; -, -s ⟨engl.⟩ (*engl. Bez. für* Trommel); *vgl.* [1]Drums; **Drum|com|pu|ter**
Drum|he|rụm, das; -s *(ugs.)*
Drụm|lin [*auch* 'dra...], der; -s, -s ⟨kelt.-engl.⟩ (*Geol.* ellipt. Hügel der Grundmoräne)
Drum|mer ['dra...], der; -s, - ⟨engl.⟩ (Schlagzeuger in einer [4]Band)
[1]**Drums** [dra...] *Plur.* (*Bez. für* das Schlagzeug)
[2]**Drụms** [*auch* dra...] *Plur.* ⟨kelt.-engl.⟩ (*svw.* Drumlins)
Drụm und Drạn, das; - - -
drụn|ten (da unten)
drụn|ter (*ugs. für* darunter; *[vgl. d.]*); es geht drunter und drüber
drụn|ter|lie|gen *(ugs.)*; **drụn|ter|stel|len** *(ugs.)*
Drụn|ter und Drü|ber, das; - - - *(ugs.)*
Drụsch, der; -[e]s, -e (Dreschen; Dreschertrag); **Drụsch|ge|mein|schaft** *(in der DDR)*
Dru|schi|na, die; - ⟨russ.⟩ (Gefolgschaft altruss. Fürsten)
[1]**Dru|se,** die; -, -n (Hohlraum im Gestein, dessen Wände mit kristallisierten Mineralien besetzt sind; eine Pferdekrankheit)
[2]**Dru|se,** der; -n, -n (Angehöriger einer im 11. Jh. aus dem Islam hervorgegangenen Religionsgemeinschaft)
Drü|se, die; -, -n
Dru|sen *Plur.* (*veraltet, noch landsch. für* Weinhefe, Bodensatz)
Drü|sen|funk|ti|on; Drü|sen|schwel|lung
dru|sig ⟨*zu* [1]Druse⟩
drü|sig (voll Drüsen)
Dru|sin ⟨*zu* [2]Druse⟩; **dru|sisch**
Dru|sus (röm. Beiname)
dry [drai] ⟨engl., »trocken«⟩ ([von alkohol. Getränken] herb)
Dry|a|de, die; -, -n *meist Plur.* ⟨griech.⟩ (*griech. Mythol.* Baumnymphe)
DSA = Deutscher Sprachatlas
DSB = Deutscher Sportbund
Dsche|bel, der; -[s] ⟨arab.⟩ (*in arab. erdkundl. Namen* Gebirge, Berg)
Dschi|bu|ti (Staat u. dessen Hauptstadt in Nordostafrika)
D-Schicht ['de:...], die; -; ↑K 29 (*Meteor.* stark ionisierte Luftschicht in der hohen Atmosphäre)
Dschig|ge|tai, der; -s, -s ⟨mong.⟩ (wilder Halbesel in Asien)
Dschin|gis Khan (mongol. Eroberer)
Dschinn, der; -s, *Plur.* - *u.* -en ⟨arab.⟩ (Dämon, Geist im Volksglauben der Araber)
Dschụn|gel, der, *selten* das; -s, - ⟨Hindi⟩ (undurchdringlicher tropischer Sumpfwald; *auch übertr. für* Dickicht, dichtes, undurchschaubares Geflecht)
Dschụn|gel|krieg; Dschụn|gel|pfad
Dschụn|ke, die; -, -n ⟨chin.-malai.⟩ (chin. Segelschiff)
DSG = Deutsche Schlafwagen- und Speisewagen-Gesellschaft mbH; *vgl.* Mitropa
Dsun|ga|rei, die; - (zentralasiat. Landschaft); **dsun|ga|risch**
dt = Dezitonne
dt. = deutsch
DTB = Deutscher Turnerbund
DTC = Deutscher Touring Automobil Club
dto. = dito
DTP = Desktop-Publishing
DTSB = Deutscher Turn- und Sportbund
Dtzd. = Dutzend
du *s. Kasten*
du|al ⟨lat.⟩ (eine Zweiheit bildend); ein duales System, *aber* ↑K 88: die Gesellschaft Duales System Deutschland GmbH;

Du|al, der; -s, -e (*Sprachw.* Zweizahl)
Du|a|la *vgl.* [1,2,3]Douala
Du|a|lis, der; -, ...le ‹lat.›; *vgl.* Dual
Du|a|lis|mus, der; - (Zweiheit; Gegensätzlichkeit); **Du|a|list,** der; -en, -en; **du|a|lis|tisch** [*alte Trennung* ...|st...]; dualistische Weltanschauung
Du|a|li|tät, die; - (Zweiheit; Doppelheit; Vertauschbarkeit)
Du|al|sys|tem [*alte Trennung* ...|st...], das; -s *(Math., Soziol.)*
Du|bai [*auch* 'du:...] (Hafenstadt u. Scheichtum am Pers. Golf)
Dub|bing ['dabiŋ], das; -s, -s ‹engl.› (Überspielen, Kopieren von Video- od. Tonaufnahmen)
Dü|bel, der; -s, - (Zapfen zum Verankern von Schrauben u. a.; *Bauw.* Verbindungselement zum Zusammenhalten von Bauteilen); **Dü|bel|mas|se,** die; -
dü|beln; ich düb[e]le
du|bi|os ‹lat.›, *seltener* **du|bi|ös** ‹franz.› (zweifelhaft; unsicher)
Du|bi|o|sen *Plur.* (*Wirtsch.* unsichere Forderungen)
du|bi|ta|tiv (Zweifel ausdrückend)
Du|b|lee, *auch* Dou|b|lé, das; -s, -s ‹franz.› (Metall mit Edelmetallüberzug; Stoß beim Billardspiel); **Du|b|lee|gold,** *auch* **Dou|b|lé|gold**
Du|b|let|te, die; -, -n (doppelt vorhandenes Stück)
du|b|lie|ren ([Garn] verdoppeln; Dublee herstellen); **Du|b|lier|ma|schi|ne** *(Spinnerei)*
Dub|lin ['da...] (Hauptstadt der Republik Irland)
Du|b|lo|ne, die; -, -n ‹lat.› (frühere span. Goldmünze)
Du|b|lü|re, die; -, -n ‹franz.› (verzierte Innenseite des Buchdeckels)
Du|b|rov|nik (kroat. Hafenstadt)
[1]**Du|chesse** [dy'ʃɛs], die; -, -n ‹franz.› (*franz. Bez. für* Herzogin)
[2]**Du|chesse,** die; - (ein Seidengewebe)
Ducht, die; -, -en (*Seemannsspr.* Sitzbank im Boot)
Duck|dal|be, *seltener* **Dück|dal|be,** die; -, -n *meist Plur.*, *auch* **Duck|dal|ben, Dück|dal|ben,** der; -s, - *meist Plur.* (*Seemannsspr.* in den Hafengrund gerammte Pfahlgruppe)
du|cken [*alte Trennung* ...k|k...]; sich ducken
Du|cker [*alte Trennung* ...k|k...] (Schopfantilope)
Duck|mäu|ser (*ugs. für* verängstigter, feiger, heuchlerischer Mensch); **duck|mäu|se|risch**
du|del|dum|dei!
Du|de|lei; Du|de|ler, Dud|ler; **du|deln;** ich dud[e]le
Du|del|sack ‹türk.›; **Du|del|sack|pfei|fer**
Dud|ler *vgl.* Dudeler
Du|ell, das; -s, -e ‹franz.› (Zweikampf); **Du|el|lant,** der; -en, -en; **du|el|lie|ren,** sich
Du|en|ja, die; -, -s ‹span., »Herrin«› (*veraltet für* Erzieherin)
Du|e|ro, der; - ‹span.› (Fluss auf der Iber. Halbinsel); *vgl.* Douro
Du|ett, das; -[e]s, -e ‹ital.› (Musikstück für zwei Singstimmen)
duff (*nordd. für* matt); duffes Gold
Düf|fel, der; -s, - ‹nach einem belg. Ort› (ein weiches Gewebe)
Duf|f|le|coat ['dafl...], der; -s, -s ‹engl.› (kurzer, sportl. Mantel)
Duft, der; -[e]s, Düfte; **Düft|chen**
duf|te ‹jidd.› (*bes. berlin. ugs. für* gut, fein)
duf|ten
duf|tig; Duf|tig|keit, die; -
Duft|mar|ke *(Biol.)*; **Duft|no|te**
duft|reich
Duft|stoff; Duft|was|ser *Plur.* ...wässer; **Duft|wol|ke**
Du|gong, der; -s, *Plur.* -e *u.* -s ‹malai.› (eine Seekuhart)
Duis|burg ['dy:...] (Stadt in Nordrhein-Westfalen); **Duis|bur|ger;** Duisburger Hafen
du jour [dy 'ʒu:ɐ̯] ‹franz., »vom Tage«›; du jour sein (*veraltend für* Tagesdienst haben)
Du|ka|ten, der; -s, - ‹ital.› (frühere Goldmünze)
Du|ka|ten|e|sel (*ugs. für* unerschöpfliche Geldquelle); **Du|ka|ten|schei|ßer** *(derb)*
Duke [dju:k], der; -s, -s ‹engl.› (*engl. Bez. für* Herzog)
Dü|ker, der; -s, - (Rohrleitung unter einem Deich, Fluss, Weg o. Ä.; *landsch. für* Tauchente)
duk|til ‹lat.› (*Technik* dehn-, verformbar); **Duk|ti|li|tät,** die; -
Duk|tus, der; - (charakteristische Art, Linienführung)
dul|den; Dul|der; Dul|de|rin; Dul|der|mie|ne
duld|sam; Duld|sam|keit, die; -
Dul|dung
Dult, die; -, -en (*bayr. für* Messe, Jahrmarkt)
Dul|zi|nea, die; -, *Plur.* -een *u.* -s ‹span.; nach der Geliebten des Don Quichotte› (*scherzh. abwertend für* Geliebte, Freundin)
Du|ma, die; -, -s (*russ. Bez. für* gewählte Volksvertretung)
Du|mas d. Ä., Du|mas d. J. [dy'ma - -] (Dumas der Ältere, der Jüngere [franz. Schriftsteller])
Dum|dum, das; -[s], -[s] ‹nach dem Ort der ersten Herstellung in Indien› (Geschoss mit sprenggeschossartiger Wirkung); **Dum|dum|ge|schoss** [*alte Schreibung* ...ge|schoß]; *vgl.* Geschoss
dumm; düm|mer, dümms|te; dummer August (Clown); jmdm. dumm kommen (*ugs.* zu jmdm. frech, unverschämt werden)
Dumm|bar|tel, der; -s, - (*ugs. für* dummer Mensch); **Dumm|chen** *(ugs.)*; **dumm|dreist**
Dum|me|jun|gen|streich, *auch* **Dum|me-Jun|gen-Streich;** ein Dumme[r]-Jungen-Streich, *aber* ein Dummejungenstreich
Dum|men|fang, der; -[e]s; auf Dummenfang ausgehen
Dum|mer|chen *(ugs.)*; **Dum|mer|jan,** Dumm|ri|an, der; -s, -e (*ugs. für* dummer Kerl); **Dum|merl,** das; -s, -n (*österr. ugs. für* Dummerchen); **Dum|mer|ling** *(ugs.)*
dum|mer|wei|se
dumm|frech ↑K 23
Dumm|heit
Dum|mi|an, der; -s, -e (*landsch. u. österr. für* Dummerjan); **Dum|mie,** der; -s, -s (*ugs. für* jmd., der auf einem Gebiet nicht Bescheid weiß); *vgl.* Dummy; **Dumm|kopf** *(abwertend)*
dümm|lich; Dümm|ling
Dumm|ri|an *vgl.* Dummerjan
dumm|stolz
Dum|my ['dami], der, *auch* (*für* Attrappe, Probeheft:) das; -s, -s [*alte Schreibung auch* Dummies] ‹engl.› (Puppe für Unfalltests; Attrappe, Probeheft [zu Werbezwecken]); *vgl.* Dummie
düm|peln (*Seemannsspr.* leicht schlingern)
Dum|per ['da..., *auch* 'dʊ...], der; -s, - ‹engl.› (ein Kippfahrzeug)
dumpf
Dumpf|ba|cke [*alte Trennung* ...k|k...] (*ugs. für* törichter, einfältiger Mensch); **Dumpf|heit,** die; -
dump|fig; Dump|fig|keit, die; -
Dum|ping ['da...], das; -s ‹engl.› (*Wirtsch.* Unterbieten der

Preise); **Dum|ping|preis** (Preis einer Ware, der deutlich unter ihrem Wert liegt)

dun (*nordd. für* betrunken)

Dü|na, die; - (Westliche Dwina); *vgl.* Dwina

Du|nant [dy'nã:], Henri, *später* Henry (schweiz. Philanthrop, Gründer des Roten Kreuzes)

Du|ne, die; -, -n (*nordd. für* Daune)

Dü|ne, die; -, -n; **Dü|nen|gras**

Dung, der; -[e]s; **Dung|ab|la|ge**

Dün|ge|mit|tel, das

dün|gen; Dün|ger, der; -s, -; **Dün|ger|wirt|schaft,** die; -

Dung|gru|be; Dung|hau|fen

Dün|gung

dun|kel

– dunk|ler; dun|kels|te
– ein dunkler Fleck; ein dunklerer Farbton

Großschreibung [↑K 72]:
– seine Spuren verloren sich im Dunkeln [*alte Schreibung* im dunkeln]; im Dunkeln [*alte Schreibung* im dunkeln] lassen; im Dunkeln [*alte Schreibung* im dunkeln] tappen
– im Dunkeln ist gut munkeln; ein Sprung ins Dunkle

Getrenntschreibung:
– etwas dunkel färben, dunkel lackieren usw.

Zusammenschreibung:
– dunkelblau, dunkelrot usw.

Dun|kel, das; -s

Dün|kel, der; -s (*geh. abwertend für* Eingebildetheit, Hochmut)

Dun|kel|ar|rest

dun|kel|äu|gig; dun|kel|blau; dun|kel|blond

dun|kel|braun|rot (*vgl.* dunkel); **dun|kel|haa|rig**

dün|kel|haft *(geh. abwertend);* **Dün|kel|haf|tig|keit,** die; -

dun|kel|häu|tig

Dun|kel|heit

Dun|kel|kam|mer; Dun|kel|mann *Plur.* ...männer

dun|keln; es dunkelt

dun|kel|rot

Dun|kel|zif|fer (nicht bekannte Anzahl)

dün|ken; mich *od.* mir dünkt, *veraltet* deucht; dünkte, *auch* deuchte; hat gedünkt, *veraltet* gedeucht

Dun|king ['da...], das; -s, -s ⟨engl.⟩ (*Basketball* Korbwurf, bei dem die Hände des Werfenden oberhalb des Korbrings sind)

Dün|kir|chen, *franz.* Dun|kerque [dœ̃'kɛrk] (franz. Hafenstadt)

dünn; durch dick und dünn; eine dünn besiedelte [*alte Schreibung* dünnbesiedelte] Gegend; der Landstrich ist dünn bevölkert; dünn gesät sein (selten, spärlich vorhanden sein; nur schwer zu finden sein); sich dünn machen (*ugs. für* wenig Platz einnehmen); könnt ihr euch ein bisschen dünner machen?; *vgl. aber* dünnmachen

dünn|bei|nig

dünn be|sie|delt, dünn bevölkert [*alte Schreibungen* dünn|be|siedelt, dünn|be|völ|kert] *vgl.* dünn

Dünn|bier

Dünn|brett|boh|rer (*ugs. abwertend für* wenig intelligenter Mensch)

Dünn|darm; Dünn|darm|ent|zün|dung

Dünn|druck *Plur.* ...drucke

Dünn|druck|aus|ga|be; Dünn|druck|pa|pier

Dün|ne, die; -

dun|ne|mals (*landsch. für* damals)

dünn|flüs|sig; dünn|häu|tig (*auch übertr. für* empfindlich)

Dünn|heit, die; -

dünn|ma|chen, sich (*ugs. für* weglaufen); er hat sich dünngemacht; *vgl. aber* dünn

Dünn|pfiff (*ugs. für* Durchfall)

Dünn|säu|re (*Chemie* Schwefelsäure als Abfallprodukt); **Dünn|säu|re|ver|klap|pung**

Dünn|schiss [*alte Schreibung* ...schiß] (*derb für* Durchfall)

Dünn|schliff; Dünn|schnitt

Dün|nung (*Jägerspr.* Flanke des Wildes)

dünn|wan|dig

Dun|sel, der; -s, - (*landsch. für* Dummkopf, Tollpatsch)

Duns Sco|tus (schott. Philosoph u. Theologe)

Dunst, der; -[e]s, Dünste; **duns|ten** [*alte Trennung* ...|st...] (Dunst verbreiten)

düns|ten [*alte Trennung* ...|st...] (durch Dampf gar machen)

Dunst|glo|cke [*alte Trennung* ...k|k...]; **Dunst|hau|be**

duns|tig [*alte Trennung* ...|st...]

Dunst|kreis

Dunst|obst, *österr. nur so, od.* **Dünst|obst**

Dunst|schicht; Dunst|schlei|er; Dunst|wol|ke

Dü|nung (durch Wind hervorgerufener Seegang)

Duo, das; -s, -s ⟨ital.⟩ (Musikstück für zwei Instrumente; *auch für* die zwei Ausführenden)

D

Du|o|de|num, das; -s, ...na ⟨lat.⟩ (*Med.* Zwölffingerdarm)

Du|o|dez, das; -es ⟨lat.⟩ (*Buchw.* Zwölftelbogengröße; *Zeichen* 12°)

Du|o|dez... (*in Zus. übertr.* Begriff des Kleinen, Lächerlichen); **Du|o|dez|fürs|ten|tum** [*alte Trennung* ...|st...]

du|o|de|zi|mal (zwölfteilig); **Du|o|de|zi|mal|sys|tem** [*alte Trennung* ...|st...], das; -s

Du|o|de|zi|me, die; -, -n (der zwölfte Ton der diaton. Tonleiter; Intervall von zwölf diaton. Tonstufen)

dü|pie|ren ⟨franz.⟩ (täuschen, überlisten); **Dü|pie|rung**

Du|pla (*Plur. von* Duplum)

Du|plex|be|trieb, *auch* Di|plex|betrieb ⟨lat.; dt.⟩ (Doppelbetrieb)

du|plie|ren ⟨lat.⟩ (verdoppeln); **Du|plie|rung**

Du|plik, die; -, -en ⟨franz.⟩ (*veraltend für* Gegenantwort auf eine Replik)

Du|pli|kat, das; -[e]s, -e ⟨lat.⟩ (Ab-, Zweitschrift); **Du|pli|ka|ti|on,** die; -, -en (Verdopplung); **Du|pli|ka|tur,** die; -, -en (*Med.* Doppelbildung)

du|pli|zie|ren (verdoppeln); **Du|pli|zi|tät,** die; -, -en (doppeltes Auftreten)

Du|plum, das; -s, ...la (Duplikat)

Dups, der; -es, -e ⟨poln.⟩ (*landsch. veraltend für* Gesäß)

Dur, das; - ⟨lat.⟩ (*Musik* Tongeschlecht mit großer Terz); in A-Dur, A-Dur-Tonleiter [↑K 29]; *vgl.* [1]Moll

du|ra|bel ⟨lat.⟩ (dauerhaft; bleibend); ...a|b|le Ausführung

Dur|ak|kord *(Musik)*

Du|r|a|lu|min ®, das; -s (eine Aluminiumlegierung)

du|ra|tiv ⟨lat.⟩ (*Sprachw.* verlaufend, dauernd)

durch; *Präp. mit Akk.:* durch mich, sie, ihn; durch und durch; die ganze Nacht [hin]durch; der Zug wird schon durch sein [*alte Schreibung* durchsein] (*ugs. für* durchgekommen sein); es muss bald elf Uhr durch sein [*alte Schreibung* durchsein] (*ugs. für* nach elf Uhr sein); bei jmdm. unten durch sein [*alte Schreibung* durchsein] (*ugs. für* jmds. Wohlwollen verscherzt haben)

D

durch... *in unfesten Zusammensetzungen* z. B. durcharbeiten *(vgl. d.)*, durchgearbeitet; durchdürfen *(vgl. d.)*; *in festen Zusammensetzungen* z. B. durcharbeiten *(vgl. d.)*, durcharbeitet

durch|a|ckern [*alte Trennung* ...k|k...] (*ugs. für* angestrengt durcharbeiten); sie hat das ganze Buch durchgeackert

durch|ar|bei|ten (gründlich bearbeiten; pausenlos arbeiten); der Teig ist gut durchgearbeitet; er hat die Nacht durchgearbeitet; **durch|ar|bei|ten** *(selten, meist im Partizip II)*; eine durcharbeitete Nacht

Durch|ar|bei|tung

durch|at|men; sie hat tief durchgeatmet

durch|aus [*auch* 'dʊ...]

durch|ba|cken [*alte Trennung* ...k|k...]; durchgebackenes Brot; **durch|ba|cken** [*alte Trennung* ...k|k...]; mit Rosinen durchbackenes Brot

durch|be|ben *(geh.)*; von Schauern durchbebt

durch|bei|ßen (beißend trennen); sie hat den Faden durchgebissen; *(ugs.)* sich durchbeißen; **durch|bei|ßen** (beißend durchdringen); der Hund hat ihm beinahe die Kehle durchbissen

durch|be|ra|ten; der Plan ist durchberaten

durch|bet|teln; er hat sich durchgebettelt [und nichts gearbeitet]; **durch|bet|teln**; er hat das Land durchbettelt

durch|bie|gen; das Regal hat sich durchgebogen

durch|bil|den (vollständig ausbilden); sein Körper ist gut durchgebildet; **Durch|bil|dung**

durch|bla|sen; der Arzt hat ihm die Ohren durchgeblasen

durch|blät|tern, durch|blät|tern; sie hat das Buch durchgeblättert *od.* durchblättert

durch|bläu|en [*alte Schreibung* durch|bleu|en] (*ugs. für* durchprügeln); er hat ihn durchgebläut; **durch|bleu|en** *alte Schreibung für* durchbläuen

Durch|blick; durch|bli|cken [*alte Trennung* ...k|k...] (hindurchblicken); sie hat [durch das Fernrohr] durchgeblickt; durchblicken lassen (andeuten)

durch|blit|zen; ein Gedanke hat sie durchblitzt

durch|blu|ten (Blut durch etwas dringen lassen); die Wunde hat durchgeblutet; **durch|blu|ten** (mit Blut versorgen); frisch durchblutete Haut

Durch|blu|tung; Durch|blu|tungs|stö|rung

durch|boh|ren; er hat ein Loch durchgebohrt; der Wurm hat sich durchgebohrt; **durch|boh|ren**; eine Kugel hat die Tür durchbohrt; von Blicken durchbohrt; **Durch|boh|rung**

durch|bo|xen (*ugs. für* durchsetzen); er hat das Projekt durchgeboxt; sich durchboxen

durch|bra|ten; das Fleisch war gut durchgebraten

durch|brau|sen; der Zug ist durchgebraust; **durch|brau|sen**; der Sturm hat das Tal durchbraust

durch|bre|chen; er ist [durch das Eis] durchgebrochen; er hat den Stock durchgebrochen; **durch|bre|chen**; er hat die Schranken, die Schallmauer durchbrochen; durchbrochene Arbeit (Stickerei, Goldarbeit); **Durch|bre|chung**

durch|bren|nen (*ugs. auch für* sich heimlich davonmachen); der Faden ist durchgebrannt; **Durch|bren|ner** (*ugs. für* Ausreißer)

durch|brin|gen; es war schwer, sich ehrlich durchzubringen; er hat die ganze Erbschaft durchgebracht (vergeudet)

Durch|bruch, der; -[e]s, ...brüche

durch|bum|meln *(ugs.)*; sie haben die ganze Nacht durchgebummelt; **durch|bum|meln** *(ugs.)*; eine durchbummelte Nacht

durch|che|cken [*alte Trennung* ...k|k...] (vollständig checken; bis zum Zielort abfertigen); wir haben die Liste durchgecheckt

durch|den|ken; ich habe die Sache noch einmal durchgedacht; **durch|den|ken**; ein fein durchdachter Plan

durch|dis|ku|tie|ren; die Frage ist noch nicht durchdiskutiert

durch|drän|gen; sie hat sich durchgedrängt

durch|dre|hen; das Fleisch [durch den Wolf] durchdrehen; ich bin völlig durchgedreht (*ugs. für* verwirrt)

durch|drin|gen; die Sonne ist kaum durchgedrungen; **durch|drin|gen**; sie hat das Urwaldgebiet durchdrungen; sie war von der Idee ganz durchdrungen; **Durch|drin|gung**, die; -

Durch|druck *Plur.* ...drucke (ein Druckverfahren); **durch|dru|cken** [*alte Trennung* ...k|k...]; sie haben die ganze Nacht durchgedruckt

durch|drü|cken [*alte Trennung* ...k|k...]; er hat die Änderung doch noch durchgedrückt (*ugs. für* durchgesetzt)

durch|drun|gen; er ist von Ernst durchdrungen (erfüllt); *vgl.* durchdringen

durch|dür|fen (*ugs. für* hindurchgelangen dürfen); wir haben nicht durchgedurft

durch|ei|len; er ist schnell durchgeeilt; **durch|ei|len**; er hat den Hof durcheilt

> **durch|ei|n|an|der**
>
> *Man schreibt »durcheinander« immer getrennt vom folgenden Verb oder Partizip* ↑K 50:
>
> - durcheinander sein
> - alles durcheinander essen und trinken
> - etwas durcheinander bringen; es war alles durcheinander gegangen; damit nichts durcheinander gerät; sie waren ziellos durcheinander gelaufen; als alle durcheinander redeten; die Schneeflocken wurden durcheinander gewirbelt
> - [*alte Schreibungen* durcheinanderbringen, durcheinandergehen usw.]

Durch|ei|n|an|der [*auch* 'dʊ...], das; -s

durch|ei|n|an|der brin|gen, durch|ei|n|an|der ge|hen, durch|ei|n|an|der lau|fen usw. [*alte Schreibungen* durch|ein|an|der|brin|gen usw.] *vgl.* durcheinander

Durch|ei|n|an|der|lau|fen, das; -s

durch|ei|n|an|der re|den, durch|ei|n|an|der wir|beln usw. [*alte Schreibungen* durch|ein|an|der|re|den usw.] *vgl.* durcheinander

durch|es|sen, sich; er hat sich überall durchgegessen

durch|e|x|er|zie|ren *(ugs.);* wir haben den Plan durchexerziert
durch|fah|ren; ich bin die ganze Nacht durchgefahren; **durch|fah|ren;** er hat das ganze Land durchfahren; ein Schreck durchfuhr sie
Durch|fahrt; Durchfahrt verboten!
Durch|fahrts|recht; Durch|fahrts|stra|ße
Durch|fall, der; -[e]s, ...fälle
durch|fal|len; die kleinen Steine sind [durch den Rost] durchgefallen; er ist durchgefallen (*ugs. für* hat die Prüfung nicht bestanden); **durch|fal|len;** der Stein hat den Raum durchfallen
durch|fau|len; das Brett ist durchgefault
durch|fa|xen (*ugs. für* per Fax senden)
durch|fech|ten; er hat den Kampf durchgefochten; er hat sich durchgefochten (*veraltend für* durchgebettelt)
durch|fe|gen; er hat nur durchgefegt
durch|fei|ern; sie haben die Nacht durchgefeiert; **durch|fei|ern;** manche Nacht wurde durchfeiert
durch|fei|len; er hat das Gitter durchgefeilt
durch|feuch|ten; vom Regen durchfeuchtet
durch|fil|zen (*ugs. für* genau durchsuchen); die Gefangenen wurden durchgefilzt
durch|fin|den; sich durchfinden; ich habe gut durchgefunden
durch|flech|ten; sie hat das Band [durch den Kranz] durchgeflochten; **durch|flech|ten;** mit Blumen durchflochten
durch|flie|gen; der Stein ist [durch die Fensterscheibe] durchgeflogen; er ist durchgeflogen (*ugs. für* hat die Prüfung nicht bestanden); **durch|flie|gen;** das Flugzeug hat die Wolken durchflogen; ich habe das Buch nur durchflogen
durch|flie|ßen; das Wasser ist durchgeflossen; **durch|flie|ßen;** das Tal wird von einem Bach durchflossen
Durch|flug; Durch|flugs|recht
Durch|fluss [*alte Schreibung* Durch|fluß]
durch|flu|ten; das Wasser ist durch den Riss im Deich durchgeflutet; **durch|flu|ten;** das Zimmer ist von Licht durchflutet
durch|for|men (vollständig formen); die Statue ist durchgeformt; **Durch|for|mung**
durch|for|schen (forschend durchsuchen); er hat alles durchforscht; **Durch|for|schung**
durch|fors|ten [*alte Trennung* ...|st...] (den Wald ausholzen; etw. [kritisch] durchsehen); durchforstet; **Durch|fors|tung** [*alte Trennung* ...|st...]
durch|fra|gen, sich; sie hat sich zum Bahnhof durchgefragt
durch|fres|sen; der Rost hat sich durchgefressen; er hat sich bei anderen durchgefressen (*derb für* durchgegessen); **durch|fres|sen;** von Lauge durchfressen
durch|frie|ren; der Teich ist bis auf den Grund durchgefroren; wir waren völlig durchgefroren; **durch|frie|ren;** ich bin ganz durchfroren
Durch|fuhr, die; -, -en (*Wirtsch.* Transit)
durch|führ|bar; Durch|führ|bar|keit, die; -
durch|füh|ren; er hat die ihm gestellte Aufgabe durchgeführt
Durch|fuhr|er|laub|nis
Durch|füh|rung; Durch|füh|rungs|be|stim|mung; Durch|füh|rungs|ver|ord|nung; Durch|füh|rungs|vor|schrift
Durch|fuhr|ver|bot
durch|fur|chen; ein durchfurchtes Gesicht
durch|fut|tern, sich (*ugs. für* sich durchessen); er hat sich überall durchgefuttert
durch|füt|tern; wir haben das Vieh durchgefüttert
Durch|ga|be; die Durchgabe eines Telegramms
Durch|gang; Durch|gän|ger
durch|gän|gig
Durch|gangs|arzt; Durch|gangs|bahn|hof; Durch|gangs|la|ger; Durch|gangs|pra|xis
Durch|gangs|sta|di|um; Durch|gangs|sta|ti|on; Durch|gangs|stra|ße; Durch|gangs|ver|kehr, der; -[e]s
durch|ga|ren; das Gemüse ist nicht durchgegart
durch|gau|nern, sich *(ugs.);* du hast dich oft durchgegaunert
durch|ge|ben; er hat die Meldung durchgegeben
durch|ge|dreht (*ugs. für* verwirrt); er ist völlig durchgedreht; *vgl.* durchdrehen
durch|ge|hen; ich bin [durch alle Räume] durchgegangen; das Pferd ist durchgegangen; wir sind den Plan durchgegangen; **durch|ge|hen** *(veraltet);* ich habe den Wald durchgangen
durch|ge|hend, *österr.* **durch|ge|hends;** das Geschäft ist durchgehend[s] geöffnet
durch|geis|tigt [*alte Trennung* ...|st...]
durch|ge|knallt (*ugs. für* überspannt, exaltiert)
durch|ge|stal|ten; das Motiv ist künstlerisch durchgestaltet
durch|glie|dern, durch|glie|dern (unterteilen); ein gut durchgegliedertes *od.* durchgliedertes Buch; **Durch|glie|de|rung** [*auch* ...'gli:...]
durch|glü|hen; das Eisen wird durchgeglüht; **durch|glü|hen;** von Begeisterung durchglüht
durch|grei|fen; sie hat energisch durchgegriffen
durch|ha|ben (*ugs. für* ganz gelesen, bearbeitet haben); er hat das Buch bald durchgehabt
durch|hal|ten; er hat bis zum Schluss durchgehalten
Durch|hal|te|pa|ro|le; Durch|hal|te|ver|mö|gen, das; -s
durch|hän|gen (*ugs. auch für* müde, abgespannt sein); das Seil hat stark durchgehangen; **Durch|hän|ger;** einen Durchhänger haben (*ugs. für* in schlechter Verfassung sein, abgespannt sein)
Durch|hau *vgl.* Durchhieb
durch|hau|en (*ugs. auch für* durchprügeln); er hieb den Ast mit der Axt durch, hat ihn durchgehauen; er haute den Jungen durch, hat ihn durchgehauen; **durch|hau|en;** er hat den Knoten mit einem Schlag durchhauen; durchhauener Wald
Durch|haus (*österr. für* Haus mit einem Durchgang, der zwei Straßen verbindet)
durch|he|cheln (*ugs. auch für* boshaft über jdn. reden); Flachs durchhecheln
durch|hei|zen; das Haus ist gut durchgeheizt
durch|hel|fen; er hat ihr durchgeholfen
Durch|hieb (Schneise, ausgehauener Waldstreifen)
durch|hun|gern, sich; ich habe mich durchgehungert
durch|ir|ren; sie hat die Straßen durchirrt

D

D

dụrch|i|xen (*ugs. für* auf der Schreibmaschine mit dem Buchstaben x ungültig machen); du ixt durch; in dem Text waren einige Wörter durchgeixt

dụrch|ja|gen; der Antrag wurde durchgejagt

dụrch|käm|men; das Haar wurde durchgekämmt; die Polizei hat den Wald durchgekämmt; **durch|kạ̈m|men;** die Polizei durchkämmte den Wald, hat ihn durchkämmt; **Dụrch|käm|mung** [*auch* ...ˈkɛ...]

dụrch|kämp|fen; er hat sich zum Ausgang durchgekämpft; **durch|kạ̈mp|fen;** sie hat manche Nacht durchkämpft

dụrch|kau|en (*ugs. auch für* eingehend, immer wieder erörtern); das Thema wurde durchgekaut

dụrch|kit|zeln; er wurde gehörig durchgekitzelt

dụrch|klet|tern; sie ist unterm Zaun durchgeklettert; **durch|klẹt|tern;** der Bergsteiger hat den Kamin durchklettert; **Durch|klẹt|te|rung**

dụrch|klin|gen; der Bass hat zu laut durchgeklungen; **durch|klịn|gen;** die Musik hat das ganze Haus durchklungen

dụrch|kne|ten; sie hat den Teig, die Muskeln gut durchgeknetet

dụrch|knöp|fen; das Kleid ist durchgeknöpft

dụrch|kom|men; er ist noch einmal durchgekommen

dụrch|kom|po|nie|ren; die Lieder sind durchkomponiert

dụrch|kön|nen (*ugs. für* hindurchgelangen können); wir haben wegen der Absperrungen nicht durchgekonnt

dụrch|kon|s|t|ru|ie|ren; der Motor war gut durchkonstruiert

dụrch|kos|ten [*alte Trennung* ...|st...]; er hat alle Weine durchgekostet; **durch|kọs|ten** (*geh. für* in seinem ganzen Ausmaß genießen); er hat alle Freuden durchkostet

dụrch|kreu|zen (kreuzweise durchstreichen); sie hat den Brief durchgekreuzt; **durch|kreu̲|zen** (*auch für* vereiteln); man hat ihren Plan durchkreuzt; **Durch|kreu̲|zung**

dụrch|krie|chen; er ist unter dem Zaun durchgekrochen; **durch|krie̲|chen;** er hat das Gestrüpp durchkrochen

dụrch|la|den; er hatte das Gewehr durchgeladen

dụrch|län|gen (*Bergmannsspr.* Strecken anlegen); durchgelängt

Dụrch|lass [*alte Schreibung* Durch|laß], der; ...lasses, ...lässe; **dụrch|las|sen;** sie haben ihn noch durchgelassen

dụrch|läs|sig; Dụrch|läs|sig|keit, die; -

Dụrch|laucht [*auch* ...ˈlau̯...], die; -, -en; *vgl.* euer, ihr *u.* sein; **durch|lau̲ch|tig; durch|lau̲ch|tigst;** *in der Anrede u. als Ehrentitel* Durchlauchtigst

Dụrch|lauf

dụrch|lau|fen; er ist die ganze Nacht durchgelaufen; das Wasser ist durchgelaufen; **durch|lau̲|fen;** er hat den Wald durchlaufen; das Projekt hat viele Stadien durchlaufen; es durchläuft mich eiskalt

Dụrch|lauf|er|hit|zer, Durch|lauf-Wạs|ser|er|hit|zer; ↑K 22 *u.* 24 (ein Gas- od. Elektrogerät)

dụrch|la|vie|ren, sich (*ugs. für* sich geschickt durchbringen); er hat sich überall durchlaviert

durch|le̲|ben; wir haben die Tage froh durchlebt

durch|le̲i|den; sie hat viel durchlitten

dụrch|le|sen; ich habe den Brief durchgelesen

dụrch|leuch|ten; das Licht hat [durch die Vorhänge] durchgeleuchtet; **durch|leu̲ch|ten** (mit Licht, mit Röntgenstrahlen durchdringen); die Brust des Kranken wurde durchleuchtet; **Durch|leu̲ch|tung**

dụrch|lie|gen, sich (*auch für* sich wund liegen); eine durchgelegene Matratze

durch|lọ|chen; er hat das Papier durchlocht

durch|lö̩|chern; von Kugeln durchlöchert

dụrch|lot|sen (*ugs. für* geschickt hindurchgeleiten); sie hat uns durchgelotst

dụrch|lüf|ten (gründlich lüften); er hat zehn Minuten durchgelüftet; **durch|lụ̈f|ten** (von der Luft durchziehen lassen); das Zimmer wurde durchlüftet

Durch|lụ̈f|ter; Durch|lụ̈f|tung

dụrch|lü|gen, sich (*ugs.);* er hat sich frech durchgelogen

dụrch|ma|chen (*ugs.);* die Familie hat viel durchgemacht

Dụrch|marsch, der (*ugs. auch für* Durchfall); **dụrch|mar|schie|ren;** sie sind durchmarschiert

dụrch|mes|sen (vollständig messen); er hat alle Räume durchgemessen; **durch|mẹs|sen;** er hat die Strecke laufend durchmessen

Dụrch|mes|ser, der (*Zeichen d* [nur kursiv] *od.* Ø)

dụrch|mi|schen; der Salat ist gut durchgemischt; **durch|mị|schen;** der Kalk ist mit Sand durchmischt

dụrch|mo|geln, sich *(ugs.);* du hast dich da durchgemogelt

dụrch|müs|sen (*ugs. für* hindurchgelangen müssen); wir haben hier durchgemusst

dụrch|mus|tern, durch|mụs|tern [*alte Trennungen* ...|st...]; er hat sämtliche Waren durchgemustert *od.* durchmustert; **Durch|mus|te|rung** [*auch* ...ˈmʊ...; *alte Trennung* ...|st...]

dụrch|na|gen, durch|na̲|gen; die Maus hat den Strick durchgenagt *od.* durchnagt

Dụrch|nah|me, die; -

durch|nạ̈s|sen; sie war völlig durchnässt

dụrch|neh|men; die Klasse hat den Stoff durchgenommen

dụrch|num|me|rie|ren [*alte Schreibung* durch|nu|me|rie|ren]; die Seiten waren durchnummeriert; **Dụrch|num|me|rie|rung**

dụrch|or|ga|ni|sie|ren; es war alles gut durchorganisiert

durch|ö̩r|tern (*Bergmannsspr.* Strecken anlegen); durchörtert

dụrch|pau|ken (*ugs. auch für* schnell u. unbeirrt durchsetzen); das Gesetz wurde durchgepaukt

dụrch|pau|sen; er hat die Zeichnung durchgepaust

dụrch|peit|schen (*auch ugs. abwertend für* eilig durchbringen); grausam durchpeitschen; der Gesetzentwurf wurde durchgepeitscht

dụrch|prü|fen; wir haben alles noch einmal durchgeprüft

dụrch|prü|geln; man hat ihn tüchtig durchgeprügelt

durch|pu̩l|sen; von Begeisterung durchpulst

durch|que̲|ren; sie hat das Land zu Fuß durchquert; **Durch|que̲|rung**

dụrch|quet|schen, sich; sie haben sich durchgequetscht

dur|ch|ra|sen; der Zug ist durchgerast; **durch|ra|sen;** der Wagen hat die Stadt durchrast
durch|ras|seln (*ugs. für* eine Prüfung nicht bestehen); er ist durchgerasselt
durch|ra|ti|o|na|li|sie|ren; durchrationalisierte Betriebe
durch|rau|schen (*ugs. für* eine Prüfung nicht bestehen); er ist durchgerauscht
durch|rech|nen; er hat die Aufgabe zweimal durchgerechnet; **Durch|rech|nungs|zeit** (*österr. für* zur Pensionsberechnung herangezogene Zeit)
durch|reg|nen; es hat durchgeregnet; **durch|reg|nen;** ich bin ganz durchregnet *od.* durchgeregnet
Durch|rei|che, die; -, -n (Öffnung zum Durchreichen von Speisen); **durch|rei|chen;** er hat es ihm durchgereicht
Durch|rei|se
durch|rei|sen; ich bin oft durchgereist; **durch|rei|sen;** er hat das Land durchreist; **Durch|rei|sen|de,** der *u.* die; -n, -n
Durch|rei|se|vi|sum
durch|rei|ßen; sie hat den Brief durchgerissen
durch|rei|ten; sie ist nur durchgeritten; **durch|rei|ten;** sie hat den Parcours durchritten
durch|rie|seln; der Sand ist durchgerieselt; **durch|rie|seln;** von Wonne durchrieselt
durch|rin|gen, sich; sie hat sich zu dieser Überzeugung durchgerungen
durch|rol|len; der Ball ist durchgerollt
durch|ros|ten [*alte Trennung* ...|st...]; das Rohr ist durchgerostet
durch|rut|schen (*ugs.*); er ist bei der Prüfung gerade noch durchgerutscht
durch|rüt|teln; der Bus hat uns durchgerüttelt
durchs; ↑K 14 (durch das); durchs Haus
durch|sa|cken [*alte Trennung* ...k|k...]; das Flugzeug ist durchgesackt
Durch|sa|ge, die; -, -n; **durch|sagen;** der Termin wurde durchgesagt
durch|sä|gen; er hat das Brett durchgesägt
Durch|satz (*fachspr. für* der in einer bestimmten Zeit durch Hochöfen u. Ä. geleitete Stoff)
durch|sau|sen (*ugs. für* eine Prüfung nicht bestehen); er ist durchgesaust
durch|schau|bar
durch|schau|en; er hat [durch das Fernrohr] durchgeschaut; **durch|schau|en;** ich habe ihn durchschaut
durch|schau|ern (*geh.*); von Entsetzen durchschauert
durch|schei|nen; die Sonne hat durchgeschienen; **durch|schei|nen;** vom Tageslicht durchschienen; **durch|schei|nend**
durch|scheu|ern; der Ärmel ist durchgescheuert
durch|schie|ßen; er hat den Ball zwischen den Stangen durchgeschossen; **durch|schie|ßen;** er hat das Blech durchschossen
durch|schim|mern; die Sterne haben durchgeschimmert; **durch|schim|mern;** von Licht durchschimmert
durch|schla|fen; sie hat durchgeschlafen (ohne Unterbrechung); **durch|schla|fen;** er hat die Tage durchschlafen
Durch|schlag (*Bergmannsspr. auch* Treffpunkt zweier Grubenbaue, die aufeinander zulaufen)
durch|schla|gen; sie hat die Suppe [durch das Sieb] durchgeschlagen; **durch|schla|gen;** die Kugel hat den Panzer durchschlagen
durch|schla|gend; ein durchschlagender Erfolg
durch|schlä|gig (*Bergmannsspr.*)
Durch|schlag|pa|pier
Durch|schlags|kraft, die; -; **durch|schlags|kräf|tig**
durch|schlän|geln, sich; ich habe mich durchgeschlängelt
durch|schlei|chen; er hat sich durchgeschlichen
durch|schlep|pen (*ugs.*); er hat ihn bis zum Abitur, drei Jahre durchgeschleppt
durch|schleu|sen; das Schiff wurde durchgeschleust
Durch|schlupf, der; -[e]s, -e; **durch|schlüp|fen;** er ist durchgeschlüpft
durch|schmo|ren; das Kabel war durchgeschmort
durch|schmug|geln; er hat den Brief durchgeschmuggelt
durch|schnei|den; er hat das Tuch durchgeschnitten; **durch|schnei|den;** die Landschaft ist von Kanälen durchschnitten
Durch|schnitt; im Durchschnitt; **durch|schnitt|lich**
Durch|schnitts|al|ter; Durch|schnitts|bil|dung, die; -; **Durch|schnitts|bür|ger; Durch|schnitts|ein|kom|men**
Durch|schnitts|ge|schwin|dig|keit; Durch|schnitts|ge|sicht; Durch|schnitts|leis|tung [*alte Trennung* ...|st...]
Durch|schnitts|mensch; Durch|schnitts|schü|ler; Durch|schnitts|tem|pe|ra|tur; Durch|schnitts|wert
durch|schnüf|feln, *auch* **durch|schnüf|feln** (*ugs. für* untersuchen); er hat alles durchgeschnüffelt *od.* durchschnüffelt
durch|schos|sen; ein [mit leeren Seiten] durchschossenes Buch; (*Druckw.*) durchschossener Satz
Durch|schrei|be|block *Plur.* ...blocks; **durch|schrei|ben;** er hat diese Rechnung durchgeschrieben
Durch|schrei|be|ver|fah|ren
durch|schrei|ten; sie haben den Fluss durchschritten
Durch|schrift
durch|schum|meln, sich (*ugs.*); du hast dich durchgeschummelt
Durch|schuss [*alte Schreibung* Durch|schuß] (*Druckw.* Zeilenzwischenraum); *vgl.* Reglette
durch|schüt|teln; wir wurden im Bus kräftig durchgeschüttelt
durch|schwär|men; eine durchschwärmte Nacht
durch|schwei|fen; sie haben die Gegend durchschweift
durch|schwim|men; er ist unter dem Seil durchgeschwommen; **durch|schwim|men;** er hat den Fluss durchschwommen
durch|schwin|deln, sich; er hat sich frech durchgeschwindelt
durch|schwit|zen; er hat das Hemd durchgeschwitzt
durch|se|geln; das Schiff ist [durch den Kanal] durchgesegelt; **durch|se|geln;** er hat das Meer durchsegelt
durch|se|hen; sie hat die Akten durchgesehen
durch sein [*alte Schreibung* durch|sein] *vgl.* durch
durch|setz|bar; durch|set|zen (erreichen); ich habe es durchgesetzt; **durch|set|zen;** das Gestein ist mit Erzen durchsetzt
Durch|set|zung, die; -; **Durch|set|zungs|ver|mö|gen,** das; -s
durch|seu|chen; das Gebiet war völlig durchseucht

D

Dụrch|sicht; dụrch|sich|tig; Dụrch|sich|tig|keit, die; -

dụrch|si|ckern [*alte Trennung* ...k|k...]; die Nachricht ist durchgesickert

dụrch|sie|ben; sie hat das Mehl durchgesiebt; **durch|sie|ben;** die Tür war von Kugeln durchsiebt

dụrch|sit|zen; er hat die Hose durchgesessen

dụrch|spie|len; er hat alle Möglichkeiten durchgespielt

dụrch|spre|chen; sie haben den Plan durchgesprochen

dụrch|sprin|gen; der Löwe ist [durch den Reifen] durchgesprungen; **durch|sprịn|gen;** der Löwe hat [den Reifen] durchsprungen

dụrch|star|ten; der Pilot hat die Maschine durchgestartet

dụrch|ste|chen; ich habe [durch das Tuch] durchgestochen; **durch|stẹ|chen;** der Damm wird durchstochen

Durch|ste|che|rei (Täuschung, Betrug)

dụrch|ste|hen; sie hat viel durchgestanden; er hat den Skisprung durchgestanden

dụrch|stei|gen; er ist [durch das Fenster] durchgestiegen; da steig ich nicht mehr durch (*ugs. für* das verstehe ich nicht); **durch|stei|gen;** er hat die Gebirgswand durchstiegen

Durch|stei|gung

dụrch|stel|len; sie hat das Gespräch zum Chef durchgestellt

Dụrch|stich

Dụrch|stieg

durch|stö|bern; er hat die Papiere durchstöbert

Dụrch|stoß; dụrch|sto|ßen; sie hat die Stange [durch das Eis] durchgestoßen; **durch|sto|ßen;** sie hat das Eis durchstoßen

dụrch|stre|cken [*alte Trennung* ...k|k...]; sie hat den Kopf durchgestreckt

dụrch|strei|chen; das Wort ist durchgestrichen; **durch|strei|chen** *(veraltend);* er hat das Land durchstrichen

durch|strei|fen; er hat das Land durchstreift

dụrch|strö|men; große Scharen sind durchgeströmt; **durch|strö|men;** das Land wird von Flüssen durchströmt

dụrch|struk|tu|rie|ren (bis ins Einzelne strukturieren); **Dụrch|struk|tu|rie|rung**

dụrch|sty|len ‹dt.; engl.›; durchgestylte Räume

dụrch|su|chen; sie hat schon das ganze Adressbuch durchgesucht; **durch|su|chen;** alle Koffer wurden durchsucht

Durch|su|chung; Durch|su|chungs|be|fehl

dụrch|tạn|ken, sich *(Handball, Fußball);* er hat sich durchgetankt

dụrch|tan|zen; sie hat die Nacht durchgetanzt; **durch|tạn|zen;** sie hat ganze Nächte durchtanzt

dụrch|trai|nie|ren; mein Körper ist durchtrainiert

durch|trạ̈n|ken; das Papier ist mit Öl durchtränkt

dụrch|trei|ben; er hat den Nagel durch das Holz durchgetrieben

dụrch|tren|nen, durch|trẹn|nen; er hat das Kabel durchgetrennt *od.* durchtrennt

dụrch|tre|ten; er hat das Gaspedal ganz durchgetreten

durch|trie|ben (gerissen, verschlagen); ein durchtriebener Bursche; **Durch|trie|ben|heit,** die; -

dụrch|wa|chen; sie hat bis zum Morgen durchgewacht; **durch|wạ|chen;** ich habe die Nacht durchwacht

durch|wạch|sen; [mit Fleisch] durchwachsener Speck; [mit Speck, Fett] durchwachsenes Fleisch; durchwachsenes (*ugs. für* abwechselnd besseres u. schlechteres) Wetter; die Stimmung ist durchwachsen (*ugs. für* nicht besonders gut)

dụrch|wa|gen, sich; ich habe mich durchgewagt

Dụrch|wahl, die; -

dụrch|wäh|len (beim Telefon); wir haben nach Tokio durchgewählt

Dụrch|wahl|num|mer

dụrch|wal|ken; das Tuch wurde durchgewalkt; er wurde durchgewalkt (*ugs. für* verprügelt)

dụrch|wan|dern; sie ist ohne Rast durchgewandert; **durch|wạn|dern;** sie hat das ganze Land durchwandert

dụrch|wär|men, durch|wạ̈r|men; der Tee hat uns durchgewärmt *od.* durchwärmt

dụrch|wa|schen; sie hat die Strümpfe durchgewaschen

dụrch|wa|ten; er ist [durch den Bach] durchgewatet; **durch|wa|ten;** er hat den Bach durchwatet

dụrch|we|ben; der Stoff ist durchgewebt; **durch|we|ben;** mit Goldfäden durchwebt; das Haar war von Silberfäden durchwoben *(geh.)*

dụrch|weg [*auch* ...ˈvɛk]; **durch|wegs** [*auch* ...ˈveː...] (*österr. u. schweiz. nur so, sonst ugs. neben* durchweg)

dụrch|wei|chen, durch|wei|chen; ich bin vom Regen ganz durchgeweicht *od.* durchweicht worden; *vgl.* [1]weichen

dụrch|wet|zen; seine Ärmel waren durchgewetzt

dụrch|win|den, sich; ich habe mich zwischen den Tischen durchgewunden

dụrch|win|ken; an der Grenze wurden alle nur durchgewinkt

dụrch|wir|ken; der Teig war gut durchgewirkt; **durch|wịr|ken;** mit Goldfäden durchwirkt

dụrch|wit|schen; er ist mir durchgewitscht (*ugs. für* entkommen)

dụrch|wol|len (*ugs. für* hindurchgelangen wollen); an dieser Stelle haben sie durchgewollt

dụrch|wüh|len; die Maus hat sich durchgewühlt; er hat den Schrank durchgewühlt; **durch|wüh|len;** die Diebe haben alles durchwühlt

dụrch|wursch|teln, dụrch|wurs|teln [*alte Trennung* ...|st...], sich *(ugs.);* sie hat sich irgendwie durchgewurschtelt *od.* durchgewurstelt

dụrch|zäh|len; sie hat durchgezählt; **Dụrch|zäh|lung**

dụrch|ze|chen; er hat die Nacht durchgezecht; **durch|zẹ|chen;** er hat ganze Nächte durchzecht

dụrch|zeich|nen; sie hat die Skizze durchgezeichnet

dụrch|zie|hen; ich habe den Faden durchgezogen; **durch|zie|hen;** wir haben das Land durchzogen

durch|zịt|tern; Freude hat ihn durchzittert

durch|zu|cken [*alte Trennung* ...k|k...]; Blitze haben den Himmel durchzuckt

Dụrch|zug

Dụrch|züg|ler *(Zool.)*

Dụrch|zugs|ar|beit *(Weberei)*

dụrch|zwän|gen; ich habe mich durchgezwängt

Dur|drei|klang *(Musik)*

Dü|rer (dt. Maler)

dür|fen; du darfst, er/sie/es darf; du durftest; du dürftest; gedurft; du hast [es] nicht gedurft, *aber* das hättest du nicht tun dürfen

dürf|tig; Dürf|tig|keit, die; -

Du|ro|plast, der; -[e]s, -e *meist Plur.* ‹lat.; griech.› (in Hitze härtbarer, aber nicht schmelzbarer Kunststoff)

dürr

Dur|ra, die; - ‹arab.› (eine Getreidepflanze; Sorgho)

Dür|re, die; -, -n

Dür|re|ka|ta|s|t|ro|phe

Dür|ren|matt (schweiz. Dramatiker u. Erzähler)

Dür|re|pe|ri|o|de; Dür|re|schä|den *Plur.*

Dürr|fut|ter (Trockenfutter)

Durst, der; -[e]s; **durs|ten** [*alte Trennung* ...|st...] (*geh. für* Durst haben)

dürs|ten [*alte Trennung* ...|st...] (*geh.);* mich dürstet, ich dürste

durs|tig [*alte Trennung* ...|st...]

durst|lö|schend ↑K 59; **durst|stil|lend** ↑K 59

Durst|stre|cke [*alte Trennung* ...k|k...] (Zeit der Entbehrung)

Dur|ton|art; Dur|ton|lei|ter *(Musik)*

Du|schan|be (Hauptstadt von Tadschikistan)

Dusch|bad [*auch* 'du:...]

Du|sche, die; -, -n ‹franz.›

Dusch|e|cke [*alte Trennung* ...k|k...]

du|schen; du duschst

Dusch|gel; Dusch|ka|bi|ne; Dusch|raum; Dusch|schaum; Dusch|vor|hang

Dü|se, die; -, -n

Du|sel, der; -s (*ugs. für* unverdientes Glück; *landsch. für* Schwindel, Rausch); **Du|se|lei** *(ugs.)*

du|se|lig, dus|lig, *nordd.* **dü|se|lig** *(ugs.)*

du|seln (*ugs. für* im Halbschlaf sein); ich dus[e]le

dü|sen (*ugs. für* sausen); du düst; sie düs|ten

Dü|sen|an|trieb; Dü|sen|flug|zeug; Dü|sen|jä|ger; Dü|sen|ma|schi|ne; Dü|sen|trieb|werk

dus|lig *vgl.* duselig

Dus|sel, der; -s, - (*ugs. für* Dummkopf)

Düs|sel|dorf (Hauptstadt von Nordrhein-Westfalen); **Düs|sel|dor|fer**

Dus|se|lei *(ugs.)*

dus|se|lig, duss|lig [*alte Schreibung* duß|lig] *(ugs.);* **Dus|se|lig|keit,** Duss|lig|keit *(ugs.)*

duss|lig [*alte Schreibung* duß|lig] *vgl.* dusselig; **Duss|lig|keit** *vgl.* Dusseligkeit

Dust, der; -[e]s (*nordd. für* Dunst, Staub)

dus|ter [*alte Trennung* ...|st...] (*landsch. für* düster)

düs|ter [*alte Trennung* ...|st...]; düst[e]rer, düsteste; **Düs|ter,** das; -s *(geh.)*

Düs|ter|heit, Düs|ter|keit [*alte Trennung* ...|st...], die; -

düs|tern [*alte Trennung* ...|st...] *(geh.);* es düstert; **Düs|ter|nis,** die; -, -se

Dutch|man ['datʃmən], der; -s, ...men [...mən] ‹engl.› (Niederländer; *von Englisch sprechenden Matrosen verwendete Bez. für* deutscher Seemann)

Dutt, der; -[e]s, *Plur.* -s *od.* -e (*landsch. für* Haarknoten)

Dut|te, die; -, -n (*landsch. für* Zitze)

Du|ty|free|shop, *auch* **Du|ty-free-Shop** [*beide* 'dju:ti'fri:...] ‹engl.› (Laden, in dem zollfreie Waren verkauft werden)

Dut|zend

das; -s, -e (*Abk.* Dtzd.)
- 6 Dutzend Eier; mit 3 Dutzend Gläsern
- ein halbes, zwei Dutzend Mal[e]

Klein- oder Großschreibung bei unbestimmten Mengenangaben:
- es gab Dutzende *od.* dutzende von Reklamationen; [einige, viele] Dutzend[e] *od.* dutzend[e] Mal[e]

dut|zend|fach; Dut|zend|wa|re; dut|zend|wei|se

Du|um|vir, der; *Gen.* -s *u.* -n, *Plur.* -n *meist Plur.* ‹lat.› (altröm. Beamtentitel); **Du|um|vi|rat,** das; -[e]s, -e (Amt der Duumvirn)

Du|vet [dy'vɛ], das; -s, -s ‹franz.› (*schweiz. für* Feder-, Deckbett)

Duve|tine [dyf'ti:n], der; -s, -s (ein samtartiges Gewebe)

Duz|bru|der

du|zen; du duzt

Duz|freund; Duz|fuß; *nur in* mit jmdm. auf [dem] Duzfuß stehen

DV = Datenverarbeitung

DVD [de:vau'de:], die; -, -s ‹*aus* engl. digital versatile disc› (einer CD ähnlicher Datenträger mit mehr Speicherplatz)

Dvo|řák ['dvɔrʒa(:)k], Antonín ['antɔni:n] (tschech. Komponist)

DW = Deutsche Welle

dwars (*Seemannsspr.* quer); **Dwars|li|nie** (in Dwarslinie [nebeneinander] fahren); **Dwars|see,** die

Dweil, der; -s, -e (*Seemannsspr.* eine Art Schrubber)

Dwi|na, die; - (russ. Fluss, Nördliche Dwina; russ.-lett. Fluss, Düna od. Westliche Dwina)

Dy = *chem. Zeichen für* Dysprosium

dy|a|disch ‹griech.› (dem Zweiersystem zugehörend); dyadisches Zahlensystem

Dy|as, die; - (*veraltet für* ^{2}Perm)

Dyck, van [van 'daik, *auch* fan -] (flämischer Maler)

dyn = Dyn

Dyn, das; -s ‹griech.› (veraltete Maßeinheit der Kraft, 10^{-5} Newton; *Zeichen* dyn)

Dy|na|mik, die; - (Lehre von den Kräften; Schwung, Triebkraft); **dy|na|misch** (die Kraft betreffend; voll innerer Kraft; Kraft...; eine Entwicklung aufweisend); dynamische Belastung; dynamische Rente

dy|na|mi|sie|ren (vorantreiben; an eine Entwicklung anpassen); Renten dynamisieren; **Dy|na|mi|sie|rung**

Dy|na|mis|mus, der; - (*Philos.* Weltanschauung, die die Wirklichkeit auf Kräfte u. deren Wirkungen zurückführt)

Dy|na|mit, das; -s (Sprengstoff); **Dy|na|mit|pa|t|ro|ne**

Dy|na|mo [*auch* 'dy:...], der; -s, -s (*Kurzform für* Dynamomaschine); **Dy|na|mo|ma|schi|ne** (Stromerzeuger); **Dy|na|mo|me|ter,** das; -s, - (Vorrichtung zum Messen von Kräften u. von mechanischer Arbeit)

Dy|nast, der; -en, -en (Herrscher; [kleiner] Fürst)

Dy|nas|tie [*alte Trennung* ...|st...], die; -, ...ien ‹griech.› (Herrschergeschlecht, -haus); **dy|nas|tisch**

dys... ‹griech.› (übel, schlecht, miss...); **Dys...**

Dy|s|en|te|rie, die; -, ...ien ‹griech.› (*Med.* ^{1}Ruhr); **dy|s|en|te|risch** (ruhrartig)

Dys|funk|ti|on, die; -, -en ‹griech.; lat.› (*Med.* gestörte Funktion)

dys|mel ‹griech.› (mit Dysmelie

e|ben|so

– ich mache es ebenso wie Sie	– ich habe den Film ebenso oft [*alte Schreibung* ebensooft] gesehen wie du – wir freuen uns ebenso sehr [*alte Schreibung* ebensosehr] wie die anderen – ebenso viel [*alte Schreibung* ebensoviel] sonnige Tage; er hat zwei Autos, sie hat ebenso viele – sie aß ebenso wenig [*alte Schreibung* ebensowenig] wie ich
Man schreibt »ebenso« immer getrennt vom folgenden Adverb od. Adjektiv: – wir können ihn ebenso gut [*alte Schreibung* ebensogut] auch einladen; wir können ihn ebenso gut leiden wie ihr – das dauert bei ihr ebenso lange [*alte Schreibung* ebensolange] wie bei ihm	

behaftet); **Dys|me|lie,** die; -, ...ien (*Med.* angeborene Fehlbildung an Gliedmaßen)

Dys|me|nor|rhö, die; -, -en ‹griech.› (*Med.* Menstruationsschmerzen)

Dys|pep|sie, die; -, ...ien ‹griech.› (*Med.* Verdauungsbeschwerden); **dys|pep|tisch** (schwer verdaulich; schwer verdauend)

Dys|pnoe, die; - ‹griech.› (*Med.* Atembeschwerden)

Dys|pro|si|um, das; -s ‹griech.› (chemisches Element, Metall; *Zeichen* Dy)

Dys|to|nie, die; -, ...ien ‹griech.› (*Med.* Störung des normalen Spannungszustandes der Muskeln u. Gefäße)

dys|troph ‹griech.› (*Med.* die Ernährung störend); **Dys|tro|phie,** die; -, ...ien (*Med.* Ernährungsstörung); **Dys|tro|phi|ker** (jmd., der an Dystrophie leidet); **Dys|tro|phi|ke|rin**

Dy|s|u|rie, die; -, ...ien ‹griech.› (*Med.* Harnbeschwerden)

dz = Doppelzentner

dz. = derzeit

dzt. *(österr.)* = derzeit

D-Zug ['de:...] ‹»Durchgangszug«› (Schnellzug); **D-Zug-ar|tig** ↑K 26; **D-Zug-Wagen** ↑K 26

E e

E (Buchstabe); das E; des E, die E, *aber* das e in Berg; der Buchstabe E, e

e, E, das; -, - (Tonbezeichnung); **e** (*Zeichen für* e-Moll); in e; **E** (*Zeichen für* E-Dur); in E

ε = *Zeichen für* Dielektrizitätskonstante

E = *(internationale Wetterkunde)* East [i:st] ‹engl.› *od.* Est [ɛst] ‹franz.› (Ost)

E = Eilzug; Europastraße

E, ε = Epsilon

H, η = Eta

€ = Euro

Ea|g|le ['i:gl̩], das; -s, -s ‹engl., »Adler«› (*Golf* zwei Schläge unter Par)

EAN = europäische Artikelnummerierung (für den Strichkode auf Waren)

[1]**Earl** [ø:ɐ̯l], der; -s, -s ‹engl.› (*engl. Bez. für* Graf)

[2]**Earl** (m. Vorn.)

ea|sy [i:zi] ‹engl.› (*ugs. für* leicht)

Ea|sy|ri|der ['i:zirai̯...], der; -s, -[s], *auch* **Ea|sy Ri|der,** der; - -s, - -[s] [*alte Schreibung* Ea|sy-ri|der] ‹nach dem amerik. Spielfilm› (Jugendlicher, der ein Motorrad mit hohem, geteiltem Lenker u. einem Sattel mit hoher Rückenlehne fährt)

Eau de Co|lo|g|ne ['o: də ...'lɔnjə, *österr.* ...'lɔn], das, *seltener* die; - - -, Eaux - - [- - -] ‹franz.› (Kölnischwasser); **Eau de Par|fum** ['o: də ...'fœ̃:; *alte Schreibung* Eau de par|fum], das; - - -, Eaux - - [- - -] (Duftwasser, das stärker als Eau de Toilette duftet)

Eau de Toi|lette ['o: də toa'lɛt; *alte Schreibung* Eau de toi|lette], das; - - -, Eaux - - [- - -] (Duftwasser)

Eb|be, die; -, -n; **eb|ben;** es ebbte (die Ebbe kam); **Eb|be|strom** *vgl.* Ebbstrom

Ebb|strom (Strömung bei Ebbe)

ebd. = ebenda

e|ben; ebenes (flaches) Land; das ist nun eben (einmal) so; *vgl. aber* ebenso

E|ben|bild

e|ben|bür|tig; E|ben|bür|tig|keit

e|ben|da [*auch* ...'da:] (*Abk.* ebd.)

e|ben|da|her [*auch* ...'da:...]; **e|ben|da|hin** [*auch* ...'da:...]

e|ben|dann [*auch* ...'dan]

e|ben|da|rum [*auch* ...'da:...]

e|ben|da|selbst [*auch* ...'zɛ...]

e|ben|der [*auch* ...'de:r]; **e|ben|der|sel|be** [*auch* ...'zɛ...]

e|ben|des|halb [*auch* ...'dɛ...]; **eben|des|we|gen** [*auch* ...'dɛ...]

e|ben|die|ser [*auch* ...'di:...]

e|ben|dort [*auch* ...'dɔ...]; **e|ben|dort|selbst** [*auch* ...'zɛ...]

E|be|ne, die; -, -n

e|ben|er|dig

e|ben|falls

E|ben|heit, die; - (ebene Beschaffenheit)

E|ben|holz ‹ägypt.; dt.›

e|ben|je|ner [*auch* ...'je:...]

E|ben|maß, das; -es; **e|ben|mä|ßig; E|ben|mä|ßig|keit,** die; -

e|ben|so *s. Kasten*

e|ben|solch [*auch* ...'zɔ...]; **e|ben|sol|cher** [*auch* ...'zɔ...]

e|ben|so oft, e|ben|so sehr, e|ben|so viel usw. [*alte Schreibungen* eben|so|oft, eben|so|sehr, eben|so|viel usw.] *vgl.* ebenso

e|ben|so|viel|mal, *auch* **e|ben|so viel Mal**

E|ber, der; -s, - (m. Schwein)

E|ber|esche (ein Laubbaum)

E|ber|hard (m. Vorn.)

eb|nen

Eb|ner-E|schen|bach, Marie von (österr. Schriftstellerin)

Eb|nung

E|bo|la, E|bo|la|fie|ber, das; -s ‹nach dem Fluss in Zaire› (durch einen Virus hervorgerufene, meist tödlich verlaufende Infektionskrankheit)

E|bo|nit, das; -s ‹ägypt.› (Hartgummi aus Naturkautschuk)

E|b|ro, der; -[s] (Fluss in Spanien)

EC® = Eurocityzug

Ec|ce-Ho|mo ['ɛktsə...], das; -[s], -[s] ‹lat., »Sehet, welch ein Mensch!«› (Darstellung des dornengekrönten Christus)

E|charpe [e'ʃarp], die; -, *Plur.* -s, *auch* -en ‹franz.› (*schweiz. u. fachspr., sonst veraltend für* Schärpe, Schal)

e|chauf|fie|ren [eʃɔ...], sich (*veraltend für* sich erhitzen; sich aufregen); **e|chauf|fiert**
E|che|ve|ria [ɛtʃe...], die; -, ...ien ⟨nach dem mexikan. Pflanzenzeichner Echeverría⟩ (ein Dickblattgewächs)
E|chi|nit, der; *Gen.* -s *u.* -en, *Plur.* -e[n] ⟨griech.⟩ (*Geol.* versteinerter Seeigel)
E|chi|no|der|me, der; -n, -n *meist Plur.* (*Zool.* Stachelhäuter)
E|chi|no|kok|kus, der; -, ...kken (*Med.* Blasenwurm [ein Hundebandwurm] od. dessen Finne)
E|chi|nus, der; -, - (ein Seeigel; *Archit.* ein Säulenwulst)
[1]**E|cho** (Nymphe des griech. Mythos)
[2]**E|cho,** das; -s, -s ⟨griech.⟩ (Widerhall); **e|cho|en;** es echot; geechot; **E|cho|lot; E|cho|lo|tung**
Ech|se, die; -, -n (ein Kriechtier, z. B. Eidechse)
echt; ein echtgoldener, *auch* echt goldener Ring; die Kette ist echtsilbern, *auch* echt silbern
Ech|ter|nach (Stadt in Luxemburg); **Ech|ter|na|cher;** Echternacher Springprozession
echt|gol|den *vgl.* echt
Echt|haar; Echt|haar|pe|rü|cke [*alte Trennung* ...k|k...]
Echt|heit, die; -; **Echt|heits|prü|fung**
Echt|sil|ber; aus Echtsilber; **echt|sil|bern** *vgl.* echt
Echt|zeit *(EDV)*
Eck, das; -[e]s, *Plur.* -e, *österr.* -en *u.* (*für* Dreieck usw.:) -e (*bes. südd. u. österr. für* Ecke; *sonst fast nur in geogr. Namen u. in* Dreieck usw.); das Deutsche Eck
E|ckart [*alte Trennung* ...k|k...], Eck|hart, E|cke|hart (dt. Mystiker, *gen.* Meister Eckehart; m. Vorn.)
Eck|ball *(Sport);* **Eck|bank** *Plur.* ...bänke
Eck|bert, Eg|bert (m. Vorn.); **Eck|brecht,** Eg|brecht (m. Vorn.)
Eck|brett
Eck|chen
Eck|da|ten *Plur.* (Richtwerte)
E|cke [*alte Trennung* ...k|k...], die; -, -n; *vgl.* Eck
E|cke|hard [*alte Trennung* ...k|k...], **E|cke|hart** (m. Vorn.)
e|cken [*alte Trennung* ...k|k...] (*veraltet* mit Ecken versehen)
E|cken|band *vgl.* Eggenband
E|cken|ste|her [*alte Trennung* ...k|k...] *(ugs. veraltend)*
E|cker [*alte Trennung* ...k|k...], die; -, -n (*svw.* Buchecker, *selten für* Eichel)
E|cker|mann [*alte Trennung* ...k|k...] (Vertrauter u. Gehilfe Goethes)
E|ckern [*alte Trennung* ...k|k...] *Plur., als Sing. gebraucht* (Farbe im dt. Kartenspiel); Eckern spielen; Eckern sticht
E|ckern|för|de [*alte Trennung* ...k|k...] (Hafenstadt in Schleswig-Holstein)
Eck|fah|ne; Eck|fens|ter [*alte Trennung* ...|st...]
Eck|hard, Eck|hart (m. Vorn.)
Eck|haus
e|ckig [*alte Trennung* ...k|k...]; **E|ckig|keit** [*alte Trennung* ...k|k...], die; -
Eck|lohn
Eck|mann|schrift, die; -; (eine Druckschrift des Jugendstils)
Eck|pfei|ler; Eck|plat|te; Eck|satz *(Musik);* **Eck|schrank; Eck|stein**
Eck|stoß *(Sport);* **Eck|stück; Eck|tisch; Eck|wer|te** *Plur.*
Eck|zahn; Eck|zim|mer; Eck|zins
E|c|lair [eˈklɛːɐ], das; -s, -s ⟨franz.⟩ (ein Gebäck)
E-Com|merce [ˈiːˈkɔmɛːs] *vgl.* Electronic Commerce
E|co|no|mi|ser [iˈkɔnəmai̯...], der; -s, - ⟨engl.⟩ (*Technik* Vorwärmer bei Dampfkesselanlagen)
E|co|no|my|class [iˈkɔnəmiklaːs], **E|co|no|my|klas|se** (Tarifklasse im Flugverkehr)
E|cos|sai|se [ekɔˈsɛː...] *vgl.* Ekossaise
Ec|s|ta|sy [ˈɛkstəzi], die; -, -s ⟨engl.⟩ (eine Droge)
E|cu, ECU [*beide* eˈkyː], der; -[s], -[s] *u.* die; -, - ⟨*Abk. für engl.* European Currency Unit, in Anlehnung an die alte franz. Silbermünze »Écu«⟩ (europ. Verrechnungseinheit); 10 Ecu
E|cu|a|dor (südamerik. Staat); **E|cu|a|do|ri|a|ner; E|cu|a|do|ri|a|ne|rin; e|cu|a|do|ri|a|nisch**
ed. = edidit ⟨lat., »herausgegeben hat es ...«⟩; ediert; **Ed.** = Edition
E|dam (niederl. Stadt)
[1]**E|da|mer;** Edamer Käse
[2]**E|da|mer,** der; -s, - (ein Käse)
E|da|phon, das; -s ⟨griech.⟩ (*Biol.* die in und auf dem Erdboden lebenden Kleinlebewesen)
edd. = ediderunt ⟨lat., »herausgegeben haben es ...«⟩
[1]**Ed|da,** die; - ⟨altnord.⟩ (Sammlung altnord. Dichtungen)
[2]**Ed|da** (w. Vorn.)
ed|disch ⟨*zu* [1]Edda⟩; eddische Lieder
e|del; ein ed|les Pferd
E|del|bert (m. Vorn.)
E|del|fäu|le (*fachspr. für* Überreife von Weintrauben)
E|del|frau (*früher für* Adlige); **E|del|fräu|lein** *(früher)*
E|del|gard (w. Vorn.)
E|del|gas *(Chemie)*
E|de|ling (germ. Adliger)
E|del|kas|ta|nie [*alte Trennung* ...|st...]; **E|del|kitsch** *(iron.)*
E|del|mann *Plur.* ...leute (*früher für* Adliger); **e|del|män|nisch**
E|del|mar|der; E|del|me|tall
E|del|mut, der; **e|del|mü|tig**
E|del|pilz|kä|se
E|del|rost (*für* Patina); **E|del|stahl; E|del|stein; E|del|tan|ne**
E|del|traud, E|del|trud (w. Vorn.)
E|del|weiß, das; -[es], -[e] (eine Gebirgspflanze)
E|del|zwi|cker [*alte Trennung* ...k|k...] (ein Elsässer Weißwein)
E|den, das; -s ⟨hebr.⟩ (Paradies im A. T.); der Garten Eden
E|den|ta|te, der; -n, -n *meist Plur.* (*Zool.* zahnarmes Säugetier)
E|der, die; - (Nebenfluss der Fulda)
Ed|gar (m. Vorn.)
e|die|ren ⟨lat.⟩ (herausgeben, veröffentlichen; *EDV auch für* editieren); **e|diert** (*Abk.* ed.)
E|dikt, das; -[e]s, -e ⟨lat.⟩ (amtl. Erlass [von Kaisern u. Königen])
E|din|burg (*dt. Form von* Edinburgh); **E|din|burgh** [...bərə] (Hauptstadt Schottlands)
E|di|son [*auch* ˈɛdisn̩] (amerik. Erfinder)
E|dith, E|di|tha (w. Vorn.)
e|di|tie|ren ⟨engl.⟩ (*EDV* Daten in ein Terminal eingeben, löschen, verändern); **E|di|ti|on,** die; -, -en ⟨lat.⟩ (Ausgabe; *Abk.* Ed.)
E|di|tor [*auch* eˈdiː...], der; -s, ...oren (Herausgeber); **E|di|to|ri|al** [*auch:* ɛdɪˈtɔːrɪəl], das; -[s], -s ⟨lat.-engl.⟩ (Vorwort oder Leitartikel des Herausgebers einer Zeitschrift oder Zeitung; Impressum); **E|di|to|rin; e|di|to|risch**
Ed|le, der *u.* die; -n, -n; Edler von ... (Adelstitel)
Ed|mund (m. Vorn.)

E

E|dom (Land östl. u. südöstl. des Toten Meeres im A. T.); **E|do|mi|ter**

E|du|ard (m. Vorn.)

E|du|ka|ti|on, die; - ‹lat.› (*veraltet für* Erziehung)

E|dukt, das; -[e]s, -e (*fachspr. für* aus Rohstoffen abgeschiedener Stoff [z. B. Öl])

E-Dur [*auch* 'e:'du:ɐ̯], das; - (Tonart; *Zeichen* E); **E-Dur-Ton|lei|ter** ↑K 26

E|du|tain|ment [ɛdju'teɪnmənt] das; -s ‹engl.; *Kurzw. aus* education »Erziehung« *u.* entertainment »Unterhaltung«› (Computerlernprogramme, die Wissen auf unterhaltsame und spielerische Weise vermitteln)

EDV = elektronische Datenverarbeitung; **EDV-ge|stützt; EDV-Programm** ↑K 28

Ed|ward (m. Vorn.); **Ed|win** (m. Vorn.)

Ed|zard (m. Vorn.)

EEG = Elektroenzephalogramm

EEK (Währungscode für estnische Krone)

E|fen|di, der; -s, -s ‹türk.› (*früher* ein türk. Anredetitel)

E|feu, der; -s; **e|feu|be|wach|sen; E|feu|ran|ke**

Eff|eff *(ugs.)*; etwas aus dem Effeff (*ugs. für* gründlich) verstehen

Ef|fekt, der; -[e]s, -e ‹lat.› (Wirkung, Erfolg; Ergebnis)

Ef|fek|ten *Plur.* (Wertpapiere)

Ef|fek|ten|bank *Plur.* ...banken; **Effek|ten|bör|se; Ef|fek|ten|gi|ro|ver|kehr; Ef|fek|ten|han|del**

Ef|fekt|ha|sche|rei *(abwertend)*

ef|fek|tiv (tatsächlich; wirksam; greifbar); effektive Leistung (Nutzleistung)

Ef|fek|tiv, das; -s, -e (*Sprachw.* Verb des Verwandelns, z. B. »knechten« = »zum Knecht machen«)

Ef|fek|tiv|be|stand (Istbestand)

Ef|fek|ti|vi|tät, die; - (Wirkungskraft)

Ef|fek|tiv|lohn

ef|fek|tu|ie|ren ‹franz.› (*Wirtsch.* einen Auftrag ausführen; eine Zahlung leisten)

ef|fekt|voll (wirkungsvoll)

ef|fe|mi|niert ‹lat.› (*Med., Psych.* verweiblicht)

Ef|fen|di *vgl.* Efendi

Ef|fet [ɛ'fe:], der, *selten* das; -s, -s ‹franz.› (Drall einer [Billard]kugel, eines Balles)

Ef|fi|cien|cy [ɛ'fɪʃnsi], die; - ‹engl.› (*Wirtsch.* Wirtschaftlichkeit, bestmöglicher Wirkungsgrad)

ef|fi|lie|ren ‹franz.› (die Haare beim Schneiden ausdünnen); **Ef|fi|lier|sche|re**

ef|fi|zi|ent ‹lat.› (wirksam; wirtschaftlich); **Ef|fi|zi|enz,** die; -, -en (Wirksamkeit)

Ef|flo|res|zenz, die; -, -en ‹lat.› (*Med.* Hautblüte [z. B. Pusteln]; *Geol.* Mineralüberzug auf Gesteinen); **ef|flo|res|zie|ren**

Ef|fu|si|on, die; -, -en ‹lat.› (*Geol.* Ausfließen von Lava); **ef|fu|siv** (durch Erguss gebildet); **Ef|fu|siv|ge|stein** (Ergussgestein)

EFTA, die; - ‹engl.; *Kurzwort für* European Free Trade Association (Europäische Freihandelsassoziation)

eG, e. G. = eingetragene Genossenschaft; *vgl.* eingetragen

EG = Europäische Gemeinschaft[en] *vgl.* EU

[1]**e|gal** (*ugs. für* gleichgültig); das ist mir egal; egal[,] wer kommt

[2]**e|gal** (*landsch. für* immer [wieder, noch]); er hat egal etwas an mir auszusetzen

e|ga|li|sie|ren (gleichmachen, ausgleichen); **E|ga|li|sie|rung**

e|ga|li|tär (auf Gleichheit gerichtet); **E|ga|li|ta|ris|mus,** der; -

E|ga|li|tät, die; - (*geh. für* Gleichheit)

É|ga|li|té *vgl.* Liberté

E|gart, die; - (*bayr. u. österr. hist. für* Grasland); **E|gar|ten|wirtschaft, E|gart|wirt|schaft,** die; - (Feldgraswirtschaft)

Eg|bert, Eg|brecht (m. Vorn.)

E|gel, der; -s, - (ein Wurm); **E|gelschne|cke** [*alte Trennung* ...k-k...]

E|ger (*tschech.* Cheb); **E|ger|land,** das; -[e]s; **E|ger|län|der**

E|ger|ling (*landsch. für* Champignon)

[1]**Eg|ge,** die; -, -n (Gewebekante, -leiste)

[2]**Eg|ge,** die; -, -n (ein Ackergerät); **eg|gen;** das Feld wird geeggt

Eg|gen|band *Plur.* ...bänder (festes Band, das Nähte vor dem Verziehen schützen soll)

Egg|head [...hɛt], der; -[s], -s ‹engl.-amerik., »Eierkopf«› (*in den USA ironische od. abwertende Bez. für* Intellektueller)

E|gil [*auch* 'ɛ...] (nord. Sagengestalt)

E|gi|nald (m. Vorn.); **E|gin|hard,** Ein|hard (m. Vorn.)

Egk [ɛk] (dt. Komponist)

E|g|li, das *od.* der; -[s], - (*bes. schweiz. für* Flussbarsch)

eGmbH, *auch* **EGmbH** = eingetragene, *auch* Eingetragene Genossenschaft mit beschränkter Haftpflicht (*dafür jetzt* eG, e. G.; *vgl. d.*)

Eg|mont (Titelgestalt der gleichnamigen Tragödie von Goethe)

eGmuH, *auch* **EGmuH** = eingetragene, *auch* Eingetragene Genossenschaft mit unbeschränkter Haftpflicht (*dafür jetzt* eG, e. G.; *vgl. d.*)

e|go [*auch* 'ɛ...] ‹lat.› (ich); *vgl.* Alter ego; **E|go,** das; -, -s (*Philos., Psych.* das Ich)

E|go|is|mus, der; -, ...men (Selbstsucht; *Ggs.* Altruismus); **E|go|ist,** der; -en, -en; **E|go|is|tin** [*alte Trennung* ...|st...]; **e|go|is|tisch** [*alte Trennung* ...|st...]

E|gon (m. Vorn.)

E|go|tis|mus, der; - ‹lat.› (Neigung, sich selbst in den Vordergrund zu stellen); **E|go|tist,** der; -en, -en; **E|go|tis|tin** [*alte Trennung* ...|st...]

E|go|trip ‹engl.›; auf dem Egotrip sein (*ugs. für* sich egozentrisch verhalten)

E|go|zen|t|rik, die; - ‹lat.› (Ichbezogenheit); **E|go|zen|t|ri|ker; E|go|zen|t|ri|ke|rin; e|go|zen|t|risch**

e|g|re|nie|ren ‹franz.› (*fachspr. für* Baumwollfasern von den Samen trennen); **E|g|re|nier|ma|schi|ne**

E|gyp|ti|enne [*fachspr.* egɪp'tsi̯ɛn, *auch* eʒɪ'psi̯ɛn], die; - ‹franz.› (*Druckw.* eine Antiquaschriftart)

[1]**eh** (*südd., österr. für* sowieso)

[2]**eh** *vgl.* ehe

eh., e. h. = ehrenhalber

eh!

e. h. *(österr.)* = eigenhändig

E. h. = Ehren halber (*frühere Schreibung von* ehrenhalber), *z. B. in* Dr.-Ing. E. h.

e|he; ehe (eh) ich das nicht weiß, ...; ↑K 13: seit eh und je; *vgl.* eher *u.* eheste

E|he, die; -, -n; **e|he|ähn|lich; E|he|an|bah|nungs|in|s|ti|tut**

e|he|bal|dig[st] (*österr. für* möglichst bald)

E|he|be|ra|ter; E|he|be|ra|te|rin; E|he|be|ra|tung; E|he|be|ra|tungs|stel|le

E|he|bett

e|he|bre|chen *nur im Infinitiv u. Partizip I gebr.; sonst:* er bricht die Ehe, hat die Ehe gebrochen; die Ehe zu brechen
E|he|bre|cher; E|he|bre|che|rin; e|he|bre|che|risch; E|he|bruch
E|hec ‹lat.; *Kurzwort für* Enterohämorrhagisches Escherichia coli› (durch ein Kolibakterium verursachte Infektionskrankheit)
e|he|dem (*geh. für* vormals)
E|he|dis|pens; E|he|fä|hig|keit, die; -
E|he|frau; E|he|füh|rung
E|he|gat|te *(bes. Amtsspr.);* **E|he|gat|tin; E|he|ge|spons** *(veraltet, noch scherzh.)*
e|he|ges|tern [*alte Trennung* ...|st...] (*veraltet für* vorgestern); gestern und ehegestern
E|he|glück; E|he|ha|fen *(scherzh.);* **E|he|hälf|te** *(scherzh.);* **E|he|hin|der|nis; E|he|hy|gi|e|ne; E|he|joch** *(ugs. scherzh.);* **E|he|krach** *(ugs.)*
E|he|kre|dit ([staatlicher] Kredit für junge Ehepaare)
E|he|kri|se; E|he|le|ben
E|he|leu|te *Plur.*
e|he|lich; eheliches Güterrecht; **e|he|li|chen** *(veraltend)*
E|he|lich|er|klä|rung *(BGB);* **E|he|lich|keit,** die; - (Abstammung aus rechtsgültiger Ehe); **E|he|lich|keits|er|klä|rung** *svw.* Ehelicherklärung
e|he|los; E|he|lo|sig|keit, die; -
e|he|ma|lig; e|he|mals
E|he|mann *Plur.* ...männer
E|he|na|me; E|he|paar; E|he|part|ner
e|her; je eher (früher), je lieber; je eher (früher), desto besser; eher ([viel]mehr) klein [als groß]; er wird es umso eher (lieber) tun, als ...
E|he|recht, das; -[e]s; **E|he|ring**
e|hern; ehernes (unveränderliches) Gesetz; ehernes Lohngesetz *(Sozialwissenschaft);* die eherne Schlange *(bibl.)*
E|he|schei|dung; E|he|schlie|ßung
e|hest (*österr. für* baldmöglichst)
E|he|stand, der; -[e]s
e|hes|te [*alte Trennung* ...|st...]; bei ehester (nächster) Gelegenheit; mit ehestem (*Kaufmannsspr.* so früh wie möglich); am ehesten (am leichtesten)
e|hes|tens [*alte Trennung* ...|st...] (frühestens; *österr. für* so schnell wie möglich)
E|he|streit; E|he|tra|gö|die; E|he|ver|bot; E|he|ver|mitt|lung; E|he|ver|spre|chen
E|he|ver|trag; E|he|weib *(veraltet, noch scherzh.)*
e|he|wid|rig; ehewidriges Verhalten
Ehr|ab|schnei|der
ehr|bar *(geh.);* **Ehr|bar|keit,** die; -
ehr|be|gie|rig
Ehr|be|griff; Ehr|be|lei|di|gung (*vgl.* Ehrenbeleidigung)
Eh|re, die; -, -n; in, mit Ehren, jmdm. zu Ehren; *vgl.* E. h.
eh|ren
Eh|ren|amt; eh|ren|amt|lich
Eh|ren|be|lei|di|gung; Eh|ren|be|zei|gung, *seltener* **...be|zeu|gung**
Eh|ren|bür|ger; Eh|ren|bür|ger|brief; Eh|ren|bür|ger|schaft
Eh|ren|dienst; Eh|ren|dok|tor *vgl.* Doktor; **Eh|ren|ein|tritt** (*für* Intervention [bei einem Wechsel])
Eh|ren|er|klä|rung; Eh|ren|es|kor|te; Eh|ren|fä|hig|keit, die; - *(schweiz. Rechtsspr.)*
Eh|ren|fried (m. Vorn.)
Eh|ren|ga|be; Eh|ren|gar|de; Eh|ren|gast *Plur.* ...gäste; **Eh|ren|ge|leit; Eh|ren|ge|richt**
eh|ren|haft; Eh|ren|haf|tig|keit, die; -
eh|ren|hal|ber (*Abk.* eh. *u.* e. h.; *vgl. aber* E. h.)
Eh|ren|kar|te; Eh|ren|ko|dex; Eh|ren|kom|pa|nie; Eh|ren|le|gi|on, die; - (franz. Orden)
Eh|ren|mal *Plur.* ...male *u.* ...mäler; **Eh|ren|mann** *Plur.* ...männer; **Eh|ren|mit|glied**
Eh|ren|na|del; Eh|ren|na|me; Eh|ren|pflicht; Eh|ren|platz
¹Eh|ren|preis (Gewinn)
²Eh|ren|preis, das *od.* der; -es, - (eine Heilpflanze)
Eh|ren|pro|mo|ti|on; Eh|ren|rat; Eh|ren|rech|te *Plur.;* die bürgerlichen Ehrenrechte
eh|ren|reich
Eh|ren|ret|tung
eh|ren|rüh|rig
Eh|ren|run|de
Eh|ren|sa|che; das ist für mich eine Ehrensache; Ehrensache! (*ugs. für* selbstverständlich!)
Eh|ren|sa|lut; Eh|ren|sal|ve
eh|ren|schän|de|risch *(geh.)*
Eh|ren|schuld; Eh|ren|sold; Eh|ren|spa|lier; Eh|ren|stra|fe
Eh|ren|tag; Eh|ren|tanz; Eh|ren|ti|tel; Eh|ren|tor, das *(Sport)*
Eh|ren|traud (w. Vorn.)
Eh|ren|tri|bü|ne
Eh|ren|trud (w. Vorn.)
Eh|ren|ur|kun|de
eh|ren|voll; eh|ren|wert
Eh|ren|wort *Plur.* ...worte; **eh|ren|wört|lich**
Eh|ren|zei|chen
ehr|er|bie|tig *(geh.);* **Ehr|er|bie|tig|keit,** die; - *(geh.)*
Ehr|er|bie|tung, die; -
Ehr|furcht; Ehrfurcht gebieten
Ehr|furcht ge|bie|tend, *auch* **ehr|furcht|ge|bie|tend;** ein Ehrfurcht gebietendes, *auch* ehrfurchtgebietendes Schauspiel, *aber nur* ein große Ehrfurcht gebietendes Schauspiel, ein äußerst ehrfurchtgebietendes Schauspiel
ehr|fürch|tig; ehr|furchts|los; ehr|furchts|voll
Ehr|ge|fühl, das; -[e]s
Ehr|geiz; ehr|gei|zig; Ehr|geiz|ling *(abwertend)*
ehr|lich; ein ehrlicher Makler (redlicher Vermittler) sein; **ehr|li|cher|wei|se; Ehr|lich|keit,** die; -; **ehr|lie|bend**
ehr|los; Ehr|lo|sig|keit, die; -
ehr|pus|se|lig (mit einem kleinlichen, spießigen Ehrbegriff)
Ehr|pus|se|lig|keit, die; -
ehr|puss|lig [*alte Schreibung* ehrpuß|lig] *vgl.* ehrpusselig
ehr|sam *(geh. veraltend);* **Ehr|sam|keit,** die; - *(geh. veraltend)*
Ehr|sucht, die; -; **ehr|süch|tig**
Eh|rung
ehr|ver|ges|sen; Ehr|ver|lust, der; -[e]s *(Rechtsspr.)*
Ehr|wür|den (*kath. Kirche [veraltend]* Anrede für Brüder u. Schwestern in geistl. Orden u. Kongregationen); **ehr|wür|dig; Ehr|wür|dig|keit,** die; -
Ei, das; -[e]s, -er
ei!; ei, ei!; ei machen (*Kinderspr.* streicheln, liebkosen)
...ei (z. B. Bäckerei, die; -, -en)
eia!
Ei|ab|la|ge *(Zool.)*
ei|a|po|peia!, hei|a|po|peia!
Ei|be, die; -, -n (ein Nadelbaum); **ei|ben** (aus Eibenholz)
Ei|bisch, der; -[e]s, -e (eine Heilpflanze); **Ei|bisch|tee,** der; -s
Eib|see, der; -s
Eich (dt. Lyriker u. Hörspielautor)
Eich|amt
Eich|baum (¹Eiche)
¹Ei|che, die; -, -n (ein Baum)
²Ei|che, die; -, -n (Eichung; *fachspr.* ein Maischemaß)

E

E

Ei|chel, die; -, -n

Ei|chel|hä|her (ein Vogel)

Ei|chel|mast, die

Ei|cheln *Plur., als Sing. gebraucht* (Farbe im dt. Kartenspiel); Eicheln sticht; Eicheln spielen

[1]**ei|chen** (aus Eichenholz)

[2]**ei|chen** (das gesetzl. Maß geben; prüfen)

Ei|chen, das; -s, - (kleines Ei)

Ei|chen|baum (*geh. für* [1]Eiche)

Ei|chen|dorff (dt. Dichter)

Ei|chen|hain; Ei|chen|holz; Ei|chen|klotz; Ei|chen|kranz

Ei|chen|laub; Ei|chen|tisch

Ei|chen|wick|ler (ein Schmetterling)

Ei|cher (Eichmeister); **Eich|ge|wicht**

Eich|hörn|chen, *landsch.* **...kätz|chen** *od.* **...kat|ze**

Eich|maß, das; **Eich|meis|ter** [*alte Trennung* ...|st...] (Beamter beim Eichamt); **Eich|me|ter,** das

Eichs|feld, das; -[e]s (dt. Landschaft); **Eichs|fel|der; eichs|fel|disch**

Eich|stätt (Stadt am Rand der Fränkischen Alb)

Eich|stem|pel; Eich|strich

Ei|chung

Eid, der; -[e]s, -e; an Eides statt [*alte Schreibung* Statt] erklären

Ei|dam, der; -[e]s, -e (*veraltet für* Schwiegersohn)

Eid|bruch, der; **eid|brü|chig**

Ei|dechs|chen; Ei|dech|se, die; -, -n; **Ei|dech|sen|le|der, Ei|dechs|le|der**

Ei|der, die; - (ein Fluss)

Ei|der|dau|ne ‹isländ.; dt.›; **Ei|der|en|te; Ei|der|gans**

Ei|der|stedt (Halbinsel an der Nordseeküste); **Ei|der|sted|ter**

Ei|des|be|leh|rung; Ei|des|for|mel

Ei|des|hel|fer, *auch* Eid|hel|fer

Ei|des|leis|tung [*alte Trennung* ...|st...]

ei|des|statt|lich (an Eides statt); eidesstattliche Versicherung

Ei|de|tik, die; - ‹griech.› (*Psych.* Fähigkeit, früher Geschehenes od. Vorgestelltes anschaulich zu vergegenwärtigen); **Ei|de|ti|ker; Ei|de|ti|ke|rin; ei|de|tisch**

eidg. = eidgenössisch

Eid|ge|nos|se; Eid|ge|nos|sen|schaft, die; -; Schweizerische Eidgenossenschaft (amtl. Name der Schweiz); **eid|ge|nös|sisch** (*Abk.* eidg.), *aber* ↑K 150: Eidgenössische Technische Hochschule (*Abk.* ETH)

Eid|hel|fer *vgl.* Eideshelfer

eid|lich; eine eidliche Erklärung

Ei|dot|ter (das Gelbe im Ei)

Ei|er|be|cher; Ei|er|bri|kett

Ei|er|chen *Plur.*

Ei|er|frau *(ugs.)*

Ei|er|hand|gra|na|te

Ei|er|kopf (*für* Egghead)

Ei|er|korb; Ei|er|ku|chen; Ei|er|lau|fen, das; -s; **Ei|er|li|kör; Ei|er|löf|fel; Ei|er|mann** *(ugs.)*

ei|ern (*ugs. für* ungleichmäßig rotieren; wackelnd gehen); das Rad eiert

Ei|er|pe|cke [*alte Trennung* ...k|k...], das; -s (*österr.* ein Osterbrauch)

Ei|er|pfann|ku|chen; Ei|er|punsch; Ei|er|scha|le, *auch, bes. fachspr.* Ei|scha|le

Ei|er|sche|cke [*alte Trennung* ...k|k...], die (*landsch. für* eine Kuchensorte); **Ei|er|schnee** *vgl.* Eischnee

Ei|er|schwamm (*landsch. u. schweiz. für* Pfifferling); **Ei|er|schwam|merl** (*österr. für* Pfifferling)

Ei|er|speis, die *od.* **...spei|se** (Gericht, für das bes. Eier verwendet werden; *österr. für* Rührei)

Ei|er|stich (Suppeneinlage aus Ei)

Ei|er|stock *Plur.* ...stöcke *(Med.)*

Ei|er|tanz *(ugs.)*

Ei|er|uhr; Ei|er|wär|mer

Ei|fel, die; - (Teil des westlichen Rheinischen Schiefergebirges); **Ei|fe|ler,** Eif|ler

Ei|fer, der; -s; **Ei|fe|rer; ei|fern;** ich eifere

Ei|fer|sucht, die; -, ...süchte *Plur. selten;* **Ei|fer|süch|te|lei; ei|fer|süch|tig; Ei|fer|suchts|sze|ne**

Eif|fel|turm (in Paris); ↑K 136

Eif|ler *vgl.* Eifeler

ei|för|mig

eif|rig

Ei|gelb, das; -s, -e; 3 Eigelb

ei|gen; eig[e]ne; mein eigen Kind *(geh.);* mein eig[e]ner Sohn; das ist ihr eigen (für sie charakteristisch); eigene Aktien *(Wirtsch.);* etwas Eigenes besitzen; *vgl.* Eigen; **Ei|gen,** das; -s; mein Eigen (*geh. für* Besitz); etwas sein Eigen [*alte Schreibung* eigen] nennen; sich etwas zu Eigen [*alte Schreibung* eigen] machen (aneignen)

Ei|gen|art; ei|gen|ar|tig; Ei|gen|ar|tig|keit

Ei|gen|bau, der; -[e]s; **Ei|gen|be|darf; Ei|gen|be|richt**

Ei|gen|be|sitz *(BGB);* **Ei|gen|be|sit|zer** *(BGB);* **Ei|gen|be|we|gung**

Ei|gen|brö|te|lei; Ei|gen|bröt|ler (Sonderling); **Ei|gen|bröt|le|rei** (*svw.* Eigenbrötelei); **ei|gen|bröt|le|risch**

Ei|gen|dün|kel *(geh.)*

Ei|ge|ne, Eig|ne, das; -n (Eigentum; Eigenart); Eigenes und Fremdes

Ei|gen|fi|nan|zie|rung; Ei|gen|ge|brauch; Ei|gen|ge|schwin|dig|keit

ei|gen|ge|setz|lich; Ei|gen|ge|setz|lich|keit

Ei|gen|ge|wicht

ei|gen|hän|dig (*Abk. österr.* e. h.); **Ei|gen|hän|dig|keit,** die; -

Ei|gen|heim; Ei|gen|heim|zu|la|ge

Ei|gen|heit

Ei|gen|hil|fe; Ei|gen|i|ni|ti|a|ti|ve; Ei|gen|ka|pi|tal; Ei|gen|kir|che *(im MA.)*

Ei|gen|le|ben; Ei|gen|leis|tung [*alte Trennung* ...|st...]; **Ei|gen|lie|be; Ei|gen|lob**

ei|gen|mäch|tig; ei|gen|mäch|ti|ger|wei|se; Ei|gen|mäch|tig|keit

Ei|gen|mar|ke *(Wirtsch.);* **Ei|gen|mit|tel** *Plur.*

Ei|gen|na|me

Ei|gen|nutz, der; -es; **ei|gen|nüt|zig; Ei|gen|nüt|zig|keit,** die; -

Ei|gen|pro|duk|ti|on

ei|gens *(geh.)*

Ei|gen|schaft; Ei|gen|schafts|wort *Plur.* ...wörter (*für* Adjektiv); **ei|gen|schafts|wört|lich**

Ei|gen|schwin|gung

Ei|gen|sinn, der; -[e]s; **ei|gen|sin|nig; Ei|gen|sin|nig|keit**

ei|gen|staat|lich; Ei|gen|staat|lich|keit, die; -

ei|gen|stän|dig; Ei|gen|stän|dig|keit, die; -

Ei|gen|sucht, die; -; **ei|gen|süch|tig**

ei|gent|lich (*Abk.* eigtl.); **Ei|gent|lich|keit,** die; -

Ei|gen|tor, das *(Sport)*

Ei|gen|tum, das; -s, *Plur.* (*für* Wohnungseigentum u. Ä.:) ...tume; **Ei|gen|tü|mer; Ei|gen|tü|me|rin**

ei|gen|tüm|lich; Ei|gen|tüm|lich|keit

Ei|gen|tums|bil|dung; Ei|gen|tums|de|likt; Ei|gen|tums|recht; Ei|gen|tums|streu|ung; Ei|gen|tums|ver|ge|hen; Ei|gen|tums|woh|nung

ei|gen|ver|ant|wort|lich

Ei|gen|ver|brauch; Ei|gen|ver|si|che|rung; Ei|gen|wär|me

[1]ein

I. *Unbestimmter Artikel (nicht betont; als Beifügung zu einem Substantiv od. Pronomen):*
– es war ein Mann, nicht eine Frau; es war ein Kind und kein Erwachsener

II. *Unbestimmtes Pronomen*
1. *[allein stehend]:*
– der/die/das eine
– wenn einer (jemand) das nicht versteht, dann soll er darüber nicht reden; da kann einer (*ugs. statt* man) doch völlig verrückt werden; nach den Aussagen eines (jemandes), der dabei war, ...
– ein[e]s (etwas) fehlt ihm: Geduld
– das tut einem (mir) wirklich Leid; sie sollen einen in Ruhe lassen
– sie ist eine von uns; da hat eine ihren Lippenstift vergessen; ein[e]s von uns Kindern
– *ugs.:* einen (einen Schnaps) heben; eins (ein Lied) singen; gib ihm eins (einen Schlag); jmdm. eins auswischen
2. *in [hinweisender] Gegenüberstellung:*
– vom einen, von einem (von diesem) zum and[e]ren, andern (zu jenem); die einen (diese) [Zuschauer] klatschten, die and[e]ren, andern (jene) [Zuschauer] pfiffen

III. *Zahlwort (betont; als Beifügung oder allein stehend):*
– es war ein Mann, eine Frau, ein Kind (nicht zwei); wenn [nur] einer das erfährt, dann ist der Plan zunichte; einer für alle und alle für einen
– der eine, *aber* ↑K76: der Eine (*Bez. für* Gott)
– ein[e]s der beiden Pferde, nicht beide; zwei Augen sehen mehr als ein[e]s
– einer nach dem anderen; zum einen ..., zum anderen ...
– in einem fort
– unter einem (*österr. für* zugleich)
– zwei Pfund Wurst in einem [Stück]; in ein[em] und einem halben Jahr
– in ein[er] und derselben Straße; ein und dieselbe Sache; es läuft alles auf eins (dasselbe) hinaus
– sie ist sein Ein und [sein] Alles [*alte Schreibung* sein ein und [sein] alles]
– einundzwanzig; einmal; einhalbmal
– ein für alle Mal[e]
– ein oder mehrmals (*vgl.* Mal)
– ein bis zwei Tage
Vgl. eins

Ei|gen|wech|sel (*für* Solawechsel); **Ei|gen|wer|bung**
Ei|gen|wert; ei|gen|wer|tig
Ei|gen|wil|le; ei|gen|wil|lig; Ei|gen|wil|lig|keit
ei|gen|wüch|sig *(selten)*
Ei|ger, der; -s (Bergstock in den Berner Alpen); **Ei|ger|nord|wand,** die; -
Eig|ne *vgl.* Eigene
eig|nen; etwas eignet ihm (*geh. für* ist ihm eigen); sich eignen (geeignet sein)
eig|ner, ei|ge|ner *vgl.* eigen
Eig|ner ([Schiffs]eigentümer)
Eig|nung (Befähigung)
Eig|nungs|prü|fung; Eig|nungs|test
eigtl. = eigentlich
...ei|ig (z. B. eineiig)
Ei|ke (m., *seltener* w. Vorn.)
Ei|klar, das; -s, - (*österr. für* Eiweiß)
Ei|ko (m. Vorn.)
Ei|land, das; -[e]s, -e (*geh. für* Insel)
Eil|an|ge|bot
Eil|bo|te; Eil|brief
Ei|le, die; -
Ei|lei|ter, der *(Med.)*
ei|len; eile mit Weile!; **ei|lends**
eil|fer|tig; Eil|fer|tig|keit
Eil|gut
Eil|gü|ter|zug
ei|lig; ↑K72: etwas Eiliges zu besorgen haben; nichts Eiligeres (Wichtigeres) zu tun haben, als ...; **ei|ligst**
Eil|marsch; Eil|päck|chen; Eil|schritt; Eil|sen|dung
Eil|tem|po; Eil|trieb|wa|gen; Eil|zug (*Zeichen* E); **Eil|zu|stel|lung**
Ei|mer, der; -s, -; im Eimer sein (*ugs. für* entzwei, verdorben sein); **ei|mer|wei|se**
[1]ein *s. Kasten*
[2]ein; *Adverb:* nicht ein noch aus wissen (ratlos sein); wer bei dir ein und aus geht (verkehrt), *aber (in Zus.)* ↑K31: ein- und aussteigen (einsteigen und aussteigen)
ein... (*in Zus. mit Verben,* z. B. einbürgern, du bürgerst ein, eingebürgert, einzubürgern)
Ein|achs|an|hän|ger *(Kfz-Technik)*; **ein|ach|sig**
Ein|ak|ter (Bühnenstück aus nur einem Akt); **ein|ak|tig**
ei|n|an|der (*meist geh.*) *vgl.* an-, auf-, aus-, beieinander usw.
ein|ant|wor|ten (*österr. Amtsspr. veraltend für* übergeben); **Ein|ant|wor|tung** *(österr.)*
Ei|nar (m. Vorn.)
ein|ar|bei|ten; Ein|ar|bei|tung
ein|ar|mig
ein|äl|schern; ich äschere ein; eingeäschert (*Zeichen* ⬭); **Ein|ä|sche|rung; Ein|ä|sche|rungs|hal|le** (*für* Krematorium)
ein|at|men; Ein|at|mung, die; -
ein|a|to|mig *(Chemie, Physik)*
ein|ät|zen
ein|äu|gig; Ein|äu|gi|ge, der *u.* die; -n, -n
Ein|back, der; -[e]s, *Plur.* -e *u.* ...bäcke, *ugs. auch* -s (ein Gebäck)
ein|bah|nig; einbahniger Verkehr
Ein|bahn|stra|ße; Ein|bahn|ver|kehr
ein|bal|lie|ren (*veraltet für* in Ballen verpacken); **Ein|bal|lie|rung**
ein|bal|sa|mie|ren; Ein|bal|sa|mie|rung
Ein|band, der; -[e]s, ...bände; **Ein|band|de|cke** [*alte Trennung* ...k|k...]
ein|bän|dig
ein|ba|sig, *auch* **ein|ba|sisch** *(Chemie);* einbasige Säure
Ein|bau, der; -[e]s, *Plur.* (*für* eingebauter Teil:) -ten; **ein|bau|en; ein|bau|fer|tig; Ein|bau|kü|che**
Ein|baum (Boot aus einem ausgehöhlten Baumstamm)
Ein|bau|mö|bel; ein|bau|reif; Ein|bau|schrank; Ein|bau|teil, das
Ein|bee|re (eine Giftpflanze)
ein|be|grif|fen, in|be|grif|fen (*österr. u. schweiz. nur so);* in dem *od.* den Preis [mit] einbegriffen; alle waren beteiligt, er einbegriffen; sie erinnerte sich aller Beteiligten, ihn einbegriffen; der Tadel galt allen, ihn einbe-

griffen; er zahlte die Zeche, den Wein einbegriffen
ein|be|hal|ten; Ein|be|hal|tung
ein|bei|nig
ein|be|ken|nen (*österr. für* eingestehen); **Ein|be|kennt|nis**
ein|be|rech|nen (*selten für* einkalkulieren)
ein|be|ru|fen; Ein|be|ru|fe|ne, der *u.* die; -n, -; **Ein|be|ru|fung; Ein|be|ru|fungs|be|fehl**
E
ein|be|schlie|ßen *(geh.)*
ein|be|schrie|ben *(Math.);* einbeschriebener Kreis (Inkreis)
ein|be|stel|len (*Amtsspr.* an einen bestimmten Ort bestellen)
ein|be|to|nie|ren; Ein|be|to|nie|rung
ein|bet|ten; Ein|bet|tung
ein|beu|len
ein|be|zah|len (*svw.* einzahlen)
ein|be|zie|hen; Ein|be|zie|hung; unter Einbeziehung aller Anwesenden
ein|bie|gen; Ein|bie|gung
ein|bil|den, sich; du bildest dir die Geschichte nur ein; **Ein|bil|dung; Ein|bil|dungs|kraft,** die; -
ein|bim|sen (*ugs. für* durch angestrengtes Lernen einprägen)
ein|bin|den; Ein|bin|dung
ein|bla|sen; Ein|blä|ser (*Schülerspr. auch für* Vorsager)
Ein|blatt *(Kunstwiss.);* **Ein|blatt|druck** *Plur.* ...drucke
ein|bläu|en (blau machen; *auch ugs. für* mit Nachdruck einprägen, einschärfen [*alte Schreibung* einbleuen])
ein|blen|den; sich einblenden *(Rundf., Fernsehen);* **Ein|blen|dung**
ein|bleu|en *alte Schreibung für die umgangssprachliche Bedeutung von* einbläuen *(vgl. d.)*
Ein|blick
ein|boh|ren; sich einbohren
ein|boo|ten *(Seew.);* Passagiere einbooten
ein|bre|chen; in ein[em] Haus einbrechen; **Ein|bre|cher**
Ein|brenn, die; -, -en *(österr.) u.* **Ein|bren|ne,** die; -, -n (*bes. südd. für* Mehlschwitze)
ein|bren|nen
Ein|brenn|la|ckie|rung [*alte Trennung* ...k|k...]
Ein|brenn|sup|pe *(österr.)*
ein|brin|gen; sich einbringen; **einbring|lich; Ein|brin|gung**
ein|bro|cken [*alte Trennung* ...k|k...]; sich, jmdm. etwas einbrocken *(ugs.)*

Ein|bruch, der; -[e]s, ...brüche
Ein|bruch[s]|dieb|stahl; ein|bruch[s]|si|cher; Ein|bruch|stel|le; Ein|bruch[s]|werk|zeug
ein|buch|ten (*ugs. für* ins Gefängnis sperren); **Ein|buch|tung**
ein|bud|deln *(ugs.)*
ein|bü|geln; eingebügelte Falten
ein|bun|kern (*ugs. auch für* ins Gefängnis sperren)
ein|bür|gern; Ein|bür|ge|rung
Ein|bu|ße; ein|bü|ßen
ein|che|cken [*alte Trennung* ...k|k...] ⟨dt.; engl.⟩ (sich [am Flughafen] abfertigen lassen)
ein|cre|men, *auch* **ein|kre|men**
ein|däm|men; Ein|däm|mung
ein|damp|fen; Ein|damp|fung
ein|de|cken [*alte Trennung* ...k|k...]; sich mit Obst eindecken
Ein|de|cker [*alte Trennung* ...k|k...] (ein Flugzeugtyp)
ein|dei|chen; Ein|dei|chung
ein|del|len (*ugs. für* eine Delle in etwas machen)
ein|deu|tig; Ein|deu|tig|keit
ein|deut|schen; du deutschst ein; **Ein|deut|schung**
ein|di|cken [*alte Trennung* ...k|k...]
ein|di|men|si|o|nal
ein|do|cken [*alte Trennung* ...k|k...] (*Schiffbau* ins Dock transportieren)
ein|do|sen (in Dosen einkochen); du dost ein; sie dos|te [*alte Trennung* ...|st...] ein
ein|dö|sen (*ugs. für* in Halbschlaf fallen; einschlafen)
ein|drän|gen; auf jmdn. eindrängen; sich eindrängen
ein|dre|hen; sich die Haare eindrehen
ein|dre|schen; er hat auf das Pferd eingedroschen
ein|dril|len (*ugs. für* einüben)
ein|drin|gen; ein|dring|lich; auf das, aufs Eindringlichste *od.* auf das, aufs eindringlichste ↑K75; **Ein|dring|lich|keit,** die; -; **Ein|dring|ling**
Ein|druck, der; -[e]s, ...drücke
ein|dru|cken [*alte Trennung* ...k|k...]
ein|drü|cken [*alte Trennung* ...k|k...]
ein|drück|lich (*bes. schweiz. für* eindrucksvoll); **ein|drucks|voll**
ein|dü|beln (mit einem Dübel befestigen)
ein|du|seln (*ugs. für* in Halbschlaf fallen)

ei|ne; I. *Unbestimmter Artikel: vgl.* ¹ein, I. **II.** *Unbestimmtes Pronomen: vgl.* ¹ein, II. **III.** *Zahlwort: vgl.* ¹ein, III.
ein|eb|nen; Ein|eb|nung
Ein|e|he (*für* Monogamie); **ein|e|hig** (*für* monogam)
ein|ei|ig; eineiige Zwillinge
ein|ein|deu|tig (*fachspr. für* umkehrbar eindeutig); **Ein|ein|deu|tig|keit** *Plur. selten*
ein|ein|halb, ein|und|ein|halb; eineinhalb Tage, *aber* ein und ein halber Tag; ein[und]einhalbmal so viel
Ei|nem, von (österr. Komponist)
ei|nen (*geh. für* einigen)
ein|en|gen; Ein|en|gung
ei|ner; I. *Unbestimmtes Pronomen: vgl.* ¹ein, II. **II.** *Zahlwort: vgl.* ¹ein, III.
¹**Ei|ner,** Ein|ser (Zahl)
²**Ei|ner** (einsitziges Sportboot)
Ei|ner|ka|jak
ei|ner|lei; Ei|ner|lei, das; -s
ei|ner|seits; einerseits ... ander[er]seits, andrerseits
ei|nes; I. *Unbestimmter Artikel (Gen.): vgl.* ¹ein, I. **II.** *Unbestimmtes Pronomen: vgl.* ¹ein, II. **III.** *Zahlwort: vgl.* ¹ein, III.
ei|nes|teils; einesteils ... ander[e]nteils
Ein|eu|ro|stück (*mit Ziffer* 1-Euro-Stück; ↑K26)
ein|e|x|er|zie|ren
ein|fach; einfache Buchführung; einfache Fahrt; am einfachsten; *aber* das Einfachs|te [*alte Schreibung* einfach|ste] ist, wenn ...; das Einfachste, was er finden konnte; [sich] etwas Einfaches [wünschen]
Ein|fa|che, das; -n; das Einfache einer Zahl
ein|fä|chern (in Fächer verteilen)
Ein|fach|heit, die; -; der Einfachheit halber; **ein|fach|heits|hal|ber**
ein|fä|deln; sich einfädeln *(Verkehrsw.);* **Ein|fä|de|lung, Ein|fäd|lung**
ein|fah|ren
Ein|fahr|gleis; Ein|fahr|si|g|nal *(Eisenb.)*
Ein|fahrt
Ein|fahrt[s]|er|laub|nis
Ein|fahrt[s]|gleis *vgl.* Einfahrgleis
Ein|fahrt[s]|si|g|nal *vgl.* Einfahrsignal
Ein|fall, der; **ein|fal|len**
ein|falls|los; Ein|falls|lo|sig|keit, die; -

ein|fall[s]|reich; Ein|fall[s]|reich|tum
Ein|fall[s]|win|kel
Ein|falt, die; -; **ein|fäl|tig; Ein|fäl|tig|keit,** die; -; **Ein|falts|pin|sel** *(abwertend)*
ein|fal|zen *(Buchw.);* **Ein|fal|zung**
Ein|fa|mi|li|en|haus
ein|fan|gen
ein|fär|ben; ein|far|big, *österr.* **ein|fär|big; Ein|fär|bung**
ein|fa|schen (*österr. für* verbinden; *vgl.* Fasche)
ein|fas|sen; Ein|fas|sung
ein|fen|zen ‹dt.; engl.› (einzäunen); du fenzt ein
ein|fet|ten; Ein|fet|tung
ein|fil|t|rie|ren (*ugs. für* einflößen)
ein|fin|den, sich
ein|flech|ten; Ein|flech|tung
ein|fli|cken [*alte Trennung* ...k|k...]
ein|flie|gen; Ein|flie|ger *(Flugw.)*
ein|flie|ßen
ein|flö|ßen; Ein|flö|ßung
Ein|flug
ein|flü|ge|lig, ein|flüg|lig
Ein|flug|schnei|se *(Flugw.)*
Ein|fluss [*alte Schreibung* Einfluß]; **Ein|fluss|be|reich,** der; **Ein|fluss|nah|me,** die; -, -n *Plur. selten*
ein|fluss|reich [*alte Schreibung* einfluß...]
ein|flüs|tern [*alte Trennung* ...|st...]; **Ein|flüs|te|rung**
ein|for|dern; Ein|for|de|rung
ein|för|mig; Ein|för|mig|keit
Ein|fran|ken|stück (*mit Ziffer* 1-Franken-Stück; ↑K26); **Ein|fränk|ler,** der; -s, - (*schweiz. svw.* Einfrankenstück)
ein|fres|sen, sich; der Rost hatte sich tief eingefressen
ein|frie|den, *seltener* **ein|frie|di|gen** (*geh. für* einhegen); **Ein|frie|di|gung,** *häufiger* **Ein|frie|dung**
ein|frie|ren; Ein|frie|rung
ein|fros|ten [*alte Trennung* ...|st...]; **Ein|fros|tung**
ein|fuch|sen (*ugs. für* gut einarbeiten)
ein|fü|gen; sich einfügen; **Ein|fü|gung**
ein|füh|len, sich; **ein|fühl|sam; Ein|füh|lung,** die; -
Ein|füh|lungs|ga|be, die; -; **Ein|füh|lungs|ver|mö|gen,** das; -s
Ein|fuhr, die; -, -en; **Ein|fuhr|be|schrän|kung**
ein|füh|ren
Ein|fuhr|ha|fen *vgl.* [1]Hafen; **Ein|fuhr|kon|tin|gent; Ein|fuhr|land; Ein|fuhr|sper|re**
Ein|füh|rung; Ein|füh|rungs|kurs; Ein|füh|rungs|preis; Ein|füh|rungs|vor|trag
Ein|fuhr|ver|bot; Ein|fuhr|zoll
ein|fül|len; Ein|füll|öff|nung
[1]**ein|füt|tern** (*EDV* in den Computer eingeben)
[2]**ein|füt|tern** (*Gartenbau* [Pflanzen] tief eingraben)
Ein|ga|be *(auch EDV);* **Ein|ga|be|feld** *(EDV);* **Ein|ga|be|ge|rät** *(EDV)*
Ein|gang; Ein- und Ausgang ↑K31
ein|gän|gig; Ein|gän|gig|keit, die; -; **ein|gangs** (*Amtsspr.;* ↑K70); *mit Gen.:* eingangs des Briefes
Ein|gangs|buch; Ein|gangs|da|tum; Ein|gangs|hal|le; Ein|gangs|stem|pel; Ein|gangs|stro|phe; Ein|gangs|tür; Ein|gangs|ver|merk
ein|ge|äl|schert (*Zeichen* ▢)
ein|ge|ben
ein|ge|bet|tet; eingebettet in die *od.* in der Landschaft
ein|ge|bil|det; eingebildet sein
Ein|ge|bin|de (*veraltet für* Patengeschenk)
[1]**ein|ge|bo|ren;** der eingeborene (einzige) Sohn [Gottes]
[2]**ein|ge|bo|ren;** die eingeborene Bevölkerung
Ein|ge|bo|re|ne, Ein|ge|bor|ne, der *u.* die; -n, -n; **Ein|ge|bo|re|nen|spra|che; Ein|ge|bor|ne** *vgl.* Eingeborene
ein|ge|bracht; eingebrachtes Gut, eingebrachte Sachen *(Rechtsspr.);* **Ein|ge|brach|te,** das; -n (*veraltet für* Heiratsgut)
Ein|ge|bung
ein|ge|denk *(geh.); mit Gen.:* eingedenk des Verdienstes
ein|ge|fal|len; mit eingefallenem Gesicht
ein|ge|fleischt; eingefleischter Junggeselle
ein|ge|frie|ren
ein|ge|fuchst (*ugs. für* eingearbeitet)
ein|ge|hen; ein|ge|hend; auf das, aufs Eingehendste *od.* auf das, aufs eingehendste ↑K75
ein|ge|keilt; in eine[r] Menge eingekeilt
Ein|ge|mach|te, das; -n
ein|ge|mein|den; Ein|ge|mein|dung
ein|ge|nom|men (begeistert); sie ist von dem Plan eingenommen
Ein|ge|nom|men|heit, die; -
ein|ge|rech|net; den Überschuss eingerechnet
Ein|ge|rich|te, das; -s, - (*fachspr.* innerer Bau eines Türschlosses)
ein|ge|sandt; Ein|ge|sandt, das; -s, -s (*veraltet für* Leserzuschrift)
ein|ge|schlech|tig (*für* diklin)
ein|ge|schlos|sen; eingeschlossen im, *auch* in den Preis
ein|ge|schos|sig (*vgl.* ...geschossig)
ein|ge|schwo|ren; sie ist auf diese Musik eingeschworen
ein|ge|ses|sen (einheimisch)
ein|ge|spielt; sie sind aufeinander eingespielt
ein|ge|sprengt; eingesprengtes Gold
ein|ge|stan|de|ner|ma|ßen, ein|ge|stand|ner|ma|ßen
Ein|ge|ständ|nis; ein|ge|ste|hen
ein|ge|stri|chen *(Musik);* eingestrichene Note
ein|ge|tra|gen; eingetragene Genossenschaft (*Abk.* eG, e. G.), *auch* ↑K150: Eingetragene Genossenschaft (*Abk.* EG); eingetragener Verein (*Abk.* e. V.), *auch* ↑K150: Eingetragener Verein (*Abk.* E. V.)
Ein|ge|wei|de, das; -s, - *meist Plur.;* **Ein|ge|wei|de|bruch**
Ein|ge|weih|te, der *u.* die; -n, -n
ein|ge|wöh|nen; sich eingewöhnen; **Ein|ge|wöh|nung,** die; -
ein|ge|zo|gen; eingezogen (zurückgezogen) leben; **Ein|ge|zo|gen|heit,** die; -
ein|gie|ßen; Ein|gie|ßung
ein|gip|sen; einen Haken eingipsen
ein|git|tern
Ein|glas *Plur.* ...gläser (*veraltet für* Monokel)
ein|gla|sen
ein|glei|sen (wieder auf das Gleis bringen); du gleist ein; er gleiste ein [*alte Trennung* ...|st...]
ein|glei|sig
ein|glie|dern; sich eingliedern; **Ein|glie|de|rung**
ein|gra|ben; Ein|gra|bung
ein|gra|vie|ren
ein|grei|fen; Ein|greif|trup|pe (Sondereinsatztruppe in militärischen Krisengebieten)
ein|gren|zen; Ein|gren|zung
Ein|griff; Ein|griffs|mög|lich|keit
ein|grü|nen; Ein|grü|nung
ein|grup|pie|ren; Ein|grup|pie|rung
Ein|guss [*alte Schreibung* Einguß] ‹*zu* eingießen› *(Technik)*
ein|ha|cken [*alte Trennung* ...k|k...]; der Sperber hackte auf die Beute ein
ein|ha|ken; den Riemen einhaken;

E

sich bei jmdm. einhaken; sie hakte hier ein (*ugs. für* unterbrach das Gespräch)

ein|halb|mal (ein halbes Mal); einhalbmal so viel (*ugs. für* um die Hälfte mehr)

Ein|halt, der; -[e]s; Einhalt gebieten; **ein|hal|ten; Ein|hal|tung**

ein|häm|mern

ein|han|deln

ein|hän|dig

ein|hän|di|gen; Ein|hän|di|gung, die; -

Ein|hand|seg|ler (jmd., der ein Segelboot allein führt)

ein|hän|gen; *vgl.* ²hängen; **Ein|hän|ge|ö|se**

Ein|hard (m. Vorn.)

ein|har|ken (*nordd. für* [Samen, Dünger] mit der Harke unter das Erdreich mischen)

ein|hau|chen *(geh.);* **Ein|hau|chung**

ein|hau|en; er hieb auf den Fliehenden ein; er haute tüchtig ein (*ugs. für* aß tüchtig)

ein|häu|sig (*Bot.* monözisch)

ein|he|ben; einen Betrag einheben (*bes. südd. für* einziehen); **Ein|he|bung**

ein|hef|ten

ein|he|gen; Ein|he|gung

ein|hei|len *(Med.);* **Ein|hei|lung**

ein|hei|misch; Ein|hei|mi|sche, der *u.* die; -n, -n

ein|heim|sen *(ugs.);* du heimst ein

Ein|hei|rat; ein|hei|ra|ten

Ein|heit; Tag der Deutschen Einheit (3. Oktober)

Ein|hei|ten|sys|tem [*alte Trennung* ...|st...]; das Internationale Einheitensystem ↑K 150

ein|heit|lich; Ein|heit|lich|keit, die; -

Ein|heits|front, die; -; **Ein|heits|ge|werk|schaft; Ein|heits|kurz|schrift,** die; -; **Ein|heits|lis|te** [*alte Trennung* ...|st...]; **Ein|heits|look**

Ein|heits|par|tei; Ein|heits|preis; Ein|heits|wert

ein|hei|zen

ein|hel|fen (vorsagen); jmdm. einhelfen

ein|hel|lig; Ein|hel|lig|keit, die; -

ein|hen|ke|lig, ein|henk|lig

ein|hen|keln; ich henk[e]le ein

ein|henk|lig *vgl.* einhenkelig **ein|her|fah|ren; ein|her|ge|hen;** die Grippe war mit Fieber einhergegangen

Ein|he|ri|er, der; -s, - (*nord. Mythol.* der gefallene Kämpfer in Walhall)

ein|her|schrei|ten *(geh.)*

ein|hie|ven; die Ankerkette einhieven (einziehen)

ein|hö|cke|rig [*alte Trennung* ...k|k...], **ein|höck|rig**

ein|ho|len

Ein|hol|netz; Ein|hol|ta|sche

Ein|ho|lung, die; -

ein|hö|ren, sich

Ein|horn *Plur.* ...hörner (ein Fabeltier)

Ein|hu|fer *(Zool.);* **ein|hu|fig**

ein|hül|len; Ein|hül|lung

ein|hun|dert

ein|hü|ten (*nordd. für* sich in jmds. Abwesenheit um die Wohnung kümmern)

ei|nig; [sich] einig sein, werden; einig gehen [*alte Schreibung* einiggehen] (*Kaufmannsspr.* übereinstimmen, *dafür besser* einig sein)

ei|ni|ge

- einige Stunden später
- einige Mal [*alte Schreibung* einigemal], einige Male
- einige tausend *od.* Tausend Schüler
- von einigen wird behauptet ...
- einiges, was ...
- einige (etwas; *oft auch* [sehr] viel) Mühe haben
- sie wusste einiges
- einiger politischer Sinn
- einiges milde (*selten* mildes) Nachsehen
- bei einigem guten Willen
- einige gute Menschen; die Taten einiger guter (*selten* guten) Menschen
- mit einigem Neuen

ein|i|geln, sich; ich ig[e]le mich ein; **Ein|i|ge|lung**

ei|ni|ge Mal [*alte Schreibung* ei|ni|ge|mal] *vgl.* einige

ei|ni|gen; Ei|ni|ger

ei|ni|ger|ma|ßen

ei|ni|ges *vgl.* einige

ei|nig ge|hen [*alte Schreibung* ei|nig|ge|hen] *vgl.* einig

Ei|nig|keit, die; -

Ei|ni|gung

Ei|ni|gungs|be|stre|bung *meist Plur.;* **Ei|ni|gungs|ver|trag; Ei|ni|gungs|werk**

ein|imp|fen; Ein|imp|fung

ein|ja|gen; jmdm. einen Schrecken einjagen

ein|jäh|rig

¹Ein|jäh|ri|ge, der *od.* die; -n, -n

²Ein|jäh|ri|ge, das; -n (*veraltend für* mittlere Reife)

Ein|jäh|rig-Frei|wil|li|ge, der; -n, -n (im ehem. deutschen Heer)

ein|jo|chen *(veraltet)*

ein|ka|cheln (*ugs. für* stark heizen)

ein|kal|ku|lie|ren (einplanen)

Ein|kam|mer|sys|tem [*alte Trennung* ...|st...], das; -s

ein|kamp|fern (mit Kampfer behandeln); ich kampfere ein

ein|kap|seln; ich kaps[e]le ein; sich einkapseln; **Ein|kap|se|lung, Ein|kaps|lung**

Ein|ka|rä|ter (einkarätiger Edelstein); **ein|ka|rä|tig**

ein|kas|sie|ren; Ein|kas|sie|rung

ein|käs|teln [*alte Trennung* ...|st...]

Ein|kauf; ein|kau|fen

Ein|käu|fer; Ein|käu|fe|rin

Ein|kaufs|ab|tei|lung

Ein|kaufs|beu|tel; Ein|kaufs|bum|mel; Ein|kaufs|cen|ter

Ein|kaufs|ge|nos|sen|schaft

Ein|kaufs|korb; Ein|kaufs|mög|lich|keit; Ein|kaufs|netz

Ein|kaufs|preis; Ein|kaufs|quel|le

Ein|kaufs|ta|sche; Ein|kaufs|wa|gen; Ein|kaufs|zen|t|rum

Ein|kehr, die; - (das Einkehren; *geh. für* innere Sammlung); **ein|keh|ren**

ein|kei|len *meist im Partizip II;* wir waren eingekeilt

ein|keim|blät|te|rig, ein|keim|blätt|rig *(Bot.);* einkeimblätt[e]rige Pflanzen (mit nur einem Keimblatt)

ein|kel|lern; ich kell[e]re ein; **Ein|kel|le|rung; Ein|kel|le|rungs|kar|tof|feln** *Plur.*

ein|ker|ben; Ein|ker|bung

ein|ker|kern *(geh.);* ich kerk[e]re ein; **Ein|ker|ke|rung** *(geh.)*

ein|kes|seln; ich kess[e]le ein; **Ein|kes|se|lung** *(bes. Milit.)*

ein|kip|pen (*ugs. für* eingießen)

ein|kla|gen; einen Rechnungsbetrag einklagen; **Ein|kla|gung**

ein|klam|mern; Ein|klam|me|rung

Ein|klang; mit etwas im *od.* in Einklang stehen

Ein|klas|sen|schu|le; ein|klas|sig; eine einklassige Schule

ein|kle|ben

ein|klei|den; sich einkleiden; **Ein|klei|dung**

ein|klem|men; du hast dir die Finger eingeklemmt; **Ein|klem|mung**

ein|klin|ken

ein|kni|cken [*alte Trennung* ...k|k...]; **Ein|kni|ckung**
ein|knöp|fen; Ein|knöpf|fut|ter; *vgl.* [2]Futter
ein|knüp|peln; auf jmdn. einknüppeln
ein|ko|chen; Ein|koch|topf
ein|kom|men; um Urlaub, Versetzung einkommen (*Amtsspr.* bitten)
Ein|kom|men, das; -s, -; **Ein|kommens|gren|ze**
ein|kom|mens|los; ein|kom|mensschwach; ein|kom|mens|stark
Ein|kom|mens|steu|er, *fachspr. auch* **Ein|kom|men|steu|er,** die; **Ein|kom|men|steu|er|er|klärung; ein|kom|men|steu|erpflich|tig**
Ein|kom|mens|ver|hält|nis|se *Plur.*; **Ein|kom|mens|zu|wachs**
ein|köp|fen (*Fußball* durch einen Kopfball ein Tor erzielen)
Ein|korn, das; -[e]s (Weizenart)
ein|kra|chen *(ugs.)*
ein|krei|sen; Ein|krei|sung; Einkrei|sungs|po|li|tik, die; -
ein|kre|men *vgl.* eincremen
ein|kreu|zen (*Biol.* durch Kreuzung verändern); **Ein|kreu|zung**
ein|krie|gen (*ugs. für* einholen)
Ein|kris|tall [*alte Trennung* ...|st...], der (*fachspr. für* einheitlich aufgebauter Kristall)
ein|küh|len (in einer Kühlanlage haltbar machen); **Ein|küh|lung**
Ein|künf|te *Plur.*
ein|kup|peln; langsam einkuppeln
ein|ku|scheln; sich einkuscheln *(ugs.)*
Ein|lad, der; -s (*schweiz. svw.* Verladung)
[1]ein|la|den; Waren einladen; *vgl.* [1]laden
[2]ein|la|den; zum Essen einladen; *vgl.* [2]laden
ein|la|dend
Ein|la|dung; Ein|la|dungs|kar|te; Ein|la|dungs|schrei|ben
Ein|la|ge
ein|la|gern; Ein|la|ge|rung
ein|lan|gen (*österr. für* eintreffen)
Ein|lass [*alte Schreibung* Ein|laß], der; Einlasses, Einlässe
ein|las|sen (*südd. u. österr. auch für* mit Wachs einreiben; lackieren); sich auf etwas einlassen
Ein|lass|kar|te [*alte Schreibung* Ein|laß...]
ein|läss|lich [*alte Schreibung* ein|läß|lich] (*schweiz. für* gründlich); des Ein|läss|lichs|ten [*alte Schreibung* ein|läß|lichsten] ↑K72
Ein|las|sung *(Rechtsspr.)*
Ein|lauf; ein|lau|fen; sich einlaufen; **Ein|lauf|wet|te** (beim Pferderennen)
ein|läu|ten; den Sonntag einläuten
ein|le|ben, sich
Ein|le|ge|ar|beit
ein|le|gen
Ein|le|ger *(Bankw.)*; **Ein|le|ge|rin**
Ein|le|ge|soh|le
Ein|le|gung; die; -
ein|lei|ten
Ein|lei|te|wort *Plur.* ...wörter *(Sprachw.)*
Ein|lei|tung; Ein|lei|tungs|ka|pi|tel
ein|len|ken; Ein|len|kung *Plur. selten*
ein|ler|nen
ein|le|sen; sich einlesen
ein|leuch|ten; dieser Grund leuchtet mir ein; **ein|leuch|tend**
Ein|lie|fe|rer; Ein|lie|fe|rin
ein|lie|fern; Ein|lie|fe|rung
Ein|lie|fe|rungs|schein; Ein|lie|fe|rungs|ter|min
ein|lie|gend *od., österr., schweiz. nur,* in|lie|gend *(Kaufmannsspr.)*; einliegend (anbei, hiermit) der Bericht
Ein|lie|ger (Mieter [bei einem Bauern]); **Ein|lie|ger|woh|nung**
ein|li|nig
ein|lo|chen (*ugs. für* ins Gefängnis sperren; *Golf* den Ball ins Loch spielen)
ein|log|gen *(EDV)*; ich habe mich eingeloggt
ein|lo|gie|ren
ein|lös|bar; ein|lö|sen; Ein|lö|sesum|me; Ein|lö|sung; Ein|lösungs|sum|me
ein|lul|len *(ugs.)*
Ein|mach, Ein|ma|che, die; - (*österr. für* Mehlschwitze)
ein|ma|chen
Ein|mach|glas *Plur.* ...gläser
ein|mäh|dig (*svw.* einschürig)
ein|mah|nen; Ein|mah|nung
ein|mal; auf einmal; noch einmal; nicht einmal; nun einmal; ↑K31: ein- bis zweimal (*mit Ziffern* 1- bis 2-mal [*alte Schreibung* 1- bis 2mal]); *vgl.* mal
Ein|mal|eins, das; -; das große Einmaleins; das kleine Einmaleins; das berufliche Einmaleins
Ein|mal|hand|tuch
ein|ma|lig; Ein|ma|lig|keit, die; -
Ein|mann|be|trieb; Ein|mann|gesell|schaft (*Wirtsch.* Kapitalgesellschaft, deren Anteile in einer Hand sind)
Ein|mark|stück (*mit Ziffer* 1-Mark-Stück; ↑K26)
Ein|marsch, der; **ein|mar|schie|ren**
ein|mas|sie|ren
Ein|mas|ter [*alte Trennung* ...|st...]; **ein|mas|tig**
ein|mau|ern; Ein|mau|e|rung
ein|mei|ßeln
ein|men|gen, sich einmengen
Ein|me|ter|brett (*mit Ziffer* 1-Meter-Brett; ↑K26)
[1]ein|mie|ten; sich einmieten; *vgl.* [1]mieten
[2]ein|mie|ten; Feldfrüchte einmieten; *vgl.* [2]mieten
Ein|mie|ter *meist Plur.* (*Zool.* Insekt, das in Nestern anderer Tiere lebt); **Ein|mie|tung**
ein|mi|schen, sich; **Ein|mi|schung**
ein|mo|na|tig; ein einmonatiger (einen Monat dauernder) Kurs
ein|mon|tie|ren
ein|mo|to|rig; einmotoriges Flugzeug
ein|mot|ten
ein|mum|meln *od.* **ein|mum|men** (*ugs. für* warm einhüllen); sich einmummeln
ein|mün|den; Ein|mün|dung
ein|mü|tig; Ein|mü|tig|keit, die; -
ein|nach|ten (*schweiz. für* Nacht werden)
ein|nä|hen
Ein|nah|me, die; -, -n
Ein|nah|me|aus|fall; Ein|nah|mebuch; Ein|nah|me|quel|le; Einnah|me|sei|te; Ein|nah|me|soll
Ein|nahms|quel|le *(österr.)*
ein|näs|sen *(bes. Med., Psych.)*; das Kind nässt [*alte Schreibung* näßt] ein
ein|ne|beln; ich neb[e]le ein; **Einne|be|lung, Ein|neb|lung**
ein|neh|men; ein|neh|mend; Einneh|mer *(veraltend)*
ein|ni|cken [*alte Trennung* ...k|k...] (*ugs.* [für kurze Zeit] einschlafen)
ein|nis|ten, sich [*alte Trennung* ...|st...]; **Ein|nis|tung** (*für* Nidation)
ein|nor|den; eine Landkarte einnorden
Ein|ö|de; Ein|öd|hof
ein|ö|len; sich einölen
ein|ord|nen; sich links, rechts einordnen; **Ein|ord|nung; Ein|ordnungs|schwie|rig|kei|ten** *Plur.*
ein|pa|cken [*alte Trennung* ...k|k...]; **Ein|pa|ckung**
ein|par|ken

E

Ein|par|tei[|en]|re|gie|rung; Ein|par|tei[|en]|sys|tem [*alte Trennung* ...|st...]
ein|pas|sen; Ein|pas|sung
ein|pau|ken *(ugs.)*; **Ein|pau|ker**
ein|peit|schen; Ein|peit|scher
ein|pen|deln, sich; **Ein|pend|ler** (Person, die an einem Ort arbeitet, aber nicht dort wohnt)
ein|pen|nen (*ugs. für* einschlafen)
Ein|per|so|nen|haus|halt; Ein|per|so|nen|stück *(Theater)*
ein|pfar|ren (einer Pfarrei eingliedern); **Ein|pfar|rung**
Ein|pfen|nig|stück (*mit Ziffern* 1-Pfennig-Stück)
ein|pfer|chen; Ein|pfer|chung
ein|pflan|zen; Ein|pflan|zung
Ein|pha|sen|strom *(Elektrot.)*; **Ein|pha|sen-Wech|sel|strom|sys|tem** [*alte Trennung* ...|st...] ↑K 22; **ein|pha|sig**
ein|pin|seln; Ein|pin|se|lung, Ein|pins|lung
ein|pla|nen; Ein|pla|nung
ein|pö|keln
ein|pol|dern; Ein|pol|de|rung (Eindeichung)
ein|po|lig *(Elektrot.)*
ein|prä|gen; sich einprägen; **ein|präg|sam; Ein|präg|sam|keit,** die; -; **Ein|prä|gung**
ein|pras|seln; Fragen prasselten auf sie ein
ein|pres|sen
ein|pro|gram|mie|ren *(EDV)*
ein|pu|dern; du puderst dir das Gesicht ein
ein|pup|pen, sich *(Biol.)*
ein|put|ten *(Golf)*
ein|quar|tie|ren; Ein|quar|tie|rung
ein|rah|men; ein Bild einrahmen; **Ein|rah|mung**
ein|ram|men; Pfähle einrammen
ein|ran|gie|ren; Ein|ran|gie|rung
ein|ras|ten [*alte Trennung* ...|st...]
ein|räu|men; jmdm. etwas einräumen; **Ein|räu|mung; Ein|räu|mungs|satz** (*für* Konzessivsatz)
Ein|raum|woh|nung (*regional für* Einzimmerwohnung)
ein|rech|nen *vgl.* eingerechnet
Ein|re|de (*Rechtsspr.* Einwand, Einspruch); **ein|re|den**
ein|reg|nen; es hat sich eingeregnet
ein|re|gu|lie|ren; Ein|re|gu|lie|rung
ein|rei|ben; Ein|rei|bung
ein|rei|chen; Ein|rei|chung
ein|rei|hen; sich einreihen
Ein|rei|her *(Textilwirtsch.)*; **ein|rei|hig;** einreihiger Anzug
Ein|rei|hung
Ein|rei|se
Ein|rei|se|er|laub|nis; Ein|rei|se|ge|neh|mi|gung
ein|rei|sen; nach Frankreich, in die Schweiz einreisen (wohin?), *aber* er ist in Frankreich (wo?) eingereist
Ein|rei|se|ver|wei|ge|rung; Ein|rei|se|vi|sum
ein|rei|ßen; Ein|reiß|ha|ken
ein|rei|ten
ein|ren|ken; Ein|ren|kung
ein|ren|nen
ein|re|xen (*österr. für* einwecken); du rext ein
ein|rich|ten; sich einrichten; **Ein|rich|ter; Ein|rich|te|rin**
Ein|rich|tung
Ein|rich|tungs|ge|gen|stand; Ein|rich|tungs|haus
Ein|riss [*alte Schreibung* ...riß]
ein|rit|zen; Ein|rit|zung
ein|rol|len
ein|ros|ten [*alte Trennung* ...|st...]
ein|rü|cken [*alte Trennung* ...k|k...]; **Ein|rü|ckung**
ein|rüh|ren; sich, jmdm. etwas einrühren (*ugs. auch für* Unannehmlichkeiten bereiten)
ein|rüs|ten [*alte Trennung* ...|st...]; ein Haus einrüsten (mit einem Gerüst versehen)

eins

I. *Zahlwort* (Zahl 1):
- eins u. zwei macht, ist (*nicht* machen, sind) drei
- er war eins, zwei, drei fertig
- es ist, schlägt eins (ein Uhr); ein Viertel auf, vor eins; halb eins; gegen eins
- das ist eins a [Ia] (*ugs. für* ausgezeichnet)
- Nummer, Punkt, Absatz eins
- im Jahr[e] eins

Vgl. drei, [1]ein, III *u.* Eins

II. *Adjektiv* (*für* einig, gleich, dasselbe):
- eins (einig) sein, werden
- in eins setzen (gleichsetzen)
- es ist mir alles eins (gleichgültig)

III. *Unbestimmtes Pronomen:*
- ein[e]s; *vgl.* [1]ein, II

Eins, die; -, -en; sie hat die Prüfung mit der Note »Eins« bestanden; er würfelt drei Einsen; er hat in Latein eine Eins geschrieben; *vgl.* [1]Acht
Ein|saat *(Landw.)*
ein|sa|cken [*alte Trennung* ...k|k...]
ein|sä|en
ein|sa|gen (*landsch. für* vorsagen); **Ein|sa|ger**
ein|sal|ben
ein|sal|zen; eingesalzen, *seltener* eingesalzt; **Ein|sal|zung**
ein|sam; Ein|sam|keit, die; -, -en *Plur. selten;* **Ein|sam|keits|ge|fühl**
ein|sam|meln; Ein|sam|me|lung, Ein|samm|lung *Plur. selten*
ein|sar|gen; Ein|sar|gung
Ein|sat|te|lung, Ein|satt|lung (sattelförmige Vertiefung)
Ein|satz, der; -es, Einsätze
Ein|satz|be|fehl
ein|satz|be|reit; Ein|satz|be|reit|schaft, die; -
Ein|satz|dienst
ein|satz|fä|hig; ein|satz|freu|dig
Ein|satz|grup|pe; Ein|satz|kom|man|do; Ein|satz|lei|ter, der
Ein|satz|mög|lich|keit; Ein|satz|wa|gen (nach Bedarf einzusetzender [Straßenbahn]wagen; Spezialfahrzeug der Polizei)
Ein|satz|zen|t|ra|le
ein|sau|en (*derb für* [stark] beschmutzen)
ein|säu|ern; Ein|säu|e|rung
ein|sau|gen; Ein|sau|gung
ein|säu|men
ein|scan|nen [...skɛnən] *(EDV)*
ein|schach|teln; Ein|schach|te|lung, Ein|schacht|lung
ein|scha|len (*Bauw.* verschalen); **Ein|scha|ler** (jmd., der einschalt); **Ein|scha|le|rin**
ein|schal|ten; sich einschalten
Ein|schalt|he|bel; Ein|schalt|quo|te
Ein|schal|tung
Ein|scha|lung
ein|schär|fen; jmdm. etw. einschärfen
ein|schar|ren
ein|schätz|bar; ein|schät|zen; sich einschätzen; **Ein|schät|zung**
Ein|schau (*österr. für* Revision); **Ein|schau|be|richt**
ein|schäu|men
ein|schen|ken; Wein einschenken
ein|sche|ren (*Verkehrsw.* sich in den Verband, in die Kolonne einreihen; *Seemannsspr.* Tauwerk durch Halterungen o. Ä. ziehen); scherte ein; eingeschert
Ein|schicht, die; - (*südd., österr. für* Öde, Einsamkeit); **ein|schich|tig** (*südd., österr. für* abseits gelegen, einsam)

ein|schi|cken [*alte Trennung* ...k|k...]
ein|schie|ben; Ein|schieb|sel, das; -s, -; **Ein|schie|bung**
Ein|schie|nen|bahn
ein|schie|ßen; sich einschießen
ein|schif|fen; sich einschiffen; **Ein|schif|fung**
einschl. = einschließlich
ein|schla|fen
ein|schlä|fe|rig *vgl.* einschläfig
ein|schlä|fern; ich schläfere ein; **ein|schlä|fernd; Ein|schlä|fe|rung**
ein|schlä|fig, ein|schläf|rig; einschläf[r]iges Bett (für eine Person)
Ein|schlag; ein|schla|gen
ein|schlä|gig (zu etwas gehörend)
Ein|schlag|pa|pier
ein|schläm|men *(Landw.);* Sträucher einschlämmen (stark bewässern)
ein|schlei|chen, sich
ein|schlei|fen (*österr. auch für* nach und nach anpassen); **Ein|schleif|re|ge|lung** *(österr.)*
ein|schlep|pen; Ein|schlep|pung
ein|schleu|sen; Ein|schleu|sung
ein|schlie|ßen

ein|schließ|lich

(*Abk.* einschl.)

Präposition mit Genitiv:
- einschließlich des Kaufpreises; einschließlich Berlins

Ein allein stehendes, stark gebeugtes Substantiv steht im Singular ungebeugt:
- einschließlich Porto; einschließlich Auf- und Abladen

Wenn bei Pluralformen der Genitiv nicht erkennbar ist, steht »einschließlich« mit Dativ:
- einschließlich Getränken

Ein|schlie|ßung
ein|schlum|mern
Ein|schlupf
Ein|schluss [*alte Schreibung* ...schluß]
ein|schmei|cheln, sich; sich [bei jmdm.] einschmeicheln wollen; **Ein|schmei|che|lung; Ein|schmeich|ler; Ein|schmeich|le|rin; Ein|schmeich|lung**
ein|schmei|ßen (*ugs. für* einwerfen)
ein|schmel|zen; Ein|schmel|zung; Ein|schmel|zungs|pro|zess [*alte Schreibung* ...pro|zeß]
ein|schmie|ren; sich einschmieren
ein|schmug|geln
ein|schnap|pen (*ugs. auch für* gekränkt sein)
ein|schnei|den; ein|schnei|dend; einschneidende Veränderung
ein|schnei|en
Ein|schnitt
ein|schnü|ren; Ein|schnü|rung
ein|schrän|ken; sich einschränken; **Ein|schrän|kung**
ein|schrau|ben
Ein|schreib|brief, Ein|schrei|be|brief; ein|schrei|ben; Ein|schrei|ben, das; -s, - (eingeschriebene Postsendung); etwas per Einschreiben schicken; **Ein|schrei|be|sen|dung, Ein|schreib|sen|dung; Ein|schrei|bung**
ein|schrei|ten
ein|schrump|fen; Ein|schrump|fung
Ein|schub, der; -[e]s, Einschübe; **Ein|schub|de|cke** [*alte Trennung* ...k|k...] *(Bauw.);* **Ein|schub|tech|nik,** die; -
ein|schüch|tern; ich schüchtere ein; **Ein|schüch|te|rung; Ein|schüch|te|rungs|ver|such**
ein|schu|len; Ein|schu|lung; Ein|schu|lungs|al|ter, das; -s
ein|schü|rig; einschürige (nur eine Ernte im Jahr liefernde) Wiese
Ein|schuss [*alte Schreibung* Einschuß]; **Ein|schuss|stel|le,** *auch* **Ein|schuss-Stel|le** [*alte Schreibung* Ein|schuß|stel|le]
ein|schwär|zen (*veraltet auch für* einschmuggeln)
ein|schwe|ben *(Flugw.)*
ein|schwei|ßen
ein|schwen|ken (einen Richtungswechsel vollziehen)
ein|schwim|men *(Technik)*
ein|schwin|gen
ein|schwö|ren; er ist auf diese Mittel eingeschworen
ein|seg|nen; Ein|seg|nung
ein|seh|bar; ein|se|hen; Ein|se|hen, das; -s; ein Einsehen haben
ein|sei|fen (*ugs. auch für* anführen, betrügen)
ein|sei|tig; einseitiges Rechtsgeschäft; **Ein|sei|tig|keit** *Plur. selten*
ein|sen|den; Ein|sen|der; Ein|sen|de|rin; Ein|sen|de|schluss [*alte Schreibung* ...schluß]; **Ein|sen|de|ter|min; Ein|sen|dung**
ein|sen|ken; sich einsenken; **Ein|sen|kung**
Ein|ser *vgl.* Einer
ein|set|zen; Ein|set|zung
Ein|sicht, die; -, -en; in etwas Einsicht nehmen; **ein|sich|tig; Ein|sich|tig|keit,** die; -; **Ein|sicht|nah|me,** die; -, -n *(Amtsspr.);* **ein|sichts|los; ein|sichts|voll**
ein|si|ckern [*alte Trennung* ...k|k...]
Ein|sie|de|glas *Plur.* ...gläser (*südd., österr. für* Einmachglas)
Ein|sie|de|lei; Ein|sie|deln (Abtei u. Wallfahrtsort in der Schweiz)
ein|sie|den (*südd., österr. für* einkochen, einmachen)
Ein|sied|ler; Ein|sied|le|rin; ein|sied|le|risch; Ein|sied|ler|krebs
Ein|sil|ber *vgl.* Einsilbler
ein|sil|big; Ein|sil|big|keit, die; -
Ein|silb|ler, Ein|sil|ber (einsilbiges Wort)
ein|si|lie|ren (*Landw.* in einem Silo einlagern)
ein|sin|gen; sich einsingen
ein|sin|ken; Ein|sink|tie|fe
ein|sit|zen (*Rechtsspr.* im Gefängnis sitzen)
Ein|sit|zer; ein|sit|zig
ein|som|me|rig *od.* **...söm|me|rig;** einsommerige, *auch* einsömmerige Forellen
ein|sor|tie|ren; Ein|sor|tie|rung, die; -
ein|spal|tig *(Druckw.)*
ein|span|nen
Ein|spän|ner (*österr. auch für* Mokka mit Schlagsahne; einzelnes Frankfurter Würstchen)
ein|spän|nig
ein|spa|ren; Ein|spar|mög|lich|keit; Ein|spa|rung; Ein|spa|rungs|maß|nah|me *meist Plur.*
ein|spei|cheln; Ein|spei|che|lung
ein|spei|sen (*Technik* zuführen, eingeben)
ein|sper|ren (*ugs. auch für* gefangen setzen)
ein|spie|len; Ein|spiel|er|geb|nis; Ein|spie|lung
ein|spin|nen; sich einspinnen
Ein|spon|be|trug (eine Form des Wirtschaftsbetrugs)
Ein|spra|che (*österr., schweiz. für* Einspruch)
ein|spra|chig; Ein|spra|chig|keit, die; -
ein|spre|chen; er hat auf sie eingesprochen
ein|spren|gen; Ein|spreng|sel
ein|sprin|gen
Ein|spritz|dü|se; ein|sprit|zen
Ein|sprit|zer (*ugs. für* Einspritzmotor); **Ein|spritz|mo|tor; Ein|sprit|zung**

E

E

Ein|spruch; Einspruch erheben; **Ein|spruchs|recht**
ein|sprü|hen
ein|spu|rig
Eins|sein
einst *(geh.);* **Einst,** das; - *(geh.);* das Einst und [das] Jetzt ↑K 81
ein|stal|len *(Landw.);* Kühe einstallen
ein|stamp|fen; Ein|stamp|fung
Ein|stand, der; -[e]s, Einstände; **Ein|stands|preis**
ein|stan|zen
ein|stau|ben (*österr. auch für* einstäuben); **ein|stäu|ben** (pudern)
ein|ste|chen
Ein|steck|bo|gen *(Druckw.);* **ein|ste|cken** [*alte Trennung* ...k|k...]; *vgl.* [2]stecken; **Ein|steck|kamm**
ein|ste|hen (bürgen)
Ein|steig|dieb|stahl *(bes. österr.),* **Ein|stei|ge|dieb|stahl**
ein|stei|gen; Ein|stei|ger *(ugs.);* **Ein|stei|ge|rin** *(ugs.)*
Ein|stein (dt.-amerik. Physiker); **Ein|stei|ni|um,** das; -s ⟨*nach* Einstein⟩ (chemisches Element; *Zeichen* Es)
ein|stein|sch; die einsteinsche, *auch* Einstein'sche [*alte Schreibung* Einsteinsche] Gleichung ↑K 135
ein|stell|bar; ein|stel|len; sich einstellen; **Ein|stell|platz**
Ein|stel|lung
Ein|stel|lungs|be|scheid; Ein|stel|lungs|ge|spräch; Ein|stel|lungs|stopp; Ein|stel|lungs|test
eins|tens [*alte Trennung* ...|st...] (*veraltet für* einst)
Ein|stich; Ein|stich|stel|le
Ein|stieg, der; -[e]s, -e; **Ein|stiegs|dro|ge** (Droge, deren ständiger Genuss meist zur Einnahme stärkerer Rauschgifte führt)
ein|stie|len (mit Stiel versehen); einen Hammer einstielen
eins|tig [*alte Trennung* ...|st...]
ein|stim|men; sich einstimmen
ein|stim|mig; Ein|stim|mig|keit, die; -
Ein|stim|mung
ein|stip|pen *(landsch.);* das Brot einstippen (eintauchen)
einst|ma|lig; einst|mals *(veraltend)*
ein|stö|ckig [*alte Trennung* ...k|k...]
ein|sto|ßen
ein|strah|len; Ein|strah|lung
ein|strei|chen; er strich das Geld ein (*ugs. für* nahm es an sich)
Ein|streu *(Landw.);* **ein|streu|en**
ein|strö|men
ein|stu|die|ren; Ein|stu|die|rung
ein|stu|fen; ein|stu|fig; Ein|stu|fung
ein|stül|pen; sich einstülpen; **Ein|stül|pung**
Ein|stun|den|takt; die Züge verkehren im Einstundentakt
ein|stür|men; alles stürmt auf ihn ein
Ein|sturz *Plur.* ...stürze; **Ein|sturz|be|ben; ein|stür|zen; Ein|sturz|ge|fahr,** die; -
einst|wei|len; einst|wei|lig *(Amtsspr.);* einstweilige Verfügung
Eins|wer|den, das; -s *(geh.);* **Eins|wer|dung,** die; -
Ein|tags|fie|ber; Ein|tags|flie|ge
ein|tan|zen; Ein|tän|zer (in Tanzlokalen angestellter Tanzpartner); **Ein|tän|ze|rin**
ein|tas|ten [*alte Trennung* ...|st...] (über eine Tastatur eingeben)
ein|tä|to|wie|ren
ein|tau|chen
Ein|tausch, der; -[e]s; **ein|tau|schen**
ein|tau|send
ein|ta|xie|ren
ein|tei|gen
ein|tei|len
ein|tei|lig
Ein|tei|lung; Ein|tei|lungs|prin|zip
Ein|tel, das, *schweiz. meist* der; -s, - (*Math.* Ganzes)
ein|tip|pen; den Betrag eintippen
ein|tö|nig; Ein|tö|nig|keit, die; -
Ein|topf
ein|top|fen; eine Blume eintopfen
Ein|topf|ge|richt
Ein|tracht, die; -; **ein|träch|tig; Ein|träch|tig|keit,** die; -; **ein|träch|tig|lich** *(veraltet)*
Ein|trag, der; -[e]s, ...träge; **ein|tra|gen;** *vgl.* eingetragen; **ein|träg|lich; Ein|träg|lich|keit,** die; -; **Ein|tra|gung**
ein|trai|nie|ren
ein|trän|ken; jmdm. etwas eintränken (*ugs. für* heimzahlen)
ein|träu|feln; Ein|träu|fe|lung, Ein|träuf|lung
ein|tref|fen
ein|treib|bar; ein|trei|ben; Ein|trei|ber; Ein|trei|be|rin; Ein|trei|bung
ein|tre|ten; in ein Zimmer, eine Verhandlung eintreten; auf etwas eintreten (*schweiz. für* auf etwas eingehen, mit der Beratung von etwas beginnen)
ein|tre|ten|den|falls *(Amtsspr.)*
Ein|tre|tens|de|bat|te (*schweiz. für* allg. Aussprache über eine Vorlage im Parlament)
ein|trich|tern (*ugs. für* einflößen; einprägen)
Ein|tritt
Ein|tritts|geld; Ein|tritts|kar|te; Ein|tritts|preis
ein|trock|nen
ein|tröp|feln; Ein|tröp|fe|lung, Ein|tröpf|lung
ein|trü|ben; sich eintrüben; **Ein|trü|bung**
ein|tru|deln (*ugs. für* langsam eintreffen)
ein|tun|ken *(landsch.);* das Brot eintunken (eintauchen)
ein|tü|rig; ein eintüriger Schrank
ein|tü|ten (in Tüten füllen)
ein|ü|ben; sich einüben; **Ein|ü|ber** (*für* Korrepetitor); **Ein|ü|be|rin; Ein|ü|bung**
ein und aus ge|hen; *vgl.* [2]ein
ein und der|sel|be; *vgl.* derselbe
ein|[und|]ein|halb; ein[und]einhalbmal so viel
ein|und|zwan|zig
Ei|nung (*veraltet für* Einigung)
ein|ver|lei|ben; sich einverleiben; er verleibt ein, *auch* er einverleibt; einverleibt; einzuverleiben; **Ein|ver|lei|bung**
Ein|ver|nah|me, die; -, -n (*bes. österr., schweiz. für* Verhör); **ein|ver|neh|men** ⟨*zu* Einvernahme⟩
Ein|ver|neh|men, das; -s; mit jmdm. in gutem Einvernehmen stehen; sich ins Einvernehmen setzen; **ein|ver|nehm|lich**
ein|ver|stan|den; ein|ver|ständ|lich; Ein|ver|ständ|nis; Ein|ver|ständ|nis|er|klä|rung
Ein|waa|ge, die; - (in Dosen o. Ä. eingewogene Menge; Gewichtsverlust beim Wiegen)
[1]**ein|wach|sen;** ein eingewachsener Zehennagel
[2]**ein|wach|sen** (mit Wachs einreiben)
ein|wäh|len, sich (über eine Telefonleitung Zugang zum Internet herstellen)
Ein|wand, der; -[e]s, ...wände
Ein|wan|de|rer; Ein|wan|de|rin
ein|wan|dern; Ein|wan|de|rung
Ein|wan|de|rungs|be|hör|de; Ein|wan|de|rungs|land
ein|wand|frei
ein|wärts; einwärts gebogene [*alte Schreibung* einwärtsgebogene] Gitterstäbe; einwärts gedrehte [*alte Schreibung* ein-

ein|zeln

Kleinschreibung: – ein einzelner Baum – jede einzelne Mitarbeiterin – bitte einzeln eintreten – ein einzeln stehendes [*alte Schreibung* einzelnstehendes] Haus ↑K 58:	– bis ins Einzelne [*alte Schreibung* einzelne] geregelt – Einzelne [*alte Schreibung* einzelne] werden sich fragen, ob ... – wir wollen nicht zu sehr ins Einzelne [*alte Schreibung* einzelne] gehen – Einzelnes [*alte Schreibung* einzelnes] blieb ungeklärt – die Dinge müssen im Einzelnen [*alte Schreibung* einzelnen] noch geklärt werden
Großschreibung der Substantivierung ↑K 72: – der, die, das Einzelne [*alte Schreibung* einzelne] – ich als Einzelner [*alte Schreibung* einzelner]; jeder Einzelne [*alte Schreibung* einzelne] ist verantwortlich	

wärtsgedrehte] Locken; einwärts (mit einwärts gerichteten Füßen) gehen, laufen [*alte Schreibungen* einwärtsgehen, einwärtslaufen]

ein|we|ben

ein|wech|seln; Ein|wech|se|lung, Ein|wechs|lung

ein|we|cken [*alte Trennung* ...k|k...] (einmachen); **Ein|weck|glas** *Plur.* ...gläser

Ein|weg|fla|sche (Flasche zum einmaligen Gebrauch); **Ein|weg|glas; Ein|weg|hahn** *(Chemie);* **Ein|weg|schei|be** (nur einseitig durchsichtige Glasscheibe)

Ein|weg|sprit|ze

ein|wei|chen; *vgl.* [1]weichen; **Ein|wei|chung**

ein|wei|hen; Ein|wei|hung

ein|wei|sen; jmdn. in ein Amt einweisen; **Ein|wei|ser; Ein|wei|se|rin; Ein|wei|sung**

ein|wen|den; ich wandte *od.* wendete ein, habe eingewandt *od.* eingewendet; **Ein|wen|dung**

ein|wer|fen

ein|wer|tig *(fachspr.);* **Ein|wer|tig|keit,** die; -

ein|wi|ckeln [*alte Trennung* ...k|k...]; **Ein|wi|ckel|pa|pier**

Ein|wick|lung

ein|wie|gen

ein|wil|li|gen; Ein|wil|li|gung

ein|win|keln; die Arme einwinkeln

ein|win|ken *(Verkehrsw.)*

ein|win|tern; ich wintere Kartoffeln ein

ein|wir|ken; Ein|wir|kung; Ein|wir|kungs|mög|lich|keit

ein|woh|nen *(selten)*

Ein|woh|ner; Ein|woh|ne|rin

Ein|woh|ner|mel|de|amt; Ein|woh|ner|schaft

Ein|woh|ner|ver|zeich|nis; Ein|woh|ner|zahl

ein|wüh|len; sich einwühlen

Ein|wurf

ein|wur|zeln; Ein|wur|ze|lung, Ein|wurz|lung

Ein|zahl, die; -, -en *Plur. selten* (*für* Singular)

ein|zah|len

Ein|zah|ler; Ein|zah|lung

Ein|zah|lungs|be|leg; Ein|zah|lungs|schal|ter; Ein|zah|lungs|schein (*schweiz. für* Zahlkarte)

ein|zäu|nen; Ein|zäu|nung

ein|ze|hig *(Zool.)*

ein|zeich|nen; Ein|zeich|nung

ein|zei|lig

Ein|zel, das; -s, - (*Sportspr.* Einzelspiel)

Ein|zel|ab|teil; Ein|zel|ak|ti|on; Ein|zel|aus|ga|be; Ein|zel|be|o|bach|tung

Ein|zel|ding *Plur.* ...dinge; **Ein|zel|dis|zip|lin** *(Sportspr.);* **Ein|zel|er|schei|nung**

Ein|zel|fall, der; **ein|zel|fall|be|zo|gen**

Ein|zel|gän|ger; Ein|zel|gän|ge|rin

Ein|zel|grab; Ein|zel|haft, die

Ein|zel|han|del; *vgl.* [1]Handel

Ein|zel|han|dels|ge|schäft

Ein|zel|händ|ler

Ein|zel|heit

Ein|zel|kämp|fer; Ein|zel|kind; Ein|zel|leis|tung [*alte Trennung* ...l|st...]

Ein|zel|ler (*Biol.* einzelliges Lebewesen); **ein|zel|lig**

Ein|zel|mit|glied|schaft

ein|zeln *s. Kasten*

Ein|zel|per|son; Ein|zel|rei|se; Ein|zel|rich|ter; Ein|zel|staat

Ein|zel|ste|hen|de, der *u.* die; -n, -n

Ein|zel|stück; Ein|zel|tä|ter; Ein|zel|teil, das; **Ein|zel|ver|kauf,** der; -s

Ein|zel|we|sen

Ein|zel|zel|le; Ein|zel|zim|mer

ein|ze|men|tie|ren

ein|zie|hen

Ein|zieh|schacht (*Bergmannsspr.* Frischluftschacht)

Ein|zie|hung

ein|zig *s. Kasten*

ein|zig|ar|tig; ↑K 72: das Einzigartige [*alte Schreibung* einzigartige] ist, dass ...

Ein|zig|ar|tig|keit

Ein|zig|keit, die; -

Ein|zim|mer|woh|nung

ein|zu|ckern [*alte Trennung* ...k|k...]

Ein|zug

[1]**Ein|zü|ger** (*schweiz. für* Einnehmer)

ein|zig

»einzig« darf nicht gesteigert werden: – er war mein einziger (*nicht* einzigster) Freund	*Großschreibung der Substantivierung* ↑K 72: – der, die, das Einzige [*alte Schreibung* einzige] – sie als Einzige [*alte Schreibung* einzige] – ein Einziger [*alte Schreibung* einziger]; kein Einziger [*alte Schreibung* einziger] – Peter ist unser Einziger
Kleinschreibung: – wir waren die einzigen Gäste – sie ist einzig in ihrer Art – eine einzig dastehende Leistung – das ist einzig und allein deine Schuld	

²Ein|zü|ger (mit einem Zug zu lösende Schachaufgabe)
Ein|zugs|be|reich; Ein|zugs|er|mäch|ti|gung; Ein|zugs|ge|biet
ein|zwän|gen; Ein|zwän|gung
Ei|pul|ver (Trockenei)
Éi|re [ˈeːri, *auch* ˈɛːrə] (*ir. Name von* Irland)
Ei|re|ne (griech. Göttin des Friedens, eine der ²Horen)
ei|rund; Ei|rund
eis, Eis, das; -, - (Tonbezeichnung)

E

Eis

das; -es
– [drei] Eis essen
– ↑K 54: Eis laufen [*alte Schreibung* eislaufen]; ich laufe, lief Eis [*alte Schreibung* eis]; sie ist Eis gelaufen [*alte Schreibung* eisgelaufen]; um Eis zu laufen [*alte Schreibung* eiszulaufen]

Ei|sack, der; -s (l. Nebenfluss der Etsch)
Eis|bahn; Eis|bär; Eis|be|cher
Eis|bein (eine Speise); **Eis|berg; Eis|beu|tel**
Eis|blink, der; -[e]s, -e (*Meteor.* Widerschein des Polareises am Horizont)
Eis|block *Plur.* ...blöcke; **Eis|blu|me; Eis|bom|be; Eis|bre|cher; Eis|ca|fé** (Lokal; *vgl.* Eiskaffee)
Ei|scha|le *(bes. fachspr.)*
Ei|schnee, Ei|er|schnee
Eis|creme, *auch* Eis|krem, Eis|kre|me
Eis|de|cke [*alte Trennung* ...k|k...]
Eis|die|le
ei|sen (mit Eis kühlen, mischen); du eist; ge|eis|te [*alte Trennung* ...|st...] Früchte
Ei|sen, das; -s, - (*nur Sing.:* chemisches Element, Metall; *Zeichen* Fe; *vgl.* Ferrum; Gegenstand aus Eisen); die Eisen schaffende, Eisen verarbeitende [*alte Schreibungen* eisenschaffende, eisenverarbeitende] Industrie
Ei|se|nach (Stadt am Thüringer Wald); **Ei|se|na|cher**
Ei|sen|bahn; Ei|sen|bah|ner; Ei|sen|bah|ne|rin
Ei|sen|bahn|fahr|plan ↑K 22; **Ei|sen|bahn|wa|gen; Ei|sen|bahn|we|sen,** das; -s
Ei|sen|bart[h] (dt. Wundarzt); ein Doktor Eisenbart[h] (*übertr. für* Arzt, der gern derbe Kuren anwendet)
Ei|sen|bau *Plur.* ...bauten
ei|sen|be|schla|gen
Ei|sen|be|ton; Ei|sen|blech; Ei|sen|block *Plur.* ...blöcke
Ei|sen|blü|te (ein Mineral); **Ei|sen|fres|ser** (*ugs. für* Angeber)
Ei|sen|guss [*alte Schreibung* ...guß]
ei|sen|hal|tig; ei|sen|hart
Ei|sen|how|er [...hau̯ɐ] (Präsident der USA)
Ei|sen|hut, der (eine Heil- u. Zierpflanze)
Ei|sen|hüt|te; Ei|sen|hüt|ten|we|sen, das; -s
Ei|sen|in|dus|t|rie [*alte Trennung* ...|st...]
Ei|sen|lup|pe *(Technik);* **Ei|sen|rahm,** der; -[e]s, -e (ein Mineral)
Ei|sen schaf|fend [*alte Schreibung* ei|sen|schaf|fend] *vgl.* Eisen
ei|sen|schüs|sig (eisenhaltig)
Ei|sen|stadt (Hauptstadt des Burgenlandes)
Ei|sen|stan|ge
Ei|sen ver|ar|bei|tend [*alte Schreibung* ei|sen|ver|ar|bei|tend] *vgl.* Eisen
Ei|sen|wa|ren *Plur.;* **Ei|sen|wa|ren|hand|lung**
Ei|sen|zeit, die; - (frühgeschichtl. Kulturzeit)

ei|sern

Kleinschreibung:
– mit eisernem Besen auskehren *(ugs.)*
– eiserne Hochzeit (65. Jahrestag der Hochzeit)
– die eiserne Ration
– der eiserne Vorhang (feuersicherer Abschluss der Theaterbühne), *aber* der Eiserne Vorhang (zwischen Ost und West in der Zeit des Kalten Krieges; ↑K 89)

Großschreibung:
– das Eiserne Kreuz (ein Orden)
– die Eiserne Krone (die lombardische Königskrone)
– das Eiserne Tor (Durchbruchstal der Donau; ↑K 140)

Ei|ses|käl|te
Eis|fach; Eis|flä|che
eis|frei; dieser Hafen ist eisfrei
Eis|gang
eis|ge|kühlt
eis|glatt; Eis|glät|te
eis|grau
Eis|hei|li|gen *Plur.* (Maifröste)
Eis|ho|ckey [*alte Trennung* ...k|k...]; **Eis|ho|ckey|län|der|spiel,** *auch* **Eis|ho|ckey-Län|der|spiel**
ei|sig; es waren eisig kalte [*alte Schreibung* eisigkalte] Tage, die Tage waren eisig kalt
Eis|jacht, *auch* Eis|yacht (Schlitten zum Eissegeln)
Eis|kaf|fee (Kaffee mit Eis und Sahne; *vgl.* Eiscafé)
eis|kalt
Eis|kas|ten [*alte Trennung* ...|st...] (*bes. südd., österr. neben* Kühlschrank)
Eis|krem, Eis|kre|me *vgl.* Eiscreme
Eis|kris|tall [*alte Trennung* ...|st...] *meist Plur.;* **Eis|kü|bel**
Eis|kunst|lauf, der; -[e]s; **Eis|kunst|läu|fer; Eis|kunst|läu|fe|rin**
Eis|lauf, der; -[e]s; **Eis lau|fen** [*alte Schreibung* eis|lau|fen] *vgl.* Eis
Eis|le|ben (Stadt im östl. Harzvorland); **Eis|le|ber**
Eis|män|ner *Plur.* (*bayr., österr. für* Eisheilige)
Eis|meer ↑K 140: das Nördliche, Südliche Eismeer
Eis|mo|nat *od.* ...mond (*alte Bez. für* Januar)
Eis|pi|ckel [*alte Trennung* ...k|k...]
Ei|sprung (*Med.* Follikelsprung)
Eis|re|vue
Eiß, der; -es, -e *u.* **Ei|ße,** die; -, -n (*südd. u. schweiz. mdal. für* Blutgeschwür; Eiterbeule)
Eis|sa|lon (*bes. österr. für* Eisdiele, Eiscafé)
Eis|schie|ßen, das; -s (*svw.* Eisstockschießen)
Eis|schnell|lauf, *auch* **Eis-schnell-Lauf** [*alte Schreibung* Eis|schnellauf, *alte Trennung* ...ll|l...], der; -[e]s
Eis|schnell|läu|fer, *auch* **Eis-schnell-Läu|fer** [*alte Schreibung* Eis|schnelläu|fer, *alte Trennung* ...ll|l...]; **Eis|schnell|läu|fe|rin,** *auch* **Eis|schnell-Läu|fe|rin**
Eis|schol|le; Eis|schrank; Eis|se|geln, das; -s
Eis|spross [*alte Schreibung* ...sproß] *od.* **Eis|spros|se** *(Jägerspr.)*
Eis|sta|di|on; Eis|stau
Eis|stock *Plur.* ...stöcke (ein Sportgerät); Eisstock schießen, wir schießen Eisstock; **Eis|stock|schie|ßen,** das; -s
Eis|stoß (*landsch. u. österr. für* Eisstau); **Eis|tanz; Eis|vo|gel**

Eis|wein; Eis|wür|fel; Eis|yacht *vgl.* Eisjacht; **Eis|zap|fen**
Eis|zeit; eis|zeit|lich
[1]**ei|tel;** ein eitler Mensch
[2]**ei|tel** (*veraltend für* nur, nichts als); eitler Sonnenschein
Ei|tel|keit
Ei|ter, der; -s
Ei|ter|beu|le; Ei|ter|er|re|ger; Ei|ter|herd
ei|te|rig, eit|rig; **ei|tern**
Ei|ter|pi|ckel [*alte Trennung* ...k|k...]; **Ei|te|rung**
eit|rig *vgl.* eiterig
Ei|vis|sa (katalanischer Name von Ibiza)
Ei|weiß, das; -es, -e; 2 Eiweiß
Ei|weiß|be|darf; Ei|weiß|ge|halt, der; **Ei|weiß|man|gel,** der
ei|weiß|reich; Ei|weiß|stoff
Ei|zel|le
E|ja|ku|lat, das; -[e]s, -e ‹lat.› (*Med.* ausgespritzte Samenflüssigkeit); **E|ja|ku|la|ti|on,** die; -, -en (Samenerguss)
e|ja|ku|lie|ren
E|jek|ti|on, die; -, -en (*Geol.* Ausschleudern von Magma)
E|jek|tor, der; -s, ...oren (Auswerfer bei Jagdgewehren; absaugende Strahlpumpe)
e|ji|zie|ren (*Geol.* ausschleudern)
E|kart [e'ka:ɐ̯], der; -s, -s ‹franz.› (*Börsenw.* Abstand zwischen Basis- u. Prämienkurs)
[1]**E|kar|té,** das; -s, -s (*Ballett* Stellung schräg zum Zuschauer)
[2]**E|kar|té,** das; -s, -s ‹franz.› (ein Kartenspiel)
EKD = Evangelische Kirche in Deutschland
e|kel (*geh.*); ein ek|ler Geruch
[1]**E|kel,** der; -s; Ekel erregen; eine Ekel erregende, *auch* ekelerregende Brühe ↑K 59
[2]**E|kel,** das; -s, - (*ugs. für* widerlicher Mensch)
E|kel er|re|gend, *auch* **e|kel|er|re|gend;** eine Ekel erregende, *auch* ekelerregende Brühe, *aber nur* eine großen Ekel erregende Brühe, eine äußerst ekelerregende Brühe, eine noch ekelerregendere Brühe
e|kel|haft; e|ke|lig, ek|lig; **e|keln;** es ekelt mich *od.* mir; sich ekeln; ich ek[e]le mich
E|kel|na|me (Spitz-, Übername)
E|kel|pa|ket (*ugs.*)
EKG, Ekg = Elektrokardiogramm
Ek|ke|hard (*scheffelsche Schreibung von* Eckehard)
Ek|kle|sia, die; - ‹griech.-lat.› (*Theol.* christl. Kirche); **Ek|kle|si|as|ti|kus** [*alte Trennung* ...|st...], der; - (*in der Vulgata* Titel des Buches Jesus Sirach)
Ek|kle|si|o|lo|gie, die; - (Lehre von der Kirche)
E|k|lat [e'kla(:)], der; -s, -s ‹franz.› (Aufsehen erregendes Ereignis, Skandal)
e|k|la|tant (Aufsehen erregend; offenkundig)
E|k|lek|ti|ker ‹griech., »Auswähler«› (Vertreter des Eklektizismus); **e|k|lek|tisch**
E|k|lek|ti|zis|mus, der; - (unselbstständige, mechan. Vereinigung zusammengetragener Gedanken-, Stilelemente usw.)
e|k|lek|ti|zis|tisch [*alte Trennung* ...|st...]
ek|lig, e|ke|lig
E|k|lip|se, die; -, -n ‹griech.› (Sonnen- od. Mondfinsternis)
E|k|lip|tik, die; -, -en (scheinbare Sonnenbahn; Erdbahn); **e|k|lip|tisch**
E|k|lo|ge, die; -, -n ‹griech.› (altröm. Hirtenlied)
E|ko|no|mi|ser [i'kɔnəmai̯...] *vgl.* Economiser
E|kos|sai|se [...'sɛ:...], die; -, -n ‹franz.› (ein Tanz)
E|k|ra|sit, das; -s ‹franz.› (ein Sprengstoff)
E|k|rü|sei|de ‹franz.› (Rohseide)
Ek|s|ta|se, die; -, -n ‹griech.› ([religiöse] Verzückung; höchste Begeisterung)
Ek|s|ta|ti|ker; Ek|s|ta|ti|ke|rin
ek|s|ta|tisch
Ek|ta|se, Ek|ta|sis, die; -, Ektasen ‹griech.› (*antike Verslehre* Dehnung eines Selbstlautes)
Ek|ta|sie, die; -, ...ien (*Med.* Erweiterung)
Ek|ta|sis *vgl.* Ektase
ek|to... ‹griech.› (außen...); **Ek|to...** (Außen...)
Ek|to|derm, das; -s, -e ‹griech.› (*Zool.* äußeres Keimblatt des Embryos); **Ek|to|derm|zel|le**
Ek|to|mie, die; -, ...ien ‹griech.› (*Med.* operative Entfernung)
Ek|to|pa|ra|sit ‹griech.› (*Med.* Schmarotzer der äußeren Haut)
E|ku|a|dor usw. *vgl.* Ecuador usw.
Ek|zem, das; -s, -e ‹griech.› (*Med.* eine Entzündung der Haut)
E|la|bo|rat, das; -[e]s, -e ‹lat.› (schriftl. Ausarbeitung; *meist abwertend für* Machwerk)
E|lan, der; -s ‹franz.› (Schwung; Begeisterung)
E|last, der; -[e]s, -e *meist Plur.* ‹griech.› (elastischer Kunststoff)
E|las|tan, *auch* **E|las|than** [*alte Trennung* ...|st...], das; -s (bes. für Textilien verwendete dehnbare Chemiefaser)
E|las|tik [*alte Trennung* ...|st...], das; -s, -s *od.* die; -, -en (ein elastisches Gewebe)
E|las|tik|akt [*alte Trennung* ...|st...] (*Artistik*)
e|las|tisch [*alte Trennung* ...|st...] (biegsam, dehnbar, aber wieder in die Ausgangsform zurückstrebend; *übertr. für* flexibel)
E|las|ti|zi|tät [*alte Trennung* ...|st...], die; - (Federkraft; Spannkraft)
E|las|ti|zi|täts|gren|ze [*alte Trennung* ...|st...]; **E|las|ti|zi|täts|mo|dul,** der; -s, -n (*Physik, Technik* Messgröße der Elastizität); **E|las|ti|zi|täts|ver|lust**
E|las|to|mer, das; -s, -e *u.* **E|las|to|me|re** [*alte Trennung* ...|st...], das; -n, -n *meist Plur.* ([synthetischer] Kautschuk u. Ä.)
E|la|tiv, der; -s, -e ‹lat.› (*Sprachw.* absoluter Superlativ [ohne Vergleich], z. B. »beste [= sehr gute] Lage«)
El|ba (ital. Mittelmeerinsel)
elb|ab|wärts; elb|auf|wärts
El|be, die; - (ein Strom); **El|be-Lü|beck-Ka|nal,** der; -s ↑K 146; **El|be|sei|ten|ka|nal,** der; -s ↑K 143
Elb-Flo|renz; ↑K 144 (*Bez. für* Dresden)
Elb|kahn; Elb|mün|dung, die; -
El|b|rus, der; - (höchste Erhebung des Kaukasus)
Elb|sand|stein|ge|bir|ge, das; -s ↑K 143
Elb|strand, der; -[e]s; **Elb|strom,** der; -[e]s
El|burs, der; - (iran. Gebirge)
Elch, der; -[e]s, -e (Hirschart)
Elch|bul|le, der; **Elch|jagd; Elch|kuh**
Elch|test ([in der Autoproduktion] Sicherheitstest, bei dem das Fahrverhalten eines Autos bei ungebremsten Ausweichmanövern erprobt wird)
El|do|ra|do, Do|ra|do, das; -s, -s ‹span.› (sagenhaftes Goldland in Südamerika; *übertr. für* Paradies)
E|le|a|te, der; -n, -n *meist Plur.* (Vertreter einer altgriech. Philosophenschule)

E

e|le|a|tisch; eleatische Schule
E|lec|t|ro|nic Com|merce [ɪlɛkˈtrɔ-nɪkˈkɔmɛːs], der; - - ‹engl.› (Vertrieb von Waren od. Dienstleistungen über das Internet)
E|le|fant, der; -en, -en ‹griech.›; **E|le|fan|ten|bul|le,** der
E|le|fan|ten|fuß (runder Trittschemel); **E|le|fan|ten|haut,** die; - (wasserfester Schutzanstrich)
E|le|fan|ten|hoch|zeit (*ugs. für* Zusammenschluss von mächtigen Unternehmen, Verbänden o. Ä.)
E|le|fan|ten|kuh
E|le|fan|ten|ren|nen (*ugs. für* langwieriger Überholvorgang zwischen Lastwagen); **E|le|fan|ten|run|de** (*ugs. für* Fernsehdiskussionsrunde der Parteivorsitzenden nach einer Wahl)
E|le|fan|ti|a|sis, die; -, ...iasen (*Med.* unförmige Hautverdickung)
e|le|gant ‹franz.›; **E|le|gant** [...ˈɡãː], der; -s, -s (*veraltet für* sich übertrieben modisch kleidender Mann); **E|le|ganz,** die; -
E|le|gie, die; -, ...ien ‹griech.› (eine Gedichtform; Klagelied); **E|le|gi|en|dich|ter; E|le|gi|ker** (Elegiendichter)
e|le|gisch (wehmütig)
E|leg|jam|bus (ein altgriech. Versmaß)
E|lei|son [*auch* eˈleːi...], das; -s, -s ‹griech., »Erbarme dich!«› (Bittformel im gottesdienstl. Gesang); *vgl.* Kyrie eleison
e|lek|tiv ‹lat.› (auswählend); *vgl.* selektiv
E|lek|to|rat, das; -[e]s, -e (*früher für* Kurfürstentum, Kurwürde)
E|lek|t|ra (griech. Sagengestalt)
E|lek|t|ri|fi|ka|ti|on, die; -, -en ‹griech.› (*schweiz. neben* Elektrifizierung)
e|lek|t|ri|fi|zie|ren (auf elektrischen Betrieb umstellen); **E|lek|t|ri|fi|zie|rung**
E|lek|t|rik, die; - (Gesamtheit einer elektr. Anlage; *ugs. für* Elektrizitätslehre); **E|lek|t|ri|ker; E|lek|t|ri|ke|rin**
e|lek|t|risch; elektrische Eisenbahn; elektrische Lokomotive (*Abk.* E-Lok); elektrischer Strom; elektrischer Stuhl; elektrisches Feld
E|lek|t|ri|sche, die; -n, -n (*ugs. veraltet für* elektr. Straßenbahn); vier Elektrische[n]
e|lek|t|ri|sie|ren; E|lek|t|ri|sier|ma|schi|ne
E|lek|t|ri|zi|tät, die; -; **E|lek|t|ri|zi|täts|werk** (*Abk.* E-Werk)
E|lek|t|ro|a|kus|tik[1] [*alte Trennung* ...|st...] (Umwandlung von Schall in elektr. Spannung u. umgekehrt); **e|lek|t|ro|a|kus|tisch**[1]
E|lek|t|ro|au|to
E|lek|t|ro|che|mie[1]; **e|lek|t|ro|che|misch**[1]; elektrochemische Spannungsreihe
E|lek|t|ro|de, die; -, -n (den Stromübergang vermittelnder Leiter)
E|lek|t|ro|dy|na|mik[1]; **e|lek|t|ro|dy|na|misch**[1]
E|lek|t|ro|en|ze|pha|lo|gramm (*Med.* Aufzeichnung der Hirnströme; *Abk.* EEG)
E|lek|t|ro|ge|rät
E|lek|t|ro|gra|phie, *auch* E|lek|t|ro|gra|fie, die; - (*Elektrot., EDV* galvanische Hochätzung)
E|lek|t|ro|herd
E|lek|t|ro|in|dus|t|rie [*alte Trennung* ...|st...]
E|lek|t|ro|in|ge|ni|eur; E|lek|t|ro|in|stal|la|teur
E|lek|t|ro|kar|di|o|gramm (*Med.* Aufzeichnung der Aktionsströme des Herzens; *Abk.* EKG, Ekg)
E|lek|t|ro|kar|re[n]
E|lek|t|ro|ly|se, die; -, -n (elektrische Zersetzung chemischer Verbindungen)
E|lek|t|ro|lyt, der; *Gen.* -s, *selten* -en, *Plur.* -e, *selten* -en (durch Strom zersetzbarer Stoff)
e|lek|t|ro|ly|tisch; elektrolytische Dissoziation
E|lek|t|ro|ma|g|net[1]; **e|lek|t|ro|ma|g|ne|tisch**[1]; elektromagnetisches Feld; elektromagnetische Wellen
E|lek|t|ro|me|cha|ni|ker; E|lek|t|ro|meis|ter [*alte Trennung* ...|st...]
E|lek|t|ro|me|ter, das; -s, -
E|lek|t|ro|mon|teur
E|lek|t|ro|mo|tor
[1]**E|lek|t|ron** [*auch* eˈlɛ..., ...ˈtroːn], das; -s, ...onen (*Kernphysik* negativ geladenes Elementarteilchen)
[2]**E|lek|t|ron** ®, das; -s (eine Magnesiumlegierung)
E|lek|t|ro|nen|blitz; E|lek|t|ro|nen|[ge]|hirn; E|lek|t|ro|nen|mi|k|ro|s|kop; E|lek|t|ro|nen|or|gel
E|lek|t|ro|nen|rech|ner; E|lek|t|ro|nen|röh|re; E|lek|t|ro|nen|schleu|der (*für* Betatron)
E|lek|t|ro|nen|stoß (Stoß eines Elektrons auf Atome); **E|lek|t|ro|nen|the|o|rie** (Lehre vom Elektron); **E|lek|t|ro|nen|volt** (*vgl.* Elektronvolt)
E|lek|t|ro|nik, die; - (Zweig der Elektrotechnik; Gesamtheit der elektron. Bauteile einer Anlage); **E|lek|t|ro|ni|ker** (Berufsbez.); **E|lek|t|ro|ni|ke|rin**
e|lek|t|ro|nisch; elektronische Musik; elektronische Datenverarbeitung (*Abk.* EDV)
E|lek|t|ron|volt, E|lek|t|ro|nen|volt (Energieeinheit der Kernphysik; *Zeichen* eV)
E|lek|t|ro|o|fen
E|lek|t|ro|pho|re|se, die; - (Transport elektr. geladener Teilchen durch elektr. Strom)
E|lek|t|ro|phy|sik[1]
E|lek|t|ro|ra|sie|rer
E|lek|t|ro|schock, der
E|lek|t|ro|smog (elektromagnetische Strahlung, die von elektrischen Leitungen, Geräten, Sendern o. Ä. ausgeht)
E|lek|t|ro|sta|tik;
E|lek|t|ro|tech|nik[1], die; -; **E|lek|t|ro|tech|ni|ker**[1]; **e|lek|t|ro|tech|nisch**[1]
E|lek|t|ro|the|ra|pie
E|lek|t|ro|to|mie, die; -, ...ien (*Med.* Operation mit einer elektr. Schneidschlinge)
E|le|ment, das; -[e]s, -e ‹lat.› (Urstoff; Grundbestandteil; chem. Grundstoff; Naturgewalt; ein elektr. Gerät; *meist Plur.: abwertend für* zwielichtige Person; *vgl.* Elemente); er ist, fühlt sich in seinem Element
e|le|men|tar (grundlegend; naturhaft; einfach; Anfangs...); elementare Begriffe; elementare Gewalt
E|le|men|tar|ge|walt (Naturgewalt)
E|le|men|tar|schu|le (Anfänger-, Grundschule)
E|le|men|tar|teil|chen
E|le|men|te *Plur.* (Grundbegriffe [einer Wissenschaft])
E|le|mi, das; -s ‹arab.› (trop. Harz); **E|le|mi|öl,** das; -[e]s
E|len, das, *seltener* der; -s, - ‹lit.› (Elch); **E|len|an|ti|lo|pe**
e|lend; ihm war elend [zumute]
E|lend, das; -[e]s

[1]*auch* [eˈlɛk...]

e|len|dig *(landsch.)*, **e|len|dig|lich** *(geh.)*
E|lends|ge|stalt; E|lends|quar|tier; E|lends|vier|tel
E|len|tier (Elen, Elch)
E|le|o|no|re (w. Vorn.)
E|le|phan|ti|a|sis *vgl.* Elefantiasis
E|leu|si|ni|en *Plur.* ‹*nach* Eleusis› (Fest mit Prozession zu Ehren der griech. Ackerbaugöttin Demeter); **e|leu|si|nisch,** *aber* ↑K 150: die Eleusinischen Mysterien (Geheimkult im alten Athen); **E|leu|sis** (altgriechischer Ort)
E|le|va|ti|on, die; -, -en ‹lat.› (Erhebung; Emporheben der Hostie u. des Kelches beim kath. Messopfer; *Astron.* Höhe eines Gestirns über dem Horizont)
E|le|va|tor, der; -s, ...oren (*Technik* Förder-, Hebewerk)
E|le|ve, der; -n, -n ‹franz.› (Schauspiel-, Ballettschüler; Land- u. Forstwirt während der prakt. Ausbildung); **E|le|vin**
elf; wir sind zu elfen *od.* zu elft; *vgl.* acht
[1]**Elf,** der; -en, -en (m. Naturgeist)
[2]**Elf,** die; -, -en (Zahl; [Fußball]mannschaft); *vgl.* [1]Acht
El|fe, die; -, -n (w. Naturgeist)
Elf|eck; elf|e|ckig [*alte Trennung* ...k|k...]
elf|ein|halb, elf|und|ein|halb
El|fen|bein, das; -[e]s, -e *Plur. selten;* **el|fen|bei|nern** (aus Elfenbein); **el|fen|bein|far|ben**
El|fen|bein|küs|te [*alte Trennung* ...|st...], die; -; *auch ohne Artikel* (Staat in Westafrika; *vgl.* Côte d'Ivoire)
El|fen|bein|schnit|zer; El|fen|bein|turm; im Elfenbeinturm [abgekapselt] leben
el|fen|haft; El|fen|rei|gen
El|fer (*ugs. für* Elfmeter); *vgl.* Achter
el|fer|lei
El|fer|rat (beim Karneval); **El|fer|wet|te** (beim Fußballtoto)
elf|fach
El|fi (w. Vorn.)
el|fisch ‹*zu* [1]Elf›
elf|mal; *vgl.* achtmal; **elf|ma|lig**
Elf|me|ter, der; -s, - (Strafstoß beim Fußball); **Elf|me|ter|mar|ke; Elf|me|ter|punkt**
elf|me|ter|reif; elfmeterreife Situationen
Elf|me|ter|schie|ßen; Elf|me|ter|schuss [*alte Schreibung* ...schuß]; **Elf|me|ter|tor**
El|frie|de (w. Vorn.)
elft; *vgl.* elf
elf|tau|send
elf|te; der Elfte im Elften (karnevalist. Bezeichnung für den 11. November); *vgl.* achte
elf|tel; *vgl.* achtel; **Elf|tel,** das, *schweiz. meist* der; -s, -; *vgl.* Achtel
elf|tens
elf|und|ein|halb
E|li|as, *ökum.* E|li|ja (Prophet im A. T.)
e|li|die|ren ‹lat.› (*Sprachw.* eine Elision vornehmen); **E|li|die|rung**
E|li|gi|us (ein Heiliger)
E|li|ja *vgl.* Elias
E|li|mi|na|ti|on, die; -, -en ‹lat.› (Beseitigung, Ausscheidung)
e|li|mi|nie|ren; E|li|mi|nie|rung
E|li|ot [ˈɛljət] (amerik.-engl. Schriftsteller)
E|li|sa (w. Vorn.)
[1]**E|li|sa|beth** (w. Vorn.)
[2]**E|li|sa|beth,** *ökum.* E|li|sa|bet (bibl. w. Eigenn.)
e|li|sa|be|tha|nisch, *aber* ↑K 89: das Elisabethanische Zeitalter
E|li|se (w. Vorn.)
E|li|si|on, die; -, -en ‹lat.› (*Sprachw.* Auslassung eines unbetonten Vokals, z. B. des »e« in »Wand[e]rung«)
e|li|tär (einer Elite angehörend, auserlesen)
E|li|te, die; -, -n ‹franz.› (Auslese der Besten); **E|li|te|trup|pe** *(Milit.)*
E|li|xier, das; -s, -e ‹griech.› (Heil-, Zaubertrank)
El|ke (w. Vorn.)
El|la (w. Vorn.)
Ell|bo|gen, El|len|bo|gen, der; -s, ...bogen
Ell|bo|gen|frei|heit, El|len|bo|gen|frei|heit, die; -
El|le, die; -, -n (ein Unterarmknochen; alte Längeneinheit); drei Ellen Tuch
El|len (w. Vorn.)
El|len|bo|gen *vgl.* Ellbogen
El|len|bo|gen|frei|heit *vgl.* Ellbogenfreiheit; **El|len|bo|gen|ge|sell|schaft** *(abwertend)*
el|len|lang (*ugs. für* übermäßig lang)
El|ler, die; -, -n (*nordd. für* Erle)
El|li (w. Vorn.)
El|lip|se, die; -, -n ‹griech.› (*Sprachw.* Ersparung von Redeteilen, z. B. »[ich] danke schön«; Auslassungssatz; *Math.* Kegelschnitt); **el|lip|sen|för|mig**
El|lip|so|id, das; -[e]s, -e (*Geom.* durch Drehung einer Ellipse entstandener Körper)
el|lip|tisch (ellipsenförmig; *Sprachw.* unvollständig); elliptische Sätze
El|lip|ti|zi|tät, die; - (*Astron.* Abplattung)
El|lok, die; -, -s; *vgl.* E-Lok
Ell|wan|gen (Jagst) (Stadt an der Jagst); **Ell|wan|ger**
El|ly [...li] (w. Vorn.)
Elm, der; -s (Höhenzug südöstl. von Braunschweig)
El|mar, El|mo (m. Vorn.)
Elms|feu|er (elektr. Lichterscheinung); *vgl. auch* Sankt
El Ni|ño [- ˈninjɔ], der; - -[s] ‹span.› (Klimaunregelmäßigkeit im tropischen Pazifik mit weltweiter Auswirkung)
E|lo|ge [...ʒə], die; -, -n ‹franz.› (Lob, Schmeichelei)
E|lo|him ‹hebr.› (*im A. T.* Gottesbezeichnung)
E-Lok, die; -, -s; ↑K 28 (= elektrische Lokomotive)
E|lon|ga|ti|on, die; -, -en ‹lat.› (*Physik* Ausschlag des Pendels; *Astron.* Winkel zwischen Sonne u. Planeten)
e|lo|quent ‹lat.› (beredt); **E|lo|quenz,** die; -
E|lo|xal ®, das; -s (Schutzschicht auf Aluminium); **e|lo|xie|ren**
El|rit|ze, die; -, -n (ein Karpfenfisch)
Els, El|sa (w. Vorn.)
El Sal|va|dor (mittelamerik. Staat); *vgl.* Salvadorianer *u.* salvadorianisch
El|sass [*alte Schreibung* El|saß], das; *Gen.* - *u.* Elsasses
El|säs|ser; El|säs|se|rin; el|säs|sisch
El|sass-Loth|rin|gen [*alte Schreibung* El|saß-Lo...]
el|sass-loth|rin|gisch [*alte Schreibung* el|saß-lo...]
Els|beth, El|se (w. Vorn.)
El|se|vir *vgl.* Elzevir
El|si (w. Vorn.)
[1]**Els|ter** [*alte Trennung* ...|st...], die; - (Flussname); die Schwarze Elster, die Weiße Elster ↑K 140
[2]**Els|ter** [*alte Trennung* ...|st...], die; -, -n (ein Vogel); **Els|tern|nest**
El|ter, das *u.* der; -s, -n (*fachspr. für* ein Elternteil); **el|ter|lich;** elterliche Gewalt
El|tern *Plur.;* **El|tern|a|bend; El-**

E

tern|ak|tiv (*in der DDR* Elternvertretung einer Schulklasse)
El|tern|bei|rat; El|tern|haus; El|tern|lie|be
el|tern|los
El|tern|recht; El|tern|schaft *Plur. selten*
El|tern|se|mi|nar; El|tern|teil, der
Elt|vil|le am Rhein [...ˈvɪ..., *auch* ˈɛ...] (Stadt im Rheingau)
El|vi|ra (w. Vorn.)
e|ly|sä|isch *vgl.* e|ly|sisch
É|ly|sée [eliˈzeː], das; -s ‹franz.› (Palast in Paris; Amtssitz des französischen Staatspräsidenten)
e|ly|sisch ‹griech.› (wonnevoll, paradiesisch); elysische Gefilde
E|ly|si|um, das; -s ‹griech.› (Aufenthaltsort der Seligen in der griech. Sage)
E|ly|t|ron, das; -s, ...ytren *meist Plur.* ‹griech.› (*Zool.* Deckflügel [der Insekten])
El|ze|vir [...zə...], die; - ‹nach der niederl. Buchdruckerfamilie Elsevi(e)r› (*Druckw.* eine Antiquadruckschrift); **El|ze|vi|ri|a|na** *Plur.* (Elzevirdrucke)
em. = emeritiert, emeritus
E-Mail [ˈiːmeːl], die; -, -s, *auch (bes. südd. u. österr.)* das; -s, -s ‹engl.› (elektronische Post)
E|mail [eˈmai̯, *österr.* eˈmai̯l], das; -s, -s *(österr. nur so) u.* E|mail|le [eˈmaljə, *auch* eˈmai̯], die; -, -n ‹franz.› (Schmelzüberzug)
E-Mail-A|d|res|se [ˈiːmeːl...];
e|mai|len, *auch* **e-mai|len;** gemailt
E|mail|far|be; E|mail|le *vgl.* Email
E|mail|leur [ema(l)ˈjøːɐ̯], der; -s, -e (Schmelzarbeiter)
e|mail|lie|ren [ema(l)ˈjiː..., *österr.* emai̯ˈliː...]; **E|mail|lier|o|fen**
E|mail|ma|le|rei
E|ma|na|ti|on, die; -, -en ‹lat., »Ausfluss«› (das Ausströmen; Ausstrahlung); **e|ma|nie|ren**
E|ma|nu|el [...eːl, *auch* ...ɛl], Im|ma|nu|el (m. Vorn.); **E|ma|nu|e|la** (w. Vorn.)
E|man|ze, die; -, -n ‹lat.› (*ugs. abwertend für* emanzipierte, sich für die Emanzipation einsetzende Frau)
E|man|zi|pa|ti|on, die; -, -en (Befreiung von Abhängigkeit; Gleichstellung); **E|man|zi|pa|ti|ons|be|we|gung; E|man|zi|pa|ti|ons|stre|ben**
e|man|zi|pa|to|risch
e|man|zi|pie|ren; sich emanzipieren; **e|man|zi|piert** (unabhängig; frei von überkommenen Vorstellungen); **E|man|zi|pie|rung,** die; -
Em|bal|la|ge [ã...ʒə], die; -, -n ‹franz.› (Verpackung [einer Ware]); **em|bal|lie|ren**
Em|bar|go, das; -s, -s ‹span.› (Zurückhalten od. Beschlagnahme [von Schiffen] im Hafen; Ausfuhrverbot)
Em|b|lem [*auch* ã...], das; -s, -e ‹franz.› (Kennzeichen, Hoheitszeichen; Sinnbild); **Em|b|le|ma|tik,** die; - (sinnbildliche Darstellung; Emblemforschung); **em|b|le|ma|tisch** (sinnbildlich)
Em|bo|lie, die; -, ...ien ‹griech.› (*Med.* Verstopfung eines Blutgefäßes); **Em|bo|lus,** der; -, ...li (*Med.* Pfropf, Fremdkörper in der Blutbahn)
Em|bon|point [ãbõˈpo̯ɛ̃ː], das *od.* der; -s ‹franz.› (*veraltet für* Wohlbeleibtheit; dicker Bauch)
Em|b|ryo, der, *österr. auch* das; -s, *Plur.* -s *u.* ...onen ‹griech.› (noch nicht geborenes Lebewesen); **Em|b|ry|o|lo|gie,** die; - (Lehre von der Entwicklung des Embryos)
em|b|ry|o|nal, em|b|ry|o|nisch (im Anfangsstadium der Entwicklung)
Em|b|ry|o|trans|fer (*Biol.* Übertragung u. Einpflanzung von Eizellen, die außerhalb des Körpers befruchtet wurden)
Emd, das; -[e]s (*schweiz. für* Grummet); *vgl.* Öhmd; **em|den** (*schweiz. für* Grummet machen)
Em|den (Hafenstadt an der Emsmündung); **Em|der,** *auch* **Em|de|ner**
Em|det, *der; -s* (*schweiz. für* zweiter Grasschnitt)
E|men|da|ti|on, die; -, -en ‹lat.› (*Literaturw.* Verbesserung, Berichtigung [von Texten]); **e|men|die|ren**
E|me|ren|tia, E|me|renz (w. Vorn.)
E|me|rit, der; -en, -en ‹lat.› (*kath. Kirche* im Alter dienstunfähig gewordener Geistlicher
e|me|ri|tie|ren (in den Ruhestand versetzen); **e|me|ri|tiert** (*Abk.* em.); emeritierte Professorin; **E|me|ri|tie|rung**
e|me|ri|tus *vgl.* emeritiert
E|me|ri|tus, der; -, ...ti (emeritierter Hochschulprofessor)
E|me|ti|kum, das; -s, ...ka ‹griech.› (*Pharm.* Brechmittel); **e|me|tisch** (Brechen erregend)
E|mi|g|rant, der; -en, -en ‹lat.› (Auswanderer [bes. aus politischen od. religiösen Gründen]); **E|mi|g|ran|ten|schick|sal; E|mi|g|ran|tin**
E|mi|g|ra|ti|on, die; -, -en; **e|mi|g|rie|ren**
E|mil (m. Vorn.); **E|mi|lia, E|mi|lie** (w. Vorn.)
e|mi|nent ‹lat.› (hervorragend; außerordentlich)
E|mi|nenz, die; -, -en (früherer Titel der Kardinäle); *vgl. auch* euer *u.* [1]sein; *vgl.* grau
E|mir [*auch* eˈmiːɐ̯], der; -s, -e ‹arab.› (arab. [Fürsten]titel)
E|mi|rat, das; -[e]s, -e (arab. Fürstentum)
E|mis|sär, der; -s, -e ‹franz.› (Abgesandter mit Geheimauftrag)
E|mis|si|on, die; -, -en ‹lat.› (*Physik* Ausstrahlung; *Technik* Ablassen von Gasen, Ruß u. Ä. in die Luft; *Wirtsch.* Ausgabe [von Wertpapieren]; *Med.* Entleerung); **E|mis|si|ons|stopp**
E|mit|tent, der; -en, -en (*Bankw.* Ausgeber von Wertpapieren)
E|mit|ter, der; -s, - ‹engl.› (*Technik* Teil des Transistors)
e|mit|tie|ren ‹lat.›; Wertpapiere emittieren (ausgeben); Elektronen, Schadstoffe emittieren (*Physik, Technik* aussenden)
Em|ma (w. Vorn.)
Em|maus (biblischer Ort)
Emm|chen *meist Plural* (*ugs. scherzh. für* Mark)
Em|me, die; - (Nebenfluss der Aare); Kleine Emme (Nebenfluss der Reuß)
Em|men|tal, das; -[e]s (schweiz. Landschaft)
[1]**Em|men|ta|ler;** Emmentaler Käse
[2]**Em|men|ta|ler,** der; -s, - (ein Käse)
Em|mer, der; -s (eine Weizenart)
Em|me|rich (m. Vorn.)
Em|mi (w. Vorn.)
Em|mo (m. Vorn.)
e-Moll [*auch* ˈeːˈmɔl], das; - (Tonart; *Zeichen* e); **e-Moll-Ton|lei|ter** ↑ K 26
E|mo|ti|con, das; -s, -s ‹aus engl. emotion u. icon› (*EDV* Zeichenkombination, mit der in einer E-Mail eine Gefühlsäußerung wiedergegeben werden kann)
E|mo|ti|on, die; -, -en ‹lat.› (Gemütsbewegung)
e|mo|ti|o|nal (gefühlsmäßig; see-

lisch erregt); **e|mo|ti|o|na|li|sie|ren; E|mo|ti|o|na|li|tät,** die; -
e|mo|ti|o|nell *vgl.* emotional
e|mo|ti|ons|frei; e|mo|ti|ons|ge|la|den; eine emotionsgeladene Diskussion; **e|mo|ti|ons|los**
EMPA, Em|pa = Eidgenössische Materialprüfungs- und Forschungsanstalt
Em|pa|thie, die; - ‹griech.› (*Psych.* Fähigkeit, sich in andere hineinzuversetzen); **em|pa|thisch**
Em|pe|do|k|les (altgriech. Philosoph)
Emp|fang, der; -[e]s, ...fänge; **emp|fan|gen;** du empfängst; du empfingst; du empfingest; empfangen; empfang[e]!
Emp|fän|ger; Emp|fän|ger|ab|schnitt; Emp|fän|ge|rin
emp|fäng|lich; Emp|fäng|lich|keit, die; -
Emp|fang|nah|me, die; - *(Amtsspr.)*
Emp|fäng|nis, die; -, -se; **emp|fäng|nis|ver|hü|tend;** ein empfängnisverhütendes Mittel; **Emp|fäng|nis|ver|hü|tung**
Emp|fäng|nis|zeit
Emp|fangs|an|ten|ne
emp|fangs|be|rech|tigt; allein empfangsberechtigt sein
Emp|fangs|be|schei|ni|gung; Emp|fangs|be|stä|ti|gung
Emp|fangs|chef; Emp|fangs|da|me
Emp|fangs|saal; Emp|fangs|sta|ti|on
Emp|fangs|stö|rung
Emp|fangs|zim|mer
emp|feh|len; du empfiehlst; du empfahlst; du empföhlest, *auch* empfählest; empfohlen; empfiehl!; sich empfehlen; **emp|feh|lens|wert**
Emp|feh|lung; Emp|feh|lungs|brief; Emp|feh|lungs|schrei|ben
emp|find|bar
emp|fin|den; du empfandst; du empfändest; empfunden; empfind[e]!; **Emp|fin|den,** das; -s
emp|find|lich; Emp|find|lich|keit
emp|find|sam; empfindsame Dichtung; **Emp|find|sam|keit,** die; -
Emp|fin|dung; emp|fin|dungs|los; Emp|fin|dungs|lo|sig|keit, die; -
Emp|fin|dungs|wort *Plur.* ...wörter (*für* Interjektion)
Em|pha|se, die; -, -n ‹griech.› (Nachdruck [im Reden]); **em|pha|tisch** (mit Nachdruck)
Em|phy|sem, das; -s, -e ‹griech.› (*Med.* Luftansammlung im Gewebe)
[1]**Em|pire** [ãˈpiːɐ̯], das; *Gen.* -s, *fachspr. auch* - ‹franz.› (Kunststil der Zeit Napoleons I.)
[2]**Em|pi|re** [...paiɐ], das; -[s] ‹engl.› (das frühere britische Weltreich)
Em|pi|rem, das; -s, -e ‹griech.› (Erfahrungstatsache)
Em|pire|stil [ãˈpiːɐ̯...], der; -[e]s ‹*zu* [1]Empire›
Em|pi|rie, die; - ‹griech.› (Erfahrung, Erfahrungswissen[schaft]); **Em|pi|ri|ker; Em|pi|ri|ke|rin**
Em|pi|ri|o|kri|ti|zis|mus (eine Richtung der Philosophie, die sich allein auf die kritische Erfahrung beruft)
em|pi|risch
Em|pi|ris|mus, der; - (Lehre, die allein die Erfahrung als Erkenntnisquelle gelten lässt); **Em|pi|rist,** der; -en, -en; **em|pi|ris|tisch** [*alte Trennung* ...|st...]
em|por
em|por... (*in Zus. mit Verben,* z. B. emporkommen, du kamst empor, emporgekommen, emporzukommen)
em|por|ar|bei|ten; sich emporarbeiten; **em|por|bli|cken** [*alte Trennung* ...k|k...]
Em|po|re, die; -, -n (erhöhter Sitzraum [in Kirchen])
em|pö|ren; sich empören; **em|pö|rend** (unerhört)
Em|pö|rer (*geh. für* Rebell); **em|pö|re|risch**
em|por|kom|men; Em|por|kömm|ling *(abwertend)*
em|por|ra|gen; em|por|schla|gen; em|por|stei|gen; em|por|stre|ben
Em|pö|rung; Em|pö|rungs|schrei
em|py|re|isch ‹griech.› (lichtstrahlend; himmlisch); **Em|py|re|um,** das; -s (Himmel in der antiken u. scholast. Philosophie)
Ems, die; - (Fluss in Nordwestdeutschland)
[1]**Em|scher,** die; - (rechter Nebenfluss des Niederrheins)
[2]**Em|scher,** das; -s ‹*nach* [1]Emscher› (eine geolog. Stufe)
Em|se, die; -, -n (*veraltet für* Ameise)
Em|ser ‹*nach* Bad Ems›; Emser Depesche; Emser Salz
em|sig; Em|sig|keit, die; -
Ems-Ja|de-Ka|nal, der; -s ↑K 146
E|mu, der; -s, -s ‹port.› (ein straußenähnlicher Laufvogel)
E|mu|la|ti|on, die; -, -en ‹lat.-engl.› (*EDV* Nachahmung der Funktionen eines anderen Computers)
E|mul|ga|tor, der; -s, ...oren ‹lat.› (*Chemie* Stoff, der die Bildung einer Emulsion ermöglicht)
e|mul|gie|ren (eine Emulsion bilden)
E|mul|sin, das; -s (Enzym in bitteren Mandeln)
E|mul|si|on, die; -, -en (feinste Verteilung einer Flüssigkeit in einer anderen, nicht mit ihr mischbaren Flüssigkeit; lichtempfindliche Schicht auf fotografischen Platten u. Ä.)
E-Mu|sik, die; - ↑K 26 (*kurz für* ernste Musik; *Ggs.* U-Musik)
E|na|ki|ter, E|naks|kin|der, E|naks|söh|ne *Plur.* (*im A. T.* sagenhaftes Volk von Riesen)
En|al|la|ge [ɛnˈalage, *auch* ...ˈgeː], die; - ‹griech.› (Versetzung des Attributs, z. B. »mit einem blauen Lächeln seiner Augen« *statt* »mit einem Lächeln seiner blauen Augen«)
En|an|them, das; -s, -e ‹griech.› (*Med.* Schleimhautausschlag)
en a|vant! [ãnaˈvãː] ‹franz.› (vorwärts!)
en bloc [ã ˈblɔk] ‹franz.› (im Ganzen); **En-bloc-Ab|stim|mung**
en car|rière [ã kaˈri̯ɛːɐ̯] ‹franz.› (in vollem Lauf)
en|co|die|ren *vgl.* enkodieren
En|coun|ter [ɪnˈkau̯...], das, *auch* der; -s, - ‹engl.› (*Psych.* Gruppentraining zur Steigerung der Empfindungsfähigkeit)
End|ab|rech|nung; End|aus|schei|dung; End|bahn|hof; End|be|scheid; End|be|trag
End|chen; ein Endchen Schnur
End|drei|ßi|ger (Mann Ende dreißig); **End|drei|ßi|ge|rin**
En|de, das; -s, -n; am Ende; zu Ende sein, bringen, führen, gehen, kommen; das dicke Ende kommt nach *(ugs.);* Ende Januar; letzten Endes; eine Frau Ende dreißig
End|ef|fekt; im Endeffekt
En|del, das; -s, - (*bayr., österr. für* Stoffrand); **en|deln** (*bayr., österr. für* Stoffränder einfassen)
En|de|mie, die; -, ...ien ‹griech.› (*Med.* örtlich begrenztes Auftreten einer Infektionskrankheit)
en|de|misch *(Med., Biol.)*
En|de|mis|mus, der; - (*Biol.* be-

E

grenztes Vorkommen von Tieren u. Pflanzen in einem Bezirk)
en|den; nicht enden wollender Beifall
End|er|folg; End|er|geb|nis
en dé|tail [ã de'taj] ‹franz.› (im Kleinen; einzeln; im Einzelverkauf; *Ggs.* en gros); *vgl.* Detail
End|fas|sung
End|ge|rät (*EDV* Eingabe- oder Ausgabegerät, z. B. Terminal)
End|ge|schwin|dig|keit
end|gül|tig; End|gül|tig|keit
End|hal|te|stel|le
en|di|gen (*älter für* enden)
En|di|gung *(veraltet)*
En|di|vie, die; -, -n ‹ägypt.› (Salatpflanze); **En|di|vi|en|sa|lat**
End|kampf; End|kon|so|nant
End|la|ger; end|la|gern *nur im Inf. u. Partizip II gebr.*
End|la|ger|stät|te; End|la|ge|rung
End|lauf
end|lich; eine endliche Größe; *aber* ↑K 72: im Endlichen (im endlichen Raum); **End|lich|keit** *Plur. selten*
end|los; endloses Band; *aber* ↑K 72: bis ins Endlose; **End|los|band** *Plur.* ...bänder; **End|los|for|mu|lar** *(Druckw.)*
End|lo|sig|keit, die; -
End|mo|rä|ne
en|do... ‹griech.› (innen...); **En|do...** (Innen...)
En|do|ga|mie, die; -, ...ien ‹griech.› (*Völkerk.* Heirat innerhalb von Stamm, Kaste usw.)
en|do|gen ‹griech.› (*Bot.* im Innern entstehend; *Med.* von innen kommend); endogene Psychosen
En|do|kard, das; -s, -e ‹griech.› (*Med.* Herzinnenhaut); **En|do|kar|di|tis,** die; -, ...itiden (Entzündung der Herzinnenhaut)
En|do|karp, das; -s, -e ‹griech.› (*Bot.* die innerste Schicht der Fruchtwand)
en|do|krin ‹griech.› (*Med.* mit innerer Sekretion); endokrine Drüsen; **En|do|kri|no|lo|gie,** die; - (Lehre von der inneren Sekretion)
En|do|pro|the|se ‹griech.› (*Med.* künstliches Gelenk od. Knochenersatz zur Einpflanzung in den Körper)
En|dor|phin, das; -s, -e ‹*aus* endo... *u.* Morphin› (*Med., Biol.* körpereigener Eiweißstoff mit schmerzstillender Wirkung)

En|do|s|kop, das; -s, -e ‹griech.› (*Med.* Instrument zur Untersuchung von Körperhöhlen); **En|do|s|ko|pie,** die; -, ...ien (Untersuchung mit dem Endoskop)
En|do|thel, das; -s, -e *u.* **En|do|the|li|um,** das; -s, ...ien ‹griech.› (Zellschicht, die Blut- u. Lymphgefäße auskleidet)
en|do|therm ‹griech.› (*Chemie* Wärme bindend, aufnehmend)
End|pha|se; End|punkt; End|reim; End|re|sul|tat; End|run|de; End|sil|be; End|spiel; End|spurt; End|sta|di|um; End|sta|ti|on; End|stück; End|sum|me
En|dung; en|dungs|los
En|du|ro, die; -, -s ‹engl.› (geländegängiges Motorrad)
End|ur|sa|che; End|ver|brau|cher
end|ver|han|deln; endzuverhandeln
End|vier|zi|ger; End|vo|kal
End|zeit; end|zeit|lich
End|ziel; End|zif|fer; End|zu|stand; End|zweck
E|ner|ge|tik, die; - ‹griech.› (Lehre von der Energie; *Philos.* Auffassung von der Energie als Grundkraft); **e|ner|ge|tisch**
E|ner|gie, die; -, ...ien (Tatkraft; *Physik* Fähigkeit, Arbeit zu leisten); **e|ner|gie|arm**
E|ner|gie|be|darf
e|ner|gie|be|wusst [*alte Schreibung* ...be|wußt]
E|ner|gie|bün|del (*ugs. für* energiegeladener Mensch)
E|ner|gie|ein|spa|rung; E|ner|gie|er|spar|nis
e|ner|gie|ge|la|den ↑K 59
E|ner|gie|haus|halt; E|ner|gie|kri|se
e|ner|gie|los; E|ner|gie|lo|sig|keit, die; -
E|ner|gie|po|li|tik; E|ner|gie|quel|le
e|ner|gie|reich
E|ner|gie|spa|rer; E|ner|gie|spar|lam|pe; E|ner|gie|spar|pro|gramm
E|ner|gie|trä|ger
E|ner|gie|ver|brauch; E|ner|gie|ver|sor|gung; E|ner|gie|wirt|schaft; E|ner|gie|zu|fuhr
e|ner|gisch
E|ner|va|ti|on, die; -, -en ‹lat.› (*Med.* Ausschaltung der Verbindung zwischen Nerv u. dazugehörigem Organ); **e|ner|vie|ren** (entnerven, entkräften)
E|nes|cu, *auch* E|nes|co (rumän. Komponist u. Geigenvirtuose)

en face [ã 'fas] ‹franz.› (von vorn; gegenüber)
en fa|mille [ã fa'mi:] ‹franz., »in der Familie«› (*veraltend für* im engsten [Familien]kreis)
En|fant ter|ri|b|le [ã'fã ...bl], das; --, -s -s [- -] ‹franz.› (jmd., der gegen die geltenden [gesellschaftlichen] Regeln verstößt und dadurch seine Umgebung oft schockiert)

eng

– ein eng anliegendes Kleid; eng befreundete Familien; ein eng bedrucktes Blatt; ein eng umgrenztes Gebiet; eine mit uns eng verwandte Person
– [*alte Schreibung* enganliegend, engbefreundet, engbedruckt, eng umgrenzt, engverwandt]
– die Bereiche sind auf das, aufs Engste *od.* auf das, aufs engste miteinander verflochten

En|ga|din [*auch, schweiz. nur,* ...'di:n], das; -s (Talschaft des Inns in der Schweiz)
En|ga|ge|ment [ãgaʒə'mã:], das; -s, -s (Verpflichtung, Bindung; [An]stellung, bes. eines Künstlers; persönlicher Einsatz)
en|ga|gie|ren [ãga'ʒ...] (verpflichten, binden); sich engagieren (sich einsetzen)
en|ga|giert; En|ga|giert|heit, die; -
eng an|lie|gend, be|druckt, be|freun|det usw. [*alte Schreibungen* eng|an|lie|gend, eng|be|druckt, eng|be|freun|det] *vgl.* eng
eng|brüs|tig [*alte Trennung* ...|st...]
En|ge, die; -, -n
En|gel, der; -s, -
En|gel|laut (*für* Frikativ)
En|gel|berg (schweiz. Abtei u. Kurort südl. des Vierwaldstätter Sees)
En|gel|bert (m. Vorn.)
En|gel|brecht (m. Vorn.)
En|gel|chen, En|ge|lein
en|gel|gleich, en|gels|gleich
en|gel|haft; En|gel|haf|tig|keit, die; -
En|gel|kopf, En|gels|kopf
En|gel|ma|cher (*ugs. verhüllend für* jmd., der illegale Abtreibungen vornimmt); **En|gel|ma|che|rin**
en|gel|rein *(geh.)*; eine engelreine Stimme

En|gels (Mitbegründer des Marxismus)
En|gels|burg, die; - (in Rom)
en|gel|schön *(geh.)*
En|gels|ge|duld; En|gels|ge|sicht *Plur.* ...gesichter
en|gels|gleich
En|gels|haar; En|gels|kopf; En|gels|stim|me
En|gel|süß, das; -es (Farnart)
En|gels|zun|gen *Plur.; nur in* mit [Menschen- und mit] Engelszungen (so eindringlich wie möglich) reden
En|gel|wurz (eine Heilpflanze)
en|gen *(selten für* einengen)
En|ger|ling (Maikäferlarve)
eng|her|zig; Eng|her|zig|keit, die; -
En|gig|keit, die; -
Eng|land; Eng|län|der *(auch* Bez. für ein zangenartiges Werkzeug); **Eng|län|de|rin**
Eng|lein

eng|lisch

Kleinschreibung:
- ein englischer Garten; englischer Trab; englische Broschur (ein Bucheinband); englische Woche *(Fußball);* die englische Krankheit *(veraltet für* Rachitis)

Großschreibung als Bestandteil eines Namens ↑K 150:
- der Englische Garten in München; das Englische Fräulein *(vgl. d.)*

Vgl. deutsch/Deutsch

Eng|lisch, das; -[s] (Sprache); *vgl.* Deutsch; **Eng|li|sche,** das; -n; *vgl.* Deutsche, das
Eng|li|sche Fräu|lein, das; -n -s, -n - (Angehörige eines Frauenordens)
Eng|li|sche Gruß, der; -n -es ⟨*zu* Engel⟩ (ein Gebet)
Eng|lisch|horn *Plur.* ...hörner (ein Holzblasinstrument)
En|g|lish spo|ken [ˈɪŋglɪʃ ˈspo:...] ⟨engl., [hier wird] »Englisch gesprochen«⟩
En|g|lish|waltz [ˈɪŋglɪʃvo:ls; *alte Schreibung* Eng|lish-Waltz], der; -, - (langsamer Walzer)
eng|li|sie|ren [ɛŋ(g)li...] ([einem Pferd] die niederziehenden Schweifmuskeln durchschneiden, damit es den Schwanz hoch trägt; anglisieren; *vgl. d.*)
eng|ma|schig
En|go|be [ã...], die; -, -n ⟨franz.⟩ (keram. Überzugsmasse); **en|go|bie|ren**
Eng|pass [*alte Schreibung* Engpaß]
En|gramm, das; -s, -e ⟨griech.⟩ (*Med., Psych.* bleibende Spur geistiger Eindrücke, Erinnerungsbild)
en gros [ã ˈgro:] ⟨franz.⟩ (im Großen; *Ggs.* en détail)
En|gros|han|del [ãˈgro:...] (Großhandel); **En|gros|preis**
En|gros|sist [ã...] (*österr. neben* Grossist)
eng|stir|nig *(abwertend);* **Eng|stir|nig|keit,** die; -
eng um|grenzt, eng ver|wandt [*alte Schreibungen* eng|umgrenzt, eng|ver|wandt] *vgl.* eng
en|har|mo|nisch ⟨griech.⟩ ([von Tönen] dem Klang nach gleich, in der Bez. verschieden, z. B. cis = des); enharmonische Verwechslung
e|nig|ma|tisch *vgl.* änigmatisch
En|jam|be|ment [ãʒãbəˈmã:], das; -s, -s (*Verslehre* Übergreifen eines Satzes auf den nächsten Vers)
en|kaus|tie|ren [*alte Trennung* ...|st...] ⟨griech.⟩ (*bild. Kunst* mit flüssigem Wachs verschmolzene Farbe auftragen); **En|kaus|tik,** die; -; **en|kaus|tisch**
[1]**En|kel,** der; -s, - (*landsch. für* Fußknöchel)
[2]**En|kel,** der; -s, - (Kindeskind); **En|kel|lin**
En|kel|kind; En|kel|sohn; En|kel|toch|ter
En|kla|ve, die; -, -n ⟨franz.⟩ (ein fremdstaatl. Gebiet im eigenen Staatsgebiet); *vgl.* Exklave
En|kli|se, En|kli|sis, die; -, ...isen ⟨griech.⟩ (*Sprachw.* Anlehnung eines unbetonten Wortes an das vorausgehende betonte)
En|kli|ti|kon, das; -s, *Plur.* ...ka *od.* ...ken (unbetontes Wort, das sich an das vorhergehende betonte anlehnt, z. B. *in ugs.* »kommste« *für* »kommst du«); **en|kli|tisch**
en|ko|die|ren, *auch* en|co|die|ren ⟨engl.⟩ ([eine Nachricht] verschlüsseln)
En|ko|mi|on, En|ko|mi|um, das; -s, ...ien ⟨griech.⟩ (Lobrede, -schrift)
en masse [ã ˈmas] ⟨franz.⟩ (*ugs. für* massenhaft, gehäuft)
en mi|ni|a|ture [ã ...ˈty:ɐ̯] ⟨franz.⟩ (in kleinem Maßstab, im Kleinen)
en|net (*schweiz. mdal. für* jenseits) *Präp. mit Gen. od. Dat.;* ennet des Gebirges *od.* dem Gebirge; **en|net|bir|gisch** (*schweiz. für* jenseits der Alpen gelegen); **en|net|rhei|nisch** (*schweiz. für* jenseits des Rheins gelegen)
En|no (ostfries. m. Vorn.)
[1]**Enns,** die; - (rechter Nebenfluss der Donau)
[2]**Enns** (Stadt in Oberösterreich)
Enns|tal, das; -[e]s (Tal in der Steiermark); **Enns|ta|ler Al|pen**
en|nu|y|ie|ren [ãnyˈji:...] (*veraltet für* langweilen)
e|norm ⟨franz.⟩ (außerordentlich; ungeheuer); **E|nor|mi|tät,** die; -
en pas|sant [ã ...ˈsã:] ⟨franz.⟩ (im Vorübergehen; beiläufig)
en pro|fil [ã -] ⟨franz.⟩ (im Profil, von der Seite)
En|quete [ãˈke:t], die; -, -n ⟨franz.⟩ (Untersuchung, Erhebung; *österr. auch für* Arbeitstagung)
En|quete|kom|mis|si|on [ãˈke:t...]
en|ra|giert [ãraˈʒi:ɐ̯t] ⟨franz.⟩ (*veraltet für* leidenschaftlich erregt)
en route [ã ˈru:t] ⟨franz.⟩ (unterwegs)
En|sem|b|le [ãˈsã:bl̩], das; -s, -s ⟨franz.⟩ (ein zusammengehörendes Ganzes; Künstlergruppe; mehrteiliges [Damen]kleidungsstück)
En|sem|b|le|spiel, das; -[e]s
En|si|la|ge [ã...ʒə], Si|la|ge, die; - ⟨franz.⟩ (Gärfutter[bereitung])
En|sor (belg. Maler)
en suite [ã ˈsy̆it] ⟨franz.⟩ (ununterbrochen)
ent... (*Vorsilbe von Verben,* z. B. entführen, du entführst, er hat ihn entführt, zu entführen)
...ent (z. B. Referent, der; -en, -en)
ent|am|ten (*veraltet für* des Amtes entheben); **Ent|am|tung**
ent|ar|ten; ent|ar|tet; entartete Kunst *(Nationalsoz.)*
Ent|ar|tung
ent|a|schen; Ent|a|schung
En|ta|se, En|ta|sis, die; -, ...asen ⟨griech.⟩ (*Archit.* Schwellung des Säulenschaftes)
ent|as|ten, ent|äs|ten (Äste entfernen)
ent|äu|ßern, sich *(geh.);* ich entäußere mich allen Besitzes; **Ent|äu|ße|rung,** die; -
Ent|bal|lung; Entballung von Industriegebieten

E

ent|be̲h|ren; ein Buch entbehren; des Trostes entbehren
ent|be̲hr|lich; Ent|be̲hr|lich|keit, die; -
Ent|be̲h|rung; ent|be̲h|rungs|reich; ent|be̲h|rungs|voll
ent|bei̲|nen (Knochen aus etwas entfernen)
ent|bie̲|ten *(geh.);* Grüße entbieten
ent|bin|den; Ent|bin|dung
Ent|bin|dungs|pfle|ger (Berufsbez.)
Ent|bin|dungs|sta|ti|on
ent|blät|tern; sich entblättern
ent|blö̲|den; *nur in* sich nicht entblöden (*geh. für* sich nicht scheuen)
ent|blö̲|ßen; du entblößt; sich entblößen; **Ent|blö̲|ßung**
ent|bren|nen *(geh.)*
ent|bü|ro|kra|ti|sie̲|ren; Ent|bü|ro|kra|ti|sie̲|rung, die; -
Ent|chen
ent|chlo̲|ren; Trinkwasser entchloren
ent|de|cken [*alte Trennung* ...k|k...]
Ent|de|cker [*alte Trennung* ...k|k...]; **Ent|de|cker|freu|de; Ent|de|cke|rin**
ent|de|cke|risch [*alte Trennung* ...k|k...]
Ent|de|ckung [*alte Trennung* ...k|k...]; **Ent|de|ckungs|fahrt; Ent|de|ckungs|rei|se; Ent|de|ckungs|rei|sen|de**
ent|drö̲h|nen (*Technik* dröhnende Geräusche dämpfen); eine Maschine entdröhnen; **Ent|drö̲h|nung**
ent|dun|keln; ich entdunk[e]le
En|te, die; -, -n (*ugs. auch für* falsche [Presse]meldung); ↑K 151: kalte Ente (ein Getränk)
ent|e̲h|ren; ent|e̲h|rend; Ent|e̲h|rung
ent|ei̲g|nen; Ent|ei̲g|nung
ent|ei̲|len *(geh.)*
ent|ei̲|sen (von Eis befreien); du enteist; er/sie ent|eis|te [*alte Trennung* ...|st...]; enteist
ent|ei̲|se|nen (von Eisen befreien); du enteisenst; enteisent; enteisentes Wasser; **Ent|ei̲|se|nung**
Ent|ei̲|sung (Befreiung von Eis)
En|te|le|chie̲, die; -, ...i̲en ‹griech.› (*Philos.* im Organismus liegende Kraft zur Entwicklung der Anlagen); **en|te|le|chisch**
En|ten|bra|ten; En|ten|ei
En|ten|grüt|ze, die; - (Geflecht von Wasserlinsen)
En|ten|kü|ken *vgl.* [1]Küken
En|tente [ã'tã:t], die; -, -n ‹franz.› (Bündnis zwischen Staaten); ↑K 150: die Kleine Entente *(hist.);* **En|tente cor|di|ale** [- ...'di̯al], die; - - (*Bez. für* das franz.-engl. Bündnis nach 1904)
En|ten|teich; En|ten|wal
En|ter, das, *auch* der; -s, - (*nordd. für* einjähr. Fohlen, Kalb)
ent|er|ben
En|ter|brü|cke [*alte Trennung* ...k|k...]
Ent|er|bung
En|ter|ha|ken
En|te|rich, der; -s, -e (m. Ente)
En|te|ri|tis, die; -, ...iti̲den ‹griech.› (*Med.* Darmentzündung)
en|tern ‹niederl.› (auf etwas klettern); ein Schiff entern (mit Enterhaken festhalten und erobern); ich entere
En|te|ro|kly|se, die; -, -n ‹griech.› (*Med.* Darmspülung)
En|te|ro|s|kop, das; -s, -e (*Med.* Endoskop zur Untersuchung des Dickdarms)
En|te|ro|s|to|mie̲, die; -, ...i̲en (*Med.* Anlegung eines künstlichen Afters)
En|ter|tai|ner [...te:...], der; -s, - ‹engl.› ([berufsmäßiger] Unterhalter); **En|ter|tai|ne|rin**
En|te|rung
ent|fa|chen *(geh.);* **Ent|fa|chung**
ent|fa̲h|ren; ein Fluch entfuhr ihm
ent|fal|len
ent|falt|bar; ent|fal|ten; sich entfalten
Ent|fal|tung; Ent|fal|tungs|mög|lich|keit
ent|fär|ben; Ent|fär|ber (Entfärbungsmittel)
ent|fer|nen; sich entfernen
ent|fernt; weit davon entfernt, das zu tun; nicht im Entferntesten [*alte Schreibung* ent|fern|te|sten]
Ent|fer|nung; in einer Entfernung von 4 Meter[n]; **Ent|fer|nungs|mes|ser,** der
ent|fes|seln; Ent|fes|se|lung, *seltener* Ent|fess|lung [*alte Schreibung* Ent|feß|lung]
Ent|fes|se|lungs|künst|ler; Ent|fess|lung [*alte Schreibung* Ent|feß|lung] *vgl.* Entfesselung
ent|fes|ti|gen [*alte Trennung* ...|st...]; Metalle entfestigen (weich[er] machen); **Ent|fes|ti|gung**
ent|fet|ten; Ent|fet|tung; Ent|fet|tungs|kur
ent|feu̲ch|ten; Ent|feu̲ch|ter (Gerät, das der Luft Feuchtigkeit entzieht); **Ent|feu̲ch|tung**
ent|flamm|bar; ent|flam|men *(geh.);* **ent|flammt; Ent|flam|mung**
ent|flech|ten; er/sie entflicht (*auch* entflechtet); er/sie entflocht (*auch* entflechtete); entflochten; **Ent|flech|tung**
ent|flie̲|gen
ent|flie̲|hen
ent|frem|den; sich entfremden; **Ent|frem|dung**
ent|fris|ten [*alte Trennung* ...|st...] (von einer Befristung lösen); Tarifverträge entfristen
ent|fros|ten [*alte Trennung* ...|st...]; **Ent|fros|ter; Ent|fros|tung**
ent|fü̲h|ren; Ent|fü̲h|rer; Ent|fü̲h|rung
ent|ga̲|sen; du entgast; **Ent|ga̲|sung**
ent|ge̲|gen; entgegen meinem Vorschlag *od. seltener* meinem Vorschlag entgegen
ent|ge̲|gen... (*in Zus. mit Verben,* z. B. entgegenkommen, du kommst entgegen, entgegengekommen, entgegenzukommen)
ent|ge̲|gen|bli|cken [*alte Trennung* ...k|k...]; **ent|ge̲|gen|brin|gen;** jmdm. Vertrauen entgegenbringen; **ent|ge̲|gen|fah|ren; ent|ge̲|gen|ge|hen**
ent|ge̲|gen|ge|setzt; *aber* das Entgegengesetzte ↑K 72; er ging in die entgegengesetzte Richtung
ent|ge̲|gen|ge|setz|ten|falls *(Amtsspr.)*
ent|ge̲|gen|hal|ten; ent|ge̲|gen|kom|men
Ent|ge̲|gen|kom|men, das; -s; **ent|ge̲|gen|kom|mend; ent|ge̲|gen|kom|men|der|wei̲|se;** *aber* in entgegenkommender Weise
ent|ge̲|gen|lau|fen; ent|ge̲|gen|neh|men; ent|ge̲|gen|se|hen
ent|ge̲|gen|set|zen; ent|ge̲|gen|set|zend (*auch für* adversativ)
ent|ge̲|gen|ste|hen; ent|ge̲|gen|stel|len; ent|ge̲|gen|stem|men, sich; **ent|ge̲|gen|tre|ten**
ent|ge̲g|nen (erwidern); **Ent|ge̲g|nung**
ent|ge̲|hen; ich lasse mir nichts entgehen
ent|gei̲s|tert [*alte Trennung* ...|st...] (sprachlos; verstört)
Ent|gelt, das; -[e]s, -e; gegen,

ohne Entgelt; **ent|gel|ten** *(geh.);* er lässt mich meine Nachlässigkeit nicht entgelten; **ent|gelt|lich** (gegen Bezahlung); **Ent|gelt[s]|ta|rif**
ent|gif|ten; Ent|gif|tung
ent|glei|sen; du entgleist; er/sie ent|gleis|te [*alte Trennung* ...|st...]; **Ent|glei|sung**
ent|glei|ten
ent|glo|ri|fi|zie|ren; Ent|glo|ri|fi|zie|rung
ent|got|ten
ent|göt|tern; ich entgöttere; **Ent|göt|te|rung**
Ent|got|tung
ent|gra|ten; entgratetes Eisen
ent|grä|ten; entgräteter Fisch
ent|gren|zen (*geh. für* aus der Begrenztheit lösen); **Ent|gren|zung**
ent|haa|ren; Ent|haa|rung; Ent|haa|rungs|mit|tel, das
ent|haf|ten (*selten für* aus der Haft entlassen); **Ent|haf|tung**
ent|hal|ten; sich enthalten; ich enthielt mich der Stimme
ent|halt|sam; Ent|halt|sam|keit, die; -
Ent|hal|tung
ent|här|ten; Ent|här|tung
ent|haup|ten; Ent|haup|tung
ent|häu|ten; Ent|häu|tung
ent|he|ben *(geh.);* jmdn. seines Amtes entheben; **Ent|he|bung**
ent|hei|li|gen; Ent|hei|li|gung
ent|hem|men *(Psych.);* **Ent|hemmt|heit,** die; -; **Ent|hem|mung**
ent|hül|len *(geh.);* sich enthüllen; **Ent|hül|lung**
ent|hül|sen
ent|hu|ma|ni|sie|ren; Ent|hu|ma|ni|sie|rung
en|thu|si|as|mie|ren ⟨franz.⟩ (begeistern); **En|thu|si|as|mus,** der; - ⟨griech.⟩ (Begeisterung; Leidenschaftlichkeit)
En|thu|si|ast, der; -en, -en; **En|thu|si|as|tin** [*alte Trennung* ...|st...]; **en|thu|si|as|tisch**
ent|i|de|o|lo|gi|sie|ren (von ideologischen Vorurteilen befreien); **Ent|i|de|o|lo|gi|sie|rung**
En|ti|tät, die; -, -en ⟨lat.⟩ (*Philos.* Dasein im Unterschied zum Wesen eines Dinges)
ent|jung|fern; Ent|jung|fe|rung
ent|kal|ken; Ent|kal|kung
ent|kei|men; Ent|kei|mung
ent|ker|nen; Früchte entkernen; **Ent|ker|ner; Ent|ker|nung**
ent|klei|den *(geh.);* sich entkleiden; **Ent|klei|dung**
Ent|klei|dungs|sze|ne (im Film, Theaterstück)
ent|kno|ten
ent|kof|fe|i|nie|ren; entkoffeinierter Kaffee
ent|ko|lo|ni|a|li|sie|ren; Ent|ko|lo|ni|a|li|sie|rung
ent|kom|men; Ent|kom|men, das; -s
ent|kop|peln; Ent|kop|pe|lung, Ent|kopp|lung
ent|kor|ken
ent|kräf|ten; Ent|kräf|tung
ent|kramp|fen; Ent|kramp|fung
ent|krau|ten; den Boden entkrauten
ent|kri|mi|na|li|sie|ren; Ent|kri|mi|na|li|sie|rung, die; -
ent|la|den; *vgl.* [1]laden; sich entladen; **Ent|la|dung**

ent|lang

Präposition
bei Nachstellung mit Akkusativ, schweiz., sonst selten mit Dativ:
– den Wald entlang (*selten:* dem Wald entlang)
bei Voranstellung mit Dativ, selten mit Genitiv:
– entlang dem Fluss (*selten:* entlang des Flusses; *veraltet Akkusativ:* entlang den Fluss)
Adverb
– sich an der Mauer entlang aufstellen; einen Weg am Ufer entlang verfolgen, *aber* am, das Ufer entlanglaufen

ent|lang... (*in Zus. mit Verben,* z. B. entlanglaufen, du läufst entlang, entlanggelaufen, entlangzulaufen)
ent|lang|fah|ren; ent|lang|füh|ren; ent|lang|ge|hen; ent|lang|kom|men; ent|lang|lau|fen
ent|lar|ven [...f...]; **Ent|lar|vung**
Ent|lass... [*alte Schreibung* Entlaß...] (*südd. in Zus. für* Entlassungs..., z. B. Entlassfeier [*alte Schreibung* Entlaßfeier])
ent|las|sen; Ent|las|sung
Ent|las|sungs|fei|er; Ent|las|sungs|pa|pie|re *Plur.;* **Ent|las|sungs|schein; Ent|las|sungs|schü|ler**
ent|las|ten [*alte Trennung* ...|st...]; **Ent|las|tung**
Ent|las|tungs|an|griff [*alte Trennung* ...|st...]; **Ent|las|tungs|ma|te|ri|al; Ent|las|tungs|schlag; Ent|las|tungs|zeu|ge; Ent|las|tungs|zug**
ent|lau|ben; Ent|lau|bung
ent|lau|fen
ent|lau|sen; Ent|lau|sung; Ent|lau|sungs|schein
Ent|le|buch, das; -s (schweiz. Landschaft)
ent|le|di|gen *(geh.);* sich der Aufgabe entledigen; **Ent|le|di|gung**
ent|lee|ren; Ent|lee|rung
ent|le|gen; Ent|le|gen|heit, die; - *(geh.)*
ent|leh|nen; Ent|leh|nung
ent|lei|ben, sich (*geh. für* sich töten)
ent|lei|hen (für sich leihen); **Ent|lei|her; Ent|lei|he|rin; Ent|lei|hung**
ent|lo|ben, sich; **Ent|lo|bung**
ent|lo|cken [*alte Trennung* ...k|k...]
ent|loh|nen, *schweiz.* **ent|löh|nen**
Ent|loh|nung, *schweiz.* **Ent|löh|nung**
ent|lüf|ten; Ent|lüf|ter
Ent|lüf|tung; Ent|lüf|tungs|hau|be; Ent|lüf|tungs|ven|til
ent|mach|ten; Ent|mach|tung
ent|ma|g|ne|ti|sie|ren
ent|man|nen; Ent|man|nung
ent|men|schen; ent|mensch|li|chen; ent|menscht
ent|mie|ten (das Leerstehen einer Wohnung, eines Hauses bewirken, indem der/die Mieter zum Auszug veranlasst werden)
ent|mi|li|ta|ri|sie|ren; entmilitarisierte Zone; **Ent|mi|li|ta|ri|sie|rung**
ent|mi|schen *(Chemie; Technik);* **Ent|mi|schung**
ent|mis|ten [*alte Trennung* ...|st...]; **Ent|mis|tung**
ent|mün|di|gen; Ent|mün|di|gung
ent|mu|ti|gen; Ent|mu|ti|gung
ent|mys|ti|fi|zie|ren [*alte Trennung* ...|st...] (mystische Vorstellungen von etw. beseitigen); **Ent|mys|ti|fi|zie|rung**
ent|my|thi|sie|ren *vgl.* entmythologisieren; **Ent|my|thi|sie|rung**
ent|my|tho|lo|gi|sie|ren (mythische od. irrationale Vorstellungen von etw. beseitigen); **Ent|my|tho|lo|gi|sie|rung**
Ent|nah|me, die; -, -n
ent|na|ti|o|na|li|sie|ren (ausbürgern; die Verstaatlichung rückgängig machen); **Ent|na|ti|o|na|li|sie|rung**
ent|na|zi|fi|zie|ren; Ent|na|zi|fi|zie|rung
ent|neh|men; [aus] den Worten entnehmen

ent|nẹr|ven; ent|nẹrvt; Ent|nẹr|vung

En|to|dẹrm, das; -s, -e ‹griech.› (*Biol.* inneres Keimblatt des Embryos)

ent|ö|len; entölter Kakao

En|to|mo|lo|ge, der; -n, -n ‹griech.› (Insektenforscher); **En|to|mo|lo|gie,** die; -; **En|to|mo|lo|gin; en|to|mo|lo|gisch**

en|to|pisch ‹griech.› (*fachspr. für* am Ort befindlich, einheimisch)

en|t|ọp|tisch ‹griech.› (*Med.* im Innern des Auges gelegen)

en|t|o|tisch ‹griech.› (*Med.* im Innern des Ohres entstehend)

ent|per|sön|li|chen (das Persönliche bei etwas ausschalten); **Ent|per|sön|li|chung**

ent|pflịch|ten (von Amtspflichten entbinden); **Ent|pflịch|tung**

ent|po|li|ti|sie|ren; Ent|po|li|ti|sie|rung

ent|pụl|pen (*fachspr. für* [Rübenzuckersaft] entfasern)

ent|pụp|pen, sich; **Ent|pụp|pung**

ent|quẹl|len *(geh.)*

ent|rah|men; Ent|rah|mer (Maschine, mit der die Milch entrahmt wird); **Ent|rah|mung**

ent|ra|ten (*veraltend für* entbehren); des Brotes [nicht] entraten können

ent|rät|seln; Ent|rät|se|lung, *seltener* **Ent|räts|lung**

En|t|re|akt [ãtrəˈ|akt, *auch* ãˈtrakt], der; -[e]s, -e ‹franz.› (*Theater* Zwischenakt, Zwischenspiel, Zwischenmusik)

ent|rẹch|ten; Ent|rẹch|tung

En|t|re|cote [ãtrəˈko:t], das; -[s], -s ‹franz.› (Rippenstück vom Rind)

En|t|ree [ã...], das; -s, -s ‹franz.› (Eintritt[sgeld], Eingang; Vorspeise; Eröffnungsmusik [bei Balletten]); **En|t|ree|tür**

ent|rei|ßen

en|t|re nous [ˈã:... ˈnu:] ‹franz., »unter uns«› (*selten für* ungezwungen, vertraulich)

En|t|re|pot [ãtrəˈpo:], das; -, -s ‹franz.› (zollfreier Stapelplatz)

ent|rịch|ten; Ent|rịch|tung

ent|rie|geln; Ent|rie|ge|lung

ent|rịn|den; Baumstämme entrinden

ent|rịn|gen, sich *(geh.);* ein Seufzer entrang sich ihr

ent|rịn|nen *(geh.);* **Ent|rịn|nen,** das; -s

ẹnt|risch (*bayr., österr. mdal. für* unheimlich, nicht geheuer)

ent|rọl|len *(geh.);* sich entrollen

En|tro|pie, die; -, ...ien ‹griech.› (*Physik* Größe der Thermodynamik; *Informationstheorie* Größe des Nachrichtengehalts einer Zeichenmenge)

ent|rọs|ten [*alte Trennung* ...|st...]; **Ent|rọs|ter** (Mittel gegen Rost); **Ent|rọs|tung**

ent|rụ|cken [*alte Trennung* ...k|k...] *(geh.);* **Ent|rụckt|heit**

Ent|rụ|ckung [*alte Trennung* ...k|k...]

ent|rụm|peln; ich entrümp[e]le; **Ent|rụm|pe|lung,** *seltener* **Ent|rụmp|lung**

ent|ru|ßen; den Ofen entrußen

ent|rụs|ten [*alte Trennung* ...|st...]; sich entrüsten; **ent|rụs|tet**

Ent|rụs|tung [*alte Trennung* ...|st...]; **Ent|rụs|tungs|sturm**

ent|sạf|ten; Ent|sạf|ter

ent|sa|gen *(geh.);* dem Vorhaben entsagen; **Ent|sa|gung** *(geh.);* **ent|sa|gungs|voll**

ent|sah|nen

ent|sạl|zen; entsalzt; **Ent|sạl|zung**

Ent|satz, der; -es; jmdm. Entsatz bringen

ent|säu|ern; Ent|säu|e|rung

ent|schä|di|gen; Ent|schä|di|gung; Ent|schä|di|gungs|sum|me

ent|schär|fen; Ent|schär|fung

Ent|scheid, der; -[e]s, -e

ent|schei|den; sich für od. gegen etwas entscheiden; **ent|schei|dend**

Ent|schei|dung; Ent|schei|dungs|be|fug|nis; Ent|schei|dungs|fin|dung; Ent|schei|dungs|fra|ge *(Sprachw.)*

Ent|schei|dungs|frei|heit; Ent|schei|dungs|ge|walt; Ent|schei|dungs|schlacht

ent|schei|dungs|schwer *(geh.)*

Ent|schei|dungs|spiel

ent|schie|den; auf das, aufs Entschiedens|te *od.* auf das, aufs entschiedens|te; **Ent|schie|den|heit,** die; -

ent|schlạ|cken [*alte Trennung* ...k|k...]; **Ent|schlạ|ckung**

ent|schla|fen (*geh., verhüllend für* sterben); **Ent|schla|fe|ne,** der *u.* die; -n, -n

ent|schla|gen, sich *(veraltet);* sich aller Sorgen entschlagen

ent|schlạm|men; Ent|schlạm|mung

ent|schlei|ern *(geh.);* ich entschleiere; **Ent|schlei|e|rung**

Ent|schleu|ni|gung, die; - (Verlangsamung einer Entwicklung o. Ä.)

ent|schlie|ßen, sich; sie entschloss [*alte Schreibung* entschloß] sich; **Ent|schlie|ßung**

ent|schlọs|sen; Ent|schlọs|sen|heit, die; -

ent|schlüp|fen

Ent|schlụss [*alte Schreibung* Entschluß]

ent|schlụ̈s|seln; Ent|schlụ̈s|se|lung, Ent|schlụ̈ss|lung [*alte Schreibung* Ent|schlüß|lung]

ent|schlụss|fä|hig [*alte Schreibung* ent|schluß...]; **Ent|schlụss|fä|hig|keit,** die; -

Ent|schlụss|frei|heit [*alte Schreibung* Ent|schluß...]; **Ent|schlụss|freu|dig|keit; Ent|schlụss|kraft**

ent|schlụss|los [*alte Schreibung* ent|schluß...]; **Ent|schlụss|lo|sig|keit**

Ent|schlụ̈ss|lung [*alte Schreibung* Ent|schlüß|lung] *vgl.* Entschlüsselung

ent|schrọt|ten; Ent|schrọt|tung

ent|schụld|bar; Ent|schụld|bar|keit, die; -

ent|schụl|den (Schulden senken)

ent|schụl|di|gen; sich wegen *od.* für etwas entschuldigen

Ent|schụl|di|gung

Ent|schụl|di|gungs|brief; Ent|schụl|di|gungs|grund; Ent|schụl|di|gungs|schrei|ben

Ent|schụl|dung

ent|schụp|pen

ent|schwe|ben *(geh., oft iron.)*

ent|schwe|feln; Ent|schwe|fe|lung, Ent|schwef|lung

ent|schwei|ßen ([Wolle] von Schweiß und Fett reinigen)

ent|schwịn|den *(geh.)*

ent|seelt (*geh. für* tot)

Ent|see|lung, die; - (*geh. für* das Seelenloswerden); die Entseelung der Umwelt

Ent|sẹn|de|ge|setz (Gesetz, das tarifliche Mindestlöhne im Baugewerbe auch für ausländische Arbeitnehmer vorsieht)

ent|sẹn|den; Ent|sẹn|dung

ent|sẹt|zen; sich entsetzen

Ent|sẹt|zen, das; -s; Entsetzen erregen

Ent|sẹt|zen er|re|gend, *auch* **ent|sẹt|zen|er|re|gend;** ein Entsetzen erregender, *auch* entsetzenerregender Anblick, *aber nur* ein äußerstes Entsetzen erregender Anblick, ein äußerst

entsetzenerregender Anblick ↑K 59
Ent|set|zens|schrei
ent|setz|lich; Ent|setz|lich|keit
ent|setzt
ent|seu|chen (*fachspr. für* desinfizieren); **Ent|seu|chung**
ent|si|chern; das Gewehr entsichern
ent|sie|geln; Ent|sie|ge|lung, *seltener* **Ent|sieg|lung**
ent|sin|nen, sich; ich habe mich deiner entsonnen
ent|sinn|li|chen; Ent|sinn|li|chung, die; -
ent|sitt|li|chen; Ent|sitt|li|chung
ent|sor|gen; Ent|sor|gung (Beseitigung von Müll u. Ä.)
ent|span|nen; sich entspannen; **ent|spannt;** entspanntes Wasser
Ent|span|nung; Ent|span|nungs|po|li|tik; Ent|span|nungs|ü|bung
ent|spie|geln; eine Brille entspiegeln; **Ent|spie|ge|lung, Ent|spieg|lung**
ent|spin|nen, sich
ent|spre|chen
ent|spre|chend; entsprechend seinem Vorschlag *od.* seinem Vorschlag entsprechend; ↑K 72: Entsprechendes, das Entsprechende gilt für ...
Ent|spre|chung
ent|sprie|ßen *(geh.)*
ent|sprin|gen
ent|sta|li|ni|sie|ren; Ent|sta|li|ni|sie|rung, die; -
ent|stam|men
ent|stau|ben; Ent|stau|bung
ent|ste|hen
Ent|ste|hung; Ent|ste|hungs|ge|schich|te; Ent|ste|hungs|ort; Ent|ste|hungs|ur|sa|che; Ent|ste|hungs|zeit
ent|stei|gen *(geh.)*
ent|stei|nen; Kirschen entsteinen
ent|stel|len (verunstalten); **ent|stellt; Ent|stel|lung**
ent|stem|peln; die Nummernschilder wurden entstempelt
ent|sti|cken [*alte Trennung* ...k|k...] (*Chemie* Stickoxide aus Rauchgasen entfernen); **Ent|sti|ckung**
ent|stoff|li|chen
ent|stö|ren
Ent|stö|rung; Ent|stö|rungs|dienst
ent|strö|men *(geh.)*
ent|süh|nen *(geh.);* **Ent|süh|nung**
ent|sump|fen; Ent|sump|fung
ent|ta|bu|ie|ren, ent|ta|bu|i|sie|ren ([einer Sache] den Charakter des Tabus nehmen)
Ent|ta|bu|ie|rung
ent|ta|bu|i|sie|ren *vgl.* enttabuieren; **Ent|ta|bu|i|sie|rung**
ent|tar|nen; Ent|tar|nung
ent|täu|schen; Ent|täu|schung; ent|täu|schungs|reich
ent|tee|ren; Ent|tee|rung
ent|thro|nen; Ent|thro|nung
ent|trüm|mern; Ent|trüm|me|rung
ent|völ|kern; ich entvölkere; **Ent|völ|ke|rung,** die; -
entw. = entweder
ent|wach|sen
ent|waff|nen; Ent|waff|nung
ent|wal|den; Ent|wal|dung
ent|wan|zen; Ent|wan|zung
ent|war|nen; Ent|war|nung
ent|wäs|sern
Ent|wäs|se|rung, Ent|wäss|rung [*alte Schreibung* Ent|wäß|rung]
Ent|wäs|se|rungs|gra|ben
Ent|wäss|rung [*alte Schreibung* Ent|wäß|rung] *vgl.* Entwässerung
ent|we|der [*auch* ...'ve:...] (*Abk.* entw.); *nur in* entweder – oder
Ent|we|der-o|der [*alte Schreibung* Ent|we|der-Oder], das; -, - ↑K 81
ent|wei|chen; *vgl.* ²weichen; **Ent|weich|ge|schwin|dig|keit** (*svw.* Fluchtgeschwindigkeit); **Ent|wei|chung**
ent|wei|hen; Ent|wei|hung
ent|wen|den; ich entwendete, habe entwendet; **Ent|wen|dung**
ent|wer|fen; Pläne entwerfen; **Ent|wer|fer; Ent|wer|fe|rin**
ent|wer|ten; Ent|wer|ter (Automat); **Ent|wer|tung**
ent|we|sen; ein Gebäude entwesen (*fachspr. für* von Ungeziefer reinigen); **Ent|we|sung**
ent|wi|ckeln [*alte Trennung* ...k|k...]; sich entwickeln; **Ent|wi|cke|lung** *vgl.* Entwicklung
Ent|wick|ler *(Fotogr.)*
Ent|wick|lung, *(veraltet:)* Ent|wi|cke|lung; **Ent|wick|lungs|dienst**
ent|wick|lungs|fä|hig
Ent|wick|lungs|ge|schich|te; ent|wick|lungs|ge|schicht|lich
Ent|wick|lungs|ge|setz; Ent|wick|lungs|grad; Ent|wick|lungs|hel|fer; Ent|wick|lungs|hel|fe|rin
ent|wick|lungs|hem|mend
Ent|wick|lungs|hil|fe; Ent|wick|lungs|jah|re *Plur.;* **Ent|wick|lungs|land** *Plur.* ...länder; **Ent|wick|lungs|pro|zess** [*alte Schreibung* ...pro|zeß]
Ent|wick|lungs|ro|man; Ent|wick|lungs|stö|rung; Ent|wick|lungs|stu|fe; Ent|wick|lungs|zeit
ent|wid|men (*Amtsspr.* einer bestimmten Benutzung entziehen); einen Weg entwidmen; **Ent|wid|mung**
ent|win|den *vgl.* ¹winden
ent|wirr|bar
ent|wir|ren; sich entwirren; **Ent|wir|rung**
ent|wi|schen (*ugs. für* entkommen)
ent|wöh|nen; Ent|wöh|nung
ent|wöl|ken, sich *(geh.);* **Ent|wöl|kung**
ent|wür|di|gen; Ent|wür|di|gung
Ent|wurf; Ent|wurfs|ge|schwin|dig|keit (Richtwert im Straßenbau); **Ent|wurfs|zeich|nung**
ent|wur|men; Ent|wur|mung
ent|wur|zeln; ich entwurz[e]le; **Ent|wur|ze|lung,** *seltener* **Ent|wurz|lung**
ent|zau|bern; ich entzaubere; **Ent|zau|be|rung**
ent|zer|ren; Ent|zer|rer *(Technik);* **Ent|zer|rung**
ent|zie|hen; sich entziehen
Ent|zie|hung; Ent|zie|hungs|er|schei|nung; Ent|zie|hungs|kur
ent|zif|fer|bar
Ent|zif|fe|rer; ent|zif|fern; ich entziffere; **Ent|zif|fe|rung**
ent|zü|cken [*alte Trennung* ...k|k...]; **Ent|zü|cken,** das; -s *(geh.);* **ent|zü|ckend; Ent|zü|ckung** *(geh.)*
Ent|zug, der; -[e]s; **Ent|zugs|er|schei|nung**
ent|zünd|bar; ent|zün|den; sich entzünden
ent|zun|dern (*für* dekapieren); ich entzundere
ent|zünd|lich; ein leicht entzündliches [*alte Schreibung* leichtentzündliches] Gemisch; **Ent|zünd|lich|keit,** die; -
Ent|zün|dung; ent|zün|dungs|hem|mend; Ent|zün|dungs|herd
ent|zwei; entzwei sein
ent|zwei... (*in Zus. mit Verben,* z. B. entzweibrechen, du brichst entzwei, entzweigebrochen, entzweizubrechen)
ent|zwei|bre|chen
ent|zwei|en; sich entzweien
ent|zwei|ge|hen; ent|zwei|ma|chen *(ugs.);* **ent|zwei|schnei|den**
Ent|zwei|ung
E|nu|me|ra|ti|on, die; -, -en ⟨lat.⟩ (Aufzählung); **e|nu|me|ra|tiv** (aufzählend)
En|vel|op|pe [ãvəˈlɔp(ə)], die; -, -n

‹franz.› (*Math.* einhüllende Kurve)

En|vi|ron|ment [ɛnˈvai̯(ə)rənmɛnt], das; -s, -s ‹amerik.› (*Kunstwiss.* künstlerisch gestalteter Raum); **en|vi|ron|men|tal**

En|vi|ron|to|lo|gie, die; - (Umweltforschung)

en vogue [ã ˈvoːk] ‹franz.› (beliebt; modisch; im Schwange)

En|vo|yé [ãvo̯aˈjeː], der; -s, -s ‹franz.› (*franz. für* Gesandter)

Enz, die; - (linker Nebenfluss des Neckars)

En|ze|pha|li|tis, die; -, ...itiden ‹griech.› (*Med.* Gehirnentzündung)

En|ze|pha|lo|gramm, das; -s, -e (Röntgenbild der Gehirnkammern)

En|ze|pha|lo|pa|thie, die; -, -n (Erkrankung des Gehirns)

En|zi|an, der; -s, -e (eine Alpenpflanze; ein alkohol. Getränk); 3 [Glas] Enzian; **en|zi|an|blau**

En|zy|k|li|ka, die; -, ...ken ‹griech.› (päpstl. Rundschreiben)

en|zy|k|lisch (einen Kreis durchlaufend)

En|zy|k|lo|pä|die, die; -, ...ien ‹griech.› (Nachschlagewerk)

en|zy|k|lo|pä|disch (umfassend)

En|zy|k|lo|pä|dist, der; -en, -en (Mitarbeiter an der berühmten franz. Enzyklopädie)

En|zym, das; -s, -e ‹griech.› (*Biochemie* den Stoffwechsel regulierende Verbindung)

en|zy|ma|tisch; En|zy|mo|lo|gie, die; - (Lehre von den Enzymen)

eo ip|so ‹lat.› (von selbst; selbstverständlich)

E|o|li|enne [...ˈli̯ɛn], die; - ‹franz.› (ein [Halb]seidengewebe in Taftbindung)

E|o|lith, der; *Gen.* -s *u.* -en, *Plur.* -e[n] ‹griech.› (vermeintl. vorgeschichtl. Werkzeug)

E|os (griech. Göttin der Morgenröte)

EOS = erweiterte Oberschule; *vgl.* erweitern

E|o|sin, das; -s ‹griech.› (ein roter Farbstoff); **e|o|si|nie|ren** (mit Eosin färben)

e|o|zän ‹griech.› (*Geol.* das Eozän betreffend); **E|o|zän**, das; -s (zweitälteste Stufe des Tertiärs)

E|o|zo|i|kum, das; -s (*veraltet für* Proterozoikum); **e|o|zo|isch**

ep..., Ep... *vgl.* epi..., Epi...

e|p|a|go|gisch ‹griech.› (*Philos.* zum Allgemeinen führend)

E|pau|lett [epo...], das; -s, -s ‹franz.›, *häufiger* **E|pau|let|te**, die; -, -n (Schulterstück auf Uniformen)

E|pen (*Plur. von* Epos)

E|p|en|the|se, E|p|en|the|sis, die; -, ...thesen ‹griech.› (*Sprachw.* Einschaltung von Lauten [zur Ausspracheerleichterung], z. B. »t« in »namentlich«)

E|p|e|x|e|ge|se, die; -, -n ‹griech.› (*Rhet.* hinzugefügte Erklärung, z. B. drunten »im Unterland«)

eph..., Eph... *vgl.* epi..., Epi...

E|phe|be, der; -n, -n ‹griech.› (*im alten Griechenland Bez. für* einen wehrfähigen jungen Mann); **e|phe|bisch**

E|ph|e|li|den *Plur.* ‹griech.› (*Med.* Sommersprossen)

e|ph|e|mer ‹griech.› (nur einen Tag dauernd; vorübergehend); ephemere Blüten, Pflanzen

E|ph|e|me|ri|de, die; -, -n (*Astron.* Gestirn[berechnungs]tafel)

E|phe|ser (Bewohner von Ephesus); **E|phe|ser|brief**, der; -[e]s (*N. T.;* [↑ K 64])

e|phe|sisch; E|phe|sos *vgl.* Ephesus; **E|phe|sus** (altgriech. Stadt in Kleinasien)

E|phor, der; -en, -en ‹griech.› (einer der fünf höchsten Beamten im alten Sparta); **E|pho|rat**, das; -[e]s, -e (Amt eines Ephoren od. Ephorus); **E|pho|ren|amt**

E|pho|rie, die; -, ...ien ([kirchl.] Aufsichtsbezirk); **E|pho|rus**, der; -, Ephoren (Dekan in der reformierten Kirche; Leiter eines ev. Predigerseminars)

E|ph|ra|im (m. Vorn.)

e|pi..., E|pi..., *vor Vokalen und h* ep..., Ep... (*griech. Vorsilbe* darauf *[örtl. u. zeitl.]*, daneben, bei, darüber)

E|pi|de|mie, die; -, ...ien ‹griech.› (Seuche, Massenerkrankung)

E|pi|de|mi|o|lo|ge, der; -n, -n; **E|pi|de|mi|o|lo|gie**, die; - (Lehre von den epidemischen Erkrankungen); **E|pi|de|mi|o|lo|gin; e|pi|de|mi|o|lo|gisch**

e|pi|de|misch (seuchenartig)

E|pi|der|mis, die; -, ...men ‹griech.› (*Med.* Oberhaut)

E|pi|di|a|s|kop, das; -s, -e ‹griech.› (Bildwerfer, der als Diaskop und Episkop verwendbar ist)

E|pi|ge|ne|se, die; -, -n ‹griech.› (*Biol.* Entwicklung durch Neubildung; *Geol.* nachträgliche Entstehung eines Flusstals)

e|pi|ge|ne|tisch

e|pi|go|nal (nachahmend, unschöpferisch); **E|pi|go|ne**, der; -n, -n ‹griech.› (Nachahmer ohne Schöpferkraft); **e|pi|go|nen|haft; E|pi|go|nen|tum**, das; -s

E|pi|gramm, das; -s, -e ‹griech.› (Sinn-, Spottgedicht); **E|pi|gram|ma|ti|ker** (Verfasser von Epigrammen); **e|pi|gram|ma|tisch** (kurz, treffend)

E|pi|graph, *auch* E|pi|graf, das; -s, -e (antike Inschrift); **E|pi|gra|phik**, *auch* E|pi|gra|fik, die; - (Inschriftenkunde); **E|pi|gra|phi|ker**, *auch* E|pi|gra|fi|ker (Inschriftenforscher)

E|pik, die; - ‹griech.› (erzählende Dichtkunst)

E|pi|karp, das; -s, -e ‹griech.› (*Bot.* äußerste Schicht der Fruchtschale)

E|pi|ker ‹*zu* Epik›

E|pi|k|le|se, die; -, -n ‹griech.› (Anrufung des Heiligen Geistes in der orthodoxen Kirche)

E|pi|kon|dy|li|tis, die; -, ...itiden ‹griech.› (*Med.* Tennisarm)

E|pi|kri|se, die; -, -n ‹griech.› (*Med.* abschließende Beurteilung einer Krankheit)

E|pi|kur (griech. Philosoph)

E|pi|ku|re|er (Anhänger der Lehre Epikurs; *seit der röm. Zeit für* Genussmensch)

e|pi|ku|re|isch (*auch für* auf Genuss gerichtet), [↑ K 135]: epikureische [*alte Schreibung* Epikureische] Schriften

e|pi|ku|risch *vgl.* epikureisch

E|pi|la|ti|on, die; -, -en ‹lat.› (*Med.* Enthaarung)

E|pi|lep|sie, die; -, ...ien ‹griech.› (Erkrankung mit plötzlich eintretenden Krämpfen u. kurzer Bewusstlosigkeit)

E|pi|lep|ti|ker; E|pi|lep|ti|ke|rin; e|pi|lep|tisch

e|pi|lie|ren ‹lat.› (*Med.* enthaaren)

E|pi|log, der; -s, -e ‹griech.› (Nachwort; Nachspiel, Ausklang)

E|pin|g|lé [epɛ̃...], der; -[s], -s ‹franz.› (Kleider- u. Möbelstoff mit ungleich starken Querrippen)

E|pi|ni|ki|on, das; -s, ...ien ‹griech.› (altgriech. Siegeslied)

E|pi|pha|ni|as, das; - ‹*zu* Epiphanie› (Fest der Erscheinung des Herrn; Dreikönigsfest); **E|pi-**

pha|nie, die; - ‹griech., »Erscheinung«›; **E|pi|pha|ni|en|fest** (*svw.* Epiphanias)
E|pi|pho|ra, die; -, ...rä ‹griech.› (*Med.* Tränenfluss; *Rhet., Stilk.* Wiederholung von Wörtern am Ende aufeinander folgender Sätze oder Satzteile)
E|pi|phyl|lum, das; -s, ...llen ‹griech.› (ein Blätterkaktus)
E|pi|phy|se, die; -, -n ‹griech.› (*Med.* Zirbeldrüse; Endstück der Röhrenknochen)
E|pi|phyt, der; -en, -en (*Bot.* Pflanze, die [bei selbstständiger Ernährung] auf anderen Pflanzen wächst)
E|pi|rot, der; -en, -en (Bewohner von Epirus); **e|pi|ro|tisch; E|pi|rus** (westgriech. Landschaft)
e|pisch ‹griech.› (erzählend; das Epos betreffend); episches Theater
E|pi|s|kop, das; -s, -e ‹griech.› (Bildwerfer für nicht durchsichtige Bilder)
e|pi|s|ko|pal, *auch* e|pi|s|ko|pisch ‹griech.› (bischöflich); **E|pi|s|ko|pa|lis|mus,** der; - (Auffassung, nach der das Konzil der Bischöfe über dem Papst steht); **E|pi|s|ko|pa|list,** der; -en, -en (Anhänger des Episkopalismus)
E|pi|s|ko|pal|kir|che
E|pi|s|ko|pat, das, *Theol.* der; -[e]s, -e (Gesamtheit der Bischöfe [eines Landes]; Bischofswürde)
e|pi|s|ko|pisch *vgl.* episkopal
E|pi|s|ko|pus, der; -, ...pi (*lat. Bez. für* Bischof)
E|pi|so|de, die; -, -n ‹griech.› (vorübergehendes, nebensächl. Ereignis); **E|pi|so|den|film**
e|pi|so|den|haft; e|pi|so|disch
E|pi|s|tel, die; -, -n ‹griech.› (Apostelbrief; vorgeschriebene gottesdienstl. Lesung; *ugs. für* Brief, Strafpredigt)
E|pi|s|te|mo|lo|gie, die; - ‹griech.-engl.› (*Philos.* Erkenntnistheorie); **e|pi|s|te|mo|lo|gisch**
E|pi|s|tyl, das; -s, -e ‹griech.› (*svw.* Architrav)
E|pi|taph, das; -s, -e ‹griech.› *u.* **E|pi|ta|phi|um,** das; -s, ...ien (Grabschrift; Grabmal mit Inschrift)
E|pi|tha|la|mi|on, E|pi|tha|la|mi|um, das; -s, ...ien ‹griech.› ([antikes] Hochzeitslied)
E|pi|thel, das; -s, -e ‹griech.› *u.* **E|pi|the|li|um,** das; -s, ...ien (*Biol.* oberste Zellschicht der Haut); **E|pi|thel|zel|le**
E|pi|the|ton, das; -s, ...ta ‹griech.› (*Sprachw.* Beiwort); **E|pi|the|ton or|nans,** das; - -, ...ta ...antia ‹griech.; lat., »schmückendes« Beiwort› (typisierendes, immer wiederkehrendes Attribut; z. B. »grüne« Wiese)
E|pi|t|rit, der; -en, -en ‹griech.› (altgriech. Versfuß)
E|pi|zen|t|rum ‹griech.› (senkrecht über dem Erdbebenherd liegender Erdoberflächenpunkt)
E|pi|zy|k|lo|i|de, die; -, -n ‹griech.› (*Math.* eine geometr. Kurve)
E|po, EPO, das; - (*ugs.; vgl.* Erythropoietin)
e|po|chal ‹griech.› (für einen [großen] Zeitabschnitt geltend; [sehr] bedeutend)
E|po|che, die; -, -n (Zeitabschnitt); Epoche machen
E|po|che ma|chend, *auch* **e|po|che|ma|chend;** eine Epoche machende, *auch* epochemachende Erfindung ↑K59
E|po|chen|un|ter|richt, der; -[e]s (*Päd.*)
E|po|de, die; -, -n ‹griech.› (eine [antike] Gedichtform)
E|po|pöe [*auch* ...ˈpøː], die; -, ...öen ‹griech.› (*veraltet für* Epos)
E|pos, das; -, Epen (erzählende Versdichtung; Heldengedicht)
E-Post, die; - (E-Mail)
Ep|pich, der; -s, -e (*landsch.* Bez. für mehrere Pflanzen, z. B. Efeu)
E|p|rou|vet|te [epruˈvɛt(ə)], die; -, -n ‹franz.› (*bes. österr. für* Proberöhrchen, Reagenzglas)
Ep|si|lon, das; -[s], -s (griech. Buchstabe [kurzes e]: *Ε, ε*)
E|qua|li|zer [ˈiːkvəlaizɐ], der; -s, - ‹engl.› (Zusatzgerät an Verstärkern von Hi-Fi-Anlagen zur Klangverbesserung)
E|qui|li|b|rist *ältere Schreibung für* Äquilibrist
E|qui|pa|ge [ek(v)iˈpaːʒə, *österr.* ...ˈpaːʒ], die; -, -n ‹franz.› (*veraltet für* elegante Kutsche; Ausrüstung eines Offiziers)
E|quipe [eˈkiːp, *auch* eˈkɪp, *schweiz.* eˈkipə], die; -, -n ([Reiter]mannschaft, [Arbeits]gruppe)
e|qui|pie|ren [ek(v)i...] (*veraltet für* ausrüsten); **E|qui|pie|rung**
E|quip|ment [ɪ...], das; -s, -s ‹engl.› (techn. Ausrüstung)
er; er kommt
[1]**Er;** ↑K85 (veraltete Anrede an eine männliche Person); höre Er!; jmdn. Er nennen; ↑K76: das veraltete Er
[2]**Er,** der; -, -s (*ugs. für* Mensch oder Tier männl. Geschlechts); es ist ein Er; ein Er und eine Sie
[3]**Er** = *chem. Zeichen für* Erbium
er... (*Vorsilbe von Verben,* z. B. erahnen, du erahnst, erahnt, zu erahnen)
...er (z. B. Lehrer, der; -s, -)
er|ach|ten; jmdn. als *od.* für geeignet erachten
Er|ach|ten, das; -s; meinem Erachten nach, meines Erachtens (*Abk.* m. E.); (*nicht korrekt:* meines Erachtens nach)
er|ah|nen
er|ar|bei|ten; Er|ar|bei|tung
e|ras|misch (von Erasmus; *auch* in der Weise des Erasmus von Rotterdam), ↑K135: die erasmische [*alte Schreibung* Erasmische] Satire »Lob der Torheit«
E|ras|mus von Rot|ter|dam (niederländ. Theologe u. Humanist)
E|ra|to [*auch* ˈeː...] (Muse der Lyrik, bes. der Liebesdichtung)
E|ra|tos|the|nes [*alte Trennung* ...|st...] (altgriech. Gelehrter)
er|äu|gen (*meist scherzh.*)
Erb|a|del; Erb|an|la|ge
Erb|an|spruch
er|bar|men; sich erbarmen; du erbarmst dich seiner, *seltener* über ihn; er erbarmt mich, *österr. auch* mir (er tut mir Leid)
Er|bar|men, das; -s; **er|bar|mens|wert**
Er|bar|mer, der; -s (*geh.*)
er|bärm|lich; Er|bärm|lich|keit, die; -
Er|bar|mung *Plur. selten*
er|bar|mungs|los; Er|bar|mungs|lo|sig|keit, die; -
er|bar|mungs|voll; er|bar|mungs|wür|dig
er|bau|en; sich an guter Musik erbauen
Er|bau|er; Er|bau|e|rin
er|bau|lich; Er|bau|lich|keit, die; -
Er|bau|ung; Er|bau|ungs|li|te|ra|tur, die; -
Erb|bau|recht; Erb|be|gräb|nis
erb|be|rech|tigt
Erb|bild (*für* Genotyp)
Erb|bi|o|lo|gie; erb|bi|o|lo|gisch

E

[1]Er|be, der; -n, -n; gesetzlicher Erbe
[2]Er|be, das; -s; kulturelles Erbe
er|be|ben
erb|ei|gen (ererbt)
erb|ein|ge|ses|sen (alteingesessen)
er|ben
Er|ben|ge|mein|schaft
[1]er|be|ten (durch Beten erlangen); erbetete, erbetet
[2]er|be|ten; ein erbetener Gast
er|bet|teln
er|beu|ten; Er|beu|tung
erb|fä|hig
Erb|fak|tor; Erb|fall (*Rechtsspr.* Todesfall, der jmdn. zum Erben macht); **Erb|feind**
Erb|fol|ge, die; -; **Erb|fol|ge|krieg**
Erb|fol|ger; Erb|fol|ge|rin
Erb|groß|her|zog; Erb|gut; Erb|hof
er|bie|ten, sich *(geh.);* **Er|bie|ten,** das; -s *(geh.)*
Er|bin
Erb|in|for|ma|ti|on *(Genetik)*
er|bit|ten; jmds. Rat erbitten
er|bit|tern; es erbittert mich; **Er|bit|te|rung,** die; -
Er|bi|um, das; -s (chemisches Element, Metall; *Zeichen* Er)
Erb|krank|heit
er|blas|sen (*geh. für* bleich werden); die Baronin erblasste [*alte Schreibung* erblaßte]
Erb|las|sen|schaft *(Rechtsw.)*
Erb|las|ser (der eine Erbschaft Hinterlassende); **Erb|las|se|rin**
erb|las|se|risch; Erb|las|sung
Erb|le|hen
er|blei|chen (bleich werden); du erbleichtest; erbleicht *u.* (*veraltet, im Sinne von* »gestorben«:) erblichen; *vgl.* [2]bleichen
Erb|lei|den; Erb|lei|he
erb|lich; Erb|lich|keit, die; -
er|bli|cken [*alte Trennung* ...k|k...]
er|blin|den; Er|blin|dung
erb|los
er|blü|hen
Erb|mas|se; erb|mä|ßig
Erb|on|kel *(ugs. scherzh.)*
er|bo|sen (erzürnen); du erbost; sein Verhalten erboste mich; sich erbosen; ich habe mich erbost
er|bö|tig (bereit); er ist erbötig, macht sich erbötig, diesen Dienst zu leisten
Er|bö|tig|keit, die; -
Erb|pacht *(früher);* **Erb|päch|ter** *(früher)*
Erb|pfle|ge, die; - (*für* Eugenik)
Erb|prinz
er|bre|chen; sich erbrechen
Er|bre|chen, das; -s; bis zum Erbrechen (*ugs. für* bis zum Überdruss)
Erb|recht
er|brin|gen; den Nachweis erbringen
er|brü|ten (*fachspr. für* ausbrüten)
Erbs|brei *vgl.* Erbsenbrei
Erb|schaft
Erb|schafts|steu|er, Erb|schaft|steu|er, die
Erb|schein; Erb|schlei|cher
Erb|se, die; -, -n
Erb|sen|bein (*Med.* Knochen der Handwurzel)
Erb|sen|brei, Erbs|brei
erb|sen|groß
Erb|sen|stroh, Erbs|stroh (getrocknetes Erbsenkraut)
Erb|sen|sup|pe
Erbs|stroh *vgl.* Erbsenstroh
Erb|stück; Erb|sün|de *(christl. Rel.)*
Erbs|wurst
Erb|tan|te *(ugs. scherzh.)*
Erb|teil, das (*BGB* der)
Erb|tei|lung
erb|tüm|lich; erb- und eigentümlich
Erb|ver|trag; Erb|ver|zicht; Erb|ver|zichts|ver|trag
Erb|we|sen, das; -s
Erd|ach|se, die; -
er|dacht; eine erdachte Geschichte
Erd|al|ka|li|en *Plur. (Chemie)*
Erd|an|zie|hung, die; -
Erd|ap|fel (*landsch. für* Kartoffel)
Erd|ar|bei|ten *Plur.*
Erd|at|mo|s|phä|re
er|dau|ern (*schweiz. für* [ein Problem] reifen lassen; sich durch Warten verdienen); **Er|dau|e|rung** *(schweiz.)*
Erd|ball, der; -[e]s; **Erd|be|ben**
Erd|be|ben|herd; Erd|be|ben|mes|ser, der; **Erd|be|ben|war|te; Erd|be|ben|wel|le**
Erd|beer|bow|le
Erd|bee|re; Erd|beer|eis
erd|beer|far|ben *od.* erd|beer|far|big
Erd|be|schleu|ni|gung (*Physik* Fallbeschleunigung)
Erd|be|schrei|bung
Erd|be|stat|tung
Erd|be|völ|ke|rung
Erd|be|we|gung; Erd|be|woh|ner; Erd|bir|ne (*landsch. für* Kartoffel); **Erd|bo|den; Erd|boh|rer** *(Technik)*
erd|braun
Er|de, die; -, -n *Plur. selten*
er|den (*Elektrot.* Verbindung zwischen einem elektr. Gerät und der Erde herstellen)
Er|den|bür|ger; Er|den|glück
er|denk|bar; er|den|ken; er|denk|lich; alles erdenkliche Gute wünschen
Er|den|le|ben; Er|den|rund, das; -[e]s
Erd|fall, der (trichterförmige Senkung von Erdschichten)
erd|far|ben *od.* erd|far|big
erd|fern (ein erdferner Planet); **Erd|fer|ne,** die; -
Erdg. = Erdgeschichte; Erdgeschoss
Erd|gas; erd|gas|höf|fig (reiches Erdgasvorkommen versprechend)
erd|ge|bo|ren (*geh. für* sterblich, irdisch); **Erd|ge|bo|re|ne, Erd|ge|bor|ne,** der *u.* die; -n, -n
erd|ge|bun|den
Erd|geist *Plur.* ...geister
Erd|ge|schich|te (*Abk.* Erdg.)
Erd|ge|schoss [*alte Schreibung* ...ge|schoß] (*Abk.* Erdg.; *vgl.* Geschoss)
erd|haft
Erd|höh|le
Erd|hörn|chen (ein Nagetier)
er|dich|ten ([als Ausrede] erfinden; sich ausdenken)
er|dig
Erd|kern; Erd|kreis; Erd|krus|te [*alte Trennung* ...|st...]
Erd|ku|gel
Erd|kun|de, die; -; **Erd|kund|ler; Erd|kund|le|rin; erd|kund|lich**
Erd|ling, der; -s, -e (*scherzh. für* Erdbewohner)
erd|ma|g|ne|tisch; erdmagnetische Wellen; **Erd|ma|g|ne|tis|mus**
Erd|männ|chen (Kobold; ein Tier)
erd|nah; erdnaher Planet
Erd|nä|he *(Astron.)*
Erd|nuss [*alte Schreibung* Erdnuß]; **Erd|nuss|but|ter**
Erd|o|ber|flä|che, die; -
Erd|öl; Erdöl fördernde, Erdöl exportierende [*alte Schreibungen* erdölfördernde, erdölexportierende] Länder
er|dol|chen *(geh.);* **Er|dol|chung**
Erd|öl ex|por|tie|rend, Erd|öl för|dernd [*alte Schreibungen* erd|öl|ex|por|tie|rend, erd|öl|för|dernd] *vgl.* Erdöl
erd|öl|höf|fig (reiches Erdölvorkommen versprechend)

Erd|öl|pro|duk|ti|on; Erd|öl|vor|kom|men
Erd|pech; Erd|rauch (eine Pflanze)
Erd|reich
er|dreis|ten [*alte Trennung* ...|st...], sich *(geh.)*
Erd|rin|de, die; -
er|dröh|nen
er|dros|seln; Er|dros|se|lung, *seltener* **Er|dross|lung** [*alte Schreibung* Er|droß|lung]
er|drü|cken [*alte Trennung* ...k|k...]; **er|drü|ckend**
Er|drusch, der; -[e]s, -e (Ertrag des Dreschens)
Erd|rutsch; Erd|sa|tel|lit; Erd|schicht
Erd|schlipf (*schweiz. neben* Erdrutsch)
Erd|schluss [*alte Schreibung* ...schluß] *(Elektrot.)*
Erd|schol|le; Erd|sicht *(Flugw.)*
Erd|spal|te; Erd|stoß
Erd|strö|me *Plur.* (elektr. Ströme in der Erdkruste)
Erd|teil, der; **Erd|tra|bant**
er|dul|den; Er|dul|dung, die; -
Erd|um|krei|sung; Erd|um|run|dung
erd|um|span|nend
Er|dung (das Erden)
Erd|ver|mes|sung; Erd|wachs (*für* Ozokerit)
Erd|wall; Erd|wär|me
Erd|zeit|al|ter
E|re|bos, E|re|bus, der; - ⟨griech.⟩ (Unterwelt der griech. Sage)
E|re|ch|thei|on, das; -s (Tempel des Erechtheus in Athen)
E|re|ch|the|um *vgl.* Erechtheion
E|re|ch|theus (griech. Sagengestalt)
er|ei|fern, sich; **Er|ei|fe|rung**
er|eig|nen, sich
Er|eig|nis, das; -ses, -se; ein freudiges Ereignis; ein großes Ereignis
er|eig|nis|los; er|eig|nis|reich
er|ei|len *(geh.);* das Schicksal ereilte ihn
E|rek (m. Vorn.)
e|rek|til ⟨lat.⟩ (*Med.* aufrichtbar, schwellfähig); **E|rek|ti|on,** die; -, -en (Aufrichtung, Anschwellung [des Penis])
E|re|mit, der; -en, -en ⟨griech.⟩ (Einsiedler; Klausner)
[1]E|re|mi|ta|ge [...ʒə, *österr.* ...ʒ], die; -, -n (abseits gelegene Grotte od. Nachahmung einer Einsiedelei in Parkanlagen des 18. Jh.s)
[2]E|re|mi|ta|ge, Er|mi|ta|ge, die; - (Kunstsammlung in Sankt Petersburg)
E|ren, Ern, der; -, - (*landsch., bes. südwestd. veraltend für* Hausflur, -gang)
er|er|ben *(veraltet)*
er|erbt; ererbter Besitz
E|re|this|mus, der; - ⟨griech.⟩ (*Med., Psych.* übersteigerte Gereiztheit)
er|fahr|bar
[1]er|fah|ren; etwas Wichtiges erfahren
[2]er|fah|ren; erfahrene Fachkräfte; **Er|fah|re|ne,** der *u.* die; -n, -n
Er|fah|ren|heit, die; -
Er|fah|rung; Er|fah|rungs|aus|tausch; Er|fah|rungs|be|richt
er|fah|rungs|ge|mäß; er|fah|rungs|mä|ßig
Er|fah|rungs|schatz; Er|fah|rungs|tat|sa|che; Er|fah|rungs|wert; Er|fah|rungs|wis|sen|schaft, die; - (*für* Empirie)
er|fass|bar [*alte Schreibung* er|faß|bar]; **er|fas|sen;** erfasst [*alte Schreibung* erfaßt]
Er|fas|sung
er|fech|ten; erfochtene Siege
er|fin|den; Er|fin|der; Er|fin|der|geist, der; -[e]s; **Er|fin|de|rin**
er|fin|de|risch
er|find|lich; nicht erfindlich (erkennbar, verständlich) sein
Er|fin|dung; Er|fin|dungs|ga|be; Er|fin|dungs|kraft
er|fin|dungs|reich
er|fle|hen *(geh.);* erflehte Hilfe
Er|folg, der; -[e]s, -e; Maßnahmen, die Erfolg versprechen
er|fol|gen
er|folg|ge|krönt *(geh.)*
Er|folg|ha|sche|rei, die; - *(abwertend)*
er|folg|los; Er|folg|lo|sig|keit
er|folg|reich
er|folgs|ab|hän|gig
Er|folgs|aus|sicht *meist Plur.;* **Er|folgs|au|tor; Er|folgs|buch**
Er|folgs|den|ken; Er|folgs|er|leb|nis; Er|folgs|kurs, der; -es
er|folgs|o|ri|en|tiert
Er|folgs|prä|mie; Er|folgs|quo|te
Er|folgs|rech|nung *(Wirtsch.)*
Er|folgs|se|rie
er|folgs|si|cher
Er|folgs|stück; Er|folgs|zif|fer
Er|folgs|zwang
Er|folg ver|spre|chend, *auch* **er|folg|ver|spre|chend;** Erfolg versprechende, *auch* erfolgversprechende Maßnahmen; *aber nur* großen Erfolg versprechende Maßnahmen, höchst erfolgversprechende Maßnahmen; diese Maßnahme ist noch erfolgversprechender ↑K 59
er|for|der|lich
er|for|der|li|chen|falls *(Amtsspr.)*
er|for|dern; Er|for|der|nis, das; -ses, -se
er|forsch|bar; er|for|schen
Er|for|scher; Er|for|sche|rin; Er|for|schung
er|fra|gen; Er|fra|gung
er|fre|chen, sich *(veraltend)*
er|freu|en; sich erfreuen; **er|freu|lich;** manches Erfreuliche ↑K 72; **er|freu|li|cher|wei|se**
er|frie|ren; Er|frie|rung; Er|frie|rungs|tod
er|fri|schen; sich erfrischen; **er|fri|schend;** erfrischender Humor
Er|fri|schung
Er|fri|schungs|ge|tränk; Er|fri|schungs|raum; Er|fri|schungs|stand; Er|fri|schungs|tuch
Erft, die; - (linker Nebenfluss des Niederrheins)
er|füh|len *(geh.)*
er|füll|bar; erfüllbare Wünsche
er|fül|len; sich erfüllen; **Er|füllt|heit,** die; -; **Er|fül|lung**
Er|fül|lungs|ort, der; -[e]s, -e *(Rechtsw.)*
Er|furt (Hauptstadt von Thüringen); **Er|fur|ter;** der Erfurter Dom
erg = Erg
Erg, das; -s, - ⟨griech.⟩ (ältere physikal. Energieeinheit; *Zeichen* erg)
erg. = ergänze!
er|gän|zen; du ergänzt; ergänze! (*Abk.* erg.); **Er|gän|zung**
Er|gän|zungs|ab|ga|be (zusätzliche Steuer); **Er|gän|zungs|band,** der (*Abk.* Erg.-Bd.)
Er|gän|zungs|bin|de|strich; Er|gän|zungs|fra|ge *(Sprachw.);* **Er|gän|zungs|satz** (*für* Objektsatz)
er|gat|tern (*ugs. für* sich durch eifriges, geschicktes Bemühen verschaffen); ich ergattere
er|gau|nern (*ugs. für* sich durch Betrug verschaffen); ich ergaunere
Erg.-Bd. = Ergänzungsband
[1]er|ge|ben; die Zählung hat ergeben, dass ...; sich ins Unvermeidliche ergeben
[2]er|ge|ben; ergebener Diener; **Er|ge|ben|heit,** die; -
Er|ge|ben|heits|a|d|res|se; er|ge|benst
Er|geb|nis, das; -ses, -se

er|ge̲b|nis|los; Er|ge̲b|nis|lo|sig|keit, die; -
er|ge̲b|nis|o|ri|en|tiert
er|ge̲b|nis|reich
Er|ge̲|bung *(geh.)*; **er|ge̲|bungs|voll** *(geh.)*
er|ge̲|hen; wie ist es dir ergangen?; sich im Park ergehen (*geh. für* spazieren gehen); sie erging sich in Vermutungen; er hat es über sich ergehen lassen; **Er|ge̲|hen,** das; -s (Befinden)
er|gie̲|big; Er|gie̲|big|keit, die; -
er|gie̲|ßen; sich ergießen; **Er|gie̲|ßung**
er|glạ̈n|zen *(geh.)*
er|glü̲|hen *(geh.)*
ẹr|go ‹lat.› (folglich, also)
Er|go|graph, *auch* Er|go|graf, der; -en, -en ‹griech.› (*Med.* Gerät zur Aufzeichnung der Muskelarbeit)
Er|go|lo|gie̲, die; - ([historische] Erforschung der Arbeitsgeräte)
Er|go|me̲|ter, das; -s, - (*Med.* Gerät zur Messung der körperl. Leistungsfähigkeit)
Er|go|no|mie̲, Er|go|no̲|mik, die; - (Erforschung der Leistungsmöglichkeiten u. optimalen Arbeitsbedingungen des Menschen); **er|go|no̲|misch**
Er|go|s|te|ri̲n, das; -s (Vorstufe des Vitamins D_2)
Ẹr|go|the|ra|pie, die; -, -n ‹griech.› (Arbeits- und Beschäftigungstherapie)
er|gọ̈t|zen *(geh.)*; du ergötzt; sich ergötzen; **Er|gọ̈t|zen,** das; -s *(geh.)*; **er|gọ̈tz|lich** *(geh.)*; **Er|gọ̈t|zung** *(geh.)*
er|grau̲|en; ergraut
er|grei̲|fen; er|grei̲|fend; Er|grei̲|fung *Plur. selten*
er|grịf|fen; er war sehr ergriffen; **Er|grịf|fen|heit,** die; -; **Er|grịf|fen|sein,** das; -s
er|grịm|men *(geh.)*
er|gründ|bar; er|grụ̈n|den; Er|grụ̈n|dung *Plur. selten*
er|grü̲|nen *(geh.)*; die Natur ergrünt
Er|gụss [*alte Schreibung* Er|guß]; **Er|gụss|ge|stein** (*für* Effusivgestein)
er|ha̲|ben; erhabene (erhöhte) Stellen einer Druckplatte; über allen Zweifel erhaben; **Er|ha̲|ben|heit**
Er|hạlt, der; -[e]s (*Amtsspr.* Empfang; Erhaltung, Bewahrung)
er|hạl|ten; erhalten bleiben
er|hạl|tens|wert
er|hạ̈lt|lich
Er|hạl|tung, die; -; **Er|hạl|tungs|trieb**
er|hạl|tungs|wür|dig
Er|hạl|tungs|zu|stand
er|hạn|deln
er|hạ̈n|gen; sich erhängen; *vgl.* ²hängen; **Er|hạ̈ng|te,** der *u.* die; -n, -n
E̲r|hard (m. Vorn.)
er|hạ̈r|ten; Er|hạ̈r|tung
er|ha|schen
er|he̲|ben; sich erheben
er|he̲|bend (feierlich)
er|he̲b|lich
Er|he̲|bung
er|hei̲|ra|ten (durch Heirat erlangen)
er|hei̲|schen (*geh. für* erfordern)
er|hei̲|tern; ich erheitere; **Er|hei̲|te|rung**
¹er|hẹl|len; sich erhellen (hell, heiter werden)
²er|hẹl|len; daraus erhellt (wird klar), dass …
Er|hẹl|lung
er|hịt|zen; du erhitzt; sich erhitzen; **Er|hịt|zer; Er|hịt|zung**
er|họf|fen; ich erhoffe mir Vorteile
er|hö̲|hen; Er|hö̲|hung
Er|hö̲|hungs|zei|chen (*Musik* ♯)
er|ho̲|len, sich; **er|ho̲l|sam**
Er|ho̲|lung, die; -; Erholung suchen
Er|ho̲|lungs|auf|ent|halt
er|ho̲|lungs|be|dürf|tig
Er|ho̲|lungs|ge|biet; Er|ho̲|lungs|heim; Er|ho̲|lungs|pau|se; Er|ho̲|lungs|rei|se; Er|ho̲|lungs|stät|te
Er|ho̲|lung su|chend, *auch* **er|ho̲|lung|su|chend;** Erholung suchende, *auch* erholungsuchende Großstädter ↑ K 58 u. 59
Er|ho̲|lung Su|chen|de, der *u.* die; - -n, - -n, *auch* **Er|ho̲|lung|su|chen|de,** der *u.* die; -n, -n
Er|ho̲|lungs|ur|laub; Er|ho̲|lungs|wert; Er|ho̲|lungs|zeit; Er|ho̲|lungs|zen|t|rum
er|hö̲|ren; Er|hö̲|rung
E̲|rich (m. Vorn.)
E|ri̲|da|nos, ¹E|ri̲|da|nus, der; - ‹griech.› (Fluss der griech. Sage)
²E|ri̲|da|nus, der; - (ein Sternbild)
E|rie|see ['i:ri…, *auch* 'i:əri…], der; -s (in Nordamerika)
e|ri|gi̲|bel ‹lat.› (*svw.* erektil); **e|ri|gie̲|ren** (*Med.* sich aufrichten)
E̲|rik (m. Vorn.)
¹E̲|ri|ka (w. Vorn.)
²E̲|ri|ka, die; -, …ken ‹griech.› (Heidekraut)
er|ịn|ner|lich

er|ịn|nern

– sich erinnern; ich erinnere mich an das Ereignis, *in gehobener Ausdrucksweise* des Ereignisses; erinnerst du dich daran, *geh.* dessen?
– jemanden an etwas erinnern; ich musste sie an ihr Versprechen erinnern
– ich erinnere das, diesen Vorfall nicht *(bes. nordd.)*

Er|ịn|ne|rung
Er|ịn|ne|rungs|bild; Er|ịn|ne|rungs|fo|to
er|ịn|ne|rungs|los
Er|ịn|ne|rungs|lü|cke [*alte Trennung* …k|k…]; **Er|ịn|ne|rungs|mal;** *vgl.* ²Mal; **Er|ịn|ne|rungs|schrei|ben** *(veraltet)*
er|ịn|ne|rungs|schwer
Er|ịn|ne|rungs|stät|te; Er|ịn|ne|rungs|stück; Er|ịn|ne|rungs|ver|mö|gen, das; -s; **Er|ịn|ne|rungs|zei|chen**
E|rịn|nye […nÿə], **E|rịn|nys,** die; -, …yen *meist Plur.* ‹griech.› (griech. Rachegöttin)
E̲|ris (griech. Göttin der Zwietracht); **E|rịs|tik** [*alte Trennung* …|st…], die; - ‹griech.› (Kunst u. Technik des Redestreits)
E|ri|t|re̲a (Staat in Nordostafrika)
E|ri|t|re̲|er; E|ri|t|re̲|e|rin; e|ri|t|re̲|isch
E|ri|wa̲n (Hauptstadt Armeniens)
er|ja̲|gen
er|kạl|ten; erkaltet
er|kạ̈l|ten, sich; erkältet
Er|kạl|tung, die; -
Er|kạ̈l|tung; Er|kạ̈l|tungs|ge|fahr; Er|kạ̈l|tungs|krank|heit
er|kạ̈mp|fen
er|kau̲|fen
er|kẹnn|bar; Er|kẹnn|bar|keit
er|kẹn|nen; sich zu erkennen geben; auf eine Freiheitsstrafe erkennen (*Rechtsspr.* als Urteil verkünden)
er|kẹnnt|lich; sich erkenntlich zeigen; **Er|kẹnnt|lich|keit**
¹Er|kẹnnt|nis, die; -, -se (Einsicht)
²Er|kẹnnt|nis, das; -ses, -se (*österr., sonst veraltet für* richterl. Urteil)
Er|kẹnnt|nis|fä|hig|keit; Er|kẹnnt|nis|kri|tik *(Philos.)*
er|kẹnnt|nis|the|o|re|tisch *(Phi-*

los.); **Er|kẹnnt|nis|the|o|rie** *(Philos.)*
Er|kẹn|nung, die; -
Er|kẹn|nungs|dienst; er|kẹn|nungs|dienst|lich
Er|kẹn|nungs|mar|ke
Er|kẹn|nungs|me|lo|die
Er|kẹn|nungs|zei|chen
Ẹr|ker, der; -s, -
Ẹr|ker|fens|ter [*alte Trennung* ...|st...]; **Ẹr|ker|zim|mer**
er|kie|sen (*geh. für* [aus]wählen); *meist nur noch im Präteritum und Partizip II gebr.*; ich erkor, du erkorst; erkoren; *vgl.* ²kiesen
er|klär|bar; Er|klär|bar|keit, die; -
er|klä|ren; sich erklären
Er|klä|rer; Er|klä|re|rin
er|klär|lich; er|klär|li|cher|wei|se
er|klärt (entschieden; offenkundig); ein erklärter Nichtraucher, der erklärte Publikumsliebling; **er|klär|ter|wei|se**
Er|klä|rung
er|kleck|lich (*geh. für* beträchtlich; *vgl. d.*)
er|klet|tern; Er|klet|te|rung
er|klim|men *(geh.)*; **Er|klim|mung**
er|klin|gen
er|ko|ren *vgl.* erkiesen
er|kran|ken; Er|kran|kung
Er|kran|kungs|fall, der; im Erkrankungsfall
er|küh|nen, sich
er|kun|den
er|kun|di|gen, sich; **Er|kun|di|gung**
Er|kun|dung; Er|kun|dungs|fahrt; Er|kun|dungs|flug
er|küns|teln [*alte Trennung* ...|st...] *(abwertend)*; **er|küns|telt**
er|kü|ren; *vgl.* küren
er|la|ben *(veraltet)*; sich erlaben
Er|lag, der; -[e]s (*österr. für* Hinterlegung); **Er|lag|schein** (*österr. für* Zahlkarte der Post)
er|lah|men; Er|lah|mung, die; -
er|lan|gen
Ẹr|lan|gen (Stadt a. d. Regnitz); **Ẹr|lan|ger**
Er|lan|gung, die; - *(Amtsspr.)*
Er|lass [*alte Schreibung* Er|laß], der; Erlasses, *Plur.* Erlasse, *österr.* Erlässe; **er|las|sen; Er|las|sung**
er|lau|ben; sich erlauben; ich erlaube mir[,] zu fragen
Er|laub|nis, die; -, -se *Plur. selten*; **Er|laub|nis|schein**
er|laucht *(geh.)*; **Er|laucht,** die; -, -en (ein Adelstitel); *vgl.* euer, ihr *u.* sein
er|lau|fen; den Ball erlaufen *(Sport)*
er|lau|schen *(selten)*
er|läu|tern; ich erläutere; **Er|läu|te|rung; er|läu|te|rungs|wei|se**
Ẹr|le, die; -, -n (ein Laubbaum)
er|le|ben; Er|le|ben, das; -s
Er|le|bens|fall, der; -[e]s; im Erlebensfall *(Versicherungsw.)*
Er|leb|nis, das; -ses, -se
Er|leb|nis|auf|satz; Er|leb|nis|be|richt
Er|leb|nis|fä|hig|keit *(bes. Psych.)*
Er|leb|nis|gas|t|ro|no|mie [*alte Trennung* ...|st...]
Er|leb|nis|hun|ger; er|leb|nis|hung|rig
er|leb|nis|o|ri|en|tiert
Er|leb|nis|pä|d|a|go|gik
er|leb|nis|reich
Er|leb|nis|ro|man; Er|leb|nis|ur|laub
er|lebt; erlebte Rede *(Sprachw.)*
er|le|di|gen; er|le|digt (*ugs. für* völlig erschöpft); **Er|le|di|gung**
er|le|gen (*bes. österr. auch für* [einen Betrag] zahlen); **Er|le|gung**
er|leich|tern; ich erleichtere; sich erleichtern; **er|leich|tert; Er|leich|te|rung**
er|lei|den
ẹr|len (aus Erlenholz)
Ẹr|len|bruch *vgl.* ²Bruch; **Ẹr|len|holz**
Ẹr|len|mey|er|kol|ben ↑K 136 ‹nach dem dt. Chemiker R. Erlenmeyer› (*Chemie* kegelförmiger oder bauchiger Glaskolben mit flachem Boden)
er|lern|bar; Er|lern|bar|keit, die; -
er|ler|nen; Er|ler|nung, die; -
er|le|sen; erlesenes (ausgesuchtes) Gericht; **Er|le|sen|heit**
er|leuch|ten; Er|leuch|tung
er|lie|gen; ↑K 82: zum Erliegen kommen
er|lis|ten [*alte Trennung* ...|st...]; **Er|lis|tung,** die; -
Ẹrl|kö|nig ‹»Elfenkönig«› (*nur Sing.*: Sagengestalt; *ugs. für* getarnter Versuchswagen)
er|lo|gen; *vgl.* erlügen
Er|lös, der; -es, -e
er|lö|schen; *vgl.* ²löschen; **Er|lö|schen,** das; -s
er|lö|sen; erlöst
Er|lö|ser; Er|lö|ser|bild *(Rel.)*
er|lö|ser|haft
Er|lö|sung *Plur. selten*
er|lü|gen; erlogen
er|mäch|ti|gen; Er|mäch|ti|gung
er|mah|nen; Er|mah|nung
er|man|geln *(geh.)*; jeglichen Sachverstandes ermangeln
Er|man|ge|lung, Er|mang|lung, die; -; in Ermangelung, Ermanglung eines Besser[e]n *(geh.)*
er|man|nen, sich *(geh.)*; **Er|man|nung,** die; -
er|mä|ßi|gen; Er|mä|ßi|gung
er|mat|ten; Er|mat|tung, die; -
er|mess|bar [*alte Schreibung* ermeß|bar]; **er|mes|sen**
Er|mes|sen, das; -s; nach meinem Ermessen
Er|mes|sens|ent|schei|dung; Er|mes|sens|fra|ge; Er|mes|sens|frei|heit
Er|mi|ta|ge *vgl.* ²Eremitage
er|mit|teln; ich ermitt[e]le
Er|mitt|ler; Er|mitt|le|rin
Er|mitt|lung
Er|mitt|lungs|ar|beit; Er|mitt|lungs|be|am|te; Er|mitt|lungs|rich|ter; Er|mitt|lungs|ver|fah|ren
Ẹrm|land, das; -[e]s (Landschaft im ehem. Ostpreußen)
er|mög|li|chen; Er|mög|li|chung, die; -
er|mor|den; Er|mor|dung
er|müd|bar; Er|müd|bar|keit, die; -
er|mü|den; Er|mü|dung *Plur. selten*
Er|mü|dungs|bruch
Er|mü|dungs|er|schei|nung
Er|mü|dungs|zu|stand
er|mun|tern; ich ermuntere; **Er|mun|te|rung**
er|mu|ti|gen; Er|mu|ti|gung
Ern *vgl.* Eren
Ẹr|na (w. Vorn.)
er|näh|ren; sich ernähren
Er|näh|rer; Er|näh|re|rin
Er|näh|rung, die; -
Er|näh|rungs|ba|sis
Er|näh|rungs|for|schung
Er|näh|rungs|la|ge
Er|näh|rungs|leh|re *(Med.)*
Er|näh|rungs|phy|si|o|lo|gie *(Med.)*; **er|näh|rungs|phy|si|o|lo|gisch** *(Med.)*
Er|näh|rungs|plan
Er|näh|rungs|stö|rung *(Med.)*
er|nen|nen; Er|nen|nung
Er|nen|nungs|schrei|ben
Er|nen|nungs|ur|kun|de
er|nes|ti|ni|sche Li|nie [*alte Schreibung* Er|ne|sti|ni|sche Linie] ↑K 135, die; -n - (herzogl. Linie der Wettiner)
er|neu|en (*seltener für* erneuern)
Er|neu|er, *häufiger* **Er|neu|e|rer,** Er|neu|rer
Er|neu|e|rin, Er|neu|re|rin
er|neu|ern; sich erneuern; ich erneuere

Er|neu|e|rung
er|neu|e|rungs|be|dürf|tig
Er|neu|rer *vgl.* Erneuerer; **Er|neu|re|rin**
er|neut (nochmals); **Er|neu|ung** (*seltener für* Erneuerung)
er|nied|ri|gen; sich erniedrigen
er|nied|ri|gend; Er|nied|ri|gung
Er|nied|ri|gungs|zei|chen (*Musik* ♭)

E

ernst

Getrenntschreibung vom folgenden Verb oder Partizip:
- ernst sein; es ist mir [vollkommen] ernst damit; ernst werden, die Lage wird ernst; jmdn., eine Sache [sehr] ernst nehmen
- ein ernst gemeinter [*alte Schreibung* ernstgemeinter] Rat
- ein ernst zu nehmender [*alte Schreibung* ernstzunehmender] Vorschlag
- ein ernst genommener [*alte Schreibung* ernstgenommener] Hinweis

Vgl. [1]Ernst

[1]**Ernst**, der; -es; im Ernst; Ernst machen; Scherz für Ernst nehmen; es ist mir [vollkommener] Ernst damit; es wurde Ernst [aus dem Spiel]; allen Ernstes
[2]**Ernst** (m. Vorn.)
Ernst|fall, der
ernst ge|meint [*alte Schreibung* ernst|ge|meint] *vgl.* ernst
ernst|haft; Ernst|haf|tig|keit, die; -
ernst|lich
ernst zu neh|mend [*alte Schreibung* ernst|zu|neh|mend] *vgl.* ernst
Ern|te, die; -, -n
Ern|te|aus|fäl|le *Plur.* (Einbußen bei der Ernte)
Ern|te|bri|ga|de (*in der DDR*)
Ern|te|dank|fest
Ern|te|ein|satz; Ern|te|er|geb|nis; Ern|te|fest (Erntedankfest); **Ern|te|kranz; Ern|te|kro|ne**
Ern|te|ma|schi|ne
Ern|te|mo|nat *od.* ...mond (*alte Bez. für* August)
ern|ten
Ern|te|se|gen; Ern|te|zeit
Ern|ting, der; -s, -e (*alte Bez. für* August)
er|nüch|tern; ich ernüchtere; **Er|nüch|te|rung**
Er|o|be|rer; Er|o|be|rin; er|o|bern; ich erobere

Er|o|be|rung; Er|o|be|rungs|drang; Er|o|be|rungs|krieg
Er|o|be|rungs|lust; er|o|be|rungs|lus|tig [*alte Trennung* ...|st...]
Er|o|be|rungs|zug
e|ro|die|ren ‹lat.› (*Geol.* auswaschen)
er|öff|nen; Er|öff|nung
Er|öff|nungs|be|schluss [*alte Schreibung* ...be|schluß] (*Rechtsw.*); **Er|öff|nungs|re|de; Er|öff|nungs|vor|stel|lung**
e|ro|gen ‹griech.› (*Med.* sexuell erregbar); erogene Zone
E|ro|i|ca, *auch* **E|ro|i|ka**, die; - ‹griech.› (*kurz für* Sinfonia eroica [Titel der 3. Sinfonie Es-Dur von Beethoven])
er|ör|tern; ich erörtere
Er|ör|te|rung
[1]**E|ros** (griech. Gott der Liebe); *vgl.* Eroten
[2]**E|ros** [*auch* ˈɛrɔs], der; - ‹griech.› (sinnliche Liebe; *Philos.* Drang nach Erkenntnis); philosophischer Eros
[3]**E|ros**, der; - (ein Planet)
E|ros|cen|ter [*alte Schreibung* Eros-Cen|ter] ‹griech.-engl.› (*verhüllend für* Bordell)
E|ro|si|on, die; -, -en ‹lat.› (*Geol.* Erdabtragung durch Wasser, Eis od. Wind); **e|ro|siv**
E|ro|ten *Plur.* ‹griech.› (allegor. Darstellung geflügelter Liebesgötter, meist in Kindergestalt); *vgl.* [1]Eros
E|ro|tik, die; - (sinnliche Liebe; Sexualität)
[1]**E|ro|ti|ka** (*Plur. von* Erotikon)
[2]**E|ro|ti|ka** *Plur.* (sexuell anregende Gegenstände, Mittel o. Ä.)
E|ro|ti|ker (Verfasser von erotischen Schriften; sinnlicher Mensch); **E|ro|ti|ke|rin**
E|ro|ti|kon, das; -s, *Plur.* ...ka *od.* ...ken (erotisches Buch)
e|ro|tisch
e|ro|ti|sie|ren; E|ro|ti|sie|rung
E|ro|to|ma|nie, die; - (*Med., Psych.* übersteigertes sexuelles Verlangen)
Er|pel, der; -s, - (Enterich)
er|picht (begierig)
er|press|bar [*alte Schreibung* erpreß...]; **Er|press|bar|keit**, die; -
er|pres|sen; Er|pres|ser
Er|pres|ser|brief; Er|pres|se|rin; er|pres|se|risch
Er|pres|sung; Er|pres|sungs|ver|such
er|pro|ben; er|probt; er|prob|ter|wei|se

Er|pro|bung; er|pro|bungs|hal|ber
er|qui|cken [*alte Trennung* ...k|k...] (*geh. für* erfrischen); sich erquicken; **er|quick|lich** (*geh.*); **Er|qui|ckung** [*alte Trennung* ...k|k...] (*geh.*)
Er|ra|ta (*Plur. von* Erratum)
er|rat|bar; er|ra|ten
er|ra|tisch ‹lat.› (*Geol.* verirrt, zerstreut); erratischer Block (Findling[sblock])
Er|ra|tum, das; -s, ...ta (Versehen, Druckfehler)
er|re|chen|bar; er|rech|nen
er|reg|bar; Er|reg|bar|keit, die; -
er|re|gen; sich erregen; **Er|re|ger; Er|regt|heit**, die; -
Er|re|gung; Er|re|gungs|zu|stand
er|reich|bar; Er|reich|bar|keit
er|rei|chen; Er|rei|chung, die; -
er|ret|ten (*geh.*); jmdn. von *od.* vor etwas erretten; **Er|ret|ter; Er|ret|tung**
er|rich|ten; Er|rich|tung
er|rin|gen; Er|rin|gung, die; -
er|rö|ten; Er|rö|ten, das; -s
Er|run|gen|schaft
Er|satz, der; -es; **Er|satz|bank**, *Plur.* ...bänke (*Sport*)
Er|satz|be|frie|di|gung (*Psych.*); **Er|satz|deh|nung** (*Sprachw.*)
Er|satz|dienst; Er|satz|dienst|leis|ten|de [*alte Trennung* ...|st...], der; -n, -n
er|satz|dienst|pflich|tig; Er|satz|dienst|pflich|ti|ge, der; -n, -n
Er|satz|dro|ge
er|satz|ge|schwächt (*bes. Sport*)
Er|satz|hand|lung (*Psych.*)
Er|satz|in|fi|ni|tiv (*Sprachw.* Infinitiv anstelle eines Partizips II nach einem reinen Infinitiv, z. B. er hat ihn kommen »hören« statt »gehört«)
Er|satz|kas|se
er|satz|los; ersatzlos gestrichen
Er|satz|mann *Plur.* ...leute, *auch* ...männer
er|satz|pflich|tig
Er|satz|rad; Er|satz|re|ser|ve (*Milit.*); **Er|satz|spie|ler** (*Sport*)
Er|satz|teil, das, *seltener* der; **Er|satz|teil|la|ger**
er|satz|wei|se
Er|satz|zeit (*Versicherungsw.*)
er|sau|fen (*ugs. für* ertrinken); ersoffen
er|säu|fen (ertränken); ersäuft
er|schaf|fen; *vgl.* [2]schaffen; **Er|schaf|fer** (*geh.; meist für* Gott); **Er|schaf|fung**, die; - (*geh.*)
er|schal|len (*geh.*); es erscholl *od.* erschallte; es erschölle *od.* er-

ers|te

[*alte Trennung* er|ste]	– die Ersten werden die Letzten sein; der Erste des Monats; vom nächsten Ersten an – ↑K88 *u.* 89: Otto der Erste (Otto I.) – der Erste Weltkrieg – der Erste [*alte Schreibung* erste] Geiger – der Erste Bürgermeister; der Erste Staatsanwalt – der Erste Vorsitzende *(als Dienstbez.)*; der Erste Schlesische Krieg; der Erste Mai (Feiertag) – die Erste [*alte Schreibung* erste] Bundesliga – Erstes Deutsches Fernsehen (*für* ARD)
Kleinschreibung: – der erste (1.) April – das erste Mal; beim, zum ersten Mal – der erste Rang; die erste Geige spielen; die erste heilige Kommunion; der erste Spatenstich; erster Klasse fahren – Bachstraße 7, erster Stock – die erste [*alte Schreibung* Erste] Hilfe (bei Unglücksfällen)	
Großschreibung ↑K80*:* – der Erste [*alte Schreibung* erste], der kam – als Erster, Erste [*alte Schreibungen* erster, erste] durchs Ziel gehen – als Erstes [*alte Schreibung* erstes] tun – fürs Erste [*alte Schreibung* erste] – zum Ersten [*alte Schreibung* ersten]; mein Erstes [*alte Schreibung* erstes] war, ein Heft zu kaufen (zuerst kaufte ich ...)	*Besondere Unterscheidungen:* – die ersten beiden (das erste und das zweite Glied, das erste Paar einer Gruppe) – *aber* die beiden Ersten [*alte Schreibung* ersten] (von zwei Gruppen das jeweils erste Glied) *Vgl.* achte, erstbeste, erstere

schallte; erschollen *od.* erschallt; erschall[e]!

er|schau|dern *(geh.)*

er|schau|en

er|schau|ern *(geh.)*

er|schei|nen; Er|schei|nung

Er|schei|nungs|bild; Er|schei|nungs|form; Er|schei|nungs|jahr; Er|schei|nungs|ort; Er|schei|nungs|ter|min

er|schie|ßen; Er|schie|ßung

er|schim|mern *(geh.)*

er|schlaf|fen; er|schlafft; Er|schlaf|fung, die; -

er|schla|gen

er|schlei|chen (durch List erringen); **Er|schlei|chung**

er|schließ|bar; er|schlie|ßen; sich erschließen; **Er|schlie|ßung**

er|schmel|zen *(Hüttenw.)*

er|schöpf|bar

er|schöp|fen; sich erschöpfen

er|schöpft; Er|schöp|fung *Plur. selten*

Er|schöp|fungs|tod; Er|schöp|fungs|zu|stand

[1]**er|schre|cken** [*alte Trennung* ...k|k...]; ich bin darüber erschrocken; *vgl.* [1]schrecken

[2]**er|schre|cken** [*alte Trennung* ...k|k...]; sein Aussehen hat mich erschreckt; *vgl.* [2]schrecken

[3]**er|schre|cken** [*alte Trennung* ...k|k...]; sich *(ugs.);* ich habe mich sehr erschreckt, erschrocken

er|schre|ckend [*alte Trennung* ...k|k...]; **er|schreck|lich** (*veraltet für* erschreckend, schrecklich)

Er|schro|cken|heit [*alte Trennung* ...k|k...]; die; -; **er|schröck|lich** (*scherzh. für* erschrecklich)

er|schüt|tern; er|schüt|ternd; Er|schüt|te|rung

er|schwe|ren

Er|schwer|nis, die; -, -se; **Er|schwer|nis|zu|la|ge** (Zulage bei bes. schwerer Arbeit)

Er|schwe|rung

er|schwin|deln

er|schwing|bar (*svw.* erschwinglich); **er|schwin|gen**

er|schwing|lich (finanziell zu bewältigen); **Er|schwing|lich|keit,** die; -

er|se|hen

er|seh|nen *(geh.);* du ersehnst dir etwas

er|setz|bar; Er|setz|bar|keit, die; -

er|set|zen; Er|set|zung

er|sicht|lich

er|sin|nen; er|sinn|lich *(veraltet)*

er|sit|zen; ersessene Rechte; **Er|sit|zung** (*Rechtsw.* Eigentumserwerb durch langjährigen Besitz)

er|sor|gen (*schweiz. veraltend für* mit Sorge erwarten)

er|spä|hen *(geh.)*

er|spa|ren; Er|spar|nis, die; -, -se, *österr. auch* das; -ses, -se

Er|spa|rung, die; -

er|spie|len; du hast [dir] einen guten Platz erspielt

er|sprie|ßen *(geh.);* **er|sprieß|lich** *(geh.);* **Er|sprieß|lich|keit,** die; -

er|spü|ren *(geh.)*

erst; erst recht; erst mal (*ugs. für* erst einmal)

er|star|ken; Er|star|kung, die; -

er|star|ren; Er|star|rung, die; -

er|stat|ten; Er|stat|tung

erst|auf|füh|ren *meist nur im Infinitiv u. Partizip II gebr.;* die Oper wurde in Kairo erstaufgeführt; **Erst|auf|füh|rung**

er|stau|nen; Er|stau|nen, das; -s; **er|stau|nens|wert**

er|staun|lich; Er|staunt|heit, die; -

Erst|aus|ga|be; Erst|aus|stat|tung

Erst|beich|te *(kath. Kirche);* **Erst|be|sitz**

erst|bes|te [*alte Trennung* ...|st...]; die erstbeste Gelegenheit, *aber* wir nehmen nicht gleich den Erstbesten [*alte Schreibung* erstbesten], den ersten Besten [*alte Schreibung* besten]

Erst|be|stei|gung; Erst|be|zug

Erst|druck *Plur.* ...drucke

ers|te *s. Kasten*

er|ste|chen

er|ste|hen; Er|ste|her

Ers|te-Hil|fe-Aus|rüs|tung [*alte Trennungen* ...|st...|st...] ↑K26

Er|ste|hung

er|steig|bar; Er|steig|bar|keit

er|stei|gen; Er|stei|ger

Er|stei|ge|rer

Er|stei|ge|rin (w. Person, die etw. ersteigt; w. Person, die etw. ersteigert)

er|stei|gern; Er|stei|ge|rung

Er|stei|gung

er|stel|len (errichten; aufstellen); **Er|stel|ler; Er|stel|le|rin Er|stel|lung**

ers|te Mal [*alte Schreibung* er|ste|mal] *vgl.* erste

ers|tens [*alte Trennung* ...|st...]; **ers|ter** *vgl.* erste

er|ster|ben *(geh.)*

ers|te|re [*alte Trennung* ...|st...]; erstere Bedeutung von beiden; ↑K72: Erstere *od.* die Erstere [*alte Schreibung* erstere] kommt nicht in Betracht; Ersteres [*alte Schreibung* ersteres] muss noch geprüft werden

E

Ers|te[r]-Klas|se-Ab|teil [*alte Trennung* ...|st...] ↑K26

erst|er|wähnt, *aber* ↑K72: der Ersterwähnte

Erst|ge|bä|ren|de, die; -n, -n *(Med.)*

erst|ge|bo|ren; Erst|ge|bo|re|ne, Erst|ge|bor|ne, der, die, das; -n, -n

Erst|ge|burt; Erst|ge|burts|recht, das; -[e]s

erst|ge|nannt, *aber* ↑K72: der Erstgenannte

Erst|hel|fer (jmd., der einem Unfallopfer als Erster Hilfe leistet); **Erst|hel|fe|rin**

er|sti|cken [*alte Trennung* ...k|k...]; **Er|sti|ckung,** die; -

Er|sti|ckungs|an|fall [*alte Trennung* ...k|k...]; **Er|sti|ckungs|gefahr; Er|sti|ckungs|tod**

Erst|kläs|ser (*mitteld. für* Erstklässler)

erst|klas|sig; Erst|klas|sig|keit

Erst|klass|ler *(landsch., bes. österr.) u.* **Erst|kläss|ler** (*schweiz. u. südd.*) [*alte Schreibungen* Erst|klaß|ler, Erst|kläß|ler] (Schüler der ersten Klasse); **Erst|klass|le|rin, Erst|kläss|le|rin**

Erst|klass|wa|gen [*alte Schreibung* Erst|klaß...] (*schweiz. für* Wagen erster Klasse)

Erst|kom|mu|ni|kant; Erst|kom|muni|on *(kath. Kirche)*

erst|lich (*veraltet für* erstens)

Erst|ling; Erst|lings|aus|stat|tung

Erst|lings|druck *Plur.* ...drucke; **Erst|lings|film; Erst|lings|ro|man; Erst|lings|stück; Erst|lings|werk**

erst|ma|lig; Erst|ma|lig|keit, die; -; **erst|mals**

Erst|plat|zier|te [*alte Schreibung* Erst|pla|zier|te], der *u.* die; -n, -n; *vgl.* platzieren

er|strah|len

erst|ran|gig; Erst|ran|gig|keit, die; -

er|stre|ben *(geh.)*; **er|stre|benswert**

er|stre|cken [*alte Trennung* ...k|k...], sich; **Er|stre|ckung**

er|strei|ten *(geh.)*

Erst|schlag *(Milit.)*; **Erst|schlagwaf|fe**

Erst|se|mes|ter [*alte Trennung* ...|st...]

erst|stel|lig; erststellige Hypothek

Erst|stim|me

Erst|tags|brief; Erst|tags|stem|pel

er|stun|ken (*derb für* erdichtet); erstunken und erlogen

er|stür|men; Er|stür|mung

Erst|ver|kaufs|tag

erst|ver|öf|fent|li|chen *nur im Infinitiv u. Partizip II gebr.*; **Erst|veröf|fent|li|chung**

Erst|ver|sor|gung (erste Hilfe)

Erst|ver|stor|be|ne, der *u.* die; -n, -n

Erst|wa|gen; Erst|wäh|ler; Erst|zulas|sung

er|su|chen; Er|su|chen, das; -s, -; auf Ersuchen

er|tap|pen; sich bei etwas ertappen

er|tei|len; Er|tei|lung

er|tö|nen

er|tö|ten *(geh.)*; Begierden ertöten; **Er|tö|tung,** die; -

Er|trag, der; -[e]s, ...träge; **er|tragbar**

er|tra|gen

er|trag|fä|hig, *auch* er|trags|fähig; **Er|trag|fä|hig|keit,** *auch* Ertrags|fä|hig|keit, die; -

er|träg|lich; Er|träg|lich|keit, die; -

er|trag|los

Er|träg|nis, das; -ses, -se (*seltener für* Ertrag); **er|träg|nis|reich** (*seltener für* ertragreich); **er|tragreich**

Er|trags|aus|sich|ten *Plur.*

er|trags|fä|hig *vgl.* ertragfähig; **Ertrags|fä|hig|keit** *vgl.* Ertragfähigkeit

Er|trags|la|ge; Er|trags|min|derung

er|trags|si|cher

Er|trag[s]|stei|ge|rung

Er|trag[s]|steu|er

er|trän|ken; ertränkt; **Er|trän|kung**

er|träu|men; ich erträume mir etw.

er|trin|ken; ertrunken; **Er|trin|ken,** das; -s; **Er|trin|ken|de,** der *u.* die; -n, -n

er|trot|zen; Er|trot|zung

er|trun|ken; *vgl.* ertrinken; **Ertrun|ke|ne,** der *u.* die; -n, -n

er|tüch|ti|gen; Er|tüch|ti|gung

er|üb|ri|gen; er hat viel erübrigt (gespart); es erübrigt sich (ist überflüssig)[,] zu erwähnen, ...; **Er|üb|ri|gung,** die; -

e|ru|ie|ren ‹lat.› (herausbringen; ermitteln); **E|ru|ie|rung**

e|rup|tie|ren; E|rup|ti|on, die; -, -en ‹lat.› ([vulkan.] Ausbruch); **e|rup|tiv; E|rup|tiv|ge|stein**

Er|ve [...və], die; -, -n (eine Hülsenfrucht)

er|wa|chen; Er|wa|chen, das; -s

[1]**er|wach|sen;** ein erwachsener Mensch

[2]**er|wach|sen;** mir sind Bedenken erwachsen

Er|wach|se|ne, der *u.* die; -n, -n

Er|wach|se|nen|bil|dung

Er|wach|se|nen|tau|fe

Er|wach|sen|sein, das; -s

er|wä|gen; du erwägst; du erwogst; du erwögest; erwogen; erwäg[e]!; **er|wä|gens|wert; Erwä|gung;** in Erwägung ziehen

er|wäh|len *(geh.)*; **Er|wähl|te,** der *u.* die; -n, -n; **Er|wäh|lung**

er|wäh|nen; er|wäh|nens|wert; erwähn|ter|ma|ßen *(Amtsspr.)*; **Erwäh|nung**

er|wah|ren (*schweiz. für* als wahr erweisen; das Ergebnis einer Abstimmung od. Wahl amtl. bestätigen); **Er|wah|rung**

er|wan|dern; Er|wan|de|rung

er|wär|men (warm machen); sich für jmdn./etwas erwärmen (begeistern); **Er|wär|mung**

er|war|ten; Er|war|ten, das; -s; wider Erwarten; **Er|war|tung**

er|war|tungs|ge|mäß

Er|war|tungs|hal|tung; er|wartungs|voll

er|we|cken [*alte Trennung* ...k|k...]; **Er|we|ckung**

er|weh|ren, sich; ich konnte mich seiner kaum erwehren

er|weich|bar; er|wei|chen; ich lasse mich nicht erweichen; *vgl.* [1]weichen; **Er|wei|chung**

Er|weis, der; -es, -e (*veraltend für* Nachweis, Beweis); **er|wei|sen;** sich erweisen; **er|weis|lich** *(veraltet)*; **Er|wei|sung,** die; -

er|wei|tern; die erweiterte Oberschule (*in der DDR* mit dem Abitur abschließende Schule; *Abk.* EOS); **Er|wei|te|rung**

Er|wei|te|rungs|bau *Plur.* ...bauten

Er|werb, der; -[e]s, -e; **er|wer|ben; Er|wer|ber; Er|wer|be|rin**

er|werbs|be|schränkt

Er|werbs|bi|o|gra|fie, *auch* **Erwerbs|bi|o|gra|phie** (beruflicher Werdegang einer Person)

er|werbs|fä|hig; Er|werbs|fä|higkeit, die; -

er|werbs|ge|min|dert

Er|werbs|le|ben; im Erwerbsleben stehen
er|werbs|los; Er|werbs|lo|se, der *u.* die; -n, -n; **Er|werbs|lo|sig|keit**
Er|werbs|min|de|rung; Er|werbs|mög|lich|keit; Er|werbs|quel|le; Er|werbs|stre|ben
er|werbs|tä|tig; Er|werbs|tä|ti|ge, der *u.* die; -n, -n
er|werbs|un|fä|hig
Er|werbs|zweig
Er|wer|bung
er|wi|dern; ich erwidere
Er|wi|de|rung
er|wie|sen
er|wie|se|ner|ma|ßen
Er|win (m. Vorn.)
er|wir|ken; Er|wir|kung, die; -
er|wirt|schaf|ten; Gewinn erwirtschaften; **Er|wirt|schaf|tung**
er|wi|schen (*ugs. für* ertappen; fassen, ergreifen); mich hat es erwischt (*ugs. für* ich bin krank, *auch für* ich bin verliebt)
er|wor|ben; erworbene Rechte
er|wünscht
er|wür|gen; Er|wür|gung
e|ry|man|thisch, *aber* ↑K 150: der Erymanthische Eber; **E|ry|man|thos, E|ry|man|thus,** der; - (Gebirge im Peloponnes)
E|ry|si|pel, das; -s, -e ⟨griech.⟩ (*Med.* Wundrose [Hautentzündung])
E|ry|them, das; -s, -e (*Med.* Hautrötung)
E|ry|th|rä|i|sche Meer, das; -n -[e]s (*altgriech. Name für* das Arabische Meer)
E|ry|th|rin, der; -s ⟨griech.⟩ (ein Mineral)
E|ry|th|ro|po|i|e|tin, das; -s (*Med., Pharm.* die Bildung roter Blutkörperchen förderndes Medikament [Dopingmittel])
E|ry|th|ro|zyt, der; -en, -en *meist Plur.* (*Med.* rotes Blutkörperchen)
Erz[1], das; -es, -e
erz... ⟨griech.⟩ (*verstärkende Vorsilbe,* z. B. erzdumm)
Erz... (*in Titeln,* z. B. Erzbischof, *u. in Scheltnamen,* z. B. Erzschelm)
Erz|a|der[1]
er|zäh|len; erzählende Dichtung; **er|zäh|lens|wert**
Er|zäh|ler; Er|zäh|le|rin; er|zäh|le|risch
Er|zähl|kunst, die; -
Er|zäh|lung
Erz|bau[1], der; -[e]s; **Erz|berg|bau,** der; -[e]s
Erz|bi|schof; erz|bi|schöf|lich; Erz|bis|tum
Erz|di|ö|ze|se
er|zei|gen (*geh.*); sich dankbar erzeigen
er|zen[1] (aus Erz)
Erz|en|gel
er|zeu|gen; Er|zeu|ger
Er|zeu|ger|land; Er|zeu|ger|preis
Er|zeug|nis, das; -ses, -se
Er|zeu|gung; Er|zeu|gungs|kos|ten [*alte Trennung* ...|st...] *Plur.*
erz|faul
Erz|feind; Erz|feind|schaft
Erz|ge|bir|ge[1], das; -s; **erz|ge|bir|gisch**
Erz|ge|birg|ler[1]; **Erz|ge|birg|le|rin**
Erz|ge|win|nung[1]
Erz|gie|ßer[1]; **Erz|gie|ße|rei**
erz|hal|tig[1]
Erz|her|zog; Erz|her|zo|gin
Erz|her|zog-Thron|fol|ger ↑K 22; **Erz|her|zog|tum**
erz|höf|fig[1] (reiches Erzvorkommen versprechend)
er|zieh|bar
er|zie|hen; Er|zie|her
Er|zie|her|ga|be, die; -
Er|zie|he|rin; er|zie|he|risch; er|zieh|lich (*bes. österr.*)
Er|zie|hung, die; -
Er|zie|hungs|be|ra|tung
Er|zie|hungs|be|rech|tig|te, der *u.* die; -n, -n
Er|zie|hungs|geld; Er|zie|hungs|schwie|rig|kei|ten *Plur.*; **Er|zie|hungs|sys|tem** [*alte Trennung* ...|st...]
Er|zie|hungs|ur|laub
Er|zie|hungs|wis|sen|schaft
er|zie|len; Er|zie|lung, die; -
er|zit|tern
erz|kon|ser|va|tiv
Erz|lüg|ner; Erz|lump
Erz|pries|ter [*alte Trennung* ...|st...]
Erz|schelm; Erz|ü|bel
er|zür|nen; Er|zür|nung
er|zwin|gen; Er|zwin|gung, die; -
Er|zwun|ge|ne, das; -n; etwas Erzwungenes
er|zwun|ge|ner|ma|ßen
[1]**es;** ↑K 127: es sei denn[,] dass; ↑K 13: er ists, *auch* ist's; er sprachs, *auch* sprach's; 's ist nicht anders; 's war einmal; ↑K 76: das unbestimmte Es
[2]**es;** *der alte Genitiv von »es« wird nur noch in Wendungen gebraucht wie* ich bin es zufrieden; ich habe *od.* ich bin es satt
[3]**es,** [1]**Es,** das; -, - (Tonbezeichnung)
[4]**es** (*Zeichen für* es-Moll); in es
[2]**Es** (*Zeichen für* Es-Dur); in Es
[3]**Es** = Einsteinium
[4]**Es,** das; -, - (*Psych.*)
ESA, die; - = European Space Agency (Europäische Weltraumorganisation)
E|sau (bibl. m. Eigenn.)
Esc = Escudo
Es|cape|tas|te [ɪsˈkeɪp...; *alte Trennung* ...|st...] ⟨engl., dt.⟩ (auf der Computertastatur)
Es|cha|to|lo|gie [ɛsça...], die; - ⟨griech.⟩ (Lehre vom Endschicksal des Menschen u. der Welt); **es|cha|to|lo|gisch**
E|sche, die; -, -n (ein Laubbaum); **e|schen** (aus Eschenholz); **E|schen|holz**
E-Schicht, die; -; ↑K 29 (eine Schicht der Ionosphäre)
Es|co|ri|al, der; -[s] (span. Kloster u. Schloss)
Es|cu|do, der; -[s], -[s] ⟨port.⟩ (port. Währungseinheit; *Abk.* Esc; *Währungscode* PTE)
Es-Dur [*auch* ˈɛsˈduːɐ̯], das; - (Tonart; *Zeichen* Es); **Es-Dur-Ton|lei|ter** ↑K 26
E|sel, der; -s, -; **E|sel|chen; E|se|lei; e|sel|haft**
E|sel|hengst; E|se|lin
E|sels|brü|cke [*alte Trennung* ...k|k...] (*ugs.*)
E|sels|ohr (*ugs.*); **E|sels|rü|cken** [*alte Trennung* ...k|k...]
E|sel|stu|te
es|ka|la|die|ren ⟨franz.⟩ (*früher* mit Sturmleitern erstürmen)
Es|ka|la|dier|wand (*veraltet für* Kletterwand)
Es|ka|la|ti|on, die; -, -en ⟨franz.-engl.⟩ (stufenweise Steigerung, Verschärfung)
es|ka|lie|ren ([sich] stufenweise steigern); **Es|ka|lie|rung**
Es|ka|mo|ta|ge [...ʒə], die; -, -n ⟨franz.⟩ (*veraltet für* Taschenspielerei); **Es|ka|mo|teur** [...ˈtøːɐ̯], der; -s, -e (Taschenspieler, Zauberkünstler); **es|ka|mo|tie|ren** (wegzaubern)
Es|ka|pa|de, die; -, -n ⟨franz.⟩ (*Reiten* Sprung zur Seite; *geh. für* mutwilliger Streich)
Es|ka|pis|mus, der; - ⟨engl.⟩ (*Psych.* vor der Realität ausweichendes Verhalten); **es|ka|pis|tisch** [*alte Trennung* ...|st...]
Es|ka|ri|ol, der; -s ⟨lat.⟩ (Winterendivie)
[1]**Es|ki|mo,** der; -[s], -[s] (Angehöri-

[1] [*auch* ˈɛrt͡s(...)]

ger eines arktischen Volkes); *vgl.* Inuit
[2]**Es|ki|mo,** der; -s, -s ‹indian.› (ein Wollstoff)
es|ki|mo|isch; Es|ki|mo|i|sche, das; -en (Sprache der Eskimos); *vgl.* Deutsche, das
Es|ko|ri|al *vgl.* Escorial
Es|kor|te, die; -, -n ‹franz.› (Geleit, Schutz; Begleitmannschaft)

E

es|kor|tie|ren; Es|kor|tie|rung
Es|ku|do *vgl.* Escudo
[1]**Es|me|ral|da,** die; -, -s ‹span.› (ein span. Tanz)
[2]**Es|me|ral|da** (w. Vorn.)
es-Moll [*auch* ˈɛsˈmɔl], das; - (Tonart; *Zeichen* es); **es-Moll-Ton|lei|ter** ↑K 26
E|so|te|rik, die; - ‹griech.› (Geheimlehre); **E|so|te|ri|ker** (in eine Geheimlehre Eingeweihter); **E|so|te|ri|ke|rin**
e|so|te|risch (nur für Eingeweihte u. Ä. verständlich)
ESP (Währungscode für Peseta)
Es|pa|g|no|le [...panˈjoː...], die; -, -n ‹franz.› (ein spanischer Tanz)
Es|pa|g|no|lette|ver|schluss [...ˈlɛt...; *alte Schreibung* ...verschluß] (Drehstangenverschluss für Fenster)
Es|pan, der; -[e]s, -e (*landsch. für* Viehweide)
Es|par|set|te, die; -, -n ‹franz.› (eine Futterpflanze)
Es|par|to, der; -s ‹span.› (ein Gras); **Es|par|to|gras**
Es|pe, die; -, -n (Zitterpappel)
es|pen (aus Espenholz)
Es|pen|laub
Es|pe|ran|tist, der; -en, -en (Kenner, Anhänger des Esperanto); **Es|pe|ran|tis|tin** [*alte Trennung* ...|st...]
Es|pe|ran|to, das; -[s] ‹nach dem Pseudonym »Dr. Esperanto« des poln. Erfinders L. Zamenhof› (eine künstl. Weltsprache)
Es|pe|ran|to|lo|gie, die; - (Erforschung des Esperantos)
Es|p|la|na|de, die; -, -n ‹franz.› (freier Platz)
es|pres|si|vo ‹ital.› (*Musik* ausdrucksvoll)
[1]**Es|pres|so,** der; -[s], *Plur.* -s *od.* ...ssi (in der Maschine bereitetes, starkes Kaffeegetränk)
[2]**Es|pres|so,** das; -[s], -s (kleines Café)
Es|pres|so|bar, die; **Es|pres|so|ma|schi|ne**

Es|p|rit [...ˈpriː], der; -s ‹franz.› (Geist, Witz)
Esq. = Esquire
Es|qui|lin, der; -s (Hügel in Rom)
Es|qui|re [ɪsˈkvaiɐ], der; -s, -s ‹engl.› (engl. Höflichkeitstitel, *Abk.* Esq.)
Es|ra (bibl. m. Vorn.)
Es|say [ˈɛse, *auch* ɛˈseː, *österr. nur so*], der *od.* das; -s, -s ‹engl.› (kürzere Abhandlung); **Es|say|ist,** der; -en, -en (Verfasser von Essays); **Es|say|is|tin** [*alte Trennung* ...|st...]; **es|say|is|tisch**
ess|bar [*alte Schreibung* eß...]
Ess|ba|re [*alte Schreibung* Eß...], das; -n; etwas Essbares auftreiben; **Ess|bar|keit**
Ess|be|steck [*alte Schreibung* Eß...]
Es|se, die; -, -n (Schmiedeherd; *bes. ostmitteld. für* Schornstein)
Ess|e|cke [*alte Schreibung* Eßecke, *alte Trennung* ...k|k...]
es sei denn[,] dass [*alte Schreibung* ... daß] ↑K 127
es|sen; du isst [*alte Schreibung* ißt]; du aßest; du äßest; gegessen; iss! [*alte Schreibung* iß!]; jmdm. zu essen geben; zu Mittag essen; [griechisch] essen gehen; selber essen macht fett
[1]**Es|sen,** das; -s, -
[2]**Es|sen** (Stadt im Ruhrgebiet)
Es|sen|aus|ga|be
es|sen|disch *vgl.* essensch
Es|sen|emp|fang
[1]**Es|se|ner** *Plur.* ‹hebr.› (eine altjüdische Sekte)
[2]**Es|se|ner** ‹*zu* [2]Essen›
Es|sen|ho|ler; Es|sen|kar|te
Es|sen|keh|rer (*bes. ostmitteld. für* Schornsteinfeger)
Es|sen|mar|ke, Es|sens|mar|ke
es|sensch ‹*zu* [2]Essen›
Es|sens|mar|ke *vgl.* Essenmarke; **Es|sens|zeit**
es|sen|ti|ell *vgl.* essenziell
Es|senz, die; -, -en (*nur Sing.:* Wesen, Kern; konzentrierter Auszug)
es|sen|zi|ell, *auch* es|sen|ti|ell ‹franz.› (*Philos.* wesentlich; *Biol., Chemie* lebensnotwendig); essenzielle Fettsäuren
Es|ser; Es|se|rei, die; - (*ugs. abwertend);* **Es|se|rin**
Ess|ge|schirr [*alte Schreibung* Eß...]; **Ess|ge|wohn|heit** *meist Plur.;* **Ess|gier**
Es|sig, der; -s, -e
Es|sig|baum
Es|sig|es|senz; Es|sig|gur|ke

Es|sig|mut|ter, die; - (sich im Essigfass bildende Bakterienkultur)
es|sig|sau|er (*Chemie*); essigsaure Tonerde; **Es|sig|säu|re**
Ess|koh|le [*alte Schreibung* Eß...] (eine Steinkohlenart)
Ess|kul|tur [*alte Schreibung* Eß...]
Ess|löf|fel [*alte Schreibung* Eß...]
ess|löf|fel|wei|se [*alte Schreibung* eß...]
Ess|lust [*alte Schreibung* Eß...]
ess|lus|tig [*alte Schreibung* eß|lustig]
Ess|stö|rung, *auch* **Ess-Stö|rung** [*alte Schreibung* Eß...]
Ess|tisch [*alte Schreibung* Eß...]
Ess|un|lust [*alte Schreibung* Eß...]; **Ess|wa|ren** *Plur.;* **Ess|zim|mer**
Es|ta|b|lish|ment [ɪsˈtɛblɪʃmɛ...], das; -s, -s ‹engl.› (Schicht der Einflussreichen u. Etablierten)
E|s|tam|pe [...ˈtãːp(ə)], die; -, -n (Abdruck eines Holz-, Kupfer- od. Stahlstichs)
E|s|tan|zia, die; -, -s ‹span.› (südamerik. Landgut)
Es|te[1], der; -n, -n (Estländer)
[1]**Es|ter,** der; -s, - (*Chemie* eine organ. Verbindung)
[2]**Es|ter** *vgl.* [1]Esther
[1]**Es|ther,** *ökum.* Es|ter (bibl. w. Eigenn.)
[2]**Es|ther** (w. Vorn.)
Es|tin[1] (Estländerin)
Est|land[1]; **Est|län|der**[1]; **Est|län|de|rin**[1]; **est|län|disch**[1]
est|nisch[1]; estnische Sprache; *vgl.* deutsch; **Est|nisch**[1], das; -[s] (Sprache); *vgl.* Deutsch; **Est|ni|sche**[1], das; -n; *vgl.* Deutsche, das
Es|to|mi|hi ‹lat., »Sei mir [ein starker Fels]!«› (letzter Sonntag vor der Passionszeit)
Es|t|ra|de, die; -, -n ‹franz.› (*veraltend* erhöhter Teil des Fußbodens; Podium; *regional* volkstüml. künstler. Veranstaltung mit gemischtem Programm [aus Musik, Artistik u. Ä.])
Es|t|ra|den|kon|zert (*regional*)
Es|t|ra|gon, der; -s ‹arab.› (eine Gewürzpflanze)
[1]**Es|t|re|ma|du|ra** *vgl.* Extremadura
[2]**Es|t|re|ma|du|ra** (port. Landschaft)
[3]**Es|t|re|ma|du|ra,** die; - *u.* **Es|t|re|ma|du|ra|garn,** *auch* **Es|t|re|ma|du|ra-Garn,** das; -[e]s ↑K 143 (ein glattes Baumwollgarn)

[1] [*auch* ˈɛst...]

Est|rich, der; -s, -e (fugenloser Fußboden; *schweiz. für* Dachboden, -raum)
Es|zett, das; -, - (Buchstabe: »ß«)
et ‹lat.› (und; *Zeichen [in Firmennamen]* &); *vgl.* Et-Zeichen
E|ta, das; -[s], -s (griech. Buchstabe [langes e]: *Η, η*)
e|ta|b|lie|ren ‹franz.› (festsetzen); sich etablieren (sich [als selbstständiger Geschäftsmann] niederlassen; einen sicheren Platz gewinnen)
E|ta|b|lier|te, der *u.* die; -n, -n (jmd., der es zu etwas gebracht hat); **E|ta|b|lie|rung**
E|ta|b|lis|se|ment [...'mã:, *schweiz. auch* ...blisə'mɛ...], das; -s, *Plur.* -s, *schweiz. auch* -e (Betrieb; Niederlassung; [vornehme] Gaststätte; *auch für* [Nacht]lokal, Bordell)
E|ta|ge [...ʒə], die; -, -n (Stock[werk], [Ober]geschoss)
E|ta|gen|bett
e|ta|gen|för|mig
E|ta|gen|hei|zung; E|ta|gen|tür
E|ta|ge|re, die; -, -n (drei übereinander angeordnete, verbundene Schalen für Obst u. Ä.; *veraltend auch* Gestell für Bücher od. Geschirr)
et al. *vgl.* et alii
et a|lii ‹lat.› (und andere; *Abk.* et al.)
E|ta|lon [...'lõ:], der; -s, -s ‹franz.› (*fachspr. für* Normalmaß, Eichmaß)
E|ta|min, das, *auch, bes. österr.* der; -s ‹franz.› *od.* **E|ta|mi|ne,** die; - (ein Gewebe)
E|tap|pe, die; -, -n ‹franz.› ([Teil]strecke, Abschnitt; Stufe; *Milit.* Versorgungsgebiet hinter der Front)
E|tap|pen|ha|se *(Soldatenspr.)*; **E|tap|pen|hengst** *(Soldatenspr.)*; **E|tap|pen|sieg** *(Rennsport)*
e|tap|pen|wei|se
E|tat [e'ta:], der; -s, -s ‹franz.› ([Staats]haushalt[splan]; Geldmittel); **E|tat|auf|stel|lung**
e|ta|ti|sie|ren (in den Etat aufnehmen)
E|tat|jahr; E|tat|la|ge
e|tat|mä|ßig (dem Etat gemäß; eine Planstelle innehabend; *Sport* auf einer Position regelmäßig eingesetzt)
E|tat|pe|ri|o|de; E|tat|pos|ten [*alte Trennung* ...|st...]; **E|tat|re|de**
E|tat|ü|ber|schrei|tung
E|ta|zis|mus, der; - ‹griech.› (Aussprache des griech. Eta [η] wie langes e)
etc. = et cetera; *dafür besser* usw.; **et ce|te|ra** (und so weiter; *Abk.* etc.); **etc. pp.** (*verstärkend für* etc.); *vgl.* pp.
e|te|pe|te|te (*ugs. für* geziert, zimperlich; übertrieben feinfühlig)
E|ter|nit®, das *od.* der; -s ‹lat.› (Faserzement); **E|ter|nit|plat|te**
E|te|si|en *Plur.* ‹griech.› (passatartige Winde im Mittelmeer); **E|te|si|en|kli|ma,** das; -s (winterfeuchtes, sommertrockenes Mittelmeerklima)
ETH = Eidgenössische Technische Hochschule; ETHL (in Lausanne; *oft auch* EPFL = École Polytechnique Fédérale Lausanne); ETHZ (in Zürich)
E|than *vgl.* Äthan
E|tha|nol *vgl.* Äthanol
E|ther *vgl.* [2]Äther
E|thik, die; -, -en *Plur. selten* ‹griech.› (Sittenlehre; Gesamtheit der sittlichen und moralischen Grundsätze [einer Gesellschaft]); **E|thi|ker** (Vertreter der Ethik); **E|thi|ke|rin**
E|thik|kom|mis|si|on (unabhängiges Gutachtergremium zur Beurteilung medizinisch-wissenschaftlicher Forschungsvorhaben)
e|thisch (sittlich)
ETHL *vgl.* ETH
Eth|nie, die; -, ...ien ‹griech.› (*Völkerk.* Volk, Stamm); **eth|nisch** (die [einheitliche] Kultur- u. Lebensgemeinschaft einer Volksgruppe betreffend)
Eth|no|graph, *auch* Eth|no|graf, der; -en, -en; **Eth|no|gra|phie,** *auch* Eth|no|gra|fie, die; -, ...ien ([beschreibende] Völkerkunde); **Eth|no|gra|phin,** *auch* Eth|no|gra|fin; **eth|no|gra|phisch,** *auch* eth|no|gra|fisch
Eth|no|lo|ge, der; -n, -n; **Eth|no|lo|gie,** die; -, ...ien (Völkerkunde); **Eth|no|lo|gin; eth|no|lo|gisch**
Eth|no|pop (von der Volksmusik [bes. Afrikas, Asiens, Südamerikas] beeinflusste Popmusik)
E|tho|lo|gie, die; - ‹griech.› (Verhaltensforschung)
E|thos, das; - (die sittlich-moralische Gesamthaltung)
E|thyl usw. *vgl.* Äthyl usw.
ETHZ *vgl.* ETH
E|ti|kett, das; -[e]s, *Plur.* -e[n], *auch* -s *u. (schweiz., österr., sonst veraltet)*
[1]**E|ti|ket|te,** die; -, -n ‹franz.› (Zettel mit [Preis]aufschrift, Schild[chen])
[2]**E|ti|ket|te,** die; -, -n (Gesamtheit der herkömmlichen Umgangsformen; Vorschriften für den förmlichen Umgang)
E|ti|ket|ten|schwin|del (*ugs. für* irreführende Benennung)
e|ti|ket|tie|ren (mit einem Etikett versehen); **E|ti|ket|tie|rung**
e|ti|o|lie|ren ‹franz.› (*Bot.* vergeilen)
et|li|che; etliche Tage, Stunden usw. sind vergangen; ich weiß etliches darüber zu erzählen; etlicher politischer Zündstoff; etliche gute Menschen; die Taten etlicher guter, *selten* guten Menschen
et|li|che Mal [*alte Schreibung* et|li|che|mal]; etliche Male
Et|mal, das; -[e]s, -e (*Seemannsspr.* Zeit von Mittag bis Mittag; innerhalb dieses Zeitraums zurückgelegte Strecke)
E|ton ['i:tn̩] (engl. Schulstadt)
E|t|ru|ri|en, (altital. Landschaft); **E|t|rus|ker** (Einwohner Etruriens); **e|t|rus|kisch**
Etsch, die; - (Zufluss der Adria); *vgl.* Adige
Etsch|tal, *auch* **Etsch-Tal**
Et|ter, der *od.* das; -s, - (*südd. für* bebautes Ortsgebiet)
E|tü|de, die; -, -n ‹franz.› (*Musik* Übungsstück)
E|tui [ɛt'vi:], das; -s, -s ‹franz.› (Behälter, [Schutz]hülle)
E|tui|kleid (sehr eng geschnittenes Kleid)
et|wa; in etwa (annähernd, ungefähr); **et|wa|ig;** etwaige weitere Kosten
et|was ↑K 72; etwas Auffälliges, Derartiges, Passendes usw., *aber* etwas anderes
Et|was, das; -, -; ein gewisses Etwas
et|wel|che *Plur.* (*veraltet für* einige)
E|ty|mo|lo|ge, der; -n, -n; **E|ty|mo|lo|gie,** die; -, ...ien ‹griech.› (*Sprachw.* [Lehre von] Ursprung u. Geschichte der Wörter); **E|ty|mo|lo|gin**
e|ty|mo|lo|gisch; e|ty|mo|lo|gi|sie|ren (nach Herkunft u. Wortgeschichte untersuchen)
E|ty|mon, das; -s, ...ma (Wurzel-, Stammwort)
Et-Zei|chen, das; -s, - (Und-Zeichen [in Firmennamen]: &)

E

eu|er	
eu[|e]|re, eu|er ↑K83 – euer Tisch, eu[e]rem, euerm Tisch usw. – euer von allen unterschriebener Brief *auch in Briefen kleingeschrieben:* – Mit herzlichen Grüßen eure [*alte Schreibung* Eure] Inge *Großschreibung in Titeln:* *im Nominativ, Akkusativ:* – Euer, Eure (*Abk. für beide* Ew.) Hochwürden usw.	*im Genitiv, Dativ:* – Euer, Eurer (*Abk. für beide* Ew.) Hochwürden usw. *Genitiv von* ²ihr *(geh.):* – euer (*nicht* eurer) sind drei, sind wenige – ich gedenke, ich erinnere mich euer (*nicht* eurer) *Vgl.* eu[e]re

E

Ẹt|zel (*in der dt. Sage* Name des Hunnenkönigs Attila; *vgl. d.*)
Eu = *chem. Zeichen für* Europium
EU, die; - = Europäische Union
eu... ⟨griech.⟩ (wohl..., gut...); **Eu...** (Wohl..., Gut...)
Eu|bi|o|tik, die; - ⟨griech.⟩ (*Med.* Lehre von der gesunden Lebensführung)
Eu|bö̱a (griech. Insel); **eu|bö̱|isch**
euch ↑K83; *auch in Briefen kleingeschrieben*
Eu|cha|ris|tie [*alte Trennung* ...|st...], die; -, ...i̱en ⟨griech.⟩ (*kath. Kirche* Abendmahl, Altarsakrament); **eu|cha|rịs|tisch;** eucharistische Taube (ein liturgisches Gefäß), *aber* ↑K150: der Eucharistische Kongress
Eu|dä|mo|nie, die; - ⟨griech.⟩ (*Philos.* Glückseligkeit); **Eu|dä|mo|nịs|mus,** der; - (Glückseligkeitslehre); **eu|dä|mo|nịs|tisch** [*alte Trennung* ...|st...]
eu|er *s. Kasten*
eu[|e]|re, *(geh.:)* eu|ri|ge; *Groß- oder Kleinschreibung:* unser Bauplatz ist dicht bei dem eur[ig]en; *aber* grüße die Eu-ern, Euren, Eurigen *od.* die euern, euren, eurigen; ihr müsst das Eu[e]re, Eurige *od.* eu[e]re, eurige tun
eu|er|seits, eu|rer|seits
eu|ers|glei|chen, eu|res|glei|chen
eu|ert|hal|ben, eu|ret|hal|ben *(veraltend)*
eu|ert|we|gen, eu|ret|we|gen
eu|ert|wil|len, eu|ret|wil|len; um euertwillen, um euretwillen
Eu|fo|nie usw. *vgl.* Euphonie usw.
Eu|gen [*auch* ...ge:n] (m. Vorn.)
Eu|ge|nie (w. Vorn.)
Eu|ge|nik, die; - ⟨griech.⟩ (*Med.* Erbgesundheitslehre, -forschung); **eu|ge|nisch**
Eu|ka|lyp|tus, der; -, *Plur.* ...ten *u.* - ⟨griech.⟩ (ein Baum)
Eu|ka|lyp|tus|öl
Eu|k|lid (altgriech. Mathematiker); **eu|k|li|disch;** ↑K135: die euklidische Geometrie; der euklidische [*alte Schreibung* Euklidische] Lehrsatz
Eu|le, die; -, -n (*nordd. auch für* [Decken]besen); **eu|len|äu|gig**
Eu|len|flucht, die; - (*nordd. für* Abenddämmerung); **Eu|len|flug,** der; -[e]s; **eu|len|haft**
Eu|len|spie|gel (Titelgestalt eines dt. Volksbuches); **Eu|len|spie|ge|lei**
Eu|ler (schweiz. Mathematiker)
Eu|mel, der; -s, - (*ugs. für* Dummkopf; Gegenstand, Ding)
Eu|me|ni|de, die; -, -n *meist Plur.* ⟨griech.-lat., die »Wohlwollende«⟩ (verhüllender Name der Erinnye)
Eu|no|mia [*auch* ...'mi:a] (griech. Göttin der Gesetzmäßigkeit, eine der ²Horen)
Eu|nuch, der; -en, -en, **Eu|nu|che,** der; -n, -n ⟨griech.⟩ (Kastrat [als Haremswächter])
eu|nu|chen|haft
Eu|nu|chen|stim|me
Eu|phe|mis|mus, der; -, ...men ⟨griech.⟩ (beschönigendes Wort, Hüllwort, z. B. »einschlafen« für »sterben« od. »freisetzen« für »entlassen«); **eu|phe|mịs|tisch** [*alte Trennung* ...|st...]
Eu|pho|nie, *auch* Eu|fo|nie, die; -, ...i̱en ⟨griech.⟩ (Wohlklang, -laut; *Ggs.* Kakophonie)
eu|pho|nisch, *auch* eu|fo|nisch (wohlklingend; [von Lauten] des Wohllauts wegen eingeschoben, z. B. »t« in »eigentlich«)
Eu|phọr|bia, Eu|phọr|bie, die; -, ...ien ⟨griech.⟩ (*Bot.* ein Wolfsmilchgewächs)
Eu|pho|rie, die; - ⟨griech.⟩ (Zustand gesteigerten Hochgefühls); **eu|pho|risch**
eu|pho|ri|sie|ren (in Euphorie versetzen)
Eu|ph|rat, der; -[s] (Strom in Vorderasien)
Eu|ph|ro|sy|ne ⟨griech., »die Frohsinnige«⟩ (eine der drei Chariten)
Eu|phu|is|mus, der; - ⟨engl.⟩ (schwülstiger Stil der engl. Barockzeit); **eu|phu|ịs|tisch** [*alte Trennung* ...|st...]
EUR (Währungscode für Euro)
Eu|ra|si|en (Festland von Europa u. Asien); **Eu|ra|si|er,** der; -s, -; **Eu|ra|si|e|rin; eu|ra|sisch**
Eu|ra|tom, die; - (*Kurzw. für* Europäische Atomgemeinschaft)
eu|re, eu|e|re, eu|ri|ge; *vgl.* eu[e]re; **Eu|rer** (*Abk.* Ew.); *vgl.* ¹euer
eu|[r]er|seits
eu|res|glei|chen, eu|ers|glei|chen
eu|ret|hal|ben, eu|ert|hal|ben *(veraltend)*
eu|ret|we|gen, eu|ert|we|gen
eu|ret|wil|len, eu|ert|wil|len; um euret-, euertwillen
Eu|rhyth|mie, *auch* **Eurythmie,** die; - ⟨griech.⟩ (schönes Gleichmaß von Bewegungen; *Med.* Regelmäßigkeit des Pulses)
eu|ri|ge *vgl.* eu[e]re
eu|ri|pi|de|isch; ↑K135: die euripideischen [*alte Schreibung* Euripideischen] Dramen; **Eu|ri|pides** (altgriech. Tragiker)
Eu|ro, der; -[s], -s (europ. Währungseinheit; *Zeichen* €; *Währungscode* EUR); 30 Euro
Eu|ro|cent (Untereinheit des Euros)
Eu|ro|cheque, *internationale Schreibung auf den Formularen* **eu|ro|cheque,** der; -s, -s ⟨*Kurzw. aus* europäisch *u.* franz. chèque⟩ (bei den Banken zahlreicher [europ.] Länder einlösbarer Scheck); **Eu|ro|cheque|kar|te,** *auch* **Eu|ro|cheque-Kar|te**
Eu|ro|ci|ty®, der; -s, -s; *kurz für* Eurocityzug; **Eu|ro|ci|ty|zug** (europaweit verkehrender Intercityzug; *Abk.* EC)
Eu|ro|dol|lars *Plur.* (Dollarguthaben in Europa)
Eu|ro|geld

Eu|ro|kom|mu|nis|mus (westeuropäische Richtung des Kommunismus)

Eu|ro|land, -s, *auch* das; -[e]s (an der Europäischen Währungsunion teilnehmende Staatengruppe, *auch* einer dieser Staaten [*Plur.* ...länder])

Eu|ro|norm (in der EU geltende Norm)

Eu|ro|pa ⟨griech.⟩ (*auch* griech. weibl. Sagengestalt)

Eu|ro|pa|cup *vgl.* Europapokal

Eu|ro|pä|er, der; -s, -; **Eu|ro|pä|e|rin**

eu|ro|pä|isch; der europä|ische Gedanke; eine europäische Gemeinschaft, *aber* ↑K 150: die Europäische Gemeinschaft (*Abk.* EG); die Europäische Union (*Abk.* EU); das Europäische Parlament; die Europäische Währungsunion; die Europäische Zentralbank

eu|ro|pä|i|si|e|ren

Eu|ro|pä|i|si|e|rung

Eu|ro|pa|meis|ter [*alte Trennung* ...|st...]

Eu|ro|pa|meis|ter|schaft [*alte Trennung* ...|st...]

Eu|ro|pa|par|la|ment

Eu|ro|pa|po|kal (internationale Sporttrophäe, bes. im Fußball)

Eu|ro|pa|rat, der; -[e]s

Eu|ro|pa|re|kord

Eu|ro|pa|stra|ße (*Zeichen* E, z. B. E 5)

Eu|ro|pa|u|ni|on

Eu|ro|pi|um, das; -s (chemisches Element, Metall; *Zeichen* Eu)

Eu|ro|star (Hochgeschwindigkeitszug zwischen London und Paris bzw. Brüssel)

Eu|ro|tun|nel, der; -s (unter dem Ärmelkanal)

Eu|ro|vi|si|on ⟨*Kurzw. aus* europäisch *u.* Television⟩ (europäische Organisation zur gemeinsamen Veranstaltung von Fernsehsendungen)

Eu|ro|vi|si|ons|sen|dung

Eu|ry|di|ke [...ke, *auch* ...'di:...] (*griech. Mythol.* Gattin des Orpheus)

Eu|ryth|mie, die; - ⟨*in der anthroposophischen Bewegung gebrauchte Schreibung für* Eurhythmie⟩ (in der Anthroposophie gepflegte Bewegungskunst); **eu|ryth|misch**

eu|ry|top ⟨griech.⟩ (*Biol.* weit verbreitet [von Tieren u. Pflanzen])

Eu|se|bi|us (m. Eigenn.); Eusebius von Cäsarea (griech. Kirchenschriftsteller)

Eu|s|tach, Eu|s|ta|chi|us (m. Vorn.)

eu|s|ta|chi|sch ⟨nach dem ital. Arzt Eustachi[o]⟩ ↑K 135: in eustachischer Manier; eustachische [*alte Schreibung* Eustachische] Röhre, eustachische [*alte Schreibung* Eustachische] Tube (*Med.* Ohrtrompete)

Eu|s|ta|chi|us *vgl.* Eustach

Eu|stress [*alte Schreibung* Eustreß], der; -es, -e ⟨griech.; engl.⟩ (*Med., Psych.* anregender, stimulierender Stress)

Eu|ter, das, *landsch. auch* der; -s, -

Eu|ter|pe (Muse der lyr. Poesie u. des lyr. Gesangs)

Eu|tha|na|sie, die; - ⟨griech.⟩ (*Med.* Erleichterung des Sterbens [durch Narkotika]; bewusste Herbeiführung des Todes)

Eu|tin (Stadt im Ostholsteinischen Hügelland)

eu|troph ⟨griech.⟩ (nährstoffreich); eutrophe Pflanzen (an nährstoffreichen Boden gebundene Pflanzen); **Eu|tro|phie,** die; - (*Med.* guter Ernährungszustand); **Eu|tro|phie|rung** (unerwünschte Zunahme von Nährstoffen in Gewässern)

eV = Elektronvolt

ev. = evangelisch

Ev. = Evangelium

e. V. = eingetragener Verein

E. V. = Eingetragener Verein (*vgl.* eingetragen)

E|va [...fa, *auch* ...va] (w. Vorn.)

e|va|ku|ie|ren ⟨lat.⟩ ([ein Gebiet von Bewohnern] räumen; [Bewohner aus einem Gebiet] aussiedeln; *Technik* ein Vakuum herstellen); **E|va|ku|ier|te,** der *u.* die; -n, -n; **E|va|ku|ie|rung**

E|va|lu|a|ti|on, die; -, -en ⟨lat.⟩ (Bewertung; Beurteilung)

e|va|lu|ie|ren

E|van|ge|li|ar, das; -s, *Plur.* -e *u.* -ien *u.* **E|van|ge|li|a|ri|um,** das; -s, ...ien ⟨mlat.⟩ (Evangelienbuch); **E|van|ge|li|en|buch**

e|van|ge|li|kal (die unbedingte Autorität des Evangeliums vertretend); **E|van|ge|li|ka|le,** der *u.* die; -n, -n

E|van|ge|li|sa|ti|on, die; -, -en (Verkündigung des Evangeliums außerhalb des Gottesdienstes)

e|van|ge|lisch (das Evangelium betreffend; auf dem Evangelium fußend; protestantisch; *Abk.* ev.); die evangelische Kirche, *aber* ↑K 150: die Evangelische Kirche in Deutschland (*Abk.* EKD); der Evangelische Bund

e|van|ge|lisch-lu|the|risch [*auch* ...'te:...] (*Abk.* ev.-luth.)

e|van|ge|lisch-re|for|miert (*Abk.* ev.-ref.)

e|van|ge|li|sie|ren ([Außenstehenden] das Evangelium verkünden); **E|van|ge|list,** der; -en, -en (Verfasser eines der vier Evangelien; Titel in evangelischen Freikirchen; Wanderprediger)

E|van|ge|li|um, das; -s, *Plur.* (*für* die vier ersten Bücher im N. T.:) ...ien ⟨»gute Botschaft«⟩ (Heilsbotschaft Christi; *Abk.* Ev.)

E|va|po|ra|ti|on, die; -, -en ⟨lat.⟩ (*fachspr. für* Verdunstung)

E|va|po|ra|tor, der; -s, ...oren (Gerät zur Verdunstung, bes. bei der Süßwassergewinnung aus Meerwasser); **e|va|po|rie|ren** (verdunsten; eindampfen)

E|va|si|on, die; -, -en ⟨lat.⟩ (Massenflucht)

E|vas|kos|tüm [*alte Trennung* ...|st...]; **E|vas|toch|ter**

E|ve|li|ne, E|ve|lyn [...li:n] (w. Vorn.)

E|vent, der *od.* das; -s, -s ⟨engl.⟩ (Veranstaltung)

E|ven|tu|al... ⟨lat.⟩ (möglicherweise eintretend, für mögliche Sonderfälle bestimmt)

E|ven|tu|al|an|trag (*Rechtsspr.* Neben-, Hilfsantrag); **E|ven|tu|al|fall;** im Eventualfall[e]; **E|ven|tu|al|haus|halt**

E|ven|tu|a|li|tät, die; -, -en (Möglichkeit, möglicher Fall); **e|ven|tu|a|li|ter** (*veraltet für* eventuell)

e|ven|tu|ell ⟨franz.⟩ (möglicherweise eintretend; gegebenenfalls; *Abk.* evtl.)

E|ve|rest *vgl.* Mount Everest

E|ver|glades ['ɛvɐgle:ts] *Plur.* (Sumpfgebiet in Florida)

E|ver|glaze ® ['ɛvɐgle:s], das; -, - ⟨engl.⟩ (ein [Baumwoll]gewebe)

E|ver|green [...gri:n], der, *auch* das; -s, -s (populär gebliebener Schlager usw.)

E|ver|te|b|rat, In|ver|te|b|rat, der;

-en, -en ‹lat.› (*Zool.* wirbelloses Tier)
E|vi [...fi] (w. Vorn.)
e|vi|dent ‹lat.› (offenbar; einleuchtend); **E|vi|denz,** die; - (Deutlichkeit, völlige Klarheit); in Evidenz halten (*österr. Amtsspr.* auf dem Laufenden halten, registrieren)
E|vi|denz|bü|ro (*österr. für* Büro, in dem Personen, Daten registriert werden)

E

ev.-luth. = evangelisch-lutherisch
E|vo|ka|ti|on, die; -, -en ‹lat.› (Erweckung von Vorstellungen bei Betrachtung eines Kunstwerkes; *Rechtsspr.* Vorladung eines Beklagten vor ein höheres Gericht); **e|vo|ka|tiv**
E|vo|lu|ti|on, die; -, -en ‹lat.› ([allmählich fortschreitende] Entwicklung; *Biol.* stammesgeschichtliche Entwicklung der Lebewesen); **e|vo|lu|ti|o|när** (sich stetig weiterentwickelnd)
E|vo|lu|ti|o|nis|mus, der; - (eine naturphilos. Richtung des 19. Jh.s)
E|vo|lu|ti|ons|the|o|rie, die; -
E|vol|ven|te, die; -, -n (eine math. Kurve)
e|vol|vie|ren (entwickeln, entfalten)
E|vo|ny|mus, der; - ‹griech.› (ein Zierstrauch, Spindelbaum)
e|vo|zie|ren ‹lat.› (hervorrufen; *Rechtsspr.* vorladen)
ev.-ref. = evangelisch-reformiert
evtl. = eventuell
ev|vi|va ‹ital., »er, sie, es lebe hoch!«› (ital. Hochruf)
Ew. *vgl.* euer
[1]**E|we,** der; -, - (Angehöriger eines westafrik. Volkes)
[2]**E|we,** das; - (Sprache); *vgl.* Deutsch
E|wen|ke, der; -n, -n (Angehöriger eines sibir. Volksstammes; Tunguse)
E|wer, der; -s, - (*nordd. für* kleines Küsten[segel]schiff)
E-Werk, das; -[e]s, -e; ↑K28 (*kurz für* Elektrizitätswerk)
EWG, die; - = Europäische Wirtschaftsgemeinschaft
e|wig; auf ewig; für immer und ewig; ein ewiges Einerlei; das ewige Leben; der ewige Frieden; ewiger Schnee; die ewige Seligkeit; das ewige Licht; die Ewige Stadt (Rom); der Ewige Jude (Ahasver)
E|wig|gest|ri|ge, der *u.* die; -n, -n
E|wig|keit; E|wig|keits|sonn|tag (Totensonntag, letzter Sonntag des ev. Kirchenjahres); **e|wig|lich** (*veraltet für* ewig)
E|wig|weib|li|che, das; -n
Ew. M. = Euer *od.* Eure Majestät
EWS, das; - = Europäisches Währungssystem
ex ‹lat.› (*ugs. für* aus; tot); ex trinken
Ex... (ehemalig, z. B. Exfreundin, Exminister)
e|x|akt ‹lat.› (genau; sorgfältig; pünktlich); die exakten Wissenschaften (Naturwissenschaften u. Mathematik)
E|x|akt|heit, die; -
E|x|al|ta|ti|on die; -, -en ‹lat.› (Überspanntheit)
e|x|al|tiert; E|x|al|tiert|heit
E|x|a|men, das; -s, *Plur.* -, *seltener* ...mina ‹lat.› ([Abschluss]prüfung)
E|x|a|mens|angst; E|x|a|mens|arbeit; E|x|a|mens|kan|di|dat
E|x|a|mi|nand, der; -en, -en (Prüfling); **E|x|a|mi|nan|din**
E|x|a|mi|na|tor, der; -s, ...oren (Prüfer); **E|x|a|mi|na|to|rin**
e|x|a|mi|nie|ren (prüfen)
E|x|an|them, das; -s, -e ‹griech.› (*Med.* Hautausschlag)
E|x|arch, der; -en, -en ‹griech.› (byzantinischer weltl. od. geistl. Statthalter)
E|x|ar|chat, das, *auch* der; -[e]s, -e (Amt[szeit] od. Verwaltungsgebiet eines Exarchen)
Ex|ar|ti|ku|la|ti|on, die; -, -en ‹lat.› (*Med.* Abtrennung eines Gliedes im Gelenk)
E|x|au|di ‹lat., »Erhöre!«› (6. Sonntag nach Ostern)
exc., excud. = excudit
ex ca|the|d|ra ‹lat., vom [Päpstl.] Stuhl› (aus päpstl. Vollmacht; unfehlbar)
Ex|change [ɪksˈtʃeːntʃ], die; -, -n [...dʒ] (*Bankw.* Tausch, Kurs)
ex|cud., exc. = excudit
ex|cu|dit ‹lat., hat es gebildet, verlegt od. gedruckt› (Vermerk hinter dem Namen des Verlegers [Druckers] bei Kupferstichen; *Abk.* exc. *u.* excud.)
E|x|e|d|ra, die; -, Exedren ‹griech.› (*Archit.* [halbrunde] Nische)
E|x|e|ge|se, die; -, -n ‹griech.› ([Bibel]erklärung; Wissenschaft von der Bibelauslegung)
E|x|e|get, der; -en, -en (Bibelwissenschaftler); **E|x|e|ge|tik,** die; - (*veraltet für* Exegese); **e|x|e|ge|tisch**
e|x|e|ku|tie|ren ‹lat.› (vollstrecken); exekutiert (*österr. für* gepfändet) werden; **E|x|e|ku|ti|on,** die; -, -en (Vollstreckung [eines Urteils]; Hinrichtung; *österr. auch für* Pfändung)
e|x|e|ku|tiv (ausführend); **E|x|e|ku|ti|ve,** die; -, -n *u.* **E|x|e|ku|tiv|ge|walt** (vollziehende Gewalt [im Staat])
E|x|e|ku|tor, der; -s, ...oren (Vollstrecker; *österr. für* Gerichtsvollzieher); **E|x|e|ku|to|rin; e|x|e|ku|to|risch**
E|x|em|pel, das; -s, - ‹lat.› ([warnendes] Beispiel; Aufgabe)
E|x|em|p|lar, das; -s, -e ([einzelnes] Stück; *Abk.* Expl.); **e|x|em|p|la|risch** (beispielhaft; warnend, abschreckend); exemplarisches Lernen
E|x|em|p|li|fi|ka|ti|on, die; -, -en (Erläuterung durch Beispiele); **e|x|em|p|li|fi|zie|ren**
e|x|emt ‹lat.› (*Rechtsw.* befreit); **E|x|em|ti|on,** die; -, -en ([gesetzliche] Freistellung)
e|xen ‹*zu* lat. ex› (*Schülerspr.* von der Schule weisen)
E|xe|qua|tur, das; -s, ...uren ‹lat., »er vollziehe!«› (Zulassung eines ausländ. Konsuls)
E|xe|qui|en *Plur.* (kath. Totenmesse)
e|x|er|zie|ren ‹lat.› ([von Truppen] üben); **E|x|er|zier|platz**
E|x|er|zi|ti|en *Plur.* (geistl. Übungen); **E|x|er|zi|ti|um,** das; -s, ...ien (Übung; Hausarbeit)
Ex|freund; Ex|freun|din
Ex|ha|la|ti|on, die; -, -en ‹lat.› (*Med.* Ausatmung; *Geol.* Ausströmen vulkan. Gase u. Dämpfe); **ex|ha|lie|ren**
ex|haus|tiv [*alte Trennung* ...|st...] ‹lat.› (*geh. für* vollständig, erschöpfend)
Ex|haus|tor [*alte Trennung* ...|st...], der; -s, ...oren (*Technik* Absauger, Entlüfter)
ex|hi|bie|ren ‹lat.› (zur Schau stellen, vorzeigend darbieten); **Ex|hi|bi|ti|on,** die; -, -en (*Med.* Zurschaustellung)
Ex|hi|bi|ti|o|nis|mus, der; - (Neigung zur öffentl. Entblößung der Geschlechtsteile)
Ex|hi|bi|ti|o|nist, der; -en, -en
Ex|hi|bi|ti|o|nis|tin [*alte Trennung* ...|st...]; **ex|hi|bi|ti|o|nis|tisch**

ex|hu|mie|ren ⟨lat.⟩ ([einen Leichnam] wieder ausgraben)
Ex|hu|mie|rung
E|xil, das; -s, -e ⟨lat.⟩ (Verbannung[sort]); **E|xi|lant**, der; -en, -en (im Exil Lebender); **E|xi|lan|tin; e|xi|liert** (ins Exil geschickt)
E|xil|li|te|ra|tur; E|xil|po|li|ti|ker
E|xil|re|gie|rung
e|xi|mie|ren ⟨lat.⟩ (*Rechtsspr.* von einer Verbindlichkeit befreien)
e|xis|tent [*alte Trennung* ...|st...] ⟨lat.⟩ (wirklich, vorhanden)
e|xis|ten|ti|al, E|xis|ten|ti|a|lis|mus [*alte Trennung* ...|st...] usw. *vgl.* existenzial, Existenzialismus usw.
e|xis|ten|ti|a|lis|tisch [*alte Trennungen* ...|st...|st...] *vgl.* existenzialistisch
e|xis|ten|ti|ell [*alte Trennung* ...|st...] *vgl.* existenziell
E|xis|tenz [*alte Trennung* ...|st...], die; -, -en (Dasein; Lebensgrundlage)
E|xis|tenz|angst [*alte Trennung* ...|st...] (Daseinsangst); **e|xis|tenz|be|dro|hend** ↑K59
E|xis|tenz|be|rech|ti|gung [*alte Trennung* ...|st...], die; -
e|xis|tenz|fä|hig [*alte Trennung* ...|st...]; **e|xis|tenz|ge|fähr|dend**
E|xis|tenz|grün|der [*alte Trennung* ...|st...]; **E|xis|tenz|grund|la|ge; E|xis|tenz|grün|dung**
e|xis|ten|zi|al, *auch* e|xis|ten|ti|al [*alte Trennung* ...|st...] (das Dasein hinsichtlich seines Seinscharakters betreffend)
E|xis|ten|zi|a|lis|mus, *auch* E|xis|ten|ti|a|lis|mus [*alte Trennung* ...|st...], der; - (philosophische Richtung des 20. Jh.s)
E|xis|ten|zi|a|list, *auch* E|xis|ten|ti|a|list [*alte Trennung* ...|st...], der; -en, -en; **E|xis|ten|zi|a|lis|tin**, *auch* E|xis|ten|ti|a|lis|tin
E|xis|ten|zi|al|phi|lo|so|phie, *auch* E|xis|ten|ti|al|phi|lo|so|phie [*alte Trennung* ...|st...] *vgl.* Existenzialismus
e|xis|ten|zi|ell, *auch* e|xis|ten|ti|ell [*alte Trennung* ...|st...] ⟨franz.⟩ (auf das unmittelbare u. wesenhafte Dasein bezogen; lebenswichtig)
E|xis|tenz|kampf [*alte Trennung* ...|st...]; **E|xis|tenz|mi|ni|mum**
E|xis|tenz|phi|lo|so|phie [*alte Trennung* ...|st...] *vgl.* Existenzialismus
e|xis|tie|ren [*alte Trennung* ...|st...] (vorhanden sein, bestehen)
E|xi|tus, der; - ⟨lat.⟩ (*Med.* Tod)
Ex|kai|ser; Ex|kai|se|rin
Ex|kar|di|na|ti|on, die; -, -en ⟨lat.⟩ (*kath. Kirche* Entlassung eines Geistlichen aus seiner Diözese)
Ex|ka|va|ti|on, die; -, -en ⟨lat.⟩ (*Med.* Aushöhlung, Ausbohrung; *fachspr. für* Ausschachtung); **ex|ka|vie|ren**
exkl. = exklusive
Ex|kla|ma|ti|on, die; -, -en ⟨lat.⟩ (*veraltet für* Ausruf); **ex|kla|ma|to|risch; ex|kla|mie|ren**
Ex|kla|ve, die; -, -n ⟨lat.⟩ (ein eigenstaatl. Gebiet in fremdem Staatsgebiet); *vgl.* Enklave
ex|klu|die|ren ⟨lat.⟩ (*veraltet für* ausschließen); **Ex|klu|si|on**, die; -, -en (*veraltet für* Ausschließung)
ex|klu|siv (nur einem bestimmten Personenkreis zugänglich; sich absondernd; auf etw. beschränkt)

ex|klu|si|ve

(mit Ausschluss von ..., ausschließlich; *Abk.* exkl.)

Präposition mit Genitiv:
– exklusive aller Versandkosten

Ist der Genitiv nicht erkennbar, steht der Dativ:
– exklusive Getränken

Ein allein stehendes, stark gebeugtes Substantiv steht im Singular ungebeugt:
– exklusive Porto

Ex|klu|siv|in|ter|view
Ex|klu|si|vi|tät, die; - (Ausschließlichkeit, [gesellschaftliche] Abgeschlossenheit)
Ex|kom|mu|ni|ka|ti|on, die; -, -en ⟨lat.⟩ (*kath. Kirche* Ausschluss aus der Kirchengemeinschaft); **ex|kom|mu|ni|zie|ren**
Ex|kö|nig; Ex|kö|ni|gin
Ex|kre|ment, das; -[e]s, -e *meist Plur.* ⟨lat.⟩ (Ausscheidungsprodukt, z. B. Kot)
Ex|kret, das; -[e]s, -e ⟨lat.⟩ (*Med., Zool.* vom Körper ausgeschiedenes wertloses Stoffwechselprodukt); **Ex|kre|ti|on**, die; -, -en (Ausscheidung von Exkreten)
ex|kre|to|risch (ausscheidend, absondernd)
Ex|kul|pa|ti|on, die; -, -en ⟨lat.⟩ (*Rechtsw.* Rechtfertigung, Entlastung); **ex|kul|pie|ren;** sich exkulpieren
Ex|kurs, der; -es, -e ⟨lat.⟩ (Abschweifung; einer Abhandlung beigefügte kürzere Ausarbeitung; Anhang)
Ex|kur|si|on, die; -, -en (Lehrfahrt; Streifzug)
Ex|li|b|ris, das; -, - ⟨lat.⟩ (Bücherzeichen mit dem Namen[szeichen] des Bucheigentümers)
Ex|ma|t|ri|kel [*auch, österr. nur* ...'trɪkəl], die; -, -n ⟨lat.⟩ (Bescheinigung über das Verlassen einer Hochschule)
Ex|ma|t|ri|ku|la|ti|on, die; -, -en (Streichung aus der Matrikel einer Hochschule); **ex|ma|t|ri|ku|lie|ren**
Ex|mi|nis|ter [*alte Trennung* ...|st...]; **Ex|mi|nis|te|rin**
Ex|mis|si|on, die; -, -en ⟨lat.⟩ (*Rechtsw.* gerichtliche Ausweisung aus einer Wohnung)
ex|mit|tie|ren; Ex|mit|tie|rung
E|xo|bi|o|lo|gie, die; - ⟨griech.⟩ (Wissenschaft vom außerirdischen Leben); **e|xo|bi|o|lo|gisch**
E|xo|dus, der; - ⟨griech., »Auszug«⟩ (das 2. Buch Mosis)
ex of|fi|cio ⟨lat.⟩ (*Rechtsspr.* von Amts wegen)
E|xo|ga|mie, die; -, ...ien ⟨griech.⟩ (*Völkerk.* Heirat außerhalb von Stamm, Kaste usw.)
e|xo|gen ⟨griech.⟩ (*Bot.* außen entstehend; *Med.* von außen wirkend; *Psych.* umweltbedingt)
E|xo|karp, das; -s, -e ⟨griech.⟩ (*Bot.* äußere Schicht der Fruchtwand)
e|xo|krin ⟨griech.⟩ (*Med.* nach außen abscheidend); exokrine Drüsen
E|xo|nym, das; -s, -e ⟨griech.⟩ (vom amtlichen Namen abweichende Ortsnamenform, z. B. dt. »Mailand« für ital. »Milano«)
e|xor|bi|tant ⟨lat.⟩ (übertrieben; gewaltig)
ex o|ri|en|te lux ⟨lat., »aus dem Osten [kommt das] Licht«⟩ (von der Sonne, dann von Christentum u. Kultur)
e|xor|zie|ren, e|xor|zi|sie|ren ⟨griech.⟩ (böse Geister durch Beschwörung austreiben)
E|xor|zis|mus, der; -, ...men (Beschwörung böser Geister)
E|xor|zist, der; -en, -en (Geister-

E

beschwörer; *früher* dritter Grad der kath. niederen Weihen)

E|xo|s|phä|re, die; - ‹griech.› (oberste Schicht der Erdatmosphäre)

E|xot, der; -en, -en ‹griech.› (Mensch, Tier, Pflanze aus fernen Ländern; *Plur. auch für* überseeische Wertpapiere)

E|xo|ta|ri|um, das; -s, ...ien (Anlage für exotische Tiere)

e|xo|te|risch ‹griech.› (für Außenstehende, allgemein verständlich)

e|xo|therm ‹griech.› (*Physik, Chemie* Wärme abgebend)

E|xo|tik, die; - ‹griech.› (Anziehungskraft, die vom Fremdländischen ausgeht)

E|xo|tin; e|xo|tisch

Ex|pan|der, der; -s, - ‹engl.› (Trainingsgerät zur Stärkung der Arm- u. Oberkörpermuskeln)

ex|pan|die|ren ‹lat.› ([sich] ausdehnen); **ex|pan|si|bel** ‹franz.› (*veraltet für* ausdehnbar); ...i|b|le Stoffe

Ex|pan|si|on, die; -, -en ‹lat.› (Ausdehnung; Erweiterung; Ausbreitung [eines Staates])

ex|pan|si|o|nis|tisch [*alte Trennung* ...|st...]

Ex|pan|si|ons|be|stre|bun|gen *Plur.;* **Ex|pan|si|ons|ge|schwin|dig|keit; Ex|pan|si|ons|kraft** *(Physik);* **Ex|pan|si|ons|po|li|tik**

ex|pan|siv ([sich] ausdehnend); **Ex|pan|siv|kraft,** die *(Physik)*

ex|pa|t|ri|ie|ren ‹lat.› (ausbürgern)

Ex|pe|di|ent, der; -en, -en ‹lat.› (Abfertigungsbeauftragter in der Versandabteilung einer Firma); **Ex|pe|di|en|tin**

ex|pe|die|ren (abfertigen; absenden; befördern)

Ex|pe|dit, das; -[e]s, -e (*österr. für* Versandabteilung)

Ex|pe|di|ti|on, die; -, -en (Forschungsreise; Gruppe von Forschungsreisenden; Versand- od. Abfertigungsabteilung)

Ex|pe|di|ti|ons|lei|ter, der

Ex|pe|di|tor, der; -s, ...oren (*seltener, bes. österr., für* Expedient)

Ex|pek|to|rans, das; -, *Plur.* ...ranzien *u.* ...rantia *u.* **Ex|pek|to|ran|ti|um,** das; -s, ...tia ‹lat.› (*Pharm.* schleimlösendes [Husten]mittel)

Ex|pek|to|ra|ti|on, die; -, -en (*veraltet für* Erklärung [von Gefühlen]; *Med.* Auswurf)

ex|pek|to|rie|ren (*veraltet für* Gefühle aussprechen; *Med.* Schleim aushusten)

ex|pen|siv ‹lat.› (*selten für* kostspielig)

Ex|pe|ri|ment, das; -[e]s, -e ‹lat.› ([wissenschaftlicher] Versuch)

Ex|pe|ri|men|tal... (auf Experimenten beruhend, z. B. Experimentalphysik)

Ex|pe|ri|men|ta|tor, der; -s, ...oren; **Ex|pe|ri|men|ta|to|rin**

ex|pe|ri|men|tell (auf Experimenten beruhend); experimentelle Psychologie

Ex|pe|ri|men|tier|büh|ne (Bühne für experimentelles Theater)

ex|pe|ri|men|tie|ren

ex|pe|ri|men|tier|freu|dig

Ex|per|te, der; -n, -n (Sachverständiger, Gutachter)

Ex|per|ten|sys|tem [*alte Trennung* ...|st...] (*EDV* hoch entwickeltes Programmsystem mit Elementen künstlicher Intelligenz)

Ex|per|tin

Ex|per|ti|se, die; -, -n ‹franz.› (Gutachten)

Expl. = Exemplar

Ex|pla|na|ti|on, die; -, -en ‹lat.› (*Literaturw.* Erklärung eines Textes); **ex|pla|na|tiv; ex|pla|nie|ren**

Ex|plan|ta|ti|on, die; -, -en ‹lat.› (*Med., Zool.* Entnahme von Zellen od. Gewebe aus dem lebenden Organismus); **ex|plan|tie|ren**

Ex|pli|ka|ti|on, die; -, -en ‹lat.› (*veraltet für* Erklärung, Erläuterung); **ex|pli|zie|ren**

ex|pli|zit (erklärt, ausführlich dargestellt; *Ggs.* implizit); explizite Funktion *(Math.)*

ex|pli|zi|te [...te] (ausdrücklich); etwas explizite sagen

ex|plo|dier|bar; ex|plo|die|ren ‹lat.› (krachend [zer]bersten; einen Gefühlsausbruch haben)

Ex|ploi|ta|ti|on [...ploa...], die; -, -en ‹franz.› (*veraltet für* Ausbeutung; Nutzbarmachung)

ex|ploi|tie|ren

Ex|plo|rand, der; -en, -en ‹lat.› (*fachspr. für* zu Untersuchender; zu Befragender); **Ex|plo|ran|din**

Ex|plo|ra|ti|on, die; -, -en (Untersuchung, Erforschung)

ex|plo|ra|to|risch

Ex|plo|rer [ɪ...], der; -s, - ‹engl., »Erforscher«› (*Bez. für* die ersten amerik. Erdsatelliten)

ex|plo|rie|ren [ɛ...] ‹lat.›

ex|plo|si|bel ‹franz.› (explosionsfähig); ...i|b|le Stoffe

Ex|plo|si|on, die; -, -en ‹lat.›; **ex|plo|si|ons|ar|tig**

Ex|plo|si|ons|ge|fahr; Ex|plo|si|ons|herd; Ex|plo|si|ons|ka|ta|s|t|ro|phe; Ex|plo|si|ons|kra|ter *(Geol.)*

Ex|plo|si|ons|mo|tor

ex|plo|si|ons|si|cher

ex|plo|siv (leicht explodierend, explosionsartig)

Ex|plo|siv, der; -s, -e *u.* Ex|plo|siv|laut (*Sprachw.* Verschlusslaut, z. B. b, k)

Ex|plo|siv|ge|schoss [*alte Schreibung* ...ge|schoß]

Ex|plo|si|vi|tät, die; - (explosive Beschaffenheit)

Ex|plo|siv|kör|per

Ex|plo|siv|laut *vgl.* Explosiv

Ex|plo|siv|stoff

Ex|po|nat, das; -[e]s, -e ‹russ.› (Ausstellungs-, Museumsstück)

Ex|po|nent, der; -en, -en ‹lat.› (Hochzahl, bes. in der Wurzel- u. Potenzrechnung; herausgehobener Vertreter [einer best. Richtung, Politik usw.])

Ex|po|nen|ti|al|funk|ti|on *(Math.)*

Ex|po|nen|ti|al|glei|chung *(Math.)*

Ex|po|nen|ti|al|grö|ße; Ex|po|nen|ti|al|röh|re *(Technik)*

ex|po|nen|ti|ell *(Math.)*

Ex|po|nen|tin

ex|po|nie|ren (hervorheben; [einer Gefahr] aussetzen); **ex|po|niert** (gefährdet; [Angriffen] ausgesetzt; herausgehoben)

Ex|port, der; -[e]s, -e ‹engl.› (Ausfuhr); ↑K31: Ex- u. Import

ex|port|ab|hän|gig

Ex|port|ab|hän|gig|keit

Ex|port|an|teil; Ex|port|ar|ti|kel

Ex|por|ten *Plur.* (Ausfuhrwaren)

Ex|por|teur [...'tø:ɐ̯], der; -s, -e ‹franz.› (Ausfuhrhändler od. -firma); **Ex|por|teu|rin**

Ex|port|ge|schäft

ex|por|tie|ren

ex|port|in|ten|siv; exportintensive Branchen

Ex|port|kauf|frau; Ex|port|kauf|mann; Ex|port|quo|te

Ex|port|ü|ber|schuss [*alte Schreibung* ...über|schuß]

Ex|po|sé *vgl.* Exposee

Ex|po|see, *auch* **Ex|po|sé,** das; -s, -s ‹franz.› (Denkschrift, Bericht, Darlegung; Zusammenfassung; Plan, Skizze [für ein Drehbuch])

Ex|po|si|ti|on, die; -, -en ‹lat.› (Ausstellung, Schau; *Litera-*

turw., Musik Einleitung, erster Teil; *veraltet für* Darlegung)
Ex|po|si|tur, die; -, -en (*kath. Kirche* abgegrenzter selbstständiger Seelsorgebezirk einer Pfarrei; *österr.* auswärtige Geschäftsfiliale, auswärtiger Teil einer Schule); **Ex|po|si|tus,** der; -, ...ti (Geistlicher einer Expositur)
ex|press [*alte Schreibung* ex|preß] ‹lat.› (*veraltet, noch ugs. für* eilig, Eil...; *landsch. für* eigens, ausdrücklich, zum Trotz)
Ex|press|bo|te [*alte Schreibung* Ex|preß...] (*veraltet für* Eilbote); **Ex|press|gut**
Ex|pres|si|on, die; -, -en (Ausdruck)
Ex|pres|si|o|nis|mus, der; - (Kunstrichtung im frühen 20. Jh., Ausdruckskunst)
Ex|pres|si|o|nist, der; -en, -en
Ex|pres|si|o|nis|tin [*alte Trennung* ...|st...]; **ex|pres|si|o|nis|tisch**
ex|pres|sis ver|bis (ausdrücklich; mit ausdrücklichen Worten)
ex|pres|siv (ausdrucksvoll); **Ex|pres|si|vi|tät,** die; - (Fülle des Ausdrucks, Ausdrucksfähigkeit; *Biol.* Ausprägungsgrad einer Erbanlage)
Ex|press|rei|ni|gung [*alte Schreibung* Ex|preß...]
Ex|pro|p|ri|a|ti|on, die; -, -en ‹lat.› (Enteignung [marxistischer Begriff]); **ex|pro|p|ri|ie|ren**
Ex|pul|si|on, die; -, -en ‹lat.› (*Med.* Austreibung, Abführung)
ex|pul|siv
ex|qui|sit ‹lat.› (ausgesucht, erlesen)
Ex|qui|sit, das; -s, -s (*kurz für* Exquisitladen); **Ex|qui|sit|la|den** (*in der DDR* Geschäft für auserlesene Waren zu hohen Preisen)
Ex|sik|ka|ti|on, die; -, -en ‹lat.› (*Chemie* Austrocknung); **ex|sik|ka|tiv; Ex|sik|ka|tor,** der; -s, ...oren (Gerät zum Austrocknen od. zum trockenen Aufbewahren von Chemikalien)
ex|spek|ta|tiv (*Med.* abwartend [bei Krankheitsbehandlung])
Ex|spi|ra|ti|on, die; - ‹lat.› (*Med.* Ausatmung); **ex|spi|ra|to|risch** (*Med.* auf Exspiration beruhend); exspiratorischer Akzent (*Sprachw.* Druckakzent); exspiratorische Artikulation (*Sprachw.* Lautbildung beim Ausatmen); **ex|spi|rie|ren** *(Med.)*
Ex|stir|pa|ti|on, die; -, -en ‹lat.› (*Med.* völlige Entfernung [eines Organs]); **ex|stir|pie|ren**
Ex|su|dat, das; -[e]s, -e ‹lat.› (*Med.* Ausschwitzung; *Biol.* Absonderung); **Ex|su|da|ti|on,** die; -, -en (Ausschwitzen, Absondern eines Exsudates)
Ex|tem|po|ra|le, das; -s, ...lien ‹lat.› (*veraltet für* unvorbereitet anzufertigende [Klassen]arbeit)
Ex|tem|po|re [...re], das; -s, -s (*Theater* Zusatz, Einlage; Stegreifspiel)
ex tem|po|re (aus dem Stegreif)
ex|tem|po|rie|ren (aus dem Stegreif reden, schreiben usw.)
ex|ten|die|ren ‹lat.› (strecken; ausdehnen)
Ex|ten|si|on, die; -, -en
Ex|ten|si|tät, die; - (Ausdehnung; Umfang)
ex|ten|siv (der Ausdehnung nach; räumlich; nach außen wirkend); extensive Landwirtschaft (Bodennutzung mit geringem Einsatz von Arbeitskraft u. Kapital)
Ex|ten|sor, der; -s, ...oren (*Med.* Streckmuskel)
Ex|te|ri|eur [...ˈri̯øːɐ̯], das; -s, *Plur.* -s *u.* -e ‹franz.› (Äußeres; Außenseite)
ex|tern ‹lat.› (draußen befindlich; auswärtig)
Ex|ter|ne, der *u.* die; -n, -n (nicht im Internat wohnender Schüler bzw. nicht dort wohnende Schülerin; von auswärts zugewiesener Prüfling)
Ex|ter|nist, der; -en, -en (*österr. für* Externer); **Ex|ter|nis|tin** [*alte Trennung* ...|st...]
Ex|tern|stei|ne *Plur.* (Felsgruppe im Teutoburger Wald)
ex|ter|ri|to|ri|al ‹lat.› (den Landesgesetzen nicht unterworfen); **Ex|ter|ri|to|ri|a|li|tät,** die; - (exterritorialer Status, Charakter)
Ex|tink|ti|on, die; -, -en ‹lat.› (*fachspr. für* Schwächung einer Strahlung)
ex|t|ra ‹lat.› (nebenbei, außerdem, besonders, eigens); **Ex|t|ra,** das; -s, -s ([nicht serienmäßig mitgeliefertes] Zubehör[teil])
Ex|t|ra|aus|ga|be
Ex|t|ra|blatt (Sonderausgabe)
Ex|t|ra|chor (zusätzlicher, nur in bestimmten Opern eingesetzter Theaterchor)
ex|t|ra dry ‹engl.› (sehr herb)
ex|t|ra|fein
ex|t|ra|ga|lak|tisch ‹lat.-griech.› (*Astron.* außerhalb der Galaxis gelegen)
ex|t|ra|groß; ex|t|ra|hart
ex|tra|hie|ren ‹lat.› (einen Auszug machen; [einen Zahn] ausziehen; auslaugen)
Ex|t|ra|klas|se ein Film, Sportler der Extraklasse
ex|t|ra|kor|po|ral (*Biol., Med.* außerhalb des Organismus befindlich, geschehend)
Ex|trakt, der, *auch* das; -[e]s, -e ‹lat.› (Auszug [aus Büchern, Stoffen]; Hauptinhalt Kern);
Ex|trak|ti|on, die; -, -en (Auszug; Auslaugung; Herausziehen, z. B. eines Zahnes)
ex|trak|tiv ‹franz.› (ausziehend; auslaugend)
ex|t|ra|or|di|när ‹franz.› (*veraltend für* außergewöhnlich, außerordentlich)
Ex|t|ra|or|di|na|ri|um, das; -s, ...ien ‹lat.› (außerordentlicher Haushaltsplan od. Etat)
Ex|t|ra|or|di|na|ri|us, der; -, ...ien (außerordentlicher Professor)
Ex|t|ra|po|la|ti|on, die; -, -en ‹lat.› (das Extrapolieren); **ex|t|ra|po|lie|ren** (*Math., Statistik* aus den bisherigen Werten einer Funktion auf weitere schließen)
Ex|t|ra|post (*früher für* besonders eingesetzter Postwagen)
Ex|t|ra|sys|to|le [*alte Trennung* ...|st...], die; -, -n ‹lat.; griech.› (*Med.* vorzeitige Kontraktion des Herzens innerhalb der normalen Herzschlagfolge)
ex|t|ra|ter|res|t|risch [*alte Trennung* ...|st...] ‹lat.› (*Astron., Physik* außerhalb der Erde gelegen)
Ex|t|ra|tour (*ugs. für* eigenwilliges Verhalten od. Vorgehen)
ex|t|ra|va|gant [*auch* ˈɛ...] ‹franz.› (verstiegen, überspannt); **Ex|t|ra|va|ganz,** die; -, -en
Ex|t|ra|ver|si|on, Ex|t|ro|ver|si|on, die; -, -en ‹lat.› (Konzentration der eigenen Interessen auf äußere Objekte)
ex|t|ra|ver|tiert, ex|t|ro|ver|tiert (nach außen gerichtet); ein extravertierter, extrovertierter Mensch; **Ex|t|ra|ver|tiert|heit**
Ex|t|ra|wurst *(ugs.);* jmdm. eine Extrawurst braten
Ex|t|ra|zug (*schweiz. für* Sonderzug)

ex|t|rem ‹lat., »äußerst«› (bis an die äußerste Grenze gehend; radikal; krass)
Ex|t|rem, das; -s, -e (höchster Grad; äußerster Standpunkt)
Ex|t|re|ma|du|ra, *auch* [1]Es|t|re|ma|du|ra (historische Landschaft in Spanien)
Ex|t|rem|fall, der; im Extremfall
Ex|t|re|mis|mus, der; -, ...men (übersteigert radikale Haltung); **Ex|t|re|mist,** der; -en, -en
Ex|t|re|mis|tin [*alte Trennung* ...|st...]; **ex|t|re|mis|tisch**
Ex|t|re|mi|tät, die; -, -en (äußerstes Ende)
Ex|t|re|mi|tä|ten *Plur.* (Gliedmaßen)
Ex|t|rem|si|tu|a|ti|on
Ex|t|rem|sport (mit höchster körperlicher Beanspruchung od. mit besonderen Gefahren verbundener Sport [z. B. Freeclimbing]); **Ex|t|rem|sport|art**
Ex|t|ro|ver|si|on *vgl.* Extraversion
ex|t|ro|ver|tiert *vgl.* extravertiert
Ex|t|ru|der, der; -s, - ‹engl.› (*Technik* Maschine zum Ausformen thermoplastischer Kunststoffe; Schneckenpresse); **ex|t|ru|die|ren** (mit dem Extruder formen)
E|x|ul|ze|ra|ti|on, die; -, -en ‹lat.› (*Med.* Geschwürbildung)
e|x|ul|ze|rie|ren
Ex-und-hopp-Fla|sche (*ugs. für* Einwegflasche)
ex u|su ‹lat., »aus dem Gebrauch heraus«› (aus der Erfahrung, durch Übung)
E|x|u|vie, die; -, -n ‹lat.› (abgestreifte tierische Körperhülle [z. B. Schlangenhaut])
ex vo|to ‹lat., »aufgrund eines Gelübdes«› (Inschrift auf Votivgaben)
Ex|vo|to, das; -s, *Plur.* -s *od.* ...ten (Weihegabe, Votivbild)
Ex|welt|meis|ter [*alte Trennung* ...|st...] *(Sport)*
Exz. = Exzellenz
Ex|ze|dent, der; -en, -en ‹lat.› (über die gewählte Versicherungssumme hinausgehender Betrag)
ex|zel|lent ‹lat.› (hervorragend)
Ex|zel|lenz, die; -, -en (ein Titel; *Abk.* Exz.); *vgl.* euer
ex|zel|lie|ren (hervorragen)
Ex|zen|ter, der; -s, - *u.* **Ex|zen|ter|schei|be** ‹nlat.-dt.› (*Technik* exzentrisch angebrachte Steuerungsscheibe)
Ex|zen|t|rik, die; - ([mit Groteske verbundene] Artistik; Überspanntheit)
Ex|zen|t|ri|ker; Ex|zen|t|ri|ke|rin
ex|zen|t|risch (*Math., Astron.* außerhalb des Mittelpunktes liegend; *geh. für* überspannt)
Ex|zen|t|ri|zi|tät, die; -, -en (Abweichen, Abstand vom Mittelpunkt; Überspanntheit)
ex|zep|ti|o|nell ‹franz.› (ausnahmsweise eintretend, außergewöhnlich)
ex|zep|tiv ‹lat.› (*veraltet für* ausschließend)
ex|zer|pie|ren ‹lat.› (ein Exzerpt machen)
Ex|zerpt, das; -[e]s, -e (schriftl. Auszug aus einem Werk)
Ex|zerp|ti|on, die; -, -en (das Exzerpieren); **Ex|zerp|tor,** der; -s, ...oren (jmd., der Exzerpte anfertigt); **Ex|zerp|to|rin**
Ex|zess [*alte Schreibung* Ex|zeß], der; Exzesses, Exzesse ‹lat.› (Ausschreitung; Ausschweifung); **ex|zes|siv** (das Maß überschreitend; ausschweifend)
ex|zi|die|ren ‹lat.› (*Med.* herausschneiden); **Ex|zi|si|on,** die; -, -en (*Med.* Ausschneidung, z. B. einer Geschwulst)
ex|zi|tie|ren ‹lat.› (*Med.* anregen, beleben)
Eyck, van [van, *auch* fan 'aik] (niederl. Maler)
Eye|li|ner ['ailai...], der; -s, - ‹engl.› (flüssiges Kosmetikum zum Ziehen des Lidstriches)
Ey|rir, der *od.* das; -s, Au|rar ‹isländ.› (Untereinheit der isländ. Krone)
E|ze|chi|el [...e:l, *auch* ...ɛl] (bibl. Prophet; *bei Luther* Hesekiel)
Ez|zes *Plur.* ‹hebr.-jidd.› (*österr. ugs. für* Tipps, Ratschläge)

F *f*

F (Buchstabe); das F, des F, die F, *aber* das f in Haft; der Buchstabe F, f
f = Femto...; forte
f, F, das; -, - (Tonbezeichnung)
f (*Zeichen für* f-Moll); in f
F (*Zeichen für* F-Dur); in F
F = Fahrenheit; Farad; *vgl.* Franc
F = *chem. Zeichen für* Fluor
f. = folgende [Seite]; für
Fa. = Firma
Faa|ker See, der; - -s (in Kärnten)
Fa|bel, die; -, -n ‹franz.› (erdichtete [lehrhafte] Erzählung; Handlung einer Dichtung)
Fa|bel|buch; Fa|bel|dich|ter
Fa|be|lei
fa|bel|haft
fa|beln (Erfundenes erzählen); ich fab[e]le; **Fa|bel|tier; Fa|bel|welt; Fa|bel|we|sen**
Fa|bia (w. Vorn.)
Fa|bi|an (m. Vorn.)
Fa|bi|er, der; -s, - (Angehöriger eines altröm. Geschlechtes)
Fa|bi|o|la (w. Vorn.)
Fa|bi|us (Name altröm. Staatsmänner)
Fa|b|rik[1], die; -, -en ‹franz.›; **Fa|b|rik|an|la|ge**
Fa|b|ri|kant, der; -en, -en (Fabrikbesitzer; Hersteller); **Fa|b|ri|kan|tin**
Fa|b|rik|ar|beit[1], die; -; **Fa|b|rik|ar|bei|ter**
Fa|b|ri|kat, das; -[e]s, -e ‹lat.› (Industrieerzeugnis)
Fa|b|ri|ka|ti|on, die; -, -en (fabrikmäßige Herstellung)
Fa|b|ri|ka|ti|ons|feh|ler; Fa|b|ri|ka|ti|ons|ge|heim|nis; Fa|b|ri|ka|ti|ons|me|tho|de; Fa|b|ri|ka|ti|ons|pro|zess [*alte Schreibung* ...prozeß]
Fa|b|rik|be|sit|zer[1]**; Fa|b|rik|ge|bäu|de; Fa|b|rik|ge|län|de; Fa|b|rik|hal|le**
fa|b|rik|mä|ßig[1]**; fa|b|rik|neu**
fa|b|riks..., Fa|b|riks... (*österr. für* fabrik..., Fabrik..., z. B. fabriksneu, Fabriksarbeiter)
Fa|b|rik|schorn|stein[1]**; Fa|b|rik|si|re|ne**
fa|b|ri|zie|ren ([fabrikmäßig] herstellen; *ugs. auch für* mühsam anfertigen; anrichten)
Fa|bu|lant, der; -en, -en ‹lat.› (Erzähler von fantastisch ausgeschmückten Geschichten; Lügner)
fa|bu|lie|ren (fantasievoll erzählen); **Fa|bu|lier|kunst**
fa|bu|lös (fantastisch anmutend)
Fa|cet|te [...'sɛ...], *auch* Fas|set|te ↑K38, die; -, -n ‹franz.› (eckig geschliffene Fläche von Edelsteinen u. Glaswaren)

1 [*auch* ...'rɪ ...]

F

Fa|cet|ten|au|ge, *auch* Fas|set|ten|au|ge (*Zool.* Netzauge)
Fa|cet|ten|glas, *auch* Fas|set|ten|glas *Plur.* ...gläser; **Fa|cet|ten|schliff,** *auch* Fas|set|ten|schliff
fa|cet|tie|ren, *auch* fas|set|tie|ren (mit Facetten versehen)
Fach, das; -[e]s, Fächer
...fach (z. B. vierfach [*mit Ziffer* 4fach ↑K66]; *mit Einzelbuchstabe* n-fach)
Fach|ar|bei|ter; Fach|ar|bei|ter|brief; Fach|ar|bei|te|rin
Fach|arzt; Fach|ärz|tin
fach|ärzt|lich
Fach|aus|druck; Fach|be|griff; Fach|be|reich; Fach|bi|b|li|o|thek; Fach|buch
...fa|che (z. B. Vierfache, das; -n [*mit Ziffer* 4fache ↑K66])
fä|cheln; ich fäch[e]le
fa|chen (*seltener für* anfachen)
Fä|cher, der; -s, -
fä|cher|för|mig; fä|che|rig
fä|chern; ich fächere
Fä|cher|pal|me; Fä|che|rung
Fach|frau; Fach|ge|biet
fach|ge|mäß; fach|ge|recht
Fach|ge|schäft; Fach|grup|pe; Fach|han|del (*vgl.* [1]Handel)
Fach|hoch|schu|le (*Abk.* FH); **Fach|hoch|schul|rei|fe**
Fach|i|di|ot (*abwertend für* jmd., der nur sein Fachgebiet kennt)
Fach|jar|gon
Fach|ken|ner; Fach|kennt|nis
Fach|kraft; Fach|kreis; in Fachkreisen
Fach|kun|de, die; **fach|kun|dig** (Fachkenntnisse habend); **fach|kund|lich** (die Fachkunde betreffend)
Fach|leh|rer; Fach|leh|re|rin
Fach|leu|te *Plur.*
fach|lich
Fach|li|te|ra|tur
Fach|mann *Plur.* ...leute, *selten* ...männer; **fach|män|nisch**
fach|mä|ßig (*selten für* fachlich)
Fach|o|ber|schu|le; Fach|pres|se; Fach|re|fe|rent; Fach|rich|tung
Fach|schaft; Fach|schu|le
Fach|sim|pe|lei (*ugs.*); **fach|sim|peln** (*ugs. für* [ausgiebige] Fachgespräche führen); ich fachsimp[e]le; gefachsimpelt; zu fachsimpeln
Fach|spra|che; fach|sprach|lich
fach|ü|ber|grei|fend
Fach|ver|käu|fer; Fach|ver|käu|fe|rin; Fach|welt, die; -
Fach|werk; Fach|werk|haus
Fach|wis|sen|schaft; Fach|wort *Plur.* ...wörter; **Fach|wör|ter|buch; Fach|zeit|schrift**
Fa|ckel [*alte Trennung* ...k|k...], die; -, -n ⟨lat.⟩; **Fa|ckel|licht** *Plur.* ...lichter
fa|ckeln [*alte Trennung* ...k|k...]; ich fack[e]le; wir wollen nicht lange fackeln (*ugs. für* zögern)
Fa|ckel|schein [*alte Trennung* ...k|k...], der; -s; **Fa|ckel|trä|ger; Fa|ckel|zug**
Fact [fɛkt], der; -s, -s *meist Plur.* ⟨engl.⟩ (Tatsache; *vgl.* Fakt)
Fac|to|ring [ˈfɛktə...], das; -s (bestimmte Methode der Absatzfinanzierung mit Absicherung des Kreditrisikos)
Fac|to|ry|out|let, *auch* **Fac|to|ry-Out|let** [ˈfɛktəriˈautlet; *alte Schreibung* Fac|to|ry-out|let], das; -s, -s ⟨engl.⟩ (Direktverkaufsstelle einer Firma)
Fa|cul|tas Do|cen|di [*alte Schreibung* Fa|cul|tas do|cen|di], die; - - ⟨lat.⟩ (Lehrbefähigung)
fad, fa|de ⟨franz.⟩; fad[e]s|te (schlecht gewürzt, schal; langweilig, geistlos)
Fäd|chen
fa|de *vgl.* fad
fä|deln (einfädeln); ich fäd[e]le
Fa|den, der; -s, *Plur.* Fäden *(u. als Längenmaß:) - (Seemannsspr.)* 4 Faden tief
fa|den|dünn
Fa|den|en|de; Fa|den|hef|tung *(Buchbinderei);* **Fa|den|kreuz**
Fa|den|lauf *(Weberei);* **Fa|den|nu|del; Fa|den|pilz**
fa|den|schei|nig (*auch für* nicht sehr glaubhaft)
Fa|den|schlag, der; -[e]s (*schweiz. für* lockere [Heft]naht; Heftfaden; *übertr. für* Vorbereitung); **Fa|den|wurm; Fa|den|zäh|ler** *(Weberei)*
Fad|heit
fä|dig (aus feinen Fäden)
...fä|dig (z. B. feinfädig)
Fa|ding [ˈfeː...], das; -s, -s ⟨engl.⟩ (*Technik* An- und Abschwellen der Lautstärke im Rundfunkgerät; Nachlassen der Bremswirkung infolge Erhitzung der Bremsen)
fa|di|sie|ren (*österr. ugs. für* langweilen); sich fadisieren
Fae|ces *vgl.* Fäzes
Faf|ner, Faf|nir (nord. Sagengestalt)
Fa|gott, das; -[e]s, -e (ein Holzblasinstrument); **Fa|gott|blä|ser; Fa|got|tist,** der; -en, -en (Fagottbläser); **Fa|got|tis|tin** [*alte Trennung* ...s|t...]
Fä|he, die; -, -n (*Jägerspr.* weibl. Tier bei Fuchs, Marder u. a.)
fä|hig; *mit Gen.* (eines Betruges fähig) *od. mit* »zu« (zu allem fähig sein)
...fä|hig (z. B. begeisterungsfähig)
Fä|hig|keit
fahl; fahles Licht
Fahl|erz (Silber- od. Kupfererz mit fahlem Glanz)
fahl|gelb; Fahl|heit, die; -
Fahl|le|der, das; -s (*fachspr. für* Rindsoberleder)
Fähn|chen (*ugs. auch für* leichtes Kleid)
fahn|den (polizeilich suchen)
Fahn|der; Fahn|de|rin; Fahn|dung
Fahn|dungs|ap|pa|rat; Fahn|dungs|buch; Fahn|dungs|fo|to; Fahn|dungs|lis|te [*alte Trennung* ...s|t...]
Fah|ne, die; -, -n
Fah|nen|ab|zug *(Druckw.);* **Fah|nen|eid** *(Milit.)*
Fah|nen|flucht, die; -; *vgl.* [2]Flucht; **fah|nen|flüch|tig**
Fah|nen|jun|ker; Fah|nen|kor|rek|tur *(Druckw.);* **Fah|nen|mast,** der
Fah|nen|schwin|ger; Fah|nen|stan|ge; Fah|nen|wei|he
Fähn|lein (*auch für* Truppeneinheit; Formation)
Fähn|rich, der; -s, -e
Fahr|ab|tei|lung; Fahr|aus|weis (Fahrkarte, -schein; *schweiz. auch für* Führerschein)
Fahr|bahn
Fahr|bahn|mar|kie|rung; Fahr|bahn|ver|en|gung; Fahr|bahn|wech|sel
fahr|bar
fahr|be|reit; Fahr|be|reit|schaft
Fähr|be|trieb
Fahr|damm *(landsch.)*
Fahr|dau|er, Fahrt|dau|er
Fähr|de, die; -, -n (*geh. für* Gefahr)
Fahr|dienst, der; -[e]s *(Eisenb.)*
Fahr|dienst|lei|ter, der; **Fahr|dienst|lei|te|rin**
Fahr|draht (elektr. Oberleitung)
Fäh|re, die; -, -n
fah|ren *s. Kasten S. 364*
fah|rend; fahrende Habe (*Rechtsspr.* Fahrnis), fahrende Leute; **Fah|ren|de,** der *u.* die; -n, -n (*früher für* umherziehender Spielmann, Gaukler)
Fah|ren|heit ⟨nach dem dt. Physiker⟩ (Einheit der Grade beim 180-teiligen Thermometer; *Zeichen* F, *fachspr.* °F); 5 °F

F

fah|ren

- du fährst; er fährt
- du fuhrst; du führest
- gefahren; fahr[e]!
- erster, zweiter Klasse fahren
- ↑K 54 *u.* 55:
- Auto fahren; Rad fahren: sie fährt Rad; ich bin Rad gefahren; um Rad zu fahren [*alte Schreibungen* radfahren, radgefahren, radzufahren]
- spazieren fahren: sie ist spazieren gefahren; um spazieren zu fahren; [*alte Schreibungen* spazierenfahren, spazierengefahren, spazierenzufahren]
- wir hatten alle Hoffnung fahren lassen, *seltener* fahren gelassen (= aufgegeben) [*alte Schreibungen* fahrenlassen, fahrengelassen]
- er hat sie fahren lassen (= ihr erlaubt zu fahren)

fah|ren las|sen *vgl.* fahren
Fah|rens|mann *Plur.* ...leute *u.* ...männer *(Seemannsspr.)*
Fah|rer; Fah|re|rei, die; - *(oft abwertend)*
Fah|rer|flucht, die; -; **Fah|rer|haus**
Fah|re|rin; fah|re|risch; fahrerisches Können
Fahr|er|laub|nis
Fah|rer|sitz
Fahr|gast *Plur.* ...gäste; **Fahr|gast|schiff**
Fahr|ge|fühl; Fahr|geld; Fahr|ge|mein|schaft; Fahr|ge|schwin|dig|keit; Fahr|ge|stell; Fahr|ha|be, die; -, -n *(schweiz. für* Fahrnis); **Fahr|hau|er** *(Bergmannsspr.)*
fah|rig (zerstreut); **Fah|rig|keit**
Fahr|kar|te
Fahr|kar|ten|aus|ga|be; Fahr|kar|ten|au|to|mat; Fahr|kar|ten|kon|t|rol|le; Fahr|kar|ten|schal|ter
Fahr|kom|fort
Fahr|kos|ten *vgl.* Fahrtkosten
fahr|läs|sig; fahrlässige Tötung; **Fahr|läs|sig|keit**
Fahr|leh|rer; Fahr|leh|re|rin
Fähr|mann *Plur.* ...männer *u.* ...leute
Fahr|nis, die; -, -se *od.* das; -ses, -se *(Rechtsspr.* fahrende Habe, bewegliches Vermögen)
Fähr|nis, die; -, -se *(geh. für* Gefahr)
Fahr|plan; *vgl.* ²Plan; **fahr|plan|mä|ßig**
Fahr|preis; Fahr|prü|fung
Fahr|rad ↑K 54: Fahrrad fahren; **Fahr|rad|fah|ren,** das; -s ↑K 82
Fahr|rad|ku|rier; Fahr|rad|rei|fen; Fahr|rad|schlüs|sel; Fahr|rad|stän|der
Fahr|rin|ne
Fahr|schein; Fahr|schein|heft
Fähr|schiff
Fahr|schu|le; Fahr|schü|ler
Fahr|si|cher|heit, die; -; **Fahr|spur**
Fahr|stei|ger *(Bergmannsspr.)*
Fahr|stil
Fahr|strahl *(Math., Physik);* **Fahr|stra|ße; Fahr|stuhl; Fahr|stun|de**
Fahrt, die; -, -en; Fahrt ins Blaue
fahr|taug|lich; Fahr|taug|lich|keit
Fahrt|dau|er, Fahr|dau|er
Fähr|te, die; -, -n (Spur)
fahr|tech|nisch
Fahr|ten|buch; Fahr|ten|mes|ser, das; **Fahr|ten|schrei|ber** *(amtlich* Fahrtschreiber); **Fahr|ten|schwim|mer**
Fähr|ten|su|cher
Fahr|test
Fahrt|kos|ten, Fahr|kos|ten [*alte Trennungen* ...|st...] *Plur.*
Fahr|trep|pe *(fachspr. für* Rolltreppe)
Fahrt|rich|tung; Fahrt|schrei|ber *(vgl.* Fahrtenschreiber)
fahr|tüch|tig; Fahr|tüch|tig|keit
Fahrt|un|ter|bre|chung; Fahrt|wind
Fahr|un|tüch|tig|keit; Fahr|ver|bot; Fahr|ver|hal|ten; Fahr|was|ser, das; -s; **Fahr|weg; Fahr|wei|se,** die; **Fahr|werk; Fahr|wind** (guter Segelwind); **Fahr|zeit**
Fahrzeug
Fahr|zeug|bau, der; -[e]s; **Fahr|zeug|füh|rer; Fahr|zeug|hal|ter; Fahr|zeug|len|ker; Fahr|zeug|park; Fahr|zeug|rah|men**
Fai|b|le [ˈfɛːbl̩], das; -s, -s ‹franz.› (Schwäche; Neigung, Vorliebe); ein Faible für etwas haben
fair [fɛːɐ̯] ‹engl.› (gerecht; anständig; den Regeln entsprechend); das war ein faires Spiel
Fair|ness [ˈfɛːr...; *alte Schreibung* Fair|neß], die; -
Fair|play, *auch* **Fair Play** [ˈfɛːɐ̯ˈpleː; *alte Schreibung* Fair play], das; - (anständiges Spiel od. Verhalten [im Sport])
Fait ac|com|p|li [ˈfɛːtakõˈpliː], das; - -, -s -s [ˈfɛːzakõˈpliː] ‹franz.› (vollendete Tatsache)
fä|kal ‹lat.› *(Med.* kotig)
Fä|kal|dün|ger; Fä|ka|li|en *Plur.* *(Med.* Kot)
Fake [feɪk], der *od.* das; -s, -s ‹engl.› (Fälschung, Betrug)
Fa|kir [*österr.* ...ˈkiːr], der; -s, -e ‹arab.› ([indischer] Büßer, Asket; Zauberkünstler)
Fak|si|mi|le [...le], das; -s, -s ‹lat., »mache ähnlich!«› (originalgetreue Nachbildung, z. B. einer alten Handschrift)
Fak|si|mi|le|aus|ga|be; Fak|si|mi|le|druck *Plur.* ...drucke
fak|si|mi|lie|ren
Fakt, der, *auch* das; -[e]s, *Plur.* -en, *auch* -s *(svw.* Faktum); das ist [der] Fakt; **Fak|ta** *(Plur. von* Faktum); **Fak|ten|wis|sen**
Fak|ti|on, die; -, -en ‹lat.› *(veraltet für* polit. Gruppe in einer Partei); **fak|ti|ös** ‹franz.› *(veraltet für* vom Parteigeist beseelt; aufrührerisch)
fak|tisch ‹lat.› (tatsächlich); faktisches Vertragsverhältnis *(Rechtsspr.)*
fak|ti|tiv [*auch* ˈfa...] (bewirkend); **Fak|ti|tiv,** das; -s, -e *(Sprachw.* Verb des Bewirkens, z. B. »schärfen« = »scharf machen«)
Fak|ti|zi|tät, die; -, -en (Gegebenheit; Wirklichkeit)
Fak|tor, der; -s, ...oren (bestimmender Grund, Umstand; *Math.* Vervielfältigungszahl; *veraltend für* Werkmeister [in einer Buchdruckerei])
Fak|to|rei *(veraltet für* Handelsniederlassung)
Fak|to|tum, das; -s, *Plur.* -s *u.* ...ten ‹lat., »tu alles!«› (jmd., der alle anfallenden Arbeiten erledigt; Mädchen für alles)
Fak|tum, das; -s, *Plur.* ...ten, *veraltend auch* ...ta ([nachweisbare] Tatsache; Ereignis); *vgl.* Fakt
Fak|tur, die; -, -en ‹ital.› ([Waren]rechnung); **Fak|tu|ra,** die; -, ...ren *(österr. u. schweiz., sonst veraltet für* Faktur); **Fak|tu|ren|buch** *(veraltend)*
fak|tu|rie|ren ([Waren] berechnen, Fakturen ausschreiben); **Fak|tu|rier|ma|schi|ne**
Fak|tu|rist, der; -en, -en; **Fak|tu|ris|tin** [*alte Trennung* ...|st...]
Fa|kul|tas, die; -, ...täten ‹lat.›

([Lehr]befähigung); *vgl.* Facultas Docendi
Fa|kul|tät, die; -, -en (Abteilung einer Hochschule; math. Ausdruck; *Zeichen!*)
fa|kul|ta|tiv (freigestellt, wahlfrei); fakultative Fächer
falb; Fal|be, der; -n, -n (graugelbes Pferd); zwei Falben
Fal|bel, die; -, -n ‹franz.› (gekrauster od. gefältelter Kleidbesatz); **fäl|beln** (mit Falbeln versehen); ich fälb[e]le
Fa|ler|ner, der; -s, - (eine Weinsorte); Falerner Wein
Falk (m. Vorn.)
Fal|ke, der; -n, -n
Fal|ken|au|ge; Fal|ken|bei|ze
Fal|ke|nier, der; -s, -e (*svw.* Falkner)
Fal|ken|jagd
Fal|ken|see; Fal|ken|se|er; Falkenseer Forst
Falk|land|in|seln *Plur.* (östl. der Südspitze Südamerikas)
Falk|ner (Falkenabrichter); **Falk|ne|rei** (Jagd mit Falken)
Fal|ko (m. Vorn.)

¹Fall

der; -[e]s, Fälle
(*auch für* Kasus)
– für den Fall, dass …; gesetzt den Fall, dass …; im Fall[e][,] dass …
– von Fall zu Fall; zu Fall bringen
– erster (1.) Fall
Klein- u. Zusammenschreibung ↑K 70:
– besten-, nötigen-, gegebenenfalls; allen-, ander[e]n-, jedenfalls; keinesfalls u. Ä.

²Fall, das; -[e]s, -en (*Seemannsspr.* ein Tau)
Fal|la|da (dt. Schriftsteller)
Fäll|bad (bei der Chemiefaserherstellung)
Fall|beil; Fall|be|schleu|ni|gung (*Physik; Zeichen g*); **Fall|brü|cke** [*alte Trennung* …k|k…]
Fal|le, die; -, -n

fal|len

– du fällst; er fällt
– du fielst; du fielest
– gefallen (*vgl. d.*); fall[e]!

Getrenntschreibung
↑K 55: ich habe den Teller fallen lassen (= losgelassen)
– die Maske fallen lassen (*übertr.* sein wahres Gesicht zeigen)
– er hat eine Bemerkung fallen lassen, *seltener* fallen gelassen; [*alte Schreibungen* fallenlassen, fallengelassen]
– der fallen gelassene [*alte Schreibung* fallengelassene] Plan
↑K 51: anheim fallen [*alte Schreibung* anheimfallen]
Vgl. auch leicht, schwer

fäl|len; du fällst; er fällt; du fälltest; gefällt; fäll[e]!
fal|len las|sen [*alte Schreibung* fal|len|las|sen] *vgl.* fallen
Fal|len|stel|ler
Fal|lers|le|ben (Stadt am Mittellandkanal); **Fal|lers|le|be|ner, Fal|lers|le|ber**
Fall|ge|schwin|dig|keit (*Physik*); **Fall|ge|setz** (*Physik*); **Fall|gru|be** (*Jägerspr.*); **Fall|hö|he** (*Physik*)
fal|lie|ren ‹ital.› (zahlungsunfähig werden; *schweiz. ugs. für* misslingen); die Firma hat falliert; der Kuchen ist falliert
fäl|lig; ein fälliger, fällig gewordener Wechsel
Fäl|lig|keit; Fäl|lig|keits|tag
Fall|li|nie, *auch* **Fall-Li|nie** [*alte Schreibung* Falli|nie, *alte Trennung* …ll|l…] (Linie des größten Gefälles; *Skisport* kürzeste Abfahrt)
Fäll|mit|tel, das (*Chemie* Mittel zum Ausfällen eines Stoffes)
Fall|obst
Fall-out, *auch* **Fall|out** [fo:lˈlaut], der; -s, -s ‹engl.› (*Kernphysik* radioaktiver Niederschlag)
Fall|plätt|chen (Metallplättchen an der Schachuhr, das vom Zeiger mitgenommen wird)
Fall|reep (*Seemannsspr.* äußere Schiffstreppe)
Fall|rohr
Fall|rück|zie|her (*Fußball*)
falls; komme doch[,] falls möglich[,] schon um 17 Uhr ↑K 125
Fall|schirm; Fall|schirm|jä|ger (*Milit.*); **Fall|schirm|sprin|gen,** das; -s; **Fall|schirm|sprin|ger; Fall|schirm|trup|pe**
Fall|strick; Fall|stu|die (*Psych., Soziol.*)
Fall|sucht, die; - (*veraltet für* Epilepsie); **fall|süch|tig**
Fall|tür
Fäl|lung
fall|wei|se (*österr. für* von Fall zu Fall erfolgend)
Fall|wind
Fal|lott, der; -en, -en ‹franz.› (*österr. für* Gauner)
Fal|sa (*Plur. von* Falsum)
falsch *s. Kasten*
Falsch, der; *nur noch in* es ist kein Falsch an ihm; sie ist ohne Falsch; *vgl. auch* falsch
Falsch|aus|sa|ge; Falsch|bu|chung (*Wirtsch.*); **Falsch|eid** (unwissentlich falsches Schwören)
fäl|schen; du fälschst
Fäl|scher; Fäl|sche|rin
Falsch|fah|rer; Falsch|geld
Falsch|heit, die; -; **fälsch|lich; fälsch|li|cher|wei|se**
falsch lie|gen [*alte Schreibung* falsch|lie|gen] *vgl.* falsch
Falsch|mel|dung; Falsch|mün|zer; Falsch|mün|ze|rei; Falsch|par|ker

falsch

– falscher, falsches|te
Kleinschreibung
– falsche Zähne; unter falscher Flagge segeln
– falscher Hase (Hackbraten)
Großschreibung ↑K 72
– Falsch und Richtig [*alte Schreibung* falsch und richtig] nicht unterscheiden können

Getrenntschreibung in Verbindung mit Verben u. Partizipien
– ↑K 49: falsch sein
– ↑K 56: falsch spielen (*auch für* betrügerisch spielen); die Melodie wurde [völlig] falsch gespielt; er hat beim Skat falsch gespielt [*alte Schreibung* falschgespielt]
– falsch liegen (*auch ugs. für* das Falsche tun, sich irren); er hat mit seiner Schätzung [ganz] falsch gelegen [*alte Schreibung* falschgelegen]

F

fa̤lsch spie|len [*alte Schreibung* falsch|spie|len] *vgl.* falsch
Fa̤lsch|spie|ler
Fä̤l|schung
fä̤l|schungs|si|cher
Fal|se̤tt, das; -[e]s, -e ‹ital.› (*Musik* Kopfstimme); **fal|set|tie̱|ren; Fal|set|ti̤st,** der; -en, -en
Fal|se̤tt|stim|me
Fal|si|fi|ka̱t, das; -[e]s, -e ‹lat.› (Fälschung); **Fal|si|fi|ka|ti|o̱n,** die; -, -en (*veraltet für* Fälschung); **fal|si|fi|zie̱|ren** (widerlegen)
F
Fa̤ls|taff [*alte Trennung* ...|st...] (Gestalt bei Shakespeare)
Fa̤ls|ter [*alte Trennung* ...|st...] (dänische Insel)
Fa̤lt|ar|beit; fa̤lt|bar
Fa̤lt|blatt; Fa̤lt|boot
Fä̤lt|chen; Fa̤l|te, die; -, -n
fä̤l|teln; ich fält[e]le; **fa̤l|ten;** gefaltet
Fa̤l|ten|bil|dung; Fa̤l|ten|ge|bir|ge (*Geol.*)
fa̤l|ten|los; fa̤l|ten|reich
Fa̤l|ten|rock; Fa̤l|ten|wurf
Fa̤l|ter, der; -s, - (Schmetterling)
fa̤l|tig (Falten habend)
...fäl|tig (z. B. vielfältig)
Fa̤lt|kar|te; Fa̤lt|schach|tel; Fa̤lt|tür
Fa̤l|tung
Fa̤lz, der; -es, -e
Fa̤lz|bein (*Buchbinderei*)
fa̤l|zen; du falzt
Fa̤l|zer; Fa̤l|ze|rin
fa̤l|zig; Fa̤l|zung
Fa̤lz|zie|gel
Fa̱|ma, die; - ‹lat.› (Ruf; Gerücht)
fa|mi|li|ä̱r ‹lat.› (die Familie betreffend; vertraut)
Fa|mi|li|a|ri|tä̱t, die; -, -en
Fa|mi̱|lie, die; -, -n
Fa|mi̱|li|en|ähn|lich|keit; Fa|mi̱|li|en|al|bum; Fa|mi̱|li|en|an|ge|le|gen|heit
Fa|mi̱|li|en|an|schluss [*alte Schreibung* ...an|schluß]
Fa|mi̱|li|en|be|sitz; Fa|mi̱|li|en|be|trieb; Fa|mi̱|li|en|bild; Fa|mi̱|li|en|fei|er; Fa|mi̱|li|en|fest
Fa|mi̱|li|en|fla|sche; Fa|mi̱|li|en|for|schung; Fa|mi̱|li|en|ge|setz|buch (*DDR; Abk.* FGB); **Fa|mi̱|li|en|grab; Fa|mi̱|li|en|gruft**
Fa|mi̱|li|en|kreis; Fa|mi̱|li|en|kun|de, die; -; **Fa|mi̱|li|en|las|ten|aus|gleich** [*alte Trennung* ...|st...]; **Fa|mi̱|li|en|le|ben,** das; -s
Fa|mi̱|li|en|mi|nis|ter [*alte Trennung* ...|st...]; **Fa|mi̱|li|en|mi|nis|te|rin; Fa|mi̱|li|en|mit|glied; Fa|mi̱|li|en|na|me; Fa|mi̱|li|en|o|ber|haupt**
Fa|mi̱|li|en|pa|ckung [*alte Trennung* ...k|k...]; **Fa|mi̱|li|en|pla|nung; Fa|mi̱|li|en|sinn,** der; -[e]s; **Fa|mi̱|li|en|stand,** der; -[e]s
Fa|mi̱|li|en|tag; Fa|mi̱|li|en|va|ter; Fa|mi̱|li|en|ver|hält|nis|se *Plur.*; **Fa|mi̱|li|en|vor|stand**
Fa|mi̱|li|en|wap|pen; Fa|mi̱|li|en|zu|la|ge; Fa|mi̱|li|en|zu|sam|men|füh|rung
fa|mo̱s ‹lat.› (*ugs. für* großartig)
Fa̱|mu|la, die; -, ...lä (*weibl. Form zu* Famulus)
Fa|mu|la̱nt, der; -en, -en ‹lat.› (Medizinstudent, der seine Famulatur ableistet); **Fa̱|mu|lan|tin; Fa|mu|la|tu̱r,** die; -, -en ‹lat.› (Krankenhauspraktikum für Medizinstudenten)
fa|mu|lie̱|ren
Fa̱|mu|lus, der; -, *Plur.* -se *u.* ...li ‹lat., »Diener«› (*veraltet für* Famulant; studentische Hilfskraft)
Fan [fɛn], der; -s, -s ‹engl.› (begeisterter Anhänger)
Fa|na̱l, das; -s, -e ‹griech.› (Zeichen, das Veränderungen ankündigt)
Fa|na̱|ti|ker ‹lat.› (blinder, rücksichtsloser Eiferer); **Fa|na̱|ti|ke|rin; fa|na̱|tisch**
fa|na|ti|sie̱|ren (fanatisch machen; aufhetzen); **Fa|na|ti̤s|mus,** der; -
Fan|be|treu|er ['fɛn...]
Fan|da̤n|go, der; -s, -s (ein schneller span. Tanz)
Fan|fa̱|re, die; -, -n ‹franz.› (Blasinstrument; Trompetensignal)
Fan|fa̱|ren|blä|ser; Fan|fa̱|ren|stoß; Fan|fa̱|ren|zug
Fa̤ng, der; -[e]s, Fänge
Fa̤ng|arm (*Zool.*); **Fa̤ng|ball** (der; -[e]s); **Fa̤ng|ei|sen**
fa̤n|gen; du fängst; er fängt; du fingst; du fingest; gefangen; fang[e]!; **Fa̤n|gen,** das; -s; Fangen spielen
Fä̤n|ger; Fä̤n|ge|rin
Fa̤ng|fra|ge
fa̤ng|frisch
Fa̤ng|ge|rät; Fa̤ng|gru|be; Fa̤ng|grün|de *Plur.*
fä̤n|gisch (*Jägerspr.* fangbereit [von Fallen])
Fa̤ng|korb; Fa̤ng|lei|ne; Fa̤ng|mes|ser, das (*Jägerspr.*); **Fa̤ng|netz**
Fa̤n|go, der; -s ‹ital.› (heilkräftiger Mineralschlamm); **Fa̤n|go|bad; Fa̤n|go|pa|ckung** [*alte Trennung* ...k|k...]
Fa̤ng|schnur *Plur.* ...schnüre (Uniformteil); **Fa̤ng|schuss** [*alte Schreibung* ...schuß] (*Jägerspr.*)
fa̤ng|si|cher; ein fangsicherer Torwart
Fa̤ng|spiel; Fa̤ng|stoß (*Jägerspr.*); **Fa̤ng|zahn** (*Jägerspr.*)
Fan|klub, *auch* Fan|club ['fɛn...] ‹engl.› (Klub für die Fans eines Filmstars, Sportvereins o. Ä.)
Fa̤n|ni, Fa̤n|ny [...ni] (w. Vorn.)
Fan|shop ['fɛnʃɔp] ‹engl.› (Laden, in dem man Artikel eines Sportklubs o. Ä. kaufen kann)
Fan|ta|si̱a, die; -, -s ‹griech.› (nordafrik. Reiterkampfspiel)
[1]**Fan|ta|sie̱,** die; -, ...i̱en (Musikstück)
[2]**Fan|ta|sie̱,** *auch* Phan|ta|sie̱, die; -, ...i̱en ‹griech.› (Vorstellung[skraft]; Trugbild)
fan|ta|sie̱|be|gabt, *auch* phan|ta|sie̱|be|gabt
Fan|ta|sie̱|ge|bil|de, *auch* Phan|ta|sie̱|ge|bil|de
fan|ta|sie̱|los, *auch* phan|ta|sie̱|los; **Fan|ta|sie̱|lo|sig|keit,** *auch* Phan|ta|sie̱|lo|sig|keit
[1]**fan|ta|sie̱|ren,** *auch* phan|ta|sie̱|ren (sich in der Fantasie ausmalen; wirr reden)
[2]**fan|ta|sie̱|ren** (*Musik* frei über eine Melodie od. über ein Thema musizieren)
fan|ta|sie̱|voll, *auch* phan|ta|sie̱|voll
Fan|ta|sie̱|vor|stel|lung, *auch* Phan|ta|sie̱|vor|stel|lung
Fan|ta̤st, *auch* Phan|ta̤st, der; -en, -en (Träumer, Schwärmer); **Fan|tas|te|rei̱,** *auch* Phan|tas|te|rei̱ [*alte Trennung* ...|st...]; **Fan|ta̤s|tik,** *auch* Phan|ta̤s|tik; **Fan|ta̤s|tin,** *auch* Phan|ta̤s|tin
fan|ta̤s|tisch, *auch* phan|ta̤s|tisch [*alte Trennung* ...|st...] (schwärmerisch; überspannt; unwirklich; *ugs. für* großartig)
Fan|ta|sy ['fɛntəzi], die; - ‹engl.› (Roman-, Filmgattung, die märchen- u. mythenhafte Traumwelten darstellt); **Fan|ta|sy|film**
Fan|zine ['fɛnzi:n], das; -s, -s (*Kurzwort für engl.* fan *u.* magazine; Zeitschrift für Fans bestimmter Personen od. Sachen)
FAQ [ɛf|eɪ'ki̯u:] *Plur.* ‹engl., frequently asked questions› (*EDV* Informationen zu besonders häufig gestellten Fragen)
Fa|ra̱d, das; -[s], - ‹nach dem engl. Physiker Faraday› (Maßeinheit

der elektr. Kapazität; *Zeichen* F); 3 Farad
Fa|ra|day|kä|fig, *auch* **Fa|ra-day-Kä|fig** [...de..., *auch* 'fɛ-rədi...] (*Physik* Abschirmung gegen äußere elektr. Felder)
fa|ra|day|sche Ge|set|ze, *auch* **Fa-ra|day'sche Ge|set|ze** [fara'de:... -; *alte Schreibung* Fa|ra|day-sche Ge|set|ze] *Plur.* (Grundgesetze der Elektrolyse)
Fa|ra|di|sa|ti|on, die; -, -en (med. Anwendung faradischer Ströme); **fa|ra|disch;** faradische Ströme (Induktionsströme); **fa-ra|di|sie|ren**
Farb|ab|stim|mung; Farb|auf|nah-me; Farb|band, das; *Plur.* ...bän-der; **Farb|beu|tel**
Farb|be|zeich|nung; Farb|bild; Farb|brü|he
Farb|druck *vgl.* Farbendruck
Far|be, die; -, -n; eine blaue Farbe; die Farbe Blau
farb|echt
Farb|ef|fekt; Farb|ei
Fär|be|mit|tel, das
...far|ben *od.* ...far|big (z. B. cremefarben, cremefarbig)
fär|ben
Far|ben|be|zeich|nung *vgl.* Farbbezeichnung
far|ben|blind; Far|ben|blind|heit
Far|ben|druck *Plur.* ...drucke
far|ben|freu|dig; far|ben|froh
Far|ben|kas|ten [*alte Trennung* ...|st...] *vgl.* Farbkasten
Far|ben|leh|re
Far|ben|pracht, die; -; **far|ben-präch|tig**
Far|ben|pro|be; Far|ben|sinn, der; -[e]s; **Far|ben|sym|bo|lik**
Fär|ber; Fär|ber|baum (Pflanze); *vgl.* Sumach
Fär|be|rei; Fär|be|rin
Fär|ber|waid (Pflanze)
Farb|fern|se|hen; Farb|fern|se|her; Farb|fern|seh|ge|rät
Farb|film; Farb|fil|ter; Farb|fo|to; Farb|fo|to|gra|fie, *auch* Farb-pho|to|gra|phie; **Farb|ge|bung,** die; - (*für* Kolorit); **Farb|holz**
far|big, *österr. auch* **fär|big;** farbig ausgeführt
...far|big, *österr.* **...fär|big,** z. B. einfarbig, *österr.* einfärbig; *vgl.* ...farben
Far|bi|ge, der *u.* die; -n, -n (Angehörige[r] einer nichtweißen Bevölkerungsgruppe)
Far|big|keit, die; -
Farb|kas|ten [*alte Trennung* ...|st...]; **Farb|kom|bi|na|ti|on**
Farb|kom|po|nen|te
Farb|kon|t|rast
Farb|kör|per (*für* Pigment)
Farb|leh|re *vgl.* Farbenlehre; **farb-lich**
farb|los; Farb|lo|sig|keit, die; -
Farb|mi|ne; Farb|mo|ni|tor; Farb-nu|an|ce; Farb|pro|be *vgl.* Farbenprobe
Farb|schicht; Farb|stift; Farb|stoff
Farb|ton *Plur.* ...töne; **farb|ton-rich|tig** (*für* isochromatisch)
Farb|tup|fen; Farb|tup|fer
Fär|bung
Farb|wal|ze (*Druckw.*)
Far|ce [...sə, *österr.* ...s], die; -, -n ‹franz.› (Posse; Verhöhnung, Karikatur eines Geschehens; *Gastron.* Füllsel); **far|cie|ren** (*Gastron.* füllen)
Far|feln *Plur.* (*österr.* eine Suppeneinlage)
Fa|rin, der; -s ‹lat.› (nicht raffinierter, gelblicher Zucker)
Fä|rin|ger *vgl.* [2]Färöer
Farm, die; -, -en ‹engl.›; **Far|mer,** der; -s, -; **Far|mers|frau**
Farn, der; -[e]s, -e (eine Sporenpflanze)
Far|ne|se, der; -, - (Angehöriger eines ital. Fürstengeschlechtes); **far|ne|sisch,** *aber* ↑K 135: der Farnesische Stier
Farn|kraut; Farn|pflan|ze; Farn-we|del
[1]**Fä|rö|er** [*auch* ...'rø:...] *Plur.* (»Schafinseln«) (dän. Inselgruppe im Nordatlantik)
[2]**Fä|rö|er** [*auch* ...'rø:...] *od.* Fä|rin-ger, der; -s, - (Bewohner der [1]Färöer)
fä|rö|isch [*auch* ...'rø:...]
Far|re, der; -n, -n (*landsch. für* junger Stier); **Fär|se,** die; -, -n (Kuh, die noch nicht gekalbt hat); *vgl. aber* Ferse
Fa|san, der; -[e]s, -e[n]
Fa|sa|nen|ge|he|ge; Fa|sa|nen|zucht
Fa|sa|ne|rie, die; -, ...ien (Fasanengehege)
Fa|sche, die; -, -n ‹ital.› (*österr. für* Binde); **fa|schen** (*österr. für* mit einer Fasche umwickeln)
fa|schie|ren ‹franz.› (*österr. für* Fleisch durch den Fleischwolf drehen); faschierte Laibchen (Frikadellen); **Fa|schier|te,** das; -n (*österr. für* Hackfleisch)
Fa|schi|ne, die; -, -n ‹franz.› (Reisigbündel zur Sicherung von [Ufer]böschungen o. Ä.)
Fa|schi|nen|mes|ser, das (eine Art Seitengewehr); **Fa|schi|nen|wall**
Fa|sching, der; -s, *Plur.* -e *u.* -s
Fa|schings|ball; Fa|schings|diens-tag; Fa|schings|kos|tüm [*alte Trennung* ...|st...]; **Fa|schings-krap|fen** (*österr.*)
Fa|schings|prinz; Fa|schings|prin-zes|sin; Fa|schings|scherz; Fa-schings|zeit, die; -; **Fa|schings-zug**
fa|schi|sie|ren (mit faschistischen Tendenzen durchsetzen)
Fa|schis|mus, der; - ‹ital.› (antidemokratische, nationalistische Staatsauffassung od. Herrschaftsform)
Fa|schist, der; -en, -en; **Fa|schis|tin** [*alte Trennung* ...|st...]; **fa|schis-tisch; fa|schis|to|id** (dem Faschismus ähnlich)
Fa|se, die; -, -n (Abschrägung einer Kante)
Fa|sel, der; -s, - (junges Zuchttier); **Fa|sel|e|ber**
Fa|se|lei; Fa|se|ler *vgl.* Fasler
Fa|sel|hans, der; -[es], *Plur.* -e *u.* ...hänse
fa|se|lig
fa|seln (törichtes Zeug reden); ich fas[e]le
fa|sen (abkanten); du fast
Fa|ser, die; -, -n; **Fä|ser|chen; fa|se-rig** *vgl.* fasrig; **fa|sern;** das Gewebe, Papier fasert
fa|ser|nackt (völlig nackt)
Fa|ser|pflan|ze; Fa|ser|plat|te
fa|ser|scho|nend; ein faserschonendes Waschmittel
Fa|ser|schrei|ber
Fa|se|rung, die; -
Fa|shion ['fɛʃn̩], die; - ‹engl.› (Mode; feine Lebensart); **fa|shi-o|na|bel** [faʃi̯o'na:bl̩], **fa|shio|na-b|le** ['fɛʃənəbl̩] (modisch, fein); ...a|b|le Kleidung
Fas|ler, Fa|se|ler
Fas|nacht (*landsch. u. schweiz. für* Fastnacht)
fas|rig, fa|se|rig; fasriges Papier
Fass [*alte Schreibung* Faß], das; Fasses, Fässer; zwei Fass Bier
Fas|sa|de, die; -, -n ‹franz.› (Vorder-, Schauseite; Ansicht)
Fas|sa|den|klet|te|rer; Fas|sa|den-rei|ni|gung
fass|bar [*alte Schreibung* faß|bar];
Fass|bar|keit, die; -
Fass|bier [*alte Schreibung* Faß...];
Fass|bin|der (*südd. u. österr. für* Böttcher)
Fäss|chen [*alte Schreibung* Fäß-chen]
Fass|dau|be [*alte Schreibung* Faß...]

F

fas|sen; du fasst; er fasst; du fasstest; gefasst; fasse! *u.* fass! [*alte Schreibungen* faßt; faßtest; gefaßt; faß!]
fäs|ser|wei|se (in Fässern)
Fas|set|te *vgl.* Facette; **fas|set|tie|ren** *vgl.* facettieren
fass|lich [*alte Schreibung* faßlich]; **Fass|lich|keit,** die; -
[1]**Fas|son** [...ˈsõ:, *südd., österr. u. schweiz. meist* ...ˈso:n], die; -, *Plur.* -s, *österr., schweiz. meist* -en [...ˈso:nən] ‹franz.› (Form; Muster; Art; Zuschnitt)
[2]**Fas|son,** das; -s, -s (Revers)
fas|so|nie|ren
Fas|son|schnitt (ein Haarschnitt)
Fass|rei|fen [*alte Schreibung* Faß...]; **Fass|spund,** *auch* Fass-Spund
Fas|sung; Fas|sungs|kraft, die; -
fas|sungs|los; Fas|sungs|lo|sig|keit
Fas|sungs|ver|mö|gen
Fass|wein [*alte Schreibung* Faß...]; **fass|wei|se**
fast (beinahe)
Fast|back [...bɛk], das; -s, -s ‹engl.› (Fließheck [bei Autos])
Fast|e|be|ne (*Geogr.* nicht ganz ebene Fläche, Rumpffläche)
Fas|tel|a|bend [*alte Trennung* ...|st...] (*rheinisch für* Fastnacht)
fas|ten [*alte Trennung* ...|st...];
[1]**Fas|ten,** das; -s
[2]**Fas|ten** [*alte Trennung* ...|st...] *Plur.* (Fasttage)
Fas|ten|kur [*alte Trennung* ...|st...]; **Fas|ten|mo|nat; Fas|ten|sonn|tag; Fas|ten|spei|se; Fas|ten|zeit**
Fast|food [...fu:t], das; -[s], *auch* **Fast Food** [*alte Schreibung* Fast food], das; - -[s] ‹engl., »schnelles Essen«› (schnell verzehrbare kleinere Gerichte)
Fast|nacht, die; -
Fast|nachts|brauch; Fast|nachts|diens|tag; Fast|nachts|kos|tüm [*alte Trennung* ...|st...]
Fast|nachts|spiel; Fast|nachts|trei|ben, das; -s; **Fast|nachts|zeit,** die; -; **Fast|nachts|zug**
Fast|tag
Fas|zes *Plur.* ‹lat.› (Bündel aus Stäben [Ruten] u. einem Beil, Abzeichen der altröm. Liktoren)
Fas|zie, die; -, -n (*Med.* sehnenartige Muskelhaut)
Fas|zi|kel, der; -s, - ([Akten]bündel; Lieferung)
Fas|zi|na|ti|on, die; -, -en ‹lat.› (fesselnde Wirkung; Anziehungskraft); **fas|zi|nie|ren**
Fa|ta (*Plur. von* Fatum)
fa|tal ‹lat.› (verhängnisvoll; peinlich); **fa|ta|ler|wei|se**
Fa|ta|lis|mus, der; - (Glaube an Vorherbestimmung)
Fa|ta|list, der; -en, -en; **Fa|ta|lis|tin** [*alte Trennung* ...|st...]; **fa|ta|lis|tisch**
Fa|ta|li|tät, die; -, -en (Verhängnis)
Fa|ta Mor|ga|na, die; - -, *Plur.* - ...nen *u.* - -s ‹ital.› (durch Luftspiegelung verursachte Sinnestäuschung)
fa|tie|ren ‹lat.› (*veraltet für* bekennen; *österr. veraltet für* seine Steuererklärung abgeben); **Fa|tie|rung**
Fa|ti|ma (w. Vorn.)
Fa|tum, das; -s, ...ta ‹lat.› (Schicksal)
Fatz|ke, der; *Gen.* -n *u.* -s, *Plur.* -n *u.* -s (*ugs. für* eitler Mensch)
fau|chen; du fauchst
faul; fauler (*ugs. für* deckungsloser) Wechsel; fauler Zauber; auf der faulen Haut liegen *(ugs.)*
Faul|baum (eine Heilpflanze); **Faul|brut,** die; - (eine Bienenkrankheit)
Fäu|le, die; -; **fau|len**
fau|len|zen; du faulenzt; **Fau|len|zer; Fau|len|ze|rei; Fau|len|ze|rin**
Faul|heit, die; -
fau|lig
Faulk|ner [ˈfo:k...] (amerik. Schriftsteller)
Fäul|nis, die; -; **Fäul|nis|er|re|ger**
Faul|pelz (*ugs. für* fauler Mensch)
Faul|schlamm (Bodenschlamm in flachen u. stehenden Gewässern)
Faul|tier
Faun, der; -[e]s, -e (gehörnter Waldgeist; Faunus)
Fau|na, die; -, ...nen (Tierwelt [eines Gebietes])
fau|nisch ([lüstern] wie ein Faun)
Fau|nus (röm. Feld- u. Waldgott)
Fau|ré [fo...] (franz. Komponist)
[1]**Faust** (Gestalt der dt. Dichtung)
[2]**Faust,** die; -, Fäuste
Faust|ab|wehr *(Sport);* **Faust|ball**
Fäust|chen
faust|dick; er hat es faustdick hinter den Ohren
Fäus|tel [*alte Trennung* ...|st...], der; -s, - (Schlägel der Bergleute; *bes. bayr. u. österr. für* Fausthammer)
faus|ten [*alte Trennung* ...|st...] *(Sport)*
Faust|feu|er|waf|fe
faust|groß
Faust|ham|mer; Faust|hand|schuh; Faust|hieb
faus|tisch [*alte Trennung* ...|st...] (nach Art u. Wesen des [1]Faust)
Faust|kampf (*veraltend für* Boxen); **Faust|keil**
Fäust|ling (Fausthandschuh; *Bergmannsspr.* faustgroßer Stein)
Faust|pfand; Faust|recht, das; -[e]s ([gewaltsame] Selbsthilfe)
Faust|re|gel; Faust|schlag; Faust|skiz|ze
faute de mieux [ˈfo:t də ˈmi̯ø:] ‹franz.› (in Ermangelung eines Besseren; im Notfall)
Fau|teuil [foˈtœi], der; -s, -s ‹franz.› (*österr. u. schweiz., sonst veraltend für* Lehnsessel)
Faut|fracht ‹franz.; dt.› (*Verkehrsw.* abmachungswidrig nicht genutzter Frachtraum; Summe, die beim Rücktritt vom Frachtvertrag zu zahlen ist)
Fau|vis|mus [fo...], der; - ‹franz.› (Richtung der franz. Malerei im frühen 20. Jh.); **Fau|vist,** der; -en, -en *meist Plur.;* **Fau|vis|tin** [*alte Trennung* ...|st...]; **fau|vis|tisch**
Faux|pas [foˈpa], der; -, - ‹franz., »Fehltritt«› (Taktlosigkeit; Verstoß gegen die Umgangsformen)
Fa|ve|la, die; -, -s ‹port.› (Slum in Südamerika)
fa|vo|ri|sie|ren (begünstigen; *Sport* als voraussichtlichen Sieger nennen)
Fa|vo|rit, der; -en, -en; (Günstling; Liebling; *Sport* voraussichtlicher Sieger); **Fa|vo|ri|ten|rol|le; Fa|vo|ri|tin** (Geliebte [eines Herrschers]; *Sport* voraussichtliche Siegerin)
Fa|vus, der; -, *Plur.* ...ven *u.* ...vi ‹lat.› (*Med.* eine Hautkrankheit; *Zool.* Wachsscheibe im Bienenstock)
Fax, das, *schweiz. meist* der; -, -e (*kurz für* Telefax); **Fax|an|schluss** [*alte Schreibung* ...anschluß]
Fa|xe, die; -, -n *meist Plur.* (Grimasse; dummer Spaß)
fa|xen (*kurz für* telefaxen)
Fa|xen|ma|cher (Grimassenschneider; Spaßmacher)

Fax|num|mer
Fa|yence [...'jã:s], die; -, -n ⟨franz.⟩ (feinere Töpferware)
Fa|yence|krug; Fa|yence|o|fen
Fa|zen|da [*auch* ...'zɐ...], die; -, -s ⟨port.⟩ (Farm in Brasilien)
Fä|zes *Plur.* ⟨lat.⟩ (*Med.* Ausscheidungen, Kot)
fa|zi|al ⟨lat.⟩ (*Med.* das Gesicht betreffend; Gesichts...); **Fa|zi|a|lis,** der; - (*Med.* Gesichtsnerv)
Fa|zi|es, die; -, - (*Geol.* Merkmal von Sedimentgesteinen)
Fa|zi|li|tät, die; -, -en ⟨lat.⟩ (*Wirtsch.* Kreditmöglichkeit)
Fa|zit, das; -s, *Plur.* -e *u.* -s (Ergebnis; Schlussfolgerung)
FBI [ɛfbi:'lai], der *od.* das; - = Federal Bureau of Investigation (Bundeskriminalpolizei der USA)
FC = Fußballclub; Fechtclub; Fanfarencorps
FCKW = Fluorchlorkohlenwasserstoff
FDGB = Freier Deutscher Gewerkschaftsbund *(DDR)*
FDJ, die; - = Freie Deutsche Jugend *(DDR);* **FDJler** ↑K30; **FDJlerin** ↑K30
FDP, die; - = Freisinnig-Demokratische Partei (der Schweiz)
FDP, *parteiamtliche Schreibung* **F.D.P.,** die; - = Freie Demokratische Partei (Deutschlands)
F-Dur ['ɛfdu:ɐ̯, *auch* 'ɛf'du:ɐ], das; - (Tonart; *Zeichen* F); **F-Dur-Ton|lei|ter** ↑K26
Fe = Ferrum (*chem. Zeichen für* Eisen)
Fea|ture ['fi:tʃɐ], das; -s, -s, *auch* die; -, -s ⟨engl.⟩ (aktuell aufgemachter Dokumentarbericht, bes. für Funk od. Fernsehen)
Fe|ber, der; -s, - (*österr. neben* Februar)
Febr. = Februar
fe|b|ril ⟨lat.⟩ (*Med.* fieberhaft)
Fe|b|ru|ar, der; -[s], -e ⟨lat.⟩ (der zweite Monat des Jahres, Hornung; *Abk.* Febr.)
fec. = fecit
fech|sen (*österr. neben* ernten)
Fech|ser (*Landw.* Schössling, Steckling)
Fech|sung ⟨*zu* fechsen⟩
Fecht|bahn; Fecht|bo|den (*Verbindungsw.)*
fech|ten; du fichtst, er ficht; du fochtest; du föchtest; gefochten; ficht!; **Fech|ter**
Fech|ter|flan|ke *(Turnen)*
Fech|te|rin; fech|te|risch
Fecht|hand|schuh; Fecht|hieb; Fecht|kunst
Fecht|mas|ke; Fecht|meis|ter [*alte Trennung* ...|st...]; **Fecht|sport**
fe|cit ⟨lat., »hat [es] gemacht«⟩ (*Abk.* fec.); ipse fecit *(vgl. d.)*
Fe|da|jin, der; -s, - ⟨arab.⟩ (arabischer Freischärler; arabischer Untergrundkämpfer)
Fe|der, die; -, -n; **Fe|der|ball; Fe|der|bein** *(Technik);* **Fe|der|bett**
Fe|der|boa
Fe|der|büch|se *(veraltet)*
Fe|der|busch
Fe|der|fuch|ser (Pedant)
fe|der|füh|rend; Fe|der|füh|rung
Fe|der|ge|wicht (Körpergewichtsklasse in der Schwerathletik)
Fe|der|hal|ter
fe|de|rig *vgl.* fedrig
Fe|der|kern|ma|t|rat|ze
Fe|der|kleid; fe|der|leicht
Fe|der|le|sen, das; -s; *in* nicht viel Federlesen[s] (Umstände) machen
Fe|der|ling (ein Insekt)
Fe|der|mäpp|chen; Fe|der|mes|ser
fe|dern; ich federe
Fe|der|nel|ke
Fe|der|pen|nal (*österr. für* Federbüchse)
Fe|der|schmuck
Fe|der|spiel (*Jägerspr.* zwei Taubenflügel zum Zurücklocken des Beizvogels)
Fe|der|stiel (*österr. für* Federhalter); **Fe|der|strich**
Fe|de|rung
Fe|der|vieh (*ugs. für* Geflügel)
Fe|der|waa|ge
Fe|der|wei|ße, der; -n, -n (gärender Weinmost)
Fe|der|wild; Fe|der|wol|ke; Fe|der|zan|ge (*für* Pinzette); **Fe|der|zeich|nung**
Fe|dor, Fe|o|dor (m. Vorn.)
fed|rig; Fed|rig|keit, die; -
Fee, die; -, Feen ⟨franz.⟩ (eine w. Märchengestalt)
Feed-back, *auch* **Feed|back** ['fi:tbɛk], das; -s, -s ⟨engl.⟩ (*Kybernetik* Rückmeldung; *Rundf., Fernsehen* Reaktion des Publikums)
Fee|ling ['fi:...], das; -s, -s ⟨engl.⟩ (Gefühl)
fe|en|haft; Fe|en|mär|chen; Fe|en|rei|gen; Fe|en|schloss [*alte Schreibung* ...schloß]
Feet (*Plur. von* Foot)
Fe|ge, die; -, -n (Werkzeug zum Getreidereinigen)
Fe|ge|feu|er, *selten* Feg|feu|er
fe|gen; Fe|ger
Feg|nest, das; -[e]s, -e (*schweiz. mdal. für* unruhiger Mensch [bes. Kind]); **feg|nes|ten** [*alte Trennung* ...|st...] *(schweiz. mdal.);* gefegnestet; zu fegnesten
Feg|sel, das; -s, - (*landsch. für* Kehricht)
Feh, das; -[e]s, -e (russ. Eichhörnchen; Pelzwerk)
Feh|de, die; -, -n (Streit; kriegerische Auseinandersetzung); **Feh|de|hand|schuh**
fehl; fehl am Platz; **Fehl,** der; *nur noch in* ohne Fehl [und Tadel]
Fehl|an|zei|ge
fehl|bar (*schweiz. für* [einer Übertretung] schuldig); **Fehl|bar|keit,** die; -
Fehl|be|die|nung
fehl|be|le|gen *(Amtsspr.); vgl.* fehlbesetzen; **Fehl|be|le|gung**
fehl|be|set|zen; er besetzt[e] fehl; fehlbesetzt; fehlzubesetzen; **Fehl|be|set|zung**
Fehl|be|stand; Fehl|be|trag
Fehl|bil|dung; Fehl|bil|dungs|syn|drom
Fehl|deu|tung; Fehl|di|a|g|no|se; Fehl|dis|po|si|ti|on; Fehl|ein|schät|zung
feh|len; du fehlst
Fehl|ent|schei|dung; Fehl|ent|wick|lung
Feh|ler; feh|ler|frei
feh|ler|haft; Feh|ler|haf|tig|keit
feh|ler|los; Feh|ler|lo|sig|keit
Feh|ler|quel|le; Feh|ler|zahl
Fehl|far|be; Fehl|funk|ti|on
fehl|ge|bil|det
Fehl|ge|burt
fehl|ge|hen
fehl|grei|fen *vgl.* fehlbesetzen; **Fehl|griff**
Fehl|in|for|ma|ti|on
Fehl|in|ter|pre|ta|ti|on; fehl|in|ter|pre|tie|ren *vgl.* fehlbesetzen
Fehl|in|ves|ti|ti|on [*alte Trennung* ...|st...]; **Fehl|kon|s|t|ruk|ti|on; Fehl|leis|tung** [*alte Trennung* ...st...]
fehl|lei|ten *vgl.* fehlbesetzen; **Fehl|lei|tung**
Fehl|mel|dung; Fehl|pass [*alte Schreibung* ...paß] *(Sport);* **Fehl|pla|nung**
fehl|schie|ßen *vgl.* fehlbesetzen
Fehl|schlag, der; -[e]s, ...schläge; **fehl|schla|gen** *vgl.* fehlbesetzen
Fehl|schuss [*alte Schreibung* ...schuß]; **Fehl|sich|tig|keit** *(Med.)*

F

F

fein

– sehr fein (*Zeichen* ff) *Getrennt- u. Zusammenschreibung* – ↑K 58: fein gemahlenes [*alte Schreibung* feingemahlenes] Mehl; feiner, am feins|ten gemahlenes Mehl; das Mehl ist fein gemahlen – fein geäderter Marmor – fein geschnittene Kräuter – ein fein geschwungener Bogen – fein gesponnenes Garn – fein gestreifte Wäsche – fein vermahlenes Korn	– [*alte Schreibungen* feingeädert, feingeschnitten usw.] – *vgl.* feinfühlend, feinkörnig usw. – ↑K 56: sich [ganz] fein machen; das hast du [sehr] fein gemacht! – eine Fläche fein schleifen, *fachspr. auch* feinschleifen – [*alte Schreibungen* feinmachen, feinschleifen] – *Großschreibung* – ↑K 72: das Feinste vom Feinsten; ein Kulturangebot vom Feinsten

Fehl|sprung *(Sport);* **Fehl|start** *(Sport)*
fehl|tre|ten *vgl.* fehlbesetzen; **Fehl|tritt**
Fehl|ur|teil; Fehl|ver|hal|ten; Fehl|zün|dung
Feh|marn (eine Ostseeinsel); **Feh|marn|belt,** *auch* **Feh|marn-Belt,** der; -[e]s
Fehn, das; -[e]s, -e ⟨niederl.⟩; *vgl.* Fenn
Fehn|ko|lo|nie (Moorsiedlung); **Fehn|kul|tur,** die; - (bes. Art Moorkultur)
Fehr|bel|lin (Stadt in Brandenburg)
Feh|werk, das; -[e]s (Pelzwerk)
fei|en (*geh. für* [durch vermeintliche Zaubermittel] schützen); gefeit (sicher, geschützt)
Fei|er, die; -, -n
Fei|er|a|bend; Fei|er|a|bend|heim (*regional für* Altenheim); **fei|er|a|bend|lich**
Fei|e|rei, die; -
fei|er|lich; Fei|er|lich|keit
fei|ern; ich feiere
Fei|er|schicht; Fei|er|stun|de
Fei|er|tag; des Feiertags, *aber* ↑K 70: feiertags, sonn- u. feiertags ↑K 31; **fei|er|täg|lich; fei|er|tags;** *vgl.* Feiertag; **Fei|er|tags|stim|mung**
feig, fei|ge
Fei|ge, die; -, -n
Fei|gen|baum; Fei|gen|blatt; Fei|gen|kak|tus
Feig|heit, die; -
feig|her|zig; Feig|her|zig|keit
Feig|ling
Feig|war|ze (*Med.* eine Hautwucherung)
feil (*veraltend für* verkäuflich); **feil|bie|ten** ↑K 47; er bietet feil; feilgeboten; feilzubieten; **Feil|bie|tung**
Fei|le, die; -, -n; **fei|len**
Fei|len|hau|er
feil|hal|ten; *vgl.* feilbieten
feil|schen; du feilschst
Feil|span; Feil|staub
Feim, der; -[e]s, -e *u.* **Fei|me,** die; -, -n *u.* **Fei|men,** der; -s, - (*landsch. für* geschichteter Getreidehaufen; Schober)
fein *s. Kasten*
Fein|ab|stim|mung; Fein|ar|beit; Fein|bä|cke|rei [*alte Trennung* ...k|k...]; **Fein|blech**
Feind, der; -[e]s, -e; jemandes Feind bleiben, sein, werden; jemandem Feind [*alte Schreibung* feind] bleiben, sein, werden *(veraltend)*
Feind|be|rüh|rung; Feind|ein|wir|kung
Fein|des|hand, die; -; in Feindeshand sein, geraten; **Fein|des|land,** das; -[e]s
Fein|din
feind|lich; *Schreibung in Zusammensetzungen:* menschenfeindlich, kirchenfeindlich; moskaufeindlich ↑K 143; **Feind|lich|keit**
Feind|schaft; feind|schaft|lich
feind|se|lig; Feind|se|lig|keit
Fei|ne, die; - (Feinheit); **fei|nen** (*Hüttenw.* [Metall] veredeln)
Fein|frost|ge|mü|se (*regional für* tiefgefrorenes Gemüse)
fein|füh|lig; Fein|füh|lig|keit, die; -
fein ge|ä|dert [*alte Schreibung* fein|ge|ädert] *vgl.* fein
Fein|ge|bäck; Fein|ge|fühl, das; -[e]s; **Fein|ge|halt,** der
fein ge|mah|len, fein ge|schnit|ten, fein ge|schwun|gen usw. [*alte Schreibungen* fein|ge|mah|len, fein|ge|schnit|ten, fein|ge|schwun|gen usw.] *vgl.* fein
Fein|ge|wicht
fein|glie|de|rig, fein|glied|rig
Fein|gold; Fein|heit
Fein|ke|ra|mik; fein|ke|ra|misch
fein|kör|nig; Fein|kör|nig|keit
Fein|kost
fein ma|chen [*alte Schreibung* fein|ma|chen] *vgl.* fein
fein|ma|schig
Fein|me|cha|ni|ker; Fein|mes|sung
fein|ner|vig; fein|po|rig; fein|san|dig
fein schlei|fen, *fachspr. auch* **fein|schlei|fen** *vgl.* fein; **Fein|schliff**
Fein|schme|cker [*alte Trennung* ...k|k...]; **Fein|schnitt; Fein|sil|ber**
fein|sin|nig; Fein|sin|nig|keit, die; -
Feins|lieb|chen (*veraltet für* Geliebte)
Fein|strumpf|ho|se
Feinst|waa|ge
fein ver|mah|len [*alte Schreibung* fein|ver|mah|len] *vgl.* fein
Fein|wasch|mit|tel
feiß (*südwestd. u. schweiz. mdal. für* fett, feist)
feist; Feist, das; -[e]s (*Jägerspr.* Fett); **Feis|te** [*alte Trennung* ...|st...], **Feist|heit,** die; -
Feist|hirsch *(Jägerspr.)*
Feis|tig|keit [*alte Trennung* ...|st...], die; -
Fei|tel, der; -s, - (*südd., österr. ugs. für* einfaches Taschenmesser)
fei|xen *(ugs.)*
Fel|bel, der; -s, - ⟨ital.⟩ (ein Gewebe)
Fel|ber, der; -s, -, **Fel|ber|baum** (*südd. mdal. für* Weidenbaum)
Fel|chen, der; -s, - (ein Fisch)
Feld, das; -[e]s, -er; elektrisches Feld; feldein u. feldaus; querfeldein; ins Feld (in den Krieg) ziehen; ↑K 31: Feld- u. Gartenfrüchte
Feld|ar|beit; Feld|ar|til|le|rie; Feld|bett; Feld|blu|me; Feld|dienst
feld|ein; feldein u. feldaus
Feld|fla|sche; Feld|flüch|ter (Taube); **Feld|flur,** die; -
Feld|for|schung *(fachspr.);* **Feld|frucht** *(meist Plur.);* **Feld|got|tes|dienst**
feld|grau
Feld|hand|ball

Feld|heer; Feld|herr; Feld|herrn-blick
Feld|ho|ckey [*alte Trennung* ...k|k...]; **Feld|huhn; Feld|hü|ter**
...fel|dig (z. B. vierfeldig)
Feld|jä|ger *(Milit.)*; **Feld|kü|che; Feld|la|ger; Feld|mark,** die (¹Flur); **Feld|mar|schall,** der; -[e]s *(früher)*
feld|marsch|mä|ßig *(Milit.)*
Feld|maß, das; **Feld|maus; Feld-mes|ser,** der; **Feld|post** *(Milit.)*
Feld|sa|lat
Feld|scher, der; -s, -e (*veraltet für* Wundarzt; *DDR* milit. Arzthelfer)
Feld|spat (ein Mineral); **Feld|spie-ler** *(Sport)*; **Feld|stär|ke** *(Physik)*
Feld|ste|cher (Fernglas); **Feld-stein; Feld|stuhl**
Feld|the|o|rie *(Sprachw.)*
Feld|über|le|gen|heit *(Sport)*; **Feld-ver|weis** *(Sport)*
Feld-Wald-und-Wie|sen-... (*ugs. für* durchschnittlich, Allerwelts...); z. B. Feld-Wald-und-Wiesen-Programm
Feld|we|bel, der; -s, -
Feld|weg; Feld|wei|bel (*schweiz.* ein Unteroffiziersgrad); **Feld-zug**
Felg|auf|schwung (Reckübung)
Fel|ge, die; -, -n (Radkranz; eine Reckübung); **fel|gen** ([ein Rad] mit einer Felge versehen)
Fel|gen|brem|se
Felg|um|schwung (Reckübung)
Fe|lix (m. Vorn.)
Fe|li|zia (w. Vorn.)
Fe|li|zi|tas (w. Vorn.)
Fell, das; -[e]s, -e
Fel|la|che, der; -n, -n ‹arab.› (Bauer im Vorderen Orient); **Fel|la|chin**
Fel|la|tio, die; -, ...onen ‹lat.› (Herbeiführen der Ejakulation mit Lippen u. Zunge)
Fell|ei|sen, das; -s, - (*veraltet für* Rucksack, Tornister)
Fell|müt|ze
Fel|low [...lo], der; -s, -s ‹engl.› (Mitglied eines College, einer wissenschaftl. Gesellschaft)
Fe|lo|nie, die; -, ...ien ‹franz.› (Untreue [gegenüber dem Lehnsherrn im MA.])
¹Fels, der; - (hartes Gestein); auf Fels stoßen; im Fels klettern
²Fels, der; *Gen.* -ens, *älter* -en, *Plur.* -en (*geh. für* Felsen, Felsblock); ein Fels in der Brandung
Fels|bild *(vorgeschichtl. Kunst)*; **Fels|block** *Plur.* ...blöcke
Fel|sen, der; -s, - ([aufragende] Gesteinsmasse, Felsblock)
fel|sen|fest
Fel|sen|nest; Fel|sen|riff; Fel|sen-schlucht *vgl.* Felsschlucht
fel|sig
Fel|sit, der; -s, -e (ein Quarzporphyr)
Fels|ma|le|rei; Fels|schlucht; Fels-spalt; Fels|spal|te; Fels|spit|ze
Fels|stück; Fels|vor|sprung; Fels-wand; Fels|zeich|nung
Fe|lu|ke, die; -, -n ‹arab.› (Küstenfahrzeug des Mittelmeers)
Fe|me, die; -, -n (heimliches Gericht, Freigericht); **Fe|me|ge-richt**
Fe|mel, Fim|mel, der; -s (*Landw.* Gesamtheit der männl. Hanfpflanzen)
Fe|mel|be|trieb (Art des Forstbetriebes)
Fe|mel|hanf *vgl.* Femel
Fe|me|mord; Fem|ge|richt *vgl.* Femegericht
fe|mi|nie|ren ‹lat.› (*Med., Zool.* verweiblichen); **fe|mi|nin** [*auch* ...'ni:n] (weiblich; weibisch)
Fe|mi|ni|num, das; -s, ...na (*Sprachw.* weibliches Substantiv, z. B. »die Erde«)
Fe|mi|nis|mus, der; -, ...men (Richtung der Frauenbewegung, die ein neues Selbstverständnis der Frau und die Aufhebung der traditionellen Rollenverteilung anstrebt *[nur Sing.]*; *Med., Zool.* Ausbildung weibl. Merkmale bei männl. Wesen; Verweiblichung); **Fe|mi|nist; Fe|mi|nis|tin** [*alte Trennung* ...s|t...] (Vertreterin des Feminismus); **fe|mi-nis|tisch**
Femme fa|tale ['fam ...'tal], die; -, -s -s ['fam ...'tal] ‹franz.› (charmante Frau, die durch Extravaganz o. Ä. ihrem Partner zum Verhängnis wird)
Fem|to... ‹skand.› (ein Billiardstel einer Einheit, z. B. Femtofarad $= 10^{-15}$ Farad; *Zeichen* f)
Fench, Fen|nich, der; -[e]s, -e ‹lat.› (Hirseart)
Fen|chel, der; -s (eine Heil- und Gemüsepflanze)
Fen|chel|ge|mü|se; Fen|chel|öl; Fen|chel|tee
Fen|dant [fã'dã:], der; -s ‹franz.› (Weißwein aus dem Wallis)
Fen|der, der; -s, - ‹engl.› (Stoßschutz an Schiffen)
Fe|nek *vgl.* Fennek
Feng|shui, *auch* **Feng-Shui,** das; - ‹chin.› (chinesische Kunst der harmonischen Lebens- und Wohnraumgestaltung)
Fenn, das; -[e]s, -e (*nordd. für* Sumpf-, Moorland)
Fen|nek, der; -s, *Plur.* -s *u.* -e ‹arab.› (Wüstenfuchs)
Fen|nich *vgl.* Fench
Fen|no|sar|ma|tia ‹lat.› (*Geol.* europäischer Urkontinent); **fen-no|sar|ma|tisch; Fen|no|skan|dia** (ein Teil von Fennosarmatia); **fen|no|skan|disch**
Fen|rir (Untier der nord. Mythol.); **Fen|ris|wolf,** der; -[e]s (*svw.* Fenrir)
Fens|ter [*alte Trennung* ...s|t...], das; -s, -; **Fens|ter|bank** *Plur.* ...bänke; **Fens|ter|brett; Fens-ter|brief|um|schlag; Fens|ter|flü-gel; Fens|ter|glas** *Plur.* ...gläser
Fens|ter|griff [*alte Trennung* ...s|t...]; **Fens|ter|kreuz; Fens|ter-la|den** *Plur.* ...läden, *selten* ...laden; **Fens|ter|lai|bung; Fens|ter-le|der**
fens|terln [*alte Trennung* ...s|t...] (*südd., österr. für* ans Fenster klopfen; *in älteren Volksbräuchen:* die Geliebte nachts [am od. durchs Fenster] besuchen); ich fensterle, du fensterlst, er fensterlt; er hat gefensterlt
fens|ter|los [*alte Trennung* ...s|t...]
Fens|ter|ni|sche [*alte Trennung* ...s|t...]; **Fens|ter|öff|nung; Fens-ter|platz; Fens|ter|put|zer; Fens-ter|rah|men**
Fens|ter|re|de [*alte Trennung* ...s|t...] (Propagandarede); **Fens-ter|ro|se** (rundes Kirchenfenster); **Fens|ter|schei|be; Fens|ter-schnal|le** (*österr. für* Fenstergriff); **Fens|ter|sims; Fens|ter-stock** *Plur.* ...stöcke
...fenst|rig (z. B. zweifenstrig)
Fenz, die; -, -en ‹engl.› (Einfried[ig]ung in Nordamerika)
Fe|o|dor (m. Vorn.); **Fe|o|do|ra** (w. Vorn.)
Fe|ra|li|en *Plur.* ‹lat.› (altröm. jährliches Totenfest)
Fer|di|nand (m. Vorn.); **Fer|di|nan-de** (w. Vorn.); **Ferdl** (m. Vorn.)
Fe|renc [...ɛnts] (m. Vorn.)
Fer|ge, der; -n, -n (*veraltet für* Fährmann)
ferg|gen (*schweiz. früher für* abfertigen, fortschaffen); **Ferg|ger** (*schweiz. früher für* Spediteur)
Fe|ri|al... ‹lat.› (*österr. neben* Ferien..., z. B. Ferialarbeit, Ferialpraxis, Ferialtag)

F

fern

– ferne Länder; in der ferneren Umgebung
Getrennt- u. Zusammenschreibung
– ↑K 56: fern liegen [*alte Schreibung* fernliegen] (nicht, kaum in Betracht kommen); ferner liegen; eine fern liegende [*alte Schreibung* fernliegende] Lösung
– fern stehen [*alte Schreibung* fernstehen] (keine innere Beziehung haben); ferner stehen
– wir wollten uns von allen fern halten [*alte Schreibung* fernhalten], so fern wie möglich halten
– *vgl.* fernbleiben, fernsehen usw.
Kleinschreibung
– ↑K 72: von nah und fern
– von fern
– von fern her
Vgl. aber fernher
Großschreibung
– ↑K 140: der Ferne Osten (*svw.* Ostasien)
– ↑K 72: das Ferne suchen
Präposition mit Dativ
– fern dem Heimathaus

F

Fe|ri|en *Plur.* ‹lat.› (zusammenhängende Freizeiten [im Schulleben]; Urlaub); die großen Ferien
Fe|ri|en|ar|beit; Fe|ri|en|be|ginn; Fe|ri|en|dorf; Fe|ri|en|en|de
Fe|ri|en|häus|chen; Fe|ri|en|heim; Fe|ri|en|job; Fe|ri|en|kind; Fe|ri|en|kurs; Fe|ri|en|la|ger
Fe|ri|en|ort, der; -[e]s, -e; **Fe|ri|en|pa|ra|dies; Fe|ri|en|park; Fe|ri|en|rei|se; Fe|ri|en|tag; Fe|ri|en|woh|nung; Fe|ri|en|zeit**
Fer|kel, das; -s, -; **Fer|ke|lei; fer|keln; Fer|kel|zucht**
Fer|man, der; -s, -e ‹pers.› (*früher* in islam. Ländern Erlass des Landesherrn)
Fer|ma|te, die; -, -n ‹ital.› (*Musik* Haltezeichen; *Zeichen* 𝄐)
Fer|ment, das; -s, -e ‹lat.› (*veraltend für* Enzym)
Fer|men|ta|ti|on, die; -, -en (Gärung); **fer|men|ta|tiv** (durch Ferment hervorgerufen)
Fer|ment|bil|dung; fer|men|tie|ren (durch Fermentation veredeln)
Fer|mi|um, das; -s ‹nach dem italienischen Physiker Fermi› (chemisches Element, ein Transuran; *Zeichen* Fm)
fern *s. Kasten*
fern|ab *(geh.)*
Fer|nam|buk|holz *vgl.* Pernambukholz
Fern|amt; Fern|auf|nah|me; Fern|bahn; Fern|be|die|nung
fern|be|heizt; fernbeheizte Wohnung
fern|blei|ben; er bleibt [dem Unterricht] fern, ist ferngeblieben; *vgl. auch* fern
fer|ne *(geh.);* von ferne [her]; **Fer|ne,** die; -, -n; in weiter Ferne liegen
fer|ner; er rangiert unter »ferner liefen«; *aber* des Ferner[e]n darlegen [*alte Schreibung* des ferner[e]n] (*Amtsspr.;* ↑K 72)
Fer|ner, der; -s, - (*Tirol, bayr. für* Gletscher); *vgl.* Firn
fer|ner|hin [*auch* ˈfɛrnərˈhin]
Fern|fah|rer; fern|ge|lenkt
Fern|ge|spräch; fern|ge|steu|ert; Fern|glas *Plur.* ...gläser
fern hal|ten [*alte Schreibung* fern|hal|ten] *vgl.* fern
Fern|hei|zung
fern|her (*geh. für* aus der Ferne), *aber* von fern her; **fern|hin** *(geh.)*
fern|ko|pie|ren (über das Fernsprechnetz originalgetreu übertragen); **Fern|ko|pie|rer** (Gerät zum Fernkopieren)
Fern|kurs; Fern|kur|sus; Fern|las|ter [*alte Trennung* ...|st...], der (*ugs. für* Fernlastzug); **Fern|last|zug**
Fern|lei|he; Fern|leih|ver|kehr *(Buchw.);* **Fern|lei|tung**
fern|len|ken; sie lenkt [das Flugzeug] fern, hat ferngelenkt; **Fern|len|kung**
Fern|licht *Plur.* ...lichter
fern lie|gen [*alte Schreibung* fern|lie|gen] *vgl.* fern; **fern lie|gend** [*alte Schreibung* fern|lie|gend] *vgl.* fern
Fern|mel|de|amt; Fern|mel|de|dienst; Fern|mel|de|ge|bühr; Fern|mel|de|tech|nik; Fern|mel|de|turm; Fern|mel|de|we|sen, das; -s
fern|münd|lich (*für* telefonisch)
Fern|ost; in Fernost; **fern|öst|lich**
Fern|pend|ler; Fern|rohr; Fern|ruf
Fern|schrei|ben; Fern|schrei|ber
fern|schrift|lich
Fern|seh|an|sa|ger; Fern|seh|an|sa|ge|rin
Fern|seh|an|ten|ne; Fern|seh|ap|pa|rat; Fern|seh|bild; Fern|seh|emp|fang *Plur. selten;* **Fern|seh|emp|fän|ger**
fern|se|hen; Fern|se|hen, das; -s; **Fern|se|her** (*ugs. für* Fernsehgerät; Fernsehteilnehmer)
Fern|seh|film; Fern|seh|ge|bühr; Fern|seh|ge|rät
Fern|seh|in|ter|view; Fern|seh|ka|me|ra; Fern|seh|kom|men|ta|tor
fern|seh|mü|de
Fern|seh|pro|gramm; Fern|seh|re|por|ta|ge; Fern|seh|re|por|ter; Fern|seh|re|por|te|rin
Fern|seh|schirm; Fern|seh|sen|der; Fern|seh|sen|dung
Fern|seh|se|rie; Fern|seh|spiel; Fern|seh|stu|dio; Fern|seh|teil|neh|mer; Fern|seh|tru|he
Fern|seh|turm; Fern|seh|über|tra|gung; Fern|seh|zeit|schrift; Fern|seh|zu|schau|er
Fern|sicht; fern|sich|tig; Fern|sich|tig|keit, die; -
Fern|sprech|amt; Fern|sprech|an|schluss [*alte Schreibung* ...anschluß]; **Fern|sprech|ap|pa|rat**
Fern|spre|cher
Fern|sprech|ge|bühr; Fern|sprech|ge|heim|nis, das; -ses; **Fern|sprech|teil|neh|mer**
fern ste|hen [*alte Schreibung* fern|ste|hen] *vgl.* fern
fern|steu|ern *vgl.* fernlenken; **Fern|steu|e|rung**
Fern|stra|ße; Fern|stu|dent; Fern|stu|di|um; Fern|sucht, die; -
fern|trau|en; *nur im Inf. u. Part. II gebr.;* **Fern|trau|ung**
Fern|un|ter|richt
Fern|ver|kehr, der; -[e]s; **Fern|ver|kehrs|stra|ße**
Fern|wär|me; Fern|weh das; -s; **Fern|ziel**
Fer|ra|ra (ital. Stadt)
Fer|ra|ri ®, der; -s, -s ‹nach dem Automobilfabrikanten Enzo Ferrari› (ital. Kraftfahrzeug)
Fer|rit, der; -s, -e ‹lat.› (reine Eisenkristalle; *Nachrichtentechnik* ein magnetischer Werkstoff); **Fer|rit|an|ten|ne**
Fer|ro *vgl.* Hierro
Fer|rum, das; -s ‹lat.› (*lat. Bez. für*

Eisen, chemisches Element; *Zeichen* Fe)
Fẹr|se, die; -, -n (*vgl.* [1]Hacke); *vgl. aber* Färse; **Fẹr|sen|geld;** *nur noch in* Fersengeld geben (*scherzh. für* fliehen)

fẹr|tig

[↑K 52]:
- fertig sein, werden
- fertig bringen [*alte Schreibung* fertigbringen] (vollbringen); ich bringe es fertig, habe es fertig gebracht, habe es fertig zu bringen [*alte Schreibungen* fertiggebracht, fertigzubringen]
- fertig bekommen [*alte Schreibung* fertigbekommen]
- fertig kochen; fertig machen (*ugs. auch für* zermürben; völlig besiegen); fertig stellen (die Herstellung abschließen) [*alte Schreibungen* fertigkochen, fertigmachen, fertigstellen]

Fẹr|tig|bau *Plur.* ...bauten; **Fẹr|tig|bau|wei|se**
fẹr|tig bekommen, fẹr|tig brin|gen [*alte Schreibungen* fer|tig|be|kom|men, fer|tig|brin|gen] *vgl.* fertig
fẹr|ti|gen
Fẹr|tig|er|zeug|nis; Fẹr|tig|ge|richt; Fẹr|tig|haus
Fẹr|tig|keit
Fẹr|tig|klei|dung (*für* Konfektion)
fẹr|tig ko|chen, fẹr|tig ma|chen, fẹr|tig stel|len [*alte Schreibungen* fer|tig|ko|chen, fer|tig|ma|chen, fer|tig|stel|len] *vgl.* fertig
Fẹr|tig|stel|lung; Fẹr|tig|teil, das
Fẹr|ti|gung
Fẹr|ti|gungs|bri|ga|de *(DDR);* **Fẹr|ti|gungs|kos|ten** [*alte Trennung* ...|st...] *Plur.;* **Fẹr|ti|gungs|me|tho|de; Fẹr|ti|gungs|pro|zess** [*alte Schreibung* ...pro|zeß]
Fẹr|ti|gungs|stra|ße; Fẹr|ti|gungs|tech|nik; Fẹr|ti|gungs|ver|fah|ren
Fẹr|tig|wa|re
fer|til ‹lat.› (*Biol., Med.* fruchtbar); **Fer|ti|li|tät,** die; - (Fruchtbarkeit)
fẹs, [1]**Fẹs,** das; -, - (Tonbezeichnung)
[2]**Fẹs,** der; -[es], -[e] ‹türk.› (rote Filzkappe)
[3]**Fẹs** (Stadt in Marokko)
fẹsch ‹engl.› (*ugs. für* flott, schneidig); **Fe|schak,** der; -s, -s (*österr. ugs. für* fescher Kerl)
[1]**Fẹs|sel,** die; -, -n (Teil des Beines)
[2]**Fẹs|sel,** die; -, -n (Band, Kette); **Fẹs|sel|bal|lon; fẹs|sel|frei**
Fẹs|sel|ge|lenk
fẹs|sel|los
fẹs|seln; ich fessele *u.* fessle [*alte Schreibung* feßle]; **fẹs|selnd; Fẹs|se|lung, Fẹss|lung** [*alte Schreibung* Feß|lung]
fẹst *s. Kasten*
Fẹst, das; -[e]s, -e; **Fẹst|akt**
fẹst an|ge|stellt [*alte Schreibung* fest|an|ge|stellt] *vgl.* fest
fẹst An|ge|stell|te, der *u.* die; - -n, - -n, *auch* **Fẹst|an|ge|stell|te,** der *u.* die; -n, -n
Fẹst|an|spra|che; Fẹst|auf|füh|rung
fẹst|ba|cken [*alte Trennung* ...k|k...] (ankleben); der Schnee backt fest, hat festgebackt, festzubacken; *vgl.* fest
Fẹst|ban|kett
fẹst|bei|ßen, sich (*auch für* sich ausdauernd mit etwas beschäftigen); der Hund hat sich festgebissen; wir haben uns an dem Problem festgebissen
Fẹst|bei|trag
Fẹst|be|leuch|tung
fẹst be|sol|det [*alte Schreibung* fest|be|sol|det] *vgl.* fest
fẹst Be|sol|de|te, der *u.* die; - -n, - -n, *auch* **Fẹst|be|sol|de|te,** der *u.* die; -n, -n
fẹst|bin|den (anbinden); die Kuh ist festgebunden, *aber* die Schuhe [ganz] fest binden
fẹst|blei|ben (nicht nachgeben); er ist in seinem Entschluss festgeblieben; *vgl.* fest
Fẹst|brenn|stoff
Fẹs|te [*alte Trennung* ...|st...], die; -, -n (*veraltet für* Festung; *geh. für* Himmel); *vgl. auch* Veste
fẹs|ten [*alte Trennung* ...|st...] (*schweiz., sonst selten für* ein Fest feiern)
Fẹst|es|sen; Fẹs|tes|stim|mung [*alte Trennung* ...|st...] *(geh.)*
fẹst|fah|ren; sich festfahren
fẹst|fres|sen, sich; der Kolben hat sich festgefressen; *vgl.* fest
Fẹst|freu|de
fẹst ge|fügt, fẹst ge|schnürt [*alte Schreibungen* fest|ge|fügt, fest|ge|schnürt] *vgl.* fest
Fẹst|ge|wand; Fẹst|got|tes|dienst
fẹst|ha|ken; sich festhaken
Fẹst|hal|le
fẹst|hal|ten; die Aussage wurde [schriftlich] festgehalten; man hat sie zwei Stunden auf der Wache festgehalten; *aber* das Kind [ganz] fest halten
fẹst|hef|ten *vgl.* fest
fẹs|ti|gen [*alte Trennung* ...|st...]; **Fẹs|ti|ger** (*kurz für* Haarfestiger)
Fẹs|tig|keit [*alte Trennung* ...|st...], die; -; **Fẹs|tig|keits|leh|re** *(Technik);* **Fẹs|ti|gung,** die; -
Fẹs|ti|val [...vl̩], *auch* ...val; *alte Trennung* ...|st...], das; -s, -s ‹engl.› (Musikfest, Festspiel)
Fes|ti|vi|tät [*alte Trennung* ...|st...], die; -, -en ‹lat.› (*schweiz., sonst nur noch scherzh. für* Festlichkeit)
fẹst|klam|mern; sich festklammern
fẹst|kle|ben; um das Foto festzukleben
fẹst|klop|fen (*ugs. für* festlegen, besiegeln); **fẹst|kno|ten;** ein festgeknotetes Seil

fẹst

- fes|te Kosten; fes|ter Wohnsitz; fes|tes Gehalt

Schreibung in Verbindung mit Partizipien [↑K 58]:
- die fest geschnürte [*alte Schreibung* festgeschnürte] Schlinge; fes|ter geschnürt
- fest angestellte Mitarbeiterinnen, fest besoldete Beamte, eine fest gefügte Meinung, fest umrissene Begriffe usw. [*alte Schreibungen* festangestellt, festbesoldet usw.]
- *aber* zum festgesetzten Zeitpunkt

Schreibung in Verbindung mit Verben [↑K 56]:
- fest stehen (festen Stand haben); *aber* feststehen (sicher sein, entschieden sein)
- eine Schleife [ganz] fest binden; *aber* festbinden (anbinden); die Kuh ist festgebunden

vgl. festbeißen, festbleiben, festfahren, festhalten, festheften, festklammern, festlegen, festnageln, festnehmen, festschreiben, festsetzen, festsitzen, festziehen usw.

fẹst ko|chend [*alte Schreibung* fest|ko|chend] *vgl.* fest
Fẹst|ko|mi|tee
Fẹst|kör|per (*Physik* bes. die Kristalle); **Fẹst|kör|per|phy|sik**
Fẹst|land *Plur.* ...länder; **fẹst|län|disch**
Fẹst|land[s]|block *Plur.* ...blöcke; **Fẹst|land[s]|so|ckel** [*alte Trennung* ...k|k...]
fẹst|lau|fen; das Schiff ist festgelaufen
fẹst|le|gen (*auch für* anordnen); sie hat die Hausordnung fẹstgelegt; sich festlegen (sich binden); sie hat sich mit dieser Äußerung fẹstgelegt; *vgl.* fest; **Fẹst|le|gung**
fẹst|lich; Fẹst|lich|keit
fẹst|lie|gen; auf einer Sandbank festliegen; *vgl.* fest
Fẹst|lohn (*svw.* Mindestlohn)
Fẹst|ma|che|bo|je
fẹst|ma|chen (*auch für* vereinbaren); um die Taue festzumachen
Fẹst|mahl
Fẹst|me|ter (*alte Maßeinheit für* 1 m³ fester Holzmasse; *vgl.* Raummeter; *Abk.* Fm, fm)
fẹst|na|geln (*ugs. auch für* jmdn. auf etwas festlegen); ich nag[e]le fest
fẹst|nä|hen; um einen Knopf festzunähen
Fẹst|nah|me, die; -, -n; **fẹst|neh|men** (verhaften); *vgl.* fest
Fẹst|netz (fest verlegte Telefonleitungen)
Fẹst|of|fer|te (*Kaufmannsspr.* festes Angebot)
Fes|ton [...ˈtõ:; *alte Trennung* ...s|t...], das; -s, -s ‹franz.› (Blumengewinde, meist als Ornament; Stickerei); **fes|to|ni̲e̲|ren** (mit Festons versehen); **Fes|ton|stich**
Fẹst|ord|ner; Fẹst|pla|ket|te
Fẹst|plat|te (*EDV*)
Fẹst|platz
Fẹst|preis; *vgl.* Preis
Fẹst|pro|gramm; Fẹst|re|de; Fẹst|red|ner; Fẹst|red|ne|rin
fẹst|ren|nen, sich; *vgl.* festbeißen, sich
Fẹst|saal
fẹst|sau|gen, sich
fẹst|schnal|len; sich festschnallen
fẹst|schrei|ben; dieser Punkt wurde im Vertrag festgeschrieben; **Fẹst|schrei|bung**
Fẹst|schrift
fẹst|set|zen (bestimmen, anordnen; gefangen setzen); er wurde nach dieser Straftat festgesetzt; **Fẹst|set|zung**
fẹst|sit|zen (*ugs. für* nicht weiterkommen); sie haben festgesessen
Fẹst|spiel
Fẹst|spiel|haus; Fẹst|spiel|stadt
fẹst|ste|cken [*alte Trennung* ...k|k...]; sie hat ihre Haare festgesteckt
fẹst|ste|hen (festgelegt, sicher, gewiss sein); fest steht, dass ... ↑K 47; es hat fẹstgestanden, dass ..., *aber:* [ganz] fest stehen (festen Stand haben); **fẹst|ste|hend** (festgelegt, sicher, gewiss)
fẹst|stell|bar
Fẹst|stell|brem|se
fẹst|stel|len (ermitteln, [be]merken, nachdrücklich aussprechen) *vgl.* fest
Fẹst|stell|he|bel; Fẹst|stell|tas|te [*alte Trennung* ...s|t...]
Fẹst|stel|lung
Fẹst|stie|ge (*österr. für* Prunktreppe); **Fẹst|stim|mung**
Fẹst|tag; des Festtags, *aber* ↑K 70: festtags, sonn- und festtags; **fẹst|täg|lich; fẹst|tags** *vgl.* Festtag
Fẹst|tags|klei|dung; Fẹst|tags|stim|mung
fẹst|tre|ten; um das Erdreich festzutreten
fẹst um|ris|sen [*alte Schreibung* fest|um|ris|sen] *vgl.* fest
Fẹst|um|zug
Fes|tung [*alte Trennung* ...s|t...]; **Fes|tungs|ge|län|de; Fes|tungs|gra|ben; Fes|tungs|wall**
Fẹst|ver|an|stal|tung; Fẹst|ver|samm|lung
fẹst ver|wur|zelt [*alte Schreibung* fest|ver|wur|zelt] *vgl.* fest
fẹst|ver|zins|lich; festverzinsliche Wertpapiere
Fẹst|vor|stel|lung; Fẹst|vor|trag
fẹst|wach|sen; [an der Wand] festgewachsenes Efeu
Fẹst|wie|se; Fẹst|wo|che; Fẹst|zelt
fẹst|zie|hen; um die Schnur festzuziehen
Fẹst|zug
fe|ta̲l, *auch* fö|ta̲l ‹lat.› (*Med.* zum Fetus gehörend)
Fe̲|te [*auch* ˈfɛ:...], die; -, -n ‹franz.› (*ugs. für* Fest)
Fe̲|tisch, der; -[e]s, -e ‹franz.› (magischer Gegenstand; Götzenbild); **fe|ti|schi|si̲e̲|ren** (zum Fetisch erheben); **Fe|ti|schịs|mus,** der; - (Übertragen des Geschlechtstriebes auf Gegenstände)
Fe|ti|schịst, der; -en, -en; **Fe|ti|schịs|tin** [*alte Trennung* ...s|t...]; **fe|ti|schịs|tisch**
fẹtt; fetter Boden; ein Schwein fett füttern; *Schreibung in Verbindung mit dem Partizip II:* fett gedruckt [*alte Schreibung* fettgedruckt], fetter, am fettesten gedruckt
Fẹtt, das; -[e]s, -e; **Fẹtt|an|satz**
fẹtt|arm
Fẹtt|au|ge; Fẹtt|bauch
Fẹtt|creme, *auch* **Fẹtt|krem, Fẹtt|kre|me**
Fẹtt|de|pot (*Med.*)
Fẹt|te, die; - (*geh. für* Fettheit)
fẹt|ten; fẹtt|fein (*Druckw.*)
Fẹtt|fleck *od.* ...fle|cken [*alte Trennung* ...k|k...]
fẹtt|frei
fẹtt füt|tern [*alte Schreibung* fett|füt|tern] *vgl.* fett
fẹtt ge|druckt [*alte Schreibung* fett|ge|druckt] *vgl.* fett
Fẹtt|ge|halt, der; **Fẹtt|ge|we|be** (*Med.*)
fẹtt|glän|zend; fẹtt|hal|tig
Fẹtt|heit, die; -
Fẹtt|hen|ne (Zierpflanze)
fẹt|tig; Fẹt|tig|keit, die; - (das Fettigsein)
Fẹtt|koh|le (Steinkohlenart)
Fẹtt|krem, Fẹtt|kre|me *vgl.* Fettcreme
Fẹtt|le|be, die; - (*ugs. für* üppige Mahlzeit; Wohlleben); Fettlebe machen (üppig leben)
fẹtt|lei|big; Fẹtt|lei|big|keit, die; -
Fẹtt|näpf|chen; bei jmdm. ins Fettnäpfchen treten (jmds. Unwillen erregen)
Fẹtt|pols|ter [*alte Trennung* ...s|t...]; **Fẹtt|sack** (*derb für* fetter Mensch); **Fẹtt|säu|re** (*Chemie*)
Fẹtt|schicht; Fẹtt|stift, der; **Fẹtt|sucht,** die; -
fẹtt|trie|fend ↑K 169
Fẹtt|trop|fen, *auch* **Fẹtt-Trop|fen**
Fẹtt|tu|sche, *auch* **Fẹtt-Tu|sche** [*alte Schreibung* Fettu|sche, *alte Trennung* ...tt|t...]
Fet|tuc|ci|ne [...ˈtʃi:nə] (*Plur.*) ‹ital.› (Bandnudeln)
Fẹtt|wanst (*derb für* fetter Mensch)
Fe̲|tus, Fö̲|tus, der; *Gen.* - *u.* -ses, *Plur.* -se *u.* ...ten ‹lat.› (*Med.* Leibesfrucht vom dritten Monat an)
Fẹtz|chen

fet|zeln (*landsch. für* in Fetzen zerreißen); ich fetzel[e]le; **fet|zen;** du fetzt; **Fet|zen,** der; -s, -
fet|zig (*ugs. für* toll, mitreißend)
feucht; feucht werden
Feucht|bi|o|top
Feuch|te, die; -; **feuch|ten** (*geh.*)
feucht|fröh|lich (fröhlich beim Zechen); **feucht|heiß**
Feuch|tig|keit, die; -
Feuch|tig|keits|ge|halt, der; -[e]s; **Feuch|tig|keits|grad; Feuch|tig|keits|mes|ser,** der
feucht|kalt
Feucht|raum|ar|ma|tur (*Technik*)
Feucht|wan|ger, Lion (dt. Schriftsteller)
feucht|warm
feu|dal ‹germ.-mlat.› (das Lehnswesen betreffend; Lehns...; *ugs. für* vornehm, großartig; *abwertend für* reaktionär)
Feu|dal|ge|sell|schaft; Feu|dal|herr|schaft
Feu|da|lis|mus, der; - (auf dem Lehnswesen beruhende, den Adel privilegierende Gesellschafts- u. Wirtschaftsordnung [im MA.]); **feu|da|lis|tisch** [*alte Trennung* ...|st...]
Feu|da|li|tät, die; - (Lehnsverhältnis im MA.; Vornehmheit)
Feu|dal|staat; Feu|dal|sys|tem [*alte Trennung* ...|st...], das; -s
Feu|del, der; -s, - (*nordd. für* Scheuerlappen); **feu|deln**
Feu|er, das; -s, -; offenes Feuer; ein Feuer speiender [*alte Schreibung* feuerspeiender] Vulkan
Feu|er|a|larm; Feu|er|an|zün|der; Feu|er|ball; Feu|er|be|fehl (*Milit.*); **Feu|er|be|reit|schaft** (*Milit.*)
feu|er|be|stän|dig
Feu|er|be|stat|tung; Feu|er|dorn (Zierstrauch); **Feu|er|ei|fer**
feu|er|fest; Feu|er|fes|tig|keit [*alte Trennung* ...|st...], die; -
Feu|er|fres|ser
Feu|er|ge|fahr, die; -; **feu|er|ge|fähr|lich; Feu|er|ge|fähr|lich|keit**
Feu|er|ge|fecht; Feu|er|hal|le (*österr. neben* Krematorium); **Feu|er|herd; Feu|er|holz,** das; -es
Feu|er|land (Südspitze von Südamerika); **Feu|er|län|der,** der; **Feu|er|län|de|rin**
Feu|er|lei|ter, die; **Feu|er|li|lie; Feu|er|loch**
Feu|er|lö|scher
Feu|er|lösch|ge|rät; Feu|er|lösch|teich; Feu|er|lösch|zug
Feu|er|mau|er; Feu|er|mel|der
feu|ern; ich feu[e]re
Feu|er|pau|se (*Milit.*)
Feu|er|po|li|zei; feu|er|po|li|zei|lich
Feu|er|pro|be
feu|er|rot
Feu|er|sa|la|man|der
Feu|ers|brunst
Feu|er|scha|den; Feu|er|schein; Feu|er|schiff; Feu|er|schlu|cker [*alte Trennung* ...k|k...]; **Feu|er|schutz**
Feu|ers|ge|fahr
feu|er|si|cher
Feu|ers|not, die; - (*veraltet*)
Feu|er spei|end [*alte Schreibung* feu|er|spei|end] *vgl.* Feuer
Feu|er|sprit|ze; Feu|er|stät|te; Feu|er|stein; Feu|er|stel|le
Feu|er|stoß (*bes. Milit.*); **Feu|er|stuhl** (*ugs. für* Motorrad); **Feu|er|tau|fe; Feu|er|tod** (*geh.*)
Feu|e|rung; Feu|e|rungs|an|la|ge
Feu|er|ver|si|che|rung
feu|er|ver|zinkt
Feu|er|wa|che; Feu|er|waf|fe; Feu|er|was|ser, das; -s (*ugs. für* Branntwein)
Feu|er|wehr
Feu|er|wehr|au|to; Feu|er|wehr|frau; Feu|er|wehr|haus; Feu|er|wehr|mann *Plur.* ...männer *u.* ...leute; **Feu|er|wehr|ü|bung**
Feu|er|werk; feu|er|wer|ken; ich feuerwerke; gefeuerwerkt; zu feuerwerken; **Feu|er|wer|ker; Feu|er|wer|ke|rin; Feu|er|werks|kör|per**
Feu|er|zan|ge; Feu|er|zan|gen|bow|le
Feu|er|zei|chen; Feu|er|zeug
Feuil|la|ge [fœ'ja:ʒə], die; -, -n ‹franz.› (geschnitztes, gemaltes usw. Laubwerk)
Feuil|le|ton [fœjə'tõ:, *auch* 'fœjətõ], das; -s, -s (literarischer, kultureller Teil einer Zeitung; Aufsatz im Plauderton)
Feuil|le|to|nist, der; -en, -en; **Feuil|le|to|nis|tin** [*alte Trennung* ...|st...]; **feuil|le|to|nis|tisch**
Feuil|le|ton|re|dak|teur; Feuil|le|ton|stil, der; -[e]s
feu|rig; feurige Kohlen auf jmds. Haupt sammeln (ihn beschämen); **feu|rio!** (alter Feuerruf)
Fex, der; *Gen.* -es, *seltener* -en, *Plur.* -e, *seltener* -en (*südd., österr. für* Narr; jmd., der in etwas vernarrt ist)
[1]**Fez** [fe:ts, *auch* fe:s] *vgl.* [2]Fes
[2]**Fez,** der; -es ‹franz.› (*ugs. für* Spaß, Vergnügen)
ff = sehr fein; *vgl.* Effeff
ff = fortissimo
ff. = folgende [Seiten]
FGB = Familiengesetzbuch
FH = Fachhochschule
FHD = Frauenhilfsdienst[leistende] (*früher in der Schweiz*)
Fi|a|ker, der; -s, - ‹franz.› (*österr. für* Pferdedroschke; Kutscher)
Fi|a|le, die; -, -n ‹ital.› ([gotisches] Spitztürmchen)
Fi|as|ko, das; -s, -s ‹ital.› (Misserfolg; Zusammenbruch)
fi|at! ‹lat., »es geschehe!«›
Fi|at®, der; -s, -s ‹nach dem Unternehmen Fabbrica Italiana Automobili Torino S.p.A.› (ital. Kraftfahrzeug)
[1]**Fi|bel,** die; -, -n ‹griech.› (Abc-Buch; Elementarlehrbuch)
[2]**Fi|bel,** die; -, -n ‹lat.› (frühgeschichtl. Spange oder Nadel)
Fi|ber, die; -, -n ‹lat.› ([Muskel- od. Pflanzen]faser); *vgl. aber* Fieber
Fi|b|ril|le, die; -, -n (*Med.* Einzelfaser des Muskel- u. Nervengewebes)
Fi|b|rin, das; -s (Eiweißstoff des Blutes); **Fi|b|ro|in,** das; -s (Eiweißstoff der Naturseide)
Fib|r|om, das; -s, -e (*Med.* Bindegewebsgeschwulst); **fi|b|rös** (aus Bindegewebe bestehend)
Fi|bu|la, die; -, *Plur.* Fibuln *u.* (*Med.*) Fibulae ‹lat.› ([2]Fibel; *Med.* Wadenbein)
[1]**Fiche** [fi:ʃ], die; -, -s ‹franz.› (Spielmarke)
[2]**Fi|che** ['fiʃ(ə)], die; -, -n (*schweiz. für* Karteikarte)
[3]**Fiche** [fi:ʃ], das *od.* der; -s, -s (Filmkarte mit Mikrokopien)
[1]**Fich|te** (dt. Philosoph)
[2]**Fich|te,** die; -, -n (ein Nadelbaum)
Fich|tel|ge|bir|ge, das; -s
fich|ten (aus Fichtenholz)
Fich|ten|hain; Fich|ten|holz; Fich|ten|na|del
Fi|chu [...'ʃy:], das; -s, -s ‹franz.› (Schultertuch)
Fick, der; -s, -s (*derb für* Koitus); **fi|cken** [*alte Trennung* ...k|k...] (*derb für* koitieren)
fi|cke|rig [*alte Trennung* ...k|k...] (*landsch. für* nervös, unruhig; *derb für* geil)
Fick|fack, der; -[e]s, -e (*landsch. für* Vorwand); **fick|fa|cken** [*alte Trennung* ...k|k...] (*landsch. für* Ausflüchte suchen); **Fick|fa|cker** (*landsch. für* unzuverlässiger Mensch); **Fick|fa|cke|rei**

Fick|müh|le (*landsch. für* Zwickmühle)
Fi|cus, der; -, ...ci ‹lat.› (ein [Zier]baum)
Fi|dei|kom|miss [*auch* ˈfiː...; *alte Schreibung* Fi|dei|kom|miß], das; -es, -e ‹lat.› (*Rechtsspr.* unveräußerliches u. unteilbares Familienvermögen)
fi|del ‹lat.› (*ugs. für* lustig, heiter)
Fi|del, die; -, -n (der Geige ähnliches Streichinstrument [des Mittelalters]); *vgl.* Fiedel
Fi|del Cas|t|ro [*alte Trennung* ...-st...] *vgl.* Castro
Fi|di|bus, der; *Gen.* - *u.* -ses, *Plur.* - *u.* -se (gefalteter Papierstreifen als [Pfeifen]anzünder)
Fi|d|schi (Inselstaat im Südwestpazifik)
Fi|d|schi|a|ner; Fi|d|schi|a|ne|rin; fi|d|schi|a|nisch
Fi|d|schi|in|seln, *auch* **Fi|d|schi-In|seln** *(Plur.)*
Fi|duz, das; -es (*ugs. veraltet für* Mut); *nur noch in* kein Fiduz zu etwas haben
Fie|ber, das; -s, - *Plur. selten* ‹lat.›; *vgl. aber* Fiber
Fie|ber|an|fall
Fie|ber|fan|ta|sie, *auch* Fie|ber|phan|ta|sie *meist Plur.*
fie|ber|frei; Fie|ber|frost; fie|ber|haft; Fie|ber|hit|ze
fie|be|rig *vgl.* fiebrig
fie|ber|krank
Fie|ber|kur|ve; Fie|ber|mes|ser, der (*ugs. für* Fieberthermometer)
fie|bern; ich fiebere
fie|ber|sen|kend ↑K 59
Fie|ber|ta|bel|le; Fie|ber|ther|mo|me|ter; Fie|ber|traum
fieb|rig
Fie|del, die; -, -n (*veraltend, noch scherzh. od. abwertend für* Geige); *vgl.* Fidel; **fie|deln;** ich fied[e]le
Fie|der|blatt (*Bot.* gefiedertes Blatt); **fie|de|rig; fie|der|tei|lig; Fie|de|rung**
Fied|ler
fie|pen (*Jägerspr.* [von Rehkitz u. Rehgeiß], *auch allg.* einen leisen, hohen Ton von sich geben)
Fi|e|rant [fiə..., *auch* fie...], der; -en, -en ‹ital.› (*österr. für* Markthändler)
fie|ren (*Seemannsspr.* [Tau] ablaufen lassen, herablassen)
fies (*ugs. für* ekelhaft, widerwärtig); fieses Gefühl
Fi|es|co, *bei Schiller* **Fi|es|ko** (genuesischer Verschwörer)
Fies|ling (*ugs. für* widerwärtiger Mensch)
Fi|es|ta [*alte Trennung* ...|st...], die; -, -s ‹span.› ([span.] Volksfest)
FIFA, Fi|fa, die; - = Fédération Internationale de Football Association ‹franz.› (Internationaler Fußballverband)
fif|ty-fif|ty [...ti...ti] ‹engl.› (*ugs. für* halbpart)
Fi|ga|ro, der; -s, -s (Lustspiel- u. Opernfigur; *auch* scherzh. für Friseur)
Fight [fait], der; -s, -s ‹engl.› (*Boxen* [draufgängerischer Nah]kampf); **figh|ten** *(Boxen);* **Figh|ter,** der; -s, - (*Boxen* Kämpfer)
Figl, der; -s, - (*österr. kurz für* Firngleiter)
Fi|gur, die; -, -en
Fi|gu|ra; *in* wie Figura zeigt (wie klar vor Augen liegt)
fi|gu|ral (mit Figuren versehen)
Fi|gu|ral|mu|sik (in der Kirchenmusik des Mittelalters)
Fi|gu|ra|ti|on, die; -, -en *u.* Fi|gu|rie|rung (*Musik* Ausschmückung einer Figur od. Melodie)
fi|gu|ra|tiv (bildlich [darstellend])
Fi|gür|chen
fi|gu|rie|ren (in Erscheinung treten; *Musik* eine Figur od. Melodie ausschmücken); **fi|gu|riert** (gemustert; *Musik* ausgeschmückt); figuriertes Gewebe; **Fi|gu|rie|rung** *vgl.* Figuration
...fi|gu|rig (z. B. kleinfigurig)
Fi|gu|ri|ne, die; -, -n ‹franz.› (Figürchen; Nebenfigur in Landschaftsgemälden; Kostümzeichnung)
Fi|gür|lein; fi|gür|lich
Fik|ti|on, die; -, -en ‹lat.› (Erdachtes; falsche Annahme); **fik|ti|o|nal** (auf einer Fiktion beruhend); **fik|tiv** (nur angenommen, erdacht)
Fi|la|ment, das; -s, -e ‹lat.› (*Bot.* Staubfaden der Blüte)
File [fail], das; -s, -s ‹engl.› (*EDV* bestimmte Art von Datei)
Fi|let [...ˈleː], das; -s, -s ‹franz.› (Netzstoff; Lenden-, Rückenstück)
Fi|let|ar|beit; Fi|let|de|cke [*alte Trennung* ...k|k...]
fi|le|tie|ren (Filets herausschneiden); **Fi|le|tier|ma|schi|ne**
Fi|let|na|del [fiˈleː...]; **Fi|let|spit|ze**
Fi|let|steak
Fi|li|a|le, die; -, -n (Zweiggeschäft, -stelle); **Fi|li|a|list,** der; -en, -en (Besitzer mehrerer Filialen; Filialleiter); **Fi|li|a|lis|tin** [*alte Trennung* ...|st...]
Fi|li|al|kir|che (Tochterkirche)
Fi|li|al|lei|ter, der
Fi|li|a|ti|on, die; -, -en (rechtliche Abstammung; Gliederung des Staatshaushaltsplanes)
Fi|li|bus|ter [*alte Trennung* ...|st...] *vgl.* Flibustier
fi|lie|ren ‹franz.› (Netzwerk knüpfen; *auch für* filetieren); **fi|liert** (netzartig)
Fi|li|g|ran, das; -s, -e ‹ital.› (Goldschmiedearbeit aus feinem Drahtgeflecht)
Fi|li|g|ran|ar|beit; Fi|li|g|ran|glas; Fi|li|g|ran|schmuck
Fi|li|pi|na, die; -, -s ‹span.› (*weibl. Form zu* Filipino, *vgl.* Philippinerin); **Fi|li|pi|no,** der; -s, -s (Bewohner der Philippinen, *vgl.* Philippiner)
Fi|li|us, der; -, ...usse ‹lat.› (*scherzh. für* Sohn)
Fil|lér [...leːɐ, *auch* ...leːɐ̯], der; -[s], - (ung. Münze; 100 Fillér = 1 Forint)
Film, der; -[e]s, -e ‹engl.›
Film|a|ma|teur; Film|ar|chiv; Film|a|te|li|er; Film|au|tor
Film|ball; Film|bran|che; Film|di|va
Fil|me|ma|cher; Fil|me|ma|che|rin
fil|men
Film|fan; Film|fes|ti|val [*alte Trennung* ...|st...]; **Film|fest|spie|le** *Plur.;* **Film|ge|sell|schaft; Film|in|dus|t|rie** [*alte Trennung* ...|st...]
fil|misch
Film|ka|me|ra; Film|kom|po|nist; Film|ko|pie
Fil|mo|thek, die; -, -en ‹engl.; griech.› (*svw.* Kinemathek)
Film|pla|kat; Film|pro|du|zent; Film|schau|spie|ler; Film|schau|spie|le|rin
Film|stadt; Film|star *Plur.* ...stars; **Film|stu|dio; Film|sze|ne; Film|ver|leih; Film|vor|füh|rer**
Fi|lou [...ˈluː], der; -s, -s ‹franz.› (*scherzh. für* Betrüger, Spitzbube; Schlaukopf)
Fils, der; -, - ‹arab.› (irak. Münze; 1 000 Fils = 1 Dinar)
Fil|ter, der, *Technik meist* das; -s, - ‹mlat.›; **fil|ter|fein;** filterfein gemahlener Kaffee
fil|tern; ich filtere
Fil|ter|pa|pier, Fil|t|rier|pa|pier; **Fil|ter|tü|te** ®
Fil|te|rung

Fil|ter|zi|ga|ret|te
Fil|t|rat, das; -[e]s, -e (durch Filtration geklärte Flüssigkeit); **Fil|t|ra|ti|on,** die; -, -en (Filterung); **fil|t|rie|ren; Fil|t|rier|papier** *vgl.* Filterpapier
Filz, der; -es, -e (*ugs. auch für* Geizhals; *österr. auch für* unausgeschmolzenes Fett); **Filzde|cke** [*alte Trennung* ...k|k...]
fil|zen (*ugs. auch für* nach [verbotenen] Gegenständen durchsuchen; schlafen); du filzt
Filz|hut, der; **fil|zig; Filz|laus**
Fil|zo|kra|tie, die; -, ...ien ‹dt.; griech.› (ineinander verflochtene Machtverhältnisse)
Filz|pan|tof|fel
Filz|schrei|ber; Filz|stift, der
FIM (Währungscode für Finnmark)
[1]**Fim|mel** (Hanf); *vgl.* Femel
[2]**Fim|mel,** der; -s, - (*ugs. für* übertriebene Vorliebe für etwas; Tick, Spleen)
FINA, Fi|na, die; - = Fédération Internationale de Natation Amateur ‹franz.› (Internationaler Amateur-Schwimmverband)
fi|nal ‹lat.› (den Schluss bildend; zweckbezeichnend)
[1]**Fi|nal,** der; -s, -s ‹franz.› (*schweiz. für* Finale *[Sport]*)
[2]**Fi|nal** ['faınl], das; -s, -s ‹engl.› (*engl. für* Finale *[Sport]*)
Fi|nal|ab|schluss [*alte Schreibung* ...ab|schluß] (*Wirtsch.* Endabschluss)
Fi|na|le, das; -s, *Plur. -, im Sport auch* Finals ‹franz.› (Schlussteil; *Musik* Schlussstück, -satz; *Sport* Endrunde, Endspiel)
Fi|na|list, der; -en, -en (Endrundenteilnehmer); **Fi|na|lis|tin** [*alte Trennung* ...|st...]
Fi|nal|pro|dukt (*regional für* End-, Fertigprodukt)
Fi|nal|satz (*Sprachw.* Umstandssatz der Absicht, Zwecksatz)
Fi|nan|ci|er [...nã'si̯e:] *vgl.* Financier
Fi|nanz, die; - ‹franz.› (Geldwesen; Gesamtheit der Geld- und Bankfachleute); *vgl.* Finanzen
Fi|nanz|ab|tei|lung; Fi|nanz|amt; Finanz|aus|gleich
Fi|nanz|be|am|te; Fi|nanz|buch|halter; Fi|nanz|buch|hal|tung
Fi|nan|zen *Plur.* (Geldwesen; Staatsvermögen; Vermögenslage)
Fi|nan|zer (*österr. ugs. für* Zollbeamter)
Fi|nanz|ex|per|te; Fi|nanz|ge|baren; Fi|nanz|ge|nie; Fi|nanz|hoheit, die; -
fi|nan|zi|ell
Fi|nan|zi|er, *auch* Fi|nan|cier [...'tsi̯e:], der; -s, -s (kapitalkräftiger Geldgeber)
fi|nan|zier|bar; fi|nan|zie|ren (mit Geldmitteln ausstatten; geldlich ermöglichen); **Fi|nan|zierung; Fi|nan|zie|rungs|vor|behalt**
fi|nanz|kräf|tig; Fi|nanz|kri|se; Finanz|la|ge, die; -; **Fi|nanz|mi|nister** [*alte Trennung* ...|st...]; **Finanz|plan** (*vgl.* [2]Plan)
fi|nanz|po|li|tisch; fi|nanz|schwach; fi|nanz|stark
Fi|nanz|ver|wal|tung; Fi|nanz|wesen, das; -s; **Fi|nanz|wirt|schaft**
Fin|ca, die; -, -s ‹span.› (Landhaus mit Garten, Landgut; *vgl.* Hazienda)
Fin|del|kind
fin|den; du fandst; du fändest; gefunden; find[e]!; ein gefundenes Fressen für jmdn. sein (*ugs. für* jmdm. gelegen kommen)
Fin|der; Fin|de|rin
Fin|der|lohn, der; -[e]s
Fin de Siè|c|le ['fɛ̃: də 'si̯ɛ:kl̩; *alte Schreibung* Fin de siècle], das; - - - (durch Verfallserscheinungen in Gesellschaft, Kunst u. Literatur geprägte Zeit des ausgehenden 19. Jh.s)
fin|dig; ein findiger Kopf (einfallsreicher Mensch); **Fin|digkeit,** die; -
Find|ling; Find|lings|block *Plur.* ...blöcke
Fin|dung *Plur. selten* (das [Heraus]finden)
Fines Herbes ['fi:n'zɛrp; *alte Schreibung* Fines herbes] *Plur.* ‹franz.› (*Gastron.* fein gehackte Kräuter)
Fi|nes|se, die; -, -n ‹franz.› (Feinheit; Kniff)
Fin|ger, der; -s, -; der kleine Finger; jmdn. um den kleinen Finger wickeln *(ugs.);* etwas mit spitzen Fingern (vorsichtig) anfassen; lange, krumme Finger machen (*ugs. für* stehlen)
Fin|ger|ab|druck *Plur.* ...drücke
fin|ger|breit; ein fingerbreiter Spalt, *aber* der Spalt ist keinen Finger breit, 3 Finger breit (*vgl. aber* Fingerbreit); **Fin|ger|breit,** der; -, -; einen, ein paar Fingerbreit größer; keinen Fingerbreit nachgeben; **fin|ger|dick;** *vgl.* fingerbreit
Fin|ger|far|be (für Kinder)
fin|ger|fer|tig; Fin|ger|fer|tig|keit
Fin|ger|glied
Fin|ger|ha|keln, das; -s (alpenländischer Wettkampf)
Fin|ger|hand|schuh; Fin|ger|hut
...fin|ge|rig, ...fing|rig (z. B. vierfing[e]rig)
Fin|ger|kup|pe (Fingerspitze)
fin|ger|lang *vgl.* fingerbreit
Fin|ger|ling
fin|gern; ich fingere
Fin|ger|na|gel; Fin|ger|ring
Fin|ger|satz (*Musik* Fingerverteilung beim Spielen eines Instruments)
Fin|ger|spiel
Fin|ger|spit|ze; Fin|ger|spit|zen|gefühl, das; -[e]s
Fin|ger|ü|bung
Fin|ger|zeig, der; -[e]s, -e
fin|gie|ren ‹lat.› (erdichten; vortäuschen; unterstellen)
...fing|rig *vgl.* ...fingerig
Fi|nis, das; -, - ‹lat., »Ende«› (*veraltet für* Schlussvermerk in Druckwerken); **Fi|nish** [...ɪʃ], das; -s, -s ‹engl.› (letzter Schliff; Vollendung; *Sport* Endspurt, Endkampf)
Fi|nis|sa|ge [...'sa:ʒə], die; -, -n ‹franz.› (Veranstaltung zur Beendigung einer Kunstausstellung)
Fi|nis|ter|re (nordwestspan. Kap)
fi|nit ‹lat.› (*Sprachw.* bestimmt, konjugiert); finite Form (Personalform, Form des Verbs, die im Ggs. zur infiniten Form [*vgl.* infinit] nach Person u. Zahl bestimmt ist, z. B. [sie] »erwacht“ [3. Pers. Sing.])
Fink, der; -en, -en (ein Singvogel)
Fin|ken, der; -s, - (*schweiz. mdal. für* warmer Hausschuh)
Fin|ken|schlag, der; -[e]s (das Zwitschern des Finken)
Fin|ken|wer|der (Elbinsel)
Finn-Din|gi, das; -s, -s ‹schwed.; Hindi› (kleines Einmann-Sportsegelboot)
[1]**Fin|ne,** die; -, -n (Jugendform bestimmter Bandwürmer; entzündete Pustel)
[2]**Fin|ne,** die; -, -n (Rückenflosse von Hai u. Wal; zugespitzte Seite des Hammers)
[3]**Fin|ne,** die; - (Höhenzug in Thüringen)
[4]**Fin|ne,** der; -n, -n (Einwohner von Finnland)

F

fin|nig (von [1]Finnen befallen)
Fin|nin; fin|nisch, *aber* ↑K 140: der Finnische Meerbusen; *vgl.* deutsch; **Fin|nisch,** das; -[s] (Sprache); *vgl.* Deutsch; **Fin|ni|sche,** das; -n; *vgl.* Deutsche, das
fin|nisch-u|g|risch ↑K 145 *u.* 149; finnisch-ugrische Sprachen, Völker
Finn|land; Finn|län|der ([4]Finne mit schwed. Muttersprache); **finn|län|disch**
[1]**Finn|mark,** die; -, - (finn. Währungseinheit [*Währungscode* FIM]; *Abk.* Fmk)
[2]**Finn|mark** (norw. Verwaltungsbezirk)
fin|no|u|g|risch ↑K 149 *vgl.* finnisch-ugrisch; **Fin|no|u|g|rist,** der; -en, -en (Fachmann für finnisch-ugrische Sprachen); **Fin|no|u|g|ris|tik** [*alte Trennung* ...|st...], die; -; **Fin|no|u|g|ris|tin**
finn|u|g|risch usw. *vgl.* finnougrisch usw.
Finn|wal
Fi|now|ka|nal, *auch* **Fi|now-Ka|nal** [...no...], der; -s
fins|ter [*alte Trennung* ...|st...]; es wurde immer finst[e]rer; eine finst[e]re Nacht; finster dreinblicken; im Finstern tappen (*auch für* nicht Bescheid wissen [*alte Schreibung* im finstern tappen]); **Fins|ter|keit** [*alte Trennung* ...|st...], die; -
Fins|ter|ling [*alte Trennung* ...|st...] (grimmig wirkender Mensch)
Fins|ter|nis, die; -, -se
Fin|te, die; -, -n ‹ital.› (Vorwand, Täuschung[smanöver]; *Sport* Scheinangriff); **fin|ten|reich**
fin|ze|lig, finz|lig (*landsch. für* überzart, überfein; die Augen [über]anstrengend)
Fi|o|ret|te, die; -, -n *meist Plur.* ‹ital., »Blümchen«› (*Musik* Gesangsverzierung); **Fi|o|ri|tur,** die; -, -en *meist Plur.* (*svw.* Fiorette)
Fips, der; -es, -e (*landsch. für* kleiner, unscheinbarer Mensch); Meister Fips (*Spottname für* Schneider); **fip|sig** (*ugs. für* unbedeutend, klein)
Fi|ren|ze (*ital. Form von* Florenz)
Fire|wall ['faɪəwɔ:l], die; -, -s *u.* der; -s, -s ‹engl., »Brandmauer«› (*EDV* Programmsystem, das Netzwerke vor unerwünschtem Zugriff schützt)
Fir|le|fanz, der; -es (*ugs. für* überflüssiges, wertloses Zeug; Unsinn); **Fir|le|fan|ze|rei**
firm ‹lat.›; in etw. firm (erfahren, beschlagen) sein
Fir|ma, die; -, ...men ‹ital.› (*Abk.* Fa.)
Fir|ma|ment, das; -[e]s ‹lat.› *(geh.)*
fir|men ‹lat.› (jmdm. die Firmung erteilen)
Fir|men|auf|druck; Fir|men|buch; Fir|men|chef; Fir|men|in|ha|ber
Fir|men|kopf (*svw.* Firmenaufdruck); **Fir|men|re|gis|ter** [*alte Trennung* ...|st...]; **Fir|men|schild,** das; **Fir|men|stem|pel**
Fir|men|ver|zeich|nis; Fir|men|wert, der; -[e]s; **Fir|men|zei|chen**
fir|mie|ren (einen bestimmten Geschäftsnamen führen)
Firm|ling ‹lat.› (der *od.* die zu Firmende); **Firm|pa|te; Firm|pa|tin;**
Fir|mung (kath. Sakrament)
firn (*fachspr. für* alt, abgelagert [von Wein]); ein firner Wein
Firn, der; -[e]s, *Plur.* -e, *auch* -en (körnig gewordener Altschnee im Hochgebirge; *schweiz. auch für* damit bedeckter Gipfel)
Fir|ne, die; -, -n (Reife des Weines)
Firn|eis, das; -es
Fir|ne|wein
Firn|glei|ter (Kurzski für Gletscherabfahrten)
fir|nig
Fir|nis, der; -ses, -se ‹franz.› (schnell trocknender Schutzanstrich); **fir|nis|sen;** du firnisst [*alte Schreibung* firnißt]
Firn|schnee
First, der; -[e]s, -e; **First|bal|ken**
first class ['fø:ɐ̯st -] ‹engl.› (erstklassig, von gehobenem Standard); **First-Class-Ho|tel** [*alte Schreibung* First-class-Ho|tel] ‹engl.; franz.› (Luxushotel)
First La|dy, die; - -, - Ladies ‹engl., »Erste Dame«› (Frau eines Staatsoberhauptes)
First|pfet|te; First|zie|gel
Firth [fə:θ], der; -, -es ['fə:θɪz] ‹engl.› (tief ins Landesinnere reichender Meeresarm in Schottland)
fis, Fis, das; -, - (Tonbezeichnung); **fis** (*Zeichen für* fis-Moll); in fis; **Fis** (*Zeichen für* Fis-Dur); in Fis
FIS, Fis, die; - = Fédération Internationale de Ski ‹franz.› (Internationaler Skiverband)
Fisch, der; -[e]s, -e; faule Fische (*ugs. für* Ausreden); kleine Fische (*ugs. für* Kleinigkeiten); frische Fische; die Fisch verarbeitende [*alte Schreibung* fischverarbeitende] Industrie
Fisch|ad|ler
fisch|arm
Fisch|au|ge (*auch* ein fotograf. Objektiv); **fisch|äu|gig**
Fisch|bein, das; -[e]s; **Fisch|be|stand; Fisch|be|steck**
Fisch|bla|se; Fisch|bla|sen|stil, der; -[e]s *(Archit.)*
Fisch|blut; Fisch|bra|te|rei, Fisch|brat|kü|che (Gaststätte für Fischgerichte)
Fisch|bröt|chen; Fisch|brut
fi|scheln (*bes. österr. für* nach Fisch riechen)
fi|schen; du fischst
Fi|schenz, die; -, -en (*schweiz. für* Fischpacht)
Fi|scher; Fi|scher|boot
Fi|scher-Dies|kau (dt. Sänger)
Fi|scher|dorf
Fi|sche|rei
Fi|sche|rei|gren|ze; Fi|sche|rei|ha|fen; Fi|sche|rei|we|sen, das; -s
Fi|sche|rin
Fi|scher|netz; Fi|scher|ste|chen, das; -s (Brauch der Fischer, bei dem diese versuchen, sich gegenseitig mit langen Stangen aus dem Boot zu stoßen)
Fi|scher von Er|lach (österr. Barockbaumeister)
Fisch|frau; Fisch|ge|richt; Fisch|ge|schäft
Fisch|grä|te; Fisch|grä|ten|mus|ter [*alte Trennung* ...|st...]
Fisch|grün|de *Plur.*
fi|schig
Fisch|kal|ter (*bayr., österr. für* Fischbehälter); **Fisch|kon|ser|ve; Fisch|kut|ter; Fisch|la|den**
Fisch|laich; Fisch|markt; Fisch|maul
Fisch|mehl; Fisch|mes|ser, das; **Fisch|ot|ter,** der
Fisch|reu|se; Fisch|ro|gen; Fisch|stäb|chen *(meist Plur.);* **Fisch|sup|pe**
Fisch ver|ar|bei|tend [*alte Schreibung* fisch|ver|ar|bei|tend] *vgl.* Fisch
Fisch|ver|gif|tung; Fisch|zug
Fis-Dur [*auch* 'fɪs'du:ɐ̯], das; - (Tonart; *Zeichen* Fis); **Fis-Dur-Ton|lei|ter** ↑K 26
Fi|sett|holz, das; -es (einen gelben Farbstoff enthaltendes Holz)
Fi|si|ma|ten|ten *Plur.* (*ugs. für* leere Ausflüchte); mach keine Fisimatenten!
fis|ka|lisch (dem Fiskus gehörend;

staatlich); **Fis|kus,** der; -, *Plur.* ...ken *u.* -se *Plur. selten* (der Staat als Eigentümer des Staatsvermögens; Staatskasse)

fis-Moll [*auch* 'fɪs'mɔl], das; - (Tonart; *Zeichen* fis); **fis-Moll-Ton|lei|ter** ↑K 26

Fi|so|le, die; -, -n ‹ital.› (*österr. für* grüne Gartenbohne)

fis|se|lig (*landsch. für* dünn, fein; Geschicklichkeit erfordernd)

fis|sil ‹lat.› (spaltbar); **Fis|si|li|tät,** die; -; **Fis|si|on,** die; -, -en (*Kernphysik* Kernspaltung)

Fis|sur, die; -, -en (*Med.* Spalte, Riss)

Fis|tel [*alte Trennung* ...|st...], die; -, -n ‹lat.› (*Med.* krankhafter od. künstlich angelegter röhrenförmiger Kanal, der ein Organ mit der Körperoberfläche od. einem anderen Organ verbindet)

fis|teln [*alte Trennung* ...|st...] (mit Fistelstimme sprechen, singen); ich fist[e]le; **Fis|tel|stim|me** (Kopfstimme)

Fist|fu|cking [...fakɪŋ; *alte Trennung* ...k|k...], das; -s, -s ‹engl., »Faustficken«› (sexuelle Praktik, bei der die Hand od. Faust in den After des Geschlechtspartners eingeführt wird)

fit; fitter, fittes|te ‹engl.-amerik.› (in guter [körperlicher] Verfassung; durchtrainiert); sich fit halten; ein fitter Bursche

Fi|tis, der; *Gen.* - *u.* -ses, *Plur.* -se (ein Singvogel)

Fit|ness [*alte Schreibung* Fitneß], die; - ‹engl.-amerik.› (gute körperliche Gesamtverfassung)

Fit|ness|cen|ter [*alte Schreibung* Fitneß...]; **Fit|ness|trai|ning**

Fit|sche, die; -, -n (*landsch. für* Tür-, Fensterangel, Scharnier)

Fit|tich, der; -[e]s, -e (*geh.* Flügel)

Fit|ting, das; -s, -s *meist Plur.* ‹engl.› (Formstück zur Installation von Rohrleitungen)

Fitz, der; -es, -e (*landsch. für* Fadengewirr)

Fitz|boh|ne (*landsch. für* Schnittbohne)

Fitz|chen (Kleinigkeit)

Fit|ze, die; -, -n (*landsch. für* Faden; Garngebinde; geflochtene Rute); **fit|zen** (*landsch. für* sich verwirren; nervös sein); du fitzt

Fi|u|ma|ra, Fi|u|ma|re, die; -, ...re[n] ‹ital.› (*Geogr.* Flusslauf, der nur in regenreicher Zeit Wasser führt)

Fi|u|me (*ital. Name von* Rijeka)

Five o'Clock ['faivə'klɔk], der; - -, - -s, **Five o'Clock Tea** [- - 'ti:], der; - - -, - - -s ‹engl.› (Fünfuhrtee)

fix ‹lat., »fest«› (sicher, stetig, fest; *ugs. für* gewandt, schnell); fixe Idee (Zwangsvorstellung); fixer (fester) Preis; fixes Gehalt; fixe Kosten; fix angestellt (*österr. für* fest angestellt); fix und fertig

Fi|xa|teur [...'tø:ɐ̯], der; -s, -e ‹franz.› (Zerstäuber für Fixiermittel); **Fi|xa|tiv,** das; -s, -e ‹lat.› (Fixiermittel für Zeichnungen)

fi|xen ‹engl.› (*Börsenw.* Leerverkäufe von Wertpapieren tätigen; *ugs. für* sich Drogen spritzen); du fixt; **Fi|xer** (*Börsenw.* Leerverkäufer; Börsenspekulant; *ugs. für* jmd., der sich Drogen spritzt); **Fi|xe|rin; Fi|xer|stu|be** (*ugs.* behördlich kontrollierter Raum zum Fixen)

fix|fer|tig (*schweiz. für* fix und fertig)

Fi|xier|bad *(Fotogr.);* **fi|xie|ren; Fi|xier|mit|tel,** das; **Fi|xie|rung**

Fi|xig|keit, die; - (*ugs. für* Gewandtheit)

Fix|kos|ten [*alte Trennung* ...|st...] *Plur.* (fixe Kosten); **Fix|lein|tuch** (*schweiz. für* Spannbetttuch)

Fix|preis; Fix|punkt (Festpunkt); **Fix|stern** (scheinbar unbeweglicher Stern; *vgl.* [2]Stern)

Fi|xum, das; -s, ...xa (festes Entgelt)

Fix|zeit (Festzeit, während der auch bei gleitender Arbeitszeit alle Arbeitnehmer anwesend sein müssen)

Fjäll ‹schwed.› *od.* **Fjell** ‹norw.›, *ältere Form* Fjeld ‹dän.›, der; -s, -s (baumlose Hochfläche in Skandinavien)

Fjord, der; -[e]s, -e ‹skand.› (schmale Meeresbucht)

FKK = Freikörperkultur; **FKKler** [ɛfka:'ka:lɐ]; ↑K 30 *(ugs.);* **FKKle|rin** [ɛfka:'ka:lərɪn]; **FKK-Strand** ↑K 28

fl., Fl. = Florin (Gulden)

Fla. = Florida

Flab, die; - (*schweiz. Kurzw. für* Fliegerabwehr); *vgl.* Flak

flach; auf dem flachen Land[e] (außerhalb der Stadt) wohnen; flach atmen; einen Hut flach drücken; flach gedrückt wie ein Pfannkuchen; sich flach auf den Boden legen, flach auf dem Boden liegen; *vgl.* flachlegen, flachliegen

Flach, das; -[e]s, -e (*Seemannsspr.* Untiefe)

...flach (z. B. Achtflach, das; -[e]s, -e); **Flach|bau** *Plur.* ...bauten

flach|brüs|tig [*alte Trennung* ...|st...]

Flach|dach; Flach|druck (*Plur.* ...drucke *Druckw.*)

Flä|che, die; -, -n

Flach|ei|sen (ein Werkzeug)

Flä|chen|aus|deh|nung; Flä|chen|blitz; Flä|chen|brand

flä|chen|de|ckend [*alte Trennung* ...k|k...]; **Flä|chen|er|trag; flä|chen|haft; Flä|chen|in|halt**

Flä|chen|nut|zung, *österr.* **Flä|chen|wid|mung**

flach|fal|len ↑K 47 *u.* 48 (*ugs. für* nicht stattfinden)

Flach|feu|er|ge|schütz

Flach|heit; flä|chig

Flach|kopf (*svw.* Dummkopf); **Flach|küs|te** [*alte Trennung* ...|st...]; **Flach|land** *Plur.* ...länder; **Flach|län|der,** der

flach|le|gen (*salopp* sich schlafen legen; jmdn. niederschlagen; mit jmdm. koitieren)

flach|lie|gen (*ugs.* krank sein); sie hat eine Woche flachgelegen

Flach|mann (*ugs. für* Taschenflasche)

...fläch|ner (z. B. Achtflächner)

Flachs, der; -es (Faserpflanze); **flachs|blond; Flachs|bre|che**

Flach|schuss [*alte Schreibung* ...schuß] *(bes. Fußball)*

Flachs|dar|re

Flach|se (*bayr., österr. für* Flechse)

flach|sen (*ugs. für* necken, spotten, scherzen); du flachst

fläch|sen, fläch|sern (aus Flachs)

Flach|se|rei

fläch|sern *vgl.* flächsen

Flachs|haar; Flachs|kopf

Flach|zan|ge

fla|cken [*alte Trennung* ...k|k...] (*landsch. für* flackern); **Fla|cker|feu|er; fla|cke|rig,** flack|rig; **fla|ckern**

Fla|den, der; -s, - (flacher Kuchen; breiige Masse; *kurz für* Kuhfladen); **Fla|den|brot**

Fla|der, die; -, -n (Maser, Holzader; bogenförmiger Jahresring in Schnittholz); **Fla|der|holz; fla|de|rig,** flad|rig (gemasert); **Fla|der|schnitt; Fla|de|rung,** die; - (Maserung)

Fläd|le, das; -s, - (*bes. schwäb. für* Streifen aus Eierteig als Suppeneinlage); **Fläd|le|sup|pe;**

Flädli, das; -s, - (*schweiz. für* Flädle); **Flädlilsuppe**
fladlrig *vgl.* fladerig
Fla|gel|lant, der; -en, -en *meist Plur.* ‹lat., »Geißler«› (Angehöriger religiöser Bruderschaften des Mittelalters, die sich zur Sündenvergebung selbst geißelten); **Fla|gel|lan|ten|tum**, das; -s
Fla|gel|lat, der; -en, -en *meist Plur.* (*Biol.* Geißeltierchen)
Fla|geo|lett [...ʒo...], das; -s, *Plur.* -e *u.* -s ‹franz.› (kleinster Typ der Schnabelflöte; flötenähnlicher Ton bei Streichinstrumenten u. Harfen; Flötenregister der Orgel); **Fla|geo|lett|ton**, *auch* **Fla|geo|lett-Ton** [*alte Schreibung* Fla|geo|letton, *alte Trennung* ...tt|t...]
Fla|ge, die; -, -n; **flag|gen**
Flag|gen|al|pha|bet; Flag|gen|gruß; Flag|gen|mast (*vgl.* [1]Mast)
Flagg|of|fi|zier; Flagg|schiff
fla|g|rant ‹lat.› (deutlich u. offenkundig); *vgl.* in flagranti
Flair [flɛ:ɐ̯], das; -s ‹franz.› (Fluidum, Atmosphäre, gewisses Etwas; *bes. schweiz. für* feiner Instinkt, Gespür)
Flak, die; -, *Plur.* -, *auch* -s (*Kurzw. für* Flugzeugabwehrkanone; Flugabwehrartillerie); die leichten und schweren Flak[s]; **Flak|bat|te|rie**
Fla|ke, die; -, -n (*nordd. für* [Holz]geflecht; Netz)
Flak|hel|fer
Fla|kon [...'kõ:], der *od.* das; -s, -s ‹franz.› ([Riech]fläschchen)
Flam|beau [flã'bo:], der; -s, -s ‹franz.› (mehrarmiger Leuchter mit hohem Fuß)
Flam|berg, der; -[e]s, -e (zweihändiges [meist flammenförmiges] Schwert der Landsknechte)
flam|bie|ren ([Speisen] mit Alkohol übergießen u. brennend auftragen)
Fla|me, der; -n, -n (Angehöriger der Bevölkerung im Westen u. Norden Belgiens u. in den angrenzenden Teilen Frankreichs u. der Niederlande)
Fla|men|co, der; -[s], -s ‹span.› (andalus. [Tanz]lied; Tanz)
Fla|min, Flä|min
Flä|ming, der; -s (Landrücken in der Mark Brandenburg)
Fla|min|go, der; -s, -s ‹span.› ([rosafarbener] langbeiniger, großer Wasservogel)
flä|misch; *vgl.* deutsch; **Flä|misch**, das; -[s] (Sprache); *vgl.* Deutsch; **Flä|mi|sche**, das; -n; *vgl.* Deutsche, das
Flam|län|der *vgl.* Flame
Flämm|chen; Flam|me, die; -, -n
Flamm|ei|sen (ein Tischlerwerkzeug)
flam|men
fläm|men (*Technik* absengen)
Flam|men|meer; Flam|men|tod; Flam|men|wer|fer
Flam|me|ri, der; -[s], -s ‹engl.› (eine kalte Süßspeise)
Flamm|garn
flam|mig
Flamm|koh|le (mit langer Flamme brennende Steinkohle)
Flämm|lein; Flamm|punkt (Temperatur, bei der die Dämpfe über einer Flüssigkeit entflammbar sind)
Flan|dern (Gebiet zwischen der Schelde u. der Nordsee); **flandrisch**; die flandrische Küste
Fla|nell, der; -s, -e ‹franz.› (gerautes Gewebe); **Fla|nell|an|zug**
fla|nel|len (aus Flanell)
Fla|nell|hemd; Fla|nell|ho|se
Fla|neur [...'nø:ɐ̯], der; -s, -e ‹franz.› (müßig Umherschlendernder); **fla|nie|ren**
Flan|ke, die; -, -n ‹franz.›; **flan|ken**
Flan|ken|an|griff; Flan|ken|ball; Flan|ken|wech|sel
Flan|kerl, das; -s, -n (*österr. ugs. für* Fussel)
flan|kie|ren ‹franz.› ([schützend] begleiten)
Flansch, der; -[e]s, -e (Verbindungsansatz an Rohren, Maschinenteilen usw.); **flan|schen** (mit einem Flansch versehen)
Flan|schen|dich|tung; Flansch|verbin|dung
Fla-Pan|zer (Flugabwehrpanzer)
Flap|pe, die; -, -n (*landsch. für* schiefer Mund); eine Flappe ziehen (schmollen)
Flaps, der; -es, -e (*ugs. für* Flegel); **flap|sig** *(ugs.)*
Fla-Ra|ke|te (Flugabwehrrakete)
Fläsch|chen; Fla|sche, die; -, -n (*ugs. auch für* Versager)
Fla|schen|bier; Fla|schen|bürs|te [*alte Trennung* ...|st...]; **Fla|schen|gar|ten** (Zierpflanzen in einer Flasche)
Fla|schen|gä|rung (bei Schaumwein)
fla|schen|grün
Fla|schen|hals (*ugs. auch für* Engpass); **Fla|schen|kind; Fla|schen|öff|ner**
Fla|schen|pfand; Fla|schen|post; Fla|schen|zug
Fläsch|lein
Flasch|ner (*südd. für* Klempner, Spengler)
Fla|ser, die; -, -n (Ader im Gestein); **fla|se|rig, flas|rig**
Flat|sche [*auch* 'fla:...], die; -, -n *u.* **Flat|schen**, der; -s, - (*landsch. für* großes Stück; breiige Masse)
Flat|ter, die; -; *nur in* die Flatter machen (*ugs. für* verschwinden)
Flat|ter|geist *Plur.* ...geister
flat|ter|haft; Flat|ter|haf|tig|keit
flat|te|rig, flatt|rig
Flat|ter|mann *Plur.* ...männer (*ugs. für* Nervosität; unruhiger Mensch; *auch für* Brathähnchen)
Flat|ter|mar|ke *(Druckw.)*
flat|tern; ich flattere
Flat|ter|satz *(Druckw.)*
flat|tie|ren ‹franz.› (*schweiz. für* schmeicheln, gut zureden)
flatt|rig *vgl.* flatterig
Fla|tu|lenz, die; - ‹lat.› (*Med.* Darmaufblähung); **Fla|tus**, der; -, - (*Med.* Blähung)
flau (*ugs. für* schlecht, übel)
Flau|bert [flo'bɛ:ɐ̯] (franz. Schriftsteller)
Flau|heit, die; -
[1]**Flaum**, der; -[e]s; *vgl.* Flom[en]
[2]**Flaum**, der; -[e]s (weiche Bauchfedern; erster Bartwuchs)
Flau|ma|cher (*svw.* Miesmacher)
Flau|mer, der; -s, - (*schweiz. für* Mopp)
Flaum|fe|der
flau|mig; flaum|weich *vgl.* pflaumenweich
Flaus, der; -es, -e (*veraltet für* Flausch); **Flausch**, der; -[e]s, -e (weiches Wollgewebe); **flauschig; Flausch|rock**
Flau|se, die; -, -n *meist Plur.* (*ugs. für* Ausflucht; törichter Einfall)
Flau|te, die; -, -n (Windstille; *übertr. für* Unbelebtheit [z. B. im Geschäftsleben])
Fla|via (w. Vorn.)
Fla|vi|er, der; -s, - (Angehöriger eines röm. Kaisergeschlechtes)
Fla|vio (m. Vorn.)
fla|visch
Fläz, der; -es, -e (*ugs. für* plumper, roher Mensch, Lümmel); **flä|zen**, sich (*ugs. für* nachlässig sitzen; sich hinlümmeln); du fläzt dich; **flä|zig** *(ugs.)*
Fleb|be, die; -, -n *meist Plur.* (*Gaunerspr.* Ausweispapier)

Flech|se, die; -, -n (Sehne); **flech|sig**
Flech|te, die; -, -n (Pflanze; Hautausschlag; *geh. für* Zopf)
flech|ten; du flichtst, er flicht; du flochtest; du flöchtest; geflochten; flicht!
Flech|ter; Flech|te|rin; Flecht|werk, das; -[e]s
Fleck, der; -[e]s, -e *u.* Fle|cken [*alte Trennung* ...k|k...], der; -s, -; der blinde Fleck (im Auge); **Fleck|chen**
Fle|cke [*alte Trennung* ...k|k...] *Plur.* (*landsch. für* Kutteln)
fle|cken [*alte Trennung* ...k|k...] (Flecke[n] machen, annehmen; *landsch. auch für* vorankommen, z. B. es fleckt)
Fle|cken [*alte Trennung* ...k|k...], der; -s, - (*svw.* Fleck; größeres Dorf)
Fle|cken|ent|fer|ner [*alte Trennung* ...k|k...]
fle|cken|los [*alte Trennung* ...k|k...]; **Fle|cken|lo|sig|keit,** die; -
Fleck|ent|fer|ner *svw.* Fleckenentferner; **Fle|cken|was|ser** [*alte Trennung* ...k|k...]
Fle|ckerl [*alte Trennung* ...k|k...], das; -s, -n (*österr. für* quadratisch geschnittenes Nudelteigstück als Suppeneinlage); **Fle|ckerl|spei|se** *(österr.)*; **Fle|ckerl|sup|pe** *(österr.)*
Fle|ckerl|tep|pich [*alte Trennung* ...k|k...] (*südd. u. österr.* Teppich aus Stoffstreifen)
Fleck|fie|ber, das; -s
fle|ckig [*alte Trennung* ...k|k...]; **Fle|ckig|keit,** die; -
Fleck|ty|phus; Fleck|vieh
Fled|de|rer; fled|dern (*Gaunerspr.* ausplündern); ich fleddere
Fle|der|maus; Fle|der|wisch
Fleece [fli:s], das; - ‹engl.› ([synthetischer] Flausch); **Fleece|ja|cke** [*alte Trennung* ...k|k...]
Fleet, das; -[e]s, -e (Kanal in Küstenstädten, bes. in Hamburg)
Fle|gel, der; -s, -; **Fle|ge|lei**
fle|gel|haft; Fle|gel|haf|tig|keit
fle|gel|lig
Fle|gel|jah|re *Plur.*
fle|geln, sich; ich fleg[e]le mich aufs Sofa
fle|hen; fle|hent|lich
Fleisch, das; -[e]s; ↑K 58: Fleisch fressende [*alte Schreibung* fleischfressende] Pflanzen, Tiere; der Fleisch gewordene [*alte Schreibung* fleischgewordene] (*veraltend für* personifizierte) Antichrist
Fleisch|be|schau, die; -; **Fleisch|be|schau|er; Fleisch|be|schau|e|rin**
Fleisch|brü|he; Fleisch|ein|la|ge; Fleisch|ein|waa|ge
Flei|scher; Flei|sche|rei
Flei|scher|ha|ken; Flei|scher|in|nung; Flei|scher|meis|ter [*alte Trennung* ...|st...]; **Flei|scher|mes|ser**
flei|schern (aus Fleisch)
Flei|sches|lust
Fleisch|ex|t|rakt
fleisch|far|ben, fleisch|far|big
Fleisch fres|send [*alte Schreibung* fleischfressend] *vgl.* Fleisch
Fleisch|ge|richt
Fleisch ge|wor|den [*alte Schreibung* fleischgeworden] *vgl.* Fleisch
Fleisch|ha|cker [*alte Trennung* ...k|k...] *(ostösterr. ugs.)*; **Fleisch|hau|er** (*österr. für* Fleischer); **Fleisch|hau|e|rei** (*österr. für* Fleischerei)
flei|schig; Flei|schig|keit, die; -
Fleisch|kä|se *(landsch.)*; **Fleisch|klop|fer; Fleisch|klöß|chen; Fleisch|kon|ser|ve; Fleisch|laib|chen,** das; -s, - *u.* **Fleisch|lai|berl,** das; -, -n (*österr. für* Frikadelle)
fleisch|lich; Fleisch|lich|keit, die; -
fleisch|los
Fleisch|ma|schi|ne (*österr. für* Fleischwolf); **Fleisch|sa|lat; Fleisch|to|ma|te; Fleisch|ver|gif|tung**
Fleisch|vo|gel (*schweiz. für* Roulade); **Fleisch|wa|ren** *Plur.*
Fleisch|wer|dung (Menschwerdung, Verkörperung)
Fleisch|wolf, der; **Fleisch|wun|de; Fleisch|wurst**
Fleiß, der; -es; **Fleiß|ar|beit**
flei|ßig, *aber* ↑K 151: das Fleißige Lieschen (eine Zierpflanze)
Flei|ver|kehr, der; -[e]s (Flug-Eisenbahn-Güterverkehr)
flek|tier|bar ‹lat.› (*Sprachw.* beugbar); **flek|tie|ren** ([ein Wort] beugen, d. h. deklinieren oder konjugieren); *vgl. auch* Flexion
Fle|ming (dt. Dichter)
flen|nen (*ugs. für* weinen); **Flen|ne|rei** *(ugs.)*
Flens|burg (Stadt in Schleswig-Holstein)
Fles|serl, das; -s, -n (*österr. landsch.* ein Salz-, Mohngebäck)
flet|schen (die Zähne zeigen); du fletschst
flet|schern ‹nach dem Amerikaner Fletcher› (sorgfältig u. lange kauen); ich fletschere
Flett, das; -[e]s, -e (Wohn- u. Herdraum im niedersächs. Bauernhaus)
Flett|ner (dt. Maschinenbauer); **Flett|ner|ru|der,** *auch* **Flett|ner-Ru|der** (Hilfsruder)
Fletz [*auch* flɛts], das *od.* der; -es, -e (*südd. für* Hausflur)
fleucht; *nur in* alles, was da kreucht und fleucht (kriecht und fliegt = alle Tiere)
Fleur [flø:ɐ̯] (w. Vorn.)
Fleu|ron [flø'rõ:], der; -s, -s ‹franz.› (Blumenornament)
Fleu|rons [flø'rõ:s] *Plur.* (ungesüßte Blätterteigstückchen)
Fleu|rop [*auch* 'flø:...], die; - (internationale Blumengeschenkvermittlung)
fle|xi|bel ‹lat.› (biegsam, elastisch; sehr anpassungsfähig; *Sprachw.* beugbar); ...i|b|le Wörter
fle|xi|bi|li|sie|ren (flexibel gestalten); **Fle|xi|bi|li|sie|rung; Fle|xi|bi|li|tät,** die; - (Biegsamkeit; Anpassungsfähigkeit)
Fle|xi|on, die; -, -en (*Med.* Beugung, Abknickung; *Sprachw.* Beugung, d. h. Deklination od. Konjugation); **Fle|xi|ons|en|dung**
fle|xi|ons|fä|hig; fle|xi|ons|los
fle|xi|visch (*Sprachw.* die Beugung betreffend)
Fle|xur, die; -, -en (*Geol.* Verbiegung)
Fli|bus|ti|er [*alte Trennung* ...|st...], der; -s, - ‹niederl.› (Seeräuber des 17. Jh.s)
Flic [flɪk], der; -s, -s ‹franz.› (*franz. ugs. für* Polizist)
Flick|ar|beit
fli|cken [*alte Trennung* ...k|k...]; **Fli|cken,** der; -s, -; **Fli|cken|de|cke** [*alte Trennungen* ...k|k...k-k...]; **Fli|cken|tep|pich**
Fli|cker [*alte Trennung* ...k|k...]; **Fli|cke|rei; Fli|cke|rin**
Flick|flack, der; -s, -s ‹franz.› (in schneller Folge geturnter Handstandüberschlag)
Flick|korb; Flick|schus|ter [*alte Trennung* ...|st...] (*veraltet, aber noch ugs. für* Stümper); **Flick|schus|te|rei**
Flick|werk, das; -[e]s
Flie|boot ‹niederl.› (kleines Fischerboot; *auch für* Beiboot)
Flie|der, der; -s, - (Zierstrauch; *landsch. für* Holunder)

F

Flie|der|bee|re; Flie|der|beer|sup|pe *(landsch.);* **Flie|der|blü|te; Flie|der|busch**
flie|der|far|ben *od.* **flie|der|far|big**
Flie|der|strauch; Flie|der|tee, der; -s (*landsch. für* Tee aus getrockneten Holunderblüten)
Flie|ge, die; -, -n

flie|gen

– er/sie fliegt; du flogst (flogest); du flögest; geflogen; flieg[e]!
Kleinschreibung
– fliegende Blätter, fliegende Hitze, fliegende Brücke (Fähre), fliegende Untertasse, in fliegender Eile
Großschreibung ↑K 150 *u.* 151
– Fliegende Fische [*alte Schreibung* fliegende Fische] *(Zool.)*
– Fliegende Blätter (frühere humoristische Zeitschrift)
– der Fliegende Holländer (Sagengestalt, Oper)

Flie|gen|dreck; Flie|gen|fän|ger; Flie|gen|fens|ter [*alte Trennung* ...|st...]
Flie|gen|ge|wicht (Körpergewichtsklasse in der Schwerathletik); **Flie|gen|ge|wicht|ler**
Flie|gen|klap|pe; Flie|gen|klat|sche
Flie|gen|kopf *(Druckerspr.);* **Flie|gen|pilz; Flie|gen|schnäp|per** (ein Singvogel)
Flie|ger (*auch ugs. für* Flugzeug); **Flie|ger|ab|wehr; Flie|ger|alarm**
Flie|ge|rei, die; -; **Flie|ger|horst**
flie|ge|risch
Flie|ger|ren|nen *(Radsport; Pferdesport);* **Flie|ger|spra|che**
Flieh|burg *(früher)*
flie|hen; er flieht; du flohst (flohest); du flöhest; geflohen; flieh[e]!; **flie|hend** (schräg nach hinten verlaufend); eine fliehende Stirn
Flieh|kraft (*für* Zentrifugalkraft); **Flieh|kraft|kupp|lung** *(Technik)*
Flie|se, die; -, -n (Wand- od. Bodenplatte); **flie|sen** (mit Fliesen versehen); du fliest; sie flies|te; gefliest
Flie|sen|le|ger; Flie|sen|le|ge|rin
Fließ, das; -es, -e (*veraltet für* Bach)
Fließ|ar|beit (Arbeit am laufenden Band); **Fließ|band,** das; *Plur.* ...bänder
Fließ|band|ar|beit; Fließ|band|ar|bei|ter; Fließ|band|ar|bei|te|rin
Fließ|ei (Vogelei ohne Kalkschale)
flie|ßen; du fließt, er fließt; ich floss [*alte Schreibung* floß], du flossest; du flössest; geflossen; fließ[e]!; ineinander fließen [*alte Schreibung* ineinanderfließen]; ineinander fließende [*alte Schreibung* ineinanderfließende] Farben
Fließ|heck (bei Autos; *vgl.* [1]Heck); **Fließ|laut** (*für* Liquida); **Fließ|pa|pier** (Löschpapier)
Flim|mer, der; -s, -
Flim|mer|epi|thel (*Biol.* mit Wimpern versehene Zellschicht)
Flim|mer|kis|te [*alte Trennung* ...|st...] (*ugs. für* Fernsehgerät)
flim|mern; ich flimmere
flink; Flink|heit, die; -
flink|zün|gig
Flin|serl, das; -s, -n (*österr. ugs. für* Flitter; kleines Gedicht)
Flint, der; -[e]s, -e (*nordd. für* Feuerstein)
Flin|te, die; -, -n (Jagdgewehr, bes. Schrotgewehr); **Flin|ten|ku|gel; Flin|ten|schuss** [*alte Schreibung* ...schuß]
Flin|ten|weib *(abwertend)*
Flint|glas *Plur.* ...gläser (sehr reines Glas)
Flinz, der; -es, -e (ein Gestein)
Flip, der; -s, -s ‹engl.› (ein alkohol. Mischgetränk mit Ei)
Flip|chart, *auch* **Flip-Chart** [*alte Schreibung* Flip-chart], das; -s, -s (auf einem Gestell befestigter großer Papierblock)
Flip|flop, das; -s, -s *u.* **Flip|flop|schal|tung** (elektron. Kippschaltung)
Flip|per, der; -s, - (Spielautomat); **flip|pern** (am Flipper spielen)
flip|pig (*ugs. für* kess, flott)
flir|ren (flimmern)
Flirt [flœrt, *auch* flırt], der; -[e]s, -s ‹engl.› (Liebelei); **flir|ten**
Flit|scherl, das; -s, -n (*österr. ugs. für* Flittchen); **Flitt|chen** (*ugs. abwertend für* leichtlebige junge Frau)
Flit|ter, der; -s, -; **Flit|ter|glanz; Flit|ter|gold; Flit|ter|kram**
flit|tern (glänzen); **Flit|ter|werk** das; -[e]s
Flit|ter|wo|chen *(Plur.);* **Flit|ter|wöch|ner; Flit|ter|wöch|ne|rin**
Flitz, der; -es, -e (*veraltet für* Pfeil); **Flitz|bo|gen** *(ugs.);* **flit|zen** (*ugs. für* sausen, eilen); du flitzt; du flitztest
Flit|zer (*ugs. für* kleines, schnelles Fahrzeug)
Float [flout], der; -s, -s ‹engl.› (Summe der von Konten abgebuchten, aber noch nicht gutgeschriebenen Zahlungen)
floa|ten ['flou...] ‹engl.› (*Wirtsch.* den Wechselkurs freigeben); **Floa|ting,** das; -s
Flo|bert|ge|wehr, *auch* **Flo-bert-Ge|wehr** [*auch* ...'be:ɐ̯...] ‹nach dem franz. Waffenschmied›
F-Loch ['ɛf...], das; -[e]s, F-Löcher; ↑K 29 (an Streichinstrumenten)
Flo|cke [*alte Trennung* ...k|k...], die; -, -n; **flo|cken; flo|cken|för|mig; flo|cken|wei|se; flo|ckig**
Flock|sei|de, die; - (äußere Schicht des Seidenkokons)
Flo|ckung [*alte Trennung* ...k|k...] *(Chemie);* **Flo|ckungs|mit|tel,** das
Flö|del, der; -s, - (schmaler Doppelstreifen am Rand von Decke u. Boden bei Streichinstrumenten)
Floh, der; -[e]s, Flöhe; **Floh|biss** [*alte Schreibung* ...biß]
flö|hen
Floh|markt (Trödelmarkt); **Floh|zir|kus,** *auch* **...cir|cus**
Flo|ka|ti, der; -s, -s ‹neugriech.› (Teppich aus langen Wollfäden)
Flom, der; -[e]s *u.* **Flo|men,** der; -s (Bauch- u. Nierenfett des Schweines usw.); *vgl.* [1]Flaum
Flop, der; -s, -s ‹engl.› (Misserfolg; *auch kurz für* Fosburyflop); **flop|pen** (*ugs. für* ein Flop sein)
Flop|py|disk [...pi...], die; -, -s, *auch* **Flop|py Disk** [*alte Schreibung* Floppy disk], die; - -, - -s (*EDV* als Datenspeicher dienende [flexible] Magnetplatte)
[1]**Flor,** der; -s, -e *Plur. selten* ‹lat.› (*geh. für* Blüte, Blumenfülle; Gedeihen)
[2]**Flor,** der; -s, -e, *selten* Flöre ‹niederl.› (dünnes Gewebe; samtartige Oberfläche eines Gewebes)
[1]**Flo|ra** (altröm. Göttin; w. Vorn.)
[2]**Flo|ra,** die; -, Floren ‹lat.› (Pflanzenwelt [eines Gebietes])
Flor|band, das; *Plur.* ...bänder
Flo|re|al, der; -[s], -s ‹franz., »Blütenmonat«› (8. Monat des Kalenders der Franz. Revolution: 20. April bis 19. Mai)
Flo|ren|tin (m. Vorn.); **Flo|ren|ti|ne** (w. Vorn.)
Flo|ren|ti|ner; Florentiner Hut; **flo|ren|ti|nisch; Flo|renz** (ital. Stadt)

Flo|res|zenz, die; -, -en *Plur. selten* ‹lat.› (*Bot.* Blütenstand; Blütezeit)
Flo|rett, das; -[e]s, -e ‹franz.›; **Flo|rett|fech|ten,** das; -s; **Flo|rett|sei|de,** die; - (Abfallseide)
Flo|ri|an (m. Vorn.)
Flo|ri|da (Halbinsel u. Staat in den USA; *Abk.* Fla.)
flo|rie|ren ‹lat.› (blühen, vorankommen; gedeihen)
Flo|ri|le|gi|um, das; -s, ...ien (*veraltet für* Anthologie; Sammlung von schmückenden Redewendungen)
Flo|rin, der; -s, *Plur.* -e *u.* -s (Gulden in den Niederlanden; ehem. engl. Silbermünze; *Abk.* fl. *u.* Fl.)
Flo|rist, der; -en, -en (Erforscher einer Flora; Blumenbinder); **Flo|ris|tin** [*alte Trennung* ...|st...]; **flo|ris|tisch**
Flos|kel, die; -, -n ([inhaltsarme] Redensart); **flos|kel|haft**
Floß, das; -es, Flöße (Wasserfahrzeug); **flöß|bar**
Flos|se, die; -, -n
flö|ßen; du flößt
Flos|sen|fü|ßer *(Zool.)*
Flö|ßer
...flos|ser (z. B. Bauchflosser)
Flö|ße|rei, die; -; **Floß|fahrt; Floß|gas|se** *(Wasserbau);* **Floß|holz**
Flo|ta|ti|on, die; -, -en ‹engl.› (*Technik* Verfahren zur Aufbereitung von Erzen); **flo|ta|tiv**
Flö|te, die; -, -n; ↑K 54: Flöte spielen, *aber* ↑K 82: beim Flötespielen
[1]**flö|ten** (Flöte spielen)
[2]**flö|ten;** *nur in* flöten gehen [*alte Schreibung* flötengehen] (*ugs. für* verloren gehen)
Flö|ten|blä|ser; Flö|ten|spiel, das; -[e]s; **Flö|ten|ton** *Plur.* ...töne
flo|tie|ren ‹engl.› (*Technik* Erze durch Flotation aufbereiten)
Flö|tist, der; -en, -en (Flötenbläser); **Flö|tis|tin** [*alte Trennung* ...|st...]
Flo|tow [...to] (dt. Komponist)
flott (rasch, flink; *Seemannsspr.* frei schwimmend, fahrbereit) ein flott gehendes [*alte Schreibung* flottgehendes] Geschäft, ein flott geschriebenes [*alte Schreibung* flottgeschriebenes] Buch; flott machen (*ugs. für* sich beeilen; *vgl. aber* flottmachen ↑K 56 *u.* 62)
Flott, das; -[e]s (*nordd. für* Milchrahm)
flott|be|kom|men (fahrbereit machen)
Flot|te, die; -, -n; **Flot|ten|ab|kom|men; Flot|ten|ba|sis; Flot|ten|stütz|punkt**
flot|tie|ren (schwimmen; schweben); flottierende (schwebende, kurzfristige) Schuld
Flot|til|le [*auch* ...'tiljə], die; -, -n ‹span.› (Verband kleiner Kriegsschiffe)
flott|ma|chen (*Seemannsspr.* zum Schwimmen bringen; *ugs. für* fahrbereit machen); *vgl.* flott
flott|weg (*ugs. für* in einem weg; zügig)
Flotz|maul (der stets feuchte Nasenteil beim Rind)
Flöz, das, *auch* der; -es, -e (abbaubare [Kohle]schicht)
Flu|at, das; -[e]s, -e (*Kurzw. für* Fluorosilikat)
Fluch, der; -[e]s, Flüche; **fluch|be|la|den**
flu|chen; Flu|cher; Flu|che|rin
[1]**Flucht,** die; -, -en ‹*zu* fliegen› (Fluchtlinie, Richtung, Gerade)
[2]**Flucht,** die; -, -en ‹*zu* fliehen›; **flucht|ar|tig; Flucht|burg** (*svw.* Fliehburg)
fluch|ten (*Bauw.* in eine gerade Linie bringen)
flüch|ten; sich flüchten
Flucht|fahr|zeug; Flucht|ge|fahr
Flucht|ge|schwin|dig|keit (*Physik* Geschwindigkeit, die nötig ist, um das Gravitationsfeld eines Planeten zu überwinden)
Flucht|hel|fer
flüch|tig; Flüch|tig|keit; Flüch|tig|keits|feh|ler
Flücht|ling; Flücht|lings|la|ger
Flucht|li|nie; Flucht|punkt
Flucht|ver|dacht; flucht|ver|däch|tig
Flucht|ver|such; Flucht|wa|gen; Flucht|weg
fluch|wür|dig *(geh.)*
Flüe ['fly:(ə)], Nik[o]laus von (schweiz. Heiliger)
Flug, der; -[e]s, Flüge; die Zeit vergeht im Flug[e]
Flug|ab|wehr; Flug|asche; Flug|bahn; Flug|ball *(bes. Tennis)*
Flug|be|glei|ter (Steward); **Flug|be|glei|te|rin** (Stewardess)
flug|be|reit
Flug|blatt; Flug|boot; Flug|ech|se *vgl.* Flugsaurier
Flü|gel, der; -s, -
Flü|gel|al|tar; Flü|gel|horn
...flü|ge|lig, ...flüg|lig (z. B. einflüg[e]lig)
flü|gel|lahm
Flü|gel|mann *Plur.* ...männer *u.* ...leute
flü|geln (*Jägerspr.* in den Flügel schießen); ich flüg[e]le; geflügelt *(vgl. d.)*
Flü|gel|schlag; flü|gel|schla|gend
Flü|gel|schrau|be; Flü|gel|stür|mer *(Sport);* **Flü|gel|tür**
Flug|funk; Flug|gast *Plur.* ...gäste
flüg|ge
Flug|ge|sell|schaft; Flug|ha|fen (*vgl.* [2]Hafen); **Flug|hö|he**
Flug|hund (Fledermausart)
Flug|ka|pi|tän; Flug|ki|lo|me|ter
Flug|kör|per
Flug|lärm; Flug|leh|rer
...flüg|lig *vgl.* ...flügelig
Flug|li|nie; Flug|loch; Flug|lot|se;
Flug|plan (*vgl.* [2]Plan)
Flug|platz; Flug|rei|se
flugs (*veraltend für* schnell, sogleich) ↑K 70
Flug|sand; Flug|sau|ri|er (*für* Pterosaurier); **Flug|schein; Flug|schrei|ber** (Gerät)
Flug|schrift; Flug|schü|ler; Flug|si|che|rung; Flug|steig
Flug|stun|de; Flug|taug|lich|keit; Flug|tech|nik; Flug|ver|kehr; Flug|we|sen, das; -s
Flug|zet|tel (*österr. für* Flugblatt)
Flug|zeug, das; -[e]s, -e
Flug|zeug|ab|sturz; Flug|zeug|ab|wehr|ka|no|ne (*Kurzw.* Flak)
Flug|zeug|bau, der; -[e]s
Flug|zeug|ent|füh|rer; Flug|zeug|ent|füh|rung
Flug|zeug|füh|rer; Flug|zeug|mut|ter|schiff; Flug|zeug|trä|ger
Fluh, die; -, Flühe (*schweiz. für* Fels[wand])
flu|id ‹lat.› (*Chemie* flüssig); **Flu|id** [*auch* ...'i:t], das; -s, *Plur.* -s, -e [...'i:də] ‹engl.› (*fachspr. für* flüssiges Mittel, Flüssigkeit)
Flu|i|dum, das; -s, ...da ‹lat.› (von einer Person od. Sache ausströmende Wirkung)
Flu|ke, die; -, -n (quer stehende Schwanzflosse der Wale)
Fluk|tu|a|ti|on, die; -, -en ‹lat.› (Schwanken, Wechsel); **fluk|tu|ie|ren**
Flun|der, die; -, -n (ein Fisch)
Flun|ke|rei; Flun|ke|rer; Flun|ke|rin; flun|kern (*ugs. für* schwindeln, aufschneiden); ich flunkere
Flunsch, die; -, -en *u.* der; -[e]s, -e (*ugs. für* [verdrießlich od. zum Weinen] verzogener Mund)
Flu|or, das; -s ‹lat.› (chem. Element; Nichtmetall; *Zeichen* F)

F

Flu|o|res|zenz, die; - (Aufleuchten unter Strahleneinwirkung); **flu|o|res|zie|ren;** fluoreszierender Stoff (Leuchtstoff)
Flu|o|rid, das; -[e]s, -e (*Chemie* Salz des Fluorwasserstoffs); **flu|o|ri|die|ren** *vgl.* fluorieren; **flu|o|rie|ren** (mit Fluor anreichern); Trinkwasser fluorieren
Flu|o|rit, das; -[e]s, -e (*Chemie* Flussspat)
Flu|o|ro|phor, der; -s, -e (Fluoreszenzträger)
Flu|o|ro|si|li|kat (Mittel zur Härtung von Baustoffen); *vgl.* Fluat
[1]**Flur,** die; -, -en (nutzbare Landfläche; Feldflur)
[2]**Flur,** der; -[e]s, -e (Gang [mit Türen], Hausflur)
Flur|be|rei|ni|gung; Flur|buch (*für* Kataster)
Flur|för|de|rer (Fahrzeug)
Flur|hü|ter; Flur|na|me; Flur|scha|den; Flur|schütz, der; **Flur|um|gang** (*früher* Flurkontrollgang [mit Segnungen])
Flu|se, die; -, -n (*landsch. für* Fadenrest, Fussel)
Fluss [*alte Schreibung* Fluß], der; Flusses, Flüsse
fluss|ab [*alte Schreibung* fluß|ab], **fluss|ab|wärts**
Fluss|arm [*alte Schreibung* Fluß-arm]
fluss|auf [*alte Schreibung* fluß-auf], **fluss|auf|wärts**
Fluss|bett [*alte Schreibung* Fluß-bett]
Flüss|chen [*alte Schreibung* Flüß-chen]
Fluss|di|a|gramm [*alte Schreibung* Fluß|dia|gramm] (grafische Darstellung von Arbeitsabläufen)
Fluss|fisch [*alte Schreibung* Fluß...]; **Fluss|gott**
flüs|sig; flüssige (verfügbare) Gelder; flüssige Kristalle; *Schreibung in Verbindung mit Verben* ↑K52: Wachs flüssig machen; 1 000 Mark flüssig machen [*alte Schreibung* flüssigmachen]
Flüs|sig|ei, das; -[e]s; **Flüs|sig|gas**
Flüs|sig|keit; Flüs|sig|keits|brem|se (hydraulische Bremse); **Flüs|sig|keits|maß,** das; **Flüs|sig|keits|men|ge**
Flüs|sig|kris|tall|an|zei|ge [*alte Trennung* ...|st...] ([Ziffern]anzeige mithilfe flüssiger Kristalle)
flüs|sig ma|chen [*alte Schreibung* flüssigmachen] *vgl.* flüssig
Fluss|land|schaft [*alte Schreibung* Fluß...]; **Fluss|lauf**
Flüss|lein [*alte Schreibung* Flüß-lein]
Fluss|mün|dung [*alte Schreibung* Fluß...]; **Fluss|pferd; Fluss|re|gu|lie|rung**
Fluss|sand, *auch* **Fluss-Sand** [*alte Schreibung* Fluß|sand]
Fluss|schiff|fahrt, *auch* **Fluss-Schiff|fahrt** [*alte Schreibung* Fluß|schiffahrt, *alte Trennung* ...ff|f...]
Fluss|spat, *auch* **Fluss-Spat** [*alte Schreibung* Fluß|spat] (ein Mineral; *vgl.* [1]Spat)
Fluss|stahl, *auch* **Fluss-Stahl** [*alte Schreibung* Fluß|stahl] (*vgl.* [1]Stahl)
Fluss|u|fer [*alte Schreibung* Fluß-ufer]
Flüs|te|rer [*alte Trennung* ...|st...]; **Flüs|te|rin; flüs|tern;** ich flüstere
Flüs|ter|pro|pa|gan|da [*alte Trennung* ...|st...]; **Flüs|ter|stim|me; Flüs|ter|ton,** der; -[e]s; im Flüsterton sprechen; **Flüs|ter|tü|te** (*scherzh. für* Sprachrohr); **Flüs|ter|witz** (gegen ein totalitäres Regime gerichteter Witz)
Flut, die; -, -en; **flu|ten**
Flut|hö|he; Flut|ka|ta|s|t|ro|phe; Flut|licht, das; -[e]s
flut|schen (*ugs. für* gut vorankommen, -gehen); es flutscht
Flut|war|nung; Flut|wel|le; Flut|zeit
flu|vi|al ‹lat.› (*Geol.* von fließendem Wasser verursacht)
Fly|er [ˈflai̯ɐ], der; -s, - ‹engl.› (Vorspinn-, Flügelspinnmaschine; Arbeiter an einer solchen Maschine; Handzettel, Werbezettel); **Fly|e|rin**
Fly|ing Dutch|man [ˈflai̯ɪŋ ˈdatʃmən], der; - -, - ...men ‹engl.› (ein Zweimann-Sportsegelboot)
Fly-o|ver, der; -s, -s (Straßenüberführung)
Flysch [flɪʃ, *schweiz.* fliːʃ, *österr.* flyːʃ], das, *österr.* der; -[e]s (ein Gestein)
Fm = Fermium
Fm, fm = Festmeter
FMH = Foederatio Medicorum Helveticorum (Vereinigung schweiz. [Fach]ärzte)
Fmk = Finnmark; *vgl.* Markka
f-Moll [ˈɛfmɔl, *auch* ˈɛf ˈmɔl], das; - (Tonart; *Zeichen* f); **f-Moll-Ton|lei|ter** ↑K26
fob = free on board ‹engl., »frei an Bord«›; fob Hamburg, fob deutschen Ausfuhrhafen; **Fob|klau|sel**
Fock, die; -, -en (Vorsegel; unterstes Rahsegel des Vormastes); **Fock|mast,** der; **Fock|ra|he; Fock|se|gel**
fö|de|ral (föderativ); **Fö|de|ra|lis|mus,** der; - ‹lat.-franz.› ([Streben nach] Selbstständigkeit der einzelnen Länder innerhalb eines Staatsganzen)
Fö|de|ra|list, der; -en, -en; **Fö|de|ra|lis|tin** [*alte Trennung* ...|st...]; **fö|de|ra|lis|tisch**
Fö|de|ra|ti|on, die; -, -en (loser [Staaten]bund)
fö|de|ra|tiv (bundesmäßig); **Fö|de|ra|tiv|staat** *Plur.* ...staaten
fö|de|riert (verbündet)
Fo|gosch, der; -[e]s, -e ‹ung.› (*österr. für* Zander)
foh|len (ein Fohlen zur Welt bringen); **Foh|len,** das; -s, -
Föhn, der; -[e]s, -e (warmer, trockener Fallwind; *auch für* Haartrockner [als ®: Fön])
föh|nen (föhnig werden; *auch für* mit dem Föhn [*alte Schreibung* Fön] trocknen); es föhnt; sie föhnt [*alte Schreibung* fönt] ihr Haar
föh|nig; föhniges Wetter
Föhn|krank|heit; Föhn|wind
Föhr (eine der Nordfries. Inseln)
Föh|re, die; -, -n (*landsch. für* Kiefer); **föh|ren** (aus Föhrenholz); **Föh|ren|wald**
fo|kal ‹lat.› (den Fokus betreffend, Brenn...); **Fo|kal|in|fek|ti|on** (*Med.* von einem Streuherd ausgehende Infektion)
Fo|kus, der; -, -se (*Physik* Brennpunkt; *Med.* Krankheitsherd); **fo|kus|sie|ren** (scharf stellen; bündeln); ein Objektiv, seine Interessen auf ein Ziel fokussieren
fol., Fol. = Folio; Folioblatt
Fol|der [ˈfou̯ldɐ], der; -s, - ‹engl.› (Faltprospekt, -broschüre)
Fol|ge, die; -, -n; Folge leisten; zur Folge haben; für die Folge, in der Folge; demzufolge (*vgl. d.*); infolge; zufolge; infolgedessen
Fol|ge|er|schei|nung; Fol|ge|kos|ten [*alte Trennung* ...|st...] *Plur.*; **Fol|ge|las|ten** [*alte Trennung* ...|st...] *Plur.*
fol|gen; er ist mir gefolgt (nach-

fo̜l|gend

– folgende [Seite] (*Abk.* f.); folgende [Seiten] (*Abk.* ff.)
– folgendes politische Bekenntnis; folgende lange (*seltener* langen) Ausführungen; wegen folgender wichtiger (*auch* wichtigen) Ereignisse

Großschreibung ↑K 72
– wir möchten Ihnen Folgendes [*alte Schreibung* folgendes] (dieses) mitteilen
– das Folgende [*alte Schreibung* das folgende] (dieses); aus, in, nach, von Folgendem [*alte Schreibung* aus, in, nach, von folgendem] (diesem)
– das Folgende (das später Erwähnte, Geschehende; die nachfolgenden Ausführungen); aus, in, nach, von dem Folgenden; im, vom Folgenden (dem später Erwähnten, Geschehenden; den folgenden Ausführungen)
– mit Folgendem [*alte Schreibung* mit folgendem] (hiermit) teilen wir Ihnen das Ergebnis mit
– alle Folgenden [*alte Schreibung* alle folgenden] (anderen) werden nicht mehr abgefertigt
– jeder Folgende [*alte Schreibung* folgende] (Weitere) erhält diese Summe

gekommen); er hat mir gefolgt (Gehorsam geleistet)

fo̜l|gend *s. Kasten*

fo̜l|gen|der|ge|stalt; fo̜l|gen|der|ma̲|ßen

fo̜l|gen|reich; fo̜l|gen|schwer; Fo̜l|gen|schwe|re, die; -

fo̜l|ge|recht *(veraltend);* **fo̜l|ge|rich|tig; Fo̜l|ge|rich|tig|keit**

fo̜l|gern; ich folgere; **fo̜l|gernd**

Fo̜l|ge|rung

Fo̜l|ge|satz (*für* Konsekutivsatz)

Fo̜l|ge|scha|den

fo̜l|ge|wid|rig; Fo̜l|ge|wid|rig|keit

Fo̜l|ge|zeit

fo̜lg|lich

fo̜lg|sam; Fo̜lg|sam|keit, die; -

Fo̲|lia (*Plur. von* Folium)

Fo|li|ant, der; -en, -en ‹lat.› (Buch in Folio)

Fo̲|lie, die; -, -n (dünnes [Metall]blatt; Hintergrund)

Fo̲|li|en|schweiß|ge|rät; fo̲|li|en|ver|packt; folienverpackte Ware

Fo|lies-Ber|gère [...libɛrˈʒɛːɐ̯] *Plur.* ‹franz.› (Varietee u. Tanzkabarett in Paris)

fo|li|ie̲|ren ‹lat.› (beziffern; mit einer Folie unterlegen)

Fo̲|lio, das; -s, *Plur.* Folien *u.* -s (*Buchw.* Halbbogengröße [*nur Sing.;* Buchformat; *Abk.* fol., Fol. *od.* 2°]; Blatt im Geschäftsbuch); in Folio

Fo̲|li|o|band, der; **Fo̲|li|o|blatt** (*Abk.* Fol.); **Fo̲|li|o|for|mat**

Fo̲|li|um, das; -s, *Plur.* Folia *u.* Folien (*Bot.* Pflanzenblatt)

Folk [foːk], der; -s ‹engl.› (an englischsprachige Volksmusik anknüpfende, [vom [2]Rock beeinflusste] populäre Musik)

Fo̜l|ke, Fo̜l|ko (m. Vorn.)

Fo̜l|ke|ting, das; -s (Bez. für das dän. Parlament)

Fol|k|lo̲|re, die; - ‹engl.› (volkstüml. Überlieferung; Volksmusik [in der Kunstmusik])

Fol|k|lo|ri̱st, der; -en, -en; **Fol|k|lo|ri̱s|tik** [*alte Trennung* ...|st...], die; - (Wissenschaft von der Folklore); **Fol|k|lo|ri̱s|tin; fol|k|lo|ri̱s|tisch**

Fo̜l|ko *vgl.* Folke

Folksong [ˈfoːk...] ‹engl.› (volksliedhafter [Protest]song)

Fo̜lk|wang (*nord. Mythol.* Palast der Freyja)

Fol|li̲|kel, der; -s, - ‹lat.› (*Biol., Med.* Drüsenbläschen; Hülle der reifenden Eizelle im Eierstock)

Fol|li̲|kel|hor|mon; Fol|li̲|kel|sprung

fol|li|ku|la̲r, fol|li|ku|lä̲r (auf den Follikel bezüglich)

Fo̜l|ter, die; -, -n; **Fo̜l|ter|bank** *Plur.* ...bänke; **Fo̜l|te|rer**

Fo̜l|ter|in|s|t|ru|ment; Fo̜l|ter|kam|mer

fo̜l|tern; ich foltere; **Fo̜l|te|rung**

Fo̜l|ter|werk|zeug

[1]Fon *vgl.* Phon

[2]Fon (*kurz für* Telefon *[auf Visitenkarten, in Briefköpfen usw.]*)

Fö̲n® *vgl.* Föhn

fon... *vgl.* phon...

Fon... *vgl.* Phon...

Fond [fõː], der; -s, -s ‹franz.› (Hintergrund; Rücksitz im Wagen; ausgebratener od. -gekochter Fleischsaft)

Fon|dant [fõˈdãː], der, *auch, österr. nur* das; -s, -s ‹franz.› ([Konfekt aus] Zuckermasse)

Fonds [fõː], der; -, - ‹franz.› (Geldmittel, -vorrat, Bestand; *Plur. auch für* Anleihen)

Fon|due [fõˈdyː], das; -s, -s *od.* die; -, -s ‹franz.› (schweiz. Käsegericht; bei Tisch gegartes Fleischgericht); **Fon|due|ga|bel**

Fo|ne̲m *vgl.* Phonem

Fo|ne|ma̲|tik *vgl.* Phonematik; **fo|ne|ma̲|tisch** *vgl.* phonematisch

fo|ne̲|misch *vgl.* phonemisch

fö̲|nen *alte Schreibung für* [die Haare] föhnen

Fo|ne̲|tik *vgl.* Phonetik

Fo|ni|a̲|ter *vgl.* Phoniater

Fo̲|no... *vgl.* Phono...

fo|no... *vgl.* phono...

Fo̲|no|dik|tat *vgl.* Phonodiktat

Fo|no|gra̲f *vgl.* Phonograph

Fo|no|gra̲mm *vgl.* Phonogramm

Fo|no|li̲th [*auch* ...ˈlit] *vgl.* Phonolith

Fo|no|lo|gi̲e *vgl.* Phonologie

Fo|no|me̲|ter *vgl.* Phonometer

Fo̲|no|tech|nik *vgl.* Phonotechnik

Fo|no|ty|pi̱s|tin *vgl.* Phonotypistin

fo̲n|stark *vgl.* phonstark

Fon|taine|bleau [fõtɛnˈbloː] (Stadt u. Schloss in Frankreich)

Fon|ta̲|ne (dt. Dichter)

Fon|tä̲|ne, die; -, -n ‹franz.› ([Spring]brunnen)

Fon|ta|ne̲l|le, die; -, -n (*Med.* Knochenlücke am Schädel Neugeborener)

Fon|tan|ge [fõˈtãːʒə], die; -, -n ‹nach einer franz. Herzogin› (Frauenhaartracht des 17. Jh.s)

Fo̲n|zahl *vgl.* Phonzahl

Foot [fʊt], der; -, Feet [fiːt] ‹engl.› (engl. Längenmaß; *Abk.* ft; *Zeichen* ′)

Foot|ball [...bɔːl], der; -s (amerik. Mannschaftsspiel)

fo̜p|pen; Fo̜p|per; Fop|pe|re̲i

Fo|ra|mi|ni|fe̲|re, die; -, -n *meist Plur.* ‹lat.› (*Biol.* zu den Wurzelfüßern gehörendes Urtierchen)

Force de Frappe [ˈfɔrs də ˈfrap; *alte Schreibung* Force de frappe], die; - - - ‹franz.› (Gesamtheit der französischen Atomstreitkräfte)

for|cie̲|ren (erzwingen; verstärken); **for|cie̲rt**

Fo̜rd®, der; -s, -s ‹nach dem Automobilfabrikanten Henry Ford› (amerikanische Kraftfahrzeugmarke)

Fö̜r|de, die; -, -n (*nordd. für* schmale, lange Meeresbucht)

För|der|band, das; *Plur.* ...bänder; **För|der|be|trieb,** der; -[e]s

För|de|rer; För|de|rer|kreis *vgl.* För|derkreis

För|de|rin

För|der|koh|le; För|der|korb; För|der|kreis (eines Museums u. Ä.)

För|der|kurs; För|der|land

för|der|lich

for|dern; ich fordere

för|dern; ich fördere

För|der|preis (zur Förderung junger Künstler u. Ä.); **För|der|schacht; För|der|seil; För|der|stu|fe** *(Schulw.);* **För|der|turm**

For|de|rung

För|de|rung; För|de|rungs|maß|nah|me

För|der|werk *(Technik)*

Fö|re, die; - ‹skand.› (*Skisport* Geführigkeit)

Fore|che|cking [ˈfo:ɐ̯...; *alte Trennung* ...k|k...], das; -s, -s ‹engl.› (*Eishockey* das Stören und Angreifen des Gegners in dessen Verteidigungsdrittel)

Fo|reign Of|fice [...rɪn ...fɪs], das; - - (Brit. Außenministerium)

Fo|rel|le, die; -, -n (ein Fisch); **Fo|rel|len|teich; Fo|rel|len|zucht**

fo|ren|sisch ‹lat.› (gerichtlich)

Fo|rint [*österr.* fɔˈrɪnt], der; -[s], -s ‹ung.› (ung. Währungseinheit; *Währungscode* HUF); 10 Forint

For|ke, die; -, -n (*nordd. für* Heu-, Mistgabel); **for|keln** (*Jägerspr.* mit dem Geweih kämpfen)

For|le, die; -, -n (*südd. für* Kiefer)

Forl|eu|le (Schmetterling)

Form, die; -, -en; in Form sein; in Form von; *vgl.* pro forma; **for|mal** (auf die Form bezüglich; nur der Form nach)

Form|al|de|hyd [*auch* ...ˈhy:t], der; -s (ein Gas als Desinfektionsmittel)

For|ma|lie, die; -, -n *meist Plur.* (formale Einzelheit)

For|ma|lin®, das; -s (ein Konservierungs-, Desinfektionsmittel)

for|ma|li|sie|ren ‹franz.› (in [strenge] Form bringen; formal darstellen)

For|ma|lis|mus, der; -, ...men ‹lat.› (Überbetonung der Form, des rein Formalen)

For|ma|list, der; -en, -en; **For|ma|lis|tin** [*alte Trennung* ...|st...]; **for|ma|lis|tisch**

For|ma|li|tät, die; -, -en (Äußerlichkeit, Formsache; Vorschrift); **for|ma|li|ter** (förmlich)

for|mal|ju|ris|tisch [*alte Trennung* ...|st...]; **for|mal|recht|lich**

Form|an|stieg *(Sportspr.)*

For|mat, das; -[e]s, -e ‹lat.›

for|ma|tie|ren (*EDV* Daten anordnen; [eine Diskette] zur Datenaufnahme vorbereiten)

For|ma|ti|on, die; -, -en (Anordnung; Gruppe, Verband; *Geol.* Zeitabschnitt, Folge von Gesteinsschichten); **For|ma|ti|ons|flug; For|ma|ti|ons|tanz**

for|ma|tiv (auf die Gestaltung bezüglich, gestaltend)

form|bar; Form|bar|keit, die; -

form|be|stän|dig; Form|be|stän|dig|keit

Form|blatt; Form|ei|sen

For|mel, die; -, -n; **For|mel-1-Wa|gen** [...ˈlains...] ↑K 26 (ein Rennwagen)

for|mel|haft; For|mel|haf|tig|keit, die; -

For|mel|kram, der; -[e]s *(ugs.)*

for|mell ‹franz.› (förmlich, die Formen beachtend; äußerlich)

For|mel|spra|che

for|men; For|men|leh|re, die; - (Teil der Sprachlehre u. der Musiklehre)

for|men|reich; For|men|reich|tum, der; -s

For|men|sinn, der; -[e]s

For|mer; For|me|rei

Form|feh|ler; Form|fra|ge; Form|ge|bung; Form|ge|fühl

Form|ge|stal|ter (*für* Designer); **Form|ge|stal|tung**

form|ge|wandt; Form|ge|wandt|heit, die; -

for|mi|da|bel ‹franz.› (*veraltend für* furchtbar; *auch für* großartig); ...a|b|le Erscheinung

for|mie|ren ‹franz.›; sich formieren; **For|mie|rung**

...för|mig (z. B. nadelförmig)

Form|kri|se *(Sportspr.)*

förm|lich; Förm|lich|keit

form|los; Form|lo|sig|keit; die; -

Form|obst (Spalierobst); **Form|sa|che; Form|sand** *(Gießerei)*

form|schön; Form|schön|heit; die; -

Form|schwan|kung *(Sportspr.);* **Form|stren|ge,** die; -; **Form|tief** *(Sportspr.)*

form|treu

For|mu|lar, das; -s, -e ‹lat.›; **For|mu|lar|block** *vgl.* Block

for|mu|lie|ren (in eine angemessene sprachliche Form bringen); **For|mu|lie|rung**

For|mung

form|voll|en|det

For|nix, der; -, ...nices ‹lat.› (*Med.* Gewölbe eines Organs)

forsch ‹lat.› (schneidig, kühn, selbstbewusst); **For|sche,** die; - (*ugs. für* Nachdruck)

for|schen; du forschst; **For|scher; For|scher|geist,** der; -[e]s

For|sche|rin; for|sche|risch

For|schung; For|schungs|auf|trag; For|schungs|be|richt; For|schungs|er|geb|nis; For|schungs|in|s|ti|tut

For|schungs|me|tho|de; For|schungs|pro|jekt; For|schungs|ra|ke|te; For|schungs|rei|se; For|schungs|rei|sen|de

For|schungs|rich|tung; For|schungs|schiff; For|schungs|se|mes|ter [*alte Trennung* ...|st...]; **For|schungs|sta|ti|on**

For|schungs|sti|pen|di|um; For|schungs|stu|dent *(regional);* **For|schungs|stu|di|um** *(regional);* **For|schungs|zen|t|rum; For|schungs|zweig**

Forst, der; -[e]s, -e[n]; **Forst|amt**

Förs|ter [*alte Trennung* ...|st...]; **Förs|te|rei; Förs|te|rin**

Forst|fre|vel; Forst|haus

forst|lich

Forst|mann *Plur.* ...männer *u.* ...leute; **Forst|meis|ter** [*alte Trennung* ...|st...]; **Forst|rat** *Plur.* ...räte *(früher)*

Forst|re|vier; Forst|scha|den; Forst|schu|le; Forst|ver|wal|tung

Forst|we|sen

Forst|wirt; Forst|wirt|schaft

Forst|wis|sen|schaft

For|sy|thie [...tsi̯ə, ...ti̯ə, *österr. u. schweiz.* ...ˈzi:tsi̯ə], die; -, -n ‹nach dem engl. Botaniker Forsyth› (ein Zierstrauch)

fort; fort sein; fort mit ihm!; und so fort (*Abk.* usf.); in einem fort; weiter fort; immerfort

fort... (*in Zus. mit Verben,* z. B. fortbestehen, du bestehst fort, fortbestanden, fortzubestehen)

Fort [fo:ɐ̯], das; s, -s ‹franz.› (Festungswerk)

fort|ab; fort|an

Fort|be|stand, der; -[e]s; **fort|be|ste|hen**

fort|be|we|gen; sich fortbewegen; *vgl.* [1]bewegen; **Fort|be|we|gung**

fort|bil|den; sich fortbilden; **Fort|bil|dung**

fort|blei|ben

fort|brin|gen

Fort|dau|er; fort|dau|ern; fort|dau|ernd

for|te ‹ital.› (*Musik* stark, laut; *Abk.* f); **For|te**, das; -s, *Plur.* -s *u.* ...ti
fort|ent|wi|ckeln [*alte Trennung* ...k|k...]; sich fortentwickeln; **Fort|ent|wick|lung**
For|te|pi|a|no, das; -s, *Plur.* -s *u.* ...ni ‹ital.› (*alte Bez. für* Pianoforte)
fort|er|ben, sich
fort|fah|ren
Fort|fall, der; -[e]s; in Fortfall kommen *(Amtsspr.)*; **fort|fal|len**
fort|flie|gen
fort|füh|ren; Fort|füh|rung
Fort|gang, der; -[e]s; **fort|ge|hen**
fort|ge|schrit|ten; Fort|ge|schrit|te|ne, der *u.* die; -n, -n
fort|ge|setzt
fort|ha|ben; etwas forthaben wollen *(ugs.)*
fort|hin *(veraltend)*
For|ti|fi|ka|ti|on, die; -, -en ‹lat.› (*veraltet für* Befestigungswerk; *nur Sing.:* Befestigungskunst); **for|ti|fi|zie|ren**
For|tis, die; -, ...tes ‹lat.› (*Sprachw.* starker, mit großer Intensität gesprochener Konsonant, z. B. p, t, k; *Ggs.* Lenis; [*vgl. d.*])
for|tis|si|mo ‹ital.› (*Musik* sehr stark, sehr laut; *Abk.* ff); **For|tis|si|mo**, das; -s, *Plur.* -s *u.* ...mi
fort|ja|gen
fort|kom|men; Fort|kom|men, das
fort|kön|nen
fort|las|sen; Fort|las|sung; unter Fortlassung des Titels
fort|lau|fen; fort|lau|fend; fortlaufend nummeriert
fort|le|ben
fort|lo|ben; einen Mitarbeiter fortloben
fort|ma|chen
fort|müs|sen
fort|pflan|zen; sich fortpflanzen; **Fort|pflan|zung**, die; - **Fort|pflan|zungs|or|gan; Fort|pflan|zungs|trieb**
FORTRAN, das; -s ‹*Kurzwort für* engl. formula translator »Formelübersetzer«› (eine Programmiersprache)
fort|rei|ßen
fort|ren|nen
fort|rüh|ren, sich
Fort|satz, der; -es, Fortsätze
fort|schaf|fen *vgl.* [1]schaffen
fort|sche|ren, sich *(ugs.)*
fort|schi|cken [*alte Trennung* ...k|k...]
fort|schrei|ben ([eine Statistik] fortlaufend ergänzen; *Wirtsch.* den Grundstückseinheitswert neu feststellen); **Fort|schrei|bung**
fort|schrei|ten; fort|schrei|tend
Fort|schritt; Fort|schritt|ler; fort|schritt|lich; Fort|schritt|lich|keit, die; -
fort|schritts|feind|lich
Fort|schritts|glau|be; fort|schritts|gläu|big
fort|set|zen; Fort|set|zung; Fort|set|zungs|ro|man
fort|steh|len, sich
fort|stre|ben
fort|tra|gen
For|tu|na (röm. Glücksgöttin)
For|tu|nat, For|tu|na|tus (m. Vorn.)
For|tune [...'ty:n], *eingedeutscht* **For|tü|ne**, die; - ‹franz.› (Glück, Erfolg); keine Fortune haben
fort|wäh|rend
fort|wer|fen; fort|wol|len; fort|zie|hen
Fo|rum, das; -s, *Plur.* ...ren *u.* ...ra ‹lat.› (altröm. Marktplatz, Gerichtsort; *Plur. nur* ...ren: Öffentlichkeit; öffentliche Diskussion); **Fo|rums|ge|spräch**
for|za|to *vgl.* sforzato
Fos|bu|ry|flop, *auch* **Fos|bu|ry-Flop** [...bəri...] der; -s, -s ‹nach dem amerikanischen Leichtathleten› (ein Hochsprungstil [*nur Sing.*]; einzelner Sprung in diesem Stil)
Fo|se, die; -, -n (*derb für* Dirne)
Fo|ße, die; -, -n ‹franz.› (*nordd. für* minderwertige Spielkarte)
fos|sil ‹lat.› (versteinert; vorweltlich); fossile Brennstoffe (z. B. Kohle, Erdöl); fossil befeuerte Kraftwerke; **Fos|sil**, das; -s, -ien ([versteinerter] Überrest von Tieren od. Pflanzen)
fö|tal *vgl.* fetal

fo|to..., Fo|to...

(licht..., Licht...)
Das ph in den aus dem Griechischen stammenden Wörtern mit »photo« wird in allgemeinsprachlichen Wörtern meist durch f ersetzt:
– Fotoalbum, Fotoapparat
Auch fachsprachliche Wörter können generell mit f geschrieben werden:
– Fotochemie, *auch* Photochemie; Fotosynthese, *auch* Photosynthese

[1]**Fo|to**, das; -s, -s, *schweiz. auch* die; -, -s (*kurz für* Fotografie)
[2]**Fo|to**, der; -s, -s (*ugs. kurz für* Fotoapparat)
Fo|to|al|bum; Fo|to|a|ma|teur; Fo|to|ap|pa|rat; Fo|to|ar|ti|kel; Fo|to|a|te|li|er
Fo|to|che|mie *vgl.* Photochemie
Fo|to|ef|fekt *vgl.* Photoeffekt
Fo|to|e|lek|t|ri|zi|tät, *auch* Pho|to|e|lek|t|ri|zi|tät [*auch* 'fo:...]
Fo|to|e|lek|t|ron, *auch* Pho|to|e|lek|t|ron (bei Lichteinwirkung frei werdendes Elektron)
Fo|to|e|le|ment *vgl.* Photoelement
Fo|to|fi|nish (Zieleinlauf, bei dem der Sieger durch Zielfoto ermittelt wird)
fo|to|gen, *auch* pho|to|gen (zum Fotografieren od. Filmen geeignet); **Fo|to|ge|ni|tät**, *auch* Pho|to|ge|ni|tät, die; - (Bildwirksamkeit)
Fo|to|graf, *auch* Pho|to|graph, der; -en, -en; **Fo|to|gra|fie**, *auch* Pho|to|gra|phie, die; -, ...ien
fo|to|gra|fie|ren
Fo|to|gra|fik, *auch* Pho|to|gra|phik [*auch* 'fo:...] (fotografisches Verfahren mit gestalterischen Elementen [*nur Sing.*]; gestaltetes Foto); **Fo|to|gra|fin**, *auch* Pho|to|gra|phin; **fo|to|gra|fisch**, *auch* pho|to|gra|phisch
Fo|to|gramm *vgl.* Photogramm
Fo|to|gra|vü|re *vgl.* Photogravüre
Fo|to|in|dus|t|rie [*alte Trennung* ...|st...]
Fo|to|ko|pie, *auch* Pho|to|ko|pie (Lichtbildabzug von Schriften, Dokumenten u. a.); **Fo|to|ko|pier|au|to|mat**, *auch* Pho|to|ko|pier|au|to|mat; **fo|to|ko|pie|ren**, *auch* pho|to|ko|pie|ren
Fo|to|li|tho|gra|fie *vgl.* Photolithographie
fo|to|me|cha|nisch *vgl.* photomechanisch
Fo|to|me|ter, *auch* Pho|to|me|ter, das; -s, - (Gerät zur Lichtmessung); **Fo|to|me|t|rie**, *auch* Pho|to|me|t|rie, die; -; **fo|to|me|t|risch**, *auch* pho|to|me|t|risch
Fo|to|mo|dell (jmd., der für Fotoaufnahmen Modell steht); **Fo|to|mon|ta|ge** (Zusammenstellung verschiedener Bildausschnitte zu einem Gesamtbild)
Fo|to|phy|si|o|lo|gie [*auch* 'fo:...] *vgl.* Photophysiologie
Fo|to|re|a|lis|mus, der; - (moderne Kunstrichtung); **Fo|to|re|por|ter; Fo|to|sa|fa|ri**

F

Fo|to|satz, *auch* Pho|to|satz, der; -es (*Druckw.* Lichtsatz)
Fo|to|s|phä|re [*auch* 'fo:...] *vgl.* Photosphäre
Fo|to|syn|the|se [*auch* 'fo:...] *vgl.* Photosynthese
Fo|to|thek die; -, -en (Lichtbildsammlung)
Fo|to|the|ra|pie *vgl.* Phototherapie
fo|to|trop *vgl.* phototrop
Fo|to|vol|ta|ik *vgl.* Photovoltaik
Fo|to|zeit|schrift
Fo|to|zel|le *vgl.* Photozelle
Fö|tus *vgl.* Fetus
Fot|ze, die; -, -n (*derb für* weibl. Scham; *bayr. u. österr. ugs. für* Ohrfeige; Maul)
Föt|zel, der; -s, - (*schweiz. für* Lump, Taugenichts)
fot|zen (*bayr. u. österr. ugs. für* ohrfeigen); **Fotz|ho|bel** (*bayr. u. österr. ugs. für* Mundharmonika)
Fou|cault [fu'ko:] (franz. Physiker); **fou|caultsch;** foucaultscher *auch* Fou|cault'scher [*alte Schreibung* Foucaultscher] Pendelversuch
Fou|ché [fu'ʃe:] (franz. Staatsmann)
foul [faul] ‹engl.› (*Sport* regelwidrig); **Foul,** das; -s, -s (Regelverstoß)
Fou|lard [fu'la:ɐ̯], der, *schweiz. auch* das; -s, -s ‹franz.› (leichtes [Kunst]seidengewebe; *schweiz. für* Halstuch aus [Kunst]seide)
Fou|lé, der; -[s], -s (ein Gewebe)
Foul|elf|me|ter ['fau...], der *(Sport)*
fou|len ‹engl.› (*Sport* sich regelwidrig verhalten); **Foul|spiel,** das; -[e]s (regelwidriges Spielen)
Fou|qué [fu'ke:] (dt. Dichter)
Four|gon [fʊr'gõ:], der; -s, -s (*veraltet für* Packwagen, Vorratswagen)
Fou|rier [fu'ri:r], der; -s, -e ‹franz.› (*österr. u. schweiz. Milit.* der für Unterkunft u. Verpflegung sorgende Unteroffizier)
Fox, der; -[es], -e (*Kurzform für* Foxterrier, Foxtrott)
Fox|ter|ri|er ‹engl.› (Hunderasse)
Fox|trott, der; -[e]s, *Plur.* -e *u.* -s ‹engl.-amerik.› (ein Tanz)
Fo|y|er [foa'je:], das; -s, -s ‹franz.› (Wandelhalle [im Theater])
FPÖ = Freiheitliche Partei Österreichs
fr = Franc
Fr = *chem. Zeichen für* Francium
fr. = frei
Fr. = Frau; Freitag; *vgl.* [2]Franken
Fra ‹ital.› (Ordens»bruder«; *meist vor konsonantisch beginnenden Namen,* z. B. Fra Tommaso); *vgl.* Frate
Fracht, die; -, -en; **Fracht|brief; Fracht|damp|fer**
Frach|ten|aus|schuss [*alte Schreibung* ...aus|schuß], der; ...ausschusses *(Wirtsch.)*
Frach|ter (Frachtschiff)
Fräch|ter (*österr. für* Transportunternehmer)
fracht|frei; Fracht|gut; Fracht|raum; Fracht|schiff; Fracht|stück; Fracht|ver|kehr
Frack, der; -[e]s, *Plur.* Fräcke *u.* -s ‹engl.›; **Frack|hemd; Frack|ho|se**
Frack|sau|sen; *nur in* Fracksausen haben (*ugs. für* Angst haben)
Frack|wes|te [*alte Trennung* ...|st...]
Fra Di|a|vo|lo (»Bruder Teufel«) (neapolitan. Räuberhauptmann)
Fra|ge, die; -, -n; etwas infrage, *auch* in Frage stellen; *vgl.* infrage
Fra|ge|bo|gen; Fra|ge|bo|gen|ak|ti|on
Fra|ge|für|wort (*für* Interrogativpronomen)
fra|gen; du fragst (*landsch.* frägst); er fragt (*landsch.* frägt); du fragtest (*landsch.* frugst); gefragt; frag[e]!
Fra|gen|ka|ta|log
Fra|ger; Fra|ge|rei; Fra|ge|rin
Fra|ge|satz (*für* Interrogativsatz); **Fra|ge|stel|lung; Fra|ge|stun|de** (im Parlament)
Fra|ge-und-Ant|wort-Spiel ↑K 26
Fra|ge|wort *Plur.* ...wörter; **Fra|ge|zei|chen**
fra|gil ‹lat.› (zerbrechlich; zart); **Fra|gi|li|tät,** die; -
frag|lich; Frag|lich|keit
frag|los; Frag|lo|sig|keit, die; -
Frag|ment, das; -[e]s, -e ‹lat.› (Bruchstück; unvollendetes Werk); **frag|men|ta|risch**
Frag|ner, der; -s, - (*bayr. u. österr. hist. für* Krämer)
frag|wür|dig; Frag|wür|dig|keit
frais [frɛ:s] *od., österr. nur,* **fraise** [frɛ:zə] ‹franz.› (erdbeerfarben); mit einem frais[e] Band; *vgl. auch* beige; in Frais[e] ↑K 72
Frai|sen *Plur.* (*südd., österr. für* Krämpfe [bei kleinen Kindern])
frak|tal ‹lat.-engl.›; fraktale Geometrie (Geometrie der Fraktale); **Frak|tal,** das; -s, -e (komplexes geometrisches Gebilde); **Frak|tal|ge|o|me|t|rie**
Frak|ti|on, die; -, -en ‹franz.› (organisatorischer Zusammenschluss [im Parlament]; *Chemie* Destillat; *westösterr. für* Teil einer Gemeinde); **frak|ti|o|nell**
Frak|ti|o|nier|ap|pa|rat *(Chemie);* **frak|ti|o|nie|ren** (Gemische durch Verdampfung in Destillate zerlegen); fraktionierte Destillation
Frak|ti|ons|aus|schuss [*alte Schreibung* ...aus|schuß]; **Frak|ti|ons|be|schluss** [*alte Schreibung* ...be|schluß]; **Frak|ti|ons|dis|zi|p|lin,** die; -
Frak|ti|ons|füh|rer; Frak|ti|ons|mit|glied; Frak|ti|ons|stär|ke
Frak|ti|ons|vor|sit|zen|de; Frak|ti|ons|vor|stand; Frak|ti|ons|zwang
Frak|tur, die; -, -en ‹lat.› (*Med.* Knochenbruch; *nur Sing.:* dt. Schrift, Bruchschrift)
Frak|tur|satz, der; -es *(Druckw.);* **Frak|tur|schrift**
Fram|bö|sie, die; -, ...ien ‹franz.› (*Med.* trop. Hautkrankheit)
[1]Frame [fre:m], der; -n, -n ‹engl.› (*Technik* Rahmen, Träger in Eisenbahnfahrzeugen)
[2]Frame [fre:m], der *u.* das; -s, -s (*EDV* besondere Datenstruktur in Modellen künstlicher Intelligenz)
Franc [frã:], der; -, -s [frã:] ‹franz.› (Währungseinheit in Belgien [*Währungscode* BEF, *Abk.* bfr], Frankreich [FRF, fr *od.* F] und Luxemburg [LUF, lfr]); *vgl.* [2]Franken
Fran|çai|se [frã'sɛ:...], die; -, -n ‹franz.› (alter franz. Tanz)
France [frã:s], Anatole [...'tɔl] (franz. Schriftsteller); France' Werke ↑K 16
Fran|ces|ca [...'tʃɛ...] (w. Vorn.); **Fran|ces|co** (m. Vorn.)
[1]Fran|chi|se [frã'ʃi:...], die; -, -n ‹franz.› (Betrag der Selbstbeteiligung an der Versicherung; *veraltet für* Freiheit)
[2]Fran|chise ['frɛntʃais], das; - *u.* **Fran|chi|sing** [...zɪŋ], das; -s ‹franz.-engl.› (*Wirtsch.* Vertrieb aufgrund von Lizenzverträgen)
Fran|ci|um, das; -s (chemisches Element, Metall; *Zeichen* Fr)
Fran|cke (dt. Theologe u. Pädagoge); **Fran|cke|sche Stif|tun|gen** *Plur.* ↑K 150

Fran|co, Francisco [...'sɪ...] (span. General u. Politiker)

frank ⟨mlat.-franz.⟩ (frei, offen); frank und frei

Frank (m. Vorn.); **Fran|ka** (w. Vorn.)

Fran|ka|tur, die; -, -en ⟨ital.⟩ (das Freimachen von Postsendungen, Porto)

Fran|ke, der; -n, -n (Angehöriger eines germanischen Volksstammes; Einwohner von [1]Franken);

[1]**Fran|ken** (Land)

[2]**Fran|ken,** der; -s, - (schweiz. Währungseinheit [*Währungscode* CHF; *Abk.* Fr., sFr.; *im dt. Bankwesen* sfr, *Plur.* sfrs]); *vgl.* Franc

Fran|ken|stein (Titelfigur eines Schauerromans)

Fran|ken|wald, der; -[e]s (Gebirge in Bayern); **Fran|ken|wein**

Frank|furt am Main (Stadt in Hessen); [1]**Frank|fur|ter;** Frankfurter grüne Soße, *auch* Sauce

[2]**Frank|fur|ter,** die; -, - *meist Plur.* (Frankfurter Würstchen)

frank|fur|tisch

Frank|furt (Oder) (Stadt in Brandenburg)

fran|kie|ren ⟨ital.⟩ *(Postw.);* **Fran|kier|ma|schi|ne**

Frän|kin; frän|kisch ↑K 140: die Fränkische Alb, die Fränkische Schweiz

Frank|lin ['frɛ...] (nordamerik. Staatsmann u. Schriftsteller)

fran|ko ⟨ital.⟩ (*Kaufmannsspr. veraltend* portofrei [für den Empfänger]); franko nach allen Stationen; franko Basel; franko dort; franko hier

fran|ko|fon usw. *vgl.* frankophon usw.

Fran|ko|ka|na|di|er (Französisch sprechender Bewohner Kanadas); **fran|ko|ka|na|disch** ↑K 149

fran|ko|phil ⟨germ.; griech.⟩ (frankreichfreundlich)

fran|ko|phon, *auch* fran|ko|fon (französischsprachig); **Fran|ko|pho|nie,** *auch* Fran|ko|fo|nie, die; - (Französischsprachigkeit)

Frank|reich

Frank|ti|reur [...'røːɐ̯, *auch* frã...], der; -s, *Plur.* -e, *bei franz. Ausspr.* -s (*früher für* Freischärler)

Fran|se, die; -, -n; **fran|sen;** der Stoff hat gefranst; **fran|sig**

Franz (m. Vorn.)

Franz|band, der (Ledereinband mit tiefem Falz); **Franz|brannt|wein,** der; -[e]s; **Franz|brot** (kleines Weißbrot)

fran|zen (*Motorsport* als Beifahrer dem Fahrer den Verlauf der Strecke angeben); du franzt; **Fran|zer** *(Motorsport)*

Frän|zi, Fran|zis|ka (w. Vorn.)

Fran|zis|ka|ner, der; -s, - (Angehöriger des Mönchsordens der Franziskaner); **Fran|zis|ka|ne|rin** (Angehörige des Ordens der Franziskanerinnen); **Fran|zis|ka|ner|or|den,** der; -s (*Abk.* OFM); **fran|zis|ka|nisch**

fran|zis|ko|jo|se|phi|nisch [*alte Schreibung* fran|zis|ko-jo|se|phi|nisch] ↑K 149 (nach dem österr. Kaiser Franz Joseph); franziskojosephinische Bauten; *aber* ↑K 151: das Franziskojosephinische Zeitalter

Fran|zis|kus (m. Vorn.)

Fran|zi|um *vgl.* Francium

Franz-Jo|seph-Land, das; -[e]s; ↑K 146 (eine arktische Inselgruppe)

Franz|mann *Plur.* ...männer (*ugs. veraltend für* Franzose)

Fran|zo|se, der; -n, -n; **fran|zo|sen|feind|lich; fran|zo|sen|freund|lich**

fran|zö|sie|ren (franz. Verhältnissen anpassen; nach franz. Art gestalten); **Fran|zö|sin; fran|zö|sisch;** französische Broschur; die französische Schweiz (der französische Teil der Schweiz), *aber* ↑K 150 *u.* 151: die Französische Republik; die Französische Revolution (1789 bis 1794); *vgl.* deutsch

Fran|zö|sisch, das; -[s] (Sprache); *vgl.* Deutsch; **Fran|zö|si|sche,** das; -n; *vgl.* Deutsche, das

Fran|zö|sisch-Gu|a|ya|na (französisches Überseedepartement);

Fran|zö|sisch-Po|ly|ne|si|en (französisches Überseeterritorium)

fran|zö|si|sie|ren *vgl.* französieren

frap|pant ⟨franz.⟩ (auffallend)

[1]**Frap|pee,** *auch* Frap|pé, der; -s, -s (Stoff mit eingepresstem Muster)

[2]**Frap|pee,** *auch* Frap|pé, das; -s, -s (mit Eis serviertes alkohol. Getränk); **frap|pie|ren** (überraschen, verblüffen; Wein u. Sekt in Eis kühlen)

Fras|ca|ti [...'kaː...], der; - (italienischer Weißwein)

Fräs|dorn *Plur.* ...dorne

Frä|se, die; -, -n (Maschine zum spanabhebenden Formen); **frä|sen;** du fräst, er fräs|te; **Frä|ser** (Teil an der Fräsmaschine; Berufsbez.); **Fräs|ma|schi|ne**

Fraß, der; -es, -e; **Fraß|gift; Fraß|spur**

Fra|te ⟨ital.⟩ (Ordensbruder; *meist vor vokalisch beginnenden Namen,* z. B. Frate Elia, Frat'Antonio); *vgl.* Fra; **Fra|ter,** der; -s, Fra|t|res ⟨lat.⟩ ([Ordens]bruder)

fra|ter|ni|sie|ren ⟨franz.⟩ (sich verbrüdern; vertraut werden); **Fra|ter|ni|tät,** die; -, -en ⟨lat.⟩ (Brüderlichkeit; Verbrüderung; kirchl. Bruderschaft); **Fra|ter|ni|té** *vgl.* Liberté

Fra|t|res (*Plur. von* Frater)

Fratz, der; *Gen.* -es, *österr.* -en, *Plur.* -e, *österr.* -en ⟨ital.⟩ (ungezogenes Kind; schelmisches Mädchen)

Frätz|chen

Frat|ze, die; -, -n (verzerrtes Gesicht; Grimasse); **Frat|zen|ge|sicht; frat|zen|haft**

frau (*bes. im feministischen Sprachgebrauch für* [1]man); da weiß frau, was sie hat

Frau, die; -, -en (*Abk.* Fr.); **Frau|chen**

Frau|en|ar|beit; Frau|en|arzt; Frau|en|ärz|tin

Frau|en|be|auf|trag|te, die; **Frau|en|be|ruf; Frau|en|be|we|gung**

Frau|en|buch|la|den; Frau|en|ca|fé

Frau|en|eis (ein Mineral)

Frau|en|e|man|zi|pa|ti|on, die; -

Frau|en|feind; frau|en|feind|lich; ↑K 31: eine frauen- und kinderfeindliche Gesellschaft

Frau|en|feld (Hauptstadt des Kantons Thurgau)

Frau|en|film; Frau|en|fra|ge; Frau|en|ge|fäng|nis; Frau|en|grup|pe; Frau|en|haar; frau|en|haft

Frau|en|haus (für Frauen, die von ihren Männern misshandelt werden); **Frau|en|heil|kun|de,** die; - (*für* Gynäkologie)

Frau|en|held

Frau|en|hilfs|dienst, der; -es (*früher in der Schweiz; Abk.* FHD); **Frau|en|hilfs|dienst|leis|ten|de** [*alte Trennung* ...|st...], die; -n, -n (*Abk.* FHD)

Frau|en|kleid; in Frauenkleidern; **Frau|en|krank|heit; Frau|en|lei|den; Frau|en|mann|schaft; Frau|en|park|platz**

Frau|en|po|w|er (*ugs. für* Macht, Einfluss der Frauen)

Frau|en|quo|te (*ugs.* Anteil der Frauen [in Betrieben, Verwaltungen, Führungspositionen])

F

frei

– Bahn frei!; ich bin so frei!; frei nach Goethe
In kaufmannssprachlichem Gebrauch mit Akkusativ
– frei Haus, frei deutschen Ausfuhrhafen, frei deutsche Grenze liefern (*Abk.* fr.)

I. *Kleinschreibung*
– der freie Fall; der freie Wille; freie Beweiswürdigung; freie Rücklagen; freie Wahlen; freier Eintritt; der freie Wille; freier Journalist; freie Mitarbeiterin; freier Schriftsteller; in freier Wildbahn; die freie Liebe; die freie (nicht staatlich gelenkte) Marktwirtschaft; das Signal steht auf »frei«

II. *Großschreibung*
a) ↑K 72: das Freie, im Freien, ins Freie; etwas Freies und Ungezwungenes; es gibt nichts Freieres als sie
b) ↑K 150: Sender Freies Berlin (*Abk.* SFB); Freie Demokratische Partei (*Abk.* FDP *u. parteiamtlich* F.D.P.); Freie Deutsche Jugend (*in der DDR; Abk.* FDJ); Freie und Hansestadt Hamburg; Freie Hansestadt Bremen; die Freie Reichsstadt Nürnberg, *aber* Frankfurt war lange Zeit eine freie Reichsstadt
↑K 89: Freier Architekt (*im Titel, sonst* [er ist ein] freier Architekt)

III. *Schreibung in Verbindung mit Verben u. Partizipien* ↑K 56 *u.* 62
a) *Getrenntschreibung:*
– frei sein, frei werden, frei bleiben
– frei (für sich) stehen; ein frei stehendes Haus; frei (ohne Manuskript) sprechen; frei (ohne Stütze, ohne Leine) laufen; Eier von frei laufenden Hühnern (von Hühnern, die Auslauf haben) frei lebende [*alte Schreibung* freilebende] Tiere
– ein Gewicht frei halten; eine Rede frei halten (*vgl. aber* freihalten); den Oberkörper frei machen; sich von Vorurteilen frei machen (*vgl. aber* freimachen)
b) *Zusammenschreibung, wenn »frei« nicht gesteigert oder erweitert werden kann:*
– jmdm. freigeben; freihaben; freikaufen; freikommen; [jmdn.] freihalten; die Ausfahrt freihalten; Gefangene freilassen; etwas freilegen; einen Brief freimachen; sich freischwimmen; jmdn. [von Schuld] freisprechen; [jmdm.] freistehen; jmdm. etw. freistellen
– freischaffend, freitragend
c) *Wenn keine eindeutige Festlegung nach K 56 od. 62 möglich ist, dann gilt Getrennt- oder Zusammenschreibung*

Frau|en|recht|le|rin; frau|en|recht|le|risch
Frau|en|rol|le
Frau|en|schuh (*auch* eine Orchideenart); **Frau|en|schutz**
Frau|ens|per|son *(veraltet)*
Frau|en|ü|ber|schuss [*alte Schreibung* ...über|schuß]; **Frau|en|ver|band; Frau|en|wahl|recht,** das; -[e]s; **Frau|en|zeit|schrift**
Frau|en|zim|mer *(veraltet)*
Frau|ke (w. Vorn.)
Fräu|lein, das; -s, *Plur.* -, *ugs. auch* -s; *Abk.* Frl. (*als titelähnliche Bez. bzw. Anrede für eine unverheiratete weibliche Person heute allgemein durch »Frau« ersetzt);* die Adresse Fräulein Müllers, des Fräulein Müller, Ihres Fräulein Tochter; Ihr Fräulein Braut, Tochter
frau|lich; Frau|lich|keit, die; -
Fraun|ho|fer|li|ni|en ↑K 136, **fraun|ho|fer|sche,** *auch* **Fraunhofer'sche** [*alte Schreibung* Fraunhofersche] **Li|ni|en** ↑K 135 *Plur.* ⟨nach dem dt. Physiker⟩ (Linien im Sonnenspektrum)
frdl. = freundlich
Freak [fri:k], der; -s, -s ⟨amerik.⟩ (jmd., der sich nicht in das bürgerliche Leben einfügt; jmd., der sich für etwas sehr begeistert)
frech; das frechs|te Kind
Frech|dachs (*ugs. scherzh. für* freches Kind); **Frech|heit; Frech|ling**
Fred [*auch* frɛt] (m. Vorn.)
Free|clim|bing ['fri:'klaimiŋ], das; -s, *auch* **Free Clim|bing** [*alte Schreibung* Free clim|bing], das; - -s ⟨engl.⟩ (Bergsteigen ohne Hilfsmittel)
Free|hol|der ['fri:ho:l...], der; -s, -s (*früher* lehnsfreier Grundbesitzer in England)
Free|jazz ['fri:'dʒɛs], der; -, *auch* **Free Jazz** der, - - (Spielweise des Modernjazz)
Free|sie, die; -, -n ⟨nach dem Kieler Arzt Freese⟩ (eine Zierpflanze)
Free|style ['fri:stail], der; -s, *auch* **Free Style,** der; - -s ⟨engl.⟩ (Skisportart, bei der Ballett, Buckelpistenfahren, akrobatische Sprünge ausgeführt werden)
Free|town ['fri:taun] (Hauptstadt von Sierra Leone)
Free TV ['fri: ti:vi:], das; - -[s], *auch* **Free-TV,** das; -[s] ⟨engl.⟩ ↑K 29 *u.* 41 (im Gegensatz zu Pay-TV frei empfangbares Fernsehprogramm)
Freeze [fri:s], das; - ⟨engl.⟩ (das Einfrieren aller atomaren Rüstung)
Fre|gat|te, die; -, -n ⟨franz.⟩ (Kriegsschiff; *ugs. auch für* [aufgetakelte] Frau); **Fre|gat|ten|ka|pi|tän**
Fre|gatt|vo|gel (ein großer, an [sub]tropischen Küsten lebender Vogel)
frei *s. Kasten*
Freia *vgl.* Freyja
Frei|bad; Frei|bank *Plur.* ...bänke
frei|be|kom|men; eine Stunde freibekommen
Frei|berg (Stadt in Sachsen)
frei|be|ruf|lich
Frei|be|trag
Frei|beu|ter (Seeräuber); **Frei|beu|te|rei; frei|beu|te|risch**
Frei|bier, das; -[e]s
frei blei|ben *vgl.* frei, III
frei|blei|bend (*Kaufmannsspr.* ohne Verbindlichkeit, ohne Verpflichtung); das freibleibende Angebot, das Angebot ist freibleibend
Frei|bord, der (Höhe des Schiffskörpers über der Wasserlinie); **Frei|brief**
Frei|burg (Kanton der Schweiz; *franz.* Fribourg)
Frei|burg im Breis|gau (Stadt in Baden-Württemberg)
Frei|burg im Ücht|land *od.* **Üecht|land** [- - 'yəxt...] (Hauptstadt des Kantons Freiburg)
Frei|de|mo|krat (Mitglied der Freien Demokratischen Partei); **Frei|de|mo|kra|tin; frei|de|mo|kra|tisch**
Frei|den|ker; Frei|den|ke|rin; frei|den|ke|risch

Freie, der; -n, -n (*früher für* jmd., der Rechtsfähigkeit u. polit. Rechte besitzt)
frei|en (*veraltet für* heiraten; um eine Frau werben); **Frei|er**
Frei|ers|fü|ße *Plur.; nur in* auf Freiersfüßen gehen *(scherzh.)*; **Frei|ers|mann** *Plur.* ...leute *(veraltet)*
Frei|e|x|em|p|lar
Frei|frau; Frei|fräu|lein
Frei|ga|be; Frei|gän|ger *(Rechtsw.)*
frei|ge|ben; einen Gefangenen freigeben; es wurden neue Frequenzen für den Funk freigegeben ↑K 56
frei|ge|big; Frei|ge|big|keit, die; -
Frei|ge|he|ge
Freigeist *Plur.* ...geister; **Frei|geis|te|rei** [*alte Trennung* ...|st...], die; -; **frei|geis|tig**
Frei|ge|las|se|ne, der *u.* die; -n, -n
Frei|ge|richt (*früher* Feme); **Frei|graf** (*früher* Vorsitzender des Freigerichts); **Frei|gren|ze** *(Steuerwesen)*; **Frei|gut** *(Zollw.)*
frei|ha|ben; ein paar Tage freihaben (Urlaub, keinen Dienst haben) ↑K 56
Frei|ha|fen *vgl.* ²Hafen
frei|hal|ten; ich werde dich freihalten (für dich bezahlen); die Ausfahrt freihalten (nicht verstellen), *aber* eine Rede frei (ohne Manuskript) halten ↑K 56
Frei|hand|bü|che|rei (Bibliothek, in der man die Bücher selbst aus den Regalen entnehmen kann)
Frei|han|del, der; -s; **Frei|han|dels|zo|ne**
frei|hän|dig
Frei|hand|zeich|nen, das; -s
Frei|heit; frei|heit|lich
Frei|heits|be|griff *(Plur. selten)*; **Frei|heits|be|rau|bung; Frei|heits|drang,** der; -[e]s; **Frei|heits|ent|zug**
frei|heits|feind|lich
Frei|heits|kampf; Frei|heits|krieg
frei|heits|lie|bend
Frei|heits|sinn, der; -[e]s; **Frei|heits|sta|tue; Frei|heits|stra|fe**
frei|he|r|aus; etwas freiheraus (offen) sagen
Frei|herr (*Abk.* Frhr.); **Frei|herrn|stand,** der; -[e]s
Frei|in (Freifräulein)
Frei|kar|te
frei|kau|fen (durch ein Lösegeld befreien)
Frei|kir|che; eine protestantische Freikirche
Frei|klet|tern, das; -s (*svw.* Freeclimbing)
frei|kom|men (loskommen)
Frei|kör|per|kul|tur, die; - (*Abk.* FKK)
Frei|korps *(früher)*
Frei|la|de|bahn|hof *(Eisenb.)*
Frei|land, das; -[e]s; **Frei|land|ge|mü|se**
frei|las|sen (Gefangene freilassen); **Frei|las|sung**
Frei|lauf *(Technik)*; **frei|lau|fen,** sich *(Sport)*, *aber* frei (ohne Leine, ohne Stütze) laufen
frei le|bend [*alte Schreibung* frei|le|bend] *vgl.* frei, III
frei|le|gen (deckende Schicht entfernen) ↑K 56; **Frei|le|gung**
Frei|lei|tung
frei|lich
Frei|licht|büh|ne; Frei|licht|ma|le|rei; Frei|licht|mu|se|um
Frei|lig|rath (dt. Dichter)
Frei|luft|kon|zert; Frei|luft|schu|le
frei|ma|chen; einen Brief freimachen *(Postw.)*; ein paar Tage freimachen (Urlaub machen); sich freimachen (Zeit nehmen); *aber* den Oberkörper frei machen, sich von Vorurteilen frei machen
Frei|ma|chung *(Postw.)*; **Frei|mar|ke**
Frei|mau|rer; Frei|mau|re|rei, die; -; **frei|mau|re|risch; Frei|mau|rer|lo|ge**
Frei|mut; frei|mü|tig; Frei|mü|tig|keit, die; -
frei|neh|men; ein paar Tage freinehmen
Frei|plas|tik [*alte Trennung* ...|st...]; **Frei|platz**
frei|pres|sen (durch Erpressung jmds. Freilassung erzwingen)
Frei|raum
frei|re|li|gi|ös
Frei|sass [*alte Schreibung*...saß]; **Frei|sas|se** *(früher)*
frei|schaf|fend; ein freischaffender Künstler, Architekt
Frei|schar (*vgl.* ¹Schar); **Frei|schär|ler; Frei|schlag** *(bes. Hockey)*
frei|schwim|men, sich (die Schwimmprüfung ablegen); **Frei|schwim|mer**
frei|set|zen (aus einer Bindung lösen); Energie, Kräfte freisetzen
Frei|sinn, der; -[e]s *(veraltet)*; **frei|sin|nig** *(veraltet)*
frei|spie|len *(Sport)*; sich, einen Stürmer freispielen; *vgl.* frei, III
Frei|sprech|an|la|ge, Frei|sprech|ein|rich|tung (im Auto angebrachte Halterung [mit Anschluss] für das Handy)
frei|spre|chen (für nicht schuldig erklären; *Handwerk* zum Gesellen erklären), *aber* frei (ohne Manuskript) sprechen; **Frei|spre|chung**
Frei|spruch; Frei|staat *Plur.* ...staaten; **Frei|statt** *od.* **...stät|te**
frei|ste|hen; das soll dir freistehen (gestattet sein); die Wohnung hat lange freigestanden, *aber* ein frei (für sich) stehendes Haus ↑K 56
frei|stel|len (erlauben); jmdm. etwas freistellen
Frei|stem|pel *(Postw.)*; **Frei|stemp|ler** (Frankiermaschine)
Frei|stil, der; -s *(Sport)*; **Frei|stil|rin|gen; Frei|stil|schwim|men,** das; -s
Frei|stoß (beim Fußball); [in]direkter Freistoß
Frei|stun|de
Frei|tag, der; -[e]s, -e (*Abk.* Fr.); ↑K 151: der Stille Freitag (Karfreitag); *vgl.* Dienstag; **frei|tags** ↑K 70; *vgl.* Dienstag
Frei|te, die; - (*veraltet für* Brautwerbung); *in* auf die Freite gehen
Frei|tod (Selbstmord)
frei|tra|gend; freitragende Brücken, Treppen
Frei|trep|pe; Frei|übung; Frei|wa|che *(Seemannsspr.)*
frei|weg (unbekümmert)
frei wer|den *vgl.* frei, III; *aber* das Freiwerden ↑K 82
Frei|wild
frei|wil|lig; die freiwillige Feuerwehr, *aber* ↑K 150: die Freiwillige Feuerwehr Nassau; **Frei|wil|li|ge,** der *u.* die; -n, -n; **Frei|wil|lig|keit,** die; -
Frei|wurf *(bes. Handball, Basketball)*; **Frei|zei|chen; Frei|zeit**
Frei|zeit|an|zug; Frei|zeit|be|schäf|ti|gung; Frei|zeit|ein|rich|tung
Frei|zeit|ge|stal|tung; Frei|zeit|hemd; Frei|zeit|klei|dung
Frei|zeit|park; Frei|zeit|wert; Frei|zeit|zen|t|rum
frei|zü|gig; Frei|zü|gig|keit, die; -
fremd; Fremd|ar|bei|ter *(veraltet)*
fremd|ar|tig; Fremd|ar|tig|keit
fremd|be|stimmt; Fremd|be|stim|mung
¹**Frem|de,** der *u.* die; -n, -n
²**Frem|de,** die; - (Ausland); in der Fremde
Fremd|ein|wir|kung, die; -
frem|deln *(ugs.)*; ich fremd[e]le *u.* **frem|den** (*schweiz. für* vor Fremden scheu, ängstlich sein)

F

Frem|den|bett; Frem|den|buch
Frem|den|füh|rer; Frem|den|heim; Frem|den|le|gi|on, die; -; **Frem|den|pass** [*alte Schreibung* ...paß]; **Frem|den|po|li|zei; Frem|den|sit|zung** (öffentliche Karnevalssitzung)
Frem|den|ver|kehr, der; -[e]s; **Frem|den|zim|mer**
fremd|ge|hen (*ugs. für* in einer Partnerschaft untreu sein)
Fremd|heit, die; - (das Fremdsein)
Fremd|herr|schaft (*Plur. selten*); **Fremd|ka|pi|tal; Fremd|kör|per**
fremd|län|disch
Fremd|ling (*veraltend*)
Fremd|mit|tel *Plur.*
Fremd|spra|che; Fremd|spra|chen|kor|res|pon|dent; Fremd|spra|chen|kor|res|pon|den|tin; Fremd|spra|chen|un|ter|richt
fremd|spra|chig (eine fremde Sprache sprechend; in einer fremden Sprache geschrieben, gehalten); fremdsprachiger (in einer Fremdsprache gehaltener) Unterricht
fremd|sprach|lich (auf eine fremde Sprache bezüglich); fremdsprachlicher (über eine Fremdsprache gehaltener) Unterricht
fremd|stäm|mig; Fremd|stäm|mig|keit, die; -
Fremd|stoff; Fremd|ver|schul|den (*Amtsspr.*)
Fremd|wort *Plur.* ...wörter
Fremd|wör|ter|buch
fremd|wort|frei; fremd|wort|reich
fre|ne|tisch ‹franz.› (rasend); frenetischer Beifall
fre|quent ‹lat.› (häufig, zahlreich; *Med.* beschleunigt [vom Puls])
Fre|quen|ta|ti|on, die; - (*veraltet*); **fre|quen|tie|ren** (*geh. für* häufig besuchen)
Fre|quenz, die; -, -en (Besucherzahl, Verkehrsdichte; Schwingungszahl; Periodenzahl)
Fre|quenz|be|reich; Fre|quenz|mes|ser, der (zur Zählung der Wechselstromperioden)
Fres|ke, die; -, -n ‹franz.› *u.* **Fres|ko,** das; -s, ...ken ‹ital., »frisch«› (Wandmalerei auf feuchtem Kalkputz); *vgl.* a fresco; **Fres|ko|ma|le|rei**
Fres|nel|lin|se, *auch* **Fres|nel-Lin|se** [freˈnɛl...] ↑K 136 ‹nach dem franz. Physiker› (eine zusammengesetzte Linse)
Fres|sa|li|en *Plur.* (*ugs. scherzh. für* Esswaren)
Fres|se, die; -, -n (*derb für* Mund)
fres|sen; du frisst, er frisst [*alte Schreibung* frißt]; du fraßest; du fräßest; gefressen; friss! [*alte Schreibung* friß!]; **Fres|sen,** das; -s; **Fres|ser; Fres|se|rei**
Fress|gier [*alte Schreibung* Freß...]; **Fress|korb** (*ugs.*); **Fress|napf; Fress|pa|ket** (*ugs.*)
Fress|sack, *auch* **Fress-Sack** [*alte Schreibung* Freß|sack] (*ugs. für* gefräßiger Mensch)
Fress|tem|pel [*alte Schreibung* Freß...] (*ugs. für* Nobelrestaurant)
Fress|werk|zeu|ge [*alte Schreibung* Freß...] *Plur.* (*Zool.*)
Frett|chen, das; -s, - ‹niederl.› (Iltisart)
fret|ten, sich (*südd., österr. für* sich abmühen)
fret|tie|ren ‹niederl.› (*Jägerspr.* mit dem Frettchen jagen)
Freud (österr. Psychiater u. Neurologe)
Freu|de, die; -, -n; [in] Freud und Leid ↑K 13
Freu|den|be|cher (*geh.*); **Freu|den|bot|schaft; Freu|den|fest; Freu|den|feu|er; Freu|den|ge|heul; Freu|den|haus** (*verhüllend für* Bordell)
freu|de[n]|los *vgl.* freudlos
Freu|den|mäd|chen (*veraltend für* Prostituierte)
freu|den|reich
Freu|den|ruf; Freu|den|sprung; Freu|den|tag; Freu|den|tanz; Freu|den|tau|mel; Freu|den|trä|ne
freu|de|strah|lend; freu|de|trun|ken
Freu|di|a|ner (Anhänger Freuds); **Freu|di|a|ne|rin; freu|di|a|nisch**
freu|dig; ein freudiges Ereignis; **Freu|dig|keit,** die; -
freud|los; Freud|lo|sig|keit, die; -
freud|sche, *auch* **Freud'sche** [*alte Schreibung* Freud|sche] **Fehl|leis|tung** [*alte Trennung* ...|st...] (*bes. Psych.*)
freu|en; sich freuen
Freund, der; -[e]s, -e; jemandes Freund bleiben, sein, werden; gut Freund [mit jmdm.] sein; jmdm. Freund [*alte Schreibung* freund] (freundlich gesinnt) sein, bleiben, werden
Freund|chen (*meist [scherzh.] drohend als Anrede*)
Freun|des|kreis; Freun|des|treue
Freund-Feind-Den|ken
Freun|din
freund|lich (*Abk.* frdl.); *Schreibung in Zusammensetzungen:* menschenfreundlich, kinderfreundlich; moskaufreundlich ↑K 143
freund|li|cher|wei|se
Freund|lich|keit
freund|nach|bar|lich
Freund|schaft; freund|schaft|lich
Freund|schafts|ban|de *Plur.*; **Freund|schafts|dienst; Freund|schafts|spiel** (*Sport*); **Freund|schafts|ver|trag**
fre|vel (*veraltet*); frevler Mut
Fre|vel, der; -s, - (Verstoß, Verbrechen)
fre|vel|haft; Fre|vel|haf|tig|keit
Fre|vel|mut (*veraltet*)
fre|veln; ich frev[e]le; **Fre|vel|tat; fre|vent|lich** (*veraltend*)
Frev|ler; Frev|le|rin; frev|le|risch
Frey, Freyr [ˈfrai̯ɐ] (*nord. Mythol.* Gott der Fruchtbarkeit u. des Friedens)
Frey|burg/Un|strut (Stadt an der unteren Unstrut)
Frey|ja (*nord. Mythol.* Liebesgöttin)
Frey|tag (dt. Schriftsteller)
FRF (Währungscode für franz. Franc)
Frhr. = Freiherr
Fri|aul, -s, *auch mit Artikel* das; -[s] (ital. Landschaft)
Fri|csay [...tʃai̯] (ung. Dirigent)
Fri|de|ri|cus (*lat. Form für* Friedrich); Fridericus Rex (König Friedrich [der Große]); **fri|de|ri|zi|a|nisch**
Fri|do|lin (m. Vorn.)
Frie|da (w. Vorn.)
Fried|bert, Frie|de|bert (m. Vorn.)
Frie|de, der; -ns, -n, Frie|den, der; -s, -
Frie|del (m. u. w. Vorn.)
Frie|dell (österr. Schriftsteller)
Frie|de|mann (m. Vorn.)
frie|den (*selten für* einfrieden, befrieden); gefriedet; **Frie|den,** der; -s, -, Frie|de, der; -ns, -n
Frie|dens|be|reit|schaft; Frie|dens|be|we|gung; Frie|dens|bruch, der
Frie|dens|fahrt (Amateurradrennen zwischen Prag, Warschau und Berlin)
Frie|dens|for|schung; Frie|dens|freund; Frie|dens|i|n|i|ti|a|ti|ve; Frie|dens|kon|fe|renz;
Frie|dens|la|ger, das; -s (*in der DDR Bez. für* die sozialist. Staaten)
Frie|dens|lie|be; Frie|dens|no|bel|preis; Frie|dens|ord|nung; Frie|dens|pfei|fe; Frie|dens|pflicht; Frie|dens|po|li|tik, die; -; **Frie-**

dens|rich|ter; Frie|dens|schluss [*alte Schreibung* ...schluß]
Frie|den[s]|stif|ter; Frie|den[s]|stö|rer
Frie|dens|tau|be; Frie|dens|ver|hand|lun|gen *Plur.*; **Frie|dens|ver|trag; Frie|dens|zei|chen; Frie|dens|zeit**
Frie|der (m. Vorn.)
Frie|de|ri|ke (w. Vorn.)
frie|de|voll *vgl.* friedvoll
fried|fer|tig; Fried|fer|tig|keit
Fried|fisch
Fried|helm (m. Vorn.)
Fried|hof; Fried|hofs|gärt|ne|rei; Fried|hofs|ka|pel|le; Fried|hofs|mau|er; Fried|hofs|ru|he
Fried|län|der (Bez. Wallensteins nach dem Herzogtum Friedland; einer aus Wallensteins Mannschaft); **fried|län|disch**
fried|lich; Fried|lich|keit, die; -
fried|lie|bend; fried|los
Frie|do|lin *vgl.* Fridolin
[1]**Fried|rich** (m. Vorn.); Friedrich der Große ↑K 134
[2]**Fried|rich,** Caspar David (dt. Maler)
Fried|rich|ro|da (Stadt am Nordrand des Thüringer Waldes)
Fried|richs|dor, der; -s, -e (alte preuß. Goldmünze); 10 Friedrichsdor
Fried|richs|ha|fen (Stadt am Bodensee)
Fried|rich Wil|helm, der; - -s, - -s (*ugs. für* Unterschrift)
fried|voll
frie|meln (*landsch. für* basteln)
frie|ren; du frierst; du frorst; du frörest; gefroren; frier[e]!; ich friere an den Füßen; mich friert an den Füßen
Fries, der; -es, -e ‹franz.› (Gesimsstreifen; ein Gewebe)
Frie|se, der; -n, -n (Angehöriger eines germ. Stammes an der Nordseeküste)
Frie|sel, der *od.* das; -s, -n *meist Plur.* (Pustel); **Frie|sel|fie|ber**
Frie|sen|nerz (*scherzh. für* Öljacke)
Frie|sin; frie|sisch
Fries|land; Fries|län|der, der; **fries|län|disch**
Frigg (*nord. Mythol.* Wodans Gattin); *vgl.* Frija
fri|gid *vgl.* frigide
Fri|gi|daire® [...ʒiˈdɛːɐ̯, *auch* ...gi...], *auch* **Fri|gi|där** [...gi...], der; -s, -[s] ‹franz.› (Kühlschrank)
Fri|gi|da|ri|um, das; -s, ...ien ‹lat.› (Abkühlungsraum [in altröm. Bädern])
fri|gi|de, fri|gid ‹lat.› (sexuell nicht erregbar, nicht zum Orgasmus fähig [von Frauen]); **Fri|gi|di|tät,** die; -
Fri|ja (*altd. Name für* Frigg)
Fri|ka|del|le, die; -, -n ‹ital.›
Fri|kan|deau [...ˈdoː], das; -s, -s ‹franz.› (Teil der [Kalbs]keule)
Fri|kan|del|le, die; -, -n (Schnitte aus gedämpftem Fleisch; *auch für* Frikadelle)
Fri|kas|see, das; -s, -s (Gericht aus klein geschnittenem Fleisch); **fri|kas|sie|ren** (zu Frikassee verarbeiten)
fri|ka|tiv ‹lat.› (auf Reibung beruhend); **Fri|ka|tiv,** der; -s, -e *u.* **Fri|ka|tiv|laut,** der; -[e]s, -e (*Sprachw.* Reibe-, Engelaut, z. B. f, sch)
Frik|ti|on, die; -, -en (Reibung); **Frik|ti|ons|kupp|lung** (*Technik*); **frik|ti|ons|los**
Fri|maire [...ˈmɛːɐ̯], der; -[s], -s *Plur. selten* ‹franz., »Reifmonat«› (3. Monat des Kalenders der Franz. Revolution: 21. Nov. bis 20. Dez.)
Fris|bee® [...bi], das; -, -s ‹engl.› (Wurfscheibe)

frisch

- von frischem (von neuem); auf frischer Tat ertappen
- frisch-fröhlich ↑K 23

Großschreibung in Namen ↑K 140
- die Frische Nehrung; das Frische Haff

Getrenntschreibung in Verbindung mit Verben oder Partizipien ↑K 56, 58 *u.* 62
- etwas frisch halten; sich frisch machen
- frisch gewaschene Wäsche; frisch gestrichen
- das frisch gebackene Brot
- ein frisch gebackenes [*alte Schreibung* frischgebackenes] (gerade erst getrautes) Ehepaar (*vgl. aber* frischbacken)

Frisch (schweiz. Erzähler u. Dramatiker)
frisch|auf! (*veraltend* Wanderergruß)
frisch|ba|cken [*alte Trennung* ...k|k...]; ein frischbackenes Brot
Frisch|blut (erst vor kurzer Zeit entnommenes Blut)
Fri|sche, die; -
Frisch|ei
fri|schen (*Hüttenw.* Metall herstellen, reinigen; [vom Wildschwein] Junge werfen); du frischst
frisch-fröh|lich *vgl.* frisch
frisch ge|ba|cken [*alte Schreibung* frisch|ge|backen, *alte Trennung* ...k|k...] *vgl.* frisch
Frisch|ge|mü|se; Frisch|ge|wicht
Frisch|hal|te|pa|ckung [*alte Trennung* ...k|k...]
Frisch|kä|se; Frisch|kost
Frisch|ling (junges Wildschwein)
Frisch|luft
frisch|mel|kend; *nur in* frischmelkende Kuh (Kuh, die gerade gekalbt hat)
Frisch|milch; Frisch|was|ser, das; -s (*auch* auf Schiffen mitgeführtes Süßwasser)
frisch|weg
Frisch|zel|le; Frisch|zel|len|the|ra|pie
Fris|co (*amerik. Abk. für* San Francisco)
Fri|sée|sa|lat [...ˈzeː...] ‹franz.; dt.› (Kopfsalat mit kraus gefiederten Blättern)
Fri|seur, *auch* Frisör [...ˈzøːɐ̯], der; -s, -e ‹*zu* frisieren›; **Fri|seu|rin** [...ˈzøː...], *auch* **Fri|sö|rin**
Fri|seur|sa|lon, *auch* **Fri|sör|sa|lon**
Fri|seu|se [...ˈzøː...], die; -, -n (*älter für* Friseurin)
fri|sie|ren ‹franz.› (*ugs. auch für* herrichten, [unerlaubt] verändern); sich frisieren
Fri|sier|kom|mo|de; Fri|sier|sa|lon; Fri|sier|toi|let|te; Fri|sier|um|hang
Fri|sis|tik [*alte Trennung* ...|st...], die; - (Wissenschaft von der Sprache, Literatur u. Landeskunde der Friesen)
Fri|sör usw. vgl. Friseur usw.
Frist, die; -, -en
fris|ten [*alte Trennung* ...|st...]
Fris|ten|lö|sung [*alte Trennung* ...|st...]; **Fris|ten|re|ge|lung** (Regelung für straffreien Schwangerschaftsabbruch in den ersten [drei] Monaten)
frist|ge|mäß; frist|ge|recht
frist|los; fristlose Entlassung
Frist|über|schrei|tung; Frist|wech|sel (*Kaufmannsspr.* Datowechsel)
Fri|sur, die; -, -en
Fri|teu|se [...ˈtøː...] *alte Schreibung für* Fritteuse
Frit|flie|ge (Getreideschädling)

Frit|hjof (norweg. Held; m. Vorn.); **Frit|hjof[s]|sa|ge,** die; -

fri|tie|ren *alte Schreibung für* frittieren

Frit|ta|te, die; -, -n ‹ital.› (Eierkuchen); **Frit|ta|ten|sup|pe** (*svw.* Flädlesuppe)

Frit|te, die; -, -n ‹franz.› (Schmelzgemenge; *Plur. ugs. auch für* Pommes frites); **frit|ten** (eine Fritte machen; [von Steinen] sich durch Hitze verändern; *ugs. auch für* frittieren)

Frit|teu|se [...'tø:...; *alte Schreibung* Fri|teu|se], die; -, -n (elektrisches Gerät zum Frittieren)

frit|tie|ren [*alte Schreibung* fri|tieren] ‹franz.›; Fleisch, Kartoffeln frittieren (in schwimmendem Fett braun braten)

Frit|tü|re [*alte Schreibung* Fri|türe], die; -, -n ‹franz.› (heißes Ausbackfett; die darin gebackene Speise; *auch für* Fritteuse); **Fri|tü|re** *alte Schreibung für* Frittüre

Fritz (m. Vorn.); **...frit|ze,** der; -n, -n (*ugs. abwertend,* z. B. Filmfritze, Zeitungsfritze)

fri|vol ‹franz.› (leichtfertig; schlüpfrig); **Fri|vo|li|tät,** die; -, -en

Frl. = Fräulein

Frö|bel (dt. Pädagoge)

froh; frohen Sinnes; die froh[e]sten Menschen; froh gelaunt [*alte Schreibung* frohgelaunt], froher gelaunt; *vgl. aber* frohgemut; frohes Ereignis, *aber* ↑K 150: die Frohe Botschaft (Evangelium)

Froh|bot|schaft, die; - (*svw.* Evangelium)

froh ge|launt [*alte Schreibung* froh|ge|launt] *vgl.* froh

froh|ge|mut; die frohgemutesten Menschen

fröh|lich; Fröh|lich|keit, die; -

froh|lo|cken [*alte Trennung* ...k|k...]; sie hat frohlockt

Froh|mut *(geh.);* **froh|mü|tig** *(geh.)*

Froh|na|tur; Froh|sinn, der; -[e]s; **froh|sin|nig** *(selten)*

Frois|sé [frọa...], der *od.* das; -s, -s ‹franz.› (künstlich geknittertes Gewebe)

Fro|mage de Brie [frɔ'ma:ʒ də -], der; - - -, -s - - [frɔ'ma:ʒ - -] ‹franz.› (Briekäse)

fromm; frommer *od.* frömmer, fromms|te *od.* frömms|te

From|me, der; -n (*veraltet für* Ertrag; Nutzen), *noch in* zu Nutz und Frommen

Fröm|me|lei, die; -; **fröm|meln** (sich [übertrieben] fromm zeigen); ich frömm[e]le

from|men (*veraltend für* nutzen); es frommt ihm nicht

Fromm|heit, die; -; **Fröm|mig|keit,** die; -

Frömm|ler; Frömm|le|rei; Frömm|le|rin; frömm|le|risch

Fron, die; -, -en (dem Lehnsherrn zu leistende Arbeit); **Fron|arbeit** (*schweiz. auch für* unbezahlte Gemeinschaftsarbeit für Gemeinde, Verein o. Ä.)

[1]**Fron|de,** die; -, -n (*veraltet für* Fron)

[2]**Fron|de** ['frõ...], die; -, -n ‹franz.› (regierungsfeindliche Gruppe)

fron|den (*veraltet für* fronen)

Fron|deur [frõ'dø:ɐ̯], der; -s, -e ‹franz.› (Anhänger der [2]Fronde)

Fron|dienst (*früher* Dienst für den Lehnsherrn; *schweiz. svw.* Fronarbeit)

fron|die|ren [frõ...] ‹franz.› (als Frondeur auftreten)

fro|nen (Frondienste leisten)

frö|nen (sich einer Neigung, Leidenschaft o. Ä. hingeben)

Frö|ner (Arbeiter im Frondienst)

Fron|leich|nam, der; -[e]s *(meist ohne Artikel)* ‹»des Herrn Leib«› (kath. Fest); **Fron|leich|nams|fest; Fron|leich|nams|pro|zes|si|on**

Front, die; -, -en ‹franz.›; Front machen (sich widersetzen)

Front|ab|schnitt

fron|tal; Fron|tal|an|griff; Fron|tal|zu|sam|men|stoß

Front|an|trieb; Front|be|richt; Front|brei|te; Front|dienst; Front|ein|satz; Front|frau (*vgl.* Frontmann)

Fron|tis|piz, das; -es, -e (*Archit.* Giebeldreieck; *Buchw.* Titelblatt [mit Titelbild])

Front|kämp|fer; Front|la|der (Schleppfahrzeug); **Front|li|nie**

Front|mann (Musiker, der [als Sänger] in einer Gruppe im Vordergrund agiert)

Front|mo|tor

Front Na|tio|nal [frõ nasjɔ'nal], der, *auch* die; - - (französische Widerstandsorganisation im 2. Weltkrieg; französische Partei)

Front|sol|dat; Front|wech|sel (Gesinnungswandel)

Frosch, der; -[e]s, Frösche

Frosch|au|ge; Frosch|biss [*alte Schreibung* ...biß] (Sumpf- und Wasserpflanze)

Frösch|chen

Frosch|kö|nig, der; -s (eine Märchengestalt); **Frosch|laich**

Frösch|lein

Frosch|mann *Plur.* ...männer; **Frosch|per|s|pek|ti|ve; Frosch|schen|kel; Frosch|test** (ein Schwangerschaftstest)

Frost, der; -[e]s, Fröste; **frost|an|fäl|lig**

Frost|auf|bruch; Frost|beu|le

frös|te|lig [*alte Trennung* ...|st], fröst|lig; **frös|teln;** ich fröst[e]le; mich fröstelt

fros|ten [*alte Trennung* ...|st...]; **Fros|ter,** der; -s, - (Tiefkühlteil einer Kühlvorrichtung)

frost|frei; Frost|ge|fahr, die; -; **Frost|gren|ze**

frost|hart

fros|tig [*alte Trennung* ...|st...]; **Fros|tig|keit,** die; -

frost|klar; frost|klir|rend

fröst|lig, frös|te|lig [*alte Trennung* ...|st...]

Frost|scha|den; Frost|schutz|mit|tel, das; **Frost|span|ner** (ein Schmetterling); **Frost|wet|ter**

Frot|té usw. *vgl.* Frottee usw.

Frot|tee, *auch* Frot|té ['frɔte, *österr.* ...'te:], das *od.* der; -[s], -s ‹franz.› ([Kleider]stoff aus gekräuseltem Zwirn; *auch für* Frottiergewebe)

Frot|tee|hand|tuch, *auch* Frot|té|hand|tuch ['frɔte..., *österr.* ...'te:...]; **Frot|tee|stoff,** *auch* Frot|té|stoff; **Frot|tee|tuch,** *auch* Frot|té|tuch (*vgl.* Frottiertuch)

frot|tie|ren; Frot|tier|tuch *Plur.* ...tücher

Frot|ze|lei; frot|zeln (*ugs. für* necken, aufziehen); ich frotz[e]le

Frucht, die; -, Früchte

frucht|bar; Frucht|bar|keit

Frucht|be|cher *(auch Bot.);* **Frucht|bla|se; Frucht|blatt** (*für* Karpell); **Frucht|bo|den; Frucht|bon|bon**

Frucht brin|gend, *auch* **frucht|brin|gend;** eine Frucht bringende, *auch* fruchtbringende Tätigkeit ↑K 58 *u.* 59

Frücht|chen (*ugs. auch für* kleiner Taugenichts)

Früch|te|brot

fruch|ten; es fruchtet (nutzt) nichts

früch|te|reich *vgl.* fruchtreich

Frucht|fleisch; Frucht|fol|ge (An-

früh

früher, am frühs|ten *od.* am frü|hes|ten
Groß- und Kleinschreibung:
– von früh bis spät
– von morgens früh bis abends spät
– ich muss immer morgens früh aufstehen (*aber:* frühmorgens hat es noch geregnet)
– morgen früh, *auch* morgen Früh schlafe ich aus

Getrennt- und Zusammenschreibung:
– allzu früh [*alte Schreibung* allzufrüh]
– von früh auf [*alte Schreibung* von frühauf]
– früh verstorben, früh vollendet [*alte Schreibungen* frühverstorben, frühvollendet]
– frühs|tens *od.* frühes|tens; frühestmöglich (*vgl. d.*)

baufolge der einzelnen Feldfrüchte); **Frucht|ge|schmack; Frucht|holz** (fruchttragendes Holz der Obstbäume)
frucht|tig (z. B. vom Wein); **...fruch|tig** (z. B. einfruchtig)
Frucht|kno|ten *(Bot.)*
Frücht|lein
frucht|los; Frucht|lo|sig|keit
Frucht|mark, das; **Frucht|pres|se**
frucht|reich, fruch|te|reich
Frucht|saft
Frucht tra|gend, *auch* **frucht|tra|gend;** Frucht tragende, *auch* fruchttragende Bäume ↑K 58 *u.* 59
Frucht|was|ser, das; -s; **Frucht|wech|sel; Frucht|zu|cker** [*alte Trennung* ...k|k...]
Fruc|to|se *vgl.* Fruktose
fru|gal ‹lat.› (mäßig; einfach; bescheiden); **Fru|ga|li|tät,** die; -
früh *s. Kasten*
Früh|auf|ste|her; Früh|auf|ste|he|rin; Früh|beet
Früh|chen (Frühgeborenes)
Früh|di|a|g|no|se *(Med.);* **Früh|dienst**
Früh|druck *Plur.* ...drucke
Frü|he, die; -; in der Frühe; in aller Frühe; bis in die Früh
Früh|e|he
frü|her
Früh|er|ken|nung, die; - *(Med.)*
frü|hes|tens, frühs|tens [*alte Trennungen* ...|st...]
frü|hest|mög|lich; zum frühestmöglichen Termin
Früh|ge|burt; Früh|ge|mü|se
Früh|ge|schich|te, die; -; **früh|ge|schicht|lich**
früh|go|tisch
Früh|in|va|li|di|tät
Früh|jahr; früh|jahrs
Früh|jahrs|an|fang; Früh|jahrs|be|stel|lung; Früh|jahrs|kol|lek|ti|on; Früh|jahrs|mü|dig|keit; Früh|jahrs|putz
Früh|jahrs-Tag|und|nacht|glei|che, *auch* **Früh|jahrs-Tag-und-Nacht-Glei|che**
Früh|kar|tof|fel
früh|kind|lich
Früh|ling, der; -s, -e
Früh|lings|an|fang; Früh|lings|fest; Früh|lings|ge|fühl (Frühlingsgefühle haben; *ugs. scherzh. für* sich [im reifen Alter noch einmal] verlieben); **früh|ling[s]|haft**
Früh|lings|mo|nat *od.* **...mond** (März); **Früh|lings|rol|le** (chin. Vorspeise); **Früh|lings|tag; Früh|lings|zeit**
Früh|met|te
früh|mor|gens; *vgl.* früh
früh|neu|hoch|deutsch; *vgl.* deutsch; **Früh|neu|hoch|deutsch,** das; -[s]; *vgl.* Deutsch; **Früh|neu|hoch|deut|sche,** das; -n; *vgl.* Deutsche, das
früh|reif; Früh|reif (gefrorener Tau); **Früh|rei|fe,** die; -; **Früh|ren|te; Früh|rent|ner; Früh|schicht; Früh|schop|pen; Früh|som|mer; Früh|sport; Früh|sta|di|um; Früh|start**
frühs|tens [*alte Trennung* ...|st...] *vgl.* frühestens
Früh|stück; früh|stü|cken [*alte Trennung* ...k|k...]; gefrühstückt
Früh|stücks|brett|chen; Früh|stücks|brot; Früh|stücks|bü|fett; Früh|stücks|ei; Früh|stücks|fern|se|hen; Früh|stücks|pau|se
früh ver|stor|ben [*alte Schreibung* früh|ver|stor|ben] *vgl.* früh
früh voll|en|det [*alte Schreibung* früh|voll|en|det] *vgl.* früh
Früh|warn|sys|tem [*alte Trennung* ...|st...] *(Milit.)*
früh|zei|tig
Fruk|ti|dor [fry...], der; -[s], -s ‹franz., »Fruchtmonat«› (12. Monat des Kalenders der Franz. Revolution: 18. Aug. bis 16. Sept.)
Fruk|ti|fi|ka|ti|on [frʊk...], die; -, -en ‹lat.› (*Bot.* Frucht- bzw. Sporenbildung); **fruk|ti|fi|zie|ren**
Fruk|to|se, *auch* Fruc|to|se, die; - ‹lat.› (Fruchtzucker)
Frust, der; -[e]s (*ugs. für* Frustration)
Frus|t|ra|ti|on [*alte Trennung* ...|st...], die; -, -en ‹lat.› (*Psych.* Enttäuschung durch erzwungenen Verzicht od. Versagung von Befriedigung)
frus|t|rie|ren [*alte Trennung* ...|st...] (enttäuschen); frustriert sein; **Frus|t|rie|rung**
Frut|ti *Plur.* ‹ital.› (Früchte); **Frut|ti di Ma|re** [*alte Schreibung* Frut|ti di ma|re] *Plur.* ‹»Meeresfrüchte«› (mit dem Netz gefangene Muscheln, Krebse u. Ä.)
F-Schlüs|sel [ˈɛf...] *(Musik)*
ft = Foot, Feet
Fuchs, der; -es, Füchse; **Fuchs|bau** *Plur.* ...baue; **Füchs|chen**
fuch|sen; sich fuchsen (*ugs. für* sich ärgern); du fuchst dich; das fuchst ihn
Fuchs|hatz *(Jägerspr.)*
Fuch|sie, die; -, -n ‹nach dem Botaniker Leonhard Fuchs› (eine Zierpflanze)
fuch|sig (fuchsrot; fuchswild)
Fuch|sin, das; -s (roter Farbstoff)
Füch|sin; Fuchs|jagd; Füchs|lein
Fuchs|loch; Fuchs|pelz; fuchs|rot
Fuchs|schwanz
fuchs|[teu|fels|]wild
Fuch|tel, die; -, -n (*früher* breiter Degen; strenge Zucht); unter jmds. Fuchtel stehen; **fuch|teln;** ich fucht[e]le
fuch|tig (*ugs. für* aufgebracht)
fud. = fudit
Fu|der, das; -s, - (Wagenladung, Fuhre; Hohlmaß für Wein); **fu|der|wei|se**
fu|dit ‹lat., »hat [es] gegossen«› (auf künstlerischen Gusswerken; *Abk.* fud.)
Fu|d|schi|ja|ma [...dʒi...], der; -s (jap. Vulkan)
Fu|er|te|ven|tu|ra (eine der Kanarischen Inseln)
Fuf|fi, der; -s, -s (*ugs. für* Fünfzigmarkschein)
Fuff|zehn *(landsch.); in* 'ne Fuffzehn machen (Pause machen)
Fuff|zi|ger, der; -s, - (*landsch. für* Fünfzigpfennigstück); ein falscher Fuffziger (*ugs. für* unaufrichtiger Mensch)
Fug, der; *in* mit Fug und Recht

F

fu|ga|to ‹ital.› (*Musik* fugenartig); **Fu|ga|to,** das; -s, *Plur.* -s *u.* ...ti
[1]**Fu|ge,** die; -, -n (schmaler Zwischenraum; Verbindungsstelle)
[2]**Fu|ge,** die; -, -n ‹lat.-ital.› (kontrapunktisches Musikstück)
fu|gen ([Bau]teile verbinden)
fü|gen; sich fügen; aneinander fügen
fu|gen|los
Fu|gen-s, das; -, - ↑K 29
Fu|gen|stil, der; -[e]s *(Musik)*
Fu|gen|zei|chen (*Sprachw.* die Fuge einer Zusammensetzung kennzeichnender Laut oder kennzeichnende Silbe, z. B. -es- in »Liebesdienst«)
Fug|ger (Augsburger Kaufmannsgeschlecht im 15. und 16. Jh.); **Fug|ge|rei,** die; - (Handelsgesellschaft der Fugger; Stadtteil in Augsburg)
fu|gie|ren (ein musikal. Thema nach Fugenart durchführen)
füg|lich
füg|sam; Füg|sam|keit, die; -
Fu|gung
Fü|gung
fühl|bar; Fühl|bar|keit, die; -
füh|len
Füh|ler
Fühl|horn *Plur.* ...hörner
fühl|los; Fühl|lo|sig|keit, die; -
Füh|lung; Füh|lung|nah|me
Fuh|re, die; -, -n
Füh|re, die; -, -n (*Bergsteigen* Route)
füh|ren; Buch führen; jmdn. spazieren führen [*alte Schreibung* spazierenführen]; **Füh|rer**
Füh|rer|aus|weis (*schweiz. amtl. für* Führerschein); **Füh|rer|haus**
Füh|re|rin; füh|rer|los
Füh|rer|schaft
Füh|rer|schein; Füh|rer|sitz; Füh|rer|stand
Führ|hand *(Boxen)*
füh|rig usw. *vgl.* gefühig usw.
Fuhr|lohn; Fuhr|mann *Plur.* ...männer *u.* ...leute; **Fuhr|park**
Füh|rung; Füh|rungs|an|spruch; Füh|rungs|auf|ga|be; Füh|rungs|e|ta|ge; Füh|rungs|kraft; Füh|rungs|schie|ne *(Technik);* **Füh|rungs|spit|ze; Füh|rungs|tor,** das *(Sport);* **Füh|rungs|wech|sel; Füh|rungs|zeug|nis**
Fuhr|un|ter|neh|men; Fuhr|un|ter|neh|mer; Fuhr|werk
fuhr|wer|ken; ich fuhrwerke; gefuhrwerkt; zu fuhrwerken
Fu|ji|ya|ma [fudʒi'jama] ‹jap.› *vgl.* Fudschijama

Ful|be *Plur.* (westafrik. Volk)
[1]**Ful|da,** die; - (Quellfluss der Weser)
[2]**Ful|da** (Stadt a. d. Fulda)
Ful|da|er; Ful|da|e|rin
ful|da|isch, ful|disch
Ful|gu|rit, der; -s, -e ‹lat.› (*Geol.* durch Blitzschlag röhrenförmig zusammengeschmolzene Sandkörner)
Fül|le, die; -; **fül|len**
Fül|len, das; -s, - (*geh. für* Fohlen)
Fül|ler
Füll|fe|der; Füll|[fe|der|]hal|ter
Füll|horn *Plur.* ...hörner
fül|lig
Füll|ort, *Plur.* ...örter *(Bergmannsspr.)*
Füll|sel, das; -s, -
Full|time|job [...taim...], *auch* **Full-Time-Job** [*alte Schreibung* Full-time-Job] ‹engl.› (Ganztagsarbeit)
Fül|lung
Füll|wort *Plur.* ...wörter
ful|mi|nant ‹lat.› (glänzend, prächtig); **Ful|mi|nanz,** die; -
Fulp|mes (Ort in Tirol)
Fu|ma|ro|le, die; -, -n ‹ital.› (vulkan. Dampfquelle)
Fu|mé [fy'me:], der; -[s], -s ‹franz.› (Probeabdruck eines Holzschnittes mithilfe feiner Rußfarbe)
Fum|mel, der; -s, - (*ugs. für* billiges Kleid)
Fum|me|lei; fum|meln (*ugs. für* sich [unsachgemäß] an etwas zu schaffen machen); ich fumm[e]le
Fun [fan], der; -s ‹engl.› (Vergnügen, das eine bestimmte Handlung, ein Ereignis o. Ä. bereitet)
Fu|na|fu|ti (Hauptstadt von Tuvalu)
Fund, der; -[e]s, -e
Fun|da|ment, das; -[e]s, -e ‹lat.›; **fun|da|men|tal** (grundlegend; schwerwiegend)
Fun|da|men|tal|be|griff
Fun|da|men|ta|lis|mus, der; -; **Fun|da|men|ta|list,** der; -en, -en (jmd., der [kompromisslos] an seinen [politischen, religiösen] Grundsätzen festhält); **Fun|da|men|ta|lis|tin** [*alte Trennung* ...|st...]; **fun|da|men|ta|lis|tisch**
Fun|da|men|tal|satz
fun|da|men|tie|ren (den Grund legen)
Fun|da|ment|wan|ne *(Bauw.)*
Fund|amt
Fun|da|ti|on, die; -, -en ([kirchliche] Stiftung; *schweiz. für* Fundament[ierung])
Fund|bü|ro; Fund|gru|be
Fun|di, der; -s, -s (*ugs. für* Fundamentalist [bes. bei den Grünen])
fun|die|ren ‹lat.› (gründen; mit Mitteln versehen); **fun|diert** (begründet; *Kaufmannsspr.* durch Grundbesitz gedeckt)
fün|dig (*Bergmannsspr.* ergiebig, reich); fündig werden (entdecken, ausfindig machen; *Bergmannsspr.* auf Lagerstätten stoßen)
Fund|ort, der; -[e]s, -e; **Fund|sa|che; Fund|stät|te; Fund|un|ter|schla|gung**
Fun|dus, der; -, - ‹lat.› (Grund u. Boden; Grundlage; Bestand an Kostümen, Kulissen usw.)
Fü|nen (dän. Insel)
Fu|ne|ra|li|en *Plur.* ‹lat.› (*veraltet für* [feierliches Gepränge bei einem] Leichenbegängnis)
fünf; die fünf Sinne; wir sind heute zu fünfen *od.* zu fünft; fünf gerade sein lassen (*ugs. für* etwas nicht so genau nehmen); *vgl.* acht, drei; in fünf viertel Stunden *od.* in fünf Viertelstunden; *vgl.* Viertelstunde
Fünf, die; -, -en (Zahl); eine Fünf würfeln, schreiben; *vgl.* [1]Acht *u.* Eins
Fünf|eck; fünf|e|ckig [*alte Trennung* ...k|k...]
fünf|ein|halb, fünf|und|ein|halb
Fün|fer (*ugs. auch für* Fünfpfennigstück); *vgl.* Achter
fün|fer|lei
Fün|fer|rei|he; in Fünferreihen
Fünf|eu|ro|schein (*mit Ziffer* 5-Euro-Schein; ↑K 28)
fünf|fach; Fünf|fa|che, das; -n; *vgl.* Achtfache
Fünf|flach, das; -[e]s, -e, **Fünf|fläch|ner** (*für* Pentaeder)
Fünf|fran|ken|stück (*mit Ziffer* 5-Franken-Stück; ↑K 28), **Fünf|fränk|ler,** der; -s, - (*schweiz. svw.* Fünffrankenstück)
fünf|hun|dert (*als röm. Zahlzeichen* D)
Fünf|jahr|plan, Fünf|jah|res|plan (*mit Ziffer* 5-Jahr[es]-Plan ↑K 28; für jeweils fünf Jahre aufgestellter Wirtschaftsplan in sozialistischen Ländern)
Fünf|kampf
Fünf|li|ber, der; -s, - (*schweiz. mdal. für* Fünffrankenstück)
Fünf|ling

fụ̈nf|mal *vgl.* achtmal
fụ̈nf|ma|lig
Fünf|mạrk|stück (*mit Ziffer* 5-Mark-Stück; ↑K 28); **fünf|mạrk|stück|groß**
Fụ̈nf|pass [*alte Schreibung* ...paß], der; ...passes, ...passe (*Archit.* Verzierungsform mit fünf Bogen)
Fünf|pfẹn|nig|stück
Fünf|pro|zẹnt|klau|sel, die; - (*mit Ziffer* 5-Prozent-Klausel ↑K 28; *mit Zeichen* 5 %-Klausel; *vgl.* Prozent *u.* ...prozentig)
Fünf|raum|woh|nung (*mit Ziffer* 5-Raum-Wohnung)
fụ̈nf|stel|lig
Fünf|strom|land, das; -[e]s (*für* Pandschab)
fụ̈nft *vgl.* fünf
Fünf|ta|ge|fie|ber, das; -s (Infektionskrankheit)
Fünf|ta|ge|wo|che
fụ̈nf|tau|send
fụ̈nf|te; die fünfte Kolonne; *vgl.* achte; **fụ̈nf|tel** *vgl.* achtel; **Fụ̈nf|tel,** das, *schweiz. meist* der; -s, -; *vgl.* Achtel; **fụ̈nf|tens**
Fünf|uhr|tee
fụ̈nf|und|ein|hạlb, fụ̈nf|ein|hạlb
fụ̈nf|und|sẹch|zig|jäh|rig; *vgl.* achtjährig
fụ̈nf|und|zwạn|zig *vgl.* acht; **fụ̈nf|zehn** *vgl.* acht *u.* Fuffzehn; **fụ̈nf|zehn|hun|dert**
fụ̈nf|zig (*als röm. Zahlzeichen* L) usw.; *vgl.* achtzig usw.; **Fụ̈nf|zi|ger,** der; -s, - (*ugs. auch für* Münze od. Schein mit dem Wert 50); *vgl.* Fuffziger; **fụ̈nf|zig|jäh|rig** *vgl.* achtjährig
Fünf|zig|mạrk|schein (*mit Ziffern* 50-Mark-Schein ↑K 28)
Fünf|zịm|mer|woh|nung (*mit Ziffer* 5-Zimmer-Wohnung)
fun|gi|bel ‹lat.› (einsetzbar; *Rechtsspr.* vertretbar); ...gi|b|le Sache; **Fun|gi|bi|li|tät,** die; -
fun|gie|ren (ein Amt verrichten, verwalten; tätig, wirksam sein)
Fun|gi|zid, das; -[e]s, -e ‹lat.› (Mittel zur Pilzbekämpfung)
Fụn|gus, der; -, ...gi (*Med.* schwammige Geschwulst)
[1]**Fụnk,** der; -s (Rundfunk[wesen], drahtlose Telegrafie)
[2]**Funk** [fank], der; -s ‹engl.› (bluesbetonte Spielweise im Jazz; Popmusik als Mischung aus Rock und Jazz)
Fụnk|a|ma|teur; Fụnk|an|la|ge; Fụnk|aus|stel|lung; Fụnk|bild
Fụ̈nk|chen
Fụnk|dienst
Fụn|ke, *seltener* Fụn|ken, der; ...kens, ...ken; eine Funken sprühende [*alte Schreibung* funkensprühende] Lokomotive
fụn|keln; ich funk[e]le
fun|kel|na|gel|neu *(ugs.)*
fụn|ken (durch Funk übermitteln)
Fụn|ken *vgl.* Funke
Fụn|ken|flug; Fụn|ken|ma|rie|chen (Tänzerin im Karneval); **Fụn|ken|re|gen**
Fụn|ken sprü|hend [*alte Schreibung* fun|ken|sprü|hend] *vgl.* Funke
fụnk|ent|stö|ren; ein funkentstörtes Elektrogerät
Fụn|ker; Fụnk|ge|rät; Fụnk|haus
Fụn|kie, die; -, -n ‹nach dem dt. Apotheker Funck› (eine Zierpflanze)
fun|kig [ˈfaŋkıç] (in der Art des [2]Funk)
Fụnk|kol|leg; Fụnk|kon|takt
Fụ̈nk|lein
Fụnk|mess|tech|nik [*alte Schreibung* ...meß...]; **Fụnk|pei|lung; Fụnk|schat|ten**
Fụnk|sprech|ge|rät; Fụnk|sprech|ver|kehr; Fụnk|spruch
Fụnk|sta|ti|on; Fụnk|stil|le; Fụnk|stö|rung
Fụnk|strei|fe; Fụnk|strei|fen|wa|gen; Fụnk|ta|xi; Fụnk|tech|nik, die; -
Funk|ti|on, die; -, -en ‹lat.› (Tätigkeit; Aufgabe; Wirkungsweise; *Math.* abhängige Größe)
funk|ti|o|nal (funktionell); funktionale Grammatik
funk|ti|o|na|li|sie|ren; Funk|ti|o|na|lis|mus, der; - *(Archit., Philos.);* **Funk|ti|o|na|list,** der; -en, -en; **Funk|ti|o|na|lis|tin** [*alte Trennung* ...|st...]
Funk|ti|o|na|li|tät, die; -
Funk|ti|o|när, der; -s, -e ‹franz.›; **Funk|ti|o|nä|rin**
funk|ti|o|nell (auf die Funktion bezüglich; wirksam); funktionelle Erkrankung *(Med.)*
Funk|ti|o|nen|the|o|rie
funk|ti|o|nie|ren
Funk|ti|ons|ein|heit
funk|ti|ons|fä|hig; Funk|ti|ons|leis|te [*alte Trennung* ...|st...] (auf dem PC-Bildschirm); **Funk|ti|ons|stö|rung; funk|ti|ons|tüch|tig**
Funk|ti|ons|verb (*Sprachw.* Verb, das in verblasster Bedeutung in einer festen Verbindung mit einem Substantiv gebraucht wird, z. B. »[zur Durchführung] bringen«)
Fụnk|turm; Fụnk|ver|bin|dung; Fụnk|wa|gen; Fụnk|wer|bung; Fụnk|we|sen, das; -s
Fun|sport [ˈfan...] (Freizeitsport ohne Leistungsdruck)
Fụn|zel, *selten* Fụn|sel, die; -, -n (*ugs. für* schlecht brennende Lampe)
für (*Abk.* f.); *Präp. mit Akk.* für ihn; ein für alle Mal; für und wider, *aber* ↑K 81: das Für und [das] Wider; *vgl.* fürs
Fu|ra|ge [...ʒə], die; - ‹franz.› (*Milit.* Lebensmittel; Mundvorrat; Futter); **fu|ra|gie|ren** [...ˈʒiː...] (*Milit.* Lebensmittel, Futter empfangen, holen)
für|bass [*alte Schreibung* für|baß] (*veraltet für* weiter); fürbass schreiten
Für|bit|te; für|bit|ten; *nur im Infinitiv gebräuchlich;* fürzubitten; **Für|bit|ten,** das; -s; **Für|bit|ter; Für|bit|te|rin**
Fụr|che, die; -, -n; **fụr|chen; fụr|chig**
Fụrcht, die; -; ↑K 59: jmdm. Furcht einflößen; Furcht erregen; *vgl.* Furcht einflößend, Furcht erregend
fụrcht|bar; Fụrcht|bar|keit
Fụ̈rch|te|gott (m. Vorn.)
Fụrcht ein|flö|ßend, *auch* **fụrcht|ein|flö|ßend** ↑K 58 *u.* 59; eine Furcht einflößende, *auch* furchteinflößende Vorstellung, *aber nur* eine große Furcht einflößende Vorstellung, eine höchst furchteinflößende, noch furchteinflößendere Vorstellung
fụ̈rch|ten
fụ̈rch|ter|lich
Fụrcht er|re|gend, *auch* **fụrcht|er|re|gend** ↑K 58 *u.* 59; ein Furcht erregender, *auch* furchterregender Auftritt, *aber nur* ein große Furcht erregender Auftritt, ein äußerst furchterregender, noch furchterregenderer Auftritt
fụrcht|los; Fụrcht|lo|sig|keit, die; -
fụrcht|sam; Fụrcht|sam|keit, die; -
Fụr|chung
für|der, für|der|hin (*veraltet für* von jetzt an, künftig)
für|ei|n|an|der; *Getrenntschreibung in Verbindung mit Verben:* füreinander einstehen, leben
Fu|rie [...i̯ə], die; -, -n ‹lat.› (röm. Rachegöttin; wütende Frau)

F

Fu|rier, der; -s, -e ‹franz.› (*Milit. veraltet* der für Unterkunft u. Verpflegung sorgende Unteroffizier); *vgl.* Fourier

fü|rio! (*schweiz. für* feurio!)

fu|ri|os ‹lat.› (*veraltend für* hitzig, leidenschaftlich; mitreißend); **fu|ri|o|so** ‹ital.› (*Musik* leidenschaftlich); **Fu|ri|o|so,** das; -s, *Plur.* -s *u.* ...si *(Musik)*

Fur|ka, die; - (schweiz. Alpenpass)

für|lieb; *nur in* fürlieb nehmen [*alte Schreibung* fürliebnehmen] (*älter für* vorlieb nehmen); ich nehme fürlieb; fürlieb genommen; fürlieb zu nehmen [*alte Schreibungen* fürliebgenommen; fürliebzunehmen]

Fur|nier, das; -s, -e ‹franz.› (dünnes Deckblatt aus wertvollem Holz); **fur|nie|ren; Fur|nier|holz; Fur|nier|plat|te; Fur|nie|rung**

Fu|ror, der; -s ‹lat.› (Wut)

Fu|ro|re, die; - *od.* das; -s ‹ital.›; *meist in* Furore machen ([durch Erfolg] Aufsehen erregen)

Fu|ror teu|to|ni|cus, der; - - ‹lat., »teutonisches Ungestüm«›

fürs ↑K14 (für das); fürs Erste [*alte Schreibung* fürs erste] ↑K80

Für|sor|ge, die; - (*früher auch für* Sozialhilfe); **Für|sor|ge|pflicht**

Für|sor|ger *(früher);* **Für|sor|ge|rin**

für|sor|ge|risch (zum Fürsorgewesen gehörend)

für|sorg|lich (pfleglich, liebevoll); **Für|sorg|lich|keit,** die; -

Für|spra|che

Für|sprech, der; -s, -e (*veraltet für* Fürsprecher, Wortführer; *schweiz. für* Rechtsanwalt)

Für|spre|cher; Für|spre|che|rin

Fürst, der; -en, -en

Fürst|abt; Fürst|bi|schof

fürs|ten [*alte Trennung* ...|st...]; *fast nur noch im Partizip II;* gefürstet

Fürs|ten|ge|schlecht [*alte Trennung* ...|st...]; **Fürs|ten|haus; Fürs|ten|hof; Fürs|ten|sitz; Fürs|ten|tum**

Fürst|erz|bi|schof

Fürs|tin [*alte Trennung* ...|st...]; **Fürs|tin|mut|ter,** die; -

fürst|lich; *in Titel* ↑K151: Fürstlich; **Fürst|lich|keit**

Fürst-Pück|ler-Eis ‹nach Hermann Fürst von Pückler-Muskau› (Sahneeis in drei Schichten)

Furt, die; -, -en

Fürth (Nachbarstadt von Nürnberg)

Furt|wäng|ler (dt. Dirigent)

Fu|run|kel, der, *auch* das; -s, - ‹lat.› (Geschwür, Eiterbeule); **Fu|run|ku|lo|se,** die; -, -n

für|wahr *(veraltend)*

Für|witz, der; -es (*älter für* Vorwitz); **für|wit|zig** (*älter für* vorwitzig)

Für|wort *Plur.* ...wörter (*für* Pronomen); **für|wört|lich**

Furz, der; -es, Fürze (*derb für* abgehende Blähung); **fur|zen;** du furzt

Fu|sche|lei; fu|scheln (*landsch. für* rasch hin u. her bewegen; täuschen; pfuschen); ich fusch[e]le

fu|schen (*svw.* fuscheln); du fuschst; **fu|schern** (*svw.* fuscheln); ich fuschere

Fu|sel, der; -s, - (*ugs. für* schlechter Branntwein)

fu|seln (*landsch. für* hastig u. schlecht arbeiten); ich fus[e]le

Fu|sel|öl

Fü|si|lier, der; -s, -e ‹franz.› (*schweiz., sonst veraltet für* Infanterist)

fü|si|lie|ren (standrechtlich erschießen); **Fü|sil|la|de** [fyziˈja:...], die; -, -n (*veraltet für* standrechtliche Massenerschießung)

Fu|sil|li *Plur.* ‹ital.› (spiralig gedrehte Nudeln)

Fu|si|on, die; -, -en ‹lat.› (Verschmelzung, Zusammenschluss); **fu|si|o|nie|ren; Fu|si|o|nie|rung; Fu|si|ons|ver|hand|lung**

Fuß, der; -es, Füße; drei Fuß lang; nach Fuß rechnen; zu Fuß gehen; zu Füßen fallen; Fuß fassen; einen Fuß breit, *aber* keinen Fußbreit *(vgl. d.)* weichen; der Weg ist kaum fußbreit

Fuß|ab|strei|fer; Fuß|ab|tre|ter; Fuß|ab|wehr *(Sport);* **Fuß|an|gel; Fuß|bad**

Fuß|ball; Fußball spielen ↑K54, *aber* das Fußballspielen ↑K82

Fuß|ball|braut *(ugs.)*

Fuß|ball|bun|des|trai|ner ↑K22

Fuß|bal|ler; Fuß|bal|le|rin; fuß|bal|le|risch; Fuß|ball|fan; Fuß|ball|feld; Fuß|ball|klub

Fuß|ball|län|der|spiel, *auch* **Fuß|ball-Län|der|spiel** [*alte Schreibung* Fuß|ballän|der|spiel, *alte Trennung* ...ll|l...]

Fuß|ball|mann|schaft; Fuß|ball|meis|ter|schaft [*alte Trennung* ...|st...]; **Fuß|ball|schuh**

Fuß|ball|spiel; Fuß|ball|spie|len, das; -s, *aber* ↑K54: Fußball spielen

Fuß|ball|spie|ler; Fuß|ball|spie|le|rin; Fuß|ball|sta|di|on; Fuß|ball|ten|nis (ein Spiel); **Fuß|ball|tor; Fuß|ball|to|to; Fuß|ball|trai|ner; Fuß|ball|ver|ein; Fuß|ball|welt|meis|ter|schaft** ([*alte Trennung* ...|st...] *Abk.:* Fußball-WM)

Fuß|bank *Plur.* ...bänke; **Fuß|bett**

Fuß|bo|den; Fuß|bo|den|hei|zung; Fuß|bo|den|le|ger

fuß|breit; eine fußbreite Rinne; *vgl.* Fuß; **Fuß|breit,** der; -, - (Maß); keinen Fußbreit weichen; keinen Fußbreit Landes hergeben; *vgl.* Fuß

Füß|chen

Fus|sel, die; -, -n, *auch* der; -s, -[n] (Fädchen, Faserstückchen); **fus|se|lig,** fuss|lig [*alte Schreibung* fuß|lig]; **fus|seln;** der Stoff fusselt

fü|ßeln (*landsch. für* mit den Füßen unter dem Tisch Berührung suchen); ich füß[e]le

fu|ßen; du fußt; auf einem Vertrag fußen

Füs|sen (Stadt am Lech)

Fuß|en|de

Fus|sen|eg|ger (österr. Schriftstellerin)

...fü|ßer (z. B. Bauchfüßer), ...füßler (z. B. Tausendfüßler)

Fuß|fall, der; **fuß|fäl|lig**

Fuß|feh|ler *(Hockey, Tennis)*

Fuß|fes|sel; elektronische Fußfessel; *vgl.* [2]Fessel;

fuß|frei (die Füße frei lassend)

Fuß|gän|ger; Fuß|gän|ger|am|pel; Fuß|gän|ge|rin

Fuß|gän|ger|tun|nel; Fuß|gän|ger|ü|ber|weg; Fuß|gän|ger|zo|ne

Fuß|ge|her (*österr. neben* Fußgänger)

fuß|ge|recht; fußgerechtes Schuhwerk

fuß|hoch; das Wasser steht fußhoch; *vgl.* Fuß

...fü|ßig (z. B. vierfüßig)

fuß|kalt; ein fußkaltes Zimmer

fuß|krank

fuß|lang; *vgl.* Fuß

fuß|läu|fig (*fachspr.* zu Fuß zu erreichen)

fuß|lei|dend

Füß|lein

...füß|ler *vgl.* ...füßer

Füß|li, Füss|li (schweiz.-engl. Maler)

fuss|lig [*alte Schreibung* fuß|lig], fus|se|lig

Fuß|ling (Fußteil des Strumpfes)
Fuß|marsch, der; **Fuß|na|gel; Fuß|no|te; Fuß|pfad**
Fuß|pfle|ge; Fuß|pfle|ger; Fuß|pfle|ge|rin
Fuß|pilz; Fuß|sack; Fuß|soh|le; Fuß|sol|dat; Fuß|spur
Fuß|stap|fe, die; -, -n *u.* **Fuß|stap|fen,** der; -s, -
fuß|tief; ein fußtiefes Loch; *vgl.* Fuß
Fuß|tritt; Fuß|volk; Fuß|wan|de|rung; Fuß|wa|schung; Fuß|weg
fuß|wund
Fus|ta|ge [...ʒə; *alte Trennung* ...|st...], die; -, -n ‹franz.› ([Preis für] Leergut)
Fus|ta|nel|la [*alte Trennung* ...|st...], die; -, ...llen ‹ital.› (kurzer Männerrock der Albaner und Griechen)
Fus|ti [*alte Trennung* ...|st...] *Plur.* ‹ital.› (unbrauchbare Bestandteile einer Ware)
Fus|tik|holz [*alte Trennung* ...|st...] ‹arab.; dt.› (einen gelben Farbstoff enthaltendes Holz)
Fu|thark [...θa...], das; -s, -e (Runenalphabet)
Fu|ton, der; -s, -s ‹jap.› (jap. Matratze)
futsch, *österr. auch* pfutsch (*ugs. für* weg, verloren)
[1]**Fut|ter,** das; -s (Nahrung [der Tiere])
[2]**Fut|ter,** das; -s, - (innere Stoffschicht der Oberbekleidung)
Fut|te|ra|ge [...ʒə], die; - (*ugs. für* Essen)
Fut|te|ral, das; -s, -e ‹germ.-mlat.› (Hülle, Überzug; Behälter)
Fut|ter|ge|trei|de; Fut|ter|häus|chen (für Vögel); **Fut|ter|kar|tof|fel; Fut|ter|krip|pe**
Fut|ter|mau|er (Stützmauer)
Fut|ter|mit|tel, das
fut|tern (*ugs. scherzh. für* essen); ich futtere
[1]**füt|tern;** den Hund füttern; ich füttere
[2]**füt|tern** (Futterstoff einlegen); ich füttere
Fut|ter|neid; Fut|ter|platz; Fut|ter|rau|fe; Fut|ter|rü|be; Fut|ter|schnei|de|ma|schi|ne *od.* **...schneid|ma|schi|ne**
Fut|ter|sei|de; Fut|ter|stoff
Fut|ter|trog
Füt|te|rung
Fu|tur, das; -s, -e *Plur. selten* ‹lat.› (*Sprachw.* Zukunftsform, Zukunft); **fu|tu|risch** (das Futur betreffend, im Futur auftretend)
Fu|tu|ris|mus, der; - (Kunstrichtung des 20. Jh.s); **Fu|tu|rist,** der; -en, -en (Anhänger des Futurismus); **Fu|tu|ris|tin** [*alte Trennung* ...|st...]; **fu|tu|ris|tisch**
Fu|tu|ro|lo|ge, der; -n, -n; **Fu|tu|ro|lo|gie,** die; - (Zukunftsforschung); **Fu|tu|ro|lo|gin; fu|tu|ro|lo|gisch**
Fu|tu|rum, das; -s, ...ra (*älter für* Futur); **Fu|tu|rum ex|ak|tum,** das; - -, ...ra ...ta (*Sprachw.* vollendete Zukunft, Vorzukunft)
Fu|zel, der; -s, - (*österr. ugs. für* Fussel); **fu|zeln** (*österr. ugs. für* sehr klein schreiben); ich fuz[e]le; **Fu|zerl,** das; -s, -n (*svw.* Fuzel)
Fuz|zi, der; -s, -s (*ugs. für* nicht ganz ernst zu nehmender Mensch)
Fuz|zy|lo|gic [ˈfazilɔdʒɪk], die; -, *auch* **Fuz|zy Lo|gic,** die; - - *vgl.* Fuzzylogik
Fuz|zy|lo|gik [ˈfazi...] ‹engl.-griech.› (*EDV* bei Systemen der künstl. Intelligenz angewandte Methode der Nachahmung des menschlichen Denkens)

Gg

G (Buchstabe); das G; des G, die G, *aber* das g in Lage; der Buchstabe G, g
g = Gramm; *in Österreich auch* Groschen
g = *Zeichen für* Fallbeschleunigung
g = *früheres Zeichen für* Gon
g, G, das; -, - (Tonbezeichnung); **g** (*Zeichen für* g-Moll); in g; **G** (*Zeichen für* G-Dur); in G
G (*auf dt. Kurszetteln*) = Geld (d. h., das betr. Wertpapier war zum angegebenen Preis gesucht)
G = [2]Gauß; Giga...
Γ, γ = Gamma
Ga = *chem. Zeichen für* Gallium
Ga. = Georgia
Gäa (griech. Göttin der Erde)
Ga|bar|di|ne [...di:n, *auch* ...ˈdi:n], der; -s, *auch* [...ˈdi:nə], die; - ‹franz.› (ein Gewebe); **Ga|bar|di|ne|man|tel**
Gab|b|ro, der; -s ‹ital.› (*Geol.* ein Tiefengestein)
Ga|be, die; -, -n
gä|be *vgl.* gang
Ga|bel, die; -, -n
Ga|bel|bis|sen; Ga|bel|bock (*Jägerspr.*); **Gä|bel|chen; Ga|bel|deich|sel; Ga|bel|früh|stück; Ga|bel|hirsch** (*Jägerspr.*)
ga|be|lig, gab|lig
ga|beln; ich gab[e]le
Ga|bels|ber|ger (Familienn.); **ga|bels|ber|gersch;** die gabelsbergersche, *auch* Gabelsberger'sche [*alte Schreibung* Gabelsbergersche] Stenografie ↑K 135
Ga|bel|schlüs|sel; Ga|bel|stap|ler
Ga|be|lung, Gab|lung
Ga|bel|wei|he (ein Greifvogel)
Ga|ben|tisch
Ga|bi (w. Vorn.)
Gäb|lein
Gab|ler (*Jägerspr.* Gabelbock, -hirsch)
gab|lig, ga|be|lig
Gab|lung, Ga|be|lung
Ga|bo|ro|ne (Hpst. von Botsuana)
Ga|b|ri|el [...e:l, *auch* ...ɛl] (ein Erzengel; m. Vorn.)
Ga|b|ri|e|le (w. Vorn.)
Ga|bun (Staat in Afrika); **Ga|bu|ner; Ga|bu|ne|rin; ga|bu|nisch**
Ga|cke|lei [*alte Trennung* ...k|k...]; **ga|ckeln** (*landsch. für* gackern); ich gack[e]le
ga|ckern [*alte Trennung* ...k|k...]; ich gackere
gack|sen (*landsch. für* gackern); du gackst; gicksen und gacksen
Gad (bibl. m. Eigenn.)
Ga|den, der; -s, - (*landsch. für* einräumiges Haus; Kammer)
Ga|do|li|ni|um, das; -s ‹nach dem finn. Chemiker Gadolin› (chem. Grundstoff; *Zeichen* Gd)
Gaf|fel, die; -, -n (um den Mast drehbare, schräge Segelstange); **Gaf|fel|scho|ner; Gaf|fel|se|gel**
gaf|fen (*abwertend*); **Gaf|fer; Gaf|fe|rei; Gaf|fe|rin**
Gag [gɛk], der; -s, -s ‹engl.-amerik.› (witziger Einfall; überraschende Besonderheit)
ga|ga (*ugs. für* nicht recht bei Verstand)
Ga|gat, der; -[e]s, -e ‹griech.› (Pechkohle, Jett); **Ga|gat|koh|le**
Ga|ge [...ʒə], die; -, -n ‹germ.-

franz.⟩ (Bezahlung, Gehalt [von Künstlern])
gäh|nen; Gäh|ne|rei, die; -
Gail|lar|de [ga'ja...], die; -, -n ⟨franz.⟩ (ein Tanz)
Gains|bo|rough ['ge:nsbərə] (engl. Maler)
Ga|jus (altröm. m. Vorn.; *Abk.* C. [nach der alten Schreibung Cajus])
Ga|la [*auch* 'gala], die; - ⟨span.⟩ (Kleiderpracht; Festkleid)
Ga|la|a|bend; Ga|la|an|zug; Ga|la|di|ner; Ga|la|emp|fang; Ga|la|kon|zert
ga|lak|tisch ⟨griech.⟩ (zur Galaxis gehörend)
Ga|lak|tor|rhö, die; -, -en (*Med.* Milchfluss nach dem Stillen)
Ga|lak|to|se, die; -, -n (einfacher Zucker)
Ga|lan, der; -s, -e ⟨span.⟩ (*veraltend für* Liebhaber)
ga|lant ⟨franz.⟩ (betont höflich, ritterlich; aufmerksam); galante Dichtung (in Europa um 1700); galanter Stil (eine Kompositionsweise des 18. Jh.s in Deutschland)
Ga|lan|te|rie, die; -, ...ien (Höflichkeit [gegenüber Frauen])
Ga|lan|te|rie|wa|ren *Plur.* (*veraltet für* Schmuck-, Kurzwaren)
Ga|lant|homme [...'tɔm], der; -s, -s ⟨franz.⟩ (*veraltet für* Ehrenmann)
Ga|la|pa|gos|in|seln *Plur.* (zu Ecuador gehörend)
Ga|la|tea (griech. Meernymphe)
Ga|la|ter *Plur.* (griech. Name der Kelten in Kleinasien); **Ga|la|ter|brief,** der; -[e]s; ↑K 64 *(N. T.)*
Ga|la|u|ni|form; Ga|la|vor|stel|lung
Ga|la|xie, die; -, ...xien ⟨griech.⟩ (*Astron.* großes Sternsystem); **Ga|la|xis,** die; -, ...xien (die Milchstraße *[nur Sing.]; selten für* Galaxie)
Gal|ba (röm. Kaiser)
Gä|le, der; -n, -n (irisch-schottischer Kelte)
Ga|le|as|se, die; -, -n ⟨ital.⟩ (Küstenfrachtsegler; *früher* größere Galeere)
Ga|lee|re, die; -, -n (Ruderkriegsschiff); **Ga|lee|ren|skla|ve; Ga|lee|ren|sträf|ling**
Ga|len, Ga|le|nus (altgriech. Arzt)
Ga|le|nik, die; - ⟨nach dem Arzt Galen⟩ (Lehre von den natürlichen [pflanzlichen] Arzneimitteln); **ga|le|nisch;** galenische [*alte Schreibung* Galenische] Schriften ↑K 135
Ga|le|o|ne, Ga|li|o|ne, die; -, -n ⟨niederl.⟩ (mittelalterl. Segel[kriegs]schiff)
Ga|le|o|te, Ga|li|o|te, die; -, -n (der Galeasse ähnliches kleineres Küstenfahrzeug)
Ga|le|rie, die; -, ...ien ⟨ital.⟩; **Ga|le|rist,** der; -en, -en (Besitzer, Leiter einer Galerie); **Ga|le|ris|tin** [*alte Trennung* ...ǀst...]
Gal|gant|wur|zel ⟨arab.; dt.⟩ (heilkräftige Wurzel)
Gal|gen, der; -s, -
Gal|gen|frist; Gal|gen|hu|mor; Gal|gen|strick (*svw.* Galgenvogel); **Gal|gen|vo|gel** (*ugs. für* Strolch, Taugenichts)
Ga|li|ci|en (hist. Provinz in Spanien); *vgl. aber* Galizien; **Ga|li|ci|er; ga|li|cisch**
Ga|li|läa (Gebirgsland westl. des Jordans); **Ga|li|lä|er; Ga|li|lä|e|rin; ga|li|lä|isch,** *aber* ↑K 140: das Galiläische Meer (See Genezareth)
Ga|li|lei (ital. Physiker)
Ga|li|ma|thi|as, der *u.* das; - ⟨franz.⟩ (*veraltend für* verworrenes Gerede)
Ga|li|on, das; -s, -s ⟨niederl.⟩ (Vorbau am Bug älterer Schiffe)
Ga|li|o|ne *vgl.* Galeone; **Ga|li|ons|fi|gur**
Ga|li|o|te *vgl.* Galeote
Ga|li|pot [...'po:], der; -s ⟨franz.⟩ (ein Fichtenharz)
gä|lisch; gälische Sprache (Zweig des Keltischen); *vgl.* deutsch; **Gä|lisch,** das; -[s] (Sprache); *vgl.* Deutsch; **Gä|li|sche,** das; -n; *vgl.* Deutsche, das
Ga|li|zi|en (*früher für* Gebiet nördl. der Karpaten); *vgl. aber* Galicien; **Ga|li|zi|er; Ga|li|zi|e|rin; ga|li|zisch**
Gall|ap|fel (kugelförmiger Auswuchs an Blättern usw.)
[1]**Gal|le,** die; -, -n (Geschwulst [bei Pferden]; Gallapfel)
[2]**Gal|le,** die; -, -n (Sekret der Leber; Gallenblase)
gal|le[n]|bit|ter
Gal|len|bla|se; Gal|len|gang, der; **Gal|len|ko|lik; Gal|len|lei|den; Gal|len|stein; Gal|len|tee**
gal|len|trei|bend
Gal|len|we|ge *Plur.*
Gal|lert [*auch* ...'lɛ...], das; -[e]s, -e ⟨lat.⟩ (durchsichtige, steife Masse aus eingedickten pflanzl. od. tier. Säften); **gal|lert|ar|tig**
Gal|ler|te [*auch* 'ga...], die; -, -n (*svw.* Gallert); **gal|ler|tig**
Gal|lert|mas|se
Gal|li|en (röm. Name Frankreichs); **Gal|li|er; Gal|li|e|rin**
gal|lig ⟨*zu* [2]Galle⟩ (gallebitter; verbittert); galliger Humor
gal|li|ka|nisch; gallikanische [kath.] Kirche (in Frankreich vor 1789)
gal|lisch ⟨*zu* Gallien⟩
Gal|li|um, das; -s (chemisches Element, Metall; *Zeichen* Ga)
Gal|li|zis|mus, der; -, ...men (*Sprachw.* franz. Spracheigentümlichkeit in einer nichtfranz. Sprache)
Gal|lo|ma|nie, die; - ⟨lat.; griech.⟩ (übertriebene Vorliebe für alles Französische)
Gal|lo|ne, die; -, -n ⟨engl.⟩ (engl.-amerik. Hohlmaß)
gal|lo|ro|ma|nisch (den roman. Sprachen auf gallischem Boden angehörend, von ihnen abstammend)
Gal|lup|in|s|ti|tut, *auch* **Gal|lup-In|s|ti|tut** [*auch* 'gɛləp...], das; -[e]s ↑K 136 ⟨nach seinem Gründer George H. Gallup⟩ (amerikanisches Meinungsforschungsinstitut)
Gal|lus (m. Eigenname)
Gal|lus|säu|re, die; - ⟨*zu* [1]Galle⟩; **Gal|lus|tin|te**
Gall|wes|pe
Gal|mei [*auch* 'gal...], der; -s, -e ⟨griech.⟩ (Zinkerz)
Ga|lon [...'lõ:], der; -s, -s ⟨franz.⟩ *u.* **Ga|lo|ne,** die; -, -n ⟨ital.⟩ (Borte, Tresse); **ga|lo|nie|ren** (mit Borten, Tressen usw. besetzen)
Ga|lopp, der; -s, *Plur.* -s *u.* -e ⟨ital.⟩; **Ga|lop|per** (Pferd)
ga|lop|pie|ren; Ga|lopp|ren|nen
Ga|lo|sche, die; -, -n ⟨franz.⟩ (*veraltend für* Überschuh; *ugs. für* ausgetretener Schuh)
Gals|wor|thy ['go:lsvø:ɐ̯ði] (engl. Schriftsteller)
galt (*bayr., österr., schweiz. für* [von Kühen, Ziegen] keine Milch gebend); *vgl.* [1]gelt; **Galt|vieh** (*bayr., österr., schweiz. für* Jungvieh; Kühe, die keine Milch geben)
Gal|va|ni (ital. Naturforscher)
Gal|va|ni|sa|ti|on, die; - ⟨nlat.⟩ (*Med.* therapeutische Anwendung des elektr. Gleichstroms)

gal|va|nisch; galvanischer Strom; galvanisches Element

Gal|va|ni|seur [...'zø:ɐ̯], der; -s, -e ‹franz.› (Facharbeiter für Galvanotechnik); **gal|va|ni|sie|ren** (durch Elektrolyse mit Metall überziehen)

Gal|va|nis|mus, der; - ‹nlat.› (Lehre vom galvanischen Strom)

Gal|va|no, das; -s, -s ‹ital.› (*Druckw.* galvanische Abformung eines Druckstockes)

Gal|va|no|kaus|tik [*alte Trennung* ...|st...] ‹ital.; griech.› (*Med.* Anwendung des Galvanokauters); **Gal|va|no|kau|ter** (*Med.* auf galvanischem Wege glühend gemachtes chirurg. Instrument)

Gal|va|no|me|ter, das; -s, - (Strommesser)

Gal|va|no|plas|tik [*alte Trennung* ...|st...] (Verfahren, Gegenstände galvanisch mit Metall zu überziehen, bes. die Herstellung von Galvanos); **Gal|va|no|plas|ti|ker** (Berufsbez.); **gal|va|no|plas|tisch**

Gal|va|no|s|kop, das; -s, -e (ein elektr. Messgerät); **Gal|va|no|tech|nik,** die; - (Technik des Galvanisierens)

Ga|man|der, der; -s, - ‹griech.› (eine Pflanze)

Ga|ma|sche, die; -, -n ‹arab.› (eine Leder- od. Stoffbekleidung des Beins)

Gam|be, die; -, -n ‹ital.› (ein Streichinstrument)

Gam|bia (Staat in Afrika); **Gam|bi|er; Gam|bi|e|rin; gam|bisch**

Gam|bist, der; -en, -en ‹ital.› (Gambenspieler); **Gam|bis|tin** [*alte Trennung* ...|st...]

Gam|b|ri|nus ([sagenhafter] König, angeblicher Erfinder des Bieres)

Game|boy® ['ge:mbɔy], der; -[s], -s ‹engl.› (ein elektronisches Spielgerät)

Ga|me|lan, das; -s, -s ‹indones.› (Orchester mit einheimischen Instrumenten auf Java u. Bali)

Ga|mel|le, die; -, -n ‹franz.› (*schweiz. für* Koch- u. Essgefäß der Soldaten im Feld)

Game|show ['ge:mʃo:] ↑K 41 (Unterhaltungssendung im Fernsehen)

Ga|met, der; -en, -en ‹griech.› (*Biol.* Geschlechtszelle)

Ga|me|to|phyt, der; -en, -en (*Bot.* Pflanzengeneration, die sich geschlechtlich fortpflanzt)

Gam|ma, das; -[s], -s (griech. Buchstabe; Γ, γ); **Gam|ma|strah|len, γ-Strah|len** ['gama...] *Plur.* ↑K 29 (radioaktive Strahlen, kurzwellige Röntgenstrahlen)

Gam|mel, der; -s (*ugs. für* wertloses Zeug)

gam|me|lig, gamm|lig (*ugs. für* verkommen; verdorben, faulig); **gam|meln** (*ugs. für* verderben [von Nahrungsmitteln]; *auch für* [ohne Ansprüche] in den Tag hinein leben); ich gamm[e]le

Gam|mler; Gamm|le|rin; Gamm|ler|tum, das; -s

gamm|lig *vgl.* gammelig

Gams, der *od.* die, *Jägerspr. u. landsch.* das; -, -[en] (*bes. Jägerspr. u.landsch. für* Gämse)

Gams|bart, Gäms|bart [*alte Schreibung* Gems|bart]; **Gams|bock, Gäms|bock** [*alte Schreibung* Gemsbock]

Gäm|se [*alte Schreibung* Gem|se] ↑K 133, die; -, -n; *vgl. auch* Gams

gäms|far|ben [*alte Schreibung* gems...] (*für* chamois)

Gäms|jä|ger [*alte Schreibung* Gems...]; **Gäms|le|der**

Gams|wild

Gand, die; -, -en *od.* das; -s, Gänder (*tirol. u. schweiz. für* Schuttfeld, Geröllhalde)

Gan|dhi, Mahatma (ind. Staatsmann)

Ga|neff *vgl.* Ganove

Gan|er|be, der (*früher für* Miterbe); **Gan|erb|schaft,** die; -

gang; *nur noch in* gang und gäbe sein, *landsch. auch* gäng und gäbe sein (allgemein üblich sein)

[1]**Gang,** der; -[e]s, Gänge; im Gang[e] sein; in Gang bringen, halten, setzen; ↑K 27: das In-Gang-Halten, In-Gang-Setzen

[2]**Gang** [gɛŋ], die; -, -s ‹engl.-amerik.› ([Verbrecher]bande)

gäng (*landsch. svw.* gang)

Gang|art

gang|bar; Gang|bar|keit, die; -

Gän|gel|band, das; -[e]s, ...bänder; jmdn. am Gängelband führen; **Gän|ge|lei; gän|geln;** ich gäng[e]le

Gan|ges [...gɛs], der; - (Fluss in Vorderindien)

Gang|ge|stein *(Geol.)*

gän|gig; gängige Ware; eine gängige Formulierung; **Gän|gig|keit,** die; -

Gan|g|li|en|zel|le ['gaŋ(g)liən...] (*Med.* Nervenzelle); **Gan|g|li|on,** das; -s, ...ien ‹griech.› (Nervenknoten; Überbein)

Gan|g|rän, die; -, -en, *auch* das; -s, -e ‹griech.› (*Med.* Brand der Gewebe, Knochen); **gan|g|rä|nes|zie|ren** (brandig werden); **gan|g|rä|nös** (brandig)

Gang|schal|tung

Gang|spill ‹niederl.› (*Seew.* Ankerwinde)

Gangs|ter ['gɛ...; *alte Trennung* ...|st...], der; -s, - ‹engl.-amerik.› ([Schwer]verbrecher)

Gangs|ter|ban|de [*alte Trennung* ...|st...]; **Gangs|ter|boss** [*alte Schreibung* ...boß]; **Gangs|ter|braut; Gangs|ter|me|tho|de; Gangs|ter|tum**

Gang|way ['gɛŋve:], die; -, -s ‹engl.› (Laufgang zum Besteigen eines Schiffes od. Flugzeuges)

Ga|no|ve, der; -n, -n ‹jidd.-hebr.› *u.* Ganeff, der; -[s], *Plur.* -e *u.* -s (*ugs. abwertend für* Gauner, Betrüger); **Ga|no|ven|eh|re; Ga|no|ven|spra|che**

Gans, die; -, Gänse; **Gäns|chen**

Gän|se|blüm|chen; Gän|se|bra|ten; Gän|se|brust; Gän|se|fe|der; Gän|se|fett; Gän|se|füß|chen (*ugs. für* Anführungsstrich)

Gän|se|haut; Gän|se|keu|le; Gän|se|kiel; Gän|se|klein, das; -s; **Gän|se|le|ber; Gän|se|marsch;** im Gänsemarsch

Gan|ser (*südd. für* Gänserich); **Gän|se|rich,** der; -s, -e

Gän|se|schmalz; Gän|se|wein, der; -[e]s (*scherzh. für* Wasser)

Gans|jung, das; -s (*südd. für* Gänseklein); **Gans|le|ber** (*österr. für* Gänseleber)

Gäns|lein

Gansl|jun|ge, das; -n (*österr. für* Gänseklein)

Gant, die; -, -en (*schweiz. für* öffentl. Versteigerung)

Gan|ter (*nordd. für* Gänserich)

Ga|ny|med [*auch, österr. nur,* 'ga:...], **Ga|ny|me|des** (Mundschenk des Zeus)

ganz *s. Kasten S. 402*

Gän|ze; *nur in Wendungen wie* zur Gänze (ganz, vollständig); in seiner/ihrer Gänze (*geh. für* in seinem/ihrem ganzen Umfang)

ganz|gar (*Gerberei* fertig gegerbt);

ganz

- ganz und gar; ganz und gar nicht
- die ganze Wahrheit; ganze Zahlen *(Math.);* die ganzen Leute (*mdal. u. ugs. für* alle Leute)
- ganz Europa; in ganz Berlin
- etwas wieder ganz machen (reparieren)

Großschreibung ↑K 72:
- ein Ganzes; das [große] Ganze; ein großes Ganze *od.* Ganzes; als Ganzes; aufs Ganze gehen; fürs Ganze; ums Ganze
- im Ganzen [*alte Schreibung* ganzen] gesehen; im großen Ganzen [*alte Schreibung* ganzen]; im Großen und Ganzen [*alte Schreibung* im großen und ganzen]

Schreibung in Verbindung mit einem Adjektiv:
- ganz allein, hell, ganz groß
- *aber* ein ganzleinener, ganzwollener Kleiderstoff; der Kleiderstoff ist ganzleinen, ganzwollen ↑K 57

ganzgare Häute, *aber* das Fleisch ist noch nicht ganz gar

Ganz|glas|tür

Ganz|heit, die; - (gesamtes Wesen); **ganz|heit|lich**

Ganz|heits|me|di|zin; Ganz|heits|me|tho|de; Ganz|heits|the|o|rie

ganz|jäh|rig

Ganz|le|der|band, der; **ganz|le|dern** (aus reinem Leder)

ganz|lei|nen (aus reinem Leinen); **Ganz|lei|nen,** das; -s; **Ganz|lei|nen|band,** der

gänz|lich

ganz|sei|den (aus reiner Seide); **ganz|sei|tig;** eine ganzseitige Anzeige; **ganz|tä|gig**

ganz|tags; Ganz|tags|schu|le

Ganz|ton *Plur.* ...töne

ganz|wol|len (aus reiner Wolle)

Ganz|wort|me|tho|de, die; - *(Päd.)*

[1]**gar** (fertig gekocht; *südd., österr. ugs. für* zu Ende); das Fleisch ist noch nicht ganz gar, erst halb gar; *vgl. auch* ganzgar; das Fleisch gar kochen; gar gekochtes [*alte Schreibung* gargekochtes] Fleisch; um das Fleisch gar zu kochen

[2]**gar** (überhaupt; *stets getrennt geschrieben*); ganz und gar, gar kein, gar nicht, gar nichts; gar sehr, gar wohl; du sollst das nicht gar so ernst nehmen

Ga|ra|ge [...ʒə], die; -, -n ‹franz.›

Ga|ra|gen|ein|fahrt; Ga|ra|gen|tor; Ga|ra|gen|wa|gen (meist in einer Garage geparktes Auto)

ga|ra|gie|ren (*österr., schweiz. für* [Wagen] einstellen)

Ga|ra|mond [...'mõ:, *fachspr.* 'ga(:)ramɔnt], die; - ‹nach dem franz. Stempelschneider› (eine Antiquadruckschrift)

Ga|rant, der; -en, -en ‹franz.›

Ga|ran|tie, die; -, ...ien (Gewähr; Zusicherung); **Ga|ran|tie|an|spruch; ga|ran|tie|ren**

Ga|ran|tie|schein; Ga|ran|tin

Ga|r|aus, der; *nur in* jmdm. den Garaus machen (jmdn. umbringen)

Gar|be, die; -, -n; **Gar|ben|bund,** das

Gar|bo, Greta (schwed. Filmschauspielerin)

Gär|bot|tich

Gar|cía Lor|ca [gar'si:a -] (span. Dichter)

Gar|çon [...'sõ:], der; -s, -s ‹franz.› (*veraltet für* Kellner; Junggeselle); **Gar|çonne** [...'sɔn], die; -, -n (*veraltet für* Junggesellin); **Gar|çon|ni|ère** [...'ni̯ɛ:r], die; -, -n (*österr. für* Einzimmerwohnung)

Gar|da|see, der; -s (in Oberitalien)

Gar|de, die; -, -n ‹franz.› (*Milit.* Elitetruppe)

Gar|de|du|korps [...dy'ko:ɐ̯], das; - (*früher für* Leibgarde)

Gar|de|maß, das; -es; **Gar|de|of|fi|zier; Gar|de|re|gi|ment**

Gar|de|ro|be, die; -, -n ‹franz.› (Kleidung; Kleiderablage; Ankleideraum im Theater)

Gar|de|ro|ben|frau; Gar|de|ro|ben|ha|ken; Gar|de|ro|ben|mar|ke; Gar|de|ro|ben|schrank; Gar|de|ro|ben|stän|der

Gar|de|ro|bi|er [...'bi̯e:], der; -s, -s (*Theater* jmd., der Künstler[innen] u. ihre Kostüme betreut); **Gar|de|ro|bi|e|re,** die; -, -n (Garderobenfrau; *Theater vgl.* Garderobier)

Gar|di|ne, die; -, -n ‹niederl.›

Gar|di|nen|pre|digt *(ugs.);* **Gar|di|nen|schnur; Gar|di|nen|stan|ge**

Gar|dist, der; -en, -en ‹franz.› (Soldat der Garde)

Ga|re, die; - (*Landw.* günstigster Zustand des Kulturbodens)

ga|ren (gar kochen)

gä|ren; es gor (*auch, bes. in übertr. Bedeutung* gärte); es göre (*auch* gärte); gegoren (*auch* gegärt); gär[e]!

gar ge|kocht [*alte Schreibung* gar|ge|kocht] *vgl.* [1]gar

gar kein *vgl.* [2]gar

Gar|kü|che (*veraltet für* Küche in einer einfachen Gaststätte o. Ä.)

Gar|misch-Par|ten|kir|chen (bayr. Fremdenverkehrsort)

Garn, das; -[e]s, -e

Gar|ne|le, die; -, -n (ein Krebstier)

gar|ni *vgl.* Hotel garni

gar nicht; gar nichts *vgl.* [2]gar

gar|nie|ren ‹franz.› (schmücken, verzieren); **Gar|nie|rung**

Gar|ni|son, die; -, -en (Standort einer [Besatzungs]truppe); **gar|ni|so|nie|ren** (*veraltend für* in der Garnison liegen); **Gar|ni|son[s]|kir|che**

Gar|ni|tur, die; -, -en (Verzierung; Anzahl od. Satz zusammengehöriger Gegenstände)

Garn|knäu|el

Ga|ronne [...'rɔn], die; - (franz. Fluss)

Ga|rot|te usw. *vgl.* Garrotte usw.

Gar|rot|te, die; -, -n ‹span.› (Würgschraube od. Halseisen zum Hinrichten [Erdrosseln]); **gar|rot|tie|ren**

gars|tig [*alte Trennung* ...|st...]; **Gars|tig|keit**

Gär|stoff

Gärt|chen; gär|teln (*südd. für* Gartenarbeit aus Liebhaberei verrichten); ich gärt[e]le

Gar|ten, der; -s, Gärten

Gar|ten|ar|beit; Gar|ten|ar|chi|tekt; Gar|ten|bank *Plur.* ...bänke

Gar|ten|bau, der; -[e]s; **Gar|ten|bau|aus|stel|lung**

Gar|ten|beet; Gar|ten|blu|me; Gar|ten|fest; Gar|ten|ge|rät; Gar|ten|haus; Gar|ten|lau|be; Gar|ten|lo|kal; Gar|ten|par|ty

Gar|ten|rot|schwanz (ein Singvogel)

Gar|ten|schach; Gar|ten|stadt; Gar|ten|weg; Gar|ten|wirt|schaft; Gar|ten|zaun; Gar|ten|zwerg

Gärt|lein

Gärt|ner; Gärt|ne|rei; Gärt|ne|rin

Gạrt|ne|rin|art; *nur in* nach Gärtnerinart *(Gastron.)*
gạrt|ne|risch; gạrt|nern; ich gärtnere
Gạrt|ners|frau
Gä|rung; Gä|rungs|pro|zess [*alte Schreibung* ...pro|zeß]
Gar|zeit
Gas, das; -es, -e; Gas geben
Ga|sa *vgl.* Gaza
Gas|an|griff; Gas|an|zün|der
Ga|sel, Gha|sel [ga...], das; -s, -e ‹arab.› *u.* **Ga|se|le,** Gha|se|le, die; -, -n (eine [oriental.] Gedichtform)
ga|sen; es gast; es gas|te
Gas|ex|plo|si|on; Gas|feu|er|zeug; Gas|fla|sche
gas|för|mig
Gas|ge|misch; Gas|hahn; Gas|hei|zung; Gas|herd; Gas|hül|le
ga|sie|ren (*Textiltechnik* Garne durch Absengen von Faserenden befreien)
ga|sig
Gas|ko|cher; Gas|lei|tung
Gas-Luft-Ge|misch ↑K 26
Gas|mann; Gas|mas|ke; Gas|o|fen; Gas|öl
Ga|so|me|ter, der; -s, - ‹franz.› (*veraltend für* großer Gasbehälter)
Gas|pe|dal; Gas|pis|to|le [*alte Trennung* ...|st...]; **Gas|rech|nung**
Gäss|chen [*alte Schreibung* Gäßchen]
Gas|schlauch
Gas|schmelz|schwei|ßung, Gas|schwei|ßung (autogene Schweißung)
Gạs|se, die; -, -n (enge, schmale Straße; *österr. in bestimmten Verwendungen auch für* Straße, z. B. über die Gasse); *Schreibung in Straßennamen:* ↑K 162 *u.* 163
Gạs|sen|hau|er (*ugs. veraltend für* allbekanntes Lied); **Gạs|sen|lied; Gạs|sen|lo|kal** *(österr.)*
gạs|sen|sei|tig (*österr. für* nach der Straße zu gelegen)
Gạs|sen|ver|kauf (*österr. für* Verkauf über die Straße)
Gạs|si; *nur in* Gassi gehen (*ugs. für* mit dem Hund auf die Straße [Gasse] gehen)
Gäss|lein [*alte Schreibung* Gäßlein]
Gạst, der; -[e]s, *Plur.* Gäste *u.* (*Seemannsspr. für* bestimmte Matrosen:) -en; zu Gast sein; zu Gast bitten; als Gast (*Abk.* a. G.)
Gạst|ar|bei|ter; Gạst|do|zent
Gäs|te|bett [*alte Trennung* ...|st...]; **Gäs|te|buch; Gäs|te|hand|tuch; Gäs|te|haus; Gäs|te|heim**
Gas|te|rei [*alte Trennung* ...|st...] (*veraltet für* üppiges Gastmahl)
Gäs|te|toi|let|te [*alte Trennung* ...|st...]; **Gäs|te|zim|mer**
gạst|frei; Gạst|frei|heit, die; -
Gạst|freund; gạst|freund|lich; Gạst|freund|lich|keit; Gạst|freund|schaft
Gạst|ge|ber; Gạst|ge|be|rin; Gạst|ge|schenk
Gạst|haus; Gạst|hof; Gạst|hö|rer
gas|tie|ren [*alte Trennung* ...|st...] *(Theater)*
Gạst|land
gạst|lich; Gạst|lich|keit, die; -
Gạst|mahl *Plur.* ...mähler *u.* -e *(geh.)*
Gạst|mann|schaft *(Sport)*
Gạst|pflan|ze (*Bot.* Schmarotzer)
Gas|t|räa [*alte Trennung* ...|st...], die; -, ...äen ‹griech.› (*Zool.* angenommenes Urdarmtier)
gas|t|ral [*alte Trennung* ...|st...] (*Med.* zum Magen gehörend); **Gas|t|ral|gie,** die; -, ...ien (Magenkrampf)
Gạst|recht; Gạst|red|ner; Gạst|red|ne|rin
gạs|t|risch [*alte Trennung* ...|st...] ‹griech.› (*Med.* zum Magen gehörend, vom Magen ausgehend); gastrisches Fieber; **Gas|t|ri|tis,** die; -, ...itiden (Magenschleimhautentzündung)
Gạst|rol|le
Gas|t|ro|nom [*alte Trennung* ...|st...], der; -en, -en ‹griech.› (Gastwirt mit besonderen Kenntnissen der Gastronomie); **Gas|t|ro|no|mie,** die; - (Gaststättengewerbe; feine Kochkunst); **Gas|t|ro|no|min; gas|t|ro|no|misch**
Gas|t|ro|po|de [*alte Trennung* ...|st...], der; -n, -n *meist Plur.* (*Zool.* Schnecke)
Gas|t|ro|s|kop [*alte Trennung* ...|st...], das; -s, -e (*Med.* ein Gerät zur Untersuchung des Mageninneren)
Gas|t|ro|s|to|mie [*alte Trennung* ...|st...], die; -, ...ien (*Med.* Anlegung einer Magenfistel)
Gas|t|ro|to|mie [*alte Trennung* ...|st...], die; -, ...ien (*Med.* Magenschnitt)
Gạs|t|ru|la [*alte Trennung* ...|st...], die; - (*Biol.* Entwicklungsstadium vielzelliger Tiere)
Gạst|spiel
Gạst|stät|te; Gạst|stät|ten|ge|wer|be, das; -s; **Gạst|stu|be**
Gạst|tier (Schmarotzer)
Gạst|vor|le|sung; Gạst|vor|stel|lung; Gạst|vor|trag
Gạst|wirt; Gạst|wirt|schaft
Gạst|zim|mer
Gas|ver|gif|tung; Gas|werk; Gas|zäh|ler
Gat *vgl.* Gatt
Gạtt, Gạt, das; -[e]s, *Plur.* -en *u.* -s (*Seemannsspr.* Öse, Loch; enger Raum; Schiffsheck)
Gạt|te, der; -n, -n; **gạt|ten,** sich (*geh. für* sich paaren); **Gạt|ten|lie|be; Gạt|ten|mord; Gạt|ten|wahl**
Gạt|ter, das; -s, - (Gitter, [Holz]zaun); **Gạt|ter|sä|ge**
gat|tie|ren (Materialien für das Gießen von Gusseisen zusammenstellen)
Gạt|tin
Gạt|tung; Gạt|tungs|na|me (*auch für* Appellativ)
Gau, der, *landsch.* das; -[e]s, -e; **Gäu,** das; -[e]s, -e (*landsch. für* Gau); das Obere Gäu; das Allgäu
GAU, der; -s, -s = größter anzunehmender Unfall
Gau|be, Gau|pe, die; -, -n (*Bauw. u. landsch. für* aus einem Dach herausgebautes Fenster)
Gauch, der; -[e]s, *Plur.* -e *u.* Gäuche ‹»Kuckuck«› (*veraltet für* Dummkopf)
Gauch|heil, der; -[e]s, -e (Zierpflanze u. Wildkraut)
Gau|cho [...tʃo], der; -[s], -s ‹indian.-span.› (südamerik. Viehhirt)
Gau|de|a|mus, das; - ‹lat., »Freuen wir uns!«› (Name [u. Anfang] eines Studentenliedes)
Gau|dee, die; -, -n (*österr. Nebenform von* Gaudi); **Gau|di,** die; -, *österr. nur so, auch* das; -s (*ugs. für* Gaudium)
Gau|dieb (*nordd. veraltet für* Gauner)
Gau|di|um, das; -s ‹lat.› (Freude; Ausgelassenheit; Spaß); **Gau|di|wurm** (*ugs. scherzh. für* Fastnachtszug)
Gau|graf (*früher* Graf, dessen Herrschaftsbereich ein Gau ist)
Gau|guin [goˈgɛ̃ː] (franz. Maler)
Gau|ke|lei; gau|kel|haft; gau|keln *(veraltend);* ich gauk[e]le

G

Gau|kel|spiel; Gau|kel|werk
Gauk|ler; Gauk|le|rei; gauk|ler|haft; Gauk|le|rin; gauk|le|risch; Gauk|ler|trup|pe
Gaul, der; -[e]s, Gäule; **Gäul|chen**
Gaulle [go:l], **de** [də] (franz. General u. Staatsmann); *vgl.* de-Gaulle-freundlich; **Gaul|lis|mus,** der; - ‹nach de Gaulle› (politische Bewegung in Frankreich); **Gaul|list,** der; -en, -en (Anhänger des Gaullismus); **Gaul|lis|tin** [*alte Trennung* ...|st...]
Gault [go:lt], der; -[e]s ‹engl.› (*Geol.* zweitälteste Stufe der Kreide)

G

Gau|men, der; -s, -
Gau|men|kit|zel; Gau|men|laut (*für* Guttural); **Gau|men|se|gel; Gau|men|zäpf|chen**
gau|mig; gaumig sprechen
Gau|ner, der; -s, -; **Gau|ner|ban|de; Gau|ne|rei; gau|ner|haft; Gau|ne|rin; gau|ne|risch; gau|nern;** ich gaunere; **Gau|ner|spra|che**
Gau|pe *vgl.* Gaube
Gaur, der; -s, -[s] ‹Hindi› (wild lebendes Rind in Indien)
[1]**Gauß** (dt. Mathematiker)
[2]**Gauß,** das; -, - (alte Maßeinheit der magnetischen Induktion; *Zeichen* G); *vgl.* Tesla
Gautsch|brett (Gerät zum Pressen des nassen Papiers); **Gautsch|brief**
Gaut|sche, die; -, -n (*südd. für* Schaukel)
gaut|schen (Papier zum Pressen ins Gautschbrett legen; *auch* Lehrlinge nach altem Buchdruckerbrauch unter die Gehilfen aufnehmen; *südwestd. für* schaukeln); du gautschst
Gaut|scher; Gaut|sche|rin
Gautsch|fest
gau|zen, gäu|zen (*landsch. für* bellen)
Ga|vot|te [...'vɔt, *österr. nur so, auch* ...'vɔtə], die; -, -n ‹franz.› (ein alter Tanz)
Ga|wein (Gestalt der Artussage)
Ga|za, *auch* Ga|sa (Stadt im östl. Mittelmeerraum); **Ga|za|strei|fen,** *auch* **Ga|za-Strei|fen,** der; -s
Ga|ze [...zə], die; -, -n ‹pers.› (durchsichtiges Gewebe; Verbandmull)
Ga|zel|le, die; -, -n ‹arab.-ital.› (Antilopenart)
Ga|zet|te [*auch* ...'zɛt(ə)], die; -, -n ‹franz.› (*veraltet, noch abwertend für* Zeitung)
GBl. = Gesetzblatt

GBP (*Währungscode für* brit. Pfund)
Gd = chem. Zeichen für Gadolinium
Gdańsk [gdajsk] (poln. Hafenstadt an der Ostsee; *vgl.* Danzig)
G-Dur ['ge:du:ɐ̯, *auch* 'ge:'du:ɐ̯], das; - (Tonart; *Zeichen* G); **G-Dur-Ton|lei|ter** ↑K 26
Ge = chem. Zeichen für Germanium
ge... (*Vorsilbe von Verben,* z. B. gehorchen, du gehorchst, gehorcht, zu gehorchen)
Ge|äch|te|te, der *u.* die; -n, -n
Ge|äch|ze, das; -s
Ge|ä|der, das; -s; **ge|ä|dert;** das Blatt ist schön geädert
Ge|äf|ter, das; -s, - (*Jägerspr.* die beiden hinteren Zehen beim Schalenwild u. a.)
Ge|al|be|re, das; -s
ge|ar|tet; die Sache ist so geartet, dass ...
Ge|ä|se das; -s, - (*Jägerspr.* Äsung; *auch* Maul bei Hirsch und Reh)
Ge|äst, das; -[e]s (Astwerk)
[1]**geb.** = geboren, geborene, geborener (*Zeichen* *)
[2]**geb.** = gebunden (bei Büchern)
Ge|bab|bel, das; -s (*landsch. für* Geplapper, dauerndes Reden)
Ge|bäck, das; -[e]s, -e; **Ge|bä|cke|ne** [*alte Trennung* ...k|k...], das; -n; **Ge|bäck|scha|le**
Ge|bal|ge, das; -s (Prügelei)
Ge|bälk, das; -[e]s, -e *Plur. selten*
Ge|bän|de, das; -s, - (eine mittelalterl. Kopftracht)
Ge|bär|de, die; -, -n; **ge|bär|den,** sich; **Ge|bär|den|spiel; Ge|bär|den|spra|che**
ge|ba|ren, sich (*veraltet für* sich gebärden)
ge|bä|ren; du gebärst, sie gebärt (*geh.* gebierst, gebiert); du gebarst; du gebärest; geboren (*vgl.* d.); gebär[e]! (*geh.* gebier!)
Ge|ba|ren, das; -s
Ge|bä|re|rin
Ge|bär|kli|nik (*österr. für* Entbindungsabteilung, -heim)
Ge|bär|mut|ter, die; -, ...mütter; **Ge|bär|mut|ter|spie|gel**
Ge|ba|rung (Gebaren; *österr. für* Buch-, Geschäftsführung)
ge|bauch|pin|selt (*ugs. für* geehrt, geschmeichelt)
ge|baucht (bauchig)
Ge|bäu|de, das; -s, -; **Ge|bäu|de|kom|plex**

Ge|bäu|de|tech|nik; ge|bäu|de|tech|nisch
Ge|bäu|de|teil, der
Ge|bäu|lich|keit *meist Plur.* (*südd., schweiz. für* Baulichkeit)
ge|be|freu|dig
Ge|bein, das; -[e]s, -e
Ge|bel|fer, das; -s (Belfern, Bellen)
Ge|bell, das; -[e]s; **Ge|bel|le,** das; -s
ge|ben; du gibst, sie gibt; du gabst; du gäbest; gegeben (*vgl.* d.); gib!; ↑K 82: Geben (*od.* geben) ist seliger denn Nehmen (*od.* nehmen)
Ge|ben|de *vgl.* Gebände
Ge|be|ne|dei|te, die; -n ‹*zu* benedeien› (Gottesmutter)
Ge|ber; Ge|be|rin
Ge|ber|lau|ne, die; -; in Geberlaune sein
Ge|ber|spra|che (*Sprachw.*)
Ge|bet, das; -[e]s, -e; **Ge|bet|buch**
Ge|bets|man|tel; Ge|bets|müh|le; Ge|bets|ni|sche; Ge|bets|rie|men; Ge|bets|tep|pich
Ge|bet|tel, das; -s
ge|beut (*veraltet für* gebietet); die Stunde gebeut, dass ...
Geb|hard (m. Vorn.)
Ge|biet, das; -[e]s, -e
ge|bie|ten; geboten; **ge|bie|tend**
Ge|bie|ter; Ge|bie|te|rin; ge|bie|te|risch
ge|biet|lich
Ge|biets|an|spruch; Ge|biets|er|wei|te|rung; Ge|biets|ho|heit
Ge|biets|kör|per|schaft (*Rechtsw.*); **Ge|biets|kran|ken|kas|se** (*österr.*); **Ge|biets|re|form**
ge|biets|wei|se
Ge|bild|brot (Gebäck besonderer Gestalt zu bestimmten Festtagen)
Ge|bil|de, das; -s, -
ge|bil|det; Ge|bil|de|te, der *u.* die; -n, -n
Ge|bim|mel, das; -s
Ge|bin|de, das; -s, -
Ge|bir|ge, das; -s, -
ge|bir|gig; Ge|bir|gig|keit, die; -
Ge|birg|ler; Ge|birg|le|rin
Ge|birgs|bach; Ge|birgs|jä|ger (*Milit.*); **Ge|birgs|kamm; Ge|birgs|ket|te; Ge|birgs|land|schaft; Ge|birgs|mas|siv; Ge|birgs|stock** *Plur.* ...stöcke; **Ge|birgs|zug**
Ge|biss [*alte Schreibung* Ge|biß], das; Gebisses, Gebisse
Ge|blaf|fe, das; -s (*ugs.*)
Ge|bla|se, das; -s (Blasen)
Ge|blä|se, das; -s, - (*Technik*)

Ge|blö|del, das; -s *(ugs.)*
Ge|blök, das; -[e]s *u.* **Ge|blö|ke,** das; -s
ge|blümt, *österr.* **ge|blumt** (mit Blumenmuster)
Ge|blüt, das; -[e]s *(geh.)*
ge|bo|gen (gekrümmt)
ge|bogt (bogenförmig geschnitten); ein gebogter Kragen

> **ge|bo|ren**
>
> (*Abk.* geb.; *Zeichen* *)
> – er ist ein geborener Schmitt; sie ist eine geborene Schulz;
> *Kommasetzung* ↑K 102:
> – Frau Müller geb. Schulz wurde als Zeugin vernommen *od.* Frau Müller, geb. Schulz, wurde als Zeugin vernommen
> – Frau Hess-Schneider geb. Hess und ihr Ehemann *od.* Frau Hess-Schneider, geb. Hess, und ihr Ehemann

Ge|bo|ren|zei|chen
ge|bor|gen; Ge|bor|gen|heit, die; -
Ge|bot, das; -[e]s, -e; zu Gebot[e] stehen; das erste, zweite Gebot, *aber* die Zehn Gebote
Ge|bots|schild *Plur.* ...schilder *(Verkehrsw.)*
Gebr. = Gebrüder
Ge|bräch, das; -[e]s, -e *u.* **Ge|brä|che,** das; -s, - (*Bergmannsspr.* Gestein, das leicht in Stücke zerfällt; *Jägerspr.* der vom Schwarzwild mit dem Rüssel aufgewühlte Boden)
Ge|brä|me, das; -s, - (*veraltet für* Verbrämung)
ge|brand|markt
ge|brannt; gebrannter Kalk
Ge|bra|te|ne, das; -n
Ge|bräu, das; -[e]s, -e
Ge|brauch, der; -[e]s, *Plur.* (*für* Sitte, Verfahrensweise:) Gebräuche; von etwas Gebrauch machen
ge|brau|chen (benutzen)
ge|bräuch|lich; Ge|bräuch|lich|keit, die; -
Ge|brauchs|an|wei|sung
Ge|brauchs|ar|ti|kel
ge|brauchs|fer|tig
Ge|brauchs|ge|gen|stand
Ge|brauchs|gra|fik, *auch* **Ge|brauchs|gra|phik**
Ge|brauchs|gut; Ge|brauchs|mu|sik; Ge|brauchs|mus|ter [*alte Trennung* ...|st...]; **Ge|brauchs|wert**
Ge|braucht|wa|gen; Ge|braucht|wa|gen|markt
Ge|braus, das; -es *u.* **Ge|brau|se,** das; -s
Ge|brech, das; -[e]s, -e (*Bergmannsspr.* Gebräch; *Jägerspr.* Rüssel des Schwarzwildes); **Ge|bre|che,** das; -s, - (*Bergmannsspr., Jägerspr.* Gebräch)
ge|bre|chen (*geh. für* fehlen, mangeln); es gebricht mir an der nötigen Ausdauer
Ge|bre|chen, das; -s, - (*geh. für* Körperschaden); **ge|brech|lich; Ge|brech|lich|keit,** die; -
Ge|bres|ten [*alte Trennung* ...|st...], das; -s, - (*schweiz., sonst veraltet für* Gebrechen)
ge|bro|chen; gebrochene Farben
Ge|brö|ckel [*alte Trennung* ...k|k...], das; -s
Ge|bro|del, das; -s
Ge|brü|der *Plur.* (*Abk.* Gebr.)
Ge|brüll, das; -[e]s
Ge|brumm, das; -[e]s *u.* **Ge|brum|me,** das; -s; **Ge|brum|mel,** das; -s
ge|buch|tet; eine gebuchtete Küste
Ge|bück, das; -[e]s, -e (*früher für* geflochtene Hecke zum Schutz von Anlagen oder Siedlungen)
Ge|bühr, die; -, -en; nach, über Gebühr
ge|büh|ren; etwas gebührt ihr (kommt ihr zu); es gebührt sich nicht, dies zu tun ↑K 117
ge|büh|rend; sie erhielt die gebührende Anerkennung
ge|büh|ren|der|ma|ßen
ge|büh|ren|der|wei|se
Ge|büh|ren|ein|zugs|zen|t|ra|le (*Abk.* GEZ)
Ge|büh|ren|er|hö|hung
ge|büh|ren|frei; Ge|büh|ren|frei|heit, die; -
Ge|büh|ren|ord|nung
ge|büh|ren|pflich|tig
Ge|büh|ren|vi|g|net|te (für die Autobahnbenutzung)
ge|bühr|lich *(veraltet);* **Ge|bühr|nis,** die; -, -se (*veraltet für* Gebühr, Abgabe)
Ge|bum|se, das; -s *(ugs.)*
Ge|bund, das (*landsch. für* Bund); 4 Gebund Seide
ge|bun|den (*Abk. [bei Büchern]* geb.); gebundenes System *(roman. Baukunst);* gebundene Rede (Verse); **Ge|bun|den|heit**
Ge|burt, die; -, -en
Ge|bur|ten|be|schrän|kung; Ge|bur|ten|häu|fig|keit; Ge|bur|ten|kon|t|rol|le
Ge|bur|ten|re|ge|lung *od.* **...reg|lung; Ge|bur|ten|rück|gang**
ge|bur|ten|schwach; ge|bur|ten|stark
Ge|bur|ten|ü|ber|schuss [*alte Schreibung* ...über|schuß]; **Ge|bur|ten|zif|fer**
ge|bür|tig
Ge|burts|a|del; Ge|burts|an|zei|ge; Ge|burts|da|tum; Ge|burts|haus
Ge|burts|hel|fer; Ge|burts|hel|fe|rin; Ge|burts|hil|fe, die; -
Ge|burts|jahr; Ge|burts|na|me; Ge|burts|ort, der; -[e]s, -e; **Ge|burts|schein**
Ge|burts|tag
Ge|burts|tags|fei|er; Ge|burts|tags|ge|schenk; Ge|burts|tags|kind; Ge|burts|tags|tor|te
Ge|burts|ur|kun|de
Ge|büsch, das; -[e]s, -e
ge|chintzt [...ˈtʃɪ...]; eine gechintzte Bluse; *vgl.* Chintz
Geck, der; -en, -en; **Ge|cken|art** [*alte Trennung* ...k|k...], die; -; **ge|cken|haft; Ge|cken|haf|tig|keit**
Ge|cko, [*alte Trennung* ...k|k...], der; -s, *Plur.* -s *u.* ...onen ⟨malai.⟩ (eine trop. Eidechse)
ge|dacht ⟨*von* denken, gedenken⟩; ich habe nicht daran gedacht; ich habe seiner gedacht; **Ge|dach|te,** das; -n
Ge|dächt|nis, das; -ses, -se
Ge|dächt|nis|aus|stel|lung; Ge|dächt|nis|fei|er; Ge|dächt|nis|kon|zert
Ge|dächt|nis|pro|to|koll; Ge|dächt|nis|schwä|che; Ge|dächt|nis|schwund; Ge|dächt|nis|stö|rung; Ge|dächt|nis|stüt|ze
ge|dackt (*Orgelbau* oben verschlossen); gedackte Pfeife
Ge|dan|ke, *veraltet* **Ge|dan|ken,** der; ...kens, ...ken
Ge|dan|ken|ar|beit; Ge|dan|ken|aus|tausch; Ge|dan|ken|blitz; Ge|dan|ken|flug; Ge|dan|ken|frei|heit; Ge|dan|ken|gang, der; **Ge|dan|ken|gut,** das; -[e]s; **Ge|dan|ken|le|sen,** das; -s
ge|dan|ken|los; Ge|dan|ken|lo|sig|keit
ge|dan|ken|reich; ge|dan|ken|schnell
Ge|dan|ken|spiel; Ge|dan|ken|split|ter; Ge|dan|ken|sprung
Ge|dan|ken|strich
Ge|dan|ken|ü|ber|tra|gung; Ge|dan|ken|ver|bin|dung
ge|dan|ken|ver|lo|ren; ge|dan|ken|voll; ge|dank|lich

Ge|dạrm, das; -[e]s, -e *u.* **Ge|dạr|me,** das; -s, -
Ge|dẹck, das; -[e]s, -e; **ge|dẹckt**
Ge|d<u>ei</u>h, der; *nur in der Wendung* auf Gedeih und Verderb
ge|d<u>ei</u>|hen; du gedeihst; du gediehst; du gediehest; gediehen; gedeih[e]!; **Ge|d<u>ei</u>|hen,** das; -s
ge|d<u>ei</u>h|lich (*geh. für* nützlich, fruchtbar); **Ge|d<u>ei</u>h|lich|keit,** die; -
Ge|dẹn|ke|mein, das; -s, - (eine Waldblume)
ge|dẹn|ken; *mit Gen.:* gedenket unser!; **Ge|dẹn|ken,** das; -s
Ge|dẹnk|fei|er; Ge|dẹnk|mar|ke; Ge|dẹnk|mi|nu|te; Ge|dẹnk|mün|ze; Ge|dẹnk|re|de; Ge|dẹnk|stät|te; Ge|dẹnk|stun|de; Ge|dẹnk|ta|fel; Ge|dẹnk|tag
ge|d<u>eu</u>cht *vgl.* dünken
Ge|dịcht, das; -[e]s, -e
Ge|dịcht|in|ter|pre|ta|ti|on; Ge|dịcht|samm|lung
ge|d<u>ie</u>|gen; Ge|d<u>ie</u>|gen|heit, die; -
ge|d<u>ie</u>nt; gedienter Soldat
Ge|dịn|ge, das; -s, - (Akkordlohn im Bergbau); **Ge|dịn|ge|ar|bei|ter**
Ge|dọn|ner, das; -s
Ge|d<u>ö</u>ns, das; -es (*landsch. für* Aufheben, Getue); viel Gedöns um etwas machen
Ge|drän|ge, das; -s; **Ge|drän|gel,** das; -s *(ugs.)*
ge|drängt; Ge|drängt|heit
Ge|dr<u>ö</u>hn, das; -[e]s *u.* **Ge|dr<u>ö</u>h|ne,** das; -s
ge|drückt; ihre Stimmung ist gedrückt
Ge|drụck|te, das; -n
Ge|drückt|heit, die; -
ge|drụn|gen; eine gedrungene (untersetzte) Gestalt; **Ge|drụn|gen|heit,** die; -
Ge|d<u>u</u>|del, das; -s *(ugs.)*
Ge|dụld, die; -
ge|dụl|den, sich; **ge|dụl|dig**
Ge|dụlds|ar|beit; Ge|dụlds|fa|den (*nur in* jmdm. reißt der Geduldsfaden); **Ge|dụlds|pro|be**
Ge|dụld[s]|spiel
ge|dụn|gen; ein gedungener Mörder
ge|dụn|sen; ein gedunsenes Gesicht; **Ge|dụn|sen|heit,** die; -
Ge|dụ̈ns|te|te [*alte Trennung* ...|st...], das; -n *(österr.)*
ge|<u>ei</u>g|net; ge|<u>ei</u>g|ne|ten|ọrts *(Amtsspr. veraltet);* **Ge|<u>ei</u>g|net|heit,** die; -
G<u>ee</u>st, die; -, -en (hoch gelegenes, trockenes, weniger fruchtbares Land im Küstengebiet); **G<u>ee</u>st|land,** das; -[e]s
gef. = gefallen (*Zeichen* ⚔)
Ge|fạch, das; -[e]s, *Plur.* -e *u.* Gefächer (Fach, Lade)
Ge|f<u>a</u>hr, die; -, -en; Gefahr laufen; ↑K 58 *u.* 59: Gefahr bringend, *auch* gefahrbringend, *aber nur* große Gefahr bringend, äußerst gefahrbringend
ge|f<u>ä</u>hr|den; Ge|f<u>ä</u>hr|dung
Ge|f<u>a</u>h|re, das; -s (*ugs. für* häufiges Fahren)
Ge|f<u>a</u>h|ren|be|reich; Ge|f<u>a</u>h|ren|ge|mein|schaft; Ge|f<u>a</u>h|ren|herd
Ge|f<u>a</u>h|ren|mo|ment, das; **Ge|f<u>a</u>h|ren|quel|le; Ge|f<u>a</u>h|ren|zo|ne; Ge|f<u>a</u>h|ren|zu|la|ge**
ge|f<u>ä</u>hr|lich; gefährliche Körperverletzung *(Rechtsspr.);* **Ge|f<u>ä</u>hr|lich|keit,** die; -
ge|f<u>a</u>hr|los; Ge|f<u>a</u>hr|lo|sig|keit, die; -
Ge|f<u>ä</u>hrt, das; -[e]s, -e (Wagen); **Ge|f<u>ä</u>hr|te,** der; -n, -n (Begleiter); **Ge|f<u>ä</u>hr|tin**
ge|f<u>a</u>hr|voll
Ge|fạ̈l|le, das; -s, -
Ge|fạ̈l|le|mes|ser, der *(Geodäsie)*
[1]**ge|fạl|len;** es hat mir gefallen; sich etwas gefallen lassen
[2]**ge|fạl|len;** er ist gefallen (*Abk.* gef.; *Zeichen* ⚔)
[1]**Ge|fạl|len,** der; -s, -; jmdm. einen Gefallen tun; jmdm. etwas zu Gefallen tun
[2]**Ge|fạl|len,** das; -s; [kein] Gefallen an etwas finden
Ge|fạl|le|ne, der *u.* die; -n, -n
Ge|fạl|le|nen|fried|hof; Ge|fạl|le|nen|ge|denk|fei|er
Ge|fạ̈l|le|stre|cke [*alte Trennung* ...k|k...] *vgl.* Gefällstrecke
ge|fạ̈l|lig (*Abk.* gefl.); **Ge|fạ̈l|lig|keit; Ge|fạ̈l|lig|keits|wech|sel** *(Bankw.)*
ge|fạ̈l|ligst (*Abk.* gefl.)
Ge|fạ̈ll|stre|cke [*alte Trennung* ...k|k...]
Ge|fạll|sucht, die; -; **ge|fạll|süch|tig**
Ge|fạ̈l|tel, das; -s (viele kleine Falten)
ge|fạn|gen; gefangen halten, nehmen, setzen [*alte Schreibungen* gefangenhalten, gefangennehmen, gefangensetzen]; er wurde gefangen gehalten [*alte Schreibung* gefangengehalten]; um sie gefangen zu nehmen [*alte Schreibung* gefangenzunehmen]; ↑K 53
Ge|fạn|ge|ne, der *u.* die; -n, -n
Ge|fạn|ge|nen|aus|tausch; Ge|fạn|ge|nen|be|frei|ung; Ge|fạn|ge|nen|haus (*österr. neben* Gefängnis); **Ge|fạn|ge|nen|la|ger; Ge|fạn|ge|nen|wär|ter**
ge|fạn|gen hal|ten [*alte Schreibung* ge|fan|gen|hal|ten] *vgl.* gefangen
Ge|fạn|gen|haus (*österr. amtl. Form für* Gefangenenhaus)
Ge|fạn|gen|nah|me, die; -
ge|fạn|gen neh|men [*alte Schreibung* ge|fan|gen|neh|men] *vgl.* gefangen
Ge|fạn|gen|schaft, die; -, -en
ge|fạn|gen set|zen [*alte Schreibung* ge|fan|gen|set|zen] *vgl.* gefangen
Ge|fạ̈ng|nis, das; -ses, -se
Ge|fạ̈ng|nis|auf|se|her; Ge|fạ̈ng|nis|stra|fe; Ge|fạ̈ng|nis|zel|le
ge|fạ̈rbt; blau gefärbt, dunkel gefärbt [*alte Schreibungen* blaugefärbt, dunkelgefärbt] usw.; *vgl.* blau
Ge|f<u>a</u>|sel, das; -s *(ugs.)*
Ge|f<u>a</u>|ser, das; -s
Ge|f<u>ä</u>ß, das; -es, -e
Ge|f<u>ä</u>ß|chi|r|ur|gie; Ge|f<u>ä</u>ß|er|wei|te|rung; Ge|f<u>ä</u>ß|krank|heit
ge|fạsst [*alte Schreibung* ge|faßt]; auf alles gefasst sein; **Ge|fạsst|heit,** die; -
Ge|fẹcht, das; -[e]s, -e
ge|fẹchts|be|reit; Ge|fẹchts|be|reit|schaft, die; -
Ge|fẹchts|kopf (Vorderteil mit Sprengstoff und Zünder bei Raketen o. Ä.)
ge|fẹchts|mä|ßig
Ge|fẹchts|pau|se; Ge|fẹchts|stand
Ge|f<u>e</u>|ge, das; -s, - (*Jägerspr.* vom Geweih abgeriebener Bast)
ge|f<u>ei</u>|ert (geehrt, umjubelt); die gefeiert[e]sten Filmstars
Ge|f<u>ei</u>l|sche, das; -s
ge|f<u>ei</u>t (sicher, geschützt); sie ist gegen böse Einflüsse gefeit
Ge|fẹls, das; -es (*veraltet für* Felsen)
ge|fẹns|tert [*alte Trennung* ...|st...]
Ge|f<u>ie</u>|del, das; -s
Ge|f<u>ie</u>|der, das; -s, -; **ge|f<u>ie</u>|dert**
Ge|fịl|de, das; -s, - (*geh. für* Gegend; Landschaft)
ge|fịn|gert; gefingertes Blatt
ge|fịn|kelt (*österr. für* schlau, durchtrieben)
G<u>e</u>|fi|on (nord. Göttin)
ge|fir|nisst [*alte Schreibung* ge|firnißt]; das Brett ist gefirnisst
ge|fịtzt (*schweiz. mdal. für* schlau, geschickt)

gefl. = gefällig, gefälligst
Ge|fla|cker [*alte Trennung* ...k|k...], das; -s
ge|flammt; geflammte Muster
Ge|flat|ter, das; -s
Ge|flecht, das; -[e]s, -e
ge|fleckt; blau gefleckt, rot gefleckt [*alte Schreibungen* blaugefleckt, rotgefleckt] usw.; *vgl.* blau
Ge|flen|ne, das; -s (*ugs. für* andauerndes Weinen)
Ge|flim|mer, das; -s
ge|flis|sent|lich
Ge|flu|che, das; -s
Ge|flu|der, das; -s, - (*Bergmannsspr.* Wasserrinne)
Ge|flü|gel, das; -s
Ge|flü|gel|farm; Ge|flü|gel|sa|lat; Ge|flü|gel|sche|re
ge|flü|gelt; geflügeltes Wort (oft angeführtes Zitat); geflügelte Worte
Ge|flun|ker, das; -s (*ugs.*)
Ge|flüs|ter [*alte Trennung* ...|st...], das; -s
Ge|fol|ge, das; -s, - *Plur. selten;* im Gefolge von ...; **Ge|folg|schaft**
Ge|folgs|mann *Plur.* ...männer *u.* ...leute
Gefr. = Gefreite
Ge|fra|ge, das; -s; dein dummes Gefrage; **ge|fragt**
ge|frä|ßig; Ge|frä|ßig|keit, die; -
Ge|frei|te, der; -n, -n (*Abk.* Gefr.)
Ge|frett *vgl.* Gfrett
ge|freut (*schweiz. mdal. für* erfreulich)
Ge|frier|brand (*fachspr.* Verfärbung an tiefgefrorenen Lebensmitteln)
ge|frie|ren
Ge|frier|fach (im Kühlschrank)
Ge|frier|fleisch; Ge|frier|ge|mü|se
ge|frier|ge|trock|net
Ge|frier|ket|te, die; - (System von Lagerung und Transport tiefgekühlter Lebensmittel)
Ge|frier|punkt; Ge|frier|schrank; Ge|frier|schutz|mit|tel; Ge|frier|trock|nung; Ge|frier|tru|he; Ge|frier|ver|fah|ren; Ge|frier|wa|re
Ge|frieß *vgl.* Gfrieß
Ge|fro|re|ne, Ge|fror|ne, das; -n (*südd., österr. veraltet für* [Speise]eis)
Ge|fü|ge, das; -s, -
ge|fü|gig; Ge|fü|gig|keit, die; -
Ge|fühl, das; -[e]s, -e
ge|füh|lig (gefühlvoll); **Ge|füh|lig|keit,** die; -
ge|fühl|los; Ge|fühl|lo|sig|keit
ge|fühls|arm; ge|fühls|be|tont
Ge|fühls|du|se|lei (*ugs.*); **ge|fühls|du|se|lig, ge|fühls|dus|lig**
ge|fühls|echt; ge|fühls|mä|ßig
Ge|fühls|mensch; Ge|fühls|re|gung; Ge|fühls|sa|che
ge|fühl|voll
ge|füh|rig ([vom Schnee] für das Skilaufen günstig); **Ge|füh|rig|keit,** die; - (*für* Före)
Ge|fum|mel, das; -s (*ugs.*)
Ge|fun|kel, das; -s
ge|furcht; eine gefurchte Rinde
ge|fürs|tet [*alte Trennung* ...|st...]; gefürstete Abtei
Ge|ga|cker [*alte Trennung* ...k|k...], das; -s
ge|ge|ben; aus gegebenem Anlass; etw. als gegeben voraussetzen; er nahm das Gegebene gern; es ist das Gegebene [*alte Schreibung* gegebene], jetzt zu handeln ↑K 72 *u.* 117
ge|ge|be|nen|falls (*Abk.* ggf.)
Ge|ge|ben|heit
ge|gen; *Präp. mit Akk.:* er rannte gegen das Tor; *Adverb:* gegen 20 Leute kamen; *vgl.* gen
Ge|gen|ak|ti|on; Ge|gen|an|ge|bot; Ge|gen|an|griff; Ge|gen|an|trag; Ge|gen|ar|gu|ment; Ge|gen|be|haup|tung; Ge|gen|be|such; Ge|gen|be|weis; Ge|gen|bu|chung
Ge|gend, die; -, -en
Ge|gen|dar|stel|lung (*bes. Zeitungsw.*); **Ge|gen|de|mons|t|ra|ti|on** [*alte Trennung* ...|st...]; **Ge|gen|dienst; Ge|gen|druck,** der; -[e]s

ge|gen|ei|n|an|der

Man schreibt »gegeneinander« immer getrennt vom folgenden Verb od. Partizip ↑K 50:
- gegeneinander drücken, prallen, pressen, stehen, stellen, stoßen [*alte Schreibungen* gegeneinanderdrücken, gegeneinanderprallen usw.]
- die Kugeln sind gegeneinander geprallt [*alte Schreibung* gegeneinandergeprallt]
- ohne gegeneinander zu stoßen [*alte Schreibung* gegeneinanderzustoßen]

Ge|gen|fahr|bahn; Ge|gen|fi|nan|zie|rung (Finanzierung öffentlicher Ausgaben durch Kürzung anderer Ausgaben, durch Steuererhöhungen usw.); **Ge|gen|for|de|rung; Ge|gen|fra|ge**
Ge|gen|füß|ler (*veraltend für* Antipode)
Ge|gen|ga|be; Ge|gen|ge|ra|de (*Sportspr.*); **Ge|gen|ge|walt; Ge|gen|ge|wicht; Ge|gen|gift**
ge|gen|gleich; Arme gegengleich schwingen
Ge|gen|kan|di|dat; Ge|gen|ka|the|te; Ge|gen|kla|ge; Ge|gen|kul|tur; Ge|gen|kurs
ge|gen|läu|fig
Ge|gen|leis|tung [*alte Trennung* ...|st...]
ge|gen|len|ken (um eine Abweichung von der Fahrtrichtung auszugleichen)
ge|gen|le|sen (als Zweiter zur Kontrolle lesen)
Ge|gen|licht, das; -[e]s; im Gegenlicht; **Ge|gen|licht|auf|nah|me** (*Fotogr.*)
Ge|gen|lie|be; Ge|gen|maß|nah|me; Ge|gen|mit|tel; Ge|gen|papst; Ge|gen|part (*svw.* Widerpart); **Ge|gen|par|tei; Ge|gen|pol; Ge|gen|pro|be; Ge|gen|re|de; Ge|gen|re|for|ma|ti|on,** die; -; **Ge|gen|re|gie|rung; Ge|gen|rich|tung**
Ge|gen|satz; ge|gen|sätz|lich; gegensätzliche Meinungen; *aber* Gegensätzliches in sich vereinen ↑K 72; **Ge|gen|sätz|lich|keit**
Ge|gen|satz|wort, Ge|gen|wort *Plur.* ...wörter (*für* Antonym)
Ge|gen|schlag; Ge|gen|sei|te
ge|gen|sei|tig; Ge|gen|sei|tig|keit, die; -
Ge|gen|spie|ler; Ge|gen|spie|le|rin
Ge|gen|sprech|an|la|ge
Ge|gen|stand
ge|gen|stän|dig (*Bot.* [von Blättern] gegenüberstehend)
ge|gen|ständ|lich (sachlich, anschaulich, klar); **Ge|gen|ständ|lich|keit,** die; -
ge|gen|stands|los; Ge|gen|stands|lo|sig|keit, die; -
Ge|gen|stim|me; ge|gen|stim|mig
Ge|gen|stoß; Ge|gen|strom
ge|gen|stro|mig *od.* ...**strö|mig**
Ge|gen|strö|mung; Ge|gen|stück
Ge|gen|teil, das; -[e]s, -e; im Gegenteil; ins Gegenteil umschlagen; **ge|gen|tei|lig;** gegenteilige Informationen; *aber* es wurde nichts Gegenteiliges bekannt ↑K 72
Ge|gen|the|se (*svw.* Antithese)
Ge|gen|tor; Ge|gen|tref|fer (*Sport*)
ge|gen|ü|ber; *Präp. mit Dat.:* die Schule steht gegenüber dem Rathaus, *auch* dem Rathaus ge-

genüber; *bei Ortsnamen auch mit* »von«: gegenüber von Blankenese. *Schreibung in Verbindung mit Verben* ↑K 48: gegenüber (dort drüben, auf der anderen Seite) stehen zwei Häuser; *vgl. aber* gegenüberliegen, gegenüberstehen usw.; **Ge|gen|ü|ber,** das; -s, -

ge|gen|ü|ber|lie|gen; sie haben sich gegenübergelegen

ge|gen|ü|ber|se|hen; er wird sich Problemen gegenübersehen

ge|gen|ü|ber|sit|zen; um sich gegenüberzusitzen

ge|gen|ü|ber|ste|hen; sie haben sich gegenübergestanden

ge|gen|ü|ber|stel|len; Ge|gen|ü|ber|stel|lung

ge|gen|ü|ber|tre|ten

Ge|gen|ver|kehr; Ge|gen|vor|schlag

Ge|gen|wart, die; -

ge|gen|wär|tig [*auch* ...'vɛ...]; ↑K 72: die hier Gegenwärtigen

ge|gen|warts|be|zo|gen

Ge|gen|warts|form, die; - (*für* Präsens)

ge|gen|warts|fremd

Ge|gen|warts|kun|de

ge|gen|warts|nah *od.* **...na|he**

Ge|gen|warts|spra|che

Ge|gen|wehr; Ge|gen|wert; Ge|gen|wind; Ge|gen|wir|kung

Ge|gen|wort *vgl.* Gegensatzwort

ge|gen|zeich|nen ([als Zweiter] mit unterschreiben); ich zeichne gegen; gegengezeichnet; gegenzuzeichnen; **Ge|gen|zeich|nung**

Ge|gen|zeu|ge; Ge|gen|zug

Ge|gir|re, das; -s

Ge|glit|zer, das; -s

Geg|ner; Geg|ne|rin; geg|ne|risch; Geg|ner|schaft, die; -

ge|go|ren; der Saft ist gegoren

gegr. = gegründet

Ge|grin|se, das; -s

Ge|grö|le, das; -s *(ugs.)*

ge|grün|det (*Abk.* gegr.)

Ge|grun|ze, das; -s

geh. = geheftet

Ge|ha|be, das; -s (Ziererei; eigenwilliges Benehmen)

ge|ha|ben, sich; gehab[e] dich wohl!; **Ge|ha|ben,** das; -s

Ge|hack|te, das; -n (Hackfleisch)

Ge|ha|der, das; -s

[1]**Ge|halt,** das, *österr. veraltend auch* der; -[e]s, Gehälter (regelmäßige monatliche Bezahlung)

[2]**Ge|halt,** der; -[e]s, -e (Inhalt; Wert)

ge|halt|arm

ge|hal|ten; die Teilnehmer sind gehalten (verpflichtet) ...;

ge|halt|los; Ge|halt|lo|sig|keit, die; -

ge|halt|reich

Ge|halts|aus|zah|lung; Ge|halts|emp|fän|ger; Ge|halts|er|hö|hung; Ge|halts|kon|to; Ge|halts|nach|zah|lung; Ge|halts|stu|fe

Ge|halts|vor|rü|ckung [*alte Trennung* ...k|k...] (*österr. für* Gehaltserhöhung der Beamten)

Ge|halts|zah|lung; Ge|halts|zu|la|ge

ge|halt|voll

Ge|häm|mer, das; -s

Ge|ham|pel, das; -s *(ugs.)*

ge|han|di|kapt [gəˈhɛndikɛpt], *auch* ge|han|di|capt ⟨engl.⟩ (behindert, benachteiligt)

Ge|hän|ge, das; -s, - (*auch Jägerspr.* Tragriemen für das Jagdhorn, Hirschfängerkoppel)

Ge|häng|te, der *u.* die; -n, -n; *vgl. auch* Gehenkte

ge|har|nischt; ein geharnischter Reiter; ein geharnischter (scharfer) Protest

ge|häs|sig; Ge|häs|sig|keit

Ge|häu|se, das; -s, -

Geh|bahn

geh|be|hin|dert; Geh|be|hin|der|te, der *u.* die; -n, -n; **Geh|be|hin|de|rung**

Ge|heck, das; -[e]s, -e (*Jägerspr.* die Jungen vom Raubwild; Brut [bei Entenvögeln])

ge|hef|tet (*Abk.* geh.)

Ge|he|ge, das; -s, -

ge|hei|ligt

ge|heim *s. Kasten*

Ge|heim|ab|kom|men; Ge|heim|a|gent

Ge|heim|bund, der

Ge|heim|bün|de|lei, die; - *(veraltend);* **Ge|heim|bünd|ler**

Ge|heim|dienst; Ge|heim|di|p|lo|ma|tie; Ge|heim|do|ku|ment; Ge|heim|fach

ge|heim hal|ten [*alte Schreibung* ge|heim|hal|ten] *vgl.* geheim; **Ge|heim|hal|tung,** die; -

Ge|heim|leh|re; Ge|heim|mit|tel

Ge|heim|nis, das; -ses, -se

Ge|heim|nis|krä|mer; Ge|heim|nis|krä|me|rei; Ge|heim|nis|krä|me|rin

Ge|heim|nis|trä|ger; Ge|heim|nis|trä|ge|rin

Ge|heim|nis|tu|er; Ge|heim|nis|tu|e|rei; Ge|heim|nis|tu|e|rin; ge|heim|nis|tu|e|risch

ge|heim|nis|voll

Ge|heim|num|mer; Ge|heim|po|li|zei

Ge|heim|rat *Plur.* ...räte; *vgl.* geheim; **Ge|heim|rats|e|cken** [*alte Trennung* ...k|k...] *Plur.;* **Ge|heim|rats|ti|tel**

Ge|heim|re|zept; Ge|heim|schrift; Ge|heim|sen|der; Ge|heim|spra|che; ge|heim|sprach|lich; Ge|heim|tipp [*alte Schreibung* ...tip]

Ge|heim|tu|er; Ge|heim|tu|e|rei; Ge|heim|tu|e|rin; ge|heim|tu|e|risch

ge|heim tun [*alte Schreibung* ge|heim|tun] *vgl.* geheim

Ge|heim|tür; Ge|heim|waf|fe

Ge|heiß, das; -es; auf Geheiß des ...; auf ihr Geheiß

ge|hemmt; Ge|hemmt|heit, die; -

ge|heim

Kleinschreibung:
– geheime Wahlen; ein geheimer Vorbehalt

Großschreibung:
– im Geheimen [*alte Schreibung* geheimen]
in Titeln ↑K 89:
– [Wirklicher] Geheimer Rat
– Geheime Staatspolizei (politische Polizei im nationalsozialistischen Reich; *Abk.* Gestapo)
– Geheimes Staatsarchiv

Getrenntschreibung in Verbindung mit Verben:
– etwas muss geheim bleiben [*alte Schreibung* geheimbleiben]
– etwas geheim halten; wir haben den Plan geheim gehalten; ohne etwas geheim zu halten [*alte Schreibungen* geheimhalten, geheimgehalten, geheimzuhalten]
– [mit etwas] geheim tun [*alte Schreibung* geheimtun]

ge|hen

Die Formen lauten: du gehst; du gingst, er/sie/es ging; du gingest; gegangen; geh[e]! (*südd., österr.* Ausdruck der Ablehnung, des Unwillens)
– in sich gehen, vor sich gehen
In Verbindung mit Verben ↑K 55:
– baden gehen, essen gehen, schlafen gehen
– jemanden [nach Hause, nach München, ins Ausland] gehen lassen
– du sollst die Kleine gehen lassen [*alte Schreibung* gehenlassen] (in Ruhe lassen); sich gehen lassen [*alte Schreibung* gehenlassen]
– sie haben ihn gehen lassen, *seltener* gehen gelassen
Vgl. auch gut

Ge|hen, das; -s (Sportart); ↑K 26: 20-km-Gehen
Ge|henk, das; -[e]s, -e (*selten für* Gehänge)
ge|hen|kelt (mit Henkeln)
Ge|henk|te, der *u.* die; -n, -n (durch Erhängen hingerichtete Person); *vgl. auch* Gehängte
ge|hen las|sen [*alte Schreibung* ge|hen|las|sen] *vgl.* gehen
Ge|hen|na, die; - ⟨hebr.⟩ (spätjüdisch-neutestamentliche Bez. der Hölle)
Ge|her *(Sport);* **Ge|he|rin**
Ge|het|ze, das; -s
ge|heu|er; das ist mir nicht geheuer
Ge|heul, das; -[e]s
Geh|fal|te
Geh|gips (stützender Gipsverband für Bein u. Fuß)
Geh|hil|fe, die; -, -n (*fachspr.* orthopädisches Hilfsmittel)
Ge|hil|fe, der; -n, -n
Ge|hil|fen|brief; Ge|hil|fen|schaft (*schweiz. Rechtsspr. für* Beihilfe); **Ge|hil|fin**
Ge|hirn, das; -[e]s, -e
Ge|hirn|a|k|ro|ba|tik *(ugs. scherzh.);* **Ge|hirn|chi|r|ur|gie; Ge|hirn|er|schüt|te|rung; Ge|hirn|er|wei|chung** (*für* Paralyse); **Ge|hirn|haut; Ge|hirn|scha|le; Ge|hirn|schlag; Ge|hirn|schmalz** *(ugs. scherzh.);* **Ge|hirn|schwund**
Ge|hirn|wä|sche (Versuch der Umorientierung eines Menschen durch physischen und psychischen Druck)
gehl (*landsch. für* gelb)
Gehl|chen (*landsch. für* Pfifferling, Gelbling)
ge|ho|ben; gehobene Sprache
Ge|höft [*auch* ...ˈhœ...], das; -[e]s, -e
Ge|höh|ne, das; -s
Ge|hölz, das; -es, -e; **Ge|hol|ze,** das; -s (*Sportspr.* rücksichtsloses u. stümperhaftes Spielen)
Ge|hop|se, das; -s
Ge|hör, das; -[e]s; Gehör finden, schenken; **Ge|hör|bil|dung** *(Musik)*
ge|hor|chen; du musst ihr gehorchen; der Not gehorchend
ge|hö|ren; das mir gehörende Haus; ich gehöre zur Familie; *südd., österr., schweiz. auch* ihm gehört (gebührt) eine Strafe
Ge|hör|feh|ler; Ge|hör|gang, der
ge|hör|ge|schä|digt
ge|hö|rig; gehörigen Ortes *(Amtsspr.)*
ge|hör|los; Ge|hör|lo|se, der *u.* die; -n, -n; **Ge|hör|lo|sen|schu|le; Ge|hör|lo|sig|keit,** die; -
Ge|hörn, das; -[e]s, -e; **ge|hörnt**
ge|hor|sam; Ge|hor|sam, der; -s; **Ge|hor|sam|keit,** die; -
Ge|hor|sams|pflicht; Ge|hor|sams|ver|wei|ge|rung
Ge|hör|sinn, der; -[e]s
[1]**Geh|re** *vgl.* Gehrung
[2]**Geh|re,** die; -, -n *u.* **Geh|ren,** der; -s, - (*landsch. für* Zwickel, Einsatz, Schoß)
geh|ren (*fachspr. für* schräg abschneiden)
Geh|rock
Geh|rung, die; -, -en, *fachspr. auch* Geh|re, die; -, -n (schräger Zuschnitt von Brettern o. Ä., die unter einem [beliebigen] Winkel zusammenstoßen); **Geh|rungs|sä|ge**
Geh|steig
Geht|nicht|mehr; *nur in* bis zum Gehtnichtmehr ([bis] zum Überdruss)
Ge|hu|del, das; -s *(landsch.)*
Ge|hu|pe, das; -s
Ge|hüp|fe, das; -s
Geh|ver|band *(Med.);* **Geh|weg; Geh|werk** (Teil des Uhrwerkes)
Gei, die; -, -en (*Seemannsspr.* Tau zum Geien); **gei|en** ([Segel] zusammenschnüren)
Gei|er, der; -s, -; **Gei|er|na|se**
Gei|fer, der; -s; **Gei|fe|rer; Gei|fe|rin; gei|fern;** ich geifere
Gei|ge, die; -, -n; die erste Geige spielen; **gei|gen**
Gei|gen|bau; Gei|gen|bau|er, der; -s, -; **Gei|gen|bau|e|rin**
Gei|gen|bo|gen; Gei|gen|hals; Gei|gen|kas|ten [*alte Trennung* ...|st...]; **Gei|gen|sai|te; Gei|gen|spie|ler**
Gei|ger; Gei|ge|rin
Gei|ger|zäh|ler, *auch* **Gei|ger-Zäh|ler** ⟨nach dem dt. Physiker⟩; ↑K 136 (Gerät zum Nachweis radioaktiver Strahlen)
geil (*Jugendspr. auch für* großartig, toll)
[1]**Gei|le,** die; - (*veraltet für* Geilheit)
[2]**Gei|le,** die; -, -n (*Jägerspr.* Hoden)
gei|len; Geil|heit, die; -
Gei|sa (*Plur. von* Geison)
Gei|sel, die; -, -n; Geiseln stellen; *vgl. aber* Geißel
Gei|sel|dra|ma; Gei|sel|gangs|ter [*alte Trennung* ...|st...]; **Gei|sel|haft**
Gei|sel|nah|me, die; -, -n; **Gei|sel|neh|mer; Gei|sel|neh|me|rin**
Gei|ser, der; -s, -; *vgl.* Geysir
Gei|se|rich (König der Wandalen)
Gei|sha [ˈgeːʃa], die; -, -s ⟨jap.⟩ (jap. Gesellschafterin)
Gei|son, das; -s, *Plur.* -s *u.* ...sa ⟨griech.⟩ (Kranzgesims des antiken Tempels)
Geiß, die; -, -en (*südd., österr., schweiz. für* Ziege)
Geiß|bart, der; -[e]s; (eine Waldpflanze); **Geiß|blatt,** das; -[e]s (ein [Kletter]strauch); **Geiß|bock** *(südd., österr., schweiz.)*
Gei|ßel, die; -, -n (*landsch. auch für* Peitsche; *übertr. für* Plage); eine Geißel der Menschheit; *vgl. aber* Geisel; **gei|ßeln;** ich geiß[e]le
Gei|ßel|tier|chen (*Biol.* ein Einzeller)
Gei|ße|lung, Geiß|lung
Geiß|fuß, der; -es, ...füße (Werkzeug; zahnärztl. Instrument; *nur Sing.:* ein Wiesenkraut)
Geiß|hirt *(südd., österr., schweiz.)*
Geiß|lein (junge Geiß)
Geiß|ler ⟨*zu* geißeln⟩; **Geiß|le|rin; Geiß|lung** *vgl.* Geißelung
Geist, der; -[e]s, *Plur.* (*für* Gespenst, kluger Mensch:) -er *u.* (*für* Weingeist usw.:) -e
geist|bil|dend
Geis|ter|bahn [*alte Trennung* ...|st...]; **Geis|ter|be|schwö|rung; Geis|ter|er|schei|nung; Geis|ter|fah|rer** (jmd., der auf der Autobahn auf der falschen Seite fährt)

G

geis|ter|haft [*alte Trennung* ...|st...]
Geis|ter|hand [*alte Trennung* ...|st...]; wie von Geisterhand
geis|tern [*alte Trennung* ...|st...]; es geistert; ich geistere
Geis|ter|se|her [*alte Trennung* ...|st...]; **Geis|ter|stadt** (von den Menschen verlassene Stadt); **Geis|ter|stun|de**
geis|tes|ab|we|send [*alte Trennung* ...|st...]; **Geis|tes|ab|we|sen|heit**
Geis|tes|ar|beit [*alte Trennung* ...|st...]; **Geis|tes|ar|bei|ter; Geis|tes|blitz; Geis|tes|ga|ben** *Plur.*
Geis|tes|ge|gen|wart [*alte Trennung* ...|st...]; **geis|tes|ge|gen|wär|tig**
Geis|tes|ge|schich|te [*alte Trennung* ...|st...], die; -; **geis|tes|ge|schicht|lich**
geis|tes|ge|stört [*alte Trennung* ...|st...] *(ugs. veraltend, oft abwertend)*
Geis|tes|grö|ße [*alte Trennung* ...|st...]; **Geis|tes|hal|tung**
geis|tes|krank [*alte Trennung* ...|st...]; **Geis|tes|kran|ke,** der *u.* die; -n, -n; **Geis|tes|krank|heit** (Psychose; geistige Behinderung)
geis|tes|ver|wandt [*alte Trennung* ...|st...]
Geis|tes|wis|sen|schaf|ten [*alte Trennung* ...|st...] *Plur.*; **Geis|tes|wis|sen|schaft|ler; geis|tes|wis|sen|schaft|lich**
Geis|tes|zu|stand [*alte Trennung* ...|st...], der; -[e]s
geist|feind|lich
geis|tig [*alte Trennung* ...|st...]; geistiges Eigentum; geistig behindert sein; **Geis|tig|be|hin|der|ten|pä|d|a|go|gik**
Geis|tig|keit [*alte Trennung* ...|st...], die; -
geis|tig-see|lisch [*alte Trennung* ...|st...] ↑K 23
geist|lich; geistlicher Beistand, geistliche Lieder, *aber* ↑K 151: Geistlicher Rat *(kath. Kirche)*
Geist|li|che, der *u.* die; -n, -n; **Geist|lich|keit,** die; -
geist|los; geist|reich; geist|tö|tend; geist|voll
Gei|tau, das; -[e]s, -e (Tau zum Geien)
Geiz, der; -es, -e (übertriebene Sparsamkeit *[nur Sing.]*; die Entwicklung beeinträchtigender Nebentrieb einer Pflanze); **gei|zen;** du geizt
Geiz|hals (geiziger Mensch)
gei|zig
Geiz|kra|gen (*svw.* Geizhals)
Ge|jam|mer, das; -s
Ge|jauch|ze, das; -s
Ge|jau|le, das; -s
Ge|jo|del, das; -s
Ge|joh|le, das; -s
Ge|kälk, das; -[e]s (*Jägerspr.* Ausscheidung [von Greifvögeln])
Ge|kei|fe, das; -s
Ge|ki|cher, das; -s
Ge|kläff, das; -[e]s *u.* **Ge|kläf|fe,** das; -s
Ge|klap|per, das; -s
Ge|klat|sche, das; -s
Ge|klim|per, das; -s
Ge|klin|gel, das; -s
Ge|klirr, das; -[e]s *u.* **Ge|klir|re,** das; -s
Ge|klop|fe, das; -s
Ge|klüft, das; -[e]s, -e *u.* **Ge|klüf|te,** das; -s, - *(geh.)*
Ge|knat|ter, das; -s
ge|knickt (*ugs. auch für* bedrückt, traurig)
Ge|knir|sche, das; -s
Ge|knis|ter [*alte Trennung* ...|st...], das; -s
ge|knüp|pelt; *nur in* geknüppelt voll (*ugs. für* sehr voll)
ge|konnt; ihr Spiel wirkte sehr gekonnt; **Ge|konnt|heit,** die; -
ge|kö|pert (in Köperbindung gewebt)
ge|ko|ren; *vgl.* [2]kiesen
ge|körnt *(fachspr.)*; ein gekörntes Werkstück
Ge|krächze, das; -s
Ge|kra|kel, das; -s *(ugs.)*
Ge|krätz, das; -es (*Technik* Metallabfall)
Ge|krat|ze, das; -s
Ge|kräu|sel, das; -s
Ge|kreisch, das; -[e]s *u.* **Ge|krei|sche,** das; -s
Ge|kreu|zig|te, der; -n, -n
Ge|krit|zel, das; -s
ge|kröpft (hakenförmig gebogen)
Ge|krö|se, das; -s, - (Innereien, bes. vom Rind)
ge|küns|telt [*alte Trennung* ...|st...]
Gel, das; -s, -e *u.* -s (gallertartige Substanz; Gelatine)
Ge|lab|ber, das; -s (*landsch. für* fades Getränk)
Ge|la|ber, das; -s (*ugs. für* seichtes Gerede)
Ge|läch|ter, das; -s, -
ge|lack|mei|ert (*ugs. für* angeführt); **Ge|lack|mei|er|te,** der *u.* die; -n, -n
ge|lackt; *vgl.* lacken
ge|la|den; geladen (*ugs. für* zornig, wütend) sein
Ge|la|ge, das; -s, -; **Ge|lä|ger,** das; -s, - (Ablagerung im Weinfass nach der Gärung)
ge|lähmt; Ge|lähm|te, der *u.* die; -n, -n; ein halbseitig Gelähmter
ge|lahrt (*veraltet, noch scherzh. für* gelehrt); ein gelahrter Mann
Ge|län|de, das; -s, -
Ge|län|de|fahrt; Ge|län|de|fahr|zeug
ge|län|de|gän|gig
Ge|län|de|lauf *(Leichtathletik)*; **Ge|län|de|marsch**
Ge|län|der, das; -s, -
Ge|län|de|ritt; Ge|län|de|spiel; Ge|län|de|sport, der; -[e]s; **Ge|län|de|ü|bung; Ge|län|de|wa|gen**
ge|lan|gen; der Brief gelangte nicht in meine Hände; an jmdn. gelangen (*schweiz. für* an jmdn. herantreten)
ge|lappt; gelappte Blätter *(Bot.)*
Ge|lär|me, das; -s
Ge|lass [*alte Schreibung* Ge|laß], das; Gelasses, Gelasse (*geh. für* Raum)
ge|las|sen; Ge|las|sen|heit, die; -
Ge|la|ti|ne [ʒ...], die; - ‹franz.›; **Ge|la|ti|ne|kap|sel**
ge|la|ti|nie|ren (zu Gelatine erstarren; in Gelatine verwandeln); **ge|la|ti|nös** (gelatineartig); gelatinöse Masse
Ge|läuf, das; -[e]s, -e (*Jägerspr.* Spuren u. Wechsel des Federwildes; *Sport* Boden einer Pferderennbahn, eines Spielfeldes)
Ge|lau|fe, das; -s
ge|läu|fig; die Bezeichnung ist nicht sehr geläufig; **Ge|läu|fig|keit,** die; -
ge|launt; der gut gelaunte [*alte Schreibung* gutgelaunte] Chef; der Chef ist gut gelaunt
Ge|läut, das; -[e]s, -e (Glocken einer Kirche); **Ge|läu|te,** das; -s (anhaltendes Läuten)
gelb; das gelbe Fieber, das gelbe Trikot (des Spitzenreiters im Radsport), die gelbe Karte *(bes. Fußball)*; der gelbe Sack; Gelbe [*alte Schreibung* gelbe] Rüben (Möhren); ↑K 150: der Gelbe Fluss; die Gelben Engel (des ADAC); *vgl.* blau
Gelb, das; -s, *Plur.* -, *ugs.* -s (gelbe Farbe); bei Gelb; die Ampel steht auf Gelb; *vgl.* Blau
gelb|braun; *vgl.* blau
Gel|be, das; -n

Gelb|fie|ber; Gelb|fil|ter
gelb|grün ↑K 23
Gelb|kör|per|hor|mon (ein Sexualhormon)
Gelb|kreuz (ein Giftgas)
gelb|lich; gelblich rot, grün [*alte Schreibungen* gelblichrot, gelblichgrün] usw. ↑K 23 *u.* 61
Gelb|licht, das; -[e]s
Gelb|ling (ein Pilz)
Gelb|rand|kä|fer
gelb|rot
Gelb|rü|be (*südd. für* Möhre); **Gelb|schna|bel** (*seltener für* Grünschnabel)
Gelb|sucht, die; -; **gelb|süch|tig**
Gelb|vei|ge|lein (*südd. für* Goldlack)
Gelb|wurst; Gelb|wur|zel (tropisches Ingwergewächs)
Geld, das; -[e]s, -er *(Börse; Abk. auf dt. Kurszetteln* G *[vgl. d.]);* ↑K 31: Geld- und andere Sorgen
Geld|a|del; Geld|an|ge|le|gen|heit; Geld|an|la|ge; Geld|au|to|mat
Geld|beu|tel; Geld|bom|be; Geld|bör|se; Geld|brief|trä|ger; Geld|bu|ße; Geld|ent|wer|tung
Gel|dern (Stadt im Niederrhein. Tiefland); **Gel|der|ner**
Gel|des|wert, der; -[e]s
Geld|fra|ge
Geld|ge|ber; Geld|ge|be|rin
Geld|gier; geld|gie|rig
Geld|hahn; *meist in* jmdm. den Geldhahn zudrehen (*ugs. für* jmdm. kein Geld mehr geben)
Geld|hei|rat; Geld|in|s|ti|tut
geld|lich; *aber* unentgeltlich
Geld|markt; Geld|men|ge; Geld|mit|tel *Plur.;* **Geld|quel|le**
geld|risch ⟨*zu* Geldern⟩
Geld|sack; Geld|schein; Geld|schnei|de|rei; Geld|schrank; Geld|schrank|kna|cker [*alte Trennung* ...k|k...]
Geld|sor|gen *Plur.;* **Geld|sor|te; Geld|stra|fe; Geld|stück; Geld|sum|me**
Geld|ta|sche; Geld|um|tausch; Geld|ver|le|gen|heit
Geld|wasch|an|la|ge (*ugs. für* Institution o. Ä. für Geldwäsche)
Geld|wä|sche (*ugs. für* Umtausch von illegal erworbenem Geld in solches von unverdächtiger Herkunft)
Geld|wech|sel
geld|wert *(Finanzw.);* geldwerter Vorteil; **Geld|wert,** der; -[e]s
Geld|we|sen
Geld|wirt|schaft, die; -
ge|leckt; das Zimmer sieht aus wie geleckt (*ugs. für* sehr sauber)
Ge|lee [ʒ...], das, *auch* der; -s, -s ⟨franz.⟩
Ge|le|ge, das; -s, -
ge|le|gen; das kommt mir sehr gelegen (das kommt zur rechten Zeit); zu gelegener Zeit
Ge|le|gen|heit
Ge|le|gen|heits|ar|beit; Ge|le|gen|heits|ar|bei|ter
Ge|le|gen|heits|ge|dicht; Ge|le|gen|heits|kauf
ge|le|gent|lich; wir sehen uns gelegentlich (ab und zu); *als Präp. mit Gen.:* gelegentlich seines Besuches (*Amtsspr., dafür besser* bei seinem Besuch)
ge|leh|rig; Ge|leh|rig|keit, die; -
ge|lehr|sam; Ge|lehr|sam|keit, die; -
ge|lehrt; ein gelehrter Mann; **Ge|lehr|te,** der *u.* die; -n, -n; **Ge|lehr|ten|streit, Ge|lehrt|heit,** die; -
Ge|lei|er, das; -s
Ge|lei|se, das; -s, - (*schweiz. neben, sonst geh. für* Gleis)
Ge|leit, das; -[e]s, -e; **Ge|lei|te,** das; -s, - *(veraltet);* **ge|lei|ten**
Ge|leit|schutz; Ge|leit|wort *Plur.* ...worte; **Ge|leit|zug**
Ge|lenk, das; -[e]s, -e
Ge|lenk|band, das; *Plur.* ...bänder; **Ge|lenk|ent|zün|dung; Ge|lenk|fahr|zeug**
ge|len|kig; Ge|len|kig|keit, die; -
Ge|lenk|kap|sel; Ge|lenk|knor|pel; Ge|lenk|pfan|ne; Ge|lenk|rheu|ma|tis|mus; Ge|lenk|schmie|re
Ge|lenks|ent|zün|dung (*österr. für* Gelenkentzündung)
Ge|lenk|wel|le (*für* Kardanwelle)
ge|lernt; ein gelernter Maurer
Ge|leucht, das; -[e]s *u.* **Ge|leuch|te,** das; -s (*Bergmannsspr.* Licht, Beleuchtung unter Tage)
Ge|lich|ter, das; -s (*veraltet abwertend* Gesindel)
Ge|lieb|te, der *u.* die; -n, -n
ge|lie|fert; geliefert (*ugs.* verloren, ruiniert) sein
ge|lie|ren [ʒ...] ⟨franz.⟩ (zu Gelee werden)
Ge|lier|mit|tel; Ge|lier|zu|cker [*alte Trennung* ...k|k...]
ge|lind, ge|lin|de; das ist[,] gelinde gesagt[,] sehr übereilt ↑K 114
ge|lin|gen; es gelang; es gelänge; gelungen; geling[e]!; **Ge|lin|gen,** das; -s
Ge|lis|pel, das; -s
ge|lis|tet [*alte Trennung* ...|st...]; *vgl.* listen
Gel|ker|ze (Kerze aus Gelwachs)
¹**gell** (hell tönend)
²**gell?, gel|le?** (*landsch. svw.* ²gelt?)
gel|len; es gellt; es gellte; gegellt
Geln|hau|sen (Stadt a. d. Kinzig)
ge|lo|ben; jmdm. etwas geloben (versprechen); ↑K 140: das Gelobte Land *(bibl.);* **Ge|löb|nis,** das; -ses, -se
Ge|lock, das; -[e]s; **ge|lockt**
ge|löscht; gelöschter Kalk
ge|löst; Ge|löst|heit, die; -
Gel|se, die; -, -n (*österr. für* Stechmücke)
Gel|sen|kir|chen (Stadt im Ruhrgebiet); **Gel|sen|kir|che|ner Ba|rock,** das *od.* der; *Gen.* - -s, *fachspr. auch* - - (*scherzh. für* neu gefertigte Möbel im traditionellen Stil mit überladenen Verzierungen)
¹**gelt** (*mitteld. für* unfruchtbar [bes. von Kühen]); *vgl.* galt
²**gelt?** (*bes. südd. u. österr. für* nicht wahr?); *vgl. auch* gell?
gel|ten; du giltst, er gilt; du galtst (galtest); du gältest, *auch* göltest; gegolten; *(selten:)* gilt!; gelten lassen; geltend machen
Gel|tend|ma|chung, die; - *(Amtsspr.)*
Gel|tung, die; -
Gel|tungs|be|dürf|nis; Gel|tungs|be|reich, der; **Gel|tungs|dau|er; Gel|tungs|sucht**
Ge|lüb|de, das; -s, -
Ge|lum|pe, das; -s *(ugs.)*
Ge|lün|ge, das; -s (*svw.* ¹Geräusch)
ge|lun|gen; eine gut gelungene [*alte Schreibung* gutgelungene] Aufführung
Ge|lüst, das; -[e]s, -e *u.* **Ge|lüs|te** [*alte Trennung* ...|st...], das; -s, - *(geh.)*
ge|lüs|ten [*alte Trennung* ...|st...] *(geh.);* es gelüstet mich; **Ge|lüs|ten,** das; -s *(veraltet);* **ge|lüs|tig** (*landsch. für* begierig)
Gel|wachs (gallertartiges Brennmaterial für Kerzen)
Gel|ze, die; -, -n (*veraltet, noch landsch. für* verschnittene Sau); **gel|zen** (*veraltet, noch landsch. für* [ein Schwein] verschneiden); du gelzt
GEMA = Gesellschaft für musikalische Aufführungs- u. mechanische Vervielfältigungsrechte
ge|mach; gemach, gemach! (langsam, nichts überstürzen)

G

Ge|mach, das; -[e]s, *Plur.* ...mächer, *veraltet* -e

ge|mäch|lich [*auch* ...ˈmɛ...]; **Ge|mäch|lich|keit**, die; -

Ge|mächt, das; -[e]s, -e *u.* **Ge|mäch|te**, das; -s, - (*veraltet, noch scherzh. für* männliche Geschlechtsteile)

[1]**Ge|mahl**, der; -[e]s, -e

[2]**Ge|mahl**, das; -[e]s, -e (*veraltet für* Gemahlin)

Ge|mah|lin

ge|mah|nen (*geh. für* erinnern); das gemahnt mich an ...

Ge|mäl|de, das; -s, -

Ge|mäl|de|aus|stel|lung; Ge|mäl|de|ga|le|rie; Ge|mäl|de|samm|lung

G

Ge|mar|chen *Plur.* (*schweiz. für* Gemarkung); **Ge|mar|kung**

ge|ma|sert; gemasertes Holz

ge|mäß; dem Befehl gemäß (*seltener* gemäß dem Befehl; *nicht:* gemäß des Befehles); gemäß Erlass vom ...

...ge|mäß (z. B. ordnungsgemäß, zeitgemäß)

Ge|mäß|heit, die; - (Angemessenheit)

ge|mä|ßigt; gemäßigte Zone *(Meteor.)*

Ge|mäu|er, das; -s, -

Ge|mau|schel, das; -s *(ugs.)*

Ge|me|cker, das; -s *u.* **Ge|me|cke|re** [*alte Trennung* ...k|k...], das; -s *u.* **Ge|me|ckre**, das; -s

ge|mein; das gemeine Recht, *aber* ↑K 151: die Gemeine Stubenfliege

Ge|mein|be|sitz

Ge|mein|de, die; -, -n

Ge|mein|de|am|mann (*schweiz. für* Gemeindevorsteher; Vollstreckungsbeamter)

Ge|mein|de|amt; Ge|mein|de|be|am|te

ge|mein|de|ei|gen

Ge|mein|de|gut (Allmende); **Ge|mein|de|haus; Ge|mein|de|hel|fer** *(ev. Kirche);* **Ge|mein|de|kir|chen|rat; Ge|mein|de|ord|nung**

Ge|mein|de|rat *Plur.* ...räte; **Ge|mein|de|rä|tin; Ge|mein|de|schwes|ter** [*alte Trennung* ...|st...]; **Ge|mein|de|steu|er**, die

Ge|mein|de|um|la|ge *meist Plur.*

ge|mein|deutsch

Ge|mein|de|ver|tre|tung; Ge|mein|de|ver|wal|tung; Ge|mein|de|vor|ste|her; Ge|mein|de|wahl; Ge|mein|de|zen|t|rum

ge|meind|lich

Ge|mein|ei|gen|tum

ge|mein|fass|lich [*alte Schreibung* ...faß|lich]; **ge|mein|ge|fähr|lich**

Ge|mein|geist, der; -[e]s; **Ge|mein|gut**

Ge|mein|heit

ge|mein|hin

ge|mei|nig|lich (*veraltend für* gewöhnlich, im Allgemeinen)

Ge|mein|kos|ten [*alte Trennung* ...|st...] *Plur.* (indirekte Kosten)

Ge|mein|nutz, der; -es; **ge|mein|nüt|zig**

Ge|mein|platz (*svw.* Phrase)

ge|mein|sam; Ge|mein|sam|keit

Ge|mein|schaft; ge|mein|schaft|lich

Ge|mein|schafts|an|ten|ne; Ge|mein|schafts|ar|beit; Ge|mein|schafts|ge|fühl; Ge|mein|schafts|geist, der; -[e]s

Ge|mein|schafts|haus; Ge|mein|schafts|kun|de, die; - (ein Schulfach); **Ge|mein|schafts|pra|xis; Ge|mein|schafts|pro|duk|ti|on**

Ge|mein|schafts|raum; Ge|mein|schafts|schu|le; Ge|mein|schafts|sen|dung

Ge|mein|schafts|un|ter|neh|men; Ge|mein|schafts|ver|pfle|gung

Ge|mein|sinn, der; -[e]s

Ge|mein|spra|che (allgemeine Sprache); **ge|mein|sprach|lich**

ge|meint; ein gut gemeinter [*alte Schreibung* gutgemeinter] Vorschlag

ge|mein|ver|ständ|lich

Ge|mein|werk, das; -[e]s (*schweiz. für* unbezahlte gemeinschaftl. Arbeit für die Gemeinde, eine Genossenschaft u. Ä.)

Ge|mein|we|sen; Ge|mein|wirt|schaft; Ge|mein|wohl

Ge|men|ge, das; -s, -; **Ge|men|ge|la|ge, Ge|meng|la|ge**, die; - (*übertr. für* Mischung); **Ge|meng|sel**, das; -s, -

ge|mes|sen; in gemessener Haltung; **Ge|mes|sen|heit**, die; -

Ge|met|zel, das; -s, -

Ge|mi|na|ti|on, die; -, -en ‹lat.› (*Sprachw.* Konsonantenverdoppelung); **ge|mi|nie|ren**

Ge|misch, das; -[e]s, -e

ge|mischt; gemischtes Doppel *(Sport);* **ge|mischt|spra|chig**

Ge|mischt|wa|ren|hand|lung *(veraltet)*

ge|mischt|wirt|schaft|lich

Gem|ma, die; - ‹lat.› (ein Stern)

Gem|me, die; -, -n (Schmuckstein mit eingeschnittenem Bild); **Gem|mo|lo|gie**, die; - (Edelsteinkunde)

Gem|se usw. *alte Schreibung für* Gämse usw.

Ge|mun|kel, das; -s

Ge|mur|mel, das; -s

Ge|mur|re, das; -s

Ge|mü|se, das; -s, -; Mohrrüben u. Bohnen sind nahrhafte Gemüse

Ge|mü|se|an|bau, Ge|mü|se|bau, der; -[e]s

Ge|mü|se|beet; Ge|mü|se|bei|la|ge; Ge|mü|se|ein|topf; Ge|mü|se|gar|ten; Ge|mü|se|händ|ler; Ge|mü|se|la|den; Ge|mü|se|pflan|ze; Ge|mü|se|saft; Ge|mü|se|sup|pe

ge|mus|tert [*alte Trennung* ...|st...]

Ge|müt, das; -[e]s, -er; zu Gemüte führen; **ge|müt|haft**

ge|müt|lich; Ge|müt|lich|keit, die; -

ge|müts|arm

Ge|müts|art; Ge|müts|be|we|gung

ge|müts|krank; Ge|müts|kran|ke; Ge|müts|krank|heit

Ge|müts|la|ge; Ge|müts|lei|den; Ge|müts|mensch *(ugs.)*

Ge|müts|ru|he; Ge|müts|ver|fas|sung; Ge|müts|zu|stand

ge|müt|voll

gen (*veraltend für* in Richtung, nach [*vgl.* gegen]); gen Himmel

Gen, das; -s, -e *meist Plur.* ‹griech.› (Träger der Erbanlage)

gen. = genannt

Gen. = Genitiv; Genosse, Genossin; Genossenschaft

ge|nannt (*Abk.* gen.)

ge|nant [ʒ...] ‹franz.› (*veraltend für* unangenehm; peinlich)

ge|narbt; genarbtes Leder

ge|nä|schig (*geh. für* naschhaft)

ge|nau

– genau[e]s|tens arbeiten

Großschreibung:
– wir wissen nichts Genaues
– etwas des Genaueren [*alte Schreibung* genaueren] erläutern *(veraltend)*

Groß- oder Kleinschreibung:
– auf das, aufs Genau[e]ste, *auch* genau[e]ste

Getrenntschreibung:
– die Karten werden genau so verteilt, dass jeder Spieler ...; *vgl. aber* genauso
– etwas genau nehmen; genau genommen [*alte Schreibung* genaugenommen]
– das ist[,] genau genommen[,] ↑K 58 *u.* 114 ein anderer Fall

Ge|nau|ig|keit, die; -
ge|nau|so (ebenso); genauso viele Freunde; du kannst genauso gut [*alte Schreibung* genausogut] die Bahn nehmen; das dauert genauso lang[e] [*alte Schreibung* genausolang(e)]; das stört mich genauso wenig [*alte Schreibung* genausowenig]; *vgl. aber* genau
ge|nau|so|viel|mal, *auch* **ge|nau|so viel Mal;** ich bin genausovielmal, *auch* genauso viel Mal dort gewesen wie sie
Gen|bank *Plur.* ...banken
Gen|darm [ʒa..., *auch* ʒã...], der; -en, -en ⟨franz.⟩ (*österr., sonst veraltet für* Polizist [auf dem Lande]); **Gen|dar|me|rie,** die; -, ...ien
Ge|ne|a|lo|ge, der; -n, -n; **Ge|ne|a|lo|gie,** die; -, ...ien ⟨griech.⟩ (Geschlechterkunde, Familienforschung); **Ge|ne|a|lo|gin; ge|ne|a|lo|gisch**
ge|nehm; jmdm. genehm sein *(geh.)*
ge|neh|mi|gen; Ge|neh|mi|gung
Ge|neh|mi|gungs|pflicht; ge|neh|mi|gungs|pflich|tig
ge|neigt; er ist geneigt[,] zuzustimmen; **Ge|neigt|heit,** die; -
Ge|ne|ra (*Plur. von* Genus)
Ge|ne|ral, der; -s, *Plur.* -e *u.* ...räle ⟨lat.⟩
Ge|ne|ral|ab|so|lu|ti|on *(kath. Kirche);* **Ge|ne|ral|ad|mi|ral; Ge|ne|ral|a|gent** (Hauptvertreter)
Ge|ne|ral|am|nes|tie [*alte Trennung* ...|st...]; **Ge|ne|ral|an|griff**
Ge|ne|ral|lat, das; -[e]s, -e (Generalswürde)
Ge|ne|ral|bass [*alte Schreibung* ...baß] *(Musik)*
Ge|ne|ral|beich|te; Ge|ne|ral|be|voll|mäch|tig|te; Ge|ne|ral|bun|des|an|walt; Ge|ne|ral|di|rek|tor
Ge|ne|ral|feld|mar|schall
Ge|ne|ral|gou|ver|ne|ment; Ge|ne|ral|gou|ver|neur
Ge|ne|ra|lin
Ge|ne|ral|in|spek|teur; Ge|ne|ral|in|ten|dant
Ge|ne|ra|li|sa|ti|on, die; -, -en (Verallgemeinerung); **ge|ne|ra|li|sie|ren** (verallgemeinern); **Ge|ne|ra|li|sie|rung**
Ge|ne|ra|lis|si|mus, der; -, *Plur.* ...mi *u.* ...musse ⟨ital.⟩ (Oberbefehlshaber)
Ge|ne|ra|list, der; -en, -en (jmd., der nicht auf ein bestimmtes Gebiet festgelegt ist); **Ge|ne|ra|lis|tin** [*alte Trennung* ...|st...]
Ge|ne|ra|li|tät, die; -, -en ⟨franz.⟩
ge|ne|ra|li|ter ⟨lat.⟩ (*veraltend für* im Allgemeinen; allgemein betrachtet)
Ge|ne|ral|ka|pi|tel *(kath. Kirche);* **Ge|ne|ral|klau|sel** *(Rechtsspr.);* **Ge|ne|ral|kom|man|do; Ge|ne|ral|kon|su|lat**
Ge|ne|ral|leut|nant; Ge|ne|ral|ma|jor
Ge|ne|ral|mu|sik|di|rek|tor (*Abk.* GMD)
Ge|ne|ral|nen|ner; Ge|ne|ral|o|berst; Ge|ne|ral|pau|se *(Musik);* **Ge|ne|ral|pro|be; Ge|ne|ral|se|k|re|tär**
Ge|ne|rals|rang
Ge|ne|ral|staa|ten *Plur.* (das niederländische Parlament)
Ge|ne|ral|staats|an|walt
Ge|ne|ral|stab; Ge|ne|ral|stäb|ler; Ge|ne|ral|stabs|kar|te
Ge|ne|ral|streik
Ge|ne|rals|u|ni|form
ge|ne|ral|ü|ber|ho|len; *nur im Infinitiv u. Partizip II gebr.:* ich lasse den Wagen generalüberholen; der Wagen wurde generalüberholt; **Ge|ne|ral|ü|ber|ho|lung**
Ge|ne|ral|ver|samm|lung; Ge|ne|ral|ver|tre|ter; Ge|ne|ral|vi|kar (Vertreter des kath. Bischofs, bes. in der Verwaltung)
Ge|ne|ra|ti|on, die; -, -en ⟨lat.⟩ (Glied in der Geschlechterfolge; Gesamtheit der Menschen ungefähr gleicher Altersstufe)
Ge|ne|ra|ti|o|nen|ver|trag
Ge|ne|ra|ti|ons|kon|flikt; Ge|ne|ra|ti|ons|wech|sel
Ge|ne|ra|ti|on X [*auch* dʒɛnəˈrɛɪʃən ˈɛks] (Altersgruppe der etwa 1965 bis 1975 Geborenen, denen Orientierungslosigkeit u. Desinteresse unterstellt werden)
ge|ne|ra|tiv (erzeugend; *Biol.* die geschlechtl. Fortpflanzung betreffend); generative Zelle; generative Grammatik *(Sprachw.)*
Ge|ne|ra|tor, der; -s, ...oren (Maschine, die Strom erzeugt; Apparat zur Gasgewinnung)
ge|ne|rell ⟨franz.⟩ (allgemein [gültig])
ge|ne|rie|ren ⟨lat.⟩ (hervorbringen)
Ge|ne|ri|kum, das; -s, ...ka (pharmazeut. Präparat mit der gleichen Zusammensetzung wie ein Markenarzneimittel)
ge|ne|risch (das Geschlecht od. die Gattung betreffend, Gattungs...); generisches Maskulinum (Verwendung der maskulinen Form für weibliche u. männliche Personen)
ge|ne|rös [*seltener* ʒ...] ⟨franz.⟩ (groß-, edelmütig; freigebig); **Ge|ne|ro|si|tät,** die; -
Ge|ne|se, die; -, -n ⟨griech.⟩ (Entstehung, Entwicklung)
ge|ne|sen; du genest, er/sie genest; du genasest, er/sie genas; du genäsest; genesen; genese!; **Ge|ne|sen|de,** der *u.* die; -n, -n
Ge|ne|sis [*auch* ˈge:...], die; - ⟨griech.⟩ (Entstehung, Ursprung; [1. Buch Mosis mit der] Schöpfungsgeschichte)
Ge|ne|sung; Ge|ne|sungs|pro|zess [*alte Schreibung* ...pro|zeß]; **Ge|ne|sungs|ur|laub**
Ge|net [ʒəˈne:] (franz. Schriftsteller)
Ge|ne|tik, die; - ⟨griech.⟩ (Vererbungslehre); **ge|ne|tisch** (erblich bedingt; die Vererbung, das Erbgut betreffend); genetischer Fingerabdruck (Muster des Erbgutes, das durch Genanalyse gewonnen wird u. zu kriminalistischen Indizienbeweisen herangezogen werden kann)
Ge|ne|tiv (*veraltet für* Genitiv)
Ge|nève [ʒəˈnɛ:f] (*franz. Form von* Genf)
Ge|ne|ver [ʒ..., *auch* g...], der; -s, - (Wacholderbranntwein)
Ge|ne|za|reth *vgl.* See Genezareth
Genf (Kanton u. Stadt in der Schweiz); *vgl.* Genève; **Gen|fer;** Genfer Konvention; **gen|fe|risch**
Gen|fer See, der; - -s
Gen|for|schung
ge|ni|al ⟨lat.⟩ (überaus begabt und schöpferisch; großartig); **ge|ni|a|lisch** (nach Art eines Genies); **Ge|ni|a|li|tät,** die; -
Ge|nick, das; -[e]s, -e
Ge|nick|fang, der; -[e]s, -e *Plur. selten (Jägerspr.);* **Ge|nick|fän|ger** (Wildmesser)
Ge|nick|schuss [*alte Schreibung* ...schuß]; **Ge|nick|star|re**
[1]**Ge|nie** [ʒ...], das; -s, -s ⟨franz.⟩ (*nur Sing.:* höchste schöpferische Geisteskraft; äußerst begabter, schöpferischer Mensch)
[2]**Ge|nie,** die; - *od.* das; -s *meist nur*

in Zus. (*schweiz. für* Pioniertruppe)
Ge|ni|en ['ge:...] (*Plur. von* Genius)
Ge|nie|of|fi|zier [ʒ...] *(schweiz.)*
ge|nie|ren [ʒ...] ‹franz.›; sich genieren; **ge|nier|lich** (*ugs. für* peinlich; schüchtern)
ge|nieß|bar; Ge|nieß|bar|keit, die; -
ge|nie|ßen; du genießt; ich genoss [*alte Schreibung* genoß], du genossest, er/sie genoss [*alte Schreibung* genoß]; du genössest; genossen; genieß[e]!
Ge|nie|ßer; Ge|nie|ße|rin; ge|nie|ße|risch
Ge|nie|streich; Ge|nie|trup|pe *(schweiz.)*
ge|ni|tal ‹lat.› (die Genitalien betreffend); **Ge|ni|ta|le,** das; -s, ...lien *meist Plur.* (Geschlechtsorgan)
Ge|ni|tiv, der; -s, -e ‹lat.› (*Sprachw.* Wesfall, 2. Fall; *Abk.* Gen.); **Ge|ni|tiv|ob|jekt**
Ge|ni|us, der; -, ...ien (Schutzgeist im römischen Altertum; *geh. für* [1]Genie)
Ge|ni|us Lo|ci [*alte Schreibung* Ge|ni|us lo|ci], der; - - (Schutzgeist eines Ortes)
Gen|ma|ni|pu|la|ti|on ‹griech.; lat.› (Manipulation des Erbgutes); **gen|ma|ni|pu|liert**
Gen|mu|ta|ti|on (erbliche Veränderung eines Gens)
Gen|ne|sa|ret *vgl.* See Genezareth
Ge|nom, das; -s, -e ‹griech.› (*Genetik* die im Chromosomensatz vorhandenen Erbanlagen); **Ge|nom|a|na|ly|se**
ge|noppt (mit Noppen versehen)
Ge|nör|gel, das; -s
Ge|nos|se, der; -n, -n (*Abk.* Gen.)
Ge|nos|sen|schaft (*Abk.* Gen.); *vgl.* EG
Ge|nos|sen|schaf|ter; Ge|nos|sen|schaf|te|rin
Ge|nos|sen|schaft|ler; Ge|nos|sen|schaft|le|rin
ge|nos|sen|schaft|lich
Ge|nos|sen|schafts|bank *Plur.* ...banken; **Ge|nos|sen|schafts|bau|er,** der *(bes. in der DDR)*
Ge|nos|sin
Ge|noss|sa|me [*alte Schreibung* Ge|noß|sa|me], die; -, -n (*schweiz. für* Alp-, Allmendgenossenschaft)
Ge|no|typ, der; -s, -en, Ge|no|ty|pus, der; -, ...typen ‹griech.› (*Biol.* Gesamtheit der Erbfaktoren eines Lebewesens); **ge|no|ty|pisch** (erbmäßig)
Ge|no|ve|va [...'fe:fa] (w. Vorn.)
Ge|no|zid, der, *auch* das; -[e]s, *Plur.* -e *u.* -ien ‹griech.; lat.› (Völkermord)
Gen|re ['ʒã:...], das; -s, -s ‹franz.› (Art, Gattung; Wesen)
Gen|re|bild (Bild aus dem täglichen Leben); **gen|re|haft** (in der Art der Genremalerei); **Gen|re|ma|le|rei**
Gent (Stadt in Belgien)
Gen|tech|nik *Plur. selten* ‹griech.› (Technik der Erforschung und Manipulation der Gene); **gen|tech|nisch**
Gen|tech|no|lo|gie, die; -; **gen|tech|no|lo|gisch**
Gen|the|ra|pie *(Med.)*
Gen|til|homme [ʒãti'jɔm], der; -s, -s (*veraltet für* Mann von vornehmer Gesinnung)
Gen|t|le|man ['dʒɛntl̩mən], der; -s, ...men [...mən] ‹engl.› (Mann von Lebensart u. Charakter [mit tadellosen Umgangsformen])
gen|t|le|man|like [...laik] (nach Art eines Gentlemans; höflich)
Gen|t|le|man's *od.* **Gen|t|le|men's A|g|ree|ment,** das; - -, - -s (Übereinkunft ohne formalen Vertrag)
Gen|trans|fer ‹griech.; engl.› (*Genetik* Übertragung fremder Erbanlagen in die befruchtete Eizelle)
Gen|t|ry [dʒɛntri], die; - ‹engl.› (niederer Adel und wohlhabendes Bürgertum in England)
Ge|nua (ital. Stadt); **Ge|nu|e|se,** der; -n, -n; **Ge|nu|e|ser; Ge|nu|e|sin; ge|nu|e|sisch**
ge|nug; genug u. übergenug; ↑K 72: genug Gutes, Gutes genug; genug des Guten; von etw. genug haben; genug getan haben; *vgl. aber* genugtun
Ge|nü|ge, die; -; Genüge tun, leisten; zur Genüge
ge|nü|gen; ge|nü|gend; *vgl.* ausreichend
ge|nug|sam (*veraltend für* hinreichend); **ge|nüg|sam** (anspruchslos); **Ge|nüg|sam|keit,** die; -
ge|nug|tun *(veraltend);* er hat mir genuggetan (Genugtuung gewährt); ich kann mir damit nicht genugtun (kann damit nicht aufhören); *aber* ich habe jetzt genug (genügend) getan;
Ge|nug|tu|ung *Plur. selten*
ge|nu|in ‹lat.› (echt; *Med.* angeboren, erblich)
Ge|nus [*auch* 'ge:...], das; -, Genera (Gattung, Art; *Sprachw.* grammatisches Geschlecht); *vgl.* in genere
Ge|nuss [*alte Schreibung* Ge|nuß], der; Genusses, Genüsse
ge|nuss|freu|dig [*alte Schreibung* ge|nuß|freu|dig]
Ge|nuss|gift [*alte Schreibung* Ge|nuß|gift]
ge|nüss|lich [*alte Schreibung* ge|nüß|lich]; **Ge|nüss|ling** (*veraltend für* Genießer)
Ge|nuss|mit|tel [*alte Schreibung* Ge|nuß...], das
ge|nuss|reich [*alte Schreibung* ge|nuß...]
Ge|nuss|sucht, *auch* **Ge|nuss-Sucht** [*alte Schreibung* Ge|nuß|sucht], die; -
ge|nuss|süch|tig [*alte Schreibung* ge|nuß...]; **ge|nuss|voll**
Ge|nus Ver|bi [*alte Schreibung* Ge|nus ver|bi], das; - -, Genera - ‹lat.› (*Sprachw.* Verhaltensrichtung des Verbs: Aktiv u. Passiv)
Ge|o|bo|ta|nik[1] ‹griech.› (Wissenschaft von der geographischen Verbreitung der Pflanzen); **ge|o|bo|ta|nisch**[1]
Ge|o|che|mie[1] (Wissenschaft von der chemischen Zusammensetzung der Erde); **ge|o|che|misch**[1]
Ge|o|dä|sie, die; - (Vermessungskunde); **Ge|o|dät,** der; -en, -en (Fachmann, Wissenschaftler auf dem Gebiet der Geodäsie); **Ge|o|dä|tin; ge|o|dä|tisch**
Ge|o|drei|eck® (transparentes Dreieck zum Ausmessen u. Zeichnen von Winkeln o. Ä.)
Ge|o|ge|nie, Ge|o|go|nie, die; - (Lehre von der Entstehung der Erde)
Ge|o|graph, *auch* Ge|o|graf, der; -en, -en; **Ge|o|gra|phie,** *auch* Ge|o|gra|fie, die; -
Ge|o|gra|phin, *auch* Ge|o|gra|fin; **ge|o|gra|phisch,** *auch* ge|o|gra|fisch
Ge|o|lo|ge, der; -n, -n; **Ge|o|lo|gie,** die; - (Wissenschaft von Aufbau, Entstehung u. Entwicklung der Erde); **Ge|o|lo|gin; ge|o|lo|gisch**
Ge|o|me|ter, der; -s, - (*svw.* Geodät)
Ge|o|me|t|rie, die; - (ein Zweig der Mathematik); **ge|o|me-**

[1] [*auch* 'ge:o...]

ge|ra|de	
(ugs.:) gra|de – eine gerade Zahl – fünf gerade sein lassen *(ugs.)* – gerade darum – der Weg ist gerade (ändert die Richtung nicht) – er wohnt mir gerade (direkt) gegenüber – sie fuhr gerade so langsam, dass er mitkam; *vgl. aber* geradeso – sie kommt gerade (soeben) heraus; *vgl. aber* geradeheraus – da er gerade sitzt, steht (sich soeben hingesetzt hat, soeben aufgestanden ist) *Getrenntschreibung in Verbindung mit Verben und Partizipien, wenn »gerade« erweitert oder gesteigert werden kann:* – gerade biegen [*alte Schreibung* geradebiegen], sie hat den Stab wieder [ganz] gerade gebogen [*alte Schreibung* geradegebogen]; *aber* geradebiegen (*ugs. für* einrenken); *vgl. d.*	– um die Kerze [ganz] gerade zu halten [*alte Schreibung* geradezuhalten] – die Akten [ganz] gerade legen [*alte Schreibung* geradelegen] – er wird den Zaun wieder [ganz] gerade richten [*alte Schreibung* geraderichten] – sie soll [ganz] gerade sitzen [*alte Schreibung* geradesitzen] – gerade stehen [*alte Schreibung* geradestehen], sie sollen [ganz] gerade stehen [*alte Schreibung* geradestehen]; *aber* geradestehen (die Folgen auf sich nehmen); *vgl. d.* – die Bücher im Regal gerade stellen [*alte Schreibung* geradestellen]

t\|risch; geometrischer Ort; geometrisches Mittel
Ge\|o\|mor\|pho\|lo\|gie[1], die; - (Lehre von der äußeren Gestalt der Erde u. deren Veränderungen)
Ge\|o\|phy\|sik[1] (Lehre von den physikalischen Eigenschaften des Erdkörpers); **ge\|o\|phy\|si\|ka\|lisch**[1]; geophysikalische Untersuchungen
Ge\|o\|plas\|tik[1] [*alte Trennung* ...\|st...], die; -; räuml. Darstellung von Teilen der Erdoberfläche
Ge\|o\|po\|li\|tik[1], die; -; (Lehre von der Einwirkung geographischer Faktoren auf politische Vorgänge); **ge\|o\|po\|li\|tisch**[1]
ge\|ord\|net; in geordneten Verhältnissen leben; eine gut geordnete [*alte Schreibung* gutgeordnete] Bibliothek; die Bibliothek ist gut geordnet
Ge\|org [*auch* ...'ɔrk] (m. Vorn.); **George** [dʒɔ:ɐ̯tʃ] (m. Vorn.)
George\|town ['dʒɔ:ɐ̯tʃtaun] (Hauptstadt Guyanas)
[1]Geor\|gette [ʒɔr'ʒɛt] (w. Vorn.)
[2]Geor\|gette, der; -s (*svw.* Crêpe Georgette)
Geor\|gia ['dʒɔ:ɐ̯dʒ(i̯)ə] (Staat in den USA; *Abk.* Ga.)
Ge\|or\|gi\|en (Staat am Südhang des Kaukasus); **Ge\|or\|gi\|er; Ge\|or\|gi\|e\|rin**
Ge\|or\|gi\|ne, die; -, -n ‹nach dem Petersburger Botaniker Georgi› (*svw.* Dahlie)
ge\|or\|gisch; georgische Sprache; **Ge\|or\|gisch,** das; -[s] (Sprache); *vgl.* Deutsch; **Ge\|or\|gi\|sche,** das; -n; *vgl.* Deutsche, das
Ge\|o\|tek\|to\|nik[1] ‹griech.› (Lehre von Entwicklung u. Aufbau der gesamten Erdkruste); **ge\|o\|tek\|to\|nisch**[1]
ge\|o\|ther\|misch[1] (die Wärmeverhältnisse im Erdkörper betreffend); geothermische Energie
ge\|o\|trop, ge\|o\|tro\|pisch; Ge\|o\|tro\|pis\|mus (*Bot.* Vermögen der Pflanzen, sich in Richtung der Schwerkraft zu orientieren)
Ge\|o\|wis\|sen\|schaft
ge\|o\|zen\|t\|risch[1] (auf die Erde als Mittelpunkt bezogen; auf den Erdmittelpunkt bezogen)
ge\|o\|zy\|k\|lisch[1] (den Umlauf der Erde betreffend)
Ge\|päck, das; -[e]s
Ge\|päck\|ab\|fer\|ti\|gung; Ge\|päck\|ab\|la\|ge; Ge\|päck\|an\|nah\|me ↑K 31: Gepäckannahme und -ausgabe
Ge\|päck\|auf\|be\|wah\|rung; Ge\|päck\|auf\|be\|wah\|rungs\|schein
Ge\|päck\|aus\|ga\|be; Ge\|päck\|netz
Ge\|päcks... (*österr. für* Gepäck..., z. B. Gepäcksaufbewahrung, Gepäcksstück, Gepäcksträger)
Ge\|päck\|schal\|ter; Ge\|päck\|schein; Ge\|päck\|stück; Ge\|päck\|trä\|ger; Ge\|päck\|wa\|gen
Ge\|pard, der; -s, -e ‹franz.› (ein katzenartiges Raubtier)
ge\|pfef\|fert *(ugs.);* gepfefferte Preise
Ge\|pfei\|fe, das; -s
ge\|pflegt; ein gut gepflegter [*alte Schreibung auch* gutgepflegter] Rasen; der Rasen ist gut gepflegt; **Ge\|pflegt\|heit,** die; -
Ge\|pflo\|gen\|heit (Gewohnheit)
Ge\|pi\|de, der; -n, -n (Angehöriger eines ostgerm. Volkes)
Ge\|pie\|pe, das; -s; **Ge\|piep\|se,** das; -s
Ge\|plän\|kel, das; -s, -
Ge\|plap\|per, das; -s
Ge\|plärr, das; -[e]s *u.* **Ge\|plär\|re,** das; -s
Ge\|plät\|scher, das; -s
Ge\|plau\|der, das; -s
Ge\|po\|che, das; -s
Ge\|pol\|ter, das; -s
Ge\|prä\|ge, das; -s
Ge\|prah\|le, das; -s
Ge\|prän\|ge, das; -s (*geh. für* Prunk, Prachtentfaltung)
Ge\|pras\|sel, das; -s
ge\|punk\|tet; gepunkteter Stoff; blau gepunkteter [*alte Schreibung* blaugepunkteter] Stoff
Ge\|qua\|ke, Ge\|quä\|ke, das; -s
Ge\|quas\|sel, das; -s *(ugs.)*
Ge\|quat\|sche, das; -s *(ugs.)*
Ge\|quen\|gel, das; -s *u.* **Ge\|quen\|ge\|le, Ge\|queng\|le,** das; -s *(ugs.)*
Ge\|quie\|ke, das; -s
Ge\|quiet\|sche, das; -s
Ger, der; -[e]s, -e (germ. Wurfspieß)
Ge\|ra (Stadt in Thüringen)
ge\|rad...[2] (z. B. geradlinig); **Ge\|rad...**[2] (z. B. Geradflügler)
ge\|ra\|de *s. Kasten*

[1] [*auch* 'ge:o...]
[2] *Ugs. häufig in der verkürzten Form* »grad...«, »Grad...«

G

Ge|ra|de[1], die; -n, -n (gerade Linie; ein Boxschlag); vier Gerade[n]
ge|ra|de|aus[1]; geradeaus blicken, gehen
ge|ra|de|bie|gen[1] (*ugs. für* einrenken); um die Sache wieder geradezubiegen
ge|ra|de ge|wach|sen[1] [*alte Schreibung* geradegewachsen]
ge|ra|de hal|ten[1] [*alte Schreibung* ge|ra|de|hal|ten]
ge|ra|de|he|r|aus[1] (freimütig, direkt); etwas geradeheraus sagen; *aber* sie kommt gerade (soeben) heraus
ge|ra|de|hin[1] (leichtfertig); etwas geradehin versprechen
ge|ra|de le|gen, ge|ra|de machen[1] [*alte Schreibungen* ge|ra|de|le|gen, ge|ra|de|ma|chen]
ge|ra|den|wegs[1] *vgl.* geradewegs
ge|ra|de rich|ten[1] [*alte Schreibung* ge|ra|de|rich|ten]
ge|rä|dert; sich wie gerädert (erschöpft, zerschlagen) fühlen
ge|ra|de sit|zen[1] [*alte Schreibung* ge|ra|de|sit|zen]
ge|ra|de|so[1] (ebenso); das kann ich geradeso gut [*alte Schreibung* geradesogut] wie du
ge|ra|de|ste|hen[1]; für etwas geradestehen (die Folgen auf sich nehmen)
ge|ra|de stel|len[1] [*alte Schreibung* ge|ra|de|stel|len]
ge|ra|des|wegs[1] (*selten für* geradewegs); **ge|ra|de|wegs**[1], ge|ra|den|wegs[1]
ge|ra|de|zu[1] [*auch* ...ˈtsu:]; das ist geradezu absurd!; sie ist immer sehr geradezu (*landsch. für* geradeheraus)
Ge|rad|flüg|ler (*Zool.* Libelle u. dgl.)
Ge|rad|heit[1], die; -
ge|rad|li|nig[1]; **Ge|rad|li|nig|keit**[1], die; -
ge|rad|sin|nig[1]
Ge|rald, Ge|rold (m. Vorn.)
ge|ram|melt; *in der Wendung* gerammelt voll (*ugs. für* übervoll)
Ge|ran|gel, das; -s
Ge|ra|nie, die; -, -n ‹griech.› *u.* **Ge|ra|ni|um**, das; -s, ...ien (*svw.* Pelargonie)
Ge|rant [ʒ...], der; -en, -en ‹franz.› (*schweiz. für* Geschäftsführer; Herausgeber)
Ge|ra|schel, das; -s
Ge|ras|sel, das; -s
Ge|rät, das; -[e]s, -e
ge|ra|ten; es gerät [mir]; geriet; geraten; ich gerate außer mir (*auch* mich) vor Freude
Ge|rä|te|schup|pen
Ge|rä|te|tur|nen, das; -s; **Ge|rä|te|tur|ner**; **Ge|rä|te|wart**
Ge|ra|te|wohl [*auch* ...ˈra:...], das; *nur in* aufs Geratewohl (auf gut Glück)
Ge|rät|schaft, die; -, -en *meist Plur.*
Ge|rat|ter, das; -s
Ge|rät|tur|nen usw. *vgl.* Geräteturnen usw.
Ge|räu|cher|te, das; -n
ge|raum (*geh.*); geraume Zeit
Ge|räum|de, das; -s, - (*Forstw.* abgeholztes Waldstück)
ge|räu|mig; **Ge|räu|mig|keit**, die; -
Ge|räum|te, das; -s, - (*svw.* Geräumde)
Ge|rau|ne, das; -s
[1]**Ge|räusch**, das; -[e]s (*Jägerspr.* Herz, Lunge, Leber u. Nieren des Schalenwildes, Gelünge)
[2]**Ge|räusch**, das; -[e]s, -e; **ge|räusch|arm**; **Ge|räusch|dämmung**; **Ge|räusch|dämp|fung**
Ge|rau|sche, das; -s
ge|räusch|emp|find|lich
Ge|räusch|ku|lis|se
ge|räusch|los; **Ge|räusch|lo|sig|keit**, die; -
Ge|räusch|pe|gel
ge|räusch|voll
Ge|räus|per, das; -s
ger|ben; Leder gerben; **Ger|ber**
Ger|be|ra, die; -, -[s] ‹nach dem dt. Arzt u. Naturforscher T. Gerber› (eine Schnittblume)
Ger|be|rei; **Ger|be|rin**; **Ger|ber|lo|he**, die; -, -n
Gerb|säu|re; **Gerb|stoff**; **Ger|bung**
Gerd (m. Vorn.)
Ger|da (w. Vorn.)
Ge|re|bel|te, der; -n, -n (*österr. für* Wein aus einzeln abgenommenen Beeren); *vgl.* rebeln
ge|recht; jmdm., einer Aufgabe gerecht werden; **Ge|rech|te**, der *u.* die; -n, -n
Ge|rech|tig|keit, die; -; **Ge|rech|tig|keits|sinn**, der; -[e]s
Ge|recht|sa|me, die; -, -n (*veraltet für* [Vor]recht)
Ge|re|de, das; -s
ge|re|gelt; geregelter Arbeit nachgehen
ge|rei|chen (*geh.*); es gereicht mir zur Ehre
Ge|rei|me, das; -s
ge|reizt; **Ge|reizt|heit**, die; -
Ge|ren|ne, das; -s
ge|reu|en (*veraltend*); es gereut mich
Ger|fal|ke (Jagdfalke)
Ger|hard (m. Vorn.)
Ger|hardt, Paul (dt. Dichter)
Ge|r|i|a|ter ‹griech.› (Facharzt für Geriatrie); **Ge|r|i|a|t|rie**, die; - (*Med.* Altersheilkunde)
Ge|r|i|a|t|ri|kum, das; -s, ...ka (Medikament zur Behandlung von Altersbeschwerden)
ge|r|i|a|t|risch
Ge|richt, das; -[e]s, -e; **ge|richtlich**; gerichtliche Medizin
Ge|richts|arzt; **Ge|richts|as|ses|sor**
Ge|richts|bar|keit
Ge|richts|be|schluss [*alte Schreibung* ...be|schluß]; **Ge|richts|fe|ri|en** *Plur.*; **Ge|richts|ge|bäu|de**
Ge|richts|herr (*früher*); **Ge|richts|hof**; **Ge|richts|kos|ten** [*alte Trennung* ...|st...] *Plur.*
Ge|richts|me|di|zin, die; -; **Ge|richts|me|di|zi|ner**
ge|richts|no|to|risch (*Rechtsspr.* vom Gericht zur Kenntnis genommen)
Ge|richts|ort; **Ge|richts|prä|si|dent**; **Ge|richts|saal**; **Ge|richts|spra|che**; **Ge|richts|stand** (*Rechtsspr.*); **Ge|richts|ur|teil**; **Ge|richts|ver|fah|ren**; **Ge|richts|ver|hand|lung**
Ge|richts|voll|zie|her
Ge|richts|weg
ge|rie|ben (*auch ugs. für* schlau); **Ge|rie|ben|heit**, die; -
ge|rie|hen (*landsch. u. fachspr. für* gereiht); *vgl.* reihen
ge|rie|ren, sich ‹lat.› (*geh. für* sich benehmen, auftreten als ...)
Ge|rie|sel, das; -s
ge|rif|felt
ge|ring *s. Kasten S. 417*
ge|rin|gelt; geringelte Socken
ge|ring|fü|gig; **Ge|ring|fü|gig|keit**
ge|ring|hal|tig (*Mineral.*)
ge|ring schät|zen [*alte Schreibung* ge|ring|schät|zen]; *vgl.* gering; **ge|ring|schät|zig**; **Ge|ring|schätzung**, die; -
ge|rings|ten|falls [*alte Trennung* ...|st...]; *vgl.* [1]Fall
ge|ring|wer|tig; noch geringwertigere, *auch* geringerwertige Güter
ge|rinn|bar; **Ge|rinn|bar|keit**, die; -
Ge|rin|ne, das; -s, -; **ge|rin|nen**
Ge|rinn|sel, das; -s, -; **Ge|rin|nung**, die; -
Ge|rip|pe, das; -s, -; **ge|rippt**

[1]*Ugs. häufig in der verkürzten Form* »grad...«, »Grad...«

ge|ring

– eine geringe Höhe – das wird am gerings|ten (wenigsten) auffallen	– auch der Geringste hat Anspruch darauf – keine Geringere als sie
Großschreibung bei allen Substantivierungen: – ein Geringes [*alte Schreibung* geringes] tun – um ein Geringes [*alte Schreibung* geringes] erhöhen – es ist nichts Geringes, nichts Geringeres als dies – es geht Sie nicht das Geringste [*alte Schreibung* geringste] an – sie ist auch im Geringsten treu – das Geringste, was er tun kann, ist dies – es stört mich nicht im Geringsten [*alte Schreibung* geringsten]	*Getrenntschreibung in Verbindung mit Verben, wenn »gering« erweitert oder gesteigert werden kann:* – [besonders] gering achten, schätzen [*alte Schreibung* geringachten, geringschätzen] – geringer achten, schätzen – ich achte, schätze das gering – gering geachtet [*alte Schreibung* geringgeachtet] – gering zu schätzen [*alte Schreibung* geringzuschätzen]

G

Ge|riss [*alte Schreibung* Ge|riß], das; Gerisses (*landsch. für* Wetteifern)

ge|ris|sen (durchtrieben, schlau); **Ge|ris|sen|heit,** die; -

ge|ritzt; ist geritzt (*ugs. für* ist in Ordnung; wird erledigt)

Germ, der; -[e]s, *österr.* die; - (*bayr., österr. für* Hefe)

Ger|ma|ne, der; -n, -n; **Ger|ma|nen|tum,** das; -s

Ger|ma|nia, die; - (Frauengestalt als Sinnbild Deutschlands; *lat. Bez. für* Deutschland)

Ger|ma|ni|en (das zur Römerzeit von den Germanen besiedelte Gebiet); **Ger|ma|nin; ger|ma|nisch;** germanische Kunst, *aber* ↑K 150: Germanisches Nationalmuseum (Nürnberg)

ger|ma|ni|sie|ren (eindeutschen); **Ger|ma|nis|mus,** der; -, ...men (*Sprachw.* deutsche Spracheigentümlichkeit in einer nichtdeutschen Sprache)

Ger|ma|nist, der; -en, -en; **Ger|ma|nis|tik** [*alte Trennung* ...|st...], die; - (deutsche [*auch* germanische] Sprach- u. Literaturwissenschaft); **Ger|ma|nis|tin; ger|ma|nis|tisch**

Ger|ma|ni|um, das; -s (chemisches Element; Metall; *Zeichen* Ge)

Ger|mer, der; -s, - (eine Pflanze)

Ger|mi|nal [ʒ...], der; -[s], -s ‹franz., »Keimmonat«› (7. Monat des Kalenders der Franz. Revolution: 21. März bis 19. April)

Ger|mi|na|ti|on [g...], die; -, -en ‹lat.› (*Bot.* Keimungsperiode der Pflanzen)

gern, ger|ne; lieber, am liebsten; jmdn. gern haben, mögen; etwas gern tun; gar zu gern; allzu gern [*alte Schreibung* allzugern]; ein gern gesehener [*alte Schreibung* gerngesehener] Gast; sie ist gern gesehen

Ger|ne|groß, der; -, -e (*ugs. scherzh.*)

Ger|not [*auch* 'gɛ...] (m. Vorn.)

Ge|rö|chel, das; -s

ge|ro|chen *vgl.* riechen *u.* rächen

Ge|rold *vgl.* Gerald

Ge|röll, das; -[e]s, -e *u.* **Ge|röl|le,** das; -s, -

Ge|röll|hal|de; Ge|röll|schutt

Ge|ront, der; -en, -en ‹griech.› (Mitglied der Gerusia)

Ge|ron|to|lo|ge; Ge|ron|to|lo|gie, die; - (Alternsforschung); **Ge|ron|to|lo|gin**

Ge|rös|te|te [*alte Trennung* ...|st...; *auch* ...'rœ...] *Plur.* (*südd., österr. für* Bratkartoffeln)

Gersh|win ['gø:ɐ̯ʃ...] (amerikanischer Komponist)

Gers|te [*alte Trennung* ...|st...], die; -, *Plur. (Sorten:)* -n

Gers|tel [*alte Trennung* ...|st...], das; -s, -[n] (*österr. für* Graupe); **Gers|tel|sup|pe** (*österr. für* Graupensuppe)

Gers|ten|korn [*alte Trennung* ...|st...], das; *Plur.* ...körner (*auch* Vereiterung einer Drüse am Augenlid)

Gers|ten|saft ([*alte Trennung* ...|st...], der; -[e]s; *scherzh. für* Bier); **Gers|ten|sup|pe**

Gert (m. Vorn.); **Ger|ta** (w. Vorn.)

Ger|te, die; -, -n

Ger|tel, der; -s, - (*schweiz. für* [1]Hippe)

ger|ten|schlank

Ger|traud, Ger|trau|de, Ger|traut (w. Vorn.)

Ger|trud, Ger|tru|de (w. Vorn.)

Ge|ruch, der; -[e]s, Gerüche

ge|ruch|frei, ge|ruchs|frei

ge|ruch|los; Ge|ruch|lo|sig|keit, die; -

Ge|ruchs|be|läs|ti|gung [*alte Trennung* ...|st...]; **ge|ruchs|bin|dend; ge|ruchs|frei,** ge|ruch|frei

Ge|ruchs|or|gan; Ge|ruchs|sinn, der; -[e]s; **Ge|ruchs|ver|mö|gen,** das; -s; **Ge|ruchs|ver|schluss** [*alte Schreibung* ...ver|schluß] (*für* Trap)

Ge|rücht, das; -[e]s, -e

Ge|rüch|te|kü|che (*ugs.*); **Ge|rüch|te|ma|cher**

ge|ruch|til|gend

ge|rücht|wei|se

ge|ru|hen (*veraltend, noch iron. für* sich bereit finden)

ge|ru|hig (*veraltet für* ruhig)

ge|rührt *vgl.* rühren

ge|ruh|sam; Ge|ruh|sam|keit, die; -

Ge|rum|pel, das; -s (*ugs. für* Rumpeln)

Ge|rüm|pel, das; -s

Ge|run|di|um, das; -s, ...ien ‹lat.› (*Sprachw.* gebeugter Infinitiv des lat. Verbs)

Ge|run|div, das; -s, -e (*Sprachw.* Partizip des Passivs des Futurs, z. B. der »zu billigende« Schritt)

Ge|ru|sia, Ge|ru|sie, die; - ‹griech.› (Rat der Alten [in Sparta])

Ge|rüst, das; -[e]s, -e

Ge|rüst|bau, der; -[e]s; **Ge|rüst|bau|er**

Ge|rüs|ter [*alte Trennung* ...|st...] (*österr. für* Gerüstarbeiter)

Ge|rüt|tel, das; -s; **ge|rüt|telt;** ein gerüttelt Maß; gerüttelt voll

Ger|win (m. Vorn.)

ges, Ges, das; -, - (Tonbezeichnung); **Ges** (*Zeichen für* Ges-Dur); in Ges

Ge|sa, Ge|se (w. Vorn.)

Ge|sab|ber, das; -s (*ugs. für* dummes Geschwätz)

Ge|salb|te, der *u.* die; -n, -n *(Rel.)*

ge|sal|zen; gesalzene Preise; *vgl.* salzen; **Ge|sal|ze|ne,** das; -n
ge|sam|melt; gesammelte Aufmerksamkeit
ge|samt; im Gesamten [*alte Schreibung* im gesamten] (*veraltend für* insgesamt); **Ge|samt,** das; -s *(selten);* im Gesamt
Ge|samt|an|sicht; Ge|samt|aus|ga|be; Ge|samt|be|trag
ge|samt|deutsch; gesamtdeutsche Fragen; **Ge|samt|deutsch|land** ↑K 143
Ge|samt|ein|druck; Ge|samt|er|geb|nis
ge|samt|eu|ro|pä|isch
Ge|samt|ge|winn
ge|samt|haft (*schweiz. u. westösterr. für* [ins]gesamt); **Ge|samt|heit,** die; -
Ge|samt|hoch|schu|le; Ge|samt|kom|plex; Ge|samt|kunst|werk; Ge|samt|no|te; Ge|samt|scha|den; Ge|samt|schuld|ner *(Rechtsspr.)*
Ge|samt|schu|le
Ge|samt|sieg; Ge|samt|sie|ger
Ge|samt|sum|me; Ge|samt|ver|band; Ge|samt|wer|tung
Ge|sand|te, der *u.* die; -n, -n; **Ge|sand|tin**
Ge|sandt|schaft; ge|sandt|schaft|lich; Ge|sandt|schafts|rat
Ge|sang, der; -[e]s, Gesänge
Ge|sang|buch, *österr.* Ge|sangs|buch
Ge|sang|leh|rer; Ge|sang|leh|re|rin
ge|sang|lich
Ge|sang|schu|le; Ge|sangs|kunst
Ge|sang[s]|pä|d|a|go|ge; Ge|sang[s]|pä|d|a|go|gin
Ge|sang[s]|stück; Ge|sang[s]|stun|de; Ge|sang[s]|un|ter|richt
Ge|sang|ver|ein, *österr.* Ge|sangs|ver|ein
Ge|säß, das; -es, -e; **Ge|säß|fal|te; Ge|säß|mus|kel; Ge|säß|ta|sche**
ge|sät|tigt; gesättigte Kohlenwasserstoffe *(Chemie)*
Ge|sätz, das; -es, -e (*Literaturw.* Strophe im Meistergesang)
Ge|sätz|lein (*südd. für* Abschnitt, Strophe)
Ge|säu|ge, das; -s (*Jägerspr.* Milchdrüsen)
Ge|sau|se, das; -s
Ge|säu|se, das; -s (ein Alpental)
Ge|säu|sel, das; -s
gesch. (*Zeichen* ⚮) = geschieden
Ge|schä|dig|te, der *u.* die; -n, -n
Ge|schäft, das; -[e]s, -e; geschäftehalber, *aber* dringender Geschäfte halber

Ge|schäf|te|ma|cher; Ge|schäf|te|ma|che|rei
ge|schäf|tig; Ge|schäf|tig|keit
Ge|schaftl|hu|ber, Gschaftl|hu|ber, der; -s, - (*bes. südd., österr.* fast unangenehm betriebsamer, wichtigtuerischer Mensch)
ge|schäft|lich
Ge|schäfts|ab|schluss [*alte Schreibung* ...ab|schluß]; **Ge|schäfts|auf|ga|be; Ge|schäfts|auf|lö|sung; Ge|schäfts|be|reich**
Ge|schäfts|be|richt; Ge|schäfts|brief; Ge|schäfts|buch; Ge|schäfts|er|öff|nung
ge|schäfts|fä|hig *(Rechtsspr.)*
Ge|schäfts|frau; Ge|schäfts|freund
ge|schäfts|füh|rend; der geschäftsführende Vorstand; **Ge|schäfts|füh|rer; Ge|schäfts|füh|re|rin; Ge|schäfts|füh|rung**
Ge|schäfts|ge|ba|ren; Ge|schäfts|ge|heim|nis
Ge|schäfts|in|ha|ber; Ge|schäfts|in|ha|be|rin
Ge|schäfts|in|te|r|es|se; Ge|schäfts|jahr
Ge|schäfts|kos|ten [*alte Trennung* ...|st...]; auf Geschäftskosten
ge|schäfts|kun|dig
Ge|schäfts|la|ge; Ge|schäfts|le|ben; Ge|schäfts|lei|tung; Ge|schäfts|mann *Plur.* ...leute, *selten* ...männer
ge|schäfts|mä|ßig
Ge|schäfts|ord|nung; Ge|schäfts|part|ner; Ge|schäfts|rei|se
ge|schäfts|schä|di|gend
Ge|schäfts|schluss [*alte Schreibung* ...schluß]; **Ge|schäfts|sinn,** der; -[e]s; **Ge|schäfts|sitz; Ge|schäfts|stel|le; Ge|schäfts|stra|ße; Ge|schäfts|stun|den** *Plur.;* **Ge|schäfts|trä|ger**
ge|schäfts|tüch|tig; ge|schäfts|un|fä|hig *(Rechtsspr.)*
Ge|schäfts|ver|bin|dung; Ge|schäfts|ver|kehr; Ge|schäfts|vier|tel; Ge|schäfts|zei|chen; Ge|schäfts|zeit
Ge|schä|ker, das; -s
Ge|schar|re, das; -s
Ge|schau|kel, das; -s
ge|scheckt; ein geschecktes Pferd
ge|sche|hen; es geschieht; es geschah; es geschähe; geschehen
Ge|sche|hen, das; -s, -; **Ge|scheh|nis,** das; -ses, -se
Ge|schei|de, das; -s, - (*Jägerspr.* Magen u. Gedärme des Wildes)
Ge|schein, das; -[e]s, -e (*Bot.* Blütenstand der Weinrebe)
ge|scheit; Ge|scheit|heit

Ge|schenk, das; -[e]s, -e
Ge|schenk|ar|ti|kel; Ge|schenk|pa|ckung [*alte Trennung* ...k|k...]; **Ge|schenk|pa|pier; Ge|schenk|sen|dung**
ge|schenk|wei|se
ge|schert, gschert (*bayr., österr. ugs. für* ungeschlacht, grob, dumm); **Ge|scher|te,** Gscher|te, der; -n, -n (*bayr., österr. ugs. für* Tölpel, Landbewohner)
Ge|schich|te, die; -, -n
Ge|schich|ten|buch (Buch mit Geschichten [Erzählungen])
ge|schicht|lich; Ge|schicht|lich|keit, die; -
Ge|schichts|at|las; Ge|schichts|be|wusst|sein [*alte Schreibung* ...be|wußt|sein]; **Ge|schichts|fäl|schung; Ge|schichts|for|schung; Ge|schichts|kennt|nis** *meist Plur.;* **Ge|schichts|klit|te|rung**
ge|schichts|los
Ge|schichts|phi|lo|so|phie; Ge|schichts|schrei|bung; Ge|schichts|stu|di|um
ge|schichts|träch|tig
Ge|schichts|un|ter|richt; Ge|schichts|werk
Ge|schichts|wis|sen|schaft; Ge|schichts|wis|sen|schaft|ler
Ge|schick, das; -[e]s, *Plur.* (*für* Schicksal:) -e
Ge|schick|lich|keit, die; -
Ge|schick|lich|keits|prü|fung *(Motorsport)*
Ge|schick|lich|keits|spiel
ge|schickt; Ge|schickt|heit, die; -
Ge|schie|be, das; -s, -; **Ge|schie|be|mer|gel** *(Geol.)*
ge|schie|den (*Abk.* gesch.; *Zeichen* ⚮); **Ge|schie|de|ne,** der *u.* die; -n, -n
Ge|schie|ße, das; -s
Ge|schimp|fe, das; -s
Ge|schirr, das; -[e]s, -e; **Ge|schirr|ma|cher**
Ge|schirr|rei|ni|ger, *auch* **Ge|schirr-Rei|ni|ger** [*alte Schreibung* Ge|schirrei|ni|ger, *alte Trennung* ...rr|r...]
Ge|schirr|schrank; Ge|schirr|spü|ler; Ge|schirr|spül|ma|schi|ne; Ge|schirr|tuch *Plur.* ...tücher
Ge|schiss [*alte Schreibung* Geschiß], das; Geschisses *(derb); meist in* Geschiss (ärgerliches Aufheben) [um etw.] machen
Ge|schlab|ber, das; -s *(ugs.)*
ge|schla|gen; eine geschlagene Stunde
ge|schlämmt; geschlämmte Kreide

Ge|schlẹcht, das; -[e]s, -er; das andere Geschlecht

Ge|schlẹch|ter|buch; Ge|schlẹch|ter|fol|ge; Ge|schlẹch|ter|kun|de; Ge|schlẹch|ter|rol|le *(Soziol.)*

...ge|schlech|tig (z. B. getrenntgeschlechtig)

ge|schlẹcht|lich; geschlechtliche Fortpflanzung; **Ge|schlẹcht|lich|keit,** die; -

Ge|schlẹchts|akt; Ge|schlẹchts|ap|pa|rat; Ge|schlẹchts|be|stim|mung

ge|schlẹchts|krank; Ge|schlẹchts|krank|heit

Ge|schlẹchts|le|ben; Ge|schlẹchts|lei|den

ge|schlẹcht[s]|los

Ge|schlẹchts|merk|mal

ge|schlẹchts|neu|t|ral

Ge|schlẹchts|or|gan

ge|schlẹchts|reif; Ge|schlẹchts|rei|fe

Ge|schlẹchts|rol|le (*svw.* Geschlechterrolle)

ge|schlẹchts|spe|zi|fisch

Ge|schlẹchts|teil, das, *auch* der

Ge|schlẹchts|trieb, der; -[e]s

Ge|schlẹchts|um|wand|lung

Ge|schlẹchts|ver|kehr, der; -[e]s

Ge|schlẹchts|wort *Plur.* ...wörter

Ge|schlẹck, das; -[e]s *u.* **Ge|schlẹ|cke** [*alte Trennung* ...k|k...], das; -s

Ge|schlei̲f, das; -[e]s *u.* **Ge|schlei̲|fe,** das; -s (*Jägerspr.* Röhren des Dachsbaus)

Ge|schlẹp|pe, das; -s (*Jägerspr.* hinterhergezogener Köder)

ge|schlịf|fen; Ge|schlịf|fen|heit

Ge|schlịn|ge, das; -s, - (Herz, Lunge, Leber bei Schlachttieren)

ge|schlọs|sen; geschlossene Gesellschaft; **Ge|schlọs|sen|heit,** die; -

Ge|schluch|ze, das; -s

Ge|schmạck, der; -[e]s, *Plur.* Geschmäcke, *scherzh.* Geschmäcker; nach jmds. Geschmack sein

ge|schmạ̈ck|le|risch *(abwertend);* **ge|schmạck|lich**

ge|schmạck|los; Ge|schmạck|lo|sig|keit

Ge|schmạck|sa|che *vgl.* Geschmackssache

ge|schmạcks|bil|dend

Ge|schmạcks|emp|fin|dung; Ge|schmạcks|knos|pe *meist Plur. (Biol., Med.)*

Ge|schmạcks|rich|tung

Ge|schmạcks|sa|che, die; -; *meist in* das ist Geschmackssache

Ge|schmạcks|sinn; Ge|schmạcks|stoff; Ge|schmạcks|test; Ge|schmạcks|ver|ir|rung; Ge|schmạcks|ver|stär|ker

ge|schmạck|voll

Ge|schmạt|ze, das; -s

Ge|schmau̲|se, das; -s

Ge|schmei̲|chel, das; -s

Ge|schmei̲|de, das; -s, -

ge|schmei̲|dig; Ge|schmei̲|dig|keit, die; -

Ge|schmei̲ß, das; -es (Ekel erregendes Ungeziefer; Gesindel; *Jägerspr.* Raubvogelkot)

Ge|schmẹt|ter, das; -s

Ge|schmie̲r, das; -[e]s *u.* **Ge|schmie̲|re,** das; -s

Ge|schmọr|te, das; -n

Ge|schmụn|zel, das; -s

Ge|schmu̲|se, das; -s *(ugs.)*

Ge|schnä̲|bel, das; -s

Ge|schnạt|ter, das; -s

Ge|schnẹt|zel|te, das; -n

ge|schnie̲|gelt; *meist in* geschniegelt und gebügelt *(ugs. scherzh.)*

Ge|schnọ̈r|kel, das; -s

Ge|schnü̲f|fel, das; -s

Ge|schọ̈pf, das; -[e]s, -e

Ge|schọss [*alte Schreibung* Geschoß], das; Geschosses, Geschosse, *südd., österr. auch* Geschọ̄ß, das; -es, -e

Ge|schọss|bahn [*alte Schreibung* Ge|schoß...]; **Ge|schoss|ha|gel**

...ge|schos|sig, *südd., österr. auch* ...ge|scho|ßig [...ʃoː...] (z. B. dreigeschossig, *mit Ziffer* 3-geschossig ↑K 29 [*alte Schreibung* 3geschossig])

ge|schrau̲bt *(abwertend);* geschraubter Stil; **Ge|schrau̲bt|heit,** die; -

Ge|schrei̲, das; -s

Ge|schrei̲|be, das; -s; **Ge|schrei̲b|sel,** das; -s

Ge|schụ̈tz, das; -es, -e; **Ge|schụ̈tz|be|die|nung; Ge|schụ̈tz|rohr**

Ge|schwa̲|der, das; -s, - (Verband von Kriegsschiffen od. Kampfflugzeugen)

Ge|schwa̲|fel, das; -s *(ugs.)*

Ge|schwạ̈tz, das; -es; **Ge|schwạt|ze,** das; -s

ge|schwạ̈t|zig; Ge|schwạ̈t|zig|keit, die; -

ge|schwei̲ft; geschweifte Tischbeine

ge|schwei̲|ge [denn] (noch viel weniger); geschweige[,] dass; geschweige denn[,] dass ↑K 127

ge|schwịnd (*landsch. für* schnell, rasch, flink); **Ge|schwịn|dig|keit**

Ge|schwịn|dig|keits|be|gren|zung; Ge|schwịn|dig|keits|be|schrän|kung; Ge|schwịn|dig|keits|kon|t|rol|le; Ge|schwịn|dig|keits|mes|ser, der; **Ge|schwịn|dig|keits|ü|ber|schrei|tung**

Ge|schwịnd|schritt; im Geschwindschritt

Ge|schwịrr, das; -s

Ge|schwịs|ter [*alte Trennung* ...|st...], das; -s, - (*im allg. Sprachgebrauch nur Plur.; Sing. fachspr. für* eines der Geschwister [Bruder od. Schwester])

Ge|schwịs|ter|kind [*alte Trennung* ...|st...] (*veraltet, noch landsch. für* Neffe, Nichte); **ge|schwịs|ter|lich; Ge|schwịs|ter|lie|be; Ge|schwịs|ter|paar**

ge|schwọl|len; *vgl.* [1]schwellen

ge|schwo̲|ren; ein geschworener Feind des Alkohols

Ge|schwo̲|re|ne, *österr. amtl. auch* Ge|schwo̲r|ne, der *u.* die; -n, -n

Ge|schwo̲|re|nen|lis|te [*alte Trennung* ...|st...]

Ge|schwo̲r|ne *vgl.* Geschworene

Ge|schwụlst, die; -, Geschwülste

ge|schwụlst|ar|tig

Ge|schwụlst|bil|dung

ge|schwụn|gen; eine geschwungene Linie

Ge|schwü̲r, das; -[e]s, -e; **Ge|schwü̲r|bil|dung; ge|schwü̲|rig**

Gẹs-Dur [*auch* ˈgɛsˈduːɐ̯], das; - (Tonart; *Zeichen* Ges); **Gẹs-Dur-Ton|lei|ter** ↑K 26

Ge̲|se, Ge̲|sa (w. Vorn.)

ge|seg|net; gesegnete Mahlzeit!

Ge|sei̲ch, das; -s (*landsch. derb für* leeres Geschwätz)

Ge|sei̲|re, das; -s ‹jidd.› (*ugs. für* unnützes Gerede, Gejammere)

Ge|sẹlch|te, das; -n (*bayr., österr. für* Rauchfleisch)

Ge|sẹll, der; -en, -en *(veraltet);* ein fahrender Gesell; **Ge|sẹl|le,** der; -n, -n

ge|sẹl|len, sich

Ge|sẹl|len|brief; Ge|sẹl|len|prü|fung; Ge|sẹl|len|stück

ge|sẹl|lig; Ge|sẹl|lig|keit

Ge|sẹl|lin

Ge|sẹll|schaft; Gesellschaft mit beschränkter Haftung (*Abk.* GmbH); **Ge|sẹll|schaf|ter; Ge|sẹll|schaf|te|rin**

ge|sẹll|schaft|lich

Ge|sẹll|schafts|an|zug

ge|sẹll|schafts|fä|hig

Ge|sẹll|schafts|form; Ge|sẹll|schafts|in|seln *Plur.* (in der Südsee)

G

Ge|sẹll|schafts|klei|dung; Ge|sẹll|schafts|kri|tik; Ge|sẹll|schafts|leh|re; Ge|sẹll|schafts|ord|nung
Ge|sẹll|schafts|po|li|tik, die; -; **ge|sẹll|schafts|po|li|tisch**
Ge|sẹll|schafts|schicht; Ge|sẹll|schafts|spiel; Ge|sẹll|schafts|sys|tem [*alte Trennung* ...|st...]
Ge|sẹll|schafts|tanz; Ge|sẹll|schafts|wis|sen|schaft *meist Plur.*
Ge|sẹnk, das; -[e]s, -e (*Technik* Hohlform zum Pressen von Werkstücken; *Bergmannsspr.* von oben nach unten hergestellte Verbindung zweier Sohlen)
Ge|sẹtz, das; -es, -e
Ge|sẹtz|aus|le|gung; Ge|sẹtz|blatt (*Abk.* GBl.); **Ge|sẹtz|buch; Ge|sẹtz|ent|wurf**
Ge|sẹt|zes|bre|cher; Ge|sẹt|zes|ent|wurf *(schweiz.)*; **Ge|sẹt|zes|hü|ter; Ge|sẹt|zes|kraft,** die; -
Ge|sẹt|zes|samm|lung, Ge|sẹtz|samm|lung
Ge|sẹt|zes|spra|che; Ge|sẹt|zes|text; Ge|sẹt|zes|vor|la|ge; Ge|sẹt|zes|werk
ge|sẹtz|ge|bend; gesetzgebende Gewalt; **Ge|sẹtz|ge|ber; ge|sẹtz|ge|be|risch; Ge|sẹtz|ge|bung**
ge|sẹtz|lich; gesetzliche Erbfolge; gesetzlicher Richter; **Ge|sẹtz|lich|keit,** die; -
ge|sẹtz|los; Ge|sẹtz|lo|sig|keit
ge|sẹtz|mä|ßig; Ge|sẹtz|mä|ßig|keit
Ge|sẹtz|samm|lung *vgl.* Gesetzessammlung
ge|sẹtzt; gesetzt[,] dass ...; gesetzt den Fall[,] [dass] ... ↑K 127
Ge|sẹtzt|heit, die; -
ge|sẹtz|wid|rig
Ge|seuf|ze, das; -s
ges. gesch. = gesetzlich geschützt
[1]**Ge|sịcht,** das; -[e]s, -er; sein Gesicht wahren
[2]**Ge|sịcht,** das; -[e]s, -e (*für* Vision)
Ge|sịchts|aus|druck
Ge|sịchts|creme, *auch* Ge|sịchts|krem, Ge|sịchts|kre|me
Ge|sịchts|er|ker (*ugs. scherzh. für* Nase)
Ge|sịchts|far|be; Ge|sịchts|feld; Ge|sịchts|kreis
Ge|sịchts|krem, Ge|sịchts|kre|me *vgl.* Gesichtscreme
Ge|sịchts|mas|ke; Ge|sịchts|par|tie; Ge|sịchts|punkt; Ge|sịchts|sinn, der; -[e]s; **Ge|sịchts|was|ser** *Plur.* ...wässer; **Ge|sịchts|win|kel; Ge|sịchts|zug** *meist Plur.*
Ge|sịms, das; -es, -e
Ge|sịn|de, das; -s, - (*früher* Gesamtheit der Knechte u. Mägde)
Ge|sịn|del, das; -s *(abwertend)*
Ge|sịn|de|stu|be
Ge|sịn|ge, das; -s
ge|sịnnt (von einer bestimmten Gesinnung); ein gut gesinnter [*alte Schreibung* gutgesinnter] Mensch; sie ist gut gesinnt; *vgl.* gesonnen
Ge|sịn|nung; Ge|sịn|nungs|ge|nos|se
ge|sịn|nungs|los; Ge|sịn|nungs|lo|sig|keit, die; -
Ge|sịn|nungs|lump *(ugs.)*; **Ge|sịn|nungs|schnüf|fe|lei; Ge|sịn|nungs|tä|ter; Ge|sịn|nungs|wan|del**
ge|sịt|tet; Ge|sịt|tung, die; -
Ge|sọcks, das; -[es] (*derb für* Gesindel)
Ge|sọ̈ff, das; -[e]s, -e (*ugs. für* schlechtes Getränk)
ge|sọn|dert; gesondert verpacken
ge|sọn|nen (willens); gesonnen sein[,] etwas zu tun ↑K 116; *vgl.* gesinnt
ge|sọt|ten; Ge|sọt|te|ne, das; -n (*landsch. für* Gekochtes)
ge|spạl|ten; gespaltene Fingernägel; *vgl.* spalten
[1]**Ge|spa̲n,** der; *Gen.* -[e]s *u.* -en, *Plur.* -e[n] (*veraltet für* Mitarbeiter, Helfer; Genosse)
[2]**Ge|spa̲n,** der; -[e]s, -e ⟨ung.⟩ (*früher* ung. Verwaltungsbeamter)
Ge|spạ̈n|ge, das; -s (Spangenwerk)
Ge|spann, das; -[e]s, -e (Zugtiere; Wagen mit Zugtieren)
ge|spạnnt; Ge|spạnnt|heit, die; -
Ge|spạ̈r|re, das; -s (*Bauw.* ein Paar sich gegenüberliegender Dachsparren)
Ge|spẹnst, das; -[e]s, -er; **Ge|spẹns|ter|chen** [*alte Trennung* ...|st...] *Plur.*
Ge|spẹns|ter|furcht [*alte Trennung* ...|st...]; **Ge|spẹns|ter|glau|be[n]**
ge|spẹns|ter|haft [*alte Trennung* ...|st...]; **ge|spẹns|tern;** ich gespenstere
Ge|spẹns|ter|stun|de [*alte Trennung* ...|st...]
ge|spẹns|tig, ge|spẹns|tisch [*alte Trennung* ...|st...]
ge|spe̲r|bert (*Jägerspr.* in der Art des Sperbers); gesperbertes Gefieder
Ge|spẹr|re, das; -s, - (*Jägerspr.* bei Auer-, Birkwild, Fasan die Jungen [mit Henne]; *Technik* Hemmvorrichtung)
[1]**Ge|spie̲|le,** das; -s (andauerndes Spielen)
[2]**Ge|spie̲|le,** der; -n, -n (*veraltend für* Spielkamerad); **Ge|spie̲|lin**
Ge|spịnst, das; -[e]s, -e
[1]**Ge|spọns,** der; -es, -e (*veraltet, noch scherzh. für* Bräutigam; Gatte)
[2]**Ge|spọns,** das; -es, -e (*veraltet, noch scherzh. für* Braut; Gattin)
ge|spọn|sert *vgl.* sponsern
Ge|spọ̈tt, das; -[e]s; jmdn. zum Gespött machen; **Ge|spọ̈t|tel,** das; -s
Ge|sprạ̈ch, das; -[e]s, -e
ge|sprä̲|chig; Ge|sprä̲|chig|keit, die; -
ge|sprä̲chs|be|reit; Ge|sprä̲chs|be|reit|schaft
Ge|sprä̲chs|form; Ge|sprä̲chs|part|ner; Ge|sprä̲chs|part|ne|rin; Ge|sprä̲chs|stoff; Ge|sprä̲chs|teil|neh|mer; Ge|sprä̲chs|teil|neh|me|rin; Ge|sprä̲chs|the|ma
ge|sprä̲chs|wei|se
ge|sprei̲zt; Ge|sprei̲zt|heit, die; -
Ge|sprẹn|ge, das; -s, - (*Archit.* Aufbau über spätgotischen Altären; *Bergmannsspr.* steil aufsteigendes Gebirge)
ge|sprẹn|kelt; gesprenkeltes Fell
Ge|sprịtz|te, der; -n, -n (*südd., österr. für* Weinschorle)
Ge|spru̲|del, das; -s
Ge|spü̲r, das; -s
Gẹß|ner, Salomon (schweiz. Dichter u. Maler)
Gẹst, der; -[e]s *od.* die; - (*nordd. für* Hefe)
gest. (*Zeichen* †) = gestorben
Ge|sta̲|de, das; -s, - (*geh. für* Küste, Ufer)
Ges|ta|ge̲n [*alte Trennung* ...|st...], das; -s, -e ⟨lat.⟩ (*Biol.* Schwangerschaftshormon)
Ge|stạlt, die; -, -en; dergestalt (so); **ge|stạlt|bar**
ge|stạl|ten; ge|stạl|ten|reich
Ge|stạl|ter; Ge|stạl|te|rin
ge|stạl|te|risch
ge|stạlt|haft; ge|stạlt|los
Ge|stạl|tung; Ge|stạl|tungs|kraft; Ge|stạl|tungs|prin|zip
Ge|stạm|mel, das; -s
Ge|stạmp|fe, das; -s
Ge|stạ̈n|de, das; -s, - (*Jägerspr.* Füße, bes. der Beizvögel; [2]Horst)

ge|stan|den; eine gestandene Bergsteigerin
ge|stän|dig
Ge|ständ|nis, das; -ses, -se
Ge|stän|ge, das; -s, -
Ge|stank, der; -[e]s
Ge|sta|po, die; - = Geheime Staatspolizei *(nationalsoz.)*
ge|stat|ten
Ges|te [*auch* 'ge:...; *alte Trennung* ...|st...], die; -, -n ‹lat.› (Gebärde)
Ge|steck, das; -[e]s, -e (Blumenarrangement; *bayr., österr. für* Hutschmuck)
ge|ste|hen; gestanden
Ge|ste|hungs|kos|ten [*alte Trennung* ...|st...] *Plur.* (*Wirtsch.* Herstellungs-, Selbstkosten)
Ge|stein, das; -[e]s, -e
Ge|steins|art; Ge|steins|block *Plur.* ...blöcke; **Ge|steins|boh|rer; Ge|steins|kun|de,** die; -; **Ge|steins|pro|be; Ge|steins|schicht**
Ge|stell, das; -[e]s, -e
Ge|stel|lung *(Amtsspr.)*
Ge|stel|lungs|be|fehl (*veraltet für* Einberufungsbefehl)
ge|stelzt; eine gestelzte Sprache

ges|tern

[*alte Trennung* ge|stern]
- bis gestern; seit gestern
- die Mode von gestern
- ich bin nicht von gestern (*ugs. für* altmodisch, rückständig, dumm)
- zwischen gestern und morgen liegt heute, *auch* ↑K 81: zwischen dem Gestern und dem Morgen liegt das Heute
- ↑K 69: gestern Abend, Mittag, Morgen, Nachmittag, Nacht [*alte Schreibungen* gestern abend, mittag, morgen nachmittag, nacht]
- gestern früh, *auch* Früh
- vorgestern; ehegestern

Ges|tern [*alte Trennung* ...|st...], das; - (die Vergangenheit)
Ge|sti|chel, das; -s *(ugs.)*
ge|stie|felt; gestiefelt u. gespornt (fertig) sein; *aber* ↑K 150: der Gestiefelte Kater (im Märchen)
ge|stielt; ein gestielter Besen
Ges|tik [*auch* 'ge:...; *alte Trennung* ...|st...], die; - ‹lat.› (Gesamtheit der Gesten [als Ausdruck einer inneren Haltung])
Ges|ti|ku|la|ti|on [*alte Trennung* ...|st...], die; -, -en (Gebärde, Gebärdensprache); **ges|ti|ku|lie|ren**
Ge|stimmt|heit (Stimmung)
Ges|ti|ons|be|richt [*alte Trennung* ...|st...] (*österr. Amtsspr. für* Geschäftsbericht)
Ge|stirn, das; -[e]s, -e; **ge|stirnt;** der gestirnte Himmel
ges|tisch [*auch* 'ge:...; *alte Trennung* ...|st...]
Ge|stö|ber, das; -s, -
ge|sto|chen; eine gestochene Handschrift; gestochen scharf
ge|stockt; gestockte Milch (*südd. u. österr. für* Dickmilch)
Ge|stöhn, das; -[e]s; **Ge|stöh|ne,** das; -s
Ge|stol|per, das; -s
Ge|stör, das; -[e]s, -e (Teil eines Floßes)
ge|stor|ben (*Abk.* gest.; *Zeichen* †)
ge|stört
Ge|stot|ter, das; -s
Ge|stram|pel, das; -s
Ge|sträuch, das; -[e]s, -e
ge|streckt; gestreckter Galopp
ge|streift; rot gestreift [*alte Schreibung auch* rotgestreift]; *vgl.* blau
Ge|strei|te, das; -s
ge|streng *(veraltend); aber* ↑K 150: die Gestrengen Herren (Eisheiligen)
Ge|streu, das; -[e]s
Ge|strick, das; -[e]s, -e (Strickware)
gest|rig; mein gestriger Brief
Ge|ström, das; -[e]s (Strömung)
ge|stromt (streifig ohne scharfe Abgrenzung)
Ge|strüpp, das; -[e]s, -e
Ge|stü|be, das; -s (*Hüttenw.* Gemisch von Koksrückstand u. Lehm)
Ge|stü|ber, das; -s, - (*Jägerspr.* Kot des Federwildes)
Ge|stühl, das; -[e]s, -e
Ge|stüm|per, das; -s *(ugs.)*
Ge|stürm, das; -[e]s (*schweiz. mdal. für* aufgeregtes Gerede, Getue)
Ges|tus [*alte Trennung* ...|st...], der; - ‹lat.› (Gestik, Ausdruck)
Ge|stüt, das; -[e]s, -e; **Ge|stüt|pferd**
Ge|stüts|brand (Brandzeichen eines Gestütes)
Ge|such, das; -[e]s, -e; **Ge|such|stel|ler** *(Amtsspr., veraltet)*
ge|sucht; eine gesuchte Ausdrucksweise; **Ge|such|te,** der u. die; -n, -n; die polizeilich Gesuchten; **Ge|sucht|heit,** die; -
Ge|su|del, das; -s
Ge|summ, das; -[e]s *u.* **Ge|sum|me,** das; -s
Ge|sums, das; -es *(ugs.)*
ge|sund; gesünder, *seltener* gesunder, gesündes|te, *seltener* gesundes|te; gesund sein, werden, bleiben; jmdn. wieder [ganz] gesund machen *(ugs.),* pflegen; *vgl.* gesundbeten, gesundschreiben [*alte Schreibung* gesund schreiben], gesundschrumpfen, gesundstoßen
ge|sund|be|ten (durch Gebete o. Ä. zu heilen versuchen)
Ge|sund|be|ter; Ge|sund|be|te|rin
Ge|sund|brun|nen (etw., was jmdn. gesund macht, in Schwung hält)
Ge|sun|de, der *u.* die; -n, -n; **ge|sun|den**
Ge|sund|heit, die; -; **ge|sund|heit|lich; Ge|sund|heits|amt; Ge|sund|heits|a|pos|tel** *(scherzh.)*
ge|sund|heits|be|wusst [*alte Schreibung* ...be|wußt]
Ge|sund|heits|er|zie|hung, die; -
ge|sund|heits|hal|ber
Ge|sund|heits|pfle|ge, die; -
ge|sund|heits|schä|di|gend; ge|sund|heits|schäd|lich
Ge|sund|heits|schutz, der; -es; **Ge|sund|heits|we|sen,** das; -s; **Ge|sund|heits|zeug|nis; Ge|sund|heits|zu|stand,** der; -[e]s
ge|sund|schrei|ben [*alte Schreibung* ge|sund schrei|ben]; der Arzt hat sie gesundgeschrieben
ge|sund|schrump|fen (*ugs. für* durch Verkleinerung [eines Betriebes] die rentable Größe erreichen)
ge|sund|sto|ßen, sich (*ugs. für* sich bereichern)
Ge|sun|dung, die; -
get. (*Zeichen* ~) = getauft
Ge|tä|fel, das; -s (Tafelwerk, Täfelung); **ge|tä|felt**
Ge|tä|fer, das; -s (*schweiz. für* Getäfel); **ge|tä|fert**
Ge|tän|del, das; -s
ge|tauft (*Abk.* get.; *Zeichen* ~)
Ge|tau|mel, das; -s
ge|teilt *vgl.* teilen
Geth|se|ma|ne [...ne], **Geth|se|ma|ni,** *ökum.* Get|se|ma|ni (Garten am Ölberg bei Jerusalem)
Ge|tier, das; -[e]s
ge|ti|gert (geflammt)
Ge|tön, das; -[e]s; **Ge|tö|ne,** das; -s
Ge|to|se, das; -s; **Ge|tö|se,** das; -s
ge|tra|gen; eine getragene Redeweise; **Ge|tra|gen|heit,** die; -

G

Ge|tram|pel, das; -s
Ge|tränk, das; -[e]s, -e
Ge|trän|ke|au|to|mat; Ge|trän|ke|kar|te; Ge|trän|ke|steu|er, die
Ge|trap|pel, das; -s
Ge|tratsch, das; -[e]s *u.* **Ge|trat|sche,** das; -s *(ugs.)*
ge|trau|en, sich; ich getraue mich (*seltener* mir)[,] das zu tun ↑K 116
Ge|trei|de, das; -s, -
Ge|trei|de|an|bau; Ge|trei|de|aus|fuhr; Ge|trei|de|ein|fuhr; Ge|trei|de|ern|te; Ge|trei|de|feld; Ge|trei|de|müh|le; Ge|trei|de|spei|cher

G

ge|trennt

– getrennt schreiben; dieses Wort wird getrennt geschrieben
– getrennt leben; ein getrennt lebendes [*alte Schreibung auch* getrenntlebendes] Paar
– getrennt sein, werden; getrennt vorkommen u. a.

ge|trennt|ge|schlech|tig *(Biol.)*
Ge|trennt|schrei|bung
ge|treu; getreu ihrem Vorsatz; die getreu[e]sten Freunde; **Ge|treue,** der *u.* die; -n, -n
ge|treu|lich *(geh.)*
Ge|trie|be, das; -s, -
ge|trie|ben; aus getriebenem Gold
Ge|trie|be|öl; Ge|trie|be|scha|den
Ge|tril|ler, das; -s
Ge|trip|pel, das; -s
Ge|trom|mel, das; -s
ge|trost; ge|trös|ten, sich [*alte Trennung* ...|st...] *(geh.)*
Get|se|ma|ni *vgl.* Gethsemane
Get|to, *auch* Ghet|to [g...], das; -s, -s ⟨ital.⟩ (abgesondertes [jüdisches] Wohnviertel); **Get|to|blas|ter,** *auch* Ghet|to|blas|ter [...bla:stɐ; *alte Trennung* ...|st...], der; -s, - ⟨engl.⟩ (großer, leistungsstarker tragbarer Radiorekorder) **get|to|i|sie|ren,** *auch* ghet|to|i|sie|ren (isolieren)
Ge|tue, das; -s
Ge|tüm|mel, das; -s, -
ge|tüp|felt, ge|tupft
ge|türkt (*ugs., oft als diskriminierend empfunden für* vorgetäuscht)
Ge|tu|schel, das; -s
ge|übt; Ge|übt|heit, die; -
Geu|se, der; -n, -n *meist Plur.* ⟨niederl.⟩ (niederländ. Freiheitskämpfer gegen Spanien)
Ge|vat|ter, der; *Gen.* -s, *älter* -n, *Plur.* -n (*veraltet, noch scherzh. für* guter Bekannter); **Ge|vat|te|rin** *(veraltet, noch scherzh.);* **Ge|vat|ter|schaft** (*veraltet für* Patenschaft); **Ge|vat|ters|mann** *Plur.* ...leute *(veraltet)*
Ge|viert, das; -[e]s, -e (Viereck, Quadrat); ins Geviert
ge|vier|teilt
Ge|viert|schein *(Astron.)*
Ge|wächs, das; -es, -e
ge|wach|sen; jmdm., einer Sache gewachsen sein; gewachsener Boden
Ge|wächs|haus
ge|wachst (mit Wachs behandelt)
Ge|wa|ckel, das; -s *u.* **Ge|wa|cke|le** [*alte Trennung* ...k|k...], **Ge|wack|le,** das; -s
Ge|waff, das; -[e]s (*Jägerspr.* Eckzähne des Keilers)
Ge|waf|fen, das; -s (*veraltet für* Gesamtheit der Waffen)
ge|wagt; Ge|wagt|heit
ge|wählt; sich gewählt ausdrücken
ge|wahr; *nur in Wendungen wie* eine[r] Sache gewahr werden; es *u.* dessen gewahr werden
Ge|währ, die; - (Bürgschaft, Sicherheit); ohne Gewähr; *vgl.* gewährleisten
ge|wah|ren (*geh. für* bemerken, erkennen); sie gewahrte den Freund
ge|wäh|ren (bewilligen)
Ge|währ|frist

ge|währ|leis|ten / Ge|währ leis|ten

[*alte Trennung* ...|st...]

Zusammenschreibung bei Verwendung mit Akkusativobjekt:
– ich gewährleiste vollen Versicherungsschutz
– wir haben einen glatten Übergang gewährleistet
– um die Sicherheit zu gewährleisten
– wir gewährleisten, dass ...

Getrenntschreibung bei Anschluss mit »für«:
– ich leiste Gewähr für den Versicherungsschutz, habe [dafür] Gewähr geleistet
– um für die Sicherheit Gewähr zu leisten
– wir leisten Gewähr dafür, dass ...

Ge|währ|leis|tung [*alte Trennung* ...|st...]
¹Ge|wahr|sam, der; -s (Haft, Obhut)
²Ge|wahr|sam, das; -s, -e (*veraltet für* Gefängnis)
Ge|währs|mann *Plur.* ...männer *u.* ...leute; **Ge|wäh|rung** *Plur. selten*
ge|walmt ⟨*zu* ²Walm⟩; gewalmtes Dach
Ge|walt, die; -, -en
Ge|walt|akt; Ge|walt|an|wen|dung; Ge|walt|be|reit|schaft
Ge|wal|ten|tei|lung, die; -; **Ge|wal|ten|tren|nung,** die; - (*schweiz. für* Gewaltenteilung)
ge|walt|frei
Ge|walt|herr|schaft; Ge|walt|herr|scher
ge|wal|tig
ge|wäl|ti|gen (*Bergmannsspr.* wieder zugänglich machen)
Ge|wal|tig|keit, die; -
ge|walt|los; Ge|walt|lo|sig|keit, die; -
Ge|walt|marsch, der; **Ge|walt|maß|nah|me; Ge|walt|mensch**
ge|walt|sam; Ge|walt|sam|keit
Ge|walt|schuss [*alte Schreibung* ...schuß] *(Sportspr.);* **Ge|walt|streich; Ge|walt|tat**
ge|walt|tä|tig; Ge|walt|tä|tig|keit
Ge|walt|ver|bre|chen; Ge|walt|ver|bre|cher
Ge|walt|ver|herr|li|chung; Ge|walt|ver|zicht; Ge|walt|ver|zichts|ab|kom|men
Ge|wand, das; -[e]s, ...wänder
Ge|wän|de, das; -s, - (*Archit.* seitl. Umgrenzung der Fenster und Türen)
ge|wan|den (*veraltet, noch geh. od. scherzh. für* kleiden)
Ge|wand|haus (*früher für* Lagerhaus der Tuchhändler); **Ge|wand|haus|or|ches|ter** [*alte Trennung* ...|st...], das; -s (in Leipzig)
Ge|wand|meis|ter [*alte Trennung* ...|st...] (*Theater, Film usw.* Leiter der Kostümschneiderei)
ge|wandt; ein gewandter Tänzer; *vgl.* wenden; **Ge|wandt|heit,** die; -
Ge|wan|dung
Ge|wann, das; -[e]s, -e, *seltener* **Ge|wan|ne,** das; -s, - (*bes. südd.* Ackergrenze, an der der Pflug gewendet wird)
ge|wär|tig; einer Sache gewärtig sein; ich bin es gewärtig; **ge|wär|ti|gen** *(geh.);* zu gewärtigen (erwarten) haben

Ge|wäsch, das; -[e]s (*ugs. für* [leeres] Gerede)
Ge|wäs|ser, das; -s, -; **Ge|wäs|serschutz,** der; -es
ge|was|sert ⟨*zu* wassern⟩
ge|wäs|sert; gewässerte Salzheringe
Ge|we|be, das; -s, -
Ge|we|be|bank *Plur.* ...banken; **Gewe|be|brei|te; Ge|we|be|leh|re,** die; - (*für* Histologie); **Ge|webe|trans|plan|ta|ti|on**
Ge|webs|flüs|sig|keit
ge|weckt (aufgeweckt)
Ge|wehr, das; -[e]s, -e
Ge|wehr|kol|ben; Ge|wehr|lauf
Ge|weih, das; -[e]s, -e; **Ge|weihfarn**
[1]**ge|weiht** (*Jägerspr.* Geweih tragend)
[2]**ge|weiht** ⟨*zu* weihen⟩
Ge|wen|de, das; -s, - (*veraltet für* Feldstück; *noch landsch. für* Ackergrenze)
Ge|wer|be, das; -s, -
Ge|wer|be|auf|sicht, die; -; **Ge|werbe|auf|sichts|amt**
Ge|wer|be|be|trieb; Ge|wer|befrei|heit; Ge|wer|be|ge|biet; Gewer|be|in|spek|tor
Ge|wer|be|leh|rer; Ge|wer|be|lehre|rin
Ge|wer|be|ord|nung, die; - (*Abk.* GewO); **Ge|wer|be|schein; Gewer|be|schu|le; Ge|wer|be|steuer,** die
ge|wer|be|trei|bend; Ge|wer|betrei|ben|de, der *u.* die; -n, -n
Ge|wer|be|zweig
ge|werb|lich; gewerblicher Rechtsschutz; **ge|werbs|mä|ßig**
Ge|werk, das; -[e]s, -e (*bes. Fachspr.* Zweig des Bauhandwerks; Gewerbe; Zunft)
Ge|wer|ke, der; -n, -n (*veraltet für* Mitglied einer bergrechtlichen Gewerkschaft)
Ge|werk|schaft; Ge|werk|schaf|ter, Ge|werk|schaft|ler; **Ge|werkschaf|te|rin,** Ge|werk|schaft|lerin; **Ge|werk|schaft|ler** *vgl.* Gewerkschafter; **Ge|werk|schaft|lerin**
ge|werk|schaft|lich
Ge|werk|schafts|ap|pa|rat; Gewerk|schafts|be|we|gung; Gewerk|schafts|boss [*alte Schreibung* ...boß] *(ugs.)*
Ge|werk|schafts|bund, der; -es, ...bünde *Plur. selten*
Ge|werk|schafts|funk|ti|o|när; Gewerk|schafts|mit|glied; Ge|werkschafts|ver|samm|lung; Ge|werkschafts|vor|sit|zen|de
Ge|we|se, das; -s, - (*ugs. für* auffallendes Gebaren *[nur Sing.]; nordd. für* Anwesen)
[1]**Ge|wicht,** das; -[e]s, -er (*Jägerspr.* Rehgehörn)
[2]**Ge|wicht,** das; -[e]s, -e
ge|wich|ten (Schwerpunkte setzen; *Statistik* einen Durchschnittswert unter Berücksichtigung der Häufigkeit vorhandener Einzelwerte bilden)
Ge|wicht|he|ben, das; -s (Sportart); **Ge|wicht|he|ber**
ge|wich|tig; Ge|wich|tig|keit, die; -
Ge|wichts|klas|se *(Sport);* **Gewichts|kon|t|rol|le; Ge|wichtsver|la|ge|rung; Ge|wichts|verlust**
Ge|wich|tung
ge|wieft (*ugs. für* schlau, gerissen)
ge|wiegt (*ugs. für* sehr erfahren; schlau, durchtrieben)
Ge|wie|her, das; -s
ge|willt; *nur in* gewillt (bereit) sein [,] etw. zu tun ↑K 116
Ge|wim|mel, das; -s
Ge|wim|mer, das; -s
Ge|win|de, das; -s, -
Ge|win|de|boh|rer; Ge|win|de|gang
Ge|winn, der; -[e]s, -e; [großen] Gewinn bringen; *vgl.* Gewinn bringend
Ge|winn|an|teil; Ge|winn|ausschüt|tung; Ge|winn|be|tei|ligung
Ge|winn brin|gend, *auch* **ge|winnbrin|gend** ↑K 58 *u.* 59; eine Gewinn bringende, *auch* gewinnbringende Investition; *aber nur* eine großen Gewinn bringende Investition; eine äußerst gewinnbringende, noch gewinnbringendere Investition
Ge|winn|chan|ce
ge|win|nen; du gewannst; du gewönnest, *auch* gewännest; gewonnen; gewinn[e]!; **ge|winnend**
Ge|win|ner; Ge|win|ne|rin
Ge|win|ner|stra|ße; auf der Gewinnerstraße sein *(ugs.)*
Ge|winn|klas|se
Ge|winn|num|mer, *auch* **Gewinn-Num|mer** [*alte Schreibung* Ge|winnum|mer, *alte Trennung* ...nn|n...]
Ge|winn|quo|te; Ge|winn|satz *(Sport);* **Ge|winn|span|ne; Gewinn|stre|ben,** das; -s
Ge|winn|sucht, die; -; **ge|winnsüch|tig**
ge|winn|träch|tig
Ge|winn-und-Ver|lust-Rech|nung ↑K 26
Ge|win|nung
Ge|winn|zahl
Ge|win|sel, das; -s
Ge|winst, der; -[e]s, -e (*veraltet für* Gewinn)
Ge|wirk, das; -[e]s, -e *u.* **Ge|wir|ke,** das; -s, - (aus Maschen bestehender Textilstoff)
ge|wirkt; gewirkter Stoff
Ge|wirr, das; -[e]s
Ge|wis|per, das; -s
ge|wiss [*alte Schreibung* ge|wiß]; ↑K 72: etwas, nichts Gewisses; ↑K 76: ein gewisses Etwas; ein gewisser Jemand
Ge|wis|sen, das; -s, -
ge|wis|sen|haft; Ge|wis|sen|haftig|keit, die; -
ge|wis|sen|los; Ge|wis|sen|lo|sigkeit, die; -
Ge|wis|sens|biss [*alte Schreibung* ...biß] *meist Plur.*
Ge|wis|sens|er|for|schung; Ge|wissens|fra|ge; Ge|wis|sens|frei|heit
Ge|wis|sens|grün|de *Plur.;* etwas aus Gewissensgründen verweigern; **Ge|wis|sens|kon|flikt; Gewis|sens|wurm** *(ugs. scherzh.)*
ge|wis|ser|ma|ßen
Ge|wiss|heit [*alte Schreibung* Gewiß|heit]
ge|wiss|lich [*alte Schreibung* gewiß|lich] *(veraltend)*
Ge|wit|ter, das; -s, -; **Ge|wit|terfront**
ge|wit|te|rig *vgl.* gewittrig; **ge|wittern;** es gewittert
Ge|wit|ter|nei|gung; Ge|wit|ter|regen; ge|wit|ter|schwül; Ge|witter|stim|mung; Ge|wit|ter|sturm; Ge|wit|ter|wand; Ge|wit|ter|wolke
ge|witt|rig, *selten* ge|wit|te|rig
Ge|wit|zel, das; -s
ge|wit|zigt (klug geworden)
ge|witzt; Ge|witzt|heit, die; -
GewO = Gewerbeordnung
Ge|wo|ge, das; -s
ge|wo|gen (zugetan); sie ist mir gewogen; **Ge|wo|gen|heit**
ge|wöh|nen; sich an etw. *od.* jmdn. gewöhnen
Ge|wohn|heit; ge|wohn|heits|mäßig
Ge|wohn|heits|mensch, der; -en, -en; **Ge|wohn|heits|recht; Gewohn|heits|tier** *(scherzh.);* **Gewohn|heits|trin|ker; Ge|wohnheits|ver|bre|cher**

G

G

ge|wöhn|lich; für gewöhnlich (meist); **Ge|wöhn|lich|keit,** die; -
ge|wohnt; ich bin es gewohnt, bin schwere Arbeit gewohnt; die gewohnte Arbeit
ge|wöhnt (*Partizip II von* gewöhnen); ich habe mich an diese Arbeit gewöhnt; ich bin daran gewöhnt; **Ge|wöh|nung,** die; -; **ge|wöh|nungs|be|dürf|tig**
Ge|wöl|be, das; -s, -; **Ge|wöl|be|bo|gen; Ge|wöl|be|pfei|ler**
Ge|wölk, das; -[e]s
Ge|wöl|le, das; -s, - (*Jägerspr.* von Greifvögeln herausgewürgter Klumpen unverdaulicher Nahrungsreste)
Ge|wühl, das; -[e]s
ge|wür|felt; gewürfelte Stoffe
Ge|würm, das; -[e]s
Ge|würz, das; -es, -e; **Ge|würz|gur|ke**
ge|wür|zig (*selten für* würzig)
Ge|würz|ku|chen; Ge|würz|mi|schung; Ge|würz|nel|ke; Ge|würz|tra|mi|ner (eine Rebsorte)
Ge|wu|sel, das; -s *(landsch.)*
Gey|sir, der; -s, -e, **Gei|ser,** der; -s, - ⟨isländ.⟩ (eine Wasserfontänen ausstoßende heiße Quelle)
GEZ = Gebühreneinzugszentrale
gez. = gezeichnet
ge|zackt
Ge|zä|he, das; -s, - (*Bergmannsspr.* Arbeitsgerät)
ge|zahnt, ge|zähnt; ein gezahntes *od.* gezähntes Blatt
Ge|zänk, das; -[e]s; **Ge|zan|ke,** das; -s
Ge|zap|pel, das; -s
ge|zeich|net (*Abk.* gez.)
Ge|zeit, die; -, -en (*im allg. Sprachgebrauch Plur.; Sing. fachspr. für* eine der Gezeiten [Ebbe od. Flut])
Ge|zei|ten|kraft|werk; Ge|zei|ten|ta|fel; Ge|zei|ten|wech|sel
Ge|zer|re, das; -s
Ge|ze|ter, das; -s
Ge|zie|fer, das; -s (*veraltend für* Ungeziefer)
ge|zielt; gezielt fragen
ge|zie|men, sich *(veraltend);* es geziemt sich für ihn; **ge|zie|mend;** eine geziemende Antwort
Ge|zie|re, das; -s
ge|ziert; Ge|ziert|heit
Ge|zirp, das; -[e]s, **Ge|zir|pe,** das; -s
Ge|zisch, das; -[e]s, **Ge|zi|sche,** das; -s
Ge|zi|schel, das; -s
Ge|zücht, das; -[e]s, -e (*veraltet für* Gesindel)
Ge|zün|gel, das; -s
Ge|zweig, das; -[e]s
ge|zwirnt *vgl.* zwirnen
Ge|zwit|scher, das; -s
ge|zwun|ge|ner|ma|ßen
Ge|zwun|gen|heit, die; -
Gfrast, das; -s, -er (*bayr., österr. ugs. für* Fussel; Nichtsnutz)
Gfrett, Ge|frett, das; -s (*südd., österr. ugs. für* Ärger, Plage)
Gfrieß, Ge|frieß, das; -es, -er (*südd., österr. ugs. abwertend für* Gesicht)
GG = Grundgesetz
ggf. = gegebenenfalls
g.g.T., ggT = größter gemeinsamer Teiler *(Math.)*
Gha|na [g...] (Staat in Afrika); **Gha|na|er; Gha|na|e|rin; gha|na|isch**
Gha|sel [g...], **Gha|se|le** *vgl.* Gasel, Gasele
Ghet|to usw. *vgl.* Getto usw.
Ghi|bel|li|ne *vgl.* Gibelline
Ghost|wri|ter [ˈgo:straitɐ], der; -s, - ⟨engl.⟩ (für eine andere Person Schreibende[r], nicht genannte[r] Autor[in])
G.I., GI [dʒi:ˈlai], der; -[s], -[s] = government issue ⟨amerik.⟩ (Regierungsausgabe *[urspr. für die Ausrüstung der Truppe], ugs. für* amerikanischer Soldat)
Gi|aur, der; -s, -s ⟨pers.⟩ (*im Islam* Nichtmoslem, Ungläubiger)
Gib|bon, der; -s, -s ⟨franz.⟩ (ein Affe)
Gi|bel|li|ne, Ghi|bel|li|ne [g...], der; -n, -n ⟨ital.⟩ (ital. Anhänger der Hohenstaufen im 13. Jh.)
Gi|b|ral|tar [*auch* ...ˈta:ɐ̯, *österr.* ˈgi:...] ⟨arab.⟩ (Halbinsel an der Südspitze Spaniens)
[1]**Gicht,** die; -, -en (*Hüttenw.* oberster Teil des Hochofens)
[2]**Gicht,** die; - (eine Stoffwechselkrankheit)
Gicht|bee|re (*bes. nordd., ostd. für* Schwarze Johannisbeere)
gicht|brü|chig *(veraltet)*
gich|tig; gich|tisch
Gicht|kno|ten; gicht|krank
Gi|ckel [*alte Trennung* ...k|k...], der; -s, - (*landsch. für* Hahn)
gi|ckeln, gi|ckern [*alte Trennung* ...k|k...] (*landsch. für* kichern)
gicks *(ugs.);* weder gicks noch gacks sagen
gick|sen, kick|sen (*landsch. für* einen [leichten] Schrei ausstoßen; stechen; stoßen); du gickst; gicksen und gacksen
Gide [ʒi:d] (franz. Schriftsteller)
Gi|de|on (m. Vorn.)
[1]**Gie|bel,** der; -s, - (ein Fisch)
[2]**Gie|bel,** der; -s, - (senkrechter Dachabschluss); **Gie|bel|fens|ter** [*alte Trennung* ...|st...]; **gie|bel|lig,** gieb|lig; **Gie|bel|wand; gieb|lig,** gie|bel|lig
Giek|baum (*Seemannsspr.* Rundholz für Gaffelsegel)
Gie|men, das; -s (krankhaftes Atmungsgeräusch)
Gien, das; -s, -e ⟨engl.⟩ (*Seemannsspr.* starker Flaschenzug); **Gien|block** *Plur.* ...blöcke
Gien|gen an der Brenz [ˈgɪŋən - -] (Stadt in Baden-Württemberg)
Gie|per, der; -s (*bes. nordd. für* Gier, Appetit); einen Gieper auf etwas haben; **gie|pern;** ich giepere nach etwas; **giep|rig**
Gier, die; -
[1]**gie|ren** (gierig sein)
[2]**gie|ren** ([von Schiffen, Flugzeugen] seitlich abweichen); **Gier|fäh|re** (Seilfähre)
gie|rig; Gie|rig|keit, die; -
Giersch, der; -[e]s (*landsch. für* Geißfuß [ein Wiesenkraut])
Gieß|bach
gie|ßen; du gießt; ich goss [*alte Schreibung* goß], du gossest; du gössest; gegossen; gieß[e]!
Gie|ßen (Stadt a. d. Lahn)
Gie|ßer; Gie|ße|rei
Gieß|form; Gieß|harz
Gieß|kan|ne; Gieß|kan|nen|prin|zip, das; -s; etwas nach dem Gießkannenprinzip (unterschiedslos, willkürlich) verteilen
[1]**Gift,** das; -[e]s, -e
[2]**Gift,** der; -[e]s (*bes. südd. für* Ärger, Zorn); einen Gift auf jmdn. haben
gif|ten (*ugs. für* gehässig reden); sich giften (sich ärgern); das giftet mich
gift|fest; gift|frei
Gift|gas; gift|grün
gif|tig; Gif|tig|keit, die; -
Gift|mi|scher; Gift|mi|sche|rin
Gift|mord; Gift|müll
Gift|nu|del (*ugs. für* boshafter Mensch)
Gift|pflan|ze; Gift|pilz
Gift|schlan|ge; Gift|schrank; Gift|sta|chel; Gift|stoff; Gift|zahn
Gift|zwerg (*ugs. für* boshafter Mensch)

[1]Gig, das; -s, -s ⟨engl.⟩ (leichter Einspänner)
[2]Gig, die; -, -s, *seltener* das; -s, -s (Sportruderboot)
[3]Gig, der; -s, -s ⟨engl.⟩ (Auftritt bei einem Pop- od. Jazzkonzert)
Gi|ga... ⟨griech.⟩ (das Milliardenfache einer Einheit, z. B. Gigameter = 10^9 Meter; *Zeichen* G)
Gi|ga|byte [...bait] ⟨griech.; engl.⟩ (*EDV* 2^{30} Byte)
Gi|gant, der; -en, -en ⟨griech.⟩ (Riese); **gi|gan|tisch**
Gi|gan|tis|mus, der; - (übersteigerte Größensucht; *Med.* krankhafter Riesenwuchs)
Gi|gan|to|ma|chie, die; - (Kampf der Giganten gegen Zeus)
Gi|gan|to|ma|nie, die; - (Übertreibungssucht)
Gi|gerl, der, *auch* das; -s, -n (*bes. österr. für* Modegeck); **gi|gerl|haft**
Gi|g|li ['dʒɪlji] (ital. Sänger)
Gi|go|lo ['ʒi:..., *auch* 'ʒɪ...], der; -s, -s ⟨franz.⟩ (Eintänzer; *ugs. für* Mann, der sich aushalten lässt)
Gi|got [ʒigo], das *u.* der; -s, -s (*schweiz. für* Hammelkeule)
Gigue [ʒi:k], die; -, -n ['ʒi:gn̩] (ein alter Tanz)
gil|ben (*geh. für* gelb werden)
Gil|bert (m. Vorn.)
Gilb|hard, Gilb|hart, der; -s, -e (*alte Bez. für* Oktober)
Gil|de, die; -, -n (*bes. im MA.* Vereinigung bes. von Handwerkern u. Kaufleuten); **Gil|de|haus; Gil|de|meis|ter** [*alte Trennung* ...|st...]; **Gil|den|hal|le; Gil|den|schaft**
Gi|let [ʒi'le:], das; -s, -s ⟨franz.⟩ (*österr. veraltet, schweiz. für* Weste)
Gil|ga|mesch (sagenhafter babylonischer Herrscher)
Gil|ga|mesch|e|pos, *auch* **Gil|ga|mesch-E|pos**
Gil|ling, die; -, -s *u.* **Gil|lung,** die; -, -en (*Seemannsspr.* einwärts gebogene Seite des Rahsegels; nach innen gewölbter Teil des Hinterschiffs)
Gim|mick, der, *auch* das; -s, -s ⟨engl.⟩ (Werbegag, -geschenk)
Gim|pe, die; -, -n (mit Seide umsponnener Baumwollfaden)
Gim|pel, der; -s, - (ein Singvogel; *ugs. für* einfältiger Mensch)
Gin [dʒ...], der; -s, -s ⟨engl.⟩ (Wacholderbranntwein); **Gin|fizz,** *auch* **Gin-Fizz** [...fɪs], der; -, - (ein Mixgetränk mit Gin)
Gin|gan ['gɪŋgan] ⟨malai.⟩ *u.* **Ging|ham** ['gɪŋəm] ⟨engl.⟩, der; -s, -s (ein Baumwollstoff)
Gin|ger ['dʒɪndʒɐ], der; -s, - ⟨engl.⟩ (*engl. Bez. für* Ingwer); **Gin|ger|ale,** *auch* **Gin|ger-Ale** [*alte Schreibung* Gin|ger-ale], das; -s (ein Erfrischungsgetränk)
Gink|go, *auch* **Ginko** ['gɪŋko], der; -s, -s ⟨jap.⟩ (ein in Japan u. China heimischer Zierbaum)
Gin|seng [*auch* ʒ...], der; -s, -s ⟨chin.⟩ (ostasiatische Pflanze mit heilkräftiger Wurzel)
Gins|ter [*alte Trennung* ...|st...], der; -s, - (ein Strauch)
Gin To|nic [...nɪk], der; -[s], -s ⟨engl.⟩ (Gin mit Tonic)
gio|co|so [dʒo...] ⟨ital.⟩ (*Musik* heiter, spaßhaft)
Giot|to [dʒɔ...] (ital. Maler)
Gio|van|ni ['dʒo...] (m. Vorn.)
Gip|fel, der; -s, - (*schweiz. auch für* Hörnchen, Kipfel); **gip|fe|lig,** gipf|lig
Gip|fel|kon|fe|renz; Gip|fel|kreuz (Kreuz auf dem Berggipfel)
gip|feln
Gip|fel|punkt; Gip|fel|tref|fen
gipf|lig, gip|fe|lig
Gips, der; -es, -e
Gips|ab|druck *Plur.* ...abdrücke; **Gips|bein** *(ugs.)*; **Gips|büs|te** [*alte Trennung* ...|st...]
gip|sen; du gipst; **Gip|ser**
gip|sern (aus Gips; gipsartig)
Gips|fi|gur; Gips|man|schet|te; Gips|ver|band
Gi|pü|re, die; -, -n ⟨franz.⟩ (Klöppelspitze aus Gimpen)
Gi|raf|fe [*südd., österr.* ʒ...], die; -, -n ⟨arab.⟩ (langhalsiges Tier)
Gi|ran|do|la [dʒ...] ⟨ital.⟩ *u.* **Gi|ran|do|le** [dʒ...], die; -, ...olen ⟨franz.⟩ (Feuergarbe beim Feuerwerk; Armleuchter)
Gi|rant [ʒ...], der; -en, -en ⟨ital.⟩ (*Bankw.* jmd., der einen Scheck od. einen Wechsel durch Giro auf einen anderen überträgt; Indossant); **Gi|ran|tin**
Gi|rat, der; -en, -en *u.* **Gi|ra|tar,** der; -s, -e (Person, der bei der Übertragung eines Orderpapiers ein Indossament erteilt wurde)
Gi|rau|doux [ʒiro'du:] (franz. Schriftsteller); Giraudoux' [ʒiro'du:s] Werke ↑K 16
gi|rie|ren [ʒ...] ⟨ital.⟩ ([einen Wechsel] übertragen)
Girl [gø:ɐ̯l], das; -s, -s ⟨engl.⟩ (*scherzh. für* Mädchen; weibl. Mitglied einer Tanztruppe)
Gir|lan|de, die; -, -n ⟨franz.⟩ (Gewinde aus Laub, Blumen, buntem Papier o. Ä.)
Gir|lie ['gø:ɐ̯li] das; -s, -s ⟨engl.⟩ (junge Frau in unkonventioneller Kleidung mit selbstbewusst-frechem Auftreten)
Gir|litz, der; -es, -e (ein Singvogel)
Gi|ro [ʒ...], das; -s, *Plur.* -s, *österr. auch* Giri ⟨ital.⟩ (Überweisung im bargeldlosen Zahlungsverkehr; Übertragungsvermerk eines Orderpapiers); **Gi|ro|bank** *Plur.* ...banken
Gi|ro d'I|ta|lia [dʒ... -], der; - - (in Italien ausgetragenes Radrennen)
Gi|ro|kas|se [ʒ...]; **Gi|ro|kon|to**
Gi|ronde [ʒi'rõ:d], die; - (Mündungstrichter der Garonne; franz. Departement); **Gi|ron|dist,** der; -en, -en *meist Plur.*; (gemäßigter Republikaner der Französischen Revolution)
Gi|ro|ver|kehr (bargeldloser Zahlungsverkehr)
gir|ren; die Taube girrt
gis, Gis, das; -, - (Tonbezeichnung); **gis** (*Zeichen für* gis-Moll); in gis
Gis|bert (m. Vorn.)
Gis|card d'Es|taing [ʒɪs'ka:ɐ̯dɛs'tɛ̃:] (franz. Staatsmann)
gi|schen (*veraltet für* gischten); du gischst
Gischt, der; -[e]s, -e *u.* die; -, -en *Plur. selten* (Schaum; Sprühwasser, aufschäumende See); **gisch|ten**
Gi|se[h] [...ze] (Stadt in Ägypten)
Gi|se|la [*österr.* ...'ze:...] (w. Vorn.)
Gi|sel|bert (m. Vorn.); **Gi|sel|her, Gi|sel|mar** (m. Vorn.)
gis-Moll [*auch* 'gɪs'mɔl], das; - (Tonart; *Zeichen* gis); **gis-Moll-Ton|lei|ter** ↑K 26
gis|sen (*Seemannsspr., Fliegerspr.* die Position eines Flugzeugs od. Schiffes schätzen)
Gi|tar|re, die; -, -n ⟨span.⟩; **Gi|tar|ren|spie|ler**
Gi|tar|rist, der; -en, -en; **Gi|tar|ris|tin** [*alte Trennung* ...|st...]
Git|ta, Git|te (w. Vorn.)
Git|ter, das; -s, -
Git|ter|bett|chen; Git|ter|fens|ter [*alte Trennung* ...|st...]
git|tern *(selten)*; ich gittere
Git|ter|netz; Git|ter|rost; Git|ter|span|nung *(Elektronik)*
Glace [glas], die; -, *Plur.* -s [glas],

glạtt

glat|ter, *auch* glät|ter, glat|tes|te, *auch* glät|tes|te [*alte Trennungen* ...|st...]	– glatt ablaufen, glatt gehen (*ugs. für* ohne Komplikationen ablaufen); ich hoffe, dass alles glatt geht [*alte Schreibungen* glattgehen usw.]; es ist glatter gegangen, als ich dachte
Schreibung in Verbindung mit Verben u. Partizipien – ↑K 56: die Bluse [ganz] glatt bügeln – ein Brett [ganz] glatt hobeln; ich hob[e]le glatt; glatt gehobelt; glatt zu hobeln [*alte Schreibungen* glatthobeln usw.]	– glatt kämmen, glatt legen, glatt rasieren, glatt rühren, glatt streichen usw. [*alte Schreibungen* glattkämmen, glattlegen usw.] *Vgl. aber* glattmachen, glattstellen

schweiz. auch -n ['glasən] ‹franz.› (Zuckerglasur; Gelee aus Fleischsaft; *schweiz.* Speiseeis)

Gla|cẹ́, *auch* **Gla|cee,** der; -[s], -s (ein glänzendes Gewebe)

Gla|cé|hand|schuh, *auch* **Gla|cee|hand|schuh; Gla|cé|le|der,** *auch* **Gla|cee|le|der**

gla|ci̱e|ren (mit Glace überziehen; *veraltet für* zum Gefrieren bringen)

Gla|cis [...'si:], das; -, - (*Milit.* Erdaufschüttung vor einem Festungsgraben)

Gla|di|a̱|tor, der; -s, ...o̱ren ‹lat.› (altrömischer Schwertkämpfer bei Zirkusspielen)

Gla|di|o̱|le, die; -, -n (ein Schwertliliengewächs)

gla|go|li̱|tisch ‹slaw.›; glagolitisches Alphabet (kirchenslawisches Alphabet); **Gla|go̱|li|za,** die; - (die glagolitische Schrift)

Gla|mour ['glɛmɐ], der *u.* das; -s ‹engl.› (Glanz, betörende Aufmachung); **Gla|mour|girl,** *auch* **Gla|mour-Girl** (Reklame-, Filmschönheit)

Glạns, die; -, Glandes ‹lat.› (*Med.* Eichel des Penis)

Glạnz, der; -es, *Plur. (fachspr.)* -e

glạ̈n|zen; du glänzt; **glạ̈n|zend;** glänzend schwarze [*alte Schreibung* glänzendschwarze] Haare; seine Augen waren glänzend schwarz

Glạnz|le|der; Glạnz|leis|tung [*alte Trennung* ...\|st...]; **Glạnz|licht** *Plur.* ...lichter

glạnz|los

Glạnz|num|mer; Glạnz|pa|pier; Glạnz|punkt (Höhepunkt); **Glạnz|stück**

glạnz|voll

Glạnz|zeit

Gla̱r|ner ‹*zu* Glarus›; **Gla̱r|ner Ạl|pen** *Plur.;* **gla̱r|ne|risch**

Gla̱|rus (Kanton und Stadt in der Schweiz)

¹Gla̱s, das; -es, Gläser; zwei Glas Bier; ein Glas voll; Glas blasen

²Gla̱s, das; -es, -en (*Seemannsspr.* halbe Stunde)

gla̱s|ar|tig

Gla̱s|au|ge; Gla̱s|bau|stein

Gla̱s|blä|ser; Gla̱s|blä|se|rei; Gla̱s|blä|se|rin

Glä̱s|chen

gla̱|sen (*Seemannsspr.* die halbe Stunde für die Schiffswache schlagen)

Gla̱|ser; Gla|se|rei̱; Gla̱|se|rin

Glä̱|ser|klang, der; -[e]s *(geh.)*

Gla̱|ser|meis|ter [*alte Trennung* ...\|st...]

glä̱|sern (aus Glas, glasartig)

Gla̱s|fa|ser; Gla̱s|fa|ser|ka|bel

Gla̱s|fi|ber|stab *(Sport)*

Gla̱s|gow [...go] (Stadt in Schottland)

Gla̱s|har|fe

gla̱s|hart

Gla̱s|haus; Gla̱s|hüt|te

gla|si̱e|ren (mit Glasur versehen)

gla̱|sig; gla̱s|klar

Gla̱s|kopf, der; -[e]s (Eisenerzart); **Gla̱s|kör|per** (*Med.* gallertiger Teil des Auges)

Gla̱s|ma|ler; Gla̱s|ma|le|rei; Gla̱s|ma|le|rin

Gla̱s|nost, die; - ‹russ.› ([polit.] Offenheit)

Gla̱s|nu|del; Gla̱s|per|le; Gla̱s|rei|ni|ger; Gla̱s|schei|be; Gla̱s|schrank

Gla̱s|split|ter; Gla̱s|sturz *Plur.* ...stürze (Glasglocke)

Glạst, der; -[e]s (*veraltet, noch südd. für* Glanz); **glạs|tig** [*alte Trennung* ...\|st...]

Gla̱s|tür

Gla|su̱r, die; -, -en (glasiger Überzug, Schmelz; Zucker-, Schokoladenguss)

Gla̱s|ver|si|che|rung; Gla̱s|wol|le

glạtt *s. Kasten*

Glạ̈t|te, die; -

Glạtt|eis; Glạtt|eis|bil|dung

glạ̈t|ten (*landsch. u. schweiz. auch für* bügeln)

glạt|ter|dings

Glạ̈t|te|rin (*schweiz. für* Büglerin)

glạtt ge|hen, glạtt ho|beln, glạtt käm|men usw. [*alte Schreibungen* glatt\|ge\|hen, glatt\|ho\|beln, glatt\|käm\|men usw.]; *vgl.* glatt

glạtt|ma|chen (*ugs. für* bezahlen); *vgl.* glatt

glạtt ra|sie|ren, glạtt rüh|ren, glạtt schlei|fen [*alte Schreibungen* glatt\|ra\|sie\|ren, glatt\|rüh\|ren, glatt\|schlei\|fen]; *vgl.* glatt

glạtt|stel|len (*Kaufmannsspr.* ausgleichen); **Glạtt|stel|lung**

glạtt strei|chen [*alte Schreibung* glatt\|strei\|chen]; *vgl.* glatt

Glạ̈t|tung

glạtt|weg

glạtt zie|hen [*alte Schreibung* glatt\|zie\|hen]; *vgl.* glatt

glạtt|zün|gig; Glạtt|zün|gig|keit, die; -

Glạt|ze, die; -, -n; **Glạtz|kopf; glạtz|köp|fig**

Gla̱u|be, der; -ns, -n *Plur. selten;* jmdm. Glauben schenken

gla̱u|ben; er wollte mich glauben machen, dass ...

Gla̱u|ben, der; -s, - (*selten, veraltend für* Glaube)

Gla̱u|bens|ar|ti|kel; Gla̱u|bens|be|kennt|nis; Gla̱u|bens|ei|fer

Gla̱u|bens|frei|heit; Gla̱u|bens|ge|mein|schaft; Gla̱u|bens|krieg

Gla̱u|bens|leh|re; Gla̱u|bens|sa|che; Gla̱u|bens|satz

gla̱u|bens|stark

Gla̱u|bens|streit

gla̱u|bens|voll

Gla̱u|ber|salz, das; -es (Natriumsulfat)

gla̱ub|haft; Gla̱ub|haf|tig|keit, die; -

glä̱u|big; Glä̱u|bi|ge, der *u.* die; -n, -n

Glä̱u|bi|ger, der; -s, - (jmd., der berechtigt ist, von einem Schuldner Geld zu fordern); **Glä̱u|bi|ge|rin**

Glä̱u|bi|ger|ver|samm|lung

Glä̱u|big|keit, die; -

gla̱ub|lich; kaum glaublich

glaub|wür|dig; Glaub|wür|dig|keit, die; -
Glau|kom, das; -s, -e ⟨griech.⟩ (*Med.* grüner Star [Augenkrankheit])
Glau|ko|nit, der; -s, -e (Mineral)
gla|zi|al ⟨lat.⟩ (*Geol.* eiszeitlich, die Gletscher betreffend)
Gla|zi|al|fau|na; Gla|zi|al|flo|ra; Gla|zi|al|see; Gla|zi|al|zeit (Vereisungszeit)
Gla|zi|o|lo|ge, der; -n, -n ⟨lat.; griech.⟩; **Gla|zi|o|lo|gie,** die; - (Eis- u. Gletscherkunde); **gla|zi|o|lo|gisch**
Glei|bo|den ⟨russ.; dt.⟩ (*Geol.* feuchter, mineralischer Boden)
gleich *s. Kasten*
gleich|al|te|rig, gleich|alt|rig
gleich|ar|tig; etwas Gleichartiges ↑K 72; **Gleich|ar|tig|keit**
gleich|auf; gleichauf liegen
gleich|be|deu|tend (das Gleiche bedeutend); gleichbedeutende Wörter, *aber* gleich bedeutende Gelehrte
Gleich|be|hand|lung
gleich|be|rech|tigt; Gleich|be|rech|ti|gung, die; -
gleich be|schaf|fen, gleich blei|ben, gleich den|kend [*alte Schreibungen* gleich|beschaffen, gleich|bleiben, gleich|denkend] *vgl.* gleich
Glei|che, die; -; etwas in die Gleiche bringen
glei|chen (gleich sein); du glichst; geglichen; gleich[e]!
Glei|chen|fei|er (*österr. für* Richtfest)
glei|chen|tags (*schweiz. für* am selben Tage)
glei|cher|ge|stalt *(veraltet);* **glei|cher|ma|ßen; glei|cher|wei|se**
gleich|falls; *vgl.* Fall, der
gleich|far|big
gleich|för|mig; Gleich|för|mig|keit, die; -
gleich ge|ar|tet, gleich ge|la|gert [*alte Schreibungen* gleich|ge|artet, gleich|ge|la|gert] *vgl.* gleich
gleich|ge|schlecht|lich
gleich ge|sinnt [*alte Schreibung* gleich|ge|sinnt] *vgl.* gleich
gleich Ge|sinn|te, der *u.* die; - -n, - -n, *auch* **Gleich|ge|sinn|te** der *u.* die; -n, -n ↑K 72
gleich ge|stimmt [*alte Schreibung* gleich|ge|stimmt] *vgl.* gleich
Gleich|ge|wicht, das; -[e]s, -e; **gleich|ge|wich|tig**
Gleich|ge|wichts|la|ge; Gleich|ge|wichts|or|gan; Gleich|ge|wichts|sinn; Gleich|ge|wichts|stö|rung
gleich|gül|tig; Gleich|gül|tig|keit, die; -
Gleich|heit
Gleich|heits|grund|satz; Gleich|heits|prin|zip; Gleich|heits|zei|chen (*Zeichen* =)
Gleich|klang
gleich|kom|men ↑K 47 (entsprechen); das war einer Kampfansage gleichgekommen, *aber* wir sind gleich (sofort) gekommen
Gleich|lauf, der; -[e]s *(Technik);* **gleich|lau|fend** (gleichzeitig, parallel)
gleich|läu|fig *(Technik);* **Gleich|läu|fig|keit,** die; -
gleich lau|tend [*alte Schreibung* gleich|lau|tend] *vgl.* gleich
gleich|ma|chen ↑K 47 (angleichen); dem Erdboden gleichmachen; *vgl.* gleich; **Gleich|ma|cher; Gleich|ma|che|rei; gleich|ma|che|risch**
Gleich|maß, das
gleich|mä|ßig; Gleich|mä|ßig|keit, die; -
Gleich|mut, der; -[e]s, *selten* die; -; **gleich|mü|tig; Gleich|mü|tig|keit,** die; -
gleich|na|mig; Gleich|na|mig|keit, die; -
Gleich|nis, das; -ses, -se; **gleich|nis|haft; gleich|nis|wei|se**
gleich|ran|gig
Gleich|rich|ter *(Elektrot.)*
gleich|sam; gleichsam[,] als ob/wenn ↑K 127
gleich|schal|ten ↑K 47 (auf eine einheitliche Linie bringen); *vgl.* gleich; **Gleich|schal|tung**
gleich|schen|ke|lig, gleich|schenk|lig

gleich

- der gleiche Hut; die gleichen Rechte; alle Menschen sind gleich
- die Sonne ging gleich einem roten Ball unter *(geh.)*
- er soll gleich (sofort) kommen

Großschreibung ↑K 72:
- das Gleiche (dasselbe) tun; das Gleiche gilt für dich [*alte Schreibungen* das gleiche]
- es kommt aufs Gleiche [*alte Schreibung* aufs gleiche] hinaus
- Gleiches mit Gleichem vergelten; es kann uns Gleiches begegnen
- ins Gleiche [*alte Schreibung* ins gleiche] (in Ordnung) bringen
- ein Gleiches tun; Gleicher unter Gleichen
- Gleich und Gleich [*alte Schreibung* gleich und gleich] gesellt sich gern

Schreibung in Verbindung mit Adjektiven, Verben und Partizipien:
- gleich alt, gleich groß, gleich gut, gleich lang, gleich schnell, gleich verteilt, gleich wahrscheinlich, gleich weit usw.
- zwei gleich große Kinder; die Kinder waren gleich groß
- gleich sein, gleich werden; gleich denken, gleich klingen, gleich lauten
- die Wörter werden gleich geschrieben
- gleich bedeutende Gelehrte, *aber* gleichbedeutende (das Gleiche bedeutende) Wörter
- ↑K 56 *u.* 62: sie sind einander [völlig] gleich geblieben [*alte Schreibung* gleichgeblieben]; sie ist gleich bleibend [*alte Schreibung* gleichbleibend] freundlich
- gleich denkende Menschen; gleich geartete, gleich beschaffene Verhältnisse; ein nicht nur ähnlich, sondern völlig gleich gelagerter Fall; gleich gesinnte Freunde; zwei gleich gestimmte Seelen [*alte Schreibungen* gleichdenkend, gleichlautend, gleichgeartet usw.]

Vgl. aber gleichkommen, gleichmachen, gleichschalten, gleichsehen, gleichsetzen, gleichstehen, gleichstellen, gleichtun, gleichziehen

Gleich|schritt, der; -[e]s; im Gleichschritt
gleich|se|hen (ähneln)
gleich|sei|tig; Gleich|sei|tig|keit, die; -
gleich|set|zen ↑K 47; etwas mit einer Sache gleichsetzen; *vgl.* gleich; **Gleich|set|zung**
Gleich|set|zungs|ak|ku|sa|tiv (*Sprachw.* Gleichsetzungsglied neben einem Akkusativobjekt, z. B. er nennt mich »einen Lügner«); **Gleich|set|zungs|no|mi|na|tiv** (*Sprachw.* Ergänzung im Nominativ, z. B. er ist »ein Lügner«); **Gleich|set|zungs|satz** *(Sprachw.)*

G

Gleich|stand, der; -[e]s
gleich|ste|hen ↑K 47 (gleich sein); **gleich|stel|len** ↑K 47 (auf die gleiche Stufe stellen); *vgl.* gleich; **Gleich|stel|lung; Gleich|stel|lungs|be|auf|trag|te**
gleich|stim|mig
Gleich|strom; Gleich|strom|ma|schi|ne
gleich|tun ↑K 47 (nacheifern); es jmdm. gleichtun; *vgl.* gleich
Glei|chung
gleich|viel; gleichviel[,] ob/wann/wo ↑K 127; gleichviel[,] ob du kommst, *aber* wir haben gleich viel
gleich|wer|tig; Gleich|wer|tig|keit, die; -
gleich|wie
gleich|win|ke|lig, gleich|wink|lig
gleich|wohl; *aber* wir befinden uns alle gleich (in gleicher Weise) wohl
gleich|zei|tig; Gleich|zei|tig|keit, die; -
gleich|zie|hen ↑K 47 (auf den gleichen Leistungsstand kommen)
Gleis, das; -es, -e; *vgl.* Geleise
Gleis|an|schluss [*alte Schreibung* ...an|schluß]; **Gleis|ar|bei|ter**
Gleis|bau, der; -[e]s; **Gleis|bett** (Unterlage aus Schotter für Gleise); **Gleis|drei|eck**
Gleis|ner (*veraltet für* Heuchler); **Gleis|ne|rei,** die; -; **gleis|ne|risch**
Glei|ße, die; -, -n (*landsch. für* Hundspetersilie)
glei|ßen (glänzen, glitzern); du gleißt; du gleißtest; gegleißt; gleiß[e]!
Gleit|bahn; Gleit|boot
glei|ten; du glittst; geglitten; gleit[e]!; gleitende Arbeitszeit, Lohnskala; **Glei|ter** *(Flugw.)*
Gleit|flug; Gleit|klau|sel; Gleit|schutz
gleit|si|cher
Gleit|zeit
Glen|check [...tʃɛk], der; -[s], -s ‹engl.› (ein Gewebe; großflächiges Karomuster)
Glet|scher, der; -s, -; **glet|scher|ar|tig**
Glet|scher|brand; Glet|scher|feld; Glet|scher|milch, die; - (milchigtrübes Schmelzwasser des Gletschers); **Glet|scher|müh|le** (ausgespülter Schacht im Eis oder Fels); **Glet|scher|schliff; Glet|scher|spal|te; Glet|scher|tor** (Austrittsstelle des Gletscherbaches); **Glet|scher|zun|ge**
Gle|ve [...fə], die; -, -n ‹franz.› (eine mittelalterl. Waffe)
Glib|ber, der; -s (*nordd. für* glitschige Masse); **glib|be|rig**
Glied, das; -[e]s, -er; **Glie|der|fü|ßer** (*für* Arthropoden)
...glie|de|rig, ...glied|rig (z. B. zweigliederig, zweigliedrig, *mit Ziffer* **2-gliederig, 2-gliedrig**) [*alte Schreibung* 2gliederig, 2gliedrig]
Glie|der|kak|tus
glie|der|lahm
glie|dern; ich gliedere
Glie|der|pup|pe; Glie|der|rei|ßen; Glie|der|schmerz; Glie|der|tier *(Zool.)*
Glie|de|rung
Glied|ma|ße, die; -, -n *meist Plur.*
...glied|rig *vgl.* ...gliederig
Glied|satz *(Sprachw.)*; **Glied|staat** *Plur.* ...staaten
glied|wei|se
glim|men; es glomm, *auch* glimmte; es glömme, *auch* glimmte; geglommen, *auch* geglimmt; glimm[e]!
Glim|mer, der; -s, - (eine Mineralgruppe); **glim|me|rig** *vgl.* glimmrig; **glim|mern**
Glim|mer|schie|fer
Glimm|lam|pe
glimm|rig, glim|me|rig *(veraltend)*
Glimm|stän|gel [*alte Schreibung* ...sten|gel] (*scherzh. für* Zigarette)
glimpf|lich
Gli|om, das; -s, -e ‹griech.› (*Med.* Geschwulst im Gehirn, Rückenmark od. an der Netzhaut)
Glis|sa|de, die; -, -n ‹franz.› (Gleitschritt beim Tanzen)
glis|san|do ‹ital.› (*Musik* gleitend); **Glis|san|do,** das; -s, *Plur.* -s *u.* ...di
Glitsch|bahn
Glit|sche, die; -, -n (*landsch. für* Schlitterbahn); **glit|schen** (*ugs. für* schlittern); du glitschst
glit|sche|rig, glit|schig, glitsch|rig (*ugs. für* glatt, rutschig)
Glit|zer, der; -s, -; **glit|ze|rig, glitz|rig; glit|zern**
glo|bal ‹lat.› (auf die ganze Erde bezüglich; umfassend; allgemein)
glo|ba|li|sie|ren (weltweit ausrichten); **Glo|ba|li|sie|rung**
Glo|bal|pla|yer [ˈgloubl'pleiə], der; -s, -s *auch* **Glo|bal Pla|yer,** der; - -s, - -s (Konzern, Unternehmen, Unternehmer o. Ä. mit weltweitem Wirkungskreis)
Glo|bal|sum|me
Glo|be|trot|ter, der; -s, - ‹engl.› (Weltenbummler)
Glo|bin, das; -s ‹lat.› (*Med., Biol.* Eiweißbestandteil des Hämoglobins); **Glo|bu|lin,** das; -s, -e (Eiweißkörper)
Glo|bus, der; *Gen.* - *u.* ...busses, *Plur.* ...ben *u. (bereits häufiger)* ...busse ‹lat., »Kugel«› (Nachbildung der Himmelskörper, bes. der Erde)
Glöck|chen
Glo|cke [*alte Trennung* ...k|k...], die; -, -n
Glo|cken|ap|fel [*alte Trennung* ...k|k...]; **Glo|cken|blu|me; glo|cken|för|mig**
Glo|cken|ge|läut *od.* ...**ge|läu|te** [*alte Trennung* ...k|k...]; **Glo|cken|gie|ßer; Glo|cken|gie|ße|rei; Glo|cken|guss** [*alte Schreibung* ...guß]; **Glo|cken|hei|de,** die; - (Heidekraut, Erika)
glo|cken|hell [*alte Trennung* ...k|k...]
Glo|cken|klang [*alte Trennung* ...k|k...]; **Glo|cken|läu|ten; Glo|cken|man|tel; Glo|cken|rock; Glo|cken|schlag; Glo|cken|spiel; Glo|cken|stuhl; Glo|cken|ton; Glo|cken|turm**
glo|ckig [*alte Trennung* ...k|k...]
Glöck|lein; Glöck|ner
Glogg|nitz (österr. Stadt)
[1]**Glo|ria,** das; -s *u.* die; - ‹lat.› (*meist iron. für* Ruhm, Ehre); mit Glanz und Gloria
[2]**Glo|ria,** das; -s (Lobgesang in der kath. Messe)
Glo|rie, die; -, -n (*geh. für* Ruhm, Glanz; Heiligenschein); **Glo|ri|en|schein**
Glo|ri|fi|ka|ti|on, die; -, -en (Ver-

herrlichung); **glo|ri|fi|zie|ren; Glo|ri|fi|zie|rung**
Glo|ri|o|le, die; -, -n (Heiligenschein)
glo|ri|os (ruhmvoll); **glor|reich**
glo|sen (*landsch. für* glühen, glimmen); es glos|te
Glos|sar, das; -s, -e ‹griech.› (Sammlung von Glossen; Wörterverzeichnis [mit Erklärungen]); **Glos|sa|tor,** der; -s, ...oren (Verfasser von Glossen)
Glos|se [*fachspr. auch* 'glo:sə], die; -, -n (Erläuterung zu einem Ausdruck innerhalb eines Textes; Kommentar zu aktuellen Problemen)
glos|sie|ren
Glos|so|la|lie, die; - ‹griech.› (*Psych.* das Hervorbringen unverständlicher Laute in religiöser Ekstase)
glot|tal; glottaler Verschlusslaut *(Sprachw.);* **Glot|tal,** der; -s, -e ‹griech.› (*Sprachw.* Stimmritzenlaut, Kehlkopflaut)
Glot|ter|tal, das; -[e]s (im südl. Schwarzwald)
Glot|tis, die; -, Glottides ‹griech.› (Stimmapparat, Stimmritze); **Glot|tis|schlag** (Stimmritzenverschlusslaut)
Glotz|au|ge; glotz|äu|gig
Glot|ze, die; -, -n (*ugs. für* Fernsehgerät); **glot|zen** *(ugs.);* du glotzt; **Glotz|kopf** *(ugs.)*
Glo|xi|nie, die; -, -n ‹nach dem Arzt Gloxin› (eine Zimmerpflanze)
glub|schen *vgl.* glupschen
gluck!; gluck, gluck!
Gluck (dt. Komponist)
Glück, das; -[e]s, -e *(Plur. selten);* jmdm. Glück wünschen; ein Glück bringendes, *auch* glückbringendes Amulett; ein Glück verheißendes, *auch* glückverheißendes Vorzeichen ↑K 58 *u.* 59
Glück|ab, das; -s; **Glück ab!** (Fliegergruß)
Glück|auf, das; -s; er rief ihm ein Glückauf zu; **Glück auf!** (Bergmannsgruß)
Glück brin|gend, *auch* **glück|bringend** ↑K 58 *u.* 59; *vgl.* Glück
Glu|cke [*alte Trennung* ...k|k...], die; -, -n; **glu|cken**
glü|cken [*alte Trennung* ...k|k...]
glu|ckern [*alte Trennung* ...k|k...]; ich gluckere
glück|haft
Gluck|hen|ne
glück|lich; glück|li|cher|wei|se
glück|los
Glück|sa|che, die; - (*svw.* Glückssache)
Glücks|brin|ger; Glücks|bu|de
glück|se|lig; Glück|se|lig|keit
gluck|sen; du gluckst
Glücks|fall; Glücks|fee; Glücks|gefühl; Glücks|göt|tin; Glücks|käfer; Glücks|kind; Glücks|pfennig; Glücks|pilz; Glücks|rit|ter
Glücks|sa|che, die; -; **Glücks|schwein; Glücks|spiel; Glücks|stern; Glücks|sträh|ne; Glücks|tag**
glück|strah|lend ↑K 59
Glücks|tref|fer; Glücks|um|stand; Glücks|zahl
Glück ver|hei|ßend, *auch* **glück|ver|hei|ßend** ↑K 58 *u.* 59; *vgl.* Glück
Glück|wunsch
Glück|wunsch|kar|te; Glück|wunsch|te|le|gramm
Glück|zu, das; -; **Glück zu!**
Glu|co|se *vgl.* Glukose
Glüh|bir|ne
glü|hen; glü|hend; ein glühender Verehrer; ein glühend heißes [*alte Schreibung* glühendheißes] Eisen; das Eisen ist glühend heiß
glüh|heiß
Glüh|hit|ze (*vgl.* Gluthitze); **Glüh|lam|pe; Glüh|strumpf; Glüh|wein; Glüh|würm|chen**
Glu|ko|se, *fachspr.* Glu|co|se, die; - ‹griech.› (Traubenzucker)
Glum|pert, das; -s (*österr. ugs. für* wertloses Zeug)
Glum|se, die; - (*landsch. für* Quark)
Glupsch|au|ge *meist Plur.*
glup|schen (*nordd. für* mit großen Augen starr blicken); du glupschst
Glut, die; -, -en
Glu|ta|mat, das; -[e]s, -e ‹lat.› (Würzzusatz bei Suppen u. Konserven); **Glu|ta|min|säu|re**
glut|äu|gig *(geh.)*
Glu|ten, das; -s (Kleber)
Glut|hit|ze
Glu|tin, das; -s ‹lat.› (Eiweißstoff)
Gly|ce|rin *vgl.* Glyzerin; **Gly|ce|rol** *vgl.* Glyzerin
Gly|kä|mie, die; - ‹griech.› (Zuckergehalt des Blutes)
Gly|ko|gen, das; -s (tierische Stärke)
Gly|kol, das; -s, -e (ein Frostschutz- u. Lösungsmittel)
Gly|ko|se, die; - (*ältere Form für* Glukose); **Gly|ko|sid,** das; -[e]s, -e (*Chemie* eine zuckerhaltige Verbindung); **Gly|ko|su|rie,** die; -, ...ien (*Med.* Zuckerausscheidung im Harn)
Glyp|te, die; -, -n ‹griech.› (geschnittener Stein; Skulptur); **Glyp|tik,** die; - (Steinschneidekunst); **Glyp|to|thek,** die; -, -en (Sammlung von geschnittenen Steinen od. [antiken] Skulpturen)
Gly|san|tin®, das; -s (ein Frostschutzmittel)
Gly|ze|rin, *fachspr.* Gly|ce|rin *u.* Gly|ce|rol, das; -s ‹griech.› (dreiwertiger Alkohol)
Gly|zi|ne, Gly|zi|nie, die; -, -n (ein Kletterstrauch)
G-Man ['dʒi:mɛn; *alte Schreibung* G-man], der; -[s], G-Men ‹*amerik. Kurzw. aus* government man = Regierungsmann› (Sonderagent des FBI)
GmbH = Gesellschaft mit beschränkter Haftung
GMD = Generalmusikdirektor
g-Moll ['ge:mɔl, *auch* 'ge:'mɔl], das; - (Tonart; *Zeichen* g); **g-Moll-Ton|lei|ter** ↑K 26
Gmünd (österr. Stadt)
Gmun|den (österr. Stadt)
Gna|de, die; -, -n; von Gottes Gnaden; Euer Gnaden (*veraltet; vgl.* [1]euer)
gna|den (*veraltet für* gnädig sein); *heute nur noch im Konjunktiv Präsens:* gnade dir Gott!
Gna|den|be|weis; gna|den|bringend ↑K 59; die gnadenbringende Weihnachtszeit; **Gna|den|brot,** das; -[e]s; Gna|den|er|lass [*alte Schreibung* ...er|laß]; **Gna|den|frist; Gna|den|ge|such**
Gna|den|hoch|zeit (siebzigster Hochzeitstag)
gna|den|los; gna|den|reich
Gna|den|stoß
gna|den|voll
Gna|den|weg, der; -[e]s
gnä|dig
Gna|gi, das; -s (*schweiz. für* gepökelte Teile von Kopf, Beinen und Schwanz des Schweines)
Gnatz, der; -es, -e (*landsch. für* üble Laune); **gnat|zen** (*landsch. für* mürrisch, übellaunig sein); du gnatzt; **gnat|zig** *(landsch.)*
Gneis, der; -es, -e (ein Gestein)
Gnei|se|nau (preußischer Generalfeldmarschall)
Gnit|te, Gnit|ze, die; -, -n (*nordd. für* kleine Mücke)

G

go̲l|den

Kleinschreibung	
– goldene Hochzeit; goldene Worte; den goldenen Mittelweg einschlagen – goldenes Tor (*Sportspr.* den Sieg entscheidendes Tor) – der goldene Schnitt [*alte Schreibung* der Goldene Schnitt] *(Math.)* – das war damals ein goldenes [*alte Schreibung* Goldenes] Zeitalter; *aber* das Goldene Zeitalter (als fiktive historische Epoche; *vgl.* saturnisch)	– das Goldene Buch (einer Stadt) – die Goldene Bulle; die Goldene Rose – die Goldene Schallplatte (eine Auszeichnung) – Goldener Sonntag (*früher* letzter Sonntag vor Weihnachten) – die Goldene Stadt (Prag) – das Goldene Kalb *(bibl.)*; das Goldene Vlies (*vgl.* Vlies) – die Goldenen Zwanziger
Großschreibung ↑K 140 *u.* 150*:* – die Goldene Aue (Gebiet zwischen Harz u. Kyffhäuser)	

G

Gno̲m, der; -en, -en (Kobold; Zwerg)
Gno̲|me, die; -, -n ⟨griech.⟩ (lehrhafter [Sinn-, Denk]spruch)
gno̲|men|haft
Gno̲|mi|ker ⟨griech.⟩ (Verfasser von [Sinn-, Denk]sprüchen); **gno̲|misch;** gnomischer Dichter (Spruchdichter)
Gno̲|mon, der; -s, ...mo̲ne (antikes astronom. Instrument [Sonnenuhr])
Gno̲|sis, die; - ([Gottes]erkenntnis; Wissen um göttliche Geheimnisse); **Gno̩s|tik** [*alte Trennung* ...|st...], die; - (Lehre der Gnosis); **Gno̩s|ti|ker; gno̩s|tisch; Gnos|ti|zi̲s|mus,** der; -
Gnu̲, das; -s, -s ⟨hottentott.⟩ (ein Steppenhuftier)
Go̲, das; - (ein japanisches Brettspiel)
Go̲a (indischer Bundesstaat)
Goal [go:l], das; -s, -s ⟨engl.⟩ (*österr. u. schweiz. für* Tor [beim Fußball])
Goal|get|ter (*bes. österr. u. schweiz. für* Torschütze)
Goa|li, Goa|lie [*beide* 'go:li], der; -s, -s (*schweiz. Sportspr.* Torhüter); **Goal|kee|per** (*bes. österr. veraltet u. schweiz. für* Torhüter); **Goal|mann** (*Plur.* ...männer; *bes. österr. für* Torhüter)
Go|be|lin [...bə'lɛ̃:], der; -s, -s ⟨franz.⟩ (Wandteppich mit eingewirkten Bildern)
Go̲|bi, die; - ⟨mong.⟩ (Wüste in Innerasien)
Go̩|ckel [*alte Trennung* ...k|k...], der; -s, - (*bes. südd. für* Hahn); *vgl. auch* Gickel; **Go̩|ckel|hahn**
Go̲|de (*Nebenform von* Gote [Pate]); **Go̲|del,** Go̲dl, die; -, -n (*südd. u. österr. für* Patin)
Gode|mi|ché [go:tmɪ'ʃe:], der; -, -s ⟨franz.⟩ (künstlich nachgebildeter erigierter Penis)
Go̲|den, die; -, - (*svw.* Godel)
Go̲|der, der; -s, - (*österr. ugs. für* Doppelkinn); **Go̲|derl,** das; -s, -n; jmdm. das Goderl kratzen (*österr. ugs. für* jmdm. schöntun)
Go̲dl *vgl.* Godel
Godt|håb ['gɔtho:p] ⟨dän.⟩ *vgl.* Nuuk
Goe̲s (dt. Schriftsteller)
Goe̲|the (dt. Dichter)
Goe|the|a̲|num, das; -s (Tagungs- und Aufführungsgebäude in Dornach bei Basel)
Goe̲|the|band, der; -[e]s, ...bände, *auch* **Goe̲|the-Band,** der; -[e]s, ...-Bände
goe̲|the|freund|lich ↑K 136
Goe̲|the|haus, *auch* **Goe̲|the-Haus,** das; -es
goe̲|thesch, goe̲|thisch; goethesche, *auch* Goethe'sche *od.* goethische [*alte Schreibungen* Goethesche, Goethische] Dramen; ihm gelangen Verse von goethescher, *auch* Goethe'scher *od.* goethischer Klarheit
Goe̲|the-und-Schi̲l|ler-Denk|mal ↑K 137
goe̲|thisch *vgl.* goethesch
Go̲f, der *od.* das; -s, -en (*schweiz. für* [kleines, ungezogenes] Kind)
Go̲g (König im A. T.); Gog und Magog
Gogh, van [fan 'gɔx, *auch* - 'go:k] (niederl. Maler)
Go̲-go-Girl, das; -s, -s ⟨amerik.⟩ (Vortänzerin in Tanzlokalen)
Go̲|gol [*auch* 'gɔ...] (russischer Schriftsteller)
Go̲i, der; -[s], Go̲jim [*auch* go-'ji:m] ⟨hebr.⟩ (jüdische Bezeichnung für einen Nichtjuden)
Go-i̩n, das; -[s], -s ⟨engl.⟩ (unbefugtes Eindringen demonstrierender Gruppen, meist um eine Diskussion zu erzwingen)
Go|ing-pu|b|lic [go:ɪŋ'pablɪk], das; -[s] ⟨engl.⟩ (*Wirtsch.* Gang an die Börse als Aktiengesellschaft)
Go̲|kart [*alte Schreibung* Go-Kart], der; -[s], -s ⟨engl.⟩ (niedriger, unverkleideter kleiner Sportrennwagen)
go̲|keln (*mitteld. für* mit Feuer spielen); ich gok[e]le; *vgl.* kokeln
Go|la̲t|sche *vgl.* Kolatsche
Go̩ld, das; -[e]s (chemisches Element, Edelmetall; *Zeichen* Au); etwas ist Gold wert; *vgl.* Aurum
Go̩ld|am|mer (ein Singvogel); **Go̩ld|am|sel** (Pirol); **Go̩ld|barren; Go̩ld|barsch**
go̩ld|blond
Go̩ld|bro|kat; Go̩ld|bron|ze
Go̩ld|dou|b|lé, Go̩ld|du|b|lee
go̲l|den *s. Kasten*
Go̲l|den De|li|cious ['go:l... di'lɪʃəs], der; - -, - - ⟨engl.⟩ (eine Apfelsorte)
Gol|den Goal ['go:ldən go:l], das; - -s, - -s ⟨engl.⟩ (z. B. beim Fußball Spielentscheidung durch das erste gefallene Tor in einem zusätzlichen Spielabschnitt)
go̩ld|far|ben, go̩ld|far|big
Go̩ld|fa|san; Go̩ld|fisch
go̩ld|gelb; go̩ld|ge|rän|dert
Go̩ld|grä|ber; Go̩ld|grä|ber|stimmung; Go̩ld|gru|be
go̩ld|haa|rig
Go̩ld|hähn|chen (ein Singvogel)
go̩ld|hal|tig, *österr.* **go̩ld|häl|tig**
Go̩ld|hams|ter [*alte Trennung* ...|st...]; **Go̩ld|ha|se** (ein Nagetier)
go̩l|dig

Gold|jun|ge; Gold|klum|pen; Gold|kro|ne
Gold|küs|te [*alte Trennung* ...|st...], die; - (in Westafrika)
Gold|lack, der; -s (eine Blume)
Gold|le|gie|rung; Gold|leis|te [*alte Trennung* ...|st...]; **Gold|ma|cher**
Gold|me|dail|le
Gold|mi|ne; Gold|mull, der; -s, -e (ein maulwurfähnlicher Insektenfresser); **Gold|mün|ze**
Gol|do|ni (ital. Dramatiker)
Gold|pa|pier; Gold|par|mä|ne, die; -, -n (eine Apfelsorte); **Gold|rand; Gold|rausch; Gold|re|gen** (ein Strauch, Baum); **Gold|re|ser|ve**
gold|rich|tig *(ugs.)*
Gold|ring; Gold|schmied; Gold|schmie|din; Gold|schnitt *(Buchw.)*; **Gold|stern** (ein Liliengewächs); **Gold|stück; Gold|waa|ge; Gold|wäh|rung; Gold|wert,** der; -[e]s; **Gold|zahn**
Go|lem, der; -s ⟨hebr.⟩ (durch Zauber zum Leben erweckte menschliche Tonfigur der jüdischen Sage)
[1]**Golf,** der; -[e]s, -e ⟨griech.⟩ (größere Meeresbucht); der Persische Golf
[2]**Golf,** das; -s ⟨schott.-engl.⟩ (ein Rasenspiel); Golf spielen
gol|fen (*ugs. für* Golf spielen); **Gol|fer,** der; -s, - (Golfspieler); **Gol|fe|rin**
Golf|krieg; Golf|kri|se
Golf|platz; Golf|schlä|ger; Golf|schuh; Golf|spiel
Golf|strom, der; -[e]s
Gol|ga|tha, *ökum.* **Gol|go|ta** ⟨hebr., »Schädelstätte«⟩ (Hügel vor dem alten Jerusalem)
[1]**Go|li|ath,** *ökum.* Go|li|at (Riese im A. T.)
[2]**Go|li|ath,** der; -s, -s (riesiger Mensch)
Göl|ler, das; -s, - (*schweiz. für* Schulterpasse)
Go|lo (m. Vorn.)
Go|me|ra (eine der Kanarischen Inseln)
Go|mor|rha, *ökum.* **Go|mor|ra** *vgl.* Sodom
gon = Gon; **Gon,** das; -s, -e ⟨griech.⟩ (*Geodäsie* Einheit für [ebene] Winkel [1 gon = 100. Teil eines rechten Winkels], *früher auch* Neugrad [*vgl.* Grad]; *Zeichen* gon); 5 Gon
Go|na|de, die; -, -n ⟨griech.⟩ (*Med.; Biol.* Keimdrüse)
Go|n|a|g|ra, das; -s ⟨griech.⟩ (*Med.* Gicht im Kniegelenk)
Gon|del, die; -, -n ⟨ital.⟩ (langes venezianisches Ruderboot; Korb am Luftballon; Kabine am Luftschiff); **gon|deln** (*ugs. für* [gemächlich] fahren); ich gond[e]le; **Gon|do|li|e|re,** der; -, ...ri (Gondelführer)
Gong, der, *selten* das; -s, -s ⟨malai.⟩; **gon|gen;** es gongt; **Gong|schlag**
Go|ni|o|me|ter, das; -s, - ⟨griech.⟩ (Winkelmesser); **Go|ni|o|me|t|rie,** die; - (Winkelmessung)
gön|nen; Gön|ner
gön|ner|haft; Gön|ner|haf|tig|keit, die; -
Gön|ne|rin; gön|ne|risch (*selten für* gönnerhaft); **Gön|ner|mie|ne**
Go|no|kok|kus, der; -, ...kken *meist Plur.* ⟨griech.⟩ (eine Bakterienart [Trippererreger])
Go|nor|rhö, die; -, -en (Tripper); **go|nor|rho|isch**
good|bye! [gʊtˈbai̯] ⟨engl., »auf Wiedersehen!«⟩
Good|will [ˈgʊt...], der; -s ⟨engl.⟩ (Ansehen; Wohlwollen, freundliche Gesinnung; Firmen-, Geschäftswert); **Good|will|rei|se**
Gö|pel, der; -s, - (alte Drehvorrichtung zum Antrieb von Arbeitsmaschinen durch im Kreis herumgehende Menschen od. Tiere); **Gö|pel|werk**
Gör, das; -[e]s, -en *u.* Gö|re, die; -, -n (*nordd. für* [kleines] Kind; ungezogenes Mädchen)
Go|ra|le, der; -n, -n (Angehöriger eines polnischen Volkes in den Beskiden u. der Tatra)
Gor|ba|t|schow [...ˈtʃɔf] (sowjetischer Staatsmann)
Gor|ding, die; -, -s (*Seemannsspr.* Tau zum Zusammenholen der Segel)
gor|disch; der [berühmte] Gordische Knoten; ein [beliebiger] gordischer (unauflösbarer) Knoten
Gor|don [...dn̩] (m. Vorn.)
Gö|re *vgl.* Gör
Gor|go, die; -, ...onen (weibl. Ungeheuer der griech. Sage); **Gor|go|nen|haupt**
Gor|gon|zo|la, der; -s, -s ⟨nach dem gleichnamigen ital. Ort⟩ (ein Käse)
Go|ril|la, der; -s, -s ⟨afrik.⟩ (größter Menschenaffe; *ugs. für* Leibwächter)
Go|ri|zia (*ital. Form von* Görz)
[1]**Gor|ki** (russ. Schriftsteller)
[2]**Gor|ki** *vgl.* Nischni Nowgorod
Gör|litz (Stadt an der Neiße)
Gör|res (dt. Publizist)
Görz (ital. Stadt); *vgl.* Gorizia
Gösch, die; -, -en ⟨niederl.⟩ (*Seemannsspr.* kleine rechteckige Nationalflagge; andersfarbiges Obereck am Flaggenstock)
Go|sche, Gu|sche, die; -, -n (*landsch. für* Mund)
Go|se, die; -, -n (*mitteld. für* obergäriges Bier)
Gos|lar (Stadt am Nordrand des Harzes)
Go-slow [...ˈsloː], der *u.* das; -s, -s ⟨engl.⟩ (Bummelstreik)
Gos|pel, das *od.* der; -s, -s *u.* **Gos|pel|song** (religiöses Lied der Afroamerikaner)
Gos|po|dar *vgl.* Hospodar; **Gos|po|din,** der; -s, ...da ⟨russ., »Herr«⟩ (russische Anrede)
Gos|se, die; -, -n
Gös|sel, das; -s, -[n] (*nordd. für* Gänseküken)
[1]**Go|te,** der; -n, -n (*landsch. für* Pate)
[2]**Go|te,** die; -, -n (*landsch. für* Patin); *vgl. auch* Gotte *u.* Gode
[3]**Go|te,** der; -n, -n (Angehöriger eines germ. Volkes)
Gö|te|borg (Hafenstadt an der Südwestküste Schwedens)
[1]**Go|tha** (Stadt im Thüringer Becken)
[2]**Go|tha,** der; - (Adelskalender)
Go|tha|er; go|tha|isch
Go|tik, die; - ⟨franz.⟩ (Kunststil vom 12. bis 15. Jh.; Zeit des gotischen Stils)
go|tisch (die Goten betreffend; im Stil der Gotik)
[1]**Go|tisch,** die; - ⟨*zu* Gotik⟩ (eine Schriftart)
[2]**Go|tisch,** das; -[s] ⟨*zu* [3]Gote⟩ (Sprache); *vgl.* Deutsch; **Go|ti|sche,** das; -n; *vgl.* Deutsche, das
Got|land (schwed. Ostseeinsel)
Gott, der; *Gen.* -es, Götter; um Gottes willen; in Gottes Namen; Gott sei Dank!; Gott befohlen!; weiß Gott!; Gott[,] der Herr[,] hat ...; grüß [dich] Gott!
gott|ähn|lich; Gott|ähn|lich|keit, die; -
gott|be|gna|det
gott|be|wah|re! *(ugs.), aber:* Gott bewahre uns davor!
Got|te, die; -, -n (*schweiz. für* Patin)
Got|ter|bar|men; *in* zum Gotterbarmen (*ugs. für* jämmerlich)

G

Göt|ter|bild; Göt|ter|bo|te; Göt|ter|däm|me|rung; Göt|ter|gat|te *(scherzh.)*
gott|er|ge|ben
göt|ter|gleich
Göt|ter|spei|se (*auch* eine Süßspeise); **Göt|ter|trank**
Got|tes|a|cker [*alte Trennung* ...k|k...] (*landsch. für* Friedhof)
Got|tes|an|be|te|rin (eine Heuschreckenart)
Got|tes|be|weis; Got|tes|dienst
Got|tes|furcht; got|tes|fürch|tig
Got|tes|ga|be; Got|tes|ge|richt
Got|tes|gna|de; es ist eine Gottesgnade, *aber in Titeln:* von Gottes Gnaden König ...; **Got|tes|gna|den|tum,** das; -s
Got|tes|haus; Got|tes|kind|schaft, die; -
got|tes|läs|ter|lich [*alte Trennung* ...|st...]; **Got|tes|läs|te|rung**
Got|tes|leug|ner; Got|tes|lohn, der; -[e]s; **Got|tes|mann** *Plur.* ...männer
Got|tes|mut|ter, die; -; **Got|tes|sohn,** der; -[e]s; **Got|tes|ur|teil**
Gott|fried (m. Vorn.)
gott|ge|fäl|lig; gott|ge|wollt; gott|gläu|big
[1]**Gott|hard** (m. Vorn.)
[2]**Gott|hard,** der; -s (*kurz für* Sankt Gotthard)
Gott|hard|bahn, die; -
Gott|heit
[1]**Gott|helf** (m. Vorn.)
[2]**Gott|helf** (schweiz. Schriftsteller)
Gott|hold (m. Vorn.)
Göt|ti, der; -s, - (*schweiz. für* Pate)
Göt|tin
Göt|tin|gen (Stadt a. d. Leine); **Göt|tin|ger**
gött|lich; die göttliche Gnade, *aber* ↑K 86: die Göttliche Komödie (von Dante); **Gött|lich|keit,** die; -
Gott|lieb (m. Vorn.)
gott|lob!; Gott|lob (m. Vorn.)
gott|los; Gott|lo|se, der *u.* die; -n, -n; **Gott|lo|sig|keit**
Gott|mensch, der; -en (Christus)
Gott|sched (dt. Gelehrter u. Schriftsteller)
Gott|sei|bei|uns [*auch* ...'zai...], der; - (*verhüllend für* Teufel)
gott|se|lig *(veraltend);* **Gott|se|lig|keit,** die; - *(veraltend)*
gotts|er|bärm|lich; gotts|jäm|mer|lich
Gott|su|cher
Gott|va|ter, der; -s *meist ohne Artikel*
gott|ver|dammt *(derb)*
gott|ver|las|sen
Gott|ver|trau|en; gott|voll
Gott|we|sen, das; -s (Gott)
Götz (m. Vorn.)
Göt|ze, der; -n, -n (Abgott); **Göt|zen|al|tar; Göt|zen|bild; Göt|zen|die|ner; Göt|zen|dienst,** der; -es
Gou|ache [gua(:)ʃ], die; -, -n ‹franz.› (Malerei mit Wasserdeckfarben *[nur Sing.];* Bild in dieser Maltechnik)
[1]**Gou|da** ['xau...] (niederländische Stadt bei Rotterdam)
[2]**Gou|da** ['gau...], der; -s, -s *u.* **Gou|da|kä|se,** der; -s, - (ein Schnittkäse)
Gou|d|ron [gu'drõ:], der, *auch* das; -s ‹arab.-franz.› (wasserdichter Anstrich)
Gou|nod [gu'no:] (französischer Komponist)
Gourde [gʊrt], der; -, -s [gurd] ‹franz.› (Währungseinheit in Haiti)
Gour|mand [gʊr'mã:], der; -s, -s ‹franz., »Vielfraß«› (Schlemmer[in]); **Gour|man|di|se,** die; -, -n (Leckerbissen)
Gour|met [...'me:], der; -s, -s (Feinschmecker[in])
gou|tie|ren [gu...] ‹franz.› (Geschmack an etwas finden)
Gou|ver|nan|te [gu...], die; -, -n ‹franz.› (*veraltet für* Erzieherin); **gou|ver|nan|ten|haft**
Gou|ver|ne|ment [...'mã:], das; -s, -s (Regierung; Verwaltung, Verwaltungsbezirk); **gou|ver|ne|men|tal** (*schweiz. für* regierungsfreundlich; Regierungs...)
Gou|ver|neur [...'nø:ɐ̯], der; -s, -e (Statthalter); **Gou|ver|neu|rin**
Go|ya [...ja] (spanischer Maler)
GPU, die; - ‹*Abk. aus* russ. gossudarstwennoje polititscheskoje uprawlenije = staatliche politische Verwaltung› (sowjetische Geheimpolizei bis 1934)
G-Punkt ['ge:...] (hinter dem Eingang der Vagina gelegene erogene Zone)
Gr. = Greenwich
Gr.-2° = Großfolio
Gr.-4° = Großquart
Gr.-8° = Großoktav
Grab, das; -[e]s, Gräber
Grab|be (dt. Dichter)
Grab|bei|ga|be
Grab|be|lei; grab|beln (*nordd. für* herumtasten); ich grabb[e]le; *vgl. aber* krabbeln
Grab|bel|sack *(ugs.);* **Grab|bel|tisch** *(ugs.)*
Gräb|chen
Gra|be|land, das; -[e]s (kleingärtnerisch genutztes Brachland; künftiges Bauland)
gra|ben; du gräbst; du grubst; du grübest; gegraben; grab[e]!
Gra|ben, der; -s, Gräben; *Schreibung in Straßennamen:* ↑K 162 u. 163
Grä|ber; Grä|ber|feld
Gra|bes|käl|te; Gra|bes|kir|che (in Jerusalem); **Gra|bes|ru|he; Gra|bes|stil|le; Gra|bes|stim|me**
Grab|ge|sang; Grab|ge|wöl|be; Grab|hü|gel; Grab|kam|mer
Grab|le|gung
Grab|mal *Plur.* ...mäler, *geh.* ...male; **Grab|plat|te; Grab|re|de; Grab|schän|dung**
Grab|scheit (*landsch. für* Spaten)
grab|schen *vgl.* grapschen; **Grab|scher,** der; -s, - *vgl.* Grapscher
Grab|spruch; Grab|stät|te; Grab|stein; Grab|ste|le; Grab|stel|le
Grab|sti|chel (ein Werkzeug)
Gra|bung
Grac|che [...xə], der; -n, -n *meist Plur.* (Angehöriger eines altrömischen Geschlechtes)
Gracht, die; -, -en ‹niederl.› (Wassergraben, Kanal[straße] in niederl. Städten)
grad. = graduiert; *vgl.* graduieren
grad..., Grad... (*ugs. für* gerad..., Gerad...)
Grad, der (*für Temperatureinheit auch häufiger:* das); -[e]s, -e ‹lat.› (Temperatureinheit; Einheit für [ebene] Winkel [1° = 90. Teil eines rechten Winkels], *früher auch* Altgrad *genannt* [*vgl.* Gon]; *Zeichen* °); 3 Grad C *oder* 3° C (*fachspr. nur* 3 °C); der 30. Grad (*nicht:* 30. °); es ist heute um einige Grad wärmer; ein Winkel von 30°
Gra|da|ti|on, die; -, -en (stufenweise Erhöhung; Abstufung)
Grad|bo|gen
gra|de (*ugs. für* gerade)
Grad|ein|tei|lung
Gra|del, Gradl, der; -s, - (*südd., österr. für* ein Gewebe)
Gra|di|ent, der; -en, -en ‹lat.› (*fachspr.* Gefälle od. Anstieg einer Größe auf einer bestimmten Strecke); **Gra|di|en|te,** die; -, -n (von Gradienten gebildete Neigungslinie)
gra|die|ren (Salzsole konzentrieren; verstärken; in Grade einteilen); **Gra|dier|haus** (Salzgewinnungsanlage); **Gra|die|rung;**

Gra|die̲r|werk (Solerieselanlage [in Kurorten])
...gra|dig, *österr. u. schweiz.*
...grä|dig (z. B. dreigradig, ↑K 66, *mit Ziffer* 3-gradig [*alte Schreibung* 3gradig])
Grä̲|dig|keit *(Chemie)*
Gra̲|ditz (Ort südöstl. von Torgau); **Gra̲|dit|zer**
Gra̲dl *vgl.* Gradel
gra̲d|mä|ßig
Gra̲d|mes|ser, der; **Gra̲d|netz**
gra|du|a̲l ‹lat.› (den Rang betreffend)
Gra|du|a̲|le, das; -s, ...lien (kurzer Psalmengesang nach der Epistel in der katholischen Messe; das die Choralmessgesänge enthaltende Buch)
gra|du|e̲ll ‹franz.› (grad-, stufenweise, allmählich)
gra|du|ie̲|ren (*Technik* mit genauer Einteilung versehen; einen [akadem.] Grad erteilen); graduierter Ingenieur, *Abk.* Ing. (grad.); **Gra|du|ie̲r|te,** der *u.* die; -n, -n (jmd., der einen akademischen Grad besitzt); **Gra|du|ie̲|rung**
Gra̲d|un|ter|schied
gra̲d|wei|se
Grae̲|cum, das; -s ‹griech.› (Prüfung im Altgriechischen)
[1]**Gra̲f** *vgl.* [1]Graph
[2]**Gra̲f** *vgl.* [2]Graph
[3]**Gra̲f,** der; -en, -en
Gra|fe̲m *vgl.* Graphem
Gra̲|fen|kro|ne; Gra̲|fen|ti|tel
Gra̩f|fel, das; -s (*österr. ugs. für* Gerümpel)
Graf|fi̲|to, der *u.* das; -[s], ...ti ‹ital.› (in eine Wand eingekratzte Inschrift; *meist Plur.:* Wandkritzelei; auf Mauern, Fassaden o. Ä. gesprühte od. gemalte Parole od. Darstellung)
Gra|fie̲ *vgl.* Graphie
...gra|fie̲ *vgl.* ...graphie
Gra̲|fik, *auch* Gra̲|phik, die; -, -en ‹griech.› (Schaubild, Illustration; *nur Sing.:* Sammelbezeichnung für Holzschnitt, Kupferstich, Lithographie u. Handzeichnung)
Gra̲|fi|ker, *auch* Gra̲|phi|ker; **Gra̲|fi|ke|rin,** *auch* Gra̲|phi|ke|rin
Gra̲|fik|kar|te, *auch* Gra̲|phik|karte (*EDV* spezielle Steckkarte zur Erstellung von Grafiken auf dem Computerbildschirm)
Grä̲|fin; Grä̲|fin|wi̩t|we
gra̲|fisch, *auch* gra̲|phisch
Gra|fi̲t usw. *vgl.* Graphit usw.
grä̲f|lich, *im Titel* ↑K 89: Gräflich
Gra|fo|lo̲|ge usw. *vgl.* Graphologe usw.
Gra|fo|sta̲|tik *vgl.* Graphostatik
Gra̲f|schaft
Gra̲|ham|brot ‹nach dem amerikanischen Arzt› ↑K 136
Grain [greɪn], der; -s, -s ‹engl.› (älteres Gewicht); 5 Grain
Gra̲|ji|sche A̩l|pen ↑K 140 *Plur.* (Teil der Westalpen)
grä̲|ko|la|tei̲|nisch [*alte Schreibung* grä|ko-la|tei|nisch] ↑K 149; (griechisch-lateinisch)
Grä|ko|ma|ni̲e, die; - ‹griech.› ([übertriebene] Vorliebe für altgriechische Kultur)
Gra̲l, der; -s ‹franz.› (Wunder wirkende Schale im höfischen Roman); der Heilige Gral ↑K 150
Gra̲ls|burg; Gra̲ls|hü|ter; Gra̲ls|ritter; Gra̲ls|sa|ge
gra̲m; jmdm. gram sein ↑K 70
Gra̲m, der; -[e]s
grä̲|meln (*bes. mitteld., nordd. für* missmutig sein); ich gräm[e]le
grä̲|men *(geh.);* sich grämen
gra̲m|er|füllt
Gra̲m|fär|bung, *auch* **Gra̩m-Färbung** ‹nach dem dänischen Arzt H. C. J. Gram› (Färbemethode zur Unterscheidung von Bakterien); gramnegativ, grampositiv
gra̲m|ge|beugt ↑K 59
grä̲m|lich; Grä̲m|lich|keit, die; -
Gra̩mm, das; -s, -e ‹griech.› (*Zeichen* g); 2 Gramm
Gram|ma̩|tik, die; -, -en (Sprachlehre); **gram|ma|ti|ka̲|lisch** (*seltener für* grammatisch)
Gram|ma̩|ti|ker; Gram|ma̩|ti|ke|rin
Gram|ma̩|tik|the|o|rie
gram|ma̩|tisch; grammatisches Geschlecht (Genus)
Gra̩m|mel, die; -, -n (*bayr., österr. für* Griebe)
...gräm|mig (*schweiz.;* z. B. hundertgrämmig, *mit Ziffern* 100-grämmig [*alte Schreibung* 100grämmig])
Gramm|mo̲l, *auch* **Gramm-Mo̲l** [*alte Schreibung* Grammol, *alte Trennung* ...mm|m...], **Gra̩mm|mo|le|kül,** *auch* **Gra̩mm-Mo|lekül** [*alte Schreibung* Grammolekül, *alte Trennung* ...mm|m...] ‹griech.; lat.› *u.* Mo̲l, das; -s, -e ‹lat.› (*früher für* so viele Gramm einer chemischen Verbindung, wie deren Molekulargewicht angibt)
Gram|mo|pho̲n ®, *auch* Gram|mo|fo̲n, das; -s, -e ‹griech.› (Plattenspieler)
gram|ne̲|ga|tiv; gram|po̲|si|tiv *vgl.* Gramfärbung
gra̲m|voll
Gra̲n ‹lat.›, *auch* **Grä̲n,** das; -[e]s, -e ‹franz.› (altes Apotheker- und Edelmetallgewicht); 3 Gran
Gra|na̲|da (Hauptstadt der gleichnamigen spanischen Provinz)
[1]**Gra|na̲t,** der; -[e]s, -e ‹niederl.› (kleines Krebstier, Garnelenart)
[2]**Gra|na̲t,** der; -[e]s, -e, *österr.* der; -en, -en ‹lat.› (ein Edelstein)
Gra|na̲t|ap|fel (Frucht einer subtropischen Pflanze)
Gra|na̲|te, die; -, -n ‹ital.›
Gra|na̲t|schmuck
Gra|na̲t|split|ter; Gra|na̲t|trich|ter; Gra|na̲t|wer|fer (ein Geschütz)
Gran Ca|na̲|ria (eine der Kanarischen Inseln)
Gran Cha̩|co [- tʃ...], der; - -s (südamerikanische Landschaft)
[1]**Gra̩nd,** der; -[e]s (*nordd. für* Kies)
[2]**Gra̩nd,** der; -[e]s, -e (*bayr. für* Wasserbehälter)
[3]**Grand** [grãː], der; -s, -s ‹franz.› (höchstes Spiel im Skat)
Gra̩n|de, der; -n, -n ‹span.› (*früher* Mitglied des Hof-, Hochadels in Spanien)
Gra̩n|del, Grä̲|ne, die; -, -n (*Jägerspr.* oberer Eckzahn des Rotwildes)
Gran|deur [grãˈdøːɐ̯], die; - ‹franz.› (Großartigkeit, Größe)
Gran|de̲z|za [gra...], die; - ‹ital.› (würdevoll-elegantes Benehmen)
Grand|ho|tel [ˈgrãː...]
gra̩n|dig ‹roman.› (*landsch. für* groß, stark)
gran|di|o̲s ‹ital.› (großartig, überwältigend)
Grand Old La|dy [ˈgrɛnt ˈoːlt ˈleːdi], die; - - -, *Plur.* - - Ladies [*alte Schreibung auch* Ladys] ‹engl.› (älteste bedeutende weibliche Persönlichkeit in einem bestimmten Bereich)
Grand Old Man [- - ˈmɛn], der; - - -, - - Men [- - ˈmɛn] (älteste bedeutende männliche Persönlichkeit in einem bestimmten Bereich)
Grand ou|vert [ˈgrãː uˈvɛːɐ̯], der; - -[s], - -s [ˈgrãː uˈvɛːɐ̯s] ‹franz.› (Grand aus der Hand, bei dem der Spieler seine Karten offen hinlegen muss)
Grand Prix [ˈgrãː ˈpriː], der; - -, -s -

G

['grã: -], *auch* **Grand|prix**, der; -, - ‹franz., »großer Preis«›
Grand|sei|g|neur [grãsɛn'jø:ɐ̯], der; -s, *Plur.* -s *u.* -e ‹franz.› (vornehmer, weltgewandter Mann)
Grand|slam ['grɛnt'slɛm], der; -[s], -s, *auch* **Grand Slam,** der; - -[s], - -s ‹engl.› *(Tennis)*
Grand-Tou|ris|me-Ren|nen [grãtu'rɪsmə...], das; -s, - (Sportwagenrennen)
Grä|ne *vgl.* Grandel
gra|nie|ren ‹lat.› (*fachspr. für* körnig machen)
Gra|nit, der; -s, -e ‹ital.› (ein Gestein); **gra|nit|ar|tig; Gra|nit-block** *Plur.* ...blöcke; **gra|ni|ten** (aus Granit); **Gra|nit|qua|der**
Gran|ne, die; -, -n (Ährenborste); **gran|nig**
Gran|ny Smith ['grɛni 'smɪθ], der; - -, - - ‹engl.› (eine Apfelsorte)
Grant, der; -s (*bayr., österr. für* Übellaunigkeit; Unmut); **gran-tig; Gran|tig|keit,** die; -
Gra|nu|lat, das; -[e]s, -e ‹lat.› (Substanz in Körnchenform); **Gra|nu|la|ti|on,** die; -, -en (körnige Struktur; Bildung einer solchen Struktur)
gra|nu|lie|ren; Gra|nu|lit, der; -s, -e (ein Gestein)
Gra|nu|lom, das; -s, -e (*Med.* eine Geschwulstart)
gra|nu|lös (körnig)
Grape|fruit ['gre:pfru:t], die; -, -s ‹engl.› (eine Zitrusfrucht)
[1]**Graph,** *auch* **Graf,** der; -en, -en ‹griech.› (*Math.* grafische Darstellung)
[2]**Graph,** *auch* **Graf,** das; -s, -e (*Sprachw.* Schriftzeichen)
Gra|phem, *auch* **Gra|fem,** das; -s, -e (*Sprachw.* kleinste bedeutungsunterscheidende Einheit der geschriebenen Sprache)
Gra|phie, *auch* **Gra|fie,** die; -, -n (*Sprachw.* Schreibung)
...gra|phie, *auch* **...gra|fie** (...[be]schreibung, z. B. Geographie)
Gra|phik usw. *vgl.* Grafik usw.
Gra|phi|ker *vgl.* Grafiker
Gra|phi|ke|rin *vgl.* Grafikerin
gra|phisch *vgl.* grafisch
Gra|phit, *auch* **Gra|fit,** der; -s, -e (ein Mineral); **gra|phit|grau,** *auch* **gra|fit|grau**
Gra|pho|lo|ge, *auch* **Gra|fo|lo|ge,** der; -n, -n; **Gra|pho|lo|gie,** *auch* **Gra|fo|lo|gie,** die; - (Lehre von der Deutung der Handschrift als Ausdruck des Charakters); **Gra|pho|lo|gin,** *auch* **Gra|fo|lo|gin; gra|pho|lo|gisch,** *auch* **gra|fo|lo|gisch**
Gra|pho|sta|tik, *auch* **Gra|fo|sta|tik** (zeichnerische Methode zur Lösung von Aufgaben der Statik)
Grap|pa, der; -s, -s, *auch* die; -, -s ‹ital.› (ital. Tresterbranntwein); drei Grappa
grap|schen, grab|schen *(ugs.);* du grapschst, grabschst; **Grap-scher,** Grab|scher, der; -s, - (*abwertend für* männliche Person, die eine Frau gegen ihren Willen sexuell berührt)
grap|sen (*österr. ugs. für* stehlen); du grapst
Gras, das; -es, Gräser
Gras|af|fe (*Schimpfwort für* unreifer Mensch)
gras|ar|tig; Gras|bahn|ren|nen *(Motorradsport);* **gras|be|wach-sen** [↑K 59]; **Gräs|chen; Gras|de-cke** [*alte Trennung* ...k|k...]
gra|sen; du grast; er/sie graste; **Gra|ser** (*Jägerspr. für* Zunge von Rot- u. Damwild)
Grä|ser|chen *Plur.*
Gras|flä|che; Gras|fleck
gras|grün
Gras|halm; Gras|hüp|fer
gra|sig; Gras|land, das; -[e]s
Gräs|lein
Gras|li|lie; Gras|mü|cke [*alte Trennung* ...k|k...], die; -, -n (ein Singvogel); **Gras|nar|be**
Grass, (dt. Schriftsteller); Grass' Romane [↑K 16]
gras|sie|ren ‹lat.› (sich ausbreiten; wüten [von Seuchen])
gräss|lich [*alte Schreibung* gräßlich]; **Gräss|lich|keit**
Gras|step|pe; Gras|strei|fen
gras|ü|ber|wach|sen
Grat, der; -[e]s, -e (Kante; Bergkamm[linie])
Grä|te, die; -, -n (Fischgräte); **grä-ten|los**
Gra|ti|an, Gra|ti|a|nus (röm. Kaiser; m. Vorn.)
Gra|ti|as, das; -, - (Dank[gebet])
Gra|ti|fi|ka|ti|on, die; -, -en ([freiwillige] Vergütung, [Sonder]zuwendung)
grä|tig (viele Gräten enthaltend; *ugs. für* reizbar, aufbrausend)
Gra|tin [...'tɛ̃:], das; -s, -s ‹franz.› (überbackenes Gericht)
Grä|ting, die; -, *Plur.* -e *od.* -s ‹engl.› (*Seemannsspr.* Gitterrost [auf Schiffen])
gra|ti|nie|ren ‹franz.› (mit einer Kruste überbacken)
gra|tis ‹lat.› (unentgeltlich); gratis und franko
Gra|tis|ak|tie; Gra|tis|pro|be; Gra-tis|pro|s|pekt; Gra|tis|vor|stel-lung
Grat|leis|te [*alte Trennung* ...|st...] (in der Tischlerei)
Grät|sche, die; -, -n (eine Turnübung); **grät|schen** ([die Beine] seitwärts spreizen); du grätschst; **Grätsch|stel|lung,** die; -
Gra|tu|lant, der; -en, -en ‹lat.›; **Gra|tu|lan|tin**
Gra|tu|la|ti|on, die; -, -en; **Gra|tu-la|ti|ons|cour,** die; -, -en ‹lat.; franz.› ([feierliche] Beglückwünschung durch viele Gratulanten)
gra|tu|lie|ren; jmdm. zum Geburtstag gratulieren
Grat|wan|de|rung
Grätz|el, das; -s, -n (*österr. ugs. für* Teil eines Wohngebiets)
grau *s. Kasten S. 435*
Grau, das; -s, *Plur.* -, *ugs.* -s (graue Farbe); in Grau; *vgl.* Blau
grau|äu|gig
Grau|bart; grau|bär|tig
grau|blau [↑K 23]
Grau|brot
Grau|bün|den (schweiz. Kanton); *vgl.* Bünden; **Grau|bünd|ner;** *vgl.* Bündner; **grau|bünd|ne|risch;** *vgl.* bündnerisch
Grau|chen (Eselchen)
Gräu|el [*alte Schreibung* Greu|el], der; -s, -; **Gräu|el|mär|chen; Gräu|el|pro|pa|gan|da; Gräu|el-tat**
[1]**grau|en** (Furcht haben); mir, *seltener* mich graut [es] vor dir
[2]**grau|en** (allmählich hell, dunkel werden; dämmern); der Morgen, der Abend graut
Grau|en, das; -s, -; es überkommt ihn ein Grauen (Furcht, Schauder); die Grauen (Schrecken) des Atomkrieges; Grauen erregen; *vgl.* Grauen erregend
Grau|en er|re|gend, *auch* **grau|en-er|re|gend** [↑K 58 *u.* 59]; ein Grauen erregender, *auch* grauenerregender Vorfall; *aber nur* ein höchstes Grauen erregender Vorfall; ein höchst grauenerregender, noch grauenerregenderer Vorfall
grau|en|haft; grau|en|voll
Grau|gans

grau	
Kleinschreibung – in grauer Vorzeit – sich keine grauen Haare wachsen lassen (*ugs. für* sich keine Sorgen machen) – die [kleinen] grauenZellen (*ugs. für* Gehirnzellen, Denkvermögen) – grau in grau malen – ↑K 151: grauer Markt; grauer Star – eine graue Eminenz (nach außen kaum in Erscheinung tretende, aber einflussreiche [politische] Persönlichkeit)	– die Grauen Schwestern (katholische Kongregation) – die Grauen Panther (Seniorenschutzbund)
Großschreibung – ↑K 134: die Graue Eminenz (F. v. Holstein)	*Schreibung in Verbindung mit Verben und dem 2. Partizip:* – grau sein; grau werden – ein grau gestreifter [*alte Schreibung* graugestreifter] Rock – grau melierte [*alte Schreibung* graumelierte] Haare *Vgl.* blau

G

grau|grün ↑K 23
grau|haa|rig; Grau|kopf
grau|len (sich fürchten); es grault mir; ich graule mich
[1]**gräu|lich** [*alte Schreibung* greulich] ‹zu Grauen›
[2]**gräu|lich,** *auch* grau|lich ‹*zu* grau›
grau me|liert [*alte Schreibung* grau|me|liert] *vgl.* grau
Grau|pe, die; -, -n *meist Plur.* ([Getreide]korn)
Grau|pel, die; -, -n *meist Plur.* (Hagelkorn); **grau|peln;** es graupelt
Grau|pel|schau|er; Grau|pel|wet|ter
Grau|pen|sup|pe
graus (*veraltet für* grausig); grauses Morden; **Graus,** der; -es (*veraltet für* Schrecken); oh, *auch* o Graus!
grau|sam; Grau|sam|keit
Grau|schim|mel; Grau|schlei|er
grau|sen (sich fürchten); mir *od.* mich grauste; sich grausen; **Grau|sen,** das; -s
grau|sig (Grauen erregend)
graus|lich (*bes. österr. für* unangenehm, hässlich)
Grau|specht; Grau|spieß|glanz (ein Mineral); **Grau|tier** (Esel); **Grau|wa|cke** [*alte Trennung* ...k|k...] (*Geol.* Sandstein)
Grau|werk das; -[e]s (Pelzwerk, bes. aus dem grauen Winterpelz russ. Eichhörnchen; Feh)
Grau|zo|ne (Übergangszone)
gra|ve ‹ital.› (*Musik* schwer, wuchtig)
Gra|ven|ha|ge *vgl.* 's-Gravenhage
Gra|ven|stei|ner [...v...] (eine Apfelsorte)
Gra|veur [...'vøːɐ̯], der; -s, -e ‹franz.› (Metall-, Steinschneider, Stecher); **Gra|veur|ar|beit** *vgl.* Gravierarbeit; **Gra|veu|rin**
gra|vid ‹lat.› (*Med.* schwanger);
Gra|vi|di|tät, die; -, -en (Schwangerschaft)
Gra|vier|ar|beit, Gra|veur|ar|beit [...v...] ‹franz.; dt.›; **gra|vie|ren** ([in Metall, Stein, Glas o. Ä.] [ein]schneiden)
gra|vie|rend ‹lat.› (schwer wiegend; belastend)
Gra|vie|rung
Gra|vi|me|ter, das ‹lat.; griech.› (*Physik* Gerät zum Messen der Schwerkraft[änderungen]); **Gra|vi|me|t|rie,** die; - (*Physik, Chemie);* **gra|vi|me|t|risch**
Gra|vis, der; -, - ‹lat.› (*Sprachw.* ein Betonungszeichen: `, z. B. è)
Gra|vi|tät, die; - ([steife] Würde)
Gra|vi|ta|ti|on, die; - (Schwerkraft, Anziehungskraft); **Gra|vi|ta|ti|ons|feld; Gra|vi|ta|ti|ons|ge|setz**
gra|vi|tä|tisch (würdevoll)
gra|vi|tie|ren ([aufgrund der Gravitation] zu etwas hinstreben)
Gra|vur, die; -, -en ‹franz.› (eingravierte Schrift, Zeichnung o. Ä.)
Gra|vü|re, die; -, -n ([Kupfer-, Stahl]stich)
Gray [greː], das; -[e]s, - ‹nach dem engl. Physiker› (Maßeinheit der Energiedosis; *Zeichen* Gy)
Graz (Hauptstadt der Steiermark); **Gra|zer**
[1]**Gra|zie,** die; - ‹lat.› (Anmut)
[2]**Gra|zie,** die; -, -n (eine der drei römischen Göttinnen der Anmut; *scherzh. für* anmutige, hübsche junge Frau)
gra|zil ‹lat.› (schlank, geschmeidig, zierlich); **Gra|zi|li|tät,** die; -
gra|zi|ös ‹franz.› (anmutig)
gra|zi|o|so ‹ital.› (*Musik* anmutig)
grä|zi|sie|ren ‹griech.› (nach griechischem Muster formen)
Grä|zis|mus, der; -, ...men (*Sprachw.* altgriechische Spracheigentümlichkeit [in einer anderen Sprache])
Grä|zist, der; -en, -en; **Grä|zis|tik** [*alte Trennung* ...|st...], die; - (Erforschung des Altgriechischen); **Grä|zis|tin**
Grä|zi|tät, die; - (Wesen der altgriech. Sprache u. Sitte)
GRD (Währungscode für Drachme)
Greencard ['griːn...], die; -, -s, *auch* Green Card [*alte Schreibung* Green card] die; - -, - -s ‹engl.› ([un]befristete Arbeits- u. Aufenthaltserlaubnis)
Greene [griːn] (engl. Autor)
Green|horn ['griː...], das; -s, -s ‹engl.› (Anfänger, Neuling)
Green|peace ['griːnpiːs] ‹engl.› (internationale Umweltschutzorganisation)
Green|wich ['grɪnɪtʃ] (Stadtteil Londons; *Abk.* Gr.); **Green|wi|cher;** Greenwicher Zeit (westeuropäische Zeit)
Grège [grɛːʃ], die; - ‹franz.› (Naturseidenfaden); **Grège|sei|de**
Gre|gor, Gre|go|ri|us (m. Vorn.)
gre|go|ri|a|nisch; ↑K 135: der gregorianische [*alte Schreibung* Gregorianische] Kalender; der gregorianische Choral
Greif, der; *Gen.* -[e]s *u.* -en, *Plur.* -e[n] (Fabeltier [Vogel]; *auch für* Greifvogel)
Greif|arm; Greif|bag|ger
greif|bar; grei|fen; du griffst; gegriffen; greif[e]!; um sich greifen; ↑K 82: zum Greifen nahe; **Grei|fer**
Greifs|wald (Stadt in Vorpommern); **Greifs|wal|der**
Greif|vo|gel; Greif|zan|ge
grei|nen (*ugs. für* weinen)

greis (*geh. für* sehr alt); **Greis**, der; -es, -e; **Grei|sen|al|ter**, das; -s
grei|sen|haft; Grei|sen|haf|tig|keit, die; -
Grei|sen|stim|me; Grei|sin
Greiß|ler (*ostösterr. für* Krämer); **Greiß|le|rei**
grell; ↑K 58: die grell beleuchtete [*alte Schreibung* grellbeleuchtete] Bühne; grellgelb, grellrot usw.; **Grel|le**, die; -
Gre|mi|um, das; -s, ...ien ‹lat.› (Ausschuss; Körperschaft)
Gre|na|da (Staat im Bereich der Westindischen Inseln)
G
Gre|na|dier, der; -s, -e ‹franz.› (Infanterist)
Gre|na|dil|le, die; -, -n ‹franz.› (Passionsfrucht)
[1]**Gre|na|di|ne**, die; - ‹franz.› (Saft, Sirup aus Granatäpfeln)
[2]**Gre|na|di|ne**, die; - (ein Gewebe)
Grenz|aus|gleich; Grenz|bahn|hof; Grenz|baum
Grenz|be|am|te; Grenz|be|fes|ti|gung [*alte Trennung* ...|st...] *meist Plur.;* **Grenz|be|reich; Grenz|be|woh|ner**
Gren|ze, die; -, -n; **gren|zen**; du grenzt
gren|zen|los; Gren|zen|lo|sig|keit, die; -
Gren|zer (*ugs. für* Grenzjäger, -bewohner)
Grenz|fall, der; **Grenz|fluss** [*alte Schreibung* ...fluß]; **Grenz|for|ma|li|tät** *meist Plur.;* **Grenz|gän|ger**
Grenz|ge|biet; Grenz|kon|t|rol|le; Grenz|land; Grenz|li|nie
grenz|nah; grenznahe Gebiete
Grenz|pos|ten [*alte Trennung* ...|st...]; **Grenz|rain; Grenz|schutz; Grenz|si|tu|a|ti|on; Grenz|stadt**
Grenz|stein; Grenz|strei|tig|keit *meist Plur.;* **Grenz|trup|pen** *Plur. (in der DDR);* **Grenz|ü|ber|gang**
grenz|ü|ber|schrei|tend; grenzüberschreitender Verkehr
Grenz|ü|ber|tritt; Grenz|ver|kehr; Grenz|ver|let|zung; Grenz|wall; Grenz|wert; Grenz|zwi|schen|fall
Gret, Gret|chen (w. Vorn.); **Gret|chen|fra|ge**
Gre|te, Gre|tel, Gre|ti (w. Vorn.)
Greu|el usw. *alte Schreibung für* Gräuel usw.
greu|lich *alte Schreibung für* [1]gräulich
Gre|ven|broich [...'bro:x] (Stadt in Nordrhein-Westfalen)

Grey|erz (schweiz. Ortsn.); Greyerzer Käse; *vgl.* Gruyères
Grey|hound ['gre:haunt], der; -[s], -s ‹engl.› (besonders für Rennen gezüchteter englischer Windhund; ein amerikanischer Überlandbus)
Grie|be, die; -, -n (ausgebratener Speckwürfel; *landsch. auch für* Bläschenausschlag am Mund)
Grie|ben|fett; Grie|ben|schmalz; Grie|ben|wurst
Griebs, der; -es, -e (*landsch. für* Kerngehäuse des Obstes; *mitteld. für* Gurgel)
Grie|che, der; -n, -n; **Grie|chen|land; Grie|chin**
grie|chisch; *vgl.* deutsch; **Grie|chisch**, das; -[s] (Sprache); *vgl.* Deutsch; **Grie|chi|sche**, das; -n; *vgl.* Deutsche, das
grie|chisch-ka|tho|lisch (*Abk.* gr.-kath.); **grie|chisch-or|tho|dox**
grie|chisch-rö|misch *(Ringen)*
grie|chisch-u|niert
Grie|fe, die; -, -n (*mitteld. für* Griebe)
Grieg, Edvard (norw. Komponist)
grie|meln (*westmitteld. für* schadenfroh in sich hineinlachen); ich griem[e]le
grie|nen (*ugs. für* grinsen)
grie|seln (*nordd. für* erschauern [vor Kälte usw.]); mich grieselt
Gries|gram, der; -[e]s, -e; **gries|gräm|ig**, *seltener* **gries|grä|misch, gries|gräm|lich**
Grieß, der; -es, -e; **Grieß|brei**
grie|ßeln (körnig werden; *auch* rieseln); es grießelt
grie|ßig; grießiges Mehl; **Grie|ßig**, das; -s (Bienenkot)
Grieß|kloß; Grieß|koch (*bayr., österr. für* Grießbrei); *vgl.* [2]Koch; **Grieß|mehl; Grieß|no|ckerl** [*alte Trennung* ...k|k...] *(österr.);* **Grieß|schmar|ren** (*österr.* Süßspeise aus geröstetem Grieß); **Grieß|sup|pe**
Griff, der; -[e]s, -e; **griff|be|reit; Griff|brett**
Grif|fel, der; -s, -
griff|fest [*alte Schreibung* griffest, *alte Trennung* ...ff|f...]; ↑K 169
grif|fig; Grif|fig|keit, die; -
griff|los
Grif|fon [...'fõ:], der; -s, -s ‹franz.› (ein Vorstehhund)
Griff|tech|nik *(Ringen)*
Grill, der; -s, -s ‹engl.› (Bratrost); **Gril|la|de** [gri'ja:...], die; -, -n ‹franz.› (gegrilltes Stück Fleisch, Fisch o. Ä.)

Gril|le, die; -, -n (ein Insekt; *auch für* sonderbarer Einfall; Laune)
gril|len ‹engl.› (auf dem Grill braten)
Gril|len|fän|ger (trüben Gedanken nachhängender Mensch); **gril|len|fän|ge|risch**
gril|len|haft (sonderbar; launisch); **Gril|len|haf|tig|keit**, die; -
Gril|let|te [...'lɛt(ə)], die; -, -n (*regional für* gegrilltes Hacksteak)
Grill|fest; Grill|ge|rät; Grill|ge|richt
gril|lie|ren [*auch* gri'ji:...] ‹franz.› (grillen)
gril|lig (*svw.* grillenhaft); **Gril|lig|keit**
Grill|par|zer (österr. Dichter)
Grill|platz; Grill|re|s|tau|rant
Grill|room [...ru:m], der; -s, -s ‹engl.› (Grillrestaurant, -stube)
Gri|mas|se, die; -, -n ‹franz.›; **gri|mas|sie|ren**
Grim|bart, der; -s (der Dachs in der Tierfabel)
grimm (*veraltet für* zornig)
[1]**Grimm**, der; -[e]s *(veraltend)*
[2]**Grimm**, Jacob *u.* Wilhelm (dt. Sprachwissenschaftler); die Brüder Grimm
Grimm|darm (Dickdarmteil)
Grim|mels|hau|sen (dt. Schriftsteller im 17. Jh.)
grim|men (*veraltet für* ärgern)
Grim|men, das; -s ([Bauch]weh)
grim|mig; Grim|mig|keit, die; -
grimmsch; das grimmsche, *auch* Grimm'sche [*alte Schreibung* Grimmsche] Wörterbuch; die grimmschen, *auch* Grimm'schen [*alte Schreibung* Grimmschen] Märchen
Grind, der; -[e]s, -e (Schorf; *schweiz. derb für* Kopf; *Jägerspr.* Kopf von Hirsch od. Gämse); **grin|dig**
Grind|wal (eine Delphinart)
Grin|go, der; -s, -s ‹span.› (*abwertend für* nichtromanischer Fremder in Südamerika)
grin|sen; du grinst
Grin|zing (Stadtteil von Wien)
grip|pal *vgl.* grippös
Grip|pe, die; -, -n ‹franz.› (eine Infektionskrankheit); **Grip|pe|an|fall; Grip|pe|e|pi|de|mie; Grip|pe|vi|rus; Grip|pe|wel|le**
grip|pös, grip|pal (*Med.* grippeartig)
Grips, der; -es, -e (*ugs. für* Verstand, Auffassungsgabe)
Gri|saille [...'zaj], die; -, -n [...'zajən] (schwarz-weißer Seidenstoff; Malerei in Grautönen

[nur Sing.]; in dieser Weise hergestelltes Kunstwerk)
Gri|sel|dis (w. Vorn.)
Gris|li|bär, *auch* Grizz|ly|bär [*alte Schreibung auch* Gris|ly|bär] ‹engl.; dt.› (großer nordamerikanischer Braunbär)
¹**Grit,** der; -s, -e ‹engl.› (grober Sand; Sandstein)
²**Grit, Gritt** (w. Vorn.)
Grizz|ly|bär [ˈgrɪsli...] *vgl.* Grislibär
gr.-kath. = griechisch-katholisch
grob; grö|ber, gröbs|te; grob fahrlässig; Korn grob mahlen; **grob gemahlenes** [*alte Schreibung* grobgemahlenes] Korn; **grob gestrickte** [*alte Schreibung* grobgestrickte] Socken; ↑K 75: jmdn. aufs **Gröbste,** *auch* gröbste beleidigen; aus dem Gröbsten heraus sein
Grob|blech
Grö|be, die; - (Siebrückstand)
grob|fa|se|rig
grob ge|mah|len [*alte Schreibung* grob|ge|mah|len] *vgl.* grob
grob ge|strickt [*alte Schreibung* grob|ge|strickt] *vgl.* grob
Grob|heit
Gro|bi|an, der; -[e]s, -e (grober Mensch)
grob|kno|chig; grob|kör|nig
gröb|lich (ziemlich grob; sehr)
grob|ma|schig; Grob|ma|schig|keit, die; -
grob|schläch|tig (von grober Art); **Grob|schläch|tig|keit,** die; -
Grob|schmied; Grob|schnitt
Gro|den, der; -s, - (*nordd. für* [mit Gras bewachsenes] angeschwemmtes Deichvorland)
Grog, der; -s, -s ‹vielleicht nach dem Spitznamen des engl. Admirals Vernon: »Old Grog«› (heißes alkoholisches Getränk)
grog|gy [...gi] ‹*eigentl.* »vom Grog betrunken«› (*Boxen* schwer angeschlagen; *ugs. auch für* zerschlagen, erschöpft)
Groitzsch (Stadt südl. von Leipzig)
grö|len *(ugs.)*; **Grö|le|rei**
Groll, der; -[e]s; **grol|len**
Gro|nin|gen (niederl. Stadt)
Grön|land; Grön|län|der; Grön|län|de|rin
Grön|land|fah|rer; grön|län|disch; Grön|land|wal
Groom [gru:m], der; -s, -s ‹engl.› (Reitknecht)
Groove [gru:v], der; -s ‹engl.› (rhythmisches Grundmuster [im Jazz]; Gefühl für Rhythmus u. Tempo); **groo|ven** [gru:vən]; er groovt; **groo|vy** (*auch ugs. für* sehr gut, schön)
Gro|pi|us (amerik. Architekt dt. Herkunft)
Grop|pe, die; -, -n (ein Fisch)
¹**Gros** [gro:], das; -, - ‹franz.› (überwiegender Teil); *vgl.* en gros
²**Gros** [grɔs], das; -es, -e ‹niederl.› (12 Dutzend); 2 Gros Nadeln
Gro|schen, der; -s, - ‹mlat.› (Untereinheit des Schillings; *ugs. für* dt. Zehnpfennigstück)
Gro|schen|blatt (billige, anspruchslose Zeitung); **Gro|schen|grab** (*scherzh. für* Spielautomat, Parkuhr o. Ä.); **Gro|schen|heft; Gro|schen|ro|man**
Gros|ny (Hauptstadt Tschetscheniens)
groß *s. Kasten S. 438*
Groß|ab|neh|mer; Groß|ad|mi|ral; Groß|ak|ti|o|när; Groß|a|larm
groß an|ge|legt [*alte Schreibung* groß|an|ge|legt] *vgl.* groß
groß|ar|tig; Groß|ar|tig|keit, die; -
Groß|auf|nah|me; Groß|auf|trag; Groß|bank; Groß|bau|stel|le
Groß-Ber|lin ↑K 144; **Groß-Ber|li|ner**
Groß|be|trieb; Groß|bour|geoi|sie; Groß|brand
Groß|bri|tan|ni|en; groß|bri|tan|nisch
Groß|buch|sta|be
groß|bür|ger|lich; Groß|bür|ger|tum
groß|deutsch *(bes. nationalsoz.)*
Grö|ße, die; -, -n; Schuhe in Größe vierzig
Groß|ein|kauf; Groß|ein|satz
Groß|el|tern *Plur.*
Grö|ßen|ord|nung
gro|ßen|teils, groß|teils
Grö|ßen|un|ter|schied; Grö|ßen|ver|hält|nis
Grö|ßen|wahn; grö|ßen|wahn|sin|nig
grö|ßer *vgl.* groß
Groß|er|eig|nis
grö|ße|ren|teils, grö|ßern|teils
Groß|fahn|dung; Groß|fa|mi|lie; Groß|feu|er; groß|fi|gu|rig; groß|flä|chig
Groß|flug|zeug; Groß|fo|lio, das; -s (*Buchw.; Abk.* Gr.-2°); **Groß|for|mat**
Groß|fürst; Groß|fürs|tin [*alte Trennung* ...|st...]
Groß|fürs|tin-Mut|ter
Groß|ge|mein|de
groß ge|mus|tert, groß ge|wach|sen [*alte Schreibungen* groß|ge|mus|tert, groß|ge|wach|sen] *vgl.* groß
Groß|glock|ner [*auch* ˈgro:...], der; -s (höchster Berg Österreichs); **Groß|glock|ner|mas|siv,** *auch* **Groß|glock|ner-Mas|siv**
Groß|grund|be|sit|zer
Groß|han|del; Groß|han|dels|preis; Groß|händ|ler
groß|her|zig; Groß|her|zig|keit
Groß|her|zog; groß|her|zog|lich, *im Titel* ↑K 89: Großherzoglich
Groß|hirn; Groß|hirn|rin|de
Groß|in|dus|t|ri|el|le [*alte Trennung* ...|st...]
Gros|sist, der; -en, -en ‹franz.› (Großhändler)
groß|jäh|rig (*veraltend für* volljährig); **Groß|jäh|rig|keit,** die; -
groß|ka|lib|rig
Groß|kampf|tag (*Milit.; auch ugs. für* harter Arbeitstag)
groß ka|riert [*alte Schreibung* groß|ka|riert] *vgl.* groß
Groß|kat|ze (z. B. Löwe)
Groß|kauf|mann *Plur.* ...kaufleute
Groß|kind (*schweiz. für* Enkelkind)
Groß|kli|ma; Groß|knecht *(früher)*
Groß|kon|zern
Groß|kop|fe|te, *bes. bayr., österr.* **Groß|kop|fer|te,** der *u.* die; -n, -n (*ugs. für* einflussreiche Persönlichkeit); **groß|köp|fig**
Groß|kotz, der; -es, -e (*derb für* Angeber, Protz); **groß|kot|zig; Groß|kot|zig|keit,** die; -
Groß|kund|ge|bung
Groß|macht; groß|mäch|tig (*veraltet für* sehr mächtig; sehr groß); **Groß|macht|po|li|tik**
Groß|ma|ma
Groß|manns|sucht, die; -; **groß|manns|süch|tig**
Groß|markt
groß|ma|schig; groß|maß|stä|big, *häufiger* **...maß|stäb|lich**
Groß|mast (*Seemannsspr.* zweiter Mast von vorn)
Groß|maul *(ugs.)*; **groß|mäu|lig; Groß|mäu|lig|keit,** die; -
Groß|meis|ter [*alte Trennung* ...|st...]; **Groß|mo|gul**
Groß|mut, die; -; **groß|mü|tig; Groß|mü|tig|keit,** die; -
Groß|mut|ter *Plur.* ...mütter; **Groß|nef|fe; Groß|nich|te**
Groß|ok|tav, das; -s (*Buchw.; Abk.* Gr.-8°)
Groß|on|kel; Groß|pa|ckung [*alte Trennung* ...k|k...]; **Groß|pa|pa**

G

groß

grö|ßer, größ|te
– groß[en]teils, größer[e]nteils, größtenteils

I. *Kleinschreibung:*
a) ↑K 74: ihr Haus war am größten
b) ↑K 151: die großen Ferien
auf große Fahrt gehen; Kapitän auf großer Fahrt *(Seew.)*
die große Anfrage
die große [*alte Schreibung* Große] Kreisstadt
das große Einmaleins; das große Latinum
das große [*alte Schreibung* Große] Los
die große Pause
die große (vornehme) Welt
auf großem Fuß (*ugs. für* verschwenderisch) leben
etwas an die große Glocke hängen (*ugs. für* überall erzählen)
einen großen Bahnhof (*ugs. für* feierlichen Empfang) bekommen
im großen Ganzen

II. *Großschreibung:*
a) ↑K 72: etwas, nichts, viel, wenig Großes
Groß und Klein [*alte Schreibung* groß und klein] (jedermann)
Große und Kleine, die Großen und die Kleinen
im Großen und Ganzen [*alte Schreibung* großen und ganzen]
im Großen [*alte Schreibung* großen] (en gros) einkaufen
vom Kleinen auf das Große schließen; ein Zug ins Große
im Großen wie im Kleinen treu sein
das Größte [*alte Schreibung* größte] (*ugs. für* sehr gut) wäre, wenn ...
dein gutes Fußballspiel ist für ihn das Größte
er ist der Größte (*ugs. für* ist uneingeschränkt anerkannt, ist unübertroffen)
b) ↑K 134, 140 *u.* 150: Otto der Große (*Abk.* d. Gr.), *Gen.:* Ottos des Großen
der Große Schweiger (Moltke)
der Große Wagen, der Große Bär (Sternbilder)
die Große Strafkammer
die Große Mauer (in China)
der Große Rat (*schweiz.* das Kantonsparlament)
der Große [*alte Schreibung* große] Teich (*ugs. für* Atlantischer Ozean)
der Große Belt

III. *Getrenntschreibung in Verbindung mit Verben und Partizipien, wenn »groß« gesteigert oder erweitert werden kann:*
groß sein, werden
ein Wort [ganz] groß/noch größer an die Tafel schreiben
Teamarbeit wird bei uns ganz groß geschrieben [*alte Schreibung* großgeschrieben] (*ugs. für* wichtig genommen)
groß gemustert, groß kariert, groß gewachsen [*alte Schreibungen* großgemustert, großkariert, großgewachsen]
ein groß angelegter [*alte Schreibung* großangelegter] Plan, der Plan ist groß angelegt

IV. *Zusammenschreibung in Verbindung mit Verben und Partizipien, wenn »groß« weder gesteigert noch erweitert werden kann:*
ein Wort großschreiben [*alte Schreibung* groß schreiben] (mit großem Anfangsbuchstaben)
er muss immer großtun (prahlen)
Kinder großziehen

Groß|quart, das; -[e]s (*Buchw.; Abk.* Gr.-4°)
Groß|rat *Plur.* ...räte (Mitglied eines schweiz. Kantonsparlaments)
Groß|raum|bü|ro; Groß|raum|flug|zeug; groß|räu|mig; Groß|raum|wa|gen (bei der Straßen- od. Eisenbahn)
Groß|rech|ner *(EDV)*
Groß|rei|ne|ma|chen, Groß|rein|ma|chen, das; -s
Groß|schiff|fahrts|weg, *auch* **Groß-Schiff|fahrts|weg** [*alte Schreibung* Groß|schiffahrts|weg, *alte Trennung* ...ff|f...] ↑K 22
Groß|schnau|ze, die; -, -n (*ugs. svw.* Großmaul); **groß|schnau|zig, groß|schnäu|zig**
groß|schrei|ben [*alte Schreibung* groß schrei|ben] (mit großem Anfangsbuchstaben schreiben); Substantive großschreiben; *aber* Teamarbeit wird bei uns groß geschrieben [*alte Schreibung* großgeschrieben] *vgl.* groß; **Groß|schrei|bung**
Groß|se|gel
groß|spre|che|risch
groß|spu|rig; Groß|spu|rig|keit, die; -
Groß|stadt; Groß|städ|ter; Groß|städ|te|rin; groß|städ|tisch
Groß|stadt|mensch; Groß|stadt|ver|kehr
Groß|stein|grä|ber|leu|te *Plur.* (Megalithiker der Jüngeren Steinzeit)
Groß|tan|te
Groß|tat
größ|te *vgl.* groß
Groß|teil, der; **größ|ten|teils**
Größt|maß, das
größt|mög|lich (*falsch:* größtmöglichst)
Groß|tu|er; Groß|tu|e|rei, die; -; **Groß|tu|e|rin; groß|tu|e|risch; groß|tun** (prahlen); er soll nicht so großtun
Groß|va|ter; Groß|va|ter|ses|sel
Groß|ver|an|stal|tung; Groß|ver|die|ner; Groß|vieh; Groß|we|sir; Groß|wet|ter|la|ge; Groß|wild
groß|zie|hen (aufziehen)
groß|zü|gig; Groß|zü|gig|keit
[1]**Grosz** [grɔs] (dt.-amerik. Maler u. Grafiker)
[2]**Grosz** [grɔʃ], der; -, -e, *Gen. Plur.* -y [...ʃi] ⟨dt.-poln.⟩ (Untereinheit des Zloty)
gro|tesk ⟨franz.⟩ (wunderlich; überspannt, verzerrt)
Gro|tesk, die; - (*Druckw.* eine Schriftgattung)
Gro|tes|ke, die; -, -n (fantastisch geformte Tier- u. Pflanzenverzierung der Antike u. der Renaissance; fantastische Erzählung); **gro|tes|ker|wei|se; Gro|tesk|tanz**
Grot|te, die; -, -n ⟨ital.⟩ ([künstl.]

Felsenhöhle); **Grot|ten|bau** *Plur.* ...bauten
grot|ten|doof (*ugs. für* äußerst dumm); **grot|ten|falsch** (*ugs. für* vollkommen falsch)
Grot|ten|olm, der; -[e]s, -e (ein Lurch)
Grot|zen, der; -s, - (*mdal. für* Griebs, Kerngehäuse)
Grou|pie ['gru:pi], das; -s, -s ⟨engl.⟩ (weibl. Fan, der engen Kontakt mit seinem Idol sucht)
Gro|wi|an, der; -[e]s, -e, *auch* die; -, -en (große **Win**denenergie**an**lage zur Erzeugung von Elektrizität)
grub|ben *vgl.* grubbern; **Grub|ber,** der; -s, - ⟨engl.⟩ (ein landwirtschaftl. Gerät); **grub|bern** (mit dem Grubber pflügen); ich grubbere
Grüb|chen; Gru|be, die; -, -n
Grü|be|lei; grü|beln; ich grüb[e]le
Gru|ben|ar|bei|ter; Gru|ben|aus|bau; Gru|ben|bau *Plur.* ...baue; **Gru|ben|brand; Gru|ben|gas; Gru|ben|lam|pe; Gru|ben|un|glück**
Grüb|ler; Grüb|le|rin; grüb|le|risch
Gru|de, die; -, -n (Braunkohlenkoks); **Gru|de|koks**
grü|e|zi ['gryətsi] (schweiz. Grußformel)
Gruft, die; -, Grüfte
Gruf|ti, der; -s, -s (*Jugendspr.* älterer Mensch)
grum|meln (*landsch. für* ein rollendes od. polterndes Geräusch verursachen; undeutlich sprechen; murren); ich grumm[e]le
Grum|met, das; -s, *österr. nur so,* **Grumt,** das; -[e]s (zweites Heu)
grün *s. Kasten*
Grün, das; -s, *Plur.* -, *ugs.* -s (grüne Farbe); das erste Grün; bei Grün darf man die Straße überqueren; die Ampel steht auf, zeigt Grün; in Grün; das ist dasselbe in Grün (*ugs. für* [fast] ganz dasselbe); *vgl.* Blau
Grün|al|ge; Grün|an|la|ge
grün|äu|gig; grün|blau ↑K 23
Grund, der; -[e]s, Gründe; im Grunde; von Grund auf; von Grund aus; aufgrund, *auch* auf Grund [dessen, von]; auf Grund laufen; in [den] Grund bohren; im Grunde genommen; zugrunde, *auch* zu Grunde gehen, legen, liegen, richten; der Grund und Boden *(vgl. d.)*
Grund|ak|kord *(Musik)*
grund|an|stän|dig
Grund|an|strich; Grund|aus|bil|dung; Grund|aus|stat|tung; Grund|be|darf; Grund|be|deu|tung; Grund|be|din|gung; Grund|be|griff
Grund|be|sitz; Grund|be|sit|zer
Grund|buch; Grund|buch|amt
Grund|deutsch *(Sprachw.)*
grund|ehr|lich
Grund|ei|gen|tum; Grund|ei|gen|tü|mer
Grund|eis
Grun|del, Grün|del, die; -, -n, *auch* der; -s, - (ein Fisch); **grün|deln** ([von Enten] Nahrung unter Wasser suchen); ich gründ[e]le
grün|den; gegründet (*Abk.* gegr.); sich auf eine Tatsache gründen
Grün|der; Grün|de|rin
Grün|der|jah|re *Plur.;* **Grün|der|va|ter** *meist Plur.*
Grund|er|werb; Grund|er|werbs|steu|er, Grund|er|werb|steu|er
Grün|der|zeit, die; -
grund|falsch
Grund|far|be; Grund|feh|ler
Grund|fes|ten [*alte Trennung* ...|st...] *Plur.;* in den Grundfesten erschüttert
Grund|form (*für* Infinitiv); **Grund|fra|ge; Grund|ge|bühr; Grund|ge|dan|ke**
Grund|ge|setz (Statut); Grundgesetz für die Bundesrepublik Deutschland vom 23. Mai 1949 (*Abk.* GG)
Grund|hal|tung
grund|häss|lich [*alte Schreibung* ...häß|lich]
Grund|hol|de, der; -n, -n; (ehem. an Grund und Boden gebundener Höriger)
grun|die|ren (Grundfarbe auftragen); **Grun|die|rung**
Grund|kurs
Grund|la|ge; Grund|la|gen|for|schung
grund|le|gend ↑K 59
gründ|lich; Gründ|lich|keit, die; -
Gründ|ling (ein Fisch)
Grund|li|nie; Grund|li|ni|en|spiel, das; -[e]s *(Tennis)*
grund|los; Grund|lo|sig|keit, die; -
Grund|mau|er *meist Plur.;* **Grund|mo|rä|ne** *(Geol.);* **Grund|nah|rungs|mit|tel**
Grün|don|ners|tag
Grund|ord|nung; Grund|pfei|ler; Grund|prin|zip; Grund|recht; Grund|re|gel; Grund|ren|te
Grund|riss [*alte Schreibung* ...riß]
Grund|satz; Grund|satz|de|bat|te; Grund|satz|ent|schei|dung; Grund|satz|er|klä|rung
grund|sätz|lich; ↑K 72: im Grundsätzlichen [*alte Schreibung* grundsätzlichen] hat sie Recht; er bewegt sich stets nur im Grundsätzlichen
Grund|satz|re|de; Grund|satz|re|fe|rat; Grund|satz|ur|teil
grund|schlecht
Grund|schnel|lig|keit *(Sport)*
Grund|schuld

G

grün

I. *Kleinschreibung:*
a) er ist mir nicht grün (*ugs. für* gewogen)
b) ↑K 151:
am grünen Tisch; der grüne Star; die grüne Grenze; der grüne Punkt
die grüne Minna (*ugs. für* Polizeiauto)
die grüne Welle *(Verkehrsw.);* der grüne Pfeil
die grüne Hochzeit; die grüne Versicherungskarte
die grüne Hölle (tropischer Urwald)
die grüne Lunge (Grünflächen) der Großstadt
das grüne Trikot *(Radsport)*
ein grüner (*ugs. für* unerfahrener) Junge
ach du grüne Neune! (*ugs.* Ausruf des Erstaunens)

II. *Großschreibung:*
a) ↑K 72:
die Grünen *(vgl. d.)*
ins Grüne fahren; *vgl.* Grün
b) ↑K 150:
die Grüne Insel (Irland)
die Grüne Woche (Berliner Ausstellung)
das Grüne Gewölbe (Kunstsammlung in Dresden)
Vgl. blau, Grün

Grụnd|schu|le; Grụnd|schü|ler; Grụnd|schü|le|rin
grụnd|so|li|de
grụnd|stän|dig (bodenständig; *Bot.* unten am Spross der Pflanze stehend)
Grụnd|stein; Grụnd|stein|le|gung
Grụnd|stel|lung; Grụnd|steu|er, die; **Grụnd|stock** *Plur.* ...stöcke; **Grụnd|stoff; Grụnd|stre|cke** [*alte Trennung* ...k|k...] *(Bergbau)*
Grụnd|stück; Grụnd|stücks|ei|gen|tü|mer; Grụnd|stücks|ei|gen|tü|me|rin
Grụnd|stu|di|um; Grụnd|stu|fe (*für* ²Positiv); **Grụnd|ten|denz**
Grụnd|ton *Plur.* ...töne
Grụnd|ü|bel
Grụnd|um|satz (*Med.* Energiebedarf des ruhenden Menschen)
Grụnd und Bo|den, der; - - -s; ein Teil meines Grund und Bodens
Grụ̈n|dung; Grụ̈n|dungs|fei|er; Grụ̈n|dungs|jahr; Grụ̈n|dungs|ka|pi|tal; Grụ̈n|dungs|mit|glied; Grụ̈n|dungs|ver|samm|lung
Grün|dün|gung
grụnd|ver|kehrt; grụnd|ver|schie|den
Grụnd|ver|sor|gung
Grụnd|was|ser, das; -s (*Ggs.* Oberflächenwasser)
Grụnd|was|ser|ab|sen|kung (künstliches Tieferlegen des Grundwasserspiegels); **Grụnd|was|ser|spie|gel**
Grụnd|wehr|dienst; Grụnd|wert
Grụnd|wort *Plur.* ...wörter (*Sprachw.* durch das Bestimmungswort näher bestimmter zweiter Bestandteil einer Zusammensetzung, z. B. »Wagen« in »Speisewagen«)
Grụnd|wort|schatz
Grụnd|zahl (*für* Kardinalzahl)
Grụnd|zins *Plur.* ...zinsen
Grụnd|zug; Grụnd|zu|stand *(Physik)*
¹Grü|ne, das; -n; im Grünen lustwandeln; ins Grüne gehen; Fahrt ins Grüne
²Grü|ne, der *u.* die; -n, -n (Mitglied der Partei Bündnis 90/Die Grünen)
³Grü|ne, die; - (*veraltet, noch geh. für* grüne Farbe, Grünsein)
grü|nen (grün werden, sein)
Grü|nen|ab|ge|ord|ne|te ⟨*zu* ²Grüne⟩
Grü|ne|wald (dt. Maler)
Grün|flä|che; Grün|fut|ter (*vgl.* ¹Futter)
Grunge [grandʒ], der; - ⟨engl.-amerik.⟩ (eine Stilrichtung der Rockmusik; lässige, bewusst unansehnliche Kleidung)
grün|gelb ↑K 23
Grün|gür|tel; Grün|kern, der; -[e]s; **Grün|kohl,** der; -[e]s
Grün|kram|la|den *(landsch.)*
Grün|land, das; -[e]s *(Landw.)*
grün|lich; grünlich gelb [*alte Schreibung* grünlichgelb] ↑K 23
Grün|li|lie (eine Zimmerpflanze)
Grün|ling (*ugs. auch für* unerfahrener, unreifer Mensch)
Grün|pflan|ze; Grün|rock (*scherzh. für* Förster, Jäger)
Grün|rot|blind|heit *vgl.* Rotgrünblindheit
Grün|schna|bel (*ugs. für* unerfahrener, unreifer, vorlauter Mensch)
Grün|span, der; -[e]s (grüner Belag auf Kupfer od. Messing)
Grün|specht; Grün|strei|fen
grun|zen; du grunzt
Grün|zeug, das; -[e]s *(ugs.)*; **Grün|zo|ne**
Grupp, der; -s, -s ⟨franz.⟩ (Paket aus Geldrollen)
Grüpp|chen
¹Grup|pe, die; -, -n
²Grup|pe, Grüp|pe, die; -, -n (*landsch. für* [Wasser]graben, Rinne); **grüp|peln** (eine ²Gruppe ausheben); ich grüpp[e]le; **grup|pen** (*svw.* grüppeln)
Grup|pen|a|bend; Grup|pen|ar|beit; Grup|pen|auf|nah|me
Grup|pen|bild; Grup|pen|bil|dung
Grup|pen|dy|na|mik; Grup|pen|füh|rer; Grup|pen|füh|re|rin
Grup|pen|lei|ter, der; **Grup|pen|lei|te|rin**
Grup|pen|psy|cho|lo|gie; Grup|pen|rei|se; Grup|pen|sex; Grup|pen|sieg *(Sport)*; **Grup|pen|the|ra|pie; Grup|pen|un|ter|richt; Grup|pen|ver|si|che|rung**
grup|pen|wei|se
Grup|pen|ziel
grup|pie|ren; Grup|pie|rung
Grüpp|lein
Grus, der; -es, -e ⟨»Grieß«⟩ (verwittertes Gestein; Kohlenstaub); *vgl. aber* Gruß
Gru|sel|ef|fekt; Gru|sel|film; Gru|sel|ge|schich|te
gru|se|lig, grus|lig (schaurig, unheimlich); **Gru|sel|ka|bi|nett; Gru|sel|mär|chen**
gru|seln; ich grus[e]le mich, mir *od.* mich gruselt es
gru|sig ⟨*zu* Grus⟩
Gru|si|ni|en (*russ. Name für* Georgien); **gru|si|nisch**
Grus|koh|le, die; - (grobkörniger Kohlenstaub)
grus|lig *vgl.* gruselig
Gruß, der; -es, Grüße; *vgl. aber* Grus; **Gruß|a|d|res|se**
grü|ßen; du grüßt; grüß [dich] Gott!; grüß Gott sagen
Gruß|for|mel
gruß|los
Gruß|wort *Plur.* ...worte
Grütz|beu|tel (Balggeschwulst [bes. unter der Kopfhaut])
Grüt|ze, die; -, -n
Gruy|ère [gryˈjɛːɐ̯], der; -s (*franz. Bez. für* Greyerzer Käse, ein Schweizer Hartkäse); **Gruy|ères** [gryˈjɛːɐ̯] (Stadt im Kanton Freiburg, *dt.* Greyerz)
Gry|phi|us (dt. Dichter)
Grzi|mek [gʒ...] (dt. Zoologe)
G-Sai|te [ˈgeː...] *(Musik)*
Gschaftl|hu|ber *vgl.* Geschaftl...
gscha|mig, gschä|mig (*bayr., österr. für* verschämt)
gschert *vgl.* geschert; **Gscher|te** *vgl.* Gescherte
G-Schlüs|sel [ˈgeː...] (Violinschlüssel)
gschma|ckig [*alte Trennung* ...k|k...] (*österr. für* wohlschmeckend; nett; kitschig)
Gschnas, das; -, - (*österr. für* Kostümfest, Ball); **Gschnas|fest**
G-7-Staat [geːˈziːbən...], der *meist Plur.* (Staat der Vereinigung der sieben wichtigsten westlichen Wirtschaftsnationen)
gspa|ßig (*bayr., österr. ugs. für* spaßig, lustig)
Gspu|si, das; -s, -s ⟨ital.⟩ (*südd., österr. ugs. für* Liebschaft; Liebste[r])
GST = Gesellschaft für Sport und Technik (in der DDR paramilitärische Organisation)
Gstaad (schweiz. Kurort)
Gstan|zel, Gstanzl, das; -s, -n (*bayr., österr. für* Schnaderhüpfl)
Gstät|ten, die; -, - (*ostösterr. für* verwahrloster Platz)
Gu|a|de|loupe [...ˈluːp] (Insel der Kleinen Antillen; französisches Überseedepartement)
Gu|a|jak|harz, das; -es ⟨indian.; dt.⟩; **Gu|a|jak|holz,** das; -es
Gu|a|ja|kol, das; -s (eine Alkoholart)
Gu|a|na|ko, das, *älter* der; -s, -s ⟨indian.⟩ (südamerikanisches Lama)

Gu|a|no, der; -s ‹indian.› ([Vogel]dünger); **Gu|a|no|in|seln** *Plur.* (an der Westküste Südamerikas)

Gu|a|ra|ni, der; -, - (Angehöriger eines südamerikanischen Indianerstammes; Währungseinheit in Paraguay)

Gu|ar|dia ci|vil [- si...], die; - - ‹span.› (spanische Gendarmerie)

Gu|ar|di|an [*österr.* 'gu̯a:r...], der; -s, -e ‹mlat.› (Oberer [bei Franziskanern u. Kapuzinern])

Gu|asch [*auch* gu̯aʃ], die; -, -en (*selten für* Gouache)

Gu|a|te|ma|la (Staat in Mittelamerika); **Gu|a|te|ma|la-Stadt**

Gu|a|te|mal|te|ke, der; -n, -n (Bewohner von Guatemala); **Gu|a|te|mal|te|kin; gu|a|te|mal|te|kisch**

Gu|a|ya|na (Landschaft in Südamerika; *vgl.* Guyana)

gu|cken, ku|cken [*alte Trennung* ...k|k...] *(ugs.);* **Gu|cker,** Ku|cker

Gu|cker|sche|cken [*alte Trennung* ...k|k...k|k...] *vgl.* Gugerschecken

Guck|fens|ter [*alte Trennung* ...|st...]

Gu|cki [*alte Trennung* ...k|k...], der; -s, -s (*ugs.* Gerät zum Betrachten von Dias; Skatausdruck)

Guck|in|die|luft; Hans Guckindieluft

Guck|kas|ten [*alte Trennung* ...|st...] *(früher);* **Guck|kas|ten|büh|ne; Guck|loch**

Gü|del|diens|tag, Gü|del|mon|tag *od.* **Gü|dis|diens|tag, Gü|dis|mon|tag** (*schweiz. regional für* Dienstag, Montag vor Aschermittwoch)

Gud|run (w. Vorn.)

Gu|el|fe ['g(u̯)ɛl...], der; -n, -n ‹ital.› (mittelalterlicher Anhänger der päpstlichen Politik, Gegner der Gibellinen)

Gue|ri|cke ['ge:...] (dt. Physiker); guerickesche [*alte Schreibung* Guerickesche] Halbkugel

[1]**Gue|ril|la** [ge'rɪlja], die; -, -s ‹span.› (*kurz für* Guerillakrieg)

[2]**Gue|ril|la,** der; -[s], -s *meist Plur.* (Angehöriger einer Einheit, die einen Guerillakrieg führt)

Gue|ril|la|krieg (von Guerilleros geführter Krieg)

Gue|ril|le|ra [...rɪl'je:...], die; -, -s; **Gue|ril|le|ro** [...rɪl'je:...], der; -s, -s (Untergrundkämpfer in Lateinamerika)

Guer|ni|ca [gɛ...] (spanischer Ort; berühmtes Gemälde Picassos)

Gue|va|ra [ge...] (kubanischer Politiker u. Guerillaführer); *vgl.* Che

Gu|gel|hopf (*schweiz. für* Gugelhupf); **Gu|gel|hupf,** der; -[e]s, -e (*südd., österr. u. seltener schweiz. für* Napfkuchen)

Gu|ger|sche|cken *od.* Gu|ckerschecken [*alte Trennungen* ...k|k...] *Plur.* (*österr. landsch. ugs. für* Sommersprossen)

Gü|gel, der; -s, - (*schweiz. mdal. für* Gockel); **Gü|gel|li,** das; -s, - (*schweiz. für* Backhähnchen)

Gui|do ['gi:..., *österr. meist* 'gu:ido] (m. Vorn.)

Guil|loche [gɪl'jɔʃ, gi'jɔʃ, *österr.* gui'jɔʃ], die; -, -n ‹franz.› (verschlungene Linienzeichnung; Werkzeug zum Anbringen solcher Linien); **Guil|lo|cheur** [...'ʃø:ɐ̯], der; -s, -e (Linienstecher); **Guil|lo|cheu|rin; guil|lo|chie|ren** (Guillochen stechen)

Guil|lo|ti|ne [gɪljo..., gijo...], die; -, -n ‹nach dem franz. Arzt Guillotin› (Fallbeil); **guil|lo|ti|nie|ren**

[1]**Gui|nea** [gi...] (Staat in Westafrika)

[2]**Gui|nea** ['gɪni], die; -, -s ‹engl.› (*vgl.* Guinee)

Gui|nea-Bis|sau [gi...] (Staat in Westafrika)

Gui|nee, die; -, ...een ‹franz.› (ehem. engl. Münze)

Gui|ne|er (Einwohner von [1]Guinea); **Gui|ne|e|rin; gui|ne|isch** ([1]Guinea betreffend)

Guin|ness® ['gi...], das; -, - (eine irische Biersorte)

Guin|ness|buch ['gi...], *auch* **Guinness-Buch** ‹*zu* Guinness®› (Buch, das Rekorde u. Ä. verzeichnet)

Gu|lasch [*auch* 'gʊ...], das, *auch* der; -[e]s, -e *u.* -s, *österr. nur* das; -[e]s, -e; *österr. auch* Gulyás, das *od.* der; -, - ‹ung.›

Gu|lasch|ka|no|ne (*scherzh. für* Feldküche); **Gu|lasch|sup|pe**

Gul|brans|sen, Trygve (norwegischer Schriftsteller)

Gul|brans|son, Olaf (norwegischer Zeichner u. Karikaturist)

Gul|den, der; -s, - (niederl. Währungseinheit; *Abk.* hfl; *Währungscode* NLG)

gül|den (*geh. für* golden)

gül|disch (*Bergmannsspr.* goldhaltig); **Gül|disch|sil|ber** (*Bergmannsspr.* goldhaltiges Silber)

Gül|le, die; - (*Landw.* flüssiger Stalldünger; *südwestd. u. schweiz. für* Jauche); **gül|len** *(südwestd. u. schweiz.);* **Gül|len|fass** [*alte Schreibung* ...faß]

Gul|ly [...li], der, *auch* das; -s, -s ‹engl.› (Einlaufschacht für Straßenabwässer)

Gült, Gül|te, die; -, ...ten (*südd. für* Grundstücksertrag; Zins; Grundschuld; *schweiz. für* Art des Grundpfandrechts)

Gült|brief; Gült|buch

gül|tig; Gül|tig|keit, die; -; **Gül|tig|keits|dau|er**

Gu|lyás [...laʃ, *auch* 'gʊlaʃ], das *od.* der; -, - *(österr.) vgl.* Gulasch

[1]**Gum|mi,** der *u.* das; -s, -[s] (elastisches Kautschukprodukt)

[2]**Gum|mi,** das; -s, -s (*kurz für* Gummiband)

[3]**Gum|mi,** der; -s, -s (*kurz für* Radiergummi; *ugs. für* Präservativ)

Gum|mi|ad|ler (*ugs. scherzh. für* [zähes] Brathähnchen)

Gum|mi|a|ra|bi|kum, das; -s ‹nlat.› (Klebstoff)

gum|mi|ar|tig

Gum|mi|ball; Gum|mi|band, das; *Plur.* ...bänder; **Gum|mi|bär|chen; Gum|mi|baum; Gum|mi|druck,** der; -[e]s

Gum|mi|e|las|ti|kum [*alte Trennung* ...|st...], das; -s (Kautschuk)

gum|mie|ren (mit Gummi[arabikum] bestreichen)

Gum|mi|gutt, das; -s ‹ägypt.; malai.› (giftiges Harz, Farbe)

Gum|mi|hand|schuh; Gum|mi|ho|se; Gum|mi|knüp|pel; Gum|mi|lö|sung (ein Klebstoff); **Gum|mi|man|tel**

Gum|mi|pa|ra|graph, *auch* Gum|mi|pa|ra|graf (*ugs. für* Paragraph, der so allgemein formuliert ist, dass er verschiedene Auslegungen zulässt)

Gum|mi|rei|fen; Gum|mi|ring; Gum|mi|schuh; Gum|mi|schür|ze; Gum|mi|soh|le; Gum|mi|stie|fel; Gum|mi|tier; Gum|mi|zel|le

Gum|mo|se, die; -, -n (*Bot.* krankhafter Harzfluss)

Gum|pe, die; -, -n (*Bergmannsspr.* Schlammkasten; *südd. für* Wasserloch, tiefe Stelle in Wasserläufen und Seen)

Gun|del|re|be, die; -, -n *u.* **Gun-**

gut

besser *(vgl. d.)*, bes|te *(vgl. d.)*

I. *Kleinschreibung:*
einen guten Morgen wünschen
ein gut Teil; guten Mutes; gute Sitten
gut und gern
so gut wie; so weit, so gut
es gut sein lassen
ins gute [Heft] schreiben
jenseits von gut und böse [*alte Schreibung* Gut und Böse] sein
Vgl. auch Gut *u.* ausreichend

II. *Großschreibung:*
a) ↑K 72: jmdm. etwas im Guten [*alte Schreibung* guten] sagen
im Guten wie im Bösen [*alte Schreibung* im guten wie im bösen] (allezeit)
Gut und Böse unterscheiden können
ein Guter; Gutes und Böses; sein Gutes haben
des Guten zu viel tun
vom Guten das Beste
zum Guten lenken, wenden
etwas, nichts, viel, wenig Gutes; alles Gute
b) ↑K 88: der Gute Hirte (Christus); das Kap der Guten Hoffnung

III. *Groß- und Kleinschreibung:*
Guten (*auch:* guten) Morgen sagen

IV. *Getrenntschreibung in Verbindung mit Verben und Partizipien, wenn »gut« erweitert oder gesteigert werden kann:*
↑K 56:
er will gut sein; sie wird es gut haben
es wird alles [wieder] gut werden
sie wird mit ihm gut auskommen
ich kann in den Schuhen gut gehen
es wird ihr dort gut gehen [*alte Schreibung* gutgehen], vielleicht sogar besser gehen [*alte Schreibung* bessergehen] als hier
die Bücher werden gut gehen (sich gut verkaufen)
↑K 62:
der gut gelaunte [*alte Schreibung* gutgelaunte] Besucher; die Besucher waren alle gut gelaunt; sie ist heute besser gelaunt
gut aussehend, bezahlt, dotiert, gemeint, gesinnt [*alte Schreibungen* gutaussehend, gutbezahlt usw.]

V. *Zusammenschreibung in Verbindung mit Verben und Partizipien, wenn »gut« weder erweitert noch gesteigert werden kann:*
Vgl. gutbringen, guthaben, gutheißen, gutmachen, gutsagen, gutschreiben, gutsprechen, gutstehen

der|mann, der; -[e]s (eine Heilpflanze)

Gun|du|la (w. Vorn.)

Gun|hild [*auch* ˈgu:...] (w. Vorn.)

Gun|nar (m. Vorn.)

Gün|sel, der; -s, - (eine Pflanze)

Gunst, die; -; nach Gunst; in Gunst stehen; zu seinen Gunsten, zu seines Freundes Gunsten, *aber* ↑K 63: zugunsten, *auch* zu Gunsten; zuungunsten, *auch* zu Ungunsten der Armen

Gunst|be|weis; Gunst|be|zei|gung

güns|tig [*alte Trennung* ...|st...]; **güns|ti|gen|falls, güns|tigs|ten|falls**

Günst|ling; Günst|lings|wirt|schaft, die; -

Gün|ter, Gün|ther (m. Vorn.); **Gunther** (dt. Sagengestalt; m. Vorn.)

Gupf, der; -[e]s, *Plur.* Güpfe, *österr.* -e (*südd., österr. ugs. u. schweiz. mdal. für* Gipfel, Spitze; stumpfer Teil des Eies)

Gup|py [...pi], der; -s, -s ⟨nach dem engl.-westind. Naturforscher⟩ (ein Aquarienfisch)

Gur, die; - (*Geol.* breiige, erdige Flüssigkeit)

Gur|gel, die; -, -n

gur|geln; ich gurg[e]le; **Gur|gel|was|ser** *Plur.* ...wässer

Gürk|chen

Gur|ke, die; -, -n (*ugs. auch für* [große] Nase; unfähiger Mensch)

gur|ken (*ugs. für* fahren); durch die Gegend gurken

Gur|ken|ge|würz; Gur|ken|glas *Plur.* ...gläser; **Gur|ken|ho|bel; Gur|ken|kraut; Gur|ken|sa|lat; Gur|ken|trup|pe** (*ugs. abwertend für* unfähige [Sport]mannschaft)

Gur|kha [...ka], der; -[s], -[s] ⟨angloind.⟩ (Angehöriger eines Volkes in Nepal)

gur|ren; die Taube gurrt

Gurt, der; -[e]s, *Plur.* -e, *landsch. u. fachspr.* -en

Gurt|bo|gen *(Archit.)*

Gur|te, die; -, -n (*schweiz. für* Gurt)

Gür|tel, der; -s, -

Gür|tel|li|nie; Gür|tel|rei|fen; Gür|tel|ro|se, die; - (eine Krankheit); **Gür|tel|ta|sche; Gür|tel|tier**

gur|ten (mit einem Gurt anschnallen); **gür|ten**

Gurt|ge|sims *(Archit.)*

Gürt|ler (Messingschlosser)

Gurt|muf|fel (*ugs. für* jmd., der sich im Auto nicht anschnallt); **Gurt|straf|fer,** der; -s, - (im Kraftfahrzeug)

Gu|ru, der; -s, -s ⟨Hindi⟩ (religiöser Lehrer des Hinduismus)

GUS [*auch* ge:u:ˈɛs], die; - = Gemeinschaft Unabhängiger Staaten (Verbindung unabhängiger Staaten der ehemaligen Sowjetunion)

Gu|sche *vgl.* Gosche

Guss [*alte Schreibung* Guß], der; Gusses, Güsse

Guss|ei|sen [*alte Schreibung* Guß|ei|sen], das; -s; **guss|ei|sern**

Guss|form [*alte Schreibung* Guß|form]; **Guss|re|gen**

Guss|stahl, *auch* **Guss-Stahl** [*alte Schreibung* Guß|stahl]

GUS-Staa|ten *vgl.* GUS

güst (*bes. nordd. für* unfruchtbar, nicht Milch gebend [von Tieren])

Gus|tav [*alte Trennung* ...|st...] (m. Vorn.); **Gus|tav A|dolf** (Schwedenkönig); **Gus|tav-A|dolf-Werk,** das; -[e]s ↑K 137

Gus|te [*alte Trennung* ...|st...] (w. Vorn.); **Gus|tel** (m. *u.* w. Vorn.)

Güs|ter [*alte Trennung* ...|st...] (ein Karpfenfisch)

Gus|ti [*alte Trennung* ...|st...] (w. Vorn.)

gus|tie|ren [*alte Trennung* ...|st...] ⟨ital.⟩ (*svw.* goutieren; *österr.*

ugs. für kosten, prüfen); **gus|ti|ös** (*österr. ugs. für* appetitlich)
Gus|to [*alte Trennung* ...|st...], der; -s, -s (Appetit; Neigung); **Gus|to|stü|ckerl** [*alte Trennung* Gu|sto|stük|kerl], das; -s, -n (*österr. ugs. für* besonders gutes Stück)
gut *s. Kasten S. 442*
Gut, das; -[e]s, Güter; all sein Hab und Gut; zugute halten, kommen, tun
gut|ach|ten *nur im Infinitiv u. Partizip I;* **Gut|ach|ten,** das; -s, -; **Gut|ach|ter; Gut|ach|te|rin; gut|ach|ter|lich; gut|acht|lich**
gut|ar|tig; Gut|ar|tig|keit, die; -
gut aus|se|hend, gut be|zahlt [*alte Schreibungen* gut|aus|se|hend, gut|be|zahlt] *vgl.* gut
gut|brin|gen (*Kaufmannsspr.* gutschreiben); er hat mir diese Summe gutgebracht; *vgl.* gut
gut|bür|ger|lich; gutbürgerliche Küche
¹Güt|chen; *nur in* sich an etwas ein Gütchen tun (*ugs. für* etwas genießen)
²Güt|chen (kleines Besitztum, kleines Gut)
gut do|tiert [*alte Schreibung* gut|do|tiert] *vgl.* gut
Gut|dün|ken, das; -s; nach [seinem] Gutdünken
Gü|te, die; -; sich in Güte einigen
Gut|e|del, der; -s (eine Rebsorte)
Gü|te|klas|se (einer Ware)
Gu|te|nacht|gruß; Gu|te|nacht|kuss [*alte Schreibung* ...kuß]; **Gu|te|nacht|lied**
Gu|ten|berg (Erfinder des Buchdrucks mit bewegl. Lettern)
Gu|ten|mor|gen|gruß
Gü|ter|ab|fer|ti|gung; Gü|ter|aus|tausch; Gü|ter|bahn|hof
Gü|ter|fern|ver|kehr; Gü|ter|ge|mein|schaft; Gü|ter|nah|ver|kehr
Gü|ter|tren|nung; Gü|ter|ver|kehr; Gü|ter|wa|gen; Gü|ter|zug
Gü|te|ver|fah|ren *(Rechtsw.);* **Gü|te|zei|chen**
gut Freund! (Antwort auf den Ruf: Halt! Wer da?)
gut ge|hen [*alte Schreibung* gut|ge|hen] *vgl.* gut; **gut ge|hend, gut ge|klei|det** usw. [*alte Schreibungen* gut|ge|hend, gut|ge|klei|det] *vgl.* gut
gut ge|meint, gut ge|sinnt [*alte Schreibungen* gut|ge|meint, gut|ge|sinnt] *vgl.* gut
gut Ge|sinn|te, der *u.* die; - -n, - -n, *auch* **Gut|ge|sinn|te,** der *u.* die; -n, -n
gut|gläu|big; Gut|gläu|big|keit, die; -
gut|ha|ben (*Kaufmannsspr.* zu fordern haben); du hast bei mir noch 10 DM gut; den Betrag hat er noch gutgehabt; **Gut|ha|ben,** das; -s, -
gut Heil! (alter Turnergruß)
gut|hei|ßen (billigen); gutgeheißen
Gut|heit, die; -
gut|her|zig; Gut|her|zig|keit, die; -
gut Holz! (Keglergruß)
gü|tig
Gut|leut|haus (*früher für* Heim der Leprakranken)
güt|lich; sich gütlich tun
gut|ma|chen (in Ordnung bringen; erwerben, Vorteil erringen); er hat etwas gutgemacht
Gut|mensch, der (*oft abwertend für* jmd., der sich besonders für Political Correctness engagiert)
gut|mü|tig; Gut|mü|tig|keit, die; -
gut|nach|bar|lich
Gut|punkt *(Sportspr.)*
gut|sa|gen (bürgen); ich habe für ihn gutgesagt
Guts|be|sit|zer; Guts|be|sit|ze|rin
Gut|schein
gut|schrei|ben (anrechnen); sie versprach, den Betrag gutzuschreiben; **Gut|schrift** (eingetragenes Guthaben)
gut sein *vgl.* gut
Gut|sel, das; -s, - (*landsch. für* Bonbon)
Guts|haus; Guts|herr; Guts|her|rin; Guts|herr|schaft; Guts|hof
gut si|tu|iert, gut sit|zend [*alte Schreibungen* gut|si|tu|iert, gut|sit|zend] *vgl.* gut
Guts|Muths (Mitbegründer des deutschen Turnens)
gut|spre|chen (*veraltet für* bürgen, gutsagen); er hat für mich gutgesprochen; *vgl.* gut
gut|ste|hen (bürgen)
Guts|ver|wal|ter
Gut|ta|per|cha, die; - *od.* das; -[s] ‹malai.› (kautschukartiger Stoff)
Gut|teil, das; -[e]s (*österr. für* der größte Teil)
Gut|temp|ler; Gut|temp|ler|or|den, der; -s (den Alkoholgenuss bekämpfender Bund)
Gut|ti|o|le®, die; -, -n ‹lat.› (Fläschchen, mit dem man Medizin einträufeln kann)
gut tun [*alte Schreibung* gut|tun] *vgl.* gut
gut|tu|ral ‹lat.› (die Kehle betreffend; Kehl..., kehlig); **Gut|tu|ral,** der; -s, -e *u.* **Gut|tu|ral|laut** (*Sprachw.* Gaumen-, Kehllaut)
gut un|ter|rich|tet [*alte Schreibung* gut|un|ter|rich|tet] *vgl.* gut
gut wer|den *vgl.* gut
gut|wil|lig; Gut|wil|lig|keit, die; -
Guy [gi, gai] (m. Vorn.)
Gu|ya|na (Staat in Südamerika); **Gu|ya|ner; Gu|ya|ne|rin; gu|ya|nisch**
Gwirkst, das; -s (*österr. ugs. für* verzwickte Angelegenheit; mühsame Arbeit)
Gy = Gray
Gym|kha|na [...'ka:...], das; -s, -s ‹angloind.› (ein [sportl.] Geschicklichkeitswettbewerb)
Gym|nae|s|t|ra|da, die; -, -s ‹griech.; span.› (internationales Turnfest)
Gym|na|si|al|bil|dung, die; -; **Gym|na|si|al|leh|rer; Gym|na|si|al|leh|re|rin**
Gym|na|si|ast, der; -en, -en ‹griech.› (Schüler eines Gymnasiums); **Gym|na|si|as|tin** [*alte Trennung* ...|st...]
Gym|na|si|um, das; -s, ...ien (*im Altertum* Schule, Raum für Leibesübungen, Versammlungsraum für Philosophen; *in Deutschland, Österreich u. der Schweiz* eine Form der höheren Schule)
Gym|nas|tik [*alte Trennung* ...|st...], die; -; **Gym|nas|ti|ker; Gym|nas|tik|un|ter|richt; Gym|nas|tin** (Lehrerin der Heilgymnastik); **gym|nas|tisch**
Gym|no|sper|me die; -, -n (*Bot.* nacktsamige Pflanze)
Gy|nä|kei|on, das; -s, ...keien ‹griech.› (Frauengemach des altgriech. Hauses)
Gy|nä|ko|lo|ge, der; -n, -n; **Gy|nä|ko|lo|gie,** die; - (Frauenheilkunde); **Gy|nä|ko|lo|gin; gy|nä|ko|lo|gisch**
Gy|n|an|d|rie, die; -, ...ien (*Biol.* Verwachsung der männlichen u. weiblichen Blütenorgane; Scheinzwittrigkeit bei Tieren)
Gy|nä|ze|um, das; -s, ...een (*svw.* Gynäkeion; *Bot.* Gesamtheit der weibl. Blütenorgane)
Gy|ros, das; -, - ‹griech.› (griech. Gericht aus am senkrechten Drehspieß gebratenem Fleisch)

G

Gy|ro|s|kop, das; -s, -e (Messgerät zum Nachweis der Achsendrehung der Erde)

H h

H (Buchstabe); das H; des H, die H, *aber* das h in Bahn; der Buchstabe H, h

h = *Zeichen für* plancksches Wirkungsquantum

h = Hekto...; hora (Stunde); 8 h = 8 Stunden, 8 Uhr; *hochgestellt* 8^{h} = 8 Uhr

h, H, das; -, - (Tonbezeichnung); **h** (*Zeichen für* h-Moll); in h; **H** (*Zeichen für* H-Dur); in H

H = ^{2}Henry; Hydrogenium (*chemisches Zeichen für* Wasserstoff)

ha = Hektar, Hektare

ha! [*auch* ha:]; haha!

Haag, Den (Residenzstadt u. Regierungssitz der Niederlande); *dt. auch* Haag, der; im Haag; in Den Haag, *auch* in Haag; *vgl.* 's-Gravenhage; **Haa|ger**

^{1}**Haar,** die; -, *auch* Haar|strang, der; -[e]s (Höhenzug in Westfalen)

^{2}**Haar,** das; -[e]s, -e; *aber* Härchen

Haar|an|satz; Haar|aus|fall; Haar|band *Plur.* ...bänder

Haar|breit; *nur in* nicht [um] ein Haarbreit

Haard, die; - (Waldhöhen im Münsterland); *vgl.* Hardt

Haardt, die; - (östl. Teil des Pfälzer Waldes); *vgl.* Hardt

haa|ren; der Hund hat [sich] gehaart

Haa|res|brei|te; *nur in* um Haaresbreite, *aber* um eines Haares Breite

Haar|far|be

Haar|farn

haar|fein

Haar|fes|ti|ger [*alte Trennung* ...|st...]

Haar|garn|tep|pich

haar|ge|nau

haa|rig (*ugs. auch für* heikel)

Haar|klam|mer; Haar|kleid (*geh. für* Fell)

haar|klein; jmdm. etw. haarklein (in allen Einzelheiten) erzählen

Haar|kranz

Haar|lem (niederländische Stadt); **Haar|le|mer**

Haar|ling (eine Lausart)

haar|los

Haar|na|del; Haar|na|del|kur|ve

Haar|pfle|ge; Haar|pracht; Haar|riss [*alte Schreibung* ...riß]; **Haar|röhr|chen**

haar|scharf

Haar|schnei|der; Haar|schnitt; Haar|schopf

Haar|spal|ter; Haar|spal|te|rei; haar|spal|te|risch (spitzfindig)

Haar|span|ge

Haar|spit|ze

Haar|spit|zen|ka|tarrh, *auch* Haar|spit|zen|ka|tarr (*scherzh. für* Kopfschmerzen [nach durchzechter Nacht])

Haar|spray

Haar|strang *vgl.* ^{1}Haar

haar|sträu|bend

Haar|teil, das; **Haar|trock|ner; Haar|wasch|mit|tel; Haar|was|ser** *Plur.* ...wässer

Haar|wild (*Jägerspr.: Sammelbez. für* alle jagdbaren Säugetiere)

Haar|wuchs; Haar|wuchs|mit|tel

Haar|wur|zel

Ha|ba|kuk (bibl. Prophet)

Ha|ba|na, La (*span. Form von* Havanna); **Ha|ba|ne|ra,** die; -, -s (ein kubanischer Tanz)

Ha|be, die; - *(geh.); vgl.* Hab und Gut

Ha|be|as-Cor|pus-Ak|te, die; - ⟨lat.⟩ (engl. Staatsgrundgesetz von 1679 zum Schutz der persönlichen Freiheit)

ha|ben; du hast, sie hat; du hattest; du hättest; gehabt; hab[e]!; Gott hab [*alte Schreibung* hab'] ihn selig! ↑K 13; habt Acht! (*österr. Kommando für* »stillgestanden!«); ich habe auf dem Tisch Blumen stehen (*nicht:* ... zu stehen)

Ha|ben, das; -s, -; [das] Soll und [das] -

Ha|be|nichts, der; *Gen.* - *u.* -es, *Plur.* -e

Ha|ben|sei|te ↑K 21 (*für* ^{2}Kredit); **Ha|ben|zin|sen** *Plur.*

Ha|ber, der; -s (*südd., österr. u. schweiz. mdal. neben* Hafer)

Ha|be|rer, der; -s, - (*österr. ugs. für* Verehrer; Kumpan)

Ha|ber|feld|trei|ben, das; -s, - (*früher* volkstümliches Rügegericht in Bayern u. Tirol)

Ha|ber|geiß (*bayr. u. österr. veraltend* eine Brauchtumsgestalt)

ha|bern (*österr. ugs. für* essen); ich habere

Hab|gier, die; -; **hab|gie|rig**

hab|haft; des Diebes habhaft werden (ihn festnehmen)

Ha|bicht, der; -s, -e

Ha|bichts|kraut; Ha|bichts|na|se

ha|bil ⟨lat.⟩ (*veraltet für* geschickt, fähig; handlich; passend)

habil. = habilitatus; *vgl.* Dr. ... habil.

Ha|bi|li|tand, der; -en, -en (jmd., der zur Habilitation zugelassen wird); **Ha|bi|li|tan|din**

Ha|bi|li|ta|ti|on, die; -, -en ⟨lat.⟩ (Erwerb der Lehrberechtigung an Hochschulen); **Ha|bi|li|ta|ti|ons|schrift; ha|bi|li|tie|ren** (die Lehrberechtigung an Hochschulen erlangen bzw. verleihen)

^{1}**Ha|bit** [*österr. u. schweiz. meist* 'ha:...], das, *auch* der; -s, -e ⟨franz.⟩ ([Amts]kleidung, [Ordens]tracht; Aufzug)

^{2}**Ha|bit** ['hɛbɪt], das, *auch* der; -s, -s ⟨engl.⟩ (*Psych.* Gewohnheit, Verhaltensart; *auch* Lernschritt)

Ha|bi|tat, das; -s, -e ⟨lat.⟩ (Wohngebiet [einer Tierart])

ha|bi|tu|a|li|sie|ren (*Psych.* zur Gewohnheit werden bzw. machen)

Ha|bi|tué [(h)abi'tÿe:], der; -s, -s ⟨franz.⟩ (*österr., sonst veraltet für* ständiger Besucher, Stammgast)

ha|bi|tu|ell ⟨franz.⟩ (gewohnheitsmäßig; ständig)

Ha|bi|tus, der; - ⟨lat.⟩ (Erscheinungsbild; Benehmen, Gebaren)

hab|lich (*schweiz. veraltend für* wohlhabend)

Habs|burg, die; - (Ort u. Burg im Kanton Aargau)

Habs|bur|ger, der; -s, - (Angehöriger eines dt. Fürstengeschlechtes); **Habs|bur|ge|rin; Habs|bur|ger|mo|n|ar|chie** ↑K 143, die; -; **habs|bur|gisch**

Hab|schaft (*veraltet für* Habe); **Hab|se|lig|keit,** die; -, -en *meist Plur.* (Besitztum)

Hab|sucht, die; -; **hab|süch|tig**

Habt-Acht-Stel|lung, *auch* **Habt|acht|stel|lung** (*österr. für* stramme [milit.] Haltung)

Hab und Gut, das; - - -[e]s ↑K 13

Há|ček ['ha:tʃɛk], *auch* Hat|schek, das; -s, -s ‹tschech.› (Aussprachezeichen bes. in slawischen Sprachen, z. B. č [tʃ] *u.* ž [ʒ])
hach!
Hach|se, *südd.* Ha|xe, die; -, -n (unterer Teil des Beines von Kalb od. Schwein); *vgl.* ²Hesse
Hack, das; -s (*kurz für* Hackfleisch); **Hack|bank** *Plur.* ...bänke; **Hack|bau,** der; -[e]s; **Hack|beil; Hack|block** *Plur.* ...blöcke; **Hack|bra|ten**
Hack|brett (Hackbank für Fleischer; ein Saiteninstrument)
¹Ha|cke, die; -, -n, Ha|cken [*alte Trennung* ...k|k...], der; -s, - (Ferse)
²Ha|cke [*alte Trennung* ...k|k...], die; -, -n (ein Werkzeug; *österr. svw.* Beil)
Ha|cke|beil [*alte Trennung* ...k|k...] (*svw.* Hackbeil)
ha|ckeln [*alte Trennung* ...k|k...] (*österr. ugs. für* arbeiten)
ha|cken [*alte Trennung* ...k|k...] (hauen; mit dem Beil spalten); gehacktes Fleisch
¹Ha|cken [*alte Trennung* ...k|k...] *vgl.* ¹Hacke
²Ha|cken [*alte Trennung* ...k|k...], die; -, - (*österr. ugs. für* Arbeit)
Ha|cken|trick [*alte Trennung* ...k|k...] (*Fußball* Spielen des Balls mit der ¹Hacke [zur Täuschung des Gegners])
Ha|cke|pe|ter [*alte Trennung* ...k|k...], der; -s, - (*landsch. für* angemachtes Hackfleisch)
Ha|cker [*auch* 'hɛkə; *alte Trennung* ...k|k...], der; -s, - (jmd., der sich unberechtigt Zugang zu fremden Computersystemen zu verschaffen sucht)
Hä|cker|ling [*alte Trennung* ...k|k...], der; -s (*veraltend für* Häcksel)
Hack|fleisch; Hack|frucht; Hack|klotz; Hack|mes|ser, das
Hack|ord|nung, die; - (*Verhaltensforschung*)
Häck|sel, das *od.* der; -s (Schnittstroh); **Häck|se|ler, Häcks|ler** (Häckselmaschine)
Hack|steak; Hack|stock (*österr. für* Hackklotz)
¹Ha|der, der; -s, *Plur.* -n *u.* (*für* Scheuertücher.) - (*südd., österr. für* Lumpen; *ostmitteld. für* Scheuertuch)
²Ha|der, der; -s (*geh. für* Zank, Streit); **Ha|de|rer,** Had|rer

Ha|der|lump (*österr. für* liederlicher Mensch, Taugenichts)
ha|dern ‹*zu* ²Hader› (*geh. für* unzufrieden sein; streiten); ich hadere
ha|dern|hal|tig (*fachspr. für* Stoff-, Lumpenreste in der Herstellungsmasse enthaltend); hadernhaltiges Papier
¹Ha|des (griech. Gott der Unterwelt)
²Ha|des, der; - (Unterwelt)
Had|rer *vgl.* Haderer
Ha|d|ri|an [*auch, österr. nur,* 'ha:...] (römischer Kaiser; Papstname); *vgl.* Adrian
Hadsch, *auch* **Haddsch,** der; -, *Plur.* -e *u.* Hidschad [...a:t] ‹arab.› (offizielle Pilgerfahrt nach Mekka)
Ha|d|schi, *auch* **Had|dschi,** der; -s, *Plur.* -s *u.* Hudschadsch ‹arab.› (Mekkapilger; *auch für* christlicher Jerusalempilger im Orient)
Ha|du|brand (germanische Sagengestalt)
Hae|ckel ['hɛ...] (dt. Naturforscher)
Hae|m|oc|cult-Test® ‹griech.; lat.; engl.› (zur Krebsvorsorgeuntersuchung)
¹Ha|fen, der, *auch* das; -s, Häfen (*südd., schweiz., österr. für* Topf)
²Ha|fen, der; -s, Häfen (Lande-, Ruheplatz)
Hä|fen, der, *auch* das; -s, - (*österr. für* ¹Hafen; *österr. ugs. für* Gefängnis)
Ha|fen|amt; Ha|fen|an|la|gen *Plur.*; **Ha|fen|ar|bei|ter; Ha|fen|ein|fahrt; Ha|fen|ge|bühr; Ha|fen|knei|pe; Ha|fen|kom|man|dant; Ha|fen|po|li|zei; Ha|fen|rund|fahrt; Ha|fen|stadt; Ha|fen|um|schlag; Ha|fen|vier|tel**
Ha|fer, der; -s, *Plur.* (*Sorten:*) -; *vgl. auch* Haber
Ha|fer|brei; Ha|fer|flo|cken [*alte Trennung* ...k|k...] (*Plur.*); **Ha|fer|grüt|ze**
Ha|ferl, Hä|ferl, das; -s, -n (*österr. ugs. für* Tasse)
Ha|ferl|schuh (*österr. für* ein [Trachten]halbschuh)
Ha|fer|mark, das; **Ha|fer|mehl; Ha|fer|sack; Ha|fer|schleim**
Haff, das; -[e]s, *Plur.* -s *od.* -e (durch Nehrungen vom Meer abgetrennte Küstenbucht); ↑K 140: das Frische Haff, das Kurische Haff
Haff|fi|scher, *auch* **Haff-Fischer** [*alte Schreibung* Haffi|scher, *alte Trennung* ...ff|f...]
Ha|fis (persischer Dichter)
Haf|lin|ger (Pferd einer Gebirgsrasse); **Haf|lin|ger|ge|stüt**
Haf|ner (*österr., schweiz. nur so*), **Häf|ner,** der; -s, - (*südd. für* Töpfer, Ofensetzer); **Haf|ne|rei**
Haf|ni|um ['ha(:)f...], das; -s ‹nlat.› (chemisches Element, Metall; *Zeichen* Hf)
¹Haft, die; - (Gewahrsam)
²Haft, der; -[e]s, -e[n] (*veraltet für* Haken; Spange)
...haft (z. B. krankhaft)
Haft|an|stalt; Haft|aus|set|zung
haft|bar; Haft|bar|ma|chung
Haft|be|din|gun|gen *Plur.*; **Haft|be|fehl; Haft|dau|er**
Haf|tel, der *od.* das, *österr. nur so;* -s, - (*südd., österr. für* Häkchen und Öse); **häf|teln** (*landsch. für* durch ein Haftel schließen); ich häft[e]le
haf|ten; haften bleiben [*alte Schreibung* haftenbleiben]; einige haften bleibende [*alte Schreibung* haftenbleibende] Eindrücke
Haft|ent|las|sung; Haft|ent|schä|di|gung; Haft|er|leich|te|rung
haft|fä|hig; Haft|fä|hig|keit
Häft|ling
Haft|pflicht; haft|pflich|tig
haft|pflicht|ver|si|chert; Haft|pflicht|ver|si|che|rung
Haft|prü|fungs|ter|min; Haft|prü|fungs|ver|fah|ren
Haft|rei|bung, die; - (*Physik*); **Haft|rei|fen**
Haft|rich|ter
Haft|scha|le
Haft|stra|fe
haft|un|fä|hig; Haft|un|fä|hig|keit
Haf|tung, die; -; *vgl.* GmbH
Haft|un|ter|bre|chung; Haft|ur|lau|ber; Haft|ver|scho|nung
Haft|ze|her (Gecko)
Hag, der; -[e]s, *Plur.* -e, *schweiz.* Häge (*schweiz. für* Hecke, Zaun; *veraltet für* Hecke; umfriedeter Bezirk; Waldgrundstück)
Ha|ga|na, die; - ‹hebr.› (Vorläufer der israelischen Nationalarmee)
Ha|gar (bibl. w. Eigenn.)
Ha|ge|bu|che (*svw.* Hainbuche)
Ha|ge|but|te, die; -, -n; **Ha|ge|dorn** *Plur.* ...dorne (*svw.* Weißdorn)
Ha|gel, der; -s; **ha|gel|dicht**
Ha|gel|korn, das; *Plur.* ...körner
ha|geln; es hagelt

H

hạlb	
I. *Beugung* ein halbes Brot, eine halbe Scheibe Brot der Zeitraum eines halben Monats, einer halben Woche in einer halben Stunde mit halber Kraft; zum halben Preis alle halbe *od.* halben Meter alle halbe *od.*halben Jahre alle halbe *od.* halben Stunden *od.* (Singular:) alle (besser: jede) halbe Stunde drei und ein halbes Prozent, *aber* drei[und]einhalb Prozent vor zwei und einer halben Stunde, *aber* vor zwei[und]einhalb Stunden vier mit ein halb multipliziert ein halb Dutzend *neben:* ein halbes Dutzend	*Großschreibung:* ein Halbes, einen Halben bestellen eine Halbe (*bayr. für* halbe Maß) ↑K72: nichts Halbes und nichts Ganzes
II. *Groß- oder Kleinschreibung* *Kleinschreibung:* es ist, es schlägt halb eins eine viertel und eine halbe Stunde eine halbe und eine Dreiviertelstunde [um] voll und halb jeder Stunde der Zeiger steht auf halb ein halbes Dutzend Mal [*alte Schreibung* dutzendmal], ein halbes Hundert Mal [*alte Schreibung* hundertmal]	**III.** *Getrennt- oder Zusammenschreibung* *Getrenntschreibung, wenn »halb« als Gegensatz zu »ganz« aufgefasst wird:* er hat mich wohl nur halb verstanden er war erst halb angezogen die halb leere [*alte Schreibung* halbleere] Flasche das halb offene [*alte Schreibung* halboffene] Fenster ein halb verhungerter [*alte Schreibung* halbverhungerter] Vogel *Getrenntschreibung auch, wenn »halb« die Bedeutung »teils« hat:* sie machte ein halb freundliches, halb ernstes Gesicht *Zusammenschreibung, wenn »halb« als bedeutungsabschwächender Zusatz aufgefasst wird* ↑K57: ein halbhoher (nicht sehr hoher) Zaun halbbittere (nicht sehr bittere) Schokolade *In Zweifelsfällen kann sowohl zusammen- als auch getrennt geschrieben werden:* halbgares, *auch* halb gares Fleisch halblinks, *auch* halb links stehen

H

Ha̲|gel|scha|den; Ha̲|gel|schau|er; Ha̲|gel|schlag; Ha̲|gel|schlo|ße *(landsch.);* **Ha̲|gel|wet|ter**

Ha̲|gel|zu|cker [*alte Trennung* ...k|k...]

Ha̲|gen (m. Vorn.); Hagen von Tronje (Gestalt der Nibelungensage)

ha̲|ger; Ha̲|ger|keit, die; -

Ha̲|ge|stolz, der; -es, -e (*veraltet für* [alter] Junggeselle)

Hag|ga̲i (bibl. Prophet)

Hag|gis ['hægɪs], der; -, - ⟨schott.-engl.⟩ (in Schafsmagen gegarte Innereien des Schafs)

Ha̲|gia So|phi̲a, die; - - ⟨griech.⟩ (Kirche in Istanbul [heute ein Museum])

Ha|gi|o|graph, *auch* **Ha|gi|o|gra̲f,** der; -en, -en (Verfasser von Heiligenleben)

Ha|gi|o|gra|phen, *auch* Ha|gi|o|gra̲|fen *Plur.* (dritter Teil der Bücher des A. T.)

Ha|gi|o|gra|phi̲e, *auch* **Ha|gi|o|gra|fi̲e,** die; -, ...i̲en (Erforschung u. Beschreibung von Heiligenleben)

Ha|gi|o|la|t|ri̲e, die; -, ...i̲en (Verehrung der Heiligen)

ha|ha̲!, ha|ha|ha̲!

Hä̲|her, der; -s, - (ein Rabenvogel)

Ha̲hn, der; *Gen.* -[e]s, *schweiz. auch* -en, *Plur.* Hähne, *landsch., schweiz. u. fachspr.* (*für* techn. Vorrichtungen:) -en

Hä̲hn|chen

Ha̲h|nen|bal|ken (*Bauw.* oberster Querbalken im Sparrendach)

Ha̲h|nen|fe|der

Ha̲h|nen|fuß, der; -es (eine Wiesenblume)

Ha̲h|nen|kamm (*auch* Zierpflanze; Pilz)

Ha̲h|nen|kampf

Ha̲h|nen|ruf; Ha̲h|nen|schrei

Ha̲h|nen|tritt, der; -[e]s (Keimscheibe im Hühnerei; ein Stoffmuster; *auch für* Zuckfuß)

Ha̲h|ne|pot [...po:t], der, *auch* das; -s, -en, *selten* die; -, -en (*Seemannsspr.* Tau mit auseinander laufenden Enden)

Ha̲hn|rei, der; -[e]s, -e (*veraltet für* betrogener Ehemann)

Ha̲i, der; -[e]s, -e ⟨niederl.⟩ (ein Raubfisch)

Hai|fa (Hafenstadt in Israel)

Ha̲i|fisch; Ha̲i|fisch|flos|sen|sup|pe

Ha̲i|kai *u.* **Ha̲i|ku,** das; -[s], -s ⟨jap.⟩ (eine japanische Gedichtform)

Ha̲i|mons|kin|der *Plur.* (Helden des karoling. Sagenkreises)

Ha̲in, der; -[e]s, -e (*geh. für* kleiner [lichter] Wald)

Ha̲in|bu|che (ein Baum)

Ha̲in|bund, der; -[e]s (ein dt. Dichterbund)

Ha̲in|lei|te, die; - (Höhenzug in Thüringen)

Hair|sty|list ['hɛ:ɐ̯sta̲ilɪst], *auch* **Hair-Sty|list,** der; -en, -en ⟨engl.⟩ (Friseur mit künstlerischem Anspruch)

Ha|i̲|ti (Staat in Mittelamerika); **Ha|i|ti|a̲|ner; Ha|i|ti|a̲|ne|rin; ha|i|ti|a̲|nisch**

Hä̲k|chen

Hä̲|kel|ar|beit

Ha|ke|le̲i *(Sport)*

Hä|ke|le̲i

Hä̲|kel|garn

ha̲|keln *(Sport);* ich hak[e]le

hä̲|keln; ich häk[e]le

Hä̲|kel|na|del

ha̲|ken; Ha̲|ken, der; -s, -

Ha̲|ken|büch|se (*früher* eine Handfeuerwaffe)

ha̲|ken|för|mig

Ha̲|ken|kreuz (Symbol des Nationalsozialismus)

Ha̲|ken|na|se

ha̲|kig

Ha|ki̲m, der; -s, -s ⟨arab.⟩ (Gelehrter, Philosoph, Arzt [im Orient])

Ha|la|li̲, das; -s, -[s] ⟨franz.⟩ (ein Jagdruf); Halali blasen

hạlb *s. Kasten*

Hạlb|af|fe

hạlb|amt|lich; eine halbamtliche Nachricht, *aber* etwas geschieht halb amtlich, halb privat
hạlb|bat|zig (*schweiz. für* ungenügend, unzulänglich)
Hạlb|bil|dung, die; -
hạlb|bit|ter
hạlb|blind, *auch* **hạlb blind**; sie ist halbblind, *auch* halb blind
Hạlb|blut, das; -[e]s
Hạlb|bru|der
hạlb|bür|tig (nur einen Elternteil gemeinsam habend)
hạlb|dun|kel; es war halbdunkel, *aber* die Plätzchen waren halb dunkel, halb hell; **Hạlb|dun|kel**
Hạl|be, der, die, das; -n, -n
Hạlb|e|del|stein (*veraltet für* Schmuckstein)
hạl|be-hạl|be; [mit jmdm.] halbehalbe machen (*ugs. für* teilen)
hạl|ber; *Präp. mit Gen.*: der Ehre halber; gewisser Umstände halber; des [guten] Beispiels halber; *aber* ehrenhalber, umständehalber, beispielshalber
Hạlb|fa|b|ri|kat
hạlb|fer|tig, *auch* **hạlb fer|tig**; halbfertige, *auch* halb fertige Fabrikate
hạlb|fest, *auch* **hạlb fest**; halbfeste, *auch* halb feste Nahrung
hạlb|fett; halbfette Buchstaben, der Name ist halbfett gesetzt *(Druckw.)*
Hạlb|fi|na|le *(Sport)*
Hạlb|franz, das; - *(Buchw.)*; in Halbfranz [binden]; **Hạlb|franz|band**, der (Halblederband)
hạlb|gar, *auch* **hạlb gar**; halbgares, *auch* halb gares Fleisch
hạlb|ge|bil|det; halbgebildete Banausen; **Hạlb|ge|bil|de|te**, der *u.* die
Hạlb|ge|fro|re|ne, das; -n
hạlb ge|won|nen *vgl.* halb
Hạlb|glat|ze; **Hạlb|gott**
Hạlb|heit
hạlb|her|zig; **Hạlb|her|zig|keit**
hạlb|hoch; ein halbhoher Zaun
hal|bi̲e̲|ren; **Hal|bi̲e̲|rung**
Hạlb|in|sel
Hạlb|jahr; **Hạlb|jah|res|kurs**, Hạlbjahrs|kurs
hạlb|jäh|rig (ein halbes Jahr alt, ein halbes Jahr dauernd); halbjährige Übungszeit
hạlb|jähr|lich (jedes Halbjahr wiederkehrend, alle halben Jahre); halbjährliche Zusammenkunft
Hạlb|jahrs|kurs, Hạlb|jah|res|kurs
Hạlb|kan|ton (in der Schweiz)
hạlb krank *vgl.* halb
Hạlb|kreis; **Hạlb|ku|gel**
hạlb|lang; halblange Haare; *aber* die Haare waren halb lang, halb kurz
hạlb|laut; halblaute Gespräche; *aber* sie sprachen halb laut, halb leise
Hạlb|le|der (ein Bucheinband)
hạlb leer [*alte Schreibung* halbleer]; *vgl.* halb
hạlb|lei|nen; ein halbleinenes Tuch, *aber* ein halb leinenes, halb wollenes Tuch; **Hạlb|lei|nen**; **Hạlb|lei|nen|band**, der
Hạlb|lei|ter, der (*Elektrot.* Stoff, der bei Zimmertemperatur elektrisch leitet u. bei tieferen Temperaturen isoliert)
Hạlb|lin|ke, der; -n, -n *(Sport)*
hạlb|lin̩ks, *auch* **hạlb lin̩ks**; sich halblinks, *auch* halb links halten; halblinks, *auch* halb links spielen *(Sport)*
hạlb|mast (als Zeichen der Trauer); [eine Flagge] halbmast hissen; auf halbmast setzen, stehen
hạlb|matt; halbmatte Fotos
Hạlb|mes|ser, der (*für* Radius)
Hạlb|me|tall (Element mit teils metallischen, teils nichtmetallischen Eigenschaften)
hạlb|me̲|ter|dick
hạlb|mi|li|tä|risch
Hạlb|mond; **hạlb|mond|för|mig**
hạlb nackt, **hạlb of|fen** [*alte Schreibungen* halb|nackt, halb|of|fen]; *vgl.* halb
hạlb|part; *meist in* [mit jmdm.] halbpart machen (*ugs. für* teilen)
Hạlb|pen|si|on, die; - (Unterkunft mit Frühstück u. einer warmen Mahlzeit)
Hạlb|rẹch|te, der; -n, -n *(Sport)*
hạlb|rẹchts, *auch* **hạlb rẹchts**; sich halbrechts, *auch* halb rechts halten; halbrechts, *auch* halb rechts spielen *(Sport)*
hạlb|reif, *auch* **hạlb reif**; halbreife, *auch* halb reife Früchte
hạlb|rund (halbkreisförmig); *aber* die Formen waren halb rund, halb eckig; **Hạlb|rund**
Hạlb|schat|ten
hạlb|schläch|tig (*veraltet für* nicht eindeutig, schwankend)
Hạlb|schlaf; **Hạlb|schuh**
hạlb|schü|rig (*veraltet für* minderwertig)
Hạlb|schwer|ge|wicht (Körpergewichtsklasse in verschiedenen Sportarten); **Hạlb|schwes|ter** [*alte Trennung* ...|st...]
Hạlb|sei|de; **hạlb|sei|den**; ein halbseidenes Tuch, *aber* ein halb seidenes, halb wollenes Tuch
hạlb|sei|tig
hạlb|staat|lich; ein halbstaatlicher Betrieb *(DDR)*, *aber* der Betrieb ist halb staatlich, halb privat
Hạlb|star|ke, der; -n, -n
Hạlb|stie|fel
hạlb|stock (*Seemannsspr. svw.* halbmast)
hạlb|stün|dig (eine halbe Stunde dauernd)
hạlb|stünd|lich (jede halbe Stunde [stattfindend])
Hạlb|stür|mer *(bes. Fußball)*
hạlb|tags; **Hạlb|tags|ar|beit**; **Hạlb|tags|schu|le**
Hạlb|tax|a|bon|ne|ment (*schweiz. für* Abonnement zum Bezug von Fahrkarten zum halben Preis)
Hạlb|ton *Plur.* ...töne
hạlb tot [*alte Schreibung* halbtot]; *vgl.* halb
Hạlb|to|ta|le *(Film)*
halb tot|la|chen *vgl.* totlachen
halb tot|schla|gen *vgl.* totschlagen
hạlb|tro|cken [*alte Trennung* ...k|k...]; ein halbtrockener Wein
hạlb ver|hun|gert, **hạlb voll**, **hạlb wach** [*alte Schreibungen* halbver|hun|gert, halb|voll, halbwach]; *vgl.* halb
Hạlb|wahr|heit; **Hạlb|wai|se**
hạlb|we̲gs
Hạlb|welt, die; -; **Hạlb|welt|da|me**
Hạlb|wel|ter|ge|wicht *(Boxen)*
Hạlb|werts|zeit (*Kernphysik* Zeit, nach der die Hälfte einer Anzahl radioaktiver Atome zerfallen ist)
hạlb|wild; halbwilde, halbwild lebende Tiere
Hạlb|wis|sen
hạlb|wol|len; ein halbwollenes Tuch, *aber* ein halb wollenes, halb baumwollenes Tuch
hạlb|wüch|sig; **Hạlb|wüch|si|ge**, der *u.* die; -n, -n
Hạlb|zeit; **Hạlb|zeit|pau|se**; **Hạlb|zeit|pfiff**
Hạlb|zeug (Halbfabrikat)
Hạl|de, die; -, -n
Hạ|léř [...lɛːr̝ʃ], der; -, ...ře [...r̝ʒɛ], *Gen. Plur.* ...řů [...r̝ʒu] (Untereinheit der tschechischen u. slowakischen Krone)
Hạl|fa|gras *vgl.* Alfagras
Half|pipe [ˈhaːfpai̯p], die; -, -s

H

⟨engl., »Halbrohr«⟩ (untere Hälfte einer Röhre, in der Kunststücke mit Skateboard od. Snowboard ausgeführt werden können)

Hälf|te, die; -, -n; meine bessere Hälfte (*scherzh. für* meine Ehefrau, mein Ehemann); zur Hälfte; **hälf|ten** (*svw.* halbieren)

[1]Half|ter, der *od.* das; -s, -, *schweiz. auch* die; -, -n (Zaum ohne Gebiss)

[2]Half|ter, das; -s, -, *auch* die; -, -n (Pistolentasche)

half|tern (den [1]Halfter anlegen); ich halftere; **Half|ter|rie|men**

hälf|tig; Hälf|tung

Half|vol|ley ['ha:f...], der; -s, -s ⟨engl.⟩ (*Tennis* Ball, der im Augenblick des Abprallens vom Boden geschlagen wird)

H

Hal|ky|o|ne [*auch* ...'ky:one] usw. *vgl.* Alkyone usw.

[1]Hall, der; -[e]s, -e

[2]Hall (Name mehrerer Orte)

Hal|le, die; -, -n

Hall|ef|fekt ([elektronisch erzeugter] Hall, Nachhall)

hal|le|lu|ja! ⟨hebr., »lobet den Herrn!«⟩; **Hal|le|lu|ja,** das; -s, -s (liturgischer Freudengesang)

hal|len (schallen)

Hal|len|bad; Hal|len|fuß|ball; Hal|len|hand|ball; Hal|len|ho|ckey [*alte Trennung* ...k|k...]

Hal|len|kir|che

Hal|len|ser (Einwohner von Halle [Saale]); **Hal|len|se|rin**

Hal|len|sport; Hal|len|ten|nis; Hal|len|tur|nier

Hal|ler (Einwohner von [2]Hall u. von Halle [Westf.]); **Hal|le|rin**

Hal|ler|t|au, *auch* Hol|le|d|au [*auch* 'hɔ...], die; - (Landschaft in Bayern)

Hal|le (Saa|le) (Stadt an der mittleren Saale); *vgl.* Hallenser; **hal|lesch** *vgl.* hallisch

Hal|le (Westf.) (Stadt am Teutoburger Wald); *vgl.* Haller

Hal|ley-Ko|met [...le...], der; -en *od.* **Hal|ley|sche Ko|met,** der; -n -en ⟨nach dem engl. Astronomen⟩

Hal|lig, die; -, -en (kleinere, bei Sturmflut überflutete Insel im nordfries. Wattenmeer); **Hal|li|gen** *Plur.* (eine Inselgruppe im Wattenmeer); **Hal|lig|leu|te** *Plur.*

Hal|li|masch, der; -[e]s, -e (ein Pilz)

hal|lisch ⟨*zu* Halle [Saale]⟩

häl|lisch *vgl.* schwäbisch-hällisch

Hall|jahr (*A. T.* Feier-, Jubeljahr)

hal|lo! [*auch* ...'lo:]; **Hal|lo,** das; -s, -s; mit großem Hallo; Hallo, *auch* hallo rufen

Hal|lo|d|ri, der; -s, -[s] (*bayr. u. österr. für* ausgelassener Mensch)

Hal|lo|re, der; -n, -n (*früher* Salinenarbeiter in Halle [Saale])

Hall|statt (Ort in Oberösterreich); **Hall|stät|ter See,** der; - -s

Hall|statt|zeit, die; - (ältere Eisenzeit)

Hal|lu|zi|na|ti|on, die; -, -en ⟨lat.⟩ (Sinnestäuschung); **hal|lu|zi|na|tiv; hal|lu|zi|nie|ren**

Hal|lu|zi|no|gen, das; -s, -e (Medikament, das Halluzinationen hervorruft)

Halm, der; -[e]s, -e

Hal|ma, das; -s ⟨griech.⟩ (ein Brettspiel)

Halm|flie|ge (ein Getreideschädling); **Halm|frucht** *meist Plur.*

Ha|lo, der; -[s], *Plur.* -s *od.* ...onen ⟨griech.⟩ (*Physik* Hof um eine Lichtquelle; *Med.* Ring um die Augen; Warzenhof)

ha|lo... ⟨griech.⟩ (salz...); **Ha|lo...** (Salz...)

Ha|lo|ef|fekt [*auch* 'he:...] (*Psych.* Beeinflussung einer Beurteilung durch bestimmte Vorkenntnisse)

ha|lo|gen ⟨griech.⟩ (*Chemie* Salz bildend); **Ha|lo|gen,** das; -s, -e (Salz bildendes chem. Element)

Ha|lo|ge|nid, Ha|lo|id, das; -[e]s, -e (Metallsalz eines Halogens); **Ha|lo|ge|nid|salz,** Ha|lo|id|salz

ha|lo|ge|nie|ren (Salz bilden)

Ha|lo|gen|lam|pe; Ha|lo|gen|schein|wer|fer

Ha|lo|id *vgl.* Halogenid; **Ha|lo|id|salz** *vgl.* Halogenidsalz

Ha|lo|phyt, der; -en, -en (*Bot.* auf Salzboden wachsende Pflanze)

[1]Hals, Frans (niederl. Maler)

[2]Hals, der; -es, Hälse; Hals über Kopf; Hals- und Beinbruch

Hals|ab|schnei|der; hals|ab|schnei|de|risch

Hals|aus|schnitt; Hals|band, das; *Plur.* ...bänder; **Hals|ber|ge,** die; -, -n (Teil der mittelalterlichen Rüstung)

hals|bre|che|risch

Hal|se, die; -, -n (*Seemannsspr.* ein Wendemanöver); **hal|sen** (*veraltet für* umarmen; *Seemannsspr.* eine Halse durchführen); du halst

Hals|ent|zün|dung

hals|fern; ein halsferner Kragen

Hals|ge|richt (im späten MA. Gericht für schwere Verbrechen)

Hals|ket|te; Hals|krau|se

hals|nah; ein halsnaher Kragen

Hals-Na|sen-Oh|ren-Arzt (*Abk.* HNO-Arzt)

Hals|schlag|a|der; Hals|schmerz *meist Plur.*

hals|star|rig; Hals|star|rig|keit

Hals|tuch *Plur.* ...tücher

Hals über Kopf *(ugs.)*

Hals- und Bein|bruch! *(ugs.)*

Hal|sung (*Jägerspr.* Hundehalsband)

Hals|weh; Hals|wei|te; Hals|wir|bel

[1]halt (*landsch. u. schweiz. für* eben, wohl, ja, schon)

[2]halt!; Halt! Wer da?; *vgl.* Werda

Halt, der; -[e]s, *Plur.* -e *u.* -s; [laut] Halt, *auch* halt rufen; Halt finden; Halt machen; ich mache Halt; Halt zu machen; Halt gemacht [*alte Schreibungen* haltmachen, ich mache halt, haltzumachen, haltgemacht]

halt|bar; Halt|bar|keit, die; -

Hal|te|bo|gen *(Musik)*; **Hal|te|bucht; Hal|te|griff; Hal|te|gurt; Hal|te|li|nie**

hal|ten (*landsch., bes. österr. auch für* [Kühe] hüten); du hältst, er hält; du hieltst; du hieltest; gehalten; halt[e]!; an sich halten; ich hielt an mich

Hal|te|punkt

Hal|ter (*landsch., bes. österr. auch für* Viehhirt)

Hal|te|re, die; -, -n *meist Plur.* ⟨griech.⟩ (*Zool.* umgebildeter Hinterflügel der Zweiflügler)

Hal|te|rin

hal|tern (festmachen, festklemmen); ich haltere

Hal|te|rung (Haltevorrichtung)

Hal|te|stel|le; Hal|te|tau

Hal|te|ver|bot (*amtl.* Haltverbot); **Hal|te|ver|bots|schild**

hal|tig (*Bergmannsspr.* Erz führend)

...hal|tig, *österr.* **...häl|tig** (z. B. mehlhaltig)

halt|los; Halt|lo|sig|keit, die; -

Halt ma|chen [*alte Schreibung* halt|ma|chen]; *vgl.* Halt

Halt|ma|chen, das; -s

Hal|tung; Hal|tungs|feh|ler; Hal|tungs|no|te *(Sport)*

Halt|ver|bot *vgl.* Halteverbot

Ha|lun|ke, der; -n, -n ⟨tschech.⟩ (*abwertend* Schuft; *scherzh.* Schlingel); **Ha|lun|ken|streich**

Hand	
die; -, Hände *Getrennt- oder Zusammenschreibung:* – linker Hand, rechter Hand; letzter Hand – freie Hand haben; [an etwas] Hand anlegen – etwas an, bei, unter der Hand haben, *auch:* etwas unter der Hand [*alte Schreibung* unterderhand] (heimlich, im Stillen) regeln – jmdm. an die Hand gehen; *aber* anhand des Buches, von Unterlagen – Hand in Hand arbeiten, die Hand in Hand Arbeitenden, *aber* ↑K 27: das Hand-in-Hand-Arbeiten – von langer Hand [her] (lange) vorbereitet – von Hand zu Hand – das ist nicht von der Hand zu weisen (ist möglich) – von Hand (mit der Hand) eintragen – zur Hand sein; zu Händen *(vgl. d.)*	*Zur Zusammenschreibung vgl. auch die folgenden Zusammensetzungen:* – abhanden, allerhand, handhaben, kurzerhand, vorderhand, vorhanden, zuhanden – *aber* überhand nehmen [*alte Schreibung* überhandnehmen] *Bei Maß- u. Mengenangaben:* – das Regalbrett ist eine Hand breit, *aber (als Maßeinheit):* eine Handbreit *(vgl. d.)* Tuch ansetzen, der Rand ist kaum handbreit; zwei Hände *od.* Hand breit, groß, lang – er hat die eine Hand voll Kirschen, *(auch als Mengenangabe getrennt:)* eine Hand voll [*alte Schreibung* Handvoll] Kirschen essen

H

Ham (bibl. m. Eigenn.)
Ha|ma|me|lis, die; - ‹griech.› (Zaubernuss, ein Zierstrauch, eine Heilpflanze)
Hä|ma|tin, das; -s ‹griech.› (*Med.* eisenhaltiger Bestandteil des roten Blutfarbstoffs)
Hä|ma|ti|non, das; -s (rote Glasmasse)
Hä|ma|tit, der; -s, -e (wichtiges Eisenerz)
Hä|ma|to|lo|gie, die; - (Lehre vom Blut u. seinen Krankheiten)
Hä|ma|tom, das; -s, -e (*Med.* Bluterguss)
Hä|ma|to|zo|on, das; -s, ...zoen *meist Plur.* (*Zool.* im Blut lebender tierischer Parasit)
Hä|ma|t|u|rie, die; -, ...ien (*Med.* Blutharnen)
Ham|burg (Land u. Hafenstadt an der unteren Elbe)
[1]**Ham|bur|ger** (Einwohner von Hamburg)
[2]**Ham|bur|ger** [*auch* 'hɛmbø:ɐ̯gɐ], der; -s, *Plur.* -, -s (Brötchen mit gebratenem Rinderhackfleisch)
ham|bur|gern (hamburgisch sprechen); ich hamburgere; **ham|bur|gisch**
Hä|me, die; - (Gehässigkeit)
Ha|meln (Stadt an der Weser); **Ha|mel|ner,** *auch* Ha|mel|ler; **ha|melnsch**
Ha|men, der; -s, - (Fangnetz; *landsch. auch für* Kummet)
Hä|min, das; -s, -e ‹griech.› (*Chemie* Salz des Hämatins; *vgl. d.*)
hä|misch
Ha|mit *od.* **Ha|mi|te,** der; ...ten, ...ten ‹*zu* Ham› (Angehöriger einer Völkergruppe in Afrika); **ha|mi|tisch;** hamitische Sprachen
Ham|let (Dänenprinz der Sage)
Hamm (Stadt an der Lippe)
Ham|mel, der; -s, *Plur.* - *u.* Hämmel
Ham|mel|bein; *meist in* jmdm. die Hammelbeine lang ziehen (*ugs. für* jmdn. heftig tadeln; drillen)
Ham|mel|bra|ten; Ham|mel|keu|le
Ham|mel|sprung (ein parlamentarisches Abstimmungsverfahren)
Ham|mer, der; -s, Hämmer
Ham|mer|hai
ham|mer|hart *(ugs.);* das ist ja hammerhart!
Ham|mer|kla|vier
[1]**Häm|mer|lein**
[2]**Häm|mer|lein** *u.* **Häm|mer|ling** (*veraltet für* böser Geist, Teufel); Meister Hämmerlein, Hämmerling (Teufel; Henker)
häm|mern; ich hämmere
Ham|mer|schmied
Ham|mer|wer|fen, das; -s *(Sport);* **Ham|mer|wer|fer**
Ham|mer|ze|he *(Med.)*
Ham|mond|or|gel ['hɛmənt...] ‹nach dem amerik. Erfinder› ↑K 136 (elektroakustische Orgel)
Ham|mu|ra|bi (babylonischer König)
Hä|mo|glo|bin, das; -s ‹griech.; lat.› (*Med.* roter Blutfarbstoff; *Zeichen* Hb)
Hä|mo|phi|lie, die; -, ...ien ‹griech.› (Bluterkrankheit)
Hä|mor|rha|gie, die; -, ...ien (Blutung)
Hä|mor|rho|i|dal|lei|den, *auch* Hä|mor|ri|dal|lei|den
Hä|mor|rho|i|de, *auch* **Hä|mor|ri|de,** die; -, -n *meist Plur.* ‹griech.› ([leicht blutender] Venenknoten des Mastdarms)
Hä|mo|zyt, der; -en, -en (Blutkörperchen)
Ham|pel|mann *Plur.* ...männer; **ham|peln** (zappeln); ich hamp[e]le
Hams|ter [*alte Trennung* ...|st...], der; -s, - (ein Nagetier)
Hams|ter|ba|cke [*alte Trennungen* ...|st... ...k|k...] *meist Plur. (ugs.)*
Hams|te|rer [*alte Trennung* ...|st...] (*ugs. für* Mensch, der [gesetzwidrig] Vorräte aufhäuft); **Hams|ter|kauf; hams|tern;** ich hamstere
Ham|sun (norwegischer Dichter)
Ha|na|ni|as *vgl.* Ananias
Hand *s. Kasten*
Hand|än|de|rung (*schweiz. für* Besitzerwechsel bei Grundstücken)
Hand|ap|pa|rat; Hand|ar|beit
hand|ar|bei|ten; gehandarbeitet; *vgl. aber* handgearbeitet
Hand|ar|bei|ter; Hand|ar|beits|un|ter|richt
Hand|auf|he|ben; eine Abstimmung durch Handaufheben
Hand|ball; Handball spielen ↑K 54, *aber* das Handballspielen ↑K 82
Hand|bal|len; Hand|bal|ler (Handballspieler); **Hand|bal|le|rin**
Hand|be|sen; Hand|be|trieb, der; -[e]s; **Hand|be|we|gung; Hand|brau|se**
hand|breit; ein handbreiter Saum, *aber* der Streifen ist eine Hand breit; **Hand|breit,** die; -, -; eine, zwei, keine Handbreit, *aber* ein zwei Hand breiter Streifen
Hand|brem|se; Hand|buch

Händ|chen; ein Händchen haltendes [*alte Schreibung* händchenhaltendes] Paar; **Händ|chen|hal|ten,** das; -s
Händ|chen hal|tend [*alte Schreibung* händ|chen|hal|tend]; *vgl.* Händchen
Hand|creme, *auch* Hand|krem, Hand|kre|me
Hän|de|druck *Plur.* ...drücke; **Hän|de|hand|tuch; Hän|de|klat|schen,** das; -s
¹Han|del, der; -s (Kaufgeschäft); Handel treiben; ein Handel treibendes [*alte Schreibung* handeltreibendes] Volk
²Han|del, der; -s, Händel *meist Plur.* (*veraltend für* Streit)
Hän|del (dt. Komponist)
Han|del-Maz|zet|ti (österr. Schriftstellerin)
¹han|deln; ich hand[e]le; es handelt sich um ...
²han|deln [ˈhɛn...] ⟨engl.⟩ (handhaben, gebrauchen); ich hand[e]le [ˈhɛnd[ə]lə]; gehandelt
Han|deln, das; -s
Han|dels|ab|kom|men
Han|dels|a|ka|de|mie (*österr. für* höhere Handelsschule)
Han|dels|bank *Plur.* ...banken
Han|dels|be|zie|hun|gen *Plur.*
Han|dels|bi|lanz; Han|dels|brauch
han|dels|ei|nig *od.* **han|dels|eins**
Han|dels|em|bar|go; Han|dels|flot|te
Han|dels|ge|richt; han|dels|ge|richt|lich
Han|dels|ge|sell|schaft; Han|dels|ge|setz|buch (*Abk.* HGB); **Han|dels|ha|fen; Han|dels|kam|mer; Han|dels|klas|se**
Han|dels|leh|rer; Han|dels|leh|re|rin
Han|dels|mann *Plur.* ...leute, *selten* ...männer; **Han|dels|ma|ri|ne; Han|dels|mar|ke**
Han|dels|or|ga|ni|sa|ti|on, die; - (*DDR; Abk.* HO)
Han|dels|po|li|tik; han|dels|po|li|tisch
Han|dels|recht; han|dels|recht|lich
Han|dels|re|gis|ter [*alte Trennung* ...|st...]; **Han|dels|rei|sen|de; Han|dels|schiff**
Han|dels|schu|le; Han|dels|span|ne
Han|dels|stand, der; -[e]s; **Han|dels|stra|ße; han|dels|üb|lich**
Hän|del|sucht, die; - (*veraltet*); **hän|del|süch|tig**
Han|dels|ver|trag; Han|dels|ver|tre|ter; Han|dels|ver|tre|tung
Han|dels|vo|lu|men; Han|dels|weg

Han|del trei|bend [*alte Schreibung* han|del|trei|bend]; *vgl.* ¹Handel
Hän|de|rin|gen, das; -s; **hän|de|rin|gend** ↑K 59
Hän|de|wa|schen, das; -s
Hand|fe|ger; Hand|fer|tig|keit
hand|fest; Hand|fes|te [*alte Trennung* ...|st...] (*früher für* Urkunde)
Hand|feu|er|lö|scher; Hand|feu|er|waf|fe
Hand|flä|che
hand|ge|ar|bei|tet; handgearbeitete Möbel; *vgl. aber* handarbeiten
Hand|ge|brauch, der; -[e]s; zum, für den Handgebrauch
hand|ge|bun|den; hand|ge|knüpft
Hand|geld; Hand|ge|lenk
Hand|ge|men|ge; Hand|ge|päck
hand|ge|schöpft; hand|ge|schrie|ben; hand|ge|strickt; hand|ge|webt
Hand|gra|na|te
hand|greif|lich; Hand|greif|lich|keit
Hand|griff; hand|groß; handgroße Flecken; *vgl.* Hand
hand|hab|bar; Hand|hab|bar|keit, die; -
Hand|ha|be, die; -, -n; **hand|ha|ben;** du handhabst; du handhabtest; gehandhabt; das ist schwer zu handhaben; **Hand|ha|bung**
Hand|har|mo|ni|ka
Hand|held [ˈhɛndhɛlt], der; -, -s ⟨engl.⟩ (kleiner Taschencomputer)
Han|di|cap usw. *vgl.* Handikap usw.
Han|di|kap [ˈhɛndikɛp], *auch* Han|di|cap, das; -s, -s ⟨engl.⟩ (Benachteiligung, Behinderung; *Sport* [Wettkampf mit] Ausgleichsvorgabe)
han|di|ka|pen [ˈhɛndikɛpn̩], *auch* han|di|ca|pen; gehandikapt, gehandicapt; **han|di|ka|pie|ren,** *auch* han|di|ca|pie|ren (*schweiz. für* handikapen)
Hand-in-Hand-Ar|bei|ten, das; -s ↑K 27; **Hand-in-Hand-Ge|hen,** das; -s ↑K 27
hän|disch (manuell)
Hand|ka|me|ra (*Film*)
Hand|kan|ten|schlag
Hand|kä|se (*landsch.*)
Hand|ke (österr. Schriftsteller)
hand|kehr|um (*schweiz. für* unversehens; andererseits); **Hand|kehr|um;** *nur in* im Handkehrum (*schweiz. für* im Handumdrehen)
Hand|kof|fer; hand|ko|lo|riert
Hand|kom|mu|ni|on (*kath. Kirche*)
Hand|korb
Hand|krem, Hand|kre|me *vgl.* Handcreme
Hand|kuss [*alte Schreibung* ...kuß]
hand|lang; ein handlanger Schnitt, *aber* der Schnitt war zwei Hand lang
Hand|lan|ger; Hand|lan|ger|dienst *meist Plur.*; **Hand|lan|ge|rin; hand|lan|gern** (*ugs.*); ich handlangere
Hand|lauf (an Treppengeländern)
Händ|ler; Händ|le|rin
Hand|le|se|kunst; Hand|le|se|rin
Hand|le|xi|kon
hand|lich; Hand|lich|keit, die; -
Hand|ling [ˈhɛ...], das; -[s] ⟨engl.⟩ (Handhabung, Gebrauch)
Hand|lung
Hand|lungs|ab|lauf; Hand|lungs|be|darf; Hand|lungs|be|voll|mäch|tig|te, der *u.* die; -n, -n
hand|lungs|fä|hig; Hand|lungs|fä|hig|keit, die; -
Hand|lungs|frei|heit, die; -; **Hand|lungs|ge|hil|fe; Hand|lungs|rei|sen|de; Hand|lungs|spiel|raum**
hand|lungs|un|fä|hig; Hand|lungs|un|fä|hig|keit, die; -
Hand|lungs|wei|se, die
Hand|ma|le|rei
Hand|mehr, das; -s (*schweiz. für* durch Handaufheben festgestellte Mehrheit)
Hand|or|gel (*schweiz. für* Handharmonika); **hand|or|geln**
Hand-out, *auch* **Hand|out** [ˈhɛntaut], das; -s, -s ⟨engl.⟩ (Informationsunterlage)
Hand|pferd; Hand|pres|se; Hand|pup|pe
Hand|rei|chung; Hand|rü|cken [*alte Trennung* ...k|k...]
Hands [hɛnts], das; -, - ⟨engl.⟩ (*österr., schweiz. für* Handspiel)
hand|sam (*österr., sonst veraltet für* handlich)
Hand|schel|le *meist Plur.*; **Hand|schlag; Hand|schrei|ben**
Hand|schrift (*in der Bedeutung* »altes Schriftstück« *Abk.* Hs., *Plur.* Hss.)
Hand|schrif|ten|deu|tung; Hand|schrif|ten|kun|de, die; -; **Hand|schrif|ten|kun|di|ge**
hand|schrift|lich
Hand|schuh; ein Paar Handschuhe; **Hand|schuh|fach**

Hand|set|zer *(Druckw.);* **hand|si|g-niert**
Hand|spie|gel; Hand|spiel *(bes. Fußball);* **Hand|stand; Hand-stein** (*nordd. für* Ausguss)
Hand|streich; Hand|ta|sche
Hand|ta|schen|raub; Hand|ta-schen|räu|ber
Hand|tel|ler
Hand|tuch, *Plur.* ...tücher; **Hand-tuch|hal|ter**
Hand|um|dre|hen, das; -s; im Handumdrehen
hand|ver|le|sen (*auch für* sorgfältig ausgewählt)
Hand voll [*alte Schreibung* Handvoll]; *vgl.* Hand
Hand|wa|gen
hand|warm
Hand|werk; Hand|wer|ker; Hand-wer|ke|rin; Hand|wer|ker|stand, der; -[e]s; **hand|werk|lich**
Hand|werks|be|trieb; Hand|werks-bur|sche; Hand|werks|kam|mer; Hand|werks|meis|ter [*alte Trennung* ...|st...]; **Hand|werks|rol|le** (Verzeichnis der selbstständigen Handwerker); **Hand|werks-zeug,** das; -[e]s
Hand|wör|ter|buch; Hand|wur|zel
Han|dy [ˈhɛndi], das; -s, -s ⟨anglisierend⟩ (handliches schnurloses Funktelefon)
Hand|zei|chen; Hand|zeich|nung; Hand|zet|tel
ha|ne|bü|chen (*veraltend für* unverschämt, unerhört)
Hanf, der; -[e]s (eine Faserpflanze); **han|fen, hän|fen** (aus Hanf); **Hanf|garn**
Hänf|ling (eine Finkenart; Mensch von dünner, schwächlicher Statur)
Hanf|sa|men; Hanf|seil
Hang, der; -[e]s, Hänge
hang|ab|wärts
Han|gar [*auch* ...ˈga:ɐ̯], der; -s, -s ⟨germ.-franz.⟩ (Flugzeughalle)
Hän|ge|arsch *(derb);* **Hän|ge|ba-cken** [*alte Trennung* ...k|k...] *Plur.;* **Hän|ge|bank** *Plur.* ...bänke *(Bergbau)*
Hän|ge|bauch; Hän|ge|bauch-schwein
Hän|ge|bo|den; Hän|ge|brü|cke [*alte Trennung* ...k|k...]; **Hän|ge-bu|sen; Hän|ge|lam|pe**
han|geln *(Turnen);* ich hang[e]le
Hän|ge|mat|te
han|gen (*schweiz., landsch., sonst veraltet für* [1]hängen); mit Hangen und Bangen

[1]hän|gen

- du hängst; du hingst; du hingest; gehangen; häng[e]!
- die Kleider hängen an der Wand
- das Bild hing an der Wand, hat dort gehangen
- ↑K 82: mit Hängen und Würgen (*ugs. für* mit Müh und Not)
- hängende Gärten (terrassenförmig angelegte Gärten im Altertum), *aber* ↑K 150: die Hängenden Gärten der Semiramis
- an einem Nagel hängen bleiben [*alte Schreibung* hängenbleiben]
- von dem Gelernten ist wenig hängen geblieben [*alte Schreibung* hängengeblieben]
- hängen lassen [*alte Schreibung* hängenlassen] (vergessen; *ugs. für* [jmdn.] im Stich lassen)

[2]hän|gen; du hängst; du hängtest; gehängt; häng[e]!; ich hängte das Bild an die Wand, habe es an die Wand gehängt
hän|gen blei|ben [*alte Schreibung* hän|gen|blei|ben]; *vgl.* [1]hängen
Han|gen|de, das; -n (*Bergmannsspr.* Gesteinsschicht über einer Lagerstätte)
hän|gen las|sen [*alte Schreibung* hän|gen|las|sen]; *vgl.* [1]hängen
Hän|ge|par|tie (*Schach* vorläufig abgebrochene Partie)
Hän|ger (eine Mantelform; *auch für* [Fahrzeug]anhänger)
Han|gerl, das; -s, -n (*österr. ugs. für* Lätzchen; Wischtuch [der Kellner])
Hän|ge|schloss [*alte Schreibung* ...schloß]; **Hän|ge|schrank**
hän|gig (*fachspr. für* abschüssig; *schweiz. für* schwebend, unerledigt)
Hang|la|ge; Hang|tä|ter
Han|na (w. Vorn.)
Han|ne, Han|ne|lo|re (w. Vorn.)
Han|nes (m. Vorn.)
Han|ni (w. Vorn.)
Han|ni|bal (karthag. Feldherr)
Hann. Mün|den [haˈno:fɐʃ -] (*kurz für* Hannoversch Münden); *vgl.* Münden
Han|no (m. Vorn.)
Han|no|ver [...f...] (Hauptstadt von Niedersachsen); **Han|no|ve-ra|ner** [...v...] (*auch* eine Pferderasse); **Han|no|ve|ra|ne|rin**
han|no|ve|risch, han|nö|ve|risch, han|no|versch, han|nö|versch [*alle* ...f...], *aber* ↑K 72: im Hannöverschen
Ha|noi (Hauptstadt Vietnams)
Hans (m. Vorn.); Hans' Mütze ↑K 16; Hans im Glück; *vgl.* Hansdampf, Hanswurst; der Blanke [*alte Schreibung* blanke] Hans (*nordd. für* die stürmische Nordsee)
Han|sa usw. *vgl.* Hanse usw.
Han|sa|plast ®, das; -[e]s (ein Verbandpflaster)
Häns|chen (*Koseform von* Hans)
Hans|dampf [*auch* ˈha...], der; -[e]s, -e; Hansdampf in allen Gassen
Han|se, die; - (mittelalterl. nordd. Kaufmanns- u. Städtebund)
Han|se|at, der; -en, -en (Mitglied der Hanse; Hansestädter); **Han-se|a|ten|geist,** der; -[e]s
Han|se|a|tin; han|se|a|tisch
Han|se|bund, der; -[e]s; **Han|se-kog|ge**
Han|sel, der; -s, -[n] (*landsch. für* unfähiger od. dummer Mensch)
Hän|sel; Hänsel und Gretel (dt. Märchen)
Han|sel|bank *vgl.* Heinzelbank
Hän|se|lei; hän|seln (necken); ich häns[e]le
Han|se|stadt; han|se|städ|tisch
Han|si (m. *u.* w. Vorn.)
han|sisch (hansestädtisch), *aber* ↑K 150: die Hansische Universität (in Hamburg)
Hans|wurst [*auch* ˈha...], der; -[e]s, *Plur.* -e, *scherzh. auch* ...würste (derbkomische Figur; dummer Mensch); **Hans|wurs|te|rei** [*alte Trennung* ...|st...]; **Hans|wurs|ti-a|de,** die; -, -n
Han|tel, die; -, -n (ein Sportgerät); **han|teln;** ich hant[e]le
han|tie|ren ⟨niederl.⟩ (handhaben; umgehen mit ...); **Han|tie|rung**
han|tig (*bayr., österr. für* bitter, scharf; barsch, unwillig)
ha|pe|rig, hap|rig (*nordd. für* stockend)
ha|pern; es hapert (geht nicht vonstatten; fehlt [an])
ha|p|lo|id ⟨griech.⟩ (*Biol.* mit einfachem Chromosomensatz)
Häpp|chen
hap|pen (*nordd. für* zubeißen)
Hap|pen, der; -s, -
Hap|pe|ning [ˈhɛ...], das; -s, -s ⟨engl.⟩ ([Kunst]veranstaltung, bei der durch Aktionen ein künstlerisches Erlebnis vermittelt werden soll)

hap|pig (*ugs. für* zu stark, übertrieben)

hap|py ['hɛpi] ‹engl.› (*ugs. für* glücklich, zufrieden); sie ist richtig happy

Hap|py|end ['hɛpi'|ɛnt], das; -[s], -s, *auch* **Hap|py End** [*alte Schreibung* Hap|py-End], das; - -[s], - -s ‹*zu* engl. happy ending, »glückliches Ende«›

Hap|py|hour ['hɛpi'aʊə], die; -, -s, *auch* **Hap|py Hour,** die; --, --s (festgesetzte Zeit, in der in bestimmten Lokalen Getränke ermäßigt angeboten werden)

hap|rig *vgl.* haperig

Hap|tik, die; - ‹griech.› (Lehre vom Tastsinn); **hap|tisch** (den Tastsinn betreffend)

har! (*Zuruf an Zugtiere* links!)

Ha|ra|ki|ri, das; -[s], -s ‹jap.› (ritueller Selbstmord durch Bauchaufschneiden [in Japan])

Ha|rald (m. Vorn.)

Ha|ra|re (Hauptstadt von Simbabwe)

Ha|rass [*alte Schreibung* Ha|raß], der; Harasses, Harasse ‹franz.› (Lattenkiste [zum Verpacken von Glas od. Porzellan])

Här|chen ‹*zu* Haar›

Hard|core [...kɔ:], der; -s, -s ‹engl., »harter Kern«› (besonders harte u. aggressive Richtung der Rockmusik; *auch kurz für* Hardcorefilm)

Hard|core|film, Hard|core|por|no (pornographischer Film mit Großaufnahmen u. genauen physischen Details)

Hard|co|ver [...'ka...], das; -s, -s, *auch* **Hard Co|ver** [*alte Schreibung* Hard co|ver], das; - -s, - -s ‹engl.› (Buch mit festem Einband); **Hard|co|ver|ein|band,** *auch* **Hard-Co|ver-Ein|band** [*alte Schreibung* Hard-co|ver-Einband]

Har|de, die; -, -n (*früher in Schleswig-Holstein* Verwaltungsbezirk von mehreren Dörfern od. Höfen); **Har|des|vogt** (*früher* Amtsvorsteher einer Harde)

Har|di, Har|dy (m. Vorn.)

Hard|li|ner [...lai...], der; -s, - ‹engl.› (Vertreter eines harten [politischen] Kurses)

Hard|rock, der; --[s], *auch* **Hard Rock,** der; - -[s] ([laute] Rockmusik mit einfachen Harmonien und Rhythmen)

Hardt, die; - (Teil der Schwäbischen Alb); *vgl.* Haard *u.* Haardt

Hard|top, das *od.* der; -s, -s ‹engl.› (abnehmbares, nicht faltbares Verdeck von Kraftwagen; auch der Wagen selbst)

Hard|ware [...vɛ:ɐ̯], die; -, -s ‹engl.› (*EDV* Gesamtheit der techn.-physikal. Teile einer Datenverarbeitungsanlage; *Ggs.* Software)

Har|dy [...di] *vgl.* Hardi

Ha|rem, der; -s, -s ‹arab.› (von Frauen bewohnter Teil des islam. Hauses; die Frauen darin)

hä|ren (aus Haar); härenes Gewand

Hä|re|sie, die; -, ...ien ‹griech.› (Ketzerei); **Hä|re|ti|ker; Hä|re|ti|ke|rin; hä|re|tisch**

Har|fe, die; -, -n; **har|fen**

Har|fe|nist, der; -en, -en (Harfenspieler); **Har|fe|nis|tin** [*alte Trennung* ...|st...]

Har|fen|klang; Har|fen|spiel, das; -[e]s

Harf|ner (*veraltet für* Harfenspieler)

Har|ke, die; -, -n (*nordd. für* Rechen); **har|ken** (rechen)

Här|lein ‹*zu* Haar›

Har|le|kin, der; -s, -e ‹franz.› (Hanswurst; Narrengestalt)

Har|le|ki|na|de, die; -, -n (Hanswursterei); **har|le|ki|nisch**

Harm, der; -[e]s (*veraltend für* Kummer, Leid)

här|men, sich (*geh. für* sich sorgen)

harm|los; Harm|lo|sig|keit

Har|mo|nie, die; -, ...ien ‹griech.› (Wohlklang; ausgewogenes Verhältnis; Einklang); **har|mo|nie|be|dürf|tig; Har|mo|nie|leh|re**

har|mo|nie|ren (gut zusammenklingen, zusammenpassen)

Har|mo|nik, die; - (Lehre von der Harmonie)

Har|mo|ni|ka, die; -, *Plur.* -s *u.* ...ken (ein Musikinstrument); **Har|mo|ni|ka|tür** (*svw.* Falttür)

har|mo|nisch; harmonische Funktion *(Math.)*

har|mo|ni|sie|ren (in Einklang bringen); **Har|mo|ni|sie|rung**

Har|mo|ni|um, das; -s, *Plur.* ...ien *od.* -s (ein Tasteninstrument)

Harn, der; -[e]s, -e

Harn|bla|se; Harn|drang (der; -[e]s)

har|nen *(selten)*

Har|nisch, der; -[e]s, -e ([Brust]panzer); jmdn. in Harnisch (in Wut) bringen

Harn|lei|ter (der); **Harn|röh|re; Harn|ruhr** (*für* Diabetes)

Harn|säu|re; Harn|stoff

harn|trei|bend; der Tee wirkt harntreibend ↑K59

Har|pu|ne, die; -, -n ‹niederl.› (Wurfspeer od. pfeilartiges Geschoss für den [Wal]fischfang)

Har|pu|nier, der; -s, -e *u.* **Har|pu|nie|rer,** der; -s, - (Harpunenwerfer); **har|pu|nie|ren**

Har|py|ie [...jə], die; -, -n (Sturmdämon in Gestalt eines vogelartigen Mädchens in der griechischen Sage; ein Greifvogel)

har|ren (*geh. für* warten)

Har|ri, Har|ry [...ri, *auch* 'hɛri] (m. Vorn.)

harsch; Harsch, der; -[e]s (hart gefrorener Schnee)

har|schen (hart, krustig werden); der Schnee harscht; **har|schig**

Harst, der; -[e]s, -e (*schweiz. für* [Heer]schar, Haufen)

---

hart

härter, härteste

- hart auf hart; harte Währung
- hart sein, werden, kochen, machen
- ein hart gebrannter [*alte Schreibung* hartgebrannter] Stein
- hart gefrorener [*alte Schreibung* hartgefrorener] Boden
- das hart gewordene [*alte Schreibung* hartgewordene] Brot
- ein hart gekochtes [*alte Schreibung* hartgekochtes], *(landsch.:)* hart gesottenes [*alte Schreibung* hartgesottenes] Ei; *vgl. aber* hartgesotten

---

Hart|brand|zie|gel

Har|te, der; -n, -n (*ugs. für* Schnaps)

Här|te, die; -, -n

Här|te|aus|gleich; Här|te|fall, der

Här|te|fonds

Här|te|grad; Här|te|klau|sel

här|ten

Här|te|pa|ra|graph, *auch* ...pa|ra|graf

Här|ter *(Chemie)*

Här|te|rei *(Metallurgie)*

Hart|fa|ser|plat|te

hart ge|brannt, hart ge|fro|ren, hart ge|kocht [*alte Schreibungen* hart|ge|brannt, hart|ge|fro|ren, hart|ge|kocht]; *vgl.* hart

Hart|geld, das; -[e]s

hart|ge|sot|ten; die hartgesot|tens |ten Sünder
Hart|gum|mi, der *u.* das
hart|her|zig; Hart|her|zig|keit
Hart|heu (Johanniskraut); **Hart|holz**
hart|hö|rig; Hart|hö|rig|keit, die; -
Hart|kä|se
hart|köp|fig; Hart|köp|fig|keit, die; -
hart|lei|big; Hart|lei|big|keit, die; -
Härt|ling (*Geol.* Erhebung, die aus abgetragenem Gestein aufragt)
hart|lö|ten *(Technik); nur im Infinitiv u. Partizip II gebr.;* hartgelötet
Hart|mann (m. Vorn.)
hart|mäu|lig (von Pferden); **Hart|mäu|lig|keit,** die; -
Hart|me|tall
Hart|mo|nat, Hart|mond (*alte Bez. für* Januar [*auch für* November od. Dezember])
Hart|mut (m. Vorn.)
hart|nä |ckig [*alte Trennung* ...k|k...]; **Hart|nä |ckig|keit,** die; -
Hart|platz *(Sport)*
Hart|rie|gel, der; -s, - (ein Strauch)
hart|rin|dig; hart|scha|lig
Hart|schier, der; -s, -e ‹ital.› (*früher* Leibwächter [der bayrischen Könige])
Hart|spi|ri|tus, der; - (ein Brennstoff)
Har|tung, der; -s, -e (*alte Bez. für* Januar)
Här|tung; Hart|wei|zen
Ha|ru|s |pex, der; -, *Plur.* -e *u.* ...spizes ‹lat.› (jmd., der aus den Eingeweiden von Opfertieren wahrsagt [bei den Etruskern od. Römern])
Har|vard|u |ni|ver|si|tät, *auch* **Harvard-U |ni|ver|si|tät** [...vɐt...], die; - ‹nach dem Mitbegründer J. Harvard› (in Cambridge [Mass.])
[1]**Harz,** das; -es, -e (zähflüssige, klebrige Absonderung, bes. aus dem Holz von Nadelbäumen)
[2]**Harz,** der; -es (dt. Gebirge)
har|zen (Harz ausscheiden; *schweiz. auch für* schwer, schleppend vonstatten gehen)
[1]**Har|zer** ‹*zu* [2]Harz›; Harzer Käse; Harzer Roller (Kanarienvogel)
[2]**Har|zer,** der; -s, - (eine Käseart)
har|zig (*schweiz. auch für* mühsam, schleppend)
Harz|säu|re
Ha|sard, das; -s ‹franz.› (*Kurzform für* Hasardspiel)
Ha|sar|deur [...'døːɐ], der; -s, -e (Glücksspieler); **Ha|sar|deu|rin**
ha|sar|die|ren (*veraltend für* wagen, aufs Spiel setzen)
Ha|sard|spiel (Glücksspiel)
Hasch, das; -s (*ugs. für* Haschisch)
Ha|schee, das; -s, -s ‹franz.› (Gericht aus feinem Hackfleisch)
[1]**ha|schen** (fangen); du haschst; sich haschen
[2]**ha|schen** (*ugs. für* Haschisch rauchen); du haschst
Ha|schen, das; -s; Haschen spielen
Ha|scher (*ugs. für* Haschischraucher)
Hä|scher (*veraltet für* Verfolger, Scherge; Gerichtsdiener)
Ha|scherl, das; -s, -n (*bayr. u. österr. ugs. für* bedauernswertes Kind, bedauernswerter Mensch)
ha|schie|ren (zu Haschee machen)
Ha|schisch, das, *auch* der; -[s] ‹arab.› (ein Rauschgift)
Hasch|mich, der; *nur in* einen Haschmich haben (*ugs. für* nicht recht bei Verstand sein)
Ha|se, der; -n, -n; ↑K 151: falscher Hase (Hackbraten)
[1]**Ha|sel,** der; -s, - (ein Fisch)
[2]**Ha|sel,** die; -, -n (ein Strauch)
Ha|sel|busch; Ha|sel|huhn; Ha|sel|maus; Ha|sel|nuss [*alte Schreibung* ...nuß]
Ha|sel|nuss|strauch, *auch* **Ha|sel|nuss-Strauch** [*alte Schreibung* ...nuß|strauch]
Ha|sel|stau|de; Ha|sel|wurz, die; - (eine Pflanze)
Ha|sen|bra|ten; Ha|sen|fell
Ha|sen|fuß (*scherzh. für* überängstlicher Mensch); **ha|sen|fü|ßig** *(ugs.);* **Ha|sen|herz** (*svw.* Hasenfuß); **ha|sen|her|zig** *(ugs.)*
Ha|sen|jun|ge, das; -n (*österr. für* Hasenklein); **Ha|sen|klein,** das; -s (Gericht aus Innereien, Kopf u. Vorderläufen des Hasen)
Ha|sen|pa|nier, das; *nur in* das Hasenpanier ergreifen (*ugs. für* fliehen)
Ha|sen|pfef|fer, der; -s (Hasenklein)
ha|sen|rein *(Jägerspr.);* nicht ganz hasenrein (verdächtig, nicht einwandfrei)
Ha|sen|schar|te
Hä|sin
Has|pe, die; -, -n (Tür- od. Fensterhaken)
Has|pel, die; -, -n, *seltener* der; -s, - (Garnwinde; Gerbereibottich; Seilwinde)
has|peln; ich hasp[e]le
Has|pen, der; -s, - (*svw.* Haspe)
Hass [*alte Schreibung* Haß], der; Hasses
has|sen; du hasst; gehasst; hasse! *u.* hass! [*alte Schreibungen* haßt; gehaßt; haß!]
has|sens|wert; Has|ser
hass|er|füllt [*alte Schreibung* haß|er|füllt] ↑K 59
häs|sig (*schweiz. für* übellaunig, verdrießlich)
häss|lich [*alte Schreibung* häß|lich]; **Häss|lich|keit**
Hass|lie|be [*alte Schreibung* Haß...]; **Hass|ti|ra|de**
hass|ver|zerrt [*alte Schreibung* haß|ver|zerrt]
Hast, die; -; **has |ten** [*alte Trennung* ...|st...]
has |tig [*alte Trennung* ...|st...]; **Has |tig|keit,** die; -
Ha|t |schek *vgl.* Háček
Hät|sche|lei; Hät|schel|kind
hät|scheln; ich hätsch[e]le
hat|schen (*bayr., österr. ugs. für* schlendernd gehen, *auch für* hinken); du hatschst; **Hat|scher,** der; -s, - (*österr. ugs. für* langer Marsch; ausgetretener Schuh)
hat|schi!, hat|zi! [*beide auch* 'ha...]
Hat|trick ['hɛttrɪk], der; -s, -s ‹engl.› (*Fußball* dreimaliger Torerfolg hintereinander in einer Halbzeit durch denselben Spieler)
Hatz, die; -, -en (*landsch., bes. bayr. für* Eile, Hetze; *Jägerspr.* Hetzjagd mit Hunden)
hat|zi! *vgl.* hatschi!
Hatz|rü|de *(Jägerspr.)*
Hau, der; -[e]s, -e (*veraltet für* Stelle, wo Holz geschlagen wird; *landsch. für* Hieb); *vgl.* [2]Haue
Hau|bank *Plur.* ...bänke (*landsch. für* Werkbank zum Zurichten von Schieferplatten)
Hau|barg, der; -[e]s, -e (Bauernhaus mit hohem Reetdach, unter dem das Heu gelagert wird)
Hau|bar|keits|al|ter *(Forstw.)*
Häub|chen
Hau|be, die; -, -n
Hau|ben|ler|che; Hau|ben|tau|cher
Hau|bit|ze, die; -, -n ‹tschech.› (Flach- u. Steilfeuergeschütz)
Hauch, der; -[e]s, -e; **hauch|dünn**
hau|chen
hauch|fein
Hauch|laut *(Sprachw.)*
hauch|zart

H

H

Hau|de|gen (alter, erprobter Krieger; Draufgänger)
[1]Haue, die; -, -n (*südd., österr. u. schweiz. für* [2]Hacke)
[2]Haue, die; - ⟨*eigtl. Plur. zu* Hau⟩ (*ugs. für* Hiebe); Haue kriegen
hau|en; du haust; du hautest (*für* »mit dem Schwert schlagen« *u. geh.* du hiebest); gehauen (*landsch.* gehaut); hau[e]!; sich hauen; er hat Holz gehauen; sie hat ihm (*auch* ihn) ins Gesicht gehauen
Hau|er (Bergmann mit abgeschlossener Ausbildung; *österr. svw.* Weinhauer, Winzer; *Jägerspr.* Eckzahn des Keilers)
Häu|er (*bes. österr. neben* Hauer [Bergmann])
Häuf|chen
Hau|fe, der; -ns, -n (*veraltend für* Haufen)
häu|feln; ich häuf[e]le
häu|fen; sich häufen
Hau|fen, der; -s, -; ↑K63: zuhauf
Hau|fen|dorf; hau|fen|wei|se; Hau|fen|wol|ke
Hauff (dt. Schriftsteller)
häu|fig; Häu|fig|keit; Häu|fung
Hauf|werk, Hau|werk, das; -[e]s (*Bergmannsspr.* durch Hauen erhaltenes Roherzeugnis)
Hau|he|chel, die; -, -n (eine Heilpflanze)
Hau|ke (m. Vorn.)
Hau|klotz
Haupt, das; -[e]s, Häupter *(geh.)*; zu Häupten
Haupt|al|tar; haupt|amt|lich
Haupt|an|ge|klag|te; Haupt|au|gen|merk
Haupt|bahn|hof (*Abk.* Hbf.)
Haupt|be|ruf; haupt|be|ruf|lich
Haupt|be|schäf|ti|gung; Haupt|be|stand|teil; Haupt|buch
Haupt|dar|stel|ler; Haupt|dar|stel|le|rin
Haupt|ein|gang
Häup|tel, das; -s, -[n] (*südd., österr. für* Kopf einer Gemüsepflanze, z. B. von Salat); **Häup|tel|sa|lat** (*österr. für* Kopfsalat)
Haup|tes|län|ge; um Hauptes|länge
Haupt|fach; Haupt|feld|we|bel; Haupt|fi|gur; Haupt|film
Haupt|ge|bäu|de; Haupt|ge|richt; Haupt|ge|schäfts|zeit; Haupt|ge|wicht
Haupt|ge|winn; Haupt|ge|win|ner; Haupt|ge|win|ne|rin
Haupt|haar, das; -[e]s *(geh.)*; **Haupt|hahn**
Häupt|ling; häupt|lings
Haupt|mahl|zeit
[1]Haupt|mann *Plur.* ...leute
[2]Haupt|mann, Gerhart (dt. Dichter)
Haupt|mie|ter; Haupt|nen|ner
Haupt|per|son; Haupt|por|tal
Haupt|pro|be; Haupt|punkt; Haupt|quar|tier
Haupt|rei|se|zeit; Haupt|rol|le
Haupt|sa|che; haupt|säch|lich
Haupt|sai|son; Haupt|satz; Haupt|schlag|a|der
Haupt|schul|ab|schluss [*alte Schreibung* ...ab|schluß]
Haupt|schuld; Haupt|schu|le
Haupt|schwie|rig|keit; Haupt|se|gel
Haupt|stadt; haupt|städ|tisch
Haupt|stra|ße; Haupt|teil, der; **Haupt|the|ma; Haupt|tref|fer**
Haupt- und Staats|ak|ti|on ↑K31
Haupt|ver|ant|wor|tung; Haupt|ver|die|ner; Haupt|ver|hand|lung
Haupt|ver|kehrs|stra|ße; Haupt|ver|kehrs|zeit
Haupt|ver|le|sen, das; -s (*schweiz. Milit.* Appell vor Ausgang od. Urlaub); **Haupt|ver|samm|lung; Haupt|ver|wal|tung**
Haupt|wert; Haupt|wohn|sitz
Haupt|wort *Plur.* ...wörter *(für* Substantiv); **haupt|wört|lich** (*für* substantivisch)
Haupt|zeu|ge; Haupt|ziel; Haupt|zweck
hau ruck!, ho ruck!; **Hau|ruck,** das; -s; mit einem kräftigen Hauruck

Haus

das; -es, Häuser
- Haus halten (*vgl.* haushalten)
- er hält Haus [*alte Schreibung* haus], er hat Haus gehalten [*alte Schreibung* hausgehalten]
- außer [dem] Hause; außer Haus; im Hause, *auch* Haus (*Abk.* i. H.)
- von Hause; von Haus, *auch* Hause aus; von Haus zu Haus; Lieferung frei Haus; von zu Hause
- nach Hause, *auch* Haus; zu Hause; *(österr., schweiz. auch:)* nachhause, zuhause

Vgl. Zuhause

Hau|sa *vgl.* Haussa
Haus|an|ge|stell|te; Haus|an|zug; Haus|apo|the|ke
Haus|ar|beit; Haus|ar|rest
Haus|arzt; Haus|ärz|tin
Haus|auf|ga|be; Haus|auf|satz
haus|ba|cken [*alte Trennung* ...k|k...]
Haus|ball; Haus|bar; Haus|bau *Plur.* ...bauten
Haus|be|set|zer; Haus|be|set|ze|rin
Haus|be|sit|zer; Haus|be|sit|ze|rin
Haus|be|sor|ger (*österr. neben* Hausmeister)
Haus|be|woh|ner; Haus|be|woh|ne|rin
Haus|boot
Haus|buch (*DDR* polizeiliches Kontrollbuch über Hausbewohner u. deren Besucher)
Haus|bur|sche
Häus|chen, Häus|lein, *landsch. auch* Häu|sel, Häusl, das; -s, -
Haus|da|me; Haus|dra|chen (*ugs. für* herrschsüchtige Ehefrau od. Hausangestellte)
Haus|durch|su|chung (*bes. österr. u. schweiz. für* Haussuchung)
haus|ei|gen; hauseigenes Schwimmbad
Haus|ein|gang
Häu|sel *vgl.* Häuschen
hau|sen; du haust; sie haus|te
Hau|sen, der; -s, - (ein Fisch); **Hau|sen|bla|se,** die; - (Fischleim)
Hau|ser (*bayr., westösterr. für* Haushälter, Wirtschaftsführer)
Häu|ser|block *vgl.* Block; **Häu|ser|front**
Hau|se|rin, Häu|se|rin (*bayr., westösterr. für* Haushälterin)
Häu|ser|meer; Häu|ser|rei|he
Haus|flur, der
Haus|frau; haus|frau|lich
Haus|freund
Haus|frie|dens|bruch, der; -[e]s
Haus|ge|brauch; für den Hausgebrauch genügen; **Haus|ge|hil|fin**
haus|ge|macht
Haus|ge|mein|schaft
Haus|halt, der; -[e]s, -e; **haus|hal|ten;** sie haushaltet *(veraltend)*; *vgl. auch* Haus
Haus|hal|ter *od.* **Haus|häl|ter; Haus|häl|te|rin; haus|häl|te|risch** (sparsam)
Haus|halt[s]|aus|gleich; Haus|halt[s]|aus|schuss [*alte Schreibung* ...aus|schuß]; **Haus|halt[s]|buch; Haus|halt[s]|de|bat|te; Haus|halt[s]|de|fi|zit**
Haus|halt[s]|fra|ge; Haus|halt[s]|füh|rung; Haus|halt[s]|geld; Haus|halt[s]|ge|rät; Haus|halt[s]|ge|setz
Haus|halt[s]|hil|fe; Haus|halt[s]|jahr; Haus|halt[s]|kas|se; Haus|halt[s]|mit|tel *Plur.*

Haus|halt[s]|plan; Haus|halt[s]|pla|nung; Haus|halt[s]|po|li|tik, die; -; **Haus|halt[s]|pos|ten** [*alte Trennung* ...|st...]
Haus|halt[s]|sum|me; Haus|halt[s]|tag *(regional)*
haus|halts|üb|lich; in haushaltsüblichen Mengen
Haus|halts|wa|ren, Haus|halt|waren *Plur.*
Haus|hal|tung; Haus|hal|tungs|schu|le; Haus|hal|tungs|vor|stand; Haus|hal|tungs|we|sen, das; -s
Haus|halt|wa|ren, Haus|halts|waren
Haus|herr; Haus|her|rin
haus|hoch; haushohe Wellen
Haus|hof|meis|ter [*alte Trennung* ...|st...] *(früher)*
hau|sie|ren (*veraltend für* Waren von Haus zu Haus anbieten); mit etw. hausieren gehen (etw. überall erzählen); **Hau|sie|rer**
haus|in|tern; eine hausinterne Regelung
Haus|ju|rist; Haus|kat|ze
Häusl *vgl.* Häuschen
Haus|leh|rer
Häus|lein
Häus|ler (Dorfbewohner, der ein kleines Haus ohne Land besitzt)
Haus|leu|te *Plur.*
häus|lich; Häus|lich|keit, die; -
Haus|ma|cher|art, die; -; nach Hausmacherart; **Haus|ma|cher|wurst**
Haus|macht, die; -; **Haus|mann** *Plur.* ...männer
Haus|man|nit, der; -s (ein Mineral)
Haus|manns|kost
Haus|mär|chen; Haus|mar|ke; Haus|mei|er (Vorsteher der merowing. Hofhaltung)
Haus|meis|ter [*alte Trennung* ...|st...]; **Haus|mit|tel; Haus|mu|sik; Haus|müt|ter|chen**
Haus|num|mer; Haus|ord|nung
Haus|pfle|ge (Pflege eines Kranken in seiner Wohnung)
Haus|putz
Haus|rat, der; -[e]s; **Haus|rat|ver|si|che|rung**
[1]**Haus|sa,** *auch* Hau|sa, der; -[s], -[s] (Angehöriger eines afrikanischen Volkes)
[2]**Haus|sa,** *auch* Hau|sa, das; - (Sprache der Haussa)
Haus|samm|lung; Haus|schaf
[1]**haus|schlach|ten** *nur im Infinitiv u. im Partizip II gebr.;* hausgeschlachtet
[2]**haus|schlach|ten;** hausschlachtene Wurst
Haus|schlach|tung; Haus|schlüs|sel; Haus|schuh; Haus|schwamm; Haus|schwein
Hausse ['ho:s(ə), *auch* o:s], die; -, -n ‹franz.› ([starkes] Steigen der Börsenkurse; allg. Aufschwung der Wirtschaft)
Haus|si|er [...'si̯e:], der; -s, -s (auf Hausse Spekulierender)
haus|sie|ren (im Kurswert steigen)
Haus|stand, der; -[e]s; **Haus|stre|cke** [*alte Trennung* ...k|k...] *(Sportspr.);* **Haus|su|chung**
Haus|tier; Haus|tür; Haus|ty|rann
Haus|ur|ne (ein vorgeschichtliches Tongefäß); **Haus|ver|bot**
Haus|ver|wal|ter; Haus|ver|wal|te|rin; Haus|ver|wal|tung
Haus|wart, der; -[e]s, -e *(landsch.);* **Haus|war|tin** *(schweiz.);* **Haus|we|sen,** das; -s
Haus|wirt; Haus|wir|tin; Haus|wirt|schaft
Haus|wirt|schafts|meis|te|rin [*alte Trennung* ...|st...]; **Haus|wirt|schafts|pfle|ge|rin** *(regional);* **Haus|wirt|schafts|schu|le**
Haus|wurz, die; - (eine Pflanze); **Haus|zelt; Haus|zins** *Plur.* ...zinse (*südd. u. schweiz. für* Miete)
Haus[-zu]-Haus-Ver|kehr ↑K 26
Haut, die; -, Häute; ↑K 27: zum Aus-der-Haut-Fahren
Haut|arzt; Haut|ärz|tin
Haut|aus|schlag; Haut|bank (*Plur.* ...banken; *Med.*)
Haut|creme, *auch* Haut|krem, Haut|kre|me
Haute Coif|fure ['(h)o:t ko̯a'fy:ɐ̯], die; - - ‹franz.› (für die Mode tonangebende Friseurkunst [bes. in Paris])
Haute Cou|ture ['(h)o:t ku'ty:ɐ̯], die; - - (für die Mode tonangebende Schneiderkunst [bes. in Paris]); **Haute-Cou|ture-Mo|dell** ↑K 26
Haute|fi|nance [(h)o:tfi'nã:s], die; - (Hochfinanz)
Haute|lisse [(h)o:t'lɪs], die; -, -n (Webart mit senkrechten Kettfäden); **Haute|lisse|stuhl**
häu|ten; sich häuten
haut|eng
Haute|vo|lee [(h)o:tvo'le:], die; - ‹franz.› (vornehmste Gesellschaft)
Haut|far|be; Haut|fet|zen; Haut|flüg|ler *(Zool.)*
haut|freund|lich
Haut|gout [o'gu:], der; -s ‹franz.› (scharfer Wildgeschmack; *auch übertr. für* Anrüchigkeit)
häu|tig
Haut|ju|cken [*alte Trennung* ...k|k...], das; -s; **Haut|kli|nik; Haut|krank|heit; Haut|krebs**
Haut|krem, Haut|kre|me *vgl.* Hautcreme
haut|nah
Haut|pfle|ge
Haut|re|li|ef ['o:...] ‹franz.› (Hochrelief)
Haut-Sau|ternes [oso'tɛrn], der; - (ein südwestfranzösischer Weißwein)
haut|scho|nend
Haut|schrift, die; - (*für* Dermographie)
haut|sym|pa|thisch
Haut|trans|plan|ta|ti|on
Häu|tung
Haut|ver|pflan|zung
Hau|werk *vgl.* Haufwerk
[1]**Ha|va|n|na** (Hauptstadt Kubas); *vgl.* Habana
[2]**Ha|van|na,** die; -, -s (Zigarre); **Ha|van|na|zi|gar|re** ↑K 143
Ha|va|rie, die; -, ...ien ‹arab.› (Unfall von Schiffen od. Flugzeugen; schwere Betriebsstörung durch Brand, Explosion u. Ä.; *österr. auch für* Kraftfahrzeugunfall, -schaden); **ha|va|rie|ren**
Ha|va|rist, der; -en, -en (*Seew.* havariertes Schiff; dessen Eigentümer)
Ha|vel [...f...], die; - (rechter Nebenfluss der Elbe)
Ha|vel|land, das; -[e]s ↑K 143; **ha|vel|län|disch,** *aber* ↑K 140: das Havelländische Luch
Ha|ve|lock, der; -s, -s ‹nach dem engl. General› (ärmelloser Herrenmantel mit Schulterkragen)
Ha|waii (Hauptinsel der Hawaiiinseln im Pazif. Ozean; Staat der USA; *vgl.* Hawaiiinseln)
Ha|wai|i|a|ner; Ha|wai|i|a|ne|rin
Ha|waii|gi|tar|re
Ha|waii|in|sel, *auch* **Ha|waii-In|sel,** die; -, -n (eine der Hawaiiinseln); **Ha|waii|in|seln,** *auch* **Ha|waii-In|seln** *Plur.* (Inselgruppe im Pazifischen Ozean, die den Staat Hawaii bildet)
ha|wai|isch
Ha|xe, die; -, -n (*südd. für* Hachse)
Haydn (österr. Komponisten); **haydnsch;** eine haydnsche, *auch* Haydn'sche [*alte Schreibung* Haydnsche] Sinfonie
Ha|zi|en|da, die; -, *Plur.* -s, *auch*

H

...den ‹span.› (südamerik. Farm)
Hb = Hämoglobin
HB = Brinellhärte
H. B. = Helvetisches Bekenntnis
Hbf. = Hauptbahnhof
H-Bom|be ['ha:...]; ↑K 28 ‹nach dem chemischen Zeichen H = Wasserstoff› (Wasserstoffbombe)
h. c. = honoris causa
H-Dur ['ha:du:ɐ̯, *auch* 'ha:'du:ɐ̯], das; - (Tonart; *Zeichen* H); **H-Dur-Ton|lei|ter** ↑K 26
he!; heda!
He = *chem. Zeichen für* Helium
Head|hun|ter ['hɛt...], der; -s, - ‹engl.› (jmd., der Führungskräfte abwirbt); **Head|hun|te|rin**
Head|line ['hɛtlain], die; -, -s (*engl. Bez. für* Schlagzeile)
Hea|ring ['hi:...], das; -[s], -s ‹engl.› (Anhörung)
Hea|vi|side ['hɛvisait] (engl. Physiker); **Hea|vi|side|schicht,** *auch* **Hea|vi|side-Schicht,** die; - (*svw.* Kennelly-Heaviside-Schicht)
Hea|vy|me|tal, ['hɛvi'mɛtl̩], das; -[s], *auch* **Hea|vy Me|tal** [*alte Schreibung* Hea|vy me|tal], das; - -[s] ‹engl.› (aggressivere Variante des Hardrocks)
Heb|am|me, die; -, -n
Heb|bel, Christian Friedrich (dt. Dichter)
He|be (griech. Göttin der Jugend)
He|be|baum; He|be|büh|ne; He|be|fi|gur *(Sport)*
[1]**He|bel,** Johann Peter (dt. [Mundart]dichter)
[2]**He|bel,** der; -s, -
He|bel|arm; He|bel|griff
he|beln; ich heb[e]le
he|ben; du hobst, *veraltet* hub[e]st; du höbest, *veraltet* hübest; gehoben; heb[e]!
He|ber
He|be|satz *(Steuerwesen)*
He|be|werk
He|b|rä|er (*bes. im A. T. für* Angehörige des Volkes Israel)
He|b|rä|er|brief, der; -[e]s *(bibl.)*; **He|b|rä|e|rin**
He|b|ra|i|cum, das; -s ‹lat.› (Prüfung über bestimmte Kenntnisse des Hebräischen)
he|b|rä|isch; *vgl.* deutsch; **He|b|rä|isch,** das; -[s] (Sprache); *vgl.* Deutsch; **He|b|rä|i|sche,** das; -n; *vgl.* Deutsche, das
He|b|ra|ist, der; -en, -en; **He|b|ra|is|tik** [*alte Trennung* ...|st...], die; - (wissenschaftliche Erforschung der hebräischen Sprache u. Literatur); **He|b|ra|is|tin**
He|b|ri|den *Plur.* (schott. Inselgruppe); Äußere u. Innere Hebriden; die Neuen Hebriden (Inselgruppe im Pazifischen Ozean; *jetzt* Vanuatu)
He|bung
He|chel, die; -, -n (ein landwirtschaftliches Gerät)
He|chel|lei (*ugs. für* boshaftes Gerede); **he|cheln;** ich hech[e]le
Hecht, der; -[e]s, -e; **hecht|blau**
hech|ten (*ugs. für* einen Hechtsprung machen); **hecht|grau**
Hecht|rol|le (eine Bodenturnübung); **Hecht|sprung**
Hecht|sup|pe; es zieht wie Hechtsuppe (*ugs. für* es zieht sehr)
[1]**Heck,** das; -[e]s, *Plur.* -e *od.* -s (hinterster Teil eines Schiffes, Flugzeugs, Autos)
[2]**Heck,** das; -[e]s, -e (*nordd. für* Gattertür; Weide, Koppel)
Heck|an|trieb
[1]**He|cke** [*alte Trennung* ...k|k...], die; -, -n (Umzäunung aus Sträuchern)
[2]**He|cke** [*alte Trennung* ...k|k...], die; -, -n (*veraltet für* Nistplatz; Paarungs- *od.* Brutzeit; Brut); **he|cken** (*veraltet für* Junge zur Welt bringen [von Vögeln und kleineren Säugetieren])
He|cken|ro|se [*alte Trennung* ...k|k...]; **He|cken|sche|re; He|cken|schüt|ze**
Heck|fens|ter [*alte Trennung* ...|st...]; **Heck|flos|se; Heck|klap|pe**
heck|las|tig [*alte Trennung* ...|st...]; **Heck|la|ter|ne**
Heck|meck, der; -s (*ugs. für* Geschwätz; unnötige Umstände)
Heck|mo|tor
Heck|pfen|nig ‹*zu* hecken› (*scherzh. für* Münze, die man nicht ausgibt)
Heck|schei|be
He|cu|ba *vgl.* Hekuba
he|da! *(veraltend)*
He|de, die; -, -n (*nordd. für* Werg); **he|den** (aus [2]Hede)
He|de|rich, der; -s, -e (ein Wildkraut)
He|din, Sven (schwedischer Asienforscher)
He|do|ni|ker ‹griech.› (Hedonist); **He|do|ni|ke|rin**
He|do|nis|mus, der; - (philosophische Lehre, nach der das höchste ethische Prinzip das Streben nach Sinnenlust ist)
He|do|nist, der; -en, -en (Anhänger des Hedonismus); **He|do|nis|tin** [*alte Trennung* ...|st...]; **he|do|nis|tisch**
He|d|schas (Landschaft in Arabien); **He|d|schas|bahn,** *auch* **He|d|schas-Bahn**
He|dsch|ra, die; - ‹arab.› (Übersiedlung Mohammeds von Mekka nach Medina; Beginn der islamischen Zeitrechnung)
Hed|wig (w. Vorn.)
Heer, das; -[e]s, -e; **Heer|bann** *(früher)*
Hee|res|be|richt; Hee|res|be|stand *meist Plur.*
Hee|res|grup|pe; Hee|res|lei|tung
Hee|res|zug, Heer|zug
Heer|füh|rer; Heer|la|ger; Heer|schar; Heer|schau
Heer|stra|ße; Heer|we|sen, das; -s
Heer|zug, Hee|res|zug
He|fe, die; -, -n
He|fe|brot; He|fe|kloß; He|fe|kranz; He|fe|ku|chen
He|fe|stück|chen (Kleingebäck); **He|fe|teig; He|fe|zopf**
he|fig
Hef|ner|ker|ze ‹nach dem dt. Elektrotechniker› (frühere Lichtstärkeeinheit; *Zeichen* HK)
Heft, das; -[e]s, -e
Hef|tel, das; -s, - (*landsch. für* Häkchen, Spange); **hef|teln** *(landsch.)*; ich heft[e]le
hef|ten; geheftet (*Abk.* geh.); die Akten wurden geheftet
Hef|ter (Mappe zum Abheften, Gerät zum Heften)
Heft|fa|den *Plur.* ...fäden
hef|tig; Hef|tig|keit
Heft|klam|mer; Heft|la|de (Gerät in der Buchbinderei)
Heft|pflas|ter [*alte Trennung* ...|st...]; **Heft|zwe|cke** [*alte Trennung* ...k|k...]
He|gau, der; -[e]s (Landschaft am Bodensee)
He|ge, die; - (Pflege u. Schutz des Wildes)
He|gel (dt. Philosoph)
He|ge|li|a|ner (Anhänger Hegels); **He|ge|li|a|ne|rin; he|ge|li|a|nisch**
he|gelsch; die hegelsche, *auch* Hegel'sche [*alte Schreibung* Hegelsche] Philosophie
He|ge|meis|ter [*alte Trennung* ...|st...] (Forstbeamter)
he|ge|mo|ni|al ‹griech.› (den Herrschaftsbereich [eines Staates] betreffend); **He|ge|mo|ni|al...** (Vorherrschafts...)
He|ge|mo|nie, die; -, ...ien ([staat-

hei|lig

– (*Abkürzung* hl., *für den Plural* hll.)

I. *Kleinschreibung:*
– in heiligem Zorn; mit heiligem Ernst; heilige Einfalt! (Ausruf der Verwunderung)
– der heilige Paulus, die heilige Theresia
– das heilige Abendmahl, die heilige Messe, die erste heilige Kommunion, die heilige Taufe
– der heilige [*alte Schreibung* Heilige] Krieg
– das heilige Pfingstfest usw. ↑K 151

II. *Großschreibung:*
– der Heilige Abend; Heiliger Abend (24. Dez.)
– die Heilige Allianz
– die Heilige Familie; der Heilige Christ; die Heilige Dreifaltigkeit; der Heilige Geist
– das Heilige Grab
– der Heilige Gral
– die Heilige Jungfrau
– die Heiligen Drei Könige; Heilige Drei Könige (6. Jan.)
– das Heilige Land
– die Heilige Nacht
– der Heilige Rock von Trier
– das Heilige Römische Reich Deutscher Nation
– die Heilige Schrift
– die Heilige Stadt (Jerusalem)
– der Heilige Stuhl; der Heilige Vater ↑K 151

III. *Getrenntschreibung* ↑K 52:
– heilig halten (feiern), heilig gehalten, heilig zu halten [*alte Schreibungen* heilighalten, heiliggehalten, heiligzuhalten]
– heilig sprechen (zum *od.* zur Heiligen erklären), heilig gesprochen, heilig zu sprechen [*alte Schreibungen* heiligsprechen, heiliggesprochen, heiligzusprechen]

liche] Vorherrschaft); **he|ge|mo|nisch**
he|gen; hegen und pflegen
He|ger *(Jägerspr.)*
He|ge|ring (kleinster jagdlicher Bezirk); **He|ge|zeit**
Hehl, das u. der; *nur* kein, *auch* keinen Hehl daraus machen (es nicht verheimlichen); **heh|len**
Heh|ler; Heh|le|rei; Heh|le|rin
hehr (*geh. für* erhaben; heilig)
hei!
heia; *nur in* heia machen (*Kinderspr. für* schlafen)
Heia, die; -, -[s] (*Kinderspr. für* Bett); **Hei|a|bett**
hei|a|po|peia! *vgl.* eiapopeia!
[1]**Hei|de,** der; -n, -n (*veraltend* Nichtchrist; *auch für* Ungetaufter, Religionsloser)
[2]**Hei|de,** die; -, -n (sandiges, unbebautes Land; *nur Sing.:* Heidekraut)
[3]**Hei|de** (w. Vorn.)
Hei|deg|ger (dt. Philosoph)
Hei|de|korn, das; -[e]s; **Hei|de|kraut,** das; -[e]s; **Hei|de|land,** das; -[e]s
Hei|del|bee|re; Hei|del|beer|kraut, das; -[e]s
Hei|del|berg (Stadt am Neckar)
Hei|de|ler|che
Hei|den, der; -s (*ostösterr. für* Buchweizen)
Hei|den... (*ugs. für* groß, sehr viel, z. B. Heidenangst, Heidenarbeit, Heidenlärm, Heidenspaß)
Hei|den|chris|ten|tum [*alte Trennung* ...|st...]
hei|den|mä|ßig (*ugs. für* sehr, groß)
Hei|den|rös|chen, Hei|de|rös|chen
Hei|den|tum, das; -s; **Hei|den|volk**
Hei|de|rös|chen *vgl.* Heidenröschen
hei|di! [*auch* 'hai...] (*nordd. für* lustig!; schnell!); heidi gehen (*ugs. für* verloren gehen)
Hei|di (w. Vorn.)
Hei|din
Heid|jer (Bewohner der [Lüneburger] Heide)
heid|nisch
Heid|schnu|cke [*alte Trennung* ...k|k...], die; -, -n (eine Schafrasse)
Hei|duck, der; -en, -en ‹ung.› (*früher* ungarischer [Grenz]soldat)
Hei|er|mann (*ugs. für* Fünfmarkstück)
Hei|ke (w., *seltener* m. Vorn.)
hei|kel (schwierig; *landsch. auch für* wählerisch [beim Essen]); eine heik|le Sache
Hei|ko (m. Vorn.)
heil; eine heile Welt
Heil, das; -[e]s; Berg Heil!; Ski Heil!; *vgl.* Heil bringend
Hei|land, der; -[e]s, -e (*geh. für* Retter, Erlöser); unser Herr und Heiland [Jesus Christus]
Heil|bad
heil|bar; Heil|bar|keit, die; -
Heil brin|gend, *auch* **heil|bringend** ↑K 58 *u.* 59: die Heil bringende, *auch* heilbringende Botschaft; *aber nur* göttliches Heil bringend; eine [noch] heilbringendere Wirkung
Heil|bronn (Stadt am Neckar)
Heil|butt (ein Fisch)
hei|len
Heil|er|de; Heil|er|folg
heil|froh
Heil|gym|nast; Heil|gym|nas|tik [*alte Trennung* ...|st...]; **Heil|gym|nas|tin**
hei|lig *s. Kasten*
Hei|lig|a|bend
Hei|li|ge, der *u.* die; -n, -n
Hei|li|ge|drei|kö|nigs|tag, der; -[e]s, -e
hei|li|gen
Hei|li|gen|bild; Hei|li|gen|fi|gur
Hei|li|gen|le|ben; Hei|li|gen|schein; Hei|li|gen|schrein
Hei|lig|geist|kir|che
hei|lig hal|ten [*alte Schreibung* hei|lig|hal|ten] *vgl.* heilig
Hei|lig|keit, die; -; Seine Heiligkeit ↑K 89 (der Papst)
hei|lig spre|chen [*alte Schreibung* hei|lig|spre|chen] *vgl.* heilig; **Hei|lig|spre|chung**
Hei|lig|tum
Hei|li|gung
heil|kli|ma|tisch
Heil|kraft; heil|kräf|tig
Heil|kun|de, die; -, -n; **heil|kun|dig**
Heil|kun|di|ge, der *u.* die; -n, -n
heil|los
Heil|mit|tel, das
Heil|pä|d|a|go|ge; Heil|pä|d|a|gogik; Heil|pä|d|a|go|gin; heil|pä|d|a|go|gisch
Heil|pflan|ze; Heil|prak|ti|ker; Heil|prak|ti|ke|rin; Heil|quel|le; Heil|ruf
heil|sam; Heil|sam|keit, die; -

Heils|ar|mee, die; -; **Heils|bot|schaft**
Heil|schlaf; Heil|schlamm;
Heils|leh|re
Hei|lung; Hei|lungs|be|wäh|rung (Verminderung einer Behinderung durch Heilung); **Hei|lungs|pro|zess** [*alte Schreibung* ...prozeß]
Heil|ver|fah|ren; Heil|wir|kung
Heil|zweck; zu Heilzwecken
Heim, das; -[e]s, -e
heim...; *vgl.* heimbegeben, heimbegleiten usw.
Heim|a|bend; Heim|ar|beit
Hei|mat, die; -, -en
hei|mat|be|rech|tigt
Hei|mat|dich|ter; Hei|mat|dich|tung
Hei|mat|er|de, die; -; **Hei|mat|fest; Hei|mat|film; Hei|mat|for|scher**
hei|mat|ge|nös|sig (*schweiz. neben* heimatberechtigt)
Hei|mat|ha|fen
Hei|mat|kun|de, die; -; **hei|mat|kund|lich**
Hei|mat|kunst, die; -
Hei|mat|land *Plur.* ...länder
hei|mat|lich
hei|mat|los; Hei|mat|lo|se, der *u.* die; -n, -n; **Hei|mat|lo|sig|keit**, die; -
Hei|mat|mu|se|um; Hei|mat|ort, der; -[e]s, ...orte; **Hei|mat|recht**
Hei|mat|staat *Plur.* ...staaten; **Hei|mat|stadt; Hei|mat|ver|trie|be|ne**
heim|be|ge|ben, sich; du hast dich heimbegeben
heim|be|glei|ten; er hat sie heimbegleitet
heim|brin|gen; er hat sie heimgebracht
Heim|chen (eine Grille)
Heim|com|pu|ter
Heim|dal[l] (*nord. Mythol.* Wächter der Götter u. ihres Sitzes)
hei|me|lig (anheimelnd)
Hei|men, Hei|met, das; -s, - (*schweiz. für* Bauerngut); *vgl.* Heimwesen
heim|fah|ren; sie ist heimgefahren; **Heim|fahrt**
Heim|fall, der; -[e]s (*Rechtsspr.* das Zurückfallen [eines Gutes] an den Besitzer)
heim|füh|ren; er hat sie heimgeführt
Heim|gang, der; -[e]s, ...gänge; **heim|ge|gan|gen** (*verhüllend für* gestorben); **Heim|ge|gan|ge|ne**, der *u.* die; -n, -n; **heim|ge|hen**; sie ist heimgegangen
heim|gei|gen (*svw.* heimleuchten)
heim|ho|len; sie wurde heimgeholt
hei|misch
Heim|kehr, die; -; **heim|keh|ren**; er ist heimgekehrt; **Heim|keh|rer**
Heim|ki|no (*auch scherzh. für* Fernsehen)
heim|kom|men; sie ist heimgekommen; **Heim|kunft**, die; -
Heim|lei|ter, der; **Heim|lei|te|rin**
heim|leuch|ten; dem haben sie heimgeleuchtet (*ugs.* ihn derb abgefertigt)
heim|lich; heimlich tun [*alte Schreibung* heimlichtun] (geheimnisvoll tun), sie hat sehr heimlich getan [*alte Schreibung* heimlichgetan]; er hat es heimlich getan; **heim|lich|feiß** (*schweiz. mdal. für* einen Besitz, ein Können verheimlichend); **Heim|lich|keit**
Heim|lich|tu|er; Heim|lich|tu|e|rei; Heim|lich|tu|e|rin; heim|lich tun [*alte Schreibung* heim|lich|tun]; *vgl.* heimlich
Heim|mann|schaft (*Sport*)
heim|müs|sen
Heim|mut|ter *Plur.* ...mütter
Heim|nie|der|la|ge (*Sport*)
Heim|rei|se; heim|rei|sen; sie ist heimgereist
Heim|sei|te (*für* Homepage)
Heim|sieg (*Sport*); **Heim|spiel** (*Sport*); **Heim|statt; Heim|stät|te**
heim|su|chen; er wurde schwer heimgesucht; **Heim|su|chung**
Heim|tier (z. B. Hund, Katze, Meerschweinchen); **Heim|trai|ner** (*für* Hometrainer; Trainer im heimatlichen Verein)
Heim|tü|cke [*alte Trennung* ...k|k...] (hinterlistige Bösartigkeit); **Heim|tü|cker** (heimtückischer Mensch); **heim|tü|ckisch**
Heim|volks|hoch|schule
Heim|vor|teil, der; -s (*Sport*)
heim|wärts; heimwärts gehen
Heim|weg, der; -[e]s
Heim|weh, das; -s; **heim|weh|krank**
Heim|wer|ker (jmd., der handwerkliche Arbeiten zu Hause selbst macht; Bastler); **Heim|we|sen** (*schweiz. für* Anwesen)
heim|wol|len; sie hat heimgewollt
heim|zah|len; jmdm. etwas heimzahlen
heim|zu (*ugs. für* heimwärts)
Hein (m. Vorn.); Freund Hein (*verhüllend für* der Tod)
Hei|ne (dt. Dichter)
Hei|ne|mann (dritter dt. Bundespräsident)
Hei|ner (m. Vorn.)
hei|nesch; die heineschen, *auch* Heine'schen [*alte Schreibung* Heineschen] Reisebilder; *vgl.* heinisch
[1]**Hei|ni** (m. Vorn.)
[2]**Hei|ni**, der; -s, -s (*ugs. für* einfältiger Mensch)
hei|nisch; dies ist heinische Ironie; die heinischen [*alte Schreibung* Heinischen] Reisebilder; *vgl.* heinesch
Hei|no (m. Vorn.)
Hein|rich (m. Vorn.)
[1]**Heinz** (m. Vorn.)
[2]**Heinz**, der; -en, -en *u.* [1]**Hein|ze**, der; -n, -n (*südd. für* Heureuter; Stiefelknecht)
[2]**Hein|ze**, die; -, -n (*schweiz. für* Heureuter)
Hein|zel|bank *Plur.* ...bänke (*österr. für* eine Art von Werkbank)
Hein|zel|männ|chen ⟨*zu* [1]Heinz⟩ (hilfreicher Hausgeist)
Hei|rat, die; -, -en; **hei|ra|ten**
Hei|rats|ab|sicht *meist Plur.*; **Hei|rats|an|non|ce**
Hei|rats|an|trag; Hei|rats|an|zei|ge
hei|rats|fä|hig; hei|rats|lus|tig [*alte Trennung* ...|st...]
Hei|rats|markt; Hei|rats|schwind|ler; Hei|rats|ur|kun|de
Hei|rats|ver|mitt|ler; Hei|rats|ver|mitt|le|rin
hei|sa!, hei|ßa!
hei|schen (*geh. für* fordern, verlangen); du heischst
hei|ser; Hei|ser|keit
heiß *s. Kasten S. 459*
hei|ßa!, hei|sa!; **hei|ßas|sa!**
heiß be|gehrt [*alte Schreibung* heiß|be|gehrt] *vgl.* heiß
Heiß|be|hand|lung; heiß|blü|tig
[1]**hei|ßen** (einen Namen tragen; nennen; befehlen); du heißt; ich hieß, du hießest; geheißen; heiß[e]!; er hat es mich geheißen, *aber* wer hat dich das tun heißen?; sie hat mich kommen heißen, *seltener* geheißen; das heißt (*Abk.* d. h.)
[2]**hei|ßen** (hissen); du heißt; du heißtest; geheißt; heiß[e]!
heiß er|sehnt, heiß ge|liebt [*alte Schreibungen* heiß|er|sehnt, heiß|ge|liebt]; *vgl.* heiß
Heiß|hun|ger; heiß|hung|rig
heiß lau|fen, *auch* **heiß|lau|fen**; der Motor hat sich heiß gelaufen, *auch* heißgelaufen; der Motor ist heiß gelaufen, *auch* heißgelaufen

heiß

heißer, am heißes|ten
Kleinschreibung:
– ein heißes Eisen (*ugs. für* eine schwierige Angelegenheit); ein heißer (sehnlicher) Wunsch; heißer Draht ([telefonische] Direktverbindung für schnelle Entscheidungen); heiße Höschen (*ugs. veraltend für* Hotpants); heißer Ofen (*ugs. für* Sportwagen, schweres Motorrad; ↑K 151)
Getrenntschreibung:
– das Wasser heiß machen; jmdm. die Hölle heiß machen (*ugs. für* jmdm. heftig zusetzen; jmdn. bedrängen); was ich nicht weiß, macht mich nicht heiß

Getrenntschreibung in Verbindung mit dem Partizip II:
– ein heiß begehrtes, heiß geliebtes [*alte Schreibungen* heißbegehrtes, heißgeliebtes] Mädchen; das Mädchen war heiß begehrt, heiß geliebt
– seine heiß ersehnte [*alte Schreibung* heißersehnte] Ankunft; seine Ankunft wurde heiß ersehnt
– das ist eine heiß umkämpfte, heiß umstrittene [*alte Schreibungen* heißumkämpfte, heißumstrittene] Frage; die Frage war lange Zeit heiß umkämpft, heiß umstritten usw.

Heiß|luft|hei|zung; Heiß|luft|herd
Heiß|man|gel, die
Heiß|sporn *Plur.* ...sporne (hitziger, draufgängerischer Mensch); **heiß|spor|nig**
heiß um|kämpft, heiß um|strit|ten [*alte Schreibungen* heiß|um|kämpft, heiß|um|strit|ten]; *vgl.* heiß
Heiß|was|ser|be|rei|ter; Heiß|was|ser|spei|cher
Heis|ter [*alte Trennung* ...|st...], der; -s, - (junger Laubbaum aus Baumschulen)
...heit (z. B. Keckheit, die; -, -en)
hei|ter; heit[e]rer, heiters|te
Hei|ter|keit, die; -; **Hei|ter|keits|er|folg**
Heiz|an|la|ge; heiz|bar
Heiz|de|cke [*alte Trennung* ...k|k...]
hei|zen; du heizt; **Hei|zer**
Heiz|gas; Heiz|ge|rät; Heiz|kes|sel; Heiz|kis|sen
Heiz|kör|per; Heiz|kos|ten [*alte Trennung* ...|st...] *Plur.*
Heiz|öl; Heiz|pe|ri|o|de; Heiz|plat|te; Heiz|rohr; Heiz|son|ne
Hei|zung
Hei|zungs|an|la|ge; Hei|zungs|kel|ler; Hei|zungs|mon|teur; Hei|zungs|rohr; Hei|zungs|tank
He|ka|te [...te, *auch* ...ˈka:...] (griechische Nacht- u. Unterweltsgöttin)
He|ka|tom|be, die; -, -n ⟨griech.⟩ (einem Unglück zum Opfer gefallene, erschütternd große Zahl von Menschen)
hek|t..., hek|to... ⟨griech.⟩ (100)
Hek|t|ar [*auch* ...ˈta:ɐ̯], das, *auch* der; -s, -e ⟨griech.; lat.⟩ (100 a; *Zeichen* ha); 3 Hektar gutes Land *od.* guten Landes
Hek|t|a|re, die; -, -n (*schweiz. für* Hektar; *Zeichen* ha)
Hek|t|ar|er|trag *meist Plur.*
Hek|tik, die; - ⟨griech.⟩ (fieberhafte Aufregung, nervöses Getriebe); **hek|tisch** (fieberhaft, aufgeregt, sprunghaft); hektische Röte; hektisches Fieber
hek|to... *vgl.* hekt...; **Hek|to...** (das Hundertfache einer Einheit, z. B. Hektoliter = 100 Liter; *Zeichen* h)
Hek|to|graph, *auch* Hek|to|graf, der; -en, -en (Vervielfältigungsgerät); **Hek|to|gra|phie,** *auch* Hek|to|gra|fie, die; -, ...ien (Vervielfältigung); **hek|to|gra|phie|ren,** *auch* hek|to|gra|fie|ren
Hek|to|li|ter (100 l; *Zeichen* hl)
Hek|to|pas|cal (100 Pascal; *Zeichen* hPa)
Hek|tor (Held der griechischen Sage)
He|ku|ba (weibliche griechische Sagengestalt)
Hel (nordische Todesgöttin; *auch* Welt der Toten; Unterwelt)
He|lan|ca®, das; - (hochelastisches Kräuselgarn aus Nylon)
hel|lau! (Karnevalsruf)
Held, der; -en, -en
Hel|den|brust *(scherzh.);* **Hel|den|dar|stel|ler; Hel|den|e|pos; Hel|den|fried|hof**
hel|den|haft
Hel|den|mut; hel|den|mü|tig
Hel|den|tat; Hel|den|te|nor; Hel|den|tod
Hel|den|tum, das; -s
Hel|der, der *od.* das; -s, - (*nordd. für* uneingedeichtes Marschland)
Hel|din; hel|disch
He|le|na (w. griech. Sagengestalt; w. Eigenn.)
He|le|ne (w. Vorn.)
Hel|fe, die; -, -n (Schnur am Webstuhl)
hel|fen; du hilfst; du halfst; du hülfest, *selten* hälfest; geholfen; hilf!; sie hat ihr beim Nähen geholfen, *aber* sie hat ihr nähen helfen *od.* geholfen; sich zu helfen wissen
Hel|fer; Hel|fe|rin
Hel|fers|hel|fer (Mittäter)
Hel|ga (w. Vorn.)
[1]**Hel|ge** (m. u. w. Vorn.)
[2]**Hel|ge,** die; -, -n *u.* [1]**Hel|gen,** der; -s, - ⟨*aus* Helligen⟩ (*Nebenform von* Helling)
[2]**Hel|gen,** der; -s, - (*schweiz. mdal. für* [Heiligen]bild)
Hel|go|land; Hel|go|län|der; hel|go|län|disch
He|li|and, der; -s ⟨»Heiland«⟩ (altsächs. Evangeliendichtung)
He|li|an|thus, der; -, ...then ⟨griech.⟩ (*Bot.* Sonnenblume)
[1]**He|li|kon,** das; -s, -s ⟨griech.⟩ (runde Basstuba)
[2]**He|li|kon,** der; -[s] (Gebirge in Böotien)
He|li|ko|p|ter, der; -s, - ⟨engl.⟩ (Hubschrauber)
He|li|o... ⟨griech.⟩ (Sonnen...)
He|li|o|dor, der; -s, -e (ein Edelstein)
He|li|o|graph, *auch* He|li|o|graf, der; -en, -en (ein Signalgerät für Blinkzeichen mithilfe des Sonnenlichts); **He|li|o|gra|phie,** *auch* He|li|o|gra|fie, die; - (ein Tiefdruckverfahren; Zeichengeben mit dem Heliographen); **he|li|o|gra|phisch,** *auch* he|li|o|gra|fisch
He|li|o|gra|vü|re, die; -, -n (*nur Sing.:* ein älteres Tiefdruckverfahren; Ergebnis dieses Verfahrens)
He|li|os (griech. Sonnengott)
He|li|o|s|kop, das; -s, -e (Gerät mit Lichtschwächung zur direkten Sonnenbeobachtung)
He|li|o|s|tat, der; *Gen.* -[e]s *u.* -en,

H

Plur. -en (Spiegelvorrichtung, die den Sonnenstrahlen eine gleich bleibende Richtung gibt)
He|li|o|the|ra|pie, die; - (*Med.* Heilbehandlung mit Sonnenlicht)
[1]**He|li|o|trop**, das; -s, -e (eine Zierpflanze; *nur Sing.:* eine Farbe; *früher* Spiegelvorrichtung [in der Geodäsie])
[2]**He|li|o|trop**, der; -s, -e (ein Edelstein)
he|li|o|tro|pisch (*veraltet für* phototropisch)
he|li|o|zen|t|risch (auf die Sonne als Mittelpunkt bezüglich); heliozentrisches Weltsystem
He|li|o|zo|on, das; -s, ...zoen (*Zool.* Sonnentierchen)
He|li|port, der; -s, -s ‹engl.› (Landeplatz für Hubschrauber)
He|li|ski|ing, *auch* **He|li-Ski|ing** [...skiːɪŋ], das; -[s] ‹engl.› (Abfahrt von einem Berggipfel, zu dem der Skiläufer mit dem Helikopter gebracht worden ist)
He|li|um, das; -s (chemisches Element, Edelgas; *Zeichen* He)
He|lix, die; -, ...ices ‹griech.-lat.› (*Chemie* spiralige Molekülstruktur)
Hel|ke (w. Vorn.)

hell
Getrenntschreibung: – hell lachen; hell scheinen – ein hell leuchtender, hell strahlender [*alte Schreibungen* helleuchtender, hellstrahlender] Stern; die hell lodernde [*alte Schreibung* hellodernde] Flamme *Zusammenschreibung:* – hellblau, hellgelb usw.

Hel|la (w. Vorn.)
Hel|las (Griechenland)
hell|auf; hellauf lachen (laut u. fröhlich lachen); *aber* hell auflachen (plötzlich zu lachen anfangen); hellauf begeistert
hell|äu|gig
hell|blau; hellblau färben; **hell|blond**
hell|dun|kel ↑K 23; **Hell|dun|kel**
Hell|dun|kel|ma|le|rei
hel|le (*landsch. für* aufgeweckt, gewitzt)
[1]**Hel|le**, die; - (Helligkeit)
[2]**Hel|le**, das; -n, -n (*ugs. für* [ein Glas] helles Bier); 3 Helle
Hel|le|bar|de [*schweiz.* ˈhɛ...], die; -, -n (Hieb- u. Stoßwaffe im MA.; Paradewaffe der Schweizergarde im Vatikan); **Hel|le|bar|dier**, der; -s, -e (mit einer Hellebarde Bewaffneter)
Hel|le|gat[t], das; -s, *Plur.* -en *u.* -s ([Vorrats-, Geräte]raum auf Schiffen)
hel|len, sich (*veraltet für* sich erhellen)
Hel|le|ne, der; -n, -n (Grieche); **Hel|le|nen|tum**, das; -s; **Hel|le|nin; hel|le|nisch**
hel|le|ni|sie|ren (nach griechischem Vorbild gestalten)
Hel|le|nis|mus, der; - (nachklassische griechische Kultur)
Hel|le|nist, der; -en, -en (Gelehrter des nachklass. Griechentums; Forscher u. Kenner des Hellenismus); **Hel|le|nis|tik** [*alte Trennung* ...|st...], die; - (wissenschaftl. Erforschung der hellenist. Sprache u. Literatur); **Hel|le|nis|tin; hel|le|nis|tisch**
Hel|ler, der; -s, - (ehem. dt. Münze); auf Heller u. Pfennig; ich gebe keinen [roten] Heller dafür; *vgl.* Haléř
Hel|les|pont, der; -[e]s ‹griech.› (*antike Bez. für* Dardanellen)
Hell|gat[t] *vgl.* Hellegat[t]
hell|grün; hell|haa|rig; hell|häu|tig
hell|hö|rig (schalldurchlässig); hellhörig (stutzig) werden; jmdn. hellhörig machen (jmds. Aufmerksamkeit erregen)
Hel|li|gen (*Plur. von* Helling)
Hel|lig|keit, die; -, *Plur.* (*fachspr.*) -en; **Hel|lig|keits|reg|ler**
Hel|ling, die; -, *Plur.* -en *u.* Hel|ligen, *auch* der; -s, -e (Schiffsbauplatz); *vgl.* Helge[n]
hell leuch|tend [*alte Schreibung* helleuch|tend, *alte Trennung* ...ll|l...] *vgl.* hell
hell|licht [*alte Schreibung* hellicht, *alte Trennung* ...ll|l...]; es ist helllichter Tag
hell|li|la [*alte Schreibung* helli|la, *alte Trennung* ...ll|l...]; ein helllila Kleid; *vgl.* beige; in Helllila ↑K 72
hell lo|dernd [*alte Schreibung* hello|dernd, *alte Trennung* ...ll|l...] *vgl.* hell
hell|rot
hell|se|hen; *nur im Infinitiv gebräuchlich;* **Hell|se|hen**, das; -s
Hell|se|her; Hell|se|he|rei; Hell|se|he|rin; hell|se|he|risch
hell|sich|tig (scharfsinnig; vorausschauend); **Hell|sich|tig|keit**, die; -
hell|wach
Hell|weg, der; -[e]s (in Westfalen)
[1]**Helm**, der; -[e]s, -e (Kopfschutz; Turmdach)
[2]**Helm**, der; -[e]s, -e (Stiel von Werkzeugen zum Hämmern o. Ä.)
Hel|ma (w. Vorn.)
Helm|busch
Helm|holtz (dt. Physiker)
Hel|min|the, die; -, -n *meist Plur.* ‹griech.› (*Med.* Eingeweidewurm); **Hel|min|thi|a|sis**, die; -, ...thiasen (*Med.* Wurmkrankheit)
Helm|stedt (Stadt östlich von Braunschweig); **Helm|sted|ter**
Hel|mut (m. Vorn.)
He|lo|i|se (w. Eigenn.)
He|lot, der; -en, -en, *seltener* **He|lo|te**, der; -n, -n ‹griech.› ([spartan.] Staatssklave); **He|lo|ten|tum**, das; -s
Hel|sing|fors (*schwed. für* Helsinki)
Hel|sin|ki (Hauptstadt Finnlands)
Hel|ve|ti|en (*lat. Name für* Schweiz)
Hel|ve|ti|er (Angehöriger eines kelt. Volkes); **Hel|ve|ti|e|rin; hel|ve|tisch**, *aber* ↑K 140: die Helvetische Republik; das Helvetische Bekenntnis (*Abk.* H. B.)
Hel|ve|tis|mus, der; -, ...men ‹lat.› (schweizerische Spracheigentümlichkeit)
hem!, hm!; **hem, hem!;** hm, hm!
Hemd, das; -[e]s, -en; **hemd|är|me|lig** *vgl.* hemdsärmelig
Hemd|blu|se; Hemd|blu|sen|kleid
Hem|den|knopf, Hemd|knopf
Hem|den|matz (*ugs.*)
Hemd|ho|se; Hemd|knopf, Hemden|knopf; **Hemd|kra|gen**
Hemds|är|mel *meist Plur.;* **hemds|är|me|lig**, *schweiz. auch* hemdärm[e]lig
he|mi... ‹griech.› (halb...); **He|mi...** (Halb...);
He|ming|way [...veː] (amerik. Schriftsteller)
He|mi|ple|gie, die; -, ...ien (*Med.* halbseitige Lähmung)
He|mi|s|phä|re, die; -, -n ([Erd- od. Himmels]halbkugel; *Med.* rechte bzw. linke Hälfte des Groß- u. Kleinhirns); **he|mi|s|phä|risch**
He|mi|s|ti|chi|on, He|mi|s|ti|chi|um, das; -s, ...ien (Halbvers in der altgriechischen Metrik)

he|mi|zy|k|lisch (halbkreisförmig)
Hem|lock|tan|ne *vgl.* Tsuga
hem|men
Hemm|nis, das; -ses, -se
Hemm|schuh; Hemm|schwel|le *(bes. Psych.);* **Hemm|stoff** *(Chemie* Substanz, die chemische Reaktionen hemmt)
Hem|mung; hem|mungs|los; Hem|mungs|lo|sig|keit
Hemm|wir|kung
Hems|ter|huis [...hɔys; *alte Trennung* ...|st...], Frans (niederländischer Philosoph)
Hen|de|ka|gon, das; -s, -e ‹griech.› (Elfeck)
Hen|de|ka|syl|la|bus, der; -, *Plur.* ...syllaben *u.* ...syllabi (elfsilbiger Vers)
Hen|del, das; -s, -n *(südd., österr. für* [junges] Huhn; Brathuhn)
Hen|di|a|dy|oin, das; -s ‹griech.›, *seltener* **Hen|di|a|dys,** das; - *(Rhet.* Ausdrucksverstärkung durch Verwendung von zwei sinnverwandten Wörtern, z. B. »bitten und flehen«)
Hendl *vgl.* Hendel
Hengst, der; -es, -e
Hen|kel, der; -s, -
Hen|kel|glas *Plur.* ...gläser; **Hen|kel|korb; Hen|kel|krug**
Hen|kel|mann *Plur.* ...männer *(ugs. für* Gefäß zum Transport von [warmen] Mahlzeiten)
hen|ken *(veraltend für* durch den Strang hinrichten); **Hen|ker**
Hen|kers|beil; Hen|kers|frist; Hen|kers|knecht; Hen|kers|mahl[|zeit] (letzte Mahlzeit)
Hen|na, die; - *od.* das; -[s] ‹arab.› (rotgelber Farbstoff, der u. a. zum Färben von Haaren verwendet wird); **Hen|na|strauch**
Hen|ne, die; -, -n
Hen|ne|gat[t] *(nordd. für* ¹Koker)
Hen|ne|gau, der; -[e]s (belgische Provinz)
Hen|ni (w. Vorn.)
Hen|nig, ¹Hen|ning (m. Vorn.)
²Hen|ning (der Hahn in der Tierfabel)
Hen|ny [...ni] (w. Vorn.)
He|no|the|is|mus ‹griech.› (Verehrung einer Gottheit, ohne andere Gottheiten zu leugnen)
Hen|ri [ãˈ...] (m. Vorn.)
Hen|ri|et|te [hɛ...] (w. Vorn.)
Hen|ri|qua|t|re [ãriˈkatrə], der; -[s] [...rə], -s [...rə] ‹franz.› (Spitzbart [wie ihn Heinrich IV. von Frankreich trug])

¹Hen|ry [...ri] (m. Vorn.)
²Hen|ry [...ri], das; -, - ‹nach dem amerik. Physiker› (Einheit der Induktivität; *Zeichen* H)
Hen|ze (dt. Komponist)
he|pa|tisch ‹griech.› *(Med.* zur Leber gehörend)
He|pa|ti|tis, die; -, ...itiden (Leberentzündung)
He|pa|to|lo|gie, die; - (Lehre von den Funktionen u. Krankheiten der Leber)
He|phais|tos [*alte Trennung* ...|st...], *auch* He|phäst, He|phäs|tus [*alte Trennung* ...|st...] (griechischer Gott des Feuers u. der Schmiedekunst)
Hep|ta|chord [...k...], der *od.* das; -[e]s, -e ‹griech.› *(Musik* große Septime)
Hep|ta|gon, das; -s, -e (Siebeneck)
Hep|t|a|me|ron, das; -s (Novellensammlung, an »sieben Tagen« erzählt, von Margarete von Navarra)
Hep|ta|me|ter, der; -s, - (siebenfüßiger Vers)
Hep|tan, das; -s *(Chemie* Kohlenwasserstoff mit sieben Kohlenstoffatomen, Bestandteil von Erdöl, Benzin usw.)
Hep|ta|teuch, der; -s (die ersten sieben bibl. Bücher)
Hep|t|o|de, die; -, -n *(Physik* Elektronenröhre mit sieben Elektroden)

her

(beschreibt meist eine Bewegung auf den Sprechenden zu)
- her zu mir!; her damit!; hin und her
- von früher her
- das kann noch nicht so lange her sein [*alte Schreibung* hersein]; obwohl es schon drei Jahre her ist, obwohl es schon drei Jahre her gewesen [*alte Schreibung* hergewesen] ist
- hinter jmdm. her sein *(für ugs.* nach jmdm. fahnden; sich um jmdn. bemühen)

Vgl. hin

her... *(in Zus. mit Verben,* z. B. herbringen, du bringst her, hergebracht, herzubringen)
He|ra, He|re (Gemahlin des Zeus)
he|r|ab; he|r|ab... (z. B. herablassen; er hat sich herabgelassen)
he|r|ab|bli|cken [*alte Trennung* ...k|k...]

he|r|ab|fal|len
he|r|ab|hän|gen; die Deckenverkleidung hing herab; *vgl.* ¹hängen
he|r|ab|las|sen; sie ließ sich herab; **he|r|ab|las|send; He|r|ab|las|sung,** die; -
he|r|ab|se|hen; auf jemanden herabsehen
he|r|ab|set|zen; He|r|ab|set|zung
he|r|ab|wür|di|gen; He|r|ab|wür|di|gung
He|ra|k|les (Halbgott u. Held der griech.-röm. Sage); *vgl.* Herkules; **He|ra|k|li|de,** der; -n, -n (Nachkomme des Herakles)
He|ra|k|lit [*auch* ...ˈklit] (altgriechischer Philosoph)
He|ral|dik, die; - ‹franz.› (Wappenkunde); **He|ral|di|ker** (Wappenforscher); **he|ral|disch**
he|r|an, *ugs.* ran ↑K 14; heran sein [*alte Schreibung* heransein]; sobald er heran ist
he|r|an... (z. B. heranbringen; er hat es mir herangebracht)
he|r|an|ar|bei|ten, sich
he|r|an|bil|den; He|r|an|bil|dung
he|r|an|brin|gen *vgl.* heran...
he|r|an|dür|fen; he|r|an|fah|ren; er ist zu nahe herangefahren
he|r|an|füh|ren; he|r|an|ge|hen; he|r|an|kom|men; he|r|an|kön|nen; he|r|an|las|sen
he|r|an|ma|chen, sich *(ugs.* für sich [mit einer bestimmten Absicht] nähern; beginnen)
he|r|an|müs|sen; he|r|an|rei|chen; he|r|an|rei|fen (allmählich reif werden)
he|r|an|rü|cken [*alte Trennung* ...k|k...]; **he|r|an|schaf|fen** *vgl.* ¹schaffen
he|r|an sein [*alte Schreibung* her|an|sein] *vgl.* heran
he|r|an|tas|ten [*alte Trennung* ...|st...], sich; **he|r|an|tra|gen; he|r|an|tre|ten**
he|r|an|wach|sen; He|r|an|wach|sen|de, der *u.* die; -n, -n
he|r|an|wa|gen, sich; **he|r|an|wol|len; he|r|an|zie|hen**
he|r|auf, *ugs.* rauf ↑K 14
he|r|auf... (z. B. heraufziehen; er hat den Eimer heraufgezogen)
he|r|auf|be|mü|hen; he|r|auf|be|schwö|ren; he|r|auf|brin|gen; he|r|auf|däm|mern
he|r|auf|ho|len; he|r|auf|las|sen; he|r|auf|set|zen; he|r|auf|zie|hen
he|r|aus, *ugs.* raus ↑K 14; heraus

H

sein [*alte Schreibung* heraussein]; sobald es heraus war
he|r|aus... (z. B. herausstellen; wir haben die Schuhe herausgestellt)
he|r|aus|ar|bei|ten; He|r|aus|ar|bei|tung
he|r|aus|be|kom|men
he|r|aus|bil|den, sich; **He|r|aus|bil|dung**
he|r|aus|brin|gen; he|r|aus|dür|fen; he|r|aus|fah|ren; he|r|aus|fin|den
He|r|aus|for|de|rer; He|r|aus|for|de|rin; he|r|aus|for|dern; ich fordere heraus; **he|r|aus|for|dernd; He|r|aus|for|de|rung**
He|r|aus|ga|be, die; -
he|r|aus|ge|ben; ich gebe heraus; **He|r|aus|ge|ber** (*Abk.* Hg. *u.* Hrsg.); **He|r|aus|ge|be|rin** (*Abk.* Hg. *u.* Hrsg.); **he|r|aus|ge|ge|ben** (*Abk.* hg. *u.* hrsg.)
he|r|aus|ge|hen; du musst mehr aus dir herausgehen (weniger befangen sein)
he|r|aus|ha|ben (*ugs. auch für* etwas begriffen haben; etwas gelöst haben)
he|r|aus|hal|ten, sich
[1]**he|r|aus|hän|gen;** die Fahne hing zum Fenster heraus; *vgl.* [1]hängen
[2]**he|r|aus|hän|gen;** sie hängten die Fahne heraus; *vgl.* [2]hängen
he|r|aus|hau|en; sie haute ihn heraus (befreite ihn); **he|r|aus|he|ben,** sich; **he|r|aus|ho|len; he|r|aus|hö|ren**
he|r|aus|keh|ren; den Vorgesetzten herauskehren
he|r|aus|kom|men; es wird nichts dabei herauskommen *(ugs.)*; **he|r|aus|kön|nen**
he|r|aus|kris|tal|li|sie|ren, sich [*alte Trennung* ...|st...]
he|r|aus|las|sen
he|r|aus|ma|chen; sich herausmachen (*ugs. für* sich gut entwickeln)
he|r|aus|müs|sen; he|r|aus|neh|men; sich etwas herausnehemen (*ugs. für* sich dreisterweise erlauben); **he|r|aus|pau|ken** (*ugs. für* befreien; retten); **he|r|aus|plat|zen; he|r|aus|ra|gen;** eine herausragende Leistung
he|r|aus|rei|ßen (*ugs. auch für* befreien; retten); **he|r|aus|rü|cken** [*alte Trennung* ...k|k...]; mit der Sprache herausrücken *(ugs.)*
he|r|aus|rut|schen; he|r|aus|schaf|fen *vgl.* [1]schaffen; **he|r|aus|schä|len;** sich herausschälen (allmählich deutlich, erkennbar werden)
he|r|aus|schau|en (*ugs. auch für* als Nutzen, Gewinn erbringen)
he|r|aus|schi|cken [*alte Trennung* ...k|k...]; **he|r|aus|schin|den**
he|r|aus sein [*alte Schreibung* heraus|sein] *vgl.* heraus
he|r|au|ßen (*bayr., österr. für* hier außen)
he|r|aus|spie|len; he|r|aus|sprin|gen (*auch für* sich als Gewinn, als Vorteil ergeben)
he|r|aus|spru|deln; he|r|aus|stel|len; *vgl.* heraus...; es hat sich herausgestellt, dass ...
he|r|aus|stre|cken [*alte Trennung* ...k|k...]; **he|r|aus|strei|chen** (*auch für* hervorheben); **he|r|aus|tra|gen**
he|r|aus|wach|sen; sie ist aus dem Kleid herausgewachsen; *aber* ihre Sicherheit ist aus den Erfahrungen heraus gewachsen
he|r|aus|wa|gen, sich; **he|r|aus|win|den,** sich
he|r|aus|wirt|schaf|ten; he|r|aus|wol|len; he|r|aus|zie|hen
herb
Her|ba|ri|um, das; -s, ...ien ⟨lat.⟩ (Sammlung getrockneter Pflanzen)
Her|bart (dt. Philosoph)
Her|be, die; - (*geh. für* Herbheit)
her|bei
her|bei... (z. B. herbeieilen; er ist herbeigeeilt)
her|bei|brin|gen; her|bei|füh|ren; her|bei|las|sen, sich
her|bei|lo|cken [*alte Trennung* ...k|k...]; **her|bei|re|den;** ein Unglück herbeireden; **her|bei|ru|fen**
her|bei|schaf|fen *vgl.* [1]schaffen; **her|bei|schlep|pen; her|bei|seh|nen**
her|bei|strö|men; her|bei|wün|schen; her|bei|zi|tie|ren
her|be|mü|hen; sie hat sich herbemüht; **her|be|or|dern**
Her|ber|ge, die; -, -n; **her|ber|gen** (*veraltet für* Unterkunft finden); du herbergtest; geherbergt
Her|bergs|el|tern *Plur.*; **Her|bergs|mut|ter; Her|bergs|va|ter**
Her|bert (m. Vorn.)
Herb|heit, die; -
her|bit|ten; sie hat ihn hergebeten
Her|bi|vo|re, der; -n, -n ⟨lat.⟩ (*Zool.* Pflanzen fressendes Tier)
Her|bi|zid, das; -[e]s, -e (*Chemie* Pflanzenvernichtungsmittel)
Herb|ling (unreife Frucht aus später Blüte)
her|brin|gen
Herbst, der; -[e]s, -e; **Herbst|an|fang; Herbst|blu|me**
herbs|teln, *österr. nur so, od.* **herbs|ten** [*alte Trennungen* ...|st...] (*landsch. auch für* Trauben ernten); es herbste[l]t
Herbst|fe|ri|en *Plur.*
herbst|lich; herbstlich gelbes [*alte Schreibung* herbstlichgelbes] Laub; **Herbst|ling** (ein Pilz)
Herbst|meis|ter [*alte Trennung* ...|st...]; **Herbst|meis|ter|schaft** (*bes. Fußball* erster Tabellenplatz nach der Hinrunde)
Herbst|mes|se; Herbst|mo|de; Herbst|mo|nat *od.* **Herbst|mond** (*alte Bez. für* September)
Herbst|ne|bel; Herbst|son|ne, die; -; **Herbst|sturm**
Herbst|tag
Herbst-Tag|und|nacht|glei|che, *auch* **Herbst-Tag-und-Nacht-Glei|che,** die; -, -n
Herbst|zeit|lo|se, die; -, -n
herb|süß, *auch* **herb-süß**
Her|cu|la|ne|um, Her|cu|la|num (römische Ruinenstadt am Vesuv); **her|cu|la|nisch; Her|cu|la|num** *vgl.* Herculaneum
Herd, der; -[e]s, -e
Herd|buch (*Landw.* Zuchtstammbuch)
Her|de, die; -, -n
Her|den|mensch; Her|den|tier; Her|den|trieb, der; -[e]s
her|den|wei|se
Her|der (dt. Philosoph u. Dichter); **her|de|risch, her|dersch;** eine herderische, *auch* herdersche, *auch* Herder'sche Betrachtungsweise; die herderische, *auch* herdersche, *auch* Herder'sche [*alte Schreibung* Herdersche] Philosophie ↑K 135
Herd|feu|er; Herd|plat|te
her|dür|fen
he|re|di|tär ⟨lat.⟩ (die Erbschaft betreffend; *Biol.* vererbbar, erblich)
he|r|ein, *ugs.* rein ↑K 14; »Herein!« rufen
he|r|ein... (z. B. hereinbrechen; der Abend ist hereingebrochen)
he|r|ein|be|kom|men; he|r|ein|be|mü|hen; he|r|ein|bre|chen

H

he|r|ein|brin|gen; he|r|ein|dür|fen; he|r|ein|fah|ren
he|r|ein|fal|len; auf etw. hereinfallen *(ugs.)*
He|r|ein|ga|be *(Sport);* **he|r|ein|ge|ben**
He|r|ein|ge|schmeck|te, Rein|ge|schmeck|te, der *u.* die; -n, -n (*schwäb. für* Ortsfremde[r], Zugezogene[r])
he|r|ein|ho|len; he|r|ein|kom|men; he|r|ein|kön|nen; he|r|ein|las|sen
he|r|ein|le|gen; jmdn. hereinlegen (*ugs. für* anführen, betrügen)
he|r|ein|müs|sen; he|r|ein|neh|men; he|r|ein|plat|zen (*ugs. für* unerwartet erscheinen)
he|r|ein|ras|seln (*ugs. für* hereinfallen; in eine schlimme Situation geraten)
he|r|ein|ru|fen; jmdn. hereinrufen; *vgl. aber* herein; **he|r|ein|schaf|fen** *vgl.* [1]schaffen; **he|r|ein|schi|cken** [*alte Trennung* ...k|k...]; **he|r|ein|schlei|chen,** sich
he|r|ein|schnei|en (*ugs. für* unvermutet hereinkommen); **he|r|ein|spa|zie|ren** *(ugs.);* hereinspaziert!
he|r|ein|strö|men; he|r|ein|stür|zen; he|r|ein|wa|gen, sich; **he|r|ein|wol|len**
He|re|ro, der; -[s], -[s] *u.* die; -, -[s] (Angehörige[r] eines Bantustammes)
her|fah|ren; Her|fahrt; *vgl.* Hin- und Herfahrt ↑K 31
her|fal|len; über jmdn. herfallen
her|füh|ren
Her|ga|be, die; -
Her|gang, der; -[e]s
her|ge|ben; sich [für *od.* zu etwas] hergeben
her|ge|brach|ter|ma|ßen
her|ge|hen; hinter jmdm. hergehen; hoch hergehen (*ugs. für* laut, toll zugehen)
her|ge|hö|ren
her|ge|lau|fen; Her|ge|lau|fe|ne, der *u.* die; -n, -n
her|ha|ben *(ugs.);* wo sie das wohl herhat?
her|hal|ten; er musste dafür herhalten (büßen)
her|ho|len; das ist weit hergeholt (ist kein nahe liegender Gedanke); *aber* diesen Wein haben wir von weither geholt
her|hö|ren; alle mal herhören!
He|ri|bert (m. Vorn.)

He|ring, der; -s, -e (ein Fisch; Zeltpflock)
He|rings|fang; He|rings|fass [*alte Schreibung* ...faß]; **He|rings|fi|let**
He|rings|milch, die; -; **He|rings|ro|gen; He|rings|sa|lat**
he|r|in|nen (*bayr. u. österr. für* [hier] drinnen)
He|ris, der; -, - ‹nach dem iran. Ort› (ein Perserteppich)
He|ri|s|au (Hauptort des Halbkantons Appenzell Außerrhoden)
her|ja|gen
her|kom|men; er ist hinter mir hergekommen; *aber* er ist von der Tür her gekommen; **Her|kom|men,** das; -s
her|kömm|lich; her|kömm|li|cher|wei|se
her|kön|nen; her|krie|gen
[1]**Her|ku|les** (*lat. Form von* Herakles)
[2]**Her|ku|les,** der; - (ein Sternbild)
[3]**Her|ku|les,** der; -, -se (Mensch von großer Körperkraft); **Her|ku|les|ar|beit; her|ku|lisch** (riesenstark)
Her|kunft, die; -, ...künfte
Her|kunfts|an|ga|be; Her|kunfts|ort *Plur.* ...orte
her|lau|fen; hinter jmdm. herlaufen
her|lei|hen (*ugs. für* verleihen)
her|lei|ten; sich herleiten
Her|ling (*veraltet für* unreife, harte Weintraube)
Her|lit|ze [*auch* ...ˈlɪ...], die; -, -n (Kornelkirsche, ein Ziergehölz)
her|ma|chen *(ugs.);* sich über etwas hermachen
Her|mann (m. Vorn.)
Her|manns|denk|mal, das; -[e]s; **Her|manns|schlacht,** die; -
Her|mann|stadt (*rumän.* Sibiu)
Her|m|a|ph|ro|dis|mus *vgl.* Hermaphroditismus; **Her|m|a|ph|ro|dit,** der; -en, -en ‹griech.› (*Biol.; Med.* Zwitter); **her|m|a|ph|ro|di|tisch; Her|m|a|ph|ro|di|tis|mus,** der; - (Zwittrigkeit)
Her|me, die; -, -n (Büstenpfeiler, -säule)
[1]**Her|me|lin,** das; -s, -e (großes Wiesel)
[2]**Her|me|lin,** der; -s, -e (ein Pelz)
Her|me|lin|kra|gen
Her|me|neu|tik, die; - ‹griech.› (Auslegekunst, Deutung); **her|me|neu|tisch**
Her|mes (griechischer Götterbote, Gott des Handels, Totenführer)
Her|mes|bürg|schaft, die; -, -en (Ausfuhrgarantien der dt. Bundesregierung)
her|me|tisch ‹griech.› ([luft- u. wasser]dicht)
Her|mi|ne (w. Vorn.)
Her|mi|no|nen *Plur.* (germ. Stammesgruppe); **her|mi|no|nisch**
Her|mi|ta|ge [ɛ...ʒə], der; - ‹franz.› (ein französischer Wein)
Her|mun|du|re, der; -n, -n (Angehöriger eines germanischen Volksstammes)
her|müs|sen
her|nach (*landsch. für* nachher)
her|neh|men *(ugs.)*
Her|nie, die; -, -n ‹lat.› (*Med.* [Eingeweide]bruch; *Biol.* eine Pflanzenkrankheit)
her|nie|der *(geh.)*
her|nie|der... (z. B. herniedergehen; der Regen ist herniedergegangen)
Her|ni|o|to|mie, die; -, ...ien ‹lat.; griech.› (*Med.* Bruchoperation)
He|ro (w. Eigenn.); *vgl.* Hero-und-Leander-Sage
He|roa (*Plur. von* Heroon)
he|r|o|ben (*bayr., österr. für* hier oben)
He|ro|des (jüdischer Königsname)
He|ro|dot [*auch* ...ˈdo:t, *österr.* ˈhe...] (griechischer Geschichtsschreiber)
He|roe, der; -n, -n ‹griech.› (Heros); **He|ro|en|kult, He|ro|en|kul|tus** (Heldenverehrung); **He|ro|ik,** die; - (Heldenhaftigkeit)
[1]**He|ro|in,** das; -s (ein Rauschgift)
[2]**He|ro|in** (Heldin; *auch für* Heroine); **He|ro|i|ne,** die; -, -n (Heldendarstellerin)
he|ro|in|süch|tig; He|ro|in|süch|ti|ge, der *u.* die; -n, -n
he|ro|isch (heldenmütig, heldisch; erhaben); **he|ro|i|sie|ren** (zur Heldin/zum Helden erheben; verherrlichen); **He|ro|is|mus,** der; -
He|rold, der; -[e]s, -e (Verkündiger, Ausrufer [im MA.])
He|rolds|amt (*früher* Wappenamt); **He|rolds|stab** *(früher)*
He|ron (griechischer Mathematiker)
He|ro|on, das; -s, Heroa ‹griech.› (Heroentempel)
He|ros, der; -, ...oen (Held; Halbgott [im alten Griechenland])
He|ro|s|t|rat, der; -en, -en ‹nach dem Griechen Herostratos, der den Artemistempel zu Ephesus anzündete, um berühmt zu

H

werden⟩ (Verbrecher aus Ruhmsucht); **He|ro|s|t|ra|ten|tum,** das; -s; **he|ro|s|t|ra|tisch** (ruhmsüchtig)

He|ro-und-Le|an|der-Sa|ge, die; - ↑K 26

Her|pes, der; - ⟨griech.⟩ (*Med.* Bläschenausschlag)

Her|pe|to|lo|gie, die; - (Zweig der Zoologie, der sich mit den Lurchen u. Kriechtieren befasst)

Herr

der; -n, -en
(*Abkürzung* Hr., *für »Herrn«* Hrn.)
- mein Herr!; meine Herren!
- seines Unmutes Herr werden
- der Besuch eines Ihrer Herren; die Firma Ihres Herrn Vaters
- aus aller Herren Länder, *auch* Ländern

In der Anschrift mit Akkusativ:
- Herrn Ersten Staatsanwalt Müller; Herrn Abgeordneten Schmitt; Herrn Präsident *od.* Präsidenten Meyer

H

Her|rei|se; *vgl.* Hin- und Herreise ↑K 31

Her|ren|a|bend; Her|ren|aus|stat|ter; Her|ren|be|glei|tung

Her|ren|be|kannt|schaft; Her|ren|be|klei|dung; Her|ren|be|such

Her|ren|chiem|see [...'ki:...] (Ort u. Schloss auf der Herreninsel im Chiemsee)

Her|ren|dop|pel *(Sport);* **Her|ren|ein|zel** *(Sport);* **Her|ren|fah|rer; Her|ren|fahr|rad; Her|ren|haus**

her|ren|los

Her|ren|ma|ga|zin; Her|ren|mann|schaft

Her|ren|mensch *(bes. nationalsoz.)*

Her|ren|mo|de; Her|ren|par|tie; Her|ren|rei|ter; Her|ren|sa|lon

Her|ren|schnei|der; Her|ren|sitz, der; -es; **Her|ren|toi|let|te**

Her|ren|tum, das; -s

Her|ren|witz; Her|ren|zim|mer

Herr|gott, der; -s

Herr|gotts|frü|he, die; -; *nur in* aller Herrgottsfrühe

Herr|gotts|schnit|zer *(südd., österr. für* Holzbildhauer, der bes. Kruzifixe schnitzt); **Herr|gotts|win|kel** *(südd., österr. für* Ecke, die mit dem Kruzifix geschmückt ist)

her|rich|ten; etwas herrichten lassen; **Her|rich|tung**

Her|rin; her|risch

herr|je! ⟨*aus* Herr Jesus!⟩, **herr|je|mi|ne!**

herr|lich; Herr|lich|keit

Herrn|hut (Stadt im Lausitzer Bergland); **Herrn|hu|ter;** Herrnhuter Brüdergemeine *(vgl. d.);* **herrn|hu|tisch**

Herr|schaft; herr|schaft|lich

Herr|schafts|an|spruch; Herr|schafts|be|reich; Herr|schafts|form; Herr|schafts|ord|nung; Herr|schafts|struk|tur

Herr|schafts|wis|sen (als Machtmittel genutztes [anderen nicht zugängliches] Wissen)

herr|schen; du herrschst; **herr|schend**

Herr|scher; Herr|scher|ge|schlecht; Herr|scher|haus

Herr|sche|rin

Herrsch|sucht, die; -; **herrsch|süch|tig**

her|rüh|ren

her|sa|gen; etwas auswendig hersagen

her|schau|en *(ugs.);* da schau her! *(bayr., österr. für* sieh mal an!)

Her|schel (engl. Astronom dt. Herkunft); herschelsches, *auch* Herschel'sches [*alte Schreibung* Herschelsches] Teleskop ↑K 135

her|schi|cken [*alte Trennung* ...k|k...]

her|schie|ben; etwas vor sich herschieben

her sein [*alte Schreibung* her|sein] *vgl.* her

her|stam|men

her|stel|len; Her|stel|ler; Her|stel|ler|fir|ma; Her|stel|le|rin

Her|stel|lung, die; -

Her|stel|lungs|kos|ten [*alte Trennung* ...|st...] *Plur.;* **Her|stel|lungs|land**

Her|ta, Her|tha (w. Vorn.)

her|trei|ben; Kühe vor sich hertreiben

Hertz, das; -, - ⟨nach dem dt. Physiker⟩ (Maßeinheit der Frequenz; *Zeichen* Hz); 440 Hertz

he|r|ü|ben *(bayr., österr. für* hier auf dieser Seite; diesseits)

he|r|ü|ber, *ugs.* rü|ber ↑K 14

he|r|ü|ber... (z. B. herüberkommen; herübergekommen)

he|r|ü|ber|bit|ten; he|r|ü|ber|brin|gen; he|r|ü|ber|ho|len; he|r|ü|ber|kom|men; he|r|ü|ber|rei|chen; he|r|ü|ber|win|ken; he|r|ü|ber|zie|hen

he|r|um, *ugs.* rum ↑K 14; um den Tisch herum; herum sein [*alte Schreibung* herumsein]; sobald die Zeit herum war

he|r|um... (z. B. herumlaufen; er ist herumgelaufen)

he|r|um|al|bern *(ugs.);* **he|r|um|är|gern,** sich *(ugs.);* **he|r|um|bal|gen,** sich *(ugs.);* **he|r|um|deu|teln** *(ugs.)*

he|r|um|dok|tern *(ugs.);* an etwas, jmdm. herumdoktern (etwas, jmdn. mit dilettantischen Methoden zu heilen versuchen)

he|r|um|dre|hen; he|r|um|drü|cken [*alte Trennung* ...k|k...], sich *(ugs.);* **he|r|um|druck|sen** *(ugs.);* **he|r|um|ex|pe|ri|men|tie|ren** *(ugs.);* **he|r|um|füh|ren; he|r|um|fuhr|wer|ken** *(ugs. für* heftig u. planlos hantieren)

he|r|um|ge|hen; he|r|um|geis|tern [*alte Trennung* ...|st...] *(ugs.);* **he|r|um|kom|men;** nicht darum herumkommen *(ugs.);* **he|r|um|krie|gen** *(ugs. für* umstimmen)

he|r|um|lau|fen; he|r|um|lie|gen; he|r|um|lun|gern *(ugs.);* ich lungere herum; **he|r|um|re|den; he|r|um|rei|ßen;** das Steuer herumreißen

he|r|um|schar|wen|zeln *(ugs.);* **he|r|um|schla|gen,** sich *(ugs.)*

he|r|um sein [*alte Schreibung* her|um|sein] *vgl.* herum

he|r|um|sit|zen *(ugs.);* **he|r|um|spre|chen;** etwas spricht sich herum (wird allgemein bekannt); **he|r|um|stie|ren** *(österr. für* herumstöbern); **he|r|um|stö|bern** *(ugs.);* **he|r|um|tol|len**

he|r|um|trei|ben, sich *(ugs.);* **He|r|um|trei|ber; He|r|um|trei|be|rin**

he|r|um|wer|fen; das Steuer herumwerfen

he|r|un|ten *(bayr., österr. für* hier unten)

he|r|un|ter, *ugs.* run|ter ↑K 14; herunter sein [*alte Schreibung* heruntersein] *(ugs. für* abgearbeitet, elend sein)

he|r|un|ter... (z. B. herunterkommen; er ist sofort heruntergekommen)

he|r|un|ter|be|kom|men; he|r|un|ter|bren|nen; he|r|un|ter|brin|gen; he|r|un|ter|dür|fen; he|r|un|ter|fal|len; he|r|un|ter|ge|hen

he|r|un|ter|ge|kom|men *(ugs. für* in schlechtem Zustand)

he|r|un|ter|hän|gen; der Vorhang hing herunter; *vgl.* [1]hängen;

he|r|un|ter|kom|men

he|r|un|ter|kön|nen; he|r|un|ter|krem|peln; die Ärmel herunterkrempeln
he|r|un|ter|lad|bar; he|r|un|ter|la|den *(EDV)*
he|r|un|ter|las|sen; he|r|un|ter|ma|chen (*ugs. für* abwerten, schlechtmachen; ausschelten); **he|r|un|ter|müs|sen; he|r|un|ter|rei|ßen**
he|r|un|ter sein [*alte Schreibung* her|un|ter|sein] *vgl.* herunter
he|r|un|ter|spie|len (*ugs. für* nicht so wichtig nehmen); **he|r|un|ter|wirt|schaf|ten; he|r|un|ter|wol|len; he|r|un|ter|zie|hen**
her|vor
her|vor... (z. B. hervorholen; er hat es hervorgeholt)
her|vor|bre|chen; her|vor|brin|gen; her|vor|ge|hen; her|vor|he|ben; her|vor|ho|len; her|vor|keh|ren
her|vor|ra|gen; her|vor|ra|gend
her|vor|ru|fen; her|vor|ste|chen; her|vor|trau|en, sich; **her|vor|tre|ten**
her|vor|tun, sich; **her|vor|wa|gen,** sich; **her|vor|zau|bern; her|vor|zie|hen**
her|wärts
Her|weg; *vgl.* Hin- und Herweg
Her|wegh (dt. Dichter)
Her|wig (m. Vorn.)
Herz, das; -ens, *Dat.* -en, *Plur.* -en (*Med. auch starke Beugung* des Herzes, am Herz, die Herze); von Herzen kommen; zu Herzen gehen, nehmen; mit Herz und Hand; *vgl.* Herze
herz|al|ler|liebst; Herz|al|ler|liebs|te [*alte Trennung* ...|st...], der *u.* die
Herz|an|fall; Herz|a|no|ma|lie
Herz|ass, *auch* **Herz-Ass** [*auch* 'hɛrt͜s'as; *alte Schreibung* Herz|as]
Herz|asth|ma; Herz|at|ta|cke [*alte Trennung* ...k|k...]
herz|be|klem|mend ↑K 59
Herz|beu|tel; Herz|beu|tel|ent|zün|dung
herz|be|we|gend ↑K 59
Herz|bin|kerl, das; -s, -n (*österr. ugs. für* Lieblingskind); **Herz|blatt; Herz|blätt|chen; Herz|blut**
Herz|chen (*auch für* naive Person)
Herz|chi|r|ur|gie, die; -
Her|ze, das; -ns, -n (*veraltet für* Herz)
Her|ze|go|wi|na [*auch* ...'vi:...], die; - (südl. Teil von Bosnien und Herzegowina)
Her|ze|leid *(veraltend)*
her|zen *(geh.);* du herzt
Her|zens|an|ge|le|gen|heit; Her|zens|angst; Her|zens|be|dürf|nis
Her|zens|bre|cher; Her|zens|bru|der; Her|zens|er|gie|ßung *(veraltet);* **Her|zens|freund** *(veraltend)*
her|zens|gut
Her|zens|gü|te; Her|zens|lust; *nur in* nach Herzenslust; **Her|zens|sa|che; Her|zens|wunsch**
herz|er|freu|end ↑K 59; **herz|er|fri|schend; herz|er|grei|fend; herz|er|qui|ckend** [*alte Trennung* ...k|k...]; **herz|er|wei|chend**
Herz|feh|ler; Herz|flim|mern, das; -s *(Med.)*
herz|för|mig
Herz|fre|quenz; Herz|ge|gend
herz|haft; Herz|haf|tig|keit, die; -
her|zie|hen; ... weil ich den Sack hinter mir herzog; er ist, hat über sie hergezogen (*ugs. für* hat schlecht von ihr gesprochen); *aber* von der Tür her zog es
her|zig
Herz|in|farkt
herz|in|nig *(veraltend);* **herz|in|nig|lich** *(veraltend)*
Herz|in|suf|fi|zi|enz *(Med.);* **Herz|kam|mer; Herz|ka|the|ter** *(Med.)*
Herz|kir|sche
Herz|klap|pe; Herz|klap|pen|feh|ler
Herz|klop|fen, das; -s
herz|krank; Herz|krank|heit
Herz|kranz|ge|fäß; Herz-Kreis|lauf-Er|kran|kung ↑K 26
herz|lich; aufs, auf das Herzlichste, *auch* herzlichste ↑K 75; **Herz|lich|keit**
herz|los; Herz|lo|sig|keit
Herz-Lun|gen-Ma|schi|ne ↑K 59 *(Med.)*
Herz|ma|nov|s|ky-Or|lan|do [...ki...] (österr. Schriftsteller)
Herz|mas|sa|ge; Herz|mit|tel *(ugs.)*
Herz|mus|kel; Herz|mus|kel|schwä|che
herz|nah
[1]**Her|zog,** der; -[e]s, *Plur.* ...zöge, *auch* -e
[2]**Her|zog,** Roman (siebter dt. Bundespräsident)
Her|zo|gen|busch (niederländische Stadt)
Her|zo|gin; Her|zo|gin|mut|ter
her|zog|lich, *im Titel* ↑K 89: Herzoglich
Her|zogs|wür|de, die; -; **Her|zog|tum**
Herz|rhyth|mus; Herz|rhyth|mus|stö|rung
Herz|schei|de|wand *(Med.);* **Herz|schlag; Herz|schmerz** *meist Plur.;* **Herz|schritt|ma|cher; Herz|schwä|che**
Herz|spen|der; Herz|spen|de|rin
herz|stär|kend ↑K 59
Herz|stich *meist Plur.;* **Herz|still|stand,** der; -[e]s; **Herz|stück**
Herz|tä|tig|keit; Herz|ton *Plur.* ...töne **Herz|trans|plan|ta|ti|on; Herz|trop|fen** *Plur.*
her|zu *(geh.); aber* [komm] her zu mir!
her|zu... (z. B. herzukommen; er ist herzugekommen)
Herz|ver|pflan|zung; Herz|ver|sa|gen
her|zy|nisch (*Geol.* von Nordwesten nach Südosten verlaufend), *aber* ↑K 140: der Herzynische Wald (antiker Name der dt. Mittelgebirge)
herz|zer|rei|ßend ↑K 59
He|se|ki|el [...e:l, *auch* ...ɛl] (bibl. Prophet); *vgl.* Ezechiel
He|si|od [*auch* ...'zi̯ɔt] (altgriechischer Dichter)
Hes|pe|ri|de, die; -, -n *meist Plur.* (Tochter des Atlas); **Hes|pe|ri|den|äp|fel** *Plur.*
Hes|pe|ri|en (*im Altertum Bez. für* Land gegen Abend [Italien, Westeuropa])
Hes|pe|ros, Hes|pe|rus, der; - (Abendstern in der griechischen Mythologie)
[1]**Hes|se** (dt. Dichter)
[2]**Hes|se,** die; -, -n (*landsch. für* unterer Teil des Beines von Rind od. Pferd); *vgl.* Hachse
[3]**Hes|se,** der; -n, -n (*zu* Hessen)
Hes|sen; Hes|sen-Darm|stadt
Hes|sen|land, das; -[e]s; **Hes|sen-Nas|sau**
Hes|sin (*zu* Hessen); **hes|sisch,** *aber* ↑K 140: das Hessische Bergland
Hes|tia [*alte Trennung* ...|st...] (griechische Göttin des Herdes)
He|tä|re, die; -, -n ⟨griech.⟩ (Freundin, Geliebte bedeutender Männer in der Antike)
He|tä|rie, die; -, ...i̯en (eine altgriechische politische Verbindung)
he|te|ro... ⟨griech.⟩ (anders..., fremd...); **He|te|ro...** (Anders..., Fremd...)
he|te|ro|dox (*Rel.* von der herrschenden Kirchenlehre abwei-

chend); **He|te|ro|do|xie,** die; -, ...ien

he|te|ro|gen (anders geartet, ungleichartig, fremdstoffig); **He|te|ro|ge|ni|tät,** die; -

he|te|ro|morph (anders-, verschiedengestaltig)

He|te|ro|phyl|lie, die; - (*Bot.* Verschiedengestaltigkeit der Blätter bei einer Pflanze)

He|te|ro|se|xu|a|li|tät, die; - (auf das andere Geschlecht gerichtetes sexuelles Empfinden); **he|te|ro|se|xu|ell**

He|te|ro|s|phä|re, die; - (*Meteor.* der obere Bereich der Atmosphäre)

he|te|ro|troph (*Biol.* sich von organischen Stoffen ernährend); **He|te|ro|tro|phie,** die; -

he|te|r|ö|zisch (*svw.* diözisch)

he|te|ro|zy|got (*Biol.* ungleicherbig)

He|thi|ter, *ökum.* He|ti|ter, der; -s, - (Angehöriger eines indogermanischen Kulturvolkes in Kleinasien); **he|thi|tisch,** *ökum.* he|ti|tisch

He|ti|ter usw. *vgl.* Hethiter usw.

Het|man, der; -s, *Plur.* -e *od.* -s (Oberhaupt der Kosaken; in Polen [bis 1792] vom König eingesetzter Oberbefehlshaber)

Het|sche|petsch, die; -, - *u.* **Het|scherl,** das; -s, -n (*österr. mdal. für* Hagebutte)

Hett|stedt (Stadt östl. des Harzes)

Hetz, die; -, -en *Plur. selten* (*österr. ugs. für* Spaß); aus Hetz

Het|ze, die; -, -n; **het|zen;** du hetzt

Het|zer; Het|ze|rei; Het|ze|rin; het|ze|risch

hetz|hal|ber (*österr. ugs. für* zum Spaß)

Hetz|jagd; Hetz|kam|pa|g|ne; Hetz|re|de

Heu, das; -[e]s

Heu|bo|den; Heu|büh|ne (*schweiz. svw.* Heuboden); **Heu|bün|del**

Heu|che|lei; heu|cheln; ich heuch[e]le

Heuch|ler; Heuch|le|rin; heuch|le|risch; Heuch|ler|mie|ne

Heu|die|le (*schweiz. für* Heuboden); **heu|en** (*landsch. u. schweiz. für* Heu machen)

heu|er (*südd., österr., schweiz. für* in diesem Jahr)

[1]**Heu|er** (*landsch. u. schweiz. für* Heumacher)

[2]**Heu|er,** die; -, -n (Lohn eines Seemanns; Anmusterungsvertrag); **Heu|er|baas; Heu|er|bü|ro**

heu|ern ([Schiffsleute] einstellen; [ein Schiff] chartern); ich heuere

Heu|ern|te

Heu|ert *vgl.* [1]Heuet; [1]**Heu|et,** der; -s, -e (*für* Heumonat)

[2]**Heu|et,** der; -s, *südd. auch* die; - (*südd. u. schweiz. für* Heuernte)

Heu|feim *od.* **Heu|fei|me** *od.* **Heu|fei|men** (*landsch., bes. nordd. für* Heuhaufen)

Heu|fie|ber, das; -s; **Heu|ga|bel; Heu|hüp|fer** (*ugs. für* Heuschrecke)

Heul|bo|je (*Seew.*)

heu|len; das heulende Elend bekommen; ↑K 82: Heulen und Zähneklappern; das ist [ja] zum Heulen; **Heu|ler**

Heul|krampf; Heul|su|se (Schimpfwort); **Heul|ton**

Heu|mahd; Heu|mo|nat *od.* **Heu|mond** (*alte Bez. für* Juli)

Heu|pferd (Heuschrecke); **Heu|rei|ter** (*österr.*) *od.* **...reu|ter** (*südd. für* Gestell zum Heu- u. Kleetrocknen)

heu|re|ka! ‹griech., »ich habs [gefunden]!«›

Heu|reu|ter *vgl.* Heureiter

heu|rig (*südd., österr., schweiz. für* diesjährig)

Heu|ri|ge, der; -n, -n (*bes. österr. für* junger Wein im ersten Jahr; Lokal für den Ausschank jungen Weins, Straußwirtschaft; *Plur.:* Frühkartoffeln)

Heu|ri|gen|a|bend; Heu|ri|gen|lo|kal

Heu|ris|tik [*alte Trennung* ...|st...], die; - ‹griech.› (Lehre von den Methoden zur Auffindung neuer wissenschaftlicher Erkenntnisse)

heu|ris|tisch [*alte Trennung* ...|st...] ‹griech.› (das Auffinden bezweckend); heuristisches Prinzip

Heu|schnup|fen; Heu|scho|ber

Heu|schreck, der; -[e]s, -e (*österr. neben* Heuschrecke); **Heu|schre|cke** [*alte Trennung* ...k|k...], die; -, -n (ein Insekt)

Heuss (erster dt. Bundespräsident); heusssche, *auch* Heuss'sche [*alte Schreibung* Heusssche] Reden ↑K 16 *u.* 135

Heu|sta|del (*südd., österr., schweiz. für* Scheune zum Aufbewahren von Heu); **Heu|stock** *Plur.* ...stöcke (*schweiz., österr. für* Heuvorrat [auf dem Heuboden])

heu|te

ugs. auch heut
- bis heute; für heute; seit heute, von heute an
- hier und heute
- die Frau von heute

In Verbindung mit »heute« werden die Tageszeitangaben großgeschrieben:
- heute Abend; heute Mittag; heute Morgen; heute Nachmittag; heute Nacht
- [*alte Schreibungen* heute abend, mittag, morgen, nachmittag, nacht]
- heute früh, *auch* heute Früh ↑K 69

Heu|te, das; - (die Gegenwart); das Heute und das Morgen

heu|tig; ↑K 72: am Heutigen; **heu|ti|gen|tags** ↑K 70

heut|zu|ta|ge ↑K 70

He|xa|chord [...'k...], der *od.* das; -[e]s, -e ‹griech.› (*Musik* Aufeinanderfolge von sechs Tönen der diatonischen Tonleiter)

He|xa|e|der, das; -s, - (Sechsflächner, Würfel); **he|xa|e|d|risch**

He|xa|e|me|ron, das; -s (Schöpfungswoche außer dem Sabbat)

He|xa|gon, das; -s, -e (Sechseck); **he|xa|go|nal**

He|xa|gramm, das; -s, -e (Figur aus zwei gekreuzten gleichseitigen Dreiecken; Sechsstern)

He|xa|me|ter, der; -s, - (sechsfüßiger Vers); **he|xa|me|t|risch**

He|xa|teuch, der; -s (die ersten sechs biblischen Bücher)

He|xe, die; -, -n; **he|xen;** du hext

He|xen|jagd; He|xen|kes|sel; He|xen|kü|che

He|xen|schuss [*alte Schreibung* ...schuß]; **He|xen|ver|bren|nung; He|xen|wahn**

He|xer; He|xe|rei

He|x|o|de, die; -, -n ‹griech.› (Elektronenröhre mit sechs Elektroden)

Hey|er|dahl (norw. Forscher)

Heym, Georg (dt. Lyriker)

Hf = *chem. Zeichen für* Hafnium

hfl = Hollands florijn (holländ. Gulden)

Hg = Hydrargyrum (*chemisches Zeichen für* Quecksilber)

hg., hrsg. = herausgegeben

Hg., Hrsg. = Herausgeber, Herausgeberin[nen]

HGB = Handelsgesetzbuch

hier

– hier und da; von hier aus; hier oben; hier unten usw.
– hier und jetzt, *aber* ↑K 81: im Hier und Jetzt

Schreibung in Verbindung mit Verben:
– hier behalten [*alte Schreibung* hierbehalten] (zurückbehalten, nicht weglassen)
– hier bleiben [*alte Schreibung* hierbleiben] (nicht weggehen); du sollst hier bleiben
– hier lassen (zurücklassen) [*alte Schreibung* hierlassen]; er hat das Buch hier gelassen [*alte Schreibung* hiergelassen]
– hier sein (zugegen sein) [*alte Schreibung* hiersein]; ich werde hier sein; wenn ich hier bin; da wir hier sind

hi!; hi|hi!
Hi|at, der; -s, -e, **Hi|a|tus**, der; -, - ⟨lat.⟩ (*Sprachw.* Zusammentreffen zweier Vokale im Auslaut des einen u. im Anlaut des folgenden Wortes oder Wortteiles, z. B. »sagte *er*« *od.* »Kooperation«; *Geol.* zeitliche Lücke bei der Ablagerung von Gesteinen; *Med.* Öffnung, Spalt)
Hi|ber|na|kel, das; -s, -[n] *meist Plur.* ⟨lat.⟩ (Überwinterungsknospe von Wasserpflanzen)
Hi|ber|na|ti|on, die; - (*Med.* künstl. »Winterschlaf«, Schlafzustand als Ergänzung zur Narkose od. als Heilschlaf)
Hi|ber|nia ⟨lat.⟩ (*lat. Name von* Irland)
Hi|bis|kus, der; -, ...ken ⟨griech.⟩ (Eibisch)
hick!
hi|ckeln [*alte Trennung* ...k|k...] (*landsch. für* hinken; auf einem Bein hüpfen); ich hick[e]le
Hick|hack, der *u.* das; -s, -s (*ugs. für* nutzlose Streiterei)
[1]**Hi|cko|ry** [...ri; *alte Trennung* ...k|k...], der; -s, -s, *auch* die; -, -s ⟨indian.-engl.⟩ (nordamerik. Walnussbaum)
[2]**Hi|cko|ry** [*alte Trennung* ...k|k...], das; -s (Holz des [1]Hickorys); **Hi|cko|ry|holz**, das; -es
hick|sen (*landsch. für* Schluckauf haben); du hickst
Hi|dal|go, der; -s, -s ⟨span.⟩ (Angehöriger des niederen spanischen Adels; eine mexikanische Goldmünze)
Hid|den|see (dt. Ostseeinsel); **Hid|den|se|er**
hi|d|ro|tisch ⟨griech.⟩ (*Med.* schweißtreibend)
hie; *nur in Wendungen wie* hie und da; hie Pflicht, hie Neigung
Hieb, der; -[e]s, -e
hie|bei[1] (*südd., österr., sonst veraltet neben* hierbei)
hieb|fest; *nur in* hieb- und stichfest ↑K 31
Hiebs|art (*Forstw.* Art des Holzfällens)
hie|durch[1] (*südd., österr., sonst veraltet neben* hierdurch)
Hie|fe (*landsch. für* Hagebutte); **Hie|fen|mark**, das
hie|für[1], **hie|ge|gen**[1], **hie|her**[1], **hie|mit**[1], **hie|nach**[1], **hie|ne|ben**[1] (*südd., österr., sonst veraltet neben* hierfür usw.)
hie|nie|den[1] (*geh. für* auf d[ies]er Erde)
hier *s. Kasten*
hier|amts (*österr. Amtsspr.; Abk.* h. a.); **hie|r|an**[2]
Hi|e|r|ar|chie [hi̯er..., hir...], die; -, ...i̲en ⟨griech.⟩ ([pyramidenförmige] Rangfolge, Rangordnung); **hi|e|r|ar|chisch**; **hi|e|r|ar|chi|sie|ren**
hie|ra|tisch (priesterlich); hieratische Schrift (altägyptische Priesterschrift)
hie|r|auf[2]; **hie|r|auf|hin**[2]
hie|r|aus[2]
hier be|hal|ten [*alte Schreibung* hier|be|hal|ten] *vgl.* hier
hier|bei[2]
hier blei|ben [*alte Schreibung* hier|blei|ben] *vgl.* hier
hier|durch[2]; **hie|r|ein**[2]; **hier|für**[2]; **hier|ge|gen**[2]
hier|her[2]; hierher gehörend; hierher gehörig; hierher kommen; er ist hierher gekommen
hier|he|r|auf[2]
hier|her ge|hö|rend, hier|her ge|hö|rig [*alte Schreibungen* hier|her|ge|hö|rend, hier|her|ge|hö|rig] *vgl.* hierher; **hier|her kom|men** [*alte Schreibung* hier|her|kom|men] *vgl.* hierher
hier|he|r|um[2]
hier|hin[2]; hierhin laufen [*alte Schreibung* hierhinlaufen]
hier|hin|ter[2]
hie|r|in[1]; **hie|r|in|nen**[1] (*veraltet*)
hier las|sen [*alte Schreibung* hier|las|sen] *vgl.* hier
hier|mit[2]; **hier|nach**[2]; **hier|ne|ben**[2]
[1]**Hi|e|ro|du|le** [hi̯er..., hir...], der; -n, -n ⟨griech.⟩ (Tempelsklave des griechischen Altertums)
[2]**Hi|e|ro|du|le**, die; -, -n (Tempelsklavin)
Hi|e|ro|gly|phe [hi̯er..., hir...], die; -, -n (Bilderschriftzeichen; *nur Plur.: scherzh. für* schwer entzifferbare Schriftzeichen); **hi|e|ro|gly|phisch** (in Bilderschrift; rätselhaft)
Hi|e|ro|kra|tie [hi̯er..., hir..], die; -, -n (Priesterherrschaft)
Hi|e|ro|mant, der; -en, -en; **Hi|e|ro|man|tie**, die; - (Weissagung aus [Tier]opfern)
Hi|e|ro|ny|mus [hi̯e...] (m. Vorn.; lat. Kirchenvater)
hier|orts[2] (*Amtsspr.*)
Hier|ro ['jɛ...], *auch* Ferro (kleinste der Kanarischen Inseln)
hier sein [*alte Schreibung* hiersein] *vgl.* hier; **Hier|sein**, das; -s
hier|selbst[2] (*veraltet*); **hie|r|ü|ber**[1]; **hie|r|um**[1]
hie[r] und da; *vgl.* hier
hie|r|un|ter[1]; **hier|von**[2]; **hier|vor**[2]; **hier|wi|der**[2] (*veraltet*)
hier|zu[2]; **hier|zu|lan|de**, *auch* **hier zu Lan|de** ↑K 63
hier|zwi|schen[2]
hie|selbst[1] (*südd., österr., sonst veraltet neben* hierselbst)
hie|sig; hiesigen Ort[e]s; **Hie|si|ge**, der *u.* die; -n, -n
hie|ven [...f..., *auch* ...v...] (*Seemannsspr. u. ugs. für* [eine Last] hochziehen; heben)
hie|von[1], **hie|vor**[1], **hie|wi|der**[1], **hie|zu**[1], **hie|zwi|schen**[1] (*südd., österr., sonst veraltet neben* hiervon usw.)
Hi-Fi ['hai̯fi, *auch* 'hai̯'fai̯] = Highfidelity; **Hi-Fi-An|la|ge**; **Hi-Fi-Turm**
Hift|horn *Plur.* ...hörner (Jagdhorn)
high [hai̯] ⟨engl.⟩ (*ugs. für* in ge-

[1] [*auch* 'hi:...]
[2] [*auch* 'hi:r...]

H

hobener Stimmung [nach dem Genuss von Rauschgift])

High Church ['hai̯'tʃø:ɐ̯tʃ; *alte Schreibung* High-Church], die; - - ‹engl., Hochkirche› (Richtung der britischen Staatskirche)

High|end..., *auch* **High-End-...** ['hai̯|ɛnt...] ‹engl.› (im oberen Leistungs- od. Preisbereich; z. B. Highendverstärker, High-End-Verstärker)

High|fi|de|li|ty, *auch* **High Fi|de|li|ty** ['hai̯fi'dɛliti; *alte Schreibung* High-Fi|de|li|ty], die; - ‹engl.› (originalgetreue Wiedergabe bei Tonträgern u. elektroakustischen Geräten; *Abk.* Hi-Fi)

High|life ['hai̯lai̯f], das; -[s] ‹engl.› (glanzvolles Leben der begüterten Gesellschaftsschicht)

H

High|light ['hai̯lai̯t], das; -[s], -s ‹engl.› (Höhepunkt, Glanzpunkt); **high|ligh|ten** (*EDV* auf einem Bildschirm optisch hervorheben); gehighlightet

High|ri|ser ['hai̯rai̯zɐ; *alte Schreibung* High-ri|ser], der; -[s], - ‹engl.› (Fahrrad, Moped mit hohem, geteiltem Lenker und Sattel mit Rückenlehne)

High|so|ci|e|ty ['hai̯sə'sai̯əti], *auch* **High So|ci|e|ty** [*alte Schreibung* High-So|cie|ty], die; - ‹engl.› (die vornehme Gesellschaft)

High|tech ['hai̯'tɛk], das; -[s], *auch* die; - *auch* **High Tech** [*alte Schreibung* High-Tech], das; - -[s], *auch* die; - - (Spitzentechnologie); **High|tech|in|dus|t|rie,** *auch* **High-Tech-In|dus|t|rie** [*alte Trennung* ...|st...]

High|way ['hai̯ve:], der; -s, -s (*amerik. Bez. für* Fernstraße)

hi|hi!

Hi|ja|cker ['hai̯dʒɛ...; *alte Trennung* ...k|k...], der; -s, - ‹engl.› (Luftpirat, Entführer)

Hil|da, Hil|de (w. Vorn.)

Hil|de|brand (m. Eigenn.); **Hil|de|brands|lied,** das; -[e]s

Hil|de|gard, Hil|de|gund, Hil|de|gun|de (w. Vorn.)

Hil|des|heim (niedersächs. Stadt)

Hil|fe, die; -, -n; ↑K 151: die erste Hilfe [*alte Schreibung* Erste Hilfe] (bei Verletzungen usw.); Hilfe leisten, suchen; zu Hilfe kommen, eilen; *aber* der Mechaniker, mithilfe dessen (*auch* mit Hilfe dessen *od.* mit dessen Hilfe) sie ihr Auto reparierte; sich Hilfe suchend [*alte Schreibung* hilfesuchend] umschauen

Hil|fe|er|su|chen

hil|fe|fle|hend ↑K 59

Hil|fe|leis|tung [*alte Trennung* ...|st...]

Hil|fe|ruf; hil|fe|ru|fend ↑K 59, *aber* [um] Hilfe rufend

Hil|fe|stel|lung

Hil|fe su|chend [*alte Schreibung* hil|fe|su|chend] *vgl.* Hilfe

hilf|los; Hilf|lo|sig|keit, die; -

hilf|reich *(geh.)*

Hilfs|ak|ti|on; Hilfs|ar|bei|ter; Hilfs|ar|bei|te|rin

hilfs|be|dürf|tig; Hilfs|be|dürf|tig|keit

hilfs|be|reit; Hilfs|be|reit|schaft, die; -

Hilfs|gel|der; Hilfs|kraft; Hilfs|mit|tel; Hilfs|mo|tor; Hilfs|or|ga|ni|sa|ti|on

Hilfs|po|li|zist; Hilfs|po|li|zis|tin [*alte Trennung* ...|st...]

Hilfs|pro|gramm; Hilfs|quel|le; Hilfs|schiff; Hilfs|schu|le; Hilfs|she|riff; Hilfs|verb; hilfs|wei|se; Hilfs|werk; hilfs|wil|lig; Hilfs|wis|sen|schaft; Hilfs|zeit|wort (*für* Hilfsverb)

Hi|li (*Plur. von* Hilus)

Hil|ke (w. Vorn.)

Hill|bil|ly|mu|sic, *auch* **Hill|bil|ly-Mu|sic** [...limju:zɪk; *alte Schreibung* Hill|bil|ly-mu|sic], **Hill|bil|li|mu|sik,** die; - (ländliche Musik der nordamerikanischen Südstaaten)

Hil|le|bil|le, die; -, -n (ein altes hölzernes Signalgerät)

Hil|mar (m. Vorn.)

Hil|traud, Hil|trud (w. Vorn.)

Hi|lus, der; -, Hili ‹lat.› (*Med.* Ein- od. Austrittsstelle der Gefäße, Nerven usw. an einem Organ)

Hi|ma|la|ja [*auch* ...'la:...], *auch* **Hi|ma|la|ya,** der; -[s] (Gebirge in Asien)

Him|bee|re; him|beer|far|ben, him|beer|far|big

Him|beer|geist, der; -[e]s (ein Obstschnaps); **Him|beer|saft**

Him|mel, der; -s, -; um [des] Himmels willen

him|mel|an *(geh.)*; **him|mel|angst;** es ist mir himmelangst

Him|mel|bett; him|mel|blau

Him|mel|don|ner|wet|ter!

Him|mel|fahrt *(christl. Kirche)*

Him|mel|fahrts|kom|man|do ([Kriegs]auftrag, der das Leben kosten kann; die Ausführenden eines solchen Auftrags)

Him|mel|fahrts|na|se (*ugs. für* nach oben gebogene Nase)

Him|mel|fahrts|tag

Him|mel|herr|gott!

him|mel|hoch

Him|mel|hund (*ugs. für* Schuft)

him|meln; ich himm[e]le

Him|mel|reich, das; -[e]s

Him|mels|ach|se, die; -; **Him|mels|bahn; Him|mels|bo|gen,** der; -s *(geh.)*; **Him|mels|braut** (*für* Nonne)

Him|mel|schlüs|sel, *seltener* Him|mels|schlüs|sel, der, *auch* das (Schlüsselblume)

him|mel|schrei|end ↑K 59

Him|mels|fes|te [*alte Trennung* ...|st...], die; - *(geh.)*

Him|mels|kör|per; Him|mels|ku|gel

Him|mels|lei|ter, die; - *(A. T.)*

Him|mels|rich|tung

Him|mels|schlüs|sel *vgl.* Himmelschlüssel

Him|mels|strich

Him|mel[s]|stür|mer

Him|mels|tür, die; - *(geh.)*

Him|mels|zelt, das; -[e]s *(geh.)*

him|mel|wärts; him|mel|weit

himm|lisch

hin *s. Kasten S. 469*

hin... (*in Zus. mit Verben,* z. B. hingehen, du gehst hin, hingegangen, hinzugehen); *aber* hin sein [*alte Schreibung* hin|sein]

hi|n|ab; etwas weiter hinab

hi|n|ab... (z. B. hinabgehen; er ist hinabgegangen)

hi|n|ab|fah|ren; hi|n|ab|fal|len; hi|n|ab|rei|ßen; hi|n|ab|sen|ken; hi|n|ab|sin|ken

hi|n|ab|stei|gen; hi|n|ab|stür|zen (sich hinabstürzen); **hi|n|ab|tau|chen; hi|n|ab|zie|hen**

hi|n|an *(geh.)*; etwas weiter hinan

hi|n|an... (z. B. hinangehen; er ist hinangegangen)

hin|ar|bei|ten; auf eine Sache hinarbeiten, *aber* auf seine Mahnungen hin arbeiten

hi|n|auf, *ugs.* 'nauf ↑K 14; den Rhein hinauf

hi|n|auf... (z. B. hinaufsteigen; er ist hinaufgestiegen)

hi|n|auf|bli|cken [*alte Trennung* ...k|k...]; **hi|n|auf|brin|gen; hi|n|auf|dür|fen; hi|n|auf|füh|ren; hi|n|auf|ge|hen**

hi|n|auf|klet|tern; hi|n|auf|kön|nen; hi|n|auf|las|sen; hi|n|auf|müs|sen; hi|n|auf|rei|chen

hi|n|auf|schrau|ben; hi|n|auf|sol|len; hi|n|auf|stei|gen; hi|n|auf|wol|len; hi|n|auf|zie|hen

hi|n|aus, *ugs.* 'naus ↑K 14; auf das Meer hinaus; über ein be-

hin

(beschreibt meist eine Bewegung vom Sprechenden weg)
- bis zur Mauer hin
- über die ganze Welt hin verstreut
- vor sich hin brummen, murmeln usw., *seltener* hinbrummen, hinmurmeln usw.
- hin und zurück
- nach langem Hin und Her
- gegen Abend hin
- hin und wieder (zuweilen)

Schreibung in Verbindung mit Verben:
- hingehen; du gehst hin, hingegangen, hinzugehen
- hin und her laufen (= ohne bestimmtes Ziel, ständig die Richtung wechselnd) *aber* ↑K 31: hin- und herlaufen (= hin- und wieder zurücklaufen)
- hin sein [*alte Schreibung* hinsein] (*ugs. für* völlig kaputt sein; tot sein; hingerissen sein); das Auto wird hin sein [*alte Schreibung* hin sein]; weil alles hin ist; alles ist hin

stimmtes Alter hinaus sein [*alte Schreibung* hinaussein]
hi|n|aus... (z. B. hinausgehen; sie ist hinausgegangen)
hi|n|aus|be|för|dern; hi|n|aus|be|glei|ten; hi|n|aus|beu|gen, sich; **hi|n|aus|bli|cken** [*alte Trennung* ...k|k...]
hi|n|aus|brin|gen; hi|n|aus|drän|gen; sich hinausdrängen; **hi|n|aus|dür|fen; hi|n|aus|e|keln**
hi|n|aus|fah|ren; hi|n|aus|fin|den; hi|n|aus|füh|ren; hi|n|aus|ge|hen; alles darüber Hinausgehende
hi|n|aus|ge|lei|ten; hi|n|aus|grei|fen; darüber hinausgreifen; **hi|n|aus|ka|ta|pul|tie|ren; hi|n|aus|kom|men**
hi|n|aus|kom|pli|men|tie|ren; hi|n|aus|kön|nen; hi|n|aus|las|sen
hi|n|aus|lau|fen; aufs Gleiche hinauslaufen; **hi|n|aus|müs|sen; hi|n|aus|po|sau|nen** *(ugs.);* **hi|n|aus|schaf|fen;** *vgl.* [1]schaffen; **hi|n|aus|schie|ben; hi|n|aus|schmei|ßen** *(ugs.)*
hi|n|aus sein [*alte Schreibung* hin- aus|sein] *vgl.* hinaus
hi|n|aus|sprin|gen
hi|n|aus|stel|len; Hi|n|aus|stel|lung *(Sport)*
hi|n|aus|tra|gen; hi|n|aus|trei|ben; hi|n|aus|wach|sen; über sich selbst hinauswachsen
hi|n|aus|wa|gen, sich; **hi|n|aus|wer|fen; hi|n|aus|wol|len;** zu hoch hinauswollen
Hi|n|aus|wurf
hi|n|aus|zie|hen; hi|n|aus|zö|gern
hin|be|ge|ben, sich
hin|be|kom|men *(ugs.)*
hin|bie|gen (*ugs. für* in Ordnung bringen)
hin|blät|tern *(ugs.);* Geldscheine hinblättern
Hin|blick; *nur in* im, *seltener* in Hinblick auf
hin|brin|gen
Hin|de *vgl.* Hindin
Hin|de|mith (dt. Komponist)
hin|der|lich
hin|dern; ich hindere
Hin|der|nis, das; -ses, -se
Hin|der|nis|lauf; Hin|der|nis|ren|nen
Hin|de|rung; Hin|de|rungs|grund
hin|deu|ten; alles scheint darauf hinzudeuten, dass ...
Hin|di, das; - (Amtsspr. in Indien)
Hin|din, die; -, -nen, *auch* Hin|de, die; -, -n (*veraltet für* Hirschkuh)
[1]**Hin|du,** der; -[s], -[s] (Anhänger des Hinduismus)
[2]**Hin|du,** die; -, -[s], **Hin|du|frau**
Hin|du|is|mus, der; - (indische Volksreligion); **hin|du|is|tisch** [*alte Trennung* ...|st...]
Hin|du|kusch, der; -[s] (zentralasiatisches Hochgebirge)
hin|durch; durch alles hindurch
hin|durch... (z. B. hindurchgehen; sie ist hindurchgegangen)
hin|durch|müs|sen
hin|durch|zwän|gen; sich hindurchzwängen
hin|dür|fen (*ugs. für* hingehen, hinkommen [o. Ä.] dürfen)
Hin|du|s|tan (*veraltete Bez. für* Indien); **Hin|du|s|ta|ni,** das; -[s] (Form des Westhindi); **hin|du|s|ta|nisch**
hi|n|ein, *ugs.* 'nein ↑K 14
hi|n|ein... (z. B. hineingehen; wir sind hineingegangen)
hi|n|ein|be|ge|ben, sich; **hi|n|ein|be|mü|hen; hi|n|ein|bit|ten; hi|n|ein|brin|gen; hi|n|ein|dür|fen; hi|n|ein|fal|len; hi|n|ein|fin|den; hi|n|ein|flüch|ten**
hi|n|ein|ge|bo|ren
hi|n|ein|ge|heim|nis|sen; du geheimnisst [*alte Schreibung* geheimnißt] hinein
hi|n|ein|ge|hen; hi|n|ein|ge|ra|ten; in etwas hineingeraten; **hi|n|ein|grät|schen** *(Fußball);* **hi|n|ein|grei|fen; hi|n|ein|in|ter|pre|tie|ren**
hi|n|ein|kom|men; hi|n|ein|kom|pli|men|tie|ren; hi|n|ein|kön|nen; hi|n|ein|las|sen; hi|n|ein|müs|sen; hi|n|ein|pas|sen; hi|n|ein|pfu|schen; hi|n|ein|plat|zen *(ugs.)*
hi|n|ein|re|den; hi|n|ein|ren|nen; in sein Unglück hineinrennen; **hi|n|ein|schaf|fen;** *vgl.* [1]schaffen; **hi|n|ein|schau|en; hi|n|ein|schlit|tern** *(ugs.)*
hi|n|ein|schüt|ten; hi|n|ein|ste|cken [*alte Trennung* ...k|k...]; **hi|n|ein|stei|gern,** sich; **hi|n|ein|stel|len; hi|n|ein|stop|fen** *(ugs.);* **hi|n|ein|tap|pen** *(ugs.);* **hi|n|ein|tra|gen**
hi|n|ein|tre|ten; hi|n|ein|ver|set|zen; sich hineinversetzen; **hi|n|ein|wa|gen,** sich; **hi|n|ein|wol|len; hi|n|ein|zie|hen**
hin|fah|ren; Hin|fahrt; Hin- und Herfahrt, Hin- und Rückfahrt *(vgl. d.)*
hin|fal|len
hin|fäl|lig; Hin|fäl|lig|keit, die; -
hin|fin|den; sich hinfinden
hin|flä|zen, sich *(ugs.)*
hin|fle|geln, sich *(ugs.)*
Hin|flug; Hin- und Rückflug *(vgl. d.)*
hin|fort (*geh., veraltend für* in Zukunft)
hin|füh|ren
Hin|ga|be, die; -; **hin|ga|be|fä|hig**
Hin|gang (*geh. für* Tod, Sterben)
hin|ge|ben; sich hingeben; wir haben unser Geld hingegeben; *aber* auf sein Verlangen hin geben; **hin|ge|bend; Hin|ge|bung**
hin|ge|bungs|voll
hin|ge|gen
hin|ge|gos|sen *(ugs.);* sie lag wie hingegossen auf dem Sofa
hin|ge|hen
hin|ge|hö|ren
hin|ge|ris|sen (begeistert); er war von diesem Spiel hingerissen
hin|ge|zo|gen; sich hingezogen fühlen

H

hin|gu|cken [*alte Trennung* ...k|k...] *(ugs.);* **Hin|gu|cker** (etwas od. jmd., der große Aufmerksamkeit erregt)
hin|hal|ten; er hat das Buch hingehalten; mit der Rückgabe des Buches hat er sie lange hingehalten; hinhaltend antworten
Hin|hal|te|tak|tik
hin|hän|gen; *vgl.* [2]hängen
hin|hau|en *(ugs.);* das haute hin (das traf zu, das war in Ordnung); ich haute mich hin (legte mich schlafen); er haut hin (*landsch. u. österr. für* beeilt sich)
hin|ho|cken [*alte Trennung* ...k|k...]; sich hinhocken
hin|hor|chen
Hin|ke|bein *(ugs.);* **Hin|ke|fuß** *(ugs.)*
Hin|kel, das; -s, - (*landsch. für* [junges] Huhn)
Hin|kel|stein (größerer, unbehauener [kultischer] Stein)
hin|ken; gehinkt
hin|knien; sich hinknien
hin|kön|nen *(ugs.)*
hin|krie|gen (*ugs. für* zustande bringen); wir werden das schon hinkriegen
Hin|kunft, die; -; *nur in* in Hinkunft (*österr. für* in Zukunft)
hin|lan|gen *(ugs.)*
hin|läng|lich
hin|le|gen; sich hinlegen
hin|ma|chen (*landsch. für* sich beeilen, sich hinbegeben)
hin|müs|sen *(ugs.)*
Hin|nah|me, die; -; **hin|neh|men**
hin|nei|gen; sich hinneigen; **Hin|nei|gung**
hin|nen *(veraltet); noch in* von hinnen gehen
hin|rei|chen; hin|rei|chend
Hin|rei|se; Hin- und Herreise *(vgl. d.);* **hin|rei|sen**
hin|rei|ßen; sich hinreißen lassen; hin- und hergerissen sein (sich nicht entscheiden können; *scherzh. auch für* begeistert sein)
hin|rei|ßend
Hin|rich (m. Vorn.)
hin|rich|ten; Hin|rich|tung
Hin|run|de (*Sportspr.; Ggs.* Rückrunde)
hin|sa|gen; das war nur so hingesagt
hin|schau|en
hin|schau|keln (*ugs. für* zustande bringen)
hin|schi|cken [*alte Trennung* ...k|k...]
hin|schie|ben
Hin|schied, der; -[e]s (*schweiz. für* Ableben, Tod)
hin|schla|gen; er ist lang hingeschlagen *(ugs.)*
hin|schlep|pen; sich hinschleppen
hin|schmei|ßen *(ugs.);* sich hinschmeißen
hin|se|hen
hin sein [*alte Schreibung* hin|sein] *vgl.* hin
hin|set|zen; sich hinsetzen
Hin|sicht, die; -, -en; in Hinsicht auf ...; **hin|sicht|lich;** *Präp. mit Gen.:* hinsichtlich des Briefes
hin|sie|chen *(geh.)*
hin|sin|ken *(geh.)*
Hin|spiel *(Sportspr.)*
hin|stel|len; sich hinstellen
hin|stre|cken [*alte Trennung* ...k|k...]; sich hinstrecken
hin|streu|en; hin|strö|men; hin|stür|zen
hint|an... (*geh.,* z. B. hintansetzen; sie hat ihre Wünsche hintangesetzt)
hint|an|hal|ten; Hint|an|hal|tung, die; -
hint|an|set|zen; Hint|an|set|zung, die; -
hint|an|stel|len; Hint|an|stel|lung, die; -; unter Hintanstellung aller Wünsche
hin|ten
hin|ten|an; hin|ten|an|set|zen
hin|ten|drauf *(ugs.);* **hin|ten|he|rum; hin|ten|hin; hin|ten|nach** *(landsch., bes. südd., österr.);* **hin|ten|rum** (*ugs. für* hintenherum)
hin|ten|ü|ber
hin|ten|ü|ber... (z. B. hintenüberfallen; er ist hintenübergefallen)
hin|ten|ü|ber|kip|pen; hin|ten|ü|ber|stür|zen
hin|ter; *Präp. mit Dat. u. Akk.:* hinter dem Zaun stehen, *aber* hinter den Zaun stellen
hin|ter...; *in Verbindung mit Verben: unfeste Zusammensetzungen,* z. B. hinterbringen *(vgl. d.),* hintergebracht; *feste Zusammensetzungen,* z. B. hinterbringen *(vgl. d.),* hinterbracht
Hin|ter|ab|sicht; Hin|ter|ach|se; Hin|ter|an|sicht; Hin|ter|aus|gang; Hin|ter|ba|cke [*alte Trennung* ...k|k...]
Hin|ter|bänk|ler (wenig einflussreicher Parlamentarier [der auf einer der hinteren Bänke sitzt])
Hin|ter|bein (bei Tieren)
hin|ter|blei|ben; die hinterbliebenen Kinder; **Hin|ter|blie|be|ne,** der *u.* die; -n, -n; **Hin|ter|blie|be|nen|ren|te**
hin|ter|brin|gen (*ugs. für* nach hinten bringen); er hat das Essen kaum hintergebracht (*ostmitteld. für* hinunterschlucken, essen können)
hin|ter|brin|gen (heimlich melden); er hat die Nachricht hinterbracht; **Hin|ter|brin|gung**
hin|ter|drein *(veraltend)*
hin|ter|drein|lau|fen, *auch* **hin|ter|drein lau|fen;** um hinterdreinzulaufen, *auch* hinterdrein zu laufen
hin|te|re; hinterst *(vgl. d.);* **Hin|te|re,** der; ...ter[e]n, ...ter[e]n (*ugs. für* Gesäß); *vgl. auch* Hintern *u.* Hinterste

hin|ter|ei|n|an|der

Man schreibt »hintereinander« immer getrennt vom folgenden Verb od. Partizip ↑K 50:
- wir wollen hintereinander fahren, hintereinander gehen
- die Namen bitte hintereinander schreiben
- die Glühbirnen wurden hintereinander geschaltet
- [*alte Schreibungen* hintereinanderfahren, hintereinanderschreiben, hintereinandergeschaltet usw.]
- alle müssen hintereinander hergehen

Hin|ter|ei|n|an|der|schal|tung *(Elektrot.)*
hin|ter|ei|n|an|der|weg (*ugs. für* ohne Pause)
Hin|ter|ein|gang
hin|ter|es|sen (*ostmitteld. für* mit Mühe, *auch* unwillig essen); er hat das Gemüse hintergegessen
hin|ter|fot|zig (*derb für* hinterlistig, heimtückisch); **Hin|ter|fot|zig|keit** *(derb)*
hin|ter|fra|gen; etwas hinterfragen (nach den Hintergründen von etwas fragen); hinterfragt
Hin|ter|front; Hin|ter|fuß
Hin|ter|gau|men|laut (*für* Velar)
Hin|ter|ge|dan|ke
hin|ter|ge|hen (*ugs. für* nach hinten gehen); hintergegangen; **hin|ter|ge|hen** (täuschen, betrügen); hintergangen; **Hin|ter|ge|hung**

Hin|ter|glas|bild; Hin|ter|glas|ma|le|rei
Hin|ter|grund
hin|ter|grün|dig; Hin|ter|grün|dig|keit
Hin|ter|grund|in|for|ma|ti|on; Hin|ter|grund|mu|sik
hin|ter|ha|ken (*ugs. für* einer Sache auf den Grund gehen)
Hin|ter|halt, der; -[e]s, -e
hin|ter|häl|tig; Hin|ter|häl|tig|keit
Hin|ter|hand, die; -
Hin|ter|haupt *(Med.);* **Hin|ter|haupt[s]|bein**
Hin|ter|haus
hin|ter|her [*auch* 'hɪ...]; hinterher (danach) polieren; die Polizei wird ihm hinterher sein [*alte Schreibung* hinterhersein] *(ugs.); aber* hinterherlaufen (nachlaufen); sie ist hinterhergelaufen
hin|ter|her|hin|ken; hin|ter|her|kle|ckern [*alte Trennung* ...k|k...] *(ugs.)*
hin|ter|her sein [*alte Schreibung* hin|ter|her|sein] *vgl.* hinterher
hin|ter|her|wer|fen
Hin|ter|hof
Hin|ter|in|di|en (südöstliche Halbinsel Asiens; ↑K 143)
Hin|ter|kopf
Hin|ter|la|der (eine Feuerwaffe)
Hin|ter|la|ge (*schweiz. für* Hinterlegung, Faustpfand)
Hin|ter|land, das; -[e]s
hin|ter|las|sen (zurücklassen; vererben); sie hat etwas hinterlassen; **Hin|ter|las|se|ne,** der *u.* die; -n, -n (*schweiz. für* Hinterbliebene)
Hin|ter|las|sen|schaft; Hin|ter|las|sung, die; - *(Amtsspr.);* unter Hinterlassung von ...
hin|ter|las|tig [*alte Trennung* ...|st...]
hin|ter|le|gen (als Pfand usw.); **Hin|ter|le|ger; Hin|ter|le|gung**
Hin|ter|leib
Hin|ter|list, die; -; **hin|ter|lis|tig** [*alte Trennung* ...|st...]; **Hin|ter|lis|tig|keit**
hin|term; ↑K 14 (*ugs. für* hinter dem)
Hin|ter|mann *Plur.* ...männer; **Hin|ter|mann|schaft** *(Sport)*
hin|ter|mau|ern *(Bauw.)*
hin|tern; ↑K 14 (*ugs. für* hinter den)
Hin|tern, der; -s, - (*ugs. für* Gesäß)
Hin|ter|rad; Hin|ter|rad|an|trieb
Hin|ter|rei|fen
Hin|ter|rhein (Quellfluss des Rheins)
hin|ter|rücks
hin|ters; ↑K 14 (*ugs. für* hinter das)
Hin|ter|sass [*alte Schreibung* ...saß] *od.* **Hin|ter|sas|se,** der; ...sassen, ...sassen (*früher* vom Feudalherrn abhängiger Bauer)
Hin|ter|schin|ken
hin|ter|schlin|gen (*landsch. für* hinunterschlingen); **hin|ter|schlu|cken** [*alte Trennung* ...k|k...] (*landsch. für* hinunterschlucken)
Hin|ter|sinn, der; -[e]s (geheime Nebenbedeutung); **hin|ter|sin|nen,** sich (*südd. u. schweiz. für* grübeln, schwermütig werden); du hast dich hintersonnen; **hin|ter|sin|nig**
hin|terst; zuhinterst; der hinterste Mann, *aber* ↑K 72: die Hintersten müssen stehen; **Hin|ters|te** [*alte Trennung* ...|st...], der; -n, -n (*ugs. für* Gesäß)
Hin|ter|ste|ven; Hin|ter|stüb|chen; Hin|ter|teil, das (Gesäß)
Hin|ter|tref|fen *(ugs.);* ins Hintertreffen kommen, geraten
hin|ter|trei|ben (vereiteln); er hat den Plan hintertrieben
Hin|ter|trep|pe; Hin|ter|trep|pen|ro|man
Hin|ter|tup|fin|gen (*ugs. für* abgelegener, unbedeutender Ort)
Hin|ter|tür
Hin|ter|wäld|ler (rückständiger Mensch); **hin|ter|wäld|le|risch**
hin|ter|wärts (*veraltet für* zurück, [nach] hinten)
hin|ter|zie|hen (unterschlagen); er hat die Steuer hinterzogen; **Hin|ter|zie|hung**
hin|tra|gen
hin|trei|ben
hin|tre|ten; vor jmdn. hintreten
Hin|tritt, der; -[e]s (*veraltet für* Tod)
hin|tun *(ugs.)*
hi|n|ü|ber, *ugs.* 'nü|ber ↑K 14; hinüber sein [*alte Schreibung* hinübersein] *(ugs.)*
hi|n|ü|ber... (z. B. hinübergehen; er ist hinübergegangen)
hi|n|ü|ber|brin|gen; hi|n|ü|ber|dür|fen; hi|n|ü|ber|fah|ren; hi|n|ü|ber|ge|hen; hi|n|ü|ber|ge|lan|gen; hi|n|ü|ber|kön|nen
hi|n|ü|ber|müs|sen; hi|n|ü|ber|ret|ten; hi|n|ü|ber|schaf|fen; *vgl.* [1]schaffen
hi|n|ü|ber|schau|en; hi|n|ü|ber|schi|cken [*alte Trennung* ...k|k...]; **hi|n|ü|ber|schwim|men**
hi|n|ü|ber sein [*alte Schreibung* hin|über|sein] *vgl.* hinüber
hi|n|ü|ber|spie|len; ein ins Grünliche hinüberspielendes Blau; **hi|n|ü|ber|wech|seln; hi|n|ü|ber|wer|fen**
hi|n|ü|ber|win|ken; hi|n|ü|ber|wol|len; hi|n|ü|ber|zie|hen
hin und her; *vgl.* hin; **Hin und Her,** das; - - -[s]; nach längerem Hin und Her; ein ewiges Hin und Her
Hin-und-her-Fah|ren, das; -s; *aber* ↑K 31: [das] Hin- und [das] Herfahren
Hin- und Her|fahrt ↑K 31; **Hin- und Her|rei|se; Hin- und Her|weg; Hin- und Rück|fahrt; Hin- und Rück|flug**
hi|n|un|ter, *ugs.* 'nun|ter ↑K 14
hi|n|un|ter... (z. B. hinuntergehen; er ist hinuntergegangen)
hi|n|un|ter|be|för|dern; hi|n|un|ter|be|glei|ten; hi|n|un|ter|bli|cken [*alte Trennung* ...k|k...]; **hi|n|un|ter|brin|gen; hi|n|un|ter|ei|len; hi|n|un|ter|flie|ßen; hi|n|un|ter|ge|hen**
hi|n|un|ter|kip|pen; hi|n|un|ter|rei|chen; hi|n|un|ter|rei|ßen; hi|n|un|ter|rol|len; hi|n|un|ter|schlu|cken [*alte Trennung* ...k|k...]
hi|n|un|ter|stür|zen; hi|n|un|ter|tau|chen; hi|n|un|ter|wer|fen; hi|n|un|ter|wür|gen
hin|wa|gen, sich
hin|wärts
hin|weg
hin|weg... (z. B. hinweggehen; er ist hinweggegangen)
Hin|weg; Hin- und Herweg ↑K 31
hin|weg|brin|gen; hin|weg|fe|gen; hin|weg|ge|hen; hin|weg|hel|fen; sie half ihm darüber hinweg; **hin|weg|kom|men; hin|weg|kön|nen; hin|weg|raf|fen**
hin|weg|se|hen; hin|weg|set|zen; sich darüber hinwegsetzen
hin|weg|stei|gen; hin|weg|täu|schen; hin|weg|trös|ten [*alte Trennung* ...|st...]
Hin|weis, der; -es, -e; **hin|wei|sen;** hinweisendes Fürwort (*für* Demonstrativpronomen)
Hin|weis|schild, das
Hin|wei|sung
hin|wen|den; sich hinwenden; **Hin|wen|dung**
hin|wer|fen; sich hinwerfen
hin|wie|der, hin|wie|de|r|um (*veraltend*)

H

Hinz (m. Vorn.); Hinz und Kunz (*ugs. für* jedermann)
hin|zie|hen (*auch für* verzögern); der Wettkampf hat sich lange hingezogen (hat lange gedauert)
hin|zie|len; auf Erfolg hinzielen
hin|zu
hin|zu... (z. B. hinzukommen; er ist hinzugekommen, *aber* ↑K 48: hinzu kommt, dass ...)
hin|zu|dich|ten
hin|zu|fü|gen; Hin|zu|fü|gung
hin|zu|ge|sel|len, sich; **hin|zu|kau|fen; hin|zu|kom|men; hin|zu|ler|nen**
hin|zu|rech|nen; hin|zu|sprin|gen; hin|zu|tre|ten
Hin|zu|tun, das; -s
Hi|ob, Job, *ökum.* Ijob (bibl. m. Eigenn.); **Hi|obs|bot|schaft; Hi|obs|post,** die; -, -en (Unglücksbotschaft)
hip [hɪp]; hipper, hip[p]ste ‹engl.› (modern, zeitgemäß, auf dem Laufenden)
Hip-Hop, *auch* **Hip|hop,** der; -s ‹engl.-amerik.› (eine Richtung der modernen Popmusik)
hipp..., hip|po... ‹griech.› (pferde...); **Hipp...,** Hip|po... (Pferde...)
Hip|p|arch, der; -en, -en (Befehlshaber der Reiterei bei den alten Griechen)
Hip|pa|ri|on, das; -s, ...ien (fossiles Urpferd)
[1]**Hip|pe,** die; -, -n (sichelförmiges Messer)
[2]**Hip|pe,** die; -, -n (*südd. für* eine Art Fladenkuchen)
[3]**Hip|pe,** die; -, -n (*landsch. für* Ziege)
hipp, hipp, hur|ra!; hipp, hipp, hurra rufen; er rief: »Hipp, hipp, hurra!«; **Hipp|hipp|hur|ra,** das; -s, -s (Hochruf beim [Ruder]sport); er rief ein kräftiges Hipphipphurra
Hip|p|i|a|t|rik, die; - ‹griech.› (Pferdeheilkunde)
Hip|pie [...pi], der; -s, -s ‹amerik.› (Anhänger[in] einer antibürgerlichen, pazifistischen, naturnahen Lebensform; Blumenkind)
hip|po... *vgl.* hipp...
Hip|po... *vgl.* Hipp...
Hip|po|drom, der *od., österr. nur,* das; -s, -e ‹griech.› (Reitbahn)
Hip|po|gryph, der; *Gen.* -s *u.* -en, *Plur.* -e[n] (Flügelross der Dichtkunst)
Hip|po|kra|tes (altgriechischer Arzt); **Hip|po|kra|ti|ker** (Anhänger des Hippokrates); **hip|po|kra|tisch;** hippokratischer Eid (Hippokrates zugeschriebenes Gelöbnis als Grundlage der ärztlichen Ethik); hippokratisches Gesicht (*Med.* Gesichtsausdruck von Sterbenden); die hippokratischen [*alte Schreibung* Hippokratischen] Schriften (↑K 135)
Hip|po|lo|gie, die; - ‹griech.› (wissenschaftliche Pferdekunde); **hip|po|lo|gisch** (die Hippologie betreffend)
Hip|po|lyt, Hip|po|ly|tos, Hip|po|ly|tus (m. Eigenn.)
Hip|po|po|ta|mus, der; -, - (Flusspferd)
Hip|pu|rit, der; -en, -en (fossile Muschel)
Hip|pur|säu|re, die; - (*Biol.; Chemie* eine organische Säure)
Hi|ra|ga|na, das; -[s] *od.* die; - (eine japanische Silbenschrift)
Hirn, das; -[e]s, -e; **Hirn|an|hangs|drü|se**
Hirn|blu|tung
Hirn|er|schüt|te|rung (*schweiz. für* Gehirnerschütterung)
hirn|ge|schä|digt
Hirn|ge|spinst
Hirn|haut|ent|zün|dung
Hirn|holz, das; -es (quer zur Faser geschnittenes Holz mit Jahresringen)
Hir|ni, der; -s, -s (*ugs. abwertend für* törichter Mensch)
hirn|los; Hirn|rin|de
hirn|ris|sig (*ugs. für* unsinnig, verrückt)
Hirn|scha|le; Hirn|strom|bild; Hirn|tod
hirn|ver|brannt (*ugs. für* unsinnig); **hirn|ver|letzt**
Hirn|win|dung
Hi|ro|hi|to (japanischer Kaiser)
Hi|ro|schi|ma [*auch* ...'ro...], *auch* **Hi|ro|shi|ma** [...ʃ...] (japanische Stadt, auf die 1945 die erste Atombombe abgeworfen wurde)
Hirsch, der; -[e]s, -e
Hirsch|art; Hirsch|fän|ger; Hirsch|ge|weih; Hirsch|horn, das; -[e]s
Hirsch|kä|fer; Hirsch|kalb; Hirsch|kuh
hirsch|le|dern
Hir|se, die; -, *Plur. (Sorten:)* -n
Hir|se|brei; Hir|se|korn *Plur.* ...körner
Hirt, der; -en, -en, *auch* **Hir|te,** der; -n, -n
Hir|ten|amt; Hir|ten|brief (bischöfliches Rundschreiben); **Hir|ten|flö|te**
Hir|ten|ge|dicht; Hir|ten|stab; Hir|ten|tä|schel, das; -s, - (eine [Heil]pflanze); **Hir|ten|volk**
Hir|tin
his, His, das; -, - (Tonbezeichnung)
[1]**His|bol|lah,** die; - (Gruppe extremistischer schiitischer Moslems)
[2]**His|bol|lah,** der; -s, -s (Anhänger der [1]Hisbollah)
His|kia, His|ki|as, *ökum.* **His|ki|ja** (jüdischer König)
His|pa|ni|en (alter Name der Pyrenäenhalbinsel); **his|pa|nisch; his|pa|ni|sie|ren** (spanisch machen)
His|pa|nist; His|pa|nis|tik [*alte Trennung* ...|st...], die; - (Wissenschaft von der spanischen Sprache u. Literatur); **His|pa|nis|tin**
his|sen ([Flagge, Segel] hochziehen); du hisst; du hisstest; gehisst; hisse! *od.* hiss! [*alte Schreibungen* hißt, hißtest, gehißt, hiß!]; *vgl. auch* [2]heißen
His|t|a|min, das; -s, -e (ein Gewebehormon)
His|to|gramm [*alte Trennung* ...|st...], das; -s, -e ‹griech.› (*Statistik* grafische Darstellung von Häufigkeiten in Form von Säulen)
His|to|lo|ge [*alte Trennung* ...|st...], der; -n, -n; **His|to|lo|gie,** die; - (*Med.* Lehre von den Geweben des Körpers); **His|to|lo|gin; his|to|lo|gisch**
His|tör|chen [*alte Trennung* ...|st...] ‹griech.› (Geschichtchen)
His|to|rie [*alte Trennung* ...|st...], die; -, -n (*nur Sing.: veraltend für* [Welt]geschichte; *veraltet für* Bericht, Erzählung); **His|to|ri|en|ma|le|rei**
His|to|rik [*alte Trennung* ...|st...], die; - (Geschichtsforschung); **His|to|ri|ker; His|to|ri|ke|rin;**
His|to|ri|o|graph [*alte Trennung* ...|st...], *auch* His|to|ri|o|graf, der; -en, -en (Geschichtsschreiber)
his|to|risch [*alte Trennung* ...|st...]; ein historischer Augenblick; historisches Präsens
his|to|ri|sie|ren [*alte Trennung* ...|st...] (das Geschichtliche betonen, anstreben)

His|to|ris|mus [*alte Trennung* ...|st...], der; -, ...men (Überbetonung des Geschichtlichen); **his|to|ris|tisch** [*alte Trennungen* ...|st...]

His|t|ri|o|ne [*alte Trennung* ...|st...], der; -n, -n ‹lat.› (altrömischer Schauspieler)

Hit, der; -[s], -s ‹engl.› (*ugs. für* [musikalischer] Verkaufsschlager); **Hit|lis|te** [*alte Trennung* ...|st...]; **Hit|pa|ra|de**

Hit|sche, Hut|sche, Hüt|sche, die; -, -n (*landsch. für* Fußbank; kleiner Schlitten)

Hit|ze, die; -, *Plur. (fachspr.)* -n

Hit|ze ab|wei|send, *auch* **hit|ze-ab|wei|send** ↑K 58 *u.* 59; ein Hitze abweisendes, *auch* hitzeabweisendes Material, *aber nur* ein äußerst hitzeabweisendes Material, dieses Material ist hitzeabweisender als das alte

hit|ze|be|stän|dig

Hit|ze|bläs|chen; Hit|ze|fe|ri|en *Plur.*

hit|ze|frei; Hit|ze|frei, das; -; Hitzefrei *od.* hitzefrei haben, bekommen; *aber nur groß:* Hitzefrei erteilen; kein Hitzefrei bekommen, haben

Hit|ze|pe|ri|o|de; Hit|ze|schild, der; **Hit|ze|wel|le**

hit|zig

Hitz|kopf; hitz|köp|fig

Hitz|po|cke [*alte Trennung* ...k|k...] *meist Plur.*; **Hitz|schlag**

HIV [ha:|i:ˈfau̯], das; -[s], -[s] *Plur. selten* = human immunodeficiency virus ‹engl.› (ein Aidserreger); **HIV-In|fek|ti|on; HIV-in|fi-ziert; HIV-ne|ga|tiv; HIV-po|si|tiv** ↑K 28

Hi|wi, der; -s, -s ‹*kurz für* Hilfswilliger› (*ugs. für* Hilfskraft)

Hjal|mar [j...] (m. Vorn.)

HK = Hefnerkerze

hl = Hektoliter

hl. = heilig; **hll.** = heilige *Plur.*

hm!; hm, hm!

H-Milch [ˈha:...] (*kurz für* haltbare Milch)

h-Moll [ˈha:mɔl, *auch* ˈha:ˈmɔl], das; - (Tonart; *Zeichen* h); **h-Moll-Ton|lei|ter,** die; -, -n ↑K 26

HNO-Arzt [ha:|ɛnˈ|o:...] = Hals-Nasen-Ohren-Arzt; **HNO-Ärz|tin; HNO-ärzt|lich**

Ho = *chem. Zeichen für* Holmium

HO = Handelsorganisation *(in der DDR)*; HO-Geschäft ↑K 28

ho!; ho|ho!; ho ruck!

Ho|ang|ho *vgl.* Hwangho

Hobbes [hɔps] (engl. Philosoph)

Hob|bock, der; -s, -s (ein Versandbehälter)

Hob|by [...bi], das; -s, -s ‹engl.› (Steckenpferd; Liebhaberei)

Hob|by|gärt|ner; Hob|by|ist, der; -en, -en; **Hob|by|is|tin** [*alte Trennung* ...|st...]

Hob|by|kel|ler; Hob|by|koch; Hob-by|raum

Ho|bel, der; -s, -; **Ho|bel|bank** *Plur.* ...bänke

ho|beln; ich hob[e]le

Ho|bel|span; Hob|ler

hoch *s. Kasten S. 474*

Hoch, das; -s, -s (Hochruf; *Meteor.* Gebiet hohen Luftdrucks)

hoch ach|ten [*alte Schreibung* hoch|ach|ten] *vgl.* hoch

Hoch|ach|tung; hoch|ach|tungs|voll

Hoch|a|del

hoch|ak|tu|ell; hoch|al|pin

Hoch|al|tar; Hoch|amt

hoch an|ge|se|hen [*alte Schreibung* hochangesehen] *vgl.* hoch

hoch|an|stän|dig

hoch|ar|bei|ten, sich

hoch|auf|lö|send *(bes. Fachspr.)*; hochauflösende optische Systeme, ein hochauflösender Computerbildschirm

Hoch|bahn; Hoch|bau *Plur.* ...bauten

hoch|be|gabt, *auch* **hoch be|gabt;** hochbegabte, *auch* hoch begabte Schüler[innen]; *vgl.* hoch

hoch|be|glückt; *vgl.* hocherfreut

hoch|bei|nig

hoch|be|kom|men; um den schweren Koffer hochzubekommen

hoch|be|rühmt; sie ist hochberühmt

hoch be|steu|ert [*alte Schreibung* hoch|be|steu|ert] *vgl.* hoch

hoch|be|tagt; er ist hochbetagt

Hoch|be|trieb, der; -[e]s; es herrscht Hochbetrieb

hoch be|zahlt [*alte Schreibung* hoch|be|zahlt] *vgl.* hoch

hoch|bin|den; die Haare hochbinden

Hoch|blü|te, die; -

hoch|brin|gen (nach oben bringen); um die Wäsche hochzubringen

Hoch|burg; hoch|bu|sig

hoch|de|ckend [*alte Trennung* ...k|k...] *(bes. Fachspr.)*; hochdeckende Farben

hoch|deutsch; auf Hochdeutsch [*alte Schreibung* auf hochdeutsch]; *vgl.* deutsch; **Hoch-deutsch,** das; -[s] (Sprache); *vgl.* Deutsch; **Hoch|deut|sche,** das; -n; im Hochdeutschen; *vgl.* Deutsche, das

hoch|die|nen, sich; er hat sich hochgedient

hoch do|siert, hoch do|tiert [*alte Schreibungen* hoch|do|siert, hoch|do|tiert] *vgl.* hoch

hoch|dre|hen; den Motor hochdrehen (auf hohe Drehzahlen bringen)

Hoch|druck, der; -[e]s, *Plur.* (*für* Erzeugnis im Hochdruckverfahren:) ...drucke

Hoch|druck|ge|biet *(Meteor.)*; **Hoch|druck|ver|fah|ren**

Hoch|e|be|ne

hoch emp|find|lich [*alte Schreibung* hoch|emp|find|lich] *vgl.* hoch

hoch ent|wi|ckelt [*alte Schreibung* hoch|ent|wickelt, *alte Trennung* ...k|k...] *vgl.* hoch

hoch|er|freut; hoch|ex|plo|siv; ein hochexplosives Gemisch

hoch|fah|ren; er ist aus dem Schlaf hochgefahren; **hoch|fah-rend;** ein hochfahrender Plan

hoch|fein (erstklassig)

Hoch|fi|nanz, die; -

hoch|flie|gen; ..., dass die Späne hochfliegen (nach oben fliegen); *aber* ..., dass Eisenspäne höher fliegen als Holzspäne; *vgl. auch* hoch; **hoch|flie|gend;** eine hochfliegende Idee

Hoch|form, die; - *(Sportspr.)*; in Hochform sein; **Hoch|for|mat**

hoch|fre|quent *(Physik)*; **Hoch|fre-quenz; Hoch|fre|quenz|strom**

Hoch|fri|sur; Hoch|ga|ra|ge

Hoch|ge|bil|det, *auch* **hoch|ge|bil-det;** *vgl.* hoch

Hoch|ge|bir|ge

hoch|ge|bo|ren *(veraltet)*; *als Titel* Hochgeboren; *in der Anrede* Eure, Euer Hochgeboren

hoch ge|ehrt [*alte Schreibung* hoch|ge|ehrt] *vgl.* hoch

hoch|ge|fähr|lich; hochgefährliche Sprengstoffe

Hoch|ge|fühl

hoch|ge|hen; um hochzugehen, hochgegangen

hoch|ge|lehrt; eine hochgelehrte Abhandlung; **hoch|ge|mut** *(geh.)*; ein hochgemuter Mensch

Hoch|ge|nuss [*alte Schreibung* ...ge|nuß]; **Hoch|ge|richt** *(früher)*

H

hoch

höher *(vgl. d.)*, höchst *(vgl. d.)*
– bei Hoch und Niedrig [*alte Schreibung* bei hoch und niedrig] (*veraltet für* bei jedermann)

I. *Schreibung in Verbindung mit Verben*

1. *Getrenntschreibung, wenn »hoch« relativ gebraucht wird, d. h. erweiterbar od. steigerbar ist* ↑K 56:
– hoch sein; es wird [sehr] hoch hergehen
– sie kann [sehr] hoch springen, sie kann höher springen als ihr Bruder; hoch (weit oben) fliegen, hoch (weit hinauf) steigen usw.
– jmdn. hoch achten, hoch schätzen [*alte Schreibungen* hochachten, hochschätzen]
– die Preise [sehr] hoch schrauben/höher schrauben [*alte Schreibungen* hochschrauben/höherschrauben]
– seine Ziele hoch und höher stecken [*alte Schreibungen* hochstecken, höherstecken]

2. *Zusammenschreibung*

a) *wenn »hoch« absolut gebraucht wird, d. h. nicht erweiterbar od. steigerbar ist:*
– Zahlen statistisch hochrechnen; hochspringen (Hochsprung betreiben); hochstapeln (etwas vortäuschen)

b) *wenn »hoch« als Richtungsangabe gebraucht wird:*
– die Haare hochbinden/hochstecken
– [vor Schreck] hochfahren
– sich [zum Direktor] hocharbeiten
– weil Späne hochfliegen (nach oben fliegen)
– die Ärmel hochkrempeln
– das Fenster hochkurbeln
– an der Mauer hochspringen
– die Treppe hochsteigen usw.

II. *Schreibung in Verbindung mit Adjektiven od. Partizipien*

1. *Getrenntschreibung, wenn »hoch« relativ gebraucht wird, d. h. erweiterbar od. steigerbar ist* ↑K 62:
– eine [sehr] hoch stehende/hoch gestellte [*alte Schreibungen* hochstehende, hochgestellte] Persönlichkeit; *aber* eine hochgestellte Zahl
– [sehr] hoch gesteckte [*alte Schreibung* hochgesteckte] Ziele; *aber* hochgesteckte Haare
– hoch besteuerte Einkommen; ein hoch bezahlter Job; hoch dotierte Architektinnen; hoch empfindliches Filmmaterial; eine hoch gewachsene Pflanze; hoch qualifizierte Akademiker usw. [*alte Schreibungen* hochbesteuert, hochbezahlt usw.]

2. *Zusammenschreibung*

a) *wenn »hoch« absolut gebraucht wird, d. h. nicht erweiterbar od. steigerbar ist:*
– ein hochgeschlossenes Kleid
– hochgekurbelte (geschlossene) Fenster
– hochtrabende/hochfliegende Pläne
– hochgestochen reden

b) *wenn »hoch« als Richtungsangabe gebraucht wird:*
– hochgesteckte Haare; hochfliegende Späne usw.; *vgl.* I, 2b

c) *wenn »hoch« rein intensivierend gebraucht wird:*
– hochanständig (sehr anständig), hochbetagt, hochberühmt, hocherfreut, hochfahrend, hochglänzend usw.

In Zweifelsfällen ist sowohl Getrennt- als auch Zusammenschreibung möglich:
– eine hochbegabte, *auch* hoch begabte/hochgebildete, *auch* hoch gebildete Frau

Vgl. hohe

hoch|ge|schlos|sen; ein hochgeschlossenes Kleid
hoch|ge|schos|sen; ein hochgeschossener (großer) Junge
Hoch|ge|schwin|dig|keit
Hoch|ge|schwin|dig|keits|zug
hoch|ge|sinnt
hoch|ge|spannt; hochgespannte Ströme; *aber* hoch gespannte [*alte Schreibung* hochgespannte] Erwartungen
hoch|ge|steckt; hochgesteckte Haare; *aber* hoch gesteckte [*alte Schreibung* hochgesteckte] Ziele
hoch|ge|stellt; hochgestellte Zahlen (Indizes); *aber* hoch gestellte [*alte Schreibung* hochgestellte] Persönlichkeiten
hoch|ge|sto|chen *(ugs.)*; er redet hochgestochen (eingebildet)
hoch ge|wach|sen, *auch* **hoch|ge|wach|sen**; eine hoch gewachsene, *auch* hochgewachsene Frau
hoch|ge|züch|tet; **hoch|gif|tig**
Hoch|glanz; **hoch|glän|zend**; hochglänzende Seide
Hoch|glanz|pa|pier; **hoch|glanz|po|liert**
hoch|gra|dig
hoch|ha|ckig [*alte Trennung* ...k|k...]; hochhackige Schuhe
hoch|hal|ten; ein Kind hochhalten; Traditionen hochhalten; *vgl.* hoch
Hoch|haus
hoch|he|ben; hochgehoben, hochzuheben; *vgl.* hoch
Hoch|hei|mer (ein Wein)
hoch|herr|schaft|lich
hoch|her|zig; **Hoch|her|zig|keit**, die; -
hoch|ho|len (heraufholen)
Ho Chi Minh [hotʃiˈmɪn] (nordvietnamesischer Politiker); **Ho-Chi-Minh-Pfad**, der; -[e]s ↑K 137; **Ho-Chi-Minh-Stadt** (Stadt in Vietnam [*früher* Saigon])
hoch in|dus|t|ri|a|li|siert [*alte Schreibung* hoch|in|du|stria|li|siert] *vgl.* hoch
hoch|in|tel|li|gent; **hoch|in|te|r|es|sant**
hoch|ja|gen (aufscheuchen, aufjagen; *ugs. auch für* auf hohe Drehzahlen bringen); er hat den Motor hochgejagt
hoch|ju|beln (*ugs. für* durch übertriebenes Lob allgemein bekannt machen)
hoch|kant; hochkant stellen; jmdn. hochkant rauswerfen; **hoch|kan|tig**; *meist in* jmdn. hochkantig rauswerfen *(ugs.)*
hoch|ka|rä|tig
Hoch|kir|che
hoch|klap|pen; **hoch|klet|tern**;

hoch|kom|men; hochgekommen; um hochzukommen
Hoch|kon|junk|tur
hoch|kon|zen|t|riert; hochkonzentrierte Schüler[innen], *aber* hoch konzentrierte [*alte Schreibung* hochkonzentrierte] Säure
hoch|krem|peln; um die Ärmel hochzukrempeln
Hoch|kul|tur
hoch|kur|beln; das Fenster hochkurbeln
Hoch|land *Plur.* ...länder, *auch* ...lande; **Hoch|län|der,** der (*auch für* Schotte); **hoch|län|disch** (*auch für* schottisch)
Hoch|lau|tung, die; - (*Sprachw.* normierte Aussprache des Deutschen)
hoch|le|ben; wir haben sie hochleben lassen; er lebe hoch!; **hoch|le|gen;** um die Füße hochzulegen; *vgl.* hoch
Hoch|leis|tung [*alte Trennung* ...|st...]
Hoch|leis|tungs|mo|tor [*alte Trennung* ...|st...]; **Hoch|leis|tungs|sport,** der; -[e]s; **Hoch|leis|tungs|trai|ning**
höch|lich; hoch|löb|lich
Hoch|meis|ter [*alte Trennung* ...|st...] (*früher*)
hoch|mo|dern; hoch|mo|disch; hoch|mö|gend (*veraltet*)
hoch|mo|le|ku|lar (*Chemie* aus Makromolekülen bestehend)
Hoch|moor
hoch mo|ti|viert [*alte Schreibung* hochmotiviert] *vgl.* hoch
Hoch|mut; hoch|mü|tig; Hoch|mü|tig|keit, die; -
hoch|nä|sig (*ugs. für* hochmütig); **Hoch|nä|sig|keit,** die; -
Hoch|ne|bel; Hoch|ne|bel|feld
hoch|neh|men; jmdn. hochnehmen (*ugs. für* übervorteilen; necken, verspotten; verhaften)
hoch|not|pein|lich (sehr streng); hochnotpeinliches Gericht (*früher*)
Hoch|o|fen
hoch|of|fi|zi|ell
Hoch|öf|ner
hoch|päp|peln (*ugs.*)
Hoch|par|ter|re
hoch|prei|sen; er hat Gott hochgepriesen
hoch|prei|sig; hochpreisige Produkte
hoch|pro|zen|tig
hoch qua|li|fi|ziert [*alte Schreibung* hoch|qua|li|fi|ziert] *vgl.* hoch
hoch|rä|de|rig, hoch|räd|rig; ein hochräderiger, hochrädriger Wagen
hoch|ra|di|o|ak|tiv, *auch* **hoch ra|di|o|ak|tiv;** *vgl.* hoch
hoch|ran|gig; hochrangige Spitzenpolitiker
hoch|rap|peln, sich (*ugs.*)
hoch|rech|nen (*Statistik* aus repräsentativen Teilergebnissen [mit dem Computer] das Gesamtergebnis vorausberechnen); **Hoch|rech|nung**
Hoch|re|li|ef; Hoch|rip|pe
hoch|rot
Hoch|ruf
hoch|rüs|ten [*alte Trennung* ...|st...] (technisch verbessern)
Hoch|sai|son
hoch schät|zen [*alte Schreibung* hoch|schät|zen] *vgl.* hoch; **Hoch|schät|zung,** die; -
Hoch|schau|bahn (*österr. für* Achterbahn)
hoch|schau|keln (*ugs.*); sich hochschaukeln
Hoch|schein *in* keinen Hochschein haben (*schweiz. für* keine Ahnung haben)
hoch|scheu|chen; hoch|schie|ben; hoch|schla|gen; um den Kragen hochzuschlagen
Hoch|schrank
hoch|schre|cken [*alte Trennung* ...k|k...]; *vgl.* schrecken
Hoch|schul|ab|schluss [*alte Schreibung* ...ab|schluß]
Hoch|schu|le; Hoch|schü|ler; Hoch|schü|le|rin
Hoch|schul|leh|rer; Hoch|schul|leh|re|rin; Hoch|schul|re|form; Hoch|schul|rei|fe
hoch|schul|te|rig, hoch|schult|rig; hoch|schwan|ger
Hoch|see|an|geln, das; -s; **Hoch|see|fi|sche|rei; Hoch|see|jacht**
Hoch|seil
Hoch|si|cher|heits|trakt (besonders ausbruchssicherer Teil bestimmter Strafvollzugsanstalten)
hoch|sin|nig
Hoch|sitz (*Jägerspr.*)
Hoch|som|mer; hoch|som|mer|lich
Hoch|span|nung
Hoch|span|nungs|lei|tung; Hoch|span|nungs|mast, der
hoch spe|zi|a|li|siert [*alte Schreibung* hoch|spe|zia|li|siert] *vgl.* hoch
hoch|spie|len; er hat die Angelegenheit hochgespielt
Hoch|spra|che; hoch|sprach|lich
hoch|sprin|gen (aufspringen; in die Höhe springen; Hochsprung betreiben); *aber* sie kann sehr hoch, noch viel höher springen; **Hoch|sprung**
höchst; höchs|tens; am höchsten; sie war auf das/aufs Höchste, *auch* auf das/aufs höchste erfreut; das höchste der Gefühle; sein Sinn ist auf das/aufs Höchste gerichtet; nach dem Höchsten streben
Hoch|stamm (*Gartenbau*); **hoch|stäm|mig**
Hoch|sta|pe|lei; hoch|sta|peln (etwas vortäuschen); **Hoch|stap|ler; Hoch|stap|le|rin**
Höchst|be|trag
Höchst|bie|ten|de, der *u.* die; -n, -n
höchst|der|sel|be (*veraltet*); höchstdieselben
hoch|ste|cken [*alte Trennung* ...k|k...]; die Haare hochstecken; hochgestecktes Haar
hoch ste|hend *vgl.* hoch
hoch|stei|gen; um die Treppe hochzusteigen
höchst|ei|gen (*veraltend*); in höchsteigener Person
hoch|stel|len; die Stühle hochstellen
höchs|tens [*alte Trennung* ...|st...]
Höchst|fall; *nur in* im Höchstfall; **Höchst|form**
Höchst|ge|richt (*österr. für* oberster Gerichtshof)
Höchst|ge|schwin|dig|keit; Höchst|gren|ze
Hoch|stift (*früher* reichsunmittelbarer Territorialbesitz eines Bischofs)
hoch|sti|li|sie|ren (übertreibend hervorheben)
Hoch|stim|mung, die; -
Höchst|leis|tung [*alte Trennung* ...|st...]; **Höchst|maß**
höchst|mög|lich; die höchstmögliche (*falsch:* höchstmöglichste) Leistung
höchst|per|sön|lich; sie ist höchstpersönlich (selbst, in eigener Person) gekommen, *aber* das ist eine höchst (im höchsten Grade, rein) persönliche Ansicht
Höchst|preis
Hoch|stra|ße
höchst|rich|ter|lich
Höchst|satz; Höchst|stand; Höchst-

H

stra|fe; Höchst|stu|fe (*für* Superlativ)
höchst|wahr|schein|lich; er hat es höchstwahrscheinlich getan, *aber* es ist höchst (im höchsten Grade) wahrscheinlich, dass ...
Höchst|wert; Höchst|zahl
höchst|zu|läs|sig
Hoch|tal
hoch tech|ni|siert *vgl.* hoch
Hoch|tech|no|lo|gie (*svw.* Spitzentechnologie)
Hoch|ton *Plur.* ...töne *(Sprachw.);* **hoch|tö|nend; hoch|to|nig** (*Sprachw.* den Hochton tragend)
Hoch|tour; hoch|tou|rig
Hoch|tou|rist, der; -en, -en
hoch|tra|bend
hoch|ver|dient
hoch|ver|ehrt; *in der Anrede auch* hochverehrtest ↑K57
Hoch|ver|rat; Hoch|ver|rä|ter; hoch|ver|rä|te|risch
hoch|ver|zins|lich *(Bankw.)*
Hoch|wald; Hoch|was|ser *Plur.* ...wasser
hoch|wer|fen; um eine Münze hochzuwerfen; *vgl.* hoch
hoch|wer|tig; hochwertigere *od.* höherwertige Materialien
Hoch|wild
hoch|will|kom|men; hochwillkommene Gäste; sie sind hochwillkommen
hoch|win|den; sich hochwinden; **hoch|wir|beln**
hoch|wirk|sam; eine hochwirksame Medizin
hoch|wohl|ge|bo|ren *(veraltet), als Titel* Hochwohlgeboren; *in der Anrede* Eure, Euer Hochwohlgeboren; **hoch|wohl|löb|lich** *(veraltend)*
hoch|wöl|ben; sich hochwölben; hochgewölbte Joghurtdeckel
Hoch|wür|den (Anrede für kath. Geistliche); Eure, Euer (*Abk.* Ew.) Hochwürden; **hoch|wür|dig** *(veraltend);* der hochwürdige Herr Pfarrer; **hoch|wür|digst** (Anrede für höhere katholische Geistliche)
Hoch|zahl (*für* Exponent)
[1]**Hoch|zeit** (Feier der Eheschließung); silberne, goldene Hochzeit
[2]**Hoch|zeit** (glänzender Höhepunkt, Hochstand)
Hoch|zei|ter *(landsch.);* **Hoch|zei|te|rin** *(landsch.);* **hoch|zeit|lich**
Hoch|zeits|bit|ter, der; -s, - *(veraltet);* **Hoch|zeits|fei|er; Hoch|zeits|flug** *(Zool.);* **Hoch|zeits|geschenk**
Hoch|zeits|kleid; Hoch|zeits|kutsche; Hoch|zeits|nacht; Hoch|zeits|paar; Hoch|zeits|rei|se; Hoch|zeits|schmaus; Hoch|zeits|tag
hoch|zie|hen; um die Strickleiter hochzuziehen; *vgl.* hoch
Hoch|ziel
Hoch|zins|po|li|tik *(Wirtsch., Bankw.)*
Hock, Höck, der; -s, Höcke (*schweiz. mdal. für* geselliges Beisammensein)
Ho|cke [*alte Trennung* ...k|k...], die; -, -n (auf dem Feld zusammengesetzte Garben; eine Turnübung)
ho|cken [*alte Trennung* ...k|k...]; sich hocken
Ho|cken|heim|ring, *auch* **Ho|cken|heim-Ring,** der; -[e]s (Autorennstrecke in Nordbaden)
Ho|cker [*alte Trennung* ...k|k...] (Schemel)
Hö|cker [*alte Trennung* ...k|k...], der; -s, - (Buckel)
Ho|cker|grab [*alte Trennung* ...k|k...] *(Archäol.)*
hö|cke|rig [*alte Trennung* ...k|k...]; **Hö|cker|schwan**
Ho|ckey [...ke, *auch* ...ki; *alte Trennung* ...k|k...], das; -s ‹engl.› (eine Sportart)
Ho|ckey|feld [*alte Trennung* ...k|k...]; **Ho|ckey|schlä|ger; Ho|ckey|spie|ler; Ho|ckey|spie|le|rin**
Hock|stel|lung
Ho|de, der; -n, -n *od.* die; -, -n (*selten für* Hoden); **Ho|den,** der; -s, - (männliche Keimdrüse)
Ho|den|bruch, der; -[e]s, ...brüche; **Ho|den|sack**
Hod|ler (schweiz. Maler)
Ho|do|me|ter, das; -s, - ‹griech.› (Wegemesser, Schrittzähler)
Hödr, Hö|dur (*nord. Mythol.* der blinde Gott)
Ho|d|scha, der; -[s], -s ‹pers.› ([geistl.] Lehrer)
Hö|dur *vgl.* Hödr
Hoek van Hol|land [ˈhʊk fan -] (niederländischer Hafen- u. Badeort)
Hof, der; -[e]s, Höfe; Hof halten; ich halte Hof; sie hat Hof gehalten; es gefällt ihm, Hof zu halten [*alte Schreibungen* hofhalten, ich halte hof, hofgehalten, hofzuhalten]
Hof|da|me
hof|fä|hig; Hof|fä|hig|keit, die; -
Hof|fart, die; - (*veraltend für* Dünkel, Hochmut); **hof|fär|tig; Hof|fär|tig|keit**
hof|fen
Hof|fens|ter [*alte Trennung* ...|st...]
hof|fent|lich
...höf|fig (reiches Vorkommen versprechend, z. B. erdölhöffig); **höff|lich** (*Bergmannsspr.* reiche Ausbeute verheißend)
Hoff|mann, E. T. A. (dt. Schriftsteller)
Hoff|mann von Fal|lers|le|ben (dt. Dichter)
Hoff|nung
Hoff|nungs|lauf *(Sport)*
hoff|nungs|los; Hoff|nungs|lo|sig|keit, die; -
Hoff|nungs|schim|mer, der; -s; **Hoff|nungs|strahl** *Plur. selten;* **Hoff|nungs|trä|ger; Hoff|nungs|trä|ge|rin**
hoff|nungs|voll
Hof|gas|tein, Bad [*alte Trennung* ...|st...] (österr. Ort)
Hof hal|ten [*alte Schreibung* hofhal|ten] *vgl.* Hof; **Hof|hal|tung**
Hof|hund
ho|fie|ren (den Hof machen); jmdn. hofieren
hö|fisch; höfische Kunst
Hof|knicks
höf|lich; Höf|lich|keit
Höf|lich|keits|be|such; Höf|lich|keits|flos|kel
höf|lich|keits|hal|ber
Höf|ling; Hof|mann *Plur.* ...leute (*veraltet für* Höfling); **hof|män|nisch**
Hof|manns|thal (österr. Dichter)
Hof|mann von Hof|manns|wal|dau (dt. Dichter)
Hof|mar|schall (Inhaber des die gesamte fürstliche Hofhaltung umfassenden Hofamtes)
Hof|meis|ter [*alte Trennung* ...|st...] (*veraltet für* Hauslehrer, Erzieher)
Hof|narr; Hof|rat *Plur.* ...räte
Hof|rei|te, die; -, -n (*südd. für* bäuerliches Anwesen)
Hof|schran|ze, die; -, -n, *selten* der; -n, -n *meist Plur.* (*veraltend für* Höfling)
Hof|staat, der; -[e]s
Hof|statt, die; -, -en *u.* ...stätten (*schweiz. für* [Bauernhaus mit Hof und] Hauswiese, Obstgarten)
Höft, das; -[e]s, -e (*nordd. für* Haupt; Landspitze; Buhne)

Hof|tor, das; **Hof|trau|er; Hof|tür**
hö|gen (*nordd. für* freuen); sich högen
HO-Ge|schäft [ha:|ˈo:...] *vgl.* HO

ho|he

I. *Kleinschreibung* ↑K 151:
die hohe Jagd; das hohe C
die hohe Schule [*alte Schreibung* Hohe Schule] *(Reiten);* das hohe Haus [*alte Schreibung* das Hohe Haus] (Parlament); auf hoher See
II. *Großschreibung:*
↑K 140: die Hohe Tatra; die Hohen Tauern
↑K 150: die Hohe Messe in h-Moll (von Johann Sebastian Bach)
vgl. Hohelied, Hohe Lied; Hohepriester, Hohe Priester
vgl. auch hoch, höher

Hö|he, die; -, -n
Ho|heit; *vgl.* euer, Ew., ihr *u.* sein; **ho|heit|lich**
Ho|heits|ad|ler; Ho|heits|akt; Ho|heits|ge|biet; Ho|heits|ge|walt; Ho|heits|ge|wäs|ser *meist Plur.;* **Ho|heits|recht**
ho|heits|voll
Ho|heits|zei|chen (sinnbildliches Zeichen der Staatsgewalt, z. B. Flagge, Siegel u. a.)
Ho|he|lied, Ho|he Lied, das; des Hoheliedes, dem Hohelied, das Hohelied; ein Hohelied der Treue singen; *bei Beugung des ersten Bestandteils nur getrennt geschrieben:* Hohes Lied [*alte Schreibung* Hoheslied], des Hohen Liedes [*alte Schreibung* Hohenliedes], dem Hohen Lied [*alte Schreibung* Hohenlied]
hö|hen (*Malerei* bestimmte Stellen hervortreten lassen); weiß gehöht
Hö|hen|an|ga|be; Hö|hen|angst; Hö|hen|flug
Ho|hen|fried|ber|ger, der; -s; der Hohenfriedberger Marsch
hö|hen|gleich *(Verkehrsw.)*
Hö|hen|krank|heit; Hö|hen|kur|ort; Hö|hen|la|ge; Hö|hen|leit|werk *(Flugw.);* **Hö|hen|li|nie** *(Geogr.)*
Ho|hen|lo|he (Teil von Württemberg)
Hö|hen|luft, die; -; **Hö|hen|mar|ke; Hö|hen|mes|ser,** der; **Hö|hen|mes|sung**
Hö|hen|rü|cken [*alte Trennung* ...k|k...]; **Hö|hen|ru|der** *(Flugw.)*
Hö|hen|son|ne (*als* ®: Ultraviolettlampe)
Ho|hen|stau|fe, der; -n, -n (Angehöriger eines deutschen Fürstengeschlechts)
[1]**Ho|hen|stau|fen** (Ort am gleichnamigen Berg)
[2]**Ho|hen|stau|fen,** der; -s (Berg vor der Schwäbischen Alb)
ho|hen|stau|fisch
Hö|hen|steu|er, das *(Flugw.);* **Hö|hen|strah|lung** (kosmische Strahlung)
Ho|hen|twiel, der; -s (Bergkegel bei Singen)
Hö|hen|un|ter|schied; Hö|hen|weg
Ho|hen|zol|ler, der; -n, -n (Angehöriger eines dt. Fürstengeschlechts); **ho|hen|zol|le|risch**
Ho|hen|zol|lern, der; -s (Berg vor der Schwäbischen Alb); **Ho|hen|zol|lern-Sig|ma|rin|gen**
Hö|hen|zug
Ho|he|pries|ter, Ho|he Pries|ter [*alte Trennung* ...|st...]; des Hohepriesters, dem Hohepriester, den Hohepriester; *bei Beugung des ersten Bestandteils nur getrennt geschrieben:* Hoher Priester [*alte Schreibung* Hoherpriester], des Hohen Priesters [*alte Schreibung* Hohenpriesters], dem Hohen Priester [*alte Schreibung* Hohenpriester], den Hohen Priester [*alte Schreibung* Hohenpriester]
Ho|he|pries|ter|amt [*alte Trennung* ...|st...], das; -[e]s, ...ämter; **ho|he|pries|ter|lich**
Hö|he|punkt
hö|her *s. Kasten*
Hö|her|ent|wick|lung
hö|he|rer|seits
hö|her ge|stellt [*alte Schreibung* hö|her|ge|stellt] *vgl.* höher
hö|her grup|pie|ren [*alte Schreibung* hö|her|grup|pie|ren] *vgl.* höher
hö|her|ran|gig
hö|her schrau|ben, hö|her stu|fen [*alte Schreibungen* hö|her|schrau|ben, hö|her|stu|fen] *vgl.* höher
Hö|her|stu|fung
ho|he Schu|le [*alte Schreibung* Ho|he Schu|le], die; -n -; ↑K 151 (Reitkunst; *übertr. für* Kunstfertigkeit, Gewandtheit); die hohe Schule reiten; die hohe Schule des Lebens
hohl; hohl|äu|gig
Hohl|block|stein
Höh|le, die; -, -n
Hohl|ei|sen (ein Werkzeug)
höh|len
Höh|len|bär; Höh|len|be|woh|ner; Höh|len|brü|ter; Höh|len|for|scher; Höh|len|ma|le|rei; Höh|len|mensch
Hohl|heit
Hohl|keh|le (rinnenförmige Vertiefung); **Hohl|kopf** (dummer Mensch)
Hohl|kör|per; Hohl|ku|gel; Hohl|maß, das; **Hohl|na|del; Hohl|naht**
Hohl|raum
Hohl|raum|kon|ser|vie|rung; Hohl|raum|ver|sie|ge|lung *(Kfz-Technik)*
Hohl|saum
hohl|schlei|fen *(Technik);* **Hohl|schliff**
Hohl|spie|gel
Höh|lung
Hohl|ve|ne
hohl|wan|gig
Hohl|weg; Hohl|zie|gel

H

hö|her

Groß- u. Kleinschreibung:
- höhere Gewalt; höher[e]n Ort[e]s
- die höhere Laufbahn; höheres Lehramt
- höhere Schule (Oberschule, Gymnasium usw.)
- *aber* ↑K 88: Höhere Handelsschule in Stuttgart

Schreibung in Verbindung mit Verben u. Partizipien:
- höher achten; jmdn. höher gruppieren [*alte Schreibung* höhergruppieren]
- eine Beamtin höher stufen (auf eine höhere Stufe bringen) [*alte Schreibung* höherstufen]
- die Preise höher schrauben; eine höher gestellte Person; [*alte Schreibungen* höherschrauben, högergestellt]
- etwas lässt die Herzen höher schlagen; seine Ziele höher stecken

Vgl. auch hoch

Hohn, der; -[e]s; Hohn lachen; ich lache Hohn [*alte Schreibung* ich lache hohn]; Hohn sprechen *od.* hohnsprechen; ich spreche Hohn [*alte Schreibung* ich spreche hohn]; *vgl.* hohnlachen; hohnsprechen
höh|nen
Hohn|ge|läch|ter
höh|nisch
hohn|lä|cheln ↑K 54; ich hohnlächele; hohnlächelnd; *vgl.* Hohn;
hohn|la|chen ↑K 54; ich hohnlache; hohnlachend; *vgl.* Hohn
hohn|spre|chen ↑K 54; jmdm. hohnsprechen; eine allem Recht hohnsprechende Entscheidung; *vgl.* Hohn

H

ho|ho!
hoi!
Hö|ker (*veraltet für* Kleinhändler); **Hö|ke|rei; Hö|ke|rin; hö|kern;** ich hökere
Ho|kus|po|kus, der; - ⟨engl.⟩ (Zauberformel der Taschenspieler; Gaukelei; Blendwerk)
Hol|ark|tis, die; - ⟨griech.⟩ (Gebiet zwischen Nordpol u. nördlichem Wendekreis); **hol|ark|tisch**
Hol|bein (dt. Maler); **hol|beinsch;** die holbeinsche, *auch* Holbein'sche [*alte Schreibung* Holbeinsche] Madonna ↑K 135
hold
Hol|da, Hol|le (Gestalt der deutschen Mythologie); Frau Holle
Hol|der, der; -s, - (*landsch. für* Holunder); **Hol|der|baum**
Höl|der|lin (deutscher Dichter)
Hol|ding|ge|sell|schaft ⟨engl.; dt.⟩ (*Wirtsch.* Gesellschaft, die nicht selbst produziert, aber Aktien anderer Gesellschaften besitzt)
hol|d|rio! [*auch* ...'o:] (Freudenruf)
[1]**Hol|d|rio,** das; -s, -s
[2]**Hol|d|rio,** der; -[s], -[s] (*veraltet für* leichtlebiger Mensch)
hold|se|lig (*veraltend für* liebreizend); **Hold|se|lig|keit,** die; -
ho|len; etwas holen lassen
Hol|ger (m. Vorn.)
Ho|lis|mus, der; - ⟨griech.⟩ (eine philosophische Ganzheitslehre)
Holk *vgl.* Hulk
hol|la!
Hol|la|brunn (österr. Stadt)
Hol|land
[1]**Hol|län|der;** Holländer Käse; der Fliegende Holländer (Oper)
[2]**Hol|län|der** (Kinderfahrzeug; Holländermühle, *vgl. d.*)
[3]**Hol|län|der,** der; -s, - (Käse)
Hol|län|de|rin
Hol|län|der|müh|le (Zerkleinerungsmaschine für Papier)
hol|län|dern (*Buchw.* [ein Buch] mit Fäden heften, die im Buchrücken verleimt werden); ich holländere
hol|län|disch; Hol|län|disch, das; -[s] (Sprache); *vgl.* Deutsch; **Hol|län|di|sche,** das; -n; *vgl.* Deutsche, das
[1]**Hol|le,** die; -, -n (Federhaube [bei Vögeln])
[2]**Hol|le** *vgl.* [1]Holda
Höl|le, die; -, -n
Hol|le|d|au *vgl.* Hallertau
Höl|len... (*ugs. auch für* groß, sehr viel, z. B. Höllenlärm)
Höl|len|brut; Höl|len|fahrt; Höl|len|hund; Höl|len|lärm *(ugs.)*; **Höl|len|ma|schi|ne; Höl|len|spek|ta|kel,** der; -s *(ugs.)*; **Höl|len|stein,** der; -[e]s (ein Ätzmittel)
Hol|ler, der; -s, -, Hol|ler|baum (*südd. u. österr. für* Holunder)
Höl|ler, Karl (dt. Komponist)
Hol|ler|baum *vgl.* Holler
hol|le|ri|thi|e|ren (*Datenverarbeitung* auf Lochkarten bringen); **Hol|le|rith|ma|schi|ne,** *auch* **Hol|le|rith-Ma|schi|ne** ⟨nach dem dt.-amerik. Erfinder⟩ (Lochkartenmaschine zum Speichern und Sortieren von Daten)
höl|lisch
Hol|ly|wood [...livʊt] (US-amerik. Filmstadt); **Hol|ly|wood|schau|kel;** ↑K 143 (breite, frei aufgehängte Sitzbank)
[1]**Holm,** der; -[e]s, -e (Griffstange des Barrens, Längsstange der Leiter)
[2]**Holm,** der; -[e]s, -e (*nordd. für* kleine Insel)
Holm|gang, der (altnordischer Zweikampf, der auf einem [2]Holm ausgetragen wurde)
Hol|mi|um, das; -s (chemisches Element, Metall; *Zeichen* Ho)
Ho|lo|caust [*auch* 'hɔlɔkɔ:st], der; -[s], -s ⟨griech.-engl.⟩ (Tötung einer großen Zahl von Menschen, bes. der Juden in der Zeit des Nationalsozialismus)
Ho|lo|fer|nes (assyr. Feldherr)
Ho|lo|gramm, das; -s, -e ⟨griech.⟩ (*Optik* Speicherbild)
Ho|lo|gra|phie, *auch* **Ho|lo|gra|fie,** die; -, ...ien (besondere Technik zur Bildspeicherung u. -wiedergabe in dreidimensionaler Struktur; Laserfotografie)
ho|lo|gra|phisch, *auch* **ho|lo|gra|fisch** (*Bibliotheksw., Rechtsspr.* eigenhändig geschrieben)
ho|lo|kris|tal|lin [*alte Trennung* ...|st...] ⟨griech.⟩ (ganz kristallin [von Gesteinen])
Ho|lo|zän, das; -s (*Geol.* jüngste Abteilung des Quartärs)
hol|pe|rig; Hol|pe|rig|keit, die; -; **hol|pern;** ich holpere; **holp|rig; Holp|rig|keit,** die; -
Hols|te [*alte Trennung* ...|st...], der; -n, -n (*altertüml. für* Holsteiner)
Hol|stein (Teil des Bundeslandes Schleswig-Holstein); **Hol|stei|ner** (*auch für* eine Pferderasse); **Hol|stei|ne|rin; hol|stei|nisch;** holsteinische Butter, *aber:* die Holsteinische Schweiz
Hols|ter [*alte Trennung* ...|st...], das; -s, - ⟨engl.⟩ (Pistolen-, Revolvertasche)
hol|ter|die|pol|ter! *(ugs.)*
hol|ü|ber! (*veraltet für* Ruf an den Fährmann)
Ho|lun|der, der; -s, - (ein Strauch; *nur Sing. auch für* Holunderbeeren); Schwarzer Holunder *(fachspr.)*; **Ho|lun|der|bee|re**
Holz, das; -es, Hölzer; er siegte mit 643 Holz *(Kegeln)*; Holz verarbeitendes [*alte Schreibung* holzverarbeitendes] Gewerbe
Holz|ap|fel; Holz|art; Holz|bein; Holz|blä|ser; Holz|blas|in|s|t|ru|ment
Holz|block *vgl.* Block; **Holz|bock; Holz|bo|den; Hölz|chen; Holz|ein|schlag** *(Forstw.)*
hol|zen; du holzt
Hol|zer (*landsch. für* Waldarbeiter; *Sport* roher Spieler [im Fußball]); **Hol|ze|rei** (*ugs. für* Prügelei; *Sport* rohes Spiel)
höl|zern (aus Holz)
Holz|es|sig; Holz|fäl|ler
holz|frei; holzfreies Papier
Holz|geist, der; -[e]s (Methylalkohol); **Holz|ge|rüst; Holz|ha|cker** [*alte Trennung* ...k|k...] (*bes. österr. für* Holzfäller)
Holz|ham|mer; Holz|ham|mer|me|tho|de (plumpe Art und Weise)
Holz|haus
hol|zig
Holz|kis|te [*alte Trennung* ...|st...]; **Holz|klotz**
Holz|koh|le; Holz|pflock; Holz|scheit
Holz|schliff *(fachspr.)*; **holz|schliff|frei**
Holz|schnei|der; Holz|schnitt; Holz-

schnit|zer; Hol|z|schuh; Holz|schutz|mit|tel
Holz|span; Holz|sta|pel; Holz|stoß; Holz|trep|pe
Hol|zung
Holz ver|ar|bei|tend [*alte Schreibung* holz|ver|ar|bei|tend] *vgl.* Holz
holz|ver|klei|det
Holz|weg; Holz|wol|le; Holz|wurm
Hom|burg, der; -s, -s (ein steifer Herrenhut)
Home|ban|king ['hoʊmbæŋkɪŋ], *auch* **Home-Ban|king,** das; -s ⟨engl.⟩ (Abwicklung von Bankgeschäften mittels EDV-Einrichtungen von der Wohnung aus)
Home|land ['hoʊmlɛnd], das; -[s], -s ⟨engl.⟩ (*früher für* bestimmten Teilen der schwarzen Bevölkerung zugewiesenes Siedlungsgebiet in der Republik Südafrika)
Home|lear|ning ['hoʊmlə:nɪŋ], *auch* **Home-Lear|ning** das; -[s] ⟨engl.⟩ (Form des Lernens mittels Telekommunikationsdiensten von der Wohnung aus)
Home|page ['hoʊmpeɪdʒ] die; -, -s [...dʒɪz] ⟨engl.⟩ (im Internet abrufbare Darstellung von Informationen, Angeboten usw.)
Ho|mer (altgriechischer Dichter); **Ho|me|ri|de,** der; -n, -n ⟨griech.⟩ (Nachfolger Homers); **ho|merisch;** homerisches Gelächter; homerische [*alte Schreibung* Homerische] Gedichte ↑K 135; **Ho|me|ros** *vgl.* Homer
Home|rule ['hoʊmru:l], die; - ⟨engl.⟩ (Selbstregierung als Schlagwort der irischen Unabhängigkeitsbewegung)
Home|spun ['hoʊmspan], das *od.* der; -s, -s (grobes Wollgewebe)
Home|trai|ner ['hoʊmtrɛɪnɐ], *auch* **Home-Trai|ner** (Sportgerät für häusliches Training)
Ho|mi|let, der; -en, -en ⟨griech.⟩ (Kenner der Homiletik); **Ho|mi|le|tik,** die; - (Geschichte u. Theorie der Predigt); **ho|mi|le|tisch; Ho|mi|lie,** die; -, ...ien (Predigt über einen Bibeltext)
Ho|mi|ni|den *Plur.* ⟨lat.⟩ (*Biol.* Familie der Menschenartigen)
Hom|mage [ɔ'ma:ʃ], die; -, -n ⟨franz.⟩ (Veranstaltung, Werk als Huldigung für einen Menschen); Hommage à (für) Miró
Ho|mo, der; -s, -s (*ugs. für* Homosexueller)
ho|mo... ⟨griech.⟩ (gleich...); **Ho|mo...** (Gleich...)
Ho|mo|e|ro|tik, die; - (gleichgeschlechtliche Erotik); **ho|mo|e|ro|tisch**
ho|mo|fon usw. *vgl.* homophon usw.
ho|mo|gen (gleichartig, gleichmäßig zusammengesetzt); homogenes Feld
ho|mo|ge|ni|sie|ren; Ho|mo|ge|ni|sie|rung; Ho|mo|ge|ni|tät, die; - (Gleichartigkeit)
ho|mo|log (übereinstimmend, entsprechend)
ho|mo|lo|gie|ren ([einen Serienwagen] in die internationale Zulassungsliste zur Klasseneinteilung für Rennwettbewerbe aufnehmen); **Ho|mo|lo|gie|rung**
ho|m|o|nym (gleich lautend [aber in der Bedeutung verschieden]); **Ho|m|o|nym,** das; -s, -e (*Sprachw.* Wort, das mit einem anderen gleich lautet, z. B. »Schloss« = Gebäude *u.* »Schloss« = Verschluss); **ho|m|o|ny|misch** (*älter für* homonym)
ho|mö|o... ⟨griech.⟩ (ähnlich...); **Ho|mö|o...** (Ähnlich...)
Ho|mö|o|path, der; -en, -en (homöopath. Arzt, Anhänger der Homöopathie)
Ho|mö|o|pa|thie, die; - (ein Heilverfahren); **Ho|mö|o|pa|thin; ho|mö|o|pa|thisch**
ho|mo|phil ⟨griech.⟩ (*svw.* homosexuell); **Ho|mo|phi|lie,** die; - (*svw.* Homosexualität)
ho|mo|phon, *auch* **ho|mo|fon; Ho|mo|pho|nie,** *auch* **Ho|mo|fo|nie,** die; - (*Musik* Kompositionsstil mit nur einer führenden Melodiestimme)
Ho|mo sa|pi|ens, der; - - ⟨lat.⟩ (wissenschaftliche Bezeichnung für den Menschen)
Ho|mo|se|xu|a|li|tät, die; - ⟨griech.; lat.⟩ (gleichgeschlechtliche Liebe); **ho|mo|se|xu|ell; Ho|mo|se|xu|el|le,** der *u.* die; -n, -n
ho|mo|zy|got (*Biol.* reinerbig)
Ho|mun|ku|lus, der; -, *Plur.* ...lusse *od.* ...li ⟨lat.⟩ (künstlich erzeugter Mensch)
Ho|nan (chin. Provinz); **Ho|nan|sei|de**
Hon|du|ra|ner; Hon|du|ra|ne|rin; hon|du|ra|nisch; Hon|du|ras (mittelamerik. Staat)
Ho|ne|cker (führender Politiker der DDR)
Ho|neg|ger (franz.-schweiz. Komponist)
ho|nen ⟨engl.⟩ ([Metallflächen] sehr fein schleifen)
ho|nett ⟨franz.⟩ (*veraltend für* ehrenhaft; anständig)
Hong|kong (chin. Hafenstadt)
Ho|ni|a|ra (Hauptstadt der Salomonen)
Ho|nig, der; -s, *Plur.* (*für* Sorten:) -e; **Ho|nig|bie|ne**
ho|nig|gelb
Ho|nig|glas
Ho|nig|ku|chen; Ho|nig|ku|chenpferd; *nur in* strahlen wie ein Honigkuchenpferd *(ugs.)*
Ho|nig|le|cken [*alte Trennung* ...k|k...], das; etwas ist kein Honiglecken *(ugs.)*; **Ho|nig|mond** (*veraltend für* Flitterwochen); **Ho|nig|schle|cken** [*alte Trennung* ...k|k...], das; *vgl.* Honiglecken
ho|nig|süß
Ho|nig|tau, der; **Ho|nig|wa|be; Ho|nig|wein**
Hon|neurs [(h)ɔ'nø:ɐ̯s] *Plur.* ⟨franz.⟩ (*veraltend für* [militärische] Ehrenerweisungen); die Honneurs machen (*geh. für* die Gäste begrüßen)
Ho|no|lu|lu (Hauptstadt von Hawaii)
ho|no|ra|bel ⟨lat.⟩ (*veraltet für* ehrbar; ehrenvoll); ...a|b|le Bedingungen
Ho|no|rar, das; -s, -e (Vergütung [für Arbeitsleistung in freien Berufen]); **Ho|no|rar|pro|fes|sor**
Ho|no|ra|ti|o|ren *Plur.* (Standespersonen [in kleineren Orten])
ho|no|rie|ren (belohnen; bezahlen; vergüten); **Ho|no|rie|rung**
ho|no|rig (*veraltend für* ehrenhaft; freigebig)
ho|no|ris cau|sa (ehrenhalber; *Abk.* h. c.)
Ho|no|ri|us (römischer Kaiser)
Hoo|li|gan ['hu:lɪgn̩], der; -s, -s ⟨engl.⟩ (Randalierer, bes. bei Massenveranstaltungen)
Hoorn; Kap Hoorn (Südspitze Amerikas [auf der Insel Hoorn])
hop|fen (Bier mit Hopfen versehen)
Hop|fen, der; -s, - (eine Kletterpflanze; Bierzusatz); **Hop|fen|stan|ge**
Ho|pi, der; -[s], -[s] (Angehöriger eines nordamerikanischen Indianerstammes)
Ho|p|lit, der; -en, -en ⟨griech.⟩

H

(Schwerbewaffneter im alten Griechenland)

hopp!; hopp, hopp!; hopp oder dropp (*österr. ugs. für* ohne langes Zögern)

hop|peln; ich hopp[e]le

Hop|pel|pop|pel, das; -s, - (*landsch. für* Bauernfrühstück; heißer Punsch)

hopp|hopp!; hop|la!

hopp|neh|men (*ugs. für* festnehmen)

hops; hops (*ugs. für* verloren) sein; **Hops**, der; -es, -e

hops!, hop|sa!, hop|sa|la!, hop|sa|sa!

hop|sen; du hopst

Hop|ser; Hop|se|rei

hops|ge|hen (*ugs. für* umkommen; verloren gehen); **hops|neh|men** *vgl.* hoppnehmen

ho|ra ‹lat., »Stunde«›; *nur als Zeichen* (h) *in Abkürzungen von Maßeinheiten*, z. B. kWh [= Kilowattstunde], *u. als Zeitangabe*, z. B. 6 h *od.* 6^h (= 6 Uhr)

Ho|ra, Ho|re, die; -, Horen *meist Plur.* (Stundengebet der katholischen Geistlichen)

Hör|ap|pa|rat

Ho|ra|ti|us, Ho|raz (römischer Dichter); **ho|ra|zisch**; die horazischen [*alte Schreibung* Horazischen] Satiren ↑K 135

hör|bar

Hör|be|reich, der; **Hör|bild; Hör|bril|le; Hör|buch** (gesprochener Text auf Kassette od. CD)

horch!; hor|chen

Hor|cher; Hor|che|rin

Horch|ge|rät; Horch|pos|ten [*alte Trennung* ...|st...]

[1]**Hor|de**, die; -, -n (Lattengestell; Rost zum Lagern von Obst u. Gemüse); *vgl.* Hurde, Hürde

[2]**Hor|de**, die; -, -n ‹tatar.› (wilde Menge, ungeordnete Schar)

hor|den|wei|se

Ho|re *vgl.* Hora

[1]**Ho|ren** (*Plur. von* Hora)

[2]**Ho|ren** *Plur.* (*griech. Mythol.* Töchter des Zeus u. der Themis [Dike, Eunomia, Eirene; *vgl. d.*], Göttinnen der Jahreszeiten)

hö|ren; er hat von dem Unglück heute gehört; sie hat die Glocken läuten hören *od.* gehört; von sich hören lassen

Hö|ren|sa|gen, das; *meist in* etwas nur vom Hörensagen wissen

hö|rens|wert

Hö|rer; Hö|re|rin

Hö|rer|kreis; Hö|rer|schaft

Hör|feh|ler; Hör|fol|ge; Hör|funk (*für* Rundfunk im Ggs. zum Fernsehen)

Hör|ge|rät; Hör|ge|rä|te|a|kus|ti|ker [*alte Trennung* ...|st...]; **Hör|ge|rä|te|a|kus|ti|ke|rin**

hör|ge|schä|digt

hö|rig; Hö|rig|keit

Ho|ri|zont, der; -[e]s, -e ‹griech.› (scheinbare Begrenzungslinie zwischen Himmel u. Erde; Gesichtskreis)

ho|ri|zon|tal (waagerecht); **Ho|ri|zon|ta|le**, die; -, -n; drei -[n]; **Ho|ri|zon|tal|pen|del**

Hor|mon, das; -s, -e ‹griech.› (ein körpereigener Wirkstoff); **hor|mo|nal**, hor|mo|nell

Hor|mon|be|hand|lung

hor|mo|nell *vgl.* hormonal

Hor|mon|for|schung; Hor|mon|haus|halt; Hor|mon|prä|pa|rat; Hor|mon|spie|gel; Hor|mon|sprit|ze

Hör|mu|schel (des Telefons)

Horn, das; -[e]s, *Plur.* Hörner *u.* (*für* Hornarten:) -e

Horn|ber|ger Schie|ßen; *nur in* ausgehen wie das Hornberger Schießen (ergebnislos enden)

Horn|blen|de (ein Mineral); **Horn|bril|le; Hörn|chen**

Hörndl|bau|er (*österr. für* Bauer, der vorwiegend Hornviehzucht betreibt)

hör|nen (das Gehörn abwerfen; *ugs. scherzh. für* [den Ehemann] betrügen)

hör|nern (aus Horn)

Hör|ner|schall; Hör|ner|schlit|ten

Horn|haut; hor|nig

Hor|nis|grin|de [*auch* 'hɔ...] (Berg im Schwarzwald)

Hor|nis|se [*auch* 'hɔ...], die; -, -n (eine Wespenart); **Hor|nis|sen|nest**

Hor|nist, der; -en, -en (Hornbläser); **Hor|nis|tin** [*alte Trennung* ...|st...]

Horn|klee, der; -s

Hörn|li, das; -s, - (*bes. schweiz.* kurze, leicht gebogene röhrenförmige Nudel)

Horn|ochs *od.* **...och|se** (*derb für* dummer Mensch)

Horn|si|g|nal; Horn|tier

Hor|nung, der; -s, -e (*alte dt. Bez. für* Februar)

Hor|nuß [...u:s], der; -es, -e[n] (*schweiz. für* Schlagscheibe); **hor|nu|ßen** (*schweiz. für* eine Art Schlagball spielen)

Horn|vieh (*auch svw.* Hornochse)

Hör|or|gan

Ho|ros (Sohn der Isis)

Ho|ro|s|kop, das; -s, -e ‹griech.› (astrologische Voraussage nach der Stellung der Gestirne)

hor|rend ‹lat.› (schauderhaft; übermäßig); horrende Preise; **hor|ri|bel** (furchtbar); ...i|b|le Zustände

hor|ri|bi|le dic|tu (schrecklich zu sagen)

hor|ri|do! (ein Jagdruf); **Hor|ri|do**, das; -s, -s

Hör|rohr

Hor|ror, der; -s ‹lat.› (Schauder, Abscheu); **Hor|ror|film**

Hor|ror|trip (*ugs. für* Drogenrausch mit Angst- u. Panikgefühlen; schreckliches Erlebnis)

Hor|ror Va|cui [*alte Schreibung* Hor|ror va|cui], der; - - (Scheu vor der Leere)

Hör|saal

Hors|d'œu|v|re [ɔr'dø:vrə, *auch* o:ɐ̯...], das; -[s], -s (appetitanregende Vorspeise)

Hör|sel, die; - (r. Nebenfluss der Werra); **Hör|sel|ber|ge** *Plur.* (Höhen im nördlichen Vorland des Thüringer Waldes)

Hör|spiel

[1]**Horst** (m. Vorn.)

[2]**Horst**, der; -[e]s, -e (Greifvogelnest; Strauchwerk)

hors|ten [*alte Trennung* ...|st...] (nisten [von Greifvögeln])

Hör|sturz (*Med.* plötzlich auftretende Schwerhörigkeit od. Taubheit)

Hort, der; -[e]s, -e (Schatz; Ort, Stätte; *kurz für* Kinderhort)

hört!; hört, hört!

hor|ten ([Geld usw.] aufhäufen)

Hor|ten|sie, die; -, -n (ein Zierstrauch)

hört, hört!; Hört|hört|ruf

Hort|ne|rin (Erzieherin in einem Kinderhort)

Hor|tung ‹*zu* horten›

ho ruck!, hau ruck!

Ho|rus *vgl.* Horos

Hor|váth [...va:t], Ödön von (österr. Schriftsteller)

Hör|wei|te; in Hörweite

ho|san|na! usw. *vgl.* hosianna!

Hös|chen

Ho|se, die; -, -n

Ho|sea (biblischer Prophet)

Ho|sen|an|zug; Ho|sen|auf|schlag; Ho|sen|band, das; *Plur.* ...bänder; **Ho|sen|band|or|den**

Ho|sen|bein; Ho|sen|bo|den; Ho-

sen|bund, der; -[e]s, ...bünde; **Ho|sen|knopf; Ho|sen|la|den** (*ugs. auch für* Hosenschlitz)
Ho|sen|lupf (*schweiz. für* Ringkampf [Schwingen])
Ho|sen|matz; Ho|sen|naht; Ho|sen|rock
Ho|sen|rol|le (von einer Frau gespielte Männerrolle)
Ho|sen|sack (*schweiz. für* Hosentasche)
Ho|sen|schei|ßer (*derb für* sehr ängstlicher Mensch)
Ho|sen|schlitz; Ho|sen|stall (*ugs. scherzh.*); **Ho|sen|stoß** (*schweiz. für* Hosenaufschlag); **Ho|sen|ta|sche; Ho|sen|trä|ger**
ho|si|an|na!, *ökum.* ho|san|na! ‹hebr.› (Gebets- u. Freudenruf); **Ho|si|an|na,** *ökum.* Ho|san|na, das; -s, -s
Hos|pi|tal, das; -s, *Plur.* -e *u.* ...täler ‹lat.› (Krankenhaus)
hos|pi|ta|li|sie|ren (*Amtsspr.* in ein Hospital einweisen)
Hos|pi|ta|lis|mus, der; - (*Med.* durch längere Krankenhaus- od. Heimunterbringung bedingte körperliche u. psychische Störungen, bes. bei Kindern)
Hos|pi|tant, der; -en, -en (Gast[hörer an Hochschulen]; Parlamentarier, der sich als Gast einer Fraktion anschließt); **Hos|pi|tan|tin**
hos|pi|tie|ren (als Gast [in Schulen] zuhören)
Hos|piz, das; -es, -e (Einrichtung zur Pflege u. Betreuung Sterbender; Beherbergungsbetrieb); **Hos|piz|be|we|gung**
Hos|po|dar, Gos|po|dar, der; *Gen.* -s *u.* -en, *Plur.* -e[n] (ehem. slawischer Fürstentitel)
Host ['hoʊst], der; -[s], -s ‹engl.› (*EDV* Zentralrechner mit permanenter Zugriffsmöglichkeit)
Hos|tess [*auch* 'hɔ...; *alte Schreibung* Ho|steß], die; -, Hostessen ‹engl.› ([sprachkundige] Begleiterin, Betreuerin [auf [2]Messen, in Hotels o. Ä.]; *verhüllend auch für* Prostituierte)
Hos|tie [*alte Trennung* ...|st...], die; -, -n ‹lat.› (Abendmahlsbrot)
Hot, der; -s ‹amerik.› (*kurz für* Hotjazz)
Hot|dog, das, *auch* der; -s, -s, *auch* **Hot Dog** [*alte Schreibung* Hot dog], das, *auch* der; - -s, - -s ‹amerik.› (heißes Würstchen in einem Brötchen)
Ho|tel, das; -s, -s ‹franz.›
Ho|tel|bar; Ho|tel|be|sit|zer; Ho|tel|be|trieb; Ho|tel|bett
Ho|tel|de|tek|tiv; Ho|tel|dieb; Ho|tel|di|rek|tor
Ho|tel|fach; Ho|tel|fach|schu|le; Ho|tel|füh|rer (*svw.* Hotelverzeichnis)
Ho|tel gar|ni, das; - -, -s -s [- -] (Hotel, das nur Frühstück anbietet)
Ho|tel|ge|wer|be; Ho|tel|hal|le
Ho|te|li|er [...'li̯e:], der; -s, -s (Hotelbesitzer)
Ho|tel|kauf|frau; Ho|tel|kauf|mann; Ho|tel|ket|te
Ho|tel|le|rie, die; - (Gast-, Hotelgewerbe)
Ho|tel|nach|weis; Ho|tel|rech|nung; Ho|tel|ver|zeich|nis; Ho|tel|zim|mer
Hot|jazz, der; -, *auch* **Hot Jazz** [...'dʒɛs], der; - - ‹amerik.› (*Musik* scharf akzentuierter, oft synkopischer Jazzstil)
Hot|line [...'lain], die; -, -s ‹engl.› (Telefonanschluss für rasche Serviceleistungen)
Hot|pants [...'pɛnts], *auch* **Hot Pants** [*alte Schreibung* Hot pants] *Plur.* ‹engl., »heiße Hosen«› (kurze u. enge Damenhose)
hott! (*Zuruf an Zugtiere* rechts!); hott und har!; hott und hüst!; hott und hü!
Hot|te, die; -, -n (*bes. südwestd. für* Bütte, Tragkorb); *vgl.* Hutte
hot|te|hü!; Hot|te|hü, das; -s, -s (*Kinderspr.* Pferd)
hot|ten ‹amerik.› (Hotjazz spielen, danach tanzen)
Hot|ten|tot|te, der; -n, -n (Angehöriger eines Mischvolkes in Südwestafrika); **Hot|ten|tot|tin; hot|ten|tot|tisch**
Hot|ter, der; -s, - (*ostösterr. für* Gemeindegebiet)
hot|to!; Hot|to, das; -s, -s (*Kinderspr.* Pferd)
House ['haus], der; - (*meist ohne Artikel*) ‹engl.› (moderne Tanzmusik mit schnellem Rhythmus)
Hous|se *vgl.* Husse
Ho|va|wart [...f...], der; -s, -s (eine Hunderasse)
Höx|ter (Stadt im Weserbergland)
h. p., *früher* **HP** = horsepower ‹engl., »Pferdestärke«› (mechanische Leistungseinheit = 745,7 Watt, nicht gleichzusetzen mit PS = 736 Watt); *vgl.* PS
hPa = Hektopascal
Hptst. = Hauptstadt
HR = Hessischer Rundfunk
Hr. = Herr
Hra|ban [r...] (dt. Gelehrter des MA.); **Hra|ba|nus Mau|rus** (*lat. Name für* Hraban)
Hrad|schin ['(h)ratʃi:n], der; -s (Stadtteil von Prag mit Burg)
Hrd|lic|ka ['hırdlitʃka] (österr. Bildhauer u. Grafiker)
Hrn. = Herrn *Dat. u. Akk.*; *vgl.* Herr
Hro|s|wi|tha [r...]; *vgl.* Roswith
hrsg., hg. = herausgegeben
Hrsg., Hg. = Herausgeber, Herausgeberin[nen]
Hs. = Handschrift
Hss. = Handschriften
HTL = höhere technische Lehranstalt (Technikum, Ingenieurschule in der Schweiz u. in Österreich)
HTML [ha:te:ɛm'ɛl] = Hyper Text Markup Language (*EDV* Beschreibungssprache für die Codierung von Hypertextdokumenten im Internet)
hu!; hu|hu!
hü! (*Zuruf an Zugtiere, meist* vorwärts!); *vgl.* hott
Hub, der; -[e]s, Hübe (Weglänge eines Kolbens usw.)
Hub|bel, der; -s, - (*landsch. für* Unebenheit; kleiner Hügel); **hub|be|lig**
Hub|brü|cke [*alte Trennung* ...k|k...] (Brücke, deren Verkehrsbahn angehoben werden kann)
Hu|be, die; -, -n (*südd., österr. für* Hufe)
hü|ben; hüben und drüben
Hu|ber, Hüb|ner, der; -s, - (*südd., österr. für* Hufner, Hüfner)
Hu|bert, Hu|ber|tus (m. Vorn.)
Hu|ber|tus|burg, die; - (Schloss in Sachsen); der Friede von Hubertusburg
Hu|ber|tus|jagd (festliche Treibjagd, ursprünglich am Hubertustag); **Hu|ber|tus|tag** (3. November)
Hub|hö|he
Hüb|ner *vgl.* Huber
Hub|raum; Hub|raum|steu|er, die
hübsch; Hübsch|heit, die; -
Hub|schrau|ber; Hub|stap|ler; Hub|vo|lu|men (Hubraum)
Huch, Ricarda (dt. Dichterin)
huch!

H

Hu|chen, der; -s, - (ein Raubfisch)

Hu|cke [*alte Trennung* ...k|k...], die; -, -n (*landsch. für* Rückentrage, auf dem Rücken getragene Last); jmdm. die Hucke voll lügen *(ugs.)*

Hu|cke|bein [*alte Trennung* ...k|k...] (*landsch. für* Hinkebein); Hans Huckebein (Gestalt bei W. Busch)

hu|cken [*alte Trennung* ...k|k...] (*landsch. für* auf den Rücken laden)

hu|cke|pack [*alte Trennung* ...k|k...]; huckepack (*ugs. für* auf dem Rücken) tragen, huckepack nehmen

Hu|cke|pack|ver|kehr [*alte Trennung* ...k|k...]; (*Eisenb.* Transport von Straßenfahrzeugen auf Waggons)

Hu|de, die; -, -n (*landsch. für* Weideplatz)

Hu|del, der; -s, -[n] (*veraltet, noch landsch. für* Lappen, Lumpen; liederlicher Mensch)

Hu|de|lei; Hu|de|ler *vgl.* Hudler; **hu|de|lig** *vgl.* hudlig

hu|deln (*landsch. für* nachlässig sein od. handeln); ich hud[e]le

hu|dern (die Jungen unter die Flügel nehmen); sich hudern (im Sand baden [von Vögeln])

Hud|ler, Hu|de|ler ⟨*zu* hudeln⟩; **hud|lig,** hu|de|lig *(landsch.)*

Hud|son|bai ['hatsn̩...], *auch* **Hud|son-Bai** ↑K 136, die; -, *engl.* **Hud|son Bay** [- 'beɪ], die; - - (nordamerikanisches Binnenmeer)

huf!, *auch* **hüf!** (*Zuruf an Zugtiere* zurück!)

Huf, der; -[e]s, -e

HUF (Währungscode für Forint)

Huf|be|schlag

Hu|fe, die; -, -n (Durchschnittsmaß bäuerlichen Grundbesitzes im MA.); *vgl.* Hube

Huf|ei|sen; huf|ei|sen|för|mig

Hu|fe|land (dt. Arzt)

Huf|lat|tich (Wildkraut u. Heilpflanze); **Huf|na|gel**

Huf|ner, Hüf|ner (*früher für* Besitzer einer Hufe); *vgl.* Huber, Hübner

Huf|schlag; Huf|schmied

Hüf|te, die; -, -n

Hüft|ge|lenk; Hüft|gür|tel; Hüft|hal|ter

hüft|hoch

Hüft|horn *Plur.* ...hörner; *vgl.* Hifthorn

Huf|tier

Hüft|kno|chen; Hüft|lei|den; Hüft|weh; Hüft|wei|te

Hü|gel, der; -s, -

hü|gel|ab; hü|gel|an; hü|gel|auf

hü|ge|lig, hüg|lig

Hü|gel|ket|te; Hü|gel|land *Plur.* ...länder

Hu|ge|not|te, der; -n, -n ⟨franz.⟩ (französischer Calvinist); **Hu|ge|not|tin; hu|ge|not|tisch**

Hughes|te|le|graf, *auch* **Hughes-Te|le|graf** ['hju:s...] ↑K 136 ⟨nach dem engl. Physiker Hughes⟩ (erster Drucktelegrafenapparat)

Hu|gin ⟨»der Denker«⟩ (*nord. Mythol.* einer der beiden Raben Odins); *vgl.* Munin

hüg|lig, hü|ge|lig

[1]**Hu|go** (m. Vorn.)

[2]**Hu|go** [y...], Victor (französischer Schriftsteller)

Huhn, das; -[e]s, Hühner; **Hühn|chen**

Hüh|ner|au|ge; Hüh|ner|brü|he; Hüh|ner|brust; Hüh|ner|dreck; Hüh|ner|ei; Hüh|ner|fri|kas|see

Hüh|ner|gott *Plur.* ...götter (*regional für* Lochstein [als Amulett])

Hüh|ner|ha|bicht; Hüh|ner|hof; Hüh|ner|hund; Hüh|ner|lei|ter, die; **Hüh|ner|stall**

Hüh|ner|stei|ge *od.* **...stie|ge**

Hüh|ner|volk; Hüh|ner|zucht

hu|hu!

hui!, *aber* ↑K 81: im Hui, in einem Hui

Hu|ka, die; -, -s ⟨arab.⟩ (indische Wasserpfeife)

Huk|boot ⟨niederl.⟩ *u.* **Hu|ker,** der; -s, - (größeres Fischerfahrzeug)

Hu|la, die; -, -s *od.* der; -s, -s ⟨hawaiisch⟩ (Eingeborenentanz auf Hawaii)

Hu|la-Hoop [...'hu:p], **Hu|la-Hopp,** der *od.* das; -s ⟨hawaiisch; engl.⟩ (ein Reifenspiel); **Hu|la-Hoop-Rei|fen, Hu|la-Hopp-Rei|fen; Hu|la|mäd|chen,** *auch* **Hu|la-Mäd|chen** ↑K 21

Hül|be, die; -, -n (*schwäb. für* flacher Dorfteich, Wasserstelle)

Huld, die; - (*veraltend für* Wohlwollen, Freundlichkeit)

hul|di|gen; Hul|di|gung

huld|reich; huld|voll

Hulk, Holk, die; -, -e[n] *od.* der; -[e]s, -e[n] ⟨engl.⟩ (ausgedientes Schiff)

Hüll|blatt

Hül|le, die; -, -n; **hül|len;** sich in etwas hüllen; **hül|len|los**

Hüll|wort *Plur.* ...wörter (*für* Euphemismus)

Hüls|chen

Hül|se, die; -, -n (Kapsel[frucht]); **hül|sen;** du hülst

Hül|sen|frucht; Hül|sen|frücht|ler *(Bot.)*

hül|sig

Hul|t|schin [*auch* 'hʊ...] (Ort in Mähren); **Hul|t|schi|ner;** Hultschiner Ländchen

hu|man ⟨lat.⟩ (menschlich; menschenfreundlich; nachsichtig)

Hu|man|ge|ne|tik (Teilgebiet der Genetik)

hu|ma|ni|sie|ren (menschlich machen; zivilisieren); **Hu|ma|ni|sie|rung,** die; -

Hu|ma|nis|mus, der; - (auf das Bildungsideal der griechisch-römischen Antike gegründetes Denken u. Handeln; geistige Strömung zur Zeit der Renaissance)

Hu|ma|nist, der; -en, -en (Vertreter des Humanismus; Kenner der alten Sprachen); **Hu|ma|nis|tin** [*alte Trennung* ...|st...]; **hu|ma|nis|tisch;** humanistisches Gymnasium

hu|ma|ni|tär (menschenfreundlich; wohltätig); **Hu|ma|ni|tät,** die; - (Menschlichkeit; humane Gesinnung)

Hu|ma|ni|täts|den|ken; Hu|ma|ni|täts|du|se|lei *(abwertend);* **Hu|ma|ni|täts|i|de|al**

Hu|man|me|di|zin, die; -; **Hu|man|wis|sen|schaft**

Hum|boldt (Familienn.)

hum|bold|tisch, hum|boldtsch; das humboldt[i]sche Erziehungsideal; die humboldt[i]schen, Humboldt'schen [*alte Schreibung* Humboldt[i]schen] Schriften ↑K 135

Hum|boldt-U|ni|ver|si|tät, die; - (in Berlin)

Hum|bug, der; -s ⟨engl.⟩ (*ugs. für* Schwindel; Unsinn)

Hume [hju:m] (engl. Philosoph)

Hu|me|ra|le, das; -s, *Plur.* ...lien *u.* ...lia ⟨lat.⟩ (liturgisches Schultertuch des kath. Priesters)

hu|mid *u.* **hu|mi|de** ⟨lat.⟩ (*Geogr.* feucht, nass); **Hu|mi|di|tät,** die; -

Hu|mi|dor, der; -s, -s (Behälter mit hoher Luftfeuchtigkeit zur Aufbewahrung od. Lagerung von Zigarren)

Hu|mi|fi|ka|ti|on, die; - ⟨lat.⟩ (Vermoderung; Humusbildung); **hu-**

hun|dert

(*als römisches Zahlzeichen* C)
I. *Kleinschreibung:*
[vier] von hundert; bis hundert zählen; Tempo hundert (*für* hundert Stundenkilometer)
II. *Klein- oder Großschreibung bei unbestimmten (d. h. nicht in Ziffern schreibbaren) Mengenangaben:*
ein paar hundert *od.* Hundert; ein paar hundert *od.* Hundert Bäume, Menschen; einige, mehrere, viele hundert *od.* Hundert Büroklammern
einige, mehrere, viele hunderte *od.* Hunderte; hunderte *od.* Hunderte von Menschen; sie strömten zu hunderten *od.* Hunderten herein
hundert und aberhundert, *auch* Hundert und Aberhundert Sterne; hunderte und aberhunderte, *auch* Hunderte und Aberhunderte bunter Laternen
III. *Zusammenschreibung in Verbindung mit bestimmten Zahlwörtern:*
einhundert, zweihundert [Menschen]
hunderteins, hundertundeins, einhunderteins, einhundertundeins
[ein]hundert[und]siebzig
[ein]hundert[und]ein Salutschuss, mit [ein]hundert[und]einem Salutschuss *od.* mit hundert[und]ein Salutschüssen
[ein]hundert[und]eine Deutsche Mark
der [ein]hundert[und]erste Tag
[ein]hunderttausend; zweihunderttausend
[ein]hunderttausendvierhundert[und]zwölf
eine Million dreihunderttausend

mi|fi|zie|ren; Hu|mi|fi|zie|rung, die; - (*svw.* Humifikation)
Hum|mel, die; -, -n
Hum|mer, der; -s, -
Hum|mer|ma|jo|nä|se, *auch* **Hum|mer|ma|yon|nai|se**
Hum|mer|sup|pe
[1]**Hu|mor,** der; -s, -e *Plur. selten* ⟨engl.⟩ (heitere Gelassenheit, Wesensart; [gute] Laune)
[2]**Hu|mor,** der; -s, ...ores ⟨lat.⟩ (*Med.* Körperflüssigkeit)
hu|mo|ral (*Med.* die Körperflüssigkeiten betreffend)
Hu|mo|ral|pa|tho|lo|gie, die; - (antike Lehre von den Körpersäften als Ausgangspunkt der Krankheiten)
Hu|mo|res|ke, die; -, -n ⟨*zu* [1]Humor⟩ (kleine humoristische Erzählung; Musikstück von heiterem Charakter)
hu|mo|rig (launig, mit Humor)
Hu|mo|rist, der; -en, -en (jmd., der mit Humor schreibt, vorträgt usw.); **Hu|mo|ris|tin** [*alte Trennung* ...|st...]; **hu|mo|ris|tisch**
hu|mor|los; Hu|mor|lo|sig|keit, die; -
hu|mor|voll
hu|mos ⟨lat.⟩ (reich an Humus)
Hüm|pel, der; -s, - (*nordd. für* Haufen)
Hum|pe|lei
hum|pe|lig, hump|lig (*landsch. für* uneben, holperig)
hum|peln; ich hump[e]le
Hum|pen, der; -s, -
Hum|per|dinck (dt. Komponist)
hump|lig *vgl.* humpelig
Hu|mus, der; - ⟨lat.⟩ (fruchtbarer Bodenbestandteil)
Hu|mus|bo|den; Hu|mus|er|de
hu|mus|reich
Hund, der; -[e]s, -e (*Bergmannsspr. auch* Förderwagen); ↑K 150: der Große, Kleine Hund (Sternbilder); **Hünd|chen**
Hun|de|art
hun|de|e|lend (*ugs. für* sehr elend)
Hun|de|hal|ter *(Amtsspr.);* **Hun|de|hüt|te**
hun|de|kalt (*ugs. für* sehr kalt); **Hun|de|käl|te** *(ugs.)*
Hun|de|kot; Hun|de|ku|chen; Hun|de|lei|ne
Hun|de|mar|ke (*scherzh. auch für* Erkennungsmarke)
hun|de|mü|de, hunds|mü|de (*ugs. für* sehr müde)
Hun|de|ras|se; Hun|de|ren|nen
hun|dert *s. Kasten*
[1]**Hun|dert,** das; -s, -e; [vier] vom Hundert (*Abk.* v. H., p. c.; *Zeichen* %); *vgl.* hundert
[2]**Hun|dert,** die; -, -en (Zahl); *vgl.* [1]Acht
hun|dert|ein[s], hun|dert|und|ein[s]; *vgl.* hundert
Hun|der|ter, der; -s, -; *vgl.* Achter; **hun|der|ter|lei;** auf hunderterlei Weise
Hun|der|ter|pa|ckung [*alte Trennung* ...k|k...]
Hun|dert|eu|ro|schein, *auch* **Hundert-Eu|ro-Schein** (*mit Ziffern* 100-Euro-Schein; ↑K 26)
hun|dert|fach; Hun|dert|fa|che, das; -n; *vgl.* Achtfache; **hun|dert|fäl|tig**
hun|dert|fünf|zig|pro|zen|tig (*ugs. für* übertrieben, fanatisch)
Hun|dert|jahr|fei|er, *auch* **Hundert-Jahr-Fei|er** (*mit Ziffern* 100-Jahr-Feier; ↑K 26)
hun|dert|jäh|rig; der hundertjährige, *als Werktitel* Der Hundertjährige Kalender ↑K 89; *vgl.* achtjährig
Hun|dert|ki|lo|me|ter|tem|po, *auch* **Hun|dert-Ki|lo|me|ter-Tem|po,** das; -s *(ugs.);* im Hundertkilometertempo
hun|dert|mal; einhundertmal; vielhundertmal; *bei besonderer Betonung* hundert Mal, einhundert Mal, vielhundert Mal, ↑K 79: viele hundert *od.* Hundert Mal[e] [*alte Schreibungen* hundertmal, hundert Male]; viel hundert *od.* Hundert Male; ein halbes Hundert Mal [*alte Schreibung* halbes hundertmal]; *vgl.* achtmal; **hun|dert|ma|lig**
Hun|dert|mark|schein, *auch* **Hundert-Mark-Schein** (*mit Ziffern* 100-Mark-Schein; ↑K 26)
Hun|dert|me|ter|lauf, *auch* **Hundert-Me|ter-Lauf** (*mit Ziffern* 100-Meter-Lauf, 100-m-Lauf)
hun|dert|pro (*ugs.* hundertprozentig); sie kommt hundertpro
hun|dert|pro|zen|tig (*mit Ziffern:* 100-prozentig [*alte Schreibung* 100prozentig], 100%ig)
Hun|dert|satz, Vomhundertsatz (*für* Prozentsatz); **Hun|dertschaft**
hun|derts|te [*alte Trennung* ...|st...]; die hundertste Folge; der Hundertste [*alte Schreibung* hundertste]; vom Hundertsten ins Tausendste kommen; *vgl.* achte
hun|derts|tel [*alte Trennung* ...|st...]; *vgl.* achtel; **Hun|derts|tel,** das, *schweiz. meist* der; -s, -; *vgl.* Achtel

Hun|derts|tel|se|kun|de [*alte Trennung* ...|st...] (*mit Ziffern:* 100stel-Sekunde); *auch* hundertstel Sekunde (100stel Sekunde)
hun|derts|tens [*alte Trennung* ...|st...]
hun|dert|tau|send; mehrere hunderttausend, *auch* Hunderttausend Euro; *vgl.* tausend
hun|dert|[und]|ein[s]; *vgl.* hundert
Hun|de|sa|lon; Hun|de|schei|ße *(derb);* **Hun|de|schlit|ten; Hun|de|schnau|ze; Hun|de|sper|re; Hun|de|steu|er,** die
Hun|de|wa|che (*Seemannsspr.* Nachtwache); **Hun|de|wet|ter,** das; -s *(ugs.);* **Hun|de|zucht**

H

Hün|din; hün|disch
Hun|d|red|weight [ˈhandrətvɛɪt], das; -, -s (britisches Handelsgewicht; *Abk.* cwt, cwt. [*eigtl. für* centweight])
Hunds|fott, der; -[e]s, *Plur.* -e *u.* ...fötter (*derb für* gemeiner Kerl, Schurke); **Hunds|föt|te|rei; hunds|föt|tisch**
hunds|ge|mein *(ugs.)*
Hunds|ka|mil|le (der Kamille ähnliche Pflanze)
hunds|mi|se|ra|bel *(ugs.);* **hunds|mü|de** (*vgl.* hundemüde)
Hunds|ro|se (wilde Rose); **Hunds|stern; Hunds|ta|ge** *Plur.* (vom 23. Juli bis zum 23. August)
Hunds|vei|gerl, das; -s, -n *(österr. ugs.) u.* **...veil|chen** (duftloses Veilchen)
Hü|ne, der; -n, -n
Hü|nen|ge|stalt; Hü|nen|grab
hü|nen|haft
Hun|ger, der; -s; vor Hunger sterben; *aber* hungers [*alte Schreibung* Hungers] sterben
Hun|ger|blüm|chen *od.* **...blu|me** (eine Pflanze)
Hun|ger|ge|fühl; Hun|ger|künst|ler; Hun|ger|kur; Hun|ger|lei|der *(ugs.);* **Hun|ger|lohn**
hun|gern; ich hungere; mich hungert
Hun|ger|ö|dem
Hun|gers|not
Hun|ger|streik; Hun|ger|tod; Hun|ger|tuch *Plur.* ...tücher (Fastentuch); **Hun|ger|turm** *(früher)*
hung|rig
Hun|ne, der; -n, -n (*früher* Angehöriger eines ostasiatischen Nomadenvolkes)
Hun|nen|kö|nig; Hun|nen|zug

Hun|ni, der; -s, -s (*ugs.* Hundertmarkschein)
hun|nisch
Huns|rück, der; -s (Teil des westlichen Rheinischen Schiefergebirges); **Huns|rü|cker** [*alte Trennung* ...k|k...]
Hunt, der; -[e]s, -e (*Nebenform von* Hund [Förderwagen])
Hun|ter [ˈhan...], der; -s, - ⟨engl.⟩ (*Reiten* Jagdpferd; ein Jagdhund)
Hu|pe, die; -, -n; **hu|pen; Hu|pe|rei**
Hupf, der; -[e]s, -e (*veraltet, noch landsch. für* Sprung)
Hüpf|burg (Spielgerät, auf dem Kinder wie auf einem Trampolin springen können)
Hupf|doh|le (*ugs. scherzh. für* [Revue]tänzerin)
hup|fen (*südd., österr., sonst veraltet für* hüpfen); das ist gehupft wie gesprungen (*ugs. für* das ist völlig gleich); **hüp|fen**
Hup|fer (*südd., österr. für* Hüpfer); **Hüp|fer,** der; -s, - (kleiner Sprung)
Hüp|fer|ling (eine Krebsart)
Hup|kon|zert (*ugs. für* gleichzeitiges Hupen vieler Autofahrer)
Hur|de, die; -, -n (Flechtwerk; *südwestd. u. schweiz. für* [1]Horde)
Hür|de, die; -, -n (Flechtwerk; tragbare Einzäunung [für Schafe]; Hindernis beim Hürdenlauf); *vgl.* [1]Horde
Hür|den|lauf; Hür|den|läu|fer; Hür|den|läu|fe|rin
Hu|re, die; -, -n; **hu|ren**
Hu|ren|bock (Schimpfwort)
Hu|ren|kind (*Druckerspr.* [einen Absatz beschließende] Einzelzeile am Anfang einer neuen Seite od. Spalte)
Hu|ren|sohn (Schimpfwort); **Hu|re|rei**
Hu|ri, die; -, -s ⟨arab.⟩ (schönes Mädchen im Paradies des Islams)
hür|nen (*veraltet für* aus Horn)
Hu|ro|ne, der; -n, -n (Angehöriger eines nordamerikanischen Indianerstammes); **hu|ro|nisch**
hur|ra! [*auch* ˈhʊr...]
Hur|ra, das; -s, -s; viele Hurras; Hurra, *auch* hurra schreien
Hur|ra|pa|t|ri|o|tis|mus; Hur|ra|ruf
Hur|ri|kan [*engl.* ˈharikən], der; -s, *Plur.* -e, *bei engl. Ausspr.* -s ⟨indian.⟩ (trop. Wirbelsturm)
hur|tig; Hur|tig|keit, die; -

Hus, Jan (tschechischer Reformator)
Hu|sar, der; -en, -en ⟨ung.⟩ (*früher* Angehöriger einer leichten Reitertruppe in ungarischer Nationaltracht)
Hu|sa|ren|ritt; Hu|sa|ren|streich (waghalsiges, tollkühnes Unternehmen); **Hu|sa|ren|stück|chen**
husch!; husch, husch!
Husch, der; -[e]s, -e *Plur. selten* (ugs.); auf einen Husch (für kurze Zeit) besuchen; im Husch (rasch)
Hu|sche, die; -, -n (*landsch. für* Regenschauer)
hu|sche|lig, hu|schig, husch|lig (*landsch. für* oberflächlich, eilfertig); **Hu|sche|lig|keit,** Husch|lig|keit
hu|scheln (*landsch. für* ungenau arbeiten); ich husch[e]le; sich huscheln (*landsch. für* sich in einen Mantel usw. wickeln)
hu|schen; du huschst
hu|schig, husch|lig *vgl.* huschelig; **Husch|lig|keit** *vgl.* Huscheligkeit
Hus|ky [ˈhaski], der; -s, -s ⟨engl.⟩ (Eskimohund)
hus|sa!; hus|sa|sa!
Hus|se, *auch* Hous|se [ˈhʊsə], die; -, -n ⟨franz.⟩ (dekorativer textiler Überwurf für Sitzmöbel)
hus|sen (*österr. ugs. für* aufwiegeln, hetzen); du husst [*alte Schreibung* hußt]
Hus|serl (dt. Philosoph)
Hus|sit, der; -en, -en (Anhänger von Jan Hus); **Hus|si|ten|krieg**
hüst! (*Zuruf an Zugtiere* links!)
hüs|teln [*alte Trennung* ...|st...]; ich hüst[e]le
hus|ten [*alte Trennung* ...|st...]; **Hus|ten,** der; -s, - *Plur. selten*
Hus|ten|an|fall [*alte Trennung* ...|st...]; **Hus|ten|bon|bon; Hus|ten|mit|tel,** das; **Hus|ten|reiz,** der; -es; **Hus|ten|saft**
Hu|sum (Stadt an der Nordsee); **Hu|su|mer**
[1]**Hut,** der; -[e]s, Hüte (Kopfbedeckung)
[2]**Hut,** die; - (*geh. für* Schutz, Aufsicht); auf der Hut sein
Hut|ab|tei|lung; Hut|band, das; *Plur.* ...bänder
Hüt|chen; Hüt|chen|spiel; Hüt|chen|spie|ler
Hü|te|hund; Hü|te|jun|ge, der
hü|ten; sich hüten
Hü|ter; Hü|te|rin
Hut|kof|fer; Hut|krem|pe
hut|los

Hut|ma|cher; Hut|ma|che|rin; Hut|na|del; Hut|schach|tel
[1]**Hut|sche,** die; -, -n (*bayr., österr. für* Schaukel)
[2]**Hut|sche, Hüt|sche** *vgl.* Hitsche
hut|schen (*bayr., österr. für* schaukeln); du hutschst
Hut|schnur; *meist in* das geht über die Hutschnur (*ugs. für* das geht zu weit)
Hutsch|pferd (*österr. für* Schaukelpferd)
Hütt|chen
Hut|te, die; -, -n (*schweiz. mdal. für* Rückentragkorb); *vgl.* Hotte
Hüt|te, die; -, -n (*auch kurz für* Eisenhütte, Glashütte u. a.)
Hut|ten (dt. Humanist)
Hüt|ten|ar|bei|ter; Hüt|ten|be|trieb; Hüt|ten|dorf; Hüt|ten|in|dus|t|rie [*alte Trennung* ...|st...]; **Hüt|ten|kä|se**
Hüt|ten|kun|de, die; -; **Hüt|ten|schuh; Hüt|ten|werk; Hüt|ten|we|sen,** das; -s
Hu|tung (*Landw.* dürftige Weide)
Hü|tung (Bewachung)
Hut|wei|de (*Landw.* Gemeindeweide, auf die das Vieh täglich getrieben wird)
Hut|zel, die; -, -n (*landsch. für* Tannenzapfen; Dörrobstschnitzel; *auch für* alte Frau)
Hut|zel|brot (mit Hutzeln [Dörrobstschnitzeln] gebackenes Brot; südd. Festgebäck)
hut|ze|lig, hutz|lig (*landsch. für* dürr, welk; alt)
Hut|zel|männ|chen (*auch für* Heinzelmännchen)
hut|zeln (*landsch. für* dörren; schrumpfen); ich hutz[e]le;
hutz|lig, hut|ze|lig (*landsch. für* dürr, welk; alt)
Hut|zu|cker [*alte Trennung* ...k|k...]
Hux|ley ['haksli], Aldous ['o:ldəs] (britischer Schriftsteller)
Huy [hy:], der; -s (Höhenzug nördlich des Harzes)
Huy|gens ['hɔy...] (niederl. Physiker u. Mathematiker); **huy|genssch;** das huygenssche, *auch* Huygens'sche [*alte Schreibung* Huygensssche] Prinzip
Huy|wald ['hy:...], der; -[e]s; *vgl.* Huy
Hu|zu|le, der; -n, -n (Angehöriger eines ukrain. Volksstammes)
Hwang|ho, der; -[s] ‹chin., »gelber Fluss«› (Strom in China)
Hy|a|den *Plur.* ‹griech., »Regensterne«› (Töchter des Atlas)
hy|a|lin ‹griech.› (*Med.* durchsichtig wie Glas, glasartig)
Hy|a|lit, der; -s, -e (*Geol.* ein heller, glasartiger Opal)
Hy|ä|ne, die; -, -n ‹griech.› (ein Raubtier)
[1]**Hy|a|zinth** (Liebling Apollos)
[2]**Hy|a|zinth,** der; -[e]s, -e ‹griech.› (rötlich brauner Zirkon)
[3]**Hy|a|zinth,** der; -s, -e (schöner Jüngling)
Hy|a|zin|the, die; -, -n (eine Zwiebelpflanze)
[1]**hy|b|rid** ‹griech.› (überheblich)
[2]**hy|b|rid** ‹lat.› (von zweierlei Herkunft; zwitterhaft); hybride Bildung (*Sprachw.* Zwitterbildung; zusammengesetztes Wort, dessen Teile verschiedenen Sprachen angehören)
Hy|b|ri|de, die; -, -n, *auch* der; -n, -n (*Biol.* Bastard [Pflanze od. Tier] als Ergebnis von Kreuzungen)
Hy|b|ri|di|sa|ti|on; hy|b|ri|di|sie|ren
Hy|b|rid|rech|ner (*EDV* Rechenanlage, die sowohl analog als auch digital arbeiten kann)
Hy|b|rid|schwein; Hy|b|rid|züch|tung
Hy|b|ris, die; - ‹griech.› (frevelhafter Übermut)
Hyde|park ['hait...], der; -[e]s (Park in London)
hy|d|r... *vgl.* hydro...
Hy|d|r... *vgl.* Hydro...
[1]**Hy|d|ra,** die; - ‹griech.› (sagenhafte Seeschlange; ein Sternbild)
[2]**Hy|d|ra,** die; -, ...dren (ein Süßwasserpolyp)
Hy|d|r|ä|mie, die; -, ...ien ‹griech.› (*Med.* erhöhter Wassergehalt des Blutes)
Hy|d|rant, der; -en, -en (Zapfstelle zur Wasserentnahme)
Hy|d|rar|gy|rum, das; -s (Quecksilber, chemisches Element; *Zeichen* Hg)
Hy|d|rat, das; -[e]s, -e (Verbindung chem. Stoffe mit Wasser)
Hy|d|ra|[ta|]ti|on, die; -, -en (Bildung von Hydraten); **hy|d|ra|ti|sie|ren**
Hy|d|rau|lik, die; - (Lehre von der Bewegung der Flüssigkeiten; deren technische Anwendung)
hy|d|rau|lisch (mit Flüssigkeitsdruck arbeitend); hydraulische Bremse, Presse; hydraulischer Mörtel (Wassermörtel)
Hy|d|ra|zin, das; -s (chemische Verbindung von Stickstoff mit Wasserstoff)
Hy|d|rier|ben|zin
hy|d|rie|ren (*Chemie* Wasserstoff anlagern); **Hy|d|rie|rung**
Hy|d|rier|ver|fah|ren; Hy|d|rier|werk
hy|d|ro... ‹griech.›, *vor Vokalen* hy|d|r... (wasser...); **Hy|d|ro...** *vor Vokalen* Hy|d|r... (Wasser...)
Hy|d|ro|bi|o|lo|gie ‹griech.› (Lehre von den im Wasser lebenden Organismen)
Hy|d|ro|chi|non [...çi...] das; -s ‹griech.; indian.› (*Chemie* besonders als fotografischer Entwickler verwendete organische Verbindung)
Hy|d|ro|dy|na|mik ‹griech.› (Strömungslehre); **hy|d|ro|dy|na|misch**
Hy|d|ro|gen, Hy|d|ro|ge|ni|um, das; -s ‹griech.› (Wasserstoff; chemisches Element; *Zeichen* H)
Hy|d|ro|gra|phie, *auch* Hy|d|ro|gra|fie, die; - (Gewässerkunde); **hy|d|ro|gra|phisch,** *auch* hy|d|ro|gra|fisch
Hy|d|ro|kul|tur, die; - ‹griech.› (Wasserkultur; Pflanzenzucht in Nährlösungen ohne Erde)
Hy|d|ro|lo|gie, die; - ‹griech.› (Lehre vom Wasser); **hy|d|ro|lo|gisch**
Hy|d|ro|ly|se, die; -, -n (Spaltung chemischer Verbindungen durch Wasser); **hy|d|ro|ly|tisch**
Hy|d|ro|me|cha|nik, die; - ‹griech.› (Mechanik der Flüssigkeiten)
Hy|d|ro|me|ter, das; -s, - (Gerät zur Messung der Fließgeschwindigkeit von Wasser)
Hy|d|ro|me|t|rie, die; -; **hy|d|ro|me|t|risch**
Hy|d|ro|path, der; -en, -en ‹griech.› (hydropathisch Behandelnder)
Hy|d|ro|pa|thie, die; - (*svw.* Hydrotherapie); **hy|d|ro|pa|thisch**
hy|d|ro|phil (*Biol.* im od. am Wasser lebend); **hy|d|ro|phob** (*Biol.* das Wasser meidend)
Hy|d|ro|ph|thal|mus, der; -, ...mi (*Med.* Augenwassersucht)
Hy|d|ro|phyt, der; -en, -en (Wasserpflanze)
hy|d|ro|pisch (*Med.* wassersüchtig)
hy|d|ro|pneu|ma|tisch (*Technik* durch Wasser u. Luft [betrieben])

H

Hy|d|rops, der; - *u.* **Hy|d|rop|sie,** die; - (*Med.* Wassersucht)

Hy|d|ro|s|phä|re, die; - (Wasserhülle der Erde)

Hy|d|ro|sta|tik (*Physik* Lehre von den Gleichgewichtszuständen bei Flüssigkeiten)

hy|d|ro|sta|tisch; hydrostatische Waage (zum Bestimmen des Auftriebs)

Hy|d|ro|tech|nik, die; - ‹griech.› (Wasserbau[kunst])

hy|d|ro|the|ra|peu|tisch; Hy|d|ro|the|ra|pie, die; -, -n (*Med.* Heilbehandlung durch Anwendung von Wasser; *nur Sing.:* Wasserheilkunde)

Hy|d|ro|xid, *auch* **Hy|d|ro|xyd,** das; -[e]s, -e ‹griech.› (chemische Verbindung); *vgl.* Oxid

Hy|d|ro|xyl|grup|pe ‹griech.; dt.› (Wasserstoff-Sauerstoff-Gruppe)

Hy|d|ro|ze|pha|lus, der; -, ...alen ‹griech.› (*Med.* abnorm vergrößerter Schädel durch übermäßige Flüssigkeitsansammlung)

Hy|d|ro|zo|on, das; -s, ...zoen *meist Plur.* (*Zool.* Nesseltier)

Hy|e|to|gra|phie, *auch* Hy|e|to|gra|fie, die; - ‹griech.› (*Meteor.* Beschreibung der Verteilung von Niederschlägen)

Hy|e|to|me|ter, das; -s, - (Regenmesser)

Hy|gi|eia (griech. Göttin der Gesundheit)

Hy|gi|e|ne, die; - ‹griech.› (Gesundheitslehre, -fürsorge, -pflege); **Hy|gi|e|ni|ker; Hy|gi|e|ni|ke|rin; hy|gi|e|nisch**

Hy|g|ro|me|ter, das; -s, - ‹griech.› (Luftfeuchtigkeitsmesser)

Hy|g|ro|phyt, der; -en, -en (*Bot.* Landpflanze mit hohem Wasserverbrauch)

Hy|g|ro|s|kop, das; -s, -e (*Meteor.* Luftfeuchtigkeitsmesser); **hy|g|ro|s|ko|pisch** (Feuchtigkeit an sich ziehend)

Hyk|sos *Plur.* (ein asiatisches Erobérervolk im alten Ägypten)

[1]**Hy|men,** Hy|me|nai|os *u.* Hy|me|nä|us (griech. Hochzeitsgott)

[2]**Hy|men,** der; -s, - ‹griech.› (antiker Hochzeitsgesang)

[3]**Hy|men,** das, *auch* der; -s, - (*Med.* Jungfernhäutchen)

Hy|me|nai|os [*auch* ...'me:naiɔs], **Hy|me|nä|us** *vgl.* [1]Hymen

Hy|me|no|p|te|ren *Plur.* (*Zool.* Hautflügler)

Hym|ne, die; -, -n *u.* Hym|nus, der; -, ...nen ‹griech.› (Festgesang; feierliches Gedicht); **Hym|nik** (Kunstform der Hymne); **hym|nisch**

Hym|no|lo|gie, die; - (Hymnenkunde); **hym|no|lo|gisch**

Hym|nus *vgl.* Hymne

Hy|os|cy|a|min, Hy|os|zy|a|min, das; -s; ‹griech.› (*Chemie* Alkaloid, Heilmittel)

hyp... *vgl.* hypo...

Hyp... *vgl.* Hypo...

Hyp|al|la|ge [*auch* ...'palage], die; - ‹griech.› (*Sprachw.* Vertauschung eines attributiven Genitivs mit einem attributivischen Adjektiv u. umgekehrt, z. B. jagdliche Ausdrücke *statt* Ausdrücke der Jagd)

Hype [haip], der; -s, -s ‹engl.› (aggressive Werbung; Betrug)

hy|per... ‹griech.› (über...); **Hy|per...** (Über...)

Hy|per|a|ci|di|tät, die; - (*Med.* übermäßig hoher Säuregehalt im Magen)

Hy|per|al|ge|sie, die; -, ...ien (*Med.* gesteigertes Schmerzempfinden); **hy|per|al|ge|tisch**

Hy|per|äs|the|sie, die; -, ...ien (*Med.* Überempfindlichkeit); **hy|per|äs|the|tisch**

Hy|per|bel, die; -, -n ‹griech.› (*Stilk.* Übertreibung des Ausdrucks; *Math.* Kegelschnitt); **hy|per|bo|lisch** (hyperbelartig; im Ausdruck übertreibend); hyperbolische Funktion *(Math.)*

Hy|per|bo|lo|id, das; -[e]s, -e (*Math.* Körper, der durch Drehung einer Hyperbel um ihre Achse entsteht)

Hy|per|bo|re|er (Angehöriger eines sagenhaften Volkes des hohen Nordens); **hy|per|bo|re|isch**

Hy|per|dak|ty|lie, die; -, ...ien ‹griech.› (*Med.* Bildung von mehr als je fünf Fingern od. Zehen)

Hy|per|e|me|sis, die; - ‹griech.› (*Med.* übermäßiges Erbrechen)

Hy|per|funk|ti|on, die; -, -en ‹griech.› (*Med.* Überfunktion eines Organs)

hy|per|go|lisch ‹griech.; lat.›; *(Chemie);* hypergolischer Treibstoff (Raketentreibstoff, der bei Berührung mit einem Sauerstoffträger sofort zündet)

Hy|pe|ri|on [*auch* ...'ri:ɔn] (Titan, Vater des Helios)

hy|per|ka|ta|lek|tisch ‹griech.› (*Verslehre* mit überzähliger Silbe versehen)

hy|per|kor|rekt (überkorrekt)

hy|per|kri|tisch (überstreng)

Hy|per|link ['haipə...], der; -[s], -s ‹engl.› (Stelle auf dem Bildschirm, die durch Anklicken zu weiteren Informationen führt)

Hy|per|me|ter, der; -s, - ‹griech.› (Vers, der um eine Silbe zu lang ist u. mit der Anfangssilbe des folgenden Verses durch Elision verbunden wird); **hy|per|me|t|risch**

Hy|per|me|t|ro|pie, die; - (*Med.* Weit-, Übersichtigkeit); **hy|per|me|t|ro|pisch**

hy|per|mo|dern (übermodern, übertrieben neuzeitlich)

Hy|pe|ron, das; -s, ...onen ‹griech.› (*Kernphysik* überschweres Elementarteilchen)

Hy|per|pla|sie, die; -, ...ien ‹griech.› (*Med., Biol.* abnorme Vermehrung von Zellen)

hy|per|sen|si|bel (überaus sensibel, empfindsam)

hy|per|so|nisch ‹griech.; lat.› (*Physik* Überschall...)

Hy|per|text ['haipə...], der; -s, -e (*EDV* Netz aus Text-, Bild- u. Dateneinheiten, in dem sich die Nutzer je nach Interesse bewegen können)

Hy|per|to|nie, die; -, ...ien ‹griech.› (*Med.* Bluthochdruck; gesteigerte Muskelspannung; erhöhte Spannung im Augapfel)

hy|per|troph (überspannt, überzogen; *Med., Biol.* durch Zellenwachstum vergrößert); **Hy|per|tro|phie,** die; -, ...ien ‹griech.› (übermäßige Vergrößerung von Geweben u. Organen)

Hy|phe, die; -, -n ‹griech.› (*Bot.* Pilzfaden)

Hy|phen, das; -[s], - ‹griech.› (Bindestrich bei zusammengesetzten Wörtern)

Hyp|no|pä|die, die; - ‹griech.› (Schlaflernmethode); **hyp|no|pä|disch**

Hyp|nos (griechischer Gott des Schlafes)

Hyp|no|se, die; -, -n ([durch Suggestion herbeigeführter] schlafähnlicher Bewusstseinszustand); **Hyp|no|tik,** die; - (Lehre von der Hypnose); **Hyp|no|ti|kum,** das; -s, ...ka (Schlafmittel); **hyp|no|tisch**

Hyp|no|ti|seur [...'zø:ɐ̯], der; -s, -e ‹franz.› (die Hypnose Bewirkender); **Hyp|no|ti|seu|rin**
hyp|no|ti|sie|ren (in Hypnose versetzen; beeinflussen, widerstandslos machen); **Hyp|no|tis|mus,** der; - ‹griech.› (Lehre von der Hypnose; Beeinflussung)
hy|po... ‹griech.›, *vor Vokalen* hyp... (unter...); **Hy|po...,** *vor Vokalen* Hyp... (Unter...)
Hy|po|bank (*kurz für* Hypothekenbank, Hypothekarbank)
Hy|po|chon|der [...x...], der; -s, - ‹griech.› (Schwermütiger; eingebildeter Kranker); **Hy|po|chon|d|rie,** die; -, ...ien (Einbildung, krank zu sein; Trübsinn, Schwermut); **hy|po|chon|d|risch**
Hy|po|gas|t|ri|um [*alte Trennung* ...|st...], das; -s, ...ien ‹griech.› (*Med.* Unterleib)
Hy|po|gä|um, das; -s, ...gäen ‹griech.-lat.› (unterirdisches Gewölbe; Grabraum)
hy|po|kaus|tisch [*alte Trennung* ...|st...] ‹griech.›; **Hy|po|kaus|tum,** das; -s, ...sten (Fußbodenheizung der Antike)
Hy|po|ko|tyl, das; -s, -e (*Bot.* Keimstängel der Samenpflanzen)
Hy|po|kri|sie, die; -, ...ien (Heuchelei); **Hy|po|krit,** der; -en, -en (Heuchler); **hy|po|kri|tisch**
Hy|po|phy|se, die; -, -n ‹griech.› (*Med.* Hirnanhang)
Hy|po|s|ta|se, die; -, -n ‹griech.› (Verdinglichung von Begriffen; Personifizierung göttlicher Eigenschaften od. religiöser Vorstellungen); **hy|po|s|ta|sie|ren** (personifizieren; verdinglichen); **hy|po|s|ta|tisch** (verdinglichend, gegenständlich)
Hy|po|s|ty|lon, das; -s, ...la *u.* **Hy|po|s|ty|los,** der; -, ...loi (*Archit.* gedeckter Säulengang; Säulenhalle; Tempel mit Säulengang)
hy|po|tak|tisch ‹griech.› (*Sprachw.* unterordnend); **Hy|po|ta|xe,** die; -, -n, *älter* **Hy|po|ta|xis,** die; -, ...taxen (*Sprachw.* Unterordnung)
Hy|po|te|nu|se, die; -, -n (*Math.* im rechtwinkligen Dreieck die Seite gegenüber dem rechten Winkel)
Hy|po|tha|la|mus, der; -, ...mi (*Med.* Teil des Zwischenhirns)
Hy|po|thek, die; -, -en ‹griech.› (im Grundbuch eingetragenes Pfandrecht an einem Grundstück; *übertr. für* ständige Belastung)
Hy|po|the|kar, der; -s, -e (Hypothekengläubiger); **Hy|po|the|kar|bank** *Plur.* ...banken (*schweiz. für* Hypothekenbank); **hy|po|the|ka|risch; Hy|po|the|kar|zins** (*schweiz. für* Hypothekenzins)
Hy|po|the|ken|bank *Plur.* ...banken; **Hy|po|the|ken|[pfand|]brief; Hy|po|the|ken|zins**
Hy|po|ther|mie, die; -, ...ien ‹griech.› (*Med.* abnorm niedrige Körpertemperatur)
Hy|po|the|se, die; -, -n ([unbewiesene] Annahme, Vermutung; Vorentwurf für eine Theorie); **hy|po|the|tisch** (angenommen; zweifelhaft)
Hy|po|to|nie, die; -, ...ien (*Med.* zu niedriger Blutdruck; herabgesetzte Muskelspannung)
Hy|po|tra|che|li|on, das; -s, ...ien (Säulenhals unter dem Kapitell)
Hy|po|tro|phie, die; -, ...ien (*Med.* Unterernährung, Unterentwicklung)
Hy|po|zen|t|rum (unter der Erdoberfläche liegender Erdbebenherd)
Hy|po|zins (*kurz für* Hypothekenzins, Hypothekarzins)
Hy|po|zy|k|lo|i|de, die; -, -n ‹griech.› (*Math.* eine geometrische Kurve)
Hyp|si|pho|bie, die; -, ...ien ‹griech.› (*Med.* Höhenangst)
Hyp|so|me|ter, das; -s, - (Höhenmesser); **Hyp|so|me|t|rie,** die; -; **hyp|so|me|t|risch**
Hyr|ka|ni|en ‹griech.› (*im Altertum Bez. für* die südöstliche Küste des Kaspischen Meeres); **hyr|ka|nisch,** *aber* ↑K 140: das Hyrkanische Meer (alter Name für das Kaspische Meer)
Hys|te|r|al|gie [*alte Trennung* ...|st...], die; -, ...ien ‹griech.› (*Med.* Gebärmutterschmerz); **Hys|te|r|ek|to|mie,** die; -, ...ien (operative Entfernung der Gebärmutter)
Hys|te|re|se, Hys|te|re|sis [*alte Trennung* ...|st...], die; - ‹griech.› (*Physik* Fortdauer einer Wirkung nach Aufhören der Ursache)
Hys|te|rie [*alte Trennung* ...|st...], die; -, ...ien (psychogene körperliche Störung; nervöse Aufgeregtheit, Überspanntheit); **Hys|te|ri|ker; Hys|te|ri|ke|rin; hys|te|risch** (an Hysterie leidend; überspannt)
Hys|te|ron-Pro|te|ron [*alte Trennung* ...|st...], das; -s, Hystera-Protera ‹griech.› (*Philos.* Scheinbeweis; *Rhet.* Redefigur, bei der das [nach der Logik] Spätere zuerst steht)
Hys|te|ro|p|to|se [*alte Trennung* ...|st...], die; -, -n ‹griech.› (*Med.* Gebärmuttersenkung); **Hys|te|ro|s|ko|pie,** die; -, -n ‹griech.› (*Med.* Untersuchung der Gebärmutterhöhle); **Hys|te|ro|to|mie,** die; - (*Med.* Gebärmutterschnitt)
Hz = Hertz

I i

I (Buchstabe); das I, des I, die I, *aber* das i in Bild; der Buchstabe I, i; der Punkt auf dem i ↑K 97; i-Punkt [*alte Schreibung* I-Punkt] ↑K 29

I

Die Schreibung mit dem großen I im Wortinnern als Kurzform bei der Doppelnennung weiblicher und männlicher Formen (z. B. MitarbeiterInnen, KollegInnen, StudentInnen) *entspricht nicht den Rechtschreibregeln.*

Ausweichformen sind z. B.
- Mitarbeiter/-innen *od.* Mitarbeiter(innen)
- Student(inn)en, Kolleg(inn)en

i (*Math.: Zeichen für* imaginäre Zahl)
i!; i bewahre!; i wo!
I = *chem. Zeichen für* Iod; *vgl.* Jod
I (röm. Zahlzeichen) = 1
I, ι = Iota
i. = in, im (*bei Ortsnamen,* z. B. Immenstadt i. Allgäu); *vgl.* i. d.
Ia = *(ugs.);* das ist Ia *od.* eins a
Ia. = Iowa

i. A.

= im Auftrag[e]

Die Abkürzung wird im ersten Bestandteil kleingeschrieben (i. A.), *wenn sie unmittelbar der Grußformel oder der Bezeichnung einer Behörde, Firma u. dgl. folgt, z. B.*
– Die Oberbürgermeisterin i. A. Schmidt

Die Abkürzung wird dagegen im ersten Bestandteil großgeschrieben (I. A.), *wenn sie nach einem abgeschlossenen Text allein vor einer Unterschrift steht, z. B.*
– Ihre Unterlagen erhalten Sie mit gleicher Post zurück.
I. A. Schmidt

I

i|ah!; i|a|hen; der Esel [hat] iaht
i. Allg. [*alte Schreibung* i. allg.] = im Allgemeinen
Iam|be usw. *vgl.* Jambe usw.
Ia|son *vgl.* Jason
I|a|t|rik, die; - ‹griech.› (*Med.* Heilkunst); **i|a|t|ro|gen** (*Med.* durch ärztliche Einwirkung verursacht)
ib., ibd. = ibidem
I|be|rer (Angehöriger der vorindogermanischen Bevölkerung der Iberischen Halbinsel); **i|be|risch,** *aber* ↑K 140: die Iberische Halbinsel
I|be|ro|a|me|ri|ka (Lateinamerika); **i|be|ro|a|me|ri|ka|nisch** ↑K 149
i|bi|dem [*auch* 'i:...] ‹lat.› (ebenda; *Abk.* ib., ibd.)
I|bis, der; Ibisses, Ibisse ‹ägypt.› (ein Schreitvogel)
I|bi|za (eine Baleareninsel; *vgl.* Eivissa); **I|bi|zen|ker,** der; -s, - (Einwohner von Ibiza); **I|bi|zen|ke|rin; i|bi|zen|kisch**
Ibn ‹arab., »Sohn«› (Teil von arabischen Personennamen)
I|b|ra|him [*auch* ...'hi:m] (m. Vorn.)
Ib|sen (norw. Schriftsteller)
I|by|kos, I|by|kus (altgriechischer Dichter)
IC® = Intercityzug
ICE® = Intercityexpresszug
ich; Ich, das; -[s], -[s]; das liebe Ich; mein anderes Ich
ich|be|zo|gen
Ich|er|zäh|ler, *auch* **Ich-Er|zäh|ler; Ich|form** ↑K 21, die; -; Erzählung in der Ichform; **Ich|ge|fühl** ↑K 21, das; -[e]s
Ich|laut, *auch* **Ich-Laut,** der; -[e]s, -e
Ich|neu|mon, der *od.* das; -s, *Plur.* -e *u.* -s ‹griech.› (eine Schleichkatze)
Ich|no|gramm (*Med.* Gipsabdruck des Fußes)
Ich|ro|man, *auch* **Ich-Ro|man,** der; -s, -e (Roman in der Ichform)
Ich|sucht ↑K 21, die; -; **ich|süch|tig**
Ich|thy|o|dont, der; -en, -en ‹griech.› (versteinerter Fischzahn); **Ich|thy|o|lith,** der; *Gen.* -s *u.* -en, *Plur.* -e[n] (versteinerter Fisch[rest])
Ich|thy|o|lo|ge, der; -n, -n; **Ich|thy|o|lo|gie,** die; - (Wissenschaft von den Fischen); **Ich|thy|o|lo|gin**
Ich|thy|o|sau|ri|er, der; -s, - *u.* **Ich|thy|o|sau|rus,** der; -, ...rier (ausgestorbenes fischförmiges Kriechtier)
Ich|thy|o|se, Ich|thy|o|sis, die; -, ...osen (*Med.* eine Hautkrankheit)
I|cing ['ais...], das; -s, -s ‹engl.-amerik.› (*Eishockey* Befreiungsschlag)
I|con [aikən], das; -s, -s ‹engl. »Bild«› (*EDV* grafisches Sinnbild)
id. = [1]idem, [2]idem
Id. = Idaho
i. d. = in der (*bei Ortsnamen,* z. B. Neumarkt i. d. Opf. [in der Oberpfalz])
[1]**I|da,** der; - (Berg auf Kreta; [im Altertum] Gebirge in Kleinasien)
[2]**I|da** (w. Vorn.)
I|da|feld, das; -[e]s (*nord. Mythol.* Wohnort der Asen)
I|da|ho ['aidəho] (Staat in den USA; *Abk.* Id.)
i|dä|isch ‹*zu* [1]Ida›
I|da|red ['aidɐrɛd], der; -s, -s (mittelgroßer Tafelapfel)
ide. = indoeuropäisch
i|de|al ‹griech.› (nur in der Vorstellung existierend; der Idee entsprechend; vollkommen)
I|de|al, das; -s, -e (dem Geiste vorschwebendes Muster der Vollkommenheit; als ein höchster Wert erkanntes Ziel)
I|de|al|bild
i|de|a|ler|wei|se
I|de|al|fall, der; im Idealfall; **I|de|al|fi|gur; I|de|al|ge|stalt; I|de|al|ge|wicht**
i|de|a|li|sie|ren (der Idee od. dem Ideal annähern; verklären); **I|de|a|li|sie|rung**
I|de|a|lis|mus, der; - (Überordnung der Gedanken-, Vorstellungswelt über die wirkliche; Streben nach Verwirklichung von Idealen); **I|de|a|list,** der; -en, -en; **I|de|a|lis|tin** [*alte Trennung* ...|st...]; **i|de|a|lis|tisch**
I|de|a|li|tät, die; - (ideale Beschaffenheit; *Philos.* das Sein als Idee oder Vorstellung)
I|de|al|kon|kur|renz, die; - *(Rechtsw.);* **I|de|al|li|nie** *(bes. Sport);* **I|de|al|lö|sung; I|de|al|maß; I|de|al|staat**
i|de|al|ty|pisch; I|de|al|ty|pus
I|de|al|vor|stel|lung; I|de|al|wert (Kunstwert); **I|de|al|zu|stand**
I|dee, die; -, Ideen ([Ur]begriff, Urbild; [Leit-, Grund]gedanke; Einfall, Plan); eine Idee (*ugs. auch für* eine Kleinigkeit)
I|dée fixe [i'de: 'fɪks], die; - -, -s -s [- -] ‹franz.› (Zwangsvorstellung; leitmotivisches Kernthema eines musikal. Werkes)
i|de|ell (nur gedacht; geistig)
i|de|en|arm; I|de|en|ar|mut
I|de|en|as|so|zi|a|ti|on (Gedankenverbindung)
I|de|en|dra|ma
I|de|en|fül|le; I|de|en|ge|halt, der; **I|de|en|gut**
i|de|en|los; I|de|en|lo|sig|keit, die; -
i|de|en|reich; I|de|en|reich|tum, der; -s
I|de|en|welt
[1]**i|dem** ‹lat.› (derselbe; *Abk.* id.)
[2]**i|dem** (dasselbe; *Abk.* id.)
I|den, I|dus *Plur.* ‹lat.› (13. od. 15. Monatstag des altrömischen Kalenders); die Iden des März (15. März)
i|dent (*bes. österr. für* identisch)
I|den|ti|fi|ka|ti|on, die; -, -en ‹lat.›, I|den|ti|fi|zie|rung (Gleichsetzung; Feststellung der Identität)
i|den|ti|fi|zie|ren (miteinander gleichsetzen; genau wieder erkennen); sich identifizieren; **I|den|ti|fi|zie|rung** *vgl.* Identifikation
i|den|tisch ([ein und] derselbe; übereinstimmend; völlig gleich)
I|den|ti|tät, die; - (völlige Gleichheit)
I|den|ti|täts|kar|te (*österr. veraltet u. schweiz. für* Personalausweis); **I|den|ti|täts|kri|se; I|den|ti|täts|nach|weis** *(Zollw.);* **I|den|ti|täts|ver|lust**
I|de|o|gramm ‹griech.› (Schriftzeichen, das für einen Begriff,

nicht für eine bestimmte Lautung steht); **I|de|o|gra|phie,** *auch* **I|de|o|gra|fie,** die; -, ...ien *Plur. selten* (aus Ideogrammen gebildete Schrift); **i|de|o|gra|phisch,** *auch* **i|de|o|gra|fisch**
I|de|o|lo|ge, der; -n, -n (Lehrer od. Anhänger einer Ideologie)
I|de|o|lo|gie, die; -, ...ien (System von Weltanschauungen, [politischen] Grundeinstellungen u. Wertungen)
i|de|o|lo|gie|frei; i|de|o|lo|gie|ge|bun|den; I|de|o|lo|gie|kri|tik, die; -; **I|de|o|lo|gin; i|de|o|lo|gisch** (eine Ideologie betreffend); **i|de|o|lo|gi|sie|ren** (ideologisch durchdringen, interpretieren); **I|de|o|lo|gi|sie|rung**
i|de|o|mo|to|risch ‹griech.; lat.› (*Psych.* unbewusst ausgeführt)
id est ‹lat.› (*veraltend für* das ist, das heißt; *Abk.* i. e.)
idg. = indogermanisch
i|di|o... ‹griech.› (eigen..., sonder...); **I|di|o...** (Eigen..., Sonder...)
I|di|o|blast, der; -en, -en (*Biol.* Pflanzenzelle mit besonderer Funktion, die in andersartiges Gewebe eingelagert ist)
I|di|o|la|t|rie, die; - (Selbstvergötterung)
I|di|o|lekt, der; -[e]s, -e (*Sprachw.* individueller Sprachgebrauch); **i|di|o|lek|tal**
I|di|om, das; -s, -e ‹griech.› (feste Redewendung; eigentümliche Sprache od. Sprechweise; Mundart); **I|di|o|ma|tik,** die; - (Lehre von den Idiomen; Gesamtbestand der Idiome einer Sprache; Sammlung von Idiomen); **i|di|o|ma|tisch; i|di|o|ma|ti|siert; I|di|o|ma|ti|sie|rung**
i|di|o|morph ‹griech.› (*Mineralogie* von eigenen echten Kristallflächen begrenzt)
I|di|o|plas|ma, das; -s (*Biol.* Gesamtheit der im Zellplasma vorhandenen Erbanlagen)
I|di|o|syn|kra|sie, die; -, ...ien (*Med.* Überempfindlichkeit gegen bestimmte Stoffe u. Reize); **i|di|o|syn|kra|tisch**
I|di|ot, der; -en, -en ‹griech.› (*Med. veraltend* an Idiotie leidender Mensch; *ugs., abwertend* Dummkopf; Trottel)
i|di|o|ten|haft
I|di|o|ten|hü|gel (*ugs. scherzh. für* Hügel, an dem Anfänger sich im Skifahren üben)
i|di|o|ten|si|cher (*ugs. für* so beschaffen, dass niemand etwas falsch machen kann)
I|di|o|ten|test (*ugs. für* MPU)
I|di|o|tie, die; -, ...ien (*Med. veraltend* angeborener oder im frühen Kindesalter erworbener Intelligenzdefekt schwersten Grades; *ugs. abwertend* Dummheit; törichtes Verhalten)
I|di|o|ti|kon, das; -s, *Plur.* ...ken, *auch* ...ka ‹griech.› (Mundartwörterbuch)
I|di|o|tin
i|di|o|tisch
I|di|o|tis|mus, der; -, ...men (*Sprachw. veraltet* Eigenheit eines Idioms; *Med.* Idiotie)
I|do, das; -s (eine künstliche Weltsprache)
I|do|kras, der; -, -e ‹griech.› (ein Mineral)
I|dol, das; -s, -e ‹griech.› (Gegenstand der Verehrung; Publikumsliebling, Schwarm; Götzenbild, Abgott)
I|do|la|t|rie, I|do|lo|la|t|rie, die; -, ...ien (Bilderanbetung; Götzendienst)
i|do|li|sie|ren
I|do|lo|la|t|rie *vgl.* Idolatrie
i-Dötz|chen (*rhein. für* Abc-Schütze)
I|du|mäa *vgl.* Edom
I|dun, *latinisiert* **I|du|na** (nordische Göttin der ewigen Jugend)
I|dus *vgl.* Iden
I|dyll, das; -s, -e ‹griech.› (Bereich, Zustand eines friedlichen und einfachen, meist ländlichen Lebens)
I|dyl|le, die; -, -n (Schilderung eines Idylls in Literatur u. bildender Kunst; *auch svw.* Idyll)
I|dyl|lik, die; - (idyllischer Zustand); **i|dyl|lisch** (das Idyll, die Idylle betreffend; ländlich; friedlich; einfach; beschaulich)
i. e. = id est
I. E., IE = internationale Einheit
i.-e. = indoeuropäisch
IEP (Währungscode für ir. Pfund)
i. f. = ipse fecit
I|for, die; - ‹engl.; *Kurzwort für* Implementation Force› (internationale Truppe unter NATO-Führung in Bosnien und Herzegowina); **I|for-Frie|dens|trup|pe**
I-för|mig (in Form eines lateinischen I); ↑K 29
IG = Industriegewerkschaft
I|gel, der; -s, -
I|gel|fisch; I|gel|kak|tus; I|gel|stel|lung (ringförmige Verteidigungsstellung)
i|gitt!, i|git|ti|gitt!
I|g|lu, der *od.* das; -s, -s ‹eskim.› (runde Schneehütte der Eskimos)
I|g|na|ti|us (Name von Heiligen); Ignatius von Loyola (Gründer der Gesellschaft Jesu)
I|g|naz [*auch* ɪˈgnaːts] (m. Vorn.)
i|g|no|rant ‹lat.› (von Unwissenheit zeugend); **I|g|no|rant,** der; -en, -en ‹»Nichtwisser«› (Dummkopf); **I|g|no|ran|ten|tum,** das; -s; **I|g|no|ran|tin**
I|g|no|ranz, die; - (Unwissenheit, Dummheit); **i|g|no|rie|ren** (nicht wissen [wollen], absichtlich nicht beachten)
I|gor (m. Vorn.)
I|gor|lied, das; -[e]s; ↑K 136 (ein altrussisches Heldenepos)
I|gu|a|n|o|don, das; -s, *Plur.* -s *od.* ...odonten ‹indian.; griech.› (Pflanzen fressender Dinosaurier)
i. H. = im Haus[e]
IHK = Industrie- und Handelskammer *(vgl. d.);* Internationale Handelskammer
Ih|le, der; -n, -n (Hering, der abgelaicht hat)
ihm; ihn; ih|nen; er folgte ihnen; *Großschreibung als Anrede (entsprechend „Sie"):* ich wäre Ihnen dankbar, wenn Sie ...

ihr

I. *Anredepronomen* (entsprechend »du«):
Das Anredepronomen »ihr« wird immer, auch in Briefen, kleingeschrieben:
Lieber Hans, liebe Elke, wann besucht ihr [*alte Schreibung* Ihr] uns einmal?
II. *Possessivpronomen* ihr, ihre, ihr:
der Bruder ihres Vaters; sie kam mit ihrem Sohn, ihrer Tochter
Großschreibung in Titeln
Ihre Majestät (Abk. I.M.) die Königin; Ihre Exzellenz
und in der Anrede (entsprechend »Sie«):
geben Sie mir Ihr Ehrenwort, Ihren Schlüssel, Ihre Adresse
↑K 84
Vgl. dein

I

ih|re[1], ih|ri|ge[1] *vgl.* deine, deinige
ih|rer|seits[1]
ih|res|glei|chen[1]
ih|res|teils[1]
ih|ret|hal|ben[1] *(veraltend)*
ih|ret|we|gen[1]
ih|ret|wil|len[1]; um ihretwillen
ih|ri|ge[1], ih|re[1] *vgl.* deine, deinige
Ih|ro (*veraltet für* Ihre); Ihro Gnaden
ihr|zen (mit »Ihr« anreden); du ihrzt
IHS = *IH(ΣOY)Σ* = Jesus
I. H. S. = in hoc salus; in hoc signo
i. J. = im Jahre
I|job *vgl.* Hiob
Ijs|sel, *niederl.* IJs|sel ['ai̯...], die; - (Flussarm im Rheindelta); **Ijs-sel|meer,** das; -[e]s (durch Abschlussdeich gebildeter See in Holland)
i|ka|risch ‹*zu* Ikarus›, *aber* das Ikarische Meer
I|ka|ros, I|ka|rus (Gestalt der griechischen Sage)
I|ke|ba|na, das; -[s] ‹jap.› (Kunst des Blumensteckens)
I|kon, das; -s, -e ‹griech.› (*seltener für* Ikone)
I|ko|ne, die; -, -n (Kultbild der Ostkirche)
I|ko|nen|ma|le|rei; I|ko|no|du|lie, die; - (Bilderverehrung)
I|ko|no|graph, *auch* **I|ko|no|graf,** der; -en, -en; **I|ko|no|gra|phie,** *auch* **I|ko|no|gra|fie,** die; -, ...ien (wiss. Bestimmung, Beschreibung, Erklärung von Ikonen)
I|ko|no|klas|mus, der; -, ...men (Bildersturm); **I|ko|no|klast,** der; -en, -en (Bilderstürmer); **i|ko|no|klas|tisch** [*alte Trennung* ...|st...]
I|ko|no|la|t|rie, die; - (*svw.* Ikonodulie); **I|ko|no|lo|gie,** die; - (*svw.* Ikonographie)
I|ko|no|s|kop, das; -s, -e (*Fernsehen* Bildspeicherröhre)
I|ko|no|s|tas, der; -, -e *u.* **I|ko|no|s-ta|se,** die; -, -n (dreitürige Bilderwand in orthodoxen Kirchen)
I|ko|sa|e|der, das; -s, - ‹griech.› (*Math.* Zwanzigflächner); **I|ko-si|te|t|ra|e|der,** das; -s, - (Vierundzwanzigflächner)
IKRK = Internationales Komitee vom Roten Kreuz (in Genf)
IKS = Interkantonale Kontrollstelle für Heilmittel (in der Schweiz)
Ik|tus, der; -, - *u.* Ikten ‹lat.› (*Verslehre* Betonung der Hebung im Vers; *Med.* unerwartet u. plötzlich auftretendes Krankheitszeichen)
I|lang-I|lang-Öl *vgl.* Ylang-Ylang-Öl
I|ler, der; -s, - (Schabeisen der Kammmacher)
I|le|us, der; -, Ileen [...eən] ‹griech.› (*Med.* Darmverschluss)
I|lex, die, *auch* der; -, - ‹lat.› (Stechpalme)
I|li|as, *auch* **I|li|a|de,** die; - ([Homers] Heldengedicht über den Krieg gegen Ilion)
I|li|on (*griechischer Name von* Troja); **I|li|um** (*latinisierte Form von* Ilion)
Ill, die; - (r. Nebenfluss des Rheins; l. Nebenfluss des Rheins)
ill. = illustriert
Ill. = Illinois; Illustration, Illustrierte[n]
il|le|gal [*auch* ...'ga:l] ‹lat.› (gesetzwidrig); **Il|le|ga|li|tät** [*auch* 'ɪ...], die; -, -en; in der Illegalität leben
il|le|gi|tim [*auch* ...'ti:m] (unrechtmäßig; unehelich); **Il|le|gi-ti|mi|tät** [*auch* 'ɪ...], die; -
Il|ler, die; - (r. Nebenfluss der Donau)
il|lern (*landsch. für* [verstohlen] gucken); ich illere
il|li|be|ral [*auch* ...'ra:l] ‹lat.›; **Il|li-be|ra|li|tät** [*auch* 'ɪ...], die; -
Il|li|nois [...'nɔy(s)] (Staat in den USA; *Abk.* Ill.)
il|li|quid [*auch* ...'kvi:t] ‹lat.› (zahlungsunfähig); **Il|li|qui|di|tät** [*auch* 'ɪ...], die; -
Il|li|te|rat [*auch* ...'ra:t], der; -en, -en ‹lat.› (*selten für* Ungelehrter, Ungebildeter)
Il|lo|ku|ti|on, die; -, -en ‹lat.› (*Sprachw.* Sprechakt im Hinblick auf die kommunikative Funktion); **il|lo|ku|ti|o|när; il|lo-ku|tiv;** illokutiver Akt (Illokution)
il|lo|y|al ['ɪloaja:l, *auch* ...'ja:l] ‹franz.› (den Staat, eine Instanz o. Ä. nicht respektierend; unredlich, untreu; Vereinbarungen nicht einhaltend); **Il|lo|ya-li|tät** [*auch* 'ɪl...], die; -
Il|lu|mi|nat, der; -en, -en ‹lat.› (Angehöriger verschiedener früherer Geheimverbindungen, bes. des Illuminatenordens); **Il-lu|mi|na|ten|or|den,** der; -s (aufklärerisch-freimaurerische geheime Gesellschaft des 18. Jh.s)
Il|lu|mi|na|ti|on, die; -, -en (Festbeleuchtung; Ausmalung); **Il|lu-mi|na|tor,** der; -s, ...oren (mittelalterlicher Ausmaler von Büchern); **il|lu|mi|nie|ren** (festlich erleuchten; bunt ausmalen); **Il-lu|mi|nie|rung**
Il|lu|si|on, die; -, -en ‹lat.› (Wunschvorstellung; Wahn, Sinnestäuschung); **il|lu|si|o|när** (auf Illusion beruhend)
Il|lu|si|o|nis|mus, der; - (*Philos.* Lehre, nach der die Außenwelt nur Illusion ist)
Il|lu|si|o|nist, der; -en, -en (Träumer; Zauberkünstler); **Il|lu|si|o-nis|tin** [*alte Trennung* ...|st...]; **il|lu|si|o|nis|tisch**
il|lu|si|ons|los; il|lu|so|risch (nur in der Illusion bestehend; trügerisch)
il|lus|ter [*alte Trennung* ...|st...] ‹lat.› (glänzend, vornehm); ...us|t|re Gesellschaft
Il|lus|t|ra|ti|on [*alte Trennung* ...|st...], die; -, -en (Erläuterung, Bildbeigabe); *Abk.* Ill.; **il|lus|t-ra|tiv** (erläuternd, anschaulich)
Il|lus|t|ra|tor [*alte Trennung* ...|st...], der; -s, ...oren (Künstler, der ein Buch mit Bildern schmückt); **Il|lus|t|ra|to|rin**
il|lus|t|rie|ren [*alte Trennung* ...|st...] ([durch Bilder] erläutern; [ein Buch] mit Bildern schmücken; bebildern); **il|lus|t-riert** (*Abk.* ill.)
Il|lus|t|rier|te [*alte Trennung* ...|st...], die; -n, -n; zwei Illustrierte, *auch* Illustrierten; *Abk.* Ill.; **Il|lus|t|rie|rung** (Vorgang des Illustrierens)
Il|ly|rer, Il|ly|ri|er (Angehöriger idg. Stämme in Illyrien); **Il|ly|ri-en** (das heutige Dalmatien u. Albanien); **il|ly|risch**
Ilm, die; - (l. Nebenfluss der Saale; r. Nebenfluss der Donau)
[1]**Il|me|n|au** (Stadt im Thüringer Wald)
[2]**Il|me|n|au,** die; - (l. Nebenfluss der unteren Elbe)
Il|me|nit, der; -s, -e ‹nach dem russ. Ilmengebirge› (ein Mineral)
I|lo|na [*auch* i'lo:...] (w. Vorn.)
Il|se (w. Vorn.)

---
[1]*Als Anrede (entsprechend „Sie") stets großgeschrieben* ↑K 83 f.

Il|tis, der; Iltisses, Iltisse (kleines Raubtier; Pelz aus dessen Fell)

im (in dem; *Abk.* i. [*bei Ortsnamen,* z. B. Königshofen i. Grabfeld]); im Auftrag[e] (*Abk.* i. A. *od.* I. A. *vgl. d.*); im Grunde [genommen]; im Haus[e] (*Abk.* i. H.); im Argen [*alte Schreibung* argen] liegen; im Allgemeinen [*alte Schreibung* allgemeinen] (*Abk.* i. Allg.); im Besonderen [*alte Schreibung* besonderen]; *vgl. auch* einzeln, ganz, gering, klar usw.

IM = inoffizieller Mitarbeiter (des Staatssicherheitsdienstes der DDR)

I. M. = Ihre Majestät; Innere Mission

I|mage [...ɪtʃ], das; -[s], -s ‹engl.› (Vorstellung, Bild von jmdm. od. etw. [in der öffentlichen Meinung]); **I|mage|pfle|ge**

i|ma|gi|na|bel ‹lat.› (vorstellbar, erdenklich); ...a|b|le Vorgänge

i|ma|gi|när (nur in der Vorstellung bestehend); imaginäre Zahl (*Math.; Zeichen* i)

I|ma|gi|na|ti|on, die; -, -en ([dichter.] Einbildung[skraft]); **i|ma|gi|nie|ren** ([sich] vorstellen)

I|ma|go, die; -, ...gines (*Biol.* fertig ausgebildetes, geschlechtsreifes Insekt)

im All|ge|mei|nen [*alte Schreibung* all|ge|mei|nen] (*Abk.* i. Allg. [*alte Schreibung* allg.] [↑K 72])

I|mam, der; -s, *Plur.* -s *u.* -e ‹arab.› (Vorbeter in der Moschee; Titel für Gelehrte des Islams; Prophet u. religiöses Oberhaupt der Schiiten)

I|man, das; -s ‹arab.› (Glaube [im Islam])

im Auf|trag, im Auf|tra|ge (*Abk.* i. A. *od.* I. A.)

IMAX® [ˈaimɛks], das; - ‹Kurzw., engl.› (spezielle Form der Filmprojektion, bei der der Zuschauer sich als Handlungsbeteiligter fühlt)

im Be|griff, im Be|grif|fe; im Begriff[e] sein

im Be|son|de|ren [*alte Schreibung* be|son|de|ren] *vgl.* besondere

im|be|zil, im|be|zill ‹lat.› (*Med.* an Imbezillität leidend); **Im|be|zil|li|tät,** die; - (*Med.* angeborener oder frühzeitig erworbener Intelligenzdefekt mittleren Grades)

Im|bi|bi|ti|on, die; -, -en ‹lat.› (*Bot.* Quellung von Pflanzenteilen; *Geol.* Durchtränken von Gestein mit magmatischen Gasen od. wässrigen Lösungen)

Im|biss [*alte Schreibung* Im|biß], der; Imbisses, Imbisse; **Im|biss|hal|le**

Im|biss|stand, *auch* **Im|biss-Stand** [*alte Schreibung* Im|biß|...]

Im|biss|stu|be, *auch* **Im|biss-Stu|be** [*alte Schreibung* Im|biß|...]

im Ein|zel|nen [*alte Schreibung* ein|zel|nen] *vgl.* einzeln

im Fall *od.* **Fal|le[,] dass** [*alte Schreibung* daß] [↑K 127]

im Grun|de; im Grunde genommen

I|mi|tat, das; -[e]s, -e, **I|mi|ta|ti|on,** die; -, -en ‹lat.› ([minderwertige] Nachahmung)

I|mi|ta|tor, der; -s, ...oren (Nachahmer); **I|mi|ta|to|rin; i|mi|ta|to|risch**

i|mi|tie|ren; i|mi|tiert (nachgeahmt, unecht)

im Jah|re (*Abk.* i. J.)

Im|ke (w. Vorn.)

Im|ker, der; -s, - (Bienenzüchter); **Im|ke|rei; Im|ke|rin; im|kern;** ich imkere

im|ma|nent ‹lat.› (innewohnend, in etwas enthalten); **Im|ma|nenz,** die; - (das Innewohnen)

Im|ma|nu|el (m. Vorn.)

Im|ma|te|ri|a|li|tät [*auch* ˈɪ...], die; - ‹franz.› (unkörperliche Beschaffenheit); **im|ma|te|ri|ell** [*auch* ˈɪ...] (unstofflich; geistig)

Im|ma|t|ri|ku|la|ti|on, die; -, -en ‹lat.› (Einschreibung an einer Hochschule; *schweiz. auch für* amtliche Zulassung eines Kraftfahrzeugs)

im|ma|t|ri|ku|lie|ren; Im|ma|t|ri|ku|lie|rung

Im|me, die; -, -n (*landsch. für* Biene)

im|me|di|at ‹lat.› (*veraltend für* unmittelbar [dem Staatsoberhaupt unterstehend, vortragend usw.]); **Im|me|di|at|ge|such** (unmittelbar an die höchste Behörde gerichtetes Gesuch)

im|mens ‹lat.› (unermesslich [groß]); **Im|men|si|tät,** die; - (*veraltet für* Unermesslichkeit)

Im|men|stock *Plur.* ...stöcke ‹*zu* Imme›

im|men|su|ra|bel ‹lat.› (unmessbar); **Im|men|su|ra|bi|li|tät,** die; -

im|mer; immer[,] wenn ...; immer wieder; immer mehr; noch immer; für immer; ein immer währender [*alte Schreibung* immerwährender] Frühling; der immer währende [*alte Schreibung* immerwährende] Kalender

im|mer|dar (*veraltend*)

im|mer|fort

im|mer|grün; immergrüne Blätter, *aber* immer grün bleiben

Im|mer|grün, das; -s, -e (eine Pflanze)

im|mer|hin

Im|mer|si|on, die; -, -en ‹lat.› (Ein-, Untertauchen, z. B. eines Himmelskörpers in den Schatten eines anderen)

im|mer wäh|rend [*alte Schreibung* im|mer|wäh|rend] *vgl.* immer

im|mer|zu (fortwährend)

Im|mi|g|rant, der; -en, -en ‹lat.› (Einwanderer); **Im|mi|g|ran|tin; Im|mi|g|ra|ti|on,** die; -, -en; **im|mi|g|rie|ren**

im|mi|nent ‹lat.› (*Med.* bevorstehend, drohend [z. B. von Fehlgeburten])

Im|mis|si|on, die; -, -en ‹lat.› (Einwirkung von Verunreinigungen, Lärm o. Ä. auf Lebewesen); **Im|mis|si|ons|schutz,** der; -es

Im|mo (m. Vorn.)

im|mo|bil [*auch* ...ˈbiːl] ‹lat.› (unbeweglich; *Milit.* nicht für den Krieg bestimmt od. ausgerüstet)

Im|mo|bi|li|ar|kre|dit ‹lat.; ital.› (durch Grundbesitz gesicherter Kredit); **Im|mo|bi|li|ar|ver|si|che|rung** (Versicherung von Gebäuden gegen Feuerschäden)

Im|mo|bi|lie, die; -, -n ‹lat.› (Grundstück, Grundbesitz)

Im|mo|bi|li|en|händ|ler; Im|mo|bi|li|en|händ|le|rin

im|mo|bi|li|sie|ren; Im|mo|bi|lis|mus, der; - *u.* **Im|mo|bi|li|tät,** die; - (Unbeweglichkeit)

im|mo|ra|lisch; Im|mo|ra|lis|mus, der; - ‹lat.› (Ablehnung moralischer Grundsätze); **Im|mo|ra|li|tät** [*auch* ˈɪ...], die; - (Gleichgültigkeit gegenüber moralischen Grundsätzen)

im|mor|ta|li|sie|ren (*Gentechnik* unsterblich machen [z. B. von Zellen]); **Im|mor|ta|li|tät** [*auch* ˈɪ...], die; - (Unsterblichkeit)

Im|mor|tel|le, die; -, -n ‹franz.› (eine Sommerblume mit strohtrockenen Blüten)

im|mun ‹lat.› (unempfänglich [für Krankheit]; unter Rechtsschutz stehend; unempfindlich)

Im|mụn|ant|wort (*Med.* Reaktion des Körpers auf ein Antigen)
Im|mụn|bi|o|lo|gie
Im|mụn|glo|bu|lin, das; -s, -e (*Med.* Protein, das die Eigenschaften eines Antikörpers aufweist)
im|mu|ni|sie|ren (unempfänglich machen [für Krankheiten]); **Im|mu|ni|sie|rung**
Im|mu|ni|tät, die; - (Unempfindlichkeit gegenüber Krankheitserregern; Persönlichkeitsschutz der Abgeordneten in der Öffentlichkeit); **Im|mu|ni|täts|for|schung**
Im|mụn|kör|per (*Med.* Antikörper); **Im|mu|no|lo|ge,** der; -n, -n; **Im|mu|no|lo|gie,** die; - (*Med.* Lehre von der Immunität); **Im|mu|no|lo|gin; im|mu|no|lo|gisch**
Im|mụn|schwä|che; Im|mụn|sup|pres|si|on (*Med.* Unterdrückung einer immunologischen Reaktion); **Im|mụn|sys|tem** [*alte Trennung* ...|st...]
im Nach|hi|n|ein [*alte Schreibung* nach|hin|ein] *vgl.* Nachhinein
Imp, der; -s, - (*bayr., österr. mdal. für* Biene); *vgl.* Imme
imp. = imprimatur
Imp. = Imperator
Im|pa|la, die; -, -s ‹afrik.› (eine Antilopenart)
im|pas|tie|ren [*alte Trennung* ...|st...] ‹ital.› (Farbe [mit dem Spachtel] dick auftragen); **Im|pas|to,** das; -s, *Plur.* -s *u.* ...sti (dickes Auftragen von Farben)
Im|pe|danz, die; -, -en ‹lat.› (elektrischer Scheinwiderstand)
im|pe|ra|tiv ‹lat.› (befehlend, zwingend); imperatives Mandat (Mandat, das Abgeordnete an den Wählerauftrag bindet)
Im|pe|ra|tiv [*auch* ...'ti:f], der; -s, -e (*Sprachw.* Befehlsform, z. B. »lauf!, lauft!«; *Philos.* unbedingt gültiges sittliches Gebot)
im|pe|ra|ti|visch [*auch* 'ɪ...] (befehlend; Befehls...); **Im|pe|ra|tiv|satz**
Im|pe|ra|tor, der; -s, ...oren (*im alten Rom* Oberfeldherr; *später für* Kaiser; *Abk.* Imp.); **im|pe|ra|to|risch; Im|pe|ra|tor Rex** (Kaiser [und] König; *Abk.* I. R.)
Im|per|fekt [*auch* ...'fɛkt], das; -s, -e ‹lat.› (*Sprachw.* Präteritum); **im|per|fek|tisch** [*auch* ...'fɛ...]
im|pe|ri|al ‹lat.› (das Imperium betreffend; kaiserlich)
Im|pe|ri|a|lis|mus, der; - (das Streben von Großmächten nach wirtschaftlicher, politischer u. militärischer Vorherrschaft)
Im|pe|ri|a|list, der; -en, -en; **Im|pe|ri|a|lis|tin** [*alte Trennung* ...|st...]; **im|pe|ri|a|lis|tisch**
Im|pe|ri|um, das; -s, ...ien (*im alten Rom* Oberbefehl; [römisches] Kaiserreich; Weltreich)
im|per|me|a|bel [*auch* 'ɪ...] ‹lat.› (*fachspr. für* undurchlässig); ...a|b|le Schicht; **Im|per|me|a|bi|li|tät** [*auch* 'ɪ...], die; -
Im|per|so|na|le, das; -s, *Plur.* ...lien *u.* ...lia ‹lat.› (*Sprachw.* unpersönliches Verb, Verb, das mit unpersönlichem »es« konstruiert wird, z. B. »es schneit«)
im|per|ti|nent ‹lat.› (ungehörig, frech, unausstehlich); **Im|per|ti|nenz,** die; -, -en
Im|pe|ti|go, die; -, ...gines ‹lat.› (eine Hautkrankheit)
im|pe|tu|o|so ‹ital.› (*Musik* stürmisch); **Im|pe|tus,** der; - ‹lat.› (Ungestüm, Antrieb, Drang)
Impf|ak|ti|on; Impf|arzt
imp|fen; Impf|ka|len|der; Impf|ling
Impf|pass; **Impf|pflicht,** die; -; **Impf|pis|to|le** [*alte Trennung* ...|st...]; **Impf|schein; Impf|stoff**
Imp|fung; Impf|zwang, der; -[e]s
Im|plan|tat, das; -[e]s, -e ‹lat.› (*Med.* dem Körper eingepflanztes Gewebestück o. Ä.); **Im|plan|ta|ti|on,** die; -, -en (Einpflanzung von Gewebe o. Ä. in den Körper); **im|plan|tie|ren**
im|ple|men|tie|ren ‹engl.› (einführen, einsetzen; einbauen); Anwendungsprogramme implementieren *(EDV)*; **Im|ple|men|tie|rung** (das Implementieren)
Im|pli|ka|ti|on, die; -, -en ‹lat.› (das Einbeziehen)
im|pli|zie|ren (einschließen)
im|pli|zit (inbegriffen, eingeschlossen, mitgemeint; *Ggs.* explizit)
im|pli|zi|te [...te] (mit einbegriffen, eingeschlossen); etwas implizite (zugleich mit) sagen
im|plo|die|ren ‹lat.› (durch äußeren Überdruck eingedrückt und zertrümmert werden); **Im|plo|si|on,** die; -, -en
im|pon|de|ra|bel ‹lat.› (*veraltet für* unwägbar, unberechenbar); ...a|b|le Faktoren; **Im|pon|de|ra|bi|li|en** *Plur.* (Unwägbarkeiten, Gefühls- u. Stimmungswerte); **Im|pon|de|ra|bi|li|tät,** die; - (Unwägbarkeit)
im|po|nie|ren ‹lat.› (Achtung einflößen, Eindruck machen)
Im|po|nier|ge|ha|be (*Zool.* bei männl. Tieren vor der Paarung)
Im|port, der; -[e]s, -e ‹engl.› (Einfuhr); Im- u. Export ↑K31
im|port|ab|hän|gig; Im|port|ab|hän|gig|keit; Im|port|be|schrän|kung
Im|por|te, die; -, -n *meist Plur.* (*veraltet für* eingeführte Ware, bes. Zigarre)
Im|por|teur [...'tø:ɐ̯], der; -s, -e ‹franz.› ([Groß]händler, der Waren einführt)
Im|port|ge|schäft; Im|port|han|del *vgl.* [1]Handel
im|por|tie|ren
im|por|tun ‹lat.› (ungeeignet, ungelegen; *Ggs.* opportun)
im|po|sant ‹franz.› (eindrucksvoll; großartig)
im|po|tent [*auch* ...'tɛ...] ‹lat.› (zum Koitus, zur Zeugung nicht fähig); **Im|po|tenz** [*auch* ...'tɛ...], die; -, -en
impr. = imprimatur
Im|prä|g|na|ti|on, die; -, -en ‹lat.› (*Geol.* feine Verteilung von Erdöl od. Erz in Spalten od. Poren eines Gesteins; *Med.* Eindringen des Spermiums in das reife Ei, Befruchtung)
im|prä|g|nie|ren (mit einem Schutzmittel [gegen Feuchtigkeit, Zerfall] durchtränken); **Im|prä|g|nie|rung**
im|prak|ti|ka|bel [*auch* 'ɪ...] ‹lat.; griech.› (unausführbar, unanwendbar); ...a|b|le Anordnung
Im|pre|sa|rio, der; -s, *Plur.* -s *od.* ...ri, *auch* ...rien ‹ital.› ([Theater-, Konzert]agent)
Im|pres|sen (*Plur. von* Impressum)
Im|pres|si|on, die; -, -en ‹lat.› (Eindruck; Empfindung; Sinneswahrnehmung); **im|pres|si|o|na|bel** (für Eindrücke empfänglich; erregbar); ...a|b|le Naturen
Im|pres|si|o|nis|mus, der; - (Kunstrichtung der 2. Hälfte des 19. Jh.s)
Im|pres|si|o|nist, der; -en, -en; **Im|pres|si|o|nis|tin** [*alte Trennung* ...|st...]; **im|pres|si|o|nis|tisch**
Im|pres|sum, das; -s, ...ssen (*Buchw.* Erscheinungsvermerk; Angabe über Verleger, Drucker usw. in Druck-Erzeugnissen)
im|pri|ma|tur ‹»es werde gedruckt«› (Vermerk auf dem letzten Korrekturabzug; *Abk.* impr.

u. imp.); **Im|pri|ma|tur,** das; -s (Druckerlaubnis); **im|pri|mie|ren** (das Imprimatur erteilen)
Im|promp|tu [ẽprõ'ty:], das; -s, -s ‹franz.› (*Musik* Fantasiekomposition)
Im|pro|vi|sa|ti|on, die; -, -en ‹ital.› (unvorbereitetes Handeln; Stegreifdichtung, -rede, -musizieren); **Im|pro|vi|sa|ti|ons|ta|lent**
Im|pro|vi|sa|tor, der; -s, ...oren (jmd., der improvisiert; Stegreifdichter usw.); **Im|pro|vi|sa|to|rin; im|pro|vi|sie|ren**
Im|puls, der; -es, -e ‹lat.› (Antrieb; Anregung; [An]stoß; Anreiz); **im|pul|siv** (von plötzl. Einfällen abhängig; lebhaft, rasch); **Im|pul|si|vi|tät,** die; -
Imst (österr. Stadt)
im|stand *(bes. südd.),* **im|stan|de,** *auch* **im Stand, im Stan|de;** imstand[e], *auch* im Stand[e] sein; *vgl.* Stand
im Üb|ri|gen [*alte Schreibung* üb|ri|gen] *vgl.* übrig
im Vo|r|aus [*auch* ...'raus; *alte Schreibung* vor|aus] ↑K81
im Vor|hi|n|ein [*alte Schreibung* vor|hin|ein] (im Voraus; ↑K81)
[1]**in** (*Abk.* i. [*bei Ortsnamen,* z. B. Weißenburg i. Bay.]); *Präp. mit Dat. u. Akk.:* ich gehe in dem (im) Garten auf und ab, *aber* ich gehe in den Garten; im (in dem); ins (in das); *vgl.* ins
[2]**in** ‹engl.›; in sein (*ugs. für* dazugehören; zeitgemäß, modern sein)
in, in. = Inch
In = *chemisches Zeichen für* Indium
...in (z. B. Lehrerin, die; -, -nen)
I|na (w. Vorn.)
in ab|sen|tia ‹lat.› (in Abwesenheit [des Angeklagten])
in ab|s|t|rac|to ‹lat.› (im Allgemeinen betrachtet; rein begrifflich); *vgl.* abstrakt
in|a|d|ä|quat [*auch* ...'kva:t] ‹lat.› (nicht angemessen); **In|a|d|ä|quat|heit,** die; -, -en
in ae|ter|num ‹lat.› (auf ewig)
in|ak|ku|rat [*auch* ...'ra:t] ‹lat.› (ungenau)
in|ak|tiv [*auch* ...'ti:f] ‹lat.› (untätig; unwirksam; ruhend)
in|ak|ti|vie|ren (*Chemie, Med.* unwirksam machen)
In|ak|ti|vi|tät [*auch* 'ɪ...], die; - (Untätigkeit, Unwirksamkeit)
in|ak|tu|ell [*auch* ...'tuɛl] (nicht aktuell)
in|ak|zep|ta|bel [*auch* ...'ta:...] ‹lat.› (unannehmbar); ...a|b|le Bedingungen
i|n|an ‹lat.› (*Philos.* nichtig, leer)
In|an|griff|nah|me, die; -, -n
In|an|spruch|nah|me, die; -, -n
in|ar|ti|ku|liert [*auch* ...'li:ɐt] ‹lat.› (ungegliedert; undeutlich [ausgesprochen])
In|au|gen|schein|nah|me, die; -, -n
In|au|gu|ral|dis|ser|ta|ti|on, die; -, -en ‹lat.› (wiss. Arbeit zur Erlangung der Doktorwürde)
In|au|gu|ra|ti|on, die; -, -en ([feierliche] Einsetzung in ein hohes [polit. od. akademisches] Amt)
in|au|gu|rie|ren (einsetzen; beginnen, einleiten)
in bar; etwas in bar bezahlen
In|be|griff, der; -[e]s, -e (absolute Verkörperung; Musterbeispiel)
in|be|grif|fen *vgl.* einbegriffen
In|be|sitz|nah|me, die; -, -n
in Be|treff [*alte Schreibung* betreff] *vgl.* Betreff
In|be|trieb|nah|me, die; -, -n; **In|be|trieb|set|zung**
in Be|zug [*alte Schreibung* be|zug] *vgl.* Bezug
In|bild (*geh. für* Ideal)
In|brunst, die; -; **in|brüns|tig** [*alte Trennung* ...|st...]
In|bus®, der; -ses, -se (*Kurzw. für* Innensechskantschlüssel [der Firma] Bauer und Schaurte, ein Werkzeug zum Anziehen od. Lockern von Schrauben); **In|bus|schlüs|sel**
Inc. = incorporated ‹engl.-amerik.› (*amerik. Bez. für* eingetragen [von Vereinen o. Ä.])
In|cen|tive [...'sɛntɪf], das; -s, -s ‹engl.› ([wirtschaftlicher] Anreiz; Ansporn; Gratifikation)
Inch [ɪntʃ], der; -, -es ‹engl.› (angelsächsisches Längenmaß; *Abk.* in, in.; *Zeichen* "); 4 Inch[es]
in|cho|a|tiv [...k...] ‹lat.›; **In|cho|a|tiv** [*auch* ...'ti:f], das; -s, -e (*Sprachw.* Verb, das den Beginn eines Geschehens ausdrückt, z. B. »erwachen«)
in|ci|pit ‹lat., »es beginnt«› (Vermerk am Anfang von Handschriften u. Frühdrucken)
incl. *vgl.* inkl.
in con|cert [- ...sɐt] ‹engl.› (in einem öffentlichen Konzert; bei einem öffentlichen Konzert aufgenommen)
in con|cre|to ‹lat.› (in Wirklichkeit; tatsächlich); *vgl.* konkret
in con|tu|ma|ci|am ‹lat.› *(Rechtsspr.);* in contumaciam urteilen (in Abwesenheit des Beklagten ein Urteil fällen)
in cor|po|re [- ...re] ‹lat.› (insgesamt; alle gemeinsam)
Ind. = Indiana; Indikativ
I. N. D. = in nomine Dei; in nomine Domini
In|d|an|th|ren®, das; -s, -e (ein licht- u. waschechter Farbstoff); **in|d|an|th|ren|far|ben; In|d|an|th|ren|farb|stoff**
In|de|fi|nit|pro|no|men [*auch* 'ɪ...] ‹lat.› (*Sprachw.* unbestimmtes Fürwort, z. B. »jemand«)
in|de|kli|na|bel [*auch* 'ɪ...] ‹lat.› (*Sprachw.* nicht beugbar); ein ...a|b|les Wort
in|de|li|kat [*auch* ...'ka:t] ‹franz.› (unzart; unfein)
in|dem; er diktierte den Brief, indem (während) er im Zimmer umherging ↑K121; *aber* er diktierte den Brief, in dem (in welchem) ...
in|dem|ni|sie|ren ‹lat.› (*veraltet für* entschädigen, vergüten; Indemnität erteilen); **In|dem|ni|tät,** die; - (Straflosigkeit der Abgeordneten für Abstimmungen oder Äußerungen im Parlament)
In-den-Ap|ril-Schi|cken [*alte Trennung* ...k|k...], das; -s ↑K27
In-den-Tag-hi|n|ein-Le|ben, das; -s ↑K27
In|dent|ge|schäft ‹engl.; dt.› (eine Art des Exportgeschäftes)
In|de|pen|dence Day [...di'pɛndn̩s 'de:], der; - - ‹engl.-amerik.› (Unabhängigkeitstag der USA [4. Juli]); **In|de|pen|den|ten** [...de...] *Plur.* ‹engl.› (Anhänger einer britischen puritanischen Richtung des 17. Jh.s); **In|de|pen|denz,** die; - ‹lat.› (*veraltet für* Unabhängigkeit)
In|der, der; -s, - (Bewohner Indiens); **In|de|rin**
in|des, in|des|sen
in|de|ter|mi|na|bel [*auch* 'ɪ...] ‹lat.› (unbestimmbar); ...a|b|ler Begriff; **In|de|ter|mi|na|ti|on** [*auch* 'ɪ...], die; - (Unbestimmtheit); **in|de|ter|mi|niert** [*auch* 'ɪ...] (unbestimmt); **In|de|ter|mi|nis|mus** [*auch* 'ɪ...], der; - (*Philos.* Lehre von der Willensfreiheit)
In|dex, der; -[es], *Plur.* -e *u.* ...dizes, *auch* ...dices ‹lat.› (alphabetisches Namen-, Sachverzeichnis; Liste verbotener Bü-

cher; statistische Messziffer); das Buch steht auf dem Index
in|de|xie|ren (*fachspr.* ein Verzeichnis erstellen); **In|de|xie|rung**
In|dex|wäh|rung *(Wirtsch.)*; **In|dex|zif|fer**
in|de|zent ‹lat.› (nicht taktvoll, nicht feinfühlig); **In|de|zenz**, die; -, -en (Mangel an Takt)
In|di|a|ca® [...ka], das; -s (eine Art Volleyballspiel, Handtennis)
In|di|an, der; -s, -e (*bes. österr. für* Truthahn)
In|di|a|na (Staat in den USA; *Abk.* Ind.)
In|di|a|na|po|lis|start, *auch* **Indianapolis-Start** (fliegender Start beim Autorennen)
In|di|a|ner, der; -s, - (Angehöriger der Urbevölkerung Amerikas [außer den Eskimos]); *vgl. auch* Indio
In|di|a|ner|buch; In|di|a|ner|ge|schich|te; In|di|a|ner|häupt|ling; In|di|a|ne|rin
In|di|a|ner|krap|fen (*österr. für* Mohrenkopf)
In|di|a|ner|re|ser|vat *od.* **In|di|a|ner|re|ser|va|ti|on; In|di|a|ner|schmuck; In|di|a|ner|spra|che; In|di|a|ner|stamm**
in|di|a|nisch; In|di|a|nist, der; -en, -en (Erforscher der indianischen Sprachen und Kulturen); **In|di|a|nis|tik** [*alte Trennung* ...|st...], die; -; **In|di|a|nis|tin**
In|di|ces (*Plur. von* Index); *vgl.* Indizes
In|di|en (Staat in Südasien); *vgl. auch* Bharat
In|dienst|nah|me, die; -, -n *(Amtsspr.)*; **In|dienst|stel|lung**
in|dif|fe|rent [*auch* ...'rɛ...] ‹lat.› (unbestimmt, gleichgültig, teilnahmslos; wirkungslos)
In|dif|fe|ren|tis|mus, der; - (Gleichgültigkeit [gegenüber bestimmten Dingen, Meinungen, Lehren])
In|dif|fe|renz [*auch* ...'rɛ...], die; -, -en (Unbestimmtheit, Gleichgültigkeit; Wirkungslosigkeit)
in|di|gen (*fachspr.* einheimisch, eingeboren); indigene Sprachen
In|di|ges|ti|on [*auch* 'ɪ...; *alte Trennung* ...|st...], die; -, -en ‹lat.› (*Med.* Verdauungsstörung)
In|di|g|na|ti|on, die; - ‹lat.› (Unwille, Entrüstung); **in|di|g|niert** (peinlich berührt, entrüstet)
In|di|g|ni|tät, die; - (*Rechtsspr.* Erbunwürdigkeit)
In|di|go, der *od.* das; -s, *Plur.* (*für* Indigoarten:) -s ‹span.› (ein blauer Farbstoff)
in|di|go|blau; In|di|go|blau
In|di|go|lith, der; *Gen.* -s *u.* -en, *Plur.* -e[n] (ein Mineral)
In|dik, der; -s (Indischer Ozean)
In|di|ka|ti|on, die; -, -en ‹lat.› (Merkmal; *Med.* Heilanzeige); **In|di|ka|ti|ons|mo|dell** (Modell zur Freigabe des Schwangerschaftsabbruchs unter bestimmten Voraussetzungen)
In|di|ka|tiv, der; -s, -e (*Sprachw.* Wirklichkeitsform; *Abk.* Ind.); **in|di|ka|ti|visch** [*auch* ...'ti:...] (die Wirklichkeitsform betreffend)
In|di|ka|tor, der; -s, ...oren (Merkmal, das etwas anzeigt; Gerät zum Messen physikalischer Vorgänge; Stoff, der durch Farbwechsel das Ende einer chemischen Reaktion anzeigt)
In|di|ka|tor|di|a|gramm (Leistungsbild [einer Maschine])
In|di|ka|t|rix, die; - (mathematisches Hilfsmittel zur Feststellung einer Flächenkrümmung)
In|dio, der; -s, -s ‹span.› (süd- u. mittelamerikanischer Indianer)
in|di|rekt [*auch* ...'rɛ...] ‹lat.› (mittelbar; auf Umwegen); indirekte Wahl; indirekte Rede (*Sprachw.* abhängige Rede); indirekter Fragesatz (abhängiger Fragesatz); **In|di|rekt|heit**
in|disch; indische Musik, *aber* ↑K 140: der Indische Ozean; **In|disch|rot** (eine Anstrichfarbe)
in|dis|kret [*auch* ...'kre:t] ‹franz.› (nicht verschwiegen; taktlos; zudringlich); **In|dis|kre|ti|on** [*auch* 'ɪ...], die; -, -en (Vertrauensbruch; Taktlosigkeit)
in|dis|ku|ta|bel [*auch* ...'ta:...] ‹franz.› (nicht der Erörterung wert); ...a|b|le Forderung
in|dis|po|ni|bel [*auch* ...'ni:...] ‹lat.› (nicht verfügbar; festgelegt); eine ...i|b|le Menge
in|dis|po|niert (in schlechter körperlich-seelischer Verfassung); **In|dis|po|si|ti|on**, die; -, -en (schlechte körperlich-seelische Verfassung)
in|dis|zip|li|niert [*auch* ...'ni:ɐ̯t] ‹lat.›
In|di|um, das; -s (chemisches Element, Metall; *Zeichen* In)
in|di|vi|du|a|li|sie|ren ‹franz.› (das Besondere, Eigentümliche hervorheben); **In|di|vi|du|a|li|sie|rung**
In|di|vi|du|a|lis|mus, der; - ‹lat.› (Anschauung, die dem Individuum den Vorrang vor der Gemeinschaft gibt)
In|di|vi|du|a|list, der; -en, -en (Vertreter des Individualismus; Einzelgänger); **In|di|vi|du|a|lis|tin** [*alte Trennung* ...|st...]
in|di|vi|du|a|lis|tisch [*alte Trennung* ...|st...] (nur das Individuum berücksichtigend; das Besondere, Eigentümliche betonend)
In|di|vi|du|a|li|tät, die; -, -en ‹franz.› (*nur Sing.:* Einzigartigkeit der Persönlichkeit; Eigenart; Persönlichkeit)
In|di|vi|du|al|psy|cho|lo|gie, die; -
In|di|vi|du|al|recht (Persönlichkeitsrecht)
In|di|vi|du|al|s|phä|re
In|di|vi|du|a|ti|on, die; -, -en (Entwicklung der Einzelpersönlichkeit, Vereinzelung)
in|di|vi|du|ell ‹franz.› (dem Individuum eigentümlich; vereinzelt; besonders geartet; *regional für* privat, nicht staatlich)
In|di|vi|du|um, das; -s, ...duen ‹lat.› (Einzelwesen, einzelne Person; *abwertend für* Kerl, Lump)
In|diz, das; -es, -ien ‹lat.› (Anzeichen; Verdacht erregender Umstand)
In|di|zes, *auch* In|di|ces (*Plur. von* Index)
In|di|zi|en (*Plur. von* Indiz)
In|di|zi|en|be|weis (auf zwingenden Verdachtsmomenten beruhender Beweis); **In|di|zi|en|ket|te; In|di|zi|en|pro|zess** [*alte Schreibung* ...pro|zeß]
in|di|zie|ren (auf den Index setzen; mit einem Index versehen; anzeigen; *Med.* als angezeigt erscheinen lassen); **in|di|ziert** (*Med.* angezeigt, ratsam); **In|di|zie|rung**
In|do|chi|na (ehemaliges französisches Kolonialgebiet in Südostasien; heute Vietnam, Laos und Kambodscha)
In|do|eu|ro|pä|er *vgl.* Indogermane; **in|do|eu|ro|pä|isch** (*Abk.* ide., i.-e.); *vgl.* indogermanisch
In|do|ger|ma|ne (Angehöriger einer westasiatisch-europäischen Sprachfamilie); **in|do|ger|ma|nisch** (*Abk.* idg.)

In|do|ger|ma|nisch, das; -[s]; *vgl.* Deutsch; **In|do|ger|ma|ni|sche,** das; -n; *vgl.* Deutsche, das

In|do|ger|ma|nist, der; -en, -en; **In|do|ger|ma|nis|tik** [*alte Trennung* ...|st...] (Wissenschaft, die die indogermanischen Sprachen erforscht); **In|do|ger|ma|nis|tin**

In|dok|t|ri|na|ti|on, die; -, -en (massive [ideologische] Beeinflussung); **in|dok|t|ri|na|tiv; in|dok|t|ri|nie|ren; In|dok|t|ri|nie|rung**

In|dol, das; -s (chemische Verbindung)

in|do|lent [*auch* ...'lɛ...] ‹lat.› (unempfindlich; gleichgültig); **In|do|lenz** [*auch* ...'lɛ...], die; -

In|do|lo|ge, der; -n, -n; **In|do|lo|gie,** die; - ‹griech.› (Erforschung der Sprachen u. Kulturen Indiens); **In|do|lo|gin**

In|do|ne|si|en (Inselstaat in Südostasien); **In|do|ne|si|er; In|do|ne|si|e|rin; in|do|ne|sisch**

in|do|pa|zi|fisch (um den Indischen u. Pazifischen Ozean gelegen); der indopazifische Raum

In|dos|sa|ment, das; -s, -e ‹ital.› (*Bankw.* Wechselübertragungsvermerk)

In|dos|sant, der; -en, -en (Wechselüberschreiber); **In|dos|sat,** der; -en, -en *u.* **In|dos|sa|tar,** der; -s, -e (durch Indossament ausgewiesener Wechselgläubiger)

in|dos|sie|ren ([einen Wechsel] durch Indossament übertragen); **In|dos|sie|rung; In|dos|so,** das; -s, *Plur.* -s *u.* ...dossi (Übertragungsvermerk auf einem Wechsel)

In|d|ra (indischer Hauptgott der wedischen Zeit)

in du|bio ‹lat.› (im Zweifelsfalle)

in du|bio pro reo ‹»im Zweifel für den Angeklagten«› (ein alter Rechtsgrundsatz); **In-du|bi-o-pro-re|o-Grund|satz** ↑K 26

In|duk|tanz, die; - ‹lat.› (*Elektrot.* rein induktiver Widerstand)

In|duk|ti|on, die; -, -en (*Logik* Herleitung allgemeiner Regeln aus Einzelfällen; *Elektrot.* Erregung elektrischer Ströme u. Spannungen durch bewegte Magnetfelder)

In|duk|ti|ons|ap|pa|rat (*svw.* Induktor); **In|duk|ti|ons|be|weis** *(Logik);* **In|duk|ti|ons|krank|heit** *(Med.);* **In|duk|ti|ons|o|fen** *(Technik);* **In|duk|ti|ons|strom** (durch Induktion erzeugter Strom)

in|duk|tiv [*auch* 'ɪ...] (auf Induktion beruhend); **In|duk|ti|vi|tät,** die; -, -en (Größe, die für die Stärke des Induktionsstromes mit maßgebend ist)

In|duk|tor, der; -s, ...oren (Transformator zur Erzeugung hoher Spannung)

in dul|ci ju|bi|lo ‹lat., »in süßem Jubel«› (*übertr. für* herrlich u. in Freuden)

in|dul|gent ‹lat.› (nachsichtig); **In|dul|genz,** die; -, -en (Nachsicht; Straferlass; *Theol.* Ablass der zeitlichen Sündenstrafen)

In|dult, der *od.* das; -[e]s, -e (Frist; vorübergehende Befreiung von einer kirchengesetzlichen Verpflichtung)

In|du|ra|ti|on, die; -, -en ‹lat.› (*Med.* Gewebe- od. Organverhärtung)

In|dus, der; - (Strom in Vorderindien)

In|du|si, die; - ‹*Kurzw. aus* induktive Zugsicherung› (*Eisenb.* Zugsicherungseinrichtung)

In|du|si|um, das; -s, ...ien ‹lat.› (*Bot.* häutiger Auswuchs der Blattunterseite von Farnen)

In|dus|t|ri|al|de|sign, das; -s, *auch* **In|dus|t|ri|al De|sign** [ɪn'dastriəl di'zain; *alte Trennung* ...|st...], das; - -s ‹engl.› (Formgebung der Gebrauchsgegenstände)

In|dus|t|ri|al|de|si|g|ner, der; -s, -, *auch* **In|dus|t|ri|al De|si|g|ner** [*alte Trennung* ...|st...], der; - -s, - - (Formgestalter für Gebrauchsgegenstände)

in|dus|t|ri|a|li|sie|ren [*alte Trennung* ...|st...] ‹franz.› (Industrie ansiedeln, einführen); **In|dus|t|ri|a|li|sie|rung**

In|dus|t|ri|a|lis|mus [*alte Trennung* ...|st...], der; - (Prägung einer Volkswirtschaft durch die Industrie)

In|dus|t|rie [*alte Trennung* ...|st...], die; -, ...ien

In|dus|t|rie|an|la|ge [*alte Trennung* ...|st...]; **In|dus|t|rie|ar|bei|ter; In|dus|t|rie|ar|chä|o|lo|gie,** die; - (Erhaltung u. Erforschung von industriellen Bauwerken, Maschinen o. Ä.); **In|dus|t|rie|aus|stel|lung**

In|dus|t|rie|bau [*alte Trennung* ...|st...] *Plur.* ...bauten; **In|dus|t|rie|be|trieb; In|dus|t|rie|de|sign** (Gestaltung von Gebrauchsgegenständen); **In|dus|t|rie|er|zeug|nis**

In|dus|t|rie|ge|biet [*alte Trennung* ...|st...]; **In|dus|t|rie|ge|werk|schaft** (*Abk.* IG); **In|dus|t|rie|ka|pi|tän** *(ugs.);* **In|dus|t|rie|kauf|frau; In|dus|t|rie|kauf|mann** *Plur.* ...leute

In|dus|t|rie|kom|bi|nat [*alte Trennung* ...|st...] *(DDR);* **In|dus|t|rie|la|den** *(DDR);* **In|dus|t|rie|land; In|dus|t|rie|land|schaft**

in|dus|t|ri|ell [*alte Trennung* ...|st...] (die Industrie betreffend); die erste, zweite industrielle Revolution; **In|dus|t|ri|el|le,** der *u.* die; -n, -n (Eigentümer[in] eines Industriebetriebes)

In|dus|t|rie|ma|g|nat [*alte Trennung* ...|st...]; **In|dus|t|rie|müll; In|dus|t|rie|pro|dukt; In|dus|t|rie|ro|bo|ter; In|dus|t|rie|staat; In|dus|t|rie|stadt**

In|dus|t|rie- und Han|dels|kam|mer [*alte Trennung* ...|st...] (*so die von den Richtlinien der Rechtschreibung* ↑K 26 *abweichende übliche Schreibung; Abk.* IHK)

In|dus|t|rie|un|ter|neh|men [*alte Trennung* ...|st...]; **In|dus|t|rie|zeit|al|ter; In|dus|t|rie|zweig**

in|du|zie|ren ‹lat.› (*Verb zu* Induktion)

in|ef|fek|tiv [*auch* ...'ti:f] ‹lat.› (unwirksam, frucht-, nutzlos)

in ef|fi|gie ‹lat., »im Bilde«› (bildlich)

in|ef|fi|zi|ent [*auch* ...'tsi̯ɛnt] ‹lat.› (unwirksam; unwirtschaftlich); **In|ef|fi|zi|enz** [*auch* ...'tsi̯ɛ...], die; -, -en

in|e|gal [*auch* ...'ga:l] ‹franz.› (ungleich[mäßig])

---

in|ei|n|an|der

Man schreibt »ineinander« immer getrennt vom folgenden Substantiv oder Partizip ↑K 50*:*
- ineinander fließen, ineinander fügen, ineinander greifen, ineinander gesteckte Rohre usw.
- [*alte Schreibungen* ineinanderfließen, ineinanderfügen usw.]
- ineinander verschlungen sein

Zusammenschreibung bei Substantivierung:
- das Ineinandergreifen der Zahnräder

---

in eins; in eins setzen (gleichsetzen); **In|eins|set|zung** *(geh.)*

i|n|ert ‹lat.› (*veraltet für* untätig, träge; unbeteiligt); **I|n|ert|gas** (*Chemie* reaktionsträges Gas)

I|nes (w. Vorn.)

in|es|sen|zi|ell, *auch* **in|es|sen|ti|ell** [*auch* ...ˈtsi̯ɛl] ‹lat.› (unwesentlich)

in|e|x|akt [*auch* ...ˈksa...] ‹lat.› (ungenau)

in|e|xis|tent [*auch* ...ˈtɛ...; *alte Trennung* ...|st...] ‹lat.› (nicht vorhanden); **In|e|xis|tenz,** die; - (das Nichtvorhandensein; *Philos.* das Dasein, Enthaltensein in etwas)

in ex|ten|so ‹lat.› (ausführlich)

in ex|t|re|mis ‹lat.› (*Med.* im Sterben [liegend])

in|fal|li|bel ‹lat.› (unfehlbar [vom Papst]); eine ...i|b|le Entscheidung; **In|fal|li|bi|li|tät,** die; - ([päpstliche] Unfehlbarkeit)

in|fam ‹lat.› (niederträchtig, schändlich); **In|fa|mie,** die; -, ...i̯en

In|fant, der; -en, -en ‹span., »Kind«› (Titel spanischer u. portugiesischer Prinzen)

In|fan|te|rie [...ri, *auch* ...ˈri:], die; -, ...i̯en ‹franz.› (*Milit.* Fußtruppe); **In|fan|te|rie|re|gi|ment** (*Abk.* IR.); **In|fan|te|rist** [*auch* ...ˈrɪ...], der; -en, -en (Fußsoldat); **in|fan|te|ris|tisch** [*alte Trennung* ...|st...]

in|fan|til ‹lat.› (kindlich; unentwickelt, unreif); **In|fan|ti|lis|mus,** der; -, ...men (Stehenbleiben auf kindlicher Entwicklungsstufe); **In|fan|ti|li|tät,** die; -

In|fan|tin ‹span.› (Titel span. u. portugiesischer Prinzessinnen)

In|farkt, der; -[e]s, -e ‹lat.› (*Med.* Absterben eines Gewebeteils infolge Gefäßverschlusses)

In|fekt, der; -[e]s, -e ‹lat.› (*Med.* Infektionskrankheit; *kurz für* Infektion); grippaler Infekt

In|fek|ti|on, die; -, -en (Ansteckung durch Krankheitserreger); **In|fek|ti|ons|ge|fahr; In|fek|ti|ons|herd; In|fek|ti|ons|krank|heit**

in|fek|ti|ös (ansteckend)

In|fel *vgl.* Inful

In|fe|ri|o|ri|tät, die; - ‹lat.› (untergeordnete Stellung; Minderwertigkeit)

in|fer|nal (*seltener für* infernalisch); **in|fer|na|lisch** ‹lat.› (höllisch; teuflisch); **In|fer|no,** das; -s ‹ital., »Hölle«› (entsetzliches Geschehen)

in|fer|til [*auch* ˈɪn...] ‹lat.› (unfruchtbar); **In|fer|ti|li|tät,** die; -

In|fight, der; -[s], -s *u.* **In|figh|ting,** das; -[s], -s ‹engl.› (*Boxen* Nahkampf)

In|fil|t|ra|ti|on, die; -, -en ‹lat.› (Einsickern; Eindringen ; [ideologische] Unterwanderung); **In|fil|t|ra|ti|ons|ver|such**

in|fil|t|rie|ren (eindringen); **In|fil|t|rie|rung,** die; -, -en

in|fi|nit [*auch* ...ˈni:t] ‹lat.› (*Sprachw.* unbestimmt); infinite Form (Form des Verbs, die im Ggs. zur finiten Form [*vgl.* finit] nicht nach Person u. Zahl bestimmt ist, z. B. »schwimmen« [*vgl.* Infinitiv], »schwimmend« u. »geschwommen« [*vgl.* Partizip])

in|fi|ni|te|si|mal (*Math.* zum Grenzwert hin unendlich klein werdend); **In|fi|ni|te|si|mal|rech|nung** *(Math.)*

In|fi|ni|tiv [*auch* ...ˈti:f], der; -s, -e (*Sprachw.* Grundform [des Verbs], z. B. »schwimmen«)

In|fi|ni|tiv|kon|junk|ti|on (z. B. »zu«, »ohne zu«, »anstatt zu«)

In|fi|ni|tiv|satz (satzwertiger Infinitiv)

In|fix [*auch* ˈɪ...], das; -es, -e ‹lat.› (in den Wortstamm eingefügtes Wortbildungselement)

in|fi|zie|ren ‹lat.› (anstecken; mit Krankheitserregern verunreinigen); **In|fi|zie|rung**

in fla|g|ran|ti ‹lat.› (auf frischer Tat); in flagranti ertappen

in|flam|ma|bel ‹lat.› (entzündbar); ...a|b|le Stoffe

In|fla|ti|on, die; -, -en (übermäßige Ausgabe von Zahlungsmitteln; Geldentwertung); **in|fla|ti|o|när, in|fla|ti|o|nis|tisch** [*alte Trennung* ...|st...], **in|fla|to|risch** (Inflation bewirkend)

in|fle|xi|bel [*auch* ...ˈksi:...] ‹lat.› (*selten für* unbiegsam; unveränderlich; *Sprachw.* nicht beugbar); ...i|b|les Wort

In|fle|xi|bi|li|tät [*auch* ˈɪ...], die; - (Unbiegsamkeit; Unbeugbarkeit)

In|flu|enz, die; -, -en ‹lat.› (Beeinflussung eines elektrisch ungeladenen Körpers durch die Annäherung eines geladenen)

In|flu|en|za, die; - ‹ital.› (*veraltet für* Grippe)

In|flu|enz|ma|schi|ne (Maschine zur Erzeugung hoher elektrischer Spannung)

[1]**In|fo,** das; -s, -s (*ugs. kurz für* Informationsblatt)

[2]**In|fo,** die; -, -s (*ugs. kurz für* Information)

In|fo|kas|ten, *auch* **In|fo-Kas|ten** [*alte Trennung* ...|st...] (eingekästelte Informationstexte)

in|fol|ge ↑K63; *mit Gen. od. mit* »von«: infolge des schlechten Wetters; infolge übermäßigen Alkoholgenusses; infolge von Krieg

in|fol|ge|des|sen; die Straßen waren überflutet und infolgedessen (deshalb) unpassierbar, *aber* das Hochwasser, infolge dessen die Straßen unpassierbar waren

In|fo|line [...la̯in], die; -, -s (telefonischer Auskunftsdienst)

In|fo|mo|bil, das; -s, -e (Fahrzeug als fahrbarer Informationsstand)

In|fo|post (in größeren Mengen verschickte Postsendungen)

In|for|mand, der; -en, -en ‹lat.› (eine Person, die informiert wird); **In|for|man|din**

In|for|mant, der; -en, -en (jmd., der [geheime] Informationen liefert); **In|for|man|tin**

In|for|ma|tik, die; - (Wissenschaft von der Informationsverarbeitung, insbesondere mithilfe von Computern); **In|for|ma|ti|ker; In|for|ma|ti|ke|rin**

In|for|ma|ti|on, die; -, -en (Auskunft; Nachricht; Belehrung); **in|for|ma|ti|o|nell**

In|for|ma|ti|ons|aus|tausch; In|for|ma|ti|ons|be|dürf|nis; In|for|ma|ti|ons|blatt; In|for|ma|ti|ons|bü|ro; In|for|ma|ti|ons|fluss [*alte Schreibung* ...fluß]; **In|for|ma|ti|ons|flut**

In|for|ma|ti|ons|ge|halt, der; **In|for|ma|ti|ons|ma|te|ri|al; In|for|ma|ti|ons|quel|le**

In|for|ma|ti|ons|tech|no|lo|gie (*Abk.* IT); **In|for|ma|ti|ons|the|o|rie; In|for|ma|ti|ons|ver|ar|bei|tung; In|for|ma|ti|ons|zen|t|rum**

in|for|ma|tiv (belehrend; Auskunft gebend; aufschlussreich)

In|for|ma|tor, der; -s, ...o̱ren (jmd., von dem man Informationen bezieht); **In|for|ma|to|rin; in|for|ma|to|risch** (der [vorläufigen] Unterrichtung dienend)

In|for|mel [ɛ̃...], das; - ‹franz.› (informelle Kunst; *vgl.* [2]informell)

[1]**in|for|mell** ‹lat.› (informierend, mitteilend)
[2]**in|for|mell** [*auch* ...ˈmɛl] ‹franz.› (nicht förmlich; auf Formen verzichtend); informelle Kunst (eine Richtung der modernen Malerei)
in|for|mie|ren ‹lat.› (Auskunft geben; benachrichtigen); sich informieren (Auskünfte, Erkundigungen einziehen); **In|for|miert|heit,** die; -; **In|for|mie|rung**
In|fo|tain|ment [...ˈteːnmɛnt], das; -s ‹engl.-dt.; *Kurzw. aus* Information *u.* Entertainment› (unterhaltende Darbietung von Informationen)
in|fra|ge, *auch* **in Fra|ge;** infrage, *auch* in Frage kommen, stehen, stellen; das kommt nicht infrage, *auch* in Frage; die infrage, *auch* in Frage kommenden Personen; die infrage, *auch* in Frage gestellte Regelung, *aber* das Infragestellen, *auch* In-Frage-Stellen
in|f|ra|rot ‹lat.; dt.›, *auch* ul|t|rarot (zum Infrarot gehörend); **In|f|ra|rot,** *auch* Ul|t|ra|rot (unsichtbare Wärmestrahlen, die im Spektrum zwischen dem roten Licht u. den kürzesten Radiowellen liegen)
In|f|ra|rot|film; In|f|ra|rot|hei|zung; In|f|ra|rot|strah|ler; In|f|ra|rot|strah|lung, die; -
In|f|ra|schall, der; -[e]s (Schallwellenbereich unterhalb von 16 Hertz)
In|f|ra|struk|tur (wirtschaftlich-organisatorischer Unterbau einer arbeitsteiligen Wirtschaft); **in|f|ra|struk|tu|rell**
In|ful, die; -, -n ‹lat.› (altrömische weiße Stirnbinde; *Bez. der* Mitra mit herabhängenden Bändern); **in|ful|liert** (zum Tragen der Inful berechtigt)
in|fun|die|ren ‹lat.› (*Med.* durch Infusion in den Körper einführen)
In|fus, das; -es, -e (Aufguss; Tee)
In|fu|si|on, die; -, -en (Zufuhr von Flüssigkeit in den Körper mittels einer Hohlnadel)
In|fu|si|ons|tier|chen *u.* **In|fu|so|ri|um,** das; -s, ...ien *meist Plur.* (Aufgusstierchen [einzelliges Wimpertierchen])
In|fu|sum, das; -s, ...sa (*svw.* Infus)
Ing. = Ingenieur, Ingenieurin
In|ga (w. Vorn.)
In|gang|hal|tung, die; -; **In|gang|set|zung,** die; -
In|gä|wo|nen usw. *vgl.* Ingwäonen usw.
In|ge, In|ge|borg (w. Vorn.)
In|ge|brauch|nah|me, die; -, -n
in ge|ne|re [*auch* -ˈgeː...] ‹lat.› (im Allgemeinen)
In|ge|ni|eur [...ʒeˈni̯øːɐ̯], der; -s, -e ‹franz.› (*Abk.* Ing.)
In|ge|ni|eur|a|ka|de|mie; In|ge|ni|eur|bau *Plur.* ...bauten; **In|ge|ni|eur|bü|ro**
In|ge|ni|eu|rin (*Abk.* Ing.)
In|ge|ni|eur|ö|ko|nom (*DDR* auch auf technischem Gebiet ausgebildeter Wirtschaftswissenschaftler)
In|ge|ni|eur|schu|le
in|ge|ni|ös [...ge...] ‹lat.› (sinnreich; erfinderisch; scharfsinnig); **In|ge|ni|o|si|tät,** die; - (Erfindungsgabe, Scharfsinn)
In|ge|ni|um, das; -s, ...ien (schöpferische Begabung; Genie)
In|ges|ti|on [*alte Trennung* ...|st...], die; - ‹lat.› (*Med.* Nahrungsaufnahme)
in|ge|züch|tet ‹*zu* Inzucht›
In|got, der; -s, -s ‹engl.› (Metallblock, -barren)
In|grain|pa|pier [...ˈgreːn...] ‹engl.; dt.› (raues Zeichenpapier mit farbigen od. schwarzen Wollfasern)
In|gre|di|ens, das; -, ...i̯enzien *meist Plur. u.* **In|gre|di|enz,** die; -, -en *meist Plur.* ‹lat.› (Zutat; Bestandteil)
In|g|res [ˈɛ̃ːgrə] (franz. Maler)
In|gress [*alte Schreibung* In|greß], der; Ingresses, Ingresse ‹lat.› (*veraltet für* Eingang, Zutritt)
In|gres|si|on, die; -, -en (*Geol.* das Eindringen von Meerwasser in Landsenken)
Ing|rid (w. Vorn.)
In|grimm, der; -[e]s (*veraltend für* Grimm); **in|grim|mig**
in gros|so ‹ital.› (*veraltend für* en gros)
Ing|wä|o|nen *Plur.* (Kultgemeinschaft westgermanischer Stämme); **ing|wä|o|nisch**
Ing|wer, der; -s, - ‹sanskr.› (eine Gewürzpflanze; ein Likör; *nur Sing.:* ein Gewürz); **Ing|wer|bier; Ing|wer|öl**
In|ha|ber; In|ha|be|rin
In|ha|ber|pa|pier (*Bankw.*)
in|haf|tie|ren (in Haft nehmen); **In|haf|tier|te,** der *u.* die; -n, -n; **In|haf|tie|rung**
In|haft|nah|me, die; -, -n (*Amtsspr.*)
In|ha|la|ti|on, die; -, -en ‹lat.› (*Med.* Einatmung meist dampfförmiger od. zerstäubter Heilmittel); **In|ha|la|ti|ons|ap|pa|rat**
In|ha|la|to|ri|um, das; -s, ...ien (Raum zum Inhalieren); **in|ha|lie|ren** (*auch für* [beim Zigarettenrauchen] den Rauch [in die Lunge] einziehen)
In|halt, der; -[e]s, -e; **in|halt|lich**
In|halts|an|ga|be
in|halts|arm; in|halts|los
in|halts|reich; in|halts|schwer
In|halt[s]|stoff
In|halts|über|sicht; In|halts|ver|zeich|nis
in|halt[s]|voll
in|hä|rent ‹lat.› (anhaftend; innewohnend); **In|hä|renz,** die; - (*Philos.* die Zugehörigkeit der Eigenschaften zu ihren Trägern)
in|hä|rie|ren (anhaften)
in hoc sa|lus ‹lat., »in diesem [ist] Heil«› (*Abk.* I. H. S.)
in hoc si|g|no ‹lat., »in diesem Zeichen«› (*Abk.* I. H. S.)
in|ho|mo|gen [*auch* ...ˈgeːn] ‹lat.; griech.› (ungleichartig); **In|ho|mo|ge|ni|tät** [*auch* ˈɪ...], die; -
in ho|no|rem ‹lat.› (zu Ehren)
in|hu|man [*auch* ...ˈmaːn] ‹lat.› (unmenschlich); **In|hu|ma|ni|tät** [*auch* ˈɪ...], die; -, -en
in in|fi|ni|tum *vgl.* ad infinitum
I|n|i|ti|al *vgl.* Initiale
I|n|i|ti|al|buch|sta|be; I|n|i|ti|a|le, die; -, -n ‹lat.›, *seltener* I|n|i|ti|al, das; -s, -e (großer [meist verzierter] Anfangsbuchstabe)
I|n|i|ti|al|spreng|stoff (Zündstoff für Initialzündungen); **I|n|i|ti|al|wort** *Plur.* ...wörter (*Sprachw.*)
I|n|i|ti|al|zel|len (*Plur.; Bot.*); **I|n|i|ti|al|zün|dung** (Zündung eines schwer entzündlichen Sprengstoffs durch einen leicht entzündlichen)
I|n|i|ti|and, der; -en, -en (Anwärter auf eine Initiation); **I|n|i|ti|an|din**
I|n|i|ti|ant, der; -en, -en (jemand, der die Initiative ergreift); **I|n|i|ti|an|tin**
I|n|i|ti|a|ti|on, die; -, -en (*Soziol.* Aufnahme in eine Gemeinschaft; *Völkerk.* Reifefeier bei den Naturvölkern); **I|n|i|ti|a|ti|ons|ri|tus** *meist Plur.*

I

i|n|i|ti|a|tiv (Initiative ergreifend, besitzend); initiativ werden

I|n|i|ti|a|tiv|an|trag (die parlamentarische Diskussion eines Problems einleitender Antrag)

I|n|i|ti|a|ti|ve, die; -, -n ‹franz.› (erste tätige Anregung zu einer Handlung; Entschlusskraft, Unternehmungsgeist; *schweiz. auch für* Begehren nach Erlass, Änderung od. Aufhebung eines Gesetzes od. Verfassungsartikels); die Initiative ergreifen

I|n|i|ti|a|tiv|recht, das; -[e]s (das Recht, Gesetzentwürfe einzubringen)

I|n|i|ti|a|tor, der; -s, ...oren ‹lat.› (Urheber; Anstifter); **I|n|i|ti|a|to|rin**

I|n|i|ti|en *Plur.* (Anfänge; Anfangsgründe)

i|n|i|ti|ie|ren (den Anstoß geben; einleiten; [in ein Amt] einführen; einweihen)

In|jek|ti|on, die; -, -en ‹lat.› (*Med.* Einspritzung; *Geol.* Eindringen von Magma in Gesteinsspalten; *Bauw.* Bodenverfestigung durch das Einspritzen von Zement)

In|jek|ti|ons|lö|sung *(Med.)*; **In|jek|ti|ons|sprit|ze**

In|jek|tor, der; -s, ...oren (*Technik* Pressluftzubringer in Saugpumpen; Pumpe, die Wasser in einen Dampfkessel einspritzt)

in|ji|zie|ren (einspritzen)

In|ju|rie, die; -, -n ‹lat.› (Unrecht, Beleidigung); **in|ju|ri|ie|ren** (*veraltet für* beleidigen)

In|ka, der; -[s], -[s] (Bewohner des Inkareichs)

In|ka|bein *od.* In|ka|kno|chen (*Med.* ein Schädelknochen)

in|ka|isch

In|ka|kno|chen *vgl.* Inkabein

in|kar|nat ‹lat.› (*Kunstwiss., sonst veraltet für* fleischfarben); **In|kar|nat,** das; -[e]s (Fleischton [auf Gemälden])

In|kar|na|ti|on, die; -, -en ‹»Fleischwerdung«› (Verkörperung; *Rel.* Menschwerdung [Christi])

In|kar|nat|rot, das; -s

in|kar|nie|ren, sich (verkörpern)

in|kar|niert (*Rel.* Fleisch geworden)

In|kas|sant, der; -en, -en ‹ital.› (*österr. für* jmd., der Geld kassiert); **In|kas|san|tin**

In|kas|so, das; -s, *Plur.* -s *od., österr. auch,* ...kassi (*Bankw.* Einziehung von Geldforderungen); **In|kas|so|bü|ro; In|kas|so|voll|macht**

In|kauf|nah|me, die; -

inkl. = inklusive

In|kli|na|ti|on, die; -, -en ‹lat.› (Vorliebe, Zuneigung; *Physik* Neigung einer frei aufgehängten Magnetnadel zur Waagerechten; *Math.* Neigung zweier Ebenen od. einer Linie u. einer Ebene gegeneinander)

---

in|klu|si|ve

‹lat.› (einschließlich, inbegriffen; *Abk.* inkl.)

Präposition mit Genitiv:

– inklusive des Verpackungsmaterials; inklusive der genannten Beträge

Ein allein stehendes, stark gebeugtes Substantiv steht im Singular ungebeugt:

– inklusive Porto; inklusive Behälter

Im Plural wird bei allein stehenden, stark gebeugten Substantiven häufig der Dativ gesetzt:

– inklusive Getränken; inklusive Abfällen

---

in|kog|ni|to ‹ital., »unerkannt«› (unter fremdem Namen); inkognito reisen

In|kog|ni|to, das; -s, -s

in|ko|hä|rent [*auch* ...ˈrɛ...] ‹lat.› (unzusammenhängend); **In|ko|hä|renz** [*auch* ...ˈrɛ...], die; -, -en

In|koh|lung (*Geol.* Umwandlung von Pflanzen in Kohle)

in|kom|men|su|ra|bel ‹lat.› (nicht messbar; nicht vergleichbar); ...ra|b|le Größen *(Math.)*

in|kom|mo|die|ren ‹lat.› (*veraltend für* belästigen; bemühen); sich inkommodieren (sich Mühe machen); **In|kom|mo|di|tät,** die; -, -en (Unbequemlichkeit)

in|kom|pa|ra|bel [*auch* ...ˈra:...] ‹lat.› (*veraltend für* unvergleichbar; *Sprachw.* nicht steigerungsfähig); ...a|b|le Verhältnisse

in|kom|pa|ti|bel [*auch* ...ˈti:...] ‹lat.› (unverträglich; miteinander unvereinbar); ...i|b|le Blutgruppen; **In|kom|pa|ti|bi|li|tät** [*auch* ɪ...], die; -, -en

in|kom|pe|tent [*auch* ...ˈtɛ...] ‹lat.› (nicht sachverständig; nicht befugt); **In|kom|pe|tenz** [*auch* ...ˈtɛ...], die; -, -en

in|kom|plett [*auch* ...ˈplɛt] ‹franz.› (unvollständig)

in|kom|pres|si|bel [*auch* ...ˈsi:...] ‹lat.› (*Physik* nicht zusammenpressbar); ...i|b|le Materialien; **In|kom|pres|si|bi|li|tät** [*auch* ˈɪ...], die; -

in|kon|gru|ent [*auch* ...ˈɛ...] ‹lat.› (nicht übereinstimmend; *Math.* nicht deckungsgleich); **In|kon|gru|enz** [*auch* ...ˈɛ...], die; -, -en

in|kon|se|quent [*auch* ...ˈkvɛ...] ‹lat.› (nicht folgerichtig; widersprüchlich); **In|kon|se|quenz** [*auch* ...ˈkvɛ...], die; -, -en

in|kon|sis|tent [*auch* ...ˈtɛ...; *alte Trennung* ...|st...] ‹lat.› (unbeständig; widersprüchlich); **In|kon|sis|tenz** [*auch* ...ˈtɛ...], die; -

in|kon|s|tant [*auch* ...ˈta...] ‹lat.› (veränderlich, unbeständig); **In|kon|s|tanz** [*auch* ...ˈta...], die; -

In|kon|ti|nenz [*auch* ...ˈnɛ...], die; -, -en ‹lat.› (*Med.* Unvermögen, Harn, Stuhl zurückzuhalten)

in|kon|ver|ti|bel [*auch* ...ˈti:...] ‹lat.› (*Wirtsch.* nicht austauschbar [von Währungen]); ...i|b|le Währungen

in|kon|zi|li|ant [*auch* ...ˈli̯a...] ‹lat.› (nicht umgänglich)

in|kor|po|ral ‹lat.› (*Med.* im Körper [befindlich])

In|kor|po|ra|ti|on, die; -, -en (Einverleibung; Aufnahme); **in|kor|po|rie|ren; In|kor|po|rie|rung**

in|kor|rekt [*auch* ...ˈrɛ...] ‹lat.› ([sprachlich] ungenau, fehlerhaft; unangemessen); **In|kor|rekt|heit**

in Kraft *vgl.* Kraft; **In|kraft|set|zung** *(Amtsspr.)*; **In-Kraft-Tre|ten** [*alte Schreibung* In|kraft|tre|ten], das; -s (eines Gesetzes; ↑K 27 *u.* 82); *vgl. auch* Kraft

In|kreis, der; -es, -e (*Math.* einer Figur einbeschriebener Kreis)

In|kre|ment, das; -[e]s, -e ‹lat.› (*Math.* Betrag, um den eine Größe zunimmt)

In|kret, das; -[e]s, -e ‹lat.› (*Med.* von Drüsen ins Blut abgegebener Stoff, Hormon); **In|kre|ti|on,** die; - (innere Sekretion); **in|kre|to|risch** (die innere Sekretion betreffend, auf ihr beruhend)

in|kri|mi|nie|ren ‹lat.› (beschuldigen; unter Anklage stellen); **in|kri|mi|niert** (beschuldigt)

In|krus|ta|ti|on [*alte Trennung* ...|st...], die; -, -en ‹lat.› (farbige Verzierung von Flächen durch

Einlagen; *Geol.* Krustenbildung); **in|krus|tie|ren**

In|ku|ba|ti|on, die; -, -en ‹lat.› (Tempelschlaf in der Antike; *Zool.* Bebrütung von Vogeleiern; *Med.* das Sichfestsetzen von Krankheitserregern im Körper; *auch kurz für* Inkubationszeit)

In|ku|ba|ti|ons|zeit (Zeit von der Infektion bis zum Ausbruch einer Krankheit)

In|ku|ba|tor, der; -s, ...oren (Brutkasten [für Frühgeburten])

In|ku|bus, der; -, Inkuben (Buhlteufel des mittelalterlichen Hexenglaubens); *vgl.* Sukkubus

in|ku|lant [*auch* ...'la...] ‹franz.› ([geschäftlich] ungefällig); **In|ku|lanz** [*auch* ...'la...], die; -, -en

In|kul|pant, der; -en, -en ‹lat.› (*Rechtsspr. veraltet* Ankläger)

In|kul|pat, der; -en, -en (*Rechtsspr. veraltet* Angeschuldigter)

In|ku|na|bel, die; -, -n *meist Plur.* ‹lat.› (Wiegen-, Frühdruck, Druck aus der Zeit vor 1500)

in|ku|ra|bel [*auch* ...'ra:...] ‹lat.› (*Med.* unheilbar); ...a|b|le Krankheit

in Kür|ze *vgl.* Kürze

In|laid, der; -s, -e ‹engl.› (durchgemustertes Linoleum)

In|land, das; -[e]s; **In|land|eis**

In|län|der, der; **In|län|de|rin**

in|län|disch

In|lands|brief; In|lands|flug; In|lands|ge|spräch; In|lands|markt; In|lands|nach|fra|ge; In|lands|por|to; In|lands|preis; In|lands|rei|se

In|laut; in|lau|tend

In|lay ['ɪnle:], das; -s, -s ‹engl., »Einlegestück«› (aus Metall od. Porzellan gegossene Zahnfüllung)

In|lett, das; -[e]s, *Plur.* -e *od.* -s (Baumwollstoff [für Federbetten u. -kissen])

in|lie|gend *vgl.* einliegend

In|lie|gen|de, das; -n

In|li|ner [...lai...], der; -s, - ‹engl.› (*kurz für* Inlineskate)

In|line|skate ['inlainske:t], der; -s, -s *meist Plural* ‹engl.› (Rollschuh mit schmalen, in einer Linie hintereinander angeordneten Rädchen)

in|line|ska|ten ‹engl.› (Rollschuhlaufen mit Inlineskates)

In|line|ska|ter, der; -s, -; **In|line|ska|ting,** das; -s

in ma|i|o|rem Dei glo|ri|am *vgl.* ad maiorem Dei gloriam

in me|di|as res ‹lat., »mitten in die Dinge hinein«› ([unmittelbar] zur Sache)

in me|mo|ri|am ‹lat., »zum Gedächtnis«› (zum Andenken); in memoriam Maria Theresia

in|mit|ten *(geh.);* [↑K 63]; *als Präp. mit Gen.:* inmitten des Sees

Inn, der; -[s] (r. Nebenfluss der Donau)

in na|tu|ra ‹lat.› (in Wirklichkeit; *ugs. für* in Form von Naturalien)

in|ne

> *Getrenntschreibung in Verbindung mit »sein«* [↑K 49]:
> inne sein *(geh.)* [*alte Schreibung* innesein]; er ist dieses Erlebnisses inne gewesen [*alte Schreibung* innegewesen]; ehe er dessen inne ist, inne war
> *Vgl. aber* innehaben, innewerden usw.; mitteninne

in|ne|ha|ben; seit er dieses Amt innehat; er hat dieses Amt innegehabt

in|ne|hal|ten; um mitten im Satz innezuhalten

in|nen; von, nach innen; innen und außen

In|nen|an|ten|ne; In|nen|ar|bei|ten *(Plur.)*

In|nen|ar|chi|tekt; In|nen|ar|chi|tek|tin; In|nen|ar|chi|tek|tur, die; -

In|nen|auf|nah|me; In|nen|aus|stat|tung; In|nen|bahn *(Sport);* **In|nen|dienst; In|nen|ein|rich|tung**

In|nen|flä|che; In|nen|hand *(Boxen);* **In|nen|hof**

In|nen|kan|te; In|nen|kur|ve

In|nen|le|ben, das; -s

In|nen|mi|nis|ter [*alte Trennung* ...|st...]; **In|nen|mi|nis|te|rin; In|nen|mi|nis|te|ri|um**

In|nen|po|li|tik, die; -; **in|nen|po|li|tisch,** in|ner|po|li|tisch

In|nen|raum; In|nen|rist (*bes. Fußball* innere Seite des Fußrückens); **In|nen|sei|te; In|nen|spie|gel**

In|nen|stadt; In|nen|stür|mer; In|nen|ta|sche; In|nen|tem|pe|ra|tur; In|nen|ver|tei|di|ger

In|nen|welt, die; -

In|ner|a|si|en

in|ner|be|trieb|lich; in|ner|deutsch; in|ner|dienst|lich

in|ne|re; inners|te; zuinnerst; die innere Medizin; innere Angelegenheiten eines Staates; innere Führung (*Bez. für* geistige Rüstung u. zeitgemäße Menschenführung in der deutschen Bundeswehr); die äußere und die innere Mission, *aber* [↑K 150]: die Innere Mission (Organisation der ev. Kirche; *Abk.* I. M.); [↑K 140]: die Innere Mongolei

In|ne|re, das; ...r[e]n; das Ministerium des Innern; im Inner[e]n

In|ne|rei|en *Plur.* (z. B. Leber, Herz, Gedärme von Schlachttieren)

in|ner|halb; *als Präp. mit Gen.:* innerhalb eines Jahres, zweier Jahre; *im Plur. mit Dat., wenn der Gen. nicht erkennbar ist:* innerhalb vier Jahren, vier Tagen

in|ner|lich; In|ner|lich|keit, die; -

in|ner|orts (*bes. schweiz. für* innerhalb des Ortes)

In|ner|ös|ter|reich (*hist. Bez. für* Steiermark, Kärnten, Krain, Görz; *heute westösterr. für* Ostösterreich)

in|ner|par|tei|lich

in|ner|po|li|tisch, in|nen|po|li|tisch

In|ner|rho|den (*kurz für* Appenzell Innerrhoden)

in|ner|se|k|re|to|risch (*Med.* die innere Sekretion betreffend, auf ihr beruhend)

in|ner|staat|lich

In|ner|stadt (*schweiz. regional für* Innenstadt)

in|ner|städ|tisch; der innerstädtische Verkehr

In|ners|te [*alte Trennung* ...|st...], das; -n; im Innersten; bis ins Innerste

in|nert *Präp. mit Gen. od. Dat.* (*schweiz. u. westösterr. für* innerhalb, binnen); innert eines Jahres *od.* innert einem Jahr; innert drei Tagen

In|ner|va|ti|on, die; -, -en ‹lat.› (*Med.* Versorgung der Körperteile mit Nerven; Reizübertragung durch Nerven); **in|ner|vie|ren** (mit Nerven od. Nervenreizen versehen; *übertr. auch für* anregen, Auftrieb geben)

in|ne sein [*alte Schreibung* in|ne|sein] *vgl.* inne

in|ne|wer|den *(geh.);* er ist sich seines schlechten Verhaltens innegeworden; ehe sie dessen innewurde [*alte Schreibung* inne wurde]

in|ne|woh|nen *(geh.);* auch diesen

alten Methoden hat Gutes innegewohnt

in|nig; In|nig|keit, die; -; **in|nig|lich; in|nigst**

in no|mi|ne [- ...ne] ‹lat., »im Namen«› (im Auftrage); in nomine Dei (in Gottes Namen; *Abk.* I. N. D.); in nomine Domini (im Namen des Herrn; *Abk.* I. N. D.)

In|no|va|ti|on, die; -, -en ‹lat.› (Erneuerung; Neuerung [durch Anwendung neuer Verfahren u. Techniken])

In|no|va|ti|ons|spross [*alte Schreibung* ...sproß] ‹lat.; dt.› (*Bot.* Erneuerungsspross einer mehrjährigen Pflanze)

in|no|va|tiv (Innovationen betreffend, schaffend); **in|no|va|to|risch** (Innovationen anstrebend)

In|no|zenz (m. Vorn.)

Inns|bruck (Hauptstadt von Tirol)

in nu|ce ‹lat.› (im Kern; in Kürze, kurz und bündig)

In|nung; In|nungs|meis|ter [*alte Trennung* ...|st...]

Inn|vier|tel, das; -s; ↑K 143 (Landschaft in Österreich)

in|of|fen|siv [*auch* ...'zi:f] ‹lat.› (nicht offensiv)

in|of|fi|zi|ell [*auch* ...'tsi̯el] ‹franz.› (nicht amtlich; vertraulich; nicht förmlich)

in|of|fi|zi|ös [*auch* ...'tsi̯ø:s] (nicht offiziös)

in|o|pe|ra|bel [*auch* ...'ra:...] ‹franz.› (*Med.* nicht operierbar); ...a|b|le Verletzungen

in|op|por|tun [*auch* ...'tu:n] ‹lat.› (unangebracht); **In|op|por|tu|ni|tät** [*auch* 'ɪn...], die; -, -en

I|no|sit, der; -s, -e ‹griech.› (in pflanzlichen u. tierischen Geweben vorkommender Zucker)

I|no|si|t|u|rie, I|no|s|u|rie, die; -, ...i̯en (*Med.* Auftreten von Inosit im Harn)

in per|pe|tu|um ‹lat.› (auf immer)

in per|so|na ‹lat.› (persönlich)

in pet|to ‹ital.›; etwas in petto (*ugs. für* im Sinne, bereit) haben

in ple|no ‹lat.› (in, vor der Vollversammlung, vollzählig)

in pra|xi ‹lat.; griech.› (im wirklichen Leben; tatsächlich)

in punc|to ‹lat.› (hinsichtlich); in puncto puncti (»im Punkte des Punktes«; *scherzh. für* hinsichtlich der Keuschheit)

In|put, der, *auch* das; -s, -s ‹engl.› (*Wirtsch.* von außen bezogene u. im Betrieb eingesetzte Produktionsmittel; *EDV* Eingabe)

In|put-Out|put-A|na|ly|se [...'laut...]

in|qui|rie|ren ‹lat.› (*veraltend für* untersuchen, verhören)

In|qui|si|ten|spi|tal (*österr. für* Gefängniskrankenhaus)

In|qui|si|ti|on, die; -, -en (*nur Sing.:* mittelalterliches katholisches Ketzergericht; Untersuchung [dieses Gerichts]); **In|qui|si|ti|ons|ge|richt**

In|qui|si|tor, der; -s, ...oren (Richter der Inquisition); **in|qui|si|to|risch**

INR (*Währungscode für* indones. Rupie)

In|rech|nung|stel|lung, die, *aber* das In-Rechnung-Stellen [*alte Schreibung* Inrechnungstellen]

I. N. R. I. = Jesus Nazarenus Rex Judaeorum

ins; ↑K 14 (in das); eins ins andre gerechnet

in sal|do ‹ital.› (*veraltet für* im Rückstand)

In|sas|se, der; -n, -n; **In|sas|sen|ver|si|che|rung; In|sas|sin**

ins|be|son|de|re, ins|be|sond|re ↑K 105; insbesond[e]re[,] wenn ↑K 127

in|schal|lah ‹arab.› (wenn Allah will [muslim. Redensart])

In|schrift; In|schrif|ten|kun|de, die; -; **In|schrif|ten|samm|lung**

in|schrift|lich

In|sekt, das; -[e]s, -en ‹lat.› (Kerbtier); Insekten fressende [*alte Schreibung* insektenfressende] Pflanzen, Tiere

In|sek|ta|ri|um, das; -s, ...ien (Anlage für Insektenaufzucht)

In|sek|ten|be|kämp|fung; In|sek|ten|fraß

In|sek|ten fres|send [*alte Schreibung* in|sek|ten|fres|send] *vgl.* Insekt

In|sek|ten|fres|ser; In|sek|ten|gift; In|sek|ten|haus (Insektarium)

In|sek|ten|kun|de, die; -; **In|sek|ten|pla|ge; In|sek|ten|pul|ver; In|sek|ten|stich; In|sek|ten|ver|til|gungs|mit|tel,** das

[1]**In|sek|ti|vo|re,** der; -n, -n *meist Plur.* (*Zool.* Insektenfresser)

[2]**In|sek|ti|vo|re,** die; -n, -n *meist Plur.* (*Bot.* Insekten fressende Pflanze)

In|sek|ti|zid, das; -s, -e (Insekten tötendes Mittel)

In|sel, die; -, -n ‹lat.›; **In|sel|berg; In|sel|be|woh|ner; In|sel|grup|pe**

In|sel|hop|ping das; -s ‹dt.; engl.› (touristische Unternehmung, bei der nacheinander mehrere Inseln eines Archipels besucht werden)

In|sel|land *Plur.* ...länder

In|sels|berg, der; -[e]s (im Thüringer Wald)

In|sel|staat *Plur.* ...staaten

In|se|mi|na|ti|on, die; -, -en ‹lat.› ([künstliche] Befruchtung)

in|sen|si|bel [*auch* ...'zi:...] ‹lat.› (unempfindlich; gefühllos); **In|sen|si|bi|li|tät** [*auch* 'ɪ...], die; -

In|se|rat, das; -[e]s, -e ‹lat.› (Anzeige [in Zeitungen usw.]); **In|se|ra|ten|teil,** der;

In|se|rent, der; -en, -en (jmd., der ein Inserat aufgibt); **In|se|ren|tin**

in|se|rie|ren (ein Inserat aufgeben)

In|sert, das; -s, -s ‹engl.› (Inserat mit beigehefteter Bestellkarte; im Fernsehen eingeblendete Schautafel)

In|ser|ti|on, die; -, -en ‹lat.› (Aufgeben einer Anzeige; *Med.* Muskelansatz); **In|ser|ti|ons|preis**

ins|ge|heim [*österr., schweiz. auch* 'ɪ...]; **ins|ge|mein** [*österr., schweiz. auch* 'ɪ...] *(veraltet);* **ins|ge|samt** [*österr., schweiz. auch* 'ɪ...]

In-sich-Ge|schäft (mit sich selbst als Vertretung zweier Parteien abgeschlossenes Geschäft)

In|side ['insai̯d], der; -[s], -s ‹engl.› (*schweiz. für* Innenstürmer)

In|si|der [..sai̯...], der; -s, - (jmd., der interne Kenntnisse von etwas besitzt; Eingeweihter); **In|si|der|wis|sen**

In|sie|gel (*veraltet für* Siegelbild; *Jägerspr.* Fährtenzeichen des Rotwildes)

In|si|g|ni|en *Plur.* ‹lat.› (Abzeichen, Symbole der Macht u. Würde)

in|si|g|ni|fi|kant [*auch* ...'kant] (unwichtig)

in|sis|tent [*alte Trennung* ...|st...] ‹lat.› (beharrlich); **In|sis|tenz,** die; - (Beharrlichkeit, Hartnäckigkeit)

in|sis|tie|ren [*alte Trennung* ...|st...] (auf etwas bestehen)

in si|tu ‹lat., »in [natürlicher] Lage«› *(bes. Med., Archäol.)*

in|s|k|ri|bie|ren ‹lat.› (in eine Liste aufnehmen; *bes. österr. für* sich für das laufende Semester als Hörer an einer Universität anmelden); **In|s|k|rip|ti|on,** die; -, -en

ins|künf|tig (*schweiz., sonst veraltet für* zukünftig, fortan)

in|so|fern [*auch* ...ˈfɛrn *od., österr., schweiz. nur,* ˈɪn...]; insofern hast du Recht; insofern du nichts dagegen hast, werden wir ...; insofern[,] als ↑K 127

In|so|la|ti|on, die; -, -en ‹lat.› (*Meteor.* Sonnenbestrahlung; *Med.* Sonnenstich)

in|so|lent [*auch* ...ˈlɛ...] ‹lat.› (anmaßend, unverschämt); **In|so|lenz** [*auch* ...ˈlɛ...], die; -, -en

in|sol|vent [*auch* ...ˈvɛ...] ‹lat.› (*Wirtsch.* zahlungsunfähig)

In|sol|venz [*auch* ...ˈvɛ...], die; -, -en

in Son|der|heit [*alte Schreibung* in|son|der|heit] *vgl.* Sonderheit

in|so|weit [*auch* ...ˈvait *od., österr. nur,* ˈɪ...]; insoweit hast du Recht; insoweit es möglich ist, ...; insoweit[,] als ↑K 127

in spe [- ˈspeː] ‹lat., »in der Hoffnung«› (zukünftig)

In|s|pek|teur [...ˈtøːɐ̯], der; -s, -e ‹franz.› (Leiter einer Inspektion; Dienststellung der ranghöchsten Offiziere der Bundeswehr); **In|s|pek|teu|rin**

In|s|pek|ti|on, die; -, -en ‹lat.› (Besichtigung; [regelmäßige] Wartung [eines Kraftfahrzeugs]; Dienststelle)

In|s|pek|ti|ons|fahrt; In|s|pek|ti|ons|gang, der; **In|s|pek|ti|ons|rei|se**

In|s|pek|tor, der; -s, ...oren (jmd., der etwas inspiziert; Verwaltungsbeamter); **In|s|pek|to|rat,** das; -[e]s, -e (*österr., schweiz.* Kontrollbehörde); **In|s|pek|to|rin**

In|s|pi|ra|ti|on, die; -, -en ‹lat.› (Eingebung; Erleuchtung)

In|s|pi|ra|tor, der; -s, ...oren (jmd., der andere zu etwas anregt); **In|s|pi|ra|to|rin**

in|s|pi|rie|ren

In|s|pi|zi|ent, der; -en, -en ‹lat.› (*Theater, Fernsehen usw.* jmd., der für den reibungslosen Ablauf einer Aufführung verantwortlich ist); **In|s|pi|zi|en|tin**

in|s|pi|zie|ren (prüfen); **In|s|pi|zie|rung**

in|sta|bil [*auch* ...ˈbiːl] ‹lat.› (nicht konstant bleibend; unbeständig); **In|sta|bi|li|tät** [*auch* ˈɪ...], die; -, -en *Plur. selten* (Unbeständigkeit)

In|s|tal|la|teur [...ˈtøːɐ̯], der; -s, -e ‹franz.› (Handwerker für Installationen); **In|s|tal|la|teu|rin**

In|s|tal|la|ti|on, die; -, -en (Einrichtung, Einbau, Anlage, Anschluss von technischen Anlagen); **in|s|tal|lie|ren**

in|stand, *auch* **in Stand**; etwas instand, *auch* in Stand halten, setzen (*schweiz.:* stellen); ein Haus instand, *auch* in Stand besetzen (*ugs. für* widerrechtlich besetzen und wieder bewohnbar machen)

In|stand|be|set|zer *(ugs.)*

in|stand hal|ten *vgl.* instand

In|stand|hal|tung; In|stand|hal|tungs|kos|ten [*alte Trennung* ...|st...] *Plur.*

in|stän|dig (eindringlich; flehentlich); **In|stän|dig|keit,** die; -

in|stand set|zen *vgl.* instand

In|stand|set|zung

in|stand stel|len *vgl.* instand

In|stand|stel|lung (*schweiz. neben* Instandsetzung)

in|s|tant [*auch* ...tənt] ‹engl.› (sofort löslich); *nur als nachgestellte Beifügung,* z. B. Haferflocken instant

In|s|tant... (*in Zusammensetzungen,* z. B. Instantgetränk, Instantkaffee)

In|s|tanz, die; -, -en ‹lat.› (zuständige Stelle bei Behörden od. Gerichten); **In|s|tan|zen|weg** (Dienstweg)

in sta|tu nas|cen|di [- ˈst... -] ‹lat.› (im Zustand des Entstehens); **in sta|tu quo** (im gegenwärtigen Zustand); **in sta|tu quo an|te** (im früheren Zustand)

Ins|te [*alte Trennung* ...|st...], der; -n, -n (*nordd. früher für* Gutstagelöhner)

In|s|til|la|ti|on, die; -, -en ‹lat.› (*Med.* Einträufelung); **in|s|til|lie|ren**

In|s|tinkt, der; -[e]s, -e ‹lat.› (angeborene Verhaltensweise [bes. bei Tieren]; *auch für* sicheres Gefühl)

in|s|tinkt|haft; In|s|tinkt|hand|lung; in|s|tink|tiv (trieb-, gefühlsmäßig, unwillkürlich)

in|s|tinkt|los; In|s|tinkt|lo|sig|keit

in|s|tinkt|mä|ßig; in|s|tinkt|si|cher

in|s|ti|tu|ie|ren ‹lat.› (einrichten)

In|s|ti|tut, das; -[e]s, -e (Unternehmen; Bildungs-, Forschungsanstalt)

In|s|ti|tu|ti|on, die; -, -en (öffentliche [staatliche, kirchliche o. Ä.] Einrichtung)

in|s|ti|tu|ti|o|na|li|sie|ren (in eine feste, auch starre Institution verwandeln); **In|s|ti|tu|ti|o|na|li|sie|rung; in|s|ti|tu|ti|o|nell** (die Institution betreffend)

In|s|ti|tuts|bi|b|li|o|thek; In|s|ti|tuts|di|rek|tor; In|s|ti|tuts|di|rek|to|rin; In|s|ti|tuts|lei|ter, der; **In|s|ti|tuts|lei|te|rin**

Inst|mann, der; -[e]s, ...leute ‹*zu* Inste› (*nordd. früher für* Gutstagelöhner)

in|s|t|ru|ie|ren ‹lat.› (unterweisen; anleiten)

In|s|t|ruk|teur [...ˈtøːɐ̯], der; -s, -e ‹franz.› (jmd., der andere instruiert)

In|s|t|ruk|ti|on, die; -, -en ‹lat.› (Anleitung; [Dienst]anweisung)

in|s|t|ruk|tiv (lehrreich); **In|s|t|ruk|tor,** der; -s, ...oren (*österr. u. schweiz. für* Instrukteur)

In|s|t|ru|ment, das; -[e]s, -e ‹lat.›; **in|s|t|ru|men|tal** (Musikinstrumente verwendend)

In|s|t|ru|men|tal, der; -s, -e (*Sprachw.* Fall, der das Mittel bezeichnet)

In|s|t|ru|men|tal|be|glei|tung

In|s|t|ru|men|ta|lis, der; -, ...les; *vgl.* Instrumental

In|s|t|ru|men|ta|list, der; -en, -en; **In|s|t|ru|men|ta|lis|tin** [*alte Trennung* ...|st...]

In|s|t|ru|men|tal|mu|sik, die; -; **In|s|t|ru|men|tal|satz** (*Sprachw.* Umstandssatz des Mittels)

In|s|t|ru|men|ta|ri|um, das; -s, ...ien (Gesamtheit der zur Verfügung stehenden Instrumente); **In|s|t|ru|men|ta|ti|on,** die; -, -en (Instrumentierung)

in|s|t|ru|men|tell

In|s|t|ru|men|ten|bau, der; -[e]s; **In|s|t|ru|men|ten|brett; In|s|t|ru|men|ten|flug** *(Flugw.)*

In|s|t|ru|men|ten|ma|cher; In|s|t|ru|men|ten|ma|che|rin

in|s|t|ru|men|tie|ren ([ein Musikstück] für Orchesterinstrumente einrichten; mit [technischen] Instrumenten ausstatten); **In|s|t|ru|men|tie|rung**

In|sub|or|di|na|ti|on [*auch* ˈɪ...], die; -, -en ‹lat.› (mangelnde Unterordnung; Ungehorsam)

in|suf|fi|zi|ent [*auch* ...ˈtsiɛ...]

I

‹lat.› (unzulänglich); **In|suf|fi|zi|enz** [*auch* ...'tsi̯ɛ...], die; -, -en (Unzulänglichkeit; *Med.* mangelhafte Funktion eines Organs; *Rechtsspr.* Überschuldung)

In|su|la|ner ‹lat.› (Inselbewohner); **in|su|lar** (eine Insel od. Inseln betreffend, inselartig)

In|su|lin, das; -s (ein Hormon; ® ein Arzneimittel); **In|su|lin|mangel,** der; -s *(Med.)*; **In|su|lin|präpa|rat; In|su|lin|schock**

In|sult, der; -[e]s, -e ‹lat.› (Beleidigung; *Med.* Anfall)

in|sul|tie|ren (beleidigen)

in sum|ma ‹lat.› (*veraltend für* insgesamt)

In|sur|gent, der; -en, -en ‹lat.› (Aufständischer); **in|sur|gie|ren** (zum Aufstand anstacheln)

In|sur|rek|ti|on, die; -, -en (Aufstand)

in|sze|na|to|risch ‹lat.; griech.› (die Inszenierung betreffend)

in|sze|nie|ren (eine Bühnenaufführung vorbereiten; geschickt ins Werk setzen); **In|sze|nierung**

In|ta|g|lio [...'taljo], das; -s, ...ien [...jən] ‹ital.› (Gemme mit eingeschnittenen Figuren)

in|takt ‹lat.› (unversehrt, unberührt; funktionsfähig); **In|takt|heit,** die; -; **In|takt|sein,** das; -s

In|tar|sia, *häufiger* **In|tar|sie,** die; -, ...ien *meist Plur.* ‹ital.› (Einlegearbeit); **In|tar|si|en|ma|le|rei**

in|te|ger ‹lat.› (unbescholten; unversehrt); ein in|te|g|rer Charakter

in|te|g|ral (ein Ganzes ausmachend; vollständig; für sich bestehend); **In|te|g|ral,** das; -s, -e (*Math.; Zeichen* ∫)

In|te|g|ral|glei|chung; In|te|g|ral|helm (Kopf u. Hals bedeckender Schutzhelm bes. für Motorradfahrer); **In|te|g|ral|rech|nung**

In|te|g|ra|ti|on, die; -, -en (Vervollständigung; Eingliederung); **in|te|g|ra|tiv** (eingliedernd)

in|te|g|rier|bar

in|te|g|rie|ren (ergänzen; eingliedern; *Math.* das Integral berechnen)

in|te|g|rie|rend (notwendig [zu einem Ganzen gehörend]); ein integrierender Bestandteil

in|te|g|riert; integrierte Gesamtschule; integrierte Schaltung *(Elektronik)*; **In|te|g|rie|rung**

In|te|g|ri|tät, die; - (Unbescholtenheit; Unverletzlichkeit)

In|te|gu|ment, das; -s, -e ‹lat.› (*Biol.* Hautschichten von Tier u. Mensch; *Bot.* Hülle um die Samenanlage)

In|tel|lekt, der; -[e]s ‹lat.› (Verstand; Erkenntnis-, Denkvermögen)

In|tel|lek|tu|a|lis|mus, der; - (philosophische Lehre, die dem Intellekt den Vorrang gibt; einseitig verstandesmäßiges Denken)

in|tel|lek|tu|ell ‹franz.› (den Intellekt betreffend; [einseitig] verstandesmäßig; geistig)

In|tel|lek|tu|el|le, der *u.* die; -n, -n ([einseitiger] Verstandesmensch; geistig Geschulte[r])

in|tel|li|gent ‹lat.› (verständig; klug, begabt); intelligente Maschinen (computergesteuerte Automaten)

In|tel|li|genz, die; -, -en (besondere geistige Fähigkeit, Klugheit; *meist Plur.:* Vernunftwesen; *nur Sing.:* Schicht der Intellektuellen)

In|tel|li|genz|bes|tie [*alte Trennung* ...|st...] (*ugs. für* Person, die ihre Intelligenz in auffallender Weise nach außen hin zeigt)

In|tel|li|genz|grad; In|tel|li|genz|leis|tung [*alte Trennung* ...|st...]

In|tel|li|genz|ler, der; -s, - (*oft abwertend für* Angehöriger der Intelligenz)

In|tel|li|genz|quo|ti|ent (Maß für die intellektuelle Leistungsfähigkeit; *Abk.* IQ); **In|tel|li|genz|test**

in|tel|li|gi|bel (*Philos.* nur durch den Intellekt, nicht sinnlich wahrnehmbar); die ...i|b|le Welt (Ideenwelt)

In|ten|dant, der; -en, -en ‹franz.› (Leiter eines Theaters, eines Rundfunk- od. Fernsehsenders); **In|ten|dan|tin**

In|ten|dan|tur, die; -, -en (*veraltet für* Amt eines Intendanten; Verwaltungsbehörde eines Heeres); **In|ten|danz,** die; -, -en (Amt, Büro eines Intendanten)

in|ten|die|ren ‹lat.› (beabsichtigen, anstreben)

In|ten|si|me|ter, das; -s, - ‹lat.; griech.› (Messgerät für Röntgenstrahlen)

In|ten|si|on, die; -, -en ‹lat.› (Anspannung; Eifer; *Philos.* Begriffsinhalt); *vgl. aber* Intention

In|ten|si|tät, die; -, -en *Plur. selten* (Stärke, Kraft; Wirksamkeit)

in|ten|siv (eindringlich; kräftig; gründlich); intensive Bewirtschaftung (*Landw.* mit großem Einsatz von Arbeitskraft u. Kapital betrieben)

In|ten|siv|an|bau, der; -s; **In|ten|siv|hal|tung,** die; -

in|ten|si|vie|ren (verstärken, steigern); **In|ten|si|vie|rung**

In|ten|siv|kurs; In|ten|siv|pfle|ge; In|ten|siv|sta|ti|on

In|ten|si|vum, das; -s, ...va (*Sprachw.* Verb, das die Intensität eines Geschehens kennzeichnet, z. B. »schnitzen« = kräftig schneiden)

In|ten|ti|on, die; -, -en ‹lat.› (Absicht; Vorhaben); **in|ten|ti|o|nal** (zweckbestimmt; zielgerichtet)

in|ter|a|gie|ren ‹lat.› (*Psych., Soziol.* Interaktion betreiben)

In|ter|ak|ti|on, die; -, -en (Wechselbeziehung zwischen Personen u. Gruppen)

in|ter|ak|tiv; In|ter|ak|ti|vi|tät, die; - (*bes. EDV* Dialog zwischen Computer u. Benutzer)

in|ter|al|li|iert [*auch* 'ɪ...] ‹lat.› (mehrere Alliierte betreffend; aus Verbündeten bestehend)

In|ter|ci|ty® [...'sɪti], der; -s, -s ‹engl.-amerik.›; (*kurz für* Intercityzug) **In|ter|ci|ty|ex|press**®, **In|ter|ci|ty|ex|press|zug** [*alte Schreibung* In|ter|ci|ty-Ex|preß|zug] (moderner Hochgeschwindigkeitszug; *Abk.* ICE®)

In|ter|ci|ty|zug (schneller, zwischen bestimmten Großstädten [im Stundentakt] eingesetzter Eisenbahnzug; *Abk.* IC®)

in|ter|de|pen|dent ‹lat.› (voneinander abhängend); **In|ter|de|pen|denz,** die; -, -en (gegenseitige Abhängigkeit)

In|ter|dikt, das; -[e]s, -e ‹lat.› (Verbot kirchlicher Amtshandlungen als Strafmaßnahme der katholischen Kirchenbehörde)

in|ter|dis|zi|p|li|när [*auch* 'ɪ...] ‹lat.› (zwischen Disziplinen bestehend; mehrere Disziplinen betreffend)

in|te|r|es|sant ‹franz.›; **in|te|r|es|san|ter|wei|se; In|te|r|es|sant|heit,** die; -

In|te|r|es|se, das; -s, -n ‹lat.›; Interesse an, für etwas haben; *vgl.* Interessen; **in|te|r|es|se|hal|ber**

in|te|r|es|se|los; In|te|r|es|se|lo|sig|keit, die; -

In|te|r|es|sen *Plur.* (*veraltet für* Zinsen)

In|te|r|es|sen|aus|gleich; In|te|r|es|sen|ge|biet; In|te|r|es|sen|ge|mein|schaft (Zweckverband); **In|te|r|es|sen|grup|pe; In|te|r|es|sen|kon|flikt; In|te|r|es|sen|la|ge; In|te|r|es|sen|s|phä|re** (Einflussgebiet)

In|te|r|es|sent, der; -en, -en; **In|te|r|es|sen|ten|kreis; In|te|r|es|sen|tin**

In|te|r|es|sen|ver|band; In|te|r|es|sen|ver|tre|tung

in|te|r|es|sie|ren (Teilnahme erwecken); jmdn. an, für etwas interessieren; sich interessieren (Interesse zeigen) für ...

in|te|r|es|siert (Anteil nehmend); **In|te|r|es|siert|heit,** die; -

In|ter|face [...fe:s], das; -, -s ‹engl.› (*EDV svw.* Schnittstelle)

In|ter|fe|renz, die; -, -en ‹lat.› (*Physik* Überlagerung von Wellen; *Sprachw.* Abweichung von der Norm durch den Einfluss anderer sprachlicher Elemente; Verwechslung, falscher Gebrauch)

in|ter|fe|rie|ren (überlagern; einwirken)

In|ter|fe|ro|me|ter, das; -s, - ‹lat.; griech.› (ein physikalisches Messgerät)

In|ter|fe|ron, das; -s, -e (*Biol., Med.* bei Infektionen wirksame, körpereigene Abwehrsubstanz)

In|ter|flug, die; - ‹lat.; dt.› (Luftfahrtgesellschaft der DDR)

in|ter|frak|ti|o|nell ‹lat.› (zwischen Fraktionen bestehend, ihnen gemeinsam)

in|ter|ga|lak|tisch ‹lat.; griech.› (*Astron.* zwischen mehreren Galaxien gelegen)

in|ter|gla|zi|al ‹lat.› (*Geol.* zwischeneiszeitlich); **In|ter|gla|zi|al|zeit,** die; -

In|ter|ho|tel ‹lat.; franz.› (*DDR* besonders gut ausgestattetes Hotel [für internationale Gäste])

In|te|ri|eur [ɛ̃teˈri̯øːɐ̯], das; -s, *Plur.* -s *u.* -e ‹franz.› (Ausstattung eines Innenraumes; einen Innenraum darstellendes Bild)

In|te|rim, das; -s, -s ‹lat.› (Zwischenzeit, -zustand; vorläufige Regelung); **in|te|ri|mis|tisch** [*alte Trennung* ...|st...] (vorläufig, einstweilig)

In|te|rims|kon|to; In|te|rims|lö|sung

In|te|rims|re|ge|lung *od.* ...reg|lung

In|te|rims|re|gie|rung; In|te|rims|schein (vorläufiger Anteilschein statt der eigentlichen Aktie)

In|ter|jek|ti|on, die; -, -en ‹lat.› (*Sprachw.* Ausrufe-, Empfindungswort, z. B. »au«, »bäh«)

in|ter|ka|lar ‹lat.› (eingeschaltet [von Schaltjahren])

in|ter|kan|to|nal ‹lat.; franz.› (*schweiz. für* mehrere Kantone betreffend)

In|ter|ko|lum|nie, die; -, -n *u.* **In|ter|ko|lum|ni|um,** das; -s, ...ien ‹lat.› (*Archit.* Säulenabstand bei einem antiken Tempel)

in|ter|kom|mu|nal ‹lat.› (zwischen Gemeinden bestehend)

in|ter|kon|fes|si|o|nell ‹lat.› (das Verhältnis verschiedener Konfessionen zueinander betreffend)

in|ter|kon|ti|nen|tal ‹lat.› (Erdteile verbindend); **In|ter|kon|ti|nen|tal|ra|ke|te** (*Milit.* Rakete mit sehr großer Reichweite)

in|ter|kos|tal [*alte Trennung* ...|st...] ‹lat.› (*Med.* zwischen den Rippen)

in|ter|kur|rent ‹lat.› (*Med.* hinzukommend); interkurrente Krankheit

In|ter|la|ken (schweiz. Kurort)

in|ter|li|ne|ar ‹lat.› (zwischen die Zeilen des Urtextes geschrieben)

In|ter|li|ne|ar|glos|se (zwischen die Zeilen geschriebene Glosse; *vgl.* Glosse); **In|ter|li|ne|ar|über|set|zung; In|ter|li|ne|ar|ver|si|on**

In|ter|lu|di|um, das; -s, ...ien ‹lat.› (*Musik* Zwischenspiel)

In|ter|ma|xil|lar|kno|chen ‹lat.; dt.› (*Med.* Zwischenkiefer)

in|ter|me|di|är ‹lat.› (*fachspr. für* dazwischen befindlich; ein Zwischenglied bildend)

In|ter|mez|zo, das; -s, *Plur.* -s *u.* ...zzi ‹ital.› (Zwischenspiel, -fall)

in|ter|mi|nis|te|ri|ell [*alte Trennung* ...|st...] (zwischen Ministerien bestehend, mehrere Ministerien betreffend)

in|ter|mit|tie|rend ‹lat.› (zeitweilig aussetzend); intermittierendes Fieber

in|tern ‹lat.› (nur die inneren, eigenen Verhältnisse angehend; vertraulich; *Med.* innerlich; *veraltend für* im Internat wohnend [von Schülern])

In|ter|na (*Plur. von* Internum)

in|ter|na|li|sie|ren (*Psych.* sich [unbewusst] zu Eigen machen)

In|ter|nat, das; -[e]s, -e (einer [höheren] Schule angeschlossenes Wohnheim; Internatsschule)

> **in|ter|na|ti|o|nal**
>
> ‹lat.› (zwischenstaatlich, nicht national begrenzt)
>
> *Kleinschreibung:*
> - internationales Recht
> - eine internationale Vereinbarung
> - internationale [*alte Schreibung* Internationale] Einheit (*Abk.* I. E. *od.* IE *vgl. d.*)
> - internationales [*alte Schreibung* Internationales] Einheitensystem (*Abk.* SI *vgl. d.*)
>
> *Großschreibung in Namen und in besimmten namensähnlichen Fügungen* ↑K 88 *u.* 89*:*
> - der Internationale Frauentag
> - Internationale Handelskammer (*Abk.* IHK)
> - Internationales Olympisches Komitee (*Abk.* IOK)
> - Internationales Rotes Kreuz (*Abk.* IRK)

[1]**In|ter|na|ti|o|na|le,** die; -, -n (internationale Vereinigung von Arbeiterbewegungen; *nur Sing.:* Kampflied der Arbeiterbewegung)

[2]**In|ter|na|ti|o|na|le,** der *u.* die; -n, -n (*Sport* Sportler[in] in der Nationalmannschaft)

in|ter|na|ti|o|na|li|sie|ren (international gestalten); **In|ter|na|ti|o|na|li|sie|rung,** die; -

In|ter|na|ti|o|na|lis|mus, der; -, *Plur.* (*für* Wörter:) ...men (Streben nach überstaatlicher Gemeinschaft; *Sprachw.* ein international gebräuchliches Wort)

In|ter|nats|schu|le ([höhere] Schule mit Wohnheim)

In|ter|ne, der *u.* die; -n, -n ‹lat.› (Schüler[in] eines Internats)

In|ter|net, das; -s ‹engl.› ([internationales] Computernetzwerk); **In|ter|net|a|d|res|se**

In|ter|net|ca|fé (Café, in dem Terminals zur Verfügung gestellt werden, mit denen Gäste das Internet benutzen können)

In|ter|net|nut|zer; In|ter|net|shop|ping; In|ter|net|sur|fen [ˈsəː...], das; -s (Herumstöbern im Internet); **In|ter|net|zu|gang**

in|ter|nie|ren ‹lat.› (in staatlichen Gewahrsam, in Haft nehmen;

[Kranke] isolieren); **In|ter|nier|te,** der *u.* die; -n, -n
In|ter|nie|rung; In|ter|nie|rungs|la|ger
In|ter|nist, der; -en, -en (Facharzt für innere Krankheiten); **In|ter|nis|tin** [*alte Trennung* ...|st...]
In|ter|no|di|um, das; -s, ...ien ⟨lat.⟩ (*Bot.* Sprossabschnitt zwischen zwei Blattknoten)
In|ter|num, das; -s, ...na *meist Plur.* ⟨lat.⟩ (nicht für Außenstehende bestimmte Angelegenheit)
In|ter|nun|ti|us, der; -, ...ien ⟨lat.⟩ (päpstlicher Gesandter in kleineren Staaten)
in|ter|o|ze|a|nisch ⟨lat.; griech.⟩ (Weltmeere verbindend)
in|ter|par|la|men|ta|risch ⟨lat.; engl.⟩ (die Parlamente der einzelnen Staaten umfassend)
In|ter|pel|lant, der; -en, -en ⟨lat.⟩ (Fragesteller [in einem Parlament]); **In|ter|pel|la|ti|on,** die; -, -en ([parlamentar.] Anfrage; *früher für* Einspruch); **in|ter|pel|lie|ren**
in|ter|pla|ne|tar, in|ter|pla|ne|ta|risch (zwischen den Planeten befindlich)
In|ter|pol, die; - (*Kurzw. für* Internationale Kriminalpolizeiliche Organisation; Zentralstelle zur internationalen Koordination der Ermittlungsarbeit in der Verbrechensbekämpfung)
In|ter|po|la|ti|on, die; -, -en ⟨lat.⟩ (nachträgliche Einfügung od. Änderung [in Texten]; *Math.* Bestimmung von Zwischenwerten); **in|ter|po|lie|ren**
In|ter|pret, der; -en, -en ⟨lat.⟩ (jmd., der etw. interpretiert; reproduzierender Künstler); **In|ter|pre|ta|ti|on,** die; -, -en; **in|ter|pre|tie|ren; In|ter|pre|tin**
in|ter|pun|gie|ren ⟨lat.⟩ (*seltener für* interpunktieren); **in|ter|punk|tie|ren** (Satzzeichen setzen)
In|ter|punk|ti|on, die; - (Zeichensetzung); **In|ter|punk|ti|ons|re|gel; In|ter|punk|ti|ons|zei|chen**
In|ter|rail|ti|cket® [...'re:l...; *alte Trennung* ...k|k...] ⟨engl.; dt.⟩ (*Eisenb.* verbilligte Jugendfahrkarte für Fahrten in Europa)
In|ter|re|gio®, der; -s, -s *u.* **In|ter|re|gi|o|zug** ⟨lat. [dt.]⟩ (schneller Eisenbahnzug; *Abk.* IR®)
In|ter|re|g|num, das; -s, *Plur.* ...gnen *u.* ...gna ⟨lat.⟩ (Zwischenregierung; kaiserlose Zeit [1254–1273])
in|ter|ro|ga|tiv ⟨lat.⟩ (fragend); **In|ter|ro|ga|tiv,** das; -s, -e [...və] (*Sprachw.* Frage[für]wort, z. B. »wer?«, »welcher?«)
In|ter|ro|ga|tiv|ad|verb (Frageumstandswort); **In|ter|ro|ga|tiv|pro|no|men** (Fragefürwort); **In|ter|ro|ga|tiv|satz** (Fragesatz)
In|ter|rup|ti|on, die; -, -en ⟨lat.⟩ (Unterbrechung)
In|ter|sex [*auch* 'ɪ...], das; -es, -e ⟨lat.⟩ (*Biol.* Organismus mit Intersexualität); **In|ter|se|xu|a|li|tät,** die; - (das Auftreten männlicher Geschlechtsmerkmale bei einem weiblichen Organismus u. umgekehrt); **in|ter|se|xu|ell** (zwischengeschlechtlich)
In|ter|shop, der; -[s], -s ⟨lat.; engl.⟩ (*DDR* Spezialgeschäft mit konvertierbarer Währung als Zahlungsmittel)
in|ter|stel|lar (zwischen den Sternen befindlich)
in|ter|sti|ti|ell ⟨lat.⟩ (*Med., Biol.* dazwischenliegend)
In|ter|sti|ti|um, das; -s, ...ien (*Biol.* Zwischenraum [zwischen Organen]; *nur Plur.: kath. Kirche* vorgeschriebene Zwischenzeit zwischen dem Empfang zweier geistlicher Weihen)
in|ter|sub|jek|tiv ⟨lat.⟩ (*Psych.* dem Bewusstsein mehrerer Personen gemeinsam)
in|ter|ter|ri|to|ri|al ⟨lat.⟩ (zwischenstaatlich)
In|ter|tri|go, die; -, ...trigines ⟨lat.⟩ (*Med.* Hautwolf)
In|ter|u|su|ri|um, das; -s, ...ien ⟨lat.⟩ (*BGB* Zwischenzinsen)
In|ter|vall, das; -s, -e ⟨lat.⟩ (Zeitabstand, Zeitspanne, Zwischenraum; Frist; Abstand [zwischen zwei Tönen]); **In|ter|vall|trai|ning** *(Sport)*
In|ter|ve|ni|ent, der; -en, -en ⟨lat.⟩ (jmd., der sich in [Rechts]streitigkeiten [als Mittelsmann] einmischt); **in|ter|ve|nie|ren** (vermitteln; *Politik* Protest anmelden; sich einmischen)
In|ter|ven|ti|on, die; -, -en ⟨lat.⟩ (Vermittlung; staatliche Einmischung in die Angelegenheiten eines fremden Staates; Eintritt in eine Wechselverbindlichkeit); **In|ter|ven|ti|ons|krieg**
In|ter|view [...vju:, *auch* ...'vju:], das; -s, -s ⟨engl.⟩ (Unterredung [von Reportern] mit [führenden] Persönlichkeiten über Tagesfragen usw.; Befragung)
in|ter|vie|wen [...'vju:..., *auch* 'ɪ...]; interviewt; **In|ter|vie|wer; In|ter|vie|we|rin**
in|ter|ze|die|ren ⟨lat.⟩ (*veraltend für* vermitteln; sich verbürgen)
in|ter|zel|lu|lar, in|ter|zel|lu|lär ⟨lat.⟩ (*Biol., Med.* zwischen den Zellen gelegen); **In|ter|zel|lu|lar|raum**
In|ter|zes|si|on, die; -, -en ⟨lat.⟩ (*Rechtsw.* Schuldübernahme)
in|ter|zo|nal ⟨lat.; griech.⟩ (zwischen den Zonen)
In|ter|zo|nen|han|del *(früher);* **In|ter|zo|nen|ver|kehr** *(früher);* **In|ter|zo|nen|zug** *(früher)*
in|tes|ta|bel [*alte Trennung* ...|st...] ⟨lat.⟩ (*Rechtsspr. veraltet* unfähig, ein Testament zu machen od. als Zeuge aufzutreten); ...a|b|le Personen
In|tes|tat|er|be [*alte Trennung* ...|st...], der (natürlicher, gesetzlicher Erbe)
in|tes|ti|nal [*alte Trennung* ...|st...] ⟨lat.⟩ (*Med.* zum Darmkanal gehörend)
In|thro|ni|sa|ti|on, die; -, -en ⟨lat.; griech.⟩ (Thronerhebung, feierliche Einsetzung); **in|thro|ni|sie|ren; In|thro|ni|sie|rung**
In|ti, der; -[s], -s ⟨südamerik. Indianerspr.⟩ (frühere Währungseinheit in Peru); 5 Inti
In|ti|fa|da, die; - ⟨arab.⟩ (palästinensischer Widerstand in den von Israel besetzten Gebieten)
in|tim ⟨lat.⟩ (sehr nahe und vertraut; sexuell; verborgen)
In|ti|ma, die; -, ...mä (*veraltend für* vertraute Freundin; *nur Sing.: Med.* innerste Haut der Gefäße)
In|tim|be|reich, der; **In|tim|hy|gi|e|ne**
In|ti|mi (*Plur. von* Intimus); **In|ti|mi|tät,** die; -, -en ⟨*zu* intim⟩
In|tim|s|phä|re (vertraut-persönlicher Bereich)
In|tim|spray
In|ti|mus, der; -, ...mi (vertrauter Freund)
in|to|le|ra|bel [*auch* ...'ra:...]; ...a|b|le Verhältnisse
in|to|le|rant [*auch* ...'ra...] (unduldsam); **In|to|le|ranz** [*auch* ...'ra...], die; -, -en
In|to|na|ti|on, die; -, -en ⟨lat.⟩ (*Musik* das An-, Abstimmen; *Sprachw.* die Veränderung des Tones nach Höhe u. Stärke beim Sprechen von Silben oder

ganzen Sätzen, Tongebung); **in|to|nie|ren** (anstimmen)

in to|to ‹lat.› (im Ganzen)

In|to|xi|ka|ti|on, die; -, -en ‹lat.; griech.› (*Med.* Vergiftung)

In|t|ra|da, In|t|ra|de, die; -, ...den ‹ital.› (*Musik* instrumentales Einleitungsstück [der Barockzeit])

in|t|ra|kar|di|al ‹lat.; griech.› (*Med.* innerhalb des Herzens)

in|t|ra|ku|tan ‹lat.› (*Med.* im Innern, ins Innere der Haut)

in|t|ra|mo|le|ku|lar ‹lat.› (*Chemie* sich innerhalb der Moleküle vollziehend)

in|t|ra mu|ros ‹lat., »innerhalb der Mauern«› (nicht öffentlich)

in|t|ra|mus|ku|lär ‹lat.› (*Med.* im Innern, ins Innere des Muskels)

In|t|ra|net das; -s, -s ‹lat.; engl.› (unternehmensinternes Computernetz)

in|tran|si|gent ‹lat.› (starr, unnachgiebig); **In|tran|si|gent,** der; -en, -en (starrer Parteimann; *nur Plur.:* extreme politische Parteien); **In|tran|si|genz,** die; -

in|tran|si|tiv ‹lat.› (*Sprachw.* nicht zum persönlichen Passiv fähig; nicht zielend); intransitives Verb; **In|tran|si|tiv,** das; -s, -e *u.* **In|tran|si|ti|vum,** das; -s, ...va (nichtzielendes Verb, z. B. »blühen«)

in|t|ra|o|ku|lar ‹lat.› (*Med.* im Augeninnern liegend)

in|t|ra|u|te|rin ‹lat.› (*Med.* innerhalb der Gebärmutter liegend); **In|t|ra|u|te|rin|pes|sar**

in|t|ra|ve|nös ‹lat.› (*Med.* im Innern, ins Innere der Vene); intravenöse Injektion

in|t|ra|zel|lu|lar, in|t|ra|zel|lu|lär (*Biol., Med.* innerhalb der Zelle liegend)

in|t|ri|gant ‹franz.› (auf Intrigen sinnend; hinterhältig); **In|t|ri|gant,** der; -en, -en; **In|t|ri|gan|tin**

In|t|ri|ge, die; -, -n (hinterhältige Machenschaften, Ränke[spiel]); **In|t|ri|gen|spiel; In|t|ri|gen|wirt|schaft; in|t|ri|gie|ren**

In|t|ro|duk|ti|on, die; -, -en ‹lat.› (Einführung, Einleitung; *Musik* Vorspiel, Einleitungssatz); **in|t|ro|du|zie|ren**

In|t|ro|i|tus, der; -, - ‹lat.› (Eingangsgesang der katholischen Messe; Eingangsworte od. -lied im evangelischen Gottesdienst)

In|t|ro|s|pek|ti|on, die; -, -en ‹lat.› (*Psych.* Selbstbeobachtung); **in|t|ro|s|pek|tiv**

In|t|ro|ver|si|on die; -, -en ‹lat.› (*Psych.* Konzentration auf die eigene Innenwelt); **in|t|ro|ver|tiert**

In|t|ru|si|on, die; -, -en ‹lat.› (*Geol.* Eindringen von Magma in die Erdkruste); **In|t|ru|siv|ge|stein** (Tiefengestein)

In|tu|ba|ti|on, die; -, -en ‹lat.› (*Med.* Einführen eines Röhrchens in den Kehlkopf [bei Erstickungsgefahr]); **in|tu|bie|ren**

In|tu|i|ti|on, die; -, -en ‹lat.› (Eingebung, ahnendes Erfassen; unmittelbare Erkenntnis [ohne Reflexion]); **in|tu|i|tiv**

In|tu|mes|zenz, In|tur|ges|zenz, die; -, -en ‹lat.› (*Med.* Anschwellung)

in|tus ‹lat., »innen«› *nur in:* etwas intus haben (*ugs. für* etwas im Magen haben; etwas begriffen haben)

I|nu|it *Plur.* ‹eskim., »Menschen«› (Selbstbezeichnung der Eskimos)

I|nu|lin, das; -s ‹griech.› (ein Fruchtzucker)

I|n|un|da|ti|on, die; -, -en ‹lat.› (*Geogr.* völlige Überflutung durch das Meer od. einen Fluss); **I|n|un|da|ti|ons|ge|biet**

In|unk|ti|on, die; -, -en ‹lat.› (*Med.* Einreibung)

in u|sum Del|phi|ni *vgl.* ad ...

inv. = invenit

in|va|lid, in|va|li|de ‹franz.› ([durch Verwundung od. Unfall] dienst-, arbeitsunfähig); **In|va|li|de,** der *u.* die; -n, -n (Dienst-, Arbeitsunfähige[r])

In|va|li|den|ren|te; In|va|li|den|ver|si|che|rung, die; -

in|va|li|die|ren (*veraltet für* ungültig machen; entkräften)

in|va|li|di|sie|ren (zum Invaliden erklären); **In|va|li|di|sie|rung; In|va|li|di|tät,** die; - (Erwerbs-, Dienst-, Arbeitsunfähigkeit)

in|va|ri|a|bel [*auch* ...ˈri̯a:...] ‹lat.› (unveränderlich); ...a|b|le Größen

In|va|ri|an|te, die; -, -n (*Math.* unveränderliche Größe); **In|va|ri|an|ten|the|o|rie** *(Math.)*

In|va|ri|anz [*auch* ...ˈri̯a...], die; -, -en (Unveränderlichkeit)

In|va|si|on, die; -, -en ‹franz.› ([feindlicher] Einfall; *Med.* das Eindringen [von Krankheitserregern]); **in|va|siv** (*Med.* eindringend); **In|va|sor,** der; -s, ...oren *meist Plur.* ‹lat.› (Eroberer; eindringender Feind)

In|vek|ti|ve, die; -, -n ‹lat.› (Beleidigung, Schmähung)

in|ve|nit ‹lat., »hat [es] erfunden«› (Vermerk auf grafischen Blättern vor dem Namen des Künstlers, der die Originalzeichnung schuf; *Abk.* inv.)

In|ven|tar, das; -s, -e ‹lat.› (Einrichtungsgegenstände [eines Unternehmens]; Vermögensverzeichnis; Nachlassverzeichnis); **In|ven|tar|er|be,** der

In|ven|ta|ri|sa|ti|on, die; -, -en (Bestandsaufnahme); **in|ven|ta|ri|sie|ren; In|ven|ta|ri|sie|rung**

In|ven|tar|recht, das; -[e]s; **In|ven|tar|ver|zeich|nis**

In|ven|ti|on, die; -, -en ([musikal.] Erfindung)

In|ven|tur, die; -, -en (*Wirtsch.* Bestandsaufnahme); **In|ven|tur|prü|fung**

in|vers ‹lat.› (umgekehrt); **In|ver|si|on,** die; -, -en (*fachspr. für* Umkehrung, Umstellung)

In|ver|te|b|rat *vgl.* Evertebrat

In|ver|ter, der; -s, - ‹engl.› (*EDV* Gerät zur Verschlüsselung des Sprechfunkverkehrs)

in|ver|tie|ren ‹lat.› (umkehren)

In|ver|tin, das; -s ‹lat.› (ein Enzym)

in Ver|tre|tung (*Abk.* i. V. *od.* I. V.; *Klein- od. Großschreibung vgl.* »i. V.«)

In|vert|zu|cker [*alte Trennung* ...k|k...] ‹lat.; dt.› (Gemisch von Trauben- u. Fruchtzucker)

In|ver|wahr|nah|me, die; -, -n *(Amtsspr.)*

in|ves|tie|ren [*alte Trennung* ...|st...] ‹lat.› ([Kapital] anlegen; in ein [geistliches] Amt einweisen); **In|ves|tie|rung**

In|ves|ti|ti|on [*alte Trennung* ...|st...], die; -, -en ‹lat.› (langfristige [Kapital]anlage); **In|ves|ti|ti|ons|gut** *meist Plur.* (Gut, das der Produktion dient)

In|ves|ti|ti|ons|hil|fe [*alte Trennung* ...|st...]; **In|ves|ti|ti|ons|len|kung; In|ves|ti|ti|ons|pro|gramm**

In|ves|ti|tur [*alte Trennung* ...|st...], die; -, -en (Einweisung in ein [geistliches] Amt; in Frankreich Bestätigung des Ministerpräsidenten durch die Nationalversammlung); **In|ves|ti|tur|streit,** der; -s (im 11./12. Jh.)

I

in|ves|ti̱v [*alte Trennung* ...|st...] (für Investitionen bestimmt); **In|ves|ti̱v|lohn** (als Spareinlage gebundener Teil des Arbeitnehmerlohnes)
In|ve̱st|ment, das; -s, -s ⟨engl.⟩ (*engl. Bez. für* Investition); **In|ve̱st|ment|fonds** (Effektenbestand einer Kapitalanlagegesellschaft); **In|ve̱st|ment|ge|sell|schaft** (Kapitalverwaltungsgesellschaft)
In|ve̱st|ment|pa|pier; In|ve̱st|ment|trust ([...trast]; der; -s, -s; *svw.* Investmentgesellschaft); **In|ve̱st|ment|zer|ti|fi|kat**
In|ve̱s|tor [*alte Trennung* ...|st...], der; -s, ...o̱ren ⟨lat.⟩ (Kapitalanleger)
in vi̱|no ve̱|ri|tas ⟨lat., »im Wein [ist, liegt] Wahrheit«⟩
In-vi̱|t|ro-Fer|ti|li|sa|ti|o̱n, die; -, -en ⟨lat.⟩ (*Med.* Befruchtung außerhalb des Körpers; *Abk.* IVF)
in vi̱|vo ⟨lat., »im Leben«⟩ (am lebenden Objekt)
In|vo|ka|ti|o̱n, die; -, -en ⟨lat.⟩ (Anrufung [Gottes]); **In|vo|ka̱|vit** (Bez. des ersten Fastensonntags)
in Vo̱ll|macht (*Abk.* i. V. *od.* I. V.; *Klein- od. Großschreibung vgl.* »i. V.«)
In|vo|lu|ti|o̱n, die; -, -en ⟨lat.⟩ (*bes. Med.* Rückbildung [eines Organs])
in|vol|vi̱e|ren (einschließen; in etwas verwickeln)
i̱n|wärts
i̱n|wen|dig; in- und auswendig
in|wie|fe̱rn
in|wie|wei̱t
I̱n|woh|ner (*veraltet für* Bewohner; *österr. auch für* Mieter)
In|za̱hl|lung|nah|me, die; -, -n
In|ze̱st, der; -[e]s, -e ⟨lat.⟩ (Geschlechtsverkehr zwischen engsten Blutsverwandten); **In|ze̱st|ta|bu; in|zes|tu|ö̱s** [*alte Trennung* ...|st...]
In|zi|si|o̱n, die; -, -en ⟨lat.⟩ (*Med.* Einschnitt)
In|zi|si̱v, der; -s, -en *od.* **In|zi|si̱v|zahn** (Schneidezahn)
I̱n|zucht, die; -, -en *Plur. selten;* **I̱n|zucht|scha|den**
in|zwi̱|schen
Io. = Iowa
IOC [i:o:ˈtse:] = International Olympic Committee (*svw.* IOK)
Io̱d, Io|da̱t, Io|di̱d *vgl.* Jod, Jodat, Jodid
IOK = Internationales Olympisches Komitee
Io|ka̱s|te [*alte Trennung* ...|st...] (Mutter u. Gattin des Ödipus)
Io|la̱n|the (w. Vorn.)
I|o̱n, das; -s, -en ⟨griech.⟩ (elektrisch geladenes Teilchen)
I|o̱|nen|an|trieb; I|o̱|nen|aus|tausch; I|o̱|nen|strah|len *Plur.;* **I|o̱|nen|wan|de|rung**
Io|ne̱s|co (franz. Dramatiker rumänischer Abstammung)
I|o̱|ni|en (Küstenlandschaft Kleinasiens); **I|o̱|ni|er**
I|o|ni|sa|ti|o̱n, die; -, -en ⟨griech.⟩ (*Physik, Chemie* Erzeugung von Ionen)
[1]**i|o̱|nisch** ⟨*zu* Ion⟩; ionische Bindung *(Chemie)*
[2]**i|o̱|nisch** ⟨*zu* Ionien⟩; ionischer Stil, *aber* [↑K 140]: die Ionischen Inseln
i|o|ni|si̱e|ren ⟨griech.⟩ (Ionisation bewirken); **I|o|ni|si̱e|rung**
I|o|no|s|phä̱|re, die; - ⟨griech.⟩ (oberste Schicht der Atmosphäre)
I|o̱|ta usw. *vgl.* Jota usw.
I|o|wa [ˈa̱iəvə] (Staat in den USA; *Abk.* Ia. *od.* Io.)
I|pe|ka|ku|an|ha [...ˈku̯anja], die; - ⟨indian.-port.⟩ (Brechwurzel, eine Heilpflanze)
I|phi|ge̱|nie (Tochter Agamemnons)
i̱p|se fe̱|cit ⟨lat., »er hat [es] selbst gemacht«⟩ (auf Kunstwerken; *Abk.* i. f.); **i̱p|so fa̱c|to** ⟨»durch die Tat selbst«⟩ (eigenmächtig); **i̱p|so ju̱|re** ⟨»durch das Recht selbst«⟩ (ohne weiteres)
i̱-Punkt [*alte Schreibung* I-Punkt], der; -[e]s, -e [↑K 30]
IQ = Intelligenzquotient
Ir = *chem. Zeichen für* Iridium
IR® = Interregiozug
IR. = Infanterieregiment
i. R. = im Ruhestand
I. R. = Imperator Rex
I̱|ra (w. Vorn.)
I̱RA = Irisch-Republikanische Armee
I|ra̱|de, der *od.* das; -s, -n ⟨arab.⟩ (*früher* ein Erlass des Sultans)
I|ra̱k [*auch* ˈi:...], -s *auch mit Artikel* der; -[s] (vorderasiatischer Staat); die Städte des Irak[s], *aber* die Städte Iraks; **I|ra̱|ker; I|ra̱|ke|rin; I|ra̱|ki,** der; -[s], -[s] *u.* die; -, -[s]; **i|ra̱|kisch**
I|ra̱n, -s, *auch mit Artikel* der; -[s], Islamische Republik Iran (vorderasiatischer Staat); *vgl.* Persien; **I|ra̱|ner; I|ra̱|ne|rin; i|ra̱|nisch**
I|ra|ni̱st, der; -en, -en; **I|ra|ni̱s|tik** [*alte Trennung* ...|st...], die; - (Wissenschaft von den Sprachen u. Kulturen des Irans); **I|ra|ni̱s|tin**
I̱r|bis, der; -ses, -se ⟨mong.⟩ (Schneeleopard)
i̱r|den (aus gebranntem Ton); **I̱r|den|ge|schirr; I̱r|den|wa|re**
i̱r|disch
I̱|re, der; -n, -n (Irländer)
I|re|nä̱|us (griech. Kirchenvater)
I|re̱|ne (w. Vorn.)
I|re̱|nik, die; - ⟨griech.⟩ (Friedenslehre; Friedensstreben, Aussöhnung [bei kirchlichen Streitigkeiten]); **i|re̱|nisch**
i̱r|gend; wenn du irgend kannst, so ...; wenn irgend möglich; irgend so ein Bettler
i̱r|gend|e̱in, irgendeine, irgendeiner
i̱r|gend|e̱t|was [*alte Schreibung* irgend et|was] (*ugs. auch* irgendwas)
i̱r|gend|je̱|mand [*alte Schreibung* ir|gend je|mand]
i̱r|gend|wa̱nn; i̱r|gend|we̱lch; irgendwelche Fragen; irgendwelches dumme[s] Zeug; **i̱r|gend|we̱r; i̱r|gend|wi̱e**
i̱r|gend|wo̱; irgendwo anders, irgendwo sonst; sonst irgendwo; **i̱r|gend|wo|hi̱n**
I|ri|d|ek|to|mi̱e, die; -, ...i̱en ⟨griech.⟩ (*Med.* Ausschneiden der Regenbogenhaut)
I|ri̱|di|um, das; -s (chemisches Element, Metall; *Zeichen* Ir)
I|ri|do|lo|gi̱e, die; - (Augendiagnostik)
I̱|rin (Irländerin)
I|ri̱|na (w. Vorn.)
[1]**I̱|ris** (griech. Götterbotin; w. Vorn.)
[2]**I̱|ris,** die; -, *Plur.* -, *auch* Iri̱den *Plur. selten* ⟨griech.⟩ (Regenbogenhaut im Auge)
[3]**I̱|ris,** die; -, - (Schwertlilie; Regenbogen)
I̱|ris|blen|de (*Optik* verstellbare Blende an der Kamera)
i̱|risch; [↑K 142]: das irische Bad, *aber* [↑K 140]: die Irische See
I̱|risch-Re|pu|b|li|ka̱|ni|sche Ar|me̱e (irische Untergrundorganisation; *Abk.* IRA)
I|rish|cof|fee [ˈa̱irɪʃˈkɔfi], der; -, -s, *auch* **I|rish Cof|fee** [*alte Schreibung* Irish cof|fee], der; - -, - -s ⟨engl.⟩ (Kaffee mit einem

Schuss Whiskey u. Schlagsahne)
I|rish|stew [...ˈstju:], das; -[s], -s, *auch* **I|rish Stew** [*alte Schreibung* Irish-Stew], das; - -[s], - -s (Weißkraut mit Hammelfleisch u. a.)
i|ri|sie|ren ‹griech.› (in Regenbogenfarben schillern)
I|ri|tis, die; -, ...itiden (*Med.* Entzündung der Regenbogenhaut)
IRK = Internationales Rotes Kreuz
Ir|kutsk [*österr.* ˈɪ...] (Stadt in Sibirien)
Ir|land (nordwesteuropäische Insel; Staat auf dieser Insel); **Ir|län|der; Ir|län|de|rin; ir|län|disch,** *aber* ↑K 151: Irländisches Moos (*svw.* Karrag[h]een)
Ir|ma, Irm|gard (w. Vorn.)
Ir|min|säu|le, Ir|min|sul, die; - (ein germanisches Heiligtum)
I|ro|ke|se, der; -n, -n (Angehöriger eines nordamerikanischen Indianerstammes)
I|ro|nie, die; -, ...ien ‹griech.› ([versteckter, feiner] Spott); **I|ro|ni|ker; I|ro|ni|ke|rin**
i|ro|nisch; i|ro|ni|sie|ren
I|ron|man [ˈai̯ənmɛn], der; -s ‹engl., »Eisenmann«› (besonders harter Triathlonwettkampf)
irr *vgl.* irre
Ir|ra|di|a|ti|on, die; -, -en ‹lat.› (*Med., Psych.* Ausstrahlung [von Schmerzen, Gefühlen, Affekten]; *Fotogr.* Überbelichtung fotografischer Platten)
ir|ra|ti|o|nal [*auch* ...ˈna:l] ‹lat.› (verstandesmäßig nicht fassbar; vernunftwidrig); irrationale Zahl
Ir|ra|ti|o|na|lis|mus, der; - ([philosophische Lehre vom] Vorrang des Gefühlsmäßigen vor dem logisch-rationalen Denken)
Ir|ra|ti|o|na|li|tät, die; - (das Irrationale)
Ir|ra|ti|o|nal|zahl *(Math.)*
ir|re, irr; irr[e] sein; *vgl. aber* irreführen, irregehen, irreleiten, irremachen, irrereden, irrewerden [*alte Schreibung* irre werden]
[1]**Ir|re,** die; -; in die Irre gehen
[2]**Ir|re,** der *u.* die; -n, -n *(ugs. veraltend)*
ir|re|al [*auch* ...ˈa:l] ‹lat.› (unwirklich)
Ir|re|al [*auch* ...ˈa:l], der; -s, -e (*Sprachw.* Verbform, mit der man einen unerfüllbaren Wunsch o. Ä. ausdrückt)
Ir|re|a|li|tät [*auch* ˈɪ...], die; - (Unwirklichkeit)
Ir|re|den|ta, die; -, ...ten ‹ital.› (polit. Bewegung, die den Anschluss abgetrennter Gebiete an das Mutterland erstrebt)
Ir|re|den|tis|mus, der; - (*svw.* Irredenta); **Ir|re|den|tist,** der; -en, -en; **ir|re|den|tis|tisch** [*alte Trennung* ...|st...]
ir|re|du|zi|bel [*auch* ...ˈtsi:...] ‹lat.› (*Philos., Math.* nicht ableitbar); ...i|b|le Sätze
ir|re|füh|ren; seine Darstellungsweise hat mich irregeführt; eine irreführende Auskunft; **Ir|re|füh|rung**
ir|re|ge|hen; er ist irregegangen
ir|re|gu|lär [*auch* ...ˈlɛ:ɐ̯] ‹lat.› (unregelmäßig, ungesetzmäßig); irreguläre Truppen (die nicht zum eigentlichen Heer gehören); **Ir|re|gu|lä|re,** der; -n, -n (nicht zum eigentlichen Heer Gehörender)
Ir|re|gu|la|ri|tät [*auch* ˈɪ...], die; -, -en (Regellosigkeit; Abweichung)
ir|re|lei|ten; er hat die Polizei irregeleitet
ir|re|le|vant [*auch* ...ˈva...] ‹lat.› (unerheblich); **Ir|re|le|vanz** [*auch* ...ˈva...], die; -, -en
ir|re|li|gi|ös [*auch* ...ˈgi̯ø:s] ‹lat.› (nicht religiös); ein irreligiöser Mann; **Ir|re|li|gi|o|si|tät** [*auch* ˈɪ...], die; -
ir|re|ma|chen; sie hat mich irregemacht
ir|ren; sich irren; ↑K 82: Irren *od.* irren ist menschlich
Ir|ren|haus *(veraltet; ugs.);* **ir|ren|haus|reif** *(ugs.)*
ir|re|pa|ra|bel [*auch* ...ˈra:...] ‹lat.› (unersetzlich, nicht wieder herstellbar); ...a|b|ler Schaden
ir|re|po|ni|bel [*auch* ...ˈni:...] ‹lat.› (*Med.* nicht einrenkbar); ...i|b|le Gelenkköpfe
ir|re|re|den; er hat irregeredet
ir|re sein *vgl.* irre; **Ir|re|sein,** Irr|sein, das; -s *(Med. veraltet)* ↑K 82
ir|re|ver|si|bel [*auch* ...ˈzi:...] ‹lat.› (nicht umkehrbar); ...i|b|le Prozesse
ir|re|wer|den, irr|wer|den [*alte Schreibungen* ir|re wer|den, irr wer|den]; wenn man irrewird, irrwird [*alte Schreibungen* irre wird, irr wird]; du bist an dir irregeworden, irrgeworden [*alte Schreibungen* irre geworden, irr geworden]; **Ir|re|wer|den,** Irr|wer|den, das; -s ↑K 82
Irr|fahrt; Irr|gang, der; **Irr|gar|ten; Irr|gast** *(Zool.)*
Irr|glau|be[n]; irr|gläu|big
ir|rig; in der irrigen Annahme, dass ...
Ir|ri|ga|ti|on, die; -, -en ‹lat.› (*Med.* Ab- od. Ausspülung); **Ir|ri|ga|tor,** der; -s, ...oren (Spülapparat)
ir|ri|ger|wei|se
ir|ri|ta|bel ‹lat.› (reizbar); ein ...a|b|ler Mensch; **Ir|ri|ta|bi|li|tät,** die; -
Ir|ri|ta|ti|on, die; -, -en (Reiz, Erregung); **ir|ri|tie|ren** ([auf]reizen, verwirren, stören)
Irr|läu|fer (falsch beförderter Gegenstand); **Irr|leh|re**
Irr|licht *Plur.* ...lichter; **irr|lich|te|lie|ren** (*in Goethes Faust svw.* irrlichtern); **irr|lich|tern** (wie ein Irrlicht funkeln, sich hin und her bewegen); es irrlichtert; geirrlichtert
Irr|sal, das; -[e]s, -e (*geh. für* Zustand des menschlichen Irrens)
irr sein *vgl.* irre; **Irr|sein,** das; -s; *vgl.* Irresein
Irr|sinn, der; -[e]s; **irr|sin|nig; Irr|sin|nig|keit,** die; -
Irr|tum, der; -s, ...tümer; **irr|tüm|lich; irr|tüm|li|cher|wei|se**
Ir|rung (*veraltet für* Irrtum); **Irr|weg**
irr|wer|den [*alte Schreibung* irr wer|den]; *vgl.* irrewerden; **Irr|wer|den** *vgl.* Irrewerden
Irr|wisch, der; -[e]s, -e (Irrlicht; sehr lebhafter Mensch)
irr|wit|zig
Ir|tysch [*auch* ...ˈtʏʃ], der; -[s] (linker Nebenfluss des Ob)
Ir|vin|gi|a|ner (Anhänger E. Irvings); **Ir|vin|gi|a|nis|mus,** der; -
I|sa (*moslem. Name für* Jesus)
I|sa|ak [...aak, *auch* ...a(:)k, *österr.* ...ak] (bibl. m. Vorn.)
I|sa|bel, I|sa|bel|la, [1]**I|sa|bel|le** (w. Vorn.)
[2]**I|sa|bel|le,** die; -, -n (falbes Pferd); **i|sa|bell|far|ben, i|sa|bell|far|big** (falb, graugelb)
I|sa|i|as (*Schreibung der Vulgata für* Jesaja)
I|sar, die; - (r. Nebenfluss der Donau); **I|sar-A|then;** ↑K 144 (*scherzh. für* München)
I|sa|tin, das; -s ‹griech.› (*Chemie* eine Indigoverbindung)

I|sau|ri|en (antike Landschaft in Kleinasien)

ISBN = internationale Standardbuchnummer

I|s|ch|ä|mie [isç..., *auch* iʃ...], die; -, ...i̯en ‹griech.› (*Med.* örtliche Blutleere)

I|s|cha|ri|ot ‹hebr.›; *vgl.* Judas

I|sche, die; -, -n ‹hebr.-jidd.› (*ugs. für* Mädchen, Freundin)

Is|chia [ˈɪski̯a] (ital. Insel)

Is|chi|a|di|kus[1] [ɪsˈçi̯a:...], der; -, ...dizi ‹griech.› (Hüftnerv); **is|chi|a|disch** (den Ischias betreffend)

I|s|chi|al|gie[1] [ˈɪsçi̯al...], die; -, ...i̯en (Hüftschmerz)

I|s|chi|as [*auch* ˈɪsçi̯...], der, *auch* das, *fachspr. auch* die; - (*svw.* Ischialgie); **I|s|chi|as|nerv**[1]

Ischl, Bad (österr. Kurort)

Isch|tar (babylon. Göttin)

I|s|ch|u|rie [ɪsç...], die; -, ...i̯en ‹griech.› (*Med.* Harnverhaltung)

ISDN = integrated services digital network ‹engl., »Dienste integrierendes digitales [Nachrichten]netz«› (der schnellen Übermittlung von Sprache, Text, Bild, Daten dienendes Kommunikationsnetz); **ISDN-An|schluss** [*alte Schreibung* ISDN-Anschluß]; **ISDN-Kar|te; ISDN-Netz**

I|se|grim, der; -s, -e (der Wolf in der Tierfabel; *übertr. für* mürrischer Mensch)

I|sel, der; -[s] (Berg in Tirol)

I|ser, die; - (r. Nebenfluss der Elbe); **I|ser|ge|bir|ge,** das; -s

I|ser|lohn (Stadt im Sauerland)

I|si|dor (m. Vorn.)

I|sis (altägyptische Göttin)

ISK (Währungscode für isländ. Krone)

I|s|ka|ri|ot *vgl.* Judas

Is|lam [*auch* ˈɪ...], der; -[s] ‹arab.› (im Koran verkündete Religion)

Is|la|ma|bad (Hauptstadt Pakistans)

Is|la|mi|sa|ti|on, die; -, -en (die Bekehrung zum Islam)

is|la|misch

is|la|mi|sie|ren (zum Islam bekehren; unter die Herrschaft des Islams bringen)

Is|la|mis|mus, der; - (islamischer Fundamentalismus); **is|la|mis|tisch** [*alte Trennung* ...ist...]

Is|la|mit, der; -en, -en; **Is|la|mi|tin; is|la|mi|tisch**

Is|land

Is|län|der; Is|län|de|rin

is|län|disch; die isländische Sprache, *aber* ↑K 151: Isländisch[es] Moos (eine Heilpflanze)

Is|län|disch, das; -[s] (Sprache); *vgl.* Deutsch; **Is|län|di|sche,** das; -n; *vgl.* Deutsche, das

Is|ma|el [...e:l, *auch* ...ɛl] (bibl. m. Eigenn.)

Is|ma|i|lit, der; -en, -en (Angehöriger einer schiit. Sekte)

Is|me|ne (Tochter des Ödipus)

Is|mus, der; -, ...men ‹griech.› (*abwertend für* bloße Theorie)

ISO = International Organization for Standardization, die; - (internationale Normierungsorganisation)

i|so... ‹griech.› (gleich...); **I|so...** (Gleich...)

I|so|ba|re, die; -, -n (*Meteor.* Verbindungslinie zwischen Orten gleichen Luftdrucks)

I|so|bu|tan, das; -s (ein brennbares Gas, das zur Herstellung von Flugbenzin verwendet wird)

i|so|chrom [...k...] ‹griech.› (*svw.* isochromatisch); **I|so|chro|ma|sie,** die; - (gleiche Farbempfindlichkeit von fotografischem Material); **i|so|chro|ma|tisch** (gleichfarbig, farbtonrichtig)

i|so|chron [...k...] (*Physik* gleich lang dauernd); **I|so|chro|ne,** die; -, -n (Linie gleichzeitigen Auftretens [von Erdbeben u. a.])

I|so|dy|na|me, die; -, -n ‹griech.› (Verbindungslinie zwischen Orten mit gleicher magnetischer Stärke)

I|so|dy|ne, die; -, -n (*Physik* Linie, die Punkte gleicher Kraft verbindet)

I|so|ga|mie, die; -, ...i̯en ‹griech.› (*Biol.* Fortpflanzung durch gleich gestaltete Geschlechtszellen)

I|so|glos|se, die; -, -n (*Sprachw.* Linie auf Sprachkarten, die Gebiete gleichen Wortgebrauchs begrenzt)

I|so|gon, das; -s, -e (regelmäßiges Vieleck); **i|so|go|nal** (winkelgetreu; gleichwinklig)

I|so|go|ne, die; -, -n (*Meteor.* Verbindungslinie zwischen Orten gleicher magnetischer Abweichung od. gleicher Windrichtung)

I|so|hy|e|te, die; -, -n ‹griech.› (*Meteor.* Verbindungslinie zwischen Orten mit gleicher Niederschlagsmenge)

I|so|hyp|se, die; -, -n (*Geogr.* Verbindungslinie zwischen Orten mit gleicher Höhe ü. d. M.)

I|so|kli|ne, die; -, -n ‹griech.› (*Geogr.* Verbindungslinie zwischen Orten mit gleicher Neigung der Magnetnadel)

I|so|la|ti|on, die; -, -en ‹franz.›, **I|so|lie|rung** ([politische u. a.] Absonderung; Getrennthaltung; [Ab]dämmung)

I|so|la|ti|o|nis|mus, der; - ‹engl.› (politische Tendenz, sich vom Ausland abzuschließen); **I|so|la|ti|o|nist,** der; -en, -en *meist Plur.;* **I|so|la|ti|o|nis|tin** [*alte Trennung* ...st...]; **i|so|la|ti|o|nis|tisch**

I|so|la|ti|ons|fol|ter; I|so|la|ti|ons|haft

I|so|la|tor, der; -s, ...oren (Stoff, der Elektrizität schlecht od. gar nicht leitet)

I|sol|de (mittelalterliche Sagengestalt; w. Vorn.)

I|so|lier|band, das; *Plur.* ...bänder

i|so|lie|ren ‹franz.› (absondern; getrennt halten; abschließen, [ab]dichten, [ab]dämmen; durch entsprechendes Material schützen); **I|so|lie|rer**

I|so|lier|ma|te|ri|al; I|so|lier|schicht; I|so|lier|sta|ti|on

i|so|liert (*auch für* vereinsamt); **I|so|liert|heit,** die; -

I|so|lie|rung *vgl.* Isolation

I|so|li|nie, die; -, -n ‹griech.; lat.› (Verbindungslinie zwischen Punkten gleicher Wertung od. Erscheinung auf geographischen u. a. Karten)

i|so|mer ‹griech.› (Isomerie aufweisend); **I|so|mer,** das; -s, -e *u.* **I|so|me|re,** das; -n, -n *meist Plur.* (eine Isomerie aufweisende chemische Verbindung); ein Isomer *od.* Isomere

I|so|me|rie, die; - (*Bot.* Gleichzähligkeit in Bezug auf die Zahl der Glieder in den verschiedenen Blütenkreisen; *Chemie* unterschiedliches Verhalten chemischer Verbindungen trotz der gleichen Anzahl gleichartiger Atome)

I|so|me|t|rie, die; - (Längengleichheit, Längentreue, bes. bei Landkarten); **i|so|me|t|risch**

i|so|morph (gleichförmig, von gleicher Gestalt, bes. bei Kristallen); **I|so|mor|phie,** die; -

[1] [*oft auch* iʃi̯a...]

I|so|mor|phis|mus, der; - (Eigenschaft gewisser chemischer Stoffe, gemeinsam die gleichen Kristalle zu bilden)

I|son|zo, der; -[s] (Zufluss des Golfs von Triest)

i|so|pe|ri|me|t|risch ‹griech.› (*Math.* von gleichem Ausmaß [von Längen, Flächen u. Körpern])

I|so|po|de, der; -n, -n *meist Plur.* (*Zool.* Assel)

I|so|p|ren, das; -s ‹Kunstwort› (chem. Stoff, der zur Herstellung von synthetischem Kautschuk verwendet wird)

I|so|seis|te [*alte Trennung* ...|st...], die; -, -n ‹griech.› (Verbindungslinie zwischen Orten mit gleicher Erdbebenstärke)

I|so|s|ta|sie, die; - (Gleichgewichtszustand der Krustenschollen der Erde)

I|so|ther|me, die; -, -n ‹griech.› (*Meteor.* Verbindungslinie zwischen Orten mit gleicher Temperatur)

I|so|ton, das; -s, -e *meist Plur.* (Atomkern, der die gleiche Anzahl Neutronen wie ein anderer enthält)

i|so|to|nisch (*Chemie* von gleichem osmotischem Druck)

I|so|top, das; -s, -e (Atom, das sich von einem andern des gleichen chemischen Elements nur in seiner Masse unterscheidet)

I|so|to|pen|di|a|g|nos|tik [*alte Trennung* ...|st...] *(Med.)*; **I|so|to|pen|the|ra|pie; I|so|to|pen|tren|nung**

I|so|t|ron, das; -s, *Plur.* ...trone, *auch* -s (Gerät zur Isotopentrennung)

i|so|trop (*Physik, Chemie* nach allen Richtungen hin gleiche Eigenschaften aufweisend); **I|so|tro|pie,** die; -

Is|ra|el [...e:l, *auch* ...ɛl] (Volk der Juden im A. T.; Staat in Vorderasien); das Volk Israel; die Kinder Israel[s]

Is|ra|e|li, der; -[s], -s *u.* die; -, -s (Angehörige[r] des Staates Israel); **is|ra|e|lisch** (zum Staat Israel gehörend)

Is|ra|e|lit, der; -en, -en (Angehöriger eines der semitischen Stämme im alten Palästina); **is|ra|e|li|tisch**

I|s|tan|bul (türkische Stadt)

Ist|auf|kom|men, *auch* **Ist-Auf|kom|men** (der tatsächliche [Steuer]ertrag)

Ist|be|stand, *auch* **Ist-Be|stand**

isth|misch ‹griech.›, *aber* Isthmische Spiele ↑K 150

Isth|mus, der; -, ...men (Landenge, bes. die von Korinth)

Is|t|ri|en (Halbinsel im Adriatischen Meer)

Ist|stär|ke, *auch* **Ist-Stär|ke**

Ist|wä|o|nen *Plur.* (Kultgemeinschaft westgermanischer Stämme); **ist|wä|o|nisch**

Is|wes|ti|ja [*alte Trennung* ...|st...], die; - ‹russ., »Nachrichten«› (eine russische Tageszeitung)

IT [aiti:] = information technology (Informationstechnologie)

it. = item

I|ta|ker, der; -s, - (*ugs. abwertend für* Italiener); **I|ta|ke|rin**

I|ta|la, die; - ‹lat.› (älteste lateinische Bibelübersetzung)

I|ta|ler (Einwohner des antiken Italien)

I|ta|lia (*lat. u. ital. Form von* Italien); **i|ta|li|a|ni|sie|ren,** i|ta|li|e|ni|sie|ren (italienisch machen)

I|ta|li|en

I|ta|li|e|ner; I|ta|li|e|ne|rin

i|ta|li|e|nisch; die italienische Schweiz; eine italienische Nacht ↑K 142; italienischer Salat ↑K 142 *u.* 151, *aber* ↑K 140: die Italienische Republik; *vgl.* deutsch; *vgl. aber* italisch

I|ta|li|e|nisch, das; -[s] (Sprache); *vgl.* Deutsch; **I|ta|li|e|ni|sche,** das; -n; *vgl.* Deutsche, das

i|ta|li|e|ni|sie|ren *vgl.* italianisieren

I|ta|li|enne [...'li̯ɛn], die; - ‹franz.› (*Druckw.* eine Schriftart)

I|ta|li|ker ‹lat.› (Italer)

I|ta|lique [...'li:k], die; - ‹franz.› (*Druckw.* eine Schriftart)

i|ta|lisch ‹lat.› (das antike Italien betreffend); *vgl. aber* italienisch

I|ta|lo|wes|tern [*alte Trennung* ...|st...] (Western in einem von italienischen Regisseuren geprägten Stil)

I|ta|zis|mus, der; - (Aussprache der altgriechischen e-Laute wie langes i)

i|tem ‹lat.› (*veraltet für* ebenso, desgleichen; ferner; *Abk.* it.)

I|tem, das; -s, -s (*veraltet für* das Fernere, Weitere, ein [Frage]punkt; Einzelangabe)

I|te|ra|ti|on, die; -, -en ‹lat.› (Wiederholung; *Math.* schrittweises Rechenverfahren zur Annäherung an die exakte Lösung)

i|te|ra|tiv [*auch* 'i:...] (wiederholend); **I|te|ra|tiv,** das; -s, -e (*Sprachw.* Verb, das eine stete Wiederholung von Vorgängen ausdrückt, z. B. »sticheln« = immer wieder stechen)

I|tha|ka (eine griechische Insel)

I|ti|ne|rar, das; -s, -e *u.* **I|ti|ne|ra|ri|um,** das; -s, ...ien ‹lat.› (Straßenverzeichnis der römischen Zeit; Aufzeichnung noch nicht vermessener Wege bei Forschungsreisen)

ITL (Währungscode für ital. Lira)

i. Tr. = in der Trockenmasse

i-Tüp|fel|chen [*alte Schreibung* I-Tüp|fel|chen] ↑K 29

i-Tüp|ferl [*alte Schreibung* I-Tüpferl], das; -s, -n (*österr. für* i-Tüpfelchen); **i-Tüp|ferl-Rei|ter** [*alte Schreibung* I-Tüp|ferl-Reiter] (*österr. ugs. für* Pedant)

It|ze|hoe [...'ho:] (Stadt in Schleswig-Holstein); **It|ze|ho|er**

it|zo, itzt, it|z|und (*veraltet für* jetzt)

iur. (*bes. schweiz. für* jur.)

IV = Invalidenversicherung (in der Schweiz)

i. v. = intravenös

i. V.
= in Vertretung; in Vollmacht
Groß- oder Kleinschreibung:
Die Abkürzung wird mit kleinem i geschrieben, wenn sie unmittelbar der Grußformel oder der Bezeichnung einer Behörde, Firma u. dgl. folgt: – Der Oberbürgermeister i. V. Meyer
Die Abkürzung wird mit großem I geschrieben, wenn sie nach einem abgeschlossenen Text allein vor einer Unterschrift steht: – Herr Direktor Müller wird Sie nach seiner Rückkehr sofort anrufen. I. V. Meyer

IVF = In-vitro-Fertilisation

I|vo (m. Vorn.)

I|vo|rer, der; -s, - ‹eingedeutschte Form von franz. Ivoirien› (Einwohner der Republik Elfenbeinküste); **I|vo|re|rin**

I|wan, der; -[s], -s (m. Vorn.;

scherzh. Bez. für Russe *od. [nur Sing.:]* die Russen)

I|wein (Ritter der Artussage)

i wo! (*ugs. für* keineswegs)

Iw|rit[h], das; -[s] (Neuhebräisch; Amtssprache in Israel)

Iz|mir [ɪs..., *auch* 'ɪs..., *österr.* 'ɪz...] (heutiger Name von Smyrna)

J j

J [jɔt, *österr.* je:] (Buchstabe); das J; des J, die J, *aber* das j in Boje; der Buchstabe J, j; *vgl. auch* Jot

J = chemisches Zeichen für Jod; Joule

ja

Kleinschreibung:
- jaja, *auch* ja, ja!
- jawohl
- ja freilich; ja doch; aber ja; na ja; nun ja; ach ja

Großschreibung:
- das Ja und [das] Nein
- mit [einem] Ja antworten; mit Ja oder [mit] Nein stimmen
- die Folgen seines Ja[s]

Groß- oder Kleinschreibung:
- Ja, *auch* ja sagen
- zu allem Ja und Amen, *auch* ja und amen sagen *(ugs.)*

Ja|bo, der; -s, -s (*kurz für* Jagdbomber)

Ja|bot [ʒa'bo:], das; -s, -s ⟨franz.⟩ (Spitzenrüsche [an Hemden])

Jacht, Yacht [jaxt], die; -, -en ⟨niederl.⟩ (Schiff für Sport- u. Vergnügungsfahrten, *auch* Segelboot); **Jacht|klub,** Yacht|klub, *auch* Jacht|club, Yacht|club

Jack [dʒɛk] (m. Vorn.)

Jäck|chen

Ja|cke [*alte Trennung* ...k|k...], die; -, -n ⟨arab.-franz.⟩; **Ja|cken|kleid; Ja|cken|ta|sche**

Ja|cket|kro|ne ['dʒɛkɪt...; *alte Trennung* ...k|k...] ⟨engl.⟩ (Zahnkronenersatz)

Ja|ckett [ʒa...; *alte Trennung* ...k|k...], das; -s, *Plur.* -s, *selten* -e ⟨franz.⟩ (gefütterte Stoffjacke von Herrenanzügen)

Ja|ckett|ta|sche, *auch* **Ja|ckett-Ta|sche** [*alte Schreibung* Jackettasche, *alte Trennung* Jak|kett|ta|sche]

Jack|pot ['dʒɛkpɔt], der; -s, -s ⟨engl.⟩ (bes. hoher [angesammelter] Gewinn bei einem Glücksspiel)

Jack|stag ['dʒɛk...], das; -[e]s, -e[n] ⟨engl.; dt.⟩ (*Seemannsspr.* Eisen zum Festmachen von Segeln; Gleitschiene)

Jac|quard [ʒa'ka:ɐ̯], der; -[s], -s ⟨nach dem franz. Seidenweber⟩ (Gewebe mit großem Muster)

Jac|quard|ge|we|be ↑K 136; **Jac|quard|ma|schi|ne**

Jacque|line [ʒa'kli:n] (w. Vorn.)

Jacques [ʒak] (m. Vorn.)

Ja|cu|zzi® [*auch* dʒə'ku:zi], der; -[s], -s ⟨nach der Herstellerfirma⟩ (Bassin mit sprudelndem Wasser)

[1]Ja|de, die; - (Zufluss der Nordsee)

[2]Ja|de, der; -[s] *u.* die; - ⟨franz.⟩ (blassgrüner Schmuckstein)

Ja|de|bu|sen, der; -s (Nordseebucht bei Wilhelmshaven)

ja|de|grün *vgl.* [2]Jade

Ja|fet *vgl.* Japhet

Jaf|fa (Teil der Stadt Tel Aviv-Jaffa in Israel)

Jaf|fa|ap|fel|si|ne, *auch* **Jaf|fa-Ap|fel|si|ne**

Jagd, die; -, -en; **Jagd|auf|se|her**

jagd|bar; Jagd|bar|keit, die; -

Jagd|beu|te

Jagd|bom|ber

Jagd|fie|ber

Jagd|flie|ger

Jagd|flin|te

Jagd|flug|zeug

Jagd|fre|vel

Jagd|ge|schwa|der

Jagd|ge|wehr; Jagd|glück

Jagd|grün|de *Plur.;* die ewigen Jagdgründe

Jagd|horn *Plur.* ...hörner; **Jagd|hund; Jagd|hüt|te**

jagd|lich; Jagd|mes|ser, das

Jagd|pan|zer

Jagd|ren|nen *(Pferdesport)*

Jagd|re|vier; Jagd|schein; Jagd|schloss [*alte Schreibung* ...schloß]

Jagd|sprin|gen *(Pferdesport)*

Jagd|staf|fel (Verband von Kampfflugzeugen)

Jagd|tro|phäe; Jagd|wurst; Jagd|zeit

Ja|gel|lo|ne, der; -n, -n (Angehöriger eines litauisch-polnischen Königsgeschlechtes)

ja|gen; er, sie jagt; gejagt

Ja|gen, das; -s, - (forstliche Wirtschaftsfläche)

Jä|ger

Ja|ge|rei, die; - (fortwährendes Hetzen)

Jä|ge|rei, die; - (Jagdwesen; Jägerschaft); **Jä|ger|hut; Jä|ge|rin**

Jä|ger|la|tein; Jä|ger|meis|ter [*alte Trennung* ...|st...]; **Jä|ger|prü|fung; Jä|ger|schaft,** die; -

Jä|ger|schnit|zel (*Gastron.* Schnitzel mit Soße und Pilzen)

Jä|gers|mann *Plur.* ...leute *(veraltet);* **Jä|ger|spra|che,** die; -

Ja|ger|tee (*österr. für* Tee mit Schnaps)

Ja|gi|el|lo|ne *vgl.* Jagellone

Jagst, die; - (rechter Nebenfluss des Neckars)

Ja|gu|ar, der; -s, -e ⟨indian.⟩ (ein Raubtier)

jäh; Jä|he, die; - *(veraltet);* **Jäh|heit** [*alte Schreibung* Jä|heit], die; -; **jäh|lings**

Jahn; Turnvater Jahn

Jahnn, Hans Henny (dt. Schriftsteller)

Jahr *s. Kasten S. 511*

jahr|aus; *nur in* jahraus, jahrein

Jahr|buch (*Abk.* Jb.); **Jähr|chen**

jahr|ein *vgl.* jahraus

jah|re|lang; *aber* viele Jahre lang

jäh|ren, sich

Jah|res|a|bon|ne|ment; Jah|res|ab|schluss [*alte Schreibung* ...abschluß]; **Jah|res|an|fang**

Jah|res|aus|gleich *(Steuerwesen)*

Jah|res|aus|klang; Jah|res|aus|stoß

Jah|res|be|ginn; Jah|res|bei|trag; Jah|res|be|richt

Jah|res|best|zeit *(Sport)*

Jah|res|ein|kom|men; Jah|res|en|de; Jah|res|frist; innerhalb Jahresfrist

Jah|res|kar|te; Jah|res|ra|te; Jah|res|ring *meist Plur.*

Jah|res|tag; Jah|res|um|satz

Jah|res|ur|laub; Jah|res|wa|gen (von einem Mitarbeiter eines Automobilwerks mit Preisnachlass erworbener neuer Pkw, den dieser erst nach einem Jahr veräußern darf)

Jah|res|wech|sel; Jah|res|wen|de

Jah|res|zahl; Jah|res|zeit; jah|res|zeit|lich

Jahr|fünft, das; -[e]s, -e

Jahr|gang, der; *Abk.* Jg.; *Plur.* ...gänge (*Abk.* Jgg.); **Jahr|gän|ger**

Jahr	
das; -[e]s, -e – dieses (*nicht* diesen) Jahres (*Abk.* d. J.) – im Jahr[e] (*Abk.* i. J.) – laufenden Jahres (*Abk.* lfd. *od.* l. J.) – künftigen Jahres (*Abk.* k. J.) – nächsten Jahres (*Abk.* n. J.) – vorigen Jahres (*Abk.* v. J.) – ohne Jahr (*Abk.* o. J.) – über Jahr und Tag	– das Jahr eins unserer Zeitrechnung – das neue Jahr; zum neuen Jahr[e] Glück wünschen – Jahr für Jahr; von Jahr zu Jahr – zwei, viele Jahre lang – sie ist über (mehr als) 14 Jahre alt – Schüler ab 14 Jahre[n], bis zu 18 Jahren – freiwillige Helfer nicht unter 14 Jahren *Vgl.* achtziger

(*südwestd., westösterr. u. schweiz. für* Person desselben Geburtsjahres); **Jahr|gän|ge|rin**

Jahr|hun|dert, das; -s, -e (*Abk.* Jh.)

jahr|hun|der|te|alt; *aber* zwei, viele Jahrhunderte alt; **jahr|hun|der|te|lang**

Jahr|hun|dert|fei|er; Jahr|hun|dert|mit|te; Jahr|hun|dert|som|mer; Jahr|hun|dert|wein; Jahr|hun|dert|wen|de

jäh|rig (*veraltet für* ein Jahr her; ein Jahr dauernd; ein Jahr alt)

...jäh|rig (z. B. vierjährig [vier Jahre dauernd, vier Jahre alt], *mit Ziffer* 4-jährig [*alte Schreibung* 4jährig]); ein Fünfjähriger (*mit Ziffer* 5-Jähriger [*alte Schreibung* 5jähriger]); die Vier- bis Fünfjährigen (*mit Ziffern* die 4- bis 5-Jährigen)

jähr|lich (jedes Jahr wiederkehrend)

...jähr|lich (z. B. alljährlich, vierteljährlich)

Jähr|ling (einjähriges Tier)

Jahr|markt; Jahr|markts|bu|de

Jahr|mil|li|o|nen *Plur.;* in Jahrmillionen; **Jahr|tau|send,** das; -s, -e; **Jahr|tau|send|wen|de**

Jahr|wei|ser (*veraltet für* Kalender)

Jahr|zehnt, das; -[e]s, -e; **jahr|zehn|te|alt;** *vgl.* jahrhundertealt; **jahr|zehn|te|lang**

Jahr-2000-fä|hig [...tsvai-ˈtauznt...]; Jahr-2000-fähige Computer

Jah|ve, *ökum.* **Jah|we** [*beide* ˈja:və] (Name Gottes im A. T.); *vgl. auch* Jehova

Jäh|zorn; jäh|zor|nig

Ja|i|rus (bibl. m. Eigenn.)

ja|ja *vgl.* ja

Jak, Yak [jak], der; -s, -s ⟨tibet.⟩ (asiatisches Hochgebirgsrind)

Ja|ka|ran|da|holz ⟨indian.; dt.⟩ (*svw.* Palisander)

Ja|kar|ta [dʒa...] (Hauptstadt u. wichtigster Hafen Indonesiens)

Ja|ko, der; -s, -s ⟨franz.⟩ (eine Papageienart)

Ja|kob (m. Vorn.); ↑K 151: der wahre Jakob (*ugs. für* der rechte Mann, das Rechte); der billige Jakob (*ugs. veraltet für* Verkäufer auf Jahrmärkten)

Ja|ko|bi, das; - (Jakobitag)

Ja|ko|bi|ner (Angehöriger der radikalsten Partei in der Franz. Revolution); **Ja|ko|bi|ner|müt|ze; Ja|ko|bi|ner|tum,** das; -s; **ja|ko|bi|nisch**

Ja|ko|bi|tag, Ja|kobs|tag

Ja|kobs|lei|ter, die; -, -n (Himmelsleiter; *Seemannsspr.* Strickleiter); **Ja|kobs|tag,** Ja|ko|bi|tag

Ja|ko|bus (Apostel); ↑K 134: Jakobus der Ältere, Jakobus der Jüngere

Ja|ku|te, der; -n, -n (Angehöriger eines Turkvolkes); **ja|ku|tisch**

Ja|lon [ʒaˈlõ:], der; -s, -s ⟨franz.⟩ (Absteckpfahl; Fluchtstab [für Vermessungen])

Ja|lou|set|te [ʒalu...], die; -, -n ⟨franz.⟩ (Jalousie aus Leichtmetall- od. Kunststofflamellen)

Ja|lou|sie, die; -, ...ien ([hölzerner] Fensterschutz, Rollladen)

Ja|lou|sie|schrank (Rollschrank)

Jal|ta (Hafenstadt auf der Krim); **Jal|ta|ab|kom|men,** *auch* **Jalta-Ab|kom|men**

Ja|mai|ka (Insel der Großen Antillen; Staat auf dieser Insel)

Ja|mai|ka|ner; Ja|mai|ka|ne|rin; ja|mai|ka|nisch; Ja|mai|ka|rum, *auch* **Ja|mai|ka-Rum,** der; -s

Jam|be, die; -, -n ⟨griech.⟩ *u.* Jambus, der; -, ...ben (ein Versfuß); **jam|bisch**

Jam|bo|ree [dʒɛmbəˈri:], das; -[s], -s ⟨engl.⟩ ([Pfadfinder]treffen; Zusammenkunft)

Jam|bus *vgl.* Jambe

James [dʒeɪms] (m. Vorn.)

James Grieve [- ˈgri:f], der; - -, - - ⟨nach dem engl. Apfelzüchter⟩ (eine Apfelsorte)

Jam|mer, der; -s

Jam|mer|bild; Jam|mer|ge|stalt; Jam|mer|lap|pen (*ugs. für* ängstlicher Mensch, Schwächling)

jäm|mer|lich; Jäm|mer|lich|keit

Jäm|mer|ling; Jam|mer|mie|ne

jam|mern; ich jammere; sie jammert mich; es jammert mich

jam|mer|scha|de; das ist jammerschade

Jam|mer|tal, das; -[e]s

jam|mer|voll

Jam|ses|sion [ˈdʒɛmˈsɛʃn̩], *auch* **Jam-Session** [*alte Schreibung* Jam Ses|sion], die; -, -s ⟨engl.⟩ (zwanglose Zusammenkunft von Musikern zu gemeinsamem Spiel)

Jams|wur|zel ⟨engl.; dt.⟩ (eine tropische Staude)

Jan (m. Vorn.)

Jan. = Januar

Ja|ná|ček [...na:tʃɛk] (tschechischer Komponist)

Jane [dʒeɪn] (w. Vorn.); *vgl.* Mary Jane

Jan|ga|da [ʒaŋ...], die; -, -s ⟨port.⟩ (indianisches Floßboot)

Jang|t|se, der; -[s] *u.* **Jang|t|se|ki|ang** [*auch* ...ˈki̯aŋ], der; -[s] (chinesischer Strom)

Ja|ni|ku|lus, der; - (Hügel in Rom)

Ja|ni|t|schar, der; -en, -en ⟨türk.⟩ (Angehöriger der ehem. türkischen [Kern]truppe); **Ja|ni|t|scha|ren|mu|sik**

Jan|ker, der; -s, - (*südd., österr. für* wollene Trachtenjacke)

Jan Maat, der; - -[e]s, *Plur.* - -e *u.* - -en, **Jan|maat** [*auch* ˈja...], der; -[e]s, *Plur.* -e *u.* -en ⟨niederl.⟩ (*scherzh. für* Matrose)

Jän|ner, der; -[s] ⟨lat.⟩ (*österr., seltener auch südd., schweiz. für* Januar)

Jan|se|nis|mus, der; - (eine katholisch-theologische Richtung); **Jan|se|nist,** der; -en, -en

Ja|nu|ar, der; -[s], -e ⟨lat.⟩ (erster Monat im Jahr, Eismond, Har-

J

je	
– seit je – je drei; je zwei und zwei – je länger, je lieber (*vgl. aber* Jelängerjelieber) – je mehr, desto lieber – je kürzer, umso schneller – je nachdem *(vgl. d.)* – je nach Bedarf – je ein Exemplar wurde an sie verschickt	*Als Präposition steht »je« (in der Funktion von »für, pro«) mit Akkusativ:* – je erwachsenen Teilnehmer – je beschäftigten Arbeiter *Man kann »je« in der gleichen Bedeutung auch als Adverb auffassen; es übt dann keinen Einfluss auf die Rektion aus:* – je erwachsener Teilnehmer – je beschäftigter Arbeiter

tung, Schneemond, Wintermonat; *Abk.* Jan.); *vgl.* Jänner

Ja|nu|a|ri|us (ital. Heiliger)

Ja|nus (römischer Gott der Türen u. des Anfangs)

Ja|nus|ge|sicht, Ja|nus|kopf (doppelgesichtiger Männerkopf); ↑K 136; **ja|nus|köp|fig; Ja|nus|köp|fig|keit,** die; -

Ja|pan; *vgl.* Nippon

Ja|pa|ner; Ja|pa|ne|rin; ja|pa|nisch, *aber* ↑K 140: das Japanische Meer; *vgl.* deutsch

Ja|pa|nisch, das; -[s] (Sprache); *vgl.* Deutsch; **Ja|pa|ni|sche,** das; -n; *vgl.* Deutsche, das

Ja|pa|no|lo|ge, der; -n, -n; **Ja|pa|no|lo|gie,** die; - ‹jap.; griech.› (Japankunde); **Ja|pa|no|lo|gin**

Ja|pan|pa|pier

Ja|phet, *ökum.* Ja|fet (bibl. m. Eigenn.)

jap|pen (*nordd. für* japsen)

jap|sen (*ugs. für* nach Luft schnappen); du japst; **Jap|ser**

Jar|di|ni|e|re [ʒa...], die; -, -n ‹franz.› (Schale für Blumenpflanzen)

Jar|gon [ʒarˈgõː], der; -s, -s ‹franz.› ([saloppe] Sondersprache einer Berufsgruppe od. Gesellschaftsschicht)

Ja|ro|wi|sa|ti|on, die; -, -en ‹russ.› (Verfahren, mit dem das Wachstum von Saatgut beschleunigt wird); **ja|ro|wi|sie|ren**

Ja|sa|ger; Ja|sa|ge|rin

Jas|min, der; -s, -e ‹pers.-span.› (ein Zierstrauch)

Jas|mund (Halbinsel von Rügen); Jasmunder Bodden

Ja|son (*griech. Sage* Führer der Argonauten)

Jas|pers (dt. Philosoph)

Jas|per|wa|re [ˈdʒɛs...] ‹engl.› (farbiges, weiß verziertes Steingut)

Jas|pis, der; *Gen.* - *u.* -ses, *Plur.* -se ‹semit.› (ein Edelstein)

Jass [*alte Schreibung* Jaß], der; Jasses (*schweiz., auch südd. u. westösterr.* ein Kartenspiel)

jas|sen (Jass spielen); du jasst; sie jasst; du jasstest; gejasst; jass! [*alte Schreibungen* jaßt, jaßtest, gejaßt, jaß!] *u.* jasse!; **Jas|ser**

Ja|stim|me

jä|ten

Jau|che, die; -, -n; **jau|chen**

Jau|che[n]|fass [*alte Schreibung* ...faß]; **Jau|che[n]|gru|be; Jau|che[n]|wa|gen; jau|chig**

jauch|zen; du jauchzt; **Jauch|zer**

jau|len (klagend winseln, heulen)

Ja|un|de (Hauptstadt Kameruns)

Jau|se, die; -, -n ‹slowen.› (*österr. für* Zwischenmahlzeit, Vesper)

Jau|sen|brot; Jau|sen|sta|ti|on (Gaststätte, in der man einen Imbiss einnehmen kann); **Jau|sen|zeit**

jaus|nen (*österr. für* eine Zwischenmahlzeit zu sich nehmen; vespern)

[1]**Ja|va** (eine der Großen Sundainseln)

[2]**Ja|va ®** [ˈdʒaːvə], das; -[s] *meist ohne Artikel* (*EDV* eine systemunabhängige Programmiersprache)

Ja|va|ner; Ja|va|ne|rin; ja|va|nisch

ja|wohl

Ja|wort *Plur.* ...worte

Jazz [dʒɛs, *auch* jats], der; - ‹amerik.› (Musikstil, der sich aus der Volksmusik der schwarzen Bevölkerung Amerikas entwickelt hat)

Jazz|band [ˈdʒɛs..., *auch* ˈjats...], die; -, -s (Jazzkapelle)

jaz|zen [ˈdʒɛs..., *auch* ˈjats...]; du jazzt; er jazzt; gejazzt; **Jaz|zer** [ˈdʒɛs..., *auch* ˈjats...], der; -s, - (Jazzmusiker)

Jazz|fan [ˈdʒɛsfɛn, *auch* ˈjats...]; **Jazz|fes|ti|val** [*alte Trennung* ...|st...]; **Jazz|gym|nas|tik; Jazz|ka|pel|le; Jazz|kel|ler**

Jazz|mu|sik; Jazz|mu|si|ker; Jazz|trom|pe|ter

Jb. = Jahrbuch

je *s. Kasten*

Jean [ʒãː] (m. Vorn.)

Jeanne [ʒan] (w. Vorn.)

Jeanne d'Arc [ʒanˈdark] (Jungfrau von Orleans)

Jean|nette [ʒaˈnɛt] (w. Vorn.)

Jean Paul [ʒãː -] ‹*eigtl.* Johann (Jean) Paul Friedrich Richter› (dt. Schriftsteller)

Jeans [dʒiːns] *Plur. od.* die; -, - ‹amerik.› ([saloppe] Hose im Stil der Bluejeans)

Jeans|an|zug; Jeans|kleid

jeck (*rhein. für* närrisch, verrückt); **Jeck,** der; -en, -en (*rhein. für* [Fastnachts]narr)

je|den|falls

---

je|der

jede, jedes
- zu jeder Stunde, zu jeder Zeit; auf jeden Fall
- zu Anfang jedes Jahres *od.* jeden Jahres; die Rinde jedes alten Baumes

Kleinschreibung ↑K 76:
- das weiß ein jeder; jedem kann geholfen werden; alles und jedes (alles ohne Ausnahme)
- jeder Beliebige [*alte Schreibung* jeder beliebige] kann daran teilnehmen; jeder Einzelne [*alte Schreibung* jeder einzelne] wurde gefragt
- jedes Mal [*alte Schreibung* jedesmal] versprach sie es

---

je|der|art; je|der|lei

je|der|mann ↑K 76: es ist nicht jedermanns Sache

je|der|zeit (immer), *aber* zu jeder Zeit; **je|der|zei|tig**

je|des Mal [*alte Schreibung* je|desmal] *vgl.* Mal; jedes Mal[,] wenn ...; **je|des|ma|lig**

je|doch

jed|we|der (*veraltend für* jeder), jedwede, jedwedes; jedweden

Inhalts; jedweder neue Versuch; jedweder Angestellte

Jeep® [dʒi:p], der; -s, -s ‹nach dem Unternehmen Jeep Corp.› (kleiner [amerikanischer] Geländekraftwagen)

jeg|li|cher; ↑K 76 (*veraltend für* jeder); ein jeglicher; jegliches; jeglichen Geschlechts; jeglicher Angestellte; frei von jeglichem neidischen Gefühl

je|her [*auch* 'je:'he:ɐ̯]; von jeher

Je|ho|va (*durch Vokalveränderung entstandene Form von* Jahve)

jein (*ugs. scherzh. für* ja und nein)

Je|län|ger|je|lie|ber, das; -s, - (Geißblatt)

Jel|zin (russischer Präsident)

je|mals

je|mand; *Gen.* jemand[e]s, *Dat.* jemandem, *auch* jemand, *Akk.* jemanden, *auch* jemand; sonst jemand; *aber* irgendjemand [*alte Schreibung* irgend jemand]; jemand anders; mit, von jemand anders, *auch* anderem; jemand Fremdes; *aber* ein gewisser Jemand; *vgl.* irgend

je mehr

Je|men, -s, *auch mit Artikel* der; -[s] (Staat auf der Arabischen Halbinsel); **Je|me|nit,** der; -en, -en; **Je|me|ni|tin; je|me|ni|tisch**

je|mi|ne! ‹*entstellt aus lat.* Jesu domine! = »o Herr Jesus!«› *(ugs.);* ojemine!, herrjemine!

Jen *vgl.* Yen

Je|na (Stadt an der Saale)

je nach|dem; je nachdem[,] ob/wie ↑K 127

Je|na|er, *auch* Je|nen|ser; Jenaer Glas; **je|na|isch**

Je|nen|ser *vgl.* Jenaer

je|ner, jene, jenes; ich erinnere mich jenes Tages; ↑K 76: da kam jener; jene war es, die ...

je|nisch (die Landfahrer betreffend; *rotwelsch für* klug, gewitzt); jenische Sprache (Gaunersprache, Rotwelsch)

Je|nis|sei, Je|nis|sej [...se:i, *auch* ...'se:i], der; -[s] (sibir. Strom)

Jen|ni, *auch* **Jen|ny** (w. Vorn.)

Jens (m. Vorn.)

jen|sei|tig[1]; **Jen|sei|tig|keit**[1], die; -

jen|seits[1]; *als Präp. mit Gen.:* jenseits des Flusses; jenseits von gut und böse

Jen|seits[1], das; -; **Jen|seits|glau|be**[1]

Je|re|mia, Je|re|mi|as (biblischer Prophet); die Klagelieder Jeremiä (des Jeremia)

Je|re|mi|a|de, die; -, -n (Klagelied)

Je|re|wan [*auch* ...'van] *vgl.* Eriwan

Je|rez ['çe:rɛs], der; - (ein spanischer Wein); *vgl.* Sherry

Je|rez de la Fron|te|ra [xe'rɛs - - -] (spanische Stadt)

Je|ri|cho (Stadt im Westjordanland); **Je|ri|cho|ro|se,** *auch* **Je|ri|cho-Ro|se**

Je|ri|chow [...ço] (Stadt südöstlich von Tangermünde)

Jé|rôme [ʒe'ro:m] (m. Vorn.)

[1]**Jer|sey** ['dʒø:ɐ̯zi], der; -[s], -s ‹engl.› (eine Stoffart)

[2]**Jer|sey,** das; -s, -s (Trikot des Sportlers)

je|rum!; ojerum!

Je|ru|sa|lem (die heilige Stadt der Juden, Christen u. Moslems)

Je|sa|ja (biblischer Prophet); *vgl.* Isaias

Jes|si|ca [*engl. Ausspr.* 'dʒɛsɪkə] (w. Vorn.)

Je|su|it, der; -en, -en (Mitglied des Jesuitenordens); **Je|su|i|ten|or|den,** der; -s; (Gesellschaft Jesu; *Abk.* SJ); **Je|su|i|ten|tum,** das; -s; **je|su|i|tisch**

Je|sus ‹»Gott hilft« [*vgl.* Josua]› (bibl. m. Eigenn.)

Je|sus Chris|tus [*alte Trennung* ...|st...]; *Gen.* Jesu Christi, *Dat.* Jesus Christus *u.* Jesu Christo, *Akk.* Jesus Christus *u.* Jesum Christum, *Anredefall* Jesus Christus *u.* Jesu Christe

Je|sus|kind, das; -[e]s

Je|sus Na|za|re|nus Rex Ju|dae|o|rum ‹lat., »Jesus von Nazareth, König der Juden«›; *Abk.* I. N. R. I.

Je|sus Peo|ple ['dʒi:zəs 'pi:pl̩] *Plur.* ‹engl.› (Anhänger einer religiösen Jugendbewegung)

Je|sus Si|rach (Verfasser einer biblischen Spruchsammlung)

[1]**Jet** [dʒɛt], der; -[s], -s ‹engl.› (*ugs. für* Düsenflugzeug)

[2]**Jet** *vgl.* Jett

Jet|lag [...lɛk], der; -s, -s ‹*zu* [1]Jet› (Beschwerden nach schnellem Überfliegen mehrerer Zeitzonen)

Jet|li|ner [...ai...], der; -s, - (Düsenverkehrsflugzeug)

Je|ton [ʒə'tõ:], der; -s, -s ‹franz.› (Spielmarke)

Jet|set [*alte Schreibung* Jet-set], der; -s, -s ‹engl.› (Gruppe reicher, den Tagesmoden folgender Menschen)

Jet|stream [...i:m], der; -[s], -s (starker Luftstrom in der Tropo- od. Stratosphäre; Gegenstromanlage)

Jett, *fachspr.* Jet [dʒ...], der *od.* das; -[e]s ‹franz.-engl.› (Pechkohle, Gagat); **jett|ar|tig**

jet|ten [dʒ...] ‹engl.› (mit dem [1]Jet fliegen); gejettet

jet|zig

jet|zo (*veraltet für* jetzt)

jetzt; bis jetzt; von jetzt an

Jetzt, das; - (Gegenwart, Neuzeit)

Jetzt|mensch; Jetzt|zeit, die; -

Jeu [ʒø:], das; -s, -s ‹franz.› (*veraltet für* [Karten]spiel)

Jeu|nesse do|rée [ʒø'nɛs do're:], die; - - ‹franz.› (*früher für* reiche, leichtlebige Jugend der Großstädte)

Je|ver [...f..., *auch* ...v...] (Stadt in Niedersachsen)

Je|ve|ra|ner [...v...]; **Je|ve|ra|ne|rin**

Je|ver|land [...f..., *auch* ...v...], das; -[e]s (Gebiet im nördlichen Oldenburg); **Je|ver|län|der; Je|ver|län|de|rin; je|ver|län|disch; je|versch**

je|wei|len (*veraltet für* dann und wann; *schweiz. neben* jeweils)

je|wei|lig; je|weils

Jg. = Jahrgang

Jgg. = Jahrgänge

Jh. = Jahrhundert

jid|disch; Jid|disch, das; -[s] (von den Juden in Osteuropa gesprochenes Deutsch); *vgl.* Deutsch; **Jid|di|sche,** das; -n; *vgl.* Deutsche, das

Jid|dis|tik [*alte Trennung* ...|st...], die; - (jiddische Literatur- und Sprachwissenschaft)

Jim [dʒim], **Jim|my** ['dʒimi] (m. Vorn.)

Jin|gle ['dʒɪŋl̩], der; -[s], -[s] ‹engl.› (kurze, einprägsame Melodie eines Werbespots)

Jit|ter|bug ['dʒɪtɐbak], der; -, -[s] ‹amerik.› (in Amerika entstandener Jazztanz)

Jiu-Jit|su [dʒi:u'dʒɪtsu], das; -[s] ‹jap.› (*älter für* Ju-Jutsu *[vgl. d.]*)

Jive [dʒaif], der; -, -[s] ‹amerik.› (dem Jitterbug ähnlicher Tanz)

j. L. = jüngere[r] Linie *(Genealogie)*

J.-Nr. = Journalnummer

Jo|ab (bibl. m. Eigenn.)

Jo|a|chim [*auch* jo'a...]; (m. Vorn.)

Jo|a|chims|ta|ler, der; -s, - ‹nach dem Ort St. Joachimsthal in Böhmen› (eine Münze)

---

[1] [*auch* 'jɛn...]

Jo|as, *ökum.* **Jo|asch** (bibl. m. Eigenn.)

[1]**Job** (*Schreibung der Vulgata für* Hiob, Ijob)

[2]**Job** [dʒɔp], der; -s, -s ⟨engl.-amerik.⟩ ([Gelegenheits]arbeit, Stelle); **job|ben** (*ugs. für* einen [2]Job ausüben); gejobbt

Job|ber, der; -s, - (Händler an der Londoner Börse, der nur in eigenem Namen Geschäfte abschließen darf; *auch allg. für* Börsenspekulant; *ugs. für* jmd., der jobbt); **Job|ber|tum,** das; -s

Job|hop|ping [*alte Schreibung* Job-hop|ping], das; -s, -s ⟨engl.⟩ (*ugs. für* häufiger Stellenwechsel)

Job|kil|ler (*ugs. abwertend für* etwas, was Arbeitsplätze beseitigt)

Job|sha|ring [...ʃɛ:...; *alte Schreibung* Job-sha|ring], das; -[s] (Aufteilung eines Arbeitsplatzes unter mehrere Personen)

J

Job|si|a|de, die; - (komisches Heldengedicht von K. A. Kortum)

Jobst (m. Vorn.)

Job|ti|cket [ˈdʒɔp...; *alte Trennung* ...k|k...] (Dauerkarte zur Benutzung öffentlicher Verkehrsmittel für Beschäftigte einer Firma)

Joch, das; -[e]s, -e (*auch* ein älteres Feldmaß); 9 Joch Acker, 3 Joch Ochsen

Joch|bein; Joch|bo|gen *(Med.)*

Jo|chem, Jo|chen (m. Vorn.)

jo|chen (*landsch. für* ins Joch spannen)

Jo|ckei, *auch* **Jo|ckey** [ˈdʒɔke, ˈdʒɔki, *auch* ˈdʒɔkai, ˈjɔkai; *alte Trennung* ...k|k...], der; -s, -s ⟨engl.⟩ (Berufsrennreiter)

Jod, *fachspr. auch* Iod, das; -[e]s ⟨griech.⟩ (chemisches Element, Nichtmetall; *Zeichen* J, *auch* I)

Jo|dat, *fachspr. auch* Io|dat, das; -[e]s, -e (Salz der Jodsauerstoffsäure)

Jo|del, der; -s, *Plur.* - *u.* Jödel (*landsch. für* Jodelgesang)

jo|deln; ich jod[e]le

jod|hal|tig

Jo|did, *fachspr. auch* Io|did, das; -[e]s, -e ⟨griech.⟩ (Salz der Jodwasserstoffsäure)

jo|die|ren (mit Jod versehen)

Jo|dit, das; -s, -e (ein Mineral)

Jod|ler; Jod|le|rin

Jod|salz

Jod|tink|tur, die; - (*früher* [Wund]desinfektionsmittel)

Jo|el [...e:l, *auch* ...ɛl] (bibl. Prophet)

Jo|ga, Yo|ga [ˈjo:ga], der *u.* das; -[s] ⟨sanskr.⟩ (indisches philosophisches System [mit körperlichen u. geistigen Übungen])

Jo|ga|ü|bung, Yo|ga|ü|bung

jog|gen [ˈdʒɔ...] (Jogging betreiben); sie joggt, hat gejoggt

Jog|ger; Jog|ge|rin

Jog|ging, das; -s ⟨amerik.⟩ (Laufen in mäßigem Tempo [als Fitnesstraining]); **Jog|ging|an|zug; Jog|ging|be|klei|dung**

Jo|ghurt [ˈjo:gurt] *auch* Jo|gurt, der *u.*, *bes. österr. u. schweiz.*, das; -[s], *Plur.* -[s], *bes. ostösterr. auch* die; -, -[s] ⟨türk.⟩ (durch Zusetzen bestimmter Milchsäurebakterien gewonnene säuerliche Dickmilch)

Jo|gi, Jo|gin *vgl.* Yogi, Yogin

Jo|gurt *vgl.* Joghurt

Jo|hann [*auch* ˈjo:..., *österr. nur so*] (m. Vorn.); *vgl.* Johannes

Jo|han|na, Jo|han|ne (w. Vorn.)

jo|han|ne|isch; die johanneischen [*alte Schreibung* Johanneischen] (von Johannes herrührenden) Briefe

[1]**Jo|han|nes** (m. Vorn.); Johannes der Täufer

[2]**Jo|han|nes** (Apostel u. Evangelist)

Jo|han|nes|burg (größte Stadt der Republik Südafrika)

Jo|han|nes|e|van|ge|li|um, das; -s; **Jo|han|nes|pas|si|on**

Jo|hann|ge|or|gen|stadt (Stadt im westlichen Erzgebirge)

Jo|han|ni[s], das; - (Johannistag)

Jo|han|nis|bee|re; Rote Johannisbeere, Schwarze Johannisbeere [*alte Schreibungen* rote, schwarze Johannisbeere]

Jo|han|nis|ber|ger (ein Wein)

Jo|han|nis|brot (Hülsenfrucht des Johannisbrotbaumes)

Jo|han|nis|feu|er; Jo|han|nis|kä|fer; Jo|han|nis|nacht; Jo|han|nis|tag (am 24. Juni); **Jo|han|nis|trieb; Jo|han|nis|würm|chen**

Jo|han|ni|ter, der; -s, - (Angehöriger des Johanniterordens); **Jo|han|ni|ter|or|den,** der; -s

Jo|han|ni|ter|un|fall|hil|fe, die; - (*eigene Schreibung der Organisation:* Johanniter-Unfall-Hilfe)

joh|len

John [dʒɔn] (m. Vorn.)

John|son (dt. Schriftsteller)

Joint [dʒ...], der; -s, -s ⟨engl.⟩ (Haschisch od. Marihuana enthaltende Zigarette)

Joint|ven|ture [dʒɔyntˈvɛntʃɐ], *auch* **Joint Ven|ture** [*alte Schreibung* Joint-ven|ture], das; -[s], -s (*Wirtsch.* Zusammenschluss von Unternehmen, Gemeinschaftsunternehmen)

Jo-Jo, Yo-Yo [joˈjo:], das; -s, -s ⟨amerik.⟩ (ein Geschicklichkeitsspiel)

Jo|jo|ba, die; -, -s ⟨mexik.⟩ (ein Buchsbaumgewächs); **Jo|jo|ba-öl**

Jo-Jo-Ef|fekt (Gewichtsab- u. -wiederzunahme bei Diäten)

Jo|ker [*auch* ˈdʒo:...], der; -s, - ⟨engl.⟩ (eine Spielkarte; *österr. auch* ein Zusatzspiel im Lotto)

Jo|ko|ha|ma *vgl.* Yo|ko|ha|ma

jo|kos ⟨lat.⟩ (*veraltet für* scherzhaft)

Jo|kus, der; -, -se (*ugs. für* Scherz, Spaß)

Jo|li|ot-Cu|rie [ʒoˈlio:ky...], Frédéric [fredeˈrɪk] *u.* Irène [iˈrɛn] (franz. Physikerehepaar)

Jol|le, die; -, -n (kleines [einmastiges] Boot); **Jol|len|kreu|zer**

Jom Kip|pur, der; - - (hoher jüdischer Feiertag)

Jo|na, *ökum.* [1]**Jo|nas** (biblischer Prophet)

[2]**Jo|nas** (m. Vorn.)

[1]**Jo|na|than,** der; -s, - (ein Winterapfel)

[2]**Jo|na|than,** *ökum.* Jo|na|tan (bibl. m. Eigenn.)

Jon|g|leur [ʒɔŋ(g)ˈlø:ɐ], der; -s, -e ⟨franz.⟩ (Geschicklichkeitskünstler); **Jon|g|leu|rin**

jon|g|lie|ren

Jons|dorf, Kur|ort (im Zittauer Gebirge)

Jop|pe, die; -, -n (Jacke)

Jor|dan, der; -[s] (größter Fluss Israels u. Jordaniens); über den Jordan gehen (sterben)

Jor|da|ni|en (Staat in Vorderasien); *vgl. auch* Transjordanien

Jor|da|ni|er; Jor|da|ni|e|rin

jor|da|nisch

Jörg (m. Vorn.)

Jörn (m. Vorn.)

Jo|sa|phat, *ökum.* Jo|scha|fat (bibl. m. Eigenn.); das Tal Josaphat, *ökum.* Joschafat (östl. von Jerusalem)

Jo|schi|ja *vgl.* Josia

Josch|ka (Koseform von Joseph)

Jo|sef usw. *vgl.* Joseph usw.

[1]**Jo|seph,** Jo|sef (m. Vorn.)

[2]**Jo|seph,** *ökum.* Jo|sef (bibl. m. Eigenn.)

Jo|se|pha [*auch* joˈze:fa], *auch u.*

österr. nur Jo|se|fa [*auch* jo'ze:fa] (w. Vorn.)
Jo|se|phi|ne, *auch u. österr. nur* Jo|se|fi|ne (w. Vorn.)
jo|se|phi|nisch; Josephinisches Zeitalter (Zeitalter Josephs II.)
Jo|se|phi|nis|mus, der; - (aufgeklärte katholische Staatskirchenpolitik im Österreich des 18. u. 19. Jh.s)
Jo|se|phus (jüdischer Geschichtsschreiber)
Jo|sia, Jo|si|as, *ökum.* Jo|schi|ja (bibl. m. Eigenn.)
Jost (m. Vorn.)
Jo|sua ‹»Gott hilft« [*vgl.* Jesus]› (bibl. m. Eigenn.)
Jot, das; -, - ‹semit.› (Buchstabe)
Jo|ta, *auch* Io|ta, das; -[s], -s (griechischer Buchstabe: *I, ι*); kein Jota, *auch* Iota (nicht das Geringste)
Jo|ta|zis|mus, *auch* Io|ta|zis|mus (*svw.* Itazismus)
Joule [dʒu:l], das; -[s], - ‹nach dem Engländer J. P. Joule› (*Physik* Maßeinheit für die Energie; *Zeichen* J)
Jour [ʒu:ɐ̯], der; -s, -s ‹franz.› (*früher für* [Dienst-, Amts-, Empfangs]tag); Jour fixe (für regelmäßige Treffen fest vereinbarter Tag); *vgl.* du jour *u.* à jour
Jour|nail|le [ʒʊrˈnaljə, *auch* ...ˈnai, *österr.* ...ˈnaijə], die; - (gewissenlos u. hetzerisch arbeitende Tagespresse)
Jour|nal, das; -s, -e (Tagebuch in der Buchhaltung; [Mode]zeitschrift; *veraltet für* Zeitung)
Jour|nal|be|am|te (*österr. für* Dienst habender Beamter); **Jour|nal|dienst** (*österr. für* Bereitschafts-, Tagesdienst)
Jour|na|lis|mus, der; - ([bes. Wesen, Eigenart der] Zeitungsschriftstellerei; Pressewesen)
Jour|na|list, der; -en, -en (jmd., der beruflich für die Presse, den Rundfunk, das Fernsehen schreibt, publizistisch tätig ist); **Jour|na|lis|tik** [*alte Trennung* ...|st...], die; - (Zeitungswesen); **Jour|na|lis|tin; jour|na|lis|tisch**
Jour|nal|num|mer (Nummer eines kaufmännischen od. behördlichen Tagebuchs; *Abk.* J.-Nr.)
jo|vi|al [*österr. u. schweiz.* ʒo...] ‹lat.› (leutselig, gönnerhaft); **Jo|vi|a|li|tät,** die; -
Joyce [dʒɔys], James (irischer Schriftsteller)
Joy|stick [ˈdʒɔystɪk], der; -s, -s ‹engl.› (Steuerhebel für Computer[spiele])
JPY (Währungscode für Yen)
jr., jun. = junior
[1]Ju|an [x...] (m. Vorn.); Don Juan (*vgl. d.*)
[2]Ju|an *vgl.* Yuan
Ju|bel, der; -s
Ju|bel|fei|er; Ju|bel|ge|schrei; Ju|bel|greis (*ugs. für* lebenslustiger alter Mann)
Ju|bel|jahr (*bei den Juden* jedes 50., *in der kath. Kirche* jedes 25. Jahr); alle Jubeljahre (*ugs. für* ganz selten)
ju|beln; ich jub[e]le
Ju|bel|paar; Ju|bel|ruf
Ju|bi|lar, der; -s, -e ‹lat.›; **Ju|bi|la|rin**
Ju|bi|la|te ‹»jubelt!«› (dritter Sonntag nach Ostern)
Ju|bi|lä|um, das; -s, ...äen
Ju|bi|lä|ums|aus|ga|be; Ju|bi|lä|ums|aus|stel|lung; Ju|bi|lä|ums|fei|er
ju|bi|lie|ren (jubeln; *auch* ein Jubiläum feiern)
[1]Ju|chart, Ju|chert, der; -s, -e (altes südwestdeutsches Feldmaß); 10 Juchart *od.* Juchert Ackerland; *vgl.* Jauchert
[2]Ju|chart, Ju|char|te, die; -, ...ten (*schweiz. für* [1]Juchart)
ju|chen (*landsch. für* jauchzen)
Ju|chert *vgl.* [1]Juchart
juch|he!
Juch|he, das; -s, -s (*ugs. für* oberste Galerie im Theater)
juch|hei!; juch|hei|ras|sa!; juch|hei|ras|sas|sa!
juch|hei|sa!; juch|hei|ßa!
juch|ten (aus Juchten); **Juch|ten,** der *od.* das; -s ‹russ.› (feines, wasserdichtes Leder)
Juch|ten|le|der; Juch|ten|stie|fel
juch|zen (*Nebenform von* jauchzen); du juchzt; **Juch|zer**

ju|cken

[*alte Trennung* ...k|k...]
- es juckt mich; es juckt mich am Arm; es juckt (reizt) mich[,] ihr einen Streich zu spielen
- es juckt mir, *auch* mich in den Fingern (*ugs. für* es drängt mich)[,] dir eine Ohrfeige zu geben
- die Hand juckt mir, *auch* mich; mir, *auch* mich juckt die Hand; ihm, *auch* ihn juckt das Fell (*ugs. für* er scheint Prügel haben zu wollen)

Ju|cker [*alte Trennung* ...k|k...], der; -s, - (leichtes [ung.] Wagenpferd); **Ju|cker|ge|schirr**
Juck|pul|ver; Juck|reiz
[1]Ju|da (bibl. m. Eigenn.)
[2]Ju|da (Sitz des Stammes Juda in u. um Jerusalem); *vgl.* Judäa
Ju|däa (Bez. des alten Südpalästinas, später ganz Palästinas)
Ju|da|i|ka *Plur.* (Bücher, Sammelobjekte der jüdischen Kultur u. Religion)
Ju|da|is|mus, der; - (jüdische Religion); **Ju|da|is|tik** [*alte Trennung* ...|st...], die; - (Wissenschaft von der jüdischen Religion, Kultur, Geschichte)
[1]Ju|das (bibl. m. Eigenn.); Judas Ischariot, *ökum.* Judas Iskariot (Apostel, Verräter Jesu); Judas Thaddäus (ein Apostel)
[2]Ju|das, der; -, -se ‹nach Judas Ischariot› (Verräter)
Ju|das|kuss [*alte Schreibung* ...kuß] ↑K 136; **Ju|das|lohn,** der; -[e]s
Ju|de, der; -n, -n
Ju|den|chris|ten|tum [*alte Trennung* ...|st...]
Ju|den|heit, die; -
Ju|den|kir|sche (eine Zierpflanze); **Ju|den|stern**
Ju|den|tum, das; -s
Ju|den|ver|fol|gung
Ju|di|ka ‹lat., »richte!«› (Passionssonntag, zweiter Sonntag vor Ostern)
Ju|di|ka|ti|ve, die; - (*Rechtsspr.* richterliche Gewalt [im Staat])
ju|di|ka|to|risch (*veraltend für* richterlich)
Ju|di|ka|tur, die; -, -en (Rechtsprechung)
Jü|din
jü|disch; die jüdische Zeitrechnung
[1]Ju|dith (w. Vorn.)
[2]Ju|dith, *ökum.* Ju|dit (bibl. w. Eigenn.)
ju|di|zie|ren ‹lat.› (*Rechtsspr.* urteilen, richten)
Ju|di|zi|um, das; -s, ...ien (aus langjähriger Gerichtspraxis sich entwickelndes Rechtsfindungsvermögen)
[1]Ju|do, der; -s, -s (*Kurzw. für* Jungdemokrat)
[2]Ju|do [*österr. meist* dʒ...], das; -[s] ‹jap.› (sportliche Ausübung des Ju-Jutsu); **Ju|do|griff**
Ju|do|ka, der; -[s], -[s] *u.* die; -, -[s] (Judosportler[in])
Ju|gend, die; -; **Ju|gend|amt**

jung

jünger, am jüngs|ten (*vgl.* jüngste)
Kleinschreibung:
- er ist der jüngere, jüngste meiner Söhne
- die Gedichte des jungen Goethe
- die jungen Wilden
- von jung auf
- ein Fest für junge und jung gebliebene Menschen, *aber* ein Fest für Junge und jung Gebliebene, *auch* Junggebliebene

Großschreibung:
a) der Substantivierung ↑K 72:
- Jung und Alt [*alte Schreibung* jung und alt] (jedermann); Junge und Alte
- meine Jüngste kommt jetzt in die Schule
- sie ist nicht mehr die Jüngste, sie gehört nicht mehr zu den Jüngsten

b) in Namen und bestimmten namensähnlichen Fügungen:
- ↑K 134: Jung Siegfried; der Jüngere (*Abk. [bei Eigennamen]* d. J.)
- ↑K 150: das Junge Deutschland (eine Dichtergruppe des 19. Jh.s); die Junge Union (gemeinsame Jugendorganisation von CDU u. CSU)
- ↑K 151: das Jüngste Gericht, der Jüngste Tag

Ju|gend|ar|beits|lo|sig|keit; Ju|gend|ar|beits|schutz|ge|setz
Ju|gend|be|geg|nung; Ju|gend|be|we|gung
Ju|gend|bild; Ju|gend|bild|nis
Ju|gend|er|in|ne|rung
ju|gend|frei (Prädikat für Filme)
Ju|gend|freund (*DDR auch* Anrede für ein Mitglied der FDJ); **Ju|gend|freun|din**
Ju|gend|für|sor|ge
ju|gend|ge|fähr|dend; ein jugendgefährdender Film
Ju|gend|grup|pe
Ju|gend|her|ber|ge
Ju|gend|klub, *auch* Ju|gend|club
Ju|gend|kri|mi|na|li|tät, die; -
ju|gend|lich
Ju|gend|li|che, der *u.* die; -n, -n
Ju|gend|lich|keit, die; -
Ju|gend|lie|be; Ju|gend|li|te|ra|tur; Ju|gend|or|ga|ni|sa|ti|on; Ju|gend|pfar|rer; Ju|gend|pfle|ge; Ju|gend|psy|cho|lo|gie
Ju|gend|recht, das; -[e]s; **Ju|gend|rich|ter; Ju|gend|schutz**
Ju|gend|stil, der; -[e]s (eine Kunstrichtung); **Ju|gend|stil|lam|pe**
Ju|gend|streich; Ju|gend|sün|de
Ju|gend|wei|he (feierliche Veranstaltung beim Übergang der Jugendlichen in das Leben der Erwachsenen); **Ju|gend|werk; Ju|gend|zeit; Ju|gend|zen|t|rum**
Ju|go|s|la|we, der; -n, -n; **Ju|go|s|la|wi|en; Ju|go|s|la|win; ju|go|s|la|wisch**
Ju|gur|tha (König von Numidien); **Ju|gur|thi|ni|sche Krieg,** der; -n -[e]s
ju|he! (*schweiz. für* juchhe!)
ju|hu! [*auch* 'ju:...]
Juice [dʒu:s], der *od.* das; -, -s ⟨engl.⟩ (Obst- od. Gemüsesaft)
Juist [jy:st] (eine der Ostfriesischen Inseln)
Ju|ju|be, die; -, -n ⟨franz.⟩ (ein Strauch; Beere)
Ju-Jut|su, das; -[s] ⟨jap.⟩ (Technik der Selbstverteidigung ohne Waffen)
Juke|box ['dʒu:k...], die; -, -es ⟨engl.⟩ (*svw.* Musikbox)
Jul|bock, der ⟨schwed.⟩ (skandinavische Weihnachtsfigur)
Ju|lei (*verdeutlichende Sprechform von* Juli)
Jul|fest (Fest der Wintersonnenwende); *vgl.* Julklapp
Ju|li, der; -[s], -s ⟨lat.⟩ (der siebte Monat im Jahr, Heue[r]t, Heumond, Sommermonat)
Ju|lia, Ju|lie (w. Vorn.)
Ju|li|an, Ju|li|a|nus (röm. Jurist)
Ju|li|a|na, Ju|li|a|ne (w. Vorn.)
ju|li|a|nisch; der julianische [*alte Schreibung* Julianische] Kalender ↑K 135
Ju|li|a|nus *vgl.* Julian
Ju|lie *vgl.* Julia
[1]**Ju|li|enne** [ʒy'li̯ɛn] ⟨franz.⟩ (w. Vorn.)
[2]**Ju|li|enne,** die; - (*Gastron.* feine Gemüsestreifen als Suppeneinlage und für Soßen); **Ju|li|enne|sup|pe**
[1]**Ju|li|er,** der; -s, - ⟨lat.⟩ (Angehöriger eines römischen [Kaiser]geschlechtes)
[2]**Ju|li|er,** der; -s (schweiz. Alpenpass), *auch* **Ju|li|er|pass** [*alte Schreibung* ...paß], der; -es
ju|lisch, *aber* ↑K 140: die Julischen Alpen
Ju|li|us (römischer Geschlechtername; m. Vorn.)
Ju|li|us|turm, der; -[e]s ↑K 136 ⟨nach einem Turm der früheren Zitadelle in Spandau, in dem der Kriegsschatz des Dt. Reiches lag⟩ (*übertr. für* vom Staat angesparte Gelder)
Jul|klapp, der; -s ⟨schwed.⟩ ([scherzhaft mehrfach verpacktes] kleines Weihnachtsgeschenk, das am Julfest von unbekanntem Geber in die Stube geworfen wird)
Jul|mond (*alte Bez. für* Dezember); **Jul|nacht**
Jum|bo, der; -s, -s ⟨amerik.⟩ (*Kurzform für* Jumbojet); **Jum|bo|jet,** *auch* **Jum|bo-Jet** (Großraumflugzeug)
Ju|me|lage [ʒymə'la:ʃ], die; -, -n ⟨franz.⟩ (Städtepartnerschaft)
jum|pen ['dʒa...] ⟨engl.⟩ (springen); gejumpt
Jum|per ['dʒa..., *bes. südd., österr.* 'dʒɛ...], der; -s, - ⟨engl.⟩ (blusen- od. pulloverähnliches Kleidungsstück); **Jum|per|kleid**
jun., jr. = junior
jung *s. Kasten*
Jung|brun|nen; Jung|bür|ger (*österr. u. schweiz. für* jmd., der das Wahlalter erreicht hat)
Jung|chen *(landsch.)*
Jung|de|mo|krat (Mitglied der [ehemaligen] Jugendorganisation der F.D.P.; *Kurzw.* Judo); **Jung|de|mo|kra|tin**
[1]**Jun|ge,** der; -n, *Plur.* -n, *ugs. auch* Jungs *u.* -ns
[2]**Jun|ge,** das; -n, -n
Jün|gel|chen *(oft abwertend)*
jun|gen (Junge werfen); die Katze jungt
Jun|gen|ge|sicht
jun|gen|haft; Jun|gen|haf|tig|keit, die; -
Jun|gen|schu|le; Jun|gen|streich
Jün|ger, der; -s, -; **Jün|ge|rin; Jün|ger|schaft**
Jung|fer, die; -, -n *(veraltet);* **jüng|fer|lich**

Jung|fern|fahrt (erste Fahrt [eines Schiffes]); **Jung|fern|flug**
jung|fern|haft
Jung|fern|häut|chen (*für* Hymen); **Jung|fern|kranz** (*veraltet für* Brautkranz); **Jung|fern|re|de**
Jung|fern|zeu|gung (*für* Parthenogenese)
Jung|frau; jung|fräu|lich; Jung|fräu|lich|keit, die; -
jung Ge|blie|be|ne, der *u.* die; - -n, - -n, *auch* **Jung|ge|blie|be|ne,** der *u.* die; -n, -n
jung ge|freit *vgl.* jung
Jung|ge|sel|le; Jung|ge|sel|len|bu|de *(ugs.)*; **Jung|ge|sel|len|da|sein; Jung|ge|sel|len|wirt|schaft; Jung|ge|sel|len|woh|nung**
Jung|ge|sel|lin
Jung|gram|ma|ti|ker (Angehöriger der Leipziger Schule der indogermanischen u. allgemeinen Sprachwissenschaft um 1900)
Jung|he|ge|li|a|ner (Angehöriger der radikalen Gruppe der Hegelianer)
Jung|holz; Jung|leh|rer
Jüng|ling; Jüng|lings|al|ter, das; -s; **jüng|ling[s]|haft**
Jung|pflan|ze
jungsch (*berlin. für* jung)
Jung|so|zi|a|list, der; -en, -en (Angehöriger einer Nachwuchsorganisation der SPD; *Kurzw.* Juso); **Jung|so|zi|a|lis|tin** [*alte Trennung* ...|st...]
jüngst *(veraltend);* **jüngs|te** [*alte Trennung* ...|st...], *aber* ↑K 151: das Jüngste Gericht, der Jüngste Tag; *vgl.* jung
Jung|stein|zeit, die; - (*für* Neolithikum)
Jüngs|ten|recht [*alte Trennung* ...|st...] (*für* Minorat)
jüngs|tens [*alte Trennung* ...|st...] (*veraltet für* jüngst)
jüngst|hin *(veraltend)*
Jung-Stil|ling (dt. Gelehrter u. Schriftsteller)
jüngst|ver|gan|gen *(veraltend);* in jüngstvergangener Zeit
Jung|tier; Jung|un|ter|neh|mer
jung|ver|hei|ra|tet (seit kurzem verheiratet), *aber* jung verheiratet (seit jungen Jahren verheiratet); **Jung|ver|hei|ra|te|te**
jung|ver|mählt *vgl.* jungverheiratet; **Jung|ver|mähl|te**
Jung|vieh; Jung|vo|gel
Jung|wäh|ler; Jung|wäh|le|rin
Ju|ni, der; -[s], -s ⟨lat.⟩ (der sechste Monat des Jahres, Brachet, Brachmonat); **Ju|ni|kä|fer**
ju|ni|or ⟨lat., »jünger«⟩ (*hinter Namen* der Jüngere; *Abk.* jr. *u.* jun.); Karl Meyer junior
Ju|ni|or, der; -s, ...oren (Sohn [im Verhältnis zum Vater]; *Mode* Jugendlicher; *Sport* Sportler zwischen 18 u. 23 Jahren)
Ju|ni|o|rat, das; -[e]s (Minorat)
Ju|ni|or|chef (Sohn des Geschäftsinhabers)
Ju|ni|o|ren|meis|ter [*alte Trennung* ...|st...] *(Sport);* **Ju|ni|o|ren|meis|ter|schaft**
Ju|ni|o|ren|ren|nen *(Sport)*
Ju|ni|o|rin; Ju|ni|or|part|ner
Ju|ni|us (römischer m. Eigenn.)
Jun|ker, der; -s, -; **jun|ker|haft; jun|ker|lich; Jun|ker|schaft,** die; -; **Jun|ker|tum,** das; -s
Junk|food, *auch* **Junk-Food** [ˈdʒaŋkfuːt], das; -[s] ⟨engl.⟩ (minderwertige Nahrung)
Jun|kie [ˈdʒaŋki], der; -s, -s (*Jargon* Drogenabhängiger)
Junk|tim, das; -s, -s ⟨lat.⟩ (Verbindung mehrerer [parlamentarischer] Anträge zur gleichzeitigen Erledigung); **Junk|tims|vor|la|ge**
[1]**Ju|no** (*verdeutlichende Sprechform von* Juni)
[2]**Ju|no** (höchste römische Himmelsgöttin)
[3]**Ju|no,** die; - (ein Planetoid)
ju|no|nisch ([2]Juno betreffend; stolz, erhaben)
Jun|ta [x..., *auch* j...], die; -, ...ten ⟨span.⟩ (Regierungsausschuss, bes. in Südamerika; *kurz für* Militärjunta)
Jupe [ʒyːp], der, *seltener* das; -s, -s ⟨franz.⟩ (*schweiz. für* Frauenrock)
[1]**Ju|pi|ter,** *Gen.* -s, *auch* Jovis (höchster römischer Gott)
[2]**Ju|pi|ter,** der; -s (ein Planet)
Ju|pi|ter|lam|pe® ⟨nach der Berliner Firma »Jupiterlicht«⟩ (starke elektrische Bogenlampe für Film- u. Fernsehaufnahmen)
Jupp (m. Vorn.)
[1]**Ju|ra** (*Plur. von* [1]Jus)
[2]**Ju|ra,** der; -s (*Geol.* mittlere Formation des Mesozoikums); ↑K 150: der Weiße Jura, der Braune Jura, der Schwarze Jura
[3]**Ju|ra,** der; -[s] (Bez. von Gebirgen); ↑K 140: der Fränkische Jura, der Schwäbische Jura; ↑K 141: der Schweizer Jura
[4]**Ju|ra,** der; -[s] (schweiz. Kanton)
Ju|ra|for|ma|ti|on, die; -
Ju|ras|si|er (Bewohner des [3,4]Jura); **Ju|ras|si|e|rin**
ju|ras|sisch (zum [2,4]Jura gehörend)
Ju|ra|stu|dent
Jür|gen (m. Vorn.)
ju|ri|disch ⟨lat.⟩ (*österr., sonst veraltend für* juristisch)
ju|rie|ren (in einer Jury mitwirken)
Ju|ris|dik|ti|on, die; -, -en (Rechtsprechung; Gerichtsbarkeit)
Ju|ris|pru|denz, die; - (Rechtswissenschaft)
Ju|rist, der; -en, -en (Rechtskundiger); **Ju|ris|ten|deutsch** [*alte Trennung* ...|st...]; **Ju|ris|te|rei,** die; - (*scherzh. für* Rechtswissenschaft, Rechtsprechung)
Ju|ris|tin [*alte Trennung* ...|st...]
ju|ris|tisch [*alte Trennung* ...|st...]; juristische Person (rechtsfähige Körperschaft; *Ggs.* natürliche Person)
Ju|ror, der; -s, ...oren ⟨engl.⟩ (Mitglied einer Jury); **Ju|ro|rin**
Jur|te, die; -, -n ⟨türk.⟩ (rundes Filzzelt mittelasiatischer Nomaden)
Ju|ry [ʒyˈriː, *auch* ˈʒyː...], die; -, -s (Preisrichter- bzw. Kampfrichterkollegium); **ju|ry|frei** (ohne Jury u. nicht von Fachleuten zusammengestellt); eine juryfreie Ausstellung
[1]**Jus** [*österr.* jʊs], das; -, Jura ⟨lat.⟩ (Recht, Rechtswissenschaft); Jura, *österr. u. schweiz.* Jus studieren
[2]**Jus** [ʒyː], die; -, *südd. auch* das; -, *schweiz. meist* der; - ⟨franz.⟩ (konzentrierter, eingedickter Fleischsaft; Bratensaft; *schweiz. auch für* Fruchtsaft)
Ju|so, der; -s, -s (*Kurzw. für* Jungsozialist)
Jus|stu|dent (*österr. u. schweiz. für* Jurastudent)
just ⟨lat.⟩ (*veraltend für* eben, gerade; recht); das ist just das Richtige
jus|ta|ment [*alte Trennung* ...|st...] ⟨franz.⟩ (*veraltet, noch landsch. für* richtig, genau; nun erst recht, nun gerade)
jus|tie|ren [*alte Trennung* ...|st...] (genau einstellen, einpassen, ausrichten); **Jus|tie|rer; Jus|tie|re|rin; Jus|tie|rung; Jus|tier|waa|ge** (Münzkontrollwaage)
Jus|ti|fi|ka|ti|on [*alte Trennung* ...|st...], die; -, -en (*fachspr. für* Rechtfertigung; *auch svw.* Justifikatur); **Jus|ti|fi|ka|tur,** die; -,

J

-en (*fachspr. für* Genehmigung von Rechnungen nach Prüfung)
jus|ti|fi|zie|ren [*alte Trennung* ...|st...] (rechtfertigen; [eine Rechnung] nach Prüfung genehmigen)
Jus|ti|ne [*alte Trennung* ...|st...] (w. Vorn.)
Jus|ti|ni|an, Jus|ti|ni|a|nus [*alte Trennung* ...|st...] (Name byzantinischer Kaiser)
just in time [dʒʌst ɪn ˈtaɪm] ⟨engl.⟩ (zeitlich abgestimmt); **Just-in-time-Pro|duk|ti|on** (wirtschaftliches Organisationsprinzip mit aufeinander abgestimmten Terminen)
Jus|ti|nus [*alte Trennung* ...|st...] (m. Vorn.)
Jus|ti|tia [*alte Trennung* ...|st...] (altrömische Göttin der Gerechtigkeit)
jus|ti|ti|a|bel [*alte Trennung* ...|st...], **jus|ti|zi|a|bel** (richterlicher Entscheidung unterworfen); ...a|b|le Vergehen
Jus|ti|ti|ar [*alte Trennung* ...|st...], Jus|ti|zi|ar, der; -s, -e (Rechtsbeistand, Syndikus); **Jus|ti|ti|a|ri|at,** Jus|ti|zi|a|ri|at, das; -[e]s, -e (Amt des Justitiars); **Jus|ti|ti|a|rin,** Jus|ti|zi|a|rin
Jus|ti|ti|um [*alte Trennung* ...|st...], Jus|ti|zi|um, das; -s, ...ien (Stillstand der Rechtspflege)
Jus|tiz [*alte Trennung* ...|st...], die; - (Gerechtigkeit; Rechtspflege); **Jus|tiz|be|am|te; Jus|tiz|be|am|tin; Jus|tiz|be|hör|de**
jus|ti|zi|a|bel, jus|ti|ti|a|bel [*alte Trennung* ...|st...] (richterlicher Entscheidung unterworfen); ...a|b|le Vergehen
Jus|ti|zi|ar, Jus|ti|ti|ar [*alte Trennung* ...|st...], der; -s, -e (Rechtsbeistand, Syndikus); **Jus|ti|zi|a|ri|at,** Jus|ti|ti|a|ri|at, das; -[e]s, -e (Amt des Justiziars); **Jus|ti|zi|a|rin,** Jus|ti|ti|a|rin
Jus|tiz|irr|tum [*alte Trennung* ...|st...]
Jus|ti|zi|um, Jus|ti|ti|um [*alte Trennung* ...|st...], das; -s, ...ien (Stillstand der Rechtspflege)
Jus|tiz|mi|nis|ter [*alte Trennungen* ...|st...]; **Jus|tiz|mi|nis|te|rin; Jus|tiz|mi|nis|te|ri|um**
Jus|tiz|mord [*alte Trennung* ...|st...] (Hinrichtung eines unschuldig Verurteilten)
Jus|tiz|pa|last [*alte Trennung* ...|st...]; **Jus|tiz|voll|zugs|an|stalt** (*Abk.* JVA)
Jus|tiz|wa|che [*alte Trennung* ...|st...] *(österr.)*; **Jus|tiz|wa|che|be|am|te** *(österr.)*
Jus|tus [*alte Trennung* ...|st...] (m. Vorn.)
Ju|te, die; - ⟨bengal.-engl.⟩ (Faserpflanze; Bastfaser dieser Pflanze)
Jü|te, der; -n, -n (Bewohner Jütlands)
Ju|te|garn
Jü|ter|bog (Stadt im Fläming)
Ju|te|sack; Ju|te|spin|ne|rei; Ju|te|ta|sche
jü|tisch, *aber* ↑K140: die Jütische Halbinsel
Jüt|land (festländischer Teil Dänemarks); **jüt|län|disch**
Jut|ta, Jut|te (w. Vorn.)
Ju|ve|nal (römischer Satiriker)
ju|ve|na|lisch (satirisch, spöttisch); die juvenalischen [*alte Schreibung* Juvenalischen] Satiren ↑K135
ju|ve|na|li|sie|ren ⟨lat.⟩ (am Stil, Geschmack der Jugend orientieren); **Ju|ve|na|li|sie|rung**
ju|ve|nil (*geh. für* jugendlich, für junge Menschen charakteristisch; *Geol.* dem Erdinnern entstammend)
ju|vi|val|le|ra! [...ˈva..., *auch* ...ˈfa...] (bes. in Volksliedern)
[1]**Ju|wel,** das, *auch* der; -s, -en *meist Plur.* ⟨niederl.⟩ (Edelstein; Schmuckstück)
[2]**Ju|wel,** das; -s, -e (Person od. Sache, die von jmdm. besonders geschätzt wird)
Ju|we|len|dieb|stahl
Ju|we|lier, der; -s, -e (Schmuckhändler; Goldschmied); **Ju|we|lier|ge|schäft; Ju|we|lie|rin; Ju|we|lier|la|den**
Jux, der; -es, -e *Plur. selten* ⟨lat.⟩ (*ugs. für* Scherz, Spaß); aus lauter Jux und Tollerei (aus Übermut); **ju|xen** (*ugs. für* scherzen, Spaß machen); du juxt
Jux|ta, die; -, ...ten ⟨lat.⟩ (Kontrollstreifen [an Lotterielosen usw.])
Jux|ta|po|si|ti|on, die; -, -en (*Sprachw.* Nebeneinanderstellung [im Ggs. zur Komposition]; *Mineralogie* Ausbildung von zwei miteinander verwachsenen Kristallen, die eine Fläche gemeinsam haben)
Jux|ta|po|si|tum, das; -s, ...ta (*Sprachw.* durch Nebeneinanderstellung entstandene Zusammensetzung, z. B. »Dreikäsehoch«)
Jux|te (*österr. für* Juxta)
JVA = Justizvollzugsanstalt
jwd [jɔtveːˈdeː] ⟨*aus berlinisch* janz weit draußen⟩ (*ugs. scherzh. für* abgelegen); die Baustelle ist jwd

K *k*

K (Buchstabe); das K; des K, die K, *aber* das k in Haken; der Buchstabe K, k
k = Kilo...
K = *chemisches Zeichen für* Kalium; Kelvin
K, κ = Kappa
k. = kaiserlich *vgl. d.*; königlich (im ehem. Österreich-Ungarn)
Ka|a|ba, die; - ⟨arab.⟩ (Hauptheiligtum des Islams in Mekka)
Ka|ba|le, die; -, -n ⟨hebr.⟩ (*veraltet für* Intrige, Ränke)
Ka|ba|nos|si, die; -, - (Wurstsorte)
Ka|ba|rett [*auch* ˈka...], das; -s, *Plur.* -s *u.* -e, *auch [österr. nur so]* das; -s, -s, *auch, bes. österr.,* Cabaret [...ˈreː, *auch* ˈkabare], das; -s, -s ⟨franz.⟩ (Kleinkunst[bühne]; Speiseplatte mit Fächern)
Ka|ba|ret|ti|er [...ˈti̯eː], der; -s, -s (Besitzer einer Kleinkunstbühne)
Ka|ba|ret|tist, der; -en, -en (Künstler an einer Kleinkunstbühne); **Ka|ba|ret|tis|tin** [*alte Trennung* ...|st...]; **ka|ba|ret|tis|tisch**
Ka|bäus|chen (*westmitteld. für* kleines Haus od. Zimmer)
Kab|ba|la, die; - ⟨hebr.⟩ (mittelalterl. jüd. Geheimlehre); **kab|ba|lis|tisch**
Kab|be|lei (*bes. nordd. für* Zankerei, Streit)
kab|be|lig (*Seemannsspr.* unruhig; ungleichmäßig)
kab|beln; sich kabbeln (*bes. nordd. für* zanken, streiten); ich kabb[e]le mich; die See kabbelt (ist ungleichmäßig bewegt)

K

Kab|bel|lung *(Seemannsspr.)*
Ka|bel, das; -s, - ‹franz.›
Ka|bel|an|schluss [*alte Schreibung* Kabelanschluß]; **Ka|bel|fern|se|hen**
Ka|bel|gat[t] (Schiffsraum für Tauwerk)
Ka|bel|jau, der; -s, *Plur.* -e *u.* -s ‹niederl.› (ein Fisch)
Ka|bel|län|ge (seemännisches Maß); **Ka|bel|le|ger** (Kabel verlegendes Schiff); **Ka|bel|lei|tung**
ka|beln (*veraltend für* [nach Übersee] telegrafieren); ich kab[e]le
Ka|bel|nach|richt *(veraltet)*
Ka|bel|netz; Ka|bel|schuh *(Elektrot.)*
Ka|bel|tau, das; -[e]s, -e; **Ka|bel|trom|mel**
Ka|bel|tu|ner *(Fernsehtechnik)*
Ka|bel-TV, das; -[s]
Ka|bi|ne, die; -, -n ‹franz.› (Schlaf-, Wohnraum auf Schiffen; Zelle [in Badeanstalten usw.]; Abteil)
Ka|bi|nett, das; -s, -e ‹franz.› (Gesamtheit der Minister; Raum für Sammlungen; Qualitätsstufe für Wein; *österr. für* kleines, einfenstriges Zimmer; *regional für* Fachunterrichtsraum; *früher für* Beraterkreis eines Fürsten, Geheimkanzlei)
Ka|bi|netts|be|schluss [*alte Schreibung* Kabinettsbeschluß]; **Ka|bi|netts|bil|dung**
Ka|bi|netts|jus|tiz [*alte Trennung* ...|st...] ([unzulässige] Einwirkung der Regierung auf die Rechtsprechung)
Ka|bi|netts|kri|se; Ka|bi|netts|order (Befehl des Herrschers); **Ka|bi|netts|sit|zung**
Ka|bi|nett|stück (Prachtstück; besonders geschicktes Handeln)
Ka|bi|netts|vor|la|ge
Ka|bi|nett|wein
Ka|bis, der; - ‹lat.› (*südd., schweiz. für* Kohl); *vgl.* Kappes
Ka|bo|ta|ge [...ʒə], die; - ‹franz.› (*Rechtsw.* Personen- u. Güterbeförderung innerhalb eines Landes); **ka|bo|tie|ren**
Ka|b|rio, Ca|b|rio, das; -[s], -s (*Kurzform von* Kabriolett, Cabriolet)
Ka|b|ri|o|lett [*auch* ...'le:, *österr. nur so*], Ca|b|ri|o|let [...'le:], das; -s, -s ‹franz.› (Pkw mit zurückklappbarem Verdeck)
Ka|b|ri|o|li|mou|si|ne
Ka|buff, das; -s, *Plur.* -e *u.* -s (*landsch. für* kleiner, dunkler Nebenraum)
Ka|bul [*auch* 'ka:...] (Hauptstadt Afghanistans)
Ka|bu|se, Ka|bü|se, die; -, -n (*nordd. für* kleiner, dunkler Raum; *auch für* Kombüse)
Ka|by|le, der; -n, -n (Angehöriger eines Berberstammes)
Ka|chel, die; -, -n
ka|cheln; ich kach[e]le
Ka|chel|ofen
Ka|ch|e|xie, die; -, ...ien ‹griech.› (*Med.* Kräfteverfall)
Ka|cka [*alte Trennung* ...k|k...], der *u.* das; - (*Kindersprr.* Kot)
Ka|cke [*alte Trennung* ...k|k...], die; - (*derb für* Kot); **ka|cken** *(derb);* **Ka|cker** (derbes Schimpfwort); **kack|fi|del** (*derb für* sehr fidel)
Ka|da|ver, der; -s, - ‹lat.› (toter [Tier]körper, Aas)
Ka|da|ver|ge|hor|sam (blinder Gehorsam)
Ka|da|ver|mehl; Ka|da|ver|ver|wer|tung
Kad|disch, das; -s ‹hebr.› (jüdisches Gebet für Verstorbene)
Ka|denz, die; -, -en ‹ital.› (Schluss eines Verses, eines Musikstückes; unbegleitetes Improvisieren des Solisten im Konzert; *Sprachw.* Schlussfall der Stimme); **ka|den|zie|ren** (*Musik* eine Kadenz spielen)
Ka|der, der, *schweiz.* das; -s, - ‹franz.› (Stamm von besonders ausgebildeten u. geschulten Nachwuchs- bzw. Führungskräften [in Wirtschaft, Staat u. Ä.]; *auch für* Angehöriger dieses Personenkreises; *Milit.* Stamm, Kerntruppe einer Armee; *Sport* Stamm von Sportlern, die für einen Wettkampf infrage kommen)
Ka|der|lei|ter, der *(DDR)*
Ka|der|par|tie (bestimmte Partie im Billard)
Ka|der|schmie|de (*ugs. für* Ausbildungsstelle für Kader)
Ka|dett, der; -en, -en ‹franz.› (*früher* Zögling einer militärischen Erziehungsanstalt; *schweiz. für* Mitglied einer uniformierten Jugendorganisation; *ugs. scherzh. für* Bursche, Kerl)
Ka|det|ten|an|stalt; Ka|det|ten|korps, *auch* Ka|det|ten|corps; **Ka|det|ten|schu|le**
Ka|di, der; -s, -s ‹arab.› (Richter in islamischen Ländern; *ugs. für* Richter)
kad|mie|ren *od.* ver|kad|men ‹griech.› (Metalle mit einer Kadmiumschicht überziehen)
Kad|mi|um, *chem. fachspr.* Cad|mi|um, das; -s (chemisches Element, Metall; *Zeichen* Cd); **Kad|mi|um|le|gie|rung**
Kad|mos, Kad|mus (König u. Held der griechischen Sage)
ka|du|zie|ren (*Rechtsw.* für verfallen erklären)
Ka|far|na|um *vgl.* Kapernaum
Kä|fer, der; -s, - (*ugs. auch für* Volkswagen); **Kä|fer|samm|lung**
[1]**Kaff,** das; -[e]s (*nordd. für* Spreu; Wertloses; Geschwätz)
[2]**Kaff,** das; -s, *Plur.* -s *u.* -e (*ugs. für* Dorf, armselige Ortschaft)
Kaf|fee [*auch, österr. nur,* ...'fe:], der; -s, -s ‹arab.-franz.› (Kaffeestrauch, Kaffeebohnen; Getränk); 3 [Tassen] Kaffee
Kaf|fee|baum; Kaf|fee|boh|ne
kaf|fee|braun
Kaf|fee|ern|te, *auch* **Kaf|fee-Ern|te**
Kaf|fee|er|satz, *auch* **Kaf|fee-Er|satz**
Kaf|fee|ex|port, *auch* **Kaf|fee-Ex|port**
Kaf|fee|ex|trakt, *auch* **Kaf|fee-Ex|trakt**
Kaf|fee|fahrt; Kaf|fee|fil|ter
Kaf|fee|haus (*österr. für* Café)
Kaf|fee|kan|ne; Kaf|fee|klatsch *(ugs. scherzh.);* **Kaf|fee|kränz|chen; Kaf|fee|löf|fel; Kaf|fee|ma|schi|ne; Kaf|fee|müh|le; Kaf|fee|pau|se; Kaf|fee|satz; Kaf|fee|ser|vice**
Kaf|fee|sie|der (*österr. amtl., sonst meist abwertend für* Kaffeehausbesitzer)
Kaf|fee|sor|te; Kaf|fee|strauch; Kaf|fee|tan|te *(ugs. scherzh.);* **Kaf|fee|tas|se; Kaf|fee|trin|ker; Kaf|fee|was|ser,** das; -s
[1]**Kaf|fer,** der; -n, -n (*frühere Bez. für* Angehöriger eines Bantustammes in Südafrika, *auch derb abwertend für* Schwarzer)
[2]**Kaf|fer,** der; -s, - ‹hebr.-jidd.› (*ugs. für* dummer, blöder Kerl)
Kaf|fern|büf|fel
Kä|fig, der; -s, -e; **kä|fi|gen** (*fachspr. für* in einem Käfig halten); **Kä|fig|hal|tung**
Ka|fil|ler, der; -s, - (*Gaunerspr.* Schinder, Abdecker); **Ka|fil|le|rei** (*Gaunerspr.* Abdeckerei)
Ka|fir, der; -s, -n ‹arab.› (*abwertend für* jmd., der nicht dem

K

islamischen Glauben angehört)

Kaf|ka (österr. Schriftsteller); **kaf|ka|esk** (nach Art der Schilderungen Kafkas)

Kaf|tan, der; -s, -e ‹pers.› (langes Obergewand der orthodoxen Juden; *ugs. für* langes, weites Kleidungsstück)

Käf|ter|chen (*mitteld. für* Kämmerchen; Verschlag)

kahl

Getrenntschreibung in Verbindung mit Verben oder Partizipien, wenn »kahl« gesteigert oder erweitert werden kann ↑K 56:
- kahl sein, werden, bleiben
- die Raupen haben den Baum [völlig] kahl gefressen [*alte Schreibung* kahlgefressen]
- sie ließen sich die Köpfe [ganz] kahl scheren [*alte Schreibung* kahlscheren]
- einen Wald kahl schlagen [*alte Schreibung* kahlschlagen]

Kah|len|berg, der; -[e]s (Berg bei Wien)

Kahl|fraß, der; -es

kahl fres|sen [*alte Schreibung* kahlfressen] *vgl.* kahl

Kahl|frost (Frost ohne Schnee)

Kahl|heit, die; -

Kahl|hieb (abgeholztes Waldstück)

Kahl|kopf; kahl|köp|fig; Kahl|köp|fig|keit, die; -

kahl sche|ren [*alte Schreibung* kahlscheren] *vgl.* kahl

Kahl|schlag (abgeholztes Waldstück)

kahl schla|gen [*alte Schreibung* kahlschlagen] *vgl.* kahl

Kahl|schlag|sa|nie|rung (*abwertend* rücksichtslose Sanierung)

Kahl|wild (*Jägerspr.* weibliche Hirsche)

Kahm, der; -[e]s (*fachspr. für* Pilze u. Bakterien, die die Kahmhaut bilden); **kah|men** (Kahm ansetzen); **Kahm|haut** (Schimmel auf Flüssigkeiten); **kah|mig**

Kahn, der; -[e]s, Kähne; Kahn fahren ↑K 54, *aber* das Kahnfahren; **Kähn|chen; Kahn|fahrt**

[1]**Kai,** der; -s, -s, Quai, der *od.* das; -s, -s ‹niederl., franz.› (befestigtes Hafenufer); *vgl.* Quai

[2]**Kai,** Kay (m. od. w. Vorn.)

Kai|man, der; -s, -e ‹indian.› (südamerikanisches Krokodil)

Kai|mau|er

Kain (bibl. m. Eigenn.)

Kai|nit, der; -s, -e ‹griech.› (ein Mineral)

Kains|mal *Plur.* ...male; **Kains|zei|chen**

Kai|phas, *ökum.* Ka|ja|fas (bibl. m. Eigenn.)

Kai|re|ner ‹*zu* Kairo› *(selten);* **Kai|re|ne|rin**

Kai|ro (Hauptstadt Ägyptens); **Kai|ro|er; Kai|ro|e|rin**

Kai|ser, der; -s, -; des Kaisers Hadrian; Kaiser Hadrians Bauten

Kai|ser|ad|ler (ein Greifvogel); **Kai|ser|fleisch** (*österr. für* geräuchertes Bauchfleisch, Schweinebauch); **Kai|ser|ge|bir|ge,** das; -s (in Tirol)

Kai|se|rin; Kai|se|rin|mut|ter *Plur.* ...mütter

Kai|ser|kro|ne (*auch* eine Zierpflanze)

kai|ser|lich; kaiserlich deutsch; kaiserlich österreichische Staatskanzlei; *im Titel* ↑K 89: Kaiserlich

kai|ser|lich-kö|nig|lich (Abk.: k. k.), *im Titel* Kaiserlich-Königlich (Abk.: K. K.)

Kai|ser|ling (ein Pilz)

Kai|ser|man|tel (ein Schmetterling)

Kai|ser|pfalz; Kai|ser|reich; Kai|ser|sa|ge

Kai|ser|schmar|ren (*österr., auch südd. für* in kleine Stücke gerissener Eierkuchen)

Kai|ser|schnitt (Entbindung durch Bauchschnitt)

Kai|ser|sem|mel *(österr.)*

Kai|sers|lau|te|rer; Kai|sers|lau|tern (Stadt in Rheinland-Pfalz)

Kai|ser|stuhl, der; -[e]s (Bergland in Baden-Württemberg); **Kai|ser|stüh|ler**

Kai|ser|tum, das; -s, ...tümer

Kai|zen [...zɛn], das; - ‹jap.› (Unternehmensführungskonzept aus Japan, das auf einer Philosophie der ewigen Veränderung beruht)

Ka|ja|fas *vgl.* Kaiphas

Ka|jak, der, *seltener* das; -s, -s ‹eskim.› (einsitziges Boot der Eskimos; Sportpaddelboot); **Ka|jak|ei|ner; Ka|jak|zwei|er**

Ka|jal, das; -[s] ‹sanskr.› (Kosmetikfarbe zum Umranden der Augen); **Ka|jal|stift**

Ka|je, die; -, -n ‹niederl.› (*nordd. für* Uferbefestigung; Kai); **Ka|je|deich** ([niedriger] Hilfsdeich)

Ka|je|put|baum ‹malai.; dt.› (ein Myrtengewächs); **Ka|je|put|öl,** das; -[e]s

Ka|jüt|boot; Ka|jüt|deck

Ka|jü|te, die; -, -n (Wohn-, Aufenthaltsraum auf Schiffen)

Kak, der; -[e]s, -e (*nordd. veraltet für* Pranger)

Ka|ka|du [*österr.* ...'du:], der; -s, -s ‹malai.-niederl.› (ein Papagei)

Ka|kao [...'kau̯, *auch* ...'ka:o], der; -s, *Plur. (Sorten:)* -s ‹mexik.-span.› (eine tropische Frucht; ein Getränk)

Ka|kao|baum; Ka|kao|boh|ne; Ka|kao|but|ter; Ka|kao|pul|ver

ka|keln (*nordd. ugs. für* über Dummes, Belangloses reden); ich kak[e]le

Ka|ke|mo|no, das; -s, -s ‹jap.› (japanisches Gemälde im Hochformat auf einer Rolle aus Seide od. Papier)

Ka|ker|lak, der; *Gen.* -s *u.* -en, *Plur.* -en, *auch* **Ka|ker|la|ke,** die; -, -en (Küchenschabe)

[1]**Ka|ki,** *auch* Kha|ki ['ka:...] ↑K 38, das; -[s] (Erdfarbe, Erdbraun)

[2]**Ka|ki,** *auch* Kha|ki, der; -[s] (gelbbrauner Stoff [für die Tropenuniform])

ka|ki|far|ben, *auch* kha|ki|far|ben *od.* ...far|big; **Ka|ki|ja|cke** *auch* Kha|ki|ja|cke [*alte Trennung* ...k|k...]; **Ka|ki|u|ni|form,** *auch* Kha|ki|u|ni|form

ka|ko... ‹griech.› (schlecht..., übel..., miss...); **Ka|ko...** (Schlecht..., Übel..., Miss...)

Ka|ko|dyl|ver|bin|dung, die; -, -en *meist Plur.* (*Chemie* Arsenverbindung)

Ka|ko|pho|nie, *auch* Ka|ko|fo|nie, die; -, ...ien ‹griech.› (Missklang; *Ggs.* Euphonie); **ka|ko|pho|nisch,** *auch* ka|ko|fo|nisch

Kak|tee, die; -, -n *vgl.* Kaktus

Kak|tus, der; *Gen.* -, *ugs. auch* -ses, *Plur.* ...teen, *ugs. auch* -se ‹griech.› (eine [sub]tropische Pflanze)

Kak|tus|fei|ge ([Frucht des] Feigenkaktus)

Ka|la-A|zar, die; - ‹Hindi› (eine tropische Infektionskrankheit)

Ka|la|bas|se *vgl.* Kalebasse

Ka|la|b|re|se, der; -n, -n *vgl.* Kalabrier

Ka|la|b|re|ser (breitrandiger Filzhut)

Ka|la|b|ri|en (Landschaft in Italien); **Ka|la|b|ri|er** (Bewohner Kalabriens); **Ka|la|b|ri|e|rin; ka|la|b|risch**

Ka|la|fa|ti, der; - ‹ital.› (Figur im Wiener Prater)

Ka|la|ha|ri[|step|pe], die; - (in Südafrika)

Ka|la|mai|ka, die; -, ...ken ‹russ.› (slawisch-ungarischer Nationaltanz)

Ka|la|mit, der; -en, -en *meist Plur.* ‹griech.› (ausgestorbener baumhoher Schachtelhalm des Karbons)

Ka|la|mi|tät, die; -, -en ‹lat.› (schlimme, missliche Lage)

Ka|lan|choe [...çoe], die; -, ...choen ‹griech.› (eine Zimmerpflanze)

Ka|lan|der, der; -s, - ‹franz.› (*Technik* Glätt-, Prägemaschine; Walzenanlage zur Herstellung von Kunststofffolien)

ka|lan|dern (*fachspr. für* mit dem Kalander bearbeiten); ich kalandere; **ka|lan|d|rie|ren** Kunststoff zu Folie auswalzen)

Ka|la|sche, die; -, -n ‹russ.› (*landsch. für* Tracht Prügel); **ka|la|schen** (*landsch. für* prügeln)

Ka|lasch|ni|kow, die; -, -s ‹nach dem russischen Konstrukteur› (eine Schusswaffe)

Ka|lau|er, der; -s, - ‹*aus franz.* calembour *unter Anlehnung an die Stadt* Calau› (*ugs. für* nicht sehr geistreicher [Wort]witz); **ka|lau|ern;** ich kalauere

Kalb, das; -[e]s, Kälber; ↑K 150: das Goldene Kalb *(bibl.);* **Kälb|chen**

Kal|be, die; -, -n (*svw.* Färse)

Kal|be (Mil|de) (Stadt in der Altmark); *vgl. aber* Calbe (Saale)

kal|ben (ein Kalb werfen)

Käl|ber|ma|gen

kal|bern, [1]**käl|bern** (*ugs. für* umhertollen); ich kalbere

[2]**käl|bern** (*südd., österr. für* aus Kalbfleisch)

Käl|ber|ne, das; -n (*südd., österr. für* Kalbfleisch)

Käl|ber|zäh|ne *Plur.* (*ugs. für* große Graupen)

Kalb|fell *vgl.* Kalbsfell; **Kalb|fleisch**

Kal|bin (*südd., österr. svw.* Färse)

Kalb|le|der, Kalbs|le|der, das; -s

Kälb|lein

Kalbs|bra|ten; Kalbs|bries; Kalbs|bries|chen *od.* **Kalbs|brös|chen; Kalbs|brust**

Kalbs|fell, Kalb|fell (*früher auch für* Trommel)

Kalbs|fri|kas|see; Kalbs|hach|se; *vgl.* Hachse; **Kalbs|keu|le; Kalbs|le|ber; Kalbs|le|ber|wurst**

Kalbs|le|der, Kalb|le|der, das; -s

Kalbs|me|dail|lon; Kalbs|milch (Brieschen); **Kalbs|nie|ren|bra|ten; Kalbs|nuss** [*alte Schreibung* Kalbsnuß] (kugelförmiges Stück der Kalbskeule); **Kalbs|schle|gel** (*landsch. für* Kalbskeule); **Kalbs|schnit|zel** (*vgl.* [1]Schnitzel); **Kalbs|steak; Kalbs|stel|ze** (*österr. für* Kalbshachse)

Kal|chas (griech. Sagengestalt)

Kalck|reuth (dt. Maler)

Kal|da|ri|um, das; -s, ...ien ‹lat.› (altrömisches Warmwasserbad)

Kal|dau|ne, die; -, -n *meist Plur.* ‹lat.› (*nordd., mitteld. für* Kuttel)

Ka|le|bas|se, die; -, -n ‹arab.-franz.› (aus einem Flaschenkürbis hergestelltes Gefäß)

Ka|le|do|ni|en (*veraltet für* das nördliche Schottland); **Ka|le|do|ni|er; Ka|le|do|ni|e|rin; ka|le|do|nisch,** *aber* ↑K 150: der Kaledonische Kanal (in Schottland)

Ka|lei|do|s|kop, das; -s, -e ‹griech.› (optisches Spielzeug; lebendig-bunte [Bilder]folge); **ka|lei|do|s|ko|pisch**

Ka|lei|ka, das; -s ‹poln.› (*landsch. für* Aufheben, Umstände); [k]ein Kaleika machen

ka|len|da|risch ‹lat.› (nach dem Kalender); **Ka|len|da|ri|um,** das; -s, ...ien (Kalender; Verzeichnis kirchlicher Fest- u. Gedenktage); **Ka|len|den** *Plur.* (erster Tag des altrömischen Monats)

Ka|len|der, der; -s, -; der gregorianische [*alte Schreibung* Gregorianische], julianische [*alte Schreibung* Julianische] Kalender; der hundertjährige, *als Werktitel* Der Hundertjährige Kalender

Ka|len|der|blatt; Ka|len|der|jahr; Ka|len|der|ma|cher; Ka|len|der|re|form; Ka|len|der|spruch

Ka|len|der|tag; ka|len|der|täg|lich

Ka|len|der|wo|che

Ka|le|sche, die; -, -n ‹poln.› (leichte vierrädrige Kutsche)

Ka|le|va|la, Ka|le|wa|la, die *od.* das; - (Titel des finnischen Volksepos)

Kal|fak|ter, der; -s, - ‹lat.› *u.* **Kal|fak|tor,** der; -s, ...oren (*veraltend, oft abwertend für* jmd., der allerlei Arbeiten und Dienste verrichtet)

kal|fa|tern ‹arab.-niederl.› (*Seemannsspr.* [hölzerne Schiffswände] in den Fugen abdichten); ich kalfatere; **Kal|fa|te|rung; Kal|fat|ham|mer**

[1]**Ka|li,** das; -s ‹arab.› (Kalisalze, Kalidünger)

[2]**Ka|li** (indische Göttin, Gemahlin Schiwas)

Ka|li|an, Ka|li|un, der *od.* das; -s, -e ‹pers.› (persische Wasserpfeife)

Ka|li|ban, der; -s, -e ‹*nach* Caliban, einer Gestalt in Shakespeares »Sturm«› (*selten für* Unhold, hässliches Ungeheuer)

Ka|li|ber, das; -s, - ‹griech.› (lichte Weite von Rohren; innerer Durchmesser; *auch für* Messgerät zur Bestimmung des Durchmessers; *ugs. übertr. für* Art, Schlag); **Ka|li|ber|maß,** das

ka|li|b|rie|ren (*Technik* das Kaliber messen, [Werkstücke] auf genaues Maß bringen; [Messinstrumente] eichen)

Ka|li|da|sa (altindischer Dichter)

Ka|li|dün|ger

Ka|lif, der; -en, -en ‹arab.› (ehemaliger Titel orientalischer Herrscher); **Ka|li|fat,** das; -[e]s, -e (Reich, Herrschaft eines Kalifen); **Ka|li|fen|tum,** das; -s

Ka|li|for|ni|en (mexikanische Halbinsel; Staat in den USA; *Abk.* Calif.)

Ka|li|for|ni|er; Ka|li|for|ni|e|rin

ka|li|for|nisch, *aber* ↑K 150: der Kalifornische Strom (eine Meeresströmung)

Ka|li|in|dus|t|rie [*alte Trennung* ...|st...]

Ka|li|ko, der; -s, -s ‹nach der ostind. Stadt Kalikut› (dichter Baumwollstoff)

Ka|li|lau|ge

Ka|li|man|tan (*indones. Name von* Borneo)

Ka|li|nin|grad [*auch* ...'gra:t] (russische Stadt am Pregel; *vgl.* Königsberg)

Ka|li|sal|pe|ter; Ka|li|salz

Ka|li|um, das; -s ‹arab.-nlat.› (chemisches Element, Metall; *Zeichen* K)

Ka|li|um|bro|mid; Ka|li|um|chlo|rat; Ka|li|um|hy|d|ro|xid, *auch* **Ka|li|um|hy|d|ro|xyd; Ka|li|um|per|man|ga|nat; Ka|li|um|ver|bin|dung**

Ka|li|un *vgl.* Kalian

Ka|lixt, Ka|lix|tus (Papstname)

Ka|lix|ti|ner, der; -s, - ‹lat.› (An-

K

kalt

kälter, am kältes|ten

Kleinschreibung:
- kalte Ente (ein Getränk)
- kalte Fährte
- kalte Küche
- kalte Miete (Miete ohne Heizung)
- kalter Schlag (nicht zündender Blitz)
- ein kalter (nicht mit Waffen geführter) Krieg
- auf kalt und warm reagieren

Großschreibung:
- der Kalte Krieg [*alte Schreibung* der kalte Krieg] (als historische Epoche ↑K89)
- ↑K72: etwas Kaltes (ein kaltes Getränk) zu sich nehmen

Getrenntschreibung in Verbindung mit Verben und Partizipien, wenn »kalt« gesteigert oder erweitert werden kann ↑K56:
- kalt bleiben; das Wetter war kalt geblieben
- sie hat uns kalt lächelnd [*alte Schreibung* kaltlächelnd] (*ugs. für* ohne Mitgefühl, skrupellos) die Tür gewiesen
- die Ereignisse haben sie [völlig] kalt gelassen [*alte Schreibung* kaltgelassen] *(ugs.)*
- den Pudding über Nacht [sehr] kalt stellen; den Kühlschrank kälter stellen (*vgl. aber* kaltstellen)

Vgl. aber kaltmachen *sowie die fachsprachlichen Wörter* kaltschweißen, kaltwalzen; kaltgepresst, kaltgeschlagen

hänger der gemäßigten Hussiten)
Kalk, der; -[e]s, *Plur. (Sorten:)* -e; Kalk brennen; **Kalk|al|pen** *Plur.;* Nördliche, Südliche Kalkalpen
Kal|kant, der; -en, -en ‹lat.› (Blasebalgtreter an der Orgel)
Kal|kar (Stadt in Nordrhein-Westfalen)
Kalk|bo|den
kal|ken
käl|ken (*Jägerspr.* Exkremente ausscheiden [von Greifvögeln]; *landsch. auch für* kalken)
Kalk|gru|be
kalk|hal|tig; kal|kig
Kalk|man|gel; Kalk|ofen; Kalk|prä|pa|rat (ein Arzneimittel)
Kalk|sin|ter (aus Wasser abgesetzter Kalk[spat]); **Kalk|spat** (ein Mineral)
Kalk|stein; Kalk|tuff
[1]**Kal|kül,** das, *auch* der; -s, -e ‹franz.› (Berechnung, Schätzung)
[2]**Kal|kül,** der; -s, -e (*Math.* Methode zur systematischen Lösung bestimmter Probleme)
Kal|ku|la|ti|on, die; -, -en ‹lat.› (Ermittlung der Kosten, [Kosten]voranschlag)
Kal|ku|la|tor, der; -s, ...oren (Angestellter des betrieblichen Rechnungswesens)
Kal|ku|la|to|rin; kal|ku|la|to|risch (rechnungsmäßig); kalkulatorische Zinsen *(Wirtsch.)*
kal|ku|lier|bar
kal|ku|lie|ren ([be]rechnen)
Kal|kut|ta (größte Stadt Indiens); **kal|kut|tisch**
Kalk|was|ser, das; -s
kalk|weiß

Kal|la *vgl.* Calla
Kal|le, die; -, -n ‹hebr.-jidd.› (*Gaunerspr.* Braut, Geliebte; Dirne)
Kal|li|graf, Kal|li|gra|fie usw. *vgl.* Kalligraph, Kalligraphie usw.
Kal|li|graph, *auch* Kal|li|graf ↑K38, der; -en, -en ‹griech.› (Schönschreiber); **Kal|li|gra|phie,** *auch* Kal|li|gra|fie, die; - (Schönschreibkunst); **kal|li|gra|phisch,** *auch* kal|li|gra|fisch
Kal|li|o|pe [...pe] (Muse der erzählenden Dichtkunst)
Kal|li|py|gos [*auch* ...'li:...] ‹griech., »mit schönem Gesäß«› (Beiname der Aphrodite)
kal|lös ‹lat.› (*Med.* schwielig)
Kal|lus, der; -, -se ‹lat.› (*Bot.* an Wundrändern von Pflanzen entstehendes Gewebe; *Med.* Schwiele; nach Knochenbrüchen neu gebildetes Gewebe)
Kál|mán (ung. Komponist)
[1]**Kal|mar,** der; -s, ...are ‹franz.› (eine Tintenfischart)
[2]**Kal|mar** (schwed. Hafenstadt); **Kal|ma|rer U|ni|on,** die; - - *od.* **Kal|ma|ri|sche U|ni|on,** die; -n -
Kal|mäu|ser [*auch* ...'mɔy...], der; -s, - (*veraltend, noch landsch. für* jmd., der sehr zurückgezogen lebt)
Kal|me, die; -, -n ‹franz.› (*Meteor.* Windstille); **Kal|men|gür|tel; Kal|men|zo|ne**
Kal|muck, der; -[e]s, -e (ein Gewebe)
Kal|mück, Kal|mü|cke [*alte Trennung* ...k|k...], der; ...cken, ...cken (Angehöriger eines westmongolischen Volkes); **Kal|mü|ckin**

Kal|mus, der; -, -se ‹griech.› (eine Heilpflanze); **Kal|mus|öl**
Kal|my|ke, der; -n, -n *vgl.* Kalmück
Ka|lo|ka|ga|thie, die; - ‹griech.› (körperl. u. geistige Vollkommenheit als Bildungsideal im alten Griechenland)
Ka|lo|rie, die; -, ...ien ‹lat.› (*früher* physikal. Maßeinheit für die Wärmemenge; *auch* Maßeinheit für den Energiewert von Lebensmitteln; *Zeichen* cal)
ka|lo|ri|en|arm; ka|lo|ri|en|be|wusst [*alte Schreibung* kalorienbewußt]
Ka|lo|ri|en|ge|halt
ka|lo|ri|en|re|du|ziert
Ka|lo|rik, die; - (Wärmelehre)
Ka|lo|ri|me|ter, das; -s, - ‹lat.; griech.› (*Physik* Wärmemessgerät); **Ka|lo|ri|me|t|rie,** die; - (*Physik* Lehre von der Messung von Wärmemengen); **ka|lo|ri|me|t|risch**
ka|lo|risch ‹lat.› (*Physik* die Wärme, die Kalorien betreffend)
ka|lo|ri|sie|ren (*Chemie* eine aluminiumreiche Schicht auf Metallen, v. a. auf Stahl, herstellen)
Ka|lot|te, die; -, -n ‹franz.› (Käppchen [der kath. Geistlichen]; *Archit.* flache Kuppel; *Med.* Schädeldach)
Kal|pak [*auch* 'ka...], **Kol|pak** [*auch* 'kɔ...], der; -s, -s ‹türk.› (asiat. Lammfell-, Filzmütze; Husarenmütze)
kalt *s. Kasten*
Kalt|blut, das; -[e]s (eine Pferderasse); **Kalt|blü|ter** *(Zool.)*
kalt|blü|tig; Kalt|blü|tig|keit, die; -

Käl|te, die; -
Käl|te|ein|bruch; Käl|te|grad; Käl|te|ma|schi|ne; Käl|te|mit|tel; Käl|te|pe|ri|o|de; Käl|te|pol (kältester Ort der Erde)
Kal|ter (*bayr., österr. für* [Fisch]behälter)
Käl|te|sturz; Käl|te|tech|nik; Käl|te|wel|le
Kalt|front *(Meteor.)*
kalt|ge|presst [*alte Schreibung* ... gepreßt] *(fachspr.)*; kaltgepresstes Öl
kalt|ge|schla|gen *(fachspr.)*; kaltgeschlagenes Öl
Kalt|haus (Gewächshaus mit Innentemperaturen um 12 °C)
kalt|her|zig; Kalt|her|zig|keit, die; -
kalt lä|chelnd [*alte Schreibung* kaltlächelnd] *vgl.* kalt
kalt las|sen [*alte Schreibung* kaltlassen] *vgl.* kalt
Kalt|leim; Kalt|luft *(Meteor.)*
kalt|ma|chen ↑K 47 (*ugs. für* ermorden); er hat ihn kaltgemacht
Kalt|mam|sell (kalte Mamsell; *vgl.* Mamsell)
Kalt|mie|te (Miete ohne Heizung)
Kalt|na|del|ra|die|rung (ein Kupferdruckverfahren)
Kalt|scha|le (kalte süße Suppe)
kalt|schnäu|zig *(ugs.)*; **Kalt|schnäu|zig|keit,** die; - *(ugs.)*
kalt|schwei|ßen *(Technik); nur im Infinitiv u. Partizip II gebr.*; kaltgeschweißt
Kalt|start
kalt|stel|len (*ugs. für* [politisch] einflusslos machen); *vgl. aber* kalt; **Kalt|stel|lung** *(ugs.)*
Kalt|ver|pfle|gung
kalt|wal|zen *(Technik); nur im Infinitiv u. Partizip II gebr.*; kaltgewalzt; **Kalt|walz|werk**
Kalt|was|ser, das; -s; **Kalt|was|ser|heil|an|stalt; Kalt|was|ser|kur**
Kalt|wel|le (mithilfe chem. Mittel hergestellte Dauerwelle)
Ka|lum|bin, das; -s ‹Bantuspr.-nlat.› (Bitterstoff der Kolombowurzel)
Ka|lu|met [*auch* ...ly'mɛ:], das; -s, -s ‹lat.-franz.› (Friedenspfeife der nordamerik. Indianer)
Ka|lup|pe, die; -, -n ‹tschech.› (*landsch. für* schlechtes, baufälliges Haus)
Kal|va|ri|en|berg, der; -[e]s, -e ‹lat. calvaria »Schädel«; dt.› (Kreuzigungsgruppe; *nur Sing.*: Kreuzigungsort Christi)
kal|vi|nisch, cal|vi|nisch ‹nach dem Genfer Reformator J. Calvin›; das kalvinische, calvinische Bekenntnis
Kal|vi|nis|mus, Cal|vi|nis|mus, der; - (evangelisch-reformierter Glaube)
Kal|vi|nist, Cal|vi|nist, der; -en, -en (Anhänger des Kalvinismus); **Kal|vi|nis|tin, Cal|vi|nis|tin** [*alte Trennung* ...|st...] **kal|vi|nis|tisch,** cal|vi|nis|tisch
Ka|ly|do|ni|sche Eber, der; -n -s ‹nach der ätolischen Stadt Kalydon› (Riesentier der griechischen Sage)
Ka|lyp|so (griech. Nymphe); *vgl. aber* Calypso
Ka|lyp|t|ra, die; -, ...ren ‹griech.› (*Bot.* Wurzelhaube der Farn- u. Samenpflanzen)
Kal|ze|o|la|rie, die; -, -n ‹lat.› (*Bot.* Pantoffelblume)
Kal|zi|na|ti|on, *chem. fachspr.* Cal|ci|na|ti|on, die; - ‹lat.› (Zersetzung einer chem. Verbindung durch Erhitzen; Umwandlung in kalkähnliche Substanz)
kal|zi|nie|ren, *chem. fachspr.* cal|ci|nie|ren; kalzinierte Soda
Kal|zi|nier|o|fen, *chem. fachspr.* Cal|ci|nier|o|fen
Kal|zi|nie|rung, *chem. fachspr.* Cal|ci|nie|rung (*svw.* Kalzination)
Kal|zit, *chem. fachspr.* Cal|cit, der; -s, -e (Kalkspat)
Kal|zi|um, *chem. fachspr.* Cal|ci|um, das; -s (chemisches Element, Metall; *Zeichen* Ca)
Kal|zi|um|chlo|rid; Kal|zi|um|kar|bid; Kal|zi|um|kar|bo|nat (*chem. fachspr.* Cal|ci|um...)
Ka|mal|du|len|ser, der; -s, - ‹nach dem Kloster Camaldoli bei Arezzo› (Angehöriger eines kath. Ordens)
Ka|ma|ril|la [...'rɪl(j)a], die; -, ...llen ‹span.› (einflussreiche, intrigierende Gruppe in der Umgebung einer Regierung)
Ka|ma|su|t|ra, das; -[s] ‹sanskr.› (indisches Lehrbuch der Erotik)
Kam|bi|um, das; -s, ...ien ‹nlat.› (*Bot.* ein zeitlebens teilungsfähig bleibendes Pflanzengewebe)
Kam|bo|d|scha (Staat in Hinterindien); **Kam|bo|d|scha|ner; Kam|bo|d|scha|ne|rin; kam|bo|d|scha|nisch**
Kam|b|rik [*auch* 'ke:...], der; -s ‹*zu* Cambrai› (ein Gewebe); **Kam|b|rik|ba|tist**
kam|b|risch (zum Kambrium gehörend); **Kam|b|ri|um,** das; -s ‹*zu* Cambria = *alter Name von* Wales› (*Geol.* älteste Stufe des Paläozoikums); ↑K 151: das Obere Kambrium usw.
Ka|mee, die; -, -n ‹franz.› (Schmuckstein mit erhaben geschnittenem Bild); **Ka|me|en|schnei|der**
Ka|mel, das; -[e]s, -e ‹semit.›
Ka|mel|dorn *Plur.* ...dorne (ein Steppenbaum)
Kä|mel|garn *od.* Käm|mel|garn (Garn aus den Haaren der Angoraziege [*früher* = Kamelziege])
Ka|mel|haar
Ka|me|lie, die; -, -n ‹nach dem mährischen Jesuiten Kamel [*latinisiert* Camellus]› (eine Zierpflanze)
Ka|mel|le, die; -, -n (*rhein. für* Karamellbonbon)
Ka|mel|len *Plur.* ‹griech.›; olle Kamellen (*ugs. für* Altbekanntes)
Ka|me|lo|pard, der; *Gen.* -[e]s *u.* -en ‹griech.› (Sternbild der Giraffe)
Ka|me|lott, der; -s, -e (ein Gewebe)
Ka|menz (Stadt in Sachsen)
Ka|me|ra, die; -, -s ‹lat.›; *vgl.* Camera obscura
Ka|me|rad, der; -en, -en ‹franz.›
Ka|me|ra|den|dieb|stahl; Ka|me|ra|de|rie, die; - (*meist abwertend für* Kameradschaft; Cliquengeist)
Ka|me|ra|din
Ka|me|rad|schaft; ka|me|rad|schaft|lich; Ka|me|rad|schaft|lich|keit, die; -
Ka|me|rad|schafts|ehe; Ka|me|rad|schafts|geist, der; -[e]s
Ka|me|ra|ein|stel|lung; Ka|me|ra|frau; Ka|me|ra|füh|rung
Ka|me|ra|list, der; -en, -en ‹griech.› (Fachmann auf dem Gebiet der Kameralistik)
Ka|me|ra|lis|tik [*alte Trennung* ...|st...], die; - (bei staatswirtschaftlichen Abrechnungen gebrauchtes System des Rechnungswesens; *veraltet für* Finanzwissenschaft); **ka|me|ra|lis|tisch; Ka|me|ral|wis|sen|schaft**
Ka|me|ra|mann *Plur.* ...männer *u.* ...leute
Ka|me|ra|re|kor|der, *auch* Ka|me|ra|re|cor|der (Kamera, mit der Videofilme aufgenommen [und abgespielt] werden können)

K

Ka|me|ra|team; ka|me|ra|über|wacht; Ka|me|ra|über|wa|chung; **Ka|me|ra|ver|schluss** [*alte Schreibung* ...verschluß]
Ka|me|run [*auch* ...'ru:n] (Staat im Westen Zentralafrikas); **Ka|me|ru|ner; Ka|me|ru|ne|rin; ka|me|ru|nisch**
ka|mie|ren, ka|mi|nie|ren ‹ital.› (*Fechtsport* die gegnerische Klinge mit der eigenen umgehen)
Ka|mi|ka|ze, der; -, - ‹jap.› (jap. Kampfflieger im 2. Weltkrieg, der sich mit seinem Flugzeug auf das feindliche Ziel stürzte)
Ka|mil|la *vgl.* Camilla
Ka|mil|le, die; -, -n ‹griech.› (eine Heilpflanze); **Ka|mil|len|öl** (das; -[e]s); **Ka|mil|len|tee**
Ka|mil|li|a|ner, der; -s, - ‹nach dem Ordensgründer Camillo de Lellis› (Angehöriger eines Krankenpflegerordens)
Ka|mil|lo *vgl.* Camillo
Ka|min, der, *schweiz. meist* das; -s, -e ‹griech.› (offene Feuerstelle mit Rauchabzug; *landsch. für* Schornstein; *Alpinistik* steile und enge Felsenspalte)
Ka|min|fe|ger *(landsch., schweiz.);* **Ka|min|feu|er**
[1]**ka|mi|nie|ren** (*Alpinistik* im Kamin klettern)
[2]**ka|mi|nie|ren** *vgl.* kamieren
Ka|min|keh|rer *(landsch.);* **Ka|min|kleid** (langes Hauskleid)
Ka|mi|sol, das; -s, -e ‹franz.› (*früher* Unterjacke, kurzes Wams)
Kamm, der; -[e]s, Kämme; **Kämm|chen**
Käm|mel|garn *vgl.* Kämelgarn
käm|meln ([Wolle] fein kämmen); ich kämm[e]le
käm|men; sich kämmen
Kam|mer, die; -, -n
Kam|mer|bul|le (*Soldatenspr.* Unteroffizier, der die Kleiderkammer unter sich hat)
Käm|mer|chen
Kam|mer|die|ner
Käm|me|rei (Finanzverwaltung einer Gemeinde)
Käm|me|rer (Finanzverwalter einer Gemeinde); **Käm|me|rin**
Kam|mer|jä|ger
Kam|mer|jung|fer *(veraltet);* **Kam|mer|jun|ker** *(veraltet)*
Käm|mer|lein
Kam|mer|ling (ein Wurzelfüßer)
Käm|mer|ling (*früher für* Kammerdiener)
Kam|mer|mu|sik, die; -; **Kam|mer|or|ches|ter** [*alte Trennung* ...|st...]; **Kam|mer|rat** *Plur.* ...räte (früherer Titel); **Kam|mer|sän|ger**
Kam|mer|spiel (in einem kleinen Theater aufgeführtes Stück mit wenigen Rollen); **Kam|mer|spie|le,** *Plur.* (kleines Theater)
Kam|mer|ton, der; -[e]s; (Normalton zum Einstimmen der Instrumente)
Kam|mer|zo|fe
Kamm|fett (vom Kamm des Pferdes)
Kamm|garn; Kamm|garn|spin|ne|rei
Kamm|gras, das; -es; **Kamm|griff,** der; -[e]s *(Geräteturnen);* **Kamm|grind,** der; -[e]s (eine Geflügelkrankheit)
Kamm|la|ge
Kämm|ling (Abfall von Kammgarn)
Kamm|ma|cher, *auch* **Kamm-Macher** [*alte Schreibung* Kammacher, *alte Trennung* ...mm|m...]
Kämm|ma|schi|ne, *auch* **Kämm-Maschine** [*alte Schreibung* Kämmaschine, *alte Trennung* ...mm|m...]
Kamm|molch, *auch* **Kamm-Molch** [*alte Schreibung* Kammolch, *alte Trennung* ...mm|m...]
Kamm|mu|schel, *auch* **Kamm-Muschel** [*alte Schreibung* Kammuschel, *alte Trennung* ...mm|m...]
Kamm|weg
Ka|mor|ra, die; - ‹ital.› (Geheimbund im ehemaligen Königreich Neapel)
Kamp, der; -s, Kämpe ‹lat.› (*nordd. für* abgegrenztes Stück Land, Feldstück)
Kam|pa|g|ne, *auch* Cam|pa|g|ne [...'panjə], die; -, -n ‹franz.› (Presse-, Wahlfeldzug; polit. Aktion; *Wirtsch.* Hauptbetriebszeit; Arbeitsabschnitt bei Ausgrabungen; *veraltet für* milit. Feldzug)
Kam|pa|la (Hauptstadt von Uganda)
Kam|pa|ni|en (ital. Region)
Kam|pa|ni|le, der; -, - ‹ital.› (frei stehender Glockenturm [in Italien])
Käm|pe, der; -n, -n (*veraltet, noch scherzh. für* Kämpfer, Krieger)
Kam|pe|lei *(landsch.);* **kam|peln,** sich (*landsch. für* sich balgen; sich streiten, zanken); ich kamp[e]le mich mit ihm
Kam|pe|sche|holz, das; -es ‹nach dem Staat Campeche in Mexiko› (Färbeholz)
Käm|pe|vi|se, die; -, -r *meist Plur.* ‹dän.› (skandinavische, bes. dänische Ballade des Mittelalters mit Stoffen aus der Heldensage)
Kampf, der; -[e]s, Kämpfe; Kampf ums Dasein
Kampf|ab|stim|mung; Kampf|an|sa|ge; Kampf|bahn (*für* Stadion); **Kampf|be|gier[|de],** die; -
kampf|be|reit; kampf|be|tont
kämp|fen
Kamp|fer, der; -s ‹sanskr.› (eine in Medizin u. chem. Industrie verwendete harzartige Masse)
[1]**Kämp|fer** (Kämpfender)
[2]**Kämp|fer,** der; -s, - (*Archit.* Gewölbeauflage; Teil eines Fensters)
Kämp|fe|rin; kämp|fe|risch; Kämp|fer|na|tur
Kamp|fer|öl; Kamp|fer|spi|ri|tus
Kamp|fes|lärm, Kampf|lärm; **Kamp|fes|lust,** Kampf|lust
kampf|fä|hig; Kampf|fä|hig|keit, die; -
Kampf|fisch; Kampf|flie|ger; Kampf|flug|zeug; Kampf|ge|fähr|te; Kampf|geist, der; -[e]s
Kampf|grup|pe; Kampf|hahn; Kampf|hand|lung *meist Plur.;* **Kampf|hund**
Kampf|kraft; Kampf|lärm *od.* Kamp|fes|lärm
Kampf|läu|fer (ein Vogel)
kampf|los
Kampf|lust *od.* Kamp|fes|lust; **Kampf|maß|nah|me** *meist Plur.;* **Kampf|mo|ral; Kampf|pan|zer; Kampf|pau|se; Kampf|platz**
Kampf|preis *(Wirtsch.)*
Kampf|rich|ter; Kampf|sport
kampf|stark
Kampf|stoff
kampf|un|fä|hig; Kampf|un|fä|hig|keit, die; -
kam|pie|ren ‹franz.› ([im Freien] lagern; *ugs. für* wohnen, hausen)
Kam|pu|chea [...'tʃe:a], **Kam|pu|t|schea** (zeitweiliger Name von Kambodscha)
Kam|sin, der; -s, -e ‹arab.› (heißtrockener Sandwind in der ägyptischen Wüste)
Kam|t|scha|da|le, der; -n, -n (Bewohner von Kamtschatka); **Kam|t|scha|da|lin**
Kam|t|schat|ka (eine nordostasiatische Halbinsel)

Ka|muf|fel, das; -s, - (*Schimpfwort, svw.* Dummkopf)
Kan. = Kansas
Ka|na (bibl. Ort); Hochzeit zu Kana
Ka|na|an (das vorisraelitische Palästina); **ka|na|a|nä|isch; Ka|na|a|ni|ter; ka|na|a|ni|tisch**
Ka|na|da (Bundesstaat in Nordamerika)
Ka|na|da|bal|sam, der; -s
Ka|na|di|er (Bewohner von Kanada; *auch* offenes Sportboot; *österr. veraltend auch* ein Polstersessel); **Ka|na|di|e|rin; ka|na|disch,** *aber* ↑K 140: der Kanadische Schild (Festlandskern Nordamerikas)
Ka|nail|le, *auch* Ca|nail|le [...'naljə, *österr.* ...'naij(ə)], die; -, -n ‹franz.› (Schurke; *nur Sing.: veraltet für* Gesindel)
Ka|na|ke, der; -n, -n ‹polynes.› (Ureinwohner der Südseeinseln; *Ausspr. meist* [...'na...]: *derb abwertend für* Ausländer, bes. Türke)
Ka|nal, der; -s, ...näle ‹ital.› (*Sing. auch für* Ärmelkanal)
Ka|nal|bau *Plur.* ...bauten
Ka|näl|chen (kleiner Kanal)
Ka|nal|de|ckel [*alte Trennung* ...k|k...]; **Ka|nal|ge|bühr**
Ka|nal|in|seln *Plur.* (Gruppe von Inseln und Felsen vor der Küste Nordfrankreichs im Ärmelkanal)
Ka|na|li|sa|ti|on, die; -, -en (Anlage zur Ableitung der Abwässer); **ka|na|li|sie|ren** (eine Kanalisation bauen; schiffbar machen; *übertr. für* in eine bestimmte Richtung lenken); **Ka|na|li|sie|rung**
Ka|nal|schacht; Ka|nal|schleu|se; Ka|nal|tun|nel (unter dem Ärmelkanal)
ka|na|nä|isch, Ka|na|ni|ter, ka|na|ni|tisch *vgl.* kanaanäisch usw.
Ka|na|pee [*österr.* ...'pe:], das; -s, -s ‹franz.› (*veraltend für* Sofa; *meist Plur.:* pikant belegte [geröstete] Weißbrotscheibe)
Ka|na|ren *Plur.* (Kanarische Inseln)
Ka|na|ri, der; -s, - (*südd., österr. ugs. für* Kanarienvogel); **Ka|na|rie,** die; -, -n (*fachspr. für* Kanarienvogel); **Ka|na|ri|en|vo|gel**
Ka|na|ri|er (Bewohner der Kanarischen Inseln); **ka|na|risch; Ka|na|ri|sche In|seln** *Plur.* (Inselgruppe vor der Nordwestküste Afrikas)
Kan|da|har|ren|nen, *auch* **Kan|da|har-Ren|nen** ↑K 136 ‹nach dem Earl of Kandahar› (jährl. stattfindendes Skirennen)
Kan|da|re, die; -, -n ‹ung.› (Gebissstange des Pferdes); jmdn. an die Kandare nehmen (streng behandeln)
Kan|del, der; -s, -n *od.* die; -, -n (*landsch. für* [Dach]rinne)
Kan|de|la|ber, der; -s, - ‹franz.› (Ständer für Kerzen od. Lampen)
kan|deln (*landsch. für* auskehlen); ich kand[e]le
Kan|del|zu|cker [*alte Trennung* ...k|k...] (*landsch. für* Kandis[zucker])
Kan|di|dat, der; -en, -en ‹lat.› (in der Prüfung Stehender; [Amts]bewerber, Anwärter; *Abk.* cand.); Kandidat der Medizin (*Abk.* cand. med.); Kandidat des [lutherischen] Predigtamtes (*Abk.* cand. [rev.] min. *od.* c. r. m.; *vgl.* Doktor)
Kan|di|da|ten|lis|te [*alte Trennung* ...|st...]; **Kan|di|da|tin; Kan|di|da|tur,** die; -, -en (Bewerbung [um ein Amt o. Ä.])
kan|di|del (*nordd. veraltet für* heiter, lustig)
kan|di|die|ren (sich [um ein Amt o.Ä.] bewerben)
Kan|di|dus *vgl.* Candidus
kan|die|ren ‹arab.› ([Früchte] durch Zucker haltbar machen)
Kan|dins|ky [...ki] (russ. Maler)
Kan|dis, der; - ‹arab.› *u.* **Kan|dis|zu|cker** [*alte Trennung* ...k|k...] (an Fäden auskristallisierter Zucker); **Kan|di|ten** *Plur.* (*bes. österr. für* überzuckerte Früchte; Süßigkeiten)
Ka|neel, der; -s, -e ‹sumer.› (beste Zimtsorte); **Ka|neel|blu|me**
Ka|ne|pho|re, die; -, -n ‹griech.› (*Archit.* weibliche Figur als Gebälkträger)
Ka|ne|vas, der; *Gen.* - *u.* -ses, *Plur.* - *u.* -se ‹franz.› (Gittergewebe; Akt- u. Szeneneinteilung in der ital. Stegreifkomödie); **ka|ne|vas|sen** (aus Kanevas)
Kän|gu|ru [*alte Schreibung* Känguruh], das; -s, -s ‹austral.› (ein Beuteltier)
Ka|ni|den *Plur.* ‹lat.› (*Zool.; Sammelbez. für* Hunde u. hundeartige Tiere)
Ka|nin, das; -s, -e ‹iber.› (Kaninchenfell)
Ka|nin|chen
Ka|nis|ter [*alte Trennung* ...|st...], der; -s, - ‹sumer.-ital.› (tragbarer Behälter für Flüssigkeiten)
Kan|ker, der; -s, - ‹griech.› (*svw.* Weberknecht)
Kan|na *vgl.* Canna
Kan|nä, das; -, - ‹nach dem Schlachtort des Altertums in Italien: Cannae› (*geh. für* vernichtende Niederlage)
Kan|na|da, das; -[s] (eine Sprache in Indien); *vgl. aber* Kanada
Kann|be|stim|mung, *auch* **Kann-Bestimmung**
Känn|chen
Kan|ne, die; -, -n
Kan|ne|gie|ßer (*veraltend iron. für* polit. Schwätzer); **kan|ne|gie|ßern** (*veraltend iron.*); ich kannegießere; gekannegießert
Kän|nel, der; -s, - (*bes. schweiz. für* Dachrinne)
kan|ne|lie|ren (*Archit.* mit Kannelüren versehen; auskehlen; riefeln); **Kan|ne|lie|rung**
Kän|nel|koh|le, die; - ‹engl.; dt.› (eine Steinkohlenart)
Kan|ne|lur, die; -, -en ‹sumer.-franz.› *u.* **Kan|ne|lü|re,** die; -, -n (*Archit.* senkrechte Rille am Säulenschaft; Hohlkehle)
Kan|ne[n]|bä|cker|land [*alte Trennung* ...k|k...], das; -[e]s (Landschaft im Westerwald)
Kan|nen|pflan|ze (eine Insekten fressende Pflanze)
kan|nen|wei|se; das Öl wurde kannenweise abgegeben
Kan|ni|ba|le, der; -n, -n ‹span.› (Menschenfresser; *übertr. für* roher, ungesitteter Mensch); **kan|ni|ba|lisch; Kan|ni|ba|lis|mus,** der; - (Menschenfresserei; *übertr. für* unmenschliche Rohheit; *Zool.* das Auffressen von Artgenossen)
Kan|nit|ver|stan, der; -s, -e ‹niederl., »kann nicht verstehen«› (Figur bei J. P. Hebel)
Kann|vor|schrift, *auch* **Kann-Vorschrift**
Ka|noldt (dt. Maler)
[1]**Ka|non,** der; -s, -s ‹griech.-lat.› (Maßstab, Richtschnur; Regel; Lied, bei dem mehrere Stimmen nacheinander mit der Melodie einsetzen; Liste der kirchl. anerkannten bibl. Schriften; in der kath. Liturgie das Hochgebet der Eucharistie;

kirchenamtl. Verzeichnis der Heiligen; kirchenrechtliche Norm [*fachspr. Plur.* Kanones]; Verzeichnis mustergültiger Schriftsteller)

[2]**Ka|non,** die; - (ein alter Schriftgrad)

Ka|no|na|de, die; -, -n ‹sumer.-franz.› ([anhaltendes] Geschützfeuer)

Ka|no|ne, die; -, -n ‹sumer.-ital.› (Geschütz; *ugs. für* Pistole, Revolver; Könner)

Ka|no|nen|boot; Ka|no|nen|boot|po|li|tik, die; - (Demonstration militärischer Macht [durch Entsendung von Kriegsschiffen] zur Durchsetzung politischer Ziele)

Ka|no|nen|don|ner; Ka|no|nen|fut|ter *(ugs. abwertend);* **Ka|no|nen|ku|gel; Ka|no|nen|öf|chen; Ka|no|nen|rohr; Ka|no|nen|schlag** (ein Feuerwerkskörper); **Ka|no|nen|schuss** [*alte Schreibung* ...schuß]

K

Ka|no|nier, der; -s, -e ‹sumer.-franz.› (Soldat, der ein Geschütz bedient); **ka|no|nie|ren** (*ugs. auch für* kraftvoll schießen, werfen)

Ka|no|nik, die; - ‹sumer.-lat.› (Name der Logik bei Epikur)

Ka|no|ni|kat, das; -[e]s, -e (Amt, Würde eines Kanonikers); **Ka|no|ni|ker,** der; -s, - *od.* **Ka|no|ni|kus,** der; -, ...ker (Mitglied eines geistl. Kapitels, Chorherr)

Ka|no|ni|sa|ti|on, die; -, -en (Heiligsprechung)

ka|no|nisch (den [1]Kanon betreffend, ihm gemäß; mustergültig); kanonisches Recht

ka|no|ni|sie|ren (heilig sprechen, in den [1]Kanon aufnehmen)

Ka|no|nis|se, die; -, -n ‹sumer.-franz.› *u.* **Ka|no|nis|sin** (Stiftsdame)

Ka|no|nist, der; -en, -en ‹sumer.-lat.› (Lehrer des kanon. Rechtes)

Ka|no|pe, die; -, -n ‹griech.› (altägyptische u. etruskische Urne)

Ka|no|pos *vgl.* [1]Kanopus

[1]**Ka|no|pus** (antiker Name eines Ortes an der Nilmündung)

[2]**Ka|no|pus,** der; - (ein Stern)

Ka|nos|sa, Ca|nos|sa, das; -s, -s ‹nach der Felsenburg Canossa in Norditalien›; ein Gang nach Canossa (*übertr. für* Demütigung); **Ka|nos|sa|gang,** Ca|nos|sa|gang, der ↑K 143

Kä|no|zo|i|kum, das; -s; ‹griech.› (*Geol.* Erdneuzeit [Tertiär u. Quartär]); **kä|no|zo|isch**

Kans. = Kansas

Kan|sas (Staat in den USA; *Abk.* Kan. u. Kans.)

Kant (dt. Philosoph); Kant-Gesellschaft ↑K 136

kan|ta|bel ‹ital.› (*Musik* sangbar; gesanglich vorgetragen); ...a|b|les Spiel; **Kan|ta|bi|li|tät,** die; - ‹lat.› (*Musik* die Sangbarkeit, gesanglicher Ausdruck, melod. Schönheit)

Kan|ta|b|rer [*auch* 'ka...], der; -s, - (Angehöriger eines alten iber. Volkes); **Kan|ta|b|re|rin; kan|ta|b|risch;** *aber* ↑K 140: das Kantabrische Gebirge

Kan|tar, der *od.* das; -s, -e ‹lat.-arab.› (altes Gewichtsmaß im Mittelmeerraum); 5 Kantar

[1]**Kan|ta|te,** die; -, -n ‹lat.› (mehrteiliges, von Instrumenten begleitetes Gesangsstück für eine Solostimme oder Solo- und Chorstimmen)

[2]**Kan|ta|te** ‹»singet!«› (vierter Sonntag nach Ostern)

Kan|te, die; -, -n; etw. auf die hohe Kante legen (sparen)

Kan|tel, die; -, -n (Holzstück mit quadratischem od. rechteckigem Querschnitt für Stuhlbeine usw.)

kan|ten (rechtwinklig behauen; auf die Kante stellen)

Kan|ten, der; -s, - (*bes. nordd. für* Brotrinde; Anschnitt od. Endstück eines Brotes)

Kan|ten|ball *(Tischtennis)*

Kan|ten|ge|schie|be *(Geol.)*

Kan|ten|win|kel *(Kristallographie)*

[1]**Kan|ter,** der; -s, - (Gestell [für Fässer]; Verschlag)

[2]**Kan|ter** [*auch* 'kɛ...], der; -s, - ‹engl.› (*Reitsport* leichter, kurzer Galopp)

kan|tern (kurz galoppieren); ich kantere

Kan|ter|sieg (*Sport* müheloser [hoher] Sieg)

Kant|ha|ken (ein kurzer Eisenhaken); jmdn. beim Kanthaken kriegen (*ugs. für* jmdn. gehörig zurechtweisen)

Kan|tha|ri|de, der; -n, -n *meist Plur.* ‹griech.› (*Zool.* Weichkäfer); **Kan|tha|ri|den|pflas|ter** [*alte Trennung* ...|st...] *(Med.);* **Kan|tha|ri|din,** *fachspr.* Can|tha|ri|din, das; -s (früher als Heilmittel verwendete Drüsenabsonderung bestimmter Insekten)

Kant|holz

Kan|ti|a|ner (Schüler, Anhänger Kants); **Kan|ti|a|ne|rin**

kan|tig

Kan|ti|le|ne, die; -, -n ‹ital.› (gesangartige, getragene Melodie)

Kan|til|le [*auch* ...'tɪljə], die; -, -n ‹lat.-franz.› (gedrehter, vergoldeter od. versilberter Draht [für Tressen u. Borten])

Kan|ti|ne, die; -, -n ‹franz.› (Speisesaal in Betrieben, Kasernen o. Ä.); **Kan|ti|nen|es|sen; Kan|ti|nen|wirt**

kan|tisch ‹*zu* Kant›; die kantischen [*alte Schreibung* Kantischen] Werke

[1]**Kan|ton** (chin. Stadt)

[2]**Kan|ton,** der; -s, -e ‹franz.› (Bundesland der Schweiz [*Abk.* Kt.]; Bezirk, Kreis in Frankreich u. Belgien); **kan|to|nal** (den Kanton betreffend)

Kan|to|nal|bank *Plur.* ...banken

kan|to|na|li|sie|ren (der Verantwortung des Kantons unterstellen)

Kan|to|nie|re, die; -, -n ‹ital.› (Straßenwärterhaus in den italienischen Alpen)

kan|to|nie|ren ‹franz.› (*veraltet für* Truppen unterbringen; in Standorte legen)

Kan|to|nist, der; -en, -en (*veraltet für* ausgehobener Rekrut); unsicherer Kantonist (*ugs. für* unzuverlässiger Mensch)

Kan|tönl|li|geist, der; -[e]s (*schweiz. abwertend für* Kirchturmpolitik, Lokalpatriotismus)

Kan|ton|ne|ment [...'mã:], das; -s, -s *u.* schweiz. [...'mɛnt], das; -[e]s, -e (*schweiz., sonst veraltet für* Truppenunterkunft)

Kan|tons|ge|richt; Kan|tons|rat *Plur.* ...räte; **Kan|tons|rä|tin; Kan|tons|schu|le** (kantonale höhere Schule); **Kan|tons|spi|tal**

Kan|tor, der; -s, ...oren ‹lat.› (Vorsänger im gregorian. Choral; Leiter des Kirchenchores, Organist); **Kan|to|rat,** das; -[e]s, -e (Amt eines Kantors); **Kan|to|rei** (ev. Kirchenchor; kleine Singgemeinschaft); **Kan|to|ren|amt**

Kant|schu, der; -s, -s ‹türk.› (Riemenpeitsche)

Kant|stein (*nordd. für* Bordstein)

Kan|tus, der; -, -se ‹lat.› (*Verbindungsw.* Gesang)

Ka|nu [*österr.* ...'nu:], das; -s, -s ⟨karib.⟩ (leichtes Boot der Indianer; Einbaum; *zusammenfassende Bez. für* Kajak *u.* Kanadier)
Ka|nü|le, die; -, -n ⟨sumer.-franz.⟩ (Röhrchen; Hohlnadel)
Ka|nu|sla|lom
Ka|nu|te, der; -n, -n ⟨karib.⟩ (*Sport* Kanufahrer); **Ka|nu|tin**
Kan|zel, die; -, -n ⟨lat.⟩; **Kan|zel|red|ner; Kan|zel|ton,** der; -[e]s
kan|ze|ro|gen (*svw.* karzinogen); **kan|ze|rös** (*Med.* krebsartig)
Kanz|lei (Büro eines Anwalts od. einer Behörde)
Kanz|lei|aus|druck; Kanz|lei|be|am|te; kanz|lei|mä|ßig; Kanz|lei|spra|che; Kanz|lei|stil, der; -[e]s
Kanz|ler; Kanz|ler|amts|mi|nis|ter [*alte Trennung* ...|ster]; **Kanz|ler|kan|di|dat; Kanz|ler|run|de; Kanz|ler|schaft,** die; -
Kanz|list, der; -en, -en (*veraltet für* Schreiber, Angestellter in einer Kanzlei); **Kanz|lis|tin** [*alte Trennung* ...|st...]
Kan|zo|ne, die; -, -n ⟨ital.⟩ (Gedichtform; Gesangstück; Instrumentalkomposition)
Ka|o|lin, das *od.* der (*fachspr. nur so);* -s, *Plur. (Sorten:)* -e ⟨chin.-franz.⟩ (Porzellanerde); **Ka|o|lin|er|de** (*svw.* Kaolin)
Kap, das; -s, -s ⟨niederl.⟩ (Vorgebirge); Kap der Guten Hoffnung (an der Südspitze Afrikas); Kap Hoorn (Südspitze Südamerikas)
Kap. = Kapitel (Abschnitt)
Ka|paun, der; -s, -e (kastrierter Masthahn); **ka|pau|nen** (*svw.* kapaunisieren); kapaunt; **ka|pau|ni|sie|ren** (Hähne kastrieren)
Ka|pa|zi|tät, die; -, -en ⟨lat.⟩ (Aufnahmefähigkeit, Fassungsvermögen; hervorragender Fachmann, Experte)
Ka|pa|zi|täts|aus|las|tung [*alte Trennung* ...|st...]; **Ka|pa|zi|täts|er|wei|te|rung**
ka|pa|zi|tiv (*Physik* auf die [elektr.] Kapazität bezüglich)
Kap Ca|na|ve|ral [- kə'nɛvərəl] (amerik. Raketenstartplatz)
Ka|pee ⟨franz.⟩; *nur in der Wendung* schwer von Kapee sein (*ugs. für* begriffsstutzig sein)
Ka|pe|lan, der; -s, -e ⟨franz.⟩ (ein Lachsfisch, Lodde)
Ka|pel|la, die; - ⟨lat.⟩ (ein Stern)
[1]**Ka|pel|le,** die; -, -n ⟨lat.⟩ (kleiner kirchl. Raum; Orchester)
[2]**Ka|pel|le,** *älter* Ku|pel|le, die; -, -n ⟨lat.⟩ (*fachspr. für* Tiegel)
Ka|pell|meis|ter [*alte Trennung* ...|st...]
[1]**Ka|per,** die; -, -n *meist Plur.* ⟨griech.⟩ ([eingelegte] Blütenknospe des Kapernstrauches)
[2]**Ka|per,** der; -s, - ⟨niederl.⟩ (*früher* Kaperschiff; Freibeuter)
Ka|per|brief
Ka|pe|rei (*früher* Aufbringung feindlicher und Konterbande führender neutraler Handelsschiffe); **Ka|per|fahrt; Ka|per|gut**
ka|pern; ich kapere
Ka|per|na|um, *ökum.* Ka|far|naum (bibl. Ort)
Ka|pern|so|ße, *auch* **...sau|ce; Ka|pern|strauch**
Ka|per|schiff *(früher);* **Ka|pe|rung**
Ka|pe|tin|ger [*auch* 'ka...], der; -s, - (Angehöriger eines franz. Königsgeschlechtes)
ka|pie|ren ⟨lat.⟩ (*ugs. für* fassen, begreifen, verstehen)
ka|pil|lar ⟨lat.⟩ (haarfein, z. B. von Blutgefäßen)
Ka|pil|lar|ana|ly|se (*Chemie*)
Ka|pil|la|re, die; -, -n (Haargefäß, kleinstes Blutgefäß; Haarröhrchen); **Ka|pil|lar|ge|fäß** (feinstes Blutgefäß); **Ka|pil|la|ri|tät,** die; - (*Physik* Verhalten von Flüssigkeiten in engen Röhren); **Ka|pil|lar|mi|kros|ko|pie,** die; - (*Med.* mikroskopische Untersuchung der Kapillaren)
ka|pi|tal ⟨lat.⟩ (hauptsächlich; groß, gewaltig); ein kapitaler Hirsch
Ka|pi|tal, das; -s, *Plur.* -e *u.*, *österr. nur,* -ien (Vermögen; Geldsumme)
Ka|pi|täl, das; -s, -e (*seltener für* Kapitell)
Ka|pi|tal|an|la|ge; Ka|pi|tal|auf|sto|ckung [*alte Trennung* ...k|k...]; **Ka|pi|tal|aus|fuhr**
Ka|pi|tal|band, Kap|tal|band, das; -[e]s, ...bänder (Schutz- u. Zierband am Buchrücken)
Ka|pi|tal|be|darf; Ka|pi|tal|bil|dung
Ka|pi|tal|buch|sta|be (Großbuchstabe); **Ka|pi|täl|chen** (lat. Großbuchstabe in der Größe eines kleinen Buchstabens)
Ka|pi|ta|le, die; -, -n ⟨franz.⟩ (*veraltet für* Hauptstadt)
Ka|pi|tal|eig|ner; Ka|pi|tal|er|hö|hung; Ka|pi|tal|er|trag[s]|steu|er; Ka|pi|tal|ex|port
Ka|pi|tal|feh|ler (besonders schwerer Fehler)
Ka|pi|tal|flucht, die; -; **Ka|pi|tal|ge|ber; Ka|pi|tal|ge|sell|schaft; Ka|pi|tal|ge|winn**
Ka|pi|tal|hirsch *(Jägerspr.)*
ka|pi|tal|in|ten|siv (viel Kapital erfordernd)
Ka|pi|tal|in|ves|ti|ti|on [*alte Trennung* ...|st...]
Ka|pi|ta|li|sa|ti|on, die; -, -en (Umwandlung eines laufenden Ertrags od. einer Rente in einen einmaligen Betrag); **ka|pi|ta|li|sie|ren; Ka|pi|ta|li|sie|rung**
Ka|pi|ta|lis|mus, der; - (Wirtschafts- u. Gesellschaftsordnung, deren treibende Kraft das Gewinnstreben Einzelner ist)
Ka|pi|ta|list, der; -en, -en (*oft abwertend für* Vertreter des Kapitalismus); **Ka|pi|ta|lis|tin** [*alte Trennung* ...|st...]; **ka|pi|ta|lis|tisch**
Ka|pi|tal|kraft, die; -; **ka|pi|tal|kräf|tig**
Ka|pi|tal|markt; Ka|pi|tal|ver|bre|chen (schweres Verbrechen); **Ka|pi|tal|zins** (*Plur.* ...zinsen)
Ka|pi|tän, der; -s, -e ⟨ital.-(-franz.)⟩
Ka|pi|tän|leut|nant; Ka|pi|täns|ka|jü|te; Ka|pi|täns|pa|tent
Ka|pi|tel, das; -s, - ⟨lat.⟩ ([Haupt]stück, Abschnitt [*Abk.* Kap.]; geistl. Körperschaft [von Domherren, Mönchen]); Kapitel XII; **ka|pi|tel|fest** (*ugs. für* fest im Wissen; bibelfest)
Ka|pi|tell, das; -s, -e ⟨lat.⟩ (*Archit.* oberer Säulen-, Pfeilerabschluss)
ka|pi|teln ⟨lat.⟩ (*landsch. für* ausschelten); ich kapit[e]le
Ka|pi|tel|saal (Sitzungssaal im Kloster); **Ka|pi|tel|über|schrift**
Ka|pi|tol, das; -s (Burg Alt-Roms; Kongresspalast in Washington); **ka|pi|to|li|nisch;** die kapitolinischen Gänse, *aber* ↑K 150: der Kapitolinische Hügel
Ka|pi|tu|lant, der; -en, -en ⟨lat.⟩ (jmd., der kapituliert); **Ka|pi|tu|lan|tin**
Ka|pi|tu|lar, der; -s, -e (Mitglied eines Kapitels, z. B. Domherr)
Ka|pi|tu|la|ri|en *Plur.* (Gesetze u. Verordnungen der karoling. Könige);
Ka|pi|tu|la|ti|on, die; -, -en ⟨franz.⟩ (Übergabe [einer Truppe od. einer Festung], Aufgabe; Übergabevertrag)
ka|pi|tu|lie|ren (sich ergeben, aufgeben)

K

Kap|la|ken, das; -s, - ‹niederl.› (*Seemannsspr. veraltet* dem Kapitän zustehende Sondervergütung)

Ka|p|lan, der; -s, ...pläne ‹lat.› (kath. Hilfsgeistlicher)

Kap|land, das; -[e]s (*svw.* Kapprovinz)

[1]**Ka|po,** der; -s, -s ‹Kurzform von franz. caporal› (Unteroffizier; Häftling eines Konzentrationslagers, der ein Arbeitskommando leitete)

[2]**Ka|po,** die; - (*schweiz. Kurzform für* Kantonspolizei)

Ka|po|das|ter [*alte Trennung* ...|st...], der; -s, - ‹ital.› (bei Lauten u. Gitarren über alle Saiten reichender, auf dem Griffbrett verschiebbarer Bund)

Ka|pok, der; -s ‹malai.› (Samenfaser des Kapokbaumes, ein Füllmaterial)

ka|po|res ‹hebr.-jidd.› (*ugs. für* entzwei); kapores gehen, sein

Ka|po|si|sar|kom ↑K 136 ‹nach dem österr.-ungar. Hautarzt Moritz Kaposi› (*Med.* ein [bei Aidspatienten häufiger auftretender] Hautkrebs)

Ka|pot|te, die; -, -n ‹franz.› (um die Jahrhundertwende getragener Damenhut); **Ka|pott|hut**

Kap|pa, das; -[s], -s (griech. Buchstabe: *K*, *κ*)

Kap|pa|do|ki|en usw. *vgl.* Kappadozien usw.; **Kap|pa|do|zi|en** (antike Bez. einer Landschaft im östl. Kleinasien); **Kap|pa|do|zi|er; Kap|pa|do|zi|e|rin; kap|pa|do|zisch**

Kapp|beil *(Seemannsspr.)*

Käpp|chen; Kap|pe, die; -, -n ‹lat.›

kap|pen (ab-, beschneiden; abhauen)

Kap|pen|abend (eine Faschingsveranstaltung)

Kap|pes, Kap|pus, der; - ‹lat.› (*westd. für* Weißkohl)

Kapp|hahn (Kapaun)

Käp|pi, das; -s, -s (kleine, längliche [Uniform]mütze); **Käpp|lein**

Kapp|naht (eine doppelt genähte Naht)

Kap|pro|vinz, die; - (größte Provinz der Republik Südafrika)

Kap|pung

Kap|pus *vgl.* Kappes

Kapp|zaum ‹ital.› (*Reitsport* Halfterzaum ohne Mundstück)

Kapp|zie|gel (luftdurchlässiger Dachziegel)

Ka|p|ri|ce [...sə], die; -, -n ‹franz.› (Laune)

Ka|p|ri|o|le, die; -, -n ‹ital.› (närrischer Einfall, Streich; Luftsprung; *Reitsport* besonderer Sprung der hohen Schule); **ka|p|ri|o|len** (*selten für* Kapriolen machen)

Ka|p|ri|ze (*österr. svw.* Kaprice)

ka|p|ri|zie|ren, sich ‹franz.› (*veraltend für* eigensinnig auf etwas bestehen); **ka|p|ri|zi|ös** (launenhaft, eigenwillig)

Kap|riz|pols|ter [*alte Trennung* ...|st...], der; -s, - (*österr. ugs. veraltet für* ein kleines Kissen)

Ka|p|run (österr. Kraftwerk)

Kap|sel, die; -, -n; **Käp|sel|chen**

kap|sel|för|mig; kap|se|lig, kaps-lig

Kap|sel|riss [*alte Schreibung* ...riß] *(Med.)*

Kap|se|lung *(Technik)*

Kap|si|kum, das; -s ‹lat.› (span. Pfeffer)

kaps|lig, kap|se|lig

Kap|stadt (Hauptstadt der Kapprovinz; Sitz des Parlaments der Republik Südafrika)

Kap|tal, das; -s, -e ‹lat.› (Kapitalband); **Kap|tal|band** *vgl.* Kapitalband

Kap|tein, Käp|ten, der; -s, -s (*nordd. für* Kapitän)

Kap|ti|on, die; -, -en ‹lat.› (*veraltet für* Fangfrage; verfänglicher Trugschluss); **kap|ti|ös** (*veraltet für* verfänglich)

Ka|put, der; -s, -e ‹roman.› (*schweiz. für* Soldatenmantel)

ka|putt ‹franz.› *(ugs.)*; kaputt sein

ka|putt|drü|cken [*alte Trennung* ...k|k...]; kaputtgedrückt

ka|putt|ge|hen; kaputtgegangen

Ka|putt|heit, die; - *(ugs.)*

ka|putt|la|chen, sich; wir haben uns kaputtgelacht

ka|putt|ma|chen; sich kaputtmachen; kaputtgemacht

ka|putt|schla|gen; kaputtgeschlagen

ka|putt|spa|ren; sich kaputtsparen; kaputtgespart

ka|putt|tre|ten; kaputtgetreten

Ka|pu|ze, die; -, -n ‹ital.› (an einen Mantel od. eine Jacke angearbeitete Kopfbedeckung)

Ka|pu|zi|na|de, die; -, -n ‹franz.› (*veraltet für* Kapuzinerpredigt)

Ka|pu|zi|ner, der; -s, - ‹ital.› (Angehöriger eines kath. Ordens; *österr. auch für* Kaffee mit wenig Milch)

Ka|pu|zi|ner|af|fe; Ka|pu|zi|ner|kres|se

Ka|pu|zi|ner|mönch; Ka|pu|zi|ner|or|den, der; -s (*Abk.* O. [F.] M. Cap. *[vgl. d.]*)

Ka|pu|zi|ner|pre|digt ([derbe] Strafrede)

Kap Ver|de (Staat, der die Kapverdischen Inseln umfasst); **Kap|ver|den** *Plur.* (schweiz. Name für Kap Verde; Kapverdische Inseln)

Kap|ver|di|er; Kap|ver|di|e|rin

kap|ver|disch; Kap|ver|di|sche In|seln *Plur.* (Inselgruppe vor der Westküste Afrikas)

Kap|wein (Wein aus der Kapprovinz)

Kar, das; -[e]s, -e (Mulde [an vergletscherten Hängen])

Ka|ra|bi|ner, der; -s, - ‹franz.› (kurzes Gewehr; *österr. auch für* Karabinerhaken)

Ka|ra|bi|ner|ha|ken (federnder Verschlusshaken)

Ka|ra|bi|ni|er [...'ni̯eː], der; -s, -s ([urspr. mit Karabiner ausgerüsteter] Reiter; Jäger zu Fuß); **Ka|ra|bi|ni|e|re,** der; -[s], ...ri ‹ital.› (Angehöriger einer italienischen Polizeitruppe)

Ka|ra|cho, das; - ‹span.› (*ugs. für* große Geschwindigkeit, Tempo); mit Karacho

Ka|rä|er, der; -s, - ‹hebr.› (Angehöriger einer jüd. Sekte)

Ka|raf|fe, die; -, -n ‹arab.-franz.› ([geschliffene] bauchige Glasflasche [mit Glasstöpsel]); **Ka|raf|fi|ne,** die; -, -n (*veraltet, noch landsch. für* kleine Karaffe)

Ka|ra|gös, der; - ‹türk.› (Hanswurst im türk.-arab. Schattenspiel)

Ka|ra|i|be usw. *vgl.* Karibe usw.

Ka|ra|jan ['ka(:)...], Herbert von (österr. Dirigent)

Ka|ra|kal, der; -s, -s ‹turkotatar.› (Wüstenluchs)

Ka|ra|kal|pa|ke, der; -n, -n (Angehöriger eines Turkvolkes); **Ka|ra|kal|pa|kin**

Ka|ra|ko|rum [*auch* ...'rʊm], der; -[s] (Hochgebirge in Mittelasien)

Ka|ra|kul|schaf ‹nach dem See im Hochland von Pamir› (Fettschwanzschaf, dessen Lämmer den Persianerpelz liefern)

Ka|ra|kum, die; - (Wüstengebiet in Turkmenistan)

Ka|ram|bo|la|ge [...ʒə], die; -, -n ‹franz.› (*ugs. für* Zusammenstoß; *Billard* Treffer [durch Karambolieren])

Ka|ram|bo|le, die; -, -n (eine tropische Frucht, Sternfrucht; *Billard* roter Ball)

ka|ram|bo|lie|ren (*ugs. für* zusammenstoßen; *Billard* mit dem Spielball die beiden anderen Bälle treffen)

Ka|ra|mell [*alte Schreibung* Karamel], der, *schweiz. auch* das; -s ‹franz.› (gebrannter Zucker); **Ka|ra|mell|bier; Ka|ra|mell|bonbon**

Ka|ra|mel|le, die; -, -n *meist Plur.* (Bonbon mit Zusatz aus Milch[produkten])

ka|ra|mel|li|sie|ren [*alte Schreibung* karamelisieren] (Zucker[lösungen] trocken erhitzen; Karamell zusetzen); **Ka|ra|mell|pud|ding; Ka|ra|mell|zu|cker** [*alte Trennung* ...k|k...]

Ka|ra|o|ke, das; -[s] ‹jap.› (Veranstaltung, bei der Laien zur Instrumentalmusik eines Schlagers den Text singen)

Ka|ra|see, die; - ‹nach dem Fluss Kara› (Teil des Nordpolarmeeres)

Ka|rat, das; -[e]s, -e ‹griech.› (Gewichtseinheit von Edelsteinen; Maß der Feinheit einer Goldlegierung); 24 Karat

Ka|ra|te, das; -[s] ‹jap.› (eine sportliche Methode der waffenlosen Selbstverteidigung); **Ka|ra|te|ka,** der; -[s], -[s] u. die; -, -[s] (jmd., der Karate betreibt); **Ka|ra|te|kämp|fer**

...ka|rä|ter (z. B. Zehnkaräter, *mit Ziffern* 10-Karäter [*alte Schreibung* 10karäter] ↑K 29); **...ka|rä|tig,** *österr. auch* ...ka|ra|tig (z. B. zehnkarätig; *mit Ziffern* 10-karätig [*alte Schreibung* 10karätig] ↑K 29)

Ka|ra|t|schi (pakistanische Hafenstadt)

Ka|rau|sche, die; -, -n ‹lit.› (ein karpfenartiger Fisch)

Ka|ra|vel|le, die; -, -n ‹niederl.› (mittelalterl. Segelschiff)

Ka|ra|wa|ne, die; -, -n ‹pers.› (durch Wüsten u. Ä. ziehende Gruppe von Reisenden)

Ka|ra|wa|nen|han|del; Ka|ra|wa|nen|stra|ße

Ka|ra|wan|ken *Plur.* (Berggruppe im südöstl. Teil der Alpen)

Ka|ra|wan|se|rei ‹pers.› (Unterkunft für Karawanen)

Kar|bat|sche, die; -, -n ‹türk.› (Riemenpeitsche)

[1]**Kar|bid,** das; -[e]s ‹lat.› (Kalziumkarbid)

[2]**Kar|bid,** *chem. fachspr.* Car|bid, das; -[e]s, -e (Verbindung aus Kohlenstoff u. einem Metall od. Bor od. Silicium)

Kar|bid|lam|pe

kar|bo... (kohlen...); **Kar|bo...** (Kohlen...)

Kar|bol, das; -s (*ugs. für* Karbolsäure); **Kar|bo|li|ne|um,** das; -s (Imprägnierungs- und Schädlingsbekämpfungsmittel)

Kar|bol|säu|re, die; - (*veraltet* ein Desinfektionsmittel)

Kar|bon, das; -s (*Geol.* Steinkohlenformation)

Kar|bo|na|de, die; -, -n ‹franz.› (*landsch. für* gebratenes Rippenstück)

Kar|bo|na|do, der; -s, -s ‹span.› (*svw.* [1]Karbonat)

Kar|bo|na|ri *Plur.* ‹ital.› (Angehörige eines im 19. Jh. für die Freiheit u. Einheit Italiens eintretenden Geheimbundes)

[1]**Kar|bo|nat,** der; -[e]s, -e ‹lat.› (eine Diamantenart)

[2]**Kar|bo|nat,** *fachspr.* Car|bo|nat, das; -[e]s, -e (Salz der Kohlensäure)

Kar|bo|ni|sa|ti|on, die; - (Verkohlung, Umwandlung in [2]Karbonat); **kar|bo|nisch** (*Geol.* das Karbon betreffend); **kar|bo|ni|sie|ren** (verkohlen lassen, in [2]Karbonat umwandeln; Zellulosereste in Wolle durch Schwefelsäure od. andere Chemikalien zerstören)

Kar|bon|pa|pier (*selten für* Kohlepapier); **Kar|bon|säu|ren** *Plur.* (eine Gruppe organ. Säuren)

Kar|bo|rund, das; -[e]s (Carborundum®; ein Schleifmittel)

Kar|bun|kel, der; -s, - (Häufung dicht beieinander liegender Furunkel)

kar|bu|rie|ren (*Technik* die Leuchtkraft von Gasgemischen durch Zusatz von Kohlenstaub o. Ä. steigern)

Kar|da|mom, der *od.* das; -s, -e[n] *Plur. selten* ‹griech.› (ein scharfes Gewürz)

Kar|dan|an|trieb ‹nach dem Erfinder G. Cardano› *(Technik)*; **Kar|dan|ge|lenk** (Verbindungsstück zweier Wellen, das Kraftübertragung unter wechselnden Winkeln ermöglicht)

kar|da|nisch; kardanische Aufhängung (Vorrichtung, die Schwankungen der aufgehängten Körper ausschließt)

Kar|dan|tun|nel (im Kraftfahrzeug); **Kar|dan|wel|le** (Antriebswelle [für Kraftfahrzeuge] mit Kardangelenk)

Kar|dät|sche, die; -, -n ‹ital.› (grobe [Pferde]bürste); *vgl. aber* Kartätsche; **kar|dät|schen** (striegeln); du kardätschst; *vgl. aber* kartätschen

Kar|de, die; -, -n ‹lat.› (eine distelähnliche, krautige Pflanze; *Textiltechnik* eine Maschine zum Aufteilen von Faserbüscheln)

Kar|deel, das; -s, -e ‹niederl.› (*Seemannsspr.* Strang einer Trosse)

kar|den, kar|die|ren ‹lat.› (rauen, kämmen [von Wolle])

Kar|den|dis|tel [*alte Trennung* ...|st...]; **Kar|den|ge|wächs**

kar|di... usw. *vgl.* kardio... usw.

Kar|di|a|kum, das; -s, ...ka ‹griech.-lat.› (*Med.* herzstärkendes Mittel); **kar|di|al** ‹griech.› (*Med.* das Herz betreffend); **Kar|di|al|gie,** die; -, ...ien (*Med.* Magenkrampf; Herzschmerzen)

kar|die|ren *vgl.* karden

kar|di|nal ‹lat.› (*veraltet für* grundlegend; hauptsächlich)

Kar|di|nal, der; -s, ...äle (Titel der höchsten katholischen Würdenträger nach dem Papst)

Kar|di|nal... (Haupt...; Grund...)

Kar|di|na|le, das; -[s], ...lia *meist Plur.* (*veraltet für* Grundzahl)

Kar|di|nal|feh|ler; Kar|di|nal|fra|ge; Kar|di|nal|pro|b|lem; Kar|di|nal|punkt

Kar|di|nals|hut; Kar|di|nals|kol|le|gi|um; Kar|di|nals|kon|gre|ga|ti|on (eine Hauptbehörde der päpstlichen Kurie)

Kar|di|nal|staats|sek|re|tär

Kar|di|nal|tu|gend

Kar|di|nal|vi|kar (päpstlicher Generalvikar von Rom)

Kar|di|nal|zahl (Grundzahl, z. B. null, eins, zwei)

kar|di[|o]... ‹griech.› (herz...; magen...); **Kar|di[|o]...** (Herz...; Magen...)

Kar|di|o|gramm, das; -s, -e (*Med.* mittels des Kardiographen aufgezeichnete Kurve); **Kar|di|o|graph,** *auch* Kar|di|o|graf, der; -en, -en (*Med.* Gerät zur Aufzeichnung des Herzrhythmus)

K

Kar|di|o|i|de, die; -, -n (*Math.* [herzförmige] Kurve)
Kar|di|o|lo|ge, der; -n, -n (*Med.* Facharzt für Kardiologie)
Kar|di|o|lo|gie, die; - (*Med.* Lehre vom Herzen u. den Herzkrankheiten); **kar|di|o|lo|gisch** *(Med.)*
Kar|di|o|spas|mus, der; -, ...men (*Med.* Krampf des Mageneinganges); **Kar|di|tis,** die; -, ...tiden (*Med.* entzündliche Erkrankung des Herzens)
Ka|re|li|en (nordosteuropäische Landschaft)
Ka|re|li|er, der; -s, - (Angehöriger eines finnischen Volksstammes); **Ka|re|li|e|rin; ka|re|lisch**
Ka|ren (w. Vorn.)
Ka|renz, die; -, -en ⟨lat.⟩ (Wartezeit, Sperrfrist; Enthaltsamkeit, Verzicht); **Ka|renz|zeit**
Ka|rer (Bewohner Kariens)
ka|res|sie|ren ⟨franz.⟩ (*veraltet für* liebkosen; schmeicheln)
Ka|ret|te, die; -, -n ⟨franz.⟩ (Meeresschildkröte); **Ka|rett|schild|krö|te**

K

Ka|rez|za, die; - ⟨ital.⟩ (Koitus, bei dem der Samenerguss vermieden wird)
Kar|fi|ol, der; -s ⟨ital.⟩ (*südd., österr. für* Blumenkohl)
Kar|frei|tag (Freitag vor Ostern)
Kar|fun|kel, der; -s, - ⟨lat.⟩ (*volkstüml. für* roter Granat; *ugs. auch für* Karbunkel); **kar|fun|kel|rot; Kar|fun|kel|stein**
karg; karger (*auch* kärger), kargste (*auch* kärgste)
Kar|ga|deur [...ˈdøːɐ̯] ⟨span.-franz.⟩, **Kar|ga|dor,** der; -s, -e ⟨span.⟩ (*Seew.* Begleiter einer Schiffsladung, der den Transport bis zur Übergabe an den Empfänger überwacht)
kar|gen *(geh.);* **Karg|heit,** die; -
kärg|lich; Kärg|lich|keit, die; -
Kar|go, *auch* Car|go, der; -s, -s ⟨span.⟩ (*Seew.* Schiffsladung)
Ka|ri|be, der; -n, -n (Angehöriger einer indian. Sprachfamilie u. Völkergruppe in Mittel- u. Südamerika)
Ka|ri|bik, die; - (Karibisches Meer mit den Antillen)
Ka|ri|bin
ka|ri|bisch, *aber* ↑K 140: das Karibische Meer
Ka|ri|bu, das; -s, -s ⟨indian.⟩ (kanadisches Ren)
Ka|ri|en (historische Landschaft in Kleinasien)
ka|rie|ren ⟨franz.⟩ (*selten für* mit Würfelzeichnung mustern, kästeln)
ka|riert (gewürfelt, gekästelt)
Ka|ri|es, die; - ⟨lat.⟩ (*Med.* Zerstörung der harten Zahnsubstanz bzw. von Knochengewebe)
Ka|ri|ka|tur, die; -, -en ⟨ital.⟩ (Zerr-, Spottbild, kritische od. satirische Darstellung)
Ka|ri|ka|tu|ren|zeich|ner; Ka|ri|ka|tu|rist, der; -en, -en; **Ka|ri|ka|tu|ris|tin** [*alte Trennung* ...|st...]; **ka|ri|ka|tu|ris|tisch; ka|ri|kie|ren**
Ka|rin (w. Vorn.)
Ka|ri|na (w. Vorn.)
ka|ri|o|gen ⟨lat.; griech.⟩ (*Med.* Karies hervorrufend); **ka|ri|ös** ⟨lat.⟩ (*Med.* von Karies befallen); kariöse Zähne
ka|risch (aus Karien)
Ka|ri|sche Meer, das; -n -[e]s (ältere Bez. der Karasee)
Ka|ri|tas, die; - ⟨lat.⟩ (Nächstenliebe; Wohltätigkeit); *vgl.* Caritas; **ka|ri|ta|tiv** (wohltätig)
kar|ju|ckeln [*alte Trennung* ...k|k...] (*landsch. für* gemächlich umherfahren); ich karjuck[e]le
Kar|kas|se, die; -, -n ⟨franz.⟩ (*Technik* fester Unterbau [eines Fahrzeugreifens]; *Gastron.* Gerippe von zerlegtem Geflügel, Wild od. Fisch)
Karl (m. Vorn.)
Kar|la (w. Vorn.)
Karl-Heinz, *auch* Karl Heinz, Karl|heinz (m. Vorn.)
kar|lin|gisch (*für* karolingisch)
Kar|list, der; -en, -en Anhänger der spanischen Thronanwärter mit Namen Don Carlos aus einer bourbon. Seitenlinie)
Karl|mann (dt. m. Eigenn.)
Karl-Marx-Stadt (Name für Chemnitz [1953–1990])
Kar|lo|vy Va|ry [...vi ...ri] (Kurort in Böhmen); *vgl.* Karlsbad
Karls|bad (*tschech.* Karlovy Vary); **Karls|ba|der** ↑K 141; Karlsbader Salz, Karlsbader Oblaten
Karls|kro|na [...ˈkruː...] (schwed. Hafenstadt)
Karls|preis (internationaler Preis der Stadt Aachen für Verdienste um die Einigung Europas)
Karls|ru|he (Stadt in Baden-Württemberg); **Karls|ru|he-Rüp|purr**
Karls|sa|ge; Karls|sa|gen|kreis, der; -es
[1]Karl|stadt (Stadt am Main)
[2]Karl|stadt (dt. Reformator)
Kar|ma[n], das; -s ⟨sanskr.⟩ (in östl. Religionen [z. B. im Hinduismus] das den Menschen bestimmende Schicksal)
Kar|mel, der; -[s] (Gebirgszug in Palästina)
Kar|me|lit, der; -en, -en *u.* **Kar|me|li|ter,** der; -s, - (Angehöriger eines kath. Ordens)
Kar|me|li|ter|geist, der; -[e]s (ein Heilkräuterdestillat)
Kar|me|li|te|rin, Kar|me|li|tin; **Kar|me|li|ter|or|den; Kar|me|li|tin** *vgl.* Karmeliterin
Kar|men, das; -s, ...mina ⟨lat.⟩ (*veraltet für* Fest-, Gelegenheitsgedicht)
Kar|me|sin ⟨pers.⟩ (*svw.* Karmin); **kar|me|sin|rot** (*svw.* karminrot)
Kar|min, das; -s ⟨franz.⟩ (ein roter Farbstoff); **kar|min|rot; Kar|min|säu|re,** die; -
kar|mo|sie|ren ⟨arab.⟩ ([einen Edelstein] mit weiteren kleinen Steinen umranden)
[1]Karn, die; -, -en (*nordd. für* Butterfass)
[2]Karn, das; -s ⟨nach den Karnischen Alpen⟩ (*Geol.* eine Stufe der alpinen Trias)
Kar|nal|lit, der; -s ⟨nach dem Geologen R. v. Carnall⟩ (ein Mineral)
Kar|na|ti|on, die; - ⟨lat.⟩ (*svw.* Inkarnat)
Kar|nau|ba|wachs, das; -es ⟨indian.; dt.⟩ (ein Pflanzenwachs)
Kar|ne|ol, der; -s, -e ⟨ital.⟩ (ein rot bis gelblich gefärbter Schmuckstein)
[1]Kar|ner, Ker|ner, der; -s, - (*Archit.* [Friedhofskapelle mit] Beinhaus; *landsch. veraltet für* Räucherkammer)
[2]Kar|ner, der; -s, - (Angehöriger eines ehem. kelt. Volkes in den Karnischen Alpen)
Kar|ne|val, der; -s, *Plur.* -e *u.* -s ⟨ital.⟩ (Fastnacht[szeit], Fasching)
Kar|ne|va|list, der; -en, -en; **Kar|ne|va|lis|tin** [*alte Trennung* ...|st...]; **kar|ne|va|lis|tisch**
Kar|ne|vals|ge|sell|schaft; Kar|ne|vals|prinz; Kar|ne|vals|tru|bel; Kar|ne|vals|ver|ein; Kar|ne|vals|zeit, die; -; **Kar|ne|vals|zug**
Kar|ni|ckel [*alte Trennung* ...k|k...], das; -s, - (*landsch. für* Kaninchen)
Kar|nies, das; -es, -e ⟨roman.⟩ (*Bauw.* Leiste od. Gesims mit s-förmigem Querschnitt); **Kar-**

nie|se, *selten* Kar|ni|sche die; -, -n (*österr. für* Gardinenleiste)
kar|nisch ‹*zu* ²Karn› *(Geol.);* ↑K 140: die Karnischen Alpen
Kar|ni|sche *vgl.* Karniese
kar|ni|vor ‹lat.› (Fleisch fressend)
¹**Kar|ni|vo|re,** der; -n, -n (Fleisch fressendes Tier)
²**Kar|ni|vo|re,** die; -, -n (Fleisch fressende Pflanze)
Kar|nöf|fel, Kar|nüf|fel, der; -s (ein altes Kartenspiel)
Kärn|ten (österr. Bundesland); **Kärn|te|ner,** Kärnt|ner; **kärn|tisch** *(selten),* **kärnt|ne|risch**
Kar|nüf|fel *vgl.* Karnöffel
¹**Ka|ro** (Hundename)
²**Ka|ro,** das; -s, -s ‹franz.› (Raute, [auf der Spitze stehendes] Viereck; *nur Sing.:* eine Spielkartenfarbe); **Ka|ro|ass,** *auch* **Ka|ro-Ass** [*alte Schreibung* Karoas], das; -es, -e
Ka|ro|be *vgl.* Karube
Ka|ro|la [*auch* 'ka:...] (w. Vorn.); **Ka|ro|li|ne** (w. Vorn.)
Ka|ro|li|nen *Plur.* (Inselgruppe im Pazifischen Ozean)
Ka|ro|lin|ger, der; -s, - (Angehöriger eines fränk. Herrschergeschlechtes); **Ka|ro|lin|ger|zeit,** die; -; **ka|ro|lin|gisch;** karolingische Minuskel (alte Schriftart)
ka|ro|li|nisch (auf einen der fränk. Herrscher mit dem Namen Karl bezüglich)
Ka|ros|se, die; -, -n ‹franz.› (Prunkwagen; *kurz für* Staatskarosse; *ugs. für* Karosserie)
Ka|ros|se|rie, die; -, ...ien (Wagenoberbau, -aufbau [von Kraftfahrzeugen]); **Ka|ros|se|rie|bau|er,** der; -s, -
Ka|ros|si|er [...'sie:], der; -s, -s (Karosserieentwerfer; *veraltet für* Kutschpferd); **ka|ros|sie|ren** (mit einer Karosserie versehen)
Ka|ro|tin, *fachspr.* Ca|ro|tin, das; -s ‹lat.› (ein gelbroter Farbstoff in Pflanzenzellen)
Ka|ro|tis, die; -, ...iden ‹griech.› (*Med.* Kopf-, Halsschlagader)
Ka|rot|te, die; -, -n ‹niederl.› (eine Mohrrübenart); **Ka|rot|ten|beet**
Ka|rot|ten|ho|se (lange Hose mit stark betonter Hüftweite und sehr enger Fußweite)
Kar|pa|ten *Plur.* (Gebirge in Mitteleuropa); **kar|pa|tisch**
Kar|pell, das; -s, *Plur.* ...pelle *u.* ...pella ‹nlat.› (*Bot.* die Samenanlage tragender Teil der Blüte; Fruchtblatt)
Karp|fen, der; -s, - (ein Fisch); **Karp|fen|teich; Karp|fen|zucht**
Kar|po|lith, der; *Gen.* -s *od.* -en, *Plur.* -e[n] ‹griech.› (*veraltet für* fossile Frucht)
Kar|po|lo|gie, die; - (Lehre von den Pflanzenfrüchten)
Kar|ra|g[h]een [...'ge:n], das; -[s] ‹nach dem irischen Ort Carrageen ['kɛrəgi:n]› (ein Heilmittel aus getrockneten Algen)
kar|ra|risch *svw.* carrarisch
Kärr|chen
¹**Kar|re,** die; -, -n *u., österr. nur,* Kar|ren, der; -s, -
²**Kar|re,** die; -, -n *meist Plur.* (*Geol.* Rinne od. Furche in Kalkgestein)
Kar|ree, das; -s, -s ‹franz.› (Viereck; *bes. österr. für* Rippenstück)
kar|ren (mit einer Karre befördern); **Kar|ren** *vgl.* ¹Karre
Kar|ren|feld *(Geol.)*
Kar|re|te, die; -, -n ‹ital.› (*bes. ostmitteld. für* schlechter Wagen)
Kar|ret|te, die; -, -n (*schweiz. für* Schubkarren)
Kar|ri|e|re, die; -, -n ‹franz.› ([bedeutende, erfolgreiche] Laufbahn; schnellste Gangart des Pferdes)
Kar|ri|e|re|frau *(auch abwertend);* **Kar|ri|e|re|ma|cher** *(meist abwertend)*
Kar|ri|e|ris|mus, der; - (*abwertend für* rücksichtsloses Streben nach Erfolg); **Kar|ri|e|rist,** der; -en, -en (*abwertend für* rücksichtsloser Karrieremacher); **Kar|ri|e|ris|tin** [*alte Trennung* ...|st...]; **kar|ri|e|ris|tisch**
Kar|ri|ol, das; -s, -s *u.* **Kar|ri|o|le,** die; -, -n ‹franz.› (*veraltet für* leichtes, zweirädriges Fuhrwerk mit Kasten; Briefpostwagen); **kar|ri|o|len** (*veraltet für* mit Karriol[post] fahren; *übertr. für* umherfahren, drauflosfahren)
Kärr|ner (*veraltet für* Arbeiter, der harte körperliche Arbeit verrichten muss); **Kärr|ner|ar|beit**
Kar|sams|tag (Samstag vor Ostern)
¹**Karst,** der; -[e]s, -e (*landsch. u. schweiz. für* zweizinkige Erdhacke)
²**Karst,** der; -[e]s, -e (*nur Sing.:* Teil der Dinarischen Alpen; *Geol.* durch Wasser ausgelaugte, meist unbewachsene Gebirgslandschaft aus Kalkstein od. Gips)
Kars|ten [*alte Trennung* ...|st...] (m. Vorn.)
Karst|höh|le; kars|tig [*alte Trennung* ...|st...]; **Karst|land|schaft**
kart. = kartoniert
Kar|tät|sche, die; -, -n ‹ital. (-franz.-engl.)› (*früher* mit Bleikugeln gefülltes Artilleriegeschoss; *Bauw.* Brett zum Verreiben des Putzes); *vgl. aber* Kardätsche; **kar|tät|schen** (*früher für* mit Kartätschen schießen); du kartätschst; *vgl. aber* kardätschen
Kar|tau|ne, die; -, -n ‹ital.› (*früher* großes Geschütz)
Kar|tau|se, die; -, -n (Kartäuserkloster); **Kar|täu|ser** (Angehöriger eines kath. Einsiedlerordens; ein Kräuterlikör); **Kar|täu|ser|mönch; Kar|täu|ser|nel|ke**
Kärt|chen
Kar|te, die; -, -n; alles auf eine Karte setzen; die gelbe Karte, die rote Karte *(Sport);* Karten spielen ↑K 54
Kar|tei (Zettelkasten); **Kar|tei|kar|te; Kar|tei|kas|ten** [*alte Trennung* ...|st...]; **Kar|tei|lei|che** *(scherzh.);* **Kar|tei|zet|tel**
Kar|tell, das; -s, -e ‹franz.› (Interessenvereinigung in der Industrie; Zusammenschluss von student. Verbindungen mit gleicher Zielsetzung); **Kar|tell|amt; Kar|tell|ge|setz**
kar|tel|lie|ren (in Kartellen zusammenfassen); **Kar|tel|lie|rung**
Kar|tell|ver|band
kar|ten (*ugs. für* Karten spielen)
Kar|ten|blatt; Kar|ten|block (*vgl.* Block); **Kar|ten|brief; Kar|ten|haus**
Kar|ten|le|gen, das; -s; **Kar|ten|le|ge|rin; Kar|ten|schlä|ge|rin** (*ugs. für* Kartenlegerin)
Kar|ten|spiel; Kar|ten|te|le|fon; Kar|ten|[vor|]ver|kauf; Kar|ten|zeich|ner
kar|te|si|a|nisch, kar|te|sisch ‹nach R. Cartesius (= Descartes) benannt›; kartesianisches [*alte Schreibung* Kartesianisches] *od.* kartesisches [*alte Schreibung* Kartesisches] Blatt *(Math.);* kartesianischer *od.* kartesischer Teufel *od.* Taucher ↑K 135
Kar|tha|ger, *veraltet* **Kar|tha|gi|ni|en|ser; kar|tha|gisch; Kar|tha|go** (antike Stadt in Nordafrika)
Kar|tha|min, *fachspr.* Car|tha|min,

K

das; -s ⟨arab.⟩ (ein roter Farbstoff)

kar|tie|ren ⟨franz.⟩ (*Geogr.* vermessen u. auf einer Karte darstellen; *auch für* in eine Kartei einordnen); **Kar|tie|rung**

Kar|ting, das; -s ⟨engl.⟩ (Ausübung des Gokartsports)

Kar|tof|fel, die; -, -n; Kartoffeln schälen, *aber* das Kartoffelschälen; **Kar|tof|fel|a|cker** [*alte Trennung* ...k|k...]; **Kar|tof|fel|bo|vist** *od.* ...bo|fist; **Kar|tof|fel|brei**

Kar|töf|fel|chen

Kar|tof|fel|chip *meist Plur.;* **Kar|tof|fel|ern|te; Kar|tof|fel|feu|er**

Kar|tof|fel|hor|de; Kar|tof|fel|kä|fer; Kar|tof|fel|kloß; Kar|tof|fel|knö|del *(südd.);* **Kar|tof|fel|mehl**

Kar|tof|fel|mus; Kar|tof|fel|puf|fer; Kar|tof|fel|pü|ree; Kar|tof|fel|sack; Kar|tof|fel|sa|lat

Kar|tof|fel|scha|le; Kar|tof|fel|schnaps; Kar|tof|fel|stock, der; -[e]s (*schweiz. für* Kartoffelbrei); **Kar|tof|fel|sup|pe**

Kar|to|graf, Kar|to|gra|fie usw. *vgl.* Kartograph, Kartographie usw.

Kar|to|gramm, das; -s, -e ⟨franz.; griech.⟩ (Darstellung statistischer Daten auf Landkarten)

Kar|to|graph, *auch* Kar|to|graf der; -en, -en; (Landkartenzeichner; wissenschaftl. Bearbeiter einer Karte); **Kar|to|gra|phie,** *auch* Kar|to|gra|fie, die; - (Technik, Lehre, Geschichte der Herstellung von Karten[bildern]); **kar|to|gra|phie|ren,** *auch* kar|to|gra|fie|ren (auf Karten aufnehmen); **Kar|to|gra|phin,** *auch* Kar|to|gra|fin; **kar|to|gra|phisch,** *auch* kar|to|gra|fisch

Kar|to|man|tie, die; - (Kartenlegekunst)

Kar|to|me|ter, das (Kurvenmesser); **Kar|to|me|t|rie,** die; - (Kartenmessung)

Kar|ton [...'tõ:, *auch, österr. nur,* ...'to:n], der; -s, *Plur.* -s, *seltener* -e [...'to:nə] ⟨franz.⟩ (*auch Kunstwiss.* Vorzeichnung zu einem [Wand]gemälde); 5 Karton[s] Seife

Kar|to|na|ge [...ʒə], die; -, -n (Pappverpackung; Einbandart); **Kar|to|na|ge|ar|beit**

Kar|to|na|gen|fa|b|rik; Kar|to|na|gen|ma|cher

kar|to|nie|ren (in Pappe [leicht] einbinden, steif heften); **kar|to|niert** (*Abk.* kart.)

Kar|to|thek, die; -, -en ⟨franz.; griech.⟩ (Kartei)

Kar|tu|sche, die; -, -n ⟨franz.⟩ (*Milit.* Metallhülse [mit der Pulverladung] für Artilleriegeschosse; *Kunstwiss.* schildförmiges Ornament des Barocks mit Laubwerk usw.)

Ka|ru|be, Ka|ro|be, die; -, -n ⟨arab.⟩ (Johannisbrot)

Ka|run|kel, die; -, -n ⟨lat.⟩ (*Med.* kleine Warze aus gefäßreichem Bindegewebe)

Ka|rus|sell, das; -s, *Plur.* -s *u.* -e ⟨franz.⟩ (Drehgestell mit kleinen Pferden, Fahrzeugen, an Ketten aufgehängten Sitzen o. Ä.); **Ka|rus|sell|pferd**

kar|weel|ge|baut usw. *vgl.* kraweelgebaut usw.

Kar|wen|del|ge|bir|ge, *auch* Karwen|del, das; -s (Gebirgsgruppe der Tirolisch-Bayer. Kalkalpen)

Kar|wo|che (Woche vor Ostern)

Ka|ry|a|ti|de, die; -, -n ⟨griech.⟩ (*Archit.* weibl. Säulenfigur als Gebälkträgerin)

Ka|ry|op|se, die; -, -n ⟨griech.⟩ (*Bot.* Frucht der Gräser)

Kar|zer, der; -s, - ⟨lat.⟩ (*früher für* Schul-, Hochschulgefängnis; *nur Sing.:* verschärfter Arrest)

kar|zi|no|gen ⟨griech.⟩ (*Med.* Krebs[geschwülste] erzeugend); **Kar|zi|no|gen,** das; -s, -e (Krebs erregende Substanz)

Kar|zi|no|lo|gie, die; - (wissenschaftliche Erforschung der Krebserkrankungen)

Kar|zi|nom, das; -s, -e (Krebs[geschwulst]; *Abk.* Ca. [*für* Carcinoma]); **kar|zi|no|ma|tös** (krebsartig); karzinomatöse Geschwulst

Kar|zi|no|se, die; -, -n (über den Körper verbreitete Krebsbildung)

Ka|sach, Ka|sak, der; -[s], -s (handgeknüpfter kaukasischer Teppich)

Ka|sa|che, der; -n, -n (Angehöriger eines Turkvolkes in Mittelasien); **Ka|sa|chin; ka|sa|chisch,** *aber* ↑K 140: die Kasachische Schwelle (mittelasiat. Berg- u. Hügellandschaft)

Ka|sach|s|tan (Staat in Mittelasien)

[1]Ka|sack (dt. Schriftsteller)

[2]Ka|sack, der; -s, -s ⟨türk.⟩ (dreiviertellange Damenbluse)

Ka|sak *vgl.* Kasach

Ka|san (Stadt an der Wolga)

Ka|sa|t|schok, der; -s, -s ⟨russ.⟩ (ein russ. Volkstanz)

Kas|ba[h], die; -, -s *od.* Ksa|bi ⟨arab.⟩ (arabisches Altstadtviertel in nordafrikanischen Städten)

Kasch, der; -s *u.* **Ka|scha,** die; - ⟨russ.⟩ (Brei, Grütze)

ka|scheln (*landsch. für* [auf der Eisbahn] schlittern); ich kasch[e]le

Ka|schem|me, die; -, -n ⟨zigeuner.⟩ (Lokal mit schlechtem Ruf)

ka|schen (*ugs. für* ergreifen, verhaften); du kaschst

Käs|chen

Kä|scher *vgl.* Kescher

ka|schie|ren ⟨franz.⟩ (verdecken, verbergen; *Druckw.* überkleben; *Theater* nachbilden); **Ka|schie|rung**

[1]Kasch|mir (Landschaft in Vorderindien)

[2]Kasch|mir, der; -s, -e (ein Gewebe); **Kasch|mir|schal; Kasch|mir|wol|le**

Kasch|nitz, Marie Luise (dt. Schriftstellerin)

Ka|scho|long, der; -s, -s ⟨mong.⟩ (ein Schmuckstein)

Ka|schu|be, der; -n, -n (Angehöriger eines westslaw. Stammes); **Ka|schu|bin; ka|schu|bisch,** *aber* ↑K 140: die Kaschubische Schweiz (östlicher Teil des Pommerschen Höhenrückens [in Polen])

Kä|se, der; -s, -

Kä|se|auf|schnitt; Kä|se|be|rei|tung

Kä|se|blatt (*ugs. für* niveaulose Zeitung)

Kä|se|e|cke [*alte Trennung* ...k|k...]; **Kä|se|ge|bäck; Kä|se|glo|cke** [*alte Trennung* ...k|k...]

Ka|se|in, das; -s (Eiweißbestandteil der Milch)

Kä|se|krei|ner, die; -, - (*österr.* eine Grillwurst)

Kä|se|ku|chen (Quarkkuchen)

Ka|sel, die; -, -n ⟨lat.⟩ (liturg. Messgewand)

Kä|se|laib

Ka|se|mat|te, die; -, -n ⟨franz.⟩ (*Milit.* beschusssicherer Raum in Festungen; Geschützraum eines Kriegsschiffes); **ka|se|mat|tie|ren** (*Milit. veraltet* mit Kasematten versehen)

Kä|se|mes|ser, das

Kä|se|mil|be

kä|sen; du käst; er käs|te; die

Milch käst (gerinnt, wird zu Käse)

[1]**Ka|ser** (*landsch., bes. österr. für* Käser)

[2]**Ka|ser,** die; -, -n (*westösterr. mdal. für* Sennhütte)

Kä|ser (Facharbeiter in der Käseherstellung; *landsch. auch für* Käsehändler, Senn o. Ä.)

Kä|se|rei ([Betrieb für] Käseherstellung)

Kä|se|rin|de

Ka|ser|ne, die; -, -n ⟨franz.⟩; **Ka|ser|nen|block** *vgl.* Block

Ka|ser|nen|hof; Ka|ser|nen|hof|ton (lauter, herrischer Ton)

ka|ser|nie|ren; Ka|ser|nie|rung

Kä|se|sah|ne|tor|te; Kä|se|spätz|le; Kä|se|stan|ge; Kä|se|stoff (*für* Kasein); **Kä|se|tor|te** (Quarktorte)

kä|se|weiß (*ugs. für* sehr bleich)

kä|sig

Ka|si|mir (m. Vorn.)

Ka|si|no, das; -s, -s ⟨ital., »Gesellschaftshaus«⟩ (Speiseraum [für Offiziere]; *kurz für* Spielkasino)

Kas|ka|de, die; -, -n ⟨franz.⟩ ([künstlicher] stufenförmiger Wasserfall; *Artistik* wagemutiger Sprung, Sturzsprung); **kas|ka|den|för|mig**

Kas|ka|den|schal|tung (*Technik* Reihenschaltung gleichartiger Teile)

Kas|ka|deur [...'dø:ɐ̯], der; -s, -e (Artist, der eine Kaskade ausführt); **Kas|ka|deu|rin**

Kas|ka|rill|rin|de ⟨span.; dt.⟩ (ein westind. Gewürz)

[1]**Kas|ko,** der; -s, -s ⟨span.⟩ (*Seemannsspr.* Schiffsrumpf od. Fahrzeug [im Ggs. zur Ladung]; Spielart des Lombers)

[2]**Kas|ko** die; -, -s (*ugs. für* Kaskoversicherung); **kas|ko|ver|si|chert; Kas|ko|ver|si|che|rung** (Versicherung gegen Schäden an Fahrzeugen)

Kas|no|cken [*alte Trennung* ...k|k...] *Plur.* (*west-, südösterr. für* Käsespätzle)

Kas|par (m. Vorn.)

Kas|per, der; -s, - (*auch ugs. für* alberner Kerl)

Kas|perl, der; -s, -n *(österr. nur so),* **Kas|per|le,** das *od.* der; -s, -; **Kas|per|le|the|a|ter**

Kas|per|li, der; -s, - *(schweiz.);* **Kas|per|li|the|a|ter** *(schweiz.)*

Kas|perl|the|a|ter *(österr.)*

kas|pern (*ugs. für* sich wie ein Kasper benehmen); ich kaspere; **Kas|per|the|a|ter**

Kas|pisch (*in geogr. Namen* ↑K 140), z. B. das Kaspische Meer; **Kas|pi|sche Meer,** das; -n -[e]s *od.* **Kas|pi|see,** der; -s (östlich des Kaukasus)

Kas|sa, die; -, Kassen ⟨ital.⟩ (*österr. für* Kasse); *vgl.* per cassa

Kas|sa|buch (*österr. für* Kassenbuch); **Kas|sa|ge|schäft** (*Börse, Wirtsch.* Geschäft, das sofort od. kurzfristig erfüllt werden soll)

Kas|san|d|ra (*griech. Mythol.* eine Seherin, Tochter des Priamos); **Kas|san|d|ra|ruf** (*übertr. für* Unheil verheißende Warnung)

[1]**Kas|sa|ti|on,** die; -, -en ⟨ital.⟩ (mehrsätziges instrumentales Musikstück im 18. Jh.)

[2]**Kas|sa|ti|on,** die; -, -en ⟨lat.⟩, Kassierung (*Rechtsw.* Ungültigmachung einer Urkunde; Aufhebung eines gerichtlichen Urteils; *früher für* unehrenvolle Dienstentlassung)

Kas|sa|ti|ons|hof (*Rechtsw.* oberster Gerichtshof mancher romanischer Länder)

kas|sa|to|risch (*Rechtsw.* die Kassation betreffend)

Kas|sa|zah|lung ⟨ital.; dt.⟩ (Barzahlung)

Kas|se, die; -, -n ⟨ital.⟩ (Geldkasten, -vorrat; Zahlraum, -schalter; Bargeld); *vgl.* Kassa

Kas|sel (Stadt an der Fulda); **Kas|se|ler,** Kass|ler, [*alte Schreibung* Kaß|ler], *auch* Kas|sel|la|ner; Kasseler Leberwurst

Kas|se|ler Braun, das; - -s

Kas|se|ler Rip|pen|speer, das *od.* der; - -[e]s (gepökeltes Schweinebruststück mit Rippen)

Kas|sen|ab|rech|nung; Kas|sen|arzt

Kas|sen|be|stand; Kas|sen|block

Kas|sen|bon; Kas|sen|bril|le (*ugs. für* von der Krankenkasse bezahlte Brille)

Kas|sen|buch; Kas|sen|ma|g|net (*ugs. für* Person od. Sache, die ein großes zahlendes Publikum anzieht)

Kas|sen|pa|ti|ent; Kas|sen|schal|ter; Kas|sen|schla|ger

Kas|sen|sturz (Feststellung des Kassenbestandes)

Kas|sen|zet|tel

Kas|se|rol|le, die; -, -n, *landsch. auch* Kas|se|rol, das; -s, -e ⟨franz.⟩ (Schmortopf, -pfanne)

Kas|set|te, die; -, -n ⟨franz.⟩ (verschließbares Kästchen für Wertsachen; *Bauw.* vertieftes Feld; Schutzhülle für Bücher u. a.; Behältnis für Bild- od. Tonaufzeichnungen, Fotoplatten od. Filme)

Kas|set|ten|deck, das; -s, -s (Kassettenrekorder ohne Verstärker u. Lautsprecher)

Kas|set|ten|de|cke [*alte Trennung* ...k|k...] *(Bauw.)*

Kas|set|ten|film

Kas|set|ten|re|kor|der, *auch* Kas|set|ten|re|cor|der

kas|set|tie|ren (*Bauw.* mit Kassetten versehen, täfeln)

Kas|sia usw. *vgl.* Kassie usw.

Kas|si|ber, der; -s, - ⟨hebr.-jidd.⟩ (*Gaunerspr.* heimliches Schreiben zwischen Gefangenen)

Kas|si|de, die; -, -n ⟨arab.⟩ (eine arab. Gedichtgattung)

Kas|sie, Kas|sia, die; -, ...ien ⟨semit.⟩ (eine Heil- u. Gewürzpflanze); **Kas|si|en|baum,** Kas|si|a|baum; **Kas|si|en|öl,** Kas|si|a|öl, das; -[e]s

Kas|si|er, der; -s, -e ⟨ital.⟩ (*österr., schweiz., südd. häufig für* Kassierer); **kas|sie|ren** (Geld einnehmen; [Münzen] für ungültig erklären; *ugs. für* wegnehmen; verhaften)

Kas|sie|rer; Kas|sie|re|rin

Kas|sie|rin (*österr., schweiz., südd. häufig für* Kassiererin)

Kas|sie|rung; *vgl. auch* [2]Kassation

[1]**Kas|si|o|pe|ia** (Mutter der Andromeda)

[2]**Kas|si|o|pe|ia,** die; - ⟨griech.⟩ (ein Sternbild)

Kas|si|te, der; -n, -n (Angehöriger eines Gebirgsvolkes im Iran)

Kas|si|te|rit, der; -s, -e ⟨griech.⟩ (Zinnerz)

Kass|ler [*alte Schreibung* Kaß|ler]; *vgl.* Kasseler

Kas|spätz|le (*südd., österr. für* Käsespätzle)

Kas|ta|g|net|te [...ta'njɛ...; *alte Trennung* ...|st...], die; -, -n *meist Plur.* ⟨span.(-franz.)⟩ (kleines Rhythmusinstrument aus zwei Holzschälchen, die mit einer Hand aneinander geschlagen werden)

Kas|ta|lia [*alte Trennung* ...|st...] (griech. Nymphe); **Kas|ta|li|sche Quel|le,** die; -n - (am Parnass)

Kas|ta|nie [*alte Trennung* ...|st...], die; -, -n ⟨griech.⟩ (ein Baum, dessen Frucht); **Kas|ta|ni|en|baum**

K

kas|ta|ni|en|braun [*alte Trennung* ...|st...]

Kas|ta|ni|en|holz [*alte Trennung* ...|st...]; **Kas|ta|ni|en|wald**

Käst|chen

Kas|te [*alte Trennung* ...|st...], die; -, -n ⟨franz.⟩ (Gruppe in der hinduist. Gesellschaftsordnung; sich streng abschließende Gesellschaftsschicht)

kas|tei|en, sich [*alte Trennung* ...|st...] (sich [zur Buße] Entbehrungen auferlegen; sich züchtigen); kasteit; **Kas|tei|ung**

Kas|tell [*alte Trennung* ...|st...], das; -s, -e ⟨lat.⟩ (fester Platz, Burg, Schloss [bes. in Südeuropa]; *früher* römische Grenzbefestigungsanlage)

Kas|tel|lan [*alte Trennung* ...|st...], der; -s, -e (Aufsichtsbeamter in Schlössern u. öffentl. Gebäuden); **Kas|tel|la|nei** (Schlossverwaltung); **Kas|tel|la|nin**

käs|teln [*alte Trennung* ...|st...] (karieren); ich käst[e]le

Kas|ten [*alte Trennung* ...|st...], der; -s, *Plur.* Kästen, *selten* - (*südd., österr., schweiz. auch für* Schrank); **Kas|ten|brot**

Kas|ten|geist [*alte Trennung* ...|st...], der; -[e]s (*abwertend für* Standesdünkel)

Kas|ten|wa|gen [*alte Trennung* ...|st...]

Kas|ten|we|sen [*alte Trennung* ...|st...], das; -s

Kas|ti|li|en [*alte Trennung* ...|st...] (ehem. Königreich auf der Iberischen Halbinsel); **kas|ti|lisch**

Käst|lein

Käst|ner (dt. Schriftsteller)

[1]**Kas|tor** [*alte Trennung* ...|st...] (Held der griech. Sage); Kastor und Pollux (Zwillingsbrüder der griech. Sage; *übertr. für* zwei eng befreundete Männer)

[2]**Kas|tor** [*alte Trennung* ...|st...], der; -s (ein Stern)

Kas|tor|öl [*alte Trennung* ...|st...], das; -[e]s (*Handelsbez. für* Rizinusöl)

Kas|t|rat [*alte Trennung* ...|st...], der; -en, -en ⟨ital.⟩ (kastrierter Mann)

Kas|t|ra|ti|on [*alte Trennung* ...|st...], die; -, -en ⟨lat.⟩ (Entfernung od. Ausschaltung der männlichen Keimdrüsen); **Kas|t|ra|ti|ons|angst**

kas|t|rie|ren [*alte Trennung* ...|st...]; **Kas|t|rie|rung**

Ka|su|a|li|en *Plur.* ⟨lat.⟩ ([geistliche] Amtshandlungen aus besonderem Anlass)

Ka|su|ar [*auch* 'ka:...], der; -s, -e ⟨malai.-niederl.⟩ (straußenähnlicher Laufvogel)

Ka|su|a|ri|ne, die; -, -n (austral.-ostind. Baum)

Ka|su|ist, der; -en, -en ⟨lat.⟩ (Vertreter der Kasuistik; *übertr. für* Wortverdreher, Haarspalter)

Ka|su|is|tik [*alte Trennung* ...|st...], die; - (Lehre von der Anwendung sittl. u. religiöser Normen auf den Einzelfall; *Rechtsw.* Rechtsfindung aufgrund von Einzelfällen gleicher od. ähnl. Art; *Med.* Beschreibung von Krankheitsfällen; *übertr. für* Haarspalterei); **Ka|su|is|tin**

ka|su|is|tisch [*alte Trennung* ...|st...]

Ka|sus, der; -, - (Fall; Vorkommnis); *vgl.* Casus Belli, Casus obliquus *u.* Casus rectus

Ka|sus|en|dung *(Sprachw.)*

Kat, der; -s, -s (*kurz für* Katalysator [an Kraftfahrzeugen])

Ka|ta|bo|lis|mus, der; - ⟨griech.⟩ (Abbau von Substanzen im Körper durch den Stoffwechsel)

Ka|ta|chre|se, Ka|ta|chre|sis [*beide* ...ç...], die; -, ...chresen ⟨griech.⟩ (*Rhet., Stilk.* Bildbruch; Vermengung von nicht zusammengehörenden Bildern im Satz, z. B. »das schlägt dem Fass die Krone ins Gesicht«)

ka|ta|chres|tisch [*alte Trennung* ...|st...]

Ka|ta|falk, der; -s, -e ⟨franz.⟩ (schwarz verhängtes Gerüst für den Sarg bei Trauerfeiern)

Ka|ta|ka|na, das; -[s] *od.* die; - ⟨jap.⟩ (eine jap. Silbenschrift)

ka|ta|kaus|tisch [*alte Trennung* ...|st...] ⟨griech.⟩ (*Optik* einbrennend); katakaustische Fläche (Brennfläche)

Ka|ta|kla|se, die; -, -n ⟨griech.⟩ (*Geol.* Zerbrechen u. Zerreiben eines Gesteins durch tekton. Kräfte)

Ka|ta|klas|struk|tur, die; - ⟨griech.; lat.⟩ (Trümmergefüge eines Gesteins); **ka|ta|klas|tisch** [*alte Trennung* ...|st...]

Ka|ta|klys|mus, der; -, ...men ⟨griech.⟩ (erdgeschichtl. Katastrophe)

Ka|ta|kom|be, die; -, -n *meist Plur.* ⟨ital.⟩ (unterird. Begräbnisstätte)

Ka|ta|la|ne, der; -n, -n (Bewohner Kataloniens); **Ka|ta|la|nin**

ka|ta|la|nisch; Ka|ta|la|nisch, das; -[s] (Sprache); *vgl.* Deutsch; **Ka|ta|la|ni|sche,** das; -n; *vgl.* Deutsche, das

Ka|ta|la|se, die; -, -n ⟨griech.⟩ (*Biochemie* ein Enzym)

Ka|ta|lau|ni|sche Fel|der *Plur.* (in der Champagne; Kampfstätte der Hunnenschlacht i. J. 451)

ka|ta|lek|tisch ⟨griech.⟩ (*Verslehre* verkürzt, unvollständig); katalektischer Vers

Ka|ta|lep|sie, die; -, ...ien ⟨griech.⟩ (*Med.* Muskelverkrampfung)

ka|ta|lep|tisch

Ka|ta|le|xe, Ka|ta|le|xis [*auch* ...'lɛ...], die; -, ...lexen ⟨griech.⟩ (*Verslehre* Unvollständigkeit des letzten Versfußes)

Ka|ta|log, der; -[e]s, -e ⟨griech.⟩ (Verzeichnis [von Bildern, Büchern, Waren usw.])

ka|ta|lo|gi|sie|ren ([nach best. Regeln] in einen Katalog aufnehmen); **Ka|ta|lo|gi|sie|rung**

Ka|ta|lo|ni|en (autonome Region im Nordosten der Iberischen Halbinsel; hist. span. Provinz)

Ka|tal|pa, Ka|tal|pe, die; -, ...pen ⟨indian.⟩ (Trompetenbaum)

Ka|ta|ly|sa|tor, der; -s, ...oren ⟨griech.⟩ (*Chemie* Stoff, der eine Reaktion auslöst od. beeinflusst; *Kfz-Technik* Gerät zur Abgasreinigung); geregelter Katalysator; **Ka|ta|ly|sa|tor|au|to**

Ka|ta|ly|se, die; -, -n (*Chemie* Herbeiführung, Beschleunigung od. Verlangsamung einer chemischen Reaktion)

ka|ta|ly|sie|ren; ka|ta|ly|tisch

Ka|ta|ma|ran [*auch* ...'ta:...], der; -s, -e ⟨tamil.-engl.⟩ (offenes Segelboot mit Doppelrumpf)

Ka|tam|ne|se, die; -, -n ⟨griech.⟩ (*Med.* abschließender Krankenbericht)

Ka|ta|pho|re|se, die; -, -n ⟨griech.⟩ (*Physik* Wanderung positiv elektr. geladener Teilchen in einer Flüssigkeit)

Ka|ta|pla|sie, die; -, ...ien ⟨griech.⟩ (*Med.* Rückbildung)

Ka|ta|plas|ma, das; -s, ...men ⟨griech.⟩ (*Med.* heißer Breiumschlag)

ka|ta|plek|tisch ⟨griech.⟩ (*Med.* zur Kataplexie neigend); **Ka|ta|ple|xie,** die; -, ...ien (durch Emotionen ausgelöste Muskelerschlaffung)

Ka|ta|pult, das, *auch* der; -[e]s, -e ⟨griech.⟩ (Wurf-, Schleudermaschine); **Ka|ta|pult|flug** (Schleuderflug); **Ka|ta|pult|flug|zeug**

ka|ta|pul|tie|ren

Ka|ta|pult|schuh *(Leichtathletik)*

Ka|ta|pult|sitz

Ka|tar [*auch* 'ka:...] (Scheichtum am Persischen Golf)

[1]**Ka|ta|rakt,** der; -[e]s, -e ⟨griech.⟩ (Wasserfall; Stromschnelle)

[2]**Ka|ta|rakt,** die; -, -e *u.* **Ka|ta|rak|ta,** die; -, ...ten (*Med.* grauer Star)

Ka|ta|rer (Einwohner von Katar); **Ka|ta|re|rin; ka|ta|risch**

Ka|tarrh, *auch* Ka|tarr, der; -s, -e ⟨griech.⟩ (*Med.* Schleimhautentzündung); **ka|tar|rha|lisch,** *auch* ka|tar|ra|lisch; **ka|tarrh|ar|tig,** *auch* ka|tarr|ar|tig

Ka|tas|ter [*alte Trennung* ...|st...], der *(österr. nur so) od.* das; -s, - ⟨ital.⟩ (amtl. Grundstücksverzeichnis)

Ka|tas|ter|amt [*alte Trennung* ...|st...]; **Ka|tas|ter|aus|zug; Ka|tas|ter|steu|ern** *Plur.*

Ka|tas|t|ral|ge|mein|de (*österr. für* Verwaltungseinheit [innerhalb einer Gemeinde], Steuergemeinde)

ka|tas|t|rie|ren (in ein Kataster eintragen)

ka|tas|t|ro|phal ⟨griech.⟩ (verhängnisvoll; entsetzlich)

Ka|tas|t|ro|phe, die; -, -n (Unglück[sfall] großen Ausmaßes; Zusammenbruch)

Ka|tas|t|ro|phen|alarm

ka|tas|t|ro|phen|ar|tig

Ka|tas|t|ro|phen|dienst; Ka|tas|t|ro|phen|ein|satz; Ka|tas|t|ro|phen|fall; Ka|tas|t|ro|phen|ge|biet; Ka|tas|t|ro|phen|schutz; Ka|tas|t|ro|phen|tou|ris|mus *(abwertend)*

ka|tas|t|ro|phisch (unheilvoll)

Ka|ta|to|nie, die; -, ...ien ⟨griech.⟩ (*Med.* psych. Krankheitsbild mit starker Störung der Handlungsmotorik)

Kät|chen, Kä|te *vgl.* Käthchen, Käthe

Ka|te, die; -, -n *u.* **Ka|ten,** der; -s, - (*nordd. oft abwertend für* kleines, ärmliches Bauernhaus)

Ka|te|che|se, die; -, -n ⟨griech.⟩ (Religionsunterricht)

Ka|te|chet, der; -en, -en (Religionslehrer, insbes. für die kirchl. Christenlehre außerhalb der Schule); **Ka|te|che|tik,** die; - (Lehre von der Katechese); **Ka|te|che|tin; ka|te|che|tisch**

Ka|te|chi|sa|ti|on, die; -, -en (*svw.* Katechese); **ka|te|chi|sie|ren** (Religionsunterricht erteilen)

Ka|te|chis|mus, der; -, ...men (in Frage u. Antwort abgefasstes Lehrbuch des christl. Glaubens)

Ka|te|chist, der; -en, -en (einheimischer Laienhelfer in der kath. Mission); **Ka|te|chis|tin** [*alte Trennung* ...|st...]

Ka|te|chu, das; -s, -s ⟨malai.-port.⟩ (*Biol., Pharm.* ein Gerbstoff)

Ka|te|chu|me|ne [*auch* ...'çu:...], der; -n, -n ⟨griech.⟩ ([erwachsener] Taufbewerber im Vorbereitungsunterricht; Teilnehmer am Konfirmandenunterricht); **Ka|te|chu|me|nen|un|ter|richt**

ka|te|go|ri|al ⟨griech.⟩; **Ka|te|go|rie,** die; -, ...ien (Klasse; Gattung; Begriffsform)

ka|te|go|risch (nachdrücklich, entschieden; unbedingt gültig); kategorischer Imperativ (unbedingtes ethisches Gesetz)

ka|te|go|ri|sie|ren (nach Kategorien ordnen); **Ka|te|go|ri|sie|rung**

Ka|ten *vgl.* Kate

Ka|te|ne, die; -, -n *meist Plur.* ⟨lat.⟩ (Sammlung von Bibelauslegungen alter Schriftsteller)

Ka|ter, der; -s, - (*ugs. auch* Folge übermäßigen Alkoholgenusses)

Ka|ter|bum|mel *(ugs.)*

Ka|ter|früh|stück *(ugs.)*

Ka|ter|stim|mung *(ugs.)*

kat|e|xo|chen ⟨griech.⟩ (schlechthin; beispielhaft)

Kat|gut [*auch* 'kɛtgat], das; -s ⟨engl.⟩ (*Med.* chirurg. Nähmaterial aus Darmsaiten)

kath. = katholisch

Ka|tha|rer [*auch* 'ka...], der; -s, - ⟨griech.⟩ (Angehöriger einer Sekte im MA.)

Ka|tha|ri|na, Ka|tha|ri|ne (w. Vorn.)

Ka|thar|sis ['ka(:)..., *auch* ...'ta...], die; - ⟨griech., »Reinigung«⟩ (*Literaturw.* innere Läuterung als Wirkung des Trauerspiels; *Psych.* das Sichbefreien); **ka|thar|tisch**

Käth|chen, Kä|the, *auch* Kät|chen, Kä|te (w. Vorn.)

Ka|the|der, das *od.* der *(österr. nur so);* -s, - ⟨griech.⟩ ([Lehrer]pult, Podium); *vgl. aber* Katheter; **Ka|the|der|blü|te** (ungewollt komischer Ausdruck eines Lehrers)

Ka|the|d|ra|le, die; -, -n (bischöfl. Hauptkirche)

Ka|the|d|ral|ent|schei|dung (unfehlbare päpstl. Entscheidung)

Ka|the|d|ral|glas

Ka|the|te, die; -, -n ⟨griech.⟩ (*Math.* eine der beiden Seiten im rechtwinkligen Dreieck, die die Schenkel des rechten Winkels bilden)

Ka|the|ter, der; -s, - ⟨griech.⟩ (*Med.* röhrenförmiges Instrument zur Entleerung od. Spülung von Körperhohlorganen); *vgl. aber* Katheder

ka|the|te|ri|sie|ren *u.* **ka|the|tern** (den Katheter einführen); ich katheterisiere *u.* kathetere

Ka|thin|ka, Ka|tin|ka (w. Vorn.)

Kath|man|du [*auch* ...'du:] (Hauptstadt Nepals)

Ka|tho|de, *fachspr. auch* Ka|to|de, die; -, -n ⟨griech.⟩ (*Physik* negative Elektrode, Minuspol); **Ka|tho|den|strahl,** *fachspr. auch* Ka|to|den|strahl *meist Plur.*

Ka|tho|lik, der; -en, -en ⟨griech.⟩ (Anhänger der kath. Kirche u. Glaubenslehre)

Ka|tho|li|ken|tag (Generalversammlung der Katholiken eines Landes); **Ka|tho|li|kin**

ka|tho|lisch (die kath. Kirche betreffend od. ihr angehörend; *Abk.* kath.); die katholische Kirche, *aber* ↑K 150: Katholisches Bibelwerk (ein Verlag)

ka|tho|li|sie|ren (für die kath. Kirche gewinnen)

Ka|tho|li|zis|mus, der; - (Geist u. Lehre des kath. Glaubens)

Ka|tho|li|zi|tät, die; - (Rechtgläubigkeit im Sinne der kath. Kirche)

Kath|rin, *auch* Kat|rin [*auch* ...'ri:n] (w. Vorn.)

ka|ti|li|na|risch ⟨nach dem röm. Verschwörer Catilina⟩; eine katilinarische (heruntergekommene, zu verzweifelten Schritten neigende) Existenz; ↑K 89: die Erste Katilinarische Verschwörung (66 v. Chr.)

Ka|tin|ka, Ka|thin|ka (w. Vorn.)

Kat|ion ⟨griech.⟩ (*Physik* positiv geladenes Ion)

Kat|ja (w. Vorn.)

Kät|ner (*nordd. für* Häusler, Besitzer einer [2]Kate)

Ka|to|de usw. *vgl.* Kathode usw.

ka|to|nisch ⟨nach dem röm. Zen-

K

sor Cato›; katonische [*alte Schreibung* Katonische] Reden; katonische Strenge

Ka|t|rin *vgl.* Kathrin

kat|schen, du katschst *od.* **kät|schen;** du kätschst (*landsch. für* schmatzend kauen)

Katt|an|ker (*Seemannsspr.* zweiter Anker)

Kat|te|gat, das; -s ‹*dän.,* »Katzenloch«› (Meerenge zwischen Schweden u. Jütland)

kat|ten (*Seemannsspr.* [Anker] hochziehen)

Kat|tun, der; -s, -e ‹arab.-niederl.› (feinfädiges Gewebe aus Baumwolle od. Chemiefasern)

kat|tu|nen; kattunener Stoff

Ka|tyn (Ort bei Smolensk)

katz|bal|gen, sich (*ugs.*); ich katzbalge mich; gekatzbalgt; zu katzbalgen; **Katz|bal|ge|rei**

katz|bu|ckeln [*alte Trennung* ...k|k...] (*ugs. für* sich unterwürfig zeigen); er hat gekatzbuckelt

Kätz|chen; Kat|ze, die; -, -n; ↑K 13: für die Katz (*ugs. für* umsonst); Katz und Maus mit jmdm. spielen (*ugs.*)

Kat|zel|ma|cher ‹ital.› (*bes. südd., österr. diskriminierend für* Italiener)

Kat|zen|au|ge (*auch* ein Mineral; *ugs.* Rückstrahler am Fahrrad)

Kat|zen|bu|ckel [*alte Trennung* ...k|k...] (höchster Berg des Odenwaldes)

Kat|zen|dreck; Kat|zen|fell

kat|zen|freund|lich (*ugs. für* heuchlerisch freundlich)

Kat|zen|fut|ter

kat|zen|gleich; kat|zen|haft

Kat|zen|jam|mer (*ugs.*)

Kat|zen|klo (*ugs.*)

Kat|zen|kopf; Kat|zen|kopf|pflas|ter [*alte Trennung* ...|st...]

Kat|zen|mu|sik (*ugs.*); **Kat|zen|sprung** (*ugs.*); **Kat|zen|tisch** (*ugs.*); **Kat|zen|wä|sche** (*ugs.*)

Kat|zen|zun|gen *Plur.;* Schokoladetäfelchen

Kät|zin

Katz-und-Maus-Spiel ↑K 26

Kaub (Stadt am Mittelrhein)

Kau|be|we|gung

kau|dal ‹lat.› (*Zool.* den Schwanz betreffend; *Med.* fußwärts liegend)

kau|dern (*landsch., sonst veraltet für* unverständlich sprechen); ich kaudere

Kau|der|welsch, das; -[s]; ein Kauderwelsch sprechen; **kau|der|wel|schen** (*svw.* kaudern); du kauderwelschst; gekauderwelscht

kau|di|nisch; ein kaudinisches Joch (*übertr. für* schimpfliche Demütigung), *aber* ↑K 150: das Kaudinische Joch (Joch, durch das die bei Caudium geschlagenen Römer schreiten mussten); ↑K 140: die Kaudinischen Pässe

Kaue, die; -, -n (*Bergmannsspr.* Gebäude über dem Schacht; Wasch- u. Umkleideraum)

kau|en

kau|ern (hocken); ich kauere

Kau|er|start (*Sportspr.*)

Kauf, der; -[e]s, Käufe; in Kauf nehmen

kau|fen; du kaufst usw., *landsch.* käufst usw.; **kau|fens|wert**

Käu|fer; Käu|fe|rin

Kauf|fah|rer (*veraltet für* Handelsschiff)

Kauf|fahr|tei|schiff (*veraltet für* Handelsschiff)

Kauf|frau (*Abk.* Kffr.)

Kauf|haus; Kauf|in|te|r|es|sent

Kauf|kraft; kauf|kräf|tig

Kauf|la|den

käuf|lich; Käuf|lich|keit, die; -

kauf|lus|tig [*alte Trennung* ...|st...]

Kauf|mann *Plur.* ...leute; *Abk.* Kfm.; **kauf|män|nisch;** kaufmännischer Angestellter; kaufmännisches Rechnen; *Abk.* kfm.

Kauf|mann|schaft, die; - (*veraltend*)

Kauf|manns|ge|hil|fe (*älter für* Handlungsgehilfe); **Kauf|manns|gil|de** (*früher*); **Kauf|manns|la|den; Kauf|manns|spra|che**

Kauf|manns|stand (*veraltend*)

Kauf|preis; Kauf|rausch

Kauf|sum|me

Kau|fun|ger Wald, der; - -[e]s (Teil des Hessischen Berglandes)

Kauf|ver|trag; Kauf|wert

Kauf|zwang

Kau|gum|mi, der, *auch* das; -s, -[s]

Kau|kamm (*Bergmannsspr.* Grubenbeil)

Kau|ka|si|en (Gebiet zwischen Schwarzem Meer u. Kaspischem Meer)

Kau|ka|si|er; Kau|ka|si|e|rin

kau|ka|sisch; Kau|ka|sus, der; - (Hochgebirge in Kaukasien)

Kaul|barsch (ein Fisch)

Käul|chen *vgl.* Quarkkäulchen

Kau|le, die; -, -n (*mitteld. für* Grube, Loch; Kugel)

kau|li|flor ‹lat.› (*Bot.* am Stamm ansetzend [von Blüten])

Kaul|quap|pe (Froschlarve)

kaum; das ist kaum glaublich; er war kaum hinausgegangen, da kam ...; kaum[,] dass ↑K 127

Kau|ma|zit, der; -s, *Plur.* (*Sorten:*) -e ‹griech.› (Braunkohlenkoks)

Kau|mus|kel

Kau|pe|lei (*ostmitteld. für* heimlicher Handel); **kau|peln** (*ostmitteld.*); ich kaup[e]le

Kau|ri, der; -s, -s *od.* die; -, -s ‹Hindi› (Porzellanschnecke; so genanntes Muschelgeld)

Kau|ri|fich|te ‹maorisch; dt.› (*svw.* Kopalfichte)

Kau|ri|mu|schel; Kau|ri|schne|cke [*alte Trennung* ...k|k...]

kau|sal ‹lat.› (ursächlich zusammenhängend; begründend); kausale Konjunktion (*Sprachw.;* z. B. »denn«)

Kau|sal|be|zie|hung

Kau|sal|ge|setz (*bes. Philos.*)

Kau|sa|li|tät, die; -, -en (Ursächlichkeit)

Kau|sal|ket|te

Kau|sal|kon|junk|ti|on (*Sprachw.*)

Kau|sal|ne|xus (*fachspr. für* ursächl. Zusammenhang)

Kau|sal|satz (*Sprachw.* Umstandssatz des Grundes)

Kau|sal|zu|sam|men|hang

kau|sa|tiv [*auch* ...ˈti:f] (*Sprachw.* bewirkend; als Kausativ gebraucht); **Kau|sa|tiv,** das; -s, -e (veranlassendes Verb, z. B. »tränken« = »trinken machen«); **Kau|sa|ti|vum,** das; -s, ...va (*älter für* Kausativ)

Kausch, Kau|sche, die; -, ...schen (*Seemannsspr.* Ring mit Hohlrand, zur Verstärkung von Tau- u. Seilschlingen)

Kaus|tik [*alte Trennung* ...|st...], die; - ‹griech.› (*Optik* Brennfläche; *svw.* Kauterisation)

Kaus|ti|kum [*alte Trennung* ...|st...], das; -s, ...ka (*Med.* ein Ätzmittel); **kaus|tisch** (*Chemie* ätzend, scharf; *übertr. für* beißend, spöttisch); kaustischer Witz

Kaus|to|bi|o|lith, [*alte Trennung* ...|st...], der; *Gen.* -s *od.* -en, *Plur.* -e[n]; *meist Plur.* (brennbares Produkt fossiler Lebewesen; z. B. Torf)

Kau|ta|bak

Kau|tel, die; -, -en ‹lat.›

(*Rechtsspr.* Vorsichtsmaßregel; Vorbehalt; Absicherung)
Kau|ter, der; -s, - ‹griech.› (*Med.* chirurgisches Instrument zum Ausbrennen von Gewebsteilen)
Kau|te|ri|sa|ti|on, die; -, -en (Ätzung zu Heilzwecken)
kau|te|ri|sie|ren; Kau|te|ri|um, das; -s, ...ien (*Chemie* ein Ätzmittel; *Med.* Brenneisen)
Kau|ti|on, die; -, -en ‹lat.› (Geldsumme als Bürgschaft, Sicherheit); **kau|ti|ons|fä|hig** (bürgfähig); **Kau|ti|ons|sum|me**
Kau|t|schuk, der; -s, -e ‹indian.› (Milchsaft des Kautschukbaumes; Rohstoff zur Gummiherstellung)
Kau|t|schuk|milch, die; -
Kau|t|schuk|pa|ra|graph, *auch* **...pa|ra|graf** (dehnbare Rechtsvorschrift)
Kau|t|schuk|plan|ta|ge
kau|t|schu|tie|ren (aus Kautschuk herstellen)
Kau|werk|zeu|ge *Plur.*
Kauz, der; -es, Käuze
Käuz|chen; kau|zig
Ka|val, der; -s, -s ‹ital.› (Spielkarte im Tarockspiel: Ritter)
Ka|va|lier, der; -s, -e ‹franz.›
Ka|va|liers|de|likt
ka|va|lier[s]|mä|ßig; Ka|va|lier[s]-start (schnelles, geräuschvolles Anfahren mit dem Auto)
Ka|val|ka|de, die; -, -n (Reiterzug)
Ka|val|le|rie [...ri:, *auch* ...ˈri:], die; -, ...ien (*Milit. früher* Reiterei; Reitertruppe)
Ka|val|le|rist, der; -en, -en
Ka|va|ti|ne, die; -, -n ‹ital.› (*Musik* [kurze] Opernarie; liedartiger Instrumentalsatz)
Ka|ve|ling, die; -, -en ‹niederl.› (*Wirtsch.* Mindestmenge[neinheit], die ein Käufer auf einer Auktion erwerben muss)
Ka|vents|mann *Plur.* ...männer (*landsch. für* beleibter Mann; Prachtexemplar; *Seemannsspr.* bes. hoher Wellenberg)
Ka|ver|ne, die; -, -n ‹lat.› (Höhle, Hohlraum)
Ka|ver|nom, das; -s, -e (*Med.* Blutgefäßgeschwulst)
ka|ver|nös (Kavernen bildend; voll Höhlungen)
Ka|vi|ar, der; -s, -e ‹türk.› (Rogen des Störs); **Ka|vi|ar|bröt|chen**
Ka|vi|tät, die; -, -en ‹lat.› (*Med.* Hohlraum); **Ka|vi|ta|ti|on,** die; -, -en (*Technik* Hohlraumbildung)
Ka|wa, die; - ‹polynes.› (ein berauschendes Getränk)
Ka|wass [*alte Schreibung* Kawaß], **Ka|was|se,** der; Kawassen, Kawassen ‹arab.› (*früher* oriental. Polizeisoldat; Ehrenwache)
Ka|wi, das; -[s] *od.* **Ka|wi|spra|che,** die; - ‹sanskr.› (alte Schriftsprache Javas)
Kay, Kai (m. *od.* w. Vorn.)
Ka|zi|ke, der; -n, -n ‹indian.› (Häuptling bei den süd- u. mittelamerik. Indianern)
KB = Kilobyte
kbit, Kbit, KBit = Kilobit
kByte, KByte = Kilobyte
Kč = tschech. Krone
kcal = Kilokalorie
Keats [ki:ts] (engl. Dichter)
Ke|bab, der; -[s], -s ‹türk.› (am Spieß gebratene [Hammel]fleischstückchen)
keb|beln *vgl.* kibbeln
Keb|se, die; -, -n (*früher für* Nebenfrau); **Kebs|ehe; Kebs|weib**
keck
ke|ckern [*alte Trennung* ...k|k...] (zornige Laute ausstoßen [von Fuchs, Marder, Iltis])
Keck|heit; keck|lich *(veraltet)*
Ke|der, der; -s, - (Randverstärkung aus Leder od. Kunststoff)
Keep, die; -, -en (*Seemannsspr.* Kerbe, Rille)
Kee|per [ˈki:pɐ], der; -s, - ‹engl.› (*bes. österr. veraltend für* Torhüter)
Keep|smi|ling [ki:pˈsmai...; *alte Schreibung* Keep-smi|ling], das; - ‹»lächle weiter«› ([zur Schau getragene] optimistische Lebensanschauung)
Kees, das; -es, -e (*österr. landsch. für* Gletscher)
Ke|fe, die; -, -n (*schweiz. für* Zuckererbse)
Ke|fir, der; -s ‹tatar.› (Getränk aus gegorener Milch)

Ke|gel

der; -s, -
(geometrischer Körper; *Druckw. auch* Stärke des Typenkörpers)
– mit Kind und Kegel
– Kegel schieben [*alte Schreibung* kegelschieben], *(bayrisch, österreichisch:)* Kegel scheiben [*alte Schreibung* kegelscheiben]
– ich schiebe Kegel; weil ich Kegel schob; ich habe Kegel geschoben; um Kegel zu schieben

Ke|gel|bahn
Ke|gel|bre|cher (eine Zerkleinerungsmaschine)
ke|gel|för|mig; ke|ge|lig, keg|lig
Ke|gel|klub, *auch* Ke|gel|club
Ke|gel|ku|gel; Ke|gel|man|tel *(Math.)*
ke|geln; ich keg[e]le
Ke|gel|schei|ben, das; -s *(bayr., österr.);* **Ke|gel schei|ben** [*alte Schreibung* ke|gel|schei|ben] *vgl.* Kegel
Ke|gel|schie|ben, das; -s; **Ke|gel schie|ben** [*alte Schreibung* ke|gel|schie|ben] *vgl.* Kegel
Ke|gel|schnitt *(Math.)*
Ke|gel|sport; Ke|gel|statt *Plur.* ...stätten (*österr. neben* Kegelbahn)
Ke|gel|stumpf *(Math.)*
Keg|ler; Keg|le|rin
keg|lig *vgl.* kegelig
Keh|din|gen *vgl.* Land Kehdingen
Kehl (Stadt am Oberrhein)
Kehl|chen; Keh|le, die; -, -n
keh|len (rinnenartig aushöhlen; [Fisch] aufschneiden u. ausnehmen)
Kehl|ho|bel
keh|lig
Kehl|kopf; Kehl|kopf|ka|tarrh, *auch* Kehl|kopf|ka|tarr
Kehl|kopf|krebs
Kehl|kopf|mi|k|ro|fon, *auch* **Kehl|kopf|mi|k|ro|phon**
Kehl|kopf|schnitt; Kehl|kopf|spie|gel
Kehl|laut; Kehl|leis|te [*alte Trennung* ...|st...]
Keh|lung (*svw.* Hohlkehle)
Kehr, der; -s, -e (*schweiz. kurz für* Kehrordnung)
Kehr|aus, der; -; **Kehr|be|sen**
Keh|re, die; -, -n (Wendekurve; eine turnerische Übung)
[1]**keh|ren** (umwenden); sich nicht an etwas kehren (*ugs. für* sich nicht um etwas kümmern)
[2]**keh|ren** (*bes. südd. für* fegen);
Keh|richt, der, *auch* das; -s
Keh|richt|ei|mer; Keh|richt|hau|fen; Keh|richt|schau|fel
Kehr|ma|schi|ne
Kehr|ord|nung (*schweiz. für* festgelegte Wechselfolge, Turnus)
Kehr|reim; Kehr|schlei|fe (*für* Serpentine); **Kehr|sei|te**
kehrt! *(auch Milit.);* rechtsum kehrt!; **kehrt|ma|chen;** ich mache kehrt; kehrtgemacht; kehrtzumachen; **Kehrt|wen|dung**
Kehr|wert (*für* reziproker Wert)

K

Kehr|wie|der, der *od.* das; -s (Name von Sackgassen, Gasthäusern u. Ä.)
Kehr|wisch (*südd. für* Handbesen)
Keib, der; -en, -en (*schwäb. u. schweiz. mdal. für* Aas; Lump, Kerl [grobes Schimpfwort]); *vgl.* Cheib
kei|fen; Kei|fe|rei
Keil, der; -[e]s, -e
Keil|bein (Schädelknochen)
Kei|le, die; - (*ugs. für* Prügel); Keile kriegen; **kei|len** (*ugs. für* stoßen; [für eine Studentenverbindung] anwerben); sich keilen (*ugs. für* sich prügeln)
Kei|ler (*Jägerspr.* männl. Wildschwein)
Kei|le|rei (*ugs. für* Prügelei)
keil|för|mig
Keil|haue *(Bergmannsspr.)*
Keil|kis|sen
Keil|pols|ter [*alte Trennung* ...|st...] *(österr.)*; **Keil|rie|men**
Keil|schrift
Keim, der; -[e]s, -e
Keim|blatt; Keim|drü|se
kei|men; keim|fä|hig; keim|frei
keim|haft
Keim|ling; Keim|plas|ma *(Biol.)*
keim|tö|tend; keimtötende Mittel
Kei|mung; Keim|zel|le
kein, -e, -, *Plur.* -e; kein and[e]rer; in keinem Falle, auf keinen Fall; zu keiner Zeit; keine unreifen Früchte; es bedarf keiner großen Erörterungen mehr. *Allein stehend* ↑K76: keiner, keine, kein[e]s; keiner, keine, kein[e]s von beiden; keiner, der (*nicht:* welcher)
kei|ner|lei; kei|ner|seits
kei|nes|falls
kei|nes|wegs
kein|mal, *bei besonderer Betonung auch* kein Mal; *aber nur getrennt* kein einziges Mal
...keit (z. B. Ähnlichkeit, die; -, -en)
Keks, der *od.* das; *Gen.* - *u.* -es, *Plur.* - *u.* -e, *österr.* das; -, -[e] ‹engl.›; **Keks|do|se**
Kelch, der; -[e]s, -e; **Kelch|blatt**
kelch|för|mig
Kelch|glas *Plur.* ...gläser
Kelch|kom|mu|ni|on *(kath. Rel.)*
Kel|heim (Stadt in Bayern)
Ke|lim, der; -s, -s ‹türk.› (ein orientat. Teppich); **Ke|lim|sti|cke|rei** [*alte Trennung* ...k|k...]
Kel|le, die; -, -n
[1]**Kel|ler** (schweiz. Schriftsteller)
[2]**Kel|ler**, der; -s, -; **Kel|ler|as|sel**
Kel|le|rei
Kel|ler|fal|te *(Schneiderei)*
Kel|ler|fens|ter [*alte Trennung* ...|st...]; **Kel|ler|ge|schoss** [*alte Schreibung* ...ge|schoß]
[1]**Kel|ler|hals** (*svw.* Seidelbast)
[2]**Kel|ler|hals** (ansteigendes Gewölbe über einer Kellertreppe)
Kel|ler|kind; Kel|ler|meis|ter [*alte Trennung* ...|st...]
Kel|ler|trep|pe; Kel|ler|tür
Kel|ler|woh|nung
Kell|ner, der; -s, -; **Kell|ne|rin; kell|nern** *(ugs.)*; ich kellnere
Kel|logg|pakt, *auch* **Kel|logg-Pakt** *vgl.* Briand-Kellogg-Pakt
Kelt, der; -[e]s, -e ‹kelt.-lat.› (*veraltet für* bronzezeitliches Beil)
Kel|te, der; -n, -n (Angehöriger eines indogerm. Volkes)
Kel|ter, die; -, -n (Weinpresse)
Kel|te|rei; Kel|te|rer; Kel|te|rin
kel|tern; ich keltere
Kelt|i|be|rer (Angehöriger eines Mischvolkes im alten Spanien); **kelt|i|be|risch**
kel|tisch; Kel|tisch, das; -[s] (Sprache); *vgl.* Deutsch; **Kel|ti|sche**, das; -n; *vgl.* Deutsche, das
kel|to|ro|ma|nisch
Kel|vin, das; -s, - ‹nach dem engl. Physiker W. T. Kelvin› (Maßeinheit der absoluten Temperaturskala; *Zeichen* K); 0 K = –273,15 °C
Ke|ma|lis|mus, der; - (von Kemal Atatürk begründete polit. Richtung); **Ke|ma|list**, der; -en, -en; **Ke|ma|lis|tin** [*alte Trennung* ...|st...]
Ke|me|na|te, die; -, -n ([Frauen]gemach einer Burg)
Ken, das; -, - ‹jap.› (jap. Verwaltungsbezirk, Präfektur)
Ken. = Kentucky
Ken|do, das; -[s] ‹jap.› (jap. Form des Fechtens mit Bambusstäben)
Ke|nia (Staat in Ostafrika); **Ke|ni|a|ner; Ke|ni|a|ne|rin; ke|ni|a|nisch**
Ken|ne|dy, John F. (Präsident der USA)
Ken|nel, der; -s, - ‹engl.› (Hundezwinger)
Ken|nel|ly [...n(ə)li] (amerik. Ingenieur u. Physiker); **Ken|nel|ly-Hea|vi|side-Schicht** ['kɛ...'hɛ...], die; - (*Meteor.* elektr. leitende Schicht in der Atmosphäre); *vgl.* Heaviside

ken|nen

– du kanntest; *selten* kenntest; gekannt; kenn[e]!
Man schreibt »kennen« vom folgenden Verb immer getrennt ↑K55:
– jmdn. kennen lernen [*alte Schreibung* kennenlernen]; ich lerne sie kennen; ich habe ihn kennen gelernt [*alte Schreibung* kennengelernt]; um euch kennen zu lernen [*alte Schreibung* kennenzulernen]; *aber* ↑K82: ein Probeheft zum Kennenlernen

Ken|ner; Ken|ner|blick
Ken|ne|rin; ken|ne|risch
Ken|ner|mie|ne; Ken|ner|schaft
Kenn|far|be
Ken|ning, die; -, *Plur.* -ar, *auch* -e ‹altnord.› (*altnord. Dichtung* bildl. Umschreibung eines Begriffes durch eine mehrgliedrige Benennung)
Kenn|kar|te; Kenn|mar|ke
Kenn|num|mer, *auch* **Kenn-Nummer** [*alte Schreibung* Kennummer, *alte Trennung* ...nn|n...]
Kenn|si|g|nal
kennt|lich; kenntlich machen
Kennt|lich|ma|chung
Kennt|nis, die; -, -se; von etwas Kenntnis nehmen; in Kenntnis setzen; zur Kenntnis nehmen
Kennt|nis|nah|me, die; -
kennt|nis|reich
Kennt|nis|stand, der; -[e]s
Ken|nung (charakteristisches Merkmal; typ. Kennzeichen)
Kenn|wort *Plur.* ...wörter; **Kenn|zahl; Kenn|zei|chen**
kenn|zeich|nen; gekennzeichnet; zu kennzeichnen; **kenn|zeich|nen|der|wei|se; Kenn|zeich|nung**
Kenn|zif|fer
Ke|no|taph, *auch* Ze|no|taph, das; -s, -e ‹griech.› (Grabmal für einen andernorts bestatteten Toten)
Kent (engl. Grafschaft)
Ken|taur, Zen|taur, der; -en, -en ‹griech.› (Wesen der griech. Sage mit menschlichem Oberkörper u. Pferdeleib)
ken|tern (umkippen [von Schiffen]); **Ken|te|rung**
Ken|tu|cky [...'taki] (Staat in den USA; *Abk.* Ken. *u.* Ky.)
Ken|tum|spra|che *meist Plur.* ‹lat.; dt.› (Sprache aus einer be-

stimmten Gruppe der indogerm. Sprachen)
[1]**Ke|pheus** (griech. Sagengestalt)
[2]**Ke|pheus,** der; - (ein Sternbild)
Ke|phi|sos, der; - (griech. Fluss)
Kep|ler (dt. Astronom); **kep|lersch;** das keplersche, *auch* Kepler'sche [*alte Schreibung* Keplersche] Gesetz ↑K 135
kep|peln (*österr. ugs. für* fortwährend schimpfen); ich kepp[e]le; **Kep|pel|weib; Kepp|le|rin**
Ke|ra|bau, der; -s, -s ⟨malai.⟩ (ind. Wasserbüffel)
Ke|ra|mik, die; -, *Plur.* (*für* Erzeugnisse:) -en ⟨griech.⟩ ([Erzeugnis der] [Kunst]töpferei)
ke|ra|misch
Ke|ra|tin, das; -s, -e ⟨griech.⟩ (*Biochemie* Hornsubstanz)
Ke|ra|ti|tis, die; -, ...itiden (*Med.* Hornhautentzündung des Auges)
Ke|ra|tom, das; -s, -e (Horngeschwulst der Haut)
Ke|ra|to|s|kop, das; -s, -e (Instrument zur Untersuchung der Hornhautkrümmung)
[1]**Kerb,** die; -, -en (*hess.-pfälz. für* Kirchweih); *vgl.* Kerwe
[2]**Kerb,** der; -[e]s, -e (*Technik neben* Kerbe); **Ker|be,** die; -, -n (Einschnitt)
Ker|bel, der; -s (eine Gewürzpflanze); **Ker|bel|kraut,** das; -[e]s
ker|ben (Einschnitte machen)
Ker|be|ros *vgl.* Zerberus
Kerb|holz; *in* etwas auf dem Kerbholz haben (*ugs. für* etwas auf dem Gewissen haben)
Kerb|schnitt, der; -[e]s (Holzverzierung); **Kerb|tier**
Ker|bung
Ke|ren *Plur.* (griech. Schicksalsgöttinnen)
Kerf, der; -[e]s, -e (Kerbtier)
Ker|gue|len [...'ge:...] *Plur.* (Inseln im Indischen Ozean)
Ker|ker, der; -s, - (*früher* sehr festes Gefängnis; *österr. früher für* schwere Freiheitsstrafe); **Ker|ker|meis|ter** [*alte Trennung* ...|st...]; **Ker|ker|stra|fe**
Ker|kops, der; -, ...open ⟨griech.⟩ (Kobold der griech. Sage)
Ker|ky|ra (*griech. Name für* Korfu)
Kerl, der; -[e]s, *Plur.* -e, *landsch.*, *bes. nordd.* -s; **Kerl|chen**
Ker|mes|bee|re ⟨arab.; dt.⟩ (Pflanze, deren Beeren zum Färben verwendet werden)
Ker|mes|ei|che (Eichenart des Mittelmeergebietes); **Ker|mes|schild|laus** (auf der Kermeseiche lebende Schildlaus, aus der ein roter Farbstoff gewonnen wird)
Kern, der; -[e]s, -e
Kern|bei|ßer (ein Singvogel)
ker|nen (*seltener für* auskernen)
Kern|e|ner|gie (*svw.* Atomenergie)
[1]**Ker|ner,** der; -s, - ⟨nach dem Dichter J. Kerner⟩ (eine Rebsorte)
[2]**Ker|ner** *vgl.* [1]Karner
Kern|ex|plo|si|on (Zertrümmerung eines Atomkerns)
Kern|fäu|le (Fäule des Kernholzes von lebenden Bäumen)
Kern|for|de|rung
Kern|for|schung (Atomforschung)
Kern|fra|ge; Kern|frucht
Kern|fu|si|on
Kern|ge|häu|se
kern|ge|sund
Kern|holz; ker|nig
Kern|kraft|geg|ner; Kern|kraft|werk
Kern|ling (aus einem Kern gezogener Baum od. Strauch)
kern|los; Kern|obst
Kern|phy|sik (Lehre von den Kernreaktionen); **kern|phy|si|ka|lisch; Kern|phy|si|ker**
Kern|pro|b|lem; Kern|punkt
Kern|re|ak|ti|on; Kern|re|ak|tor
Kern|schat|ten (*Optik, Astron.*)
Kern|sei|fe
Kern|spal|tung
Kern|spin|to|mo|gra|phie, *auch* **...to|mo|gra|fie** (*Med.*)
Kern|spruch; Kern|stadt; Kern|stück
Kern|tech|nik; Kern|tei|lung
Kern|trup|pe
Kern|um|wand|lung; Kern|ver|schmel|zung
Kern|waf|fen *Plur.*
Ke|ro|plas|tik [*alte Trennung* ...|st...] *vgl.* Zeroplastik
Ke|ro|sin, das; -s ⟨griech.⟩ (ein Treibstoff)
Ke|rou|ac [...ruɛk] (amerik. Schriftsteller)
Kers|tin [*alte Trennung* ...|st...] (w. Vorn.)
Ke|rub *ökum*, Che|rub, der; -s, *Plur.* -im *u.* -inen ⟨hebr.⟩ (das Paradies bewachender Engel)
Ker|we, die; -, -n (*hess.-pfälz. für* Kirchweih)
Ke|ryg|ma, das; -s ⟨griech.⟩ (*Theol.* Verkündigung [des Evangeliums]); **ke|ryg|ma|tisch** (verkündigend, predigend); kerygmatische Theologie
Ker|ze, die; -, -n
Ker|zen|be|leuch|tung
ker|zen|ge|ra|de, *auch* **ker|zen|gra|de**
Ker|zen|hal|ter; Ker|zen|licht *Plur.* ...lichter; **Ker|zen|schein,** der; -[e]s; **Ker|zen|stän|der**
Ke|scher, *auch* Kä|scher, der; -s, - (Fangnetz)
kess [*alte Schreibung* keß] (*ugs. für* frech; schneidig; flott); ein kesses Mädchen
Kes|sel, der; -s, -
Kes|sel|bo|den; Kes|sel|fleisch (*landsch. für* Wellfleisch)
Kes|sel|fli|cker [*alte Trennung* ...k|k...]; **Kes|sel|haus; Kes|sel|pau|ke**
Kes|sel|schmied; Kes|sel|stein
Kes|sel|trei|ben
Kess|heit [*alte Schreibung* Keßheit]
Ket|ch|up *vgl.* Ketschup
Ke|ton, das; -s, -e *meist Plur.* (eine chem. Verbindung); **Ke|ton|harz**
Ketsch, die; -, -en ⟨engl.⟩ (eine zweimastige [Sport]segeljacht)
ket|schen (*Nebenform von* kätschen)
Ket|schua *vgl.* Quechua
Ket|sch|up, *auch* Ket|ch|up [...tʃap, *auch* ...ʊp, ...əp], der *od.* das; -[s], -s ⟨malai.-engl.⟩ (pikante [Tomaten]soße)
Kett|baum, Ket|ten|baum (Teil des Webstuhls)
Kett|car ®, der *od.* das; -s, -s ⟨dt.; engl.⟩ (ein Kinderfahrzeug)
Kett|chen; Ket|te, die; -, -n
Ket|tel, der; -s, - *od.* die; -, -n (*landsch. für* Krampe)
Ket|tel|ma|schi|ne; ket|teln ([kettenähnlich] verbinden); ich kett[e]le
ket|ten
Ket|ten|baum *vgl.* Kettbaum
Ket|ten|blu|me (Löwenzahn)
Ket|ten|brief
Ket|ten|bruch, der (*Math.*)
Ket|ten|brü|cke [*alte Trennung* ...k|k...]
Ket|ten|fa|den *vgl.* Kettfaden
Ket|ten|garn *vgl.* Kettgarn
Ket|ten|glied
Ket|ten|haus (*Bauw.*)
Ket|ten|hemd; Ket|ten|hund; Ket|ten|pan|zer; Ket|ten|rad
Ket|ten|rau|chen, das; -s; **ket|ten|rau|chend; Ket|ten|rau|cher**
Ket|ten|re|ak|ti|on; Ket|ten|sä|ge; Ket|ten|schutz; Ket|ten|stich
Kett|fa|den (*Weberei*); **Kett|garn** (*Weberei*)
Ket|tung

Ket|zer; Ket|ze|rei
Ket|zer|ge|richt
Ket|ze|rin; ket|ze|risch
Ket|zer|tau|fe; Ket|zer|ver|fol|gung
keu|chen; Keuch|hus|ten [*alte Trennung* ...|st...]
Keu|le, die; -, -n
keu|len (*Tiermed.* seuchenkranke Tiere töten)
Keu|len|är|mel
keu|len|för|mig
Keu|len|schlag
Keu|len|schwin|gen, das; -s
Keu|per, der; -s (*landsch. für* roter, sandiger Ton; *Geol.* oberste Stufe der Trias)
keusch
Keu|sche, die; -, -n (*österr. für* Bauernhäuschen, Kate)
Keusch|heit, die; - **Keusch|heits|ge|lüb|de; Keusch|heits|gür|tel** *(früher)*
Keusch|lamm|strauch
Keusch|ler (*österr. für* Bewohner einer Keusche, Häusler)
Ke|vel|laer [ˈkeːvəlaːɐ̯] (Stadt in Nordrhein-Westfalen)
Ke|vin (m. Vorn.)
Key|board [ˈkiːboːɐ̯t], das; -s, -s ‹engl.› (elektronisches Tasteninstrument); **Key|boar|der**
Key|ser|ling (balt. Adelsgeschlecht)
Kffr. = Kauffrau
kfm. = kaufmännisch
Kfm. = Kaufmann
Kfor, KFOR, die; - (UN-Friedenstruppe im Kosovo)
Kfz = Kraftfahrzeug; **Kfz-Schlos|ser** [kaːǀɛfˈt͡sɛt...]; **Kfz-Werk|statt**
kg = Kilogramm; 2-kg-Dose ↑K 26
KG = Kommanditgesellschaft
KGaA = Kommanditgesellschaft auf Aktien
KGB, der; -[s] ‹russ.› (Geheimdienst der Sowjetunion)
kgl. = königlich, *im Titel* Kgl.
K-Grup|pe [ˈkaː...] *meist Plur.* (*Bez. für* unabhängige kommunistische Organisationen in der Bundesrepublik Deutschland)
k. g. V., kgV = kleinstes gemeinsames Vielfaches
Khai|ber|pass [*alte Schreibung* ...paß] *vgl.* Khy|ber|pass
Kha|ki, kha|ki|far|ben, Kha|ki|ja|cke [*alte Trennung* ...k|k...] usw. *vgl.* Kaki, kakifarben usw.
Khan [k...], Chan [k..., *auch* x...], der; -s, -e ‹mong.› (mong.-türk. Herrschertitel); **Kha|nat,** das; -[e]s, -e (Amt, Land eines Khans)
Khar|toum [ˈkartʊm, *auch* ...ˈtuːm] (Hauptstadt Sudans)
Khe|di|ve [k...], der; *Gen.* -s *u.* -n, *Plur.* -n (Titel des früheren Vizekönigs von Ägypten)
Khmer [k...], der; -, - (Angehöriger eines Volkes in Kambodscha)
Kho|mei|ni [xoˈmeː...] (iran. Schiitenführer)
Khy|ber|pass, *auch* Chai|ber|pass [ˈkaɪbə...; *alte Schreibung* ...paß], der; -es (Gebirgspass zwischen Afghanistan und Pakistan)
kHz = Kilohertz
kib|beln, keb|beln (*landsch. Nebenform von* kabbeln)
Kib|buz, der; -, *Plur.* ...uzim *od.* -e ‹hebr.› (Gemeinschaftssiedlung in Israel); **Kib|buz|nik,** der; -s, -s (Angehöriger eines Kibbuz)
Ki|be|rer, Kie|be|rer ‹Gaunerspr.› (*österr. ugs. für* Kriminalpolizist)
Ki|bit|ka, die; -, -s ‹russ.› *u.* **Ki|bit|ke,** die; -, -n (Filzzelt asiat. Nomadenstämme; russ. Bretterwagen, russ. Schlitten)
Ki|che|rei
Ki|cher|erb|se
ki|chern; ich kichere
Kick, der; -[s], -s ‹engl.› (*ugs. für* Tritt, Stoß [beim Fußball]; *auch für* Nervenkitzel)
Kick|bo|xen (asiat. Sportart)
Kick-down, *auch* **Kick|down,** der od. das; -s, -s (*Kfz-Technik* plötzliches Durchtreten des Gaspedals)
Ki|ckel|hahn [*alte Trennung* ...k|k...], der; -[e]s (ein Berg im Thüringer Wald)
ki|cken [*alte Trennung* ...k|k...] ‹engl.› (*ugs. für* Fußball spielen); **Ki|cker,** der; -s, -[s] (*ugs. für* Fußballspieler); **Ki|ckers** *Plur.* (Name von Fußballvereinen)
Kick-off, Kick|off, der; -s, -s (*schweiz. für* Anstoß beim Fußballspiel)
kick|sen *vgl.* gicksen
Kick|star|ter (Fußhebel zum Anlassen bei Motorrädern)
Kick|xia [ˈkɪksi̯a], die; -, ...ien ‹nach dem belg. Botaniker Kickx› (ein Kautschukbaum)
Kid, das; -s, -s ‹engl.› ([Handschuh aus] Kalb-, Ziegen-, Schafleder; *meist Plur.: ugs. für* Jugendliche, Kinder)
kid|nap|pen [...nɛpn̩] (entführen); gekidnappt; **Kid|nap|per,** der; -s, -; **Kid|nap|ping,** das; -s, -s
Ki|d|ron (Bachtal östl. von Jerusalem)
Kids *vgl.* Kid
Kie|be|rer *vgl.* Kiberer
kie|big (*landsch. für* zänkisch, schlecht gelaunt; frech, prahlerisch, aufbegehrend)
Kie|bitz, der; -es, -e (ein Vogel)
kie|bit|zen ‹Gaunerspr.› (*ugs. für* beim [Karten-, Schach]spiel zuschauen); du kiebitzt
kie|feln (*österr. ugs. für* nagen)
[1]**Kie|fer,** die; -, -n (ein Nadelbaum)
[2]**Kie|fer,** der; -s, - (ein Schädelknochen)
Kie|fer|a|no|ma|lie *(Med.);* **Kie|fer|bruch; Kie|fer|chi|r|ur|gie**
Kie|fer|höh|le; Kie|fer|höh|len|ent|zün|dung
Kie|fer|kno|chen
kie|fern (aus Kiefernholz)
Kie|fern|eu|le (ein Schmetterling)
Kie|fern|holz; Kie|fern|na|del *meist Plur.*
Kie|fern|schwär|mer (ein Schmetterling); **Kie|fern|span|ner** (ein Schmetterling); **Kie|fern|spin|ner** (ein Schmetterling)
Kie|fern|wald; Kie|fern|zap|fen
Kie|fer|or|tho|pä|de
Kie|ke, die; -, -n (*nordd. für* Kohlenbecken zum Fußwärmen)
kie|ken (*nordd. für* sehen)
Kie|ker (*Seemannsspr. u. landsch. für* Fernglas); jmdn. auf dem Kieker haben (*ugs. für* jmdn. misstrauisch beobachten)
Kiek|in|die|welt, der; -s, -s (*ugs. scherzh. für* kleines Kind; unerfahrener Mensch)
[1]**Kiel,** der; -[e]s, -e (Blütenteil; Federschaft)
[2]**Kiel** (Hauptstadt von Schleswig-Holstein)
[3]**Kiel,** der; -[e]s, -e (Grundbalken der Wasserfahrzeuge); **Kiel|boot**
kie|len (*veraltet für* Kielfedern bekommen)
Kie|ler ‹*zu* [2]Kiel› Kieler Bucht; Kieler Förde; Kieler Sprotten; Kieler Woche
Kiel|fe|der
kiel|ho|len ([ein Schiff] umlegen [zum Ausbessern]; frühere seemänn. Strafe: jmdn. unter dem Schiff durchs Wasser ziehen); er wurde gekielholt
Kiel|li|nie (Formation von [Kriegs]schiffen); in Kiellinie fahren

kiel|oben *(Seemannsspr.);* kieloben liegen

Kiel|raum; Kiel|schwein (*Seemannsspr.* auf dem Hauptkiel von Schiffen liegender Verstärkungsbalken oder -träger)

Kiel|schwert *(Seemannsspr.)*

Kiel|was|ser, das; -s (Wasserspur hinter einem fahrenden Schiff)

Kie|me, die; -, -n *meist Plur.* (Atmungsorgan im Wasser lebender Tiere)

Kie|men|at|mer *(Zool.);* **Kie|men|at|mung; Kie|men|spal|te**

[1]**Kien** ‹Herkunft unsicher›; *nur in* auf dem Kien sein (*landsch. für* wachsam sein, gut aufpassen)

[2]**Kien,** der; -[e]s (harzreiches [Kiefern]holz)

Kien|ap|fel; Kien|fa|ckel [*alte Trennung* ...k|k...]; **Kien|holz**

kie|nig

Kien|span; Kien|zap|fen

Kie|pe, die; -, -n (*nordd., mitteld. für* auf dem Rücken getragener, hoher Tragekorb); **Kie|pen|hut,** der (ein Frauenhut, Schute)

Kier|ke|gaard ['kɪrkəgart] (dän. Philosoph u. Theologe)

Kies, der; -es, *Plur.* (*für* Kiesarten:) -e (*ugs. auch für* Geld)

Kie|sel, der; -s, -

Kie|sel|al|ge; Kie|sel|er|de; Kie|sel|gur, die; - (Erdart aus den Panzern von Kieselalgen)

kie|seln (mit Kies beschütten); ich kies[e]le

Kie|sel|säu|re, die; -; **Kie|sel|stein**

[1]**kie|sen** (*svw.* kieseln); du kiest; er kies|te; gekiest; kies[e]!

[2]**kie|sen** (*veraltet für* wählen); du kiest; kies[e]!; du kor[e]st, körest; gekoren; *vgl.* küren

Kie|se|rit, der; -s, *Plur. (Sorten:)* -e (ein Mineral)

Kies|gru|be; Kies|hau|fen

kie|sig; Kies|weg

Ki|ew ['ki:ɛf] (Hauptstadt der Ukraine); **Ki|e|wer**

Kiez, der; -es, -e ‹slaw.› (*nordostd. für* Ort[steil]; *ugs. für* Prostituiertenviertel)

kif|fen ‹arab.-amerik.› (*Jargon* Haschisch od. Marihuana rauchen); **Kif|fer; Kif|fe|rin**

Ki|ga|li (Hauptstadt von Ruanda)

ki|ke|ri|ki!

[1]**Ki|ke|ri|ki,** das; -s, -s (Hahnenschrei)

[2]**Ki|ke|ri|ki,** der; -s, -s (*Kinderspr.* Hahn)

Ki|ki, der; -s (*ugs. für* überflüssiges Zeug; Unsinn)

Kil|bi, die; -, ...benen (*schweiz. mundartl. für* Kirchweih)

Kil|bi|tanz

Ki|li|an (m. Vorn.)

Ki|li|ki|en, Zi|li|zi|en (im Altertum Landschaft in Kleinasien); **ki|li|kisch,** zi|li|zisch

Ki|li|ma|nd|scha|ro, der; -[s] (höchster Berg Afrikas)

kil|le|kil|le; killekille machen (*ugs. für* kitzeln)

[1]**kil|len** ‹engl.› (*ugs. für* töten); er hat ihn gekillt

[2]**kil|len** ‹niederd.› (*Seemannsspr.* leicht flattern [von Segeln])

Kil|ler (*ugs. für* Totschläger, [berufsmäßiger] Mörder)

Kil|ler|al|ge *(ugs.)*

Kil|le|rin

Kil|ler|sa|tel|lit (*ugs. für* Satellit, der Flugkörper im All zerstören soll); **Kil|ler|vi|rus** *(ugs.)*

Kil|ler|wal

Kiln, der; -[e]s, -e ‹engl.› (Schachtofen zur Holzverkohlung od. Metallgewinnung)

ki|lo... ‹griech.› (tausend...)

Ki|lo, das; -s, -[s] (*Kurzform für* Kilogramm)

Ki|lo... (Tausend...; das Tausendfache einer Einheit, z. B. Kilometer = 1 000 Meter; *Zeichen* k)

Ki|lo|bit (*EDV* Einheit von 1024 Bit; *Zeichen* kbit, Kbit, KBit)

Ki|lo|byte [...'bait, *auch* 'ki:...] (*EDV* Einheit von 1 024 Byte; *Zeichen* kByte, KByte, KB)

Ki|lo|gramm [*auch* 'ki:...] (1 000 Gramm; Maßeinheit für Masse; *Zeichen* kg); 3 Kilogramm

Ki|lo|hertz [*auch* 'ki:...] (1 000 Hertz; Maßeinheit für die Frequenz; *Zeichen* kHz)

Ki|lo|joule [...'dʒu:l, *auch* 'ki:...] (1 000 Joule; *Zeichen* kJ)

Ki|lo|ka|lo|rie [*auch* 'ki:...] (1 000 Kalorien; *Zeichen* kcal)

Ki|lo|li|ter [*auch* 'ki:...] (1 000 Liter; *Zeichen* kl)

Ki|lo|me|ter [*auch* 'ki:...], der; -s, - (1 000 m; *Zeichen* km); 80 Kilometer je Stunde (*Abk.* km/h)

Ki|lo|me|ter|fres|ser *(ugs.)*

Ki|lo|me|ter|geld; Ki|lo|me|ter|geld|pau|scha|le

ki|lo|me|ter|lang, *aber* 3 Kilometer lang

Ki|lo|me|ter|mar|ke; Ki|lo|me|ter|stand; Ki|lo|me|ter|stein; Ki|lo|me|ter|ta|rif

ki|lo|me|ter|weit *vgl.* kilometerlang

Ki|lo|me|ter|zäh|ler

ki|lo|me|t|rie|ren [Straßen, Flüsse usw.] mit Kilometereinteilung versehen); **Ki|lo|me|t|rie|rung; ki|lo|me|t|risch**

Ki|lo|new|ton [...'nju:tn̩, *auch* 'ki:...] (1 000 Newton; *Zeichen* kN)

Ki|lo|ohm [*auch* 'ki:...] (1 000 Ohm; *Zeichen* kΩ)

Ki|lo|pas|cal [*auch* 'ki:...] (1 000 Pascal; *Zeichen* kPa)

Ki|lo|pond [*auch* 'ki:...] (1 000 Pond; ältere Maßeinheit für Kraft u. Gewicht; *Zeichen* kp); **Ki|lo|pond|me|ter** (ältere Einheit der Energie; *Zeichen* kpm)

Ki|lo|volt *auch* ['ki:...] (1 000 Volt; *Zeichen* kV); **Ki|lo|volt|am|pere** [...'pe:ɐ̯] (1 000 Voltampere; *Zeichen* kVA)

Ki|lo|watt [*auch* 'ki:...] (1 000 Watt; *Zeichen* kW); **Ki|lo|watt|stun|de** (1 000 Wattstunden; *Zeichen* kWh)

[1]**Kilt,** der; -[e]s (*früher südwestd. u. schweiz. für* das Fensterln)

[2]**Kilt,** der; -[e]s, -s ‹engl.› (knielanger Rock der Bergschotten)

Kilt|gang ‹*zu* [1]Kilt›

Kim|ber usw. *vgl.* Zimber usw.

Kimm, die; - (*Seew.* Horizontlinie zwischen Meer u. Himmel; *Schiffbau* Krümmung des Schiffsrumpfes zwischen Bordwand u. Boden)

Kim|me, die; -, -n (Einschnitt; Kerbe; Teil der Visiereinrichtung)

Kimm|ho|bel

Kim|mung (*Seew.* Luftspiegelung; Horizont)

Ki|mon (athen. Feldherr)

Ki|mo|no [*auch* 'kɪ... *od.* ki'mo:no], der; -s, -s ‹jap.› (weitärmeliges Gewand)

Ki|mo|no|är|mel (weiter, angeschnittener Ärmel); **Ki|mo|no|blu|se**

Ki|nä|de, der; -n, -n ‹griech.› (männl. Hetäre im alten Griechenland; Päderast)

Ki|n|äs|the|sie, die; - ‹griech.› (*Med.* Fähigkeit der unbewussten Steuerung von Körperbewegungen)

Kind, das; -[e]s, -er; an Kindes statt [*alte Schreibung* Statt]; von Kind auf; sich bei jmdm. lieb Kind machen (einschmeicheln)

Kind|bett, das; -[e]s; *(veraltend)*

K

Kind|bett|fie|ber, das; -s *(veraltend)*
Kind|chen; Kind|chen|sche|ma *(Verhaltensforschung)*
Kin|del|bier (*nordd. für* Bewirtung bei der Kindtaufe)
Kin|der|ar|beit; Kin|der|arzt
Kin|der|bett; Kin|der|buch
Kin|der|chen *Plur.*
Kin|der|dorf; Kin|der|e|he
Kin|de|rei
Kin|der|er|zie|hung
kin|der|feind|lich
Kin|der|fräu|lein
kin|der|freund|lich
Kin|der|gar|ten; Kin|der|gärt|ne|rin; Kin|der|geld
kin|der|ge|recht (*svw.* kindgerecht)
Kin|der|got|tes|dienst
Kin|der|heim; Kin|der|hort
Kin|der|krank|heit
Kin|der|krie|gen, das; -s *(ugs.)*
Kin|der|krip|pe
Kin|der|la|den (*auch für* nicht autoritär geleiteter Kindergarten)
Kin|der|läh|mung
kin|der|leicht
Kin|der|lein *Plur.*
kin|der|lieb
kin|der|los; Kin|der|lo|sig|keit
Kin|der|mäd|chen; Kin|der|mund; Kin|der|nah|rung
Kin|der|pfle|ge|rin; Kin|der|post
Kin|der|pro|s|ti|tu|ti|on [*alte Trennung* ...|st...]
kin|der|reich; Kin|der|reich|tum, der; -s
Kin|der|schän|der; Kin|der|schreck, der; -s; **Kin|der|schuh**
Kin|der|schutz
Kin|der|sei|te (einer Zeitung); **Kin|der|sen|dung**
kin|der|si|cher; ein kindersicherer Verschluss
Kin|der|spiel; Kin|der|spra|che; Kin|der|stu|be
Kin|der|ta|ges|stät|te
Kin|der|tel|ler
kin|der|tüm|lich
Kin|der|uhr; Kin|der|wa|gen; Kin|der|zeit; Kin|der|zim|mer
Kin|des|al|ter; Kin|des|aus|set|zung; Kin|des|bei|ne *Plur.; in* von Kindesbeinen an
Kin|des|ent|zie|hung *(Rechtsw.)*
Kin|des|kind (*veraltet für* Enkelkind)
Kin|des|lie|be
Kin|des|miss|hand|lung [*alte Schreibung* ...miß|hand|lung]
Kin|des|mord; Kin|des|mör|de|rin
Kin|des|un|ter|schie|bung
kind|ge|mäß; kind|ge|recht; kind|haft
Kind|heit, die; -; **Kind|heits|er|in|ne|rung**
kin|disch; Kind|lein
kind|lich; Kind|lich|keit, die; -
Kinds|be|we|gung
Kinds|kopf *(ugs. abwertend);* **kinds|köp|fig** *(ugs. abwertend)*
Kinds|pech (Stuhlgang des neugeborenen Kindes); **Kinds|tod**
Kind|tau|fe
Ki|ne|ma|thek, die; -, -en ⟨griech.⟩ (Sammlung von Filmen; Filmarchiv)
Ki|ne|ma|tik, die; - (*Physik* Lehre von den Bewegungen); **ki|ne|ma|tisch** (die Kinematik betreffend)
Ki|ne|ma|to|graph, *auch* Ki|ne|ma|to|graf, der; -en, -en (der erste Apparat zur Aufnahme u. Wiedergabe bewegter Bilder; *Kurzform* Kino); **Ki|ne|ma|to|gra|phie,** *auch* Ki|ne|ma|to|gra|fie, die; - (Filmwissenschaft u. -technik, Aufnahme u. Wiedergabe von Filmen); **ki|ne|ma|to|gra|phisch,** *auch* ki|ne|ma|to|gra|fisch
Ki|ne|tik, die; - (*Physik* Lehre von den Kräften, die nicht im Gleichgewicht sind); **ki|ne|tisch;** kinetische Energie (Bewegungsenergie)
Ki|ne|to|se, die; -, -n (Bewegungs- od. Reisekrankheit)
King, der; -[s], -s ⟨engl.⟩ (*engl. für* König; *ugs. für* Anführer; jmd., der größtes Ansehen genießt)
King|size [...sais], die, *auch* das; - (Großformat, Überlänge [von Zigaretten])
Kings|ton [...tn̩] (Hauptstadt Jamaikas)
Kings|town [...taun] (Hauptstadt des Staates St. Vincent und die Grenadinen)
Kink, der, *auch* die; -en, -en (*Seemannsspr. u. nordd. für* Knoten, Fehler im Tau)
Kin|ker|litz|chen *Plur.* ⟨franz.⟩ (*ugs. für* Nichtigkeiten)
Kinn, das; -[e]s, -e
Kinn|ba|cke[n] [*alte Trennung* ...k|k...]; **Kinn|ha|ken; Kinn|la|de; Kinn|rie|men; Kinn|spit|ze**
Ki|no, das; -s, -s (Lichtspieltheater); *vgl.* Kinematograph
Ki|no|be|sit|zer; Ki|no|be|su|cher
Ki|no|kar|te; Ki|no|pro|gramm
Ki|no|re|k|la|me
Kin|sha|sa [...ˈʃa:...] (Hauptstadt der Demokratischen Republik Kongo)
Kin|topp, der; -s, *Plur.* -s *u.* ...töppe (*ugs. für* Kino, Film)
Kin|zig, die; - (r. Nebenfluss des unteren Mains; r. Nebenfluss des Oberrheins)
Kin|zi|git, der; -s (eine Gneisart)
Ki|osk [*auch* ki̯ɔ...], der; -[e]s, -e ⟨pers.⟩ (Verkaufshäuschen; oriental. Gartenhaus)
Ki|o|to (jap. Stadt)
Kipf, der; -[e]s, -e (*südd. für* länglich geformtes [Weiß]brot)
Kip|fel, das; -s, - *u.* **Kip|ferl,** das; -s, -n (*österr. für* Hörnchen [Gebäck]); **Kipf|ler** *Plur.* (*österr. für* eine Kartoffelsorte)
Kip|ling (engl. Schriftsteller)
Kip|pe, die; -, -n (Spitze, Kante; eine Turnübung; *ugs. für* Zigarettenstummel)
kip|pe|lig, kipp|lig; **kip|peln** *(ugs.);* ich kipp[e]le; **kip|pen**
[1]**Kip|per** (*früher* jmd., der Münzen mit zu geringem Edelmetallgehalt in Umlauf brachte); Kipper und Wipper
[2]**Kip|per** (Wagen mit kippbarem Wagenkasten)
Kipp|fens|ter [*alte Trennung* ...|st...]
kipp|lig *vgl.* kippelig
Kipp|lo|re
Kipp|pflug, *auch* **Kipp-Pflug**
Kipp|re|gel (ein Vermessungsgerät); **Kipp|schal|ter**
Kipp|schwin|gun|gen *Plur. (Physik);* **Kipp|wa|gen**
Kips, das; -es, -e *meist Plur.* ⟨engl.⟩ (getrocknete Haut des Zebus)
Kir, der; -s, -s ⟨nach dem Dijoner Bürgermeister Félix Kir⟩ (Getränk aus Johannisbeerlikör und Weißwein)
Kir|be, die; -, -n (*bayr. für* Kirchweih)
Kir|che, die; -, -n
Kir|chen|äl|tes|te [*alte Trennung* ...|st...], der *u.* die; **Kir|chen|amt; Kir|chen|a|syl; Kir|chen|aus|tritt**
Kir|chen|bann; Kir|chen|bau *Plur.* ...bauten; **Kir|chen|be|su|cher**
Kir|chen|bu|ße; Kir|chen|chor
Kir|chen|die|ner
Kir|chen|fa|b|rik (Stiftungsvermögen einer kath. Kirche)
Kir|chen|fest; Kir|chen|gän|ger (*svw.* Kirchgänger)
Kir|chen|ge|schich|te, die; -
Kir|chen|glo|cke [*alte Trennung* ...k|k...]; **Kir|chen|jahr**
Kir|chen|leh|rer

Kir|chen|licht *Plur.* -er; er ist kein [großes] Kirchenlicht (*ugs. für* er ist nicht sehr klug)
Kir|chen|lied; Kir|chen|maus; Kir|chen|mu|sik
Kir|chen|rat *Plur.* ...räte
Kir|chen|recht; Kir|chen|schiff
Kir|chen|spren|gel *od.* Kirch|spren|gel
Kir|chen|staat, der; -[e]s; **Kir|chen|steu|er,** die; **Kir|chen|tag** (z. B. Deutscher Evangelischer Kirchentag)
Kir|chen|tür; Kir|chen|uhr
Kir|chen|va|ter *meist Plur.* (besonders anerkannter Kirchenschriftsteller aus der Frühzeit der christlichen Kirche)
Kir|chen|vor|stand
Kirch|gän|ger; Kirch|geld
Kirch|hof; Kirch|hofs|mau|er
Kirch|hofs|stil|le
kirch|lich; Kirch|lich|keit, die; -
Kirch|ner (*veraltet für* Küster)
Kirch|spiel (Kirchensprengel)
Kirch|spren|gel *od.* Kir|chen|spren|gel; **Kirch|tag** (*südd., österr. für* Kirchweih)
Kirch|turm; Kirch|turm|po|li|tik, die; - (auf engen Gesichtskreis beschränkte Politik)
Kirch|va|ter (*landsch. für* Kirchenältester); **Kirch|weih,** die; -, -en
Kir|gi|se, der; -n, -n
Kir|gi|si|en, Kir|gi|sis|tan (Staat in Mittelasien); **kir|gi|sisch**
Kir|gis|tan *vgl.* Kirgisistan
Ki|ri|ba|ti (Inselstaat im Pazifik)
Kir|ke *vgl.* Circe
Kir|mes, die; -, ...messen (*bes. mittel- u. nordd. für* Kirchweih)
Kir|mes|ku|chen
kir|nen (*landsch. für* buttern; [Erbsen] ausschoten)
kir|re (*ugs. für* zutraulich, zahm; nervös, unsicher); jmdn. kirre machen; **kir|ren** (*noch ugs. für* kirre machen)
Kir ro|yal [- rọaˈja:l], der; - -[s], -s -s ⟨*vgl.* Kir *u.* royal⟩ (Getränk aus Johannisbeerlikör und Champagner)
Kir|rung (*Jägerspr.* Lockfutter)
Kirsch, der; -[e]s, - (ein Branntwein)
Kirsch|baum; Kirsch|blü|te
Kir|sche, die; -, -n
Kir|schen|baum usw. (*seltener für* Kirschbaum usw.)
Kirsch|geist, der; -[e]s (ein Branntwein); **Kirsch|holz**
Kirsch|kern; Kirsch|ku|chen; Kirsch|li|kör
kirsch|rot
Kirsch|saft; Kirsch|was|ser, das; -s, - (ein Branntwein)
Kirs|ten [*alte Trennung* ...|st...] (m. od. w. Vorn.)
Kir|tag (*bayr., österr. für* Kirchweih)
Kis|met, das; -s ⟨arab., »Zugeteiltes«⟩ (Los; gottergeben hinzunehmendes Schicksal im Islam)
Kis|sen, das; -s, -
Kis|sen|be|zug; Kis|sen|fül|lung
Kis|sen|hül|le; Kis|sen|schlacht
Kis|sen|über|zug
Kis|te [*alte Trennung* ...|st...], die; -, -n
Kis|ten|de|ckel [*alte Trennungen* ...|st... ...k|k...]; **Kis|ten|grab**
kis|ten|wei|se [*alte Trennung* ...|st...]
Ki|su|a|he|li, Ki|swa|hi|li, Swa|hi|li, das; -[s] (Sprache der Suaheli)
Kit|fuchs *vgl.* Kittfuchs
Ki|tha|ra, die; -, *Plur.* -s *u.* ...tharen ⟨griech.⟩ (altgriech. Saiteninstrument); **Ki|tha|r|ö|de,** der; -n, -n (altgriech. Zitherspieler u. Sänger)
Ki|thä|ron, der; -s (griech. Gebirge)
Kitsch, der; -[e]s (als geschmacklos empfundenes Produkt der Kunst, der Musik od. der Literatur; geschmacklos gestalteter Gebrauchsgegenstand); **kit|schen** (*landsch. für* zusammenscharren); du kitschst; **kit|schig**
Kitt, der; -[e]s, -e
Kitt|chen, das; -s, - (*ugs. für* Gefängnis)
Kit|tel, der; -s, -
Kit|tel|schür|ze
kit|ten
Kitt|fuchs (Fuchs einer nordamerik. Art; Fell dieses Fuchses)
Kitz, das; -es, -e *u.* Kit|ze, die; -, -n (Junges von Reh, Gämse, Ziege)
Kitz|bü|hel (österr. Stadt)
Kitz|chen; Kit|ze *vgl.* Kitz
Kit|zel, der; -s, -; **kit|ze|lig,** kitz|lig; **kit|zeln;** ich kitz[e]le
Kitz|lein
Kitz|ler (*für* Klitoris)
kitz|lig *vgl.* kitzelig
[1]**Ki|wi,** der; -s, -s ⟨maorisch⟩ (ein flugunfähiger Laufvogel in Neuseeland)
[2]**Ki|wi,** die; -, -s (eine exotische Frucht)
kJ = Kilojoule
k. J. = künftigen Jahres
Kjök|ken|möd|din|ger *vgl.* Kökkenmöddinger
k. k. = kaiserlich-königlich (im ehem. österr. Reichsteil von Österreich-Ungarn für alle Behörden); *vgl.* kaiserlich; *vgl.* k. u. k.;
K. K. = Kaiserlich-Königlich; *vgl.* kaiserlich
KKW = Kernkraftwerk
kl = Kiloliter
Kl. = Klasse, *österr. auch* = Klappe (*für* Telefonnebenstelle, Apparat)
Kl.-8° = Kleinoktav
kla|bas|tern [*alte Trennung* ...|st...] (*landsch. für* schwerfällig gehen); ich klabastere
Kla|bau|ter|mann, der; -[e]s, ...männer (ein Schiffskobold)
klack!; klack, klack!
kla|cken [*alte Trennung* ...k|k...] (klack machen)
kla|ckern [*alte Trennung* ...k|k...] (*landsch. für* gluckern *u.* klecksen); ich klackere
klacks!; Klacks, der; -es, -e (*ugs. für* kleine Menge; klatschendes Geräusch)
Klad|de, die; -, -n (*landsch. für* Schmierheft; Geschäftsbuch)
Klad|de|ra|datsch [*auch* ...ˈdatʃ], der; -[e]s, -e (*ugs. für* Durcheinander nach einem Zusammenbruch; Skandal)
Kla|do|ze|re, die; -, -n *meist Plur.* (*Zool.* Wasserfloh)
klaf|fen; kläf|fen; Kläf|fer (*ugs. abwertend);* **Klaff|mu|schel**
Klaf|ter, der *od.* das; -s, -, *selten* die; -, -n (altes Längen-, Raummaß); 5 Klafter Holz; **Klaf|ter|holz,** das; -es
klaf|ter|lang; ein klafterlanger Riss, *aber* 3 Klafter lang; **klaftern;** ich klaftere Holz (schichte es auf); **klaf|ter|tief**
klag|bar *(Rechtsspr.);* klagbar werden; **Klag|bar|keit** *(Rechtsspr.)*
Kla|ge, die; -, -n
Kla|ge|ge|schrei, Klag|ge|schrei
Kla|ge|laut; Kla|ge|lied
Kla|ge|mau|er (Überreste des Tempels in Jerusalem)
kla|gen
Kla|gen|furt (Hauptstadt Kärntens)
Kla|ge|punkt; Klä|ger
Klag|er|he|bung *(BGB);* **Klä|ge|rin**
klä|ge|risch; klä|ge|ri|scher|seits *(Rechtsspr.)*
Klä|ger|schaft *(bes. schweiz.)*
Kla|ge|schrift; Kla|ge|weg
Klag|ge|schrei *vgl.* Klagegeschrei
kläg|lich; Kläg|lich|keit
klag|los

K

klar

Kleinschreibung: – klares Wasser; klare Suppe – klare Verhältnisse; klare Sicht; eine klare Nacht – klar Schiff! (seemänn. Kommando) *Großschreibung der Substantivierung* ↑K72: – das war das einzig Klare an diesen Ausführungen; ich bin mir längst darüber im Klaren [*alte Schreibung* im klaren] *Getrenntschreibung in Verbindung mit Verben und Partizipien, wenn »klar« gesteigert oder erweitert werden kann* ↑K56: – klar sein, klar werden; das Wetter ist klar geworden; mir ist jetzt Verschiedenes klar geworden [*alte Schreibung* klargeworden], klarer geworden	– nicht mehr klar denken können; ein klar denkender [*alte Schreibung* klardenkender] Mensch – klar machen (deutlich machen); sie hat ihm die Sache klar gemacht [*alte Schreibung* klargemacht] (*vgl. aber* klarmachen) – klar sehen (deutlich sehen; *ugs. auch für* völlig verstehen, Bescheid wissen); weil ich endlich klar sehe [*alte Schreibung* klarsehe]; wir können nicht zustimmen, solange wir in dieser Sache nicht klarer sehen *Vgl. aber* klargehen (reibungslos ablaufen), klarkommen (zurechtkommen), klarlegen (erklären), (ein Schiff) klarmachen, (ein Missverständnis) klarstellen

Klai|pe|da (Hafenstadt in Litauen; *vgl.* ²Memel)

Kla|mauk, der; -s (*ugs. für* Lärm; Ulk)

klamm (feucht; steif [vor Kälte]); klamme Finger

Klamm, die; -, -en (Felsenschlucht [mit Wasserlauf])

Klam|mer, die; -, -n

Klam|mer|af|fe (*auch für* @)

Klam|mer|beu|tel

Kläm|mer|chen

klam|mern; ich klammere; sich an etw. *od.* jmdn. klammern

klamm|heim|lich *(ugs.)*

Kla|mot|te, die; -, -n (*ugs. für* [Gesteins]brocken; minderwertiges [Theater]stück; *meist Plur.:* [alte] Kleidungsstücke)

Klam|pe, die; -, -n (*Seemannsspr.* Holz- od. Metallstück zum Festmachen der Taue)

Klamp|fe, die; -, -n (*volkstüml.* Gitarre; *österr.* Bauklammer)

kla|mü|sern (*nordd. ugs. für* nachsinnen); ich klamüsere

Klan, Clan [kla:n, *auch* klɛn], der; -s, *Plur.* -e, *bei engl. Ausspr.* -s ⟨engl.⟩ ([schott.] Lehns-, Stammesverband; Gruppe von Personen, die jmd. um sich schart)

klan|des|tin [*alte Trennung* ...|st...] ⟨lat.⟩ (*veraltet für* heimlich); klandestine Ehe (nicht nach kanon. Vorschrift geschlossene Ehe)

klang!; kling, klang!

Klang, der; -[e]s, Klänge

Klang|ef|fekt; Klang|far|be; Klang|fül|le; Klang|kör|per

klang|lich; klang|los

Klang|schön|heit, die; -

klang|voll; Klang|wir|kung

Klapf, der; -s, Kläpfe (*südd., schweiz. mdal. für* Knall, Schlag, Ohrfeige); **kläp|fen** (*südd., schweiz. mdal. für* knallen, schlagen)

Kla|po|tetz, der; -[es], -e ⟨slowen.⟩ (*südostösterr.* ein Windrad)

klapp!; klipp, klapp!

klapp|bar; Klapp|bett

Klap|pe, die; -, -n (*österr. auch für* Nebenstelle eines Telefonanschlusses, *svw.* Apparat)

klap|pen

Klap|pen|feh|ler (*kurz für* Herzklappenfehler)

Klap|pen|horn *Plur.* ...hörner (ein älteres Musikinstrument)

Klap|pen|text *(Buchw.)*

Klap|per, die; -, -n

klap|per|dürr

klap|pe|rig, klapp|rig

Klap|per|kas|ten [*alte Trennung* ...|st...]; **Klap|per|kis|te** (*ugs. für* altes Auto, alte Schreibmaschine u. a.)

klap|pern; ich klappere

Klap|per|schlan|ge

Klap|per|storch *(Kinderspr.)*

Klapp|fahr|rad; Klapp|fens|ter [*alte Trennung* ...|st...]

Klapp|horn|vers (Scherzvers in Form eines Vierzeilers, beginnend mit: Zwei Knaben ...)

Klapp|hut, der; **Klapp|lei|ter,** die; **Klapp|lie|ge; Klapp|mes|ser,** das

Klapp|rad

klapp|rig *vgl.* klapperig

Klapp|ses|sel; Klapp|sitz; Klapp|stuhl

Klapp|stul|le *(landsch.);* **Klapp|tisch; Klapp|ver|deck**

Klaps, der; -es, -e; **Kläps|chen**

klap|sen

Klaps|müh|le (*ugs., auch diskriminierend für* psychiatrische Klinik)

klar *s. Kasten*

Klar *vgl.* Eiklar

Kla|ra (w. Vorn.)

Klär|an|la|ge

Klar|ap|fel

Klär|be|cken [*alte Trennung* ...k|k...]

Klar|blick

Klär|chen (w. Vorn.)

klar den|kend [*alte Schreibung* klar|den|kend] *vgl.* klar

Kla|re, der; -n, -n (Schnaps)

klä|ren

Kla|rett, der; -s, -s ⟨franz.⟩ (gewürzter Rotwein)

klar|ge|hen (*ugs. für* reibungslos ablaufen); es ist alles klargegangen ↑K47

Klar|heit *Plur. selten*

kla|rie|ren ⟨lat.⟩ (beim Ein- u. Auslaufen eines Schiffes die Zollformalitäten erledigen); ein Schiff klarieren

Kla|ri|net|te, die; -, -n ⟨ital.-(franz.)⟩ (ein Holzblasinstrument); **Kla|ri|net|tist,** der; -en, -en (Klarinettenbläser); **Kla|ri|net|tis|tin** [*alte Trennung* ...|st...]

Kla|ris|sa (w. Vorn.); **Kla|ris|sen|or|den,** der; -s *(kath. Kirche);* **Kla|ris|sin** (Angehörige des Klarissenordens)

klar|kom|men (*ugs. für* zurechtkommen); ich bin damit, mit ihm klargekommen ↑K47

klar|le|gen (erklären); er hat ihm den Vorgang klargelegt ↑K47

klär|lich (*veraltet für* klar, deutlich)

klar|ma|chen ([Schiff] fahr-, gefechtsbereit machen); das Schiff hat klargemacht ↑K47; *vgl. aber* klar

Klär|mit|tel, das

Klar|schiff, das; -[e]s (*See-*

mannsspr. Gefechtsbereitschaft)

Klär|schlamm

Klar|schrift|le|ser (EDV-Eingabegerät, das Daten in lesbarer Form verarbeitet)

klar se|hen [*alte Schreibung* klarse|hen] *vgl.* klar

Klar|sicht|do|se; Klar|sicht|fo|lie

klar|sich|tig

Klar|sicht|pa|ckung [*alte Trennung* ...k|k...]

klar|stel|len (Irrtümer beseitigen); er hat das Missverständnis klargestellt ↑K47; **Klar|stel|lung**

Klar|text, der (entzifferter [dechiffrierter] Text)

Klä|rung

klar wer|den [*alte Schreibung* klar|wer|den] *vgl.* klar

Klas (m. Vorn.)

Klass... [*alte Schreibung* Klaß...] (*südd. in Zusammensetzungen für* Klassen... [= Schulklasse], z. B. Klasslehrer)

klas|se (*ugs. für* hervorragend, großartig); ein klasse Auto; sie hat klasse gespielt

Klas|se, die; -, -n ‹lat.(-franz.)› (*Abk.* Kl.); jmd. *od.* etwas ist, hat Klasse; ist ganz große Klasse; das finde ich Klasse (*ugs.* großartig, hervorragend)

Klas|se|leis|tung [*alte Trennung* ...|st...] *(ugs.)*

Klas|se|ment [...'mã:, *schweiz.* ...'mɛnt], das; -s, *Plur.* -s *u.* (bei deutscher Aussprache:) -e ‹franz.› (Einreihung; Reihenfolge)

Klas|sen|äl|tes|te [*alte Trennung* ...|st...], der *u.* die

Klas|sen|ar|beit; Klas|sen|auf|satz

Klas|sen|bes|te [*alte Trennung* ...|st...], der *u.* die;

Klas|sen|be|wusst|sein [*alte Schreibung* ...be|wußt|sein]

klas|sen|bil|dend *(Sprachw.)*

Klas|sen|buch

Klas|sen|ge|sell|schaft; Klas|sen|hass [*alte Schreibung* ...haß]; **Klas|sen|in|te|r|es|se**

Klas|sen|jus|tiz [*alte Trennung* ...|st...]

Klas|sen|ka|me|rad

Klas|sen|kampf

Klas|sen|leh|rer

klas|sen|los; die klassenlose Gesellschaft

Klas|sen|lot|te|rie; Klas|sen|sie|ger *(Sport);* **Klas|sen|spre|cher**

Klas|sen|staat

Klas|sen|tref|fen; Klas|sen|vor|stand (*österr. für* Klassenlehrer)

Klas|sen|wahl|recht

klas|sen|wei|se

Klas|sen|ziel; Klas|sen|zim|mer

klas|sie|ren (in ein System einordnen; *Bergmannsspr.* nach der Größe trennen); **Klas|sie|rung**

Klas|si|fi|ka|ti|on, die; -, -en (*vgl.* Klassifizierung)

klas|si|fi|zie|ren; Klas|si|fi|zie|rung (Einteilung, Einordnung [in Klassen])

...klas|sig (z. B. erst-, zweitklassig)

Klas|sik, die; - (Epoche kultureller Höchstleistungen u. ihre mustergültigen Werke); **Klas|si|ker** (maßgebender Künstler od. Schriftsteller [bes. der antiken u. der dt. Klassik]); **Klas|si|ke|rin**

klas|sisch (mustergültig; die Klassik betreffend; typisch; traditionell); klassische Philologie; die klassischen Sprachen; klassischer Jazz

Klas|si|zis|mus, der; - (die Klassik nachahmende Stilrichtung, bes. der Stil um 1800); **klas|si|zis|tisch** [*alte Trennung* ...|st...]

Klas|si|zi|tät, die; - (Mustergültigkeit)

...kläss|ler [*alte Schreibung* ...kläß|ler] (z. B. Erst-, Zweitklässler)

klas|tisch [*alte Trennung* ...|st...] ‹griech.› *(Geol.);* klastisches Gestein (Trümmergestein)

Kla|ter, der; -s, -n (*nordd. für* Lumpen, zerrissenes Kleid; *nur Sing.:* Schmutz); **kla|te|rig, klat|rig** (*nordd. für* schmutzig; schlimm, bedenklich; elend)

klatsch!; klitsch, klatsch!

Klatsch, der; -[e]s, -e (*ugs. auch für* Rederei, Geschwätz)

Klatsch|ba|se *(ugs. abwertend)*

Klat|sche, die; -, -n (*kurz für* Fliegenklatsche; Klatschbase)

klat|schen; du klatschst; Beifall klatschen

klat|sche|nass [*alte Schreibung* klat|sche|nass] *vgl.* klatschnass

Klat|scher; Klat|sche|rei *(ugs.);* **Klat|sche|rin**

klatsch|haft *(ugs.);* **Klatsch|haf|tig|keit,** die; -

Klatsch|ko|lum|nist; Klatsch|maul (*ugs. abwertend für* geschwätzige Person);

Klatsch|mohn, der; -[e]s

klatsch|nass [*alte Schreibung* klatsch|nass] (*ugs. für* völlig durchnässt)

Klatsch|nest (*ugs.* kleiner Ort, in dem viel geklatscht wird)

Klatsch|spal|te

Klatsch|sucht, die; -; **klatsch|süch|tig**

Klatsch|tan|te *(ugs. abwertend);* **Klatsch|weib** *(ugs. abwertend)*

Klau, die; -, -en (*nordd. für* gabelförmiges Ende der Gaffel)

Klaub|ar|beit (*Bergmannsspr.* das Sondern des haltigen u. tauben Gesteins, der Steine aus der Kohle)

klau|ben (sondern; mit Mühe heraussuchen; *österr. für* pflücken, sammeln)

Klau|ber; Klau|be|rei

Klaue, die; -, -n

klau|en (*ugs. für* stehlen)

Klau|en|seu|che, die; -; Maul- u. Klauenseuche ↑K31

...klau|ig (z. B. scharfklauig)

Klaus (m. Vorn.)

Klau|se, die; -, -n ‹lat.› (Klosterzelle, Einsiedelei; Talenge)

Klau|sel, die; -, -n (Nebenbestimmung; Einschränkung, Vorbehalt)

Klau|sen|pass, *auch* **Klau|sen-Pass** [*alte Schreibung* Klau|sen|paß], der; -es (ein Alpenpass)

Klaus|ner ‹lat.› (Bewohner einer Klause, Einsiedler)

Klaus|t|ro|pho|bie [*alte Trennung* ...|st...], die; -, ...ien ‹lat.; griech.› (*Psych.* krankhafte Angst vor dem Aufenthalt in geschlossenen Räumen)

Klau|sur, die; -, -en ‹lat.› (abgeschlossener Gebäudeteil [im Kloster]; *svw.* Klausurarbeit)

Klau|sur|ar|beit (Prüfungsarbeit)

Klau|sur|ta|gung (geschlossene Tagung)

Kla|vi|a|tur, die; -, -en ‹lat.› (Tasten [eines Klaviers], Tastbrett)

Kla|vi|chord [...'k...], das; -[e]s, -e ‹lat.; griech.› (altes Tasteninstrument)

Kla|vier, das; -s, -e ‹franz.›; Klavier spielen ↑K54

Kla|vier|a|bend; Kla|vier|aus|zug; Kla|vier|be|glei|tung

kla|vie|ren (*ugs. für* an etwas herumfingern)

kla|vie|ris|tisch [*alte Trennung* ...|st...] (der Technik des Klavierspiels entsprechend)

Kla|vier|kon|zert; Kla|vier|leh|rer

Kla|vier|so|na|te

Kla|vier|spiel; Kla|vier|spie|ler

K

Kla|vier|stim|mer; Kla|vier|stuhl; Kla|vier|stun|de
Kla|vier|un|ter|richt
Kla|vi|ku|la, die; -, ...lä, *fachspr.* Cla|vi|cu|la, die; -, ...lae (Schlüsselbein); **kla|vi|ku|lar** (das Schlüsselbein betreffend)
Kla|vi|zim|bel (*svw.* Clavicembalo)
Kle|be, die; - (*ugs. für* Klebstoff)
Kle|be|bin|dung *(Buchw.);* **Kle|be|mit|tel,** Kleb|mit|tel, das
kle|ben; kleben bleiben (*ugs. auch für* nicht versetzt werden [*alte Schreibung* klebenbleiben]); er ist in der dritten Klasse kleben geblieben [*alte Schreibung* klebengeblieben]; ohne kleben zu bleiben [*alte Schreibung* klebenzubleiben]
Kle|ber (*auch* Bestandteil des Getreideeiweißes)
Kle|be|strei|fen *vgl.* Klebstreifen
Kleb|mit|tel *vgl.* Klebemittel
kleb|rig; Kleb|rig|keit, die; -
Kleb|stoff; Kleb|strei|fen, Kle|be|strei|fen
Kle|bung
[1]**kle|cken** [*alte Trennung* ...k|k...] (*landsch. für* ausreichen; vonstatten gehen); es kleckt
[2]**kle|cken** [*alte Trennung* ...k|k...] (*landsch. für* geräuschvoll fallen [von Flüssigkeiten])
Kle|cker|be|trag [*alte Trennung* ...k|k...] *(ugs.);* **Kle|cker|frit|ze** *(ugs.)*
kle|ckern [*alte Trennung* ...k|k...] (*ugs. für* beim Essen od. Trinken Flecke machen, sich beschmutzen); ich kleckere; **kle|cker|wei|se** (*ugs. für* mehrmals in kleinen Mengen)
Klecks, der; -es, -e
kleck|sen (Kleckse machen)
Kleck|ser; Kleck|se|rei
kleck|sig
Kleck|so|gra|phie, *auch* Kleck|so|gra|fie, die; -, ...ien (Tintenklecksbild für psycholog. Tests)
Kle|da|ge [...ʒə], **Kle|da|sche,** die; -, -n *Plur. selten* (*nordd. für* Kleidung)
[1]**Klee** (dt. Maler)
[2]**Klee,** der; -s; **Klee|blatt**
Klee|ein|saat, *auch* **Klee-Ein|saat**
Klee|ern|te, *auch* **Klee-Ern|te**
Klee|gras (mit Klee vermischtes Gras); **Klee|salz,** das; -es (ein Fleckenbeseitigungsmittel
Klei, der; -[e]s (*landsch. für* fetter, zäher Boden)
klei|ben (*landsch. für* kleben [bleiben])
Klei|ber (ein Vogel; *landsch. für* Klebstoff)
Klei|bo|den *(landsch.)*
Kleid, das; -[e]s, -er; **Kleid|chen**
klei|den; sich kleiden; es kleidet mich gut usw.
Klei|der|bad; Klei|der|bü|gel
Klei|der|bürs|te [*alte Trennung* ...|st...]
Klei|der|chen *Plur.*
Klei|der|ha|ken
Klei|der|kam|mer *(bes. Milit.)*
Klei|der|kas|ten [*alte Trennung* ...|st...] (*südd., österr., schweiz. für* Kleiderschrank)
Klei|der|ma|cher (*veraltet für* Schneider); **Klei|der|mot|te**
Klei|der|schrank; Klei|der|stän|der; Klei|der|stoff
kleid|sam; Kleid|sam|keit, die; -
Klei|dung *Plur. selten*
Klei|dungs|stück
Kleie, die; -, -n (Abfallprodukt beim Mahlen von Getreide)
klei|ig (von Klei od. Kleie)
klein *s. Kasten S. 547*
Klein, das; -s (*kurz für* Gänseklein o. Ä.)
Klein|ak|ti|o|när; Klein|an|zei|ge
Klein|ar|beit
klein|a|si|a|tisch; Klein|a|si|en ↑K 143
Klein|bahn
klein|be|kom|men ↑K 47 (*svw.* kleinkriegen)
Klein|be|trieb; Klein|bild|ka|me|ra
Klein|buch|sta|be
Klein|bür|ger; klein|bür|ger|lich; Klein|bür|ger|tum
Klein|bus
Klein|chen (kleines Kind)
klein|den|kend (kleinlich)
Klei|ne, der, die, das; -n, -n
Klei|ne|leu|te|mi|li|eu
Klein|emp|fän|ger (ein Rundfunkgerät)
klei|ne|ren|teils, klei|nern|teils
Klein|fa|mi|lie; Klein|feld *(Sport)*
Klein|for|mat
Klein|gar|ten; Klein|gärt|ner
klein ge|druckt [*alte Schreibung* klein|ge|druckt] *vgl.* klein, III
klein Ge|druck|te, das; - -n, *auch* **Klein|ge|druck|te,** das; -n *vgl.* klein III
Klein|geist *(abwertend)*
Klein|geld, das; -[e]s
klein ge|mus|tert [*alte Schreibung* klein|ge|mu|stert] *vgl.* klein, III
klein|ge|wach|sen (kleinwüchsig)
klein|gläu|big; Klein|gläu|big|keit
klein ha|cken [*alte Schreibung* klein|hacken, *alte Trennung* ...k|k...] *vgl.* klein, III
Klein|han|del
Klein|häus|ler (*österr.* Kleinbauer)
Klein|heit, die; -
klein|her|zig
Klein|hirn; Klein|holz
Klei|nig|keit
Klein|ka|li|ber|schie|ßen, das; -s
klein|ka|li|b|rig
klein|ka|riert (engherzig, engstirnig); ein kleinkarierter Mensch, er ist der kleinkarierteste Mensch, den ich kenne; *aber* klein kariertes [*alte Schreibung* kleinkariertes], noch kleiner kariertes Papier ↑K 62; *vgl. auch* klein, III
Klein|kat|ze (z. B. Luchs, Wildkatze); **Klein|kind**
Klein|kle|ckers|dorf [*alte Trennung* ...k|k...] (*ugs. für* unbedeutender Ort)
Klein|kli|ma *(Meteor.);* **Klein|kraft|rad; Klein|kraft|wa|gen; Klein|kram,** der; -[e]s; **Klein|krä|me|rei,** die; - **Klein|krieg**
klein|krie|gen ↑K 47 (*ugs. für* gefügig machen; aufbrauchen; zerstören); ich kriege den Kerl schon klein; sie hatten den Kuchen schnell kleingekriegt; der Teppich ist nicht kleinzukriegen
Klein|kunst, die; -; **Klein|kunst|büh|ne**
klein|laut
klein|lich; Klein|lich|keit
klein ma|chen [*alte Schreibung* klein|ma|chen] *vgl.* klein, III
klein|maß|stä|big, klein|maß|stäb|lich
Klein|mö|bel
Klein|mut, der; -[e]s;
klein|mü|tig; Klein|mü|tig|keit
Klein|od, das; -[e]s, *Plur.* (*für* Kostbarkeit:) -e, (*für* Schmuckstück:) ...odien
Klein|ok|tav, das; -s (*Abk.* Kl.-8°)
Klein-Pa|ris ↑K 144 (*Bez. für* Leipzig)
Klein|rech|ner; Klein|rent|ner
klein schnei|den [*alte Schreibung* klein|schnei|den] *vgl.* klein, III
klein|schrei|ben [*alte Schreibung* klein schrei|ben] ↑K 47 (mit kleinem Anfangsbuchstaben schreiben); das Wort wird kleingeschrieben; *aber* Rücksichtnahme wird hier klein geschrieben [*alte Schreibung* kleingeschrieben] (nicht wichtig genommen); *vgl. auch* klein, III

klein

– kleiner als (*Math.; Zeichen* <)
– kleiner[e]nteils

I. *Kleinschreibung*

a) ↑K 72 *u.* 74: am kleins|ten; von klein auf; ein klein wenig; die Flamme auf klein drehen, stellen

b) ↑K 151: die kleine Anfrage (im Parlament); das Schiff macht kleine Fahrt *(Seemannsspr.)*; das sind kleine Fische (*ugs. für* Kleinigkeiten); der kleine Grenzverkehr; das kleine Latinum; er ist kleiner Leute Kind; das Auto für den kleinen Mann

II. *Großschreibung*

a) *der Substantivierung* ↑K 72:

Groß und Klein [*alte Schreibung* groß und klein]; Kleine und Große; die Kleinen und die Großen

die Kleinen (*für* Kinder); die Kleine (*für* junges Mädchen); meine Kleine *(ugs.)*

einen Kleinen sitzen haben (*ugs. für* leicht betrunken sein); das ist dasselbe in Klein (*für* im Kleinen); vom Kleinen auf das Große schließen; es ist mir ein Kleines (eine kleine Mühe), dies zu tun;

die Gemeinde ist ein Staat im Kleinen [*alte Schreibung* im kleinen]; um ein Kleines [*alte Schreibung* ein kleines] (wenig); über ein Kleines [*alte Schreibung* ein kleines] (*veraltet für* bald)

bis ins Kleins|te [*alte Schreibung* ins klein|ste] (sehr eingehend)

etwas, nichts, viel, wenig Kleines

b) *in Namen und bestimmten namensähnlichen Fügungen*

↑K 134 *u.* 150: Pippin der Kleine; Klein Dora, Klein Udo; der Kleine Bär, der Kleine Wagen *(Astron.)*; die Kleine Strafkammer

↑K 140: Kleiner Belt; Kleines Walsertal; Kleine Sundainseln

III. *Getrennt- und Zusammenschreibung*

a) *Getrenntschreibung in Verbindung mit Verben, wenn »klein« gesteigert oder erweitert werden kann* ↑K 56:

klein sein; klein werden; die Kosten klein (niedrig) halten; klein beigeben (nachgeben); etwas kurz u. klein schlagen

die Kräuter klein hacken [*alte Schreibung* kleinhacken, *alte Trennung* ...k|ken]; Holz klein machen [*alte Schreibung* kleinmachen] (zerkleinern), kleiner machen; die Zwiebeln werden klein geschnitten [*alte Schreibung* kleingeschnitten]

versuche sehr klein (in geringer Schriftgröße) zu schreiben; Rücksichtnahme wird bei diesen Leuten klein geschrieben [*alte Schreibung* kleingeschrieben] (*ugs. für* nicht wichtig genommen)

Vgl. aber kleinbekommen, kleinkriegen, kleinschreiben ↑K 47

b) *Schreibung in Verbindung mit Partizip II* ↑K 58:

klein gemus|terte [*alte Schreibung* kleingemusterte, *alte Trennung* ...|st] Stoffe; ein klein kariertes [*alte Schreibung* kleinkariertes] Muster; ein klein gedruckter [*alte Schreibung* kleingedruckter] Text

↑K 72: das klein Gedruckte, *auch* Kleingedruckte lesen

Vgl. aber kleindenkend, kleingewachsen, kleinkariert ↑K 57

c) *In Straßennamen gilt Getrennt- u. Großschreibung* ↑K 161 *u.* 162: Kleine Bockenheimer Straße; Kleine Riedgasse

K

Klein|schrei|bung
Klein|sied|lung
Klein|staat *Plur.* ...staaten; **Klein|staa|te|rei,** die; -
Klein|stadt; Klein|städ|ter; klein|städ|tisch
Kleinst|be|trag; Kleinst|kind
Kleinst|le|be|we|sen
kleinst|mög|lich, *dafür besser:* möglichst klein; *nicht korrekt:* kleinstmöglichst
Klein|tier|zucht
Klein|trans|por|ter
Klein|ver|brau|cher
Klein|ver|die|ner
Klein|vieh
Klein|wa|gen
klein|weis (*österr. ugs. für* im Kleinen, nach und nach)
klein|win|zig
Klein|woh|nung
klein|wüch|sig
Klein|wüch|si|ge, der *u.* die
Kleio *vgl.* Klio
Kleist (dt. Dichter)
Kleis|ter [*alte Trennung* ...|st...], der; -s, -
kleis|te|rig, kleist|rig [*alte Trennung* ...|st...]; **kleis|tern**; ich kleistere
Kleis|ter|topf [*alte Trennung* ...|st...]
kleis|to|gam [*alte Trennung* ...|st...] ‹griech.› (*Bot.* selbst bestäubend, selbst befruchtend); **Kleis|to|ga|mie,** die; -
kleist|rig *vgl.* kleisterig
Kle|ma|tis [*auch* ...ˈma:...], die; -, - ‹griech.› (Waldrebe, eine Kletterpflanze)
Kle|mens, Kle|men|tia
[1]**Kle|men|ti|ne** *vgl.* Clemens, Clementia, [1]Clementine
[2]**Kle|men|ti|ne,** die; -, -n ‹vermutl. nach dem franz. Trappistenmönch Père Clément› (kernlose Sorte der Mandarine)
Klem|me, die; -, -n (*ugs. auch für* Notlage, Verlegenheit)
klem|men; Klem|mer (*landsch. für* Kneifer, Zwicker)
klem|mig (*Bergmannsspr.* fest); klemmiges Gestein
Klemm|map|pe, *auch* **Klemm-Map|pe** [*alte Schreibung* Klemmappe, *alte Trennung* ...mm|m...]
Klemm|schrau|be
klem|pern (*veraltet für* Blech hämmern; lärmen); ich klempere; **Klemp|ner** (Blechschmied); **Klemp|ne|rei**
Klemp|ner|la|den (*ugs. für* viele Orden u. Ehrenzeichen auf der Brust); **Klemp|ner|meis|ter** [*alte Trennung* ...|st...]
klemp|nern (Klempnerarbeiten ausführen); ich klempnere
Klemp|ner|werk|statt
Kleng|an|stalt (Darre zur Gewinnung von Nadelholzsamen)
klen|gen (Nadelholzsamen gewinnen)
Kle|o|pa|t|ra (ägypt. Königin)

[1]**Klep|per**, der; -s, - (*ugs. für* ausgemergeltes Pferd)
[2]**Klep|per®** (Kleppermantel)
Klep|per|boot ↑K 136 (Faltboot)
Klep|per|man|tel ↑K 136 (wasser-, winddichter Mantel)
Klep|to|ma|ne, der; -n, -n; **Klep|to|ma|nie**, die; - ‹griech.› (krankhafter Trieb zum Stehlen); **Klep|to|ma|nin; klep|to|ma|nisch**
kle|ri|kal ‹griech.› (die Geistlichkeit betreffend; kirchlich)
Kle|ri|ka|lis|mus, der; - (überstarker Einfluss des Klerus auf Staat u. Gesellschaft)
Kle|ri|ker (kath. Geistlicher)
Kle|ri|sei, die; - (*veraltet für* Klerus)
Kle|rus, der; - (kath. Geistlichkeit, Priesterschaft)
Kles|til [*alte Trennung* ...|stil] (österr. Bundespräsident)
Klet|te, die; -, -n
Klet|ten[|haft]|ver|schluss [*alte Schreibung* ...ver|schluß] ‹zum ® »Kletten«› (*svw.* Klettverschluss)
Klet|ten|wur|zel|öl, das; -[e]s
Klet|te|rei; Klet|te|rer
Klet|ter|farn; Klet|ter|ge|rüst
Klet|te|rin
Klet|ter|max, der; -es, -e *od.* **Klet|ter|ma|xe**, der; -n, -n (*ugs. für* Fassadenkletterer)
klet|tern; ich klettere
Klet|ter|par|tie; Klet|ter|pflan|ze
Klet|ter|ro|se; Klet|ter|schuh
Klet|ter|seil; Klet|ter|stan|ge
Klet|ter|tour
Klett|ver|schluss [*alte Schreibung* ...ver|schluß] ‹*zu* Klette› (Haftverschluss, z. B. an Schuhen)
Klet|ze, die; -, -n (*österr. für* getrocknete Birne); **Klet|zen|brot**
Kle|ve (Stadt im westl. Niederrheinischen Tiefland); **Kle|ver; Kle|ve|rin; kle|visch**
Klev|ner (*schweiz. für* blauer Burgunder [eine Reb- u. Weinsorte])
Kle|wi|an, der; -[e]s, -e, *auch* die; -, -en (*Kurzw. für* kleine Windenergieanlage [zur Erzeugung von Elektrizität])
Klez|mer ['klɛs...], der *od.* die ‹hebr.-jidd.-amerik.› (traditionelle jüdische Volksmusik)
klick!; Klick, der; -s, -s *meist Plur.* ‹engl.› (*Sprachw.* Schnalzlaut)
kli|cken [*alte Trennung* ...k|k...]
Kli|cker, [*alte Trennung* ...k|k...], der; -s, - (*landsch. für* Ton-, Steinkügelchen zum Spielen); **kli|ckern**; ich klickere
klie|ben (*veraltet, aber noch landsch. für* [sich] spalten); du klobst *u.* kliebtest; du klöbest *u.* kliebtest; gekloben *u.* gekliebt; klieb[e]!
Kli|ent, der; -en, -en ‹lat.› (Auftraggeber [eines Anwaltes])
Kli|en|tel, die; -, -en (Auftraggeberkreis [eines Anwaltes])
Kli|en|te|le, die; -, -n (*schweiz. svw.* Klientel)
Kli|en|tin
klie|ren (*landsch. für* unsauber, schlecht schreiben)
Klie|sche, die; -, -n (*Zool.* eine Schollenart)
Kliff, das; -[e]s, -e (*bes. nordd. für* steiler Abfall einer [felsigen] Küste)
Kli|ma, das; -s, *Plur.* -ta, *selten* -s, *fachspr.* ...mate ‹griech.› (Gesamtheit der meteorol. Erscheinungen in einem best. Gebiet)
Kli|ma|än|de|rung
Kli|ma|an|la|ge ↑K 22
Kli|ma|fak|tor *meist Plur.*
Kli|ma|kam|mer (Raum, in dem zu Versuchs- u. Heilzwecken ein Klima künstlich erzeugt wird)
Kli|ma|ka|ta|s|t|ro|phe
kli|mak|te|risch (das Klimakterium betreffend); klimakterische Jahre (Wechseljahre)
Kli|mak|te|ri|um, das; -s (*Med.* Wechseljahre der Frau)
Kli|ma|schwan|kung; Kli|ma|sün|der
Kli|ma|tech|nik; kli|ma|tech|nisch
kli|ma|tisch
kli|ma|ti|sie|ren (eine Klimaanlage einbauen; Frischluftzufuhr, Temperatur u. Luftfeuchtigkeit in geschlossenen Räumen automatisch regeln); **Kli|ma|ti|sie|rung**
Kli|ma|to|lo|gie, die; - (Lehre vom Klima)
Kli|ma|wech|sel
Kli|max, die; -, -e *Plur. selten* (Steigerung; Höhepunkt; *auch für* Klimakterium)
Klim|bim, der; -s (*ugs. für* überflüssige Aufregung; lautes Treiben; unnützes Beiwerk)
Klim|me, die; -, -n (eine Kletterpflanze)
klim|men (klettern); du klommst (*auch* klimmtest); du klömmest (*auch* klimmtest); geklommen (*auch* geklimmt); klimm[e]!; **Klimm|zug** (eine Turnübung)
Klim|pe|rei *(ugs.)*; **Klim|per|kas|ten** [*alte Trennung* ...|st...] (*ugs. scherzh. für* Klavier)
klim|per|klein (*landsch. für* sehr klein)
klim|pern (klingen lassen, z. B. mit Geld klimpern; *ugs. für* [schlecht] auf dem Klavier o. Ä. spielen); ich klimpere
Klimt (österr. Maler)
kling!; kling, klang!
Klin|ge, die; -, -n
Klin|gel, die; -, -n
Klin|gel|beu|tel; Klin|gel|draht
Klin|ge|lei *(ugs.)*
Klin|gel|gangs|ter [*alte Trennung* ...|st...] (*ugs. für* Verbrecher, der an der Wohnungstür klingelt, den Öffnenden überfällt und in die Wohnung eindringt)
Klin|gel|knopf
klin|geln; ich kling[e]le
Klin|gel|zei|chen; Klin|gel|zug
klin|gen; du klangst; es klang; es klänge; geklungen; kling[e]!
kling, klang!; Kling|klang, der; -[e]s; **kling|ling!**
Kling|sor, *bei Novalis* **Kling|sohr** (Name eines sagenhaften Zauberers)
Kli|nik, die; -, -en ‹griech.› ([Spezial]krankenhaus; *nur Sing.:* prakt. medizin. Unterricht am Krankenbett); **Kli|ni|kum**, das; -s, *Plur.* ...ka *u.* ...ken (Komplex von Kliniken; *nur Sing.:* Hauptteil der ärztlichen Ausbildung)
kli|nisch; klinisch tot sein
Klin|ke, die; -, -n; **klin|ken**
Klin|ken|put|zer (*ugs. für* Vertreter; Bettler)
Klin|ker, der; -s, - (bes. hart gebrannter Ziegel)
Klin|ker|bau *Plur.* ...bauten
Klin|ker|boot (mit ziegelartig übereinander greifenden Planken)
Klin|ker|stein
Kli|no|chlor, das; -s, *Plur. (Sorten:)* -e ‹griech.› (ein Mineral)
Kli|no|me|ter, das; -s, - (Neigungsmesser)
Kli|no|mo|bil, das; -s, -e ‹griech.; lat.› (Notarztwagen mit klinischer Ausrüstung)
Kli|no|s|tat, der; *Gen.* -[e]s *u.* -en, *Plur.* -e[n] (Apparatur für Pflanzenversuche)
Klin|se, Klin|ze, Klun|se, die; -, -n (*landsch. für* Ritze, Spalte)
Klio (Muse der Geschichte)
klipp, klapp!
Klipp, der; -s, -s ‹engl.› (Klemme; Schmuckstück [am Ohr])

K

klipp!; klipp, klapp!; klipp u. klar (*ugs. für* ganz deutlich, unmissverständlich)
Klip|pe, die; -, -n
klip|pen (*landsch. für* hell tönen)
Klip|pen|rand; klip|pen|reich
Klip|per, der; -s, - ‹engl.› (*früher* schnelles Segelschiff); *vgl. aber* Clipper
Klipp|fisch (luftgetrockneter Kabeljau od. Schellfisch)
Klipp|kram (*veraltet für* Trödel-, Kleinkram)
Klipp|schlie|fer (einem Murmeltier ähnliches afrikan. Säugetier)
Klipp|schul|le (*landsch. u. abwertend für* Elementarschule)
Klips, der; -es, -e ‹engl.› (*svw.* Klipp [Schmuckstück])
klirr!; klir|ren; Klirr|fak|tor
Kli|schee, das; -s, -s ‹franz.› (Druckstock; Abklatsch; eingefahrene Vorstellung)
kli|schee|haft; Kli|schee|vor|stel|lung
Kli|schee|wort *Plur.* ...wörter
kli|schie|ren (ein Klischee anfertigen)
Kli|scho|graph, *auch* Kli|scho|graf, der; -en, -en ‹franz.; griech.› (eine elektr. Graviermaschine)
Klis|tier [*alte Trennung* ...k|k...], das; -s, -e ‹griech.› (Einlauf); **klis|tie|ren** (einen Einlauf geben); **Klis|tier|sprit|ze**
Kli|to|ris, die; -, *Plur.* - *u.* ...orides ‹griech.› (*Med.* Teil der weibl. Geschlechtsorgane)
klitsch!; klitsch, klatsch!; **Klitsch**, der; -[e]s, -e (*mitteld. für* Schlag; breiige Masse)
Klit|sche, die; -, -n (*ugs. für* [ärmliches] Landgut)
klit|schen (*landsch.*)
klit|sche|nass [*alte Schreibung* ...naß] *vgl.* klitschnass
klit|schig (*landsch. für* feucht und klebrig; unausgebacken)
klitsch, klatsch!
klitsch|nass, klit|sche|nass [*alte Schreibung* ...naß] (*ugs.*)
klit|tern (*abwertend für* zerstückeln; *landsch. für* zerkleinern, schmieren); ich klittere
Klit|te|rung
klit|ze|klein (*ugs. für* sehr klein)
Klit|zing|ef|fekt, *auch* **Klit|zing-Ef|fekt**, der; -[e]s ‹nach dem dt. Physiker Klaus von Klitzing› (ein physikal. Effekt)
Kli|vie *vgl.* Clivia
KLM (Königliche Niederländische Luftfahrtgesellschaft)
Klo, das; -s, -s (*ugs. für* Klosett)
Klo|a|ke, die; -, -n ‹lat.› ([unterirdischer] Abwasserkanal; Senkgrube; *Zool.* gemeinsamer Ausgang für Darm-, Harn- u. Geschlechtswege); **Klo|a|ken|tier**
Klo|bas|se, Klo|bas|si, die; -, ...sen ‹slaw.› (*österr.* eine Wurstsorte)
Klo|ben, der; -s, - (Eisenhaken; gespaltenes Holzstück; *auch für* ungehobelter Mensch)
Klö|ben, der; -s, - (*nordd.* ein Hefegebäck)
klo|big
Klo|frau ‹*zu* Klo› (*ugs.*)
Klon, der; -s, -e ‹engl.› (durch Klonen entstandenes Lebewesen)
Klon|dike [...daik], der; -[s] (Fluss in Kanada)
klo|nen ‹engl.› (durch ungeschlechtliche Vermehrung genetisch identische Kopien von Lebewesen herstellen)
klö|nen (*nordd. für* gemütlich plaudern; schwatzen)
klo|nie|ren *vgl.* klonen
klo|nisch ‹griech.› (*Med.* krampfartig); **Klo|nus**, der; -, ...ni (*Med.* krampfartige Zuckungen)
Kloot, der; -[e]s, -en (*nordd. für* Kloß, Kugel); **Kloot|schie|ßen**, das; -s (fries. Eis- od. Rasenspiel [Boßeln])
Klo|pein (Ort in Kärnten); **Klo|pei|ner See**, der; - -s
Klöp|fel, der; -s, - (*veraltet für* Klöppel)
klop|fen; Klop|fer
klopf|fest; klopffestes Benzin
Klopf|fes|tig|keit [*alte Trennung* ...|st...], die; -
Klopf|peit|sche; Klopf|zei|chen
Klop|pe, die; - (*nordd., mitteld. für* [2]Prügel); Kloppe kriegen
Klöp|pel, der; -s, -
Klöp|pe|lei
Klöp|pel|kis|sen
Klöp|pel|ma|schi|ne
klöp|peln; ich klöpp[e]le
Klöp|pel|spit|ze
klop|pen (*nordd., mitteld. für* klopfen, schlagen); sich kloppen; **Klop|pe|rei** (*nordd., mitteld. für* Klopfen; Schlägerei)
Klöpp|le|rin
Klops, der; -es, -e (Fleischkloß)
Klop|stock (dt. Dichter)
klop|sto|ckisch, klop|stocksch; klopstock[i]sche, *auch* Klop|stock'sche Verse (nach der Art Klopstocks); eine klop|stock[i]sche, Klopstock'sche [*alte Schreibung* Klopstock[i]sche] Ode (von Klopstock)
Klo|sett, das; -s, *Plur.* -s, *auch* -e ‹engl.›
Klo|sett|bril|le; Klo|sett|bürs|te [*alte Trennung* ...|st...]; **Klo|sett|de|ckel** [*alte Trennung* ...k|k...]
Klo|sett|pa|pier; Klo|sett|schüs|sel
Kloß, der; -es, Klöße; **Kloß|brü|he**
Klöß|chen, Klöß|lein
Klos|ter [*alte Trennung* ...|st...], das; -s, Klöster
Klos|ter|bi|b|li|o|thek [*alte Trennung* ...|st...]; **Klos|ter|bru|der; Klos|ter|frau; Klos|ter|gar|ten; Klos|ter|gut; Klos|ter|kir|che**
klös|ter|lich [*alte Trennung* ...|st...]
Klos|ter|pfor|te [*alte Trennung* ...|st...]; **Klos|ter|re|gel**
Klos|ters [*alte Trennung* ...|st...] (Kurort in Graubünden)
Klos|ter|schul|le [*alte Trennung* ...|st...]
Klö|ten *Plur.* (*nordd. für* Hoden)
Klot|hil|de (w. Vorn.); *vgl.* Chlothilde
Klo|tho ‹griech.› (eine der drei Parzen)
Klotz, der; -es, *Plur.* Klötze, *ugs.* Klötzer (*nur Sing. schweiz. ugs. auch für* Geld); **Klotz|beu|te** (eine Art Bienenstock); **Klötz|chen**
[1]**klot|zen** (*Textiltechnik* färben [auf der Klotzmaschine])
[2]**klot|zen**; klotzen, nicht kleckern (*ugs. für* ordentlich zupacken, statt sich mit Kleinigkeiten abzugeben)
klot|zig (*ugs. auch für* sehr viel)
Klub, *auch* Club, der; -s, -s ‹engl.› ([geschlossene] Vereinigung, auch deren Räume; *österr. auch für* Fraktion)
Klub|gar|ni|tur, *auch* Club|gar|ni|tur (Gruppe von [gepolsterten] Sitzmöbeln)
Klub|haus, *auch* Club|haus
Klub|ja|cke, *auch* Club|ja|cke [*alte Trennung* ...k|k...]
Klub|mit|glied, *auch* Club|mit|glied; **Klub|ses|sel**, *auch* Club|ses|sel
Klub|zwang, *auch* Club|zwang (*österr. für* Fraktionszwang)
[1]**Kluft**, die; -, -en ‹hebr.-jidd.› (*ugs. für* [alte] Kleidung; Uniform)
[2]**Kluft**, die; -, Klüfte (Spalte); **kluf|tig** (*selten*); **klüf|tig** (*Bergbau, sonst veraltet für* zerklüftet)

klug

klüger, klügs|te

Großschreibung der Substantivierung ↑K 72:
- der/die Klügere gibt nach
- es ist das Klügs|te [*alte Schreibung* das klüg|ste][,] nachzugeben

Kleinschreibung:
- es ist am klügs|ten[,] nachzugeben

Schreibung in Verbindung mit Verben ↑K 49 *u.* 56:
- klug sein; klug werden
- sie können sehr klug reden (verständig reden)

Vgl. aber klugreden; klugscheißen

Klü|ge|lei; klü|geln; ich klüg[e]le
klu|ger|wei|se, *aber* in kluger Weise
Klug|heit
Klüg|ler; klüg|lich *(veraltet)*
klug|re|den (alles besser wissen wollen); weil er dauernd klugredet; **Klug|red|ner**
klug|schei|ßen (*derb für* klugreden); **Klug|schei|ßer** *(derb)*
Klug|schna|cker [*alte Trennung* ...k|k...] (*nordd. für* Besserwisser); **Klug|schwät|zer**
Klump, der; -s, *Plur.* -e *u.* Klümpe (*nordd. für* Klumpen)
Klum|patsch, der; -es (*ugs. für* [ungeordneter, wertloser] Haufen)
Klümp|chen
klum|pen; der Pudding klumpt
Klum|pen, der; -s, -
klüm|pe|rig, klümp|rig *(landsch.);* klümp[e]riger Pudding
Klump|fuß; klump|fü|ßig
klum|pig; Klümp|lein; klümp|rig *vgl.* klümperig
Klün|gel, der; -s, - (*abwertend* Gruppe, die Vetternwirtschaft betreibt; Sippschaft, Clique); **Klün|ge|lei** (Vettern-, Parteiwirtschaft); **klün|geln;** ich klüng[e]le
Klu|ni|a|zen|ser, der; -s, - ⟨nach dem ostfranz. Kloster Cluny⟩ (Anhänger einer mittelalterl. kirchl. Reformbewegung); **klu|ni|a|zen|sisch**
Klun|ker, die; -, -n *od.* der; -s, - (*landsch. für* Quaste, Troddel; Klümpchen; *ugs. für* Schmuckstein, Juwel); **klun|ke|rig, klunk|rig** (*landsch. für* mit Klunkern)
Klun|se *vgl.* Klinse
Klunt|je, das; -s, -s (*nordd. für* weißes Kandiszuckerstück)
Klup|pe, die; -, -n (zangenartiges Messgerät; *österr. ugs. für* Wäscheklammer); **klup|pen** (*veraltet für* einzwängen); **Klup|perl,** das; -s, - (*bayr. für* Wäscheklammer; *scherzh. für* Finger)
Klus, die; -, -en ⟨lat.⟩ (*schweiz. für* Kluse); **Klu|se,** die; -, -n (schluchtartiges Quertal)
Klü|se, die; -, -n ⟨niederl.⟩ (*Seemannsspr.* Öffnung im Schiffsbug für die Ankerkette)
Klu|sil, der; -s, -e ⟨lat.⟩ (*Sprachw.* Verschlusslaut, z. B. p, t, d, g)
Klü|ten *Plur.* (*nordd. für* Klumpen)
Klü|ver [...v...], der; -s, - ⟨niederl.⟩ (*Seemannsspr.* dreieckiges Vorsegel); **Klü|ver|baum**
Klys|ma, das; -s, ...men ⟨griech.⟩ (*Med.* Klistier)
Klys|t|ron [*alte Trennung* ...|st...], das; -s, *Plur.* ...one, *auch* -s ⟨griech.⟩ (Elektronenröhre zur Erzeugung und Verstärkung von Mikrowellen)
Kly|tä|m|nes|t|ra [*alte Trennung* ...|st...] (Gattin Agamemnons)
km = Kilometer
km² = Quadratkilometer
km³ = Kubikkilometer
k. M. = künftigen Monats
km/h = Kilometer je Stunde
km-Zahl ↑K 28
kn = Knoten *(Seew.)*
kN = Kilonewton
knab|bern; ich knabbere; *vgl. auch* knappern, knuppern
Knab|ber|zeug *(ugs.)*
Kna|be, der; -n, -n; **Kna|ben|al|ter,** das; -s
kna|ben|haft; Kna|ben|haf|tig|keit
Kna|ben|kraut (eine zu den Orchideen gehörende Pflanze)
Knäb|lein
knack!; Knack, der; -[e]s, -e (kurzer, harter, heller Ton)
Knack|arsch *(ugs.)*
Knä|cke|brot [*alte Trennung* ...k|k...]
kna|cken [*alte Trennung* ...k|k...]
Kna|cker [*alte Trennung* ...k|k...] (*ugs. abwertend für* Mann; *landsch. für* Knackwurst); alter Knacker
knack|frisch
Kna|cki [*alte Trennung* ...k|k...], der; -s, -s (*ugs. für* Vorbestrafter; Gefängnisinsasse)
kna|ckig [*alte Trennung* ...k|k...]; etwas ist knackig frisch
Knack|laut; Knack|man|del
Knack|punkt (*ugs. für* entscheidender, problematischer Punkt)
knacks!; knicks, knacks!
Knacks, der; -es, -e (*svw.* Knack; *ugs. auch für* Riss, Schaden)
knack|sen (knacken); du knackst
Knack|wurst
Knag|ge, die; -, -n *u.* **Knag|gen,** der; -s, - (*nordd. für* dreieckige Stütze, Leiste; Winkelstück)
Knäk|en|te (eine Wildente)
Knall, der; -[e]s, -e; Knall und Fall (*ugs. für* unerwartet, sofort)
Knall|bon|bon
knall|bunt
Knall|ef|fekt (*ugs. für* große Überraschung)
knal|len
Knall|erb|se
Knal|le|rei
Knall|frosch; Knall|gas
knall|hart (*ugs. für* sehr hart)
knal|lig (*ugs. für* grell; sehr, überaus); die knalligs|ten Farben
Knall|kopp, der; -s, ...köppe (*ugs. Schimpfwort* verrückter Kerl)
Knall|kör|per
knall|rot
knapp; knapps|te; ↑K 49 *u.* 56: knapp sein, werden, schneiden usw.; ein knapp sitzender Anzug; eine [sehr] knapp gehaltene Beschreibung; du darfst den Jungen nicht zu knapp halten [*alte Schreibung* knapphalten] *(ugs.)*
Knap|pe, der; -n, -n (Bergmann; *früher* noch nicht zum Ritter geschlagener jüngerer Adliger)
knap|pern (*landsch. für* knabbern); ich knappere
knapp hal|ten [*alte Schreibung* knapp|hal|ten] *vgl.* knapp
Knapp|heit, die; -
Knapp|sack (*veraltet für* Reisetasche, Brotsack)
Knapp|schaft (Gesamtheit der Bergarbeiter eines Bergwerks od. Reviers); **knapp|schaft|lich**
Knapp|schafts|kas|se; Knapp|schafts|ren|te; Knapp|schafts|ver|ein; Knapp|schafts|ver|si|che|rung
knaps!; knips, knaps!
knap|sen (*ugs. für* geizen; eingeschränkt leben); du knapst
Knar|re, die; -, -n (*ugs. für* Gewehr)
knar|ren
[1]**Knast,** der; -[e]s, Knäste (*landsch. für* Knorren; Brotkanten)

[2]Knast, der; -[e]s, *Plur.* Knäste, *auch* -e ⟨jidd.⟩ (*ugs. für* Gefängnis; *nur Sing.:* Freiheitsstrafe)
[1]Knas|ter [*alte Trennung* ...|st...], der; -s, - ⟨niederl.⟩ (*ugs. für* [schlechter] Tabak)
[2]Knas|ter, Knas|te|rer [*alte Trennung* ...|st...], Knast|rer (*landsch. für* verdrießlicher, mürrischer [alter] Mann); **Knas|ter|bart** (*svw.* [2]Knaster); **Knas|te|rer** *vgl.* [2]Knaster
knas|tern [*alte Trennung* ...|st...] (*landsch. für* verdrießlich brummen); ich knastere
Knast|rer *vgl.* [2]Knaster
Knatsch, der; -[e]s (*landsch. für* Ärger, Streit); **knat|schen** (*landsch. für* nörgeln, mit weinerl. Stimme reden); **knat|schig**
knat|tern; ich knattere
Knäu|el, der *od.* das; -s, -
Knäu|el|gras, Knaul|gras
knäu|eln *(selten); vgl.* knäulen
Knauf, der; -[e]s, Knäufe
Knäuf|chen, Knäuf|lein
Knaul, der *od.* das; -s, *Plur.* -e *u.* Knäule (*landsch. für* Knäuel)
Knäul|chen; knäu|len (*ugs. für* zusammendrücken)
Knaul|gras *vgl.* Knäuelgras
Knau|pe|lei *(landsch.);* **knau|pe|lig,** knaup|lig (*landsch. für* knifflig)
Knau|pel|kno|chen *(landsch.)*
knau|peln (*landsch. für* benagen; abknabbern; sich abmühen; schwer an etwas tragen); ich knaup[e]le
knaup|lig *vgl.* knaupelig
Knau|ser *(ugs.);* **Knau|se|rei** *(ugs.)*
knau|se|rig, knaus|rig *(ugs.)*
Knau|se|rig|keit, Knaus|rig|keit
knau|sern (*ugs. für* übertrieben sparsam sein); ich knausere
Knaus-Ogi|no-Me|tho|de, die; - ⟨nach den Gynäkologen H. Knaus (Österreich) u. K. Ogino (Japan)⟩ (Methode zur Bestimmung der fruchtbaren Tage des weibl. Zyklus)
knaus|rig usw. *vgl.* knauserig usw.
Knau|tie, die; -, -n ⟨nach dem dt. Botaniker Chr. Knaut⟩ (eine Feld- u. Wiesenblume)
knaut|schen (knittern; *landsch. für* schmatzend essen; verhalten weinen); du knautschst
knaut|schig
Knautsch|lack
Knautsch|zo|ne *(Kfz-Technik)*
Kne|bel, der; -s, -; **Kne|bel|bart**
kne|beln; ich kneb[e]le
Kne|bel|lung, Kneb|lung
Knecht, der; -[e]s, -e
knech|ten; knech|tisch
Knecht Ru|p|recht, der; - -[e]s, - -e
Knecht|schaft, die; -; **Knechts|ge|stalt** *(veraltet);* **Knech|tung**
Kneif, der; -[e]s, -e ([Schuster]messer); *vgl.* Kneip
knei|fen; du kniffst; du kniffest; gekniffen; kneif[e]!; er kneift ihn (*auch* ihm) in den Arm
Knei|fer (*nordd. für* Klemmer, Zwicker)
Kneif|zan|ge
Kneip, der; -[e]s, -e (*Nebenform von* Kneif)
Knei|pe, die; -, -n (*ugs. für* [einfaches] Lokal mit Alkoholausschank)
[1]knei|pen (*landsch. für* kneifen); ich kneipte (*auch* knipp); gekneipt (*auch* geknippen)
[2]knei|pen (*ugs. für* sich in Kneipen aufhalten; trinken); ich kneipte; gekneipt
Knei|pen|wirt; Knei|pe|rei *(ugs.)*
Knei|pi|er [...ˈpi̯e:], der; -s, -s (Kneipenwirt)
Kneipp (dt. kath. Geistlicher u. Heilkundiger; ® ein von ihm entwickeltes Wasserheilverfahren); **kneip|pen** (eine Wasserkur nach Kneipp machen); **Kneipp|kur** ↑K 136
Kneip|zan|ge (*landsch. für* Kneifzange)
Knes|set[h], die; - ⟨hebr., »Versammlung«⟩ (israel. Parlament)
knet|bar
Kne|te, die; - (*ugs. für* Knetmasse; *auch für* Geld)
kne|ten
Knet|gum|mi, der *od.* das; -s, -s (Knetmasse); **Knet|ma|schi|ne; Knet|mas|sa|ge; Knet|mas|se; Knet|mes|ser,** das
knib|beln (*mitteld. für* sich mit den Fingern an etwas zu schaffen machen); ich knibb[e]le
Knick, der; -[e]s, *Plur.* (*für* Hecke:) -e *u.* -s (scharfer Falz, scharfe Krümmung, Bruch; *nordd. auch für* Hecke als Einfriedung)
Kni|cke|bein [*alte Trennung* ...k|k...], der; -s (Eierlikör [als Füllung in Pralinen u. Ä.])
Knick|ei (angeschlagenes Ei)
kni|cken [*alte Trennung* ...k|k...]
[1]Kni|cker [*alte Trennung* ...k|k...] (Jagdmesser; *ugs. für* Geizhals)
[2]Kni|cker [*alte Trennung* ...k|k...], der; -s, - (*nordd. für* Murmel)
Kni|cker|bo|cker, *engl.* **Kni|cker|bo|ckers** [ˈnɪ...; *alte Trennung* ...k|k...] *Plur.* (halblange Pumphose)
Kni|cke|rei [*alte Trennung* ...k|k...] *(ugs.)*
kni|cke|rig [*alte Trennung* ...k|k...], knick|rig *(ugs.);* **Kni|cke|rig|keit,** Knick|rig|keit, die; - *(ugs.)*
kni|ckern [*alte Trennung* ...k|k...] (*ugs. für* geizig sein); ich knickere
knick|rig usw. *vgl.* knickerig usw.
knicks!; knicks, knacks!
Knicks, der; -es, -e; **knick|sen;** du knickst
Kni|ckung [*alte Trennung* ...k|k...]
Knie, das; -s, - [ˈkni:ə, *auch* kni:]; auf den Knien liegen; auf die Knie!; **Knie|beu|ge**
Knie|bis, der; - (Erhebung im nördl. Schwarzwald)
Knie|bre|che, die; - (mitteld. Name steiler Höhenwege)
Knie|bund; Knie|bund|ho|se
Knie|fall, der; **knie|fäl|lig**
knie|frei
Knie|gei|ge (*für* Gambe)
Knie|ge|lenk; Knie|ge|lenk|ent|zün|dung
knie|hoch; der Schnee liegt kniehoch
Knie|holz, das; -es (niedrige Bergkiefern); **Knie|ho|se; Knie|keh|le**
knie|lang; knie|lings (*selten für* kniend)
kni|en [kni:n, *auch* ˈkni:ən]; ich knie [ˈkni:ə, *auch* kni:]; du kniетest; kniend; gekniet; knie! [ˈkni:ə, *auch* kni:]
Kniep|au|gen (*landsch. für* kleine, lebhafte Augen)
Knies, der; -es (*landsch. für* Dreck; Streit)
Knie|schei|be; Knie|scho|ner; Knie|schüt|zer; Knie|strumpf
knie|tief
kniet|schen, knit|schen (*landsch. für* zerdrücken; weinerlich sein); du kni[e]tschst
Kniff, der; -[e]s, -e; **Knif|fe|lei** (knifflige Arbeit); **knif|fe|lig,** kniff|lig; **Knif|fe|lig|keit,** Kniff|lig|keit; **knif|fen;** geknifft
kniff|lig usw. *vgl.* kniffelig usw.
Knig|ge, der; -[s], - ⟨nach Adolph Freiherr von Knigge⟩ (Buch über Umgangsformen)
Knilch, Knülch, der; -s, -e (*ugs. für* unangenehmer Mensch)
knil|le *vgl.* knülle
knips!; knips, knaps!

K

Knips, der; -es, -e
knip|sen *(ugs.);* du knipst
Knip|ser *(ugs.);* **knips, knaps!**
Knirps, der; -es, -e (kleiner Junge od. Mann; ® ein zusammenschiebbarer Regenschirm)
knir|schen; du knirschst
knis| tern [*alte Trennung* ...|st...]; ich knistere
knit|schen *vgl.* knietschen
Knit|tel, der; -s, -; *vgl.* Knüttel
Knit|tel|vers (vierhebiger, unregelmäßiger Reimvers)
Knit|ter, der; -s, -
knit|ter|arm
Knit|ter|fal|te
knit|ter|fest; knit|ter|frei
knit|te|rig, knitt|rig; **knit|tern;** ich knittere; **knitt|rig** *vgl.* knitterig
Kno|bel, der; -s, - (*landsch. für* [Finger]knöchel; Würfel)
Kno|bel|be|cher (*scherzh. auch für* Militärstiefel)
kno|beln ([aus]losen; würfeln; lange nachdenken); ich knob[e]le
Knob|lauch ['kno:p..., *auch* 'knɔp...], der; -[e]s
Knob|lauch|but|ter; Knob|lauch|pil|le; Knob|lauch|salz; Knob|lauch|wurst; Knob|lauch|ze|he; Knob|lauch|zwie|bel
Knö|chel, der; -s, -; **Knö|chel|chen**
knö|chel|lang; knö|chel|tief
Kno|chen, der; -s, -
Kno|chen|bau, der; -[e]s; **Kno|chen|bruch,** der; **Kno|chen|er|wei|chung; Kno|chen|fraß,** der; -es **Kno|chen|ge|rüst** (*ugs. auch für* magerer Mensch)
kno|chen|hart (sehr hart)
Kno|chen|hau|er (*nordd. veraltet für* Fleischer)
Kno|chen|haut; Kno|chen|haut|ent|zün|dung
Kno|chen|mann, der; -[e]s (*volkstüml. für* Tod als Gerippe)
Kno|chen|mark; Kno|chen|mehl
Kno|chen|müh|le (altes, ungefedertes Fahrzeug; Unternehmen, in dem strapaziöse Arbeit geleistet werden muss)
Kno|chen|na|ge|lung *(Med.);* **Kno|chen|schwund; Kno|chen|split|ter**
kno|chen|tro| cken [*alte Trennung* ...k|k...] (*ugs. für* sehr trocken)
knö|che|rig, knöch|rig (aus Knochen; knochenartig); **knö|chern** (aus Knochen)
kno|chig (mit starken Knochen)
Kno|chig|keit, die; -
knöch|rig *vgl.* knöcherig
knock-out, *auch* **knock|out** [nɔk'aut] ⟨engl.⟩ (beim Boxkampf niedergeschlagen, kampfunfähig; *Abk.* k. o. [ka:'o:]); jmdn. k. o. schlagen; **Knock-out,** *auch* **Knock|out,** der; -[s], -s (Niederschlag; *übertr. für* völlige Vernichtung; *Abk.* K. o.); **Knock-out-Schlag,** *auch* **Knock|out|schlag** (*Abk.* K.-o.-Schlag)
Knö|del, der; -s, - (*südd., österr. für* Kloß)
Kno|fel, der; -s *(landsch.) u.* **Kno|fi,** der; -s (*ugs. für* Knoblauch)
Knöll|chen
Knol|le, die; -, -n, *landsch.* **Knol|len,** der; -s, -
Knol|len|blät|ter|pilz (ein Giftpilz)
Knol|len|fäu|le (Krankheit der Kartoffel)
knol|len|för|mig
Knol|len|frucht; Knol|len|na|se
knol|lig
Knopf, der; -[e]s, Knöpfe (*österr. ugs. auch für* Knoten)
Knopf|au|ge *meist Plur.*
Knöpf|chen
Knopf|druck; ein Knopfdruck genügt
knöp|fen; Knöpf|lein
Knöpf|li *Plur.* (*schweiz.* [eine Art] Spätzle)
Knopf|loch; Knopf|loch|sei|de
Knop|per, die; -, -n (Gallapfel, z. B. an grünen Eichelkelchen)
knö|ren (*Jägerspr.* leise röhren [vom Hirsch])
knor|ke (*berlin. veraltet für* fein, tadellos)
Knor|pel, der; -s, -; **knor|pe|lig, knorp|lig**
Knorr-Brem|se ® ⟨nach dem dt. Ingenieur G. Knorr⟩ ↑K 136
Knor|ren, der; -s, - (*landsch. für* Knoten); **knor|rig**
Knorz, der; -es, -e (*südd., landsch. für* Knorren); **Knor|zer** ⟨*zu* knorzen⟩ (*landsch. auch für* kleiner Kerl); **knor|zig**
Knösp|chen
Knos|pe, die; -, -n; **knos|pen;** geknospt; **knos|pig**
Knösp|lein; Knos|pung
Knos|sos (altkret. Stadt)
Knöt|chen
knö|teln (kleine Knoten sticken); ich knöt[e]le
kno|ten; geknotet
Kno|ten, der; -s, - (*auch* Marke an der Logleine, Seemeile je Stunde [*Zeichen* kn])
kno|ten|för|mig
Kno|ten|punkt; Kno|ten|stock
Knö|te|rich, der; -s, -e (eine Pflanze)
kno|tig
Knot|ten|erz (Buntsandstein mit eingesprengtem Bleiglanz)
Know-how [no:'hau, *auch* 'no:...], das; -[s] ⟨engl.⟩ (Wissen, wie man eine Sache praktisch verwirklicht od. anwendet)
Know-how-Trans|fer ↑K 26
Knub|be, die; -, -n *u.* **Knub|ben,** der; -s, - (*nordd. für* Knorren; Knospe; Geschwulst)
knub|beln, sich (*landsch. für* sich drängen); ich knubb[e]le mich
knud|de|lig
knud|deln (*landsch. für* umarmen [u. küssen]; zerknüllen); ich knudd[e]le; **knud|de|lig**
Knuff, der; -[e]s, Knüffe (*ugs. für* Puff, Stoß); **knuf|fen** *(ugs.)*
Knülch *vgl.* Knilch
knüll, knül|le (*ugs. für* betrunken; *landsch. für* erschöpft)
knül|len (zerknittern)
Knül|ler (*ugs. für* Sensation)
Knüpf|ar|beit
knüp|fen
Knüpf|tep|pich; Knüp|fung
Knüpf|werk
Knüp|pel, der; -s, -
Knüp|pel|aus|dem|sack [*auch* ...'zak], der; -; Knüppelausdemsack spielen (*scherzh.* prügeln)
Knüp|pel|damm
knüp|pel|dick (*ugs. für* sehr schlimm)
knüp|peln (mit einem Knüppel schlagen; *ugs. auch für* gehäuft auftreten); ich knüpp[e]le
Knüp|pel|schal|tung
knup|pern (*landsch. für* knabbern); ich knuppere
knur|ren
Knurr|hahn (ein Fisch; *ugs. für* mürrischer Mensch)
knur|rig; ein knurriger Mensch; **Knur|rig|keit,** die; -
Knurr|laut
knü|se|lig (*landsch. für* unsauber)
Knus|per|chen (Gebäck)
Knus|per|flo| cken [*alte Trennung* ...k|k...] *Plur.*
Knus|per|häus|chen
knus|pe|rig *vgl.* knusprig
knus|pern; ich knuspere; **knusp|rig,** knus|pe|rig; am knusp[e]rigs| ten
Knust, der; -[e]s, *Plur.* -e *u.* Knüste (*nordd. für* Endstück des Brotes)
Knut (m. Vorn.)
Knu|te, die; -, -n ⟨germ.-russ.⟩

(Lederpeitsche); unter jmds. Knute (von jmdm. unterdrückt); **knu|ten** (knechten)

knut|schen *(ugs. für* heftig liebkosen); du knutschst

Knut|sche|rei *(ugs.)*

Knutsch|fleck *(ugs.)*

Knüt|tel, der; -s, -

Knüt|tel|vers *vgl.* Knittelvers

kΩ = Kiloohm

k.o. = knock-out *(vgl. d.);* k.o. schlagen; **K.o.** = Knock-out *(vgl. d.);* K.-o.-Schlag, K.-o.-Niederlage

Ko|ad|ju|tor, der; -s, ...oren ‹lat.› (Amtsgehilfe eines kath. Geistlichen, bes. eines Bischofs)

Ko|a|gu|lat, das; -[e]s, -e ‹lat.› *(Chemie* aus kolloidaler Lösung ausgeflockter Stoff)

Ko|a|gu|la|ti|on, die; -, -en (Ausflockung); **ko|a|gu|lie|ren**

Ko|a|gu|lum, das; -s, ...la *(Med.* Blutgerinnsel)

Ko|a|la, der; -s, -s ‹austral.› (kleiner Beutelbär); **Ko|a|la|bär**

ko|a|lie|ren, ko|a|li|sie|ren ‹franz.› (verbinden; sich verbünden)

Ko|a|li|ti|on, die; -, -en (Vereinigung, Bündnis; Zusammenschluss [von Staaten]); kleine, große Koalition

Ko|a|li|ti|o|när, der; -s, -e *meist Plur.* (Koalitionspartner)

Ko|a|li|ti|ons|frei|heit; Ko|a|li|ti|ons|krieg; Ko|a|li|ti|ons|par|tei

Ko|a|li|ti|ons|part|ner; Ko|a|li|ti|ons|recht; Ko|a|li|ti|ons|re|gie|rung

Ko|au|tor, *auch* Kon|au|tor ‹lat.› (Mitverfasser)

ko|a|xi|al ‹lat.› (mit gleicher Achse); **Ko|a|xi|al|ka|bel** *(Technik)*

Ko|balt, *fachspr.* Co|balt, das; -s ‹*nach* Kobold *gebildet*› (chemisches Element, Metall; *Zeichen* Co); **ko|balt|blau**

Ko|balt|bom|be; Ko|balt|ka|no|ne *(Med.* ein Bestrahlungsgerät); **Ko|balt|ver|bin|dung**

Ko|bel, der; -s, - (Nest des Eichhörnchens; *südd., österr. für* Verschlag, Koben)

Ko|ben, der; -s, - (Verschlag; Käfig; Stall)

Kø|ben|havn [kø:bn̩ˈhau̯n] *(dän. Form von* Kopenhagen)

Ko|ber, der; -s, - *(landsch. für* Korb [für Esswaren])

Ko|b|lenz (Stadt an der Mündung der Mosel); **Ko|b|len|zer; ko|b|len|zisch**

Ko|bold, der; -[e]s, -e (neckischer Geist); **ko|bold|haft**

Ko|bolz, der; *nur noch in* Kobolz schießen (Purzelbaum schlagen); **ko|bol|zen;** kobolzt

Ko|b|ra, die; -, -s ‹port.› (Brillenschlange)

[1]**Koch,** der; -[e]s, Köche

[2]**Koch,** das; -s *(bayr., österr.* Brei)

Koch|beu|tel; Koch|buch

koch|echt

kö|cheln (leicht kochen); die Soße köchelt; ich köch[e]le

Kö|chel|ver|zeich|nis, das; -ses ‹nach dem Musikgelehrten Ludwig von Köchel› (Verzeichnis der Werke Mozarts; *Abk.* KV) ↑K 136

ko|chen; kochend heißes *[alte Schreibung* kochendheißes] Wasser; das Wasser ist kochend heiß

[1]**Ko|cher,** der; -s, - (Kochgerät)

[2]**Ko|cher,** der; -s (r. Nebenfluss des Neckars)

Kö|cher, der; -s, - (Behälter für Pfeile)

Ko|che|rei, die; -

Koch|feld

koch|fer|tig; koch|fest

Koch|ge|le|gen|heit; Koch|ge|schirr

Kö|chin

Koch|kä|se; Koch|kunst; Koch|kurs

Koch|löf|fel; Koch|müt|ze

Koch|ni|sche; Koch|plat|te

Koch|re|zept

Koch|salz, das; -es; **koch|salz|arm**

Koch|topf; Koch|wä|sche, die; -

Koch|zeit

Ko|da, *auch* Co|da, die; -, -s ‹ital.› *(Musik* Schlussteil eines Satzes)

Ko|dak® (fotograf. Erzeugnisse)

Ko|dály [...dai], Zoltán [ˈzɔlta:n] (ung. Komponist)

kod|de|rig, kodd|rig *(landsch. für* schlecht; unverschämt, frech; übel); **Kod|der|schnau|ze**

kodd|rig *vgl.* kodderig

Kode, *fachspr.* Code [*beide* ko:t], der; -s, -s ‹franz.-engl.› (System verabredeter Zeichen; Schlüssel zum Dechiffrieren)

Ko|de|in, *auch* Co|de|in, das; -s ‹griech.› (ein Beruhigungsmittel)

Kö|der, der; -s, - (Lockmittel); **Kö|der|fisch; kö|dern;** ich ködere

Ko|dex, der; *Gen.* -es *u.* -, *Plur.* -e *u.* ...dizes, *auch* Co|dex, der; -, ...dices ‹lat.› (Handschriftensammlung; Gesetzbuch; ungeschriebene Verhaltensregeln)

ko|die|ren, *fachspr.* co|die|ren (durch einen Kode verschlüsseln); **Ko|die|rung,** *fachspr.* Co|die|rung

Ko|di|fi|ka|ti|on, die; -, -en (zusammenfassende Regelung eines größeren Rechtsgebietes; Gesetzessammlung)

ko|di|fi|zie|ren; Ko|di|fi|zie|rung (Kodifikation)

Ko|di|zill, das; -s, -e *(Rechtsw.* letztwillige Verfügung; Zusatz zum Testament)

Ko|e|du|ka|ti|on *[auch* ...ˈtsi̯o:n], die; - ‹engl.› (Gemeinschaftserziehung beider Geschlechter)

Ko|ef|fi|zi|ent, der; -en, -en ‹lat.› *(Math.* Multiplikator der veränderl. Größe[n] einer Funktion; *Physik* kennzeichnende Größe)

Ko|er|zi|tiv|feld|stär|ke, die; - ‹lat.; dt.› *(Physik)*

ko|e|xis|tent *[auch* ...ˈtɛnt; *alte Trennung* ...|st...]; **Ko|e|xis|tenz** *[auch* ...ˈtɛnts], die; - ‹lat.› (gleichzeitiges Vorhandensein unterschiedlicher Dinge); friedliche Koexistenz *(Politik)*

ko|e|xis|tie|ren *[auch* ...ˈti:...; *alte Trennung* ...|st...]

Ko|fel, der; -s, - *(bayr. u. westösterr. für* Bergkuppe)

Ko|fen, der; -s, - *(nordd. für* Koben)

Kof|fe|in, Cof|fe|in, das; -s ‹arab.› (Wirkstoff von Kaffee u. Tee)

kof|fe|in|frei; kof|fe|in|hal|tig

Kof|fer, der; -s, - ‹franz.›; **Kof|fer|an|hän|ger; Köf|fer|chen**

Kof|fer|de|ckel *[alte Trennung* ...k|k...]; **Kof|fer|ge|rät; Kof|fer|ku|li** (Transportwagen auf Bahnhöfen, Flughäfen usw.)

Kof|fer|ra|dio; Kof|fer|raum; Kof|fer|schloss *[alte Schreibung* ...schloß]; **Kof|fer|schlüs|sel**

Kof|fer|schreib|ma|schi|ne

Kog *vgl.* Koog

[1]**Ko|gel,** der; -s, - *(südd., österr. für* Bergkuppe)

[2]**Ko|gel,** die; -, -n *(veraltet für* Kapuze)

Kog|ge, die; -, -n (dickbauchiges Hanseschiff)

Ko|g|nak [ˈkɔnjak], der; -s, -s *(ugs. für* Weinbrand); drei Kognak; *vgl. aber* [2]Cognac

Ko|g|nak|boh|ne; Ko|g|nak|glas

Ko|g|nak|kir|sche

Ko|g|nak|schwen|ker

Ko|g|nat, der; -en, -en ‹lat.› (Blutsverwandter, der nicht Agnat ist)

Ko|g|ni|ti|on, die; -, -en ‹lat.› (das

Erkennen, Wahrnehmen); **ko|g|ni|tiv** (die Erkenntnis betreffend)
Ko|g|no|men, das; -s, *Plur.* - *u.* ...mina ⟨lat.⟩ (Beiname im antiken Rom)
Ko|ha|bi|ta|ti|on, die; -, -en ⟨lat.⟩ (*Med.* Geschlechtsverkehr; *Politik* [in Frankreich] Zusammenarbeit des Staatspräsidenten mit einer Regierung einer anderen polit. Richtung)
ko|ha|bi|tie|ren
ko|hä|rent ⟨lat.⟩ (zusammenhängend); kohärentes Licht *(Physik);* **Ko|hä|renz,** die; -
ko|hä|rie|ren (Kohäsion zeigen); **Ko|hä|si|on,** die; - (*Physik* Zusammenhalt der Moleküle eines Körpers); **ko|hä|siv**
[1]**Kohl,** der; -[e]s, *Plur. (Sorten:)* -e (ein Gemüse)
[2]**Kohl,** der; -[e]s ⟨hebr.⟩ (*ugs. für* Unsinn); Kohl reden
Kohl|dampf, der; -[e]s (*ugs. für* Hunger); Kohldampf schieben
Koh|le, die; -, -n; Kohle führende [*alte Schreibung* kohleführende] Flöze
Koh|le|fa|den usw. *vgl.* Kohlenfaden usw.
Koh|le füh|rend [*alte Schreibung* koh|le|füh|rend] *vgl.* Kohle
koh|le|hal|tig
Koh|le|herd, Koh|len|herd
Koh|le|hy|d|rat *vgl.* Kohlenhydrat
Koh|le|hy|d|rie|rung, die; - *(Chemie)*
Koh|le|im|port, Koh|len|im|port
Koh|le|kraft|werk
[1]**koh|len** (nicht mit voller Flamme brennen; *Seemannsspr.* Kohlen übernehmen)
[2]**koh|len** ⟨*zu* [2]Kohl⟩ (*ugs. für* aufschneiden, schwindeln)
Koh|len|be|cken [*alte Trennung* ...k|k...]
Koh|len|berg|bau; Koh|len|berg|werk; Koh|len|bun|ker
Koh|len|di|o|xid, *auch* **Koh|len|di|o|xyd;** *vgl.* Oxid; **Koh|len|di|o|xid|ver|gif|tung,** *auch* **Koh|len|di|o|xyd|ver|gif|tung**
Koh|len|ei|mer
Koh|le[n]|fa|den; Koh|le[n]|fa|den|lam|pe
Koh|len|feu|er; Koh|len|flöz; Koh|len|gru|be; Koh|len|grus; Koh|len|hal|de; Koh|len|hei|zung
Koh|le[n]|herd; Koh|le[n]|hy|d|rat (zucker- od. stärkeartige chem. Verbindung)
Koh|le[n]|im|port
Koh|len|mei|ler
Koh|len|mo|n|o|xid, *auch* **Koh|len|mo|n|o|xyd;** *vgl.* Oxid; **Koh|len|mo|n|o|xid|ver|gif|tung,** *auch* **Koh|len|mo|n|o|xyd|ver|gif|tung**
Koh|len|pott, der; -s (*ugs. für* Ruhrgebiet)
koh|len|sau|er; koh|len|sau|res Natron; **Koh|len|säu|re**
Koh|len|schau|fel; Koh|len|staub
Koh|len|stoff, der; -[e]s (chemisches Element; *Zeichen* C)
Koh|len|was|ser|stoff
Koh|le|pa|pier; Koh|le|pfen|nig, der; -s (*ugs. für* dem Strompreis zugeschlagene Abgabe zugunsten des Kohlebergbaus)
Köh|ler; Köh|le|rei; Köh|ler|glau|be, der; -ns (blinder Glaube)
Koh|le|stift, der (ein Zeichenstift)
Koh|le|ver|flüs|si|gung; Koh|le|ver|ga|sung; Koh|le|zeich|nung
Kohl|her|nie (eine Pflanzenkrankheit); **Kohl|kopf**
Kohl|mei|se (ein Vogel)
Kohl|ra|be (*für* Kolkrabe); **kohl|ra|ben|schwarz**
Kohl|ra|bi, der; -[s], -[s] ⟨ital.⟩ (ein Gemüse)
Kohl|rau|pe
Kohl|rou|la|de; Kohl|rü|be
kohl|schwarz
Kohl|spros|se (*österr. für* Röschen des Rosenkohls); **Kohl|strunk; Kohl|sup|pe**
Kohl|weiß|ling (ein Schmetterling)
Ko|hor|te, die; -, -n ⟨lat.⟩ (der 10. Teil einer röm. Legion)
Koi|ne, die; -, Koinai ⟨griech.⟩ (griech. Gemeinsprache der hellenist. Welt; *Sprachw.* übermundartl. Gemeinsprache)
ko|in|zi|dent ⟨lat.⟩ (*fachspr. für* zusammenfallend); **Ko|in|zi|denz,** die; -, -en (Zusammentreffen von Ereignissen); **ko|in|zi|die|ren**
ko|i|tie|ren ⟨lat.⟩ (*Med.* den Koitus vollziehen); **Ko|i|tus,** *auch* **Co|i|tus,** der; -, *Plur.* - *u.* -se (*Med.* Geschlechtsakt)
Ko|je, die; -, -n ⟨niederl.⟩ (Schlafstelle [auf Schiffen]; Ausstellungsstand)
Ko|jo|te, *auch* Co|yo|te, der; -n, -n ⟨mexik.⟩ (nordamerik. Präriewolf; Schimpfwort)
Ko|ka, die; -, - ⟨indian.⟩ (*kurz für* Kokastrauch); **Ko|ka|in,** das; -s (ein Betäubungsmittel; eine Droge); **Ko|ka|i|nis|mus,** der; - (Kokainabhängigkeit)
Ko|kar|de, die; -, -n ⟨franz.⟩ (Abzeichen, Hoheitszeichen an Uniformmützen)
Ko|ka|strauch (ein Strauch mit Kokain enthaltenden Blättern)
ko|keln (*landsch.* mit Feuer spielen); ich kok[e]le; *vgl.* gokeln
ko|ken ⟨engl.⟩ ([1]Koks herstellen)
[1]**Ko|ker,** der; -s, - (*Seemannsspr.* Öffnung im Schiffsheck für den Ruderschaft)
[2]**Ko|ker** (Koksarbeiter); **Ko|ke|rei** (Kokswerk; *nur Sing.:* Koksgewinnung)
ko|kett ⟨franz.⟩ (eitel, gefallsüchtig); **Ko|ket|te|rie,** die; -, ...ien
ko|ket|tie|ren
Ko|kil|le, die; -, -n ⟨franz.⟩ (mehrfach verwendbare Gussform)
Ko|kil|len|guss [*alte Schreibung* ...guß]
Kok|ke, die; -, -n *u.* Kok|kus, der; -, Kokken *meist Plur.* ⟨griech.⟩ (kugelförmige Bakterie)
Kok|kels|kör|ner *Plur.* ⟨griech.; dt.⟩ (Giftsamen zum Fischfang)
Kök|ken|möd|din|ger *Plur.* ⟨dän., »Küchenabfälle«⟩ (steinzeitl. Abfallhaufen)
Kok|ko|lith, der; *Gen.* -s *u.* -en, *Plur.* -e[n] ⟨griech.⟩ (*Geol.* aus Kalkalgen entstandenes Gestein der Tiefsee)
Kok|kus *vgl.* Kokke
Ko|ko|lo|res, der; - (*ugs. für* Unsinn)
Ko|kon [...ˈkõː, *österr.* koˈkoːn], der; -s, -s ⟨franz.⟩ (Hülle der Insektenpuppen); **Ko|kon|fa|ser**
Ko|kos|bus|serl (*österr.* ein Gebäck)
Ko|kosch|ka [*auch* ˈkɔ...] (österr. Maler u. Dichter)
Ko|ko|sette [...ˈzɛt], das; -s ⟨span.⟩ (*österr. für* Kokosflocken)
Ko|kos|fa|ser; Ko|kos|fett; Ko|kos|flo|cken [*alte Trennung* ...k|k...] *Plur.*
Ko|kos|läu|fer; Ko|kos|mat|te
Ko|kos|milch; Ko|kos|nuss [*alte Schreibung* ...nuß]; **Ko|kos|öl,** das; -[e]s; **Ko|kos|pal|me; Ko|kos|ras|pel** *Plur.*
Ko|kos|tep|pich
Ko|kot|te, die; -, -n ⟨franz.⟩ (*veraltet für* Dirne, Halbweltdame)
[1]**Koks,** der; -es, -e ⟨engl.⟩ (ein Brennstoff aus Kohle; *nur Sing.: ugs. scherzh. für* Geld)
[2]**Koks,** der; -es ⟨indian.⟩ (*ugs. für* Kokain)
[3]**Koks,** der; -[es], -e ⟨jidd.⟩ (*ugs. für* steifer Hut)

kok|sen (*ugs. für* Kokain nehmen; schlafen); du kokst; **Kok|ser** (*ugs. für* Kokainkonsument)

Koks|o|fen; Koks|staub

Ko|ky|tos, der; - (ein Fluss der Unterwelt in der griech. Sage)

Kok|zi|die, die; -, -n *meist Plur.* ‹griech.› (krankheitserregende Sporentierchen); **Kok|zi|di|o|se,** die; -, -n (durch Kokzidien verursachte Tierkrankheit)

¹Ko|la (*Plur. von* Kolon)

²Ko|la (Halbinsel im NW Russlands)

Ko|la|ni, Co|la|ni, der; -s, -s (warmes, hüftlanges Jackett)

Ko|la|nuss [*alte Schreibung* ...nuß]; **Ko|la|strauch**

Ko|lat|sche, die; -, -n ‹tschech.› (*österr. für* kleiner, gefüllter Hefekuchen)

Kol|ben, der; -s, -; **Kol|ben|dampf|ma|schi|ne**

Kol|ben|fres|ser (*ugs. für* Motorschaden durch festsitzenden Kolben)

Kol|ben|hir|se

Kol|ben|hub; Kol|ben|ring; Kol|ben|stan|ge

kol|big

Kol|chis, die; - (antike Landschaft am Schwarzen Meer)

Kol|chos, der; -, ...ose *u. (österr. nur)* Kol|cho|se, die; -, -n ‹russ.› (landwirtschaftl. Produktionsgenossenschaft in der ehem. Sowjetunion); **Kol|chos|bau|er**

Kol|cho|se *vgl.* Kolchos

kol|dern (*südd., schweiz. mdal. für* schmollen); ich koldere

Ko|le|op|te|ren *Plur.* ‹griech.› (*Zool.* Käfer)

Ko|li|bak|te|ri|en *Plur.* ‹griech.› ([Dick]darmbakterien)

Ko|li|b|ri, der; -s, -s ‹karib.› (kleiner Vogel)

ko|lie|ren ‹lat.› (*Pharm.* [durch ein Tuch] seihen); **Ko|lier|tuch** *Plur.* ...tücher

Ko|lik [*auch* ...'li:k], die; -, -en ‹griech.› (Anfall von krampfartigen Leibschmerzen)

Ko|li|tis, die; -, ...itiden (*Med.* Dickdarmentzündung)

Kolk, der; -[e]s, -e (*nordd. für* Wasserloch)

Kol|ko|thar, der; -s, -e ‹arab.› (rotes Eisenoxid)

Kolk|ra|be

Koll. = Kolleg, Kollege[n], Kollegin

Kol|la, die; - ‹griech.› (*Chemie, Med.* Leim)

kol|la|bie|ren ‹lat.› (*Med.* einen Kollaps erleiden)

Kol|la|bo|ra|teur [...'tø:ɐ̯], der; -s, -e ‹franz.› (jmd., der mit dem Feind zusammenarbeitet); **Kol|la|bo|ra|ti|on,** die; -, -en; **kol|la|bo|rie|ren** ‹»mitarbeiten«› (mit dem Feind zusammenarbeiten)

kol|la|gen ‹griech.› (*Med., Biol.* aus Kollagenen bestehend); **Kol|la|gen,** das; -s, -e (leimartiges Eiweiß des Bindegewebes)

Kol|laps [*auch* ...'laps], der; -es, -e ‹lat.› (Zusammenbruch)

Kol|lar, das; -s, -e ‹lat.› (steifer Halskragen, bes. des kath. Geistlichen)

kol|la|te|ral ‹lat.› (seitlich gelagert; *fachspr. für* nebenständig)

Kol|la|te|ral|scha|den (*militär. verhüllend* bei einer militärischen Aktion in Kauf genommener schwerer Schaden, bes. Tod von Zivilisten)

Kol|la|ti|on, die; -, -en ‹lat.› ([Text]vergleich; Übertragung eines kirchl. Amtes)

kol|la|ti|o|nie|ren ([Abschrift mit der Urschrift] vergleichen)

Kol|la|tur, die; -, -en (Recht zur Verleihung eines Kirchenamtes)

Kol|lau|da|ti|on, die; -, -en ‹lat.› (*schweiz. neben* Kollaudierung)

kol|lau|die|ren; Kol|lau|die|rung (*österr. u. schweiz. für* amtl. Prüfung eines Bauwerkes, Schlussgenehmigung)

¹Kol|leg, das; -s, *Plur.* -s *u.* -ien ‹lat.› (akadem. Vorlesung; Bildungseinrichtung)

²Kol|leg, das; -s, -s (*österr. für* Lehrgang, Kurzstudium nach dem Abitur)

Kol|le|ge, der; -n, -n (*Abk.* Koll.); **Kol|le|gen|kreis; Kol|le|gen|schaft,** die; -

Kol|leg|heft (Vorlesungsheft)

kol|le|gi|al (einem [guten] Verhältnis zwischen Kollegen entsprechend); **Kol|le|gi|a|li|tät**

Kol|le|gi|at, der; -en, -en (Stiftsgenosse; Teilnehmer an einem [Funk]kolleg)

Kol|le|gin (*Abk.* Koll.)

Kol|le|g(inn)en (*Kurzform für* Kolleginnen und Kollegen)

Kol|le|gi|um, das; -s, ...ien (Gruppe von Personen mit gleichem Amt od. Beruf; Lehrkörper); **Kol|le|gi|ums|mit|glied**

Kol|leg|map|pe

Kol|lek|ta|ne|en [*auch* ...'ta:...] *Plur.* ‹lat.› (*veraltet für* gesammelte literar. u. wissenschaftl. Auszüge)

Kol|lek|te, die; -, -n (Sammlung von Geldspenden in der Kirche)

Kol|lek|ti|on, die; -, -en ([Muster]sammlung [von Waren], Auswahl)

kol|lek|tiv (gemeinschaftlich, gruppenweise, umfassend)

Kol|lek|tiv, das; -s, *Plur.* -e, *auch* -s (Team, Gruppe; Arbeits- u. Produktionsgemeinschaft, bes. in der sozialist. Wirtschaft)

Kol|lek|tiv|ar|beit; Kol|lek|tiv|be|wusst|sein [*alte Schreibung* ...be|wußt|sein]; **Kol|lek|tiv|bil|lett** (*schweiz. für* Gruppenfahrschein); **Kol|lek|tiv|ei|gen|tum**

kol|lek|ti|vie|ren (Privateigentum in Gemeineigentum überführen); **Kol|lek|ti|vie|rung**

Kol|lek|ti|vis|mus, der; - (starke Betonung des gesellschaftlichen Ganzen); **Kol|lek|ti|vist,** der; -en, -en; **kol|lek|ti|vis|tisch** [*alte Trennung* ...|st...]

Kol|lek|ti|vi|tät, die; - (Gemeinschaft[lichkeit])

Kol|lek|tiv|no|te (gemeinsame diplomatische Note); **Kol|lek|tiv|schuld; Kol|lek|tiv|stra|fe**

Kol|lek|tiv|suf|fix (*Sprachw.*)

Kol|lek|ti|vum, das; -s, ...va (*Sprachw.* Sammelbezeichnung, z. B. »Wald«, »Gebirge«)

Kol|lek|tiv|ver|trag; Kol|lek|tiv|wirt|schaft

Kol|lek|tor, der; -s, ...oren (Stromabnehmer, -wender; Sammler für Strahlungsenergie)

Kol|len|chym, das; -s, -e ‹griech.› (*Bot.* pflanzl. Festigungsgewebe)

¹Kol|ler, das; -s, - (Schulterpasse; *veraltet, aber noch landsch. für* [breiter] Kragen; Wams)

²Kol|ler, der; -s, - (eine Pferdekrankheit; *ugs. für* Wutausbruch)

Kol|ler|gang, der (Mahlwerk)

kol|le|rig, koll|rig (*ugs. für* leicht aufbrausend, erregbar)

¹kol|lern (*veraltet für* den ²Koller haben; knurrig sein); ich kollere

²kol|lern (*landsch. für* kullern); ich kollere

Kol|lett, das; -s, -e ‹franz.› (*veraltet für* Reitjacke)

Kol|li (*Plur. von* Kollo)

kol|li|die|ren ‹lat.› (zusammenstoßen; sich überschneiden)

Kol|li|er, *auch* Col|li|er [...'li̯e:],

K

das; -s, -s ‹franz.› (ein Halsschmuck)
Kol|li|ma|ti|on, die; -, -en ‹nlat.› (*fachspr.* Zusammenfallen zweier Linien, z. B. bei Einstellung des Fernrohrs); **Kol|li|ma|ti|ons|feh|ler**
Kol|li|ma|tor, der; -s, ...oren (astron. Hilfsfernrohr; Spaltrohr beim Spektralapparat)
Kol|li|si|on, die; -, -en ‹lat.› (Zusammenstoß); **Kol|li|si|ons|kurs,** der; -es; auf Kollisionskurs gehen
Kol|lo, das; -s, *Plur.* -s *u.* Kolli ‹ital.› (Frachtstück, Warenballen)
Kol|lo|di|um, das; -s ‹griech.› (zähflüssige Zelluloselösung)
kol|lo|id, kol|lo|i|dal (*Chemie* fein zerteilt); **Kol|lo|id,** das; -[e]s, -e (*Chemie* fein zerteilter Stoff [in Wasser od. Gas]); **Kol|lo|id|che|mie; Kol|lo|id|re|ak|ti|on**
Kol|lo|qui|um [*auch* ...'lo:...], das; -s, ...ien ‹lat.› (wissenschaftl. Gespräch; Zusammenkunft von Wissenschaftlern; *bes. österr.* kleinere Universitätsprüfung)
kol|lrig *vgl.* kollerig
kol|lu|die|ren ‹lat.› (*Rechtsspr.* im geheimen Einverständnis stehen); **Kol|lu|si|on,** die; -, -en (Verschleierung einer Straftat; unerlaubte Verabredung)
Koll|witz (dt. Malerin u. Grafikerin)
Kolm, der; -[e]s, -e (*svw.* [1]Kulm)
kol|ma|tie|ren ‹franz.› (*fachspr. für* [Sumpfboden u. Ä.] aufhöhen); **Kol|ma|ti|on,** die; -, -en
Köln (Stadt am Rhein); **Köl|ner;** Kölner Messe; **Köl|ner Braun,** das; - -s (Umbra)
köl|nisch; kölnisch[es] [*alte Schreibung* Kölnisch(es)] Wasser; *vgl. auch* Kölnischwasser
Köl|nisch|braun (Umbra)
Köl|nisch|was|ser [*auch* ...'va...], das; -s
Ko|lo|fo|ni|um *vgl.* Kolophonium
Ko|lom|bi|ne, Ko|lum|bi|ne, die; -, -n ‹ital., »Täubchen«› (w. Hauptrolle des ital. Stegreiftheaters)
Ko|lon, das; -s, *Plur.* -s *u.* Kola ‹griech.› (*veraltet für* Doppelpunkt; *Med.* Grimmdarm)
Ko|lo|nat, das, *auch* der; -[e]s, -e ‹lat.› (Rechtsverhältnis der Kolonen im alten Rom; Erbzinsgut); **Ko|lo|ne,** der; -n, -n (persönl. freier, aber an seinen Landbesitz gebundener Pächter in der röm. Kaiserzeit; Erbzinsbauer)
Ko|lo|nel, die; - ‹franz.› (*Druckw.* ein Schriftgrad)
Ko|lo|ni|al|kü|bel *vgl.* Coloniakübel
ko|lo|ni|al ‹lat.› (die Kolonie[n] betreffend; zu Kolonien gehörend; aus Kolonien stammend)
Ko|lo|ni|al|ge|biet; Ko|lo|ni|al|herr|schaft, die; -
Ko|lo|ni|a|lis|mus, der; - (auf Erwerb von Kolonien ausgerichtete Politik eines Staates); **Ko|lo|ni|a|list,** der; -en, -en (Anhänger des Kolonialismus)
Ko|lo|ni|al|krieg; Ko|lo|ni|al|po|li|tik; Ko|lo|ni|al|stil, der; -s; **Ko|lo|ni|al|wa|ren** *Plur. (veraltend)*
Ko|lo|nie, die; -, ...ien (*auch für* Siedlung)
Ko|lo|ni|sa|ti|on, die; -, -en
Ko|lo|ni|sa|tor, der; -s, ...oren
ko|lo|ni|sa|to|risch
ko|lo|ni|sie|ren; Ko|lo|ni|sie|rung
Ko|lo|nist, der; -en, -en; (Ansiedler in einer Kolonie)
Ko|lon|na|de, die; -, -n ‹franz.› (Säulengang, -halle)
Ko|lon|ne, die; -, -n; die fünfte Kolonne (Spionagetrupp)
Ko|lon|nen|ap|pa|rat (Destillierapparat); **Ko|lon|nen|fah|ren,** das; -s; **Ko|lon|nen|schrift** (z. B. das Chinesische); **Ko|lon|nen|sprin|ger** (*ugs. für* in einer Kolonne ständig überholender Autofahrer)
[1]**Ko|lo|phon,** der; -s, -e ‹griech.› (Schlussformel mittelalterl. Handschriften u. Frühdrucke)
[2]**Ko|lo|phon** (altgriech. Stadt in Lydien)
Ko|lo|pho|ni|um, *auch* Ko|lo|fo|ni|um, das; -s ‹nach der altgriech. Stadt Kolophon› (ein Harzprodukt)
Ko|lo|quin|te, die; -, -n ‹lat.› (Frucht einer subtrop. Kürbispflanze)
Ko|lo|ra|do|kä|fer, *auch* **Ko|lo|ra|do-Kä|fer** ‹nach dem Staat Colorado› (Kartoffelkäfer)
Ko|lo|ra|tur, die; -, -en ‹ital.› (virtuose gesangliche Verzierung)
ko|lo|ra|tu|ren|si|cher *(Musik);* **Ko|lo|ra|tur|sän|ge|rin; Ko|lo|ra|tur|so|p|ran**
ko|lo|rie|ren (färben; aus-, bemalen); **Ko|lo|rie|rung**
Ko|lo|ri|me|ter, das; -s, - ‹lat.; griech.› (Gerät zur Bestimmung von Farbtönen)
Ko|lo|ri|me|t|rie, die; -; **ko|lo|ri|me|t|risch**
Ko|lo|rist, der; -en, -en ‹lat.› (jmd., der koloriert; Maler, der den Schwerpunkt auf das Kolorit legt); **ko|lo|ris|tisch** [*alte Trennung* ...|st...]
Ko|lo|rit, das; -[e]s, *Plur.* -e, *auch* -s ‹ital.› (Farbgebung, -wirkung; Klangfarbe)
Ko|lo|s|kop, das; -s, -e ‹griech.› (*Med.* Gerät zur direkten Untersuchung des Grimmdarms)
Ko|loss [*auch* 'kɔ...; *alte Schreibung* Ko|loß], der; Kolosses, Kolosse ‹griech.› (Riesenstandbild; Riese, Ungetüm)
Ko|los|sä (im Altertum Stadt in Phrygien)
ko|los|sal ‹franz.› (riesig, gewaltig, Riesen...; übergroß)
Ko|los|sal|bau *Plur.* ...bauten
Ko|los|sal|fi|gur; Ko|los|sal|film; Ko|los|sal|ge|mäl|de
ko|los|sa|lisch (*geh. für* kolossal)
Ko|los|sal|sta|tue
Ko|los|ser (Einwohner von Kolossä); **Ko|los|ser|brief,** der; -[e]s *(N. T.)*
Ko|los|se|um, das; -s (Amphitheater in Rom)
Ko|los|t|ral|milch [*alte Trennung* ...|st...], die; - ‹lat.; dt.› *u.* **Ko|los|t|rum,** das; -s ‹lat.› (*Med.* Sekret der Brustdrüsen)
Ko|lo|to|mie, die; -, ...ien ‹griech.› (*Med.* operative Öffnung des Dickdarms)
Kol|pak *vgl.* Kalpak
Kol|ping (kath. Priester); **Kol|ping|haus; Kol|ping|ju|gend; Kol|pings|fa|mi|lie; Kol|ping|werk,** das; -[e]s (internationaler kath. Sozialverband)
Kol|pi|tis, die; -, ...itiden ‹griech.› (*Med.* Scheidenentzündung)
Kol|por|ta|ge [...ʒə], die; -, -n ‹franz.› (Verbreitung von Gerüchten); **kol|por|ta|ge|haft**
Kol|por|ta|ge|ro|man
Kol|por|teur [...'tøːɐ̯], der; -s, -e (Verbreiter von Gerüchten); **Kol|por|teu|rin**
kol|por|tie|ren
Kol|po|s|kop, das; -s, -e ‹griech.› (*Med.* Spiegelgerät zur gynäkolog. Untersuchung); **Kol|po|s|ko|pie,** die; -, ...ien
[1]**Kölsch,** das; -[s] ‹»aus Köln, kölnisch«› (ein obergäriges Bier; Kölner Mundart)
[2]**Kölsch,** der; -[e]s (*schweiz. für* gewürfelter Baumwollstoff)

[1]**Kol|ter,** der; -s, - *u.* die; -, -n ‹franz.› (*südwestd. für* Wolldecke, Steppdecke)

[2]**Kol|ter,** das; -s, - ‹franz.› (*bes. nordwestd. für* Messer vor der Pflugschar)

Ko|lum|ba|ri|um, das; -s, ...ien ‹lat.› (altröm. Grabkammer; *heute für* Urnenhalle eines Friedhofs)

Ko|lum|bi|a|ner; Ko|lum|bi|a|ne|rin; ko|lum|bi|a|nisch; Ko|lum|bi|en (Staat in Südamerika)

Ko|lum|bi|ne *vgl.* Kolombine

Ko|lum|bus (Entdecker Amerikas)

Ko|lum|ne, die; -, -n ‹lat., »Säule«› (senkrechte Reihe; [Druck]spalte); **Ko|lum|nen|maß,** das; **Ko|lum|nen|ti|tel**

Ko|lum|nist, der; -en, -en (Journalist, dem ständig eine bestimmte Spalte einer Zeitung zur Verfügung steht); **Ko|lum|nis|tin** [*alte Trennung* ...|st...]

Köm, der; -s, -s (*nordd. für* Kümmelschnaps); 3 Köm

Ko|ma, das; -s, *Plur.* -s *u.* -ta ‹griech.› (*Med.* tiefe Bewusstlosigkeit)

Ko|mant|sche, der; -n, -n; (Angehöriger eines nordamerik. Indianerstammes)

ko|ma|tös (in tiefer Bewusstlosigkeit); komatöser Zustand

Kom|bat|tant, der; -en, -en ‹franz.› (*Rechtsspr. u. veraltet für* [Mit]kämpfer; Kriegsteilnehmer)

[1]**Kom|bi,** der; -[s], -s (*kurz für* kombinierter Liefer- u. Personenwagen)

[2]**Kom|bi,** die; -s, -s (*kurz für* [2]Kombination)

Kom|bi... (kombiniert)

Kom|bi|nat, das; -[e]s, -e ‹russ.› (Zusammenschluss eng zusammengehörender Betriebe in sozialist. Staaten)

[1]**Kom|bi|na|ti|on,** die; -, -en ‹lat.› (berechnende Verbindung; gedankliche Folgerung; Zusammenstellung; *Sport* planmäßiges, flüssiges Zusammenspiel)

[2]**Kom|bi|na|ti|on** [*auch* ...ˈneːʃn̩], die; -, *Plur.* -en, *bei engl. Ausspr.* -s ‹engl.› (Hemdhose; einteiliger [Schutz]anzug, bes. der Flieger)

Kom|bi|na|ti|ons|ga|be, die; -

Kom|bi|na|ti|ons|schloss [*alte Schreibung* ...schloß]

Kom|bi|na|ti|ons|spiel; Kom|bi|na|ti|ons|ver|mö|gen

kom|bi|na|to|risch ‹lat.›; kombinatorischer Lautwandel (*Sprachw.*)

Kom|bine [...ˈbain], die; -, -s, *auch* [...ˈbiː...], die; -, -n ‹engl.› (Mähdrescher)

kom|bi|nier|bar

kom|bi|nie|ren ‹lat.› (vereinigen, zusammenstellen; berechnen; vermuten; *Sport* planmäßig zusammenspielen)

Kom|bi|nier|te, der; -n, -n (*Skisport* Teilnehmer an der nordischen Kombination)

Kom|bi|nie|rung

Kom|bi|schrank; Kom|bi|wa|gen

Kom|bi|zan|ge

Kom|bü|se, die; -, -n (*Seemannsspr.* Schiffsküche)

Ko|me|do, der; -s, ...onen ‹lat.› (*veraltet für* Fresser, Schlemmer; *Med., meist Plur.* Mitesser); **Ko|me|do|nen|quet|scher**

Ko|met, der; -en, -en ‹griech.› (Schweifstern); **Ko|me|ten|bahn**

ko|me|ten|haft; Ko|me|ten|schweif

Kö|me|te|ri|on *vgl.* Zömeterium

Kom|fort [...ˈfoːɐ̯, *schweiz.* ...ˈfɔrt], der; -s ‹engl.› (Bequemlichkeiten, Annehmlichkeiten; Ausstattung mit gewissem Luxus)

kom|for|ta|bel; ...a|b|le Wohnung

Ko|mik, die; - ‹griech.› (erheiternde, Lachen erregende Wirkung); **Ko|mi|ker; Ko|mi|ke|rin**

Ko|min|form, das; -s (= Kommunistisches Informationsbüro, 1947 bis 1956)

Ko|min|tern, die; - (= Kommunistische Internationale, 1919 bis 1943)

ko|misch ‹griech.› (belustigend; sonderbar, seltsam); am komischs|ten

ko|mi|scher|wei|se

Ko|mi|tat, das, *auch* der; -[e]s, -e ‹lat.› (*früher* feierliches Geleit, Ehrengeleit; Grafschaft; ehem. Verwaltungsbezirk in Ungarn)

Ko|mi|tee, das; -s, -s ‹franz.› (leitender Ausschuss)

Ko|mi|ti|en *Plur.* ‹lat.› (altröm. Bürgerversammlungen)

Kom|ma, das; -s, *Plur.* -s, *auch* -ta ‹griech.› (Beistrich)

Kom|ma|ba|zil|lus (*Med.*)

Kom|man|dant, der; -en, -en ‹franz.› (Befehlshaber einer Festung, eines Schiffes usw.; *schweiz. auch svw.* Kommandeur); **Kom|man|dan|tur,** die; -, -en ‹lat.› (Dienstgebäude eines Kommandanten; Amt des Befehlshabers)

Kom|man|deur [...ˈdøːɐ̯], der; -s, -e ‹franz.› (Befehlshaber eines größeren Truppenteils); **Kom|man|deu|rin**

kom|man|die|ren; ↑K 151: der Kommandierende General

Kom|man|die|rung

Kom|man|di|tär, der; -s, -e ‹franz.› (*schweiz. für* Kommanditist)

Kom|man|di|te, die; -, -n (Zweiggeschäft, Nebenstelle; *veraltet für* Kommanditgesellschaft)

Kom|man|dit|ge|sell|schaft (best. Form der Handelsgesellschaft; *Abk.* KG); Kommanditgesellschaft auf Aktien (*Abk.* KGaA)

Kom|man|di|tist, der; -en, -en (Gesellschafter einer Kommanditgesellschaft)

Kom|man|do, das; -s, *Plur.* -s, *österr. auch* ...den ‹ital.› (Befehl; *Milit.* Einheit, Dienststelle; *nur Sing.:* Befehlsgewalt)

Kom|man|do|brü|cke [*alte Trennung* ...k|k...]

Kom|man|do|ge|walt, die; -

Kom|man|do|kap|sel (*Raumfahrt*)

Kom|man|do|sa|che; geheime Kommandosache

Kom|man|do|stand; Kom|man|do|stim|me; Kom|man|do|zen|t|ra|le

Kom|mas|sa|ti|on, die; -, -en ‹lat.› (*fachspr. für* Zusammenlegung [von Grundstücken]); **kom|mas|sie|ren; Kom|mas|sie|rung** (*bes. österr. für* Kommassation)

Kom|ma|ta (*Plur. von* Komma)

Kom|me|mo|ra|ti|on, die; -, -en ‹lat.› (Fürbitte in der kath. Messe; kirchl. Gedächtnisfeier)

kom|men; du kamst, er/sie kam; du kämest; gekommen; komm[e]!; kommen lassen

Kom|men, das; -s; wir warten auf sein Kommen; das Kommen und Gehen; im Kommen sein

Kom|men|de, die; -, -n ‹lat.› (*früher* kirchl. Pfründe ohne Amtsverpflichtung; Komturei)

Kom|men|sa|lis|mus, der; - ‹lat.› (*Biol.* Ernährungsgemeinschaft von Tieren od. Pflanzen)

kom|men|su|ra|bel ‹lat.› (mit gleichem Maß messbar; vergleichbar); ...a|b|le Größen

Kom|men|su|ra|bi|li|tät, die; -

Kom|ment [...ˈmãː], der; -s, -s ‹franz., »wie«› (*Verbindungsw.* Brauch, Sitte, Regel)

Kom|men|tar, der; -s, -e ‹lat.› (Erläuterung, Auslegung; kritische

K

Stellungnahme; *ugs. für* Bemerkung); **kom|men|tar|los**

Kom|men|ta|tor, der; -s, ...oren (Verfasser eines Kommentars); **Kom|men|ta|to|rin**

kom|men|tie|ren

Kom|men|tie|rung

Kom|mers, der; -es, -e ⟨franz.⟩ (*Verbindungsw.* feierlicher Trinkabend); **Kom|mers|buch** (student. Liederbuch)

Kom|merz, der; -es ⟨lat.⟩ (Handel u. Geschäftsverkehr)

Kom|merz|fern|se|hen (*meist abwertend für* Privatfernsehen)

kom|mer|zi|a|li|sie|ren (kommerziellen Interessen unterordnen; *Finanzw.* öffentl. Schulden in privatwirtschaftl. umwandeln)

Kom|mer|zi|a|li|sie|rung

Kom|mer|zi|al|rat *Plur.* ...räte (*österr. für* Kommerzienrat)

kom|mer|zi|ell ⟨*zu* Kommerz⟩

Kom|mer|zi|en|rat *Plur.* ...räte (*früher* Titel für Großkaufleute u. Industrielle)

K

Kom|mi|li|to|ne, der; -n, -n ⟨lat.⟩ (Studienkollege)

Kom|mi|li|to|nin

Kom|mi|li|to|n(inn)en (*Kurzform für* Kommilitoninnen u. Kommilitonen)

Kom|mis [...'mi:], der; -, - ⟨franz.⟩ (*veraltet für* Handlungsgehilfe)

Kom|miss [*alte Schreibung* Kommiß], der; Kommisses ⟨lat.⟩ (*ugs. für* Militär[dienst]); beim Kommiss

Kom|mis|sar, der; -s, -e ([vom Staat] Beauftragter; Dienstbez., z. B. Polizeikommissar)

Kom|mis|sär, der; -s, -e ⟨franz.⟩ (*südd., schweiz. neben, österr. für* Kommissar); **Kom|mis|sa|ri|at,** das; -[e]s, -e ⟨lat.⟩ (Amt[szimmer] eines Kommissars; *österr. für* Polizeidienststelle)

kom|mis|sa|risch (auftragsweise, vorübergehend); kommissarischer Leiter; kommissarische Vernehmung *(Rechtsspr.)*

Kom|miss|brot [*alte Schreibung* Kom|miß...]

Kom|mis|si|on, die; -, -en (Ausschuss [von Beauftragten]; *Wirtsch.* Handel für fremde Rechnung); **Kom|mis|si|o|när,** der; -s, -e ⟨franz.⟩ (Händler auf fremde Rechnung; Kommissionsbuchhändler)

kom|mis|si|o|nie|ren ⟨lat.⟩ (*österr. für* [einen Neubau] prüfen und zur Benutzung freigeben)

Kom|mis|si|o|nie|rung, die; -, -en (*Fachspr.* Prüfung von Bestellvorgängen)

Kom|mis|si|ons|buch|han|del (Zwischenbuchhandel [zwischen Verlag u. Sortiment]); **Kom|mis|si|ons|ge|schäft** (Geschäft im eigenen Namen für fremde Rechnung); **Kom|mis|si|ons|gut** (Ware, für die der Besteller ein Rückgaberecht hat); **Kom|mis|si|ons|sen|dung** (Sendung von Kommissionsgut)

Kom|miss|stie|fel, *auch* **Kom|miss-Stie|fel** [*alte Schreibung* Ko|miß|stie|fel] *(veraltend);* **Kom|miss|zeit** *(veraltend)*

Kom|mit|tent, der; -en, -en (Auftraggeber des Kommissionärs)

kom|mit|tie|ren ([einen Kommissionär] beauftragen)

kom|mod ⟨franz.⟩ (*bes. österr. für* bequem)

Kom|mo|de, die; -, -n; **Kom|mo|den|schub|la|de**

Kom|mo|di|tät, die; -, -en (*landsch., sonst veraltet für* Bequemlichkeit)

Kom|mo|do|re, der; -s, *Plur.* -n *u.* -s ⟨engl.⟩ (Geschwaderführer; erprobter, älterer Kapitän bei großen Schifffahrtslinien)

kom|mun ⟨lat.⟩ (*veraltend für* gemeinschaftlich; gemein)

kom|mu|nal (die Gemeinde[n] betreffend, Gemeinde..., gemeindeeigen); kommunale Angelegenheiten; **Kom|mu|nal|be|am|te; Kom|mu|nal|be|hör|de**

kom|mu|na|li|sie|ren (in Gemeindebesitz od. -verwaltung überführen); **Kom|mu|na|li|sie|rung**

Kom|mu|nal|po|li|tik; Kom|mu|nal|ver|wal|tung; Kom|mu|nal|wahl

Kom|mu|nar|de, der; -n, -n ⟨franz.⟩ (Anhänger der Pariser Kommune; Mitglied einer der frühen Wohngemeinschaften)

Kom|mu|ne, die; -, -n (politische Gemeinde; Wohn- und Wirtschaftsgemeinschaft; *veraltend, abwertend für* Kommunisten; [*auch* kɔ'my:n(ə)] *nur Sing.:* Herrschaft des Pariser Gemeinderates 1789–1795 und 1871)

Kom|mu|ni|kant, der; -en, -en ⟨lat.⟩ (Teilnehmer am Abendmahl); **Kom|mu|ni|kan|tin**

Kom|mu|ni|ka|ti|on, die; -, -en (Verständigung untereinander; Verbindung, Zusammenhang)

Kom|mu|ni|ka|ti|ons|mit|tel, das

Kom|mu|ni|ka|ti|ons|stö|rung

Kom|mu|ni|ka|ti|ons|sys|tem [*alte Trennung* ...|st...]

Kom|mu|ni|ka|ti|ons|tech|nik; kom|mu|ni|ka|ti|ons|tech|nisch

Kom|mu|ni|ka|ti|ons|tech|no|lo|gie; Kom|mu|ni|ka|ti|ons|zen|trum

kom|mu|ni|ka|tiv (mitteilsam; die Kommunikation betreffend)

Kom|mu|ni|kee *vgl.* Kommuniqué

Kom|mu|ni|on, die; -, -en (*kath. Kirche* [Teilnahme am] Abendmahl); **Kom|mu|ni|on|bank** *Plur.* ...bänke; **Kom|mu|ni|on|kind** (Erstkommunikant[in])

Kom|mu|ni|qué [...myni'ke:, ...mu...], *auch* Kom|mu|ni|kee, das; -s, -s ⟨franz.⟩ (Denkschrift; [regierungs]amtliche Mitteilung)

Kom|mu|nis|mus, der; - (nach Karl Marx die auf den Sozialismus folgende, von Klassengegensätzen freie Entwicklungsstufe der Gesellschaft; politische Richtung, die sich gegen den Kapitalismus wendet)

Kom|mu|nist, der; -en, -en; **Kom|mu|nis|tin** [*alte Trennung* ...|st...]; **kom|mu|nis|tisch** [*alte Trennung* ...|st...]; ↑K 150: das Kommunistische Manifest

Kom|mu|ni|tät, die; -, -en ⟨lat.⟩ (ev. Bruderschaft; *veraltet für* Gemeinschaft; Gemeingut)

kom|mu|ni|zie|ren (zusammenhängen, in Verbindung stehen; miteinander sprechen, sich verständigen; *kath. Kirche* die Kommunion empfangen)

kom|mu|ni|zie|rend; kommunizierende (verbundene) Röhren

kom|mu|ta|bel ⟨lat.⟩ (veränderlich, vertauschbar); ...a|b|le Objekte

Kom|mu|ta|ti|on, die; -, -en (*bes. Math.* Umstellbarkeit, Vertauschbarkeit; bestimmter astronomischer Winkel)

kom|mu|ta|tiv (vertauschbar)

Kom|mu|ta|tor, der; -s, ...oren (*Technik* Stromwender, Kollektor); **kom|mu|tie|ren** (vertauschen; die Richtung des Stroms ändern); **Kom|mu|tie|rung**

Ko|mö|di|ant, der; -en, -en ⟨ital.(-engl.)⟩ (Schauspieler; *auch für* jmd., der sich verstellt); **ko|mö|di|an|ten|haft; Ko|mö|di|an|ten|tum,** das; -s; **Ko|mö|di|an|tin; ko|mö|di|an|tisch**

Ko|mö|die, die; -, -n (Lustspiel;

auch für Vortäuschung, Verstellung); **Ko|mö|di|en|dich|ter; Ko|mö|di|en|schrei|ber**

Ko|mo|ren *Plur.* (Inselgruppe u. Staat im Indischen Ozean); **Ko|mo|rer; ko|mo|risch**

Komp., Co., Co = Kompanie

Kom|pa|g|non [...panjõ, *auch* ...n'jõ:], der; -s, -s ‹franz.› (*Kaufmannsspr.* [Geschäfts]teilhaber; Mitinhaber)

kom|pakt ‹franz.› (gedrungen; dicht; fest); am kompaktes|ten

Kom|pakt|bau|wei|se

Kom|pakt|heit, die; -

Kom|pakt|schall|plat|te (CD)

Kom|pakt|se|mi|nar (auf wenige Tage od. Stunden konzentrierte Lehr- od. Informationsveranstaltung)

Kom|pa|nie, die; -, ...ien ‹ital. *u.* franz.› (militärische Einheit [*Abk.* Komp., *schweiz.* Kp]; *Kaufmannsspr. veraltet für* [Handels]gesellschaft; *Abk.* Co. *od.* Co, *seltener* Cie.)

Kom|pa|nie|chef; Kom|pa|nie|füh|rer; Kom|pa|nie|ge|schäft

kom|pa|ra|bel ‹lat.› (vergleichbar; *Sprachw.* steigerungsfähig); ...a|b|le Größen

Kom|pa|ra|ti|on, die; -, -en (*Sprachw.* Steigerung)

Kom|pa|ra|tis|tik [*alte Trennung* ...|st...], die; - (vergleichende Literatur- od. Sprachwissenschaft)

Kom|pa|ra|tiv, der; -s, -e (*Sprachw.* erste Steigerungsstufe, z. B. »schöner«); **Kom|pa|ra|tiv|satz** (*Sprachw.* Vergleichssatz)

Kom|pa|ra|tor, der; -s, ...oren (Gerät zum Vergleichen von Längenmaßen)

kom|pa|rie|ren (vergleichen; *Sprachw.* steigern)

Kom|par|se, der; -n, -n ‹franz.› (Statist, stumme Person [bei Bühne und Film]); **Kom|par|se|rie,** die; -, ...ien (Gesamtheit der Komparsen); **Kom|par|sin**

Kom|pass [*alte Schreibung* Kompaß], der; Kompasses, Kompasse ‹ital.› (Gerät zur Bestimmung der Himmelsrichtung); **Kom|pass|na|del Kom|pass|ro|se**

kom|pa|ti|bel ‹franz.(-engl.)› (vereinbar, zusammenpassend, kombinierbar); ...i|b|le Ämter

Kom|pa|ti|bi|li|tät, die; -, -en

Kom|pa|t|ri|ot, der; -en, -en ‹franz.› (*veraltet für* Landsmann)

kom|pen|di|a|risch *u.* **kom|pen|di|ös** ‹lat.› (*veraltet für* zusammengefasst; gedrängt)

Kom|pen|di|um, das; -s, ...ien (Abriss, kurzes Lehrbuch)

Kom|pen|sa|ti|on, die; -, -en ‹lat.› (Ausgleich, Entschädigung; *BGB* Aufrechnung)

Kom|pen|sa|ti|ons|ge|schäft

Kom|pen|sa|tor, der; -s, ...oren (Ausgleicher; Gerät zur Messung einer Spannung); **kom|pen|sa|to|risch** (ausgleichend)

kom|pen|sie|ren (gegeneinander ausgleichen; *BGB* aufrechnen)

kom|pe|tent ‹lat.› (sachverständig; zuständig); am kompetentes|ten; **Kom|pe|tenz,** die; -, -en (Sachverstand, Fähigkeiten; Zuständigkeit; *Sprachw., nur Sing.* Beherrschung eines Sprachsystems)

Kom|pe|tenz|be|reich, der

Kom|pe|tenz|fra|ge

Kom|pe|tenz|kom|pe|tenz (*Rechtsspr.* Befugnis zur Bestimmung der Zuständigkeit); **Kom|pe|tenz|kon|flikt; Kom|pe|tenz|strei|tig|keit** *meist Plur.*

Kom|pi|la|ti|on, die; -, -en ‹lat.› (das Zusammentragen mehrerer [wissenschaftl.] Quellen; durch Zusammentragen entstandene Schrift)

Kom|pi|la|tor, der; -s, ...oren (Zusammenträger); **kom|pi|la|to|risch; kom|pi|lie|ren**

Kom|ple|ment, das; -[e]s, -e ‹lat.› (Ergänzung); **kom|ple|men|tär** ‹franz.› (ergänzend)

Kom|ple|men|tär, der; -s, -e (persönlich haftender Gesellschafter einer Kommanditgesellschaft; *in der DDR* Eigentümer einer privaten Firma, an der der Staat beteiligt ist)

Kom|ple|men|tär|far|be (*Optik* Ergänzungsfarbe)

kom|ple|men|tie|ren (ergänzen, vervollständigen)

Kom|ple|men|tie|rung

Kom|ple|ment|win|kel (*Math.* Ergänzungswinkel)

[1]**Kom|plet** [...'ple:, *auch* kõ'ple:], das; -[s], -s (Mantel [od. Jacke] u. Kleid aus gleichem Stoff)

[2]**Kom|plet,** die; -, -e ‹lat.› (Abendgebet als Schluss der kath. kirchl. Tageszeiten)

kom|plett ‹franz.› (vollständig, abgeschlossen; *österr. veraltend auch für* voll besetzt); **kom|plet|tie|ren** (vervollständigen; auffüllen); **Kom|plet|tie|rung**

Kom|plett|preis *(bes. Werbespr.)*

kom|plex ‹lat.› (umfassend; vielfältig verflochten; *Math.* aus reellen u. imaginären Zahlen zusammengesetzt)

Kom|plex, der; -es, -e (zusammengefasster Bereich; [Sach-, Gebäude]gruppe; *Psych.* seelisch bedrückende, negative Vorstellung [in Bezug auf sich selbst])

Kom|plex|bri|ga|de (*DDR* Arbeitsgruppe aus verschiedenen Berufen)

Kom|ple|xi|on, die; -, -en (*veraltet für* Zusammenfassung)

Kom|ple|xi|tät, die; -

Kom|plex|ver|bin|dung *(Chemie)*

Kom|pli|ce usw. *vgl.* Komplize usw.

Kom|pli|ka|ti|on, die; -, -en ‹lat.› (Verwicklung; Erschwerung)

kom|pli|ka|ti|ons|los

Kom|pli|ment, das; -[e]s, -e ‹franz.› (lobende, schmeichelnde Äußerung; *veraltet für* Gruß); **kom|pli|men|tie|ren** (*geh.* mit höflichen Gesten und Worten [ins Zimmer o. Ä.] geleiten)

Kom|pli|ze, *auch* Kom|pli|ce [...tsə, ...sə], der; -n, -n ‹franz.› (*abwertend für* Mitschuldiger; Mittäter); **Kom|pli|zen|schaft,** die; -

kom|pli|zie|ren ‹lat.› (verwickeln; erschweren); **kom|pli|ziert** (verwickelt, schwierig, umständlich); **Kom|pli|ziert|heit,** die; -; **Kom|pli|zie|rung**

Kom|pli|zin *(abwertend)*

Kom|plott, das, *ugs. auch* der; -[e]s, -e ‹franz.› (heimlicher Anschlag, Verschwörung); **kom|plot|tie|ren** *(veraltet)*

Kom|po|nen|te, die; -, -n ‹lat.› (Bestandteil eines Ganzen)

kom|po|nie|ren (*Musik* [eine Komposition] schaffen; *geh. für* [kunstvoll] gestalten); **Kom|po|nist,** der; -en, -en; **Kom|po|nis|tin** [*alte Trennung* ...|st...]

Kom|po|si|te, die; -, -n *meist Plur.* (*Bot.* Korbblütler)

Kom|po|si|ti|on, die; -, -en (Zusammensetzung; Aufbau u. Gestaltung eines Kunstwerkes; *Musik* das Komponieren; Tonschöpfung); **kom|po|si|to|risch**

Kom|po|si|tum, das; -s, *Plur.* ...ta, *selten* ...siten (*Sprachw.* [Wort]zusammensetzung, z. B. »Haustür«)

K

Kom|post [*auch* ˈkɔ...], der; -[e]s, -e ‹franz.› (natürl. Mischdünger); **Kom|post|er|de; Kom|post|hau|fen**

kom|pos|tier|bar [*alte Trennung* ...|st...]; **kom|pos|tie|ren** (zu Kompost verarbeiten); **Kom|pos|tie|rung**

Kom|pott, das; -[e]s, -e (gekochtes Obst); **Kom|pott|tel|ler,** *auch* **Kom|pott-Tel|ler** [*alte Schreibung* Kom|pottel|ler, *alte Trennung* ...tt|t...]

kom|press ‹lat.› [*alte Schreibung* kom|preß] (*veraltet für* eng zusammengedrängt; *Druckw.* ohne Durchschuss)

Kom|pres|se, die; -, -n ‹franz.› (*Med.* feuchter Umschlag; Mullstück)

kom|pres|si|bel ‹lat.› (*Physik* zusammenpressbar; verdichtbar); ...i|b|le Flüssigkeiten; **Kom|pres|si|bi|li|tät,** die; - (*Physik* Zusammendrückbarkeit)

Kom|pres|si|on, die; -, -en (*Technik* Zusammendrückung; Verdichtung; *Skisport* flacherer Teil einer Abfahrtsstrecke [nach einem Steilhang])

Kom|pres|si|ons|di|a|gramm *(Kfz-Technik)*

Kom|pres|si|ons|strumpf *(Med.)*

Kom|pres|si|ons|ver|band *(Med.)*

Kom|pres|sor, der; -s, ...oren (*Technik* Verdichter)

Kom|pri|mat, das; -[e]s, -e (*fachspr. für* Zusammengefasstes, -gepresstes)

kom|pri|mier|bar; kom|pri|mie|ren (zusammenpressen; verdichten); **kom|pri|miert; Kom|pri|mie|rung**

Kom|pro|miss [*alte Schreibung* Kom|pro|miß], der, *selten* das; Kompromisses, Kompromisse ‹lat.› (Übereinkunft; Ausgleich, Zugeständnis)

kom|pro|miss|be|reit [*alte Schreibung* kom|pro|miß...]; **Kom|pro|miss|be|reit|schaft**

Kom|pro|miss|kan|di|dat [*alte Schreibung* Kom|pro|miß...] *(Politik)*

Kom|pro|miss|ler [*alte Schreibung* Kom|pro|miß|ler] (*abwertend für* jmd., der dazu neigt, Kompromisse zu schließen); **kom|pro|miss|le|risch** *(abwertend)*

kom|pro|miss|los [*alte Schreibung* kom|pro|miß|los]

Kom|pro|miss|lö|sung [*alte Schreibung* Kom|pro|miß...]; **Kom|pro|miss|ver|such; Kom|pro|miss|vor|schlag**

kom|pro|mit|tie|ren (bloßstellen)

Komp|ta|bi|li|tät, die; - ‹franz.› (Verantwortlichkeit, Rechenschaftspflicht)

Kom|so|mol, der; - ‹russ.› (kommunist. Jugendorganisation in der UdSSR); **Kom|so|mol|ze,** der; -n, -n (Mitglied des Komsomol); **Kom|so|mol|zin**

Kom|tess [*alte Schreibung* Komteß] *u.* **Kom|tes|se** [*beide auch* kõˈtɛs], die; -, Komtessen ‹franz.› (unverheiratete Gräfin)

Kom|tur, der; -s, -e ‹franz.› (Ordensritter; Leiter einer Komturei); **Kom|tu|rei** (Verwaltungsbezirk eines Ritterordens); **Kom|tur|kreuz** (Halskreuz eines Verdienstordens)

Ko|nak, der; -s, -e ‹türk.› (Palast, Amtsgebäude in der Türkei)

Kon|au|tor *vgl.* Koautor

Kon|cha, die; -, *Plur.* -s *u.* ...chen ‹griech.› (*svw.* Konche; *Med.* muschelähnliches Organ)

Kon|che, die; -, -n (*Archit.* Nischenwölbung)

Kon|chi|fe|re, die; -, -n *meist Plur.* ‹griech.; lat.› (*Zool.* Weichtier mit einheitlicher Schale)

kon|chi|form (muschelförmig)

Kon|cho|i|de, die; -, -n ‹griech.› (*Math.* einer Muschel ähnliche Kurve vierten Grades)

Kon|chy|lie, die; -, -n *meist Plur.* (*Zool.* Schale der Weichtiere); **Kon|chy|li|o|lo|ge,** der; -n, -n; **Kon|chy|li|o|lo|gie,** die; - (Lehre von den Konchylien)

Kon|dem|na|ti|on, die; -, -en ‹lat.› (*veraltet für* Verurteilung, Verdammung; *Seew.* Erklärung eines Experten, dass die Reparatur eines beschädigten Schiffes nicht mehr lohnt)

Kon|den|sat, das; -[e]s, -e ‹lat.› (Niederschlag[swasser])

Kon|den|sa|ti|on, die; -, -en (Verdichtung; Verflüssigung); **Kon|den|sa|ti|ons|punkt** *(Physik)*

Kon|den|sa|tor, der; -s, ...oren (Gerät zum Speichern von Elektrizität od. zum Verflüssigen von Dämpfen)

kon|den|sie|ren (verdichten; verflüssigen); **Kon|den|sie|rung**

Kon|dens|milch

Kon|den|sor, der; -s, ...oren (*Optik* Lichtsammler, -verstärker)

Kon|dens|strei|fen

Kon|dens|was|ser, das; -s

Kon|dik|ti|on, die; -, -en ‹lat.› (*Rechtsw.* Klage auf Rückgabe)

kon|di|tern (Konditorwaren herstellen; *ugs. für* eine Konditorei besuchen); ich konditere

Kon|di|ti|on, die; -, -en ‹lat.› (Bedingung; *nur Sing.:* körperlicher Zustand); *vgl.* à condition

kon|di|ti|o|nal (*Sprachw.* bedingend); **Kon|di|ti|o|nal,** der; -s, -e (*Sprachw.* Bedingungsform)

Kon|di|ti|o|na|lis|mus, der; - (eine philosophische Lehre)

Kon|di|ti|o|nal|satz (*Sprachw.* Bedingungssatz)

kon|di|ti|o|nie|ren (*Fachspr.* Werkstoffe vor der Bearbeitung an die erforderlichen Bedingungen anpassen; *Psych.* einen ursprünglich neutralen Reiz mit einem reflexauslösenden koppeln); **kon|di|ti|o|niert** (beschaffen [von Waren]); **Kon|di|ti|o|nie|rung**

Kon|di|ti|ons|schwä|che

Kon|di|ti|ons|trai|ner; Kon|di|ti|ons|trai|ning

Kon|di|tor, der; -s, ...oren ‹lat.›; **Kon|di|to|rei; Kon|di|to|rin** [*auch* ...ˈdi:...]; **Kon|di|tor|meis|ter** [*alte Trennung* ...|st...]

Kon|do|lenz, die; -, -en ‹lat.› (Beileid[sbezeigung]); **Kon|do|lenz|be|such; Kon|do|lenz|buch**

Kon|do|lenz|kar|te; Kon|do|lenz|lis|te [*alte Trennung* ...|ste]; **Kon|do|lenz|schrei|ben**

kon|do|lie|ren; jmdm. kondolieren

Kon|dom, das *od.* der; -s, *Plur.* -e, *selten* -s ‹engl.› (Präservativ)

Kon|do|mi|nat, das *od.* der; -[e]s, -e ‹lat.› *u.* **Kon|do|mi|ni|um,** das; -s, ...ien (Herrschaft mehrerer Staaten über dasselbe Gebiet; *auch* dieses Gebiet selbst)

Kon|dor, der; -s, -e ‹indian.› (sehr großer südamerik. Geier)

Kon|dot|ti|e|re, der; -s, ...ri ‹ital.› (italien. Söldnerführer im 14. u. 15. Jh.)

Kon|du|i|te [*auch* kõˈdɥi:t], die; - ‹franz.› (*veraltet für* Führung)

Kon|dukt, der; -[e]s, -e ‹lat.› (*veraltend für* Geleit, Leichenzug)

Kon|duk|teur [...ˈtø:ɐ̯, *schweiz.* ˈkɔ...], der; -s, -e ‹franz.› (*schweiz., sonst veraltet für* Schaffner)

Kon|duk|tor, der; -s, ...oren ‹lat.› ([elektr.] Leiter; *Med.* Überträger einer Erbkrankheit)

Kon|du|ran|go, die; -, -s ‹indian.› (südamerik. Kletterstrauch,

K

dessen Rinde ein Magenmittel liefert); **Kon|du|ran|go|rin|de**

Kon|dy|lom, das; -s, -e ⟨griech.⟩ (*Med.* Feigwarze)

Ko|nen (*Plur. von* Konus)

Kon|fekt, das; -[e]s, -e ⟨lat.⟩ (Pralinen; *südd., schweiz., österr. auch für* Teegebäck)

Kon|fek|ti|on, die; -, -en *Plur. selten* ⟨franz.⟩ (industrielle Anfertigung von Kleidung; industriell angefertigte Kleidung; Bekleidungsindustrie)

Kon|fek|ti|o|när, der; -s, -e (Hersteller von Fertigkleidung; Unternehmer, Angestellter in der Konfektion); **Kon|fek|ti|o|nä|rin**

kon|fek|ti|o|nie|ren (fabrikmäßig herstellen); **Kon|fek|ti|o|nie|rung**

Kon|fek|ti|ons|an|zug

Kon|fek|ti|ons|ge|schäft

Kon|fek|ti|ons|grö|ße

Kon|fe|renz, die; -, -en ⟨lat.⟩ (Besprechung; Zusammenkunft von Experten)

Kon|fe|renz|be|schluss [*alte Schreibung* ...be|schluß]

Kon|fe|renz|saal; Kon|fe|renz|schal|tung (*Fernmeldetechnik*); **Kon|fe|renz|sen|dung** (*Rundf.*); **Kon|fe|renz|teil|neh|mer; Kon|fe|renz|tisch; Kon|fe|renz|zim|mer**

kon|fe|rie|ren ⟨franz.⟩ (eine Konferenz abhalten; als Conférencier sprechen); *vgl.* conferieren

Kon|fes|si|on, die; -, -en ⟨lat.⟩ ([Glaubens]bekenntnis; [christl.] Bekenntnisgruppe)

Kon|fes|si|o|na|lis|mus, der; - ([übermäßige] Betonung der eigenen Konfession)

kon|fes|si|o|nell (zu einer Konfession gehörend)

kon|fes|si|ons|los

Kon|fes|si|ons|lo|sig|keit

Kon|fes|si|ons|schu|le

Kon|fet|ti *Plur., heute meist* das; -[s] ⟨ital.⟩ (bunte Papierblättchen); **Kon|fet|ti|pa|ra|de; Kon|fet|ti|re|gen**

Kon|fi|dent, der; -en, -en ⟨franz.⟩ (*veraltet für* Vertrauter, Busenfreund; *österr. für* [Polizei]spitzel); **kon|fi|den|ti|ell** (*veraltet für* vertraulich)

Kon|fi|gu|ra|ti|on, die; -, -en ⟨lat.⟩ (*Astron., Astrol.* bestimmte Stellung der Planeten; *Med.* Verformung; *Chemie* räumliche Anordnung der Atome eines Moleküls; *Kunst* Gestaltung; *EDV* Zusammenstellung eines Systems); **kon|fi|gu|rie|ren** (*EDV*)

Kon|fir|mand, der; -en, -en ⟨lat.⟩

Kon|fir|man|den|stun|de; Kon|fir|man|den|un|ter|richt

Kon|fir|man|din

Kon|fir|ma|ti|on, die; -, -en (Aufnahme jugendl. evangel. Christen in die Erwachsenengemeinde); goldene Konfirmation

Kon|fir|ma|ti|ons|an|zug

Kon|fir|ma|ti|ons|ge|schenk

Kon|fir|ma|ti|ons|spruch

kon|fir|mie|ren

Kon|fi|se|rie [*auch* kõ...], *auch* Con|fi|se|rie, die; -, ...ien ⟨franz.⟩ (*schweiz.* [Geschäft für] Süßwaren, Pralinen u. Ä. aus eigener Herstellung); **Kon|fi|seur,** *auch* Con|fi|seur [*beide* ...ˈzøːɐ̯], der; -s, -e (Berufsbez.); **Kon|fi|seu|rin,** *auch* Con|fi|seu|rin

Kon|fis|ka|ti|on, die; -, -en ⟨lat.⟩ ([entschädigungslose] Enteignung; Beschlagnahmung)

kon|fis|zie|ren (beschlagnahmen)

Kon|fi|tent, der; -en, -en ⟨lat.⟩ (*veraltet für* Beichtender)

Kon|fi|tü|re, die; -, -n ⟨franz.⟩ (Marmelade mit Früchten od. Fruchtstücken)

kon|fli|gie|ren ⟨lat.⟩ (in Konflikt geraten)

Kon|flikt, der; -[e]s, -e ⟨lat., »Zusammenstoß«⟩ (Zwiespalt, [Wider]streit)

Kon|flikt|feld (Spannungsfeld)

Kon|flikt|for|schung; Kon|flikt|herd; Kon|flikt|kom|mis|si|on (*DDR* außergerichtl. Schiedskommission)

kon|flikt|los; kon|flikt|scheu

Kon|flikt|si|tu|a|ti|on

Kon|flikt|stoff

Kon|flu|enz, die; -, -en ⟨lat.⟩ (*Geol.* Zusammenfluss zweier Gletscher)

Kon|fö|de|ra|ti|on, die; -, -en ⟨lat., »Bündnis«⟩ ([Staaten]bund)

kon|fö|de|rie|ren, sich (sich verbünden); **Kon|fö|de|rier|te,** der *u.* die; -n, -n

kon|fo|kal ⟨lat.⟩ (*Optik* mit gleichen Brennpunkten); konfokale Kegelschnitte

kon|form ⟨lat.⟩ (einig, übereinstimmend); konform gehen (übereinstimmen)

Kon|for|mis|mus, der; - (*abwertend für* [Geistes]haltung, die [stets] um Anpassung bemüht ist)

Kon|for|mist, der; -en, -en (Anhänger der anglikan. Kirche; Vertreter des Konformismus); **Kon|for|mis|tin** [*alte Trennung* ...|st...]; **kon|for|mis|tisch**

Kon|for|mi|tät, die; - (Übereinstimmung)

Kon|fra|ter ⟨lat., »Mitbruder«⟩ ([kath.] Amtsbruder); **Kon|fra|ter|ni|tät,** die; -, -en (*veraltet für* Bruderschaft kath. Geistlicher)

Kon|fron|ta|ti|on, die; -, -en ⟨lat.⟩ (Gegenüberstellung; Auseinandersetzung); **Kon|fron|ta|ti|ons|kurs**

kon|fron|tie|ren; mit jmdm., mit etwas konfrontiert werden; **Kon|fron|tie|rung**

kon|fus ⟨lat.⟩ (verwirrt, verworren); am konfuses|ten; **Kon|fu|si|on,** die; -, -en (Verwirrung, Durcheinander; *BGB* Vereinigung von Forderung u. Schuld in einer Person)

Kon|fu|t|se, Kon|fu|zi|us (chin. Philosoph)

kon|fu|zi|a|nisch; konfuzianische [*alte Schreibung* Konfuzianische] Aussprüche (von Konfuzius); konfuzianische Philosophie (nach Art des Konfuzius)

Kon|fu|zi|a|nis|mus, der; - (sich auf die Lehre von Konfuzius berufende Geisteshaltung)

kon|fu|zi|a|nis|tisch [*alte Trennung* ...|st...] (den Konfuzianismus betreffend)

Kon|fu|zi|us *vgl.* Konfutse

kon|ge|ni|al [*auch* ˈkɔ...] ⟨lat.⟩ (geistesverwandt; geistig ebenbürtig); **Kon|ge|ni|a|li|tät** [*auch* ˈkɔ...], die; -

kon|ge|ni|tal ⟨lat.⟩ (*Med.* angeboren)

Kon|ges|ti|on [*alte Trennung* ...|st...], die; -, -en ⟨lat.⟩ (*Med.* Blutandrang); **kon|ges|tiv** (Blutandrang erzeugend)

Kon|glo|me|rat, das; -[e]s, -e ⟨lat.⟩ (Zusammenballung, Gemisch; *Geol.* Sedimentgestein)

[1]**Kon|go,** der; -[s] (Strom in Mittelafrika)

[2]**Kon|go;** -s *auch mit Artikel* der; -[s] (Staat in Mittelafrika)

[3]**Kon|go;** Demokratische Republik Kongo (Staat in Mittelafrika; *früher* Zaire)

Kon|go|be|cken [*alte Trennung* ...k|k...], das; -s

Kon|go|le|se, der; -n, -n; **Kon|go|le|sin; kon|go|le|sisch**

kon|go|rot; Kon|go|rot (ein Farbstoff)

K

Kon|gre|ga|ti|on, die; -, -en ‹lat.› ([kath.] Vereinigung)
Kon|gre|ga|ti|o|na|list, der; -en, -en ‹engl.› (Angehöriger einer engl.-nordamerik. Freikirche)
Kon|gre|ga|ti|o|nist, der; -en, -en ‹lat.› (Angehöriger einer Kongregation)
Kon|gress [*alte Schreibung* Kongreß], der; Kongresses, Kongresse ‹lat.› ([größere] fachl. od. polit. Versammlung; *nur Sing.:* Parlament in den USA);
Kon|gress|hal|le
Kon|gress|saal, *auch* **Kongress-Saal** [*alte Schreibung* Kon|greß|saal]
Kon|gress|stadt, *auch* **Kongress-Stadt** [*alte Schreibung* Kon|greß|stadt]
Kon|gress|teil|neh|mer [*alte Schreibung* Kon|greß...]
kon|gru|ent ‹lat.› (übereinstimmend; *Math.* deckungsgleich)
Kon|gru|enz, die; -, -en *Plur. selten* (Übereinstimmung; *Math.* Deckungsgleichheit)
K
Kon|gru|enz|satz *(Geom.)*
kon|gru|ie|ren
Ko|ni|die, die; -, -n *meist Plur.* ‹griech.› (*Bot.* Pilzspore)
K.-o.-Nie|der|la|ge ↑K 26 (*Boxen* Niederlage durch K. o.); *vgl. auch* Knock-out-Schlag
Ko|ni|fe|re, die; -, -n *meist Plur.* ‹lat.› (*Bot.* Zapfen tragendes Nadelholzgewächs)
Kö|nig [...nıç], der; -s, -e
Kö|ni|gin; Kö|ni|gin|mut|ter *Plur.* ...mütter; **Kö|ni|gin|pas|te|te** [*alte Trennung* ...|st...]; **Kö|ni|gin|wit|we**
kö|nig|lich [...nıklıç] (*Abk.* kgl.); das königliche Spiel (Schach); *im Titel* ↑K 151: Königlich (*Abk.* Kgl.); Königliche Hoheit (Anrede eines Fürsten od. Prinzen); *vgl.* kaiserlich
Kö|nig|reich [...nık...]
Kö|nigs|ad|ler [...nıçs...] (*svw.* Steinadler)
Kö|nigs|berg (*russ.* Kaliningrad); **Kö|nigs|ber|ger;** Königsberger Klopse (ein Fleischgericht)
kö|nigs|blau; Kö|nigs|blau
Kö|nigs|burg; Kö|nigs|farn; Kö|nigs|haus; Kö|nigs|hof
Kö|nigs|ker|ze (eine Heil- u. Zierpflanze)
Kö|nigs|kro|ne; Kö|nigs|ku|chen; Kö|nigs|pal|me
Kö|nigs|schloss [*alte Schreibung* ...schloß]
Kö|nigs|see, der; -s (in Bayern)
Kö|nigs|sohn
Kö|nigs|stuhl, der; -[e]s (Kreidefelsen auf Rügen)
Kö|nig|stein, der; -s (Tafelberg im Elbsandsteingebirge); die Festung Königstein
Kö|nigs|thron; Kö|nigs|ti|ger; Kö|nigs|toch|ter
kö|nigs|treu
Kö|nig|stuhl, der; -[e]s (Berg bei Heidelberg)
Kö|nigs|was|ser, das; -s *(Chemie)*
Kö|nigs|weg (bester, idealer Weg)
Kö|nigs Wus|ter|hau|sen [*alte Trennung* ...|st...] (Stadt südöstl. Berlins); **Kö|nigs-Wus|ter|hau|se|ner,** *auch* **Kö|nigs Wus|ter|hau|se|ner** [*alte Schreibung* Kö|nigs|wu|ster|hau|se|ner] ↑K 145
Kö|nig|tum
Ko|ni|in, das; -s ‹griech.› (*Biol., Chemie* ein giftiges Alkaloid)
ko|nisch ‹griech.› (kegelförmig); konische Spirale
Konj. = Konjunktiv
Kon|jek|tur, die; -, -en ‹lat.› (*Textkritik* verbessernder Eingriff in einen nicht einwandfrei überlieferten Text); **kon|jek|tu|ral**
kon|ji|zie|ren (Konjekturen machen)
Kon|ju|ga|ti|on, die; -, -en (*Sprachw.* Beugung des Verbs); **Kon|ju|ga|ti|ons|en|dung**
kon|ju|gier|bar (beugungsfähig); **kon|ju|gie|ren** ([Verb] beugen)
kon|jun|gie|ren (*veraltet für* verbinden)
Kon|junk|ti|on, die; -, -en (*Sprachw.* Bindewort, z. B. »und«, »weil«; *Astron.* Stellung zweier Gestirne im gleichen Längengrad)
Kon|junk|ti|o|nal|ad|verb; Kon|junk|ti|o|nal|satz (*Sprachw.* von einer Konjunktion eingeleiteter Nebensatz)
Kon|junk|tiv, der; -s, -e (*Sprachw.* Möglichkeitsform; *Abk.* Konj.)
Kon|junk|ti|va, die; -, ...vä (*Med.* Bindehaut [des Auges])
kon|junk|ti|visch (*Sprachw.* den Konjunktiv betreffend, auf ihn bezüglich)
Kon|junk|ti|vi|tis, die; -, ...itiden (*Med.* Bindehautentzündung [des Auges])
Kon|junk|tiv|satz
Kon|junk|tur, die; -, -en (wirtschaftl. Gesamtlage von bestimmter Entwicklungstendenz; wirtschaftl. Aufschwung); **kon|junk|tur|be|dingt; Kon|junk|tur|be|richt**
kon|junk|tu|rell (der Konjunktur gemäß)
Kon|junk|tur|la|ge
Kon|junk|tur|po|li|tik; kon|junk|tur|po|li|tisch
Kon|junk|tur|pro|gramm; Kon|junk|tur|rit|ter *(abwertend);* **Kon|junk|tur|schwan|kung; Kon|junk|tur|sprit|ze** (*ugs. für* Maßnahme zur Konjunkturbelebung)
Kon|junk|tur|zu|schlag
kon|kav ‹lat.› (*Optik* hohl, vertieft, nach innen gewölbt)
Kon|kav|glas *Plur.* ...gläser
Kon|ka|vi|tät, die; - (konkaver Zustand)
Kon|kav|spie|gel
Kon|kla|ve, das; -s, -n ‹lat.› (Versammlung[sort] der Kardinäle zur Papstwahl)
kon|klu|dent ‹lat.› (schlüssig); konkludentes Verhalten *(Rechtsw.);* **kon|klu|die|ren** (*Philos.* folgern); **Kon|klu|si|on,** die; -, -en (Schluss[folgerung]); **kon|klu|siv** (schließend, folgernd)
kon|kor|dant ‹lat.› (übereinstimmend)
Kon|kor|danz, die; -, -en (*Biol.* Übereinstimmung; *Buchw.* alphabet. Verzeichnis der in einem Buch vorkommenden Wörter u. Begriffe [bes. als Bibelkonkordanz]; *Geol.* gleich laufende Lagerung mehrerer Gesteinsschichten; *Druckw.* typograph. Maßeinheit); 5 Konkordanz (*Druckw.*)
Kon|kor|dat, das; -[e]s, -e (Vertrag zwischen Staat u. kath. Kirche; *schweiz. für* Vertrag zwischen Kantonen)
Kon|kor|dia, die; - (Name von Vereinen usw.)
Kon|kor|di|en|for|mel, die; - (letzte lutherische Bekenntnisschrift von 1577)
Kon|kre|ment, das; -[e]s, -e ‹lat.› (*Med.* krankhaftes festes Gebilde, das in Körperflüssigkeiten u. -hohlräumen entsteht)
kon|kret ‹lat.› (gegenständlich, anschaubar, greifbar); *vgl.* in concreto; konkrete Malerei; konkrete Musik
Kon|kre|ti|on, die; -, -en (*Geol.* mineralischer Körper in Gesteinen)
kon|kre|ti|sie|ren (verdeutlichen; [im Einzelnen] ausführen)

Kon|kre|ti|sie|rung
Kon|kre|tum, das; -s, ...ta (*Sprachw.* Substantiv, das etwas Gegenständliches benennt, z. B. »Tisch«)
Kon|ku|bi|nat, das; -[e]s, -e ‹lat.› (*Rechtsspr.* eheähnliche Gemeinschaft ohne Eheschließung); **Kon|ku|bi|ne,** die; -, -n (*veraltet für* im Konkubinat lebende Frau; *veraltet abwertend für* Geliebte)
Kon|ku|pis|zenz, die; - ‹lat.› (*Philos., Theol.* Begehrlichkeit; sinnl. Begierde)
Kon|kur|rent, der; -en, -en ‹lat.› (Mitbewerber, [geschäftl.] Rivale); **Kon|kur|ren|tin**
Kon|kur|renz, die; -, -en (Wettbewerb; Zusammentreffen zweier Tatbestände od. Möglichkeiten; *nur Sing.:* Konkurrent, Gesamtheit der Konkurrenten); **Kon|kur|renz|be|trieb**
kon|kur|renz|fä|hig
kon|kur|ren|zie|ren (*österr., schweiz. für* jmdm. Konkurrenz machen); jmdn. konkurrenzieren; **Kon|kur|ren|zie|rung** *(österr., schweiz.)*
Kon|kur|renz|kampf
kon|kur|renz|los
Kon|kur|renz|neid
Kon|kur|renz|un|ter|neh|men
kon|kur|rie|ren (wetteifern; miteinander in Wettbewerb stehen; zusammentreffen [von mehreren strafrechtl. Tatbeständen])
Kon|kurs, der; -es, -e (Zahlungseinstellung, -unfähigkeit); Konkurs anmelden
Kon|kurs|er|öff|nung; Kon|kurs|mas|se; Kon|kurs|ver|fah|ren; Kon|kurs|ver|wal|ter

kön|nen
– du kannst; du konntest; du könntest
Partizipbildung *a) bei »können« als Vollverb:* – er hat seine Aufgaben nicht gekonnt *b) bei »können« als Modalverb:* – ich habe das nicht glauben können

Kön|nen, das; -s
Kön|ner; Kön|ne|rin; Kön|ner|schaft, die; -
Kon|ne|ta|bel, der; -s, -s ‹franz.› (franz. Kronfeldherr [bis ins 17. Jh.])
Kon|nex, der; -es, -e ‹lat.› (Zusammenhang, Verbindung; persönlicher Kontakt); **Kon|ne|xi|on,** die; -, -en *meist Plur.* (*selten für* [vorteilhafte] Beziehung)
kon|ni|vent ‹lat.› (*Rechtsw.* nachsichtig); **Kon|ni|venz,** die; -, -en (Nachsicht); **kon|ni|vie|ren** (*veraltet für* Nachsicht üben)
Kon|nos|se|ment, das; -[e]s, -e ‹ital.› (*Seew.* Frachtbrief)
Kon|no|ta|ti|on, die; -, -en ‹lat.› (*Sprachw.* mit einem Wort verbundene zusätzliche Vorstellung, z. B. »Nacht« bei »Mond«)
kon|no|ta|tiv; kon|no|tie|ren (eine Konnotation hervorrufen)
Kon|nu|bi|um, das; -s, ...ien ‹lat.› (*Rechtsspr. veraltet für* Ehe[gemeinschaft])
Ko|no|id, das; -[e]s, -e ‹griech.› (*Geom.* kegelähnlicher Körper)
Kon|quis|ta|dor [...k(v)ɪ...; *alte Trennung* ...|st...], der; -en, -en ‹span.› (span. Eroberer von Mittel- u. Südamerika im 16. Jh.)
Kon|rad (m. Vorn.)
Kon|rek|tor, der; -s, ...oren ‹lat.› (Vertreter des Rektors einer Schule); **Kon|rek|to|rin**
Kon|se|k|ra|ti|on, die; -, -en ‹lat.› (liturg. Weihe einer Person od. Sache; Verwandlung von Brot u. Wein beim Abendmahl)
kon|se|k|rie|ren
kon|se|ku|tiv ‹lat.› (die Folge bezeichnend); **Kon|se|ku|tiv|satz** (*Sprachw.* Umstandssatz der Folge)
Kon|sens, der; -es, -e ‹lat.› (Meinungsübereinstimmung; *veraltend für* Genehmigung); **kon|sens|fä|hig; Kon|sen|sus,** der; -, - (*svw.* Konsens)
kon|sen|tie|ren (*veraltet für* einwilligen, genehmigen)
kon|se|quent ‹lat.› (folgerichtig; bestimmt; beharrlich, zielbewusst); **Kon|se|quenz,** die; -, -en (Folgerichtigkeit; Beharrlichkeit; Folge[rung])
Kon|ser|va|tis|mus ‹lat.› *vgl.* Konservativismus
kon|ser|va|tiv [*auch* ˈkɔ...] (am Hergebrachten festhaltend; polit. dem Konservativismus zugehörend); am konservativsten; eine konservative Partei; *aber* ↑K 150: die Konservative Partei (in England); **Kon|ser|va|ti|ve,** der *u.* die; -n, -n
Kon|ser|va|ti|vis|mus, der; - (am Überlieferten orientierte Einstellung; auf Erhalt der bestehenden Ordnung gerichtete Haltung)
Kon|ser|va|ti|vi|tät, die; -
Kon|ser|va|tor, der; -s, ...oren (für die Instandhaltung von Kunstdenkmälern verantwortl. Beamter); **Kon|ser|va|to|rin**
kon|ser|va|to|risch (pfleglich; das Konservatorium betreffend); konservatorisch gebildet (auf einem Konservatorium ausgebildet)
Kon|ser|va|to|rist, der; -en, -en (Schüler eines Konservatoriums); **Kon|ser|va|to|ris|tin** [*alte Trennung* ...|st...]
Kon|ser|va|to|ri|um, das; -s, ...ien ‹ital.› (Musik[hoch]schule)
Kon|ser|ve, die; -, -n ‹mlat.› (haltbar gemachtes Lebensmittel; Konservenbüchse, -glas mit Inhalt; *ugs. für* auf Tonband, Film usw. Festgehaltenes; *kurz für* Blutkonserve)
Kon|ser|ven|büch|se; Kon|ser|ven|do|se; Kon|ser|ven|fa|b|rik
Kon|ser|ven|ver|gif|tung *(Med.)*
kon|ser|vie|ren ‹lat.› (einmachen; haltbar machen; beibehalten)
Kon|ser|vie|rung; Kon|ser|vie|rungs|mit|tel, das
Kon|si|g|nant, der; -en, -en ‹lat.› (*Wirtsch.* Versender von Konsignationsgut); **Kon|si|g|na|tar, Kon|si|g|na|tär,** der; -s, -e (Empfänger von Konsignationsgut)
Kon|si|g|na|ti|on, die; -, -en (Kommissionsgeschäft); **Kon|si|g|na|ti|ons|gut**
kon|si|g|nie|ren (Waren zum Verkauf übersenden)
Kon|si|li|um, das; -s, ...ien (Beratung; beratende Versammlung); *vgl.* Consilium Abeundi
kon|sis|tent [*alte Trennung* ...|st...] ‹lat.› (fest, zäh zusammenhaltend; dickflüssig); **Kon|sis|tenz,** die; -
Kon|sis|to|ri|al|rat [*alte Trennung* ...|st...] *Plur.* ...räte (ev. Titel)
Kon|sis|to|ri|um [*alte Trennung* ...|st...], das; -s, ...ien ‹lat.› (außerordentl. Versammlung der Kardinäle unter Vorsitz des Papstes; oberste Verwaltungsbehörde in ev. Landeskirchen)
kon|s|k|ri|bie|ren ‹lat.› (*früher für* zum Heeres-, Kriegsdienst aus-

K

heben); **Kon|s|k|ri|bie|r|te,** der; -n, -n; **Kon|s|k|rip|ti|on,** die; -, -en

Kon|so|le, die; -, -n ‹franz.› (Wandbrett; *Bauw.* herausragender Mauerteil)

Kon|so|li|da|ti|on, die; -, -en ‹lat.(-franz.)› (Vereinigung mehrerer Staatsanleihen zu einer einheitlichen Anleihe; Umwandlung kurzfristiger Staatsschulden in Anleihen)

kon|so|li|die|ren (in seinem Bestand sichern, festigen); **Kon|so|li|die|rung; Kon|so|li|die|rungs|pha|se**

Kon|sol|tisch

Kon|som|mee [kõ...] *vgl.* Consommé

kon|so|nant ‹lat.› (*Musik* harmonisch, zusammenklingend; *veraltet für* einstimmig, übereinstimmend)

Kon|so|nant, der; -en, -en (*Sprachw.* Mitlaut, z. B. p, t, k)

Kon|so|nan|ten|häu|fung

Kon|so|nan|ten|schwund

kon|so|nan|tisch (Konsonanten betreffend)

Kon|so|nanz, die; -, -en (*Musik* harmonischer Gleichklang; *Sprachw.* Anhäufung von Mitlauten, Mitlautfolge)

Kon|sor|te, der; -n, -n ‹lat., »Genosse«› (*Wirtsch.* Mitglied eines Konsortiums; *nur Plur.: abwertend für* Mittäter)

Kon|sor|ti|um, das; -s, ...ien (Genossenschaft; vorübergehende Vereinigung von Unternehmen, bes. von Banken, für größere Finanzierungsaufgaben)

Kon|s|pekt, der; -[e]s, -e ‹lat.› (Zusammenfassung, Inhaltsübersicht); **kon|s|pek|tie|ren** (einen Konspekt anfertigen)

Kon|s|pi|ra|ti|on, die; -, -en ‹lat.› (Verschwörung); **kon|s|pi|ra|tiv** (verschwörerisch); **kon|s|pi|rie|ren** (sich verschwören)

[1]**Kon|s|ta|b|ler,** der; -s, - ‹lat.› (*früher für* Geschützmeister usw. [auf Kriegsschiffen])

[2]**Kon|s|ta|b|ler,** der; -s, - ‹engl.› (*veraltet für* Polizist)

kon|s|tant; ‹lat.› (beharrlich, fest[stehend], ständig, unveränderlich, stet[ig])

Kon|s|tan|te, die; -[n], *Plur.* -n, *ohne Artikel fachspr. auch* - (eine mathemat. Größe, deren Wert sich nicht ändert; *Ggs.* Veränderliche, Variable); zwei Konstante[n]

Kon|s|tan|tin [*österr. nur so, auch* ...'ti:n] (m. Vorn.); Konstantin der Große (röm. Kaiser); **kon|s|tan|ti|nisch,** *aber* ↑K 89: die Konstantinische Schenkung

Kon|s|tan|ti|no|pel (*früherer Name für* Istanbul); **Kon|s|tan|ti|no|pe|ler, Kon|s|tan|ti|nop|ler, Kon|s|tan|ti|no|po|li|ta|ner**

[1]**Kon|s|tanz,** die; - ‹lat.› (Beharrlichkeit; Stetigkeit)

[2]**Kon|s|tanz** (Stadt am Bodensee)

Kon|s|tan|ze (w. Vorn.)

kon|s|ta|tie|ren ‹franz.› (feststellen); **Kon|s|ta|tie|rung**

Kon|s|tel|la|ti|on, die; -, -en ‹lat.› (Zusammentreffen von Umständen; Lage; *Astron.* Stellung der Gestirne zueinander)

Kon|s|ter|na|ti|on, die; -, -en ‹lat.› (Bestürzung); **kon|s|ter|nie|ren** (verblüffen, verwirren); jmdn. konsternieren; **kon|s|ter|niert**

Kon|s|ti|pa|ti|on, die; -, -en ‹lat.› (*Med.* Verstopfung)

Kon|s|ti|tu|an|te *vgl.* Constituante

Kon|s|ti|tu|en|te, die; -, -n ‹lat.› (*Sprachw.* sprachl. Bestandteil eines größeren Ganzen)

kon|s|ti|tu|ie|ren ‹lat.(-franz.)› (einsetzen, festsetzen, gründen); sich konstituieren (zusammentreten [zur Beschlussfassung]); konstituierende Versammlung; **Kon|s|ti|tu|ie|rung**

Kon|s|ti|tu|ti|on, die; -, -en (allgemeine, bes. körperliche Verfassung; *Med.* Körperbau; *Politik* Verfassung, Satzung)

Kon|s|ti|tu|ti|o|na|lis|mus, der; - (Staatsform auf dem Boden einer Verfassung); **kon|s|ti|tu|ti|o|nell** ‹franz.› (verfassungsmäßig; *Med.* auf die Körperbeschaffenheit bezüglich; anlagebedingt); konstitutionelle Monarchie

Kon|s|ti|tu|ti|ons|typ

kon|s|ti|tu|tiv ‹lat.› (das Wesen einer Sache bestimmend)

Kon|s|t|rik|ti|on, die; -, -en ‹lat.› (*Med.* Zusammenziehung [eines Muskels]; *Biol.* Einschnürung, Verengung); **Kon|s|t|rik|tor,** der; -s, ...oren (*Med.* Schließmuskel); **kon|s|t|rin|gie|ren** (*Med.* zusammenziehen [von Muskeln])

kon|s|t|ru|ie|ren ‹lat.› (gestalten; zeichnen; bilden; [künstlich] herstellen)

Kon|s|t|rukt, das; -[e]s, *Plur.* -e *u.* -s (Arbeitshypothese)

Kon|s|t|ruk|teur [...'tø:ɐ̯], der; -s, -e ‹franz.› (Erbauer, Erfinder, Gestalter); **Kon|s|t|ruk|teu|rin**

Kon|s|t|ruk|ti|on, die; -, -en ‹lat.›; **kon|s|t|ruk|ti|ons|be|dingt**

Kon|s|t|ruk|ti|ons|bü|ro; Kon|s|t|ruk|ti|ons|feh|ler; Kon|s|t|ruk|ti|ons|zeich|nung

kon|s|t|ruk|tiv [*auch* 'kɔ...] (die Konstruktion betreffend; folgerichtig; aufbauend); konstruktives Misstrauensvotum

Kon|s|t|ruk|ti|vis|mus, der; - (Richtung der bildenden Kunst u. der Architektur um 1920)

Kon|s|t|ruk|ti|vist, der; -en, -en; **Kon|s|t|ruk|ti|vis|tin** [*alte Trennung* ...|st...]

kon|s|t|ruk|ti|vis|tisch [*alte Trennung* ...|st...]

Kon|sub|s|tan|ti|a|ti|on, die; -, -en ‹lat.› (*ev. Rel.* [nach Luther] Verbindung der realen Gegenwart Christi mit Brot u. Wein beim Abendmahl)

Kon|sul, der; -s, -n ‹lat.› (höchster Beamter der röm. Republik; *Diplomatie* Vertreter eines Staates zur Wahrnehmung seiner [wirtschaftl.] Interessen in einem anderen Staat); **Kon|su|lar|a|gent** (*Diplomatie* Bevollmächtigter eines Konsuls)

kon|su|la|risch; *aber* das Konsularische Korps (*Abk.* CC)

Kon|su|lar|recht, das; -[e]s

Kon|su|lar|ver|trag

Kon|su|lat, das; -[e]s, -e (Amt[sgebäude] eines Konsuls); **Kon|su|lats|ge|bäu|de**

Kon|su|lent, der; -en, -en (*veraltet für* [Rechts]berater)

Kon|su|lin

Kon|sul|tant, der; -en, -en (fachmänn. Berater)

Kon|sul|ta|ti|on, die; -, -en (Befragung, bes. eines Arztes; Beratung von Regierungen); **Kon|sul|ta|ti|ons|mög|lich|keit**

kon|sul|ta|tiv (beratend); **kon|sul|tie|ren** ([einen Arzt] befragen; zurate ziehen)

[1]**Kon|sum,** der; -s ‹ital.› (Verbrauch, Verzehr)

[2]**Kon|sum** [*österr. u. schweiz.* ...'zu:m], der; -s, -s (*kurz für* Konsumgenossenschaft)

Kon|sum|ar|ti|kel

Kon|su|ma|ti|on, die; -, -en ‹franz.› (*österr. u. schweiz. für* Verzehr, Zeche)

Kon|sum|den|ken (auf [1]Konsum ausgerichtete Lebenshaltung)
Kon|su|ment, der; -en, -en ‹lat.› (Verbraucher; Käufer); **kon|su|men|ten|freund|lich; Kon|su|men|ten|schutz** (*österr. für* Verbraucherschutz); **Kon|su|men|tin**
Kon|sum|for|schung; Kon|sum|ge|nos|sen|schaft (Verbrauchergenossenschaft; *Kurzw.* [2]Konsum); **Kon|sum|ge|sell|schaft**
Kon|sum|gut *meist Plur.*
Kon|sum|gü|ter|in|dus|t|rie [*alte Trennung* ...|st...]
kon|su|mie|ren (verbrauchen; verzehren); **Kon|su|mie|rung**
Kon|sump|ti|on *vgl.* Konsumtion
kon|sump|tiv *vgl.* konsumtiv
Kon|sum|ter|ror (*abwertend für* [durch Werbung ausgeübter] Druck auf die Verbraucher zur Steigerung ihres Konsums)
Kon|sum|ti|on, *auch* Kon|sump|ti|on, die; -, -en (Verbrauch; *Rechtsw.* Aufgehen eines einfachen Tatbestandes in einem übergeordneten; *Med.* starke Abmagerung); **kon|sum|tiv,** *auch* kon|sum|tiv (zum Verbrauch bestimmt)
Kon|sum|ver|ein (Verbrauchergenossenschaft); *vgl.* [2]Konsum
kon|ta|gi|ös (*Med.* ansteckend, übertragbar); kontagiöse Krankheiten; **Kon|ta|gi|o|si|tät** (*Med.* Ansteckungsfähigkeit)
Kon|takt, der; -[e]s, -e ‹lat.› (Berührung, Verbindung); **Kon|takt|a|d|res|se; Kon|takt|an|zei|ge**
kon|takt|arm; Kon|takt|ar|mut
Kon|takt|auf|nah|me; Kon|takt|be|reichs|be|am|te (Revierpolizist; *Kurzw.* Kob)
kon|tak|ten (*bes. Wirtsch.* kontaktieren); **Kon|tak|ter** *(Wirtsch.)*
kon|takt|freu|dig
Kon|takt|gift, das
kon|tak|tie|ren (Kontakt[e] aufnehmen); jmdn. *od.* mit jmdm. kontaktieren
Kon|takt|in|fek|ti|on
Kon|takt|lin|se
kon|takt|los; Kon|takt|lo|sig|keit
Kon|takt|man|gel, der; -s; **Kon|takt|mann** *Plur.* ...männer *u.* ...leute; **Kon|takt|nah|me,** die; -, -n; **Kon|takt|per|son**
Kon|takt|scha|le
Kon|takt|schwä|che; Kon|takt|sper|re; Kon|takt|stoff; Kon|takt|stö|rung; Kon|takt|stu|di|um
Kon|ta|mi|na|ti|on, die; -, -en ‹lat.› (*Sprachw.* Verschmelzung, Wortkreuzung, z. B. »Gebäulichkeiten« aus »Gebäude« u. »Baulichkeiten«; *fachspr. für* [radioaktive] Verunreinigung, Verseuchung); **kon|ta|mi|nie|ren**
kon|tant ‹ital.› (bar); **Kon|tan|ten** *Plur.* (ausländ. Münzen, die als Ware gehandelt werden)
Kon|tem|p|la|ti|on, die; -, -en ‹lat.› (religiöse Versenkung, Versunkenheit; Beschaulichkeit, Betrachtung); **kon|tem|p|la|tiv**
Kon|ten (*Plur. von* Konto); **Kon|ten|plan; Kon|ten|rah|men**
Kon|ten|ten *Plur.* ‹lat.› (*Seew.* Ladeverzeichnisse der Seeschiffe)
Kon|ten|tiv|ver|band (med. Stützverband)
Kon|ter, der; -s, - ‹franz. u. engl.› (*Sport* schneller Gegenangriff)
kon|ter... (gegen...)
Kon|ter... (Gegen...)
Kon|ter|ad|mi|ral (Offiziersdienstgrad bei der Marine)
Kon|ter|an|griff *(Sport)*
Kon|ter|ban|de, die; - (*veraltet für* Schmuggelware)
Kon|ter|fei [*auch* ...'fai], das; -s, -s (*veraltet, noch scherzh. für* [Ab]bild, Bildnis); **kon|ter|fei|en** [*auch* ...'fai...] (*veraltet, noch scherzh. für* abbilden); konterfeit
Kon|ter|fuß|ball (defensive, auf Konterangriffe ausgerichtete Spielweise)
kon|ter|ka|rie|ren (hintertreiben)
Kon|ter|mi|ne (Gegenmine; *Börse* Gegen-, Baissespekulation)
kon|tern (schlagfertig erwidern; sich zur Wehr setzen; *Druckw.* ein Druckbild umkehren; *Sport* den Gegner im Angriff durch gezielte Gegenschläge abfangen); ich kontere
Kon|ter|re|vo|lu|ti|on (Gegenrevolution); **kon|ter|re|vo|lu|ti|o|när**
Kon|ter|schlag *(bes. Boxen)*
Kon|text [*auch* ...'tɛ...], der; -[e]s, -e ‹lat.› (umgebender Text; Zusammenhang; Inhalt)
Kon|text|glos|se (*Literaturw.* Glosse, die in den Text [einer Handschrift] eingefügt ist)
kon|tex|tu|ell (den Kontext betreffend)
Kon|ti (*Plur. von* Konto); **kon|tie|ren** ‹ital.› (ein Konto benennen; auf ein Konto verbuchen)
Kon|ti|gu|i|tät, die; - ‹lat.› (*Psych.* zeitl. Zusammenfließen verschiedener Erlebnisinhalte)
Kon|ti|nent [*auch* 'kɔ...], der; -[e]s, -e ‹lat.› (Festland; Erdteil)
kon|ti|nen|tal
Kon|ti|nen|tal|eu|ro|pa; kon|ti|nen|tal|eu|ro|pä|isch
Kon|ti|nen|tal|kli|ma, das; -s; **Kon|ti|nen|tal|macht; Kon|ti|nen|tal|plat|te** *(Geol.);* **Kon|ti|nen|tal|sper|re,** die; - *(früher);* **Kon|ti|nen|tal|ver|schie|bung** *(Geol.)*
Kon|ti|nenz, die; - ‹lat.› (*Med.* Fähigkeit, Stuhl u. Urin zurückzuhalten)
Kon|tin|gent, das; -[e]s, -e ‹lat.› (anteilig zu erbringende Menge, Leistung, Anzahl)
kon|tin|gen|tie|ren (das Kontingent festsetzen; ein-, zuteilen); **Kon|tin|gen|tie|rung**
Kon|tin|gent[s]|zu|wei|sung
kon|ti|nu|ier|lich (stetig, fortdauernd, durchlaufend); kontinuierlicher Bruch (*Math.* Kettenbruch); **Kon|ti|nu|i|tät,** die; - (Stetigkeit, Fortdauer)
Kon|ti|nu|um, das; -s, ...nua (lückenlos Zusammenhängendes, Stetiges)
Kon|to, das; -s, *Plur.* ...ten, *auch* -s *u.* ...ti ‹ital.› (Rechnung, Aufstellung über Forderungen u. Schulden); *vgl.* a conto
Kon|to|aus|zug; kon|to|füh|rend; Kon|to|füh|rung; Kon|to|in|ha|ber
Kon|to|kor|rent, das; -s, -e (*Wirtsch.* laufende Rechnung)
Kon|to|num|mer
Kon|tor, das; -s, -e ‹niederl.› (Handelsniederlassung im Ausland; *DDR* Handelszentrale)
Kon|to|rist, der; -en, -en; **Kon|to|ris|tin** [*alte Trennung* ...|st...]
Kon|tor|si|on, die; -, -en ‹lat.› (*Med.* Verdrehung, Verrenkung eines Gliedes); **Kon|tor|si|o|nist,** der; -en, -en (*Artistik* Schlangenmensch); **Kon|tor|si|o|nis|tin** [*alte Trennung* ...|st...]
Kon|to|stand
kon|t|ra, *auch* con|t|ra ‹lat.› (gegen, entgegengesetzt); **Kon|t|ra,** das; -s, -s (*Kartenspiel* Gegenansage); jmdm. Kontra geben
Kon|t|ra|alt (tiefer Alt); **Kon|t|ra|bass** [*alte Schreibung* ...baß] (Bassgeige); **Kon|t|ra|bas|sist**
Kon|t|ra|dik|ti|on, die; -, -en (*Philos.* Widerspruch); **kon|t|ra|dik|to|risch** (*Philos.* widersprechend)
Kon|t|ra|fa|gott (tiefes Fagott)
Kon|t|ra|fak|tur, die; -, -en (*Litera-*

K

turw. geistl. Nachdichtung eines weltl. Liedes [u. umgekehrt] unter Beibehaltung der Melodie)
Kon|tra|ha|ge [...ʒə], die; -, -n ‹franz.› (*Verbindungsw. früher* Verabredung eines Duells)
Kon|tra|hent, der; -en, -en ‹lat.› (*Rechtsspr.* Vertragspartner; Gegner); **Kon|tra|hen|tin**
kon|tra|hie|ren (einen Kontrakt abschließen, vereinbaren; *Biol., Med.* sich zusammenziehen; *Verbindungsw. früher* ein Duell verabreden); sich kontrahieren (sich zusammenziehen)
Kon|t|ra|in|di|ka|ti|on, die; -, -en ‹lat., »Gegenanzeige«› (*Med.* Umstand, der die Anwendung einer Arznei o. Ä. verbietet)
kon|trakt ‹lat.› (*veraltet für* zusammengezogen; gelähmt)
Kon|trakt, der; -[e]s, -e (Vertrag, Abmachung); **Kon|trakt|ab|schluss** [*alte Schreibung* ...abschluß]; **Kon|trakt|bruch,** der; **kon|trakt|brü|chig**
kon|trak|til (*Med.* zusammenziehbar); **Kon|trak|ti|li|tät,** die; - (*Med.* Fähigkeit, sich zusammenzuziehen)
Kon|trak|ti|on, die; -, -en (*Med.* Zusammenziehung; *Physik* Verringerung des Volumens); **Kon|trak|ti|ons|vor|gang**
kon|trakt|lich (vertragsgemäß)
Kon|trak|tur, die; -, -en (*Med.* Verkürzung [von Muskeln, Sehnen]; Versteifung)
Kon|t|ra|post, der; -[e]s, -e ‹ital.› (*bild. Kunst* Ausgleich [bes. von Stand- u. Spielbein])
kon|t|ra|pro|duk|tiv (negativ, entgegenwirkend; ein gewünschtes Ergebnis verhindernd)
Kon|t|ra|punkt, der; -[e]s ‹lat.› (*Musik* Führung mehrerer selbstständiger Stimmen im Tonsatz); **Kon|t|ra|punk|tik,** die; - (Lehre des Kontrapunktes); **kon|t|ra|punk|tisch**
kon|t|rär ‹franz.› (gegensätzlich; widrig)
Kon|t|rast, der; -[e]s, -e ‹franz.› ([starker] Gegensatz; auffallender [Farb]unterschied)
Kon|t|rast|brei *(Med.)*
Kon|t|rast|far|be
kon|t|ras|tie|ren [*alte Trennung* ...|st...] ‹franz.› (sich unterscheiden, einen [starken] Gegensatz bilden); **kon|t|ras|tiv** [*alte Trennung* ...|st...] ‹engl.› (*Sprachw.* vergleichend); kontrastive Grammatik
Kon|t|rast|mit|tel, das *(Med.)*
Kon|t|rast|pro|gramm
kon|t|rast|reich
Kon|t|ra|zep|ti|on, die; - ‹lat.› (*Med.* Empfängnisverhütung)
kon|t|ra|zep|tiv (empfängnisverhütend); **Kon|t|ra|zep|tiv,** das; -s, -e *u.* **Kon|t|ra|zep|ti|vum,** das; -s, ...va (Verhütungsmittel)
Kon|t|re|tanz (alter Gesellschaftstanz)
Kon|tri|bu|ti|on, die; -, -en ‹lat.› (Kriegssteuer, -entschädigung)
Kon|t|ri|ti|on, die; -, -en ‹lat.› (*kath. Kirche* tiefe Reue)
Kon|t|roll|ab|schnitt
Kon|t|roll|ap|pa|rat; Kon|t|roll|be|fug|nis; Kon|t|roll|be|hör|de; Kon|t|roll|da|tum
Kon|t|rol|le, die; -, -n ‹franz.› (Überwachung; Überprüfung; Beherrschung)
Kon|t|rol|ler, der; -s, - ‹engl.› (*Technik* Steuerschalter an Elektromotoren)
Kon|t|rol|leur [...ˈløːɐ̯], der; -s, -e ‹franz.› (Aufsichtsbeamter, Prüfer); **Kon|t|rol|leu|rin**
Kon|t|roll|grup|pe *(bes. Psych.)*
kon|t|rol|lier|bar; Kon|t|rol|lier|bar|keit, die; -
kon|t|rol|lie|ren
Kon|t|roll|kas|se
Kon|t|roll|kom|mis|si|on
Kon|t|roll|lam|pe, *auch* **Kon|t|roll-Lam|pe** [*alte Schreibung* Kontrollampe, *alte Trennung* ...ll|l...]
Kon|t|roll|lis|te, *auch* **Kon|t|roll-Lis|te** [*alte Schreibung* Kontrolliste, *alte Trennung* ...ll|l...]
Kon|t|roll|me|cha|nis|mus
Kon|t|rol|lor, der; -s, -e ‹ital.› (*österr. für* Kontrolleur)
Kon|t|roll|or|gan; Kon|t|roll|pflicht; Kon|t|roll|punkt
Kon|t|roll|rat, der; -[e]s (oberstes Besatzungsorgan in Deutschland nach dem 2. Weltkrieg)
Kon|t|roll|sta|ti|on; Kon|t|roll|stel|le; Kon|t|roll|sys|tem [*alte Trennung* ...|st...]; **Kon|t|roll|turm**
Kon|t|roll|uhr
Kon|t|roll|zen|t|rum
kon|t|ro|vers ‹lat.› (entgegengesetzt; strittig; umstritten); **Kon|t|ro|ver|se,** die; -, -n (Meinungsverschiedenheit; [wissenschaftl.] Streit[frage]); **kon|t|ro|ver|si|ell** (*österr. für* kontrovers)
Kon|tu|maz, die; - ‹lat.› (*veraltet für* Nichterscheinen vor Gericht; *österr. veraltet für* Quarantäne); *vgl.* in contumaciam; **Kon|tu|ma|zi|al|ver|fah|ren** (*Rechtsspr.* Gerichtsverfahren in Abwesenheit einer Partei od. des Beschuldigten)
Kon|tur, die; -, -en *meist Plur.* ‹franz.› (Umriss[linie]; andeutende Linie[nführung]); **Kon|tur|buch|sta|be** (nur im Umriss gezeichneter Buchstabe)
kon|tu|ren|reich
Kon|tu|ren|schär|fe *(Fotogr.)*; **Kon|tu|ren|stift** (zum Nachziehen der Lippenkonturen)
kon|tu|rie|ren (die äußeren Umrisse ziehen; andeuten)
Kon|tur|schrift (*Druckw.* Zierschrift mit Konturbuchstaben)
Kon|tu|si|on, die; -, -en ‹lat.› (*Med.* Quetschung)
Ko|nus, der; -, *Plur.* Konusse, *Technik auch* Konen ‹griech.› (Kegel[stumpf]; bei Drucktypen die Seitenflächen des schriftbildtragenden Oberteils)
Kon|va|les|zent, der; -en, -en ‹lat.› (*svw.* Rekonvaleszent); **Kon|va|les|zenz,** die; -, -en *Plur. selten* (*Rechtsw.* nachträgliches Gültigwerden von Rechtsgeschäften; *Med. svw.* Rekonvaleszenz)
Kon|vek|ti|on, die; -, -en ‹lat., »Mitführung«› (*Physik* Transport von Energie od. elektr. Ladung durch kleinste Teilchen einer Strömung); **kon|vek|tiv**
Kon|vek|tor, der; -s, ...oren (ein Heizkörper)
kon|ve|na|bel ‹franz.› (*veraltet für* schicklich; passend, bequem; annehmbar); ...a|b|le Preise
Kon|ve|ni|at, das; -s, -s ‹lat.› (Zusammenkunft der kath. Geistlichen eines Dekanats)
Kon|ve|ni|enz, die; -, -en (*veraltet für* Herkommen; Schicklichkeit; Zuträglichkeit; Bequemlichkeit); **kon|ve|nie|ren** (*veraltet für* passen, annehmbar sein)
Kon|vent, der; -[e]s, -e (*kath. Kirche* Versammlung der Mönche; Gesamtheit der Konventualen; *ev. Kirche* Zusammenkunft der Geistlichen zur Beratung; Versammlung einer Studentenverbindung; *nur Sing.:* Nationalversammlung in Frankreich 1792 bis 1795)
Kon|ven|ti|kel, das; -s, - ([heimliche] Zusammenkunft; private religiöse Versammlung)

Kon|ven|ti|on, die; -, -en ‹franz.› (Abkommen, [völkerrechtl.] Vertrag; *meist Plur.:* Herkommen, Brauch, Förmlichkeit)
kon|ven|ti|o|nal ‹lat.› (die Konvention betreffend)
Kon|ven|ti|o|nal|stra|fe (*Rechtsspr.* Vertragsstrafe)
kon|ven|ti|o|nell ‹franz.› (herkömmlich, üblich; förmlich)
Kon|ven|tu|a|le, der; -n, -n ‹lat.› (stimmberechtigtes Klostermitglied; Angehöriger eines kath. Ordens)
kon|ver|gent ‹lat.› (sich zuneigend, zusammenlaufend; übereinstimmend); **Kon|ver|genz,** die; -, -en (Annäherung, Übereinstimmung)
Kon|ver|genz|kri|te|ri|um (*Math.; auch für* Bedingung für die Teilnahme an der Europäischen Wirtschafts- u. Währungsunion)
Kon|ver|genz|the|o|rie, die; - (*Politik*)
kon|ver|gie|ren
Kon|ver|sa|ti|on, die; -, -en ‹franz.› (gesellige Unterhaltung, Plauderei); **Kon|ver|sa|ti|ons|le|xi|kon; Kon|ver|sa|ti|ons|stück**
kon|ver|sie|ren (*veraltet für* sich unterhalten)
Kon|ver|si|on, die; -, -en ‹lat.› (*Rel.* Glaubenswechsel; *Sprachw.* Übergang in eine andere Wortart ohne eine formale Änderung, z. B. »Dank« – »dank«)
Kon|ver|ter, der; -s, - ‹engl.› (*Hüttenw.* Gerät zur Stahlherstellung; *Physik* Gerät zum Umformen von Frequenzen)
kon|ver|ti|bel ‹franz.› (*svw.* konvertierbar); ...b|le Währungen
Kon|ver|ti|bi|li|tät, die; - (Konvertierbarkeit)
kon|ver|tier|bar (austauschbar zum jeweiligen Wechselkurs [von Währungen]); frei konvertierbare Währung; **Kon|ver|tier|bar|keit,** die; - (*Wirtsch.*)
kon|ver|tie|ren ‹lat.(-franz.)› (*Rel.* den Glauben, die Konfession wechseln; *Wirtsch.* Währung zum Wechselkurs tauschen); **Kon|ver|tie|rung**
Kon|ver|tit, der; -en, -en ‹engl.› (*Rel.* zu einem anderen Glauben od. einer anderen Konfession Übergetretener); **Kon|ver|ti|ten|tum,** das; -s (*Rel.*); **Kon|ver|ti|tin**
kon|vex ‹lat.› (*Optik* erhaben, nach außen gewölbt); **Kon|ve|xi|tät,** die; - (konvexer Zustand)
Kon|vex|lin|se; Kon|vex|spie|gel
Kon|vikt, das; -[e]s, -e ‹lat.› (kirchl. Internat); **Kon|vik|tu|a|le,** der; -n, -n (*veraltet für* Angehöriger eines Konvikts)
Kon|vi|vi|um, das; -s, ...ien (*veraltet für* Gelage)
Kon|voi [*auch* ˈkɔn...], der; -s, -s ‹engl.› (*bes. Milit.* Geleitzug [für Schiffe]; Fahrzeugkolonne)
Kon|vo|ka|ti|on, die; -, -en ‹lat., »Zusammenrufen«› (*veraltet für* Einberufung)
Kon|vo|lut, das; -[e]s, -e ‹lat.› (*Buchw.* Bündel [von Schriftstücken]; Sammelband)
Kon|vul|si|on, die; -, -en ‹lat.› (*Med.* Schüttelkrampf)
kon|vul|siv, kon|vul|si|visch (krampfhaft [zuckend])
kon|ze|die|ren ‹lat.› (zugestehen, einräumen)
Kon|ze|le|b|ra|ti|on, die; -, -en ‹lat.› (*kath. Kirche* gemeinsame Eucharistiefeier durch mehrere Geistliche); **kon|ze|le|b|rie|ren**
Kon|zen|t|rat, das; -[e]s, -e ‹lat.; griech.› (angereicherter Stoff, hochprozentige Lösung; hochprozentiger Auszug)
Kon|zen|t|ra|ti|on, die; -, -en (Zusammenziehung [von Truppen]; [geistige] Sammlung; *Chemie* Gehalt einer Lösung); **Kon|zen|t|ra|ti|ons|fä|hig|keit**
Kon|zen|t|ra|ti|ons|la|ger, das; -s, - (*Abk.* KZ)
Kon|zen|t|ra|ti|ons|man|gel, der
Kon|zen|t|ra|ti|ons|schwä|che
kon|zen|t|rie|ren ([Truppen] zusammenziehen, vereinigen; *Chemie* anreichern, gehaltreich machen); sich konzentrieren (sich [geistig] sammeln); **kon|zen|t|riert** (*Chemie* angereichert, gehaltreich; *übertr. für* gesammelt, aufmerksam)
Kon|zen|t|riert|heit, die; -
Kon|zen|t|rie|rung
kon|zen|t|risch (mit gemeinsamem Mittelpunkt); konzentrische Kreise; **Kon|zen|t|ri|zi|tät,** die; - (Gemeinsamkeit des Mittelpunktes)
Kon|zept, das; -[e]s, -e ‹lat.› (Entwurf; erste Fassung; grober Plan); **Kon|zep|ti|on,** die; -, -en (Entwurf eines Werkes; *Med.* Empfängnis); **kon|zep|ti|o|nell**
kon|zep|ti|ons|los; Kon|zep|ti|ons|lo|sig|keit, die; -
Kon|zept|pa|pier
kon|zep|tu|a|li|sie|ren (als Konzept gestalten; ein Konzept entwerfen); **kon|zep|tu|ell** (auf ein Konzept bezogen)
Kon|zern, der; -[e]s, -e ‹engl.› (Zusammenschluss wirtschaftl. Unternehmen); **kon|zer|nie|ren** (zu einem Konzern zusammenschließen); **Kon|zer|nie|rung**
Kon|zern|mut|ter (*Wirtsch.* Muttergesellschaft eines Konzerns); **Kon|zern|toch|ter** (Tochtergesellschaft eines Konzerns)
Kon|zert, das; -[e]s, -e ‹ital.›; **Kon|zert|a|bend; Kon|zert|a|gen|tur**
kon|zer|tant (konzertmäßig, in Konzertform)
Kon|zert|flü|gel
kon|zer|tie|ren (ein Konzert geben); **kon|zer|tiert;** eine konzertierte Aktion (*Wirtsch.* gemeinsam zwischen Partnern abgestimmtes Handeln)
Kon|zer|ti|na, die; -, -s (eine Handharmonika)
Kon|zert|meis|ter [*alte Trennung* ...|st...]; **Kon|zert|pro|gramm**
kon|zert|reif; Kon|zert|rei|fe
Kon|zert|rei|se; Kon|zert|saal; Kon|zert|stück; Kon|zert|tour|nee; Kon|zert|ver|an|stal|tung
Kon|zes|si|on, die; -, -en ‹lat.› (behördl. Genehmigung; *meist Plur.:* Zugeständnis); **Kon|zes|si|o|när,** der; -s, -e (Inhaber einer Konzession); **Kon|zes|si|o|nä|rin**
kon|zes|si|o|nie|ren (behördlich genehmigen)
Kon|zes|si|ons|be|reit|schaft
Kon|zes|si|ons|in|ha|ber
kon|zes|siv (*Sprachw.* einräumend); konzessive Konjunktion; **Kon|zes|siv|satz** (Umstandssatz der Einräumung)
Kon|zil, das; -s, *Plur.* -e *u.* -ien ‹lat.› (Versammlung kath. Würdenträger; Universitätsgremium)
kon|zi|li|ant (versöhnlich, umgänglich, verbindlich); **Kon|zi|li|anz,** die; - (Umgänglichkeit, Entgegenkommen)
Kon|zi|li|a|ris|mus, der; - (kirchenrechtl. Theorie, die das Konzil über den Papst stellt)
Kon|zils|va|ter *meist Plur.* (stimmberechtigter Teilnehmer an einem Konzil)
kon|zinn ‹lat.› (*Rhet.* ebenmäßig gebaut; *veraltet für* gefällig)
Kon|zi|pi|ent, der; -en, -en ‹lat.› (*veraltet* Verfasser eines

Schriftstückes; *österr. für* Jurist [zur Ausbildung] in einem Anwaltsbüro); **Kon|zi|pi|en|tin** *(österr.)*

kon|zi|pie|ren (verfassen, entwerfen; *Med.* schwanger werden)

kon|zis ‹lat.› (*Rhet.* kurz, gedrängt)

Koog, *auch* Kog, der; -[e]s, Köge (*nordd.* dem Meer abgewonnenes eingedeichtes Land; Polder)

Ko|o|pe|ra|ti|on, die; -, -en ‹lat.› (Zusammenarbeit); **Ko|o|pe|ra|ti|ons|ab|kom|men**

ko|o|pe|ra|ti|ons|be|reit

Ko|o|pe|ra|ti|ons|be|reit|schaft

Ko|o|pe|ra|ti|ons|mög|lich|keit

ko|o|pe|ra|tiv; Ko|o|pe|ra|tiv, das; -s, *Plur.* -e, *auch* -s *u.* **Ko|o|pe|ra|ti|ve,** die; -, -n (Arbeitsgemeinschaft, Genossenschaft)

Ko|o|pe|ra|tor, der; -s, ...oren (*veraltet für* Mitarbeiter; *landsch. u. österr. für* kath. Vikar)

ko|o|pe|rie|ren (zusammenarbeiten)

K

Ko|op|ta|ti|on, die; -, -en ‹lat.› (*selten für* Ergänzungs-, Zuwahl)

ko|op|tie|ren (*selten für* hinzuwählen)

Ko|or|di|na|te, die; -, -n *meist Plur.* ‹lat.› (*Math.* Abszisse u. Ordinate; Zahl, die die Lage eines Punktes bestimmt)

Ko|or|di|na|ten|ach|se *(Math.)*

Ko|or|di|na|ten|sys|tem [*alte Trennung* ...|st...] *(Math.)*

Ko|or|di|na|ti|on, die; -, -en; **Ko|or|di|na|tor,** der; -s, ...natoren (jmd., der koordiniert); **Ko|or|di|na|to|rin**

ko|or|di|nie|ren (in ein Gefüge einbauen; aufeinander abstimmen; nebeneinander stellen; *Sprachw.* beiordnen); koordinierende (nebenordnende) Konjunktion (z. B. »und«)

Ko|or|di|nie|rung

Kop. = Kopeke

Ko|pa|i|va|bal|sam, der; -s ‹indian; hebr.› (ein Harz)

Ko|pal, der; -s, -e ‹indian.-span.› (ein Harz); **Ko|pal|fich|te; Ko|pal|harz; Ko|pal|lack**

Ko|pe|ke, die; -, -n ‹russ.› (russ. Münze; *Abk.* Kop.; 100 Kopeken = 1 Rubel)

Ko|pen|ha|gen (Hauptstadt Dänemarks); *vgl.* København; **Ko|pen|ha|ge|ner**

Kö|pe|nick (Stadtteil von Berlin); **Kö|pe|ni|cker** [*alte Trennung* ...k|k...]; **Kö|pe|ni|cki|a|de,** die; -, -n ‹nach dem Hauptmann von Köpenick› (toller Streich)

Ko|pe|po|de, der; -n, -n *meist Plur.* ‹griech.› (*Zool.* Ruderfußkrebs)

Kö|per, der; -s, - ‹niederl.› (ein Gewebe); **Kö|per|bin|dung**

ko|per|ni|ka|nisch; das kopernikanische Weltsystem; eine kopernikanische (tief greifende) Wende; die kopernikanischen [*alte Schreibung* Kopernikanischen] »Sechs Bücher über die Umläufe der Himmelskörper« (Hauptwerk des Kopernikus); **Ko|per|ni|kus** (dt. Astronom)

Kopf

der; -[e]s, Köpfe
- Kopf hoch!; von Kopf bis Fuß; jmdm. zu Kopf steigen
- auf dem Kopf stehen; das Bild, der Turner steht auf dem Kopf
- Kopf stehen [*alte Schreibung* kopfstehen] (einen Kopfstand machen; *ugs. für* völlig verwirrt sein); ich stehe Kopf [*alte Schreibung* kopf], habe Kopf gestanden [*alte Schreibung* kopfgestanden], um Kopf zu stehen [*alte Schreibung* kopfzustehen], *aber* sie hat sich beim Kopfstehen verrenkt

Kopf-an-Kopf-Ren|nen ↑K 26

Kopf|ar|beit; Kopf|ar|bei|ter

Kopf|bahn|hof

Kopf|ball; Kopf|ball|tor, das

Kopf|be|de|ckung [*alte Trennung* ...k|k...]; **Kopf|be|we|gung**

Köpf|chen

Kopf|dün|ger (zur Düngung während der Wachstumszeit); **Kopf|dün|gung**

köp|feln (*österr., schweiz. für* einen Kopfsprung machen; den Ball mit dem Kopf stoßen); ich köpf[e]le

köp|fen

Kopf|en|de; Kopf|form

Kopf|fü|ßer *(Zool.)*

Kopf|geld

Kopf|grip|pe; Kopf|haar; Kopf|hal|tung

Kopf|haut; Kopf|hö|rer

...köp|fig (z. B. vielköpfig); **...köp|fisch** (z. B. rappelköpfisch)

Kopf|jä|ger; Kopf|keil; Kopf|kis|sen

kopf|las|tig [*alte Trennung* ...|st...]; **Kopf|las|tig|keit,** die; -

Köpf|ler (*österr. u. schweiz. für* Kopfsprung; Kopfstoß)

kopf|los; Kopf|lo|sig|keit

Kopf|ni|cken [*alte Trennung* ...k|k...]; das; -s; **Kopf|nuss** [*alte Schreibung* ...nuß]

Kopf|putz; Kopf|quo|te

kopf|rech|nen *nur im Infinitiv gebr.;* **Kopf|rech|nen,** das; -s

Kopf|sa|lat

kopf|scheu

Kopf|schmerz *meist Plur.;* **Kopf|schmuck; Kopf|schup|pe** *meist Plur.;* **Kopfschuss** [*alte Schreibung* ...schuß]

Kopf|schüt|teln, das; -s; **kopf|schüt|telnd**

Kopf|schutz; Kopf|schüt|zer

Kopf|sprung; Kopf|stand

Kopf|ste|hen, das; -s

Kopf ste|hen [*alte Schreibung* kopf|ste|hen] *vgl.* Kopf

Kopf|stein|pflas|ter [*alte Trennung* ...|st...]

Kopf|steu|er, die; **Kopf|stim|me**

Kopf|stoß *(Fußball, Boxen)*

Kopf|stüt|ze; Kopf|teil, das *od.* der; **Kopf|tuch** *Plur.* ...tücher

kopf|ü|ber; kopf|un|ter

Kopf|ver|let|zung; Kopf|wä|sche; Kopf|weh, das; -s

Kopf|wei|de (*vgl.* [1]Weide)

Kopf|wun|de; Kopf|zahl

Kopf|zer|bre|chen, das; -s; viel Kopfzerbrechen

Koph|ta, der; -s, -s (geheimnisvoller ägypt. Magier); **koph|tisch**

Ko|pi|al|buch ‹lat.; dt.› (Buch für Urkundenabschriften usw.)

Ko|pi|a|li|en *Plur.* (*veraltet für* Abschreibgebühren)

Ko|pi|a|tur, die; -, -en (*veraltet für* Abschreiben)

Ko|pie [*österr. auch* 'ko:pi̯ə], die; -, ...ien [*österr. auch* 'ko:pi̯ən] (Abschrift; Abdruck; Nachbildung; *Film* Abzug)

ko|pie|ren (eine Kopie machen)

Ko|pie|rer (*ugs. für* Kopiergerät)

Ko|pier|ge|rät; Ko|pier|pa|pier

Ko|pier|schutz *(EDV)*

Ko|pier|stift, der

Ko|pi|lot (zweiter Flugzeugführer; zweiter Fahrer); **Ko|pi|lo|tin**

ko|pi|ös ‹franz.› (*Med.* reichlich, in Fülle)

Ko|pist, der; -en, -en ‹lat.› (jmd., der eine Kopie anfertigt); **Ko|pis|tin** [*alte Trennung* ...|st...]

Kop|pe, die; -, -n (ein Fisch; *landsch. für* Kuppe)

[1]**Kop|pel,** die; -, -n (eingezäunte Weide; Riemen; durch Riemen verbundene Tiere)

[2]**Kop|pel,** das; -s, -, *österr.* die; -, -n (Gürtel)

kop|pel|gän|gig *(Jägerspr.)*; koppelgängiger Hund

kop|peln (verbinden); ich kopp[e]le; *vgl.* kuppeln

Kop|pel|schloss [*alte Schreibung* ...schloß]

Kop|pe|lung, Kopp|lung; **Kop|pe|lungs|ma|nö|ver** *od.* Kopp|lungs|ma|nö|ver

Kop|pel|wei|de (*vgl.* [2]Weide); **Kop|pel|wirt|schaft; Kop|pel|wort** *Plur.* ...wörter *(Sprachw.)*

kop|pen (Luft schlucken [eine Pferdekrankheit])

kopp|heis|ter [*alte Trennung* ...|st...] (*nordd. für* kopfüber); koppheister schießen (einen Purzelbaum schlagen)

Kopp|lung usw. *vgl.* Koppelung usw.

Ko|p|ra, die; - ⟨tamil.-port.⟩ (zerkleinertes u. getrocknetes Mark der Kokosnuss)

Ko|pro|duk|ti|on, die; -, -en (Gemeinschaftsherstellung)

Ko|pro|du|zent, der; -en, -en; **Ko|pro|du|zen|tin; ko|pro|du|zie|ren**

Ko|p|ro|lith, der; *Gen.* -s *od.* -en, *Plur.* -e[n] ⟨griech.⟩ (versteinerter Kot [urweltl. Tiere])

Ko|p|rom, das; -s, -e (*Med.* Kotgeschwulst)

ko|p|ro|phag (*Biol.* Kot essend)

Ko|p|ro|pha|gie, die; - (Kotessen)

Kops, der; -es, -e ⟨engl.⟩ (Spule, Spindel mit Garn)

Kop|te, der; -n, -n ⟨griech.⟩ (Angehöriger der christl. Kirche in Ägypten); **kop|tisch;** koptische Kirche; koptische Schrift

Ko|pu|la, die; -, *Plur.* -s *u.* ...lae ⟨lat., »Band«⟩ (*Sprachw.* Satzband)

Ko|pu|la|ti|on, die; -, -en (*Biol.* Begattung; *Gartenbau* bestimmte Veredelung von Pflanzen)

ko|pu|la|tiv (*Sprachw.* verbindend, anreihend); kopulative Konjunktion (z. B. »und«)

Ko|pu|la|ti|vum, das; -s, ...va (*Sprachw.* Zusammensetzung aus zwei gleichwertigen Bestandteilen, z. B. »taubstumm«, »Hemdhose«)

ko|pu|lie|ren ⟨*zu* Kopulation⟩

Ko|rah, *ökum.* Ko|rach (bibl. m. Eigenn.)

Ko|ral|le, die; -, -n ⟨griech.⟩ (ein Nesseltier; aus seinem Skelett gewonnener Schmuckstein); **ko|ral|len** (aus Korallen, korallenrot)

Ko|ral|len|bank *Plur.* ...bänke; **Ko|ral|len|baum; Ko|ral|len|in|sel; Ko|ral|len|ket|te**

Ko|ral|len|riff

ko|ral|len|rot

ko|ram ⟨lat., »vor aller Augen«⟩; jmdn. koram nehmen (*veraltet für* scharf tadeln); *vgl.* coram publico

Ko|ran [*auch* 'ko:...], der; -s, -e ⟨arab.⟩ (das heilige Buch des Islams); **Ko|ran|su|re**

Korb, der; -[e]s, Körbe; drei Korb Kabeljau

Korb|ball; Korb|ball|spiel

Korb|blüt|ler

Körb|chen

Kor|ber (*schweiz. früher für* Korbmacher)

Kör|berl|geld (*österr. für* Zubrot)

Korb|fla|sche; Korb|flech|ter

Kor|bi|ni|an [*auch* ...'bi:...] (ein Heiliger; *auch* m. Vorn.)

Körb|lein

Korb|ma|cher; Korb|ses|sel; Korb|stuhl; Korb|wa|gen

Korb|wei|de (*vgl.* [1]Weide)

Korb|wurf

[1]Kord (m. Vorn.)

[2]Kord usw. *vgl.* Cord usw.; **Kord|an|zug** *vgl.* Cordanzug

Kor|de, die; -, -n ⟨franz.⟩ (*veraltet für* schnurartiger Besatz)

Kor|del, die; -, -n (gedrehte oder geflochtene Schnur; *landsch. für* Bindfaden; *österr. svw.* Korde); **Kör|del|chen**

Kor|de|lia, Kor|de|lie *vgl.* Cordelia, Cordelie

Kord|ho|se *vgl.* Cordhose

kor|di|al ⟨lat.⟩ (*veraltet für* herzlich; vertraulich)

kor|die|ren ⟨franz.⟩ (vertiefte Muster in zu glatte Griffe von Werkzeugen einarbeiten); **Kor|dier|ma|schi|ne**

Kor|dil|le|ren [...dɪl'je:...] *Plur.* ⟨span.⟩ (amerik. Gebirgszug)

Kor|dit, der; -s ⟨franz.⟩ (ein Schießpulver)

Kor|don [...'dõ:, *österr.* ...'do:n], der; -s, *Plur.* -s, *österr.* -e ⟨franz.⟩ (Postenkette; Ordensband)

Kor|do|nett|sei|de (Zwirn-, Schnurseide); **Kor|do|nett|stich** (ein Zierstich)

Kord|samt *vgl.* Cordsamt

Kor|du|la *vgl.* Cordula

Ko|re, die; -, -n ⟨griech.⟩ ([Gebälk tragende] Frauengestalt)

Ko|rea (eine Halbinsel Ostasiens; Demokratische Volksrepublik Korea [Nordkorea]; Republik Korea [Südkorea])

Ko|re|a|krieg, der; -[e]s (1950 bis 1953)

Ko|re|a|ner; Ko|re|a|ne|rin; ko|re|a|nisch

Ko|re|fe|rat, Ko|re|fe|rent, ko|re|fe|rie|ren *vgl.* Korreferat usw.

Ko|re|gis|seur; Ko|re|gis|seu|rin

kö|ren (*fachspr. für* [männl. Haustiere] zur Zucht auswählen)

Kor|fi|ot, der; -en, -en (Bewohner der Insel Korfu); **Kor|fi|o|tin; kor|fi|o|tisch**

Kor|fu (ionische Insel u. Stadt); *vgl.* Kerkyra

Kör|ge|setz *(fachspr.)*; **Kör|hengst**

Ko|ri|an|der, der; -s, - *Plur. selten* ⟨griech.⟩ (Gewürzpflanze u. deren Samen); **Ko|ri|an|der|öl; Ko|ri|an|der|schnaps**

Ko|ri|an|dol|li, das; -[s], - ⟨ital.⟩ (*österr. veraltet für* Konfetti)

Ko|rin|na (altgriech. Dichterin); *vgl.* Corinna

Ko|rinth (griech. Stadt)

Ko|rin|the, die; -, -n *meist Plur.* (kleine Rosine); **Ko|rin|then|brot**

Ko|rin|then|ka|cker [*alte Trennung* ...k|k...] (*derb für* kleinlicher Mensch)

Ko|rin|ther; Ko|rin|ther|brief ↑K 143

ko|rin|thisch; korinthische Säulenordnung, *aber* ↑K 140: der Korinthische Krieg

Kork, der; -[e]s, -e (Rinde der Korkeiche; Korken)

Kork|brand; Kork|ei|che

kor|ken (aus Kork); **Kor|ken,** der; -s, - (Stöpsel aus Kork)

Kor|ken|geld (*veraltend für* Entschädigung für den Wirt, wenn der Gast im Wirtshaus seinen eigenen Wein o. Ä. trinkt)

Kor|ken|zie|her

Kork|geld (*svw.* Korkengeld)

kor|kig; der Wein schmeckt korkig

Kork|soh|le; Kork|wes|te [*alte Trennung* ...|st...]; **Kork|zie|her** (*svw.* Korkenzieher)

Kor|mo|phyt, der; -en, -en *meist Plur.* ⟨griech.⟩ (*Bot.* Sammelbezeichnung für Farn- u. Samenpflanzen)

Kor|mo|ran [*österr.* 'kɔr...], der; -s, -e ⟨lat.⟩ (ein Schwimmvogel)

Kor|mus, der; - ⟨griech.⟩ (*Bot.* aus Wurzel u. Sprossachse bestehender Pflanzenkörper)

[1]Korn, das; -[e]s, *Plur.* Körner *u.* (*für* Getreidearten:) -e

K

[2]**Korn,** das; -[e]s, -e *Plur. selten* (Teil der Visiereinrichtung)

[3]**Korn,** der; -[e]s (*ugs. für* Kornbranntwein); 3 Korn

Korn|äh|re

Korn|blu|me; korn|blu|men|blau

Korn|brannt|wein

Körn|chen

Köрndl|bau|er (*österr. für* Bauer, der hauptsächlich Getreide anbaut)

Kor|nea *vgl.* Cornea

Kor|ne|lia, Kor|ne|lie, Kor|ne|li|us *vgl.* Cornelia, Cornelie, Cornelius

Kor|nel|kir|sche, die; -, -n ‹lat.; dt.› (ein Zierstrauch)

kör|nen

Kor|ner *vgl.* Corner

[1]**Kör|ner,** Theodor (dt. Dichter)

[2]**Kör|ner** (Markierstift zum Ankörnen)

Kör|ner|fres|ser

Kör|ner|fut|ter (*vgl.* [1]Futter)

[1]**Kor|nett,** der; -[e]s, *Plur.* -e *u.* -s ‹franz.› (*früher* Fähnrich [bei der Reiterei])

[2]**Kor|nett,** das; -[e]s, *Plur.* -e *u.* -s (ein Blechblasinstrument); **Kor|net|tist,** der; -en, -en (Kornettspieler); **Kor|net|tis|tin** [*alte Trennung* ...|st...]

Korn|feld

kör|nig

kor|nisch; Kor|nisch, das; -[s] (früher in Cornwall gesprochene kelt. Sprache); *vgl.* Deutsch; **Kor|ni|sche,** das; -n; *vgl.* Deutsche, das

Korn|kam|mer

Korn|ra|de (ein Ackerwildkraut)

Korn|spei|cher

Kör|nung (best. Größe kleiner Materialteilchen; das Körnen; *Jägerspr.* Futter zur Wildfütterung; *auch für* Futterplatz)

Ko|rol|la, Ko|rol|le, die; -, ...llen ‹griech.› (Blumenkrone)

Ko|rol|lar, das; -s, -e *u.* **Ko|rol|la|ri|um,** das; -s, ...ien (*Logik* Satz, der selbstverständlich aus einem bewiesenen Satz folgt)

Ko|rol|le *vgl.* Korolla

Ko|ro|man|del|holz

Ko|ro|man|del|küs|te [*alte Trennung* ...|st...], die; - (vorderind. Küstengebiet)

[1]**Ko|ro|na,** die; -, ...nen ‹griech.-lat., »Kranz, Krone«› (*Kunstwiss.* Heiligenschein; *Astron.* Strahlenkranz [um die Sonne]; *ugs.* [fröhliche] Runde, [Zuhörer]kreis; *auch für* Horde)

[2]**Ko|ro|na** *vgl.* Corona

ko|ro|nar (*Med.* die Herzkranzgefäße betreffend); **Ko|ro|nar|in|suf|fi|zi|enz; Ko|ro|nar|skle|ro|se**

Kör|per, der; -s, -; **Kör|per|bau,** der; -[e]s; **Kör|per|be|herr|schung**

kör|per|be|hin|dert; Kör|per|be|hin|der|te, der *u.* die; -n, -n

kör|per|ei|gen; körpereigene Abwehrstoffe

Kör|per|ein|satz *(Sport);* **Kör|per|er|zie|hung; Kör|per|fül|le**

Kör|per|ge|ruch; Kör|per|ge|wicht; Kör|per|grö|ße

kör|per|haft

Kör|per|hal|tung; Kör|per|kraft

Kör|per|kult; Kör|per|kul|tur, die; -

Kör|per|län|ge

kör|per|lich; Kör|per|lich|keit

kör|per|los

Kör|per|pfle|ge, die; -

Kör|per|schaft; kör|per|schaft|lich

Kör|per|schafts|steu|er, Kör|per|schaft|steu|er, die

Kör|per|teil, der; **Kör|per|tem|pe|ra|tur; Kör|per|ver|let|zung**

Kör|per|wär|me

Kor|po|ra (*Plur. von* [2]Korpus)

Kor|po|ral, der; -s, *Plur.* -e, *auch* ...äle ‹franz.› (*früher* Führer einer Korporalschaft; Unteroffizier; *schweiz.* niedrigster Unteroffiziersgrad)

Kor|po|ral|schaft (*früher* Untergruppe der Kompanie für den inneren Dienst)

Kor|po|ra|ti|on, die; -, -en ‹lat.› (Körperschaft; Studentenverbindung)

kor|po|ra|tiv (körperschaftlich; einheitlich; eine Studentenverbindung betreffend)

kor|po|riert (einer stud. Korporation angehörend)

Korps, *auch* Corps [ko:ɐ̯], das; -, - ‹franz.› (Heeresabteilung; [schlagende] stud. Verbindung)

Korps|bru|der, *auch* Corps|bruder; **Korps|geist,** *auch* Corpsgeist, der; -[e]s

kor|pu|lent ‹lat.› (beleibt)

Kor|pu|lenz, die; - (Beleibtheit)

[1]**Kor|pus,** der; -, -se (Christusfigur am Kreuz; *fachspr. für* massiver Teil von Möbeln; *ugs. scherzh. für* Körper)

[2]**Kor|pus,** das; -, ...pora (einer wissenschaftl. Untersuchung zugrunde liegender Text; *Musik [heute meist* der; *nur Sing.]* Klangkörper eines Instruments)

[3]**Kor|pus,** die; - (ein alter Schriftgrad)

Kor|pus|kel, das; -s, -n, *fachspr. häufig* die; -, -n ‹lat., »Körperchen«› (kleines Teilchen der Materie)

Kor|pus|ku|lar|strah|len *Plur.* (*Physik* Strahlen aus elektr. geladenen Teilchen); **Kor|pus|ku|lar|the|o|rie,** die; - (Theorie, nach der das Licht aus Korpuskeln besteht)

Kor|ral, der; -s, -e ‹span.› ([Fang]gehege für Wildtiere)

Kor|ra|si|on, die; -, -en ‹lat.› (*Geol.* Abschabung, Abschleifung)

Kor|re|fe|rat [*auch* ...'ra:t], *landsch. u. österr.* Ko|re|fe|rat, das; -[e]s, -e ‹lat.› (zweiter Bericht; Nebenbericht)

Kor|re|fe|rent [*auch* ...'rɛ...], *landsch. u. österr.* Ko|re|fe|rent, der; -en, -en (zweiter Referent; Mitgutachter); **Kor|re|fe|ren|tin** [*auch* ...'rɛn...], *landsch. u. österr.* Ko|re|fe|ren|tin; **kor|re|fe|rie|ren** [*auch* ...'ri:...], *landsch. u. österr.* ko|re|fe|rie|ren

kor|rekt ‹lat.›; **kor|rek|ter|wei|se**

Kor|rekt|heit, die; -

Kor|rek|ti|on, die; -, -en (*schweiz. für* Verbreiterung, Begradigung [einer Straße, eines Bachs o. Ä.])

kor|rek|tiv (*veraltet für* bessernd; zurechtweisend); **Kor|rek|tiv,** das; -s, -e (Besserungs-, Ausgleichsmittel)

Kor|rek|tor, der; -s, ...oren (Berichtiger von Manuskripten od. Druckabzügen); **Kor|rek|to|rat,** das; -[e]s, -e (Abteilung der Korrektoren); **Kor|rek|to|rin**

Kor|rek|tur, die; -, -en (Berichtigung [des Schriftsatzes], Verbesserung); Korrektur lesen

Kor|rek|tur|ab|zug; Kor|rek|tur|bo|gen; Kor|rek|tur|fah|ne; Kor|rek|tur|le|sen, das; -s

Kor|rek|tur|vor|schrif|ten *Plur.*

Kor|rek|tur|zei|chen

kor|re|lat, kor|re|la|tiv ‹lat.› (sich wechselseitig erfordernd und bedingend); **Kor|re|lat,** das; -[e]s, -e (Ergänzung, Entsprechung; *Sprachw.* Wort, das auf ein anderes bezogen ist)

Kor|re|la|ti|on, die; -, -en (Wechselbeziehung); **Kor|re|la|ti|ons|rech|nung** *(Math.)*

kor|re|la|tiv *vgl.* korrelat

kor|re|lie|ren

kor|re|pe|tie|ren ‹lat.› (*Musik* mit

jmdm. eine Gesangspartie vom Klavier aus einüben); **Kor|re|pe|ti|tor; Kor|re|pe|ti|to|rin**

kor|re|s|pek|tiv ‹lat.› (*Rechtsspr.* gemeinschaftlich); korrespektives Testament

Kor|re|s|pon|dent, der; -en, - ‹lat.› (auswärtiger, fest engagierter Berichterstatter; Bearbeiter des [kaufmänn.] Schriftwechsels); **Kor|re|s|pon|den|tin**

Kor|re|s|pon|denz, die; -, -en (Briefverkehr, -wechsel; *regional für* Berichterstattung; *veraltend für* Übereinstimmung)

Kor|re|s|pon|denz|bü|ro; Kor|re|s|pon|denz|kar|te (*österr. veraltet für* Postkarte)

kor|re|s|pon|die|ren (im Briefverkehr stehen; übereinstimmen); korrespondierendes Mitglied (auswärtiges Mitglied)

Kor|ri|dor, der; -s, -e ‹ital.› ([Wohnungs]flur, Gang; schmaler Gebietsstreifen); **Kor|ri|dor|tür**

Kor|ri|gend, der; -en, -en ‹lat., »der zu Bessernde«› (*veraltet für* Sträfling)

Kor|ri|gen|da *Plur.* ([Druck]fehler, Fehlerverzeichnis)

Kor|ri|gens, das; -, *Plur.* ...gentia *u.* ...genzien *meist Plur.* (*Pharm.* geschmackverbessernder Zusatz zu Arzneien)

kor|ri|gie|ren (berichtigen; verbessern)

kor|ro|die|ren ‹lat.› (*fachspr. für* zersetzen, zerstören; der Korrosion unterliegen)

Kor|ro|si|on, die; -, -en (Zersetzung, Zerstörung); **kor|ro|si|ons|be|stän|dig; kor|ro|si|ons|fest**

Kor|ro|si|ons|schutz; kor|ro|si|on[s]|ver|hü|tend

kor|ro|siv (zerfressend, zerstörend; durch Korrosion hervorgerufen)

kor|rum|pie|ren ‹lat.› ([charakterlich] verderben; bestechen)

kor|rum|piert (verderbt [von Stellen in alten Texten])

Kor|rum|pie|rung

kor|rupt ([moralisch] verdorben; bestechlich)

Kor|rup|ti|on, die; -, -en (Bestechlichkeit; das Verderben, Bestechung; [Sitten]verfall, -verderbnis); **Kor|rup|ti|ons|skan|dal**

Kor|sa|ge [...ʒə], die; -, -n ‹franz.› (trägerloses, versteiftes Oberteil eines Kleides)

Kor|sar, der; -en, -en ‹ital.› (*früher für* Seeräuber[schiff]; kleine Zweimannjolle)

Kor|se, der; -n, -n (Bewohner Korsikas)

Kor|se|lett, das; -s, *Plur.* -s, *auch* -e ‹franz.› (bequemes, leichtes Korsett)

Kor|sett, das; -s, *Plur.* -s, *auch* -e (Mieder; *Med.* Stützvorrichtung für die Wirbelsäule)

Kor|sett|stan|ge

Kor|si|ka (Insel im Mittelmeer); **Kor|sin; kor|sisch**

Kor|so, der; -s, -s ‹ital.› (Schaufahrt; Umzug; Straße [für das Schaufahren])

Kors|te [*alte Trennung* ...|st...], die; -, -n (*landsch. für* Endstück des Brotes)

Kor|tex, der; -[es], *Plur.* -e, *auch* ...tizes ‹lat.› (*Med.* äußere Zellschicht eines Organs, bes. Hirnrinde); **kor|ti|kal** (den Kortex betreffend)

Kor|ti|son, *fachspr.* Cor|ti|son, das; -s ‹Kunstwort› (*Pharm.* ein Hormonpräparat)

Ko|rund, der; -[e]s, -e ‹tamil.› (ein Mineral)

Kö|rung ‹*zu* kören›

Kor|vet|te, die; -, -n ‹franz.› (leichtes [Segel]kriegsschiff)

Kor|vet|ten|ka|pi|tän

Kor|vey *vgl.* Corvey

Ko|ry|bant, der; -en, -en ‹griech.› (Priester der Kybele); **ko|ry|ban|tisch** (wild begeistert, ausgelassen)

Ko|ry|phäe, die; -, -n ‹griech.› (bedeutende Persönlichkeit, hervorragender Gelehrter usw.)

Kos (Insel des Dodekanes)

Ko|sak, der; -en, -en ‹russ.› (Angehöriger der militär. organisierten Grenzbevölkerung im zarist. Russland; leichter Reiter)

Ko|sa|ken|müt|ze; Ko|sa|ken|pferd

Ko|sche|nil|le [...ˈnɪljə], die; -, -n ‹span.› (eine Schildlaus; *nur Sing.:* ein roter Farbstoff); **Ko|sche|nil|le|laus**

ko|scher ‹hebr.-jidd.› (den jüd. Speisegesetzen gemäß [erlaubt]; *ugs. für* einwandfrei)

K.-o.-Schlag; ↑K 26 (*Boxen* Niederschlag); *vgl. auch* Knock-out-Schlag

Koś|ci|usz|ko [kɔʃˈtʃi̯ʊʃko] (poln. Nationalheld)

Ko|se|form

Ko|se|kans, der; -, *Plur.* -, *auch* ...anten ‹lat.› (*Math.* Kehrwert des Sinus im rechtwinkligen Dreieck; *Zeichen* cosec)

ko|sen; du kost; **Ko|se|na|me**

Ko|se|wort *Plur.* ...wörter, *auch* ...worte

K.-o.-Sie|ger; ↑K 26; *vgl. auch* Knock-out-Schlag

Ko|si|ma *vgl.* Cosima

Ko|si|nus, der; -, *Plur.* - *u.* -se *Plur. selten* ‹lat.› (*Math.* eine Winkelfunktion im rechtwinkligen Dreieck; *Zeichen* cos)

Kos|me|tik, die; - ‹griech.› (Körper- u. Schönheitspflege)

Kos|me|ti|ke|rin

Kos|me|tik|sa|lon

Kos|me|tik|ta|sche

Kos|me|ti|kum, das; -s, ...ka *meist Plur.* ‹griech.-lat.›

kos|me|tisch

kos|misch ‹griech.› (im Kosmos; das Weltall betreffend; All...); kosmische Strahlung

Kos|mo|bi|o|lo|gie [*auch* ˈkɔs...] (Lehre von den außerird. Einflüssen auf die Gesamtheit der Lebenserscheinungen)

Kos|mo|drom, das; -s, -e ‹griech.-russ.› (Startplatz für Raumschiffe)

Kos|mo|go|nie, die; -, ...i̯en ‹griech.› (Weltentstehungslehre); **kos|mo|go|nisch**

Kos|mo|gra|phie, *auch* Kos|mo|gra|fie, die; -, ...i̯en (*veraltet für* Weltbeschreibung)

Kos|mo|lo|gie, die; -, ...i̯en (Lehre von der Entstehung u. Entwicklung des Weltalls)

kos|mo|lo|gisch

Kos|mo|naut, der; -en, -en ‹griech.-russ.› (Weltraumfahrer); **Kos|mo|nau|tik,** die; -; **Kos|mo|nau|tin**

Kos|mo|po|lit, der; -en, -en ‹griech.› (Weltbürger); **Kos|mo|po|li|tin**

kos|mo|po|li|tisch; Kos|mo|po|li|tis|mus, der; - (Weltbürgertum)

Kos|mos, der; - (Weltall, Weltraum)

Kos|mo|the|is|mus, der; - (philos. Anschauung, die Gott und die Welt als Einheit begreift)

Kos|mo|t|ron [*auch* ...ˈtro:n], das; -s, *Plur.* ...trone, *auch* -s (*Kernphysik* Teilchenbeschleuniger)

Ko|so|va|re, der; -n, -n (Bewohner des Kosovos); **Ko|so|va|rin; ko|so|va|risch**

Ko|so|vo; -s *auch mit Artikel* der *od.* das; -[s] (Provinz in Jugosla-

K

wien); **Ko|so|vo-Al|ba|ner; ko|sovo-al|ba|nisch**

Kos|suth ['kɔʃʊt] (ung. Nationalheld)

Kost, die; -

kos|tal [*alte Trennung* ...|st...] ‹lat.› (*Med.* zu den Rippen gehörend)

kost|bar; Kost|bar|keit

[1]**kos|ten** [*alte Trennung* ...|st...] (schmecken)

[2]**kos|ten** [*alte Trennung* ...|st...] (wert sein); es kostet mich viel [Geld], nichts, hundert Mark; das kostet ihn *od.* ihm die Stellung; **Kos|ten** [*alte Trennung* ...|st...] *Plur.;* Kosten sparen; *vgl.* Kosten sparend; auf Kosten des ... *od.* von ...

Kos|ten|an|schlag [*alte Trennung* ...|st...]; **Kos|ten|be|rech|nung; Kos|ten|dämp|fung**

kos|ten|de|ckend [*alte Trennung* ...|st...k|k...]

Kos|ten|ent|wick|lung [*alte Trennung* ...|st...]; **Kos|ten|er|stat|tung; Kos|ten|ex|plo|si|on; Kos|ten|fak|tor; Kos|ten|fest|set|zung; Kos|ten|fra|ge**

kos|ten|frei [*alte Trennung* ...|st...]

Kos|ten|grün|de [*alte Trennung* ...|st...] *Plur.;* aus Kostengründen

kos|ten|güns|tig [*alte Trennung* ...|st...]; **kos|ten|in|ten|siv; kos|ten|los**

Kos|ten|mie|te [*alte Trennung* ...|st...]; **kos|ten|neu|t|ral**

Kos|ten-Nut|zen-A|na|ly|se [*alte Trennung* ...|st...]

kos|ten|pflich|tig [*alte Trennung* ...|st...]

Kos|ten|punkt [*alte Trennung* ...|st...]; **Kos|ten|rah|men,** der; -s; **Kos|ten|sen|kung**

Kos|ten spa|rend, *auch* **kos|ten|spa|rend** [*alte Trennung* ...|st...] ↑K 58 *u.* 59: eine Kosten sparende, *auch* kostensparende Lösung, *aber nur* eine kostensparendere Lösung, die kostensparends|te Lösung

Kos|ten|stei|ge|rung [*alte Trennung* ...|st...]; **Kos|ten|vor|an|schlag**

Kost|gän|ger; Kost|ge|ber

Kost|geld

köst|lich; Köst|lich|keit

Kost|pro|be

kost|spie|lig; Kost|spie|lig|keit

Kos|tüm [*alte Trennung* ...|st...], das; -s, -e ‹franz.› (aus Rock und Jacke bestehende Damenkleidung; Verkleidung)

Kos|tüm|bild|ner [*alte Trennung* ...|st...]; **Kos|tüm|bild|ne|rin**

Kos|tüm|fest [*alte Trennung* ...|st...]; **Kos|tüm|film; Kos|tüm|fun|dus; Kos|tüm|ge|schich|te**

kos|tü|mie|ren [*alte Trennung* ...|st...]; sich kostümieren ([ver]kleiden); **Kos|tü|mie|rung**

Kos|tüm|ver|leih [*alte Trennung* ...|st...]

Kost|ver|äch|ter *(scherzh.)*

K.-o.-Sys|tem [*alte Trennung* ...|st...] (Austragungsmodus von Wettkämpfen, bei dem der Unterliegende ausscheidet)

Kot, der; -[e]s, -e *Plur. selten*

Ko|tan|gens, der; -, - *Plur. selten* ‹lat.› (*Math.* eine Winkelfunktion im Dreieck; *Zeichen* cot)

Ko|tau, der; -s, -s ‹chin.› (demütige Ehrerweisung); Kotau machen

[1]**Ko|te,** die; -, -n ‹franz.› (*Geogr.* Geländepunkt [einer Karte], dessen Höhenlage genau vermessen ist)

[2]**Ko|te,** die; -, -n *od.* Kot|ten, der; -s, - (*nordd. für* kleines Haus)

[3]**Ko|te,** die; -, -n ‹finn.› (Lappenzelt)

Kö|te, die; -, -n (*fachspr. für* hintere Seite der Zehe bei Rindern u. Pferden)

Kö|tel, der; -s, - (*nordd. für* Kotklümpchen)

Ko|te|lett [*auch* kɔ'tlɛt], das; -s, -s ‹franz., »Rippchen«› (Rippenstück)

Ko|te|let|ten *Plur.* (Backenbart)

Kö|ten|ge|lenk (*Zool.* Fesselgelenk)

Ko|ten|ta|fel (*Geogr.* Höhentafel)

Kö|ter, der; -s, - (*abwertend für* Hund)

Ko|te|rie, die; -, ...ien ‹franz.› (*veraltet für* Kaste; Klüngel)

Kot|flü|gel

Kö|then (Stadt südwestl. von Dessau); **Kö|the|ner**

Ko|thurn, der; -s, -e ‹griech.› (dicksohliger Bühnenschuh der Schauspieler im antiken Theater)

ko|tie|ren ‹franz.› (*Kaufmannsspr.* ein Wertpapier an der Börse zulassen); **Ko|tie|rung**

ko|tig

Ko|til|lon [...tɪljõ, *auch* ...tɪl'jõ:], der; -s, -s ‹franz.› (ein alter Gesellschaftstanz)

Köt|ner (*nordd.; svw.* Kätner)

Ko|to, das; -s, -s, *auch* die; -, -s ‹jap.› (ein zitherähnliches jap. Musikinstrument)

Ko|ton [...'tõ:], der; -s, -s ‹arab.-franz.› (*selten für* Baumwolle); *vgl. auch* Cotton; **ko|to|ni|sie|ren** (*Textilw.* baumwollähnlich machen); **Ko|to|ni|sie|rung**

Ko|tor, *auch* Cat|ta|ro (jugoslaw. Stadt)

Ko|to|rin|de ‹indian.; dt.› (ein altes Heilmittel)

Ko|trai|ner (*svw.* Assistenztrainer)

K.-o.-Trop|fen (Tropfen, die nach Einnahme zur Bewusstlosigkeit führen)

Kot|sass [*alte Schreibung* ...saß] *od.* **...sas|se** (*nordd.; svw.* Kötner)

Ko|t|schin|chi|na (»Kleinchina«) (alte Bez. des Südteils von Vietnam); **Ko|t|schin|chi|na|huhn**

Kot|ten *vgl.* [2]Kote; **Kot|ter,** der; -s, - (*nordd. veraltend für* [2]Kote; *österr. für* Arrest); **Köt|ter** (*nordd. für* Inhaber einer [2]Kote)

Ko|ty|le|do|ne, die; -, -n *meist Plur.* ‹griech.› (*Zool.* Zotte der tierischen Embryohülle; *Bot.* pflanzl. Keimblatt)

Ko|ty|lo|sau|ri|er (ein ausgestorbenes eidechsenähnliches Kriechtier)

Kotz|bro|cken [*alte Trennung* ...k|k...] (*derb für* widerwärtiger Mensch)

[1]**Kot|ze,** die; -, -n (*landsch. für* wollene Decke, Wollzeug; wollener Umhang); *vgl.* Kotzen

[2]**Kot|ze,** die; - (*derb für* Erbrochenes)

Köt|ze, die; -, -n (*mitteld. für* Rückentragkorb)

Kot|ze|bue [...bu] (dt. Dichter)

kot|zen (*derb für* sich übergeben); du kotzt

Kot|zen, der; -s, - (*Nebenform von* [1]Kotze)

kot|zen|grob (*landsch. für* sehr grob)

Köt|zer, der; -s, - (*svw.* Kops)

kot|ze|rig (*derb für* zum Erbrechen übel)

kotz|lang|wei|lig; kotz|ü|bel (*derb*)

Ko|va|ri|an|ten|phä|no|men [*auch* 'ko:...] ‹lat.; griech.› (*Psych.* Täuschung der Raum-, Tiefenwahrnehmung); **Ko|va|ri|anz,** die; -, -en ‹lat.› *(Physik, Math.)*

Ko|x|al|gie, die; -, ...ien ‹lat.; griech.› (*Med.* Hüftgelenkschmerz)

Ko|xi|tis, die; -, ...iti|den ‹lat.› (Hüftgelenkentzündung)
Ko|zy|tus *vgl.* Kokytos
kp = Kilopond
kPa = Kilopascal
KPD = Kommunistische Partei Deutschlands
kpm = Kilopondmeter
kr = Krone (Währungseinheit)
Kr = *chem. Zeichen für* Krypton
Kr., Krs. = Kreis
Kraal *vgl.* Kral
Krab|be, die; -, -n (ein Krebs, eine Garnele; *Archit.* Steinblume an Giebeln usw.; *ugs. für* Kind, junges Mädchen)
Krab|bel|al|ter; Krab|bel|lei *(ugs.)*
krab|be|lig *vgl.* krabblig
Krab|bel|kind; krab|beln (*ugs. für* sich kriechend fortbewegen; kitzeln; jucken); ich krabb[e]le; es kribbelt u. krabbelt; *vgl. aber* grabbeln
krab|ben (*fachspr. für* [Geweben] Glätte u. Glanz verleihen)
Krab|ben|fi|scher; Krab|ben|kut|ter
krabb|lig, krab|be|lig *(ugs.)*
krach!; Krach, der; -[e]s, Kräche (*nur Sing.:* Lärm; *ugs. für* Streit; Zusammenbruch); mit Ach und Krach (mit Müh und Not); Krach schlagen
kra|chen; sich mit jmdm. krachen (*ugs. für* streiten)
Kra|chen, der; -s, Krächen (*schweiz. mdal. für* Schlucht, kleines Tal)
Kra|cher (*ugs. für* Knallkörper)
Kra|cherl, das; -s, -n (*österr., bayr. für* Brauselimonade)
kra|chig; Krach|le|der|ne, die; -n, -n (*bayr. für* kurze Lederhose)
Krach|man|del *(landsch.)*
kräch|zen; du krächzt; **Kräch|zer** (*ugs. für* gekrächzter Laut; *scherzh. für* Mensch, der heiser, rau spricht)
Kra|cke [*alte Trennung* ...k|k...], die; -, -n (*landsch. für* altes Pferd)
kra|cken [*auch* 'krɛ...; *alte Trennung* ...k|k...] ‹engl.› (*Chemie* Schweröle in Leichtöle umwandeln)
Krä|cker [*alte Trennung* ...k|k...], der; -s, - *vgl.* Cracker
Kra|ckung [*auch* 'krɛ...; *alte Trennung* ...k|k...] *(Chemie)*
Krack|ver|fah|ren
Krad, das; -[e]s, Kräder (*Kurzform für* Kraftrad)
Krad|fah|rer; Krad|mel|der *(Milit.)*
kraft ↑K 70; *Präp. mit Gen.:* kraft meines Amtes
[1]**Kraft,** die; -, Kräfte; [viel] Kraft rauben; *vgl.* Kraft raubend; in Kraft treten, das in Kraft getretene Gesetz, ↑K 27 u. 82: das In-Kraft-Treten [*alte Schreibung* Inkrafttreten]; außer Kraft setzen
[2]**Kraft** (m. Vorn.)
Kraft|akt; Kraft|an|stren|gung; Kraft|auf|wand
Kraft|aus|druck
Kraft|brü|he
Kräf|te|paar *(Physik);* **Kräf|te|pa|ral|le|lo|gramm** *(Physik)*
kraft|er|füllt
kräf|te|scho|nend
Kräf|te|ver|hält|nis
kräf|te|zeh|rend
Kraft|fah|rer; Kraft|fah|re|rin
Kraft|fahr|zeug (*Abk.* Kfz); **Kraft|fahr|zeug|brief; Kraft|fahr|zeug-Haft|pflicht|ver|si|che|rung** ↑K 22
Kraft|fahr|zeug|hal|ter; Kraft|fahr|zeug|in|dus|t|rie [*alte Trennung* ...|st...]; **Kraft|fahr|zeug|kenn|zei|chen; Kraft|fahr|zeug|re|pa|ra|tur|werk|statt**
Kraft|fahr|zeug|schein
Kraft|fahr|zeug|steu|er, die
Kraft|fahr|zeug|ver|si|che|rung
Kraft|feld *(Physik);* **Kraft|fut|ter**
kräf|tig; kräf|ti|gen; Kräf|ti|gung; Kräf|ti|gungs|mit|tel, das
kraft|los; saft- und kraftlos ↑K 31; **Kraft|los|er|klä|rung** *(Rechtsw.);* **Kraft|lo|sig|keit**
Kraft|mei|er (*ugs.* jmd., der mit seiner Kraft protzt); **Kraft|mei|e|rei**
Kraft|post *(früher);* **Kraft|pro|be; Kraft|protz**
Kraft|rad (*Kurzform* Krad)
Kraft rau|bend, *auch* **kraft|rau|bend** ↑K 58 *u.* 59: eine Kraft raubende, *auch* kraftraubende Arbeit, *aber nur* eine viel Kraft raubende Arbeit, eine äußerst kraftraubende, noch kraftraubendere Arbeit
Kraft|sport
Kraft|stoff; Kraft|stoff|pum|pe
Kraft|stoff|ver|brauch
Kraft|strom
kraft|strot|zend
Kraft|ver|geu|dung; Kraft|ver|kehr
kraft|voll
Kraft|wa|gen
Kraft-Wär|me-Kopp|lung (ein Energiegewinnungsverfahren; *Abk.* KWK)
Kraft|werk; Kraft|werk[s]|be|trei|ber
Kraft|wort *Plur.* ...worte *u.* ...wörter
Kra|ge, die; -, -n (*Archit.* Konsole)
Krä|gel|chen, Krä|ge|lein; Kra|gen, der; -s, *Plur.* -, *südd., österr. u. schweiz. auch* Krägen
Kra|gen|bär; Kra|gen|knopf; Kra|gen|num|mer; Kra|gen|wei|te
Krag|stein (*Archit.* vorspringender, als Träger verwendeter Stein); **Krag|trä|ger** (*Archit.* Konsole)
Krä|he, die; -, -n; **krä|hen**
Krä|hen|fü|ße *Plur.* (*ugs. für* Fältchen in den Augenwinkeln; unleserlich gekritzelte Schrift; kleine, spitze Eisenstücke, die die Reifen verfolgender Autos beschädigen sollen)
Krä|hen|nest (*auch für* Ausguck am Schiffsmast)
Krähl, der; -[e]s, -e (*Bergmannsspr.* besonderer Rechen); **kräh|len**
Kräh|win|kel, das; -s, *meist ohne Artikel* ‹nach dem Ortsnamen in Kotzebues »Kleinstädtern«› (spießbürgerliche Kleinstadt)
Kräh|win|ke|lei (spießiges Verhalten); **Kräh|wink|ler**
Kraich|gau, der; -[e]s (Hügelland zwischen Odenwald u. Schwarzwald); **Kraich|gau|er**
Krain (Westteil von Slowenien)
Kra|ka|tau [*auch* ...'tau] (vulkanische Insel zwischen Sumatra u. Java)
Kra|kau (Stadt in Polen)
[1]**Kra|kau|er;** Krakauer Kulturgut
[2]**Kra|kau|er,** die; -, - (eine Art Knackwurst)
Kra|ke, der; -n, -n ‹norw.› (Riesentintenfisch)
Kra|keel, der; -s (*ugs. für* Lärm u. Streit; Unruhe); **kra|kee|len** *(ugs.);* er hat krakeelt; **Kra|kee|ler** *(ugs.);* **Kra|kee|le|rei** *(ugs.)*
Kra|kel, der; -s, - (*ugs. für* schwer leserliches Schriftzeichen)
Kra|ke|lee *vgl.* Craquelé
Kra|ke|lei *(ugs.)*
Kra|kel|fuß *meist Plur.* (*ugs. für* krakeliges Schriftzeichen)
kra|ke|lig *(ugs.);* **kra|keln** *(ugs.);* ich krak[e]le; **krak|lig** *(ugs.)*
Kra|ko|wi|ak, der; -s, -s ‹poln.› (poln. Nationaltanz)
Kral, der; -s, *Plur.* -e, *auch* -s ‹port.-afrikaans› (Runddorf afrik. Stämme)
Kral|le, die; -, -n

K

kra̩l|len (mit den Krallen zufassen; *ugs.* unerlaubt wegnehmen); sich an etwas *od.* jmdn. krallen
Kra̩l|len|af|fe; Kra̩l|len|frosch
kra̩l|lig
Kra̩m, der; -[e]s
Kram|ba̩m|bu|li, der; -[s], -[s] (ein alkohol. Mixgetränk)
kra|men (*ugs. für* durchsuchen; aufräumen)
Krä|mer (*veraltet, aber noch landsch. für* Kleinhändler)
Kra|me|rei
Krä|me|rei (*veraltet, aber noch landsch. für* kleiner Laden)
Krä|mer|geist, der; -[e]s *(abwertend)*
krä|mer|haft; Krä|me|rin *(veraltet)*
Krä|mer|la|tein (*veraltet, aber noch landsch. für* Kauderwelsch, Händlersprache); **Krä|mer|see|le** (kleinlicher Mensch)
Kra̩m|la|den *(abwertend)*
Kra̩m|mets|vo|gel (*landsch. für* Wacholderdrossel)
Kra̩m|pe, die; -, -n (u-förmig gebogener Metallhaken); **kra̩m|pen** (anklammern); **Kra̩m|pen,** der; -s, - (*Nebenform von* Krampe; *bayr., österr. für* Spitzhacke)
Kra̩mpf, der; -[e]s, Krämpfe
Kra̩mpf|a|der; Kra̩mpf|a|der|bil|dung
kra̩mpf|ar|tig
kra̩m|pfen; sich krampfen
kra̩mpf|haft
Kra̩mpf|hus|ten [*alte Trennung* ...|st...]
kra̩mp|fig; kra̩mpf|stil|lend
[1]**Kra̩m|pus,** der; -, ...pi (*Med.* Muskelkrampf)
[2]**Kra̩m|pus,** der; *Gen.* - *u.* -ses, *Plur.* -se (*österr. für* Begleiter des Sankt Nikolaus; Knecht Ruprecht)
Kra|mu|ri, die; - (*österr. ugs. für* Kram, Gerümpel)
Kra̩n, der; -[e]s, *Plur.* Kräne *u. (fachspr.)* Krane (Hebevorrichtung; *landsch. für* Zapfen, Zapfröhre, Wasserhahn)
kra̩n|bar (*Technik* was gekrant werden kann); **Krä̩n|chen** (*landsch. für* Zapfen; *auch* das Gezapfte); **kra|nen** (*Technik* mit dem Kran transportieren)
Kra|ne|wit|ter, der; -s, - (*bayr., österr. für* Wacholderschnaps)
Kra̩n|füh|rer
Kra̩n|gel, der; -, -n (*Bergsteigen* verdrehte Stelle im Seil); **kra̩n|geln;** ich krang[e]le
krä̩n|gen (*Seemannsspr.* sich seitwärts neigen [vom Schiff]); **Krä̩n|gung**
kra|ni|al ‹griech.› (*Med.* den Schädel betreffend, Schädel...)
Kra̩|nich, der; -s, -e (ein Stelzvogel)
Kra|ni|o|lo|gie, die; - ‹griech.› (*Med.* Schädellehre); **Kra|ni|o|me|t|rie,** die; -, ...ien (Schädelmessung); **Kra|ni|o|te,** der; -n, -n *meist Plur.* (*Zool.* Wirbeltier mit Schädel); **Kra|ni|o|to|mie,** die; -, ...ien (*Med.* Schädelöffnung)

kra̩nk

kränker, kränks|te

Getrenntschreibung vom folgenden Verb oder Partizip, wenn »krank« gesteigert oder erweitert werden kann ↑K 56:
– krank sein, werden, liegen; sich [sehr] krank fühlen, stellen; weil die Belastungen uns krank machen

Vgl. aber krankärgern; krankfeiern; kranklachen; krankmachen ↑K 48; krankschießen; krankmelden [*alte Schreibung* krank melden]; krankschreiben [*alte Schreibung* krank schreiben]

kra̩nk|är|gern, sich (↑K 47; *ugs. für* sich sehr ärgern); er hat sich über diese Behauptung krankgeärgert
Kra̩n|ke, der *u.* die; -n, -n
krä̩n|keln; ich kränk[e]le
kra̩n|ken; an etwas kranken (durch etwas beeinträchtigt sein; *veraltet für* an etwas erkrankt sein)
krä̩n|ken (beleidigen, verletzen)
Kra̩n|ken|be|richt; Kra̩n|ken|be|such; Kra̩n|ken|bett; Kra̩n|ken|blatt
krä̩n|kend
Kra̩n|ken|geld
Kra̩n|ken|ge|schich|te
Kra̩n|ken|gym|nast; Kra̩n|ken|gym|nas|tik [*alte Trennung* ...|st...]; **Kra̩n|ken|gym|nas|tin**
Kra̩n|ken|haus; Kra̩n|ken|kas|se; Kra̩n|ken|la|ger
Kra̩n|ken|pfle|ge; Kra̩n|ken|pfle|ger; Kra̩n|ken|pfle|ge|rin
Kra̩n|ken|sal|bung (kath. Sakrament); **Kra̩n|ken|schein; Kra̩n|ken|schwes|ter** [*alte Trennung* ...|st...]; **Kra̩n|ken|trans|port**
kra̩n|ken|ver|si|chert; Kra̩n|ken|ver|si|che|rung; kra̩n|ken|ver|si|che|rungs|pflich|tig
Kra̩n|ken|wa|gen
Kra̩n|ken|zim|mer
kra̩nk|fei|ern (↑K 47; *ugs. für* der Arbeit fernbleiben, ohne ernstlich krank zu sein; *landsch. für* arbeitsunfähig sein); er hat gestern krankgefeiert
kra̩nk|haft; Kra̩nk|haf|tig|keit
Kra̩nk|heit; Kra̩nk|heits|bild
kra̩nk|heits|er|re|gend
Kra̩nk|heits|er|re|ger
kra̩nk|heits|hal|ber
kra̩nk|la|chen, sich (↑K 47; *ugs. für* heftig lachen); ich habe mich krankgelacht
krä̩nk|lich; Krä̩nk|lich|keit, die; -
kra̩nk|ma|chen (↑K 47; *svw.* krankfeiern); sie hat krankgemacht; *vgl. aber* krank
kra̩nk|mel|den, sich [*alte Schreibung* krank mel|den] ↑K 47;
Kra̩nk|mel|dung
kra̩nk|schie|ßen (↑K 47; *Jägerspr.* anschießen); er hat das Reh krankgeschossen
kra̩nk|schrei|ben [*alte Schreibung* krank schrei|ben] ↑K 47; sie wurde [für] eine Woche krankgeschrieben [*alte Schreibung* krank geschrieben]
Krä̩n|kung
Kra̩n|wa|gen; Kra̩n|win|de
Kra̩nz, der; -es, Kränze
Krä̩nz|chen
krä̩n|zen (*dafür häufiger* bekränzen); du kränzt
Kra̩nz|ge|fäß *meist Plur. (Med.)*
Kra̩nz|geld *(Rechtsspr.)*
Kra̩nz|ge|sims *(Archit.)*; **Kra̩nz|jung|fer** (*landsch. für* Brautjungfer); **Kra̩nz|ku|chen**
Kra̩nzl|jung|fer (*bayr., österr. für* Brautjungfer)
Kra̩nz|nie|der|le|gung; Kra̩nz|schlei|fe; Kra̩nz|spen|de
Kräpf|chen; Kräp|fel, der; -s, - (*südd. für* Krapfen); *vgl.* Kräppel
Kra̩p|fen, der; -s, - (ein Gebäck)
Kra̩pp, der; -[e]s ‹niederl.› (eine Färberpflanze)
Kräp|pel, der; -s, - (*mitteld. für* Krapfen)
kra̩p|pen *vgl.* krabben
kra̩pp|rot ‹*zu* Krapp›
kra̩ss [*alte Schreibung* kraß] (extrem; außerordentlich scharf; grell); **Kra̩ss|heit**

[1]**Kra|ter,** der; -s, -e ⟨griech.⟩ (altgriech. Krug)
[2]**Kra|ter,** der; -s, - (Vulkanöffnung; Abgrund); **Kra|ter|land|schaft; Kra|ter|see,** der
kra|ti|ku|lie|ren ⟨lat.⟩ (*Math.* durch ein Gitternetz ausmessen od. übertragen)
Kratt, das; -s, -e (*nordd. für* Eichengestrüpp)
Krat|ten, der; -s, - (*südd. u. schweiz. für* [kleinerer, enger u. tiefer] Korb)
Kratz, der; -es, -e (*landsch. für* Schramme)
Kratz|band, das (*Bergmannsspr.* ein Fördergerät); **Kratz|bee|re** (*landsch. meist für* Brombeere)
Kratz|bürs|te [*alte Trennung* ...|st...]; **kratz|bürs|tig** (widerspenstig); **Kratz|bürs|tig|keit**
Krätz|chen (*Soldatenspr.* Feldmütze)
Krat|ze, die; -, -n (ein Werkzeug)
[1]**Krät|ze,** die; -, -n (*südd. für* Korb)
[2]**Krät|ze,** die; - (Hautkrankheit; metallhaltiger Abfall)
Kratz|ei|sen
krat|zen; du kratzt; sich kratzen
Krät|zen|kraut, das; -[e]s
Krat|zer (*ugs. für* Schramme; *Biol.* ein Eingeweidewurm)
Krät|zer (saurer Wein, gärender Weinmost)
Kratz|fuß (*früher für* tiefe Verbeugung)
krat|zig
krät|zig; Krätz|mil|be
Kratz|putz (*für* Sgraffito); **Kratzspur**
krau|chen (*landsch. für* kriechen)
Kräu|el, der; -s, - (*landsch. für* Haken, Kratze)
krau|eln *(selten);* ich krau[e]le *vgl.* [2]kraulen
krau|en (mit den Fingerkuppen sanft kratzen)
Kraul, das; -[s] ⟨engl.⟩ (ein Schwimmstil)
[1]**krau|len** (im Kraulstil schwimmen)
[2]**krau|len** (zart krauen)
Krau|ler; Kraul|schwim|men, das; -s; **Kraul|schwim|mer**
Kraul|sprint; Kraul|staf|fel
kraus
Kraus (österr. Schriftsteller)
Krau|se, die; -, -n
Kräu|sel|band; Kräu|sel|garn; Kräu|sel|krank|heit (eine Pflanzenkrankheit); **Kräu|sel|krepp**
kräu|seln; ich kräus[e]le; das Haar kräuselt sich; **Kräu|se|lung**
Krau|se|min|ze (eine Heil- u. Gewürzpflanze)
krau|sen; du kraust; sie kraus|te; sich krausen
Kraus|haar; kraus|haa|rig
Kraus|kopf; kraus|köp|fig
Krauss, Clemens (österr. Dirigent)
[1]**Kraut,** der; -s (*nordd. für* Garnelen, Krabben)
[2]**Kraut,** das; -[e]s, Kräuter (*südd., österr. Sing. auch für* Kohl)
kraut|ar|tig; Kräut|chen; krau|ten (*landsch. für* Unkraut jäten)
Krau|ter (*scherzh. für* Sonderling)
Kräu|ter *Plur.* (Gewürz- und Heilpflanzen)
Kräu|ter|buch; Kräu|ter|but|ter; Kräu|ter|kä|se; Kräu|ter|li|kör
Kräu|ter|tee
Kraut|fäu|le (eine Kartoffelkrankheit); **Kraut|gar|ten** (*landsch. für* Gemüsegarten); **Kraut|gärt|ner** (*landsch. für* Gemüsegärtner); **Kraut|häup|tel** (*österr. für* Kraut-, Kohlkopf)
Kräu|ticht, das; -s, -e (*veraltet für* Bohnen-, Kartoffelkraut usw. nach der Ernte); **krau|tig** (krautartig); **Kraut|kopf** (*südd., österr. für* Kohlkopf)
Kräut|lein Rühr|mich|nicht|an, das; -s -, - -
Kraut|stie|le *Plur.* (*schweiz. für* Mangoldrippen [als Gemüse])
Kraut|wi|ckel [*alte Trennung* ...k|k...] (*südd., österr. für* Kohlroulade)
Kra|wall, der; -s, -e (Aufruhr; *nur Sing.: ugs. für* Lärm); **Kra|wall|ma|cher**
Kra|wat|te, die; -, -n ⟨franz. cravate, zu dt. (mundartl.) Krawat = Kroate⟩ ([Hals]binde, Schlips; *Ringkampf* verbotener drosselnder Halsgriff)
Kra|wat|ten|muf|fel *(Werbespr.);* **Kra|wat|ten|na|del; Kra|wat|ten|zwang,** der; -[e]s
Kra|weel|be|plan|kung, Kar|weel|be|plan|kung ⟨*von* Karavelle⟩ *(Schiffbau);* **kra|weel|ge|baut,** kar|weel|ge|baut; kraweelgebautes Boot (mit aneinander stoßenden Planken)
Kra|xe, die; -, -n (*bayr., österr. für* Rückentrage); **Kra|xe|lei** *(ugs.);* **kra|xeln** (*ugs. für* mühsam steigen; klettern); ich krax[e]le; **Krax|ler; Krax|le|rin**
Kra|yon [krɛˈjõː], der; -s, -s ⟨franz.⟩ (*veraltet für* Blei-, Kreidestift); **Kra|yon|ma|nier,** die; - (*bild. Kunst* ein Radierverfahren)
Krä|ze, die; -, -n (*schweiz. mdal. für* Rückentragkorb); *vgl.* [1]Krätze
Kre|as, das; - ⟨span.⟩ (ungebleichte Leinwand)
Kre|a|tin, das; -s ⟨griech.⟩ (*Biol., Med.* organ. Verbindung in der Muskulatur)
Kre|a|ti|on, die; -, -en ⟨lat.-(franz.)⟩ (Modeschöpfung; *veraltend für* Erschaffung)
kre|a|tiv (schöpferisch)
Kre|a|ti|vi|tät, die; - (schöpferische Kraft)
Kre|a|ti|vi|täts|test; Kre|a|ti|vi|täts|trai|ning
Kre|a|tiv|ur|laub (Urlaub, in dem man eine künstlerische Tätigkeit erlernt od. ausübt)
Kre|a|tur, die; -, -en ⟨lat.⟩ (Lebewesen, Geschöpf; bedauerns- od. verachtenswerter Mensch); **kre|a|tür|lich; Kre|a|tür|lich|keit,** die; -
Krebs, der; -es, -e (Krebstier; bösartige Geschwulst; *nur Sing.:* Sternbild); Krebs erregen
krebs|ar|tig
kreb|sen (Krebse fangen; *ugs. für* sich mühsam bewegen; erfolglos bleiben); du krebst
Krebs er|re|gend, *auch* **krebs|er|re|gend** ↑K 58 *u.* 59: eine Krebs erregende, *auch* krebserregende (karzinogene) Chemikalie, *aber nur* eine äußerst krebserregende Chemikalie
Krebs|for|schung; Krebs|früh|er|ken|nung
Krebs|gang, der; -[e]s
Krebs|ge|schwulst
Krebs|ge|schwür
kreb|sig
krebs|krank; krebs|rot
Krebs|scha|den
Krebs|sup|pe
Krebs|vor|sor|ge; Krebs|zel|le
Kre|denz, die; -, -en ⟨ital.⟩ (*veraltend für* Anrichte); **kre|den|zen** (*geh. für* [ein Getränk] feierlich anbieten, darreichen, einschenken); du kredenzt
[1]**Kre|dit** [*auch* ...ˈdɪt], der; -[e]s, -e ⟨franz.⟩ (befristet zur Verfügung gestellter Geldbetrag; *nur Sing.:* Zahlungsaufschub; Vertrauenswürdigkeit in Bezug auf Zahlungsfähigkeit u. Zahlungsbereitschaft; *übertr. für* Glaubwürdigkeit); auf Kredit

K

[2]**Kre|dit,** das; -s, -s ‹lat.› (die rechte Seite, Habenseite eines Kontos)

Kre|dit|an|stalt; Kre|dit|auf|nah|me; Kre|dit|bank *Plur.* ...banken; **Kre|dit|brief; Kre|dit|bü|ro**

kre|dit|fä|hig

Kre|dit|ge|ber; Kre|dit|ge|be|rin

Kre|dit|ge|nos|sen|schaft

Kre|dit|ge|schäft

Kre|dit|hai (*ugs. für* skrupelloser, überhöhte Zinsen fordernder Geldverleiher); **Kre|dit|hil|fe**

kre|di|tie|ren ‹franz.› (Kredit gewähren, vorschießen); einem Schuldner [einen Betrag] kreditieren; **Kre|di|tie|rung**

Kre|dit|in|s|ti|tut; Kre|dit|kar|te

Kre|dit|kauf; Kre|dit|markt

Kre|dit|neh|mer; Kre|dit|neh|me|rin

Kre|di|tor [*österr.* ...'di:...], der; -s, ...oren ‹lat.› (Kreditgeber, Gläubiger); **Kre|di|to|ren|kon|to**

Kre|dit|po|li|tik; Kre|dit|we|sen, das; -s

kre|dit|wür|dig; Kre|dit|wür|dig|keit, die; -

Kre|do, *auch* Cre|do, das; -s, -s ‹lat.; »ich glaube«› (Glaubensbekenntnis)

Kre|feld (Stadt in Nordrhein-Westfalen); **Kre|fel|der**

kre|gel (*bes. nordd. für* gesund, munter)

Krehl, der; -s, -e (Gerät zum Jäten); *vgl. aber* Krähl

Krei|de, die; -, -n

krei|de|bleich

Krei|de|fel|sen; Krei|de|for|ma|ti|on, die; - *(Geol.)*; **Krei|de|küs|te** [*alte Trennung* ...|st...]

krei|den (*selten für* mit Kreide bestreichen); **Krei|de|strich; krei|de|weiß**

Krei|de|zeich|nung; Krei|de|zeit, die; - *(Geol.)*

krei|dig

kre|ie|ren ‹lat.(-franz.)› ([er]schaffen); **Kre|ie|rung**

Kreis, der; -es, -e (*auch für* Verwaltungsgebiet; *Abk.* Kr., *auch* Krs.)

Kreis|ab|schnitt; Kreis|amt

Kreis|arzt

Kreis|bahn; Kreis|be|we|gung

Kreis|bo|gen

krei|schen; du kreischst; er kreischte; gekreischt

Kreis|durch|mes|ser

Krei|sel, der; -s, -

Krei|sel|kom|pass [*alte Schreibung* ...kom|paß]

krei|seln; ich kreis[e]le

Krei|sel|pum|pe; Krei|sel|ver|dich|ter (*für* Turbokompressor)

krei|sen; du kreist; *vgl. aber* kreißen

Krei|ser (*Jägerspr.* jmd., der bei Neuschnee Wild ausmacht)

Kreis|flä|che; kreis|för|mig

kreis|frei; eine kreisfreie Stadt

Kreis|in|halt

Kreis|ky [...ki] (österr. Politiker)

Kreis|lauf; Kreis|läu|fer *(Handball)*

Kreis|lauf|kol|laps; Kreis|lauf|mit|tel, das; **Kreis|lauf|schwä|che**

Kreis|lauf|stö|rung; Kreis|lauf|ver|sa|gen, das; -s

kreis|rund; Kreis|sä|ge

Kreis|schrei|ben (*schweiz. neben* Rundschreiben)

krei|ßen (*veraltet für* in Geburtswehen liegen); du kreißt; *vgl. aber* kreisen; **Krei|ßen|de,** die; -n, -n; **Kreiß|saal** (Entbindungsraum im Krankenhaus)

Kreis|stadt; Kreis|tag; Kreis|um|fang; Kreis|ver|kehr

Kreis|wehr|er|satz|amt

Krem, die; -, -s, *ugs. auch* der; -s, *Plur.* -e *od.* -s, *auch* Kre|me, die; -, -s usw. *vgl.* Creme usw.

Kre|ma|ti|on, die; -, -en ‹lat.› (Einäscherung [von Leichen]); **Kre|ma|to|ri|um,** das; -s, ...ien (Anlage für Feuerbestattungen)

Kre|me, Krem *vgl.* Creme

kre|mie|ren (*schweiz., sonst veraltet für* einäschern)

kre|mig ‹*zu* Krem, Kreme›; *vgl.* cremig

Kreml [*auch* 'kre:...], der; -[s], - ‹russ.› (burgartiger Stadtteil in russ. Städten, bes. in Moskau; *nur Sing.: übertr. für* Regierung Russlands); **Kreml|füh|rung**

Krem|pe, die; -, -n ‹*zu* Krampe› ([Hut]rand)

[1]**Krem|pel,** der; -s (*ugs. für* [Trödel]kram)

[2]**Krem|pel,** die; -, -n (*Textilw.* Maschine zum Auflockern der Faserbüschel)

[1]**krem|peln** (Faserbüschel auflockern); ich kremp[e]le

[2]**krem|peln,** *veraltet* **krem|pen** ([nach oben] umschlagen); ich kremp[e]le

Kremp|ling (ein Pilz)

Krems an der Do|nau (österr. Stadt)

Krem|ser, der; -s, - ‹nach dem Berliner Fuhrunternehmer› (offener Wagen mit Verdeck)

Krem|ser Weiß, das; - -[es] (Bleiweiß)

Kren, der; -[e]s ‹slaw.› (*südd., österr. für* Meerrettich)

Kře|nek ['krʃɛnɛk] (österr. Komponist)

Kren|fleisch (*österr. für* gekochtes Schweinefleisch mit Meerrettich)

Kren|gel, der; -s, - (*landsch. für* Brezel; *vgl.* Kringel); **kren|geln,** sich (*landsch. für* sich winden, sich herumdrücken; umherschlendern); ich kreng[e]le mich

kren|gen usw. *vgl.* krängen usw.

Kre|ol, das; -s (*Sprachw.* Mischsprache in ehem. überseeischen Kolonien auf der Grundlage der jeweils dominierenden europ. Sprache)

Kre|o|le, der; -n, -n ‹franz.› (in Mittel- u. Südamerika urspr. Abkömmling roman. Einwanderer; *auch für* Abkömmling von schwarzen Sklaven in Brasilien); **Kre|o|lin**

kre|o|lisch; Kre|o|lisch, das; -[s] (Sprache); *vgl.* Deutsch; **Kre|o|li|sche,** das; -n; *vgl.* Deutsche, das; **Kre|o|lis|tik** [*alte Trennung* ...|st...], die; - (Wissenschaft von den kreol. Sprachen u. Literaturen)

Kre|o|pha|ge, der; -n, -n ‹griech.› (*svw.* Karnivore)

Kre|o|sot, das; -[e]s (*Med., Pharm.* ein Desinfektions- u. Arzneimittel)

kre|pie|ren ‹ital.› (bersten, platzen, zerspringen [von Sprenggeschossen]; *derb für* verenden)

Kre|pi|ta|ti|on, die; -, -en ‹lat.› (*Med.* Reiben u. Knirschen [bei Knochenbrüchen usw.])

[1]**Krepp,** der; -s, *Plur.* -s *u.* -e, *auch* Crêpe [krɛp], der; -, -s (krauses Gewebe)

[2]**Krepp,** *auch* Crêpe [krɛp], die; -, -s (dünner Eierkuchen)

krepp|ar|tig

krep|pen (zu [1]Krepp, Kreppppapier verarbeiten)

Krepp|flor; Krepp|gum|mi; Krepp|pa|pier, *auch* **Krepp-Pa|pier** [*alte Schreibung* Kreppa|pier, *alte Trennung* ...pp|p...]

Krepp|soh|le

Kre|sol, das; -s (*Chemie* ein Desinfektionsmittel)

[1]**Kres|se,** die; -, -n (Name verschiedener Pflanzen)

[2]**Kres|se,** die; -, -n (*landsch. svw.* Kressling); **Kress|ling** [*alte*

Schreibung Kreß|ling] (Gründling)
Kres|zen|tia (w. Vorn.)
[1]**Kres|zenz,** die; -, -en ‹lat., »Wachstum«› (Herkunft [edler Weine])
[2]**Kres|zenz** (w. Vorn.)
Kre|ta (eine griech. Insel)
kre|ta|ze|isch, kre|ta|zisch ‹lat.› (*Geol.* zur Kreideformation gehörend)
Kre|te, die; -, -n ‹franz.› (*schweiz. für* Geländekamm, -grat)
Kre|ter (Bewohner Kretas); **Kre|te|rin**
Kre|thi und Ple|thi *Plur., auch Sing., ohne Artikel* ‹nach den »Kretern und Philistern« in Davids Leibwache› (*abwertend für* alle möglichen Leute); Krethi und Plethi war[en] da
Kre|ti|kus, der; -, ...izi ‹griech.› (*Verslehre* ein antiker Versfuß)
Kre|tin [...'tɛ̃ː], der; -s, -s ‹franz.› (jmd., der an Kretinismus leidet; *ugs. abwertend für* Dummkopf); **Kre|ti|nis|mus,** der; - (*Med.* durch Unterfunktion der Schilddrüse bedingtes Zurückbleiben der geistigen u. körperlichen Entwicklung)
kre|tisch (von Kreta); **Kre|ti|zi** (*Plur. von* Kretikus)
Kre|ton, der; -s, -e (*österr. für* Cretonne); **Kre|tonne** [...'tɔn] (*eindeutschend für* Cretonne)
Kret|scham, Kret|schem, der; -s, -e ‹slaw.› (*ostmitteld. für* Schenke); **Kretsch|mer,** der; -s, - (*ostmitteld. für* Wirt)
kreuchst (*veraltet für* kriechst); **kreucht** (*veraltet für* kriecht); was da kreucht u. fleucht
Kreut|zer|so|na|te, die; - (von Beethoven dem franz. Geiger R. Kreutzer gewidmet ↑K 136)
Kreuz, das; -es, -e ‹lat.›; ↑K 150: das Blaue, Rote, Weiße, Eiserne Kreuz; über Kreuz; in die Kreuz und [in die] Quere [laufen], *aber* ↑K 70: kreuz und quer
Kreuz|ab|nah|me
Kreuz|ass, *auch* **Kreuz-Ass** [*alte Schreibung* Kreuz|as]
Kreuz|auf|fin|dung, die; - (kath. Fest)
Kreuz|band, das *Plur.* ...bänder (*Med.*); **Kreuz|bein** (*Med.*)
Kreuz|blu|me (*Archit.*)
Kreuz|blüt|ler (eine Pflanzenfamilie)
kreuz|brav (*ugs.*)
kreuz|ehr|lich (*ugs.*)
kreu|zen (über Kreuz legen; *Biol.* paaren; *Seemannsspr.* im Zickzackkurs fahren); du kreuzt; sich kreuzen (sich überschneiden); **Kreu|zer** (ehem. Münze; Kriegsschiff; größere Segeljacht); großer, kleiner Kreuzer
Kreuz|er|hö|hung, die; - (kath. Fest)
Kreu|zes|tod; Kreu|zes|weg (Christi Weg zum Kreuz; *vgl.* Kreuzweg); **Kreu|zes|zei|chen** *vgl.* Kreuzzeichen
Kreuz|fah|rer; Kreuz|fahrt
Kreuz|feu|er
kreuz|fi|del (*ugs.*); **kreuz|för|mig**
Kreuz|gang, der; **Kreuz|ge|lenk**
Kreuz|ge|wöl|be
kreu|zi|gen; Kreu|zi|gung
kreuz|lahm
Kreuz|ot|ter, die
Kreuz|rit|ter
kreuz|sai|tig (beim Klavier)
Kreuz|schlitz|schrau|be
Kreuz|schlüs|sel (für die Radmuttern beim Auto)
Kreuz|schmerz *meist Plur.*
Kreuz|schna|bel (ein Vogel); **Kreuz|spin|ne**
Kreuz|stich (ein Zierstich)
kreuz und quer
Kreu|zung
kreuz|un|glück|lich (*ugs.*)
kreu|zungs|frei; Kreu|zungs|punkt
Kreuz|ver|band; Kreuz|ver|hör
Kreuz|weg (*auch für* Darstellung des Leidens Christi; *vgl.* Kreuzesweg)
kreuz|wei|se
Kreuz|wort|rät|sel
Kreuz|zei|chen, Kreu|zes|zei|chen
Kreuz|zug
Kre|vet|te, *auch* **Cre|vet|te,** die; -, -n ‹franz.› (eine Garnelenart)
Krib|be, die; -, -n (*nordd. für* Buhne)
krib|be|lig, krібb|lig (*ugs. für* ungeduldig, gereizt)
Krib|bel|krank|heit, die; - (*Med.* Mutterkornvergiftung)
krib|beln (*ugs. für* prickeln, jucken; wimmeln); ich kribb[e]le; es kribbelt mich; es kribbelt u. krabbelt
kribb|lig *vgl.* kribbelig
Kri|ckel [*alte Trennung* ...k|k...], das; -s, -[n] *meist Plur.* (*Jägerspr.* Horn der Gämse); *vgl.* Krucke
kri|cke|lig [*alte Trennung* ...k|k...], krick|lig (*ostmitteld. für* unzufrieden; nörgelnd)
Kri|ckel|kra|kel [*alte Trennung* ...k|k...], das; -s, - (*ugs. für* unleserliche Schrift)
kri|ckeln [*alte Trennung* ...k|k...] (*landsch. für* streiten, nörgeln; *ugs. auch für* kritzeln); ich krick[e]le
Kri|ckel|wild [*alte Trennung* ...k|k...] (Gamswild)
Krick|en|te, Kriek|en|te (eine Wildente)
Kri|cket [*alte Trennung* ...k|k...], das; -s ‹engl.› (ein Ballspiel); **Kri|cket|ball; Kri|cket|spie|ler**
krick|lig *vgl.* krickelig
Kri|da, die; - ‹mlat.› (*österr. für* Konkursvergehen); **Kri|dar, Kri|da|tar,** der; -s, -e (*österr. für* Gemeinschuldner)
Krie|bel|mü|cke [*alte Trennung* ...k|k...]
Krie|che, die; -, -n (*landsch.* eine Pflaumensorte)
krie|chen; du krochst; du kröchest; gekrochen; kriech[e]!; *vgl.* kreuchst usw.; **Krie|cher** (*abwertend*); **Krie|che|rei; Krie|che|rin; krie|che|risch**
Krie|cherl, das; -s, -n (*österr. für* Krieche); **Krie|cherl|baum**
Kriech|spur
Kriech|strom (*Elektrot.*); **Kriech|tier**
Krieg, der; -[e]s, -e; die Krieg führenden [*alte Schreibung* kriegführenden] Parteien
[1]**krie|gen** (*veraltet für* Krieg führen)
[2]**krie|gen** (*ugs. für* erhalten, bekommen)
Krie|ger; Krie|ger|denk|mal *Plur.* ...mäler; **Krie|ger|grab**
Krie|ge|rin; krie|ge|risch; Krie|ger|tum, das; -s; **Krie|ger|wit|we**
Krieg füh|rend [*alte Schreibung* kriegführend] *vgl.* Krieg; **Krieg|füh|rung,** Kriegs|füh|rung
Kriegs|an|lei|he; Kriegs|aus|bruch, der; -[e]s
kriegs|be|dingt
Kriegs|be|ginn; Kriegs|beil; Kriegs|be|ma|lung; Kriegs|be|richt; Kriegs|be|richt|er|stat|ter
kriegs|be|schä|digt; Kriegs|be|schä|dig|te, der *u.* die; -n, -n
Kriegs|be|schä|dig|ten|für|sor|ge
Kriegs|blin|de
Kriegs|dienst; Kriegs|dienst|ver|wei|ge|rer; Kriegs|dienst|ver|wei|ge|rung
Kriegs|ein|wir|kung; Kriegs|en|de
Kriegs|er|klä|rung; Kriegs|flot|te; Kriegs|frei|wil|li|ge
Kriegs|füh|rung *vgl.* Kriegführung

K

Krie|gs|fuß; *nur in* auf [dem] Kriegsfuß mit jmdm. *od.* etwas stehen

kriegs|ge|fan|gen; Kriegs|ge|fan|ge|ne; Kriegs|ge|fan|gen|schaft

Kriegs|geg|ner; Kriegs|ge|richt

Kriegs|ge|schrei; Kriegs|ge|winn|ler *(abwertend)*

Kriegs|grä|ber|für|sor|ge

Kriegs|ha|fen (*vgl.* ²Hafen); **Kriegs|het|ze,** die; -

Kriegs|hin|ter|blie|be|ne; Kriegs|hin|ter|blie|be|nen|für|sor|ge

Kriegs|in|va|li|de; Kriegs|ka|me|rad; Kriegs|kunst; Kriegs|list

Kriegs|ma|ri|ne

Kriegs|op|fer; Kriegs|pfad; Kriegs|rat, der; -[e]s

Kriegs|recht, das; -[e]s

Kriegs|ro|man; Kriegs|scha|den; Kriegs|schau|platz; Kriegs|schiff; Kriegs|schuld

Kriegs|teil|neh|mer; Kriegs|to|te

Kriegs|trau|ung; Kriegs|trei|ber

Kriegs|ver|bre|cher; Kriegs|ver|let|zung; Kriegs|ver|sehr|te

kriegs|ver|wen|dungs|fä|hig (*Abk.* kv.)

Kriegs|wai|se; Kriegs|wir|ren *Plur.*

Kriegs|zu|stand *Plur. selten*

Kriek|en|te *vgl.* Krickente

Kriem|hild, Kriem|hil|de (w. Vorn.)

Kri|ko|to|mie, die; -, ...ien ‹griech.› (*Med.* operative Spaltung des Ringknorpels der Luftröhre)

Krill, der; -[e]s ‹norw.› (tierisches Plankton)

Krim, die; - (Halbinsel im Süden der Ukraine)

Kri|mi [*auch* 'kri:...], der; -s, -s, *selten* -, - (*ugs. für* Kriminalroman, -film)

kri|mi|nal ‹lat.› (*veraltet* strafrechtlich); **Kri|mi|nal,** das; -s, -e (*österr. veraltend für* Strafanstalt, Zuchthaus)

Kri|mi|nal|be|am|te

Kri|mi|na|le, der; -n, -n *u.* **Kri|mi|na|ler,** der; -s, - (*ugs. für* Kriminalbeamte)

Kri|mi|nal|film; Kri|mi|nal|ge|schich|te

kri|mi|na|li|sie|ren (als kriminell hinstellen)

Kri|mi|na|list, der; -en, -en (Kriminalpolizist; Strafrechtslehrer); **Kri|mi|na|lis|tik** [*alte Trennung* ...|st...], die; - (Lehre vom Verbrechen, von seiner Aufklärung usw.); **Kri|mi|na|lis|tin**

kri|mi|na|lis|tisch [*alte Trennung* ...|st...]

Kri|mi|na|li|tät, die; -

Kri|mi|nal|kom|mis|sar; Kri|mi|nal|mu|se|um; Kri|mi|nal|po|li|zei (*Kurzw.* Kripo)

Kri|mi|nal|psy|cho|lo|gie

Kri|mi|nal|recht, das; -[e]s (*veraltet für* Strafrecht); **Kri|mi|nal|ro|man**

kri|mi|nell ‹franz.›; **Kri|mi|nel|le,** der *u.* die; -n, -n (straffällig Gewordene[r]); ein Krimineller

Kri|mi|no|lo|gie, die; - ‹lat.; griech.› (Wissenschaft vom Verbrechen); **kri|mi|no|lo|gisch**

Krim|krieg, der; -[e]s; ↑K 143

krim|meln *(nordd.); nur in* es krimmelt u. wimmelt

Krim|mer, der; -s, - ‹nach der Halbinsel Krim› (*urspr.* ein Lammfell, *heute* ein Wollgewebe)

krim|pen (*nordd. für* einschrumpfen [lassen]; sich von West nach Ost drehen [vom Wind]); gekrimpt u. gekrumpen

Krim|sekt

Krims|krams, der; -[es] (*ugs. für* Plunder, durcheinander liegendes, wertloses Zeug)

Krin|gel, der; -s, - ([kleiner, gezeichneter] Kreis; *auch für* [Zucker]gebäck); **krin|ge|lig** (sich ringelnd); sich kringelig lachen *(ugs.)*; **krin|geln** ([sich] zu Kringeln formen); ich kring[e]le; sich kringeln (*ugs. für* sich [vor Vergnügen] wälzen)

Kri|no|i|de, der; -n, -n *meist Plur.* ‹griech.› (*Zool.* Haarstern od. Seelilie, ein Stachelhäuter)

Kri|no|li|ne, die; -, -n ‹franz.› (*früher* Reifrock)

Kri|po = Kriminalpolizei; **Kri|po|chef** *(ugs.)*

Krip|pe, die; -, -n; **krip|pen** (*veraltet für* mit Flechtwerk sichern)

Krip|pen|bei|ßer (Pferd, das die Unart hat, die Zähne aufzusetzen u. Luft hinunterzuschlucken)

Krip|pen|platz

Krip|pen|set|zer (*svw.* Krippenbeißer)

Krip|pen|spiel (Weihnachtsspiel)

Kris, der; -es, -e ‹malai.› (Dolch der Malaien)

Kri|se, Kri|sis, die; -, Krisen ‹griech.›; **kri|seln;** es kriselt

kri|sen|an|fäl|lig; kri|sen|fest

Kri|sen|ge|biet; kri|sen|haft

Kri|sen|herd; Kri|sen|ma|nage|ment; Kri|sen|si|tu|a|ti|on

Kri|sen|stab; Kri|sen|zei|chen; Kri|sen|zeit

Kri|sis *vgl.* Krise

kris|peln (*Gerberei* narben); ich krisp[e]le

¹Kris|tall [*alte Trennung* ...|st...], der; -s, -e ‹griech.› (fester, regelmäßig geformter, von ebenen Flächen begrenzter Körper)

²Kris|tall [*alte Trennung* ...|st...], das; -s (geschliffenes Glas)

kris|tall|ar|tig [*alte Trennung* ...|st...]; **Kris|tall|che|mie; Kris|täll|chen**

kris|tal|len [*alte Trennung* ...|st...] (aus, von Kristall[glas]; kristallklar, wie Kristall)

Kris|tall|git|ter ([*alte Trennung* ...|st...] *Chemie*); **Kris|tall|glas** *Plur.* ...gläser

kris|tal|lin, kris|tal|li|nisch [*alte Trennung* ...|st...] (aus vielen kleinen Kristallen bestehend); kristalline, kristallinische Schiefer, Flüssigkeiten

Kris|tal|li|sa|ti|on [*alte Trennung* ...|st...], die; -, -en (Kristallbildung); **Kris|tal|li|sa|ti|ons|punkt; Kris|tal|li|sa|ti|ons|vor|gang**

kris|tal|lisch [*alte Trennung* ...|st...] (*seltener für* kristallen)

kris|tal|li|sier|bar [*alte Trennung* ...|st...]

kris|tal|li|sie|ren [*alte Trennung* ...|st...] (Kristalle bilden); **Kris|tal|li|sie|rung**

Kris|tal|lit [*alte Trennung* ...|st...], der; -s, -e (kristallähnliches Gebilde)

kris|tall|klar [*alte Trennung* ...|st...]

Kris|tall|leuch|ter, *auch* **Kris|tall-Leuch|ter** [*alte Schreibung* Kristalleuchter, *alte Trennungen* Kri|stall|leuch|ter]

Kris|tall|lin|se, *auch* **Kris|tall-Lin|se** [*alte Schreibung* Kristallinse, *alte Trennungen* Kri|stall|lin|se]

Kris|tall|lüs|ter, *auch* **Kris|tall-Lüs|ter,** *österr.* **Kris|tall|lus|ter,** *auch* **Kris|tall-Lus|ter** [*alte Schreibungen* Kristallüster, Kristalluster, *alte Trennungen* Kri|stall|lü|ster, Kri|stall|lu|ster]

Kris|tall|nacht [*alte Trennung* ...|st ...], die; - (*nationalsoz.* Pogromnacht)

Kris|tal|lo|gra|phie, *auch* Kris|tal|lo|gra|fie [*alte Trennung* ...|st...], die; - (Lehre von den Kristallen); **kris|tal|lo|gra|phisch,** *auch* kris|tal|lo|gra|fisch

Kris|tal|lo|id [*alte Trennung*

...|st...], das; -[e]s, -e (kristallähnlicher Körper)
Kris|tall|phy|sik [*alte Trennung* ...|st...]; **Kris|tall|va|se; Kris|tall|zu|cker** [*alte Trennung* ...k|k...]
[1]**Kris|ti|a|nia** [*alte Trennung* ...|st...] (Name Oslos bis 1924) *vgl.* Christiania
[2]**Kris|ti|a|nia** [*alte Trennung* ...|st...], der; -s, -s ⟨*nach* Kristiania = Oslo⟩ (früher üblicher Querschwung beim Skilauf)
Kris|tin [*alte Trennung* ...|st...] (w. Vorn.)
Kri|te|ri|um, das; -s, ...ien ⟨griech.⟩ (unterscheidendes Merkmal; *bes. im Radsport* Zusammenfassung mehrerer Wertungsrennen zu einem Wettkampf)
Kri|tik, die; -, -en (kritische Beurteilung; *nur Sing.:* Gesamtheit der Kritiker)
Kri|ti|kas|ter [*alte Trennung* ...|st...], der; -s, - (kleinlicher Kritiker, Nörgler)
Kri|ti|ker [*auch* ˈkrɪ...]; **Kri|ti|ke|rin**
kri|tik|fä|hig; Kri|tik|fä|hig|keit
kri|tik|los; Kri|tik|lo|sig|keit, die; -
Kri|tik|punkt
kri|tisch [*auch* ˈkrɪ...] (streng beurteilend, prüfend, wissenschaftl. verfahrend; *oft für* anspruchsvoll; die Wendung [zum Guten od. Schlimmen] bringend; gefährlich, bedenklich); kritische Ausgabe; kritische Geschwindigkeit; kritische Temperatur; **kri|ti|sie|ren**
Kri|ti|zis|mus, der; - (philos. Verfahren)
Krit|te|lei; Krit|te|ler, Kritt|ler; **krit|te|lig**, kritt|lig; **krit|teln** (mäkelnd urteilen); ich kritt[e]le; **Krit|tel|sucht**, die; -
Krit|ze|lei *(ugs.)*; **krit|ze|lig**, kritz|lig *(ugs.)*; **krit|zeln** *(ugs.)*; ich kritz[e]le; **kritz|lig** *vgl.* kritzelig
Kro|a|te, der; -n, -n; **Kro|a|ti|en** (Staat im Südosten Europas); **Kro|a|tin**
kro|a|tisch; Kro|a|tisch, das; -[s] (Sprache); *vgl.* Deutsch; **Kro|a|ti|sche**, das; -n; *vgl.* Deutsche, das
Kro|atz|bee|re *vgl.* Kratzbeere
Kro|cket [*auch* ...ˈkɛt; *alte Trennung* ...k|k...], das; -s ⟨engl.⟩ (ein Ballspiel)
Kro|kant, der; -s ⟨franz.⟩ (knusprige Masse aus zerkleinerten Mandeln od. Nüssen)
Kro|ket|te, die; -, -n *meist Plur.* ⟨franz.⟩ (gebackenes längliches Klößchen [aus Kartoffelbrei, Fisch, Fleisch o. Ä.])
Kro|ki [*schweiz.* ˈkro...], das; -s, -s ⟨franz.⟩ (*fachspr. für* Riss, Plan, einfache Geländezeichnung); **kro|kie|ren; Kro|ki|zeich|nung**
Kro|ko, das; -[s], -s (*kurz für* Krokodilleder)
Kro|ko|dil, das; -s, -e ⟨griech.⟩; **Kro|ko|dil|le|der; Kro|ko|dils|trä|ne** *meist Plur.* (heuchlerische Träne); Krokodilstränen weinen; **Kro|ko|dil|wäch|ter** (ein Vogel)
Kro|kus, der; -, *Plur.* - *u.* -se ⟨griech.⟩ (eine früh blühende Gartenpflanze)
Kroll|le, die; -, -n (*rhein. u. nordd. für* Locke)
Krom|lech [...lɛk, *auch* ...lɛç, ˈkro:m...], der; -s, *Plur.* -e *u.* -s ⟨kelt.⟩ (jungsteinzeitliche Kultstätte)
Kro|n|ach (Stadt in Oberfranken)
Krön|chen
[1]**Kro|ne**, die; -, -n ⟨griech.⟩ (Kopfschmuck usw.); [↑K 150]: die Nördliche Krone, die Südliche Krone (Sternbilder)
[2]**Kro|ne**, die; -, -n (Währungseinheit in Dänemark [*Währungscode* DKK, *Abk.* dkr], Estland [EEK], Island [ISK], Norwegen [NOK, nkr], Schweden [SEK, skr], Tschechien [CZK] und in der Slowakei [SKK]
krö|nen
Kro|nen|kor|ken, Kron|kor|ken
Kro|nen|mut|ter *Plur.* ...muttern
Kro|nen|or|den (ehem. Verdienstorden)
Kro|nen|ta|ler, Kron|ta|ler (ehem. Münze)
Kron|er|be, der
Kron|glas, das; -es (ein optisches Glas)
Kro|ni|de, der; -n, *Plur.* (*für* Nachkommen des Kronos:) -n ⟨griech.⟩ (Beiname des Zeus); **Kro|ni|on** (Zeus)
Kron|ju|wel *(meist Plur.)*; **Kron|ko|lo|nie; Kron|kor|ken** *vgl.* Kronenkorken
Kron|land *Plur.* ...länder; **Kron|leuch|ter**
Kro|nos (Vater des Zeus)
Kron|prä|ten|dent (Thronbewerber); **Kron|prinz; Kron|prin|zes|sin; kron|prin|zess|lich** [*alte Schreibung* kron|prin|zeß|lich]; **kron|prinz|lich**
Kron|rat, der; -[e]s
Krons|bee|re (*nordd. für* Preiselbeere)
Kron|schatz; Kron|ta|ler *vgl.* Kronentaler
Krö|nung; Krö|nungs|man|tel; Krö|nungs|or|nat
Kron|zeu|ge (Hauptzeuge)
Krö|pel, der; -s, - (*nordd. für* Krüppel)
Kropf, der; -[e]s, Kröpfe; **Kröpf|chen**
kröp|fen (*Technik u. Bauw.* krumm biegen; fressen [von Greifvögeln])
Kröp|fer (männl. Kropftaube); **krop|fig; Kropf|stein** *(Bauw.)*; **Kropf|tau|be; Kröp|fung** *(fachspr.)*
Kropp|zeug, das; -[e]s (*ugs., oft scherzh. für* kleine Kinder; *ugs. abwertend für* Pack, Gesindel, nutzloses Zeug)
Krö|se, die; -, -n (steife Halskrause; *Böttcherei* Einschnitt in den Fassdauben); **Krö|se|ei|sen** (ein Böttcherwerkzeug)
krö|seln ([Glas] wegbrechen); ich krös[e]le; **Krö|sel|zan|ge** (ein Glaserwerkzeug)
kross [*alte Schreibung* kroß] (*nordd. für* knusprig)
[1]**Krö|sus** ⟨griech.⟩ (König von Lydien)
[2]**Krö|sus**, der; *Gen.* -, *auch* -ses, *Plur.* -se (sehr reicher Mann)
Krot, die; -, -en (*österr. mdal. für* Kröte); die Krot schlucken müssen (*österr. für* die Kröte schlucken müssen); **Krö|te**, die; -, -n; **Krö|ten** *Plur.* (*ugs. für* Geld)
Krö|ten|stein (*volkstüml. für* tierische Versteinerung); **Krö|ten|wan|de|rung**
Kro|ton, der; -s, -e ⟨griech.⟩ (ein ostasiat. Wolfsmilchgewächs); **Kro|ton|öl**, das; -[e]s (ein Abführmittel)
Kröv (Ort an der Mosel); **Krö|ver** [...vɐ]; Kröver Nacktarsch (ein Wein)
Krs., Kr. = Kreis
Kru|cke [*alte Trennung* ...k|k...], die; -, -n *meist Plur.* (*Jägerspr.* Horn der Gämse); *vgl.* Krickel
Krü|cke [*alte Trennung* ...k|k...], die; -, -n; **Kru|cken|kreuz** *od.* **Krü|cken|kreuz; Krück|stock** *Plur.* ...stöcke
krud, kru|de ⟨lat.⟩ (grob, roh); **Kru|di|tät**, die; -, -en
Krug, der; -[e]s, Krüge (ein Gefäß;

K

landsch., bes. nordd. für Schenke)

Krü|gel, das; -s, - (*österr. für* Bierglas mit Henkel); zwei Krügel Bier; **Krü|gel|chen**

Krü|ger (*nordd. für* Wirt; Pächter)

Kru|ke, die; -, -n (*nordd. für* großer Krug; Tonflasche; ulkiger, eigenartiger Mensch)

Krüll|schnitt (ein Tabakschnitt); **Krüll|ta|bak**

Krüm|chen; Kru|me, die; -, -n

Krü|mel, der; -s, -, *landsch. auch* das; -s, - (kleine Krume); **Krü|mel|chen; krü|me|lig,** krüm|lig; **krü|meln;** ich krüm[e]le

Krü|mel|zu|cker [*alte Trennung* ...k|k...]; **Krüm|lein; krüm|lig** *vgl.* krümelig

krumm
krummer, krumms|te (*landsch.* krümmer, krümms|te)
Getrenntschreibung in Verbindung mit Verben ↑K 56: – etwas krumm biegen; krumm dasitzen; das Knie krumm machen – krumm (gekrümmt) gehen; die Sache darf nicht krumm gehen [*alte Schreibung* krummgehen] (*ugs. für* misslingen) – wir mussten uns [sehr] krumm legen [*alte Schreibung* krummlegen] (*ugs. für* sich abmühen) – diese Bemerkung hat er dir [äußerst] krumm genommen [*alte Schreibung* krummgenommen] (*ugs. für* übel genommen) *Vgl. aber* krummlachen

krumm|bei|nig

Krum|me, der; -n, -n (*Jägerspr. scherzh. für* Feldhase)

krüm|men; sich krümmen; **Krüm|mer** (gebogenes [Rohr]stück; Gerät zur Bodenbearbeitung)

Krumm|holz (von Natur gebogenes Holz); **Krumm|holz|kie|fer,** die; *vgl.* Latsche; **Krumm|horn** *Plur.* ...hörner (altes Holzblasinstrument)

krumm|la|chen, sich (*ugs. für* sehr lachen); **krumm le|gen,** sich [*alte Schreibung* krumm|le|gen] *vgl.* krumm

Krümm|ling (*fachspr. für* gebogener Teil von Treppenwangen u. -geländern)

krumm|li|nig; krumm|na|sig

krumm neh|men [*alte Schreibung* krumm|neh|men] *vgl.* krumm

Krumm|schwert; Krumm|stab

Krüm|mung; Krüm|mungs|kreis; Krüm|mungs|ra|di|us

krum|pe|lig, krump|lig (*landsch. für* zerknittert); **krum|peln** (*landsch. für* knittern); ich krump[e]le

Krüm|per (vor 1813 kurzfristig ausgebildeter preuß. Wehrpflichtiger); **Krüm|per|sys|tem** [*alte Trennung* ...|st:..], das; -s

krumpf|echt (nicht einlaufend [von Geweben]); **krump|fen** (einlaufen lassen); **krumpf|frei**

krump|lig *vgl.* krumpelig

Krupp, der; -s ‹engl.› (*Med.* akute Entzündung der Schleimhaut des Kehlkopfes)

Krup|pa|de, die; -, -n ‹franz.› (*Reitsport* Sprung der hohen Schule); **Krup|pe,** die; -, -n (Kreuz [des Pferdes])

Krüp|pel, der; -s, -; **krüp|pel|haft; Krüp|pel|holz; krüp|pe|lig,** krüpp|lig

Krüp|pel|walm|dach (eine Dachform)

krüpp|lig *vgl.* krüppelig

krup|pös ‹engl.› (*Med.* kruppartig); kruppöser Husten

kru|ral ‹lat.› (*Med.* zum Schenkel gehörend; Schenkel...)

krüsch (*nordd. für* wählerisch im Essen)

Krü|sel|wind (*nordd. für* kreiselnder, sich drehender Wind)

Krus|ta|zee [*alte Trennung* ...|st...], die; -, ...een *meist Plur.* ‹lat.› (*Zool.* Krebstier)

Krüst|chen; Krus|te [*alte Trennung* ...|st...], die; -, -n; **Krus|ten|tier**

krus|tig [*alte Trennung* ...|st...]

Krux, Crux, die; - ‹lat., »Kreuz«› (Last, Kummer)

Kru|zi|fe|re, die; -, -n *meist Plur.* ‹lat.› (*Bot.* Kreuzblütler)

Kru|zi|fix [*auch* ...'fɪ..., *österr. nur so*], das; -es, -e (plastische Darstellung des gekreuzigten Christus); **Kru|zi|fi|xus,** der; - (*Kunstwiss.* Christus am Kreuz); **Kru|zi|tür|ken!** (ein Fluch)

Kry|o|bi|o|lo|gie ‹griech.› (Teilgebiet der Biologie, das sich mit der Einwirkung sehr tiefer Temperaturen auf Organismen befasst); **Kry|o|chi|r|ur|gie** (*Med.* Kältechirurgie)

Kry|o|lith, der; *Gen.* -s *od.* -en, *Plur.* -e[n] (ein Mineral)

Kry|o|the|ra|pie, die; - (Anwendung von Kälte zur Zerstörung von krankem Gewebe)

Kry|o|t|ron das; -s, *Plur.* ...one, *auch* -s (*EDV* ein Schaltelement)

Kryp|ta, die; -, ...ten ‹griech.› (Gruft, unterirdischer Kirchenraum)

Kryp|ten *Plur.* (*Med.* verborgene Einbuchtungen in den Rachenmandeln; Drüsen im Darmkanal)

kryp|tisch (unklar, schwer zu deuten)

kryp|to... (geheim, verborgen); **Kryp|to...** (Geheim...)

Kryp|to|ga|me, die; -, -n *meist Plur.* (*Bot.* Sporenpflanze)

kryp|to|gen, kryp|to|ge|ne|tisch (*Biol.* von unbekannter Entstehung)

Kryp|to|gramm, das; -s, -e (Verstext mit verborgener Nebenbedeutung; *veraltet für* Geheimtext); **Kryp|to|gra|phie,** *auch* Kryp|to|gra|fie, die; -, ...ien (*Psychol.* absichtslos entstandene Kritzelzeichnung bei Erwachsenen; Disziplin der Informatik; *veraltet für* Geheimschrift)

kryp|to|kris|tal|lin, kryp|to|kris|tal|li|nisch [*alte Trennung* ...|st...] (*Geol.* erst bei mikroskop. Untersuchung als kristallinisch erkennbar)

Kryp|ton [*auch* ...'to:n], das; -s (chemisches Element, Edelgas; *Zeichen* Kr)

Kryp|t|or|chis|mus, der; -, ...men (*Med.* Zurückbleiben des Hodens in Bauchhöhle od. Leistenkanal)

KSZE = Konferenz über Sicherheit und Zusammenarbeit in Europa (frühere Bez. für OSZE [*vgl. d.*]); **KSZE-Schluss|ak|te** [ka:ɛstsɛt'e:...; *alte Schreibung* KSZE-Schluß|ak|te], die; - ↑K 28

Kt. = ²Kanton

Kte|no|id|schup|pe ‹griech.; dt.› (*Zool.* Kammschuppe vieler Fische)

Kto. = Konto

k. u. = königlich ungarisch (im ehem. Reichsteil Ungarn von Österreich-Ungarn für alle Behörden); *vgl.* k. k.; *vgl.* k. u. k.

Ku|a|la Lum|pur (Hauptstadt Malaysias)

Ku|ba (mittelamerik. Staat; Insel der Großen Antillen); **Ku|ba|ner; Ku|ba|ne|rin; ku|ba|nisch**

Ku|ba|tur, die; -, -en ‹griech.› (*Math.* Erhebung zur dritten Potenz; Berechnung des Rauminhalts von [Rotations]körpern)

Küb|bung, die; -, -en (*Archit.* Seitenschiff des niedersächs. Bauernhauses)

Ku|be|be, die; -, -n ‹arab.› (Frucht eines indones. Pfefferstrauchs)

Kü|bel, der; -s, -; **kü|beln** (*ugs. auch für* viel [Alkohol] trinken); ich küb[e]le; **Kü|bel|pflan|ze; Kü|bel|wa|gen**

Ku|ben (*Plur. von* Kubus); **ku|bie|ren** ‹griech.› (*Forstw.* den Rauminhalt eines Baumstammes ermitteln; *Math.* zur dritten Potenz erheben); **Ku|bie|rung**

Ku|bik|de|zi|me|ter (*Zeichen* dm^3); **Ku|bik|fuß,** der; -es; 3 Kubikfuß; **Ku|bik|ki|lo|me|ter** (*Zeichen* km^3)

Ku|bik|maß, das; **Ku|bik|me|ter** (*Zeichen* m^3); **Ku|bik|mil|li|me|ter** (*Zeichen* mm^3)

Ku|bik|wur|zel (*Math.* dritte Wurzel); **Ku|bik|zahl; Ku|bik|zen|ti|me|ter** (*Zeichen* cm^3)

Ku|bin [*auch* ...'bi:n] (österr. Zeichner u. Schriftsteller)

ku|bisch (würfelförmig; *Math.* in der dritten Potenz vorliegend); kubische Gleichung

Ku|bis|mus, der; - (Kunststil, der in kubischen Formen gestaltet); **Ku|bist,** der; -en, -en; **Ku|bis|tin** [*alte Trennung* ...|st...]

ku|bis|tisch [*alte Trennung* ...|st...]

ku|bi|tal ‹lat.› (*Med.* zum Ellbogen gehörend)

Ku|bus, der; -, Kuben ‹griech.› (Würfel; *Math.* dritte Potenz)

Kü|che, die; -, -n

[1]**Kü|chel|chen** (kleine Küche)

[2]**Kü|chel|chen** *vgl.* [3]Küchlein

kü|cheln (*schweiz. für* Fettgebackenes bereiten); ich küchle

Ku|chen, der; -s, -

Kü|chen|ab|fall *meist Plur.*

Ku|chen|bä|cker [*alte Trennung* ...k|k...]; **Ku|chen|blech**

Kü|chen|bü|fett; Kü|chen|buf|fet; Kü|chen|bul|le (*ugs., Soldatenspr.* Koch einer Großküche, Kantine u. Ä.)

Kü|chen|chef; Kü|chen|fee (*scherzh. für* Köchin); **Kü|chen|fens|ter** [*alte Trennung* ...|st...]

Ku|chen|form; Ku|chen|ga|bel

Kü|chen|hand|tuch; Kü|chen|herd; Kü|chen|hil|fe; Kü|chen|ka|bi|nett (*geh. scherzh. für* [inoffizieller] Beraterstab, bes. eines Politikers)

Kü|chen|kraut (*meist Plur.*); **Kü|chen|la|tein** (*scherzh. für* schlechtes Latein); **Kü|chen|mes|ser,** das; **Kü|chen|per|so|nal; Kü|chen|scha|be** (ein Insekt)

Kü|chen|schel|le, die; -, -n (eine Pflanze)

Kü|chen|schrank; Kü|chen|schür|ze

Ku|chen|teig; Ku|chen|tel|ler

Kü|chen|tisch; Kü|chen|tuch; Kü|chen|uhr

Kü|chen|waa|ge; Kü|chen|wa|gen (Gerätewagen der Feldküche); **Kü|chen|zei|le; Kü|chen|zet|tel**

[1]**Küch|lein** (*vgl.* [1]Küken)

[2]**Küch|lein** (kleine Küche)

[3]**Küch|lein** (kleiner Kuchen)

ku|cken [*alte Trennung* ...k|k...] (*nordd. für* gucken; *vgl.* gucken)

Kü|cken [*alte Trennung* ...k|k...] *vgl.* [1]Küken

ku|ckuck! [*alte Trennung* ...k|k...]; **Ku|ckuck,** der; -s, -e

Ku|ckucks|blu|me [*alte Trennung* ...k|k...] (Pflanzenname); **Ku|ckucks|ei; Ku|ckucks|uhr**

Ku'|damm, der; -[e]s ↑K 15 (*ugs. kurz für* Kurfürstendamm)

Kud|del|mud|del, der *od.* das; -s (*ugs. für* Durcheinander)

Ku|del|kraut *vgl.* Kuttelkraut

Ku|der, der; -s, - (*Jägerspr.* männl. Wildkatze)

Ku|du, der; -s, -s ‹afrikaans› (afrik. Antilope)

Kues [ku:s], Nikolaus von (dt. Philosoph u. Theologe)

[1]**Ku|fe,** die; -, -n (Gleitschiene [eines Schlittens])

[2]**Ku|fe,** die; -, -n (*landsch. für* Bottich, Kübel)

Kü|fer (*südwestd. u. schweiz. für* Böttcher; *auch svw.* Kellermeister); **Kü|fe|rei**

Kuff, die; -, -e (breit gebautes Küstenfahrzeug)

ku|fi|sche Schrift, die; -n - ‹nach Kufa, einer ehem. Stadt bei Bagdad› (eine alte arab. Schrift)

Kuf|stein [*auch* 'ku:...] (Stadt im Unterinntal, Österreich)

Ku|gel, die; -, -n; Kugel scheiben [*alte Schreibung* kugelscheiben] (*österr. für* Murmeln spielen)

Ku|gel|blitz; Kü|gel|chen; Ku|gel|fang; ku|gel|fest; Ku|gel|fisch;

Ku|gel|form, die; -; **ku|gel|för|mig; Ku|gel|ge|lenk**

Kü|gel|gen (dt. Maler)

Ku|gel|ha|gel; ku|ge|lig, kug|lig; **Ku|gel|kopf; Ku|gel|kopf|ma|schi|ne** (eine Schreibmaschine); **Ku|gel|la|ger**

ku|geln; ich kug[e]le; sich kugeln

Ku|gel|re|gen

ku|gel|rund

Ku|gel schei|ben [*alte Schreibung* ku|gel|schei|ben] *vgl.* Kugel

Ku|gel|schrei|ber; ku|gel|si|cher; ku|gel|sto|ßen *nur im Infinitiv gebräuchlich;* **Ku|gel|sto|ßen,** das; -s; **kug|lig** *vgl.* kugelig

Ku|gu|ar, der; -s, -e ‹indian.› (Puma)

Kuh, die; -, Kühe; die Kuh vom Eis kriegen (*ugs. für* ein schwieriges Problem lösen)

Kuh|dorf (*abwertend*); **Kuh|dung; Kuh|eu|ter; Kuh|fla|den**

Kuh|fuß (*fachspr. für* Brechstange)

Kuh|glo|cke [*alte Trennung* ...k|k...]; **Kuh|han|del** (*vgl.* [1]Handel; *ugs. für* kleinliches Aushandeln von Vorteilen); **kuh|han|deln** (*ugs.*); ich kuhhand[e]le; gekuhhandelt

Kuh|haut; das geht auf keine Kuhhaut (*ugs. für* das ist unerhört)

kuh|hes|sig (wie bei den [2]Hessen der Kuh eng zusammenstehend [Fehler der Hinterbeine von Haustieren])

Kuh|hirt

kühl; ↑K 72: im Kühlen; ins Kühle setzen

Kühl|ag|gre|gat; Kühl|an|la|ge

Kuh|le, die; -, -n (*ugs. für* Grube, Loch)

Küh|le, die; -; **küh|len; Küh|ler**

Küh|ler|fi|gur; Küh|ler|grill; Küh|ler|hau|be

Kühl|flüs|sig|keit; Kühl|haus; Kühl|ket|te, die; - (Gefrierkette)

Kühl|mit|tel; Kühl|raum; Kühl|schiff

Kühl|schrank; Kühl|ta|sche

Kühl|te, die; -, -n (*Seemannsspr.* mäßiger Wind)

Kühl|tru|he; Kühl|turm

Küh|lung, die; -

Küh|lungs|born, Ost|see|bad (westl. von Rostock)

Kühl|wa|gen; Kühl|was|ser, das; -s

Kuh|milch; Kuh|mist

kühn; Kühn|heit

Kuh|po|cken [*alte Trennung* ...k|k...] *Plur.;* **Kuh|rei|gen** *od.* **...rei|hen; Kuh|schel|le** (*svw.* Kü-

K

chenschelle); **Kuh|stall; kuh|warm;** kuhwarme Milch

Ku|jon, der; -s, -e ‹franz.› (*veraltend für* Schuft); **ku|jo|nie|ren** (*ugs. abwertend für* verächtlich behandeln; schikanieren)

k. u. k. ['ka:ʊnt'ka:] = kaiserlich u. königlich (im ehem. Österreich-Ungarn beide Reichsteile betreffend); *vgl.* k. k.

[1]**Kü|ken,** *österr.* Kü|cken [*alte Trennung* ...k|k...], das; -s, - (das Junge des Huhnes; *ugs. für* kleines, unerfahrenes Kind)

[2]**Kü|ken,** das; -s, - (*Technik* drehbarer Teil, Kegel des [Fass]hahns)

Ku-Klux-Klan [*selten* 'kju:klaks'klɛn], der; -[s] ‹engl.-amerik.› (terroristischer Geheimbund in den USA)

Ku|ku|mer, die; -, -n ‹lat.› (*südwestd. für* Gurke)

Ku|ku|ruz [*auch* 'ku:...], der; -[es] ‹slaw.› (*bes. österr. für* Mais)

Ku|lak, der; -en, -en ‹russ.› (Großbauer im zaristischen Russland)

Ku|lan, der; -s, -e ‹kirgis.› (asiat. Wildesel)

ku|lant ‹franz.› (entgegenkommend, großzügig [im Geschäftsverkehr]); **Ku|lanz,** die; -

[1]**Ku|li,** der; -s, -s ‹Hindi› (Tagelöhner in Südostasien; *abwertend für* rücksichtslos Ausgenutzter)

[2]**Ku|li,** der; -s, -s (*ugs. kurz für* Kugelschreiber)

Ku|lier|wa|re ‹franz.; dt.› (Wirkware)

ku|li|na|risch ‹lat.› (auf die Küche, die Kochkunst bezüglich; ausschließlich dem Genuss dienend); kulinarische Genüsse

Ku|lis|se, die; -, -n ‹franz.› (*Theater* Teil der Bühnendekoration; *Technik* Hebel mit verschiebbarem Drehpunkt; *Börse* Personen, die sich auf eigene Rechnung am Börsenverkehr beteiligen; *übertr. für* Rahmen, Hintergrund); **Ku|lis|sen|schie|ber; Ku|lis|sen|wech|sel**

Kul|ler, die; -, -n (*landsch. für* kleine Kugel); **Kul|ler|au|gen** *Plur.* (*ugs. für* erstaunte, große, runde Augen); **kul|lern** (*ugs. für* rollen); ich kullere

[1]**Kulm,** der *od.* das; -[e]s, -e ‹slaw. u. roman.› (abgerundete [Berg]kuppe)

[2]**Kulm,** das; -s ‹engl.› (*Geol.* schiefrige Ausbildung der Steinkohlenformation)

Kulm|bach (Stadt in Oberfranken); **Kulm|ba|cher**

Kul|mi|na|ti|on, die; -, -en ‹lat.› (Erreichung des Höhe-, Scheitel-, Gipfelpunktes; *Astron.* höchster und tiefster Stand eines Gestirns); **Kul|mi|na|ti|ons|punkt** (Höhepunkt); **kul|mi|nie|ren** (den Höhepunkt erreichen)

Kult, der; -[e]s, -e *u.* Kul|tus, der; -, Kulte ‹lat.› (Verehrung; Form der Religionsausübung; *auch für* übertriebene Verehrung)

Kult|fi|gur; Kult|film (als besonders eindrucksvoll beurteilter und immer wieder angesehener Film)

Kult|hand|lung; kul|tig; kul|tisch

Kul|ti|va|tor, der; -s, ...oren (*Landw.* Bodenbearbeitungsgerät); **kul|ti|vie|ren** ‹franz.› ([Land] bearbeiten, urbar machen; [aus]bilden; pflegen)

kul|ti|viert (gesittet; hochgebildet); **Kul|ti|vie|rung** *Plur. selten*

Kult|stät|te

Kul|tur, die; -, -en

Kul|tur|ab|kom|men; Kul|tur|at|ta|ché; Kul|tur|aus|tausch; Kul|tur|ba|nau|se

Kul|tur|be|trieb, der; -[e]s; **Kul|tur|beu|tel** (Beutel für Toilettensachen); **Kul|tur|denk|mal**

kul|tu|rell

Kul|tur|er|be, das; **Kul|tur|film**

Kul|tur|flüch|ter (*Biol.* Pflanzen- od. Tierart, die von der Kulturlandschaft verdrängt wird); **Kul|tur|fol|ger** (*Biol.* Pflanzen- od. Tierart, die den menschlichen Kulturbereich als Lebensraum bevorzugt)

Kul|tur|form; Kul|tur|ge|schich|te, die; -; **kul|tur|ge|schicht|lich**

Kul|tur|gut; kul|tur|his|to|risch [*alte Trennung* ...|st...]; **Kul|tur|kampf,** der; -[e]s (zwischen dem protestant. preuß. Staat u. der kath. Kirche 1871 bis 1887)

Kul|tur|kri|tik, die; -; **Kul|tur|land|schaft; Kul|tur|le|ben,** das; -s

kul|tur|los; Kul|tur|lo|sig|keit

Kul|tur|pflan|ze; Kul|tur|po|li|tik, die; -

Kul|tur|re|vo|lu|ti|on (radikale kulturelle Umgestaltung, bes. 1965–69 in China); **Kul|tur|schaf|fen|de,** der *u.* die; -n, -n *(regional);* **Kul|tur|spon|so|ring; Kul|tur|tou|ris|mus**

kul|tur|ü|ber|grei|fend

Kul|tus *vgl.* Kult

Kul|tus|frei|heit, die; - *(Rechtsspr.);* **Kul|tus|ge|mein|de**

Kul|tus|mi|nis|ter [*alte Trennung* ...|st...]; **Kul|tus|mi|nis|te|rin; Kul|tus|mi|nis|te|ri|um**

Ku|ma|ne, der; -n, -n (Angehöriger eines in südosteurop. Völkern aufgegangenen Turkvolkes)

Ku|ma|rin, das; -s ‹indian.› (pflanzl. Duft- u. Wirkstoff)

Ku|ma|ron, das; -s (*Chemie* Bestandteil des Steinkohlenteers); **Ku|ma|ron|harz**

Kumm, der; -[e]s, -e (*nordd. für* Kasten; tiefe, runde Schüssel, Futtertrog); **Kum|me,** die; -, -n (*Seemannsspr. u. nordd. für* Schüssel)

Küm|mel, der; -s, - (Gewürzpflanze; ein Branntwein)

Küm|mel|brannt|wein, der; -[e]s; **Küm|mel|brot**

küm|meln (mit Kümmel zubereiten; *ugs. für* [Alkohol] trinken); ich kümm[e]le

Küm|mel|tür|ke (*veraltet* Schimpfwort; *abwertend für* Türke, türkischer Gastarbeiter)

Kum|mer, der; -s

Kum|mer|bund, der; -[e]s, -e ‹Hindi-engl.› (breite Leibbinde aus Seide)

Küm|me|rer (verkümmernde Pflanze; in der Entwicklung zurückgebliebenes Tier); **Küm|mer|form** *(Biol.)*

küm|mer|lich; Küm|mer|ling (schwaches, zurückgebliebenes Geschöpf; Kümmerer)

küm|mern (in der Entwicklung zurückbleiben [von Pflanzen u. Tieren]); sich [um jmdn., etwas] kümmern ([für jmdn., etwas] sorgen); ich kümmere mich um; es kümmert mich nicht

[1]**Küm|mer|nis,** die; -, -se *(geh.)*

[2]**Küm|mer|nis, Kum|mer|nus** (eine legendäre Heilige)

Kum|mer|speck (*ugs. für* aus Kummer angegessenes Übergewicht); **kum|mer|voll**

Kum|met, das, *schweiz.* der; -s, -e (gepolsterter Bügel um den Hals von Zugtieren)

Kü|mo, das; -s, -s (*kurz für* Küstenmotorschiff)

Kump, das; -s, -e (*landsch. für* kleines, rundes Gefäß, [Milch]schale; *Technik* Form zum Wölben von Platten); *vgl.* Kumpf

Kum|pan, der; -s, -e (*ugs. für* Kamerad, Gefährte; *abwertend für* Helfershelfer; Mittäter); **Kum|pa|nei** *(ugs., meist abwertend);* **Kum|pa|nin**
Kum|pel, der; -s, *Plur.* -, *ugs.* -s (Bergmann; *ugs. auch für* Arbeitskollege u. Freund)
küm|peln (*Technik* [Platten] wölben u. formen); ich kümp[e]le
Kum|pen, der; -s, - (*nordd. für* Gefäß, Schüssel); **Kumpf,** der; -[e]s, *Plur.* -e *u.* Kümpfe (*südd., österr. für* Gefäß, Behälter)
Kum|ran, *auch* Qum|ran (Ruinenstätte am Nordwestufer des Toten Meeres)
Kumst, der; -[e]s (*landsch. für* [Sauer]kohl)
Kumt, das; -[e]s, -e (*svw.* Kummet)
Ku|mu|la|ti|on, die; -, -en ‹lat.› (*fachspr. für* Anhäufung); **ku|mu|la|tiv** (anhäufend)
ku|mu|lie|ren (anhäufen); kumulierende (sich ständig vergrößernde) Bibliographie; sich kumulieren; **Ku|mu|lie|rung**
Ku|mu|lo|nim|bus (*Meteor.* Gewitterwolke); **Ku|mu|lus,** der; -, ...li (*Meteor.* Haufen[wolke])
Ku|mys, Ku|myss [*auch* ...ˈmʏs; *alte Schreibung* Ku|myß], der; - ‹russ.› (gegorene Stutenmilch)
kund; kund und zu wissen tun; *vgl.* kundgeben usw.
künd|bar (die Möglichkeit einer Kündigung enthaltend); ein kündbarer Vertrag
[1]**Kun|de,** der; -n, -n (Käufer; *Gaunerspr.* Landstreicher; *abwertend für* Kerl)
[2]**Kun|de,** die; -, -n *Plur. selten* (Kenntnis, Lehre, Botschaft)
[3]**Kun|de,** die; -, -n (*österr. für* Kundschaft)
kün|den (*geh. für* kundtun; *schweiz. veraltend für* kündigen)
Kun|den|be|ra|tung; Kun|den|besuch; Kun|den|dienst; Kun|denfang, der; -[e]s
kun|den|freund|lich
Kun|den|ge|spräch; Kun|den|kreis
kun|den|o|ri|en|tiert
Kun|den|ser|vice, der
Kun|den|wer|bung
Kün|der *(geh.)*
Kund|ga|be, die; -; **kund|ge|ben** *(geh.);* ich gebe kund; kundgegeben; kundzugeben; ich gebe etwas kund, *aber* ich gebe Kunde von etwas; **Kund|ge|bung**
kun|dig; Kun|di|ge, der *u.* die; -n, -n
kün|di|gen; er kündigt ihm; er kündigt ihm das Darlehen, die Wohnung; es wurde ihm *od.* ihm wurde gekündigt; **Kün|digung;** *vgl.* vierteljährig *u.* vierteljährlich
Kün|di|gungs|frist; Kün|di|gungsgrund; Kün|di|gungs|schrei|ben; Kün|di|gungs|schutz; Kün|digungs|ter|min
Kun|din (Käuferin)
kund|ma|chen (*österr. Amtsspr., sonst geh. für* bekannt geben); ich mache kund; kundgemacht; kundzumachen; **Kund|ma|chung** (*südd., österr. für* Bekanntmachung)
Kund|schaft
kund|schaf|ten; gekundschaftet; **Kund|schaf|ter; Kund|schaf|te|rin**
kund|tun; ich tue kund; kundgetan; kundzutun; **kund|wer|den** *(geh.);* es wird kund; es ist kundgeworden; kundzuwerden
ku|ne|i|form ‹lat.› (*Med.* keilförmig)
Kü|net|te, die; -, -n ‹franz.› (Abflussgraben)
künf|tig; künftigen Jahres (*Abk.* k. J.); künftigen Monats (*Abk.* k. M.); **künf|tig|hin**
Kun|ge|lei; kun|geln (*ugs. abwertend für* heimliche, unlautere Geschäfte abschließen); ich kung[e]le
Kung-Fu, das; -[s] ‹chin.-engl.› (eine sportliche Methode der Selbstverteidigung)
Ku|ni|bert (m. Vorn.)
Ku|ni|gund, Ku|ni|gun|de (w. Vorn.)
Kun|kel, die; -, -n (*südd. u. westd. für* Spindel, Spinnrocken)
Kün|ne|ke (dt. Operettenkomponist)
Ku|no (m. Vorn.)
Kunst, die; -, Künste
Kunst|a|ka|de|mie; Kunst|aus|stellung; Kunst|bau *Plur.* ...bauten *(Technik);* **Kunst|be|trach|tung**
Kunst|darm; Kunst|denk|mal
Kunst|druck *Plur.* ...drucke; **Kunstdruck|pa|pier**
Kunst|dün|ger; Kunst|eis|bahn
küns|teln [*alte Trennung* ...|st...]; ich künst[e]le
Kunst|er|zie|her; Kunst|er|zie|herin; Kunst|er|zie|hung; Kunst|fälschung
Kunst|fa|ser; Kunst|feh|ler
kunst|fer|tig; Kunst|fer|tig|keit
Kunst|flug; Kunst|ge|gen|stand
Kunst|ge|lehr|te, der *u.* die
kunst|ge|mäß; kunst|ge|recht
Kunstge|schich|te, die; -
Kunst|ge|wer|be, das; -s; **Kunst|gewer|be|mu|se|um; Kunst|gewerb|ler; Kunst|ge|werb|le|rin; kunst|ge|werb|lich**
Kunst|griff
Kunst|han|del (*vgl.* [1]Handel); **Kunst|händ|ler; Kunst|händ|lerin; Kunst|hand|lung; Kunsthand|werk**
Kunst|harz
Kunst|his|to|ri|ker [*alte Trennung* ...|st...]; **Kunst|his|to|ri|ke|rin**
Kunst|ho|nig; Kunst|horn *Plur.* ...horne (chem. gehärtetes Kasein); **Kunst|kopf** *(Rundfunk)*
Kunst|kri|tik; Kunst|kri|ti|ker; Kunst|kri|ti|ke|rin
Künst|ler; Künst|le|rin; künst|lerisch
Künst|ler|knei|pe; Künst|ler|ko|lonie; Künst|ler|na|me; Künst|lerpech *(ugs.)*
Künst|ler|tum, das; -s
künst|lich; künstliche Befruchtung; künstliche Niere; künstliche Intelligenz; **Künst|lich|keit**
Kunst|licht, das; -[e]s
kunst|los
Kunst|ma|ler; Kunst|markt
kunst|mä|ßig
Kunst|pau|se
kunst|reich
Kunst|samm|ler; Kunst|samm|lerin; Kunst|samm|lung
Kunst|schatz; Kunst|schu|le; Kunstsei|de
kunst|sin|nig
Kunst|spra|che; Kunst|stein
Kunst|stoff; Kunst|stoff|fla|sche, *auch* **Kunst|stoff-Fla|sche**
Kunst|stoff|fo|lie, *auch* **Kunststoff-Fo|lie** [*alte Schreibung* Kunst|stoffo|lie, *alte Trennung* ...ff|f...]
Kunst|stoff|ra|sen
kunst|stoff|ver|leimt
kunst|stop|fen *nur im Infinitiv u. Partizip II gebräuchlich;* kunstgestopft
Kunst|stück; Kunst|stu|dent; Kunst|stu|den|tin; Kunst|tischler; Kunst|tisch|le|rin
Kunst|tur|nen; Kunst|ver|ein; Kunst|ver|lag; Kunst|ver|stand; kunst|ver|stän|dig; kunst|voll
Kunst|werk
Kunst|wis|sen|schaft; Kunst|wissen|schaft|ler; Kunst|wis|senschaft|le|rin

K

Kunst|wort *Plur.* ...wörter
Kunst|zeit|schrift
kun|ter|bunt (durcheinander, gemischt); **Kun|ter|bunt,** das; -s
Kunz (m. Vorn.); *vgl.* Hinz
Kü|pe, die; -, -n ‹lat.› (Färbekessel; Färbebad, Lösung eines Küpenfarbstoffes)
Ku|pee *vgl.* Coupé
Ku|pel|le *vgl.* [2]Kapelle; **ku|pel|lie|ren** ‹franz.› (unedle Metalle aus Edelmetallen herausschmelzen)
Kü|pen|farb|stoff (ein wasch- u. lichtechter Farbstoff für Textilien)
Kü|per (*nordd. für* Küfer, Böttcher; *auch für* Warenkontrolleur in Häfen)
Kup|fer, das; -s, - (*kurz für* Kupferstich; *nur Sing.:* chemisches Element, Metall; *Zeichen* Cu)
Kup|fer|draht; Kup|fer|druck *Plur.* ...drucke; **Kup|fer|erz**
kup|fer|far|ben
Kup|fer|geld, das; -[e]s
kup|fe|rig, kupfrig
Kup|fer|kan|ne; Kup|fer|kes|sel; Kup|fer|mün|ze
kup|fern (aus Kupfer); kupferne Hochzeit, *aber* ↑K 151: Kupferner Sonntag (*früher* drittletzter Sonntag vor Weihnachten);
kup|fer|rot
Kup|fer|schmied; Kup|fer|ste|cher; Kup|fer|stich; Kup|fer|stich|ka|bi|nett
Kup|fer|tief|druck; Kup|fer|vi|t|ri|ol, das; -s; **kupf|rig** *vgl.* kupferig
ku|pie|ren ‹franz.› ([Ohren, Schwanz bei Hunden oder Pferden] stutzen; *Med.* im Entstehen unterdrücken); **ku|piert;** kupiertes ([von Gräben usw.] durchschnittenes) Gelände
Ku|pol|o|fen, Kup|pel|o|fen ‹ital.; dt.› (Schmelz-, Schachtofen)
Ku|pon, *auch* Cou|pon [ku'põ:, *österr.* ...'po:n], der; -s, -s ‹franz.› (abtrennbarer Zettel; [Stoff]abschnitt; Zinsschein)
Kup|pe, die; -, -n
Kup|pel, die; -, -n ‹lat.›; **Kup|pel|bau** *Plur.* ...bauten
Kup|pe|lei (*veraltend abwertend für* Vermittlung einer Heirat durch unlautere Mittel; *Rechtsspr.* strafbare Förderung zwischenmenschlicher sexueller Handlungen)
Kup|pel|grab
kup|peln (*svw.* koppeln; *veraltend auch für* Kuppelei betreiben); ich kupp[e]le
Kup|pel|o|fen *vgl.* Kupolofen
Kup|pel|pelz; *meist in der Wendung* sich einen (den) Kuppelpelz verdienen (*abwertend für* eine Heirat vermitteln)
Kup|pe|lung *vgl.* Kupplung
kup|pen (stutzen, die Kuppe abhauen); Bäume kuppen
Kupp|ler *(abwertend);* **Kupp|le|rin; kupp|le|risch**
Kupp|lung, *seltener* Kup|pe|lung; **Kupp|lungs|au|to|mat; Kupp|lungs|be|lag; Kupp|lungs|he|bel**
Kupp|lungs|pe|dal; Kupp|lungs|scha|den; Kupp|lungs|schei|be
Ku|p|ris|mus, der; - (*Med.* Kupfervergiftung)
[1]Kur, die; -, -en ‹lat.› (Heilverfahren; [Heil]behandlung, Pflege)
[2]Kur, die; -, -en (*veraltet für* Wahl); *noch in* kurbrandenburgisch, Kurfürst usw.

Kür

die; -, -en
(Wahl; Wahlübung im Sport)
- sie muss noch ihre Kür laufen; sie ist eine sensationelle Kür gelaufen
- sie muss noch Kür laufen [*alte Schreibung* kürlaufen], ist schon Kür gelaufen [*alte Schreibung* kürgelaufen], um Kür zu laufen [*alte Schreibung* kürzulaufen], *aber* sie ist beim Kürlaufen gestürzt

---

ku|ra|bel ‹lat.› (*Med.* heilbar); ...a|b|le Krankheit
Kur|an|stalt *(veraltet)*
ku|rant ‹lat.› (*veraltet für* in Umlauf befindlich; *Abk.* crt.); **Ku|rant,** das; -[e]s, -e (*veraltet für* Währungsmünze, deren Metallwert dem aufgeprägten Wert entspricht); zwei Mark Kurant
Ku|ra|re, das; -[s] ‹indian.-span.› (ein [Pfeil]gift, als Narkosehilfsmittel verwendet)
Kü|rass [*alte Schreibung* Kü|raß], der; Kürasses, Kürasse ‹franz.› (Brustharnisch); **Kü|ras|sier,** der; -s, -e (*früher für* Panzerreiter; schwerer Reiter)
Ku|rat, der; -en, -en ‹lat.› (wie ein Pfarrer eingesetzter kath. Seelsorgegeistlicher mit eigenem Seelsorgebezirk)
Ku|ra|tel, die; -, -en (*veraltet für* Vormundschaft; Pflegschaft); unter Kuratel stehen (*ugs.* unter Aufsicht, Kontrolle stehen)
Ku|ra|tie, die; -, ...ien (Seelsorgebezirk eines Kuraten)
ku|ra|tiv (*Med.* heilend, Heil-); eine kurative Behandlung
Ku|ra|tor, der; -s, ...oren (Verwalter einer Stiftung; Vertreter des Staates in der Universitätsverwaltung; *österr. auch für* Treuhänder; *früher für* Vormund); **Ku|ra|to|rin**
Ku|ra|to|ri|um, das; -s, ...ien (Aufsichtsbehörde)
Kur|auf|ent|halt
Kur|bel, die; -, -n; **Kur|be|lei,** die; -; **kur|beln;** ich kurb[e]le; **Kur|bel|stan|ge; Kur|bel|wel|le**
Kur|bet|te, die; -, -n ‹franz.› (Bogensprung [eines Pferdes]); **kur|bet|tie|ren**
Kür|bis, der; -ses, -se (eine Kletter- od. Kriechpflanze); **Kür|bis|fla|sche; Kür|bis|kern**
Kur|de, der; -n, -n (Angehöriger eines Volkes in Vorderasien); **Kur|din; kur|disch; Kur|di|s|tan** (Gebirgs- u. Hochland in Vorderasien)
ku|ren (eine Kur machen)
kü|ren (*geh. für* wählen); du kürtest, *seltener* korst, korest; du kürtest, *seltener* körest; gekürt, *seltener* gekoren; kür[e]!; *vgl.* kiesen
Kü|ret|ta|ge [...ʒə], die; -, -en ‹franz.› (*Med.* Ausschabung der Gebärmutter mit der Kürette); **Kü|ret|te,** die; -, -n (ein med. Instrument); **kü|ret|tie|ren**
Kur|fürst; der Große Kurfürst ↑K 134
Kur|fürs|ten|damm [*alte Trennung* ...|st...], der; -[e]s (eine Straße in Berlin; *ugs. Kurzform* Ku'damm ↑K 15)
Kur|fürs|ten|tum [*alte Trennung* ...|st...]; **kur|fürst|lich;** kurfürstlich sächsische Staatskanzlei; *im Titel* ↑K 151: Kurfürstlich
Kur|gast *Plur.* ...gäste; **Kur|haus**
Kur|hes|se[1], **Kur|hes|sen**[1] (früheres Kurfürstentum Hessen-Kassel); **kur|hes|sisch**[1]
ku|ri|al ‹lat.› (zur päpstl. Kurie gehörend); **Ku|ri|at|stim|me** (*früher für* Gesamtstimme eines Wahlkörpers); **Ku|rie,** die; - ([Sitz der] päpstl. Zentralbehörde; *österr. auch für* Standes-

[1] [*auch* kuɐ̯'hɛs...]

K

vertretung in Universitätsgremien); **Ku|ri|en|kar|di|nal**

Ku|rier, der; -s, -e ‹franz.› (Bote); **Ku|rier|dienst**

ku|rie|ren ‹lat.› (ärztlich behandeln; heilen)

Ku|rier|flug|zeug; Ku|rier|ge|päck

Ku|ri|len *Plur.* (Inseln im Pazifischen Ozean)

ku|ri|os ‹lat.(-franz.)› (seltsam, sonderbar); **Ku|ri|o|si|tät,** die; -, -en; **Ku|ri|o|si|tä|ten|händ|ler; Ku|ri|o|si|tä|ten|ka|bi|nett**

Ku|ri|o|sum, das; -s, ...sa

ku|risch, *aber* ↑K 140: das Kurische Haff, die Kurische Nehrung

Kur|ka|pel|le, (Orchester eines Kurortes); **Kur|kar|te; Kur|kli|nik**

Kur|köln[1] (Erzbistum Köln vor 1803); **kur|köl|nisch**[1] **Kur|kon|zert**

Kur|ku|ma, die; -, Kur|ku|men ‹arab.› (Gelbwurzel; ein Gewürz); **Kur|ku|ma|gelb; Kur|ku|ma|pa|pier**

Kur|laub, der; -[e]s, -e (mit einer Kur verbundener Urlaub)

Kür|lauf *(Sport);* **Kür|lau|fen,** das; -s; **Kür lau|fen** [*alte Schreibung* kür|lau|fen] *vgl.* Kür

Kur|mainz[1] (Erzbistum Mainz vor 1803)

Kur|mark, die; - (Hauptteil der ehem. Mark Brandenburg); **Kur|mär|ker; Kur|mär|ke|rin; kur|mär|kisch**

Kur|mit|tel, das; **Kur|mit|tel|haus**

Kur|or|ches|ter [*alte Trennung* ...|st...]; **Kur|ort,** der; -[e]s, -e; **Kur|park**

Kur|pfalz[1], die; - (ehem. Kurfürstentum Pfalz); **Kur|pfäl|zer**[1]; **kur|pfäl|zisch**[1]

kur|pfu|schen *(abwertend);* ich kurpfusche; gekurpfuscht; zu kurpfuschen; **Kur|pfu|scher; Kur|pfu|sche|rei; Kur|pfu|sche|rin**

Kur|prinz (Erbprinz eines Kurfürstentums); **kur|prinz|lich**

Kur|pro|me|na|de

Kur|re, die; -, -n (*Seemannsspr.* Grundschleppnetz)

Kur|ren|da|ner ‹lat.› (Mitglied einer Kurrende); **Kur|ren|de,** die; -, -n (*früher* Knabenchor, der vor Häusern, bei Begräbnissen o. Ä. gegen Geld geistl. Lieder singt; *heute* ev. Kinderchor)

kur|rent ‹lat.› (*österr. für* in deutscher Schrift); **Kur|rent|schrift** (*veraltet für* »laufende«, d. h. Schreibschrift; *österr. für* deutsche Schreibschrift)

kur|rig (*landsch. für* mürrisch, launisch)

Kur|ri|ku|lum, das; -s, ...la ‹lat.› *vgl.* Curriculum *u.* Curriculum Vitae

Kurs, der; -es, -e ‹lat.›

Kurs|ab|schlag (*für* Deport); **Kurs|ab|wei|chung; Kurs|än|de|rung; Kurs|an|stieg**

Kur|sant, der; -en, -en (*regional für* Kursteilnehmer); **Kur|san|tin**

Kurs|auf|schlag (*für* Report *[Börse]*)

Kurs|buch

Kürsch, das; -[e]s (*Heraldik* Pelzwerk)

Kur|schat|ten (*ugs. scherzh. für* Person, die sich während eines Kuraufenthaltes einem Kurgast [des anderen Geschlechts] anschließt)

Kürsch|ner (Pelzverarbeiter); **Kürsch|ne|rei; Kürsch|ne|rin**

Kur|se (*Plur. von* Kurs *u.* Kursus)

Kurs|ein|bu|ße; Kurs|ge|winn

kur|sie|ren ‹lat.› (umlaufen, im Umlauf sein); kursierende Gerüchte

kur|siv (laufend, schräg); **Kur|siv|druck,** der; -[e]s; **Kur|si|ve,** die; -, -n (schräg liegende Druckschrift); **Kur|siv|schrift**

Kurs|kor|rek|tur

kur|so|risch (fortlaufend, rasch durchlaufend)

Kurs|rück|gang; Kurs|stei|ge|rung; Kurs|sturz

Kurs|sys|tem ([*alte Trennung* ...|st...] *Schulw.*)

Kürs|te [*alte Trennung* ...|st...], die; -, -n (*landsch. für* [harte] Brotrinde)

Kurs|teil|neh|mer

Kur|sus, der; -, Kurse ‹lat.› (Lehrgang, zusammenhängende Vorträge; *auch für* Gesamtheit der Lehrgangsteilnehmer)

Kurs|ver|lust

Kurs|wa|gen

Kurs|wech|sel; Kurs|wert; Kurs|zet|tel

Kurt (m. Vorn.)

Kur|ta|ge [...ʒə] *vgl.* Courtage

Kur|ta|xe

Kur|ti|sa|ne, die; -, -n ‹franz.› (*früher für* Geliebte am Fürstenhof)

Kur|trier[1] (Erzbistum Trier vor 1803); **kur|trie|risch**[1]

Kür|tur|nen (Turnen mit freier Wahl der Übungen); **Kür|ü|bung**

ku|ru|lisch ‹lat.›; kurulischer Stuhl (Amtssessel der höchsten Beamten im alten Rom)

Ku|ruş [...ˈrʊʃ], der; -, - ‹türk.› (Untereinheit der türk. Lira)

Kur|va|tur, die; -, -en ‹lat.› (*Med.* Krümmung eines Organs, bes. des Magens)

Kur|ve [...və, *auch* ...fə], die; -, -n (krumme Linie, Krümmung; Bogen[linie]; [gekrümmte] Bahn; Flugbahn); ballistische Kurve (Flug-, Geschossbahn); **kur|ven;** gekurvt; **Kur|ven|dis|kus|si|on** *(Math.);* **kur|ven|för|mig**

Kur|ven|li|ne|al; Kur|ven|mes|ser, der

kur|ven|reich

Kur|ven|schar (*Math.; vgl.* ²Schar); **Kur|ven|tech|nik; Kur|ven|vor|ga|be** *(Leichtathletik)*

Kur|ver|wal|tung

kur|vig

Kur|vi|me|ter, das; -s, - (Kurvenmesser)

Kur|wür|de, die; - (Würde eines Kurfürsten)

kurz *s. Kasten S. 586*

Kurz|ar|beit, die; -; **kurz|ar|bei|ten** (aus Betriebsgründen eine kürzere Arbeitszeit einhalten); ich arbeite kurz; kurzgearbeitet; kurzzuarbeiten; *vgl. aber* kurz; **Kurz|ar|bei|ter**

kurz|är|me|lig *od.* **...ärm|lig; kurz|at|mig; Kurz|at|mig|keit,** die; -

Kurz|be|richt; Kurz|bi|o|gra|fie, *auch* **Kurz|bi|o|gra|phie**

Kur|ze, der; -n, -n (*ugs. für* kleines Glas Branntwein; Kurzschluss)

Kür|ze, die; -; in Kürze

Kür|zel, das; -s, - (festgelegtes [stenografisches] Abkürzungszeichen; *vgl.* Sigel)

kür|zen; du kürzt

kur|zer|hand; kür|zer tre|ten [*alte Schreibung* kür|zer|tre|ten] *vgl.* kurz

Kurz|er|zäh|lung; Kurz|fas|sung; Kurz|film; Kurz|flüg|ler *(Zool.)*

kurz|fris|tig [*alte Trennung* ...|st...]

kurz ge|bra|ten [*alte Schreibung* kurz|ge|bra|ten] *vgl.* kurz; **kurz ge|fasst** [*alte Schreibung* kurz|ge|faßt] *vgl.* kurz

Kurz|ge|schich|te

kurz ge|schnit|ten [*alte Schreibung* kurz|ge|schnit|ten] *vgl.* kurz

kurz|haa|rig; kurz|hal|sig

---

[1] [*auch* ˈku:ɐ̯...]

K

kụrz

kür|zer, kür|zes|te [*alte Trennung* ...|st...]

I. *Groß- oder Kleinschreibung:*
Kleinschreibung:
– kurz und gut; kurz und bündig; kurz und klein; kurz und schmerzlos; über kurz oder lang
– am kürzesten; binnen, in, seit, vor kurzem
Großschreibung:
– den Kürzer[e]n [*alte Schreibung* kürzer[e]n] ziehen; etwas des Kürzeren [*alte Schreibung* kürzeren] darlegen; etwas Kurzes spielen, vortragen
↑K 134: Pippin der Kurze

II. *Getrenntschreibung in Verbindung mit Verben und Partizipien, wenn »kurz« gesteigert oder erweitert werden kann:*
In Verbindung mit Verben:
– kurz arbeiten; sie hat hier nur kurz (für kurze Zeit) gearbeitet (*vgl. aber* kurzarbeiten)
– sich [ganz] kurz fassen
– jmdn. kurz halten [*alte Schreibung* kurzhalten] (jmdm. wenig Geld od. Essen geben)
– zu kurz kommen; es kurz machen
– kurz schneiden; sie hat das Kleid zu kurz geschnitten
– ihre Gesundheit zwang sie kurz zu treten, kürzer zu treten [*alte Schreibungen* kurzzutreten, kürzerzutreten] (sich zu schonen); finanziell kürzer treten [*alte Schreibung* kürzertreten] (sich einschränken) müssen
Vgl. aber kurzschließen
In Verbindung mit Partizipien:
– kurz angebunden; kurz entschlossen; kurz gesagt
– kurz gebratenes [*alte Schreibung* kurzgebratenes] Fleisch; eine kurz gefasste [*alte Schreibung* kurzgefaßte] Erklärung; kurz geschnittene [*alte Schreibung* kurzgeschnittene] Haare

kụrz hal|ten [*alte Schreibung* kurz|hal|ten] *vgl.* kurz

kụrz|le|big; Kụrz|le|big|keit, die; -

kürz|lich

Kụrz|mel|dung; Kụrz|nach|richt

Kụrz|par|ker; Kụrz|park|zo|ne

Kụrz|pass [*alte Schreibung* ...paß](Ballspiele); **Kụrz|pro|gramm** *(Eiskunstlauf)*

kụrz|schlie|ßen; einen Stromkreis kurzschließen; ich schließe kurz; kurzgeschlossen; kurzzuschließen

Kụrz|schluss [*alte Schreibung* Kurz|schluß]; **Kụrz|schluss|hand|lung; Kụrz|schluss|re|ak|ti|on**

Kụrz|schrift (*für* Stenografie); **Kụrz|schrift|ler** (*für* Stenograf); **Kụrz|schrift|le|rin; kụrz|schrift|lich** (*für* stenografisch)

kụrz|sich|tig; Kụrz|sich|tig|keit

kụrz|sil|big (*übertr. auch für* wortkarg); **kụrz|stäm|mig**

Kụrz|stre|cke [*alte Trennung* ...k|k...]; **Kụrz|stre|cken|lauf; Kụrz|stre|cken|läu|fer; Kụrz|stre|cken|läu|fe|rin**

Kụrz|stre|cken|ra|ke|te [*alte Trennung* ...k|k...]

Kụrz|streck|ler (*Sportspr.* Kurzstreckenläufer); **Kụrz|streck|le|rin**

Kụrz|stun|de *(Schulw.)*

Kụrz|tag|pflan|ze *(Bot.)*

kụrz tre|ten [*alte Schreibung* kurz|tre|ten] *vgl.* kurz

kurz|ụm [*auch* ˈkʊrt͜sˈʊm]

Kür|zung

Kụrz|ur|laub

Kụrz|wa|ren|hand|lung

kurz|wẹg [*auch* ˈkʊrt͜svɛk]

Kụrz|weil, die; -; **kụrz|wei|lig**

Kụrz|wel|le *(Physik, Rundf.)*; **Kụrz|wel|len|sen|der; Kụrz|wel|len|the|ra|pie** *(Med.)*; **kụrz|wel|lig**

Kụrz|wort *Plur.* ...wörter

Kụrz|zeit|ge|dächt|nis, das; -ses *(Psych.)*

kụrz|zei|tig; ein kurzzeitiger Engpass

kusch! (*Befehl an den Hund* leg dich still nieder!); *vgl.* kuschen

Kụ|schel, Kụs|sel, die; -, -n (*nordd. für* niedrige Kiefer; Gebüsch)

ku|sche|lig, kusch|lig (gut zum Kuscheln); **ku|scheln;** sich kuscheln (sich anschmiegen); ich kusch[e]le mich; **Ku|schel|tier** (weiches Stofftier)

ku|schen (sich lautlos hinlegen [vom Hund]; *ugs. auch für* stillschweigen); du kuschst; kusch dich! (leg dich still nieder!)

kusch|lig *vgl.* kuschelig

Ku|sel (Stadt im Saar-Nahe-Bergland); Kuseler Schichten *(Geol.)*

Ku|si|n|chen, *auch* Cou|si|n|chen

Ku|si|ne, *auch* Cou|si|ne, die; -, -n ([1]Base)

[1]**Kụs|kus,** der; -, - ‹westindones.› (ein Beuteltier)

[2]**Kụs|kus,** der *u.* das; -, - ‹arab.› (ein nordafrik. Gericht)

Küs|nacht (ZH) (Ort am Zürichsee); *vgl. aber* Küssnacht

Kuss [*alte Schreibung* Kuß], der; Kusses, Küsse; **Küss|chen**

kuss|echt

Kus|sel *vgl.* Kuschel

küs|sen; du küsst [*alte Schreibung* küßt], er/sie küsst; du küsstest; geküsst [*alte Schreibung* geküßt]; küsse *u.* küss mich! [*alte Schreibung* küß]; küss die Hand! *(österr. veraltend)*; sie küsst ihn auf die Stirn

Kuss|hand [*alte Schreibung* Kußhand]; **Kuss|händ|chen**

Küss|nacht am Ri|gi (Ort am Vierwaldstätter See); *vgl. aber* Küsnacht

Kuss|sze|ne, *auch* **Kuss-Sze|ne** [*alte Schreibung* Kuß|sze|ne]

Küs|te [*alte Trennung* ...|st...], die; -, -n

Küs|ten|be|feu|e|rung [*alte Trennung* ...|st...] (Kennzeichnung durch Leuchtfeuer u. a.); **Küs|ten|fah|rer** (Schiff); **Küs|ten|fi|sche|rei; Küs|ten|ge|bir|ge**

Küs|ten|mo|tor|schiff [*alte Trennung* ...|st...]; **Küs|ten|nä|he; Küs|ten|schiff|fahrt** [*alte Schreibung* ...schiffahrt, *alte Trennung* ...ff|f...]; **Küs|ten|strich**

Küs|ter [*alte Trennung* ...|st...] (Kirchendiener); **Küs|te|rei**

[1]**Kus|to|de** [*alte Trennung* ...|st...], die; -, -n ‹lat.› (*früher* Kennzeichen der einzelnen Lagen einer Handschrift; *Druckw. Nebenform von* Kustos)

[2]**Kus|to|de** [*alte Trennung* ...|st...], der; -n, -n (*Nebenform von* Kustos [wissenschaftl. Sachbearbeiter]); **Kụs|tos,** der; -, Kustoden ‹lat., »Wächter«› (wissenschaftlicher Sachbearbeiter an Museen u. Ä.; *Druckw. früher für* Silbe od. Wort am Fuß einer Seite zur Verbindung mit der folgenden Seite; *veraltet für* Küster, Kirchendiener)

Ku|te, die; -, -n (*nordd., bes. berlin. für* Vertiefung; Grube)

Ku|ti|ku|la, die; -, *Plur.* -s *u.* ...lä

‹lat.› (*Biol.* Häutchen der äußeren Zellschicht bei Pflanzen u. Tieren)

Ku|tis, die; - (*Biol.* Lederhaut der Wirbeltiere; nachträglich verkorktes Pflanzengewebe)

Kutsch|bock; Kut|sche, die; -, -n ‹nach dem ung. Ort Kocs [kɔtʃ], d. h. Wagen aus Kocs›

kut|schen (*veraltet für* kutschieren); du kutschst; **Kut|schen|schlag**

Kut|scher; Kut|scher|knei|pe; Kut|scher|sitz

kut|schie|ren

Kutsch|kas|ten [*alte Trennung* ...|st...]

Kut|te, die; -, -n

Kut|tel, die; -, -n *meist Plur.* (essbares Stück vom Magen *od.* Darm des Rindes); **Kut|tel|fleck,** der; -[e]s, -e *meist Plur.* (Kuttel)

Kut|tel|hof (*veraltet für* Schlachthof); **Kut|tel|kraut,** das (*österr. mdal. für* Thymian)

Kut|ter, der; -s, - ‹engl.› (ein kleines Fischereifahrzeug)

Kü|ve|la|ge [...ʒə], die; -, -n ‹franz.› (*Bergbau* Ausbau eines wasserdichten Schachtes mit gusseisernen Ringen)

kü|ve|lie|ren; Kü|ve|lie|rung (*svw.* Küvelage)

Ku|vert [...'veːɐ̯, ...'vɛːɐ̯], das; -s, -s, *auch* [...'vɛrt], -[e]s [...rtəs, ...rts], -e [...rtə] ‹franz.› ([Brief]umschlag; [Tafel]gedeck für eine Person)

ku|ver|tie|ren (mit einem Umschlag versehen)

Ku|ver|tü|re, die; -, -n (Überzugsmasse für Kuchen, Gebäck u. a.)

Kü|vet|te, die; -, -n ‹franz.› (*veraltet für* Innendeckel [der Taschenuhr]; kleines Gefäß, Trog)

Ku|wait, Ku|weit [*auch* 'kuː..., ...'veːt] (Scheichtum am Persischen Golf)

Ku|wai|ter, Ku|wei|ter; **Ku|wai|te|rin,** Ku|wei|te|rin

ku|wai|tisch, ku|wei|tisch

Kux, der; -es, -e ‹tschech.-mlat.› (börsenmäßig gehandelter Bergwerksanteil)

kV = Kilovolt

KV = Köchelverzeichnis

kv. = kriegsverwendungsfähig

kVA = Kilovoltampere

kW = Kilowatt

Kwass [*alte Schreibung* Kwaß], der; *Gen.* - *u.* Kwasses ‹russ.› (gegorenes Getränk)

kWh = Kilowattstunde

KWK = Kraft-Wärme-Kopplung

Ky. = Kentucky

Ky|a|ni|sa|ti|on, die; - ‹nach dem engl. Erfinder J. H. Kyan› (ein Imprägnierungsverfahren für Holz); **ky|a|ni|sie|ren**

Ky|a|thos, der; -, - (antiker einhenkliger Becher)

Ky|be|le [...le, *auch* ...'beː...] (phryg. Göttin)

Ky|ber|ne|tik, die; - ‹griech.› (wissenschaftliche Forschungsrichtung, die vergleichende Betrachtungen über Steuerungs- u. Regelungsvorgänge anstellt; *ev. Theol.* Lehre von der Kirchen- u. Gemeindeleitung)

Ky|ber|ne|ti|ker; Ky|ber|ne|ti|ke|rin

ky|ber|ne|tisch

Kyff|häu|ser ['kɪf...], der; -[s] (Bergrücken südl. des Harzes)

Ky|k|la|den *Plur.* (Inselgruppe in der Ägäis)

Ky|k|li|ker *vgl.* Zykliker

Ky|k|lop *vgl.* Zyklop

Ky|ma, das; -s, -s *u.* **Ky|ma|ti|on,** das; -s, *Plur.* -s *u.* ...ien ‹griech.› (*Archit.* Zierleiste aus stilisierten Blattformen [bes. am Gesims griech. Tempel])

Ky|mo|gramm, das; -s, -e ‹griech.› (*Med.* Röntgenbild von sich bewegenden Organen)

Ky|mo|graph, *auch* Ky|mo|graf, der; -en, -en (Gerät zur mechanischen Aufzeichnung von rhythm. Bewegungen, z. B. des Pulsschlages); **Ky|mo|gra|phie,** *auch* Ky|mo|gra|fie, die; - (Röntgenverfahren zur Darstellung von Organbewegungen)

Kym|re, der; -n, -n (keltischer Bewohner von Wales)

kym|risch; Kym|risch, das; -[s] (Sprache); *vgl.* Deutsch; **Kym|ri|sche,** das; -n; *vgl.* Deutsche, das

Ky|ni|ker ‹griech.› (Angehöriger der von Antisthenes gegründeten Philosophenschule); *vgl. aber* Zyniker

Ky|no|lo|ge, der; -n, -n; **Ky|no|lo|gie,** die; - (Lehre von Zucht, Dressur u. Krankheiten der Hunde); **Ky|no|lo|gin**

Ky|o|to *vgl.* Kioto

Ky|pho|se, die; -, -n ‹griech.› (*Med.* Wirbelsäulenverkrümmung nach hinten)

Ky|re|nai|ka *vgl.* Cyrenaika

Ky|rie, das; -, -s ‹griech.› (*kurz für* Kyrieeleison)

Ky|rie e|lei|son! [*auch* - e'leːi...], Ky|ri|e|leis! ‹»Herr, erbarme dich!«› (Bittformel im gottesdienstlichen Gesang); *vgl.* Leis; **Ky|rie|e|lei|son,** das; -s, -s (Bittruf); **Ky|ri|e|leis!** *vgl.* Kyrie eleison!

ky|ril|lisch, zy|ril|lisch ‹nach dem Slawenapostel Kyrill›; kyrillische, zyrillische Schrift ↑K 135; **Ky|ril|lisch,** Zy|ril|lisch, das; -s (die kyrillische Schrift); in Kyrillisch, Zyrillisch

Ky|ros (pers. König)

Ky|the|ra (alter Name der griech. Insel Kithira)

KZ = Konzentrationslager

L l

L (Buchstabe); das L; des L, die L, *aber*: das l in Schale; der Buchstabe L, l

l = lävogyr; Liter

L (röm. Zahlzeichen) = 50

L = large (Kleidergröße: groß)

Λ, λ = Lambda

£, £ Stg = Pfund (Livre) Sterling

l. = lies!; links

L. = Linné; [1]Lira *Sing. u.* Lire *Plur.;* Lucius *od.* Luzius

La = *chem. Zeichen für* Lanthan

LA = Lastenausgleich

La. = Louisiana

l. a. = lege artis

Laa an der Tha|ya [- - - ...ja] (österr. Stadt)

Laa|cher See, der; - -s (See in der Eifel)

Laa|ser Mar|mor, der; - -s

Lab, das; -[e]s, -e (*Biol.* Enzym im [Kälber]magen)

La Bam|ba, die; - -, - -s, *ugs. auch* der; - -[s], - -s ‹brasilian› (ein Tanz)

La|ban (bibl. m. Eigenn.); langer Laban (*ugs. für* große, hagere männliche Person)

lab|be|rig, labb|rig (*nordd. für* schwach; fade; breiig)

lab|bern (*nordd. für* schlürfend essen od. trinken; *Seemannsspr.* schlaff werden); ich labbere

labb|rig *vgl.* labberig

Lab|da|num *vgl.* Ladanum

L

La|be, die; - (*dichter. für* etwas Labendes)
La|be|fla|sche *(Radsport)*
La|bel ['le:...], das; -s, -s ‹engl.› (Klebemarke; Schallplattenetikett; *auch für* Schallplattenfirma)
la|ben; sich laben
La|ber|dan, der; -s, -e ‹niederl.› (eingesalzener Kabeljau)
la|bern (*ugs. für* schwatzen, unaufhörlich u. einfältig reden); ich labere
La|be|trunk
la|bi|al ‹lat.› (die Lippen betreffend); **La|bi|al,** der; -s, -e *u.* **La|bi|al|laut** (*Sprachw.* Lippenlaut, mit den Lippen gebildeter Laut, z. B. p, m)
La|bi|al|pfei|fe (eine Orgelpfeife)
La|bi|a|te, die; -, -n *meist Plur.* (*Bot.* Lippenblütler)
la|bil ‹lat.› (schwankend; veränderlich, unsicher); labiles Gleichgewicht; **La|bi|li|tät,** die; -, -en *Plur. selten*
La|bi|o|den|tal ‹lat.› *u.* **La|bi|o|den|tal|laut** (*Sprachw.* Lippenzahnlaut, mit Unterlippe u. oberen Schneidezähnen gebildeter Laut, z. B. f, w)
La|bi|o|ve|lar *u.* **La|bi|o|ve|lar|laut** (*Sprachw.* Lippengaumenlaut)
Lab|kraut, das; -[e]s (eine Pflanzengattung); **Lab|ma|gen** (Teil des Magens der Wiederkäuer)
La|boe (Ostseebad); **La|boer** [...'bø:ɐ̯]
La|bor [*österr. auch, schweiz. meist* 'la:...], das; -s, *Plur.* -s, *auch* -e ‹lat.› (*Kurzform von* Laboratorium)
La|bo|rant, der; -en, -en (Laborgehilfe); **La|bo|ran|tin**
La|bo|ra|to|ri|um, das; -s, ...ien (Arbeitsstätte; Versuchsraum; Forschungsstätte)
La|bor|be|fund
la|bo|rie|ren; an einer Krankheit laborieren (*ugs. für* an einer Krankheit leiden u. sie zu überwinden suchen); an einer Arbeit laborieren (*ugs. für* sich abmühen)
La|bor|tier; La|bor|ver|such
La Bos|tel|la [*alte Trennung* ...|st...], die; - -, - -s, *ugs. auch* der; - -[s], - -s ‹Herkunft unsicher› (ein Modetanz)
La|bour Par|ty ['le:bɐ ...ti], die; - - ‹engl.› (engl. Arbeiterpartei)
[1]**La|b|ra|dor** (eine nordamerik. Halbinsel)
[2]**La|b|ra|dor,** der; -s, -e *u.* **La|b|ra|do|rit,** der; -s, -e (ein Mineral, ein Schmuckstein)
La|b|ra|dor|hund
Lab|sal, das; -[e]s, -e, *österr. u. südd. auch* die; -, -e
lab|sal|ben ‹niederl.› (*Seemannsspr.* teeren); ich labsalbe; gelabsalbt; zu labsalben
Labs|kaus, das; - ‹engl.› (ein seemänn. Eintopfgericht)
La|bung
La|by|rinth, das; -[e]s, -e ‹griech.› (Irrgang, -garten; Durcheinander; *Med.* Innenohr)
La|by|rinth|fisch
la|by|rin|thisch
La Chaux-de-Fonds [la ʃot'fõ:] (Stadt im Schweizer Jura)
[1]**La|che,** die; -, -n (Gelächter)
[2]**La|che** [*auch* 'la:...], die; -, -n (Pfütze)
[3]**La|che,** *fachspr. meist* Lach|te, die; -, -n (*Forstw.* Einschnitt [in Baumrinde])
lä|cheln; ich läch[e]le
la|chen; Tränen lachen; sie hat gut lachen; ↑K72: zum Lachen sein; **La|chen,** das; -s; ein ängstliches Lachen; **La|cher**
Lach|er|folg
lä|cher|lich; etwas Lächerliches; ins Lächerliche ziehen; **lä|cher|li|cher|wei|se; Lä|cher|lich|keit**
lä|chern (*landsch. für* zum Lachen reizen); ich lächere
La|che|sis (eine der drei Parzen)
Lach|fält|chen *meist Plur.*
Lach|gas
lach|haft; Lach|haf|tig|keit, die; -
Lach|krampf; Lach|lust, die; -; **Lach|mö|we; Lach|num|mer** (*ugs. für* lächerliche Angelegenheit)
Lachs, der; -es, -e (ein Fisch)
Lach|sal|ve
Lachs|bröt|chen; Lachs|fang
lachs|far|ben *od.* **lachs|far|big**
lachs|ro|sa; lachs|rot
Lachs|schin|ken; Lachs|schnit|zel *(Plur.)*
Lach|tau|be
Lach|te *vgl.* [3]Lache
Lach|ter, die; -, -n *od.* das; -s, - (altes bergmänn. Längenmaß)
la|cie|ren [...'si:...] ‹franz.› (einschnüren; mit Band durchflechten)
Lack, der; -[e]s, -e ‹sanskr.›
Lack|af|fe *(ugs.)*; **Lack|ar|beit**
La|cke [*alte Trennung* ...k|k...], die; -, -n (*österr. ugs. für* [2]Lache)
La|ckel [*alte Trennung* ...k|k...], der; -s, - (*südd., österr. ugs. für* grober, auch unbeholfener, tölpelhafter Mensch)
la|cken [*alte Trennung* ...k|k...] (*seltener für* lackieren); gelackt
lack|glän|zend
Lack|gür|tel
la|ckie|ren [*alte Trennung* ...k|k...] (Lack auftragen; *ugs. für* anführen; übervorteilen); **La|ckie|rer; La|ckie|re|rei; La|ckie|re|rin; La|ckie|rung**
La|ckier|werk|statt *od.* **...werk|stät|te** [*alte Trennung* ...k|k...]
Lack|le|der; Lack|man|tel
Lack|mus, der *od.* das; - ‹niederl.› (chem. Reagens); **Lack|mus|pa|pier**
Lack|scha|den; Lack|schuh; Lack|stie|fel
La|c|ri|ma Chris|ti [alte Trennung ...|st...], *auch* **La|c|ri|mae Chris|ti** [...mɛ -], der; - -, - - ‹lat., »Christusträne[n]«› (Wein von den Hängen des Vesuvs)
la|c|ri|mo|so ‹ital.› (*Musik* klagend); **La|c|ri|mo|so,** das; -[s], ...si
Lac|tam, das; -s, -e ‹lat.; griech.› (eine chem. Verbindung)
Lac|tat, das; -s, -e (*Chemie* Salz der Milchsäure); **Lac|tat|test; Lac|tat|wert** *meist Plur.*
La|dakh [...k] (Hochplateau in Nordindien)
La|da|num, das; -s ‹griech.› (ein Harz)
Läd|chen (kleine Lade; kleiner Laden)
La|de, die; -, -n (*landsch. für* Truhe, Schublade)
La|de|baum; La|de|flä|che; La|de|ge|rät; La|de|ge|wicht; La|de|gut
La|de|hem|mung; La|de|kon|t|rol|le; La|de|lu|ke; La|de|mast, der
[1]**la|den** (aufladen); du lädst, er/sie lädt; du ludst; du lüdest; geladen; lad[e]!
[2]**la|den** (einladen); du lädst, er/sie lädt (*veraltet, aber noch landsch.* du ladest, er/sie ladet); du ludst; du lüdest; geladen; lad[e]!
La|den, der; -s, *Plur.* Läden, *selten auch* -
La|den|dieb; La|den|dieb|stahl
La|den|hü|ter (schlecht absetzbare Ware); **La|den|kas|se; La|den|ket|te; La|den|pas|sa|ge; La|den|preis**
La|den|schluss [*alte Schreibung* ...schluß], der; ...schlusses; **La|den|schluss|ge|setz; La|den|schluss|zeit**

La|den|stra|ße; La|den|tisch; La|den|zen|t|rum
La|de|platz
La|der (Auflader)
La|de|ram|pe; La|de|raum; La|de|stock *Plur.* ...stöcke (Teil der früheren Gewehre; *Bergbau* runder Holzstock zum Einführen der Sprengstoffpatronen in die Bohrlöcher)
lä|die|ren ‹lat.› (verletzen; beschädigen); lädiert sein; **Lä|die|rung**
La|din, das; -s (ladinische Sprache)
La|di|ner (Angehöriger eines rätoroman. Volksteils in Südtirol); **La|di|ne|rin**
la|di|nisch; La|di|nisch, das; -[s] (Sprache); *vgl.* Deutsch; **La|di|ni|sche,** das; -n; *vgl.* Deutsche, das
La|dis|laus (m. Vorn.)
La|do|ga|see, *auch* **La|do|ga-See,** der; -s (nordöstl. von Sankt Petersburg)
La|dung
La|dy ['le:di], die; -, -s (Titel der engl. adligen Frau; *selten für* Dame); **la|dy|like** [...laɪk] (nach Art einer Lady; vornehm)
La|er|tes (Vater des Odysseus)
La Fa|yette, La|fa|yette [*beide* ...'jɛt] (franz. Staatsmann)
La|fet|te, die; -, -n ‹franz.› (Untergestell der Geschütze)
¹Laf|fe, der; -n, -n (*ugs. für* Geck)
²Laf|fe, die; -, -n (*südwestd. für* Schöpfteil des Löffels; Ausguss; *schweiz. für* Bug, Schulterstück vom Rind, Schwein usw.)
La Fon|taine [la fõ'tɛ:n] (franz. Dichter); die la-fontaineschen, *auch* La-Fontaine'schen [*alte Schreibung* La-Fontaineschen] Fabeln
LAG = Lastenausgleichsgesetz
La|ge, die; -, -n; in der Lage sein
La|ge|be|richt; La|ge|be|spre|chung
Lä|gel, das; -s, - (*landsch. für* Fässchen [für Fische]; Traggefäß; ein altes Maß, Gewicht)
La|gen|schwim|men, das; -s; **La|gen|staf|fel**
la|gen|wei|se
La|ge|plan; *vgl.* ²Plan
La|ger, das; -s, *Plur.* - *u.* (*Kaufmannsspr. für* Warenvorräte:) Läger; etwas auf Lager halten
La|ger|bier; la|ger|fä|hig; la|ger|fest
La|ger|feu|er; La|ger|ge|bühr; La|ger|haft; La|ger|hal|le; La|ger|hal|tung; La|ger|haus; La|ger|in|sas|se
La|ge|rist, der; -en, -en (Lagerverwalter); **La|ge|ris|tin** [*alte Trennung* ...|st...]
La|ger|kol|ler
La|ger|löf, Selma (schwed. Schriftstellerin)
la|gern; ich lagere; sich lagern
La|ger|obst; La|ger|platz; La|ger|raum; La|ger|schild, der; -es, -e (*Technik*)
La|ger|statt *Plur.* ...stätten (*geh. für* Bett, Lager); **La|ger|stät|te** *Plur.* ...stätten (*Geol.* Fundort; *seltener für* Lagerstatt)
La|ge|rung; La|ger|ver|wal|ter
La|ge|skiz|ze
La|go Mag|gio|re [- ...'dʒo:...], der; - - ‹ital.› (ital.-schweiz. See); *vgl.* Langensee
La|gos (frühere Hauptstadt Nigerias); *vgl.* Abuja
la|g|ri|mo|so *vgl.* lacrimoso
Lag|ting, das; -s ‹norw.› (das norw. Oberhaus)
La|gu|ne, die; -, -n ‹ital.› (durch einen Landstreifen vom offenen Meer getrennter flacher Meeresteil); **La|gu|nen|stadt**

lahm

- ein lahmes Bein; eine lahme Ausrede
- den Verkehr lahm legen [*alte Schreibung* lahmlegen]; eine Demonstration hat den Verkehr lahm gelegt [*alte Schreibung* lahmgelegt]

lahm|ar|schig (*derb für* träge)
Läh|me, die; - (eine Jungtierkrankheit)
lah|men (lahm gehen)
läh|men (lahm machen)
Lahm|heit, die; -
lahm le|gen [*alte Schreibung* lahm|le|gen] *vgl.* lahm; **Lahm|le|gung**
Läh|mung; Läh|mungs|er|schei|nung *meist Plur.*
¹Lahn, die; - (r. Nebenfluss des Rheins)
²Lahn, der; -[e]s, -e ‹franz.› (*fachspr.* ein Metalldraht)
³Lahn, die; -, -en (*bayr. u. österr. mdal. für* Lawine)
Lahn|spu|le (*zu* ²Lahn)
Lah|nung (*Wasserbau* ins Meer hineingebauter Damm)
Lahr (Stadt am Westrand des Schwarzwaldes); Lahrer Hinkender Bote (Name eines Kalenders)
Laib, der; -[e]s, -e; ein Laib Brot
Lai|bach (*slowen.* Ljubljana)
Laib|chen (*österr.* ein kleines, rundes Gebäck)
Lai|bung, *auch* Lei|bung (innere Mauerfläche bei Wandöffnungen; innere Wölbfläche bei Wölbungen)
Laich, der; -[e]s, -e (Eier von Wassertieren); **lai|chen** (Laich absetzen)
Laich|kraut; Laich|platz; Laich|zeit
Laie, der; -n, -n ‹griech.› (Nichtfachmann; Nichtpriester)
Lai|en|a|po|s|to|lat; Lai|en|bre|vier; Lai|en|bru|der; Lai|en|büh|ne; Lai|en|chor
lai|en|haft; Lai|en|kunst; Lai|en|pries|ter [*alte Trennung* ...|st...]; **Lai|en|rich|ter; Lai|en|spiel; Lai|en|stand,** der; -[e]s
la|i|sie|ren (einen Kleriker regulär od. strafweise in den Laienstand versetzen); **La|i|sie|rung**
Lais|ser-al|ler [lɛsea'le:], das; - ‹franz.› (das Gewährenlassen; Nichteinmischung)
Lais|ser-faire [lɛse'fɛ:ɐ̯], das; - (das Gewähren-, Treibenlassen; *veraltet für* Ungezwungenheit)
Lais|sez-pas|ser [lɛsepa'se:], der; -, - (*veraltet für* Passierschein)
La|i|zis|mus, der; - ‹griech.› (weltanschauliche Richtung, die die radikale Trennung von Kirche u. Staat fordert); **la|i|zis|tisch** [*alte Trennung* ...|st...]
La|kai, der; -en, -en ‹franz.› (*abwertend für* Kriecher; *früher für* herrschaftl. Diener [in Livree]); **la|kai|en|haft**
La|ke, die; -, -n (Salzlösung zum Einlegen von Fisch, Fleisch)
La|ke|dä|mon (anderer Name für den altgriech. Stadtstaat Sparta)
La|ke|dä|mo|ni|er (Bewohner von Lakedämon); **La|ke|dä|mo|ni|e|rin; la|ke|dä|mo|nisch**
La|ken, das; -s, - (*nordd., mitteld. für* Betttuch; Tuch)
Lak|ko|lith, der; *Gen.* -s *u.* -en, *Plur.* -e[n] ‹griech.› (*Geol.* ein Tiefengesteinskörper)
La|ko|da, der; -[s], -s ‹nach einer Insellandschaft im Beringmeer› (ein Robbenpelz)
La|ko|ni|en (Verwaltungsbezirk im Peloponnes)
La|ko|nik, die; - ‹griech.› (*geh. für* lakonische Art des Ausdrucks);

L

la|ko|nisch (*auch für* kurz u. treffend)
La|ko|nis|mus, der; -, ...men (Kürze des Ausdrucks)
La|k|rit|ze, die; -, -n, *landsch.* La|k|ritz, der, *auch* das; -es, -e ‹griech.› (eingedickter Süßholzsaft); **La|k|rit|zen|saft,** der; -[e]s; **La|k|rit|zen|stan|ge** *od.* **La|k|ritz|stan|ge**
lakt... ‹lat.› (milch...); **Lakt...** (Milch...)
Lak|tam *vgl.* Lactam
Lak|ta|se, die; -, -n (ein Enzym)
Lak|tat usw. *vgl.* Lactat usw.
Lak|ta|ti|on, die; -, -en (Milchabsonderung; Zeit des Stillens); **lak|tie|ren** (Milch absondern; säugen)
Lak|to|me|ter, das; -s, - (Vorrichtung zur Milchprüfung)
Lak|to|se, die; - (Milchzucker)
Lak|to|s|kop, das; -s, -e ‹lat.; griech.› (Vorrichtung zur Milchprüfung)
Lak|to|s|u|rie, die; -, ...ien (*Med.* Ausscheidung von Milchzucker mit dem Harn)
la|ku|när ‹lat.› (*Med., Biol.* Gewebelücken bildend, höhlenartig)
La|ku|ne, die; -, -n (*Sprachw.* Lücke in einem Text; *Med., Biol.* Hohlraum in Geweben)
la|kus|t|risch [*alte Trennung* ...|st...] (*Geol., Biol.* in Seen sich bildend od. vorkommend)
la|la *(ugs.)*; es ging ihr so lala (einigermaßen)
lal|len; Lall|pe|ri|o|de (*Päd.* [frühkindl.] Lebensphase); **Lall|wort** *(Sprachw.)*
L. A. M. = Liberalium Artium Magister
¹La|ma, das; -s, -s ‹peruan.› (eine südamerik. Kamelart; ein flanellartiges Gewebe)
²La|ma, der; -[s], -s ‹tibet.› (buddhist. Priester od. Mönch in Tibet u. der Mongolei)
La|ma|is|mus, der; - (Form des Buddhismus); **la|ma|is|tisch** [*alte Trennung* ...|st...]
La|mäng ‹nach franz. la main »die Hand«›; *in* aus der [kalten] Lamäng (*scherzh. für* aus dem Stegreif, sofort)
La|man|tin, der; -s, -e ‹indian.› (amerik. Seekuh)
La|marck (franz. Naturforscher)
La|mar|ckis|mus, der; - (von Lamarck begründete Abstammungslehre)
Lam|ba|da, die; -, -s, *auch* der; -[s], -s ‹port.› (ein Modetanz)
Lam|ba|re|ne (Ort in Gabun; Wirkungsstätte Albert Schweitzers)
Lamb|da, das; -[s], -s (griech. Buchstabe: *Λ, λ*)
Lamb|da|naht *(Med.)*; **Lamb|da|son|de** (beim Abgaskatalysator)
Lamb|da|zis|mus, der; - ‹griech.› (fehlerhafte Aussprache des R als L)
Lam|bert, Lam|b|recht, Lamp-recht (m. Vorn.)
Lam|ber|ta (w. Vorn.)
Lam|berts|nuss [*alte Schreibung* ...nuß] ‹*zu* lombardisch› (Nuss einer Haselnussart)
Lam|b|recht *vgl.* Lambert
Lam|b|re|quin [lãbrəˈkɛ̃ː], der; -s, -s ‹franz.› (*veraltet für* Querbehang [über Fenstern])
Lam|b|rie, Lam|pe|rie, die; -, ...ien ‹franz.› (*landsch. für* Lambris); **Lam|b|ris** [lãˈbriː], der; -, -, *österr.* die; -, *Plur.* - *u.* ...ien (untere Wandverkleidung aus Holz, Marmor od. Stuck)
Lam|b|rus|co, der; - ‹ital.› (ein ital. Rotwein)
Lamb|skin [ˈlɛms...], das; -[s], -s ‹engl.› (Lammfellimitation)
Lambs|wool [ˈlɛmsvʊl], die; - (zarte Lamm-, Schafwolle)
la|mé [laˈmeː], *auch* la|mee ‹franz.› (mit Lamé durchwirkt); **La|mé,** *auch* La|mee, der; -s, -s (Gewebe aus Metallfäden, die mit Seide übersponnen sind)
la|mel|lar ‹lat.› (streifig, schichtig, geblättert)
La|mel|le, die; -, -n ‹franz.› (Streifen, dünnes Blättchen; Blatt unter dem Hut von Blätterpilzen); **la|mel|len|för|mig**
La|mel|len|ver|schluss [*alte Schreibung* ...ver|schluß] *(Fotogr.)*
la|men|ta|bel ‹lat.› (*veraltet für* jämmerlich, kläglich; beweinenswert); ...a|b|le Lage
La|men|ta|ti|on, die; -, -en (*veraltet für* Jammern, Wehklagen)
la|men|tie|ren (*ugs. für* laut klagen, jammern)
La|men|to, das; -s, *Plur.* -s *od.* (*für* Klagelieder:) ...ti ‹ital.› (*ugs. für* Gejammer; *Musik* Klagelied)
La|met|ta, das; -s ‹ital.› (Metallfäden [als Christbaumschmuck]); **La|met|ta|syn|drom** (eine durch Umweltvergiftung hervorgerufene Baumkrankheit)
la|mi|nar ‹lat.› (*Physik* ohne Wirbel nebeneinander herlaufend); laminare Strömung
La|mi|na|ria, die; -, ...ien (*Bot.* eine Gattung der Braunalgen)
la|mi|nie|ren ‹franz.› (*Weberei* [Material] strecken, um die Fasern längs zu richten; *fachspr. für* [Werkstoffe] mit einer [Deck]schicht überziehen; *Buchw.* [ein Buch] mit Glanzfolie überziehen)
Lamm, das; -[e]s, Lämmer
Lamm|bra|ten; Lämm|chen
lam|men (ein Lamm werfen)
Läm|mer|gei|er (ein Greifvogel)
Läm|mer|ne, das; -n (*bes. österr. für* Lammfleisch)
Läm|mer|wol|ke *meist Plur.*
Lam|mes|ge|duld (*svw.* Lammsgeduld)
Lamm|fell; Lamm|fleisch
lamm|fromm *(ugs.)*
Lamm|ko|te|lett
Lämm|lein
Lamms|ge|duld (*ugs. für* große Geduld)
Lam|mung, die; -
Lam|pas, der; -, - ‹franz.› (ein Damastgewebe)
Lam|pas|sen *Plur.* (breite Streifen an [Uniform]hosen)
Lämp|chen (kleine ²Lampe)
¹Lam|pe (*Kurzform von* Lampert; der Hase der Tierfabel); Meister Lampe
²Lam|pe, die; -, -n
Lam|pen|docht; Lam|pen|fie|ber; Lam|pen|licht, das; -[e]s
Lam|pen|schein, der; -[e]s; **Lam|pen|schirm; Lam|pen|stu|be** *(Bergmannsspr.)*
Lam|pe|rie *vgl.* Lambrie
Lam|pi|on [...ˈpi̯õː, *österr.* ...ˈpi̯oːn], der, *seltener* das; -s, -s ‹franz.› ([Papier]laterne); **Lam|pi|on|blu|me**
Lam|p|recht *vgl.* Lambert
Lam|p|re|te, die; -, -n ‹mlat.› (ein Fisch)
Lan|ça|de [lãˈsaː...], die; -, -n ‹franz.› (ein Sprung eines Pferdes in der hohen Schule)
Lan|cas|ter [ˈlɛŋkəstɐ; *alte Trennung* ...|st...] (engl. Herzogsfamilie; engl. Stadt)
Lan|ci|er [lãˈsi̯eː], der; -s, -s ‹franz., »Lanzenreiter«› (ein Tanz; *früher für* Ulan)
lan|cie|ren (fördern; zu Anerkennung, Verbreitung verhelfen; gezielt in die Öffentlichkeit dringen lassen); **lan|ciert**; lan-

cierte (in bestimmter Art gemusterte) Gewebe; **Lan|ci̲e|rung**

Lạnd

das; -[e]s, *Plural* Länder *u.* (geh.) Lande
- an Land; auf dem Land; außer Landes; von Land zu Land; zu Lande und zu Wasser
- bei uns zu Lande [*alte Schreibung* zulande]
- hierzulande, *auch* hier zu Lande
- aus aller Herren Länder, *auch* aus aller Herren Ländern
- die Halligen melden »Land unter« (Überflutung)

land|ạb *vgl.* landauf
Lạnd|a|del; Lạnd|am|bu|la|to|ri|um *(in der DDR);* **Lạnd|am|mann** (*schweiz.* Titel des Präsidenten einiger Kantonsregierungen)
Lạnd|ar|beit; Lạnd|ar|bei|ter; Lạnd|arzt
Lạn|d|au|er (viersitziger Wagen)
land|a̲u̲f; landauf, landab (überall)
Lạnd|auf|ent|halt
Lạn|d|au in der Pfạlz (Stadt im Vorland der Haardt)
land|a̲u̲s; landaus, landein (überall)
Lạnd|bau, der; -[e]s; **Lạnd|be|sitz; Lạnd|be|völ|ke|rung; Lạnd|be|woh|ner; Lạnd|brot**
Lạ̈nd|chen
Lạ̈n|de, die; -, -n (*landsch. für* Landungsplatz)
Lạn|de|bahn; Lạn|de|er|laub|nis; Lạn|de|fäh|re
Lạnd|ei|gen|tü|mer; Lạnd|ei|gen|tü|me|rin
land|e̲i̲n *vgl.* landaus; **land|e̲i̲n|wärts**
Lạn|de|kap|sel *(Raumfahrt);* **Lạn|de|klap|pe** (am Flugzeug); **Lạn|de|ma|nö|ver**
lạn|den
lạ̈n|den (*landsch. u. schweiz. neben* landen, ans Ufer bringen)
Lạnd|en|ge
Lạn|de|pis|te [*alte Trennung* ...|st...]; **Lạn|de|platz**
Län|de|re̲i̲|en *Plur.*
Lạ̈n|der|kampf *(Sport)*
Lạ̈n|der|kun|de, die; - (Wissenschaftsfach); **lạ̈n|der|kun|dig** (die Länder kennend); **lạ̈n|der|kund|lich** (die Länderkunde betreffend)
Lạ̈n|der|na|me; Lạ̈n|der|spiel *(Sport);* **lạ̈n|der|ü|ber|grei|fend**
Landes [lã:t] *Plur.* (eine franz. Landschaft)
Lạn|des|amt; Lạn|des|art, die; -;
Lạn|des|auf|nah|me (*svw.* Landvermessung)
Lạn|des|bank *Plur.* ...banken; **Lạn|des|be|hör|de; Lạn|des|bi|schof; Lạn|des|brauch**
Lạn|de|schlei|fe *(Flugw.)*
Lạn|des|e|be|ne (auf Landesebene verhandeln); **Lạn|des|far|ben** *(Plur.);* **Lạn|des|feind**
lạn|des|flüch|tig, lạnd|flüch|tig
Lạn|des|fürst; Lạn|des|fürs|tin [*alte Trennung* ...|st...]
Lạn|des|ge|richt (*österr. svw.* Landgericht); **Lạn|des|ge|schich|te; Lạn|des|gren|ze**
Lạn|des|haupt|frau (*österr. für* Regierungschefin eines Bundeslandes); **Lạn|des|haupt|mann** *Plur.* ...leute *od.* ...männer; *vgl.* Landeshauptfrau
Lạn|des|haupt|stadt
Lạn|des|herr; Lạn|des|her|rin; lạn|des|herr|lich
Lạn|des|ho|heit; Lạn|des|hym|ne (*österr. für* offzielle Hymne eines Bundeslandes); **Lạn|des|in|ne|re; Lạn|des|kind; Lạn|des|kir|che**
Lạn|des|kro|ne (Berg bei Görlitz)
Lạn|des|kun|de, die; - (Unterrichtsfach); **lạn|des|kun|dig** (das Land kennend); **lạn|des|kund|lich** (die Landeskunde betreffend)
Lạn|des|lis|te [*alte Trennung* ...|st...]; **Lạn|des|meis|ter|schaft; Lạn|des|mut|ter** *Plur.* ...mütter; **Lạn|des|par|la|ment**
Lạn|des|rat (*österr. für* Mitglied einer Landesregierung); **Lạn|des|recht,** das; -[e]s (Recht der Länder im Gegensatz zum Bundesrecht); **Lạn|des|re|gie|rung**
Lạn|des|schul|rat (*österr. für* Schulbehörde eines Bundeslandes); **Lạn|des|so|zi|a̲l|ge|richt** (*Abk.* LSG); **Lạn|des|spra|che; Lạn|des|tracht**
lạn|des|üb|lich
Lạn|des|va|ter; Lạn|des|ver|rat; Lạn|des|ver|rä|ter
Lạn|des|ver|si|che|rungs|an|stalt (*Abk.* LVA)
Lạn|des|ver|wei|sung; lạn|des|ver|wie|sen
Lạn|des|wäh|rung; Lạn|des|wap|pen
lạn|des|weit
Lạn|des|zen|t|ral|bank (*Abk.* LZB)
Lạn|de|ver|bot
Lạnd|fah|rer; Lạnd|fah|re|rin
lạnd|fein *(Seemannsspr.);* sich landfein machen
Lạnd|flucht, die; - (Abwanderung der ländl. Bevölkerung in die [Groß]städte); **lạnd|flüch|tig** *vgl.* landesflüchtig
Lạnd|frau; Lạnd|frau|en|schu|le
lạnd|fremd
Lạnd|frie|de[n]; Lạnd|frie|dens|bruch, der
Lạnd|gang *(Seemannsspr.);* **Lạnd|ge|mein|de**
Lạnd|ge|richt (*Abk.* LG); **Lạnd|ge|richts|prä|si|dent**
lạnd|ge|stützt (von Raketen)
Lạnd|ge|win|nung; Lạnd|graf *(früher);* **Lạnd|gut**
Lạnd|haus; Lạnd|heim; Lạnd|jä|ger (eine Dauerwurst; *früher für* Landpolizist, Gendarm)
Lạnd|kaf|fee (kaffeeähnliches Getränk); **Lạnd|kar|te**
Lạnd Ke̲h|din|gen, das; -es - (Teil der Elbmarschen)
Lạnd|kind; Lạnd|kli|ma; Lạnd|kom|mu|ne; Lạnd|kreis
lạnd|läu|fig
Lạnd|le|ben, das; -s
Lạ̈nd|ler (ein Volkstanz)
lạ̈nd|lich; Lạ̈nd|lich|keit, die; -
lạnd|lie|bend *(Zool.)*
Lạnd|luft; Lạnd|macht; Lạnd|mann *Plur.* ...leute (*veraltet für* Bauer); **Lạnd|ma|schi|ne; Lạnd|mes|ser,** der *(veraltend)*
Lạnd|nah|me, die; - (*früher für* Inbesitznahme von Land durch ein Volk)
Lạnd|par|tie; Lạnd|pfar|rer
Lạnd|pla|ge; Lạnd|po|me|ran|ze (*ugs. für* Mädchen vom Lande, Provinzlerin); **Lạnd|pra|xis**
Lạnd|rat *Plur.* ...räte; **Lạnd|rä|tin**
Lạnd|rat|te (*Seemannsspr.* Nichtseemann); **Lạnd|recht** (im MA.); **Lạnd|re|gen**
Lạnd|ro|ver® ['lɛ...], der; -[s], - ⟨engl.⟩ (ein geländegängiges Kraftfahrzeug)
Lạnd|rü|cken [*alte Trennung* ...k|k...]
Lạnds|berg a. Lẹch [- am -] (Stadt in Oberbayern)
Lạnd|schaft
lạnd|schaft|lich
Lạnd|schafts|gärt|ner; Lạnd|schafts|gärt|ne|rin; Lạnd|schafts|ma|ler; Lạnd|schafts|ma|le|rin
Lạnd|schafts|pfle|ge; Lạnd|schafts|schutz|ge|biet (*Abk.* LSG)

L

lạng

län|ger, am längs|ten [*alte Trennung* ...|st...]

I. *Kleinschreibung* ↑K 72:
über kurz oder lang; seit langem; seit längerem

II. *Großschreibung:*
a) *der Substantivierung* ↑K 72:
in Lang (*ugs. für* im langen Abendkleid) gehen
ein Langes und Breites [*alte Schreibung* langes und breites] (viel) reden
sich des Langen und Breiten [*alte Schreibung* langen und breiten], des Längeren und Breiteren [*alte Schreibung* längeren und breiteren] über etwas äußern
b) *in bestimmten namensähnlichen Fügungen* ↑K 151:
der Lange Marsch (der Marsch der chinesischen Kommunisten quer durch China 1934/35)

III. *Getrennt- und Zusammenschreibung:*
a) zu lang, allzu lang [*alte Schreibung* allzulang]
b) *Getrenntschreibung in Verbindung mit Verben, wenn »lang« gesteigert oder erweitert werden kann* ↑K 56:
ein Gummiband lang ziehen [*alte Schreibung* langziehen]/länger ziehen
jmdm. die Hammelbeine lang ziehen [*alte Schreibung* langziehen] (*ugs. für* jmdn. heftig tadeln)
jmdm. die Ohren lang ziehen [*alte Schreibung* langziehen] (jmdn. [an den Ohren ziehend] strafen)
Vgl. aber langgehen; langlegen, sich
c) *in Verbindung mit Partizipien* ↑K 58:
ein lang gehegter [*alte Schreibung* langgehegter] Wunsch
ein lang gestrecktes [*alte Schreibung* langgestrecktes] Gebäude
eine lang gezogene [*alte Schreibung* langgezogene] Kurve
d) *bei »lang« als zweitem Bestandteil* ↑K 59:
meterlang (*aber* zehn Meter lang); jahrelang (*aber* zwei Jahre lang); tagelang (*aber* drei Tage lang)

Lạnd|schrei|ber (*schweiz. für* Kanzleivorsteher eines Landkantons, Bezirks)
Lạnd|schu|le; Lạnd|schul|heim
Lạnd|see, der
Lạnd|ser (*ugs. für* Soldat)
Lạnds|ge|mein|de (*schweiz. für* Versammlung der Stimmberechtigten eines Kantons, Bezirks)
Lạnds|hut (Stadt a. d. Isar)
Lạnd|sitz
Lạnds|knecht
Lạnds|mål [...mo:l], das; -[s] ‹norw., »Landessprache«› (*ältere Bez. für* Nynorsk *[vgl. d.]*)
Lạnds|mann *Plur.* ...leute (Landes-, Heimatgenosse); **Lạnds|män|nin,** die; -, -nen; **lạnds|män|nisch**
Lạnds|mann|schaft; lạnds|mann|schaft|lich
Lạnd|stadt
Lạnd|stän|de *Plur. (früher)*
Lạnds|ting, das; -s ‹dän.› (bis 1953 der Senat des dän. Reichstages)
Lạnd|stör|zer (*veraltet für* Fahrender); **Lạnd|stör|ze|rin**
Lạnd|stra|ße
Lạnd|strei|cher; Lạnd|strei|che|rei, die; -; **Lạnd|strei|che|rin**
Lạnd|streit|kräf|te *Plur.*
Lạnd|strich
Lạnd|sturm *vgl.* [1]Sturm; **Lạnd|sturm|mann** *Plur.* ...männer
Lạnd|tag; der Hessische Landtag ↑K 150; der Landtag von Baden-Württemberg
Lạnd|tags|ab|ge|ord|ne|te; Lạnd|tags|wahl
Lạn|dung; Lạn|dungs|boot; Lạn|dungs|brü|cke [*alte Trennung* ...k|k...]; **Lạn|dungs|steg**
Lạnd|ur|laub
Lạnd|ver|mes|ser; Lạnd|ver|mes|se|rin; Lạnd|ver|mes|sung
Lạnd|vogt *(früher);* **Lạnd|volk,** das; -[e]s
lạnd|wärts
Lạnd-Was|ser-Tier ↑K 26
Lạnd|wehr, die *(früher);* **Lạnd|wehr|mann** *Plur.* ...männer
Lạnd|wein; Lạnd|wind
Lạnd|wirt; Lạnd|wir|tin; Lạnd|wirt|schaft
lạnd|wirt|schaft|lich; landwirtschaftliche Produktionsgenossenschaft (*in der DDR; Abk.* LPG), *aber* ↑K 150: »Landwirtschaftliche Produktionsgenossenschaft Einheit«
Lạnd|wirt|schafts|aus|stel|lung; Lạnd|wirt|schafts|kam|mer
Lạnd|wirt|schafts|mi|nis|ter [*alte Trennung* ...|st...]; **Lạnd|wirt|schafts|mi|nis|te|rin**
Lạnd|zun|ge
lạng *s. Kasten*
lạng|är|me|lig *od.* **...ärm|lig; lạng|ar|mig**
lạng|at|mig; lạng|bär|tig
Lạng|baum (*svw.* Langwied[e])
Lạng|bein *(scherzh.);* **lạng|bei|nig**
lạn|ge, lạng; länger, am längs|ten ↑K 74; lang ersehnte Hilfe, lang anhaltender Beifall usw.; es ist lange her; lang, lang ists her (*vgl.* lang); das Ende der langen Weile [*alte Schreibung* der Langenweile]; aus langer Weile [*alte Schreibung* aus Langerweile]; *vgl.* Langeweile
Lạ̈n|ge, die; -, -n; **lạ̈n|ge|lang** (*ugs. für* der Länge nach); längelang hinfallen
lạn|gen (*ugs. für* ausreichen; [nach etwas] greifen)
lạ̈n|gen (länger machen; *veraltet für* länger werden)
Lạ̈n|gen|grad; Lạ̈n|gen|kreis; Lạ̈n|gen|maß, das
Lạn|gen|see, der; -s (*dt. Name für* Lago Maggiore)
Lan|ge|oog (eine der Ostfries. Inseln)
lạ̈n|ger|fris|tig [*alte Trennung* ...|st...]
Lan|gẹt|te, die; -, -n ‹franz.› (Randstickerei als Abschluss; Trennungswand zwischen zwei Schornsteinen); **lan|get|tie|ren** (mit Randstickereien versehen)
Lan|ge|wei|le [*auch* 'la...], **Lạng|wei|le,** die; *Gen.* der Lang[e]weile; *bei Beugung des ersten Bestandteils getrennt geschrieben; vgl.* lange
Lan|ge|zeit, die; *zur Beugung vgl.* Langeweile *u.* lange (*schweiz. für* Sehnsucht, Heimweh)
lạng|fä|dig (*schweiz. für* weitschweifig, langatmig)
Lạng|fin|ger (*ugs. für* Dieb); **lạng|fin|ge|rig** *od.* **...fing|rig**
lạng|fris|tig [*alte Trennung* ...|st...]
Lạng|gäs|ser (dt. Dichterin)
lạng ge|hegt [*alte Schreibung* lang|ge|hegt] *vgl.* lang

lang|ge|hen (*ugs. für* entlanggehen); wissen, wo es langgeht
lang ge|streckt, ge|zo|gen [*alte Schreibungen* lang|ge|streckt, lang|ge|zo|gen] *vgl.* lang
lang|glie|de|rig *od.* **...glied|rig**
Lang|haar|da|ckel [*alte Trennung* ...k|k...]
lang|haa|rig; lang|hal|sig
Lang|haus *(Archit.)*
lang|hin; ein langhin rollendes Echo
Lang|holz
lang|jäh|rig; lang|köp|fig
Lang|lauf *(Sport);* **Lang|lauf|ski,** *auch* Lang|lauf|schi
lang|le|big; Lang|le|big|keit, die; -
lang|le|gen, sich (*ugs. für* sich zum Ausruhen hinlegen)
läng|lich; länglich rund [*alte Schreibung* länglichrund]
lang|mäh|nig
Lang|mut, die; - *(geh.);* **lang|mü|tig; Lang|mü|tig|keit,** die; -
lang|na|sig
Lan|go|bar|de, der; -n, -n (Angehöriger eines westgerm. Volkes); **lan|go|bar|disch**
Lang|ohr, das; -[e]s, -en (*scherzh. für* Hase; Esel)
Lang|pferd *(Turnen);* **Lang|ril|le** (*scherzh. für* Langspielplatte)
lang|rip|pig
längs (der Länge nach); etwas längs trennen; *als Präp. mit Gen.:* längs des Weges, *gelegentl. mit Dat.:* längs dem Wege; ein längs gestreifter [*alte Schreibung* längsgestreifter] Stoff
Längs|ach|se
lang|sam; langsamer Walzer; **Lang|sam|keit,** die; -
lang|schä|de|lig *od.* **...schäd|lig**
Lang|schäf|ter (Stiefel mit langem Schaft); **Lang|schlä|fer; Lang|schlä|fe|rin**
lang|schnä|be|lig *od.* **...schnäb|lig**
längs|deck[s] (*Seemannsspr.* auf dem Deck entlang)
Lang|sei|te
Längs|fa|den; Längs|fal|te
längs ge|streift [*alte Schreibung* längs|ge|streift] *vgl.* längs
Längs|li|nie
Lang|spiel|plat|te (*Abk.* LP)
Längs|rich|tung
längs|schiffs (*Seemannsspr.* in Kielrichtung)
Längs|schnitt
längs|seit (*Seemannsspr.* an der langen Seite, an die lange Seite des Schiffes); **Längs|sei|te;**
längs|seits (parallel zur Längsrichtung); *als Präp. mit Gen.:* längsseits des Schiffes
Längs|strei|fen
längst (seit langem)
lang|stän|ge|lig *od.* **...stäng|lig** [*alte Schreibung* lang|sten|ge|lig *od.* ...steng|lig]
längs|tens [*alte Trennung* ...|st...] (*landsch. für* längst; spätestens)
lang|stie|lig (*ugs. auch für* langweilig, einförmig)
Lang|stre|cke [*alte Trennung* ...k|k...]; **Lang|stre|cken|bom|ber; Lang|stre|cken|flug; Lang|stre|cken|lauf; Lang|stre|cken|läu|fer; Lang|stre|cken|läu|fe|rin**
Lang|streck|ler (*Sportspr.* Langstreckenläufer); **Lang|streck|le|rin**
Längs|wand
Langue|doc [lãk'dɔk], das *od.* die; - (eine südfranz. Landschaft); **Langue|doc|wein,** *auch* **Langue-doc-Wein**
Lan|gus|te [*alte Trennung* ...|st...], die; -, -n ⟨franz.⟩ (ein Krebs)
Lang|wei|le *vgl.* Langeweile; **lang|wei|len;** du langweilst; gelangweilt; zu langweilen; sich langweilen; **Lang|wei|ler** (*ugs. für* langweiliger Mensch)
lang|wei|lig; Lang|wei|lig|keit
Lang|wel|le *(Physik, Rundf.);* **lang|wel|lig**
Lang|wied, Lang|wie|de, die; -, ...den (*landsch. für* langes Rundholz, das Vorder- u. Hintergestell eines großen Leiterwagens verbindet)
lang|wie|rig; Lang|wie|rig|keit
Lang|zei|le
Lang|zeit|ar|beits|lo|se; Lang|zeit|ge|dächt|nis *(Psych.)*
Lang|zeit|kran|ke; Lang|zeit|pro|gramm; Lang|zeit|scha|den *(meist Plur.)*
Lang|zeit|stu|die; Lang|zeit|wir|kung
lang zie|hen [*alte Schreibung* lang|zie|hen] *vgl.* lang
La|no|lin, das; -s ⟨lat.⟩ (Wollfett, Salbengrundstoff)
Lan|ta|na, die; - ⟨nlat.⟩ (Wandelröschen, ein Zierstrauch)
Lan|than, das; -s ⟨griech.⟩ (chemisches Element, Metall; *Zeichen* La)
Lan|tha|nit, der; -s, -e (ein Mineral)
La|nu|go, die; -, ...gines ⟨lat.⟩ (Wollhaarflaum des Embryos)
Lan|za|ro|te (eine der Kanarischen Inseln)
Lan|ze, die; -, -n
Lan|zen|farn; Lan|zen|rei|ter
Lan|zen|spit|ze; Lan|zen|stich; Lan|zen|stoß
Lan|zet|te, die; -, -n ⟨franz.⟩ (ein chirurg. Instrument)
Lan|zett|fens|ter ([*alte Trennung* ...|st...] *Archit.*); **Lan|zett|fisch**
lan|zett|för|mig
lan|zi|nie|ren ⟨lat.⟩ (*Med.* blitzartig und heftig schmerzen [bes. bei Rückenmarksschwindsucht]); lanzinierende Schmerzen
La|o|ko|on (griech. Sagengestalt)
La O|la [*alte Schreibung* La ola], die; - -, - -s *meist ohne Artikel* ⟨span., »die Welle«⟩ (besondere Art der Begeisterungsbezeigung in Sportstadien); **La-O|la-Wel|le** [*alte Schreibung* La-ola-Wel|le] ↑K 26
Laon [lã:] (franz. Stadt)
La|os, Demokratische Volksrepublik Laos (Staat in Hinterindien); **La|o|te,** der; -n, -n; **La|o|tin; la|o|tisch**
La|o|t|se [*auch* 'lau...] (chin. Weiser)
La Pal|ma (eine der Kanarischen Inseln)
La|pa|ro|s|kop, das; -s, -e ⟨griech.⟩ (*Med.* Instrument zur Untersuchung der Bauchhöhle)
La|pa|ro|to|mie, die; -, ...ien (*Med.* Bauchschnitt)
La Paz [- 'pa(:)s] (größte Stadt u. Regierungssitz von Bolivien)
la|pi|dar ⟨lat.⟩ (einfach, elementar; kurz u. bündig)
La|pi|där, der; -s, -e (ein Schleif- u. Poliergerät der Uhrmacher)
La|pi|da|ri|um, das; -s, ...ien (*fachspr. für* Sammlung von Steindenkmälern)
La|pi|dar|schrift (Versalschrift, meist auf Stein); **La|pi|dar|stil,** der; -[e]s
La|pil|li *Plur.* ⟨ital.⟩ (kleine Steinchen, die bei einem Vulkanausbruch ausgeworfen werden)
La|pis|la|zu|li, der; -, - (*svw.* Lasurit)
La|pi|the, der; -n, -n (Angehöriger eines myth. Volkes in Thessalien)
La|place [...'pla:s] (franz. Astronom und Mathematiker); die laplacesche, *auch* Laplace'sche [*alte Schreibung* Laplacesche] Theorie

¹La Pla|ta (Stadt in Argentinien)

²La Pla|ta, der; - - (*svw.* Rio de la Plata; *vgl. d.*); **La-Pla|ta-Staa|ten** *Plur.;* ↑K 26 (Argentinien, Paraguay, Uruguay)

Lapp, der; -en, -en (*bayr., österr. mdal. für* einfältiger Mensch)

Lap|pa|lie, die; -, -n (Kleinigkeit; Nichtigkeit)

Läpp|chen (kleiner Lappen)

Lap|pe, der; -n, -n (Angehöriger eines Volksstammes im nördl. Nordeuropa; *vgl.* ¹Same)

läp|pen (*fachspr. für* metallische Werkstoffe fein bearbeiten)

Lap|pen, der; -s, -

Lap|pen|zelt ‹*zu* Lappe›

Lap|pe|rei (*seltener für* Läpperei); **Läp|pe|rei** (*landsch. für* Kleinigkeit; Wertloses)

läp|pern (*landsch. für* schlürfen; in kleinen Teilen sammeln; zusammenkommen); ich läppere; es läppert sich

lap|pig

lap|pisch ‹*zu* Lappe›

läp|pisch

Lapp|land (Landschaft in Nordeuropa)

Lapp|län|der (Bewohner Lapplands); **Lapp|län|de|rin; lapp|län|disch**

Läpp|ma|schi|ne (Maschine zum Läppen)

Lap|sus, der; -, - ‹lat.› ([geringfügiger] Fehler, Versehen)

Lap|sus Ca|la|mi [*alte Schreibung* Lap|sus ca|la|mi], der; - -, - - (Schreibfehler)

Lap|sus Lin|gu|ae [*alte Schreibung* Lap|sus lin|guae], der; - -, - - (das Sichversprechen)

Lap|sus Me|mo|ri|ae [*alte Schreibung* Lap|sus me|mo|riae], der; - -, - - (Gedächtnisfehler)

Lap|top ['lɛ...], der; -s, -s ‹engl.› (kleiner, tragbarer Personalcomputer)

Lar, der; -s, -en ‹malai.› (ein Langarmaffe, Weißhandgibbon)

La|ra (w. Vorn.)

Lär|che, die; -, -n (ein Nadelbaum); *vgl. aber* Lerche

La|ren *Plur.* ‹lat.› (altröm. Schutzgeister)

large [laːɐ̯ʃ] ‹franz.› (*bes. schweiz. für* großzügig, weitherzig); **Large|heit**

lar|ghet|to [...'gɛ...] ‹ital.› (*Musik* etwas breit, etwas langsam); **Lar|ghet|to,** das; -s, *Plur.* -s *u.* ...tti

lar|go (*Musik* breit, langsam); **Largo,** das; -s, *Plur.* -s, *auch* ...ghi [...gi]

la|ri|fa|ri! (Ausruf der Ablehnung); **La|ri|fa|ri,** das; -s (*ugs. für* Geschwätz, Unsinn)

Lärm, der; *Gen.* -s, *seltener* -es; **lärm|arm**

Lärm|be|kämp|fung; Lärm|be|läs|ti|gung [*alte Trennung* ...|st...]

lärm|emp|find|lich

lär|men; lär|mig (*schweiz., sonst veraltet für* lärmend laut)

Lärm|ma|cher; Lärm|min|de|rung

lar|mo|yant [...moa'jant] ‹franz.› (*geh. für* weinerlich, rührselig); **Lar|mo|yanz,** die; - (*geh.*)

Lärm|pe|gel; Lärm|quel|le

Lärm|schutz; Lärm|schutz|wall; Lärm|schutz|zaun

Lars (m. Vorn.)

L'art pour l'art ['laːɐ̯ puːɐ̯ 'laːɐ̯], das; - - - ‹franz., »die Kunst für die Kunst«› (die Kunst als Selbstzweck)

lar|val ‹lat.› (*Biol.* die Tierlarve betreffend)

Lar|ve [...fə], die; -, -n (Gespenst, Maske; *oft abwertend für* Gesicht; *Zool.* Jugendstadium bestimmter Tiere); **lar|ven|ähn|lich**

La|ryn|gal, der; -s, -e ‹griech.› *u.* **La|ryn|gal|laut** (*Sprachw.* Laut, der in der Stimmritze [im Kehlkopf] gebildet wird, Stimmritzen-, Kehlkopflaut)

La|ryn|gen (*Plur. von* Larynx)

La|ryn|gi|tis, die; -, ...itiden (*Med.* Kehlkopfentzündung)

La|ryn|go|s|kop, das; -s, -e (*Med.* Kehlkopfspiegel); **la|ryn|go|s|ko|pisch**

La|rynx, der; -, Laryngen (*Med.* Kehlkopf)

La|sa|g|ne [...'zanjə], die; -, -n ‹ital.› (ein ital. Nudelgericht)

Las|caux [...'koː] (Steinzeithöhle in Südfrankreich)

lasch (*ugs. für* schlaff, träge; *landsch. für* fade, nicht gewürzt)

La|sche, die; -, -n (ein Verbindungsstück)

la|schen (durch Lasche[n] verbinden); du laschst; **La|schen|kupp|lung** (*Bergbau*)

Lasch|heit ‹*zu* lasch›

La|schung (Verbindung durch Lasche[n])

La|se, die; -, -n (*mitteld. für* [Bier]gefäß)

La|ser ['leː..., *auch* 'laː...], der; -s, - ‹engl.› (*Physik* Gerät zur Verstärkung von Licht od. zur Erzeugung eines scharf gebündelten Lichtstrahles); **La|ser|chi|r|ur|gie**

La|ser|drom, das; -s, -e (Spielstätte, in der die Spieler aus Pistolen Laserstrahlen auf ihre Gegner abfeuern, um sie aktionsunfähig zu machen)

La|ser|dru|cker [*alte Trennung* ...k|k...]; **La|ser|im|puls; La|ser|prin|ter** (Laserdrucker)

La|ser|strahl; La|ser|tech|nik; La|ser|waf|fe

la|sie|ren ‹pers.› (mit Lasur versehen); **La|sie|rung**

Lä|si|on, die; -, -en ‹lat.› (*Med.* Verletzung)

Las|kar, der; -s, ...karen ‹anglo-ind.› (*früher* ostind. Matrose, Soldat)

Las|ker-Schü|ler (dt. Dichterin)

Las Pal|mas (Hauptstadt der spanischen Insel Gran Canaria)

lass [*alte Schreibung* laß] (*geh. für* matt, müde, schlaff)

Las|sa|fie|ber, *auch* **Las|sa-Fie|ber,** das; -s ‹nach dem Ort Lassa in Nigeria› (eine Infektionskrankheit)

Las|salle [...'sal] (Mitbegründer der dt. Arbeiterbewegung)

Las|sal|le|a|ner (Anhänger Lassalles); **Las|sal|le|a|ne|rin**

---

las|sen

- du **lässt** [*alte Schreibung* läßt], *veraltet* lässest; er/sie/es **lässt** [*alte Schreibung* läßt]
- du ließest, er/sie/es ließ, hat gelassen
- lasse! *u.* **lass** [*alte Schreibung* laß]!
- ich **lass** [*alte Schreibung* lass'] sie nicht
- ich habe es gelassen (unterlassen), *aber* ich habe dich rufen lassen; ich habe sie dies wissen lassen

Vgl. bleiben, fahren, fallen usw.

Lass|heit [*alte Schreibung* Laßheit], die; - ‹*zu* lass›

läs|sig

Läs|sig|keit, die; -

läss|lich [*alte Schreibung* läß|lich] (*bes. Rel.* verzeihlich); lässliche (kleinere) Sünden; **Läss|lich|keit** [*alte Schreibung* Läß|lich|keit]

Las|so, das, *österr. nur so, seltener* der; -s, -s ‹span.› (Wurf-

schlinge; Figur im Eis- u. Rollkunstlauf)
Last, die; -, -en (*Seemannsspr. auch* Vorratsraum unter Deck); zu meinen Lasten; zulasten, *auch* zu Lasten des *od.* von ...; **Last|au|to**
las|ten [*alte Trennung* ...|st...]
Las|ten|auf|zug [*alte Trennung* ...|st...]
Las|ten|aus|gleich ([*alte Trennung* ...|st...] *Abk.* LA); **Las|ten|aus|gleichs|ge|setz** (*Abk.* LAG)
las|ten|frei [*alte Trennung* ...|st...]
Las|ten|seg|ler [*alte Trennung* ...|st...]; **Las|ten|zug** (*schweiz. neben* Lastzug)
[1]**Las|ter** [*alte Trennung* ...|st...], der; -s, - (*ugs. für* Lastkraftwagen)
[2]**Las|ter** [*alte Trennung* ...|st...], das; -s, -
Läs|te|rei [*alte Trennung* ...|st...]; **Läs|te|rer**
las|ter|haft [*alte Trennung* ...|st...]; **Las|ter|haf|tig|keit**, die; -
Las|ter|höh|le [*alte Trennung* ...|st...]
Läs|te|rin [*alte Trennung* ...|st...]
Las|ter|le|ben [*alte Trennung* ...|st...], das; -s
läs|ter|lich [*alte Trennung* ...|st...]; **Läs|ter|lich|keit**
Läs|ter|maul [*alte Trennung* ...|st...] (*ugs. für* jmd., der viel lästert)
läs|tern [*alte Trennung* ...|st...]; ich lästere; **Läs|te|rung**
Last|e|sel
Las|tex [*alte Trennung* ...|st...], das; - ⟨Kunstwort⟩ ([Gewebe aus] mit Fasern umsponnenen Gummifäden)
Last|fuh|re
läs|tig [*alte Trennung* ...|st...]; jmdm. lästig fallen
...las|tig [*alte Trennung* ...|st...] (z. B. zweilastig; *Flugw.* schwanzlastig); **Las|tig|keit**, die; - (Fluglage eines Flugzeugs; Schwimmlage eines Schiffs)
Läs|tig|keit [*alte Trennung* ...|st...]
Las|ting [*alte Trennung* ...|st...], der; -s, -s ⟨engl.⟩ (ein Gewebe)
Last|kahn; Last|kraft|wa|gen (*Abk.* Lkw, *auch* LKW)
Last-Mi|nute-An|ge|bot (*vgl.* Last-Minute-Reise); **Last-Mi|nute-Rei|se** ⟨engl.; deutsch⟩ (verbilligt angebotene, kurzfristig anzutretende Reise)
last, not least [- nɔt ˈliː...] ⟨engl., als Letzter/Letztes, nicht Geringster/Geringstes⟩ (zuletzt der Stelle, nicht dem Wert nach)
Last|pferd; Last|schiff; Last|schrift *(Buchhaltung)*
Last|schrift|zet|tel
Last|spit|ze (größte Belastung eines Kraftwerks in einer bestimmten Zeit); **Last|tier; Last|trä|ger**
Last|wa|gen (Lastkraftwagen); **Last|zug**
La|sur, die; -, -en ⟨pers.⟩ (durchsichtige Farbschicht); **La|sur|far|be**
La|su|rit *od.* La|sur|stein (ein blauer Schmuckstein)
La|sur|lack (durchsichtige Farbe); **La|sur|stein** (*vgl.* Lasurit)
Las Ve|gas (Stadt in Nevada)
las|ziv ⟨lat.⟩ (schlüpfrig, anstößig; übertrieben sinnlich); **Las|zi|vi|tät**, die; -
Lä|ta|re ⟨lat., »freue dich!«⟩ (dritter Sonntag vor Ostern)
La|tein, das; -s
La|tein|a|me|ri|ka (Gesamtheit der spanisch- od. portugiesischsprachigen Staaten von Amerika); **la|tein|a|me|ri|ka|nisch**
La|tei|ner (jmd., der Latein kennt, spricht); **La|tei|ne|rin**
la|tei|nisch; lateinische Schrift; *vgl.* deutsch; **La|tei|nisch**, das; -[s] (Sprache); *vgl.* Deutsch; **La|tei|ni|sche**, das; -n; *vgl.* Deutsche, das
La|tein|schrift; La|tein|schu|le; La|tein|se|gel (dreieckiges Segel); **La|tein|un|ter|richt**
La-Tène-Zeit [...ˈtɛːn...], die; - ⟨nach der Untiefe im Neuenburger See⟩ (Abschnitt der Eisenzeit); **La-Tène-zeit|lich** [*alte Schreibung* la|tène|zeit|lich]
la|tent ⟨lat.⟩ (vorhanden, aber [noch] nicht in Erscheinung tretend); ein latenter Gegensatz; latentes Bild *(Fotogr.)*; eine latente Krankheit; latente (gebundene) Wärme
La|tenz, die; -; **La|tenz|pe|ri|o|de; La|tenz|zeit**
la|te|ral ⟨lat.⟩ (*fachspr. für* seitlich)
La|te|ran, der; -s (ehem. Palast des Papstes in Rom)
La|te|ran|kon|zil; La|te|ran|pa|last; La|te|ran|ver|trä|ge *(Plur.)*
La|te|rit, der; -s, -e ⟨lat.⟩ (ein roter Verwitterungsboden); **La|te|rit|bo|den**
La|ter|na ma|gi|ca, die; - -, ...nae ...cae ⟨lat.⟩ (einfachster Projektionsapparat)
La|ter|ne, die; -, -n ⟨griech.⟩ (*Archit. auch* turmartiger Aufsatz)
La|ter|nen|ga|ra|ge *(scherzh.)*; **La|ter|nen|licht**, das; -[e]s; **La|ter|nen|pfahl**
La|tex, der; -, Latizes ⟨griech.⟩ (Kautschukmilch); **la|te|xie|ren**
La|tier|baum (Stange im Pferdestall zur Abgrenzung der Plätze)
La|ti|fun|di|en|wirt|schaft, die; -; **La|ti|fun|di|um**, das; -s, ...ien ⟨lat.⟩ (Landgut im Röm. Reich; Großgrundbesitz)
La|ti|ner, der; -s, - (Angehöriger eines altitalischen Volkes in Latium); **la|ti|nisch**
la|ti|ni|sie|ren ⟨lat.⟩ (in lat. Sprachform bringen); **La|ti|ni|sie|rung**
La|ti|nis|mus, der; -, ...men (lat. Spracheigentümlichkeit in einer nichtlat. Sprache); **La|ti|nist**, der; -en, -en (Kenner u. Erforscher des Lateinischen); **La|ti|nis|tin** [*alte Trennung* ...|st...]
La|ti|ni|tät, die; - ([klassische, mustergültige] lateinische Schreibweise, desgl. Schrifttum)
La|tin|lo|ver, der; -[s], -s, *auch* **La|tin Lo|ver** [*beide* ˈlɛtɪnlavɐ], der; - -[s], - - ⟨engl.⟩ (feuriger, südländischer Liebhaber)
La|ti|num, das; -s (Prüfung im Lateinischen); das kleine, große Latinum
Lä|ti|tia (w. Vorn.)
La|ti|um (hist. Landschaft in Mittelitalien)
La|t|ri|ne, die; -, -n ⟨lat.⟩ (Abort, Senkgrube)
La|t|ri|nen|ge|rücht *(ugs.)*; **La|t|ri|nen|pa|ro|le** *(ugs.)*
Lats, der; -, - (lettische Währungseinheit)
Latsch, der; -[e]s, -e (*ugs. für* nachlässig gehender Mensch; Hausschuh)
[1]**Lat|sche**, die; -, -n *u.* Lat|schen, der; -s, - (*ugs. für* Hausschuh, abgetretener Schuh)
[2]**Lat|sche**, die; -, -n (Krummholzkiefer, Legföhre)
lat|schen (*ugs. für* nachlässig, schleppend gehen); du latschst
Lat|schen *vgl.* [1]Latsche
Lat|schen|ge|büsch; Lat|schen|kie-

L

fer, die; **Lat|schen[|kie|fern]|öl,** das; -[e]s

lat|schig (*ugs. für* nachlässig in Gang u. Wesen)

Lat|te, die; -, -n

Lat|ten|holz; Lat|ten|kis|te [*alte Trennung* ...|st...]; **Lat|ten|kreuz** (*Sport* von Pfosten u. Querlatte gebildete Ecke des Tores)

Lat|ten|rost (*vgl.* [1]Rost); **Lat|ten|schuss** [*alte Schreibung* ...schuß] (*Sport* Schuss an die Querlatte des Tores); **Lat|ten|zaun**

Lat|tich, der; -s, -e ⟨lat.⟩ (ein Korbblütler)

La|tüch|te, die; -, -n (*ugs. für* Laterne, Licht)

Lat|wer|ge, die; -, -n ⟨griech.⟩ (eine breiförmige Arznei; *veraltet, aber noch landsch. für* Fruchtmus)

Latz, der; -es, Lätze (Kleidungsteil [z. B. Brustlatz]); **Lätz|chen**

Latz|ho|se; Latz|schür|ze

lau

Laub, das; -[e]s; ↑K 58: Laub tragende [*alte Schreibung* laubtragende] Bäume; **Laub|baum**

[1]**Lau|be,** die; -, -n

[2]**Lau|be,** der; -n, -n (ein Fisch, Ukelei)

Lau|ben|gang, der; **Lau|ben|haus; Lau|ben|ko|lo|nie; Lau|ben|pie|per** (*landsch. für* Kleingärtner)

Laub|fall, der; -[e]s; **Laub|fär|bung; Laub|frosch; Laub|ge|höl|ze** *Plur.* (*Bot.*); **Laub|holz**

Laub|hüt|ten|fest (jüd. Fest)

lau|big (*veraltet für* [viel] Laub tragend)

Laub|sä|ge

Laub tra|gend [*alte Schreibung* laub|tra|gend] *vgl.* Laub

Laub|wald; Laub|werk

Lauch, der; -[e]s, -e (eine Zwiebelpflanze); **lauch|grün**

Lau|da|num, das; -s ⟨lat.⟩ (in Alkohol gelöstes Opium)

Lau|da|tio, die; -, ...io|nes ⟨lat., »Lob[rede]«⟩ (feierl. Würdigung)

Lau|des *Plur.* ⟨»Lobgesänge«⟩ (Morgengebet des kath. Breviers)

[1]**Lau|er,** die; -; auf der Lauer sein, liegen (*ugs.*)

[2]**Lau|er,** der; -s, - ⟨lat.⟩ (Tresterwein)

lau|ern; ich lauere

Lauf, der; -[e]s, Läufe; im Lauf[e] der Zeit; 100-m-Lauf ↑K 26

Lauf|ar|beit, die; - (*Sport*); **Lauf|bahn; Lauf|brett; Lauf|bur|sche** (*abwertend*)

Läu|fel, die; -, - (*südwestd. für* äußere Schale [der Walnuss])

lau|fen; du läufst, er/sie läuft; du liefst (liefest); du liefest; gelaufen; lauf[e]!; einen Hund laufen lassen; ich habe sie laufen lassen, *seltener* laufen gelassen [*alte Schreibungen* laufenlassen, laufengelassen] (*ugs. für* freigegeben); sie beabsichtigt[,] ihn laufen zu lassen [*alte Schreibung* laufenzulassen]

lau|fend (*Abk.* lfd.); laufendes Jahr *u.* laufenden Jahres (*Abk.* lfd. J.); laufender Meter *u.* laufenden Meters (*Abk.* lfd. M.); laufender Monat *u.* laufenden Monats (*Abk.* lfd. M.); laufende Nummer *u.* laufender Nummer (*Abk.* lfd. Nr.); am laufenden Band arbeiten; ↑K 72: auf dem Laufenden [*alte Schreibung* laufenden] sein, bleiben, halten

lau|fen las|sen [*alte Schreibung* lau|fen|las|sen] *vgl.* laufen

Läu|fer (*auch für* längerer, schmaler Teppich)

Lau|fe|rei (*ugs.*)

Läu|fe|rin; läu|fe|risch

Lauf|feu|er; Lauf|flä|che

lauf|freu|dig (*Sportspr.*)

Lauf|gang; Lauf|git|ter

läu|fig (brünstig [von der Hündin]); **Läu|fig|keit,** die; - (Brunst der Hündin)

Lauf|kä|fer; Lauf|kat|ze (*Technik*); **Lauf|kund|schaft,** die; -

Lauf|ma|sche; Lauf|pass [*alte Schreibung* ...paß] (*nur in ugs.* jmdm. den Laufpass geben)

Lauf|pen|sum (*Sportspr.*); **Lauf|rad**

Lauf|schie|ne; Lauf|schrift (sich bewegende Leuchtschrift); **Lauf|schritt; Lauf|ställ|chen; Lauf|steg; Lauf|stil** (*Sport*); **Lauf|treff** (*vgl.* [3]Treff)

Lauf|vo|gel; Lauf|werk (*Technik, EDV*); **Lauf|wett|be|werb; Lauf|zeit; Lauf|zet|tel**

Lau|ge, die; -, -n (alkal. [wässrige] Lösung; Auszug)

lau|gen (*veraltend*); **lau|gen|ar|tig**

Lau|gen|bad; Lau|gen|bre|zel (*landsch.*); **Lau|gen|bröt|chen; Lau|gen|was|ser,** das; -s

Lau|heit, die; -

Lau|mann (*ugs. für* Mensch ohne eigene Meinung)

Lau|ne, die; -, -n ⟨lat.⟩

lau|nen|haft; Lau|nen|haf|tig|keit

lau|nig (humorvoll)

lau|nisch (launenhaft)

Lau|ra (w. Vorn.)

Lau|re|at, der; -en, -en ⟨lat.⟩ ([öffentl.] ausgezeichneter Wissenschaftler; *früher für* lorbeergekrönter Dichter); *vgl.* Poeta laureatus; **Lau|re|a|tin**

Lau|ren|tia (w. Vorn.)

lau|ren|tisch ⟨nach dem latinisierten Namen des Sankt-Lorenz-Stromes⟩; laurentische Gebirgsbildung (am Ende des Archaikums)

Lau|ren|ti|us (m. Vorn.)

lau|re|ta|nisch (aus Loreto), *aber* ↑K 150: Lauretanische Litanei (in Loreto entstandene Marienlitanei)

Lau|rin (Zwergenkönig, mittelalterl. Sagengestalt)

Lau|rus, der; *Gen.* - *u.* -ses, *Plur.* - *u.* -se ⟨lat.⟩ (*Bot.* Lorbeerbaum)

Laus, die; -, Läuse

Lau|sanne [lo'zan] (Stadt am Genfer See); **Lau|san|ner**

Laus|bub (*ugs.*); **Laus|bu|ben|streich; Laus|bü|be|rei; laus|bü|bisch**

Lau|scha|er Glas|wa|ren *Plur.* ⟨nach dem Ort Lauscha im Thüringer Wald⟩

Lausch|ak|ti|on; Lausch|an|griff (heimliches Anbringen von Abhörgeräten [in einer Privatwohnung])

Lau|sche, die; - (höchster Berg im Zittauer Gebirge)

lau|schen; du lauschst

Läus|chen

Lau|scher (Lauschender; *Jägerspr.* Ohr des Haarwildes); **Lau|sche|rin**

lau|schig (gemütlich)

Läu|se|be|fall

Lau|se|ben|gel *od.* **...jun|ge** *od.* **...kerl** (*ugs.*)

Läu|se|kraut, das; -[e]s (eine Pflanzengattung)

lau|sen; du laust

Lau|ser (*landsch. für* Lausbub)

Lau|se|rei (*ugs.*)

lau|sig (*ugs. auch für* erbärmlich, schlecht); lausig kalt; lausige Zeiten

Lau|sitz, die; -, -en (Landschaft um Bautzen u. Görlitz [Oberlausitz] u. um Cottbus [Niederlausitz]); **Lau|sit|zer;** das Lausitzer Bergland; **lau|sit|zisch**

[1]**laut;** laut reden; etwas laut werden lassen

²laut

([↑K 70]; *Abkürzung* lt.)
Präposition mit Genitiv, auch mit Dativ:
- laut unseres Schreibens, *auch* laut unserem Schreiben
- laut ärztlichen Gutachtens, *auch* laut ärztlichem Gutachten
- laut amtlicher Nachweise, *auch* laut amtlichen Nachweisen

Ein allein stehendes, stark gebeugtes Substantiv steht im Singular gewöhnlich ungebeugt; im Plural aber mit Dativ:
- laut Befehl, laut Übereinkommen; *aber*
- laut Befehlen, laut Berichten

Laut, der; -[e]s, -e; Laut geben *(Jägerspr. u. ugs.);* **Laut|ar|chiv** (Tonbandsammlung zur gesprochenen Sprache)
laut|bar *(veraltet);* lautbar werden
Laut|bil|dung (*für* Artikulation)
Lau|te, die; -, -n (ein Saiteninstrument)
lau|ten; die Antwort lautet ...; das Urteil lautet auf drei Jahre Freiheitsstrafe
läu|ten; die Glocken läuten; sie läutet die Glocken
Lau|te|nist, der; -en, -en (Lautenspieler); **Lau|te|nis|tin** [*alte Trennung* ...|st...]
Lau|ten|spiel, das; -[e]s
¹lau|ter (*geh. für* rein; ungetrübt); lauterer Wein; lautere Gesinnung
²lau|ter (nur, nichts als); lauter (nur) Jungen; lauter (nichts als) Wasser
Lau|ter|keit, die; -
läu|tern (*geh. für* reinigen; von Fehlern befreien); ich läutere; **Läu|te|rung** *(geh.)*
Läu|te|werk, Läut|werk
Laut|ge|setz
laut|ge|treu, laut|treu
laut|hals (aus voller Kehle)
lau|tie|ren (Worte, Text nach Lauten zergliedern); **Lau|tier|me|tho|de**
Laut|leh|re (*für* Phonetik *u.* Phonologie)
laut|lich
laut|los; Laut|lo|sig|keit, die; -
laut|ma|lend; Laut|ma|le|rei
laut|nach|ah|mend
Laut|schrift
Laut|spre|cher; Laut|spre|cher|box; Laut|spre|cher|wa|gen
laut|stark; Laut|stär|ke; Laut|stär|ke|reg|ler
laut|treu *vgl.* lautgetreu
Lau|tung
Laut|ver|än|de|rung; Laut|ver|schie|bung *(Sprachw.);* **Laut|wan|del; Laut|wech|sel**
Läut|werk *vgl.* Läutewerk
Laut|zei|chen
lau|warm
La|va, die; -, Laven ⟨ital.⟩ (feurig-flüssiger Schmelzfluss aus Vulkanen u. das daraus entstandene Gestein)
La|va|bel, der; -s ⟨franz.⟩ (waschbares Kreppgewebe)
La|va|bo [*schweiz.* 'la:...], das; -[s], -s ⟨lat.⟩ (Handwaschung des Priesters in der Messe u. das dazu verwendete Waschbecken mit Kanne; *schweiz. für* Waschbecken)
La|va|bom|be *(Geol.)*
La|va|lam|pe (Lampe mit sich in zäher Flüssigkeit bewegenden Blasen)
La|vant [...f...], die; - (l. Nebenfluss der Drau); **La|vant|tal**
La|va|strom
La|va|ter ['la:va:..., *schweiz. auch* 'la:fa...] (schweiz. Schriftsteller u. Physiognom)
La|ven (*Plur. von* Lava)
la|ven|del ⟨ital.⟩ (blauviolett); ein lavendel Kleid; *vgl. auch* beige; **La|ven|del,** der; -s, - (Heil- u. Gewürzpflanze)
La|ven|del|öl, das; -[e]s; **La|ven|del|was|ser,** das; -s
¹la|vie|ren ⟨niederl.⟩ (sich mit Geschick durch Schwierigkeiten hindurchwinden; *veraltet für* gegen den Wind kreuzen)
²la|vie|ren ⟨ital.⟩ (aufgetragene Farben auf einem Bild verwischen; *auch für* mit verlaufenden Farbflächen arbeiten); lavierte Zeichnung
La|vi|nia (röm. w. Eigenn.)
lä|vo|gyr ⟨griech.⟩ (*Chemie* linksdrehend; *Zeichen* l)
La|voir [...'vo̯a:ɐ̯], das; -s, -s ⟨franz.⟩ (*veraltet für* Waschschüssel)
Lä|vu|lo|se, die; - ⟨lat.⟩ (Fruchtzucker)
La|wi|ne, die; -, -n ⟨lat.⟩; **la|wi|nen|ar|tig**
La|wi|nen|ge|fahr, die; -; **La|wi|nen|hund** (*svw.* Lawinensuchhund); **La|wi|nen|ka|ta|s|t|ro|phe; La|wi|nen|schutz**
la|wi|nen|si|cher
La|wi|nen|such|hund
Lawn|ten|nis, *auch* **Lawn-Ten|nis** ['lo:n...] ⟨engl.⟩ (Rasentennis)
Law|ren|ci|um [lo...], das; -s ⟨nach dem amerik. Physiker Lawrence⟩ (künstliches radioaktives chemisches Element, ein Transuran; *Zeichen* Lr)
lax ⟨lat.⟩ (schlaff; lau [von Sitten])
La|xans, das; -, *Plur.* ...antia *u.* ...anzien *u.* **La|xa|tiv,** das; -s, -e *u.* **La|xa|ti|vum,** das; -s, ...va (*Med.* Abführmittel)
Lax|heit (Schlaffheit; Lässigkeit)
la|xie|ren (*Med.* abführen)
Lax|ness, Halldór (isländ. Schriftsteller)
Lay-out, *auch* **Lay|out** [le:'aut, *auch* 'le:...], das; -s, -s ⟨engl.⟩ (*Druckw.* Text- und Bildgestaltung); **Lay|ou|ter** (Gestalter eines Layouts); **Lay|ou|te|rin**
La|za|rett, das; -[e]s, -e ⟨franz.⟩ (Militärkrankenhaus)
La|za|rett|schiff; La|za|rett|zug
La|za|rist, der; -en, -en (Angehöriger einer kath. Kongregation)
¹La|za|rus (bibl. m. Eigenn.); der arme Lazarus
²La|za|rus, der; -[ses], -se (leidender, bedauernswerter Mensch)
La|ze|dä|mo|ni|er usw. *vgl.* Lakedämonier usw.
La|ze|ra|ti|on, die; -, -en ⟨lat.⟩ (*Med.* Einriss); **la|ze|rie|ren**
La|zer|te, die; -, -n ⟨lat.⟩ (*Zool.* Eidechse)
La|zu|lith, der; *Gen.* -s *od.* -en, *Plur.* -e[n] ⟨lat.; griech.⟩ (ein Mineral)
Laz|za|ro|ne, der; *Gen.* -[n] *u.* -s, *Plur.* -n *u.* ...ni ⟨ital.⟩ (Gelegenheitsarbeiter, Bettler in Neapel)
l. c. = loco citato
LCD-An|zei|ge [ɛltse:'de:...] ⟨aus engl. liquid crystal display⟩ (Flüssigkristallanzeige)
LDPD = Liberal-Demokratische Partei Deutschlands *(DDR)*
Lea (bibl. w. Eigenn.; w. Vorn.)
Lead [li:t], das; -[s] ⟨engl.⟩ (die Führungsstimme im Jazz)
Lea|der ['li:dɐ], der; -s, - (*kurz für* Bandleader; *österr. u. schweiz. Sportspr.* Tabellenführer)
Lead|gi|tar|rist
Le|an|der (griech. m. Eigenn.; m. Vorn.)
Lean|ma|nage|ment, *auch* **Lean Ma|nage|ment** ['li:nmɛnɛdʒmənt], das; -s, -s ⟨engl.⟩ (verkleinerte Unternehmensführung)
Lean|pro|duc|tion, *auch* **Lean Pro-**

L

duc|tion ['li:nprəˈdʌkʃn], die; - (Industriefertigung unter größtmöglicher Einsparung von Arbeitskräften, Kosten usw.)

Lear [liːɐ̯] (sagenhafter kelt. König, Titelheld bei Shakespeare)

Lear|ning by Do|ing ['lə:nɪŋ baɪ 'du:ɪŋ], das; - - - ‹engl.› (Lernen durch unmittelbares Anwenden); **Lear|ning-by-Do|ing-Me|tho|de**

lea|sen ['li:...] ‹engl.› (mieten, pachten); er/sie leas|te [*alte Trennung* ...|st...], hat geleast; ein Auto leasen; **Lea|sing,** das; -s, -s (Vermietung von [Investitions]gütern [mit Anrechnung der Mietzahlungen bei späterem Kauf]); **Lea|sing|fir|ma**

Le|be|da|me

Le|be|hoch, das; -s, -s; er rief ein herzliches Lebehoch, *aber* er rief: »Sie lebe hoch!«

Le|be|mann *Plur.* ...männer; **le|be|män|nisch**

le|ben; leben und leben lassen; lebend gebärende [*alte Schreibung* lebendgebärende] Tiere; ↑K 82: das In-den-Tag-hinein-Leben

> **Le|ben**
>
> das; -s, -
> - mein Leben lang; das süße Leben, das ewige Leben
> - wie das blühende Leben aussehen (*ugs. für* sehr gesund aussehen)
> - ↑K 58: die Leben spendende [*alte Schreibung* lebenspendende] Kraft der Sonne; eine Leben zerstörende [*alte Schreibung* lebenzerstörende] Strahlung
>
> *Vgl. aber* lebensbedrohend, lebensbejahend usw.

le|ben|be|ja|hend *vgl.* lebensbejahend ↑K 59

le|bend ge|bä|rend [*alte Schreibung* le|bend|ge|bä|rend] *vgl.* leben

Le|bend|ge|wicht, das; -[e]s

le|ben|dig; lebendig gebärende [*alte Schreibung* lebendiggebärende] Tiere; **Le|ben|dig|keit,** die; -

Le|bend|mas|se; Le|bend|vieh

Le|bens|a|bend; Le|bens|ab|schnitt; Le|bens|ab|schnitts|part|ner (Lebensgefährte für eine bestimmte Zeit); **Le|bens|ab|schnitts|part|ne|rin**

Le|bens|a|der; Le|bens|al|ter; Le|bens|angst; Le|bens|ar|beit; Le|bens|ar|beits|zeit, die; -

Le|bens|art; Le|bens|auf|fas|sung; Le|bens|auf|ga|be

Le|bens|bahn; Le|bens|baum (ein symbolisches Ornament; *auch für* Thuja); **Le|bens|be|din|gung** *(meist Plur.)*

le|bens|be|dro|hend; le|bens|be|droh|lich

le|bens|be|ja|hend; Le|bens|be|ja|hung

Le|bens|be|reich; Le|bens|be|schrei|bung; Le|bens|bild; Le|bens|bund, der *(geh.)*

Le|bens|dau|er; Le|bens|e|le|ment; Le|bens|e|li|xier; Le|bens|en|de

Le|bens|er|fah|rung; Le|bens|er|in|ne|run|gen *(Plur.)*; **Le|bens|er|war|tung**

le|bens|fä|hig; Le|bens|fä|hig|keit, die; -

le|bens|feind|lich; le|bens|fern

Le|bens|form; Le|bens|fra|ge

le|bens|fremd

Le|bens|freu|de

le|bens|froh

Le|bens|ge|fahr, die; -; **le|bens|ge|fähr|lich**

Le|bens|ge|fähr|te; Le|bens|ge|fähr|tin

Le|bens|ge|fühl; Le|bens|geis|ter [*alte Trennung* ...|st...] *Plur.*; **Le|bens|ge|mein|schaft; Le|bens|ge|nuss** [*alte Schreibung* ...ge|nuß]; **Le|bens|ge|wohn|heit** *meist Plur.*

le|bens|groß; Le|bens|grö|ße

Le|bens|hal|tung; Le|bens|hal|tungs|in|dex; Le|bens|hal|tungs|kos|ten [*alte Trennung* ...|st...] *Plur.*

Le|bens|hil|fe; Le|bens|hun|ger; Le|bens|in|halt; Le|bens|in|te|r|es|se *meist Plur.*; **Le|bens|jahr**

Le|bens|kampf; Le|bens|kraft, die; **Le|bens|kreis; Le|bens|künst|ler; Le|bens|la|ge**

le|bens|lang (auf lebenslang); **le|bens|läng|lich;** zu »lebenslänglich« verurteilt werden; »lebenslänglich« erhalten)

Le|bens|lauf; Le|bens|licht, das; -[e]s

Le|bens|lust, die; -; **le|bens|lus|tig** [*alte Trennung* ...|st...]

Le|bens|mit|tel, das *meist Plur.*; **Le|bens|mit|tel|che|mie; Le|bens|mit|tel|ver|gif|tung**

le|bens|mü|de

Le|bens|mut

le|bens|nah

Le|bens|nerv; Le|bens|ni|veau

le|bens|not|wen|dig

Le|bens|part|ner; Le|bens|part|ne|rin

Le|ben spen|dend [*alte Schreibung* le|ben|spen|dend] *vgl.* Leben

Le|bens|pfad *(geh.)*; **Le|bens|phi|lo|so|phie**

le|ben|sprü|hend ↑K 59

Le|bens|qua|li|tät, die; -; **Le|bens|raum**

Le|bens|ret|ter; Le|bens|ret|te|rin; Le|bens|ret|tungs|me|dail|le

Le|bens|schick|sal; Le|bens|stan|dard, der; -s; **Le|bens|stel|lung; Le|bens|stil**

le|bens|tüch|tig; le|bens|ü|ber|drüs|sig

Le|bens|un|ter|halt; Le|bens|ver|si|che|rung; Le|bens|ver|si|che|rungs|ge|sell|schaft

le|bens|wahr

Le|bens|wan|del; Le|bens|weg; Le|bens|wei|se, die; **Le|bens|weis|heit; Le|bens|werk**

le|bens|wert; le|bens|wich|tig

Le|bens|wil|le; Le|bens|zei|chen; Le|bens|zeit (auf Lebenszeit)

Le|bens|ziel; Le|bens|zu|ver|sicht; Le|bens|zweck

Le|ben zer|stö|rend [*alte Schreibung* le|ben|zer|stö|rend] *vgl.* Leben

Le|ber, die; -, -n

Le|ber|ab|s|zess [*alte Schreibung* ...ab|szeß]; **Le|ber|bal|sam** (Name verschiedener Pflanzen)

Le|ber|blüm|chen (eine Anemonenart); **Le|ber|di|ät,** die; -

Le|be|recht, Leb|recht (m. Vorn.)

Le|ber|e|gel; Le|ber|fleck; Le|ber|hal|ken *(Boxen)*

Le|ber|kä|se (*bes. südd. u. österr. für* Fleischkäse); **Le|ber|knö|del**

Le|ber|krebs; Le|ber|lei|den

Le|ber|pas|te|te [*alte Trennung* ...|st...]; **Le|ber|tran**

Le|ber|wert *(Med.)*

Le|ber|wurst

Le|ber|zir|rho|se

Le|be|we|sen

Le|be|wohl, das; -[e]s, *Plur.* -e *u.* -s; jmdm. Lebewohl sagen; er rief ein herzliches Lebewohl, *aber* er rief: »Leb[e] wohl!«

leb|haft; Leb|haf|tig|keit, die; -

...le|big (z. B. kurzlebig)

Leb|ku|chen

Leb|küch|ler *od.* ...küch|ner (*fränk. für* Lebkuchenbäcker)

Leb|küch|le|rei *od.* **...küch|ne|rei**

leb|los; Leb|lo|sig|keit, die; -
Leb|recht *vgl.* Leberecht
Leb|tag, der *(ugs.);* ich denke mein (*nicht:* meinen) Lebtag daran; meine Lebtag[e], *landsch.* meiner Lebtage
Le|bus [*auch* 'le:...] (Stadt an der Oder); **Le|bu|ser**
Leb|zei|ten *Plur.;* bei Lebzeiten seines Vaters; zu seinen Lebzeiten
Leb|zel|ten, der; -s, - (*österr. veraltend für* Lebkuchen); **Leb|zel|ter** (*österr. veraltend für* Lebkuchenbäcker)
Lech, der; -s (r. Nebenfluss der Donau); **Lech|feld,** das; -[e]s (Ebene bei Augsburg)
lech|zen; du lechzt
Le|ci|thin *vgl.* Lezithin
leck (*Seemannsspr.* undicht); das Boot könnte leck sein; *vgl.* leckschlagen; **Leck,** das; -[e]s, -s (*Seemannsspr.* undichte Stelle [bei Schiffen, an Gefäßen u. a.)
Le|cka|ge [...ʒə; *alte Trennung* ...k|k...], die; -, -n (Gewichtsverlust bei flüssigen Waren durch Verdunsten od. Aussickern; Leck)
Le|cke [*alte Trennung* ...k|k...], die; -, -n (Stelle, an der Wild od. Vieh Salz leckt)
¹le|cken [*alte Trennung* ...k|k...] (*Seemannsspr.* leck sein); das Boot leckt
²le|cken [*alte Trennung* ...k|k...] (mit der Zunge)
le|cker [*alte Trennung* ...k|k...] (wohlschmeckend)
Le|cker [*alte Trennung* ...k|k...] (*Jägerspr.* Zunge beim Schalenwild)
Le|cker|bis|sen [*alte Trennung* ...k|k...]; **Le|cke|rei** (Leckerbissen); **Le|cker|li,** das; -s, - *(schweiz.);* Basler Leckerli (in Rechtecke geschnittenes, honigkuchenähnliches Gebäck)
Le|cker|maul [*alte Trennung* ...k|k...] (*ugs. für* Person, die gern Süßigkeiten isst)
leck|schla|gen (leck werden [vom Schiff]); leckgeschlagen
Le Cor|bu|si|er [lə ...by'zi̯e:] (franz.-schweiz. Architekt)
led. = ledig
Le|da (sagenhafte Königin von Sparta)
LED-An|zei|ge [ɛl|e:'de:...] ‹aus engl. light emitting diode› (als Kontrollanzeige verwendete Leuchtdiode)

Le|der, das; -s, -; die Leder verarbeitende [*alte Schreibung* lederverarbeitende] Industrie
le|der|ar|tig
Le|der|ball; Le|der|band, der
le|der|braun
Le|der|ein|band
le|der|far|ben *od.* **le|der|far|big**
Le|der|fett; Le|der|gür|tel; Le|der|hand|schuh
Le|der|haut (Schicht der menschlichen u. tierischen Haut)
Le|der|her|stel|lung; ↑K 31: Lederherstellung u. -vertrieb
Le|der|ho|se
le|de|rig, led|rig (lederartig)
Le|der|ja|cke [*alte Trennung* ...k|k...]; **Le|der|man|tel; Le|der|map|pe**
¹le|dern (mit einem Lederlappen putzen, abreiben; *landsch. für* prügeln); ich ledere
²le|dern (aus Leder; zäh, langweilig)
Le|der|pols|ter [*alte Trennung* ...|st...]; **Le|der|rie|men; Le|der|schuh; Le|der|schurz; Le|der|ses|sel; Le|der|soh|le; Le|der|ta|sche**
Le|der ver|ar|bei|tend [*alte Schreibung* le|der|ver|ar|bei|tend] *vgl.* Leder
le|dig (*Abk.* led.); ledig sein, bleiben; jmdn. seiner Sünden ledig sprechen; **Le|di|ge,** der *u.* die; -n, -n
le|dig|lich
Le|di|schiff (*schweiz. für* Lastschiff)
led|rig *vgl.* lederig
Lee, die; -, *auch (Geogr. nur:)* das; -s (*Seemannsspr.* die dem Wind abgekehrte Seite; *Ggs.* Luv); *meist ohne Artikel* in, nach Lee

leer

Getrenntschreibung in Verbindung mit Verben oder Partizipien ↑K 56 *u.* 58:
- den Teller leer essen; das Glas leer trinken
- ein Gefäß leer laufen [*alte Schreibung* leerlaufen] (auslaufen) lassen; die Maschine ist leer (ohne Leistung) gelaufen
- leer machen, räumen, stehen usw.
- eine leer stehende [*alte Schreibung* leerstehende] Wohnung

Großschreibung der Substantivierung ↑K 72:
- ins Leere gehen

Lee|re, die; - (Leerheit)
lee|ren (leer machen); sich leeren
Leer|for|mel *(Soziol.);* **Leer|ge|wicht; Leer|gut,** das; -[e]s
Leer|heit, die; -
Leer|lauf; leer lau|fen [*alte Schreibung* leer|lau|fen] *vgl.* leer
leer ste|hend [*alte Schreibung* leer|ste|hend] *vgl.* leer
Leer|stel|le (*Sprachw.* nicht besetzte Stelle); **Leer|tas|te** [*alte Trennung* ...|st...] (z. B. bei der Schreibmaschine)
Lee|rung
Leer|woh|nung; Leer|zim|mer
Lee|sei|te (*Seemannsspr.* die dem Wind abgekehrte Seite); **lee|wärts**
Le Fort [lə 'fo:ɐ̯], Gertrud von (dt. Schriftstellerin)
Lef|ze, die; -, -n (Lippe bei Tieren)
leg. = legato
le|gal ‹lat.› (gesetzlich, gesetzmäßig)
Le|ga|li|sa|ti|on, die; -, -en (Beglaubigung von Urkunden); **le|ga|li|sie|ren** (gesetzlich machen); **Le|ga|li|sie|rung**
Le|ga|lis|mus (*geh. für* striktes Befolgen der Gesetze); **le|ga|lis|tisch** [*alte Trennung* ...|st...] (übertrieben legal)
Le|ga|li|tät, die; - (Gesetzlichkeit, Rechtsgültigkeit)
Le|ga|li|täts|prin|zip, das; -s *(Rechtsw.)*
le|g|as|then ‹lat.; griech.› (*Med.* legasthenisch); **Le|g|as|the|nie,** die; -, ...i̯en (Lese- u. Rechtschreibschwäche); **Le|g|as|the|ni|ker** (an Legasthenie Leidender); **Le|g|as|the|ni|ke|rin; le|g|as|the|nisch**
¹Le|gat, der; -en, -en ‹lat.› (*im alten Rom* Gesandter, Unterfeldherr; *heute* päpstl. Gesandter)
²Le|gat, das; -[e]s, -e (*Rechtsspr.* Vermächtnis)
Le|ga|tar, der; -s, -e (Vermächtnisnehmer)
Le|ga|ti|on, die; -, -en ([päpstl.] Gesandtschaft); **Le|ga|ti|ons|rat** *Plur.* ...räte
le|ga|to ‹ital.› (*Musik* gebunden; *Ggs.* staccato; *Abk.* leg.); **Le|ga|to,** das; -s, *Plur.* -s *u.* ...ti
le|ge ar|tis ‹lat.› (nach den Regeln der Kunst; *Abk.* l. a.)
Le|ge|bat|te|rie (in mehreren Etagen angeordnete Drahtkäfige zur Haltung von Legehennen)
Le|ge|hen|ne, Leg|hen|ne
Le|gel, der *od.* das; -s, - (*See-*

L

mannsspr. Ring zum Befestigen eines Segels)
le|gen; gelegt; *vgl. aber* gelegen
Le|gen|dar, das; -s, -e (Legendenbuch: Sammlung von Heiligenleben)
le|gen|där ⟨lat.⟩ (legendenhaft; unwahrscheinlich)
Le|gen|da|ri|um, das; -s, ...ien (*älter für* Legendar)
Le|gen|de, die; -, -n ([Heiligen]erzählung; [fromme] Sage; Umschrift [von Münzen, Siegeln]; Zeichenerklärung [auf Karten])
Le|gen|den|er|zäh|ler
le|gen|den|haft
le|ger [...ˈʒɛːɐ̯] ⟨franz.⟩ (ungezwungen, [nach]lässig)
Le|ger ⟨*zu* legen⟩
Le|ges (*Plur. von* Lex)
Le|ge|zeit
Leg|föh|re (*svw.* ^{2}Latsche)
Leg|gings, Leg|gins *Plur.* ⟨engl.⟩ (hosenähnliches ledernes Kleidungsstück der nordamerik. Indianer; Strumpfhose ohne Füßlinge)
Leg|hen|ne *vgl.* Legehenne
Leg|horn, das; -s, *Plur.* -[s], *landsch. auch* Leghörner ⟨nach dem engl. Namen der ital. Stadt Livorno⟩ (Huhn der Rasse Leghorn)
le|gie|ren ⟨ital.⟩ ([Metalle] verschmelzen; [Suppen, Soßen] mit Eigelb anrühren, binden); **Le|gie|rung**
Le|gi|on, die; -, -en ⟨lat.⟩ (röm. Heereseinheit; *in der Neuzeit für* Freiwilligentruppe, Söldnerschar; große Menge)
Le|gi|o|nar, der; -s, -e (Soldat einer röm. Legion)
Le|gi|o|när, der; -s, -e ⟨franz.⟩ (Soldat einer Legion [z. B. der Fremdenlegion]); **Le|gi|o|närs|krank|heit,** die; - (*Med.* eine Infektionskrankheit)
Le|gi|o|nel|le, die; -, -n *meist Plur.* (Erreger der Legionärskrankheit)
Le|gi|ons|sol|dat
le|gis|la|tiv ⟨lat.⟩ (gesetzgebend); **Le|gis|la|ti|ve,** die; -, -n (gesetzgebende Versammlung, gesetzgebende Gewalt)
le|gis|la|to|risch (gesetzgeberisch); **Le|gis|la|tur,** die; -, -en (*selten für* Gesetzgebung; *früher auch für* gesetzgebende Körperschaft); **Le|gis|la|tur|pe|ri|o|de** (Amtsdauer einer Volksvertretung)

Le|gist, der; -en, -en (*bes. österr.* Verfasser von Gesetzestexten); **Le|gis|tin** [*alte Trennung* ...|st...]; **le|gis|tisch**
le|gi|tim (gesetzlich; rechtmäßig; als ehelich anerkannt; begründet)
Le|gi|ti|ma|ti|on, die; -, -en (Echtheitserklärung, Beglaubigung; [Rechts]ausweis; *im BGB für* Nachweis der Empfangsberechtigung, Befugnis; Ehelichkeitserklärung); **Le|gi|ti|ma|ti|ons|kar|te**
le|gi|ti|mie|ren (beglaubigen; [Kinder] als ehelich erklären); sich legitimieren (sich ausweisen); **Le|gi|ti|mie|rung**
Le|gi|ti|mis|mus, der; - (Lehre von der Unabsetzbarkeit des angestammten Herrscherhauses); **Le|gi|ti|mist,** der; -en, -en; **le|gi|ti|mis|tisch** [*alte Trennung* ...|st...]
Le|gi|ti|mi|tät, die; - (Rechtmäßigkeit einer Staatsgewalt; Gesetzmäßigkeit)
Le|gu|an [*auch* ˈleː...], der; -s, -e ⟨karib.⟩ (trop. Baumeidechse)
Le|gu|min, das; -s ⟨lat.⟩ (Eiweiß der Hülsenfrüchte); **Le|gu|mi|no|se,** die; -, -n *meist Plur.* (*Bot.* Hülsenfrüchtler)
Leg|war|mer [...voːmɐ̯], der; -s, -[s] *meist Plur.* ⟨engl.⟩ (langer Wollstrumpf ohne Füßling)
Le|hár [...ˈhaːɐ̯, *österr.* ˈlɛhaːr] (ung. Operettenkomponist)
Le Ha|v|re [lə ˈ(h)aːvrə] (franz. Hafenstadt)
Le|hen, das; -s, -; **Le|hens|we|sen** *vgl.* Lehnswesen
Lehm, der; -[e]s, -e
Lehm|bat|zen; Lehm|bo|den
lehm|gelb
leh|mig
Leh|ne, die; -, -n; **leh|nen;** sich lehnen
Lehn|gut *vgl.* Lehnsgut; **Lehns|eid** *(früher)*
Lehn|ses|sel
Lehns|gut *od.* Lehn|gut
Lehns|herr; Lehns|mann *Plur.* ...männer *u.* ...leute; **Lehns|trä|ger; Lehns|treue**
Lehn|stuhl
Lehns|we|sen, Le|hens|we|sen, das; -s *(früher)*
Lehn|ü|ber|set|zung *(Sprachw.);* **Lehn|ü|ber|tra|gung; Lehn|wort** *Plur.* ...wörter
Lehr, das; -[e]s, -e (*Bauw., Technik svw.* ^{2}Lehre)

Lehr|amt; Lehr|amts|an|wär|ter
Lehr|an|ge|bot; Lehr|an|stalt; Lehr|auf|trag; Lehr|aus|bil|der
lehr|bar; Lehr|bar|keit, die; -
Lehr|be|fä|hi|gung; Lehr|be|helf (*österr. für* Lehrmittel); **Lehr|be|ruf**
Lehr|bo|gen (*Bauw.* Gerüst für Bogen-, Gewölbebau; *zu* ^{2}Lehre)
Lehr|brief; Lehr|buch
Lehr|dorn (Prüfgerät für Bohrungen; *zu* ^{2}Lehre)
^{1}**Leh|re,** die; -, -n (Unterricht, Unterweisung; Lehrmeinung)
^{2}**Leh|re,** die; -, -n (Messwerkzeug)

> **leh|ren**
>
> (unterweisen)
>
> *Beugung:*
> – jmdn., *auch* jmdm. etwas lehren
> – er lehrt sie, *auch* ihr das Lesen; *aber nur:* er lehrt sie lesen
> – er lehrt ihn ein, *seltener* einen Helfer der Armen zu sein
>
> *Nach einem reinen Infinitiv steht meist das zweite Partizip, selten der Infinitiv:*
> – sie hat ihn reiten gelehrt, *selten* reiten lehren
>
> *Das Komma vor dem Infinitiv mit »zu« ist fakultativ:* er lehrt ihn[,] ein Helfer der Armen zu sein
> ↑K 116

Leh|rer
Leh|rer|aus|bil|dung
leh|rer|haft
Leh|re|rin
Leh|rer/-innen, Leh|rer(innen) (*Kurzformen für* Lehrerinnen u. Lehrer)
Leh|re|rin|nen|schaft, die; -
Leh|rer|kol|le|gi|um; Leh|rer|kon|fe|renz
Leh|rer|schaft, die; -
Leh|rer|zim|mer
Lehr|fach; Lehr|film; Lehr|frei|heit, die; -
Lehr|gang, der; **Lehr|gangs|teil|neh|mer**
Lehr|ge|dicht; Lehr|geld; Lehr|ge|rüst (beim Stahlbetonbau; *zu* ^{2}Lehre)
lehr|haft; Lehr|haf|tig|keit, die; -
Lehr|hau|er (angehender Bergmann); **Lehr|herr; Lehr|jahr; Lehr|jun|ge,** der
Lehr|kan|zel (*österr. für* Lehrstuhl); **Lehr|kör|per; Lehr|kraft**

leicht

leich|ter, am leich|tes|ten [*alte Trennung* ...|st...]

Kleinschreibung:
- leichte Artillerie; leichtes Heizöl; leichte Musik

Großschreibung der Substantivierung ↑K 72:
- er isst gern etwas Leichtes
- es ist mir ein Leichtes [*alte Schreibung* leichtes] (fällt mir sehr leicht)

Getrenntschreibung in Verbindung mit Verben u. Partizipien ↑K 56 *u.* 58:
- leicht atmen; sie hat leicht geatmet
- leicht, leichter fallen; er ist nur leicht gefallen; es ist mir leicht gefallen [*alte Schreibung* leichtgefallen] (hat mich keine Anstrengung gekostet)
- er hat es sich leicht gemacht [*alte Schreibung* leichtgemacht] (hat sich wenig Mühe gemacht)
- etwas leicht nehmen [*alte Schreibung* leichtnehmen] (keine Mühe darauf verwenden)
- ich habe mir *od.* mich leicht getan [*alte Schreibung* leichtgetan] dabei (es ohne Schwierigkeiten, Hemmungen bewältigt)
- leicht beschwingte [*alte Schreibung* leichtbeschwingte] Musik
- ein leicht bewaffneter [*alte Schreibung* leichtbewaffneter] Soldat
- ein leicht entzündlicher [*alte Schreibung* leichtentzündlicher] Stoff
- eine leicht verdauliche [*alte Schreibung* leichtverdauliche] Speise
- leicht verderbliche [*alte Schreibung* leichtverderbliche] Waren
- eine leicht verständliche [*alte Schreibung* leichtverständliche] Sprache
- eine leicht verletzte [*alte Schreibung* leichtverletzte] Sportlerin
- ein leicht verwundeter [*alte Schreibung* leichtverwundeter] Offizier

Bei Substantivierungen ist sowohl Getrennt- als auch Zusammenschreibung möglich ↑K 58:
- die leicht Bewaffneten, *auch* Leichtbewaffneten
- die leicht Verletzten, *auch* Leichtverletzten
- die leicht Verwundeten, *auch* Leichtverwundeten

Lehr|ling (Auszubildende[r])
Lehr|mei|nung; Lehr|meis|ter [*alte Trennung* ...|st...]; **Lehr|me|tho|de**
Lehr|mit|tel, das; -s, - (Hilfsmittel für Lehrende); **Lehr|mit|tel|frei|heit**
Lehr|pfad; Lehr|plan (*vgl.* ²Plan); **Lehr|pro|be**
lehr|reich
Lehr|satz; Lehr|stel|le; Lehr|stoff; Lehr|stück; Lehr|stuhl
Lehr|tä|tig|keit; Lehr|toch|ter (*schweiz. für* Lehrmädchen); **Lehr|ver|an|stal|tung**
Lehr|ver|trag (Ausbildungsvertrag); **Lehr|werk|statt; Lehr|zeit**
¹**Lei** (*Plur. von* ²Leu)
²**Lei,** die; -, -en (*rhein. für* Fels; Schiefer); Lorelei (*vgl.* Loreley)
Leib, der; -[e]s, -er (Körper; *veraltet auch für* Leben); gut bei Leibe (wohlgenährt) sein, *aber* beileibe nicht; jmdm. zu Leibe rücken; Leib und Leben wagen
Leib|arzt; Leib|bin|de
Leib|chen (*auch* ein Kleidungsstück, *österr. u. schweiz. für* Unterhemd, Trikot; *vgl.* Leiberl)
leib|ei|gen (*früher*); **Leib|ei|ge|ne,** der *u.* die; -n, -n; **Leib|ei|gen|schaft,** die; -
lei|ben; *nur in* wie er leibt u. lebt
Lei|berl, das; -s, -n (*österr. für* Leibchen)
Lei|bes|er|be, der; **Lei|bes|er|zie|her; Lei|bes|er|zie|hung**
Lei|bes|frucht; Lei|bes|fül|le
Lei|bes|kräf|te *Plur.; nur in* aus *od.* nach Leibeskräften
Lei|bes|ü|bun|gen *Plur.;* **Lei|bes|um|fang; Lei|bes|vi|si|ta|ti|on**
leib|feind|lich
Leib|gar|de; Leib|gar|dist
Leib|ge|richt
leib|haft (*selten für* leibhaftig); **leib|haf|tig**[1]; **Leib|haf|ti|ge**[1], der; -n (*verhüllend für* Teufel); **Leib|haf|tig|keit**[1], die; -
...lei|big (z. B. dickleibig)
leib|lich; Leib|lich|keit, die; -
Leib|nitz (österr. Stadt)
Leib|niz (dt. Philosoph); **leib|ni|zisch** ↑K 135; leibnizisches Denken; die leibnizische [*alte Schreibung* Leibnizische] Philosophie; **leib|nizsch;** die leibnizsche, *auch* Leibniz'sche [*alte Schreibung* Leibnizsche] Philosophie; leibnizsches, *auch* Leibniz'sches Denken
Leib|ren|te (lebenslängliche Rente); **Leib|rie|men** (*veraltet für* Gürtel)
Leib|schmerz *meist Plur.;* **Leib|schnei|den,** das; -s (*landsch. für* Leibschmerzen)
Leib-See|le-Pro|b|lem, das; -s; ↑K 26 (*Psych.*); **leib|see|lisch**
Leib|spei|se (*svw.* Leibgericht)
leibt *vgl.* leiben
Lei|bung *vgl.* Laibung
Leib|wa|che; Leib|wäch|ter; Leib|wä|sche, die; -; **Leib|weh; Leib|wi|ckel** [*alte Trennung* ...k|k...]
Lei|ca ®, die; -, -s (*Kurzw. für* Leitz-Camera [der Firma Ernst Leitz])
Leich, der; -[e]s, -e (eine mittelhochd. Liedform)
Leich|dorn, der; -[e]s, *Plur.* -e *u.* ...dörner (*mitteld. für* Hühnerauge)
Lei|che, die; -, -n
Lei|chen|a|cker [*alte Trennung* ...k|k...] (*landsch.*); **Lei|chen|be|gäng|nis; Lei|chen|be|schau|er**
Lei|chen|bit|ter (*veraltend für* Person, die zur Beerdigung einlädt); **Lei|chen|bit|ter|mie|ne** (*ugs. für* düsterer, trauriger Gesichtsausdruck)
lei|chen|blass [*alte Schreibung* ...blaß]; **lei|chen|fahl**
Lei|chen|fled|de|rei ‹Gaunerspr.› (*Rechtsw.* Ausplünderung toter od. schlafender Menschen)
Lei|chen|fled|de|rer
Lei|chen|frau; Lei|chen|gift; Lei|chen|hal|le; Lei|chen|hemd
Lei|chen|öff|nung (*für* Obduktion)
Lei|chen|pass [*alte Schreibung* ...paß]; **Lei|chen|re|de; Lei|chen|schän|dung; Lei|chen|schau|haus**
Lei|chen|schmaus (*ugs.*); **Lei|chen|trä|ger; Lei|chen|tuch; Lei|chen|ver|bren|nung; Lei|chen|wa|gen; Lei|chen|zug**
Leich|nam, der; -[e]s, -e
leicht *s. Kasten*
Leicht|ath|let; Leicht|ath|le|tik;

[1] [*auch* 'lai̯p...]

le̲id/Le̲id

(*Als Adjektiv schweiz. mdal. auch für* hässlich, ungut, unlieb)

Großschreibung:
- das Leid, des Leid[e]s
- geteiltes Leid ist halbes Leid
- jmdm. sein Leid klagen
- es tut mir Leid [*alte Schreibung* leid]
- jmdm. etwas zuleid, zuleide, *auch* zu Leid, zu Leide tun ↑K 63
- [sich] ein Leid, *veraltet* Leids [an]tun
- ihr soll kein Leid, *veraltet* Leids geschehen
- [in] Freud und Leid
- schweres Leid [um jmdn.] tragen, erdulden

Kleinschreibung in Verbindung mit »sein« und »werden« ↑K 70:
- leid sein, leid werden
- ich bin es leid, das immer wieder zu hören
- meine zornige Äußerung ist mir leid (tut mir Leid)
- es sich nicht leid sein lassen

Getrennt- oder Zusammenschreibung:
- die Leid tragende, *auch* leidtragende Zivilbevölkerung
- die Leid Tragenden, *auch* Leidtragenden sind die Kinder

Leicht|ath|le|tin; leicht|ath|le|tisch
Leicht|bau, der; -s (*svw.* Leichtbauweise); **Leicht|bau|plat|te** (*Bauw.* Platte aus leichtem Material)
Leicht|ben|zin
leicht be|schwingt, be|waff|net [*alte Schreibungen* leicht|be|schwingt, leicht|be|waff|net] *vgl.* leicht
leicht Be|waff|ne|te, der *u.* die; - -n, - -n, *auch* **Leicht|be|waff|ne|te,** der *u.* die; -n, -n; *vgl.* leicht
leicht|blü|tig
[1]**Leich|te,** die; - (*geh. für* Leichtheit)
[2]**Leich|te,** die; -, -n (*nordd. für* Tragriemen beim Schubkarrenfahren)
leicht ent|zünd|lich [*alte Schreibung* leicht|ent|zünd|lich] *vgl.* leicht
Leich|ter, Lich|ter (*Seemannsspr.* [kleineres] Wasserfahrzeug zum Leichtern); **leich|tern,** lich|tern (größere Schiffe entfrachten); ich leichtere, lichtere
leicht fal|len [*alte Schreibung* leicht|fal|len] *vgl.* leicht
leicht|fer|tig; Leicht|fer|tig|keit
Leicht|flug|zeug
leicht|flüs|sig (*fachspr.*); leichtflüssige Legierungen
Leicht|fuß (*ugs. scherzh.*); **leicht|fü|ßig; Leicht|fü|ßig|keit,** die; -
leicht|gän|gig; eine leichtgängige Lenkung
leicht ge|schürzt [*alte Schreibung* leicht|ge|schürzt] *vgl.* leicht
Leicht|ge|wicht (Körpergewichtsklasse in der Schwerathletik); **Leicht|ge|wicht|ler**
leicht|gläu|big; Leicht|gläu|big|keit, die; -
Leicht|heit, die; -
leicht|her|zig; Leicht|her|zig|keit
leicht|hin
Leich|tig|keit, die; -
Leicht|in|dus|t|rie [*alte Trennung* ...|st...]
leicht|le|big; Leicht|le|big|keit
leicht|lich (*veraltend für* mühelos)
Leicht|lohn|grup|pe (unterste Tarifgruppe)
leicht ma|chen [*alte Schreibung* leicht|ma|chen] *vgl.* leicht
Leicht|ma|t|ro|se; Leicht|me|tall
leicht neh|men [*alte Schreibung* leicht|neh|men] *vgl.* leicht
Leicht|öl; Leicht|schwer|ge|wicht (Körpergewichtsklasse beim Gewichtheben)
Leicht|sinn, der; -[e]s; **leicht|sin|nig; Leicht|sin|nig|keit,** die; -; **Leicht|sinns|feh|ler**
leicht tun [*alte Schreibung* leicht|tun] *vgl.* leicht
leicht ver|dau|lich, ver|derb|lich, ver|letzt [*alte Schreibungen* leicht|ver|dau|lich, leicht|ver|derb|lich, leicht|ver|letzt] *vgl.* leicht
leicht Ver|letz|te, der *u.* die; - -n, - -n, *auch* **Leicht|ver|letz|te,** der *u.* die; -n, -n; *vgl.* leicht
leicht ver|ständ|lich, ver|wun|det [*alte Schreibungen* leicht|ver|ständ|lich, leicht|ver|wun|det] *vgl.* leicht
leicht Ver|wun|de|te, der *u.* die; - -n, - -n, *auch* **Leicht|ver|wun|de|te,** der *u.* die; -n, -n; *vgl.* leicht
leid *s. Kasten*
Leid *s. Kasten*
Lei|de|form (*für* Passiv)
lei|den; du littst; du littest; gelitten; leid[e]!; Not leiden
[1]**Lei|den,** das; -s, - (Krankheit)
[2]**Lei|den** [*niederl.* ˈlɛidə] (niederl. Stadt)
lei|dend
Lei|den|de, der *u.* die; -n, -n
Lei|de|ner (*zu* [2]Leiden); Leidener Flasche (*Physik*)
Lei|den|schaft; lei|den|schaft|lich; Lei|den|schaft|lich|keit, die; -
lei|den|schafts|los
lei|dens|fä|hig; Lei|dens|fä|hig|keit, die; -
Lei|dens|ge|fähr|te; Lei|dens|ge|fähr|tin; Lei|dens|ge|nos|se; Lei|dens|ge|nos|sin
Lei|dens|ge|schich|te; Lei|dens|ge|sicht; Lei|dens|mie|ne; Lei|dens|weg; Lei|dens|zeit
lei|der; leider Gottes ⟨*entstanden aus* (bei dem) Leiden Gottes⟩
leid|ge|prüft
lei|dig (unangenehm)
Leid|kar|te (*schweiz. für* Trauerkarte)
leid/Leid *s. Kasten*
leid|lich (gerade noch ausreichend)
leid sein *vgl.* leid/Leid
leid|tra|gend *vgl.* leid/Leid; **Leid|tra|gen|de,** der *u.* die; -n, -n; *vgl.* leid/Leid
Leid tun [*alte Schreibung* leid tun] *vgl.* leid/Leid
leid|voll (*geh.*)
Leid|we|sen, das; *nur in* zu meinem, seinem usw. Leidwesen (Bedauern)
Lei|er, die; -, -n ⟨griech.⟩ (ein Saiteninstrument; *auch* ein Sternbild); **Lei|e|rei** (*ugs.*); **Lei|e|rer**
Lei|er|kas|ten [*alte Trennung* ...|st...]; **Lei|er|kas|ten|mann** *Plur.* ...männer
lei|ern; ich leiere
Lei|er|schwanz (ein austral. Vogel)
Leif (m. Vorn.)
Leih|amt; Leih|ar|bei|ter
Leih|bi|b|li|o|thek; Leih|bü|che|rei
Lei|he, die; -, -n (*BGB* unentgeltli-

ches Verleihen; *ugs. für* Leihhaus)

lei|hen; du leihst; du liehst; du liehest; geliehen; leih[e]!; ich leihe mir einen Frack

Leih|ga|be; Leih|ge|ber; Leih|ge|bühr; Leih|haus

Leih|mut|ter (Frau, die ein Kind für eine andere Frau austrägt)

Leih|schein; Leih|stim|me *(Politik);* **Leih|ver|kehr; Leih|ver|trag; Leih|wa|gen**

leih|wei|se

Leik *(selten für* Liek)

Lei|kauf, Leit|kauf, der; -[e]s, ...käufe ⟨zu dem veralteten Wort »Leit« = Obstwein⟩ *(landsch. für* Trunk zur Bestätigung eines Vertragsabschlusses)

Lei|lach, Lei|lak, das; -[e]s, -e[n] ⟨*aus* Leinlachen = Leinenlaken⟩ *(nordd. veraltet für* Leintuch)

Leim, der; -[e]s, -e; **lei|men**

Leim|far|be

lei|mig

Leim|ring; Leim|ru|te; Leim|sie|der *(landsch. für* langweiliger Mensch); **Leim|topf**

Lein, der; -[e]s, *Plur. (Sorten:)* -e (Flachs)

...lein (z. B. Brüderlein, das; -s, -)

Lein|a|cker [*alte Trennung* ...k|k...]

[1]**Lei|ne,** die; - (l. Nebenfluss der Aller)

[2]**Lei|ne,** die; -, -n (Strick)

[1]**lei|nen** (aus Leinen)

[2]**lei|nen** (an die Leine nehmen)

Lei|nen, das; -s, -

Lei|nen|band, der *(Abk.* Ln., Lnbd.); **Lei|nen|bin|dung** *(svw.* Leinwandbindung); **Lei|nen|ein|band; Lei|nen|garn**

Lei|nen|kleid; Lei|nen|tuch *Plur.* ...tücher (Tuch aus Leinen; *vgl. aber* Leintuch)

Lei|nen|we|ber *(svw.* Leinweber); **Lei|nen|we|be|rei; Lei|nen|zeug**

Lei|ne|we|ber *(svw.* Leinweber)

Lein|ku|chen

Lein|öl; Lein|öl|brot

Lein|pfad (Treidelweg)

Lein|saat; Lein|sa|men; Lein|tuch *(Plur.* ...tücher; *landsch. u. schweiz. für* Betttuch; *vgl. aber* Leinentuch)

Lein|wand *(für* Maler-, Kinoleinwand u. Ä. *Plur.* ...wände)

lein|wand|bin|dig; Lein|wand|bin|dung, die; - (einfachste u. festeste Webart)

Lein|wand|grö|ße *(scherzh. für* bekannter Filmstar)

Lein|we|ber (Weber, der Leinwand herstellt); **Lein|zeug** (Wäsche o. Ä. aus Leinen)

Leip|zig (Stadt in Sachsen); **Leip|zi|ger;** Leipziger Allerlei; Leipziger Messe

leis *vgl.* leise

Leis, der; *Gen.* - *u.* -es, *Plur.* -e[n] ⟨*aus* Kyrieleis *(vgl. d.)*⟩ (mittelalterl. geistl. Volkslied)

lei|se ↑K 72: nicht im Leises|ten [*alte Schreibung* leise|sten] (durchaus nicht) zweifeln

Lei|se|tre|ter; Lei|se|tre|te|rei, die; -; **lei|se|tre|te|risch**

[1]**Leist,** der; -[e]s (eine Pferdekrankheit)

[2]**Leist,** der; -[e]s, -e *(schweiz. regional für* Verein zur Förderung der Interessen einzelner Stadtviertel)

Leis|te [*alte Trennung* ...|st...], die; -, -n

leis|ten [*alte Trennung* ...|st...]; ich leiste mir ein neues Auto

Leis|ten [*alte Trennung* ...|st...], der; -s, -

Leis|ten|beu|ge [*alte Trennung* ...|st...]; **Leis|ten|bruch,** der; **Leis|ten|ge|gend,** die; -; **Leis|ten|zer|rung**

Leis|tung [*alte Trennung* ...|st...]; **Leis|tungs|ab|fall; Leis|tungs|an|stieg; Leis|tungs|bi|lanz** *(Wirtsch.);* **Leis|tungs|druck,** der; -[e]s

leis|tungs|fä|hig [*alte Trennung* ...|st...]; **Leis|tungs|fä|hig|keit**

leis|tungs|ge|recht [*alte Trennung* ...|st...]

Leis|tungs|ge|sell|schaft [*alte Trennung* ...|st...]; **Leis|tungs|gren|ze,** die; -; **Leis|tungs|knick; Leis|tungs|kon|t|rol|le**

Leis|tungs|kraft [*alte Trennung* ...|st...], die; **Leis|tungs|kurs** *(Schulw.);* **Leis|tungs|kur|ve** (Arbeitskurve); **Leis|tungs|lohn**

leis|tungs|o|ri|en|tiert [*alte Trennung* ...|st...]

Leis|tungs|prä|mie [*alte Trennung* ...|st...]; **Leis|tungs|prin|zip; Leis|tungs|schau; Leis|tungs|sport**

leis|tungs|stark [*alte Trennung* ...|st...]

Leis|tungs|stei|ge|rung [*alte Trennung* ...|st...]; **Leis|tungs|test; Leis|tungs|trä|ger; Leis|tungs|ver|gleich; Leis|tungs|ver|mö|gen,** das; -s

Leis|tungs|wett|be|werb [*alte Trennung* ...|st...]; **Leis|tungs|zen|t|rum** *(Sport);* **Leis|tungs|zu|la|ge; Leis|tungs|zu|schlag**

Leit|an|trag *(bes. Politik;* von einem leitenden Gremium eingebrachter Antrag, dessen Inhalt für alle weiteren gestellten Anträge als Leitlinie gilt)

Leit|ar|ti|kel (Stellungnahme der Zeitung zu aktuellen Fragen); **Leit|ar|tik|ler** *(ugs. für* Verfasser von Leitartikeln)

leit|bar; Leit|bar|keit, die; -

Leit|bild; Leit|bün|del *(Bot.)*

Lei|te, die; -, -n *(südd., österr. für* Berghang)

Leit|ein|rich|tung *(Verkehrsw.)*

lei|ten; leitender Angestellter

Lei|ten|de, der *u.* die; -n, -n

[1]**Lei|ter,** der

[2]**Lei|ter,** die; -, -n (ein Steiggerät)

lei|ter|ar|tig

Lei|ter|baum

Lei|te|rin

Lei|ter|plat|te *(Elektronik)*

Lei|ter|spros|se; Lei|ter|wa|gen

Leit|fa|den *Plur.* ...fäden

leit|fä|hig; Leit|fä|hig|keit, die; -

Leit|fi|gur; Leit|form

Leit|fos|sil *(Geol.* für bestimmte Gesteinsschichten charakteristisches Fossil)

Leit|geb, der; -en, -en *u.* **Leit|ge|ber** ⟨zu dem veralteten Wort »Leit« = Obstwein⟩ *(landsch. veraltet für* Wirt)

Leit|ge|dan|ke; Leit|ge|we|be *(Biol.)*

Lei|tha, die; - (r. Nebenfluss der Donau); **Lei|tha|ge|bir|ge,** das; -s

Leit|ham|mel; Leit|i|dee

Leit|kauf *vgl.* Leikauf

Leit|ke|gel (an Straßenbaustellen); **Leit|li|nie**

Leit|mo|tiv; leit|mo|ti|visch

Leit|plan|ke; Leit|satz; Leit|schnur, die; -; **Leit|spruch; Leit|stel|le; Leit|stern** *(vgl.* [2]Stern)

Leit|strahl *(Funkw., Math., Physik);* **Leit|tier** (führendes Tier einer Herde); **Leit|ton** *Plur.* ...töne

Lei|tung; Lei|tungs|draht; Lei|tungs|mast, der; **Lei|tungs|netz; Lei|tungs|rohr; Lei|tungs|strom; Lei|tungs|was|ser,** das; -s

Leit|ver|mö|gen; Leit|wäh|rung *(Wirtsch.);* **Leit|werk**

Leit|wert *(Physik);* **Leit|wort** *Plur.* ...wörter; **Leit|zins** *(Wirtsch.)*

[1]**Lek,** der; - (Mündungsarm des Rheins)

[2]**Lek,** der; -, - ⟨alban.⟩ (alban. Währungseinheit)

L

Lek|ti|on, die; -, -en ‹lat.› (Unterricht[sstunde]; Lernabschnitt, Aufgabe; Zurechtweisung)
Lek|tor, der; -s, ...oren (Lehrer für praktische Übungen [in neueren Sprachen usw.] an einer Hochschule; Mitarbeiter eines Verlags, der die eingehenden Manuskripte prüft und bearbeitet; *kath. Kirche* jemand, der liturg. Lesungen hält; *ev. Kirche* jemand, der Lesegottesdienste hält)
Lek|to|rat, das; -[e]s, -e (Lehrauftrag eines Lektors; Verlagsabteilung, in der eingehende Manuskripte geprüft u. bearbeitet werden)
lek|to|rie|ren (ein Manuskript prüfen u. bearbeiten); **Lek|to|rin**
Lek|tü|re, die; -, -n ‹franz.› (Lesestoff; *nur Sing.:* Lesen); **Lek|tü|re|stun|de**
Le|ky|thos, die; -, Lekythen ‹griech.› (altgriech. Salbengefäß)
Le Mans [lə ˈmã:] (franz. Stadt); Le Mans' [lə ˈmã:s] Umgebung ↑K 16
Lem|ma, das; -s, -ta ‹griech.› (*Sprachw.* Stichwort; *Logik* Vordersatz eines Schlusses); **lem|ma|ti|sie|ren** (mit einem Stichwort versehen, zum Stichwort machen)
Lem|ming, der; -s, -e ‹dän. *u.* norw.› (skand. Wühlmaus)
Lem|nis|ka|te, die; -, -n ‹griech.› (eine math. Kurve)
Le|mur, der; -en, -en, **Le|mu|re,** der; -n, -n *meist Plur.;* ‹lat.› (Geist eines Verstorbenen; Gespenst; Halbaffe); **le|mu|ren|haft**
Le|mu|ria, die; - (für die Triaszeit vermutete Landmasse zwischen Vorderindien u. Madagaskar); **le|mu|risch**
[1]**Le|na,** die; - (Strom in Sibirien)
[2]**Le|na,** Lene, Leni (w. Vorn.)
Le|nau (österr. Lyriker)
Len|de, die; -, -n; **Len|den|bra|ten**
len|den|lahm
Len|den|schmerz; Len|den|schurz *(Völkerk.);* **Len|den|stück; Len|den|wir|bel**
Le|ne *vgl.* [2]Lena
Leng, der; -[e]s, -e (ein Fisch)
Le|ni *vgl.* [2]Lena
Le|nin (sowjet. Politiker)
Le|nin|grad *vgl.* Sankt Petersburg; **Le|nin|gra|der;** Leningrader Sinfonie (von Schostakowitsch)
Le|ni|nis|mus, der; - (Lehre Lenins; Bolschewismus); **Le|ni|nist,** der; -en, -en; **Le|ni|nis|tin** [*alte Trennung* ...|st...]; **le|ni|nis|tisch**
Le|nis, die; -, Lenes ‹lat.› (*Sprachw.* mit geringer Intensität gesprochener Verschluss- od. Reibelaut, z. B. b, w; *Ggs.* Fortis *[vgl. d.]*)
Lenk|ach|se
lenk|bar; Lenk|bar|keit, die; -
len|ken; Len|ker; Len|ke|rin
Len|ker|prü|fung (*österr. neben* Fahrprüfung)
Lenk|rad; Lenk|rad|schal|tung; **Lenk|rad|schloss** [*alte Schreibung* ...schloß]
lenk|sam; Lenk|sam|keit, die; -
Lenk|stan|ge
Len|kung; Lenk|waf|fe
Len|ne, die; - (l. Nebenfluss der Ruhr)
Le|no|re (w. Vorn.)
len|tan|do ‹ital.› (*Musik* nach u. nach langsamer [werdend])
Len|tan|do, das; -s, *Plur.* -s *u.* ...di
len|to (langsam, gedehnt)
Len|to, das; -s, *Plur.* -s *u.* ...ti
lenz (*Seemannsspr.* leer)
Lenz, der; -es, -e (*geh. für* Frühling; *Plur. auch für* Jahre)
[1]**len|zen** (*geh. für* Frühling werden); es lenzt
[2]**len|zen** (*Seemannsspr.* vor schwerem Sturm mit gerefften Segeln laufen; leer pumpen); du lenzt
Len|zing, der; -s, -e; **Lenz|mo|nat** *od.* **...mond** (*alte Bez. für* März)
Lenz|pum|pe *(Seemannsspr.)*
Leo (m. Vorn.)
Le|o|ben (österr. Stadt)
Le|on (m. Vorn.)
Le|o|nar|do da Vin|ci *vgl.* Vinci
Le|on|ber|ger ‹nach der baden-württembergischen Stadt Leonberg› (eine Hunderasse)
Le|on|hard, Lien|hard (m. Vorn.)
Le|o|ni|das (spartan. König)
Le|o|ni|den *Plur.* ‹lat.› (Sternschnuppen im November)
[1]**le|o|ni|nisch** ‹lat.; nach einem mittelalterl. Dichter *od.* nach einem Papst Leo›; *in der Fügung* leoninischer Vers (ein Vers, dessen Mitte u. Ende sich reimen)
[2]**le|o|ni|nisch** ‹nach einer Fabel Äsops›; *in der Fügung* leoninischer Vertrag (Vertrag, bei dem der eine Teil allen Nutzen, den »Löwenanteil«, hat)
le|o|nisch ‹nach der span. Stadt León›; leonische Gespinste, Fäden (Metallfäden)
Le|o|no|re (w. Vorn.)
Le|o|pard, der; -en, -en ‹lat.› (asiat. u. afrik. Großkatze)
Le|o|pold (m. Vorn.)
Le|o|pol|di|na, die; - ‹nach dem dt. Kaiser Leopold I.› (*kurz für* Deutsche Akademie der Naturforscher »Leopoldina«)
Le|o|pol|di|ne (w. Vorn.)
Lé|o|pold|ville [le...ˈvi:l] (*früherer Name von* Kinshasa)
[1]**Le|po|rel|lo** (Diener in Mozarts »Don Giovanni«)
[2]**Le|po|rel|lo,** das; -s, -s (harmonikaartig zusammenzufaltender Papierstreifen)
Le|po|rel|lo|al|bum ↑K 136
Le|p|ra, die; - ‹griech.› (*Med.* Aussatz); **Le|p|rom,** das; -s, -e (Lepraknoten)
le|p|ros, le|p|rös (aussätzig); leprose, lepröse Kranke
Lep|ta (*Plur. von* [1]Lepton)
lep|to... ‹griech.› (schmal...); **Lep|to...** (Schmal...)
Lep|to|kar|di|er *Plur.* (*Zool.* Lanzettfischchen)
[1]**Lep|ton,** das; -s, Lepta (altgriech. Gewicht; alt- u. neugriech. Münze [100 Lepta = 1 Drachme])
[2]**Lep|ton,** das; -s, ...onen (»leichtes« Elementarteilchen)
lep|to|som (*Anthrop., Med.* schmal-, schlankwüchsig); leptosomer Typ; **Lep|to|so|me,** der *u.* die; -n, -n (Schmalgebaute[r])
LER = Lebensgestaltung – Ethik – Religion (Unterrichtsfach in Brandenburg)
Ler|che, die; -, -n (eine Vogelart); *vgl. aber* Lärche
Ler|chen|sporn *Plur.* ...sporne (eine Zierstaude)
Ler|nä|i|sche Schlan|ge, die; -n - ‹nach dem Sumpfsee Lerna› (Ungeheuer der griech. Sage)
lern|bar
Lern|be|gier[|de], die; -; **lern|be|gie|rig**
lern|be|hin|dert; Lern|be|hin|der|te, der *u.* die; -n, -n
Lern|ei|fer; lern|eif|rig
ler|nen *s. Kasten S. 605*
Ler|ner *(Sprachw.);* **lern|fä|hig**
Lern|mit|tel, das (Hilfsmittel für den Lernenden); **Lern|mit|tel|frei|heit,** die; -
Lern|pro|zess; [*alte Schreibung* ...pro|zeß]
Lern|schritt

ler|nen

– ein gelernter Tischler – Deutsch, Englisch lernen – lesen (*auch* [das] Lesen) lernen – Klavier spielen (*auch* [das] Klavierspielen) lernen	– lieben lernen [*alte Schreibung* liebenlernen]; schätzen lernen [*alte Schreibung* schätzenlernen] – wir haben ihn schätzen und lieben gelernt [*alte Schreibung* schätzen- und liebengelernt] – rechnen, schwimmen, kochen lernen
Man schreibt »lernen« vom vorangehenden Verb immer getrennt ↑K 55: – kennen lernen [*alte Schreibung* kennenlernen]; um sie kennen zu lernen [*alte Schreibung* kennenzulernen]	– sie lernte die Maschine bedienen; sie lernte[,] die Maschine zu bedienen ↑K 116

Lern|schwes|ter [*alte Trennung* ...|st...]
Lern|stoff; Lern|zeit; Lern|ziel
Les|art
les|bar; Les|bar|keit, die; -
Les|be, die; -, -n (*ugs. u. Selbstbezeichnung für* ²Lesbierin)
Les|bi|er (Bewohner von Lesbos)
¹Les|bi|e|rin (Bewohnerin von Lesbos)
²Les|bi|e|rin (homosexuell veranlagte Frau)
les|bisch; lesbische Liebe (Homosexualität bei Frauen)
Les|bos (eine Insel im Ägäischen Meer)
Le|se, die; -, -n (Weinernte)
Le|se|a|bend; Le|se|au|to|mat; Le|se|bril|le; Le|se|buch; Le|se|dra|ma
Le|se|e|cke [*alte Trennung* ...k|k...]
Le|se|frucht
Le|se|ge|rät; Le|se|hun|ger; Le|se|lam|pe; Le|se|lu|pe
le|sen; du liest, er liest; du lasest; du läsest; gelesen; lies! (*Abk.* l.); lesen lernen, *aber* ↑K 82: beim Lesenlernen
le|sens|wert
Le|se|pro|be; Le|se|pult
Le|ser
Le|se|rat|te (*ugs. für* leidenschaftlicher Leser)
Le|ser|brief
Le|se-Recht|schreib-Schwä|che; ↑K 26 (*Med., Psych.* Lernstörung beim Lesen od. Rechtschreiben von Wörtern; *Abk.* LRS); *vgl. auch* Legasthenie
Le|se|rei, die; -; **Le|se|rin**
Le|ser/-innen, Le|ser(innen) (*Kurzformen für* Leserinnen u. Leser)
Le|ser|kreis
le|ser|lich; Le|ser|lich|keit, die; -
Le|ser|schaft
Le|ser|wunsch; Le|ser|zu|schrift
Le|se|saal *Plur.* ...säle; **Le|se|stoff; Le|se|wut** *(ugs.);* **Le|se|zei|chen; Le|se|zim|mer; Le|se|zir|kel**
Le|so|ther; Le|so|the|rin; le|so|thisch; Le|so|tho (Staat in Afrika)
Les|sing (dt. Dichter); **les|singsch;** lessingsches, *auch* Lessing'sches Denken; lessingsche, *auch* Lessing'sche [*alte Schreibung* Lessingsche] Dramen ↑K 135
Le|sung
le|tal ‹lat.› (*Med.* tödlich)
Le|thar|gie, die; - ‹griech.› (Schlafsucht; Trägheit, Teilnahms-, Interesselosigkeit); **le|thar|gisch**
Le|the, die; - ‹nach dem Unterweltfluss der griech. Sage› (*geh. für* Vergessenheit[strank])
Let|kiss, der; - ‹finn.-engl.› (ein Modetanz)
let|schert (*österr. ugs. für* kraftlos; schlapp)
Let|scho, das, *auch* der; -[s] ‹ungar.› (ungar. Gemüsegericht)
Let|te, der; -n, -n (Angehöriger eines balt. Volkes)
Let|ten, der; -s, - (Ton, Lehm)
Let|ter, die; -, -n ‹lat.› (Druckbuchstabe)
Let|tern|gieß|ma|schi|ne; Let|tern|gut, das; -[e]s; **Let|tern|me|tall**
Let|te-Ver|ein ↑K 136, der; -s (von W. A. Lette 1866 gegründeter Verein zur Förderung der Berufsausbildung von Mädchen)
let|tig ‹*zu* Letten› (ton-, lehmhaltig)
Let|tin; let|tisch; lettische Sprache; *vgl.* deutsch; **Let|tisch,** das; -[s] (Sprache); *vgl.* Deutsch; **Let|ti|sche,** das; -n; *vgl.* Deutsche, das; **Lett|land**
Lett|ner, der; -s, - ‹lat.› (Schranke zwischen Chor u. Langhaus in mittelalterl. Kirchen)
letz; letzer, letzeste (*südd. u. schweiz. mdal. für* verkehrt, falsch)
let|zen (*veraltet für* laben, erquicken); du letzt; sich letzen
Letzt, die; - (*veraltet für* Abschiedsmahl); *noch in* zu guter Letzt; auf die Letzt (*österr. ugs. für* schließlich)
letz|te *s. Kasten S. 606*
letzt|end|lich; letz|tens
letz|te|re; der letztere (zuletzt genannte) Fall; ↑K 72: Letzterer [*alte Schreibung* letzterer] *od.* der Letztere [*alte Schreibung* letztere] kommt nicht in Betracht; Letzteres [*alte Schreibung* letzteres] muss noch geprüft werden
letzt|ge|nannt; Letzt|ge|nann|te, der *u.* die; -n, -n
letzt|hän|dig (noch zu Lebzeiten eigenhändig vorgenommen)
letzt|hin; letzt|jäh|rig; letzt|lich
letzt|ma|lig; letzt|mals
letzt|mög|lich; letzt|wil|lig; letztwillige Verfügung
¹Leu, der; -en, -en (*geh. für* Löwe)
²Leu, der; -, Lei ‹rumän., »Löwe«› (rumän. Währungseinheit; *Währungscode* ROL)
Leucht|ba|ke; Leucht|bo|je; Leucht|bom|be
Leuch|te, die; -, -n
leuch|ten; leuch|tend; leuchtend blaue [*alte Schreibung* leuchtendblaue] Augen
Leuch|ter
Leucht|far|be; Leucht|feu|er
Leucht|gas, das; -es; **Leucht|kä|fer; Leucht|kraft; Leucht|ku|gel**
Leucht|pis|to|le [*alte Trennung* ...|st...]; **Leucht|ra|ke|te; Leucht|re|k|la|me; Leucht|röh|re**
Leucht|schirm; Leucht|schrift
Leucht|si|g|nal; Leucht|spur
Leucht|stoff|lam|pe
Leucht|turm; Leucht|zif|fer; Leucht|zif|fer|blatt
leug|nen; Leug|ner; Leug|nung
leuk... ‹griech.› (weiß...); **Leuk...** (Weiß...)
Leu|k|ä|mie, die; -, ...ien (*Med.* »Weißblütigkeit«, Blutkrebs); **leu|k|ä|misch** (an Leukämie leidend)
leu|ko|derm (*Med.* hellhäutig); **Leu|ko|der|ma,** das; -s, ...men

L

letz|te

Kleinschreibung:
- letzte Ehre
- die letzte Ruhestätte
- der letzte Schrei
- das letzte Stündlein
- der letzte [*alte Schreibung* Letzte] Wille (Testament)
- die letzten [*alte Schreibung* Letzten] Dinge (nach kath. Lehre)
- letzten Endes
- eine Ausgabe letzter Hand (Buchw.)
- das letzte Mal; zum letzten Mal [*alte Schreibung* letztenmal] (*vgl.* Mal)

Großschreibung
a) *der Substantivierung* ↑K 72:
- der Letzte [*alte Schreibung* letzte], der kam
- als Letzter [*alte Schreibung* letzter] fertig werden
- er ist der Letzte [*alte Schreibung* letzte], den ich wählen würde
- dies ist das Letzte [*alte Schreibung* letzte], was ich tun würde
- den Letzten [*alte Schreibung* letzten] beißen die Hunde
- die Letzten werden die Ersten sein
- sein Letztes hergeben
- ein Letztes habe ich zu sagen
- am, zum Letzten [*alte Schreibung* letzten] (zuletzt)
- sich bis aufs Letzte [*alte Schreibung* letzte] (völlig, total) verausgaben
- im Letzten [*alte Schreibung* letzten] (zutiefst) getroffen sein
- bis ins Letzte [*alte Schreibung* letzte] (genau)
- bis zum Letzten [*alte Schreibung* letzten] (sehr) angespannt sein
- bis zum Letzten (Äußersten) gehen
- fürs Letzte [*alte Schreibung* letzte] (zuletzt)
- der Letzte des Monats
- das ist das Letzte (das Schlimmste)

b) *in bestimmten namensähnlichen Fügungen* ↑K 151:
- das Letzte Gericht
- die Letzte Ölung (*vgl.* Ölung)

Wortstellung:
- die zwei letzten Tage des Urlaubs waren besonders ereignisreich
- die letzten zwei Tage habe ich fast nichts gegessen

(Auftreten weißer Flecken auf der Haut)

Leu|kom, das; -s, -e (weißer Hornhautfleck)

Leu|ko|pa|thie, die; -, ...ien (*svw.* Leukoderma)

[1]**Leu|ko|plast,** der; -en, -en (*Biol.* Bestandteil der Pflanzenzelle)

[2]**Leu|ko|plast**®, das; -[e]s, -e (Heftpflaster)

Leu|kor|rhö, die; -, -en (*Med.* weißer [Aus]fluss bei Gebärmutterkatarrh); **leu|kor|rhö|isch**

Leu|ko|to|mie, die; -, ...ien (*Med.* chirurg. Eingriff in die weiße Gehirnsubstanz; *svw.* Lobotomie)

Leu|ko|zyt, der; -en, -en *meist Plur.* (*Med.* weißes Blutkörperchen); **Leu|ko|zy|to|se,** die; - (krankhafte Vermehrung der weißen Blutkörperchen)

Leu|mund, der; -[e]s (Ruf); **Leu|munds|zeug|nis**

Leu|na (Stadt an der Saale; ®)

Leut|chen *Plur. (ugs.)*

Leu|te *Plur.;* **leu|te|scheu**

Leu|te|schin|der *(abwertend)*

Leut|nant, der; -s, *Plur.* -s, *seltener* -e ‹franz.› (unterster Offiziersgrad; *Abk.* Lt., Ltn.)

Leut|nants|rang, der; -[e]s

Leut|nants|u|ni|form

Leut|pries|ter [*alte Trennung* ...|st...] (*veraltet für* Weltgeistlicher, Laienpriester)

leut|se|lig; Leut|se|lig|keit, die; -

Leu|wa|gen, der; -s, - (*nordd. für* Schrubber)

Leu|zit, der; -s, -e ‹griech.› (ein Mineral)

Le|va|de, die; -, -n ‹franz.› (*Reitsport* Aufrichten des Pferdes auf der Hinterhand)

Le|van|te, die; - ‹ital.› (Mittelmeerländer östl. von Italien)

Le|van|ti|ne, die; - (ein Gewebe)

Le|van|ti|ner (Bewohner der Levante); **le|van|ti|nisch**

Le|vee [lə...], die; -, -s ‹franz.› (*früher für* Aushebung von Rekruten)

Le|vel, der; -s, -s ‹engl.› (Niveau, [Schwierigkeits]stufe)

Le|ver [ləˈveː], das; -s, -s ‹franz.› (*früher* Morgenempfang bei Fürsten)

Le|ver|ku|sen [...v..., *auch* ...ˈkuː...] (Stadt am Niederrhein)

Le|vi (bibl. m. Eigenn.)

Le|vi|a|than, *ökum.* Le|vi|a|tan [*auch* ...ˈtaːn], der; -s ‹hebr.› (Ungeheuer der altoriental. Mythol.)

Le|vin, Le|win (m. Vorn.)

Le|vi|rats|e|he ‹lat.; dt.› (Ehe eines Mannes mit der Frau seines kinderlos verstorbenen Bruders)

Le|vit, der; -en, -en (Angehöriger des jüdischen Stammes Levi; Tempeldiener im A. T.; *Plur.: kath. Kirche früher* Helfer des Priesters beim feierlichen Hochamt)

Le|vi|ta|ti|on, die; -, -en ‹lat.› (*Parapsychologie* [vermeintliche] Aufhebung der Schwerkraft)

Le|vi|ten ‹*zu* Levit›; *nur in* jmdm. die Leviten lesen ‹nach den Verhaltensvorschriften des Levitikus› (*ugs. für* [ernste] Vorhaltungen machen)

Le|vi|ti|kus, der; - (3. Buch Mosis); **le|vi|tisch** (auf die Leviten bezüglich)

Lev|koie (*älter für* Levkoje); **Lev|ko|je,** die; -, -n ‹griech.› (eine Zierpflanze)

Lew, der; -[s], Lewa ‹bulgar., »Löwe«› (bulgar. Währungseinheit; *Währungscode* BGL; *Abk.* Lw)

Le|win *vgl.* Levin

Lex, die; -, Leges ‹lat.› (Gesetz; Gesetzesantrag); Lex Heinze

Lex.-8° = Lexikonoktav, Lexikonformat

Le|xem, das; -s, -e ‹russ.› (*Sprachw.* Wortschatzeinheit im Wörterbuch)

Le|xik, die; - (Wortschatz einer [Fach]sprache)

le|xi|kal (*seltener für* lexikalisch)

le|xi|ka|lisch (das Lexikon betreffend, in der Art eines Lexikons)

le|xi|ka|li|siert (*Sprachw.* als

Worteinheit festgelegt [z. B. Zaunkönig, hochnäsig])

Le|xi|ko|graph, *auch* Le|xi|ko|graf, der; -en, -en (Verfasser eines Wörterbuches)

Le|xi|ko|gra|phie, *auch* Le|xi|ko|gra|fie, die; - ([Lehre von der] Abfassung eines Wörterbuches)

Le|xi|ko|gra|phin, *auch* Le|xi|ko|gra|fin; **le|xi|ko|gra|phisch,** *auch* le|xi|ko|gra|fisch

Le|xi|ko|lo|ge, der; -n, -n; **Le|xi|ko|lo|gie** (Lehre von Aufbau und Struktur des Wortschatzes); **Le|xi|ko|lo|gin; le|xi|ko|lo|gisch**

Le|xi|kon, das; -s, *Plur.* ...ka, *auch* ...ken (alphabetisch geordnetes Nachschlagewerk; *auch für* Wörterbuch)

Le|xi|kon|for|mat, das; -[e]s *od.* **Le|xi|kon|ok|tav,** das; -s (*Abk.* Lex.-8°)

le|xisch (die Lexik betreffend)

Le|zi|thin, *fachspr.* Le|ci|thin, das; -s ‹griech.› (*Chemie, Biol.* phosphorhaltiger Nährstoff)

lfd. = laufend *(vgl. d.)*

lfr *vgl.* Franc

LG = Landgericht

Lha|sa ['la:...] (Hauptstadt Tibets)

Li = *chem. Zeichen für* Lithium

Li|ai|son [liɛ'zõ:], die; -, -s ‹franz.› (*veraltend für* Verbindung; Liebesverhältnis)

[1]**Li|a|ne,** die; -, -n *meist Plur.* ‹franz.› (eine Schlingpflanze)

[2]**Li|a|ne** (w. Vorn.)

Li|as, der *od.* die; - ‹franz.› (*Geol.* untere Abteilung der Juraformation); **Li|as|for|ma|ti|on; li|as|sisch** (zum Lias gehörend)

Li|ba|ne|se, der; -n, -n; **Li|ba|ne|sin; li|ba|ne|sisch**

[1]**Li|ba|non,** -s *auch mit Artikel* der; -[s] (Staat im Vorderen Orient)

[2]**Li|ba|non,** der; -[s] (Gebirge im Vorderen Orient)

Li|ba|ti|on, die; -, -en ‹lat.› (altröm. Trankopfer)

Li|bell, das; -s, -e ‹lat., »Büchlein«› (Klageschrift im alten Rom; Schmähschrift)

Li|bel|le, die; -, -n ‹lat.› (ein Insekt; Teil der Wasserwaage)

Li|bel|len|waa|ge

Li|bel|list, der; -en, -en ‹lat.› (*veraltet für* Verfasser einer Schmähschrift)

li|be|ral ‹lat.› (vorurteilslos; freiheitlich; den Liberalismus vertretend); eine liberale Partei; *aber* ↑K 150: Liberal-Demokratische Partei Deutschlands (*DDR; Abk.* LDPD); das Liberale Forum *(österr.)*

Li|be|ra|le, der *u.* die; -n, -n (Anhänger[in] des Liberalismus)

li|be|ra|li|sie|ren (von Einschränkungen befreien, freiheitlich gestalten); **Li|be|ra|li|sie|rung** (das Liberalisieren; *Wirtsch.* Aufhebung der staatl. Außenhandelsbeschränkungen)

Li|be|ra|lis|mus, der; - (Denkrichtung, die die freie Entfaltung des Individuums fordert)

Li|be|ra|list, der; -en, -en; **li|be|ra|lis|tisch** [*alte Trennung* ...|st...] (freiheitlich im Sinne des Liberalismus; *auch* extrem liberal)

Li|be|ra|li|tät, die; - (Freiheitlichkeit; Vorurteilslosigkeit)

Li|be|ra|li|um Ar|ti|um Ma|gis|ter ‹lat.› (Magister der freien Künste; *Abk.* L. A. M.)

Li|be|ria (Staat in Westafrika); **Li|be|ri|a|ner; Li|be|ri|a|ne|rin; li|be|ri|a|nisch**

Li|be|ro, der; -s, -s ‹ital.› (*Fußball* freier Verteidiger)

Li|ber|tas (röm. Göttin der Freiheit)

Li|ber|tät, die; -, -en ‹franz.› (*früher für* ständische Freiheit)

Li|ber|té, É|ga|li|té, Fra|ter|ni|té (»Freiheit, Gleichheit, Brüderlichkeit«, die drei Losungsworte der Franz. Revolution)

Li|ber|tin [...'tɛ̃:], der; -s, -s ‹franz.› (*veraltet für* Wüstling); **Li|ber|ti|na|ge** [...ʒə], die; -, -n (*geh. für* Zügellosigkeit)

li|bi|di|nös; Li|bi|do [*auch* ...'bi:...], die; - (Geschlechtstrieb)

Li|b|ra|ti|on, die; -, -en ‹lat.› (*Astron.* scheinbare Mondschwankung)

Li|b|ret|tist, der; -en, -en ‹ital.› (Verfasser von Librettos); **Li|b|ret|to,** das; -s, *Plur.* -s *u.* ...tti (Text[buch] von Opern, Operetten usw.)

Li|b|re|ville [...'vi:l] (Hauptstadt Gabuns)

Li|bus|sa (sagenhafte tschech. Königin)

Li|by|en (Staat in Nordafrika); **Li|by|er; Li|by|e|rin; li|bysch,** *aber* ↑K 140: die Libysche Wüste

lic. (*schweiz. für* Lic.); **Lic.** = Licentiatus; *vgl.* [2]Lizenziat

li|cet ‹lat.› (»es ist erlaubt«)

...lich (z. B. weiblich)

Li|che|no|lo|ge, der; -n, -n; **Li|che|no|lo|gie,** die; - ‹lat.› (*Bot.* Flechtenkunde); **Li|che|no|lo|gin**

licht; es wird licht; ein lichter Wald; im Lichten (↑K 72; im Hellen; im Inneren gemessen); lichte Weite (Abstand von Wand zu Wand bei einer Röhre u. a.); lichte Höhe (lotrechter Abstand von Kante zu Kante bei einem Tor u. a.)

Licht, das; -[e]s, *Plur.* -er, *veraltet u. geh.* Lichte (*auch Jägerspr. für* Auge des Schalenwildes [*Plur. nur* Lichter])

Licht|an|la|ge; licht|arm

Licht|bad *(Med.)*

Licht|be|hand|lung *(Med.)*

licht|be|stän|dig

Licht|bild (*für* Passbild; Fotografie; Diapositiv); **Licht|bil|der|vor|trag**

licht|blau; Licht|blick; licht|blond

Licht|bo|gen *(Technik)*

licht|braun

licht|bre|chend (*für* dioptrisch); **Licht|bre|chung** *(Physik)*

Licht|chen

Licht|druck *Plur.* ...drucke

licht|durch|flu|tet

licht|durch|läs|sig

Lich|te, die; - (lichte Weite)

licht|echt; Licht|echt|heit, die; -

Licht|ef|fekt; Licht|ein|fall

licht|e|lek|t|risch *(Physik)*

lich|teln (*landsch. für* Kerzen brennen lassen)

licht|emp|find|lich

[1]**lich|ten** (licht machen); das Dunkel lichtet sich

[2]**lich|ten** (*Seemannsspr.* anheben); den Anker lichten

Lich|ten|berg (dt. Physiker u. Schriftsteller)

Lich|ten|stein (Schloss südlich von Reutlingen); *vgl. aber* Liechtenstein

Lich|ter *vgl.* Leichter

Lich|ter|baum (Weihnachtsbaum)

Lich|ter|fest (jüd. Fest der Tempeleinweihung)

Lich|ter|glanz; Lich|ter|ket|te

lich|ter|loh; Lich|ter|meer

lich|tern *vgl.* leichtern

Licht|fil|ter; Licht|ge|schwin|dig|keit, die; -; **Licht|ge|stalt**

licht|grau; licht|grün

Licht|hof; Licht|hu|pe

Licht|jahr (astron. Längeneinheit; *Zeichen* ly)

Licht|ke|gel; Licht|kreis

Licht|lein; Licht|lei|tung

licht|los

Licht|man|gel; Licht|ma|schi|ne

lieb

Kleinschreibung:
- ein liebes Kind; lieber Besuch
- der liebe Gott
- am liebsten

Großschreibung
a) *der Substantivierung* ↑K 72:
- etwas, viel, nichts Liebes
- mein Lieber; meine Liebe; mein Liebes
- sich vom Liebsten trennen
- es ist mir das Liebste [*alte Schreibung* liebste] (sehr lieb), wenn ...

b) *in Namen* ↑K 89:
- [Kirche] Zu Unsrer Lieben Frau[en]

Getrenntschreibung in Verbindung mit Verben und Partizipien, wenn »lieb« gesteigert oder erweitert werden kann ↑K 56*:*
- sich bei jmdm. lieb Kind machen
- sie hat ihn immer lieb behalten [*alte Schreibung* liebbehalten]
- er wird sie lieb gewinnen [*alte Schreibung* liebgewinnen]
- lieb haben [*alte Schreibung* liebhaben]; sie haben sich [sehr] lieb gehabt [*alte Schreibung* liebgehabt]
- eine lieb gewordene [*alte Schreibung* liebgewordene] Gewohnheit
- *vgl. aber* liebäugeln, liebkosen

Licht|mess [*alte Schreibung* Lichtmeß] (kath. Fest)

Licht|mes|sung (*für* Photometrie); **Licht|nel|ke; Licht|or|gel; Licht|pau|se; Licht[|putz]|sche|re**

Licht|quel|le; Licht|re|f|lex

Licht|satz (*Druckw.* fotograf. Setzverfahren); **Licht|schacht; Licht|schal|ter; Licht|schein**

licht|scheu

Licht|schim|mer; Licht|schran|ke *(Elektrot.);* **Licht|schutz|fak|tor** (bei Sonnenschutzmitteln und Kosmetika); **Licht|si|g|nal**

Licht|spiel|haus; Licht|spiel|the|a|ter (*veraltend für* Kino)

Licht|stär|ke; Licht|strahl

Licht|tech|nik; licht|tech|nisch

Licht|the|ra|pie

licht|trun|ken *(geh.)*

Lich|tung

Licht|ver|hält|nis|se *Plur.*

licht|voll *(geh.)*

licht|wen|dig (*für* phototropisch); **Licht|wen|dig|keit,** die; - (*für* Phototropismus)

Licht|zei|chen (*svw.* Lichtsignal)

Lic. theol. = Licentiatus theologiae; *vgl.* ²Lizenziat

Lid, das; -[e]s, -er (Augendeckel); *vgl. aber* Lied

Li|di|ce (tschech. Ort)

Lid|krampf (*Med.* krampfhaftes Schließen der Augenlider)

Li|do, der; -s, *Plur.* -s, *auch* Lidi ‹ital.› (Nehrung, bes. die bei Venedig)

Lid|rand; Lid|sack; Lid|schat|ten; Lid|spal|te; Lid|strich

lieb *s. Kasten*

Lieb, das; -s (Geliebte[r]); mein Lieb

lieb|äu|geln; er hat mit diesem Plan geliebäugelt; zu liebäugeln

lieb be|hal|ten [*alte Schreibung* lieb|be|hal|ten] *vgl.* lieb

Lieb|chen

Lieb|den, die; - (*veraltet* Anrede an Adlige); Euer Liebden

Lie|be, die; -, *Plur.* (*ugs. für* Liebschaften:) -n; Lieb und Lust ↑K 13; mir zuliebe; jmdm. etwas zuliebe tun ↑K 63

lie|be|be|dürf|tig

Lie|be|die|ner (*abwertend für* unterwürfiger Mensch)

Lie|be|die|ne|rei; lie|be|die|ne|risch; lie|be|die|nern (unterwürfig schmeicheln); er hat geliebedienert; zu liebedienern

lie|be|leer

Lie|be|lei; lie|beln (*veraltet für* flirten); ich lieb[e]le

lie|ben; sie haben sich lieben gelernt [*alte Schreibung* liebengelernt] ↑K 55

Lie|ben|de, der *u.* die; -n, -n

lie|ben ler|nen [*alte Schreibung* lie|ben|ler|nen] *vgl.* lieben

lie|bens|wert

lie|bens|wür|dig; lie|bens|wür|di|ger|wei|se; Lie|bens|wür|dig|keit

lie|ber *vgl.* gern

Lie|ber|mann (dt. Maler)

Lie|bes|a|ben|teu|er; Lie|bes|af|fä|re; Lie|bes|akt; Lie|bes|ap|fel

Lie|bes|ban|de *Plur. (geh.);* **Lie|bes|be|zei|gung** *(veraltet);* **Lie|bes|be|zie|hung; Lie|bes|brief**

Lie|bes|die|ne|rin (*ugs. für* Prostituierte); **Lie|bes|dienst**

Lie|bes|ent|zug *(Psych.)*

Lie|bes|er|klä|rung

Lie|bes|film; Lie|bes|ga|be; Lie|bes|ge|dicht; Lie|bes|ge|schich|te

Lie|bes|gott; Lie|bes|göt|tin

Lie|bes|hei|rat

Lie|bes|kno|chen (*landsch. für* Eclair); **Lie|bes|kum|mer; Lie|bes|lau|be; Lie|bes|le|ben,** das; -s; **Lie|bes|lied**

Lie|bes|müh *od.* **Lie|bes|mü|he**

Lie|bes|nacht; Lie|bes|nest; Lie|bes|paar; Lie|bes|per|len *Plur.* (zur Verzierung von Gebäck)

Lie|bes|ro|man; Lie|bes|spiel

lie|bes|toll

Lie|bes|tö|ter *Plur.* (*ugs. scherzh. für* lange, warme Unterhose)

lie|bes|trun|ken

Lie|bes|ver|hält|nis

Lie|bes|zau|ber

lie|be|voll

Lieb|frau|en|kir|che (Kirche Zu Unsrer Lieben Frau[en]); **Lieb|frau|en|milch** (ein Wein); *als* ®: Liebfraumilch

lieb ge|win|nen, ge|wor|den, ha|ben [*alte Schreibungen* liebgewinnen, liebgeworden, liebhaben] *vgl.* lieb

Lieb|ha|ber; Lieb|ha|ber|büh|ne

Lieb|ha|be|rei; Lieb|ha|be|rin

Lieb|ha|ber|preis; Lieb|ha|ber|wert

Lieb|hard (m. Vorn.)

Lie|big (dt. Chemiker; ®)

Lieb|knecht, (Mitbegründer der Sozialist. Arbeiterpartei Deutschlands)

lieb|ko|sen [*auch* 'li:...]; er hat liebkost (*auch* geliebkost); **Lieb|ko|sung**

lieb|lich; Lieb|lich|keit, die; -

Lieb|ling

Lieb|lings|buch; Lieb|lings|dich|ter; Lieb|lings|dich|te|rin; Lieb|lings|far|be; Lieb|lings|ge|richt; Lieb|lings|kind

Lieb|lings|lied; Lieb|lings|platz; Lieb|lings|schü|ler; Lieb|lings|schü|le|rin

Lieb|lings|wort *Plur.* ...wörter

lieb|los; Lieb|lo|sig|keit

lieb|reich

Lieb|reiz, der; -es; **lieb|rei|zend**

Lieb|schaft

Liebs|te [*alte Trennung* ...|st...], der *u.* die; -n, -n

Lieb|stö|ckel *[alte Trennung ...k|k...]*, das *od.* der; -s, - (eine Heil- u. Gewürzpflanze)
lieb|wert *(veraltet)*
Liech|ten|stein ['lı...] (Fürstentum); *vgl. aber* Lichtenstein; **Liech|ten|stei|ner; liech|ten|stei|nisch**
Lied, das; -[e]s, -er (Gedicht; Gesang); *vgl. aber* Lid; **Lied|chen**
Lie|der|a|bend; Lie|der|buch
Lie|der|hand|schrift
Lie|der|jan, der; -[e]s, -e (*ugs. veraltend für* liederlicher Mensch)
lie|der|lich; Lie|der|lich|keit
Lie|der|ma|cher; Lie|der|ma|che|rin
lie|der|reich; lied|haft
Lied|lein
Lie|fe|rant, der; -en, -en ⟨*zu* liefern, mit lat. Endung⟩ (Lieferer); **Lie|fe|ran|tin**
lie|fer|bar
Lie|fer|be|din|gun|gen *Plur.*
Lie|fer|be|trieb
Lie|fe|rer
Lie|fer|fir|ma; Lie|fer|frist
Lie|fe|rin
lie|fern; ich liefere
Lie|fer|schein; Lie|fer|stopp; Lie|fer|ter|min
Lie|fe|rung
Lie|fe|rungs|ort, der; -[e]s, -e; **Lie|fe|rungs|sper|re**
lie|fe|rungs|wei|se
Lie|fer|ver|trag; Lie|fer|wa|gen; Lie|fer|zeit
Lie|ge, die; -, -n (ein Möbelstück)
Liège [ljɛ:ʒ] (*franz. Form von* Lüttich)
Lie|ge|geld *(Seew.)*; **Lie|ge|hal|le; Lie|ge|kur**

lie|gen

- du lagst; du lägest; gelegen; lieg[e]!
- ich habe (*südd., österr., schweiz.* bin) gelegen
- ich habe eine Flasche Wein im Keller liegen (*nicht* zu liegen)
- sie hat ihn links liegen lassen, *seltener* liegen gelassen [*alte Schreibung* liegengelassen] (vergessen, nicht beachtet)

Man schreibt »liegen« vom folgenden Verb immer getrennt [↑K 55]:
- die Brille ist liegen geblieben [*alte Schreibung* liegengeblieben]
- er hat den Schlüssel liegen lassen [*alte Schreibung* liegenlassen]

lie|gend; liegendes Gut, liegende Güter; **Lie|gen|de**, das; -n (*Bergmannsspr.; Ggs.* Hangende)
lie|gen las|sen [*alte Schreibung* liegenlassen] *vgl.* liegen
Lie|gen|schaft (Grundbesitz)
Lie|ge|platz *(Seew.)*; **Lie|ge|pols|ter** [*alte Trennung* ...s|t...]
Lie|ger (*Seemannsspr.* Wächter auf einem außer Dienst befindlichen Schiff; großes Trinkwasserfass [als Notvorrat])
Lie|ge|sitz; Lie|ge|so|fa; Lie|ge|statt, die; -, ...stätten; **Lie|ge|stuhl**
Lie|ge|stütz, der; -es, -e *(Sport)*
Lie|ge|wa|gen; Lie|ge|wie|se; Lie|ge|zeit
Liek, das; -[e]s, -en (*Seemannsspr.* Tauwerk als Einfassung eines Segels); *vgl.* Leik
Li|en, der; -s, Lienes ⟨lat.⟩ (*Med.* Milz); **li|e|nal** (die Milz betreffend)
Lien|hard *vgl.* Leonhard
Li|e|ni|tis, die; -, ...itiden ⟨griech.⟩ (*Med.* Milzentzündung)
Li|enz (Stadt in Österreich)
lies! (*Abk.* l.)
Liesch, das; -[e]s (eine Grasgattung)
[1]**Lie|schen** *Plur.* (Vorblätter am Maiskolben)
[2]**Lies|chen** (w. Vorn.); *vgl.* fleißig
[1]**Lie|se**, die; -, -n (*Bergmannsspr.* enge [2]Kluft)
[2]**Lie|se, Lie|sel**, Liesl, Lise (w. Vorn.)
Lie|se|lot|te [*auch* ...'lɔ...] (w. Vorn.); *vgl.* Liselotte
Lie|sen *Plur.* (*nordd. für* Schweinefett)
Liesl *vgl.* Liesel
Lies|tal (Hauptstadt des Halbkantons Basel-Landschaft)
Life|style ['laifstail], der; -s ⟨engl.⟩ (Lebensstil)
Life|time|sport ['laiftaim...], der; -s (Sportart, die man lebenslang ausüben kann)
Lift, der; -[e]s, *Plur.* -e *u.* -s ⟨engl.⟩ (Fahrstuhl, Aufzug); **Lift|boy**
lif|ten (heben, stemmen)
Li|ga, die; -, ...gen ⟨span.⟩ (Bund, Bündnis; *Sport* Bez. einer Wettkampfklasse)
Li|ga|de, die; -, -n (*Fechten* Zur-Seite-Drücken der gegnerischen Klinge)
Li|ga|ment, das; -[e]s, -e ⟨lat.⟩ *u.* **Li|ga|men|tum**, das; -s, ...ta (*Med.* Band)
Li|ga|tur, die; -, -en (*Druckw.* [Buchstaben]verbindung; *Med.* Unterbindung [einer Ader usw.]; *Musik* Verbindung zweier gleicher Töne zu einem)
Li|ge|ti (ungar. Komponist)
light ['lait] ⟨engl.⟩ (*Werbespr.* von unerwünschten, belastenden ö. ä. Inhaltsstoffen weniger enthaltend); Bier light; **Light|pro|dukt**
Light|show, *auch* **Light-Show** ['lai...], die; -, -s ⟨engl.⟩ (Show mit besonderen Lichteffekten)
Light|ver|si|on ['lait...]
li|gie|ren ⟨lat.⟩ (*Fechten* die gegnerische Klinge zur Seite drücken)
Li|gist, der; -en, -en (Angehöriger einer Liga); **Li|gis|tin** [*alte Trennung* ...s|t...]; **li|gis|tisch**
Li|g|nin, das; -s, -e ⟨lat.⟩ (Holzstoff); **Li|g|nit**, der; -s, -e (Braunkohle mit Holzstruktur)
Li|g|ro|in, das; -s ⟨Kunstwort⟩ (ein Leichtöl)
Li|gu|rer, der; -s, - (Angehöriger eines voridg. Volkes in Südfrankreich u. Oberitalien); **Li|gu|ri|en** (ital. Region); **li|gu|risch**, *aber* [↑K 140]: das Ligurische Meer
Li|gus|ter [*alte Trennung* ...s|t...], der; -s, - ⟨lat.⟩ (Ölbaumgewächs mit weißen Blütenrispen); **Li|gus|ter|he|cke** [*alte Trennungen* ...s|t...k|k...]; **Li|gus|ter|schwär|mer** (Schmetterling)
li|ie|ren ⟨franz.⟩ (eng verbinden); sich -; **Li|ier|te**, der *u.* die; -n, -n (*veraltet für* Vertraute[r]); **Li|ie|rung** (enge Verbindung)
Like|li|hood ['laɪklɪhʊd], die; - ⟨engl.⟩ (*Statistik* Maß, das die Wahrscheinlichkeit verschiedener unbekannter Werte eines Parameters angibt)
Li|kör, der; -s, -e ⟨franz.⟩ (süßer Branntwein)
Li|kör|es|senz; Li|kör|fla|sche
Li|kör|glas *Plur.* ...gläser
Lik|tor, der; -s, ...oren (Diener der Obrigkeit im alten Rom); **Lik|to|ren|bün|del**
Li|kud|block, der; -[e]s ⟨hebr.⟩ (Bündnis von fünf Parteien in Israel)
li|la ⟨franz.⟩ (fliederblau; *ugs. für* mittelmäßig); ein lila Kleid; *vgl.* blau; *vgl. auch* beige; **Li|la**, das; -s, *Plur.* -, *ugs.* -s (ein fliederblauer Farbton)
li|la|far|ben *od.* **li|la|far|big**
Li|lak, der; -s, -s (span. Flieder)

Li|li *vgl.* Lilli
Li|lie, die; -, -n ⟨lat.⟩ (eine [Gartenblume)
Li|li|en|cron (dt. Dichter)
Li|li|en|ge|wächs
Li|li|en|thal (dt. Luftfahrtpionier)
li|li|en|weiß
Li|li|put ⟨nach engl. Lilliput⟩ (Land der Däumlinge in J. Swifts Buch »Gullivers Reisen«); **Li|li|pu|ta|ner** (Bewohner von Liliput; *auch diskriminierend für* Kleinwüchsiger)
Li|li|put|bahn; Li|li|put|for|mat
Lille [li:l] (franz. Stadt)
Lil|li, Li|li; **Lil|ly,** Li|ly (w. Vorn.)
Li|long|we (Hauptstadt von Malawi)
Li|ly *vgl.* Lilly
lim = ²Limes
lim., Lim. = limited
Li|ma (Hauptstadt von Peru)
Lim|ba, das; -s (ein Furnierholz)
Lim|bi (*Plur. von* ²Limbus)
Lim|bo, der; -s, -s ⟨karib.⟩ (akrobatischer Tanz unter einer Querstange hindurch)
Lim|burg (belg. u. niederl. Landschaft; Stadt in Belgien)
Lim|burg a. d. Lahn (Stadt in Hessen)
¹Lim|bur|ger; Limburger Käse (urspr. aus der belg. Landschaft)
²Lim|bur|ger, der; -s, - (ein Käse)
¹Lim|bus, der; - ⟨lat.⟩ (Teil der Unterwelt; *christl. Rel.* Vorhölle)
²Lim|bus, der; -, ...bi (*Technik* Gradkreis, Teilkreis an Winkelmessinstrumenten)
Li|me|rick, der; -[s], -s ⟨*engl.;* nach der irischen Stadt Limerick⟩ (fünfzeiliges Gedicht groteskkomischen Inhalts)
¹Li|mes, der; - ⟨lat.⟩ (von den Römern angelegter Grenzwall [vom Rhein bis zur Donau])
²Li|mes, der; -, - (*Math.* Grenzwert; *Zeichen* lim)
Li|mes|kas|tell [*alte Trennung* ...|st...]
Li|met|te, *auch* Li|met|ta, die; -, ...tten ⟨pers.-ital.⟩ (westind. Zitrone); **Li|met|ten|saft**
Li|mit, das; -s, *Plur.* -s *u.* -e ⟨engl.⟩ (Grenze, Begrenzung; *Kaufmannsspr.* Preisgrenze)
Li|mi|ta|ti|on, die; -, -en ⟨lat.⟩ (Begrenzung, Beschränkung)
Li|mi|te, die; -, -n ⟨franz.⟩ (*schweiz. svw.* Limit)
li|mi|ted [...tit] ⟨engl.⟩ (*in engl. u. amerik. Firmennamen* »mit beschränkter Haftung«; *Abk.* Ltd., lim., Lim., Ld.)
li|mi|tie|ren ⟨lat.⟩ ([den Preis] begrenzen; beschränken); limitierte Auflage (z. B. einer Grafik); **Li|mi|tie|rung**
Lim|mat, die; - (r. Nebenfluss der Aare)
Lim|ni|me|ter, das; -s, - ⟨griech.⟩ (Pegel zum Messen des Wasserstandes eines Sees)
lim|nisch (*Biol., Geol.* im Süßwasser lebend, abgelagert)
Lim|no|graph, *auch* Lim|no|graf, der; -en, -en (*svw.* Limnimeter)
Lim|no|lo|ge, der; -n, -n; **Lim|no|lo|gie,** die; - (Süßwasser-, Seenkunde); **Lim|no|lo|gin; lim|no|lo|gisch** (auf Binnengewässer bezüglich)
Lim|no|plank|ton *(Biol.)*
Li|mo, die; -, -s (*ugs. Kurzform für* Limonade); **Li|mo|na|de,** die; -, -n ⟨pers.⟩
Li|mo|ne, die; -, -n (*svw.* Limette; *auch für* Zitrone)
Li|mo|nit, der; -s, -e ⟨griech.⟩ (ein Mineral)
li|mos, li|mös ⟨lat.⟩ (*Biol.* schlammig, sumpfig)
Li|mou|si|ne [...mu...], die; -, -n ⟨franz.⟩ (Pkw mit festem Verdeck)
Li|na, Li|ne (w. Vorn.)
Lin|cke (dt. Komponist)
Lin|coln [...kn̩] (Präsident der USA)
lind; ein linder Regen
Lin|da (w. Vorn.)
Lin|d|au (Bo|den|see) (Stadt in Bayern)
Lin|de, die; -, -n; **lin|den** (aus Lindenholz)
Lin|den|al|lee; Lin|den|baum; Lin|den|blatt
Lin|den|blü|te; Lin|den|blü|ten|tee
Lin|den|holz; Lin|den|ho|nig
lin|dern; ich lindere
Lin|de|rung; Lin|de|rungs|mit|tel, das
lind|grün ⟨*zu* Linde⟩
Lind|heit, die; -
Lind|wurm (Drache in der Sage)
Li|ne *vgl.* Lina
Li|ne|al, das; -s, -e ⟨lat.⟩
li|ne|ar (geradlinig; auf gerader Linie verlaufend; linienförmig); lineare Gleichung *(Math.);* lineare Programmierung *(Math.)*
Li|ne|ar|be|schleu|ni|ger *(Kernphysik);* **Li|ne|ar|mo|tor** *(Elektrot.)*
Li|ne|ar|zeich|nung (Umrisszeichnung, Riss)
Li|ne|a|tur, die; -, -en (Linierung; Linienführung)
...ling (z. B. Frühling, der; -s, -e)
Lin|ga[m], das; -s ⟨sanskr.⟩ (Phallus als Sinnbild des ind. Gottes der Zeugungskraft)
Lin|ge|rie [lɛ̃ʒ(ə)ri:], die; -, ...ien (*schweiz. für* Wäsche[raum]; betriebsinterne Wäscherei; Wäschegeschäft)
...lings (z. B. jählings)
Lin|gua fran|ca, die; - - ⟨ital.⟩ (Verkehrssprache des MA.; Verkehrssprache eines größeren mehrsprachigen Raums)
lin|gu|al ⟨lat.⟩ (auf die Zunge bezüglich, Zungen...); **Lin|gu|al,** der; -s, -e *u.* **Lin|gu|al|laut** (*Sprachw.* Zungenlaut)
Lin|gu|ist, der; -en, -en (Sprachwissenschaftler); **Lin|gu|is|tik** [*alte Trennung* ...|st...], die; - (Sprachwissenschaft); **Lin|gu|is|tin; lin|gu|is|tisch**
Li|nie, die; -, -n ⟨lat.⟩; Linie halten *(Druckw.);* absteigende, aufsteigende Linie *(Genealogie)*
Li|ni|en|ball *(Tennis);* **Li|ni|en|blatt; Li|ni|en|bus; Li|ni|en|dienst**
Li|ni|en|flug; Li|ni|en|flug|zeug
Li|ni|en|füh|rung; Li|ni|en|netz
Li|ni|en|pa|pier
Li|ni|en|rich|ter; Li|ni|en|rich|te|rin *(Sport)*
Li|ni|en|schiff; Li|ni|en|spie|gel (*österr. für* Linienblatt); **Li|ni|en|ste|cher** (*für* Guillocheur)
li|ni|en|treu (einer politischen Ideologie genau u. engstirnig folgend)
Li|ni|en|ver|kehr
li|nie|ren *(österr. nur so),* li|ni|ie|ren (mit Linien versehen; Linien ziehen)
Li|nier|ma|schi|ne; Li|nier|plat|te
Li|nie|rung *(österr. nur so),* **Li|ni|ie|rung**
...li|nig (z. B. geradlinig)
Li|ni|ment, das; -[e]s, -e ⟨lat.⟩ (*Med.* Mittel zum Einreiben)
link; linker Hand (links)
Link, der; -[s], -s ⟨engl.⟩ (*EDV* feste Kabelverbindung, die zwei Vermittlungsstellen miteinander verbindet; *auch Kurzform für* Hyperlink *vgl. d.*)
¹Lin|ke, der *u.* die; -n, -n (Angehörige[r] einer links stehenden Partei od. Gruppe)
²Lin|ke, die; -n, -n (linke Hand; linke Seite; *Politik* Bez. für links stehende Parteien, auch für die links stehende Gruppe einer

links	
(*Abk.* l.) – links von mir, links vom Eingang	*Getrenntschreibung:* – links außen [*alte Schreibung* linksaußen] spielen, stürmen *(Sport)*; *vgl. aber* Linksaußen – [politisch] links stehende [*alte Schreibung* linksstehende] Abgeordnete – links um! (milit. Kommando; *vgl. aber* linksum) – links sein (*ugs.* Linkshänder sein) – etwas mit links (*ugs.* mit Leichtigkeit) machen
Als Präposition mit Genitiv: – links des Waldes, links der Isar, links des Rheins	
Nur Kleinschreibung: – von, gegen, nach links; von links nach rechts – von links her, nach links hin – an der Kreuzung gilt rechts vor links – er weiß nicht, was rechts und was links ist	

Partei); zur Linken; in meiner Linken; er traf ihn mit einer blitzschnellen Linken *(Boxen)*; die radikale Linke (im Parlament); die neue Linke
Lin|ke|hand|re|gel, die; - *(Physik)*
lin|ken (*ugs. für* täuschen)
lin|ker Hand
lin|ker|seits; lin|kisch
links *s. Kasten*
Links|ab|bie|ger *(Verkehrsw.)*
Links|aus|la|ge, die; - *(Boxen)*; **Links|aus|le|ger**
links au|ßen [*alte Schreibung* links|au|ßen] *vgl.* links; **Links|au|ßen,** der; -, - *(Sport)*; er spielt Linksaußen
links|bün|dig
Links|drall
links|dre|hend, *aber* nach links drehend; **Links|dre|hung**
Link|ser (*ugs. für* Linkshänder)
links|ex|t|rem; Links|ex|t|re|mis|mus, der; -; **Links|ex|t|re|mist**
Links|ga|lopp
links|ge|rich|tet
Links|ge|win|de
Links|hän|der; Links|hän|de|rin; links|hän|dig; Links|hän|dig|keit
links|her (*veraltet für* von links her); **links|he|r|um;** linksherum drehen, *aber* nach links herumdrehen; **links|hin** (*veraltet für* nach links hin)
Links|hörn|chen (eine Schnecke)
Links|in|tel|lek|tu|el|le; Links|kurs
Links|kur|ve
links|las|tig [*alte Trennung* ...|st...]; **links|läu|fig; links|li|be|ral** (linksliberale Koalition)
Links|par|tei
links|ra|di|kal; Links|ra|di|ka|le; Links|ra|di|ka|lis|mus
Links-rechts-Kom|bi|na|ti|on *(Boxen)*
links|rhei|nisch (auf der linken Rheinseite)
Links|ruck *(Politik)*
links|rum *(ugs.)*; **links|sei|tig**
links ste|hend [*alte Schreibung* links|ste|hend] *vgl.* links
links|uf|rig; links|um [*auch* 'lɪ...]; linksum machen; linksum kehrt! *vgl. aber* links
Links|un|ter|zeich|ne|te (*vgl.* Unterzeichnete)
Links|ver|kehr; Links|wen|dung
Lin|né (schwed. Naturforscher; *Abk. hinter biol. Namen* L.)
lin|nen (*geh. für* leinen); **Lin|nen,** das; -s, - (*geh. für* Leinen)
lin|nésch; linnésches, *auch* Linné'sches [*alte Schreibung* Linnésches] System ↑K 135
Li|n|o|le|um [*österr. u. schweiz. meist* ...'le:...], das; -s ‹lat.› (ein Fußbodenbelag); **Li|n|o|le|um|be|lag**
Li|n|ol|schnitt (ein grafisches Verfahren u. dessen Ergebnis)
Li|non [...'nõ:, *auch* 'lɪnɔn], der; -[s], -s ‹franz.› (Baumwollgewebe [mit Leinencharakter])
Li|no|type® ['lainotaip], die; -, -s ‹engl.› (Setz- u. Zeilengießmaschine); **Li|no|type-Setz|ma|schi|ne** ['lai...] ↑K 22, die; -, -n
Lin|se, die; -, -n
lin|sen (*ugs. für* schauen, scharf äugen)
Lin|sen|feh|ler *(Optik)*
lin|sen|för|mig
Lin|sen|ge|richt; Lin|sen|sup|pe
Lin|sen|trü|bung *(Med.)*
...lin|sig (z. B. vierlinsig, *mit Ziffer* 4-linsig [*alte Schreibung* 4linsig])
Linth, die; - (Oberlauf der Limmat)
Li|nus (m. Vorn.)
Linz (Hauptstadt von Oberösterreich)
Linz am Rhein (Stadt am Mittelrhein)
Lin|zer; Linzer Torte
Li|o|ba (w. Vorn.)
Li|on ['laiən], der; -s, -s (Mitglied des Lions Clubs); **Li|ons Club** ['laiəns 'klap], der; - -s, - -s *u.* **Li|ons In|ter|na|tio|nal** [*engl.* -...'nɛʃənl̩], der; - - (karitativ tätige, um internationale Verständigung bemühte Vereinigung führender Persönlichkeiten des öffentlichen Lebens)
Li|p|ä|mie, die; -, ...ien ‹griech.› (*Med.* Vermehrung des Fettgehaltes im Blut); **li|p|ä|misch**
Li|pa|ri|sche In|seln, *auch* Äo|li|sche In|seln *Plur.* (im Mittelmeer)
Lip|gloss [*alte Schreibung* Lip gloss], das; -, - ‹engl.› (Kosmetikmittel, das den Lippen Glanz verleiht)
Li|piz|za|ner, der; -s, - (edles Warmblutpferd, meist Schimmel)
li|po|id ‹griech.› (fettähnlich); **Li|po|id,** das; -s, -e *meist Plur.* (*Biol.* fettähnlicher, lebenswichtiger Stoff im Körper)
Li|pom, das; -s, -e *u.* **Li|po|ma,** das; -s, -ta (*Med.* Fettgeschwulst); **Li|po|ma|to|se,** die; -, -n (*Med.* Fettsucht)
¹Lip|pe, die; -, -n (Rand der Mundöffnung)
²Lip|pe (Land des ehem. Deutschen Reiches)
³Lip|pe, die; - (r. Nebenfluss des Niederrheins)
Lip|pen|be|kennt|nis
Lip|pen|blüt|ler, der; -s, -
Lip|pen|laut (*für* Labial)
Lip|pen|stift, der
Lip|pen|syn|chro|ni|sa|ti|on *(Film)*
Lip|pe-Sei|ten|ka|nal ↑K 143
Lipp|fisch
...lip|pig (z. B. mehrlippig)
lip|pisch ‹*zu* ²Lippe›, *aber* ↑K 140: Lippischer Wald
Lip|tau (deutscher Name einer slowak. Landschaft); **Lip|tau|er;** Liptauer Käse; **Lip|tau|er,** der; -s, - (ein Käse)
Li|p|u|rie, die; -, ...ien ‹griech.› (*Med.* Ausscheidung von Fett durch den Harn)

liq., Liq. = Liquor
Li|que|fak|ti|on, die; -, -en ⟨lat.⟩ (Verflüssigung)
li|quid, li|qui|de (flüssig; fällig; verfügbar); liquide Gelder, liquide Forderung
Li|qui|da, die; -, *Plur.* ...dä *u.* ...quiden *u.* Li|quid|laut (*Sprachw.* Fließlaut, z. B. l, r)
Li|qui|da|ti|on, die; -, -en ([Kosten]abrechnung freier Berufe; Tötung [aus polit. Gründen]; Auflösung [eines Geschäftes]); **Li|qui|da|ti|ons|ver|hand|lung**
Li|qui|da|tor, der; -s, ...oren (jmd., der eine Liquidation durchführt)
li|qui|de *vgl.* liquid
li|qui|die|ren ([eine Forderung] in Rechnung stellen; [einen Verein o. Ä.] auflösen; Sachwerte in Geld umwandeln; beseitigen, tilgen; [aus polit. Gründen] töten); **Li|qui|die|rung** (*bes. für* Beseitigung [einer Person]; Beilegung eines Konflikts)
Li|qui|di|tät, die; - (Verhältnis der Verbindlichkeiten eines Unternehmens zu den liquiden Vermögensbestandteilen)
Li|quid|laut *vgl.* Liquida
Li|quor, der; -s, ...ores (*Med.* Körperflüssigkeit; *Pharm.* flüssiges Arzneimittel; *Abk.* liq., Liq.)
[1]Li|ra, die; -, Lire (ital. Währungseinheit; *Währungscode* ITL; *Abk.* L., Lit *[für Sing. u. Plur.]*)
[2]Li|ra, die; -, - (türk. Währungseinheit [türk. Pfund]; *Währungscode* TRL; *Abk.* TL)
Lis|beth [*auch* 'lɪ...] (w. Vorn.)
Lis|boa (*port. Name für* Lissabon)
Li|se *vgl.* [2]Liese
Li|se|lot|te [*auch* ...'lɔtə]; Liselotte von der Pfalz; *vgl.* Lieselotte
Li|se|ne, die; -, -n ⟨franz.⟩ (*Archit.* pfeilerartiger Mauerstreifen)
Lis|mer, der; -s, - (*schweiz. mdal. für* Strickweste)
lis|peln; ich lisp[e]le
Lis|pel|ton *Plur.* ...töne
Lisp|ler
Lis|sa|bon [*auch* ...'bɔn] (Hauptstadt Portugals); *vgl. auch* Lisboa; **Lis|sa|bon|ner; lis|sa|bon|nisch**
Lis|se, die; -, -n (*landsch. für* Stützleiste an Leiterwagen)
[1]List, die; -, -en
[2]List (dt. Volkswirt); *vgl.* Liszt
Lis|te [*alte Trennung* ...|st...], die; -, -n; die schwarze Liste
lis|ten [*alte Trennung* ...|st...] (in Listenform bringen); gelistet
Lis|ten|platz [*alte Trennung* ...-st...]; **Lis|ten|preis**
lis|ten|reich [*alte Trennung* ...|st...]
Lis|ten|ver|bin|dung [*alte Trennung* ...|st...] *(Politik);* **Lis|ten|wahl**
lis|tig [*alte Trennung* ...|st...]; **lis|ti|ger|wei|se; Lis|tig|keit,** die; -
Liszt [lɪst] (ung. Komponist)
Lit = [1]Lira *Sing. u.* Lire *Plur.*
Lit. = Litera; Literatur
Li|ta|nei, die; -, -en ⟨griech.⟩ (Wechselgebet; eintöniges Gerede; endlose Aufzählung)
Li|tas, der; -, - (litauische Währungseinheit)
Li|tau|en[1]; **Li|tau|er**[1]; **Li|tau|e|rin**[1]; **li|tau|isch**[1]; litauische Sprache; *vgl.* deutsch; **Li|tau|isch**[1], das; -[s] (Sprache); *vgl.* Deutsch; **Li|tau|i|sche**[1], das; -n; *vgl.* Deutsche, das
Li|ter[1], der, *schweiz. nur so, auch* das; -s, - ⟨griech.⟩ (1 Kubikdezimeter; *Zeichen* l); ein halber, *auch* halbes Liter, ein viertel Liter *od.* Viertelliter
Li|te|ra, die; -, *Plur.* -s *u.* ...rä ⟨lat.⟩ (Buchstabe; *Abk.* Lit.)
Li|te|rar|his|to|ri|ker [*alte Trennung* ...|st...]; **li|te|rar|his|to|risch**
li|te|ra|risch (schriftstellerisch, die Literatur betreffend)
Li|te|rar|kri|tik (Verfahren zur Rekonstruktion bes. von bibl. Texten; *auch svw.* Literaturkritik)
Li|te|rat, der; -en, -en (*oft abwertend für* Schriftsteller); **Li|te|ra|ten|tum,** das; -s
Li|te|ra|tur, die; -, -en
Li|te|ra|tur|an|ga|be *meist Plur.;* **Li|te|ra|tur|bei|la|ge;**
Li|te|ra|tur|denk|mal *Plur.* ...mäler, *geh.* ...male; **Li|te|ra|tur|gat|tung**
Li|te|ra|tur|ge|schich|te; li|te|ra|tur|ge|schicht|lich
Li|te|ra|tur|hin|weis
Li|te|ra|tur|kri|tik; Li|te|ra|tur|kri|ti|ker; Li|te|ra|tur|kri|ti|ke|rin
Li|te|ra|tur|preis; Li|te|ra|tur|spra|che; Li|te|ra|tur|ver|zeich|nis
Li|te|ra|tur|wis|sen|schaft; li|te|ra|tur|wis|sen|schaft|lich
Li|te|ra|tur|zeit|schrift
Li|ter|fla|sche[1]
Li|ter|leis|tung[1] [*alte Trennung* ...|st...] (Leistung, die aus jeweils 1 000 cm^3 Hubraum eines Kfz-Motors erzielt werden kann)
li|ter|wei|se[1]
Li|tew|ka, die; -, ...ken ⟨poln.⟩ (*früher* ein Uniformrock)
Lit|faß|säu|le ⟨nach dem Berliner Buchdrucker E. Litfaß⟩ (Anschlagsäule)
lith... ⟨griech.⟩ (stein...); **Lith...** (Stein...)
Li|thi|a|sis, die; -, ...iasen (*Med.* Steinbildung)
Li|thi|um, das; -s (chemisches Element, Metall; *Zeichen* Li)
Li|tho, das; -s, -s ⟨griech.⟩ (*Kurzform für* Lithographie)
Li|tho|graf, Li|tho|gra|fie usw. *vgl.* Lithograph, Lithographie usw.
Li|tho|graph, *auch* Li|tho|graf, der; -en, -en (Steinzeichner)
Li|tho|gra|phie, *auch* Li|tho|gra|fie, die; -, ...ien (Steinzeichnung; *nur Sing.:* Herstellung von Platten für den Steindruck; Kunstblatt in Steindruck)
li|tho|gra|phie|ren, *auch* li|tho|gra|fie|ren; **li|tho|gra|phisch,** *auch* li|tho|gra|fisch
Li|tho|klast, der; -en, -en ⟨griech.⟩ (*Med.* Instrument zum Zertrümmern von Blasensteinen)
Li|tho|lo|ge, der; -n, -n; **Li|tho|lo|gie,** die; - (Gesteinskunde)
Li|tho|ly|se, die; -, -n (*Med.* Auflösung von Nieren- und Harnsteinen durch Arzneien)
li|tho|phag (*Zool.* sich in Gestein einbohrend)
Li|tho|po|ne, die; - (lichtechte Weißfarbe)
Li|tho|s|phä|re, die; - (*Geol.* Gesteinsmantel der Erde)
Li|tho|tom, der *od.* das; -s, -e (*Med.* chirurg. Messer zur Durchführung der Lithotomie); **Li|tho|to|mie,** die; -, ...ien ([Blasen]steinoperation)
Li|tho|trip|sie, die; -, ...ien ([Blasen]steinzertrümmerung); **Li|tho|trip|ter,** der; -s, - (Lithoklast)
Li|th|ur|gik, die; - (Lehre von der Verwendung u. Verarbeitung von Gesteinen u. Mineralien); *vgl. aber* Liturgik
li|to|ral ⟨lat.⟩ (*Geogr.* der Küste angehörend); **Li|to|ral,** das; -s, -e (Uferzone [Lebensraum im Wasser]); **Li|to|ra|le,** das; -s, -s ⟨ital.⟩ (Küstenland)
Li|to|ral|fau|na ⟨lat.⟩; **Li|to|ral|flo|ra**

[1] [*auch* 'li...]

Li|to|ri|na, die; -, ...nen (*Zool.* Uferschnecke); **Li|to|ri|na|meer,** das; -[e]s (Entwicklungsstufe der Ostsee mit der Litorina als Leitfossil)
Li|to|tes, die; -, - ⟨griech.⟩ (*Rhet.* Bejahung durch doppelte Verneinung, z. B. »nicht unklug«)
Lit|schi, die; -, -s ⟨chin.⟩ (pflaumengroße, erdbeerähnlich schmeckende Frucht)
Li|turg, der; -en, -en ⟨griech.⟩ (den Gottesdienst haltender Geistlicher)
Li|tur|gie, die; -, ...ien (die amtliche od. gewohnheitsrechtliche Form des kirchl. Gottesdienstes, bes. der am Altar gehaltene Teil); **Li|tur|gi|en|samm|lung**
Li|tur|gik, die; - (*Theol.* Theorie u. Geschichte der Liturgie); *vgl. aber* Lithurgik
Li|tur|gin
li|tur|gisch; liturgische Gefäße
Lit|ze, die; -, -n ⟨lat.⟩
Li|u|dol|fin|ger (*svw.* Ludolfinger)
live [laif] ⟨engl.⟩ (*Rundf., Fernsehen* direkt, original); live senden
Li|ve, der; -n, -n (Angehöriger eines ostseefinn. Volksstammes)
Live|act, *auch* **Live-Act** [laifɛkt], der; -s, -s ([musikal.] Auftritt, bei dem jmd. persönlich singt, spielt, auftritt usw.)
Live|auf|zeich|nung, *auch* **Live-Auf|zeich|nung** *(Rundf., Fernsehen);* **Live|mit|schnitt,** *auch* **Live-Mit|schnitt; Live|mu|sik,** *auch* **Live-Mu|sik**
Li|ver|pool [...pu:l] (engl. Stadt)
Live|sen|dung, *auch* **Live-Sen|dung** (*Rundf., Fernsehen* Direktsendung, Originalübertragung)
Live|show, *auch* **Live-Show**
Li|via (Gemahlin des Kaisers Augustus)
li|visch ⟨*zu* Live⟩
Li|vi|us (röm. Geschichtsschreiber)
Liv|land; Liv|län|der; liv|län|disch
Li|v|re, der *od.* das; -[s], -[s] ⟨franz.⟩ (alte franz. Münze); 6 Livre
Li|v|ree, die; -, ...een ⟨franz.⟩ (uniformartige Dienerkleidung); **li|v|riert** (in Livree [gekleidet])
Li|zen|ti|at *vgl.* [1,2]Lizenziat
Li|zenz, die; -, -en ⟨lat.⟩ (Erlaubnis, Genehmigung, bes. zur Nutzung eines Patents od. eines Softwareprogramms od. zur Herausgabe eines Druckwerks)
Li|zenz|aus|ga|be; Li|zenz|ge|ber; Li|zenz|ge|bühr
[1]**Li|zen|zi|at,** *auch* Li|zen|ti|at, das; -[e]s, -e (akademischer Grad in der Schweiz und bei einigen kath.-theol. Fakultäten); er ist Inhaber des Lizenziats, *auch* Lizentiats der Theologie
[2]**Li|zen|zi|at,** *auch* Li|zen|ti|at, der; -en, -en (Inhaber des [1]Lizenziats; *Abk.* Lic. [theol.], *schweiz.* lic. phil. usw.)
li|zen|zie|ren (Lizenz erteilen); **Li|zen|zie|rung**
Li|zenz|in|ha|ber; Li|zenz|neh|mer; Li|zenz|num|mer; Li|zenz|spie|ler *(Fußball);* **Li|zenz|trä|ger; Li|zenz|ver|trag**
Lju|bl|ja|na (Hauptstadt Sloweniens; *vgl.* Laibach)
LKR (Währungscode für sri-lank. Rupie)
Lkw, *auch* **LKW,** der; -[s], *Plur.* -s, *selten* - = Lastkraftwagen
Lla|ne|ro [lja...], der; -s, -s ⟨span.⟩ (Bewohner der Llanos); **Lla|no** ['lja:...], der; -s, -s *meist Plur.* (baumarme Hochgrassteppe in [Süd]amerika)
Lloyd, der; -[s] ⟨nach dem Londoner Kaffeehausbesitzer E. Lloyd⟩ (Name von Seeversicherungs-, auch von Schifffahrtsgesellschaften; Name von Zeitungen [mit Schiffsnachrichten]); Norddeutscher Lloyd, *jetzt* Hapag-Lloyd AG
lm = Lumen
Ln., Lnbd. = Leinen[ein]band
[1]**Lob,** das; -[e]s, -e *Plur. selten;* Lob spenden
[2]**Lob,** der; -[s], -s ⟨engl.⟩ (*Tennis* einen hohen Bogen beschreibender Ball); **lob|ben** (einen [2]Lob schlagen)
Lob|by [...bi], die; -, -s ⟨engl.⟩ (Wandelhalle im [engl. od. amerik.] Parlament; *auch für* Gesamtheit der Lobbyisten)
Lob|by|is|mus, der; - (Versuch, Gepflogenheit, Zustand der Beeinflussung von Abgeordneten durch Interessengruppen)
Lob|by|ist, der; -en, -en (jmd., der Abgeordnete für seine Interessen zu gewinnen sucht)
Lo|be|lie [...iə], die; -, -n ⟨nach dem flandrischen Botaniker M. de l'Obel⟩ (eine Zierpflanze)
lo|ben
lo|bens|wert; lo|bens|wür|dig
lo|be|sam *(veraltet)*
Lo|bes|er|he|bung *meist Plur. (geh.);* **Lo|bes|hym|ne**
Lob|ge|sang
Lob|gier; lob|gie|rig
Lob|hu|de|lei *(abwertend);* **lob|hudeln** (*abwertend für* übertrieben loben); ich lobhud[e]le; gelobhudelt; zu lobhudeln; **Lob|hudler** *(abwertend)*
löb|lich
Lob|lied
Lo|bo|to|mie *vgl.* Leukotomie
Lob|preis; lob|prei|sen *(geh.);* du lobpreist; du lobpreistest *u.* lobpriesest; gelobpreist *u.* lobgepriesen; zu lobpreisen; lobpreise!; **Lob|prei|sung** *(geh.)*
Lob|re|de; Lob|red|ner; lob|red|nerisch
lob|sin|gen; du lobsingst; du lobsangst (lobsangest); lobgesungen; zu lobsingen; lobsinge!
Lob|spruch *meist Plur.*
Lo|car|ner *u.* **Lo|car|ne|se,** der; -n, -n (Bewohner von Locarno); **Lo|car|no** (Stadt am Lago Maggiore)
Lo|ca|tion [lɔ'keɪʃən], die; -, -s ⟨engl.⟩ (Örtlichkeit; *Film* Drehort im Freien)
Loc|cum (Ort südl. von Nienburg [Weser])
Loch, das; -[e]s, Löcher; **Löch|elchen**
lo|chen; Lo|cher (Gerät zum Lochen)
lö|che|rig (*svw.* löchrig)
lö|chern; ich löchere
Loch|fraß (punktuelle Korrosion)
Lo|chi|en [...xiən] *Plur.* ⟨griech.⟩ (*Med.* Wochenfluss nach der Geburt)
Loch|ka|me|ra
Loch|kar|te; Loch|kar|ten|ma|schine
Loch|leh|re (Gerät zur Prüfung der Durchmesser von Bolzen)
Loch Ness, der; -[s] - (ein See in Schottland)
löch|rig
Loch|sti|cke|rei [*alte Trennung* ...k|k...]; **Loch|strei|fen**
Lo|chung; Loch|zan|ge
Löck|chen; Lo|cke [*alte Trennung* ...k|k...], die; -, -n
[1]**lo|cken** [*alte Trennung* ...k|k...] (lockig machen)
[2]**lo|cken** [*alte Trennung* ...k|k...] (anlocken)
lö|cken [*alte Trennung* ...k|k...] (mit den Füßen ausschlagen); *noch in* wider den Stachel löcken *(geh.)*

L

Lo|cken|haar [*alte Trennung* ...k|k...]
Lo|cken|kopf [*alte Trennung* ...k|k...]; **lo|cken|köp|fig**
Lo|cken|pracht [*alte Trennung* ...k|k...]; **Lo|cken|stab; Lo|cken|wi|ckel** *od.* **...wick|ler**
lo|cker [*alte Trennung* ...k|k...] (*auch ugs. für* entspannt, zwanglos); locker sein, sitzen, werden; (einen Knoten, das Seil) locker lassen, machen; die Zügel locker/lockerer lassen; *vgl. aber* lockerlassen, lockermachen ↑K47; **Lo|cker|heit**
lo|cker|las|sen [*alte Trennung* ...k|k...] (↑K47; *ugs. für* nachgeben); er hat nicht lockergelassen; *aber* die Zügel locker/lockerer lassen
lo|cker|ma|chen [*alte Trennung* ...k|k...] (↑K47; *ugs. für* hergeben; von jmdm. erlangen); er hat viel Geld lockergemacht; *aber* einen Knoten locker/lockerer machen
lo|ckern [*alte Trennung* ...k|k...]; ich lockere; **Lo|cke|rung**
Lo|cke|rungs|mit|tel [*alte Trennung* ...k|k...] (zum Auflockern des Teiges); **Lo|cke|rungs|übung**
lo|ckig [*alte Trennung* ...k|k...]
Lock|mit|tel (das); **Lock|ruf; Lock|spei|se** (*geh. für* Köder); **Lock|spit|zel** *(abwertend)*
Lo|ckung [*alte Trennung* ...k|k...]
Lock|vo|gel; Lock|vo|gel|wer|bung
Lock|wel|le (Lockenfrisur mit kleineren Wellen)
lo|co ‹lat.› (*Kaufmannsspr.* am Ort; hier; greifbar; vorrätig); loco Berlin (ab Berlin); *vgl. aber* Lokoverkehr
lo|co ci|ta|to (am angeführten Orte; *Abk.* l. c.)
Lod|de, die; -, -n (*svw.* Kapelan)
Lod|del, der; -s, - (*ugs.* Zuhälter)
lod|de|rig (*landsch. für* lotterig)
Lo|de, die; -, -n (Schössling)
Lo|den, der; -s, - (ein Wollgewebe); **Lo|den|man|tel; Lo|den|stoff**
lo|dern; ich lodere
Lodz [lɔtʃ], *auch* Lodsch (*dt. Schreibung von* Łódź); **Łódź** [u̯utʃ] (Stadt in Polen)
Löf|fel, der; -s, -
Löf|fel|bag|ger; Löf|fel|bis|kuit; Löf|fel|en|te; Löf|fel|kraut
löf|feln; ich löff[e]le
Löf|fel|rei|her (*vgl.* Löffler); **Löf|fel|stiel**
löf|fel|wei|se

Löff|ler (ein Stelzvogel)
Lo|fo|ten [*auch* ...ˈfoː...] *Plur.* (norw. Name der Lofotinseln); **Lo|fot|in|seln** *Plur.* (Gebiet u. Inselgruppe vor der Küste Nordnorwegens)
Loft, der; -[s], -s ‹engl.› (aus der Etage einer Fabrik o. Ä. umgebaute Wohnung)
log = Logarithmus
Log, das; -s, -e ‹engl.› (Fahrgeschwindigkeitsmesser eines Schiffes)
Lo|ga|rith|men|ta|fel *(Math.);* **lo|ga|rith|mie|ren** ‹griech.› (mit Logarithmen rechnen; den Logarithmus berechnen); **lo|ga|rith|misch; Lo|ga|rith|mus,** der; -, ...men (math. Größe; *Zeichen* log)
Log|buch ‹engl.; dt.› (Schiffstagebuch)
Lo|ge [...ʒə], die; -, -n ‹franz.› (Pförtnerraum; Theaterraum; [geheime] Gesellschaft)
Lo|ge|ment [loʒəˈmãː], das; -s, -s (*veraltet für* Wohnung, Bleibe)
Lo|gen|bru|der (Freimaurer); **Lo|gen|platz; Lo|gen|schlie|ßer** (Beschließer [im Theater])
Log|gast, der; -[e]s, -en (Matrose zur Bedienung des Logs); **Log|ge,** die; -, -n (*seltener für* Log); **log|gen** (*Seemannsspr.* mit dem Log messen)
Log|ger, der; -s, - ‹niederl.› (*Seemannsspr.* ein Fischereifahrzeug)
Log|gia [...dʒ(i̯)a], die; -, ...ien [...dʒn̩, *auch* ...dʒi̯ən] ‹ital., »Laube«› (*Archit.* halb offene Bogenhalle; nach einer Seite offener, überdeckter Raum am Haus)
Log|glas *Plur.* ...gläser (*Seemannsspr.* Sanduhr zum Loggen)
Lo|gi|cal [...dʒɪkl̩], das; -s, -s ‹anglisierend› (nach den Gesetzen der Logik aufgebautes Rätsel)
Lo|gier|be|such [...ˈʒiːɐ̯...]; **lo|gie|ren** ‹franz.› ([vorübergehend] wohnen; *veraltend für* beherbergen); **Lo|gier|gast** *Plur.* ...gäste
Lo|gik, die; - ‹griech.› (Lehre von den Gesetzen, der Struktur, den Formen des Denkens; folgerichtiges Denken)
Lo|gi|ker (Lehrer der Logik; scharfer, klarer Denker)
Log-in, das; -s, -s (*EDV* das Einloggen)

Lo|gis [...ˈʒiː], das; - [...ʒiː(s)], - [...ʒiːs] ‹franz.› (Wohnung, Bleibe; *Seemannsspr. veraltend* Mannschaftsraum auf Schiffen)
lo|gisch ‹griech.› (folgerichtig; denknotwendig; *ugs. für* natürlich, selbstverständlich, klar); **lo|gi|scher|wei|se**
Lo|gis|mus, der; -, ...men (*Philos.* Vernunftschluss)
[1]**Lo|gis|tik** [*alte Trennung* ...|st...], die; - (Behandlung der logischen Gesetze mithilfe von math. Symbolen; math. Logik)
[2]**Lo|gis|tik** [*alte Trennung* ...|st...], die; - ‹nlat.› (militärisches Nachschubwesen; *Wirtsch.* Gesamtheit aller Aktivitäten eines Unternehmens)
Lo|gis|ti|ker [*alte Trennung* ...|st...] ‹griech.› (Vertreter der [1]Logistik)
[1]**lo|gis|tisch** [*alte Trennung* ...|st...] (die [1]Logistik betreffend)
[2]**lo|gis|tisch** [*alte Trennung* ...|st...] ‹nlat.› (die [2]Logistik betreffend); logistische Kette
Log|lei|ne *(Seemannsspr.)*
lo|go (*ugs.;* logisch); das ist doch logo
Lo|go, der *od.* das; -s, -s ‹engl.› (Firmenzeichen, Signet)
Lo|go|griph, der; *Gen.* -s *u.* -en, *Plur.* -e[n] ‹griech.› (Buchstabenrätsel)
Lo|go|pä|de, der; -n, -n (Sprachheilkundiger); **Lo|go|pä|die,** die; - (Sprachheilkunde); **Lo|go|pä|din; lo|go|pä|disch**
Lo|gor|rhö, die; -, -en (*Med.* krankhafte Geschwätzigkeit)
Lo|gos, der; -, ...goi *Plur. selten* (sinnvolle Rede; Vernunft; Wort)
...loh (*in Ortsnamen* Gelände mit strauchartigem Baumbewuchs, z. B. Gütersloh)
Loh|bei|ze *(Gerberei)*
Loh|blü|te (Schleimpilz)
[1]**Lo|he,** die; -, -n (Gerbrinde)
[2]**Lo|he,** die; -, -n (*geh. für* Glut, Flamme); **lo|hen** *(geh.)*
Lo|hen|grin (altd. Sagen- u. Epengestalt)
loh|gar (mit [1]Lohe gegerbt); **Loh|ger|ber**
Lohn, der; -[e]s, Löhne
lohn|ab|hän|gig; Lohn|ab|hän|gi|ge, der *u.* die; -n, -n
Lohn|ab|zug; Lohn|an|pas|sung; Lohn|aus|fall; Lohn|aus|gleich; Lohn|aus|zah|lung

Lohn|buch|hal|ter; Lohn|buch|hal|tung
Lohn|bü|ro; Lohn|emp|fän|ger
loh|nen; es lohnt den Einsatz; es lohnt die, der Mühe nicht; der Einsatz lohnt [sich]
löh|nen (Lohn auszahlen)
loh|nens|wert
Lohn|er|hö|hung; Lohn|for|de|rung; Lohn|fort|zah|lung (bei Krankheit); **Lohn|grup|pe**
lohn|in|ten|siv
Lohn|kür|zung; Lohn|ne|ben|kos|ten [*alte Trennung* ...|st...]
Lohn|ni|veau; Lohn|pfän|dung
Lohn-Preis-Spi|ra|le ↑K 26
Lohn|ska|la
Lohn|steu|er, die; **Lohn|steu|er|jah|res|aus|gleich; Lohn|steu|er|kar|te**
Lohn|stopp
Lohn|sum|men|steu|er, die
Lohn|tü|te
Löh|nung
Lohn|ver|hand|lung; Lohn|ver|zicht; Lohn|zet|tel
Loh|rin|de (*zu* [1]Lohe)
Loi|pe, die; -, -n ⟨norw.⟩ (*Skisport* Langlaufbahn, -spur); **Loi|pen|be|trei|ber**
Loire [lo̯a:ɐ̯], die; - (franz. Fluss)
Lok, die; -, -s (*Kurzform von* Lokomotive)
lo|kal ⟨lat.⟩ (örtlich; örtlich beschränkt); **Lo|kal,** das; -[e]s, -e (Örtlichkeit; [Gast]wirtschaft)
Lo|kal|an|äs|the|sie (*Med.* örtl. Betäubung); **Lo|kal|au|gen|schein** (*österr. für* Lokaltermin); **Lo|kal|bahn; Lo|kal|be|richt; Lo|kal|der|by** *(Sport)*
Lo|ka|le, das; -n (*in Zeitungen* Nachrichten aus dem Ort)
Lo|ka|li|sa|ti|on, die; -, -en (örtl. Beschränkung, Ortsbestimmung, -zuordnung); **lo|ka|li|sie|ren** *(auch EDV);* **Lo|ka|li|sie|rung** (das Lokalisieren, *auch svw.* Lokalisation)
Lo|ka|li|tät, die; -, -en (Örtlichkeit; Raum; *scherzh. für* Lokal)
Lo|kal|ko|lo|rit; Lo|kal|ma|ta|dor (örtliche Berühmtheit); **Lo|kal|pa|t|ri|o|tis|mus; Lo|kal|pres|se; Lo|kal|ra|dio** *(bes. österr.);* **Lo|kal|re|dak|ti|on**
Lo|kal|re|por|ter; Lo|kal|re|por|te|rin
Lo|kal|satz (Umstandssatz des Ortes)
Lo|kal|sei|te; Lo|kal|ter|min *(Rechtsspr.);* **Lo|kal|zei|tung**
Lo|ka|ti|on, die; -, -en (moderne Wohnsiedlung; Bohrstelle [bei der Erdölförderung]; Ort, Standort)
Lo|ka|tiv [*auch* ...'ti:f], der; -s, -e (*Sprachw.* Ortsfall)
Lo|ka|tor, der; -s, ...oren (*im MA.* [Kolonial]land verteilender Ritter)
Lok|füh|rer (*Kurzform von* Lokomotivführer)
Lo|ki (germ. Gott)
lo|ko *vgl.* loco
Lo|ko|ge|schäft (*Kaufmannsspr.* zur sofortigen Erfüllung abgeschlossenes Geschäft)
Lo|ko|mo|ti|on, die; -, -en (*Med.* Gang[art], Fortbewegung)
Lo|ko|mo|ti|ve, die; -, -n ⟨engl.⟩ (*Kurzform* Lok)
Lo|ko|mo|tiv|füh|rer (*Kurzform* Lokführer); **Lo|ko|mo|tiv|schup|pen**
lo|ko|mo|to|risch ⟨lat.⟩ (*Med.* die Fortbewegung, den Gang betreffend)
Lo|ko|ver|kehr; Lo|ko|wa|re (*Kaufmannsspr.* sofort lieferbare Ware)
Lo|kus, der; *Gen.* - *u.* -ses, *Plur.* - *u.* -se (*ugs. für* [1]Abort)
Lo|la (w. Vorn.)
Lolch, der; -[e]s, -e ⟨lat.⟩ (*Bot.* eine Grasart)
Lo|li|ta, die; -, -s ⟨nach einer Romanfigur⟩ (Kindfrau)
Lol|li, der; -s, -s (*bes. nordd. ugs. für* Lutscher)
Lol|lo ros|so, *auch* **Lol|lo ros|sa,** der; - -s ⟨ital.⟩ (ital. Salatsorte mit rötlich geränderten, krausen Blättern)
Lom|bard [*auch* ...'ba...], der *od.* das; -[e]s, -e (*Bankw.* Kredit gegen Verpfändung beweglicher Sachen)
Lom|bar|de, der; -n, -n (Bewohner der Lombardei); **Lom|bar|dei,** die; - (ital. Region)
Lom|bard|ge|schäft *(Bankw.);* **lom|bar|die|ren** (bewegliche Sachen beleihen)
lom|bar|disch (aus der Lombardei), *aber* ↑K 140: die Lombardische Tiefebene
Lom|bard|lis|te [*alte Trennung* ...|st...] *(Bankw.);* **Lom|bard|satz; Lom|bard|zins|fuß**
Lom|ber, das; -s ⟨franz.⟩ (ein Kartenspiel); **Lom|ber|spiel,** das; -[e]s
Lo|mé ['lo:me] (Hauptstadt von Togo)
Lom|matzsch [...atʃ] (Stadt in Sachsen); **Lom|matz|scher Pfle|ge,** die; - - (Ebene nordwestl. von Meißen)
Lo|mo|nos|sow (russ. Gelehrter); **Lo|mo|nos|sow|uni|ver|si|tät,** *auch* **Lo|mo|nos|sow-Uni|ver|si|tät,** die; - ↑K 136 (in Moskau)
Lon|don (Hauptstadt Großbritanniens); **Lon|do|ner**
Long|drink, *auch* **Long Drink** ⟨engl.⟩ (mit Soda, Eiswasser o. Ä. verlängerter Drink); **Long|drink|glas** *Plur.* ...gläser
Lon|ge ['lõ:ʒə], die; -, -n ⟨franz.⟩ (*Reiten* Laufleine für Pferde; *Akrobatik* Sicherheitsleine)
lon|gie|ren [lõ'ʒi:...] (*Reiten* ein Pferd an der Longe laufen lassen)
Lon|gi|me|t|rie, die; - ⟨lat.; griech.⟩ (*Physik* Längenmessung)
lon|gi|tu|di|nal ⟨lat.⟩ (in der Längsrichtung); **Lon|gi|tu|di|nal|schwin|gung** (*Physik* Längsschwingung); **Lon|gi|tu|di|nal|wel|le**
long|line [...lain] ⟨engl.⟩ (*Tennis* an der Seitenlinie entlang); den Ball longline spielen; **Long|line,** der; -[s], -s (entlang der Seitenlinie gespielter Ball)
Long|sel|ler, der; -s, - ⟨anglisierend⟩ (lange zu den Bestsellern gehörendes Buch)
Lo|ni (w. Vorn.)
Löns [*auch* lœns] (dt. Schriftsteller)
Look [luk], der; -s, -s ⟨engl.⟩ (bestimmtes Aussehen; Moderichtung)
Loo|ping ['lu:...], der, *auch* das; -s, -s ⟨engl.⟩ (*Flugw.* senkrechter Schleifenflug, Überschlagrolle)
Loos (österr. Architekt)
Lo|pe de Ve|ga [- - 've:ga] (span. Dichter)
Lor|beer, der; -s, -en ⟨lat.⟩ (ein Baum; ein Gewürz); **Lor|beer|baum; Lor|beer|blatt**
lor|beer|grün
Lor|beer|kranz; Lor|beer|zweig
Lor|chel, die; -, -n (ein Pilz)
Lord, der; -s, -s ⟨engl.⟩ (hoher englischer Adelstitel)
Lord|kanz|ler (höchster englischer Staatsbeamter)
Lord Ma|yor [- 'me:ə(r); *alte Schreibung* Lord-Ma|yor], der; - -s, - -s (Titel der Oberbürgermeister mehrerer englischer Großstädte)
Lor|do|se, die; -, -n ⟨griech.⟩ (*Med.*

L

Rückgratverkrümmung nach vorn)
Lord|ship [...ʃip], die; - ‹engl.› (Lordschaft; Würde od. Herrschaft eines Lords)
¹**Lo|re**, die; -, -n ‹engl.› (offener Eisenbahngüterwagen, Feldbahnwagen)
²**Lo|re** (w. Vorn.)
Lo|re|ley [...'lai, *auch* 'lo:...], *auch* Lo|re|lei [*auch* 'lo:...], die; - (Rheinnixe der dt. Sage; Felsen am rechten Rheinufer bei St. Goarshausen)
Lo|renz (m. Vorn.)
Lo|renz|strom *vgl.* Sankt-Lorenz-Strom
Lo|re|to (Wallfahrtsort in Italien)
Lo|ret|to|hö|he, die; - ‹franz.› (Anhöhe bei Arras)
Lor|g|net|te [lɔr'njɛ...], die; -, -n ‹franz.› (Stielbrille); **lor|g|net|tie|ren** (*früher für* durch die Lorgnette betrachten; scharf mustern)
Lor|g|non [...'njõ:], das; -s, -s (Stieleinglas, -brille)
¹**Lo|ri**, der; -s, -s ‹karib.-span.› (ein Papagei)
²**Lo|ri**, der; -s, -s ‹niederl.› (ein schwanzloser Halbaffe)
Lork, der; -[e]s, Lörke (*nordd. für* Kröte)
Lor|ke, die; - (*landsch. für* dünner, schlechter Kaffee)
Lo|ro|kon|to ‹ital.› (das bei einer Bank geführte Kontokorrentkonto einer anderen Bank)
Lort|zing (dt. Komponist)

los

- (*vgl.* lose)
- los!; los (weg) von Rom

Getrenntschreibung in Verbindung mit „haben“ oder „sein“:
- der Knopf ist los (abgetrennt)
- der Hund ist [von der Kette] los
- er wird das Brett gleich los haben
- *ugs.* er wird die Sorgen bald los sein (*selten* haben)
- auf dem Fest ist nichts los gewesen (war es langweilig); dort drüben muss etwas los (passiert) sein
- los und ledig sein

Zusammenschreibung in Verbindung mit allen anderen Verben:
- *vgl.* losbinden (er bindet los, losgebunden, loszubinden), losfahren, losgehen, loslassen usw.

...los (z. B. arbeitslos)
Los, das; -es, -e; das große Los ↑K 151
Los An|ge|les [lɔs 'ɛndʒə...] (größte Stadt Kaliforniens)
lös|bar; Lös|bar|keit, die; -
los|be|kom|men; ich habe den Deckel nicht losbekommen
los|bin|den; losgebunden
los|brau|sen *(ugs.)*
los|bre|chen; ein Sturm brach los
Lösch|ap|pa|rat; Lösch|ar|beit *meist Plur.*
lösch|bar
Lösch|blatt; Lösch|boot
¹**lö|schen** (einen Brand ersticken); du löschst, er löscht; du löschtest; gelöscht; lösch[e]!
²**lö|schen** (*nur noch geh. für* erlöschen); du lischst; er lischt; du loschst; du löschest; geloschen; lisch!
³**lö|schen** ‹*zu* los› (*Seemannsspr.* ausladen); du löschst; du löschtest; gelöscht; lösch[e]!
Lö|scher
Lösch|fahr|zeug; Lösch|ge|rät; Lösch|kalk
Lösch|pa|pier; Lösch|tas|te [*alte Trennung* ...|st...]
Lö|schung
Lösch|was|ser, das; -s; **Lösch|zug**
lo|se; das lose Blatt; lose Ware (nicht in Originalpackung, sondern einzeln); eine lose Zunge haben (leichtfertig reden); die Zügel lose, *landsch. auch*: los (locker) halten; der Knopf ist lose (locker); *vgl. aber* los
Lo|se, die; -n, -n (*Seemannsspr.* schlaffes Tau[stück])
Lo|se|blatt|aus|ga|be; Lo|se|blatt|samm|lung
Lö|se|geld
los|ei|sen (*ugs. für* mit Mühe frei machen, abspenstig machen); er eis|te los; sich loseisen; ich habe mich endlich von ihnen losgeeist
Lö|se|mit|tel, das
lo|sen (das Los ziehen); du lost; er/sie los|te; gelost; los[e]!
lö|sen (*auch für* befreien; *Bergmannsspr.* entwässern, mit frischer Luft beschicken); du löst; er/sie lös|te; gelöst; lös[e]!
Los|ent|scheid
Lo|ser ['lu:zɐ], der; -s, - ‹engl.› (*ugs.* Verlierer; Versager)
los|fah|ren; er ist losgefahren
los|ge|hen (*ugs. auch für* anfangen); der Streit ist losgegangen
los|ha|ben (*ugs. für* etwas verstehen; mit Leichtigkeit können); sie hat in ihrem Beruf viel losgehabt
los|heu|len (*ugs. auch für* zu weinen beginnen); die Sirene heulte los
...lo|sig|keit (z. B. Regellosigkeit, die; -, -en)
Los|kauf; los|kau|fen; die Gefangenen wurden losgekauft
los|kom|men; er ist von diesem Gedanken nicht losgekommen
los|krie|gen *(ugs.)*; den Deckel nicht loskriegen
los|las|sen; sie hat den Hund [von der Kette] losgelassen
los|lau|fen; er ist losgelaufen
los|le|gen (*ugs. für* ungestüm beginnen); sie hat ordentlich losgelegt (z. B. energisch geredet)
lös|lich; Lös|lich|keit, die; -
los|lö|sen; sich loslösen; er hat die Briefmarke losgelöst; du hast dich von diesen Anschauungen losgelöst; **Los|lö|sung**
los|ma|chen; er hat das Brett losgemacht; mach los! (*ugs. für* beeile dich!)
los|mar|schie|ren; er ist sofort losmarschiert
Los|num|mer
los|rei|ßen; du hast dich losgerissen
Löss, *auch* **Löß**, der; -es, -e (*Geol.* kalkhaltige Ablagerung des Pleistozäns)
los|sa|gen; sich von etwas lossagen; du hast dich von ihm losgesagt; **Los|sa|gung**
Löss|bo|den, *auch* **Löß|bo|den**
los|schi|cken [*alte Trennung* ...k|k...]; er hat den Trupp losgeschickt
los|schie|ßen *(ugs.)*; sie ist auf mich losgeschossen
los|schla|gen; er hat das Brett losgeschlagen; die Feinde haben losgeschlagen (mit dem Kampf begonnen)
los|schrau|ben; sie hat den Griff losgeschraubt
los sein *vgl.* los
lös|sig, *auch* **lö|ßig** *(Geol.)*
Löss|kin|del, *auch* **Löß|kin|del**, das; -s, - (Konkretion im Löss)
Löss|land|schaft, *auch* **Löß|landschaft**
Löß|nitz, die; - (Landschaft nordwestl. von Dresden)
los|spre|chen (von Schuld); er hat ihn losgesprochen; **Los|spre|chung** (*für* Absolution)

Löss|schicht, *auch* **Löss-Schicht,** *auch* **Löß|schicht** *(Geol.)*
los|steu|ern; auf ein Ziel lossteuern
los|stür|zen *(ugs.);* er ist losgestürzt, als ...
Lost, der; -[e]s (Deckname für einen chem. Kampfstoff)
Los|tag (nach dem Volksglauben für die Wetterprophezeiung bedeutsamer Tag)
Los|trom|mel
¹Lo|sung (Wahl-, Leitspruch; Erkennungswort)
²Lo|sung (*Jägerspr.* Kot des Wildes u. des Hundes; *Kaufmannsspr.* Tageseinnahme)
Lö|sung
Lö|sungs|mit|tel
Lö|sungs|ver|such
Lo|sungs|wort *Plur.* ...worte
Los-von-Rom-Be|we|gung, die; - ↑K 26
los|wer|den; etwas loswerden (von etwas befreit werden; *ugs. für* etwas verkaufen); sie ist ihn glücklich losgeworden; ..., damit du alle Sorgen loswirst [*alte Schreibung* los wirst]; sie muss sehen, wie sie die Ware loswird [*alte Schreibung* los wird]
los|zie|hen (*ugs. für* sich zu einer [vergnüglichen] Unternehmung aufmachen); wir sind losgezogen; gegen jmdn. losziehen (*ugs. für* gehässig von ihm reden)
¹Lot, das; -[e]s, -e (metall. Bindemittel; Vorrichtung zum Messen der Wassertiefe u. zur Bestimmung der Senkrechten; *früher* [Münz]gewicht, Hohlmaß); 3 Lot Kaffee
²Lot, das; -[s], -s ‹engl.› (ein Posten Ware, bes. bei Briefmarken)
³Lot (bibl. m. Eigenn.)
lo|ten (senkrechte Richtung bestimmen; Wassertiefe messen)
lö|ten (durch Lötmetall verbinden); **Löt|fu|ge; Löt|ge|rät**
Lo|thar (m. Vorn.)
Loth|rin|gen; Loth|rin|ger; loth|rin|gisch
...lö|tig (z. B. sechzehnlötig)
Lo|ti|on [*auch* 'lo:ʃn̩], die; -, *Plur.* -en, *bei engl. Aussprache* -s ‹engl.› (flüssiges Reinigungs-, Pflegemittel für die Haut)
Löt|kol|ben; Löt|lam|pe; Löt|me|tall
Lo|to|pha|ge, der; -n, -n ‹griech., »Lotosesser«› (Angehöriger eines sagenhaften Volkes in Homers Odyssee)
Lo|tos, der; -, - (eine Seerose)
Lo|tos|blu|me; Lo|tos|blü|te
Lo|tos|sitz
lot|recht; Lot|rech|te, die; -n, -n; vier Lotrechte[n]
Löt|rohr; Löt|rohr|a|na|ly|se (ein chemisches Prüfverfahren)
Lötsch|berg|bahn; Lötsch|berg|tun|nel; Löt|schen|pass, *auch* **Löt|schen-Pass** [*alte Schreibung* Löt|schen|paß], der; ...passes
Lot|se, der; -n, -n ‹engl.›; **lot|sen;** du lotst; gelotst; **Lot|sen|boot; Lot|sen|dienst; Lot|sen|fisch; Lot|sen|sta|ti|on**
Löt|stel|le
Lott|chen, Lot|te, Lot|ti (w. Vorn.)
Lot|ter, der; -s, - (*noch landsch. für* Herumtreiber, Faulenzer)
Lot|ter|bett (*veraltet, noch scherzh. für* Sofa)
Lot|te|rie, die; -, ...ien ‹niederl.› (Glücksspiel, Verlosung); **Lot|te|rie|ein|neh|mer; Lot|te|rie|los; Lot|te|rie|spiel**
lot|te|rig, lott|rig (*ugs. für* unordentlich)
Lot|ter|le|ben, das; -s *(abwertend)*
lot|tern (*landsch. für* ein Lotterleben führen; *schweiz. für* lose sein, aus den Fugen gehen); ich lottere
Lot|ter|wirt|schaft, die; - *(abwertend)*
Lot|ti *vgl.* Lotte
Lot|to, das; -s, -s ‹ital.› (Zahlenlotterie; Gesellschaftsspiel)
Lot|to|an|nah|me|stel|le, *auch* **Lot|to-An|nah|me|stel|le**
Lot|to|fee (*scherzh. für* Fernsehansagerin bei der Ziehung der Lottozahlen); **Lot|to|ge|winn; Lot|to|kol|lek|tur** (*österr. für* Geschäftsstelle für das Lottospiel); **Lot|to|schein; Lot|to|spiel**
Lot|to|zah|len *Plur.;* **Lot|to|zet|tel**
lott|rig *vgl.* lotterig
Lo|tung
Lö|tung
Lo|tus, der; -, - ‹griech.› (Hornklee; *auch svw.* Lotos)
lot|wei|se
Löt|zinn
¹Lou|is ['lu:i] (m. Vorn.)
²Lou|is, der; -, - (*ugs. für* Zuhälter)
Lou|is|dor [lu̯i'do:ɐ̯], der; -s, -e (eine alte franz. Münze); 6 Louisdor
Lou|i|si|a|na [lu̯i..., *auch* ...'zi̯ɛnə] (Staat der USA; *Abk.* La.)
Lou|is-qua|torze [lu̯ika'tɔrs], das; - ‹franz.› (Stil zur Zeit Ludwigs XIV.); **Lou|is-quinze** [...kɛ̃:s], das; - (Stil zur Zeit Ludwigs XV.); **Lou|is-seize** [...'sɛ:s], das; - (Stil zur Zeit Ludwigs XVI.)
Lounge [lau̯ntʃ], die; -, -s ‹engl.› ([Hotel]halle)
Lourdes [lʊrt] (franz. Wallfahrtsort); **Lourdes|grot|te**
Lou|v|re ['lu:vrə], der; -[s] (ein Museum in Paris)
Love|pa|rade, *auch* **Love-Pa|rade** ['lafpəreɪd], die; - ‹engl.› (jährlich in Berlin stattfindender Umzug der Raver)
Lo|ver ['lavɐ], der; -s, -[s] ‹engl.› (Freund *u.* Liebhaber; Liebespartner)
Love|sto|ry, *auch* **Love-Sto|ry** ['laf...] ‹engl.› (Liebesgeschichte)
Lö|we, der; -n, -n ‹griech.›
Lö|wen|an|teil (*ugs. für* Hauptanteil); **Lö|wen|bän|di|ger**
Lö|wen|herz (m. Eigenn.)
Lö|wen|jagd; Lö|wen|kä|fig; Lö|wen|mäh|ne
Lö|wen|maul, das; -[e]s (eine Gartenblume); **Lö|wen|mäul|chen** (*svw.* Löwenmaul)
Lö|wen|mut
lö|wen|stark
Lö|wen|zahn, der; -[e]s (eine Wiesenblume)
Lö|win
lo|y|al [lo̯a'ja:l] ‹franz.› (redlich, [regierungs]treu)
Lo|ya|li|tät, die; -, -en; **Lo|ya|li|täts|er|klä|rung**
Lo|yo|la [...'jo:...]; Ignatius von Loyola
LP = Läuten u. Pfeifen (Eisenbahnzeichen); Langspielplatte
LPG = landwirtschaftliche Produktionsgenossenschaft *(DDR)*
Lr = Lawrencium
LRS = Lese-Rechtschreib-Schwäche
LSD = Lysergsäurediäthylamid (ein Rauschgift)
LSG = Landessozialgericht; Landschaftsschutzgebiet
lt. = ²laut
Lt. = Leutnant
Ltd. = limited
Ltn. = Leutnant
Lu = *chem. Zeichen für* Lutetium
Lu|an|da (Hauptstadt Angolas)
Lu|ba, *auch* Ba|lu|ba, der; -[s], -[s] (Angehöriger eines Bantustam-

mes in der Demokratischen Republik Kongo)
Lü|beck (Hafenstadt an der Ostsee); **Lü|be|cker** [*alte Trennung* ...k|k...]; die Lübecker Bucht; **lü|be|ckisch, lü|bisch** (von Lübeck); lübeckische Währung
Lüb|ke (zweiter dt. Bundespräsident)
Luch, die; -, Lüche *od.* das; -[e]s, -e (*landsch. für* Sumpf)
Luchs, der; -es, -e (ein Raubtier)
Luchs|au|ge *(auch ugs. übertr.)*; **luchs|äu|gig**
luch|sen (*ugs. für* sehr genau aufpassen); du luchst
Luch|sin
Lucht, die; -, -en ‹niederl.› (*nordd. für* Dachboden)
Lu|cia usw. *vgl.* Luzia usw.; *vgl. auch* Santa Lucia
Lu|ci|an *vgl.* Lukian
Lu|ci|a|ner (Einwohner von St. Lucia); **lu|ci|a|nisch**
Lu|ci|us (röm. m. Vorn.; *Abk.* L.)
Lü|cke [*alte Trennung* ...k|k...], die; -, -n; **Lü|cken|bü|ßer** (*ugs. für* Ersatzmann)
lü|cken|haft [*alte Trennung* ...k|k...]; **Lü|cken|haf|tig|keit,** die; -
lü|cken|los [*alte Trennung* ...k|k...]; **Lü|cken|lo|sig|keit,** die; -
Lü|cken|test [*alte Trennung* ...k|k...] *(Psych.)*
lu|ckig [*alte Trennung* ...k|k...] (*Bergmannsspr.* großporig); luckiges Gestein
Lu|cre|tia *vgl.* Lukretia; **Lu|cre|ti|us,** *auch* Luk|rez (altröm. Dichter); **Lu|cre|zia** *vgl.* Lukretia
Lu|cul|lus (röm. Feldherr); *vgl.* Lukullus
Lu|de, der; -n, -n (*Gaunerspr.* Zuhälter)
Lu|der, das; -s, - (*Jägerspr.* Köder, Aas; *auch* Schimpfwort)
Lu|de|rer (*veraltet für* liederlicher Mensch)
lu|der|haft *(veraltet)*
Lu|der|jan (*svw.* Liederjan)
Lu|der|le|ben, das; -s
lu|der|mä|ßig (*landsch. für* sehr, überaus)
lu|dern (*veraltet für* liederlich leben); ich ludere
Lud|ger (m. Vorn.)
Lud|mil|la (w. Vorn.)
Lu|dolf (m. Vorn.)
Lu|dol|fin|ger (Angehöriger eines mittelalterl. dt. Herrschergeschlechtes)
lu|dolf|sche, *auch* **Lu|dolf'sche Zahl** [*alte Schreibung* Lu|dolfsche Zahl], die; -n - ‹nach dem Mathematiker Ludolf van Ceulen ['kø:lən]› (*selten für* die Zahl π [Pi]); **Lu|dolf|zahl,** *auch* **Lu|dolf-Zahl** ↑K 136, die; - (*svw.* ludolfsche Zahl)
Lu|do|wi|ka (w. Vorn.)
Lu|do|win|ger (Angehöriger eines thüring. Landgrafengeschlechtes)
Lud|wig (m. Vorn.)
Lud|wigs|burg (Stadt nördl. von Stuttgart)
Lud|wigs|ha|fen am Rhein (Stadt in Rheinland-Pfalz)
Lu|es, die; - ‹lat.› (*Med.* Syphilis); **lu|e|tisch,** lu|isch (syphilitisch)
LUF (Währungscode für luxemburg. Franc)
Luf|fa, die; -, -s ‹arab.› (eine kürbisartige Pflanze); **Luf|fa|schwamm** (schwammartige Frucht der Luffa)
Luft, die; -, Lüfte
Luft|ab|wehr; Luft|a|larm; Luft|an|griff; Luft|auf|klä|rung; Luft|auf|nah|me; Luft|auf|sicht
Luft|bad; Luft|bal|lon
Luft|be|we|gung *(Meteor.)*
Luft|bild
Luft|bla|se
Luft-Bo|den-Ra|ke|te; Luft|brü|cke [*alte Trennung* ...k|k...]
Lüft|chen
luft|dicht; luftdicht verschließen; **Luft|dich|te; Luft|druck,** der; -[e]s
luft|durch|läs|sig
Luft|e|lekt|ri|zi|tät; Luft|em|bo|lie
lüf|ten; Lüf|ter
Luft|fahrt, die; -, *Plur.* (*für* Fahrten durch die Luft:) -en; **Luft|fahrt|for|schung; Luft|fahrt|in|dus|t|rie** [*alte Trennung* ...|st...]; **Luft|fahrt|me|di|zin**
Luft|fahr|zeug
Luft|feuch|te, die; -; **Luft|feuch|tig|keit,** die; -
Luft|fil|ter; Luft|flot|te; Luft|fracht
luft|ge|kühlt; luftgekühlter Motor; **luft|ge|schützt;** ein luftgeschützter Ort; **luft|ge|trock|net;** luftgetrocknete Wurst
Luft|ge|wehr; Luft|ha|fen (*vgl.* [2]Hafen); **Luft|han|sa** (*für* Deutsche Lufthansa AG); **Luft|hei|zung; Luft|ho|heit,** die; -; **Luft|hül|le**
luf|tig; Luf|tig|keit, die; -
Luf|ti|kus, der; -[ses], -se (*scherzh. für* oberflächlicher Mensch)
Luft|kampf
Luft|kis|sen; Luft|kis|sen|fahr|zeug
Luft|klap|pe (*für* Ventil); **Luft|kor|ri|dor; Luft|krank|heit; Luft|krieg; Luft|küh|lung,** die; -; **Luft|kur|ort,** der; -[e]s, ...orte
Luft|lan|de|trup|pe (für die Landung aus der Luft besonders ausgebildete u. ausgerüstete militär. Einheit)
luft|leer; Lüft|lein; Luft|li|nie
Lüftl|ma|le|rei (Fassadenmalerei in Bayern)
Luft|loch; Luft|man|gel, der; -s
Luft|ma|sche
Luft|ma|t|rat|ze; Luft|mi|ne
Luft|num|mer (*Akrobatik; auch ugs. für* sich als unwahr od. unwichtig erweisende Behauptung)
Luft|pi|rat; Luft|po|li|zist
Luft|pols|ter [*alte Trennung* ...|st...]; **Luft|post,** die; -; **Luft|pum|pe; Luft|qua|li|tät,** die; -; **Luft|raum; Luft|röh|re**
Luft|sack *(Zool.)*
Luft|schacht
Luft|schau|kel (*landsch. für* Schiffschaukel)
Luft|schicht
Luft|schiff; Luft|schif|fer
Luft|schiff|fahrt, *auch* **Luft|schiff-Fahrt** [*alte Schreibung* ...schiffahrt, *alte Trennung* ...ff|f...], die; -, *Plur.* (*für* Fahrten mit dem Luftschiff:) -en
Luft|schlacht; Luft|schlan|ge *meist Plur.*; **Luft|schloss** [*alte Schreibung* ...schloß]
Luft|schrau|be (*für* Propeller)
Luft|schutz; Luft|schutz|bun|ker; Luft|schutz|kel|ler; Luft|schutz|raum
Luft|sper|re; Luft|sperr|ge|biet
Luft|spie|ge|lung *od.* **...spieg|lung**
Luft|sprung; Luft|streit|kräf|te *Plur.*
Luft|ta|xi; Luft|tem|pe|ra|tur
luft|tüch|tig; ein lufttüchtiges Flugzeug
Lüf|tung; Lüf|tungs|klap|pe
Luft|ver|än|de|rung
Luft|ver|kehr; Luft|ver|kehrs|ge|sell|schaft
Luft|ver|schmut|zung; Luft|waf|fe
Luft|wech|sel; Luft|weg; auf dem Luftweg[e]; **Luft|wi|der|stand; Luft|wir|bel; Luft|wur|zel; Luft|zu|fuhr,** die; -; **Luft|zug**
[1]**Lug,** der; -[e]s (Lüge); [mit] Lug und Trug
[2]**Lug,** der; -s, -e (*landsch. für* Ausguck)

Lu|ga|ner; Lu|ga|ner See, der; - -s; **Lu|ga|ne|se,** der; -n, -n (Luganer); **lu|ga|ne|sisch; Lu|ga|no** (Stadt in der Schweiz)
Lug|aus, der; -, - (*landsch., auch geh. für* Aussichtsturm)
Lü|ge, die; -, -n; jmdn. Lügen strafen (der Unwahrheit überführen)
lu|gen (*landsch. für* ausschauen, spähen)
lü|gen; du logst; du lögest; gelogen; lüg[e]!
Lü|gen|bold, der; -[e]s, -e *(abwertend)*
Lü|gen|de|tek|tor (Gerät, mit dem unwillkürliche körperliche Reaktionen eines Befragten gemessen werden können)
Lü|gen|dich|tung; Lü|gen|ge|bäu|de; Lü|gen|ge|schich|te; Lü|gen|ge|spinst; Lü|gen|ge|we|be
lü|gen|haft; Lü|gen|haf|tig|keit
Lü|gen|maul (*ugs. für* Lügner)
Lü|ge|rei *(ugs.)*
Lug|ins|land, der; -[e]s, -e (*veraltend für* Wachtturm, Aussichtsturm)
Lüg|ner; Lüg|ne|rin; lüg|ne|risch
lu|isch *vgl.* luetisch
Lu|is|chen, Lu|i|se (w. Vorn.)
Lu|it|gard (w. Vorn.); **Lu|it|ger** (m. Vorn.); **Lu|it|pold** (m. Vorn.)
Luk, das; -[e]s, -e; *vgl.* Luke
Lu|kar|ne, die; -, -n ⟨franz.⟩ (*landsch. für* Dachfenster, -luke)
Lu|kas (Evangelist); Evangelium Lucä (des Lukas)
Lu|ke, die; -, -n (kleines Dach- od. Kellerfenster; Öffnung im Deck od. in der Wand des Schiffes)
Lu|ki|an (griech. Satiriker)
Luk|ma|ni|er, der; -s, *auch* **Luk|ma|ni|er|pass,** *auch* **Luk|ma|ni|er-Pass** [*alte Schreibung* Luk|ma|ni|er|paß], der; ...passes (ein schweiz. Alpenpass)
lu|k|ra|tiv ⟨lat.⟩ (Gewinn bringend)
Lu|k|re|tia, Lu|c|re|tia, Lu|c|re|zia (w. Vorn.); **Lu|k|rez** *vgl.* Lucretius; **Lu|k|re|zia** (w. Vorn.)
lu|k|rie|ren ⟨lat.⟩ (*österr. für* Gewinn erzielen)
lu|kul|lisch (üppig); lukullisches Mahl; **Lu|kul|lus,** der; -, -se (Schlemmer [nach Art des Lucullus])
Lu|latsch, der; -[e]s, -e (*ugs. für* langer, schlaksiger Mann)
Lul|le, die; -, -n (*ugs. für* Zigarette)
lul|len (*volkstüml. für* leise singen); das Kind in den Schlaf lullen
Lul|ler (*südd., österr. landsch. für* Schnuller)
Lu|lu [*auch* ...ˈluː] (w. Vorn.)
Lum|ba|go, die; - ⟨lat.⟩ (*Med.* Schmerzen in der Lendengegend; Hexenschuss)
lum|bal (die Lenden[gegend] betreffend); **Lum|bal|a|n|äs|the|sie; Lum|bal|punk|ti|on**
lum|be|cken [*alte Trennung* ...k|k...] ⟨nach dem dt. Erfinder E. Lumbeck⟩ (Bücher durch Aneinanderkleben der einzelnen Blätter binden); gelumbeckt
Lum|ber|jack [ˈla...], der; -s, -s ⟨engl.⟩ (eine Art Jacke)
Lu|men, das; -s, *Plur.* - *u.* ...mina ⟨lat., »Licht«⟩ (*Physik* Einheit des Lichtstromes [*Zeichen* lm]; *Biol., Med.* innerer Durchmesser [lichte Weite] od. Hohlraum von Zellen od. Organen)
Lu|mi|nes|zenz, die; -, -en (*Physik* Lichterscheinung, die nicht durch erhöhte Temperatur bewirkt ist); **lu|mi|nes|zie|ren**
Lum|me, die; -, -n ⟨nord.⟩ (ein arktischer Seevogel)
Lum|mel, der; -s, - (*südd. für* Lendenfleisch, -braten)
Lüm|mel, der; -s, -; **Lüm|me|lei; lüm|mel|haft; lüm|meln,** sich *(ugs.)*; ich lümm[e]le mich
Lump, der; -en, -en (schlechter Mensch); **Lum|pa|zi|us,** der; -, -se (*scherzh. veraltend für* Lump); **Lum|pa|zi|va|ga|bun|dus,** der; -, *Plur.* -se *u.* ...di (Landstreicher)
lum|pen (*ugs. für* liederlich leben); sich nicht lumpen lassen (*ugs.* freigebig sein; Geld ausgeben)
Lum|pen, der; -s, - (Lappen)
Lum|pen|ge|sin|del; Lum|pen|händ|ler (*ugs. für* Altwarenhändler); **Lum|pen|pack; Lum|pen|pro|le|ta|ri|at** *(marxist. Theorie)*; **Lum|pen|sack; Lum|pen|samm|ler** (*auch übertr. scherzh. für* letzte [Straßen]bahn, letzter Omnibus in der Nacht)
Lum|pe|rei
lum|pig
Lu|na ⟨lat.⟩ (römische Mondgöttin; *geh. für* Mond; Name sowjetischer unbemannter Mondsonden)
lu|nar (den Mond betreffend, Mond...); **lu|na|risch** (*älter für* lunar)
Lu|na|ri|um, das; -s, ...ien (Gerät zur Veranschaulichung der Mondbewegung)
Lu|na|tis|mus, der; - (*Med.* Mondsüchtigkeit)
Lunch [lantʃ], der; *Gen.* -[e]s *od.* -, *Plur.* -[e]s *od.* -e ⟨engl.⟩ (leichte Mittagsmahlzeit [in angelsächsischen Ländern]); **lun|chen;** du lunchst; **Lunch|pa|ket; Lunch|zeit**
[1]**Lund** (Stadt in Schweden)
[2]**Lund,** der; -[e]s, -e (Papageitaucher, ein Vogel)
Lü|ne|burg (Stadt am Nordrand der Lüneburger Heide); **Lü|ne|bur|ger Hei|de,** die; - - (Teil des Norddeutschen Tieflandes)
Lü|net|te, die; -, -n ⟨franz.⟩ (*Technik* Stütze für lange Werkstücke auf der Drehbank; *Archit.* Bogenfeld, Stichkappe; *früher* eine Grundrissform im Festungsbau)
Lun|ge, die; -, -n; die eiserne Lunge
Lun|gen|bläs|chen; Lun|gen|bra|ten (*österr. für* Lendenbraten); **Lun|gen|ent|zün|dung; Lun|gen|fisch** *(Zool.)*; **Lun|gen|flü|gel; Lun|gen|ha|schee**
lun|gen|krank
Lun|gen|krebs
lun|gen|lei|dend
Lun|gen|öl|dem
Lun|gen|spit|zen|ka|tarrh, *auch* **Lun|gen|spit|zen|ka|tarr** ↑K 38
Lun|gen-Tbc ↑K 28; **Lun|gen|tu|ber|ku|lo|se**
Lun|gen|tu|mor; Lun|gen|zug
lun|gern *(ugs.)*; ich lungere
Lü|ning, der; -s, -e (*nordd. für* Sperling)
Lun|ker, der; -s, - (fehlerhafter Hohlraum in Gussstücken)
Lün|se, die; -, -n (Achsnagel)
Lünt, die; - (*landsch. für* Schweinenierenfett)
Lun|te, die; -, -n (ein Zündmittel; *Jägerspr.* Schwanz des Fuchses); Lunte riechen (*ugs. für* Gefahr wittern); **Lun|ten|schnur** *Plur.* ...schnüre
Lu|pe, die; -, -n ⟨franz.⟩ (Vergrößerungsglas)
lu|pen|rein (sehr rein, ganz ohne Mängel [von Edelsteinen]; *übertr. für* einwandfrei, hundertprozentig)
Lu|per|ka|li|en *Plur.* (ein altrömisches Fest)
Lupf, der; -[e]s, -e (*südd. u. schweiz. für* das Hochheben; Last, die man eben noch heben

L

kann; *auch für* Hosenlupf); **lup|fen** (*südd., schweiz., österr. für* lüpfen); **lüp|fen** (leicht anheben, kurz hochheben, lüften)
Lu|pi|ne, die; -, -n ‹lat.› (eine Futter- od. Zierpflanze); **Lu|pi|nen|feld**
Lu|pi|nen|krank|heit, die; - (Lupinose); **Lu|pi|no|se,** die; - (Leberentzündung bei Wiederkäuern)
Lup|pe, die; -, -n (*Technik* Eisenklumpen); **lup|pen** (gerinnen lassen)
Lu|pu|lin, das; -s ‹lat.› (Bitterstoff der Hopfenpflanze)
Lu|pus, der; -, *Plur.* - *u.* -se ‹lat.› (*Med.* tuberkulöse Hautflechte)
Lu|pus in fa|bu|la, der; - - - ‹»der Wolf in der Fabel«› (jemand, der kommt, wenn man gerade von ihm spricht)
[1]**Lurch,** der; -[e]s, -e (Amphibie)
[2]**Lurch,** der; -[e]s (*österr. ugs. für* zusammengeballter, mit Fasern durchsetzter Staub); den Lurch wegkehren
Lu|re, die; -, -n ‹nord.› (ein altes nord. Blasinstrument)
Lu|rex®, das; - ‹Kunstwort› (Garn mit metallisierten Fasern)
Lu|sa|ka (Hauptstadt Sambias)
Lu|sche, die; -, -n (*ugs. für* Spielkarte [von geringem Wert])
lu|schig (*landsch. für* liederlich, flüchtig)
Lu|si|ta|ner, Lu|si|ta|ni|er [...i̯ər], der; -s, - (Angehöriger eines iber. Volksstammes); **Lu|si|ta|ni|en** (röm. Provinz, das heutige Portugal); **Lu|si|ta|ni|er** *vgl.* Lusitaner; **lu|si|ta|nisch**
Lust, die; -, Lüste; Lust haben
Lust|bar|keit *(veraltend)*
lust|be|tont
Lus|ter [*alte Trennung* ...|st...], der; -s, - ‹franz.› (*österr. für* Kronleuchter); **Lüs|ter,** der; -s, - (Kronleuchter; Glanzüberzug auf Glas-, Ton-, Porzellanwaren; glänzendes Gewebe)
Lüs|ter|far|be [*alte Trennung* ...|st...]; **Lüs|ter|glas** *Plur.* ...gläser; **Lüs|ter|klem|me**
lüs|tern [*alte Trennung* ...|st...]; er hat lüsterne Augen; der Mann ist lüstern; **Lüs|tern|heit,** die; -
lust|feind|lich; Lust|feind|lich|keit
Lust|gar|ten (*früher für* parkartiger Garten); **Lust|ge|fühl; Lust|ge|winn,** der; -[e]s; **Lust|greis** *(ugs. abwertend)*
lus|tig [*alte Trennung* ...|st...]; *vgl.* Bruder Lustig; **Lus|tig|keit**
Lüst|ling *(abwertend)*
lust|los; Lust|lo|sig|keit, die; -
Lust|molch *(ugs., oft scherzh.)*
Lust|mord; Lust|mör|der
Lust|ob|jekt; Lust|prin|zip, das; -s *(Psych.)*
Lus|tra [*alte Trennung* ...|st...] (*Plur. von* Lustrum)
Lus|tra|ti|on [*alte Trennung* ...|st...], die; -, -en ‹lat.› (*Rel.* feierliche Reinigung [durch Sühneopfer])
Lus|tren [*alte Trennung* ...|st...] (*Plur. von* Lustrum)
lus|trie|ren [*alte Trennung* ...|st...] (*Rel.* feierlich reinigen)
lüs|trie|ren [*alte Trennung* ...|st...] ‹franz.› (*Textilind.* [Baumwoll- u. Leinengarne] fest u. glänzend machen)
Lus|trum [*alte Trennung* ...|st...], das; -s, *Plur.* ...ren *u.* ...ra ‹lat.› (altröm. Sühneopfer; Zeitraum von fünf Jahren)
Lust|schloss [*alte Schreibung* ...schloß]
Lust|spiel; Lust|spiel|dich|ter
lust|voll
lust|wan|deln *(veraltend);* ich lustwand[e]le; er ist gelustwandelt; zu lustwandeln
Lu|te|in, das; -s ‹lat.› (gelber Farbstoff in Pflanzenblättern u. im Eidotter)
Lu|te|tia (w. Eigenn.; *lat. Name von* Paris)
Lu|te|ti|um, das; -s (chemisches Element; *Zeichen* Lu)
Lu|ther (dt. Reformator); **Lu|the|ra|ner; Lu|the|ra|ne|rin**
lu|ther|feind|lich, *auch* **Lu|ther-feind|lich; lu|the|risch** [*auch* ...'te:...]; eine lutherische Kirche; die lutherische [*alte Schreibung* Lutherische] Bibelübersetzung ↑K 135
Lu|ther|ro|se (ein ev. Sinnbild)
lu|thersch; die lutherische, *auch* Luther'sche [*alte Schreibung* Luthersche] Bibelübersetzung; ein Text mit lutherscher, *auch* Luther'scher Schärfe
Lu|ther|stadt Wit|ten|berg *vgl.* Wittenberg
Lu|ther|tum, das; -s
Lutsch|beu|tel; lut|schen *(ugs.);* du lutschst; **Lut|scher**
lütt (*nordd. ugs. für* klein)
Lut|te, die; -, -n (*Bergmannsspr.* Röhre zur Lenkung des Wetterstromes)
Lut|ter, der; -s, - (noch unreines Spiritusdestillat)
Lut|ter am Ba|ren|ber|ge (Ort nordwestl. von Goslar)
Lüt|tich (Stadt in Belgien)
[1]**Lutz** (m. Vorn.)
[2]**Lutz,** der; -, - ‹nach dem österr. Eiskunstläufer A. Lutz› (Drehsprung beim Eiskunstlauf)
Lüt|zel|burg (*ehem. dt. Name von* Luxemburg)
Lüt|zow [...tso] (Familienn.); die Lützowschen Jäger (ein Freikorps)
Luv [lu:f], die; -, *auch (Geogr. nur:)* das; -s (*Seemannsspr., Geogr.* die dem Wind zugekehrte Seite [bes. eines Schiffes, eines Gebirges]; *Ggs.* Lee); *meist ohne Artikel* in, von Luv
lu|ven [...f...] (*Seemannsspr.* das Schiff mehr an den Wind bringen)
Luv|sei|te; luv|wärts (dem Winde zugekehrt)
Lux, das; -, - ‹lat.› (Einheit der Beleuchtungsstärke; *Zeichen* lx)
Lu|xa|ti|on, die; -, -en ‹lat.› (*Med.* Verrenkung)
[1]**Lu|xem|burg** (belg. Provinz)
[2]**Lu|xem|burg** (Großherzogtum)
[3]**Lu|xem|burg** (Hauptstadt von [2]Luxemburg)
Lu|xem|bur|ger; Lu|xem|bur|ge|rin; lu|xem|bur|gisch
lu|xie|ren ‹lat.› (*Med.* verrenken, ausrenken)
Lux|me|ter, das; -s, - ‹lat.; griech.› (Gerät zum Messen der Beleuchtungsstärke)
Lu|xor (ägypt. Stadt)
lu|xu|rie|ren ‹lat.› (*Bot.* üppig wachsen [bes. von Pflanzenbastarden]; *veraltet für* schwelgen)
lu|xu|ri|ös
Lu|xus, der; - (Verschwendung, Prunksucht)
Lu|xus|ar|ti|kel; Lu|xus|aus|ga|be
Lu|xus|damp|fer; Lu|xus|ge|gen|stand; Lu|xus|gü|ter *Plur.;* **Lu|xus|ho|tel**
Lu|xus|jacht, *auch* **Lu|xus|yacht**
Lu|xus|li|mou|si|ne; Lu|xus|steu|er, die; **Lu|xus|vil|la; Lu|xus|wa|gen; Lu|xus|woh|nung**
Lu|zern (Kanton u. Stadt in der Schweiz); **Lu|zern|biet,** das; -s (*schweiz. für* Kanton Luzern)
Lu|zer|ne, die; -, -n ‹franz.› (eine Futterpflanze); **Lu|zer|nen|heu**
Lu|zer|ner; lu|zer|nisch

L

Lu|zia, Lu|zie [...tsi, *auch* ...tsiə] (w. Vorn.)
Lu|zi|an *vgl.* Lukian
lu|zid ‹lat.› (klar, einleuchtend)
Lu|zi|di|tät, die; - (luzide Beschaffenheit)
Lu|zie *vgl.* Luzia
¹Lu|zi|fer, der; -s ‹lat., »Lichtbringer«› (*röm. Mythol.* Morgenstern)
²Lu|zi|fer (Satan)
Lu|zi|fe|rin, das; -s (*Biol., Chemie* Leuchtstoff vieler Tiere u. Pflanzen)
lu|zi|fe|risch (teuflisch)
Lu|zi|us *vgl.* Lucius
LVA = Landesversicherungsanstalt
lx = Lux
ly = Lichtjahr
Ly|der, Ly|di|er (Einwohner Lydiens)
Ly|dia (w. Vorn.)
Ly|di|en (*früher* Landschaft in Kleinasien); **Ly|di|er** *vgl.* Lyder; **ly|disch**
Ly|ki|en (*früher* Landschaft in Kleinasien); **Ly|ki|er; ly|kisch**
Ly|ko|po|di|um, das; -s, ...ien ‹griech.› (*Bot.* Bärlapp)
Ly|kurg (Gesetzgeber Spartas; ein athen. Redner); **ly|kur|gisch;** die lykurgischen [*alte Schreibung* Lykurgischen] Reden ↑K 135
lym|pha|tisch ‹griech.› (*Med.* Lymphe, Lymphknötchen, -drüsen betreffend)
Lymph|bahn; Lymph|drai|na|ge
Lymph|drü|se (*veraltet für* Lymphknoten)
Lym|phe, die; -, -n (weißliche Körperflüssigkeit, ein Impfstoff)
Lymph|ge|fäß; Lymph|kno|ten
lym|pho|gen (lymphatischen Ursprungs); **lym|pho|id** (lymphartig)
Lym|pho|zyt, der; -en, -en *meist Plur.;* (bes. Form der weißen Blutkörperchen); **Lym|pho|zy|to|se,** die; -, -n (krankhafte Vermehrung der Lymphozyten)
lyn|chen [*auch* ˈlɪ...] ‹wahrscheinlich nach dem amerik. Friedensrichter Charles Lynch› (ungesetzl. Volksjustiz ausüben); du lynchst; er wurde gelyncht
Lynch|jus|tiz [*alte Trennung* ...|st...]; **Lynch|mord**
Lyn|keus ‹griech., »Luchs«› (scharfsichtiger Steuermann der Argonauten)
Ly|on [ljõ:] (Stadt in Frankreich)
¹Ly|o|ner (Bewohner von Lyon)
²Ly|o|ner, die; - (*Kurzform von* Lyoner Wurst); **Ly|o|ner Wurst**
Ly|o|ne|ser *vgl.* Lyoner; **ly|o|nesisch**
ly|o|phil ‹griech.› (*Chemie* leicht löslich); **ly|o|phob** (*Chemie* schwer löslich)
Ly|ra, die; -, ...ren ‹griech.› (ein altgriech. Saiteninstrument; Leier; *nur Sing.:* ein Sternbild)
Ly|rik, die; - ([liedmäßige] Dichtung); **Ly|ri|ker** (lyrischer Dichter); **Ly|ri|ke|rin**
ly|risch (der persönlichen Stimmung u. dem Erleben unmittelbaren Ausdruck gebend; gefühl-, stimmungsvoll; liedartig); lyrisches Drama; lyrische Dichtung
Ly|san|der (spartan. Feldherr u. Staatsmann)
Ly|sin, das; -s, -e *meist Plur.* ‹griech.› (*Med.* ein Bakterien auflösender Antikörper)
Ly|sis, die; -, Lysen (*Med.* langsamer Fieberabfall; *Psych.* Persönlichkeitszerfall)
Ly|sis|t|ra|ta [*alte Trennung* ...|st...] (Titelheldin einer Komödie von Aristophanes)
Ly|sol ®, das; -s (ein Desinfektionsmittel)
Lys|sa, die; - ‹griech.› (*Med., Tiermed.* Tollwut, Raserei)
Ly|ze|um, das; -s, ...een ‹griech.› (*veraltet für* höhere Schule für Mädchen; *schweiz. regional für* Oberstufe des Gymnasiums)
Ly|zi|en usw. *vgl.* Lykien usw.
LZ = Ladezone
Lz. = Lizenz
LZB = Landeszentralbank

M m

M (Buchstabe); das M; des M, die M, *aber* das m in Wimpel; der Buchstabe M, m
m = Meter; Milli...
M = medium (Kleidergröße; mittel)
µ = Mikro...; Mikron
M (römisches Zahlzeichen) = 1 000
M = Mark; Modell (bei Schusswaffen); Mega...; Mille
M. = medium (Kleidergröße: mittel)
M, µ = ¹My
M. = Markus; Monsieur
M', Mc = Mac
m² (*früher auch* qm) = Quadratmeter
m³ (*früher auch* cbm) = Kubikmeter
ma. = mittelalterlich
Ma = Machzahl
mA = Milliampere
MA. = Mittelalter
M. A. = Magister Artium; Magistra Artium; Master of Arts
¹Mä|an|der, der; -[s] (alter Name eines Flusses in Kleinasien)
²Mä|an|der, der; -s, - (geschlängelter Flusslauf; ein bandförmiges Ornament); **Mä|an|der|li|nie**
mä|an|dern, mä|an|d|rie|ren (*Geogr.* in Mäandern verlaufen; *Kunstwiss.* mit Mäandern verzieren); **mä|an|d|risch**
Maar, das; -[e]s, -e (*Geogr.* kraterförmige Senke)
Maas, die; - (ein Fluss); **Maas|t|richt** [*auch* ˈma:...] (niederl. Stadt an der Maas)
Maat, der; -[e]s, *Plur.* -e *u.* -en (*Seemannsspr.* Schiffsmann; Unteroffizier auf Schiffen)
Mac [mɛk; *vor dem Namen, wenn unbetont* mək] ‹kelt., »Sohn«› (Bestandteil von schottischen [oder irischen] Namen [z. B. MacLeod]; *Abk.* M', Mc)
Ma|cau, *älter* Ma|cao [...ˈkau] (bis 1999 portugiesisch verwaltetes Territorium an der südchinesischen Küste)
Mac|beth [məkˈbɛθ] (König von Schottland; Titelheld eines Dramas von Shakespeare)
Mac|chie [...ki̯ə], *auch* Mac|chia [...ki̯a], die; -, Macchien ‹ital.› (immergrüner Buschwald des Mittelmeergebietes)
Mach, das; -[s], - (*Kurzform für* Machzahl)
Ma|chan|del, der; -s, - (*nordd. für* Wacholder); **Ma|chan|del|baum**
Mach|art
mach|bar; Mach|bar|keit, die; -
Ma|che, die; - (*ugs. für* Schein, Vortäuschung)
Ma|che|ein|heit, *auch* Ma|che-Ein|heit ‹nach dem österr. Physiker H. Mache› (*früher*

Maßeinheit für radioaktive Strahlung; *Zeichen* ME)
ma|chen; er/sie hat es gemacht; du hast mich lachen gemacht, *selten* machen
Ma|chen|schaft, die; -, -en *meist Plur.*
Ma|cher (Person, die etwas zustande bringt; durchsetzungsfähiger Mensch [in einer Führungsposition])
...ma|cher (z. B. Schuhmacher)
Ma|cher|lohn
Ma|che|te [*auch* ...'tʃe:...], die; -, -n ⟨span.⟩ (Buschmesser)
Ma|chi|a|vel|li [...ki̯a...] (ital. Politiker, Schriftsteller u. Geschichtsschreiber)
Ma|chi|a|vel|lis|mus, der; - (polit. Lehre Machiavellis; *auch für* bedenkenlose Machtpolitik); **ma|chi|a|vel|lis|tisch** [*alte Trennung* ...|st...]
Ma|chi|na|ti|on, die; -, -en ⟨lat.⟩ (*nur Plur.:* Machenschaften; *veraltet für* Kniff, Trick)
Ma|chis|mo [...'tʃɪ...], der; -[s] ⟨span.⟩ (übersteigertes Männlichkeitsgefühl)
Ma|cho, der; -s, -s (sich betont männlich gebender Mann)
Ma|chor|ka, der; -s, -s ⟨russ.⟩ (ein russ. Tabak)
Macht, die; -, Mächte; alles in unserer Macht Stehende
Macht|an|spruch; Macht|be|fug|nis; Macht|be|reich, der; **Macht|block** *Plur.* ...blöcke, *selten* ...blocks
Mäch|te|grup|pe; Mäch|te|grup|pie|rung
Macht|ent|fal|tung; Macht|er|grei|fung; Macht|fra|ge; Macht|fül|le
Macht|ha|ber
Macht|hun|ger
mäch|tig; Mäch|tig|keit
Mäch|tig|keits|sprin|gen *(Pferdesport)*
Macht|kampf
macht|los; Macht|lo|sig|keit, die; -
Macht|mit|tel, das; **Macht|po|si|ti|on; Macht|pro|be; Macht|spruch; Macht|stel|lung; Macht|stre|ben**
Macht|über|nah|me
macht|voll
Macht|voll|kom|men|heit
Macht|wech|sel; Macht|wil|le
Macht|wort *Plur.* ...worte
ma|chul|le ⟨hebr.-jidd.⟩ (*ugs. für* bankrott; *landsch. für* ermüdet)
Ma|chu Pic|chu [...tʃu 'pɪktʃu] (Ruinenstadt der Inka in Peru)
Mach|werk (*abwertend für* minderwertiges [geistiges] Produkt)
Mach|zahl, *auch* **Mach-Zahl** ⟨nach dem österr. Physiker u. Philosophen E. Mach⟩ (Verhältnis der Geschwindigkeit einer Strömung od. eines Körpers zur Schallgeschwindigkeit; *Kurzform* Mach; *Abk.* Ma; 1 Mach = Schallgeschwindigkeit)
[1]**Ma|cke** [*alte Trennung* ...k|k...], die; -, -n ⟨hebr.-jidd.⟩ (*ugs. für* Tick; Fehler)
[2]**Ma|cke** (dt. Maler)
Ma|cker [*alte Trennung* ...k|k...] (*ugs. für* Freund [bes. eines Mädchens]; Kerl)
mack|lich (*nordd. für* ruhig, behaglich; *Seemannsspr.* ruhig im Wasser liegend)
MAD = Militärischer Abschirmdienst
Ma|da|gas|kar (Insel u. Staat östl. von Afrika); **Ma|da|gas|se,** der; -n, -n (Bewohner von Madagaskar); **ma|da|gas|sisch**
Ma|dam, die; -, *Plur.* -s *u.* -en ⟨franz.⟩ (*veraltet, aber noch ugs. für* gnädige Frau; *scherzh. für* [dickliche, behäbige] Frau)
Ma|dame [...'dam] (franz. Anrede für eine Frau, *svw.* »gnädige Frau«; *als Anrede ohne Artikel; Abk. [nur in Verbindung mit dem Namen]* Mme. *[schweiz. ohne Punkt]*); *Plur.* Mesdames [mɛ'dam] (*Abk.* Mmes. *[schweiz. ohne Punkt]*)
Mäd|chen; Mädchen für alles
Mäd|chen|au|ge (*auch* eine Blume)
mäd|chen|haft; Mäd|chen|haf|tig|keit, die; -
Mäd|chen|han|del (*vgl.* [1]Handel); **Mäd|chen|händ|ler**
Mäd|chen|klas|se; Mäd|chen|na|me; Mäd|chen|pen|si|o|nat; Mäd|chen|schu|le
Ma|de, die; -, -n (Insektenlarve)
made in Ger|ma|ny ['me:t - 'dʒø:ɐ̯mani] ⟨engl., »hergestellt in Deutschland«⟩ (ein Warenstempel)
[1]**Ma|dei|ra** [...'de:...] (Insel im Atlantischen Ozean)
[2]**Ma|dei|ra,** Ma|de|ra, der; -s, -s (Süßwein aus Madeira); **Ma|dei|ra|wein**
Mä|del, das; -s, *Plur.* - *od. (bes. nordd.)* -s *u. bayr., österr.* -n
Made|leine [...'dlɛ(:)n] (w. Vorn.)
Ma|de|moi|selle [...d(ə)moa'zɛl] ⟨franz.⟩ (*franz. Bez. für* unverheiratete Frau; *als Anrede ohne Artikel; Abk. [nur in Verbindung mit dem Namen]* Mlle. *[schweiz. ohne Punkt]*); *Plur.* Mesdemoiselles [mɛd(ə)moa'zɛl] (*Abk.* Mlles. *[schweiz. ohne Punkt]*)
Ma|den|wurm
Ma|de|ra usw. *vgl.* Madeira usw.
Mä|de|süß, das; -, - (ein Rosengewächs)
ma|dig; jmdn. madig machen (*ugs. für* in schlechten Ruf bringen); jmdm. etwas madig machen (*ugs. für* verleiden)
Ma|d|jar [*ung. Schreibung* Magyar usw.], der; -en, -en (Ungar); **Ma|d|ja|ren|reich,** das; -[e]s; **ma|d|ja|risch; Ma|d|ja|ri|sie|rung**
Ma|don|na, die; -, ...nnen ⟨ital., »meine Herrin«⟩ (*nur Sing.:* Maria, Mutter Gottes; *bild. Kunst* Mariendarstellung)
Ma|don|nen|bild; Ma|don|nen|ge|sicht
ma|don|nen|haft
Ma|don|nen|li|lie
Ma|d|ras (Stadt in Vorderindien); **Ma|d|ras|ge|we|be**
Ma|d|re|po|re, die; -, -n *meist Plur.* ⟨franz.⟩ (*Zool.* Steinkoralle); **Ma|d|re|po|ren|kalk** (*Geol.* Korallenkalk der Juraformation)
Ma|d|rid (Hauptstadt Spaniens); **Ma|d|ri|der;** Madrider Paläste
Ma|d|ri|gal, das; -s, -e ⟨ital.⟩ ([Hirten]lied; mehrstimmiges Gesangstück); **Ma|d|ri|gal|chor; Ma|d|ri|gal|stil**
Ma|d|ri|le|ne, der; -n, -n (Einwohner Madrids); **Ma|d|ri|le|nin**
ma|es|to|so [*alte Trennung* ...|st...] ⟨ital.⟩ (*Musik* feierlich, würdevoll); **Ma|es|to|so,** das; -s, *Plur.* -s *u.* ...si
Ma|es|t|ro [*alte Trennung* ...|st...], der; -s, *Plur.* -s, *auch* ...stri ⟨ital., »Meister«⟩ (großer Musiker, Komponist *[bes. als Anrede]*)
Mä|eu|tik, die; - ⟨griech.⟩ (Fragemethode des Sokrates); **mä|eu|tisch**
Maf|fia usw. *vgl.* Mafia usw.
Ma|fia, die; -, -s ⟨ital.⟩ (erpresserische Geheimorganisation [in Sizilien]); **Ma|fi|a|me|tho|den** *Plur.*
ma|fi|os (nach Art der Mafia)
Ma|fi|o|so, der; -[s], ...si (Mitglied der Mafia)
Mag. = Magister
Ma|gal|hães [...gal'jɛ̃:ɪʃ] (port. Seefahrer); **Ma|gal|hães|stra|ße,**

M

Ma|gis|ter

[*alte Trennung* ...|st...]
der; -s, -
‹lat., »Meister«›
(akadem. Grad; *veraltet für* Lehrer; *Abk. [bei Titeln]* Mag.)
– Magister Artium (akadem. Grad; *Abk.* M. A., z. B.: Claudia Meier M. A.; *österr.* Mag. art.)
– Magister der Philosophie (*österr., Abk.* Mag. phil.)
– Magister der Naturwissenschaften (*österr., Abk.* Mag. rer. nat.)
– Magister der Theologie (*österr., Abk.* Mag. theol.)
– Magister der Philosophie der theolog. Fakultät (*österr., Abk.* Mag. phil. fac. theol.)
– Magister der Rechte (*österr., Abk.* Mag. jur.)
– Magister der Sozial- und Wirtschaftswissenschaften (*österr., Abk.* Mag. rer. soc. oec.)
– Magister der Tierheilkunde (*österr., Abk.* Mag. med. vet.)
– Magister der Pharmazie (*österr., Abk.* Mag. pharm.)
– Magister der Architektur (*österr., Abk.* Mag. arch.)

auch **Ma|gal|hães-Stra|ße,** die; - (Meeresstraße zwischen dem südamerik. Festland u. Feuerland); *vgl. auch* Magellanstraße
Ma|ga|zin, das; -s, -e ‹arab.-ital.›
Ma|ga|zi|ner (*schweiz. für* Magazinarbeiter)
Ma|ga|zi|neur [...ˈnøːɐ̯], der; -s, -e ‹franz.› (*österr. für* Magazinverwalter); **ma|ga|zi|nie|ren** (einspeichern; lagern)
Magd, die; -, Mägde
Mag|da (w. Vorn.)
Mag|da|la (Dorf am See Genezareth)
Mag|da|le|na, Mag|da|le|ne (w. Vorn.)
Mag|da|le|nen|stift, das
Mag|da|le|nen|strom, der; -[e]s (in Kolumbien)
Mag|da|lé|ni|en [...leˈni̯ɛ̃ː], das; -[s] ‹franz.› (Kultur der Älteren Steinzeit)
Mag|de|burg (Stadt an der mittleren Elbe); **Mag|de|bur|ger; Mag|de|bur|ger Bör|de** (Gebiet westl. der Elbe); **mag|de|bur|gisch**
Mäg|de|lein *(veraltet)*
Mäg|de|stu|be *(früher)*
Mägd|lein *vgl.* Mägdelein
Magd|tum, das; -s (*veraltet für* Jungfräulichkeit)
Ma|gel|lan|stra|ße, *auch* **Ma|gel|lan-Stra|ße** [*auch* ...gɛlˈjaːn..., ˈmagɛljan...], die; - (*eindeutschende Schreibung für* Magalhãesstraße)
Ma|ge|lo|ne (neapolitan. Königstochter; Gestalt des franz. u. dt. Volksbuches)
Ma|gen, der; -s, *Plur.* Mägen *od.* -
Ma|gen|aus|gang; Ma|gen|aus|he|be|rung (*vgl.* aushebern); **Ma|gen|be|schwer|den** *Plur.;* **Ma|gen|bit|ter,** der; -s, - (bitterer Kräuterlikör)
Ma|gen-Darm-Ka|tarrh, *auch* Ma|gen-Darm-Ka|tarr (↑K 26; *Med.*)
Ma|gen|drü|cken [*alte Trennung* ...k|k...]; **Ma|gen|ein|gang; Ma|gen|er|wei|te|rung** *(Med.);* **Ma|gen|fahr|plan** (*ugs.* feststehender Küchenzettel für eine bestimmte Zeit)
Ma|gen|fis|tel [*alte Trennung* ...|st...] *(Med.);* **Ma|gen|ge|gend,** die; -; **Ma|gen|ge|schwür**
Ma|gen|gru|be
Ma|gen|ka|tarrh, *auch* Ma|gen|ka|tarr
Ma|gen|knur|ren, das; -s; **Ma|gen|krampf**
ma|gen|krank; Ma|gen|krebs
Ma|gen|lei|den; ma|gen|lei|dend
Ma|gen|o|pe|ra|ti|on
Ma|gen|saft; Ma|gen|säu|re
Ma|gen|schleim|haut; Ma|gen|schleim|haut|ent|zün|dung
Ma|gen|schmerz *meist Plur.;* **Ma|gen|spie|ge|lung; Ma|gen|spü|lung**
Ma|gen|ta [...ˈdʒɛ...], das; -s ‹nach einem ital. Ort› (Anilinrot)
Ma|gen|ver|stim|mung
Ma|gen|wand
ma|ger; Ma|ger|keit, die; -
Ma|ger|koh|le; Ma|ger|milch; Ma|ger|quark; Ma|ger|sucht, die; -
Mag|gi [*schweiz.* ...dʒi] (Familienn.; ®)
Mag|gie [ˈmɛgi] (w. Vorn.)
Ma|ghreb, der; - ‹arab., »Westen«› (der Westteil der arab.-moslem. Welt: Tunesien, Nordalgerien, Marokko); **ma|ghre|bi|nisch**
Ma|gie, die; - ‹pers.› (Zauber-, Geheimkunst); **Ma|gi|er** (Zauberer); **Ma|gi|e|rin; ma|gisch;** magisches Quadrat
Ma|gis|ter *s. Kasten*
Ma|gis|t|ra [*alte Trennung* ...|st...], die; -, ...ae (*bes. österr.* weibl. Form zu Magister)
Ma|gis|t|ra|le [*alte Trennung* ...|st...], die; -, -n (*regional u. fachspr. für* Hauptverkehrsstraße, -linie)
[1]**Ma|gis|t|rat** [*alte Trennung* ...|st...], der; -[e]s, -e (Stadtverwaltung, -behörde)
[2]**Ma|gis|t|rat** [*alte Trennung* ...|st...], der; -en, -en (*schweiz. für* Inhaber eines hohen öffentlichen Amtes)
Ma|gis|t|rats|be|schluss [*alte Schreibung* ...be|schluß, *alte Trennung* ...|st...]
Mag|ma, das; -s, ...men ‹griech.› (*Geol.* Gesteinsschmelzfluss des Erdinnern); **mag|ma|tisch**
Ma|g|na Char|ta, die; - - ‹lat.› (englisches [Grund]gesetz von 1215; *geh. für* Grundgesetz, Verfassung)
ma|g|na cum lau|de ‹lat., »mit großem Lob«› (zweitbeste Note der Doktorprüfung)
Ma|g|nat, der; -en, -en ‹lat.› (Grundbesitzer, Großindustrieller)
[1]**Ma|g|ne|sia** (Landschaft Thessaliens; *heute* Magnisia)
[2]**Ma|g|ne|sia,** die; - (Magnesiumoxid)
Ma|g|ne|sit, der; -s, -e (Mineral)
Ma|g|ne|si|um, das; -s (chemisches Element, Metall; *Zeichen* Mg); **Ma|g|ne|si|um|le|gie|rung**
Ma|g|net, der; *Gen.* -en *u.* -[e]s, *Plur.* -e, *seltener* -en ‹griech.›
Ma|g|net|band, das; *Plur.* ...bänder; **Ma|g|net|berg; Ma|g|net|ei|sen|stein; Ma|g|net|feld** *(Physik)*
ma|g|ne|tisch; magnetische Feldstärke; magnetischer Pol; magnetischer Sturm
ma|g|ne|ti|sie|ren (magnetisch machen); **Ma|g|ne|ti|sie|rung**
Ma|g|ne|tis|mus, der; - (Gesamtheit der magnetischen Erscheinungen; ein Heilverfahren)
Ma|g|ne|tit, der; -s, -e (Magneteisenstein)
Ma|g|net|kar|te; Ma|g|net|na|del
Ma|g|ne|to|me|ter, das; -s, - *(Physik);* **Ma|g|ne|ton** [*auch* ...ˈtoːn],

das; -s, -[s] (*Physik* Einheit des magnetischen Moments); 2 Magneton

Ma|g|ne|to|phon®, *auch* Ma|g|ne|to|fon, das; -s, -e (ein Tonbandgerät)

Ma|g|ne|to|s|phä|re, die; - (*Meteor.* höchster Teil der Atmosphäre)

Ma|g|ne|t|ron [*auch* ...'tro:n], das; -s, *Plur.* ...one, *auch*-s (*Physik* Elektronenröhre, die magnetische Energie verwendet)

Ma|g|net|ton|ver|fah|ren

ma|g|ni|fik [manji...] ‹franz.› (*veraltet für* herrlich, großartig)

Ma|g|ni|fi|kat [mag...], das; -[s], -s ‹lat.› (Lobgesang Marias)

Ma|g|ni|fi|kus, der; -, ...fizi (*veraltet für* Rektor einer Hochschule); *vgl.* Rector magnificus

Ma|g|ni|fi|zenz, die; -, -en (Titel für Hochschulrektor[inn]en u. a.); *als Anrede* Euer, Eure (*Abk.* Ew.) Magnifizenz

Ma|g|ni|sia *vgl.* [1]Magnesia

Ma|g|no|lie, die; -, -n ‹nach dem franz. Mediziner u. Botaniker Magnol› (ein Zierbaum)

Ma|g|num, die; -, ...gna ‹lat.› (Wein- oder Sektflasche mit 1,5 l Fassungsvermögen; *Waffentechnik* spezielle Patrone mit verstärkter Ladung)

M

Ma|g|nus (m. Vorn.)

Ma|gog (Reich des Gog); *vgl.* Gog

Mag. pharm. = Magister pharmaciae (österr. akadem. Titel)

Mag. phil. = Magister philosophiae (österr. akadem. Titel)

Mag. rer. nat. = Magister rerum naturalium (österr. akadem. Titel)

Ma|g|ritte [...'grɪt] (belg. Maler)

Mag. theol. = Magister theologiae (österr. akadem. Titel)

Ma|g|yar [ma'dja:ɐ̯] usw. *vgl.* Madjar usw.

mäh!; mäh, mäh!; mäh schreien

Ma|ha|go|ni, das; -s ‹indian.› (ein Edelholz); **Ma|ha|go|ni|holz; Ma|ha|go|ni|mö|bel**

Ma|ha|ra|d|scha, der; -s, -s ‹sanskr.› (ind. Großfürst); **Ma|ha|ra|ni,** die; -, -s (Frau eines Maharadschas, ind. Fürstin)

Ma|ha|ri|schi, der; -[s], -s ‹Hindi› (ein ind. religiöser Ehrentitel)

Ma|hat|ma, der; -s, -s ‹sanskr.› (ind. Ehrentitel für geistig hoch stehende Männer); Mahatma Gandhi

Mäh|bin|der

Mahd, die; -, -en (*landsch. für* das Mähen; das Abgemähte [meist Gras])

Mäh|der (*landsch. für* Mäher)

Mah|di ['max..., *auch* 'ma:...], der; -[s], -s (von den Moslems erwarteter Welterneuerer)

Mäh|dre|scher; Mäh|drusch

[1]mä|hen ([Gras] schneiden)

[2]mä|hen; mähende Schafe)

Mä|her

Mahl, das; -[e]s, *Plur.* Mähler *u.* -e (Gastmahl)

mah|len (Korn u. a.); gemahlen

Mah|ler (österr. Komponist)

Mahl|gang, der *(Technik)*

Mahl|geld; Mahl|gut

mäh|lich (*geh. für* allmählich)

Mahl|knecht *(veraltet)*

Mahl|sand *(Seemannsspr.)*

Mahl|schatz (*Rechtsspr. veraltet für* Brautgabe); **Mahl|statt** *od.* **...stät|te** (Gerichts- u. Versammlungsstätte der alten Germanen)

Mahl|stein; Mahl|steu|er, die (eine frühere Steuer); **Mahl|strom** (Strudel); **Mahl|werk** *(Technik);* **Mahl|zahn** (*für* Molar)

Mahl|zeit; gesegnete Mahlzeit!

Mäh|ma|schi|ne

Mahn|be|scheid (*Rechtsw.* Zahlungsbefehl); **Mahn|brief**

Mäh|ne, die; -, -n

mah|nen

mäh|nen|ar|tig

Mah|ner; Mah|ne|rin

Mahn|ge|bühr

mäh|nig ‹*zu* Mähne›

Mahn|mal *Plur.* ...male, *selten* ...mäler; **Mahn|ruf** *(geh.)*

Mahn|schrei|ben

Mah|nung

Mahn|ver|fah|ren *(Rechtsspr.);* **Mahn|wa|che; Mahn|wort** *Plur.* ...worte, *meist Plur. (geh.)*

Mahn|zei|chen

Ma|ho|nie, die; -, -n ‹nach dem amerik. Gärtner B. MacMahon› (ein Zierstrauch)

Mahr, der; -[e]s, -e (quälendes Nachtgespenst, [1]Alb)

[1]Mäh|re, die; -, -n ([altes, abgemagertes] Pferd)

[2]Mäh|re, der; -n, -n; **Mäh|ren** (Gebiet in der Tschechischen Republik); **Mäh|rer** (*svw.* [2]Mähre); **Mäh|re|rin, Mäh|rin; mäh|risch,** *aber* ↑K 140: die Mährische Pforte

Mai, der; *Gen.* -[e]s *u.* - (*geh. gelegentl. noch* -en), *Plur.* -e ‹lat.› (der fünfte Monat des Jahres, Wonnemond, Weidemonat); ↑K 151: der Erste Mai (Feiertag)

Ma|ia *vgl.* [2]Maja

Mai|an|dacht *(kath. Kirche)*

Mai|baum[1]

Mai|blu|me[1]**; Mai|blu|men|strauß**

Mai|bow|le

Maid, die; -, -en (*veraltet, noch scherzh. für* Mädchen)

Mai|de|mons|t|ra|ti|on [*alte Trennung* ...|st...]

Maie, die; -, -n (*veraltend für* Maibaum)

mai|en *(geh.);* es grünt und mait

Mai|en, Mei|en, der; -s, - (*schweiz. mdal. für* Blumenstrauß)

mai|en|haft

Mai|en|nacht *(geh.)*

Mai|en|säß, Mei|en|säß, das; -es, -e (*schweiz. für* Bergweide, Alpgebäude); *vgl.* Maisäß

Mai|fei|er; Mai|glöck|chen; Mai|kä|fer; Mai|kätz|chen

Mai|ke, Mei|ke (w. Vorn.)

Mai|kö|ni|gin[1]**, Mai|kund|ge|bung**

Mail ['me:l] (*kurz für* E-Mail)

Mai|land (ital. Stadt); *vgl.* Milano; **Mai|län|der; mai|län|disch**

Mail|box ['me:...], die; -, -en ‹engl.› (*EDV* »Briefkasten« für den Austausch von Nachrichten in Computersystemen)

mailen ['me:lən] ‹engl.› (als E-Mail senden); gemailt

Mai|ling ['me:...] das; -[s] (Versenden von Werbematerial durch die Post)

Mai|ling|lis|te ['me:...; *alte Trennung* ...|ste] (*EDV* E-Mail-Adressenliste im Internet für das Versenden u. Empfangen von Beiträgen)

Mail|lol [ma'jɔl] (franz. Bildhauer u. Grafiker)

Mai|luft[1]

Main, der; -[e]s (rechter Nebenfluss des Rheins)

Mai|nacht[1]

Mai|n|au, die; - (Insel im Bodensee)

Main-Do|nau-Ka|nal, der; -s ↑K 146

Maine [me:n] (Staat in den USA)

Main|fran|ken

Main|li|nie, die; -

Main|me|t|ro|po|le, die; - (*svw.* Frankfurt a. Main)

Main|stream ['me:nstri:m], der; -s ‹engl.› ([oft abwertend] vorherrschende Richtung)

---

[1] *Geh. auch* Maien...

Mainz (Stadt am Rhein); **Main|zer; main|zisch**

Maire [mɛ:ɐ̯], der; -s, -s ⟨franz.⟩ (Bürgermeister in Frankreich); **Mai|rie**, die; -, ...ien (*franz. Bez. für* Rathaus)

Mais, der; -es, *Plur. (Sorten:)* -e ⟨indian.⟩ (eine Getreidepflanze)

Mai|säß, das; -es, -e (*westösterr. für* Voralpe, vorübergehend im Frühjahr bewirtschaftete Alm)

Mais|bir|ne (Trainingsgerät für Boxer)

Mais|brei; Mais|brot

Maisch, der; -[e]s, -e (*selten für* Maische); **Maisch|bot|tich; Mai|sche**, die; -, -n (Gemisch zur Wein-, Bier- od. Spiritusherstellung); **mai|schen**; du maischst

mais|gelb

Mais|kol|ben; Mais|korn; Mais|mehl

Mai|so|nette [mɛzo'nɛt], *auch* **Mai|son|nette** [...zɔ'nɛt], die; -, *Plur.* -s ⟨franz.⟩ (zweistöckige Wohnung)

Maiß, der; -es, -e *od.* die; -, -en (*bayr., österr. für* Holzschlag; Jungwald)

Mais|stär|ke; Mais|stroh

Maî|t|re de Plai|sir ['mɛ:trə də plɛ'zi:ɐ̯; *alte Schreibung* Maî|tre de plai|sir], der; - - -, -s ['mɛ:trə] - - ⟨franz.⟩ (*veraltet, noch scherzh. für* jmd., der ein Unterhaltungsprogramm leitet)

[1]**Ma|ja**, die; - ⟨sanskr.⟩ (*ind. Philos.* [als verschleierte Schönheit dargestellte] Erscheinungswelt, Blendwerk)

[2]**Ma|ja** (röm. Göttin des Erdwachstums; *griech. Mythol.* Mutter des Hermes)

Ma|ja|kow|s|ki (russ. Dichter)

Maj|da|nek [maj'da(:)...] (im 2. Weltkrieg nationalsozialistisches Konzentrationslager in Polen)

Ma|jes|tät [*alte Trennung* ...|st...], die; -, *Plur.* (als Titel u. Anrede von Kaisern u. Königen:) -en ⟨lat.⟩ (Herrlichkeit, Erhabenheit); Seine Majestät (*Abk.* S[e]. M.), Ihre Majestät (*Abk.* I. M.), Euer Majestät *od.* Eure Majestät (*Abk.* Ew. M.)

ma|jes|tä|tisch [*alte Trennung* ...|st...] (herrlich, erhaben); **Ma|jes|täts|be|lei|di|gung**

Ma|jo|li|ka, die; -, *Plur.* ...ken *u.* -s ⟨nach der Insel Mallorca⟩ (Töpferware mit Zinnglasur)

Ma|jo|nä|se, *auch* Ma|yon|nai|se [...jɔ'nɛ:..., *österr.* ...'nɛ:z], die; -, -n ⟨franz.; nach der Stadt Mahón auf Menorca⟩ (kalte, dicke Soße aus Eigelb u. Öl)

[1]**Ma|jor**, der; -s, -e ⟨lat.-span.⟩ (unterster Stabsoffizier)

[2]**Ma|jor** ['meɪdʒə], die; -, -s *meist Plur.* ⟨engl.⟩ (große, den Markt dominierende Firma, bes. der Filmindustrie)

Ma|jo|ran [*auch* ...'ra:n], *seltener* Mei|ran, der; -s, -e *Plur. selten* ⟨mlat.⟩ (eine Gewürzpflanze; deren getrocknete Blätter)

Ma|jo|rat, das; -[e]s, -e ⟨lat.⟩ (*Rechtsspr.* Vorrecht des Ältesten auf das Erbgut; nach dem Ältestenrecht zu vererbendes Gut); **Ma|jo|rats|gut**

Ma|jor|do|mus, der; -, - ⟨lat.⟩ (Hausmeier; Stellvertreter der fränk. Könige)

ma|jo|renn (*Rechtsspr. veraltet für* volljährig, mündig); **Ma|jo|ren|ni|tät**, die; - (*veraltet für* Volljährigkeit, Mündigkeit)

Ma|jo|rette [...'rɛt], die; -, *Plur.* -s *u.* -n ⟨franz.⟩ (junges Mädchen in Uniform, das bei festlichen Umzügen paradiert); **Ma|jo|ret|ten|grup|pe**

ma|jo|ri|sie|ren ⟨lat.⟩ (überstimmen, durch Stimmenmehrheit zwingen)

Ma|jo|ri|tät, die; -, -en ([Stimmen]mehrheit); **Ma|jo|ri|täts|be|schluss** [*alte Schreibung* ...be|schluß]; **Ma|jo|ri|täts|prin|zip**, das; -s; **Ma|jo|ri|täts|wahl** (Mehrheitswahl)

Ma|jors|rang, der; -[e]s

Ma|jorz, der; -es ⟨lat.⟩ (*schweiz. für* Mehrheitswahlsystem)

Ma|jus|kel, die; -, -n ⟨lat.⟩ (Großbuchstabe)

ma|ka|ber; makab[e]rer, makabers|te ⟨franz.⟩ (unheimlich; Schauder erregend; frivol); maka|b|res Aussehen

Ma|ka|dam, der *od.* das; -s, -e ⟨nach dem schott. Ingenieur McAdam⟩ (Straßenbelag); **ma|ka|da|mi|sie|ren** (mit Makadam versehen, belegen)

Ma|kak, der; *Gen.* -s *u.* ...kaken, *Plur.* ...kaken ⟨afrik.-port.⟩ (meerkatzenartiger Affe)

Ma|ka|me, die; -, -n ⟨arab.⟩ (*Literaturw.* kunstvolle alte arab. Stegreifdichtung)

[1]**Ma|kao** [*auch* ...'kau̯], der; -s, -s ⟨Hindi-port.⟩ (ein Papagei)

[2]**Ma|kao** [*auch* ...'kau̯], das; -s ⟨*nach* Macau (*vgl. d.*)⟩ (ein Glücksspiel)

Ma|kart (österr. Maler); **Ma|kart|bou|quet**, *auch* **Ma|kart|bu|kett** (↑K 136; Strauß aus getrockneten Blumen)

Ma|ke|do|ni|en (Balkanlandschaft); *vgl.* [1]Mazedonien

Ma|ke|do|ni|er; Ma|ke|do|ni|e|rin; ma|ke|do|nisch

Ma|kel, der; -s, - (*geh. für* Schande; Fleck; Fehler)

Mä|ke|lei (*svw.* Nörgelei); **mä|ke|lig**, mäk|lig (gern mäkelnd)

ma|kel|los; Ma|kel|lo|sig|keit

ma|keln (Vermittlergeschäfte machen); ich mak[e]le

mä|keln (*svw.* nörgeln); ich mäk[e]le; **Mä|kel|sucht**, die; -; **mä|kel|süch|tig**

Ma|ket|te, die; -, -n (*eindeutschend für* Maquette)

Make-up [me:k'ap], das; -s, -s ⟨engl.⟩ (kosmet. Verschönerung; kosmet. Präparat)

Ma|ki, der; -s, -s ⟨madagass.-franz.⟩ (ein Halbaffe)

Ma|ki|mo|no, das; -s, -s ⟨jap.⟩ (ostasiat. Rollbild im Querformat auf Seide od. Papier)

Mak|ka|bä|er, der; -s, - (Angehöriger eines jüd. Geschlechtes); **Mak|ka|bä|er|mün|ze; mak|ka|bä|isch**

Mak|ka|bi, der; -[s], -s ⟨hebr.⟩ (Name jüd. Sportvereinigungen); **Mak|ka|bi|a|de**, die; -, -n (jüd. Sporttreffen nach Art der Olympiade)

Mak|ka|ro|ni *Plur.* ⟨ital.⟩ (röhrenförmige Nudeln)

mak|ka|ro|nisch (aus lateinischen [u. lat. deklinierten] Wörtern lebender Sprachen gemischt); makkaronische Dichtung

Mak|ler (Geschäftsvermittler); [1]**Mäk|ler** (*selten für* Makler)

[2]**Mäk|ler** (*svw.* Nörgler)

Mak|ler|ge|bühr; Mak|le|rin; Mak|ler|pro|vi|si|on

mäk|lig *vgl.* mäkelig

Ma|ko, die; -, -s *od.* der *od.* das; -[s], -s ⟨nach dem Ägypter Mako Bey⟩ (ägypt. Baumwolle); **Ma|ko|baum|wol|le**

Ma|ko|ré, das; -[s] ⟨franz.⟩ (afrik. Hartholz)

Ma|k|ra|mee, das; -[s], -s ⟨arab.-ital.⟩ (Knüpfarbeit [mit Fransen])

Ma|k|re|le, die; -, -n ⟨niederl.⟩ (ein Fisch)

M

¹Mal	
das; -[e]s, -e	ein oder mehrere Male; ein für alle Mal[e]; diese paar Mal[e] zu fünf Dutzend Malen; zu verschiedenen, wiederholten Malen
I. *Groß- und Getrenntschreibung als Substantiv:* das erste, zweite usw. Mal; das and[e]re, einzige, letzte, nächste, vorige usw. Mal; das eine Mal ein erstes usw. Mal; ein and[e]res, einziges, letztes Mal; ein Mal über das and[e]re, ein ums and[e]re Mal von Mal zu Mal; Mal für Mal dieses, manches, nächstes, voriges Mal; manches liebe, manch liebes Mal mit einem Mal[e]; beim, zum ersten Mal[e]; beim, zum zweiten, letzten, ander[e]n, soundsovielten, x-ten Mal[e] die letzten, nächsten Male einige, etliche, mehrere, unendliche, unzählige, viele, viele tausend *od.* Tausend, wie viele Mal[e] ein Dutzend Mal [*alte Schreibung* dutzendmal], ein paar Dutzend *od.* dutzend Mal; eine Million Mal[e], drei Millionen Mal[e], Millionen Mal [*alte Schreibung* millionenmal]	**II.** *Zusammenschreibung als Adverb:* noch einmal, noch einmal so viel, auf einmal (*vgl.* mal) keinmal, vielmal, manchmal, x-mal, allemal, diesmal, ein andermal zweimal (*mit Ziffer* 2-mal [*alte Schreibung* 2mal]); drei- bis viermal (*mit Ziffern* 3- bis 4-mal *od.* 3–4-mal [*alte Schreibung* 4mal]) **III.** *Getrennt- oder Zusammenschreibung:* einmal (*aber* ein Mal; *hier sind beide Wörter betont*); fünfundsiebzigmal (*aber* fünfundsiebzig Mal; *beide Wörter betont*); hundertmal (*aber* hundert Mal); tausendmal (*aber* tausend Mal) *Genauso:* ein paarmal (*auch, bei besonderer Betonung,* ein paar Mal), sovielmal (*auch* so viel Mal), wievielmal (*auch* wie viel Mal), vieltausendmal (*auch* vieltausend Mal)

Ma|k|ro, der *od.* das; -s, -s (*EDV kurz für* Makrobefehl)
ma|k|ro... ⟨griech.⟩ (lang..., groß...); **Ma|k|ro...** (Lang..., Groß...)
Ma|k|ro|be|fehl (*EDV* zu einer Einheit zusammengefasste Folge von Befehlen an Rechenanlagen)
Ma|k|ro|bi|o|tik, die; - (eine best. Lebens- u. Ernährungsweise); **ma|k|ro|bi|o|tisch**
ma|k|ro|ke|phal usw. *vgl.* makrozephal usw.
Ma|k|ro|kli|ma (Großklima)
ma|k|ro|kos|misch [*auch* 'ma:...]; **Ma|k|ro|kos|mos, Ma|k|ro|kos|mus,** der; - (die große Welt, Weltall; *Ggs.* Mikrokosmos)
Ma|k|ro|mo|le|kül [*auch* 'ma:...] (*Chemie* aus 1 000 u. mehr Atomen aufgebautes Molekül); **ma|k|ro|mo|le|ku|lar**
Ma|k|ro|ne, die; -, -n ⟨ital.⟩ (ein Gebäck)
ma|k|ro|seis|misch [*auch* 'ma:...] ⟨griech.⟩ (*Geol.* ohne Instrumente wahrnehmbar [von starken Erdbeben])
ma|k|ro|s|ko|pisch (mit freiem Auge sichtbar)
Ma|k|ro|spo|re [*auch* 'ma:...] *meist Plur.* (*Bot.* große weibl. Spore einiger Farnpflanzen)
Ma|k|ro|struk|tur (*fachspr. für* ohne optische Hilfsmittel erkennbare Struktur)
ma|k|ro|ze|phal (*Med.* großköpfig); **Ma|k|ro|ze|pha|lie,** die; -, ...ien
Ma|k|ru|lie, die; -, ...ien (*Med.* Wucherung des Zahnfleisches)
Ma|ku|la|tur, die; -, -en ⟨lat.⟩ (*Druckw.* schadhaft gewordene od. fehlerhafte Bogen; Fehldruck; Altpapier); **ma|ku|lie|ren** (zu Makulatur machen)
mal; acht mal zwei (*mit Ziffern [u. Zeichen]:* 8 mal 2, 8 × 2 *od.* 8 · 2); acht mal zwei ist, macht, gibt (*nicht:* sind, machen, geben) sechzehn; eine Fläche von drei mal fünf Metern (*mit Ziffern [u. Zeichen]:* 3 m × 5 m); *vgl. aber* achtmal und ¹Mal; mal (*ugs. für* einmal [*vgl.* ¹Mal], z. B. komm mal her!; wenn das mal gut geht!; das ist nun mal so; öfter mal was Neues; sag das noch mal!, *auch* nochmal!)
¹Mal *s. Kasten*
²Mal, das; -[e]s, *Plur.* -e *u.* Mäler (Fleck; Merkmal; *geh. für* Denkmal; *Sport* Ablaufstelle)
Ma|la|bar|küs|te [*alte Trennung* ...|st...], die; - (südl. Teil der Westküste Vorderindiens)
Ma|la|bo (Hauptstadt Äquatorialguineas)
Ma|la|chi|as, *ökum.* **Ma|le|a|chi** (bibl. Prophet)
Ma|la|chit, der; -s, -e ⟨griech.⟩ (ein Mineral); **ma|la|chit|grün; Ma|la|chit|va|se**
ma|lad (*selten für* malade); **ma|la|de** ⟨franz.⟩ (*ugs. für* krank)
ma|la fi|de ⟨lat.⟩ (in böser Absicht; wider besseres Wissen)
Ma|la|ga, der; -s, -s (ein Süßwein)
Má|la|ga (span. Provinz u. Hafenstadt)
Ma|la|gas|si, das; - (Sprache der Madagassen)
Ma|la|ga|wein
Ma|la|gue|ña [...'gɛnja], die; -, -s ⟨span.⟩ (ein südspan., dem Fandango ähnl. Tanz)
Ma|lai|e, der; -n, -n (Angehöriger mongol. Völker Südostasiens); **Ma|lai|in; ma|lai|isch,** *aber* ↑K 140: der Malaiische Archipel; Malaiischer Bund
Ma|lai|se, *auch* **Ma|lä|se** [...'lɛ:...], die; -, -n, *schweiz.* das; -s, -s ⟨franz.⟩ (Misere; Missstimmung)
Ma|la|ja|lam *vgl.* Malayalam
Ma|lak|ka (südostasiat. Halbinsel)
Ma|la|ko|lo|gie, die; - ⟨griech.⟩ (Lehre von den Weichtieren)
Ma|la|ria, die; - ⟨ital.⟩ (eine trop. Infektionskrankheit); **Ma|la|ri|a|er|re|ger; ma|la|ri|a|krank**
Ma|la|ri|a|lo|gie, die; - (Erforschung der Malaria)
Ma|lä|se *vgl.* Malaise
Ma|la|wi (Staat in Afrika); **Ma|la|wi|er; Ma|la|wi|e|rin; ma|la|wisch**
Mal|axt (Axt zum Bezeichnen der zu fällenden Bäume)
Ma|la|ya|lam, *auch* **Ma|la|ja|lam,** das; -[s] (eine drawidische Sprache in Südindien)

Ma|lay|sia (Staat in Südostasien); **Ma|lay|si|er; Ma|lay|si|e|rin; ma|lay|sisch**
Mal|buch
Mal|chen *vgl.* Melibocus
Mal|chus (bibl. m. Eigenn.)
Ma|le [...le] (Hauptstadt der Malediven)
Ma|le|a|chi *vgl.* Malachias
Ma|le|di|ven *Plur.* (Inselstaat im Ind. Ozean); **Ma|le|di|ver; Ma|le|di|ve|rin; ma|le|di|visch**
ma|len (Bilder usw.); gemalt
Ma|le|par|tus, der; - (Wohnung des Fuchses in der Tierfabel)
Ma|ler; Ma|ler|ar|beit
Ma|le|rei
Ma|ler|e|mail (Schmelzmalerei)
Ma|ler|far|be
Ma|le|rin
ma|le|risch
Ma|ler|meis|ter [*alte Trennung* ...|st...]; **ma|lern** (*ugs. für* Malerarbeiten ausführen); ich malere
Ma|le|sche, die; -, -n ⟨franz., »Malaise«⟩ (*nordd. für* Ungelegenheit, Unannehmlichkeit)
Mal|feld *(Rugby)*
Mal|grund *(Kunstwiss.)*
Mal|heur [ma'lø:ɐ̯], das; -s, *Plur.* -e *u.* -s ⟨franz.⟩ (*ugs. für* [kleines] Missgeschick; Unglück)
Ma|li (Staat in Afrika)
Ma|li|ce [...sə], die; -, -n ⟨franz.⟩ (*veraltet für* Bosheit)
Ma|li|er (Bewohner von Mali); **Ma|li|e|rin**
...ma|lig (z. B. dreimalig [*mit Ziffer* 3-malig; *alte Schreibung* 3malig])
ma|li|g|ne ⟨lat.⟩ (*Med.* bösartig); **Ma|li|g|ni|tät,** die; - (Bösartigkeit [einer Krankheit, bes. einer Geschwulst])
ma|lisch ⟨*zu* Mali⟩
ma|li|zi|ös (boshaft, hämisch)
Mal|kas|ten [*alte Trennung* ...|st...]
mal|kon|tent ⟨franz.⟩ (*veraltet, noch landsch. für* [mit polit. Zuständen] unzufrieden)
mall ⟨niederl.⟩ (*Seew.* umspringend, verkehrt, verdreht; *nordd. übertr. für* von Sinnen)
Mall, das; -[e]s, -e (*Seemannsspr.* Modell für Schiffsteile)
Mal|lar|mé (franz. Dichter)
mal|len (*Seemannsspr.* nach dem Mall bearbeiten; umspringen [vom Wind])
Mal|lor|ca [ma'jɔr..., *auch* ma'lɔr...] (Hauptinsel der Balearen)
Mal|lor|qui|ner [...'ki:...] (Einwohner Mallorcas); **Mal|lor|qui|ne|rin; mal|lor|qui|nisch**
Mal|lung (*Seemannsspr.* Umspringen des Windes)
Malm, der; -[e]s ⟨engl.⟩ (*Geol.* obere Abteilung der Juraformation; Weißer Jura)
mal|men (*selten für* zermalmen, knirschen)
Mal|mö (schwed. Hafenstadt)
mal|neh|men (vervielfachen); ich nehme mal; malgenommen; malzunehmen
Ma|lo|che [*auch* ...'lɔ...], die; - ⟨hebr.-jidd.⟩ (*ugs. für* schwere Arbeit); **ma|lo|chen** (*ugs. für* schwer arbeiten, schuften); **Ma|lo|cher** (*ugs. für* Arbeiter)
[1]**Ma|lo|ja** (Ort in Graubünden)
[2]**Ma|lo|ja,** der; -[s] *u.* **Ma|lo|ja|pass,** *auch* **Ma|lo|ja-Pass** [*alte Schreibung* Ma|lo|ja|paß], der; ...passes (schweiz. Pass)
Ma|los|sol, der; -s ⟨russ.⟩ (schwach gesalzener Kaviar)
mal|pro|per ⟨franz.⟩ (*veraltet, noch landsch. für* unsauber)
...mals (z. B. mehrmals)
Mal|säu|le (*veraltet für* Grenzstein; Gedenksäule)
Mal|ta (Insel u. Staat im Mittelmeer); **Mal|ta|fie|ber** ↑K 143
Mal|te (m. Vorn.)
Mal|tech|nik
Mal|ter, der *od.* das; -s, - (altes Getreide-, Kartoffelmaß; *österr. ugs. auch für* Mörtel)
Mal|te|ser (Bewohner von Malta; Angehöriger des Malteserordens; ein Schoßhund mit langem Fell)
Mal|te|ser-Hilfs|dienst
Mal|te|se|rin
Mal|te|ser|kreuz; Mal|te|ser|or|den, der; -s; **Mal|te|ser|rit|ter**
mal|te|sisch, *aber* ↑K 140: Maltesische Inseln
Mal|thus (engl. Sozialphilosoph); **Mal|thu|si|a|ner** (Vertreter des Malthusianismus); **Mal|thu|si|a|nis|mus; mal|thu|sisch;** malthusisches [*alte Schreibung* Malthusisches] Bevölkerungsgesetz
Mal|to|se, die; - (*Chemie* Malzzucker)
mal|t|rä|tie|ren ⟨franz.⟩ (misshandeln, quälen); **Mal|t|rä|tie|rung**
Ma|lus, der; *Gen.* - *u.* -ses, *Plur.* - *u.* -se ⟨lat.⟩ (*Kfz-Versicherung* Prämienzuschlag bei Häufung von Schadensfällen)
Ma|lu|ten|si|li|en *Plur.*
Mal|va|si|er, der; -s (ein Süßwein); **Mal|va|si|er|wein**
Mal|ve, die; -, -n ⟨ital.⟩ (eine Zier-, Heilpflanze); **mal|ven|far|ben** *od.* **mal|ven|far|big**
Mal|vi|nen *Plur.; vgl.* Malwinen
Mal|wi|ne (w. Vorn.)
Mal|wi|nen *Plur.* (*svw.* Falklandinseln)
Malz, das; -es; **Malz|bier**
Malz|bon|bon
Mal|zei|chen (Multiplikationszeichen; *Zeichen* · *od.* ×)
Mäl|zel (dt. Instrumentenmacher); Mälzels Metronom, *auch* Metronom Mälzel (*Abk.* M. M.)
mäl|zen (Malz bereiten); du mälzt; **Mäl|zer; Mäl|ze|rei; Mäl|ze|rin**
Malz|ex|trakt; Malz|kaf|fee
Ma|ma [*auch* ...'ma:], die; -, -s; **Ma|ma|chen**
Mam|ba, die; -, -s ⟨Zulu⟩ (eine afrikanische Giftschlange)
Mam|bo, der; -[s], -s, *auch* die; -, -s ⟨kreol.⟩ (südamerik. Tanz)
Ma|me|luck, der; -en, -en ⟨arab.-ital.⟩ (Söldner islam. Herrscher)
Ma|mer|tus (ein Heiliger)
Ma|mi *(Kinderspr.)*
Mam|ma|lia *Plur.* ⟨lat.⟩ (*Zool.* Sammelbez. für alle Säugetiere)
Mam|mo|gra|phie, *auch* **Mam|mo|gra|fie,** die; -, ...ien (*Med.* Röntgenuntersuchung der weiblichen Brust)
Mam|mon, der; -s ⟨aram.⟩ (*abwertend für* Reichtum; Geld); **Mam|mo|nis|mus,** der; - (Geldgier)
Mam|mut, das; -s, *Plur.* -e *u.* -s ⟨russ.-franz.⟩ (Elefant einer ausgestorbenen Art)
Mam|mut... (*auch für* Riesen...)
Mam|mut|baum; Mam|mut|kno|chen; Mam|mut|pro|gramm; Mam|mut|pro|zess [*alte Schreibung* ...pro|zeß]
Mam|mut|ske|lett
Mam|mut|un|ter|neh|men
Mam|mut|ver|an|stal|tung
mamp|fen (*ugs. für* [mit vollen Backen] essen)
Mam|sell, die; -, *Plur.* -en *u.* -s ⟨franz.⟩ (*veraltet, noch scherzh. für* unverheiratete Frau, Hausgehilfin); ↑K 151: kalte Mamsell, *auch* Kaltmamsell (Angestellte für die Zubereitung der kalten Speisen)
[1]**man;** *Dat.* einem, *Akk.* einen; man kann nicht wissen, was einem zustoßen wird; du siehst einen an, als ob man ...

M

[2]**man** (*nordd. ugs. für* nur, mal); das lass man bleiben

[1]**Man** [mɛn] (Insel in der Irischen See)

[2]**Man,** der *od.* das; -s, -s ‹pers.› (früheres pers. Gewicht); 3 Man

m. A. n. = meiner Ansicht nach

Mä|na|de, die; -, -n ‹griech.› (rasendes Weib [im Kult des griech. Weingottes Dionysos])

Ma|nage|ment [ˈmɛnɪtʃmənt], das; -s, -s ‹engl.-amerik.› (Leitung eines Unternehmens)

Ma|nage|ment-Buy-out [*alte Schreibung* Ma|nage|ment-Buy|out], das; -[s] (Übernahme einer Firma durch die eigene Geschäftsleitung)

ma|na|gen [...nɪdʒn̩] (*ugs. für* leiten, unternehmen; zustande bringen); gemanagt

Ma|na|ger, der; -s, - (leitende Persönlichkeit in einem Unternehmen, in einer Institution o. Ä.); **Ma|na|ge|rin; Ma|na|ger|krank|heit**

Ma|na|gua (Hauptstadt Nicaraguas)

Ma|na|ma (Hauptstadt Bahrains)

Ma|nas|se (bibl. m. Eigenn.)

manch

Man schreibt »manch« immer klein ↑K 76:
- mancher weiß das nicht; manche sagen; bei manchen
- manches ist wahr; in manchem
- mancher, der; manches, was

Beugung:
- manch einer; mancher Tag; Waren mancher Art; manche Stunde; manches *u.* manch Buch
- manch guter Vorsatz; mancher gute Vorsatz; mit manch gutem Vorsatz, mit manchem guten Vorsatz
- manch böses Wort, manches böse Wort
- manchmal; manches Mal; manch liebes Mal, manches liebe Mal
- manch Schönes *u.* manches Schöne; mit manch Schönem *u.* mit manchem Schönen
- mancher stimmfähiger (*auch noch* stimmfähigen) Mitglieder
- für manche ältere (*auch noch* älteren) Leute
- manche Stimmberechtigte (*auch* Stimmberechtigten)

Man|cha [...tʃa], die; - (span. Landschaft)

man|chen|orts

man|cher *vgl.* manch

man|cher|lei; mancherlei, was

man|cher|or|ten, *häufiger* **man|cher|orts**

man|ches *vgl.* manch

[1]**Man|ches|ter** [ˈmɛntʃɛstɐ; *alte Trennung* ...|st...] (engl. Stadt)

[2]**Man|ches|ter** [manˈʃɛstɐ; *alte Trennung* ...|st...], der; -s (ein Gewebe); **Man|ches|ter|ho|se**

Man|ches|ter|tum [ˈmɛntʃɛstɐ...; *alte Trennung* ...|st...], das; -s (liberalistische volkswirtschaftliche Anschauung)

manch|mal *vgl.* manch

Man|da|la, das; -[s], -s ‹sanskr.› (Bild als Meditationshilfe)

Man|dant, der; -en, -en ‹lat.› (*Rechtsspr.* Auftraggeber; Vollmachtgeber); **Man|dan|tin**

Man|da|rin, der; -s, -e ‹sanskr.-port.› (*früher* europ. Bezeichnung hoher chin. Beamter)

Man|da|ri|ne, die; -, -n (kleine apfelsinenähnliche Frucht); **Man|da|ri|nen|öl,** das; -[e]s

Man|da|rin|en|te (eine asiatische Ente)

Man|dat, das; -[e]s, -e ‹lat.› (Auftrag, Vollmacht; Sitz im Parlament; in Treuhand von einem Staat verwaltetes Gebiet)

Man|da|tar, der; -s, -e (jmd., der im Auftrag eines anderen handelt; Rechtsanwalt; *österr. für* Abgeordneter); **Man|da|tar|staat; man|da|tie|ren** (*veraltet für* zum Mandatar machen)

Man|dats|ge|biet; Man|dats|trä|ger; Man|dats|ver|lust

[1]**Man|del,** die; -, -n ‹griech.› (Kern einer Steinfrucht; *meist Plur.:* Gaumenmandeln)

[2]**Man|del,** die; -, -[n] ‹mlat.› (altes Zählmaß; Gruppe von etwa 15 Garben; kleine Mandel = 15 Stück, große Mandel = 16 Stück); 3 Mandel[n] Eier

Man|de|la, Nelson (südafrik. Politiker)

Man|del|au|ge; man|del|äu|gig

Man|del|baum; Man|del|blü|te

Man|del|ent|zün|dung

man|del|för|mig; mandelförmige Augen

Man|del|ge|bäck; Man|del|kern

Man|del|kleie; Man|del|öl, das; -[e]s

Man|del|o|pe|ra|ti|on

Man|derl *vgl.* Mandl

Man|di|beln *Plur.* ‹lat.› (*Biol.* Oberkiefer der Gliederfüßer)

man|di|bu|lar, man|di|bu|lär (zum Unterkiefer gehörend)

Mandl, Man|derl, das; -s, -n (*bayr. u. österr. ugs. für* Männlein; Vogelscheuche; Wegzeichen aus Steinen); *vgl.* Steinmandl

Man|do|la, die; -, ...len ‹ital.› (eine Oktave tiefer als die Mandoline klingendes Zupfinstrument)

Man|do|li|ne, die; -, -n ‹franz.› (ein Saiteninstrument)

Man|dor|la, die; -, ...dorlen ‹ital.› (mandelförmiger Heiligenschein)

Man|dra|go|ra, Man|dra|go|re, die; -, ...oren ‹griech.› (ein Nachtschattengewächs)

Man|drill, der; -s, -e ‹engl.› (ein in Westafrika heimischer Affe)

[1]**Mand|schu,** der; -[s], - (Angehöriger eines mongol. Volkes)

[2]**Mand|schu,** das; -[s] (Sprache)

Mand|schu|kuo (Name der Mandschurei als Kaiserreich 1934–45)

Mand|schu|rei, die; - (nordostchin. Tiefland)

mand|schu|risch; mandschurisches Fleckfieber

Ma|ne|ge [...ʒə], die; -, -n ‹franz.› (runde Vorführfläche od. Reitbahn im Zirkus)

Ma|nen *Plur.* ‹lat.› (die guten Geister der Toten im altröm. Glauben)

ma|nes|sisch; *aber* ↑K 150: die Manessische Handschrift (eine Minnesängerhandschrift)

Ma|net [...ˈneː], Edouard [eˈdu̯aːɐ̯] (franz. Maler)

Man|fred (m. Vorn.)

mang (*nordd. ugs. für* unter, dazwischen); mittenmang

Man|ga|be, die; -, -n ‹afrik.› (ein afrik. Affe)

Man|gan, das; -s ‹griech.› (chemisches Element, Metall; *Zeichen* Mn); **Man|ga|nat,** das; -s, -e (Salz der Mangansäure)

Man|gan|ei|sen; Man|ga|nit, der; -s, -e (ein Mineral)

Man|ge, die; -, -n (*südd., schweiz. für* [1]Mangel); [1]**Man|gel,** die; -, -n ([Wäsche]rolle)

[2]**Man|gel,** der; -s, Mängel (Fehler, Unvollkommenheit; *nur Sing.:* das Fehlen)

Man|gel|be|ruf

Man|gel|er|schei|nung

man|gel|frei, män|gel|frei

man|gel|haft; *vgl.* ausreichend; **Man|gel|haf|tig|keit,** die; -
Män|gel|haf|tung *(Rechtsw.)*
Man|gel|holz
Man|gel|krank|heit
[1]**man|geln** ([Wäsche] rollen); ich mang[e]le
[2]**man|geln** (nicht [ausreichend] vorhanden sein); es hat an allem gemangelt
Män|gel|rü|ge (Klage über mangelhafte Ware od. Arbeit)
man|gels ↑K 70 *Präposition mit Genitiv:* mangels des nötigen Geldes, mangels eindeutiger Beweise; *im Plur. mit Dativ, wenn der Genitiv nicht erkennbar ist:* mangels Beweisen
Man|gel|wa|re
Man|gel|wä|sche, die; -; **man|gen** *(landsch. für* [1]mangeln)
Mang|fut|ter *(landsch. für* Mischfutter; *vgl.* [1]Futter); **Mang|ge|trei|de**
Mang|le|rin ⟨*zu* [1]mangeln⟩
Man|go, die; -, *Plur.* ...onen *od.* -s ⟨tamil.-port.⟩ (eine tropische Frucht); **Man|go|baum**
Man|gold, der; -[e]s, -e *Plur. selten* (ein Blatt- u. Stängelgemüse)
Man|g|ro|ve, die; -, -n ⟨engl.⟩ (immergrüner Laubwald in flachen Küstengewässern tropischer Gebiete)
Man|g|ro|ve[n]|baum; Man|g|ro|ve[n]|küs|te [*alte Trennung* ...|st...]
Man|gus|te [*alte Trennung* ...|st...], die; -, -n ⟨Marathi⟩ (in Südeurasien u. Afrika heimische Schleichkatze)
Man|hat|tan [mɛnˈhɛtn̩] (Stadtteil von New York)
Ma|ni (babylonischer Religionsstifter); **Ma|ni|chä|er** (Anhänger des Manichäismus); **Ma|ni|chä|is|mus,** der; - (von Mani gestiftete Religionsform)
Ma|nie, die; -, ...ien ⟨griech.⟩ (Sucht; Besessenheit)
Ma|nier, die; - ⟨franz.⟩ (Art u. Weise, Eigenart; Unnatur, Künstelei)
Ma|nie|ren *Plur.* (Umgangsformen, [gutes] Benehmen)
ma|nie|riert (gekünstelt; unnatürlich); **Ma|nie|riert|heit**
Ma|nie|ris|mus, der; - ⟨lat.⟩ (Stilbegriff für die Kunst der Zeit zwischen Renaissance u. Barock; gekünstelte Anwendung eines Stils)
Ma|nie|rist, der; -en, -en (Vertreter des Manierismus); **ma|nie|ris|tisch** [*alte Trennung* ...|st...]
ma|nier|lich (gesittet; fein)
ma|ni|fest ⟨lat.⟩ (handgreiflich, offenbar, deutlich); **Ma|ni|fest,** das; -es, -e (öffentl. Erklärung, Kundgebung; *Seew.* Verzeichnis der Güter auf einem Schiff); das Kommunistische Manifest
Ma|ni|fes|tant [*alte Trennung* ...|st...], der; -en, -en (*veraltet für* den Offenbarungseid Leistender; *schweiz., sonst veraltet für* Teilnehmer an einer politischen Kundgebung)
Ma|ni|fes|ta|ti|on [*alte Trennung* ...|st...], die; -, -en (Offenbarwerden; *Rechtsw.* Offenlegung; Bekundung; *Med.* Erkennbarwerden [von Krankheiten]; *regional u. schweiz. für* politische Kundgebung)
ma|ni|fes|tie|ren [*alte Trennung* ...|st...] (offenbaren; bekunden; *veraltet für* den Offenbarungseid leisten; *regional u. schweiz. für* demonstrieren); sich manifestieren (deutlich werden, sich zu erkennen geben)
Ma|ni|kü|re, die; -, -n ⟨franz.⟩ (Handpflege, bes. Nagelpflege; Etui mit Geräten für die Nagelpflege; Hand-, Nagelpflegerin); **ma|ni|kü|ren;** manikürt
Ma|ni|la (Hauptstadt der Philippinen); **Ma|ni|la|hanf,** *auch* **Ma|ni|la-Hanf** (Spinnfaser der philippin. Faserbanane)
Ma|nil|le [...ˈnɪljə], die; -, -n ⟨franz.⟩ (Trumpfkarte im Lomberspiel)
Ma|ni|ok, der; -s, -s ⟨indian.-franz.⟩ (eine tropische Nutzpflanze)
Ma|ni|ok|mehl, das; -[e]s; **Ma|ni|ok|wur|zel**
[1]**Ma|ni|pel,** der; -s, - ⟨lat.⟩ (Teil der röm. Kohorte)
[2]**Ma|ni|pel,** der; -s, -, *auch* die; -, -n (Teil der kath. Priestergewandung)
Ma|ni|pu|lant, der; -en, -en; **Ma|ni|pu|lan|tin**
Ma|ni|pu|la|ti|on, die; -, -en (Hand-, Kunstgriff; Verfahren; *meist Plur.:* Machenschaft); **ma|ni|pu|la|tiv**
Ma|ni|pu|la|tor, der; -s, ...oren (*Technik* Vorrichtung zur Handhabung gefährlicher Substanzen; *veraltet für* fingerfertiger Zauberkünstler)
ma|ni|pu|lier|bar; Ma|ni|pu|lier|bar|keit, die; -
ma|ni|pu|lie|ren; manipulierte (gesteuerte) Währung; der manipulierte Mensch; **Ma|ni|pu|lie|rung**
ma|nisch ⟨griech.⟩ (*Psych., Med.* an einer Manie erkrankt; abnorm heiter erregt)
ma|nisch-de|pres|siv ↑K 23 (*Psych.* abwechselnd manisch und depressiv)
Ma|nis|mus, der; - ⟨lat.⟩ (*Völkerk.* Ahnenkult, Totenverehrung)
Ma|ni|to|ba [*auch* mɛniˈtoːbə] (kanad. Provinz)
Ma|ni|tu, der; -s ⟨indian.⟩ (zauberhafte Macht des indian. Glaubens, oft ohne Artikel personifiziert als »Großer Geist«)
Man|ko, das; -s, -s ⟨ital.⟩ (Fehlbetrag; Ausfall; Mangel); **Man|ko|geld** (pauschaler Ausgleich für Fehlbeträge)
[1]**Mann,** Heinrich u. Thomas (dt. Schriftsteller)
[2]**Mann,** der; -[e]s, *Plur.* Männer *u.* (*früher für* Lehnsleute, ritterl. Dienstmannen *od. scherzh.:*) Mannen; vier Mann hoch *(ugs.)*, alle Mann an Bord, an Deck!, tausend Mann; er ist Manns genug; seinen Mann stehen
Man|na, das; -[s], *österr. nur so, od.* die; - ⟨hebr.⟩ (legendäres [vom Himmel gefallenes] Brot der Israeliten; Pflanzensaft)
mann|bar; Mann|bar|keit, die; -
Männ|chen
Mann|de|ckung [*alte Trennung* ...k|k...] *(Sport)*
Män|ne (*Koseform zu* Mann)
man|nen (*Seemannsspr.* von Mann zu Mann reichen)
Man|ne|quin [...kɛ̃, *auch* ...ˈkɛ̃ː], das, *selten* der; -s, -s ⟨franz.⟩ (Frau, die Modellkleider u. Ä. vorführt; *veraltet für* Gliederpuppe)
Män|ner|be|kannt|schaft; Män|ner|be|ruf; Män|ner|bund
Män|ner|chen *Plur. (ugs.)*
Män|ner|chor, der; **Män|ner|fang;** *meist nur in* auf Männerfang ausgehen
män|ner|feind|lich
Män|ner|freund|schaft
Män|ner|heil|kun|de, die; -
män|ner|mor|dend *(ugs. scherzh.)*
Män|ner|sa|che; Män|ner|stim|me; Män|ner|strip
Män|ner|treu, die; -, -, *schweiz.*

das; -s, - (Name verschiedener Pflanzen)

Man|nes|al|ter; Man|nes|kraft; Man|nes|stamm (männl. Linie einer Familie); **Man|nes|stär|ke; Man|nes|wort** *Plur.* ...worte

mann|haft; Mann|haf|tig|keit

Mann|heim (Stadt am Rhein); **Mann|hei|mer;** Mannheimer Schule *(Musik)*

Mann|heit, die; - *(veraltet)*

man|nig|fach

man|nig|fal|tig [ˈmanɪçfaltɪç]; **Man|nig|fal|tig|keit,** die; -

män|nig|lich [ˈmɛnɪklɪç] *(veraltet für* jeder)

Män|nin, die; - *(nur bibl.)*

...män|nisch (z. B. bergmännisch)

Man|nit, der; -s, -e ‹hebr.› (sechswertiger Alkohol im Manna)

Männ|lein; Männlein und Weiblein *(Plur.)*

männ|lich; männliches Geschlecht; **Männ|lich|keit,** die; -; **Männ|lich|keits|wahn,** der; -[e]s *(svw.* Machismo)

Mann|loch (Öffnung zum Einsteigen in große Behälter wie Kessel, Tanks o. Ä.)

Manns|bild *(ugs.)*

Mann|schaft; mann|schaft|lich

Mann|schafts|auf|stel|lung; Mann|schafts|geist, der; -[e]s

Mann|schafts|ka|pi|tän; Mann|schafts|raum

Mann|schafts|sie|ger; Mann|schafts|stär|ke; Mann|schafts|wa|gen; Mann|schafts|wer|tung

manns|dick

manns|hoch; Manns|hö|he; in Mannshöhe

Manns|leu|te *Plur. (ugs.);* **Manns|per|son**

manns|toll

Manns|volk

Man|nus (Gestalt der germ. Mythol.)

Mann|weib *(abwertend für* männlich wirkende Frau)

Ma|no|me|ter, das; -s, - ‹griech.› *(Physik* ein Druckmessgerät); **ma|no|me|t|risch**

Ma|nö|ver, das; -s, - ‹franz.› (größere Truppen-, Flottenübung; Bewegung, die mit einem Schiff, Flugzeug usw. ausgeführt wird; Winkelzug)

Ma|nö|ver|kri|tik *(auch* Besprechung mit kritischem Rückblick); **Ma|nö|ver|scha|den**

ma|nö|v|rie|ren (Manöver vornehmen; geschickt handeln)

ma|nö|v|rier|fä|hig; Ma|nö|v|rier|fä|hig|keit, die; -

Ma|nö|v|rier|mas|se

Man|sard|dach, *auch* **Man|sard-Dach** ‹nach dem franz. Baumeister Mansart› (Dach mit gebrochenen Flächen)

Man|sar|de, die; -, -n (Dachgeschoss, -zimmer); **Man|sar|den|woh|nung; Man|sar|den|zim|mer**

Mansch, der; -[e]s *(ugs. für* Schneewasser; breiige Masse)

man|schen *(ugs. für* mischen; im Wasser planschen); du manschst; **Man|sche|rei** *(ugs.)*

Man|schet|te, die; -, -n ‹franz.› (Ärmelaufschlag; Papierkrause für Blumentöpfe; unerlaubter Würgegriff beim Ringkampf); Manschetten haben *(ugs. für* Angst haben)

Man|schet|ten|knopf

Mans, Le *vgl.* Le Mans

Man|tel, der; -s, Mäntel; **Män|tel|chen**

Man|tel|fut|ter *vgl.* ²Futter

Man|tel|ge|setz (Rahmengesetz)

Man|tel|kra|gen

Man|tel|rohr *(Technik)*

Man|tel|sack *(veraltet für* Reisetasche)

Man|tel|ta|rif *(Wirtsch.);* **Man|tel|ta|rif|ver|trag**

Man|tel|ta|sche

Man|tel-und-De|gen-Film ↑K 26 (Abenteuerfilm, der in der Zeit degentragender Kavaliere spielt)

Man|tik, die; - ‹griech.› (Seher-, Wahrsagekunst)

Man|til|le [...ˈtɪl(j)ə], die; -, -n ‹span.› (Schleiertuch)

Man|tis|se, die; -, -n ‹lat.› *(Math.* hinter dem Komma stehende Ziffern der Logarithmen)

Man|tua (ital. Stadt); **Man|tu|a|ner; man|tu|a|nisch**

¹**Ma|nu|al,** das; -s, -e ‹lat.› (Handklaviatur der Orgel; *veraltet für* Handbuch, Tagebuch)

²**Ma|nu|al** [ˈmɛnjuəl] ‹engl.› *(bes. EDV* Handbuch)

Ma|nu|el [...eːl, *auch* ...ɛl] (m. Vorn.); **Ma|nu|e|la** (w. Vorn.)

ma|nu|ell ‹lat.› (mit der Hand; Hand...); manuelle Fertigkeit

Ma|nu|fakt, das; -[e]s, -e *(veraltet* handgearbeitetes Erzeugnis)

Ma|nu|fak|tur, die; -, -en ([vorindustrieller] gewerbl. Großbetrieb mit Handarbeit; *veraltet* in Handarbeit hergestelltes Erzeugnis); **Ma|nu|fak|tur|be|trieb**

ma|nu|fak|tu|rie|ren *(veraltet für* anfertigen; verarbeiten); **Ma|nu|fak|tu|rist,** der; -en, -en *(früher für* Leiter einer Manufaktur; Händler in Manufakturwaren)

Ma|nu|fak|tur|wa|ren *Plur.* (Textilwaren)

Ma|nul|druck *Plur.* ...drucke (besonderes Druckverfahren; danach hergestelltes Druckwerk)

ma|nu pro|p|ria ‹lat.› (mit eigener Hand; eigenhändig; *Abk.* m. p.)

Ma|nus, das; -, - *(bes. österr. u. schweiz. Kurzform von* Manuskript); **Ma|nu|s|k|ript,** das; -[e]s, -e ‹lat.› (hand- od. maschinenschriftl. Ausarbeitung; Urschrift; Satzvorlage; *Abk.* Ms. [*Plur.* Mss.] *od.* Mskr.)

Ma|nu|s|k|ript|blatt; Ma|nu|s|k|ript|sei|te

Ma|nu|ti|us (ital. Buchdrucker)

Man|za|nil|la [...tsaˈnɪlja, ...sa...], der; -s ‹span.› (ein span. Weißwein)

Ma|o|is|mus, der; - (kommunist. Ideologie in der chin. Ausprägung von Mao Tse-tung)

Ma|o|ist, der; -en, -en (Anhänger des Maoismus); **Ma|o|is|tin** [*alte Trennung* ...|st...]; **ma|o|is|tisch**

¹**Ma|o|ri** [*auch* ˈmau̯...], der; -[s], -[s] (Polynesier auf Neuseeland)

²**Ma|o|ri,** das; - (Sprache der Maoris)

ma|o|risch

Mao Tse-tung, *in neuerer Umschrift* **Mao Ze|dong** (chin. Staatsmann)

Ma|pai, die; - ‹hebr.› (gemäßigte sozialist. Partei Israels)

Ma|pam, die; - (Arbeiterpartei Israels)

Mäpp|chen; Map|pe, die; -, -n

Ma|pu|to (Hauptstadt Mosambiks)

Ma|quet|te [...ˈkɛt(ə)], die; -, -n ‹franz.› (Entwurf für ein Kunstwerk)

Ma|quis [...ˈkiː], der; - ‹franz., »Gestrüpp, Unterholz«› (franz. Widerstandsorganisation im 2. Weltkrieg)

Ma|qui|sard [...ˈzaːɐ̯], der; -, *Plur.* -s *u.* -en [...ˈzardn̩] (Angehöriger des Maquis)

Mär, Mä|re, die; -, Mären *(veraltet, heute noch scherzh. für* Kunde, Nachricht; Sage)

Ma|ra|bu, der; -s, -s ‹arab.› (ein Storchvogel)

Ma|ra|but, der; *Gen.* - *od.* -[e]s,

Plur. - *od.* -s (moslem. Einsiedler, Heiliger)
Ma|ra|cu|ja, die; -, -s ‹indian.› (essbare Frucht der Passionsblume)
ma|ra|na|tha!, *ökum.* ma|ra|na|ta! ‹aram., »unser Herr, komm!«› (Gebetsruf der altchristl. Abendmahlsfeier); **Ma|ra|na|tha,** *ökum.* Ma|ra|na|ta, das; -s, -s
Ma|rä|ne, die; -, -n ‹slaw.› (ein Fisch)
Ma|ran|te, *auch* Ma|ran|ta, die; -, ...ten ‹nach dem venezian. Arzt Maranta› (Pfeilwurz, eine Zimmerpflanze)
ma|ran|tisch (*svw.* marastisch)
Ma|ras|chi|no [...'ki:...], der; -s, -s ‹ital.› (ein Kirschlikör)
Ma|ras|mus, der; - ‹griech.› (*Med.* Entkräftung, [Alters]schwäche); **ma|ras|tisch** [*alte Trennung* ...|st...] (an Marasmus leidend, entkräftet, erschöpft)
Ma|rat [...'ra] (franz. Revolutionär)
Ma|ra|thi, das; -[s] (westindische Sprache)
[1]**Ma|ra|thon** ['ma(:)...] (Ort nördl. von Athen)
[2]**Ma|ra|thon,** der; -s, -s (*kurz für* Marathonlauf)
[3]**Ma|ra|thon,** das; -s, -s (etwas durch übermäßig lange Dauer Anstrengendes)
Ma|ra|thon|lauf ↑K 143 (leichtathletischer Wettlauf über 42,195 km); **Ma|ra|thon|läu|fer; Ma|ra|thon|läu|fe|rin**
Ma|ra|thon|re|de; Ma|ra|thon|sit|zung; Ma|ra|thon|ver|an|stal|tung
Mar|bel, Mär|bel, Mar|mel, Mur|mel, die; -, -n (*landsch. für* kleine Kugel zum Spielen)
Mar|bod (markomann. König)
Mar|burg [*auch* 'mar...] (Stadt in Hessen); **Mar|bur|ger**
[1]**Marc** (dt. Maler u. Grafiker)
[2]**Marc** (m. Vorn.)
mar|ca|to ‹ital.› (*Musik* markiert, betont)
Mar|cel [...'sɛl] (m. Vorn.)
[1]**March,** die; - (linker Nebenfluss der Donau)
[2]**March,** die; - (Gebiet am Ostende des Zürichsees)
[3]**March,** die; -, -en (*schweiz. für* Flurgrenze, Grenzzeichen)
Mär|chen
Mär|chen|buch; Mär|chen|dich|tung; Mär|chen|er|zäh|ler; Mär|chen|er|zäh|le|rin; Mär|chen|film; Mär|chen|for|schung
mär|chen|haft
Mär|chen|land, das; -[e]s
Mär|chen|on|kel (*ugs. auch für* jmd., der [häufig] Märchen erzählt); **Mär|chen|pracht**
Mär|chen|prinz; Mär|chen|prin|zes|sin; Mär|chen|stun|de
Mär|chen|tan|te
Mar|che|sa [...'ke:...], die; -, *Plur.* -s *u.* ...sen ‹ital.› (*w. Form von* Marchese); **Mar|che|se** [...'ke:...], der; -, -n (hoher ital. Adelstitel)
March|feld, das; -[e]s (Ebene in Niederösterreich)
March|zins *Plur.* ...zinsen (*schweiz. Bankw.* Stückzins)
Mar|co|ni (ital. Physiker)
Mar|co Po|lo (ital. Reisender)
Mar|der, der; -s, -; **Mar|der|fell**
Mä|re Mär, die; -, Mären (*veraltet, heute noch scherzh. für* Kunde, Nachricht; Sage)
Ma|rées [...'re:] (dt. Maler)
Ma|rel|le *vgl.* Marille *u.* Morelle
Ma|rem|men *Plur.* ‹ital.› (sumpfige Küstengegend in Mittelitalien); **Ma|rem|men|land|schaft**
mä|ren (*landsch. für* in etwas herumwühlen; langsam sein; umständlich reden)
Ma|ren (w. Vorn.)
Ma|ren|de, die; -, -n ‹ital.› (*tirol. für* Zwischenmahlzeit, Vesper)
Ma|ren|go, der; -s ‹nach dem oberital. Ort› (grau melierter Kammgarnstoff)
Mä|re|rei ‹*zu* mären›
Mar|ga|re|ta, Mar|ga|re|te (w. Vorn.)
Mar|ga|re|ten|blu|me
Mar|ga|ri|ne, die; - ‹franz.›; **Mar|ga|ri|ne|fa|b|rik**
Mar|ge [...ʒə], die; -, -n ‹franz.› (Abstand, Spielraum; *Wirtsch.* Spanne zwischen zwei Preisen, Handelsspanne)
Mar|ge|ri|te, die; -, -n ‹franz.› (eine Wiesenblume, Wucherblume)
Mar|ge|ri|ten|strauß; Mar|ge|ri|ten|wie|se
Mar|ghe|ri|ta [...ge...] (w. Vorn.)
mar|gi|nal ‹lat.› (auf dem Rand stehend; am Rand liegend; *Bot.* randständig)
Mar|gi|nal|be|mer|kung; Mar|gi|nal|glos|se (an den Rand der Seite geschriebene od. gedruckte Glosse [*vgl. d.*])
Mar|gi|na|lie, die; -, -n *meist Plur.* (Randbemerkung auf der Seite einer Handschrift, eines Buches)
mar|gi|na|li|sie|ren (*auch für* [politisch] ins Abseits schieben)
Mar|git, Mar|git|ta, Mar|got, Mar|g|rit, Mar|gue|rite [...gə'ri:t] (w. Vorn.)
Ma|ria (w. Vorn.; gelegentl. zusätzlicher m. Vorn.); Mariä (der Maria) Himmelfahrt (kath. Fest); die Himmelfahrt Mariens; *vgl.* Marie
Ma|ri|a|ge [...ʒə], die; -, -n (König-Dame-Paar in Kartenspielen)
Ma|riä-Him|mel|fahrts-Fest, das; -[e]s ↑K 26
Ma|ria Laach (Benediktinerabtei in der Eifel)
Ma|ri|a|nen *Plur.* (Inselgruppe im Pazifischen Ozean)
ma|ri|a|nisch ‹*zu* Maria›; marianische Frömmigkeit, *aber* ↑K 150: Marianische Kongregation
Ma|ri|an|ne (w. Vorn.; symbol. Verkörperung der Französischen Republik)
ma|ria-the|re|si|a|nisch
Ma|ri|a|the|re|si|en|ta|ler (frühere Münze)
Ma|ri|a|zell (Wallfahrtsort in der Steiermark)
Ma|rie, Ma|rie-Lu|i|se, *auch* Ma|rie|lu|i|se (w. Vorn.)
Ma|ri|en|bild; Ma|ri|en|dich|tung; Ma|ri|en|fest
Ma|ri|en|kä|fer
Ma|ri|en|kir|che ↑K 136, *aber* St.-Marien-Kirche
Ma|ri|en|kult; Ma|ri|en|le|ben (*Kunstwiss.*); **Ma|ri|en|le|gen|de; Ma|ri|en|tag; Ma|ri|en|ver|eh|rung**
Ma|ri|en|wer|der (Stadt am Ostrand des Weichseltales); **Ma|ri|en|wer|der|stra|ße** ↑K 162
Ma|ri|et|ta (w. Vorn.)
Ma|ri|hu|a|na, das; -s ‹mexik.; aus den Vornamen María u. Juana ['xu̯a:na = Johanna]› (ein Rauschgift)
Ma|ri|ka (w. Vorn.)
Ma|ril|le, *auch* Ma|rel|le, die; -, -n ‹ital.› (*bes. österr. für* Aprikose)
Ma|ril|len|knö|del; Ma|ril|len|mar|me|la|de; Ma|ril|len|schnaps
Ma|rim|ba, die; -, -s ‹afrik.-span.› (dem Xylophon ähnliches Musikinstrument); **Ma|rim|ba|phon,** *auch* Ma|rim|ba|fon, das; -s, -e (Marimba mit Resonanzkörpern aus Metall)

M

ma|rin ‹lat.› (zum Meer gehörend, Meer[es]...)
[1]**Ma|ri|na** (w. Vorn.)
[2]**Ma|ri|na,** die; -, -s ‹lat.-engl.› (Jacht-, Motorboothafen)
Ma|ri|na|de, die; -, -n ‹franz.› (Flüssigkeit mit Essig, Kräutern, Gewürzen zum Einlegen von Fleisch, Gurken usw.; Salatsoße; eingelegter Fisch)
Ma|ri|ne, die; -, -n ‹franz.› (Seewesen eines Staates; Flottenwesen; Kriegsflotte, Flotte)
Ma|ri|ne|ar|til|le|rie
Ma|ri|ne|at|ta|ché
ma|ri|ne|blau (dunkelblau)
Ma|ri|ne|flie|ger; Ma|ri|ne|in|fan|te|rie; Ma|ri|ne|ma|ler; Ma|ri|ne|of|fi|zier
[1]**Ma|ri|ner,** der; -s, - (*Jargon* Matrose, Marinesoldat)
[2]**Ma|ri|ner** [ˈmɛ...], der; -s, - ‹amerik.› (unbemannte amerik. Raumsonde zur Planetenerkundung)
Ma|ri|ne|sol|dat; Ma|ri|ne|stück (*svw.* Seestück); **Ma|ri|ne|stütz|punkt; Ma|ri|ne|u|ni|form**
ma|ri|nie|ren ‹franz.› (in Marinade einlegen)
Ma|rio (m. Vorn.)
Ma|ri|o|la|t|rie, die; - ‹griech.› (Marienverehrung)
Ma|ri|o|lo|ge, der; -n, -n (Vertreter der Mariologie); **Ma|ri|o|lo|gie,** die; - (kath.-theol. Lehre von der Gottesmutter); **Ma|ri|o|lo|gin; ma|ri|o|lo|gisch**
Ma|ri|on (w. Vorn.)
Ma|ri|o|net|te, die; -, -n ‹franz.› (Gliederpuppe; willenloser Mensch als Werkzeug anderer); **Ma|ri|o|net|ten|büh|ne**
ma|ri|o|net|ten|haft
Ma|ri|o|net|ten|re|gie|rung
Ma|ri|o|net|ten|spiel; Ma|ri|o|net|ten|the|a|ter
Ma|ri|otte [...ˈri̯ɔt] (franz. Physiker); mariottesches, *auch* Mariotte'sches [*alte Schreibung* Mariottesches] Gesetz
Ma|rist, der; -en, -en ‹*zu* Maria› (Angehöriger einer kath. Missionskongregation)
Ma|ri|ta (w. Vorn.)
ma|ri|tim ‹lat.› (das Meer, das Seewesen betreffend; Meer[es]..., See...); maritimes Klima
Ma|ri|us (röm. Feldherr u. Staatsmann)
Mar|jell, die; -, -en, **Mar|jell|chen** ‹lit.› (*ostpreuß. für* Mädchen)
[1]**Mark,** die; -, *Plur.* -, *ugs. scherzh.* Märker (Währungseinheit; *Abk. [DDR]* M); Deutsche Mark (*Währungscode* DEM; *Abk.* DM)
[2]**Mark,** die; -, -en (*früher für* Grenzland); die Mark Brandenburg
[3]**Mark,** das; -[e]s (*Med., Bot.; auch übertr. für* das Innerste, Beste)
[4]**Mark** (m. Vorn.)
mar|kant ‹franz.› (stark ausgeprägt)
Mar|ka|sit, der; -s, -e ‹arab.› (ein Mineral)
Mark Au|rel (röm. Kaiser)
mark|durch|drin|gend; markdurchdringende Schreie
Mar|ke, die; -, -n (Zeichen; Handels-, Waren-, Wertzeichen)
Mär|ke, die; -, -n (*österr. für* [Namens]zeichen); **mär|ken** (*österr. für* mit einer Märke versehen)
Mar|ken|ar|ti|kel; Mar|ken|but|ter; Mar|ken|er|zeug|nis; Mar|ken|fa|bri|kat; Mar|ken|samm|ler; Mar|ken|schutz; Mar|ken|wa|re; Mar|ken|zei|chen
Mar|ker, der; -s, -[s] ‹engl.› (Stift zum Markieren; *fachspr. für* Merkmal)
Mär|ker (Bewohner der [2]Mark)
mark|er|schüt|ternd; markerschütternde Schreie
Mar|ke|ten|der, der; -s, - ‹ital.› (*früher* Händler bei der Feldtruppe); **Mar|ke|ten|de|rei; Mar|ke|ten|de|rin**
Mar|ke|ten|der|wa|gen; Mar|ke|ten|der|wa|re
Mar|ke|te|rie, die; -, ...ien ‹franz.› (*Kunstwiss.* Einlegearbeit [von farbigem Holz usw.])
Mar|ke|ting, das; -[s] ‹engl.› (*Wirtsch.* Ausrichtung eines Unternehmens auf die Förderung des Absatzes)
Mark|graf (*früher für* Verwalter einer [2]Mark); **Mark|grä|fin**
Mark|gräf|ler, der; -s, - (ein südbad. Wein); **Mark|gräf|ler Land,** das; - -[e]s (Landschaft am Oberrhein)
mark|gräf|lich; Mark|graf|schaft (*früher*)
mar|kie|ren ‹franz.› (be-, kennzeichnen; eine Rolle o. Ä. [bei der Probe] nur andeuten; *österr. für* [eine Fahrkarte] entwerten, stempeln; *ugs. für* vortäuschen; *Sport* [einen Treffer] erzielen, [einen Gegenspieler] decken)
Mar|kier|ham|mer (*Forstw.*)
Mar|kie|rung; Mar|kie|rungs|fähn|chen; Mar|kie|rungs|li|nie; Mar|kie|rungs|punkt
mar|kig; Mar|kig|keit, die; -
mär|kisch (aus der [2]Mark stammend, sie betreffend); märkische Heimat, *aber* ↑K 150: das Märkische Museum
Mar|ki|se, die; -, -n ‹franz.› ([leinenes] Sonnendach, Schutzdach, -vorhang); *vgl. aber* Marquise; **Mar|ki|sen|stoff**
Mar|ki|set|te *vgl.* Marquisette
Mark|ka, die; -, -[a]; 10 Markkaa [...ka] ‹germ.-finn.› (*svw.* Finnmark; *Abk.* mk)
Mark|klöß|chen (eine Suppeneinlage); **Mark|kno|chen**
mark|los
Mar|ko (m. Vorn.)
[1]**Mar|kolf** (m. Vorn.)
[2]**Mar|kolf,** der; -[e]s, -e (*landsch. für* Häher)
Mar|ko|man|ne, der; -n, -n (Angehöriger eines germ. Volksstammes)
Mar|kör, der; -s, -e ‹franz.› (Aufseher, Punktezähler beim Billardspiel; *Landw.* Gerät zum Anzeichnen von Pflanzreihen)
Mark|ran|städt (Stadt südwestl. von Leipzig)
Mark|schei|de (Grenze [eines Grubenfeldes])
Mark|schei|de|kun|de, die; -, **Mark|schei|de|kunst,** die; - (*Bergmannsspr.* Vermessung, Darstellung der Lagerungs- u. Abbauverhältnisse)
Mark|schei|der (Vermesser im Bergbau); **mark|schei|de|risch**
Mark|stamm|kohl (als Grün- od. Gärfutter verwendete Form des Kohls)
Mark|stein
Mark|stück; mark|stück|groß; *vgl.* fünfmarkstückgroß
Markt, der; -[e]s, Märkte; zu Markte tragen
Markt|ab|spra|che; Markt|a|na|ly|se; Markt|an|teil
markt|be|herr|schend
Markt|be|richt; Markt|brun|nen
Markt|bu|de; Markt|chan|ce
mark|ten (abhandeln, feilschen)
Markt|fah|rer (*österr. u. schweiz. für* Wanderhändler); **Markt|fle|cken** [*alte Trennung* ...k|k...]; **Markt|for|schung; Markt|frau**
markt|füh|rend; Markt|füh|rer; Markt|füh|re|rin
markt|gän|gig

Markt|hal|le; Markt|la|ge; Markt|lü|cke [*alte Trennung* ...k|k...]

Markt|o|ber|dorf (Stadt im Allgäu)

Markt|ord|nung

markt|o|ri|en|tiert

Markt|ort, der; -[e]s, -e; **Markt|platz; Markt|preis; Markt|recht**

Markt|schrei|er; markt|schrei|e|risch

Markt|seg|ment; Markt|tag

markt|üb|lich

Markt|weib; Markt|wert

Markt|wirt|schaft (Wirtschaftssystem mit freiem Wettbewerb); freie Marktwirtschaft; soziale Marktwirtschaft; **markt|wirt|schaft|lich**

Mar|kung (*veraltet für* Grenze)

Mar|kus (Evangelist; röm. m. Vorn. [*Abk.* M.]); Evangelium Marci (des Markus)

Mar|kus|kir|che ↑K 136

Mark|ward (m. Vorn.)

Marl|bo|rough [ˈmɔ:lbərə, *auch* ...rə] (engl. Feldherr)

Mär|lein (*veraltet für* Märchen)

Mar|le|ne (w. Vorn.)

Mar|lies, Mar|lis (w. Vorn.)

Mar|lowe [...lo] (engl. Dramatiker)

Mar|ma|ra|meer, das; -[e]s (zwischen Bosporus und Dardanellen)

[1]**Mar|mel** *vgl.* Marbel

[2]**Mar|mel,** der; -s, - ‹lat.› (*veraltet für* Marmor)

Mar|me|la|de, die; -, -n; **Mar|me|la|de[n]|brot; Mar|me|la|de[n]|ei|mer; Mar|me|la|de[n]|glas** *Plur.* ...gläser; **Mar|me|la|de[n]|re|zept**

mar|meln ‹lat.› (*landsch. für* mit [1]Marmeln spielen); ich marm[e]le

Mar|mel|stein (*veraltet für* Marmor)

Mar|mor, der; -s, -e (Gesteinsart); **mar|mor|ar|tig**

Mar|mor|block *Plur.* ...blöcke

Mar|mor|büs|te [*alte Trennung* ...|st...]

mar|mo|rie|ren (marmorartig bemalen, ädern)

Mar|mor|ku|chen

mar|morn (aus Marmor)

Mar|mor|plat|te; Mar|mor|säu|le

Mar|mor|sta|tue; Mar|mor|trep|pe

Mar|ne [*auch* marn], die; - (franz. Fluss)

Ma|ro|cain [...ˈkɛ̃:], der *od.* das; -s, -s ‹franz.› (fein gerippter Kleiderstoff)

ma|rod (*österr. ugs. für* leicht krank)

ma|ro|de ‹franz.› (*Soldatenspr. für* marschunfähig; *veraltend für* erschöpft, verkommen)

Ma|ro|deur [...ˈdø:ɐ̯], der; -s, -e (*Soldatenspr.* plündernder Nachzügler); **ma|ro|die|ren**

Ma|rok|ka|ner; Ma|rok|ka|ne|rin; ma|rok|ka|nisch; Ma|rok|ko (Staat in Nordwestafrika)

[1]**Ma|ro|ne,** die; -, *Plur.* -n, *landsch. auch* ...ni ‹franz.› ([geröstete] essbare Kastanie)

[2]**Ma|ro|ne,** die; -, -n (ein Pilz); **Ma|ro|nen|pilz**

Ma|ro|ni, die; -, - (*südd., österr. svw.* [1]Marone; *vgl.* Marroni); **Ma|ro|ni|bra|ter**

Ma|ro|nit, der; -en, -en ‹nach dem hl. Maro› (Angehöriger der mit Rom unierten syrischen Kirche im Libanon); **ma|ro|ni|tisch;** maronitische Liturgie

Ma|ro|quin [...ˈkɛ̃:], der, *auch* das; -s ‹franz., »aus Marokko«› (Ziegenleder)

Ma|rot|te, die; -, -n ‹franz.› (Schrulle, wunderliche Neigung, Grille)

Mar|quis [...ˈki:], der; -, - ‹franz., »Markgraf«› (franz. Titel)

Mar|qui|sat, das; -[e]s, -e (Würde, Gebiet eines Marquis)

Mar|qui|se, die; -, -n ‹»Markgräfin«› (franz. Titel); *vgl. aber* Markise

Mar|qui|set|te, *auch* Mar|ki|set|te, die; -, *auch* der; -s (ein Gardinengewebe)

Mar|ra|kesch (Stadt u. Provinz in Marokko)

Mar|ro|ni (*schweiz. für* Maroni)

[1]**Mars** (röm. Kriegsgott)

[2]**Mars,** der; - (ein Planet)

[3]**Mars,** der; -, -e, *auch* die; -, -en ‹niederd.› (*Seemannsspr.* Plattform zur Führung u. Befestigung der Marsstenge)

[1]**Mar|sa|la** (ital. Stadt)

[2]**Mar|sa|la,** der; -s, -s (ein Süßwein); **Mar|sa|la|wein,** *auch* **Mar|sa|la-Wein**

marsch!; marsch, marsch!; vorwärts marsch!

[1]**Marsch,** der; -[e]s, Märsche

[2]**Marsch,** die; -, -en (vor Küsten angeschwemmter fruchtbarer Boden)

Mar|schall, der; -s, ...schälle ‹»Pferdeknecht«› (hoher milit. Dienstgrad; Haushofmeister)

Mar|schall[s]|stab

Mar|schall[s]|wür|de

Marsch|be|fehl

marsch|be|reit; Marsch|be|reit|schaft, die; -

Marsch|block *Plur.* ...blocks

Marsch|bo|den

Mar|schen|dorf

marsch|fer|tig

Marsch|flug|kör|per (*Milit.*)

Marsch|ge|päck

mar|schie|ren; Mar|schie|rer; Mar|schie|re|rin

Marsch|ko|lon|ne; Marsch|kom|pass [*alte Schreibung* ...kompaß]

Marsch|land *Plur.* ...länder (*svw.* [2]Marsch)

Marsch|lied

marsch|mä|ßig

Marsch|mu|sik; Marsch|ord|nung; Marsch|rich|tung; Marsch|rou|te

Marsch|tem|po; Marsch|tritt

Marsch|ver|pfle|gung; Marsch|ziel

Mar|seil|lai|se [...sɛˈjɛ:zə], die; - (franz. Revolutionslied, dann Nationalhymne)

Mar|seille [...ˈsɛ:j] (franz. Stadt); **Mar|seil|ler** [...ˈsɛ:jɐ]

Mars|feld, das; -[e]s (Versammlungs- u. Übungsplatz im alten Rom; großer Platz in Paris)

Mar|shall|in|seln, *auch* **Mar|shall-In|seln** [...ʃ..., *auch* ˈma:ɐ̯ʃl̩...] *Plur.* (Inselgruppe u. Staat im Pazifischen Ozean)

Mar|shall|plan, *auch* **Mar|shall-Plan** [...ʃ..., *auch* ˈma:ɐ̯ʃl̩...], der; -[e]s ‹nach dem amerik. Außenminister G. C. Marshall› (amerik. Hilfsprogramm für Westeuropa nach dem 2. Weltkrieg)

Mars|mensch; Mars|son|de

Mars|sten|ge (*Seemannsspr.* erste Verlängerung des Mastes)

Mar|stall, der; -[e]s, ...ställe ‹»Pferdestall«› (Pferdehaltung eines Fürsten u. a.)

Mar|sy|as (altgriech. Meister des Flötenspiels)

Mar|ta *vgl.* [2]Martha

Mär|te, die; -, -n (*mitteld. für* Mischmasch; Kaltschale)

Mar|ten|sit, der; -s, -e ‹nach dem dt. Ingenieur Martens› (beim Härten von Stahl entstehendes Gefüge von Eisen und Kohlenstoff)

Mar|ter, die; -, -n; **Mar|ter|in|st|ru|ment**

Mar|terl, das; -s, -n (*bayr. u. österr. für* Tafel mit Bild und Inschrift zur Erinnerung an Ver-

M

unglückte; Pfeiler mit Nische für Kruzifix od. Heiligenbild)
mạr|tern; ich martere
Mạr|ter|pfahl; Mạr|ter|qual; Mạr|ter|tod
Mạr|te|rung
mạr|ter|voll; Mạr|ter|werk|zeug
[1]Mạr|tha (w. Vorn.)
[2]Mạr|tha, *ökum.* Mạr|ta (bibl. w. Eigenn.)
mar|ti|a|lisch ‹lat.› (kriegerisch; grimmig; verwegen)
[1]Mạr|tin (m. Vorn.)
[2]Mar|tin [...'tɛ̃:] (schweiz. Komponist)
Mar|ti|na (w. Vorn.)
Mạr|tin|gal, das; -s, *Plur.* -e *u.* -s ‹franz.› (*Reiten* zwischen den Vorderbeinen des Pferdes durchlaufender Sprungzügel)
Mạr|tin-Horn® *vgl.* Martinshorn
Mar|ti|ni, das; - (Martinstag)
Mar|ti|nique [...'ni:k] (Insel der Kleinen Antillen; franz. Überseedepartement)
Mạr|tins|gans
Mạr|tins|horn (als ®: Mạrtin-Horn; *Plur.* ...hörner)
Mạr|tins|tag (11. Nov.); **Mạr|tins|um|zug**
Mär|ty|rer[1], der; -s, - ‹griech.› (jmd., der wegen seines Glaubens od. seiner Überzeugung Verfolgung od. den Tod erleidet); **Mär|ty|re|rin**[2], *auch* Mär|ty|rin
Mär|ty|rer|kro|ne[3]
Mär|ty|rer|tod[3]
Mär|ty|rer|tum[3], das; -s
Mär|ty|rin[4] *vgl.* Märtyrerin
Mar|ty|ri|um, das; -s, ...ien (schweres Leiden [um des Glaubens od. der Überzeugung willen])
Mar|ty|ro|lo|gi|um, das; -s, ...ien (Verzeichnis der Märtyrer u. Heiligen u. ihrer Feste)
Ma|rụn|ke, die; -, -n (*ostmitteld.* eine Pflaume)
Mạrx, Karl (dt. Philosoph, Begründer der nach ihm benannten Lehre)
Mar|xịs|mus, der; - (die von Marx u. Engels begründete Theorie des Kommunismus)
Mar|xịs|mus-Le|ni|nịs|mus (*Bez. für* die kommunist. Ideologie nach Marx, Engels u. Lenin)
Mar|xịst, der; -en, -en; **Mar|xịs|tin** [*alte Trennung* ...|st...]
Mar|xịs|tin-Le|ni|nịs|tin [*alte Trennungen* ...|st...], die; -, *Plur.* Marxistinnen-Leninistinnen
mar|xịs|tisch [*alte Trennung* ...|st...]
Mar|xịst-Le|ni|nịst, der; des Marxisten-Leninisten, *Plur.* Marxisten-Leninisten
mạrxsch; die marxsche, *auch* Marx'sche [*alte Schreibung* Marxsche] Philosophie
Ma|ry ['mɛri] (w. Vorn.)
Ma|ry Jane, die; - - ‹engl.› (Marihuana)
Ma|ry|land ['mɛrilɛnt] (Staat der USA)
Mạ̈rz, der; *Gen.* -[es], *geh. auch noch* -en, *Plur.* -e ‹lat.; nach dem röm. Kriegsgott Mars› (dritter Monat im Jahr, Lenzing, Lenzmond, Frühlingsmonat)
Mạ̈rz|be|cher, Mạ̈r|zen|be|cher (eine Frühlingsblume)
Mạ̈rz|bier, Mạ̈r|zen|bier
Mạ̈rz|feld, das; -[e]s (merowing. Wehrmännerversammlung)
Mạ̈rz|ge|fal|le|ne, der; -n, -n (der Revolution von 1848)
Mạ̈rz|glöck|chen (eine Frühlingsblume)
Mar|zi|pan [*auch, österr. nur,* 'ma...], das, *österr., sonst selten,* der; -s, -e ‹arab.› (süße Masse aus Mandeln u. Zucker)
Mar|zi|pan|kar|tof|fel; Mar|zi|pan|schwein|chen
mạ̈rz|lich
Mạ̈rz|nacht; Mạ̈rz|re|vo|lu|ti|on (1848); **Mạ̈rz|son|ne,** die; -; **Mạ̈rz|veil|chen**
Mạ|sa|ryk [...rɪk] (tschechoslowak. Soziologe u. Staatsmann)
Mas|ca|g|ni [...'kanji] (ital. Komponist)
[1]Mas|ca|ra, die; -, -s ‹span.-engl.› (Wimperntusche)
[2]Mas|ca|ra, der; -, -s (Stift od. Bürste zum Auftragen von Wimperntusche)
Mas|car|po|ne, der; -s ‹ital.› (ein ital. Frischkäse)
Ma|schạns|ker, der; -s, - ‹tschech.› (*österr.* eine Apfelsorte)
Mạ|sche, die; -, -n (Schlinge; *österr. u. schweiz. auch für* Schleife; *ugs. für* Lösung; Trick); die neu[e]ste Masche
Mạ|schek|sei|te *vgl.* Maschikseite
Mạ|schen|draht (Drahtgeflecht); **Mạ|schen|draht|zaun**
Mạ|schen|mo|de; Mạ|schen|netz; Mạ|schen|pan|zer; Mạ|schen|wa|re
Mạ|scherl, das; -s, -n (*österr. für* Schleife, Fliege)
mạ|schig
Mạ|schik|sei|te, Mạ|schek|sei|te ‹ung.› (*ostösterr. für* entgegengesetzte Seite, Rückseite)

Ma|schi|ne
die; -, -n ‹franz.›
Getrenntschreibung: – ich schreibe Maschine; weil sie Maschine schreibt [*alte Schreibung* maschineschreibt]; ich habe Maschine geschrieben [*alte Schreibung* maschinegeschrieben]; um Maschine zu schreiben [*alte Schreibung* maschinezuschreiben]
Zusammenschreibung: – ein maschinegeschriebener (mit der Maschine geschriebener) Brief *Vgl.* maschinegeschrieben, maschinengeschrieben

ma|schi|ne|ge|schrie|ben *vgl.* maschinengeschrieben
ma|schi|nell (maschinenmäßig [hergestellt])
Ma|schi|nen|bau, der; -[e]s; **Ma|schi|nen|fa|b|rik**
ma|schi|nen|ge|schrie|ben, ma|schi|ne|ge|schrie|ben, ma|schin|ge|schrie|ben; ein maschinengeschriebener, maschinegeschriebener, *österr.* maschingeschriebener Brief
ma|schi|nen|ge|stickt; ma|schi|nen|ge|strickt
Ma|schi|nen|ge|wehr (*Abk.* MG)
Ma|schi|nen|haus
ma|schi|nen|les|bar *(EDV)*
Ma|schi|nen|meis|ter [*alte Trennung* ...|st...]; **Ma|schi|nen|nä|he|rin; Ma|schi|nen|öl**
Ma|schi|nen|pis|to|le [*alte Trennung* ...|st...] (*Abk.* MP, MPi)
Ma|schi|nen|re|vi|si|on (*Druckw.* Überprüfung der Druckbogen vor Druckbeginn)
Ma|schi|nen|satz (zwei miteinander starr gekoppelte Maschinen; *Druckw., nur Sing.:* mit der Setzmaschine hergestellter Schriftsatz)
Ma|schi|nen|scha|den
Ma|schi|nen|schlos|ser; Ma|schi|nen|schlos|se|rin

[1] *Kath. Kirche auch* Mạrtyrer
[2] *Kath. Kirche auch* Mạrtyrerin
[3] *Kath. Kirche auch* Mạrtyrer...
[4] *Kath. Kirche auch* Mạrtyrin

Ma|schi|ne[n]|schrei|ben, das; -s (*Abk.* Masch.-Schr.); **Ma|schi|ne[n]|schrei|ber; Ma|schi|ne[n]|schrei|be|rin**

Ma|schi|nen|schrift; ma|schi|nen|schrift|lich

Ma|schi|nen|set|zer *(Druckw.);* **Ma|schi|nen|spra|che** *(EDV);* **Ma|schi|nen|te|le|graf,** *auch* ...te|le|graph; **Ma|schi|nen|wär|ter; Ma|schi|nen|zeit|al|ter**

Ma|schi|ne|rie, die; -, ...i|en (maschinelle Einrichtung; Getriebe)

Ma|schi|ne|schrei|ben usw. *vgl.* Maschine[n]schreiben usw.

Ma|schi|ne schrei|ben [*alte Schreibung* ma|schi|ne|schrei|ben] *vgl.* Maschine

Ma|schi|nist, der; -en, -en (Maschinenmeister); **Ma|schi|nis|tin** [*alte Trennung* ...|st...]

ma|schin|schrei|ben *(österr. für* Maschine schreiben); **Ma|schin|schrei|ben,** das; -s *(österr.);* **Ma|schin|schrei|ber** *(österr.);* **ma|schin|schrift|lich** *(österr.)*

Masch.-Schr. = Maschine[n]schreiben ↑K 28

[1]**Ma|ser** ['me:..., *auch* 'ma:...], der; -s, - ‹engl.› (*Physik* Gerät zur Verstärkung oder Erzeugung von Mikrowellen)

[2]**Ma|ser,** die; -, -n (Zeichnung [im Holz]; Narbe)

Ma|se|reel, Frans (belgischer Grafiker u. Maler)

Ma|ser|holz

ma|se|rig

ma|sern; ich masere; gemasertes Holz

Ma|sern *Plur.* (eine Kinderkrankheit)

Ma|se|ru (Hauptstadt Lesothos)

Ma|se|rung (Zeichnung des Holzes)

Mas|ka|rill, der; -[s], -e ‹span.› (span. Lustspielgestalt)

Mas|ka|ron, der; -s, -e ‹franz.› (*Archit.* Menschen- od. Fratzengesicht)

Mas|kat (Hauptstadt von Oman)

Mas|kat und O|man (*frühere Bez. für* Oman)

Mas|ke, die; -, -n ‹franz.› (künstl. Hohlgesichtsform; Verkleidung; kostümierte Person)

Mas|ken|ball; Mas|ken|bild|ner; Mas|ken|bild|ne|rin

mas|ken|haft

Mas|ken|kos|tüm [*alte Trennung* ...|st...]

Mas|ken|spiel; Mas|ken|ver|leih

Mas|ke|ra|de, die; -, -n ‹span.› (Verkleidung; Maskenfest; Mummenschanz)

mas|kie|ren ‹franz.› ([mit einer Maske] unkenntlich machen; verkleiden; verbergen); sich maskieren; **Mas|kie|rung**

Mas|kott|chen ‹franz.› (Glück bringender Talisman, Anhänger; Puppe u. a. [als Amulett])

Mas|kot|te, die; -, -n (*svw.* Maskottchen)

mas|ku|lin [*auch* ...'li:n] ‹lat.› (männlich); **mas|ku|li|nisch** (*älter für* maskulin)

Mas|ku|li|num, das; -s, ...na (*Sprachw.* männl. Substantiv, z. B. »der Wagen«; *nur Sing.:* männl. Geschlecht)

Ma|so|chis|mus, der; - ‹nach dem österr. Schriftsteller L. v. Sacher-Masoch› (geschlechtl. Erregung durch Erdulden von Misshandlungen)

Ma|so|chist, der; -en, -en; **Ma|so|chis|tin** [*alte Trennung* ...|st...]; **ma|so|chis|tisch**

Ma|so|wi|en (hist. Gebiet beiderseits der Weichsel um Warschau)

[1]**Maß**

das; -es, -e ‹*zu* messen›

Getrenntschreibung:
- Maß halten [*alte Schreibung* maßhalten]; er hält Maß [*alte Schreibung* maß]; dass sie Maß hält [*alte Schreibung* maßhält]; sie haben Maß gehalten [*alte Schreibung* maßgehalten]; um Maß zu halten [*alte Schreibung* maßzuhalten]; eine Maß haltende [*alte Schreibung* maßhaltende] Forderung
- Maß nehmen; er nimmt Maß; dass sie Maß nimmt; sie haben Maß genommen; um Maß zu nehmen; eine Maß nehmende Schneiderin
- *aber* ↑K 82: das Maßhalten, das Maßnehmen

[2]**Maß,** *bes. bayr. auch* Mass, die; -, -[e] (*bayr. u. österr.* ein Flüssigkeitsmaß); 2 Maß, *auch* Mass Bier

Mass. = Massachusetts

Mas|sa|chu|setts [mɛsəˈtʃu:sɛts] (Staat in den USA; *Abk.* Mass.)

Mas|sa|ge [...ʒə], die; -, -n ‹franz.› (Heilbehandlung durch Streichen, Kneten usw. des Körpergewebes)

Mas|sa|ge|in|s|ti|tut; Mas|sa|ge|sa|lon; Mas|sa|ge|stab

Mas|sai [*auch* 'ma...], der; -, - (Angehöriger eines Nomadenvolkes in Ostafrika)

Mas|sa|ker, das; -s, - ‹franz.› (Gemetzel)

mas|sa|k|rie|ren (niedermetzeln); **Mas|sa|k|rie|rung**

Maß|a|na|ly|se *(Chemie);* **maß|a|na|ly|tisch**

Maß|an|ga|be; Maß|an|zug; Maß|ar|beit

Maß|band *Plur.* ...bänder; **Maß|be|zeich|nung**

Mäß|chen (altes Hohlmaß)

Ma|ße, die; -, -n (*veraltet für* Mäßigkeit; Art u. Weise); *noch in* in, mit, ohne Maßen; über die Maßen; über alle Maßen

Mas|se, die; -, -n; **Mas|se|gläu|bi|ger** *Plur. (Wirtsch.)*

Maß|ein|heit; Maß|ein|tei|lung

[1]**Mas|sel,** der; -s ‹hebr.-jidd.› (*Gaunerspr.* Glück)

[2]**Mas|sel,** die; -, -n (Form für Roheisen; Roheisenbarren)

mas|se|los; masselose Elementarteilchen

ma|ßen (*veraltet für* weil)

Ma|ßen (*Plur. von* Maße)

...ma|ßen (z. B. einigermaßen)

Mas|sen|ab|fer|ti|gung; Mas|sen|ab|satz; Mas|sen|an|drang; Mas|sen|ar|beits|lo|sig|keit; Mas|sen|ar|ti|kel; Mas|sen|auf|ge|bot

Mas|sen|be|darf; Mas|sen|be|darfs|ar|ti|kel

Mas|sen|ent|las|sung; Mas|sen|fa|b|ri|ka|ti|on; Mas|sen|ge|sell|schaft *(Soziol.);* **Mas|sen|grab**

mas|sen|haft

Mas|sen|hin|rich|tung

Mas|sen|ka|ram|bo|la|ge

Mas|sen|kund|ge|bung

Mas|sen|me|di|um *meist Plur.*

Mas|sen|mord; Mas|sen|mör|der

Mas|sen|or|ga|ni|sa|ti|on; Mas|sen|pro|duk|ti|on; Mas|sen|psy|cho|se; Mas|sen|quar|tier

Mas|sen|sport; Mas|sen|ster|ben; Mas|sen|tier|hal|tung; Mas|sen|tou|ris|mus

Mas|sen|ver|an|stal|tung

Mas|sen|ver|kehrs|mit|tel

mas|sen|wei|se

Mas|se|schul|den *Plur. (Wirtsch.)*

Mas|set|te, die; -, -n (*österr. für* Eintrittskartenblock)

Mas|seur [...'sø:ɐ̯], der; -s, -e ‹franz.› (die Massage Ausüben-

M

der); **Mas|seu|rin,** die; -, -nen *(Berufsbez.);* **Mas|seu|se** […'sø:…], die; -, -n

Mas|se|ver|wal|ter *(österr. Rechtsw.* Verwalter der Konkursmasse)

Maß|ga|be, die; - *(Amtsspr. für* Bestimmung); mit der Maßgabe; nach Maßgabe (entsprechend)

maß|ge|bend; maß|geb|lich

maß|ge|recht; maß|ge|schnei|dert

Maß hal|ten[d] *[alte Schreibung* maß|hal|ten(d)] *vgl.* [1]Maß

maß|hal|tig (*Technik* das Maß einhaltend); **Maß|hal|tig|keit,** die; -

Maß|hol|der, der; -s, - (Feldahorn)

[1]**mas|sie|ren** ‹franz.› (durch Massage behandeln, kneten)

[2]**mas|sie|ren** ‹franz.› (Truppen zusammenziehen; verstärken, intensivieren); **Mas|sie|rung**

mas|sig

mä|ßig

...mä|ßig (z. B. behelfsmäßig)

mä|ßi|gen; sich mäßigen

Mas|sig|keit, die; -

Mä|ßig|keit, die; -; **Mä|ßi|gung**

mas|siv ‹franz.› (schwer; voll [nicht hohl]; fest, dauerhaft; roh, grob)

Mas|siv, das; -s, -e (Gebirgsstock)

Mas|siv|bau *Plur.* ...bauten; **Mas|siv|bau|wei|se**

Mas|si|vi|tät, die; -

Maß|kon|fek|ti|on; Maß|krug

maß|lei|dig (*südd. für* verdrossen)

Maß|lieb, das; -[e]s, -e ‹niederl.› (eine Blume); **Maß|lieb|chen**

maß|los; Maß|lo|sig|keit

Maß|nah|me, die; -, -n; **Maß|nah|men|ka|ta|log**

Maß|neh|men, das; -s; *vgl.* [1]Maß

Mas|so|ra, die; - ‹hebr.› ([jüd.] Textkritik des A. T.)

Mas|so|ret, der; -en, -en (mit der Massora beschäftigter jüd. Schriftgelehrter u. Textkritiker); **mas|so|re|tisch**

Maß|re|gel

maß|re|geln; ich maßreg[e]le; gemaßregelt; zu maßregeln

Maß|re|ge|lung, Maß|reg|lung

Maß|sa|chen *Plur. (ugs.)*

Maß|schnei|der

Maß|stab; maß|stäb|lich

...maß|stäb|lich, *gelegentlich auch* ...maß|stä|big (z. B. großmaßstäblich, *gelegentlich auch* großmaßstäbig)

maß|stab[s]|ge|recht

maß|stab[s]|ge|treu

maß|voll

Maß|werk, das; -[e]s (Ornament an gotischen Bauwerken)

[1]**Mast,** der; -[e]s, *Plur.* -en, *auch* -e (Mastbaum)

[2]**Mast,** die; -, -en (Mästung)

Mas|ta|ba *[alte Trennung* ...|st...], die; -, *Plur.* -s *u.* ...taben ‹arab.› (altägypt. Grabkammer)

Mast|baum

Mast|darm; Mast|darm|fis|tel *[alte Trennung* ...|st...]

mäs|ten *[alte Trennung* ...|st...]

Mast|en|te

Mas|ter *[alte Trennung* ...|st...], der; -s, - ‹engl., »Meister«› (engl. Anrede an junge Leute; akadem. Grad in England u. in den USA; Leiter bei Parforcejagden); Master of Arts (akadem. Grad; *Abk.* M.A.; *vgl.* Magister)

Mäs|ter *[alte Trennung* ...|st...]

...mas|ter ([*alte Trennung* ...|st...] z. B. Dreimaster)

Mäs|te|rei *[alte Trennung* ...|st...]

Mas|ter|plan ‹engl.› *[alte Trennung* ...|st...] (umfassender, übergeordneter Plan]

Mast|fut|ter (*vgl.* [1]Futter)

Mast|gans; Mast|huhn

Mas|tiff *[alte Trennung* ...|st...], der; -s, -s ‹engl.› (Hunderasse)

mas|tig *[alte Trennung* ...|st...] (*landsch. für* fett, feist; *auch für* feucht [von Wiesen])

Mas|ti|ka|tor *[alte Trennung* ...|st...], der; -s, ...oren ‹lat.› (Knetmaschine)

Mas|tix *[alte Trennung* ...|st...], der; -[es] (ein Harz)

Mast|korb

Mast|kur; Mast|och|se

Mas|to|don, das; -s, ...donten ‹griech.› (ausgestorbene Elefantenart)

Mast|schwein

Mast|spit|ze

Mäs|tung *[alte Trennung* ...|st...]

Mas|tur|ba|ti|on *[alte Trennung* ...|st...], die; -, -en ‹lat.› (geschlechtliche Selbstbefriedigung); **mas|tur|ba|to|risch**

mas|tur|bie|ren

Mast|vieh

Ma|su|re, der; -n, -n; (Bewohner Masurens)

Ma|su|ren (Landschaft im ehem. Ostpreußen)

Ma|su|rin; ma|su|risch, *aber* ↑K 140: die Masurischen Seen

Ma|sur|ka, *auch* Ma|zur|ka [ma'zurka], die; -, *Plur.* ...ken *u.* -s ‹poln.› (poln. Nationaltanz)

Ma|sut, das; -[e]s ‹russ.› (Erdölrückstand, der zum Heizen von Kesseln verwendet wird)

Ma|ta|dor, der; *Gen.* -s, *auch* -en, *Plur.* -e, *auch* -en ‹span.› (Hauptkämpfer im Stierkampf; Hauptperson)

Match [mɛtʃ, *schweiz. auch* matʃ], das, *schweiz.* der; -[e]s, *Plur.* -s, *auch* -e, *österr. u. schweiz. auch* -es ‹engl.› (Wettkampf, -spiel)

Match|ball (*Sport* spielentscheidender Ball [Aufschlag])

Match|beu|tel; Match|sack

Match|stra|fe (Feldverweis für die gesamte Spieldauer beim Eishockey)

Match|win|ner, der; -s, - (Gewinner eines Matchs)

[1]**Ma|te,** der; - ‹indian.› (ein Tee)

[2]**Ma|te,** die; -, -n (südamerik. Stechpalmengewächs, Teepflanze)

Ma|te|baum; Ma|te|blatt

Ma|ter, die; -, -n ‹lat.› (*Druckw.* Papptafel mit negativer Prägung eines Schriftsatzes; Matrize; *Med.* die das Hirn einhüllende Haut)

Ma|ter do|lo|ro|sa, die; - - ‹»schmerzensreiche Mutter«› (*christl. Rel.* Beiname Marias, der Mutter Jesu)

ma|te|ri|al ‹lat.› (stofflich, inhaltlich, sachlich); materiale Ethik

Ma|te|ri|al, das; -s, ...ien

Ma|te|ri|al|aus|ga|be; Ma|te|ri|al|be|darf; Ma|te|ri|al|be|schaf|fung; Ma|te|ri|al|ein|spa|rung

Ma|te|ri|al|er|mü|dung *(Technik);* **Ma|te|ri|al|feh|ler**

Ma|te|ri|a|li|sa|ti|on, die; -, -en (Verkörperung, Verstofflichung; *Physik* Umwandlung von Energie in materielle Teilchen; *Parapsychologie* Entwicklung körperhafter Gebilde in Abhängigkeit von einem Medium); **ma|te|ri|a|li|sie|ren**

Ma|te|ri|a|lis|mus, der; - (philos. Anschauung, die alles Wirkliche auf Kräfte od. Bedingungen der Materie zurückführt; auf Besitz und Gewinn ausgerichtete Haltung)

Ma|te|ri|a|list, der; -en, -en; **Ma|te|ri|a|lis|tin** *[alte Trennung* ...|st...]; **ma|te|ri|a|lis|tisch**

Ma|te|ri|al|kos|ten *[alte Trennung* ...|st...] *Plur.*; **Ma|te|ri|al|man|gel; Ma|te|ri|al|prü|fung; Ma|te|ri|al|samm|lung**

Ma|te|ri|al|schlacht

Ma|te|rie, die; -, -n (Stoff; Inhalt; Gegenstand [einer Untersuchung]; *Philos., nur Sing.:* Urstoff; die außerhalb unseres Bewusstseins vorhandene Wirklichkeit)
ma|te|ri|ell ‹franz.› (stofflich; wirtschaftlich, finanziell; auf den eigenen Nutzen bedacht)
¹ma|tern ‹lat.› (*Druckw.* von einem Satz Matern herstellen); ich matere
²ma|tern (*Med.* mütterlich)
Ma|ter|ni|tät, die; - (*Med.* Mutterschaft)
Ma|te|tee
Math. = Mathematik
Ma|the, die; - (*Schülerspr.* Mathematik); **Ma|the|ma|tik** [*österr.* ...ˈma...], die; - ‹griech.› (Wissenschaft von den Raum- u. Zahlengrößen; *Abk.* Math.)
Ma|the|ma|ti|ker; Ma|the|ma|ti|ke|rin
ma|the|ma|tisch [*österr.* ...ˈma...]; mathematischer Zweig; **ma|the|ma|ti|sie|ren**
Mat|hil|de (w. Vorn.)
Ma|ti|nee [*auch* ˈma...], die; -, ...een ‹franz.› (am Vormittag stattfindende künstlerische Veranstaltung)
Ma|tisse [...ˈtɪs] (franz. Maler)
Ma|tjes|he|ring ‹niederl.; dt.› (junger Hering)
Ma|t|rat|ze, die; -, -n (Bettpolster); **Ma|t|rat|zen|la|ger**
Mä|t|res|se, die; -, -n ‹franz.› (*früher* Geliebte [eines Fürsten]); **Mä|t|res|sen|wirt|schaft,** die; -
ma|t|ri|ar|cha|lisch ‹lat.; griech.› (das Matriarchat betreffend); **Ma|t|ri|ar|chat,** das; -[e]s, -e *Plur. selten* (Mutterherrschaft)
Ma|t|ri|kel [*auch, österr. nur,* maˈtrɪkəl], die; -, -n ‹lat.› (Verzeichnis; *österr. für* Personenstandsregister)
Ma|t|ri|osch|ka *vgl.* Matroschka
Ma|t|rix, die; -, *Plur.* Matrizes, *auch* Matrices *u.* Matrizen (*Math.* rechteckiges Schema von Zahlen, für das bestimmte Rechenregeln gelten; *Med.* Keimschicht)
Ma|t|ri|ze, die; -, -n ‹franz.› (*Druckw.* Hohlform bei der Setzmaschine [zur Aufnahme der Patrize]; die von einem Druckstock zur Anfertigung eines Galvanos hergestellte [Wachs]form); **Ma|t|ri|zen|rand**
Matr|josch|ka *vgl.* Matroschka
Ma|t|ro|ne, die; -, -n ‹lat.› (ältere, ehrwürdige Frau, Greisin; *abwertend für* [ältere] korpulente Frau); **ma|t|ro|nen|haft**
Ma|t|rosch|ka, *seltener auch* Matr|josch|ka, die; -, -s ‹russ.› (Holzpuppe mit ineinander gesetzten kleineren Puppen)
Ma|t|ro|se, der; -n, -n ‹niederl.›
Ma|t|ro|sen|an|zug; Ma|t|ro|sen|kra|gen; Ma|t|ro|sen|müt|ze; Ma|t|ro|sen|u|ni|form
matsch ‹ital.› (*ugs. für* schlapp, erschöpft); matsch sein
¹Matsch, der; -[e]s, -e (gänzlicher Verlust beim Kartenspiel)
²Matsch, der; -[e]s (*ugs. für* breiiger Schmutz, nasse Erde)
mat|schen *(ugs.);* du matschst; **mat|schig** *(ugs.)*
Matsch-und-Schnee-Rei|fen ↑K 28 (*Abk.* M-und-S-Reifen)
Matsch|wet|ter
matt ‹arab.› (schwach; kraftlos; glanzlos); jmdn. matt setzen (handlungsunfähig machen); Schach und matt!; mattblau u. a.; ein Auto in Blau matt *od.* in Blaumatt, in matt Blau *od.* in Mattblau
Matt, das; -s, -s
Mat|tä|us *vgl.* Matthäus
¹Mat|te, die; -, -n (Decke, Unterlage; Bodenbelag)
²Mat|te, die; -, -n (*geh. für* Weide [in den Hochalpen]; *schweiz. für* Wiese)
³Mat|te, die; - (*mitteld. für* Quark)
Mat|ter|horn, das; -[e]s (Berg in den Walliser Alpen)
Matt|glas
Matt|gold; matt|gol|den
Mat|thä|us, *ökum.* Mat|tä|us (Apostel u. Evangelist); Evangelium Matthäi (des Matthäus); bei jmdm. ist Matthäi am Letzten ‹mit Bezug auf das letzte Kapitel des Matthäusevangeliums› (*ugs. für* jmd. ist finanziell am Ende)
Mat|thä|us|pas|si|on (Vertonung der Leidensgeschichte Christi nach Matthäus)
Matt|heit, die; -
matt|her|zig
¹Mat|thi|as (m. Vorn.)
²Mat|thi|as, *ökum.* **Mat|ti|as** (bibl. m. Eigenn.)
mat|tie|ren ‹franz.› (matt, glanzlos machen); **Mat|tie|rung**
Mat|tig|keit, die; -
Matt|schei|be; [eine] Mattscheibe haben (*übertr. ugs. für* begriffsstutzig, benommen sein)
Ma|tur, die; - ‹lat.› (*schweiz. für* Reife-, Schlussprüfung); **Ma|tu|ra,** die; - (*österr. u. schweiz. für* Reifeprüfung)
Ma|tu|rand, der; -en, -en (*schweiz für* Abiturient); **Ma|tu|ran|din**
Ma|tu|rant, der; -en, -en (*österr. für* Abiturient); **Ma|tu|ran|tin**
ma|tu|rie|ren (*österr. für* die Reifeprüfung ablegen)
Ma|tu|ri|tas prae|cox, die; - - (*Med., Psych.* [sexuelle] Frühreife)
Ma|tu|ri|tät, die; - (*schweiz. für* Hochschulreife); **Ma|tu|ri|täts|prü|fung; Ma|tu|ri|täts|zeug|nis**
Ma|tu|tin, die; -, -e[n] ‹lat.› (nächtliches Stundengebet)
Matz, der; -es, *Plur.* -e *u.* Mätze *(scherzh.); meist in Zusammensetzungen,* z. B. Hosenmatz
Mätz|chen; Mätzchen machen (*ugs. für* Ausflüchte machen, sich sträuben)
Mat|ze, die; -, -n *u.* **Mat|zen,** der; -s, - ‹hebr.› (ungesäuertes Passahbrot der Juden)
mau (*ugs. für* schlecht; dürftig); *nur in* das ist mau; mir ist mau
Maud [mo:t] (w. Vorn.)
Mau|er, die; -, -n; **Mau|er|ar|beit,** Mau|rer|ar|beit; **Mau|er|as|sel**
Mau|er|blüm|chen (*veraltend für* Mädchen, das selten zum Tanzen aufgefordert wird; jmd., der wenig beachtet wird)
Mäu|er|chen
Mau|e|rei, Mau|re|rei, die; - (das Mauern)
Mau|er|ha|ken; Mau|er|kel|le, Mau|rer|kel|le
Mau|er|kro|ne; Mau|er|loch
Mau|er|meis|ter, Mau|rer|meis|ter [*alte Trennung* ...|st...]
mau|ern; ich mauere
Mau|er|po|lier, Mau|rer|po|lier (Vorarbeiter)
Mau|er|rit|ze
Mau|er|seg|ler (ein Vogel)
Mau|er|specht (*ugs. für* jmd., der Stücke aus der Berliner Mauer [als Souvenirs] herausbrach)
Mau|e|rung
Mau|er|vor|sprung; Mau|er|werk
Maugham [mɔ:m] (engl. Schriftsteller)
Mau|ke, die; - (eine Hauterkrankung bei Tieren)
Maul, das; -[e]s, Mäuler
Maul|af|fen *Plur.; meist in* Maulaf-

M

fen feilhalten (*ugs. für* gaffend, untätig herumstehen)
Maul|beer|baum; Maul|bee|re; Maul|beer|sei|den|spin|ner
Maul|bronn (Stadt in Baden-Württemberg)
Mäul|chen (kleiner Mund)
maul|en (*ugs. für* murren, widersprechen)
Maul|esel (Kreuzung aus Pferdehengst u. Eselstute)
maul|faul *(ugs.)*
Maul|held *(ugs.)*
Maul|korb; Maul|korb|er|lass [*alte Schreibung* ...erlaß] *(ugs.)*
Maul|schel|le *(ugs.)*; **Maul|sper|re** *(ugs.)*
Maul|ta|sche *meist Plur.* (schwäb. Pastetchen aus Nudelteig)
Maul|tier (Kreuzung aus Eselhengst u. Pferdestute)
Maul|trom|mel (ein Musikinstrument)
Maul- und Klau|en|seu|che, die; - ↑K 31 (*Abk.* MKS)
Maul|werk *(ugs.)*
Maul|wurf, der; -[e]s, ...würfe (*auch für* Spion)
Maul|wurfs|gril|le; Maul|wurfs|hau|fen; Maul|wurfs|hü|gel
[1]**Mau-Mau** *Plur.* ‹afrik.› (Geheimbund in Kenia)
[2]**Mau-Mau,** das; -[s] (ein Kartenspiel)
maun|zen (*ugs. für* weinerlich sein, klägliche Laute von sich geben); du maunzt
Mau|pas|sant [mopaˈsã:] (franz. Schriftsteller)
Mau|re, der; -n, -n (Angehöriger eines nordafrik. Mischvolkes)
Mau|rer; Mau|rer|ar|beit, Mau|er|ar|beit
Mau|re|rei, Mau|e|rei, die; -
Mau|rer|ge|sel|le; Mau|rer|hand|werk, das; -[e]s
mau|re|risch (freimaurerisch), *aber* ↑K 150: Maurerische Trauermusik (Orchesterstück von W. A. Mozart)
Mau|rer|kel|le, Mau|er|kel|le
Mau|rer|meis|ter, Mau|er|meis|ter [*alte Trennungen* ...|st...]
Mau|rer|po|lier, Mau|er|po|lier
Mau|rer|zunft
Mau|res|ke *vgl.* Moreske
Mau|re|ta|ni|en (im Altertum Name Marokkos; *heute* selbstständiger Staat in Afrika)
Mau|re|ta|ni|er; Mau|re|ta|ni|e|rin; mau|re|ta|nisch
Mau|rice [moˈri:s] (m. Vorn.)
Mau|rin ‹*zu* Maure›
Mau|ri|ner, der; -s, - ‹nach dem hl. Patron Maurus› (Angehöriger einer Kongregation der Benediktiner im 17./18. Jh.)
mau|risch (die Mauren betreffend); maurischer Bau, maurischer Stil
Mau|ri|ti|er (Bewohner von [1]Mauritius); **Mau|ri|ti|e|rin**
mau|ri|tisch, *auch* mau|ri|zisch
[1]**Mau|ri|ti|us** (Insel[staat] im Ind. Ozean); die blaue Mauritius (eine Briefmarke der Insel Mauritius aus dem Jahre 1847)
[2]**Mau|ri|ti|us** ‹lat.› (ein Heiliger)
mau|ri|zisch *vgl.* mauritisch
Maus, die; -, Mäuse
Mau|schel|be|te, die; -, -n ‹jidd.; franz.› (*Kartenspiel* doppelter Strafsatz beim Mauscheln)
Mau|sche|lei ‹hebr.-jidd.› ([heimliches] Aushandeln von Vorteilen, Geschäften)
mau|scheln (jiddisch sprechen; [heimlich] Vorteile aushandeln, Geschäfte machen; *übertr. für* unverständlich sprechen; Mauscheln spielen); ich mausch[e]le
Mau|scheln, das; -s (ein Kartenglücksspiel)
Mäus|chen; mäus|chen|still
Mäu|se|bus|sard
Mau|se|fal|le, *seltener* **Mäu|se|fal|le**
Mäu|se|fraß; Mäu|se|gift
mäu|seln (*Jägerspr.* das Pfeifen der Mäuse nachahmen); ich mäus[e]le
Mau|se|loch, *seltener* **Mäu|se|loch**
mau|sen (*ugs. scherzh. für* stehlen; *landsch. für* Mäuse fangen); du maust; er maus|te
Mäu|se|nest; Mäu|se|pla|ge
[1]**Mau|ser,** die; - ‹lat.› (jährlicher Wechsel der Federn bei Vögeln)
[2]**Mau|ser** (Familienn.; ®); *vgl.* Mauserpistole
Mau|se|rei (*ugs. scherzh. für* Stehlerei)
Mäu|se|rich, der; -s, -e (männl. Maus)
mau|sern, sich
Mau|ser|pis|to|le [*alte Trennung* ...|st...] ↑K 136; *vgl.* [2]Mauser
Mau|se|rung
mau|se|tot, *österr. ugs. auch* maus|tot *(ugs.)*; mausetot, *österr. auch* maustot schlagen
Mäu|se|turm, der; -[e]s (Turm auf einer Rheininsel bei Bingen)
maus|far|ben *od.* **maus|far|big; maus|grau**
mau|sig; sich mausig machen (*ugs. für* frech, vorlaut sein)
Maus|klick (*EDV* Betätigen der Maustaste)
Mau|so|le|um, das; -s, ...een ‹griech.; nach dem König Mausolos› (monumentales Grabmal)
Maus|pad [...pɛd], das (*EDV* Unterlage, auf der die Computermaus bewegt wird)
Maus|tas|te [*alte Trennung* ...|st...] (*EDV* Taste der Computermaus)
maus|tot (*österr. neben* mausetot)
Maut, die; -, -en (*bes. bayr., österr. für* Gebühr für Straßen- u. Brückenbenutzung; *veraltet für* Zoll)
Maut|ge|bühr *(österr.)*
Maut|hau|sen (Ort in Oberösterreich; ehem. Konzentrationslager)
Maut|in|kas|so *(österr.)*
Maut|ner, der; -s, - (*österr. früher für* Zöllner, *heute für* Mautkassierer)
Maut|stel|le *(österr.)*; **Maut|stra|ße** (*österr. für* Straße, die nur gegen Gebühr befahren werden darf)
mauve [mo:f] ‹franz.› (malvenfarbig); ein mauve Kleid; *vgl. auch* beige; in Mauve ↑K 72; **mauve|far|ben** *od.* **mauve|far|big**
Mau|ve|in [moveˈi:n], das; -s (ein Anilinfarbstoff)
mau|zen (*svw.* maunzen); du mauzt
m. a. W. = mit ander[e]n Worten
Max (m. Vorn.); **Mäx|chen**
ma|xi (*Mode* knöchellang); der Rock ist maxi
[1]**Ma|xi,** das; -s, -s (*ugs. für* Maxikleid; *meist ohne Artikel, nur Sing.:* knöchellange Kleidung); Maxi [*alte Schreibung* maxi] tragen
[2]**Ma|xi,** der; -s, -s (*ugs. für* Maxirock, -mantel usw.)
Ma|xi... (bis zu den Knöcheln reichend, z. B. Maxirock)
Ma|xi-CD, die (CD mit nur einem od. nur wenigen Titeln bes. der Popmusik)
Ma|xil|la, die; -, ...llae ‹lat.› (*Med.* Oberkiefer); **ma|xil|lar**
Ma|xi|ma (*Plur. von* Maximum)
ma|xi|mal ‹lat.› (sehr groß, größt..., höchst...)
Ma|xi|mal|be|las|tung [*alte Trennung* ...|st...]; **Ma|xi|mal|for|de|rung; Ma|xi|mal|hö|he**

Ma|xi|ma̲l|leis|tung [*alte Trennung* ...|st...]; **Ma|xi|ma̲l|pro|fit; Ma|xi|ma̲l|stra|fe; Ma|xi|ma̲l|wert**
Ma|xi̲|me, die; -, -n (allgemeiner Grundsatz, Hauptgrundsatz)
ma|xi|mie̲|ren (maximal machen); **Ma|xi|mie̲|rung**
Ma|xi|mi̲|li|an (m. Vorn.)
Ma̲|xi|mum, das; -s, ...ma (Höchstwert, -maß); barometrisches Maximum (*Meteor.* Hoch)
Ma̲|xi|sin|g|le, die ([2]Single von der Größe einer LP für längere Stücke der Popmusik; *auch für* Maxi-CD)
Max-Pla̲nck-Ge|sell|schaft, die; - ↑K 137 (*kurz für* Max-Planck-Gesellschaft zur Förderung der Wissenschaften; *früher* Kaiser-Wilhelm-Gesellschaft)
Max-Pla̲nck-In|s|ti|tut, das; -[e]s, -e; **Max-Pla̲nck-Me|dail|le,** die; -, -n (seit 1929 für besondere Verdienste um die theoretische Physik verliehen)
Max|well ['mɛksvɛl] (engl. Physiker)
Ma̲y (dt. Schriftsteller)
Ma̲|ya, der; -[s], -[s] (Angehöriger eines indian. Kulturvolkes in Mittelamerika); **Ma̲|ya|kul|tur,** die; -
May|day ['me:de:] ⟨engl.⟩ (internationaler Notruf im Funksprechverkehr)
Ma|yon|nai|se *vgl.* Majonäse
Ma|y|or ['me:ɐ̯], der; -s, -s ⟨engl.⟩ (Bürgermeister in England u. in den USA); *vgl.* Lord Mayor
MAZ, die; - = magnetische Bildaufzeichnung *(Fernsehen)*
Maz|daz|na̲n [masdas...], das, *auch* der; -s (von O. Hanish begründete, auf der Lehre Zarathustras fußende religiöse Heilsbewegung)
[1]Ma|ze|do̲|ni|en (Balkanlandschaft)
[2]Ma|ze|do̲|ni|en (Republik in Südosteuropa)
Ma|ze|do̲|ni|er; Ma|ze|do̲|ni|e|rin; ma|ze|do̲|nisch
Mä|ze̲n, der; -s, -e ⟨lat.; nach dem Römer Maecenas⟩ (Kunstfreund; freigebiger Gönner)
Mä|ze|na̲|ten|tum, das; -s; **mä|ze|na̲|tisch**
Mä|ze̲|nin
Ma|ze|ra|ti|o̲n, die; -, -en ⟨lat.⟩ (*Med.* Aufweichung von Gewebe durch Flüssigkeit)
ma|ze|rie̲|ren
Ma̲|zis, der; - ⟨franz.⟩ *u.* **Ma̲|zis|blü|te,** die; -, -n (getrocknete Samenhülle des Muskatnussbaumes [als Gewürz und Heilmittel verwendet])
Ma|zur|ka [...'zʊ...] *vgl.* Masurka
Maz|zi̲|ni (ital. Politiker u. Freiheitskämpfer)
mb = Millibar
MB = Megabyte
Mba|ba̲|ne (Hauptstadt von Swasiland)
mbH = mit beschränkter Haftung
Mbyte, MByte = Megabyte
Mc, M' = Mac
MC, die; -, -[s] = musicassette ⟨engl.⟩ (Musikkassette)
m. c. = mensis currentis, *dafür besser* laufenden Monats (lfd. M.)
Mc|Car|thy|i̲s|mus [məka:ɐ̯θi...], der; - ⟨nach dem amerik. Politiker McCarthy⟩ (zu Beginn der 50er-Jahre in den USA betriebene Verfolgung von Kommunisten u. Linksintellektuellen)
Mc-Job ['mækdʒɔp], der; -s, -s ⟨engl.⟩ (*ugs. für* schlecht bezahlter, ungesicherter Arbeitsplatz)
Mc|Ki̲n|ley *vgl.* Mount McKinley
Md = *chem. Zeichen für* Mendelevium
MD = Musikdirektor
Md., Mia., Mrd. = Milliarde[n]
mdal. = mundartlich
MdB, M.d.B. = Mitglied des Bundestages
MdL, M.d.L. = Mitglied des Landtages
MDR, der; - = Mitteldeutscher Rundfunk
ME = Macheeinheit
m. E. = meines Erachtens
Me|cha̲|nik, die; -, -en ⟨griech.⟩ (*nur Sing.:* Lehre von den Kräften u. Bewegungen; *auch für* Getriebe, Trieb-, Räderwerk)
Me|cha̲|ni|ker; Me|cha̲|ni|ke|rin
me|cha̲|nisch (den Gesetzen der Mechanik entsprechend; automatisch; unwillkürlich, gewohnheitsmäßig, gedankenlos)
me|cha|ni|sie̲|ren ⟨franz.⟩ (auf mechanischen Ablauf umstellen)
Me|cha|ni|sie̲|rung; Me|cha|ni|sie̲|rungs|pro|zess [*alte Schreibung* ...pro|zeß]
Me|cha|ni̲s|mus, der; -, ...men (sich bewegende techn. Einrichtung; [selbsttätiger] Ablauf; *früher* eine Richtung der Naturphilosophie)
me|cha|ni̲s|tisch [*alte Trennung* ...|st...] (nur mechan. Ursachen anerkennend)
Mèche [me:ʃ], Me̲|sche, die; -, -n ⟨franz.⟩ (*österr. für* gefärbte Haarsträhne)
Me̲|cheln, *amtl.* Me̲|chel|len (Stadt in Belgien)
mè|chen, me̲|schen (*österr. für* Farbstreifen ins Haar färben)
Me̲cht|hild, Mecht|hi̲l|de (w. Vorn.)
me̲ck!; meck, meck!
Me|cke|rei̲ [*alte Trennung* ...k|k...]; **Me̲|cke|rer** *(ugs. abwertend);* **Me̲|cker|frit|ze** *(ugs. abwertend);* **Me̲|cke|rin; Me̲|cker|lie|se** *(ugs. abwertend)*
me̲|ckern [*alte Trennung* ...k|k...]; ich meckere *(ugs. abwertend)*
Me̲|cker|stim|me [*alte Trennung* ...k|k...]; **Me̲|cker|zie|ge** *(ugs. abwertend)*
Me̲ck|len|burg [*auch* 'mɛk...]; **Me̲ck|len|bur|ger**
me̲ck|len|bur|gisch, *aber* ↑K 140: die Mecklenburgische Seenplatte; die Mecklenburgische Schweiz
Me̲ck|len|burg-Schwe|ri̲n
Me̲ck|len|burg-Stre̲|litz
Me̲ck|len|burg-Vo̲r|pom|mer; me̲ck|len|burg-vo̲r|pom|me|risch *vgl.* pommerisch; **Me̲ck|len|burg-Vo̲r|pom|mern** ↑K 144
Me|dail|le [...'daljə, *österr.* ...'dailjə], die; -, -n (Gedenk-, Schaumünze; Münze zur Auszeichnung); **Me|dail|len|ge|win|ner; Me|dail|len|spie|gel** (Tabelle über die Verteilung von Medaillen bei Sportwettkämpfen)
Me|dail|leur [...dal'jø:ɐ̯], der; -s, -e (Stempelschneider)
Me|dail|lon [...dal'jõ:], das; -s, -s (Bildkapsel; Rundbild[chen]; *Kunstwiss.* rundes od. ovales Relief; kleine, runde Fleischschnitte)
Me|da̲rd, Me|da̲r|dus (Heiliger)
Me|de̲a (griech. Sagengestalt, kolchische Königstochter)
Me̲|der, der; -s, - (Bewohner von [3]Medien)
Me̲|dia, die; -, *Plur.* ...diä *u.* ...dien ⟨lat.⟩ (*Sprachw.* stimmhafter Laut, der durch die Aufhebung eines Verschlusses entsteht, z. B. b; *Med.* mittlere Schicht der Gefäßwand)
me|di|a̲l (von den [1]Medien ausgehend, zu ihnen gehörend; *Med.* nach der Körpermitte hin gele-

M

gen; *Parapsychologie* das spiritistische Medium betreffend)

me|di|an (*Med.* in der Mittellinie des Körpers gelegen); **Me|di|an|e|be|ne** (*Med.* Symmetrieebene des menschl. Körpers)

Me|di|an|te, die; -, -n ‹ital.› (*Musik* Mittelton der Tonleiter; *auch für* Dreiklang über der 3. Stufe)

Me|di|a|ti|on, die; -, -en ‹lat.› (Vermittlung eines Staates in einem Konflikt zwischen anderen Staaten; Vermittlung zwischen Streitenden)

me|di|a|ti|sie|ren ‹franz.› (*früher* [reichsunmittelbare Besitzungen] der Landeshoheit unterwerfen); **Me|di|a|ti|sie|rung**

Me|di|a|tor, der; -s, ...oren (Vermittler); **Me|di|a|to|rin**

me|di|ä|val ‹lat.› (mittelalterlich)

Me|di|ä|val [*Druckw. meist* ...'di̯ɛvl̩], die; - (eine Schriftgattung)

Me|di|ä|vist, der; -en, -en (Erforscher u. Kenner des MA.); **Me|di|ä|vis|tik** [*alte Trennung* ...|st...], die; - (Erforschung des MA.); **Me|di|ä|vis|tin**

Me|di|ce|er [...'tse:..., *auch, österr. nur,* ...'tʃe:...], der; -s, - (Medici); **Me|di|ce|e|rin**

me|di|ce|isch; die Mediceische Venus ↑K 150

Me|di|ci [...tʃi], der *u.* die; -, - (Angehörige[r] eines florentin. Geschlechts)

[1]**Me|di|en** *Plur.* (Trägersysteme zur Informationsvermittlung [z. B. Presse, Hörfunk, Fernsehen])

[2]**Me|di|en** (*Plur. von* [1]Media *u.* Medium)

[3]**Me|di|en** (*früher* Land im Iran)

me|di|en|ge|recht

Me|di|en|land|schaft, die; -; **Me|di|en|spek|ta|kel,** das *(ugs.)*

Me|di|en|ver|bund (Verbindung verschiedener [1]Medien)

Me|di|ka|ment, das; -[e]s, -e ‹lat.› (Arzneimittel); **me|di|ka|men|tös;** medikamentöse Behandlung

Me|di|ka|ti|on, die; -, -en (Arzneimittelverabreichung, -verordnung)

Me|di|kus, der; -, *Plur.* Medizi, *ugs.* -se (*scherzh. für* Arzt)

[1]**Me|di|na** (saudiarab. Stadt)

[2]**Me|di|na,** die; -, -s ‹arab. »Stadt«› (Gesamtheit der alten islam. Stadtteile im Ggs. zu den Europäervierteln)

me|dio ‹ital., »in der Mitte«› *(Kaufmannsspr.);* medio (Mitte) Mai; **Me|dio,** der; -[s], -s (*Kaufmannsspr.* Monatsmitte); zum Medio abschließen

me|di|o|ker ‹franz.› (*selten für* mittelmäßig); ...o|k|re Leistung; **Me|di|o|k|ri|tät,** die; -, -en

Me|di|o|wech|sel (*Kaufmannsspr.* in der Mitte eines Monats fälliger Wechsel)

Me|di|ta|ti|on, die; -, -en ‹lat.› (Nachdenken; sinnende Betrachtung; religiöse Versenkung); **me|di|ta|tiv**

me|di|ter|ran ‹lat., »mittelländisch«› (dem Mittelmeerraum angehörend, eigen)

Me|di|ter|ran|flo|ra, die; - (Pflanzenwelt der Mittelmeerländer)

me|di|tie|ren ‹lat.› (nachdenken; Meditation üben)

me|di|um ['mi:djəm] ‹engl.› (*Gastron.* halb durchgebraten)

Me|di|um, das; -s, ...ien ‹lat.› (Mittel[glied]; Mittler[in], Mittelsperson [bes. beim Spiritismus]; Kommunikationsmittel; *Sprachw.* Mittelform zwischen Aktiv u. Passiv)

Me|di|zi (*Plur. von* Medikus)

Me|di|zin, die; -, -en ‹lat.› (Arznei; *nur Sing.:* Heilkunde)

Me|di|zi|nal|rat *Plur.* ...räte; **Me|di|zi|nal|sta|tis|tik** [*alte Trennung* ...|st...]; **Me|di|zi|nal|we|sen,** das; -s

Me|di|zin|ball (großer, schwerer, nicht elastischer Lederball)

Me|di|zi|ner (Arzt); **Me|di|zi|ne|rin**

me|di|zi|nisch

me|di|zi|nisch-tech|nisch ↑K 23; medizinisch-technische Assistentin (*Abk.* MTA)

Me|di|zin|mann *Plur.* ...männer; **Me|di|zin|schränk|chen**

Me|di|zin|stu|dent; Me|di|zin|stu|den|tin; Me|di|zin|stu|di|um

Me|di|zin|tech|nik

Med|ley [...li], das; -s, -s ‹engl.› (Melodienstrauß, Potpourri)

Me|doc [...'dɔk], der; -s, -s ‹nach der franz. Landschaft Médoc› (franz. Rotwein)

Me|d|re|se, Me|d|res|se, die; -, -n ‹arab.› (islam. jurist. u. theolog. Hochschule; Koranschule einer Moschee)

Me|du|sa, [1]**Me|du|se,** die; - (eine der Gorgonen)

[2]**Me|du|se,** die; -, -n (*Zool.* Qualle)

Me|du|sen|blick; Me|du|sen|haupt, das; -[e]s

me|du|sisch (*geh. für* medusenähnlich, schrecklich)

Meer, das; -[e]s, -e

Mee|ra|ne (Stadt bei Zwickau)

Meer|bu|sen; Meer|en|ge

Mee|res|al|ge; Mee|res|arm; Mee|res|bi|o|lo|gie; Mee|res|bo|den; Mee|res|bucht

Mee|res|for|schung; Mee|res|frei|heit, die; - *(Völkerrecht)*

Mee|res|früch|te *(Plur.);* **Mee|res|grund,** der; -[e]s

Mee|res|kun|de, die; - (*für* Ozeanographie); **Mee|res|leuch|ten,** das; -s; **Mee|res|o|ber|flä|che,** die; -

Mee|res|spie|gel, der; -s; über dem Meeresspiegel [*Abk.* ü. d. M.]; unter dem Meeresspiegel [*Abk.* u. d. M.]

Mee|res|strand; Mee|res|stra|ße; Mee|res|strö|mung; Mee|res|tie|fe

Meer|frau; Meer|gott

meer|grün

Meer|jung|frau; Meer|kat|ze (ein Affe)

Meer|ret|tich (Heil- u. Gewürzpflanze); **Meer|ret|tich|so|ße,** *auch* Meer|ret|tich|sau|ce

Meer|salz, das; -es

Meers|burg (Stadt am Bodensee)

[1]**Meers|bur|ger**

[2]**Meers|bur|ger,** der; -s (ein [Rot]wein)

Meer|schaum, der; -[e]s

Meer|schaum|pfei|fe; Meer|schaum|spit|ze

Meer|schwein|chen

meer|um|schlun|gen *(geh.);* **meer|wärts**

Meer|was|ser, das; -s; **Meer|was|ser|wel|len|bad**

Meer|weib (Meerjungfrau); **Meer|zwie|bel** (ein Liliengewächs)

Mee|ting ['mi:...], das; -s, -s ‹engl.› (Zusammenkunft; Treffen; Sportveranstaltung)

me|ga... ‹griech.› (groß...); **Me|ga...** (Groß...; das Millionenfache einer Einheit; z. B. Megawatt = 10^6 Watt; *Zeichen* M)

Me|ga|byte [*auch* 'mɛ..., ...'bai̯t], das; -[s], -[s] (2^{20} Byte; *Zeichen* MB, MByte, Mbyte)

Me|ga|e|lek|t|ro|nen|volt [*auch* 'mɛ..., ...'tro:...] (1 Million Elektron[en]volt; *Zeichen* MeV)

Me|ga|fon *vgl.* Megaphon

Me|ga|hertz [*auch* 'mɛ..., ...'hɛrts] (1 Million Hertz; *Zeichen* MHz)

me|ga-in; mega-in sein (*ugs. für* äußerst gefragt sein)

Me|ga|joule [*auch* 'mɛ..., ...'dʒu:l] (1 Million Joule; *Zeichen* MJ)
Me|ga|lith, der; *Gen.* -s *u.* -en, *Plur.* -e[n] ‹griech.› (großer Steinblock bei vorgeschichtlichen Grabanlagen); **Me|ga|lith|grab** (vorgeschichtl., aus großen Steinen angelegtes Grab)
Me|ga|li|thi|ker, der; -s, - (Träger der Megalithkultur [Großsteingräberleute]); **me|ga|li|thisch; Me|ga|lith|kul|tur,** die; -
Me|ga|lo|ma|nie, die; -, ...ien ‹griech.› (*Psych.* Größenwahn)
Me|ga|lo|po|lis, die; -, ...polen ‹griech.› (Riesenstadt)
Me|ga|ohm [*auch* 'mɛ..., ...'o:m], *auch* Meg|ohm [*auch* 'mɛk..., ...'o:m] (1 Million Ohm; *Zeichen* MΩ)
me|ga-out [...aut]; mega-out sein (*ugs. für* ganz aus der Mode, vollkommen überholt sein)
Me|ga|pas|cal [*auch* 'mɛ..., ...'kal] (1 Million Pascal; *Zeichen* MPa)
Me|ga|phon, *auch* Me|ga|fon, das; -s, -e ‹griech.› (Sprachrohr)
[1]**Me|gä|re** (*griech. Mythol.* eine der drei Erinnyen)
[2]**Me|gä|re,** die; -, -n (*geh. für* böse Frau)
Me|ga|the|ri|um, das; -s, ...ien ‹griech.› (ein ausgestorbenes Riesenfaultier)
Me|ga|ton|ne [*auch* 'mɛ..., ...'tɔnə] (das Millionenfache einer Tonne; *Abk.* Mt; 1 Mt = 1 000 000 t); **Me|ga|ton|nen|bom|be**
Me|ga|volt [*auch* 'mɛ..., ...'vɔ...] (1 Million Volt; *Zeichen* MV)
Me|ga|watt [*auch* 'mɛ..., ...'vat] (1 Million Watt; *Zeichen* MW)
Meg|ohm *vgl.* Megaohm
Mehl, das; -[e]s, *Plur. (Sorten:)* -e
mehl|ar|tig
Mehl|bee|re; Mehl|brei
meh|lig
Mehl|kleis|ter [*alte Trennung* ...|st...]; **Mehl|papp** (*landsch.*)
Mehl|sack; Mehl|schwit|ze (in Fett gebräuntes Mehl)
Mehl|sor|te; Mehl|spei|se (mit Mehl zubereitetes Gericht; *österr. für* Süßspeise, Kuchen)
Mehl|tau, der (durch bestimmte Pilze hervorgerufene Pflanzenkrankheit); *vgl. aber* Meltau
Mehl|wurm
Mehn|di, das; -[s], -s ‹Hindi› ([aus Indien stammende] mit Hennafarbe aufgetragene Hautmalerei)

mehr; mehr Freunde als Feinde; mehr Geld; mit mehr Hoffnung; mehr oder weniger (minder); umso mehr; vieles mehr; mehr denn je; wir können nicht mehr als arbeiten
Mehr, das; -[s] (*auch für* Mehrheit); ein Mehr an Kosten; das Mehr oder Weniger
Mehr|ar|beit; Mehr|auf|wand; Mehr|aus|ga|be
Mehr|be|darf; Mehr|be|las|tung [*alte Trennung* ...|st...]
mehr|deu|tig; Mehr|deu|tig|keit
mehr|di|men|si|o|nal; Mehr|di|men|si|o|na|li|tät, die; -
Mehr|ein|nah|me
meh|ren (*geh.*); **Meh|rer** (*geh.*)

meh|re|re

Kleinschreibung ↑K77:
- mehrere behaupteten dies
- bei, mit mehreren; von mehreren habe ich das gehört

Beugung:
- mehrere Bücher, Mark, Teilnehmer
- mehrere ältere Teilnehmer; die Forderung mehrerer älterer, *seltener* älteren Teilnehmer; mit mehreren älteren Teilnehmern
- mehrere Abgeordnete; die Forderung mehrerer Abgeordneter, *seltener* Abgeordneten; von mehreren Abgeordneten

meh|re|res ↑K77; ich habe noch mehreres zu tun
Meh|re|rin (*geh.*)
meh|rer|lei (*ugs.*)
Mehr|er|lös; Mehr|er|trag
mehr|fach; *vgl. auch* Mehrfache
mehr|fach|be|hin|dert (*Amtsspr.*); **Mehr|fach|be|hin|der|te,** der *u.* die; -n, -n (*Amtsspr.*)
Mehr|fa|che, das; -n; um ein Mehrfaches, um das Mehrfache vergrößern; *vgl.* Achtfache
Mehr|fach|impf|stoff; Mehr|fach|nut|zung; Mehr|fach|spreng|kopf
Mehr|fa|mi|li|en|haus
Mehr|far|ben|druck *Plur.* ...drucke
mehr|far|big, *österr.* **mehr|fär|big**
mehr|glied|rig *od.* **...glie|de|rig**
Mehr|heit; einfache, qualifizierte, absolute Mehrheit; die schweigende Mehrheit
mehr|heit|lich
Mehr|heits|be|schaf|fer (Gruppe, Partei, mit deren Hilfe eine Mehrheit zustande kommt)

Mehr|heits|be|schluss [*alte Schreibung* ...be|schluß]
mehr|heits|fä|hig; eine mehrheitsfähige Partei, Gesetzesvorlage
Mehr|heits|wahl|recht
mehr|jäh|rig
Mehr|kampf (*Sport*); **Mehr|kämp|fer** (*Sport*); **Mehr|kämp|fe|rin** (*Sport*)
Mehr|kos|ten [*alte Trennung* ...|st...] *Plur.*
Mehr|la|der (eine Feuerwaffe)
Mehr|leis|tung [*alte Trennung* ...|st...]
Mehr|ling (Zwilling, Drilling usw.); **Mehr|lings|ge|burt**
mehr|ma|lig; mehr|mals
Mehr|par|tei|en|sys|tem [*alte Trennung* ...|st...]
Mehr|pha|sen|strom (mehrfach verketteter Wechselstrom)
mehr|sil|big
mehr|spra|chig; Mehr|spra|chig|keit, die; -
mehr|stim|mig; mehr|stö|ckig [*alte Trennung* ...k|k...]
Mehr|stu|fe (*für* Komparativ); **Mehr|stu|fen|ra|ke|te**
mehr|stu|fig; mehr|stün|dig; mehr|tä|gig
Mehr|tei|ler (mehrteiliges Fernsehspiel u. Ä.); **mehr|tei|lig**
Meh|rung, die; - (*geh.*)
Mehr|völ|ker|staat *Plur.* ...staaten (Nationalitätenstaat)
Mehr|weg|fla|sche (*svw.* Pfandflasche)
Mehr|wert, der; -[e]s (*Wirtsch.*); **Mehr|wert|steu|er,** die (*Abk.* MwSt. *od.* Mw.-St.)
mehr|wö|chig
Mehr|zahl, die; - (*auch für* Plural)
mehr|zei|lig; mehr|zel|lig
Mehr|zweck|ge|rät; Mehr|zweck|hal|le; Mehr|zweck|ma|schi|ne
Mehr|zweck|mö|bel; Mehr|zweck|raum; Mehr|zweck|tisch
mei|den; du miedst; du miedest; gemieden; meid[e]!
Mei|en *vgl.* Maien
Mei|en|säß *vgl.* Maiensäß
Mei|er (*veraltet für* Gutspächter, -verwalter); **Mei|e|rei** (*veraltet für* Pachtgut; *landsch. für* Molkerei); **Mei|er|hof; Mei|e|rin**
Mei|ke (w. Vorn.)
Mei|le, die; -, -n (ein Längenmaß)
mei|len|lang [*auch* 'mailən'laŋ], *aber* drei Meilen lang
Mei|len|stein; Mei|len|stie|fel (*seltener für* Siebenmeilenstiefel)
mei|len|weit [*auch* 'mailən'vait], *aber* zwei Meilen weit

M

Mei|ler, der; -s, - (*kurz für* Kohlen-, Atommeiler); **Mei|ler|o|fen**
mein, meine, mein; mein Ein u. [mein] Alles; *vgl.* dein *u.* deine
mei|ne, mei|ni|ge; *vgl.* deine, deinige
Mein|eid (Falscheid)
mein|ei|dig; Mein|ei|dig|keit, die; -
mei|nen; er meint es gut mit ihm
mei|ner (*Gen. von* »ich«); gedenke meiner
mei|ner An|sicht nach (*Abk.* m. A. n.)
mei|ner|seits
mei|nes Er|ach|tens (*Abk.* m. E.); *falsch* meines Erachtens nach
mei|nes|glei|chen
mei|nes|teils
mei|nes Wis|sens (*Abk.* m. W.); *falsch* meines Wissens nach
mei|net|hal|ben *(veraltend);* **mei|net|we|gen**
mei|net|wil|len; um meinetwillen
Mein|hard (m. Vorn.)
Mein|hild, Mein|hil|de (w. Vorn.)
mei|ni|ge *vgl.* meine
Mei|nin|gen (Stadt an der oberen Werra)
Mei|nin|ger; mei|nin|gisch
Mei|nolf, Mei|nulf (m. Vorn.)
Mein|rad (m. Vorn.)
Mei|nulf (m. Vorn.)
Mei|nung; Mei|nungs|äu|ße|rung; Mei|nungs|aus|tausch
mei|nungs|bil|dend; Mei|nungs|bil|dung
Mei|nungs|for|scher; Mei|nungs|for|sche|rin; Mei|nungs|for|schung
Mei|nungs|for|schungs|in|s|ti|tut
Mei|nungs|frei|heit, die; -; **Mei|nungs|streit; Mei|nungs|test; Mei|nungs|um|fra|ge**
Mei|nungs|ver|schie|den|heit; Mei|nungs|viel|falt
Mei|o|se, die; -, -n ‹griech.› (*Biol.* Reifeteilung der Keimzellen)
Mei|ran *vgl.* Majoran
Mei|se, die; -, -n (ein Singvogel); **Mei|sen|nest**
Meis|je, das; -s, -s ‹niederl.› (holländ. Mädchen)
Mei|ßel, der; -s, -
mei|ßeln; ich meiß[e]le; **Mei|ße|lung**
Mei|ßen (Stadt an der Elbe)
Mei|ße|ner, Meiß|ner; Meiß[e]ner Porzellan (als ®: Meissener Porzellan)
mei|ße|nisch, meiß|nisch
[1]**Meiß|ner,** der; -s (Teil des Hessischen Berglandes); der Hohe Meißner
[2]**Meiß|ner** *vgl.* Meißener; **meiß|nisch** *vgl.* meißenisch
meist; meist kommt er viel zu spät; *vgl.* meiste
meist|be|güns|tigt [*alte Trennung* ...|st...]; **Meist|be|güns|ti|gung** (eine Bestimmung in internationalen Handelsverträgen); **Meist|be|güns|ti|gungs|klau|sel**
meist|be|tei|ligt
meist|bie|tend; meistbietend verkaufen, versteigern, *aber* Meistbietender bleiben; **Meist|bie|ten|de,** der *u.* die; -n, -n

meis|te

[*alte Trennung* ...|st...]
– der meiste Kummer, die meiste Zeit, das meiste Geld; die meisten Menschen
Kleinschreibung auch bei vorangehendem Artikel ↑K77:
– die meisten glauben, ...
– das meiste ist bekannt
– mit den meisten habe ich Kontakt
– ↑K74: am meisten

meis|ten|orts [*alte Trennung* ...|st...]
meis|tens [*alte Trennung* ...|st...]
meis|ten|teils [*alte Trennung* ...|st...]
Meis|ter [*alte Trennung* ...|st...]
Meis|ter|be|trieb [*alte Trennung* ...|st...]; **Meis|ter|brief; Meis|ter|de|tek|tiv; Meis|ter|dieb; Meis|ter|ge|sang,** der; -[e]s; *vgl.* Meistersang
meis|ter|haft [*alte Trennung* ...|st...]; **Meis|ter|haf|tig|keit,** die; -
Meis|ter|hand [*alte Trennung* ...|st...]; von Meisterhand [gefertigt]
Meis|te|rin [*alte Trennung* ...|st...]
Meis|ter|klas|se [*alte Trennung* ...|st...]; **Meis|ter|leis|tung** [*alte Trennungen* ...|st...]
meis|ter|lich [*alte Trennung* ...|st...] *(veraltend)*
Meis|ter|ma|cher [*alte Trennung* ...|st...] (*ugs. für* sehr erfolgreicher Trainer)
meis|tern [*alte Trennung* ...|st...]; ich meistere
Meis|ter|prü|fung [*alte Trennung* ...|st...]
Meis|ter|sang ([*alte Trennung* ...|st...], Kunstdichtung des 15. u. 16. Jh.s); **Meis|ter|sän|ger** (*vgl.* Meistersinger)
Meis|ter|schaft [*alte Trennung* ...|st...]; **Meis|ter|schafts|kampf; Meis|ter|schafts|spiel; Meis|ter|schafts|ti|tel**
Meis|ter|schü|ler [*alte Trennung* ...|st...]; **Meis|ter|schü|le|rin**
Meis|ter|schuss [*alte Schreibung* Mei|ster|schuß]
Meis|ter|sin|ger [*alte Trennung* ...|st...] (Dichter des Meistersangs)
Meis|ter|stück [*alte Trennung* ...|st...]; **Meis|ter|ti|tel** *(Handw.; Sport)*
Meis|te|rung [*alte Trennung* ...|st...], die; -
Meis|ter|werk [*alte Trennung* ...|st...]; **Meis|ter|wür|de,** die; -; **Meis|ter|wurz** (ein Doldengewächs)
Meist|ge|bot
meist|ge|bräuch|lich; meist|ge|fragt; meist|ge|kauft
meist|ge|le|sen; meist|ge|nannt
Meist|stu|fe (*für* Superlativ)
[1]**Mek|ka** (saudiarab. Stadt)
[2]**Mek|ka,** das; -s, -s (Zentrum, das viele Besucher anlockt); ein Mekka der Touristen
Me|kong [*auch* ...'kɔŋ], der; -[s] (Fluss in Südostasien); **Me|kong|del|ta,** *auch* **Me|kong-Del|ta**
Me|la|min|harz ‹Kunstwort› (ein Kunstharz)
Me|lan|cho|lie [...laŋko...], die; -, ...ien ‹griech.› (Schwermut)
Me|lan|cho|li|ker; Me|lan|cho|li|ke|rin; me|lan|cho|lisch
Me|lan|ch|thon [*österr.* 'me:...] ‹griech.› (eigtl. Name Schwarzert; dt. Humanist u. Reformator)
Me|la|ne|si|en ‹griech.› (westpazif. Inselgebiet)
Me|la|ne|si|er; Me|la|ne|si|e|rin; me|la|ne|sisch
Me|lan|ge [...'lã:ʒə, *österr.* ...'lã:ʒ], die; -, -n (Mischung, Gemisch; *österr. für* Milchkaffee)
Me|la|nie [*auch* 'mɛ..., *seltener* me'la:ni̯e] (w. Vorn.)
Me|la|nin, das; -s, -e ‹griech.› (*Biol.* brauner od. schwarzer Farbstoff)
Me|la|nis|mus, der; -, ...men (*Biol.* durch Melanine bewirkte Verdunklung der Grundkörperfärbung)
Me|la|nit, der; -s, -e (ein Mineral)
Me|la|nom, das; -s, -e (*Med.* bösartige Geschwulst an der Haut od. den Schleimhäuten)

Me|la|no|se, die; -, -n (*Med.* krankhafte Dunkelfärbung der Haut)
Me|la|no|zyt, der; -en, -en *meist Plur.* (*Med.* Zelle, in der Melanin gebildet wird); **me|la|no|zy|tär** (*Med.* einen Melanozyten betreffend)
Me|lan|za|ni, die; -, - ⟨ital.⟩ (*österr. für* Aubergine)
Me|la|phyr, der; -s, -e (ein Gestein)
Me|las|ma, das; -s, *Plur.* ...men *u.* ...lasmata (*Med.* schwärzliche Hautflecken)
Me|las|se, die; -, -n ⟨franz.⟩ (Rückstand bei der Zuckergewinnung)
Me|la|to|nin, das; -s ⟨griech.⟩ (ein Gewebshormon)
Mel|ber, der; -s, - (*bayr. für* Mehlhändler)
Mel|bourne [...bɐn] (austral. Stadt)
Mel|chi|or (m. Vorn.)
Mel|chi|se|dek [*auch, österr. nur,* ...'çi:...] (bibl. m. Eigenn.)
Melch|ter, die; -, -n (*schweiz. für* Melkeimer)
Mel|de, die; -, -n (eine Pflanzengattung)
Mel|de|amt; Mel|de|bü|ro; Mel|de|fah|rer; Mel|de|frist; Mel|de|hund
mel|den
Mel|de|pflicht; polizeiliche Meldepflicht; **mel|de|pflich|tig;** meldepflichtige Krankheit
Mel|der; Mel|de|rei|ter
Mel|de|schluss [*alte Schreibung* ...schluß]
Mel|de|stel|le; Mel|de|ter|min; Mel|de|zet|tel (*österr. für* Formular, Bestätigung für polizeiliche Anmeldung)
Mel|dung
Me|li|bo|cus, *auch* **Me|li|bo|kus,** der; - *od.* Mal|chen, der; -s (Berg im Odenwald)
me|lie|ren ⟨franz.⟩ (mischen)
me|liert (aus verschiedenen Farben gemischt; leicht ergraut [vom Haar]); grau meliert [*alte Schreibung* graumeliert]
Me|li|o|ra|ti|on, die; -, -en ⟨lat.⟩ (*Landw.* [Boden]verbesserung); **me|li|o|rie|ren** (*Landw.* [Ackerboden] verbessern)
Me|lis, der; - ⟨griech.⟩ (weißer Zucker verschiedener Zuckersorten)
me|lisch ⟨*zu* Melos; griech.⟩ (*Musik, Literaturw.* liedhaft)
Me|lis|ma, das; -s, ...men (*Musik* melod. Verzierung, Koloratur)
Me|lis|ma|tik, die; - (Kunst der melod. Verzierung); **me|lis|ma|tisch**
Me|lis|sa (w. Vorn.)
Me|lis|se, die; -, -n ⟨griech.⟩ (eine Heil- u. Gewürzpflanze); **Me|lis|sen|geist**®, der; -[e]s (ein Heilkräuterdestillat)
Me|li|ta (w. Vorn.)
melk (*veraltet für* Milch gebend, melkbar); eine melke Kuh
Melk (österr. Stadt)
Melk|ei|mer
mel|ken; du melkst, *veraltet* milkst; du melktest, *veraltend* molkst; du melktest, *veraltet* mölkest; gemolken, *auch* gemelkt; melk[e]!, *veraltet* milk!; frisch gemolkene Milch; eine melkende Kuh (*ugs. für* gute Einnahmequelle)
Mel|ker; Mel|ke|rei (das Melken; Milchwirtschaft); **Mel|ke|rin**
Melk|kü|bel; Melk|ma|schi|ne; Melk|sche|mel
Me|lo|die, die; -, ...ien ⟨griech.⟩ (sangbare, in sich geschlossene Folge von Tönen)
Me|lo|di|en|fol|ge; Me|lo|di|en|rei|gen
Me|lo|dik, die; - (Lehre von der Melodie)
me|lo|di|ös; me|lo|disch; (wohlklingend)
Me|lo|dram, Me|lo|dra|ma, das; -s, ...men (Musikschauspiel; Schauspiel, Film in pathetischer Inszenierung); **Me|lo|dra|ma|tik; me|lo|dra|ma|tisch**
Me|lo|ne, die; -, -n ⟨griech.⟩ (großes Kürbisgewächs; *ugs. scherzh. für* runder, steifer Hut)
Me|los, das; - ⟨griech.⟩ (*Musik* Melodie, melodische Eigenschaft)
Mel|po|me|ne [...ne] (Muse des Trauerspiels)
Mel|tau, der; -[e]s (Honigtau); *vgl. aber* Mehltau
Me|lu|si|ne (altfranz. Sagengestalt, Meerfee)
Mel|ville [...vɪl], Herman (amerik. Schriftsteller)
Mem|b|ran, die; -, -en ⟨lat.⟩, *seltener* **Mem|b|ra|ne,** die; -, -n (gespanntes Häutchen; Schwingblatt)
[1]**Me|mel,** die; - (ein Fluss)
[2]**Me|mel** (*lit.* Klaipeda)
Me|me|ler
Me|men|to, das; -s, -s ⟨lat.⟩ (Erinnerung, Mahnruf)
me|men|to mo|ri ⟨lat., »gedenke des Todes!«⟩ (häufige Grabsteininschrift); **Me|men|to mo|ri,** das; - -, - - (etwas, was an den Tod gemahnt)
Mem|me, die; -, -n (*ugs. abwertend für* Feigling)
mem|meln (*bayr. für* mummeln); ich memm[e]le
mem|men|haft *(ugs. abwertend);* **Mem|men|haf|tig|keit,** die; -
Mem|non (sagenhafter äthiop. König); **Mem|nons|säu|len** *Plur.* (bei Luxor in Ägypten) ↑K 136
Me|mo, das; -s, -s (*kurz für* Memorandum; Merkzettel)
Me|moire [...'mo̯a:ɐ̯], das; -s, -s ⟨franz.⟩ (Memorandum)
Me|moi|ren [...'mo̯a:rən] *Plur.* (Lebenserinnerungen)
Me|mo|ra|bi|li|en *Plur.* ⟨lat.⟩ (Denkwürdigkeiten)
Me|mo|ran|dum, das; -s, *Plur.* ...den *u.* ...da (Denkschrift)
[1]**Me|mo|ri|al,** das; -s, *Plur.* -e *u.* -ien ⟨lat.⟩ (*veraltet für* Tagebuch; [Vor]merkbuch)
[2]**Me|mo|ri|al** [mi'mo:ri̯əl], das; -s, -s ⟨engl.⟩ (Gedenkveranstaltung; Denkmal)
me|mo|rie|ren [me...] (*veraltend für* auswendig lernen)
Me|mo|ry® ['mɛmɔri], das; - ⟨engl.⟩ (ein Gesellschaftsspiel)
Mem|phis (altägypt. Stadt)
Me|na|ge [...ʒə], die; -, -n ⟨franz.⟩ (Gewürzständer; *österr. für* [Truppen]verpflegung)
Me|na|ge|rie, die; -, ...ien (Tierschau, Tiergehege)
me|na|gie|ren (*veraltet, aber noch landsch. für* sich selbst verköstigen; *österr. für* Essen fassen [beim Militär])
Me|n|ar|che, die; -, -n ⟨griech.⟩ (*Med.* erster Eintritt der Regelblutung)
Men|del (österr. Biologe)
Men|de|le|vi|um, das; -s ⟨nach dem russischen Chemiker Mendelejew⟩ (chemisches Element, ein Transuran; *Zeichen* Md)
Men|de|lis|mus, der; - (mendelsche Vererbungslehre)
men|deln (*Biol.* nach den Vererbungsregeln Mendels in Erscheinung treten); **men|delsch;** mendelsche, *auch* Mendel'sche [*alte Schreibung* Mendelsche] Regeln

M

Men|dels|sohn Bar|thol|dy[1] [...di] (dt. Komponist)

Men|di|kant, der; -en, -en ‹lat.› (Bettelmönch); **Men|di|kan|ten|or|den**

Me|ne|la|os, *auch* **Me|ne|la|us** (griech. Sagengestalt, König von Sparta)

Me|ne|te|kel, das; -s, - ‹aram.› (unheildrohendes Zeichen)

Men|ge, die; -, -n

men|gen (mischen)

Men|gen|an|ga|be; Men|gen|be|zeich|nung; Men|gen|kon|junk|tur *(Wirtsch.);* **Men|gen|leh|re,** die; - *(Math., Logik)*

men|gen|mä|ßig (*für* quantitativ)

Men|gen|preis; Men|gen|ra|batt

Meng|sel, das; -s, - (*landsch. für* Gemisch)

Men|hir, der; -s, -e ‹breton.-franz.› (unbehauene vorgeschichtliche Steinsäule)

Me|nin|gi|tis, die; -, ...itiden ‹griech.› (*Med.* Hirnhautentzündung)

me|nip|pisch ↑K 135; menippische Satire, die menippische [*alte Schreibung* Menippische] Philosophie; **Me|nip|pos** (altgriech. Philosoph)

Me|nis|kus, der; -, ...ken ‹griech.› (*Med.* Zwischenknorpel im Kniegelenk; *Physik* gewölbte Flüssigkeitsoberfläche)

Me|nis|kus|o|pe|ra|ti|on

Me|nis|kus|riss [*alte Schreibung* ...riß] (eine Sportverletzung)

Men|jou|bärt|chen [...ʒu...] ‹nach dem amerik. Filmschauspieler A. Menjou› (schmaler, gestutzter Schnurrbart); ↑K 136

Men|ken|ke, die; - (*landsch. ugs. für* Durcheinander; Umstände)

Men|ni|ge, die; - ‹iber.› (Bleiverbindung; rote Malerfarbe); **Men|nig|rot**

Men|no|nit, der; -en, -en ‹nach dem Gründer Menno Simons› (Angehöriger einer evangelischen Freikirche); **Men|no|ni|tin**

Me|no|pau|se, die; -, -n ‹griech.› (*Med.* Aufhören der Regelblutungen im Klimakterium)

Me|no|ra, die; -, - ‹hebr.› (siebenarmiger Leuchter der jüd. Liturgie)

Me|nor|ca (eine Baleareninsel)

Me|nor|qui|ner [...'ki:...] (Einwohner Menorcas); **Me|nor|qui|ne|rin; me|nor|qui|nisch**

Me|nor|rha|gie, die; -, -n ‹griech.› (*Med.* verlängerte Menstruation)

Me|no|s|ta|se, die; -, -n (*Med.* Ausbleiben der Monatsblutung)

Me|not|ti (amerik. Komponist ital. Herkunft)

Men|sa, die; -, *Plur.* -s *u.* ...sen ‹lat.› (restaurantähnliche Einrichtung an Universitäten [für die Studierenden]; *Kunstwiss.* Altarplatte); **Men|sa|es|sen**

[1]**Mensch,** der; -en, -en

[2]**Mensch,** das; -[e]s, -er (*abwertend für* weibliche Person)

men|scheln (*ugs. für* menschl. Schwächen deutlich werden lassen); es menschelt

Men|schen|af|fe

men|schen|ähn|lich

Men|schen|al|ter

men|schen|arm

Men|schen|auf|lauf; Men|schen|feind; Men|schen|fleisch; Men|schen|fres|ser

Men|schen|freund; men|schen|freund|lich

Men|schen|füh|rung, die; -; **Men|schen|ge|den|ken** (seit Menschengedenken); **Men|schen|geist,** der; -[e]s

Men|schen|ge|schlecht, das; -[e]s; **Men|schen|ge|stalt** (in Menschengestalt); **Men|schen|ge|wühl**

Men|schen|hand (von Menschenhand); **Men|schen|han|del** (*vgl.* [1]Handel); **Men|schen|händ|ler**

Men|schen|herz *(geh.);* **Men|schen|ken|ner; Men|schen|kennt|nis,** die; -

Men|schen|ket|te; Men|schen|kind

Men|schen|kun|de, die; - (*für* Anthropologie)

Men|schen|le|ben

men|schen|leer

Men|schen|lie|be; Men|schen|mas|se *meist Plur.;* **Men|schen|men|ge**

men|schen|mög|lich; was menschenmöglich war, wurde getan; *aber* sie hat das Menschenmögliche [*alte Schreibung* menschenmögliche] getan

Men|schen|op|fer; Men|schen|pflicht; Men|schen|raub

Men|schen|recht *meist Plur.;* **Men|schen|rechts|er|klä|rung; Men|schen|rechts|ver|let|zung**

men|schen|scheu; Men|schen|scheu, die; -

Men|schen|schlag, der; -[e]s; **Men|schen|see|le;** keine Menschenseele war zu sehen

Men|schens|kind! (ugs. Ausruf)

Men|schen|sohn, der; -[e]s (Selbstbezeichnung Jesu Christi)

Men|schen|tum, das; -s

men|schen|un|wür|dig

men|schen|ver|ach|tend; eine äußerst menschenverachtende Ideologie ↑K 58 *u.* 59

Men|schen|ver|ach|tung

Men|schen|werk *(geh.)*

Men|schen|wür|de, die; -; **men|schen|wür|dig**

Men|sche|wik, der; -en, *Plur.* -en *u.* -i ‹russ.› (Anhänger des Menschewismus); **Men|sche|wi|kin; Men|sche|wis|mus,** der; - (ehem. gemäßigter russ. Sozialismus)

Men|sche|wist, der; -en, -en (*svw.* Menschewik); **Men|sche|wis|tin** [*alte Trennung* ...|st...]; **men|sche|wis|tisch**

Mensch|heit, die; -; **mensch|heit|lich**

Mensch|heits|ent|wick|lung, die; -; **Mensch|heits|ge|schich|te,** die; -; **Mensch|heits|traum**

mensch|lich; Menschliches, Allzumenschliches ↑K 72

Mensch|lich|keit, die; -

Mensch|wer|dung, die; -

men|sis cur|ren|tis ‹lat.› (*veraltet für* [des] laufenden Monats; *Abk.* m. c.)

mens|t|ru|al [*alte Trennung* ...|st...] (*Med.* zur Menstruation gehörend); **Mens|t|ru|al|blu|tung**

Mens|t|ru|a|ti|on [*alte Trennung* ...|st...]; die; -, -en; (Monatsblutung, Regel); **mens|t|ru|ie|ren**

Men|sur, die; -, -en ‹lat.› (Abstand der beiden Fechter; stud. Zweikampf; Zeitmaß der Noten; Maßverhältnis bei Musikinstrumenten; *Chemie* Messglas)

men|su|ra|bel (*geh. für* messbar); ...a|b|le Größe; **Men|su|ra|bi|li|tät,** die; - *(geh.)*

Men|su|ral|mu|sik, die; - (in Mensuralnotation aufgezeichnete Musik des 13. bis 16. Jh.s)

Men|su|ral|no|ta|ti|on, die; - (im 13. Jh. ausgebildete, die Tondauer angebende Notenschrift)

men|tal ‹lat.› (geistig; gedanklich); **Men|ta|li|tät,** die; -, -en

[1] *Eigene Schreibung des Komponisten; sonst als Familienname mit Bindestrich.*

(Denk-, Anschauungsweise; Sinnes-, Geistesart)
Men|ta|re|ser|va|ti|on (*Rechtsspr.* stiller Vorbehalt)
Men|thol, das; -s ‹lat.› (Bestandteil des Pfefferminzöls)
[1]**Men|tor** ‹griech.› (Erzieher des Telemach)
[2]**Men|tor,** der; -s, ...oren (Erzieher; Ratgeber)
Me|nü, das; -s, -s ‹franz.› (Speisenfolge; *EDV* auf dem Bildschirm angebotene Programmauswahl)
Me|nu|ett, das; -[e]s, *Plur.* -e, *auch* -s (ein Tanz)
Me|nu|hin [*auch* ...'hi:n], Yehudi (amerik. Geigenvirtuose)
Men|zel (dt. Maler u. Grafiker)
Me|phis|to, Me|phis|to|phe|les [*alte Trennungen* ...|st...] (Teufel in Goethes »Faust«); **me|phis|to|phe|lisch**
Me|ran (Stadt in Südtirol)
Mer|ca|tor (flandrischer Geograph); **Mer|ca|tor|pro|jek|ti|on,** *auch* **Mer|cator-Pro|jek|ti|on** (*Geogr.* Netzentwurf von Landkarten)
Mer|ce|des-Benz®, der; -, - (dt. Kraftfahrzeug)
Mer|ce|rie [...sə...], die; -, ...ien ‹franz.› (*schweiz. für* Kurzwaren[handlung])
Mer|ce|ri|sa|ti|on usw. *vgl.* Merzerisation usw.
Mer|chan|di|sing ['mø:ɐ̯tʃn̩dai...], das; -s ‹engl.› (*Wirtsch.* verkaufsfördernde Maßnahmen; Vermarktung aller mit einem populären Film, einer Popgruppe, einem Sportereignis o. Ä. in Zusammenhang stehenden Produkte)
mer|ci! [...'si:] ‹franz.› (danke!)
Me|re|dith [...dɪθ] (engl. Schriftsteller) ↑K 16
Mer|gel, der; -s, - (aus Ton u. Kalk bestehendes Sedimentgestein); **Mer|gel|bo|den**
mer|ge|lig, merg|lig
Mer|ger ['mə:dʒɐ], der; -s, - ‹engl.› (*Wirtsch.* Zusammenschluss von Firmen; Fusion)
Me|ri|an, Maria Sibylla (dt. Malerin, Kupferstecherin u. Naturforscherin)
Me|ri|an d. Ä., Matthäus (schweiz. Kupferstecher u. Buchhändler)
Me|ri|di|an, der; -s, -e ‹lat.› (*Geogr., Astron.* Mittags-, Längenkreis); **Me|ri|di|an|kreis** (astron. Messinstrument)
me|ri|di|o|nal (*Geogr.* den Längenkreis betreffend)
Mé|ri|mée [meri'me:], Prosper [...'pɛ:ɐ̯] (franz. Schriftsteller)
Me|rin|ge, die; -, -n ‹franz.›, **Me|rin|gel,** das; -s, -, *schweiz.* **Me|ringue** ['mɛrɛŋ, mə'rɛ̃:g], die; -, -s (ein Schaumgebäck)
Me|ri|no, der; -s, -s ‹span.› (Schaf einer span. Rasse)
Me|ri|no|schaf; Me|ri|no|wol|le
Me|ris|tem [*alte Trennung* ...|st...], das; -s, -e ‹griech.› (*Bot.* pflanzl. Bildungsgewebe); **me|ris|te|ma|tisch** (*Bot.* teilungsfähig [von pflanzl. Geweben])
Me|ri|ten (*Plur. von* Meritum); **Me|ri|tum,** das; -s, ...iten *meist Plur.* (das Verdienst)
Merk, der; -s, -e (ein Doldengewächs)
mer|kan|til, *veraltet* **mer|kan|ti|lisch** ‹lat.› (kaufmännisch; Handels...); **Mer|kan|ti|lis|mus,** der; - (Wirtschaftspolitik in der Zeit des Absolutismus)
Mer|kan|ti|list, der; -en, -en; **Mer|kan|ti|lis|tin** [*alte Trennung* ...|st...]; **mer|kan|ti|lis|tisch**
Mer|kan|til|sys|tem [*alte Trennung* ...|st...]; das; -s
merk|bar
Merk|blatt; Merk|buch
mer|ken; ich merke mir etwas
Mer|ker (*ugs. iron. für* jmd., der alles bemerkt)
Merk|heft; Merk|hil|fe
merk|lich; merkliche Besserung; *aber* um ein Merkliches
Merk|mal *Plur.* ...male; **Merk|satz; Merk|spruch**
[1]**Mer|kur** (röm. Gott des Handels; Götterbote)
[2]**Mer|kur,** der; -s (ein Planet)
[3]**Mer|kur,** der *od.* das; -s (*[alchimist.] Bez. für* Quecksilber)
Mer|ku|ri|a|lis|mus, der; - (Quecksilbervergiftung)
Mer|kur|stab
Merk|vers; Merk|wort *Plur.* ...wörter
merk|wür|dig; merk|wür|di|ger|wei|se
Merk|wür|dig|keit, die; -, -en
Merk|zei|chen; Merk|zet|tel
Mer|lan, der; -s, -e ‹franz.› (*svw.* Wittling)
Mer|le, die; -, -n ‹lat.› (*landsch. für* Amsel)
[1]**Mer|lin** [*auch* 'mɛ...] (kelt. Sagengestalt, Zauberer)
[2]**Mer|lin** [*auch* 'mɛ...], der; -s, -e ‹engl.› (ein Greifvogel)
Me|ro|win|ger, der; -s, - (Angehöriger eines fränk. Königsgeschlechtes); **Me|ro|win|ge|rin; Me|ro|win|ger|reich,** das; -[e]s; **me|ro|win|gisch**
Mer|se|burg (Stadt an der Saale); **Mer|se|bur|ger;** Merseburger Zaubersprüche; **mer|se|bur|gisch**
Mer|ten (m. Vorn.)
Mer|ze|ri|sa|ti|on, die; -, -en ‹nach dem engl. Erfinder Mercer› (Veredlungsverfahren [bes. bei Baumwolle]); **mer|ze|ri|sie|ren; Mer|ze|ri|sie|rung**
Merz|schaf; Merz|vieh (zur Zucht nicht geeignetes Vieh)
Me|s|al|li|ance [...'li̯ã:s], die; -, -n ‹franz.› (*bes. früher* nicht standesgemäße Ehe; *übertr. für* unglückliche Verbindung)
me|schant ‹franz.› (*landsch. für* boshaft, ungezogen)
Me|sche, me|schen *vgl.* Mèche, mèchen
me|schug|ge ‹hebr.-jidd.› (*ugs. für* verrückt)
Mes|dames [mɛ'dam] (*Plur. von* Madame); **Mes|de|moi|selles** [mɛd(ə)moa'zɛl, *österr. nur* mɛdmoa...] (*Plur. von* Mademoiselle)
Me|s|en|chym, das; -s, -e ‹griech.› (*Biol., Med.* embryonales Bindegewebe)
Me|se|ta, die; -, *Plur.* ...ten, *auch* ...tas (*span. Bez. für* Hochebene)
Mes|ka|lin, das; -s ‹indian.-span.› (Alkaloid einer mexikan. Kaktee, ein Rauschmittel)
Mes|mer, Mess|mer, der; -s, - (*schweiz. für* Kirchendiener)
Mes|me|ris|mus, der; - ‹nach dem dt. Arzt Mesmer› (Lehre von der heilenden Wirkung magnetischer Kräfte)
Mes|ner, Mess|ner ‹mlat.› (*landsch. für* Kirchendiener); **Mes|ne|rei,** Mess|ne|rei (*landsch. für* Amt und Wohnung des Mesners)
me|so... ‹griech.› (mittel..., mitten...)
Me|so... (Mittel..., Mitten...)
Me|so|derm, das; -s, -e (*Biol., Med.* mittleres Keimblatt in der menschl. u. tier. Embryonalentwicklung)
Me|so|karp, das; -s, -e (*Bot.* Mittelschicht von Pflanzenfrüchten)
Me|so|li|thi|kum [*auch* ...'lit...],

M

das; -s (*Geol.* Mittelsteinzeit); **me|so|li|thisch**
Me|son, *älter* Me|so|t|ron, das; -s, ...onen *meist Plur.* ‹griech.› (*Physik* instabiles Elementarteilchen mittlerer Masse)
Me|so|phyt, der; -en, -en ‹griech.› (*Bot.* Pflanze, die Böden mittleren Feuchtigkeitsgrades bevorzugt)
Me|so|po|ta|mi|en (hist. Landschaft im Irak [zwischen Euphrat u. Tigris]); **Me|so|po|ta|mi|er; Me|so|po|ta|mi|e|rin**
me|so|po|ta|misch
Me|so|s|phä|re, die; - ‹griech.› (*Meteor.* in etwa 50 bis 80 km Höhe liegende Schicht der Erdatmosphäre)
Me|so|t|ron *vgl.* Meson
Me|so|zo|i|kum, das; -s (*Geol.* Mittelalter der Erde); **me|so|zo|isch**
Mes|sage [...sɪtʃ], die; -, -s ‹engl.› (Nachricht; Information; *auch für* Gehalt, Aussage eines Kunstwerks u. Ä.)
Mes|sa|li|na (Gemahlin des Kaisers Claudius)
Mess|band [*alte Schreibung* Meß...], das; *Plur.* ...bänder
mess|bar [*alte Schreibung* meß...]; **Mess|bar|keit,** die; -
Mess|be|cher [*alte Schreibung* Meß...]; **Mess|brief** (*Seew.* amtl. Bescheinigung über die Vermessung eines Schiffes)
Mess|buch [*alte Schreibung* Meß...] (*für* Missale)
Mess|da|ten [*alte Schreibung* Meß...] *Plur.*
Mess|die|ner [*alte Schreibung* Meß...]; **Mess|die|ne|rin**
[1]**Mes|se,** die; -, -n ‹lat.› (kath. Gottesdienst mit Eucharistiefeier; Chorwerk); die, eine Messe lesen, *aber* ↑K72: das Messelesen
[2]**Mes|se,** die; -, -n (Großmarkt, Ausstellung)
[3]**Mes|se,** die; -, -n ‹engl.› (Speise- u. Aufenthaltsraum, Tischgesellschaft der Schiffsbesatzung)
Mes|se|aus|weis; Mes|se|be|su|cher; Mes|se|ge|län|de; Mes|se|hal|le; Mes|se|ka|ta|log
Mes|se|le|sen, das; -s
mes|sen; du misst, er misst [*alte Schreibung* mißt]; ich maß, du maßest; du mäßest; gemessen; miss [*alte Schreibung* miß]!; sich [mit jmdm.] messen
Mes|se|ni|en (altgriech. Landschaft des Peloponnes); **mes|se|nisch** ↑K142; die messenischen [*alte Schreibung* Messenischen] Kriege
[1]**Mes|ser,** der ‹*zu* messen› (Messender, Messgerät; *fast nur als 2. Bestandteil in Zusammensetzungen,* z. B. Zeitmesser)
[2]**Mes|ser,** das; -s, - (ein Schneidwerkzeug)
Mes|ser|bänk|chen
Mes|ser|[form|]schnitt (ein [kurzer] Haarschnitt)
Mes|ser|held *(abwertend)*
mes|ser|scharf
Mes|ser|schmied; Mes|ser|spit|ze
Mes|ser|ste|cher; Mes|ser|ste|che|rei
Mes|ser|stich; Mes|ser|wer|fer
Mes|se|schla|ger; Mes|se|stadt; Mes|se|stand
Mess|feh|ler [*alte Schreibung* Meß...]; **Mess|füh|ler** *(Technik);* **Mess|ge|rät**
Mess|ge|wand [*alte Schreibung* Meß...]; **Mess|glas**
Mes|si|a|de, die; -, -n; (Dichtung vom Messias)
Mes|si|aen [mɛsˈjã] (franz. Komponist)
mes|si|a|nisch (auf den Messias bezüglich); **Mes|si|a|nis|mus,** der; - (religiös, sozial od. politisch motivierte Erneuerungsbewegung mit der Erwartung eines dem Messias vergleichbaren Heilbringers)
Mes|si|as, der; -, -se ‹hebr., »Gesalbter«› (*nur Sing.:* Beiname Jesu Christi; *A. T.* der verheißene Erlöser; *auch für* Befreier)
Mes|si|dor, der; -[s], -s ‹»Erntemonat«› (10. Monat des Kalenders der Franz. Revolution: 19. Juni bis 18. Juli)
Mes|sieurs [mɛˈsjøː] (*Plur. von* Monsieur; *Abk.* MM)
Mes|si|na (Stadt auf Sizilien); **Mes|si|na|ap|fel|si|ne** ↑K 143
Mes|sing, das; -s, *Plur. (Sorten:)* -e (Kupfer-Zink-Legierung)
Mes|sing|bett; Mes|sing|draht
mes|sin|gen; eine messing[e]ne Platte
Mes|sing|griff; Mes|sing|leuch|ter; Mes|sing|schild, das; **Mes|sing|stan|ge**
Mess|in|s|t|ru|ment [*alte Schreibung* Meß...]; **Mess|lat|te**
Mess|mer *vgl.* Mesmer
Mess|ner *vgl.* Mesner
Mess|op|fer [*alte Schreibung* Meß...] (in der kath. Feier der Eucharistie)
Mess|satz, *auch* **Mess-Satz** [*alte Schreibung* Meß|satz] (mehrere zusammengefasste Messgeräte)
Mess|schie|ber, *auch* **Mess-Schieber** [*alte Schreibung* Meß|schieber] (Schieblehre)
Mess|schnur, *auch* **Mess-Schnur** [*alte Schreibung* Meß|schnur] *Plur.* ...schnüre
Mess|schrau|be, *auch* **Mess-Schrau|be** [*alte Schreibung* Meß|schrau|be] (ein Feinmessgerät)
Mess|stab, *auch* **Mess-Stab** [*alte Schreibung* Meß|stab]
Mess|tech|nik [*alte Schreibung* Meß...]; **Mess|tisch; Mess|tisch|blatt**
Mes|sung
Mess|ver|fah|ren [*alte Schreibung* Meß...]; **Messwert; Mess|zy|lin|der**
Mes|te [*alte Trennung* ...|st...], die; -, -n (altes mitteld. Maß; ein [Holz]gefäß)
Mes|ti|ze [*alte Trennung* ...|st...], der; -n, -n ‹lat.-span.› (Nachkomme eines weißen u. eines indian. Elternteils); **Mes|ti|zin**
MESZ = mitteleuropäische Sommerzeit
Met, der; -[e]s (gegorener Honigsaft)
Me|ta (w. Vorn.)
me|ta... ‹griech.› (zwischen..., mit..., um..., nach...)
Me|ta... (Zwischen..., Mit..., Um..., Nach...)
me|ta|bol, me|ta|bo|lisch (*Biol.* veränderlich; *Biol., Med.* den Stoffwechsel betreffend); **Me|ta|bo|lis|mus,** der; - (*Biol., Med.* Stoffwechsel)
Me|ta|ge|ne|se, die; -, -n ‹griech.› (*Biol.* besondere Form des Generationswechsels bei vielzelligen Tieren); **me|ta|ge|ne|tisch**
Me|ta|ge|schäft ‹ital.; dt.› (*Kaufmannsspr.* gemeinschaftlich durchgeführtes Waren- od. Bankgeschäft zweier Firmen mit gleichmäßiger Verteilung von Gewinn u. Verlust)
Me|ta|kri|tik [*auch* ˈmɛ...], die; - ‹griech.› (auf die Kritik folgende Kritik; Kritik der Kritik)
Me|tal [ˈmɛtl], das; [-]s (*kurz für* Heavymetal)
Me|ta|lep|se, Me|ta|lep|sis, die; -, ...epsen (*Rhet.* Verwechslung)
Me|tall, das; -s, -e ‹griech.›; die Metall verarbeitende [*alte Schreibung* metallverarbeitende] Industrie

Me|tall|ar|bei|ter; Me|tall|ar|bei|te|rin; Me|tall|be|ar|bei|tung, die; -; **Me|tall|block** *Plur.* ...blö|cke

me|tal|len (aus Metall)

Me|tal|ler (*ugs. für* Metallarbeiter; Angehöriger der IG Metall); **Me|tal|le|rin**

Me|tall|guss [*alte Schreibung* ...guß]

me|tall|hal|tig; Me|tall|hal|tig|keit, die; -

me|tal|lic [...lɪk] (metallisch schimmernd [lackiert]); ein Auto in Blau metallic *od.* in Blaumetallic, in metallic Blau *od.* in Metallicblau

Me|tal|lic|la|ckie|rung [*alte Trennung* ...k|k...]

Me|tall|in|dus|t|rie [*alte Trennung* ...|st...]

Me|tal|li|sa|ti|on, die; -, -en (*Technik* Vererzung beim Versteinerungsvorgang)

me|tal|lisch (metallartig)

mé|tal|li|sé (metallic)

me|tal|li|sie|ren (*Technik* mit Metall überziehen); **Me|tal|li|sie|rung**

Me|tall|kun|de, die; -; **Me|tall|kund|ler; Me|tall|kund|le|rin**

Me|tall|le|gie|rung, *auch* **Me|tall-Le|gie|rung** [*alte Schreibung* Me|talle|gie|rung, *alte Trennung* ...ll|l...]

Me|tal|lo|chro|mie, die; - (*Technik* galvanische Metallfärbung)

Me|tal|lo|gie, die; - (Metallkunde)

Me|tal|lo|gra|phie, *auch* **Me|tal|lo|gra|fie,** die; - (Zweig der Metallkunde)

Me|tal|lo|id, das; -[e]s, -e (*veraltete Bez. für* nichtmetall. Grundstoff)

Me|tall|ski, *auch* **...schi; Me|tall|über|zug**

Me|tal|l|urg, Me|tal|l|ur|ge der; ...gen, ...gen; **Me|tal|l|ur|gie,** die; - (Hüttenkunde); **Me|tal|l|ur|gin; me|tal|l|ur|gisch**

Me|tall ver|ar|bei|tend [*alte Schreibung* me|tall|ver|ar|bei|tend] *vgl.* Metall

me|ta|morph, me|ta|mor|phisch ‹griech.› (die Gestalt, den Zustand wandelnd)

Me|ta|mor|phis|mus, der; -, ...men (*svw.* Metamorphose); **Me|ta|mor|pho|se,** die; -, -n (Umgestaltung, Verwandlung); **me|ta|mor|pho|sie|ren**

Me|ta|pha|se, die; -, -n (*Biol.* zweite Phase der indirekten Zellkernteilung)

Me|ta|pher, die; -, -n (*Sprachw.* Wort mit übertragener Bedeutung, bildliche Wendung, z. B. »Haupt der Familie«)

Me|ta|pho|rik, die; - (Verbildlichung, Übertragung in eine Metapher); **me|ta|pho|risch** (bildlich, im übertragenen Sinne)

Me|ta|phra|se, die; -, -n (Umschreibung); **me|ta|phras|tisch** ([*alte Trennung* ...|st...] umschreibend)

Me|ta|phy|sik, die; -, -en *Plur. selten* (philos. Lehre von den letzten, nicht erfahr- u. erkennbaren Gründen u. Zusammenhängen des Seins); **Me|ta|phy|si|ker; me|ta|phy|sisch**

Me|ta|plas|mus, der; -, ...men (*Sprachw.* Umbildung von Wortformen)

Me|ta|psy|chik, die; - (*svw.* Parapsychologie); **me|ta|psy|chisch; Me|ta|psy|cho|lo|gie,** die; - (*svw.* Parapsychologie)

Me|ta|se|quo|ia, die; -, ...oien (Vertreter einer Gattung der Sumpfzypressengewächse)

Me|ta|spra|che (*EDV, Sprachw., Math.* zur Beschreibung einer anderen Sprache benutzte Sprache); **me|ta|sprach|lich**

Me|ta|s|ta|se, die; -, -n (*Med.* Tochtergeschwulst); **me|ta|s|ta|sie|ren** (Tochtergeschwülste bilden); **me|ta|s|ta|tisch**

Me|ta|the|se, Me|ta|the|sis, die; -, ...esen (*Sprachw.* Lautumstellung, z. B. »Born«–»Bronn«)

Me|ta|tro|pis|mus, der; - (*Psych.* Umkehrung des geschlechtl. Empfindens; Vertauschung der Rollen von Frau u. Mann)

Me|ta|xa®, der; -[s], -s (ein milder griech. Branntwein)

me|ta|zen|t|risch (das Metazentrum betreffend); **Me|ta|zen|t|rum** (*Schiffbau* Schwankpunkt)

Me|ta|zo|on, das; -s, ...zoen *meist Plur.* (vielzelliges Tier)

Me|t|em|psy|cho|se, die; -, -n ‹griech.› (Seelenwanderung)

Me|te|or, der, *selten* das; -s, -e ‹griech.› (Leuchterscheinung beim Eintritt eines Meteoriten in die Erdatmosphäre)

Me|te|or|ei|sen

me|te|o|risch (auf Lufterscheinungen, -verhältnisse bezogen)

Me|te|o|rit, der; *Gen.* -en *u.* -s, *Plur.* -en *u.* -e (in die Erdatmosphäre eindringender kosmischer Körper); **me|te|o|ri|tisch** (von einem Meteor stammend, meteorartig)

Me|te|o|ro|lo|ge, der; -n, -n; **Me|te|o|ro|lo|gie,** die; - (Lehre von Wetter u. Klima); **Me|te|o|ro|lo|gin; me|te|o|ro|lo|gisch**

me|te|o|ro|trop (wetter-, klimabedingt); **Me|te|o|ro|tro|pis|mus,** der; -, ...men (wetterbedingter Krankheitszustand)

Me|te|or|stein

Me|ter

der, *auch* das; -s, -; *schweiz. nur* der ‹griech.› (Längenmaß; *Zeichen* m)
- eine Länge von zehn Metern, *auch* von zehn Meter
- eine Mauer von drei Meter, *auch* von drei Metern Höhe
- von 10 Meter, *auch* von 10 Metern an
- ein[en] Meter lang, acht Meter lang
- laufender Meter (*Abk.* lfd. M.)

...me|ter (z. B. Zentimeter)

me|ter|dick; meterdicke Mauern; *aber* die Mauern sind zwei Meter dick; **me|ter|hoch;** der Schnee liegt meterhoch; *aber* drei Meter hoch; **me|ter|lang,** *aber* ein[en] Meter lang

Me|ter|maß, das; **Me|ter|wa|re,** die; -

me|ter|wei|se; me|ter|weit, *aber* drei Meter weit

Me|tha|don, das; -s ‹engl.› (*Chemie, Med.* synthet. Derivat des Morphins [als Ersatzdroge für Heroinabhängige])

Me|than, das; -s ‹griech.› (Gruben-, Sumpfgas); **Me|than|gas**

Me|tha|nol, das; -s (Methylalkohol)

Me|thod-Ac|ting [ˈmɛθədˈɛktɪŋ], das; -s ‹amerik.› (Art der Schauspielerei, bei der die Schauspieler sich auf sich selbst konzentrieren)

Me|tho|de, die; -, -n ‹griech.› (planmäßiges u. folgerichtiges Verfahren; Vorgehensweise); **Me|tho|den|leh|re**

Me|tho|dik, die; -, -en (Verfahrenslehre, -weise; Vortrags-, Unterrichtslehre; *nur Sing.:* methodisches Vorgehen)

Me|tho|di|ker (planmäßig Verfah-

M

render; Begründer einer Methode); **Me|tho|di|ke|rin; me|tho|disch** (planmäßig; überlegt, durchdacht); **me|tho|di|sie|ren**
Me|tho|dist, der; -en, -en (Angehöriger der Methodistenkirche); **Me|tho|dis|ten|kir|che** [*alte Trennung* ...|st...] (eine ev. Freikirche); **Me|tho|dis|tin; me|tho|dis|tisch**
Me|tho|do|lo|gie, die; -, ...ien (Lehre von den wissenschaftl. Methoden); **me|tho|do|lo|gisch**
Me|tho|ma|nie, die; - ‹griech.› (*Med.* Bewusstseinsveränderung durch Missbrauch von Alkohol od. Medikamenten)
[1]**Me|thu|sa|lem,** *ökum.* Me|tu|schelach (bibl. Eigenname)
[2]**Me|thu|sa|lem,** der; -[s], -s (*ugs.* sehr alter Mann)
Me|thyl, das; -s ‹griech.› (einwertiger Methanrest in zahlreichen organ.-chem. Verbindungen)
Me|thyl|al|ko|hol, der; -s (Holzgeist, Methanol); **Me|thy|l-a|min,** das; -s, -e (einfachste organ. Base); **Me|thy|len|blau** (ein synthet. Farbstoff)
Me|ti|er [...'tie:], das; -s, -s ‹franz.› (Beruf; Aufgabe)
Me|tist, der; -en, -en ‹ital.› (Teilnehmer an einem Metageschäft); **Me|tis|tin** [*alte Trennung* ...|st...]
Me|t|ö|ke, der; -n, -n ‹griech.› (rechtloser ortsansässiger Fremder [in altgriech. Städten])
Me|ton (altgriech. Mathematiker); **me|to|ni|scher Zy|k|lus** [*alte Schreibung* Me|to|ni|scher Zy|klus] ↑K 135, der; -n - (alter Kalenderzyklus [Zeitraum von 19 Jahren], der der Berechnung des christl. Osterdatums zugrunde liegt)
Me|t|o|no|ma|sie, die; -, ...ien ‹griech.› (Namensveränderung durch Übersetzung in eine fremde Sprache)
Me|t|o|ny|mie, die; -, ...ien (*Stilk.* Ersetzung eines Wortes durch einen verwandten Begriff, z. B. »Dolch« durch »Stahl«); **me|t-o|ny|misch**
Me|t|o|pe, die; -, -n ‹griech.› (*Archit.* Zwischenfeld in einem antiken Tempelfries)
Me|t|ra, Me|t|ren (*Plur. von* Metrum)
Me|t|rik, die; -, -en ‹griech.› (Verslehre, -kunst; *Musik* Lehre vom Takt); **Me|t|ri|ker; me|t-risch** (die Verslehre, das Versmaß, den Takt betreffend; in Versen abgefasst; nach dem Meter messbar); metrischer Raum; metrisches System
Me|t|ro [*auch* 'mɛ...], die; -, -s ‹griech.-franz.› (Untergrundbahn, bes. in Paris u. Moskau)
Me|t|ro|lo|gie, die; - ‹griech.› (Maß- u. Gewichtskunde); **me|t-ro|lo|gisch**
Me|t|ro|nom, das; -s, -e ‹griech.› (*Musik* Taktmesser); *vgl.* Mälzel
Me|t|ro|po|le, die; -, -n ‹griech.› (Hauptstadt, Weltstadt); **Me|t-ro|po|lis,** die; -, ...polen (*veraltet für* Metropole)
M|et|ro|po|lit, der; -en, -en (Erzbischof); **Me|t|ro|po|li|tan|kir|che**
Me|t|rum, das; -s, *Plur.* ...tren, *älter* ...tra ‹griech.› (Versmaß; *Musik* Takt)
Mett, das; -[e]s (*nordd. für* gehacktes Schweinefleisch)
Met|ta|ge [...ʒə], die; -, -n ‹franz.› (*Druckw.* Umbruch)
Met|te, die; -, -n ‹lat.› (nächtl. Gottesdienst; nächtl. Gebet)
Met|ter|nich (österr. Staatskanzler)
Met|teur [...'tø:ɐ̯], der; -s, -e ‹franz.› (*Druckw.* Umbrecher, Hersteller der Seiten)
Mett|wurst
Me|tu|sche|lach *vgl.* [1]Methusalem
Metz (franz. Stadt)
[1]**Met|ze,** die; -, -n, *südd. u. österr.* Met|zen, der; -s, - (altes Getreidemaß)
[2]**Met|ze,** die; -, -n (*veraltet für* Prostituierte)
Met|ze|lei *(ugs.)*; **met|zeln** (*landsch. für* schlachten; *selten für* niedermachen, morden); ich metz[e]le; **Met|zel|sup|pe** (*südd. für* Wurstsuppe)
Met|zen *vgl.* [1]Metze
Metzg, die; -, -en (*schweiz. neben* Metzgerei); **Metz|ge,** die; -, -n (*südd. für* Metzgerei, Schlachtbank); **metz|gen** (*landsch. u. schweiz. für* schlachten)
Metz|ger (*westmitteld., südd., schweiz. für* Fleischer); **Metz|ge|rei** *(westmitteld., südd., schweiz.)*; **Metz|ge|rin; Metz|ger|meis|ter** [*alte Trennung* ...|st...]
Metz|ger[s]|gang, der (*landsch. für* erfolglose Bemühung)
Metz|ge|te, die; -, -n (*schweiz. für* Schlachtfest; Schlachtplatte)
Metz|zig, die; -, -en (*svw.* Metzge); **Metz|ler** (*rhein. für* Fleischer)
Meu|b|le|ment [møblə'mã:], das; -s, -s ‹franz.› (*veraltet für* Zimmer-, Wohnungseinrichtung)
Meu|chel|mord; Meu|chel|mör|der
meu|cheln (*veraltend für* heimtückisch ermorden); ich meuch[e]le
Meuch|ler; meuch|le|risch; meuch|lings (*veraltend für* heimtückisch)
Meu|ni|er [mø'nie:] (belg. Bildhauer u. Maler)
Meu|te, die; -, -n (*Jägerspr.* Gruppe von Hunden; *übertr. abwertend für* größere Zahl von Menschen)
Meu|te|rei; Meu|te|rer
Meu|te|rin; meu|tern; ich meutere
MeV = Megaelektronenvolt
Me|xi|ka|ner; Me|xi|ka|ne|rin; me-xi|ka|nisch
Me|xi|ko (Staat in Mittelamerika u. dessen Hauptstadt); **Me|xi-ko-Stadt** (Hauptstadt von Mexiko)
Mey|er, Conrad Ferdinand (schweiz. Schriftsteller)
Mey|er|beer (dt. Komponist)
MEZ = mitteleuropäische Zeit
Mez|za|nin, das; -s, -e ‹ital.› (niedriges Halb-, Zwischengeschoss, bes. in der Baukunst der Renaissance u. des Barocks); **Mez-za|nin|woh|nung**
mez|za vo|ce [- ...tʃə] ‹ital.› (*Musik* mit halber Stimme; *Abk.* m. v.); **mez|zo|for|te** (*Musik* halbstark; *Abk.* mf)
Mez|zo|gior|no [...'dʒɔ...], der; - (der Teil Italiens südl. von Rom, einschließlich Siziliens)
mez|zo|pi|a|no (*Musik* halbleise; *Abk.* mp)
Mez|zo|so|p|ran [*auch* ...'pra:n] (mittlere Frauenstimme zwischen Sopran u. Alt; Sängerin der mittleren Stimmlage)
Mez|zo|tin|to, das; -[s], *Plur.* -s *od.* ...ti (*nur Sing.:* Schabkunst, bes. Technik des Kupferstichs; *auch für* Erzeugnis dieser Technik)
mf = mezzoforte
µF = Mikrofarad
mg = Milligramm
Mg = *chem. Zeichen für* Magnesium
MG, das; -[s], -[s] = Maschinengewehr
µg = Mikrogramm
[1]**Mgr.** = Monseigneur
[2]**Mgr.,** Msgr. = Monsignore

M

MG-Schüt|ze, der ↑K 28
mhd. = mittelhochdeutsch
MHz = Megahertz
Mi. = Mittwoch
Mia (w. Vorn.)
Mia., Md., Mrd. = Milliarde[n]
Mi|a|mi [mai̯'ɛ...] (Badeort u. Hafenstadt an der Küste Floridas)
Mi|as|ma, das; -s, ...men ‹griech.› (früher angenommene giftige Ausdünstung des Bodens); **mi|as|ma|tisch** (giftig)
mi|au!; mi|au|en; die Katze hat miaut
mich (*Akk. von* »ich«)
Mich. = Michigan
Mi|cha (bibl. Prophet)
Mi|cha|el [...e:l, *auch* ...ɛl] (einer der Erzengel; m. Vorn.)
Mi|cha|e|la (w. Vorn.)
Mi|cha|e|li[s], das; - (Michaelstag); **Mi|cha|els|tag** (29. Sept.)
[1]**Mi|chel** (m. Vorn.)
[2]**Mi|chel,** der; -s, - (*Spottname für* den Deutschen); deutscher Michel
Mi|chel|an|ge|lo Bu|o|nar|ro|ti [...ke'landʒe... -] (ital. Künstler)
Mi|chelle [...'ʃɛl] (w. Vorn.)
Mi|chels|tag (*landsch. für* Michaelstag)
Mi|chi|gan [...ʃign̩] (Staat in den USA; *Abk.* Mich.); **Mi|chi|gan|see,** *auch* **Mi|chi|gan-See,** der; -s
mi|cke|rig [*alte Trennung* ...k|k...], mick|rig (*ugs. für* schwach, zurückgeblieben); **Mi|cke|rig|keit,** Mick|rig|keit, die; -; **mi|ckern** (*landsch. für* sich schlecht entwickeln); ich mickere; die Pflanze mickert
Mic|ki|e|wicz [mɪts'ki̯ɛvɪtʃ] (poln. Dichter)
mick|rig *vgl.* mickerig; **Mick|rig|keit** *vgl.* Mickerigkeit
Mi|cky|maus [...ki...], die; -, ...mäuse (eine Trickfilm- u. Comicfigur)
Mi|das (phryg. König); **Mi|das|oh|ren** *Plur.* ↑K 135 (Eselsohren)
Mid|der, das; -s (*landsch. für* Kalbsmilch)
Mid|gard, der; - (*nord. Mythol.* die Welt der Menschen, die Erde); **Mid|gard|schlan|ge,** die; - (Sinnbild des die Erde umschlingenden Meeres)
Mi|di... (*Mode* bis zu den Waden reichend, z. B. Midikleid)
Mi|di|a|ni|ter, der; -s, - (Angehöriger eines nordarab. Volkes im A. T.); **Mi|di|a|ni|te|rin**

Mi|di|nette [...'nɛt], die; -, -n ‹franz.› (Pariser Modistin)
Mid|life|cri|sis, *auch* **Mid|life-Cri|sis** ['mɪtlai̯f krai̯sɪs; *alte Schreibung* Mid|life-cri|sis], die; - ‹engl.-amerik.› (Krise in der Mitte des Lebens)
Mid|ship|man ['mɪtʃɪpmən], der; -s, ...men [...mən] (unterster brit. Marineoffiziersrang; nordamerik. Seeoffiziersanwärter)
Mie|der, das; -s, -; **Mie|der|ho|se; Mie|der|wa|ren** *Plur.*
Mief, der; -[e]s (*ugs. für* schlechte Luft); **mie|fen** *(ugs.);* es mieft; **mie|fig**
Mie|ke (w. Vorn.)
Mie|ne, die; -, -n (Gesichtsausdruck); **Mie|nen|spiel**
Mie|re, die; -, -n (Name einiger Pflanzen)
mies ‹hebr.-jidd.› (*ugs. für* schlecht; gemein; unwohl); miese Laune; mies machen [*alte Schreibung* miesmachen] (*ugs. für* schlecht machen, herumnörgeln); er hat das Buch mies gemacht [*alte Schreibung* miesgemacht]
[1]**Mies,** die; -, -en (*Nebenform von* Miez, Mieze)
[2]**Mies,** das; -es, -e (*südd. für* Sumpf, Moor)
Mies|chen *vgl.* Miezchen
Mie|se *Plur.* (*ugs. für* Minuspunkte, Minusbetrag); in den Miesen sein
Mie|se|kat|ze *vgl.* Miezekatze
Mie|se|pe|ter, der; -s, - (*ugs. für* stets unzufriedener Mensch)
mie|se|pe|te|rig *od.* **...pet|rig** *(ugs.)*
Mie|sig|keit, die; - *(ugs.)*
mies ma|chen [*alte Schreibung* mies|ma|chen] *vgl.* mies
Mies|ma|cher (*ugs. abwertend für* Schwarzseher); **Mies|ma|che|rei** *(ugs. abwertend)*
Mies|mu|schel (Pfahlmuschel)
Mies van der Ro|he [- fan - -] (dt.-amerik. Architekt)
Miet|aus|fall; Miet|au|to; Miet|be|trag
[1]**Mie|te,** die; -, -n (Preis, der für das Benutzen von Wohnungen u. a. zu zahlen ist)
[2]**Mie|te,** die; -, -n ‹lat.› (gegen Frost gesicherte Grube u. a. zur Lagerung von Feldfrüchten)
[1]**mie|ten;** eine Wohnung mieten
[2]**mie|ten** ‹lat.› (*landsch. für* Feldfrüchte in Mieten einlagern)
Mie|ten|re|ge|lung, Miet|re|ge|lung

Mie|ter; Mie|ter|er|hö|hung; Mie|te|rin
Mieter/-innen, Mieter(innen) (*Kurzformen für* Mieterinnen u. Mieter)
Mie|ter|schutz; Mie|ter|schutz|ge|setz
Miet|er|trag; Miet|fi|nan|zie|rung (besondere Form des Leasings)
miet|frei
Miet|ge|setz; Miet|kauf; Miet|par|tei
Miet|preis; Miet|preis|po|li|tik
Miet|recht
Miet|re|ge|lung, Mie|ten|re|ge|lung
Miets|haus; Miets|ka|ser|ne (*abwertend für* großes Mietshaus)
Miet|spie|gel (Tabelle ortsüblicher Mieten)
Miet[s]|stei|ge|rung; Miet[s]|strei|tig|kei|ten *Plur.*
Mie|tung
Miet|ver|lust; Miet|ver|trag; Miet|wa|gen; Miet|woh|nung; Miet|wu|cher
Miet|zah|lung; Miet|zins (*Plur.* ...zinse; *südd., österr., schweiz. für* [1]Miete)
Miez *vgl.* Mieze; **Miez|chen** (Kätzchen); **Mie|ze,** die; -, -n (*fam. für* Katze; *ugs. für* Freundin, Mädchen)
Mie|ze|kätz|chen *(Kinderspr.);* **Mie|ze|kat|ze**
Mi|fe|gy|ne® [...'ginə], die; - (Medikament zur Auslösung einer Fehlgeburt)
MiG, die; -, -[s] ‹nach den Konstrukteuren Mikojan und Gurewitsch› (*Bez. für* Flugzeugtypen der Sowjetunion)
Mi|g|non ['mɪnjõ, *auch* mɪn'jõ:] (w. Vorn.; Gestalt aus Goethes »Wilhelm Meister«)
Mi|g|no|nette [mɪnjo'nɛt], die; -, -s (schmale Zwirnspitze)
Mi|g|non|fas|sung (für kleine Glühlampen)
Mi|g|rä|ne, die; -, -n ‹griech.› ([halb-, einseitiger] heftiger Kopfschmerz)
Mi|g|ra|ti|on, die; -, -en ‹lat.› (*Biol., Soziol.* Wanderung)
Mi|g|ros ['migro], die; - ‹franz.› (eine schweiz. Verkaufsgenossenschaft)
Mi|guel [...'gɛl] (m. Vorn.)
Mijn|heer [mə'ne:ɐ̯], der; -s, -s ‹niederl., »mein Herr«› (*ohne Artikel:* niederl. Anrede; *auch scherzh. Bez. für* den Holländer)
[1]**Mi|ka|do,** der; -s, -s ‹jap.› (*frühere*

M

Bez. für den jap. Kaiser); *vgl.* Tenno

[2]**Mi|ka|do,** das; -s, -s (ein Geschicklichkeitsspiel mit Holzstäbchen)

[3]**Mi|ka|do,** der; -s, -s (Hauptstäbchen im [2]Mikado)

Mike [maik] (m. Vorn.)

Mi|ko, der; -, -s (*ugs. Kurzw. für* Minderwertigkeitskomplex)

mi|k|ro... ‹griech.› (klein...)

Mi|k|ro... (Klein...; ein Millionstel einer Einheit, z. B. Mikrometer = 10^{-6} Meter; *Zeichen* µ)

Mi|k|ro|be, die; -, -n (*svw.* Mikroorganismus); **mi|k|ro|bi|ell** (*Biol.* die Mikroben betreffend, durch Mikroben)

Mi|k|ro|bi|o|lo|gie[1] (Wissenschaft von den Mikroorganismen)

Mi|k|ro|che|mie[1] (Zweig der Chemie, der kleinste Mengen von Substanzen analysiert)

Mi|k|ro|chip; Mi|k|ro|com|pu|ter

Mi|k|ro|e|lek|t|ro|nik[1]; **mi|k|ro|e|le|k|t|ro|nisch**[1]

Mi|k|ro|fa|rad[1] (ein millionstel Farad; *Zeichen* µF)

Mi|k|ro|fa|ser

Mi|k|ro|fau|na[1] (*Biol.* Kleintierwelt)

Mi|k|ro|fiche (*svw.* [3]Fiche); **Mi|k|ro|film**

Mi|k|ro|fon[1], *auch* Mi|k|ro|phon, das; -s, -e (Gerät, durch das Töne, Geräusche u. Ä. auf Tonträger, über Lautsprecher u. Ä. übertragen werden können); **mi|k|ro|fo|nisch,** *auch* mi|k|ro|pho|nisch

Mi|k|ro|gramm[1] (ein millionstel Gramm; *Zeichen* µg)

mi|k|ro|ke|phal usw. *vgl.* mikrozephal usw.

Mi|k|ro|kli|ma (*Meteor.* Kleinklima, Klima der bodennahen Luftschicht)

Mi|k|ro|kok|kus[1], der; -, ...kokken (*Biol.* Kugelbakterie)

Mi|k|ro|ko|pie[1] (fotogr. Kleinaufnahme, meist von Buchseiten)

mi|k|ro|kos|misch[1]; **Mi|k|ro|kos|mos**[1], **Mi|k|ro|kos|mus**[1], der; - (Welt des Menschen als verkleinertes Abbild des Universums; *Ggs.* Makrokosmos; *Biol.* Welt der Kleinlebewesen)

[1]**Mi|k|ro|me|ter,** das; -s, - (ein Feinmessgerät)

[2]**Mi|k|ro|me|ter**[1], das; -s, - (ein millionstel Meter; *Zeichen* µm)

Mi|k|ron, das; -s, - (*veraltet für* [2]Mikrometer; *Kurzform* My; *Zeichen* µ)

Mi|k|ro|ne|si|en ‹»Kleininselland«› (Inselgruppe u. Staat im Pazifischen Ozean); Föderierte Staaten von Mikronesien; **Mi|k|ro|ne|si|er; Mi|k|ro|ne|si|e|rin; mi|k|ro|ne|sisch**

Mi|k|ro|or|ga|nis|mus[1] *meist Plur.* ‹griech.› (*Biol.* kleinstes, meist einzelliges Lebewesen)

Mi|k|ro|phon *vgl.* Mikrofon; **mi|k|ro|pho|nisch** *vgl.* mikrofonisch

Mi|k|ro|phy|sik[1] (Physik der Moleküle u. Atome)

Mi|k|ro|phyt, der; -en, -en (*Biol.* pflanzl. Mikroorganismus)

Mi|k|ro|pro|zes|sor[1], der; -s, ...oren *(EDV)*

Mi|k|ro|ra|di|o|me|ter[1], das; -s, - (Messgerät für kleinste Strahlungsmengen)

mi|k|ro|seis|misch[1] (nur mit Instrumenten wahrnehmbar [von Erdbeben])

Mi|k|ro|s|kop, das; -s, -e (opt. Vergrößerungsgerät); **mi|k|ro|s|ko|pie|ren** (mit dem Mikroskop arbeiten, untersuchen); **mi|k|ro|s|ko|pisch** (verschwindend klein; mithilfe des Mikroskops durchgeführt)

Mi|k|ro|spo|re[1] (kleine männl. Spore einiger Farnpflanzen)

Mi|k|ro|tom, der *od.* das; -s, -e (Gerät zur Herstellung feinster Schnitte für mikroskop. Untersuchungen)

Mi|k|ro|wel|le (elektromagnet. Welle); **mi|k|ro|wel|len|ge|eig|net; Mi|k|ro|wel|len|ge|rät; Mi|k|ro|wel|len|herd**

Mi|k|ro|zen|sus ‹griech.; lat.› (jährlich durchgeführte statistische Repräsentativerhebung der Bevölkerung u. des Erwerbslebens)

mi|k|ro|ze|phal (*Med.* kleinköpfig); **Mi|k|ro|ze|pha|lie,** die; - (*Med.* Kleinköpfigkeit)

Mik|we, die; -, Mikwaot *u.* -n ‹hebr.› (jüdisches Ritualbad)

[1]**Mi|lan** [*auch* ...ˈla:n], der; -s, -e ‹franz.› (ein Greifvogel)

[2]**Mi|lan** (m. Vorn.)

Mi|la|no (*ital. Form von* Mailand)

Mil|be, die; -, -n (ein Spinnentier); **mil|big**

Milch, die; -, *Plur. (fachspr.)* -e[n]

Milch|bar, die; **Milch|bart** (*svw.* Milchgesicht)

Milch|brei; Milch|bröt|chen

Milch|drü|se; Milch|eis; Milch|ei|weiß

[1]**mil|chen** (aus Milch)

[2]**mil|chen** (*landsch. für* Milch geben)

[1]**Mil|cher** *vgl.* Milchner

[2]**Mil|cher** (*landsch. für* Melker)

Mil|che|rin *(landsch.)*

Milch|er|trag; Milch|fla|sche; Milch|frau *(ugs.)*

Milch|ge|biss [*alte Schreibung* ...ge|biß]

Milch|ge|sicht (unreifer junger Mann)

Milch|glas *Plur.* ...gläser

mil|chig

Milch|kaf|fee; Milch|känn|chen; Milch|kan|ne; Milch|kuh; Milch|kur

Milch|ling (ein Pilz)

Milch|mäd|chen; Milch|mäd|chen|rech|nung (*ugs. für* auf Trugschlüssen beruhende Rechnung)

Milch|mann *Plur.* ...männer *(ugs.);* **Milch|mix|ge|tränk; Milch|napf**

Milch|ner, [1]Mil|cher (männl. Fisch)

Milch|pro|dukt; Milch|pul|ver; Milch|pum|pe; Milch|reis; Milch|saft *(Bot.)*

Milch|säu|re; Milch|säu|re|bak|te|ri|en *Plur.*

Milch|scho|ko|la|de

Milch|stra|ße, die; - *(Astron.)*

Milch|tü|te

milch|weiß

Milch|wirt|schaft; Milch|zahn; Milch|zu|cker [*alte Trennung* ...k|k...]

mild, mil|de; Mil|de, die; -

mil|dern; ich mildere; mildernde Umstände *(Rechtsspr.)*

Mil|de|rung; Mil|de|rungs|grund

mild|her|zig; Mild|her|zig|keit, die; -

mild|tä|tig; Mild|tä|tig|keit, die; -

Mi|le|na [*auch* ˈmi:...] (w. Vorn.)

Mi|le|si|er (Bewohner von Milet); **Mi|let** (altgriech. Stadt)

Mil|haud [miˈjo:], Darius [...ˈrjy:s] (franz. Komponist)

Mi|li|ar|tu|ber|ku|lo|se ‹lat.› (*Med.* meist rasch tödlich verlaufende Allgemeininfektion des Körpers mit Tuberkelbazillen)

Mi|li|eu [miˈli̯ø:], das; -s, -s ‹franz.› (Umwelt; *bes. schweiz. auch für* Dirnenwelt); **mi|li|eu|be|dingt; Mi|li|eu|for|schung**

mi|li|eu|ge|schä|digt; Mi|li|eu|ge|schä|dig|te, der *u.* die; -n, -n

[1] [*auch* ˈmi:kro...]

Mi|li|eu|scha|den *(Psych.)*; **Mi|li|eu|the|o|rie** *(Psych.)*
mi|li|tant ‹lat.› (kämpferisch); **Mi|li|tanz,** die; -
¹Mi|li|tär, der; -s, -s ‹franz.› (höherer Offizier)
²Mi|li|tär, das; -s (Soldatenstand; Streitkräfte)
Mi|li|tär|ad|mi|nis|t|ra|ti|on [*alte Trennung* ...|st...]; **Mi|li|tär|a|ka|de|mie; Mi|li|tär|arzt; Mi|li|tär|at|ta|ché**
Mi|li|tär|block *Plur.* ...blöcke, *selten* ...blocks; **Mi|li|tär|bud|get; Mi|li|tär|bünd|nis; Mi|li|tär|dienst; Mi|li|tär|dik|ta|tur**
Mi|li|tär|e|tat; Mi|li|tär|flug|ha|fen (*vgl.* ²Hafen); **Mi|li|tär|ge|richts|bar|keit**
Mi|li|ta|ria *Plur.* ‹lat.› (Bücher über das Militärwesen; milit. Sammlerstücke)
mi|li|tä|risch ‹franz.›
mi|li|ta|ri|sie|ren (milit. Anlagen errichten, Truppen aufstellen); **Mi|li|ta|ri|sie|rung**
Mi|li|ta|ris|mus, der; - ‹lat.› (Vorherrschen milit. Denkens); **Mi|li|ta|rist,** der; -en, -en; **mi|li|ta|ris|tisch** [*alte Trennung* ...|st...]
Mi|li|tär|jun|ta (von Offizieren [nach einem Putsch] gebildete Regierung); **Mi|li|tär|marsch; Mi|li|tär|mis|si|on; Mi|li|tär|mu|sik**
Mi|li|tär|pflicht, die; -; **mi|li|tär|pflich|tig; Mi|li|tär|pflich|ti|ge,** der; -n, -n
Mi|li|tär|po|li|zei; Mi|li|tär|re|gie|rung; Mi|li|tär|schu|le; Mi|li|tär|seel|sor|ge
Mi|li|ta|ry [...təri], die; -, -s ‹engl.› (Vielseitigkeitsprüfung [im Reitsport])
Mi|li|tär|zeit, die; -
Mi|liz, die; -, -en ‹lat.› (kurz ausgebildete Truppen, Bürgerwehr; *in einigen [ehemals] sozialistischen Staaten auch für* Polizei); **Mi|liz|heer; Mi|li|zi|o|när,** der; -s, -e (Angehöriger der Miliz); **Mi|liz|sol|dat**
Mil|ke, die; -, *auch* **Mil|ken,** der; -s (*schweiz. für* Kalbsbries)
Mill., Mio. = Million[en]
Mil|le, die; -, - ‹lat.› (Tausend; *Zeichen* M; *ugs. für* tausend Mark); 5 Mille; *vgl.* per, pro mille
Mil|le|fi|o|ri|glas *Plur.* ...gläser ‹ital.; dt.› (vielfarbiges Mosaikglas)
¹Mille|fleurs [mɪl'flø:ɐ̯], das; - ‹franz.› (Streublumenmuster)
²Mille|fleurs, der; - (Stoff mit Streublumenmuster)
Mil|le Mi|g|lia [- 'mɪlja] *Plur.* ‹ital.› (Langstreckenrennen für Sportwagen in Italien)
Mil|l|en|ni|um, das; -s, ...ien ‹lat.› (Jahrtausend); **Mil|l|en|ni|um[s]|fei|er** (Tausendjahrfeier)
Mil|li (w. Vorn.)
Mil|li... ‹lat.› (ein Tausendstel einer Einheit, z. B. Millimeter = 10^{-3} Meter; *Zeichen* m)
Mil|li|am|pere [...am'pe:ɐ̯, *auch* 'mɪl...] (Maßeinheit kleiner elektr. Stromstärken; *Zeichen* mA); **Mil|li|am|pere|me|ter** [*auch* 'mɪl...], das; -s, - (Gerät zur Messung geringer Stromstärken)
Mil|li|ar|där, der; -s, -e ‹franz.› (Besitzer eines Vermögens von mindestens einer Milliarde; sehr reicher Mann); **Mil|li|ar|dä|rin**
Mil|li|ar|de, die; -, -n (1 000 Millionen; *Abk.* Md., Mrd. *u.* Mia.)
Mil|li|ar|den|an|lei|he; Mil|li|ar|den|be|trag; Mil|li|ar|den|hö|he (in Milliardenhöhe)
mil|li|ards|te [*alte Trennung* ...|st...] *vgl.* achte; **mil|li|ards|tel** *vgl.* achtel; **Mil|li|ards|tel** *vgl.* Achtel
Mil|li|bar [*auch* 'mɪl...], das ($^1/_{1000}$ Bar; alte Maßeinheit für den Luftdruck; *Abk.* mbar, *in der Meteor. nur* mb)
Mil|li|gramm [*auch* 'mɪl...] ($^1/_{1000}$ g; *Zeichen* mg); 10 Milligramm
Mil|li|li|ter [*auch* 'mɪl...] ($^1/_{1000}$ l; *Zeichen* ml)
Mil|li|me|ter [*auch* 'mɪl...] ($^1/_{1000}$ m; *Zeichen* mm)
Mil|li|me|ter|ar|beit, die; - *(ugs.)*
Mil|li|me|ter|pa|pier
Mil|li|mol [*auch* 'mɪl...] ($^1/_{1000}$ mol; *Zeichen* mmol)
Mil|li|on, die; -, -en ‹ital.› (1 000 mal 1 000; *Abk.* Mill. *u.* Mio.); eine Million; ein[und]dreiviertel Millionen; zwei Millionen fünfhunderttausend; mit 0,8 Millionen
Mil|li|o|när, der; -s, -e ‹franz.› (Besitzer eines Vermögens von mindestens einer Million; sehr reicher Mann); **Mil|li|o|nä|rin**
Mil|li|o|nen|auf|la|ge; Mil|li|o|nen|auf|trag; Mil|li|o|nen|be|trag
mil|li|o|nen|fach
Mil|li|o|nen|ge|schäft; Mil|li|o|nen|ge|winn; Mil|li|o|nen|heer; Mil|li|o|nen|hö|he (in Millionenhöhe)
Mil|li|o|nen Mal [*alte Schreibung* mil|lio|nen|mal] *vgl.* ¹Mal
Mil|li|o|nen|scha|den; mil|li|o|nen|schwer; Mil|li|o|nen|stadt
mil|li|ons|te [*alte Trennung* ...|st...]; *vgl.* achte; **mil|li|ons|tel, mil|li|on|tel** *vgl.* achtel; **Mil|li|ons|tel, Mil|li|on|tel,** das, *schweiz. meist* der; -s, -; *vgl.* Achtel
Mil|lö|cker [*alte Trennung* ...k|k...] (österr. Komponist)
Mill|statt (österr. Ort); **Mill|stät|ter;** Millstätter See
Mil|ly [...li] (w. Vorn.)
Mil|reis, das; -, - ‹port.› (1 000 Reis; ehem. Währungseinheit in Portugal u. Brasilien)
Mil|ti|a|des (athen. Feldherr)
Mil|ton [...tn̩] (engl. Dichter)
Milz, die; -, -en (Organ)
Milz|brand (der; -[e]s; eine gefährliche Infektionskrankheit); **Milz|quet|schung; Milz|riss** [*alte Schreibung* ...riß]
¹Mi|me (*eingedeutschte Form von* Mimir)
²Mi|me, der; -n, -n ‹griech.› (*veraltend für* Schauspieler)
mi|men (*veraltend für* als Mime wirken; *ugs. für* so tun, als ob)
Mi|men (*Plur. von* ²Mime *u.* Mimus)
Mi|me|se, die; -, -n (*Zool.* Nachahmung des Aussehens von Gegenständen od. Lebewesen bei Tieren [zum Schutz]); **Mi|me|sis,** die; -, ...esen (Nachahmung); **mi|me|tisch** (die Mimese betreffend; nachahmend)
Mi|mik, die; - (Gebärden- u. Mienenspiel [des Schauspielers])
Mi|mi|ker *vgl.* Mimus
Mi|mi|k|ry [...ri], die; - ‹engl.› (*Zool.* Nachahmung wehrhafter Tiere durch nichtwehrhafte in Körpergestalt u. Färbung; *übertr. für* Anpassung)
Mi|min (*weibliche Form zu* Mime)
Mi|mir (Gestalt der nord. Mythologie u. der germ. Heldensage)
mi|misch ‹griech.› (schauspielerisch; mit Gebärden)
Mi|mo|se, die; -, -n ‹griech.› (Pflanzengattung; Blüte der Silberakazie; *übertr. für* überempfindlicher Mensch); **mi|mo|sen|haft** (zart; [über]empfindlich)
Mi|mus, der; -, ...men ‹griech.› (Possenreißer der Antike; *auch* die Posse selbst)
min, Min. = Minute
Mi|na, Mi|ne (w. Vorn.)

Mi|na|rett, das; -s, *Plur.* -e *u.* -s ⟨arab.-franz.⟩ (Moscheeturm)

Min|chen (w. Vorn.)

Min|da|nao (eine Philippineninsel)

Min|den (Stadt a. d. Weser); **Min|de|ner**

min|der; minder gut, minder wichtig

min|der|be|gabt; Min|der|be|gab|te, der *u.* die; -n, -n

min|der|be|mit|telt; Min|der|be|mit|tel|te, der *u.* die; -n, -n

Min|der|bru|der (Franziskaner)

Min|der|ein|nah|me

Min|der|heit; Min|der|hei|ten|fra|ge; Min|der|hei|ten|schutz

Min|der|heits|re|gie|rung

min|der|jäh|rig; Min|der|jäh|ri|ge, der *u.* die; -n, -n; **Min|der|jäh|rig|keit,** die; -

Min|der|leis|tung [*alte Trennung* ...|st...]

min|dern; ich mindere; **Min|de|rung**

Min|der|wert; min|der|wer|tig; minderwertiges Fleisch

Min|der|wer|tig|keit; Min|der|wer|tig|keits|ge|fühl; Min|der|wer|tig|keits|kom|plex (*ugs. Kurzw.* Miko)

Min|der|zahl, die; -

Min|dest|ab|stand; Min|dest|al|ter; Min|dest|an|for|de|rung

Min|dest|bei|trag; Min|dest|be|steu|e|rung; Min|dest|be|trag

Min|dest|bie|ten|de, der *u.* die; -n, -n

min|des|te
[*alte Trennung* ...|st...]
Groß- oder Kleinschreibung bei vorangehendem [mit einer Präposition verschmolzenem] Artikel: – nicht das Mindeste *od.* mindeste (gar nichts) – nicht im Mindesten *od.* mindesten (überhaupt nicht) – zum Mindesten *od.* mindesten (wenigstens)

min|des|tens [*alte Trennung* ...|st...]

Min|dest|for|dern|de, der *u.* die; -n, -n

Min|dest|for|de|rung; Min|dest|ge|bot; Min|dest|ge|schwin|dig|keit; Min|dest|grö|ße

Min|dest|lohn; Min|dest|maß, das; **Min|dest|preis; Min|dest|re|ser|ve** *meist Plur. (Bankw.)*

Min|dest|satz; Min|dest|stra|fe; Min|dest|zahl; Min|dest|zeit

min|disch (aus Minden)

[1]**Mi|ne,** die; -, -n ⟨franz.⟩ (unterird. Gang [mit Sprengladung]; Bergwerk; Sprengkörper; Kugelschreiber-, Bleistifteinlage)

[2]**Mi|ne,** die; -, -n ⟨griech.⟩ (altgriech. Münze, Gewicht)

[3]**Mi|ne** *vgl.* Mina

Mi|nen|ar|bei|ter; Mi|nen|feld; Mi|nen|le|ger; Mi|nen|räum|boot

Mi|nen|stol|len; Mi|nen|such|boot; Mi|nen|such|ge|rät; Mi|nen|wer|fer

Mi|ne|ral, das; -s, *Plur.* -e *u.* -ien ⟨franz.⟩ (anorganischer, chem. einheitlicher u. natürlich gebildeter Bestandteil der Erdkruste)

Mi|ne|ral|bad; Mi|ne|ral|dün|ger

Mi|ne|ra|li|en|samm|lung

mi|ne|ra|lisch; Mi|ne|ra|lo|ge, der; -n, -n ⟨franz.; griech.⟩; **Mi|ne|ra|lo|gie,** die; - (Wissenschaft von den Mineralen); **Mi|ne|ra|lo|gin; mi|ne|ra|lo|gisch**

Mi|ne|ral|öl; Mi|ne|ral|öl|ge|sell|schaft; Mi|ne|ral|öl|in|dus|t|rie [*alte Trennung* ...|st...]; **Mi|ne|ral|öl|steu|er,** die

Mi|ne|ral|quel|le; Mi|ne|ral|stoff; Mi|ne|ral|was|ser *Plur.* ...wässer

Mi|ner|va (röm. Göttin des Handwerks, der Weisheit u. der Künste)

Mi|nes|t|ro|ne [*alte Trennung* ...|st...], die; -, -n ⟨ital.⟩ (ital. Gemüsesuppe)

Mi|net|te, die; -, -n ⟨franz.⟩ (Eisenerz); **Mi|neur** [...ˈnøːɐ̯], der; -s, -e (*früher für* im Minenbau ausgebildeter Pionier)

mi|ni (*Mode* sehr kurz); der Rock ist mini

[1]**Mi|ni,** das; -s, -s (*ugs. für* Minikleid; *meist ohne Artikel, nur Sing.:* sehr kurze Kleidung); Mini [*alte Schreibung* mini] tragen

[2]**Mi|ni,** der; -s, -s (*ugs. für* Minirock)

Mi|ni... (sehr klein; *Mode* äußerst kurz, z. B. Minirock)

Mi|ni|a|tur, die; -, -en (kleines Bild; [kleine] Illustration); **Mi|ni|a|tur|aus|ga|be** (kleine[re] Ausgabe); **Mi|ni|a|tur|bild**

mi|ni|a|tu|ri|sie|ren (*Elektrot.* verkleinern); **Mi|ni|a|tu|ri|sie|rung**

Mi|ni|a|tur|ma|le|rei

Mi|ni|bar, die (kleiner Kühlschrank im Hotelzimmer; Wagen mit Esswaren u. Getränken in Fernzügen)

Mi|ni|bi|ki|ni, der; -s, -s (sehr knapper Bikini)

Mi|ni|break, das; -s, -s *(Tennis)*

Mi|ni|car, der; -s, -s ⟨engl.⟩ (Kleintaxi); **Mi|ni|com|pu|ter**

mi|nie|ren ⟨franz.⟩ (unterirdische Gänge, Stollen anlegen); *vgl.* [1]Mine

Mi|ni|golf (Miniaturgolfanlage; Kleingolfspiel)

Mi|ni|ki|ni, der; -s, -s (Damenbadebekleidung ohne Oberteil); **Mi|ni|kleid**

mi|nim ⟨lat.⟩ (*schweiz., sonst veraltet für* geringfügig, minimal); **Mi|ni|ma** [*auch* ˈmɪ...] (*Plur. von* Minimum); **mi|ni|mal** (sehr klein, niedrigst, winzig)

Mi|ni|mal|art [...ml̩ -], die; -, *auch* **Mi|ni|mal Art** [*alte Schreibung* Mi|ni|mal art], die; - - (Kunstrichtung, die mit einfachsten Grundformen arbeitet)

Mi|ni|mal|be|trag; Mi|ni|mal|for|de|rung; Mi|ni|mal|kon|sens

Mi|ni|mal|mu|sic [...ml̩mjuːzɪk], die; -, *auch* **Mi|ni|mal Mu|sic** [*alte Schreibung* Mi|ni|mal music], die; - - (Musikrichtung, die mit einfachsten Grundformen arbeitet)

Mi|ni|mal|pro|gramm; Mi|ni|mal|wert

mi|ni|mie|ren (minimal machen); **Mi|ni|mie|rung**

Mi|ni|mum [*auch* ˈmɪ...], das; -s, ...ma ⟨»das Geringste, Kleinste«⟩ (Mindestpreis, -maß, -wert)

Mi|ni|rock; Mi|ni|slip; Mi|ni|spi|on (Kleinstabhörgerät)

Mi|nis|ter [*alte Trennung* ...|st...], der; -s, - ⟨lat.⟩ (einen bestimmten Geschäftsbereich leitendes Regierungsmitglied);

Mi|nis|ter|amt [*alte Trennung* ...|st...]; **Mi|nis|ter|e|be|ne** (auf Ministerebene)

Mi|nis|te|ri|al|be|am|te [*alte Trennung* ...|st...]; **Mi|nis|te|ri|al|di|rek|tor; Mi|nis|te|ri|al|di|ri|gent**

Mi|nis|te|ri|a|le [*alte Trennung* ...|st...], der; -n, -n (Angehöriger des mittelalterl. Dienstadels); **Mi|nis|te|ri|al|rat** *Plur.* ...räte

mi|nis|te|ri|ell [*alte Trennung* ...|st...] ⟨franz.⟩ (von einem Minister od. Ministerium ausgehend usw.); **Mi|nis|te|rin**

Mi|nis|te|ri|um [*alte Trennung*

...|st...], das; -s, ...ien ⟨lat.⟩ (höchste [Verwaltungs]behörde des Staates mit bestimmtem Aufgabenbereich)

Mi|nis|ter|prä|si|dent [*alte Trennung* ...|st...]; **Mi|nis|ter|prä|si|den|tin; Mi|nis|ter|rat** *Plur.* ...räte

mi|nis|t|ra|bel [*alte Trennung* ...|st...] (fähig, Minister zu werden)

Mi|nis|t|rant [*alte Trennung* ...|st...], der; -en, -en (kath. Messdiener); **Mi|nis|t|ran|tin; mi|nis|t|rie|ren** (als Messdiener tätig sein)

Mi|ni|um, das; -s ⟨lat.⟩ (Mennige)

Mink, der; -s, -e ⟨engl.⟩ (amerik. Nerz)

Min|ka (w. Vorn.)

Mink|fell

Minn. = Minnesota

Min|na (w. Vorn.); *vgl.* grün, I, b

Min|ne, die; - (*mhd. Bez. für* Liebe; *heute noch scherzh.*); **Min|ne|dienst; Min|ne|lied; min|nen** *(noch scherzh.)*

Min|ne|sang, der; -[e]s; **Min|ne|sän|ger, Min|ne|sin|ger**

Min|ne|so|ta (Staat in den USA; *Abk.* Minn.)

min|nig|lich (*veraltet für* wonnig, liebevoll)

mi|no|isch ⟨nach dem sagenhaften altgriech. König Minos auf Kreta⟩; minoische Kultur

Mi|no|rat, das; -[e]s, -e ⟨lat.⟩ (Vorrecht des Jüngsten auf das Erbgut; nach dem Jüngstenrecht zu vererbendes Gut; *Ggs.* Majorat); **mi|no|renn** (*veraltet für* minderjährig)

Mi|no|rist, der; -en, -en (kath. Kleriker, der eine niedere Weihe erhalten hat); **Mi|no|rit,** der; -en, -en (Minderbruder);

Mi|no|ri|tät, die; -, -en (Minderzahl, Minderheit)

Mi|no|tau|r, der; -s, **Mi|no|tau|rus,** der; - ⟨griech.⟩ (Ungeheuer der griech. Sage, halb Mensch, halb Stier)

Minsk (Hauptstadt Weißrusslands)

Mins|t|rel [*alte Trennung* ...|st...], der; -s, -s ⟨engl.⟩ (Spielmann, Minnesänger in England)

Mi|nu|end, der; -en, -en ⟨lat.⟩ (Zahl, von der etwas abgezogen werden soll)

mi|nus (weniger; *Zeichen* – [negativ]; *Ggs.* plus); fünf minus drei ist, macht, gibt (*nicht* sind, machen, geben) zwei; minus 15 Grad *od.* 15 Grad minus; **Mi|nus,** das; -, - (Minder-, Fehlbetrag, Verlust); **Mi|nus|be|trag**

Mi|nus|kel, die; -, -n (Kleinbuchstabe)

Mi|nus|pol; Mi|nus|punkt; Mi|nus|re|kord; Mi|nus|zei|chen (Subtraktionszeichen)

Mi|nu|te, die; -, -n ($^1/_{60}$ Stunde; *Zeichen* min, *Abk.* Min.; *Geom.* $^1/_{60}$ Grad; *Zeichen* '); **mi|nu|ten|lang;** minutenlanger Beifall; *aber* mehrere Minuten lang; **Mi|nu|ten|zei|ger**

...mi|nü|tig, *auch* **...mi|nu|tig** (z. B. fünfminütig [fünf Minuten dauernd], *mit Ziffer* 5-minütig [*alte Schreibung* 5minütig])

mi|nu|ti|ös ⟨franz.⟩, *auch* mi|nu|zi|ös (peinlich genau)

mi|nüt|lich (jede Minute); **...mi|nüt|lich,** *auch* **...mi|nut|lich** (z. B. fünfminütlich [alle fünf Minuten wiederkehrend], *mit Ziffer* 5-minütlich [*alte Schreibung* 5minütlich])

Mi|nu|zi|en *Plur.* ⟨lat.⟩ (*veraltet für* Kleinigkeiten); **Mi|nu|zi|en|stift,** der (Aufstecknadel für Insektensammlungen)

mi|nu|zi|ös *vgl.* minutiös

Min|ze, die; -, -n (Name verschiedener Pflanzenarten)

Mio., Mill. = Million[en]

mi|o|zän ⟨griech.⟩ (*Geol.* zum Miozän gehörend); **Mi|o|zän,** das; -s (*Geol.* zweitjüngste Abteilung des Tertiärs)

mir (*Dat. des Pronomens* »ich«); mir nichts, dir nichts; mir alten, *selten* alter Frau; mir jungem, *auch* jungen Menschen; mir Geliebten (weibl.; *selten* Geliebter); mir Geliebtem (männl.; *auch* Geliebten)

¹Mir, der; -s ⟨russ.⟩ (Dorfgemeinschaft mit Gemeinschaftsbesitz im zarist. Russland)

²Mir ⟨*russ. für* Frieden⟩ (Name der 1986 gestarteten sowjet.-russ. Raumstation)

Mi|ra, die; - ⟨lat.⟩ (ein Stern)

Mi|ra|beau [...'bo:] (franz. Publizist u. Politiker)

Mi|ra|bel|le, die; -, -n ⟨franz.⟩ (eine kleine, gelbe Pflaume); **Mi|ra|bel|len|kom|pott; Mi|ra|bel|len|schnaps**

Mi|rage [...'ra:ʃ], die; -, -s ⟨franz.⟩ (ein franz. Jagdbomber)

Mi|ra|kel, das; -s, - ⟨lat.⟩ (*veraltend für* Wunder[werk]); **Mi|ra|kel|spiel** (mittelalterl. Drama); **mi|ra|ku|lös** (*veraltet für* wunderbar)

Mi|ra|ma|re ⟨ital.⟩ (Schloss unweit von Triest)

Mi|ró, Joan [ʒu̯an] (span. Maler)

Mir|za, der; -s, -s ⟨pers., »Fürstensohn«⟩ (*vor dem Namen* Herr; *hinter dem Namen* Prinz)

Mi|s|an|d|rie, die; - ⟨griech.⟩ (Männerhass, -scheu)

Mi|s|an|th|rop, der; -en, -en ⟨griech.⟩ (Menschenhasser, -feind); **Mi|s|an|th|ro|pie,** die; -, ...ien; **Mi|s|an|thr|o|pin; mi|s|an|th|ro|pisch**

Misch|bat|te|rie; Misch|be|cher; Misch|blut; Misch|brot; Misch|e|he (Ehe zwischen Angehörigen verschiedener Konfessionen od. Kulturkreise)

mi|schen; du mischst; sich mischen

Mi|scher; Mi|sche|rei; Misch|far|be; misch|far|ben *od.* **misch|far|big**

Misch|form; Misch|fut|ter (*vgl.* ¹Futter); **Misch|gas** (Leuchtgas); **Misch|ge|mü|se**

Misch|ge|tränk; Misch|ge|we|be

Misch|kal|ku|la|ti|on; Misch|kon|zern; Misch|krug; Misch|kul|tur

Misch|ling (Bastard)

Misch|masch, der; -[e]s, -e (*ugs. für* Durcheinander)

Misch|na, die; - ⟨hebr.⟩ (grundlegender Teil des Talmuds)

Misch|po|che, Misch|po|ke, die; - ⟨hebr.-jidd.⟩ (*ugs. für* Verwandtschaft; üble Gesellschaft)

Misch|pult *(Rundf., Film);* **Misch|spra|che; Misch|trom|mel** (zum Mischen des Baustoffs)

Mi|schung; Mi|schungs|ver|hält|nis

Misch|wald

Mi|se, die; -, -n ⟨franz.⟩ (Spieleinsatz)

Mi|sel, das; -s, -s ⟨elsäss., »Mäuschen«⟩ ([bei Goethe:] junges Mädchen, Liebchen)

mi|se|ra|bel ⟨franz.⟩ (*ugs. für* erbärmlich [schlecht]; nichtswürdig); ...a|b|ler Kerl

Mi|se|re, die; -, -n (Jammer, Not[lage], Elend, Armseligkeit)

Mi|se|re|or, das; -[s] ⟨lat., »ich erbarme mich«⟩ (kath. Fastenopferspende für die Entwicklungsländer)

Mi|se|re|re, das; -[s] ⟨»erbarme dich!«⟩ (Anfang u. Bez. des 51. Psalms [Bußpsalm] in der Vulgata; *Med.* Kotbrechen)

Mi|se|ri|cor|di|as Do|mi|ni ⟨»die

M

Barmherzigkeit des Herrn« [Psalm 89,2]› (zweiter Sonntag nach Ostern)

Mi|se|ri|kor|die, die; -, -n (Vorsprung an den Klappsitzen des Chorgestühls als Stütze während des Stehens)

Mi|so|gam, der; *Gen.* -s *u.* -en, *Plur.* -e[n] ‹griech.› (*Psych.* jmd., der eine krankhafte Abscheu vor der Ehe hat); **Mi|so|ga|mie,** die; - (*Psych.* Ehescheu)

mi|so|gyn (*Psych.* frauenfeindlich); **Mi|so|gyn,** der; *Gen.* -s *u.* -en, *Plur.* -e[n] (*Psych.* Frauenfeind); **Mi|so|gy|nie,** die; - (*Psych.* Frauenhass, -scheu)

Mi|sox, das; - (Tal im Südwesten von Graubünden; *ital.* Val Mesolcina)

Mis|pel, die; -, -n ‹griech.› (Obstgehölz, Frucht)

Mis|ra|chi, die; - ‹hebr.› (eine Weltorganisation orthodoxer Zionisten)

Miss [*alte Schreibung* Miß], die, -, Misses ‹engl.› (*[engl. u. nordamerik.] für* unverheiratete Frau; *ohne Artikel als Anrede vor dem Eigenn.* Fräulein; *in Verbindung mit einem Länder- od. Ortsnamen für* Schönheitskönigin, z. B. Miss Australien)

Miss. = ²Mississippi

miss... [*alte Schreibung* miß...] (*Vorsilbe von Verben; zum Verhältnis von Betonung und Partizip II vgl.* missachten)

Mis|sa, die; -, Missae ‹lat.› (*kirchenlat. Bez. der* Messe); Mis|sa so|lem|nis (feierliches Hochamt; *auch* Titel eines Werkes von Beethoven)

miss|ach|ten [*alte Schreibung* miß...]; ich missachte; ich habe missachtet; zu missachten; *seltener* missachten, gemissachtet, zu missachten; **Miss|ach|tung,** die; -

¹Mis|sal, das; -s, -e, Mis|sa|le, das; -s, *Plur.* -n *u.* ...alien ‹lat.› (kath. Messbuch)

²Mis|sal, die; - (*Druckw.* ein Schriftgrad)

Mis|sa|le *vgl.* ¹Missal

miss|be|ha|gen [*alte Schreibung* miß...]; es missbehagt mir; es hat mir missbehagt; misszubehagen; **Miss|be|ha|gen; miss|be|hag|lich**

miss|be|schaf|fen [*alte Schreibung* miß...]; **Miss|be|schaf|fen|heit,** die; -

Miss|bil|dung [*alte Schreibung* Miß...]

miss|bil|li|gen [*alte Schreibung* miß|...]; ich missbillige; ich habe missbilligt; zu missbilligen; **Miss|bil|li|gung; Miss|bil|li|gungs|an|trag** *(Politik)*

Miss|brauch [*alte Schreibung* Miß|...]; **miss|brau|chen;** ich missbrauche; ich habe missbraucht; zu missbrauchen; **miss|bräuch|lich; miss|bräuch|li|cher|wei|se**

miss|deu|ten [*alte Schreibung* miß|...]; ich missdeute; ich habe missdeutet; zu missdeuten; **Miss|deu|tung**

mis|sen; du misst [*alte Schreibung* mißt]; gemisst [*alte Schreibung* gemißt]; misse! *od.* miss [*alte Schreibung* miß]!

Miss|er|folg [*alte Schreibung* Miß|...]; **Miss|ern|te**

Mis|ses (*Plur. von* Miss)

Mis|se|tat *(veraltend);* **Mis|se|tä|ter; Mis|se|tä|te|rin**

miss|fal|len [*alte Schreibung* miß|...]; ich missfalle, missfiel; ich habe missfallen; zu missfallen; es missfällt mir; **Miss|fal|len,** das; -s; **Miss|fal|lens|äu|ße|rung; Miss|fal|lens|kund|ge|bung; miss|fäl|lig** (mit Missfallen)

Miss|far|be [*alte Schreibung* Miß|...]; **miss|far|ben** *od.* **miss|far|big**

miss|ge|bil|det [*alte Schreibung* miß|...]

Miss|ge|burt [*alte Schreibung* Miß|...] (*veraltend für* mit schweren Fehlbildungen geborenes Lebewesen)

miss|ge|launt [*alte Schreibung* miß|...]; **Miss|ge|launt|heit,** die; -

Miss|ge|schick [*alte Schreibung* Miß|...]

miss|ge|stalt [*alte Schreibung* miß|...] (*selten für* missgestaltet); **Miss|ge|stalt; miss|ge|stal|ten;** er missgestaltet; er hat missgestaltet; misszugestalten; **miss|ge|stal|tet** (hässlich)

miss|ge|stimmt [*alte Schreibung* miß|...]

miss|ge|wach|sen, miss|wach|sen [*alte Schreibungen* miß|gewach|sen, miß|wach|sen]; eine miss[ge]wachsene Pflanze

miss|glü|cken [*alte Schreibung* miß|glücken, *alte Trennung* ...k|k...]; es missglückt; es ist missglückt; zu missglücken

miss|gön|nen [*alte Schreibung* miß|...]; ich missgönne; ich habe missgönnt; zu missgönnen

Miss|griff [*alte Schreibung* Miß|...]

Miss|gunst [*alte Schreibung* Miß|...]; **miss|güns|tig** [*alte Schreibung* miß|gün|stig, *alte Trennung* ...|st...]

miss|han|deln [*alte Schreibung* miß|...]; ich misshand[e]le; ich habe misshandelt; zu misshandeln; **Miss|hand|lung**

Miss|hei|rat [*alte Schreibung* Miß|...]

miss|hel|lig [*alte Schreibung* miß|...] (*veraltet für* nicht übereinstimmend, unharmonisch); **Miss|hel|lig|keit,** die; -, -en *meist Plur.*

Mis|sile [...sail], das; -s, -s (*kurz für* Cruisemissile)

Mis|sing|link, das; -, *auch* **Mis|sing Link** [*alte Schreibung* Mis|sing link], das; - - ‹engl.› (*Biol.* fehlende Übergangsform in tierischen u. pflanzlichen Stammbäumen)

mis|singsch; Mis|singsch, das; -[s] (der Schriftsprache angenäherte [niederdeutsche] Sprachform)

Mis|sio ca|no|ni|ca, die; - - ‹lat.› (Ermächtigung zur Ausübung der kirchl. Lehrgewalt)

Mis|si|on, die; -, -en (Sendung; Auftrag, Botschaft; diplomatische Vertretung im Ausland; *nur Sing.:* Glaubensverkündung [unter Andersgläubigen]); die Innere Mission (Organisation der ev. Kirche; *Abk.* I. M.)

Mis|si|o|nar, *auch, bes. österr.* **Mis|si|o|När,** der; -s, -e (Sendbote; in der Mission tätiger Geistlicher); **Mis|si|o|na|rin; mis|si|o|na|risch**

mis|si|o|nie|ren (eine Glaubenslehre verbreiten); **Mis|si|o|nie|rung**

Mis|si|ons|chef; Mis|si|ons|sta|ti|on; Mis|si|ons|wis|sen|schaft (die; -); **Mis|si|ons|zelt**

¹Mis|sis|sip|pi, der; -[s] (nordamerik. Strom)

²Mis|sis|sip|pi (Staat in den USA; *Abk.* Miss.)

Miss|klang [*alte Schreibung* Miß|...]

Miss|kre|dit [*alte Schreibung* Miß|...], der; -[e]s (schlechter Ruf); jmdn. in Misskredit bringen

mit

Präposition mit Dativ:
– mit Kartoffeln; mit aufrichtigem Bedauern; mit anderen Worten (*Abk.* m. a. W.)

Als (getrennt geschriebenes) Adverb drückt »mit« die vorübergehende Beteiligung oder den Gedanken des Anschlusses aus (svw. »auch«), z. B.:
– mit nach oben gehen; das kann ich nicht mit ansehen; das muss mit eingeschlossen werden

Mit dem Verb zusammengeschrieben wird »mit«, wenn es eine dauernde Vereinigung oder Teilnahme ausdrückt:
– *vgl.* mitarbeiten, mitbringen, mitfahren, mitreißen, mitteilen usw.

Gelegentlich sind zwei Schreibweisen zulässig:
– mitberücksichtigen, *auch* mit berücksichtigen
– mitunterzeichnen, *auch* mit unterzeichnen

miss|lau|nig [*alte Schreibung* miß|...]
Miss|laut [*alte Schreibung* Miß|...] (*svw.* Misston)
miss|lei|ten [*alte Schreibung* miß|...]; ich missleite; ich habe missleitet, *auch* missgeleitet (*vgl.* miss...); zu missleiten; **Miss|lei|tung**
miss|lich [*alte Schreibung* miß|...] (unangenehm); die Verhältnisse sind misslich; **Miss|lich|keit**
miss|lie|big [*alte Schreibung* miß|...] (unbeliebt); **Miss|lie|big|keit**
miss|lin|gen [*alte Schreibung* miß|...]; es misslingt; es misslang; es misslänge; es ist misslungen; zu misslingen; **Miss|lin|gen**, das; -s
Miss|ma|nage|ment [*alte Schreibung* Miß|...] (schlechtes Management)
Miss|mut [*alte Schreibung* Miß|...]; **miss|mu|tig**
[1]Mis|sou|ri [...'su:...], der; -[s] (r. Nebenstrom des Mississippi)
[2]Mis|sou|ri (Staat in den USA; *Abk.* Mo.)
Miss|pi|ckel [*alte Schreibung* Mißpickel, *alte Trennung* ...k|k...], der; -s (Arsenkies, ein Mineral)
miss|ra|ten [*alte Schreibung* miß|...] (schlecht geraten); es missrät; der Kuchen ist missraten; zu missraten
Miss|stand, *auch* **Miss-Stand** [*alte Schreibung* Miß|stand]
Miss|stim|mung, *auch* **Miss-Stimmung** [*alte Schreibung* Mißstimmung]
Miss|ton [*alte Schreibung* Miß|...] *Plur.* ...töne; **miss|tö|nend; miss|tö|nig**
miss|trau|en [*alte Schreibung* miß|...]; ich misstraue; ich habe misstraut; zu misstrauen; **Miss|trau|en**, das; -s; Misstrauen gegen jmdn. hegen; **Miss|trau|ens|an|trag; Miss|trau|ens|vo|tum; miss|trau|isch**
Miss|ver|gnü|gen [*alte Schreibung* Miß|...], das; -s; **miss|ver|gnügt**
Miss|ver|hält|nis [*alte Schreibung* Miß|...]
miss|ver|ständ|lich [*alte Schreibung* miß|...; **Miss|ver|ständ|nis; miss|ver|ste|hen**; ich missverstehe; ich habe missverstanden; misszuverstehen; sich missverstehen
Miss|wachs [*alte Schreibung* Miß|...], der; -es (*Landw.* dürftiges Wachstum); **miss|wach|sen** *vgl.* missgewachsen
Miss|wahl [*alte Schreibung* Miß|...] ⟨*zu* Miss⟩
Miss|wei|sung [*alte Schreibung* Miß|...] (*für* Deklination [Abweichung der Magnetnadel])
Miss|wirt|schaft [*alte Schreibung* Miß|...]
Miss|wuchs [*alte Schreibung* Miß...], der; -es (*von Pflanzen* fehlerhafter Wuchs)
miss|zu|frie|den [*alte Schreibung* miß|...] *(veraltet)*
Mist, der; -[e]s (*österr. auch für* Kehricht, Müll); **Mist|beet**
Mis|tel [*alte Trennung* ...|st...], die; -, -n (eine immergrüne Schmarotzerpflanze); **Mis|tel|ge|wächs; Mis|tel|zweig**
mis|ten [*alte Trennung* ...|st...]
Mis|ter [*alte Trennung* ...|st...]; *vgl.* Mr
Mist|fink, der; *Gen.* -en, *auch* -s, *Plur.* -en (*svw.* Mistkerl) **Mist|for|ke** *(nordd.)*; **Mist|ga|bel; Mist|hau|fen**
Mist|hund (Schimpfwort)
mis|tig [*alte Trennung* ...|st...] (*landsch. für* schmutzig); **Mis|tig|keit**, die; - *(landsch.)*
Mist|jau|che; Mist|kä|fer
Mist|kerl (gemeiner Kerl [Schimpfwort])
Mist|kü|bel (*österr. für* Abfalleimer)
Mi|s|t|ral [*alte Trennung* ...|st...], der; -s, -e ⟨franz.⟩ (kalter, stürmischer Nord[west]wind im Rhonetal)
Mis|t|ress [*alte Schreibung* Mistreß]; *vgl.* Mrs
Mist|schau|fel (*österr. für* Kehrichtschaufel); **Mist|stock** *Plur.* ...stöcke (*schweiz. für* Misthaufen)
Mist|stück (gemeiner Mensch, Luder [Schimpfwort]); **Mist|vieh** (Schimpfwort)
Mist|wet|ter (*ugs. für* sehr schlechtes Wetter)
Mis|zel|la|ne|en [*auch* ...'la:neən], **Mis|zel|len** *Plur.* ⟨lat.⟩ (Vermischtes; kleine Aufsätze verschiedenen Inhalts)
mit *s. Kasten*
Mit|an|ge|klag|te
Mit|ar|beit, die; -; **mit|ar|bei|ten**; sie hat an diesem Werk mitgearbeitet; **Mit|ar|bei|ter; Mit|ar|bei|te|rin**
Mit|ar|bei|ter/-innen, Mit|ar|bei|ter(innen) (*Kurzformen für* Mitarbeiterinnen u. Mitarbeiter)
Mit|ar|bei|ter|stab
Mit|au|tor; Mit|au|to|rin; Mit|be|grün|der; Mit|be|grün|de|rin
mit|be|kom|men
mit|be|nut|zen, *bes. südd.* **mit|be|nüt|zen; Mit|be|nut|zung**
mit|be|rück|sich|ti|gen, *auch* **mit be|rück|sich|ti|gen**
Mit|be|sit|zer; Mit|be|sit|ze|rin
mit|be|stim|men; Mit|be|stim|mung, die; -; **Mit|be|stim|mungs|ge|setz; Mit|be|stim|mungs|recht**
Mit|be|wer|ber; Mit|be|wer|be|rin
Mit|be|woh|ner; Mit|be|woh|ne|rin
mit|brin|gen
Mit|bring|sel, das; -s, -
Mit|bür|ger; Mit|bür|ge|rin; Mit|bür|ger|schaft, die; -
mit|den|ken
mit|dür|fen; die Kinder haben nicht mitgedurft
Mit|ei|gen|tum; Mit|ei|gen|tü|mer; Mit|ei|gen|tü|me|rin
mit|ei|n|an|der *in Verbindung mit Verben immer getrennt ge-*

M

¹Mịt|tag

der; -s, -e

(Das Wort wird nicht mit drei, sondern nur mit zwei t geschrieben, weil die Zusammensetzung aus Mitt- *und* Tag *kaum noch als solche erkannt wird.)*

Großschreibung:
- über Mittag wegbleiben; [zu] Mittag essen; Mittag (*ugs. für* Mittagspause) machen
- des Mittags, eines Mittags

- gestern, heute, morgen Mittag [*alte Schreibung* mittag]
- bis, von gestern, heute, morgen Mittag [*alte Schreibung* mittag] ↑K 69

Kleinschreibung:
- mittags [um] 12 Uhr, [um] 12 Uhr mittags; von morgens bis mittags

zu Dienstagmittag usw. *vgl.* Dienstagabend

schrieben: miteinander (einer mit dem andern) auskommen, gehen, leben usw.; *vgl.* aneinander; **Mit|ei|n|ạn|der** [*auch* 'mɪ...], das; -[s]
Mịt|emp|fin|den
Mịt|er|be, der
mịt|er|le|ben
mịt|es|sen; Mịt|es|ser
mịt|fah|ren; Mịt|fah|rer; Mịt|fah|re|rin; Mịt|fahr|ge|le|gen|heit; Mịt|fahrt
mịt|fi|nan|zie|ren
mịt|füh|len; mịt|füh|lend
mịt|füh|ren
mịt|ge|ben
mịt|ge|fan|gen; mitgefangen, mitgehangen; **Mịt|ge|fan|ge|ne**
Mịt|ge|fühl, das; -[e]s
mịt|ge|hen
mịt|ge|nom|men; er sah sehr mitgenommen (ermattet) aus
Mịt|gift, die; -, -en (*veraltend für* Mitgabe; Aussteuer); **Mịt|gift|jä|ger** *(abwertend)*
Mịt|glied; Mitglied des Bundestages (*Abk.* M. d. B. *od.* MdB); Mitglied des Landtages (*Abk.* M. d. L. *od.* MdL)
Mịt|glie|der|kar|tei; Mịt|glie|der|lis|te [*alte Trennung* ...|st...]; **Mịt|glie|der|schwund; Mịt|glie|der|ver|samm|lung; Mịt|glie|der|ver|zeich|nis; Mịt|glie|der|zahl**
Mịt|glieds|aus|weis; Mịt|glieds|bei|trag
Mịt|glied|schaft, die; -, -en
Mịt|glieds|kar|te; Mịt|glieds|land *Plur.* ...länder; **Mịt|glieds|staat, Mịt|glied|staat** *Plur.* ...staaten
mịt|ha|ben; alle Sachen mithaben
mịt|hal|ten; mit jmdm. mithalten
mịt|hel|fen; Mịt|hel|fer; Mịt|hel|fe|rin
Mịt|he|raus|ge|ber; Mịt|he|raus|ge|be|rin
mit|hị|l|fe, *auch* **mit Hị|l|fe;** mithilfe, *auch* mit Hilfe einiger Zeugen; *vgl. auch* Hilfe
Mịt|hil|fe, die; -
mit|hịn (somit)
mịt|hö|ren; am Telefon mithören
Mị|th|ra[s] (altiran. Lichtgott)
Mi|th|ri|da̱|tes (König von Pontus)
Mi|ti|lị|ni *vgl.* Mytilene
Mịt|in|ha|ber; Mịt|in|ha|be|rin
Mịt|kämp|fer; Mịt|kämp|fe|rin
Mịt|klä|ger; Mịt|klä|ge|rin
mịt|klin|gen
mịt|ko|chen; die Kartoffeln mitkochen
mịt|kom|men
mịt|kön|nen; mit jmdm. nicht mitkönnen (*ugs. für* nicht konkurrieren können)
mịt|krie|gen (*ugs. für* mitbekommen)
mịt|lau|fen; Mịt|läu|fer; Mịt|läu|fe|rin
Mịt|laut (*für* Konsonant)
Mịt|leid, das; -[e]s; ↑K 59: sie waren in einem Mitleid erregenden, *auch* mitleiderregenden Zustand
Mịt|lei|den, das; -s *(geh.);* **Mịt|lei|den|schaft;** *nur in* etwas *od.* jmdn. in Mitleidenschaft ziehen
Mịt|leid er|re|gend, *auch* **mịt|leid|er|re|gend** ↑K 58 *u.* 59; ein Mitleid erregender, *auch* mitleiderregender Fall; *aber nur* ein großes Mitleid erregender Fall, ein äußerst mitleiderregender, noch mitleiderregenderer Fall
mịt|lei|dig; mịt|leid[s]|los; mịt|leid[s]|voll
mịt|le|sen
mịt|lie|fern
mịt|ma|chen *(ugs.)*
Mịt|mensch, der; **mịt|mensch|lich; Mịt|mensch|lich|keit,** die; -
mịt|mi|schen (*ugs. für* sich aktiv an etwas beteiligen)
mịt|mö|gen (*ugs. für* mitgehen, mitkommen mögen)
mịt|müs|sen; auf die Wache mitmüssen
Mịt|nah|me, die; - (das Mitnehmen); **Mịt|nah|me|preis**
mịt|neh|men; ↑K 82: Eis zum Mitnehmen; *vgl.* mitgenommen
Mịt|neh|mer *(Technik)*
mit|nịch|ten *(veraltend); vgl.* nicht
Mi|to̱|se, die; -, -n ‹griech.› (*Biol.* eine Art der Zellkernteilung)
Mịt|pas|sa|gier; Mịt|pas|sa|gie|rin
Mịt|pa|ti|ent; Mịt|pa|ti|en|tin
Mi̱|t|ra, die; -, ...tren ‹griech.› (Bischofsmütze; *Med.* haubenartiger Kopfverband)
Mi|t|rail|leur [...tra'jøːɐ̯], der; -s, -e ‹franz.› (*schweiz. Milit. für* Maschinengewehrschütze); **Mi|t|rail|leu|se** [...tra(l)'jøː...], die; -, -n (ein Vorläufer des Maschinengewehrs)
mịt|rau|chen; ↑K 82: passives Mitrauchen
mịt|rech|nen
mịt|re|den; bei etwas mitreden können
mịt|rei|sen; Mịt|rei|sen|de
mịt|rei|ßen; von der Menge mitgerissen werden; der Redner riss [*alte Schreibung* riß] alle Zuhörer mit; **mịt|rei|ßend;** eine mitreißende Musik
Mi|t|ro̱|pa, die; - (Mitteleuropäische Schlaf- u. Speisewagen-Aktiengesellschaft)
mit|sạm|men (*landsch. für* zusammen, gemeinsam); **mit|sạmt;** *Präp. mit Dat.* (gemeinsam mit): mitsamt seinem Eigentum
mịt|schlei|fen
mịt|schlep|pen
mịt|schnei|den (vom Rundfunk od. Fernsehen Gesendetes auf Tonband, Kassette aufnehmen); **Mịt|schnitt**
mịt|schrei|ben
Mịt|schuld, die; -; **mịt|schul|dig; Mịt|schul|di|ge**
Mịt|schü|ler; Mịt|schü|le|rin
mịt|schwin|gen
mịt|sin|gen
mịt|sol|len; weil der Hund mitsoll
mịt|spie|len; lasst die Kleine mitspielen; **Mịt|spie|ler; Mịt|spie|le|rin**

Mit|spra|che, die; -; **Mit|spra|cherecht**
mit|spre|chen
mit|ste|no|gra|fie|ren, *auch* **mitste|no|gra|phie|ren**
Mit|strei|ter; Mit|strei|te|rin
Mitt|acht|zi|ger *vgl.* Mittdreißiger
[1]**Mit|tag** *s. Kasten S. 656*
[2]**Mit|tag,** das; -s (*ugs. für* Mittagessen); ein karges Mittag
Mit|tag|brot *(landsch.)*
mit|tag|es|sen (*österr. für* [zu] Mittag essen); wir gehen mittagessen; wir haben schon mittaggegessen; *vgl.* abendessen *u.* Mittag; **Mit|tag|es|sen**
mit|tä|gig *vgl.* ...tägig; **mit|täg|lich** *vgl.* ...täglich
mit|tags ↑K 70; 12 Uhr mittags; *aber* des Mittags; dienstagmittags [*alte Schreibung* Dienstag mittags]; *vgl.* Abend, Dienstagabend, Mittag
Mit|tags|brot *(landsch.);* **Mit|tagshit|ze; Mit|tags|kreis** (*für* Meridian); **Mit|tags|li|nie** (*für* Meridianlinie)
Mit|tag[s]|mahl *(geh.)*
Mit|tags|pau|se
Mit|tag[s]|schicht; Mit|tag[s]|schlaf (*vgl.* [2]Schlaf); **Mit|tag[s]|son|ne; Mit|tag[s]|stun|de**
Mit|tags|tisch; Mit|tags|zeit
Mit|tä|ter; Mit|tä|te|rin; Mit|tä|terschaft
Mitt|drei|ßi|ger (Mann in der Mitte der Dreißigerjahre); **Mittdrei|ßi|ge|rin**
Mit|te, die; -, -n; in der Mitte; Mitte Januar; Mitte dreißig, Mitte der Dreißiger; Seite 3 [in der] Mitte, Obergeschoss Mitte
mit|tei|len (melden); er hat ihm das Geheimnis mitgeteilt; **mittei|lens|wert**
mit|teil|sam; Mit|teil|sam|keit, die; -
Mit|tei|lung; Mit|tei|lungs|be|dürfnis, das; -ses; **Mit|tei|lungsdrang**
mit|tel (*nur adverbial; ugs. für* mittelmäßig)
[1]**Mit|tel,** das; -s, -; sich ins Mittel legen
[2]**Mit|tel,** die; - (*Druckw.* ein Schriftgrad)
mit|tel|alt; mittelalter Gouda
Mit|tel|al|ter, das; -s (*Abk.* MA.)
mit|tel|al|te|rig, mit|tel|alt|rig (in mittlerem Alter stehend)
mit|tel|al|ter|lich (dem Mittelalter angehörend; *Abk.* ma.)
mit|tel|alt|rig *vgl.* mittelalterig
Mit|tel|a|me|ri|ka
mit|tel|bar
Mit|tel|bau, der; -[e]s, -ten (*Bauw.* mittlerer Flügel eines Gebäudes; *nur Sing.:* Gruppe der Assistenten u. akademischen Räte einer Hochschule)
Mit|tel|be|trieb
Mit|tel|chen
mit|tel|deutsch *vgl.* deutsch; **Mittel|deutsch,** das; -[s] (Sprache); *vgl.* Deutsch; **Mit|tel|deut|sche,** das; -n; *vgl.* Deutsche, das; **Mittel|deutsch|land**
Mit|tel|ding
Mit|tel|eu|ro|pa; Mit|tel|eu|ro|päer; mit|tel|eu|ro|pä|isch; mitteleuropäische Zeit (*Abk.* MEZ)
mit|tel|fein *(Kaufmannsspr.)*
Mit|tel|feld *(bes. Sport);* **Mit|telfeld|spie|ler; Mit|tel|feld|spie|lerin**
Mit|tel|fin|ger
Mit|tel|fran|ken
mit|tel|fris|tig [*alte Trennung* ...|st...]
Mit|tel|fuß; Mit|tel|fuß|kno|chen
Mit|tel|ge|bir|ge
Mit|tel|ge|wicht (Körpergewichtsklasse in der Schwerathletik); **Mit|tel|ge|wicht|ler; Mit|tel|glied**
mit|tel|groß; mit|tel|gut
Mit|tel|hand, die; -; in der Mittelhand sitzen *(Kartenspiel)*
mit|tel|hoch|deutsch (*Abk.* mhd.); *vgl.* deutsch/Deutsch; **Mit|telhoch|deutsch,** das; -[s] (Sprache); **Mit|tel|hoch|deut|sche,** das; -n; *vgl.* Deutsche, das
Mit|te-links-Bünd|nis ([Regierungs]bündnis von Parteien der politischen Mitte u. der politischen Linken)
Mit|tel|in|stanz
Mit|tel|klas|se; Mit|tel|klas|se|wagen
Mit|tel|kreis *(bes. Fußball, Eishockey)*
mit|tel|län|disch; mittelländisches Klima, *aber* ↑K 140: das Mittelländische Meer
Mit|tel|land|ka|nal, der; -s
Mit|tel|la|tein; mit|tel|la|tei|nisch (*Abk.* mlat.)
Mit|tel|läu|fer *(Sport)*
Mit|tel|li|nie
mit|tel|los; Mit|tel|lo|sig|keit, die; -
Mit|tel|maß, das; -es; **mit|tel|mäßig; Mit|tel|mä|ßig|keit**
Mit|tel|meer, das; -[e]s; **Mit|telmeer|kli|ma; Mit|tel|meer|raum**
mit|tel|nie|der|deutsch (*Abk.* mnd.)
Mit|tel|ohr, das; -[e]s; **Mit|tel|ohrent|zün|dung; Mit|tel|ohr|ver|eite|rung**
mit|tel|präch|tig *(ugs.)*
mit|tel|prei|sig; mittelpreisige Produkte
Mit|tel|punkt; Mit|tel|punktschu|le
Mit|tel|punkts|glei|chung *(Astron.)*
mit|tels *s. Kasten*
Mit|tel|schei|tel; Mit|tel|schicht *(Soziol.);* **Mit|tel|schiff**
Mit|tel|schu|le (Realschule; *schweiz. für* höhere Schule)
Mit|tel|schul|leh|rer; Mit|tel|schulleh|re|rin
mit|tel|schwer; mittelschwere Verletzungen
Mit|tels|mann *Plur.* ...leute *od.* ...männer (Vermittler); **Mit|telsper|son**
mit|telst *vgl.* mittels
Mit|tel|stand, der; -[e]s

mit|tels

⟨*erstarrter Genitiv zu* das Mittel⟩, *auch noch* mittelst ↑K 70

Präposition mit Genitiv:
- mittels eines Löffels (*als stilistisch meist besser gilt:* mit einem Löffel)
- mittels Wasserkraft (*als stilistisch meist besser gilt:* durch Wasserkraft)
- mittels zweier Lineale (*als stilistisch meist besser gilt:* mithilfe von zwei Linealen)

Ein allein stehendes, stark gebeugtes Substantiv steht im Singular meist ungebeugt:
- mittels Draht, *auch* mittels Drahtes

Im Plural wird bei allein stehenden, stark gebeugten Substantiven der Dativ gesetzt:
- mittels Drähten (*aber* mittels langer Drähte); mittels Kindern (*aber* mittels kleiner Kinder)

M

mit|tel|stän|dig (*Bot., Genetik für* intermediär)
mit|tel|stän|disch (den Mittelstand betreffend); **Mit|tel|ständler; Mit|tel|ständ|le|rin**
mit|tels|te [*alte Trennung* ...|st...]; die mittelste Säule; *vgl.* mittlere
Mit|tel|stein|zeit (*svw.* Mesolithikum)
Mit|tel|stel|lung
Mit|tel|stim|me *(Musik)*
Mit|tel|stre|cke [*alte Trennung* ...k|k...]
Mit|tel|stre|cken|flug|zeug [*alte Trennung* ...k|k...]
Mit|tel|stre|cken|lauf; Mit|tel|strecken|läu|fer; Mit|tel|stre|ckenläu|fe|rin
Mit|tel|stre|cken|ra|ke|te
Mit|tel|streck|ler (*Sportspr.* Mittelstreckenläufer)
Mit|tel|strei|fen; Mit|tel|stück; Mit|tel|stu|fe
Mit|tel|stür|mer; Mit|tel|stür|merin *(Fußball)*
Mit|tel|teil, der
Mit|tel|lung (Bestimmung des Mittelwertes)
Mit|tel|was|ser *Plur.* ...wasser (Wasserstand zwischen Hoch- u. Niedrigwasser; durchschnittlicher Wasserstand)
Mit|tel|weg
Mit|tel|wel|le *(Rundf.)*
Mit|tel|wert
Mit|tel|wort *Plur.* ...wörter (*für* Partizip)
mit|ten ↑K 70; inmitten *(vgl. d.)*; *Getrennt- oder Zusammenschreibung:* mitten darein, mitten darin, mitten darunter; *vgl. aber* mittendrein, mittendrin, mittendrunter; mitten entzweibrechen; mitten hindurchgehen; er will mitten durch den Wald gehen; *vgl. aber* mittendurch; mitten in dem Becken liegen; *vgl. aber* mitteninne
mit|ten|drein (mitten hinein); er hat den Stein mittendrein geworfen; *vgl. aber* mitten
mit|ten|drin (mitten darin); sie befand sich mittendrin; *vgl. aber* mitten
mit|ten|drun|ter (mitten darunter); er geriet mittendrunter; *vgl. aber* mitten
mit|ten|durch (mitten hindurch); sie lief mittendurch; der Stab brach mittendurch; *vgl. aber* mitten
mit|ten|in|ne *(veraltend);* mitteninne sitzen; *vgl. aber* mitten

mit|ten|mang (*nordd. für* mitten dazwischen); er befand sich mittenmang
Mit|ten|wald (Ort an der Isar)
Mit|te-rechts-Bünd|nis *vgl.* Mitte-links-Bündnis
Mit|ter|nacht, die; -; um Mitternacht; *vgl.* Abend; **mit|ter|nächtig** (*seltener für* mitternächtlich); **mit|ter|nächt|lich; mit|ternachts** ↑K 70, *aber* des Mitternachts
mit|ter|nachts|blau
Mit|ter|nachts|got|tes|dienst; Mitter|nachts|mes|se; Mit|ter|nachts|son|ne, die; -; **Mit|ter|nachts|stun|de**
Mit|ter|rand [...'rã:] (franz. Staatsmann)
Mit|te|strich (Binde-, Gedankenstrich der Schreibmaschine)
Mitt|fas|ten [*alte Trennung* ...|st...] *Plur.* (Mittwoch vor Lätare od. Lätare selbst)
Mitt|fünf|zi|ger *vgl.* Mittdreißiger
mit|tig (*Technik für* zentrisch)
Mitt|ler (*geh. für* Vermittler; *Sing. auch für* Christus)
mitt|le|re; die mittlere Reife (Abschluss der Realschule od. der Mittelstufe der höheren Schule), *aber* ↑K 140: der Mittlere Osten; *vgl.* mittelste
Mitt|le|rin; Mitt|ler|rol|le; Mitt|ler|tum, das; -s
mitt|ler|wei|le
mitt|schiffs (*Seemannsspr.* in der Mitte des Schiffes)
Mitt|sech|zi|ger, Mitt|sieb|zi|ger *vgl.* Mittdreißiger
Mitt|som|mer; Mitt|som|mernacht; Mitt|som|mer|nachts|traum *vgl.* Sommernachtstraum; **mitt|som|mers** ↑K 70
mit|tun *(ugs.);* er hat mitgetan
Mitt|vier|zi|ger *vgl.* Mittdreißiger
Mitt|win|ter; Mitt|win|ter|käl|te; mitt|win|ters ↑K 70
Mitt|woch, der; -[e]s, -e; *Abk.* Mi.; *vgl.* Dienstag; **mitt|wochs** ↑K 70; *vgl.* Dienstag
Mitt|wochs|lot|to, das; -s (Lotto, bei dem mittwochs die Gewinnzahlen gezogen werden)
Mitt|zwan|zi|ger *vgl.* Mittdreißiger
mit|un|ter (zuweilen)
mit|un|ter|zeich|nen, *auch* **mit unter|zeich|nen**
mit|ver|ant|wort|lich; Mit|ver|antwort|lich|keit; Mit|ver|ant|wortung
mit|ver|die|nen; mitverdienen müssen

Mit|ver|fas|ser; Mit|ver|fas|se|rin
Mit|ver|gan|gen|heit (*österr. für* Imperfekt)
Mit|ver|schul|den
Mit|ver|schwo|re|ne *od.* **...verschwor|ne; Mit|ver|schwö|rer**
mit|ver|si|chert; Mit|ver|si|cherung
Mit|welt, die; -
mit|wir|ken; Mit|wir|ken|de, der *u.* die; -n, -n; **Mit|wir|kung,** die; -; **Mit|wir|kungs|recht**
Mit|wis|ser; Mit|wis|se|rin; Mitwis|ser|schaft, die; -
mit|wol|len; er hat mitgewollt
mit|zäh|len
Mit|zi (w. Vorn.)
mit|zie|hen
Mix, der; -, -e (Gemisch, spezielle Mischung); **Mix|be|cher**
Mixed [mɪkst], das; -[s], -[s] ‹engl.› (*Sport* gemischtes Doppel)
Mixed|grill ['mɪkst'grɪl], der; -[s], -s, *auch* **Mixed Grill** [*alte Schreibung* Mixed grill], der; - -[s], - -s (*Gastron.* Gericht aus verschiedenen gegrillten Fleischstücken [u. Würstchen])
Mixed-Me|dia-Show [- 'mi:dɪə -] (*svw.* Multimediashow)
Mixed|pi|ck|les ['mɪkst'pɪkl̩s], *auch* **Mixed Pi|ck|les** *u.* Mix|pick|les [...'pɪkl̩s] *Plur.* (in Essig eingemachtes Mischgemüse)
mi|xen ([Getränke] mischen; *Film, Funk, Fernsehen* verschiedene Tonaufnahmen zu einem Klangbild vereinigen); du mixt; ein bunt gemixtes Programm
Mi|xer, der; -s, - (Barmixer; Gerät zum Mixen; *Film, Funk, Fernsehen* Tonmischer)
Mix|ge|tränk
Mix|pi|ck|les *vgl.* Mixedpickles
Mix|tum com|po|si|tum, das; - -, ...ta ...ta ‹lat.› (Durcheinander, buntes Gemisch)
Mix|tur, die; -, -en (flüssige Arzneimischung; gemischte Stimme der Orgel)
MJ = Megajoule
Mjöll|nir, der; -s ‹»Zermalmer«› (Thors Hammer [Waffe])
mk = Markka
MKS = Maul- und Klauenseuche
ml = Milliliter
mlat. = mittellateinisch
Mlle.[1] = Mademoiselle

[1] *Schweiz. meist (nach franz. Regel) ohne Punkt.*

M

Mlles.[1] = Mesdemoiselles
mm = Millimeter
µm = ²Mikrometer
MM. = Messieurs (*vgl.* Monsieur)
mm² = Quadratmillimeter
mm³ = Kubikmillimeter
m. m. = mutatis mutandis
M. M. = Mälzels Metronom, Metronom Mälzel
Mme[1]. = Madame
Mmes[1]. = Mesdames
mmol = Millimol
Mn = *chem. Zeichen für* Mangan
mnd. = mittelniederdeutsch
Mne|me, die; - ‹griech.› (Erinnerung, Gedächtnis); **Mne|mis|mus,** der; - (Lehre von der Mneme)
Mne|mo|nik, Mne|mo|tech|nik, die; - (die Kunst, das Gedächtnis durch Hilfsmittel zu unterstützen); **Mne|mo|ni|ker,** Mne|mo|tech|ni|ker; **mne|mo|nisch,** mne|mo|tech|nisch
Mne|mo|sy|ne (griech. Göttin des Gedächtnisses, Mutter der Musen)
Mne|mo|tech|nik usw. *vgl.* Mnemonik usw.
Mo = *chem. Zeichen für* Molybdän
MΩ = Megaohm
Mo. = ²Missouri; Montag
Moa, der; -[s], -s ‹Maori› (ausgestorbener straußenähnlicher Vogel)
Mo|ab (Landschaft östl. des Jordans)
Mo|a|bit (Stadtteil von Berlin); **Mo|a|bi|ter** (Bewohner von Moab; Bewohner von Berlin-Moabit)
Mo|ar, der; -s, -e ‹bayr., »Meier«› (Kapitän einer Moarschaft); **Mo|ar|schaft,** die; -, -en (Vierermannschaft beim Eisschießen)
Mob, der; -s ‹engl.› (Pöbel, randalierender Haufen)
mob|ben (Arbeitskolleg[inn]en ständig schikanieren [mit der Absicht, sie von ihrem Arbeitsplatz zu vertreiben]); **Mob|bing,** das; -s
Mö|bel, das; -s, - *meist Plur.* ‹franz.›
Mö|bel|fa|b|rik; Mö|bel|fir|ma; Mö|bel|ge|schäft; Mö|bel|händ|ler; Mö|bel|la|ger
Mö|bel|pa|cker [*alte Trennung* ...k|k...]; **Mö|bel|po|li|tur; Mö|bel|spe|di|teur; Mö|bel|stoff; Mö|bel|stück; Mö|bel|tisch|ler; Mö|bel|wa|gen**
mo|bil ‹lat.› (beweglich, munter; *ugs. für* wohlauf; *Milit.* auf Kriegsstand gebracht)
Mo|bi|le, das; -s, -s ‹engl.› (hängend zu befestigendes, durch Luftzug bewegtes Gebilde)
Mo|bil|funk (Funk zwischen mobilen od. zwischen mobilen und festen Stationen)
Mo|bi|li|ar, das; -s, -e ‹lat.› (bewegliche Habe; Hausrat, Möbel); **Mo|bi|li|ar|ver|si|che|rung**
Mo|bi|li|en *Plur.* (*veraltet für* Hausrat, Möbel)
Mo|bi|li|sa|ti|on, die; -, -en
mo|bi|li|sie|ren (*Milit.* auf Kriegsstand bringen; [Kapital] flüssig machen; aktivieren, in Gang bringen; wieder beweglich machen); **Mo|bi|li|sie|rung**
Mo|bi|li|tät, die; - ([geistige] Beweglichkeit; Häufigkeit des Wohnsitzwechsels)
Mo|bi|li|täts|ga|ran|tie (Garantie, die im Falle einer Fahrzeugpanne das weitere Fortkommen des Berechtigten gewährleistet)
mo|bil|ma|chen (*Milit.* auf Kriegsstand bringen), *aber* jmdn. wieder mobil machen (z. B. nach einer Krankheit); **Mo|bil|ma|chung**
Mo|bil|te|le|fon (drahtloses Telefon für unterwegs)
möb|lie|ren ‹franz.› ([mit Hausrat] einrichten); **möb|liert;** möbliertes Zimmer; **Möb|lie|rung**
Mobs|ter [*alte Trennung* ...|st...], der; -s, - ‹amerik.› (*seltener für* Gangster)
Mo|çam|bique [...sam'bi:k] *vgl.* Mosambik
Moc|ca (*österr. auch für* ²Mokka)
Mo|cha [*auch* ...ka], der; -s ‹nach der jemenit. Hafenstadt, heute Mokka› (ein Mineral)
Möch|te|gern, der; -[s], *Plur.* -e *od.* -s *(ugs.)*
Möch|te|gern|ca|sa|no|va; Möch|te|gern|künst|ler; Möch|te|gern|renn|fah|rer
Mo|cke [*alte Trennung* ...k|k...], die; -, -n (*fränk. für* Zuchtschwein)
Mo|cken [*alte Trennung* ...k|k...], der; -s, - (*südd. u. schweiz. mdal. für* Brocken, dickes Stück)
Mock|tur|tle|sup|pe [...tø:ɐ̯tl̩...] ‹engl.› (unechte Schildkrötensuppe)
mod. = moderato
mo|dal ‹lat.› (die Art u. Weise bezeichnend)
Mo|dal|be|stim|mung *(Sprachw.)*
Mo|da|li|tät *meist Plur.* (Art u. Weise, Ausführungsart); **Mo|da|li|tä|ten|lo|gik** (Zweig der math. Logik)
Mo|dal|satz (*Sprachw.* Umstandssatz der Art u. Weise); **Mo|dal|verb** (Verb, das vorwiegend ein anderes Sein od. Geschehen modifiziert, z. B. »wollen« in: »wir wollen warten«)
Mod|der, der; -s (*nordd. für* Morast, Schlamm); **mod|de|rig, modd|rig**
Mo|de, die; -, -n ‹franz.› (als zeitgemäß geltende Art, sich zu kleiden; etwas, was dem gerade herrschenden Geschmack entspricht); in Mode sein, kommen
Mo|de|ar|ti|kel; Mo|de|aus|druck
mo|de|be|wusst [*alte Schreibung* ...be|wußt]
Mo|de|cen|ter; Mo|de|de|si|g|ner; Mo|de|de|si|g|ne|rin; Mo|de|far|be; Mo|de|fim|mel *(ugs.)*
Mo|de|ge|schäft; Mo|de|haus; Mo|de|heft; Mo|de|jour|nal; Mo|de|krank|heit
¹Mo|del, der; -s, - ‹lat.› (Backform; Hohlform für Gusserzeugnisse; erhabene Druckform für Zeugdruck; *auch* svw. ¹Modul)
²Mo|del, das; -s, -s ‹engl.› (Fotomodell)
Mo|dell, das; -s, -e ‹ital.› (Muster, Vorbild, Typ; Entwurf, Nachbildung; Gießform; nur einmal in dieser Art hergestelltes Kleidungsstück; Person od. Sache als Vorbild für ein Kunstwerk; Mannequin); Modell stehen
Mo|dell|bau, der; -s; **Mo|dell|bau|er** *vgl.* ¹Bauer; **Mo|dell|ei|sen|bahn**
Mo|del|leur [...'lø:ɐ̯], der; -s, -e ‹franz.› (*svw.* Modellierer)
Mo|dell|fall, der; **Mo|dell|flug|zeug**
mo|dell|haft
Mo|del|lier|bo|gen
mo|del|lie|ren (künstlerisch formen, bilden; ein Modell herstellen); **Mo|del|lie|rer**
Mo|del|lier|holz; Mo|del|lier|mas|se
Mo|del|lie|rung
mo|dell|ig (in der Art eines Modells [von Kleidungsstücken])

M

[1] *Schweiz. meist (nach franz. Regel) ohne Punkt.*

Mo|dell|kleid; Mo|dell|pup|pe; Mo|dell|schutz
Mo|dell|the|a|ter; Mo|dell|ver|such; Mo|dell|zeich|nung
[1]**mo|deln** ‹lat.› (*selten für* gestalten, in eine Form bringen); ich mod[e]le
[2]**mo|deln** ‹engl.› (als [2]Model arbeiten); ich mod[e]le
Mo|del|tuch *Plur.* ...tücher (*älter für* Stickmustertuch); **Mo|de|lung**
Mo|dem, der, *auch* das; -s, -s ‹engl.› (Gerät zur Datenübertragung über Fernsprechleitungen)
Mo|de|ma|cher
Mo|de|na (ital. Stadt); **Mo|de|na|er; mo|de|na|isch**
Mo|den|haus (*svw.* Modehaus); **Mo|den|heft** (*svw.* Modeheft); **Mo|den|schau**
Mo|de|püpp|chen; Mo|de|pup|pe
Mo|der, der; -s (Faulendes, Fäulnisstoff)
Mo|de|ra|men, das; -s, *Plur.* - *u.* ...mina ‹lat.› (Vorstandskollegium einer ev. reformierten Synode)
mo|de|rat (gemäßigt)
Mo|de|ra|ti|on, die; -, -en (*Rundf., Fernsehen* Tätigkeit des Moderators; *veraltet für* Mäßigung)
mo|de|ra|to ‹ital.› (*Musik* mäßig [bewegt]; *Abk.* mod.); **Mo|de|ra|to,** das; -s, *Plur.* -s *u.* ...ti
Mo|de|ra|tor, der; -s, ...oren ‹lat.› (*Rundf., Fernsehen* jmd., der eine Sendung moderiert; *Kernphysik* bremsende Substanz in Kernreaktoren); **Mo|de|ra|to|rin**
Mo|der|ge|ruch
mo|de|rie|ren ‹lat.› (*Rundf., Fernsehen* durch eine Sendung führen; *veraltet, aber noch landsch. für* mäßigen)
mo|de|rig, mod|rig
[1]**mo|dern** (faulen); es modert
[2]**mo|dern** ‹franz.› (modisch, der Mode entsprechend; neu[zeitlich]; zeitgemäß); moderner Fünfkampf *(Sport)*
Mo|der|ne, die; - (moderne Richtung [in der Kunst]; moderner Zeitgeist)
mo|der|ni|sie|ren (modisch machen; auf einen neueren [technischen] Stand bringen); **Mo|der|ni|sie|rung**
Mo|der|nis|mus, der; - ‹lat.› (moderner Geschmack, Bejahung des Modernen; Bewegung innerhalb der kath. Kirche); **Mo|der|nist,** der; -en, -en; **Mo|der|nis|tin** [*alte Trennung* ...|st...]
Mo|der|ni|tät (neuzeitl. Gepräge; Neues; Neuheit)
Mo|dern|jazz, der; -, *auch* **Mo|dern Jazz** [*beide* ...ˈdʒɛs], der; - - ‹engl.› (nach 1945 entstandener Jazzstil)
Mo|der|sohn (dt. Maler u. Grafiker); **Mo|der|sohn-Be|cker** [*alte Trennung* ...k|k...] (dt. Malerin)
Mo|de|sa|che; Mo|de|sa|lon; Mo|de|schaf|fen; Mo|de|schau (*vgl.* Modenschau)
Mo|de|schmuck; Mo|de|schöp|fer; Mo|de|schöp|fe|rin
mo|dest ‹lat.› (*veraltet für* bescheiden, sittsam)
Mo|de|tanz; Mo|de|tor|heit; Mo|de|trend; Mo|de|wa|re; Mo|de|welt, die; -
Mo|de|wort *Plur.* ...wörter; **Mo|de|zeich|ner; Mo|de|zeich|ne|rin; Mo|de|zeit|schrift**
Mo|di (*Plur. von* Modus)
Mo|di|fi|ka|ti|on, die; -, -en, **Mo|di|fi|zie|rung** ‹lat.›; **mo|di|fi|zie|ren** (abwandeln, auf das richtige Maß bringen; [ab]ändern)
Mo|di|g|li|a|ni [...dɪlˈja:...] (ital. Maler)
mo|disch ‹*zu* Mode› (in od. nach der Mode); **Mo|dist,** der; -en, -en; **Mo|dis|tin** [*alte Trennung* ...|st...] (Hutmacherin)
mod|rig *vgl.* moderig
[1]**Mo|dul,** der; -s, -n ‹lat.› ([1]Model; Verhältniszahl math. od. techn. Größen; Materialkonstante)
[2]**Mo|dul,** das; -s, -e ‹lat.-engl.› (*bes. Elektrot.* Bau- od. Schaltungseinheit)
mo|du|lar (in der Art eines [2]Moduls)
Mo|du|la|ti|on, die; -, -en (*Musik* das Steigen u. Fallen der Stimme, des Tones; Übergang in eine andere Tonart; *Technik* Änderung einer Schwingung)
Mo|du|la|ti|ons|fä|hig|keit, die; - (Anpassungsvermögen, Biegsamkeit [der Stimme])
mo|du|lie|ren (abwandeln; in eine andere Tonart übergehen)
Mo|dus [*auch* ˈmɔ...], der; -, Modi ‹lat.› (Art u. Weise; *Sprachw.* Aussageweise; *mittelalterl. Musik* Melodie, Kirchentonart)
Mo|dus Pro|ce|den|di [*alte Schreibung* Mo|dus pro|ce|den|di], der; - -, Modi - (Art und Weise des Verfahrens); **Mo|dus Vi|ven|di** [*alte Schreibung* Mo|dus vi|ven|di], der; - -, Modi - (erträgliche Übereinkunft; Verständigung)
Moers (Stadt westl. von Duisburg)
Mo|fa, das; -s, -s (*Kurzw. für* Motorfahrrad)
Mo|fet|te, die; -, -n ‹franz.› (*Geol.* Kohlensäureausströmung in vulkan. Gebiet)
Mo|ga|di|schu (Hauptstadt von Somalia)
Mo|ge|lei; mo|geln (*ugs. für* betrügen [beim Spiel], nicht ehrlich sein); ich mog[e]le
Mo|gel|pa|ckung [*alte Trennung* ...k|k...] *(ugs.)*
mö|gen; ich mag, du magst, er mag; du mochtest; du möchtest; du hast es nicht gemocht, *aber* das hätte ich hören mögen
Mog|ler ‹*zu* mogeln› *(ugs.)*
mög|lich *s. Kasten S. 661*
mög|li|chen|falls *vgl.* Fall, der; **mög|li|cher|wei|se**
Mög|lich|keit; nach Möglichkeit; **Mög|lich|keits|form** (*für* Konjunktiv)
mög|lichst; möglichst schnell; möglichst viel Geld verdienen
Mo|gul [*auch, bes. österr.* ...ˈgu:l], der; -s, -n ‹pers.› (*früher* Beherrscher eines oriental. Reiches)
Mo|hair *vgl.* Mohär
Mo|ham|med (Stifter des Islams); **Mo|ham|me|da|ner** (*ugs. veraltend für* Moslem); **Mo|ham|me|da|nis|mus,** der; - (*svw.* Islam)
Mo|här, *auch* Mo|hair [...ˈhɛ:ɐ̯], der; -s, -e ‹arab.-ital.-engl.› (Wolle der Angoraziege)
Mo|hi|ka|ner, der; -s, - (Angehöriger eines ausgestorbenen nordamerik. Indianerstammes); der Letzte, *auch* letzte der Mohikaner *od.* der letzte Mohikaner (*auch scherzh. für* das letzte Stück [Geld])
Mohn, der; -[e]s, *Plur. (Sorten:)* -e
Mohn|beu|gel *(österr.)*; **Mohn|blu|me; Mohn|bröt|chen; Mohn|kip|ferl** *(österr.)*; **Mohn|ku|chen**
Mohn|öl; Mohn|saft; Mohn|sa|men; Mohn|stru|del *(österr.)*; **Mohn|zopf**
Mohr, der; -en, -en (*veraltet für* dunkelhäutiger Afrikaner)
Möh|re, die; -, -n (eine Gemüsepflanze)
Moh|ren|hir|se; Moh|ren|kopf (ein Gebäck)
moh|ren|schwarz *(veraltet)*

mög|lich	
– so viel wie, *älter* als möglich; so gut wie, *älter* als-möglich – wo möglich; wir sollten uns, wo möglich, (*kurz für* wenn es möglich ist) selbst darum kümmern; *vgl. aber* womöglich *Großschreibung der Substantivierung* ↑K 72: – im Rahmen des Möglichen – Mögliches und Unmögliches verlangen – Mögliches und Unmögliches zu unterscheiden wissen – das Mögliche (im Gegensatz zum Unmöglichen) tun	– etwas, nichts Mögliches – man sollte alles Mögliche (alle Möglichkeiten) bedenken – wir haben das Mögliche [*alte Schreibung* mögliche] (alles) getan – sie werden alles Mögliche [*alte Schreibung* mögliche] (viel, allerlei) versuchen – er wird sein Möglichstes [*alte Schreibung* möglichstes] tun

Moh\|ren\|wä\|sche (Versuch, einen offensichtlich Schuldigen durch Scheinbeweise reinzuwaschen)
Moh\|rin *(veraltet)*
Mohr\|rü\|be (*svw.* Möhre)
Mohs\|här\|te ↑K 136, die; - ‹nach dem dt. Mineralogen F. Mohs› (Skala zur Bestimmung der Härtegrade von Mineralien)
Moi\|ra, die; -, ...ren *meist Plur.* ‹griech.› (griech. Schicksalsgöttin [Atropos, Klotho, Lachesis])
Moi\|ré [moa...], der *od.* das; -s, -s ‹franz.› (Gewebe mit geflammtem Muster; *Druckw.* fehlerhaftes Fleckenmuster in der Bildreproduktion); **moi\|rie\|ren** (flammen); **moi\|riert** (geflammt)
mo\|kant ‹franz.› (spöttisch)
Mo\|kas\|sin [*auch* 'mɔ...], der; -s, *Plur.* -s *u.* -e ‹indian.› (lederner Halbschuh der nordamerik. Indianer)
Mo\|kett, der; -s ‹franz.› (Möbel-, Deckenplüsch)
Mo\|kick, das; -s, -s ‹*Kurzw. aus* Motor *u.* Kickstarter› (kleines Motorrad)
mo\|kie\|ren, sich ‹franz.› (sich abfällig od. spöttisch äußern); ich mokierte mich über dich
¹Mok\|ka (Stadt im Jemen)
²Mok\|ka, der; -s, -s (eine Kaffeesorte; sehr starker Kaffee); *vgl.* Mocca; **Mok\|ka\|tas\|se**
Mol, das; -s, -e (*früher svw.* Grammmolekül; Einheit der Stoffmenge; *Zeichen* mol); **mo\|lar** ‹lat.› (auf das Mol bezüglich; je 1 Mol)
Mo\|lar, der; -s, -en ‹lat.› (*Med.* [hinterer] Backenzahn, Mahlzahn); **Mo\|lar\|zahn**
Mo\|las\|se, die; - ‹franz.› (*Geol.* Tertiärschicht)
Molch, der; -[e]s, -e (im Wasser lebender Lurch)
¹Mol\|dau, die; - (l. Nebenfluss der Elbe)
²Mol\|dau (Republik Moldau; Staat in Osteuropa); **mol\|dau\|isch**
Mol\|da\|wi\|en *vgl.* Moldau; **Mol\|do\|va** (*österr. für* ²Moldau)
¹Mo\|le, die; -, -n ‹ital.› (Hafendamm); *vgl.* Molo
²Mo\|le, die; -, -n ‹griech.› (*Med.* abgestorbene, fehlentwickelte Leibesfrucht)
Mo\|le\|kel, die; -, -n, *österr. auch* das; -s, - ‹lat.› (*älter für* Molekül)
Mo\|le\|kül, das; -s, -e ‹franz.› (kleinste Einheit einer chem. Verbindung); **mo\|le\|ku\|lar**
Mo\|le\|ku\|lar\|bi\|o\|lo\|ge; Mo\|le\|ku\|lar\|bi\|o\|lo\|gie; Mo\|le\|ku\|lar\|bi\|o\|lo\|gin; Mo\|le\|ku\|lar\|ge\|ne\|tik; Mo\|le\|ku\|lar\|ge\|wicht
Mo\|len\|kopf (Ende der ¹Mole)
Mole\|skin ['mo:lskɪn], der *od.* das; -s, -s ‹engl.› (Englischleder, aufgerautes Baumwollgewebe)
Mo\|les\|ten [*alte Trennung* ...\|st...] *Plur.* ‹lat.› (*veraltet für* Beschwerden; Belästigungen)
mo\|les\|tie\|ren [*alte Trennung* ...\|st...] (*veraltet für* belästigen)
Mo\|let\|te, die; -, -n ‹franz.› (Prägwalze; Mörserstößel)
Mo\|li *vgl.* Molo
Mo\|li\|ère [...'li̯e:ɐ̯] (franz. Lustspieldichter); **mo\|li\|e\|risch;** die molierischen [*alte Schreibung* Molierischen] Charaktere, Komödien ↑K 135
Mol\|ke, die; - (bei der Käseherstellung übrig bleibende Milchflüssigkeit); **Mol\|ken,** der; -s (*landsch. für* Molke); **Mol\|ken\|kur**
Mol\|ke\|rei; Mol\|ke\|rei\|but\|ter; Mol\|ke\|rei\|ge\|nos\|sen\|schaft; Mol\|ke\|rei\|pro\|dukt *meist Plur.;* **mol\|kig**
¹Moll, das; - ‹lat.› (*Musik* Tongeschlecht mit kleiner Terz); a-Moll; a-Moll-Tonleiter ↑K 26; *vgl.* Dur
²Moll, der; -[e]s, *Plur.* -e *u.* -s (*svw.* Molton)
Moll\|ak\|kord *(Musik);* **Moll\|drei\|klang**
Mol\|le, die; -, -n (*nordd. für* Mulde, Backtrog; *berlin. für* Bierglas, ein Glas Bier); **Mol\|len\|fried\|hof** (*berlin. scherzh. für* Bierbauch)
Möl\|ler, der; -s, - (*Hüttenw.* Gemenge von Erz u. Zuschlag); **möl\|lern** (mengen); ich möllere
mol\|lert (*bayr., österr. für* mollig)
Möl\|le\|rung *(Hüttenw.)*
mol\|lig (*ugs. für* behaglich; angenehm warm; rundlich)
Moll\|ton\|art; Moll\|ton\|lei\|ter
Mol\|lus\|ke, die; -, -n *meist Plur.* ‹lat.› (*Biol.* Weichtier); **mol\|lus\|ken\|ar\|tig**
Mol\|ly [...li] (w. Vorn.)
Mo\|lo, der; -s, Moli (*österr. für* ¹Mole)
¹Mo\|loch [*auch* 'mɔ...] (ein semit. Gott)
²Mo\|loch, der; -s, -e (Macht, die alles verschlingt)
Mo\|lo\|tow\|cock\|tail, *auch* **Mo\|lo\|tow-Cock\|tail** ‹nach dem sowjet. Außenminister W. M. Molotow› (mit Benzin [u. Phosphor] gefüllte Flasche, die wie eine Handgranate verwendet wird)
Molt\|ke (Familienn.); **molt\|kesch;** ↑K 135: die molt\|ke\|schen, *auch* Molt\|ke'schen [*alte Schreibung* Molt\|ke\|schen] Briefe
mol\|to ‹ital.› (*Musik* sehr); molto allegro (sehr schnell); molto vivace (sehr lebhaft)
Mol\|ton, der; -s, -s ‹franz.› (ein Gewebe)
Mol\|to\|pren®, das; -s, -e (ein

M

leichter, druckfester, schaumartiger Kunststoff)
Mo|luk|ken *Plur.* (eine indones. Inselgruppe)
Mo|lyb|dän, das; -s ‹griech.› (chemisches Element, Metall; *Zeichen* Mo)
Mom|ba|sa (Hafenstadt in Kenia)
[1]**Mo|ment,** der; -[e]s, -e ‹lat.› (Augenblick; Zeit[punkt]; kurze Zeitspanne)
[2]**Mo|ment,** das; -[e]s, -e ([ausschlaggebender] Umstand; Gesichtspunkt; Produkt aus zwei physikal. Größen)
mo|men|tan (augenblicklich; vorübergehend)
Mo|ment|auf|nah|me; Mo|ment|bild
Momm|sen (dt. Historiker)
Mo|na (w. Vorn.)
[1]**Mo|na|co** [*auch* 'mo:...] (Staat in Südeuropa)
[2]**Mo|na|co** (Stadtbezirk von [1]Monaco); *vgl.* Monegasse
Mo|na|de, die; -, -n ‹griech.› (*Philos.* das Einfache, Unteilbare; [bei Leibniz:] die letzte, in sich geschlossene, vollendete Ureinheit); **Mo|na|den|leh|re,** die; -; **Mo|na|do|lo|gie,** die; - (Lehre von den Monaden)
Mo|na|ko [*auch* 'mo:...] *vgl.* Monaco
Mo|na Li|sa, die; - - (Gemälde von Leonardo da Vinci)
Mo|n|arch, der; -en, -en ‹griech.› (gekröntes Staatsoberhaupt); **Mo|n|ar|chie,** die; -, ...ien; **Mo|n|ar|chin; mo|n|ar|chisch**
Mo|n|ar|chis|mus, der; -; **Mo|n|ar|chist,** der; -en, -en; (Anhänger der Monarchie); **Mo|n|ar|chis|tin** [*alte Trennung* ...|st...]; **mo|n|ar|chis|tisch**
Mo|nas|te|ri|um [*alte Trennung* ...|st...], das; -s, ...ien ‹griech.› (Kloster[kirche], Münster)
Mo|nat, der; -[e]s, -e; alle zwei Monate; dieses Monats (*Abk.* d. M.); laufenden Monats (*Abk.* lfd. M.); künftigen Monats (*Abk.* k. M.); nächsten Monats (*Abk.* n. M.); vorigen Monats (*Abk.* v. M.)
mo|na|te|lang, *aber* viele Monate lang
...mo|na|tig (z. B. dreimonatig [drei Monate dauernd], *mit Ziffer* 3-monatig [*alte Schreibung* 3monatig])
mo|nat|lich; ...mo|nat|lich (z. B. dreimonatlich [alle drei Monate wiederkehrend], *mit Ziffer* 3-monatlich [*alte Schreibung* 3monatlich])
Mo|nats|an|fang; Mo|nats|bei|trag
Mo|nats|bin|de; Mo|nats|blu|tung
Mo|nats|ein|kom|men; Mo|nats|en|de; Mo|nats|ers|te [*alte Trennung* ...|st...]; **Mo|nats|frist;** innerhalb Monatsfrist
Mo|nats|ge|halt, das; **Mo|nats|hälf|te; Mo|nats|heft; Mo|nats|kar|te; Mo|nats|letz|te; Mo|nats|lohn**
Mo|nats|na|me; Mo|nats|ra|te; Mo|nats|schrift; Mo|nats|wech|sel
mo|nat[s]|wei|se
mo|n|au|ral ‹griech.; lat.› (ein Ohr betreffend; *Tontechnik* einkanalig)
Mo|na|zit, der; -s, -e ‹griech.› (ein Mineral)
Mönch, der; -[e]s, -e ‹griech.› (Angehöriger eines geistl. Ordens)
Mön|chen|glad|bach (Stadt in Nordrhein-Westfalen)
mön|chisch
Mönchs|klos|ter [*alte Trennung* ...|st...]; **Mönchs|kut|te; Mönchs|la|tein** (mittelalterl. [schlechtes] Latein); **Mönchs|or|den; Mönchs|rob|be**
Mönch[s]|tum, das; -s
Mönchs|we|sen; Mönchs|zel|le
[1]**Mond,** der; -[e]s, -e (ein Himmelskörper)
[2]**Mond,** der; -[e]s, -e (*veraltet für* Monat)
mon|dän ‹franz.› (betont elegant); **Mon|dä|ni|tät,** die; -
Mond|auf|gang; Mond|bahn
mond|be|schie|nen ↑K 59
Mond|blind|heit (Augenentzündung, bes. bei Pferden)
Mon|den|schein, der; -[e]s (*geh.*)
Mon|des|fins|ter|nis [*alte Trennung* ...|st...] (*österr. meist für* Mondfinsternis); **Mon|des|glanz** (*geh.*)
Mond|fäh|re; Mond|fins|ter|nis [*alte Trennung* ...|st...]; **Mond|flug**
mond|för|mig; mond|hell
Mond|jahr
Mond|kalb (fehlgebildetes tierisches Lebewesen; *ugs. für* Dummkopf)
Mond|kra|ter
Mond|lan|de|fäh|re; Mond|land|schaft; Mond|lan|dung
Mond|licht, das; -[e]s
mond|los
Mond|mo|bil, das; -[e]s, -e; **Mond|nacht; Mond|o|ber|flä|che; Mond|or|bit; Mond|pha|se**
Mond|preis (*ugs. für* willkürlich festgesetzter [überhöhter] Preis)
Mond|ra|ke|te
Mon|d|ri|an (niederl. Maler)
Mond|schein, der; -[e]s
Mond|schein|ta|rif (verbilligter Telefontarif in den Abend- u. Nachtstunden [bis 1980])
Mond|see (österr. Ort und See); **Mond|se|er** ↑K 143; Mondseer Rauchhaus; *vgl.* Monseer
Mond|si|chel; Mond|son|de (unbemanntes Raumflugzeug zur Erkundung des Monds)
Mond|stein (*svw.* Adular)
Mond|sucht, die; -; **mond|süch|tig; Mond|süch|tig|keit**
Mond|um|lauf|bahn; Mond|un|ter|gang; Mond|wech|sel
Mo|ne|gas|se, der; -n, -n (Bewohner Monacos); **Mo|ne|gas|sin; mo|ne|gas|sisch**
Mo|net [...'ne:], Claude [klo:d] (franz. Maler)
mo|ne|tär ‹lat.› (das Geld betreffend, geldlich); **Mo|ne|ten** *Plur.* (*ugs. für* Geld)
Mon|go|le, der; -n, -n (Angehöriger einer Völkergruppe in Asien; Einwohner der Mongolei)
Mon|go|lei, die; - (Hochland u. Staat in Zentralasien); ↑K 140: die Innere, Äußere Mongolei
Mon|go|len|fal|te; Mon|go|len|fleck
mon|go|lid (*Anthropol.* zu der vorwiegend in Asien, Grönland u. im arkt. Nordamerika verbreiteten Menschengruppe gehörend); **Mon|go|li|de,** der *u.* die; -n, -n
mon|go|lisch, *aber* ↑K 140: die Mongolische Volksrepublik
Mon|go|lis|mus, der; - (*ugs. für* Downsyndrom)
mon|go|lo|id (die Merkmale des Downsyndroms aufweisend; *Anthropol.* den Mongolen ähnlich); **Mon|go|lo|i|de,** der *u.* die; -n, -n
Mo|nier|bau|wei|se [*auch* ...'nie:...], die; - ↑K 136 ‹nach dem franz. Gärtner J. Monier› (Stahlbetonbauweise); **Mo|nier|ei|sen** (*veraltet für* in [Stahl]beton eingebettetes [Rund]eisen)
mo|nie|ren ‹lat.› (beanstanden)
Mo|nier|zan|ge ↑K 136 ‹nach dem

M

franz. Gärtner J. Monier⟩ (Zange für Eisendrahtarbeiten)

Mo|ni|ka (w. Vorn.)

Mo|ni|lia, die; - ⟨lat.⟩ (Pilz, der eine Erkrankung an Obstbäumen hervorruft)

Mo|nis|mus, der; - ⟨griech.⟩ (philos. Lehre, die jede Erscheinung auf ein einheitliches Prinzip zurückführt); **Mo|nist,** der; -en, -en (Anhänger des Monismus); **Mo|nis|tin** [*alte Trennung* ...|st...]; **mo|nis|tisch**

Mo|ni|ta (*Plur. von* Monitum)

Mo|ni|tor, der; -s, *Plur.* ...oren, *auch* -e ⟨engl.⟩ (Bildschirm; Kontrollgerät, bes. beim Fernsehen; Strahlennachweis- u. -messgerät; *Bergbau* Wasserwerfer zum Losspülen von Gestein)

Mo|ni|to|ri|um, das; -s, ...ien ⟨lat.⟩ (*veraltet für* Mahnschreiben)

Mo|ni|tum, das; -s, ...ta (Rüge, Beanstandung)

mo|no [*auch* 'mo:...] ⟨griech.⟩ (*kurz für* monophon); die Schallplatte wurde mono aufgenommen; **Mo|no,** das; -s (*kurz für* Monophonie)

mo|no... (allein...); **Mo|no...** (Allein...)

Mo|no|chord [...k...], das; -[e]s, -e ⟨griech.⟩ (ein Instrument zur Ton- und Intervallmessung)

mo|no|chrom [...k...] ⟨griech.⟩ (einfarbig)

mo|no|co|lor ⟨griech.; lat.⟩ (*österr. ugs.);* eine monocolore Regierung (Einparteienregierung)

Mo|n|o|die, die; - ⟨griech.⟩ (*Musik* einstimmiger Gesang; Sologesang); **mo|n|o|disch**

mo|no|fil ⟨griech.; lat.⟩ (aus einer einzigen Faser bestehend)

mo|no|fon usw. *vgl.* monophon usw.

mo|no|gam; Mo|no|ga|mie, die; - ⟨griech.⟩ (Zusammenleben mit nur einem Geschlechtspartner; Einehe; *Ggs.* Polygamie); **mo|no|ga|misch**

mo|no|gen ⟨griech.⟩ (*Genetik* durch nur ein Gen bedingt); **Mo|no|ge|ne|se, Mo|no|go|nie,** die; - (*Biol.* ungeschlechtl. Fortpflanzung)

Mo|no|gra|fie usw. *vgl.* Monographie usw.

Mo|no|gramm, das; -s, -e ⟨griech.⟩ (Namenszug; [ineinander verschlungene] Anfangsbuchstaben eines Namens)

Mo|no|gra|phie, *auch* Mo|no|gra|fie, die; -, ...ien (wissenschaftliche Untersuchung über einen einzelnen Gegenstand); **mo|no|gra|phisch,** *auch* **mo|no|gra|fisch**

mo|no|kau|sal ⟨griech.; lat.⟩ (auf nur einer Ursache beruhend)

Mo|n|o|kel, das; -s, - ⟨franz.⟩ (Augenglas für nur ein Auge)

mo|no|klin ⟨griech.⟩ (*Geol.* mit einer geneigten Achse; *Bot.* gemischtgeschlechtig [Staub- u. Fruchtblätter in einer Blüte tragend])

mo|no|klo|nal ⟨griech.⟩ (*Med.* aus einem Zellklon gebildet)

Mo|no|ko|ty|le|do|ne, die; -, -n ⟨griech.⟩ (*Bot.* einkeimblättrige Pflanze)

mo|n|o|ku|lar ⟨griech.; lat.⟩ (mit einem Auge, für ein Auge)

Mo|no|kul|tur [*auch* 'mo:...] ⟨griech.; lat.⟩ (einseitiger Anbau einer bestimmten Wirtschafts- od. Kulturpflanze)

Mo|no|la|t|rie, die; - ⟨griech.⟩ (Verehrung nur eines Gottes)

Mo|no|lith, der; *Gen.* -s *od.* -en, *Plur.* -e[n] ⟨griech.⟩ (Säule, Denkmal aus einem einzigen Steinblock); **mo|no|li|thisch**

Mo|no|log, der; -s, -e ⟨griech.⟩ (Selbstgespräch [bes. im Drama]); **mo|no|lo|gisch; mo|no|lo|gi|sie|ren**

Mo|nom, Mo|no|nom, das; -s, -e ⟨griech.⟩ (*Math.* eingliedrige Zahlengröße)

mo|no|man, mo|no|ma|nisch ⟨griech.⟩ (*Psych.* an Monomanie leidend); **Mo|no|ma|ne,** der; -n, -n; **Mo|no|ma|nie,** die; - (auf eine einzige spezifische Verhaltensweise bezogene Manie); **Mo|no|ma|nin; mo|no|ma|nisch**

mo|no|mer ⟨griech.⟩ (*Chemie* aus einzelnen, voneinander getrennten, selbstständigen Molekülen bestehend); **Mo|no|mer,** das; -s, -e *u.* **Mo|no|me|re,** das; -n, -n *meist Plur.* (Stoff, dessen Moleküle monomer sind)

mo|no|misch, mo|no|no|misch ⟨griech.⟩ (*Math.* eingliedrig); **Mo|no|nom** *vgl.* Monom; **mo|no|no|misch** *vgl.* monomisch

mo|no|phon, *auch* mo|no|fon ⟨griech.⟩ (*Tontechnik* einkanalig); **Mo|no|pho|nie,** *auch* **Mo|no|fo|nie,** die; -

Mo|no|ph|thong, der; -s, -e ⟨griech.⟩ (*Sprachw.* einfacher Vokal, z. B. a, i; *Ggs.* Diphthong); **mo|no|ph|thon|gie|ren** ([einen Diphthong] zum Monophthong umbilden); **Mo|no|ph|thon|gie|rung**

mo|no|phy|le|tisch ⟨griech.⟩ (*Biol.* auf eine Urform zurückgehend)

Mo|no|ple|gie, die; -, ...ien ⟨griech.⟩ (*Med.* Lähmung eines einzelnen Gliedes)

Mo|no|pol, das; -s, -e ⟨griech.⟩ (das Recht auf Alleinhandel u. -verkauf; Vorrecht, alleiniger Anspruch); **Mo|no|pol|in|ha|ber**

mo|no|po|li|sie|ren (ein Monopol aufbauen, die Entwicklung von Monopolen vorantreiben); **Mo|no|po|li|sie|rung**

Mo|no|po|list, der; -en, -en (Besitzer eines Monopols); **mo|no|po|lis|tisch** [*alte Trennung* ...|st...]

Mo|no|pol|ka|pi|tal; Mo|no|pol|ka|pi|ta|lis|mus; Mo|no|pol|ka|pi|ta|list; mo|no|pol|ka|pi|ta|lis|tisch [*alte Trennung* ...|st...]

Mo|no|pol|stel|lung

Mo|no|po|ly® [...li], das; - ⟨engl.⟩ (ein Gesellschaftsspiel)

Mo|no|pos|to [*alte Trennung* ...|st...], der; -s, -s ⟨ital.⟩ (*Automobilrennsport* Einsitzer mit unverkleideten Rädern)

Mo|no|p|te|ros, der; -, ...eren ⟨griech.⟩ (von einer Säulenreihe umgebener antiker Tempel)

mo|no|sem ⟨griech.⟩ (*Sprachw.* nur eine Bedeutung habend); **Mo|no|se|mie,** die; -

mo|no|s|ti|chisch [*alte Trennung* ...|st...] ⟨griech.⟩ (*Verslehre* in Einzelversen [abgefasst usw.]); **Mo|no|s|ti|chon,** das; -s, ...cha (Einzelvers)

mo|no|syl|la|bisch ⟨griech.⟩ (*Sprachw.* einsilbig)

mo|no|syn|de|tisch ⟨griech.⟩ (*Sprachw.* nur im letzten Glied einer Reihung durch eine Konjunktion verbunden, z. B. »Ehre, Macht und Ansehen«)

Mo|no|the|is|mus, der; - ⟨griech.⟩ (Glaube an einen einzigen Gott); **Mo|no|the|ist,** der; -en, -en; **Mo|no|the|is|tin** [*alte Trennung* ...|st...]; **mo|no|the|is|tisch**

mo|no|ton ⟨griech.⟩ (eintönig; gleichförmig; ermüdend); **Mo|no|to|nie,** die; -, ...ien

Mo|no|t|re|men *Plur.* ⟨griech.⟩ (*Zool.* Kloakentiere)

mo|no|trop ⟨griech.⟩ (*Biol.* beschränkt anpassungsfähig)

Mo|no|type® [...taip], die; -, -s ‹griech.-engl.› (*Druckw.* Gieß- u. Setzmaschine für Einzelbuchstaben); **Mo|no|ty|pie** [...ty...], die; -, ...ien (ein grafisches Verfahren)

mo|no|va|lent (*fachspr. für* einwertig)

Mo|n|o|xid, *auch* **Mo|n|o|xyd** [*auch* ...'ksy:t] ‹griech.› (Oxid, das ein Sauerstoffatom enthält); *vgl.* Oxid

Mo|no|zel|le [*auch* 'mo:...] ‹griech.; dt.› (kleines elektrochem. Element als Stromquelle)

Mo|n|ö|zie, die; - ‹griech.› (*Bot.* Einhäusigkeit, Vorkommen männl. u. weibl. Blüten auf einer Pflanze); **mo|n|ö|zisch** (einhäusig)

Mo|no|zyt, der; -en, -en *meist Plur.* ‹griech.› (*Med.* größtes [weißes] Blutkörperchen); **Mo|no|zy|to|se,** die; -, -n (krankhafte Vermehrung der Monozyten)

Mon|roe|dok|t|rin [...ro:...] ↑K 136, die; - (von dem nordamerik. Präsidenten Monroe 1823 verkündeter Grundsatz der gegenseitigen Nichteinmischung)

M

Mon|ro|via (Hauptstadt Liberias)

Mon|se|er; Mon|see-Wie|ner Frag|men|te (altd. Schriftdenkmal); *vgl.* Mondsee

Mon|sei|g|neur [mõsɛn'jø:ɐ̯], der; -s, *Plur.* -e *u.* -s ‹franz.› (Titel u. Anrede hoher franz. Geistlicher, Adliger u. hoch gestellter Personen; *Abk.* Mgr.)

Mon|ser|rat *vgl.* Montserrat

Mon|si|eur [mə'si̯ø:], der; -[s], Messieurs [mɛ'si̯ø:] ‹franz., »mein Herr«› (*franz. Bez. für* Herr; *als Anrede ohne Artikel; Abk.* M., *Plur.* MM.)

Mon|si|g|no|re [...ɪn'jo:...], der; -[s], ...ri ‹ital.› (Titel hoher Würdenträger der kath. Kirche; *Abk.* Mgr., Msgr.)

Mons|ter [*alte Trennung* ...|st...], das; -s, - ‹engl.› (Ungeheuer); **Mons|ter...** (*ugs. für* riesig, Riesen...)

Mons|te|ra [*alte Trennung* ...|st...], die; -, ...rae ‹nlat.› (eine Zimmerpflanze)

Mons|ter|bau [*alte Trennung* ...|st...] *Plur.* ...bauten; **Mons|ter|film; Mons|ter|kon|zert; Mons|ter|pro|gramm; Mons|ter|schau**

Mons|t|ra [*alte Trennung* ...|st...] (*Plur. von* Monstrum)

Mons|t|ranz [*alte Trennung* ...|st...], die; -, -en ‹lat.› (Gefäß zum Tragen u. Zeigen der geweihten Hostie)

mons|t|rös [*alte Trennung* ...|st...] ‹lat.(-franz.)› (Furcht erregend scheußlich; ungeheuer aufwändig); **Mons|t|ro|si|tät,** die; -, -en; **Mons|t|rum,** das; -s, *Plur.* ...ren *u.* ...ra (Ungeheuer)

Mon|sun, der; -s, -e ‹arab.› (jahreszeitlich wechselnder Wind, bes. im Indischen Ozean); **mon|su|nisch; Mon|sun|re|gen**

Mont. = Montana

Mon|ta|baur [*auch* ...'baṷɐ̯] (Stadt im Westerwald)

Mon|ta|fon, das; -s (Alpental in Vorarlberg); **mon|ta|fo|ne|risch**

Mon|tag, der; -[e]s, -e; *Abk.* Mo.; *vgl.* Dienstag

Mon|ta|ge [mɔn'ta:ʒə, *auch* mõ...], die; -, -n ‹franz.› (Aufstellung [einer Maschine], Auf-, Zusammenbau)

Mon|ta|ge|band, das; **Mon|ta|ge|bau|wei|se; Mon|ta|ge|hal|le; Mon|ta|ge|zeit**

mon|tä|gig *vgl.* ...tägig; **mon|täg|lich** *vgl.* ...täglich

Mon|ta|g|nard [mõtan'ja:ɐ̯], der; -s, -s (Mitglied der »Bergpartei« der Franz. Revolution)

mon|tags ↑K 70; *vgl.* Dienstag

Mon|tags|aus|ga|be; Mon|tags|au|to (*scherzh. für* Auto mit Produktionsfehlern)

Mon|tags|de|mons|t|ra|ti|on [*alte Trennung* ...|st...] (bes. in Leipzig [1989])

Mon|tags|wa|gen (*svw.* Montagsauto)

Mon|tai|g|ne [mõ'tɛnjə] (franz. Schriftsteller u. Philosoph)

mon|tan, mon|ta|nis|tisch [*alte Trennung* ...|st...] ‹lat.› (Bergbau u. Hüttenwesen betreffend)

Mon|ta|na (Staat in den USA; *Abk.* Mont.)

Mon|tan|ge|sell|schaft; Mon|tan|in|dus|t|rie [*alte Trennung* ...|st...]

Mon|ta|nis|mus, der; - ‹nach dem Begründer Montanus› (schwärmer. altkirchl. Bewegung in Kleinasien); **Mon|ta|nist,** der; -en, -en (Sachverständiger im Bergbau- u. Hüttenwesen; Anhänger des Montanus); **Mon|ta|nis|tin** [*alte Trennung* ...|st...]; **mon|ta|nis|tisch** *vgl.* montan

Mon|tan|mit|be|stim|mung

Mon|tan|u|ni|on, die; - (Europäische Gemeinschaft für Kohle u. Stahl)

Mon|ta|nus (Gründer einer altchristl. Sekte)

Mont|blanc [mõ'blã:], der; -[s] ‹franz.› (höchster Gipfel der Alpen u. Europas)

Mont|bre|tie [mõ'bre:tsi̯ə], die; -, -n ‹nach dem franz. Naturforscher de Montbret› (ein Irisgewächs)

Mont Ce|nis [mõse'ni:], der; - - (ein Alpenpass); **Mont-Ce|nis-Stra|ße,** die; - ↑K 146

Mon|te Car|lo (Stadtbezirk von [1]Monaco)

Mon|te Cas|si|no, *ital. Schreibung* **Mon|te|cas|si|no,** der; - (Berg u. Kloster bei Cassino)

Mon|te|cris|to [*alte Trennung* ...|st...], *franz.* **Mon|te-Cris|to,** *bei Dumas in dt. Übersetzung* Mon|te Chris|to [*alte Trennung* ...|st...] (Insel im Ligurischen Meer)

Mon|te|ne|g|ri|ner; mon|te|ne|g|ri|nisch; Mon|te|ne|g|ro (Gliedstaat Jugoslawiens)

Mon|te Ro|sa, der; - - (Gebirgsmassiv in den Westalpen)

Mon|tes|qui|eu [mõtɛs'ki̯ø:] (franz. Staatsphilosoph u. Schriftsteller)

Mon|tes|so|ri, Maria (ital. Ärztin u. Pädagogin)

Mon|teur [...'tø:ɐ̯, *auch* mõ...], der; -s, -e (Montagefacharbeiter); **Mon|teur|an|zug**

Mon|te|ver|di (ital. Komponist)

Mon|te|vi|deo (Hauptstadt von Uruguay)

Mon|te|zu|ma (aztek. Herrscher); Montezumas Rache (*ugs. scherzh. für* Erkrankung an Durchfall [beim Aufenthalt in Lateinamerika])

Mont|gol|fi|e|re [mõ...], die; -, -n ‹nach den Brüdern Montgolfier› (ein Heißluftballon)

mon|tie|ren [*auch* mõ...] ‹franz.› ([eine Maschine, ein Gerüst u. a.] [auf]bauen, aufstellen, zusammenbauen); **Mon|tie|rer; Mon|tie|rung**

Mont|mar|t|re [mõ'martrə] (Stadtteil von Paris)

Mon|t|re|al [*auch* ...ri'o:l] (Stadt in Kanada)

Mon|t|reux [mõˈtrøː] (Stadt am Genfer See)
Mont-Saint-Mi|chel [mõsɛ̃miˈʃɛl] (Felsen u. Ort an der franz. Kanalküste)
Mont|sal|wa̱tsch, der; -[es] ‹altfranz.› (Name der Gralsburg in der Gralsdichtung)
Mont|ser|ra̱t, *auch* Mon|ser|ra̱t (Berg u. Kloster bei Barcelona)
Mon|tu̱r, die; -, -en ‹franz.› (*ugs. für* [Arbeits]kleidung; *österr. für* Dienstkleidung, Uniform)
Mo|nu|me̱nt, das; -[e]s, -e ‹lat.› (Denkmal); **mo|nu|men|ta̱l** (gewaltig; großartig)
Mo|nu|men|ta̱l|bau *Plur.* ...bauten; **Mo|nu|men|ta̱l|film; Mo|nu|men|ta̱l|ge|mäl|de**
Mo|nu|men|ta|li|tä̱t, die; -
Moon|boot [ˈmuːnbuːt], der; -s, -s ‹engl.› (dick gefütterter Winterstiefel [aus Kunststoff])
Moo̱r, das; -[e]s, -e; **Moo̱r|bad; moo̱r|ba|den** *(nur im Infinitiv gebräuchlich);* **Moo̱r|bo|den**
Moore [muːɐ̯], Henry (engl. Bildhauer)
Moo̱r|huhn (*svw.* Moorschneehuhn); **Moo̱r|huhn|jagd** (*auch* ein Computerspiel)
moo̱|rig
Moo̱r|ko|lo|nie; Moo̱r|kul|tur; Moo̱r|lei|che; Moo̱r|pa|ckung [*alte Trennung* ...k|k...]
Moo̱r|schnee|huhn (nordeurop. Schneehuhn)
Moo̱r|sied|lung
[1]**Moo̱s,** das; -es, *Plur.* -e *u.* (*für* Sumpf usw.:) Möser (eine Pflanze; *bayr., österr., schweiz. auch für* Sumpf, [2]Bruch)
[2]**Moos,** das; -es ‹hebr.-jidd.› (*ugs. für* Geld)
Moo̱s|art; moo̱s|ar|tig
moo̱s|be|deckt ↑K 59
Moo̱s|bee|re; Moo̱s|farn; Moo̱s|flech|te
moo̱s|grün; moo̱|sig
Moo̱s|krepp; Moo̱s|pols|ter [*alte Trennung* ...|st...]; **Moo̱s|ro|se**
Mop *alte Schreibung für* Mopp
Mo̱|ped, das; -s, -s (leichtes Motorrad); **Mo̱|ped|fah|rer**
Mo̩pp [*alte Schreibung* Mop], der; -s, -s ‹engl.› (Staubbesen mit langen Fransen)
Mo̩p|pel, der; -s, - (*ugs. für* kleiner, dicklicher Mensch)
mo̩p|pen (mit dem Mopp reinigen)
Mo̩ps, der; -es, Möpse (ein Hund); **Mö̩ps|chen**
mö̩p|seln (*landsch. für* muffig riechen); ich möps[e]le
mo̩p|sen (*ugs. für* stehlen); du mopst; sich mopsen (*ugs. für* sich langweilen; sich ärgern)
mo̩ps|fi|de̱l (*ugs. für* sehr fidel)
Mo̩ps|ge|sicht
mo̩p|sig (*ugs. für* langweilig; dick)
Mo|quette [...ˈkɛt] *vgl.* Mokett
[1]**Mo̱|ra,** die; - ‹ital.› (ein Fingerspiel)
[2]**Mo̱|ra,** die; -, ...ren ‹lat.› (kleinste Zeiteinheit im Verstakt)
Mo|ra̱l, die; -, -en *Plur. selten* ‹lat.› (Sittlichkeit; Sittenlehre); **Mo|ra̱l|be|griff**
Mo|ra|li̱n, das; -s (spießige Entrüstung in moral. Dingen); **mo|ra|li̱n|sau|er;** ...sau|res Gehabe
mo|ra̱|lisch ‹lat.› (der Moral gemäß; sittlich); moralische Maßstäbe; **mo|ra|li|sie̱|ren** ‹franz.› (moral. Betrachtungen anstellen; den Sittenprediger spielen)
Mo|ra|li̩s|mus, der; - ‹lat.› (Anerkennung der Sittlichkeit als Zweck u. Sinn des menschl. Lebens; [übertrieben strenge] Beurteilung aller Dinge unter moral. Gesichtspunkten); **Mo|ra|li̩st,** der; -en, -en; **Mo|ra|li̩s|tin** [*alte Trennung* ...|st...]; **mo|ra|li̩s|tisch**
Mo|ra|li|tä̱t, die; -, -en ‹franz.› (Sittenlehre, Sittlichkeit; mittelalterl. geistl. Schauspiel)
Mo|ra̱l|ko|dex; Mo|ra̱l|pau|ke *(ugs.);* **Mo|ra̱l|phi|lo|so|phie; Mo|ra̱l|pre|di|ger; Mo|ra̱l|pre|digt; Mo|ra̱l|the|o|lo|gie**
Mo|rä̱|ne, die; -, -n ‹franz.› (*Geol.* Gletschergeröll); **Mo|rä̱|nen|land|schaft**
Mo|ra̩st, der; -[e]s, *Plur.* -e *u.* Moräste (sumpfige schwarze Erde, Sumpf[land]); **mo|ra̩s|tig** [*alte Trennung* ...|st...]
Mo|ra|to̱|ri|um, das; -s, ...ien ‹lat.› (befristete Stundung [von Schulden]; Aufschub)
mor|bi̱d ‹lat.› (kränklich; im [moral.] Verfall begriffen)
Mor|bi|de̩z|za, die; - ‹ital.› (*bes. Malerei* Zartheit [der Farben])
Mor|bi|di|tä̱t, die; - ‹lat.› (*Med.* Krankheitsstand; Erkrankungsziffer)
mor|bi|pho̱r (ansteckend)
Mor|bo|si|tä̱t, die; - ‹lat.› (Kränklichkeit, Siechtum); **Mo̩r|bus,** der; -, ...bi (Krankheit)
Mo̩r|chel, die; -, -n (ein Pilz)
Mo̩rd, der; -[e]s, -e
Mo̩rd|an|kla|ge; Mo̩rd|an|schlag
mo̩rd|[be|]gie|rig
Mo̩rd|bren|ner (*veraltet für* jmd., der einen Brand legt und dadurch Menschen tötet); **Mo̩rd|bu|be** (*veraltet für* Mörder); **Mo̩rd|dro|hung**
mo̩r|den
Mor|de̩nt, der; -s, -e ‹ital.› (*Musik* Wechsel zwischen Hauptnote u. nächsttieferer Note, Triller)
Mö̩r|der
Mö̩r|der|gru|be; aus seinem Herzen keine Mördergrube machen (*ugs. für* mit seiner Meinung nicht zurückhalten)
Mö̩r|der|hand; *nur in* durch, von Mörderhand (durch einen Mörder); **Mö̩r|de|rin**
mö̩r|de|risch (*veraltend für* mordend; *ugs. für* schrecklich, sehr stark, gewaltig); mörderische Kälte; er schimpfte mörderisch; **mö̩r|der|lich** (*ugs. für* mörderisch)
Mo̩rd|fall, der
Mo̩rd|gier; mo̩rd|gie|rig *vgl.* mordbegierig
Mo̩rd|in|s|t|ru|ment
mo̩r|dio! (*veraltet für* Mord!; zu Hilfe!); *vgl.* zetermordio
Mo̩rd|kom|mis|si|on; Mo̩rd|lust; Mo̩rd|nacht; Mo̩rd|pro|zess [*alte Schreibung* ...pro|zeß]
mo̩rds..., Mo̩rds... (*ugs. für* sehr groß, gewaltig)
Mo̩rds|a̱r|beit; Mo̩rds|di̩ng; Mo̩rds|du̩rst; Mo̩rds|du̱|sel; Mo̩rds|gau̱|di; Mo̩rds|ge|schrei̱
Mo̩rds|hi̩t|ze; Mo̩rds|hu̩n|ger; Mo̩rds|ke̩rl; Mo̩rds|kra̩ch
mo̩rds|mä̱|ßig (*ugs. für* sehr, ganz gewaltig); das war ein mordsmäßiger Lärm
Mo̩rds|schre̩ck *od.* **...schre̩|cken** [*alte Trennung* ...k|k...]; **Mo̩rds|spa̱ß** (*ugs. für* großer Spaß); **Mo̩rds|spek|ta̱|kel**
mo̩rds|we̱|nig (*ugs. für* sehr wenig)
Mo̩rds|wu̱t
Mo̩rd|tat; Mo̩rd|ver|dacht; Mo̩rd|ver|such; Mo̩rd|waf|fe
Mo|re̩l|le, *auch* Ma|re̩l|le, die; -, -n ‹ital.› (eine Sauerkirschenart)
Mo̱|ren (*Plur. von* [2]Mora)
mo|re̩n|do ‹ital.› (*Musik* immer leiser werdend); **Mo|re̩n|do,** das; -s, *Plur.* -s *u.* ...di
Mo̱|res *Plur.* ‹lat., »[gute] Sitten«›; *nur in* jmdn. Mores lehren (*ugs. für* jmdn. zurechtweisen)

Mo|res|ke, Mau|res|ke, die; -, -n ‹franz.› (*svw.* Arabeske)

mor|ga|na|tisch ‹althochd.-mlat.› (zur linken Hand [getraut]); morganatische Ehe (standesungleiche Ehe)

Mor|gar|ten, der; -s (schweiz. Berg)

mor|gen

- jmdn. auf morgen vertrösten; bis morgen; Hausaufgaben für morgen
- die Technik von morgen (der nächsten Zukunft), Entscheidung für morgen (die Zukunft)
- morgen Abend, morgen früh, *auch* morgen Früh, morgen Mittag, morgen Nachmittag ↑K 69

Vgl. Abend, Dienstag, [1]Morgen

[1]**Mor|gen,** der; -s, - (Tageszeit); guten Morgen! (Gruß); ↑K 69: heute, gestern Morgen; ↑K 70: morgens; morgens früh; *vgl.* Abend *u.* früh

[2]**Mor|gen,** der; -s, - ‹*urspr.* Land, das ein Gespann an einem Morgen pflügen kann› (ein altes Feldmaß); fünf Morgen Land

[3]**Mor|gen,** das; - (die Zukunft); das Heute und das Morgen

Mor|gen|an|dacht; Mor|gen|aus|ga|be

mor|gend (*veraltet für* morgig); der morgende Tag

Mor|gen|däm|me|rung

mor|gend|lich (am Morgen geschehend)

Mor|gen|duft, der; -[e]s (eine Apfelsorte); **Mor|gen|es|sen** (*schweiz. für* Frühstück)

mor|gen|frisch

Mor|gen|frü|he; Mor|gen|ga|be *(früher);* **Mor|gen|grau|en; Mor|gen|gym|nas|tik** [*alte Trennung* ...|st...]

Mor|gen|land, das; -[e]s (*veraltet für* Orient; Land, in dem die Sonne aufgeht); **Mor|gen|län|der; Mor|gen|län|de|rin; mor|gen|län|disch**

Mor|gen|licht, das; -[e]s; **Mor|gen|luft; Mor|gen|man|tel**

Mor|gen|muf|fel (*ugs. für* jmd., der morgens nach dem Aufstehen mürrisch ist)

Mor|gen|ne|bel; Mor|gen|rock (*vgl.* [1]Rock); **Mor|gen|rot** *od.* **...rö|te**

mor|gens ↑K 70, *aber* des Morgens; *vgl.* [1]Morgen, Abend, Dienstag

Mor|gen|son|ne; Mor|gen|spa|zier|gang; Mor|gen|stern (ein Stern; mittelalterl. Schlagwaffe)

Mor|gen|streich, der; -s (*schweiz.* Eröffnung der Basler Straßenfastnacht)

Mor|gen|stun|de

Mor|gen|thau|plan ↑K 136, der; -[e]s ‹nach dem US-Finanzminister Henry Morgenthau› (Vorschlag, Deutschland nach dem Zweiten Weltkrieg in einen Agrarstaat umzuwandeln)

Mor|gen|zei|tung

mor|gig; der morgige Tag

Mo|ria, die; - ‹griech.› (*Med.* krankhafte Geschwätzigkeit und Albernheit)

mo|ri|bund ‹lat.› (*Med.* im Sterben liegend)

Mö|ri|ke (dt. Dichter)

Mo|rio-Mus|kat, der; -s ‹nach dem dt. Züchter P. Morio› (eine Reb- u. Weinsorte)

Mo|ris|ke, der; -n, -n ‹span.› (in Spanien sesshaft gewordener Maure)

Mo|ri|tat, die; -, -en [*auch* ...'ta:...] ([zu einer Bildertafel] vorgetragenes Lied über ein schreckliches od. rührendes Ereignis); **Mo|ri|ta|ten|sän|ger**

Mo|ritz, *österr. auch* **Mo|riz** (m. Vorn.); der kleine Moritz (*ugs. für* naiver Mensch)

Mor|mo|ne, der; -n, -n (Angehöriger einer nordamerik. Glaubensgemeinschaft); **Mor|mo|nen|tum,** das; -s

Mo|ro|ni (Hauptstadt der Komoren)

mo|ros ‹lat.› (*veraltet für* verdrießlich); **Mo|ro|si|tät,** die; -

Mor|phe, die; - ‹griech.› (Gestalt, Form)

Mor|phem, das; -s, -e (*Sprachw.* kleinste bedeutungstragende Einheit in der Sprache)

mor|phen (durch computergestütztes Verfahren die Abbildung von etw. übergangslos in eine andere wechseln lassen)

Mor|pheus (griech. Gott des Traumes); in Morpheus' Armen

Mor|phin, das; -s ‹*nach* Morpheus› (Hauptalkaloid des Opiums; Schmerzmittel)

Mor|phing, das; -s (das Morphen)

Mor|phi|nis|mus, der; - ‹griech.› (Morphiumsucht); **Mor|phi|nist,** der; -en, -en; **Mor|phi|nis|tin** [*alte Trennung* ...|st...]

Mor|phi|um, das; -s (*allgemeinsprachlich für* Morphin)

Mor|phi|um|sprit|ze; Mor|phi|um|sucht, die; -; **mor|phi|um|süch|tig**

Mor|pho|ge|ne|se, Mor|pho|ge|ne|sis [*auch* ...'ge:...], die; -, ...nesen (*Biol.* Ursprung und Entwicklung von Organen od. Geweben eines pflanzl. od. tierischen Organismus); **mor|pho|ge|ne|tisch** (gestaltbildend); **Mor|pho|ge|nie,** die; -, ...ien (*svw.* Morphogenese)

Mor|pho|lo|ge, der; -n, -n; **Mor|pho|lo|gie,** die; - (*Biol.* Gestaltlehre; *Sprachw.* Formenlehre); **mor|pho|lo|gisch** (die äußere Gestalt betreffend)

morsch; Morsch|heit, die; -

Mor|se|al|pha|bet, *auch* **Mor|se-Al|pha|bet** ‹nach dem nordamerik. Erfinder Morse› (Alphabet für die Telegrafie)

Mor|se|ap|pa|rat, *auch* **Mor|se-Ap|pa|rat** (Telegrafengerät); **mor|sen** (den Morseapparat bedienen); du morst

Mör|ser, der; -s, - (schweres Geschütz; schalenförmiges Gefäß zum Zerkleinern); **mör|sern;** ich mörsere

Mör|ser|stö|ßel

Mor|se|zei|chen

Mor|ta|del|la, die; -, -s ‹ital.› (eine Wurstsorte)

Mor|ta|li|tät, die; - ‹lat.› (*Med.* Sterblichkeit[sziffer])

Mör|tel, der; -s, *Plur. (Sorten:)* -

Mör|tel|kas|ten [*alte Trennung* ...|st...]; **Mör|tel|kel|le**

mör|teln; ich mört[e]le

Mör|tel|pfan|ne

Mo|ru|la, die; - ‹lat.› (*Biol.* Entwicklungsstufe des Embryos)

Mo|sa|ik, das; -s, *Plur.* -en, *auch* -e ‹griech.-franz.›; **Mo|sa|ik|ar|beit**

mo|sa|ik|ar|tig

Mo|sa|ik|bild; Mo|sa|ik|fuß|bo|den; Mo|sa|ik|stein

mo|sa|isch (nach Moses benannt; jüdisch); mosaisches Bekenntnis; die mosaischen [*alte Schreibung* Mosaischen] Bücher ↑K 135; **Mo|sa|is|mus,** der; - (*veraltet für* Judentum)

Mo|sam|bik (Staat in Ostafrika); **Mo|sam|bi|ka|ner; Mo|sam|bi|ka|ne|rin; mo|sam|bi|ka|nisch**

Mosch, der; -[e]s (*landsch. für* allerhand Abfälle, Überbleibsel)

Mo|schee, die; -, ...scheen ⟨arab.-franz.⟩ (islam. Bethaus)
Mo|schus, der; - ⟨sanskr.⟩ (ein Riechstoff); **mo|schus|ar|tig**
Mo|schus|ge|ruch; Mo|schus|och|se
Mo|se *vgl.* Moses
Mö|se, die; -, -n (*derb für* weibl. Scham)
[1]**Mo|sel,** die; - (l. Nebenfluss des Rheins)
[2]**Mo|sel,** der; -s, - (*kurz für* Moselwein)
Mo|se|la|ner, *auch* **Mo|sel|la|ner** (Bewohner des Mosellandes)
Mo|sel|wein
Mö|ser (*Plur. von* [1]Moos)
mo|sern ⟨hebr.-jidd.⟩ (*ugs. für* nörgeln); ich mosere
[1]**Mo|ses,** *ökum.* Mo|se (jüd. Gesetzgeber im A. T.); fünf Bücher Mosis (des Moses) *od.* Mose
[2]**Mo|ses,** der; -, - (*Seemannsspr.* Beiboot einer Jacht; *auch für* jüngstes Besatzungsmitglied an Bord, Schiffsjunge)
Mos|kau (Hauptstadt Russlands); **Mos|kau|er;** Moskauer Zeit; **mos|kau|isch**
Mos|ki|to, der; -s, -s *meist Plur.* ⟨span.⟩ (eine trop. Stechmücke); **Mos|ki|to|netz**
Mos|ko|wi|ter (*veraltend für* Bewohner von Moskau); **Mos|ko|wi|ter|tum,** das; -s; **mos|ko|wi|tisch**
[1]**Mosk|wa,** die; - (russ. Fluss)
[2]**Mosk|wa** (*russ. Form von* Moskau)
Mos|lem, der; -s, -s ⟨arab.⟩ (Anhänger des Islams); *vgl. auch* Muslim
Mos|lem|bru|der|schaft, die; -, -en (ägypt. polit. Vereinigung)
Mos|le|min, die; -, -nen (*w. Form von* Moslem)
mos|le|mi|nisch *(veraltet),* **mos|le|misch;** *vgl.* muslimisch
Mos|li|me, die; -, -n (*selten; w. Form von* Moslem); *vgl.* Muslime
mos|so ⟨ital.⟩ (*Musik* bewegt, lebhaft)
Mos|sul *vgl.* Mosul
Most, der; -[e]s, -e (unvergorener Frucht-, bes. Traubensaft; *südd., österr. u. schweiz. für* Obstwein, -saft); **Most|bir|ne**
mos|ten [*alte Trennung* ...|st...]
Mos|tert [*alte Trennung* ...|st...], der; -s (*nordwestd. für* Senf); **Most|rich,** der; -[e]s (*nordostd. für* Senf)
Mo|sul, Mos|sul (Stadt im Irak)

Mo|tel [*auch* ...ˈtɛl], das; -s, -s ⟨amerik.; *aus* motorists' hotel⟩ (Hotel an der Autobahn)
Mo|tet|te, die; -, -n ⟨ital.⟩ (geistl. Chorwerk); **Mo|tet|ten|stil**
Mo|ti|li|tät, die; - ⟨lat.⟩ (*Med.* unwillkürlich gesteuerte Muskelbewegungen)
Mo|ti|on, die; -, -en ⟨franz.⟩ (*Sprachw.* Abwandlung des Adjektivs nach dem jeweiligen Geschlecht; *schweiz. für* gewichtigste Form des Antrags in einem Parlament); **Mo|ti|o|när,** der; -s, -e (*schweiz. für* jmd., der eine Motion einreicht)
Mo|tiv, das; -s, -e ⟨lat.-(-franz.)⟩ ([Beweg]grund, Antrieb, Ursache; Leitgedanke; Gegenstand, Thema einer [künstler.] Darstellung; kleinstes musikal. Gebilde)
Mo|ti|va|ti|on, die; -, -en ⟨lat.⟩ (die Beweggründe, die das Handeln eines Menschen bestimmen)
Mo|tiv|for|schung, die; - (Zweig der Marktforschung)
mo|ti|vie|ren ⟨franz.⟩ (begründen; anregen, anspornen); **Mo|ti|vie|rung**
Mo|ti|vik, die; - ⟨lat.⟩ (Kunst der Motivverarbeitung [in einem Tonwerk]); **mo|ti|visch**
Mo|tiv|samm|ler *(Philatelie)*
Mo|to, das; -s, -s ⟨franz.⟩ (*schweiz. Kurzform von* Motorrad)
Mo|to|cross, *auch* **Mo|to-Cross,** das; -, -e ⟨engl.⟩ (Geschwindigkeitsprüfung im Gelände für Motorradsportler)
Mo|to|drom, das; -s, -e ⟨franz.⟩ (Rennstrecke [Rundkurs])
Mo|tor, der; -s, ...toren, *auch* [...ˈtoːɐ̯], der; -s, -e ⟨lat.⟩ (Antriebskraft erzeugende Maschine; *übertr. für* vorwärts treibende Kraft)
Mo|tor|block[1] (*Plur.* ...blöcke); **Mo|tor|boot**
Mo|to|ren|bau (der; -[e]s); **Mo|to|ren|ge|räusch; Mo|to|ren|lärm; Mo|to|ren|öl**
Mo|tor|fahr|zeug[1], **Mo|tor|hau|be**
...mo|to|rig (z. B. zweimotorig, *mit Ziffer* 2-motorig [*alte Schreibung* 2motorig])
Mo|to|rik, die; - (Gesamtheit der Bewegungsabläufe des menschl. Körpers; Bewegungslehre); **Mo|to|ri|ker** (*Psych.* jmd., dessen Erinnerungen, Assoziationen o. Ä. vorwiegend von Bewegungsvorstellungen geleitet werden); **mo|to|risch;** motorisches Gehirnzentrum (Sitz der Bewegungsantriebe)
mo|to|ri|sie|ren (mit Kraftmaschinen, -fahrzeugen ausstatten); **Mo|to|ri|sie|rung**
Mo|tor|jacht[1] *od.* **...yacht; Mo|tor|leis|tung** [*alte Trennung* ...|st...]; **Mo|tor|öl** (*vgl.* Motorenöl)
Mo|tor|rad[1]
Mo|tor|rad|bril|le[1]; **Mo|tor|rad|fah|rer; Mo|tor|rad|fah|re|rin; Mo|tor|rad|ren|nen**
Mo|tor|rol|ler[1]; **Mo|tor|sä|ge; Mo|tor|scha|den; Mo|tor|schiff; Mo|tor|schlep|per**
Mo|tor|schlit|ten[1]; **Mo|tor|seg|ler; Mo|tor|sport; Mo|tor|sprit|ze; Mo|tor|yacht** *od.* **...jacht**
Mot|sche|kieb|chen, das; -s, - (*landsch. für* Marienkäfer)
Mot|te, die; -, -n
mot|ten (*südd. u. schweiz. für* schwelen, glimmen)
mot|ten|echt; mot|ten|fest
Mot|ten|fif|fi, der; -s, -s (*ugs. scherzh. für* Pelzmantel)
Mot|ten|fraß; Mot|ten|kis|te [*alte Trennung* ...|st...]; **Mot|ten|ku|gel; Mot|ten|pul|ver**
Mot|to, das; -s, -s ⟨ital.⟩ (Denk-, Wahl-, Leitspruch; Devise)
Mo|tu|pro|p|rio, das; -s, -s ⟨lat.⟩ (ein nicht auf Eingaben beruhender päpstl. Erlass)
mot|zen (*ugs. für* nörgelnd schimpfen; *landsch. auch für* schmollen); du motzt; **mot|zig** *(ugs.)*
Mouche [mʊʃ], die; -, -s ⟨franz.⟩ (Schönheitspflästerchen)
mouil|lie|ren [muˈjiː...] ⟨franz.⟩ (*Sprachw.* erweichen; ein »j« nachklingen lassen, z. B. nach l in »brillant« = [brɪlˈjant]); **Mouil|lie|rung**
Mou|la|ge [muˈlaːʒə], der; -, -s, *auch* die; -, -n ⟨franz.⟩ (*Med.* Abdruck, Abguss, bes. farbiges anatom. Wachsmodell)
Mou|li|né [mu...], der; -s, -s (Garn, Gewebe); **mou|li|nie|ren** (Seide zwirnen)
Moun|tain|bike, *auch* **Moun|tain-Bike** [ˈmaʊ̯ntɪnbaɪ̯k], das; -s, -s ⟨engl.⟩ (Fahrrad für Gelände- bzw. Gebirgsfahrten); **Moun|tain|bi|ker,** *auch* **Moun|tain-Bi|ker,** der; -s, -[s] (jmd., der Mountainbike fährt)
Mount E|ve|rest [ˈmaʊ̯nt ˈɛvərɪst],

[1] [*auch* ...ˈtoːɐ̯...]

M

der; - -[s] ‹engl.› (höchster Berg der Erde)

Mount Mc|Kin|ley [- məˈkɪnli], der; - -[s] (höchster Berg Nordamerikas)

Mousse [mʊs], die; -, -s ‹franz.› (schaumige Süßspeise; Vorspeise aus püriertem Fleisch)

Mous|se|line [mus(ə)lin], die; - ‹franz.› (*schweiz. für* Musselin)

mous|sie|ren [mʊ...] ‹franz.› (schäumen)

Mous|té|ri|en [mʊsteˈri̯ɛ̃:; *alte Trennung* ...|st...], das; -[s] ‹franz.› (Kulturstufe der älteren Altsteinzeit)

mo|vie|ren (*Sprachw.* die weibliche Form zu einer männlichen Personenbezeichnung bilden; z. B. Lehrerin); **Mo|vie|rung**

Mö|we, die; -, -n (ein Vogel)

Mö|wen|ei; Mö|wen|ko|lo|nie; Mö|wen|schrei

Moz|a|ra|ber [*auch* ...ˈtsa...] *meist Plur.* (Angehöriger der »arabisierten« span. Christen der Maurenzeit); **moz|a|ra|bisch**

Mo|zart (österr. Komponist)

Mo|zar|te|um, das; -s (Musikinstitut in Salzburg)

mo|zar|tisch; ↑K 135: mozartische [*alte Schreibung* Mozartische] Kompositionen (von Mozart)

M

Mo|zart|kon|zert|a|bend, *auch* **Mo|zart-Kon|zert|a|bend** ↑K 136

Mo|zart|ku|gel ↑K 136

Mo|zart|zopf ↑K 136 (am Hinterkopf mit einer Schleife zusammengebundener Zopf)

Moz|za|rel|la, der; -s, -s ‹ital.› (ein ital. Käse aus Büffel- od. Kuhmilch)

mp = mezzopiano

MP, MPi = Maschinenpistole

m. p. = manu propria

MP3 (ein Standard der Datenkompression für Musikdateien); **MP3-For|mat** *(EDV)*

MPU = medizinisch-psychologische Untersuchung (z. B. nach einem Führerscheinentzug)

Mr = Mister ‹engl.› (engl. Anrede *[nur mit Eigenn.]*)

Mrd., Md., Mia. = Milliarde[n]

Mrs [ˈmɪsɪs] = Mistress ‹engl.› (engl. Anrede für verheiratete Frauen *[nur mit Eigenn.]*)

Ms (schriftl. engl. Anrede für verheiratete od. unverheiratete Frauen *[nur mit Eigenn.]*)

MS = Motorschiff; multiple Sklerose; *vgl.* m. S.

Ms., Mskr. = Manuskript

m. S. = multiple Sklerose; *vgl.* MS

m/s = Meter je Sekunde

Msgr., Mgr. = Monsignore

Mskr., Ms. = Manuskript

Mss. = Manuskripte

Mt = Megatonne

MTA = medizinisch-technische[r] Assistent[in]

Mu|ba = Schweizerische Mustermesse Basel

Much|tar, der; -s, -s ‹arab.› (Dorfschulze)

Mu|ci|us (altröm. m. Eigenn.); Mucius Scävola (röm. Sagengestalt)

Muck *vgl.* Mucks

Mu|cke [*alte Trennung* ...k|k...], die; -, -n (*ugs. für* Grille, Laune; Nebengeschäft [*vgl. auch* Mugge]; *südd. für* Mücke)

Mü|cke [*alte Trennung* ...k|k...], die; -, -n

Mu|cke|fuck [*alte Trennung* ...k|k...], der; -s (*ugs. für* Ersatzkaffee; sehr dünner Kaffee)

mu|cken [*alte Trennung* ...k|k...] (*ugs. für* leise murren)

Mü|cken|dreck [*alte Trennung* ...k|k...] (*ugs. für* Kleinigkeit, lächerliche Angelegenheit); **Mü|cken|pla|ge; Mü|cken|schiss** [*alte Schreibung* ...schiß] (*derb für* Mückendreck); **Mü|cken|stich**

Mu|cker [*alte Trennung* ...k|k...] (heuchlerischer Frömmler; Duckmäuser); **mu|cke|risch; Mu|cker|tum,** das; -s

mu|ckisch [*alte Trennung* ...k|k...] (*landsch. für* launisch)

Mucks, der; -es, -e, *auch* Muck, der; -s, -e *u.* Muck|ser, der; -s, - (*ugs. für* leiser, halb unterdrückter Laut); keinen Mucks tun

mucksch (*svw.* muckisch); **muckschen** (*landsch. für* muckisch sein)

muck|sen (*ugs. für* einen Laut geben; eine Bewegung machen); er hat sich nicht gemuckst

Muck|ser *vgl.* Mucks; **mucks|mäus|chen|still** (*ugs. für* ganz still)

Mud, der; -s (*nordd. für* Schlamm [an Flussmündungen]; Morast); **mud|dig** (*nordd. für* schlammig)

mü|de; sich müde toben; einer Sache müde (überdrüssig) sein; ich bin es müde

Mü|dig|keit, die; -

Mu|dir, der; -s, -e ‹arab.(-türk.)› (Leiter eines Verwaltungsbezirkes [in Ägypten])

M. U. Dr. *(österr.)* = medicinae universae doctor (Doktor der gesamten Medizin)

Mu|d|scha|hed, der; -, ...din ‹arab., »Kämpfer«› (Freischärler [im islam. Raum])

Mü|es|li (*schweiz. Form von* Müsli)

Mu|ez|zin [*auch, österr. nur,* ˈmu:...], der; -s, -s ‹arab.› (Gebetsrufer im Islam)

[1]**Muff,** der; -[e]s (*nordd. für* [1]Schimmel, Kellerfeuchtigkeit)

[2]**Muff,** der; -[e]s, -e ‹niederl.› (Handwärmer)

Muf|fe, die; -, -n (Rohr-, Ansatzstück); Muffe haben (*ugs. für* Angst haben)

[1]**Muf|fel,** der; -s, - (*Jägerspr.* kurze Schnauze; *Zool.* unbehaarter Teil der Nase bei manchen Säugetieren; *ugs. für* mürrischer Mensch)

[2]**Muf|fel,** die; -, -n (Schmelztiegel)

[3]**Muf|fel,** das; -s, - *vgl.* Mufflon

muf|fe|lig, muff|lig (*nordd. für* mürrisch)

[1]**muf|feln** (*ugs. für* ständig [mit sehr vollem Mund] kauen; mürrisch sein); ich muff[e]le

[2]**muf|feln** (*österr. für* müffeln)

müf|feln (*landsch. für* dumpf riechen); ich müff[e]le

Muf|fel|o|fen ‹*zu* [2]Muffel›

Muf|fel|wild (Mufflon)

muf|fen (*landsch. für* dumpf riechen)

Muf|fen|sau|sen, das; -s (*derb für* Angst)

[1]**muf|fig** (*landsch. für* mürrisch)

[2]**muf|fig** (dumpf, nach Muff [[1]Schimmel] riechend)

Muf|fig|keit, die; - ‹*zu* [1,2]muffig›

muff|lig *vgl.* muffelig

Muf|f|lon, der; -s, -s, [3]Muf|fel, das; -s, - ‹franz.› (ein Wildschaf)

Muf|ti, der; -s, -s ‹arab.› (islam. Gesetzeskundiger)

Mu|gel, der; -s, -[n] (*österr. ugs. für* Hügel); **mu|ge|lig,** mug|lig (*österr. ugs. für* hügelig; *fachspr. für* mit gewölbter Fläche)

Mug|ge, die; -, -n (*landsch. für* Gelegenheit, Nebengeschäft [bes. für Musiker]; *vgl. auch* Mucke)

Müg|gel|see, der; -s (südöstl. von Berlin)

mug|lig *vgl.* mugelig

muh!; Muh, *auch* muh machen, Muh, *auch* muh schreien

Mü|he, die; -, -n; mit Müh und Not ↑K 13; es kostet mich keine

Mühe; ich gebe mir redlich Mühe
mü|he|los; Mü|he|lo|sig|keit, die; -
mu|hen
mü|hen, sich; ich mühe mich
mü|he|voll
Mü|he|wal|tung
Muh|kuh (*Kinderspr. für* Kuh)
Mühl|bach
Müh|le, die; -, -n; **Müh|len|rad** usw. *vgl.* Mühlrad usw.
Müh|le|spiel
Mühl|gra|ben
Mühl|hau|sen, Tho|mas-Münt|zer-Stadt (Stadt in Thüringen); **Mühl|häu|ser**
Mühl|heim a. Main [- am -] (Stadt bei Offenbach)
Mühl|heim an der Do|nau (Stadt in Baden-Württemberg)
Mühl|rad; Mühl|stein; Mühl|wehr, das; **Mühl|werk**
Muh|me, die; -, -n (*veraltet für* Tante)
Müh|sal, die; -, -e
müh|sam; Müh|sam|keit, die; -
müh|se|lig; Müh|se|lig|keit
Muk|den (*früher für* Schenjang)
mu|kös ‹lat.› (*Med.* schleimig)
Mu|ko|sa, die; -, ...sen (Schleimhaut)
mu|la|tie|ren (*österr.* an einem Mulatschag teilnehmen; ausgiebig feiern); **Mu|la|t|schag,** der; -s, -s ‹ung.› (*österr. für* ausgelassenes Fest)
Mu|lat|te, der; -n, -n ‹span.› (Nachkomme eines weißen u. eines schwarzen Elternteils); **Mu|lat|tin**
Mulch, der; -[e]s, -e (Schicht aus zerkleinerten Pflanzen, Torf o. Ä. auf dem Acker- od. Gartenboden)
Mulch|blech (Laubzerkleinerer an Rasenmähern)
mul|chen (mit Mulch bedecken)
Mul|de, die; -, -n; **mul|den|för|mig**
Mu|le|ta, die; -, -s ‹span.› (rotes Tuch der Stierkämpfer)
Mül|hau|sen, *franz.* Mul|house [myˈluːz] (Stadt im Elsass)
Mül|heim (Ort bei Koblenz)
Mül|heim a. d. Ruhr [- an deːɐ̯ -] (Stadt im Ruhrgebiet)
Mu|li, das; -s, -[s] ‹lat.› (Maulesel)
[1]**Mull,** der; -[e]s, -e ‹Hindi-engl.› (ein Baumwollgewebe)
[2]**Mull,** der; -[e]s, -e (*nordd. für* weicher, lockerer Humusboden)
[3]**Mull,** *auch* Gold|mull, der; -s, -e (ein maulwurfähnlicher Insektenfresser)
Müll, der; -[e]s (Abfälle [der Haushalte, der Industrie])
Müll|ab|fuhr; Müll|ab|la|de|platz
Mul|lah, der; -s, -s ‹arab.› (Titel von islam. Geistlichen u. Gelehrten)
Müll|au|to; Müll|berg; Müll|beu|tel
Mull|bin|de
Müll|con|tai|ner; Müll|de|po|nie
Müll|ei|mer
Mül|ler; Mül|ler|bursch *od.* ...bursche
Mül|le|rei; Mül|le|rin
Mül|le|rin|art; *in den Wendungen* auf *od.* nach Müllerinart (in Mehl gewendet, gebraten u. mit Butter übergossen)
Mül|ler-Thur|gau, der; - ‹nach dem schweiz. Pflanzenphysiologen H. Müller aus dem Thurgau› (eine Reb- u. Weinsorte)
Mull|gar|di|ne
Müll|gru|be; Müll|hau|fen
Müll|heim (Stadt in Baden-Württemberg)
Müll|kip|pe
Mull|läpp|chen, *auch* **Mull-Läpp|chen** [*alte Schreibung* Mulläppchen, *alte Trennung* ...ll|l...]
Müll|mann *Plur.* ...männer *(ugs.)*
Müll|schlu|cker [*alte Trennung* ...k|k...]; **Müll|ton|ne**
Müll|ver|bren|nung; Müll|ver|bren|nungs|an|la|ge
Müll|ver|mei|dung; Müll|wa|gen
Müll|wer|ker (Berufsbez.)
Mull|win|del
Mulm, der; -[e]s (lockere Erde; faules Holz); **mul|men** (zu Mulm machen; in Mulm zerfallen)
mul|mig (*ugs. auch für* bedenklich; unwohl); mir ist mulmig *(ugs.)*
Mul|ti, der; -s, -s ‹lat.› (*ugs. Kurzwort für* multinationaler Konzern)
mul|ti|funk|ti|o|nal (vielen Funktionen gerecht werdend)
mul|ti|kul|ti (*ugs. für* multikulturell); **mul|ti|kul|tu|rell** (viele Kulturen, Angehörige mehrerer Kulturen umfassend, aufweisend)
mul|ti|la|te|ral (mehrseitig); multilaterale Verträge
Mul|ti|me|dia, das; -[s] (*EDV* Zusammenwirken von verschiedenen Medientypen wie Texten, Bildern, Grafiken, Ton, Animationen, Videoclips)
mul|ti|me|di|al (viele Medien betreffend, berücksichtigend; für viele Medien bestimmt)
Mul|ti|me|di|a|show (multimediale Darstellung verschiedener Kunstarten); **Mul|ti|me|di|a|sys|tem** [*alte Trennung* ...|st...] (System, das mehrere Medien [z. B. Fernsehen u. Bücher] verwendet)
Mul|ti|mil|li|o|när
mul|ti|na|ti|o|nal (aus vielen Nationen bestehend; in vielen Staaten vertreten); multinationale Unternehmen
mul|ti|pel (vielfältig); ...i|p|le Sklerose (eine Nervenkrankheit; *Abk.* MS, m. S.)
Mul|ti|p|le|choice|ver|fah|ren, *auch* **Mul|ti|p|le-Choice-Ver|fah|ren** [ˈmaltipl̩ˈtʃɔys...; *alte Schreibung* Mul|ti|ple-choice-Ver|fah|ren] ‹engl.; dt.› ([Prüfungs]verfahren, bei dem von mehreren vorgegebenen Antworten eine od. mehrere als richtig zu kennzeichnen sind)
mul|ti|plex (*veraltet für* vielfältig); *vgl.* Dr. [h. c.] mult.
Mul|ti|plex, das; -[es], -e (großes Kinozentrum)
Mul|ti|pli|kand, der; -en, -en (*Math.* Zahl, die mit einer anderen multipliziert werden soll)
Mul|ti|pli|ka|ti|on, die; -, -en (Vervielfachung)
Mul|ti|pli|ka|ti|vum, das; -s, ...va (*Sprachw.* Vervielfältigungszahlwort)
Mul|ti|pli|ka|tor, der; -s, ...oren (Zahl, mit der eine vorgegebene Zahl multipliziert werden soll; jmd., der Wissen, Informationen weitergibt und verbreitet)
mul|ti|pli|zie|ren (malnehmen, vervielfachen); zwei multipliziert mit zwei ist, macht, gibt (*nicht:* sind, machen, geben) vier
mul|ti|va|lent (*Psych.* mehr-, vielwertig [von Tests, die mehrere Lösungen zulassen]); **Mul|ti|va|lenz,** die; -, -en (*bes. Psych.* Mehrwertigkeit [von psychischen Eigenschaften, Schriftmerkmalen, Tests])
Mul|ti|vi|b|ra|tor, der; -s, ...oren (Bauelement in elektron. Rechenanlagen u. Fernsehgeräten)
Mul|ti|vi|si|ons|wand (Projektionswand, auf die mehrere Dias gleichzeitig projiziert werden)
mul|tum, non mul|ta ‹lat., »viel,

nicht vielerlei«) (Gründlichkeit, nicht Oberflächlichkeit)
Mu|mie, die; -, -n ‹pers.-ital.› ([durch Einbalsamieren usw.] vor Verwesung geschützter Leichnam)
mu|mi|en|haft; Mu|mi|en|sarg
Mu|mi|fi|ka|ti|on, die; -, -en ‹pers.-ital.; lat.› (*seltener für* Mumifizierung; *Med.* Gewebeeintrocknung)
mu|mi|fi|zie|ren; Mu|mi|fi|zie|rung (Einbalsamierung)
Mumm, der; -s (*ugs. für* Mut, Schneid); keinen Mumm haben
[1]**Mum|me,** die; - (*landsch. für* Malzbier); Braunschweiger Mumme
[2]**Mum|me,** die; -, -n (*veraltet für* Larve; Vermummter)
Mum|mel, die; -, -n (Teichrose)
Mum|mel|greis (*ugs. für* alter [zahnloser] Mann)
Müm|mel|mann, der; -[e]s, ...männer (*scherzh. für* Hase)
mum|meln (*landsch. für* murmeln; behaglich kauen, wie ein Zahnloser kauen; *auch für* mummen); ich mumm[e]le
müm|meln (fressen [vom Hasen, Kaninchen])
Mum|mel|see, der; -s
mum|men (*veraltet für* einhüllen); **Mum|men|schanz,** der; -es (*veraltend für* Maskenfest)
Mum|pitz, der; -es (*ugs. für* Unsinn; Schwindel)
Mumps, der, *landsch. auch* die; - ‹engl.› (eine Infektionskrankheit)
Munch [mʊŋk], Edvard (norweg. Maler)
Mün|chen (Stadt a. d. Isar); München-Schwabing ↑K 144; **Mün|che|ner,** Münch|ner; Münch[e]ner Kindl; Münch[e]ner Straße ↑K 162
[1]**Münch|hau|sen,** Karl Friedrich Hieronymus von, *genannt* »Lügenbaron« (Verfasser unglaubhafter Abenteuergeschichten)
[2]**Münch|hau|sen,** der; -, - (Aufschneider)
Münch|hau|se|ni|a|de, Münch|hau|si|a|de (Erzählung in Münchhausens Art)
münch|hau|sisch; die münchhausischen [*alte Schreibung* Münchhausischen] Schriften ↑K 135
Münch|ner *vgl.* Münchener
[1]**Mund,** der; -[e]s, *Plur.* Münder, *selten auch* Munde *u.* Münde; einen, zwei, ein paar Mund voll [*alte Schreibung* Mundvoll] nehmen; einige Mund voll [*alte Schreibung* Mundvoll] Brot; den Mund [zu] voll nehmen (großsprecherisch sein)
[2]**Mund,** Munt, die; - (Schutzverhältnis im germ. Recht); *vgl.* Mundium
Mund|art (Dialekt); **Mund|art|dich|ter; Mund|art|dich|te|rin; Mund|art|dich|tung**
Mund|ar|ten|for|schung, Mund|art|for|schung
mund|art|lich (*Abk.* mdal.)
Mund|art|spre|cher; Mund|art|spre|che|rin; Mund|art|wör|ter|buch
Münd|chen
Mund|du|sche
Mün|del, das, BGB (*für beide Geschlechter*) der; -s, -, *für eine weibliche Person selten auch* die; -, -n ‹*zu* [2]Mund, Munt› (*Rechtsspr.* unter Vormundschaft stehende Person)
Mün|del|geld
mün|del|si|cher (*Bankw.*); **Mün|del|si|cher|heit,** die; -
mun|den (*geh. für* schmecken)
mün|den
Mün|den (Stadt am Zusammenfluss der Fulda u. der Werra zur Weser; *vgl.* Hann. Münden); **Mün|de|ner**
mund|faul (*ugs. für* wortkarg)
Mund|fäu|le (eitrige Entzündung der Mundschleimhaut u. des Zahnfleisches)
mund|fer|tig
Mund|flo|ra (*Med.* die Bakterien und Pilze in der Mundhöhle)
mund|ge|bla|sen; mundgeblasene Gläser
mund|ge|recht
Mund|ge|ruch
Mund|har|mo|ni|ka
Mund|höh|le
mün|dig; mündig sein, werden; er wurde mündig gesprochen [*alte Schreibung* mündiggesprochen]
Mün|dig|keit, die; -; **Mün|dig|keits|er|klä|rung**
mün|dig spre|chen [*alte Schreibung* mün|dig|spre|chen] *vgl.* mündig; **Mün|dig|spre|chung**
Mun|di|um, das; -s, *Plur.* ...ien *u.* ...ia ‹germ.-mlat.› (Schutzverpflichtung, -gewalt im frühen dt. Recht); *vgl.* [2]Mund
Mund|kom|mu|ni|on (*kath. Kirche*)
münd|lich; Münd|lich|keit, die; -
Mund|öff|nung (*Zool.*)
Mund|par|tie; Mund|pfle|ge
Mund|pro|pa|gan|da
Mund|raub, der; -[e]s
Mund|rohr (*veraltet für* Mundstück)
Mund|schaft (*früher* Verhältnis zwischen Schützer u. Beschütztem; Schutzverhältnis)
Mund|schenk (*früher* an Fürstenhöfen für die Getränke verantwortlicher Hofbeamter)
Mund|schleim|haut; Mund|schutz, der; -es, -e *Plur. selten (Med., Boxen)*
M-und-S-Rei|fen [ˈɛmlʊntˈlɛs...] = Matsch-und-Schnee-Reifen
Mund|stück
mund|tot; jmdn. mundtot machen (zum Schweigen bringen)
Mund|tuch *Plur.* ...tücher (*veraltet für* Serviette)
Mün|dung; Mün|dungs|feu|er
Mün|dungs|scho|ner
Mund voll [*alte Schreibung* Mundvoll] *vgl.* Mund
Mund|vor|rat; Mund|was|ser *Plur.* ...wässer
Mund|werk, das; -s, -e; ein großes Mundwerk haben (*ugs. für* großsprecherisch sein)
Mund|werk|zeug *meist Plur.*; **Mund|win|kel**
Mund-zu-Mund-Be|at|mung ↑K 26
Mund-zu-Na|se-Be|at|mung ↑K 26
Mung|ge|n|ast [ˈmʊŋə...] (österr. Barockbaumeisterfamilie)
[1]**Mun|go,** der; -s, -s ‹angloind.› (eine Schleichkatze)
[2]**Mun|go,** der; -[s], -s ‹engl.› (Garn, Gewebe aus Reißwolle)
Mu|ni, der; -s, - (*schweiz. für* Zuchtstier)
Mu|nin ‹»der Erinnerer«› (*nord. Mythol.* einer der beiden Raben Odins); *vgl.* Hugin
Mu|ni|ti|on, die; -, -en ‹franz.›; **mu|ni|ti|o|nie|ren** (mit Munition versehen); **Mu|ni|ti|o|nie|rung**
Mu|ni|ti|ons|de|pot; Mu|ni|ti|ons|fa|b|rik; Mu|ni|ti|ons|la|ger
Mu|ni|ti|ons|zug
mu|ni|zi|pal ‹lat.› (*veraltet für* städtisch; Verwaltungs...)
Mu|ni|zi|pi|um, das; -s, ...ien (altröm. Landstadt mit Selbstverwaltung)
Mun|ke|lei (*ugs.*); **mun|keln** (*ugs. für* im Geheimen reden); ich munk[e]le
Müns|ter [*alte Trennung* ...|st...], das, *selten* der; -s, - (Stiftskirche, Dom)

Müns|te|ra|ner [*alte Trennung* ...|st...] (Einwohner von Münster [Westf.])
Müns|ter|bau [*alte Trennung* ...|st...] *Plur.* ...bauten
Müns|ter|kä|se [*alte Trennung* ...|st...], der; -s, - ‹nach der franz. Stadt Munster im Elsass› (ein Weichkäse)
Müns|ter|land [*alte Trennung* ...|st...], das; -[e]s (Teil der Westfälischen Bucht)
Müns|ter|turm [*alte Trennung* ...|st...]
Müns|ter (Westf.) [*alte Trennung* ...|st...] (Stadt im Münsterland)
Munt *vgl.* ²Mund
mun|ter; Mun|ter|keit, die; -
Mun|ter|ma|cher (*ugs. für* Anregungsmittel)
Münt|zer, Thomas (dt. ev. Theologe)
Münz|amt; Münz|an|stalt; Münz|ap|pa|rat; Münz|au|to|mat
Mün|ze, die; -, -n (Geldstück; Geldprägestätte)
mün|zen; du münzt; das ist auf mich gemünzt (*ugs. für* das zielt auf mich ab)
Mün|zen|samm|lung
Mün|zer (*veraltet* Münzenpräger)
Münz|fern|spre|cher
Münz|fuß (Verhältnis zwischen Gewicht u. Feingehalt bei Münzen)
Münz|ge|wicht; Münz|ho|heit; Münz|ka|bi|nett; Münz|kun|de, die; - (*für* Numismatik)
münz|mä|ßig
Münz|recht; Münz|samm|lung (*vgl.* Münzensammlung)
Münz|sor|tier|ma|schi|ne
Münz|stät|te; Münz|tank; Münz|tech|nik; Münz|ver|bre|chen
Münz|wechs|ler
Münz|we|sen, das; -s
Mur, die; - (linker Nebenfluss der Drau)
Mu|rä|ne, die; -, -n ‹griech.› (ein Fisch)
mürb, *häufiger* **mür|be;** mürbes Gebäck; er hat ihn mürbe gemacht (*ugs. für* seinen Widerstand gebrochen)
Mür|be, die; -; **Mür|be|bra|ten** (*nordd. für* Lendenbraten); **Mür|be|teig**
Mürb|heit, die; -; **Mür|big|keit,** die; - *(veraltet)*
Mur|bruch, der; -[e]s, ...brüche *u.* Mu|re, die; -, -n (*Geol.* Schutt- od. Schlammstrom im Hochgebirge)
Mürb|teig (*bes. österr. für* Mürbeteig)
Mu|re *vgl.* Murbruch
mu|ren ‹engl.› (*Seew.* mit einer Muring verankern)
mu|ri|a|tisch ‹lat.› (kochsalzhaltig)
mu|rig ‹*zu* Mure›; muriges Gelände
Mu|ril|lo [...ˈrɪljo] (span. Maler)
Mu|ring, die; -, -e ‹engl.› (*Seew.* Vorrichtung zum Verankern mit zwei Ankern)
Mu|rings|bo|je; Mu|rings|schä|kel
Mü|ritz, die; - (See in Mecklenburg)
Mur|kel, der; -s, - (*landsch. für* kleines Kind); **mur|ke|lig, murk|lig** (*landsch. für* klein)
Murks, der; -es (*ugs. für* unordentliche Arbeit; fehlerhaftes Produkt); **murk|sen** *(ugs.);* du murkst; **Murk|ser; Murk|se|rin**
Mur|mansk (russ. Hafenstadt)
Mur|mel, die; -, -n (*landsch. für* Spielkügelchen)
¹mur|meln; ich murm[e]le (leise u. undeutlich sprechen); vor sich hin murmeln
²mur|meln; ich murm[e]le (*landsch. für* mit Murmeln spielen)
Mur|mel|tier (ein Nagetier); schlafen wie ein Murmeltier
Mur|ner, der; -s (Kater in der Tierfabel)
Murr, die; - (r. Nebenfluss des Neckars)
mur|ren
mür|risch; Mür|risch|keit, die; -
Murr|kopf (*veraltet für* mürrischer Mensch); **murr|köp|fig, murr|köp|fisch**
Mur|ten (Stadt im Kanton Freiburg); **Mur|ten|see,** der; -s
Mürz, die; - (l. Nebenfluss der Mur)
Mus, das, *landsch. auch* der; -es, -e
Mu|sa, die; - ‹arab.› (Bananenart)
Mu|sa|fa|ser (Manilahanf)
¹Mu|s|a|get, der; -en ‹griech., »Musen[an]führer«› (Beiname Apollos)
²Mu|s|a|get, der; -en, -en (*veraltet für* Freund u. Förderer der Künste u. Wissenschaften)
Mus|ca|det [mʏskaˈdeː], der; -[s], -s (trockener franz. Weißwein)
Mu|sche, die; -, -n ‹franz.› (*vgl.* Mouche)
Mu|schel, die; -, -n; **Mu|schel|bank** *Plur.* ...bänke
Mu|schel|chen
mu|schel|för|mig
mu|sche|lig, musch|lig
Mu|schel|kalk, der; -[e]s (*Geol.* mittlere Abteilung der Triasformation); **Mu|schel|samm|lung; Mu|schel|scha|le; Mu|schel|werk,** das; -[e]s *(Kunstwiss.)*
Mu|schi, die; -, -s (*Kinderspr.* Katze; *ugs. für* Vulva)
Mu|schik [*auch* ...ˈʃɪk], der; -s, -s ‹russ.› (Bauer im zaristischen Russland)
Mu|schir, der; -s, -e ‹arab.› (*früher* türkischer Feldmarschall)
Musch|ko|te, der; -n, -n ‹*zu* Musketier› (*veraltend für* Soldat [ohne Rang]; einfacher Mensch)
musch|lig *vgl.* muschelig
Mu|se, die; -, -n ‹griech.› (eine der [neun] griech. Göttinnen der Künste); die zehnte Muse (*scherzh. für* Kleinkunst, Kabarett); *vgl. aber* Muße
mu|se|al (zum, ins Museum gehörend; Museums...)
Mu|se|en (*Plur. von* Museum)
Mu|sel|man [...maːn], der; -en, -en (*veraltet für* Anhänger des Islams); *vgl.* Moslem *u.* Muslim; **Mu|sel|ma|nin; mu|sel|ma|nisch**
Mu|sel|mann *Plur.* ...männer *(veraltet, noch scherzh.)*
Mu|sen|al|ma|nach
Mu|sen|sohn (*scherzh. für* Dichter); **Mu|sen|tem|pel** (*scherzh. für* Theater)
Mu|se|o|lo|gie, die; - (Museumskunde); **mu|se|o|lo|gisch**
Mu|sette [myˈzɛt], die; -, *Plur.* -s *od.* -n ‹franz.› (franz. Tanz im $^3/_4$- od. $^6/_8$-Takt)
Mu|se|um, das; -s, ...een ‹griech.› ([der Öffentlichkeit zugängliche] Sammlung von Altertümern, Kunstwerken o. Ä.)
Mu|se|ums|auf|se|her; Mu|se|ums|bau *Plur.* ...bauten; **Mu|se|ums|die|ner** *(veraltend);* **Mu|se|ums|füh|rer; Mu|se|ums|ka|ta|log**
mu|se|ums|reif
Mu|se|ums|stück
Mu|si|cal [ˈmjuːzikl̩], das; -s, -s ‹amerik.› (populäres Musiktheater[stück])
Mu|sic|box [ˈmjuːzɪk...], die; -, -es ‹amerik.› (*svw.* Musikbox)
mu|siert ‹griech.› (*svw.* musivisch)
Mu|sik, die; -, -en ‹griech.› (*nur Sing.:* Tonkunst; Komposition, Musikstück); [die] Musik lieben
Mu|sik|a|ka|de|mie

M

Mu|si|ka|li|en *Plur.* (gedruckte Musikwerke); **Mu|si|ka|li|en|hand|lung**

mu|si|ka|lisch (tonkünstlerisch; musikbegabt, Musik liebend); **Mu|si|ka|li|tät,** die; - (musikal. Wirkung; musikal. Empfinden od. Nacherleben)

Mu|si|kant, der; -en, -en (Musiker, der zum Tanz u. dgl. aufspielt)

Mu|si|kan|ten|kno|chen (*ugs. für* schmerzempfindlicher Ellenbogenknochen)

Mu|si|kan|tin; mu|si|kan|tisch (musizierfreudig)

Mu|sik|au|to|mat; Mu|sik|bi|b|li|o|thek; Mu|sik|box (Schallplattenapparat in Gaststätten); **Mu|sik|di|rek|tor** (*Abk.* MD); **Mu|sik|dra|ma**

Mu|si|ker; Mu|si|ke|rin

Mu|sik|er|zie|hung; Mu|sik|ge|schich|te, die; -; **Mu|sik|hoch|schu|le**

Mu|sik|in|s|t|ru|ment; Mu|sik|in|s|t|ru|men|ten|in|dus|t|rie [*alte Trennung* ...|st...]

Mu|sik|ka|pel|le; Mu|sik|kas|set|te; Mu|sik|kon|ser|ve; Mu|sik|kri|ti|ker; Mu|sik|kri|ti|ke|rin; Mu|sik|leh|rer; Mu|sik|leh|re|rin; Mu|sik|le|xi|kon

M

Mu|sik lie|bend, *auch* **mu|sik|lie|bend** ↑K 58 *u.* 59: ein Musik liebender, *auch* musikliebender Mensch; **Mu|sik|lieb|ha|ber**

Mu|si|ko|lo|ge, der; -n, -n (Musikwissenschaftler); **Mu|si|ko|lo|gie,** die; - (Musikwissenschaft); **Mu|si|ko|lo|gin**

Mu|sik|preis; Mu|sik|stück

Mu|sik|the|a|ter, das; -s

Mu|sik|tru|he; Mu|sik|ü|ber|tra|gung; Mu|sik|un|ter|richt

Mu|si|kus, der; -, *Plur.* ...sizi *u.* ...kusse (*scherzh. für* Musiker)

Mu|sik|ver|lag

mu|sik|ver|stän|dig

Mu|sik|werk

Mu|sik|wis|sen|schaft; Mu|sik|wis|sen|schaft|ler; Mu|sik|wis|sen|schaft|le|rin

Mu|sik|zeit|schrift

Mu|sil (österr. Schriftsteller)

mu|sisch ⟨griech.⟩ (künstlerisch [aufgeschlossen, hoch begabt]; die schönen Künste betreffend); musisches Gymnasium

Mu|siv|ar|beit (Einlegearbeit, Mosaik); **Mu|siv|gold** (unechtes Gold); **mu|si|visch** ⟨griech.⟩ (eingelegt); musivische Arbeit

Mu|siv|sil|ber (Legierung aus Zinn, Wismut u. Quecksilber zum Bronzieren)

mu|si|zie|ren; Mu|si|zier|stil

Mus|kat [*österr. u. schweiz.* 'mʊ...], der; -[e]s, -e ⟨sanskr.-franz.⟩ (ein Gewürz); **Mus|kat|blü|te**

Mus|ka|te, die; -, -n (*veraltet für* Muskatnuss)

Mus|ka|tel|ler, der; -s, - ⟨ital.⟩ (eine Reb- u. Weinsorte); **Mus|ka|tel|ler|wein**

Mus|kat|nuss [*alte Schreibung* ...nuß); **Mus|kat|nuss|baum**

Mus|kel, der; -s, -n ⟨lat.⟩

Mus|kel|a|tro|phie (*Med.* Muskelschwund); **Mus|kel|fa|ser; Mus|kel|ka|ter** (*ugs. für* Muskelschmerzen)

Mus|kel|kraft; Mus|kel|krampf

Mus|kel|mann *Plur.* ...männer (*ugs. für* muskulöser [starker] Mensch); **Mus|kel|pa|ket** (*ugs. svw.* Muskelmann); **Mus|kel|protz** (*ugs. für* jmd., der mit seinen Muskeln prahlt)

Mus|kel|riss [*alte Schreibung* ...riß]; **Mus|kel|schwund**

Mus|kel|zer|rung

Mus|ke|te, die; -, -n ⟨franz.⟩ (*früher* schwere Handfeuerwaffe)

Mus|ke|tier, der; -s, -e (*früher* Fußsoldat)

Mus|ko|vit, *auch* **Mus|ko|wit,** der; -s, -e (heller Glimmer)

mus|ku|lär ⟨lat.⟩ (auf die Muskeln bezüglich, sie betreffend)

Mus|ku|la|tur, die; -, -en (Muskelgefüge, starke Muskeln)

mus|ku|lös ⟨franz.⟩ (mit starken Muskeln versehen; äußerst kräftig)

Müs|li, *auch* Mü|es|li, das; -s, - ⟨schweiz.⟩ (ein Rohkostgericht, bes. aus Getreideflocken)

Mus|lim, der; -[s], *Plur.* -e *u.* -s (Anhänger des Islams)

Mus|li|ma, die; -, *Plur.* -s *u. (selten)* ...men, **Mus|li|me,** die; -, -n, **Mus|li|min,** die; -, -nen (*w. Formen zu* Muslim)

mus|li|misch, mos|le|misch (die Muslime betreffend)

Mus|pel|heim (*nord. Mythol.* Welt des Feuers, Reich der Feuerriesen)

Mus|pil|li, das; -s (»Weltbrand«) (altd. Gedicht vom Weltuntergang)

Muss [*alte Schreibung* Muß], das; - (Zwang); es ist ein Muss (notwendig); wenn nicht das harte Muss dahinter stünde

Muss|be|stim|mung, *auch* **Muss-Be|stim|mung** [*alte Schreibung* Muß-Be|stim|mung]

Mu|ße, die; - (freie Zeit, [innere] Ruhe); *vgl. aber* Muse

Muss|e|he [*alte Schreibung* Muß...] *(ugs. veraltend)*

Mus|se|lin, der; -s, -e ⟨nach der Stadt Mosul⟩ (ein Gewebe); **mus|se|li|nen** (aus Musselin)

müs|sen; ich muss; du musst; du muss|test; du müss|test; gemusst [*alte Schreibungen* muß, mußt, mußtest, müßtest, gemußt]; müsse!; ich habe gemusst [*alte Schreibung* gemußt], *aber* was habe ich hören müssen!

Mus|se|ron [...'rõ:], der; -s, -s ⟨franz.⟩ (ein Pilz)

Mu|ße|stun|de

Muss|hei|rat [*alte Schreibung* Muß...] *(ugs. veraltend)*

mü|ßig; müßig sein; müßig hin und her gehen; er ist zu lange müßig gegangen [*alte Schreibung* müßiggegangen] (hat zu lange gefaulenzt)

mü|ßi|gen; *noch in* sich gemüßigt (veranlasst, genötigt) sehen

Mü|ßig|gang, der; -[e]s; **Mü|ßig|gän|ger; Mü|ßig|gän|ge|rin; mü|ßig|gän|ge|risch**

mü|ßig ge|hen [*alte Schreibung* mü|ßig|ge|hen] *vgl.* müßig

Mü|ßig|keit, die; - *(geh.)*

Mus|sorg|s|ki (russ. Komponist)

Muss|vor|schrift, *auch* **Muss-Vor|schrift** [*alte Schreibung* Muß-Vor|schrift]

Mus|ta|fa [*alte Trennung* ...|st...] (m. Vorn.)

Mus|tang [*alte Trennung* ...|st...], der; -s, -s ⟨engl.⟩ (wild lebendes Präriepferd)

Mus|ter [*alte Trennung* ...|st...], das; -s, -; nach Muster

Mus|ter|bei|spiel [*alte Trennung* ...|st...]; **Mus|ter|be|trieb; Mus|ter|bild; Mus|ter|brief**

Mus|ter|buch

Mus|ter|e|he [*alte Trennung* ...|st...]; **Mus|ter|e|x|em|p|lar** *(meist iron.)*; **Mus|ter|gat|te** *(meist iron.)*

mus|ter|gül|tig [*alte Trennung* ...|st...]; **Mus|ter|gül|tig|keit,** die; -

mus|ter|haft [*alte Trennung* ...|st...]; **Mus|ter|haf|tig|keit,** die; -

Mus|ter|kar|te [*alte Trennung* ...|st...]; **Mus|ter|kna|be** *(iron.)*;

Mus|ter|kof|fer; Mus|ter|land; Mus|ter|mes|se (*vgl.* ²Messe)
mus|tern [*alte Trennung* ...|st...]; ich mustere
Mus|ter|pro|zess [*alte Schreibung* ...pro|zeß, *alte Trennung* ...|st...]
Mus|ter|schü|ler [*alte Trennung* ...|st...]; **Mus|ter|schü|le|rin**
Mus|ter|schutz [*alte Trennung* ...|st...]; **Mus|ter|stück**
Mus|te|rung [*alte Trennung* ...|st...]; **Mus|te|rungs|be|scheid**
Mus|ter|zeich|ner [*alte Trennung* ...|st...]; **Mus|ter|zeich|nung**
Mus|topf; aus dem Mustopf kommen (*ugs. für* ahnungslos sein)
Mut, der; -[e]s; jmdm. Mut machen; guten Mut[e]s sein; mir ist traurig zumute, *auch* zu Mute
Mu|ta, die; -, ...tä ‹lat.› (*Sprachw.* Explosivlaut); Muta cum Liquida (Verbindung von Verschluss- u. Fließlaut, z. B. pl, pr)
mu|ta|bel ‹lat.› (veränderlich); ...a|b|le Merkmale; **Mu|ta|bi|li|tät**, die; - (Veränderlichkeit)
Mu|tant, der; -en, -en (*svw.* Mutante; *bes. österr. auch für* Jugendlicher im Stimmwechsel)
Mu|tan|te, die; -, -n (*Biol.* durch Mutation entstandenes Lebewesen)
Mu|ta|ti|on, die; -, -en (*Biol.* spontan entstandene od. künstlich erzeugte Veränderung im Erbgefüge; *Med.* Stimmwechsel; *schweiz. auch für* Änderung im Personal- od. Mitgliederbestand)
mu|ta|tis mu|tan|dis (mit den nötigen Abänderungen; *Abk.* m. m.)
Müt|chen, das; -s; an jmdm. sein Mütchen kühlen (an jmdm. seinen Zorn auslassen)
mu|ten (*Bergmannsspr.* Genehmigung zum Abbau beantragen; *Handw.* um die Erlaubnis nachsuchen, das Meisterstück zu machen); [wohl] gemutet (*veraltet für* gestimmt, gesinnt) sein, *aber* wohlgemut sein
Mu|ter (*Bergmannsspr.* jmd., der Mutung einlegt)
mut|er|füllt
Mut|geld (*veraltet für* Abgabe für das Meisterstück); *vgl.* muten
mu|tie|ren ‹lat.› (*Biol.* sich spontan im Erbgefüge ändern; *Med.* die Stimme wechseln)
mu|tig
...mü|tig (z. B. wehmütig)
Müt|lein *vgl.* Mütchen
mut|los; Mut|lo|sig|keit, die; -
mut|ma|ßen (vermuten); du mutmaßt; gemutmaßt; zu mutmaßen; **mut|maß|lich**; der mutmaßliche Täter; **Mut|ma|ßung**
Mut|pro|be
Mut|schein (*Bergmannsspr.* Urkunde über die Genehmigung zum Abbau)
Mutt|chen (*landsch. Koseform von* ²Mutter)
¹Mut|ter, die; -, -n (Schraubenteil)
²Mut|ter, die; -, Mütter; Mutter Erde, Mutter Natur
Müt|ter|be|ra|tungs|stel|le
Mut|ter|bo|den, der; -s (humusreiche oberste Bodenschicht)
Müt|ter|chen
Mut|ter|er|de, die; - (*svw.* Mutterboden)
Mut|ter|freu|den *Plur.; in* Mutterfreuden entgegensehen (*geh. für* schwanger sein)
Müt|ter|ge|ne|sungs|heim; Müt|ter-Ge|ne|sungs|werk; Deutsches Mütter-Genesungswerk
Mut|ter|ge|sell|schaft *(Wirtsch.)*
Mut|ter|ge|stein
Mut|ter Got|tes, die; - -, *auch* **Mut|ter|got|tes**, die; -
Mut|ter|got|tes|bild
Mut|ter|herz; Mut|ter|kir|che
Mut|ter|korn *Plur.* ...korne
Mut|ter|ku|chen (*für* Plazenta)
Mut|ter|land *Plur.* ...länder
Mut|ter|leib, der; -[e]s
Müt|ter|lein
müt|ter|lich; müt|ter|li|cher|seits; Müt|ter|lich|keit, die; -
Mut|ter|lie|be
mut|ter|los
Mut|ter|mal *Plur.* ...male
Mut|ter|milch
Mut|ter|mund, der; -[e]s *(Med.)*
Mut|tern|fa|b|rik
Mut|tern|schlüs|sel
Mut|ter|pass [*alte Schreibung* ...paß]
Mut|ter|pflan|ze
Mut|ter|recht, das; -[e]s
Mut|ter|schaf
Mut|ter|schaft, die; -; **Mut|ter|schafts|ur|laub**
Mut|ter|schiff
Mut|ter|schutz; Mut|ter|schutz|ge|setz
Mut|ter|schwein
mut|ter|see|len|al|lein (ganz allein)
Mut|ter|söhn|chen *(abwertend)*
Mut|ter|spra|che; Mut|ter|stel|le; an jmdm. Mutterstelle vertreten
Mut|ter|tag; Mut|ter|tier
Mut|ter|witz, der; -es
Mut|ti, die; -, -s (*Koseform von* ²Mutter)
mu|tu|al, mu|tu|ell ‹lat.› (wechselseitig)
Mu|tu|a|lis|mus, der; - (*Biol.* Beziehung zwischen Lebewesen verschiedener Art zu beiderseitigem Nutzen)
mu|tu|ell *vgl.* mutual
Mu|tung (*Bergmannsspr.* Antrag auf Erteilung des Abbaurechts); Mutung einlegen (Antrag stellen)
Mut|wil|le, der; -ns
mut|wil|lig; Mut|wil|lig|keit
Mutz, der; -es, -e (*landsch. für* Tier mit gestutztem Schwanz)
Mütz|chen; Müt|ze, die; -, -n; **Müt|zen|schirm**
Mu|zak ['mju:zɛk], die; - ‹engl.› (*Jargon* [anspruchslose] Hintergrundmusik für Büros, Einkaufszentren o. Ä.)
MV = Megavolt
m. v. = mezza voce
MW = Megawatt
m. W. = meines Wissens
MwSt., Mw.-St. = Mehrwertsteuer
¹My, das; -[s], -s (griech. Buchstabe: *M, μ*)
²My (*kurz für* Mikron)
My|al|gie, die; -, ...ien ‹griech.› (*Med.* Muskelschmerz)
My|an|mar ['mia...] (Staat in Hinterindien; *vgl.* Birma *u.* Burma)
My|a|s|the|nie, die; -, ...ien (*Med.* krankhafte Muskelschwäche)
My|a|to|nie, die; -, ...ien (*Med.* [angeborene] Muskelerschlaffung)
My|e|li|tis, die; -, ...li|ti|den ‹griech.› (*Med.* Entzündung des Rücken- od. Knochenmarks)
My|ke|nä, My|ke|ne (griech. Ort u. antike Ruinenstätte); **my|ke|nisch**
My|ko|lo|ge, der; -n, -n; **My|ko|lo|gie**, die; - ‹griech.› (Pilzkunde); **My|ko|lo|gin; my|ko|lo|gisch**
My|kor|rhi|za, die; -, ...zen (*Bot.* Lebensgemeinschaft zwischen den Wurzeln von höheren Pflanzen u. Pilzen)
My|ko|se, die; -, -n (*Med.* Pilzerkrankung)
My|la|dy [mi'le:di] ‹engl.› (frühere engl. Anrede an eine Dame = gnädige Frau)

My|lo|nit, der; -s, -e ‹griech.› (*Geol.* Gestein)

My|lord [mi...] ‹engl.› (frühere engl. Anrede an einen Herrn = gnädiger Herr)

Myn|heer [mə'ne:ɐ̯] ‹niederl.› *vgl.* Mijnheer

My|o|kard, das; -[e]s, -e *u.* My|o|kar|di|um, das; -s, ...dia ‹griech.› (*Med.* Herzmuskel)

My|o|kar|die, die; -, ...ien *u.* My|o|kar|do|se, die; -, -n (nicht entzündliche Herzmuskelerkrankung)

My|o|kard|in|farkt (Herzinfarkt)

My|o|kar|di|tis, die; -, ...itiden (Herzmuskelentzündung)

My|o|kar|do|se *vgl.* Myokardie

My|o|kard|scha|den

My|o|lo|gie, die; - (*Med.* Muskellehre)

My|om, das; -s, -e (gutartige Muskelgewebsgeschwulst)

my|o|morph (muskelfaserig)

My|on, das; -s, ...onen *meist Plur.* ‹griech.› (*Kernphysik* instabiles Elementarteilchen)

my|op, my|o|pisch ‹griech.› (*Med.* kurzsichtig); **My|o|pe,** der *od.* die; -n, -n (Kurzsichtige[r]); **My|o|pie,** die; - (Kurzsichtigkeit); **my|o|pisch** *vgl.* myop

My|o|sin, das; -s (Muskeleiweiß)

My|o|si|tis, die; -, ...itiden ‹griech.› (*Med.* Muskelentzündung)

My|o|to|mie, die; -, ...ien (operative Muskeldurchtrennung)

My|o|to|nie, die; -, ...ien (Muskelkrampf)

My|ri|a... ‹griech.› (10 000 Einheiten enthaltend)

My|ri|a|de, die; -, -n (Anzahl von 10 000; *meist Plur.: übertr. für* unzählig große Menge)

My|ri|a|po|de, My|ri|o|po|de, der; -n, -n *meist Plur.* (*Zool.* Tausendfüßer)

Myr|me|ko|lo|gie, die; - ‹griech.› (*Zool.* Ameisenkunde)

Myr|mi|do|ne, der; -n, -n (Angehöriger eines antiken Volksstammes)

My|ro|ba|la|ne, die; -, -n ‹griech.› (Gerbstoff enthaltende Frucht vorderind. Holzgewächse)

Myr|rhe, *auch* Myr|re, die; -, -n ‹semit.› (ein aromat. Harz); **Myr|rhen|öl,** *auch* Myr|ren|öl, das; -[e]s; **Myr|rhen|tink|tur,** *auch* Myr|ren|tink|tur, die; -

Myr|te, die; -, -n (immergrüner Baum od. Strauch des Mittelmeergebietes u. Südamerikas)

Myr|ten|kranz; Myr|ten|zweig

Mys|te|ri|en|spiel [*alte Trennung* ...|st...] ‹griech.; dt.› (mittelalterliches geistliches Drama)

mys|te|ri|ös [*alte Trennung* ...|st...] ‹franz.› (geheimnisvoll)

Mys|te|ri|um [*alte Trennung* ...|st...], das; -s, ...ien ‹griech.› (unergründliches Geheimnis [religiöser Art])

Mys|te|ry ['mɪstəri; *alte Trennung* ...|st...], die; -, -s *od.* das; -s, -s *meist ohne Artikel* ‹engl.› (Film, Roman o. Ä., in dem es um schaurige, übernatürliche Ereignisse geht)

Mys|ti|fi|ka|ti|on [*alte Trennung* ...|st...], die; -, -en ‹griech.; lat.› (Täuschung; Vorspiegelung)

mys|ti|fi|zie|ren [*alte Trennung* ...|st...] (mystisch betrachten); **Mys|ti|fi|zie|rung**

Mys|tik [*alte Trennung* ...|st...], die; - ‹griech.› (*urspr.* Geheimlehre; relig. Richtung, die den Menschen durch Hingabe u. Versenkung zu persönl. Vereinigung mit Gott zu bringen sucht); **Mys|ti|ker; Mys|ti|ke|rin; mys|tisch** (geheimnisvoll)

Mys|ti|zis|mus [*alte Trennung* ...|st...], der; - (Wunderglaube, [Glaubens]schwärmerei); **mys|ti|zis|tisch**

My|the, die; -, -n (*älter für* Mythos)

My|then ['mi:...], der; -s, - (Gebirgsstock bei Schwyz); der Große, der Kleine Mythen

My|then|bil|dung; My|then|for|schung, die; -

my|then|haft; my|thisch ‹griech.› (sagenhaft, erdichtet)

My|tho|lo|gie, die; -, ...ien (überlieferte Götter-, Helden-, Dämonensagen eines Volkes; wissenschaftl. Behandlung der Mythen); **my|tho|lo|gisch** (sagen-, götterkundlich); **my|tho|lo|gi|sie|ren** (in mythischer Form darstellen)

My|thos, *auch* **My|thus,** der; -, ...then (Sage u. Dichtung von Göttern, Helden u. Geistern; legendäre, glorifizierte Person od. Sache)

My|ti|le|ne, *neugriech.* Mi|ti|li|ni (Hauptstadt von Lesbos)

Myx|ö|dem ‹griech.› (*Med.* körperl. u. geistige Erkrankung mit heftigen Hautanschwellungen)

My|xo|ma|to|se, die; -, -n (tödlich verlaufende Viruskrankheit bei Hasen- u. [Wild]kaninchen)

My|xo|my|zet, der; -en, -en (*Bot.* ein Schleimpilz)

My|zel, das; -s, -ien ‹griech.› *u.* **My|ze|li|um,** das; -s, ...lien (*Bot.* [unter der Erde wachsendes] Fadengeflecht der Pilze)

My|zet, der; -en, -en (*selten für* Pilz); **My|ze|tis|mus,** der; -, ...men (*Med.* Pilzvergiftung)

N *n*

N (Buchstabe); das N; des N, die N, *aber* das n in Wand; der Buchstabe N, n

N = Newton; Nitrogenium (*chem. Zeichen für* Stickstoff); Nord[en]

n = Nano...; Neutron

N, *ν* = Ny

'n; ↑K 14 (*ugs. für* ein, einen)

Na = *chem. Zeichen für* Natrium

na!; na, na!; na ja!; na und?; na gut!; na, so was!

na! (*bayr., österr. ugs. für* nein!)

Naab, die; - (l. Nebenfluss der Donau); **Naab|eck** (Ortsn.); *aber* **Nab|burg** (Stadt an der Naab)

Na|be, die; -, -n (Mittelhülse des Rades)

Na|bel, der; -s, -; **Na|bel|bruch**

na|bel|frei

Na|bel|schau (*ugs.*)

Na|bel|schnur *Plur.* ...schnüre

Na|ben|boh|rer

Na|bob, der; -s, -s ‹Hindi-engl.› (Provinzgouverneur in Indien; reicher Mann)

Na|bo|kov [...kɔf] (amerik. Schriftsteller)

Na|buc|co (*ital. Kurzform von* Nabucodonosor = Nebukadnezar; Oper von Verdi)

nach; nach und nach; nach wie vor; *Präp. mit Dat.:* nach ihm; nach Hause *od.* Haus, *österr., schweiz. auch* nachhause; nach langem, schwerem Leiden

nach... (*in Zus. mit Verben,* z. B. nachmachen, du machst nach, nachgemacht, nachzumachen)

nach|äf|fen (*ugs. für* nachahmen); **Nach|äf|fe|rei; Nach|äf|fung**
nach|ah|men; er hat sie nachgeahmt; **nach|ah|mens|wert**
Nach|ah|mer; Nach|ah|me|rin
Nach|ah|mung; Nach|ah|mungs|trieb; nach|ah|mungs|wür|dig
nach|ar|bei|ten
Nach|bar, der; *Gen.* -n *seltener* -s, *Plur.* -n
Nach|bar|dorf; Nach|bar|gar|ten; Nach|bar|haus; Nach|ba|rin; Nach|bar|land *Plur.* ...länder
nach|bar|lich
Nach|bar|ort (*vgl.* [1]Ort); **Nach|bar|recht,** das; -[e]s
Nach|bar|schaft; nach|bar|schaft|lich; Nach|bar|schafts|hil|fe
Nach|bars|fa|mi|lie; Nach|bars|frau; Nach|bars|kind; Nach|bars|leu|te *Plur.*
Nach|bar|staat *Plur.* ...staaten
Nach|bar|stadt
Nach|bar|wis|sen|schaft
Nach|be|ben (nach einem Erdbeben)
nach|be|han|deln; Nach|be|hand|lung
nach|be|kom|men *(ugs.)*
nach|be|rei|ten (*Päd.* [den bereits behandelten Unterrichtsstoff] vertiefen o. Ä.); **Nach|be|rei|tung**
nach|bes|sern; ich bessere *od.* bessre [*alte Schreibung* beßre] nach; **Nach|bes|se|rung, Nach|bess|rung** [*alte Schreibung* Nach|beß|rung]
nach|be|stel|len; Nach|be|stel|lung
nach|be|ten; Nach|be|ter
nach|be|zeich|net *(bes. Kaufmannsspr.);* nachbezeichnete Waren
nach|bil|den; Nach|bil|dung
nach|blei|ben (*landsch. für* zurückbleiben; nachsitzen)
nach|bli|cken [*alte Trennung* ...k|k...]
nach|blu|ten; Nach|blu|tung
nach|boh|ren (*auch für* hartnäckig nachfragen)
nach|börs|lich (nach der Börsenzeit)
nach Chris|ti Ge|burt [*alte Trennung* ...|st...] (*Abk.* n. Chr. G.)
nach|christ|lich
nach Chris|to, nach Chris|tus [*alte Trennung* ...|st...] (*Abk.* n. Chr.)
nach|da|tie|ren (mit einem früheren, *auch* späteren Datum versehen); sie hat das Schreiben nachdatiert; *vgl.* zurückdatieren *u.* vorausdatieren; **Nach|da|tie|rung**

nach|dem; je nachdem; je nachdem[,] ob ... *od.* wie ... ↑K 127
nach|den|ken; nach|denk|lich; Nach|denk|lich|keit, die; -
nach|dich|ten; Nach|dich|tung
nach|die|seln; *vgl.* dieseln
nach|dop|peln (*schweiz. für* nachbessern; zum zweiten Mal in Angriff nehmen); ich dopp[e]le nach
nach|drän|gen
nach|dre|hen; eine Szene nachdrehen
Nach|druck, der; -[e]s, *Plur. (Druckw.:)* ...drucke
nach|dru|cken [*alte Trennung* ...k|k...]; **Nach|druck|er|laub|nis**
nach|drück|lich; Nach|drück|lich|keit, die; -
nach|drucks|voll
Nach|druck|ver|fah|ren
nach|dun|keln; der Anstrich ist *od.* hat nachgedunkelt
Nach|durst (nach Alkoholgenuss)
nach|ei|fern; nach|ei|ferns|wert; Nach|ei|fe|rung
nach|ei|len
nach|ei|n|an|der; *in Verbindung mit Verben immer getrennt* ↑K 50: nacheinander starten; die Schüler wurden nacheinander aufgerufen usw.
nach|eis|zeit|lich
nach|emp|fin|den; Nach|emp|fin|dung
Na|chen, der; -s, - (*landsch. u. geh. für* Kahn)
nach|ent|rich|ten; Versicherungsbeiträge nachentrichten; **Nach|ent|rich|tung**
Nach|er|be, der; **Nach|erb|schaft**
nach|er|le|ben
Nach|ern|te
nach|er|zäh|len; Nach|er|zäh|lung
Nachf. = Nachfolger[in]
Nach|fahr, der; *Gen.* -en, *selten* -s, *Plur.* -en *u.* **Nach|fah|re,** der; -n, -n (*selten für* Nachkomme)
nach|fah|ren
Nach|fah|ren|ta|fel; Nach|fah|rin
Nach|fall, der (*Bergmannsspr.* Gestein, das bei der Kohlegewinnung nachfällt und die Kohle verunreinigt)
nach|fär|ben
nach|fas|sen (*auch für* hartnäckig weitere Fragen stellen)
Nach|fei|er; nach|fei|ern
nach|fi|nan|zie|ren; Nach|fi|nan|zie|rung
Nach|fol|ge, die; -; **nach|fol|gen**
nach|fol|gend; die nachfolgenden Bestimmungen; ↑K 72: das Nachfolgende; Nachfolgendes [*alte Schreibung* nachfolgendes] gilt nur mit Einschränkungen; im Nachfolgenden [*alte Schreibung* nachfolgenden] (weiter unten) ist zu lesen ...
Nach|fol|gen|de, der *u.* die; -n, -n
Nach|fol|ge|or|ga|ni|sa|ti|on
Nach|fol|ger (*Abk.* N[a]chf.); **Nach|fol|ge|rin** (*Abk.* N[a]chf.); **Nach|fol|ger|schaft**
Nach|fol|ge|staat *Plur.* ...staaten
nach|for|dern; Nach|for|de|rung
nach|for|men; eine Plastik nachformen
nach|for|schen; Nach|for|schung
Nach|fra|ge; nach|fra|gen; nach|fra|ge|o|ri|en|tiert; Nach|fra|ge|schwan|kung
nach|füh|len; nach|füh|lend
nach|fül|len; Nach|fül|lung
Nach|gang; im Nachgang (*Amtsspr.* als Nachtrag)
nach|gä|ren; Nach|gä|rung
nach|ge|ben
nach|ge|bo|ren; nachgebor[e]ner Sohn; **Nach|ge|bo|re|ne,** der *u.* die; -n, -n
Nach|ge|bühr (z. B. Strafporto)
Nach|ge|burt
Nach|ge|fühl
nach|ge|hen
nach|ge|las|sen (*veraltend für* hinterlassen); ein nachgelassenes Werk
nach|ge|ord|net
nach|ge|ra|de
nach|ge|ra|ten; jmdm. nachgeraten
Nach|ge|schmack, der; -[e]s
nach|ge|wie|se|ner|ma|ßen
nach|gie|big; Nach|gie|big|keit
nach|gie|ßen
nach|grü|beln
nach|gu|cken [*alte Trennung* ...k|k...] *(ugs.)*
nach|ha|ken (*ugs. auch für* eine [weitere] Frage stellen)
Nach|hall; nach|hal|len
nach|hal|tig; einen nachhaltigen Eindruck hinterlassen; nachhaltige Holzwirtschaft (Holzwirtschaft, bei der höchstens so viel Holz geschlagen wird, wie in derselben Zeit nachwachsen kann); **Nach|hal|tig|keit,** die; -
nach|hän|gen; ich hing nach, du hingst nach; nachgehangen; einer Sache nachhängen; *vgl.* [1]hängen
nach Haus *od.* **nach Hau|se,** *österr., schweiz. auch* **nach|hau|se**
Nach|hau|se|weg

nach|hel|fen
nach|her [*auch, österr. nur,* 'na:...];
nach|he|rig
Nach|hil|fe; Nach|hil|fe|schü|ler; Nach|hil|fe|schü|le|rin
Nach|hil|fe|stun|de; Nach|hil|fe|un|ter|richt
Nach|hi|n|ein [*alte Schreibung* nach|hin|ein] ↑K 81; *nur in:* im Nachhinein (hinterher, nachträglich)
nach|hin|ken
Nach|hol|be|darf; nach|ho|len; Nach|hol|spiel *(Sport)*
Nach|hut, die; -, -en *(Milit.)*
nach|ja|gen; dem Glück nachjagen
nach|kar|ten (*ugs. für* eine nachträgliche Bemerkung machen)
Nach|kauf; nach|kau|fen; man kann alle Teile des Geschirrs nachkaufen
Nach|klang
Nach|klapp, der; -s, -s (*ugs. für* Nachtrag)
nach|klin|gen
Nach|kom|me, der; -n, -n; **nach|kom|men; Nach|kom|men|schaft**
Nach|kömm|ling
Nach|kon|t|rol|le; nach|kon|t|rol|lie|ren
Nach|kriegs|er|schei|nung; Nach|kriegs|ge|ne|ra|ti|on; Nach|kriegs|zeit
Nach|kur
nach|la|den
Nach|lass [*alte Schreibung* Nach|laß], der; -es, *Plur.* -e *u.* ...lässe
nach|las|sen
Nach|las|ser (*selten für* Erblasser)
Nach|lass|ge|richt [*alte Schreibung* Nach|laß...]
nach|läs|sig; nach|läs|si|ger|wei|se; Nach|läs|sig|keit
Nach|lass|pfle|ger [*alte Schreibung* Nach|laß...]; **Nach|lass|sa|che,** *auch* **Nach|lass-Sa|che; Nach|lass|ver|wal|ter**
nach|lau|fen; Nach|läu|fer
nach|le|ben; einem Vorbild nachleben
Nach|le|ben, das; -s (Leben eines Verstorbenen in der Erinnerung der Hinterbliebenen)
nach|le|gen
Nach|le|se; nach|le|sen
nach|lie|fern; Nach|lie|fe|rung
nach|lö|sen
nachm. = nachmittags
nach|ma|chen *(ugs.)*
Nach|mahd (*landsch. für* Grummet)
nach|ma|len
nach|ma|lig (*veraltend für* später);
nach|mals (*veraltet für* später)
nach|mes|sen; Nach|mes|sung
Nach|mie|ter; Nach|mie|te|rin
Nach|mit|tag; ↑K 70: nachmittags; (*Abk.* nachm., *bei Raummangel* nm.); *aber* des Nachmittags; ↑K 69: gestern, heute, morgen
Nachmittag [*alte Schreibung* nachmittag]; *vgl.* [1]Mittag
nach|mit|tä|gig *vgl.* ...tägig
nach|mit|täg|lich *vgl.* ...täglich
nach|mit|tags *vgl.* Nachmittag
Nach|mit|tags|schlaf; Nach|mit|tags|stun|de; Nach|mit|tags|vor|stel|lung
Nach|nah|me, die; -, -n; **Nach|nah|me|ge|bühr; Nach|nah|me|sen|dung**
Nach|na|me (Familienname)
nach|plap|pern *(ugs.)*
nach|po|lie|ren
Nach|por|to
nach|prä|gen; Nach|prä|gung
nach|prüf|bar; Nach|prüf|bar|keit
nach|prü|fen; Nach|prü|fung
Nach|rang (*österr. für* Gegensatz zu Vorrang, Vorfahrt im Straßenverkehr)
Nach|raum, der; -[e]s (*Forstw.* Ausschuss)
nach|rech|nen; Nach|rech|nung
Nach|re|de; üble Nachrede
nach|re|den
nach|rei|chen; Unterlagen nachreichen
Nach|rei|fe; nach|rei|fen
nach|rei|sen
nach|ren|nen
Nach|richt, die; -, -en
Nach|rich|ten|a|gen|tur; Nach|rich|ten|bü|ro
Nach|rich|ten|dienst
nach|rich|ten|dienst|lich
Nach|rich|ten|ma|ga|zin; Nach|rich|ten|sa|tel|lit; Nach|rich|ten|sen|dung; Nach|rich|ten|sper|re
Nach|rich|ten|spre|cher; Nach|rich|ten|spre|che|rin; Nach|rich|ten|tech|nik; Nach|rich|ten|ü|ber|mitt|lung; Nach|rich|ten|we|sen
nach|richt|lich
nach|rü|cken [*alte Trennung* ...k|k...]; **Nach|rü|cker; Nach|rü|cke|rin**
Nach|ruf, der; -[e]s, -e; **nach|ru|fen**
Nach|ruhm; nach|rüh|men
nach|rüs|ten [*alte Trennung* ...|st...] (nachträglich mit einem Zusatzgerät versehen; die militärische Bewaffnung ergänzen, ausbauen); **Nach|rüs|tung**
nach|sa|gen; jmdm. etw. nachsagen
Nach|sai|son
nach|sal|zen
Nach|satz
[1]nach|schaf|fen (ein Vorbild nachgestalten); *vgl.* [2]schaffen
[2]nach|schaf|fen (nacharbeiten); *vgl.* [1]schaffen
nach|schau|en *(bes. südd., österr., schweiz.)*
nach|schen|ken; Wein nachschenken
nach|schi|cken [*alte Trennung* ...k|k...]
nach|schie|ben
Nach|schlag, der; -[e]s, Nachschläge (*Musik; ugs. für* zusätzliche Essensportion)
nach|schla|gen; er ist seinem Vater nachgeschlagen (nachgeartet); sie hat in einem Buch nachgeschlagen
Nach|schla|ge|werk
nach|schlei|chen
Nach|schlüs|sel; Nach|schlüs|sel|dieb|stahl (Diebstahl mithilfe von Nachschlüsseln)
Nach|schöp|fung
nach|schrei|ben; Nach|schrift (*Abk.* NS)
Nach|schub, der; -[e]s, Nachschübe *Plur. selten;* **Nach|schub|ko|lon|ne; Nach|schub|trup|pe**
Nach|schuss [*alte Schreibung* Nach|schuß] (*Wirtsch.* zusätzliche Einzahlung über die Stammeinlage hinaus; *Sportspr.* erneuter Schuss auf das Tor);
Nach|schuss|pflicht
nach|schwat|zen
nach|schwin|gen
nach|se|hen; jmdm. etwas nachsehen; **Nach|se|hen,** das; -s
Nach|sen|de|auf|trag
nach|sen|den; Nach|sen|dung
nach|set|zen; jmdm. nachsetzen (jmdn. verfolgen)
Nach|sicht, die; -; **nach|sich|tig; Nach|sich|tig|keit,** die; -
nach|sichts|voll
Nach|sil|be
nach|sin|gen
nach|sin|nen (*geh. für* nachdenken)
nach|sit|zen (zur Strafe nach dem Unterricht noch in der Schule bleiben müssen); er hat nachgesessen
Nach|som|mer
Nach|sor|ge, die; - *(Med.)*
Nach|spann (*Film, Fernsehen* ei-

¹nächst

– nächsten Jahres (*Abk.* n. J.), nächsten Monats (*Abk.* n. M.) – nächstes Mal, das nächste Mal (*vgl.* Mal, I) – die nächsthöhere Nummer; bei nächstbester Gelegenheit *Großschreibung der Substantivierung* ↑K 72: – der Nächste, die Nächste [*alte Schreibung* nächste], bitte!	– das ist das Nächste [*alte Schreibung* nächste], was zu tun ist; das müssen wir als Nächstes [*alte Schreibung* nächstes] in Angriff nehmen – *aber* das kommt der Wahrheit am nächsten – der nächste Beste *aber* das Nächstbeste [*alte Schreibung* nächstbeste], was sich ihm bietet *Vgl.* ²nächst *u.* Nächste

nem Film o. Ä. folgende Angaben über Mitwirkende u. Ä.)
Nach|spei|se
Nach|spiel; nach|spie|len
nach|spi|o|nie|ren *(ugs.)*
nach|spre|chen; Nach|spre|cher
nach|spü|len
nach|spü|ren
¹nächst *s. Kasten*
²nächst (hinter, gleich nach); *Präp. mit Dat.:* nächst dem Hause, nächst ihm
nächst|bes|ser; die nächstbessere Platzierung; **nächst|bes|te** [*alte Trennung* ...|st...] *vgl.* nächst; **Nächst|bes|te,** der *u.* die *u.* das; -n, -n
nächst|dem
Nächs|te [*alte Trennung* ...|st...], der; -n, -n (Mitmensch); liebe deinen Nächsten; *vgl.* ¹nächst
nach|ste|hen; nach|ste|hend; die nachstehende Erläuterung; *aber* ↑K 72: ich möchte Ihnen Nachstehendes [*alte Schreibung* nachstehendes] zur Kenntnis bringen; Einzelheiten werden im Nachstehenden [*alte Schreibung* nachstehenden] behandelt; das Nachstehende muss geprüft werden
nach|stei|gen (*ugs. für* folgen)
nach|stel|len; er hat ihr nachgestellt; **Nach|stel|lung**
Nächs|ten|lie|be [*alte Trennung* ...|st...]
nächs|tens [*alte Trennung* ...|st...]
nächs|tes Mal [*alte Trennung* ...|st...], das nächste Mal; *vgl.* Mal, I
nächst|fol|gend; Nächst|fol|gen|de, der *u.* die *u.* das; -n, -n
nächst|ge|le|gen
nächst|hö|her; Nächst|hö|he|re, der *u.* die *u.* das; -n, -n
nächst|jäh|rig
nächst|lie|gend *vgl.* nahe liegend
Nächst|lie|gen|de, das; -n
nächst|mög|lich; zum nächstmöglichen Termin; *nicht korrekt:* nächstmöglichst
nach|sto|ßen
nach|stür|zen
nach|su|chen; Nach|su|chung
Nacht, die; -, Nächte; bei, über Nacht; die Nacht über; Tag und Nacht; es wird Nacht; des Nachts, eines Nachts; ↑K 69: [bis, von] gestern, heute, morgen Nacht [*alte Schreibung* nacht]; Dienstagnacht; *vgl.* nachts
Nacht|ab|sen|kung (bei der Zentralheizung)
nacht|ak|tiv; nachtaktive Säugetiere
Nacht|an|griff; Nacht|ar|beit; Nacht|aus|ga|be; Nacht|bar, die
nacht|blau
nacht|blind; Nacht|blind|heit
Nacht|dienst
nacht|dun|kel
Nach|teil, der; **nach|tei|lig**
näch|te|lang; *aber* drei Nächte lang
nach|ten (*schweiz. u. geh. für* Nacht werden)
näch|tens (*geh. für* nachts)
Nacht|es|sen (*bes. südd., schweiz. für* Abendessen); **Nacht|eu|le** (*ugs. auch für* jmd., der bis spät in die Nacht hinein aufbleibt)
Nacht|fahrt; Nacht|fal|ter
nacht|far|ben; nachtfarbener Stoff
Nacht|frost; Nacht|ge|bet; Nacht|ge|schirr; Nacht|ge|spenst
Nacht|ge|wand *(geh.)*
Nacht|glei|che, die; -, -n (*svw.* Tagundnachtgleiche)
Nacht|hemd; Nacht|him|mel
Nach|ti|gall, die; -, -en (ein Singvogel); **Nach|ti|gal|len|schlag,** der; -[e]s
näch|ti|gen (übernachten); sie hat bei uns genächtigt
Nach|tisch, der; -[e]s
Nacht|ka|ba|rett; Nacht|käst|chen (*bes. österr. für* Nachttisch)
Nacht|ker|ze (eine Heil- und Zierpflanze)
Nacht|klub; Nacht|küh|le; Nacht|la|ger *Plur.* ...lager; **Nacht|le|ben**
nächt|lich; nächt|li|cher|wei|le
Nacht|licht *Plur.* ...lichter; **Nacht|lo|kal; Nacht|luft**
Nacht|mahl *(bes. österr.);* **nacht|mah|len** (*österr. für* zu Abend essen); ich nachtmahle; genachtmahlt; zu nachtmahlen
Nacht|mahr (Spukgestalt im Traum); **Nacht|marsch; Nacht|mensch; Nacht|mu|sik; Nacht|por|ti|er; Nacht|quar|tier**
Nach|trag, der; -[e]s, ...träge; **nach|tra|gen**
nach|trä|ge|risch (*geh. für* nachtragend, nicht vergebend)
nach|träg|lich (hinterdrein, später, danach)
Nach|trags|haus|halt
nach|trau|ern
Nacht|ru|he
Nach|trupp
nachts ↑K 70, *aber* des Nachts, eines Nachts; nachtsüber ↑K 70, *aber* die Nacht über; *vgl.* Abend
Nacht|schat|ten (eine Pflanze); **Nacht|schat|ten|ge|wächs** *meist Plur.* (eine Pflanzenfamilie)
Nacht|schicht
Nacht|schlaf; nacht|schla|fend; zu, bei nachtschlafender Zeit
Nacht|schränk|chen; Nacht|schwär|mer (*scherzh. für* jmd., der sich die Nacht über vergnügt)
Nacht|schwes|ter [*alte Trennung* ...|st...]; **Nacht|spei|cher|o|fen; Nacht|strom,** der; -[e]s
nachts|ü|ber; *vgl.* nachts
Nacht|ta|rif; Nacht|tier; Nacht|tisch; Nacht|topf; Nacht|tre|sor
nach|tun; es jmdm. nachtun
Nacht-und-Ne|bel-Ak|ti|on
Nacht|vi|o|le (eine Zierpflanze); **Nacht|vo|gel; Nacht|vor|stel|lung**
Nacht|wa|che; Nacht|wäch|ter; Nacht|wäch|ter|lied
nacht|wan|deln; ich nachtwand[e]le; ich bin, *auch* habe genachtwandelt; zu nachtwandeln
Nacht|wan|de|rung
Nacht|wand|ler; Nacht|wand|le|rin;

N

nacht|wand|le|risch; mit nachtwandlerischer Sicherheit
Nacht|wä|sche; Nacht|zeit; zur Nachtzeit; **Nacht|zug; Nacht|zuschlag**
nach|un|ter|su|chen; Nach|un|tersu|chung
Nach|ver|an|la|gung *(Finanzw.)*
nach|ver|si|chern; Nach|ver|si|cherung
nach|voll|zieh|bar; nach|voll|ziehen
nach|wach|sen
Nach|wahl
Nach|we|hen *Plur.*
nach|wei|nen
Nach|weis, der; -es, -e; **nach|weisbar**
nach|wei|sen (beweisen); er hat den Tatbestand nachgewiesen; **nach|weis|lich**
nach|wei|ßen (nochmals weißen)
Nach|welt, die; -
Nach|wen|de|zeit
nach|wer|fen
nach|wie|gen
nach|win|ken
Nach|win|ter; nach|win|ter|lich
nach|wir|ken; Nach|wir|kung
nach|wol|len *(ugs. für* folgen wollen); er hat ihm nachgewollt
Nach|wort *Plur.* ...worte
Nach|wuchs, der; -es
Nach|wuchs|au|tor; Nach|wuchsau|to|rin; Nach|wuchs|fah|rer; Nach|wuchs|fah|re|rin
Nach|wuchs|ka|der *(DDR)*
Nach|wuchs|kraft, die; **Nachwuchs|man|gel,** der; -s; **Nachwuchs|spie|ler; Nach|wuchs|spiele|rin**
nach|wür|zen
nach|zah|len
nach|zäh|len
Nach|zah|lung
Nach|zäh|lung
nach|zeich|nen; Nach|zeich|nung
Nach|zei|tig|keit, die; - *(Sprachw.)*
nach|zie|hen
Nach|zoll
nach|zot|teln *(ugs.)*
Nach|zucht, die; -
Nach|zug; Nach|züg|ler; Nach|zügle|rin; nach|züg|le|risch
Nach|zugs|ver|bot
Na|cke|dei [*alte Trennung* ...k|k...], der; -s, -s *(scherzh. für* nacktes Kind; Nackte[r])
Na|cken [*alte Trennung* ...k|k...], der; -s, -
na|ckend [*alte Trennung* ...k|k...] *(landsch. für* nackt)
Na|cken|haar [*alte Trennung* ...k|k...] *meist Plur.*; **Na|ckenschlag; Na|cken|schutz; Na|ckenstüt|ze; Na|cken|wir|bel**
na|ckert [*alte Trennung* ...k|k...] *(landsch. für* nackt)
Nack|frosch *vgl.* Nacktfrosch
na|ckig [*alte Trennung* ...k|k...] *(ugs. für* nackt)
...na|ckig [*alte Trennung* ...k|k...] (z. B. kurznackig)
nackt; nackt|ar|mig
Nackt|ba|den, das; -s; *aber* sie gehen gern nackt baden
Nackt|ba|de|strand
Nackt|frosch, *seltener* Nack|frosch *(scherzh. für* nacktes Kind)
Nackt|heit, die; -
Nackt|kul|tur, die; -; **Nackt|mo|dell**
Nackt|sa|mer, der; -s, - *meist Plur.* *(Bot.* Pflanze, deren Samenanlage offen an den Fruchtblättern sitzt); **nackt|sa|mig** *(Bot.)*
Nackt|schne|cke [*alte Trennung* ...k|k...]; **Nackt|tän|zer; Nackttän|ze|rin**
Na|del, die; -, -n; **Na|del|ar|beit; Na|del|baum; Na|del|büch|se**
Nä|del|chen
na|del|fein; na|del|fer|tig (zum Nähen vorbereitet [von Stoffen]); **na|del|för|mig**
Na|del|ge|höl|ze *Plur. (Bot.)*
Na|del|geld *(früher* eine Art Taschengeld für Frau od. Tochter)
Na|del|holz *Plur.* ...hölzer
na|de|lig, nad|lig *(fachspr.)*; nadelige, nadlige Baumarten
Na|del|kis|sen; Na|del|ma|le|rei (gesticktes buntes Bild)
na|deln (Nadeln verlieren [von Tannen u. a.])
Na|del|öhr; Na|del|spit|ze; Na|delstich; Na|del|streif *(österr.)*, **Nadel|strei|fen** (sehr feiner Streifen in Stoffen)
Na|del|wald
Na|de|rer *(österr. ugs. für* Spitzel, Verräter)
Na|di|ne [*auch* na'di:n] (w. Vorn.)
Na|dir, der; -s ⟨arab.⟩ *(Astron.* Fußpunkt, Gegenpunkt des Zenits an der Himmelskugel)
Nad|ja (w. Vorn.)
Nad|ler *(früher für* Nadelmacher); **nad|lig** *vgl.* nadelig
NAFTA, die, - = North American Free Trade Agreement *od.* Area ⟨engl.⟩ (Freihandelsabkommen *od.* -zone zwischen den USA, Kanada und Mexiko)
Naf|ta|li *vgl.* Naphthali
Na|ga|na, die; - ⟨Zulu⟩ (eine afrik. Viehseuche)
Na|ga|sa|ki (jap. Stadt; am 9. 8. 1945 durch eine Atombombe fast völlig zerstört)
Na|gel, der; -s, Nägel
Na|gel|bett *Plur.* ...betten, *seltener* ...bette; **Na|gel|bürs|te** [*alte Trennung* ...|st...]
Nä|gel|chen (kleiner Nagel)
Na|gel|falz; Na|gel|fei|le
na|gel|fest; *nur in* niet- u. nagelfest ↑K31
Na|gel|fluh *(Geol.* ein Gestein)
Na|gel|haut; Na|gel|haut|ent|ferner
Nä|gel|kau|en, das; -s
Na|gel|kopf
Na|gel|lack; Na|gel|lack|ent|fer|ner
na|geln; ich nag[e]le
na|gel|neu *(ugs.)*
Na|gel|pfle|ge
Na|gel|pro|be (Prüfstein für etwas)
Na|gel|rei|ni|ger
Na|gel|ring, der; -[e]s (Schwert der german. Heldensage)
Na|gel|sche|re; Na|gel|schuh; Nagel|stie|fel; Na|gel|wur|zel
na|gen; Na|ger; Na|ge|tier
Näg|lein *(veraltet für* Nelke; *vgl. auch* Nägelchen)
NAGRA, der; -s *(Kurzwort für* Fachnormenausschuss Graphisches Gewerbe)
nah *vgl.* nahe
Näh|ar|beit
Nah|auf|nah|me; Nah|be|reich, der; **Nah|bril|le** (z. B. für Weitsichtige)
[1]**na|he** *s. Kasten S. 679*
[2]**na|he,** *selten* nah; *Präp. mit Dat.:* nahe dem Ufer
Na|he, die; - (l. Nebenfluss des Rheins)
Nä|he, die; -; in der Nähe
na|he|bei; er wohnt nahebei, *aber* er wohnt nahe bei der Post
na|he brin|gen, na|he ge|hen [*alte Schreibungen* na|he|brin|gen, na|he|ge|hen] *vgl.* [1]nahe
Nah|ein|stel|lung *(Fotogr.)*
na|he kom|men, na|he le|gen, nahe lie|gen [*alte Schreibungen* na|he|kom|men, na|he|le|gen, na|he|lie|gen] *vgl.* [1]nahe
na|he lie|gend [*alte Schreibung* na|he|lie|gend]; näher liegend [*alte Schreibung* nä|her|liegend], am nächsten liegend; *aber* nächstliegend; *vgl. auch* [1]nahe
na|hen *(geh.)*; sich [jmdm.] nahen
nä|hen
nä|her; nähere Erläuterungen;

[1]na|he

seltener nah
näher *(vgl. d.)*; nächst *(vgl. d.)*

Kleinschreibung:
- die nahe Stadt
- in der näheren Umgebung
- das nächste Kino
- aus nah und fern
- von nah und fern
- von nahem

Großschreibung ↑K 150:
- der Nahe Osten

Zusammenschreibung:
- nahebei parken (*aber* sie parkt nahe bei der Kirche)
- nahezu die Hälfte
- *aber* ich bin nah[e] daran

Getrenntschreibung in Verbindung mit Verben, Adjektiven und Partizipien ↑K 56:
- nahe bekannt sein
- nahe bringen [*alte Schreibung* nahebringen] (erläutern, vertraut machen; Verständnis erwecken); der Dichter wurde uns in der Schule nahe gebracht [*alte Schreibung* nahegebracht]
- nahe gehen (in die Nähe gehen); der Tod seines Freundes ist ihm [sehr] nahe gegangen [*alte Schreibung* nahegegangen] (hat ihn seelisch ergriffen)
- sie sind sich menschlich nahe gekommen [*alte Schreibung* nahegekommen]
- sie hat ihm die Erfüllung eurer Bitte nahe gelegt [*alte Schreibung* nahegelegt] (empfohlen); die Lösung hat nahe gelegen [*alte Schreibung* nahegelegen] (war leicht zu finden)
- ein nahe liegendes Gehöft, ein [ganz] nahe liegender [*alte Schreibung* naheliegender] Gedanke
- jmdm. bedrohlich näher rücken; weil der Termin jetzt nahe rückt
- ein nahe stehendes (in der Nähe stehendes) Haus; er weiß, dass ich ihr nahe stehe [*alte Schreibung* nahestehe]; ein mir nahe stehender [*alte Schreibung* nahestehender] Mensch
- jmdm. nahe treten [*alte Schreibung* nahetreten] (befreundet, vertraut werden); jmdm. zu nahe treten (jmdn. verletzen, beleidigen)
- nah verwandte [*alte Schreibung* nahverwandte] Personen usw.

Vgl. auch [2]nahe

aber ↑K 72: Näheres folgt; das Nähere findet sich bei ...; ich kann mich des Näher[e]n (der besonderen Umstände) nicht entsinnen; jmdm. etw. des Näher[e]n [*alte Schreibung* näher(e)n] (genauer) auseinander setzen; alles Nähere können Sie der Gebrauchsanweisung entnehmen. *Getrenntschreibung in Verbindung mit Verben* ↑K 56: z. B. näher kommen (in größere Nähe kommen); dem Abgrund immer näher kommen; weil der Termin schon wieder näher gekommen ist; sie werden sich schon näher kommen [*alte Schreibung* näherkommen] (verstehen lernen); jmdm. die moderne Kunst näher bringen [*alte Schreibung* näherbringen] (erklären, leichter verständlich machen); ... weil es näher liegt [*alte Schreibung* näherliegt][,] noch etwas zu warten; sie hat mir näher gestanden [*alte Schreibung* nähergestanden] als ihm (war mir vertrauter); er wird diesem Vorschlag näher treten [*alte Schreibung* nähertreten] (sich damit befassen, darauf eingehen)

Nä|he|rei

Na|her|ho|lungs|ge|biet

Nä|he|rin

nä|her kom|men, nä|her lie|gen [*alte Schreibungen* nä|her|kom|men, nä|her|lie|gen] *vgl.* näher

nä|her lie|gend [*alte Schreibung* nä|her|lie|gend] *vgl.* nahe liegend

nä|hern; sich nähern; ich nähere mich

nä|her ste|hen, nä|her tre|ten [*alte Schreibungen* nä|her|ste|hen, nä|her|tre|ten] *vgl.* näher

Nä|he|rung (*Math.* Annäherung); **Nä|he|rungs|wert** *(Math.)*

na|he ste|hen [*alte Schreibung* na|he|ste|hen] *vgl.* [1]nahe

na|he ste|hend [*alte Schreibung* na|he|ste|hend]; näher stehend [*alte Schreibung* näherstehend], am nächsten stehend; *aber* nächststehend; *vgl. auch* [1]nahe

na|he tre|ten [*alte Schreibung* na|he|tre|ten] *vgl.* [1]nahe

Na|he|wein

na|he|zu

Näh|fa|den; Näh|garn

Nah|kampf; Nah|kampf|mit|tel

Näh|käst|chen; aus dem Nähkästchen plaudern (*ugs. für* Geheimnisse ausplaudern); **Näh|kas|ten** [*alte Trennung* ...|st...]

Näh|kis|sen; Näh|korb

Näh|ma|schi|ne; Näh|ma|schi|nen|öl

Näh|na|del

Nah|ost (der Nahe Osten); für, in, nach, über Nahost; **nah|öst|lich**

Nähr|bo|den

Nähr|creme, *auch* Nähr|krem, Nähr|kre|me

näh|ren; sich nähren

nahr|haft

Nähr|he|fe; Nähr|krem, Nähr|kre|me *vgl.* Nährcreme; **Nähr|lö|sung; Nähr|mit|tel,** das *meist Plur.*; **Nähr|prä|pa|rat; Nähr|salz**

Nähr|stoff *meist Plur.*; **nähr|stoff|arm; nähr|stoff|reich**

Nah|rung, die; -, *Plur. (fachspr.:)* -en;

Nah|rungs|auf|nah|me, die; -

Nah|rungs|ket|te *(Biol.)*

Nah|rungs|man|gel, der

Nah|rungs|mit|tel, das; *meist Plur.*; **Nah|rungs|mit|tel|che|mie; Nah|rungs|mit|tel|in|dus|t|rie** [*alte Trennung* ...|st...]; **Nah|rungs|mit|tel|ver|gif|tung**

Nah|rungs|quel|le

Nah|rungs|su|che

Nähr|wert

Näh|sei|de

Naht, die; -, Nähte

Näh|te|rin (*veraltet für* Näherin)

Näh|tisch

naht|los

Naht|stel|le

Na|hum (bibl. Prophet)

Nah|ver|kehr, der; -[e]s

N

nah ver|wandt [*alte Schreibung* nah|ver|wandt] *vgl.* [1]nahe
Näh|zeug
Nah|ziel; Nah|zo|ne
Na|im, *ökum.* **Na|in** (bibl. Ort in Galiläa)
Nai|ro|bi (Hauptstadt Kenias)
na|iv ‹lat.-franz.› (natürlich; unbefangen; kindlich; einfältig); naive Malerei; naive u. sentimentalische Dichtung (bei Schiller); **Na|i|ve,** die; -n, -n (Darstellerin, die das Rollenfach der jugendlichen Liebhaberin vertritt)
Na|i|vi|tät, die; -
Na|iv|ling (gutgläubiger, törichter Mensch)
na ja!
Na|ja|de, die; -, -n *meist Plur.* ‹griech.› (*griech. Mythol.* Quellnymphe; *Zool.* Flussmuschel)
Na|ma, der; -[s], -[s] (Angehöriger eines afrik. Stammes); **Na|ma|land,** das; -[e]s
Na|me, der; -ns, -n; im Namen; mit Namen; **Na|men,** der; -s, - (*veraltet für* Name)
Na|men|buch; Na|men|for|schung, *auch* Na|mens|for|schung; **Na|men|ge|bung,** *auch* Na|mens|gebung; **Na|men|ge|dächt|nis**
Na|men-Je|su-Fest ↑K 137
Na|men|kun|de, die; -; **na|men|kund|lich**
Na|men|lis|te [*alte Trennung* ...|st...]
na|men|los; Na|men|lo|se, der *u.* die; -n, -n; **Na|men|lo|sig|keit**
Na|men|nen|nung (*seltener für* Namensnennung); **Na|men|re|gis|ter** [*alte Trennung* ...|st...]
na|mens; ↑K 70 (im Namen, im Auftrag [von]; mit Namen); *Präp. mit Gen. (Amtsspr.):* namens der Regierung
Na|mens|ak|tie (Aktie, die auf den Namen des Aktionärs ausgestellt ist)
Na|mens|än|de|rung
Na|mens|fest (*svw.* Namenstag)
Na|mens|form
Na|mens|for|schung *vgl.* Namenforschung; **Na|mens|ge|bung** *vgl.* Namengebung
Na|mens|nen|nung, die; -; **Na|mens|pa|pier** (*für* Rektapapier); **Na|mens|pa|t|ron; Na|mens|schild** *Plur.* ...schilder; **Na|mens|tag; Na|mens|vet|ter; Na|mens|zei|chen; Na|mens|zug**
na|ment|lich; namentlich[,] wenn ↑K 107 *u.* 127
Na|men|ver|wechs|lung; Na|men|ver|zeich|nis; Na|men|wort *Plur.* ...wörter (*svw.* Nomen)
nam|haft; jmdn. namhaft machen; **Nam|haft|ma|chung** (*Amtsspr.*)
Na|mi|bia (Republik in Südwestafrika); **Na|mi|bi|er; Na|mi|bi|e|rin; na|mi|bisch**
...na|mig (z. B. vielnamig)
näm|lich; ↑K 107 *u.* 127: nämlich[,] dass/wenn; ↑K 72: er ist noch der Nämliche [*alte Schreibung* nämliche] (*veraltend für* derselbe); er sagt immer das Nämliche [*alte Schreibung* nämliche] (*veraltend für* dasselbe)
Näm|lich|keit, die; - (*Amtsspr. selten für* Identität); **Näm|lich|keits|be|schei|ni|gung** (*Zollw. svw.* Identitätsnachweis)
Na|mur [...'my:ɐ̯] (belg. Stadt)
na, na!
[1]**Nan|cy** ['nã:si, *auch* nã'si:] (Stadt in Frankreich)
[2]**Nan|cy** ['nɛnsi] (w. Vorn.)
Nan|du, der; -s, -s ‹indian.-span.› (ein südamerik. Laufvogel)
Nan|ga Par|bat, der; - - (Berg im Himalaja)
Nä|nie, die; -, -n ‹lat.› ([altröm.] Totenklage, Klagegesang)
Na|nis|mus, der; - ‹griech.› (*Med., Biol.* Kleinwüchsigkeit)
[1]**Nan|king** (chines. Stadt)
[2]**Nan|king,** der; -s, *Plur.* -e *u.* -s (ein Baumwollgewebe)
Nan|ni, Nan|ny [...ni] (w. Vorn.)
Na|no... ‹griech.› (ein Milliardstel einer Einheit, z. B. Nanometer $= 10^{-9}$ Meter; *Zeichen* n); **Na|no|fa|rad** (*Zeichen* nF); **Na|no|me|ter** (*Zeichen* nm); **Na|no|se|kun|de** (*Zeichen* ns)
Nan|sen (norw. Polarforscher); **Nan|sen|pass** [*alte Schreibung* ...paß] (↑K 136; Ausweis für Staatenlose)
Nantes [nã:t] (franz. Stadt); das Edikt von Nantes
na|nu!
Na|palm ®, das; -s ‹*Kurzwort aus* Naphthensäure u. Palmitinsäure› (hochwirksamer Füllstoff für Benzinbrandbomben); **Na|palm|bom|be**
Napf, der; -[e]s, Näpfe; **Näpf|chen**
Napf|ku|chen
Naph|tha, das; -s *od.* die; - ‹pers.› (Roherdöl)
Naph|tha|li, *ökum.* Naf|ta|li (bibl. m. Eigenn.)
Naph|tha|lin, das; -s ‹pers.› (*Chemie* aus Steinkohlenteer gewonnener Kohlenwasserstoff)
Naph|the|ne *Plur.* (gesättigte Kohlenwasserstoffe)
Naph|tho|le *Plur.* (aromat. Alkohole zur Herstellung künstlicher Farbstoffe)
Na|po|le|on (franz. Kaiser)
Na|po|le|on|dor, der; -s, -e ‹franz.› (unter Napoleon I. u. III. geprägte Goldmünze); fünf Napoleondor
Na|po|le|o|ni|de, der; -n, -n (Abkömmling der Familie Napoleons)
na|po|le|o|nisch; napoleonischer Eroberungsdrang; die napoleonischen Kriege (die Kriege von Napoleon), *aber* die Napoleonischen Kriege (Epochenbez.)
Na|po|le|on|kra|gen ↑K 136
Na|po|li (*ital. Form von* Neapel)
Na|po|li|tain [...'tɛ̃:], das; -s, -s ‹franz.› (Schokoladentäfelchen)
Na|po|li|taine [...'tɛ:n], die; - (ein Gewebe)
Nap|pa, das; -[s], -s ‹nach der kaliforn. Stadt Napa› (*kurz für* Nappaleder); **Nap|pa|le|der**
Nar|be, die; -, -n
nar|ben (*Gerberei* [Leder] mit Narben versehen); **Nar|ben,** der; -s, - (*Gerberei für* Narbe)
Nar|ben|bil|dung; Nar|ben|ge|we|be; Nar|ben|le|der
nar|big
Nar|bonne [...'bɔn] (franz. Stadt)
Nar|cis|sus (*lat. Form von* Narziss)
Nar|de, die; -, -n ‹semit.› (*Bez. für* verschiedene duftende Pflanzen); **Nar|den|öl**
Nar|gi|leh [*auch* ...'gi:le], die; -, -[s] *od.* das; -s, -s ‹pers.› (oriental. Wasserpfeife)
Nar|ko|se, die; -, -n (*Med.* Betäubung); **Nar|ko|se|ap|pa|rat**
Nar|ko|se|arzt (*für* Anästhesist); **Nar|ko|se|ärz|tin**
Nar|ko|se|ge|wehr (*Tiermed.*)
Nar|ko|se|mit|tel, das
Nar|ko|se|schwes|ter [*alte Trennung* ...|st...]
Nar|ko|ti|kum, das; -s, ...ka (Rausch-, Betäubungsmittel)
nar|ko|tisch (berauschend, betäubend)
nar|ko|ti|sie|ren (betäuben)
Narr, der; -en, -en
nar|ra|tiv ‹lat.› (erzählend)
nar|ren (*geh. für* täuschen)
Nar|ren|frei|heit
nar|ren|haft
Nar|ren|kap|pe

N

nar|ren|si|cher *(ugs.)*
Nar|ren[s]|pos|se; Narren[s]possen treiben
Nar|ren|streich
Nar|ren|tum, das; -s
Nar|ren|zep|ter
Nar|re|tei *(veraltend für* Scherz; Unsinn)
Narr|hal|la|marsch, der; -[e]s (auf Karnevalssitzungen gespielter Marsch)
När|rin
när|risch
Nar|vik (norw. Hafenstadt)
Nar|wal ‹nord.› (Wal einer bestimmten Art)
[1]**Nar|ziss** [*alte Schreibung* Nar|ziß] ‹griech.› (in sein Bild verliebter schöner Jüngling der griech. Sage)
[2]**Nar|ziss** [*alte Schreibung* Nar|ziß], der; *Gen.* - *u.* Narzisses, *Plur.* Narzisse (jmd., der sich selbst bewundert u. liebt)
Nar|zis|se, die; -, -n (eine Frühjahrsblume); **Nar|zis|sen|blü|te**
Nar|ziss|mus [*alte Schreibung* Nar|ziß|mus], der; - (übersteigerte Selbstliebe)
Nar|zisst [*alte Schreibung* Nar|zißt], der; -en, -en; **Nar|ziss|tin; nar|ziss|tisch**
NASA, die; - (= National Aeronautics and Space Administration; Nationale Luft- und Raumfahrtbehörde der USA)
na|sal ‹lat.› (durch die Nase gesprochen; zur Nase gehörend)
Na|sal, der; -s, -e *u.* Na|sal|laut (*Sprachw.* mit Beteiligung des Nasenraumes od. durch die Nase gesprochener Laut, z. B. m, ng)
na|sa|lie|ren ([einen Laut] durch die Nase aussprechen, näseln); **Na|sa|lie|rung**
Na|sal|laut *vgl.* Nasal
Na|sal|vo|kal (Vokal mit nasaler Färbung, z. B. o in Bon [bõ:])
na|schen; du naschst
Näs|chen
Na|scher, *älter* **Nä|scher**
Na|sche|rei (wiederholtes Naschen *[nur Sing.]; auch für* Näscherei); **Nä|sche|rei** *meist Plur. (veraltend für* Süßigkeit); **Na|sche|rin,** *älter* **Nä|sche|rin**
nasch|haft; Nasch|haf|tig|keit
Nasch|kat|ze (jmd., der gerne nascht); **Nasch|maul** *(derb svw.* Naschkatze)
Nasch|sucht, die; -; **nasch|süch|tig**
Nasch|werk, das; -[e]s *(veraltet für* Süßigkeiten)
Na|se, die; -, -n
na|se|lang *vgl.* nasenlang
nä|seln; ich näs[e]le
Na|sen|bär
Na|sen|bein; Na|sen|blu|ten, das; -s; **Na|sen|du|sche; Na|sen|flü|gel; Na|sen|höh|le**
na|sen|lang, nas[e]lang *(ugs.); nur in* alle nasenlang, alle naselang, alle naslang (sich in kurzen Abständen wiederholend); *vgl.* all
Na|sen|län|ge; Na|sen|laut (*für* Nasal); **Na|sen|loch; Na|sen|ne|ben|höh|le; Na|sen|pflas|ter** [*alte Trennung* ...|st...]
Na|sen-Ra|chen-Raum ↑K 26
Na|sen|ring
Na|sen|rü|cken [*alte Trennung* ...k|k...]; **Na|sen|schei|de|wand; Na|sen|schleim|haut**
Na|sen|schmuck *(Völkerk.)*
Na|sen|spie|gel *(Med.)*
Na|sen|spit|ze; Na|sen|stü|ber; Na|sen|trop|fen; Na|sen|wur|zel
Na|se|rümp|fen, das; -s; **na|se|rümp|fend,** *aber* ↑K 59: die Nase rümpfend
na|se|weis; Na|se|weis, der; -es, -e (*ugs. für* neugieriger Mensch); Herr, Jungfer Naseweis *(scherzh.)*
nas|füh|ren; ich nasführe; genasführt; zu nasführen
Nas|horn *Plur.* ...hörner; **Nas|horn|kä|fer; Nas|horn|vo|gel**
...na|sig (z. B. langnasig)
...nä|sig (z. B. hochnäsig)
Na|si|go|reng [*alte Schreibung* Na|si-go|reng], das; -[s], -s ‹malai.› (indones. Reisgericht)
nas|lang *vgl.* nasenlang
nass [*alte Schreibung* naß]; nasser, *auch* nässer, nasses|te, *auch* näsMOS|te; sich nass machen; nass geschwitzt [*alte Schreibung* naßgeschwitzt] sein
Nass [*alte Schreibung* Naß], das; Nasses (Wasser); gut Nass! (Gruß der Schwimmer)
[1]**Nas|sau** (Stadt a. d. Lahn; ehem. Herzogtum)
[2]**Nas|sau** [*engl.* ˈnɛsɔ:] (Hauptstadt der Bahamas)
[1]**Nas|sau|er**
[2]**Nas|sau|er** (*ugs. für* jmd., der nassauert)
nas|sau|ern (*ugs. für* auf Kosten anderer leben); ich nassauere
nas|sau|isch
Näs|se, die; -
näs|seln (*veraltet, noch landsch. für* ein wenig nass sein, werden); es nässelt
näs|sen; du nässt [*alte Schreibung* näßt] (nässest), sie nässt [*alte Schreibung* näßt]; du näss|test [*alte Schreibung* näßtest]; genässt [*alte Schreibung* genäßt]; nässe! *u.* näss [*alte Schreibung* näß]!
nass|fest; [*alte Schreibung* naßfest]; nassfestes Papier
nass|forsch [*alte Schreibung* naßforsch] (*ugs. für* übertrieben forsch)
nass ge|schwitzt [*alte Schreibung* naß|ge|schwitzt] *vgl.* nass
Nass-in-Nass-Druck [*alte Schreibung* Naß-in-Naß-Druck] *Plur.* ...drucke *(Druckw.);* ↑K 26
nass|kalt [*alte Schreibung* naßkalt]
näss|lich [*alte Schreibung* näßlich] (ein wenig feucht)
Nass|ra|sie|rer [*alte Schreibung* Naß...]; **Nass|ra|sur**
Nass|schnee, *auch* **Nass-Schnee** [*alte Schreibung* Naß|schnee]
Nass|wä|sche [*alte Schreibung* Naß...]; **Nass|zel|le** (*Bauw.* Raum mit Wasserleitungen)
Nas|tie [*alte Trennung* ...|st...], die; - ‹griech.› (*Bot.* durch Reiz ausgelöste Bewegung von Teilen einer Pflanze)
Nas|tuch *Plur.* ...tücher (*südd., schweiz. neben* Taschentuch)
nas|zie|rend ‹lat.› (entstehend, im Werden begriffen)
Na|tal (Provinz der Republik Südafrika)
Na|ta|lie [...li̯ə, *auch* ...ˈta:li̯ə, ...ˈli:] (w. Vorn.)
Na|ta|li|tät, die; - ‹lat.› (*Statistik* Geburtenhäufigkeit)
Na|tan *vgl.* Nathan
Na|ta|na|el *vgl.* Nathanael
Na|ta|scha (w. Vorn.)
Na|tel, das; -s, -s (*schweiz. neben* Handy)
Na|than, *ökum.* Na|tan (bibl. Prophet)
[1]**Na|tha|na|el** [...e:l, *auch* ...ɛl], *ökum.* Na|ta|na|el (Jünger Jesu)
[2]**Na|tha|na|el** (m. Vorn.)
Na|ti|on, die; -, -en ‹lat.› (Staatsvolk)
na|ti|o|nal; nationales Interesse; nationale Unabhängigkeit, Einigung, Kultur; ↑K 150: Nationales Olympisches Komitee (*Abk.* NOK)
na|ti|o|nal|be|wusst [*alte Schreibung* na|tio|nal|be|wußt]; **Na|ti-**

N

o|nal|be|wusst|sein [*alte Schreibung* ...be|wußt|sein]
Na|ti|o|nal|cha|rak|ter
na|ti|o|nal|de|mo|kra|tisch
Na|ti|o|nal|denk|mal; Na|ti|o|nal|dress [*alte Schreibung* ...dreß] (*svw.* Nationaltrikot)
Na|ti|o|na|le, das; -s, - (*österr. für* Personalangaben, Personenbeschreibung)
Na|ti|o|nal|ein|kom|men
Na|ti|o|nal|elf (*vgl.* ³Elf)
Na|ti|o|nal|e|pos
Na|ti|o|nal|far|ben *Plur.*
Na|ti|o|nal|fei|er|tag
Na|ti|o|nal|flag|ge
Na|ti|o|nal|ge|fühl, das; -[e]s
Na|ti|o|nal|ge|richt
Na|ti|o|nal|ge|tränk
Na|ti|o|nal|hei|lig|tum
Na|ti|o|nal|held
Na|ti|o|nal|hym|ne
na|ti|o|na|li|sie|ren (einbürgern; verstaatlichen); **Na|ti|o|na|li|sie|rung**
Na|ti|o|na|lis|mus, der; - (übertriebenes Nationalbewusstsein); **Na|ti|o|na|list,** der; -en, -en; **Na|ti|o|na|lis|tin** [*alte Trennung* ...|st...]; **na|ti|o|na|lis|tisch**
Na|ti|o|na|li|tät, die; -, -en (Staatsangehörigkeit; nationale Minderheit)
Na|ti|o|na|li|tä|ten|fra|ge, die; -; **Na|ti|o|na|li|tä|ten|po|li|tik; Na|ti|o|na|li|tä|ten|staat** *Plur.* ...staaten (Mehrvölkerstaat)
Na|ti|o|na|li|täts|prin|zip, das; -s
Na|ti|o|nal|kir|che
Na|ti|o|nal|kon|vent
na|ti|o|nal|li|be|ral
Na|ti|o|nal|li|ga (*schweiz. für* die höchste Spielklasse im Fußball)
Na|ti|o|nal|li|te|ra|tur; Na|ti|o|nal|mann|schaft
Na|ti|o|nal|ö|ko|nom (Volkswirtschaftler); **Na|ti|o|nal|ö|ko|no|mie** (Volkswirtschaftslehre)
Na|ti|o|nal|park
Na|ti|o|nal|preis (*früher* höchste Auszeichnung der DDR); **Na|ti|o|nal|preis|trä|ger** (*Abk.* NPT)
Na|ti|o|nal|rat (Bez. von Volksvertretungen in der Schweiz u. in Österreich; *auch für* deren Mitglied)
Na|ti|o|nal|so|zi|a|lis|mus (*Abk.* NS); **Na|ti|o|nal|so|zi|a|list; na|ti|o|nal|so|zi|a|lis|tisch** [*alte Trennung* ...|st...]
Na|ti|o|nal|spie|ler *(Sport);* **Na|ti|o|nal|spie|le|rin; Na|ti|o|nal|sport**
Na|ti|o|nal|spra|che
Na|ti|o|nal|staat *Plur.* ...staaten; **na|ti|o|nal|staat|lich**
Na|ti|o|nal|stolz; Na|ti|o|nal|stra|ße (*schweiz. für* Autobahn, Autostraße); **Na|ti|o|nal|tanz; Na|ti|o|nal|the|a|ter; Na|ti|o|nal|tracht; Na|ti|o|nal|tri|kot**
Na|ti|o|nal|ver|samm|lung
Na|ti|vis|mus, der; - ‹lat.› (*Psych.* Lehre, nach der es angeborene Vorstellungen, Begriffe, Grundeinsichten usw. gibt)
Na|ti|vist, der; -en, -en; **na|ti|vis|tisch** [*alte Trennung* ...|st...]
Na|ti|vi|tät, die; -, -en (*Astrologie* Stand der Gestirne bei der Geburt eines Menschen)
NATO, *auch* **Na|to,** die; - ‹engl.; *Kurzwort für* North Atlantic Treaty Organization› (Organisation der Signatarmächte des Nordatlantikpakts, Verteidigungsbündnis); **na|to|grün** (graugrün)
Na|t|ri|um, das; -s ‹ägypt.› (chemisches Element, Metall; *Zeichen* Na); **Na|t|ri|um|chlo|rid,** das; -[e]s, -e (Kochsalz)
Na|t|ron, das; -s (*ugs. für* doppeltkohlensaures Natrium); **Na|t|ron|lau|ge**
Na|t|schal|nik, der; -s, -s ‹russ.› (*russ. Bez. für* Vorgesetzter)
Nat|té [na'te:], der; -[s], -s ‹franz.› (*Textilw.* feines, glänzendes Gewebe [mit Würfelmusterung])
Nat|ter, die; -, -n; **Nat|tern|brut; Nat|tern|ge|zücht** *(abwertend)*
Na|tur, die; -, -en ‹lat.›; *vgl. auch* in natura
Na|tu|ral|ab|ga|ben *Plur.;* **Na|tu|ral|be|zü|ge** *Plur.* (Sachbezüge)
Na|tu|ral|ein|kom|men
Na|tu|ra|li|en *Plur.* (Natur-, Landwirtschaftserzeugnisse)
Na|tu|ra|li|en|ka|bi|nett (naturwissenschaftliche Sammlung); **Na|tu|ra|li|en|samm|lung**
Na|tu|ra|li|sa|ti|on, die; -, -en (*svw.* Naturalisierung); **na|tu|ra|li|sie|ren; Na|tu|ra|li|sie|rung** (Einbürgerung, Aufnahme in den Staatsverband; allmähl. Anpassung von Pflanzen u. Tieren)
Na|tu|ra|lis|mus, der; -, ...men (Naturglaube; *nur Sing.:* Wirklichkeitstreue; nach naturgetreuer Darstellung strebende Kunstrichtung); **Na|tu|ra|list,** der; -en, -en; **Na|tu|ra|lis|tin** [*alte Trennung* ...|st...]; **na|tu|ra|lis|tisch**
Na|tu|ral|lohn; Na|tu|ral|wirt|schaft
Na|tur|a|pos|tel [*alte Trennung* ...|st...]; **Na|tur|arzt**
Na|tur|be|ga|bung
na|tur|be|las|sen
Na|tur|be|o|b|ach|tung; Na|tur|be|schrei|bung
na|tur|blond
Na|tur|bur|sche; Na|tur|darm; Na|tur|denk|mal; Na|tur|dün|ger
na|ture [...'ty:ɐ̯] ‹franz.›; Schnitzel nature (ohne Panade)
Na|tu|rell, das; -s, -e (Veranlagung; Wesensart)
Na|tur|er|eig|nis; Na|tur|er|schei|nung
na|tur|far|ben; naturfarbenes Holz; **Na|tur|far|ben|druck** (Farbendruck nach fotografischen Farbaufnahmen)
Na|tur|fa|ser; Na|tur|film
Na|tur|for|scher; Na|tur|for|sche|rin
Na|tur|freund; Na|tur|freun|din
Na|tur|gas (*svw.* Erdgas); **Na|tur|ge|fühl,** das; -[e]s
na|tur|ge|ge|ben; na|tur|ge|mäß
Na|tur|ge|schich|te, die; -; **na|tur|ge|schicht|lich**
Na|tur|ge|setz
na|tur|ge|treu; na|tur|haft
Na|tur|haus|halt
Na|tur|heil|kun|de, die; -; **Na|tur|heil|ver|fah|ren**
na|tur|i|den|tisch; natürliche und naturidentische Aromastoffe
Na|tu|ris|mus, der; - (Freikörperkultur); **Na|tu|rist,** der; -en, -en; **Na|tu|ris|tin** [*alte Trennung* ...|st...]
Na|tur|ka|ta|s|t|ro|phe; Na|tur|kind; Na|tur|kraft, die
Na|tur|kun|de, die; -; **na|tur|kund|lich**
Na|tur|leh|re (*veraltet für* physikalisch-chemischer Teil des naturwissenschaftl. Unterrichts an Schulen); **Na|tur|lehr|pfad**
na|tür|lich; natürliche Geometrie, Gleichung *(Math.);* natürliche Person (*Ggs.* juristische Person); **na|tür|li|cher|wei|se; Na|tür|lich|keit,** die; -
Na|tur|mensch, der
na|tur|nah; Na|tur|nä|he
Na|tur|not|wen|dig|keit; Na|tur|park; Na|tur|phi|lo|so|phie
Na|tur|pro|dukt
Na|tur|recht, das; -[e]s
na|tur|rein
Na|tur|re|li|gi|on; Na|tur|schau|spiel; Na|tur|schön|heit

Na|tur|schutz; Na|tur|schüt|zer; Na|tur|schutz|ge|biet (*Abk.* NSG); **Na|tur|schutz|ge|setz; Na|tur|schutz|park**

Na|tur|sei|de; Na|tur|ta|lent

Na|tur|the|a|ter (Freilichtbühne)

Na|tur|treue; Na|tur|trieb

na|tur|trüb

na|tur|ver|bun|den; na|tur|ver|träg|lich; na|tur|wid|rig

Na|tur|wis|sen|schaft *meist Plur.;* **Na|tur|wis|sen|schaft|ler; Na|tur|wis|sen|schaft|le|rin; na|tur|wis|sen|schaft|lich;** der naturwissenschaftliche Zweig

na|tur|wüch|sig; Na|tur|wüch|sig|keit, die; -

Na|tur|wun|der

Na|tur|zer|stö|rung, die; -

Na|tur|zu|stand, der; -[e]s

Nau|arch, der; -en, -en ‹griech.› (Schiffsbefehlshaber im alten Griechenland)

Naue, die; -, -n *u., schweiz. nur,* **Nau|en,** der; -s, - (*südd. neben* Nachen, Kahn; *schweiz. für* großer [Last]kahn auf Seen)

'nauf; ↑K 14 (*landsch. für* hinauf)

Naum|burg (Stadt an der Saale); **Naum|bur|ger;** Naumburger Dom

Nau|p|li|us, der; -, ...ien ‹griech.› (*Zool.* Krebstierlarve)

Na|u|ru (Inselrepublik im Stillen Ozean); **Na|u|ru|er; na|u|ru|isch**

'naus; ↑K 14 (*landsch. für* hinaus)

Nau|sea, die; - ‹griech.› (*Med.* Übelkeit; Seekrankheit)

Nau|si|kaa [...kaa] (Königstochter in der griech. Sage)

Nau|tik, die; - ‹griech.› (Schifffahrtskunde); **Nau|ti|ker**

Nau|ti|lus, der; -, *Plur.* - *u.* -se (Tintenfisch)

nau|tisch; nautisches Dreieck (*svw.* sphärisches Dreieck)

Na|va|ho, Na|va|jo [*beide* 'nɛvəho, *auch* na'vaxo], der; -[s], -[s] (Angehöriger eines nordamerik. Indianerstammes)

Na|var|ra (nordspan. Provinz; *auch für* hist. Provinz in den Westpyrenäen); **Na|var|re|se,** der; -n, -n; **Na|var|re|sin; na|var|re|sisch**

Na|vel [*auch* 'ne:...], die; -, -s ‹engl.› (*Kurzform von* Navelorange); **Na|vel|o|ran|ge** (kernlose Orange, die eine zweite kleine Frucht einschließt)

Na|vi|ga|ti|on, die; - ‹lat.› (Orts- u. Kursbestimmung von Schiffen u. Flugzeugen)

Na|vi|ga|ti|ons|feh|ler; Na|vi|ga|ti|ons|in|s|t|ru|men|te *Plur.;* **Na|vi|ga|ti|ons|of|fi|zier** (für die Navigation verantwortlicher Offizier); **Na|vi|ga|ti|ons|sys|tem** [*alte Trennung* ...|st...] (zur Positionsbestimmung u. Zielführung von Fahrzeugen)

Na|vi|ga|tor, der; -s, ...oren (*Flugw., Seew.* für die Navigation verantwortliches Besatzungsmitglied); **na|vi|ga|to|risch**

na|vi|gie|ren (ein Schiff od. Flugzeug führen)

na|xisch (von Naxos); **Na|xos** (griech. Insel)

[1]**Na|za|rä|er,** *ökum.* Na|zo|rä|er, der; -s ‹hebr.› (Beiname Jesu)

[2]**Na|za|rä|er,** *ökum.* Na|zo|rä|er, der; -s, - (Mitglied der frühen Christengemeinden)

[1]**Na|za|re|ner,** der; -s (Beiname Jesu)

[2]**Na|za|re|ner,** der; -s, - (Angehöriger einer Künstlergruppe der Romantik)

Na|za|reth, *ökum.* **Na|za|ret** (Stadt in Israel)

Na|zi, der; -s, -s (*kurz für* Nationalsozialist); **Na|zi|bar|ba|rei; Na|zi|dik|ta|tur**

Na|zi|gold, das; -s (von den Nationalsozialisten geraubtes [Gold]vermögen aus vorwiegend jüd. Besitz)

Na|zi|herr|schaft, die; -; **Na|zi|par|tei; Na|zi|re|gime**

Na|zis|mus, der; - (*svw.* Nationalsozialismus); **na|zis|tisch** (*svw.* nationalsozialistisch)

Na|zi|ver|bre|cher; Na|zi|zeit

Na|zo|rä|er *vgl.* [1]Nazaräer *u.* [2]Nazaräer

Nb = *chem. Zeichen für* Niob

NB = notabene!

n. Br., nördl. Br. = nördlicher Breite; 50° n. Br.

Nchf., Nachf. = Nachfolger[in]

n. Chr. = nach Christus, nach Christo; *vgl.* Christus; **n. Chr. G.** = nach Christi Geburt; *vgl.* Christus

Nd = *chem. Zeichen für* Neodym

nd. = niederdeutsch

N. D. = North Dakota; *vgl.* Norddakota

N'Dja|me|na [ndʒa..., *auch* ...'na] (Hauptstadt von Tschad)

NDR = Norddeutscher Rundfunk

Ne = *chem. Zeichen für* Neon

ne!, nee! (*ugs. für* nein!)

'ne [nə]; ↑K 14 (*ugs. für* eine)

Ne|an|der|ta|ler ‹nach dem Fundort Neandertal bei Düsseldorf› (vorgeschichtlicher Mensch)

Ne|a|pel (ital. Stadt); *vgl.* Napoli

Ne|a|pe|ler, Ne|ap|ler, [1]**Ne|a|po|li|ta|ner**

[2]**Ne|a|po|li|ta|ner, Ne|a|po|li|ta|ner|schnit|te** (*österr. für* gefüllte Waffel)

ne|a|po|li|ta|nisch

Ne|ark|tis, die; - ‹griech.› (tiergeographisches Gebiet, das Nordamerika u. Mexiko umfasst); **ne|ark|tisch;** nearktische Region

neb|bich ‹jidd.› (*ugs. für* nun, wenn schon!; was macht das!); **Neb|bich,** der; -s, -s (*ugs. für* Nichtsnutz; unbedeutender Mensch)

Ne|bel, der; -s, -

Ne|bel|bank *Plur.* ...bänke; **Ne|bel|bil|dung; Ne|bel|bo|je** *(Seew.);* **Ne|bel|de|cke** [*alte Trennung* ...k|k...]; **Ne|bel|feld**

ne|bel|grau

ne|bel|haft

Ne|bel|horn *Plur.* ...hörner *(Seew.)*

ne|be|lig *vgl.* neblig

Ne|bel|kam|mer *(Atomphysik);* **Ne|bel|kap|pe** (Tarnkappe); **Ne|bel|ker|ze** *(Milit.);* **Ne|bel|krä|he; Ne|bel|lam|pe**

Ne|bel|mo|nat *od.* **...mond** (*alte Bez. für* November)

ne|beln; es nebelt; ich neb[e]le

Ne|bel|näs|sen, das; -s (nieselndes Regnen bei dichtem Nebel); **Ne|bel|rei|ßen,** das; -s (*österr. für* Nebelschwaden); **Ne|bel|schein|wer|fer; Ne|bel|schlei|er; Ne|bel|schluss|leuch|te** [*alte Schreibung* ...schluß...]; **Ne|bel|schwa|den; Ne|bel|strei|fen**

Ne|be|lung, Neb|lung, der; -s, -e (*alte Bez. für* November; *vgl.* Nebelmond)

ne|bel|ver|han|gen

Ne|bel|wand

Ne|bel|wer|fer ‹nach dem Erfinder R. Nebel› (*Milit.* ein Raketenwerfer)

ne|ben; *Präp. mit Dat. u. Akk.:* neben dem Hause stehen, *aber* neben das Haus stellen; *als Adverb in Zusammensetzungen wie* nebenan, nebenbei u. a.

Ne|ben|ab|re|de *(Rechtsspr.);* **Ne|ben|ab|sicht**

Ne|ben|amt; ne|ben|amt|lich

ne|ben|an

Ne|ben|an|schluss [*alte Schreibung* ...an|schluß]; **Ne|ben|ar|beit; Ne|ben|aus|ga|be; Ne|ben-**

aus|gang; Ne|ben|bahn; Ne|ben|be|deu|tung
ne|ben|bei; nebenbei bemerkt
Ne|ben|be|ruf; ne|ben|be|ruf|lich
Ne|ben|be|schäf|ti|gung
Ne|ben|buh|ler; Ne|ben|buh|le|rin; Ne|ben|buh|ler|schaft
Ne|ben|ef|fekt

> **ne|ben|ei|n|an|der**
>
> *Man schreibt »nebeneinander« immer getrennt vom folgenden Verb oder Partizip* ↑K50:
> – die Sachen nebeneinander legen, stellen, setzen [*alte Schreibungen* nebeneinanderlegen, nebeneinanderstellen, nebeneinandersetzen]
> – nebeneinander liegen, stehen, sitzen [*alte Schreibungen* nebeneinanderliegen, nebeneinanderstehen, nebeneinandersitzen]
> – wir sind nebeneinander hergegangen; *vgl.* nebeneinanderher
> – nebeneinander herunterrutschen

Ne|ben|ei|n|an|der [*auch* 'ne:...], das; -s
ne|ben|ei|n|an|der|her; sie haben nebeneinanderher gelebt; sie sind nebeneinanderher über die Wiese gegangen
ne|ben|ei|n|an|der schal|ten [*alte Schreibung* ne|ben|ein|an|der|schal|ten] *vgl.* nebeneinander; **Ne|ben|ei|n|an|der|schal|tung**
ne|ben|ei|n|an|der sit|zen, ne|ben|ei|n|an|der ste|hen, ne|ben|ei|n|an|der stel|len [*alte Schreibungen* ne|ben|ein|an|der|sit|zen, ne|ben|ein|an|der|ste|hen, ne|ben|ein|an|der|stel|len] *vgl.* nebeneinander
Ne|ben|ein|künf|te *Plur.*
Ne|ben|er|schei|nung
Ne|ben|er|werb; Ne|ben|er|werbs|land|wirt|schaft
Ne|ben|er|zeug|nis; Ne|ben|fach; Ne|ben|fi|gur
Ne|ben|fluss [*alte Schreibung* ...fluß]
Ne|ben|form; Ne|ben|frau; Ne|ben|ge|dan|ke
Ne|ben|ge|lass [*alte Schreibung* ...ge|laß]
Ne|ben|ge|räusch
Ne|ben|ge|stein (*Bergmannsspr.* Gestein unmittelbar über u. unter dem Flöz)

Ne|ben|gleis; Ne|ben|hand|lung; Ne|ben|haus
ne|ben|her
ne|ben|her|fah|ren, *auch* **ne|ben|her fah|ren**
ne|ben|her|ge|hen, *auch* **ne|ben|her ge|hen**
ne|ben|her|lau|fen, *auch* **ne|ben|her lau|fen**
ne|ben|hin; etwas nebenhin sagen
Ne|ben|höh|le (an die Nasenhöhle angrenzender Hohlraum)
Ne|ben|job
Ne|ben|kla|ge; Ne|ben|klä|ger; Ne|ben|klä|ge|rin
Ne|ben|kos|ten [*alte Trennung* ...|st...] *Plur.;* **Ne|ben|kra|ter; Ne|ben|kriegs|schau|platz; Ne|ben|li|nie; Ne|ben|mann** *Plur.* ...männer *u.* ...leute; **Ne|ben|me|tall; Ne|ben|nie|re; Ne|ben|nut|zung**
ne|ben|ord|nen *(Sprachw.);* nebenordnende Konjunktionen; **Ne|ben|ord|nung** *(Sprachw.)*
Ne|ben|pro|dukt
Ne|ben|raum; Ne|ben|rol|le
Ne|ben|sa|che; ne|ben|säch|lich; Ne|ben|säch|lich|keit
Ne|ben|sai|son; Ne|ben|satz *(Sprachw.)*
ne|ben|schal|ten (*für* parallel schalten); **Ne|ben|schal|tung** (*für* Parallelschaltung)
Ne|ben|spie|ler; Ne|ben|spie|le|rin
ne|ben|ste|hend; ↑K72: Nebenstehendes, das Nebenstehende bitte vergleichen; im Nebenstehenden [*alte Schreibung* nebenstehenden] (*Amtsspr.* hierneben)
Ne|ben|stel|le; Ne|ben|stra|ße; Ne|ben|stre|cke [*alte Trennung* ...k|k...]; **Ne|ben|tä|tig|keit**
Ne|ben|tisch
Ne|ben|ton (*Plur.* ...töne); **ne|ben|to|nig**
Ne|ben|ver|dienst, der; **Ne|ben|weg; Ne|ben|wir|kung**
Ne|ben|woh|nung; Ne|ben|zim|mer
Ne|ben|zweck
neb|lig, ne|be|lig; **Neb|lung** *vgl.* Nebelung
Nebr. = Nebraska
Ne|b|ras|ka (Staat in den USA; *Abk.* Nebr.)
nebst; *Präp. mit Dat. (veraltend):* nebst seinem Hunde
nebst|bei (*österr. neben* nebenbei)
Ne|bu|kad|ne|zar, *ökum.* **Ne|bu|kad|nez|zar** (Name babylon. Könige); *vgl.* Nabucco
ne|bu|los, ne|bu|lös ‹lat.› (unklar, verschwommen)

Ne|ces|saire [...sɛ'sɛ:ɐ̯], *auch* Nes|ses|sär, das; -s, -s ‹franz.› ([Reise]behältnis für Toiletten-, Nähutensilien u. a.)
Neck, Nöck, der; -en, -en (ein Wassergeist)
n-Eck ['ɛn...] (↑K29; *Math.*)
Ne|ckar [*alte Trennung* ...k|k...], der; -s (rechter Nebenfluss des Rheins)
Ne|ckar|sulm [*alte Trennung* ...k|k...] (Stadt an der Mündung der Sulm in den Neckar)
ne|cken [*alte Trennung* ...k|k...]; **Ne|cke|rei**
Ne|cking [*alte Trennung* ...k|k...], das; -[s], -s ‹amerik.› (Austausch von Zärtlichkeiten)
ne|ckisch [*alte Trennung* ...k|k...]
Ned|bal (tschech. Komponist)
nee! *vgl.* ne!
Neer, die; -, -en (*nordd. für* Wasserstrudel mit starker Gegenströmung); **Neer|strom**
Nef|fe, der; -n, -n
Ne|ga|ti|on, die; -, -en ‹lat.› (Verneinung, Verwerfung einer Aussage; Verneinungswort, z. B. »nicht«)
ne|ga|tiv [*auch* ...'ti:f] (verneinend; ergebnislos; *Math.* kleiner als null; *Elektrot.: Ggs. zu* positiv)
Ne|ga|tiv, das; -s, -e (*Fotogr.* Gegen-, Kehrbild); **Ne|ga|tiv|bild**
Ne|ga|ti|ve, die; -, -n (*veraltet für* Verneinung)
Ne|ga|tiv|i|mage
Ne|ga|ti|vi|tät, die; -
Ne|geb [*auch* 'nɛgɛp], der; -, *auch* die; - (Wüstenlandschaft im Süden Israels)
ne|ger (*ostösterr. ugs. für* ohne Geld); er ist neger
Ne|ger, der; -s, - ‹lat.› *(wird häufig als diskriminierend empfunden);* **Ne|ge|rin**
Ne|ger|kuss [*alte Schreibung* ...kuß] (*svw.* Schokokuss); **Ne|ger|skla|ve**
Ne|gev [*auch* 'nɛgɛf] *vgl.* Negeb
ne|gie|ren ‹lat.› (verneinen; bestreiten); **Ne|gie|rung**
Ne|g|li|gé *vgl.* Negligee
ne|g|li|geant [...'ʒant] (*veraltend für* nachlässig)
Ne|g|li|gee, *auch* Ne|g|li|gé [*beide* ...'ʒe:], das; -s, -s ‹franz.› (Hauskleid; leichter Morgenmantel)
ne|g|li|gen|te [...'dʒɛntə] ‹ital.› (*Musik* darüber hinhuschend)

ne|g|li|gie|ren [...'ʒi:...] (*veraltend für* vernachlässigen)
ne|g|rid ‹lat.›; negrider Menschentyp *(Anthropol. veraltend)*
Ne|g|ri|to, der; -[s], -[s] (kleinwüchsiger u. dunkelhäutiger Mensch [auf den Philippinen])
Né|g|ri|tude [negri'ty:t], die; - ‹franz.› (Forderung nach kultureller Eigenständigkeit der Französisch sprechenden Länder Afrikas)
Ne|g|ro|spi|ri|tu|al ['ni:gro'spɪrɪtjuəl; *alte Schreibung* Ne|gro Spi|ri|tu|al], das, *auch* der; -s, -s ‹lat.-engl.-amerik.› (geistl. Lied der Schwarzen im Süden der USA)
Ne|gus, der; -, *Plur.* - *u.* -se (*früher* Kaiser von Äthiopien)
Ne|he|mia, *auch* **Ne|he|mi|as** (Gestalt des A. T.)
neh|men; du nimmst, er nimmt; ich nahm, du nahmst; du nähmest; genommen; nimm!; ich nehme es an mich; ↑K 82: Geben (*od.* geben) ist seliger denn Nehmen (*od.* nehmen)
Neh|mer (*auch für* Käufer)
Neh|mer|qua|li|tä|ten *Plur. (Boxen)*
Neh|ru (indischer Staatsmann)
Neh|rung, die; -, -en (schmale Landzunge)
Neid, der; -[e]s; **nei|den**
Nei|der; neid|er|füllt ↑K 59
Neid|ham|mel (*ugs. für* neidischer Mensch)
Neid|hard, Neid|hart (m. Vorn.)
nei|disch
neid|los; Neid|lo|sig|keit, die; -
Neid|na|gel (*vgl.* Niednagel)
neid|voll
Nei|ge, die; -, -n; zur Neige gehen
nei|gen; sich neigen
Nei|ge|tech|nik *(Eisenb.)*
Nei|gung; Nei|gungs|e|he; Nei|gungs|win|kel

nein

- nein, nein; nein danke; oh nein, *auch* o nein
- Nein sagen, *auch* nein sagen
- das Ja und das Nein; mit [einem] Nein antworten; mit Nein stimmen; das ist die Folge seines Neins ↑K 81

'nein; ↑K 14 (*landsch. für* hinein)
Nein|sa|gen, das; -s; **Nein|sa|ger**
Nein|stim|me
Nei|ße, die; - (ein Flussname); die Oder-Neiße-Grenze ↑K 146
Ne|k|ro|bi|o|se, die; - ‹griech.› (*Biol.* langsames Absterben einzelner Zellen)
Ne|k|ro|log, der; -[e]s, -e (Nachruf); **Ne|k|ro|lo|gi|um,** das; -s, ...ien (Totenverzeichnis in Klöstern und Stiften)
Ne|k|ro|mant, der; -en, -en (Toten-, Geisterbeschwörer); **Ne|k|ro|man|tie,** die; - (Toten-, Geisterbeschwörung)
Ne|k|ro|phi|lie, die; - (*Psych.* auf Leichen gerichteter Sexualtrieb)
Ne|k|ro|po|le, die; -, ...polen (Totenstadt, Gräberfeld alter Zeit)
Ne|k|rop|sie, die; -, ...ien (Leichenbesichtigung, -öffnung)
Ne|k|ro|se, die; -, -n (*Med.* das Absterben von Geweben, Organen od. Organteilen)
Ne|k|ro|sper|mie, die; - (*Med.* Abgestorbensein od. Funktionsunfähigkeit männl. Samenzellen; Zeugungsunfähigkeit)
ne|k|ro|tisch (*Med.* abgestorben)
Nek|tar, der; -s, -e ‹griech.› (zuckerhaltige Blütenabsonderung; *griech. Mythol.* ewige Jugend spendender Göttertrank)
Nek|ta|ri|ne, die; -, -n (Pfirsichart mit glatthäutigen Früchten)
Nek|ta|ri|um, das; -s, ...ien (Nektardrüse bei Blütenpflanzen)
Nek|ton, das; -s ‹griech.› (*Biol.* die Gesamtheit der im Wasser sich aktiv bewegenden Tiere); **nek|to|nisch**
Nel|ke, die; -, -n (eine Blume; ein Gewürz)
Nel|ken|öl
Nel|ken|strauß *Plur.* ...sträuße
Nel|ken|wurz (eine Pflanze)
Nell, das; -s, - (*schweiz. für* Trumpfneun beim Jass)
Nel|li, Nel|ly (w. Vorn.)
[1]**Nel|son** [...zn̩, *auch* ...sn̩] (engl. Admiral)
[2]**Nel|son,** der; -[s], -s ‹engl.› (Ringergriff)
Ne|ma|to|de, der; -n, -n *meist Plur.* ‹griech.› (*Zool.* Fadenwurm)
ne|me|isch (aus Nemea [Tal in Argolis]); *aber* ↑K 150: der Nemeische Löwe *(griech. Myth.)*
[1]**Ne|me|sis** (griech. Rachegöttin)
[2]**Ne|me|sis,** die; - ‹griech.› (ausgleichende Gerechtigkeit)
NE-Me|tall [ɛn'e:...] (↑K 28; *kurz für* Nichteisenmetall)
'nen; ↑K 14 (*ugs. für* einen)
Ne|na (w. Vorn.)
Nenn|be|trag
nen|nen; du nanntest; *selten* du nenntest; genannt; nenn[e]!; sie nannte ihn einen Dummkopf; **nen|nens|wert**
Nen|ner *(Math.)*
Nenn|form (*für* Infinitiv); **Nenn|form|satz** (*für* Infinitivsatz)
Nenn|leis|tung [*alte Trennung* ...l|st...] *(Technik)*
Nenn|on|kel; Nenn|tan|te
Nen|nung
Nenn|wert
Nenn|wort *Plur.* ...wörter (*für* Nomen)
Nen|ze, der; -n, -n (Angehöriger eines Volkes im Nordwesten Sibiriens); *vgl.* Samojede
ne|o... ‹griech.› (neu...); **Ne|o...** (Neu...)
Ne|o|dym, das; -s (chemisches Element, Metall; *Zeichen* Nd)
Ne|o|fa|schis|mus (faschistische Bestrebungen nach dem 2. Weltkrieg); **Ne|o|fa|schist; ne|o|fa|schis|tisch** [*alte Trennung* ...l|st...]
Ne|o|gen, das; -s (*Geol.* Jungtertiär)
Ne|o|klas|si|zis|mus; Ne|o|ko|lo|ni|a|lis|mus; Ne|o|li|be|ra|lis|mus *(Wirtsch.)*
Ne|o|li|thi|kum, das; -s (Jungsteinzeit); **ne|o|li|thisch** (jungsteinzeitlich)
Ne|o|lo|gis|mus, der; -, ...men (sprachl. Neubildung)
Ne|o|mar|xis|mus, der; -
Ne|on, das; -s (chemisches Element, Edelgas; *Zeichen* Ne)
Ne|o|na|zi; Ne|o|na|zis|mus; Ne|o|na|zist; ne|o|na|zis|tisch [*alte Trennung* ...l|st...]
Ne|on|fisch
Ne|on|lam|pe; Ne|on|licht *Plur.* ...lichter; **Ne|on|re|kla|me; Ne|on|röh|re**
Ne|o|phyt, der; -en, -en (erwachsener Neugetaufter im Urchristentum)
Ne|o|plas|ma (*Med.* [bösartige] Geschwulst)
Ne|o|po|si|ti|vis|mus
Ne|o|pren®, das; -s, -e ‹Kunstwort› (synthetischer Kautschuk)
Ne|o|te|nie, die; - (*Med.* unvollkommener Entwicklungszustand eines Organs; *Biol.* Eintritt der Geschlechtsreife im Larvenstadium)
ne|o|tro|pisch (den Tropen der Neuen Welt angehörend); neotropische Region (tiergeogra-

phisches Gebiet, das Mittel- u. Südamerika umfasst)

Ne|o|vi|ta|lis|mus (Lehre von den Eigengesetzlichkeiten des Lebendigen)

Ne|o|zo|i|kum, das; -s (*svw.* Känozoikum); **ne|o|zo|isch** (*svw.* känozoisch)

Ne|pal [*auch* ...'pa:l] (Himalajastaat); **Ne|pa|le|se,** der; -n, -n; **Ne|pa|le|sin; ne|pa|le|sisch**

Ne|per, das; -s, - ‹nach dem schott. Mathematiker J. Napier› (eine physikalische Maßeinheit; *Abk.* Np)

Ne|phe|lin, der; -s, -e ‹griech.› (ein Mineral)

Ne|phe|lo|me|t|rie, die; - (*Chemie* Messung der Trübung von Flüssigkeiten od. Gasen)

Ne|pho|graph, *auch* Ne|pho|graf, der; -en, -en (*Meteor.* Gerät, das die verschiedenen Arten u. die Dichte der Bewölkung fotogr. aufzeichnet); **Ne|pho|s|kop,** das; -s, -e (Gerät zur Bestimmung der Zugrichtung u. -geschwindigkeit von Wolken)

Ne|ph|ral|gie, die; -, ...ien ‹griech.› (*Med.* Nierenschmerzen)

Ne|ph|rit, der; -s, -e (ein Mineral)

Ne|ph|ri|tis, die; -, ...itiden (*Med.* Nierenentzündung); **Ne|ph|ro|se,** die; -, -n (Nierenerkrankung mit Gewebeschädigung)

Ne|po|muk (m. Vorn.)

Ne|po|tis|mus, der; - ‹lat.› (Vetternwirtschaft)

Nepp, der; -s

nep|pen (durch überhöhte Preisforderungen übervorteilen)

Nep|per

Nep|pe|rei; Nepp|lo|kal

¹Nep|tun (röm. Gott des Meeres)

²Nep|tun, der; -s (ein Planet)

nep|tu|nisch (durch Einwirkung des Wassers entstanden); neptunische Gesteine (*veraltet für* Sedimentgesteine)

Nep|tu|ni|um, das; -s (chemisches Element, ein Transuran; *Zeichen* Np)

Ne|re|i|de, die; -, -n *meist Plur.;* (meerbewohnende Tochter des Nereus); **Ne|reus** (griech. Meergott)

Nerf|ling (ein Fisch)

Nernst|lam|pe; ↑K 136 ‹nach dem dt. Physiker u. Chemiker›

Ne|ro (röm. Kaiser)

Ne|ro|li|öl, das; -[e]s ‹ital.; dt.› (Pomeranzenblütenöl)

ne|ro|nisch ‹*zu* Nero›; neronische [*alte Schreibung* Neronische] Christenverfolgung ↑K 135

Ner|thus (germ. Göttin)

Ne|ru|da, Pablo (chilen. Lyriker)

Nerv, der; -s, -en ‹lat.›

Ner|va (röm. Kaiser)

Ner|va|tur, die; -, -en ‹lat.› (Aderung des Blattes, der Insektenflügel)

ner|ven [...f...] (*ugs. für* nervlich strapazieren; belästigen)

Ner|ven|an|span|nung;

Ner|ven|arzt; Ner|ven|ärz|tin

ner|ven|auf|peit|schend; ner|ven|auf|rei|bend

Ner|ven|bahn; Ner|ven|be|las|tung [*alte Trennung* ...|st...]

ner|ven|be|ru|hi|gend; Ner|ven|be|ru|hi|gungs|mit|tel

Ner|ven|bün|del; Ner|ven|chi|r|ur|gie, die; -; **Ner|ven|ent|zün|dung**

Ner|ven|gas; Ner|ven|gift, das

Ner|ven|kit|zel; Ner|ven|kli|nik

Ner|ven|kos|tüm [*alte Trennung* ...|st...], das; -s *(ugs. scherzh.)*

Ner|ven|kraft, die

ner|ven|krank; Ner|ven|krank|heit

Ner|ven|krieg; Ner|ven|kri|se

Ner|ven|lei|den; ner|ven|lei|dend

Ner|ven|nah|rung; Ner|ven|pro|be

Ner|ven|sa|che *(ugs.); meist in* das ist Nervensache

Ner|ven|sä|ge *(ugs.)*

Ner|ven|schmerz *meist Plur.*

ner|ven|schwach; Ner|ven|schwä|che, die; -

ner|ven|stark; Ner|ven|stär|ke, die; -

Ner|ven|sys|tem [*alte Trennung* ...|st...]; vegetatives Nervensystem; **Ner|ven|zu|sam|men|bruch**

ner|vig [...f..., *auch* ...v...] (sehnig, kräftig; *ugs. für* die Nerven strapazierend, lästig)

nerv|lich (das Nervensystem betreffend)

ner|vös [...v...] (nervenschwach; unruhig, gereizt; *Med. svw.* nervlich); **Ner|vo|si|tät,** die; -

nerv|tö|tend

Ner|vus Re|rum [*alte Schreibung* re|rum], der; - - (Hauptsache; *scherzh. für* Geld)

Nerz, der; -es, -e ‹slaw.› (Pelz[tier]); **Nerz|farm; Nerz|fell**

Nerz|kra|gen; Nerz|man|tel

Nerz|öl

Nerz|sto|la

Nes|ca|fé ®, der; -s, -s ‹nach der schweiz. Firma Nestlé› (löslicher Kaffeeextrakt)

Nes|chi [...ki, *auch* ...çi], das *od.* die; - ‹arab.› (arab. Schreibschrift)

¹Nes|sel, die; -, -n

²Nes|sel, der; -s, - (ein Gewebe)

Nes|sel|aus|schlag; Nes|sel|fa|den *(Zool.);* **Nes|sel|fie|ber; Nes|sel|pflan|ze; Nes|sel|qual|le; Nes|sel|stoff; Nes|sel|sucht; Nes|sel|tier**

Nes|ses|sär *vgl.* Necessaire

Nes|sus|ge|wand; ↑K 136 ‹nach dem vergifteten Gewand des Herakles in der griech. Sage› (Verderben bringende Gabe)

Nest, das; -[e]s, -er; **Nest|bau** *Plur.* ...bauten

Nest|be|schmut|zer (*abwertend für* jmd., der schlecht über die eigene Familie, Gruppe o. Ä. spricht)

Nest|chen

Nes|tel [*alte Trennung* ...|st...], die; -, -n (*landsch. für* Schnur); **nes|teln;** ich nest[e]le

Nes|ter|chen [*alte Trennung* ...|st...] *Plur.*

Nest|flüch|ter

Nest|häk|chen (das jüngste Kind in der Familie)

Nest|ho|cker [*alte Trennung* ...k|k...]; **Nest|jun|ge** (*vgl.* ²Junge)

Nest|ling (noch nicht flügger Vogel)

¹Nes|tor [*alte Trennung* ...|st...] (greiser König der griech. Sage)

²Nes|tor [*alte Trennung* ...|st...], der; -s, ...oren (ältester [anerkannter] Vertreter einer bestimmten Wissenschaft o. Ä.)

Nes|to|ri|a|ner [*alte Trennung* ...|st...], der; -s, - (Anhänger des Nestorius); **Nes|to|ri|a|nis|mus,** der; - (Lehre des Nestorius); **Nes|to|ri|us** (Patriarch von Konstantinopel)

Nes|t|roy [*alte Trennung* ...|st...] (österr. Bühnendichter)

Nest|treue

nest|warm; nestwarme Eier; **Nest|wär|me,** die; -

Ne|ti|quet|te [...k...], die; - (*EDV* Gesamtheit der Regeln für soziales Kommunikationsverhalten im Internet)

nett

net|ter|wei|se *(ugs.)*

Net|tig|keit ‹*zu* nett›

net|to ‹ital.› (rein, nach Abzug der Verpackung, der Unkosten, der Steuern u. Ä.)

Net|to|ein|kom|men; Net|to|er|trag; Net|to|ge|wicht; Net|to|ge-

neu

neu|er, neu|[e]s|te [*alte Trennung* ...|st...]; neu|[e]s|tens

Kleinschreibung:
- aus alt wird neu; etwas auf neu herrichten; neu für alt *(Kaufmannsspr.)*
- seit neuestem; von neuem
- ↑K 89: das neue Jahr; ein gutes neues Jahr!
- die neue Armut; die neuen Bundesländer; die neue Linke (eine philos. u. politische Richtung)
- die neuen Medien; die neue Mitte; neue Sprachen; neuer Wein
- die neue Mathematik (auf der formalen Logik u. der Mengenlehre basierende Mathematik)

Großschreibung
a) *der Substantivierung* ↑K 72:
- das Alte und das Neue; etwas, nichts Neues
- er ist aufs Neue (auf Neuerungen) erpicht; sie hat es aufs Neue [*alte Schreibung* neue] (wieder) versucht
- auf ein Neues [*alte Schreibung* neues]

b) *in Namen* ↑K 88:
- der Neue Bund *(christl. Rel.)*
- das Neue Forum (1989 in der DDR gegründete Bürgerbewegung; *Abk.* NF)
- die Neue Maas (Flussarm im Mündungsgebiet des Rheins)
- der Neue Markt (*Börsenw.* Aktienmarkt für junge Unternehmen aus zukunftsorientierten Branchen); der Neue-Markt-Wert; ein Neuer-Markt-Wert, *auch* Neue-Markt-Wert
- die Neue Rundschau (Zeitschrift)
- das Neue Testament (*Abk.* N. T.)
- die Neue Welt (Amerika)

Getrenntschreibung in Verbindung mit Verben und Partizipien ↑K 56 *u.* 62:
- neu bauen, neu einrichten, neu bearbeiten, neu entwickeln, neu hinzukommen
- neu entstehende Siedlungen; die Wand soll neu gestrichen werden
- das neu eröffnete [*alte Schreibung* neueröffnete] Zweiggeschäft
- das [völlig] neu bearbeitete [*alte Schreibung* neubearbeitete] Werk
- die neu geschaffenen [*alte Schreibung* neugeschaffenen] Anlagen
- das Geschäft ist neu eröffnet

Vgl. aber neugeboren

winn; Net|to|lohn; Net|to|masse, die; -; **Net|to|preis**
Net|to|raum|zahl (*Abk.* NRZ); **Net|to|re|gis|ter|ton|ne** [*alte Trennung* ...|st...] (*früher für* Nettoraumzahl; *Abk.* NRT)
Net|to|ver|dienst, der
Netz, das; -es, -e
Netz|an|schluss [*alte Schreibung* ...an|schluß]; **Netz|an|schluss|ge|rät** *(Rundfunk)*
netz|ar|tig
Netz|ball *(Sport)*
net|zen (*geh. für* nass machen, befeuchten); du netzt
Netz|flüg|ler, der; -s, - (*für* Neuropteren)
netz|för|mig
Netz|ge|rät (*kurz für* Netzanschlussgerät); **Netz|gleich|rich|ter** *(Rundfunk)*
Netz|haut; Netz|haut|ab|lö|sung; Netz|haut|ent|zün|dung
Netz|hemd
Netz|kar|te *(Verkehrsw.)*
Netz|mit|tel, das (Stoff, der die Oberflächenspannung von Flüssigkeiten verringert)
Netz|plan *(Wirtsch.)*; **Netz|plan|tech|nik,** die; - *(Wirtsch.)*
Netz|rol|ler *(bes. Tennis)*
Netz|span|nung
Netz|spie|ler *(Sport)*
Netz|ste|cker [*alte Trennung* ...k|k...]
Netz|werk; netz|werk|ba|siert; *(EDV)* netzwerkbasierte Datenbanken
neu *s. Kasten*
Neu|an|fang; Neu|an|fer|ti|gung
Neu|an|kömm|ling
Neu|an|la|ge; Neu|an|schaf|fung
neu|apos|to|lisch *aber* ↑K 88: die Neuapostolische Gemeinde (eine christl. Religionsgemeinschaft)
neu|ar|tig; Neu|ar|tig|keit, die; -
Neu|auf|la|ge; Neu|auf|nah|me
Neu|aus|ga|be
Neu|bau *Plur.* ...bauten; **Neu|bau|vier|tel; Neu|bau|woh|nung**
neu be|ar|bei|tet [*alte Schreibung* neu|be|ar|bei|tet] *vgl.* neu; **Neu|be|ar|bei|tung**
Neu|be|ginn
Neu|be|set|zung; Neu|bil|dung
Neu|bran|den|burg (Stadt in Mecklenburg-Vorpommern)
Neu|braun|schweig (kanad. Provinz)
Neu|bür|ger; Neu|bür|ge|rin
Neu|châ|tel [nøʃaˈtɛl] (*franz. Form von* Neuenburg)
Neu-Del|hi (südl. Stadtteil von Delhi, Regierungssitz der Republik Indien)
neu|deutsch *(meist abwertend)*
Neu|druck *Plur.* ...drucke
Neue, die; - (*Jägerspr.* frisch gefallener Schnee)
Neu|ein|stel|lung
Neu|ein|stu|die|rung
Neue Ker|ze (bis 1948 dt. Lichtstärkeeinheit [*heute* Candela])
Neu|en|ahr, Bad (Stadt an der Ahr)
Neu|en|burg (Kanton u. Stadt in der Schweiz; *franz.* Neuchâtel); **Neu|en|bur|ger; Neu|en|bur|ger See,** der; - -s
Neu|eng|land (die nordöstl. Staaten der USA)
neu|eng|lisch; *vgl.* deutsch
Neu|ent|de|ckung [*alte Trennung* ...k|k...]
neu ent|wi|ckeln [*alte Trennung* ...k|k...] *vgl.* neu; **Neu|ent|wick|lung**
neu|er|dings (kürzlich; *südd., österr., schweiz. auch für* von neuem)
Neu|e|rer; Neu|e|rer|be|we|gung, die; - *(DDR)*
neu|er|lich (von neuem)
neu|ern (*veraltend für* erneuern); ich neuere
neu er|öff|net [*alte Schreibung* neu|er|öff|net] *vgl.* neu; **Neu|er|öff|nung**
Neu|er|schei|nung
Neu|e|rung; Neu|e|rungs|sucht
Neu|er|werb; Neu|er|wer|bung
neu|es|tens, *selten* neus|tens [*alte Trennung* ...|st...]
Neu|fas|sung; Neu|fest|set|zung

N

neu|fran|zö|sisch; *vgl.* deutsch

Neu|fund|land (kanad. Provinz)

Neu|fund|län|der (Bewohner Neufundlands; *auch* eine Hunderasse); **Neu|fund|län|de|rin; neu|fund|län|disch**

neu|ge|bo|ren; die neugeborenen Kinder; sich wie neugeboren fühlen; **Neu|ge|bo|re|ne,** das; -n, -n (Säugling)

Neu|ge|burt

neu ge|schaf|fen [*alte Schreibung* neu|ge|schaf|fen] *vgl.* neu

Neu|ge|stal|tung; Neu|ge|würz, das; -es (*österr. für* Piment)

Neu|gier, Neu|gier|de, die; -; **neu|gie|rig**

Neu|glie|de|rung; Neu|go|tik

Neu|grad *vgl.* Gon

neu|grie|chisch; *vgl.* deutsch; **Neu|grie|chisch,** das; -[s] (Sprache); *vgl.* Deutsch; **Neu|grie|chi|sche,** das; -n; *vgl.* Deutsche, das

Neu|grün|dung

Neu|gui|nea; ↑K 143 (Insel nördl. von Australien); **Neu|gui|ne|er; Neu|gui|ne|e|rin; neu|gui|ne|isch**

neu|he|b|rä|isch; *vgl.* deutsch; **Neu|he|b|rä|isch,** das; -[s] (Sprache); *vgl.* Deutsch; **Neu|he|b|rä|i|sche,** das; -n; *vgl.* Deutsche, das; *vgl.* Iwrith

Neu|he|ge|li|a|ner; neu|he|ge|li|a|nisch; Neu|he|ge|li|a|nis|mus, der; -

Neu|heit

neu|hoch|deutsch (*Abk.* nhd.); *vgl.* deutsch; **Neu|hoch|deutsch,** das; -[s] (Sprache); *vgl.* Deutsch; **Neu|hoch|deut|sche,** das; -n; *vgl.* Deutsche, das

Neu|hu|ma|nis|mus

Neu|ig|keit

Neu|in|sze|nie|rung

Neu|jahr; Neu|jahrs|an|spra|che

Neu|jahrs|bot|schaft; Neu|jahrs|fest; Neu|jahrs|glück|wunsch

Neu|jahrs|gruß; Neu|jahrs|kar|te

Neu|jahrs|tag; Neu|jahrs|wunsch

Neu|ka|le|do|ni|en (Inselgruppe östlich von Australien)

Neu|kan|ti|a|ner; Neu|kan|ti|a|nis|mus, der; - (philos. Schule)

Neu|kauf *(Kaufmannsspr.)*

Neu|klas|si|zis|mus

Neu|kölln (Stadtteil von Berlin)

Neu|kon|s|t|ruk|ti|on

Neu|land, das; -[e]s

Neu|la|tein; neu|la|tei|nisch (*Abk.* nlat.); *vgl.* deutsch

neu|lich

Neu|ling

Neu|mark, die; - (hist. Landschaft in der Mark Brandenburg)

Neu|me, die; -, -n *meist Plur.* ‹griech.› (mittelalterl. Notenzeichen)

neu|mo|disch

Neu|mond, der; -[e]s

neun, *ugs.* neu|ne; alle neun[e]!; wir sind zu neunen *od.* zu neunt; *vgl.* acht; **Neun,** die; -, -en (Ziffer, Zahl); *vgl.* ¹Acht

Neun|au|ge (ein Fisch)

neun|bän|dig; neun|e|ckig [*alte Trennung* ...k|k...]

neun|ein|halb, neun|und|ein|halb

Neu|ner *(ugs.);* einen Neuner schieben (beim Kegeln); *vgl.* Achter

neu|ner|lei

neun|fach; Neun|fa|che, das; -n; *vgl.* Achtfache

neun|hun|dert

neun|mal *vgl.* achtmal

neun|ma|lig; neun|mal|klug (*ugs. für* überklug)

neun|schwän|zig; die neunschwänzige Katze (*Seemannsspr.* Peitsche mit neun Riemen)

neun|stel|lig

neun|stö|ckig [*alte Trennung* ...k|k...]

neun|stün|dig

neunt; *vgl.* neun

neun|tä|gig; neun|tau|send

neun|te; *vgl.* achte

neun|tel; *vgl.* achtel

Neun|tel, das, *schweiz. meist* der; -s, -; *vgl.* Achtel

neun|tens

Neun|tö|ter (ein Vogel)

neun|[und|]ein|halb; neun|und|zwan|zig; *vgl.* acht

neun|zehn; *vgl.* acht

neun|zig usw. *vgl.* achtzig usw.

Neu|ord|nung; Neu|or|ga|ni|sa|ti|on; Neu|o|ri|en|tie|rung

Neu|phi|lo|lo|ge; Neu|phi|lo|lo|gie; neu|phi|lo|lo|gisch

Neu|pla|to|ni|ker; Neu|pla|to|nis|mus, der; -

Neu|prä|gung; Neu|preis

neu|r... *vgl.* neuro...

Neu|r... *vgl.* Neuro...

Neu|r|al|gie, die; -, ...ien ‹griech.› (*Med.* in Anfällen auftretender Nervenschmerz); **Neu|r|al|gi|ker** (an Neuralgie Leidender); **neu|r|al|gisch**

Neu|r|a|s|the|nie, die; -, ...ien (*Med.* durch viele Symptome gekennzeichnete Krankheit ohne organ. Ursache); **Neu|r|a|s|the|ni|ker** (an Neurasthenie Leidender); **neu|r|a|s|the|nisch**

Neu|re|ge|lung, Neu|reg|lung

neu|reich; Neu|rei|che, der *u.* die; -n, -n

Neu|ries (Papiermaß; 1 000 Bogen)

Neu|rin, das; -s ‹griech.› (starkes Fäulnisgift)

Neu|ri|tis, die; -, ...iti|den (*Med.* Nervenentzündung)

neu|ro..., *vor Vokalen* neu|r... (nerven...); **Neu|ro...,** *vor Vokalen* Neu|r... (Nerven...)

Neu|ro|bi|o|lo|gie, die; -

Neu|ro|chi|r|ur|gie, die; - (Chirurgie des Nervensystems)

Neu|ro|der|mi|tis, die; -, ...iti|den (*Med.* entzündliche Hauterkrankung); **neu|ro|gen** (*Med.* von den Nerven ausgehend)

Neu|ro|lo|ge, der; -n, -n; **Neu|ro|lo|gie,** die; - (Lehre vom Nervensystem und seinen Erkrankungen); **Neu|ro|lo|gin; neu|ro|lo|gisch**

Neu|rom, das; -s, -e (*Med.* Nervenfasergeschwulst)

Neu|ro|man|tik; Neu|ro|man|ti|ker; neu|ro|man|tisch

Neu|ron, das; -s, *Plur.* ...one, *auch* ...onen ‹griech.› (*Med.* Nervenzelle); **neu|ro|nal**

Neu|ro|pa|thie, die; -, ...ien (*Med.* Nervenkrankheit); **neu|ro|pa|thisch; Neu|ro|pa|tho|lo|gie,** die; - (Lehre von den Krankheiten des Nervensystems)

Neu|ro|p|te|ren *Plur.* (*Zool.* Netzflügler)

Neu|ro|se, die; -, -n (*Med., Psych.* psychische Störung); **Neu|ro|ti|ker** (an Neurose Leidender); **Neu|ro|ti|ke|rin; neu|ro|tisch**

Neu|ro|to|mie, die; -, ...ien (*Med.* Nervendurchtrennung)

Neu|rup|pin (Stadt in Brandenburg); **Neu|rup|pi|ner; neu|rup|pi|nisch**

Neu|satz *(Druckw.);* **Neu|schnee**

Neu|scho|las|tik [*alte Trennung* ...|st...] (Erneuerung der Scholastik; *vgl. d.*)

Neu|schöp|fung

Neu|schott|land (kanad. Prov.)

Neu|schwan|stein (Schloss König Ludwigs II. von Bayern)

Neu|see|land; ↑K 143 (Inselgruppe u. Staat im Pazifischen Ozean); **Neu|see|län|der; Neu|see|län|de|rin; neu|see|län|disch**

Neu|siedl am See (österr. Stadt)

Neu|sied|ler See, der; - -s (in Österreich u. Ungarn)
Neu|sil|ber (eine Legierung); **neu|sil|bern;** neusilberne Uhr
Neu|sprach|ler (Lehrer, Kenner der neueren Sprachen); **neu|sprach|lich;** neusprachlicher Unterricht, Zweig
Neuss, *bis 1970* **Neuß** (Stadt am Niederrhein); **Neus|ser**
neus|tens [*alte Trennung* ...|st...] *vgl.* neuestens
Neu|stre|litz (Stadt in Mecklenburg)
Neu|s|t|ri|en (alter Name für das westliche Frankenreich)
Neu|struk|tu|rie|rung
Neu|süd|wales; ↑K 143 (Gliedstaat des Australischen Bundes)
Neu|tes|ta|ment|ler [*alte Trennung* ...|st...]; **neu|tes|ta|ment|lich**
Neu|tö|ner (Vertreter neuer Musik); **neu|tö|ne|risch** (*auch für* ganz modern)
Neu|t|ra [*österr.* 'ne:u...] (*Plur. von* Neutrum)
neu|t|ral ‹lat.› (keiner der Krieg führenden Parteien angehörend; unparteiisch; keine besonderen Merkmale aufweisend); ein neutrales Land; die neutrale Ecke *(Boxen)*
Neu|t|ra|li|sa|ti|on, die; -, -en
neu|t|ra|li|sie|ren; Neu|t|ra|li|sie|rung
Neu|t|ra|lis|mus, der; - (Grundsatz der Nichteinmischung in fremde Angelegenheiten); **Neu|t|ra|list,** der; -en, -en (Verfechter u. Vertreter des Neutralismus); **neu|t|ra|lis|tisch** [*alte Trennung* ...|st...]
Neu|t|ra|li|tät, die; -
Neu|t|ra|li|täts|ab|kom|men
Neu|t|ra|li|täts|bruch, der; **Neu|t|ra|li|täts|er|klä|rung; Neu|t|ra|li|täts|po|li|tik; Neu|t|ra|li|täts|ver|let|zung**
Neu|t|ren (*Plur. von* Neutrum)
Neu|t|ri|no, das; -s, -s ‹ital.› (*Kernphysik* masseloses Elementarteilchen ohne elektr. Ladung)
Neu|t|ron, das; -s, ...onen ‹lat.› (*Kernphysik* Elementarteilchen ohne elektr. Ladung als Baustein des Atomkerns; *Zeichen* n)
Neu|t|ro|nen|bom|be; Neu|t|ro|nen|strah|len *Plur.* (Neutronen hoher Geschwindigkeit)
Neu|t|ro|nen|waf|fe
Neu|t|rum [*österr.* 'ne:u...], das; -s, *Plur.* ...tra, *auch* ...tren (*Sprachw.* sächliches Substantiv, z. B. »das Buch«; *nur Sing.:* sächl. Geschlecht)
neu|ver|mählt (gerade, eben erst vermählt), *aber* neu ver|mählt (wieder, erneut vermählt); **neu Ver|mähl|te,** der *u.* die; - -n, - -n, *auch* **Neu|ver|mähl|te,** der *u.* die; -n, -n
Neu|ver|schul|dung; Neu|wa|gen; Neu|wahl
neu|wa|schen (*landsch. für* frisch gewaschen)
Neu|wert; neu|wer|tig; Neu|wert|ver|si|che|rung
Neu-Wien ↑K 143; **Neu-Wie|ner** [*alte Schreibung* Neu|wie|ner]; **neu-wie|ne|risch** [*alte Schreibung* neu|wie|ne|risch]
Neu|wort *Plur.* ...wörter
Neu|zeit, die; -; **neu|zeit|feind|lich; neu|zeit|lich**
Neu|züch|tung; Neu|zu|gang
Neu|zu|las|sung
Neu|zu|stand, der; -[e]s
Nev. = Nevada
Ne|va|da (Staat in den USA; *Abk.* Nev.)
Ne|wa, die; - (Abfluss des Ladogasees)
New|age, das; -, *auch* **New Age,** das; - - [*beide* 'nju:'e:tʃ] ‹engl.› (neues Zeitalter als Inbegriff eines neuen Weltbildes)
New|co|mer ['nju:ka...], der; -s, - (Neuling)
New Deal [- 'di:l], der; - - ‹amerik.› (Reformprogramm des amerik. Präsidenten F. D. Roosevelt)
New De|lhi [nju: -] *vgl.* Neu-Delhi
New Hamp|shire [nju: 'hɛmpʃɐ] (Staat in den USA; *Abk.* N. H.);
New Jer|sey [nju: 'dʒø:ɐzi] (Staat in den USA; *Abk.* N. J.)
New|look, der *od.* das; -[s], *auch* **New Look,** der *od.* das; - -[s] [*beide* nju:'lʊk] ‹amerik.› (Moderichtung nach dem 2. Weltkrieg)
New Me|xi|co [nju: -] (Staat in den USA; *Abk.* N. Mex.)
New Or|leans [nju: o:ɐ'li:ns, *auch* - 'o:ɐ...] (Stadt in Louisiana); **New-Or|leans-Jazz** [...dʒɛs], der; - (frühester, improvisierender Jazzstil der nordamerik. Schwarzen)
News [nju:s] *Plur.* ‹engl.› (Nachrichten)
News|group ['nju:sgru:p], die; -, -s ‹engl.› (*EDV* öffentliche Diskussionsrunde im Internet zu einem bestimmten Thema)
[1]New|ton ['nju:tn̩] (engl. Physiker)
[2]New|ton, das; -s, - (Einheit der Kraft; *Zeichen* N)
New|ton|me|ter (Einheit der Energie; *Zeichen* Nm)
New York [nju: 'jo:ɐk] (Staat [*Abk.* N. Y.] u. Stadt in den USA); **New-Yor|ker,** *auch* New Yor|ker ↑K 145
Ne|xus, der; -, - ['nɛksu:s] ‹lat.› (Zusammenhang, Verbindung)
nF = Nanofarad
NF = Neues Forum (*vgl.* neu)
N. F. = Neue Folge
n-fach ['ɛn...] ↑K 30
NGO [endʒi:'oʊ], die; - = non-governmental organization (Nichtregierungsorganisation, nichtstaatliche Organisation)
Ngo|ro|ngo|ro|kra|ter (Kraterhochland in Tansania, Zentrum eines Wildreservats)
N. H. = New Hampshire; Normalhöhenpunkt
nhd. = neuhochdeutsch
Ni = *chem. Zeichen für* Nickel
Ni|a|ga|ra|fäl|le [*österr. auch* ...'a...] *Plur.*
Nia|mey [...'mɛ:] (Hauptstadt von Niger)
Ni|am-Ni|am *Plur.* (Volksstamm im Sudan)
nib|beln ‹engl.› ([Bleche o. Ä.] schneiden od. abtrennen); ich nibb[e]le; **Nibb|ler** (Gerät zum Schneiden von Blechen)
ni|beln (*südd. für* nebeln, fein regnen); es nibelt
Ni|be|lun|gen (germ. Sagengeschlecht; die Burgunden)
Ni|be|lun|gen|hort, der; -[e]s; **Ni|be|lun|gen|lied,** das; -[e]s; **Ni|be|lun|gen|sa|ge,** die; -; **Ni|be|lun|gen|treue**
Ni|cäa usw. *vgl.* Nizäa usw.
Ni|ca|ra|gua (Staat in Mittelamerika); **Ni|ca|ra|gu|a|ner; Ni|ca|ra|gu|a|ne|rin; ni|ca|ra|gu|a|nisch**
nicht *s. Kasten S. 690*
Nicht|ach|tung
nicht|amt|lich, nicht amt|lich; *vgl. auch* nicht
Nicht|an|er|ken|nung, die; -
Nicht|an|griffs|pakt [*auch* ...'|an...]
Nicht|be|ach|tung, die; -
Nicht|be|fol|gung, die; -
nicht|be|rufs|tä|tig, nicht be|rufs|tä|tig; *vgl. auch* nicht
nicht Be|rufs|tä|ti|ge, der *u.* die; - -n, - -n, *auch* **Nicht|be|rufs|tä|ti|ge,** der *u.* die; -n, -n

N

nicht

- nicht wahr?; gar nicht; nicht einmal, nicht mal
- mitnichten
- zunichte machen, werden

Getrennt- od. Zusammenschreibung in Verbindung mit Adjektiven ↑K 62:
- nicht berufstätige *od.* nichtberufstätige Frauen; nicht flektierbare *od.* nichtflektierbare Wörter
- die Darstellung war nicht amtlich *od.* nichtamtlich; dieses Kind ist nicht ehelich *od., Rechtsspr. meist* nichtehelich; die Sitzung war nicht öffentlich *od.* nichtöffentlich usw.

Getrenntschreibung in Verbindung mit Partizipien:
- die nicht Krieg führenden [*alte Schreibung* nichtkriegführenden] Parteien
- nicht leitende [*alte Schreibung* nichtleitende] Stoffe
- die nicht organisierten [*alte Schreibung* nichtorganisierten] Arbeiter
- nicht rostende [*alte Schreibung* nichtrostende] Stähle
- ihr nicht veröffentlichter Aufsatz
- eine nicht zutreffende Behauptung

Bei Substantivierungen ist sowohl Getrennt- als auch Zusammenschreibung möglich ↑K 72:
- nicht Zutreffendes, *auch* Nichtzutreffendes streichen

Schreibung substantivierter Infinitive ↑K 27 *u.* 82:
- das Nichtkönnen; das Nichtwissen; das Nichtwollen
- *aber* das Nicht-bekannt-Sein; das Nicht-loslassen-Können; das Nicht-wissen-Wollen

Nicht|christ, der

nicht|christ|lich, nicht christ|lich; *vgl. auch* nicht

Nich|te, die; -, -n

nicht|e|he|lich, nicht e|he|lich; *vgl. auch* nicht

Nicht|ein|brin|gungs|fall (*österr. Amtsspr.* Zahlungsunfähigkeit); im Nichteinbringungsfall

Nicht|ein|hal|tung

Nicht|ein|mi|schung

Nicht|ei|sen|me|tall

Nicht|er|fül|lung

Nicht|er|schei|nen, das; -s

nicht|eu|kli|disch, nicht eu|kli|disch *(Math.);* die nichteuklidische *od.* nicht euklidische Geometrie; *vgl. auch* nicht

Nicht|fach|mann

nicht|flek|tier|bar, nicht flek|tier|bar *(Sprachw.); vgl. auch* nicht

Nicht|ge|fal|len, das; -s *(Kaufmannsspr.);* bei Nichtgefallen

nicht Ge|schäfts|fä|hi|ge, der *u.* die; - -n, - -n, *auch* **Nicht|ge|schäfts|fä|hi|ge,** der *u.* die; -n, -n

nicht Ge|wünsch|te, das; - -n, *auch* **Nicht|ge|wünsch|te,** das; -n

Nicht-hel|fen-Kön|nen, das

Nicht-Ich, das; -[s], -[s] ↑K 21 *(Philos.)*

nich|tig; null u. nichtig; **Nich|tig|keit; Nich|tig|keits|kla|ge**

Nicht|in|an|spruch|nah|me *(bes. Amtsspr.)*

nicht|kom|mu|nis|tisch, nicht kom|mu|nis|tisch [*alte Trennung* ...|st...] *vgl. auch* nicht

nicht lei|tend [*alte Schreibung* nicht|lei|tend] *vgl.* nicht; **Nicht|lei|ter,** der (*für* Isolator)

Nicht|me|tall

Nicht|mit|glied

nicht|öf|fent|lich, nicht öf|fent|lich; *vgl. auch* nicht

nicht or|ga|ni|siert [*alte Schreibung* nicht|or|ga|ni|siert] *vgl.* nicht

Nicht|rau|cher; Nicht|rau|cher|ab|teil; Nicht|rau|che|rin; Nicht|rau|cher|ta|xi; Nicht|rau|cher|zo|ne

nicht ros|tend [*alte Schreibung* nicht|ros|tend] *vgl.* nicht

nichts

- gar nichts; für nichts; zu nichts; um nichts und [um] wieder nichts; mir nichts, dir nichts (ohne weiteres)
- sich in nichts auflösen, unterscheiden; nach nichts aussehen; viel Lärm um nichts
- nichts Genaues, nichts Näheres, nichts Neues u. a. ↑K 72, *aber* nichts and[e]res; nichts weniger als
- ein nichts sagendes [*alte Schreibung* nichtssagendes] Gesicht; ein nichts ahnender [*alte Schreibung* nichtsahnender] Besucher

Nichts, das; -, -e; etwas aus dem Nichts erschaffen; aus dem Nichts auftauchen; wir stehen vor dem Nichts

nichts ah|nend [*alte Schreibung* nichts|ah|nend] *vgl.* nichts

Nicht|schwim|mer; Nicht|schwim|mer|be|cken [*alte Trennung* ...k|k...]; **Nicht|schwim|me|rin**

nichts|des|to|min|der [*alte Trennung* ...|st...]; **nichts|des|to|trotz** *(ugs.);* **nichts|des|to|we|ni|ger**

nicht|selbst|stän|dig, *auch* **nicht|selb|stän|dig, nicht selbst|stän|dig,** *auch* **nicht selb|stän|dig** *vgl. auch* nicht *u.* selbstständig

nicht Sess|haf|te, der *u.* die; - -n, - -n, *auch* **Nicht|sess|haf|te,** der *u.* die; -n, -n [*alte Schreibung* Nicht|seß|haf|te]

Nichts|kön|ner

Nichts|nutz, der; -es, -e; **nichts|nut|zig**

nichts sa|gend [*alte Schreibung* nichts|sa|gend] *vgl.* nichts

Nichts|tu|er *(ugs.);* **nichts|tu|e|risch; Nichts|tun,** das; -s

nichts|wür|dig; Nichts|wür|dig|keit

Nicht|tän|zer

Nicht|ver|fol|ger|land *Plur.* ...länder (Land, Staat, in dem keine [polit.] Verfolgung stattfindet)

Nicht|wei|ter|ga|be, die; -

nicht zie|lend, *auch* **nicht|zie|lend** (*für* intransitiv); nicht zielendes, *auch* nichtzielendes Verb

Nicht|zu|las|sung

Nicht-zu|stan|de-Kom|men, *auch* **Nicht-zu-Stan|de-Kom|men**

nicht Zu|tref|fen|de, das; - -n, *auch* **Nicht|zu|tref|fen|de,** das; -n ↑K 72: nicht Zutreffendes, *auch* Nichtzutreffendes streichen; *vgl.* nicht

[1]**Ni|ckel** [*alte Trennung* ...k|k...], der; -s, - (*landsch. für* boshaftes Kind)

[2]**Ni|ckel** [*alte Trennung* ...k|k...], das; -s (chemisches Element, Metall; *Zeichen* Ni)

[3]**Ni|ckel** [*alte Trennung* ...k|k...], der; -s, - (früheres Zehnpfennigstück)

Ni|ckel|bril|le [*alte Trennung* ...k|k...]; **Ni|ckel|hoch|zeit** (nach zwölfeinhalbjähriger Ehe)

N

ni|cke|lig [*alte Trennung* ...k|k...], nick|lig ‹*zu* [1]Nickel› (*landsch.* frech, mutwillig); **Ni|cke|lig|keit,** Nick|lig|keit

Ni|ckel|mün|ze [*alte Trennung* ...k|k...]

ni|cken [*alte Trennung* ...k|k...]; **Ni|cker** (*ugs. für* Kopfnicken)

Ni|cker|chen [*alte Trennung* ...k|k...] (*ugs. für* kurzer Schlaf)

Nick|fän|ger (*Jägerspr.* Genickfänger)

Nick|haut (drittes Augenlid vieler Wirbeltiere)

Ni|cki [*alte Trennung* ...k|k...], der; -s, -s (Pullover aus samtartigem Baumwollstoff)

nick|lig usw. *vgl.* nickelig usw.

Ni|col, das; -s, -s ‹nach dem engl. Erfinder› (*Optik* Prisma zur Polarisation des Lichts)

Ni|cole [...'kɔl] (w. Vorn.)

Ni|co|sia *vgl.* Nikosia

Ni|co|tin *vgl.* Nikotin

nid (*südd. u. schweiz. mdal. für* unterhalb)

Ni|da|ti|on, die; -, -en ‹lat.› (*Med.* Einnistung der befruchteten Eizelle in die Gebärmutterschleimhaut)

[1]**Nid|da,** die; - (r. Nebenfluss des Mains)

[2]**Nid|da** (Stadt an der [1]Nidda)

Ni|del, der; -s *od.* die; -, *auch* **Nidle,** die; - (*schweiz. mdal. für* Sahne)

Nid|wal|den *vgl.* Unterwalden nid dem Wald; **Nid|wald|ner; nid|wald|ne|risch**

nie; nie mehr, nie und nimmer

nie|der; nieder mit ihm!; auf und nieder

nie|der... (*in Zus. mit Verben,* z. B. niederlegen, du legst nieder, niedergelegt, niederzulegen)

Nie|der|bay|ern ↑K 143

nie|der|beu|gen; sich niederbeugen

nie|der|bren|nen

nie|der|brin|gen; einen Schacht niederbringen (*Bergmannsspr.* herstellen)

nie|der|deutsch (*Abk.* nd.); *vgl.* deutsch; **Nie|der|deutsch,** das; -[s] (Sprache); *vgl.* Deutsch; **Nie|der|deut|sche,** das; -n; *vgl.* Deutsche, das

Nie|der|deutsch|land ↑K 143

Nie|der|druck, der; -[e]s

nie|der|drü|cken [*alte Trennung* ...k|k...]; **nie|der|drü|ckend**

Nie|der|druck|hei|zung

nie|de|re; niederer, niederste; ↑K 151: die niedere Jagd; aus niederem Stande; der niedere Adel; ↑K 72: Hoch und Nieder [*alte Schreibung* hoch und nieder] (jedermann); Hohe und Niedere trafen sich zum Fest; ↑K 140: die Niedere Tatra (Teil der Westkarpaten); die Niederen Tauern *Plur.* (Teil der Zentralalpen)

nie|der|fal|len

Nie|der|flur|wa|gen *(Technik)*

Nie|der|fran|ken

nie|der|fre|quent *(Physik);* **Nie|der|fre|quenz**

Nie|der|gang, der

nie|der|ge|drückt

nie|der|ge|hen; eine Lawine ist niedergegangen

Nie|der|ge|las|se|ne, der *u.* die; -n, -n (*schweiz. für* Einwohner mit dauerndem Wohnsitz)

nie|der|ge|schla|gen (bedrückt, traurig); **Nie|der|ge|schla|gen|heit**

nie|der|hal|ten; niedergehalten; **Nie|der|hal|tung**

nie|der|hau|en; er hieb den Flüchtenden nieder

nie|der|ho|len; die Flagge wurde niedergeholt

Nie|der|holz, das; -es; (Unterholz)

Nie|der|jagd, die; - (*Jägerspr.* Jagd auf Kleinwild)

nie|der|kämp|fen

nie|der|kau|ern, sich

nie|der|knal|len

nie|der|kni|en; niedergekniet

nie|der|knüp|peln

nie|der|kom|men; sie ist [mit Zwillingen] niedergekommen *(veraltend);* **Nie|der|kunft,** die; -, ...künfte (*veraltend für* Geburt)

Nie|der|la|ge

Nie|der|lan|de *Plur.;* **Nie|der|län|der; Nie|der|län|de|rin**

nie|der|län|disch, *aber* ↑K 150: Niederländisches Dankgebet (ein Lied aus dem niederländischen Freiheitskampf gegen Spanien); **Nie|der|län|disch,** das; -[s] (Sprache); *vgl.* Deutsch; **Nie|der|län|di|sche,** das; -n; *vgl.* Deutsche, das

nie|der|las|sen; sich auf dem *od.* auf den Stuhl niederlassen; der Vorhang wurde niedergelassen

Nie|der|las|sung; Nie|der|las|sungs|frei|heit, die; -

nie|der|läu|fig; eine niederläufige Hunderasse

Nie|der|lau|sitz [*auch* ...'lau...] ↑K 143 (Landschaft um Cottbus; *Abk.* N. L.)

nie|der|le|gen; sie hat den Kranz auf der *od.* auf die Platte niedergelegt; sich niederlegen; **Nie|der|le|gung**

nie|der|ma|chen *(ugs.);* **nie|der|mä|hen; nie|der|met|zeln**

Nie|der|ös|ter|reich (↑K 143; österr. Bundesland)

nie|der|pras|seln; nie|der|reg|nen; nie|der|rei|ßen; das Haus wurde niedergerissen

Nie|der|rhein; nie|der|rhei|nisch, *aber* ↑K 140: die Niederrheinische Bucht (Tiefland in Nordrhein-Westfalen)

nie|der|rin|gen; der Feind wurde niedergerungen

Nie|der|sach|se; Nie|der|sach|sen ↑K 143; **Nie|der|säch|sin; nie|der|säch|sisch**

nie|der|schie|ßen; jmdn. niederschießen; der Adler ist auf die Beute niedergeschossen

Nie|der|schlag, der; -[e]s, ...schläge; **nie|der|schla|gen;** sich niederschlagen; der Prozess wurde dann niedergeschlagen

nie|der|schlags|arm; nie|der|schlags|frei

Nie|der|schlags|men|ge

nie|der|schlags|reich

Nie|der|schla|gung

Nie|der|schle|si|en ↑K 143

nie|der|schmet|tern; jmdn., etwas niederschmettern; dieser Brief hat ihn niedergeschmettert

nie|der|schrei|ben

nie|der|schrei|en; die Menge hat ihn niedergeschrien

Nie|der|schrift

nie|der|set|zen; ich habe mich niedergesetzt

nie|der|sin|ken

nie|der|sit|zen (*landsch. für* sich [nieder]setzen)

Nie|der|span|nung *(Elektrot.)*

nie|ders|te [*alte Trennung* ...|st...]; *vgl.* niedere

nie|der|stei|gen; sie ist niedergestiegen

nie|der|stim|men; einen Antrag niederstimmen

nie|der|sto|ßen; er hat sie niedergestoßen

nie|der|stre|cken [*alte Trennung* ...k|k...]; sie hat ihn niedergestreckt

Nie|der|sturz; nie|der|stür|zen; die Lawine ist niedergestürzt

nie|der|tou|rig *(Technik)*

nied|rig

– ein niedriges Haus – niedrige Absätze – niedrige Beweggründe – niedrige Temperaturen – von niedrigem Niveau – niedriger Wasserstand	*Getrenntschreibung in Verbindung mit Verben und Partizipien:* – ↑K 52 *u.* 56: das Brett niedrig[er] halten, die Ausgaben niedrig halten; etwas niedrig[er] hängen (*ugs. auch für* nicht so wichtig nehmen) – ↑K 61: niedrig gesinnt sein, die niedrig gesinnten [*alte Schreibung* niedriggesinnten] Gegner – niedrig fliegende Flugzeuge – niedrig stehendes [*alte Schreibung* niedrigstehendes] Gesindel
Großschreibung ↑K 72: – Hoch und Niedrig [*alte Schreibung* hoch und niedrig] (jedermann) – Hohe und Niedrige	

Nie|der|tracht, die; -
nie|der|träch|tig; Nie|der|träch|tig|keit
nie|der|tram|peln
nie|der|tre|ten
Nie|de|rung; Nie|de|rungs|moor
Nie|der|wald, der; -[e]s (Teil des Rheingaugebirges)
Nie|der|wald|denk|mal, *auch* **Nie|der|wald-Denk|mal**, das; -[e]s
nie|der|wal|zen
nie|der|wärts
nie|der|wer|fen; niedergeworfen; **Nie|der|wer|fung**
Nie|der|wild
nie|der|zie|hen
nie|der|zwin|gen
nied|lich; Nied|lich|keit, die; -
Nied|na|gel (am Fingernagel losgelöstes Hautstückchen)
nied|rig *s. Kasten*
Nied|rig|e|ner|gie|bau|wei|se
Nied|rig|hal|tung, die; -
Nied|rig|keit
Nied|rig|lohn|land *Plur.* ...länder
nied|rig|prei|sig; niedrigpreisige Produkte
nied|rig|pro|zen|tig
nied|rig ste|hend [*alte Schreibung* nied|rig|ste|hend] *vgl.* niedrig
Nied|rig|was|ser *Plur.* ...wasser
Ni|el|lo, das; -[s], *Plur.* -s *u.* ...llen, *auch* ...lli ⟨ital.⟩ (eine Verzierungstechnik der Goldschmiedekunst *[nur Sing.]*; mit dieser Technik verziertes Kunstwerk); **Ni|el|lo|ar|beit**
Niels (m. Vorn.)
nie|mals
nie|mand ↑K 76; *Gen.* niemand[e]s; *Dat.* niemandem, *auch* niemand; *Akk.* niemanden, *auch* niemand; ↑K 72: niemand Fremdes usw., *aber* ↑K 76: niemand anders; niemand kann es besser wissen als sie; **Nie|mand**, der; -[e]s; er, sie ist ein Niemand; der böse Niemand (*auch für* Teufel)
Nie|mands|land, das; -[e]s (Kampfgebiet zwischen feindlichen Linien; unerforschtes, herrenloses Land)
Nie|re, die; -, -n; eine künstliche Niere (med. Gerät)
Nie|ren|be|cken [*alte Trennung* ...k|k...]; **Nie|ren|be|cken|ent|zün|dung**
Nie|ren|bra|ten
Nie|ren|ent|zün|dung
nie|ren|för|mig
Nie|ren|ko|lik
nie|ren|krank
Nie|ren|sen|kung; Nie|ren|stein; Nie|ren|tisch; Nie|ren|trans|plan|ta|ti|on; Nie|ren|tu|ber|ku|lo|se
nie|rig (nierenförmig [von Mineralien])
Nierndl, das; -s, -n (*österr. für* Niere [als Gericht])
Nier|stei|ner (ein Rheinwein)
nie|seln (*ugs. für* leise regnen); es nieselt; **Nie|sel|re|gen**
nie|sen; du niest; sie nies|te; geniest
Nies|pul|ver; Nies|reiz
Nieß|brauch, der; -[e]s ⟨*zu* nießen = genießen⟩ (*Rechtsspr.* Nutzungsrecht)
Nieß|nutz, der; -es; **Nieß|nut|zer**
Nies|wurz, die; -, -en ⟨*zu* niesen⟩ (eine Pflanzengattung)
Niet, der, *auch* das; -[e]s, -e (*fachspr. für* [1]Niete)
[1]**Nie|te**, die; -, -n (Metallbolzen zum Verbinden)
[2]**Nie|te**, die; -, -n ⟨niederl.⟩ (Los, das nichts gewonnen hat; Reinfall, Versager)
nie|ten; Nie|ten|ho|se
Nie|ter (Berufsbez.)
Niet|ham|mer
Niet|ho|se (*selten für* Nietenhose)
Niet|na|gel; Niet|pres|se
niet- und na|gel|fest ↑K 31
Nie|tung
Nietz|sche (dt. Philosoph); **Nietz|sche-Ar|chiv** ↑K 136
Ni|fe [...fe], das; - ⟨*Kurzw. aus* Ni[ckel] *u.* Fe [Eisen]⟩ (*Bez. für* den nach älterer Theorie aus Nickel u. Eisen bestehenden Erdkern); **Ni|fe|kern**
Nifl|heim [*auch* 'nɪ...], das; -[e]s ⟨»Nebelheim«⟩ (*nord. Mythol.* Reich der Kälte; *auch für* Totenreich)
ni|gel|na|gel|neu (*schweiz. für* funkelnagelneu)
[1]**Ni|ger**, der; -[s] (afrik. Strom)
[2]**Ni|ger**, -s, *auch mit Artikel:* der; -s (Staat in Westafrika)
Ni|ge|ria (Staat in Westafrika); **Ni|ge|ri|a|ner; Ni|ge|ri|a|ne|rin; ni|ge|ri|a|nisch**
Nig|ger, der; -s, - ⟨amerik.⟩ (*diskriminierend für* Schwarzer)
Night|club ['nait...], der; -s, -s ⟨engl.⟩ (Nachtlokal)
Ni|g|rer ⟨*zu* [2]Niger⟩; **Ni|g|re|rin**
ni|g|risch
Ni|g|ro|sin, das; -s, -e ⟨lat.⟩ (ein Farbstoff)
Ni|hi|lis|mus, der; - ⟨lat.⟩ (Philosophie, die alles Bestehende für nichtig hält; völlige Verneinung aller Normen u. Werte)
Ni|hi|list, der; -en, -en; **Ni|hi|lis|tin** [*alte Trennung* ...|st...]; **ni|hi|lis|tisch**
Nij|me|gen ['nai...] (niederl. Stadt); *vgl.* Nimwegen
Ni|käa usw. *vgl.* Nizäa usw.
Ni|ka|ra|gua usw. *vgl.* Nicaragua usw.
Ni|ke (griech. Siegesgöttin)
Ni|ki|ta (m. Vorn.)
Ni|k|las (m. Vorn.)
Ni|k|laus (*schweiz. für* hl. Nikolaus; *auch* m. Vorn.)
Ni|ko|ba|ren *Plur.* (Inselgruppe im Ind. Ozean)
Ni|ko|de|mus (Jesus anhängender jüdischer Schriftgelehrter)
Ni|kol *vgl.* Nicol
[1]**Ni|ko|laus**, der; -, *Plur.* -e, *ugs. scherzh. auch* ...läuse ⟨griech.⟩

(als hl. Nikolaus verkleidete Person; den hl. Nikolaus darstellende Figur aus Schokolade)

²Ni|ko|laus (m. Vorn.)

Ni|ko|laus|a|bend, Ni|ko|laus|tag (6. Dez.)

Ni|ko|lo [*auch* ...ˈlo:], der; -s, -s ‹ital.› (*österr. für* hl. Nikolaus); **Ni|ko|lo|a|bend; Ni|ko|lo|tag**

Ni|ko|sia [*auch* ...ˈko:...] (Hauptstadt von Zypern)

Ni|ko|tin, *fachspr.* Ni|co|tin, das; -s ‹nach dem franz. Gelehrten Nicot› (Alkaloid im Tabak)

ni|ko|tin|arm; ni|ko|tin|frei

Ni|ko|tin|ge|halt, der

ni|ko|tin|hal|tig; Ni|ko|tin|hal|tig|keit, die; -

Ni|ko|tin|ver|gif|tung

Nil, der; -[s] (afrik. Fluss)

Nil|del|ta, das; -s ↑K 143; **Nil|gans**

Nil|gau, der; -[e]s, -e ‹Hindi› (antilopenartiger ind. Waldbock)

nil|grün

Ni|lo|te, der; -n, -n (Angehöriger negrider Völker am oberen Nil); **ni|lo|tisch**

Nil|pferd

Nils (m. Vorn.)

Nim|bus, der; -, -se ‹lat.› (besonderes Ansehen, Ruf; *bild. Kunst* Heiligenschein, Strahlenkranz)

nim|mer (*landsch. für* niemals; nicht mehr); nie und nimmer

Nim|mer|leins|tag *(ugs.)*; am, bis zum Nimmerleinstag

nim|mer|mehr (*landsch. für* niemals); nie und nimmermehr, nun und nimmermehr; **Nim|mer|mehrs|tag** *vgl.* Nimmerleinstag

nim|mer|mü|de

Nim|mer|satt, der; *Gen.* - *u.* -[e]s, *Plur.* -e (jmd., der nicht genug bekommen kann)

Nim|mer|wie|der|se|hen, das; -s; auf Nimmerwiedersehen *(ugs.)*

¹Nim|rod ‹hebr.› (*A. T.* Herrscher von Babylon, Gründer Ninives)

²Nim|rod, der; -s, -e ([leidenschaftlicher] Jäger)

Nim|we|gen (*dt. Form von* Nijmegen)

Ni|na (w. Vorn.)

nin|geln (*mitteld. für* wimmern); ich ning[e]le

Ni|ni|ve [...ve] (Hauptstadt des antiken Assyrerreiches)

Ni|ni|vit, der; -en, -en (Bewohner von Ninive); **ni|ni|vi|tisch**

Nin|ja, der; -[s], -[s] ‹jap.› (*früher in Japan* in Geheimbünden organisierter Krieger)

Ni|ob, *fachspr.* Ni|o|bi|um, das; -s ‹*nach* Niobe› (chemisches Element, Metall; *Zeichen* Nb)

Ni|o|be [...be, *auch* ˈni̯o:ba] (griech. w. Sagengestalt)

Ni|o|bi|de, der *u.* die; -n, -n (Kind der Niobe)

Ni|o|bi|um *vgl.* Niob

Nipf (*österr. ugs. für* Mut); jmdm. den Nipf nehmen

Nip|pel, der; -s, - (kurzes Rohrstück mit Gewinde; ab- od. vorstehendes [Anschluss]stück)

nip|pen

Nip|pes [...p(ə)s] *Plur.* ‹franz.› (kleine Ziergegenstände [aus Porzellan])

Nipp|flut (*nordd. für* geringe Flut)

Nip|pon (*jap. Name von* Japan)

Nipp|sa|chen *Plur.* (*svw.* Nippes)

Nipp|ti|de (*svw.* Nippflut)

nir|gend (*veraltend für* nirgends)

nir|gend|her; nir|gend|hin

nir|gends

nir|gends|her usw. *(selten) vgl.* nirgendher usw.

nir|gend|wo; nir|gend|wo|her; nir|gend|wo|hin

Ni|ros|ta® [*alte Trennung* ...|st...], der; -s (*Kurzw. aus* nicht rostender Stahl)

Nir|wa|na, das; -[s] ‹sanskr.› (völlige, selige Ruhe als Endzustand des gläubigen Buddhisten)

Ni|sche, die; -, -n ‹franz.›

Ni|schel, der; -s, - (*bes. mitteld. für* Kopf)

Ni|schen|al|tar

Nisch|ni Now|go|rod (Stadt a. d. Wolga [*früherer Name* Gorki])

Nis|se, die; -, -n, *älter* Niss [*alte Schreibung* Niß], die; -, Nisse (Ei der Laus)

Nis|sen|hüt|te ↑K 135 ‹nach dem engl. Offizier P. N. Nissen› (halbrunde Wellblechbaracke)

nis|sig (voller Nisse[n], filzig)

nis|ten [*alte Trennung* ...|st...]

Nist|höh|le; Nist|kas|ten [*alte Trennung* ...|st...]; **Nist|platz; Nist|stät|te; Nist|zeit**

Nit|hard (fränk. Geschichtsschreiber)

Ni|t|rat, das; -[e]s, -e ‹ägypt.› (*Chemie* Salz der Salpetersäure)

Ni|t|rid, das; -[e]s, -e (Verbindung von Stickstoff mit Metall)

ni|t|rie|ren (mit Salpetersäure behandeln)

Ni|t|ri|fi|ka|ti|on, die; -, -en (Salpeterbildung durch Bodenbakterien)

ni|t|ri|fi|zie|ren ([durch Bodenbakterien] Salpeter bilden); nitrifizierende Bakterien; **Ni|t|ri|fi|zie|rung**

Ni|t|ril, das; -s, -e (Zyanverbindung)

Ni|t|rit, das; -s, -e (Salz der salpetrigen Säure)

Ni|t|ro|ge|la|ti|ne [...ʒe...] (ein Sprengstoff)

Ni|t|ro|ge|ni|um [...ˈge:...], das; -s (Stickstoff; *Zeichen* N)

Ni|t|ro|gly|ze|rin, *fachspr.* Ni|t|ro|gly|ce|rin (ein Heilmittel; ein Sprengstoff)

Ni|t|ro|lack (gelöste Nitrozellulose enthaltender Lack)

Ni|t|ro|phos|phat (Düngemittel)

Ni|t|ro|s|a|mi|ne *Plur.* (eine Gruppe chem. Verbindungen)

Ni|t|ro|zel|lu|lo|se, *fachspr.* Ni|t|ro|cel|lu|lo|se (ein sehr schnell verbrennender Stoff, Schießbaumwolle)

Ni|t|rum, das; -s (*veraltet für* Salpeter)

nit|scheln *(Textiltechnik)*; ich nitsch[e]le; **Nit|schel|werk** (Maschine, mit der Fasern zum Spinnen vorbereitet werden)

ni|t|sche|wo! ‹russ.› (*scherzh. für* macht nichts!, hat nichts zu bedeuten!)

Ni|ue [ni:ˈueɪ] (Inselstaat im Pazifik)

Ni|veau [...ˈvo:], das; -s, -s ‹franz.› (waagerechte Fläche auf einer gewissen Höhenstufe; Höhenlage; [Bildungs]stand, Rang)

Ni|veau|dif|fe|renz; ni|veau|frei (*Verkehrsw.* sich nicht in gleicher Höhe kreuzend)

Ni|veau|ge|fäl|le; ni|veau|gleich

Ni|veau|li|nie (Höhenlinie)

ni|veau|los; Ni|veau|lo|sig|keit

Ni|veau|un|ter|schied; ni|veau|voll

Ni|vel|le|ment [...ˈmɑ̃:], das; -s, -s (Ebnung, Gleichmachung; Höhenmessung)

ni|vel|lie|ren (gleichmachen; ebnen; Höhenunterschiede [im Gelände] bestimmen)

Ni|vel|lier|in|s|t|ru|ment

Ni|vel|lie|rung

Ni|vose [...ˈvo:s], der; -, -s ‹franz., »Schneemonat«› (4. Monat des Kalenders der Franz. Revolution: 21. Dez. bis 19. Jan.)

nix (*ugs. für* nichts)

Nix, der; -es, -e (germ. Wassergeist)

Nix|chen; Ni|xe, die; -, -n (Meer-

N

jungfrau; [badendes] Mädchen); **ni|xen|haft**

Ni|zäa (Stadt [*jetziger Name* Isnik] im alten Bithynien); **ni|zäisch,** *aber* ↑K 150: Nizäisches Glaubensbekenntnis

ni|zä|nisch *vgl.* nizäisch

Ni|zä|num, Ni|zä|um, das; -s (Nizäisches Glaubensbekenntnis)

Niz|za (franz. Stadt); **Niz|za|er; niz|za|isch**

n. J. = nächsten Jahres

N. J. = New Jersey

Njas|sa, der; -[s] (afrik. See)

Njas|sa|land, das; -[e]s (*früherer Name von* Malawi)

Nje|men, der; -[s] (russ. Name der Memel)

nkr = norwegische Krone

NKWD, der; - ⟨*Abk. aus* russ. Narodny Komissariat Wnutrennich Del = Volkskommissariat des Innern⟩ (sowjet. polit. Geheimpolizei [1934–46])

N. L. = Niederlausitz

nlat. = neulateinisch

NLG (Währungscode für Gulden)

nm = Nanometer

Nm = Newtonmeter

nm., nachm. = nachmittags

n. M. = nächsten Monats

N. Mex. = New Mexico

N. N., NN = Normalnull

N. N. = nomen nescio [-ˈnɛstsio] ⟨lat., »den Namen weiß ich nicht«⟩ *od.* nomen nominandum ⟨»der zu nennende Name«⟩ (z. B. Herr N. N.)

NNO = Nordnordost[en]

NNW = Nordnordwest[en]

No = Nobelium

NO = Nordost[en]

NÖ = Niederösterreich

No., N° = Numero

No|ah, *ökum.* No|ach (bibl. m. Eigenn.); *Gen.:* des -, *aber (ohne Artikel)* Noah[s] *u.* Noä; die Arche Noah

no|bel ⟨franz.⟩ (edel; *ugs. für* freigebig); ein nob|ler Mensch

[1]**No|bel,** der; -s (Löwe in der Tierfabel)

[2]**No|bel** (schwed. Chemiker)

No|bel|ball *(bes. österr.)*

No|bel|her|ber|ge (*ugs. für* luxuriöses Hotel); **No|bel|ho|tel**

No|be|li|um, das; -s ⟨*zu* [2]Nobel⟩ (chemisches Element, Transuran; *Zeichen* No)

No|bel|preis; No|bel|preis|trä|ger

No|bel|stif|tung, die; -

No|bi|li|tät, die; -, -en ⟨lat.⟩ (Adel); **no|bi|li|tie|ren** (*früher für* adeln)

No|b|les|se, die; -, -n ⟨franz.⟩ (*veraltet für* Adel; *nur Sing.: veraltend für* vornehmes Benehmen)

no|b|lesse o|b|li|ge [...blɛs oˈbliːʃ] (Adel verpflichtet)

No|bo|dy [...di], der; -s, -s ⟨engl.⟩ (jmd., der unbedeutend, ein Niemand ist)

noch; noch nicht; noch immer; noch mehr; noch und noch; noch einmal; noch einmal so viel; noch mal, *auch* nochmal

Noch|ge|schäft *(Börse)*

noch mal, *auch* **noch|mal** *(ugs.)*

noch|ma|lig; noch|mals

[1]**Nock,** das; -[e]s, -e, *auch* die; -, -en ⟨niederl.⟩ (*Seemannsspr.* Ende eines Rundholzes)

[2]**Nock,** der; -s, -e (*bayr. u. österr. in Bergnamen für* Felskopf, Hügel)

Nöck *vgl.* Neck

No|cken [*alte Trennung* ...k|k...], der; -s, - (*Technik* Vorsprung an einer Welle oder Scheibe); **No|cken|wel|le**

No|ckerl [*alte Trennung* ...k|k...], das; -s, -n (*österr. für* Klößchen; naives Mädchen); **No|ckerl|sup|pe** *(österr.)*

Noc|turne [nɔkˈtʏrn], das; -s, -s *od.* die; -, -s ⟨franz., »Nachtstück«⟩ (*Musik* lyrisches, stimmungsvolles Klavierstück)

No|e|sis, die; - ⟨griech.⟩ (*Philos.* geistiges Wahrnehmen, Denken, Erkennen)

No|e|tik, die; - (Lehre vom Denken, vom Erkennen geistiger Gegenstände); **no|e|tisch**

No|f|re|te|te (altägypt. Königin)

no fu|ture [ˈnoː ˈfjuːtʃɐ] ⟨engl., »keine Zukunft«⟩ (Schlagwort meist arbeitsloser Jugendlicher)

No|fu|ture|ge|ne|ra|ti|on [ˈnoː-ˈfjuːtʃɐ...], *auch* **No-Fu|ture-Ge|ne|ra|ti|on** [*alte Schreibung* No-fu|ture-Ge|ne|ra|ti|on], die; -

no i|ron [ˈnoː ˈairən] ⟨engl.⟩ (nicht bügeln, bügelfrei [Hinweis an Kleidungsstücken])

Noi|sette [noaˈzɛt], die; -, *Plur. (Sorten:)* -s ⟨franz.⟩, **Noi|set|te|scho|ko|la|de** (Milchschokolade mit Haselnusscreme)

[1]**NOK** = Nationales Olympisches Komitee

[2]**NOK** (Währungscode für norweg. Krone)

Nol|de (dt. Maler u. Grafiker)

nö|len (*nordd. ugs. abwertend für* jammern)

no|lens vo|lens ⟨lat., »nicht wollend wollend«⟩ (wohl oder übel)

No|li|me|tan|ge|re [...ge...], das; -, - ⟨»rühr mich nicht an«⟩ (Springkraut)

Nöl|lie|se, die; -, -n; **Nöl|pe|ter,** der; -s, - (*nordd. ugs. abwertend für* herumjammernde Person)

Nom. = Nominativ

No|ma|de, der; -n, -n ⟨griech.⟩ (Angehöriger eines Hirten-, Wandervolkes)

No|ma|den|da|sein; no|ma|den|haft

No|ma|den|le|ben, das; -s; **No|ma|den|volk**

No|ma|din; no|ma|disch (umherziehend, unstet)

no|ma|di|sie|ren (umherziehen)

No|men, das; -s, *Plur.* ...mina *od.* - ⟨lat., »Name«⟩ (*Sprachw.* Nennwort, Substantiv, z. B. »Haus«; *häufig auch für* Adjektiv u. andere deklinierbare Wortarten)

No|men Ac|ti [*alte Schreibung* No|men ac|ti], das; - -, ...mina - (*Sprachw.* Substantiv, das den Abschluss od. das Ergebnis eines Geschehens bezeichnet, z. B. »Lähmung, Guss«)

No|men Ac|ti|o|nis [*alte Schreibung* No|men ac|tio|nis], das; - -, ...mina - (*Sprachw.* Substantiv, das ein Geschehen bezeichnet, z. B. »Schlaf«)

No|men A|gen|tis [*alte Schreibung* No|men a|gen|tis], das; - -, ...mina - (*Sprachw.* Substantiv, das den Träger eines Geschehens bezeichnet, z. B. »Schläfer«)

no|men est o|men (der Name deutet schon darauf hin)

No|men In|s|t|ru|men|ti [*alte Schreibung* No|men in|stru|men|ti], das; - -, ...mina - (*Sprachw.* Substantiv, das ein Werkzeug od. Gerät bezeichnet, z. B. »Bohrer«)

No|men|kla|tor, der; -s, ...oren (Verzeichnis für die in einem Wissenschaftszweig vorkommenden gültigen Namen); **no|men|kla|to|risch**

No|men|kla|tur, die; -, -en (Zusammenstellung, System von [wissenschaftlichen] Fachausdrücken)

No|men|kla|tu|ra, die; - ⟨russ.⟩ (*in der Sowjetunion* Verzeichnis der wichtigsten Führungspositionen; *übertr. für* Oberschicht); **No|men|kla|tur|ka|der** *(DDR)*

N

No|men pro|p|ri|um, das; - -, ...mina ...pria ‹lat.› (Eigenname)

No|mi|na (*Plur. von* Nomen)

no|mi|nal (zum Namen gehörend; *Wirtsch.* zum Nennwert); **No|mi|nal|be|trag** (Nennbetrag)

No|mi|na|lis|mus, der; - (eine philos. Lehre); **No|mi|na|list,** der; -en, -en

No|mi|nal|lohn

No|mi|nal|stil, der; -[e]s; Stil, der das Substantiv, das Nomen, bevorzugt; *Ggs.* Verbalstil

No|mi|nal|wert

No|mi|na|ti|on, die; -, -en (*früher* [Recht der] Benennung von Anwärtern auf höhere Kirchenämter durch die Landesregierung; *seltener für* Nominierung)

No|mi|na|tiv, der; -s, -e (*Sprachw.* Werfall, 1. Fall; *Abk.* Nom.)

no|mi|nell ([nur] dem Namen nach [bestehend], vorgeblich; zum Nennwert); *vgl.* nominal

no|mi|nie|ren (benennen, bezeichnen; ernennen); **No|mi|nie|rung**

No|mo|gramm, das; -s, -e ‹griech.› (*Math.* Schaubild od. Zeichnung zum graf. Rechnen)

Non, No|ne, die; -, Nonen ‹lat.› (Teil des kath. Stundengebets)

No|na|gon, das; -s, -e ‹lat.; griech.› (Neuneck)

No|name|pro|dukt ['no:'ne:m...], *auch* **No-Name-Pro|dukt** [*alte Schreibung* No-name-Pro|dukt] ‹engl.; lat.› (neutral verpackte Ware ohne Marken- od. Firmenzeichen)

Non|book|ab|tei|lung ['nɔn-'bʊk...], *auch* **Non-Book-Ab|tei|lung** [*alte Schreibung* Non-book-Ab|tei|lung] ‹engl.; dt.› (Abteilung in Buchläden, in der Schallplatten, Poster o. Ä. verkauft werden)

Non|cha|lance [nõʃa'lã:s], die; - ‹franz.› (Lässigkeit, formlose Ungezwungenheit)

non|cha|lant [...'lã:, *attributiv* ...'lant]; nonchalanteste [...'lantəstə] (formlos, ungezwungen, [nach]lässig)

No|ne, die; -, -n ‹lat.› (*Musik* neunter Ton [vom Grundton an]; ein Intervall); *vgl.* Non

No|nen *Plur.* (*im altröm. Kalender* neunter Tag vor den Iden)

No|nen|ak|kord *(Musik)*

No|nett, das; -[e]s, -e (Musikstück für neun Instrumente; *auch* die neun Ausführenden)

Non|food|ab|tei|lung ['nɔn'fu:t...], *auch* **Non-Food-Ab|tei|lung** [*alte Schreibung* Non-food-Ab|tei|lung] ‹engl.; dt.› (Abteilung in Einkaufszentren, in der keine Lebensmittel, sondern andere Gebrauchsgüter verkauft werden)

No|ni|us, der; -, *Plur.* ...ien *u.* -se ‹nach dem Portugiesen Nunes› (verschiebbarer Messstabzusatz)

Non|kon|for|mis|mus [*auch* 'nɔ...] ‹lat.-engl.› (von der herrschenden Meinung unabhängige Einstellung)

Non|kon|for|mist, der; -en, -en; **Non|kon|for|mis|tin** [*alte Trennung* ...|st...]; **non|kon|for|mis|tisch**

Non|ne, die; -, -n; **non|nen|haft**

Non|nen|klos|ter [*alte Trennung* ...|st...]

Non|nen|zie|gel (ein Dachziegel)

Non|pa|reille [nõpa'rɛj], die; - ‹franz.› (*Druckw.* ein Schriftgrad)

Non|plus|ul|t|ra, das; - ‹lat.› (Unübertreffbares, Unvergleichliches)

Non|pro|li|fe|ra|ti|on [*engl. Aussprache* nɔnprolifə're:ʃn̩], die; - ‹engl.-amerik.› (Nichtweitergabe [von Atomwaffen])

non scho|lae, sed vi|tae dis|ci|mus [- 'sç..., *auch* sk... - - -] ‹lat., »nicht für die Schule, sondern für das Leben lernen wir«›

Non|sens, der; *Gen.* - *u.* -es ‹lat.-engl.› (Unsinn; törichtes Gerede)

non|stop ‹engl.› (ohne Halt, ohne Pause); nonstop fliegen, spielen

Non|stop|flug, *auch* **Non|stop-Flug,** *auch* **Non-Stop-Flug** (Flug ohne Zwischenlandung)

Non|stop|ki|no, *auch* **Non|stop-Ki|no,** *auch* **Non-Stop-Ki|no** (Kino mit fortlaufenden Vorführungen und durchgehendem Einlass)

non trop|po ‹ital.› (*Musik* nicht zu viel)

Non|va|leur [nõva'lø:ɐ̯], der; -s, -s ‹franz.› (entwertetes Wertpapier; Investition, die keinen Ertrag abwirft)

non|ver|bal [*auch* 'nɔ...] (nicht mithilfe der Sprache)

Noor, das; -[e]s, -e ‹dän.› (*nordd. für* Haff)

Nop|pe, die; -, -n (Knoten in Geweben)

Nopp|ei|sen

nop|pen (Knoten aus dem Gewebe entfernen)

Nop|pen|garn; Nop|pen|ge|we|be

Nop|pen|glas *Plur.* ...gläser

Nop|pen|stoff

nop|pig

Nopp|zan|ge

No|ra (w. Vorn.)

Nor|bert (m. Vorn.)

Nör|chen ‹*zu* nören› (*nordwestd. für* Schläfchen)

[1]**Nord** (Himmelsrichtung; *Abk.* N); Nord und Süd; *fachspr.* der Wind kommt aus Nord; Autobahnausfahrt Frankfurt Nord, *auch* Frankfurt-Nord ↑K 148; *vgl.* Norden

[2]**Nord,** der; -[e]s, -e *Plur. selten* (*geh. für* Nordwind)

Nord|af|ri|ka

Nord|a|me|ri|ka; nord|a|me|ri|ka|nisch

Nord|at|lan|tik|pakt, der; -[e]s (*vgl.* NATO)

Nord|aus|t|ra|li|en [*alte Trennung* ...|st...]

Nord|ba|den; *vgl.* Baden

Nord|bra|bant (niederl. Prov.)

Nord|da|ko|ta (Staat in den USA; *Abk.* N. D.)

nord|deutsch, *aber* ↑K 140: das Norddeutsche Tiefland, *auch* die Norddeutsche Tiefebene; ↑K 150: der Norddeutsche Bund; *vgl.* deutsch; **Nord|deutsch|land**

Nor|den, der; -s (*Abk.* N); das Gewitter kommt aus Norden; sie zogen gen Norden; *vgl.* Nord

Nor|den|skiöld ['nu:ɐ̯dn̩ʃœlt] (schwed. Polarforscher)

Nor|der|dith|mar|schen (Teil von Dithmarschen)

Nor|der|ney (eine der Ostfriesischen Inseln)

Nord|eu|ro|pa

Nord|frank|reich

nord|frie|sisch, *aber* ↑K 140: die Nordfriesischen Inseln; **Nord|fries|land**

Nord|ger|ma|ne; nord|ger|ma|nisch

Nord|hang

Nord|häu|ser ‹nach der Stadt Nordhausen› ([Korn]branntwein)

nord|i|risch; Nord|ir|land

nor|disch (den Norden betreffend); nordische Kälte; die nordischen Sprachen; nordische Kombination (*Skisport* Sprunglauf u. 15-km-Langlauf), *aber*

↑K 150: der Nordische Krieg (1700–21)
Nor|dist, der; -en, -en; **Nor|dis|tik** [*alte Trennung* ...|st...], die; - (Erforschung der nordischen Sprachen u. Kulturen); **Nor|dis|tin**
Nord|i|ta|li|en
Nord|kap, das; -s (auf einer norweg. Insel)
Nord|ka|ro|li|na (Staat in den USA)
Nord|ko|rea ↑K 143 (*nicht amtliche Bez. für* Demokratische Volksrepublik Korea); **Nord|ko|re|a|ner; Nord|ko|re|a|ne|rin; nord|ko|re|a|nisch**
Nord|küs|te [*alte Trennung* ...|st...]
Nord|län|der, der; **Nord|län|de|rin**
Nord|land|fahrt; nord|län|disch; Nord|land|rei|se
n[ördl]. Br. = nördlicher Breite

nörd|lich
– die nördliche Halbkugel; nördlicher Breite (*Abk.* n[ördl]. Br.) – der nördliche Stern[en]himmel, *aber* ↑K 140: das Nördliche Eismeer (*älter für* Nordpolarmeer)
An »nördlich« kann ein Substantiv im Genitiv oder mit »von« angeschlossen werden. Der Anschluss mit »von« wird bei artikellosen [geographischen] Namen bevorzugt: – nördlich dieser Linie; nördlich des Mains – nördlich von Berlin, *selten* nördlich Berlins

Nörd|li|che Dwi|na, die; -n - (russischer Strom; *vgl.* Dwina)
Nord|licht *Plur.* ...lichter (*auch scherzh. für* Norddeutscher)
Nörd|lin|gen (Stadt im Ries in Bayern); **Nörd|lin|ger**
Nord|manns|tan|ne, Nord|mann|tan|ne, *auch* **Nord|mann-Tan|ne** ⟨nach dem finn. Naturwissenschaftler A. v. Nordmann⟩ (mitteleuropäischer Nadelbaum)
[1]**Nord|nord|ost** (Himmelsrichtung; *Abk.* NNO); *vgl.* Nordnordosten
[2]**Nord|nord|ost,** der; -[e]s, -e *Plur. selten* (Nordnordostwind; *Abk.* NNO)
Nord|nord|os|ten, der; -s (*Abk.* NNO); *vgl.* [1]Nordnordost
[1]**Nord|nord|west** (Himmelsrichtung; *Abk.* NNW); *vgl.* Nordnordwesten
[2]**Nord|nord|west,** der; -[e]s, -e *Plur. selten* (Nordnordwestwind; *Abk.* NNW)
Nord|nord|wes|ten [*alte Trennung* ...|st...], der; -s (*Abk.* NNW); *vgl.* [1]Nordnordwest
[1]**Nord|ost** (Himmelsrichtung; *Abk.* NO); *vgl.* Nordosten
[2]**Nord|ost,** der; -[e]s, -e *Plur. selten* (Nordostwind)
Nord|os|ten, der; -s (*Abk.* NO); *vgl.* [1]Nordost; **nord|öst|lich,** *aber* ↑K 140: die Nordöstliche Durchfahrt
Nord-Ost|see-Ka|nal, der; -s
Nord|ost|wind
Nord|pol, der; -s
Nord|po|lar|ge|biet, das; -[e]s; **Nord|po|lar|meer**
Nord|pol|ex|pe|di|ti|on; Nord|pol|fah|rer
Nord|punkt, der; -[e]s
Nord|rhein-West|fa|len ↑K 144
nord|rhein-west|fä|lisch ↑K 145
Nord|rho|de|si|en (*früherer Name von* Sambia)
Nord|see, die; - (Meer); **Nord|see|ka|nal,** der; -s
Nord|sei|te
Nord-Süd-Ge|fäl|le (wirtschaftl. Gefälle zwischen Industrie- u. Entwicklungsländern); **nord|süd|lich;** in nordsüdlicher Richtung
Nord|ter|ri|to|ri|um (in Australien)
Nord|wand
nord|wärts
[1]**Nord|west** (Himmelsrichtung; *Abk.* NW); *vgl.* Nordwesten
[2]**Nord|west,** der; -[e]s, -e *Plur. selten* (Nordwestwind)
Nord|wes|ten [*alte Trennung* ...|st...], der; -s (*Abk.* NW); *vgl.* [1]Nordwest; **nord|west|lich,** *aber* ↑K 140: die Nordwestliche Durchfahrt
Nord|west|ter|ri|to|ri|en *Plur.* (in Kanada)
Nord|west|wind
Nord|wind
nö|ren (*nordwestd. für* schlummern); *vgl.* Nörchen
Nör|ge|lei; Nör|gel|frit|ze, der; -n, -n *(ugs.)*
nör|ge|lig, nörg|lig
nör|geln; ich nörg[e]le
Nörg|ler; Nörg|le|rin; nörg|le|risch
Nörg|ler|tum, das; -s
nörg|lig *vgl.* nörgelig
no|risch (ostalpin); *aber* ↑K 140: die Norischen Alpen
Norm, die; -, -en ⟨griech.-lat.⟩ (Richtschnur, Regel; sittliches Gebot oder Verbot als Grundlage der Rechtsordnung; Größenanweisung in der Technik; *Druckerspr.* Bogensignatur)
nor|mal (der Norm entsprechend, vorschriftsmäßig; gewöhnlich, üblich, durchschnittlich)
Nor|mal, das; -s, -e (besonders genauer Maßstab; *meist ohne Artikel, nur Sing.: kurz für* Normalbenzin)
Nor|mal|aus|füh|rung; Nor|mal|ben|zin; Nor|mal|bür|ger; Nor|mal|druck *Plur.* ...drücke
Nor|ma|le, die; -[n], -n; zwei Normale[n] (*Math.* Senkrechte)
nor|ma|ler|wei|se
Nor|mal|fall, der; **Nor|mal|film; Nor|mal|form** *(Sport)*
Nor|mal|ge|wicht; Nor|mal|grö|ße
Nor|mal|hö|he; Nor|mal|hö|hen|punkt, der; -[e]s (*Zeichen* N. H.)
Nor|mal|ho|ri|zont (Ausgangsfläche für Höhenmessungen)
Nor|ma|lie, die; -, -n (*Technik* nach einem bestimmten System vereinheitlichtes Bauelement; *meist Plur.:* Grundform, Vorschrift)
nor|ma|li|sie|ren (wieder normal gestalten); sich normalisieren (wieder normal werden); **Nor|ma|li|sie|rung**
Nor|ma|li|tät, die; - (normaler Zustand)
Nor|mal|maß, das; **Nor|mal|null,** das; -s (*Abk.* N. N., NN)
Nor|mal|pro|fil (Walzeisenquerschnitt)
Nor|mal|spur, die; - (*Eisenb.* Vollspur); **nor|mal|spu|rig** (vollspurig)
Nor|mal|tem|pe|ra|tur; Nor|mal|ton *Plur.* ...töne; **Nor|mal|uhr**
Nor|mal|ver|brau|cher
Nor|mal|zeit (Einheitszeit)
Nor|mal|zu|stand
Nor|man (m. Vorn.)
Nor|man|die [*auch* ...mã...], die; - (Landschaft in Nordwestfrankreich)
Nor|man|ne, der; -n, -n (Angehöriger eines nordgerman. Volkes); **Nor|man|nin; nor|man|nisch;** normannischer Eroberungszug, *aber* ↑K 140: die Normannischen Inseln
nor|ma|tiv ⟨griech.⟩ (maßgebend, als Richtschnur dienend); **Nor-**

ma|tiv, das; -s, -e (*regional für* Richtschnur, Anweisung)
Norm|blatt
nor|men (einheitlich festsetzen, gestalten; [Größen] regeln)
Nor|men|aus|schuss [*alte Schreibung* ...aus|schuß]
Nor|men|kon|t|rol|le *(Rechtsspr.)*
Nor|men|kon|t|roll|kla|ge
nor|mie|ren (normgerecht gestalten); **Nor|mie|rung**
Nor|mung (das Normen)
Nor|ne, die; -, -n *meist Plur.* ‹altnord.› (nord. Schicksalsgöttin [Urd, Werdandi, Skuld])
Nor|th|um|ber|land [no:ɐ̯'θambɐlɛnt] (engl. Grafschaft)
Nor|we|gen
Nor|we|ger; Nor|we|ge|rin
Nor|we|ger|mus|ter [*alte Trennung* ...|st...] (ein Strickmuster)
nor|we|gisch; Nor|we|gisch, das; -[s] (Sprache); *vgl.* Deutsch; **Nor|we|gi|sche,** das; -n; *vgl.* Deutsche, das
No|se|ma|seu|che ‹griech.; dt.› (eine Bienenkrankheit)
No|so|gra|phie, *auch* No|so|gra|fie, die; - ‹griech.› (Krankheitsbeschreibung)
No|so|lo|gie, die; - (Lehre von den Krankheiten, systematische Beschreibung der Krankheiten); **no|so|lo|gisch**
No-Spiel ↑K21 ‹jap.-dt.› (eine Form des klassischen jap. Theaters)
Nos|sack (dt. Schriftsteller)
Nö|ßel, der *od.* das; -s, - (altes Flüssigkeitsmaß)
Nos|t|al|gie [*alte Trennung* ...|st...], die; -, ...ien ‹griech.› ([sehnsuchtsvolle] Rückwendung zu früheren Zeiten u. Erscheinungen, z. B. in Kunst od. Mode); **Nos|t|al|gie|wel|le**
Nos|t|al|gi|ker [*alte Trennung* ...|st...]; **Nos|t|al|gi|ke|rin; nos|t|al|gisch**
Nos|t|ra|da|mus [*alte Trennung* ...|st...] (französischer Astrologe des 16. Jh.s)
Nos|t|ri|fi|ka|ti|on [*alte Trennung* ...|st...], die; -, -en ‹lat.› (Einbürgerung; Anerkennung eines ausländischen Diploms); **nos|t|ri|fi|zie|ren; Nos|t|ri|fi|zie|rung** (*svw.* Nostrifikation)
Nos|t|ro|gut|ha|ben *od.* **...kon|to** [*alte Trennung* ...|st...] ‹ital.› (Eigenguthaben im Verkehr zwischen Banken)

Not

die; -, Nöte
- ohne Not; zur Not; mit Müh und Not
- wenn Not am Mann ist; seine [liebe] Not haben
- Not [*alte Schreibung* not] sein, Not [*alte Schreibung* not] tun, Not [*alte Schreibung* not] werden (*veraltend für* nötig sein, werden)
- in Not, in Nöten sein
- *aber* vonnöten sein
- Not leiden; *vgl.* Not leidend

No|ta, die; -, -s ‹lat.› (*Wirtsch.* [kleine] Rechnung, Vormerkung); *vgl.* ad notam
No|ta|beln *Plur.* ‹franz.› (durch Bildung, Rang u. Vermögen ausgezeichnete Mitglieder des [franz.] Bürgertums)
no|ta|be|ne ‹lat., »merke wohl!«› (übrigens; *Abk.* NB); **No|ta|be|ne,** das; -[s], -[s] (Merkzeichen, Vermerk, Denkzettel)
No|ta|bi|li|tät, die; -, -en (*nur Sing.:* Vornehmheit; *meist Plur.:* hervorragende Persönlichkeit)
Not|an|ker
No|tar, der; -s, -e ‹lat.› (Amtsperson zur Beurkundung von Rechtsgeschäften)
No|ta|ri|at, das; -[e]s, -e (Amt eines Notars)
No|ta|ri|ats|ge|hil|fe; No|ta|ri|ats|ge|hil|fin
no|ta|ri|ell (von einem Notar [ausgefertigt]); notariell beglaubigt
No|ta|rin
no|ta|risch (*seltener für* notariell)
Not|arzt; Not|ärz|tin; Not|arzt|wa|gen
No|ta|ti|on, die; -, -en (Aufzeichnung [in Notenschrift]; System von Zeichen od. Symbolen)
Not|auf|nah|me; Not|auf|nah|me|la|ger *Plur.* ...lager
Not|aus|gang; Not|aus|rüs|tung [*alte Trennung* ...|st...]; **Not|be|helf; Not|be|leuch|tung; Not|bett**
Not|brem|se; Not|brem|sung
Not|brü|cke [*alte Trennung* ...k|k...]
Not|burg, Not|bur|ga (w. Vorn.)
Not|dienst; ärztlicher Notdienst
Not|durft, die; - (*veraltend für* Drang, den Darm, die Blase zu entleeren; Stuhlgang)
not|dürf|tig
No|te, die; -, -n ‹lat.›; eine ganze, eine halbe Note; die Note drei; *vgl.* ausreichend *u.* drei

Note|book ['no:tbʊk], das; -s, -s ‹engl.› (Personalcomputer im Buchformat)
No|ten *Plur.* ‹lat.› (*ugs. für* Musikalien)
No|ten|aus|tausch; No|ten|bank *Plur.* ...banken; **No|ten|blatt**
No|ten|durch|schnitt; No|ten|heft; No|ten|li|nie *meist Plur.*
No|ten|pult; No|ten|satz, der; -es
No|ten|schlüs|sel; No|ten|schrift
No|ten|stän|der
No|ten|ste|cher (Berufsbez.)
No|ten|sys|tem [*alte Trennung* ...|st...]; **No|ten|um|lauf; No|ten|wech|sel**
Note|pad ['no:tpɛt], das; -s, -s ‹engl.› (Personalcomputer im Notizblockformat)
Not|er|be, der (Erbe, der nicht übergangen werden darf)
Not|fall, der
Not|fall|me|di|zin, die; -
not|falls ↑K70
Not|feu|er; Not|ge|biet
not|ge|drun|gen
Not|geld; Not|ge|mein|schaft
Not|gro|schen
Not|ha|fen (*vgl.* ²Hafen)
Not|hel|fer; die vierzehn [*alte Schreibung* Vierzehn] Nothelfer [Heilige]; **Not|hel|fe|rin**
Not|hil|fe, die; -
no|tie|ren ‹lat.› (aufzeichnen; vormerken; *Kaufmannsspr.* den Kurs eines Papiers, den Preis einer Ware festsetzen; einen bestimmten Kurswert, Preis haben); **No|tie|rung**
No|ti|fi|ka|ti|on, die; -, -en (*veraltet für* Anzeige; Benachrichtigung); **no|ti|fi|zie|ren** *(veraltet)*
nö|tig; für nötig halten; etwas nötig haben, machen; das ist am nötigsten; das Nötigste; es fehlt ihnen am Nötigsten ↑K72
nö|ti|gen
nö|ti|gen|falls
Nö|ti|gung
No|tiz, die; -, -en ‹lat.›; von etwas Notiz nehmen; **No|tiz|block** (*vgl.* Block); **No|tiz|buch**
No|tiz|samm|lung, No|ti|zen|samm|lung; **No|tiz|zet|tel**
Not|ker (m. Vorn.)
Not|la|ge
not|lan|den; ich notlande; notgelandet; notzulanden; **Not|lan|dung**
Not lei|dend [*alte Schreibung* not|lei|dend] die Not leidende Bevölkerung; *fachspr.* notleidende Kredite; **Not Lei|den|de,** der *u.*

N

die; - -n, - -n, *auch* **Not|lei|den|de,** der *u.* die; -n, -n
Not|lei|ter; Not|licht *Plur.* ...lichter
Not|lö|sung; Not|lü|ge; Not|maß|nah|me
Not|na|gel (*ugs. für* jmd., mit dem man in einer Notlage vorlieb nimmt)
Not|o|pe|ra|ti|on; Not|op|fer
no|to|risch ⟨lat.⟩ (offenkundig, allbekannt; berüchtigt)
Not|pfen|nig; Not|pro|gramm
No|t|re-Dame [nɔtrəˈdam], die; - (*franz. Bez.* der Jungfrau Maria; Name vieler franz. Kirchen)
not|reif; Not|rei|fe
Not|ruf; Not|ruf|an|la|ge; Not|ruf|num|mer; Not|ruf|säu|le
not|schlach|ten; ich notschlachte; notgeschlachtet; notzuschlachten; **Not|schlach|tung**
Not|schrei; Not|si|g|nal
Not|si|tu|a|ti|on; Not|sitz
Not|stand; Not|stands|ge|biet
Not|stands|ge|setz|ge|bung
Not|stands|hil|fe *(österr.)*
Not|strom|ag|gre|gat
Not|tau|fe; not|tau|fen; ich nottaufe; notgetauft; notzutaufen
Not|tür
Not|tur|no, das; -s, *Plur.* -s *u.* ...ni ⟨ital.⟩ (*svw.* Nocturne)
Not|un|ter|kunft; Not|ver|band; Not|ver|ord|nung
not|voll
not|was|sern; ich notwassere; notgewassert; notzuwassern; **Not|was|se|rung**
Not|wehr, die; -
not|wen|dig [*auch* ...ˈvɛn...]; ↑K72: [sich] auf das, aufs Notwendigste beschränken; es fehlt am Notwendigsten; alles Notwendige tun
not|wen|di|gen|falls; not|wen|di|ger|wei|se; Not|wen|dig|keit
Not|zei|chen
Not|zucht, die; -; **not|züch|ti|gen;** genotzüchtigt; zu notzüchtigen
Nou|ak|chott [nuakˈʃɔt] (Hauptstadt Mauretaniens)
Nou|gat [ˈnu:gat] usw. *vgl.* Nugat usw.
Nou|veau|té [nuvo...], die; -, -s ⟨franz.⟩ (Neuheit, Neuigkeit)
Nou|velle Cui|sine [nuˈvɛl kɥiˈzi:n; *alte Schreibung* Nou|velle cui|sine], die; - - ⟨franz.⟩ (moderne Richtung der Kochkunst)
Nov. = November
[1]**No|va,** die; -, ...vä ⟨lat.⟩ (neuer Stern)
[2]**No|va** (*Plur. von* Novum; Neuerscheinungen im Buchhandel)
No|va|lis (dt. Dichter)
No|va|ti|on, die; -, -en ⟨lat.⟩ (*Rechtsw.* Schuldumwandlung)
No|ve|cen|to [...ˈtʃɛ...], das; -[s] ⟨ital.⟩ ([Kunst]zeitalter des 20. Jh.s in Italien)
No|vel|food, *auch* **No|vel Food** [ˈnɔvlfu:d], das; -s ⟨engl.⟩ (gentechnisch veränderte Nahrung)
No|vel|le, die; -, -n ⟨lat.⟩ (Prosaerzählung; Nachtragsgesetz); **no|vel|len|ar|tig**
No|vel|len|band, der; **No|vel|len|dich|ter; No|vel|len|form; No|vel|len|samm|lung; No|vel|len|schrei|ber**
No|vel|let|te, die; -, -n (kleine Novelle)
no|vel|lie|ren (durch ein Nachtragsgesetz ändern, ergänzen); **No|vel|lie|rung**
No|vel|list, der; -en, -en (Novellenschreiber); **No|vel|lis|tin** [*alte Trennung* ...ls|t...]; **no|vel|lis|tisch** (novellenartig; unterhaltend)
No|vem|ber, der; -[s], - ⟨lat.⟩ (elfter Monat im Jahr; Nebelmond, Neb[e]lung, Windmonat, Wintermonat; *Abk.* Nov.)
no|vem|ber|haft; no|vem|ber|lich
No|vem|ber|ne|bel
No|vem|ber|re|vo|lu|ti|on
No|ve|ne, die; -, -n ⟨lat.⟩ (neuntägige kath. Andacht)
No|vi|lu|ni|um, das; -s, ...ien ⟨lat.⟩ (*Astron.* erstes Sichtbarwerden der Mondsichel nach Neumond)
No|vi|tät, die; -, -en ⟨lat.⟩ (Neuerscheinung; Neuheit [der Mode u. a.]; *veraltet für* Neuigkeit)
No|vi|ze, der; -n, -n *u.* die; -, -n (Mönch od. Nonne während der Probezeit; Neuling); **No|vi|zen|meis|ter** [*alte Trennung* ...ls|t...]
No|vi|zi|at, das; -[e]s, -e (dem Ordensgelübde vorausgehende Probezeit); **No|vi|zi|at|jahr**
No|vi|zin
No|vum, das; -s, ...va (absolute Neuheit, noch nie Dagewesenes); *vgl.* [2]Nova
No|wa|ja Sem|l|ja ⟨russ.⟩ (russ. Inselgruppe im Nordpolarmeer)
No|wo|si|birsk (Stadt in Sibirien)
No|xe, die; -, -n ⟨lat.⟩ (*Med.* krankheitserregende Ursache)
No|xin, das; -s, -e (*Med.* aus abgestorbenem Körpereiweiß stammender Giftstoff)
Np = *chem. Zeichen für* Neptunium; Neper
NPD = Nationaldemokratische Partei Deutschlands
Nr. = Nummer; **Nrn.** = Nummern
NRT = Nettoregistertonne
NRZ = Nettoraumzahl
ns = Nanosekunde
NS = Nachschrift; *auf Wechseln* nach Sicht; Nationalsozialismus
NSG = Naturschutzgebiet
n. St. = neuen Stils (*Zeitrechnung* nach dem gregorianischen Kalender)
NS-Ver|bre|cher [ɛnˈɛs...] ↑K28 (Naziverbrecher)
N. T. = Neues Testament
n-te [ˈɛn...] ↑K30; *vgl.* x-te
nu (*ugs. für* nun); **Nu,** der (sehr kurze Zeitspanne); *nur in* im Nu, in einem Nu
Nu|an|ce [nyˈã:sə, *österr.* nyˈã:s], die; -, -n ⟨franz.⟩ (feiner Unterschied; Feinheit; Kleinigkeit); **nu|an|cen|reich**
nu|an|cie|ren; Nu|an|cie|rung
Nu|ba, der; -[s], -[s] (Angehöriger eines Mischvolkes im Sudan)
'nü|ber; ↑K14 (*landsch. für* hinüber)
Nu|bi|en (Landschaft in Nordafrika); **Nu|bi|er; Nu|bi|e|rin**
nu|bisch, *aber* ↑K140: die Nubische Wüste
Nu|buk, das; -[s] ⟨engl.⟩ (wildlederartiges Kalbsleder); **Nu|buk|le|der**
nüch|tern; Nüch|tern|heit, die; -
Nu|cke [*alte Trennung* ...k|k...], **Nü|cke,** die; -, -n (*landsch. für* Laune, Schrulle)
Nu|ckel [*alte Trennung* ...k|k...], der; -s, - (*ugs. für* Schnuller); **nu|ckeln** (*ugs. für* saugen); ich nuck[e]le
Nu|ckel|pin|ne [*alte Trennung* ...k|k...], die; -, -n (*ugs. für* altes, klappriges Auto)
nü|ckisch [*alte Trennung* ...k|k...] ⟨*zu* Nucke⟩
Nud|del, der; -s, - (*landsch. für* Schnuller)
nud|deln (*landsch. für* nuckeln); ich nudd[e]le
Nu|del, die; -, -n; **Nu|del|brett**
nu|del|dick (*ugs. für* sehr dick)
Nu|del|holz
nu|deln; ich nud[e]le
Nu|del|sa|lat; Nu|del|sup|pe
Nu|del|teig
Nu|del|wal|ker (*österr. für* Nudelholz)

nu̱ll

Kleinschreibung des Zahlworts: – null Fehler haben – null Grad – null Uhr, null Sekunden – der Wert der Gleichung geht gegen null – die erste Ableitung gleich null setzen – null Komma eins (0,1); sie verloren drei zu null (3:0) – die Stunde null [*alte Schreibung* Null] – das Thermometer, der Zeiger der Waage steht auf null [*alte Schreibung* Null]	– er fängt wieder bei null [*alte Schreibung* Null] an – die Temperatur, die Stimmung sinkt unter null [*alte Schreibung* Null] – in null [*alte Schreibung* Null] Komma nichts (*ugs. für* sehr schnell) – null und nichtig (*emotional verstärkend für* [rechtlich] ungültig) – null (*ugs. für* keine) Ahnung haben; null Bock (*ugs. für* keine Lust) auf etwas haben) *Zur Großschreibung vgl.* [1]Null

Nu|di̱s|mus, der; - ‹lat.› (Freikörperkultur); **Nu|di̱st,** der; -en, -en; **Nu|di̱s|tin** [*alte Trennung* ...|st...]
Nu|di|tä̱t (*selten für* [anzügliche] Nacktheit)
Nu̱|gat, *auch* Nou|gat ['nu:...], der *od.* das; -s, -s ‹franz.› (süße Masse aus Zucker und Nüssen)
Nu̱|gat|fül|lung, *auch* Nou|gat|fül|lung; **Nu̱|gat|scho|ko|la|de,** *auch* Nou|gat|scho|ko|la|de
Nug|get ['nagɪt], das; -[s], -s ‹engl.› (natürl. Goldklumpen)
Nụg|gi ['nuki], der; -s, - (*schweiz. mdal. für* Schnuller)
nu|k|le|a̱r ‹lat.› (den Atomkern, Kernwaffen betreffend); nukleare Waffen
Nu|k|le|a̱r|kri|mi|na|li|tät; Nu|k|le|a̱r|macht
Nu|k|le|a̱r|me|di|zin, die; - (Teilgebiet der Strahlenmedizin)
Nu|k|le|a̱r|spreng|kopf; Nu|k|le|a̱r|waf|fe *meist Plur.*
Nu|k|le|a̱|se, die; -, -n (*Chemie* Nukleinsäuren spaltendes Enzym)
Nu|k|le|i̱n, das; -s, -e (*svw.* Nukleoproteid); **Nu|k|le|i̱n|säu|re**
Nu̱|k|le|on, das; -s, ...o̱nen (Atomkernbaustein); **Nu|k|le|o̱|nik,** die; - (Atomlehre)
Nu|k|le|o|pro|te|i̱d, das; -[e]s, -e (*Biochemie* Eiweißverbindung des Zellkerns)
Nu̱|k|le|us, der; -, ...ei (*Biol.* [Zell]kern)
Nu|ku'a|lo̱|fa (Hauptstadt von Tonga)
nu̱ll *s. Kasten*
[1]**Nụll,** die; -, -en (Ziffer; *ugs. für* gänzlich unfähiger Mensch); die Zahl Null; eine Zahl mit fünf Nullen; die Ziffern Null bis Zehn; er ist eine reine Null
[2]**Nụll,** der, *auch* das; -[s], -s (*Skat* Nullspiel)
nụll|ạcht|fụ̈nf|zehn, *in Ziffern* 08/15 (*ugs. für* wie üblich, Allerwelts...); **Nụll|ạcht|fụ̈nf|zehn-So|ße** *(ugs.)*
nụl|la poe̱|na si̱|ne le̱|ge ‹lat., »keine Strafe ohne Gesetz«›
Nụll|bọck|ge|ne|ra|ti|on, *auch* **Nụll-Bọck-Ge|ne|ra|ti|on,** die; - (*ugs. für* junge Generation, die durch Unlust u. Desinteresse gekennzeichnet ist)
Nụll|di|ät, die; - (*Med.* [fast] kalorienfreie Diät)
nụl|len (mit dem Nullleiter verbinden; *ugs. für* ein neues Jahrzehnt beginnen)
Nụll|feh|ler|ritt, *auch* **Nụll-Feh|ler-Ritt** *(Reitsport)*
Nul|li|fi|ka|ti|o̱n, die; -, -en; **nul|li|fi|zie̱|ren** (zunichte machen, für nichtig erklären)
Nul|li|tä̱t, die; -, -en (*selten für* Nichtigkeit; Ungültigkeit)
Nụll|la|ge, *auch* **Nụll-La|ge** [*alte Schreibung* Nulla|ge, *alte Trennung* ...ll|l...], die; - (Nullstellung bei Messgeräten)
Nụll|lei|ter, *auch* **Nụll-Lei|ter** [*alte Schreibung* Nullei|ter, *alte Trennung* ...ll|l...], der *(Elektrot.)*
Nụll|li|nie, *auch* **Nụll-Li|nie** [*alte Schreibung* Nulli|nie, *alte Trennung* ...ll|l...]
Nụll|lö|sung, *auch* **Nụll-Lö|sung** [*alte Schreibung* Nullö|sung, *alte Trennung* ...ll|l...]
Nụll|men|ge *(Mengenlehre)*
Nụll|me|ri|di|an, der; -s
Null ou|vert [- u'vɛːɐ], der, *auch* das; - -[s], - -s ‹lat.; franz.› (offenes Nullspiel [beim Skat])
Nụll|punkt; die Stimmung sank auf den Nullpunkt *(ugs.)*
Nụll|run|de (*ugs. für* Lohnrunde ohne [reale] Lohnerhöhung)
Nụll|se|rie (erste Versuchsserie einer Fertigung); **Nụll|spiel** *(Skat)*
Nụll|sum|men|spiel, *auch* **Nụll-Sum|men-Spiel** (Spiel, bei dem die Summe der Einsätze, Verluste u. Gewinne gleich null ist)
Nụll|ta|rif (kostenlose Gewährung üblicherweise nicht unentgeltlicher Leistungen)
nụll|te (*Math.* Ordnungszahl zu null)
Nụll|wachs|tum, das; -s *(Wirtsch.)*
Nụl|pe, die; -, -n (*ugs. für* dummer, langweiliger Mensch)
Nu|me|ra̱|le, das; -s, *Plur.* ...lien *u.* ...lia ‹lat.› (*Sprachw.* Zahlwort, z. B. »eins«)
Nu̱|me|ri [*auch* 'nʊ...] (*Plur. von* Numerus; Name des 4. Buches Mosis)
nu|me|rie̱|ren, Nu|me|rie̱|rung *alte Schreibungen für* nummerieren, Nummerierung
Nu|me̱|rik, die; - (*EDV* numerische Steuerung)
nu|me̱|risch (zahlenmäßig, der Zahl nach; mit Ziffern [verschlüsselt])
Nu̱|me|ro [*auch* 'nʊ...], das; -s, -s ‹ital.› (*veraltet für* Zahl; *Abk.* No., N°); *vgl.* Nummer
Nu̱|me|rus [*auch* 'nʊ...], der; -, ...ri ‹lat., »Zahl«› (*Sprachw.* Zahlform des Substantivs [Singular, Plural]; *Math.* die zu logarithmierende Zahl)
Nu̱|me|rus clau̱|sus, der; - - (zahlenmäßig beschränkte Zulassung [bes. zum Studium])
Nu|mi̱|der [*auch* 'nu:...], Nu|mi̱|di|er; **Nu|mi̱|de|rin,** Nu|mi̱|di|e|rin
Nu|mi̱|di|en (antikes nordafrik. Reich); **Nu|mi̱|di|er** *vgl.* Numider; **Nu|mi̱|di|e|rin** *vgl.* Numiderin; **nu|mi̱|disch**
nu|mi|no̱s ‹lat.› (*Theol.* [auf das Göttliche bezogen] schauervoll und anziehend zugleich)
Nu|mis|ma̱|tik, die; - ‹griech.› (Münzkunde)
Nu|mis|ma̱|ti|ker; Nu|mis|ma̱|ti|ke|rin; nu|mis|ma̱|tisch
Nụm|mer, die; -, -n ‹lat.› (Zahl;

Abk. Nr., *Plur.* Nrn.); Nummer fünf; etwas ist Gesprächsthema Nummer eins *(ugs.)*; Nummer null [*alte Schreibung* Null]; auf Nummer Sicher, *auch* auf Nummer sicher gehen (*ugs. für* nichts tun, ohne sich abzusichern); laufende Nummer (*Abk.* lfd. Nr.); *vgl.* Numero
num|me|rie|ren [*alte Schreibung* nu|me|rie|ren] (beziffern, [be]nummern); nummerierte Ausgabe *(Druckw.)*; **Num|me|rie|rung** [*alte Schreibung* Nu|me|rie|rung
num|me|risch (*für* numerisch)
num|mern (*für* nummerieren); ich nummere
Num|mern|girl (im Varietee)
Num|mern|kon|to; Num|mern|schei|be; Num|mern|schild, das; **Num|mern|stem|pel; Num|mern|ta|fel**
Num|me|rung (*für* Nummerierung)
Num|mu|lit, der; *Gen.* -s *u.* -en, *Plur.* -e[n] ‹lat.› (versteinerter Wurzelfüßer im Eozän)
nun; nun [ein]mal; nun wohlan!; nun und nimmer[mehr]; von nun an
Nun|cha|ku [...ˈtʃa:ku], das; -s, -s ‹jap.›, **Nun|cha|ku|holz** (asiat. Verteidigungswaffe aus zwei verbundenen Holzstäben)
nun|mehr *(geh.)*; **nun|meh|rig** *(geh.)*
ˈnun|ter; ↑K 14 (*landsch. für* hinunter)
Nun|ti|a|tur, die; -, -en ‹lat.› (Amt und Sitz eines Nuntius)
Nun|ti|us, der; -, ...ien (ständiger Botschafter des Papstes bei weltlichen Regierungen)
nup|ti|al ‹lat.› (*veraltet für* ehelich, hochzeitlich)
nur; nur Gutes empfangen; nur mehr (*landsch. für* nur noch); warum nur?; nur zu!
Nür|burg|ring, der; -[e]s ↑K 143 (Autorennstrecke in der Eifel)
Nur|haus|frau
Nürn|berg (Stadt in Mittelfranken)
Nürn|ber|ger; Nürnberger Lebkuchen; Nürnberger Trichter
Nurse [nø:ɐ̯s], die; -, *Plur.* -s *u.* -n [...s(ə)n] ‹engl.› (*engl. Bez. für* Kinderpflegerin)
nu|scheln (*ugs. für* undeutlich sprechen); ich nusch[e]le
Nuss [*alte Schreibung* Nuß], die; -, Nüsse; **Nuss|baum; Nuss|beu|gel** *(österr.)*
nuss|braun [*alte Schreibung* nuß...]
Nüss|chen [*alte Schreibung* Nüßchen]
Nuss|fül|lung [*alte Schreibung* Nuß...]; **Nuss|gip|fel** *(schweiz.)*
nus|sig; ein nussiger Geschmack
Nuss|kip|ferl [*alte Schreibung* Nuß...] *(österr.)*; **Nuss|kna|cker** [*alte Trennung* ...k|k...]; **Nuss|koh|le; Nuss|ku|chen**
Nüss|li|sa|lat [*alte Schreibung* Nüßli...] (*schweiz. für* Feldsalat)
Nuss|scha|le, *auch* **Nuss-Schale** [*alte Schreibung* Nuß...] (*auch für* kleines Boot)
Nuss|schin|ken, *auch* **Nuss-Schinken** [*alte Schreibung* Nuß...]
Nuss|scho|ko|la|de, *auch* **Nuss-Scho|ko|la|de** [*alte Schreibung* Nuß...]
Nuss|stru|del, *auch* **Nuss-Stru|del** [*alte Schreibung* Nuß...] *(österr.)*
Nuss|tor|te
Nüs|ter [*auch* ˈny:...; *alte Trennung* ...|st...], die; -, -n *meist Plur.*
Nut, die; -, -en *(in der Technik nur so) u.* Nu|te, die; -, -n (Furche, Fuge)
Nu|ta|ti|on, die; -, -en ‹lat.› (*Astron.* Schwankung der Erdachse gegen den Himmelspol; *Bot.* Wachstumsbewegung der Pflanze)
Nu|te *vgl.* Nut
Nut|ei|sen
nu|ten
Nu|ten|frä|ser
Nu|the, die; - (linker Nebenfluss der Havel)
Nut|ho|bel
¹Nu|t|ria, die; -, -s ‹span.› (Biberratte)
²Nu|t|ria, der; -s, -s (Pelz aus dem Fell der ¹Nutria)
Nu|t|ri|ment, das; -[e]s, -e ‹lat.› (*Med.* Nahrungsmittel)
Nu|t|ri|ti|on, die; -, -en (Ernährung); **nu|t|ri|tiv** (nährend, nahrungsmäßig)
Nut|sche, die; -, -n (*Chemie* Filtriereinrichtung, Trichter)
nut|schen (*ugs. u. landsch. für* lutschen; *Chemie* durch einen Filter absaugen); du nutschst
Nut|te, die; -, -n (*derb für* Prostituierte); **nut|ten|haft, nut|tig** (*derb für* wie eine Nutte)
nutz; zu nichts nutz sein (*südd., österr. für* zu nichts nütze sein); *vgl.* Nichtsnutz
Nutz, der (*veraltet für* Nutzen); zu Nutz und Frommen; sich etwas zunutze, *auch* zu Nutze machen; **Nutz|an|wen|dung**
nutz|bar; nutzbar machen; **Nutz|bar|keit,** die; -; **Nutz|bar|ma|chung**
Nutz|bau *Plur.* ...bauten
nutz|brin|gend
nüt|ze; [zu] nichts nütze
Nutz|ef|fekt (Nutzleistung, Wirkungsgrad)
nut|zen (du nutzt); *vgl.* nützen
nüt|zen (du nützt; es nützt mir nichts)
Nut|zen, der; -s; es ist von [großem, geringem] Nutzen
Nut|zen-Kos|ten-A|na|ly|se [*alte Trennung* ...|st...] *(Wirtsch.)*
Nut|zer; Nut|ze|rin
Nutz|fahr|zeug; Nutz|flä|che; Nutz|gar|ten; Nutz|holz
Nutz|kos|ten [*alte Trennung* ...|st...] *(Wirtsch.)*; **Nutz|last**
Nutz|leis|tung [*alte Trennung* ...|st...] *(Technik)*
nütz|lich; sich nützlich machen; **Nütz|lich|keit,** die; -
Nütz|lich|keits|den|ken; Nütz|lich|keits|prin|zip, das; -s
Nütz|ling (*Ggs.* Schädling)
nutz|los; Nutz|lo|sig|keit, die; -
nutz|nie|ßen (*geh. für* von etwas Nutzen haben); du nutznießt; genutznießt
Nutz|nie|ßer; Nutz|nie|ße|rin
nutz|nie|ße|risch; Nutz|nie|ßung (*auch Rechtsspr.* Nießbrauch)
Nutz|pflan|ze; Nutz|tier
Nut|zung; Nut|zungs|dau|er
Nut|zungs|recht *(Rechtsspr.)*
Nutz|wert
Nuuk (Hauptstadt Grönlands); *vgl.* Godthåb
n. V. = nach Vereinbarung; nach Verlängerung *(Sport)*
NVA = Nationale Volksarmee (Streitkräfte der DDR)
NW = Nordwest[en]
Ny, das; -[s], -s (griech. Buchstabe; *N, ν*)
N. Y. = New York (Staat)
Nyk|t|a|l|o|pie, die; - ‹griech.› (*Med.* Nachtblindheit)
Nyk|to|pho|bie, die; - (*Med., Psych.* [krankhafte] Furcht vor Dunkelheit)
Ny|lon® [ˈnai...], das; -[s] ‹engl.› (haltbare synthet. Textilfaser)
Ny|lons *Plur.* (*ugs. veraltend für* Nylonstrümpfe); **Ny|lon|strumpf**
Nym|phäa, Nym|phäe, die; -, ...äen ‹griech.› (*Bot.* Seerose)

o|ben	
– nach, von, bis oben; nach oben hin, zu – von oben her; von oben herab – man wusste kaum noch, was oben und was unten war – alles Gute kommt von oben – oben ohne (*ugs. für* busenfrei)	– das oben gegebene Versprechen – die oben genannte [*alte Schreibung auch* obengenannte] Tatsache (*Abk.:* o. g.) – die oben stehenden, oben zitierten [*alte Schreibungen auch* obenstehenden, obenzitierten] Bemerkungen
Getrenntschreibung in Verbindung mit Verben und Partizipien: – oben sein; oben bleiben; oben liegen; oben stehen usw.	*Bei Substantivierungen ist sowohl Getrennt- als auch Zusammenschreibung möglich* ↑K 72: – das oben Erwähnte, *auch* das Obenerwähnte – die oben Genannten, *auch* die Obengenannten – im oben Stehenden, *auch* im Obenstehenden – oben Stehendes, *auch* Obenstehendes
– ↑K 58: die oben angeführte Erklärung – das oben erwähnte [*alte Schreibung auch* obenerwähnte] Faktum	

Nym|phä|um, das; -s, ...äen (Brunnentempel [in der Antike])
Nym|phe, die; -, -n (griech. Naturgottheit; *Zool.* Entwicklungsstufe [der Libelle])
Nym|phen|burg (Schlossanlage in München)
nym|phen|haft
Nym|phen|sit|tich (ein Papagei)
nym|pho|man (an Nymphomanie leidend); **Nym|pho|ma|nie,** die; - (übermäßig gesteigerter Geschlechtstrieb bei der Frau)
Nym|pho|ma|nin (nymphomane Frau); **nym|pho|ma|nisch**
Ny|norsk, das; - ‹norw.› (norw. Schriftsprache, die auf den Dialekten beruht; *vgl.* Landsmål)
Nys|tag|mus [*alte Trennung* ...|st...], der; - ‹griech.› (*Med.* Zittern des Augapfels)
Nyx (griech. Göttin der Nacht)
NZD (Währungscode für neuseeländ. Dollar)

O *o*

O (Buchstabe); das O; des O, die O, *aber* das o in Tor; der Buchstabe O, o
Ö (Buchstabe; Umlaut); das Ö; des Ö, die Ö, *aber* das ö in König; der Buchstabe Ö, ö
o *vgl.* oh
O = Ost[en]
O = Oxygenium (*chem. Zeichen für* Sauerstoff)
O, o = Omikron
Ω, ω = Omega
Ω = Ohm (elektr. Einheit)
O' ‹»Nachkomme«› (Bestandteil irischer Eigennamen, z. B. O'Neill [oˈniːl])
o. a. = oben angeführt
o. ä. = oder ähnlich
o. Ä. [*alte Schreibung* o. ä.] = oder Ähnliche[s] (*vgl.* ähnlich)
ÖAMTC = Österr. Automobil-, Motorrad- und Touring-Club
OAPEC [oˈaːpɛk] = Organization of the Arab Petroleum Exporting Countries, die; - (Organisation der arabischen Erdöl exportierenden Länder)
O|a|se, die; -, -n ‹ägypt.› (Wasserstelle in der Wüste)
OAU = Organization of African Unity (Organisation für Afrikanische Einheit); **OAU-Staa|ten**
[1]**ob** ↑K 81: das Ob und Wann
[2]**ob** *Präp. mit Dat.* (*veraltet, noch landsch. für* oberhalb, über), z. B. ob dem Walde, Rothenburg ob der Tauber; *Präp. mit Gen., seltener mit Dat.* (*veraltend für* wegen), z. B. ob des Glückes, ob gutem Fang erfreut sein
Ob, der; -[s] (Strom in Sibirien)
OB = Oberbürgermeister(in)
o. B. = ohne Befund
O|b|acht, die; -; Obacht geben
O|bad|ja (bibl. Prophet)
ÖBB = Österr. Bundesbahnen
obd. = oberdeutsch
Ob|dach, das; -[e]s (*veraltend für* Unterkunft, Wohnung)
ob|dach|los; Ob|dach|lo|se, der *u.* die; -n, -n; **Ob|dach|lo|sen|a|syl; Ob|dach|lo|sen|heim**
Ob|dach|lo|sig|keit, die; -
Ob|duk|ti|on, die; -, -en ‹lat.› (*Med.* Leichenöffnung); **Ob|duk|ti|ons|be|fund**
ob|du|zie|ren
O|b|e|di|enz, die; - ‹lat.› (*kath. Kirche* kanonischer Gehorsam der Kleriker gegenüber den geistl. Oberen)
O-Bei|ne *Plur.* ↑K 29
o-bei|nig, *auch* **O-bei|nig**
O|be|lisk, der; -en, -en ‹griech.› (vierkantige, nach oben spitz zulaufende Säule)
o|ben *s. Kasten*
o|ben|an; obenan stehen, sitzen
o|ben|auf; obenauf liegen; obenauf (*ugs. für* gesund, guter Laune) sein; obenauf, *auch* obenaus schwingen [*alte Schreibungen* obenaufschwingen, obenausschwingen] (*schweiz. für* die Oberhand gewinnen, an der Spitze liegen)
o|ben|aus *vgl.* obenauf
o|ben|drauf; obendrauf liegen, stellen
o|ben|drein
o|ben|drü|ber; obendrüber legen
o|ben|durch
o|ben er|wähnt [*alte Schreibung auch* oben|er|wähnt] *vgl.* oben; **o|ben Er|wähn|te,** der, die, das; - -n, - -n, auch **O|ben|er|wähn|te,** der, die, das; -n, -n; **o|ben ge|nannt** [*alte Schreibung auch* oben|ge|nannt] *vgl.* oben; **o|ben Ge|nann|te,** der, die, das; - -n, - -n, auch **O|ben|ge|nann|te,** der, die, das; -n, -n
o|ben|her; du musst obenher gehen, *aber* von oben her; **o|ben|he|r|um** (*ugs. für* im oberen Teil; oben am Körper)
o|ben|hin (flüchtig), *aber* nach oben hin
O|ben-oh|ne-Ba|de|an|zug ↑K 26
O|ben-oh|ne-Lo|kal
o|ben|rum (*svw.* obenherum)

O

o|ben ste|hend [*alte Schreibung auch* oben|ste|hend] *vgl.* oben; **o|ben Ste|hen|de,** das; - -n, *auch* **O|ben ste|hende,** das; -n; **o|ben zi|tiert** [*alte Schreibung auch* oben|zi|tiert] *vgl.* oben

[1]**o|ber** (*österr. für* über); *Präp. mit Dat.,* z. B. das Schild hängt ober der Tür

[2]**o|ber** *vgl.* obere

O|ber, der; -s, - ([Ober]kellner; eine Spielkarte)

O|ber|am|mer|gau; ↑K 143 (Ort am Oberlauf der Ammer)

O|ber|arm; O|ber|arzt; O|ber|ärz|tin; O|ber|auf|sicht; O|ber|bau *Plur.* ...bauten; **O|ber|bauch**

O|ber|bay|ern ↑K 143

O|ber|be|fehl, der; -[e]s; **O|ber|be|fehls|ha|ber**

O|ber|be|griff; O|ber|be|klei|dung

O|ber|berg|amt

O|ber|bett

O|ber|bür|ger|meis|ter [*auch* ...'bʏr...; *alte Trennung* ...|st...] (*Abk.* OB, OBM); **O|ber|bür|ger|meis|te|rin** (*Abk.* OB, OBM)

O|ber|deck

o|ber|deutsch (*Abk.* obd.); *vgl.* deutsch; **O|ber|deutsch,** das; -[s] (Sprache); *vgl.* Deutsch; **O|ber|deut|sche,** das; -n; *vgl.* Deutsche, das

o|be|re; der obere Stock; die ober[e]n Klassen; *aber* ↑K 140: das Obere Eichsfeld

[1]**O|be|re,** das; -n (Höheres)

[2]**O|be|re,** der *u.* die; -n, -n (Vorgesetzter, Vorgesetzte)

o|ber|faul (*ugs. für* sehr verdächtig)

O|ber|flä|che; o|ber|flä|chen|ak|tiv *(Chemie, Physik)*

O|ber|flä|chen|be|hand|lung

O|ber|flä|chen|span|nung

O|ber|flä|chen|struk|tur

O|ber|flä|chen|ver|bren|nung

O|ber|flä|chen|was|ser, das; -s

o|ber|fläch|lich; O|ber|fläch|lich|keit

O|ber|förs|ter [*alte Trennung* ...|st...]

O|ber|fran|ken ↑K 143

o|ber|gä|rig; obergäriges Bier

O|ber|ge|frei|te; O|ber|ge|richt (*schweiz. svw.* Kantonsgericht)

O|ber|ge|schoss [*alte Schreibung* ...ge|schoß]; **O|ber|gren|ze**

o|ber|halb; *als Präp. mit Gen.:* der Neckar oberhalb Heidelbergs (von Heidelberg aus flussaufwärts)

O|ber|hand, die; -

O|ber|haupt; O|ber|haus (im Zweikammerparlament)

O|ber|hemd; O|ber|herr|schaft

O|ber|hes|sen ↑K 143

O|ber|hit|ze; bei Oberhitze backen

O|ber|hof|meis|ter [*auch* ...'ho:f...; *alte Trennung* ...|st...]

O|ber|ho|heit, die; -

O|be|rin (Oberschwester; Leiterin eines Nonnenklosters)

O|ber|in|ge|ni|eur (*Abk.* Ob.-Ing.)

O|ber|in|spek|tor (*Abk.* Ob.-Insp.)

o|ber|ir|disch

O|ber|i|ta|li|en ↑K 143

o|ber|kant *(schweiz.); Präp. mit Gen.:* oberkant des Fensters, *auch* oberkant Fenster

O|ber|kan|te

O|ber|kell|ner; O|ber|kie|fer, der

O|ber|kir|chen|rat [*auch* ...'kɪr...]

O|ber|kom|man|die|ren|de, der; -n, -n; **O|ber|kom|man|do**

O|ber|kör|per; O|ber|kreis|di|rek|tor [*auch* ...'krais...]

O|ber|land, das; -[e]s; **O|ber|län|der,** der; -s, - (Bewohner des Oberlandes); **O|ber|län|de|rin**

O|ber|lan|des|ge|richt [*auch* ...'lan...] (*Abk.* OLG)

O|ber|län|ge

o|ber|las|tig [*alte Trennung* ...|st...] (*Seemannsspr.* zu hoch beladen); oberlastige Schiffe

O|ber|lauf, der; -[e]s, ...läufe

O|ber|lau|sitz [*auch* ...'lau...]; ↑K 143 (Landschaft zwischen Bautzen u. Görlitz; *Abk.* O. L.)

O|ber|le|der

O|ber|leh|rer; o|ber|leh|rer|haft

O|ber|lei|tung; O|ber|lei|tungs|om|ni|bus (*Kurzform* Obus)

O|ber|leut|nant (*Abk.* Oblt.; Oberleutnant z. [zur] See)

O|ber|licht

O|ber|li|ga; O|ber|li|gist

O|ber|lip|pe; O|ber|maat; O|ber|ma|te|ri|al

O|be|ron (König der Elfen)

O|ber|ös|ter|reich ↑K 143 (österr. Bundesland)

O|ber|pfalz, die; - ↑K 143 (Regierungsbezirk des Landes Bayern)

O|ber|post|di|rek|ti|on [*auch* ...'pɔst...]; **O|ber|pri|ma** [*auch* ...'pri:...]

O|ber|rat (Akademischer Oberrat); **O|ber|rä|tin; O|ber|re|gie|rungs|rat** [*auch* ...'gi:...]

O|ber|rhein; o|ber|rhei|nisch, *aber* ↑K 140: das Oberrheinische Tiefland

O|bers, das; - (*ostösterr. für* Sahne)

O|ber|schen|kel; O|ber|schen|kel|hals; O|ber|schen|kel|hals|bruch

O|ber|schicht

o|ber|schläch|tig (durch Wasser von oben angetrieben); oberschlächtiges Mühlrad

o|ber|schlau (*ugs. für* sich für besonders schlau haltend)

O|ber|schle|si|en ↑K 143

O|ber|schul|amt [*auch* ...'ʃu:l...]

O|ber|schu|le; O|ber|schü|ler; O|ber|schü|le|rin

O|ber|schwes|ter [*alte Trennung* ...|st...]

O|bers|creme, *auch* ...krem, ...kreme (*österr.* eine Tortenfüllung)

O|ber|sei|te; o|ber|seits (an der Oberseite)

O|ber|se|kun|da [*auch* ...'kʊn...]

O|bers|kren (*österr. für* Meerrettichsoße)

o|berst *vgl.* oberste

O|berst, der; *Gen.* -en *u.* -s, *Plur.* -en, *seltener* -e

O|ber|staats|an|walt [*auch* ...'ʃta:ts...]; **O|ber|stabs|arzt** [*auch* ...'ʃta:ps...]; **O|ber|stadt|di|rek|tor** [*auch* ...'ʃtat...]; **O|ber|stadt|di|rek|to|rin**

o|ber|stän|dig *(Bot.)*

O|berst|dorf (Ort im Allgäu)

o|bers|te [*alte Trennung* ...|ste]; oberstes Stockwerk; dort das Buch, das oberste, hätte ich gern; die obersten Gerichtshöfe; *aber* ↑K 150: der Oberste Gerichtshof; ↑K 72: das Oberste zuunterst, das Unterste zuoberst kehren

O|bers|te [*alte Trennung* ...|ste], der *u.* die; -n, -n (Vorgesetzter, Vorgesetzte)

O|ber|stei|ger *(Bergbau)*

O|ber|stim|me

O|berst|leut|nant [*auch* ...'lɔy...]

O|ber|stock, der; -[e]s (Stockwerk)

O|ber|stüb|chen; *meist in* im Oberstübchen nicht ganz richtig sein *(ugs.)*

O|ber|stu|di|en|di|rek|tor[1]; **O|ber|stu|di|en|di|rek|to|rin**[1] **O|ber|stu|di|en|rat**[1]; **O|ber|stu|di|en|rä|tin**[1]

O|ber|stu|fe; O|ber|teil, das, *auch* der; **O|ber|ter|tia** [*auch* ...'tɛr...]; **O|ber|ton** *Plur.* ...töne

O|ber|ver|wal|tungs|ge|richt [*auch* ...'val...]

O|ber|vol|ta (*früher für* Burkina

[1] [*auch* ...'ʃtu:...]

Faso); **O|ber|vo̩l|ta|er; o|ber|vo̩l|ta|isch**

o̲|ber|wärts (*veraltet für* oberhalb)

O̲|ber|was|ser, das; -s; Oberwasser haben (*ugs. für* im Vorteil sein)

O̲|ber|wei|te

O|ber|wie̲|sen|thal, Kur|ort (im Erzgebirge)

O̩b|frau

o̩b|ge|nannt (*österr. Amtsspr., sonst veraltet für* oben genannt)

ob|gle̲ich

O̩b|hut, die; - *(geh.)*

O̲|bi, der *od.* das; -[s], -s ‹jap.› (Kimonogürtel; *Judo* Gürtel der Kampfbekleidung)

o̲|big; die obigen Paragraphen; der Obige (der oben Genannte; *Abk.* d. O.); Obiges [*alte Schreibung* obiges] gilt auch weiterhin; im Obigen [*alte Schreibung* obigen] (*Amtsspr.* weiter oben); *vgl.* folgend

Ob.-Ing. = Oberingenieur[in]

Ob.-Insp. = Oberinspektor[in]

Ob|je̩kt, das; -[e]s, -e ‹lat.› (Ziel, Gegenstand; *DDR auch* für die Allgemeinheit geschaffene Einrichtung; *österr. Amtsspr. auch für* Gebäude; *Sprachw.* Ergänzung)

Ob|je̩k|te|ma|cher *(Kunstwiss.)*

ob|jek|ti̲v [*auch* 'ɔp...] (gegenständlich; tatsächlich; sachlich)

Ob|jek|ti̲v, das; -s, -e (bei optischen Instrumenten die dem Gegenstand zugewandte Linse)

Ob|jek|ti|va|ti|o̲n, die; -, -en (Vergegenständlichung); **ob|jek|ti|vie̲|ren** (vergegenständlichen; von subjektiven Einflüssen befreien); **Ob|jek|ti|vie̲|rung**

Ob|jek|ti|vi̩s|mus, der; - (philosoph. Denkrichtung, die vom Subjekt unabhängige objektive Wahrheiten u. Werte annimmt); **ob|jek|ti|vi̩s|tisch** [*alte Trennung* ...|st...] (in der Art des Objektivismus)

Ob|jek|ti|vi|tä̲t, die; - (Sachlichkeit; Vorurteilslosigkeit)

Ob|je̩kt|kunst, die; - (moderne Kunstrichtung, die statt der Darstellung eines Gegenstandes diesen selbst präsentiert)

Ob|je̩kt|satz (*Sprachw.* Nebensatz in der Funktion eines Objektes)

Ob|je̩kt|schutz ([polizeil.] Schutz für Gebäude, Sachwerte o. Ä.)

Ob|je̩kts|ge|ni|tiv *(Sprachw.)*

Ob|je̩kt|spra|che *(Sprachw.)*

Ob|je̩kt|tisch (am Mikroskop); **Ob|je̩kt|trä|ger** (Glasplättchen [mit Objekt])

¹O|bla̲|te [*österr.* 'ɔp...], die; -, -n ‹lat.› (ungeweihte Hostie; dünnes, rundes Gebäck; Unterlage für Konfekt, Lebkuchen)

²O|bla̲|te, der; -n, -n (Laienbruder; Angehöriger einer kath. Genossenschaft)

O|bla|ti|o̲n, die; -, -en (Darbringungsgebet der kath. Messe)

O̩b|leu|te (*Plur. von* Obmann; *Bez. für* Obfrauen u. Obmänner)

o̩b|lie|gen [*auch, österr. nur,* ...'li:...]; es liegt, lag mir ob; es hat mir obgelegen; obzuliegen (*od., österr. nur,* es obli̲egt, obla̲g mir, es ist mir oble̲gen; zu obli̲egen); **Ob|lie|gen|heit**

o|bli|ga̲t ‹lat.› (unerlässlich, unvermeidlich, unentbehrlich); mit obligater Flöte *(Musik)*

O|bli|ga|ti|o̲n, die; -, -en (*Rechtsspr.* persönl. Haftung für eine Verbindlichkeit; *Wirtsch.* festverzinsl. Wertpapier)

O|bli|ga|ti|o̲|nen|recht, das; -[e]s (*schweiz. für* Schuldrecht; *Abk.* OR)

o|bli|ga|to̲|risch (verbindlich; *auch svw.* obligat); obligatorische Stunden (Pflichtstunden)

O|bli|ga|to̲|ri|um, das; -s, ...ien (*schweiz. für* Verpflichtung; Pflichtfach, -leistung)

O̲|bli|go [*auch* 'ɔb...], das; -s, -s ‹ital.› (*Wirtsch.* Haftung; Verpflichtung); ohne Obligo (unverbindlich; ohne Gewähr; *Abk.* o. O.), *österr.* außer Obligo

o|blique [o'bli:k] ‹lat.›; obliquer [...kvɐ] Kasus (*Sprachw.* abhängiger Fall); *vgl.* Casus obliquus; **O|bli|qui|tä̲t,** die; -

O|bli|te|ra|ti|o̲n, die; -, -en ‹lat.› (*Wirtsch.* Tilgung; *Med.* Verstopfung von Hohlräumen, Kanälen, Gefäßen des Körpers)

o|blo̩ng ‹lat.› (*veraltet für* länglich, rechteckig)

Oblt. = Oberleutnant

OBM = Oberbürgermeister[in]

O̩b|mann *Plur.* ...männer *u.* ...leute; **O̩b|män|nin,** die; -, -nen (*veraltend für* Obfrau)

O|bo̲e [*österr. auch* 'o:...], die; -, -n ‹ital.› (ein Holzblasinstrument); **O|bo|i̩st,** der; -en, -en (Oboebläser); **O|bo|i̩s|tin** [*alte Trennung* ...|st...]

O̲|bo|lus, der; -, *Plur.* - *u.* -se ‹griech.› (kleine Münze im alten Griechenland; *übertr. für* kleine Geldspende)

O|bo|tri̲t, der; -en, -en (Angehöriger eines westslaw. Volksstammes)

O̲b|rig|keit (Träger der Macht, der Regierungsgewalt); **o̲b|rig|keit|lich; O̲b|rig|keits|den|ken**

O̲b|rig|keits|staat

O|bri̩st, der; -en, -en (*veraltet für* Oberst; *auch für* Mitglied einer Militärjunta)

ob|scho̲n

Ob|ser|va̩nt, der; -en, -en ‹lat.› (Mönch der strengeren Ordensregel)

Ob|ser|va̩nz, die; -, -en (*Rechtsspr.* örtl. begrenztes Gewohnheitsrecht; Befolgung der strengeren Regel eines Mönchsordens)

Ob|ser|va|ti|o̲n, die; -, -en ([wissenschaftl.] Beobachtung); **Ob|ser|va̲|tor,** der; -s, ...o̲ren (wissenschaftl. Beobachter an einem Observatorium); **Ob|ser|va|to̲|rin; Ob|ser|va|to̲|ri|um,** das; -s, ...ien ([astron., meteorolog., geophysikal.] Beobachtungsstation)

ob|ser|vie̲|ren (*auch für* polizeilich überwachen)

Ob|ses|si|o̲n, die; -, -en ‹lat.› (*Psych.* Zwangsvorstellung)

Ob|si|di|a̲n, der; -s, -e ‹lat.› (ein Gestein)

ob|sie̲|gen [*auch* 'ɔp...] (*veraltend für* siegen, siegreich sein); ich obsie̲g[t]e, habe obsie̲gt, zu obsie̲gen *(österr. nur so); auch* ich sieg[t]e o̩b, habe o̩bgesiegt, o̩bzusiegen

ob|sku̲r ‹lat.› (dunkel; verdächtig; fragwürdig); **Ob|sku|ran|ti̩s|mus,** der; - (Aufklärungs- u. Wissenschaftsfeindlichkeit)

Ob|sku|ri|tä̲t, die; -, -en (Dunkelheit, Unklarheit)

ob|so|le̲t ‹lat.› (nicht mehr üblich; veraltet)

O̩b|sor|ge, die; - (*österr. Amtsspr., sonst veraltet für* sorgende Aufsicht)

O̲bst, das; -[e]s; **O̲bst|an|bau**

O̲bst|bau, der; -[e]s; **o̲bst|bau|lich**

O̲bst|baum; O̲bst|blü|te

O̲bst|ern|te

O̲bst|es|sig

Ob|ste̲|trik, die; - ‹lat.› (*Med.* Lehre von der Geburtshilfe)

O̲bst|gar|ten; O̲bst|händ|ler

ob|sti|na̲t ‹lat.› (starrsinnig, widerspenstig)

Ob|sti|pa|ti|o̲n, die; -, -en ‹lat.›

(*Med.* Stuhlverstopfung); **ob|s-ti|pie̲rt** (verstopft)
O̲bst|ku|chen
O̲bst|ler, Ö̲bst|ler (*landsch. für* Obsthändler; aus Obst gebrannter Schnaps)
O̲bst|le|rin, Ö̲bst|le|rin (*landsch. für* Obstverkäuferin)
O̲bst|mes|ser, das; **O̲bst|plan|ta|ge**
o̲bst|reich
ob|s|t|ru|ie̲|ren ‹lat.› ([Parlamentsbeschlüsse] zu verhindern suchen; hemmen); **Ob|s|t-ruk|ti|o̲n,** die; -, -en (Verschleppung [der Arbeiten], Verhinderung [der Beschlussfassung]; *Med.* Verstopfung)
Ob|s|t|ruk|ti|o̲ns|po|li|tik
Ob|s|t|ruk|ti|o̲ns|tak|tik
ob|s|t|ruk|ti̲v (hemmend; *Med.* verstopfend)
O̲bst|saft; O̲bst|sa|lat; O̲bst-schaum|wein; O̲bst|stei|ge (*österr. für* Obstkiste); **O̲bst|tag; O̲bst|tor|te; O̲bst|wein**
ob|s|zö̲n ‹lat.› (unanständig, schamlos, schlüpfrig)
Ob|s|zö|ni|tä̲t, die; -, -en
O̲|bus, der; -ses, -se (*Kurzform von* Oberleitungsomnibus)
O̦b|wal|den *vgl.* Unterwalden ob dem Wald; **O̦b|wald|ner; o̦b-wald|ne|risch**
o̦b|wal|ten [*auch* ...ˈval...] (*veraltend);* es waltet[e] ob, *auch* es obwa̦ltet[e]; obgewaltet; obzuwalten; **o̦b|wal|tend;** unter den obwaltenden Umständen

O

ob|wo̲hl; ob|zwa̲r (*veraltend*)
Oc|ca|si|o̲n, die; -, -en ‹franz.› (*schweiz. für* Okkasion [Gelegenheitskauf, Gebrauchtware])
o̦ch!
Och|lo|kra|ti̲e, die; -, ...i̲en ‹griech.› (Pöbelherrschaft [im alten Griechenland]); **och|lo-kra̲|tisch**
o|cho̦ts|kisch (die russ. Hafenstadt Ochotsk betreffend); *aber* ↑K 140: das Ochotskische Meer
O̦chs, der; -en, -en (*landsch. u. österr. für* Ochse); **Ö̦chs|chen**
O̦ch|se, der; -n, -n
o̦ch|sen (*ugs. für* angestrengt arbeiten); du ochst
O̦ch|sen|au|ge (*Archit.* ovales od. rundes Dachfenster; *landsch. für* Spiegelei)
O̦ch|sen|brust; O̦ch|sen|fie|sel, der; -s, - (*landsch. für* Ochsenziemer)
O̦ch|sen|fleisch; O̦ch|sen|frosch; O̦ch|sen|kar|ren
O̦ch|sen|maul; O̦ch|sen|maul|sa|lat
O̦ch|sen|schlepp, der; -[e]s, -e (*österr. für* Ochsenschwanz [als Gericht]); **O̦ch|sen|schlepp|sup-pe** (*österr.*)
O̦ch|sen|schwanz; O̦ch|sen-schwanz|sup|pe
O̦ch|sen|tour (*ugs. für* anstrengende Arbeit, mühevolle [Beamten]laufbahn)
O̦ch|sen|zie|mer
Och|se|re̲i (*ugs.*)
o̦ch|sig (*ugs. für* dumm; plump)
Ö̦chs|le, das; -s, - ‹nach dem Mechaniker› (Maßeinheit für das spezif. Gewicht des Mostes); 90° Öchsle; **Ö̦chs|le|grad** ↑K 136
o̦|cker [*alte Trennung* ...k|k...] ‹griech.› (gelbbraun); eine ocker Wand; *vgl. auch* beige;
O̦|cker, der *od., österr. nur,* das; -s, - (zur Farbenherstellung verwendete Tonerde; gelbbraune Malerfarbe); in Ocker ↑K 72
o̦|cker|braun [*alte Trennung* ...k|k...]
O̦|cker|far|be [*alte Trennung* ...k|k...]; **o̦|cker|far|ben** *od.* **o̦|ckerfar|big**
o̦|cker|gelb [*alte Trennung* ...k|k...]; **o̦|cker|hal|tig**
Ock|ham [ˈɔkɛm] (engl. mittelalterl. Theologe); **Ock|ha|mi̦s|mus,** der; - (Lehre des Ockham)
Oc|ta̲|via usw. *vgl.* Oktavia usw.
O̲d, das; -[e]s (angebl. Ausstrahlung des menschl. Körpers)
ö̲d, ö̲|de
od. = oder
O̲|da (w. Vorn.)
O̲|dal, das; -s, -e (*germ. Recht* Sippeneigentum an Grund und Boden)
O|da|li̦s|ke, die; -, -n ‹türk.› (*früher* weiße türk. Haremssklavin)
O̦dd|fe̦l|low, der; -s, -s, *auch* **O̦dd Fe̦l|low,** der; - -s, - -s ‹engl.› (Angehöriger einer urspr. engl. humanitären Bruderschaft)
O̦dds *Plur.* ‹engl.› (*Sport* Vorgaben [bes. bei Pferderennen])
O̲|de, die; -, -n ‹griech.› (feierliches Gedicht)
ö̲|de, öd; **Ö̲|de,** die; -, -n
O̲|del *vgl.* ²Adel
O̲|dem, der; -s (*geh. für* Atem)
Ö|de̲m, das; -s, -e ‹griech.› (*Med.* Gewebewassersucht); **ö|de|ma-tö̲s** (ödemartig)
ö̲|den (*ugs. für* langweilen; *landsch. für* roden)
Ö̲|den|burg (*ung.* Sopron)
O̲|den|wald, der; -[e]s (Bergland östl. des Oberrheinischen Tieflandes); **O̲|den|wäl|der**
O|de̲|on, das; -s, -s ‹franz.› (*svw.* Odeum; *auch* Name von Gebäuden für Tanzveranstaltungen u. Ä.)
o̲|der (*Abk.* od.); *vgl.* ähnlich *u.* entweder
O̲|der, die; - (ein Fluss); **O̲|der-bruch,** das, *auch* der; -[e]s ↑K 143; **O̲|der|haff** ↑K 143 *vgl.* Stettiner Haff
O̲|der|men|nig, A̦|cker|men|nig [*alte Trennung* ...k|k...], der; -[e]s, -e (eine Heilpflanze)
O̲|der-Nei̲|ße-Gren|ze, die; - ↑K 146; **O̲|der-Spre̲e-Ka|nal,** der; -s ↑K 146
O|de̦s|sa (ukrain. Hafenstadt)
O|de̲|um, das; -s, Ode̲en ‹griech.-lat.› (im Altertum rundes, theaterähnliches Gebäude für Musik- u. Theateraufführungen)
O|deur [oˈdøːɐ̯], das; -s, *Plur.* -s *u.* -e ‹franz.› (wohlriechender Duft)
OdF = Opfer des Faschismus
Ö̲d|heit, die; -; **Ö̲|dig|keit,** die; -
O̲|din (*nord. Form für* Wodan)
o|di|o̲s, o|di|ö̲s ‹lat.› (widerwärtig, verhasst)
ö|di|pa̲l (*Psychoanalyse);* die ödipale Phase (Entwicklungsphase des Kindes)
Ö̲|di|pus (in der griech. Sage König von Theben)
Ö̲|di|pus|kom|plex (starke Bindung eines Kindes an den gegengeschlechtl. Elternteil, meist eines Jungen an seine Mutter)
O̲|di|um, das; -s ‹lat.› (übler Beigeschmack, Makel)
Ö̲d|land, das; -[e]s
Ö̲d|nis, die; - (*geh.*)
O̲|do (m. Vorn.)
O|do|a̲|ker (germ. Heerführer)
O|don|to|lo̲|ge, der; -n, -n; **O|don-to|lo|gi̲e,** die; - ‹griech.› (Zahn[heil]kunde); **O|don|to|lo̲-gin**
O|dys|se̲e, die; -, ...sse̲en (*nur Sing.:* griech. Heldengedicht; *übertr. für* Irrfahrt); **o|dys|se̲-isch** (die Odyssee betreffend)
O|dys|seus (in der griech. Sage König von Ithaka); *vgl.* Ulixes, Ulysses
Oe|bis|fe̦l|de (Stadt in der Altmark)
OECD = Organization for Economic Cooperation and Development ‹engl.› (Organisation für

o̩f|fen	
– ein offener Brief – das offene Meer – ein offener Wein (im Ausschank) – offene Rücklage *(Wirtsch.)* – auf offener Straße, Strecke – offene Szene – Beifall auf offener Bühne – Tag der offenen Tür – offene Handelsgesellschaft (*Abk.* OHG) – mit offenen Karten spielen (*übertr. für* ohne Hintergedanken handeln)	*Getrenntschreibung in Verbindung mit Verben* ↑K 56: – das Fenster muss offen bleiben [*alte Schreibung* offenbleiben]; die wichtigste Frage ist offen geblieben [*alte Schreibung* offengeblieben] – sie mussten ihre Vermögensverhältnisse offen legen [*alte Schreibung* offenlegen] – offen halten, offen lassen, offen stehen [*alte Schreibungen* offenhalten, offenlassen, offenstehen] – die Tür wird offen sein ↑K 49 – offen gesagt; offen gestanden

wirtschaftliche Zusammenarbeit und Entwicklung)
Oels|nitz ['œ...] (Stadt im Vogtland); **Oels|nitz (E̲rz|ge|bir|ge)** (Stadt am Rande des Erzgebirges)
OeNB = Österreichische Nationalbank
Oe|so̲|pha|gus *vgl.* Ösophagus
Œu|v|re ['ø:vrə], das; -, -s ‹franz.› ([Gesamt]werk eines Künstlers); **Œu|v|re|ka|ta|log; Œu|v|re|ver|zeich|nis**
Oeyn|hau|sen, Bad ['ø:n...] (Badeort im Ravensberger Land)
OEZ = osteuropäische Zeit
Ö̩f|chen
O̲|fen, der; -s, Öfen
O̲|fen|bank *Plur.* ...bänke
o̲|fen|fer|tig; ofenfertige Pizza
o̲|fen|frisch
O̲|fen|hei|zung; O̲|fen|ka|chel
O̲|fen|rohr; O̲|fen|röh|re
O̲|fen|set|zer; O̲|fen|tür
o̩ff ‹engl.› (*bes. Film, Fernsehen* nicht sichtbar [von einer/einem Sprechenden]; *Ggs.* on)
O̩ff, das; - (das Unsichtbarbleiben der/des Sprechenden; *Ggs.* On); im, aus dem Off sprechen
O̩ff|beat [*alte Schreibung* Off-Beat], der; - (rhythm. Eigentümlichkeit der Jazzmusik)
o̩f|fen *s. Kasten*
O̩f|fen|bach, Jacques (dt.-franz. Komponist)
O̩f|fen|bach am Ma̲in; O̩f|fen|ba|cher
o̩f|fen|bar [*auch* ...'ba:ɐ̯]
ö̩f|fen|bar; öffenbare Fenster
of|fen|ba̲|ren [*österr. u. schweiz.* 'ɔf...]; du offenbarst, hast offenbart, *auch* geo̲ffenbart; zu offenbaren; sich offenbaren
Of|fen|ba̲|rung; Of|fen|ba̲|rungs|eid
o̩f|fen blei|ben, o̩f|fen hal|ten [*alte Schreibungen* of|fen|blei|ben, of|fen|hal|ten] *vgl.* offen
O̩f|fen|heit, die; -
o̩f|fen|her|zig; O̩f|fen|her|zig|keit
o̩f|fen|kun|dig [*auch* ...'kʊn...]; **Of|fen|kun|dig|keit,** die; -
o̩f|fen las|sen, o̩f|fen le̲|gen [*alte Schreibungen* of|fen|las|sen, of|fen|le|gen] *vgl.* offen
O̩f|fen|le|gung
Of|fen|ma̲rkt|po|li|tik *(Bankw.)*
o̩f|fen|sicht|lich [*auch* ...'zɪçt...]; **Of|fen|sicht|lich|keit,** die; -
of|fen|si̲v ‹lat.› (angreifend)
Of|fen|si̲v|bünd|nis
Of|fen|si̲|ve, die; -, -n ([militär.] Angriff)
Of|fen|si̲v|krieg; Of|fen|si̲v|spiel *(Sport);* **Of|fen|si̲v|ver|tei|di|ger** *(Fußball);* **Of|fen|si̲v|waf|fe**
O̩f|fen|stall (nach einer Seite hin offener Stall)
o̩f|fen ste|hen [*alte Schreibung* of|fen|ste|hen] *vgl.* offen
ö̩f|fent|lich; die öffentliche Meinung; die öffentliche Hand; im öffentlichen Dienst; ↑K 31: öffentliche und Privatmittel, *aber* Privat- und öffentliche Mittel
Ö̩f|fent|lich|keit, die; -; **Ö̩f|fent|lich|keits|ar|beit,** die; -
ö̩f|fent|lich|keits|scheu; Ö̩f|fent|lich|keits|scheu, die; -
ö̩f|fent|lich-re̩cht|lich ↑K 23; die öffentlich-rechtlichen Rundfunkanstalten
Of|fe|re̩nt, der; -en, -en (*Kaufmannsspr.* jmd., der eine Offerte macht); **Of|fe|re̩n|tin**
of|fe|ri̲e|ren ‹lat.› (anbieten, darbieten)
Of|fe̩rt, das; -[e]s, -e *(österr.) u.* **Of|fe̩r|te,** die; -, -n ‹franz.› (Angebot, Anerbieten); **Of|fe̩r|ten|ab|ga|be**
Of|fer|to̲|ri|um, das; -s, ...ien ‹lat.› (Teil der kath. Messe)
[1]**O̩f|fice** [...fɪs], das; -, -s ‹engl.› (*engl. Bez. für* Büro)
[2]**O̩f|fice** [...fɪs], das; -, -s ‹franz.› (*schweiz. für* Anrichteraum im Gasthaus)
Of|fi|zi|a̲l, der; -s, -e ‹lat.› (Beamter, bes. Vertreter des Bischofs bei Ausübung der Gerichtsbarkeit; österr. Beamtentitel, z. B. Postoffizial)
Of|fi|zi|a̲l|de|likt *(Rechtsspr.)*
Of|fi|zi|a̲l|ver|tei|di|ger (amtlich bestellter Verteidiger)
Of|fi|zi|a̩nt, der; -en, -en (einen Gottesdienst haltender kath. Priester; *veraltet für* Unterbeamter, Bediensteter)
of|fi|zi|e̩ll ‹franz.› (amtlich; verbürgt; förmlich)
Of|fi|zi̲er [*österr. auch* ...'si:r], der; -s, -e ‹franz.›; **Of|fi|zi̲e|rin**
Of|fi|zi̲ers|an|wär|ter[1]
Of|fi|zi̲ers|ka|si|no[1]
Of|fi|zi̲ers|korps[1]
Of|fi|zi̲ers|lauf|bahn[1]
Of|fi|zi̲ers|mes|se[1] (*vgl.* [3]Messe)
Of|fi|zi̲ers|rang[1]
Of|fi|zi̲n, die; -, -en ‹lat.› (*veraltet für* [größere] Buchdruckerei; Apotheke); **of|fi|zi|na̲l, of|fi|zi|ne̩ll** (arzneilich; als Heilmittel anerkannt)
of|fi|zi|ö̲s ‹lat.› (halbamtlich; nicht verbürgt)
Of|fi̲|zi|um, das; -s, ...ien (*kath. Kirche* [1]Messe [an hohen Feiertagen]; Stunden-, Chorgebet; *veraltet für* [Dienst]pflicht)
o̩ff li̲|mits! ‹engl.› (Eintritt verboten!, Sperrzone!)
o̩ff|line [...la̲in] (*EDV* getrennt von der Datenverarbeitungsanlage arbeitend); **O̩ff|line|be|trieb**
ö̩ff|nen; sich öffnen

[1]*Beim Militär meist ohne Fugen-s.*

O

Öff|ner; Öff|nung
Öff|nungs|win|kel; Öff|nungs|zeit
Off|roa|der [...roʊdə], der; -s, - ‹engl.› (Geländefahrzeug); **Off-road|fahr|zeug** [...roʊt...]
Off|set|druck *Plur.* ...drucke ‹engl.; dt.› (Flachdruck[verfahren]); **Off|set|druck|ma|schi|ne**
Off|shore|boh|rung [...ʃoːɐ̯...; *alte Schreibung* Off-shore-Boh|rung] (Bohrung [nach Erdöl] von einer Bohrinsel aus)
off|side [ˈɔfsaɪ̯d] ‹engl.› (*schweiz. Sportspr.* abseits); **Off|side,** das; -s, -s (*schweiz. Sportspr.* Abseits)
Off|spre|cher, *auch* **Off-Spre|cher** ‹engl.; dt.› *(Ferns., Film);* **Off|spre|che|rin,** *auch* **Off-Spre|che|rin; Off|stim|me,** *auch* **Off-Stim|me**
O|fir *vgl.* Ophir
O. F. M. = Ordo Fratrum Minorum ‹lat.› (Orden der Minderbrüder, Franziskanerorden)
O. [F.] M. Cap. = Ordo [Fratrum] Minorum Capucinorum ‹lat.› (Orden der Minderen Kapuziner[brüder], Kapuzinerorden)
o-för|mig, *auch* **O-för|mig;** ↑K 29
oft; öfter *(vgl. d.),* öftest *(vgl. d.);* wie oft; so oft (*vgl.* sooft)
öf|ter; öfter als ...; öfter mal was Neues; ↑K 72: des Öfter[e]n [*alte Schreibung* öfter[e]n]; **öf|ters** (*landsch. für* öfter)
öf|test; am öftesten (*selten für* am häufigsten)
oft|ma|lig; oft|mals
o. g. = oben genannt
ÖGB = Österr. Gewerkschaftsbund
O|ger, der; -s, - ‹franz.› (Menschenfresser in franz. Märchen)
o|gi|val [*auch* ɔʒi...] ‹franz.› (*Kunstwiss.* spitzbogig); **O|gi|val|stil** (Baustil der [franz.] Gotik)
Oh. = Ohio
oh!; oh, das ist schade; ein überraschtes Oh; *(in Verbindung mit anderen Wörtern oft ohne h geschrieben:)* oh ja!, oh nein!, oh weh!; *auch* o ja!, o nein!, o weh!
o|ha!
O|heim, der; -s, -e (*veraltet für* Onkel); *vgl. auch* ⁴Ohm
OHG = offene Handelsgesellschaft
¹O|hio [oˈhaɪ̯o], der; -[s] (Nebenfluss des Mississippis)
²O|hio (Staat in den USA; *Abk.* Oh.)

o[h], là, là! [olaˈla] ‹franz.› (Ausruf der Verwunderung)
¹Ohm, das; -[e]s, -e ‹griech.› (früheres Flüssigkeitsmaß); 3 Ohm
²Ohm (dt. Physiker)
³Ohm, das; -[s], - (Einheit für den elektr. Widerstand; *Zeichen* Ω); *vgl.* ohmsch
⁴Ohm, der; -[e]s, -e (*veraltet für* Onkel; *vgl.* Oheim)
Öhm, der; -[e]s, -e (*westd. für* Oheim)
Öhmd, das; -[e]s (*südwestd. für* das zweite Mähen); **öhm|den** (*südwestd. für* nachmähen)
Ohm|me|ter, das; -s, - ‹*zu* ³Ohm› (Gerät zur Messung des elektr. Widerstandes)
O. H. M. S. = On His (Her) Majesty's Service ‹engl.› (Im Dienste Seiner [Ihrer] Majestät)
ohmsch ‹*zu* ²Ohm›; der ohmsche, *auch* Ohm'sche Widerstand; das ohmsche, *auch* Ohm'sche [*alte Schreibung* Ohmsche] Gesetz ↑K 135
oh|ne; *Präp. mit Akk.:* ohne ihren Willen; ohne dass ↑K 126; ohne weiteres; oben ohne (*ugs. für* busenfrei); zweifelsohne
oh|ne Be|fund (*Abk.* o. B.)
oh|ne|dem (*veraltet für* ohnedies)
oh|ne|dies
oh|ne|ei|n|an|der; ohneeinander auskommen
oh|ne|glei|chen
oh|ne|hin
oh|ne Jahr (bei Buchtitelangaben; *Abk.* o. J.)
Oh|ne-mich-Stand|punkt ↑K 26
oh|ne O|b|li|go [*auch* - ˈɔb...] (ohne Verbindlichkeit; *Abk.* o. O.)
oh|ne Ort (bei Buchtitelangaben; *Abk.* o. O.); **oh|ne Ort und Jahr** (bei Buchtitelangaben; *Abk.* o. O. u. J.)
oh|ne wei|te|res; oh|ne|wei|ters (*österr. für* ohne weiteres)
Ohn|macht, die; -, -en; **ohn|mäch|tig; Ohn|machts|an|fall**
o|ho!
Ohr, das; -[e]s, -en; zu Ohren kommen
Öhr, das; -[e]s, -e (Nadelloch)
Öhr|chen (kleines Ohr od. kleines Öhr)
Ohr|druf (Stadt in Thüringen)
Oh|ren|arzt; Oh|ren|beich|te
oh|ren|be|täu|bend
Oh|ren|ent|zün|dung
oh|ren|fäl|lig

Oh|ren|heil|kun|de, die; -; **Oh|ren|klap|pe**
Oh|ren|klipp *vgl.* Ohrklipp
oh|ren|krank
Oh|ren|krie|cher (Ohrwurm); **Oh|ren|sau|sen,** das; -s; **Oh|ren|schmalz,** das; -es
Oh|ren|schmaus, der; -es (*ugs. für* Genuss für die Ohren); **Oh|ren|schmerz** *meist Plur.;* **Oh|ren|schüt|zer; Oh|ren|ses|sel**
Oh|ren|zeu|ge
Ohr|fei|ge; ohr|fei|gen; er hat mich geohrfeigt
Ohr|ge|hän|ge
...oh|rig (z. B. langohrig)
Ohr|klipp, Oh|ren|klipp (Ohrschmuck); **Ohr|läpp|chen**
Ohr|mar|ke (bei Zuchttieren)
Ohr|mu|schel
Ohr|ring; Ohr|schmuck
Ohr|spei|chel|drü|se; Ohr|spü|lung
Ohr|ste|cker [*alte Trennung* ...k|k...]
Ohr|trom|pe|te
Ohr|wa|schel, das; -s, -n (*österr. ugs. für* Ohrläppchen, Ohrmuschel); **Ohr|wurm** (*ugs. auch für* leicht eingängige Melodie)
Oie, die; -, -n (Insel); Greifswalder Oie
Ois|t|rach [*alte Trennung* ...|st...] (russ. Geiger)
o. J. = ohne Jahr
o|je!; o|je|mi|ne! *vgl.* jemine; **o|je|rum**
o. k., O. K. = okay
O|ka [*auch* ˈɔka], die; - (r. Nebenfluss der Wolga)
O|ka|pi, das; -s, -s ‹afrik.› (kurzhalsige Giraffenart)
O|ka|ri|na, die; -, *Plur.* -s *u.* ...nen ‹ital.› (tönernes Blasinstrument)
o|kay [oˈkeː] ‹amerik.› (richtig, in Ordnung; *Abk.* o. k. *od.* O. K.); **O|kay,** das; -[s], -s; sein Okay geben
O|ke|a|ni|de, *auch* O|ze|a|ni|de, die; -, -n ‹griech.› (*griech. Mythol.* Meernymphe); **O|ke|a|nos** (Weltstrom; Gott des Weltstromes)
O|ker, die; - (l. Nebenfluss der Aller); **O|ker|tal|sper|re,** *auch* **O|ker-Tal|sper|re,** die; -
Ok|ka|si|on, die; -, -en ‹lat.› (*veraltet für* Gelegenheit; *Kaufmannsspr.* Gelegenheitskauf)
Ok|ka|si|o|na|lis|mus, der; - (eine philos. Lehre); **Ok|ka|si|o|na|list,** der; -en, -en

O

ok|ka|si|o|nell ‹franz.› (gelegentlich, Gelegenheits...)
Ok|ki|ar|beit ‹ital.; dt.› (Handarbeit, bei der Knoten aus Bogen und Ringen gefertigt werden)
ok|klu|die|ren ‹lat.› (*veraltet für* einschließen, verschließen); **Ok|klu|si|on,** die; -, -en (*Med.* normale Schlussbissstellung der Zähne; *Meteor.* Zusammentreffen von Kalt- u. Warmfront)
ok|klu|siv; Ok|klu|siv, der; -s, -e (*Sprachw.* Verschlusslaut, z. B. p, t, k)
ok|kult ‹lat.› (verborgen; heimlich, geheim); **Ok|kul|tis|mus,** der; - (Lehre vom Übersinnlichen); **Ok|kul|tist,** der; -en, -en; **Ok|kul|tis|tin** [*alte Trennung* ...|st...]; **ok|kul|tis|tisch** [*alte Trennung* ...|st...]
Ok|ku|pant, der; -en, -en ‹lat.› (*abwertend für* jmd., der fremdes Gebiet okkupiert); **Ok|ku|pa|ti|on,** die; -, -en (Besetzung [fremden Gebietes] mit od. ohne Gewalt; *Rechtsw.* Aneignung herrenlosen Gutes)
Ok|ku|pa|ti|ons|heer; Ok|ku|pa|ti|ons|macht
ok|ku|pie|ren
Okla. = Oklahoma
O|k|la|ho|ma (Staat in den USA; *Abk.* Okla.)
Ö|ko|au|dit [*auch* ...ɔ:dɪt], das; -s, -s (Betriebsprüfung nach ökologischen Gesichtspunkten)
Ö|ko|bank *Plur.* ...banken (Kreditinstitut zur Förderung von Umwelt- u. Friedensprojekten)
Ö|ko|bi|lanz (Bilanz der Auswirkungen eines best. Produkts auf die Umwelt); die Ökobilanz von Mehrwegflaschen
Ö|ko|la|den (Laden, in dem nur umweltfreundliche Waren verkauft werden)
Ö|ko|lo|ge, der; -n, -n; **Ö|ko|lo|gie,** die; - ‹griech.› (Lehre von den Beziehungen der Lebewesen zur Umwelt); **Ö|ko|lo|gin; ö|ko|lo|gisch;** ökologische Nische; ökologisches Bauen; ökologisches Gleichgewicht
Ö|ko|nom, der; -en, -en ‹griech.› (Wirtschaftswissenschaftler; *veraltend für* [Land]wirt); **Ö|ko|no|mie,** die; -, ...ien (Wirtschaftlichkeit, sparsame Lebensführung *[nur Sing.];* Lehre von der Wirtschaft; *veraltet für* Landwirtschaft[sbetrieb])
Ö|ko|no|mie|rat (österr. Titel)
Ö|ko|no|mik, die; - (Wirtschaftswissenschaft, -theorie; wirtschaftliche Verhältnisse [eines Landes, Gebietes]; *nach marxist. Lehre* Produktionsweise einer Gesellschaftsordnung); **Ö|ko|no|min; ö|ko|no|misch**
Ö|ko|steu|er (an ökologischen Gesichtspunkten orientierte Steuer, z. B. auf Energie)
Ö|ko|sys|tem [*alte Trennung* ...|st...] (zwischen Lebewesen und ihrem Lebensraum bestehende Wechselbeziehung)
Ö|ko|tro|pho|lo|ge, der; -n, -n; **Ö|ko|tro|pho|lo|gie,** die; - (Haushalts- u. Ernährungswissenschaft); **Ö|ko|tro|pho|lo|gin**
Okt. = Oktober
Ok|ta|e|der, das; -s, - ‹griech.› (Achtflächner); **ok|ta|e|d|risch**
Ok|ta|gon *vgl.* Oktogon
Ok|tant, der; -en, -en ‹lat.› (achter Teil des Kreises od. der Kugel; nautisches Winkelmessgerät)
Ok|tan|zahl (Maßzahl für die Klopffestigkeit von Treibstoffen)
[1]**Ok|tav,** das; -s (*Buchw.* Achtelbogengröße [Buchformat]; *Zeichen* 8°, z. B. Lex.-8°); in Oktav; Großoktav *(vgl. d.)*
[2]**Ok|tav,** die; -, -en (kath. Feier; *österr. auch svw.* Oktave)
Ok|ta|va, die; -, ...ven (*österr. für* 8. Klasse des Gymnasiums)
Ok|tav|band, der *(Buchw.);* **Ok|tav|bo|gen**
Ok|ta|ve, *österr.* Ok|tav, die; -, -en (*Musik* achter Ton [vom Grundton an]; ein Intervall; *svw.* Ottaverime)
Ok|tav|for|mat (*Buchw.* Achtelgröße)
Ok|ta|via, Ok|ta|vie (röm. w. Eigenn.); **Ok|ta|vi|an, Ok|ta|vi|a|nus** (röm. Kaiser)
ok|ta|vie|ren ‹lat.› (in die Oktave überschlagen [von Blasinstrumenten])
Ok|tett, das; -[e]s, -e ‹ital.› (Komposition für acht Soloinstrumente od. -stimmen; Gruppe von acht Instrumentalsolisten; Achtergruppe von Elektronen)
Ok|to|ber, der; -[s], - ‹lat.› (zehnter Monat im Jahr; Gilbhard, Weinmonat, Weinmond; *Abk.* Okt.)
Ok|to|ber|fest (in München)
Ok|to|ber|re|vo|lu|ti|on (1917 in Russland)
Ok|t|o|de, die; -, -n ‹griech.› (Elektronenröhre mit acht Elektroden)
Ok|to|gon, das; -s, -e (Achteck; Bau mit achteckigem Grundriss); **ok|to|go|nal** (achteckig)
Ok|to|po|de, der; -n, -n (*Zool.* Achtfüßer)
ok|t|ro|yie|ren [...trọa'ji:...] ‹franz.› (aufdrängen, aufzwingen)
o|ku|lar ‹lat.› (mit dem Auge, fürs Auge); **O|ku|lar,** das; -s, -e (die dem Auge zugewandte Linse eines optischen Gerätes)
O|ku|la|ti|on, die; -, -en (Pflanzenveredelungsart)
O|ku|li ‹»Augen«› (vierter Sonntag vor Ostern)
o|ku|lie|ren (durch Okulation veredeln, äugeln); **O|ku|lier|messer,** das; **O|ku|lie|rung**
Ö|ku|me|ne, die; - ‹griech.› (bewohnte Erde; Gesamtheit der Christen; ökumenische Bewegung)
ö|ku|me|nisch (allgemein; die ganze bewohnte Erde betreffend, Welt...); ökumenische Bewegung (zwischen- u. überkirchl. Bestrebungen christlicher Kirchen u. Konfessionen); ökumenisches Konzil (allgemeine kath. Kirchenversammlung), *aber* ↑K 150: der Ökumenische Rat der Kirchen
Ö|ku|me|nis|mus, der; - (*kath. Kirche* Gesamtheit der Bemühungen um die Einheit der Christen)
Ok|zi|dent [*auch* ...'dɛnt], der; -s ‹lat.› (Abendland; Westen; *vgl.* Orient); **ok|zi|den|tal, ok|zi|den|ta|lisch**
Öl, das; -[e]s, -e
O. L. = Oberlausitz
ö. L. = östlicher Länge
O|laf (m. Vorn.)
Öl|a|larm; Öl|baum; Öl|be|häl|ter
Öl|berg, der; -[e]s (bei Jerusalem)
Öl|bild; Öl|boh|rung
Ol|den|burg (Landkreis in Niedersachsen)
[1]**Ol|den|bur|ger**
[2]**Ol|den|bur|ger,** der; -s, - (eine Pferderasse)
Ol|den|bur|ger Geest, die; - - (Gebiet in Niedersachsen)
Ol|den|burg (Hol|stein) (Stadt in Schleswig-Holstein)
ol|den|bur|gisch, *aber* ↑K 140: Oldenburgisches Münsterland
Ol|den|burg (Ol|den|burg) (Stadt in Niedersachsen)

Ol|des|loe, Bad [...'lo:] (Stadt in Schleswig-Holstein); **Ol|des|lo|er**

Ol|die [...di], der; -s, -s ‹engl.-amerik.› (alter, beliebt gebliebener Schlager; *auch scherzh. für* Angehöriger einer älteren Generation)

Öl|druck; Öl|druck|brem|se *(Kfz-Technik)*

Old|ti|mer [...tai...], der; -s, - ‹engl.› (altes Modell eines Fahrzeugs [bes. Auto]; *auch scherzh. für* langjähriges Mitglied, älterer Mann)

o|lé! ‹span.› (los!, auf!, hurra!)

O|lea (*Plur. von* Oleum)

O|le|an|der, der; -s, - ‹ital.› (ein immergrüner Strauch od. Baum); **O|le|an|der|schwär|mer** (ein Schmetterling)

O|le|at, das; -[e]s, -e ‹griech.› (*Chemie* Salz der Ölsäure)

O|le|fin, das; -s, -e (ein ungesättigter Kohlenwasserstoff); **o|le|fin|reich**

O|le|in, das; -s, -e (ungereinigte Ölsäure)

ö|len

O|le|um, das; -s, Olea (Öl; rauchende Schwefelsäure)

ol|fak|to|risch ‹lat.› (*Med.* den Geruchssinn betreffend)

Öl|far|be; Öl|far|ben|druck *Plur.* ...drucke

Öl|feu|e|rung; Öl|film (dünne Ölschicht); **Öl|fleck; Öl|för|de|rung; Öl|frucht**

OLG = Oberlandesgericht

Ol|ga (w. Vorn.)

Öl|ge|mäl|de

Öl|göt|ze; *nur in* dastehen, dasitzen wie ein Ölgötze (*ugs. für* stumm, unbeteiligt, verständnislos dastehen, dasitzen)

Öl|haut; Öl|hei|zung

öl|höf|fig (erdölhöffig)

O|li|fant [*auch* ...'fa...], der; -[e]s, -e ([Rolands] elfenbeinernes Hifthorn)

ö|lig

O|li|g|ä|mie, die; -, ...ien ‹griech.› (*Med.* Blutarmut)

O|li|g|arch, der; -en, -en (Anhänger der Oligarchie); **O|li|g|ar|chie,** die; -, ...ien (Herrschaft einer kleinen Gruppe); **o|li|g|ar|chisch**

O|li|go|phre|nie, die; -, ...ien (*Med.* auf erblicher Grundlage beruhender od. sehr früh erworbener Intelligenzdefekt)

O|li|go|pol, das; -s, -e (*Wirtsch.* Marktbeherrschung durch wenige Großunternehmen)

o|li|go|troph (nährstoffarm [von Ackerböden])

o|li|go|zän (das Oligozän betreffend); **O|li|go|zän,** das; -s (*Geol.* mittlerer Teil des Tertiärs)

O|lim ‹lat., »ehemals«›; *nur in* seit, zu Olims Zeiten (*scherzh. für* vor langer Zeit)

Öl|in|dus|t|rie [*alte Trennung* ...|st...]

o|liv ‹griech.› (olivenfarben); ein oliv Kleid; *vgl. auch* beige; **O|liv,** das; -s, *Plur.* -, *ugs.* -s; ein Kleid in Oliv ↑K 72

O|li|ve [...və, *österr.* ...fə], die; -, -n ‹griech.› (Frucht des Ölbaumes); **O|li|ven|baum; O|li|ven|ern|te**

o|li|ven|far|ben *od.* **o|li|ven|far|big**

O|li|ven|öl

O|li|ver (m. Vorn.)

o|liv|grau; o|liv|grün

O|li|vin, der; -s, -e ‹griech.› (ein Mineral)

Öl|kan|ne; Öl|kri|se; Öl|ku|chen

oll (*landsch. für* alt); olle Kamellen (*vgl.* Kamellen)

Öl|lam|pe

Ol|le, der *u.* die; -n, -n (*landsch. für* Alte)

Öl|lei|tung; Öl|luft|pum|pe

Olm, der; -[e]s, -e (ein Lurch)

Ol|ma = Ostschweizerische land- und milchwirtschaftliche Ausstellung (*heute* Schweizerische Messe für Land- und Milchwirtschaft, St. Gallen)

Öl|ma|le|rei; Öl|mess|stab [*alte Schreibung* ...meß...]; **Öl|müh|le**

Öl|mul|ti (*ugs.; vgl.* Multi)

Öl|o|fen; Öl|pal|me; Öl|pa|pier

Öl|pest, die; - (Verschmutzung von Meeresküsten durch [auf dem Wasser treibendes] Rohöl)

Öl|pflan|ze; Öl|platt|form; Öl|preis

Öl|quel|le; Öl|raf|fi|ne|rie

Öl|sar|di|ne; Öl|säu|re, die; -; **Öl|scheich** *(ugs.);* **Öl|schicht; Öl|stand; Öl|tank; Öl|tan|ker**

Ol|ten (schweiz. Stadt); **Ol|te|ner,** Olt|ner

Öl|tep|pich

Olt|ner *vgl.* Oltener

Ö|lung; die Letzte Ölung (*kath. Kirche früher für* Krankensalbung)

Öl|vor|kom|men; Öl|wan|ne *(Technik);* **Öl|wech|sel**

O|lymp, der; -s (Gebirgsstock in Griechenland; Wohnsitz der Götter; *scherzh. für* Galerieplätze im Theater)

¹O|lym|pia (altgriech. Nationalheiligtum)

²O|lym|pia, das; -[s] (*geh. für* Olympische Spiele)

O|lym|pi|a|de, die; -, -n (Olympische Spiele; *selten für* Zeitraum von vier Jahren zwischen zwei Olympischen Spielen; *auch regional für* Wettbewerb)

O|lym|pi|a|dorf; O|lym|pi|a|jahr

O|lym|pi|a|mann|schaft; O|lym|pi|a|me|dail|le; O|lym|pi|a|norm

o|lym|pi|a|reif

O|lym|pi|a|sieg; O|lym|pi|a|sie|ger; O|lym|pi|a|sie|ge|rin

O|lym|pi|a|sta|di|on

O|lym|pi|a|stadt

O|lym|pi|a|teil|neh|mer; O|lym|pi|a|teil|neh|me|rin

o|lym|pi|a|ver|däch|tig (*ugs. für* sportlich hervorragend)

O|lym|pi|a|zwei|te, der *u.* die; -n, -n

O|lym|pi|er (Beiname der griech. Götter, bes. des Zeus; gelegentlicher Beiname Goethes)

O|lym|pi|o|ni|ke, der; -n, -n (Sieger od. Teilnehmer an den Olympischen Spielen); **O|lym|pi|o|ni|kin**

o|lym|pisch

(göttlich, himmlisch; die Olympischen Spiele betreffend)
- olympische Ruhe, olympischer Eid, olympisches Dorf, das olympische Feuer

Großschreibung in Namen ↑K 88:
- die Olympischen Spiele
- Internationales Olympisches Komitee (*Abk.* IOK)
- Nationales Olympisches Komitee (*Abk.* NOK)

O|lynth (altgriech. Stadt); **o|lyn|thisch;** die olynthischen [*alte Schreibung* Olynthischen] Reden des Demosthenes

Öl|zeug; Öl|zweig

O|ma, die; -, -s (*fam. für* Großmutter)

O|mai|ja|de, der; -n, -n (Angehöriger eines arab. Herrschergeschlechtes)

O|ma|ma, die; -, -s (*svw.* Oma)

O|man (Staat auf der Arabischen Halbinsel); **O|ma|ner; o|ma|nisch**

O|mar [*auch* 'ɔ...] (arab. Eigenn.)

O

Om|b|ro|graph, *auch* Om|b|ro|graf, der; -en, -en ‹griech.› (*Meteor.* Gerät zur Aufzeichnung des Niederschlags)

Om|buds|frau ‹schwed.; dt.› (Frau, die die Rechte der Bürger[innen] gegenüber den Behörden wahrnimmt); **Om|buds|leu|te** (*Plur. von* Ombudsmann; *Bez. für* Ombudsfrauen u. Ombudsmänner); **Om|buds|mann** *Plur.* ...männer, *selten* ...leute; *vgl.* Ombudsfrau

O. M. Cap. *vgl.* O. [F.] M. Cap.

O|me|ga, das; -[s], -s (griech. Buchstabe [langes O]; *Ω, ω*); *vgl.* Alpha

O|me|lett [ɔm(ə)...], das; -[e]s, *Plur.* -e *u.* -s *u., österr., schweiz. nur,* **Ome|lette** [ɔm(ə)'lɛt], die; -, -n ‹franz.› (Eierkuchen); Omelette aux fines herbes [- ofin'zɛrb] (mit Kräutern)

O|men, das; -s, *Plur.* - *u.* Omina ‹lat.› (Vorzeichen; Vorbedeutung)

O|mi, die; -, -s (*Koseform von* Oma)

O|mi|k|ron das; -[s], -s (griech. Buchstabe [kurzes O]: *O, o*)

O|mi|na (*Plur. von* Omen)

o|mi|nös ‹lat.› (unheilvoll; anrüchig)

O|mis|siv|de|likt ‹lat.› (*Rechtsw.* Unterlassungsdelikt)

Om ma|ni pad|me hum (myst. Formel des lamaist. Buddhismus)

om|nia ad ma|io|rem Dei glo|ri|am *vgl.* ad maiorem ...

Om|ni|bus, der; -ses, -se ‹lat.› (*Kurzw.* Bus)

Om|ni|bus|bahn|hof; Om|ni|bus|fahrt; Om|ni|bus|li|nie

om|ni|po|tent (allmächtig); **Om|ni|po|tenz,** die; - (Allmacht)

om|ni|prä|sent (allgegenwärtig)

Om|ni|prä|senz (Allgegenwart)

Om|ni|um, das; -s, ...ien (*Radsport* aus mehreren Bahnwettbewerben bestehender Wettkampf)

Om|ni|vo|re, der; -n, -n *meist Plur.* (*Zool.* Allesfresser)

Om|pha|le [...le] (lydische Königin)

Om|pha|li|tis, die; -, ...itiden ‹griech.› (*Med.* Nabelentzündung)

Omsk (Stadt in Sibirien)

on ‹engl.› (*bes. Ferns.* sichtbar [von einer/einem Sprechenden]); **On,** das; - (das Sichtbarsein der/des Sprechenden); im On

O|na|ger, der; -s, - ‹lat.› (Halbesel in Südwestasien)

O|nan (bibl. m. Eigenn.)

O|na|nie, die; - ‹nach Onan› (geschlechtl. Selbstbefriedigung); **o|na|nie|ren**

ÖNB = Österr. Nationalbibliothek

On|dit [õ'di:], das; -, -s ‹franz.› (Gerücht); einem Ondit zufolge

On|du|la|ti|on, die; -, -en ‹franz.› (das Wellen der Haare mit der Brennschere); **on|du|lie|ren; On|du|lie|rung**

O|ne|ga|see, *auch* **O|ne|ga-See,** der; -s (See in Russland)

O|nei|da|see, *auch* **O|nei|da-See,** der; -s (See im Staat New York)

O'Neill [o'ni:l] (amerik. Dramatiker)

One-Night-Stand ['wan'naitstɛnd], der; -s, -s ‹engl.› (flüchtiges sexuelles Abenteuer)

One|stepp ['wanstɛp; *alte Schreibung* One|step], der; -s, -s ‹engl., »Einschritt«› (ein Tanz)

On|kel, der; -s, *Plur.* -, *ugs. auch* -s; **on|kel|haft**

On|ko|lo|ge, der; -n, -n ‹griech.›; **On|ko|lo|gie,** die; - (*Med.* Lehre von den Geschwülsten); **On|ko|lo|gin; on|ko|lo|gisch**

on|line [...lain] ‹engl.› (*EDV* in direkter Verbindung mit der Datenverarbeitungsanlage arbeitend)

On|line|ban|king [...bɛŋkiŋ], das; -[s] (*EDV* computergestützte Abwicklung von Bankgeschäften); **On|line|be|trieb; On|line|dienst; On|line|shop|ping; On|line|zei|tung**

ONO = Ostnordost[en]

Ö|no|lo|gie, die; - ‹griech.› (Wein[bau]kunde); **ö|no|lo|gisch**

O|no|ma|si|o|lo|gie, die; - ‹griech.› (*Sprachw.* Bezeichnungslehre); **o|no|ma|si|o|lo|gisch**

O|no|mas|tik [*alte Trennung* ...|st...], die; - (Namenkunde); **O|no|mas|ti|kon,** das; -s, *Plur.* ...ken *u.* ...ka (Wörterverzeichnis in Antike u. Mittelalter)

o|no|ma|to|po|e|tisch (laut-, klang-, schallnachahmend)

O|no|ma|to|pö|ie, die; -, ...ien (Bildung eines Wortes durch Lautnachahmung, Lautmalerei, z. B. »Kuckuck«)

Ö|no|me|ter, das; -s, - ‹griech.› (Weinmesser [zur Bestimmung des Alkoholgehaltes])

Ö|norm (österr. Norm)

On|spre|cher, *auch* **On-Spre|cher** ‹engl.; dt.› (*Ferns., Film*); **On|spre|che|rin,** *auch* **On-Spre|che|rin**

On|ta|rio [*auch* ...'tɛ:...] (kanad. Provinz); **On|ta|ri|o|see,** *auch* **On|ta|rio-See,** der; -s

on the rocks [- ðə -] ‹engl.› (mit Eiswürfeln [bei Getränken])

On|to|ge|ne|se, On|to|ge|nie, die; - ‹griech.› (*Biol.* Entwicklung des Einzelwesens); **on|to|ge|ne|tisch**

On|to|lo|gie, die; - (*Philos.* Wissenschaft vom Seienden); **on|to|lo|gisch**

O|nyx, der; -[es], -e ‹griech.› (ein Halbedelstein)

OÖ = Oberösterreich

o. O. = ohne Obligo; ohne Ort

o. ö. = ordentliche[r] öffentliche[r] (z. B. Professor[in] [*Abk.* o. ö. Prof.])

O|o|ge|ne|se, die; - ‹griech.› (*Med.* Entwicklung der Eizelle); **o|o|ge|ne|tisch**

O|o|lith, der; *Gen.* -s *u.* -en, *Plur.* -e[n] (ein Gestein)

O|o|lo|gie, die; - (Wissenschaft vom Vogelei)

o. ö. Prof. = ordentliche[r] öffentliche[r] Professor[in]

o. O. u. J. = ohne Ort und Jahr

OP = Operationssaal

op. = opus; *vgl.* Opus

o. P. = ordentliche[r] Professor[in]; *vgl.* Professor

O. P., O. Pr. = Ordo [Fratrum] Praedicatorum ‹lat.› (Orden der Prediger; Dominikanerorden)

O|pa, der; -s, -s (*fam. für* Großvater)

o|pak ‹lat.› (*fachspr. für* undurchsichtig, lichtundurchlässig)

O|pal, der; -s, -e ‹sanskr.› (ein Schmuckstein; ein Gewebe); **o|pa|len** (aus Opal, durchscheinend wie Opal)

O|pa|les|zenz, die; - (opalartiges Schillern); **o|pa|les|zie|ren,** o|pa|li|sie|ren

O|pal|glas *Plur.* ...gläser

O|pan|ke, die; -, -n ‹serb.› (sandalenartiger Schuh [mit am Unterschenkel kreuzweise gebundenen Lederriemen])

O|pa|pa, der; -s, -s (*svw.* Opa)

Op-Art [*alte Schreibung* Op-art], die; - ‹amerik.› (eine moderne Kunstrichtung)

O|pa|zi|tät, die; - ‹*zu* opak› (*fachspr. für* Undurchsichtigkeit)

OPEC ['o:pɛk], die; - = Organization of the Petroleum Exporting Countries (Organisation der Erdöl exportierenden Länder)

O|pel®, der; -s, - ‹nach dem Maschinenbauer u. Unternehmer Adam Opel› (deutsche Kraftfahrzeugmarke)

O|pen|air [...'ɛ:ɐ̯], das; -s, -s, *auch* **O|pen Air** [*alte Schreibung* Open air], das; - -s, - -s (*kurz für* Openairfestival od. -konzert)

O|pen|air|fes|ti|val, *auch* **O|pen-Air-Fes|ti|val** [*alte Schreibung* Open-air-Fe|sti|val] ‹engl.› (Musikveranstaltung im Freien)

O|pen|air|kon|zert, *auch* **O|pen-Air-Kon|zert** [*alte Schreibung* Open-air-Kon|zert]

o|pen end (ohne ein vorher auf einen bestimmten Zeitpunkt festgesetztes Ende)

O|pen|end|dis|kus|si|on, *auch* **O|pen-End-Dis|kus|si|on** [*alte Schreibung* Open-end-Dis|kus|si|on]

O|per, die; -, -n ‹ital.›

O|pe|ra (*Plur. von* Opus)

o|pe|ra|bel ‹lat.› (so, dass man damit arbeiten kann; *Med.* operierbar)

O|pe|ra buf|fa, die; - -, ...re ...ffe ‹ital.› (komische Oper)

O|pe|rand, der; -en, -en ‹lat.› (*Math., EDV* Gegenstand einer Operation)

O|pe|ra se|ria, die; - -, ...re ...rie (ernste Oper)

O|pe|ra|teur [...'tø:ɐ̯], der; -s, -e ‹franz.› (eine Operation vornehmender Arzt; Kameramann; Filmvorführer; *auch für* Operator); **O|pe|ra|teu|rin**

O|pe|ra|ti|on, die; -, -en ‹lat.› (chirurg. Eingriff; [militärische] Unternehmung; Rechenvorgang; Verfahren)

o|pe|ra|ti|o|nal (sich durch bestimmte Verfahren vollziehend); **o|pe|ra|ti|o|na|li|sie|ren** (durch Angabe der Verfahren präzisieren)

O|pe|ra|ti|ons|ba|sis; O|pe|ra|ti|ons|saal (*Abk.* OP); **O|pe|ra|ti|ons|schwes|ter** [*alte Trennung* ...|st...]; **O|pe|ra|ti|ons|tisch**

o|pe|ra|tiv (*Med.* auf chirurgischem Wege, durch Operation; *Milit.* strategisch); operativer Eingriff

O|pe|ra|tor [*auch* 'ɔpəre:tɐ], der; -s, *Plur.* ...oren, *auch* -s ['ɔpəre:tɐs] (jmd., der eine EDV-Anlage überwacht u. bedient); **O|pe|ra|to|rin**

O|pe|ret|te, die; -, -n ‹ital.› (heiteres musikal. Bühnenwerk)

o|pe|ret|ten|haft

O|pe|ret|ten|kom|po|nist; O|pe|ret|ten|me|lo|die; O|pe|ret|ten|mu|sik; O|pe|ret|ten|staat *Plur.* ...staaten *(scherzh.)*

o|pe|rie|ren ‹lat.› (eine Operation durchführen; in best. Weise vorgehen; mit etwas arbeiten)

O|pern|a|rie; O|pern|ball; O|pern|füh|rer; O|pern|glas *Plur.* ...gläser; **O|pern|gu|cker** [*alte Trennung* ...k|k...] (*ugs. für* Opernglas)

o|pern|haft

O|pern|haus; O|pern|me|lo|die; O|pern|mu|sik; O|pern|sän|ger; O|pern|sän|ge|rin

Op|fer, das; -s, -; Opfer des Faschismus (*Abk.* OdF)

op|fer|be|reit; Op|fer|be|reit|schaft, die; -

Op|fer|freu|dig|keit; Op|fer|gang, der; **Op|fer|geist**, der; -[e]s; **Op|fer|geld**, das; -[e]s; **Op|fer|lamm**

op|fern; ich opfere; sich opfern

Op|fer|pfen|nig; Op|fer|scha|le

Op|fer|sinn, der; -[e]s

Op|fer|stock *Plur.* ...stöcke (in Kirchen aufgestellter Sammelkasten); **Op|fer|tier; Op|fer|tod**

Op|fe|rung

Op|fer|wil|le; op|fer|wil|lig; Op|fer|wil|lig|keit, die; -

O|phe|lia (Frauengestalt bei Shakespeare)

O|phi|o|la|t|rie, die; - ‹griech.› (religiöse Schlangenverehrung)

O|phir, *ökum.* O|fir ‹hebr.› (Goldland im A. T.)

O|phit, der; -en, -en ‹griech.› (Schlangenanbeter, Angehöriger einer Sekte); **O|phi|u|chus**, der; - ‹»Schlangenträger«› (ein Sternbild)

Oph|thal|m|i|a|t|rie, Oph|thal|m|i|a|t|rik, die; - ‹griech.› (*Med.* Augenheilkunde); **Oph|thal|mie**, die; -, ...ien (Augenentzündung)

Oph|thal|mo|lo|ge, der; -n, -n (Augenarzt); **Oph|thal|mo|lo|gie**, die; - (Lehre von den Augenkrankheiten); **Oph|thal|mo|lo|gin; oph|thal|mo|lo|gisch**

O|pi|at, das; -[e]s, -e ‹griech.› (opiumhaltiges Arzneimittel)

O|pi|um, das; -s (ein Betäubungsmittel u. Rauschgift); **O|pi|um|ge|setz**

o|pi|um|hal|tig

O|pi|um|han|del (*vgl.* [1]Handel); **O|pi|um|krieg**, der; -[e]s (1840–42)

O|pi|um|pfei|fe; O|pi|um|rau|cher; O|pi|um|schmug|gel

Op|la|den (Stadt in Nordrhein-Westfalen)

ÖPNV = öffentlicher Personennahverkehr

O|po|le (poln. Stadt an der Oder; *vgl.* Oppeln)

O|pos|sum, das; -s, -s ‹indian.› (amerik. Beutelratte; *auch für* Pelz dieses Tieres)

Op|peln (*poln.* Opole); **Op|pel|ner**

Op|po|nent, der; -en, -en ‹lat.› (Gegner [im Redestreit]); **Op|po|nen|tin; op|po|nie|ren** (widersprechen; sich widersetzen)

op|por|tun ‹lat.› (passend, nützlich, angebracht; zweckmäßig)

Op|por|tu|nis|mus, der; - (prinzipienloses Anpassen an die jeweilige Lage; Handeln nach Zweckmäßigkeit)

Op|por|tu|nist, der; -en, -en; **Op|por|tu|nis|tin** [*alte Trennung* ...|st...]; **op|por|tu|nis|tisch**

Op|por|tu|ni|tät, die; -, -en (günstige Gelegenheit, Vorteil, Zweckmäßigkeit)

Op|por|tu|ni|täts|prin|zip (strafrechtlicher Grundsatz, nach dem die Erhebung einer Anklage in das Ermessen der Anklagebehörde gestellt ist)

Op|po|si|ti|on, die; -, -en ‹lat.›; **op|po|si|ti|o|nell** ‹franz.› (gegensätzlich; gegnerisch; zum Widerspruch neigend)

Op|po|si|ti|ons|füh|rer; Op|po|si|ti|ons|füh|re|rin; Op|po|si|ti|ons|geist, der; -[e]s; **Op|po|si|ti|ons|par|tei; Op|po|si|ti|ons|wort** *Plur.* ...wörter (*für* Antonym)

Op|pres|si|on, die; -, -en ‹lat.› (*veraltet für* Unterdrückung; *Med.* Beklemmung)

O. Pr. *vgl.* O. P.

OP-Schwes|ter [o:'pe:...; *alte Trennung* ...|ster] *(Med.)*

Op|tant, der; -en, -en ‹lat.› (jmd., der optiert)

Op|ta|tiv, der; -s, -e (*Sprachw.* Wunsch-, *auch* Möglichkeitsform des Verbs)

op|tie|ren (sich für etwas entscheiden; die Voranwartschaft auf etwas geltend machen)

Op|tik, die; -, -en *Plur. selten*

⟨griech.⟩ (Lehre vom Licht; Linsensystem eines opt. Gerätes; optischer Eindruck, optische Wirkung); **Op|ti|ker** (Hersteller od. Verkäufer von Brillen u. optischen Geräten); **Op|ti|ke|rin**

Op|ti|ma (*Plur. von* Optimum)

op|ti|ma fi|de ⟨lat., »in bestem Glauben«⟩

op|ti|mal (bestmöglich)

Op|ti|mat, der; -en, -en (Angehöriger der herrschenden Geschlechter im alten Rom)

op|ti|mie|ren (optimal gestalten); **Op|ti|mie|rung**

Op|ti|mis|mus, der; - (*Ggs.* Pessimismus); **Op|ti|mist,** der; -en, -en; **Op|ti|mis|tin** [*alte Trennung* ...|st...]; **op|ti|mis|tisch**

Op|ti|mum, das; -s, ...tima (höchster erreichbarer Wert; *Biol.* beste Lebensbedingungen)

Op|ti|on, die; -, -en ⟨lat.⟩ (Wahl einer bestimmten Staatsangehörigkeit; *Rechtsw.* Voranwartschaft auf Erwerb od. zukünftige Lieferung einer Sache)

op|ti|o|nal (nicht zwingend; nach eigener Wahl)

op|tisch ⟨griech.⟩ (die Optik, das Sehen betreffend); optische Täuschung; optische Erscheinung

Op|to|me|ter, das; -s, - (*Med.* Sehweitenmesser); **Op|to|me|t|rie,** die; - (Sehkraftbestimmung)

o|pu|lent ⟨lat.⟩ (reich[lich], üppig); **O|pu|lenz,** die; -

O|pun|tie, die; -, -n ⟨griech.⟩ (Feigenkaktus)

O|pus [*auch* 'ɔ...], das; -, Opera ⟨lat.⟩ ([musikal.] Werk; *Abk. in der Musik* op.)

O|ra|dour-sur-Glane [...dursyr'glan] (franz. Ort)

o|ra et la|bo|ra! ⟨lat., »bete und arbeite!«⟩ (Mönchsregel des Benediktinerordens)

O|ra|kel, das; -s, - ⟨lat.⟩ (rätselhafte Weissagung; *auch* Ort, an dem Seherinnen od. Priester Weissagungen verkünden)

o|ra|kel|haft; o|ra|keln (in dunklen Andeutungen sprechen); ich orak[e]le

O|ra|kel|spruch

o|ral ⟨lat.⟩ (*Med.* den Mund betreffend, durch den Mund)

o|ran|ge [o'rãːʒə, *auch* o'rãːʃ, *österr.* o'rãːʒ] ⟨pers.-franz.⟩ (goldgelb; orangenfarbig); ein orange Band; *vgl. auch* beige

¹O|ran|ge, die; -, -n (*bes. südd., österr. u. schweiz. für* Apfelsine)

²O|ran|ge, das; -, *Plur.* -, *ugs.* -s (orange Farbe); in Orange ↑K 72

O|ran|gea|de [...'ʒaː...], die; -, -n (unter Verwendung von Orangensaft bereitetes Getränk)

O|ran|geat [...'ʒaːt], das; -s, *Plur. (Sorten:)* -e (eingezuckerte Apfelsinenschalen)

o|ran|gen; der Himmel färbt sich orangen

O|ran|gen|baum; O|ran|gen|blü|te

o|ran|ge[n]|far|ben *od.* **o|ran|ge[n]|far|big**

O|ran|gen|mar|me|la|de; O|ran|gen|saft; O|ran|gen|scha|le

O|ran|ge|rie, die; -, ...ien (Gewächshaus zum Überwintern von Orangenbäumen u. empfindlichen Pflanzen)

o|ran|ge|rot

O|rang-U|tan, der; -s, -s ⟨malai.⟩ (ein Menschenaffe)

O|ra|ni|en (niederl. Fürstengeschlecht); **O|ra|ni|er,** der; -s, - (zu Oranien Gehörender)

O|ran|je, der; -[s] (Fluss in Südafrika); **O|ran|je|frei|staat,** *auch* **O|ran|je-Frei|staat,** der; -[e]s (Provinz der Republik Südafrika)

o|ra pro no|bis! ⟨lat., »bitte für uns!«⟩ (formelhafte Bitte in Litaneien)

O|ra|tio o|b|li|qua, die; - - ⟨lat.⟩ (*Sprachw.* indirekte Rede)

O|ra|tio rec|ta, die; - - (*Sprachw.* direkte Rede)

O|ra|to|ri|a|ner, der; -s, - (Angehöriger einer kath. Weltpriestervereinigung)

o|ra|to|risch (rednerisch; *Musik* in der Art eines Oratoriums)

O|ra|to|ri|um, das; -s, ...ien (episch-dramat. Komposition für Solostimmen, Chor u. Orchester; *kath. Kirche* Andachtsraum)

ORB = Ostdeutscher Rundfunk Brandenburg

Or|bis pic|tus, der; - - ⟨lat., »gemalte Welt«⟩ (Unterrichtsbuch des Comenius)

Or|bit, der; -s, -s ⟨engl.⟩ (*Raumfahrt* Umlaufbahn)

Or|bi|ta, die; -, ...tae ⟨lat.⟩ (*Med.* Augenhöhle)

or|bi|tal (*Raumfahrt* den Orbit betreffend; *Med.* zur Augenhöhle gehörend)

Or|bi|tal|bahn; Or|bi|tal|ra|ke|te

Or|ches|ter [...'kɛs..., *österr. auch* ...'çɛs...; *alte Trennung* ...|st...], das; -s, - ⟨griech.⟩ (Vereinigung einer größeren Zahl von Instrumentalmusiker[inne]n; vertiefter Raum für die Musizierenden vor der Bühne)

Or|ches|ter|be|glei|tung [*alte Trennung* ...|st...]; **Or|ches|ter|gra|ben; Or|ches|ter|lei|ter,** der

Or|ches|t|ra [ɔr'çɛs...; *alte Trennung* ...|st...], die; -, ...stren (Tanzraum des Chors im altgriech. Theater)

or|ches|t|ral [...kɛs..., *österr. auch* ...çɛs...; *alte Trennung* ...|st...] (zum Orchester gehörend); **or|ches|t|rie|ren** (für Orchester bearbeiten, instrumentieren); **Or|ches|t|rie|rung**

Or|ches|t|ri|on [...'çɛs...; *alte Trennung* ...|st...], das; -s, ...ien (ein mechan. Musikinstrument)

Or|chi|dee, die; -, -n ⟨griech.⟩ (eine exotische Zierpflanze); **Or|chi|de|en|art; Or|chi|de|en|fach** (ausgefallenes Studienfach)

Or|chis, die; -, - (Knabenkraut)

Or|chi|tis, die; -, ...itiden (*Med.* Hodenentzündung)

Or|dal, das; -s, ...ien ⟨angelsächs.⟩ (mittelalterl. Gottesurteil)

Or|den, der; -s, - ⟨lat.⟩ ([klösterliche] Gemeinschaft mit best. Regeln; Ehrenzeichen)

or|den|ge|schmückt ↑K 59

Or|dens|band, das; ...bänder

Or|dens|bru|der; Or|dens|frau; Or|dens|mann *Plur.* ...männer *od.* ...leute; **Or|dens|re|gel; Or|dens|rit|ter; Or|dens|schwes|ter** [*alte Trennung* ...|st...]

Or|dens|span|ge; Or|dens|stern

Or|dens|tracht

Or|dens|ver|lei|hung

or|dent|lich; ordentliches (zuständiges) Gericht; ordentliche Professorin, ordentlicher Professor (*Abk.* o. P.); ordentliche öffentliche Professorin, ordentlicher öffentlicher Professor (*Abk.* o. ö. Prof.)

or|dent|li|cher|wei|se; Or|dent|lich|keit, die; -

Or|der, die; -, *Plur.* -n *od. (Kaufmannsspr. nur:)* -s ⟨franz.⟩ (Befehl; *Kaufmannsspr.* Bestellung, Auftrag)

Or|der|buch; Or|der|ein|gang

or|dern (*Kaufmannsspr.* bestellen); ich ordere

Or|der|pa|pier (Wertpapier, das die im Papier bezeichnete Per-

son durch Indossament übertragen kann)
Or|di|na|le, das; -[s], ...lia *meist Plur.* ‹lat.› (Ordinalzahl)
Or|di|nal|zahl (Ordnungszahl, z. B. »zweite«)
or|di|när ‹franz.› (gewöhnlich, alltäglich; unfein, unanständig)
Or|di|na|ria, die; -, ...ien *od.* ...iae ‹lat.› (Inhaberin eines Lehrstuhls an einer Hochschule)
Or|di|na|ri|at, das; -[e]s, -e (ordentliche Hochschulprofessur; eine kirchl. Behörde)
Or|di|na|ri|um, das; -s, ...ien (ordentlicher Staatshaushalt)
Or|di|na|ri|us, der; -, ...ien (Inhaber eines Lehrstuhls an einer Hochschule)
Or|di|när|preis (vom Verleger festgesetzter Buchverkaufspreis; Marktpreis im Warenhandel)
Or|di|na|te, die; -, -n (*Math.* auf der Ordinatenachse abgetragene zweite Koordinate eines Punktes); **Or|di|na|ten|ach|se** (senkrechte Achse des rechtwinkligen Koordinatensystems)
Or|di|na|ti|on, die; -, -en (Weihe, Einsetzung [eines Geistlichen] ins Amt; ärztliche Verordnung, Sprechstunde; *österr. auch für* ärztl. Behandlungsräume, einschließlich Wartezimmer usw.)
Or|di|na|ti|ons|hil|fe *(österr.)*; **Or|di|na|ti|ons|zim|mer** *(österr.)*
or|di|nie|ren (*Verb zu* Ordination)
ord|nen; Ord|ner
Ord|nung; Ordnung halten
Ord|nungs|amt
ord|nungs|ge|mäß; ord|nungs|hal|ber, *aber* der Ordnung halber
Ord|nungs|hü|ter (*scherzh. für* Polizist)
Ord|nungs|lie|be; ord|nungs|lie|bend
Ord|nungs|po|li|zei; Ord|nungs|prin|zip; Ord|nungs|ruf
Ord|nungs|sinn, der; -[e]s
Ord|nungs|stra|fe
ord|nungs|wid|rig; Ord|nungs|wid|rig|keit
Ord|nungs|zahl (*für* Ordinalzahl)
Or|don|nanz, *auch* Or|do|nanz, die; -, -en ‹franz.› (*Milit.* zu dienstlichen Zwecken abkommandierter Soldat; *schweiz., sonst veraltet für* Anordnung, Befehl); **Or|don|nanz|of|fi|zier,** *auch* Or|do|nanz|of|fi|zier
Or|d|re, die; -, -s; *vgl.* Order
Ö|re, das; -s, -, *auch* die; -, - (dän., norw., schwed. Münze; 100 Öre = 1 Krone); 5 Öre
O|re|a|de, die; -, -n *meist Plur.* ‹griech.› (*griech. Mythol.* Bergnymphe)
Oreg. = Oregon
O|re|ga|no, O|ri|ga|no der; - ‹ital.› (eine Gewürzpflanze)
O|re|gon [*auch* ˈɔrigṇ] (Staat in den USA; *Abk.* Oreg.)
O|rest, O|res|tes [*alte Trennung* ...|st...] (Sohn Agamemnons)
O|res|tie [*alte Trennung* ...|st...], die; - (Trilogie des Äschylus)
ORF = Österr. Rundfunk
Or|fe, die; -, -n ‹griech.› (ein Fisch)
Orff, Carl (dt. Komponist)
Or|gan, das; -s, -e ‹griech.› (Körperteil; Sinn, Empfänglichkeit; Stimme; Beauftragter; Fachblatt, Vereinsblatt)
Or|gan|bank *Plur.* ...banken *(Med.)*
Or|gan|dy [...di], der; -s ‹engl.› (ein Baumwollgewebe)
Or|ga|nell, das; -s, -en ‹griech.› *u.* **Or|ga|nel|le,** die; -, -n (*Biol.* organartige Bildung des Zellplasmas von Einzellern)
Or|gan|emp|fän|ger; Or|gan|ent|nah|me
Or|ga|ni|gramm, das; -s, -e (schematische Darstellung des Aufbaus einer Organisation)
Or|ga|nik, die; - (Wissenschaft von den Organismen)
Or|ga|ni|sa|ti|on, die; -, -en ‹franz.› (Aufbau, planmäßige Gestaltung, Einrichtung, Gliederung *[nur Sing.]*; Gruppe, Verband mit best. Zielen)
Or|ga|ni|sa|ti|ons|bü|ro; Or|ga|ni|sa|ti|ons|feh|ler; Or|ga|ni|sa|ti|ons|form; Or|ga|ni|sa|ti|ons|ga|be; Or|ga|ni|sa|ti|ons|plan (*vgl.* [2]Plan); **Or|ga|ni|sa|ti|ons|ta|lent**
Or|ga|ni|sa|tor, der; -s, ...oren; **Or|ga|ni|sa|to|rin; or|ga|ni|sa|to|risch**
or|ga|nisch ‹griech.› (belebt, lebendig; auf ein Organ od. auf den Organismus bezüglich); organische Verbindung *(Chemie)*
or|ga|ni|sie|ren ‹franz.› (*auch ugs. für* auf unredliche Weise beschaffen); sich organisieren; **or|ga|ni|siert** (einer polit. od. gewerkschaftl. Organisation angehörend); **Or|ga|ni|sie|rung**
or|ga|nis|misch (zu einem Organismus gehörend)
Or|ga|nis|mus, der; -, ...men (Gefüge; gegliedertes [lebendiges] Ganzes; Lebewesen)
Or|ga|nist, der; -en, -en ‹griech.› (Orgelspieler); **Or|ga|nis|tin** [*alte Trennung* ...|st...]
Or|ga|ni|zer [ˈɔːgənaizə(r)], der; -s, - ‹engl.› (als Terminkalender u. Ä. nutzbarer Mikrocomputer)
Or|gan|kon|ser|ve *(Med.)*; **Or|gan|kon|ser|vie|rung**
Or|gan|man|dat, (*österr. Amtsspr.* vom Polizisten direkt verfügtes Strafmandat)
or|ga|no|gen (Organe bildend; organischen Ursprungs)
Or|ga|no|gra|phie, *auch* Or|ga|no|gra|fie, die; -, ...ien (*Med.* Beschreibung der Organe und ihrer Entstehung; *auch svw.* Organigramm); **or|ga|no|gra|phisch,** *auch* or|ga|no|gra|fisch
Or|ga|no|lo|gie, die; - (*Med., Biol.* Organlehre; *Musik* Orgel[bau]kunde); **or|ga|no|lo|gisch**
Or|gan|sin, der *od.* das; -s ‹franz.› (Kettenseide)
Or|gan|spen|der
Or|gan|straf|ver|fü|gung (*vgl.* Organmandat)
Or|gan|trans|plan|ta|ti|on
Or|gan|ver|pflan|zung
Or|gan|za, der; -s ‹ital.› (ein Seidengewebe)
Or|gas|mus, der; -, ...men ‹griech.› (Höhepunkt der geschlechtl. Erregung); **or|gas|tisch** [*alte Trennung* ...|st...]
Or|gel, die; -, -n ‹griech.›
Or|gel|bau|er, der; -s, -; **Or|gel|bau|e|rin**
Or|gel|kon|zert; Or|gel|mu|sik
or|geln (*veraltet für* auf der Orgel spielen; *Jägerspr.* Brunstlaute ausstoßen [vom Rothirsch]; *derb für* koitieren); ich org[e]le
Or|gel|pfei|fe; wie die Orgelpfeifen (*scherzh. für* [in einer Reihe] der Größe nach)
Or|gel|punkt *(Musik)*; **Or|gel|re|gis|ter** [*alte Trennung* ...|st...]
Or|gel|spiel
Or|gi|as|mus, der; -, ...men ‹griech.› (ausschweifende kult. Feier in antiken Mysterien)
or|gi|as|tisch [*alte Trennung* ...|st...] (schwärmerisch; wild, zügellos)
Or|gie, die; -, -n (ausschweifendes Gelage; Ausschweifung)
O|ri|ent [*auch* oˈri̯ɛ...], der; -s ‹lat.› (die vorder- u. mittelasiat. Länder; östl. Welt; *veraltet für*

Osten; *vgl.* Okzident); ↑K 140: der Vordere Orient
O|ri|en|ta|le, der; -n, -n (Bewohner der Länder des Orients); **O|ri|en|ta|lin; o|ri|en|ta|lisch** (den Orient betreffend, östlich); orientalische Sprachen, *aber* ↑K 150: das Orientalische Institut (in Rom)
O|ri|en|ta|list, der; -en, -en; **O|ri|en|ta|lis|tik** [*alte Trennung* ...|st...], die; - (Wissenschaft von den oriental. Sprachen und Kulturen); **O|ri|en|ta|lis|tin; o|ri|en|ta|lis|tisch**
O|ri|ent|ex|press, *auch* **O|ri|ent-Ex|press** [*alte Schreibung* Ori|ent|ex|preß]
o|ri|en|tie|ren; sich orientieren; auf etw. orientieren *(regional);* **O|ri|en|tie|rung**
O|ri|en|tie|rungs|hil|fe
O|ri|en|tie|rungs|lauf *(Sport)*
o|ri|en|tie|rungs|los; O|ri|en|tie|rungs|lo|sig|keit, die; -
O|ri|en|tie|rungs|marsch; O|ri|en|tie|rungs|sinn, der; -[e]s; **O|ri|en|tie|rungs|stu|fe** *(Schulw.);* **O|ri|en|tie|rungs|ver|mö|gen,** das; -s
O|ri|ent|kun|de, die; -
O|ri|ent|tep|pich
O|ri|ga|no, O|re|ga|no, der; -s ‹ital.› (eine Gewürzpflanze)
o|ri|gi|nal ‹lat.› (ursprünglich, echt; urschriftlich); original Lübecker Marzipan; original französischer Sekt; **O|ri|gi|nal,** das; -s, -e (Urschrift; Vorlage; Urtext; eigentümlicher Mensch)
O|ri|gi|nal|auf|nah|me; O|ri|gi|nal|aus|ga|be; O|ri|gi|nal|do|ku|ment; O|ri|gi|nal|druck, *Plur.* ...drucke; **O|ri|gi|nal|fas|sung**
o|ri|gi|nal|ge|treu
O|ri|gi|na|li|tät, die; -, -en *Plur. selten* ‹franz.› (Selbstständigkeit; Ursprünglichkeit; Besonderheit, wesenhafte Eigentümlichkeit)
O|ri|gi|nal|pro|gramm *(Eiskunstlauf);* **O|ri|gi|nal|spra|che; O|ri|gi|nal|text,** der; **O|ri|gi|nal|ton,** der; -[e]s; **O|ri|gi|nal|treue; O|ri|gi|nal|zeich|nung**
o|ri|gi|när ‹lat.› (grundlegend neu; eigenständig)
o|ri|gi|nell ‹franz.› (eigenartig, einzigartig; urwüchsig; komisch)
O|ri|no|ko, der; -[s] (Strom in Venezuela)
[1]O|ri|on (Held der griech. Sage)
[2]O|ri|on, der; -[s] (ein Sternbild)
O|ri|on|ne|bel, der; -s
Or|kan, der; -[e]s, -e ‹karib.› (stärkster Sturm); **or|kan|ar|tig**
Or|kan|stär|ke
Ork|ney|in|seln, *auch* **Ork|ney-In|seln** [...ni...] *Plur.* (Inselgruppe nördl. von Schottland)
[1]Or|kus (in der röm. Sage Beherrscher der Unterwelt)
[2]Or|kus, der; - (Unterwelt)
Or|le|a|ner (Einwohner von Orleans)
Or|le|a|nist, der; -en, -en (Anhänger des Hauses Orleans); **Or|le|a|nis|tin** [*alte Trennung* ...|st...]
[1]Or|le|ans [...leã], *franz.* **[1]Or|lé|ans** [ɔrleˈãː] (franz. Stadt)
[2]Or|le|ans, *franz.* **[2]Or|lé|ans** [...leˈãː], der; -, - (Angehöriger eines Zweiges des ehem. franz. Königshauses)
[3]Or|le|ans [...leã], der; - (ein Gewebe)
Or|log, der; -s, *Plur.* -e *u.* -s ‹niederl.› *(veraltet für* Krieg); **Or|log|schiff** *(früher für* Kriegsschiff)
Or|muzd (spätpers. Name für den altiran. Gott Ahura Masdah)
Or|na|ment, das; -[e]s, -e ‹lat.› (Verzierung; Verzierungsmotiv)
or|na|men|tal (schmückend, zierend); **or|na|ment|ar|tig**
Or|na|men|ten|stil, der; -[e]s; **Or|na|ment|form**
or|na|men|tie|ren (mit Verzierungen versehen); **Or|na|men|tik,** die; - (Verzierungskunst)
Or|na|ment|stich
Or|nat, der, *auch* das; -[e]s, -e ‹lat.› (feierl. Amtstracht)
Or|nis, die; - ‹griech.› *(Zool.* Vogelwelt [einer Landschaft])
Or|ni|tho|lo|ge, der; -n, -n; **Or|ni|tho|lo|gie,** die; - (Vogelkunde); **Or|ni|tho|lo|gin; or|ni|tho|lo|gisch** (vogelkundlich)
Or|ni|tho|phi|lie, die; - *(Biol.* Blütenbefruchtung durch Vögel)
o|ro... ‹griech.› (berg..., gebirgs...); **O|ro...** (Berg..., Gebirgs...)
O|ro|ge|ne|se, die; -, -n *(Geol.* Gebirgsbildung)
O|ro|gra|phie, *auch* O|ro|gra|fie, die; -, ...ien *(Geogr.* Beschreibung der Reliefformen eines Landes); **o|ro|gra|phisch,** *auch* o|ro|gra|fisch
O|ro|hy|d|ro|gra|phie, *auch* O|ro|hy|d|ro|gra|fie, die; -, ...ien *(Geogr.* Gebirgs- u. Wasserlaufbeschreibung); **o|ro|hy|d|ro|gra|phisch,** *auch* o|ro|hy|d|ro|gra|fisch
Or|pheus (sagenhafter griech. Sänger)
Or|phi|ker, der; -s, - (Anhänger einer altgriech. Geheimlehre); **or|phisch** (geheimnisvoll)
Or|p|lid [*auch* ˈɔr...] (von Mörike erfundener Name einer Wunsch- u. Märcheninsel)
[1]Ort, der; -[e]s, *Plur.* -e, *bes. Seemannsspr. u. Math.* Örter (Ortschaft; Stelle); geometrische Örter; am angeführten, *auch* angegebenen Ort *(Abk.* a. a. O.); an Ort und Stelle; höher[e]n Ort[e]s; allerorten, allerorts
[2]Ort, das; -[e]s, Örter *(Bergmannsspr.* Ende einer Strecke, Arbeitsort); vor Ort
[3]Ort, der *od.* das; -[e]s, -e *(schweiz. früher für* Bundesglied, Kanton); die 13 Alten Orte
[4]Ort, der *od.* das; -[e]s, -e ([Schuster]ahle, Pfriem; *in erdkundlichen Namen für* Spitze, z. B. Darßer Ort [Nordspitze der Halbinsel Darß])
Ort|band, das; -[e]s, ...bänder (Beschlag an der Spitze der Säbelscheide); **Ort|brett** *(landsch. für* Eckbrett)
Ört|chen
Or|te|ga y Gas|set [- i -] (span. Philosoph u. Soziologe)
or|ten (die Position, Lage ermitteln, bestimmen); **Or|ter** (mit dem Orten Beauftragter)
Ör|ter|bau, der; -[e]s *(Bergmannsspr.* Abbauverfahren, bei dem ein Teil der Lagerstätte stehen bleibt)
ör|tern (Strecken anlegen); ich örtere
or|tho... ‹griech.› (gerade..., aufrecht...; richtig..., recht...); **Or|tho...** (Gerade..., Aufrecht...; Richtig..., Recht...)
Or|tho|chro|ma|sie [...kro...], die; - (Fähigkeit einer fotogr. Schicht, für alle Farben außer Rot empfindlich zu sein); **or|tho|chro|ma|tisch**
or|tho|dox (recht-, strenggläubig); die orthodoxe Kirche; **Or|tho|do|xie,** die; -
Or|tho|e|pie, die; - *(Sprachw.* Lehre von der richtigen Aussprache der Wörter); **Or|tho|e|pik,** die; - *(seltener für* Orthoepie); **or|tho|e|pisch**
Or|tho|ge|ne|se, die; -, -n *(Biol.*

Hypothese, nach der die stammesgeschichtl. Entwicklung der Lebewesen zielgerichtet ist)
Or|tho|gna|thie, die; - (*Med.* gerade Kieferstellung)
Or|tho|gon, das; -s, -e (*Geom.* Rechteck); **or|tho|go|nal** (rechtwinklig)
Or|tho|gra|phie, *auch* Or|tho|grafie, die; -, ...ien (Rechtschreibung); **or|tho|gra|phisch,** *auch* or|tho|gra|fisch (rechtschreiblich)
Or|tho|klas, der; -es, -e (*Mineral.* ein Feldspat)
Or|tho|pä|de, der; -n, -n; **Or|tho|pä|die,** die; - (Lehre u. Behandlung von Fehlbildungen u. Erkrankungen der Bewegungsorgane); **Or|tho|pä|die|me|cha|ni|ker; Or|tho|pä|die|schuh|ma|cher**
Or|tho|pä|din; or|tho|pä|disch
Or|tho|pä|dist, der; -en, -en (Hersteller orthopädischer Geräte); **Or|tho|pä|dis| tin** [*alte Trennung* ...|st...]
Or|tho|p| te|re, die; -, -n *u.* **Or|tho|p| te|ron,** das; -s, ...pteren *beide meist Plur.* (*Zool.* Geradflügler)
Or| th|op|tist, der; -en, -en (Mitarbeiter des Arztes bei der Heilbehandlung von Sehstörungen); **Or| th|op|tis| tin** [*alte Trennung* ...|st...]
Or|tho|s| ko|pie, die; - (*Optik* unverzerrte Abbildung durch Linsen); **or|tho|s| ko|pisch**
Ort|ler, der; -s (höchster Gipfel der Ortlergruppe); **Ort|ler|grup|pe,** die; - (Gebirgsgruppe der Zentralalpen)
ört|lich; Ört|lich|keit
Ort|lieb (m. Vorn.)
Or|to|lan, der; -s, -e ‹ital.› (ein Vogel)
Or|trud (w. Vorn.)
Ort|run (w. Vorn.)
Orts|an|ga|be
orts|an|säs|sig
Orts|aus|gang; Orts|bei|rat; Orts|be|stim|mung
orts|be|weg|lich
Ort|schaft
Ort|scheit *Plur.* ...scheite (Querholz zur Befestigung der Geschirrstränge am Fuhrwerk)
Orts|durch|fahrt; Orts|ein|gang
Orts|et|ter (*vgl.* Etter)
orts|fest; orts|fremd
Orts|ge|spräch; Orts|grup|pe; Orts|kennt|nis; Orts|kern; Orts|klas|se
Orts|kran|ken|kas|se; Allgemeine Ortskrankenkasse ↑K 150 (*Abk.* AOK)
Orts|kun|de, die; -; **orts|kun|dig**
Orts|na|me; Orts|na|men|for|schung, die; -
Orts|netz *(Telefonwesen);* **Orts|netz|kenn|zahl** *(Telefonwesen)*
Orts|sinn, der; -[e]s; **Orts|ta|fel**
Orts|teil, der
Ort|stein (durch Witterungseinflüsse verfestigte Bodenschicht)
orts|üb|lich
Orts|um|fah|rung *(bes. österr.),* **Orts|um|ge|hung; Orts|ver|ein; Orts|ver|kehr**
Orts|vor|ste|her; Orts|vor|ste|he|rin
Orts|wech|sel; Orts|zeit; Orts|zu|schlag
Or|tung ‹*zu* orten›; **Or|tungs|kar|te**
Ort|win (m. Vorn.)
Ort|zie|gel (ein Dachziegel)
Or|well [...vəl] (engl. Schriftsteller)
Os = *chem. Zeichen für* Osmium
Os, der, *auch* das; -[es], -er *meist Plur.* ‹schwed.› (*Geol.* durch Schmelzwasser der Eiszeit entstandener Höhenrücken)
öS = österr. Schilling
O-Saft *(ugs.)* = Orangensaft
O| sa|ka (jap. Stadt)
OSB, *auch* **O.S.B.** = Ordinis Sancti Benedicti ‹lat., »vom Orden des hl. Benedikt«› (Benediktinerorden)
Os|car, der; -[s], -s ‹amerik.› (volkstüml. Name der Statuette, die als Academy Award [amerik. Filmpreis] verliehen wird)
Ö| se, die; -, -n
Ö| sel (estnische Insel)
Ö| ser (*Plur. von* Os)
O| si|ris (ägypt. Gott des Nils und des Totenreiches)
Os|kar (m. Vorn.)
Os|ker, der; -s, - (Angehöriger eines idg. Volksstammes in Mittelitalien); **os|kisch**
Os|ku|la|ti|on, die; -, -en ‹lat.› (*Math.* Berührung zweier Kurven); **os|ku|lie|ren**
Os|lo (Hauptstadt Norwegens); **Os|lo|er**
OSM, *auch* **O. S. M.** = Ordinis Servorum Mariae ‹lat., »vom Orden der Diener[innen] Marias«› *vgl.* Servit, Servitin
Os|man (m. Vorname; Begründer der nach ihm benannten Dynastie); **Os|ma|ne,** der; -n, -n (Bewohner des Osmanischen Reiches; *[nur Plur.]:* Name einer von 1300–1922 herrschenden turkmen. Dynastie); *vgl.* [2]Ottomane; **Os|ma|nen|tum,** das; -s
Os|ma|nin; os|ma|nisch; osmanische Literatur, *aber* ↑K 150: das Osmanische Reich (das türk. Reich bis 1922)
Os|mi|um, das; -s ‹griech.› (chemisches Element, Metall; *Zeichen* Os)
Os|mo|lo|gie, die; - (Lehre von den Riechstoffen u. vom Geruchssinn)
Os|mo|se, die; - (*Chemie, Biol.* Übergang des Lösungsmittels einer Lösung in eine stärker konzentrierte Lösung durch eine feinporige Scheidewand); **os|mo|tisch**
Os|na|brück (Stadt in Niedersachsen)
Os|ning, der; -s (mittlerer Teil des Teutoburger Waldes)
OSO = Ostsüdost[en]
Ö| so|pha|gus, *fachspr.* Oe| so|phagus, der; -, ...gi ‹griech.› (*Med.* Speiseröhre)
Os|sa|ri|um, Os|su| a|ri|um, das; -s, ...ien ‹lat.› (Beinhaus auf Friedhöfen; antike Gebeinurne)
Os|ser|va|to|re Ro|ma|no, der; - - ‹»Röm. Beobachter«› (päpstl. Zeitung)
Os|se|te, der; -n, -n (Angehöriger eines Bergvolkes im Kaukasus); **os|se|tisch**
Os|si, der; -s, -s (*ugs. für* Ostdeutscher)
Os|si|an [*auch* ɔ'si̯a:n] (sagenhafter kelt. Barde)
Os|si|etz|ky [...ki], Carl von (dt. Publizist)
Os|si|fi|ka|ti|on, die; -, -en ‹lat.› (*Med.* Knochenbildung, Verknöcherung); **os|si|fi|zie|ren**
Os|su| a|ri|um *vgl.* Ossarium
[1]**Ost** (Himmelsrichtung; *Abk.* O); Ost und West; *fachspr.* der Wind kommt aus Ost; Autobahnausfahrt Saarbrücken Ost, *auch* Saarbrücken-Ost ↑K 148; *vgl.* Osten
[2]**Ost,** der; -[e]s, -e *Plur. selten* (*geh. für* Ostwind)
Ost|a| f| ri|ka; ost|a| f| ri|ka|nisch
Os| tal|gie, die; - (Sehnsucht nach der DDR)
ost|a| si| a|tisch; Ost|a| si|en
ost|bal|tisch
Ost|ber|lin ↑K 143; **Ost|ber|li|ner**

Ost|block, der; -[e]s (*früher* Gesamtheit der Staaten des Warschauer Pakts); **Ost|block|land** *Plur.* ...länder; **Ost|block|staat** *Plur.* ...staaten
Ost|chi|na
ost|deutsch; Ost|deutsch|land
Os|te|al|gie, die; -, ...ien ‹griech.› (*Med.* Knochenschmerzen)
Ost|el|bi|en; Ost|el|bi|er (*früher für* Großgrundbesitzer und Junker); **Ost|el|bi|e|rin; ost|el|bisch**
os|ten (*Bauw.* nach Osten [aus]richten)
Os|ten, der; -s (Himmelsrichtung; *Abk.* O); ↑K 140: der Ferne Osten; der Nahe Osten; der Mittlere Osten; *vgl.* Ost
Ost|en|de (Seebad in Belgien)
os|ten|si|bel ‹lat.› (zur Schau gestellt, auffällig); ...i|b|le Gegenstände
os|ten|siv (*veraltend für* augenscheinlich, offensichtlich)
Os|ten|ta|ti|on, die; -, -en (*veraltend für* Schaustellung; Prahlerei)
os|ten|ta|tiv (betont; herausfordernd)
Os|te|o|lo|gie, die; - ‹griech.› (*Med.* Knochenlehre)
Os|te|o|ma|la|zie, die; -, ...ien (*Med.* Knochenerweichung)
Os|te|o|my|e|li|tis, die; -, ...itiden (*Med.* Knochenmarkentzündung)
Os|te|o|plas|tik [*alte Trennung* ...s-stik] (*Med.* operatives Schließen von Knochenlücken); **os|te|o|plas|tisch**
Os|te|o|po|ro|se, die; -, -n (*Med.* Knochenschwund)
Os|ter|brauch; Os|ter|ei; Os|ter|fe|ri|en *Plur.;* **Os|ter|fest; Os|ter|feu|er; Os|ter|glo|cke** [*alte Trennung* ...k|k...]; **Os|ter|ha|se**
Os|te|ria, die; -, *Plur.* -s *u.* ...ien (Gasthaus [in Italien])
Os|ter|in|sel, die; - (im Pazif. Ozean)
Os|ter|ker|ze *(kath. Kirche);* **Os|ter|lamm**
ös|ter|lich
Os|ter|lu|zei [*auch* ...'tsai], die; -, -en (ein Schlinggewächs)
Os|ter|marsch, der; **Os|ter|mar|schie|rer**
Os|ter|mes|se
Os|ter|mo|nat *od.* **...mond** (*alte Bez. für* April)
Os|ter|mon|tag

Os|tern
das; -, - (Osterfest) – zu Ostern *(bes. nordd.)* – an Ostern *(bes. südd.)* – Ostern ist bald vorbei
Gelegentlich im landschaftlichen Sprachgebrauch und zumeist in Österreich und in der Schweiz wird »Ostern« im Plural verwendet: – Wir verreisen erst nach den Ostern.
In Wunschformeln ist der Plural üblich: – Fröhliche Ostern!

Os|ter|pin|ze, die; -, -n (*österr.* ein Hefegebäck)
Ös|ter|reich; Ös|ter|rei|cher; Ös|ter|rei|che|rin
ös|ter|rei|chisch, *aber* ↑K 150: die Österreichischen Bundesbahnen (*Abk.* ÖBB)
ös|ter|rei|chisch-un|ga|risch; die österreichisch-ungarische Monarchie; **Ös|ter|reich-Un|garn** (ehem. Doppelmonarchie)
Os|ter|sonn|tag; Os|ter|spiel; Os|ter|was|ser, das; -s
Os|ter|wo|che (Woche nach Ostern; *auch für* Karwoche)
Ost|eu|ro|pa; ost|eu|ro|pä|isch; osteuropäische Zeit (*Abk.* OEZ)
Ost|fa|le, der; -n, -n (Angehöriger eines altsächsischen Volksstammes); **Ost|fa|len; Ost|fa|lin; ost|fä|lisch**
Ost|flan|dern (belg. Prov.)
Ost|fran|ken (hist. Landschaft); **ost|frän|kisch**
Ost|frie|se; Ost|frie|sen|witz
Ost|frie|sin; ost|frie|sisch, *aber* ↑K 140: die Ostfriesischen Inseln; **Ost|fries|land**
Ost|geld, das; -[e]s; *vgl.* ²Ostmark
Ost|ger|ma|ne; ost|ger|ma|nisch
Os|tia (Hafen des alten Roms)
o|s|ti|nat, o|s|ti|na|to ‹ital.› (*Musik* stetig wiederkehrend, ständig wiederholt [vom Bassthema])
Ost|in|di|en; ost|in|disch; ostindische Waren, *aber* ↑K 150: die Ostindische Kompanie *(früher)*
Os|ti|tis, die; -, ...itiden ‹griech.› (*Med.* Knochenentzündung)
Ost|ja|ke, der; -n, -n (Angehöriger eines finn.-ugr. Volkes in Westsibirien)

Ost|kir|che; Ost|küs|te [*alte Trennung* ...|st...]

öst|lich
– östlicher Länge (*Abk.* ö. L.)
An »östlich« kann ein Substantiv im Genitiv oder mit »von« angeschlossen werden. Der Anschluss mit »von« wird bei artikellosen [geographischen] Namen bevorzugt: – östlich dieser Linie; östlich der Oder – östlich von Berlin, *selten:* östlich Berlins

[1]**Ost|mark** (hist. Landschaft)
[2]**Ost|mark,** die; -, - (*früher ugs. für* Währung der DDR)
[1]**Ost|nord|ost** (Himmelsrichtung; *Abk.* ONO); *vgl.* Ostnordosten
[2]**Ost|nord|ost,** der; -[e]s, -e *Plur. selten* (Ostnordostwind; *Abk.* ONO)
Ost|nord|os|ten, der; -s (*Abk.* ONO); *vgl.* [1]Ostnordost
Ost|po|li|tik
Ost|preu|ßen; ost|preu|ßisch
Os|t|ra|zis|mus, der; - ‹griech.› (Scherbengericht, altathen. Volksgericht)
Ös|t|ro|gen, das; -s, -e ‹griech.› (*Med.* w. Geschlechtshormon)
Ost|rom; ost|rö|misch, *aber* ↑K 150: das Oströmische Reich
Os|t|row|s|ki (russ. Dramatiker)
Ost|see, die; -; **Ost|see|bad;** Ostseebad Prerow [...ro]
Ost|see|in|sel
Ost|sei|te
[1]**Ost|süd|ost** (Himmelsrichtung; *Abk.* OSO); *vgl.* Ostsüdosten
[2]**Ost|süd|ost,** der; -[e]s, -e *Plur. selten* (Ostsüdostwind; *Abk.* OSO)
Ost|süd|os|ten, der; -s (*Abk.* OSO); *vgl.* [1]Ostsüdost
Ost|ti|mor
Ost|ti|rol
Os|tung, die; - ‹*zu* osten›
Ost|wald (dt. Chemiker); ostwaldsche, *auch* Ostwald'sche [*alte Schreibung* Ostwaldsche] Farbenlehre
ost|wärts
Ost-West-Ge|spräch, das; -[e]s, -e ↑K 26
ost|west|lich; in ostwestlicher Richtung
Ost|wind; Ost|zo|ne (*veraltet für* sowjetische Besatzungszone)
Os|wald (m. Vorn.)

Os|win (m. Vorn.)
OSZE = Organisation für Sicherheit und Zusammenarbeit in Europa
Os|zil|la|ti|on, die; -, -en ‹lat.› (*Physik* Schwingung); **Os|zil|la|tor,** der; -s, ...toren (Gerät zur Erzeugung elektr. Schwingungen); **os|zil|lie|ren** (schwingen, pendeln, schwanken)
Os|zil|lo|gramm, das; -s, -e ‹lat.; griech.› (Schwingungsbild); **Os|zil|lo|graph,** *auch* Os|zil|lo|graf, der; -en, -en (Schwingungsschreiber)
Ö|ta, der; -[s] (griech. Gebirge)
O|t|al|gie, die; -, ...ien ‹griech.› (*Med.* Ohrenschmerz)
Ot|fried (m. Vorn.)
O|thel|lo (Figur bei Shakespeare)
Oth|mar *vgl.* Otmar
O|tho (röm. Kaiser)
O|t|i|a|t|rie, die; - ‹griech.› (*Med.* Ohrenheilkunde)
O|ti|tis, die; -, ...itiden (*Med.* Ohrenentzündung)
Ot|mar, Oth|mar (m. Vorn.)
O|to|lith, der; *Gen.* -s *od.* -en, *Plur.* -e[n] ‹griech., »Gehörsteinchen«› (*Med.* Teil des Gleichgewichtsorgans)
O|to|lo|gie, die; - (*svw.* Otiatrie)
O-Ton = Originalton
O|to|s|kop, das; -s, -e ‹griech.› (*Med.* Ohrenspiegel)
Öt|scher, der; -s (Berg in Niederösterreich)
Ot|ta|ve|ri|me *Plur.* ‹ital.› (*Verslehre* Stanze)
[1]**Ot|ta|wa,** der; -[s] (Fluss in Kanada)
[2]**Ot|ta|wa** (Hauptstadt Kanadas)
[3]**Ot|ta|wa,** der; -[s], -[s] (Angehöriger eines nordamerik. Indianerstammes)
[1]**Ot|ter,** der; -s, - (eine Marderart)
[2]**Ot|ter,** die; -, -n (eine Schlange)
Ot|tern|brut; Ot|tern|ge|zücht (*bibl.*)
Ot|ter|zun|ge (versteinerter Fischzahn)
Ott|hein|rich (m. Vorn.)
Ot|ti|lia, Ot|ti|lie (w. Vorn.)
Ot|to (m. Vorn.); Otto Normalverbraucher (*ugs. für* Durchschnittsmensch)
Ot|to|kar (m. Vorn.)
Ot|to|man, der; -s, -e ‹türk.› (ein Ripsgewebe)
[1]**Ot|to|ma|ne,** die; -, -n (*veraltet für* niedriges Sofa)
[2]**Ot|to|ma|ne,** der; -n, -n (*svw.* Osmane)

Ot|to|mo|tor® ↑K 136 ‹nach dem Erfinder› (Vergasermotor)
Ot|to|ne, der; -n, -n (Bez. für einen der sächsischen Kaiser Otto I., II. und III.); **ot|to|nisch**
Öt|zi, der; -s ‹nach dem Fundort in den Ötztaler Alpen› (*scherzh. für* mumifizierte Leiche eines Vorzeitmenschen); **Ötz|tal; Ötz|ta|ler;** Ötztaler Alpen
Oua|ga|dou|gou [uaga'du:gu] (Hauptstadt von Burkina Faso)
out [aut] ‹engl.› (*österr., sonst veraltet für* aus, außerhalb des Spielfeldes [bei Ballspielen]; *ugs. für* unzeitgemäß, unmodern); **Out,** das; -[s], -[s]
Out|back ['autbɛk], das; - ‹engl.› (das Landesinnere Australiens)
Out|cast ['autka:st], der; -s, -s ‹engl.› (von der Gesellschaft Ausgestoßener)
Out|door ['autdɔ:], das; - ‹engl.› (Freizeitaktivitäten im Freien); **Out|door|be|klei|dung**
Out|ein|wurf (*österr. Sportspr.*)
ou|ten ['autn] ‹engl.›; jmdn. outen (jmds. Homosexualität o. Ä. ohne dessen Zustimmung öffentl. bekannt machen); sich outen; er, sie hat sich geoutet; sie outete sich als Raucherin
Out|fit ['aut...], das; -[s], -s ‹engl.› (Kleidung; Ausrüstung)
Ou|ting ['autiŋ], das; -s ‹engl.› (das [Sich]outen)
Out|law ['autlo:], der; -[s], -s ‹engl.› (Geächteter, Verbrecher)
Out|li|nie (*österr. Sportspr.*)
Out|put ['aut...] der, *auch* das; -s, -s ‹engl.› (*Wirtsch.* Produktion[smenge]; *EDV* Arbeitsergebnisse einer Datenverarbeitungsanlage, Ausgabe)
Out|si|der ['autsai...], der; -s, - ‹engl.› (Außenseiter)
out|sour|cen ['autsɔ:sn] (*Wirtsch.* ausgliedern, nach außen verlegen); ich source out; du, er ihr sourct out; der Vertrieb wird outgesourct; outzusourcen; **Out|sour|cing** [...sɪŋ], das; -s ‹engl.› (*Wirtsch.* Übergabe von bestimmten Firmenbereichen an spezialisierte Dienstleistungsunternehmen)
Out|wach|ler (*österr. ugs. für* Linienrichter)
Ou|ver|tü|re [u...], die; -, -n ‹franz., »Öffnung«› (instrumentales Eröffnungsstück)
Ou|zo ['u:zo], der; -[s], -s ‹griech.› (griech. Anisbranntwein)

o|val ‹lat.› (eirund, länglich rund); **O|val,** das; -s, -e
O|var, das; -s, -e; *vgl.* Ovarium; **O|va|ri|um,** das; -s, ...ien (*Biol., Med.* Eierstock)
O|va|ti|on, die; -, -en ‹lat.› (begeisterter Beifall)
O|ve|r|all, ['o:vərɔ:l, *auch* ...ral], der; -s, -s ‹engl.› (einteiliger [Schutz]anzug)
o|ver|dressed ['o:və(r)drɛst] (zu gut, fein angezogen)
O|ver|drive ['o:və(r)draif], der; -[s], -s ‹engl.› (*Kfz-Technik* Schnellgang)
O|ver|head|pro|jek|tor ['o:və(r)hɛt...] (Projektor, der transparente Vorlagen auf eine hinter dem Vortragenden liegende Fläche projiziert)
O|ver|kill ['o:və(r)...], der; -[s] ‹engl.› (*Milit.* das Vorhandensein von mehr Waffen, als nötig sind, um den Gegner zu vernichten)
O|vid (röm. Dichter); **o|vi|disch;** die ovidischen [*alte Schreibung* Ovidischen] Liebeselegien
o|vi|par ‹lat.› (*Biol.* Eier legend, sich durch Eier fortpflanzend)
o|vo|id, o|vo|i|disch ‹lat.; griech.› (eiförmig)
o|vo|vi|vi|par ‹lat.› (Eier mit schon weit entwickelten Embryonen legend)
ÖVP = Österreichische Volkspartei
O|vu|la|ti|on, die; -, -en ‹lat.› (*Biol.* Ausstoßung des reifen Eies aus dem Eierstock)
O|vu|la|ti|ons|hem|mer (*Med.*); **O|vu|la|ti|ons|zy|k|lus**
...ow [...o, *österr. ugs.* ...ɔf] (*in deutschen geographischen Namen u. Personennamen,* z. B. Teltow, Wussow ↑K 165)
Ow|en ['auən] (Stadt in Baden-Württemberg)
O|xa|lit, der; -s, -e ‹griech.› (ein Mineral)
O|xal|säu|re, die; - ‹griech.; dt.› (Kleesäure)
O|xer, der; -s, - ‹engl.› (Zaun zwischen Viehweiden; *Pferdesport* Hindernis bei Springprüfungen)
Ox|ford (engl. Stadt)
Ox|hoft, das; -[e]s, -e (altes Flüssigkeitsmaß); 10 Oxhoft
O|xid, *auch* O|xyd, das; -[e]s, -e ‹griech.› (Sauerstoffverbindung); **O|xi|da|ti|on,** *auch* O|xy|da|ti|on, die; -, -en

o|xi|di|ren, *auch* o|xy|di|ren (*Chemie* sich mit Sauerstoff verbinden, Sauerstoff aufnehmen; bewirken, dass sich eine Substanz mit Sauerstoff verbindet); **O|xi|di|e|rung,** *auch* O|xy|di|e|rung (Vorgang, Ergebnis des Oxidierens)

o|xi|disch, *auch* o|xy|disch (*Chemie* ein Oxid enthaltend)

o|xy... (scharf...; sauerstoff...); **O|xy...** (Scharf...; Sauerstoff...)

O|xyd usw. *vgl.* Oxid usw.

O|xy|gen, O|xy|ge|ni|um, das; -s (*griech.-lat. Bez. für* Sauerstoff; chem. Element; *Zeichen* O)

O|xy|hä|mo|glo|bin ‹griech.; lat.› (sauerstoffhaltiger Blutfarbstoff)

O|xy|mo|ron, das; -s, ...ra ‹griech.› (*Rhet.* Zusammenstellung zweier sich widersprechender Begriffe als rhet. Figur, z. B. »bittersüß«)

O|xy|to|non, das; -s, ...na (*Sprachw.* auf der letzten, kurzen Silbe betontes Wort)

Oy|bin, Kurort (am gleichnamigen Berg im Zittauer Gebirge)

O|za|lid ® (*Markenbez. für* Papiere, Gewebe, Filme mit lichtempfindlichen Emulsionen)

O|za|lid|pa|pier

O|za|lid|ver|fah|ren

O|ze|an, der; -s, -e ‹griech.› (Weltmeer); der große (endlos scheinende) Ozean, *aber* ↑K 140: der Große (Pazifische) Ozean

O|ze|a|na|ri|um, das; -s, ...ien (Anlage mit Meerwasseraquarien)

O|ze|a|naut, der; -en, -en (*svw.* Aquanaut); **O|ze|a|nau|tin**

O|ze|an|damp|fer

O|ze|a|ni|de *vgl.* Okeanide

O|ze|a|ni|en (Gesamtheit der Pazifikinseln zwischen Amerika, den Philippinen u. Australien); **o|ze|a|nisch** (Meeres...; zu Ozeanen gehörend)

O|ze|a|no|gra|phie, *auch* O|ze|a|no|gra|fie, die; - (Meereskunde); **o|ze|a|no|gra|phisch,** *auch* o|ze|a|no|gra|fisch

O|zel|le, die; -, -n ‹lat.› (*Zool.* Lichtsinnesorgan bei Insekten u. Spinnentieren)

O|ze|lot [*auch* 'ɔ...], der; -s, *Plur.* -e *u.* -s ‹aztek.› (ein katzenartiges Raubtier Nord- u. Südamerikas; *auch für* Pelz dieses Tieres)

O|zo|ke|rit, der; -s ‹griech.› (Erdwachs; natürlich vorkommendes mineral. Wachs)

O|zon, der *od.* (*fachspr. nur:*) das; -s ‹griech.› (besondere Form des Sauerstoffs)

O|zon|a|larm; O|zon|ge|halt, der

o|zon|hal|tig, *österr.* **o|zon|häl|tig**

o|zo|ni|sie|ren (mit Ozon behandeln)

O|zon|loch (bes. durch Treibgase verursachte Zerstörung der Ozonschicht in der Stratosphäre); **o|zon|reich**

O|zon|schicht, die; - (*Meteor.*); **O|zon|the|ra|pie** (*Med.*)

P *p*

P (Buchstabe); das P; des P, die P, *aber* das p in hupen; der Buchstabe P, p

p = [1]Para; Penni; Penny; piano; Pico..., Piko...; Pond; typographischer Punkt

P (*auf dt. Kurszetteln*) = Papier (*vgl.* B); Peta...; *chem. Zeichen für* Phosphor

p. = pinxit

p., pag. = Pagina

Π, π = [1]Pi; π = [2]Pi

P. = Pastor; Pater; [2]Papa

Pa = *chem. Zeichen für* Protactinium; Pascal

Pa. = Pennsylvania

p. a. = pro anno

p. A. = per Adresse

Pä|an, der; -s, -e ‹griech.› (altgriech. Hymne)

[1]paar

‹lat.›
- es hatten sich viele angemeldet, aber es kamen nur ein paar (nur wenige)
- ein paar (einige) Leute; die paar (wenigen) Groschen; für ein paar Mark; in den paar Tagen; mit ein paar Worten
- ein paar Hundert *od.* hundert Bücher; ein paar Dutzend, *auch* dutzend Mal[e]
- diese paar Mal[e]; ein paar Male; ein paarmal, *auch (bei besonderer Betonung)* ein paar Mal

[2]paar (*Biol. selten für* paarig); paare Blätter

Paar

das; -[e]s, -e (zwei zusammengehörende Personen od. Dinge)
- ein glückliches Paar; die Kür der Paare; sich in/zu Paaren aufstellen; zu Paaren treiben (*veraltend für* bändigen, bewältigen)
- ein Paar Schuhe, ein Paar Strümpfe; von diesen Socken habe ich noch zwei Paar

Beugung:
- ein Paar neue, *selten* neuer Schuhe; für zwei Paar neue, *selten* neuer Schuhe
- der Preis eines Paar[e]s neuer Schuhe
- mit einem Paar Schuhe[n]

Paar|bil|dung

paa|ren; sich paaren

Paar|hu|fer (*Zool.*)

paa|rig (paarweise vorhanden); **Paa|rig|keit,** die; -

Paar|lauf (*Sport*); **paar|lau|fen** *nur im Infinitiv u. im Partizip II gebr.*; **Paar|läu|fer** (*Sport*); **Paar|läu|fe|rin**

paar|mal; ein paarmal, *auch (bei besonderer Betonung)* paar Mal; *vgl.* [1]paar u. [1]Mal

Paa|rung; paa|rungs|be|reit

paar|wei|se

Paar|ze|her (*svw.* Paarhufer)

Pace [pe:s], die; - ‹engl.› (Gangart des Pferdes; Renntempo); **Pace|ma|cher** (Pferd, das das Renntempo bestimmt)

Pace|ma|ker [...me:kə], der; -s, - (Pacemacher; *Med.* Herzschrittmacher)

Pacht, die; -, -en; **pach|ten**

Päch|ter; Päch|te|rin

Pacht|geld; Pacht|gut; Pacht|land, das; -[e]s; **Pacht|sum|me**

Pach|tung

Pacht|ver|trag

pacht|wei|se

Pacht|zins *Plur.* ...zinsen

Pa|chul|ke, der; -n, -n ‹slaw.› (*landsch. für* ungehobelter Bursche, Tölpel)

[1]Pack, der; -[e]s, *Plur.* -e *u.* Päcke (Gepacktes; Bündel)

[2]Pack, das; -[e]s (*abwertend für* Gesindel, Pöbel)

Pa|ckage|tour, *auch* **Pa|ckage-Tour** ['pɛkɪtʃ...; *alte Trennung*

...k|k...], die; -, -s ‹engl.› (durch ein Reisebüro vorbereitete Reise im eigenen Auto mit vorher bezahlten Unterkünften u. sonstigen Leistungen)
Päck|chen
Pack|eis ([übereinander geschobenes] Scholleneis)
Pa|cke|lei [*alte Trennung* ...k|k...] (*österr. ugs. für* heimliches Paktieren); **pa|ckeln** (paktieren)
pa|cken [*alte Trennung* ...k|k...]; sich packen (*ugs. für* sich fortscheren)
Pa|cken [*alte Trennung* ...k|k...], der; -s, -; **Pa|cker; Pa|cke|rei; Pa|cke|rin**
Pack|e|sel (*ugs. für* jmd., dem viele Lasten aufgepackt werden)
Pack|fong, das; -s ‹chin.› (im 18. Jh. aus China eingeführte Kupfer-Nickel-Zink-Legierung)
Pack|kis|te [*alte Trennung* ...|st...]
Pack|lein|wand; Pack|pa|pier; Pack|raum; Pack|set, das; -s, -s (Karton mit Kordel u. Aufkleber für Pakete u. Päckchen); **Pack|tisch**
Pa|ckung [*alte Trennung* ...k|k...] (*ugs. auch für* hohe Niederlage im Sport)
Pack|wa|gen; Pack|werk *(Wasserbau);* **Pack|zet|tel** *(Wirtsch.)*
Pä|d|a|go|ge, der; -n, -n ‹griech.› (Erzieher; Lehrer; Erziehungswissenschaftler)
Pä|d|a|go|gik, die; - (Erziehungslehre, -wissenschaft); **Pä|d|a|go|gi|kum,** das; -s, ...ka (Prüfung in Erziehungswissenschaften für Lehramtskandidat[inn]en)
Pä|d|a|go|gin; pä|d|a|go|gisch (erzieherisch); pädagogische Fähigkeit; pädagogische Maßnahmen; [eine] pädagogische Hochschule, *aber* ↑K 150: die Pädagogische Hochschule (*Abk.* PH) in Münster; die Pädagogische Akademie *(in Österr.)*
pä|d|a|go|gi|sie|ren
Pä|d|a|go|gi|um, das; -s, ...ien (*früher* Vorbereitungsschule für das Studium an einer pädagogischen Hochschule)
Pad|del, das; -s, - ‹engl.›; **Pad|del|boot; Pad|del|boot|fahrt**
pad|deln; ich padd[e]le
Padd|ler; Padd|le|rin
Pad|dock ['pɛ...], der; -s, -s ‹engl.› (umzäunter Auslauf)
[1]**Pad|dy** ['pɛdi], der; -s ‹malai.-engl.› (ungeschälter Reis)
[2]**Pad|dy** ['pɛdi], der; -s, -s ‹engl.; Koseform des m. Vornamens Patrick› (Spitzname des Iren)
Pä|d|e|rast, der; -en, -en ‹griech.› (Homosexueller mit bes. auf männl. Jugendliche gerichtetem Sexualempfinden); **Pä|d|e|ras|tie** [*alte Trennung* ...|st...], die; -
Pa|der|born (Stadt in Nordrhein-Westfalen)
Pä|d|i|a|ter, der; -s, - ‹griech.› (Kinderarzt); **Pä|d|i|a|t|rie,** die; - (Kinderheilkunde); **pä|d|i|a|t|risch**
Pa|di|schah, der; -s, -s ‹pers.› (*früher* Titel islam. Fürsten)
Pä|do|ge|ne|se, *auch* **Pä|do|ge|ne|sis** [*auch* ...'ge:...], die; - ‹griech.› (*Biol.* Fortpflanzung im Larvenstadium)
pä|do|phil; Pä|do|phi|le, der u. die; -n, -n; **Pä|do|phi|lie,** die; - ‹griech.› (auf Kinder gerichteter Sexualtrieb Erwachsener)
Pa|douk [...'dauk], das; -s ‹birman.› (ein Edelholz)
Pa|dua (ital. Stadt); **Pa|du|a|ner; pa|du|a|nisch**
Pa|el|la [...'ɛlja], die; -, -s ‹span.› (span. Reisgericht mit Fleisch, Fisch, Gemüse u. a.)
Pa|fe|se, Po|fe|se, die; -, -n *meist Plur.* ‹ital.› (*bayr. u. österr. für* gebackene Weißbrotschnitte)
paff *vgl.* baff
paff!; piff, paff!
paf|fen (*ugs. für* rauchen)
pag., p. = Pagina
Pa|ga|ni|ni (ital. Geigenvirtuose u. Komponist)
Pa|ga|nis|mus, der; -, ...men ‹lat.› (*nur Sing.:* Heidentum; *auch für* heidnische Elemente im christl. Glauben u. Brauchtum)
Pa|gat, der; -[e]s, -e ‹ital.› (Karte im Tarockspiel)
pa|ga|to|risch ‹lat.-ital.› (*Wirtsch.* auf Zahlungsvorgänge bezogen); pagatorische Buchhaltung
Pa|ge [...ʒə], der; -n, -n ‹franz.› (livrierter junger [Hotel]diener; *früher* Edelknabe)
Pa|gen|dienst; Pa|gen|fri|sur; Pa|gen|kopf
Pa|ger ['peɪdʒɐ], der; -s, - ‹engl.› (Funkempfangsgerät, das einen eintreffenden Ruf akustisch od. optisch signalisiert)
Pa|gi|na, die; -, -s ‹lat.› (*veraltet für* [Buch-, Blatt]seite; *Abk.* p. *od.* pag.)
pa|gi|nie|ren (mit Seitenzahl[en] versehen); **Pa|gi|nier|ma|schi|ne; Pa|gi|nie|rung**
[1]**Pa|go|de,** die; -, -n ‹drawid.-port.› (Tempel in Ostasien)
[2]**Pa|go|de,** die; -, -n, *auch* der; -n, -n (*veraltet für* ostasiat. Götterbild; kleine sitzende Porzellanfigur mit beweglichem Kopf)
Pa|go|den|dach; Pa|go|den|kra|gen (aus mehreren in Stufen übereinander gelegten Teilen bestehender Kragen)
pah!, bah!
Pail|let|te [pa'jɛ...], die; -, -n ‹franz.› (glitzerndes Metallblättchen zum Aufnähen); **pail|let|ten|be|setzt; Pail|let|ten|kleid**
Pair [pɛ:ɐ̯], der; -s, -s ‹franz.› (*früher* Mitglied des höchsten franz. Adels); *vgl.* Peer; **Pai|rie,** die; -, ...ien (Würde eines Pairs); **Pairs|wür|de,** die; -
Pak, die; -, -[s] (*Kurzw. für* Panzerabwehrkanone)
Pa|ket, das; -[e]s, -e
Pa|ket|ad|res|se; Pa|ket|an|nah|me; Pa|ket|boot
pa|ke|tie|ren (zu einem Paket machen, verpacken); **Pa|ke|tier|ma|schi|ne**
Pa|ket|kar|te; Pa|ket|post; Pa|ket|zu|stel|lung
Pa|ki|s|tan (Staat in Asien); **Pa|ki|s|ta|ner; Pa|ki|s|ta|ne|rin; Pa|ki|s|ta|ni,** der; -[s], -[s] *u.* die; -, -[s] (Pakistaner[in]); **pa|ki|s|ta|nisch**
Pa|ko, der; -s, -s ‹indian.-span.› (*svw.* [1]Alpaka)
Pakt, der; -[e]s, -e ‹lat.› (Vertrag; Bündnis)
pak|tie|ren (einen Vertrag schließen; gemeinsame Sache machen); **Pak|tie|rer; Pak|tie|re|rin**
pa|lä|ark|tisch ‹griech.›; paläarktische Region (*Tiergeogr.* Europa, Nordafrika, Asien außer Indien)
Pa|la|din [*auch* 'pa...], der; -s, -e ‹lat.› (Angehöriger des Heldenkreises am Hofe Karls d. Gr.; treuer, ergebener Anhänger)
Pa|lais [...'lɛ:], das; - [pa'lɛ:(s)], - [pa'lɛ:s] ‹franz.› (Palast, Schloss)
Pa|lan|kin, der; -s, *Plur.* -e *u.* -s ‹Hindi› (ind. Tragsessel; Sänfte)
pa|lä|o... ‹griech.› (alt..., ur...); **Pa|lä|o...** (Alt..., Ur...)

P

Pa|lä|o|bi|o|lo|gie (Biologie ausgestorbener Lebewesen); **Pa|lä|o|bo|ta|nik** (Botanik ausgestorbener Pflanzen); **Pa|lä|o|ge|o|gra|phie**, *auch* Pa|lä|o|ge|o|gra|fie (Geographie der Erdgeschichte)

Pa|lä|o|graph, *auch* Pa|lä|o|graf, der; -en, -en (Wissenschaftler auf dem Gebiet der Paläographie); **Pa|lä|o|gra|phie**, *auch* Pa|lä|o|gra|fie, die; - (Lehre von den Schriftarten des Altertums u. des MA.); **Pa|lä|o|gra|phin**, *auch* Pa|lä|o|gra|fin; **pa|lä|o|gra|phisch**, *auch* pa|lä|o|gra|fisch

Pa|lä|o|his|to|lo|gie [*alte Trennung* ...|st...], die; - (Lehre von den Geweben der fossilen Lebewesen); **Pa|lä|o|kli|ma|to|lo|gie**, die; - (Lehre von den Klimaten der Erdgeschichte)

Pa|lä|o|lith, der; *Gen.* -s *od.* -en, *Plur.* -e[n] (Steinwerkzeug des Paläolithikums)

Pa|lä|o|li|thi|kum, das; -s (Altsteinzeit); **pa|lä|o|li|thisch**

Pa|lä|on|to|lo|ge, der; -n, -n; **Pa|lä|on|to|lo|gie**, die; - (Lehre von den Lebewesen vergangener Erdperioden); **Pa|lä|on|to|lo|gin; pa|lä|on|to|lo|gisch**

Pa|lä|o|phy|ti|kum, das; -s (Frühzeit der Pflanzenentwicklung im Verlauf der Erdgeschichte)

Pa|lä|o|zän, Pal|le|o|zän, das; -s (*Geol.* älteste Abteilung des Tertiärs)

Pa|lä|o|zo|i|kum, das; -s (erdgeschichtl. Altertum); **pa|lä|o|zo|isch; Pa|lä|o|zo|o|lo|gie**, die; - (Zoologie der fossilen Tiere)

Pa|las, der; -, -se ‹lat.› (Hauptgebäude der mittelalterl. Burg)

Pa|last, der; -[e]s, Paläste (Schloss; Prachtbau)

Pa|läs|ti|na [*alte Trennung* ...|st...] (Gebiet zwischen Mittelmeer u. Jordan); **Pa|läs|ti|na|pil|ger**

Pa|läs|ti|nen|ser [*alte Trennung* ...|st...]; **Pa|läs|ti|nen|ser|füh|rer**

Pa|läs|ti|nen|se|rin [*alte Trennung* ...|st...]; **pa|läs|ti|nen|sisch; pa|läs|ti|nisch**

Pa|läs|t|ra [*alte Trennung* ...|st...], die; -, ...ren ‹griech.› (altgriechische Ring-, Fechtschule)

Pa|last|re|vol|te; Pa|last|re|vo|lu|ti|on; Pa|last|wa|che

pa|la|tal ‹lat.› (den Gaumen betreffend, Gaumen...); **Pa|la|tal**, der; -s, -e *u.* **Pa|la|tal|laut**, der; -[e]s, -e (*Sprachw.* am vorderen Gaumen gebildeter Laut, z. B. j)

[1]**Pa|la|tin**, der; -s ‹lat.› (ein Hügel in Rom)

[2]**Pa|la|tin**, der; -s, -e (*früher* Pfalzgraf); **Pa|la|ti|na**, die; - (Heidelberger Bibliothek)

Pa|la|ti|nat, das; -[e]s, -e (*früher* Würde eines Pfalzgrafen); **pa|la|ti|nisch** (pfälzisch), *aber* ↑K 140: der Palatinische Hügel (in Rom)

Pa|la|t|schin|ke, die; -, -n *meist Plur.* ‹ung.› (*österr. für* gefüllter Eierkuchen)

Pa|la|ver, das; -s, - ‹lat.-port.-engl.› (Ratsversammlung afrikan. Stämme; *ugs. für* endloses Gerede u. Verhandeln); **pa|la|vern** *(ugs.)*; sie haben palavert

Pa|laz|zo, der; -[s], ...zzi ‹ital.› (*ital. Bez. für* Palast); **Pa|laz|zo|ho|se** (weit geschnittene lange Damenhose)

Pa|le, die; -, -n (*nordd. für* Schote, Hülse)

Pale Ale ['pe:l 'e:l], das; - - ‹engl.› (helles engl. Bier)

pa|len (*nordd. für* [Erbsen] aus den Hülsen [Palen] lösen)

Pa|le|o|zän *vgl.* Paläozän

Pa|ler|mer; pa|ler|misch

Pa|ler|mo (Stadt auf Sizilien)

Pa|les|t|ri|na [*alte Trennung* ...|st...] (italien. Komponist)

Pa|le|tot [...to, *auch, österr. nur,* pal(ə)'to:], der; -s, -s (taillierter doppelreihiger Herrenmantel; dreiviertellanger Mantel)

Pa|let|te, die; -, -n ‹franz.› (Farbenmischbrett; genormtes Lademittel für Stückgüter; *übertr. für* bunte Mischung)

pa|let|ti; *in* alles paletti (*ugs. für* in Ordnung)

pa|let|tie|ren ‹franz.› (Versandgut auf einer Palette stapeln)

Pa|li, das; -[s] (Schriftsprache der Buddhisten in Sri Lanka u. Hinterindien)

pa|lim..., pa|lin... ‹griech.› (wieder...); **Pa|lim...**, Pa|lin... (Wieder...)

Pa|lim|p|sest, der *od.* das; -es, -e (von Neuem beschriebenes Pergament)

Pa|lin|drom, das; -s, -e (Wort[folge] od. Satz, die vorwärts wie rückwärts gelesen [den gleichen] Sinn ergeben, z. B. Rentner; Leben – Nebel)

Pa|lin|ge|ne|se, die; -, -n (*Rel.* Wiedergeburt; *Biol.* Auftreten von Merkmalen stammesgeschichtl. Vorfahren während der Keimesentwicklung; *Geol.* Aufschmelzung eines Gesteins u. Bildung einer neuen Gesteinsschmelze)

Pa|li|n|o|die, die; -, ...ien (*Literaturw.* [dichterischer] Widerruf)

Pa|li|sa|de, die; -, -n ‹franz.› (aus Pfählen bestehendes Hindernis); **Pa|li|sa|den|pfahl; Pa|li|sa|den|wand**

Pa|li|san|der, der; -s, - ‹indian.-franz.› (brasil. Edelholz); **Pa|li|san|der|holz; pa|li|san|dern** (aus Palisander)

[1]**Pal|la|di|um**, das; -s, ...ien ‹griech.› (Bild der Pallas; Schutzbild; schützendes Heiligtum)

[2]**Pal|la|di|um**, das; -s (chemisches Element, Metall; *Zeichen* Pd)

Pal|las ‹griech.› (Beiname der Athene)

Pal|lasch, der; -[e]s, -e ‹ung.› (schwerer Säbel)

Pal|la|watsch, Bal|la|watsch, der; -s (*österr. ugs. für* Durcheinander, Blödsinn)

Pal|li|a|tiv, das; -s, -e, **Pal|li|a|ti|vum**, das; -s, ...va ‹lat.› (*Med.* Linderungsmittel)

Pal|li|um, das; -s, ...ien (Schulterbinde des erzbischöfl. Ornats)

Pal|lot|ti|ner, der; -s, - ‹nach dem ital. Priester Pallotti› (Angehöriger einer kath. Vereinigung); **Pal|lot|ti|ne|rin; Pal|lot|ti|ner|or|den**, der; -s

Palm, der; -s, -e ‹lat., »flache Hand«› (altes Maß zum Messen von Rundhölzern); 10 Palm

Palm|art *vgl.* Palmenart

Pal|ma|rum (Palmsonntag)

Palm|baum (*veraltet für* Palme); **Palm|blatt**, *auch* Pal|men|blatt

Pal|me, die; -, -n; **Pal|men|art; pal|men|ar|tig**

Pal|men|blatt *vgl.* Palmblatt

Pal|men|hain; Pal|men|her|zen *Plur.* (*svw.* Palmherzen)

Pal|men|rol|ler (eine südasiatische Schleichkatze)

Pal|men|we|del *vgl.* Palmwedel; **Pal|men|zweig** *vgl.* Palmzweig

Pal|met|te, die; -, -n ‹franz.› (*Kunstwiss.* Verzierung; *Gartenbau* fächerförmig gezogener Spalierbaum)

Palm|her|zen *Plur.* (als Gemüse od. Salat zubereitetes Mark bestimmter Palmen)

pal|mie|ren ‹lat.› ([bei einem Zau-

P

bertrick] in der Handfläche verbergen)

Pal|mi|tin, das; -s (Hauptbestandteil der meisten Fette)

Palm|kätz|chen; Palm|öl, das; -[e]s

Palm|sonn|tag [*auch* ˈpalm...]

Palm|we|del, *auch* Pal|men|we|del

Palm|wei|de; Palm|wein

Pal|my|ra ([Ruinen]stadt in der Syrischen Wüste); **Pal|my|ra|palme; Pal|my|rer; pal|my|risch**

Palm|zweig, *auch* Pal|men|zweig

Pa|lo|lo|wurm ⟨polynes.; dt.⟩ (ein trop. Borstenwurm)

pal|pa|bel ⟨lat.⟩ (*Med.* tast-, fühl-, greifbar); ...a|b|le Organe; **Pal|pa|ti|on,** die; -, -en (*Med.* Untersuchung durch Abtasten)

Pal|pe, die; -, -n (*Zool.* Taster [bei Gliederfüßern])

pal|pie|ren (*Med.* betastend untersuchen)

Pal|pi|ta|ti|on, die; -, -en (Pulsschlag, Herzklopfen); **pal|pi|tieren** (schlagen, pulsieren)

Pal|stek [...ste:k], der; -s, -s (*Seemannsspr.* leicht lösbarer Knoten [bes. zum Festmachen eines Bootes])

Pa|me|la, Pa|me|le [*beide auch* ...ˈmɛ...] (w. Vorn.)

Pa|mir [*auch* ˈpa:...], der, *auch* das; -[s] (Hochland in Asien)

Pamp, der; -[e]s (*nordd. für* Pamps)

Pam|pa, die; -, -s *meist Plur.* ⟨indian.⟩ (baumlose Grassteppe in Südamerika); **Pam|pa[s]|gras**

Pam|pe, die; - (*nordd., mitteld. für* Schlamm, Sand- u. Schmutzbrei)

Pam|pel|mu|se [*auch* ˈpam...], die; -, -n ⟨niederl.⟩ (eine Zitrusfrucht)

Pam|per|letsch *vgl.* Bamperletsch

Pampf, der; -[e]s (*südd. für* Pamps)

Pam|ph|let, das; -[e]s, -e ⟨franz.⟩ (Streit-, Schmähschrift); **Pam|ph|le|tist,** der; -en, -en (Verfasser von Pamphleten); **Pam|ph|le|tis|tin** [*alte Trennung* ...|st...]

pam|pig (*nordd., mitteld. für* breiig; *ugs. für* frech, patzig)

Pamps, der; -[es] (*landsch. für* dicker Brei [zum Essen])

Pam|pu|sche *vgl.* Babusche

¹Pan (griech. Hirten-, Waldgott)

²Pan, der; -s, -s ⟨poln.⟩ (*früher in Polen* Besitzer eines kleineren Landgutes; *poln. [in Verbindung mit dem Namen]:* Herr); *vgl.* Panje

pan... ⟨griech.⟩ (gesamt..., all...); **Pan...** (Gesamt..., All...)

Pa|na|ché [...ˈʃe:] *vgl.* Panaschee

Pa|na|de, die; -, -n ⟨franz.⟩ (Weißbrotbrei zur Bereitung von Füllungen; Mischung aus Ei u. Semmelmehl zum Panieren)

Pa|na|del|sup|pe (*südd. u. österr. für* Suppe mit Weißbroteinlage)

pan|a|f|ri|ka|nisch; ↑K 150: Panafrikanische Spiele; **Pan|a|f|ri|ka|nis|mus,** der; -; *vgl.* Panamerikanismus

Pa|na|ma (Staat in Mittelamerika u. dessen Hauptstadt); **Pa|na|ma|er; Pa|na|ma|e|rin**

Pa|na|ma|hut, *auch* **Pa|na|ma-Hut,** der ↑K 143; **pa|na|ma|isch**

Pa|na|ma|ka|nal, *auch* **Pa|na|ma-Ka|nal,** der; -s ↑K 143

pan|a|me|ri|ka|nisch; panamerikanische Bewegung; **Pan|a|me|ri|ka|nis|mus,** der; - (Bestreben, die wirtschaftl. u. polit. Zusammenarbeit aller amerik. Staaten zu verstärken)

pan|a|ra|bisch; panarabische Bewegung; **Pan|a|ra|bis|mus,** der; -; *vgl.* Panislamismus

Pa|na|ri|ti|um, das; -s, ...ien ⟨griech.⟩ (*Med.* eitrige Entzündung am Finger)

Pa|nasch, der; -[e]s, -e ⟨franz.⟩ (Feder-, Helmbusch)

Pa|na|schee, das; -s, -s (*veraltet für* gemischtes, mehrfarbiges Eis; Kompott, Gelee aus verschiedenen Obstsorten)

pa|na|schie|ren (Kandidaten verschiedener Listen wählen); **Pa|na|schier|sys|tem** [*alte Trennung* ...|st...], das; -s (ein Wahlsystem)

Pa|na|schie|rung, die; -, -en, **Pa|na|schü|re,** die; -, -n (*Bot.* weiße Musterung auf Pflanzenblättern durch Mangel an Blattgrün)

Pan|a|the|nä|en *Plur.* ⟨griech.⟩ (Fest zu Ehren der Athene im alten Athen)

Pa|n|a|zee [*auch* ...ˈtse:], die; -, -n [...ˈtse:ən] ⟨griech.⟩ (Allheil-, Wundermittel)

pan|chro|ma|tisch ⟨griech.⟩ (*Fotogr.* empfindlich für alle Farben u. Spektralbereiche)

Pan|c|ra|ti|us *vgl.* Pankratius

Pan|da, der; -s, -s (asiat. Bärenart)

Pan|dai|mo|ni|on, Pan|dä|mo|ni|um, das; -s, ...ien ⟨griech.⟩ (Aufenthalt od. Gesamtheit der [bösen] Geister)

Pan|da|ne, die; -, -n ⟨malai.⟩ (eine Zierpflanze)

Pan|dek|ten *Plur.* ⟨griech.⟩ (Sammlung altröm. Rechtssprüche)

Pan|de|mie, die; -, ...ien ⟨griech.⟩ (*Med.* Epidemie größeren Ausmaßes)

pan|de|misch (sehr weit verbreitet); eine pandemische Seuche

Pan|dit, der; -s, -e *u.* -s ⟨sanskr.-Hindi⟩ ([Titel] brahmanischer Gelehrter)

Pan|do|ra (Gestalt der griech. Mythologie); die Büchse der Pandora

Pand|sch|ab [...ˈdʒa:p, *auch* ˈpa...], das; -s ⟨sanskr., »Fünfstromland«⟩ (Landschaft in Vorderindien); **Pand|sch|a|bi,** das; -[s] (eine neuind. Sprache)

Pa|neel, das; -s, -e ⟨niederl.⟩ (Täfelung der Innenwände); **pa|neel|lie|ren**

Pa|n|e|gy|ri|ker ⟨griech.⟩ (Verfasser eines Panegyrikus)

Pa|n|e|gy|ri|kon, das; -[s], ...ka (liturg. Buch der orthodoxen Kirche mit predigtartigen Lobreden auf die Heiligen)

Pa|n|e|gy|ri|kos *vgl.* Panegyrikus; **Pa|n|e|gy|ri|kus,** der; -, *Plur.* ...ken *u.* ...zi (Fest-, Lobrede; Fest-, Lobgedicht); **pa|n|e|gy|risch**

Pa|nel [ˈpɛnl], das; -s, -s ⟨engl.⟩ (repräsentative Personengruppe für die Meinungsforschung); **Pa|nel|tech|nik,** die; - (Methode der Meinungsforschung, die gleiche Personengruppe innerhalb eines bestimmten Zeitraums mehrfach zu befragen)

pa|nem et cir|cen|ses ⟨lat., »Brot u. Zirkusspiele«⟩ (Lebensunterhalt u. Vergnügungen als Mittel zur Zufriedenstellung des Volkes)

Pan|en|the|is|mus, der; - ⟨griech.⟩ (Lehre, nach der das All in Gott eingeschlossen ist); **pan|en|the|is|tisch** [*alte Trennung* ...|st...]

Pa|net|to|ne, der; -[s], ...ni ⟨ital.⟩ (ein ital. Kuchen)

Pan|eu|ro|pa (erstrebte Gemeinschaft der europäischen Staaten)

Pan|flö|te, Pans|flö|te ([antike] Hirtenflöte aus aneinander gereihten Pfeifen)

Pan|has, der; - (niederrhein.-

westfäl. Gericht aus Wurstbrühe u. Buchweizenmehl)

Pan|hel|le|nis|mus, der; - (Bewegung zur polit. Einigung der griech. Staaten [in der Antike]); **pan|hel|le|nis|tisch** [*alte Trennung* ...|st...]

¹Pa|nier, das; -s, -e ⟨germ.-franz.⟩ (*veraltet für* Banner; *geh. für* Wahlspruch)

²Pa|nier, die; - ⟨franz.⟩ (*österr. für* Hülle aus Ei u. Semmelbröseln)

pa|nie|ren (in Ei u. Semmelbröseln wenden); **Pa|nier|mehl; Pa|nie|rung**

Pa|nik, die; -, -en ⟨*nach* ¹Pan⟩ (durch plötzlichen Schrecken entstandene, unkontrollierte [Massen]angst)

pa|nik|ar|tig

Pa|nik|ma|che; Pa|nik|re|ak|ti|on; Pa|nik|stim|mung

pa|nisch (lähmend); panischer Schrecken

Pan|is|la|mis|mus, der; - (Streben, alle islam. Völker zu vereinigen)

Pan|je, der; -s, -s ⟨slaw.⟩ (*veraltet für* poln. od. russ. Bauer; *poln. Anrede [ohne Namen]:* Herr); *vgl.* ²Pan; **Pan|je|pferd** (poln. od. russ. Landpferd); **Pan|je|wa|gen**

Pan|kar|di|tis, die; -, ...itiden ⟨griech.⟩ (*Med.* Entzündung aller Schichten der Herzwand)

Pan|kow [...ko] (Stadtteil von Berlin)

Pan|k|ra|ti|on, das; -s, -s ⟨griech.⟩ (altgriechischer Ring- u. Faustkampf)

Pan|k|ra|ti|us, Pan|c|ra|ti|us, **Pan|k|raz** [*österr.* 'pa...] (m. Vorn.)

Pan|k|re|as, das; - ⟨griech.⟩ (*Med.* Bauchspeicheldrüse); **Pan|k|re|a|ti|tis,** die; -, ...itiden (Entzündung der Bauchspeicheldrüse)

Pan|lo|gis|mus, der; - ⟨griech.⟩ (philos. Lehre, nach der das ganze Weltall als Verwirklichung der Vernunft aufzufassen ist)

Pan|mi|xie, die; -, ...ien ⟨griech.⟩ (*Biol.* Kreuzung mit jedem beliebigen Partner der gleichen Tierart)

Pan|ne, die; -, -n ⟨franz.⟩ (Unfall, Schaden, Störung [bes. bei Fahrzeugen]; Missgeschick); **Pan|nen|dienst; pan|nen|frei**

Pan|nen|kof|fer; Pan|nen|kurs (Lehrgang über das Beheben von Autopannen)

Pan|no|ni|en (*früher* röm. Donauprovinz); **pan|no|nisch** (*österr. auch für* burgenländisch)

Pa|n|op|ti|kum, das; -s, ...ken ⟨griech.⟩ (Sammlung von Sehenswürdigkeiten; Wachsfigurenschau)

Pa|n|o|ra|ma, das; -s, ...men ⟨griech.⟩ (Rundblick; Rundgemälde; [fotogr.] Rundbild); **Pa|n|o|ra|ma|bus; Pa|n|o|ra|ma|fens|ter** [*alte Trennung* ...|st...]; **Pa|n|o|ra|ma|spie|gel**

Pan|ple|gie, die; - ⟨griech.⟩ (*Med.* allgemeine, vollständige Muskellähmung)

Pan|psy|chis|mus, der; - ⟨griech.⟩ (*Philos.* Lehre, nach der auch die unbelebte Natur beseelt ist)

pan|schen, pant|schen (*ugs. für* mischend verfälschen, verdünnen; mit den Händen od. Füßen im Wasser patschen, planschen); du pan[t]schst

Pan|scher, Pant|scher *(ugs.);* **Pan|sche|rei,** Pant|sche|rei *(ugs.);* **Pan|sche|rin,** Pant|sche|rin *(ugs.)*

Pan|sen, der; -s, - (Magenteil der Wiederkäuer); *vgl.* Panzen

Pan|se|xu|a|lis|mus, der; - ⟨griech.; lat.⟩ (psychoanalyt. Richtung, die in der Sexualität den Auslöser für alle psychischen Vorgänge sieht)

Pans|flö|te *vgl.* Panflöte

Pan|sla|wis|mus, der; - (Streben im 19. Jh., alle slaw. Völker zu vereinigen); **pan|sla|wis|tisch** [*alte Trennung* ...|st...]

Pan|so|phie, die; - ⟨griech., »Gesamtwissenschaft«⟩ (vom 16. bis zum 18. Jh. Bewegung mit dem Ziel einer Gesamtdarstellung aller Wissenschaften)

Pan|sper|mie, die; - ⟨griech.⟩ (Theorie von der Entstehung des Lebens auf der Erde durch Keime von anderen Planeten)

Pan|ta|le|on (ein Heiliger)

Pan|ta|lo|ne, der; -[s], *Plur.* -s *u.* ...ni ⟨ital.⟩ (Figur des ital. Volkslustspieles)

Pan|ta|lons [pãta'lõ:s, 'pantalõ:s] *Plur.* ⟨franz.⟩ (lange Männerhose mit röhrenförmigen Beinen)

pan|ta rhei ⟨griech., »alles fließt«⟩ (Heraklit [fälschlich?] zugeschriebener Grundsatz, nach dem das Sein als ewiges Werden gedacht wird)

Pan|ter usw. *vgl.* Panther usw.

Pan|the|is|mus, der; - ⟨griech.⟩ (Weltanschauung, nach der Gott u. Welt eins sind)

Pan|the|ist, der; -en, -en; **Pan|the|is|tin** [*alte Trennung* ...|st...]; **pan|the|is|tisch**

Pan|the|on, das; -s, -s (*früher* Tempel für alle Götter; Ehrentempel)

Pan|ther, *auch* Pan|ter, der; -s, - ⟨griech.⟩ (*svw.* Leopard); **Pan|ther|fell,** *auch* Pan|ter|fell

Pan|ti|ne, die; -, -n *meist Plur.* ⟨niederl.⟩ (*nordd. für* Holzschuh, -pantoffel)

pan|to... ⟨griech.⟩ (all...); **Pan|to...** (All...)

Pan|tof|fel, der; -s, -n ⟨franz.⟩ (Hausschuh); **Pan|tof|fel|blu|me**

Pan|töf|fel|chen

Pan|tof|fel|held (*ugs. für* Mann, der von seiner Ehefrau beherrscht wird); **Pan|tof|fel|ki|no** (*ugs. scherzh. für* Fernsehen)

Pan|tof|fel|tier|chen *(Biol.)*

Pan|to|graph, *auch* Pan|to|graf, der; -en, -en ⟨griech.⟩ (Storchschnabel, Instrument zum Übertragen von Zeichnungen im gleichen, größeren od. kleineren Maßstab); **Pan|to|gra|phie,** *auch* Pan|to|gra|fie, die; -, ...ien (mit dem Pantographen hergestelltes Bild)

Pan|to|let|te, die; -, -n *meist Plur.* ⟨Kunstwort⟩ (leichter Sommerschuh ohne Fersenteil)

¹Pan|to|mi|me, die; -, -n ⟨griech. (-franz.)⟩ (Darstellung einer Szene nur mit Gebärden u. Mienenspiel)

²Pan|to|mi|me, der; -n, -n (Darsteller einer Pantomime)

Pan|to|mi|mik, die; - (Gebärdenspiel; Kunst der Pantomime); **pan|to|mi|misch**

Pan|t|ry ['pɛntri], die; -, -s ⟨engl.⟩ (Speise-, Anrichtekammer)

pant|schen *vgl.* panschen

Pant|schen-La|ma, der; -[s], -s ⟨tibet.⟩ (zweites, kirchliches Oberhaupt des tibetanischen Priesterstaates)

Pan|ty ['pɛnti], die; -, -s ⟨engl.⟩ (Miederhose)

Pä|n|ul|ti|ma, die; -, *Plur.* ...mä *u.* ...men ⟨lat.⟩ (*Sprachw.* vorletzte Silbe eines Wortes)

Pan|zen, der; -s, - (*landsch. für* dicker Bauch)

Pan|zer (Kampffahrzeug; feste Hülle, Schutzumkleidung; *früher* Rüstung, Harnisch)

Pan|zer|ab|wehr; Pan|zer|ab|wehr-

P

ka|no|ne (*Kurzw.* Pak); **Pan|zer|ab|wehr|ra|ke|te**
pan|zer|bre|chend; panzerbrechende Munition
Pan|zer|di|vi|si|on; Pan|zer|ech|se; Pan|zer|faust; Pan|zer|glas, das; -es; **Pan|zer|gra|ben**
Pan|zer|gra|na|te; Pan|zer|gre|na|dier; Pan|zer|hemd *(früher);* **Pan|zer|jä|ger; Pan|zer|kampf|wa|gen; Pan|zer|kreu|zer**
pan|zern; ich panzere
Pan|zer|plat|te; Pan|zer|schiff; Pan|zer|schrank; Pan|zer|späh|wa|gen; Pan|zer|sper|re
Pan|ze|rung; Pan|zer|wa|gen
Pä|o|nie, die; -, -n ‹griech.› (Pfingstrose)
¹Pa|pa [*veraltend, geh.* ...'pa:], der; -s, -s ‹franz.› (Vater)
²Pa|pa, der; -s ‹griech., »Vater«› (kirchl. Bez. des Papstes; *Abk.* P.); **Pa|pa|bi|li** *Plur.* ‹lat.› (ital. Bez. der als Papstkandidaten infrage kommenden Kardinäle)
Pa|pa|chen
Pa|pa|gal|lo, der; -[s], *Plur.* -s *u.* ...lli ‹ital.› (ital. [junger] Mann, der erotische Abenteuer mit Touristinnen sucht)
Pa|pa|gei [*österr. u. schweiz. auch* 'pa...], der; *Gen.* -en *u.*-s, *Plur.* -en, *seltener* -e ‹franz.›
Pa|pa|gei|en|grün, das; -s; **pa|pa|gei|en|haft**
Pa|pa|gei|en|krank|heit, die; - ([bes. von Papageien übertragene] bakterielle Infektionskrankheit); **Pa|pa|gei|fisch; Pa|pa|gei|tau|cher** (ein Vogel)
Pa|pa|ge|no (Vogelhändler in Mozarts »Zauberflöte«)
pa|pal ‹lat.› (päpstlich); **Pa|pal|sys|tem** [*alte Trennung* ...|st...], das; -s
Pa|pa|raz|zo, der; -s, ...zzi ‹it.› (*Bez. für* [aufdringlicher] Pressefotograf, Skandalreporter)
Pa|pat, der, *auch* das; -[e]s (Amt u. Würde des Papstes)
Pa|pa|ve|ra|ze|en *Plur.* ‹lat.› (*Bot.* Familie der Mohngewächse)
Pa|pa|ve|rin, das; -s (Opiumalkaloid)
Pa|pa|ya, die; -, -s ‹span.› (der Melone ähnliche Frucht)
Päp|chen (*Koseform für* ¹Papa)
Pa|per ['pe:pə], das; -s, -s ‹engl.› (Schriftstück; schriftl. Unterlage)
Pa|per|back [...bɛk], das; -s, -s (kartoniertes Buch, insbes. Taschenbuch)
Pa|pe|te|rie, die; -, ...ien ‹franz.› (*schweiz. für* Papier-, Schreibwaren[geschäft])
pa|phisch (aus Paphos)
Pa|phla|go|ni|en (antike Landschaft in Kleinasien)
Pa|phos (im Altertum Stadt auf Zypern)
Pa|pi, der; -s, -s (*Koseform von* ¹Papa)
Pa|pier, das; -s, -e (*Abk. auf dt. Kurszetteln* P); die Papier verarbeitende [*alte Schreibung* papierverarbeitende] Industrie
Pa|pier|bahn; Pa|pier|block *vgl.* Block; **Pa|pier|bo|gen; Pa|pier|deutsch** (umständliches, geschraubtes Deutsch)
pa|pie|ren (aus Papier); papier[e]nes Tischtuch; papier[e]ner Stil
Pa|pier|fa|b|rik; Pa|pier|fet|zen; Pa|pier|for|mat; Pa|pier|geld, das; -[e]s; **Pa|pier|in|dus|t|rie** [*alte Trennung* ...|st...]; **Pa|pier|korb; Pa|pier|krieg** (*ugs. für* lange dauernder Schriftverkehr)
pa|pier|los; papierloses Büro
Pa|pier|ma|schee, *auch* **Pa|pier|ma|ché** [...pjema'ʃe:, *auch* ...'pi:e̯...], das; -s, -s [↑K 38] ‹franz.› (verformbare Papiermasse)
Pa|pier|mes|ser, das; **Pa|pier|müh|le; Pa|pier|sack; Pa|pier|sche|re; Pa|pier|schlan|ge**
Pa|pier|schnip|sel *(ugs.);* **Pa|pier|schnit|zel** *vgl.* ²Schnitzel; **Pa|pier|ser|vi|et|te; Pa|pier|ta|schen|tuch**
Pa|pier|ti|ger (*übertr. für* nur dem Schein nach starke Person)
Pa|pier ver|ar|bei|tend [*alte Schreibung* papierverarbeitend] *vgl.* Papier; **Pa|pier|ver|ar|bei|tung**
Pa|pier|wa|ren *Plur.;* **Pa|pier|wa|ren|hand|lung**
Pa|pier|win|del; Pa|pier|wol|le (Verpackungsmaterial)
pa|pil|lar ‹lat.› (*Med.* warzenartig, -förmig)
Pa|pil|lar|ge|schwulst; Pa|pil|lar|kör|per; Pa|pil|lar|li|ni|en *Plur.* (feine Hautlinien auf Hand- u. Fußflächen)
Pa|pil|le, die; -, -n (Warze); **Pa|pil|lom,** das; -s, -e (warzenartige Geschwulst der Schleimhaut)
Pa|pil|lon [...pi'jõ:], der; -s, -s ‹franz., »Schmetterling«› (weicher Kleiderstoff; Zwergspaniel)
Pa|pil|lo|te [...pi'jo:...], die; -, -n (Haarwickel; *Gastron.* Hülle aus Pergamentpapier für das Braten od. Grillen)
Pa|pin|topf, *auch* **Pa|pin-Topf** [...'pɛ̃:...] [↑K 136] ‹nach dem franz. Physiker Papin› (fest schließendes Gefäß zum Erhitzen von Flüssigkeiten über deren Siedepunkt hinaus)
Pa|pi|ros|sa, die; -, ...ossy [...si] (russ. Zigarette mit langem Pappmundstück)
Pa|pis|mus, der; - ‹griech.› (*abwertend für* Papsttum); **Pa|pist,** der; -en, -en (Anhänger des Papsttums); **Pa|pis|tin** [*alte Trennung* ...|st...]; **pa|pis|tisch**
papp; nicht mehr papp sagen können (*ugs. für* sehr satt sein)
Papp, der; -[e]s, -e *Plur. selten* (*landsch. für* Brei; Kleister)
Papp|band, der (in Pappe gebundenes Buch; *Abk.* Pp[bd].); **Papp|be|cher; Papp|de|ckel,** Pap|pen|de|ckel [*alte Trennung* ...k|k...]
Pap|pe, die; -, -n (steifes, papierähnliches Material)
Pap|pel, die; -, -n ‹lat.› (ein Laubbaum); **Pap|pel|al|lee; Pap|pel|holz**
pap|peln (aus Pappelholz)
päp|peln (*landsch. für* [ein Kind] füttern); ich päpp[e]le
pap|pen (*ugs. für* kleistern, kleben); der Schnee pappt
Pap|pen|de|ckel [*alte Trennung* ...k|k...] *vgl.* Pappdeckel
Pap|pen|hei|mer, der; -s, - (Angehöriger des Reiterregiments des dt. Reitergenerals Graf zu Pappenheim); ich kenne meine Pappenheimer (*ugs. für* ich weiß, mit wem ich es zu tun habe)
Pap|pen|stiel (*ugs. für* Wertloses); kein Pappenstiel sein
pap|per|la|papp!
pap|pig *(ugs.)*
Papp|ka|me|rad (*ugs. für* Figur aus Pappe für Schießübungen)
Papp|kar|ton; Papp|ma|schee, *auch* **Papp|ma|ché** [...ʃe:] [↑K 38]; *vgl.* Papiermaschee
Papp|na|se
Papp|pla|kat, *auch* **Papp-Pla|kat**
Papp|schach|tel; Papp|schnee, der; -s; **Papp|tel|ler**
Pap|pus, der; -, *Plur.* - *u.* -se ‹griech.› (*Bot.* Haarkrone der Frucht von Korbblütlern)

[1]Pa|p|ri|ka, der; -s, -[s] ⟨serb.-ung.⟩ (ein Gewürz; ein Gemüse)
[2]Pa|p|ri|ka, der *od.* die; -, -[s] (*kurz für* Paprikaschote)
Pa|p|ri|ka|schnit|zel; Pa|p|ri|ka|scho|te (*vgl.* [3]Schote)
pa|p|ri|zie|ren (*bes. österr. für* mit Paprika würzen)
Paps, der; -, -e (*Kinderspr. für* [1]Papa; *meist als Anrede*)
Papst, der; -[e]s, Päpste ⟨griech.⟩ (Oberhaupt der kath. Kirche; *auch übertr. für* anerkannte Autorität)
Papst|fa|mi|lie (Umgebung des Papstes)
Päps|tin [*alte Trennung* ...|st...]
Papst|ka|ta|log (Verzeichnis der Päpste)
päpst|lich, *aber* ↑K 150: das Päpstliche Bibelinstitut
Papst|na|me; Papst|tum, das; -s; **Papst|wahl**
Pa|pua [*auch* ...ˈpuːa], der; -[s], -[s] *u.* die; -, -[s] (Ureinwohner[in] Neuguineas)
Pa|pua-Neu|gui|nea (Staat auf Neuguinea); **Pa|pua-Neu|gui|ne|er; Pa|pua-Neu|gui|ne|e|rin; pa|pua-neu|gui|ne|isch**
pa|pu|a|nisch; Pa|pu|a|spra|che
Pa|py|rin, das; -s ⟨griech.⟩ (Pergamentpapier)
Pa|py|ro|lo|gie, die; - (Wissenschaft vom Papyrus); **Pa|py|rus,** der; -, ...ri (Papierstaude; Papyrusrolle); **Pa|py|rus|rol|le; Pa|py|rus|stau|de**
Par, das; -[s], -s ⟨engl.⟩ (*Golf* festgesetzte Anzahl von Schlägen für ein Loch)
par..., pa|ra... ⟨griech.⟩ (bei..., neben..., falsch...); **Par..., Pa|ra...** (Bei..., Neben..., Falsch...)
Pa|ra, der; -s, -s ⟨franz.⟩ (*Kurzform für* parachutiste = franz. Fallschirmjäger)
Pa|ra|ba|se, die; -, -n ⟨griech.⟩ (Teil der attischen Komödie)
Pa|ra|bel, die; -, -n ⟨griech.⟩ (Gleichnis[rede]; *Math.* Kegelschnittkurve)
Pa|ra|bel|lum®, die; -, -s ⟨lat.⟩ (Pistole mit Selbstladevorrichtung); **Pa|ra|bel|lum|pis|to|le** [*alte Trennung* ...|st...]
Pa|ra|bol|an|ten|ne, die; -, -n (Antenne in der Form eines Parabolspiegels)
pa|ra|bo|lisch ⟨griech.⟩ (gleichnisweise; *Math.* parabelförmig gekrümmt); **Pa|ra|bo|lo|id,** das; -[e]s, -e (*Math.* gekrümmte Fläche)
Pa|ra|bol|spie|gel (Hohlspiegel)
pa|ra|cel|sisch; paracelsischer Forschergeist; paracelsische [*alte Schreibung* Paracelsische] Schriften ↑K 135; **Pa|ra|cel|sus** (dt. Naturforscher, Arzt u. Philosoph); **Pa|ra|cel|sus-Me|dail|le** ↑K 136
Pa|ra|de, die; -, -n ⟨franz.⟩ (Truppenschau, prunkvoller Aufmarsch; *Reitsport* annehmende Zügelhilfe des Reiters, z. B. bei Gangwechsel, Anhalten; *Sport* Abwehrbewegung)
Pa|ra|de|bei|spiel; Pa|ra|de|dis|zi|p|lin *(Sport)*
Pa|ra|dei|ser, der; -s, - (*österr. für* Tomate); **Pa|ra|deis|sa|lat** (*österr.*); **Pa|ra|deis|sup|pe** (*österr.*)
Pa|ra|de|kis|sen; Pa|ra|de|marsch
Pa|ra|den|to|se *vgl.* Parodontose
Pa|ra|de|pferd (*ugs. für* Person, Sache, mit der sich renommieren lässt); **Pa|ra|de|stück; Pa|ra|de|u|ni|form**
pa|ra|die|ren ⟨franz.⟩ (*Milit.* in einer Parade vorüberziehen; *geh. für* aufgereiht sein)
Pa|ra|dies, das; -es, -e ⟨pers.⟩ (*nur Sing.:* der Garten Eden, Himmel; *übertr. für* Ort der Seligkeit; *Archit.* Portalvorbau an mittelalterl. Kirchen)
Pa|ra|dies|ap|fel (*landsch. für* Tomate; *auch* Zierapfel)
pa|ra|die|sisch (wonnig, himmlisch)
Pa|ra|dies|vo|gel (*ugs. auch für* Person, die durch ihr Äußeres od. Gebaren auffällt, fremdartig wirkt)
Pa|ra|dig|ma, das; -s, *Plur.* ...men, *auch* -ta ⟨griech.⟩ (Beispiel, Muster; *Sprachw.* Beugungsmuster); **pa|ra|dig|ma|tisch** (beispielhaft; als Muster dienend)
pa|ra|dox ⟨griech.⟩ ([scheinbar] widersinnig; *ugs. für* sonderbar); **Pa|ra|dox,** das; -es, -e (etwas, was einen Widerspruch in sich enthält; *auch svw.* Paradoxon)
pa|ra|do|xer|wei|se; Pa|ra|do|xie, die; -, ...ien (Widersinnigkeit)
Pa|ra|do|xon, das; -s, ...xa (scheinbar falsche Aussage, die aber auf eine höhere Wahrheit hinweist; *auch svw.* Paradox)
Pa|r|af|fin, das; -s, -e ⟨lat.⟩ (wachsähnlicher Stoff; *meist Plur.: Chemie* gesättigter, aliphatischer Kohlenwasserstoff, z. B. Methan, Propan, Butan)
pa|r|af|fi|nie|ren (mit Paraffin behandeln); **pa|r|af|fi|nisch**
Pa|r|af|fin|ker|ze
Pa|r|af|fin|öl, das; -[e]s
Pa|ra|gli|ding [...glai...], das; -s ⟨engl.⟩ (Fliegen vom Berg mit fallschirmähnlichen Gleitsegeln)
Pa|ra|graf *vgl.* Paragraph
Pa|ra|gramm, das; -s, -e ⟨griech.⟩ (Buchstabenänderung in einem Wort od. Namen, wodurch ein scherzhaft-komischer Sinn entstehen kann)
Pa|ra|graph, *auch* Pa|ra|graf, der; -en, -en ([in Gesetzestexten u. wissenschaftlichen Werken] fortlaufend nummerierter Absatz, Abschnitt; *Zeichen* §, *Plur.* §§)
Pa|ra|gra|phen|di|ckicht, *auch* Pa|ra|gra|fen|di|ckicht [*alte Trennung* ...k|k...]; **Pa|ra|gra|phen|dschun|gel,** *auch* Pa|ra|gra|fen|dschun|gel; **Pa|ra|gra|phen|rei|ter,** *auch* Pa|ra|gra|fen|rei|ter (*abwertend für* sich übergenau an Vorschriften haltender Mensch)
pa|ra|gra|phen|wei|se, *auch* pa|ra|gra|fen|wei|se
Pa|ra|gra|phen|zei|chen, *auch* Pa|ra|gra|fen|zei|chen *vgl.* Paragraphzeichen
Pa|ra|gra|phie, *auch* Pa|ra|gra|fie, die; - (*Med.* Störung des Schreibvermögens)
pa|ra|gra|phie|ren, *auch* pa|ra|gra|fie|ren (in Paragraphen einteilen); **Pa|ra|gra|phie|rung,** *auch* Pa|ra|gra|fie|rung
Pa|ra|graph|zei|chen, *auch* Pa|ra|graf|zei|chen, Pa|ra|gra|phen|zei|chen, *auch* Pa|ra|gra|fen|zei|chen (das Zeichen §)
[1]Pa|ra|gu|ay, der; -[s] (r. Nebenfluss des Paraná)
[2]Pa|ra|gu|ay (südamerik. Staat); **Pa|ra|gu|a|yer; Pa|ra|gu|a|ye|rin; pa|ra|gu|a|yisch**
Pa|ra|ki|ne|se, die; -, -n ⟨griech.⟩ (*Med.* Koordinationsstörungen im Bewegungsablauf)
Pa|ra|kla|se, die; -, -n ⟨griech.⟩ (*Geol.* Verwerfung)
Pa|ra|k|let, der; *Gen.* -[e]s *u.* -en, *Plur.* -e[n] ⟨griech.⟩ (*nur Sing.:* Heiliger Geist; Helfer, Fürsprecher vor Gott)
Pa|ra|la|lie, die; - ⟨griech.⟩ (*Med.*,

P

Psych. Wort- u. Lautverwechslung)
Pa|ra|le|xie, die; - ‹griech.› (*Med., Psych.* Lesestörung mit Verwechslung der gelesenen Wörter)
Pa|ra|li|po|me|non, das; -s, ...mena *meist Plur.* ‹griech.› (*Literaturw.* Ergänzung; Randbemerkung)
pa|r|al|lak|tisch ‹griech.› (die Parallaxe betreffend); **Pa|r|al|la|xe**, die; -, -n (*Physik* Winkel, den zwei Gerade bilden, die von verschiedenen Standorten zu einem Punkt gerichtet sind; *Astron.* Entfernungsbestimmung u. -angabe von Sternen; *Fotogr.* Unterschied zwischen dem Bildausschnitt im Sucher u. auf dem Film)
pa|r|al|lel ‹griech.› (gleich laufend, gleichgerichtet; genau entsprechend); [mit etwas] parallel laufen; parallel laufende [*alte Schreibung* parallellaufende] Geraden; zwei Systeme parallel schalten [*alte Schreibung* parallelschalten]; zwei völlig parallel geschaltete [*alte Schreibung* parallelgeschaltete] Systeme
Pa|r|al|le|le, die; -, -n (Gerade, die zu einer anderen Geraden in gleichem Abstand u. ohne Schnittpunkt verläuft; Vergleich, vergleichbarer Fall); vier Parallele[n]
Pa|r|al|le|le|pi|ped [...pe:t], das; -[e]s, -e *u.* **Pa|r|al|le|le|pi|pe|don**, das; -s, *Plur.* ...da *u.* ...peden (*Math.* Parallelflach)
Pa|r|al|lel|er|schei|nung; Pa|r|al|lel|fall, der; **Pa|r|al|lel|flach**, das; -[e]s, -e (*Math.* von drei Paaren paralleler Ebenen begrenzter Raumteil)
pa|r|al|le|li|sie|ren ([vergleichend] nebeneinander stellen, zusammenstellen); **Pa|r|al|le|li|sie|rung**
Pa|r|al|le|lis|mus, der; -, ...men (Übereinstimmung verschiedener Dinge od. Vorgänge; *Sprachw.* inhaltlich u. grammatisch gleichmäßiger Bau von Satzgliedern od. Sätzen)
Pa|r|al|le|li|tät, die; - (Eigenschaft zweier paralleler Geraden; Gleichlauf)
Pa|r|al|lel|klas|se; Pa|r|al|lel|kreis (*Geogr.* Breitenkreis)
pa|r|al|lel lau|fend [*alte Schreibung* parallellaufend] *vgl.* parallel; **Pa|r|al|lel|li|nie**
Pa|r|al|le|lo|gramm, das; -s, -e ‹griech.› (*Math.* Viereck mit paarweise parallelen Seiten)
Pa|r|al|lel|pro|jek|ti|on (*Math.*)
pa|r|al|lel schal|ten [*alte Schreibung* parallelschalten] *vgl.* parallel; **Pa|r|al|lel|schal|tung** (*Elektrot.* Nebenschaltung)
Pa|r|al|lel|schwung (*Skisport*); **Pa|r|al|lel|sla|lom** (*Skisport*); **Pa|r|al|lel|stel|le; Pa|r|al|lel|stra|ße; Pa|r|al|lel|ton|art** (*Musik*)
Pa|ra|lo|gie, die; -, ...ien ‹griech.› (Vernunftwidrigkeit); **Pa|ra|lo|gis|mus**, der; -, ...men (*Logik* auf Denkfehlern beruhender Fehlschluss)
Pa|ra|lym|pics [pɛrə'lympiks] *Plur.* ‹engl.› (*internationale Bez. für* die Weltspiele der Behinderten)
Pa|ra|ly|se, die; -, -n (*Med.* Lähmung; Endstadium der Syphilis, Gehirnerweichung); **pa|ra|ly|sie|ren**
Pa|ra|ly|ti|ker (an Paralyse Erkrankter); **Pa|ra|ly|ti|ke|rin; pa|ra|ly|tisch**
pa|ra|ma|g|ne|tisch ‹griech.› (*Physik*); **Pa|ra|ma|g|ne|tis|mus**, der; - (Verstärkung des Magnetismus)
Pa|ra|ma|ri|bo (Hauptstadt von Suriname)
Pa|ra|ment, das; -[e]s, -e *meist Plur.* ‹lat.› (Altar- u. Kanzeldecke; liturg. Kleidung); **Pa|ra|men|ten|ma|cher**
Pa|ra|me|ter, der; -s, - ‹griech.› (*Math.* konstante od. unbestimmt gelassene Hilfsvariable; *Technik* die Leistungsfähigkeit einer Maschine charakterisierende Kennziffer)
pa|ra|mi|li|tä|risch (halbmilitärisch, militärähnlich)
Pa|ra|ná, der; -[s] (südamerik. Strom)
Pa|ra|noia, die; - ‹griech.› (*Med.* geistig-seelische Funktionsstörung mit Wahnvorstellungen); **pa|ra|no|id** (an Paranoia leidend)
Pa|ra|no|i|ker; Pa|ra|no|i|ke|rin
pa|ra|nor|mal ‹griech.› (*Parapsychologie* übersinnlich)
Pa|ra|nuss [*alte Schreibung* ...nuß] ‹nach dem brasilian. Ausfuhrhafen Pará› ↑K 143 (dreikantige Nuss des Paranussbaumes); **Pa|ra|nuss|baum**
Pa|ra|phe, die; -, -n ‹griech.› (Namenszeichen; [Stempel mit] Namenszug); **pa|ra|phie|ren** (mit der Paraphe versehen, zeichnen); **Pa|ra|phie|rung**
Pa|ra|phra|se, die; -, -n ‹griech.› (*Sprachw.* verdeutlichende Umschreibung; *Musik* ausschmückende Bearbeitung); **pa|ra|phra|sie|ren**
Pa|ra|ple|gie, die; -, ...ien ‹griech.› (*Med.* doppelseitige Lähmung)
Pa|ra|p|luie [...'ply:], der *od.* das; -s, -s ‹franz.› (*veraltet für* Regenschirm)
Pa|ra|psy|cho|lo|gie, die; - ‹griech.› (Psychologie der okkulten seelischen Erscheinungen)
pa|ra|psy|cho|lo|gisch
Pa|ra|schi *vgl.* Paraski
Pa|ra|sit, der; -en, -en ‹griech.› (Schmarotzer[pflanze, -tier]); **pa|ra|si|tär** ‹franz.› (schmarotzerhaft; durch Schmarotzer hervorgebracht)
Pa|ra|si|ten|tum, das; -s ‹griech.›; **pa|ra|si|tisch** (schmarotzerartig); **Pa|ra|si|tis|mus**, der; - (Schmarotzertum)
Pa|ra|si|to|lo|gie, die; - (Lehre von den Schmarotzern)
Pa|ra|ski, *auch* Pa|ra|schi, der; - (*Sport* Kombination aus Fallschirmspringen und Riesenslalom)
[1]**Pa|ra|sol**, der *od.* das; -s, -s ‹franz.› (*veraltet für* Sonnenschirm)
[2]**Pa|ra|sol**, der; -s, *Plur.* -e *u.* -s (Schirmpilz); **Pa|ra|sol|pilz**
Pa|r|äs|the|sie, die; -, ...ien ‹griech.› (*Med.* anormale Körperempfindung, z. B. Einschlafen der Glieder)
Pa|ra|sym|pa|thi|kus, der; - ‹griech.› (*Med.* Teil des Nervensystems)
pa|rat ‹lat.› (bereit; fertig); etwas parat haben
pa|ra|tak|tisch ‹griech.› (*Sprachw.* nebenordnend, -geordnet); **Pa|ra|ta|xe**, *älter* **Pa|ra|ta|xis**, die; -, ...taxen (Nebenordnung)
Pa|ra|ty|phus, der; - ‹griech.› (*Med.* dem Typhus ähnliche Erkrankung)
Pa|ra|vent [...'vã:], der *od.* das; -s, -s ‹franz.› (*veraltet für* Wind-, Ofenschirm, spanische Wand)
par a|vi|on [- a'vi̯õ:] ‹franz., »durch Luftpost«›
pa|ra|zen|t|risch ‹griech.› (*Math.* um den Mittelpunkt liegend od. beweglich)
par|boiled [...bɔy̯lt] ‹engl.› (vita-

minschonend vorbehandelt [vom Reis])

Pär|chen ⟨*zu* Paar⟩

Par|cours [...ˈkuːɐ̯], der; -, - ⟨franz.⟩ (*Reitsport* Hindernisbahn für Springturniere; *schweiz. Sportspr.* Renn-, Laufstrecke)

par|dauz!

Pạr|del, Pạr|der, der; -s, - (*veraltend für* Leopard)

par dis|tance [- ...ˈtãːs; *alte Trennung* ...|st...] ⟨franz.⟩ (aus der Ferne)

Par|don [...ˈdõː, *österr. auch* ...ˈdoːn], der, *auch* das; -s ⟨franz.⟩ (*veraltend für* Verzeihung; Gnade; Nachsicht); Pardon geben; um Pardon bitten; Pardon! (*landsch. für* Verzeihung!)

Par|dun, das; -[e]s, -s ⟨niederl.⟩ *u.* **Par|du|ne,** die; -, -n (*Seemannsspr.* Tau, das die Masten od. Stengen nach hinten hält)

Pa|r|en|chym, das; -s, -e ⟨griech.⟩ (*Biol.* pflanzliches u. tierisches Grundgewebe; *Bot.* Schwammschicht des Blattes)

Pa|ren|tel, die; -, -en ⟨lat.⟩ (*Rechtsw.* Gesamtheit der Abkömmlinge eines Stammvaters); **Pa|ren|tel|sys|tem** [*alte Trennung* ...|st...], das; -s (*Rechtsw.* für die 1. bis 3. Ordnung gültige Erbfolge)

Pa|r|en|the|se, die; -, -n ⟨griech.⟩ (*Sprachw.* Redeteil, der außerhalb des eigtl. Satzverbandes steht; Einschaltung; Klammer[zeichen]); in Parenthese setzen; **pa|r|en|the|tisch** (eingeschaltet; nebenbei [gesagt])

Pa|reo, der; -s, -s ⟨polynes.-span.⟩ (Wickeltuch)

Pa|re|re, das; -[s], -[s] ⟨ital.⟩ (*österr. für* medizin. Gutachten)

par ex|cel|lence [- ɛksɛˈlãːs] ⟨franz.⟩ (vorzugsweise, vor allem andern, schlechthin)

Par|fait [...ˈfɛː], das; -s, -s ⟨franz.⟩ (gefrorene Speiseeismasse; gebundene u. erstarrte Masse aus fein gehacktem Fleisch od. Fisch)

par force [- ˈfɔrs] ⟨franz.⟩ (*geh. für* mit Gewalt; unbedingt)

Par|fọrce|horn; Par|fọrce|jagd (Hetzjagd); **Par|fọrce|rei|ter; Par|fọrce|ritt**

Par|fum [...ˈfœ̃ː], das; -s, -s, **Par|füm,** das; -s, *Plur.* -e *u.* -s ⟨franz.⟩ (wohlriechender Duft)

Par|fü|me|rie, die; -, ...ien (Geschäft für Parfüms u. Kosmetikartikel; Betrieb zur Herstellung von Parfümen; *nur Plur.: fachspr. für* das Parfümieren, Parfümerieprodukte)

Par|fü|meur [...ˈmøːɐ̯], der; -s, -e (Fachkraft der Parfümherstellung); **Par|fü|meu|rin** [......ˈmøː-rɪn]

Par|fum|fla|sche, Par|füm|fla|sche

par|fü|mie|ren; sich parfümieren

Par|fum|zer|stäu|ber, Par|füm|zer|stäu|ber

pa|ri ⟨ital.⟩ (*Bankw.* zum Nennwert; gleich); über, unter pari; die Chancen stehen pari; *vgl.* al pari

Pa|ria, der; -s, -s ⟨tamil.-angloind.⟩ (kastenloser Inder; *übertr. für* von der menschlichen Gesellschaft Ausgestoßener); **Pa|ri|a|tum,** das; -s

[1]**pa|rie|ren** ⟨franz.⟩ ([einen Hieb] abwehren; *Reiten* [ein Pferd] in eine andere Gangart od. zum Stehen bringen)

[2]**pa|rie|ren** ⟨lat.⟩ (unbedingt gehorchen)

Pa|ri|e|tal|au|ge (*Biol.* lichtempfindl. Sinnesorgan niederer Wirbeltiere)

Pa|ri|kurs (*Wirtsch.* Nennwert eines Wertpapiers)

[1]**Pa|ris** (griech. Sagengestalt)

[2]**Pa|ris** (Hauptstadt Frankreichs)

pa|risch (von der Insel Paros)

[1]**Pa|ri|ser;** Pariser Verträge (von 1954)

[2]**Pa|ri|ser,** der; -s, - (*ugs. für* Präservativ)

Pa|ri|ser Blau, das; - -s

pa|ri|se|risch (nach Art des [1]Parisers)

Pa|ri|si|enne [...ˈziɛn], die; - (Seidengewebe; franz. Freiheitslied)

pa|ri|sisch (von [der Stadt] Paris)

pa|ri|syl|la|bisch ⟨lat.; griech.⟩ (*Sprachw.* gleichsilbig in allen Beugungsfällen); **Pa|ri|syl|la|bum,** das; -s, ...ba (in Sing. u. Plur. parisyllabisches Wort)

Pa|ri|tät, die; -, -en ⟨lat.⟩ (Gleichstellung, -berechtigung; *Wirtsch.* Austauschverhältnis zwischen zwei od. mehreren Währungen)

pa|ri|tä|tisch (gleichgestellt, -berechtigt); paritätisch getragene Kosten; *aber* ↑K 150: Deutscher Paritätischer Wohlfahrtsverband

Pa|ri|wert (*Bankw.*)

Pạrk, der; -s, *Plur.* -s, *seltener* -e, *schweiz.* Pärke ⟨franz.(-engl.)⟩ (großer Landschaftsgarten; Depot [*meist in Zusammensetzungen,* z. B. Wagenpark])

Pạr|ka, der; -s, -s *od.* die; -, -s ⟨eskim.⟩ (knielanger, warmer Anorak mit Kapuze)

Park-and-ride-Sys|tem [...|ɛntˈrait...; *alte Trennung* ...|st...] ⟨engl.-amerik.⟩ (Verkehrssystem, bei dem die Autofahrer am Stadtrand parken u. mit öffentlichen Verkehrsmitteln in die Innenstadt weiterfahren)

Pạrk|an|la|ge; pạrk|ar|tig

Pạrk|bahn (*Raumfahrt* Umlaufbahn, von der aus eine Raumsonde gestartet wird); **Pạrk|bank** *Plur.* ...bänke; **Pạrk|bucht; Pạrk|deck**

pạr|ken (ein Kraftfahrzeug abstellen); **Pạr|ker**

Par|kẹtt, das; -[e]s, *Plur.* -e *u.* -s ⟨franz.⟩ (im Theater meist vorderer Raum zu ebener Erde; getäfelter Fußboden); **Par|kẹtt|bo|den**

Par|kẹt|te, die; -, -n (*österr. für* Einzelbrett des Parkettfußbodens); **par|ket|tie|ren** (mit Parkettfußboden versehen)

Par|kẹtt|le|ger; Par|kẹtt|le|ge|rin; Par|kẹtt|sitz

Pạrk|haus

par|kie|ren (*schweiz. für* parken)

Pạr|king, das; -s, -s ⟨engl.⟩ (*schweiz. für* Parkhaus); **Pạr|king|me|ter,** der; -s, - (*schweiz. neben* Parkuhr)

Par|kin|son (engl. Chirurg)

Par|kin|son|krank|heit, *auch* **Par|kin|son-Krạnk|heit,** die; - *od.* **par|kin|son|sche Krạnk|heit,** *auch* **Par|kin|son'sche Krạnk|heit** [*alte Schreibung* Parkinsonsche Krankheit], die; -n -

Pạrk|kral|le (Vorrichtung zum Blockieren der Räder eines [falsch parkenden] Autos); **Pạrk|leit|sys|tem** [*alte Trennung* ...|st...]; **Pạrk|leuch|te; Pạrk|licht** *Plur.* ...lichter; **Pạrk|lü|cke** [*alte Trennung* ...k|k...]

Par|ko|me|ter, das, *auch* der; -s, - (Parkuhr)

Pạrk|platz; Pạrk|raum; Pạrk|schei|be

Pạrk|stu|di|um (*ugs. für* Studium in einem nicht gewünschten Fach, bis man den eigentlich

P

erstrebten Studienplatz bekommt)

Park|sün|der; Park|uhr; Park|ver|bot

Park|wäch|ter; Park|wäch|te|rin

Park|weg; Park|zeit

Par|la|ment, das; -[e]s, -e ‹engl.› (gewählte Volksvertretung)

Par|la|men|tär, der; -s, -e ‹franz.› (Unterhändler); **Par|la|men|tär|flag|ge**

Par|la|men|ta|ri|er, der; -s, - ‹engl.› (Abgeordneter, Mitglied des Parlamentes); **Par|la|men|ta|ri|e|rin**

par|la|men|ta|risch (das Parlament betreffend); eine parlamentarische Anfrage; parlamentarischer Staatssekretär, *aber* ↑K89: der Parlamentarische Rat (Versammlung von Ländervertretern, die das Grundgesetz ausarbeiteten ↑K150)

par|la|men|ta|risch-de|mo|kra|tisch ↑K23

Par|la|men|ta|ris|mus, der; - (Regierungsform, in der die Regierung dem Parlament verantwortlich ist); **par|la|men|tie|ren** ‹franz.› (*veraltet für* unter-, verhandeln; *landsch. für* hin u. her reden)

Par|la|ments|aus|schuss [*alte Schreibung*...aus|schuß]; **Par|la|ments|be|schluss** [*alte Schreibung* ...be|schluß]; **Par|la|ments|de|bat|te; Par|la|ments|fe|ri|en** *Plur.*

Par|la|ments|mit|glied; Par|la|ments|sit|zung; Par|la|ments|wahl *meist Plur.*

par|lan|do ‹ital.› (*Musik* mehr gesprochen als gesungen); **Par|lan|do,** das; -s, *Plur.* -s *u.* ...di

Pär|lein ‹*zu* Paar›

par|lie|ren ‹franz.› (*veraltend für* Konversation machen; in einer fremden Sprache reden)

Par|ma (ital. Stadt); **Par|ma|er; par|ma|isch**

Par|mä|ne, die; -, -n (eine Apfelsorte)

Par|me|san, der; -[s] (*kurz für* Parmesankäse)

Par|me|sa|ner *vgl.* Parmaer; **par|me|sa|nisch** *vgl.* parmaisch

Par|me|san|kä|se (ein Reibkäse)

Par|nass [*alte Schreibung* Parnaß], der; *Gen.* Parnass *u.* Parnasses (mittelgriech. Gebirgszug; Musenberg, Dichtersitz)

par|nas|sisch

Par|nas|sos, Par|nas|sus, der; -; *vgl.* Parnass

pa|r|o|chi|al ‹griech.› (zur Pfarrei gehörend); **Pa|r|o|chi|al|kir|che** (Pfarrkirche); **Pa|r|o|chie,** die; -, ...ien (Pfarrei; Amtsbezirk eines Geistlichen)

Pa|r|o|die, die; -, ...ien ‹griech.› (komische Umbildung ernster Dichtung; scherzh. Nachahmung; *Musik* Vertauschung geistl. u. weltl. Texte u. Kompositionen [zur Zeit Bachs])

Pa|r|o|die|mes|se (Messenkomposition unter Verwendung eines schon vorhandenen Musikstücks); *vgl.* [1]Messe

pa|r|o|die|ren (auf scherzhafte Weise nachahmen); **Pa|r|o|dist,** der; -en, -en (jmd., der parodiert); **Pa|r|o|dis|tik** [*alte Trennung* ...|st...], die; -; **pa|r|o|dis|tisch**

Pa|r|o|don|ti|tis, die; -, ...itiden ‹griech.› (*Med.* Zahnbettentzündung); **Pa|r|o|don|to|se,** *älter* Pa|ra|den|to|se, die; -, -n (Zahnbetterkrankung mit Lockerung der Zähne)

Pa|ro|le, die; -, -n ‹franz.› (milit. Kennwort; Losung; *auch für* Leit-, Wahlspruch); **Pa|ro|le|aus|ga|be**

Pa|role d'Hon|neur [...ˈrɔl dɔˈnøːɐ̯; *alte Schreibung* Pa|role d'hon|neur], das; - - ‹franz.› (*veraltend für* Ehrenwort)

Pa|ro|li, das; -s, -s ‹franz.›; *nur in* Paroli bieten (Widerstand entgegensetzen)

Pa|r|ö|mie, die; -, ...ien ‹griech.› ([altgriech.] Sprichwort, Denkspruch); **Pa|r|ö|mi|o|lo|gie,** die; - (Sprichwortkunde)

Pa|r|o|no|ma|sie, die; -, ...ien (*Rhet.* Zusammenstellung lautlich gleicher od. ähnlich klingender Wörter von gleicher Herkunft)

Pa|r|o|ny|ma, Pa|r|o|ny|me (*Plur. von* Paronymon); **Pa|r|o|ny|mik,** die; - (Lehre von der Ableitung der Wörter); **pa|r|o|ny|misch** (stammverwandt); **Pa|r|o|ny|mon,** das; -s, *Plur.* ...ma *u.* ...onyme (*veraltet für* mit anderen Wörtern vom gleichen Stamm abgeleitetes Wort)

Pa|ros (griech. Insel)

Pa|r|o|tis, die; -, ...iden ‹griech.› (*Med.* Ohrspeicheldrüse); **Pa|r|o|ti|tis,** die; -, ...itiden (*Med.* Entzündung der Ohrspeicheldrüse; Mumps)

Pa|r|o|xys|mus, der; -, ...men (*Med.* anfallartige Steigerung von Krankheitserscheinungen; *Geol.* aufs Höchste gesteigerte Tätigkeit eines Vulkans); **Pa|r|o|xy|to|non,** das; -s, ...tona (*Sprachw.* auf der vorletzten Silbe betontes Wort)

Par|se, der; -n, -n ‹pers.› (Anhänger des Zarathustra)

Par|sec, das; -, - ‹*Kurzw. aus* Parallaxe *u.* Sekunde› (astron. Längenmaß; *Abk.* pc)

Par|si|fal (*von Richard Wagner gebrauchte Schreibung für* Parzival)

par|sisch (die Parsen betreffend); **Par|sis|mus,** der; - (Religion der Parsen)

Pars pro To|to [*alte Schreibung* Pars pro to|to], das; - - - ‹lat.› (*Sprachw.* Redefigur, die einen Teil für das Ganze setzt)

Part, der; -s, *Plur.* -s, *auch* -e ‹franz.› (Anteil; Stimme eines Instrumental- od. Gesangstücks)

part. = parterre

Part. = Parterre

[1]Par|te, die; -, -n ‹ital.› (*österr. für* Todesanzeige)

[2]Par|te, die; -, -n (*landsch. für* Mietpartei)

Par|tei, die; -, -en ‹franz.›; **Par|tei|ab|zei|chen; Par|tei|amt; par|tei|amt|lich**

Par|tei|an|hän|ger; Par|tei|ap|pa|rat; Par|tei|aus|weis; Par|tei|buch; Par|tei|bü|ro

Par|tei|chef; Par|tei|che|fin

Par|tei|chi|ne|sisch, das; -[s] (*iron. für* dem Außenstehenden unverständliche Parteisprache)

Par|tei|dis|zi|p|lin, die; -

Par|tei|en|fi|nan|zie|rung; Par|tei|en|land|schaft; Par|tei|en|staat *Plur.* ...staaten; **Par|tei|en|stel|lung** (*österr. Rechtsw.* Beteiligung am Verfahren); er hat Parteienstellung; **Par|tei|en|ver|kehr,** der; -s (*österr. für* Amtsstunden)

Par|tei|freund; Par|tei|freun|din; Par|tei|füh|rer; Par|tei|füh|re|rin; Par|tei|füh|rung, die; -

Par|tei|funk|ti|o|när; Par|tei|funk|ti|o|nä|rin; Par|tei|gän|ger; Par|tei|gän|ge|rin; Par|tei|ge|nos|se; Par|tei|ge|nos|sin

Par|tei|i|de|o|lo|gie; Par|tei|in|stanz

par|tei|in|tern

P

par|tei|isch (nicht neutral, nicht objektiv; voreingenommen; der einen od. der anderen Seite zugeneigt)
Par|tei|ka|der; Par|tei|kon|gress [*alte Schreibung* ...kon|greß]; **Par|tei|lehr|jahr** (*in der DDR* obligator. Schulung der SED-Mitglieder); **Par|tei|lei|tung**
par|tei|lich (im Sinne einer polit. Partei, eine Partei betreffend); **Par|tei|lich|keit,** die; -
Par|tei|li|nie
par|tei|los
Par|tei|lo|se, der *u.* die; -n, -n; **Par|tei|lo|sig|keit,** die; -
par|tei|mä|ßig
Par|tei|mit|glied; Par|tei|nah|me, die; -, -n; **Par|tei|or|gan; Par|tei|or|ga|ni|sa|ti|on,** die; -
Par|tei|po|li|tik; par|tei|po|li|tisch; parteipolitisch neutral sein
Par|tei|prä|si|di|um; Par|tei|pro|gramm; Par|tei|pro|pa|gan|da
Par|tei|se|k|re|tär; Par|tei|se|k|re|tä|rin; Par|tei|spit|ze; Par|tei|tag; Par|tei|tags|be|schluss [*alte Schreibung* ...be|schluß]
Par|tei|ung (*selten für* Zerfall in Parteien; [polit.] Gruppierung)
Par|tei|ver|samm|lung; Par|tei|vor|sit|zen|de; Par|tei|vor|stand; Par|tei|zen|t|ra|le
par|terre [...'tɛr] ‹franz.› (zu ebener Erde; *Abk.* part.); parterre wohnen
Par|ter|re [...'tɛr(ə)], das; -s, -s (Erdgeschoss [*Abk.* Part.]; Saalplatz im Theater; Plätze hinter dem Parkett)
Par|ter|re|a|k|ro|ba|tik (artistisches Bodenturnen); **Par|ter|re|woh|nung**
Par|te|zet|tel (*österr. svw.* [1]Parte)
Par|the|no|ge|ne|se, *auch noch* **Par|the|no|ge|ne|sis** [*auch* ...'ge:...], die; - ‹griech.› (*Biol.* Jungfernzeugung, Entwicklung aus unbefruchteten Eizellen); **par|the|no|ge|ne|tisch**
Par|the|non, der; -s (Tempel der Athene)
Par|ther, der; -s, - (Angehöriger eines nordiran. Volksstammes im Altertum); **Par|the|rin**
Par|thi|en (Land der Parther); **par|thisch**
par|ti|al ‹lat.› (*veraltet für* partiell); **Par|ti|al...** (Teil...)
Par|ti|al|bruch, der; -[e]s, ...brüche (*Math.* Teilbruch eines Bruches mit zusammengesetztem Nenner); **Par|ti|al|ob|li|ga|ti|on** (*Bankw.* Teilschuldverschreibung); **Par|ti|al|tö|ne** *Plur.* (*Musik* Obertöne, Teiltöne eines Klanges)
Par|tie, die; -, ...ien ‹franz.› (Teil, Abschnitt; bestimmte Bühnenrolle; *Kaufmannsspr.* Posten, größere Menge einer Ware; *österr. auch für* für eine bestimmte Aufgabe zusammengestellte Gruppe von Arbeitern; *Sport* Durchgang, Spiel; *veraltend für* Ausflug); eine gute Partie machen (reich heiraten)
Par|tie|be|zug, der; -[e]s *(Kaufmannsspr.)*; **Par|tie|füh|rer** (*österr. auch für* Vorarbeiter)
par|ti|ell (teilweise [vorhanden]); partielle Sonnenfinsternis
par|ti|en|wei|se
Par|tie|preis; Par|tie|wa|re (*Kaufmannsspr.* fehlerhafte Ware)
par|tie|wei|se
[1]**Par|ti|kel** [*auch* ...'ti...], die; -, -n ‹lat.› (*kath. Kirche* Teilchen der Hostie, Kreuzreliquie; *Sprachw.* unflektierbare Wortart, z. B. Präposition)
[2]**Par|ti|kel,** das; -s, -, *auch* die; -, -n (*Physik* Elementarteilchen)
par|ti|ku|lar, par|ti|ku|lär (einen Teil betreffend, einzeln)
Par|ti|ku|la|ris|mus, der; - (Sonderbestrebungen staatl. Teilgebiete, Kleinstaaterei)
Par|ti|ku|la|rist, der; -en, -en; **Par|ti|ku|la|ris|tin** [*alte Trennung* ...|st...]; **par|ti|ku|la|ris|tisch**
Par|ti|ku|lar|recht (*veraltet für* Einzel-, Sonderrecht)
Par|ti|ku|lier, der; -s, -e ‹franz.› (selbstständiger Schiffseigentümer; Selbstfahrer in der Binnenschifffahrt)
Par|ti|men|to, das *u.* der; -[s], ...ti ‹ital.› (*Musik* Generalbassstimme)
Par|ti|san, der; *Gen.* -s *u.* -en, *Plur.* -e ‹franz.› (bewaffneter Widerstandskämpfer im feindlich besetzten Hinterland)
Par|ti|sa|ne, die; -, -n (spießartige Stoßwaffe des 15. bis 18. Jh.s)
Par|ti|sa|nen|ge|biet; Par|ti|sa|nen|kampf; Par|ti|sa|nen|krieg
Par|ti|sa|nin
Par|ti|ta, die; -, ...iten ‹ital.› (*Musik svw.* Suite)
Par|ti|te, die; -, -n (*Kaufmannsspr.* einzelner Posten einer Rechnung)
Par|ti|ti|on, die; -, -en ‹lat.› (*geh. für* Teilung, Einteilung; *Logik* Zerlegung des Begriffsinhaltes in seine Teile od. Merkmale)
par|ti|tiv (*Sprachw.* die Teilung bezeichnend)
Par|ti|tur, die; -, -en ‹ital.› (Zusammenstellung aller zu einem Musikstück gehörenden Stimmen)
Par|ti|zip, das; -s, -ien ‹lat.› (*Sprachw.* Mittelwort); Partizip I (Partizip Präsens, Mittelwort der Gegenwart, z. B. »sehend«); Partizip II (Partizip Perfekt, Mittelwort der Vergangenheit, z. B. »gesehen«)
Par|ti|zi|pa|ti|on, die; -, -en (das Teilhaben); **Par|ti|zi|pa|ti|ons|ge|schäft** *(Wirtsch.)*; **Par|ti|zi|pa|ti|ons|kon|to** *(Wirtsch.)*
par|ti|zi|pi|al (*Sprachw.* mittelwörtlich, Mittelwort...); **Par|ti|zi|pi|al|bil|dung; Par|ti|zi|pi|al|grup|pe** (*vgl.* [1]Gruppe); **Par|ti|zi|pi|al|kon|s|t|ruk|ti|on; Par|ti|zi|pi|al|satz**
par|ti|zi|pie|ren (Anteil haben, teilnehmen)
Par|ti|zi|pi|um, das; -s, ...pia (*älter für* Partizip)
Part|ner, der; -s, - ‹engl.› (Gefährte; Teilhaber; Teilnehmer; Mitspieler); **Part|ne|rin**
Part|ner|land; Part|ner|look, der; -s *(Mode)*
Part|ner|schaft; part|ner|schaft|lich
Part|ner|staat *Plur.* ...staaten; **Part|ner|stadt; Part|ner|tausch; Part|ner|wahl; Part|ner|wech|sel**
par|tout [...'tu:] ‹franz.› (*ugs. für* durchaus; um jeden Preis)
Par|ty [...ti], die; -, -s ‹engl.-amerik.› (zwangloses Fest)
Par|ty|dro|ge; Par|ty|girl; Par|ty|lö|we (jmd., der auf Partys umschwärmt wird); **Par|ty|ser|vice,** der (Unternehmen, das Speisen u. Getränke für Festlichkeiten ins Haus liefert)
Pa|r|u|sie, die; - ‹griech.› (*christl. Rel.* Wiederkunft Christi beim Jüngsten Gericht)
Par|ve|nü *u., österr. nur,* **Par|ve|nu** [...'ny:], der; -s, -s ‹franz.› (Emporkömmling; Neureicher)
Par|ze, die; -, -n *meist Plur.* ‹lat.› (röm. Schicksalsgöttin [Atropos, Klotho, Lachesis]); *vgl.* Moira
Par|zel|lar|ver|mes|sung
Par|zel|le, die; -, -n ‹lat.› (vermessenes Grundstück, Baustelle); **Par|zel|len|wirt|schaft**

par|zel|li̱e|ren (in Parzellen zerlegen)
Pa̱r|zi|val [...f...] (Held der Artussage); *vgl.* Parsifal
Pas [pa], der; -, - ⟨franz.⟩ ([Tanz]schritt)
¹Pas|ca̱l (franz. Mathematiker u. Philosoph)
²Pas|ca̱l, das; -s, - (Einheit des Drucks; *Zeichen* Pa)
PASCA̱L, das; -s ⟨Kunstwort, an ¹Pascal angelehnt⟩ (eine Programmiersprache)
Pa̱sch, der; -[e]s, *Plur.* -e *u.* Päsche ⟨franz.⟩ (Wurf mit gleicher Augenzahl auf mehreren Würfeln; *Domino* Stein mit Doppelzahl)
¹Pa̱s|cha usw. *vgl.* Passah usw.
²Pa̱|scha, der; -s, -s ⟨türk.⟩ (früherer oriental. Titel; *ugs. für* rücksichtsloser Mann, der sich [von Frauen] bedienen lässt); **Pa̱|scha|al|lü|ren** *Plur.*
Pa|scha̱|lis [*auch* pas'ça:...] ⟨hebr.⟩ (Papstname)
¹pa̱|schen ⟨franz.⟩ (würfeln; *bayr. u. österr. mdal. für* klatschen); du paschst
²pa̱|schen ⟨hebr.⟩ (*ugs. für* schmuggeln); du paschst
Pa̱|scher; Pa|sche|re̱i
pa|scho̱ll! ⟨russ.⟩ (*ugs. veraltend für* pack dich!; vorwärts!)
Pa̱sch|tu, das; -s (Amtssprache in Afghanistan)
Pas de Ca|lais ['pa də ...'lɛ:], der; - - - ⟨franz.⟩ (franz. Name der Straße von Dover)
Pas de deux ['pa də 'dø:], der; - - -, - - - ⟨franz.⟩ (Tanz für zwei Solotänzer)
Pa̱s|lack, der; -s, -s ⟨slaw.⟩ (*nordostd. für* jmd., der für andere schwer arbeiten muss)
Pa̱|so do̱|b|le, der; - -, - - ⟨span.⟩ (aus einem spanischen Volkstanz entstandener lateinamerikan. Gesellschaftstanz im lebhaften $^2/_4$- oder $^3/_4$-Takt)
Pa̱s|pel, die; -, -n, *selten* der; -s, - ⟨franz.⟩ *u., bes. österr., schweiz.,* Passe|poil [pas'po̱al], der; -s, -s (schmaler Nahtbesatz bei Kleidungsstücken)
pas|pe|li̱e|ren, *bes. österr. u. schweiz.* passe|poi|li̱e|ren (mit Paspeln versehen); **Pas|pe|li̱e|rung**, *bes. österr. u. schweiz.* Passe|poi|li̱e|rung
pa̱s|peln; ich pasp[e]le
Pas|qui̱ll, das; -s, -e ⟨ital.⟩ (*veraltend für* Schmäh-, Spottschrift)
Pas|quil|la̱nt, der; -en, -en (Verfasser od. Verbreiter eines Pasquills)
Pa̱ss [*alte Schreibung* Paß], der; -es, Pässe ⟨lat.⟩ (Bergübergang; Ausweis [für Reisende]; gezielte Ballabgabe beim Fußball); *vgl. aber* zupass, zupasse kommen
Pa̱s|sa usw. *vgl.* Passah usw.
pas|sa̱|bel ⟨lat.⟩ (annehmbar; leidlich); ...a|b|le Gesundheit
Pas|sa|ca̱|g|lia [...'kalja], die; -, ...ien [...jən] ⟨ital.⟩ (*Musik* Instrumentalstück aus Variationen über einem ostinaten Bass)
Pas|sa̱|ge [...ʒə], die; -, -n ⟨franz.⟩ (Durchfahrt, -gang; Überfahrt mit Schiff od. Flugzeug; schnelle Tonfolge in einem Musikstück; fortlaufender Teil einer Rede od. eines Textes; *Reitsport* Gangart in der hohen Schule)
pas|sa|ger [...'ʒe:] ⟨franz.⟩ (*Med.* nur vorübergehend auftretend)
Pas|sa|gi̱er, der; -s, -e ⟨ital.(-franz.)⟩ (Schiffsreisender, Fahrgast, Fluggast)
Pas|sa|gi̱er|damp|fer; Pas|sa|gi̱er|flug|zeug; Pas|sa|gi̱er|gut
Pas|sa|gi̱e|rin
Pas|sa|gi̱er|lis|te [*alte Trennung* ...l|st...]
Pa̱s|sah, *ökum.* Pas|cha ['pasça], das; -s ⟨hebr.⟩ (jüd. Fest zum Gedenken an den Auszug aus Ägypten; das beim Passahmahl gegessene Lamm)
Pa̱s|sah|fest (*od.* Pa̱s|cha|fest); **Pa̱s|sah|lamm** (*od.* Pa̱s|cha|lamm); **Pa̱s|sah|mahl** (*od.* Pa̱s|cha|mahl) *Plur.* ...mahle
Pa̱ss|amt [*alte Schreibung* Paß...]
Pas|sa̱nt, der; -en, -en ⟨franz.⟩ (Fußgänger; Vorübergehender); **Pas|sa̱n|tin**
Pas|sa̱t, der; -[e]s, -e ⟨niederl.⟩ (gleichmäßig wehender Tropenwind)
Pas|sa̱t|wind
Pa̱s|sau (Stadt in Bayern); **Pa̱s|sau|er**
Pa̱ss|bild [*alte Schreibung* Paß...]
pas|sé̱ *vgl.* passee
Pa̱s|se, die; -, -n ⟨franz.⟩ (glattes Hals- u. Schulterteil an Kleidungsstücken)
pas|se̱e [↑K 38], *auch* **pas|sé** ⟨franz.⟩ (*ugs. für* vorbei, abgetan); das ist passee, *auch* passé
Pas|se̱i|er, das; -s *u.* **Pas|se̱i|er|tal**, *auch* **Pas|se̱i|er-Tal**, das; -[e]s (Alpental in Südtirol)
pa̱s|sen ⟨franz.⟩ (*auch Kartenspiel* auf ein Spiel verzichten; *bes. Fußball* den Ball genau zuspielen); du passt [*alte Schreibung* paßt]; gepasst [*alte Schreibung* gepaßt]; passe! *u.* passt! [*alte Schreibung* paßt!]; das passt [*alte Schreibung* paßt] sich nicht *(ugs.)*
pa̱s|send; etwas Passendes
Passe|par|tout [paspar'tu:], das, *schweiz.* der; -s, -s (Umrahmung aus leichter Pappe für Grafiken, Zeichnungen u. a.; *schweiz. auch für* Dauerkarte; Hauptschlüssel)
Passe|poil usw. *vgl.* Paspel usw.
Pa̱s|ser, der; -s, - (*Druckw.* das genaue Übereinanderliegen der einzelnen Formteile u. Druckelemente, bes. beim Mehrfarbendruck)
Pa̱s|se|rel|le, die; -, -n ⟨franz.⟩ (*schweiz. für* Fußgängerbrücke)
Pa̱ss|form [*alte Schreibung* Paß...]; **Pa̱ss|fo|to**
Pa̱ss|gang [*alte Schreibung* Paß...], der (Gangart, bei der beide Beine einer Seite gleichzeitig vorgesetzt werden [bes. bei Reittieren]); **Pa̱ss|gän|ger**
pa̱ss|ge|recht [*alte Schreibung* paß...]
Pa̱ss|hö|he [*alte Schreibung* Paß...]
Pas|si̱er|ball *(Tennis)*
pas|si̱er|bar (überschreitbar)
pas|si̱e|ren ⟨franz.⟩ (vorübergehen, -fahren; durchqueren, überqueren; geschehen; *Gastron.* durch ein Sieb drücken; *Tennis* den Ball am Gegner vorbeischlagen)
Pas|si̱er|ge|wicht (*Münzwesen* Mindestgewicht); **Pas|si̱er|ma|schi|ne**
Pas|si̱er|schein; Pas|si̱er|schein|ab|kom|men; Pas|si̱er|schein|stel|le
Pas|si̱er|schlag *(Tennis)*
Pas|si̱er|sieb
pa̱s|sim ⟨lat.⟩ ([im angegebenen Werk] an verschiedenen Stellen)
Pas|si|o̱n, die; -, -en ⟨lat.⟩ (*nur Sing.:* Leidensgeschichte Christi; Leidenschaft, leidenschaftliche Hingabe)
pas|si|o|na̱|to ⟨ital.⟩ (*Musik* mit Leidenschaft); **Pas|si|o|na̱|to**, das; -s, *Plur.* -s *u.* ...ti
pas|si|o|ni̱ert ⟨franz.⟩ (leidenschaftlich, begeistert)
Pas|si|o̱ns|blu|me; Pas|si|o̱ns|frucht

Pas|si|o̱ns|sonn|tag (*auch für* zweiter Sonntag vor Ostern, *vgl.* Judika); **Pas|si|o̱ns|spiel** (Darstellung der Leidensgeschichte Christi); **Pas|si|o̱ns|weg; Pas|si|o̱ns|wo|che; Pas|si|o̱ns|zeit**

pạs|siv [*auch* ...'si:f] ‹lat.› (untätig; teilnahmslos; duldend; *seltener für* passivisch); passive Bestechung; passive [Handels]bilanz; passives Wahlrecht (Recht, gewählt zu werden)

Pạs|siv, das; -s, -e *Plur. selten* (*Sprachw.* Leideform)

Pas|si̱|va, Pas|si̱|ven *Plur.* (*Kaufmannsspr.* Schulden)

Pa̱s|siv|bil|dung *(Sprachw.)*

Pạs|siv|ge|schäft *(Bankw.)*; **Pạs|siv|han|del** (*Kaufmannsspr.) vgl.* [1]Handel

pas|si|vie̱|ren ([Verbindlichkeiten] in der Bilanz erfassen u. ausweisen; *Chemie* Metalle auf [elektro]chem. Wege korrosionsbeständig machen)

pa̱s|si|visch [*auch* ...'si:...] (*Sprachw.* das Passiv betreffend)

Pas|si|vi|tä̱t, die; - (passives Verhalten)

Pạs|siv|le|gi|ti|ma|ti|on *(Rechtsw.)*; **Pạs|siv|mas|se; Pạs|siv|pos|ten** [*alte Trennung* ...|st...] *(Kaufmannsspr.)*

Pa̱s|siv|rau|chen, das; -s

Pa̱s|siv|sal|do (Verlustvortrag); **Pa̱s|siv|zin|sen** *Plur.*

Pa̱ss|kon|trol|le [*alte Schreibung* Paß...]

Pa̱ss|stel|le, *auch* **Pass-Stel|le** [*alte Schreibung* Paß|stel|le]

Pa̱ss|stra|ße, *auch* **Pass-Straße** [*alte Schreibung* Paß|stra|ße]

Pa̱s|sung (*Technik* Beziehung zwischen zusammengefügten Maschinenteilen)

Pa̱s|sus, der; -, - ‹lat.› (Schriftstelle, Absatz)

pa̱ss|wärts [*alte Schreibung* paß-...]

Pa̱ss|wort [*alte Schreibung* Paß...] *Plur.* ...wörter (*EDV, Bildschirmtext* Kennwort); **Pa̱ss|zwang,** der; -[e]s

[1]**Pa̱s|ta** [*alte Trennung* ...|st...] *vgl.* Paste

[2]**Pa̱s|ta** [*alte Trennung* ...|st...], die; - ‹ital.› (ital. Bez. für Teigwaren)

Pa̱s|ta a|sciut|ta [- a'ʃʊ...; *alte Trennung* ...|st...], die; - -, ...te ...tte, **Pas|ta|sciut|ta** [...'ʃʊ...], die; -, ...tte (ital. Spaghettigericht)

Pa̱s|te [*alte Trennung* ...|st...], *selten* Pa̱s|ta, die; -, ...sten (streichbare Masse; Teigmasse als Grundlage für Arzneien u. kosmetische Mittel)

Pas|te̱ll [*alte Trennung* ...|st...], das; -[e]s, -e ‹ital.(-franz.)› (mit Pastellfarben gemaltes Bild); **pas|te̱l|len**

Pas|te̱ll|far|be [*alte Trennung* ...|st...]; **pas|te̱ll|far|ben; pas|te̱l|lig**

Pas|te̱ll|ma|le|rei [*alte Trennung* ...|st...]; **Pas|te̱ll|stift** *vgl.* [1]Stift; **Pas|te̱ll|ton** *Plur.* ...töne

Pas|ter|na̱k [*alte Trennung* ...|st...] (russischer Schriftsteller)

Pas|te̱r|ze [*alte Trennung* ...|st...], die; - (größter österreichischer Gletscher)

Pas|te̱t|chen [*alte Trennung* ...|st...]; **Pas|te̱|te,** die; -, -n ‹roman.› (Fleisch-, Fischspeise u. a. [in Teighülle])

Pas|teur [...'tø:ɐ̯; *alte Trennung* ...|st...] (franz. Bakteriologe); **Pas|teu|ri|sa|ti|o̱n,** die; -, -en; **pas|teu|ri|sie̱|ren;** pasteurisierte Milch; **Pas|teu|ri|sie̱|rung** (Entkeimung)

Pas|ti̱l|le [*alte Trennung* ...|st...], die; -, -n ‹lat.› (Kügelchen, Plätzchen, Pille)

Pa̱s|ti|nak [*alte Trennung* ...|st...], der; -s, -e, *häufiger* **Pas|ti|na̱|ke,** die; -, -n ‹lat.› (krautige Pflanze, deren Wurzeln als Gemüse u. Viehfutter dienen)

Pa̱st|milch (*schweiz. Kurzform von* pasteurisierte Milch)

Pa̱s|tor [*auch* ...'to:ɐ̯; *alte Trennung* ...|st...], der; -s, *Plur.* ...o̱ren, *auch* ...o̱re, *landsch. auch* ...ö̱re ‹lat.› (ev. od. kath. Geistlicher; *Abk.* P.); **pas|to|ra̱l** (seelsorgerisch; feierlich); **Pas|to|ra̱l|brief** *(christl. Rel.)*

[1]**Pas|to|ra̱|le** [*alte Trennung* ...|st...], das; -s, -s *od.* die; -, -n ‹ital.› (ländlich-friedvolles Tonstück; Schäferspiel)

[2]**Pas|to|ra̱|le** [*alte Trennung* ...|st...], das; -s, -s (Hirtenstab des katholischen Bischofs)

Pas|to|ral|the|o|lo|gie [*alte Trennung* ...|st...], die; - (praktische Theologie)

Pas|to|ra̱t [*alte Trennung* ...|st...], das; -[e]s, -e (*bes. nordd. für* Pfarramt, -wohnung)

Pas|to|re̱l|le [*alte Trennung* ...|st...], die; -, -n ‹ital.› (mittelalterl. Hirtenliedchen)

Pas|to̱|rin [*alte Trennung* ...|st...]

Pa̱s|tor pri|ma̱|ri|us [*alte Trennung* ...|st...], der; - -, ...o̱res ...rii (Hauptpastor; Oberpfarrer; *Abk.* P. prim.)

pas|to̱s [*alte Trennung* ...|st...] ‹ital.› (*bild. Kunst* dick aufgetragen); **pas|tö̱s** ‹franz.› (breiig, dickflüssig; *Med.* gedunsen)

Pa|ta|go̱|ni|en (südlichster Teil Amerikas); **Pa|ta|go̱|ni|er; Pa|ta|go̱|ni|e|rin; pa|ta|go̱|nisch**

Pa̱t|chen (*fam. für* Patenkind)

Patch|work ['pɛtʃvø:ɐ̯k], das; -s, -s ‹amerik.› (aus bunten Flicken zusammengesetzter Stoff, auch Leder in entsprechender Verarbeitung)

Pa̱tch|work|fa|mi|lie (*ugs. für* Familie, in der außer den gemeinsamen Kindern auch Kinder aus früheren Beziehungen der Eltern leben)

[1]**Pa̱|te,** der; -n, -n (Taufzeuge, *auch für* Patenkind)

[2]**Pa̱|te,** die; -, -n (*svw.* Patin)

Pa|te̱l|la, die; -, ...llen ‹lat.› (*Med.* Kniescheibe); **Pa|tel|la̱r|re|flex**

Pa̱|ten|be|trieb *(in der DDR)*; **Pa̱|ten|bri|ga|de** *(in der DDR)*

Pa|te̱|ne, die; -, -n ‹griech.› (*christl. Kirche* Hostienteller)

Pa̱|ten|ge|schenk; Pa̱|ten|kind; Pa̱|ten|on|kel

Pa̱|ten|schaft; Pa̱|ten|schafts|ver|trag (*in der DDR* Vertrag zwischen einem Betrieb u. einer Bildungseinrichtung zum Zwecke gegenseitiger Hilfe sowie kultureller u. polit. Zusammenarbeit)

Pa̱|ten|sohn

pa|te̱nt ‹lat.› (*ugs. für* praktisch, tüchtig, brauchbar; *landsch. für* fein, elegant)

Pa|te̱nt, das; -[e]s, -e (Urkunde über die Berechtigung, eine Erfindung allein zu verwerten; Bestallungsurkunde eines [Schiffs]offiziers; *schweiz. auch für* amtliche Bewilligung zum Ausüben einer Tätigkeit, eines Berufes); **Pa|te̱nt|amt**

Pa̱|ten|tan|te

Pa|te̱nt|an|walt; pa|te̱nt|fä|hig; pa|ten|tie̱|ren (durch ein Patent schützen)

Pa|te̱nt|in|ha|ber; Pa|te̱nt|in|ha|be|rin; Pa|te̱nt|knopf; Pa|te̱nt|lö|sung *(ugs.)*

Pa̱|ten|toch|ter

P

Pa|tent|recht; Pa|tent|re|zept *(ugs.);* **Pa|tent|rol|le**
Pa|tent|schrift; Pa|tent|schutz, der; -es; **Pa|tent|ver|schluss** [*alte Schreibung* ...ver|schluß]
Pa|ter, der; -s, *Plur.* - *u.* Pa|t|res ‹lat.› (kath. Ordensgeistlicher; *Abk.* P., *Plur.* PP.); **Pa|ter|fa|mi|li|as,** der; -, - (*veraltet scherzh. für* Familienoberhaupt, Hausherr); **Pa|ter|ni|tät,** die; - (*veraltet für* Vaterschaft)
[1]**Pa|ter|nos|ter** [*alte Trennung* ...|st...], das; -s, - (Vaterunser)
[2]**Pa|ter|nos|ter** [*alte Trennung* ...|st...], der; -s, - (ständig umlaufender Aufzug); **Pa|ter|nos|ter|auf|zug**
pa|ter, pec|ca|vi ‹„Vater, ich habe gesündigt"›; „pater, peccavi" sagen (flehentlich um Verzeihung bitten); **Pa|ter|pec|ca|vi,** das; -, - (reuiges Geständnis)
Pa|the|tik, die; - ‹griech.› (übertriebene, gespreizte Feierlichkeit); **Pa|thé|tique** [...teˈti:k], die; - ‹franz.› (Titel einer Klaviersonate Beethovens u. einer Sinfonie Tschaikowskys); **pa|the|tisch** ‹griech.› (voller Pathos; [übertrieben] feierlich)
pa|tho|gen (*Med.* krankheitserregend); pathogene Bakterien; **Pa|tho|ge|ne|se,** die; -, -n (Entstehung u. Entwicklung einer Krankheit); **Pa|tho|ge|ni|tät,** die; - (Fähigkeit, Krankheiten hervorzurufen); **pa|tho|g|no|mo|nisch, pa|tho|g|nos|tisch** [*alte Trennung* ...|st...] (für eine Krankheit kennzeichnend)
Pa|tho|lo|ge, der; -n, -n; **Pa|tho|lo|gie,** die; -, ...ien (*nur Sing.:* allgemeine Lehre von den Krankheiten; pathologisches Institut); **Pa|tho|lo|gin; pa|tho|lo|gisch** (die Pathologie betreffend; krankhaft); pathologische Anatomie
Pa|tho|pho|bie, die; -, ...ien (*Psych.* Furcht vor Krankheiten); **Pa|tho|phy|si|o|lo|gie** (Lehre von den Krankheitsvorgängen u. Funktionsstörungen [in einem Organ]); **Pa|tho|psy|cho|lo|gie** (*svw.* Psychopathologie)
Pa|thos, das; - ([übertriebene] Gefühlserregung; feierliche Ergriffenheit)
Pa|ti|ence [...ˈsjã:s], die; -, -n ‹franz.› (Geduldsspiel mit Karten); **Pa|ti|ence|spiel**
Pa|ti|ent, der; -en, -en ‹lat.› (vom Arzt behandelte od. betreute Person); **Pa|ti|en|tin**
Pa|tin
Pa|ti|na, die; - ‹ital.› (ein grünlicher Überzug auf Kupfer; Edelrost); **pa|ti|nie|ren** (mit einer künstlichen Patina versehen)
Pa|tio, der; -s, -s ‹span.› (Innenhof eines [span.] Hauses)
Pa|tis|se|rie, die; -, ...ien ‹franz.› (Raum zur Herstellung von Backwaren; *schweiz. für* feines Gebäck; Konditorei); **Pa|tis|si|er** [...ˈsje:], der; -s, -s (Konditor)
Pat|mos (griech. Insel)
Pat|na|reis ‹nach der ind. Stadt› ([langkörniger] Reis); ↑K 143
Pa|tois [...ˈtoa], das; -, - ‹franz.› (*franz. Bez. für* Sprechweise der Landbevölkerung)
Pa|t|ras (griech. Stadt)
Pa|t|res (*Plur. von* Pater)
Pa|t|ri|arch, der; -en, -e ‹griech.› (Stammvater im A. T.; Ehren-, Amtstitel einiger Bischöfe; Titel hoher orthodoxer Geistlicher)
pa|t|ri|ar|cha|lisch (altväterlich; ehrwürdig; väterlich-bestimmend; männlich-autoritativ)
Pa|t|ri|ar|chal|kir|che (Hauptkirche)
Pa|t|ri|ar|chat, das, *in der Theol. auch* der; -[e]s, -e (Würde, Sitz u. Amtsbereich eines Patriarchen; Vaterherrschaft, -recht)
pa|t|ri|ar|chisch (einem Patriarchen entsprechend)
Pa|t|ri|cia ‹lat.› (w. Vorn.)
Pa|t|rick (m. Vorn.)
pa|t|ri|mo|ni|al ‹lat.› (erbherrlich); **Pa|t|ri|mo|ni|al|ge|richts|bar|keit** (*früher* Rechtsprechung durch den Grundherrn)
Pa|t|ri|mo|ni|um, das; -s, ...ien (*röm. Recht* väterl. Erbgut)
[1]**Pa|t|ri|ot,** der; -en, -en ‹griech.› (jmd., der für sein Vaterland eintritt)
[2]**Pa|t|ri|ot** [ˈpɛtriət], die; -, -s ‹engl.› (eine amerik. Flugabwehrrakete)
pa|t|ri|o|tisch ‹griech.›
Pa|t|ri|o|tis|mus, der; -
Pa|t|ris|tik [*alte Trennung* ...|st...], die; - (Wissenschaft von den Schriften u. Lehren der Kirchenväter); **Pa|t|ris|ti|ker** (Kenner, Erforscher der Patristik); **Pa|t|ris|ti|ke|rin; pa|t|ris|tisch**
Pa|t|ri|ze, die; -, -n ‹lat.› (*Druckw.* Stempel, Prägestock; Gegenform zur Matrize)
Pa|t|ri|zia ‹lat.› (w. Vorn.)
Pa|t|ri|zi|at, das; -[e]s, -e ‹lat.› (Gesamtheit der altröm. Adelsgeschlechter; ratsfähige Bürgerfamilien der dt. Städte im MA.)
Pa|t|ri|zi|er (Angehöriger des Patriziats); **Pa|t|ri|zi|er|ge|schlecht; Pa|t|ri|zi|er|haus; Pa|t|ri|zi|e|rin; pa|t|ri|zisch**
Pa|t|ro|k|los (Freund Achills); **Pa|t|ro|k|lus** [*auch* ˈpa:...] *vgl.* Patroklos
Pa|t|ro|lo|gie, die; - ‹griech.› (*svw.* Patristik)
[1]**Pa|t|ron,** der; -s, -e ‹lat.› (Schutzherr, -heiliger; Stifter einer Kirche; *ugs. für* übler Kerl)
[2]**Pa|t|ron** [patrõ], der; -s, -s ‹franz.› (*schweiz. für* Betriebsinhaber, Dienstherr)
Pa|t|ro|na, die; -, ...nä ‹lat.› ([heilige] Beschützerin)
Pa|t|ro|na|ge, [...ʒə], die; -, -n ‹franz.› (Günstlingswirtschaft)
Pa|t|ro|nanz, die; - ‹lat.› (*österr. meist für* Schirmherrschaft)
Pa|t|ro|nat, das; -[e]s, -e (Würde, Amt, Recht eines Schutzherrn [im alten Rom]; Rechtsstellung des Stifters einer christlichen Kirche od. seines Nachfolgers; Schirmherrschaft); **Pa|t|ro|nats|fest; Pa|t|ro|nats|herr**
Pa|t|ro|ne, die; -, -n ‹franz.› (Geschoss u. Treibladung enthaltende [Metall]hülse; Musterzeichnung auf kariertem Papier bei der Jacquardweberei; Behälter [z. B. für Tinte])
Pa|t|ro|nen|gurt; Pa|t|ro|nen|hül|se; Pa|t|ro|nen|kam|mer; Pa|t|ro|nen|ta|sche; Pa|t|ro|nen|trom|mel
Pa|t|ro|nin ‹lat.› (Schutzherrin, Schutzheilige)
Pa|t|ro|ny|mi|kon, Pa|t|ro|ny|mi|kum, das; -s, ...ka ‹griech.› (nach dem Namen des Vaters gebildeter Name, z. B. Petersen = Peters Sohn); **pa|t|ro|ny|misch**
Pa|t|rouil|le [...ˈtrʊljə, *österr.* ...ˈtru:jə], die; -, -n ‹franz.› (Spähtrupp; Kontrollgang)
Pa|t|rouil|len|boot; Pa|t|rouil|len|fahrt; Pa|t|rouil|len|flug; Pa|t|rouil|len|füh|rer; Pa|t|rouil|len|gang, der
pa|t|rouil|lie|ren [...trʊlˈji:..., *auch, österr. nur,* ...truˈji:...] (auf Patrouille gehen; [als Posten] auf u. ab gehen)
Pa|t|ro|zi|ni|um, das; -s, ...ien ‹lat.›

P

(im alten Rom die Vertretung durch einen Patron vor Gericht; Schutzherrschaft eines Heiligen über eine kath. Kirche; Patronatsfest); **Pa|t|ro|zi|ni|ums|fest**

pat|sch!; pitsch, patsch!

[1]**Patsch,** der; -[e]s, -e (klatschendes Geräusch)

[2]**Patsch,** der; -en, -en (*österr. ugs. für* Tollpatsch)

Pat|sche, die; -, -n (*ugs. für* Hand; Gegenstand zum Schlagen [z. B. Feuerpatsche]; *nur Sing.:* Schlamm, Matsch); in der Patsche sitzen (*ugs. für* in einer unangenehmen Lage sein)

pät|scheln (*landsch. für* [spielerisch] rudern); ich pätsch[e]le

pat|schen (*ugs.*); du patschst

Pat|schen, der; -s, - (*österr. für* Hausschuh; Reifendefekt)

pat|sche|nass [*alte Schreibung* ...naß] *vgl.* patschnass

Pat|scherl, das; -s, -n (*österr. ugs. für* ungeschicktes Kind); **pat|schert** (*österr. ugs. für* unbeholfen)

Patsch|hand, Patsch|händ|chen (*Kinderspr.*)

patsch|nass, pat|sche|nass [*alte Schreibung* ...naß] (*ugs. für* klatschnass)

Pat|schu|li, das; -s, -s ‹tamil.› (Duftstoff aus der Patschulipflanze); **Pat|schu|li|öl; Pat|schu|li|pflan|ze** (eine asiat. Pflanze)

patt ‹franz.› (*Schach* nicht mehr in der Lage, einen Zug zu machen, ohne seinen König ins Schach zu bringen); patt sein

Patt, das; -s, -s (*auch für* Situation, in der keine Partei einen Vorteil erringen kann)

Pat|te, die; -, -n ‹franz.› (Taschenklappe, Taschenbesatz)

Pat|tern ['pɛ...], das; -s, -s ‹engl.› (*Psych.* [Verhaltens]muster, [Denk]schema; *Sprachw.* Sprachmuster)

Patt|si|tu|a|ti|on *vgl.* Patt

pat|zen (*ugs. für* kleinere Fehler machen); du patzt

Pat|zen, der; -s, - (*bayr. u. österr. für* Klecks, Klumpen)

Pat|zer (*ugs. für* jmd., der patzt; Fehler); **Pat|ze|rei** (*ugs.*)

pat|zig (*ugs. für* frech, grob; *südd. auch für* klebrig, breiig); **Pat|zig|keit** (*ugs.*)

Pau|kant, der; -en, -en (*Verbindungsw.* Fechter bei einer Mensur)

Pauk|arzt (*Verbindungsw.*); **Pauk|bo|den; Pauk|bril|le**

Pau|ke, die; -, -n; auf die Pauke hauen (*ugs. für* ausgelassen sein)

pau|ken (die Pauke schlagen; *Verbindungsw.* eine Mensur fechten; *ugs. für* angestrengt lernen)

Pau|ken|fell; Pau|ken|höh|le (*Med.* Teil des Mittelohrs); **Pau|ken|schall**

Pau|ken|schlag; Pau|ken|schlä|gel [*alte Schreibung* ...schle|gel]; **Pau|ken|schlä|ger; Pau|ken|wir|bel**

Pau|ker (*Schülerspr. auch für* Lehrer); **Pau|ke|rei; Pau|ke|rin**

Pau|kist, der; -en, -en (Paukenspieler); **Pau|kis|tin** [*alte Trennung* ...|st...]

Pauk|tag (*Verbindungsw.*)

Paul (m. Vorn.)

Pau|la, Pau|li|ne (w. Vorn.)

pau|li|nisch ‹*zu* Paulus›; eine paulinische Erleuchtung haben; paulinische [*alte Schreibung* Paulinische] Briefe, Schriften ↑K 135; **Pau|li|nis|mus,** der; - (*christl. Theol.* Lehre des Apostels Paulus)

Pau|low|nia, die; -, ...ien ‹nach der russ. Großfürstin Anna Pawlowna› (ein Zierbaum)

Pauls|kir|che, die; -

Pau|lus (Apostel); Pauli (des Paulus) Bekehrung (kath. Fest)

Pau|pe|ris|mus, der; - ‹lat.› (*veraltend für* Massenarmut)

Pau|sa|ni|as (spartan. Feldherr u. Staatsmann; griech. Reiseschriftsteller)

Paus|back, der; -[e]s, -e (*landsch. für* pausbäckiger Mensch); **Paus|ba|cken** [*alte Trennung* ...k|k...] *Plur.* (*landsch. für* dicke Wangen); **paus|ba|ckig,** *häufiger* **paus|bä|ckig**

pau|schal (alles zusammen; rund)

Pau|schal|ab|schrei|bung; Pau|schal|be|steu|e|rung; Pau|schal|be|wer|tung

Pau|scha|le, die; -, -n ‹*latinisierende Bildung zu dt.* Pauschsumme› (geschätzte Summe; Gesamtbetrag); **pau|scha|lie|ren** (abrunden); **pau|scha|li|sie|ren** (stark verallgemeinern); **Pau|scha|li|tät,** die; - (Undifferenziertheit)

Pau|schal|preis; Pau|schal|rei|se; Pau|schal|sum|me; Pau|schal|tou|ris|mus; Pau|schal|ur|teil; Pau|schal|ver|si|che|rung

Pausch|be|trag

Pau|sche, die; -, -n (Wulst am Sattel; Handgriff am Seitpferd); **Päu|schel** *vgl.* Bäuschel; **Pau|schen|pferd** (*bes. schweiz. für* Seitpferd)

Pausch|quan|tum; Pausch|sum|me

[1]**Pau|se,** die; -, -n ‹griech.› (Ruhezeit; Unterbrechung); die große Pause (in der Schule, im Theater)

[2]**Pau|se,** die; -, -n ‹franz.› (Kopie mittels Durchzeichnung)

pau|sen (durchzeichnen); du paust; er paus|te

Pau|sen|brot (bes. für Schüler); **Pau|sen|fül|ler** (*ugs.*); **Pau|sen|gym|nas|tik** [*alte Trennung* ...|st...]; **Pau|sen|hal|le**

pau|sen|los

Pau|sen|pfiff (*Sport*); **Pau|sen|platz** (*schweiz. für* Schulhof); **Pau|sen|raum; Pau|sen|stand** (*Sport*); **Pau|sen|tee** (*Sport*); **Pau|sen|zei|chen**

pau|sie|ren ‹griech.› (innehalten, ruhen, zeitweilig aufhören)

Paus|pa|pier; Paus|zeich|nung

Pa|va|ne, die; -, -n ‹franz.› (langsamer Schreittanz; *später* Einleitungssatz der Suite)

Pa|via (ital. Stadt)

Pa|vi|an, der; -s, -e ‹niederl.› (ein Affe)

Pa|vil|lon ['pavɪljõ:, *österr.* 'pavijõ:], der; -s, -s ‹franz.› (kleiner, frei stehender, meist runder Bau; Ausstellungsgebäude; Festzelt; *Archit.* vorspringender Gebäudeteil); **Pa|vil|lon|sys|tem** [*alte Trennung* ...|st...] (*Archit.*)

Paw|lat|sche, die; -, -n ‹tschech.› (*österr. für* Bretterbühne; baufälliges Haus); **Paw|lat|schen|the|a|ter** (*österr.*)

Paw|low (russ. Physiologe); **paw|lowsch;** die pawlowschen, *auch* Pawlow'schen [*alte Schreibung* Pawlowschen] Hunde ↑K 135

Pax, die; - ‹lat., »Frieden«› (*kath. Kirche* Friedensgruß, -kuss)

Pax vo|bis|cum! ‹»Friede [sei] mit euch!«›

Pay|card ['pe:ka:d], die; -, -s ‹engl.› (aufladbare Chipkarte zum bargeldlosen Bezahlen)

Pay|ing|guest ['pe:ɪŋ'gɛst], der; -s, -s, *auch* **Pay|ing Guest** [*alte Schreibung* Pay|ing guest], der; - -s, - -s ‹engl.› (jmd., der bei einer Familie als Gast wohnt,

P

aber für Unterkunft u. Verpflegung bezahlt)

Pay-per-View ['pe:pə'vju:], das; -s ⟨engl.⟩ (Verfahren, mit dem einzeln abrechenbare Programme des Privatfernsehens empfangen werden können)

Pay-TV ['pe:ti:vi:], das; -[s] ⟨engl.⟩ (nur gegen Gebühr zu empfangendes Privatfernsehen)

Pa|zi|fik [*auch* 'pa:...], der; -s ⟨lat.-engl.⟩ (Großer od. Pazifischer Ozean); **Pa|zi|fik|bahn,** die; -; **pa|zi|fisch;** pazifische Inseln, *aber* ↑K 140: der Pazifische Ozean

Pa|zi|fis|mus, der; - ⟨lat.⟩ (Ablehnung des Krieges aus religiösen od. ethischen Gründen)

Pa|zi|fist, der; -en, -en; **Pa|zi|fis|tin** [*alte Trennung* ...|st...]; **pa|zi|fis|tisch**

pa|zi|fi|zie|ren (*veraltend für* beruhigen; befrieden); **Pa|zi|fi|zie|rung**

Pb = Plumbum (*chem. Zeichen für* Blei)

P. b. b. = Postgebühr bar bezahlt (Österreich)

pc = Parsec

¹PC, der; -[s], -[s] (Personal Computer)

²PC, die; - (Political Correctness)

p. c., %, v. H. = pro centum; *vgl.* Prozent

PCB = polychlorierte Biphenyle (bestimmte giftige, Krebs erregende chem. Verbindungen)

p. Chr. [n.] = post Christum [natum]

Pd = *chem. Zeichen für* ²Palladium

PdA = Partei der Arbeit (kommunistische Partei in der Schweiz)

PDS = Partei des Demokratischen Sozialismus

Pea|nuts ['pi:nats] *Plur.* ⟨engl., »Erdnüsse«⟩ (*ugs. für* Kleinigkeiten; unbedeutende Geldsumme)

Pearl Har|bor ['pø:ɐ̯l ...bə] (amerik. Flottenstützpunkt im Pazifik)

Pech, das; *Gen.* -s, *seltener* -es, *Plur. (Arten:)* -e

Pech|blen|de (ein Mineral); **Pech|draht; Pech|fa|ckel** [*alte Trennung* ...k|k...]

pech|fins|ter [*alte Trennung* ...|st...] *(ugs.)*

pe|chig

Pech|koh|le; Pech|nel|ke

pech|ra|ben|schwarz *(ugs.);* **pech|schwarz** *(ugs.)*

Pech|sträh|ne *(ugs.);* **Pech|vo|gel** (*ugs. für* Mensch, der [häufig] Unglück hat)

pe|cken [*alte Trennung* ...k|k...] (*bayr., österr. für* picken)

Pe|dal, das; -s, -e ⟨lat.⟩ (Fußhebel; Teil an der Fahrradtretkurbel); **Pe|da|le,** die; -, -n (*landsch. für* Pedal [am Fahrrad])

Pe|dal|weg *(Kfz-Technik)*

pe|dant (*österr. neben* pedantisch)

Pe|dant, der; -en, -en ⟨griech.⟩ (ein in übertriebener Weise genauer, kleinlicher Mensch); **Pe|dan|te|rie,** die; -, ...ien; **Pe|dan|tin; pe|dan|tisch**

Ped|dig|rohr, das; -[e]s (Markrohr der Rotangpalme zum Flechten von Korbwaren)

Pe|dell, der; -s, -e, *österr. meist* der; -en, -en (*veraltend für* Hausmeister einer Schule)

Pe|di|g|ree [...ri], der; -s, -s ⟨engl.⟩ (Stammbaum bei Tieren u. Pflanzen)

Pe|di|kü|re, die; -, -n ⟨franz.⟩ (*nur Sing.:* Fußpflege; Fußpflegerin); **pe|di|kü|ren;** sie hat pedikürt

Pe|di|ment, das; -s, -e ⟨lat.⟩ (*Geogr.* terrassenartige Fläche am Fuß eines Gebirges); **Pe|do|graph,** *auch* Pe|do|graf, der; -en, -en ⟨lat.⟩ (Wegmesser); **Pe|do|me|ter,** das; -s, - (Schrittzähler)

Pe|d|ro (m. Vorn.)

Pee|ling ['pi:...], das; -s, -s ⟨engl.⟩ (kosmetische Schälung der [Gesichts]haut)

Pee|ne, die; - (Fluss in Mecklenburg-Vorpommern)

Peep|show ['pi:p...; *alte Schreibung* Peep-Show], die; -, -s ⟨engl.⟩ (Möglichkeit, gegen Geldeinwurf durch ein Guckfenster eine unbekleidete Frau zu betrachten)

¹Peer, Per (m. Vorn.); *vgl.* Peer Gynt

²Peer [pi:ə], der; -s, -s ⟨engl.⟩ (Mitglied des höchsten engl. Adels; Mitglied des engl. Oberhauses); *vgl.* Pair; **Pee|rage** ['pi:ərɪtʃ], die; - (Würde eines Peers; Gesamtheit der Peers); **Pee|ress** ['pi:rɛs; *alte Schreibung* Peereß], die; -, Peeresses (Gattin eines Peers)

Peer|group ['pi:ə'gru:p], die; -, -s ⟨engl.⟩ (*Päd.* Gruppe von gleichaltrigen Kindern od. Jugendlichen)

Peer Gynt (norweg. Sagengestalt)

Peers|wür|de, die; -

Pe|ga|sos ⟨griech.⟩; *vgl.* Pegasus

¹Pe|ga|sus, der; - (geflügeltes Ross der griech. Sage; Dichterross)

²Pe|ga|sus, der; - (ein Sternbild)

Pe|gel, der; -s, - (Wasserstandsmesser); **Pe|gel|hö|he; Pe|gel|stand**

Peg|ma|tit, der; -s, -e ⟨griech.⟩ (ein grobkörniges Gestein)

¹Peg|nitz, die; - (r. Nebenfluss der Rednitz [Regnitz])

²Peg|nitz (Stadt an der Pegnitz)

Peg|nitz|or|den, der; -s ↑K 143

Peh|le|wi ['pɛç...], das; -s (Mittelpersisch)

Pei|es *Plur.* ⟨hebr.⟩ (Schläfenlocken [der orthodoxen Ostjuden])

pei|len (die Richtung, Entfernung, Wassertiefe bestimmen); **Pei|ler**

Peil|fre|quenz; Peil|li|nie; Peil|rahmen *(Funkwesen)*

Pei|lung

Pein, die; - (Schmerz, Qual)

pei|ni|gen; Pei|ni|ger; Pei|ni|ge|rin; Pei|ni|gung

pein|lich; *Rechtsspr. veraltet:* peinliches Recht (Strafrecht), peinliche Gerichtsordnung (Strafprozessordnung); **Pein|lich|keit**

pein|sam; pein|voll

Pei|sis|t|ra|tos [*alte Trennung* ...|st...] (athen. Tyrann)

Peit|sche, die; -, -n; **peit|schen;** du peitschst

Peit|schen|hieb; Peit|schen|knall; Peit|schen|leuch|te (Straßenlaterne mit gebogenem Mast); **Peit|schen|schlag; Peit|schen|stiel; Peit|schen|wurm** (ein Fadenwurm)

pe|jo|ra|tiv (*Sprachw.* verschlechternd, abwertend); **Pe|jo|ra|ti|vum,** das; -s, ...va (Wort mit abwertendem Sinn)

Pe|ka|ri, das; -s, -s ⟨karib.-franz.⟩ (amerik. Wildschwein)

Pe|ke|sche, die; -, -n ⟨poln.⟩ (Schnürrock; student. Festjacke)

Pe|ki|ne|se, der; -n, -n ⟨nach der chin. Hauptstadt Peking⟩ (Hunderasse)

Pe|king (Hauptstadt Chinas); **Pe|king|mensch** *(Anthropol.);* **Pe|king|o|per**

Pek|ten|mu|schel ⟨lat.; dt.⟩ (*Zool.* Kammmuschel)

Pek|tin, das; -s, -e *meist Plur.* ⟨griech.⟩ (gelierender Pflanzenstoff in Früchten, Wurzeln u. a.)

pek|to|ral ‹lat.› (*Med.* die Brust betreffend; Brust...)

Pek|to|ra|le, das; -[s], *Plur.* -s *u.* ...lien (Brustkreuz kath. geistl. Würdenträger; ein mittelalterl. Brustschmuck)

pe|ku|ni|är ‹lat.-franz.› (geldlich; in Geld bestehend; Geld...)

pek|zie|ren ‹lat.› (*landsch. für* etwas anstellen); *vgl.* pexieren

Pe|la|gi|al, das; -s ‹griech.› (*Ökologie* das freie Wasser der Meere u. Binnengewässer)

Pe|la|gi|a|ner (Anhänger der Lehre des Pelagius); **Pe|la|gi|a|nis|mus,** der; -

pe|la|gisch ‹griech.› (*Biol.* im freien Wasser lebend), *aber* ↑K 140: Pelagische Inseln (Inselgruppe südl. von Sizilien)

Pe|la|gi|us (engl. Mönch)

Pe|lar|go|nie, die; -, -n ‹griech.› (eine Zierpflanze)

Pe|las|ger *meist Plur.* (Angehöriger einer Urbevölkerung Griechenlands); **pe|las|gisch**

Pele|mele [pɛlˈmɛl], das; - (Mischmasch; eine Süßspeise)

Pe|le|ri|ne, die; -, -n ‹franz.› ([ärmelloser] Umhang; *veraltend für* Regenmantel)

Pe|leus (Vater des Achill); **Pe|li|de,** der; -n (Beiname des Achill)

Pe|li|kan [*auch* ...ˈka:n], der; -s, -e ‹griech.› (ein Vogel)

Pe|li|on, der; -s (Gebirge in Thessalien)

Pel|la|g|ra, das; -[s] ‹griech.› (*Med.* Krankheit durch Mangel an Vitamin B_2)

Pel|le, die; -, -n ‹lat.› (*landsch. für* Haut, Schale); jmdm. auf die Pelle rücken (*ugs. für* energisch zusetzen); jmdm. auf der Pelle sitzen (*ugs. für* lästig sein)

pel|len (*landsch. für* schälen)

Pel|let, das; -s, -s *meist Plur.* ‹engl.› (Kügelchen, kleiner Zylinder o. Ä., bes. aus gepresstem Tierfutter); **pel|le|tie|ren**

Pell|kar|tof|fel

Pe|lo|pon|nes, der; -[es], *fachspr. auch* die; - (südgriechische Halbinsel)

pe|lo|pon|ne|sisch, *aber* ↑K 151: der Peloponnesische Krieg

Pe|lops (Sohn des Tantalus)

Pe|lo|ta, die; - ‹span.› (ein baskisches Ballspiel)

Pe|lo|ton [...ˈtõ:], das; -s, -s ‹franz.› (*früher für* kleine milit. Einheit; *Radsport* geschlossenes Fahrerfeld bei Straßenrennen)

Pe|lot|te, die; -, -n (*Med.* ballenförmiges Druckpolster)

Pel|sei|de, die; - ‹ital.; dt.› (geringwertiges Rohseidengarn)

Pel|tast, der; -en, -en ‹griech.› (altgriech. leicht bewaffneter Fußsoldat)

Pe|lusch|ke, die; -, -n ‹slaw.› (*landsch. für* Ackererbse)

Pelz, der; -es, -e; jmdm. auf den Pelz rücken (*ugs. für* jmdn. drängen)

Pelz|be|satz; pelz|be|setzt

[1]**pel|zen** (*fachspr. für* den Pelz abziehen; *ugs. für* faulenzen); du pelzt

[2]**pel|zen** (*landsch. für* pfropfen); du pelzt

pelz|ge|füt|tert

pel|zig

Pelz|kap|pe; Pelz|kra|gen; Pelz|man|tel

Pelz|mär|te, der; -s, -n *u.* **Pelz|mär|tel,** der; -s, - ‹nach dem hl. Martin› (*südd. für* Knecht Ruprecht)

Pelz|müt|ze; Pelz|ni|ckel [*alte Trennung* ...k|k...] *vgl.* Belznickel; **Pelz|sto|la**

Pelz|tier; Pelz|tier|farm

pelz|ver|brämt; Pelz|ver|brä|mung

Pelz|wa|re; Pelz|werk, das; -[e]s

Pem|mi|kan, der; -s ‹indian.› (haltbarer Dauerproviant nordamerik. Indianer aus getrocknetem Fleisch u. Fett)

Pem|phi|gus, der; - ‹griech.› (*Med.* eine Hautkrankheit)

PEN, P.E.N. [*beide* pɛn], der; -[s] ‹engl.; *Kurzw. aus* poets, essayists, novelists› (internationale Schriftstellervereinigung)

Pe|nal|ty [ˈpɛnəlti, *schweiz. meist* pɛˈnalti], der; -[s], -s ‹engl.› (*Sport, bes. Eishockey* Strafstoß; *schweiz. Fußball* Elfmeter)

Pe|na|ten *Plur.* ‹lat.› (röm. Hausgötter; *übertr. für* häuslicher Herd, Wohnung, Heim)

Pence [pɛns] (*Plur. von* Penny)

PEN-Club, P.E.N.-Club *vgl.* PEN, P.E.N.

Pen|dant [pãˈdã:], das; -s, -s ‹franz.› (Gegenstück)

Pen|del, das; -s, - ‹lat.› (um eine Achse od. einen Punkt frei schwingender Körper)

Pen|del|ach|se (*Kfz-Technik*); **Pen|del|lam|pe**

pen|deln; ich pend[e]le

Pen|del|sä|ge; Pen|del|schwin|gung; Pen|del|tür; Pen|del|uhr; Pen|del|ver|kehr, der; -s

pen|dent ‹ital.› (*schweiz. für* schwebend, unerledigt)

Pen|den|tif [pãdã...], das; -s, -s (*Archit.* Zwickel)

Pen|denz, die; -, -en ‹ital.› (*schweiz. für* schwebendes Geschäft, unerledigte Aufgabe)

Pen|de|rec|ki [...ˈrɛtski], Krzysztof [ˈkʃʏʃtɔf] (poln. Komponist)

Pend|ler; Pend|le|rin; Pend|ler|ver|kehr, der; -s

Pen|do|li|no ®, der; -s, -s (Hochgeschwindigkeitszug mit besonderer Neigetechnik)

Pen|du|le [pãˈdy:...], **Pen|dü|le,** die; -, -n ‹franz.› (Pendeluhr)

Pe|ne|lo|pe [...pe] (Frau des Odysseus)

Pe|nes (*Plur. von* Penis)

pe|ne|t|rant ‹franz.› (durchdringend; aufdringlich); **Pe|ne|t|ranz,** die; -, -en (Aufdringlichkeit; *Genetik* Häufigkeit, mit der ein Erbfaktor wirksam wird)

Pe|ne|t|ra|ti|on, die; -, -en ‹lat.› (Durchdringung; das Eindringen); **pe|ne|t|rie|ren**

peng!; peng, peng!

Pen|hol|der|griff [...ho:l...] ‹engl.; dt.› (*Tischtennis* Schlägerhaltung, bei der der Griff zwischen Daumen u. Zeigefinger nach oben zeigt)

pe|ni|bel ‹franz.› (sehr genau, fast kleinlich; *landsch. für* peinlich); ...i|b|le Lage; **Pe|ni|bi|li|tät,** die; - (Genauigkeit)

Pe|ni|cil|lin *vgl.* Penizillin

Pen|in|su|la, die; -, ...suln ‹lat.› (*veraltet für* Halbinsel)

Pe|nis, der; -, *Plur.* -se *u.* Penes ‹lat.› (männl. Glied)

Pe|nis|neid (*Psychoanalyse*)

Pe|ni|zil|lin, *fachspr. u. österr.* Pe|ni|cil|lin, das; -s, -e ‹lat.› (ein Antibiotikum); **Pe|ni|zil|lin|am|pul|le; Pe|ni|zil|lin|sprit|ze**

Pen|nal, das; -s, -e ‹lat.› (*österr. für* Federbüchse; *Schülerspr. früher für* höhere Lehranstalt)

Pen|nä|ler, der; -s, - (*ugs. für* Schüler einer höheren Lehranstalt); **pen|nä|ler|haft**

Penn|bru|der (*svw.* Penner)

[1]**Pen|ne,** die; -, -n ‹jidd.› (*ugs. für* behelfsmäßiges Nachtquartier)

[2]**Pen|ne,** die; -, -n ‹lat.› (*Schülerspr.* Schule)

pen|nen (*ugs. für* schlafen)

P

Pen|ner (*ugs. für* Stadt-, Landstreicher; *auch* Schimpfwort)

Pen|ni, der; -[s], -[s] (finn. Münze; *Abk.* p; 100 Penni = 1 Markka)

Penn|syl|va|nia [...sɪlˈveːni̯ə], *eingedeutscht* **Penn|syl|va|ni|en** [...zɪl...] (Staat in den USA; *Abk.* Pa.); **penn|syl|va|nisch**

Pen|ny [...ni], der; -s, *Plur.* (*für* einige Stücke:) Pennys [*alte Schreibung* Pennies] *u.* (*bei* Wertangabe:) Pence [pɛns] ‹engl.› (engl. Münze; *Abk.* p, *früher* d [= denarius])

Pen|sa (*Plur. von* Pensum)

pen|see [pã...] ‹franz.› (dunkellila); ein pensee Kleid; *vgl.* blau *u.* beige; **Pen|see**, das; -s, -s (*franz. Bez. für* Gartenstiefmütterchen); **pen|see|far|big; Pen|see|kleid**

Pen|sen (*Plur. von* Pensum)

Pen|si|on [pã...; *südd., österr. nur, schweiz. auch* pɛn...], die; -, -en ‹franz.› (Ruhestand *[nur Sing.]*; Ruhe-, Witwengehalt; kleineres Hotel, Fremdenheim); **Pen|si|o|när**, der; -s, -e (Ruheständler; *bes. schweiz. für* Kostgänger, [Dauer]gast einer Pension); **Pen|si|o|nä|rin**

Pen|si|o|nat, das; -[e]s, -e (Internat, bes. für Mädchen)

pen|si|o|nie|ren (in den Ruhestand versetzen); **Pen|si|o|nier|te**, der *u.* die; -n, -n (*schweiz. für* Ruheständler, Ruheständlerin); **Pen|si|o|nie|rung**

Pen|si|o|nist [pɛn...], der; -en, -en (*österr. für* Ruheständler); **Pen|si|o|nis|tin** [*alte Trennung* ...|st...]

Pen|si|ons|al|ter [pã...; *südd., österr. nur, schweiz. auch* pɛn...]; **Pen|si|ons|an|spruch**

pen|si|ons|be|rech|tigt

Pen|si|ons|gast; Pen|si|ons|ge|schäft (*Bankw.* Verkauf von Wechseln od. Effekten mit einer Rückkaufverpflichtung); **Pen|si|ons|kas|se** (betrieblicher Fonds für die Altersversorgung der Beschäftigten); **Pen|si|ons|preis**

pen|si|ons|reif *(ugs.)*

Pen|si|ons|rück|stel|lun|gen *Plur. (Wirtsch.)*

Pen|sum, das; -s, *Plur.* ...sen *u.* ...sa ‹lat.› (zugeteilte Arbeit; Lehrstoff)

pent..., pen|ta... ‹griech.› (fünf...); **Pent..., Pen|ta...** (Fünf...)

Pen|ta|de, die; -, -n (Zeitraum von fünf Tagen); **Pen|ta|e|der**, das; -s, - (Fünfflach)

¹Pen|ta|gon, das; -s, -e (Fünfeck)

²Pen|ta|gon, das; -s (das auf einem fünfeckigen Grundriss errichtete amerik. Verteidigungsministerium)

Pen|ta|gon|do|de|ka|e|der (von zwölf Fünfecken begrenzter Körper)

Pen|ta|gramm, das; -s, -e, **Pent|al|pha**, das; -, -s (fünfeckiger Stern; Drudenfuß)

Pen|t|a|me|ron, das; -s (neapolitan. Volksmärchensammlung)

Pen|ta|me|ter, der; -s, - (ein fünffüßiger Vers)

Pen|tan, das; -s, -e (ein Kohlenwasserstoff)

Pen|t|ar|chie, die; -, ...ien (Herrschaft von fünf Mächten)

Pen|ta|teuch, der; -s (die fünf Bücher Mose im A.T.)

Pen|t|ath|lon [*auch* ...ˈaːtlɔn], das; -s (antiker Fünfkampf)

Pen|ta|to|nik, die; - (Fünftonmusik)

Pen|te|kos|te [*alte Trennung* ...|st...], die; - ‹griech.› (50. Tag nach Ostern; Pfingsten)

Pen|te|li|kon, der; -s (Gebirge in Attika); **pen|te|lisch**; pentelischer Marmor

Pen|te|re, die; -, -n ‹griech., »Fünfruderer«› (antikes Kriegsschiff)

Pent|haus *vgl.* Penthouse

Pen|the|si|lea, Pen|the|si|leia ‹griech.› (eine Amazonenkönigin in der griech. Sage)

Pent|house [...haus], das; -, -s ‹amerik.›, Pent|haus (exklusive Dachterrassenwohnung über einem Etagenhaus)

Pen|ti|um®, der; -s (besonders schneller Mikroprozessor)

Pen|t|o|de, die; -, -n ‹griech.› (Elektronenröhre mit 5 Elektroden)

Pe|nun|ze, die; -, -n *meist Plur.* ‹poln.› (*ugs. für* Geld)

pen|zen (*österr. ugs. für* betteln, bitten; ständig ermahnen)

Pep, der; -[s] ‹amerik.; *von* pepper = Pfeffer› (Schwung, Elan)

Pe|pe|ro|ne, der; -, ...ni, *häufiger* **Pe|pe|ro|ni**, die; -, - *meist Plur.* ‹ital.› (scharfe, kleine [in Essig eingemachte] Paprikaschote)

Pe|pi|ta, der *od.* das; -s, -s ‹span.› (kariertes Gewebe); **Pe|pi|ta|kleid; Pe|pi|ta|kos|tüm** [*alte Trennung* ...|st...]

Pe|p|lon, das; -s, *Plur.* ...len *u.* -s ‹griech.› *u.* **Pe|p|los**, der; -, *Plur.* ...len *u.* - (altgriech. Umschlagtuch der Frauen)

Pep|mit|tel (*ugs. für* Aufputschmittel); **pep|pig** (mit Pep); **Pep|pil|le** *(ugs.) vgl.* Pepmittel

Pep|ping (dt. Komponist u. Musikschriftsteller)

Pep|po (m. Vorn.)

Pep|sin, das; -s, -e ‹griech.› (Enzym des Magensaftes; ein Arzneimittel); **Pep|sin|wein**

Pep|ti|sa|ti|on, die; - *(Chemie)*

pep|tisch (verdauungsfördernd)

pep|ti|sie|ren (in kolloide Lösung überführen)

Pep|ton, das; -s, -e (Abbaustoff des Eiweißes)

Pep|ton|u|rie, die; - (*Med.* Ausscheidung von Peptonen im Harn)

per *s. Kasten S. 735*

¹Per, Peer (m. Vorn.)

²Per, das; -s (*kurz für* bes. bei der chem. Reinigung verwendetes Perchloräthylen)

per as|pe|ra ad as|t|ra ‹lat., »auf rauen Wegen zu den Sternen«›

Per|bo|rat, das; -[e]s, -e *meist Plur.* ‹lat.; pers.› (chem. Verbindung aus Wasserstoffperoxid u. Boraten); **Per|bor|säu|re**, die; -

per cas|sa ‹ital.› ([gegen] bar, bei Barzahlung); *vgl.* Kassa

Perche|akt, *auch* **Perche-Akt** [ˈpɛrʃ...], der; -[e]s, -e ‹franz.› (artist. Darbietung an einer langen, elastischen Stange)

Per|chlor|ä|thy|len (*Chemie* ein Lösungsmittel bes. für Fette u. Öle); *vgl.* Äthylen *u.* ²Per

Percht, die; -, -en (myth. Gestalt); **Perch|ten|lauf** (Umzug u. Tänze in Perchtenmasken [zur Fastnachtszeit]); **Perch|ten|mas|ke**

per con|to ‹ital.› (*Kaufmannsspr.* auf Rechnung)

Per|cus|sion [pəˈkaʃn̩], die; -, -s *meist Plur.* ‹engl.› (*Musik* Gruppe von Schlaginstrumenten); *vgl. auch* Perkussion

per de|fi|ni|ti|o|nem ‹lat.› (erklärtermaßen)

per|du [...ˈdyː] ‹franz.› (*ugs. für* verloren, weg, auf und davon)

Pe|r|em[p]|ti|on, die; -, -en ‹lat.› (*veraltet für* Verjährung); **pe|r|em[p]|to|risch** (aufhebend; endgültig)

pe|r|en|nie|rend ‹lat.› (*Bot.* aus-

per

⟨lat.⟩
Präposition mit Akkusativ
(durch, mit, gegen, für)
- per Gesetz
- per Akklamation gewählt
- per Bahn, per Schiff reisen
- es ging per Flugzeug nach Bombay
- per Internet einkaufen
- etwas per Post, per Boten schicken
- [mit jmdm.] per du, *auch* per Du sein (jmdn. duzen)

Häufig in der Amts- u. Kaufmannssprache:
- per Adresse ([*Abk.* p. A.], *besser:* bei)
- per Monat (*besser:* jeden Monat, im Monat, monatlich)
- per (*besser:* das, je *od.* pro) Stück
- per (*besser:* für *od.* zum) ersten Januar
- per (*besser:* als) eingeschriebenen Brief

dauernd; mehrjährig [von Stauden- u. Holzgewächsen])

Pe|res|t|ro|i|ka [*alte Trennung* ...|st...], die; - ⟨russ., »Umbau«⟩ (Umbildung, Neugestaltung [urspr. des polit. u. wirtschaftl. Systems der Sowjetunion])

per|fekt ⟨lat.⟩ (vollendet, vollkommen; abgemacht; gültig)

Per|fekt [*auch* ...ˈfɛkt], das; -[e]s, -e *Plur. selten* (*Sprachw.* vollendete Gegenwart, Vorgegenwart)

per|fek|ti|bel (vervollkommnungsfähig); ...i|b|le Dinge

Per|fek|ti|bi|li|s|mus, der; - (*Philos.* Lehre von der Vervollkommnung); **Per|fek|ti|bi|list,** der; -en, -en; **Per|fek|ti|bi|lis|tin** [*alte Trennung* ...|st...]; **Per|fek|ti|bi|li|tät,** die; - (Vervollkommnungsfähigkeit)

Per|fek|ti|on, die; - (Vollendung, Vollkommenheit); **per|fek|ti|o|nie|ren**

Per|fek|ti|o|nis|mus, der; - (übertriebenes Streben nach Vervollkommnung); **Per|fek|ti|o|nist,** der; -en, -en; **Per|fek|ti|o|nis|tin** [*alte Trennung* ...|st...]; **per|fek|ti|o|nis|tisch** (in übertriebener Weise Perfektion anstrebend; bis in alle Einzelheiten vollständig, umfassend)

per|fek|tisch (das Perfekt betreffend); **per|fek|tiv;** *in der Fügung* perfektive Aktionsart (*Sprachw.* Aktionsart eines Verbs, die eine zeitl. Begrenzung des Geschehens ausdrückt, z. B. »verblühen«); **per|fek|ti|visch** (perfektisch; *veraltet für* perfektiv)

per|fid, *österr. nur so, od.* **per|fi|de** ⟨lat.-franz.⟩ (niederträchtig, gemein); **Per|fi|die,** die; -, ...ien (Niedertracht, Gemeinheit); **Per|fi|di|tät,** die; -, -en (*selten für* Perfidie)

Per|fo|ra|ti|on, die; -, -en ⟨lat.⟩ (Durchbohrung; Lochung; Reiß-, Trennlinie; Zähnung [bei Briefmarken]); **Per|fo|ra|tor,** der; -s, ...oren (Gerät zum Perforieren)

per|fo|rie|ren; Per|fo|rier|ma|schi|ne

Per|for|mance [pəˈfɔːməns], die; -, -s ⟨engl., »Vorführung«⟩ (einem Happening ähnliche künstlerische Aktion)

Per|for|manz, die; - ⟨lat.⟩ (*Sprachw.* Sprachverwendung in einer bestimmten Situation)

per|for|ma|tiv, per|for|ma|to|risch (*Sprachw.* eine mit einer Äußerung beschriebene Handlung zugleich vollziehend, z. B. »ich gratuliere dir«)

per|ga|me|nisch (aus Pergamon)

Per|ga|ment, das; -[e]s, -e ⟨griech.⟩ (bearbeitete Tierhaut; alte Handschrift); **Per|ga|ment|band** *Plur.* ...bände; **per|ga|men|ten** (aus Pergament); **Per|ga|ment|pa|pier; Per|ga|min,** das; -s (durchscheinendes, pergamentartiges Papier)

Per|ga|mon (antike Stadt in Nordwestkleinasien); **Per|ga|mon|al|tar,** *auch* **Per|ga|mon-Al|tar; Per|ga|mon|mu|se|um,** *auch* **Per|ga|mon-Mu|se|um,** das; -s

Per|gel, das; -s, - ⟨ital.⟩ (*südd. für* Weinlaube); **Per|go|la,** die; -, ...len (Weinlaube; berankter Laubengang)

per|hor|res|zie|ren ⟨lat.⟩ (verabscheuen, zurückschrecken)

Pe|ri, der; -s, -s *od.* die; -, -s *meist Plur.* ⟨pers.⟩ (feenhaftes Wesen der altpers. Sage)

pe|ri... ⟨griech.⟩ (um..., herum...); **Pe|ri...** (Um..., Herum...)

Pe|ri|ar|th|ri|tis, die; -, ...itiden ⟨griech.⟩ (*Med.* Entzündung in der Umgebung von Gelenken)

Pe|ri|car|di|um *vgl.* Perikard

Pe|ri|chon|d|ri|tis [...çɔn...], die; -, ...itiden ⟨griech.⟩ (*Med.* Knorpelhautentzündung); **Pe|ri|chon|d|ri|um,** das; -s, ...ien (*Med.* Knorpelhaut)

pe|ri|cu|lum in mo|ra ⟨lat.⟩ (Gefahr besteht, wenn man zögert)

Pe|ri|derm, das; -s, -e ⟨griech.⟩ (*Bot.* ein Pflanzengewebe)

Pe|ri|dot, der; -s ⟨franz.⟩ (ein Mineral); **Pe|ri|do|tit,** der; -s, -e (ein Tiefengestein)

Pe|ri|gas|t|ri|tis [*alte Trennung* ...|st...], die; -, ...itiden ⟨griech.⟩ (*Med.* Entzündung des Bauchfellüberzuges des Magens)

Pe|ri|gä|um, das; -s, ...äen ⟨griech.⟩ (*Astron.* der Punkt der größten Erdnähe des Mondes od. eines Satelliten; *Ggs.* Apogäum)

Pe|ri|gon, das; -s, -e *u.* **Pe|ri|go|ni|um,** das; -s, ...ien (*Bot.* Blütenhülle aus gleichartigen Blättern)

Pe|ri|hel, das; -s, -e (*Astron.* der Punkt einer Planeten- od. Kometenbahn, der der Sonne am nächsten liegt; *Ggs.* Aphel)

Pe|ri|he|pa|ti|tis, die; -, ...itiden (*Med.* Entzündung des Bauchfellüberzuges der Leber)

Pe|ri|kard, das; -s, -e *u.* Pe|ri|kar|di|um, *med. fachspr.* Pe|ri|car|di|um, das; -s, ...ien (*Med.* Herzbeutel); **Pe|ri|kar|di|tis,** die; -, ...itiden (*Med.* Herzbeutelentzündung); **Pe|ri|kar|di|um** *vgl.* Perikard

Pe|ri|karp, das; -s, -e (*Bot.* [äußere] Hülle der Früchte von Samenpflanzen)

Pe|ri|klas, der; *Gen.* - *u.* -es, *Plur.* -e (ein Mineral)

pe|ri|k|le|isch; perikleischer Geist, perikleische [*alte Schreibung* Perikleische] Verwaltung; **Pe|ri|k|les** (athen. Staatsmann)

Pe|ri|ko|pe, die; -, -n ⟨griech.⟩ (zu gottesdienstl. Verlesung vorgeschriebener Bibelabschnitt; *Verslehre* Strophengruppe)

Pe|ri|me|ter [*schweiz.* ˈpɛri...], das,

P

schweiz. der; -s, - (*Med.* Vorrichtung zur Messung des Gesichtsfeldes; *schweiz. für* Umfang eines Gebietes); **pe|ri|me|t|rie|ren; pe|ri|me|t|risch**

pe|ri|na|tal (*Med.* die Zeit während, kurz vor u. nach der Geburt betreffend)

Pe|ri|o|de, die; -, -n ‹griech.› (Umlauf eines Gestirns, Kreislauf; Zeit[abschnitt]; Menstruation; Satzgefüge; Schwingungsdauer; unendlicher Dezimalbruch)

Pe|ri|o|den|er|folg *(Wirtsch.)*; **Pe|ri|o|den|rech|nung** *(Wirtsch.)*; **Pe|ri|o|den|sys|tem** [*alte Trennung* ...|st...] *(Chemie)*; **Pe|ri|o|den|zahl** *(Elektrot.)*

...pe|ri|o|dig (z. B. zweiperiodig)

Pe|ri|o|dik, die; - (*svw.* Periodizität)

Pe|ri|o|di|kum, das; -s, ...ka *meist Plur.* (periodisch erscheinende [Zeit]schrift)

pe|ri|o|disch (regelmäßig auftretend, wiederkehrend); periodischer Dezimalbruch; periodisches System *(Chemie)*

pe|ri|o|di|sie|ren (in Zeitabschnitte einteilen); **Pe|ri|o|di|sie|rung**

Pe|ri|o|di|zi|tät, die; - (regelmäßige Wiederkehr)

Pe|ri|o|don|ti|tis, die; -, ...itiden ‹griech.› (*Med.* Entzündung der Zahnwurzelhaut)

Pe|ri|ö|ke, der; -n, -n ‹»Umwohner«› (freier, aber polit. rechtloser Bewohner im alten Sparta)

pe|ri|o|ral (*Med.* um den Mund herum)

Pe|ri|ost, das; -[e]s, -e (*Med.* Knochenhaut); **Pe|ri|os|ti|tis,** die; -, ...itiden (*Med.* Knochenhautentzündung)

Pe|ri|pa|te|ti|ker ‹griech.› (Philosoph aus der Schule des Aristoteles); **pe|ri|pa|te|tisch; Pe|ri|pa|tos,** der; - (Wandelgang; Teil der Schule in Athen, wo Aristoteles lehrte)

Pe|ri|pe|tie, die; -, ...ien (entscheidender Wendepunkt, Umschwung [in einem Drama])

pe|ri|pher (am Rande befindlich, Rand...); **Pe|ri|phe|rie,** die; -, ...ien ([Kreis]umfang; Umkreis; Randgebiet [der Großstädte], Stadtrand)

Pe|ri|phra|se, die; -, -n (*Rhet.* Umschreibung); **pe|ri|phra|sie|ren; pe|ri|phras|tisch** [*alte Trennung* ...|st...] (umschreibend)

Pe|ri|p|te|ros, der; -, *Plur.* - *od.* ...teren (griechischer Tempel mit einem umlaufenden Säulengang)

Pe|ri|s|kop, das; -s, -e ‹griech.› (Fernrohr mit geknicktem Strahlengang); **pe|ri|s|ko|pisch**

Pe|ri|s|po|me|non, das; -s, ...na (*Sprachw.* Wort mit einem Zirkumflex auf der letzten Silbe)

Pe|ri|s|tal|tik, die; - (*Med.* wellenförmig fortschreitendes Zusammenziehen, z. B. der Speiseröhre); **pe|ri|s|tal|tisch**

Pe|ri|s|ta|se, die; -, -n (*Biol., Med.* die auf die Entwicklung des Organismus einwirkende Umwelt); **pe|ri|s|ta|tisch** (umweltbedingt)

Pe|ri|s|te|ri|um, das; -s, ...ien (mittelalterl. Hostiengefäß in Gestalt einer Taube)

Pe|ri|s|tyl, das; -s, -e, **Pe|ri|s|ty|li|um,** das; -s, ...ien (von Säulen umgebener Innenhof des antiken Hauses)

Pe|ri|to|ne|um, das; -s, ...neen (*Med.* Bauchfell)

Pe|ri|to|ni|tis, die; -, ...itiden (*Med.* Bauchfellentzündung)

Per|kal, der; -s, -e ‹pers.› (ein Baumwollgewebe)

Per|ka|lin, das; -s, -e (stark appretiertes Gewebe [für Bucheinbände])

Per|ko|lat, das; -[e]s, -e ‹lat.› (*Pharm.* durch Perkolation gewonnener Pflanzenextrakt); **Per|ko|la|ti|on,** die; -, -en (Herstellung konzentrierter Pflanzenextrakte)

Per|ko|la|tor, der; -s, ...oren (Gerät zur Perkolation); **per|ko|lie|ren**

Per|kus|si|on die; -, -en ‹lat.›, *auch* Per|cus|sion [pəˈkaʃn̩], die; -, -s ‹engl.› (Zündung durch Stoß od. Schlag [beim Perkussionsgewehr des 19. Jh.s]; ärztl. Organuntersuchung durch Beklopfen der Körperoberfläche; Anschlagvorrichtung beim Harmonium); *vgl. auch* Percussion

Per|kus|si|ons|ge|wehr; Per|kus|si|ons|ham|mer *(Med.)*; **Per|kus|si|ons|in|s|t|ru|ment** (Schlaginstrument)

Per|kus|si|ons|schloss [*alte Schreibung* ...schloß]; **Per|kus|si|ons|zün|dung**

per|kus|so|risch (*Med.* durch Perkussion nachweisbar)

per|ku|tan ‹lat.› (*Med.* durch die Haut hindurch)

per|ku|tie|ren ‹lat.› (*Med.* abklopfen); **per|ku|to|risch** (*svw.* perkussorisch)

Perl, die; - (*Druckw.* ein Schriftgrad)

Per|le, die; -, -n

[1]**per|len** (tropfen; Bläschen bilden)

[2]**per|len** (aus Perlen [hergestellt])

per|len|be|setzt; per|len|be|stickt

Per|len|fi|scher; Per|len|fi|sche|rin

Per|len|ket|te; Per|len|kol|li|er; Per|len|schnur *Plur.* ...schnüre

Per|len|sti|cke|rei [*alte Trennung* ...k|k...]

Per|len|tau|cher; Per|len|tau|che|rin

Perl|garn

perl|grau

Perl|huhn

per|lig

Per|lit, der; -s, -e ‹lat.› (ein Gestein; Gefügebestandteil des Eisens); **Per|lit|guss** [*alte Schreibung* ...guß] (Spezialgusseisen für hohe Beanspruchungen)

Perl|mu|schel

Perl|mutt [*auch* ...ˈmut], das; -s ‹*verkürzt aus* »Perlmutter«›

Perl|mut|ter [*auch* ...ˈmut...], die; - *od.* das; -s (glänzende Innenschicht von Perlmuschel- u. Seeschneckenschalen); **Perl|mut|ter|fal|ter** (ein Schmetterling)

perl|mut|ter|far|ben (*svw.* perlmuttfarben)

Perl|mut|ter|knopf (*svw.* Perlmuttknopf)

perl|mut|tern (aus Perlmutter); **perl|mutt|far|ben**

Perl|mutt|knopf

Per|lon®, das; -s (eine synthet. Textilfaser); **Per|lon|strumpf**

per|lon|ver|stärkt

Perl|schrift, die; -; **Perl|stich**

Per|lus|t|ra|ti|on [*alte Trennung* ...|st...], die; -, -en ‹lat.›, Per|lus|t|rie|rung (*österr., sonst veraltet für* Durchmusterung, genaue Untersuchung); **per|lus|t|rie|ren**

Perl|wein

perl|weiß

Perl|zwie|bel

[1]**Perm** (Stadt in Russland)

[2]**Perm,** das; -s (*Geol.* jüngster Teil des Paläozoikums)

per|ma|nent ‹lat.› (dauernd, ununterbrochen, ständig)

Per|ma|nent|gelb, das; -s (lichtechtes Gelb); **Per|ma|nent|weiß,** das; -[es]

Per|ma|nenz, die; - (Dauer[haftigkeit]); in Permanenz (dauernd, ständig); **Per|ma|nenz|the|o|rie,** die; - *(Geol.)*

Per|man|ga|nat, das; -s, -e ‹lat.; griech.› (chem. Verbindung, die als Oxidations- u. Desinfektionsmittel verwendet wird)

per|me|a|bel ‹lat.› (durchdringbar, durchlässig); ...a|b|le Körper; **Per|me|a|bi|li|tät,** die; -

per mil|le (*svw.* pro mille)

per|misch ‹*zu* ²Perm›

Per|mis|si|on, die; -, -en ‹lat.› (*veraltend für* Erlaubnis)

per|mis|siv (*Soziol., Psych.* nachgiebig, frei gewähren lassend); **Per|mis|si|vi|tät,** die; -

per|mit|tie|ren (*veraltend für* erlauben, zulassen)

per|mu|ta|bel ‹lat.› (umstellbar, aus-, vertauschbar); ...a|b|le Größen

Per|mu|ta|ti|on, die; -, -en (Umstellung, Vertauschung; *Math.* Umstellung von Elementen einer geordneten Menge); **per|mu|tie|ren**

Per|nam|bu|co (*früherer Name von* Recife)

Per|nam|buk|holz, Fer|nam|bukholz (Brasilienholz)

Per|nio, der; -, *Plur.* ...i|o|nes *u.* ...i|o|nen ‹lat.› (*Med.* Frostbeule); **Per|ni|o|sis,** die; -, ...sen (Frostschaden der Haut)

per|ni|zi|ös ‹franz.› (bösartig, schlimm); perniziöse Anämie *(Med.)*

Per|nod® [...'no:], der; -[s], -[s] ‹franz.› (ein alkohol. Getränk)

Pe|ro|nis|mus, der; - ‹nach dem ehem. argentinischen Staatspräsidenten Perón› (eine polit.-soziale Bewegung in Argentinien)

Pe|ro|nist, der; -en, -en (Anhänger des Peronismus); **Pe|ro|nis|tin** [*alte Trennung* ...|st...]; **pe|ro|nis|tisch**

Pe|ro|no|s|po|ra, die; - ‹griech.› (Gattung Pflanzen schädigender Algenpilze)

per|o|ral ‹lat.› (*Med.* durch den Mund)

Per|o|xid, *auch* **Per|o|xyd,** das; -[e]s, -e ‹lat.; griech.› (sauerstoffreiche chem. Verbindung)

per pe|des [a|po|s|to|lo|rum] ‹lat., »zu Fuß [wie die Apostel]«›

Per|pen|di|kel, der *od.* das; -s, - ‹lat.› (Uhrpendel; Senk-, Lotrechte)

per|pen|di|ku|lar, per|pen|di|ku|lär (senk-, lotrecht)

Per|pe|tua (eine Heilige)

per|pe|tu|ie|ren ‹lat.› (ständig weitermachen; fortdauern)

Per|pe|tu|um mo|bi|le, das; - -[s], *Plur.* - -[s] *u.* ...tua ...bi|lia (utopische Maschine, die ohne Energieverbrauch dauernd Arbeit leistet; *Musik* in kurzwertigen Noten verlaufendes virtuoses Instrumentalstück)

per|plex ‹lat.› (*ugs. für* verwirrt, verblüfft; bestürzt); **Per|ple|xi|tät,** die; - (Bestürzung, Verwirrung)

per pro|cu|ra ‹lat.› (*Kaufmannsspr.* in Vollmacht; *Abk.* pp., ppa.); *vgl.* Prokura

Per|ron [...'rõ:, *österr.* pɛ'ro:n, *schweiz.* 'pɛrõ], der; -s, -s ‹franz.› (*veraltet, noch schweiz. für* Bahnsteig)

per sal|do ‹ital.› (*Kaufmannsspr.* als Rest zum Ausgleich)

per se ‹lat.› (von selbst); das versteht sich per se

Per|sen|ning, die; -, *Plur.* -e[n] *od.* -s ‹niederl.› (*nur Sing.:* Gewebe für Segel, Zelte u. a.; *Seemannsspr.* Schutzbezug aus Persenning)

Per|se|pho|ne [...ne] (griech. Göttin der Unterwelt)

Per|se|po|lis (Hauptstadt Altpersiens)

Per|ser (Bewohner von Persien; Perserteppich); **Per|se|rin**

Per|ser|kat|ze; Per|ser|krieg; Per|ser|tep|pich

¹Per|seus (Held der griech. Sage)

²Per|seus, der; - (Sternbild)

Per|se|ve|ranz, die; - ‹lat.› (*veraltend für* Beharrlichkeit, Ausdauer)

Per|se|ve|ra|ti|on, die; -, -en (*Psych.* [krankhaftes] Verweilen bei einem bestimmten Gedanken); **per|se|ve|rie|ren**

Per|shing ['pə:ʃɪŋ], die; -, -s ‹nach dem amerik. General› (eine militär. Mittelstreckenrakete)

Per|si|a|ner (Karakulschafpelz [früher über Persien gehandelt]); **Per|si|a|ner|man|tel**

Per|si|en (*ältere Bez. für* Iran)

Per|si|f|la|ge [...ʒə], die; -, -n ‹franz.› (Verspottung); **per|si|f|lie|ren**

Per|si|ko, der; -s, -s ‹franz.› (aus Pfirsich- od. Bittermandelkernen bereiteter Likör)

Per|sil|schein ‹nach dem Waschmittel Persil®› (*ugs. für* entlastende Bescheinigung)

Per|si|mo|ne, die; -, -n ‹indian.› (essbare Frucht einer nordamerik. Dattelpflaumenart)

Per|si|pan [*auch* 'pɛr...], das; -s, -e ‹nach lat. persicus (Pfirsich) *u.* Marzipan gebildet› (Ersatz für Marzipan aus Pfirsich- od. Aprikosenkernen)

per|sisch; persischer Teppich, *aber* ↑K 140: der Persische Golf; **Per|sisch,** das; -[s] (Sprache); *vgl.* Deutsch; **Per|si|sche,** das; -n; *vgl.* Deutsche, das

per|sis|tent [*alte Trennung* ...|st...] ‹lat.› (anhaltend, beharrlich); **Per|sis|tenz,** die; -, -en

Per|son, die; -, -en ‹etrusk.-lat.› (Mensch; Wesen); *vgl.* in persona

Per|so|na gra|ta, die; - - (gern gesehener Mensch; Diplomat, gegen den das Gastland keine Einwände erhebt)

Per|so|na in|gra|ta, die; - - *u.* Per|so|na non gra|ta, die; - - - (unerwünschte Person; Diplomat, dessen Aufenthalt vom Gastland nicht gewünscht wird)

per|so|nal (persönlich; Persönlichkeits...); im personalen Bereich; **Per|so|nal,** das; -s (Belegschaft, alle Angestellten [eines Betriebes])

Per|so|nal|ab|bau, der; -[e]s; **Per|so|nal|ab|tei|lung; Per|so|nal|akte** *meist Plur.;* **Per|so|nal|ausweis; Per|so|nal|bü|ro; Per|so|nal|chef; Per|so|nal|che|fin**

Per|so|nal|com|pu|ter ['pœ:ɐ̯sənəlkɔmpju:tɐ], der; -s, -, *u.* **Per|so|nal Com|pu|ter,** der; - -s, - - ‹engl.› (*Abk.* PC)

Per|so|nal|de|cke [*alte Trennung* ...k|k...] (Gesamtheit des zur Verfügung stehenden Personals in einem Betrieb o. Ä.)

Per|so|na|le, die; -, -n (*österr. für* Ausstellung der Werke eines einzelnen Künstlers)

Per|so|nal|ein|spa|rung

Per|so|nal|form (*vgl.* finite Form)

Per|so|na|li|en *Plur.* (Angaben über Lebenslauf u. Verhältnisse eines Menschen)

per|so|nal|in|ten|siv; personalintensive Betriebe

per|so|na|li|sie|ren (auf eine Person beziehen od. ausrichten)

Per|so|na|li|tät, die; -, -en (Persönlichkeit); **Per|so|na|li|täts|prin|zip,** das; -s *(Rechtsw.)*

per|so|na|li|ter (*veraltet für* persönlich)

Per|so|na|li|ty|show, *auch* **Per|so|na|li|ty-Show** [pø:sə'nɛliti...], die; -, -s ‹amerik.› (Show, die von der Persönlichkeit eines Künstlers getragen wird)

Per|so|nal|kos|ten [*alte Trennung* ...|st...] *Plur.;* **Per|so|nal|lei|ter,** der; **Per|so|nal|lei|te|rin; Per|so|nal|pla|nung; Per|so|nal|po|li|tik**

Per|so|nal|pro|no|men (*Sprachw.* persönliches Fürwort, z. B. »er, wir«)

Per|so|nal|rat *Plur.* ...räte; **Per|so|nal|re|fe|rent; Per|so|nal|uni|on** (Vereinigung mehrerer Ämter in einer Person; *früher* [durch Erbfolge bedingte] Vereinigung selbstständiger Staaten unter einem Monarchen)

Per|so|nal|ver|wal|tung

Per|so|na non gra|ta *vgl.* Persona ingrata

Per|sön|chen

per|so|nell ‹franz.› (das Personal betreffend)

Per|so|nen|auf|zug

Per|so|nen|be|för|de|rung; Per|so|nen|be|för|de|rungs|ge|setz

Per|so|nen|be|schrei|bung; Per|so|nen|fir|ma (Firma, deren Name aus einem od. mehreren Personennamen besteht; *Ggs.* Sachfirma)

per|so|nen|ge|bun|den

Per|so|nen|kraft|wa|gen (*Abk.* Pkw, *auch* PKW); **Per|so|nen|kreis; Per|so|nen|kult; Per|so|nen|na|me; Per|so|nen|scha|den** (*Ggs.* Sachschaden)

Per|so|nen|schiff|fahrt [*alte Schreibung* ...schiffahrt, *alte Trennung* ...ff|f...]

Per|so|nen|schutz

Per|so|nen|stand, der; -[e]s (Familienstand); **Per|so|nen|stands|re|gis|ter** [*alte Trennung* ...|st...]

Per|so|nen|ver|kehr; Per|so|nen|ver|si|che|rung (*Versicherungsw.);* **Per|so|nen|waa|ge; Per|so|nen|wa|gen; Per|so|nen|zahl; Per|so|nen|zug**

Per|so|ni|fi|ka|ti|on, die; -, -en; **per|so|ni|fi|zie|ren; Per|so|ni|fi|zie|rung** (Verkörperung)

per|sön|lich (in [eigener] Person; eigen[artig]; selbst); persönliches Fürwort (*für* Personalpronomen)

Per|sön|lich|keit; per|sön|lich|keits|be|wusst [*alte Schreibung* ...be|wußt]

Per|sön|lich|keits|ent|fal|tung

per|sön|lich|keits|fremd (einer Person wesensfremd)

Per|sön|lich|keits|kult (*selten für* Personenkult); **Per|sön|lich|keits|recht; Per|sön|lich|keits|wahl; Per|sön|lich|keits|wert**

Per|sons|be|schrei|bung (*österr. für* Personenbeschreibung)

Per|s|pek|tiv, das; -s, -e ‹lat.› (kleines Fernrohr)

Per|s|pek|ti|ve, die; -, -n (Darstellung von Raumverhältnissen in der ebenen Fläche; Sicht, Blickwinkel; Aussicht [für die Zukunft]); **per|s|pek|ti|visch** (die Perspektive betreffend); perspektivische Verkürzung

Per|s|pek|tiv|lo|sig|keit

Per|s|pek|tiv|pla|nung (*Wirtsch.* langfristige Globalplanung)

Per|s|pi|ra|ti|on, die; - ‹lat.› (*Med.* Hautatmung); **per|s|pi|ra|to|risch**

Per|su|a|si|on, die; -, -en ‹lat.› (Überredung[skunst]); **per|su|a|siv** (der Überredung dienend)

[1]**Perth** [pø:θ] (schott. Grafschaft u. deren Hauptstadt)

[2]**Perth** [pø:θ] (Hauptstadt Westaustraliens)

Pe|ru (südamerik. Staat)

Pe|ru|a|ner; Pe|ru|a|ne|rin; pe|ru|a|nisch

Pe|ru|bal|sam, der; -s

Pe|rü|cke [*alte Trennung* ...k|k...], die; -, -n ‹franz.› (Haarersatz, künstl. Haartracht); **Pe|rü|cken|ma|cher**

Pe|ru|gia [...dʒa] (ital. Stadt)

per|vers ‹lat.(-franz.)› (abartig, widernatürlich; verderbt)

Per|ver|si|on, die; -, -en

Per|ver|si|tät, die; -, -en

per|ver|tie|ren (verfälschen, [sich] ins Negative verkehren); **Per|ver|tiert|heit; Per|ver|tie|rung**

Per|zent, das; -[e]s, -e ‹lat.› (*österr. veraltet neben* Prozent)

per|zep|ti|bel ‹lat.› (wahrnehmbar; fassbar); ...i|b|le Geräusche; **Per|zep|ti|bi|li|tät,** die; - (Wahrnehmbarkeit; Fasslichkeit)

Per|zep|ti|on, die; -, -en (sinnliche Wahrnehmung)

per|zep|tiv, per|zep|to|risch (wahrnehmend); **per|zi|pie|ren** (erfassen; wahrnehmen)

Pe|sa|de, die; -, -n ‹franz.› (*Reiten* Figur der hohen Schule)

pe|san|te ‹ital.› (*Musik* schleppend, wuchtig); **Pe|san|te,** das; -s, -s (*Musik* pesante gespieltes Musikstück)

Pe|sel, der; -s, - (*nordd. für* bäuerl. Wohnraum)

pe|sen (*ugs. für* eilen, rennen); du pest; er/sie pes|te

Pe|se|ta, *auch* **Pe|se|te,** die; -, ...ten ‹span.› (span. Währungseinheit; *Währungscode* ESP; *Abk.* Pta)

Pe|so, der; -[s], -[s] (südamerik. Währungseinheit)

Pes|sach, das; -s ‹hebr.› (*svw.* Passah)

Pes|sar, das; -s, -e ‹griech.› (*Med.* [Kunststoff]ring o. Ä., der den Gebärmuttermund zur Empfängnisverhütung verschließt)

Pes|si|mis|mus, der; - ‹lat.› (seelische Gedrücktheit; Schwarzseherei; *Ggs.* Optimismus)

Pes|si|mist, der; -en, -en; **Pes|si|mis|tin** [*alte Trennung* ...|st...]; **pes|si|mis|tisch**

Pes|si|mum, das; -s, ...ma (*Biol.* schlechteste Umweltbedingungen)

[1]**Pest,** die; - ‹lat.› (eine Seuche)

[2]**Pest** (Stadtteil von Budapest)

Pes|ta|loz|zi [*alte Trennung* ...|st...] (schweiz. Pädagoge u. Sozialreformer)

pest|ar|tig; pestartiger Gestank

Pest|beu|le; Pest|hauch

Pes|ti|lenz [*alte Trennung* ...|st...], die; -, -en ‹lat.› (*veraltet für* [1]Pest); **pes|ti|len|zi|a|lisch**

Pes|ti|zid [*alte Trennung* ...|st...], das; -s, -e (Schädlingsbekämpfungsmittel)

pest|krank; Pest|kran|ke

Pes|to [*alte Trennung* ...|st...], das *od.* der; -s ‹ital.› (Würzpaste aus Olivenöl, Knoblauch, Basilikum, Pinienkernen u. a.)

Pe|ta... ‹griech.› (das Billiardenfache einer Einheit, z. B. Petajoule = 10^{15} Joule)

Pe|tar|de, die; -, -n ‹franz.› (*früher* Sprengmörser, -ladung)

Pe|tent, der; -en, -en ‹lat.› (*Amtsspr.* Antrag-, Bittsteller); **Pe|ten|tin**

Pe|ter (m. Vorn.)

Pe|ter|le, das; -[s] (*landsch. für* Petersilie)

Pe|ter|männ|chen (ein Fisch)

Pe|ter-Paul-Kir|che ↑K 137

Pe|ters|burg (*kurz für* Sankt Petersburg)

Pe|ters|fisch (ein Speisefisch)

Pe|ter|sil, der; -s ‹griech.› (*österr.*

neben Petersilie); **Pe|ter|si|lie,** die; -, -n (ein Küchenkraut)
Pe|ter|si|li|en|kar|tof|feln *Plur.*; **Pe|ter|si|li|en|wur|zel**
Pe|ters|kir|che; Pe|ters|pfen|nig
Pe|ter-und-Paul-Kir|che ↑K 137
Pe|ter-und-Pauls-Tag; ↑K 137 (kath. Fest)
Pe|ter|wa|gen (*ugs. für* Funkstreifenwagen)
Pe|tit [pəˈtiː], die; - ‹franz.› (*Druckw.* ein Schriftgrad)
Pe|ti|tes|se, die; -, -n (Geringfügigkeit)
Pe|ti|ti|on, die; -, -en ‹lat.› (Gesuch); **pe|ti|ti|o|nie|ren**
Pe|ti|ti|ons|aus|schuss [*alte Schreibung* ...aus|schuß]; **Pe|ti|ti|ons|recht** (Bittrecht, Beschwerderecht)
Pe|tit|satz, der; -es; **Pe|tit|schrift** (*Druckw.*)
Pe|tits Fours [pəˈtiː ˈfuːə; *alte Schreibung* Pe|tits fours] *Plur.* ‹franz.› (feines Kleingebäck)
Pe|tö|fi [...tøː...] (ungar. Lyriker)
Pe|t|ra (w. Vorn.)
Pe|t|rar|ca (ital. Dichter u. Gelehrter)
Pe|t|ras|si (ital. Komponist)
Pe|t|re|fakt, das; -[e]s, -e[n] ‹griech.; lat.› (*veraltet für* Versteinerung von Pflanzen od. Tieren)
Pe|t|ri *vgl.* Petrus
Pe|t|ri|fi|ka|ti|on, die; -, -en ‹griech.; lat.› (Versteinerungsprozess); **pe|t|ri|fi|zie|ren** (versteinern)
Pe|t|ri Heil! *vgl.* Petrus
Pe|t|ri|jün|ger (*scherzh. für* Angler)
Pe|t|ri|kir|che
pe|t|ri|nisch; petrinischer Lehrbegriff, petrinische [*alte Schreibung* Petrinische] Briefe
Pe|t|ro|che|mie ‹griech.› (Wissenschaft von der chem. Zusammensetzung der Gesteine; *auch für* Petrolchemie); **pe|t|ro|che|misch**
Pe|t|ro|dol|lar, der; -[s], -[s] (von Erdöl fördernden Staaten eingenommenes Geld in amerik. Währung)
Pe|t|ro|ge|ne|se, die; -, -n (Gesteinsbildung); **pe|t|ro|ge|ne|tisch**
Pe|t|ro|graph, *auch* Pe|t|ro|graf, der; -en, -en (Kenner u. Forscher auf dem Gebiet der Petrographie)
Pe|t|ro|gra|phie, *auch* Pe|t|ro|gra|fie, die; - (Gesteinskunde, -beschreibung) **Pe|t|ro|gra|phin,** *auch* Pe|t|ro|gra|fin; **pe|t|ro|gra|phisch,** *auch* pe|t|ro|gra|fisch
Pe|t|rol, das; -s (*schweiz. neben* Petroleum)
Pe|t|rol|che|mie (auf Erdöl u. Erdgas beruhende techn. Rohstoffgewinnung in der chem. Industrie); **pe|t|rol|che|misch**
Pe|t|ro|le|um, das; -s (*auch veraltet für* Erdöl)
Pe|t|ro|le|um|ko|cher; Pe|t|ro|le|um|lam|pe; Pe|t|ro|le|um|o|fen
Pe|t|ro|lo|ge, der; -n, -n; **Pe|t|ro|lo|gie,** die; - (Wissenschaft von der Bildung u. Umwandlung der Gesteine); **Pe|t|ro|lo|gin**
Pe|t|rus (Apostel); Petri Heil! (Anglergruß); Petri (des Petrus) Stuhlfeier (kath. Fest), Petri Kettenfeier (kath. Fest), *aber* Petrikirche usw.
Pet|schaft, das; -s, -e ‹tschech.› (Stempel zum Siegeln)
pet|schie|ren (mit einem Petschaft schließen); **pet|schiert** (*österr. ugs. für* in einer peinlichen Situation, ruiniert); petschiert sein
Pet|ti|coat [ˈpɛtikoːt], der; -s, -s ‹engl.› (steifer Taillenunterrock)
Pet|ting, das; -[s], -s ‹amerik.› (sexuelles Liebesspiel ohne eigentlichen Geschlechtsverkehr)
pet|to *vgl.* in petto
Pe|tu|nie, die; -, -n ‹indian.› (eine Zierpflanze)
Petz, der; -es, -e (*scherzh. für* Bär); Meister Petz
¹Pet|ze, die; -, -n (*landsch. für* Hündin)
²Pet|ze, die; -, -n (*Schülerspr.*)
¹pet|zen (*Schülerspr.* mitteilen, dass jmd. etwas Unerlaubtes getan hat); du petzt
²pet|zen (*landsch. für* zwicken, kneifen); du petzt
Pet|zer ‹*zu* ¹petzen›
peu à peu [ˈpøː a ˈpøː] ‹franz.› (*ugs. für* nach und nach)
pe|xie|ren (*svw.* pekzieren)
pF = Pikofarad
Pf. = Pfennig
Pfad, der; -[e]s, -e; **Pfäd|chen**
pfa|den (*schweiz. für* [einen verschneiten Weg] begeh-, befahrbar machen)
Pfa|der (*schweiz. Kurzform für* Pfadfinder)
Pfad|fin|der; Pfad|fin|de|rin
pfad|los
Pfaf|fe, der; -n, -n (*abwertend für* Geistlicher)
Pfaf|fen|hüt|chen (ein giftiger Zierstrauch)
Pfaf|fen|knecht (*abwertend*)
Pfaf|fen|tum, das; -s (*abwertend*)
pfäf|fisch (*abwertend*)
Pfahl, der; -[e]s, Pfähle
Pfahl|bau *Plur.* ...bauten; **Pfahl|bau|er,** der; -s, -; **Pfahl|bür|ger** (*veraltend für* Kleinbürger)
pfäh|len
Pfahl|gra|ben; Pfahl|grün|dung (*Bauw.*); **Pfahl|mu|schel**
Pfäh|lung
Pfahl|werk; Pfahl|wur|zel
¹Pfalz, die; -, -en ‹lat.› ([kaiserl.] Palast; Hofburg für kaiserl. Hofgericht; Gebiet, auch Burg des Pfalzgrafen)
²Pfalz, die; - (südl. Teil des Bundeslandes Rheinland-Pfalz)
Pfäl|zer; Pfälzer Wein; **Pfäl|zer Wald,** *auch* **Pfäl|zer|wald**
Pfalz|graf (im MA.); **pfalz|gräf|lich**
pfäl|zisch
Pfand, das; -[e]s, Pfänder
pfänd|bar; Pfänd|bar|keit, die; -
Pfand|brief (*Bankw.*)
Pfand|bruch, der; -[e]s, ...brüche (Beseitigung gepfändeter Sachen)
Pfand|ef|fek|ten *Plur.* (*Bankw.*)
pfän|den
¹Pfän|der (*südd. für* Gerichtsvollzieher)
²Pfän|der, der; -s (Berg bei Bregenz)
Pfän|der|spiel
Pfand|fla|sche; Pfand|geld; Pfand|haus
Pfand|kehr, die; - (*Rechtsspr.*)
Pfand|leih|an|stalt (*österr.*); **Pfand|lei|he; Pfand|lei|her; Pfand|lei|he|rin**
Pfand|recht; Pfand|schein
Pfän|dung; Pfän|dungs|auf|trag; Pfän|dungs|schutz (Schutz vor zu weit gehenden Pfändungen); **Pfän|dungs|ver|fü|gung**
pfand|wei|se
Pfand|zet|tel
Pfänn|chen; Pfan|ne, die; -, -n; jmdn. in die Pfanne hauen (*ugs. für* jmdn. zurechtweisen, erledigen, ausschalten)
Pfan|nen|ge|richt; Pfan|nen|stiel
Pfän|ner (*früher* Besitzer einer Saline); **Pfän|ner|schaft** (*früher* Genossenschaft zur Nutzung der Solquellen)
Pfann|ku|chen

Pfarr|ad|mi|nis|t|ra|tor [*alte Trennung* ...|st...]; **Pfarr|amt**
Pfar|re, die; -, -n *(landsch.)*; **Pfar|rei; pfar|rei|lich**
Pfar|rer; Pfar|re|rin
Pfar|rers|frau (*svw.* Pfarrfrau); **Pfar|rers|kö|chin; Pfar|rers|toch|ter**
Pfarr|frau; Pfarr|haus
Pfarr|hel|fer; Pfarr|hel|fe|rin
Pfarr|herr *(veraltet)*; **Pfarr|hof; Pfarr|kir|che**
pfarr|lich
Pfarr|vi|kar
Pfau, der; -[e]s, -en, *österr.* der; *Gen.* -[e]s *od.* -en, *Plur.* -e *od.* -en (ein Vogel)
pfau|chen (*österr. für* fauchen)
Pfau|en|au|ge; Pfau|en|fe|der; Pfau|en|rad
Pfau|en|thron, der; -[e]s (Thron früherer Herrscher des Iran)
Pfau|hahn; Pfau|hen|ne
Pfd., ℔ = Pfund
Pfef|fer, der; -s, *Plur. (Sorten:)* - (eine Pflanze; Gewürz); Pfeffer u. Salz; schwarzer, weißer Pfeffer ↑K 151
Pfef|fer|fres|ser (*für* Tukan)
pfef|fe|rig *vgl.* pfeffrig
Pfef|fer|ku|chen; Pfef|fer|ku|chen|häus|chen
Pfef|fer|ling (*selten für* Pfifferling [Pilz])
[1]**Pfef|fer|minz**[1], der; -es, -e (ein Likör); 3 Pfefferminz
[2]**Pfef|fer|minz**[1], das; -es, -e (Bonbon, Plätzchen mit Pfefferminzgeschmack); **Pfef|fer|minz|bon|bon**[1]
Pfef|fer|min|ze[1], die; - (eine Heil- u. Gewürzpflanze)
Pfef|fer|minz|li|kör[1], **Pfef|fer|minz|pas|til|le** [*alte Trennung* ...|st...]; **Pfef|fer|minz|tee**
Pfef|fer|müh|le; Pfef|fer|mu|schel
pfef|fern; ich pfeffere
Pfef|fer|nuss [*alte Schreibung* ...nuß]
Pfef|fe|ro|ne, der; -, *Plur.* ...oni, *selten* -n (*svw.* Pfefferoni); **Pfef|fe|ro|ni,** der; -, - ‹sanskr.; ital.› (*österr. für* Peperoni)
Pfef|fer|sack (*veraltend für* Großkaufmann)
Pfef|fer|steak; Pfef|fer|strauch
Pfef|fer-und-Salz-Mus|ter [*alte Trennung* ...|st...] ↑K 26
pfeff|rig, pfef|fe|rig
Pfei|fe, die; -, -n (*ugs. auch für* ängstlicher Mensch; Versager)
pfei|fen; du pfiffst; du pfiffest; gepfiffen; pfeif[e]!; auf etwas pfeifen (*ugs. für* an etwas nicht interessiert sein)
Pfei|fen|be|steck; Pfei|fen|de|ckel [*alte Trennung* ...k|k...]; **Pfei|fen|kopf; Pfei|fen|kraut**
Pfei|fen|mann *Plur.* ...männer (*ugs. für* Schiedsrichter)
Pfei|fen|rau|cher; Pfei|fen|rei|ni|ger; Pfei|fen|stän|der; Pfei|fen|stop|fer; Pfei|fen|ta|bak
Pfei|fer; Pfei|fe|rei
Pfeif|kes|sel; Pfeif|kon|zert; Pfeif|ton *Plur.* ...töne
Pfeil, der; -[e]s, -e
Pfei|ler, der; -s, -
Pfei|ler|ba|si|li|ka; Pfei|ler|bau, der; -[e]s (*Bergmannsspr.* ein Abbauverfahren)
pfeil|ge|ra|de; pfeil|ge|schwind
Pfeil|gift, das; **Pfeil|hecht; Pfeil|kraut; Pfeil|rich|tung**
pfeil|schnell
Pfeil|wurz (eine trop. Staude)
pfel|zen (*österr. landsch. für* pfropfen)
Pfen|nig, der; -s, -e (Münze; *Abk.* Pf.; 100 Pf. = 1 [Deutsche] Mark); 6 Pfennig
Pfen|nig|ab|satz (*ugs. für* hoher, dünner Absatz bei Damenschuhen); **Pfen|nig|be|trag**
Pfen|nig|fuch|ser (*ugs. für* Geizhals); **Pfen|nig|fuch|se|rei; Pfen|nig|fuch|se|rin**
pfen|nig|groß
Pfen|nig|stück; pfen|nig|stück|groß
Pfen|nig|wa|re (Kleinigkeit)
pfen|nig|wei|se
Pferch, der; -[e]s, -e (Einhegung, eingezäunte Fläche); **pfer|chen** (hineinzwängen)
Pferd, das; -[e]s, -e; zu Pferde
Pfer|de|ap|fel; Pfer|de|bahn (*früher* von Pferden gezogene Straßenbahn)
Pfer|de|drosch|ke; Pfer|de|fleisch; Pfer|de|fuß; Pfer|de|ge|biss [*alte Schreibung* ...ge|biß] *(ugs.)*; **Pfer|de|ge|sicht** *(ugs.)*
Pfer|de|kop|pel; Pfer|de|kur (*svw.* Rosskur; *vgl.* [1]Kur); **Pfer|de|län|ge** *(Reitsport)*
Pfer|de|na|tur *(ugs.)*; **Pfer|de|ren|nen; Pfer|de|schwanz** (*auch für* eine Frisur)
Pfer|de|sport; Pfer|de|stall; Pfer|de|stär|ke (frühere techn. Maßeinheit; *Abk.* PS; *vgl.* HP)
Pfer|de|strie|gel; Pfer|de|wirt; Pfer|de|zucht
...pfer|dig (z. B. sechspferdig)
Pferd|sprung *(Turnen)*
Pfet|te, die; -, -n (waagerechter, tragender Balken im Dachstuhl); **Pfet|ten|dach**
pfet|zen (*landsch. für* kneifen)
Pfiff, der; -[e]s, -e
Pfif|fer|ling (ein Pilz); keinen Pfifferling wert sein *(ugs.)*
pfif|fig; Pfif|fig|keit, die; -
Pfif|fi|kus, der; -[ses], -se (*ugs. für* schlauer Mensch)

> **Pfings|ten**
>
> [*alte Trennung* ...|st...]
> das; -, - ‹griech.›
> (christlicher Feiertag am 50. Tag nach Ostern)
> – zu Pfingsten *(bes. nordd.)*, an Pfingsten *(bes. südwestd.)*
> – Pfingsten fällt früh; Pfingsten ist bald vorüber
> *In landschaftlichem (bes. österr. u. schweiz.) Sprachgebrauch als Plural:*
> – die[se] Pfingsten fallen früh; nach den Pfingsten
> *In Wunschformeln auch allgemein als Plural:*
> – Fröhliche Pfingsten!

Pfingst|fe|ri|en *Plur.*; **Pfingst|fest**
Pfingst|ler (Anhänger einer religiösen Bewegung)
pfingst|lich
Pfingst|mon|tag
Pfingst|och|se
Pfingst|ro|se (Päonie)
Pfingst|sonn|tag
Pfingst|ver|kehr; Pfingst|wo|che
Pfir|sich, der; -s, -e; Pfirsich Melba (Pfirsich mit Vanilleeis und Himbeermark)
Pfir|sich|baum; Pfir|sich|blü|te; Pfir|sich|bow|le
pfir|sich|far|ben
Pfir|sich|haut (*übertr. auch für* samtige, rosige Gesichtshaut)
Pfis|ter [*alte Trennung* ...|st...] (*veraltet für* [Hof-, Kloster]bäcker); **Pfis|te|rei**
Pfit|scher Joch, das; - -s (Alpenpass in Südtirol)
Pfitz|ner (dt. Komponist)
Pflanz, der; - (*österr. ugs. für* Hohn, Schwindel)
Pflänz|chen; Pflan|ze, die; -, -n
pflan|zen (*österr. ugs. auch für* zum Narren halten); du pflanzt; **pflan|zen|ar|tig**
Pflan|zen|bau, der; -[e]s; **Pflan|zen|de|cke** [*alte Trennung* ...k|k...]; **Pflan|zen|ex|trakt;**

[1] [*auch* ...'min...]

Pflạn|zen|fa|ser; Pflạn|zen|fett; Pflạn|zen|fres|ser
Pflạn|zen|gift, das; **Pflạn|zen|grün; Pflạn|zen|kost; Pflạn|zen|krank|heit; Pflạn|zen|kun|de,** die; -
Pflạn|zen|milch; Pflạn|zen|öl; Pflạn|zen|reich, das; -[e]s
Pflạn|zen|schutz; Pflạn|zen|schutz|mit|tel, das
Pflạn|zer; Pflạn|ze|rin
Pflạnz|gar|ten; Pflạnz|kar|tof|feln *Plur.*
pflạnz|lich; pflanzliche Kost
Pflặnz|ling
Pflạnz|stock *Plur.* ...stöcke
Pflạn|zung (*auch für* Plantage)
Pflạs|ter [*alte Trennung* ...|st...], das; -s, - (Heil- od. Schutzverband; Straßenbelag); ein teures Pflaster (*ugs. für* Stadt mit teuren Lebensverhältnissen); **Pflặs|ter|chen**
Pflạs|te|rer, *landsch. u. schweiz.* **Pflặs|te|rer** [*alte Trennungen* ...|st...]; **Pflạs|te|rin,** *landsch. u. schweiz.* **Pflặs|te|rin**
Pflạs|ter|ma|ler [*alte Trennung* ...|st...] (jmd., der auf Bürgersteige o. Ä. [Kreide]bilder malt)
pflạs|ter|mü|de [*alte Trennung* ...|st...]
pflạs|tern, *landsch. u. schweiz.* **pflặs|tern** [*alte Trennungen* ...|st...]; ich pflastere, *landsch. u. schweiz.* pflästere
Pflạs|ter|stein [*alte Trennung* ...|st...]; **Pflạs|ter|tre|ter** (*veraltend für* müßig Herumschlendernder); **Pflạs|te|rung,** *landsch. u. schweiz.* **Pflặs|te|rung**
Pflạtsch, der; -[e]s, -e *u.* **Pflạt|schen,** der; -s, - (*landsch. für* Fleck durch verschüttete Flüssigkeit; jäher Regenguss)
pflạt|schen (*landsch. für* klatschend aufschlagen); du pflatschst
Pfläum|chen; Pflau|me, die; -, -n
pflau|men (*ugs. für* scherzhafte Bemerkungen machen)
Pflau|men|au|gust (*abwertend für* nichts sagender, charakterloser Mann; *vgl.* ²August); **Pflau|men|baum; Pflau|men|brannt|wein** (Slibowitz)
Pflau|men|ku|chen; Pflau|men|mus; Pflau|men|schnaps
pflau|men|weich
Pfle|ge, die; -
Pfle|ge|amt; pfle|ge|arm; pfle|ge|be|dürf|tig
Pfle|ge|be|foh|le|ne, der *u.* die; -n, -n
Pfle|ge|el|tern *Plur.;* **Pfle|ge|fall,** der; **Pfle|ge|geld; Pfle|ge|heim; Pfle|ge|kind**
pfle|ge|leicht
Pfle|ge|mut|ter
pfle|gen; du pflegtest; gepflegt; pfleg[e]!; *in der Wendung* »der Ruhe pflegen« *auch* du pflogst; du pflögest; gepflogen
Pfle|ge|per|so|nal
Pfle|ger (*auch für* Vormund); **Pfle|ge|rin; pfle|ge|risch**
Pfle|ge|satz; Pfle|ge|sohn; Pfle|ge|sta|ti|on; Pfle|ge|stät|te
Pfle|ge|toch|ter; Pfle|ge|va|ter; Pfle|ge|ver|si|che|rung
pfleg|lich; Pfleg|ling
pfleg|sam (*selten für* sorgsam)
Pfleg|schaft *(Rechtsspr.)*
Pflịcht, die; -, -en ⟨*zu* pflegen⟩
Pflịcht|ar|beit; Pflịcht|be|such
pflịcht|be|wusst [*alte Schreibung* ...be|wußt]; **Pflịcht|be|wusst|sein**
Pflịcht|ei|fer; pflịcht|eif|rig
Pflịcht|ein|stel|lung
Pflịch|ten|heft; Pflịch|ten|kreis
Pflịcht|er|fül|lung, die; -; **Pflịcht|e|x|em|p|lar; Pflịcht|fach; Pflịcht|ge|fühl,** das; -[e]s
pflịcht|ge|mäß
...pflịch|tig (z. B. schulpflichtig)
Pflịcht|jahr, das; -[e]s; **Pflịcht|kür** *(Sport)*
Pflịcht|lauf *(Sport);* **Pflịcht|lau|fen,** das; -s *(Sport)*
Pflịcht|leis|tung [*alte Trennung* ...|st...]; **Pflịcht|lek|tü|re; Pflịcht|platz** (Arbeitsplatz, der mit einem Schwerbeschädigten besetzt werden muss)
Pflịcht|re|ser|ve *meist Plur. (Wirtsch.)*
pflịcht|schul|dig, pflịcht|schul|digst
Pflịcht|teil, der, *österr. nur so, od.* das
pflịcht|treu; Pflịcht|treue
Pflịcht|ü|bung; Pflịcht|um|tausch (vorgeschriebener Geldumtausch bei Reisen in bestimmte Länder)
pflịcht|ver|ges|sen; der pflichtvergessene Mensch; **Pflịcht|ver|ges|sen|heit**
Pflịcht|ver|let|zung
pflịcht|ver|si|chert; Pflịcht|ver|si|che|rung
Pflịcht|ver|tei|di|ger; Pflịcht|ver|tei|di|ge|rin; Pflịcht|ver|tei|di|gung
pflịcht|wid|rig; pflichtwidriges Verhalten
Pflọck, der; -[e]s, Pflöcke; **Pflọ̈ck|chen**
pflọ|cken, pflọ̈|cken [*alte Trennungen* ...k|k...]
Pflọtsch, der; -[e]s (*schweiz. mdal. für* Schneematsch)
Pflụ̈|cke [*alte Trennung* ...k|k...], die; -, -n (Pflücken)
pflụ̈|cken [*alte Trennung* ...k|k...]; **Pflụ̈|cker; Pflụ̈|cke|rin**
Pflụ̈ck|rei|fe; Pflụ̈ck|sa|lat
Pflug, der; -[e]s, Pflüge
pflü|gen; Pflü|ger; Pflü|ge|rin
Pflug|mes|ser, das; **Pflug|schar,** die; -, -en, *landwirtschaftl. auch* das; -[e]s, -e; **Pflug|sterz,** der; -es, -e; *vgl.* ²Sterz
Pfọrt|a|der *(Med.);* **Pfọ̈rt|chen**
Pfọr|te, die; -, -n; ↑K 140: die Burgundische Pforte; **Pfọr|ten|ring** (*früher* Klopfring an einer Pforte)
Pfọ̈rt|ner; Pfọ̈rt|ne|rin
Pfọ̈rt|ner|lo|ge
Pfọrz|heim (Stadt am Nordrand des Schwarzwaldes)
Pföst|chen
Pfọs|ten [*alte Trennung* ...|st...], der; -s, -; **Pfọs|ten|schuss** [*alte Schreibung* ...schuß] *(Sport)*
Pfọ̈t|chen; Pfo|te, die; -, -n
Pfriem, der; -[e]s, -e (ein [Schuster]werkzeug); *vgl.* Ahle
pfrie|meln (*landsch. für* mit den Fingerspitzen hin und her drehen; zwirbeln); ich pfriem[e]le
Pfrie|men|gras
Pfrịl|le, die; -, -n (*svw.* Elritze)
Pfrọpf, der; -[e]s, -e (zusammengepresste Masse, die etwas verstopft, verschließt); **Pfrọ̈pf|chen**
¹**pfrọp|fen** (durch Einsetzen eines wertvolleren Sprosses veredeln)
²**pfrọp|fen** ([eine Flasche] verschließen); **Pfrọp|fen,** der; -s, - (Kork, Stöpsel)
Pfrọ̈pf|ling
Pfrọpf|mes|ser, das; **Pfrọpf|reis,** das
Pfrün|de, die; -, -n (Einkommen durch ein Kirchenamt; *auch scherzh. für* [fast] müheloses Einkommen)
Pfrün|der (*schweiz. für* Pfründner)
Pfrụnd|haus *(schweiz.),* **Pfrụ̈nd|haus** (*landsch. für* Altersheim, Armenhaus)
Pfrụ̈nd|ner (*landsch. für* Insasse eines Pfründhauses); **Pfrụ̈nd|ne|rin**
Pfuhl, der; -[e]s, -e (große Pfütze; Sumpf; *landsch. für* Jauche)

P

Pfühl, der, *auch* das; -[e]s, -e (*veraltet für* Kissen)
pfui!; pfui, pfui!; pfui Teufel!; pfui, schäm dich!
Pfui, das; -s, -s; Pfui, *auch* pfui rufen; ein verächtliches Pfui ertönte; **Pfui|ruf**
Pful|men, der *u.* das; -s, - (*schweiz. für* breites Kopfkissen)
Pfund[1], das; -[e]s, -e ‹lat.› (Gewichtseinheit; *Abk.* Pfd.; *Zeichen:* ℔; Währungseinheit in Großbritannien [*Währungscode* GBP], Irland [IEP] u. anderen Staaten); 4 Pfund Butter
Pfünd|chen
...pfün|der (z. B. Zehnpfünder, *mit Ziffern* 10-Pfünder [*alte Schreibung* 10pfünder]; ↑K 29)
pfun|dig (*ugs. für* großartig, toll)
...pfün|dig (z. B. zehnpfündig, *mit Ziffern* 10-pfündig [*alte Schreibung* 10pfündig]; ↑K 29)
Pfund|no|te
Pfunds|kerl *(ugs.)*; **Pfunds|spaß** *(ugs.)*
Pfund Ster|ling [- 'st..., - 'ʃt..., *auch* - 'stœ:(r)...], das; - -, - - (brit. Währungseinheit; *Zeichen* £, *Währungscode* GBP)
pfund|wei|se
Pfusch, der; -[e]s (Pfuscherei; *österr. auch für* Schwarzarbeit); **Pfusch|ar|beit**
pfu|schen (*ugs. für* liederlich arbeiten; *österr. u. landsch. für* schwarzarbeiten); du pfuschst
Pfu|scher; Pfu|sche|rei; pfu|scher|haft; Pfu|sche|rin
pfutsch (*österr. für* futsch)
Pfütz|chen; Pfüt|ze, die; -, -n
Pfütz|ei|mer (*Bergmannsspr.* Schöpfeimer)
Pfüt|zen|was|ser, das; -s
PGH = Produktionsgenossenschaft des Handwerks *(regional)*
ph = Phot
PH = pädagogische Hochschule; *vgl.* pädagogisch
Phä|a|ke, der; -n, -n (Angehöriger eines [genussliebenden] Seefahrervolkes der griech. Sage; *übertr. für* sorgloser Genießer); **Phä|a|ken|le|ben,** das; -s
Phä|don (altgriech. Philosoph)
Phä|d|ra (Gattin des Theseus)
Phä|d|rus (röm. Fabeldichter)
Pha|e|thon (griech. Sagengestalt; Sohn des Helios)
Pha|ge, der; -n, -n (*svw.* Bakteriophage)
Pha|go|zyt, der; -en, -en *meist Plur.* ‹griech.› (*Med.* weißes Blutkörperchen, das bes. Bakterien unschädlich macht)
Pha|lanx, die; -, ...langen ‹griech.› (geschlossene Schlachtreihe *[bes. übertr.]; Med.* Finger-, Zehenglied)
Pha|le|ron (Vorstadt vom antiken Athen)
phal|lisch ‹griech.› (den Phallus betreffend)
Phal|lo|kra|tie, die; - (*abwertend für* gesellschaftliche Vorherrschaft des Mannes)
Phal|los, der; -, *Plur.* ...lloi *u.* ...llen; *vgl.* Phallus; **Phal|lus,** der; -, *Plur.* ...lli *u.* ...llen, *auch* -se ([erigiertes] männl. Glied)
Phal|lus|kult (*Völkerk.* relig. Verehrung des Phallus als Sinnbild der Naturkraft); **Phal|lus|sym|bol** *(bes. Psych.)*
Pha|ne|ro|ga|me, die; -, -n ‹griech.› (*Bot.* Samenpflanze)
Phä|no|lo|gie, die; - ‹griech.› (Lehre von den Erscheinungen des jahreszeitl. Ablaufs in der Pflanzen- u. Tierwelt, z. B. der Laubverfärbung der Bäume)
Phä|no|men, das; -s, -e ([Natur]erscheinung; seltenes Ereignis; Wunder[ding]; *übertr. für* Genie)
phä|no|me|nal (außerordentlich, außergewöhnlich, erstaunlich)
Phä|no|me|na|lis|mus, der; - (philos. Lehre, nach der nur die Erscheinungen der Dinge, nicht diese selbst erkennbar sind)
Phä|no|me|no|lo|gie, die; - (Lehre von den Wesenserscheinungen der Dinge); **phä|no|me|no|lo|gisch**
Phä|no|me|non, das; -s, ...na (*svw.* Phänomen)
Phä|no|typ *vgl.* Phänotypus; **phä|no|ty|pisch; Phä|no|ty|pus,** der; -, ...pen (*Biol.* Erscheinungsbild, -form eines Organismus)
Phan|ta|sie *vgl.* Fantasie
phan|ta|sie|be|gabt *vgl.* fantasiebegabt; **Phan|ta|sie|ge|bil|de** *vgl.* Fantasiegebilde
phan|ta|sie|los *vgl.* fantasielos; **Phan|ta|sie|lo|sig|keit** *vgl.* Fantasielosigkeit
phan|ta|sie|ren *vgl.* fantasieren
phan|ta|sie|voll *vgl.* fantasievoll
Phan|ta|sie|vor|stel|lung *vgl.* Fantasievorstellung
Phan|tas|ma, das; -s, ...men (Trugbild)
Phan|tas|ma|go|rie, die; -, ...ien (Zauber, Truggebilde; künstl. Darstellung von Trugbildern, Gespenstern u. a.); **phan|tas|ma|go|risch**
Phan|ta|sos *vgl.* Phantasus
Phan|tast *vgl.* Fantast; **Phan|tas|te|rei** [*alte Trennung* ...|st...] *vgl.* Fantasterei; **Phan|tas|tik** *vgl.* Fantastik; **Phan|tas|tin** *vgl.* Fantastin
phan|tas|tisch [*alte Trennung* ...|st...] *vgl.* fantastisch
Phan|ta|sus (griech. Traumgott)
Phan|tom, das; -s, -e (Trugbild; *Med.* Nachbildung eines Körperteils od. Organs für Versuche od. für den Unterricht)
Phan|tom|bild (*Kriminalistik* nach Zeugenaussagen gezeichnetes Porträt); **Phan|tom|schmerz** (*Med.* Schmerzgefühl an einem amputierten Glied)
[1]**Pha|rao,** der; -s, ...onen ‹ägypt.› (altägypt. König)
[2]**Pha|rao,** das; -s ‹franz.› (altes franz. Kartenglücksspiel)
Pha|ra|o|a|mei|se
Pha|ra|o|nen|grab; Pha|ra|o|nen|rat|te (*für* Ichneumon); **Pha|ra|o|nen|reich**
pha|ra|o|nisch
Pha|ri|sä|er ‹hebr.› (Angehöriger einer altjüd., die religiösen Gesetze streng einhaltenden Partei; *übertr. für* hochmütiger, selbstgerechter Heuchler; heißer Kaffee mit Rum u. Schlagsahne)
pha|ri|sä|er|haft; Pha|ri|sä|er|tum, das; -s *(geh.)*; **pha|ri|sä|isch**
Pha|ri|sä|is|mus, der; - (Lehre der Pharisäer; *übertr. für* Selbstgerechtigkeit, Heuchelei)
Phar|ma|in|dus|t|rie [*alte Trennung* ...|st...] ‹griech.; lat.› (Arzneimittelindustrie)
Phar|ma|kant, der; -en, -en ‹griech.› (Facharbeiter in der Pharmaindustrie); **Phar|ma|kan|tin**
Phar|ma|ko|lo|ge, der; -n, -n (Wissenschaftler auf dem Gebiet der Pharmakologie); **Phar|ma|ko|lo|gie,** die; - (Arzneimittelkunde); **Phar|ma|ko|lo|gin**
phar|ma|ko|lo|gisch
Phar|ma|kon, das; -s, ...ka (Arzneimittel; Gift)
Phar|ma|ko|pöe [...'pø:, *selten*

---

[1] *In Deutschland und in der Schweiz als amtliche Gewichtsbezeichnung abgeschafft.*

...'pøːə], die; -, -n [...'pøːən] (amtl. Arzneibuch)

Phar|ma|re|fe|rent (Arzneimittelvertreter); **Phar|ma|re|fe|ren|tin**

Phar|ma|zeut, der; -en, -en (Arzneikundiger); **Phar|ma|zeu|tik,** die; - (Arzneimittelkunde); **Phar|ma|zeu|ti|kum,** das; -s, ...ka (Arzneimittel); **Phar|ma|zeu|tin**

phar|ma|zeu|tisch; phar|ma|zeu|tisch-tech|nisch ↑K 23; pharmazeutisch-technische Assistentin (*Abk.* PTA)

Phar|ma|zie, die; - (Lehre von der Arzneimittelzubereitung, Arzneimittelkunde)

Pha|ro, das; -s (*verkürzte Bildung zu* ²Pharao)

Pha|ryn|gis|mus, der; -, ...men ⟨griech.⟩ (*Med.* Schlundkrampf)

Pha|ryn|gi|tis, die; -, ...itiden (Rachenentzündung)

Pha|ryn|go|s|kop, das; -s, -e (Endoskop zur Untersuchung des Rachens); **Pha|ryn|go|s|ko|pie,** die; -, ...ien (Ausspiegelung des Rachens)

Pha|rynx, der; -, ...ryngen (Rachen)

Pha|se, die; -, -n ⟨griech.⟩ (Abschnitt einer [stetigen] Entwicklung, [Zu]stand; *Physik* Schwingungszustand beim Wechselstrom)

Pha|sen|bild *(Film);* **Pha|sen|mes|ser,** der; **Pha|sen|ver|schie|bung**

...pha|sig (z. B. einphasig)

phatt [fɛt] ⟨engl.⟩ (*Jugendspr.* hervorragend); phatte Beats

Phei|di|as *vgl.* Phidias

Phe|n|a|ce|tin, das; -s ⟨griech.-nlat.⟩ (Schmerzen stillender Wirkstoff)

Phe|nol, das; -s ⟨griech.⟩ (Karbolsäure)

Phe|nol|ph|tha|le|in, das; -s (chem. Indikator)

Phe|no|plast, der; -[e]s, -e *meist Plur.* (ein Kunstharz)

Phe|nyl|grup|pe (*Chemie* einwertige Atomgruppe in vielen aromat. Kohlenwasserstoffen)

Phe|ro|mon, das; -s, -e ⟨griech.-nlat.⟩ (*Biol.* Wirkstoff, der auf andere Individuen der gleichen Art Einfluss hat, sie z. B. anlockt)

Phi, das; -[s], -s (griech. Buchstabe: Φ, φ)

Phi|a|le, die; -, -n ⟨griech.⟩ (altgriech. flache [Opfer]schale)

Phi|di|as (altgriech. Bildhauer); **phi|di|as|sisch;** phidiassische Elemente; die phidiassische [*alte Schreibung* Phidiassische] Athenastatue

phil..., phi|lo... ⟨griech.⟩ (...liebend); **Phil..., Phi|lo...** (...freund)

Phi|l|a|del|phia (Stadt in Pennsylvanien)

Phi|l|a|del|phi|er; Phi|l|a|del|phi|e|rin; phi|l|a|del|phisch

Phi|l|an|th|rop, der; -en, -en ⟨griech.⟩ (Menschenfreund); **Phi|l|an|th|ro|pie,** die; - (Menschenliebe)

Phi|l|an|th|ro|pi|nis|mus (*svw.* Philanthropismus)

phi|l|an|th|ro|pisch (menschenfreundlich)

Phi|l|an|th|ro|pis|mus, der; - ([von Basedow u. a. begründete] Erziehungsbewegung)

Phi|l|a|te|lie, die; - ⟨griech.⟩ (Briefmarkenkunde)

Phi|l|a|te|list, der; -en, -en (Briefmarkensammler); **Phi|l|a|te|lis|tin** [*alte Trennung* ...|st...]; **phi|l|a|te|lis|tisch**

Phi|le|mon (phryg. Sagengestalt; Gatte der Baucis)

Phi|le|mon und Bau|cis (antikes Vorbild ehelicher Liebe u. Treue sowie selbstloser Gastfreundschaft)

Phil|har|mo|nie, die; -, ...ien ⟨griech.⟩ (Name von musikalischen Gesellschaften, von Orchestern u. ihren Konzertsälen)

Phil|har|mo|ni|ker [*österr. auch* 'fɪl...] (Künstler, der in einem philharmonischen Orchester spielt); **Phil|har|mo|ni|ke|rin**

phil|har|mo|nisch

Phil|hel|le|ne, der; -n, -n ⟨griech.⟩ (Freund der Griechen [der den Befreiungskampf gegen die Türken unterstützte]); **Phil|hel|le|nis|mus,** der; -

Phi|l|ipp (m. Vorn.)

Phi|l|ip|per|brief, der; -[e]s; ↑K 64 (Brief des Paulus an die Gemeinde von Philippi)

Phi|l|ip|pi (im Altertum Stadt in Makedonien)

Phi|l|ip|pi|ka, die; -, ...ken (Kampfrede [des Demosthenes gegen König Philipp von Makedonien]; Strafrede)

Phi|l|ip|pi|ne (w. Vorn.)

Phi|l|ip|pi|nen *Plur.* (Inselgruppe u. Staat in Südostasien)

Phi|l|ip|pi|ner (Bewohner der Philippinen, *vgl.* Filipino); **Phi|l|ip|pi|ne|rin;** *vgl.* Filipina

phi|l|ip|pi|nisch

phi|l|ip|pisch; in philippischer Manier; philippische [*alte Schreibung* Philippische] Reden

Phi|l|ip|pus (Apostel)

Phi|lis|ter [*alte Trennung* ...|st...], der; -s, - (Angehöriger des Nachbarvolkes der Israeliten im A. T.; *übertr. für* Spießbürger; *Verbindungsw.* im Berufsleben stehender Alter Herr)

Phi|lis|te|rei [*alte Trennung* ...|st...]; **phi|lis|ter|haft**

Phi|lis|te|ri|um [*alte Trennung* ...|st...], das; -s (*Verbindungsw.* das spätere Berufsleben eines Studenten)

Phi|lis|ter|tum [*alte Trennung* ...|st...], das; -s

phi|lis|t|rös [*alte Trennung* ...|st...] (beschränkt; spießig)

Phil|lu|me|nie, die; - ⟨griech.; lat.⟩ (das Sammeln von Streichholzschachteln od. deren Etiketten)

Phil|lu|me|nist, der; -en, -en; **Phil|lu|me|nis|tin** [*alte Trennung* ...|st...]

phi|lo... usw. *vgl.* phil... usw.

Phi|lo|den|d|ron, der, *auch* das; -s, ...ren ⟨griech.⟩ (eine Blattpflanze)

Phi|lo|lo|ge, der; -n, -n ⟨griech.⟩ (Sprach- u. Literaturforscher)

Phi|lo|lo|gie, die; -, ...ien (Sprach- u. Literaturwissenschaft)

Phi|lo|lo|gin; phi|lo|lo|gisch

¹Phi|lo|me|la, ¹Phi|lo|me|le, die; -, ...len ⟨griech.⟩ (*veraltet für* Nachtigall)

²Phi|lo|me|la, ²Phi|lo|me|le (w. Vorn.)

Phi|lo|me|na (w. Vorn.)

Phi|lo|se|mit, der; -en, -en ⟨griech.⟩; **Phi|lo|se|mi|tin; phi|lo|se|mi|tisch**

Phi|lo|se|mi|tis|mus, der; - (judenfreundl. Bewegung im 18. Jh.; unkrit. Haltung gegenüber der Politik Israels)

Phi|lo|soph, der; -en, -en ⟨griech.⟩ (jmd., der sich mit Philosophie beschäftigt)

Phi|lo|so|phas|ter [*alte Trennung* ...|st...], der; -s, - (Scheinphilosoph)

Phi|lo|so|phem, das; -s, -e (Ergebnis philos. Lehre, Ausspruch des Philosophen)

Phi|lo|so|phie, die; -, ...ien (Streben nach Erkenntnis des Zusammenhanges der Dinge in der Welt; Denk-, Grundwissenschaft); **phi|lo|so|phie|ren**

P

Phi|lo|so|phi|kum, das; -s, ...ka (*früher für* philosophisch-pädagogische Prüfung beim Staatsexamen für das Gymnasiallehramt)

Phi|lo|so|phin

phi|lo|so|phisch

Phi|mo|se, die; -, -n ⟨griech.⟩ (*Med.* Verengung der Vorhaut)

Phi|o|le, die; -, -n ⟨griech.⟩ (bauchiges Glasgefäß mit langem Hals)

Phle|bi|tis, die; -, ...itiden ⟨griech.⟩ (*Med.* Venenentzündung)

Phleg|ma, das; -s ⟨griech.⟩ (Ruhe, [Geistes]trägheit, Gleichgültigkeit, Schwerfälligkeit)

Phleg|ma|ti|ker (körperlich träger, geistig wenig regsamer Mensch); **Phleg|ma|ti|ke|rin**

Phleg|ma|ti|kus, der; -, -se (*ugs. scherzh. für* träger, schwerfälliger Mensch); **phleg|ma|tisch**

Phlox, der; -es, -e, *auch* die; -, -e ⟨griech.⟩ (eine Zierpflanze)

Phlo|xin, das; -s (ein roter Farbstoff)

Phnom Penh [pnɔm ˈpɛn] (Hauptstadt von Kambodscha)

Phö|be (griech. Mondgöttin; Beiname der Artemis)

Pho|bie, die; -, ...ien ⟨griech.⟩ (*Med.* krankhafte Angst)

Phö|bos *vgl.* Phöbus; **Phö|bus** (Beiname Apollos)

Phon, *auch* Fon, das; -s, -s ⟨griech.⟩ (Maßeinheit für die Lautstärke); 50 Phon

> **phon..., Phon...**
>
> pho|no..., Pho|no...
> (laut..., Laut...)
> *Das ph in den aus dem Griechischen stammenden Wörtern mit »phon« kann generell durch f ersetzt werden:*
> – fon..., Fon..., fo|no..., Fo|no...

Pho|nem, *auch* Fo|nem, das; -s, -e (*Sprachw.* Laut, kleinste bedeutungsdifferenzierende sprachl. Einheit)

Pho|ne|ma|tik, *auch* Fo|ne|ma|tik, die; - (*svw.* Phonologie); **pho|ne|ma|tisch,** *auch* fo|ne|ma|tisch (das Phonem betreffend)

pho|ne|misch, *auch* fo|ne|misch

Pho|ne|tik, *auch* Fo|ne|tik, die; - (Lehre von der Lautbildung); **Pho|ne|ti|ker,** *auch* Fo|ne|ti|ker; **Pho|ne|ti|ke|rin,** *auch* Fo|ne|ti|ke|rin; **pho|ne|tisch,** *auch* fo|ne|tisch

Pho|ni|a|ter, *auch* Fo|ni|a|ter ⟨griech.⟩; **Pho|ni|a|te|rin,** *auch* Fo|ni|a|te|rin; **Pho|ni|a|t|rie,** *auch* Fo|ni|a|t|rie, die; - (*Med.* Lehre von den Erkrankungen des Stimmapparates)

Phö|ni|ker *vgl.* Phönizier

pho|nisch, *auch* fo|nisch ⟨griech.⟩ (die Stimme, den Laut betreffend)

Phö|nix, der; -[es], -e ⟨griech.⟩ (Vogel der altägypt. Sage, der sich im Feuer verjüngt)

Phö|ni|zi|en (im Altertum Küstenland an der Ostküste des Mittelmeeres)

Phö|ni|zi|er; Phö|ni|zi|e|rin

phö|ni|zisch

Pho|no|dik|tat, *auch* Fo|no|dik|tat ⟨griech.; lat.⟩ (auf Tonband o. Ä. gesprochenes Diktat)

Pho|no|gramm, *auch* Fo|no|gramm, das; -s, -e ⟨griech.⟩ (Aufzeichnung von Schallwellen auf Tonband usw.)

Pho|no|graph, *auch* Fo|no|graf, der; -en, -en (von Edison 1877 erfundenes Tonaufnahmegerät); **Pho|no|gra|phie,** *auch* Fo|no|gra|fie, die; -, ...ien (*veraltet für* lautgetreue Schreibung); **pho|no|gra|phisch,** *auch* fo|no|gra|fisch (lautgetreu; die Phonographie betreffend)

Pho|no|lith, *auch* Fo|no|lith, der; *Gen.* -s *u.* -en, *Plur.* -e[n] (ein Ergussgestein)

Pho|no|lo|gie, *auch* Fo|no|lo|gie, die; - (Wissenschaft, die die Funktion der Laute in einem Sprachsystem untersucht); **pho|no|lo|gisch,** *auch* fo|no|lo|gisch

Pho|no|me|ter, *auch* Fo|no|me|ter, das; -s, - (Lautstärkemesser); **Pho|no|me|t|rie,** *auch* Fo|no|me|t|rie, die; - (Messung akust. Reize u. Empfindungen)

pho|no..., Pho|no..., *auch* fo|no..., Fo|no... *vgl.* phon..., Phon...

Pho|no|tech|nik, *auch* Fo|no|tech|nik

Pho|no|thek, *auch* Fo|no|thek, die; -, -en (*svw.* Diskothek)

Pho|no|ty|pis|tin, *auch* Fo|no|ty|pis|tin [*alte Trennung* ...|st...] (weibl. Schreibkraft, die vorwiegend nach einem Diktiergerät schreibt)

phon|stark, *auch* fon|stark (*vgl.* Phon); **Phon|zahl,** *auch* Fon|zahl (*vgl.* Phon)

Phos|gen, das; -s ⟨griech.⟩ (ein giftiges Gas)

Phos|phat, das; -[e]s, -e (Salz der Phosphorsäure); **phos|phat|hal|tig**

Phos|phin, das; -s (Phosphorwasserstoff)

Phos|phit, das; -s, -e (Salz der phosphorigen Säure)

Phos|phor, der; -s (chem. Grundstoff; *Zeichen* P)

Phos|pho|res|zenz, die; - (Nachleuchten vorher bestrahlter Stoffe); **phos|pho|res|zie|ren**

phos|phor|hal|tig; phos|pho|rig

Phos|pho|ris|mus, der; -, ...men (Phosphorvergiftung)

Phos|pho|rit, der; -s, -e (ein Sedimentgestein)

Phos|phor|säu|re, die; -; **Phos|phor|ver|gif|tung**

Phot, das; -s, - ⟨griech.⟩ (alte Leuchtstärkeeinheit; *Zeichen* ph)

Pho|to *alte Schreibung für* [1]Foto

> **pho|to..., Pho|to...**
>
> (licht..., Licht...)
> *Das ph in den aus dem Griechischen stammenden Wörtern mit »photo« kann generell durch f ersetzt werden:*
> – fo|to..., Fo|to...

Pho|to|al|bum usw. *alte Schreibung für* Fotoalbum usw.

Pho|to|che|mie, *auch* Fo|to|che|mie [*auch* ˈfo:...] (Lehre von der chem. Wirkung des Lichtes); **Pho|to|che|mi|gra|phie,** *auch* Fo|to|che|mi|gra|fie [*auch* ˈfo:...] (Herstellung von Ätzungen aller Art auf fotografischem Wege); **pho|to|che|mi|gra|phisch,** *auch* fo|to|che|mi|gra|fisch [*auch* ˈfo:...]; **pho|to|che|misch,** *auch* fo|to|che|misch [*auch* ˈfo:...] (durch Licht bewirkte chem. Reaktionen betreffend)

Pho|to|ef|fekt, *auch* Fo|to|ef|fekt (*Elektrot.* Austritt von Elektronen aus bestimmten Stoffen durch Lichteinwirkung)

Pho|to|e|lek|t|ri|zi|tät [*auch* ˈfo:...] *vgl.* Fotoelektrizität

Pho|to|e|lek|t|ron *vgl.* Fotoelektron

Pho|to|e|le|ment, *auch* Fo|to|e|le|ment (elektr. Element [Halbleiter], das Lichtenergie in elektr. Energie umwandelt)

pho|to|gen usw. *vgl.* fotogen usw.
Pho|to|gramm, *auch* Fo|to|gramm, das; -s, -e (Messbild); **Pho|to|gram|me|t|rie,** *auch* Fo|to|gram|me|t|rie [*alte Trennung* ...mm|m...], die; - (*fachspr.* Herstellung von Grund- u. Aufrissen, Karten aus Lichtbildern); **pho|to|gram|me|t|risch,** *auch* fo|to|gram|me|t|risch
Pho|to|graph *vgl.* Fotograf
Pho|to|gra|vü|re, *auch* Fo|to|gra|vü|re (*svw.* Heliogravüre)
Pho|to|in|dus|t|rie [*alte Trennung* ...|st...] *alte Schreibung für* Fotoindustrie
Pho|to|ko|pie *vgl.* Fotokopie
Pho|to|li|tho|gra|phie, *auch* Fo|to|li|tho|gra|fie (Verfahren zur Herstellung von Druckformen für den Flachdruck)
pho|to|me|cha|nisch, *auch* fo|to|me|cha|nisch [*auch* 'fo:...]
Pho|to|me|ter, Pho|to|me|t|rie *vgl.* Fotometer, Fotometrie
Pho|ton [*auch* fo'to:n], das; -s, ...o|nen (*Physik* kleinstes Energieteilchen einer elektromagnet. Strahlung)
Pho|to|phy|si|o|lo|gie, *auch* Fo|to|phy|si|o|lo|gie [*auch* 'fo:...] (modernes Teilgebiet der Physiologie)
Pho|to|satz *vgl.* Fotosatz
Pho|to|s|phä|re, *auch* Fo|to|s|phä|re [*auch* 'fo:...], die; - (strahlende Gashülle der Sonne)
Pho|to|syn|the|se, *auch* Fo|to|syn|the|se [*auch* 'fo:...] (Aufbau chemischer Verbindungen durch Lichteinwirkung)
pho|to|tak|tisch, *auch* fo|to|tak|tisch; phototaktische, *auch* fototaktische Bewegungen (Bewegungen von Pflanzenteilen zum Licht hin)
Pho|to|the|ra|pie, *auch* Fo|to|the|ra|pie [*auch* 'fo:...], die; - (*Med.* Lichtheilverfahren)
pho|to|trop, *auch* **fo|to|trop** (*Physik, Biol.* Phototropismus zeigend, lichtwendig; [von Brillengläsern] sich unter Lichteinwirkung verfärbend); **pho|to|tro|pisch,** *auch* fo|to|tro|pisch (Phototropismus zeigend); **Pho|to|tro|pis|mus,** *auch* Fo|to|tro|pis|mus, der; -, ...men (*Biol.* Krümmungsreaktion von Pflanzenteilen bei einseitigem Lichteinfall)
Pho|to|vol|ta|ik, *auch* Fo|to|vol|ta|ik, die; - (Teilgebiet der Elektronik)
Pho|to|zel|le, *auch* Fo|to|zel|le
Phra|se, die; -, -n ‹griech.› (leere Redensart, nichts sagende Äußerung; Redewendung; *Musik* selbstständige Tonfolge); **Phra|sen|dre|sche|rei** (nichts sagendes Gerede)
phra|sen|haft; phra|sen|reich
Phra|se|o|lo|gie, die; -, ...i|en (*Sprachw.* Lehre od. Sammlung von den eigentümlichen Redewendungen einer Sprache); **phra|se|o|lo|gisch; Phra|se|o|lo|gis|mus,** der; -, ...men; *vgl.* Idiom
phra|sie|ren (*Musik* der Gliederung der Motive [u. a.] entsprechend interpretieren); **Phra|sie|rung** (melodisch-rhythmische Einteilung eines Tonstücks)
Phre|ne|sie, die; - ‹griech.› (*Med. veraltet für* Geistesstörung); **phre|ne|tisch** (geistesgestört); *vgl. aber* frenetisch
Phre|ni|tis, die; -, ...i|ti|den (*Med.* Zwerchfellentzündung)
Phry|gi|en (antikes Reich in Nordwestkleinasien)
Phry|gi|er; Phry|gi|e|rin
phry|gisch; phrygische Mütze (Sinnbild der Freiheit bei den Jakobinern)
Phry|ne (griech. Hetäre)
Phthi|sis, die; -, ...sen ‹griech.› (*Med.* Schrumpfung, Schwund)
pH-Wert [pe:'ha:...]; ↑K 29 (Maßzahl für die Konzentration der Wasserstoffionen in einer Lösung)
Phy|ko|lo|gie, die; - ‹griech.› (Algenkunde)
Phy|le, die; -, -n ‹griech.› (Geschlechterverband im antiken Griechenland)
phy|le|tisch (*Biol.* die Abstammung betreffend)
Phyl|lis (w. Eigenn.)
Phyl|lit, der; -s, -e ‹griech.› (ein Gestein)
Phyl|lo|kak|tus (ein Blattkaktus)
Phyl|lo|kla|di|um, das; -s, ...ien (*Bot.* blattähnlicher Pflanzenspross)
Phyl|lo|pha|ge, der; -n, -n (*Zool.* Pflanzen-, Blattfresser)
Phyl|lo|po|de, der; -n, -n *meist Plur.* (*Zool.* Blattfüßer [Krebs])
Phyl|lo|ta|xis, die; -, ...xen (*Bot.* Blattstellung)
Phyl|lo|xe|ra, die; -, ...ren (*Zool.* Reblaus)
Phy|lo|ge|ne|se, die; -, -n ‹griech.› (*svw.* Phylogenie); **phy|lo|ge|ne|tisch**
Phy|lo|ge|nie, die; -, ...i|en (Stammesgeschichte der Lebewesen)
Phy|lum, das; -s, ...la (*Biol.* Tier- od. Pflanzenstamm)
Phy|sa|lis, die; -, *Plur.* - u. ...a|len ‹griech.› (*Bot.* Blasen-, Judenkirsche; Kapstachelbeere)
Phy|s|i|a|ter, der; -s, - ‹griech.› (Naturarzt); **Phy|s|i|a|te|rin; Phy|s|i|a|t|rie,** die; - (Naturheilkunde)
Phy|sik, die; - (Wissenschaft von der Struktur u. der Bewegung der unbelebten Materie)
phy|si|ka|lisch; physikalische Chemie, physikalische Maßeinheit, *aber* ↑K 151: das Physikalische Institut der Universität Frankfurt
Phy|si|ker; Phy|si|ke|rin
Phy|si|ko|che|mie (physikalische Chemie); **phy|si|ko|che|misch**
Phy|si|kum, das; -s, ...ka (Vorprüfung im Medizinstudium)
Phy|si|o|g|nom, der; -en, -en ‹griech.› (Deuter der äußeren Erscheinung eines Menschen)
Phy|si|o|g|no|mie, die; -, ...i|en (äußere Erscheinung eines Lebewesens, bes. Gesichtsausdruck)
Phy|si|o|g|no|mik, die; - (Ausdrucksdeutung [Kunst, von der Physiognomie her auf seelische Eigenschaften zu schließen])
Phy|si|o|g|no|mi|ker (*svw.* Physiognom); **Phy|si|o|g|no|mi|ke|rin; phy|si|o|g|no|misch**
Phy|si|o|krat, der; -en, -en ‹griech.› (Vertreter des Physiokratismus); **phy|si|o|kra|tisch**
Phy|si|o|kra|tis|mus, der; - (volkswirtschaftl. Theorie des 18. Jh.s, die die Landwirtschaft als die Quelle des Nationalreichtums ansah)
Phy|si|o|lo|ge, der; -n, -n ‹griech.› (Erforscher der Lebensvorgänge); **Phy|si|o|lo|gie,** die; - (Lehre von den Lebensvorgängen); **Phy|si|o|lo|gin; phy|si|o|lo|gisch** (die Physiologie betreffend)
Phy|si|o|the|ra|peut (jmd., der die Physiotherapie anwendet; Berufsbez.); **Phy|si|o|the|ra|peu|tin; phy|si|o|the|ra|peu|tisch**
Phy|si|o|the|ra|pie (Heilbehandlung mit Licht, Luft, Wasser, Bestrahlungen, Massage usw.)

P

Phy|sis, die; - (Körper; körperliche Beschaffenheit, Natur)
phy|sisch (natürlich; körperlich)
phy|to|gen ‹griech.› (aus Pflanzen entstanden)
Phy|to|ge|o|gra|phie, *auch* Phy|to|ge|o|gra|fie (Pflanzengeographie)
Phy|to|me|di|zin; Phy|to|pa|tho|lo|gie (Wissenschaft von den Pflanzenkrankheiten); **phy|to|pa|tho|lo|gisch**
phy|to|phag (*Zool.* Pflanzen fressend); **Phy|to|pha|ge,** der; -n, -n *meist Plur.* (*Zool.* Pflanzenfresser)
Phy|to|phar|ma|zie; Phy|to|plank|ton (Gesamtheit der im Wasser lebenden pflanzl. Organismen); **Phy|to|the|ra|pie,** die; - (Pflanzenheilkunde)
[1]**Pi,** das; -[s], -s (griech. Buchstabe: Π, π)
[2]**Pi,** das; -[s] (*Math.* Zahl, die das Verhältnis von Kreisumfang zu Kreisdurchmesser angibt; π = 3,1415...); das π-fache, 2π-fache
Pia (w. Vorn.)
Pi|af|fe, die; -, -n ‹franz.› (*Reiten* Trab auf der Stelle); **pi|af|fie|ren** (die Piaffe ausführen)
Pi|a|ni|no, das; -s, -s ‹ital.› (kleines [2]Piano)
pi|a|nis|si|mo (*Musik* sehr leise; *Abk.* pp); **Pi|a|nis|si|mo,** das; -s, *Plur.* -s *u.* ...mi
Pi|a|nist, der; -en, -en (Klavierspieler, -künstler); **Pi|a|nis|tin** [*alte Trennung* ...|st...]; **pi|a|nis|tisch** (die Technik, Kunst des Klavierspielens betreffend)
pi|a|no (*Musik* leise; *Abk.* p); [1]**Pi|a|no,** das; -s, *Plur.* -s *u.* ...ni (leises Spielen, Singen)
[2]**Pi|a|no,** das; -s, -s (*Kurzform von* Pianoforte); **Pi|a|no|for|te,** das; -s, -s (*veraltet für* Klavier); *vgl.* Fortepiano
Pi|a|no|la, das; -s, -s (selbsttätig spielendes Klavier)
Pi|a|rist, der; -en, -en ‹lat.› (Angehöriger eines kath. Lehrordens)
Pi|as|sa|va, die; -, ...ven ‹indian.-port.› (Palmenblattfaser); **Pi|as|sa|va|be|sen**
Pi|ast, der; -en, -en (Angehöriger eines poln. Geschlechtes)
Pi|as|ter [*alte Trennung* ...|st...], der; -s, - ‹griech.› (Währungseinheit in Ägypten, Libanon, Syrien)
Pi|a|ve, die, *auch* der; - (ital. Fluss)
Pi|az|za, die; -, ...zze ‹ital.› ([Markt]platz); **Pi|az|zet|ta,** die; -, ...tte[n] (kleine Piazza)
Pi|ca, die; - ‹lat.› (genormter Schriftgrad für Schreibmaschine u. Computer)
Pi|car|de, der; -n, -n; **Pi|car|die,** die; - (hist. Provinz in Nordfrankreich); **pi|car|disch**
Pi|cas|so, Pablo (span. Maler u. Grafiker)
Pic|ca|dil|ly [...kəˈdɪlɪ] (eine Hauptstraße in London)
Pic|card [...ˈka:(r)] (schweiz. Physiker)
[1]**Pic|co|lo,** [1]Pik|ko|lo, der; -s, -s ‹ital.› (Kellnerlehrling)
[2]**Pic|co|lo,** [2]Pik|ko|lo, das; -s, -s (*kurz für* Piccoloflöte)
Pic|co|lo|fla|sche, Pik|ko|lo|flasche (kleine Sektflasche)
Pic|co|lo|flö|te, Pik|ko|lo|flö|te (kleine Querflöte)
Pic|co|lo|mi|ni, der; -[s], - (Angehöriger eines ital. Geschlechtes)
Pi|che|lei (*ugs.*); **Pi|che|ler** *vgl.* Pichler
pi|cheln (*ugs. für* trinken); ich pich[e]le
Pi|chel|stei|ner Fleisch, das; - -[e]s, **Pi|chel|stei|ner Topf,** der; - -[e]s (ein Eintopfgericht)
[1]**pi|chen** (*landsch. für* mit Pech überziehen)
[2]**pi|chen** (kleben, heften)
Pich|ler, Pi|che|ler (*ugs. für* Trinker)
Pick, der; -s (*österr. ugs. für* Klebstoff)
Pi|cke [*alte Trennung* ...k|k...], die; -, -n (Spitzhacke; *Fußball* Fußspitze); [1]**Pi|ckel** der; -s, - (Spitzhacke)
[2]**Pi|ckel** [*alte Trennung* ...k|k...], der; -s, - (Hautpustel, Mitesser)
Pi|ckel|hau|be [*alte Trennung* ...k|k...] (*früher* Infanteriehelm)
Pi|ckel|he|ring [*alte Trennung* ...k|k...] (gepökelter Hering; *übertr. für* Spaßmacher im älteren Lustspiel)
pi|cke|lig [*alte Trennung* ...k|k...], pick|lig ‹*zu* [2]Pickel›
pi|ckeln [*alte Trennung* ...k|k...] (*landsch. für* mit der Spitzhacke arbeiten); ich pick[e]le
pi|cken [*alte Trennung* ...k|k...] (*österr. ugs. auch für* kleben, haften); **Pi|ckerl** das; -s, -n (*österr. für* Klebeetikett)
pi|ckern [*alte Trennung* ...k|k...] (*landsch. für* essen); ich pickere
Pick|ham|mer (*Bergmannsspr.* Abbauhammer)
Pi|ckles [ˈpɪkls] *vgl.* Mixedpickles
pick|lig *vgl.* pickelig
Pick|nick, das; -s, *Plur.* -e *u.* -s ‹franz.› (Essen im Freien); **pick|ni|cken** [*alte Trennung* ...k|k...]; gepicknickt; **Pick|nick|korb**
pick|süß ‹ital.; dt.› (*österr. für* sehr süß); das picksüße Hölzel (die Piccoloklarinette)
Pick-up [...ˈap], der; -s, -s ‹engl.› (elektr. Tonabnehmer für Schallplatten; kleinerer Lieferwagen mit Pritsche)
Pi|co... *vgl.* Piko...
pi|co|bel|lo ‹niederd.; ital.› (*ugs. für* tadellos)
Pi|cot [...ˈko:], der; -s, -s ‹franz.› (Spitzenmasche)
Pic|pus|mis|si|o|nar, *auch* **Pic|pus-Mis|si|o|nar** [ˈpɪkpʏs...] ‹nach dem ersten Haus in der Picpusstraße in Paris› (Angehöriger der kath. Genossenschaft der hl. Herzen Jesu u. Mariä)
Pid|gin|eng|lisch, *auch* **Pid|gin-Eng|lisch** [...dʒ...], das; -[s] (vereinfachte Mischsprache aus Englisch u. einer anderen Sprache)
Pi|e|ce [ˈpi̯ɛ:s(ə)], die; -, -n ‹franz.› ([musikal.] Zwischenspiel; Theaterstück)
Pi|e|des|tal [*alte Trennung* ...|st...], das; -s, -e ‹franz.› (Sockel; Untersatz)
Pief|ke, der; -s, -s (*landsch. für* Wichtigtuer, Angeber; *österr. abwertend für* Deutscher)
Piek, die; -, -en (*Seemannsspr.* unterster Teil des Schiffsraumes)
piek|fein (*ugs. für* besonders fein); **piek|sau|ber** (*ugs. für* besonders sauber)
Pi|e|mont (Landschaft in Nordwestitalien)
Pi|e|mon|te|se, der; -n, -n; **Pi|e|mon|te|sin; pi|e|mon|te|sisch,** *auch* **pi|e|mon|tisch**
piep!; piep, piep!
Piep, der; *nur in ugs. Wendungen wie* einen Piep haben (*ugs. für* nicht recht bei Verstand sein); sie tut, sagt, macht keinen Piep mehr (*ugs. für* sie ist tot)
pie|pe, piep|e|gal (*ugs. für* gleichgültig); das ist mir piepegal
Pie|pel, der; -s, -[s] (*landsch. für* kleiner Junge; Penis)
pie|pen; es ist zum Piepen (*ugs. für* es ist zum Lachen)

P

Pie|pen *Plur.* (*ugs. für* Geld)
Piep|hahn (*landsch. für* Penis); **Piep|matz** (*ugs. für* Vogel)
pieps *(ugs.)*; er kann nicht mehr pieps, *auch* Pieps sagen
Pieps, der; -es, -e *(ugs.)*; keinen Pieps von sich geben
piep|sen; du piepst; **Piep|ser**
piep|sig (*ugs. für* hoch u. dünn [von der Stimme]; winzig); **Piep|sig|keit,** die; - *(ugs.)*
Piep|vo|gel *(Kinderspr.)*
[1]**Pier,** der; -s, *Plur.* -e *od.* -s, *Seemannsspr.* die; -, -s ‹engl.› (Hafendamm; Landungsbrücke)
[2]**Pier,** der; -[e]s, -e (*nordd. für* Sandwurm als Fischköder)
pier|cen ‹engl.› (die Haut zur Anbringung von Körperschmuck durchbohren od. durchstechen); du pierct; gepierct; **Piercing,** das; -s (das Piercen)
Pi|erre [pi̯ɛːr] (m. Vorn.)
Pi|er|ret|te, die; -, -n ‹franz.› (weibl. Lustspielfigur)
Pi|er|rot [...'roː], der; -s, -s (männl. Lustspielfigur)
pie|sa|cken [*alte Trennung* ...k|k...] (*ugs. für* quälen); gepiesackt; **Pie|sa|cke|rei**
pie|seln (*ugs. für* regnen; urinieren); ich pies[e]le
Pie|se|pam|pel, der; -s, - (*landsch. abwertend für* dummer, engstirniger Mensch)
Pies|por|ter (ein Moselwein)
Pi|e|ta, Pi|e|tà [*beide* ...'ta], die; -, -s ‹ital.› (Darstellung der Maria mit dem Leichnam Christi auf dem Schoß; Vesperbild)
Pi|e|tät, die; - ‹lat.› (Respekt, taktvolle Rücksichtnahme)
pi|e|tät|los; Pi|e|tät|lo|sig|keit
pi|e|tät|voll
Pi|e|tis|mus, der; - (ev. Erweckungsbewegung; *auch für* schwärmerische Frömmigkeit)
Pi|e|tist, der; -en, -en; **Pi|e|tis|tin** [*alte Trennung* ...|st...]; **pi|e|tis|tisch**
piet|schen (*landsch. für* ausgiebig Alkohol trinken); du pietschst
pi|e|zo|e|lek|t|risch ‹griech.›; **Pi|e|zo|e|lek|t|ri|zi|tät,** die; - (*Physik* durch Druck entstehende Elektrizität an der Oberfläche bestimmter Kristalle)
Pi|e|zo|me|ter, das; -s, - (Druckmesser); **Pi|e|zo|quarz**
piff, paff!
Pig|ment, das; -[e]s, -e ‹lat.› (Farbstoff, -körper); **Pig|men|ta|ti|on,** die; -, -en (Färbung)
Pig|ment|druck *Plur.* ...drucke (Kohledruck, fotogr. Kopierverfahren u. dessen Erzeugnis) **Pig|ment|far|be; Pig|ment|fleck**
pig|men|tie|ren (Pigment bilden; sich durch Pigmente einfärben); **Pig|men|tie|rung**
pig|ment|los; Pig|ment|mal *Plur.* ...male (Muttermal)
Pi|g|no|le [pin'joː...], die; -, -n ‹ital.› (Piniennuss); **Pi|g|no|lie,** die; -, -n (*österr. für* Pignole)
Pi|ja|cke [*alte Trennung* ...k|k...], die; -, -n ‹engl.› (*nordd. für* blaue Seemannsüberjacke)
[1]**Pik,** der; -s, *Plur.* -e *u.* -s ‹franz.› (Bergspitze); *vgl.* Piz
[2]**Pik,** der; -s, -e (*ugs.* heiml. Groll); einen Pik auf jmdn. haben
[3]**Pik,** das; -[s], *österr. auch* die; - (Spielkartenfarbe)
pi|kant (scharf [gewürzt]; reizvoll; schlüpfrig); pikantes Abenteuer; **Pi|kan|te|rie,** die; -, ...ien; **pi|kan|ter|wei|se**
Pi|kar|de usw. (*eindeutschend für* Picarde usw.)
pi|ka|resk, pi|ka|risch ‹span.›; pikaresker, pikarischer Roman (*Literaturw.* Schelmenroman)
Pik|ass, *auch* **Pik-Ass** [*alte Schreibung* Pik|as], das; ...asses, ...asse
Pi|ke, die; -, -n ‹franz.› (Spieß [des Landsknechts]); von der Pike auf dienen (*ugs. für* im Beruf bei der untersten Stellung anfangen)
[1]**Pi|kee,** der, *österr. auch* das; -s, -s ([Baumwoll]gewebe)
[2]**Pi|kee** *vgl.* Piqué
pi|kee|ar|tig
Pi|kee|kra|gen; Pi|kee|wes|te [*alte Trennung* ...|st...]
pi|ken, pik|sen (*ugs. für* stechen); du pikst
Pi|ke|nier, der; -s, -e (mit der Pike bewaffneter Landsknecht)
Pi|kett, das; -[e]s, -e (ein Kartenspiel; *schweiz. für* einsatzbereite Mannschaft [bei Militär u. Feuerwehr]); **Pi|kett|stel|lung** (*schweiz. für* Bereitschaftsstellung)
pi|kie|ren ([zu dicht stehende Jungpflanzen] in größeren Abständen neu einpflanzen)
pi|kiert (ein wenig beleidigt, gekränkt, verstimmt)
[1]**Pik|ko|lo,** [1]Pic|co|lo, der; -s, -s ‹ital.› (Kellnerlehrling)
[2]**Pik|ko|lo,** [2]Pic|co|lo, das; -s, -s (*kurz für* Pikkoloflöte)
Pik|ko|lo|fla|sche, Pic|co|lo|flasche (kleine Sektflasche)
Pik|ko|lo|flö|te, Pic|co|lo|flö|te (kleine Querflöte)
Pik|ko|lo|mi|ni (*dt. Schreibung für* Piccolomini)
Pi|ko..., Pi|co... ‹ital.› (ein Billionstel einer Einheit; *Zeichen* p; *vgl.* Pikofarad)
Pi|ko|fa|rad, Pi|co|fa|rad (ein billionstel Farad; *Abk.* pF)
Pi|kör, der; -s, -e ‹franz.› (Vorreiter bei der Parforcejagd)
Pi|k|rat, das; -[e]s, -e ‹griech.› (*Chemie* Pikrinsäuresalz)
Pi|k|rin|säu|re, die; - (organ. Verbindung, die früher als Färbemittel u. Sprengstoff verwendet wurde)
pik|sen *vgl.* piken
Pik|sie|ben; dastehen wie Piksieben (*ugs. für* verwirrt, hilflos sein)
Pik|te, der; -n, -n (Angehöriger der ältesten Bevölkerung Schottlands)
Pik|to|gramm, das; -s, -e ‹lat.; griech.› (grafisches Symbol [mit international festgelegter Bed.], z. B. Totenkopf für »Gift«)
Pi|kul, der *od.* das; -s, - ‹malai.› (Gewicht in Ostasien)
Pi|lar, der; -en, -en ‹span.› (*Reiten* Pflock zum Anbinden der Halteleine bei der Pferdedressur)
Pi|las|ter [*alte Trennung* ...|st...], der; -s, - ‹lat.› ([flacher] Wandpfeiler)
[1]**Pi|la|tus** (röm. Landpfleger in Palästina); *vgl. auch* Pontius Pilatus
[2]**Pi|la|tus,** der; - (Berg bei Luzern)
Pi|lau, Pi|law, der; -s ‹pers. *u.* türk.› (oriental. Reiseintopf)
Pil|ger (Wallfahrer; *auch* Wanderer); **Pil|ger|fahrt; Pil|ge|rin**
pil|gern; ich pilgere
Pil|ger|schaft, die; -; **Pil|gers|mann** *Plur.* ...männer *u.* ...leute (*älter für* Pilger); **Pil|ger|stab**
Pil|g|rim, der; -s, -e (*veraltet für* Pilger)
pi|lie|ren ‹franz.› (zerstoßen, schnitzeln [bes. Rohseife])
Pil|ke, die; -, -n (fischförmiger, mit vier Haken versehener Köder beim Hochseeangeln); **pil|ken** (mit der Pilke angeln)
Pil|le, die; -, -n ‹lat.› ([kugelförmiges] Arzneimittel; *nur Sing., meist mit bestimmtem Artikel: kurz für* Antibabypille)

Pil|len|dre|her (ein Käfer; *ugs. scherzh. für* Apotheker)
Pil|len|knick (*ugs.* Geburtenrückgang durch Verbreitung der Antibabypille); **Pil|len|schach|tel**
pil|lie|ren (*Landw.* Saatgut zu Kügelchen rollen); **Pil|lie|rung**
Pil|ling, das; -s ‹engl.› (Knötchenbildung in Textilien); **pil|ling-frei**
Pi|lot, der; -en, -en ‹franz.› (Flugzeugführer; Rennfahrer; Lotsenfisch; *veraltet für* Lotse, Steuermann)
Pi|lot|an|la|ge (*Technik* Versuchsanlage); **Pi|lot|bal|lon** (unbemannter Ballon zur Feststellung des Höhenwindes)
Pi|lo|te, die; -, -n ‹franz.› (*Bauw.* Rammpfahl)
Pi|lo|ten|schein; Pi|lot|film (Testfilm für eine geplante Fernsehserie)
¹pi|lo|tie|ren ([ein Auto, Flugzeug] steuern)
²pi|lo|tie|ren ‹*zu* Pilote› ([Piloten] einrammen); **Pi|lo|tie|rung**
Pi|lo|tin
Pi|lot|sen|dung *vgl.* Pilotfilm
Pi|lot|stu|die (vorläufige, wegweisende Untersuchung); **Pi|lot|ton** (zur synchronen Steuerung von Bild u. Ton bei Film u. Fernsehen; *vgl.* ¹Ton)
Pi|lot|ver|such *vgl.* Pilotstudie
Pils, das; -, - (*Kurzform von* Pils[e]ner Bier); 3 Pils
Pil|sen (*tschech.* Plzeň); **¹Pil|se|ner,** Pils|ner
²Pil|se|ner, Pils|ner, das; -s, - (Bier)
Pilz, der; -es, -e; **Pilz|fa|den**
pil|zig
Pilz|kopf (*ugs. veraltend für* Beatle); **Pilz|krank|heit; Pilz|kun|de,** die; -; **Pilz|samm|ler; Pilz|ver|gif|tung**
Pi|ment, der *od.* das; -[e]s, -e ‹lat.› (Nelkenpfeffer, Küchengewürz)
Pim|mel, der; -s, - (*ugs. für* Penis)
pim|pe (*nordd. für* gleichgültig)
Pim|pe|lei *(ugs.)*; **pim|pe|lig,** pimp|lig *(ugs.)*; **pim|peln** (*ugs. für* zimperlich, wehleidig sein); ich pimp[e]le
¹pim|pern (*bayr. für* klimpern; klingeln); ich pimpere
²pim|pern (*derb für* koitieren)
Pim|per|nell, der; -s, -e *u.* Pim|pi|nel|le, die; -, -n ‹sanskr.› (eine Küchen- u. Heilpflanze)
Pim|per|nuss [*alte Schreibung* ...nuß] ‹*zu* ¹pimpern› (ein Zierstrauch)
Pimpf, der; -[e]s, -e (kleiner Junge; jüngster Angehöriger einer Jugendbewegung)
Pim|pi|nel|le *vgl.* Pimpernell
pimp|lig *vgl.* pimpelig
Pin, der; -s, -s ‹engl.› (*fachspr. für* [Verbindungs]stift; [getroffener] Kegel beim Bowling)
PIN, die; -, -s = personal identification number (persönl. Geheimzahl für Geldautomaten o. Ä.)
Pi|na|ko|id, das; -[e]s, -e ‹griech.› (eine Kristallform)
Pi|na|ko|thek, die; -, -en (Bilder-, Gemäldesammlung)
Pi|nas|se, die; -, -n ‹niederl.› (Beiboot [von Kriegsschiffen])
Pin|ce|nez [pɛ̃s(ə)'ne:], das; -, - [...'ne:s] ‹franz.› (*veraltet für* Klemmer, Kneifer)
PIN-Code *vgl.* PIN
Pin|dar (altgriech. Lyriker); **pin|da|risch;** pindarische [*alte Schreibung* Pindarische] Verse ↑K 135; **Pin|da|ros** *vgl.* Pindar
Pin|ge *vgl.* Binge
pin|ge|lig (*ugs. für* kleinlich; empfindlich); **Pin|ge|lig|keit**
Ping|pong [*österr.* ...'pɔŋ], das; -s ‹engl.› (*veraltet für* Tischtennis); **Ping|pong|plat|te; Ping|pong|schlä|ger**
Pin|gu|in, der; -s, -e (ein Vogel der Antarktis)
Pi|nie, die; -, -n ‹lat.› (Kiefer einer bestimmten Art); **Pi|ni|en|wald; Pi|ni|en|zap|fen**
pink ‹engl.› (rosa); ein pink Kleid; *vgl. auch* beige; **¹Pink,** das; -s, -s (kräftiges Rosa); in Pink ↑K 72
²Pink, die; -, -en *u.* **¹Pin|ke,** die; -, -n (*nordd. für* Segelschiff; Fischerboot)
²Pin|ke, Pin|ke|pin|ke, die; - (*ugs. für* Geld)
¹Pin|kel, der; -s, - *(ugs.); meist in* feiner Pinkel (vornehm tuender Mensch)
²Pin|kel, die; -, -n (*nordd.* eine fette, gewürzte Wurst)
pin|keln (*ugs. für* urinieren); ich pink[e]le; **Pin|kel|pau|se** *(ugs.)*
pin|ken (*landsch. für* hämmern)
Pin|ke|pin|ke *vgl.* ²Pinke
Pin|ne, die; -, -n ([Kompass]stift; Teil des Hammers; *bes. nordd. für* Reißzwecke; *Seemannsspr.* Hebelarm am Steuerruder)
pin|nen (*bes. nordd. für* mit Pinnen versehen, befestigen)
Pinn|wand (Tafel zum Anheften von Merkzetteln u. Ä.)
Pi|noc|chio [...'nɔkio], der, -[s] ‹ital.› (Titelgestalt eines Kinderbuchs)
Pi|no|le, die; -, -n ‹ital.› (*Technik* Teil der Spitzendrehmaschine)
Pin|scher, der; -s, - (eine Hunderasse)
¹Pin|sel, der; -s, - (*ugs. für* törichter Mensch, Dummkopf)
²Pin|sel, der; -s, - ‹lat.›
pin|sel|ar|tig
Pin|se|lei (*abwertend für* das Pinseln, Malerei)
Pin|se|ler, Pins|ler; **pin|seln;** ich pins[e]le
Pin|sel|stiel; Pin|sel|strich
Pins|ler *vgl.* Pinseler
¹Pint, der; -s, -e (*ugs. für* Penis)
²Pint [paint], das; -s, -s ‹engl.› (engl. u. amerik. Hohlmaß; *Abk.* pt)
Pin|te, die; -, -n (*landsch. für* Wirtshaus, Schenke)
Pin-up-Girl [...'ap...], das; -s, -s ‹engl.-amerik.› (leicht bekleidetes Mädchen auf [Illustrierten]bildern, die an die Wand geheftet werden können)
pinx. = pinxit; **pin|xit** ‹lat., »hat es gemalt«› (neben dem Namen des Künstlers auf Gemälden; *Abk.* p. *od.* pinx.)
Pin|zet|te, die; -, -n ‹franz.› (kleine Greif-, Federzange)
Pinz|gau, der; -[e]s (österr. Landschaft)
Pi|om|bi *Plur.* ‹ital.› (*hist. Bez. für* die Staatsgefängnisse im Dogenpalast von Venedig)
Pi|o|nier, der; -s, -e ‹franz.› (Soldat der techn. Truppe; *übertr. für* Wegbereiter; *DDR* Angehöriger einer Kinderorganisation)
Pi|o|nier|ab|tei|lung; Pi|o|nier|ar|beit; Pi|o|nier|geist, der; -[e]s
Pi|o|nier|la|ger *Plur.* ...lager *(DDR)*; **Pi|o|nier|lei|ter,** der *(DDR)*
Pi|o|nier|pflan|ze *(Bot.)*; **Pi|o|nier|trup|pe** *(Milit.)*; **Pi|o|nier|zeit**
Pi|pa|po, das; -s (*ugs. für* was dazugehört); mit allem Pipapo
¹Pi|pe, die; -, -n (*österr. für* Fass-, Wasserhahn)
²Pipe [paip], das *od.* die; -, -s ‹engl.› (engl. u. amerik. Hohlmaß für Wein u. Branntwein)
Pipe|line ['paiplain], die; -, -s (Rohrleitung [für Gas, Erdöl])
Pi|pet|te, die; -, -n ‹franz.› (Saugröhrchen, Stechheber); **pi|pet|tie|ren**
Pi|pi, das; -s *(Kinderspr.)*; Pipi ma-

chen; **Pi|pi|fax,** der; - (*ugs. für* überflüssiges Zeug; Unsinn)
Pip|pau, der; -[e]s (eine Pflanzengattung)
Pip|pin [*auch, österr. nur,* 'pɪ...] (Name fränk. Fürsten)
Pips, der; -es (eine Geflügelkrankheit); den Pips haben (*ugs. für* erkältet sein); **pip|sig**
Pi|qué [...'ke:], das; -s, -s ‹franz.› (Reinheitsgrad für Diamanten)
Pi|ran|del|lo (ital. Schriftsteller)
Pi|ran|ha [...'ranja] ‹indian.-port.›, Pi|ra|lya [...ja], der; -[s], -s ‹indian.› (ein Raubfisch)
Pi|rat, der; -en, -en ‹griech.› (Seeräuber)
Pi|ra|ten|schiff; Pi|ra|ten|sen|der
Pi|ra|ten|tum, das; -s; **Pi|ra|te|rie,** die; -, ...ien ‹franz.›
Pi|rä|us, der; - (Hafen von Athen)
Pi|ra|ya *vgl.* Piranha
Pir|ma|sens (Stadt in Rheinland-Pfalz)
Pi|ro|ge, die; -, -n ‹karib.-franz.› (indian. Einbaum)
Pi|rog|ge, die; -, -n ‹russ.› (eine Pastetenart; ein russ. Gericht)
Pi|rol, der; -s, -e (ein Singvogel)
Pi|rou|et|te [...'ru̯...], die; -, -n ‹franz.› (*Tanz, Eiskunstlauf* schnelle Drehung um die eigene Achse; *Reiten* Drehung in der hohen Schule)
pi|rou|et|tie|ren
Pirsch, die; -, -en (Schleichjagd); auf der Pirsch sein; **pir|schen;** du pirschst; **Pirsch|gang,** der
Pi|sa (ital. Stadt); der Schiefe Turm von Pisa ↑K 150; **Pi|sa|ner**
Pi|sang, der; -s, -e ‹malai.-niederl.› (eine Bananenart)
pi|sa|nisch ‹*zu* Pisa›
Pi|see|bau, der; -[e]s ‹franz.; dt.› (Bauweise, bei der die Mauern aus fest gestampftem Lehm o. Ä. bestehen)
pis|pern (*landsch. für* wispern); ich pispere
Piss [*alte Schreibung* Piß], der; Pisses (*svw.* Pisse)
Pis|sar|ro (franz. Maler)
Pis|se, die; - (*derb für* Harn); **pissen** *(derb);* du pisst [*alte Schreibung* pißt]
Pis|soir [...'so̯a:], das; -s, *Plur.* -e *u.* -s ‹franz.› (öffentl. Toilette für Männer)
Pis|ta|zie [*alte Trennung* ...|st...], die; -, -n ‹pers.› (ein Baum mit essbaren Samen; der Samenkern dieses Baumes); **Pis|ta|zi|en|nuss** [*alte Schreibung* ...nuß]
Pis|te [*alte Trennung* ...|st...], die; -, -n ‹franz.› (Ski-, Rad- od. Autorennstrecke; Rollbahn auf Flugplätzen; unbefestigter Verkehrsweg; Rand der Manege)
Pis|ten|sau [*alte Trennung* ...|st...] *Plur.* ...säue, **Pis|ten|schwein** (*derb* rücksichtsloser Skifahrer)
Pis|till [*alte Trennung* ...|st...], das; -s, -e ‹lat.› (*Pharm.* Stampfer; *Bot.* Blütenstempel)
Pis|to|ia [...ja; *alte Trennung* ...|st...] (ital. Stadt); **Pis|to|ia|er; pis|to|ia|isch**
[1]Pis|to|le [*alte Trennung* ...|st...], die; -, -n ‹tschech.-roman.› (alte Goldmünze)
[2]Pis|to|le [*alte Trennung* ...|st...], die; -, -n ‹tschech.› (kurze Handfeuerwaffe); jmdm. die Pistole auf die Brust setzen (*ugs. für* jmdn. zu einer Entscheidung zwingen); wie aus der Pistole geschossen (*ugs. für* spontan, sofort)
Pis|to|len|lauf [*alte Trennung* ...|st...]; **Pis|to|len|schuss** [*alte Schreibung* ...schuß]; **Pis|to|len|ta|sche**
Pis|ton [...'tõ:; *alte Trennung* ...|st...], das; -s, -s ‹franz.› (Pumpenkolben; Zündstift bei Perkussionsgewehren; Pumpenventil der Blechinstrumente; *franz. Bez. für* [2]Kornett); **Pis|ton|blä|ser**
Pi|ta, Pit|ta, das; -s, -s *od.* die; -, -s ([gefülltes] Fladenbrot)
Pi|ta|val, der; -[s], -s ‹nach dem franz. Rechtsgelehrten› (Sammlung berühmter Rechtsfälle); Neuer Pitaval
Pitch|pine ['pɪtʃpai̯n], die; -, -s ‹engl.› (nordamerik. Pechkiefer); **Pitch|pine|holz**
Pi|the|k|an|th|ro|pus, der; -, ...pi ‹griech.› (javan. u. chin. Frühmensch des Diluviums)
pi|the|ko|id (affenähnlich)
pit|sche|nass, pit|sche|pat|sche|nass, pitsch|nass [*alte Schreibungen* ...naß] *(ugs.);* **pitsch, patsch** *(Kinderspr.);* **pitsch|patsch|nass** [*alte Schreibung* ...naß] *(ugs.)*
Pit|ta *vgl.* Pita
pit|to|resk ‹franz.› (malerisch)
Pi|us (m. Vorn.)
Pi|vot [...'vo:], der *od.* das; -s, -s ‹franz.› (*Technik* Schwenkzapfen an Drehkränen u. a.)
Pi|xel, das; -[s], - ‹Kunstwort aus engl. picture element› (*EDV* kleinstes Element bei der gerasterten, digitalisierten Darstellung eines Bildes; Bildpunkt); mit 20 000 Pixeln
Piz, der; -es, -e ‹ladin.› (Bergspitze); **Piz Bu|in** (Gipfel in der Silvrettagruppe); **Piz Pa|lü** (Gipfel in der Berninagruppe)
Piz|za, die; -, *Plur.* -s, *auch* Pizzen ‹ital.› (mit Tomaten, Käse u. a. belegtes Hefegebäck)
Piz|za|bä|cker [*alte Trennung* ...k|k...]
Piz|ze|ria, die; -, *Plur.* -s, *auch* ...rien (Lokal, in dem Pizzas angeboten werden)
piz|zi|ca|to ‹ital.› (*Musik* mit den Fingern gezupft)
Piz|zi|ka|to, das; -s, *Plur.* -s *u.* ...ti
Pjöng|jang (Hauptstadt von Nordkorea)
Pkt. = Punkt
Pkw, *auch* **PKW,** der; -[s], *Plur.* -s, *selten* - = Personenkraftwagen
pl., Pl., Plur. = Plural
Pla|ce|bo, das; -s, -s ‹lat.› (*Med.* Scheinmedikament ohne Wirkstoffe)
Pla|ce|ment [plasə'mã:], das; -s, -s ‹franz.› (*Wirtsch.* Anlage von Kapitalien; Absatz von Waren)
Pla|cet *vgl.* Plazet
pla|chan|dern (*ostd. für* plaudern; [einfältig] reden)
Pla|che *vgl.* Blahe
Pla|ci|da (altröm. w. Vorn.); **Pla|ci|dus** (altröm. m. Vorn.)
pla|cie|ren [...'si:...] (*älter für* platzieren)
pla|cken, sich [*alte Trennung* ...k|k...] (*ugs.* sich sehr abmühen)
Pla|cken [*alte Trennung* ...k|k...], der; -s, - (*landsch.* großer Fleck)
Pla|cke|rei [*alte Trennung* ...k|k...] *(ugs.)*
pla|dauz! (*nordwestd. für* pardauz!)
plad|dern (*nordd. für* heftig regnen); es pladdert
plä|die|ren; auf schuldig plädieren
Plä|do|yer [...do̯a'je:], das; -s, -s (zusammenfassende Rede des Strafverteidigers od. Staatsanwaltes vor Gericht)
Pla|fond [...'fõ:, *österr. meist* ...'fo:n], der; -s, -s ‹franz.› (oberer Grenzbetrag; *landsch. für* [Zimmer]decke)
pla|fo|nie|ren (nach oben hin begrenzen); **Pla|fo|nie|rung**

P

Pla|ge, die; -, -n; **Pla|ge|geist** *Plur.* ...geister

pla|gen; sich plagen; **Pla|ge|rei**

Plag|ge, die; -, -n (*nordd. für* ausgestochenes Rasenstück)

Pla|gi|at, das; -[e]s, -e ‹lat.› (Diebstahl geistigen Eigentums); **Pla|gi|a|tor,** der; -s, ...oren; **Pla|gi|a|to|rin; pla|gi|a|to|risch**

pla|gi|ie|ren (ein Plagiat begehen)

Pla|gi|o|klas, der; -es, -e ‹griech.› (ein Mineral)

Plaid [ple:t], das, *älter* der; -s, -s ‹engl.› ([Reise]decke; *auch* großes Umhangtuch aus Wolle)

Pla|kat, das; -[e]s, -e ‹niederl.› (großformatiger öffentlicher Aushang od. Anschlag)

pla|ka|tie|ren (Plakate ankleben; durch Plakate bekannt machen); **Pla|ka|tie|rung**

pla|ka|tiv (bewusst herausgestellt, sehr auffällig)

Pla|kat|kunst, die; - **Pla|kat|ma|le|rei; Pla|kat|säu|le; Pla|kat|schrift; Pla|kat|wand; Pla|kat|wer|bung**

Pla|ket|te, die; -, -n ‹franz.› (kleine Platte mit einer Reliefdarstellung; Abzeichen; *auch für* Aufkleber [als Prüfzeichen])

Pla|ko|der|men *Plur.* ‹griech.› (ausgestorbene Panzerfische)

Pla|k|o|dont, der; -en, -en ‹»Breitzahner«› (ausgestorbene Echsenart)

Pla|ko|id|schup|pe (Schuppe der Haie)

plan ‹lat.› (flach, eben); plan geschliffene Fläche

¹Plan, der; -[e]s, Pläne (*veraltet für* Ebene; Kampfplatz); *noch in* auf den Plan rufen (zum Erscheinen veranlassen)

²Plan, der; -[e]s, Pläne (Grundriss, Entwurf, Karte; Absicht)

Pla|na|rie, die; -, -n (ein Strudelwurm)

Planche [plã:ʃ], die; -, -n ‹franz.› (Fechtbahn)

Plan|chet|te [plãˈʃɛ...], die; -, -n ‹franz.› (Miederstäbchen)

Planck (dt. Physiker)

plancksch; plancksches, *auch* Planck'sches [*alte Schreibung* Plancksches] Strahlungsgesetz ↑K 135

Pla|ne, die; -, -n ([Wagen]decke)

Plä|ne, die; -, -n ‹franz.› (*veraltet für* Ebene)

pla|nen; Pla|ner

Plä|ner, der; -s (heller Mergel)

Plan|er|fül|lung *(in der DDR)*

pla|ne|risch

Plä|ne|schmied; Plä|ne|schmie|den, das; -s

Pla|net, der; -en, -en ‹griech.› (sich um eine Sonne bewegender Himmelskörper)

pla|ne|tar *vgl.* planetarisch; **pla|ne|ta|risch;** planetarischer Nebel

Pla|ne|ta|ri|um, das; -s, ...ien ([Gebäude mit einem] Instrument zur Darstellung der Bewegung der Gestirne)

Pla|ne|ten|bahn; Pla|ne|ten|ge|trie|be *(Technik);* **Pla|ne|ten|jahr; Pla|ne|ten|kon|stel|la|ti|on**

Pla|ne|ten|sys|tem [*alte Trennung* ...|st...]

Pla|ne|to|id, der; -en, -en (kleiner Planet)

Plan|fest|stel|lung; Plan|fest|stel|lungs|ver|fah|ren

Plan|film (flach gelagerter Film im Gegensatz zum Rollfilm)

plan|ge|mäß

Plan|heit, die; - (Flächigkeit)

Pla|nier|bank *Plur.* ...bänke *(Technik);* **pla|nie|ren** ‹lat.› ([ein]ebnen); **Pla|nier|rau|pe; Pla|nier|schild,** der; **Pla|nie|rung**

Pla|ni|fi|ka|teur [...ˈtø:ə], der; -s, -e ‹franz.› (Fachmann für volkswirtschaftliche Gesamtplanung); **Pla|ni|fi|ka|teu|rin**

Pla|ni|fi|ka|ti|on, die; -, -en ‹lat.› (wirtschaftl. Rahmenplanung des Staates als Orientierungshilfe für Privatunternehmen)

Pla|ni|glob, das; -s, -en ‹lat.› *u.* **Pla|ni|glo|bi|um,** das; -s, ...ien (kreisförmige Karte einer Erdhalbkugel)

Pla|ni|me|ter, das; -s, - ‹lat.; griech.› (Gerät zum Messen des Flächeninhaltes)

Pla|ni|me|t|rie, die; - (Geometrie der Ebene); **pla|ni|me|t|risch**

Plan|kal|ku|la|ti|on (Kalkulation mithilfe der Plankostenrechnung)

Plan|ke, die; -, -n (starkes Brett, Bohle; Bretterzaun)

Plän|ke|lei; plän|keln (sich streiten; ein Gefecht austragen); ich plänk[e]le

Plan|ken|zaun

Plan|kos|ten [*alte Trennung* ...|st...] *Plur.;* **Plan|kos|ten|rech|nung**

Plank|ton, das; -s ‹griech.› (*Biol.* Gesamtheit der im Wasser schwebenden niederen Lebewesen); **plank|to|nisch**

Plank|ton|netz

Plank|tont, der; -en, -en (im Wasser schwebendes Lebewesen)

plan|los; Plan|lo|sig|keit

plan|mä|ßig; Plan|mä|ßig|keit

Plan|num|mer

pla|no ‹lat.› (*fachspr. für* glatt, ungefalzt [bes. von Druckbogen u. Karten])

Plan|qua|d|rat; Plan|rück|stand *(DDR)*

Plansch|be|cken, Plantsch|becken [*alte Trennung* ...k|k...]; **plan|schen,** plant|schen; du planschst, plantschst

Plan|schul|den *Plur. (DDR)*

Plan|soll (*DDR; vgl.* ²Soll)

Plan|spiel; Plan|spra|che (*svw.* Kunstsprache); **Plan|stel|le**

Plan|ta|ge [...ʒə], die; -, -n ‹franz.› ([An]pflanzung, landwirtschaftl. Großbetrieb [in trop. Gegenden]); **Plan|ta|gen|be|sit|zer; Plan|ta|gen|wirt|schaft**

plan|tar ‹lat.› (*Med.* die Fußsohle betreffend)

Plantsch|be|cken, Plansch|becken [*alte Trennung* ...k|k...]; **plant|schen, plan|schen**

Pla|num, das; -s ‹lat.› (eingeebnete Untergrundfläche beim Straßen- u. Gleisbau)

Pla|nung

Pla|nungs|bü|ro; Pla|nungs|kom|mis|si|on; Pla|nungs|rech|nung *(Math.);* **Pla|nungs|sta|di|um**

plan|voll

Plan|wa|gen

Plan|wirt|schaft (zentral geleitete Wirtschaft)

plan|zeich|nen (*fachspr.* Grundrisse, Karten o. Ä. zeichnen [*nur im Infinitiv gebräuchlich*]); **Plan|zeich|ner; Plan|zeich|nung**

Plan|ziel

Plap|pe|rei *(ugs.);* **Plap|pe|rer,** Plapp|rer *(ugs.)*

plap|per|haft *(ugs.);* **Plap|per|haf|tig|keit,** die; - *(ugs.)*

Plap|pe|rin *(ugs.)*

Plap|per|maul (*ugs. für* jmd., der plappert); **Plap|per|mäul|chen**

plap|pern (*ugs. für* viel u. gerne reden); ich plappere

Plapp|rer *vgl.* Plapperer

Plaque [plak], die; -, -s ‹franz.› (*Med.* Zahnbelag; Hautfleck)

plär|ren *(ugs.);* **Plär|rer**

Plä|san|te|rie, die; -, ...ien ‹franz.› (*veraltet für* Scherz)

Plä|sier, das; -s, -e (*veraltend, noch scherzh. für* Vergnügen,

Spaß); **plä|sier|lich** (*veraltet für* vergnüglich, heiter)
Plas|ma, das; -s, ...men ‹griech.› (Protoplasma; flüssiger Bestandteil des Blutes; leuchtendes, elektr. leitendes Gasgemisch)
Plas|ma|che|mie; Plas|ma|phy|sik
Plas|mo|di|um, das; -s, ...ien (vielkernige Protoplasmamasse)
Plast, der; -[e]s, -e *meist Plur.* ‹griech.› (*regional für* Kunststoff)
Plas|te [*alte Trennung* ...|st...], die; -, -n (*regional für* [2]Plastik); **Plas|te|tü|te** *(regional)*
Plas|tics [ˈplɛstɪks; *alte Trennung* ...|st...] *Plur.* ‹engl.› (*engl. Bez. für* Kunststoffe)
Plas|ti|de [*alte Trennung* ...|st...], die; -, -n *meist Plur.* ‹griech.› (*Bot.* Bestandteil der Pflanzenzelle)
[1]**Plas|tik** [*alte Trennung* ...|st...], die; -, -en (*nur Sing.:* Bildhauerkunst; Bildwerk; *übertr. für* Körperlichkeit; *Med.* operativer Ersatz von zerstörten Gewebs- u. Organteilen)
[2]**Plas|tik** [*alte Trennung* ...|st...], das; -s (Kunststoff)
Plas|tik|beu|tel [*alte Trennung* ...|st...]; **Plas|tik|bom|be**
Plas|ti|ker [*alte Trennung* ...|st...] (Bildhauer); **Plas|ti|ke|rin**
Plas|tik|fo|lie [*alte Trennung* ...|st...]; **Plas|tik|geld,** das; -[e]s (*ugs. für* Kreditkarte); **Plas|tik|helm; Plas|tik|sack; Plas|tik|tra|ge|ta|sche; Plas|tik|tü|te**
Plas|ti|lin, das; -s, *österr. nur so, u.* **Plas|ti|li|na,** die; - [*alte Trennung* ...|st...] (Knetmasse zum Modellieren)
plas|tisch [*alte Trennung* ...|st...] (knetbar; deutlich hervortretend; anschaulich; einprägsam)
Plas|ti|zi|tät [*alte Trennung* ...|st...], die; - (Formbarkeit, Körperlichkeit; Bildhaftigkeit, Anschaulichkeit)
Plas|t|ron [...ˈtrõ:, *österr.* ...ˈtro:n; *alte Trennung* ...|st...], der *od.* das; -s, -s ‹franz.› (breite [weiße] Krawatte; gestickter Brustlatz an Frauentrachten; eiserner Brust- od. Armschutz im MA.; Stoßkissen beim Fechttraining)
Pla|täa (im Altertum Stadt in Böotien); **Pla|tä|er**
Pla|ta|ne, die; -, -n ‹griech.› (ein Laubbaum); **Pla|ta|nen|blatt**
Pla|teau [...ˈto:], das; -s, -s ‹franz.› (Hochebene, Hochfläche; Tafelland); **pla|teau|för|mig**
Pla|teau|soh|le (sehr dicke Schuhsohle)
Pla|te|resk, das; -[e]s ‹span.› (Baustil der span. Spätgotik u. der ital. Frührenaissance)
Pla|tin [*österr.* ...ˈti:n], das; -s ‹span.› (chemisches Element, Edelmetall; *Zeichen* Pt); **pla|tin|blond** (weißblond); **Pla|tin|draht**
Pla|ti|ne, die; -, -n ‹griech.› (Montageplatte für elektrische Bauteile; Teil der Web- od. Wirkmaschine; *Hüttenw.* Formteil)
pla|ti|nie|ren (mit Platin überziehen); **Pla|ti|no|id,** das; -[e]s, -e ‹span.; griech.› (eine Legierung)
Pla|ti|tu|de [*alte Schreibung* Pla|ti|tü|de] *vgl.* Plattitüde
Pla|to *vgl.* Platon; **Pla|ton** (altgriechischer Philosoph); **Pla|to|ni|ker** (Anhänger der Lehre Platos)
pla|to|nisch; platonische (geistige) Liebe; platonisches Jahr; platonische [*alte Schreibung* Platonische] Schriften ↑K 135
Pla|to|nis|mus, der; - (Weiterentwicklung u. Abwandlung der Philosophie Platos)
platsch!; plat|schen *(ugs.);* du platschst
plät|schern; ich plätschere
platsch|nass [*alte Schreibung* ...naß] *(ugs.)*
platt (flach); die Nase platt drücken; da bist du platt! (*ugs. für* da bist du sprachlos, sehr erstaunt!); platt machen (zerstören, dem Erdboden gleichmachen); das platte (flache) Land
Platt, das; -[s] (das Niederdeutsche; Dialekt)
Plätt|brett
Plätt|chen
platt|deutsch; *vgl.* deutsch; **Platt|deutsch,** das; -[s] (Sprache); *vgl.* Deutsch; **Platt|deut|sche,** das; -n; *vgl.* Deutsche, das
[1]**Plat|te,** die; -, -n (*österr. ugs. auch für* [Gangster]bande)
[2]**Plat|te,** der; -n, -n (*ugs. für* Autoreifen ohne Luft)
Plät|te, die; -, -n (*landsch. für* Bügeleisen; *bayr. u. österr. für* flaches Schiff)
Plat|tei ([Adrema]plattensammlung)
Plätt|ei|sen *(landsch.)*
plät|teln (mit Platten, Fliesen auslegen od. verkleiden); ich plätt[e]le; **plat|ten** (*landsch. für* platt machen; Platten legen)
plät|ten (*landsch. für* bügeln)
Plat|ten|al|bum; Plat|ten|ar|chiv
Plat|ten|bau *Plur.* ...bauten; **Plat|ten|bau|wei|se,** die; -
Plat|ten|be|lag; Plat|ten|le|ger
Plat|ten|samm|lung; Plat|ten|schrank
Plat|ten|see, der; -s (ungarischer See); *vgl.* Balaton
[1]**Plat|ten|se|er**
[2]**Plat|ten|se|er,** der; -s (ein Wein)
Plat|ten|spie|ler
Plat|ten|ste|cher (ein Lehrberuf)
Plat|ten|tel|ler; Plat|ten|wechs|ler
Plat|ten|weg
Platt|erb|se
plat|ter|dings (*ugs. für* schlechterdings)
Plät|te|rei *(landsch.);* **Plät|te|rin**
Platt|fisch
Platt|form *(auch EDV)*
Platt|frost (Frost ohne Schnee)
Platt|fuß; platt|fü|ßig; Platt|fuß|in|di|a|ner *(ugs.)*
Platt|heit
Platt|hirsch (*Jägerspr.* geweihloser Rothirsch)
plat|tie|ren ‹franz.› ([mit Metall] überziehen; umspinnen); **Plat|tie|rung; Plat|tier|ver|fah|ren**
plat|tig (glatt [von Felsen])
Plat|ti|tü|de, *auch* **Pla|ti|tu|de** [...ˈty:t; *alte Schreibung* Pla|ti|tü|de], die; -, -n ‹franz.› (*geh. für* Plattheit, Seichtheit)
Platt|ler (ein Älplertanz)
Plätt|ma|schi|ne *(landsch.)*
platt|na|sig
Platt|stich; Platt- und Stielstich; **Platt|[stich|]sti|cke|rei** [*alte Trennung* ...k|k...]
Platt|wan|ze; Platt|wurm
Platz, der; -es, Plätze (*landsch. auch für* Kuchen, Plätzchen); *Schreibung in Straßennamen:* ↑K 162 *u.* 163; Platz finden, greifen, haben; Platz machen, nehmen; Platz sparen; *vgl.* Platz sparend; am Platz[e] sein
Platz|angst, die; -
Platz|an|wei|ser; Platz|an|wei|se|rin
Platz|be|darf
Plätz|chen
Platz|deck|chen
Plat|ze; *in* die Platze kriegen (*landsch. für* wütend werden)
plat|zen; du platzt
plät|zen (*landsch. für* mit lautem Knall schießen; Bäume durch

P

Abschlagen eines Rindenstückes zeichnen; den Boden mit den Vorderläufen aufscharren [vom Schalenwild]); du plätzt
...plät|zer (*schweiz. für* ...sitzer)
Platz|hal|ter (*bes. Sprachw.*)
Platz|hirsch (stärkster Hirsch eines Brunftplatzes)
plat|zie|ren [*alte Schreibung* pla|zie|ren] ⟨franz.⟩ (aufstellen, an einen bestimmten Platz stellen, bringen; *Kaufmannsspr.* [Kapitalien] unterbringen, anlegen); sich platzieren (*Sport* einen vorderen Platz erreichen)
plat|ziert [*alte Schreibung* pla|ziert] (*Sport* genau gezielt); ein platzierter Schuss, Schlag
Plat|zie|rung [*alte Schreibung* Pla|zie|rung]; **Plat|zie|rungs|vor|schrift** (für Werbeanzeigen o. Ä.)
...plät|zig (*schweiz. für* ...sitzig)
Platz|kar|te; Platz|kon|zert
Platz|kos|ten|rech|nung [*alte Trennung* ...|st...] (*Wirtsch.* Berechnung der Kosten für einzelne Abteilungen eines Betriebes)
Plätz|li, das; -s, - (*schweiz. mdal. für* flaches Stück, *bes. für* Plätzchen, Schnitzel)
Platz|man|gel, der; -s
Platz|mie|te; Platz|ord|ner
Platz|pa|t|ro|ne
Platz|re|gen
Platz|run|de (*bes. Sport*)
Platz spa|rend, *auch* **platz|spa|rend;** K 58 *u.* 59: eine Platz sparende, *auch* platzsparende Lösung; *aber nur* eine viel Platz sparende Lösung; eine besonders platzsparende, noch platzsparendere Lösung
Platz|ver|hält|nis|se *Plur.*
Platz|ver|tre|tung (*Kaufmannsspr.*)
Platz|ver|weis (*Sport*)
Platz|wart, der; -[e]s, -e
Platz|wech|sel
Platz|wet|te
Platz|wun|de
Platz|zif|fer (*Sport*)
Plau|de|rei; Plau|de|rer, Plaud|rer; **Plau|de|rin,** Plaud|re|rin
plau|dern; ich plaudere
Plau|der|stünd|chen; Plau|der|ta|sche (*ugs. scherzh. für* jmd., der gerne plaudert, geschwätzig ist); **Plau|der|ton,** der; -[e]s
Plaud|rer *vgl.* Plauderer
Plaud|re|rin *vgl.* Plauderin
Plau|en (Stadt im Vogtland); **Plau|e|ner;** Plauener Spitzen; **plau|ensch,** *auch* plau|isch; plauensche, *auch* plauische Ware
Plau|en|sche Grund, der; -n -[e]s (bei Dresden)
Plau|er Ka|nal, der; - -s ⟨*nach* Plaue (Ortsteil von Brandenburg)⟩
Plau|er See, der; - -s ⟨*nach* Plau (Stadt in Mecklenburg)⟩
Plau|e|sche Grund, der; -n -[e]s; (bei Erfurt)
plau|isch *vgl.* plauensch
Plausch, der; -[e]s, -e (*bes. südd., österr. für* gemütliche Plauderei; *schweiz. mdal. für* Vergnügen, Spaß); **plau|schen** (*bes. südd., österr. für* gemütlich plaudern); du plauschst
plau|si|bel ⟨lat.⟩ (einleuchtend, begreiflich); plausi|b|le Gründe; **Plau|si|bi|li|tät,** die; -
plaus|tern [*alte Trennung* ...|st...] (*landsch. für* plustern)
Plau|tus (römischer Komödiendichter)
plauz!; Plauz, der; -es, -e (*ugs. für* Fall; Schall); einen Plauz tun
Plau|ze, die; -, -n ⟨slaw.⟩ (*landsch. für* Lunge; Bauch); es auf der Plauze haben (stark erkältet sein)
plau|zen ⟨*zu* Plauz⟩; du plauzt
Play-back, *auch* **Play|back** ['ple:bɛk], das; -, -s ⟨engl.⟩ (*Film u. Ferns.* Verfahren der synchronen Bildaufnahme zu einer bereits vorliegenden Tonaufzeichnung; Bandaufzeichnung); **Play-back-Ver|fah|ren,** *auch* **Play|back|ver|fah|ren**
Play|boy ['ple:...], der; -s, -s ⟨engl.-amerik.⟩ ([reicher jüngerer] Mann, der vor allem seinem Vergnügen lebt)
Play|girl ['ple:...], das; -s, -s (leichtlebige, attraktive jüngere Frau)
Play-off ['ple:...], das; -, - (*Sport* System von Ausscheidungsspielen); **Play-off-Run|de**
Play|sta|tion ® ['ple:ste:ʃn̩], die; -, -s (Spielkonsole mit CD-ROM-Laufwerk)
Pla|zen|ta, die; -, *Plur.* -s *u.* ...ten ⟨griech.-lat.⟩ (*Med., Biol.* Mutterkuchen, Nachgeburt); **pla|zen|tal, pla|zen|tar**
Pla|zet, das; -s, -s ⟨lat.⟩ (Bestätigung, Erlaubnis)
pla|zie|ren usw. *alte Schreibung für* platzieren usw.
Ple|be|jer, der; -s, - ⟨lat.⟩ (Angehöriger der niederen Schichten [im alten Rom]; ungehobelter Mensch); **ple|be|jisch** (ungebildet, ungehobelt, pöbelhaft)
Ple|bis|zit, das; -[e]s, -e (Entscheidung durch Volksabstimmung); **ple|bis|zi|tär**
[1]**Plebs** [*auch* ple:ps], der; -es, *österr.* die; - (Volk; Pöbel)
[2]**Plebs,** die; - (das [arme] Volk im alten Rom)
Plei|n|air [plɛ'nɛ:ɐ̯], das; -s, -s ⟨franz.⟩ (Freilichtmalerei); **Plei|n|air|ma|le|rei**
Plei|ße, die; - (rechter Nebenfluss der Weißen Elster)
pleis|to|zän [*alte Trennung* ...|st...] ⟨griech.⟩; **Pleis|to|zän,** das; -s (*Geol.* Eiszeitalter)
plei|te ⟨hebr.-jidd.⟩ (*ugs. für* zahlungsunfähig) pleite sein, werden; ich bin pleite;
Plei|te die; -, -n (*ugs.*) das ist, wird ja eine Pleite (ein Reinfall); Pleite gehen [*alte Schreibung* pleite gehen]; er ging Pleite [*alte Schreibung* ging pleite]; Pleite machen, wir machten Pleite; vor der Pleite stehen
Plei|te|gei|er (*ugs.*)
Plei|ti|er [...'ti̯e:], der; -s, -s (*ugs. für* jmd., der pleite ist)
Ple|ja|de, die; - (griech. Regengöttin); **Ple|ja|den** *Plur.* (Siebengestirn [eine Sterngruppe])
Plek|t|ron, das; -s, *Plur.* ...tren *u.* ...tra ⟨griech.⟩ (Stäbchen od. Plättchen, mit dem die Saiten mancher Zupfinstrumente angerissen werden)
Plek|t|rum *vgl.* Plektron
Plem|pe, die; -, -n (*ugs. für* dünnes, fades Getränk); **plem|pern** (*landsch. für* spritzen, [ver]schütten; seine Zeit mit nichtigen Dingen vertun); ich plempere
plem|plem (*ugs. für* verrückt)
Ple|nar|saal ⟨lat.; dt.⟩; **Ple|nar|sit|zung** (Vollsitzung); **Ple|nar|ver|samm|lung** (Vollversammlung)
ple|ni|po|tent (*veraltet für* ohne Einschränkung bevollmächtigt, allmächtig); **Ple|ni|po|tenz**
ple|no or|ga|no ⟨lat.⟩ (mit vollen Registern [bei der Orgel])
ple|no ti|tu|lo ⟨lat.⟩ (*österr., sonst veraltet für* mit vollem Titel; *Abk.* P. T., p. t.)
Plen|te, die; -, -n (*südd.*) *u.* **Plen|ten,** der; -s, - (*österr.*) ⟨ital.⟩ (Brei aus Mais- od. Buchweizenmehl)

Plen|ter|be|trieb (*svw.* Femelbetrieb)
plen|tern (*Forstw.* einzelne Bäume schlagen); ich plentere
Ple|num, das; -s, ...nen ‹lat.› (Gesamtheit [des Parlaments, Gerichts u. a.], Vollversammlung)
Ple|o|chro|is|mus [...k...], der; - ‹griech.› (Eigenschaft gewisser Kristalle, Licht nach mehreren Richtungen in verschiedene Farben zu zerlegen)
ple|o|morph usw. *vgl.* polymorph usw.
Ple|o|nas|mus, der; -, ...men (*Rhet.* überflüssige Häufung sinngleicher od. sinnähnlicher Ausdrücke; z. B. weißer Schimmel, Einzelindividuum); **ple|o|nas|tisch** [*alte Trennung* ...|st...] (überflüssig gesetzt; überladen)
Ple|o|n|e|xie, die; - (Habsucht; Geltungssucht)
Ple|si|o|sau|ri|er, Ple|si|o|sau|rus, der; -, ...rier ‹griech.› (ein ausgestorbenes Reptil)
Ple|thi *vgl.* Krethi
Ple|tho|ra, die; -, *Plur.* ...ren, *fachspr.* ...rae ‹griech.› (*Med.* vermehrter Blutandrang)
Ple|thys|mo|graph, *auch* Ple|thys|mo|graf; der; -en, -en; ‹griech.› (*Med.* Apparat zur Messung von Umfangsveränderungen eines Gliedes od. Organs)
Pleu|el, der; -s, - (*Technik* Schubstange); **Pleu|el|stan|ge**
Pleu|ra, die; -, ...ren ‹griech.› (*Med.* Brust-, Rippenfell)
Pleu|reu|se [plø'rø:...], die; -, -n ‹franz.› (*früher* Trauerbesatz an Kleidern; lange Straußenfeder auf Frauenhüten)
Pleu|ri|tis, die; -, ...itiden ‹griech.› (*Med.* Brust-, Rippenfellentzündung)
Pleu|r|o|dy|nie, die; -, ...ien (Seitenschmerz, Seitenstechen)
Pleu|ro|pneu|mo|nie, die; -, ...ien (Rippenfell- u. Lungenentzündung)
ple|xi|form ‹lat.› (*Med.* geflechtartig)
Ple|xi|glas® ‹lat.; dt.› (ein glasartiger Kunststoff)
Ple|xus, der; -, - ‹lat.› (*Med.* Gefäß- od. Nervengeflecht)
Pli, der; -s ‹franz.› (*landsch. für* Gewandtheit [im Benehmen])
Plicht, die; -, -en (offener Sitzraum hinten in Motor- u. Segelbooten)
plie|ren (*nordd. für* blinzelnd schauen; weinen); **plie|rig** (*nordd. für* blinzelnd; verweint)
plietsch (*nordd. für* pfiffig)
Plie|vi|er [...'vie:] (dt. Schriftsteller)
Pli|ni|us (röm. Schriftsteller)
plin|kern (*nordd. für* blinzeln)
Plin|se, die; -, -n ‹slaw.› (*landsch. für* Eier- od. Kartoffelspeise)
plin|sen (*nordd. für* weinen); du plinst
Plin|sen|teig (*landsch.*)
Plin|the, die; -, -n ‹griech.› ([Säulen]platte; Sockel[mauer])
Plin|ze, die; -, -n (*vgl.* Plinse)
pli|o|zän ‹griech.›; **Pli|o|zän,** das; -s (*Geol.* jüngste Stufe des Tertiärs)
Plis|see, das; -s, -s ‹franz.› (in Fältchen gelegtes Gewebe); **Plis|see|rock; plis|sie|ren**
PLO = Palestine Liberation Organization (palästinensische Befreiungsbewegung)
Plock|wurst (eine Dauerwurst)
Plom|be, die; -, -n ‹franz.› (Bleisiegel, -verschluss; [Zahn]füllung); **plom|bie|ren; Plom|bie|rung**
Plör|re, die; -, -n (*nordd. für* wässriges, fades Getränk)
Plot, der, *auch* das; -s, -s ‹engl.› (*Literaturw.* Handlung[sablauf]; *EDV* grafische Darstellung)
Plot|ter (*EDV*)
Plöt|ze, die; -, -n ‹slaw.› (ein Fisch)
plötz|lich; Plötz|lich|keit, die; -
Plu|der|ho|se; plu|de|rig, plud|rig
plu|dern (sich bauschen); ich pludere
Plug and play ['plʌg ənd 'pleɪ], das; - - - ‹engl.› (*EDV* Computerfunktion, die die Inbetriebnahme vereinfacht); **Plug-and-play-Funk|ti|on** (*EDV*)
Plum|bum, das; -s ‹lat.› (*lat. Bez. für* Blei; *Zeichen* Pb)
Plu|meau [ply'mo:], das; -s, -s ‹franz.› (Federdeckbett)
plump; eine plumpe Falle
Plum|pe, die; -, -n (*ostmitteld. für* Pumpe); **plum|pen** (*ostmitteld. für* pumpen)
Plump|heit
plumps!; Plumps, der; -es, -e (*ugs.*)
Plump|sack (im Kinderspiel)
plump|sen (*ugs. für* dumpf fallen); du plumpst
Plumps|klo (*ugs. für* Toilette ohne Spülung)
Plum|pud|ding ['plam...] ‹engl.› (englische Süßspeise)
plump|ver|trau|lich, *auch* **plump-ver|trau|lich** ↑K 23
Plun|der, der; -s, -n (*nur Sing.: ugs. für* altes Zeug; Backwerk aus Blätterteig mit Hefe)
Plun|der|bre|zel
Plün|de|rei; Plün|de|rer, Plünd|rer
Plun|der|ge|bäck
Plün|de|rin, Plünd|re|rin
plün|dern; ich plündere
Plun|der|teig
Plün|de|rung
Plünd|rer *vgl.* Plünderer; **Plünd|re|rin** *vgl.* Plünderin
Plün|nen *Plur.* (*nordd. für* [alte] Kleider)
Plun|ze, die; -, -n (*ostmitteld. für* Blutwurst); **Plun|zen,** die; -, - (*bayr. für* Blutwurst; *scherzh. für* dicke, schwerfällige Person)
Plur. = Plural
plu|ral *vgl.* pluralistisch
Plu|ral, der; -s, -e ‹lat.› (*Sprachw.* Mehrzahl; *Abk.* pl., Pl., Plur.); **Plu|ral|en|dung**
Plu|ra|le|tan|tum, das; -s, *Plur.* -s *u.* Pluraliatantum (*Sprachw.* nur im Plural vorkommendes Wort, z. B. »die Leute«)
plu|ra|lisch (im Plural [gebraucht, vorkommend])
Plu|ra|li|sie|rung
Plu|ra|lis Ma|jes|ta|tis [*alte Schreibung* Plu|ra|lis ma|je|sta|tis], der; - -, ...les - (auf die eigene Person angewandte Pluralform)
Plu|ra|lis|mus, der; - (philosophische Meinung, dass die Wirklichkeit aus vielen selbstständigen Weltprinzipien besteht; Vielgestaltigkeit gesellschaftlicher, politischer u. anderer Phänomene); **plu|ra|lis|tisch** [*alte Trennung* ...|st...]
Plu|ra|li|tät, die; -, -en (Mehrheit; Vielfältigkeit)
Plu|ral|wahl|recht (Wahlrecht, bei dem best. Wählergruppen zusätzliche Stimmen haben)
plu|ri|form (vielgestaltig)
Plu|ri|pa|ra, die; -, ...paren ‹lat.› (*Med.* Frau, die mehrmals geboren hat)
plus (und; *Zeichen* + [positiv]; *Ggs.* minus); drei plus drei ist, macht, gibt (*nicht:* sind, machen, geben) sechs; plus 15 Grad *od.* 15 Grad plus; mit einer Genauigkeit von plus/minus 5 Prozent

P

Plus, das; -, - (Mehr, Überschuss, Gewinn; Vorteil); **Plus|be|trag**

Plüsch [plʏʃ, *auch* ply:ʃ], der; -[e]s, -e ‹franz.› (Florgewebe)

Plüsch|au|gen *Plur.* (*ugs. für* sanft blickende [große] Augen)

plü|schen (aus Plüsch); **plü|schig** (wie Plüsch); **Plüsch|ses|sel; Plüsch|so|fa; Plüsch|tier**

Plus|pol; Plus|punkt

Plus|quam|per|fekt, das; -s, -e ‹lat.› (*Sprachw.* Vorvergangenheit)

plus|tern [*alte Trennung* ...|st...]; die Federn plustern (sträuben, aufrichten); sich plustern

Plus|zei|chen (Zusammenzähl-, Additionszeichen; *Zeichen* +)

Plu|t|arch (griechischer philosophischer Schriftsteller)

Plu|t|ar|chos *vgl.* Plutarch

[1]**Plu|to** (Beiname des Gottes Hades; griech. Gott des Reichtums und des Überflusses)

[2]**Plu|to,** der; - (ein Planet)

Plu|to|krat, der; -en, -en ‹griech.› (jmd., der durch seinen Reichtum politische Macht ausübt); **Plu|to|kra|tie,** die; -, ...ien (Geldherrschaft; Geldmacht)

Plu|ton *vgl.* [1]Pluto; **plu|to|nisch** (der Unterwelt zugehörig); plutonische Gesteine (Tiefengesteine); **Plu|to|nis|mus,** der; - (Tiefenvulkanismus; veraltete geol. Lehre, nach der die Gesteine ursprünglich in glutflüssigem Zustand waren)

Plu|to|ni|um, das; -s (chem. Element, Transuran; *Zeichen* Pu)

Plut|zer (*österr. mdal. für* Kürbis; Steingutflasche; grober Fehler)

plu|vi|al ‹lat.› (*Geol.* als Regen fallend)

Plu|vi|a|le, das; -s, -[s]; (Vespermantel des katholischen Priesters; Krönungsmantel)

Plu|vi|al|zeit (*Geol.* in den subtropischen Gebieten eine den Eiszeiten entsprechende Periode mit kühlerem Klima u. stärkeren Niederschlägen)

Plu|vi|o|graph, *auch* Plu|vi|o|graf, der; -en, -en ‹lat.; griech.› (*Meteor.* Regenmesser)

Plu|vi|o|me|ter, das; -s, - (*Meteor.* Regenmesser); **Plu|vi|o|ni|vo|me|ter,** das; -s, - (*Meteor.* Gerät zur Aufzeichnung des Niederschlags)

Plu|vi|ose [ply'vi̯o:s], der; -, -s ‹franz., »Regenmonat«› (5. Monat des Kalenders der Franz. Revolution: 20. Jan. bis 18. Febr.)

Plu|vi|us ‹lat.› (Beiname Jupiters)

Ply|mouth ['plɪməθ] (engl. Stadt)

Ply|mouth Rocks *Plur.* (eine Hühnerrasse)

PLZ = Postleitzahl

PLZ (Währungscode für Zloty)

Plzeň ['pɪlzɛn] (Hauptstadt des Westböhmischen Kreises; *vgl.* Pilsen)

p. m. = post meridiem; post mortem; pro memoria

p. m., v. T., ‰ = per *od.* pro mille

Pm = *chem. Zeichen für* Promethium

PMS = prämenstruelles Syndrom *(Med.)*

Pneu, der; -s, -s ‹griech.› (*kurz für* [2]Pneumatik *od.* Pneumothorax)

Pneu|ma, das; -s ‹Hauch› (*Theol.* Heiliger Geist)

[1]**Pneu|ma|tik,** die; - (Lehre von den Luftbewegungen u. vom Verhalten der Gase; deren Anwendung in der Technik)

[2]**Pneu|ma|tik** [*österr.* ...'ma...], der; -s, -s, *österr.* die; -, -en (Luftreifen; *Kurzform* Pneu)

pneu|ma|tisch (die Luft, das Atmen betreffend; durch Luft[druck] bewegt, bewirkt); pneumatische Bremse

Pneu|mo|graph, *auch* Pneu|mo|graf, der; -en, -en (*Med.* Vorrichtung zur Aufzeichnung der Atembewegungen)

Pneu|mo|kok|kus, der; -, ...kken (Erreger der Lungenentzündung); **Pneu|mo|ko|ni|o|se,** die; - (Staublunge)

Pneu|mo|nie, die; -, ...ien (Lungenentzündung)

Pneu|mo|pe|ri|kard, das; -[e]s (Luftansammlung im Herzbeutel)

Pneu|mo|pleu|ri|tis, die; -, ...itiden (Rippenfellentzündung bei leichter Lungenentzündung)

Pneu|mo|tho|rax, der; -[es], -e (krankhafte od. künstliche Luft-, Gasansammlung im Brustfellraum; *Kurzform* Pneu)

[1]**Po,** der; -[s] (italienischer Fluss)

[2]**Po,** der; -s, -s (*kurz für* Popo)

Po = *chem. Zeichen für* Polonium

P. O. = Professor ordinarius (ordentlicher Professor; *vgl. d.*)

Pö|bel, der; -s ‹franz.› (Pack, Gesindel); **Pö|be|lei**

pö|bel|haft; Pö|bel|haf|tig|keit

Pö|bel|herr|schaft, die; -

pö|beln (*ugs. für* durch beleidigende Äußerungen provozieren); ich pöb[e]le

Poch, das, *auch* der; -[e]s (ein Kartenglücksspiel); **Poch|brett**

po|chen

po|chie|ren [...'ʃi:...] ‹franz.› (*Gastron.* Speisen, bes. aufgeschlagene Eier, in kochendem Wasser gar werden lassen)

Poch|stem|pel (Balken zum Zerkleinern von Erzen); **Poch|werk** *(Bergbau)*

Po|cke [*alte Trennung* ...k|k...], die; -, -n (Eiterbläschen; Impfpustel)

Po|cken [*alte Trennung* ...k|k...] *Plur.* (eine Infektionskrankheit); **Po|cken|imp|fung**

Po|cken|nar|be [*alte Trennung* ...k|k...]; **po|cken|nar|big**

Po|cken|schutz|imp|fung [*alte Trennung* ...k|k...]; **Po|cken|vi|rus**

Po|cket|ka|me|ra [*alte Trennung* ...k|k...] ‹engl.; lat.› (Taschenkamera)

Pock|holz (Guajakholz, ein tropisches Holz)

po|ckig [*alte Trennung* ...k|k...]

po|co ‹ital.› (*Musik* [ein] wenig); poco a poco (nach und nach); poco largo (ein wenig langsam)

Po|d|a|g|ra, das; -s ‹griech.› (*Med.* Fußgicht); **po|d|a|g|risch**

Po|d|al|gie, die; -, ...ien (Fußschmerzen)

Po|dest, das, *österr. nur so, auch* der; -[e]s, -e ‹griech.› ([Treppen]absatz; kleines Podium)

Po|des|ta, *ital.* **Po|des|tà** [*alte Trennung* ...|st...], der; -[s], -s (*ital. Bez. für* Bürgermeister)

Po|dex, der; -[es], -e ‹lat.› (*scherzh. für* Gesäß)

Po|di|um, das; -s, ...ien ‹griech.› (trittartige Erhöhung [für Redner usw.]); **Po|di|ums|dis|kus|si|on; Po|di|ums|ge|spräch**

Po|do|me|ter, das; -s, - ‹griech.› (Schrittzähler)

Pod|sol, der; -s ‹russ.› (graue bis weiße Bleicherde)

Poe [po:], Edgar Allan ['ɛtgə 'ɛlən] (amerik. Schriftsteller)

Po|e|be|ne, *auch* **Po-E|be|ne,** die; -; ↑K 143 (Ebene des Flusses Po)

Po|em, das; -s, -e ‹griech.› (*veraltend, noch scherzh. für* größere lyrisch-epische Dichtung)

Po|e|sie, die; -, ...ien (Dichtung; Dichtkunst; dichterischer Stimmungsgehalt, Zauber)

Po|e|sie|al|bum

P

po|e|sie|los; Po|e|sie|lo|sig|keit
Po|et, der; -en, -en (*oft scherzh. für* [lyrischer] Dichter); **Po|e|ta lau|re|a|tus,** der; - -, ...tae ...ti ‹lat.› ([lorbeer]gekrönter, mit einem Ehrentitel ausgezeichneter Dichter)
Po|e|tas|ter [*alte Trennung* ...|st...], der; -s, - ‹griech.› (*abwertend für* schlechter Dichter)
Po|e|tik, die; -, -en ([Lehre von der] Dichtkunst)
Po|e|tin *vgl.* Poet
po|e|tisch (dichterisch)
po|e|ti|sie|ren (dichterisch ausschmücken; dichtend erfassen)
Po|fel, der; -s (*südd. u. österr. svw.* Bafel; Wertloses)
po|fen (*ugs. für* schlafen)
Po|fe|se *vgl.* Pafese
Po|gat|sche, die; -, -n ‹ung.› (*österr. für* eine Süßspeise)
Po|g|rom, der *od.* das; -s, -e ‹russ.› (Ausschreitungen gegen nationale, religiöse, ethnische Minderheiten); **Po|g|rom|het|ze**
Po|g|rom|nacht (Nacht vom 9. zum 10. Nov. 1938 mit nationalsozialistischen Pogromen gegen die deutschen Juden); **Po|g|rom|op|fer**
poi|ki|lo|therm ‹griech.› (wechselwarm [von Tieren])
Poi|lu [poa'ly:], der; -[s], -s ‹franz.› (Spitzname des franz. Soldaten im Ersten Weltkrieg)
Point [pọɛ̃:], der; -s, -s ‹franz.› (*Würfelspiel* Auge; *Kartenspiel* Stich; *Kaufmannsspr.* Notierungseinheit von Warenpreisen an Produktenbörsen)
Point d'Hon|neur ['pọɛ̃: dɔ'nø:ɐ̯; *alte Schreibung* Point d'honneur], der; - - (*veraltet für* Punkt, an dem sich jmd. in seiner Ehre getroffen fühlt)
Poin|te ['pọɛ̃:...], die; -, -n (überraschender Schlusseffekt [bes. eines Witzes])
Poin|ter, der; -s, - ‹engl.› (Vorstehhund)
poin|tie|ren [pọɛ̃...] ‹franz.› (unterstreichen, betonen); **pointiert** (betont; zugespitzt)
Poin|til|lis|mus [pọɛ̃ti'jɪ..., *auch* ...'lɪs...], der; - (Richtung der impressionistischen Malerei); **Poin|til|list,** der; -en, -en (Vertreter des Pointillismus); **poin|til|lis|tisch** [*alte Trennung* ...|st...]
Po|jatz, der; -, -e (*landsch. für* Bajazzo, Hanswurst)
Po|kal, der; -s, -e ‹ital.› (Trinkgefäß mit Fuß; Sportpreis); **Po|kal|end|spiel; Po|kal|sie|ger; Po|kal|spiel; Po|kal|sys|tem** [*alte Trennung* ...|st...]; **Po|kal|ver|tei|di|ger; Po|kal|wett|be|werb**
Pö|kel, der; -s, - ([Salz]lake); **Pö|kel|fleisch; Pö|kel|he|ring; Pö|kel|la|ke**
pö|keln; ich pök[e]le
Po|ker, das; -s ‹amerik.› (ein Kartenglücksspiel)
Pö|ker, der; -s, - (*nordd. Kinderspr. für* Podex, Gesäß)
Po|ker|face [...fe:s]; **Po|ker|gesicht; Po|ker|mie|ne**
po|kern ‹amerik.›; ich pokere
Po|ker|spiel
po|ku|lie|ren ‹lat.› (*veraltet für* bechern, zechen)
[1]**Pol,** der; -s, -e ‹griech.› (Drehpunkt; Endpunkt der Erdachse; *Math.* Bezugspunkt; *Elektrot.* Aus- u. Eintrittspunkt des Stromes)
[2]**Pol,** der; -s, -e ‹franz.› (Oberseite von Samt u. Plüsch)
Po|lack, der; -en, -en ‹poln.› (*diskriminierende Bez. für* Pole)
po|lar ‹griech.› (am Pol befindlich, die Pole betreffend; entgegengesetzt wirkend); polare Strömungen; polare Luftmassen
Po|la|re, die; -, -n (*Math.* Verbindungslinie der Berührungspunkte zweier Tangenten an einem Kegelschnitt); zwei Polare[n]
Po|lar|eis; Po|lar|ex|pe|di|ti|on
Po|lar|fau|na
Po|lar|for|scher; Po|lar|for|sche|rin
Po|lar|front (*Meteor.* Front zwischen polarer Kaltluft u. tropischer Warmluft); **Po|lar|fuchs; Po|lar|ge|biet; Po|lar|ge|gend; Po|lar|hund**
Po|la|ri|sa|ti|on, die; -, -en (deutliches Hervortreten von Gegensätzen; *Physik* das Herstellen einer festen Schwingungsrichtung aus sonst unregelmäßigen Schwingungen des natürlichen Lichtes)
Po|la|ri|sa|ti|ons|e|be|ne
Po|la|ri|sa|ti|ons|fil|ter
Po|la|ri|sa|ti|ons|mi|k|ro|s|kop
Po|la|ri|sa|ti|ons|strom
Po|la|ri|sa|tor, der; -s, ...oren (Vorrichtung, die polarisierte Strahlung aus natürlicher erzeugt)
po|la|ri|sie|ren (der Polarisation unterwerfen); sich polarisieren (in seiner Gegensätzlichkeit immer stärker hervortreten); **Po|la|ri|sie|rung**
Po|la|ri|tät, die; -, -en (Vorhandensein zweier [1]Pole, Gegensätzlichkeit)
Po|lar|kreis; Po|lar|land *Plur.* ...länder; **Po|lar|licht** *Plur.* ...lichter; **Po|lar|luft,** die; -; **Po|lar|meer; Po|lar|nacht**
Po|la|ro|id|ka|me|ra® [*auch* ...'rɔy...] (Fotoapparat, der kurz nach der Aufnahme das fertige Bild liefert)
Po|lar|stern, der; -[e]s; **Po|lar|zo|ne**
Pol|der, der; -s, - ‹niederl.› (eingedeichtes Land); **Pol|der|deich**
Po|le, der; -n, -n
Po|lei, der; -[e]s, -e ‹lat.› (Bez. verschiedener Heil- u. Gewürzpflanzen); **Po|lei|min|ze**
Po|le|mik, die; -, -en ‹griech.› (wissenschaftliche, literarische Fehde, Auseinandersetzung; [unsachlicher] Angriff)
Po|le|mi|ker; Po|le|mi|ke|rin
po|le|misch; po|le|mi|sie|ren
po|len ‹griech.› (an einen elektrischen Pol anschließen)
Po|len
Po|len|ta, die; -, *Plur.* -s *u.* ...ten ‹ital.› (ein Maisgericht)
Po|len|te, die; - ‹jidd.› (*ugs. für* Polizei)
Pole|po|si|tion ['po:lpəzɪʃn̩], *auch* **Pole-Po|si|tion** [*alte Schreibung* Pole-po|si|tion], die; - ‹engl.› (beste Startposition beim Autorennen)
Po|les|je, Po|less|je, die; - (osteurop. Wald- u. Sumpflandschaft)
Pol|gar (österr. Schriftsteller)
Pol|hö|he (*Geogr.*)
Po|li|ce [...sə], die; -, -n ‹franz.› (Versicherungsschein)
Po|li|ci|nel|lo [...tʃi...], der; -s, ...lli ‹ital.› (*veraltete Nebenform von* Pulcinella)
Po|lier, der; -s, -e ‹franz.› (Vorarbeiter der Maurer u. Zimmerleute; Bauführer)
Po|lier|bürs|te [*alte Trennung* ...|st...]
po|lie|ren ‹franz.› (reiben, putzen; glänzend, blank machen)
Po|lie|rer; Po|lie|re|rin
Po|lier|mit|tel; Po|lier|stahl (*Druckw.*); **Po|lier|wachs**
Po|li|kli|nik (medizinische Einrichtung zur ambulanten Behandlung); **po|li|kli|nisch**
Po|lin
Po|lio, die; - (*Kurzform von* Polio-

P

myelitis); **Po|li|o|in|fek|ti|on; Po|li|o|my|e|li|tis,** die; -, ...itiden ‹griech.› (*Med.* Kinderlähmung)

Po|lis, die; -, Poleis ‹griech.› (altgriechischer Stadtstaat)

Po|lit|bü|ro ‹*Kurzw. für* Politisches Büro› (Führungsorgan von kommunistischen Parteien)

[1]**Po|li|tes|se,** die; - ‹franz.› (*veraltet für* Höflichkeit, Artigkeit)

[2]**Po|li|tes|se,** die; -, -n ‹aus Polizei u. Hostess› (Angestellte einer Gemeinde, die bes. die Einhaltung des Parkverbots kontrolliert)

Po|li|ti|cal Cor|rect|ness [...kl kɔˈrɛk...] ↑K 40, die; - - ‹engl.› (Einstellung, die alle diskriminierenden Ausdrucksweisen und Handlungen ablehnt)

po|li|tie|ren ‹lat.-franz.› (*ostösterr. für* mit Politur einreiben u. glänzend machen)

Po|li|tik, die; -, -en *Plur. selten* ‹griech.› ([Lehre von der] Staatsführung; zielgerichtetes Verhalten)

Po|li|ti|kas|ter [*alte Trennung* ...|st...], der; -s, - (*abwertend für* jmd., der viel von Politik spricht, ohne etwas davon zu verstehen)

Po|li|ti|ker; Po|li|ti|ke|rin

po|li|tik|fä|hig; Po|li|tik|fä|hig|keit

Po|li|ti|kum, das; -s, ...ka (Tatsache, Vorgang von politischer Bedeutung)

Po|li|ti|kus, der; -, -se (*ugs. scherzh. für* jmd., der sich gern mit Politik beschäftigt)

Po|li|tik|ver|ständ|nis, das; -ses

po|li|tisch (die Politik betreffend); politische Karte (Staatenkarte); politische Wissenschaft; politische Geographie; politische Geschichte; politische Ökonomie; sich politisch korrekt äußern, verhalten; politisch-gesellschaftlich ↑K 23

po|li|ti|sie|ren (von Politik reden; politisch behandeln); **Po|li|ti|sie|rung,** die; -

Po|lit|of|fi|zier *(DDR)*

Po|li|to|lo|ge, der; -n, -n; **Po|li|to|lo|gie,** die; - (Wissenschaft von der Politik); **Po|li|to|lo|gin**

Po|lit|por|no|gra|fie, *auch* Po|lit|por|no|gra|phie

Po|lit|re|vue

Po|lit|ruk, der; -s, -s ‹russ.› (*früher* politischer Führer in einer sowjetischen Truppe)

Po|li|tur, die; -, -en ‹lat.› (Glätte, Glanz; Poliermittel; *nur Sing.:* äußerer Anstrich, Lebensart)

Po|li|zei, die; -, -en ‹griech.›

Po|li|zei|ak|ti|on; Po|li|zei|ap|pa|rat; Po|li|zei|auf|ge|bot

Po|li|zei|au|to

Po|li|zei|be|am|te

Po|li|zei|be|am|tin

Po|li|zei|be|hör|de

Po|li|zei|chef; Po|li|zei|che|fin

Po|li|zei|di|rek|ti|on

Po|li|zei|ein|satz; Po|li|zei|es|kor|te; Po|li|zei|funk; Po|li|zei|ge|wahr|sam; Po|li|zei|griff

Po|li|zei|hund

Po|li|zei|kom|mis|sar

Po|li|zei|kom|mis|sa|rin

Po|li|zei|kon|tin|gent; Po|li|zei|kon|t|rol|le; Po|li|zei|kräf|te *Plur.*

po|li|zei|lich; polizeiliches Führungszeugnis; polizeiliche Meldepflicht; der polizeilich Gesuchte ↑K 72

Po|li|zei|meis|ter [*alte Trennung* ...|st...]; **Po|li|zei|meis|te|rin**

Po|li|zei|o|ber|meis|ter; Po|li|zei|o|ber|meis|te|rin

Po|li|zei|or|gan

Po|li|zei|prä|si|dent; Po|li|zei|prä|si|den|tin; Po|li|zei|prä|si|di|um

Po|li|zei|re|vier; Po|li|zei|schutz, der; -es; **Po|li|zei|si|re|ne; Po|li|zei|spit|zel**

Po|li|zei|spre|cher; Po|li|zei|spre|che|rin

Po|li|zei|staat *Plur.* ...staaten; **Po|li|zei|strei|fe; Po|li|zei|stun|de,** die; -; **Po|li|zei|wa|che**

po|li|zei|wid|rig

Po|li|zist, der; -en, -en; **Po|li|zis|tin** [*alte Trennung* ...|st...]

Po|liz|ze, die; -, -n (*österr. für* Police)

Pölk, das *od.* der; -[e]s, -e (*nordd. für* halb erwachsenes, männliches kastriertes Schwein)

Pol|ka, die; -, -s ‹poln.-tschech.› (ein Tanz)

pol|ken (*nordd. für* bohren, mit den Fingern entfernen)

Pol|lack, der; -s, -s (eine Schellfischart)

Pol|len, der; -s, - ‹lat.› (Blütenstaub); **Pol|len|al|ler|gie; Pol|len|a|na|ly|se; pol|len|frei; Pol|len|korn,** das; *Plur.* ...körner; **Pol|len|schlauch**

Pol|ler, der; -s, - (*Seemannsspr.* Holz- od. Metallpfosten zum Befestigen der Taue; Markierungsklotz im Straßenverkehr)

Pol|lu|ti|on, die; -, -en ‹lat.› (*Med.* unwillkürlicher [nächtlicher] Samenerguss)

[1]**Pol|lux** (Held der griechischen Sage); Kastor und Pollux (Zwillingsbrüder)

[2]**Pol|lux,** der; - (Zwillingsstern im Sternbild Gemini)

pol|nisch; polnische Wurst, *aber* ↑K 150: der Polnische Erbfolgekrieg; **Pol|nisch,** das; -[s] (Sprache); *vgl.* Deutsch; **Pol|ni|sche,** das; -n; *vgl.* Deutsche, das

Po|lo, das; -s ‹engl.› (Ballspiel vom Pferd aus)

Po|lo|hemd (kurzärmeliges Trikothemd)

Po|lo|nä|se, *auch* **Po|lo|nai|se** [...ˈnɛː...], die; -, -n ‹franz.› (ein Reihentanz)

Po|lo|nia (lateinischer Name von Polen); **po|lo|ni|sie|ren** (polnisch machen)

Po|lo|nist, der; -en, -en; **Po|lo|nis|tik** [*alte Trennung* ...|st...], die; - (Wissenschaft von der polnischen Sprache u. Kultur); **Po|lo|nis|tin** [*alte Trennung* ...|st...]; **po|lo|nis|tisch**

Po|lo|ni|um, das (chemisches Element, Halbmetall; *Zeichen* Po)

Po|lo|spiel, das; -[e]s (*svw.* Polo)

Pols|ter [*alte Trennung* ...|st...], das, *österr.* der; -s, *Plur.* -, *österr.* Pölster (*österr. auch für* Kissen); **Pöls|ter|chen**

Pols|te|rer [*alte Trennung* ...|st...]

Pols|ter|gar|ni|tur [*alte Trennung* ...|st...]

Pols|te|rin [*alte Trennung* ...|st...]

Pols|ter|mö|bel [*alte Trennung* ...|st...]

pols|tern [*alte Trennung* ...|st...]; ich polstere

Pols|ter|ses|sel [*alte Trennung* ...|st...]; **Pols|ter|stoff; Pols|ter|stuhl**

Pols|te|rung [*alte Trennung* ...|st...]

Pol|ter, der *od.* das; -s, - (*südwestd. für* Holzstoß)

Pol|ter|a|bend

Pol|te|rer

Pol|ter|geist *Plur.* ...geister

pol|te|rig, polt|rig

pol|tern; ich poltere

polt|rig *vgl.* polterig

Pol|wechs|ler *od.* **Pol|wen|der** *(Elektrot.)*

po|ly... ‹griech.› (viel...); **Po|ly...** (Viel...)

Po|ly|ac|ryl, das; -s ‹griech.› (ein Kunststoff)

Po|ly|a|mid, das; -[e]s, -e ‹griech.› (ein elastischer Kunststoff)
Po|ly|an|d|rie, die; - ‹griech.› (*Völkerk.* Vielmännerei)
Po|ly|ar|th|ri|tis, die; -, ...itiden ‹griech.› (*Med.* Entzündung mehrerer Gelenke)
Po|ly|äs|the|sie, die; -, ...ien ‹griech.› (*Med.* das Mehrfachempfinden eines Berührungsreizes)
Po|ly|ä|thy|len, *chem. fachspr.* Po|ly|e|thy|len, das; -s, -e ‹griech.› (thermoplastischer, säure- und laugenbeständiger Kunststoff)
Po|ly|bi|os, Po|ly|bi|us (griechischer Geschichtsschreiber)
po|ly|chrom [...k...] ‹griech.› (vielfarbig, bunt); **Po|ly|chro|mie,** die; -, ...ien (Vielfarbigkeit); **po|ly|chro|mie|ren** (vielfarbig, bunt ausstatten)
Po|ly|dak|ty|lie, die; - ‹griech.› (*Med.* Bildung von überzähligen Fingern od. Zehen)
Po|ly|deu|kes (griechischer Name von [1]Pollux)
Po|ly|e|der, das; -s, - ‹griech.› (*Math.* Vielflächner); **Po|ly|e|der|krank|heit,** die; - (*Biol.* eine Raupenkrankheit); **po|ly|e|d|risch** (*Math.* vielflächig)
Po|ly|es|ter, der; -s, - ‹griech.› (ein Kunststoff)
Po|ly|e|thy|len *vgl.* Polyäthylen
po|ly|fon usw. *vgl.* polyphon usw.
po|ly|gam ‹griech.› (mehr-, vielehig); **Po|ly|ga|mie,** die; - (Mehr-, Vielehe); **Po|ly|ga|mist,** der; -en, -en
po|ly|gen ‹griech.› (vielfachen Ursprungs; *Biol.* durch mehrere Erbfaktoren bedingt)
po|ly|glott ‹griech.› (vielsprachig; viele Sprachen sprechend)
[1]Po|ly|glot|te, der *u.* die; -n, -n (jmd., der viele Sprachen spricht)
[2]Po|ly|glot|te, die; -, -n (*Buchw.* mehrsprachige Ausgabe von Texten); **Po|ly|glot|ten|bi|bel**
Po|ly|gon, das; -s, -e ‹griech.› (*Math.* Vieleck); **po|ly|go|nal** (vieleckig)
Po|ly|gon|aus|bau, der; -[e]s *(Bergmannsspr.)*
Po|ly|gon|bo|den *(Geol.)*
Po|ly|graf, *auch* **Po|ly|graph,** der; -en, -en ‹griech.› (Gerät zur gleichzeitigen Registrierung mehrerer [medizin. od. psych.] Vorgänge)
Po|ly|gra|fie, *auch* **Po|ly|gra|phie,** die; -, ...ien (*Med.* Röntgenuntersuchung mit mehrmaliger Belichtung zur Darstellung von Organbewegungen; *nur Sing.: regional für* Gesamtheit des grafischen Gewerbes)
Po|ly|gy|nie, die; - ‹griech.› (*Völkerk.* Vielweiberei)
Po|ly|his|tor [*alte Trennung* ...|st...], der; -s, ...oren ‹griech.› (*veraltet für* in vielen Fächern bewanderter Gelehrter)
Po|ly|hym|nia, Po|ly|m|nia (Muse des ernsten Gesanges)
po|ly|karp, *auch* po|ly|kar|pisch ‹griech.› (*Bot.* in einem bestimmten Zeitraum mehrmals Blüten und Früchte ausbildend)
Po|ly|karp (ein Heiliger)
Po|ly|kla|die, die; - ‹griech.› (*Bot.* Bildung von Seitensprossen nach Verletzung einer Pflanze)
Po|ly|kon|den|sa|ti|on, die; -, -en ‹griech.; lat.› (*Chemie* Zusammenfügen einfachster Moleküle zu größeren zur Gewinnung von Kunststoffen)
Po|ly|k|ra|tes (ein Tyrann von Samos)
po|ly|mer ‹griech.› (*Chemie* aus größeren Molekülen bestehend); **Po|ly|mer,** das; -s, -e *u.* **Po|ly|me|re,** das; -n, -n *meist Plur.* (*Chemie* eine Verbindung aus Riesenmolekülen)
Po|ly|me|rie, die; -, ...ien (*Biol.* das Zusammenwirken mehrerer gleichartiger Erbfaktoren bei der Ausbildung eines Merkmals; *Chemie* Bez. für die besonderen Eigenschaften polymerer Verbindungen)
Po|ly|me|ri|sat, das; -[e]s, -e (*Chemie* durch Polymerisation entstandener neuer Stoff); **Po|ly|me|ri|sa|ti|on,** die; -, -en (auf Polymerie beruhendes chemisches Verfahren zur Herstellung von Kunststoffen)
po|ly|me|ri|sier|bar; po|ly|me|ri|sie|ren; Po|ly|me|ri|sie|rung
Po|ly|me|ter, das; -s, - ‹griech.› (meteorologisches Messgerät)
Po|ly|me|t|rie, die; -, ...ien ‹griech.› (*Verslehre, Musik* Vielfalt in Metrik u. Takt)
Po|lym|nia *vgl.* Polyhymnia
po|ly|morph ‹griech.› (viel-, verschiedengestaltig); **Po|ly|mor|phie,** die; - *u.* **Po|ly|mor|phis|mus,** der; - (Vielgestaltigkeit, Verschiedengestaltigkeit)
Po|ly|ne|si|en ‹griech.› (Inselwelt im mittleren Pazifik); **Po|ly|ne|si|er; Po|ly|ne|si|e|rin; po|ly|ne|sisch**
Po|ly|nom, das; -s, -e ‹griech.› (*Math.* vielgliedrige Größe); **po|ly|no|misch**
po|ly|nu|k|le|är ‹griech.; lat.› (*Med.* vielkernig)
Po|lyp, der; -en, -en ‹griech.› (ein Nesseltier mit Fangarmen; *veraltet für* Tintenfisch; *Med.* gestielte Geschwulst, [Nasen]wucherung; *ugs. für* Polizeibeamter); **po|ly|pen|ar|tig**
Po|ly|pha|ge, der; -n, -n *meist Plur.* ‹griech.› (*Zool.* sich von verschiedenartigen Pflanzen od. Beutetieren ernährendes Tier); **Po|ly|pha|gie,** die; -
Po|ly|phem, Po|ly|phe|mos (griechische Sagengestalt; Zyklop)
po|ly|phon, *auch* po|ly|fon ‹griech.› (*Musik* mehrstimmig, vielstimmig); polyphoner Satz; **Po|ly|pho|nie,** *auch* Po|ly|fo|nie, die; - (Mehrstimmigkeit, Vielstimmigkeit; ein Kompositionsstil); **po|ly|pho|nisch,** *auch* po|ly|fo|nisch (*veraltend für* polyphon)
Po|ly|pi|o|nie, die; - ‹griech.› (*Med.* Fettsucht)
po|ly|plo|id ‹griech.› (*Biol.* mit mehrfachem Chromosomensatz [von Zellen])
Po|ly|re|ak|ti|on ‹griech.; lat.› (*Chemie* Bildung hochmolekularer Verbindungen)
Po|ly|rhyth|mik ‹griech.› (*Musik* verschiedenartige, aber gleichzeitig ablaufende Rhythmen in einer Komposition); **po|ly|rhyth|misch**
Po|ly|sac|cha|rid, Po|ly|sa|cha|rid [*beide* ...zaxa...], das; -[e]s, -e ‹griech.› (Vielfachzucker, z. B. Stärke, Zellulose)
po|ly|sem, po|ly|se|man|tisch ‹griech.› (*Sprachw.* mehr-, vieldeutig); **Po|ly|se|mie,** die; - (Mehrdeutigkeit [von Wörtern])
Po|ly|sty|rol, das; -s, -e ‹griech.; lat.› (*Chemie* ein Kunststoff)
po|ly|syn|de|tisch ‹griech.› (*Sprachw.* durch Konjunktionen verbunden); **Po|ly|syn|de|ton,** das; -s, ...ta (durch Konjunktionen verbundene Wort- od. Satzreihe)
po|ly|syn|the|tisch ‹griech.› (*Sprachw.* vielfach zusammen-

P

gesetzt); polysynthetische Sprachen; **Po|ly|syn|the|tis|mus,** der; - (Verschmelzung von Bestandteilen des Satzes in ein großes Satzwort)

Po|ly|tech|ni|ker ‹griech.› (an einem Polytechnikum Ausgebildeter); **Po|ly|tech|ni|ke|rin; Po|ly|tech|ni|kum** (technische Fachhochschule)

po|ly|tech|nisch (viele Zweige der Technik umfassend); polytechnische Oberschule (*in der DDR* zehnklassige Schule; *Abk.* POS); polytechnischer Lehrgang (9. Jahr der allgemeinen Schulpflicht in Österreich)

Po|ly|the|is|mus ‹griech.› (Glaube an viele Götter); **Po|ly|the|ist; po|ly|the|is|tisch** [*alte Trennung* ...|st...]

Po|ly|to|na|li|tät, die; - ‹griech.› (*Musik* gleichzeitiges Auftreten mehrerer Tonarten in den verschiedenen Stimmen eines Tonstücks)

po|ly|trop ‹griech.› (*Biol.* vielfach anpassungsfähig)

Po|ly|vi|nyl|chlo|rid, das; -[e]s ‹griech.› (*Chemie* ein säurefester Kunststoff; *Abk.* PVC)

pöl|zen (*österr. für* [durch Stützen, Verschalung] abstützen); du pölzt

Po|ma|de, die; -, -n ‹franz.› ([Haar]fett)

po|ma|dig (mit Pomade eingerieben; *ugs. für* träge; blasiert); **po|ma|di|sie|ren** (mit Pomade einreiben)

P

Po|me|ran|ze, die; -, -n ‹ital.› (apfelsinenähnliche Zitrusfrucht); **Po|me|ran|zen|öl**

Pom|mer, der; -n, -n; **Pom|me|rin**

pom|me|risch, pom|mersch, *aber* ↑K 140: die Pommersche Bucht

Pom|mer|land, das; -[e]s

Pom|mern

pom|mersch *vgl.* pommerisch

Pom|mes *Plur.* (*ugs. für* Pommes frites); **Pommes Cro|quettes** ['pɔm kro'kɛt, *alte Schreibung* Pommes cro|quettes] *Plur.* ‹franz.› (Kroketten aus Kartoffelbrei); **Pommes Dau|phine** ['pɔm do'fi:n] *Plur.* (eine Art Kartoffelkroketten); **Pommes frites** ['pɔm 'frit] *Plur.* (in Fett gebackene Kartoffelstäbchen)

Po|mo|lo|gie, die; - ‹lat.; griech.› (Obst[bau]kunde)

Po|mo|na (römische Göttin der Baumfrüchte)

Pomp, der; -[e]s ‹franz.› (prachtvolle Ausstattung; [übertriebener] Prunk)

[1]**Pom|pa|dour** [põpa'du:ɐ̯] (Mätresse Ludwigs XV.)

[2]**Pom|pa|dour** [...du:ɐ̯], der; -s, *Plur.* -e *u.* -s (*früher* beutelartige Handtasche)

Pom|pei *vgl.* Pompeji; **Pom|pe|ja|ner** (*seltener für* Pompejer); **pom|pe|ja|nisch** (*seltener für* pompejisch); **Pom|pe|jer; Pom|pe|ji,** Pom|pei (Stadt u. Ruinenstätte am Vesuv); **pom|pe|jisch**

Pom|pe|jus (römischer Feldherr u. Staatsmann)

pomp|haft; Pomp|haf|tig|keit

Pom|pon [põ'põ:, *auch* pɔm'põ:], der; -s, -s ‹franz.› (knäuelartige Quaste aus Wolle od. Seide)

pom|pös ‹franz.› ([übertrieben] prächtig; prunkhaft)

Po|mu|chel, der; -s, - ‹slaw.› (*nordostd. für* Dorsch); **Po|mu|chels|kopp,** der; -s, ...köppe (*nordostd. für* dummer, plumper Mensch)

pö|nal ‹griech.› (*veraltet für* die Strafe, das Strafrecht betreffend); **Pö|na|le,** das; -s, *Plur.* ...lien, *österr.* - (*österr., sonst veraltet für* Strafe, Buße)

Pö|nal|ge|setz (*kath. Moraltheol.*)

Po|na|pe (eine Karolineninsel)

pon|ceau [põ'so:] ‹franz.› (leuchtend orangerot); ein ponceau Kleid; *vgl. auch* beige; **Pon|ceau,** das; -s, -s (leuchtendes Orangerot); in Ponceau ↑K 72

Pon|cho [...tʃo], der; -s, -s ‹indian.› (capeartiger [Indio]mantel)

pon|cie|ren [põ'si:...] ‹franz.› (mit Bimsstein abreiben; mit Kohlenstaubbeutel durchpausen)

Pond, das; -s, - ‹lat.› (alte physikal. Krafteinheit; *Zeichen* p)

pon|de|ra|bel (*veraltet für* wägbar); pondera|b|le Angelegenheiten; **Pon|de|ra|bi|li|en** *Plur.* (*veraltet für* kalkulierbare, wägbare Dinge)

Pon|gau, der; -[e]s (salzburgische Alpenlandschaft)

Pö|ni|tent, der; -en, -en ‹lat.› (*kath. Kirche veraltend für* Büßender, Beichtender); **Pö|ni|tenz,** die; -, -en (*veraltend für* Buße, Bußübung); **Pö|ni|ten|zi|ar,** *auch* Pö|ni|ten|ti|ar, der; -s, -e (*veraltend für* Beichtvater)

Pon|te, die; -, -n ‹lat.› (*landsch. für* breite Fähre)

Pon|ti|cel|lo [...'tʃɛ...], der; -s, *Plur.* -s *u.* ...lli ‹ital.› (*Musik* Steg der Streichinstrumente)

Pon|ti|fex, der; -, ...tifizes, *auch* ...tifices (Oberpriester im alten Rom); **Pon|ti|fex ma|xi|mus,** der; - -, ...tifices ...mi (oberster Priester im alten Rom; Titel des römischen Kaisers u. danach des Papstes)

Pon|ti|fi|ces (*Plur. von* Pontifex)

pon|ti|fi|kal (*kath. Kirche* bischöflich); *vgl.* in pontificalibus

Pon|ti|fi|kal|amt, das; -[e]s (eine von einem Bischof od. Prälaten gehaltene feierliche Messe)

Pon|ti|fi|ka|le, das; -[s], ...lien (liturgisches Buch für die bischöflichen Amtshandlungen); **Pon|ti|fi|ka|li|en** *Plur.* (die den katholischen Bischof auszeichnenden liturgischen Gewänder u. Abzeichen)

Pon|ti|fi|kat, das *od.* der; -[e]s, -e (Amtsdauer u. Würde des Papstes od. eines Bischofs)

Pon|ti|fi|zes (*Plur. von* Pontifex)

Pon|ti|ni|sche Sümp|fe *Plur.* (ehemaliges Sumpfgebiet bei Rom)

pon|tisch ‹griech.› (steppenhaft, aus der Steppe stammend)

Pon|ti|us Pi|la|tus (römischer Landpfleger in Palästina); von Pontius zu Pilatus laufen (*ugs. für* mit einem Anliegen [vergeblich] von einer Stelle zur anderen gehen)

Pon|ton [põ'tõ:, *österr.* pɔn'to:n], der; -s, -s ‹franz.› (Brückenschiff)

Pon|ton|brü|cke [*alte Trennung* ...k|k...]; **Pon|ton|form**

Pon|to|nier, der; -s, -e (*schweiz. Milit.* Soldat einer Spezialtruppe für das Übersetzen über Flüsse und Seen und den Bau von Kriegsbrücken)

Pon|t|re|si|na (schweiz. Kurort)

Pon|tus (im Altertum Reich in Kleinasien); **Pon|tus Eu|xi|nus,** der; - - ‹lat.› (im Altertum das Schwarze Meer)

[1]**Po|ny** [...ni, *selten* 'po:...], das; -s, -s ‹engl.› (Kleinpferd)

[2]**Po|ny,** der; -s, -s (fransenartig in die Stirn gekämmtes Haar)

Po|ny|fran|sen *Plur.;* **Po|ny|fri|sur**

Po|ny|rei|ten, das; -s

[1]**Pool** [pu:l], der; -s, -s ‹engl.› (*kurz für* Swimmingpool)

²**Pool**, der; -s, -s (*Wirtsch.* Gewinnverteilungskartell)
Pool|bil|lard (Billard, bei dem die Kugeln in Löcher am Rand des Spieltisches gespielt werden müssen)
Pop, der; -[s] ‹engl.› (*Kurzf. von* Popmusik, Pop-Art u. a.)
Po|panz, der; -es, -e ‹slaw.› ([vermummte] Schreckgestalt; *ugs. für* willenloser Mensch)
Pop-Art [*alte Schreibung* Pop-art], die; - ‹amerik.› (eine moderne Kunstrichtung)
Pop|corn, das; -s ‹engl.› (Puffmais)
Po|pe, der; -n, -n ‹griech.-russ.› (niederer Geistlicher der russisch-orthodoxen Kirche; *auch abwertend für* Geistlicher)
Po|pel, der; -s, - (*ugs. für* verhärteter Nasenschleim; *landsch. für* schmutziger kleiner Junge)
po|pe|lig, pop|lig (*ugs. für* armselig, schäbig; knauserig)
Po|pe|lin, der; -s, -e ‹franz.› *u.* **Po|pe|li|ne** [...ˈliːn(ə), *österr. beide* pɔˈpliːn], der; -s, - [...nə] *u.* die; -, - [...nə] (*Sammelbez. für* feinere ripsartige Stoffe in Leinenbindung)
po|peln (*ugs. für* in der Nase bohren); ich pop[e]le
Pop|far|be; pop|far|ben; der popfarbene Wagen
Pop|fes|ti|val [*alte Trennung* ...|st...]; **Pop|grup|pe; Pop|i|dol,** *auch* **Pop-I|dol; Pop|i|ko|ne,** *auch* **Pop-I|ko|ne** (Kultfigur des Pop); **Pop|kon|zert; Pop|kunst**
pop|lig *vgl.* popelig
Pop|mo|de; Pop|mu|sik, die; -
Po|po, *auch* Po, der; -s, -s (*fam. für* Gesäß)
Po|po|ca|te|petl, der; -[s] (Vulkan in Mexiko)
pop|pen (*ugs.* koitieren); wir poppten
Pop|per, der; -s, - ‹*zu* Pop› (Jugendlicher [bes. in den 80er-Jahren], der sich durch modische Kleidung und gepflegtes Äußeres bewusst abheben will)
pop|pig (mit Stilelementen der Pop-Art; auffallend); ein poppiges Plakat; poppige Farben
Pop|sän|ger; Pop|sän|ge|rin; Pop-star; Pop|sze|ne
po|pu|lär ‹lat.› (volkstümlich; beliebt; gemeinverständlich)
po|pu|la|ri|sie|ren (gemeinverständlich darstellen; in die Öffentlichkeit bringen); **Po|pu|la|ri|sie|rung**
Po|pu|la|ri|tät, die; - (Volkstümlichkeit, Beliebtheit)
po|pu|lär|wis|sen|schaft|lich; eine populärwissenschaftliche Buchreihe
Po|pu|la|ti|on, die; -, -en (*Biol.* Gesamtheit der Individuen einer Art in einem eng begrenzten Bereich; *veraltet für* Bevölkerung); **Po|pu|la|ti|ons|dich|te** (*Biol.*)
Po|pu|lis|mus, der; - (opportunistische Politik, die die Gunst der Massen zu gewinnen sucht); **Po|pu|list,** der; -en, -en; **Po|pu|lis|tin** [*alte Trennung* ...|st...]; **po|pu|lis|tisch**
Por|cia (altrömischer w. Eigenn.)
Po|re, die; -, -n ‹griech.› (feine [Haut]öffnung)
po|ren|tief (*Werbespr.*); porentief sauber
po|rig (Poren aufweisend, löchrig)
Pör|kel[t], Pör|költ, das; -s ‹ung.› (dem Gulasch ähnliches Fleischgericht mit Paprika)
Por|ling (ein Baumpilz)
Por|no, der; -s, -s (*ugs. Kurzform für* pornografischer Film, Roman u. Ä.); **Por|no|film** (*ugs.*)
Por|no|graf, *auch* Por|no|graph, der; -en, -en ‹griech.› (Verfasser pornografischer Werke)
Por|no|gra|fie, *auch* Por|no|graphie, die; - (einseitig das Sexuelle darstellende Schriften od. Bilder)
Por|no|gra|fin, *auch* Por|no|graphin
por|no|gra|fisch, *auch* **por|no|graphisch**
Por|no|heft (*ugs.*)
por|no|phil (Pornografie liebend)
Por|no|vi|deo (*ugs.*)
po|rös ‹griech.› (durchlässig, löchrig); **Po|ro|si|tät,** die; -
Por|phyr [*auch* ...ˈfyːɐ̯, *österr.* ...ˈfyːr], der; -s, -e ‹griech.› (ein Ergussgestein); **Por|phy|rit,** der; -s, -e (ein Ergussgestein)
Por|ree, der; -s, -s ‹franz.› (eine Gemüsepflanze)
Por|ridge [...ɪtʃ], der, *auch* das; -s ‹engl.› (Haferbrei)
Por|sche®, der; -[s], -s ‹nach dem österr. Automobilkonstrukteur Ferdinand Porsche› (Kraftfahrzeugmarke)
Porst, der; -[e]s, -e (ein Heidekrautgewächs)
Port, der; -[e]s, -e ‹lat.› (*veraltet für* Hafen, Zufluchtsort)
Por|ta, die; - (*Kurzform von* Porta Westfalica)
Por|ta|b|le [...təbl̩], der, *auch* das; -s, -s ‹engl.› (tragbares Rundfunk- od. Fernsehgerät)
Por|ta Hun|ga|ri|ca, die; - - ‹lat., »Ungarische Pforte«› (Donautal zwischen Wiener Becken u. Oberungarischem Tiefland)
Por|tal, das; -s, -e ([Haupt]eingang, [prunkvolles] Tor; *auch EDV* Website, die als Einstieg ins Internet dient)
Por|ta|men|to, das; -s, *Plur.* -s *od.* ...ti ‹ital.› (*Musik* Hinüberschleifen von einem Ton zum anderen)
Por|ta Ni|g|ra, die; - - ‹lat., »schwarzes Tor«› (monumentales römisches Stadttor in Trier)
Por|ta|tiv, das; -s, -e ‹lat.› (kleine tragbare Zimmerorgel)
por|ta|to ‹ital.› (*Musik* getragen, abgehoben, ohne Bindung)
Port-au-Prince [pɔrtoˈprɛ̃ːs] (Hauptstadt Haitis)
¹**Por|ta West|fa|li|ca,** die; - - ‹lat.›, *auch* West|fä|li|sche Pfor|te, die; -n - (Weserdurchbruch zwischen Weser- u. Wiehengebirge)
²**Por|ta West|fa|li|ca** (Stadt an der ¹Porta Westfalica)
Porte|chai|se [pɔrtˈʃɛː...], die; -, -n ‹franz.› (*veraltet für* Tragsessel, Sänfte)
Porte|feuille [...ˈfœi], das; -s, -s (*veraltet für* Brieftasche; Mappe; *Politik* Geschäftsbereich eines Ministers; *Wirtsch.* Bestand an Wertpapieren)
Porte|mon|naie *vgl.* Portmonee
Por|t|e|pee [pɔrte...], das; -s, -s (*früher* Degen-, Säbelquaste); **Por|t|e|pee|trä|ger** (*früher* Offizier od. höherer Unteroffizier)
Por|ter, der, *auch* das; -s, - ‹engl.› (starkes [englisches] Bier)
Por|ter|house|steak [...haus...] (dicke Scheibe aus dem Rippenstück des Rinds mit [Knochen u.] Filet)
Port|fo|lio, das; -s, -s ‹ital.› (Mappe mit Grafiken; *Wirtsch.* Wertpapierbestand)
Por|ti (*Plur. von* Porto)
Por|ti|ci [...tʃi] (italienische Stadt)
Por|ti|er [...ˈti̯eː, *österr.* ...ˈtiːr], der; -s, *Plur.* -s, *österr.* -e ‹franz.› (Pförtner; Hauswart)

P

Por|ti|e|re, die; -, -n (Türvorhang)
por|tie|ren ‹franz.› (*schweiz. für* zur Wahl vorschlagen)
Por|ti|ers|frau
Por|ti|kus, der, *fachspr. auch* die; -, *Plur.* - *od.* ...ken ‹lat.› (Säulenhalle)
Por|ti|on, die; -, -en ‹lat.› ([An]teil, abgemessene Menge); er ist nur eine halbe Portion (*ugs. für* er ist sehr klein, er zählt nicht); **Por|ti|ön|chen**
por|ti|o|nen|wei|se *vgl.* portionsweise; **por|ti|o|nie|ren** (in Portionen einteilen); **por|ti|ons|wei|se,** por|ti|o|nen|wei|se
Por|ti|un|ku|la, die; - (Marienkapelle bei Assisi); **Por|ti|un|ku|la|ab|lass,** [*alte Schreibung* ...ablaß], der; ...ablasses (vollkommener Ablass)
Port|juch|he, das; -s, -s (*ugs. scherzh. für* Portmonee)
Port|land|ze|ment, der; -[e]s
Port Lou|is [- ˈluːɪs] (Hauptstadt von Mauritius)
Port|mo|nee, *auch* Porte|monnaie [pɔrtmɔˈneː, *auch* ˈpɔrt...] ↑K 38, das; -s, -s (Geldtäschchen, Börse)
Port Mores|by [- ˈmoːɐ̯sbi] (Hauptstadt von Papua-Neuguinea)
Por|to, das; -s, *Plur.* -s *u.* ...ti ‹ital.› (Beförderungsentgelt für Postsendungen); **Por|to|buch**
por|to|frei
Port of Spain [- - ˈspeːn] (Hauptstadt von Trinidad u. Tobago)
Por|to|kas|se
Por|to No|vo (Hauptstadt Benins)
por|to|pflich|tig
Por|to Ri|co (*alter Name für* Puerto Rico)
Por|t|rät [...ˈtrɛː], das; -s, -s ‹franz.› (Bildnis eines Menschen); **Por|t|rät|auf|nah|me**
por|t|rä|tie|ren; Por|t|rä|tist, der; -en, -en (Porträtmaler); **Por|t|rä|tis|tin** [*alte Trennung* ...|st...]
Por|t|rät|ma|ler; Por|t|rät|sta|tue; Por|t|rät|stu|die; Por|t|rät|zeich|nung
Port Said (ägyptische Stadt)
Ports|mouth [...məθ] (englischer u. amerikanischer Ortsname)
Port Su|dan (Stadt am Roten Meer)
Por|tu|gal
Por|tu|ga|le|ser, der; -s, - (alte Goldmünze)
Por|tu|gie|se, der; -n, -n (Bewohner von Portugal)
Por|tu|gie|ser (eine Reb- und Weinsorte)
Por|tu|gie|sin
por|tu|gie|sisch; Por|tu|gie|sisch, das; -[s] (Sprache); *vgl.* Deutsch; **Por|tu|gie|si|sche,** das; -n; *vgl.* Deutsche, das
Por|tu|gie|sisch-Gui|nea; ↑K 140 (*früherer Name von* Guinea-Bissau)
Por|tu|lak, der; -s, *Plur.* -e *u.* -s ‹lat.› (eine Gemüse- u. Zierpflanze)
Port|wein ‹nach der portugies. Stadt Porto›
Por|zel|lan, das; -s, -e ‹ital.›; echt Meißner Porzellan; chinesisches Porzellan; **por|zel|la|nen** (aus Porzellan)
Por|zel|lan|er|de; Por|zel|lan|fi|gur; Por|zel|lan|la|den; Por|zel|lan|ma|le|rei; Por|zel|lan|ma|nu|fak|tur; Por|zel|lan|schne|cke [*alte Trennung* ...k|k...]; **Por|zel|lan|tel|ler**
Por|zia (w. Vorn.)
POS = polytechnische Oberschule; *vgl.* polytechnisch
Pos. = Position
Po|sa|da, die; -, ...den ‹span.› (Wirtshaus)
Po|sa|ment, das; -[e]s, -en *meist Plur.* ‹lat.› (Besatz zum Verzieren von Kleidung, Polstermöbeln u. Ä., z. B. Borte, Schnur)
Po|sa|men|ter, der; -s, - *u.* Po|sa|men|tier, der; -s, -e, *österr. nur* Po|sa|men|tie|rer (Posamentenhersteller und -händler)
Po|sa|men|te|rie, die; -, ...ien ([Geschäft für] Posamenten); **Po|sa|men|tier** *vgl.* Posamenter
Po|sa|men|tier|ar|beit
po|sa|men|tie|ren; Po|sa|men|tie|rer *vgl.* Posamenter
Po|sau|ne, die; -, -n ‹lat.› (ein Blechblasinstrument); die Posaunen des [Jüngsten] Gerichtes
po|sau|nen; ich habe posaunt
Po|sau|nen|blä|ser; Po|sau|nen|chor, der; **Po|sau|nen|en|gel**
Po|sau|nist, der; -en, -en; **Po|sau|nis|tin** [*alte Trennung* ...|st...]
[1]**Po|se,** die; -, -n (*nordd. für* Feder[kiel], Bett; *Angeln* an der Schnur befestigter Schwimmer)
[2]**Po|se,** die; -, -n ‹franz.› ([gekünstelte] Stellung, Körperhaltung)
Po|sei|don (griechischer Gott des Meeres)
Po|se|mu|ckel [*auch* ˈpoː...; *alte Trennung* ...k|k...], **Po|se|mu|kel** [*auch* ˈpoː...] (*ugs. für* kleiner, unbedeutender Ort)
po|sen (*svw.* posieren); er pos|te
Po|seur [...ˈzøːɐ̯], der; -s, -e ‹franz.› (*veraltend für* Wichtigtuer)
po|sie|ren (eine [2]Pose einnehmen, schauspielern)
Po|si|li|po, der; -[s] (Bergrücken am Golf von Neapel)
Po|si|ti|on, die; -, -en ‹franz.› ([An]stellung, Stelle, Lage; Einzelposten [*Abk.* Pos.]; Standort eines Schiffes od. Flugzeuges; Standpunkt, grundsätzliche Auffassung); **po|si|ti|o|nell** (die Position betreffend)
po|si|ti|o|nie|ren (in eine bestimmte Position bringen; ein Produkt auf dem Markt einordnen); **Po|si|ti|o|nie|rung**
Po|si|ti|ons|be|stim|mung; Po|si|ti|ons|lam|pe; Po|si|ti|ons|la|ter|ne; Po|si|ti|ons|licht *Plur.* ...lichter; **Po|si|ti|ons|pa|pier** *(bes. Politik);* **Po|si|ti|ons|win|kel** *(Astron.)*
po|si|tiv [*auch* ...ˈtiːf] ‹lat.› (zustimmend; günstig; bestimmt, gewiss; *auch kurz für* HIV-positiv); positive Theologie; *(Math.:)* positive Zahlen; *(Physik:)* positiver Pol; ↑K 72: im Positiven wie im Negativen
[1]**Po|si|tiv,** [*auch* ...ˈtiːf], das; -s, -e (kleine Standorgel ohne Pedal im Gegensatz zum Portativ; *Fotogr.* vom Negativ gewonnenes, seitenrichtiges Bild)
[2]**Po|si|tiv,** [*auch* ...ˈtiːf], der; -s, -e (*Sprachw.* Grundstufe, nicht gesteigerte Form, z. B. »schön«)
Po|si|ti|vis|mus, der; - (philosophische Position, die allein das Tatsächliche als Gegenstand der Erkenntnis zulässt); **Po|si|ti|vist,** der; -en, -en; **Po|si|ti|vis|tin** [*alte Trennung* ...|st...]; **po|si|ti|vis|tisch**
Po|si|ti|vum, das; -s, ...va ‹lat.› (das Positive)
Po|si|t|ron, das; -s, ...onen ‹lat.; griech.› (*Kernphysik* positiv geladenes Elementarteilchen)
Po|si|tur, die; -, -en ‹lat.› ([herausfordernde] Haltung; *landsch. für* Gestalt, Statur); sich in Positur setzen, stellen
Pos|se, die; -, -n (derb-komisches Bühnenstück)
Pos|se|kel, der; -s, - (*nordostd. für* großer Schmiedehammer)
Pos|sen, der; -s, - (derber, lustiger Streich); Possen reißen

P

pos|sen|haft; Pos|sen|haf|tig|keit
Pos|sen|rei|ßer
Pos|ses|si|on, die; -, -en ‹lat.› (*Rechtsspr.* Besitz)
pos|ses|siv [*auch* ...ˈsiːf] (*Sprachw.* besitzanzeigend); **Pos|ses|siv** [*auch* ...ˈsiːf], das; -s, -e (*bes. fachspr. svw.* Possessivpronomen)
Pos|ses|siv|pro|no|men (*Sprachw.* besitzanzeigendes Fürwort, z. B. »mein«)
Pos|ses|si|vum, das; -s, ...va (*älter für* Possessivpronomen)
pos|ses|so|risch (*Rechtsspr.* den Besitz betreffend)
pos|sier|lich (spaßhaft, drollig); **Pos|sier|lich|keit,** die; -
Pöß|neck (Stadt in Thüringen)
Post, die; - ‹ital.› ↑K 150: er wohnt im Gasthaus »Zur Alten Post«; **Post|ab|hol|ler**
pos|ta|lisch [*alte Trennung* ...|st...] (die Post betreffend, durch die Post, Post...)
Pos|ta|ment [*alte Trennung* ...|st...], das; -[e]s, -e ‹ital.› (Unterbau)
Post|amt; post|amt|lich
Post|an|wei|sung *(früher)*
Post|ar|beit (*österr. für* dringende Arbeit)
Post|au|to
Post|bank *Plur.* ...banken; **Post|bar|scheck**
Post|be|am|te; Post|be|am|tin
Post|be|zirk
Post|bo|te; Post|bo|tin
Post|brief|kas|ten [*alte Trennung* ...|st...]
Pöst|chen (kleiner Posten)
post Chris|tum [na|tum] [*alte Trennung* ...|st...] ‹lat.› (*veraltet für* nach Christi Geburt; *Abk.* p. Chr. [n.])
post|da|tie|ren (*veraltet für* nachdatieren)
Post|dienst; Post|di|rek|ti|on
post|em|b|ry|o|nal ‹lat.; griech.› (*Med.* nach dem embryonalen Stadium)
pos|ten [*alte Trennung* ...|st...] ‹ital.› (*schweiz. mdal. für* einkaufen)
Pos|ten [*alte Trennung* ...|st...] der; -s, - (bestimmte Menge einer Ware; Rechnungsbetrag; Amt, Stellung; Wache; Schrotsorte); ein Posten Kleider; [auf] Posten stehen ↑K 54
Pos|ter [*auch* ˈpoʊstə; *alte Trennung* ...|st...], das *od.* der; -s, *Plur.* -, *bei engl. Ausspr.* -s ‹engl.› (plakatartiges, großformatig gedrucktes Bild)
poste re|s|tante [ˈpɔst ...ˈtãːt] ‹franz.› (*franz. Bez. für* postlagernd)
Pos|te|ri|o|ri|tät [*alte Trennung* ...|st...], die; -; (*veraltet für* niedrigerer Rang)
Pos|te|ri|tät [*alte Trennung* ...|st...], die; -, -en (*veraltet für* Nachkommenschaft, Nachwelt)
Post|fach
post fes|tum [*alte Trennung* ...|st...] ‹lat., »nach dem Fest«› (hinterher, zu spät)
post|frisch *(Philatelie)*
Post|ge|bühr *(früher)*
Post|ge|heim|nis, das; -ses **Post|gi|ro|dienst; Post|gi|ro|kon|to; Post|gi|ro|ver|kehr**
post|gla|zi|al ‹lat.› (*Geol.* nacheiszeitlich)
Post|hal|te|rei *(früher)*
Post|horn *Plur.* ...hörner
post|hum, **pos|tum** [*alte Trennung* ...|st...] ‹lat.› (nach jmds. Tod; nachgelassen)
pos|tie|ren [*alte Trennung* ...|st...] ‹franz.› (aufstellen); sich postieren; **Pos|tie|rung**
Pos|til|le [*alte Trennung* ...|st...], die; -, -n ‹lat.› (Erbauungs-, Predigtbuch)
Pos|til|li|on [*österr. nur so, auch* ...ˈljoːn; *alte Trennung* ...|st...], der; -s, -e ‹ital. (-franz.)› (*früher für* Postkutscher); **Pos|til|lon d'A|mour** [...tiˈjõː daˈmuːɐ̯; *alte Schreibung* Po|stil|lion d'amour], der; - - -s, - [- -] ‹franz.› (Liebesbote, Überbringer eines Liebesbriefes)
post|kar|bo|nisch ‹lat.› (*Geol.* nach dem Karbon [liegend])
Post|kar|te; Post|kar|ten|grö|ße; Post|kar|ten|gruß
Post|kas|ten [*alte Trennung* ...|st...] *(landsch.)*
Post|kom|mu|ni|on ‹lat.› (ein Schlussgebet der kath. Messe)
post|kom|mu|nis|tisch [*alte Trennung* ...|st...] (nach dem Zusammenbruch eines kommunistischen Regierungssystems)
Post|kon|fe|renz (Zusammenkunft zur Postbearbeitung u. -verteilung)
post|kul|misch ‹lat.; engl.› (*Geol.* nach dem Kulm [liegend])
Post|kun|de, der; **Post|kun|din**
Post|kut|sche
post|la|gernd; postlagernde Sendungen
Post|leit|zahl (*Abk.* PLZ)
Post|ler (*bes. südd. u. österr. ugs. für* bei der Post Beschäftigter); **Pöst|ler** (*schweiz. svw.* Postler); **Post|le|rin; Pöst|le|rin** *(schweiz.)*
Post|meis|ter [*alte Trennung* ...|st...] *(früher)*
post me|ri|di|em ‹lat.› (nachmittags; *Abk.* p. m.)
Post|mi|nis|ter [*alte Trennung* ...|st...]; **Post|mi|nis|te|ri|um**
post|mo|dern ‹engl.›; postmoderne Architektur; **Post|mo|der|ne,** die; - ([umstrittene] Bez. für verschiedene Strömungen der gegenwärtigen Architektur, Kunst und Kultur)
post|mor|tal ‹lat.› (*Med.* nach dem Tode eintretend); **post mor|tem** (nach dem Tode; *Abk.* p. m.)
post|na|tal (*Med.* nach der Geburt auftretend)
post|nu|me|ran|do ‹lat.› (*Wirtsch.* nachträglich [zahlbar]); **Post|nu|me|ra|ti|on,** die; -, -en (Nachzahlung)
Pos|to [*alte Trennung* ...|st...] ‹ital.›; *nur in* Posto fassen (*veraltet für* sich aufstellen)
post|o|pe|ra|tiv ‹lat.› (*Med.* nach der Operation)
Post|pa|ket; Post|rat *Plur.* ...räte
Post|re|gal, das; -s (Recht des Staates, das Postwesen in eigener Regie zu führen)
Post|sack
Post|scheck; Post|scheck|amt (*früher für* Postgiroamt; *Abk.* PSchA); **Post|scheck|kon|to** (*früher für* Postgirokonto)
Post|schiff
Post|schließ|fach (*Abk.* PSF)
Post|skript, das; -[e]s, -e *u., österr. nur,* **Post|skrip|tum,** das; -s, *Plur.* ...ta, *österr. auch* ...te ‹lat.› (Nachschrift; *Abk.* PS)
Post|spar|buch; Post|spa|ren, das; -s; **Post|spar|kas|se; Post|spar|kas|sen|dienst**
Post|stem|pel
Post|sze|ni|um, das; -s, ...ien ‹lat.; griech.› (Raum hinter der Bühne; *Ggs.* Proszenium)
post|ter|ti|är ‹lat.› (*Geol.* nach dem Tertiär [liegend])
post|trau|ma|tisch ‹lat.; griech.› (*Med.* nach einer Verletzung auftretend)
Pos|tu|lant [*alte Trennung* ...|st...], der; -en, -en ‹lat.› (*veraltet für* Bewerber)
Pos|tu|lat [*alte Trennung* ...|st...],

P

das; -[e]s, -e (Forderung); **pos|tu|lie|ren; Pos|tu|lie|rung**

pos|tum [*alte Trennung* ...|st...] *vgl.* posthum

Pos|tur [*alte Trennung* ...|st...], die; -, -en (*schweiz. mdal. für* Statur; *vgl.* Positur)

post ur|bem con|di|tam ‹lat.› (nach Gründung der Stadt [Rom]; *Abk.* p. u. c.)

Post|ver|bin|dung; Post|ver|kehr; Post|voll|macht

Post|weg; auf dem Postweg (mit der Post verschickt)

post|wen|dend

Post|wert|zei|chen; Post|we|sen, das; -s; **Post|wurf|sen|dung; Post|zu|stel|lung**

[1]**Pot,** das; -s ‹engl.› (*ugs. für* Marihuana)

[2]**Pot,** der; -s ‹engl.› (*ugs. für* Summe aller Gewinneinsätze)

po|tem|kinsch ‹nach dem russ. Fürsten› ↑K 135: potemkinsche, *auch* Potemkin'sche [*alte Schreibung* Potemkinsche] Dörfer (Vorspiegelungen)

po|tent ‹lat.› (mächtig, einflussreich; zahlungskräftig, vermögend; *Med.* zum Geschlechtsverkehr fähig, zeugungsfähig)

Po|ten|tat, der; -en, -en (Machthaber; Herrscher); **Po|ten|ta|tin**

po|ten|ti|al usw. *vgl.* potenzial usw.

Po|ten|ti|a|lis *vgl.* Potenzialis

po|ten|ti|ell *vgl.* potenziell

Po|ten|til|la, die; -, ...llen ‹lat.› (Fingerkraut)

Po|tenz, die; -, -en ‹lat., »Macht«› (*nur Sing.:* Fähigkeit des Mannes, den Geschlechtsverkehr auszuüben, Zeugungsfähigkeit; innewohnende Kraft, Leistungsfähigkeit; *Med.* Bez. des Verdünnungsgrades eines homöopathischen Mittels; *Math.* Produkt aus gleichen Faktoren)

Po|tenz|ex|po|nent (*Math.* Hochzahl einer Potenz)

po|ten|zi|al, *auch* po|ten|ti|al ‹lat.› (möglich; die [bloße] Möglichkeit bezeichnend)

Po|ten|zi|al, *auch* Po|ten|ti|al, das; -s, -e (Leistungsfähigkeit; *Physik* Maß für die Stärke eines Kraftfeldes)

Po|ten|zi|al|dif|fe|renz, *auch* Po|ten|ti|al|dif|fe|renz (*Physik* Unterschied elektrischer Kräfte bei aufgeladenen Körpern)

Po|ten|zi|a|lis, *auch* Po|ten|ti|a|lis, der; -, ...les ‹lat.› (*Sprachw.* Modus der Möglichkeit)

Po|ten|zi|a|li|tät, *auch* Po|ten|ti|a|li|tät, die; -, -en (*bes. Philos.* Möglichkeit)

po|ten|zi|ell, *auch* po|ten|ti|ell ‹franz.› (möglich [im Gegensatz zu wirklich]; der Anlage nach); potenzielle, *auch* potentielle Energie *(Physik)*

po|ten|zie|ren (verstärken, erhöhen, steigern; *Math.* zur Potenz erheben, mit sich selbst vervielfältigen); **Po|ten|zie|rung**

Po|ten|zi|o|me|ter, *auch* Po|ten|ti|o|me|ter, das; -s, - ‹lat.; griech.› (*Elektrot.* regelbarer Widerstand als Spannungsteiler); **po|ten|zi|o|me|t|risch,** *auch* po|ten|ti|o|me|t|risch

Po|tenz|pil|le *(ugs.);* **Po|tenz|schwä|che; Po|tenz|schwie|rig|kei|ten** *Plur.*

po|tenz|stei|gernd

Po|te|rie, die; -, -s ‹franz.› (*veraltet für* Töpferware, Töpferei)

Po|ti|phar, *ökum.* Po|ti|far (bibl. m. Eigenn.)

Pot|pour|ri [...pʊri, *österr.* ...'ri:], das; -s, -s ‹franz.› (Allerlei; aus populären Melodien zusammengesetztes Musikstück)

Pots|dam (Hauptstadt Brandenburgs); **Pots|da|mer;** das Potsdamer Abkommen

Pott, der; -[e]s, Pötte (*bes. nordd. ugs. für* Topf; [altes] Schiff); zu Potte kommen (*ugs. für* zurechtkommen; etwas [mit einem Ergebnis] abschließen)

Pott|a|sche, die; - (Kaliumkarbonat)

Pott|bä|cker [*alte Trennung* ...k|k...] (*landsch. für* Töpfer)

Pott|harst *vgl.* Potthast

pott|häss|lich [*alte Schreibung* ...häß|lich] (*ugs. für* sehr hässlich)

Pott|hast, Pott|harst, der; -[e]s, -e (westfälisches Schmorgericht aus Gemüse und Rindfleisch)

Pott|sau *Plur.* ...säue (derbes Schimpfwort)

Pott|wal (ein Zahnwal)

potz Blitz!; potz|tau|send!

Po|u|fer, *auch* **Po-U|fer** ‹*zu* [1]Po›

Pou|lar|de [pu...], die; -, -n ‹franz.› (noch nicht geschlechtsreifes Masthuhn)

Poule [pu:l], die; -, -n ([Spiel]einsatz [beim Billard o. Ä.])

Pou|let [...'le:], das; -s, -s (junges Masthuhn)

Pour le Mé|rite ['pu:ɐ̯ lə me'ri:t; *alte Schreibung* Pour le mérite], der; - - - (hoher preußischer Verdienstorden)

pous|sie|ren (*ugs. veraltend für* flirten)

Pou|voir [pu'vo̯a:r], das; -s, -s ‹franz.› (*österr. für* Handlungsvollmacht)

po|wer ‹franz.› (*landsch. für* armselig); pow[e]re Leute

Po|wer ['pau̯...], die; - ‹engl.› (*ugs. für* Stärke, Leistung, Wucht); **Po|wer|frau**

po|wern (große Leistung entfalten; mit großem Einsatz unterstützen)

Po|wer|play, das; -[s] (*bes. Eishockey* anhaltender gemeinsamer Ansturm auf das gegnerische Tor); **Po|wer|slide** [...slai̯t], das; -[s] (eine Kurvenfahrtechnik bei Autorennen)

Po|widl, der; -s, - ‹tschech.› (*ostösterr. für* Pflaumenmus); **Po|widl|knö|del**

Poz|z[u]|o|la|ner|de *vgl.* Puzzolanerde

pp = pianissimo

pp. = perge, perge ‹lat., »fahre fort«› (und so weiter)

pp., ppa. = per procura

Pp., Ppbd. = Pappband

PP. = Patres

P. P. = praemissis praemittendis

ppa., pp. = per procura

Ppbd., Pp. = Pappband

P. prim. = Pastor primarius

Pr = *chem. Zeichen für* Praseodym

PR = Publicrelations

Prä, das; -s ‹lat., »vor«›; *meist in* das Prä haben (*ugs. für* den Vorrang haben)

prä... (vor...); **Prä...** (Vor...)

Prä|am|bel, die; -, -n (feierliche Einleitung; Vorrede)

PR-Ab|tei|lung [pe:'|ɛr...] ‹*zu* PR = Publicrelations›

Pra|cher, der; -s, - ‹slaw.› (*bes. nordd. für* zudringlicher Bettler); **pra|chern** (*bes. nordd. für* betteln); ich prachere

Pracht, die; -

Pracht|aus|ga|be; Pracht|band, der; **Pracht|bau** *Plur.* ...bauten; **Pracht|e|x|em|p|lar**

präch|tig; Präch|tig|keit, die; -

Pracht|jun|ge, der; **Pracht|kerl** *(ugs.);* **Pracht|mä|del**

Pracht|stra|ße; Pracht|stück

pracht|voll; Pracht|werk

pra|cken [*alte Trennung* ...k|k...]

(*österr. ugs. für* schlagen); **Pracker** (*österr. ugs. für* Teppichklopfer)
Prä|de|s|ti|na|ti|on, die; - ‹lat.› (Vorherbestimmung); **Prä|de|s|ti|na|ti|ons|leh|re,** die; - (*Theol.*)
prä|de|s|ti|nie|ren; prä|de|s|ti|niert (vorherbestimmt; wie geschaffen [für etwas]); **Prä|de|s|ti|nie|rung,** die; -
Prä|di|kant, der; -en, -en ‹lat.› ([Hilfs]prediger); **Prä|di|kan|ten|or|den,** der; -s (*selten für* Dominikanerorden)
Prä|di|kat, das; -[e]s, -e ‹lat.› ([gute] Zensur, Beurteilung; *kurz für* Adelsprädikat; *Sprachw.* Satzaussage)
prä|di|ka|ti|sie|ren ([einen Film o. Ä.] mit einem Prädikat versehen)
prä|di|ka|tiv (aussagend; das Prädikat betreffend); **Prä|di|ka|tiv,** das; -s, -e (*Sprachw.* auf das Subjekt od. Objekt bezogener Teil des Prädikats)
Prä|di|ka|tiv|satz (*Sprachw.*); **Prä|di|ka|ti|vum,** das; -s, ...va (*älter für* Prädikativ)
Prä|di|kats|e|x|a|men (mit einer sehr guten Note bestandenes Examen)
Prä|di|kats|no|men (*älter für* Prädikativ)
Prä|di|kats|wein
prä|dis|po|nie|ren ‹lat.› (im Vorhinein festlegen; empfänglich machen, bes. für Krankheiten); **Prä|dis|po|si|ti|on,** die; -, -en (*Med.* Anlage, Empfänglichkeit [für eine Krankheit])
Pra|do, der; -[s] (spanisches Nationalmuseum in Madrid)
prä|do|mi|nie|ren ‹lat.› (vorherrschen, überwiegen)
prae|mis|sis prae|mit|ten|dis ‹lat.› (*veraltet für* der gebührende Titel sei vorausgeschickt; *Abk.* P. P.)
Prä|e|xis|tenz [*alte Trennung* ...|st...], die; - ‹lat.› (*Philos., Theol.* das Existieren in einem früheren Leben)
prä|fa|b|ri|zie|ren (im Voraus festlegen)
Prä|fa|ti|on, die; -, -en ‹lat.› (Dankgebet als Teil der katholischen Eucharistiefeier u. des evangelischen Abendmahlsgottesdienstes)
Prä|fekt, der; -en, -en ‹lat.› (hoher Beamter im alten Rom; oberster Verwaltungsbeamter eines Departements in Frankreich, einer Provinz in Italien; Leiter des Chors als Vertreter des Kantors); **Prä|fek|tur,** die; -, -en (Amt, Bezirk, Amtsräume eines Präfekten)
prä|fe|ren|ti|ell *vgl.* präferenziell
Prä|fe|renz, die; -, -en (Vorzug, Vorrang; Bevorzugung)
prä|fe|ren|zi|ell, *auch* prä|fe|ren|ti|ell ‹lat.› (vorrangig)
Prä|fe|renz|lis|te [*alte Trennung* ...|st...]; **Prä|fe|renz|span|ne** (*Wirtsch.*); **Prä|fe|renz|zoll** (Zoll, der einen Handelspartner bes. begünstigt)
prä|fe|rie|ren (den Vorzug geben)
Prä|fix [*auch* ...'fɪks], das; -es, -e ‹lat.› (*Sprachw.* vorn an den Wortstamm angefügtes Wortbildungselement, z. B. »be-« in »beladen«)
Prä|for|ma|ti|on, die; -, -en ‹lat.› (*Biol.* angenommene Vorherbildung des fertigen Organismus im Keim); **prä|for|mie|ren; Prä|for|mie|rung**
Prag (Hauptstadt der Tschechischen Republik); *vgl.* Praha
präg|bar; Präg|bar|keit, die; -
Prä|ge|bild (*Münzw.*); **Prä|ge|druck** (*Druckw.*); **Prä|ge|ei|sen** (Prägestempel); **Prä|ge|form** (*Münzw.*); **Prä|ge|ma|schi|ne** (Prägestock)
prä|gen
Prä|ge|pres|se (*Druckw.*)
Pra|ger ‹*zu* Prag›; der Prager Fenstersturz
Prä|ger
Prä|ge|stät|te; Prä|ge|stem|pel; Prä|ge|stock, der; -[e]s, ...stöcke
prä|gla|zi|al ‹lat.› (*Geol.* voreiszeitlich)
Prag|ma|tik, die; -, -en ‹griech.› (*nur Sing.:* Orientierung auf das Nützliche, Sachbezogenheit; *Sprachw.* Lehre vom sprachlichen Handeln; *österr. auch für* Dienstpragmatik); **Prag|ma|ti|ker; Prag|ma|ti|ke|rin**
prag|ma|tisch (auf praktisches Handeln gerichtet; sachbezogen); pragmatische Angaben (Gebrauchsangaben im Wörterbuch); pragmatische (den ursächlichen Zusammenhang darlegende) Geschichtsschreibung; *aber* ↑K 150: Pragmatische Sanktion (Grundgesetz des Hauses Habsburg von 1713)
prag|ma|ti|sie|ren (*österr. für* in ein Beamtendienstverhältnis übernehmen); **Prag|ma|ti|sie|rung** (*österr.*)
Prag|ma|tis|mus, der; - (philosophische Richtung, die alles Denken u. Handeln vom Standpunkt des prakt. Nutzens aus beurteilt); **Prag|ma|tist,** der; -en, -en; **Prag|ma|tis|tin** [*alte Trennung* ...|st...]
prä|g|nant ‹lat.› (knapp und treffend); **Prä|g|nanz,** die; -
Prä|gung
Pra|ha (*tschech. Form von* Prag)
Prä|his|to|rie [*auch, österr. nur,* 'prɛ:...; *alte Trennung* ...|st...], die; - ‹lat.› (Vorgeschichte); **Prä|his|to|ri|ker; Prä|his|to|ri|ke|rin; prä|his|to|risch** (vorgeschichtlich)
prah|len; Prah|ler; Prah|le|rei; Prah|le|rin; prah|le|risch
Prahl|hans, der; -es, ...hänse (*ugs. für* jmd., der gern prahlt)
Prahl|sucht, die; -; **prahl|süch|tig**
Prahm, der; -[e]s, *Plur.* -e *od.* Prähme ‹tschech.› (großer Lastkahn)
Praia (Hauptstadt von Kap Verde)
Prai|ri|al [prɛ...], der; -[s], -s ‹franz., »Wiesenmonat«› (9. Monat des Kalenders der Franz. Revolution: 20. Mai bis 18. Juni)
Prä|ju|diz, das; -es, *Plur.* -e *od.* -ien ‹lat.› (Vorentscheidung; hochrichterliche Entscheidung, die bei Beurteilung künftiger Rechtsfälle herangezogen wird)
prä|ju|di|zi|ell ‹franz.› (bedeutsam für die Beurteilung eines späteren Sachverhalts)
prä|ju|di|zie|ren ‹lat.› (der [richterlichen] Entscheidung vorgreifen); präjudizierter Wechsel (*Bankw.* nicht eingelöster Wechsel, dessen Protest versäumt wurde)
prä|kam|b|risch (*Geol.* vor dem Kambrium [liegend]); **Prä|kam|b|ri|um,** das; -s (vor dem Kambrium liegender erdgeschichtlicher Zeitraum)
prä|kar|bo|nisch ‹lat.› (*Geol.* vor dem Karbon [liegend])
prä|kar|di|al, prä|kor|di|al (*Med.* vor dem Herzen [liegend]); **Prä|kar|di|al|gie,** die; -, ...ien ‹lat.; griech.› (Schmerzen in der Herzgegend)
prä|klu|die|ren ‹lat.› (*Rechtsspr.* jmdm. die Geltendmachung eines Rechtes gerichtlich verweigern); **Prä|klu|si|on,** die; -, -en

P

(Ausschließung; Rechtsverwirkung); **prä|klu|siv**, prä|klu|si|visch; **Prä|klu|siv|frist**

prä|ko|lum|bisch (die Zeit vor der Entdeckung Amerikas durch Kolumbus betreffend)

prä|kor|di|al *vgl.* präkardial; **Prä|kor|di|al|angst** *(Med.)*

Pra|k|rit, das; -s (*Sammelbez. für* die mittelindischen Volkssprachen)

prakt. Arzt, prakt. Ärz|tin *vgl.* praktisch

prak|ti|fi|zie|ren ⟨griech.; lat.⟩ (in die Praxis umsetzen, verwirklichen); **Prak|ti|fi|zie|rung**

Prak|tik, die; -, -en ⟨griech.⟩ (Art der Ausübung von etwas; Handhabung; Verfahrensweise; *meist Plur.:* nicht einwandfreies [unerlaubtes] Vorgehen)

Prak|ti|ka (*Plur. von* Praktikum)

prak|ti|ka|bel (brauchbar; benutzbar; zweckmäßig); eine praktika|b|le Einrichtung

Prak|ti|ka|bel, das; -s, - (*Theater* fest gebauter, begehbarer Teil der Bühnendekoration)

Prak|ti|ka|bi|li|tät, die; -

Prak|ti|kant, der; -en, -en (jmd., der ein Praktikum absolviert); **Prak|ti|kan|tin**

Prak|ti|ker (Mensch mit Erfahrung u. Geschick; *Ggs.* Theoretiker); **Prak|ti|ke|rin**

Prak|ti|kum, das; -s, ...ka (praktische Übung an der Hochschule; im Rahmen einer Ausbildung außerhalb der [Hoch]schule abzuleistende praktische Tätigkeit)

Prak|ti|kus, der; -, -se (*scherzh. für* jmd., der immer u. überall Rat weiß)

prak|tisch (auf die Praxis bezüglich; zweckmäßig; geschickt; tatsächlich); praktische Ärztin/praktischer Arzt (Ärztin/Arzt für Allgemeinmedizin; *Abk.* prakt. Ärztin/prakt. Arzt); praktisches Jahr (einjähriges Praktikum); praktisches (tätiges) Christentum; [↑K 72]: etwas Praktisches schenken; sie hat praktisch (*ugs. für* so gut wie) kein Geld

prak|ti|zie|ren (in der Praxis anwenden; als Arzt usw. tätig sein; ein Praktikum machen)

prä|kul|misch ⟨lat.; engl.⟩ (*Geol.* vor dem ^{2}Kulm [liegend])

Prä|lat, der; -en, -en ⟨lat.⟩ (geistlicher Würdenträger); **Prä|la|tur**, die; -, -en (Amt, Sitz eines Prälaten)

Prä|li|mi|nar|frie|den ⟨lat.; dt.⟩ (vorläufiger Frieden)

Prä|li|mi|na|ri|en *Plur.* ⟨lat.⟩ ([diplomatische] Vorverhandlungen; Einleitung)

Pra|li|ne, die; -, -n ⟨nach dem franz. Marschall du Plessis-Praslin⟩ (mit Schokolade überzogene Süßigkeit); **Pra|li|né**, das; -s, -s (*schweiz. für* Praline); **Pra|li|nee**, das; -s, -s (*bes. österr. u. schweiz. für* Praline)

prall (voll; stramm)

Prall, der; -[e]s, -e (heftiges Auftreffen); **pral|len**

Pral|ler, Prall|tril|ler (*Musik* Wechsel zwischen Hauptnote u. nächsthöherer Note)

prall|voll *(ugs.)*

prä|lu|die|ren ⟨lat.⟩ (*Musik* einleitend spielen); **Prä|lu|di|um**, das; -s, ...ien (Vorspiel)

Prä|ma|tu|ri|tät, die; - ⟨lat.⟩ (*Med.* Frühreife)

Prä|mie, die; -, -n ⟨lat.⟩ (Belohnung, Preis; [Zusatz]gewinn; zusätzliche Vergütung; Versicherungsbeitrag)

Prä|mi|en|an|lei|he *(Wirtsch.)*; **Prä|mi|en|aus|lo|sung**

prä|mi|en|be|güns|tigt [*alte Trennung* ...|st...]; prämienbegünstigtes Sparen

Prä|mi|en|de|pot *(Versicherungsw.)*

prä|mi|en|frei

Prä|mi|en|ge|schäft *(Kaufmannsspr.)*

Prä|mi|en|lohn *(Wirtsch.)*; **Prä|mi|en|lohn|sys|tem** [*alte Trennung* ...|st...]

Prä|mi|en|los; Prä|mi|en|rück|ge|währ (Gewähr für Beitragsrückzahlung); **Prä|mi|en|schein**

prä|mi|en|spa|ren *meist nur im Infinitiv gebr.;* **Prä|mi|en|spa|ren**, das; -s; **Prä|mi|en|spa|rer; Prä|mi|en|spa|re|rin; Prä|mi|en|spar|ver|trag**

Prä|mi|en|zah|lung; Prä|mi|en|zu|schlag

prä|mie|ren, prä|mi|ie|ren; Prä|mie|rung, Prä|mi|ie|rung

Prä|mis|se, die; -, -n ⟨lat.⟩ (Voraussetzung; Vordersatz eines logischen Schlusses)

Prä|mons|t|ra|ten|ser [*alte Trennung* ...|st...], der; -s, - ⟨nach dem franz. Kloster Prémontré⟩ (Angehöriger eines katholischen Ordens)

prä|na|tal ⟨lat.⟩ (*Med.* der Geburt vorausgehend)

Prand|tau|er (österreichischer Barockbaumeister)

Prandtl|rohr, *auch* **Prandtl-Rohr** ⟨nach dem dt. Physiker⟩ (*Physik* Gerät zum Messen des Drucks in einer Strömung)

pran|gen

Pran|ger, der; -s, - (*MA.* Schandpfahl)

Pran|ke, die; -, -n (Klaue, Tatze; *ugs. für* große, derbe Hand); **Pran|ken|hieb**

Prä|no|men, das; -s, ...mina ⟨lat.⟩ (Vorname [der alten Römer])

prä|nu|me|ran|do ⟨lat.⟩ (*Wirtsch.* im Voraus [zu zahlen])

Prä|nu|me|ra|ti|on, die; -, -en (Vorauszahlung); **prä|nu|me|rie|ren**

Pranz, der; -es (*landsch. für* Prahlerei); **pran|zen; Pran|zer**

Prä|pa|rand, der; -en, -en ⟨lat.⟩ (*früher* jmd., der sich auf das Lehrerseminar vorbereitet)

Prä|pa|rat, das; -[e]s, -e ⟨lat.⟩ (zubereitete Substanz, z. B. Arzneimittel; *Biol.* zu Lehrzwecken konservierter Pflanzen- od. Tierkörper; *Med.* zum Mikroskopieren vorbereiteter Gewebeteil); **Prä|pa|ra|ten|samm|lung**

Prä|pa|ra|ti|on, die; -, -en ⟨lat.⟩ (*bes. Biol., Med.* Herstellung eines Präparates); **Prä|pa|ra|tor**, der; -s, ...oren; **Prä|pa|ra|to|rin**

prä|pa|rie|ren ⟨lat.⟩; sich präparieren (vorbereiten); Körper- od. Pflanzenteile präparieren (dauerhaft, haltbar machen)

prä|peln (*landsch. für* [etwas Gutes] essen); ich präp[e]le

Prä|pon|de|ranz, die; - ⟨lat.⟩ (*veraltet für* Übergewicht)

Prä|po|si|ti|on, die; -, -en ⟨lat.⟩ (*Sprachw.* Verhältniswort, z. B. »auf, bei, in, vor, zwischen«); **prä|po|si|ti|o|nal**

Prä|po|si|ti|o|nal|at|tri|but; Prä|po|si|ti|o|nal|ge|fü|ge; Prä|po|si|ti|o|nal|ob|jekt

Prä|po|si|tur, die; -, -en (Stelle eines Präpositus); **Prä|po|si|tus**, der; -, ...ti (Vorgesetzter; Propst)

prä|po|tent ⟨lat.⟩ (*veraltet für* übermächtig, *österr. für* überheblich, aufdringlich); **Prä|po|tenz**, die; -

Prä|pu|ti|um, das; -s, ...ien ⟨lat.⟩ (*Med.* Vorhaut)

Prä|raf|fa|e|lit, der; -en, -en ⟨lat.;

P

ital.⟩ (*Kunstwiss.* Nachahmer des vorraffaelischen Malstils)

PR-Ar|beit [pe:ˈ|ɛr...] ⟨*zu* PR = Publicrelations⟩

Prä|rie, die; -, ...ien ⟨franz.⟩ (Grasebene in Nordamerika)

Prä|rie|aus|ter [*alte Trennung* ...|st...] (ein Mixgetränk)

Prä|rie|gras; Prä|rie|hund (ein Nagetier); **Prä|rie|in|di|a|ner; Prä|rie|wolf**

Prä|ro|ga|tiv, das; -s, -e ⟨lat.⟩ *u.* **Prä|ro|ga|ti|ve,** die; -, -n (Vorrecht; *früher* nur dem Herrscher vorbehaltenes Recht)

Prä|sens, das; -, *Plur.* ...sentia *od.* ...senzien ⟨lat.⟩ (*Sprachw.* Gegenwart); **Prä|sens|par|ti|zip** *vgl.* Partizip Präsens

prä|sent (anwesend; gegenwärtig)

Prä|sent, das; -[e]s, -e ⟨franz.⟩ ([kleineres] Geschenk)

prä|sen|ta|bel (*veraltend für* ansehnlich; vorzeigbar); präsentab|le Ergebnisse

Prä|sen|tant, der; -en, -en ⟨lat.⟩ (*Wirtsch.* jmd., der einen fälligen Wechsel vorlegt)

Prä|sen|ta|ti|on, die; -, -en (das Vorstellen, das Präsentieren; *Wirtsch.* Vorlegung eines fälligen Wechsels)

Prä|sen|ta|ti|ons|recht, das; -[e]s (*kath. Kirche* Vorschlagsrecht)

Prä|sen|tia (*Plur. von* Präsens)

prä|sen|tie|ren ⟨franz.⟩ (vorstellen; vorlegen [bes. einen Wechsel]; milit. Ehrenbezeigung [mit dem Gewehr] machen); sich präsentieren (sich zeigen)

Prä|sen|tier|tel|ler; auf dem Präsentierteller sitzen (*ugs. für* allen Blicken ausgesetzt sein)

Prä|sen|tie|rung

prä|sen|tisch ⟨lat.⟩ (*Sprachw.* das Präsens betreffend)

Prä|sent|korb

Prä|senz, die; - (Gegenwart, Anwesenheit, Ausstrahlung)

Prä|senz|bi|b|li|o|thek (Bibliothek, deren Bücher nicht nach Hause mitgenommen werden dürfen)

Prä|senz|die|ner (*österr. für* Soldat im Grundwehrdienst des österreichischen Bundesheeres); **Prä|senz|dienst** (*österr. für* Grundwehrdienst)

Prä|sen|zi|en (*Plur. von* Präsens)

Prä|senz|lis|te [*alte Trennung* ...|st...] (Anwesenheitsliste); **Prä|senz|pflicht,** die; -; **Prä|senz|stär|ke** (augenblickliche Personalstärke [bei der Truppe])

Pra|se|o|dym, das; -s ⟨griech.⟩ (chemisches Element, Seltenerdmetall; *Zeichen* Pr)

Prä|ser (*ugs. kurz für* Präservativ)

prä|ser|va|tiv ⟨lat.⟩ (vorbeugend, verhütend)

Prä|ser|va|tiv, das; -s, -e ⟨lat.⟩ (Gummischutz für das männliche Glied zur Empfängnisverhütung u. zum Schutz vor Infektionen)

Prä|ser|ve, die; -, -n *meist Plur.* (Halbkonserve)

Prä|ses, der; -, *Plur.* ...sides *u.* ...siden ⟨lat.⟩ (*kath. u. ev. Kirche* Vorsitzender, Vorstand)

Prä|si|de, der; -n, -n (*Verbindungsw.* Leiter einer Kneipe, eines Kommerses)

Prä|si|dent, der; -en, -en (Vorsitzender; Staatsoberhaupt in einer Republik); **Prä|si|den|ten|wahl; Prä|si|den|tin**

Prä|si|dent|schaft; Prä|si|dent|schafts|kan|di|dat; Prä|si|dent|schafts|kan|di|da|tin

Prä|si|des (*Plur. von* Präses)

prä|si|di|al (den Präsidenten, das Präsidium betreffend)

Prä|si|di|al|de|mo|kra|tie; Prä|si|di|al|ge|walt; Prä|si|di|al|re|gie|rung

Prä|si|di|al|sys|tem [*alte Trennung* ...|st...] (Regierungsform, bei der das Staatsoberhaupt gleichzeitig Regierungschef ist)

prä|si|die|ren (den Vorsitz führen, leiten); einem (*schweiz.* einen) Ausschuss präsidieren

Prä|si|di|um, das; -s, ...ien (leitendes Gremium; Vorsitz; Amtsgebäude eines [Polizei]präsidenten)

prä|si|lu|risch ⟨nlat.⟩ (*Geol.* vor dem Silur [liegend])

prä|s|k|ri|bie|ren ⟨lat.⟩ (vorschreiben; verordnen); **Prä|s|k|rip|ti|on,** die; -, -en; **prä|s|k|rip|tiv** (vorschreibend; regelnd)

Prass [*alte Schreibung* Praß], der; Prasses (*veraltet für* Plunder)

pras|seln; es prasselt

pras|sen (schlemmen); du prasst, er/sie prasst; du prasstest; er/sie hat geprasst; prasse! *u.* prass! [*alte Schreibungen* praßt, praßtest, gepraßt, praß!]; **Pras|ser; Pras|se|rei; Pras|se|rin**

prä|sta|bi|lie|ren ⟨lat.⟩ (*veraltet für* vorher festsetzen); prästabilierte Harmonie (Leibniz)

Prä|s|tant, der; -en, -en (große, zinnerne Orgelpfeife)

prä|su|mie|ren ⟨lat.⟩ (*Philos., Rechtsw.* annehmen; voraussetzen); **Prä|sum|ti|on,** die; -, -en (Annahme; Vermutung; Voraussetzung); **prä|sum|tiv** (mutmaßlich)

Prä|ten|dent, der; -en, -en ⟨lat.⟩ (jmd., der Anspruch auf eine Stellung, ein Amt, bes. auf einen Thron, erhebt); **Prä|ten|den|tin; prä|ten|die|ren**

Prä|ten|ti|on, die; -, -en (Anspruch; Anmaßung); **prä|ten|ti|ös** (anspruchsvoll; anmaßend)

Pra|ter, der; -s (Park mit Vergnügungsplatz in Wien)

Prä|te|r|i|tio, die; -, ...onen ⟨lat.⟩, **Prä|te|r|i|ti|on,** die; -, ...onen (*Rhet.* scheinbare Übergehung)

Prä|te|r|i|to|prä|sens, das; -, *Plur.* ...sentia *od.* ...senzien (*Sprachw.* Verb, dessen Präsens [Gegenwart] ein früheres starkes Präteritum [Vergangenheit] ist u. dessen neue Vergangenheitsformen schwach gebeugt werden, z. B. »können, wissen«)

Prä|te|r|i|tum, das; -s, ...ta (*Sprachw.* Vergangenheit)

prä|ter|prop|ter ⟨lat.⟩ (etwa, ungefähr)

Prä|tor, der; -s, ...oren ⟨lat.⟩ (höchster [Justiz]beamter im alten Rom); **Prä|to|ri|a|ner** (Angehöriger der Leibwache der römischen Feldherren od. Kaiser)

Prät|ti|gau, das; -s (Talschaft in Graubünden)

Prä|tur, die; -, -en ⟨lat.⟩ (Amt eines Prätors)

Prat|ze, die; -, -n (*svw.* Pranke)

Prau, die; -, -e ⟨malai.⟩ (Boot der Malaien)

Prä|ven|ti|on, die; -, -en ⟨lat.⟩ (Vorbeugung, Verhütung)

prä|ven|tiv

Prä|ven|tiv|an|griff; Prä|ven|tiv|be|hand|lung *(Med.);* **Prä|ven|tiv|krieg; Prä|ven|tiv|maß|nah|me; Prä|ven|tiv|me|di|zin,** die; -; **Prä|ven|tiv|schlag** *(Milit.);* **Prä|ven|tiv|ver|kehr,** der; -s (Geschlechtsverkehr mit Anwendung eines Verhütungsmittels)

prä|ver|bal (vor dem Spracherwerb [liegend])

Pra|w|da, die; - ⟨russ., »Wahrheit«⟩ (Moskauer Tageszeitung)

Pra|xe|dis [*auch* ˈpra...] (eine Heilige)

Pra|xis, die; -, ...xen ⟨griech.⟩ (*nur*

Sing.: Tätigkeit, Ausübung, Erfahrung, *Ggs.* Theorie; Räumlichkeiten für die Berufsausübung bestimmter Berufsgruppen); *vgl.* in praxi

pra|xis|be|zo|gen; Pra|xis|be|zug

pra|xis|fern; pra|xis|fremd; pra|xis|ge|recht; pra|xis|nah; pra|xis|ver|bun|den

Pra|xi|te|les (altgriechischer Bildhauer)

Prä|ze|dens, das; -, ...denzien ‹lat.› (früherer Fall, früheres Beispiel; Beispielsfall)

Prä|ze|denz|fall (Präzedens)

Prä|ze|denz|strei|tig|keit (Rangstreitigkeit)

Prä|zep|tor, der; -s, ...oren (*veraltet für* Lehrer; Erzieher)

Prä|zes|si|on, die; -, -en (*Astron.* das Fortschreiten des Frühlingspunktes)

Prä|zi|pi|tat, das; -[e]s, -e (*Chemie* Bodensatz, Niederschlag); **Prä|zi|pi|ta|ti|on,** die; - (Ausfällung); **prä|zi|pi|tie|ren** (ausfällen)

Prä|zi|pi|tin, das; -s, -e (*Med.* immunisierender Stoff im Blut)

prä|zis, *österr. nur so, auch* **prä|zi|se** ‹lat.› (genau; pünktlich; eindeutig); **prä|zi|sie|ren** (genau[er] angeben; knapp zusammenfassen); **Prä|zi|sie|rung**

Prä|zi|si|on, die; - (Genauigkeit)

Prä|zi|si|ons|ar|beit; Prä|zi|si|ons|in|s|t|ru|ment; Prä|zi|si|ons|ka|me|ra; Prä|zi|si|ons|mes|sung; Prä|zi|si|ons|mo|tor; Prä|zi|si|ons|uhr; Prä|zi|si|ons|waa|ge

Pré|cis [pre'si:], der; -, - ‹franz.› (kurze Inhaltsangabe)

Pre|del|la, die; -, *Plur.* -s *u.* ...llen ‹ital.› (Sockel eines Altaraufsatzes)

pre|di|gen

Pre|di|ger; Pre|di|ge|rin

Pre|di|ger|or|den, der; -s; **Pre|di|ger|se|mi|nar**

Pre|digt, die; -, -en

Pre|digt|amt; Pre|digt|stuhl (*veraltet für* Kanzel); **Pre|digt|text**

Pre|fe|rence [...'rã:s], die; -, -n ‹franz.› (ein franz. Kartenspiel)

Pre|gel, der; -s (ein Fluss)

prei|en ‹niederl.› *(Seemannsspr.);* ein Schiff preien (anrufen)

Preis, der; -es, -e (Geldbetrag; Belohnung; *geh. für* Lob); um jeden, keinen Preis; Preis freibleibend *(Kaufmannsspr.)*

Preis|ab|bau, der; -[e]s; **Preis|ab|schlag; Preis|ab|spra|che**

Preis|a|gen|tur (Unternehmen, das Waren gegen Entgelt zu einem möglichst günstigen Preis vermittelt)

Preis|an|ga|be

Preis|an|ord|nung (*in der DDR; Abk.* PAO)

Preis|an|stieg; Preis|auf|ga|be; Preis|auf|trieb *(Wirtsch.)*

Preis|aus|schrei|ben, das; -s, -

preis|be|wusst [*alte Schreibung* ...be|wußt]

Preis|bil|dung *(Wirtsch.);* **Preis|bin|dung**

Preis|bo|xer *(früher)*

Preis|bre|cher

Prei|sel|bee|re

Preis|emp|feh|lung; unverbindliche Preisempfehlung

prei|sen; du preist, er preist; du priesest, sie pries; gepriesen; preis[e]!

Preis|ent|wick|lung; Preis|er|hö|hung; Preis|er|mä|ßi|gung; Preis|ex|plo|si|on

Preis|fra|ge

Preis|ga|be, die; -; **preis|ge|ben;** du gibst preis; preisgegeben; preiszugeben

preis|ge|bun|den

Preis|ge|fäl|le; Preis|ge|fü|ge

preis|ge|krönt

Preis|geld; Preis|ge|richt; Preis|ge|stal|tung; Preis|gren|ze

preis|güns|tig [*alte Trennung* ...|st...]

Preis|in|dex *Plur.* ...indizes, *auch* ...indices *(Wirtsch.);* **Preis|kal|ku|la|ti|on; Preis|kar|tell** *(Wirtsch.)*

preis|ke|geln *nur im Infinitiv und Partizip II gebräuchlich;* wir wollen preiskegeln; **Preis|ke|geln,** das; -s

Preis|klas|se; Preis|kon|junk|tur *(Wirtsch.);* **Preis|kon|t|rol|le; Preis|kon|ven|ti|on** *(Wirtsch.);* **Preis|kor|rek|tur**

Preis|la|ge; in jeder Preislage

Preis-Leis|tungs-Ver|hält|nis [*alte Trennung* ...|st...]

preis|lich; preisliche Unterschiede

Preis|lied

Preis|lis|te [*alte Trennung* ...|st...]

Preis-Lohn-Spi|ra|le, die; -; ↑K 26 *(Wirtsch.)*

Preis|nach|lass [*alte Schreibung* ...nach|laß]; **Preis|ni|veau; Preis|po|li|tik**

Preis|rät|sel

Preis|rich|ter; Preis|rich|te|rin

Preis|rück|gang

Preis|schie|ßen

Preis|schild, das; **Preis|schla|ger** *(ugs.);* **Preis|sen|kung**

Preis|skat

preis|sta|bil; Preis|sta|bi|li|tät

Preis|stei|ge|rung; Preis|stei|ge|rungs|ra|te *(Wirtsch.)*

Preis|stopp (Verbot der Preiserhöhung); **Preis|stopp|ver|ord|nung**

Preis|sturz; Preis|ta|fel

Preis|trä|ger; Preis|trä|ge|rin

preis|trei|bend

Preis|trei|ber; Preis|trei|be|rei

Preis|über|wa|chung; Preis|un|ter|gren|ze; Preis|ver|gleich

Preis|ver|lei|hung; Preis|ver|tei|lung

Preis|ver|zeich|nis; Preis|vor|schrift

preis|wert

Preis|wu|cher

preis|wür|dig; Preis|wür|dig|keit, die; -

pre|kär ‹franz.› (misslich, schwierig, bedenklich)

Prell|ball, der; -[e]s (dem Faustball ähnliches Spiel)

Prell|bock *(Eisenb.)*

prel|len; Prel|ler; Prel|le|rei

Prell|schuss [*alte Schreibung* ...schuß]

Prell|stein

Prel|lung

Pré|lude [pre'ly:t], das; -s, -s ‹franz.› (der Fantasie ähnliches Klavier- od. Instrumentalstück; *auch* svw. Präludium)

Pre|mi|er [prə'mie:, pre...], der; -s, -s ‹franz.› (Premierminister)

Pre|mi|e|re [*österr.* ...'miɛ:r], die; -, -n (Erst-, Uraufführung)

Pre|mi|e|ren|a|bend; Pre|mi|e|ren|be|su|cher; Pre|mi|e|ren|pu|b|li|kum

Pre|mi|er|mi|nis|ter [*alte Trennung* ...|st...]; **Pre|mi|er|mi|nis|te|rin**

pre|mi|um ‹lat.-engl.› (von besonderer, bester Qualität)

Pres|by|ter, der; -s, - ‹griech.› ([urchristlicher] Gemeindeältester; Priester; Mitglied des Presbyteriums)

Pres|by|te|ri|al|ver|fas|sung *(ev.-reformierte Kirche)*

Pres|by|te|ri|a|ner, der; -s, - (Angehöriger protestantischer Kirchen mit Presbyterialverfassung in England u. Amerika); **Pres|by|te|ri|a|ne|rin; pres|by|te|ri|a|nisch**

Pres|by|te|rin; Pres|by|te|ri|um, das; -s, ...ien (Versammlung[sraum] der Presbyter; Kirchenvorstand; Chorraum)

pre|schen (*ugs. für* rennen, eilen); du preschst
Pre|shave ['pri:ʃe:f; *alte Schreibung* Pre-shave], das; -[s], -s ⟨engl.⟩ (*kurz für* Preshavelotion); **Pre|shave|lo|tion** [...lo:ʃn̩], *auch* **Pre-Shave-Lo|tion** [*alte Schreibung* Pre-shave-Lo|tion], die; -, -s (Gesichtswasser zum Gebrauch vor der Rasur)
press [*alte Schreibung* preß] (*Sportspr.* eng, nah); jmdn. press decken
pres|sant ⟨franz.⟩ (*noch landsch. für* dringlich, eilig)
Press|ball [*alte Schreibung* Preßball] *(Fußball)*
Press|burg [*alte Schreibung* Preßburg] (*slowak.* Bratislava; Hauptstadt der Slowakei)
Pres|se, die; -, -n (*kurz für* Druck-, Obst-, Ölpresse usw.; *ugs. für* Privatschule, die [schwächere Schüler] auf Prüfungen vorbereitet; *nur Sing.:* Gesamtheit der periodischen Druckschriften; *nur Sing.:* Zeitungs-, Zeitschriftenwesen); die freie Presse
Pres|se|a|gen|tur; Pres|se|amt; Pres|se|aus|weis
Pres|se|be|richt; Pres|se|be|richt|er|stat|ter; Pres|se|be|richt|er|stat|te|rin
Pres|se|bü|ro (Agentur)
Pres|se|chef; Pres|se|che|fin
Pres|se|dienst; Pres|se|emp|fang; Pres|se|er|klä|rung
Pres|se|fo|to|graf, *auch* Pres|se|pho|to|graph; **Pres|se|fo|to|gra|fin**, *auch* Pres|se|pho|to|gra|phin
Pres|se|frei|heit, die; -; **Pres|se|ge|setz; Pres|se|in|for|ma|ti|on; Pres|se|kam|pa|g|ne; Pres|se|kom|men|tar; Pres|se|kon|fe|renz; Pres|se|land|schaft; Pres|se|mel|dung; Pres|se|mit|tei|lung**
pres|sen; du presst, er/sie presst; du presstest; gepresst; presse! *u.* press! [*alte Schreibungen* preßt, preßtest, gepreßt, preß!]
Pres|se|no|tiz; Pres|se|or|gan; Pres|se|recht, das; -[e]s
Pres|se|re|fe|rent; Pres|se|re|fe|ren|tin
Pres|se|schau
Pres|se|spre|cher; Pres|se|spre|che|rin
Pres|se|stel|le; Pres|se|stim|me; Pres|se|tri|bü|ne
Pres|se|ver|tre|ter; Pres|se|ver|tre|te|rin
Pres|se|we|sen, das; -s; **Pres|se|zen|sur**, die; -; **Pres|se|zen|t|rum**
Press|form [*alte Schreibung* Preß...]; **Press|glas** *Plur.* ...gläser
Press|he|fe; Press|holz
pres|sie|ren (*bes. südd., österr. u. schweiz. für* drängen, eilig sein; sich beeilen); es pressiert
Pres|sing, das; -s ⟨engl.⟩ (*Fußball* eine Spieltaktik)
Pres|si|on, die; -, -en ⟨lat.⟩ (Druck; Nötigung, Zwang)
Press|koh|le [*alte Schreibung* Preß...]; **Press|kopf** (eine Wurstart)
Press|ling [*alte Schreibung* Preßling] (*für* Brikett)
Press|luft [*alte Schreibung* Preßluft], die; -; **Press|luft|boh|rer; Press|luft|fla|sche; Press|luft|ham|mer**
Press|sack, *auch* **Press-Sack** [*alte Schreibung* Preß|sack], der; -[e]s (*svw.* Presskopf)
Press|schlag, *auch* **Press-Schlag** [*alte Schreibung* Preß|schlag] *(Fußball)*
Press|span, *auch* **Press-Span** [*alte Schreibung* Preß|span]; **Press|span|plat|te**
Press|stoff, *auch* **Press-Stoff** [*alte Schreibung* Preß|stoff]
Press|stroh, *auch* **Press-Stroh** [*alte Schreibung* Preß|stroh]
Pres|sung
Pres|sure|group ['prɛʃɐgru:p], *auch* **Pres|sure-Group** [*alte Schreibung* Pres|sure-group], die; -, -s ⟨engl.-amerik.⟩ (Interessenverband, der [oft mit Druckmitteln] Einfluss zu gewinnen sucht)
Press|we|he [*alte Schreibung* Preß|we|he] *meist Plur. (Med.)*
Press|wurst [*alte Schreibung* Preß|wurst] (*svw.* Presskopf)
Pres|ti [*alte Trennung* ...|st...] (*Plur. von* Presto)
Pres|ti|ge [...'ti:ʒə, ...'ti:ʃ; *alte Trennung* ...|st...], das; -s ⟨franz.⟩ (Ansehen, Geltung)
Pres|ti|ge|den|ken [*alte Trennung* ...|st...]; **Pres|ti|ge|ge|winn; Pres|ti|ge|grund** *meist Plur.;* **Pres|ti|ge|sa|che; pres|ti|ge|träch|tig; Pres|ti|ge|ver|lust**
pres|tis|si|mo [*alte Trennung* ...|st...] ⟨ital.⟩ (*Musik* sehr schnell); **Pres|tis|si|mo**, das; -s, *Plur.* -s *u.* ...mi
pres|to [*alte Trennung* ...|st...] (*Musik* schnell); **Pres|to**, das; -s, *Plur.* -s *u.* ...ti
Prêt-à-por|ter [prɛtapɔr'te:], das; -s, -s ⟨franz.⟩ (von einem Modeschöpfer entworfenes Konfektionskleid)
pre|ti|ös *vgl.* preziös
Pre|ti|o|se *vgl.* Preziose
Pre|to|ria (Hauptstadt von Transvaal u. Regierungssitz der Republik Südafrika)
Preu|ße, der; -n, -n; **Preu|ßen; Preu|ßin; preu|ßisch;** preußische Reformen, *aber* ↑K 140: der Preußische Höhenrücken
Preu|ßisch|blau
pre|zi|ös, *auch* **pre|ti|ös** ⟨franz.⟩ (kostbar; gekünstelt)
Pre|zi|o|se, *auch* Pre|ti|o|se, die; -, -n *meist Plur.* ⟨lat.⟩ (Kostbarkeit; Schmuckstück)
PR-Frau [pe:'|ɛr...] ⟨*zu* PR = Public Relations⟩ (*ugs. für* für die Öffentlichkeitsarbeit zuständige Mitarbeiterin)
Pri|a|mel, die; -, -n, *auch* das; -s, - ⟨lat.⟩ (Spruchgedicht, bes. des deutschen Spätmittelalters)
Pri|a|mos, Pri|a|mus (griechische Sagengestalt)
pri|a|pe|isch ⟨griech.⟩ (den Priapus betreffend; *veraltet für* unzüchtig); priapeische Gedichte; **Pri|a|pos, Pri|a|pus** (griech.-röm. Gott der Fruchtbarkeit)
Pri|cke [*alte Trennung* ...k|k...], die; -, -n (Markierung in flachen Küstengewässern)
Pri|ckel [*alte Trennung* ...k|k...], der; -s, - (Reiz, Erregung); **pri|ckel|ig, prick|lig** (prickelnd); **pri|ckeln;** ↑K 82: ein Prickeln auf der Haut empfinden; **pri|ckelnd;** ↑K 72: etwas Prickelndes für den Gaumen
pri|cken [*alte Trennung* ...k|k...] (mit Pricken versehen; *landsch., bes. nordd. für* [aus]stechen; abstecken)
prick|lig *vgl.* prickelig
[1]**Priel**, der; -s (Bergname); ↑K 140: der Große, Kleine Priel
[2]**Priel**, der; -[e]s, -e (schmaler Wasserlauf im Wattenmeer)
Priem, der; -[e]s, -e ⟨niederl.⟩ (Stück Kautabak); **prie|men** (Tabak kauen); **Priem|ta|bak**
Prieß|nitz (Begründer einer Naturheilmethode)
Prieß|nitz|kur ↑K 136 (eine Kaltwasserkur) **Prieß|nitz|um|schlag**
Pries|ter [*alte Trennung* ...|st...], der; -s, -; **Pries|ter|amt**, das; -[e]s; **pries|ter|haft**
Pries|te|rin [*alte Trennung*

P

...|st...]; **Pries|ter|kon|gre|ga|ti|on; Pries|ter|kö|nig; Pries|ter|kö|ni|gin**

pries|ter|lich [*alte Trennung* ...|st...]; **Pries|ter|schaft,** die; -; **Pries|ter|se|mi|nar; Pries|ter|tum,** das; -s; **Pries|ter|wei|he**

Priest|ley [...li] (englischer Schriftsteller)

Prig|nitz, die; - (Landschaft in Nordostdeutschland)

Prim, die; -, -en ‹lat.› (Fechthieb; Morgengebet im katholischen Brevier; *svw.* Prime *[Musik]*)

Prim. = Primar, Primararzt, Primarius; Primaria

pri|ma ‹ital.› (*Kaufmannsspr. veraltend für* vom Besten, erstklassig; *Abk.* Ia; *ugs. für* ausgezeichnet, großartig); prima Essen

Pri|ma, die; -, ...men ‹lat.› (*veraltende Bez. für* die beiden oberen Klassen eines Gymnasiums)

Pri|ma|bal|le|ri|na, die; -, ...nen ‹ital.› (erste Tänzerin)

Pri|ma|don|na, die; -, ...nnen (erste Sängerin)

Pri|ma|ge [...ʒə], die; -, -n ‹franz.› (Primgeld)

Pri|ma|ner ‹lat.› (Schüler der Prima); **pri|ma|ner|haft** (unerfahren, unreif); **Pri|ma|ne|rin**

Pri|mar, der; -s, -e (*österr. für* Chefarzt einer Krankenhausabteilung; *Abk.* Prim.)

pri|mär ‹franz.› (die Grundlage bildend; ursprünglich, erst...)

Pri|mar|arzt *(österr.) vgl.* Primar; **Pri|mar|ärz|tin** *(österr.) vgl.* Primaria

Pri|mär|e|ner|gie (Energiegehalt der natürlichen Energieträger, z. B. Wasserkraft)

Pri|ma|ria, die; -, ...iae ‹lat.› (*österr. für* Chefärztin einer Krankenhausabteilung; *Abk.* Prim.)

Pri|ma|ri|us, der; -, ...ien ‹lat.› (erster Geiger im Streichquartett; *österr. svw.* Primar)

Pri|mar|leh|rer *(schweiz.)*; **Pri|mar|leh|re|rin**

Pri|mär|li|te|ra|tur (der eigentliche dichterische od. literarische Text; *Ggs.* Sekundärliteratur)

Pri|mar|schu|le (*schweiz. für* Volksschule, Grundschule)

Pri|mär|strom *(Elektrot.)*

Pri|mar|stu|fe (1. bis 4. Schuljahr)

Pri|mär|wick|lung *(Elektrot.)*

[1]**Pri|mas,** der; -, *Plur.* -se, *auch* ...aten ‹der Erste, Vornehmste› (Ehrentitel bestimmter Erzbischöfe)

[2]**Pri|mas,** der; -, -se (Solist u. Vorgeiger einer Zigeunerkapelle)

[1]**Pri|mat,** der *od.* das; -[e]s, -e (Vorrang, bevorzugte Stellung; [Vor]herrschaft; oberste Kirchengewalt des Papstes)

[2]**Pri|mat,** der; -en, -en *meist Plur.;* (*Biol.* Angehöriger einer Menschen, Affen u. Halbaffen umfassenden Ordnung der Säugetiere); **Pri|ma|tin**

Pri|ma|wech|sel *(Bankw.)*

Pri|me, die; -, -n (*Musik* erster Ton der diatonischen Tonleiter; Intervall im Einklang)

Pri|mel, die; -, -n (eine Frühjahrsblume)

Pri|men (*Plur. von* Prim, Prima *u.* Prime)

Prime|time ['praim'taim], die; -, -s, *auch* **Prime Time** [*alte Schreibung* Prime time], die; - -, - -s ‹engl.› (abendliche Hauptsendezeit [beim Fernsehen])

Prim|gei|ger (erster Geiger im Streichquartett)

Prim|geld ‹lat.› (Sondervergütung für den Schiffskapitän)

Pri|mi (*Plur. von* Primus)

pri|mis|si|ma ‹ital.› (*ugs. für* ganz prima, ausgezeichnet)

pri|mi|tiv ‹lat.› (einfach, dürftig; *abwertend für* von geringem geistig-kulturellem Niveau)

Pri|mi|ti|ve, der *u.* die; -n, -n *meist Plur.* (*veraltend für* Angehörige[r] eines naturverbundenen, auf einer niedrigen Zivilisationsstufe stehenden Volkes)

pri|mi|ti|vi|sie|ren; Pri|mi|ti|vi|sie|rung

Pri|mi|ti|vis|mus, der; - (künstlerische Tendenz zu naiver, vereinfachender Darstellung)

Pri|mi|ti|vi|tät, die; -

Pri|mi|tiv|ling *(ugs.)*

Pri|mi|ti|vum, das; -s, ...va (*Sprachw.* Stamm-, Wurzelwort)

Pri|miz, die; -, -en (*kath. Kirche* erste [feierliche] Messe des Primizianten); **Pri|miz|fei|er; Pri|mi|zi|ant,** der; -en, -en (neu geweihter katholischer Priester)

Pri|mi|zi|en *Plur.* (den römischen Göttern dargebrachte »Erstlinge« von Früchten u. Ä.)

Pri|mo|ge|ni|tur, die; -, -en (*früher* Erbfolgerecht des Erstgeborenen u. seiner Nachkommen)

Pri|mus, der; -, *Plur.* ...mi *u.* -se (Klassenbester); **Pri|mus in|ter Pa|res** [*alte Schreibung* Pri|mus in|ter pa|res], der; - - -, ...mi - - (der Erste unter Gleichen, ohne Vorrang)

Prim|zahl (nur durch 1 u. durch sich selbst teilbare Zahl)

Prince of Wales ['prɪns - 've:ls], der; - - - (Titel des britischen Thronfolgers); **Prin|cess of Wales**

Prin|te, die; -, -n ‹niederl.› (ein Gebäck); Aachener Printen

prin|ted in ... ‹engl.› (in ... gedruckt [Vermerk in Büchern])

Prin|ter, der; -s, - (automatisches Kopiergerät; Drucker)

Prin|ting-on-De|mand [...di'ma:nd], das; - ‹engl.› (schnelle Herstellung von Druckerzeugnissen [in kleinerer Zahl] auf Bestellung)

Print|me|di|um *meist Plur.* (z. B. Zeitung, Zeitschrift, Buch)

Prinz, der; -en, -en ‹lat.›

Prin|zen|gar|de (Garde eines Karnevalsprinzen)

Prin|zen|in|seln *Plur.* (im Marmarameer)

Prin|zen|paar, das; -[e]s, -e (Prinz u. Prinzessin [im Karneval])

Prin|zess [*alte Schreibung* Prinzeß], die; -, Prinzessen (*veraltet für* Prinzessin)

Prin|zess|boh|ne [*alte Schreibung* Prin|zeß...] *meist Plur.*

Prin|zes|sin

Prin|zess|kleid [*alte Schreibung* Prin|zeß...]

Prinz|ge|mahl (Ehemann einer regierenden Herrscherin)

Prinz-Hein|rich-Müt|ze ‹nach dem preuß. Prinzen› (Schiffermütze)

Prin|zip, das; -s, *Plur.* -ien, *seltener* -e ‹lat.› (Grundlage; Grundsatz)

[1]**Prin|zi|pal,** der; -s, -e (*veraltet für* Lehrherr; Geschäftsführer)

[2]**Prin|zi|pal,** das; -s, -e (Hauptregister der Orgel)

Prin|zi|pal|gläu|bi|ger (Hauptgläubiger)

Prin|zi|pa|lin (*veraltet für* Geschäftsführerin; Theaterleiterin)

Prin|zi|pat, das, *auch* der; -[e]s, -e (*veraltet für* Vorrang; römische Verfassungsform der ersten Kaiserzeit)

prin|zi|pi|ell (grundsätzlich)

prin|zi|pi|en|fest
Prin|zi|pi|en|fra|ge
prin|zi|pi|en|los; Prin|zi|pi|en|lo|sig|keit, die; -
Prin|zi|pi|en|rei|ter (jmd., der kleinlich auf seinen Prinzipien beharrt); **Prin|zi|pi|en|rei|te|rei; Prin|zi|pi|en|streit**
prin|zi|pi|en|treu; Prin|zi|pi|en|treue
prinz|lich
Prinz|re|gent
Pri|on, das; -s, ...onen ‹Kunstwort› (*Med.* Eiweißpartikel, das Erreger einer Gehirnerkrankung sein könnte)
Pri|or, der; -s, Prioren ‹lat.› ([Kloster]oberer, -vorsteher; *auch für* Stellvertreter eines Abtes); **Pri|o|rat,** das; -[e]s, -e (Amt, Würde eines Priors; meist von einer Abtei abhängiges [kleineres] Kloster); **Pri|o|rin** [*auch* 'pri:...]
Pri|o|ri|tät, die; -, -en ‹franz.› (Vor[zugs]recht, Erstrecht, Vorrang; *nur Sing.:* zeitliches Vorhergehen); Prioritäten setzen (festlegen, was vorrangig ist)
Pri|o|ri|tä|ten *Plur.* (Wertpapiere mit Vorzugsrechten)
Pri|o|ri|tä|ten|lis|te [*alte Trennung* ...|st...]
Pri|o|ri|täts|ak|tie (Vorzugsaktie)
Pris|chen (kleine Prise)
Pri|se, die; -, -n ‹franz.› (*Seew.* [im Krieg] erbeutetes [Handels]schiff od. -gut; kleine Menge [Tabak, Salz u. a.], die zwischen Daumen u. Zeigefinger zu greifen ist)
Pri|sen|ge|richt *(Seew.)*; **Pri|sen|kom|man|do; Pri|sen|recht,** das; -[e]s
Pris|ma, das; -s, ...men ‹griech.› (*Math.* Polyeder; *Optik* Licht brechender Körper); **pris|ma|tisch** (prismenförmig); **Pris|ma|to|id,** das; -[e]s, -e (prismenähnlicher Körper)
Pris|men|fern|rohr; Pris|men|glas *Plur.* ...gläser; **Pris|men|su|cher** (bei Spiegelreflexkameras)
Prit|sche, die; -, -n (flaches Schlagholz [beim Karneval]; hölzerne Liegestatt; Ladefläche eines Lkw)
prit|schen (*landsch. für* mit der Pritsche schlagen; *Sport* den Volleyball mit den Fingern weiterspielen); du pritschst
Prit|schen|wa|gen

pri|vat

‹lat.›
(persönlich; nicht öffentlich; vertraulich; vertraut)

Kleinschreibung ↑K 72:
– eine private Meinung, Angelegenheit; die private Wirtschaft
– Verkauf an privat [*alte Schreibung* Privat]; Kauf von privat [*alte Schreibung* Privat]

Getrenntschreibung:
– sich privat versichern; eine privat versicherte [*alte Schreibung* privatversicherte] Patientin
Vgl. auch Private

Pri|vat|a|d|res|se; Pri|vat|an|ge|le|gen|heit; Pri|vat|au|di|enz; Pri|vat|bahn; Pri|vat|bank *Plur.* ...banken; **Pri|vat|be|sitz; Pri|vat|brief**
Pri|vat|de|tek|tiv; Pri|vat|de|tek|ti|vin
Pri|vat|do|zent (Hochschullehrer ohne Beamtenstelle); **Pri|vat|do|zen|tin**
Pri|vat|druck *Plur.* ...drucke
Pri|va|te, der *u.* die; -n, -n (Privatperson; *Plur. auch für* die privaten Fernsehsender)
Pri|vat|ei|gen|tum; Pri|vat|fern|se|hen; Pri|vat|flug|zeug; Pri|vat|frau; Pri|vat|ge|brauch, der; -[e]s; **Pri|vat|ge|lehr|te; Pri|vat|ge|spräch; Pri|vat|hand;** *nur in* aus, von, in Privathand; **Pri|vat|haus**
Pri|va|ti|er [...'tie:], der; -s, -s (*veraltet für* Privatmann, Rentner)
pri|va|tim (*veraltend für* [ganz] persönlich, vertraulich)
Pri|vat|i|n|i|ti|a|ti|ve; Pri|vat|in|te|r|es|se
Pri|va|ti|on, die; -, -en (*veraltet für* Beraubung; Entziehung)
pri|va|ti|sie|ren (staatliches Vermögen in Privatvermögen umwandeln; als Rentner[in] od. als Privatperson vom eigenen Vermögen leben); **Pri|va|ti|sie|rung**
pri|va|tis|si|me [...me] (im engsten Kreise; streng vertraulich); **Pri|va|tis|si|mum,** das; -s, ...ma (Vorlesung für einen ausgewählten Kreis; *übertr. für* Ermahnung)
Pri|va|tist, der; -en, -en (*österr. für* Schüler, der sich ohne Schulbesuch auf die Prüfung an einer Schule vorbereitet); **Pri|va|tis|tin** [*alte Trennung* ...|st...]

Pri|vat|kla|ge; Pri|vat|kli|nik; Pri|vat|kon|tor; Pri|vat|kund|schaft; Pri|vat|le|ben, das; -s
Pri|vat|leh|rer; Pri|vat|leh|re|rin
Pri|vat|leu|te *Plur.*; **Pri|vat|mann** *Plur.* ...leute, *selten* ...männer
Pri|vat|mit|tel *Plur.*; ↑K 31: Privat- u. öffentliche Mittel, *aber* öffentliche und Privatmittel
Pri|vat|pa|ti|ent; Pri|vat|pa|ti|en|tin
Pri|vat|per|son; Pri|vat|quar|tier
Pri|vat|ra|dio (*österr. für* privater Radiosender)
Pri|vat|recht; pri|vat|recht|lich
Pri|vat|sa|che; Pri|vat|schu|le
Pri|vat|se|k|re|tär; Pri|vat|se|k|re|tä|rin
Pri|vat|sphä|re; Pri|vat|sta|ti|on; Pri|vat|stun|de; Pri|vat|un|ter|richt; Pri|vat|ver|gnü|gen; Pri|vat|ver|mö|gen
pri|vat ver|si|chert [*alte Schreibung* pri|vat|ver|si|chert] *vgl.* privat; **Pri|vat|ver|si|che|rung**
Pri|vat|weg
Pri|vat|wirt|schaft; pri|vat|wirt|schaft|lich
Pri|vat|woh|nung; Pri|vat|zim|mer
Pri|vi|leg, das; -[e]s, *Plur.* -ien, *auch* -e ‹lat.› (Vor-, Sonderrecht); **pri|vi|le|gie|ren; pri|vi|le|giert; Pri|vi|le|gi|um,** das; -s, ...ien (*älter für* Privileg)
Prix [pri:], der; -, - ‹franz.› (*franz. Bez. für* Preis); Prix Goncourt ['pri: gõ'ku:ɐ̯] (französischer Literaturpreis)
PR-Mann [pe:'ɛr...] *Plur.* PR-Leute ‹*zu* PR = Public Relations› (*ugs; vgl.* PR-Frau)
pro *Präp. mit Akk.* ‹lat.› (für, je); pro Stück; pro männlichen Angestellten
Pro, das; -s (Für); das Pro und Kontra (das Für und Wider)
pro... (z. B. proamerikanisch, prowestlich)
pro an|no (*veraltet für* jährlich; *Abk.* p. a.)
pro|ba|bel ‹lat.› (*veraltet für* wahrscheinlich); proba|b|le Gründe
Pro|ba|bi|lis|mus, der; - (*Philos.* Wahrscheinlichkeitslehre; *kath. Moraltheologie* Lehre, nach der in Zweifelsfällen eine Handlung erlaubt ist, wenn gute Gründe dafür sprechen)
Pro|ba|bi|li|tät, die; -, -en (Wahrscheinlichkeit)
Pro|band, der; -en, -en (Testperson; *Genealogie* jmd., für den

P

Pro|be

die; -, -n – zur Probe, auf Probe – die Probe aufs Exempel machen; jmdn. auf die Probe stellen – [einen Wagen] Probe fahren; wir sind Probe gefahren; ohne Probe zu fahren [*alte Schreibungen* probefahren, probegefahren, probezufahren] – lass die Maschine Probe laufen; die Maschine ist Probe gelaufen [*alte Schreibungen* probelaufen, probegelaufen]	– wir mussten [eine Seite] Probe schreiben [*alte Schreibung* probeschreiben] – wann wollen Sie Probe singen?; hat sie schon Probe gesungen? [*alte Schreibungen* probesingen, probegesungen] – sie haben vormittags Probe geturnt [*alte Schreibung* probegeturnt] *Aber* ↑K 72: Zum Probesingen, Probeturnen usw. bitte pünktlich kommen!

eine Ahnentafel aufgestellt werden soll); **Pro|ban|din**
pro|bat (erprobt; bewährt)
Pröb|chen
Pro|be *s. Kasten*
Pro|be|ab|zug; Pro|be|a|larm; Pro|be|ar|beit; Pro|be|auf|nah|me; Pro|be|boh|rung; Pro|be|druck *Plur.* ...drucke; **Pro|be|e|x|em|p|lar**
Pro|be fah|ren [*alte Schreibung* pro|be|fah|ren] *vgl.* Probe; **Pro|be|fahrt**
pro|be|hal|ber
pro|be|hal|tig (*veraltet für* die Probe bestehend, aushaltend)
Pro|be|jahr; Pro|be|lauf
Pro|be lau|fen [*alte Schreibung* pro|be|lau|fen] *vgl.* Probe
prö|beln (*schweiz. für* allerlei Versuche anstellen); ich pröb[e]le
pro|ben
Pro|ben|ar|beit; Pro|ben|ent|nah|me
Pro|be|num|mer
Pro|be schrei|ben [*alte Schreibung* pro|be|schrei|ben] *vgl.* Probe
Pro|be|sei|te *(Druckw.)*; **Pro|be|sen|dung**
Pro|be sin|gen [*alte Schreibung* pro|be|sin|gen] *vgl.* Probe
Pro|be|stück
Pro|be tur|nen [*alte Schreibung* pro|be|tur|nen] *vgl.* Probe
pro|be|wei|se; Pro|be|zeit
pro|bie|ren (versuchen, kosten, prüfen); ↑K 82: Probieren (*od.* probieren) geht über Studieren (*od.* studieren); **Pro|bie|rer** (Prüfer)
Pro|bier|glas *Plur.* ...gläser; **Pro|bier|stu|be**
pro|bi|o|tisch ‹engl.› (mit bestimmten Bakterien o. Ä. versehen, die die Darmflora verbessern sollen)
Pro|b|lem, das; -s, -e ‹griech.› (zu lösende Aufgabe; Frage[stellung]; Schwierigkeit)
Pro|b|le|ma|tik, die; -, -en (Gesamtheit von Problemen; Schwierigkeit [etwas zu klären]); **pro|b|le|ma|tisch; pro|b|le|ma|ti|sie|ren** (die Problematik von etwas aufzeigen)
Pro|b|lem|be|reich; Pro|b|lem|be|wusst|sein [*alte Schreibung* ...be|wußt|sein]; **Pro|b|lem|film; Pro|b|lem|grup|pe; Pro|b|lem|haar; Pro|b|lem|haut; Pro|b|lem|kind; Pro|b|lem|kreis**
pro|b|lem|los
Pro|b|lem|lö|sung; Pro|b|lem|müll
pro|b|lem|o|ri|en|tiert
Pro|b|lem|schach; Pro|b|lem|schwan|ger|schaft; Pro|b|lem|stel|lung; Pro|b|lem|stück; Pro|b|lem|zo|ne
Probst|zel|la (Ort im nordwestlichen Frankenwald)
Pro|ce|de|re, Pro|ze|de|re, das; -, - ‹lat.› (Verfahrensordnung, -weise; Prozedur)
pro cen|tum ‹lat.› (für das Hundert; *Abk.* p. c.; *Zeichen* %); *vgl.* Prozent
Pro|de|kan, der; -s, -e ‹lat.› (Vertreter des Dekans an einer Hochschule); **Pro|de|ka|nin**
pro do|mo ‹lat.› (in eigener Sache; für sich selbst); pro domo reden
Pro|drom, das; -s, -e ‹griech.›, **Pro|dro|mal|sym|p|tom** (*Med.* Vorbote einer Krankheit)
Pro|du|cer [...'dju:sɐ], der; -s, - ‹engl.› (*engl. Bez. für* Hersteller, [Film]produzent, Fabrikant)
Pro|duct|place|ment ['prɔdakt-'ple:smɛnt], *auch* **Pro|duct-Place|ment** [*alte Schreibung* Pro|duct-place|ment], das; -s, -s ‹engl.› (Werbemaßnahme im Film u. im Fernsehen, bei der ein Produkt als Requisit in die Spielhandlung einbezogen wird)
Pro|dukt, das; -[e]s, -e ‹lat.› (Erzeugnis; Ertrag; Folge, Ergebnis [*Math.* der Multiplikation])
pro|dukt|be|glei|tend; produktbegleitende Dienstleistungen; **pro|dukt|be|zo|gen**
Pro|duk|ten|bör|se (*Wirtsch.* Warenbörse); **Pro|duk|ten|han|del; Pro|duk|ten|markt**
Pro|dukt|haf|tung *(Wirtsch.)*
Pro|duk|ti|on, die; -, -en (Herstellung, Erzeugung)
Pro|duk|ti|ons|an|la|ge; Pro|duk|ti|ons|aus|fall; Pro|duk|ti|ons|ba|sis; Pro|duk|ti|ons|bri|ga|de *(in der DDR)*; **Pro|duk|ti|ons|fak|tor; Pro|duk|ti|ons|form; Pro|duk|ti|ons|gang; Pro|duk|ti|ons|gü|ter** *Plur.*; **Pro|duk|ti|ons|ka|pa|zi|tät; Pro|duk|ti|ons-Know-how; Pro|duk|ti|ons|kol|lek|tiv** *(in der DDR)*; **Pro|duk|ti|ons|kos|ten** [*alte Trennung* ...|st...] *Plur.*; **Pro|duk|ti|ons|mit|tel; Pro|duk|ti|ons|plan; Pro|duk|ti|ons|pro|zess** [*alte Schreibung* ...pro|zeß]; **Pro|duk|ti|ons|stät|te; Pro|duk|ti|ons|stei|ge|rung; Pro|duk|ti|ons|ver|hält|nis|se** *Plur.*; **Pro|duk|ti|ons|vo|lu|men; Pro|duk|ti|ons|zif|fer; Pro|duk|ti|ons|zweig**
pro|duk|tiv (ergiebig; fruchtbar, schöpferisch)
Pro|duk|ti|vi|tät, die; -
Pro|duk|ti|vi|täts|ren|te (Rente, die der wirtschaftlichen Produktivität angepasst wird); **Pro|duk|ti|vi|täts|stei|ge|rung; Pro|duk|ti|vi|täts|stu|fe**
Pro|duk|tiv|kraft, die; -, ...kräfte; **Pro|duk|tiv|kre|dit** (Kredit für die Errichtung von Anlagen od. die Bestreitung der laufenden Betriebsausgaben)
Pro|dukt|li|nie *(Wirtsch.)*; **Pro|dukt|pa|let|te**
Pro|du|zent, der; -en, -en (Hersteller, Erzeuger); **Pro|du|zen|tin**
pro|du|zie|ren ([Güter] hervorbringen, [er]zeugen, schaffen); sich produzieren (die Aufmerksamkeit auf sich lenken)
Pro|en|zym, das; -s, -e ‹lat.;

P

griech.〉 (Vorstufe eines Enzyms)
Prof. = Professor[in]
pro|fan 〈lat.〉 (unheilig, weltlich; alltäglich)
Pro|fa|na|ti|on, Pro|fa|nie|rung, die; -, -en (Entweihung)
Pro|fan|bau *Plur.* ...bauten (*Kunstwiss.* nicht kirchliches Bauwerk; *Ggs.* Sakralbau)
Pro|fa|ne, der *u.* die; -n, -n (Unheilige[r], Ungeweihte[r])
pro|fa|nie|ren (entweihen; säkularisieren); **Pro|fa|nie|rung** *vgl.* Profanation
Pro|fa|ni|tät, die; - (Unheiligkeit, Weltlichkeit; Alltäglichkeit)
pro|fa|schis|tisch [*alte Trennung* ...|st...] (dem Faschismus zuneigend)
¹**Pro|fess** [*alte Schreibung* Pro|feß], der; Professen, Professen 〈lat.〉 (Mitglied eines geistl. Ordens nach Ablegung der Gelübde)
²**Pro|fess** [*alte Schreibung* Pro|feß], die; -, Professe (Ablegung der [Ordens]gelübde)
Pro|fes|si|on, die; -, -en 〈franz.〉 (*veraltet für* Beruf; Gewerbe)
Pro|fes|sio|nal [prəˈfɛʃ(ə)nəl], der; -s, -s 〈engl.〉 (Berufssportler; *Kurzw.* Profi)
pro|fes|si|o|na|li|sie|ren (zum Beruf machen); **Pro|fes|si|o|na|li|sie|rung**
Pro|fes|si|o|na|lis|mus, der; - 〈lat.〉 (Berufssportlertum)
Pro|fes|si|o|na|li|tät, die; - (das Professionellsein); **pro|fes|si|o|nell** 〈franz.〉 (berufsmäßig; fachmännisch)
Pro|fes|si|o|nist, der; -en, -en (*österr. für* Handwerker, Facharbeiter); **Pro|fes|si|o|nis|tin** [*alte Trennung* ...|st...]
pro|fes|si|ons|mä|ßig
Pro|fes|sor, der; -s, ...oren 〈lat.〉 (Hochschullehrer; Titel für verdiente Lehrkräfte, Forscher u. Künstler; *österr. auch für* definitiv angestellter Lehrer an höheren Schulen; *Abk.* Prof.); ordentlicher öffentlicher Professor (*Abk.* o. ö. Prof.); ordentlicher Professor (*Abk.* o. P.); außerordentlicher Professor (*Abk.* ao., a. o. Prof.); emeritierter Professor
pro|fes|so|ral (professorenhaft, würdevoll)
Pro|fes|so|ren|kol|le|gi|um
Pro|fes|so|ren|schaft; Pro|fes|so|ren|ti|tel, Pro|fes|sor|ti|tel
Pro|fes|so|rin [*auch* ...ˈfɛ...] (*im Titel u. in der Anrede auch* Frau Professor); **Pro|fes|so|r(inn)en** (*Kurzform für* Professorinnen u. Professoren)
Pro|fes|sors|frau; Pro|fes|sor|ti|tel *vgl.* Professorentitel
Pro|fes|sur, die; -, -en (Lehrstuhl, -amt)
Pro|fi, der; -s, -s 〈*Kurzw. für* Professional〉 (Berufssportler; jmd., der etwas fachmännisch betreibt)
Pro|fi|bo|xer; Pro|fi|fuß|ball; Pro|fi|ge|schäft
pro|fi|haft
Pro|fi|kil|ler
Pro|fil, das; -s, -e 〈ital.(-franz.)〉 (Seitenansicht; Längs- od. Querschnitt; Riffelung bei Gummireifen; charakteristisches Erscheinungsbild)
Pro|fi|la|ger, das; -s *(Sport);* ins Profilager wechseln
Pro|fil|bild; Pro|fil|ei|sen
Pro|fi|ler [ˈproːfailɐ], der; -s, - 〈engl.〉 (Fachmann für die Erstellung eines psychologischen Profils eines gesuchten Täters); **Pro|fi|le|rin**
pro|fi|lie|ren 〈franz.〉 (im Querschnitt darstellen); sich profilieren (sich ausprägen, hervortreten); **pro|fi|liert** (*auch für* gerillt, geformt; scharf umrissen; von ausgeprägter Art); **Pro|fi|lie|rung**
pro|fil|los
Pro|fil|neu|ro|se (*Psych.* übertriebene Sorge um die Profilierung der eigenen Persönlichkeit); **Pro|fil|neu|ro|ti|ker; Pro|fil|neu|ro|ti|ke|rin**
Pro|fil|soh|le; Pro|fil|stahl *(Technik);* **Pro|fil|tie|fe** *(Kfz-Technik)*
Pro|fi|sport, der; -[e]s
Pro|fit [*auch* ...ˈfɪt], der; -[e]s, -e 〈franz.〉 (Nutzen; Gewinn; Vorteil); ↑K 58 *u.* 59: ein Profit bringendes, *auch* profitbringendes Geschäft; *aber nur* ein äußerst profitbringendes Geschäft; ein großen Profit bringendes Geschäft
pro|fi|ta|bel (Gewinn bringend); ein pro|fi|ta|b|les Geschäft
Pro|fit brin|gend, *auch* **pro|fit|brin|gend** *vgl.* Profit
Pro|fit|cen|ter, *auch* **Pro|fit-Cen|ter** (Unternehmensbereich mit eigener Verantwortung für geschäftlichen Erfolg)
Pro|fit|chen (*meist für* nicht ganz ehrlicher Gewinn)
Pro|fi|teur [...ˈtøːɐ̯], der; -s, -e 〈franz.〉; **Pro|fi|teu|rin**
Pro|fit|gier
pro|fi|tie|ren (Nutzen ziehen)
Pro|fit|jä|ger (jmd., der profitgierig ist); **Pro|fit|jä|ge|rin**
pro|fit|lich (*landsch. für* gewinnsüchtig; Gewinn bringend)
Pro|fit|stre|ben, das; -s
pro for|ma 〈lat.〉 (der Form wegen, zum Schein); **Pro-for|ma-An|kla|ge** ↑K 26
Pro|fos, der; *Gen.* -es *u.* -en, *Plur.* -e[n] 〈niederl.〉 (*früher* Verwalter der Militärgerichtsbarkeit)
pro|fund 〈lat.〉 (tief, gründlich; *Med.* tief liegend)
pro|fus (*Med.* reichlich, übermäßig; stark)
Pro|ge|ni|tur, die; -, -en 〈lat.〉 (*Med.* Nachkommen[schaft])
Pro|ges|te|ron [*alte Trennung* ...|st...], das; -s (Gelbkörperhormon)
Pro|g|no|se, die; -, -n 〈griech.〉 (Vorhersage); **Pro|g|nos|tik** [*alte Trennung* ...|st...], die; - (Lehre von der Prognose); **Pro|g|nos|ti|kon, Pro|g|nos|ti|kum,** das; -s, *Plur.* ...ken *u.* ...ka (Vorzeichen); **pro|g|nos|tisch**
pro|g|nos|ti|zie|ren [*alte Trennung* ...|st...]; **Pro|g|nos|ti|zie|rung**
Pro|gramm, das; -s, -e 〈griech.〉 (Plan; Darlegung von Grundsätzen; Ankündigung; Spiel-, Sende-, Fest-, Arbeits-, Vortragsfolge; *EDV* Folge von Anweisungen für einen Computer)
Pro|gramm|ab|lauf; Pro|gramm|än|de|rung; Pro|gramm|an|zei|ger
Pro|gram|ma|tik, die; -, -en (Zielsetzung, -vorstellung); **Pro|gram|ma|ti|ker; Pro|gram|ma|ti|ke|rin; pro|gram|ma|tisch**
Pro|gramm|di|rek|tor *(bes. Fernsehen);* **Pro|gramm|di|rek|to|rin**
Pro|gramm|fol|ge
pro|gramm|fül|lend
Pro|gramm|fül|ler (*Fernsehen* Sendung, die eingesetzt werden kann, um Lücken im Programm zu füllen)
pro|gramm|ge|mäß
Pro|gramm|ge|stal|tung
pro|gramm|ge|steu|ert *(EDV)*
Pro|gramm|heft; Pro|gramm|hin|weis
pro|gram|mier|bar
pro|gram|mie|ren ([im Ablauf] festlegen; [einen Computer]

mit einem Programm versorgen); **Pro|gram|mie|rer** *(EDV);* **Pro|gram|mie|re|rin**

Pro|gram|mier|spra|che

Pro|gram|mie|rung

Pro|grạmm|ki|no

pro|grạmm|mä|ßig [*alte Schreibung* pro|grammä|ßig, *alte Trennung* ...mm|m...] ↑K 169

Pro|grạmm|mu|sik, *auch* **Pro|grạmm-Mu|sik** [*alte Schreibung* Pro|grammu|sik, *alte Trennung* ...mm|m...]

Pro|grạmm|punkt; Pro|grạmm|steu|e|rung (automatische Steuerung); **Pro|grạmm|vor|schau; Pro|grạmm|zeit|schrift**

Pro|grẹss [*alte Schreibung* Pro|greß], der; Progresses, Progresse ‹lat.› (Fortschritt; Fortgang); **Pro|gres|si|on,** die; -, -en (das Fortschreiten; [Stufen]folge, Steigerung; *Math. veraltet* Aufeinanderfolge von Zahlen usw.); arithmetische, geometrische Progression

Pro|gres|sịs|mus, der; - ([übertriebene] Fortschrittlichkeit); **Pro|gres|sịst,** der; -en, -en; **Pro|gres|sịs|tin** [*alte Trennung* ...|st...]; **pro|gres|sịs|tisch**

pro|gres|siv ‹franz.› (stufenweise fortschreitend, sich entwickelnd; fortschrittlich); **Pro|gres|si|vịst,** der; -en, -en; **Pro|gres|si|vịs|tin** [*alte Trennung* ...|st...]

Pro|gres|siv|steu|er, die *(Wirtsch.)*

Pro|gym|na|si|um, das; -s, ...ien (Gymnasium ohne Oberstufe)

pro|hi|bie|ren ‹lat.› (*veraltet für* verhindern; verbieten)

Pro|hi|bi|ti|on, die; -, -en (Verbot, bes. von Alkoholherstellung u. -abgabe); **Pro|hi|bi|ti|o|nịst,** der; -en, -en (Befürworter der Prohibition); **Pro|hi|bi|ti|o|nịs|tin** [*alte Trennung* ...|st...]

pro|hi|bi|tiv (verhindernd, abhaltend, vorbeugend); **Pro|hi|bi|tiv|maß|re|gel; Pro|hi|bi|tiv|zoll** (Sperr-, Schutzzoll)

Pro|jẹkt, das; -[e]s, -e ‹lat.› (Plan[ung], Entwurf, Vorhaben); **Pro|jek|tant,** der; -en, -en (Planer); **Pro|jek|tan|tin**

Pro|jẹk|te[n]|ma|cher; Pro|jẹk|te[n]|ma|che|rin

Pro|jẹkt|grup|pe (Arbeitsgruppe für ein bestimmtes Projekt)

pro|jek|tie|ren; Pro|jek|tie|rung

Pro|jek|til, das; -s, -e ‹franz.› (Geschoss)

Pro|jek|ti|on, die; -, -en ‹lat.› (Darstellung auf einer Fläche; Vorführung mit dem Bildwerfer); **Pro|jek|ti|ons|ap|pa|rat** (Bildwerfer); **Pro|jek|ti|ons|e|be|ne** *(Math.)*; **Pro|jek|ti|ons|flä|che** *(bes. Psych.)*; **Pro|jek|ti|ons|lam|pe; Pro|jek|ti|ons|schirm; Pro|jek|ti|ons|wand**

Pro|jẹkt|lei|ter; Pro|jẹkt|lei|te|rin

Pro|jẹkt|ma|nage|ment

Pro|jẹk|tor, der; -s, ...oren (Bildwerfer); **pro|ji|zie|ren** (auf einer Fläche darstellen; mit dem Projektor vorführen); **Pro|ji|zie|rung**

Pro|kla|ma|ti|on, die; -, -en ‹lat.› (amtliche Bekanntmachung, Verkündigung; Aufruf); **pro|kla|mie|ren; Pro|kla|mie|rung**

Pro|kli|se, Pro|kli|sis, die; -, ...kli|sen ‹griech.› (*Sprachw.* Anlehnung eines unbetonten Wortes an das folgende betonte; *Ggs.* Enklise); **Pro|kli|ti|kon,** das; -s, ...ka (unbetontes Wort, das sich an das folgende betonte anlehnt, z. B. »und 's Mädchen [= und das Mädchen] sprach«); **pro|kli|tisch**

Pro|ko|f|jew [...jɛf], Sergej [...ˈgɛi] (russischer Komponist)

pro|kom|mu|nịs|tisch [*alte Trennung* ...|st...] (dem Kommunismus zuneigend)

Pro|kon|sul, der; -s, -n ‹lat.› (gewesener Konsul; Statthalter einer römischen Provinz); **Pro|kon|su|lat,** das; -[e]s, -e

Pro|kop, Pro|ko|pi|us (byzantinischer Geschichtsschreiber)

pro Kopf; Pro-Kopf-Ver|brauch ↑K 26

Pro|k|rụs|tes [*alte Trennung* ...|st...] (Gestalt der griechischen Sage); **Pro|k|rụs|tes|bett,** das; -[e]s; ↑K 136 (Schema, in das jmd. od. etwas hineingezwängt wird)

Prok|t|al|gie, die; -, ...ien ‹griech.› (*Med.* neuralgische Schmerzen in After u. Mastdarm)

Prok|ti|tis, die; -, ...iti|den ‹griech.› (Mastdarmentzündung)

Prok|to|lo|ge, der; -n, -n (Facharzt für Erkrankungen im Bereich des Mastdarms); **Prok|to|lo|gie,** die; -; **Prok|to|lo|gin; prok|to|lo|gisch**

Prok|to|spas|mus, der; -, ...men (Krampf des Afterschließmuskels)

Prok|to|s|ta|se, die; - (Kotzurückhaltung im Mastdarm)

Pro|ku|ra, die; -, ...ren ‹lat.-ital.› (Handlungsvollmacht; Recht, den Geschäftsinhaber zu vertreten); in Prokura; *vgl.* per procura; **Pro|ku|ra|ti|on,** die; -, -en (Stellvertretung durch einen Bevollmächtigten; Vollmacht)

Pro|ku|ra|tor, der; -s, ...oren (Statthalter einer römischen Provinz; hoher Staatsbeamter der Republik Venedig; Vermögensverwalter eines Klosters)

Pro|ku|rịst, der; -en, -en (Inhaber einer Prokura); **Pro|ku|rịs|tin** [*alte Trennung* ...|st...]

Pro|ky|on, der; -[s] ‹griech.› (ein Stern)

Pro|laps, der; -es, -e ‹lat.› *u.* **Pro|lap|sus,** der; -, - (*Med.* Vorfall, Heraustreten von inneren Organen)

Pro|le|go|me|na *Plur.* ‹griech.› (einleitende Vorbemerkungen)

Pro|lẹp|se, Pro|lẹp|sis [*auch* ˈpro:...], die; -, ...lẹpsen ‹griech.› (*Rhet.* Vorwegnahme eines Satzgliedes); **pro|lẹp|tisch**

Pro|let, der; -en, -en ‹lat.› (*veraltet für* Proletarier; *abwertend für* ungebildeter, ungehobelter Mensch)

Pro|le|ta|ri|at, das; -[e]s, -e (Gesamtheit der Proletarier); **Pro|le|ta|ri|er,** der; -s, - (Angehöriger der wirtschaftlich unselbstständigen, besitzlosen Klasse); **Pro|le|ta|ri|e|rin**

Pro|le|ta|ri|er|vier|tel

pro|le|ta|risch; pro|le|ta|ri|sie|ren (zu Proletariern machen); **Pro|le|ta|ri|sie|rung,** die; -

pro|le|ten|haft (ungebildet u. ungehobelt); **Pro|le|tin**

Pro|let|kult, der; -[e]s (von der russischen Oktoberrevolution ausgehende kulturrevolutionäre Bewegung der 20er-Jahre)

[1]**Pro|li|fe|ra|ti|on,** die; -, -en ‹lat.› (*Med.* Sprossung, Wucherung)

[2]**Pro|li|fe|ra|ti|on** [*engl. Aussprache* ...fəˈre:ʃn̩], die; - ‹engl.-amerik.› (Weitergabe von Atomwaffen od. Mitteln zu ihrer Herstellung)

pro|li|fe|rie|ren ‹lat.› (*Med.* sprossen, wuchern)

Prọll, der; -s, -s (*ugs. für* Prolet); **prọl|lig** (*ugs. für* proletenhaft)

Pro|log, der; -[e]s, -e ‹griech.› (Einleitung; Vorwort, -spiel, -rede; *Radsport* Rennen zum Auftakt einer Etappenfahrt)

Pro|lon|ga|ti|on, die; -, -en ‹lat.›

(*Wirtsch.* Verlängerung [einer Frist, bes. einer Kreditfrist], Aufschub, Stundung); **Pro|lon|ga|ti|ons|ge|schäft; Pro|lon|ga|ti|ons|wech|sel**

pro|lon|gie|ren (verlängern; stunden); **Pro|lon|gie|rung**

pro me|mo|ria ‹lat.› (zum Gedächtnis; *Abk.* p. m.)

Pro|me|na|de, die; -, -n ‹franz.› (Spazierweg; Spaziergang); *Schreibung in Straßennamen:* ↑K 162 *u.* 163

Pro|me|na|den|deck (auf Schiffen); **Pro|me|na|den|kon|zert; Pro|me|na|den|mi|schung** (*ugs. scherzh. für* nicht reinrassiger Hund); **Pro|me|na|den|weg**

pro|me|nie|ren (spazieren gehen)

Pro|mes|se, die; -, -n ‹franz.› (*Rechtsspr.* Schuldverschreibung; Urkunde, in der eine Leistung versprochen wird)

pro|me|the|isch ‹griech.› ↑K 135 (*auch für* himmelstürmend); prometheisches Ringen; **Pro|me|theus** (griech. Sagengestalt)

Pro|me|thi|um, das; -s (chemisches Element, Metall; *Zeichen* Pm)

Pro|mi, der; -s, -s *u.* die; -, -s (*ugs. kurz für* Prominente[r])

pro mil|le ‹lat.› (für tausend, für das Tausend, vom Tausend; *Abk.* p. m., v. T.; *Zeichen* ‰); **Pro|mil|le,** das; -[s], - (Tausendstel); 2 Promille

Pro|mil|le|gren|ze; Pro|mil|le|satz (Vomtausendsatz)

pro|mi|nent ‹lat.› (hervorragend, bedeutend, maßgebend); **Pro|mi|nen|te,** der *u.* die; -n, -n (bekannte Persönlichkeit)

Pro|mi|nenz, die; - (Gesamtheit der Prominenten; *veraltet für* [hervorragende] Bedeutung); **Pro|mi|nen|zen** *Plur.* (hervorragende Persönlichkeiten)

pro|misk (*Fachspr.* promiskuitiv)

Pro|mis|ku|i|tät, die; - ‹lat., »Vermischung«› (Geschlechtsverkehr mit häufig wechselnden Partnern); **pro|mis|ku|i|tiv**

pro|mo|ten ‹engl.› (für etwas Werbung machen); er/sie promotet, hat promotet

Pro|mo|ter, der; -s, - ‹engl.› (Veranstalter von Berufssportwettkämpfen; Salespromoter)

¹Pro|mo|ti|on, die; -, -en ‹lat.› (Erlangung, Verleihung der Doktorwürde); Promotion sub auspiciis [praesidentis] (*österr. für* Ehrenpromotion unter der Schirmherrschaft des Bundespräsidenten)

²Pro|mo|tion [...ʃn̩], die; -, -s ‹amerik.› (Förderung durch gezielte Werbemaßnahmen)

Pro|mo|tor, der; -s, ...oren ‹lat.› (*selten für* Förderer, Manager)

Pro|mo|vend, der; -en, -en (jmd., der die Doktorwürde anstrebt); **Pro|mo|ven|din**

pro|mo|vie|ren (die Doktorwürde erlangen, verleihen); ich habe promoviert; ich bin [von der ... Fakultät zum Doktor ...] promoviert worden

prompt ‹lat.› (sofort; rasch); prompte (schnelle) Bedienung; **Prompt|heit,** die; -

Pro|no|men, das; -s, *Plur.* -, *älter* ...mina ‹lat.› (*Sprachw.* Fürwort, z. B. »ich, mein«); **pro|no|mi|nal** (fürwörtlich)

Pro|no|mi|nal|ad|jek|tiv (unbestimmtes Für- od. Zahlwort, nach dem das folgende [substantivisch gebrauchte] Adjektiv wie nach einem Pronomen oder wie nach einem Adjektiv gebeugt wird, z. B. »manche«: »manche geeignete, *auch noch:* geeigneten Einrichtungen«)

Pro|no|mi|nal|ad|verb (Adverb, das für eine Fügung aus Präposition u. Pronomen steht, z. B. »darüber« = »über das« od. »über es«)

pro|non|cie|ren [...nõ'si:...] ‹franz.› (*veraltet für* deutlich aussprechen; scharf betonen); **pro|non|ciert**

Pro|ö|mi|um, das; -s, ...ien ‹griech.› (Vorrede; Einleitung)

Pro|pä|deu|tik, die; -, -en ‹griech.› (Einführung in die Vorkenntnisse, die zu einem Studium gehören); **Pro|pä|deu|ti|kum,** das; -s, ...ka (*schweiz. für* medizin. Vorprüfung); **pro|pä|deu|tisch**

Pro|pa|gan|da, die; - ‹lat.› (Werbung für politische Grundsätze, kulturelle Belange od. wirtschaftliche Zwecke)

Pro|pa|gan|da|ap|pa|rat

Pro|pa|gan|da|chef; Pro|pa|gan|da|che|fin

Pro|pa|gan|da|feld|zug; Pro|pa|gan|da|film; Pro|pa|gan|da|lü|ge; Pro|pa|gan|da|ma|te|ri|al; Pro|pa|gan|da|schrift; Pro|pa|gan|da|sen|dung

pro|pa|gan|da|wirk|sam

Pro|pa|gan|dist, der; -en, -en (jmd., der Propaganda treibt; Werber); **Pro|pa|gan|dis|tin** [*alte Trennung* ...|st...]; **pro|pa|gan|dis|tisch**

Pro|pa|ga|tor, der; -s, ...oren (jmd., der etwas propagiert); **Pro|pa|ga|to|rin**

pro|pa|gie|ren ‹lat.› (verbreiten, werben für etwas); **Pro|pa|gie|rung**

Pro|pan, das; -s ‹griech.› (ein Brenn-, Treibgas); **Pro|pan|gas,** das; -es

Pro|pa|r|o|xy|to|non, das; -s, ...tona ‹griech.› (*Sprachw.* auf der drittletzten, kurzen Silbe betontes Wort)

Pro|pel|ler, der; -s, - ‹engl.›; **Pro|pel|ler|an|trieb; Pro|pel|ler|flug|zeug; Pro|pel|ler|tur|bi|ne**

Pro|pen *vgl.* Propylen

pro|per, pro|p|re ‹franz.› (sauber, ordentlich); **Pro|per|ge|schäft** (*Wirtsch.* Geschäft für eigene Rechnung)

Pro|pe|ri|s|po|me|non, das; -s, ...mena ‹griech.› (*Sprachw.* auf der vorletzten, langen Silbe betontes Wort)

Pro|pha|se, die; -, -n ‹griech.› (*Biol.* erste Phase der indirekten Zellkernteilung)

Pro|phet, der; -en, -en ‹griech.› (Weissager, Seher; Mahner); ↑K 150: die Großen Propheten (z. B. Jesaja), die Kleinen Propheten (z. B. Hosea); **Pro|phe|ten|ga|be,** die; -

Pro|phe|tie, die; -, ...ien (Weissagung)

Pro|phe|tin; pro|phe|tisch (seherisch, vorausschauend)

pro|phe|zei|en (voraussagen); er hat prophezeit; **Pro|phe|zei|ung**

Pro|phy|lak|ti|kum, das; -s, ...ka ‹griech.› (*Med.* vorbeugendes Mittel)

pro|phy|lak|tisch (vorbeugend, verhütend); **Pro|phy|la|xe,** die; -, -n (Maßnahme[n] zur Vorbeugung, [Krankheits]verhütung)

Pro|pi|on|säu|re (ein Konservierungsmittel)

Pro|po|nent, der; -en, -en ‹lat.› (*veraltet für* Antragsteller); **pro|po|nie|ren**

Pro|pon|tis, die; - ‹griech.› (Marmarameer)

Pro|por|ti|on, die; -, -en ‹lat.› ([Größen]verhältnis; *Math.* Verhältnisgleichung); **pro|por|ti|o|nal** (verhältnismäßig; in

P

gleichem Verhältnis stehend; entsprechend)

Pro|por|ti|o|na̲|le, die; -, -n (*Math.* Glied einer Verhältnisgleichung); drei Proportionale[n]; mittlere Proportionale

Pro|por|ti|o|na|li|tä̲t, die; -, -en (Verhältnismäßigkeit, proportionales Verhältnis); **Pro|por|ti|o|na̲l|wahl** (Verhältniswahl)

pro|por|ti|o|ne̲ll (*österr. für* dem Proporz entsprechend)

pro|por|ti|o|ni̲e̲rt (bestimmte Proportionen aufweisend); gut, schlecht proportioniert; **Pro|por|ti|o|ni̲e̲rt|heit,** die; -

Pro|por|ti|o̲ns|glei|chung (*Math.*)

Pro|pọrz, der; -es, -e (Verteilung von Sitzen u. Ämtern nach dem Stimmenverhältnis bzw. dem Verhältnis der Partei- oder Konfessionszugehörigkeit; *bes. österr. u. schweiz. für* Verhältniswahlsystem)

Pro|pọrz|den|ken; Pro|pọrz|wahl (Verhältniswahl)

Pro|po|si|ti|o̲n, die; -, -en ‹lat.› (Ausschreibung bei Pferderennen; *veraltet für* Vorschlag, Antrag; *Sprachw.* Satzinhalt)

Pro|po̲|si|tum, das; -s, ...ta (*veraltet für* Äußerung, Rede)

Prọp|pen, der; -s, - (*nordd. für* Pfropfen); **prọp|pen|vo̲ll** (*ugs. für* ganz voll; übervoll)

Pro|prä̲|tor, der; -s, ...o̲ren (römischer Provinzstatthalter, der vorher Prätor war)

pro̲|p|re *vgl.* proper; **Pro̲|p|re|ge|schäft** *vgl.* Propergeschäft

Pro|p|re|tä̲t, die; - ‹franz.› (*veraltet, aber noch landsch. für* Reinlichkeit, Sauberkeit)

Pro|p|ri|e|tä̲r, der; -s, -e (*veraltet für* Eigentümer)

Pro|p|ri|e|tä̲t, die; -, -en (*veraltet für* Eigentum, Eigentumsrecht); **Pro|p|ri|e|tä̲ts|recht**

Pro̲|p|ri|um, das; -s ‹lat.› (*Psych.* Identität, Selbstgefühl; *kath. Kirche* die wechselnden Texte u. Gesänge der Messe)

Pro̲pst, der; -[e]s, Pröpste ‹lat.› (Kloster-, Stiftsvorsteher; Superintendent); **Props|te̲i** [*alte Trennung* ...|st...], die; -, -en (Amt[ssitz], Sprengel, Wohnung einer Pröpstin/eines Propstes); **Prö̲ps|tin**

Pro̲|pusk [*auch* ...ˈpʊsk], der; -s, -e ‹russ.› (*russ. Bez. für* Passierschein, Ausweis)

Pro|py|lä̲|en *Plur.* ‹griech.› (Vorhalle griechischer Tempel)

Pro|py|le̲n, Pro|pe̲n, das; -s ‹griech.› (ein gasförmiger ungesättigter Kohlenwasserstoff)

Pro̲|rek|tor, der; -s, ...o̲ren ‹lat.› (Stellvertreter des Rektors); **Pro|rek|to|ra̲t,** das; -[e]s, -e; **Pro|rek|to̲|rin**

Pro̲|sa, die; - ‹lat.› (Rede [Schrift] in ungebundener Form; *übertr. für* Nüchternheit); **Pro̲|sa|dich|tung**

Pro|sa̲|i|ker (nüchterner Mensch; *älter für* Prosaist); **Pro|sa̲|i|ke|rin**

pro|sa̲|isch (in Prosa; *übertr. für* nüchtern)

Pro|sa|i̲st, der; -en, -en (Prosa schreibender Schriftsteller); **Pro|sa|i̲s|tin** [*alte Trennung* ...|st...]

Pro̲|sa|schrift|stel|ler; Pro̲|sa|schrift|stel|le|rin

Pro̲|sa|werk

Pro|se̲c|co, der; -[s], -s ‹ital.› (ein italienischer Schaum-, Perl- *od.* Weißwein)

Pro̲|sek|tor [*auch* ...ˈzɛk...], der; -s, ...o̲ren ‹lat.› (Arzt, der Sektionen durchführt; Leiter der Prosektur); **Pro|sek|tu̲r,** die; -, -en (Abteilung eines Krankenhauses, in der Sektionen durchgeführt werden)

Pro|se|ly̲t, der; -en, -en ‹griech.› (*im Altertum* ein zum Judentum übergetretener Heide; Neubekehrter); **Pro|se|ly|ten|ma|cher; Pro|se|ly̲|ten|ma|che|rei** (*abwertend*)

Pro̲|se|mi|nar, das; -s, -e ‹lat.› (Seminar für Studienanfänger)

Pro|se̲r|pi|na (*lat. Form von* Persephone)

pro̲|sit!, pro̲st! ‹lat.› (wohl bekomms!); pros[i]t Neujahr!; pros[i]t allerseits!; prost Mahlzeit! (*ugs.*); **Pro̲|sit,** das; -s, -s *u.* Pro̲st, das; -[e]s, -e (Zutrunk); ein Prosit der Gemütlichkeit!

pro|s|kri|bi̲e̲|ren ‹lat.› (ächten); **Pro|s|krip|ti|o̲n,** die; -, -en (Ächtung)

Pro|s|o|di̲e, die; -, ...i̲en ‹griech.› (Silbenmessung[slehre]; Lehre von der metrisch-rhythmischen Behandlung der Sprache); **Pro|s|o̲|dik,** die; -, -en (*seltener für* Prosodie); **pro|s|o̲|disch**

Pro|s|pe̲kt, der, *österr. auch* das; -[e]s, -e ‹lat.› (Werbeschrift; Ansicht [von Gebäuden, Straßen u. a.]; Bühnenhintergrund; Pfeifengehäuse der Orgel; *Wirtsch.* allgemeine Darlegung der Lage eines Unternehmens)

pro|s|pek|ti̲e̲|ren; Pro|s|pek|ti̲e̲|rung, Pro|s|pek|ti|o̲n, die; -, -en (Erkundung nutzbarer Bodenschätze; *Wirtsch.* Drucksachenwerbung)

pro|s|pek|ti̲v (der Aussicht, Möglichkeit nach)

Pro|s|pe̲k|tor, der; -s, ...o̲ren (jmd., der Bodenschätze erkundet); **Pro|s|pek|to̲|rin**

pro|s|pe|ri̲e̲|ren ‹lat.› (gedeihen, vorankommen); **Pro|s|pe|ri|tä̲t,** die; - (Wohlstand, wirtschaftlicher Aufschwung)

pro̲st! *vgl.* prosit!; **Pro̲st** *vgl.* Prosit

Pro̲|s|ta|ta, die; -, ...tae ‹griech.-lat.› (Vorsteherdrüse); **Pro|s|ta̲|ti|ker** (*Med.* jmd., der an einer übermäßigen Vergrößerung der Prostata leidet); **Pro|s|ta|ti̲|tis,** die; -, ...iti̲den (Entzündung der Prostata)

pro̲s|ten [*alte Trennung* ...|st...]; **prö̲s|ter|chen!** (*ugs.*); **Prö̲s|ter|chen** (*vgl.* Prosit)

pro|s|ti|tu|i̲e̲|ren ‹lat.›; sich prostituieren; **Pro|s|ti|tu|i̲e̲r|te,** die; -n, -n (Frau, die Prostitution betreibt); **Pro|s|ti|tu|ti|o̲n,** die; - ‹franz.› (gewerbsmäßige Ausübung sexueller Handlungen)

Pro|s|t|ra|ti|o̲n, die; -, -en ‹lat.› (*kath. Kirche* Niederwerfung, Fußfall; *Med.* hochgradige Erschöpfung)

Pro|sze̲|ni|um, das; -s, ...ien ‹griech.› (vorderster Teil der Bühne, Vorbühne); **Pro|sze̲|ni|ums|lo|ge** (Bühnenloge)

prot. = protestantisch

Pro|t|ac|ti̲|ni|um, das; -s ‹griech.› (radioaktives chemisches Element, Metall; *Zeichen* Pa)

Pro|t|a|go|ni̲st, der; -en, -en ‹griech.› (*altgriech. Theater* erster Schauspieler; zentrale Gestalt; Vorkämpfer); **Pro|t|a|go|ni̲s|tin** [*alte Trennung* ...|st...] (zentrale Gestalt; Vorkämpferin)

Pro|te|gé [...ˈʒeː], der; -s, -s ‹franz.› (Günstling; Schützling); **pro|te|gie|ren** [...ˈʒiː...]

Pro|te|i̲d, das; -[e]s, -e ‹griech.› (mit anderen chemischen Verbindungen zusammengesetzter Eiweißkörper); **Pro|te|i̲n,** das; -s, -e (vorwiegend aus Aminosäuren aufgebauter Eiweißkörper)

P

pro|te|isch (in der Art des [1]Proteus, wandelbar, unzuverlässig)
Pro|tek|ti|on, die; -, -en ‹lat.› (Förderung; Schutz)
Pro|tek|ti|o|nis|mus, der; - (Politik, die z. B. durch Schutzzölle die inländische Wirtschaft begünstigt); **Pro|tek|ti|o|nist,** der; -en, -en; **Pro|tek|ti|o|nis|tin** [*alte Trennung* ...|st...]; **pro|tek|ti|o|nis|tisch**
Pro|tek|tor, der; -s, ...oren (Beschützer; Förderer; Schutz-, Schirmherr); **Pro|tek|to|rat,** das; -[e]s, -e (Schirmherrschaft; Schutzherrschaft; das unter Schutzherrschaft stehende Gebiet); **Pro|tek|to|rin**
Pro|te|ro|zo|i|kum, das; -s ‹griech.› (*Geol.* Abschnitt der erdgeschichtl. Frühzeit)
Pro|test, der; -[e]s, -e ‹lat.-ital.› (Einspruch; Missfallensbekundung; *Wirtsch.* [beurkundete] Verweigerung der Annahme od. der Zahlung eines Wechsels od. Schecks); zu Protest gehen (von Wechseln)
Pro|test|ak|ti|on
Pro|tes|tant [*alte Trennung* ...|st...], der; -en, -en ‹lat.› (Angehöriger des Protestantismus); **Pro|tes|tan|tin; pro|tes|tan|tisch** (*Abk.* prot.); **Pro|tes|tan|tis|mus,** der; - (Gesamtheit der auf die Reformation zurückgehenden evangelischen Kirchengemeinschaften)
Pro|tes|ta|ti|on [*alte Trennung* ...|st...], die; -, -en (*veraltet für* Protest)
Pro|test|be|we|gung; Pro|test|de|mons|t|ra|ti|on [*alte Trennung* ...|st...]; **Pro|test|hal|tung**
pro|tes|tie|ren [*alte Trennung* ...|st...] (Einspruch erheben, Verwahrung einlegen); einen Wechsel protestieren (*Wirtsch.* zu Protest gehen lassen)
Pro|test|kund|ge|bung
Pro|test|ler *(ugs.);* **Pro|test|le|rin**
Pro|test|marsch; Pro|test|no|te; Pro|test|re|so|lu|ti|on; Pro|test|ruf
Pro|test|sän|ger; Pro|test|sän|ge|rin
Pro|test|schrei|ben; Pro|test|song; Pro|test|streik; Pro|test|sturm; Pro|test|ver|samm|lung
Pro|test|wäh|ler; Pro|test|wäh|le|rin
Pro|test|wel|le
[1]Pro|teus (verwandlungsfähiger griechischer Meergott)
[2]Pro|teus, der; -, - (Mensch, der leicht seine Gesinnung ändert)
pro|teus|haft
Prot|e|van|ge|li|um *vgl.* Protoevangelium
Pro|the|se, die; -, -n ‹griech.› (künstlicher Ersatz eines fehlenden Körperteils; Zahnersatz; *Sprachw.* Bildung eines neuen Lautes am Wortanfang); **Pro|the|sen|trä|ger**
Pro|the|tik, die; - (Wissenschaftsbereich, der sich mit der Entwicklung u. Herstellung von Prothesen befasst); **pro|the|tisch**
Pro|tist, der; -en, -en ‹griech.› (*Biol.* Einzeller)
Pro|to|e|van|ge|li|um, das; -s ‹griech.› (*kath. Kirche* erste Verkündigung des Erlösers [1. Mose, 3, 15])
pro|to|gen ‹griech.› (*Geol.* am Fundort entstanden [von Erzlagern])
Pro|to|koll, das; -s, -e ‹griech.› (förmliche Niederschrift, Tagungsbericht; Beurkundung einer Aussage, Verhandlung u. a.; *nur Sing.:* Gesamtheit der im diplomatischen Verkehr gebräuchlichen Formen); zu Protokoll geben
Pro|to|koll|ab|tei|lung
Pro|to|kol|lant, der; -en, -en ([Sitzungs]schriftführer); **Pro|to|kol|lan|tin; pro|to|kol|la|risch**
Pro|to|koll|chef; Pro|to|koll|che|fin
Pro|to|koll|füh|rer; Pro|to|koll|füh|re|rin
pro|to|kol|lie|ren (ein Protokoll aufnehmen; beurkunden); **Pro|to|kol|lie|rung**
Pro|ton, das; -s, ...onen ‹griech.› (*Kernphysik* ein Elementarteilchen); **Pro|to|nen|be|schleu|ni|ger**
Pro|to|no|tar, der; -s, -e ‹griech.; lat.› (Notar der päpstlichen Kanzlei; *auch* Ehrentitel)
Pro|to|phy|te, die; -, -n ‹griech.› *u.* **Pro|to|phy|ton,** das; -s, ...yten *meist Plur.* (*Bot.* einzellige Pflanze)
Pro|to|plas|ma, das; -s (*Biol.* Lebenssubstanz aller pflanzl., tier. u. menschl. Zellen)
Pro|to|typ [*selten* ...ˈty:p], der; -s, -en ‹griech.; lat.› (Muster; Urbild; Inbegriff); **pro|to|ty|pisch**
Pro|to|zo|on, das; -s, ...zoen *meist Plur.* (*Biol.* Urtierchen)
pro|tra|hie|ren ‹lat.› (*Med.* verzögern)
Pro|tu|be|ranz, die; -, -en *meist Plur.* ‹lat.› (aus dem Sonneninnern ausströmende glühende Gasmasse; *Med.* stumpfer Vorsprung an Organen, bes. an Knochen)
Protz, der; *Gen.* -es, *älter* -en, *Plur.* -e, *älter* -en (*ugs. für* Angeber; *landsch. für* Kröte)
Prot|ze, die; -, -n ‹ital.› (*früher* Vorderwagen von Geschützen u. a.)
prot|zen *(ugs.);* du protzt; **prot|zen|haft** *(veraltend);* **Prot|zen|tum,** das; -s; **Prot|ze|rei; Prot|zer|tum** (*svw.* Protzentum)
prot|zig; Prot|zig|keit
Protz|wa|gen *(Milit. früher)*
Proust [pru:st] (französischer Schriftsteller)
Prov. = Provinz
Pro|vence [...ˈvã:s], die; - (französische Landschaft)
Pro|ve|ni|enz, die; -, -en ‹lat.› (Herkunft, Ursprung)
Pro|ven|za|le, der; -n, -n (Bewohner der Provence); **Pro|ven|za|lin; pro|ven|za|lisch**
Pro|verb, das; -s, -en ‹lat.› *u.* Pro|ver|bi|um, das; -s, ...ien (*veraltet für* Sprichwort); **pro|ver|bi|al, pro|ver|bi|a|lisch, pro|ver|bi|ell** (*veraltet für* sprichwörtlich)
Pro|ver|bi|um *vgl.* Proverb
Pro|vi|ant, der; -s, -e *Plur. selten* ‹ital. *u.* franz.› ([Mund]vorrat; Wegzehrung; Verpflegung); **pro|vi|an|tie|ren** (*veraltet für* verproviantieren); **Pro|vi|ant|wa|gen**
Pro|vi|der [prɔˈvaidɐ], der; -s, - (*EDV* Anbieter eines Zugangs zum Internet o. Ä.)
Pro|vinz, die; -, -en ‹lat.› (Land[esteil]; größeres staatliches od. kirchliches Verwaltungsgebiet; das Land im Gegensatz zur Hauptstadt; *abwertend für* [kulturell] rückständige Gegend; *Abk.* Prov.)
Pro|vinz|büh|ne
Pro|vin|zi|al, der; -s, -e (*kath. Kirche* Vorsteher einer Ordensprovinz)
pro|vin|zi|a|li|sie|ren
Pro|vin|zi|a|lis|mus, der; -, ...men (*Sprachw.* vom hochsprachlichen Wortschatz abweichender

P

Ausdruck; *abwertend für* provinzielles Denken, Verhalten)
pro|vin|zi|ell ‹franz.› (die Provinz betreffend; landschaftlich; mundartlich; *abwertend für* hinterwäldlerisch); **Pro|vinz|ler** (*abwertend für* Provinzbewohner; [kulturell] rückständiger Mensch); **Pro|vinz|le|rin; pro|vinz|le|risch**
Pro|vinz|nest *(abwertend)*; **Pro|vinz|pos|se** *(abwertend)*; **Pro|vinz|stadt; Pro|vinz|the|a|ter**
Pro|vi|si|on, die; -, -en ‹ital.› (Vergütung, [Vermittlungs]gebühr)
Pro|vi|si|ons|ba|sis; auf Provisionsbasis [arbeiten]; **pro|vi|si|ons|frei; Pro|vi|si|ons|rei|sen|de**
Pro|vi|sor, der; -s, ...oren ‹lat.› (*früher* erster Gehilfe des Apothekers; *österr. für* als Vertreter amtierender Geistlicher)
pro|vi|so|risch ‹franz.› (vorläufig); **Pro|vi|so|ri|um**, das; -s, ...ien (vorläufige Einrichtung; Übergangslösung)
Pro|vi|t|a|min, das; -s, -e (Vorstufe eines Vitamins)
Pro|vo, der; -s, -s ‹lat.-niederl.› (Vertreter einer [1965 in Amsterdam entstandenen] antibürgerlichen Protestbewegung)
pro|vo|kant ‹lat.› (provozierend); **Pro|vo|ka|teur** [...ˈtøːɐ̯], der; -s, -e ‹franz.› (jmd., der provoziert); **Pro|vo|ka|teu|rin**
Pro|vo|ka|ti|on, die; -, -en (Herausforderung; Aufreizung); **pro|vo|ka|tiv, pro|vo|ka|to|risch** (herausfordernd)

P

pro|vo|zie|ren (herausfordern, reizen; auslösen); **Pro|vo|zie|rung**
pro|xi|mal ‹lat.› (*Med.* der [Körper]mitte zu gelegen)
Pro|xy|ser|ver [...səːvə], der; -s, - ‹engl.› (*EDV* Zwischenspeicher im Internet)
Pro|ze|de|re *vgl.* Procedere
pro|ze|die|ren ‹lat.› (*veraltet für* zu Werke gehen, verfahren)
Pro|ze|dur, die; -, -en ‹lat.› (Verfahren, [schwierige, unangenehme] Behandlungsweise)
Pro|zent, das; -[e]s, -e ‹ital.› ([Zinsen, Gewinn] vom Hundert, Hundertstel; *Abk.* p. c., v. H.; *Zeichen* %); 5 Prozent *od.* 5 %; *vgl.* Fünfprozentklausel
...pro|zen|tig (z. B. fünfprozentig, *mit Ziffer* 5-prozentig [*alte Schreibung* 5prozentig]; eine 5%ige Anleihe *od.* 5 %-Anleihe usw.)
pro|zen|tisch *vgl.* prozentual
Pro|zent|kurs *(Börse)*; **Pro|zent|punkt** (Prozent [als Differenz zweier Prozentzahlen]); **Pro|zent|rech|nung**, die; -; **Pro|zent|satz**
pro|zen|tu|al, *österr.* pro|zen|tu|ell (im Verhältnis zum Hundert, in Prozenten ausgedrückt); **pro|zen|tu|a|li|ter** (*veraltet für* prozentual)
pro|zen|tu|ell *vgl.* prozentual; **pro|zen|tu|ie|ren** (in Prozenten ausdrücken); **Pro|zent|wert**
Pro|zess [*alte Schreibung* Prozeß], der; Prozesses, Prozesse ‹lat.› (Vorgang, Ablauf; Verfahren; Entwicklung; gerichtliche Durchführung von Rechtsstreitigkeiten)
Pro|zess|ak|te [*alte Schreibung* Pro|zeß...]; **Pro|zess|be|richt; Pro|zess|be|tei|lig|te**, der *u.* die; -n, -n
pro|zess|be|voll|mäch|tigt [*alte Schreibung* pro|zeß...]; **Pro|zess|be|voll|mäch|tig|te**, der *u.* die; -n, -n
pro|zess|fä|hig [*alte Schreibung* pro|zeß...]; **Pro|zess|fä|hig|keit**, die; -
pro|zess|füh|rend [*alte Schreibung* pro|zeß...]; die prozessführenden Parteien; **Pro|zess|füh|rungs|klau|sel** *(Versicherungswesen)*
Pro|zess|geg|ner [*alte Schreibung* Pro|zeß...]; **Pro|zess|geg|ne|rin**
Pro|zess|han|sel [*alte Schreibung* Pro|zeß...], der; -s, -[n] (*ugs. für* jmd., der bei jeder Gelegenheit prozessiert)
pro|zes|sie|ren (einen Prozess führen)
Pro|zes|si|on, die; -, -en ([feierlicher kirchlicher] Umzug, Bitt- od. Dankgang); **Pro|zes|si|ons|kreuz** *(kath. Kirche)*
Pro|zes|si|ons|spin|ner (ein Schmetterling)
Pro|zess|kos|ten [*alte Schreibung* Pro|zeß..., *alte Trennung* ...|st...] *Plur.*
Pro|zes|sor, der; -s, ...oren (zentraler Teil einer Datenverarbeitungsanlage)
Pro|zess|ord|nung [*alte Schreibung* Pro|zeß...]; **Pro|zess|par|tei**
Pro|zess|rech|ner [*alte Schreibung* Pro|zeß...] (besonderer Computer für industrielle Fertigungsabläufe)
Pro|zess|recht [*alte Schreibung* Pro|zeß...], das; -[e]s
pro|zes|su|al (auf einen Rechtsstreit bezüglich)
Pro|zess|voll|macht [*alte Schreibung* Prozeß...]
pro|zy|k|lisch (*Wirtsch.* einem bestehenden Konjunkturzustand gemäß)
prü|de ‹franz.› (zimperlich, spröde [in sittlich-erotischer Beziehung])
Pru|de|lei (*landsch. für* Pfuscherei); **pru|de|lig**, prud|lig (*landsch. für* unordentlich); **pru|deln** (*landsch. für* pfuschen); ich prud[e]le
Pru|den|tia (w. Vorn.)
Pru|den|ti|us (christlich-lateinischer Dichter)
Prü|de|rie, die; - ‹franz.› (Zimperlichkeit, Ziererei)
prud|lig *vgl.* prudelig
Prüf|au|to|mat; prüf|bar; Prüf|be|richt
prü|fen; Prü|fer; Prü|fer|bi|lanz, Prü|fungs|bi|lanz *(Wirtsch.)*
Prü|fe|rin
Prüf|feld; Prüf|ge|rät
Prüf|ling
Prüf|me|tho|de; Prüf|norm; Prüf|stand; Prüf|stein
Prü|fung; mündliche, schriftliche Prüfung
Prü|fungs|angst; Prü|fungs|ar|beit; Prü|fungs|auf|ga|be; Prü|fungs|be|din|gun|gen *Plur.*; **Prü|fungs|bi|lanz** *vgl.* Prüferbilanz; **Prü|fungs|fach; Prü|fungs|fahrt; Prü|fungs|fra|ge; Prü|fungs|ge|bühr; Prü|fungs|kom|mis|si|on; Prü|fungs|ord|nung; Prü|fungs|ter|min; Prü|fungs|un|ter|la|gen** *Plur.*; **Prü|fungs|ver|fah|ren; Prü|fungs|ver|merk**
Prüf|ver|fah|ren; Prüf|vor|schrift
[1]**Prü|gel**, der; -s, - (Stock)
[2]**Prü|gel** *Plur.* (*ugs. für* Schläge)
Prü|ge|lei
Prü|gel|kna|be (jmd., der anstelle des Schuldigen bestraft wird)
prü|geln; ich prüg[e]le; sich prügeln
Prü|gel|stra|fe; Prü|gel|sze|ne
Prü|nel|le, die; -, -n ‹franz.› (entsteinte, getrocknete Pflaume)
Prunk, der; -[e]s; **Prunk|bau** *Plur.* ...bauten; **Prunk|bett**
prun|ken
Prunk|ge|mach; Prunk|ge|wand
prunk|haft; prunk|los; Prunk|lo|sig|keit, die; -
Prunk|saal; Prunk|ses|sel; Prunk-

sit|zung (im Karneval); **Prunk|stück**
Prunk|sucht, die; - *(abwertend);* **prunk|süch|tig**
prunk|voll; Prunk|wa|gen
Prun|t|rut (Stadt im Kanton Jura; *franz.* Porrentruy)
Pru|ri|go, die; -, Prurigines *od.* der; -s, -s ‹lat.› *(Med.* Juckflechte); **Pru|ri|tus,** der; - (Hautjucken)
Pru|ße, der; -n, -n *meist Plur.* *(alte Bez. für* Preuße [Angehöriger eines zu den baltischen Völkern gehörenden Stammes])
prus|ten [*alte Trennung* ...|st...] (stark schnauben)
Pruth, der; -[s] (linker Nebenfluss der Donau)
Pry|ta|ne, der; -n, -n ‹griech.› (Mitglied der in altgriechischen Staaten regierenden Behörde); **Pry|ta|nei|on,** das; -s, ...eien *u.* **Pry|ta|ne|um,** das; -s, ...een (Versammlungshaus der Prytanen)
PS = Pferdestärke; Postskript[um]
Psa|li|gra|phie, *auch* Psa|li|gra|fie, die; - ‹griech.› (Kunst des Scherenschnittes)
Psalm, der; -s, -en ‹griech.› (geistliches Lied); **Psal|men|dich|ter; Psal|men|sän|ger**
Psal|mist, der; -en, -en (Psalmendichter, -sänger)
Psal|m|o|die, die; -, ...ien (Psalmengesang); **psal|m|o|die|ren** (Psalmen vortragen; eintönig singen); **psal|m|o|disch**
Psal|ter, der; -s, - (Buch der Psalmen im A. T.; ein Saiteninstrument; *Zool.* Blättermagen der Wiederkäuer)
PSchA = Postscheckamt
pscht!, pst!
pseud..., pseu|do... ‹griech.› (falsch...)
Pseud..., Pseu|do... (Falsch...)
Pseu|d|e|pi|gra|phen, *auch* Pseu|d|e|pi|gra|fen *Plur.* (Schriften aus der Antike, die einem Autor fälschlich zugeschrieben wurden)
pseu|do... usw. *vgl.* pseud... usw.
Pseu|do|krupp *(Med.* Anfall von Atemnot u. Husten bei Kehlkopfentzündung)
Pseu|do|lo|gie, die; -, ...ien *(Med.* krankhaftes Lügen)
pseu|do|morph *(Mineralogie* Pseudomorphose zeigend); **Pseu|do|mor|pho|se,** die; -, -n *(Mineralogie* [Auftreten eines] Mineral[s] in der Kristallform eines anderen Minerals)
pseu|d|o|nym (unter einem Decknamen [verfasst]); **Pseu|d|o|nym,** das; -s, -e (Deckname, Künstlername)
Pseu|do|po|di|um, das; -s, ...ien *(Biol.* Scheinfüßchen mancher Einzeller)
pseu|do|wis|sen|schaft|lich
PSF = Postschließfach
[1]**Psi,** das; -[s], -s (griechischer Buchstabe: Ψ, ψ)
[2]**Psi,** das; -[s] *meist ohne Artikel* (bestimmendes Element parapsychologischer Vorgänge)
Psi|lo|me|lan, der; -s, -e ‹griech.› (ein Manganerz)
Psi|phä|no|men ‹griech.› (parapsychologische Erscheinung)
Psit|ta|ko|se, die; -, -n ‹griech.› *(Med.* Papageienkrankheit)
Pso|ri|a|sis, die; -, ...iasen ‹griech.› *(Med.* Schuppenflechte); **Pso|ri|a|ti|ker; Pso|ri|a|ti|ke|rin**
PS-stark [pe:ˈ|ɛs...] ↑K 28
pst!, pscht!
Psy|ch|a|go|ge, der; -n, -n ‹griech.›; **Psy|ch|a|go|gik,** die; - (pädagogisch-therapeutische Betreuung zum Abbau von Verhaltensstörungen o. Ä.); **Psy|ch|a|go|gin**
[1]**Psy|che** *(griech. Mythol.* Gattin des Eros)
[2]**Psy|che,** die; -, -n (Seele; *österr. veraltend auch für* mit Spiegel versehene Frisiertoilette)
psy|che|de|lisch (in einem [durch Rauschmittel hervorgerufenen] euphorischen, tranceartigen Gemütszustand befindlich; Glücksgefühle hervorrufend)
Psy|ch|i|a|ter, der; -s, -; (Facharzt für Psychiatrie); **Psy|ch|i|a|te|rin**
Psy|ch|i|a|t|rie, die; -, ...ien *(nur Sing.:* Lehre von den seelischen Störungen, von den Geisteskrankheiten; *ugs. für* psychiatrische Klinik)
psy|ch|i|a|t|rie|ren *(bes. österr. für* psychiatrisch untersuchen); **psy|ch|i|a|t|risch**
psy|chisch (seelisch); psychische Krankheiten
Psy|cho|a|na|ly|se, die; - (Verfahren zur Untersuchung unbewusster seelischer Vorgänge); **psy|cho|a|na|ly|sie|ren**
Psy|cho|a|na|ly|ti|ker (die Psychoanalyse vertretender od. anwendender Psychologe, Arzt); **Psy|cho|a|na|ly|ti|ke|rin; psy|cho|a|na|ly|tisch**
Psy|cho|di|a|g|nos|tik [*alte Trennung* ...|st...], die; - (Lehre von den Methoden zur Erkenntnis u. Erforschung psychischer Besonderheiten)
Psy|cho|dra|ma, das; -s, ...men
psy|cho|gen (seelisch bedingt); **Psy|cho|ge|ne|se, Psy|cho|ge|ne|sis** [*auch* ...ˈge:...], die; -, ...nesen (Entstehung u. Entwicklung der Seele, des Seelenlebens)
Psy|cho|gramm, das; -s, -e (grafische Darstellung von Fähigkeiten u. Eigenschaften einer Persönlichkeit; psychologische Persönlichkeitsstudie)
Psy|cho|ki|ne|se, die; - (parapsychologische Einflussnahme auf Bewegungsvorgänge ohne physikalische Ursache)
Psy|cho|kri|mi *(ugs. kurz für* psychologischer Kriminalfilm, -roman)
Psy|cho|lin|gu|is|tik [*alte Trennung* ...|st...], die; - (Wissenschaft von den psychischen Vorgängen bei Gebrauch und Erlernen der Sprache)
Psy|cho|lo|ge, der; -n, -n
Psy|cho|lo|gie, die; - (Wissenschaft von den psychischen Vorgängen)
Psy|cho|lo|gin
psy|cho|lo|gisch
psy|cho|lo|gi|sie|ren (nach psychologischen Gesichtspunkten untersuchen od. darstellen); **Psy|cho|lo|gi|sie|rung**
Psy|cho|lo|gis|mus, der; - (Überbewertung der Psychologie)
Psy|cho|me|t|rie, die; - (Messung psychischer Vorgänge; Hellsehen durch Betasten von Gegenständen)
Psy|cho|neu|ro|se, die; -, -n (psychisch bedingte Neurose)
Psy|cho|path, der; -en, -en; **Psy|cho|pa|thie,** die; - *(veraltet für* Persönlichkeitsstörung); **Psy|cho|pa|thin; psy|cho|pa|thisch**
Psy|cho|pa|tho|lo|gie, die; - (Wissenschaft von den Störungen des seelischen Erlebens)
Psy|cho|phar|ma|kon, das; -s, ...ka (auf die Psyche einwirkendes Arzneimittel)
Psy|cho|phy|sik, die; - (Lehre von den Wechselbeziehungen des

P

Physischen u. des Psychischen); **psy|cho|phy|sisch**

Psy|cho|se, die; -, -n (krankhafte geistig-seelische Störung)

Psy|cho|so|ma|tik, die; - (Wissenschaft von der Bedeutung seelischer Vorgänge für Entstehung u. Verlauf körperlicher Krankheiten); **psy|cho|so|ma|tisch**

Psy|cho|ter|ror, der; -s (Einschüchterung mit psychischen Mitteln)

Psy|cho|the|ra|peut, der; -en, -en (die Psychotherapie anwendender Arzt od. Psychologe); **Psy|cho|the|ra|peu|tik,** die; - (Seelenheilkunde); **Psy|cho|the|ra|peu|tin; psy|cho|the|ra|peu|tisch**

Psy|cho|the|ra|pie, die; -, ...ien (Heilbehandlung für psychische Störungen)

Psy|cho|thril|ler (mit psychologischen Effekten spannend gemachter Kriminalfilm od. -roman)

psy|cho|tisch ⟨*zu* Psychose⟩

Psy|chr|ro|me|ter [...ç...], das; -s, - ⟨griech.⟩ (*Meteor.* Luftfeuchtigkeitsmesser)

pt = Pint

Pt = *chem. Zeichen für* Platin

P. T. = pleno titulo

Pta = Peseta

PTA = pharmazeutisch-technischer Assistent, pharmazeutisch-technische Assistentin

Ptah (ägyptischer Gott)

PTE (Währungscode für Escudo)

Pte|r|a|n|o|don, das; -s, ...donten ⟨griech.⟩ (Flugsaurier der Kreidezeit); **Pte|ro|dak|ty|lus,** der; -, ...ylen (Flugsaurier des Juras)

Pte|ro|po|de, die; -, -n *meist Plur.* (*Zool.* Ruderschnecke)

Pte|ro|sau|ri|er *meist Plur.* (urzeitliche Flugechse)

Pte|ry|gi|um, das; -s, ...ia (*Zool.* Flug-, Schwimmhaut)

Pto|le|mä|er, der; -s, - (Angehöriger eines makedonischen Herrschergeschlechtes im alten Ägypten); **pto|le|mä|isch;** das ptolemäische Weltsystem; **Pto|le|mä|us** (altägyptischer Geograph, Astronom u. Mathematiker in Alexandria)

Pto|ma|in, das; -s, -e ⟨griech.⟩ (*Med.* Leichengift)

PTT (*schweiz. früher Abk. für* Post, Telefon, Telegraf)

Pty|a|lin, das; -s ⟨griech.⟩ (ein Speichelenzym)

Pu = *chem. Zeichen für* Plutonium

Pub [pap], das, *auch* der; -s, -s ⟨engl.⟩ (Wirtshaus im englischen Stil, Bar)

pu|ber|tär ⟨lat.⟩ (mit der Geschlechtsreife zusammenhängend)

Pu|ber|tät, die; - ([Zeit der eintretenden] Geschlechtsreife; Reifezeit); **Pu|ber|täts|zeit**

pu|ber|tie|ren (in die Pubertät eintreten, sich in ihr befinden)

Pu|bes|zenz, die; - (*Med.* Geschlechtsreifung)

pu|b|li|ce [...tse] ⟨lat.⟩ (öffentlich [von bestimmten Universitätsvorlesungen])

Pu|b|li|ci|ty [paˈblɪsiti], die; - ⟨engl.⟩ (Öffentlichkeit; Reklame, [Bemühung um] öffentliches Aufsehen); **pu|b|li|ci|tyscheu**

Pu|b|lic Re|la|tions [ˈpablɪk riˈleːʃn̩s], *auch* **Pu|b|lic|re|la|tions** ↑K 41 *Plur.* ⟨amerik.⟩ (Öffentlichkeitsarbeit; Kontaktpflege; *Abk.* PR)

pu|b|lik ⟨franz.⟩ (öffentlich; offenkundig; allgemein bekannt); publik machen, werden

Pu|b|li|ka|ti|on, die; -, -en (Veröffentlichung); **Pu|b|li|ka|ti|onsmit|tel; Pu|b|li|ka|ti|ons|or|gan; pu|b|li|ka|ti|ons|reif; Pu|b|li|ka|ti|ons|ver|bot**

Pu|b|li|kum, das; -s ⟨lat.⟩

Pu|b|li|kums|er|folg; Pu|b|li|kumsge|schmack; Pu|b|li|kums|in|te|r|es|se; Pu|b|li|kums|lieb|ling; Pu|b|li|kums|ma|g|net; Pu|b|li|kums|ver|kehr, der; -s

pu|b|li|kums|wirk|sam

pu|b|li|zie|ren (veröffentlichen, herausgeben; *seltener für* publik machen, bekannt machen); **pu|b|li|zier|freu|dig**

Pu|b|li|zist, der; -en, -en (polit. Schriftsteller; Tagesschriftsteller; Journalist); **Pu|b|li|zis|tik** [*alte Trennung* ...|st...], die; -; **Pu|b|li|zis|tin; pu|b|li|zis|tisch; Pu|b|li|zi|tät,** die; - (Öffentlichkeit, Bekanntheit)

p. u. c. = post urbem conditam

Puc|ci|ni [...ˈtʃiː...], Giacomo [ˈdʒaːkomo] (ital. Komponist)

Puck, der; -s, -s ⟨engl.⟩ (Kobold; Hartgummischeibe beim Eishockey)

pu|ckern [*alte Trennung* ...k|k...] (*ugs. für* klopfen); eine puckernde Wunde

Pud, das; -, - ⟨russ.⟩ (altes russisches Gewicht); 5 Pud

Pud|del|ei|sen ⟨engl.; dt.⟩ (*Hüttenw.*)

[1]**pud|deln** (*bes. westmitteld. für* jauchen; im Wasser planschen); ich pudd[e]le

[2]**pud|deln** ⟨engl.⟩ (*Hüttenw.* aus Roheisen Schweißstahl gewinnen); ich pudd[e]le; **Pud|del|ofen**

Pud|ding, der; -s, *Plur.* -e *u.* -s ⟨engl.⟩ (eine Süß-, Mehlspeise); **Pud|ding|form; Pud|ding|pul|ver**

Pu|del, der; -s, - (eine Hunderasse; *ugs. für* Fehlwurf [beim Kegeln])

Pu|del|müt|ze

pu|deln (*ugs. für* vorbeiwerfen [beim Kegeln]); ich pud[e]le

pu|del|nackt *(ugs.);* **pu|del|nass** [*alte Schreibung* ...naß] *(ugs.);* **pu|del|wohl** *(ugs.);* sich pudelwohl fühlen

Pu|der, der, *ugs. auch* das; -s, - ⟨franz.⟩; **Pu|der|do|se**

pu|de|rig, pud|rig

pu|dern; ich pudere; sich pudern

Pu|der|quas|te [*alte Trennung* ...|st...]; **Pu|de|rung**

Pu|der|zu|cker [*alte Trennung* ...k|k...], der; -s

pud|rig *vgl.* puderig

Pu|e|b|lo, der; -s, -s ⟨span.⟩ (Dorf der Puebloindianer); **Pu|e|b|loin|di|a|ner** (Angehöriger eines Indianerstammes im Südwesten Nordamerikas)

pu|e|ril ⟨lat.⟩ (knabenhaft; kindlich); **Pu|e|ri|li|tät,** die; - (kindliches, kindisches Wesen)

Pu|er|pe|ral|fie|ber, das; -s (*Med.* Kindbettfieber); **Pu|er|pe|ri|um,** das; -s, ...ien (*Med.* Wochenbett)

Pu|er|to-Ri|ca|ner, *auch* **Pu|er|to Ri|ca|ner** [*alte Schreibung* Pu|erto|ri|ca|ner] (Bewohner von Puerto Rico); **Pu|er|to-Ri|ca|ne|rin,** *auch* **Pu|er|to Ri|ca|ne|rin** [*alte Schreibung* Pu|er|to|ri|ca|nerin]

pu|er|to-ri|ca|nisch [*alte Schreibung* pu|er|to|ri|ca|nisch]

Pu|er|to Ri|co (Insel der Großen Antillen)

puff!

[1]**Puff,** der; -[e]s, -e (*veraltet, aber noch landsch. für* Bausch; *landsch. für* gepolsterter Wäschebehälter)

[2]**Puff,** das; -[e]s (ein Brett- u. Würfelspiel)

[3]Puff, der, *auch* das; -s, -s (*ugs. für* Bordell)
[4]Puff, der; -[e]s, *Plur.* Püffe, *seltener* Puffe (*ugs. für* Stoß)
Puff|är|mel; Puff|boh|ne
Püff|chen (kleiner [1,4]Puff)
Puf|fe, die; -, -n (Bausch); **puf|fen** (bauschen; *ugs. für* stoßen); er pufft ihn, *auch* ihm in die Seite
Puf|fer (federnde, Druck u. Aufprall abfangende Vorrichtung [an Eisenbahnwagen u. a.]; *kurz für* Kartoffelpuffer); **Püf|fer|chen**
Puf|fer|staat; Puf|fer|zo|ne
puf|fig (bauschig)
Puff|mais
Puff|mut|ter *Plur.* ...mütter (*ugs.; zu* [3]Puff)
Puff|ot|ter, die (eine Schlange)
Puff|reis, der; -es
Puff|spiel (*zu* [2]Puff)
puh!
Pul, der; -, -s ‹pers.› (afghanische Münze)
Pül|cher, der; -s, - (*österr. ugs. für* Strolch)
Pul|ci|nell [...tʃi...], der; -s, -e (*eindeutschend für* Pulcinella); **Pul|ci|nel|la,** der; -[s], ...lle ‹ital.› (komischer Diener, Hanswurst in der italienischen Komödie); *vgl.* Policinello
pu|len (*nordd. für* bohren, herausklauben)
Pu|lit|zer (amerikanischer Journalist u. Verleger); **Pu|lit|zer|preis,** *auch* **Pu|lit|zer-Preis**
Pulk, der; -[e]s, *Plur.* -s, *selten auch* -e ‹slaw.› (Verband von Kampfflugzeugen od. milit. Kraftfahrzeugen; Anhäufung)
Pul|le, die; -, -n ‹lat.› (*ugs. für* Flasche)
[1]pul|len (*nordd. für* rudern; *Reiten* in unregelmäßiger Gangart vorwärts drängen [vom Pferd])
[2]pul|len, pul|lern (*landsch. für* urinieren); ich pulle, pullere
Pul|ler (*landsch. für* Penis)
pul|lern *vgl.* [2]pullen
Pul|li, der; -s, -s (*ugs. für* leichter Pullover)
Pull|man|kap|pe (*österr. für* Baskenmütze)
Pull|man|wa|gen, *auch* **Pull-man-Wa|gen** ‹nach dem amerik. Konstrukteur› (sehr komfortabler [Schnellzug]wagen)
Pul|lo|ver, der; -s, - ‹engl.›
Pul|lun|der, der; -s, - (kurzer, ärmelloser Pullover)
pul|mo|nal ‹lat.› (*Med.* die Lunge betreffend, Lungen...)
Pulp, der; -s, -en ‹engl.› *u.* Pul|pe ‹lat.›, Pül|pe, die; -, -n ‹franz.› (breiige Masse mit Fruchtstücken zur Herstellung von Obstsaft od. Konfitüre)
Pul|pa, die; -, ...pae ‹lat.› (*Med.* weiche, gefäßreiche Gewebemasse im Zahn u. in der Milz)
Pul|pe, Pül|pe *vgl.* Pulp
Pul|pi|tis, die; -, ...iti|den (*Med.* Zahnmarkentzündung)
pul|pös (*Med.* fleischig; markig; aus weicher Masse bestehend)
Pul|que [...kə], der; -[s] ‹indian.-span.› (gegorener Agavensaft)
Puls, der; -es, -e ‹lat., »Stoß, Schlag«› (Aderschlag; Pulsader am Handgelenk); **Puls|a|der**
Pul|sar, der; -s, -e (*Astron.* kosmische Radioquelle mit periodischen Strahlungspulsen)
Pul|sa|ti|on, die; -, -en (*Med.* Pulsschlag; *Astron.* Veränderung eines Sterndurchmessers)
Pul|sa|tor, der; -s, ...oren (Gerät zur Erzeugung pulsierender Bewegungen, z. B. bei der Melkmaschine)
pul|sen (*seltener für* pulsieren); du pulst
pul|sie|ren ‹lat.› (rhythmisch schlagen, klopfen; an- und abschwellen)
Pul|si|on, die; -, -en (*fachspr. für* Stoß, Schlag)
Pul|so|me|ter, das; -s, - ‹lat.; griech.› (eine kolbenlose Dampfpumpe)
Puls|schlag; Puls|wär|mer; Puls-zahl
Pult, das; -[e]s, -e ‹lat.›; **Pult|dach**
Pul|ver [...f..., *auch* ...v...], das; -s, - ‹lat.›; **Pül|ver|chen**
Pul|ver|dampf, der; -[e]s
Pul|ver|fass [*alte Schreibung* ...faß]
pul|ver|fein; pulverfeiner Kaffee
pul|ve|rig, pulv|rig
Pul|ve|ri|sa|tor [...v...], der; -s, ...oren (Maschine zur Herstellung von Pulver durch Stampfen od. Mahlen)
pul|ve|ri|sie|ren ‹franz.› (zu Pulver zerreiben); **Pul|ve|ri|sie|rung**
Pul|ver|kaf|fee
Pul|ver|ma|ga|zin; Pul|ver|müh|le (*früher* Fabrik für die Herstellung von Schießpulver)
pul|vern; ich pulvere
Pul|ver|schnee
pul|ver|tro|cken [*alte Trennung* ...k|k...]
Pul|ver|turm (*früher*)
pulv|rig, pul|ve|rig
Pu|ma, der; -s, -s ‹peruan.› (ein Raubtier)
Pum|mel, der; -s, - (*ugs. für* rundliches Kind); **Pum|mel|chen; pum|me|lig, pumm|lig** (*ugs. für* dicklich)
Pump, der; -s, -e; auf Pump leben (*ugs. für* von Geborgtem leben)
Pum|pe, die; -, -n
Püm|pel, der; -s, - (*nordd. für* Saugglocke zur Abflussreinigung)
pum|pen (*ugs. auch für* borgen)
Pum|pen|haus; Pum|pen|schwen-gel
pum|perl|ge|sund (*bayr. u. österr. ugs. für* kerngesund)
pum|pern (*landsch., bes. südd., österr. ugs. für* laut u. heftig klopfen, rumoren); ich pumpere
Pum|per|ni|ckel [*alte Trennung* ...k|k...], der; -s, - (ein Schwarzbrot)
Pump|gun ['pampgan], die; -, -s ‹engl.› (mehrschüssiges Gewehr, bei dem das Repetieren durch Zurückziehen des Vorderschaftes erfolgt)
Pump|ho|se (weite Hose [mit Kniebund])
Pumps [pœmps], der; -, - ‹engl.› (ausgeschnittener Damenschuh mit höherem Absatz)
Pump|spei|cher|werk; Pump|werk
Pu|muckl (Kobold aus einem bekannten Kinderbuch)
Pu|na, die; - ‹indian.› (Hochfläche der südamerikanischen Anden mit Steppennatur)
Punch [pantʃ], der; -s, -s ‹engl.› (Boxhieb; große Schlagkraft); **Pun|cher,** der; -s, - (Boxer, der besonders kraftvoll schlagen kann); **Pun|ching|ball** (Übungsgerät für Boxer)
Punc|tum sa|li|ens, das; - - ‹lat., »springender Punkt«› (Kernpunkt; Entscheidendes)
Pu|ni|er (Karthager); **pu|nisch;** ↑K 151: die Punischen Kriege; der Erste, Zweite, Dritte Punische Krieg
Punk [paŋk], der; -[s], -s ‹engl.› (*nur Sing.:* bewusst primitiv-exaltierte Rockmusik; Punker); **Pun|ker** (Jugendlicher, der durch Verhalten und spezielle Aufmachung seine antibürger-

liche Einstellung ausdrückt); **Pun|ke|rin; pun|kig; Punk|rock,** *auch* **Punk-Rock,** der; -[s]; *vgl.* ²Rock

Punkt, der; -[e]s, -e ‹lat.› (*Abk.* Pkt.); Punkt 8 Uhr; typographischer Punkt (*Druckw.* frühere Maßeinheit für Schriftgröße u. Zeilenabstand; *Abk.* p); 2 Punkt Durchschuss; der Punkt auf dem i

Punk|tal|glas® *Plur.* ...gläser *(Optik)*

Punk|ta|ti|on, die; -, -en (*Rechtsw.* Vorvertrag, Vertragsentwurf)

Punkt|ball (Übungsgerät für Boxer)

Pünkt|chen

Punk|te|kampf *(Sport)*

punk|ten

punkt|ge|nau

punkt|gleich *(Sport);* **Punkt|gleich|heit,** die; -

punk|tie|ren (mit Punkten versehen, tüpfeln; *Med.* eine Punktion ausführen); punktierte Note *(Musik);* **Punk|tier|na|del** *(Med.);* **Punk|tie|rung; Punk|ti|on,** Punk|tur, die; -, -en (*Med.* Einstich in eine Körperhöhle zur Entnahme von Flüssigkeiten)

Punkt|lan|dung (*bes. Raumfahrt* Landung genau am vorausberechneten Punkt)

pünkt|lich; Pünkt|lich|keit, die; -

Punkt|nie|der|la|ge *(Sport)*

punk|to (*bes. schweiz. für* betreffs); *Präp. mit Gen.:* punkto gottloser Reden; *allein stehende, stark zu beugende Substantive im Singular bleiben ungebeugt:* punkto Geld; *vgl.* in puncto

Punkt|rich|ter *(Sport);* **Punkt|rich|te|rin**

Punkt|rol|ler (ein Massagegerät)

Punkt|schrift (Blindenschrift)

punkt|schwei|ßen *nur im Infinitiv u. im Partizip II gebr.;* punktgeschweißt; **Punkt|schwei|ßung**

Punkt|sieg *(Sport);* **Punkt|spiel** *(Sport);* **Punkt|sys|tem** [*alte Trennung* ...|st...]

punk|tu|ell (punktweise; einzelne Punkte betreffend)

Punk|tum; *nur in* [und damit] Punktum! (und damit Schluss!)

Punk|tur *vgl.* Punktion

Punkt|ver|lust; Punkt|wer|tung; Punkt|zahl

Punsch, der; -[e]s, *Plur.* -e, *auch* Pünsche ‹engl.› (ein alkohol. Getränk); **Punsch|es|senz; Punsch|glas; Punsch|schüs|sel**

Punz|ar|beit

Pun|ze, die; -, -n (Stahlstäbchen für Treibarbeit; eingestanztes Zeichen zur Angabe des Edelmetallgehalts)

pun|zen, pun|zie|ren (Metall treiben; ziselieren; den Feingehalt von Gold- u. Silberwaren kennzeichnen); du punzt; **Punz|hammer; pun|zie|ren** *vgl.* punzen

Pup, der; -[e]s, -e , Pups, der; -es, *Plur.* -e, Pup|ser (*ugs. für* abgehende Blähung)

Pu|pe, der *od.* die; -n, -n (*derb für* Homosexueller; *berlin. auch für* verdorbenes Weißbier)

pu|pen, pup|sen (*ugs. für* eine Blähung abgehen lassen); du pupst

pu|pil|lar ‹lat.› (zur Pupille gehörend)

Pu|pil|le, die; -, -n ‹lat.› (Sehöffnung im Auge); **Pu|pil|len|er|wei|te|rung; Pu|pil|len|ver|en|gung**

pu|pi|ni|sie|ren ‹nach dem amerik. Elektrotechniker Pupin› (Pupinspulen einbauen)

Pu|pin|spu|le, *auch* **Pu|pin-Spu|le** (eine Induktionsspule)

pu|pi|par ‹lat.› *(Zool.);* pupipare Insekten (Insekten, deren Larven sich gleich nach der Geburt verpuppen)

Püpp|chen

Pup|pe, die; -, -n

pup|pen (*landsch. für* mit Puppen spielen); du puppst

Pup|pen|dok|tor; Pup|pen|film; Pup|pen|ge|sicht

pup|pen|haft

Pup|pen|haus; Pup|pen|kli|nik; Pup|pen|kü|che; Pup|pen|mut|ter

Pup|pen|spiel; Pup|pen|spie|ler; Pup|pen|spie|le|rin

Pup|pen|stu|be; Pup|pen|the|a|ter; Pup|pen|wa|gen; Pup|pen|woh|nung

pup|pig (*ugs. für* klein u. niedlich)

Pups *vgl.* Pup; **pup|sen** *vgl.* pupen; **Pup|ser** *vgl.* Pup

pur ‹lat.› (rein, unverfälscht, lauter); pures Gold; Whisky pur

Pü|ree, das; -s, -s ‹franz.› (Brei, breiförmige Speise)

Pur|gans, das; -, *Plur.* ...anzien *u.* ...antia *u.* **Pur|ga|tiv,** das; -s, -e ‹lat.› (*Med.* Abführmittel)

Pur|ga|to|ri|um, das; -s (Fegefeuer)

pur|gie|ren (*Med.* abführen); **Pur|gier|mit|tel,** das

pü|rie|ren (zu Püree machen)

Pu|ri|fi|ka|ti|on, die; -, -en (liturgische Reinigung); **pu|ri|fi|zie|ren** (*veraltet für* reinigen, läutern)

Pu|rim [*auch* 'pu:...], das; -s ‹hebr.› (ein jüdisches Fest)

Pu|rin, das; -s, -e *meist Plur.* ‹lat.› (*Chemie* eine organische Verbindung)

Pu|ris|mus, der; - ‹lat.› (Reinigungseifer; [übertriebenes] Streben nach Sprachreinheit); **Pu|rist,** der; -en, -en; **Pu|ris|tin** [*alte Trennung* ...|st...]; **pu|ris|tisch**

Pu|ri|ta|ner (Anhänger des Puritanismus); **Pu|ri|ta|ne|rin; pu|ri|ta|nisch** (sittenstreng); **Pu|ri|ta|nis|mus,** der; - (streng kalvinistische Richtung im England des 16./17. Jh.s)

Pur|pur, der; -s ‹griech.› (hochroter Farbstoff; prächtiges, purpurfarbiges Gewand); **pur|pur|far|ben, pur|pur|far|big**

Pur|pur|man|tel

pur|purn; pur|pur|rot; Pur|pur|rö|te

Pur|pur|schne|cke [*alte Trennung* ...k|k...]

pur|ren (*landsch. für* stochern; necken, stören; *Seemannsspr.* [zur Wache] wecken)

Pur|ser ['pø:ɐ̯sɐ], der; -s, - ‹engl.› (Zahlmeister auf einem Schiff; Chefsteward im Flugzeug)

pu|ru|lent ‹lat.› (*Med.* eitrig)

Pur|zel, der; -s, - (*fam. für* kleiner Kerl)

Pür|zel, der; -s, - (*Jägerspr.* Schwanz des Wildschweins)

Pur|zel|baum

pur|zeln; ich purz[e]le

Pu|schel, Pü|schel, der; -s, - *u.* die; -, -n (*landsch. für* Quaste; fixe Idee, Steckenpferd)

pu|schen, du puschst; *vgl.* pushen

Pusch|kin (russischer Dichter)

Pusch|lav, das; -s (Tal im Süden von Graubünden; *ital.* Val [di] Poschiavo)

pu|shen [...ʃ...], *auch* pu|schen ‹engl.-amerik.› (mit Rauschgift handeln; *auch für* in Schwung bringen, propagieren); du pushst; **Pu|sher,** der; -s, - (Rauschgifthändler)

Push-up-BH ['pʊʃapbeha:] (ein üppiges Dekolleté formender BH)

Pus|sel|ar|beit (*ugs. für* mühsame Arbeit)

Pus|sel|chen (*fam. für* kleines Kind od. Tier)

P

pus|se|lig, pussllig [*alte Schreibung* pußllig] (*ugs. für* Geschicklichkeit erfordernd, umständlich); **Pus|sel|kram** *(ugs.)*; **pus|seln** (*ugs. für* sich mit Kleinigkeiten beschäftigen; herumbasteln); ich pussele *u.* pussle [*alte Schreibung* pußle]
puss|lig *vgl.* pusselig
Pus|te [*alte Trennung* ...|st...], die; - *(ugs.)*; aus der Puste (außer Atem) sein; [ja,] Puste *od.* Pustekuchen! (*ugs. für* aber nein, gerade das Gegenteil)
Pus|te|blu|me [*alte Trennung* ...|st...] (*Kinderspr.* Löwenzahn)
Pus|te|ku|chen [*alte Trennung* ...|st...] *(ugs.)*; *nur in* [ja,] Pustekuchen! (*vgl.* Puste)
Pus|tel [*alte Trennung* ...|st...], die; -, -n ⟨lat.⟩ (Hitze-, Eiterbläschen, [2]Pickel)
pus|ten [*alte Trennung* ...|st...] (*landsch. für* blasen; heftig atmen)
Pus|ter|tal [*alte Trennung* ...|st...], das; -[e]s (ein Alpental)
pus|tu|lös [*alte Trennung* ...|st...] ⟨lat.⟩ (voll Pusteln); pustulöse Haut
Pusz|ta ['pʊs...; *alte Schreibung* Puß|ta], die; -, ...ten ⟨ung.⟩ (Grassteppe, Weideland in Ungarn)
pu|ta|tiv ⟨lat.⟩ (*Rechtsspr.* vermeintlich, irrigerweise für gültig gehalten); **Pu|ta|tiv|e|he; Pu|ta|tiv|not|wehr**
Put|bus (Ort auf Rügen); **Put|bus|ser,** *auch* Put|bu|ser
Pu|te, die; -, -n (Truthenne); **Pu|ter** (Truthahn); **pu|ter|rot;** puterrot werden
put, put (Lockruf für Hühner); **Put|put,** das; -s, -[s] (Lockruf; *Kinderspr.* Huhn)
Pu|t|re|fak|ti|on, die; -, -en, **Pu|t|res|zenz,** die; -, -en ⟨lat.⟩ (*Med.* Verwesung, Fäulnis); **pu|t|res|zie|ren**
Putsch, der; -[e]s, -e (politischer Handstreich); **put|schen;** du putschst
püt|sche|rig (*nordd. für* kleinlich, umständlich); **püt|schern** (*nordd. für* umständlich arbeiten, ohne etwas zustande zu bringen); ich pütschere
Put|schist, der; -en, -en; **Put|schis|tin** [*alte Trennung* ...|st...]; **Putsch|ver|such**
Putt [*auch* pat], der; -[s], -s ⟨engl.⟩ (*Golf* Schlag mit dem Putter)
Pütt, der; -s, *Plur.* -e, *auch* -s (*rhein. u. westfäl. für* Bergwerk)
Put|te, die; -, -n ⟨ital.⟩ *u.* Put|to, der; -s, *Plur.* ...tti *u.* ...tten (*bild. Kunst* nackte Kinderfigur, kleine Engelsfigur)
put|ten [*auch* 'pa...] ⟨engl.⟩ (*Golf* den Ball mit dem Putter schlagen); **Put|ter,** der; -s, - (Spezialgolfschläger [für das Einlochen])
Put|to *vgl.* Putte
Putz, der; -es
Pütz, Püt|ze, die; -, ...tzen (*Seemannsspr.* Eimer)
Put|ze, die; -, -n (*ugs. für* Putzfrau)
put|zen; du putzt; sich putzen; ein Kleid putzen lassen (*österr. für* chemisch reinigen lassen)
Put|zer; Put|ze|rei (*österr. auch für* chem. Reinigung); **Putz|fim|mel** *(ugs.)*
Putz|frau
put|zig (*ugs. für* drollig)
Putz|kas|ten [*alte Trennung* ...|st...]; **Putz|ko|lon|ne; Putz|lap|pen**
Putz|ma|cher (*veraltet für* Modist); **Putz|ma|che|rin** (*veraltet für* Modistin)
Putz|mit|tel
putz|mun|ter (*ugs. für* sehr munter)
Putz|sucht, die; -; **putz|süch|tig**
Putz|tag; Putz|teu|fel (*ugs. für* jmd., der übertrieben oft u. gründlich sauber macht); **Putz|tuch** *Plur.* ...tücher; **Putz|wol|le; Putz|zeug**
puz|zeln ['pasl̩n, *auch* 'pʊ...] ⟨engl.⟩ (ein Puzzle zusammensetzen); ich puzz[e]le; **Puz|zle** [...sl̩], das; -s, -s (ein Geduldsspiel); **Puzz|ler; Puz|zle|spiel**
Puz|zo|lan|er|de, die; - ⟨nach Pozzuoli bei Neapel⟩ (ein Sedimentgestein, Aschentuff)
PVC = Polyvinylchlorid
PW *(schweiz.)* = Personenwagen
Py|ä|mie, die; -, ...ien ⟨griech.⟩ (*Med.* herdbildende Form einer Allgemeininfektion durch Eitererreger in der Blutbahn)
Py|e|li|tis, die; -, ...itiden ⟨griech.⟩ (*Med.* Entzündung des Nierenbeckens); **Py|e|lo|gramm,** das; -s, -e (Röntgenbild von Nierenbecken und Harnwegen); **Py|e|lo|gra|phie,** *auch* Py|e|lo|gra|fie, die; - (Röntgenaufnahme des Nierenbeckens); **Py|e|lo|ne|ph|ri|tis,** die; -, ...itiden (Entzündung von Nierenbecken u. Nieren); **Py|e|lo|zys|ti|tis** [*alte Trennung* ...|st...], die; -, ...itiden (Entzündung von Nierenbecken u. Blase)
Pyg|mäe, der; -n, -n ⟨griech.⟩ (Angehöriger einer kleinwüchsigen Bevölkerungsgruppe in Afrika); **pyg|mä|en|haft; pyg|mä|isch** (zwerghaft, zwergwüchsig)
Pyg|ma|li|on (griech. Sagengestalt)
Pyhrn|pass [*alte Schreibung* ...paß], der; -es (österr. Alpenpass)
Py|ja|ma [py..., *auch* pi...; ...dʒ..., ...ʒ..., ...j...], der, *österr. u. schweiz. auch* das; -s, -s ⟨Hindi-engl.⟩ (Schlafanzug); **Py|ja|ma|ho|se; Py|ja|ma|ja|cke** [*alte Trennung* ...k|k...]
Py|k|ni|ker ⟨griech.⟩ (*Anthropol.* kräftiger, gedrungen gebauter Mensch); **py|k|nisch; Py|k|no|me|ter,** das; -s, - (*Physik* Dichtemesser); **py|k|no|tisch** (*Med.* dicht zusammengedrängt)
Py|la|des (Freund des Orest in der griechischen Sage)
Py|lon, der; -en, -en *u.* **Py|lo|ne,** die; -, -n ⟨griech.⟩ (großes, von Ecktürmen flankiertes Eingangstor altägyptischer Tempel u. Paläste; torähnlicher, tragender Pfeiler einer Hängebrücke; kegelförmige Absperrmarkierung auf Straßen)
Py|lo|rus, der; -, ...ren ⟨griech.⟩ (*Med.* Pförtner; Schließmuskel am Magenausgang)
py|o|gen ⟨griech.⟩ (*Med.* Eiterungen verursachend); **Py|or|rhö,** die; -, -en (*Med.* eitriger Ausfluss); **py|or|rho|isch**
py|ra|mi|dal ⟨ägypt.⟩ (pyramidenförmig; *ugs. für* gewaltig, riesenhaft)
Py|ra|mi|de, die; -, -n (ägyptischer Grabbau; geometrischer Körper); **py|ra|mi|den|för|mig; Py|ra|mi|den|stumpf** *(Math.)*
Py|r|a|no|me|ter, das; -s, - ⟨griech.⟩ (*Meteor.* Gerät zur Messung der Sonnen- u. Himmelsstrahlung)
Py|re|nä|en *Plur.* (Gebirge zwischen Spanien u. Frankreich); **Py|re|nä|en|halb|in|sel,** die; -; **py|re|nä|isch**
Py|re|th|rum, das; -s, ...ra ⟨griech.⟩ (aus einer Chrysantheme gewonnenes Insektizid)
Py|re|ti|kum, das; -s, ...ka ⟨griech.⟩

P

(*Med.* Fieber erzeugendes Arzneimittel); **py|re|tisch** (Fieber erzeugend); **Py|r|e|xie,** die; -, ...ien (Fieber[anfall])

Py|rit, der; -s, -e ⟨griech.⟩ (Eisen-, Schwefelkies)

Pyr|mont, Bad (Stadt im Weserbergland)

py|ro|gen ⟨griech.⟩ (*Geol.* magmatisch entstanden; *Med. auch svw.* pyretisch)

Py|ro|ly|se, die; -, -n (*Chemie* Zersetzung von Stoffen durch Hitze)

Py|ro|ma|ne, der; -n, -n (an Pyromanie Leidender); **Py|ro|ma|nie,** die; - (krankhafter Trieb, Brände zu legen); **Py|ro|ma|nin;** **Py|ro|me|ter,** das; -s, - (Messgerät für hohe Temperaturen)

py|ro|phor (selbstentzündlich, in feinster Verteilung an der Luft aufglühend); **Py|ro|phor,** der; -s, -e (Stoff mit pyrophoren Eigenschaften)

Py|ro|tech|nik [*auch* 'py:...], die; - (Herstellung u. Gebrauch von Feuerwerkskörpern); **Py|ro|tech|ni|ker; py|ro|tech|nisch**

Py|ro|xen, der; -s, -e *meist Plur.* (gesteinsbildendes Mineral)

Pyr|rhus (König von Epirus); **Pyr|rhus|sieg;** ↑K 136 (Scheinsieg, zu teuer erkaufter Sieg)

Pyr|rol, das; -s ⟨griech.⟩ (eine chem. Verbindung)

Py|tha|go|rä|er usw. *vgl.* Pythagoreer usw.

[1]**Py|tha|go|ras** (altgriechischer Philosoph)

[2]**Py|tha|go|ras,** der; - (*kurz für* pythagoreischer Lehrsatz)

Py|tha|go|re|er, *österr.* Py|tha|go|rä|er (Anhänger der Lehre des Pythagoras); **py|tha|go|re|isch,** *österr.* py|tha|go|rä|isch; ↑K 135: die pythagoreische [*alte Schreibung* Pythagoreische] Philosophie; pythagoreischer Lehrsatz (grundlegender Satz der Geometrie)

[1]**Py|thia** (Priesterin in Delphi)

[2]**Py|thia,** die; -, ...ien (Frau, die orakelhafte Anspielungen macht)

py|thisch (dunkel, orakelhaft); pythische Worte, *aber* ↑K 151: Pythische (zu Pytho [Delphi] gefeierte) Spiele

Py|thon, der; -s, -s (eine Riesenschlange)

Py|xis, die; -, *Plur.* ...iden, *auch* ...ides ⟨griech.⟩ (Hostienbehälter)

Q q

Q [ku:, *österr., außer Math.*, kve:] (Buchstabe); das Q; des Q, die Q, *aber* das q in verquer; der Buchstabe Q, q

q = Quintal

q *(schweiz.)* = schweiz. Zentner (100 kg)

Q. = Quintus

qcm *vgl.* cm^2; **qdm** *vgl.* dm^2

q. e. d. = quod erat demonstrandum

Qigong [tʃi'gʊŋ], das; -; *meist ohne Artikel* ⟨chin.⟩ (eine chinesische Heilmethode)

Qin|dar ['kin...], der; -s, -ka [...'darka] (Untereinheit des [2]Lek)

qkm *vgl.* km^2; **qm** *vgl.* m^2; **qmm** *vgl.* mm^2

qua ⟨lat.⟩ ([in der Eigenschaft] als; gemäß); qua Beamter; qua amtliche, *auch* amtlicher Befugnis

Quab|be, die; -, -n (*nordd. für* Fettwulst); **quab|be|lig,** quabblig (*für* schwabbelig, fett); **quab|beln;** ich quabb[e]le; **quab|big; quabb|lig** *vgl.* quabbelig

Qua|cke|lei [*alte Trennung* ...k|k...] (*landsch. für* ständiges, törichtes Reden); **Qua|cke|ler,** Quack|ler (*landsch. für* Schwätzer); **qua|ckeln** (*landsch. für* viel u. töricht reden); ich quack[e]le

Quack|sal|ber (*svw.* Kurpfuscher); **Quack|sal|be|rei; Quack|sal|be|rin; quack|sal|be|risch; quack|sal|bern;** ich quacksalbere; gequacksalbert; zu quacksalbern

Quad|del, die; -, -n (juckende Anschwellung der Haut)

Qua|de, der; -n, -n (Angehöriger eines westgermanischen Volkes)

Qua|der, der; -s, *Plur.* -, *österr.* -n *od.* die; -, -n ⟨lat.⟩ (*Math.* ein von sechs Rechtecken begrenzter Körper; behauener [viereckiger] Bruchsteinblock); **Qua|der|bau** *Plur.* ...bauten; **Qua|der|stein**

Qua|d|ra|ge|si|ma, die; - ⟨lat.⟩ (vierzigtägige christliche Fastenzeit vor Ostern)

Qua|d|ran|gel, das; -s, - ⟨lat.⟩ (*svw.* Viereck)

Qua|d|rant, der; -en, -en ⟨lat.⟩ (*Math.* Viertelkreis)

[1]**Qua|d|rat,** das; -[e]s, -e ⟨lat.⟩ (Viereck mit vier rechten Winkeln u. vier gleichen Seiten; zweite Potenz einer Zahl)

[2]**Qua|d|rat,** das; -[e]s, -e[n] (*Druckw.* Geviert, Bleistück zum Ausfüllen nicht druckender Stellen)

Qua|d|rat|de|zi|me|ter (*Zeichen* dm^2)

qua|d|rä|teln (mit Geviertstücken würfeln [Würfelspiel der Buchdrucker u. Setzer]); ich quadrät[e]le

Qua|d|ra|ten|kas|ten [*alte Trennung* ...|st...] *(Druckw.)*

Qua|d|rat|fuß, der; -es; 10 Quadratfuß

qua|d|ra|tisch; quadratische Gleichung (Gleichung zweiten Grades)

Qua|d|rat|ki|lo|me|ter (*Zeichen* km^2)

Qua|d|rat|lat|schen *Plur.* (*ugs. scherzh. für* große, unförmige Schuhe)

Qua|d|rat|mei|le; Qua|d|rat|me|ter (*Zeichen* m^2); **Qua|d|rat|mil|li|me|ter** (*Zeichen* mm^2)

Qua|d|rat|schä|del (*ugs. für* breiter, eckiger Kopf; *übertr. für* starrsinniger, begriffsstutziger Mensch)

Qua|d|ra|tur, die; -, -en (Verfahren zur Flächenberechnung); **Qua|d|ra|tur|ma|le|rei** *(Kunstwiss.)*

Qua|d|rat|wur|zel; Qua|d|rat|zahl; Qua|d|rat|zen|ti|me|ter (*Zeichen* cm^2)

Qua|d|ri|en|na|le die; -, -n ⟨ital.⟩ (alle vier Jahre stattfindende Veranstaltung); **Qua|d|ri|en|ni|um,** das; -s, ...ien ⟨lat.⟩ (*veraltet für* Zeitraum von vier Jahren)

qua|d|rie|ren ⟨lat.⟩ (*Math.* [eine Zahl] in die zweite Potenz erheben)

Qua|d|ri|ga, die; -, ...gen ⟨lat.⟩ (Viergespann in der Antike)

Qua|d|ril|le [k(v)a'drɪljə, *österr.* ka'drɪl], die; -, -n ⟨span.-franz.⟩ (ein Tanz)

Qua|d|ril|li|on, die; -, -en ⟨franz.⟩ (vierte Potenz einer Million); **Qua|d|ri|nom,** das; -s, -e ⟨lat.; griech.⟩ (*Math.* die Summe aus vier Gliedern)

Qua|d|ri|re|me, die; -, -n ‹lat.› (antikes Kriegsschiff mit vier übereinander liegenden Ruderbänken)
Qua|d|ri|vi|um, das; -s (im mittelalterlichen Universitätsunterricht die vier höheren Fächer Arithmetik, Geometrie, Astronomie, Musik)
Qua|d|ro, das; -s ‹lat.› (*Kurzw. für* Quadrophonie)
qua|d|ro|phon, *auch* qua|d|ro|fon ‹lat.; griech.› (*svw.* quadrophonisch); **Qua|d|ro|pho|nie,** *auch* Qua|d|ro|fo|nie, die; - (Vierkanalstereophonie); **qua|d|ro|pho|nisch,** *auch* qua|d|ro|fo|nisch
Qua|d|ro|sound, der; -s ‹engl.-amerik.› (quadrophonische Klangwirkung)
Qua|d|ru|pe|de, der; -n, -n *meist Plur.* ‹lat.› (*Zool. veraltet für* Vierfüßer)
[1]**Qua|d|ru|pel,** das; -s, - ‹franz.› (vier zusammengehörende mathematische Größen)
[2]**Qua|d|ru|pel,** der; -s, - (frühere span. Goldmünze)
Qua|d|ru|pel|al|li|anz (Allianz zwischen vier Staaten)
Quag|ga, das; -s, -s ‹hottentott.› (ein ausgerottetes Zebra)
Quai [kɛ], der *od.* das; -s, -s ‹franz.› (*schweiz. für* Uferstraße); *vgl.* Kai; **Quai d'Or|say** ['ke dɔr'sɛ:], der; - - ‹franz.› (Straße in Paris; *übertr. für* das franz. Außenministerium)
quak!
Quä|ke, die; -, -n (Instrument zum Nachahmen des Angstschreis der Hasen)
Qua|kel|chen (*fam. für* kleines Kind)
qua|keln (*landsch. für* undeutlich reden); ich quak[e]le
qua|ken; der Frosch quakt; **quä|ken;** eine quäkende Stimme
Quä|ker, der; -s, - ‹engl.› (Angehöriger einer christl. Glaubensgemeinschaft); **Quä|ke|rin; quä|ke|risch**
Quak|frosch (*Kinderspr. für* Frosch)
Qual, die; -, -en; **quä|len;** sich quälen
Quä|ler; Quä|le|rei; Quä|le|rin; quä|le|risch; Quäl|geist *Plur.* ...geister *(ugs.)*
Qua|li|fi|ka|ti|on, die; -, -en ‹lat.› (Befähigung[snachweis]; Teilnahmeberechtigung für sportliche Wettbewerbe)
Qua|li|fi|ka|ti|ons|ren|nen; Qua|li|fi|ka|ti|ons|run|de; Qua|li|fi|ka|ti|ons|spiel
qua|li|fi|zie|ren (als etw. bezeichnen, klassifizieren; befähigen); sich qualifizieren (sich eignen; sich als geeignet erweisen; eine Qualifikation erwerben)
qua|li|fi|ziert; qualifizierte Mehrheit; qualifiziertes Vergehen (*Rechtsspr.* Vergehen unter erschwerenden Umständen)
Qua|li|fi|zie|rung (*auch für* fachl. Aus- u. Weiterbildung)
Qua|li|tät, die; -, -en (Beschaffenheit, Güte, Wert); erste, zweite, mittlere Qualität; **qua|li|ta|tiv** [*auch* 'kva...] (dem Wert, der Beschaffenheit nach); **Qua|li|täts|ar|beit** (Wertarbeit)
qua|li|täts|be|wusst [*alte Schreibung* ...be|wußt]; **Qua|li|täts|be|wusst|sein**
Qua|li|täts|be|zeich|nung; Qua|li|täts|er|zeug|nis; Qua|li|täts|kon|t|rol|le; Qua|li|täts|min|de|rung; Qua|li|täts|norm; Qua|li|täts|stei|ge|rung; Qua|li|täts|stu|fe; Qua|li|täts|wa|re
Qua|li|täts|wein; Qualitätswein mit Prädikat
Quall, der; -[e]s, -e (*landsch. für* emporquellendes Wasser)
Qual|le, die; -, -n (ein Nesseltier); **qual|lig**
Qualm, der; -[e]s; **qual|men; qual|mig**
Quals|ter [*alte Trennung* ...|st...], der; -s, - (*nordd. für* Schleim, Auswurf); **quals|te|rig,** qualstrig; **quals|tern;** ich qualstere
qual|voll
Quant, das; -s, -en ‹lat.› (*Physik* kleinste Energiemenge)
Quänt|chen [*alte Schreibung* Quent|chen] (eine kleine Menge); ein Quäntchen Glück
quan|teln (eine Energiemenge in Quanten aufteilen); ich quant[e]le
Quan|ten (*Plur. von* Quant *u.* Quantum)
Quan|ten|bi|o|lo|gie; Quan|ten|me|cha|nik, die; -; **Quan|ten|the|o|rie,** die; - (Theorie der mikrophysikalischen Erscheinungen u. Objekte)
quan|ti|fi|zie|ren ([Eigenschaften] in Zahlen u. messbare Größen umsetzen); **Quan|ti|fi|zie|rung**
Quan|ti|tät, die; -, -en (Menge, Größe; *Sprachw.* Dauer, Länge eines Lautes od. einer Silbe); **quan|ti|ta|tiv** [*auch* 'kvan...] (der Quantität nach, mengenmäßig)
Quan|ti|täts|glei|chung *(Wirtsch.);* **Quan|ti|täts|the|o|rie,** die; - (*Wirtsch.* Theorie, nach der ein Kausalzusammenhang zwischen Geldmenge u. Preisniveau besteht)
Quan|ti|té né|g|li|gea|b|le [kã... ...'ʒa:bl̩], die; - - ‹franz.› (wegen ihrer Kleinheit außer Acht zu lassende Größe; Belanglosigkeit)
quan|ti|tie|ren ‹lat.› (*Sprachw.* die Silben [nach der Länge od. Kürze] messen)
Quan|tum, das; -s, ...ten (Menge, Anzahl, Maß, Summe, Betrag)
Quap|pe, die; -, -n (ein Fisch; eine Lurchlarve, Kaulquappe)
Qua|ran|tä|ne [ka...], die; -, -n ‹franz.› (vorübergehende Isolierung von Personen od. Tieren, die eine ansteckende Krankheit haben [könnten]); **Qua|ran|tä|ne|sta|ti|on**
Quar|gel, der; -s, - (*österr. für* kleiner, runder Käse)
[1]**Quark,** der; -s (aus saurer Milch hergestelltes Nahrungsmittel; *ugs. auch für* Wertloses); red nicht solchen Quark (Unsinn)
[2]**Quark** [kvo:ɐ̯k], das; -s, -s ‹engl.› (*Physik* Elementarteilchen)
Quark|brot; quar|kig
Quark|kä|se; Quark|käul|chen (*landsch. für* gebackenes [3]Küchlein aus Kartoffeln u. Quark); **Quark|ku|chen** *(landsch.);* **Quark|schnit|te; Quark|spei|se**
Quar|re, die; -, -n (*nordd. für* weinerliches Kind; zänkische Frau); **quar|ren; quar|rig;** das Kind ist quarrig
[1]**Quart,** die; -, -en ‹lat.› (Fechthieb)
[2]**Quart,** das; -s, -e ‹lat.› (altes Flüssigkeitsmaß; *nur Sing.:* Viertelbogengröße [Buchformat]; *Abk.* 4°); 3 Quart; in Quart; Großquart (*Abk.* Gr.-4°)
[3]**Quart,** die; -, -en, **Quar|te,** die; -, -n ‹lat.› (*Musik* vierter Ton der diatonischen Tonleiter; Intervall im Abstand von 4 Stufen)
Quar|ta, die; -, ...ten ‹lat.› (*veraltende Bez. für* die dritte Klasse eines Gymnasiums)
Quar|tal, das; -s, -e ‹lat.› (Vierteljahr)
Quar|tal[s]|ab|schluss [*alte Schreibung* ...ab|schluß]; **Quar|tal[s]-**

Q

säu|fer *(ugs.)*; **quar|tal[s]|wei|se** (vierteljahrsweise)

Quar|ta|na, die; - ‹lat.› (*Med.* Viertagefieber, Art der Malaria)

Quar|ta|ner ‹lat.› (Schüler der Quarta); **Quar|ta|ne|rin**

Quar|tan|fie|ber, das; -s (*svw.* Quartana)

quar|tär ‹lat.› (zum Quartär gehörend); **Quar|tär,** das; -s (*Geol.* obere Formation des Neozoikums); **Quar|tär|for|ma|ti|on,** die; -

Quart|band, der *(Buchw.)*; **Quart|blatt**

Quar|te *vgl.* [3]Quart

Quar|tel, das; -s, - (*bayr. für* kleines Biermaß)

Quar|ten (*Plur. von* Quart, Quarte *u.* Quarta)

Quar|ter ['kvoːɐ̯...], der; -s, - ‹engl.› (altes engl. u. amerik. Hohlmaß u. Gewicht)

Quar|ter|deck ['kvar...] (Hinterdeck)

Quar|tett, das; -[e]s, -e ‹ital.› (Musikstück für vier Stimmen od. vier Instrumente; *auch für* die vier Ausführenden; ein Kartenspiel)

Quart|for|mat *(Buchw.)*

Quar|tier, das; -s, -e ‹franz.› (Unterkunft, bes. von Truppen; *schweiz. auch für* Stadtviertel); **quar|tie|ren** (*selten für* einquartieren); **Quar|tier|ma|cher; Quar|tiers|frau; Quar|tiers|wirt**

Quart|sext|ak|kord *(Musik)*

Quarz, der; -es, -e (ein Mineral)

Quarz|fels, der; -; **Quarz|fil|ter; Quarz|gang,** der

quarz|ge|steu|ert

Quarz|glas *Plur.* ...gläser

quarz|hal|tig; quarz|häl|tig *(österr.)*; **quar|zig**

Quar|zit, der; -s, -e (ein Gestein)

Quarz|kris|tall [*alte Trennung* ...|st...]; **Quarz|lam|pe; Quarz|steu|e|rung** *(Elektrot.)*; **Quarz|uhr**[1]

Quas, der; -es, -e ‹slaw.› (*landsch. für* Gelage, Schmaus; bes. Pfingstbier mit festlichem Tanz); *vgl. aber* Kwass

Qua|sar, der; -s, -e ‹lat.› (sternenähnliches Objekt im Kosmos mit extrem starker Radiofrequenzstrahlung)

qua|sen (*landsch. für* prassen; vergeuden); du quast

qua|si ‹lat.› (gewissermaßen, gleichsam, sozusagen)

Qua|si|mo|do|ge|ni|ti ‹lat., »wie die neugeborenen [Kinder]«› (erster Sonntag nach Ostern)

qua|si|of|fi|zi|ell (gewissermaßen offiziell); **qua|si|op|tisch** (*Physik* ähnlich den Lichtwellen sich ausbreitend)

Qua|si|sou|ve|rä|ni|tät, die; -, -en (scheinbare Souveränität)

Quas|se|lei (*ugs. für* [dauerndes] Quasseln); **quas|seln** (*ugs. für* unaufhörlich u. schnell reden, schwatzen); ich quassele *u.* quassle [*alte Schreibung* quaßle]; **Quas|sel|strip|pe,** die; -, -n (*ugs. für* Telefon; *auch für* jmd., der viel redet)

Quas|sie, die; -, -n ‹nach dem angebl. Entdecker› (südamerik. Baum, dessen Holz Bitterstoff enthält)

Quast, der; -[e]s, -e (*nordd. für* [Borsten]büschel, breiter Pinsel); **Quäst|chen**

Quas|te [*alte Trennung* ...|st...], die; -, -n (Troddel, Schleife); **Quas|ten|be|hang; Quas|ten|flos|ser** *(Zool.)*; **quas|ten|för|mig**

Quäs|ti|on [*alte Trennung* ...|st...], die; -, -en ‹lat.› (wissenschaftliche Streitfrage)

Quäs|tor [*alte Trennung* ...|st...], der; -s, ...oren ‹lat.› (alt-röm. Beamter; Schatzmeister an Hochschulen; *schweiz. geh. für* Kassenwart eines Vereins); **Quäs|tur** [*alte Trennung* ...|st...], die; -, -en (Amt eines Quästors; Kasse an einer Hochschule)

Qua|tem|ber, der; -s, - ‹lat.› (vierteljährlicher kath. Fasttag); **Qua|tem|ber|fas|ten** [*alte Trennung* ...|st...], das; -s

qua|ter|när ‹lat.› (*Chemie* aus vier Teilen bestehend)

Qua|ter|ne, die; -, -n (Reihe von vier gesetzten od. gewonnenen Nummern in der alten Zahlenlotterie)

quatsch! (Schallwort)

[1]**Quatsch,** der; -[e]s (*landsch. für* Matsch)

[2]**Quatsch,** der; -[e]s (*ugs. für* dummes Gerede, Unsinn; *auch für* Alberei); Quatsch reden; das ist ja Quatsch!; ach Quatsch!

[1]**quat|schen** *(landsch.)*; der Boden quatscht unter den Füßen

[2]**quat|schen** *(ugs.)*; du quatschst

Quat|sche|rei *(ugs.)*; **Quatsch|kopf** *(ugs.)*

quatsch|nass [*alte Schreibung* ...naß] (*ugs. für* sehr nass)

Quat|t|ro|cen|tist [...tʃɛn...], der; -en, -en (Dichter, Künstler des Quattrocentos); **Quat|t|ro|cen|to** [...'tʃɛnto], das; -[s] (*Kunstwiss.* das 15. Jh. in Italien [als Stilbegriff], Frührenaissance)

Qué|bec [ke'bɛk], *auch* **Que|bec** [kvi'bɛk] (Provinz u. Stadt in Kanada); **Qué|be|cer,** *auch* **Que|be|cer** [...'bɛkɐ]; **Qué|be|ce|rin,** *auch* **Que|be|ce|rin**

Que|b|ra|cho [...'bratʃo], das; -s ‹span.› (gerbstoffreiches Holz eines südamerikanischen Baumes); **Que|b|ra|cho|rin|de** (ein Arzneimittel)

[1]**Que|chua** ['kɛtʃu̯a], der; -[s], -[s] (Angehöriger eines indianischen Volkes in Peru)

[2]**Que|chua,** das; -[s] (eine indianische Sprache)

queck (*für* quick)

Que|cke [*alte Trennung* ...k|k...], die; -, -n (eine Graspflanze); **que|ckig** (voller Quecken)

Queck|sil|ber (chemisches Element, Metall; *Zeichen* Hg)

Queck|sil|ber|dampf; Queck|sil|ber|dampf|lam|pe

queck|sil|ber|hal|tig; queck|sil|be|rig *vgl.* quecksilbrig; **queck|sil|bern** (aus Quecksilber)

Queck|sil|ber|prä|pa|rat; Queck|sil|ber|sal|be; Queck|sil|ber|säu|le; Queck|sil|ber|ver|gif|tung

queck|silb|rig ([unruhig] wie Quecksilber)

Qued|lin|burg (Stadt im nördlichen Harzvorland)

Queen [kviːn], die; -, -s (*nur Sing.:* jeweils regierende englische Königin)

Quee|ne, die; -, -n (*nordd. für* Färse)

Queens|land ['kviːnslɛnt] (Staat des Australischen Bundes)

Queich, die; - (linker Nebenfluss des Oberrheins)

Queis, der; - (linker Nebenfluss des [2]Bobers)

Quell, der; -[e]s, -e *Plur. selten* (*geh. für* Quelle)

Quell|be|wöl|kung

Quell|chen

Quell|code (*EDV* Text eines grundlegenden Computerprogramms)

Quel|le, die; -, -n; Nachrichten aus amtlicher, erster Quelle

[1]**quel|len** (schwellen, größer werden; hervordringen, sprudeln);

[1]*In Werbetexten oft mit der englischen tz-Schreibung.*

quer	
– kreuz und quer; quer [über die Straße] gehen	– einer muss doch immer quer schießen [*alte Schreibung* querschießen]! (*ugs. für* Schwierigkeiten machen)
Vom folgenden Verb oder Partizip wird »quer« immer getrennt geschrieben ↑K 56: – ihm ist alles quer gegangen [*alte Schreibung* quergegangen] (*ugs. für* missglückt) – ein Ast hatte sich quer gelegt; ich will mich nicht länger quer legen [*alte Schreibung* querlegen] (*ugs. für* mich nicht länger widersetzen)	– einen Wechsel quer schreiben [*alte Schreibung* querschreiben] (*bes. Bankw.* akzeptieren) – ein quer gestreifter [*alte Schreibung* quergestreifter] Pullover

du quillst, du quollst; du quöllest; gequollen; quill!; Wasser quillt

[2]**quel|len** (im Wasser weichen lassen); du quellst; du quelltest; gequellt; quell[e]!; ich quelle Bohnen

Quel|len|an|ga|be; Quel|len|for|schung; Quel|len|kri|tik, die; -; **Quel|len|kun|de,** die; -

quel|len|mä|ßig

Quel|len|ma|te|ri|al

quel|len|reich

Quel|len|samm|lung

Quel|len|steu|er, die (Steuer, die in dem Staat erhoben wird, wo der Gewinn, die Einnahme erwirtschaftet wurde)

Quel|len|stu|di|um

Quel|ler (eine Strandpflanze)

Quell|fas|sung; Quell|fluss [*alte Schreibung* ...fluß]

quell|frisch

Quell|ge|biet; Quell|nym|phe

Quel|lung

Quell|was|ser *Plur.* ...wasser; **Quell|wol|ke**

Quem|pas, der; - ‹lat.› (ein weihnachtlicher Wechselgesang); **Quem|pas|lied**

Quen|del, der; -s, - (Name verschiedener Pflanzen)

Quen|ge|lei; quen|ge|lig, queng|lig

quen|geln (*ugs. für* weinerlich nörgelnd immer wieder um etwas bitten, keine Ruhe geben [meist von Kindern]); ich queng[e]le

Queng|ler; queng|lig *vgl.* quengelig

Quent, das; -[e]s, -e ‹lat.› (altes dt. Gewicht); 5 Quent; **Quent|chen** *alte Schreibung für* Quäntchen

quer *s. Kasten*

quer|ab (*Seemannsspr.* rechtwinklig zur Längsrichtung [des Schiffs])

Quer|bahn|steig; Quer|bal|ken; Quer|bau *Plur.* ...bauten; **Quer|baum** (älteres Turngerät)

quer|beet (*ugs. für* ohne festgelegte Richtung; nicht vorgegeben)

Quer|den|ker (jmd., der eigenständig u. originell denkt); **Quer|den|ke|rin**

quer|durch; er ist einfach querdurch gelaufen, *aber* sie läuft quer durch die Felder

Que|re, die; - *(ugs.); meist in* in die Quere kommen; in die Kreuz und [in die] Quer[e]

Que|re|le, die; -, -n *meist Plur.* ‹lat.› (Streiterei)

que|ren (überschreiten, überschneiden); **quer|feld|ein**

Quer|feld|ein|lauf; Quer|feld|ein|ren|nen; Quer|feld|ein|ritt

Quer|flö|te; Quer|for|mat; Quer|gang, der (*auch für* Klettertour auf einer waagerecht verlaufenden Route)

quer ge|hen [*alte Schreibung* quer|ge|hen] *vgl.* quer; **quer gestreift** [*alte Schreibung* quer|gestreift] *vgl.* quer

Quer|haus; Quer|holz

Quer|kopf (*ugs. für* jmd., der sich immer widersetzt); **quer|köp|fig; Quer|köp|fig|keit,** die; - *(ugs.)*

Quer|la|ge *(Med.);* **Quer|lat|te**

quer le|gen [*alte Schreibung* quer|le|gen] *vgl.* quer

Quer|li|nie; Quer|pass [*alte Schreibung* ...paß] *(Sportspr.);* **Quer|pfei|fe; Quer|rin|ne**

quer schie|ßen [*alte Schreibung* quer|schie|ßen] *vgl.* quer

Quer|schiff (Teil einer Kirche); **quer|schiffs** *(Seemannsspr.)*

Quer|schlag (*Bergmannsspr.* Gesteinsstrecke, die [annähernd] senkrecht zu den Schichten verläuft)

Quer|schlä|ger (abprallendes od. quer aufschlagendes Geschoss)

Quer|schnitt

quer|schnitt[s]|ge|lähmt; Quer|schnitt[s]|ge|lähm|te; Quer|schnitt[s]|läh|mung

quer schrei|ben [*alte Schreibung* quer|schrei|ben] *vgl.* quer

Quer|schuss [*alte Schreibung* ...schuß]; **Quer|stra|ße; Quer|strich; Quer|sum|me**

Quer|trei|ber (jmd., der etwas zu durchkreuzen trachtet); **Quer|trei|be|rei**

quer|ü|ber *(veraltend);* querüber liegt ein Haus, *aber* sie geht quer über den Hof

Que|ru|lant, der; -en, -en ‹lat.› (Nörgler, Quengler); **Que|ru|lan|tin; que|ru|lie|ren**

Quer|ver|bin|dung; Quer|ver|weis; Quer|wand

Que|se, die; -, -n (*nordd. für* durch Quetschung entstandene Blase; Schwiele; Finne des Quesenbandwurms, die bei Schafen die Drehkrankheit verursacht)

que|sen (*nordd. für* quengeln); du quest

Que|sen|band|wurm

que|sig (*nordd. auch für* quengelig)

Quetsch, der; -[e]s, -e (*westmitteld., südd. für* Zwetschenschnaps)

[1]**Quet|sche,** die; -, -n (*landsch. für* Zwetsche)

[2]**Quet|sche,** die; -, -n (*landsch. für* Presse; *ugs. für* kleines Geschäft, kleiner Betrieb)

quet|schen; du quetschst

Quetsch|fal|te; Quetsch|kar|tof|feln *Plur.* (*landsch. für* Kartoffelpüree); **Quetsch|kom|mo|de** (*ugs. scherzh. für* Ziehharmonika)

Quet|schung; Quetsch|wun|de

[1]**Quet|zal** [kɛ...], der; -s, -s ‹indian.-span.› (bunter Urwaldvogel; Wappenvogel von Guatemala)

[2]**Quet|zal** [kɛ...], der; -[s], -[s] (Währungseinheit in Guatemala); 5 Quetzal

[1]**Queue** [kø:], das, *auch* der; -s, -s ‹franz.› (Billardstock)

[2]**Queue,** die; -, -s (*veraltend für*

Q

Menschenschlange, Ende einer [Marsch]kolonne)

Quiche [kɪʃ], die; -, -s ‹franz.› (Speckkuchen aus Mürbe- od. Blätterteig)

Qui|chotte *vgl.* Don Quichotte

quick (*landsch. für* rege, schnell)

Quick|born, der; -[e]s, -e (*veraltet für* Jungbrunnen)

Qui|ckie [*alte Trennung* ...k|k...], der; -s, -s ‹engl.› (*ugs. für* etwas sehr schnell Abgehandeltes, Erledigtes)

quick|le|ben|dig

Quick|stepp [...stɛp; *alte Schreibung* Quick|step], der; -s, -s ‹engl.› (ein Tanz)

Quick|test ‹nach dem amerik. Arzt A. J. Quick› ↑K 136 (*Med.* Verfahren zur Bestimmung der Gerinnungszeit des Blutes); **Quick|wert**

Qui|dam, der; - ‹lat.›; ein gewisser Quidam (*veraltet für* ein gewisser Jemand)

Quid|pro|quo, das; -s, -s ‹lat.› (Verwechslung, Ersatz)

Quie, die; -, Quien (*svw.* Queene)

quiek!; quiek, quiek!; **quie|ken, quiek|sen;** du quiekst; **Quiek|ser** *(ugs.)*

Qui|e|tis|mus, der; - ‹lat.› (inaktive Haltung; religiöse Bewegung); **Qui|e|tist,** der; -en, -en (Anhänger des Quietismus); **Qui|e|tis|tin** [*alte Trennung* ...|st...]; **qui|e|tis|tisch**

Qui|e|tiv, das; -s, -e (*Med.* Beruhigungsmittel)

quiet|schen; du quietschst; **Quiet|scher** *(ugs.)*

quietsch|fi|del; quietsch|ver|gnügt (*ugs. für* sehr vergnügt)

Qui|jo|te *vgl.* Don Quijote

Quil|la|ja, die; -, -s ‹indian.› (ein chilenischer Seifenbaum); **Quil|la|ja|rin|de**

quil|len (*veraltet, noch landsch. für* ¹quellen)

Quilt, der; -s, -s ‹engl.› (eine Art Steppdecke); **Quilt|de|cke** [*alte Trennung* ...k|k...]; **quil|ten** (Quilts herstellen)

Qui|nar, der; -s, -e ‹lat.› (eine altrömische Münze)

quin|ke|lie|ren, quin|quil|lie|ren ‹lat.› (*bes. nordd. für* hell u. leise singen)

Quin|qua|ge|si|ma, die; *Gen.* -, *bei Gebrauch ohne Artikel auch* ...mä ‹lat., »fünfzigster« [Tag]› (siebter Sonntag vor Ostern);

Quin|quen|ni|um, das; -s, ...ien (*veraltet für* Jahrfünft)

quin|quil|lie|ren *vgl.* quinkelieren

Quin|quil|li|on, die; -, -en ‹lat.› (5. Potenz der Million)

¹**Quint,** die; -, -en ‹lat.› (Fechthieb)

²**Quint,** die; -, -en, Quin|te, die; -, -n ‹lat.› (*Musik* fünfter Ton der diaton. Tonleiter; Intervall im Abstand von 5 Stufen)

Quin|ta, die; -, ...ten ‹lat.› (*veraltend für* zweite Klasse eines Gymnasiums)

Quin|tal [*auch* kɛ̃..., kɪn...], der; -s, -[e] ‹roman.› (Gewichtsmaß [Zentner] in Frankreich, Spanien u. in mittel- u. südamerik. Staaten; *Zeichen* q); 2 Quintal

Quin|ta|na, die; - ‹lat.› (*Med.* Fünftage[wechsel]fieber)

Quin|ta|ner (Schüler der Quinta); **Quin|ta|ne|rin**

Quin|tan|fie|ber, das; -s (*svw.* Quintana)

Quin|te *vgl.* ²Quinte

Quin|ten (*Plur. von* Quinta *u.* Quint)

Quin|ten|zir|kel, der; -s *(Musik)*

Quin|ter|ne, die; -, -n ‹lat.› (Reihe von fünf gesetzten od. gewonnenen Nummern in der alten Zahlenlotterie)

Quint|es|senz, die; -, -en ‹lat.› ([als Ergebnis] das Wesentliche einer Sache)

Quin|tett, das; -[e]s, -e ‹ital.› (Musikstück für fünf Stimmen od. fünf Instrumente; *auch für* die fünf Ausführenden)

Quin|ti|li|an, Quin|ti|li|a|nus (röm. Redner, Verfasser eines lat. Lehrbuches der Rhetorik); **Quin|ti|li|us** (altröm. m. Eigenn.)

Quin|til|li|on, die; -, -en (*svw.* Quinquillion)

Quin|to|le, die; -, -n ‹lat.› (Gruppe von fünf Tönen, die einen Zeitraum von drei, vier od. sechs Tönen gleichen Taktwertes in Anspruch nehmen); **Quint|sext|ak|kord** *(Musik)*

Quin|tus (altröm. m. Vorn.; *Abk.* Q.)

Qui|pro|quo, das; -s, -s ‹lat.› (Verwechslung einer Person mit einer anderen)

Qui|pu ['kɪ...], das; -[s], -[s] ‹indian.› (Knotenschrift der Inkas)

Qui|rin, Qui|ri|nus (römischer Gott; römischer Tribun; ein Heiliger)

Qui|ri|nal, der; -s (Hügel in Rom; Sitz des italienischen Staatspräsidenten)

Qui|ri|te, der; -n, -n (altrömischer Vollbürger)

Quirl, der; -[e]s, -e; **quir|len; quir|lig** (*ugs. für* lebhaft, unruhig)

Qui|si|sa|na, das; - ‹ital.› (Name von Kur- und Gasthäusern)

Quis|ling, der; -s, -e ‹nach dem norw. Faschistenführer› (*abwertend für* Kollaborateur)

Quis|qui|li|en *Plur.* ‹lat.› (Kleinigkeiten)

Qui|to ['ki:...] (Hauptstadt Ecuadors)

quitt ‹franz.› (ausgeglichen, fertig, befreit); wir sind quitt *(ugs.)*; mit jmdm. quitt sein

Quit|te, die; -, -n (ein Obstbaum; dessen Frucht); **quit|te|gelb** *od.* quit|ten|gelb

Quit|ten|brot, das; -[e]s (in Stücke geschnittene, feste Quittenmarmelade); **Quit|ten|ge|lee; Quit|ten|kä|se,** der; -es (*österr. für* Quittenbrot); **Quit|ten|mar|me|la|de; Quit|ten|mus**

quit|tie|ren ‹franz.› ([den Empfang] bescheinigen; *veraltend für* [ein Amt] niederlegen); etwas mit einem Achselzucken quittieren (hinnehmen)

Quit|tung (Empfangsbescheinigung); **Quit|tungs|block** (*vgl.* Block); **Quit|tungs|for|mu|lar**

Qui|vive [ki'vi:f] ‹franz.› (Werdaruf); *nur in* auf dem Quivive sein (*ugs. für* auf der Hut sein)

Quiz [kvɪs], das; -, - ‹engl.› (Frage-und-Antwort-Spiel)

Quiz|fra|ge; Quiz|mas|ter [*alte Trennung* ...|st...] (Fragesteller u. Conférencier bei einer Quizveranstaltung); **Quiz|sen|dung; quiz|zen** *(ugs.)*; du quizzt

Qum|ran *vgl.* Kumran

quod e|rat de|mons|t|ran|dum [*alte Trennung* ...|st...] ‹lat., »was zu beweisen war«› (*Abk.* q. e. d.)

Quod|li|bet, das; -s, -s ‹lat.› (Durcheinander, Mischmasch; ein Kartenspiel; *Musik* scherzhafte Zusammenstellung verschiedener Melodien u. Texte)

quor|ren (*Jägerspr.* balzen [von der Schnepfe])

Quo|rum, das; -s ‹lat.› (*bes. südd., schweiz. für* die zur Beschlussfassung in einer Körperschaft erforderliche Zahl anwesender Mitglieder)

Q

Quo|ta|ti|on, die; -, -en ‹lat.› (Kursnotierung an der Börse)
Quo|te, die; -, -n ‹lat.› (Anteil [von Personen], der bei Aufteilung eines Ganzen auf den Einzelnen od. eine Einheit entfällt)
Quo|ten|frau (*ugs. für* Frau, die aufgrund einer Quotenregelung in eine bestimmte Position berufen wurde); **Quo|ten|kar|tell** *(Wirtsch.)*; **Quo|ten|re|ge|lung** (Festlegung eines angemessenen Anteils von Frauen in [politischen] Gremien)
Quo|ti|ent, der; -en, -en ‹lat.› (Zahlenausdruck, bestehend aus Zähler u. Nenner; Ergebnis einer Division)
quo|tie|ren (den Preis angeben od. mitteilen); **Quo|tie|rung** (*svw.* Quotation); **quo|ti|sie|ren** (in Quoten aufteilen); **Quo|ti|sie|rung**
quo va|dis? ‹lat., »wohin gehst du?«› (wohin wird das führen, was wird daraus?)

Rr

R (Buchstabe); das R; des R, die R, *aber* das r in fahren; der Buchstabe R, r
R = ²Rand; Reaumur
® = registered [trademark] ‹engl., »eingetragenes Warenzeichen«›
Ρ, ρ = Rho
r, R = Radius
r. = rechts
R., Reg[t]., Rgt. = Regiment
Ra *vgl.* ¹Re
Ra = *chem. Zeichen für* Radium
¹Raab (Stadt in Ungarn)
²Raab, die; - (rechter Nebenfluss der Donau)
Raa|be (dt. Schriftsteller)
Rab (eine dalmatinische Insel)
Ra|ba|nus Mau|rus *vgl.* Hrabanus Maurus
Ra|bat [ra'ba(:)t] (Hauptstadt von Marokko)
Ra|batt, der; -[e]s, -e ‹ital.› (Preisnachlass)
Ra|bat|te, die; -, -n ‹niederl.› ([Rand]beet)
ra|bat|tie|ren ‹ital.› (Rabatt gewähren); **Ra|bat|tie|rung; Ra|batt|mar|ke**
Ra|batz, der; -es (*ugs. für* Krawall, Unruhe); Rabatz machen; **Ra|bau,** der; *Gen.* -s *u.* -en, *Plur.* -e[n] (*niederrhein. für* kleine graue Renette; Rabauke); **Ra|bau|ke,** der; -n, -n (*ugs. für* Rüpel, gewalttätiger Mensch)
Rab|bi, der; -[s], *Plur.* -s *u.* ...inen ‹hebr.› (*nur Sing.:* Ehrentitel jüdischer Gesetzeslehrer u. a.; Träger dieses Titels); **Rab|bi|nat,** das; -[e]s, -e (Amt, Würde eines Rabbi[ners]); **Rab|bi|ner,** der; -s, - (jüdischer Gesetzes-, Religionslehrer, Geistlicher, Prediger); **rab|bi|nisch**
Räb|chen (*landsch. auch für* frecher Bengel)
Ra|be, der; -n, -n
Rä|be, die; -, -n (*schweiz. für* Weiße Rübe)
Ra|bea (w. Vorn.)
Ra|be|lais [...bə'lɛ:] (französischer Satiriker)
Ra|ben|aas (Schimpfwort); **Ra|ben|el|tern** *Plur.* (lieblose Eltern)
Ra|ben|krä|he
Ra|ben|mut|ter *Plur.* ...mütter (lieblose Mutter)
Ra|ben|schlacht, die; - (Schlacht bei Raben [Ravenna])
ra|ben|schwarz *(ugs.)*
Ra|ben|stein ([Richtstätte unter dem] Galgen)
Ra|ben|va|ter (liebloser Vater)
Ra|ben|vo|gel
ra|bi|at ‹lat.› (wütend; grob, gewalttätig)
Ra|bitz|wand ↑K 136 ‹nach dem Erfinder› (Gipswand mit Drahtnetzeinlage)
Ra|bu|list, der; -en, -en ‹lat.› (Wortverdreher, Haarspalter); **Ra|bu|lis|te|rei** [*alte Trennung* ...|st...]; **Ra|bu|lis|tik,** die; -; **Ra|bu|lis|tin; ra|bu|lis|tisch** (spitzfindig, wortklauberisch)
Ra|che, die; -; [an jmdm.] Rache nehmen; **Ra|che|akt**
Ra|che|durst; ra|che|durs|tend [*alte Trennung* ...|st...] ↑K 59; **ra|che|durs|tig**
Ra|che|en|gel; Ra|che|ge|dan|ke; Ra|che|ge|lüs|te [*alte Trennung* ...|st...] *Plur.;* **Ra|che|göt|tin**
Ra|chel (w. Vorn.)
Ra|chen, der; -s, -
rä|chen; gerächt; sich rächen
Ra|chen|blüt|ler *(Bot.)*
Ra|chen|ka|tarrh, *auch* Ra|chen|ka|tarr
Ra|chen|man|del (*vgl.* ¹Mandel); **Ra|chen|put|zer** (*ugs. scherzh. für* scharfes alkohol. Getränk)
Ra|che|plan; *vgl.* ²Plan; **Rä|cher; Rä|che|rin; Ra|che|schwur**
Rach|gier; rach|gie|rig
Ra|chi|tis, die; -, ...itiden ‹griech.› (*Med.* durch Mangel an Vitamin D hervorgerufene Krankheit); **ra|chi|tisch**
Rach|ma|ni|now (russ.-amerik. Komponist)
Rach|sucht, die; -; **rach|süch|tig**
Ra|cine [...'si:n] (franz. Dramendichter)
Rack [rɛk], das; -s, -s ‹engl.› (Regal für eine Stereoanlage)
Ra|cke [*alte Trennung* ...k|k...], Ra|ke, die; -, -n (ein Vogel)
Ra|ckel|huhn [*alte Trennung* ...k|k...]; **Ra|ckel|wild**
Ra|cker [*alte Trennung* ...k|k...], der; -s, - (*fam. für* Schlingel)
Ra|cke|rei [*alte Trennung* ...k|k...], die; -; **ra|ckern** (*ugs. für* sich abarbeiten); ich rackere
Ra|cket ['rɛ...; *alte Trennung* ...k|k...], Ra|kett, das; -s, -s ‹engl.› ([Tennis]schläger)
Ra|c|lette [...klɛt, *auch* ...'klɛt], die; -, -s, *auch* das; -s, -s ‹franz.› (ein Walliser Käsegericht); **Ra|c|lette|kä|se**
rad = Radiant
Rad *s. Kasten S. 788*
Ra|dar [*auch, österr. nur,* 'ra:...], der *od.* das; -s, -e = radio detection and ranging ‹engl.› (Verfahren zur Ortung von Gegenständen mithilfe gebündelter elektromagnetischer Wellen; Radargerät)
Ra|dar|as|t|ro|no|mie
Ra|dar|fal|le *(ugs.)*; **Ra|dar|ge|rät; Ra|dar|kon|trol|le**
Ra|dar|me|te|o|ro|lo|gie
Ra|dar|pei|lung; Ra|dar|schirm; Ra|dar|sta|ti|on; Ra|dar|tech|ni|ker; Ra|dar|wa|gen
Ra|dau, der; -s (*ugs. für* Lärm, Krach); Radau machen; **Ra|dau|bru|der** (jmd., der Krach macht, randaliert); **Ra|dau|ma|cher**
Rad|ball; Rad|bal|ler; Rad|bal|le|rin; Rad|ball|spiel
Rad|brem|se; Rad|bruch, der
Räd|chen
Rad|damp|fer

Rad	
das; -[e]s, Räder – Rad fahren [*alte Schreibung* radfahren]; ich fahre Rad; weil ich gern Rad fahre [*alte Schreibung* radfahre]; sie ist Rad gefahren [*alte Schreibung* radgefahren]; um Rad zu fahren [*alte Schreibung* radzufahren], *aber* sie ist beim Radfahren verunglückt	– er kann Rad schlagen [*alte Schreibung* radschlagen]; ich schlage [ein] Rad; er hat [ein] Rad geschlagen, kann ein Rad schlagen; um Rad zu schlagen [*alte Schreibung* radzuschlagen], *aber* er hat sich beim Radschlagen verletzt – wir kamen zu Rad [und nicht zu Fuß]; unter die Räder kommen (*ugs. für* völlig herunterkommen; eine schwere Niederlage hinnehmen müssen)

Ra|de, die; -, -n (*kurz für* Kornrade)

ra|de|bre|chen; du radebrechst; du radebrechtest; geradebrecht; zu radebrechen

Ra|de|gund, Ra|de|gun|de (w. Vorn.)

Ra|de|ha|cke [*alte Trennung* ...k|k...] (*ostmitteld. für* Rodehacke)

ra|deln (Rad fahren); ich rad[e]le

rä|deln (ausradeln); ich räd[e]le

Rä|dels|füh|rer

Ra|den|thein (österr. Ort)

Rä|der|chen *Plur.*

Rä|der|ge|trie|be

...rä|de|rig, ...räd|rig (z. B. dreiräderig)

rä|dern (*früher* durch das Rad hinrichten); ich rädere

Rä|der|tier *meist Plur.* (Schlauchwurm)

Rä|der|werk

Ra|detz|ky [...ki] (österr. Feldherr); **Ra|detz|ky|marsch,** *auch* **Radetzky-Marsch,** der; -es

Rad fah|ren [*alte Schreibung* radfah|ren] *vgl.* Rad

Rad|fah|ren, das; -s; **Rad|fah|rer; Rad|fah|rer|ho|se; Rad|fah|re|rin; Rad|fahr|weg**

Rad|fel|ge

Rad|ga|bel

Ra|di, der; -s, - (*bayr. u. österr. für* Rettich); einen Radi kriegen (*bayr. u. österr. ugs. für* gerügt werden)

ra|di|al ‹lat.› (auf den Radius bezogen, strahlenförmig; von einem Mittelpunkt ausgehend)

Ra|di|al|ge|schwin|dig|keit (*Physik*)

Ra|di|al|li|nie (*österr. für* Straße, Straßenbahnlinie u. dgl., die von der Stadtmitte zum Stadtrand führt)

Ra|di|al|rei|fen

Ra|di|al|sym|me|t|rie, die; - (*Zool.*); **ra|di|al|sym|me|t|risch**

Ra|di|ant, der; -en, -en (*Astron.* scheinbarer Ausgangspunkt der Sternschnuppen; *Math.* Einheit des ebenen Winkels; *Zeichen* rad)

ra|di|är ‹franz.› (strahlig); **Ra|di|a|ti|on,** die; -, -en (Strahlung); **Ra|di|a|tor,** der; -s, ...oren (ein Heizkörper)

Ra|dic|chio [...kio], der; -s ‹ital.› (eine ital. Zichorienart)

Ra|di|en (*Plur. von* Radius)

ra|die|ren ‹lat.›; **Ra|die|rer** (Künstler, der Radierungen anfertigt); **Ra|die|re|rin**

Ra|dier|gum|mi, der

Ra|dier|kunst, die; - (Ätzkunst)

Ra|dier|mes|ser, das

Ra|dier|na|del

Ra|die|rung (mit einer geätzten Platte gedruckte Grafik)

Ra|dies|chen ‹lat.› (eine Pflanze)

ra|di|kal (politisch, ideologisch extrem; gründlich; rücksichtslos)

Ra|di|kal, das; -s, -e (Atomgruppe chemischer Verbindungen); freie Radikale

Ra|di|ka|le, der *u.* die; -n, -n

Ra|di|ka|len|er|lass [*alte Schreibung* ...er|laß], der; -es (Verbot, Mitglieder extremistischer Organisationen im öffentlichen Dienst zu beschäftigen)

Ra|di|ka|lins|ki, der; -s, -s (*ugs. für* Radikaler)

ra|di|ka|li|sie|ren (radikal machen); **Ra|di|ka|li|sie|rung** (Entwicklung zum Radikalen)

Ra|di|ka|lis|mus, der; -, ...men (rücksichtslos bis zum Äußersten gehende [politische, religiöse usw.] Richtung); **Ra|di|ka|list,** der; -en, -en; **Ra|di|ka|lis|tin** [*alte Trennung* ...|st...]

Ra|di|ka|li|tät, die; -

Ra|di|kal|kur; Ra|di|kal|o|pe|ra|ti|on

Ra|di|kand, der; -en, -en (*Math.* Zahl, deren Wurzel gezogen werden soll)

ra|di|o... ‹lat.›, **Ra|di|o...** (Strahlen..., [Rund]funk...)

Ra|dio, das (*südd., österr. ugs., schweiz. für das Gerät auch* der); -s, -s (Rundfunk[gerät])

ra|di|o|ak|tiv; radioaktiver Niederschlag; radioaktive Stoffe; **Ra|di|o|ak|ti|vi|tät,** die; -

Ra|di|o|a|ma|teur; Ra|di|o|ap|pa|rat

Ra|di|o|as|t|ro|no|mie

Ra|di|o|bi|o|lo|gie

Ra|di|o|che|mie

Ra|di|o|e|le|ment (radioaktives chem. Element)

Ra|di|o|ge|rät

Ra|di|o|gramm, das; -s, -e ‹lat.; griech.› (Röntgenbild)

Ra|di|o|gra|phie, *auch* Ra|di|o|gra|fie, die; - (Untersuchung mit Röntgenstrahlen); **ra|di|o|gra|phisch,** *auch* ra|di|o|gra|fisch

Ra|di|o|la|rie, die; -, -n *meist Plur.* ‹lat.› (*Zool.* Strahlentierchen)

Ra|di|o|lo|ge, der; -n, -n ‹lat.; griech.› (*Med.* Facharzt für Röntgenologie u. Strahlenheilkunde); **Ra|di|o|lo|gie,** die; - (Strahlenkunde); **Ra|di|o|lo|gin; ra|di|o|lo|gisch**

Ra|di|o|me|te|o|ro|lo|gie

Ra|di|o|me|ter, das; -s, - (*Physik* Strahlungsmessgerät); **Ra|di|o|me|t|rie,** die; -

Ra|di|o|pro|gramm

Ra|di|o|re|kor|der, *auch* **...re|cor|der**

Ra|di|o|röh|re

Ra|di|o|sen|der

Ra|di|o|son|de (*Meteor., Physik*)

Ra|di|o|sta|ti|on

Ra|di|o|stern (*Astron.*)

Ra|di|o|te|le|gra|fie, *auch* **Ra|di|o|te|le|gra|phie**

Ra|di|o|te|le|s|kop (*Astron.*)

Ra|di|o|the|ra|pie (Heilbehandlung durch Bestrahlung)

Ra|di|o|we|cker [*alte Trennung* ...k|k...]

Ra|di|um, das; -s ‹lat.› (radioaktives chemisches Element, Metall; *Zeichen* Ra)

Ra|di|um|be|strah|lung; Ra|di|um-

R

e|ma|na|ti|on, die; - (*ältere Bez. für* Radon); **ra|di|um|hal|tig**

Ra|di|us, der; -, ...ien (Halbmesser des Kreises; *Abk. r, R*); die Berechnung des Radius

Ra|dix, die; -, ...izes ‹lat.› (*fachspr. für* Wurzel); **ra|di|zie|ren** (*Math.* die Wurzel aus einer Zahl ziehen)

Rad|kap|pe; Rad|kas|ten; Rad|kranz

[1]**Rad|ler** (Radfahrer)

[2]**Rad|ler** (*landsch., bes. südd. für* Getränk aus Bier u. Limonade)

Rad|ler|ho|se; Rad|le|rin; Rad|ler|maß, die (*svw.* [2]Radler)

Rad|ma|cher (*landsch. für* Stellmacher); **Rad|man|tel**

Ra|dolf, Ra|dulf (m. Vorn.)

Ra|dom, das; -s, -s ‹engl.› (Radarschutzkuppel, Traglufthalle)

Ra|don [*auch* ...'do:n], das; -s ‹lat.› (radioaktives chemisches Element, Edelgas; *Zeichen* Rn)

Rad|renn|bahn; Rad|ren|nen

...räd|rig *vgl.* ...räderig

Rad|scha [*auch* 'ra:...], der; -s, -s ‹sanskr.› (ind. Fürstentitel)

Rad schla|gen [*alte Schreibung* radschlagen] *vgl.* Rad

Rad|schla|gen, das; -s

Rad|schuh (Bremsklotz aus Holz od. Eisen)

Rad|sport, der; -[e]s; **Rad|sport|ler**

Rad|stadt (Stadt im österr. Bundesland Salzburg); **Rad|städ|ter Tau|ern** *Plur.*

Rad|stand; Rad|sturz; Rad|tour

Ra|dulf, Ra|dolf (m. Vorn.)

Rad|wan|de|rung; Rad|wech|sel; Rad|weg

Raes|feld ['ra:s...] (Ort in Nordrhein-Westfalen)

RAF = Rote-Armee-Fraktion

R. A. F. = Royal Air Force

Räf, das; -s, -e (*schweiz. für* [1]Reff *u.* [2]Reff)

Ra|fa|el (*ökumen. u. österr. für* Raphael); *vgl. aber* Raffael

Raf|fa|el [...e:l, *auch* ...ɛl] (italienischer Maler); *vgl. aber* Raphael; **raf|fa|e|lisch;** raffaelische Farbgebung; die raffaelische [*alte Schreibung* Raffaelische] Madonna ↑K135

Raf|fel, die; -, -n (*landsch. für* großer, hässlicher Mund; loses Mundwerk; geschwätzige [alte] Frau; Gerät zum Abstreifen von Beeren; Reibeisen; Klapper); **raf|feln** (*landsch. für* raspeln; rasseln; schwatzen); ich raff[e]le

raf|fen; Raff|gier; raff|gie|rig; raf|fig (*landsch. für* raffgierig)

Raf|fi|na|de, die; -, -n ‹franz.› (gereinigter Zucker); **Raf|fi|nat,** das; -[e]s, -e (Produkt der Raffination); **Raf|fi|na|ti|on,** die; -, -en (Verfeinerung, Veredelung)

Raf|fi|ne|ment [...'mã:], das; -s, -s (Überfeinerung; Raffinesse)

Raf|fi|ne|rie, die; -, ...ien (Anlage zum Reinigen von Zucker od. zur Verarbeitung von Rohöl)

Raf|fi|nes|se, die; -, -n (Durchtriebenheit, Schlauheit)

Raf|fi|neur [...'nø:ɐ̯], der; -s, -e (Maschine zum Feinmahlen von Holzsplittern)

raf|fi|nie|ren (Zucker reinigen; Rohöl zu Brenn- od. Treibstoff verarbeiten)

Raf|fi|nier|o|fen; Raf|fi|nier|stahl

raf|fi|niert (gereinigt; durchtrieben, schlau); raffinierter Zucker; ein raffinierter Betrüger; **Raf|fi|niert|heit**

Raf|fi|no|se, die; - (zuckerartige chem. Verbindung)

Raff|ke, der; -s, -s (*ugs. für* raffgieriger Mensch)

Raff|sucht, die; -

Raf|fung

Raff|zahn (*landsch. für* stark überstehender Zahn; *ugs. für* raffgieriger Mensch)

Raft, das; -s, -s ‹engl.› (schwimmende Insel aus Treibholz); **Raf|ting,** das; -s (das Wildwasserfahren einer Gruppe im Schlauchboot)

Rag [rɛk], der; -s (*Kurzform von* Ragtime)

Ra|gaz, Bad (schweiz. Badeort)

Ra|ge [...ʒə], die; - ‹franz.› (*ugs. für* Wut, Raserei); in der Rage; in Rage bringen

ra|gen

Ra|gio|nen|buch [ra'dʒo:...] ‹ital.; dt.› (*schweiz.* Verzeichnis der ins Handelsregister eingetragenen Firmen)

Ra|g|lan ['rɛglən], der; -s, -s ‹engl.› ([Sport]mantel mit angeschnittenem Ärmel); **Ra|g|lan|är|mel; Ra|g|lan|schnitt**

Rag|na|rök, die; - ‹altnord.› (*nord. Mythol.* Weltuntergang)

Ra|gout [...'gu:], das; -s, -s ‹franz.› (Gericht aus Fleisch-, Geflügel- od. Fischstückchen in pikanter Soße); Ra|gout **fin,** *fachspr.* **Ragoût fin** [...'gu: 'fɛ̃:], das; - -, -s -s [- -] (feines Ragout)

Rag|time ['rɛktaim], der; - ‹amerik.› (afroamerikanischer Stil populärer Klaviermusik)

Ra|gu|sa (*ital. Name von* Dubrovnik)

Rag|wurz (eine Orchideengattung)

Rah, Ra|he, die; -, Rahen (*Seemannsspr.* Querstange am Mast für das Rahsegel)

Ra|hel (w. Vorn.)

Rahm, der; -[e]s (*landsch. für* Sahne)

Rähm, der; -[e]s, -e (*Bauw.* waagerechter Teil des Dachstuhls)

Rähm|chen

rah|men; Rah|men, der; -s, -

Rah|men|ab|kom|men

Rah|men|an|ten|ne

Rah|men|be|din|gung *meist Plur.*

Rah|men|bruch, der; -[e]s, ...brüche

Rah|men|er|zäh|lung

rah|men|ge|näht; rahmengenähte Schuhe

Rah|men|ge|setz

Rah|men|naht

Rah|men|plan *vgl.* [2]Plan; **Rah|men|pro|gramm; Rah|men|richt|li|nie** *meist Plur.*; **Rah|men|ta|rif; Rah|men|ver|ein|ba|rung**

rah|mig (*landsch. für* sahnig)

Rahm|kä|se; Rahm|so|ße, *auch* Rahm|sau|ce

Rah|mung

Rah|ne, die; -, -n (*südd., österr. für* Rote Rübe); *vgl.* Rande

Rah|se|gel (*Seemannsspr.*)

Raid [re:t], der; -s, -s ‹engl.› (*Milit.* Überraschungsangriff)

Raiff|ei|sen (Familienname); **Raiff|ei|sen|bank** *Plur.* ...banken

Rai|gras, das; -es ‹engl.; dt.› (hoch wachsendes [Futter]gras)

[1]**Rai|mund,** Rei|mund (m. Vorn.)

[2]**Rai|mund** (österr. Dramatiker)

Rain, der; -[e]s, -e (Ackergrenze; *schweiz. u. südd. für* Abhang)

Rai|nald, Rei|nald (m. Vorn.); Rainald von Dassel (Kanzler Friedrichs I. Barbarossa)

rai|nen (*veraltet für* ab-, umgrenzen)

Rai|ner, Rei|ner (m. Vorn.)

Rain|farn (eine Pflanze); **Rai|nung** (*veraltet für* Festsetzung der Ackergrenze); **Rain|wei|de** (Liguster)

Rai|son [rɛ'zõ:] *alte Schreibvariante für* Räson usw.

ra|jo|len (*svw.* rigolen)

Ra|ke *vgl.* Racke

Ra|kel, die; -, -n (*Druckw.* Vorrichtung zum Abstreichen über-

schüssiger Farbe von der eingefärbten Druckform)
rä|keln, rekeln, sich (sich behaglich recken und dehnen); ich räk[e]le mich
Ra|ke|te, die; -, -n ⟨ital.⟩ (ein Feuerwerkskörper; ein Flugkörper)
Ra|ke|ten|ab|schuss|ram|pe [*alte Schreibung* ...ab|schuß...]
Ra|ke|ten|ab|wehr; Ra|ke|ten|an|griff; Ra|ke|ten|an|trieb; Ra|ke|ten|ap|pa|rat *(Rettungswesen);* **Ra|ke|ten|au|to; Ra|ke|ten|ba|sis**
ra|ke|ten|be|stückt ↑K59
Ra|ke|ten|flug|zeug; Ra|ke|ten|schlit|ten; Ra|ke|ten|start; Ra|ke|ten|stu|fe; Ra|ke|ten|stütz|punkt; Ra|ke|ten|treib|stoff; Ra|ke|ten|trieb|werk
Ra|ke|ten|waf|fe; Ra|ke|ten|wer|fer
Ra|ke|ten|zeit|al|ter, das; -s
Ra|kett *vgl.* Racket
Ra|ki, der; -[s], -s ⟨türk.⟩ (ein Branntwein aus Rosinen u. Anis)
Ralf (m. Vorn.)
Ral|le, die; -, -n (ein Vogel)
Ral|lye [...li, *auch* 'rɛli], die; -, -s, *schweiz. auch* das; -s, -s ⟨engl.-franz.⟩ (Autorennen [in einer od. mehreren Etappen] mit Sonderprüfungen)
Ral|lye|cross, *auch* **Ral|lye-Cross,** das; -, -e (Autorennen auf Rennstrecken mit wechselndem Streckenbelag)
Ral|lye|fah|rer; Ral|lye|fah|re|rin
Ralph (m. Vorn.)
RAM, das; -[s], -[s] = random access memory ⟨engl.⟩ (*EDV* Informationsspeicher mit wahlfreiem Zugriff)
Ra|ma|dan, der; -[s], -e ⟨arab.⟩ (Fastenmonat der Moslems)
R
Ra|ma|ja|na, das; - ⟨sanskr.⟩ (indisches religiöses Nationalepos)
Ra|ma|su|ri, die; - ⟨ital.⟩ (*bayr. u. österr. ugs. für* großes Durcheinander; Trubel)
Ram|bo, der; -s, -s ⟨nach dem amerik. Filmhelden⟩ (*ugs. für* brutaler Kraftprotz)
Ram|bouil|let [rãbu'je:] (franz. Stadt); **Ram|bouil|let|schaf,** *auch* **Ram|bouil|let-Schaf** (ein feinwolliges Schaf)
Ram|bur, der; -s, -e ⟨franz.⟩ (Apfel einer säuerlichen Sorte)
Ra|mes|si|de, der; -n, -n; (Herrscher aus dem Geschlecht des Ramses)
Ra|mie, die; -, ...ien ⟨malai.-engl.⟩ (Bastfaser, Chinagras)

Ramm, der; -[e]s, -e (Rammsporn [früher an Kriegsschiffen])
Ramm|bär, der; -s, *Plur.* -en, *fachspr. auch* -e; **Ramm|bock; Ramm|bug**
ramm|dö|sig (*ugs. für* benommen)
Ram|me, die; -, -n (Fallklotz)
Ram|mel, der; -s, - (*landsch. für* ungehobelter Kerl, Tölpel)
Ram|me|lei (*ugs. für* Balgerei; *derb für* häufiges Koitieren)
ram|meln (*ugs. für* sich balgen, sich stoßen; *Jägerspr.* belegen, decken [bes. von Hasen und Kaninchen]; *derb für* koitieren)
ram|men
Ramm|ham|mer; Ramm|klotz
Ramm|ler (Männchen von Hasen u. Kaninchen)
Ramm|ma|schi|ne, *auch* **Ramm-Ma|schi|ne** [*alte Schreibung* Ramma|schi|ne, *alte Trennung* ...mm|m...]
Ramms|kopf, *auch* Rams|kopf (Pferdekopf mit stark gekrümmtem Nasenrücken)
Ramm|sporn, der; -[e]s, -e
Ram|pe, die; -, -n ⟨franz.⟩ (schiefe Ebene zur Überwindung von Höhenunterschieden; Auffahrt; Verladebühne; *Theater* Vorbühne); **Ram|pen|licht,** das; -[e]s
ram|po|nie|ren ⟨ital.⟩ (*ugs. für* stark beschädigen)
Ram|s|au [*auch* 'ram...] (Name verschiedener Orte in Südbayern u. Österreich)
¹Ramsch, der; -[e]s, -e *Plur. selten* (*ugs. für* wertloses Zeug; minderwertige Ware)
²Ramsch, der; -[e]s, -e ⟨franz.⟩ (Spielart beim Skat, mit dem Ziel, möglichst wenig Punkte zu bekommen)
¹ram|schen ⟨*zu* ¹Ramsch⟩ (*ugs. für* Ramschware billig aufkaufen); du ramschst
²ram|schen (einen ²Ramsch spielen); du ramschst
Ram|scher ⟨*zu* ¹Ramsch⟩ (*ugs. für* Aufkäufer zu Schleuderpreisen); **Ramsch|la|den; Ramsch|wa|re; ramsch|wei|se**
Ram|ses (Name ägypt. Könige)
ran; ↑K13 (*ugs. für* heran)
Ran (*nord. Mythol.* Gattin des Meerriesen Ägir)
Ranch [rɛntʃ], die; -, -[e]s ⟨amerik.⟩ (größerer landwirtschaftlicher Betrieb mit Viehzucht in Nordamerika); **Ran|cher,** der; -s, -[s] (nordamerikanischer Viehzüchter); **Ran|che|rin**

¹Rand, der; -[e]s, Ränder; außer Rand und Band sein *(ugs.);* zurande, *auch* zu Rande kommen
²Rand [rɛnt], der; -s, -[s] ⟨engl.⟩ (Währungseinheit der Republik Südafrika; *Abk.* R; *Währungscode* ZAR); 5 Rand
Ran|da|le, die; -; *meist in der Wendung* Randale machen (*ugs. für* randalieren); **ran|da|lie|ren; Ran|da|lie|rer; Ran|da|lie|re|rin**
Rand|aus|gleich
Rand|be|din|gung *meist Plur.*
Rand|beet (Rabatte)
Rand|be|mer|kung
Rand|be|zirk
Ränd|chen
Ran|de, die; -, -n (*schweiz. für* Rote Rübe); *vgl.* Rahne
Rän|del|mut|ter *Plur.* ...muttern
rän|deln (mit einer Randverzierung versehen; riffeln); ich ränd[e]le
Rän|del|rad; Rän|del|schrau|be; Rän|de|lung
Rän|der (*Plur. von* ¹Rand)
...rän|de|rig *vgl.* ...randig; **rän|dern;** ich rändere
Rand|er|schei|nung; Rand|fi|gur; Rand|ge|biet; Rand|ge|bir|ge
Rand|glos|se
Rand|grup|pe *(bes. Soziologie)*
...ran|dig, *auch* ...rän|de|rig, ...ränd|rig (z. B. breitrandig, *auch* -ränd[e]rig)
Rand|la|ge; Rand|leis|te [*alte Trennung* ...|st...]
rand|los; randlose Brille
Rand|no|tiz
Ran|dolf, Ran|dulf (m. Vorn.)
...ränd|rig *vgl.* ...randig
Rand|sied|lung; Rand|staat *Plur.* ...staaten
Rand|stein; Rand|strei|fen
Ran|dulf, Ran|dolf (m. Vorn.)
Rand|ver|zie|rung
rand|voll; ein randvolles Glas
Rand|zeich|nung
Rand|zo|ne
Ranft, der; -[e]s, Ränfte (*landsch. für* Brotkanten, -kruste); **Ränft|chen, Ränft|lein**
Rang, der; -[e]s, Ränge ⟨franz.⟩; jmdm. den Rang ablaufen (jmdn. überflügeln, übertreffen); der erste, zweite Rang; eine Schauspielerin ersten Ranges; ein Sänger von Rang
Rang|ab|zei|chen; Rang|äl|tes|te [*alte Trennung* ...|st...]
Ran|ge, die; -, -n, *selten* der; -n, -n (*landsch. für* unartiges Kind)
ran|ge|hen; ↑K13 (*ugs. für* heran-

gehen; etwas energisch anpacken)

Ran|ge|lei; ran|geln (*für* sich balgen, raufen); ich rang[e]le

Ran|ger ['re:ndʒɐ], der; -s, -[s] ⟨amerik.⟩ (Soldat mit Spezialausbildung; Aufseher in Nationalparks; *früher* Angehöriger einer Polizeitruppe in Nordamerika [z. B. Texas Ranger])

Rang|er|hö|hung; Rang|fol|ge

rang|gleich

Rang|höchs|te [*alte Trennung* ...|st...], der *u.* die; -n, -n; **rang|hö|her**

Ran|gier|bahn|hof [rãˈʒi:r..., *österr.* ranˈʒi:r...]

ran|gie|ren ⟨franz.⟩ (einen Rang innehaben [vor, hinter jmdm.]; *Eisenb.* verschieben; *landsch. für* ordnen)

Ran|gie|rer; Ran|gie|re|rin

Ran|gier|gleis; Ran|gier|lok; Ran|gier|lo|ko|mo|ti|ve; Ran|gier|meis|ter [*alte Trennung* ...|st...]

Ran|gie|rung

...ran|gig (z. B. zweitrangig)

Rang|lis|te [*alte Trennung* ...|st...]

Rang|lo|ge (im Theater)

rang|mä|ßig

Rang|ord|nung; Rang|stu|fe

Ran|gun (Hauptstadt von Myanmar [Birma]); **Ran|gun|reis,** *auch* **Ran|gun-Reis,** der

Rang|un|ter|schied

ran|hal|ten, sich; ↑K 13 (*ugs. für* sich beeilen)

rank (*geh. für* schlank; geschmeidig); rank und schlank

Rank, der; -[e]s, Ränke (*schweiz. für* Wegbiegung; Kniff, Trick); den Rank (eine Lösung) finden; *vgl.* Ränke

Ran|ke, die; -, -n (Pflanzenteil)

Rän|ke *Plur.* (*veraltend für* Intrigen, Machenschaften); Ränke schmieden; *vgl.* Rank

ran|ken; sich renken

Ran|ken, der; -s, - (*landsch. für* dickes Stück Brot)

ran|ken|ar|tig

Ran|ken|ge|wächs

Ran|ken|werk, das; -[e]s (ein Ornament)

Rän|ke|schmied *(veraltend);* **Rän|ke|spiel; Rän|ke|sucht,** die; -

rän|ke|süch|tig; rän|ke|voll

ran|kig

Ranking ['ræŋkɪŋ], das; -s, -s ⟨engl.⟩ (*bes. Wirtsch.* Rangliste, Bewertung)

ran|klot|zen; ↑K 13 (*ugs. für* viel arbeiten); **ran|krie|gen;** ↑K 13 (*ugs. für* zur Verantwortung ziehen; hart arbeiten lassen)

Ran|kü|ne, die; -, -n ⟨franz.⟩ (*veraltend für* Groll, heimliche Feindschaft; Rachsucht)

ran|las|sen; ↑K 13 (*ugs. für* jmdm. die Gelegenheit geben, seine Fähigkeiten zu beweisen; sich zum Geschlechtsverkehr bereit finden)

ran|müs|sen; ↑K 13 (*ugs. für* [mit]arbeiten müssen)

ran|schmei|ßen, sich; ↑K 13 (*ugs. für* sich anbiedern)

Rans|mayr (österr. Schriftsteller)

Ra|nun|kel, die; -, -n ⟨lat.⟩ (ein Hahnenfußgewächs)

Ränz|chen; Rän|zel, das, *nordd. auch* der; -s, - (kleiner Ranzen)

ran|zen (*Jägerspr.* begatten [von Füchsen u. anderen Raubtieren])

Ran|zen, der; -s, - (Schultasche; *ugs. für* dicker Bauch)

Ran|zer (*landsch. für* grober Tadel)

ran|zig ⟨niederl.⟩; ranziges Öl

Ränz|lein

Ranz|zeit ⟨*zu* ranzen⟩

Ra|oul [...'u:l] (m. Vorn.)

Rap [rɛp], der; -[s], -s ⟨engl.-amerik.⟩ (rhythmischer Sprechgesang in der Popmusik)

Ra|pal|lo (Seebad bei Genua); **Ra|pal|lo|ver|trag,** der; -[e]s

Rap|fen, der; -s, - (ein Karpfenfisch)

Ra|pha|el, *ökum. u. österr.* Ra|fa|el [*beide* ...e:l, *auch* ...ɛl] (einer der Erzengel); *vgl. aber* Raffael

Ra|phia, die; -, ...ien ⟨madagass.⟩ (afrikanische Bastpalme, Nadelpalme); **Ra|phi|a|bast**

Ra|phi|den *Plur.* ⟨griech.⟩ (*Bot.* nadelförmige Kristalle in Pflanzenzellen)

ra|pid, *österr. nur so, od.* **ra|pi|de** ⟨lat.⟩ (überaus schnell); **Ra|pi|di|tät,** die; -

Ra|pier, das; -s, -e ⟨franz.⟩ (Fechtwaffe, Degen)

Rapp, der; -s, -e (*landsch. für* Traubenkamm, entbeerte Traube)

Rap|pe, der; -n, -n (schwarzes Pferd)

Rap|pel, der; -s, - (*ugs. für* plötzlicher Zorn; Verrücktheit); **rap|pe|lig,** rapp|lig *(ugs.)*

Rap|pel|kopf (*ugs. für* aufbrausender Mensch); **rap|pel|köp|fisch** *(ugs.)*

rap|peln (*ugs. für* klappern; *österr. für* verrückt sein); ich rapp[e]le

rap|pel|tro|cken (*landsch. für* völlig trocken)

Rap|pen, der; -s, - (schweiz. Währungseinheit; *Abk.* Rp.; 100 Rappen = 1 Schweizer Franken); **Rap|pen|spal|ter** (*schweiz. für* Pfennigfuchser)

Rap|per ['rɛp...], der; -s, - ⟨*zu* Rap⟩ (Rapsänger); **Rap|ping,** das; -s (*svw.* Rap)

rapp|lig *vgl.* rappelig

Rap|port, der; -[e]s, -e ⟨franz.⟩ (Bericht, dienstl. Meldung; *Textiltechnik* Musterwiederholung bei Geweben); **rap|por|tie|ren**

Rapp|schim|mel (Pferd)

raps!; rips, raps!

Raps, der; -es, *Plur. (Sorten:)* -e (eine Ölpflanze)

Raps|a|cker [*alte Trennung* ...k|k...]; **Raps|blü|te**

rap|schen, rap|sen (*landsch. für* hastig wegnehmen); du rapschst/rapst

Raps|erd|floh; Raps|feld; Raps|glanz|kä|fer; Raps|ku|chen *(Landw.);* **Raps|öl,** das; -[e]s

Rap|tus, der; -, *Plur.* - *u.* (*für* Rappel:) -se ⟨lat.⟩ (*Med.* Anfall von Raserei; *scherzh. für* Rappel)

Ra|pünz|chen (Feldsalat); **Ra|pünz|chen|sa|lat**

Ra|pun|ze, die; -, -n; *vgl.* Rapunzel; **Ra|pun|zel,** die; -, -n (*landsch. für* Rapünzchen)

Ra|pu|se, die; - ⟨tschech.⟩; *in den Wendungen* in die Rapuse kommen *od.* gehen (*landsch. für* verloren gehen); in die Rapuse geben (*landsch. für* preisgeben)

rar ⟨lat.⟩ (selten); sich rar machen (*ugs. für* selten kommen)

Ra|ri|tät, die; -, -en (seltenes Stück, seltene Erscheinung)

Ra|ri|tä|ten|ka|bi|nett; Ra|ri|tä|ten|samm|lung

Ras, der; -, - ⟨arab.⟩ (Vorgebirge; Berggipfel; *früher* äthiopischer Fürstentitel)

ra|sant ⟨lat.⟩ (*ugs. für* sehr schnell; schnittig; schwungvoll, begeisternd; sehr flach, gestreckt verlaufend [von Geschossbahnen]); **Ra|sanz,** die; -

ra|sau|nen (*landsch. für* lärmen, poltern); er hat rasaunt

rasch

ra|scheln; ich rasch[e]le

ra|sches|tens [*alte Trennung* ...|st...]

Rasch|heit, die; -

R

rasch|le|big; rasch|wüch|sig

ra|sen (wüten; toben; sehr schnell fahren, rennen); du rast; er raste [*alte Trennung* ...|st...]

Ra|sen, der; -s, -; **Ra|sen|bank** *Plur.* ...bänke

ra|sen|be|deckt; ra|sen|be|wach|sen

Ra|sen|blei|che

ra|send (wütend; schnell); rasend werden, *aber* ↑K 82: es ist zum Rasendwerden

Ra|sen|de|cke [*alte Trennung* ...k|k...]; **Ra|sen|flä|che; Ra|sen|mä|her; Ra|sen|spiel; Ra|sen|sport,** der; -[e]s

Ra|sen|spren|ger; Ra|sen|strei|fen

Ra|sen|ten|nis; Ra|sen|tep|pich

Ra|ser (*ugs. für* unverantwortlich schnell Fahrender); **Ra|se|rei; Ra|se|rin**

Ra|sier|ap|pa|rat

Ra|sier|creme, *auch* Ra|sier|krem, Ra|sier|kre|me

ra|sie|ren ‹franz.›; sich rasieren

Ra|sie|rer (*kurz für* Rasierapparat)

Ra|sier|klin|ge

Ra|sier|krem, Ra|sier|kre|me *vgl.* Rasiercreme

Ra|sier|mes|ser, das; **Ra|sier|pin|sel; Ra|sier|schaum,** der; -[e]s; **Ra|sier|sei|fe**

Ra|sier|sitz (*ugs. scherzh. für* Sitz in der ersten Reihe im Kino)

Ra|sier|spie|gel; Ra|sier|was|ser *Plur.* ...wasser *od.* ...wässer; **Ra|sier|zeug**

ra|sig (mit Rasen bewachsen)

Rä|son [rɛˈzõ:], die; - ‹franz.› (*veraltend für* Vernunft, Einsicht); jmdn. zur Räson bringen; **Rä|so|neur** [...ˈnø:ɐ̯], der; -s, -e (*veraltet für* jmd., der ständig räsoniert); **rä|so|nie|ren** (sich wortreich äußern; *ugs. für* ständig schimpfen); **Rä|son|ne|ment** [...ˈmã:], das; -s, -s (*veraltend für* vernünftige Überlegung)

Ras|pa, die; -, -s, *ugs. auch* der; -s, -s ‹span.› (ein lateinamerikanischer Gesellschaftstanz)

¹Ras|pel, die; -, -n (ein Werkzeug)

²Ras|pel, der; -s, - *meist Plur.* (geraspeltes Stückchen [von Schokolade, Kokosnuss u. a.])

ras|peln; ich rasp[e]le

Ras|pu|tin [*auch* ...ˈpu:...] (russ. Eigenn.)

raß *(südd.),* **räß** (*südd., schweiz. mdal. für* scharf gewürzt, beißend [von Speisen])

Ras|se, die; -, -n ‹franz.›; **Ras|se|hund**

Ras|sel, die; -, -n (Knarre, Klapper)

Ras|sel|ban|de, die; -, -n (*scherzh. für* übermütige, zu Streichen aufgelegte Kinderschar)

Ras|se|lei; Ras|se|ler, Rass|ler [*alte Schreibung* Raßler]; **ras|seln;** ich rass[e]le

Ras|sen|dis|kri|mi|nie|rung, die; -; **Ras|sen|ge|setz; Ras|sen|hass** [*alte Schreibung* ...haß]; **Ras|sen|het|ze**

Ras|sen|merk|mal *(Biol.)*

Ras|sen|pro|b|lem; Ras|sen|tren|nung; Ras|sen|un|ru|hen *Plur.*

Ras|se|pferd

ras|se|rein (reinrassig); **Ras|se|rein|heit,** die; -

ras|se|ver|e|delnd *(Biol.)*

ras|sig (von ausgeprägter Art)

ras|sisch (der Rasse entsprechend, auf die Rasse bezogen)

Ras|sis|mus, der; - (übersteigertes Rassenbewusstsein, Rassendenken u. die daraus folgende Diskriminierung von Personen aufgrund ihrer Zugehörigkeit zu einem Menschentypus)

Ras|sist, der; -en, -en (Vertreter des Rassismus); **Ras|sis|tin** [*alte Trennung* ...|st...]; **ras|sis|tisch**

Rass|ler [*alte Schreibung* Raß|ler] *vgl.* Rasseler

Rast, die; -, -en; ohne Rast und Ruh

Ra|statt (Stadt im Oberrhein. Tiefland); **Ra|stat|ter**

Ras|te [*alte Trennung* ...|st...], die; -, -n (Stützkerbe)

Ras|tel [*alte Trennung* ...|st...], das; -s, - ‹ital.› (*österr. für* Schutzgitter, Drahtgeflecht)

ras|ten [*alte Trennung* ...|st...]

¹Ras|ter [*alte Trennung* ...|st...], der; -s, - ‹lat.› (Glasplatte od. Folie mit engem Liniennetz zur Zerlegung eines Bildes in Rasterpunkte)

²Ras|ter [*alte Trennung* ...|st...], das; -s, - (Fläche des Fernsehbildschirmes, die sich aus Lichtpunkten zusammensetzt)

Ras|ter|ät|zung [*alte Trennung* ...|st...] (Autotypie)

Ras|ter|fahn|dung [*alte Trennung* ...|st...] (Überprüfung eines großen Personenkreises mithilfe von Computern)

Ras|ter|mi|k|ro|s|kop [*alte Trennung* ...|st...]

ras|tern [*alte Trennung* ...|st...] (ein Bild durch Raster in Rasterpunkte zerlegen); ich rastere

Ras|ter|plat|te [*alte Trennung* ...|st...]; **Ras|ter|punkt; Ras|te|rung**

Rast|haus; Rast|hof

rast|los; Rast|lo|sig|keit, die; -

Rast|platz

Ras|t|ral [*alte Trennung* ...|st...], das; -s, -e ‹lat.› (Gerät zum Ziehen von Notenlinien); **ras|t|rie|ren**

Rast|stät|te; Rast|tag

Ra|sur, die; -, -en ‹lat.› (das Rasieren; Tilgung durch Schaben od. Radieren mit einer Klinge)

Rat

der; -[e]s, *Plur.* (*für* Personen u. Institutionen:) Räte

- ↑K 150: der Große Rat (*schweiz. Bez. für* Kantonsparlament); der Hohe Rat (in Jerusalem zur Zeit Jesu)
- sich Rat holen ↑K 54; jmdn. um Rat fragen
- bei jmdm. Rat suchen; sich Rat suchend [*alte Schreibung* ratsuchend] an jmd. wenden; einen Rat Suchenden, *auch* Ratsuchenden nicht abweisen
- zurate, *auch* zu Rate gehen, ziehen

Rät, Rhät, das; -s ‹nach den Rätischen Alpen› (jüngste Stufe des Keupers)

Ra|tan|hi|a|wur|zel [...ˈtani̯a...] ‹indian.; dt.› ([als Heilmittel verwendete] Wurzel einer südamerikanischen Pflanze)

Ra|ta|touille [...ˈtui̯], die; -, -s *u.* das; -s, -s ‹franz.› (*Gastron.* Gemüse aus Tomaten, Auberginen, Paprika usw.)

Ra|te, die; -, -n ‹ital.› (Teilzahlung; Teilbetrag)

Rä|te|de|mo|kra|tie

ra|ten; du rätst, er rät; du rietst; du rietest, er riet; geraten; rat[e]!

Ra|ten|be|trag; Ra|ten|ge|schäft; Ra|ten|kauf; Ra|ten|wech|sel

ra|ten|wei|se

Ra|ten|zah|lung; Ra|ten|zah|lungs|kre|dit

Ra|ter

Rä|ter (Bewohner des alten Rätien)

Rä|te|re|gie|rung; Rä|te|re|pu|b|lik

Rä|te|rin

Rä|te|russ|land [*alte Schreibung* ...ruß|land]
Ra|te|spiel
Rä|te|staat *Plur.* ...staaten; **Rä|te|sys|tem** [*alte Trennung* ...|st...]
Ra|te|team
Rat|ge|ber; Rat|ge|be|rin
Rat|haus; Rat|haus|saal
Ra|the|nau (dt. Staatsmann)
Ra|the|now [...no] (Stadt an der Havel)
Rä|ti|en (altröm. Prov., *auch für* Graubünden); *vgl.* Räter *u.* rätisch
Ra|ti|fi|ka|ti|on, die; -, -en ‹lat.› (Anerkennung eines völkerrechtlichen Vertrages); **Ra|ti|fi|ka|ti|ons|ur|kun|de**
ra|ti|fi|zie|ren; Ra|ti|fi|zie|rung
Rä|ti|kon, das; -s, *auch* der; -[s] (Teil der Ostalpen an der österreichisch-schweizerischen Grenze)
Rä|tin (Titel)
Ra|ti|né, der; -s, -s ‹franz.› (ratiniertes Gewebe)
Ra|ting ['reɪtɪŋ], das; -s, -s ‹engl.› (*Psychol., Soziol.* Verfahren zur Einschätzung; *auch Bankw.* Einstufung der Zahlungsfähigkeit eines internationalen Schuldners)
ra|ti|nie|ren (*Textiltechnik* Knötchen od. Wellen [auf Gewebe] erzeugen)
Ra|tio, die; - ‹lat.› (Vernunft; logischer Verstand); *vgl.* Ultima Ratio
Ra|ti|on, die; -, -en ‹franz.› (zugeteiltes Maß, [An]teil; täglicher Verpflegungssatz); die eiserne Ration
ra|ti|o|nal ‹lat.› (vernünftig; begrifflich fassbar); rationale Zahlen *(Math.)*
Ra|ti|o|na|li|sa|tor, der; -s, ...oren (jmd., der rationalisiert)
ra|ti|o|na|li|sie|ren ‹franz.› (zweckmäßiger u. wirtschaftlicher gestalten); **Ra|ti|o|na|li|sie|rung; Ra|ti|o|na|li|sie|rungs|maß|nah|me**
Ra|ti|o|na|lis|mus, der; - ‹lat.› (Geisteshaltung, die das rationale Denken als einzige Erkenntnisquelle ansieht); **Ra|ti|o|na|list,** der; -en, -en; **Ra|ti|o|na|lis|tin** [*alte Trennung* ...|st...]; **ra|ti|o|na|lis|tisch**
Ra|ti|o|na|li|tät, die; - (rationales Wesen; Vernünftigkeit)
ra|ti|o|nell ‹franz.› (zweckmäßig, wirtschaftlich)
ra|ti|o|nen|wei|se *od.* ra|ti|ons|wei|se
ra|ti|o|nie|ren (einteilen; in relativ kleinen Mengen zuteilen); **Ra|ti|o|nie|rung**
rä|tisch ‹*zu* Räter, Rätien›, *aber* ↑K 140: die Rätischen Alpen
rät|lich (*veraltend für* ratsam)
rat|los; Rat|lo|sig|keit, die; -
Rä|to|ro|ma|ne [*auch* 'rɛː...], der; -n, -n (Angehöriger eines Alpenvolkes mit eigener romanischer Sprache); **Rä|to|ro|ma|nin; rä|to|ro|ma|nisch** ↑K 149; **Rä|to|ro|ma|nisch,** das; -[s] (Sprache); *vgl.* Deutsch; **Rä|to|ro|ma|ni|sche,** das; -n; *vgl.* ²Deutsche, das
rat|sam
Rats|be|schluss [*alte Schreibung* ....be|schluß]
ratsch!; ritsch, ratsch!
Rat|sche *(südd., österr.),* **Rät|sche** [*schweiz.* 'rɛt...], die; -, -n (*südd., schweiz. für* Rassel, Klapper; *ugs. auch für* schwatzhafte Person)
rat|schen *(südd., österr.),* **rät|schen** [*schweiz.* 'rɛ...] (*südd., schweiz. ugs. auch für* schwatzen, etwas ausplaudern); du ratschst
Rat|schlag, der; -[e]s, ...schläge; **rat|schla|gen** *(veraltend);* du ratschlagst; du ratschlagtest; geratschlagt; zu ratschlagen
Rat|schluss [*alte Schreibung* ...schluß]
Rats|die|ner
Rät|sel, das; -s, -; Rätsel raten, *aber* ↑K 82: das Rätselraten
Rät|sel|e|cke [*alte Trennung* ...k|k...]; **Rät|sel|fra|ge; Rät|sel|freund**
rät|sel|haft; Rät|sel|haf|tig|keit
Rät|sel|lö|ser; Rät|sel|lö|sung
rät|seln; ich räts[e]le
Rät|sel|ra|ten, das; -s
rät|sel|voll
Rät|sel|zeit|schrift; Rät|sel|zei|tung
Rats|herr *(veraltend)*
Rats|kel|ler
Rats|sit|zung
Rat su|chend [*alte Schreibung* ratsu|chend] *vgl.* Rat; **Rat Su|chen|de,** der *u.* die; - -n, - -n, *auch* **Rat|su|chen|de,** der *u.* die; -n, -n; *vgl.* Rat
Rats|ver|samm|lung
Rat|tan, das; -s, -e ‹malai.› (*svw.* Peddigrohr)
Rat|te, die; -, -n
Rat|ten|be|kämp|fung; Rat|ten|fal|le; Rat|ten|fän|ger; Rat|ten|gift, das
Rat|ten|kö|nig (*auch ugs. übertr. für* unlösbare Schwierigkeit)
Rat|ten|schwanz (*ugs. übertr. für* endlose Folge)
Rat|ten|schwänz|chen (*scherzh. für* kurzer, dünner Haarzopf)
Rät|ter, der; -s, -, *auch* die; -, -n (*Technik* Sieb)
rat|tern; ich rattere
rät|tern (mit dem Rätter sieben); ich rättere; **Rät|ter|wä|sche** (ein Siebverfahren)
Ratt|ler, der; -s, - (*veraltet* für den Rattenfang geeigneter Hund)
Ratz, der; -es, -e (*landsch. für* Ratte, Hamster; *Jägerspr.* Iltis)
Rat|ze, die; -, -n (*ugs. für* Ratte)
Rat|ze|fum|mel, der; -s, - (*Schülerspr.* Radiergummi)
rat|ze|kahl ‹*umgebildet aus* radikal› (*ugs. für* völlig leer, kahl)
Rät|zel, das; -s, - (*landsch. für* zusammengewachsene Augenbrauen; Mensch mit solchen Brauen)
¹rat|zen (*ugs. für* schlafen); du ratzt
²rat|zen (*landsch. für* ritzen); du ratzt
ratz|fatz (*ugs. für* schnell, im Nu)
rau [*alte Schreibung* rauh]; ein raues Wesen; ein rauer Ton; eine raue Luft; ein noch raueres Klima; die rau[e]sten Sitten
Rau, Johannes (achter dt. Bundespräsident)
Raub, der; -[e]s, -e
Rau|bank [*alte Schreibung* Rauhbank] *Plur.* ...bänke (langer Hobel)
Rau|bauz [*alte Schreibung* Rauhbauz], der; -es, -e (*ugs. für* grober Mensch); **rau|bau|zig** *(ugs.)*
Raub|bau, der; -[e]s; Raubbau treiben
Raub|druck, der; -[e]s, -e
Rau|bein [*alte Schreibung* Rauhbein], das; -[e]s, -e (äußerlich grober, aber im Grunde gutmütiger Mensch); **rau|bei|nig**
rau|ben
Räu|ber; Räu|ber|ban|de; Räu|be|rei
Räu|ber|ge|schich|te; Räu|ber|haupt|mann; Räu|ber|höh|le
Räu|be|rin
räu|be|risch; räu|bern; ich räubere
Räu|ber|pis|to|le [*alte Trennung* ...|st...] (Räubergeschichte); **Räu|ber|zi|vil** (*ugs. scherzh. für* sehr legere Kleidung)

R

Raub|fisch
Raub|gier; raub|gie|rig
Raub|kat|ze
Raub|ko|pie
Raub|mord; Raub|mör|der
rau|bors|tig [*alte Schreibung* rauh|bor|stig]
Raub|pres|sung (von Schallplatten)
Raub|rit|ter; Raub|rit|ter|tum, das; -s
raub|süch|tig
Raub|tier
Raub|ü|ber|fall
Raub|vo|gel (*ältere Bez. für* Greifvogel); **Raub|wild** (*Jägerspr.* alle jagdbaren Raubtiere); **Raub|zeug,** das; -[e]s (*Jägerspr.* alle nicht jagdbaren Raubtiere)
Raub|zug
Rauch, der; -[e]s
Rauch|ab|zug; Rauch|bier; Rauch|bom|be
rau|chen; rauchende Schwefelsäure; **Rau|cher**
Räu|cher|aal
Rau|cher|ab|teil; Rau|cher|bein
Rau|che|rei
Räu|che|rei
Räu|cher|fisch
Rau|cher|hus|ten [*alte Trennung* ...|st...], der; -s
räu|che|rig
Rau|che|rin
Räu|cher|kam|mer; Räu|cher|ker|ze; Räu|cher|lachs; Räu|cher|männ|chen (Holzfigur, die eine Räucherkerze enthält)
räu|chern; ich räuchere
Räu|cher|pfan|ne; Räu|cher|scha|le; Räu|cher|schin|ken; Räu|cher|speck, der; -[e]s; **Räu|cher|stäb|chen**
Räu|che|rung
Räu|cher|wa|re
Rau|cher|wa|ren *Plur.* (*schweiz. neben* Rauchwaren [Tabakwaren])
Rauch|fah|ne
Rauch|fang (*österr. für* Schornstein); **Rauch|fang|keh|rer** (*österr. für* Schornsteinfeger)
rauch|far|ben *od.* **rauch|far|big**
Rauch|fass [*alte Schreibung* Rauch|faß] (ein kultisches Gerät); **Rauch|fleisch**
rauch|frei
Rauch|gas *meist Plur.*
rauch|ge|schwärzt
Rauch|glas
rauch|grau; rau|chig
Rauch|lachs (*schweiz. für* Räucherlachs)
rauch|los
Rauch|mas|ke; Rauch|mel|der
Rauch|näch|te *vgl.* Raunächte
Rauch|op|fer
Rauch|quarz (dunkler Bergkristall)
Rauch|sa|lon
Rauch|säu|le; Rauch|schwa|den
Rauch|schwal|be
Rauch|si|g|nal
Rauch|ta|bak; Rauch|tisch
Rauch|to|pas *vgl.* Rauchquarz
Rauch|ver|bot; Rauch|ver|gif|tung; Rauch|ver|zeh|rer
Rauch|wa|re *meist Plur.* (Pelzware)
Rauch|wa|ren *Plur.* (*ugs. für* Tabakwaren)
Rauch|wa|ren|han|del *vgl.* [1]Handel; **Rauch|wa|ren|mes|se**
Rauch|werk, das; -[e]s (Pelzwerk)
Rauch|wol|ke; Rauch|zei|chen
Räu|de, die; -, -n (Krätze, Grind); **räu|dig; Räu|dig|keit,** die; -
Raue, die; -, -n (*landsch. für* Leichenschmaus)
rau|en [*alte Schreibung* rau|hen] (rau machen); **Rau|e|rei**
rauf; ↑K 13 (*ugs. für* herauf)
Rau|fa|ser [*alte Schreibung* Rauh|fa|ser]; **Rau|fa|ser|ta|pe|te**
Rauf|bold, der; -[e]s, -e (jmd., der gern mit anderen rauft)
Rau|fe, die; -, -n (Futterkrippe)
räu|feln *vgl.* aufräufeln
rau|fen (*auch für* mit jmdm. [prügelnd u. ringend] kämpfen); **Rau|fer; Rau|fe|rei**
Rauf|lust, die; -; **rauf|lus|tig** [*alte Trennung* ...|st...]
Rau|frost [*alte Schreibung* Rauh|frost]; **Rau|fut|ter,** das; -s
Rau|graf (früherer oberrheinischer Grafentitel)
rauh usw. *alte Schreibung für* rau usw.
Rau|haar|da|ckel [*alte Schreibung* Rauh|haar|da|ckel]
rau|haa|rig [*alte Schreibung* rauh|haa|rig]
Rau|heit
Rauh|putz, Rauh|reif usw. *alte Schreibungen für* Rau|putz, Rau|reif usw.
Rau|ig|keit [*alte Schreibung* Rau|hig|keit]
Rau|ke, die; -, -n (eine Pflanze)
raum; raumer Wind (*Seemannsspr.* Wind, der schräg von hinten weht); raumer Wald (*Forstw.* offener, lichter Wald)
Raum, der; -[e]s, Räume; *vgl.* Raum sparend *u.* raumgreifend
Raum|a|kus|tik [*alte Trennung* ...|st...]; **Raum|an|ga|be** (*Sprachw.* adverbiale Bestimmung des Raumes, des Ortes)
Raum|an|zug
Raum|auf|tei|lung
Raum|aus|stat|ter (Berufsbez.); **Raum|aus|stat|te|rin**
Raum|bild; Raum|bild|ver|fah|ren (Herstellung von Bildern, die einen räumlichen Eindruck hervorrufen)
Räum|boot (zum Beseitigen von Minen)
Räum|chen
Raum|de|ckung [*alte Trennung* ...k|k...] (*Sport*)
räu|men; Räu|mer
Raum|er|spar|nis
Raum|fäh|re; Raum|fah|rer; Raum|fahrt
Raum|fahrt|be|hör|de; Raum|fahrt|me|di|zin, die; -; **Raum|fahrt|pro|gramm; Raum|fahrt|tech|ni|ker**
Raum|fahr|zeug
Räum|fahr|zeug (zum Schneeräumen u. a.)
Raum|flug; Raum|for|schung, die; -
Raum|ge|fühl, das; -[e]s; **Raum|ge|stal|tung**
Raum|glei|ter
raum|grei|fend; raumgreifende Schritte
Raum|in|halt
Raum|kap|sel
Räum|kom|man|do
Raum|kunst, die; -; **Raum|leh|re,** die; - (*für* Geometrie)
räum|lich; Räum|lich|keit
Raum|man|gel; *vgl.* [2]Mangel
Räum|ma|schi|ne
Raum|maß, das; **Raum|me|ter** (*alte Maßeinheit für* 1 m^3 geschichtetes Holz mit Zwischenräumen; *vgl.* Festmeter; *Abk.* Rm, rm)
Raum|ord|nung; Raum|ord|nungs|plan (*vgl.* [2]Plan)
Raum|pend|ler
Raum|pfle|ger; Raum|pfle|ge|rin
Raum|pla|nung; Raum|pro|gramm
Raum|schiff; Raum|schiff|fahrt, *auch* **Raum|schiff-Fahrt** [*alte Schreibung* ...schiffahrt, *alte Trennung* ...ff|f...], die; -
Raum|sinn, der; -[e]s
Raum|son|de (unbemanntes Raumfahrzeug)
Raum spa|rend, *auch* **raum|spa|rend** ↑K 58 *u.* 59; eine Raum sparende, *auch* raumsparende Lösung, *aber nur* eine noch raumsparendere Lösung
Raum|sta|ti|on

Räum|te, die; -, -n (*Seemannsspr.* verfügbarer [Schiffs]laderaum)
Raum|tei|ler (frei stehendes Regal); **Raum|tem|pe|ra|tur**
Raum|trans|por|ter
Räu|mung
Räu|mungs|ar|bei|ten *Plur.*; **Räu|mungs|frist; Räu|mungs|kla|ge; Räu|mungs|ver|kauf**
Raum|wahr|neh|mung
Raum|wirt|schafts|the|o|rie, die; -
Raum|zahl (Maßzahl für den Rauminhalt von Schiffen)
Rau|näch|te [*alte Schreibung* Rauh|näch|te], Rauch|näch|te *Plur.* (im Volksglauben die »Zwölf Nächte« zwischen dem 25. Dez. und dem 6. Jan.)
rau|nen (dumpf, leise sprechen; flüstern); **Rau|nen**, das; -s
raun|zen (*landsch. für* widersprechen, nörgeln; *ugs. für* sich grob u. laut äußern); du raunzt
Raun|zer; Raun|ze|rei; raun|zig
Räup|chen
Rau|pe, die; -, -n; **rau|pen** (*landsch. für* von Raupen befreien); **rau|pen|ar|tig**
Rau|pen|bag|ger; Rau|pen|fahr|zeug
Rau|pen|fraß, der; -es
Rau|pen|ket|te; Rau|pen|schlep|per
Rau|putz [*alte Schreibung* Rauhputz]
Rau|ra|ker, Rau|ri|ker, der; -s, - (Angehöriger eines keltischen Volksstammes)
Rau|reif [*alte Schreibung* Rauhreif], der; -[e]s
raus; ↑K13 (*ugs. für* heraus)
Rausch, der; -[e]s, Räusche
rausch|arm (*Technik*)
Rausch|bee|re (Moorbeere)
Rausch|brand, der; -[e]s (eine Tierkrankheit)
Rau|sche|bart (*veraltend scherzh. für* [Mann mit] Vollbart)
rau|schen (*auch Jägerspr.* brünstig sein [vom Schwarzwild]); du rauschst; **rau|schend**; ein rauschendes Fest
Rau|scher, der; -s (*rhein. für* schäumender Most)
Rausch|gelb, das; -s (ein Mineral [Auripigment])
Rausch|gift, das
Rausch|gift|be|kämp|fung, die; -; **Rausch|gift|han|del; Rausch|gift|händ|ler**
rausch|gift|süch|tig; Rausch|gift|süch|ti|ge, der *u.* die; -n, -n
Rausch|gold (dünnes Messingblech); **Rausch|gold|en|gel**
rausch|haft
Rausch|nar|ko|se (*Med.* kurze, leichte Narkose)
Rausch|sil|ber (dünnes Neusilberblech)
Rausch|tat (*Rechtsspr.*)
Rausch|zeit (Brunstzeit des Schwarzwildes)
Rausch|zu|stand
raus|e|keln ↑K13 (*ugs.*); **raus|feu|ern; raus|flie|gen; raus|hal|ten; raus|ho|len; raus|kom|men**
raus|krie|gen ↑K13 (*ugs.*); **raus|las|sen; raus|lau|fen; raus|müs|sen; raus|neh|men**
Räus|pe|rer; räus|pern, sich; ich räuspere mich
raus|rü|cken [*alte Trennung* ...k|k...] ↑K13 (*ugs.*)
raus|schmei|ßen (*ugs.*); **Raus|schmei|ßer** (*ugs. für* jmd., der randalierende Gäste aus dem Lokal entfernt; letzter Tanz);
Raus|schmiss [*alte Schreibung* Raus|schmiß] (*ugs.*)
raus|wer|fen; ↑K13 (*ugs. für* heraus-, hinauswerfen)
[1]**Rau|te**, die; -, -n ‹lat.› (eine Pflanze)
[2]**Rau|te**, die; -, -n (schiefwinkliges gleichseitiges Viereck, Rhombus)
Rau|ten|de|lein (elfisches Wesen; Figur bei Gerhart Hauptmann)
rau|ten|för|mig
Rau|ten|kranz; Rau|ten|kro|ne (*Heraldik*)
Rau|wa|cke [*alte Schreibung* Rauh|wacke, *alte Trennung* ...k|k...] (eine Kalksteinart)
Rau|wa|re [*alte Schreibung* Rauhwa|re] (aufgerautes Gewebe; *landsch. für* Rauchware)
Rave [re:f], der *od.* das; -[s], -s ‹engl.› (größere Tanzveranstaltung zu Technomusik)
Ra|vel (französischer Komponist)
ra|ven ‹*zu* Rave›; in der Disco wurde geravt
Ra|ven|na (italienische Stadt)
Ra|vens|berg [...v...] (ehemalige westfälische Grafschaft); **Ra|vens|ber|ger**; Ravensberger Land; **ra|vens|ber|gisch**
Ra|vens|brück (Frauenkonzentrationslager der Nationalsozialisten)
Ra|vens|burg (oberschwäb. Stadt)
Ra|ver ‹*zu* Rave›
Ra|vi|o|li *Plur.* ‹ital.› (gefüllte kleine Nudelteigtaschen)
rav|vi|van|do ‹ital.› (*Musik* wieder belebend, schneller werdend)
Ra|wal|pin|di (Stadt in Pakistan)
Rax, die; - (österr. Gebirge)
Ra|yé [rɛˈje:], der; -[s], -s ‹franz.› (ein gestreiftes Gewebe)
Ray|gras *vgl.* Raigras
Ra|yon [rɛˈjõ:, *österr. meist* raˈjo:n], der; -s, -s ‹franz.› (*österr. u. schweiz. für* Bezirk, [Dienst]bereich; *auch für* [Warenhaus]abteilung); **Ra|yon|chef** (*österr. u. schweiz. für* Abteilungsleiter [im Warenhaus]);
ra|y|o|nie|ren [rɛjɔ...] (*österr., sonst veraltet für* einteilen; zuweisen)
Ra|yonne [rɛjɔn], die; - ‹franz.› (*schweiz. für* Reyon)
Ra|y|ons|in|spek|tor [...ˈjo:ns..., *auch* rɛˈjõ:...] (*österr.*)
ra|ze|mös ‹lat.› (*Bot.* traubenförmig); razemöse Blüte
Ražnji|ći [ˈraʒnitʃi], das; -[s], -[s] ‹serbokroat.› (ein jugoslawisches Fleischgericht)
Raz|zia, die; -, *Plur.* ...ien, *seltener* -s ‹arab.-franz.› (überraschende Fahndung der Polizei in einem Gebäude od. Gebiet)
Rb = *chem. Zeichen für* Rubidium
RB = Radio Bremen
Rbl = Rubel
rd. = rund
[1]**Re** (ägyptischer Sonnengott)
[2]**Re**, das; -s, -s ‹lat.› (*Kartenspiel* Erwiderung auf ein Kontra)
Re = *chem. Zeichen für* Rhenium
Rea|der [ˈri:...], der; -s, - ‹engl.› (Buch mit Auszügen aus der [wissenschaftlichen] Literatur u. verbindendem Text); **Rea|der's Di|gest**® [ˈri:... -], der *od.* das; - - (Monatsschrift mit Aufsätzen u. Auszügen aus neu erschienenen Büchern)
Re|a|gens, das; -, ...genzien *u.* **Re|a|genz**, das; -es, -ien ‹lat.› (*Chemie* Stoff, der mit einem anderen eine bestimmte chemische Reaktion herbeiführt u. diesen so identifiziert)
Re|a|genz|glas *Plur.* ...gläser (Prüfglas für [chemische] Versuche); **Re|a|genz|pa|pier**
re|a|gie|ren (eine Wirkung zeigen; *Chemie* eine chem. Reaktion eingehen); auf etwas reagieren
Re|ak|tanz, die; -, -en (*Elektrot.* Blindwiderstand)
Re|ak|ti|on, die; -, -en (Rück-, Gegenwirkung; chemische Umwandlung; *nur Sing.*: Gesamt-

R

heit aller fortschrittsfeindlichen politischen Kräfte); eine chemische Reaktion

re|ak|ti|o|när ⟨franz.⟩ (Gegenwirkung erstrebend od. ausführend; *abwertend für* nicht fortschrittlich); **Re|ak|ti|o|när,** der; -s, -e (*abwertend für* jmd., der sich jeder fortschrittlichen Entwicklung entgegenstellt)

re|ak|ti|ons|fä|hig; Re|ak|ti|ons|fä|hig|keit

Re|ak|ti|ons|ge|schwin|dig|keit; Re|ak|ti|ons|psy|cho|se

re|ak|ti|ons|schnell; re|ak|ti|ons|trä|ge

Re|ak|ti|ons|ver|mö|gen, das; -; **Re|ak|ti|ons|zeit**

re|ak|tiv ⟨lat.⟩ (rückwirkend; auf Reize reagierend)

re|ak|ti|vie|ren (wieder in Tätigkeit setzen; wieder anstellen; chem. wieder umsetzungsfähig machen); **Re|ak|ti|vie|rung**

Re|ak|ti|vi|tät, die; -, -en ⟨*zu* reaktiv⟩

Re|ak|tor, der; -s, ...oren (Vorrichtung, in der eine chemische od. eine Kernreaktion abläuft)

Re|ak|tor|block *Plur.* ...blöcke; **Re|ak|tor|geg|ner; Re|ak|tor|phy|sik; Re|ak|tor|tech|nik,** die; -; **Re|ak|tor|un|fall**

re|al ⟨lat.⟩ (wirklich, tatsächlich; dinglich, sachlich)

¹Re|al, der; -s, -es ⟨span.⟩ (alte spanische Münze)

²Re|al, der; -s, Reis ⟨port.⟩ (alte portugiesische Münze)

³Re|al, das; -[e]s, -e (*landsch. für* ¹Regal)

Re|al|akt *(Rechtsspr.)*; **Re|al|ein|kom|men; Re|al|en|zy|k|lo|pä|die** (Sachwörterbuch)

Re|al|gar, der; -s, -e ⟨arab.⟩ (ein Mineral)

Re|al|ge|mein|de (land- od. forstwirtschaftl. Genossenschaft)

Re|al|gym|na|si|um *(früher)*

Re|a|li|en *Plur.* ⟨lat.⟩ (wirkliche Dinge, Tatsachen; Sachkenntnisse); **Re|a|li|en|buch**

Re|al|in|ju|rie (*Rechtsspr.* tätliche Beleidigung)

Re|a|li|sa|ti|on, die; -, -en (Verwirklichung; *Wirtsch.* Umwandlung in Geld)

Re|a|li|sa|tor, der; -s, ...oren (jmd., der einen Film, eine Fernsehsendung verwirklicht)

re|a|li|sier|bar; Re|a|li|sier|bar|keit, die; -

re|a|li|sie|ren (verwirklichen; erkennen, begreifen; *Wirtsch.* in Geld umwandeln); **Re|a|li|sie|rung**

Re|a|lis|mus, der; - ([nackte] Wirklichkeit; Kunstdarstellung des Wirklichen; Wirklichkeitssinn; Bedachtsein auf die Wirklichkeit, den Nutzen)

Re|a|list, der; -en, -en; **Re|a|lis|tik** [*alte Trennung* ...|st...], die; - ([ungeschminkte] Wirklichkeitsdarstellung); **Re|a|lis|tin; re|a|lis|tisch**

Re|a|li|tät, die; -, -en (Wirklichkeit, Gegebenheit)

Re|a|li|tä|ten *Plur.* (Gegebenheiten; *bes. österr. auch für* Immobilien); **Re|a|li|tä|ten|händ|ler** (*österr. für* Immobilienmakler)

re|a|li|täts|be|zo|gen; re|a|li|täts|fern; re|a|li|täts|fremd

Re|a|li|täts|sinn, der; -[e]s; **Re|a|li|täts|ver|lust**

re|a|li|ter (in Wirklichkeit)

Re|a|li|ty-TV [riˈɛliti...], das; -[s] ⟨engl.⟩ (Fernsehprogramm, das tatsächlich Geschehendes [bes. nach Unglücksfällen] live zeigt oder später nachstellt)

Re|al|ka|pi|tal *(Wirtsch.)*

Re|al|ka|ta|log *(Bibliothekswesen)*

Re|al|kon|kor|danz *(Theol.)*

Re|al|kon|kur|renz, die; - *(Rechtsspr.)*; **Re|al|kon|t|rakt** *(Rechtsspr.)*

Re|al|kre|dit *(Bankw.)*; **Re|al|last** *meist Plur. (Bankw.)*

Re|al|le|xi|kon (Sachwörterbuch)

Re|al|lohn

Re|a|lo, der; -s, -s (*ugs. für* Realpolitiker, pragmatischer Politiker [bes. bei den Grünen])

Re|al|po|li|tik, die; - (Politik auf realen Grundlagen)

Re|al|pro|dukt *(Wirtsch.)*

Re|al|schu|le (Schule, die mit der mittleren Reife abschließt); **Re|al|schü|ler; Re|al|schü|le|rin**

Re|al|schul|leh|rer; Re|al|schul|leh|re|rin

Re|al|steu|er, die; *meist Plur.*; **Re|al|wert**

Re|al|wör|ter|buch (Sachwörterbuch)

re|a|ma|teu|ri|sie|ren [...tø...] *(Sport)*

Re|a|ni|ma|ti|on, die; -, -en ⟨lat.⟩ (*Med.* Wiederbelebung); **Re|a|ni|ma|ti|ons|zen|t|rum**

re|a|ni|mie|ren (wiederbeleben); **Re|a|ni|mie|rung**

Re|au|mur [...omyːɐ̯] ⟨nach dem franz. Physiker⟩ (Gradeinheit beim 80-teiligen Thermometer; *Zeichen* R; *fachspr.* °R); 3° R, *fachspr.* 3 °R

Reb|bach *vgl.* Reibach

Reb|bau, der; -[e]s; **Reb|berg**

Re|be, die; -, -n

Re|bek|ka (w. Vorn.)

Re|bell, der; -en, -en ⟨franz.⟩ (Aufrührer, Aufständischer); **re|bel|lie|ren; Re|bel|lin; Re|bel|li|on,** die; -, -en; **re|bel|lisch**

re|beln ([Trauben u. a.] abbeeren); ich reb[e]le; *vgl.* Gerebelte

Re|ben|blü|te; Re|ben|hü|gel; Re|ben|saft, der; -[e]s

Reb|hen|del, das; -s, -n (*österr. neben* Rebhuhn); **Reb|huhn** [*österr. nur so, sonst auch* ˈrɛp...]

Reb|laus (ein Insekt)

Reb|ling (Rebenschössling)

Re|bound [riˈbaunt], der; -s, -s ⟨engl.⟩ (*Basketball* vom Brett od. Korbring abprallender Ball)

Reb|pfahl

Re|break [ˈriːbreːk], der *od.* das; -s, -s ⟨engl.⟩ (*Sport* Break, das man nach einem gegnerischen Break erzielt)

Reb|schnitt

Reb|schnur, die; -, ...schnüre (*österr. für* Reepschnur)

Reb|schu|le; Reb|sor|te; Reb|stock *Plur.* ...stöcke

Re|bus, der *od.* das; -, -se ⟨lat.⟩ (Bilderrätsel)

Rec., Rp. = recipe

Re|cei|ver [riˈsiːvɐ], der; -s, - ⟨engl.⟩ (Hochfrequenzteil für Satellitenempfang; Empfänger u. Verstärker für Hi-Fi-Wiedergabe)

Re|chaud [...ˈʃoː], der *od.* das; -s, -s ⟨franz.⟩ (Wärmeplatte; *südd., österr. u. schweiz. für* [Gas]kocher)

re|chen (*südd., österr., schweiz. für* harken); gerecht; **Re|chen,** der; -s, - (*südd., österr., schweiz. für* Harke)

Re|chen|an|la|ge; Re|chen|auf|ga|be; Re|chen|au|to|mat; Re|chen|brett; Re|chen|buch

Re|chen|e|xem|pel; Re|chen|feh|ler; Re|chen|heft; Re|chen|künst|ler; Re|chen|ma|schi|ne; Re|chen|ope|ra|ti|on

Re|chen|schaft, die; -; **Re|chen|schafts|be|richt; Re|chen|schafts|le|gung**

Re|chen|schafts|pflicht; re|chen|schafts|pflich|tig

Re|chen|schei|be; Re|chen|schie|ber; Re|chen|stab

R

rẹcht/Rẹcht

Kleinschreibung:
- ein rechter Winkel
- der rechte Ort; der rechte Zeitpunkt
- zur rechten Hand, rechter Hand (rechts); jmds. rechte Hand sein *(übertr.)*
- jetzt erst recht
- so ist es recht; das ist [mir] durchaus, ganz, völlig recht; es soll mir recht sein
- das geschieht ihm recht
- das ist nicht recht von dir; es ist [nur] recht und billig; alles, was recht ist
- man kann ihm nichts recht machen
- du hast recht daran getan
- gehe ich recht in der Annahme, dass …

Großschreibung:
- das Recht, des Recht[e]s, die Rechte
- bürgerliches Recht, öffentliches Recht
- im Recht sein
- von Rechts wegen
- mit Recht, ohne Recht
- etwas für Recht erkennen
- nach Recht und Gewissen
- Recht finden, Recht sprechen; sein Recht suchen; das Recht anwenden, vertreten, verletzen, beugen
- sein Recht fordern; auf sein Recht pochen; zu seinem Recht kommen
- Recht [*alte Schreibung* recht] haben; Recht [*alte Schreibung* recht] behalten; Recht [*alte Schreibung* recht] bekommen
- jmdm. Recht [*alte Schreibung* recht] geben
- zu Recht; zu Recht bestehen, erkennen; sie ist zu Recht auf den zweiten Platz gekommen, *aber* sie ist allein gut zurechtgekommen, kommt allein gut zurecht

Vgl. auch rechtens *u.* zurechtbiegen, zurechtfinden usw.

Rẹ|chen|stiel (Stiel des Rechens)
Rẹ|chen|stun|de; Rẹ|chen|ta|fel; Rẹ|chen|un|ter|richt; Rẹ|chen|zei|chen; Rẹ|chen|zen|t|rum
Re|cher|che [...ˈʃɛrʃə], die; -, -n *meist Plur.* ‹franz.› (Nachforschung); **Re|cher|cheur** [...ˈʃøːɐ̯], der; -s, -e; **Re|cher|cheu|rin; re|cher|chie|ren**
rẹch|nen; gerechnet
Rẹch|nen, das; -s; **Rẹch|ner; Rech|ne|rei**
rẹch|ner|ge|steu|ert; rẹch|ner|ge|stützt
rẹch|ne|risch
Rẹch|nung; einer Sache Rechnung tragen
Rẹch|nungs|ab|gren|zung (in der Buchführung); **Rẹch|nungs|ab|gren|zungs|pos|ten** [*alte Trennung* ...|st...]
Rẹch|nungs|ab|la|ge; Rẹch|nungs|amt; Rẹch|nungs|art; Rẹch|nungs|be|trag; Rẹch|nungs|block *vgl.* Block; **Rẹch|nungs|buch; Rẹch|nungs|ein|heit** *(Finanzw.)*
Rẹch|nungs|füh|rer (Buchhalter); **Rẹch|nungs|füh|rung**
Rẹch|nungs|hof; Rẹch|nungs|jahr; Rẹch|nungs|le|gung; Rẹch|nungs|num|mer; Rẹch|nungs|pos|ten [*alte Trennung* ...|st...]
Rẹch|nungs|prü|fer; Rẹch|nungs|prü|fe|rin; Rẹch|nungs|prü|fung
Rẹch|nungs|we|sen, das; -s
rẹcht *s. Kasten*
Rẹcht *s. Kasten*
rẹcht|dre|hend *(Meteor.);* rechtdrehender (sich in Uhrzeigerrichtung drehender) Wind
[1]Rẹch|te, der, die, das; -n; du bist mir der/die Rechte; an den/die Rechten kommen; das Rechte treffen, tun; etwas, nichts Rechtes können, wissen; nach dem Rechten sehen
[2]Rẹch|te, die; -n, -n (rechte Hand; rechte Seite; *Politik* die rechts stehenden Parteien, eine rechts stehende Gruppe); zur Rechten; in meiner Rechten; er traf ihn mit einer blitzschnellen Rechten *(Boxen);* die gemäßigte, äußerste Rechte; er gehört der Rechten an *(Politik)*
Rẹcht|eck; rẹcht|e|ckig [*alte Trennung* ...k|k...]
Rẹch|te|hạnd|re|gel, die; - *(Physik)*
rẹch|ten
rẹch|tens (rechtmäßig, zu Recht); er wurde rechtens verurteilt; die Kündigung war rechtens [*alte Schreibung* Rechtens], wurde für nicht rechtens [*alte Schreibung* Rechtens] gehalten
rẹch|ter Hạnd *vgl.* recht; **rẹch|ter|seits**
rẹcht|fer|ti|gen; gerechtfertigt; **Rẹcht|fer|ti|gung**
Rẹcht|fer|ti|gungs|schrift; Rẹcht|fer|ti|gungs|ver|such
rẹcht|gläu|big; Rẹcht|gläu|big|keit, die; -
Rẹcht|ha|ber; Rẹcht|ha|be|rei, die; -; **rẹcht|ha|be|risch**
Rẹcht|kant, das *od.* der; -[e]s, -e (*veraltet für* Quader)
rẹcht|läu|fig (*Astron.* entgegen dem Uhrzeigersinn laufend)
rẹcht|lich; rechtliches Gehör (*Rechtsspr.* verfassungsrechtlich garantierter Anspruch des Staatsbürgers, seinen Standpunkt vor Gericht vorzubringen); **Rẹcht|lich|keit,** die; -
rẹcht|los; Rẹcht|lo|sig|keit, die; -
rẹcht|mä|ßig; Rẹcht|mä|ßig|keit, die; -
rẹcht/Rẹcht *s. Kasten*

rẹchts

(*Abk.* r.)
- rechts von mir, rechts vom Eingang
- *Auch mit Genitiv:* rechts des Waldes, rechts der Isar

Nur Kleinschreibung:
- von, gegen, nach rechts
- von rechts nach links
- an der Kreuzung gilt rechts vor links
- er weiß nicht, was rechts und was links ist

Getrenntschreibung:
- politisch rechts stehende [*alte Schreibung* rechtsstehende] Parteien; rechts außen [*alte Schreibung* rechtsaußen] spielen; *aber* der Rechtsaußen
- rechts um! (milit. Kommando; *aber* rechtsum)
- rechts sein (*ugs. für* Rechtshänder sein)

Rẹchts|ab|bie|ger *(Verkehrsw.)*
Rẹchts|ab|tei|lung; Rẹchts|akt; Rẹchts|an|ge|le|gen|heit; Rẹchts|an|schau|ung; Rẹchts|an|spruch
Rẹchts|an|walt; Rẹchts|an|wäl|tin
Rẹchts|an|walt[s]|bü|ro; Rẹchts|an|walt[s]|kam|mer; Rẹchts|an-

walt[s]|kanz|lei; Rẹchts|an|walt[s]|pra|xis

Rẹchts|an|wen|dung; Rẹchts|auf|fas|sung; Rẹchts|aus|kunft

Rẹchts|aus|la|ge *(Boxen);* **Rẹchts|aus|le|ger** *(Boxen)*

rechts au̲|ßen [*alte Schreibung* rechts|au|ßen] *vgl.* rechts; **Rechts|au̲|ßen,** der; -, - *(Sport);* er spielt den klassischen Rechtsaußen

Rẹchts|bei|stand; Rẹchts|be|leh|rung

Rẹchts|be|ra|ter; Rẹchts|be|ra|te|rin; Rẹchts|be|ra|tung

Rẹchts|be|schwer|de; Rẹchts|beu|gung; Rẹchts|be|wusst|sein [*alte Schreibung* ...bewußt|sein]

Rẹchts|bre|cher; Rẹchts|bre|che|rin; Rẹchts|bruch, der

rẹchts|bün|dig

rẹcht|schaf|fen *(veraltend);* **Rẹcht|schaf|fen|heit,** die; -

Rẹcht|schreib|buch, Rẹcht|schrei|be|buch

rẹcht|schrei|ben *nur im Infinitiv gebräuchlich;* er kann nicht rechtschreiben, *aber* er kann nicht recht schreiben (er schreibt unbeholfen); **Rẹcht|schrei|ben,** das; -s

Rẹcht|schreib|feh|ler; Rẹcht|schreib|fra|ge

rẹcht|schreib|lich

Rẹcht|schreib|re|form

Rẹcht|schrei|bung

Rẹchts|drall, der; -[e]s, -e

rẹchts|dre|hend; ein rechtsdrehendes Gewinde; *aber* nach rechts drehend; *vgl.* rechtdrehend; **Rẹchts|dre|hung**

rẹchts|el|bisch

Rẹchts|emp|fin|den

Rẹcht|ser *(ugs. für* Rechtshänder)

rẹchts|er|fah|ren

Rẹcht|set|zung, Rẹchts|set|zung

rẹchts|ex|t|rem; Rẹchts|ex|t|re|mis|mus, der; -; **Rẹchts|ex|t|re|mist; rẹchts|ex|t|re|mis|tisch** [*alte Trennung* ...|st...]

rẹchts|fä|hig; Rẹchts|fä|hig|keit, die; -

Rẹchts|fall, der

Rẹchts|ga|lopp

Rẹchts|gang, der (*für* gerichtliches Verfahren)

Rẹchts|ge|lehr|sam|keit *(veraltet)*

rẹchts|ge|lehrt; Rẹchts|ge|lehr|te

Rẹchts|ge|schäft; rẹchts|ge|schäft|lich

Rẹchts|ge|schich|te, die; -

Rẹchts|ge|win|de

Rẹchts|grund; Rẹchts|grund|satz

rẹchts|gül|tig; Rẹchts|gül|tig|keit, die; -

Rẹchts|gut; Rẹchts|han|del

Rẹchts|hän|der; Rẹchts|hän|de|rin

rẹchts|hän|dig; Rẹchts|hän|dig|keit, die; -

rẹchts|hän|gig (gerichtlich noch nicht abgeschlossen)

rẹchts|her *(veraltet für* von rechts her); **rẹchts|he|rum;** rechtsherum drehen, *aber* nach rechts herumdrehen

Rẹchts|hil|fe; Rẹchts|hil|fe|ab|kom|men; Rẹchts|hil|fe|ord|nung

rẹchts|hin *(veraltet für* nach rechts hin)

Rẹchts|his|to|ri|ker [*alte Trennung* ...|st...]

Rẹchts|kon|su|lent, der; -en, -en *(svw.* Rechtsbeistand)

Rẹchts|kraft, die; -; formelle (äußere) Rechtskraft; materielle (sachliche) Rechtskraft; **rẹchts|kräf|tig**

rẹchts|kun|dig

Rẹchts|kurs; Rẹchts|kur|ve

Rẹchts|la|ge *(Rechtsw.)*

rẹchts|las|tig [*alte Trennung* ...|st...]; **rẹchts|läu|fig**

Rẹchts|leh|re, die; -

Rẹchts|mit|tel, das; **Rẹchts|mit|tel|be|leh|rung**

Rẹchts|nach|fol|ge; Rẹchts|nach|fol|ger; Rẹchts|nach|fol|ge|rin

Rẹchts|norm; Rẹchts|ord|nung

Rẹchts|par|tei

Rẹchts|pfle|ge, die; -; **Rẹchts|pfle|ger; Rẹchts|pfle|ge|rin**

Rẹchts|phi|lo|so|phie, die; -

Rẹchts|po|pu|lis|mus (zur extremen politischen Rechten neigender Populismus); **rẹchts|po|pu|lis|tisch** [*alte Trennung* ...|st...]

Rẹcht|spre|chung

rẹchts|ra|di|kal; Rẹchts|ra|di|ka|le; Rẹchts|ra|di|ka|lis|mus

rẹchts|rhei|nisch

Rẹchts|ruck *(Politik)*

rẹchts|rum *(ugs.)*

Rẹchts|sa|che; Rẹchts|satz; Rẹchts|schrift

Rẹchts|schutz, der; -es; **Rẹchts|schutz|ver|si|che|rung**

rẹchts|sei|tig; rechtsseitig gelähmt

Rẹchts|set|zung *vgl.* Rechtsetzung; **Rẹchts|si|cher|heit,** die; -; **Rẹchts|spra|che,** die; -; **Rẹchts|spruch**

Rẹchts|staat *Plur.* ...staaten; **rẹchts|staat|lich; Rẹchts|staat|lich|keit,** die; -

Rẹchts|stand|punkt

rẹchts ste|hend [*alte Schreibung* rechts|ste|hend] *vgl.* rechts

Rẹchts|stel|lung; Rẹchts|streit; Rẹchts|ti|tel; Rẹchts|trä|ger *(Rechtsw.)*

rẹcht|su|chend; der rechtsuchende Bürger, *aber* der sein Recht suchende Bürger

rẹchts|uf|rig

rechts|ụm [*auch* 'rɛ...]; rechtsum machen; rechtsum! (milit. Kommando)

rechts|um|kẹhrt *(schweiz.);* rechtsumkehrt machen (*auch übertr. für* den entgegengesetzten Weg einschlagen)

Rẹchts|un|si|cher|heit, die; -

Rẹchts|un|ter|zeich|ne|te; *vgl.* Unterzeichnete

rẹchts|ver|bind|lich; Rẹchts|ver|bind|lich|keit, die; -

Rẹchts|ver|dre|her *(abwertend);* **Rẹchts|ver|fah|ren**

Rẹchts|ver|kehr

Rẹchts|ver|let|zung; Rẹchts|ver|ord|nung; Rẹchts|ver|wei|ge|rung

Rẹchts|vor|schlag (*schweiz. für* Einspruch gegen Zwangsvollstreckung)

Rẹchts|vor|schrift; Rẹchts|vor|stel|lung; Rẹchts|weg

Rẹchts|wen|dung

Rẹchts|we|sen, das; -s

rẹchts|wid|rig; rẹchts|wirk|sam

Rẹchts|wis|sen|schaft, die; -

rẹcht|wink|lig

rẹcht|zei|tig

Re|ci|fe [re'si:fi] (bras. Stadt)

re̲|ci|pe! [...pe] ‹lat., »nimm!«› (auf ärztl. Rezepten; *Abk.* Rec. *u.* Rp.)

Re|ci|tal [ri'sai̯tl̩], das; -s, -s, *eindeutschend* Re|zi|ta̲l, das; -s, *Plur.* -e *od.* -s ‹engl.› (Solistenkonzert)

re|ci|tạn|do [...tʃ...] ‹ital.› (*Musik* frei vortragend, rezitierend)

Rẹck, das; -[e]s, *Plur.* -e, *auch* -s (ein Turngerät)

Rẹ|cke [*alte Trennung* ...k|k...], der; -n, -n ([Sagen]held)

rẹ|cken [*alte Trennung* ...k|k...]; sich recken und strecken; Wäsche recken (*landsch. für* gerade legen)

rẹ|cken|haft [*alte Trennung* ...k|k...] ‹*zu* Recke›

Reck|ling|hau̲|sen (Stadt im Ruhrgebiet); **Reck|ling|häu̲|ser**

Rẹck|stan|ge; Rẹck|tur|nen; Rẹck|tur|ner; Rẹck|ü|bung

Re|cor|der *vgl.* Rekorder

re|c|te ⟨lat.⟩ (*veraltet für* richtig); **Re|c|to** *vgl.* Rekto

Re|c|tor ma|g|ni|fi|cus, der; - -, ...ores ...fici ⟨lat.⟩ (Titel des Hochschulrektors)

re|cy|cel|bar, re|cy|c|le|bar [ri'saikl̩...] ⟨engl.⟩; **re|cy|celn, re|cy|c|len** (einem Recycling zuführen); das Altglas wird recycelt *od.* recyclet

Re|cy|c|ling, das; -s (Wiederverwendung bereits benutzter Rohstoffe)

Re|cy|c|ling|an|la|ge; Re|cy|c|ling|pa|pier; Re|cy|c|ling|ver|fah|ren

Re|dak|teur [...'tøːɐ̯], der; -s, -e ⟨franz.⟩ (jmd., der im Verlagswesen, Rundfunk od. Fernsehen Manuskripte be- u. ausarbeitet); **Re|dak|teu|rin** [...'tøː...]

Re|dak|ti|on, die; -, -en (Tätigkeit des Redakteurs; Gesamtheit der Redakteure u. deren Arbeitsraum); **re|dak|ti|o|nell**

Re|dak|ti|ons|as|sis|tent [*alte Trennung* ...|st...]; **Re|dak|ti|ons|as|sis|ten|tin; Re|dak|ti|ons|ge|heim|nis;** Re|dak|ti|ons|schluss [*alte Schreibung* ...schluß], der; -es; **Re|dak|ti|ons|sta|tut**

Re|dak|tor, der; -s, ...oren ⟨lat.⟩ (Herausgeber; *schweiz. auch svw.* Redakteur)

Red|der, der; -s, - (*nordd., nur noch in Straßennamen* enger Weg [zwischen Hecken])

Re|de, die; -, -n; Rede und Antwort stehen; zur Rede stellen

Re|de|blü|te; Re|de|du|ell; Re|de|fi|gur; Re|de|fluss [*alte Schreibung* ...fluß] *Plur. selten;* **Re|de|frei|heit,** die; -; **Re|de|ga|be,** die; -

re|de|ge|wal|tig

re|de|ge|wandt; Re|de|ge|wandt|heit

Re|de|kunst

Re|d|emp|to|rist, der; -en, -en ⟨lat.⟩ (Angehöriger einer kath. Kongregation)

re|den; gut reden haben; von sich reden machen; ↑K 82: jmdn. zum Reden bringen; nicht viel Redens von einer Sache machen; Reden ist Silber, Schweigen ist Gold

Re|dens|art; re|dens|art|lich

Re|de|rei

Re|de|schwall; Re|de|strom; Re|de|ver|bot; Re|de|wei|se, die; **Re|de|wen|dung; Re|de|zeit**

re|di|gie|ren ⟨franz.⟩ (druckfertig machen; abfassen; bearbeiten)

Re|din|gote [redɛ̃'gɔt, *auch* rə...], die; -, -n, *auch* der; -[s], -s ⟨franz.⟩ (taillierter Damenmantel mit Reverskragen)

Re|dis|fe|der (*österr.* eine Schreibfeder für Tusche u. Ä.)

re|dis|kon|tie|ren ⟨ital.⟩ ([einen diskontierten Wechsel] an- od. weiterverkaufen); **Re|dis|kon|tie|rung**

re|di|vi|vus ⟨lat.⟩ (wieder erstanden)

red|lich; Red|lich|keit, die; -

Red|ner

Red|ner|büh|ne; Red|ner|ga|be

Red|ne|rin; red|ne|risch

Red|ner|lis|te [*alte Trennung* ...|st...]; **Red|ner|pult; Red|ner|tri|bü|ne**

Re|dou|te [...'duː..., *österr.* ...dut], die; -, -n ⟨franz.⟩ (*österr. für* Maskenball)

re|dres|sie|ren ⟨franz.⟩ (*Med.* wieder einrenken)

red|se|lig; Red|se|lig|keit, die; -

Re|du|it [re'dy̆iː], das; -s, -s ⟨franz.⟩ (*früher* Verteidigungsanlage im Kern einer Festung)

Re|duk|ti|on, die; -, -en ⟨lat.⟩ (*zu* reduzieren)

Re|duk|ti|o|nis|mus; re|duk|ti|o|nis|tisch [*alte Trennung* ...|st...]

Re|duk|ti|ons|di|ät; Re|duk|ti|ons|mit|tel *(Chemie);* **Re|duk|ti|ons|o|fen** *(Technik);* **Re|duk|ti|ons|tei|lung** *(Biol.)*

re|d|un|dant ⟨lat.⟩ (überreichlich, üppig; weitschweifig); **Re|d|un|danz,** die; -, -en (Überladung, Überfluss; *EDV* nicht notwendiger Teil einer Information); **re|d|un|danz|frei**

Re|du|p|li|ka|ti|on, die; -, -en ⟨lat.⟩ (*Sprachw.* Verdoppelung eines Wortes oder Wortteils, z. B. »Bonbon«); **re|du|p|li|zie|ren**

re|du|zi|bel ⟨lat.⟩ *(Math.);* **re|du|zie|ren** (zurückführen; herabsetzen, einschränken; vermindern; *Chemie* Sauerstoff entziehen); **Re|du|zie|rung**

Re|du|zier|ven|til *(Technik)*

ree!, *seltener* rhe! (Segelkommando)

Ree|de, die; -, -n (Ankerplatz vor dem Hafen); **Ree|der** (Schiffseigner); **Ree|de|rei** (Schifffahrtsunternehmen); **Ree|de|rei|flag|ge; Ree|de|rin**

re|ell ⟨franz.⟩ (anständig, ehrlich; ordentlich; wirklich [vorhanden], echt); reelle Zahlen *(Math.);* **Re|el|li|tät,** die; -

Re|en|gi|nee|ring [riːɛndʒɪ'nɪərɪŋ], das; -s, -s ⟨engl.⟩ (grundlegende Umgestaltung eines Unternehmens, um Kostenreduzierung u. Flexibilisierung zu erreichen)

Reep, das; -[e]s, -e (*nordd. für* Seil, Tau)

Ree|per|bahn (*nordd. für* Seilerbahn; Straße in Hamburg)

Reep|schlä|ger (*nordd. für* Seiler); **Reep|schnur** (*fachspr.* starke Schnur od. dünneres, sehr festes Seil)

Reet, das; -s (*nordd. für* Ried); **Reet|dach** *(nordd.)*

ref., reform. = reformiert

REFA, die = Reichsausschuss für Arbeitszeitermittlung (*seit 1995* REFA-Verband für Arbeitsgestaltung, Betriebsorganisation u. Unternehmensentwicklung e. V.); **REFA-Fach|mann** ↑K 28

Re|fak|tie, die; -, -n ⟨niederl.⟩ (*Kaufmannsspr.* Gewichts- od. Preisabzug wegen beschädigter od. fehlerhafter Ware; **re|fak|tie|ren** (einen Nachlass gewähren)

Re|fek|to|ri|um, das; -s, ...ien ⟨lat.⟩ (Speisesaal [in Klöstern])

Re|fe|rat, das; -[e]s, -e ⟨lat.⟩ (Abhandlung, Bericht, Vortrag; Sachgebiet eines Referenten)

Re|fe|ree [refə'riː, *auch* 'rɛfəri], der; -s, -s ⟨engl.⟩ (*Sport* Schieds-, Ringrichter)

Re|fe|ren|dar, der; -s, -e ⟨lat.⟩ (Anwärter auf die höhere Beamtenlaufbahn nach der ersten Staatsprüfung); **Re|fe|ren|da|ri|at,** das; -[e]s, -e (Vorbereitungsdienst für Referendare); **Re|fe|ren|da|rin**

Re|fe|ren|dum, das; -s, *Plur.* ...den *u.* ...da (Volksabstimmung, -entscheid [bes. in der Schweiz])

Re|fe|rent, der; -en, -en (Berichterstatter; Sachbearbeiter); *vgl. aber* Reverend; **Re|fe|ren|tin**

Re|fe|renz, die; -, -en (Beziehung, Empfehlung; *auch für* jmd., der eine Referenz erteilt); *vgl. aber* Reverenz; **Re|fe|ren|zen|lis|te** [*alte Trennung* ...|st...]

re|fe|rie|ren ⟨franz.⟩ (berichten, vortragen)

¹Reff, das; -[e]s, -e (*ugs. abwertend für* hagere [alte] Frau)

²Reff, das; -[e]s, -e (*landsch. für* Rückentrage)

R

[3]**Reff,** das; -[e]s, -s (*Seemannsspr.* Vorrichtung zum Verkürzen eines Segels); **ref|fen**

re|fi|nan|zie|ren (*Finanzw.* fremde Mittel aufnehmen, um damit selbst Kredit zu geben); **Re|fi|nan|zie|rung**

Re|fla|ti|on, die; -, -en ‹lat.› (*Finanzw.* Erhöhung der im Umlauf befindlichen Geldmenge); **re|fla|ti|o|när**

Re|flek|tant, der; -en, -en ‹lat.› (*veraltend für* Bewerber, Interessent)

re|flek|tie|ren ‹lat.› ([zu]rückstrahlen, spiegeln; nachdenken, erwägen; *ugs. für* Absichten haben auf etwas)

Re|flek|tor, der; -s, ...oren ([Hohl]spiegel; Teil einer Richtantenne; Fernrohr mit Parabolspiegel); **re|flek|to|risch** (durch einen Reflex bedingt, Reflex...)

Re|flex, der; -es, -e ‹franz.› (Widerschein, Rückstrahlung zerstreuten Lichts; unwillkürliches Ansprechen auf einen Reiz); **re|flex|ar|tig**

Re|flex|be|we|gung; Re|flex|hand|lung

Re|fle|xi|on, die; -, -en ‹lat.› (Rückstrahlung von Licht, Schall, Wärme u. a.; Vertiefung in einen Gedankengang, Betrachtung); **Re|fle|xi|ons|win|kel** *(Physik)*

re|fle|xiv ‹lat.› (durch [Nach]denken u. Erwägen; *Sprachw.* rückbezüglich); reflexives Verb (rückbezügliches Verb, z. B. »sich schämen«)

Re|fle|xiv, das; -s, -e (*svw.* Reflexivpronomen); **Re|fle|xiv|pro|no|men** (*Sprachw.* rückbezügliches Fürwort, z. B. »sich« *in* »er wäscht sich«); **Re|fle|xi|vum,** das; -s, ...va (*älter für* Reflexivpronomen)

R

Re|flex|schal|tung (*Elektrot.* Wendeschaltung)

Re|flex|zo|nen|mas|sa|ge (*Med.* Massage bestimmter Zonen der Körperoberfläche zur Beeinflussung innerer Organe)

Re|form, die; -, -en ‹lat.› (Umgestaltung; Verbesserung des Bestehenden; Neuordnung)

re|form., ref. = reformiert

Re|for|ma|ti|on, die; -, -en (Umgestaltung; *nur Sing.:* Glaubensbewegung des 16. Jh.s, die zur Bildung der ev. Kirchen führte)

Re|for|ma|ti|ons|fest; Re|for|ma|ti|ons|tag (31. Okt.); **Re|for|ma|ti|ons|zeit,** die; -; **Re|for|ma|ti|ons|zeit|al|ter,** das; -s

Re|for|ma|tor, der; -s, ...oren; **Re|for|ma|to|rin; re|for|ma|to|risch**

re|form|be|dürf|tig; Re|form|be|dürf|tig|keit

Re|form|be|stre|bung *meist Plur.;* **Re|form|be|we|gung**

Re|for|mer ‹engl.› (Verbesserer, Erneuerer); **Re|for|me|rin; re|for|me|risch**

re|form|freu|dig

Re|form|haus

re|for|mie|ren ‹lat.›; **re|for|miert** (*Abk.* ref., reform.); reformierte Kirche ↑K151; **Re|for|mier|te,** der *u.* die; -n, -n (Anhänger[in] der reformierten Kirche); **Re|for|mie|rung**

Re|for|mis|mus, der; - (Bewegung zur Verbesserung eines [sozialen] Zustandes od. [politischen] Programms)

Re|for|mist, der; -en, -en; **Re|for|mis|tin** [*alte Trennung* ...|st...]; **re|for|mis|tisch**

Re|form|klei|dung; Re|form|kom|mu|nis|mus; Re|form|kon|zil; Re|form|kost; Re|form|pä|d|a|go|gik; Re|form|po|li|tik, die; -; **Re|form|stau; Re|form|wa|re** *meist Plur.*

Re|f|rain [...ˈfrɛ̃:], der; -s, -s ‹franz.› (Kehrreim)

re|frak|tär ‹lat.› (*Med.* unempfindlich; unempfänglich für neue Reize)

Re|frak|ti|on, die; -, -en ‹lat.› (*Physik* [Strahlen]brechung an Grenzflächen zweier Medien); **Re|frak|to|me|ter,** das; -s, - (*Optik* Gerät zur Messung des Brechungsvermögens)

Re|frak|tor, der; -s, ...oren (aus Linsen bestehendes Fernrohr)

Re|frak|tu|rie|rung (*Med.* erneutes Brechen eines schlecht geheilten Knochens)

Re|f|ri|ge|ra|tor, der; -s, ...oren ‹lat.› (Kühler; Gefrieranlage)

Re|fu|gié [...fyˈʒie:], der; -s, -s ‹franz.› (Flüchtling, bes. aus Frankreich geflüchteter Protestant [17. Jh.])

Re|fu|gi|um [...gium], das; -s, ...ien ‹lat.› (Zufluchtsort)

re|fun|die|ren ‹lat.› (*österr. für* ersetzen, zurückerstatten)

Re|fus, Re|füs [*beide* rəˈfy:, re...], der; -, - ‹franz.› (*veraltet für* Ablehnung; Weigerung); **re|fü|sie|ren** *(veraltet)*

Reg, die; -, - ‹hamit.› (Geröllwüste [in der algerischen Sahara])

reg. = registered

Reg., Regt., Rgt. = Regiment

[1]**Re|gal,** das; -s, -e ([Bücher-, Waren]gestell mit Fächern)

[2]**Re|gal,** das; -s, -e ‹franz.› (kleine, nur aus Zungenstimmen bestehende Orgel; Zungenregister der Orgel)

[3]**Re|gal,** das; -s, ...lien *meist Plur.* ‹lat.› (*früher* [wirtschaftlich nutzbares] Hoheitsrecht, z. B. Zoll-, Münz-, Postrecht)

Re|gal|brett

re|ga|lie|ren ‹franz.› (*landsch. für* reichlich bewirten); sich regalieren (sich an etwas satt essen)

Re|ga|li|tät, die; -, -en ‹lat.› (*veraltet für* Anspruch auf Hoheitsrechte)

Re|gal|wand

Re|gat|ta, die; -, ...tten ‹ital.› (Bootswettfahrt); **Re|gat|ta|stre|cke** [*alte Trennung* ...k|k...]

Reg.-Bez. = Regierungsbezirk ↑K28

re|ge; reger, regste; rege sein, werden; er ist körperlich und geistig rege

Re|gel, die; -, -n ‹lat.›; **Re|gel|an|fra|ge** *(Amtsspr.)*

re|gel|bar; Re|gel|bar|keit, die; -

Re|gel|blu|tung

Re|gel|fall, der; -[e]s

re|gel|los; Re|gel|lo|sig|keit

re|gel|mä|ßig; regelmäßige Verben *(Sprachw.);* **Re|gel|mä|ßig|keit**

re|geln; ich reg[e]le; sich regeln; **re|gel|recht**

Re|gel|satz (Richtsatz für die Bemessung von Sozialhilfeleistungen)

Re|gel|schu|le; Re|gel|stu|di|en|zeit

Re|gel|tech|nik; Re|gel|tech|ni|ker

Re|gel|über|wa|chung (regelmäßige Überwachung)

Re|ge|lung, Reg|lung; **Re|ge|lungs|tech|nik,** die; - (*svw.* Regeltechnik)

re|gel|wid|rig; Re|gel|wid|rig|keit

re|gen; sich regen bringt Segen

[1]**Re|gen,** der; -s, -; saurer Regen (Niederschlag, der schweflige Säure enthält)

[2]**Re|gen** (linker Nebenfluss der Donau)

re|gen|arm; ...ärmer, ...ärmste

Re|gen|bo|gen

re|gen|bo|gen|far|ben *od.* **re|gen|bo|gen|far|big; Re|gen|bo|gen-**

far|ben *Plur.;* in allen Regenbogenfarben schillern
Re|gen|bo|gen|haut (*für* ²Iris); **Re|gen|bo|gen|haut|ent|zün|dung**
Re|gen|bo|gen|pres|se, die; - (vorwiegend triviale Unterhaltung, Gesellschaftsklatsch, Sensationsmeldungen u. a. druckende Wochenzeitschriften)
Re|gen|bo|gen|tri|kot, das (Trikot des Radweltmeisters)
Re|gen|cape; Re|gen|dach
re|gen|dicht
Re|ge|ne|rat, das; -[e]s, -e ‹lat.› (durch chemische Aufbereitung gewonnenes Material)
Re|ge|ne|ra|ti|on, die; -, -en (Neubildung [von zerstörtem od. verletztem Gewebe]; Neubelebung; Wiederherstellung)
re|ge|ne|ra|ti|ons|fä|hig; Re|ge|ne|ra|ti|ons|fä|hig|keit, die; -
Re|ge|ne|ra|ti|ons|zeit
Re|ge|ne|ra|tiv|ver|fah|ren (*Technik* Verfahren zur Rückgewinnung von Wärme)
Re|ge|ne|ra|tor, der; -s, ...oren (Wärmespeicher; Luftvorwärmer)
re|ge|ne|rie|ren (erneuern, neu beleben); sich regenerieren
Re|gen|fall, der *(meist Plur.);* **Re|gen|fass** [*alte Schreibung* ...faß]; **Re|gen|front; Re|gen|guss** [*alte Schreibung* ...guß]; **Re|gen|haut®** (wasserdichter Regenmantel); **Re|gen|kar|te; Re|gen|man|tel; Re|gen|men|ge**
re|gen|nass [*alte Schreibung* ...naß]
Re|gen|pfei|fer (ein Vogel)
re|gen|reich
Re|gen|rin|ne
Re|gens, der; -, *Plur.* Regentes *u.* ...enten ‹lat.› (Vorsteher, Leiter [bes. kath. Priesterseminare])
Re|gens|burg (Stadt an der Donau)
¹Re|gens|bur|ger; Regensburger Domspatzen
²Re|gens|bur|ger, die; -, - (eine Wurstsorte)
Re|gen|schat|ten (die regenarme Seite eines Gebirges)
Re|gen|schau|er
Re|gen|schirm
Re|gens Cho|ri [*alte Schreibung* Re|gens cho|ri], der; - -, Regentes - ‹lat.› (Chorleiter in der katholischen Kirche)
Re|gen|schutz, der; -es
re|gen|schwer; regenschwere Wolken
Re|gent, der; -en, -en ‹lat.› (Staatsoberhaupt; Herrscher)
Re|gen|tag
Re|gen|tes (*Plur. von* Regens)
Re|gen|tin
Re|gen|ton|ne; Re|gen|trop|fen
Re|gent|schaft, die; -, -en; **Re|gent|schafts|rat** *Plur.* ...räte
Re|gen|wald; der tropische Regenwald
Re|gen|was|ser, das; -s; **Re|gen|wet|ter,** das; -s; **Re|gen|wol|ke**
Re|gen|wurm; Re|gen|zeit
Re|ger (dt. Komponist)
Re|gest, das; -[e]s, -en *meist Plur.* ‹lat.› (zusammenfassende Inhaltsangabe einer Urkunde)
Reg|gae [...ge], der; -[s] ‹engl.› (Stilrichtung der Popmusik)
Re|gie [...'ʒi:], die; - ‹franz.› (Spielleitung [bei Theater, Film, Fernsehen usw.]; verantwortliche Führung, Verwaltung)
Re|gie|an|wei|sung; Re|gie|as|sis|tent [*alte Trennung* ...|st...]; **Re|gie|as|sis|ten|tin**
Re|gie|be|trieb (Betrieb der öffentlichen Hand)
Re|gie|ein|fall; Re|gie|feh|ler
Re|gie|kos|ten *Plur.* (Verwaltungskosten)
re|gie|lich *(selten)*
Re|gi|en [...'ʒi:...] *Plur.* (*österr. für* Regie-, Verwaltungskosten)
re|gier|bar
re|gie|ren ‹lat.› (lenken; [be]herrschen; *Sprachw.* einen bestimmten Fall fordern); ↑K 89: Regierender Bürgermeister (*im Titel, sonst:* regierender Bürgermeister)
Re|gie|rung
Re|gie|rungs|an|tritt; Re|gie|rungs|bank *Plur.* ...bänke; **Re|gie|rungs|be|am|te; Re|gie|rungs|be|zirk** (*Abk.* Reg.-Bez.); **Re|gie|rungs|bil|dung; Re|gie|rungs|bünd|nis**
Re|gie|rungs|chef; Re|gie|rungs|che|fin
Re|gie|rungs|de|le|ga|ti|on; Re|gie|rungs|di|rek|tor; Re|gie|rungs|er|klä|rung
re|gie|rungs|fä|hig
Re|gie|rungs|form
re|gie|rungs|freund|lich
Re|gie|rungs|ge|bäu|de; Re|gie|rungs|ge|walt; Re|gie|rungs|ko|a|li|ti|on; Re|gie|rungs|kri|se; Re|gie|rungs|par|tei
Re|gie|rungs|prä|si|dent; Re|gie|rungs|prä|si|den|tin; Re|gie|rungs|prä|si|di|um
Re|gie|rungs|pro|gramm
Re|gie|rungs|rat *Plur.* ...räte; ([höherer] Verwaltungsbeamter [*Abk.* Reg.-Rat]; *schweiz. für* Kantonsregierung und deren Mitglied)
re|gie|rungs|sei|tig (*Amtsspr.* von [vonseiten] der Regierung);
Re|gie|rungs|sitz; Re|gie|rungs|spit|ze
Re|gie|rungs|spre|cher; Re|gie|rungs|spre|che|rin
Re|gie|rungs|sys|tem [*alte Trennung* ...|st...]
re|gie|rungs|treu
Re|gie|rungs|um|bil|dung; Re|gie|rungs|vier|tel; Re|gie|rungs|vor|la|ge; Re|gie|rungs|wech|sel; Re|gie|rungs|zeit
Re|gier|werk (Gesamtheit von Pfeifen, Manualen, Pedalen, Traktur u. Registratur einer Orgel)
Re|gime [...'ʒi:m], das; -s, *Plur.* - [...'ʒi:mə], *selten noch* -s ‹franz.› (*abwertend für* [diktatorische] Regierungsform; Herrschaft)
Re|gime|kri|ti|ker; Re|gime|kri|ti|ke|rin
Re|gi|ment, das; -[e]s, *Plur.* -e *u.* (*für* Truppeneinheiten:) -er ‹lat.› (Regierung; Herrschaft; größere Truppeneinheit; *Abk.* R., Reg[t]., Rgt.)
re|gi|men|ter|wei|se
Re|gi|ments|arzt *(Milit.);* **Re|gi|ments|kom|man|deur; Re|gi|ments|stab**
Re|gi|na (w. Vorn.)
Re|gi|nald (m. Vorn.)
Re|gi|ne (w. Vorn.)
Re|gi|o|lekt, der; -[e]s, -e ‹lat.; griech.› (Dialekt in rein geographischer Hinsicht)
Re|gi|on, die; -, -en ‹lat.› (Gegend; Bereich); **re|gi|o|nal** (gebietsweise; eine Region betreffend)
Re|gi|o|nal|bahn (Zug des Personennahverkehrs; *Abk.* RB); **Re|gi|o|nal|ex|press** [*alte Schreibung* ...ex|preß] (schneller Zug des Personennahverkehrs; *Abk.* RE)
Re|gi|o|na|lis|mus, der; - (Ausprägung landschaftlicher Sonderbestrebungen; *Sprachw.* regionale Spracheigentümlichkeit); **Re|gi|o|na|list,** der; -en, -en; **Re|gi|o|na|lis|tin** [*alte Trennung* ...|st...]
Re|gi|o|nal|li|ga *(Sport);* **Re|gi|o|nal|pla|nung** (Planung der

R

räumlichen Ordnung u. Entwicklung einer Region); **Re|gi|o|nal|pro|gramm** *(Rundf., Fernsehen);* **Re|gi|o|nal|zug**

Re|gis|seur [...ʒɪˈsøːɐ̯], der; -s, -e ‹franz.› (Spielleiter [bei Theater, Film, Fernsehen usw.]); **Re|gis|seu|rin**

Re|gis|ter [*alte Trennung* ...|st...], das; -s, - ‹lat.› ([alphabetisches Verzeichnis von Namen, Begriffen o. Ä.; Stimmenzug bei Orgel und Harmonium)

re|gis|tered [...dʒɪstɐt; *alte Trennung* ...|st...] ‹engl.› (in ein Register eingetragen; patentiert; gesetzlich geschützt; *Abk.* reg.)

Re|gis|ter|hal|ten [*alte Trennung* ...|st...], das; -s (*Druckw.* genaues Aufeinanderpassen von Farben beim Mehrfarbendruck od. von Vorder- u. Rückseite)

Re|gis|ter|ton|ne [*alte Trennung* ...|st...] (*Seew. früher* Einheit des Volumens für die Schiffsvermessung)

Re|gis|t|ra|tor [*alte Trennung* ...|st...], der; -s, ...oren (jmd., der ein Register führt, etwas registriert); **Re|gis|t|ra|to|rin**

Re|gis|t|ra|tur [*alte Trennung* ...|st...], die; -, -en (Aufbewahrungsort für Akten; Aktengestell, -schrank; die die Register auslösende Schaltvorrichtung bei Orgel u. Harmonium)

Re|gis|t|rier|bal|lon [*alte Trennung* ...|st...] (*Meteor.* mit Messinstrumenten bestückter Treibballon zur Erforschung der höheren Luftschichten)

re|gis|t|rie|ren [*alte Trennung* ...|st...] ‹lat.› ([in ein Register] eintragen; selbsttätig aufzeichnen; einordnen; bewusst wahrnehmen; *bei Orgel u. Harmonium* Stimmkombinationen einschalten, Register ziehen)

R

Re|gis|t|rier|kas|se [*alte Trennung* ...|st...]

Re|gis|t|rie|rung [*alte Trennung* ...|st...]

Re|g|le|ment [...ˈmã:, *schweiz.* ...ˈmɛnt], das; -s, *Plur.* -s, *schweiz.* -e ‹franz.› ([Dienst]vorschrift; Satzung); **re|g|le|men|ta|risch** (den Bestimmungen genau entsprechend)

re|g|le|men|tie|ren (durch Vorschriften regeln); **Re|g|le|men|tie|rung**

re|g|le|ment|mä|ßig; reg|le|ment|wid|rig

Reg|ler

Re|g|let|te, die; -, -n ‹franz.› (*Druckw.* Bleistreifen für den Zeilendurchschuss)

reg|los

Reg|lung *vgl.* Regelung

reg|nen; Reg|ner (ein Bewässerungsgerät); **reg|ne|risch**

Reg.-Rat = Regierungsrat ↑K 28

Re|gress [*alte Schreibung* Regreß], der; -es, -e ‹lat.› (Ersatzanspruch, Rückgriff); **Re|gress|an|spruch** (Ersatzanspruch)

Re|gres|si|on, die; -, -en ‹lat.› (Rückbildung, -bewegung); **re|gres|siv** (zurückgehend, rückläufig; rückschrittlich)

Re|gress|pflicht [*alte Schreibung* Re|greß...]; **re|gress|pflich|tig**

reg|sam; Reg|sam|keit, die; -

Regt., Rgt., R. = Regiment

Re|gu|la (w. Vorn.)

Re|gu|lar, der; -s, -e ‹lat.› (Mitglied eines katholischen Ordens)

re|gu|lär ‹lat.› (der Regel gemäß; vorschriftsmäßig, üblich); reguläres System (*Mineral.* Kristallsystem mit drei gleichen, aufeinander senkrecht stehenden Achsen); reguläre Truppen (gemäß dem Wehrgesetz eines Staates aufgestellte Truppen)

Re|gu|lar|geist|li|che

Re|gu|la|ri|en *Plur.* (auf der Tagesordnung stehende, regelmäßig abzuwickelnde [Vereins]angelegenheiten)

Re|gu|la|ri|tät, die; -, -en (Regelmäßigkeit; Richtigkeit)

Re|gu|la|ti|on, die; -, -en (*Biol., Med.* die Regelung der Organsysteme eines lebendigen Körpers; Anpassung eines Lebewesens an Störungen)

Re|gu|la|ti|ons|stö|rung; Re|gu|la|ti|ons|sys|tem [*alte Trennung* ...|st...]

re|gu|la|tiv (ein Regulativ darstellend, regulierend); **Re|gu|la|tiv**, das; -s, -e (regelnde Vorschrift; steuerndes Element)

Re|gu|la|tor, der; -s, ...oren (regulierende Kraft, Vorrichtung)

re|gu|lier|bar

re|gu|lie|ren ‹lat.› (regeln, ordnen; [ein]stellen); **Re|gu|lie|rung**

[1]**Re|gu|lus** (altrömischer Feldherr)

[2]**Re|gu|lus**, der; -, -se (*nur Sing.:* ein Stern; *veraltet für* gediegenes Metall)

Re|gung

re|gungs|los; Re|gungs|lo|sig|keit, die; -

Reh, das; -[e]s, -e

Re|ha, die; -, -s (*kurz für* Rehabilitation, Rehabilitationsklinik)

Re|ha|bi|li|tand, der; -en, -en ‹lat.› (behinderte Person, der die Wiedereingliederung in das berufliche u. gesellschaftliche Leben ermöglicht werden soll); **Re|ha|bi|li|tan|din**

Re|ha|bi|li|ta|ti|on, die; -, -en (Wiedereingliederung einer behinderten Person in das berufliche u. gesellschaftliche Leben; *auch für* Rehabilitierung)

Re|ha|bi|li|ta|ti|ons|kli|nik; Re|ha|bi|li|ta|ti|ons|zen|t|rum

re|ha|bi|li|tie|ren ‹lat.›; sich rehabilitieren (sein Ansehen wieder herstellen); **Re|ha|bi|li|tie|rung** (Wiedereinsetzung [in die ehemaligen Rechte]; Ehrenrettung)

Re|ha|kli|nik (*kurz für* Rehabilitationsklinik)

Reh|bein (*Tiermed.* Überbein beim Pferd)

Reh|bock; Reh|bra|ten

reh|braun

Reh|brunft

Re|he, die; - (*Tiermed.* eine Hufkrankheit)

reh|far|ben, reh|far|big

Reh|geiß; Reh|jun|ge, das; -n (*österr. für* Rehklein)

Reh|kalb; Reh|keu|le; Reh|kitz

Reh|klein, das; -s (ein Gericht)

reh|le|dern

Reh|ling (*landsch. für* Pfifferling)

Reh|pos|ten [*alte Trennung* ...|st...] (grober Schrot); **Reh|rü|cken** [*alte Trennung* ...k|k...]

Reh|zie|mer (Rehrücken)

Rei|bach, der; -s ‹hebr.-jidd.› (*ugs. für* Verdienst, Gewinn)

Reib|ah|le

Rei|be, die; -, -n

Rei|be|brett (zum Glätten des Putzes); **Reib|ei|sen**

Rei|be|ku|chen (*landsch., bes. rhein. für* Kartoffelpuffer)

Rei|be|laut (*für* Frikativ)

rei|ben; du riebst; du riebest; gerieben; reib[e]!; ↑K 82: durch kräftiges Reiben säubern

Rei|ber (*auch landsch. für* Reibe)

Rei|be|rei *meist Plur.* (kleine Streitigkeit)

Reib|flä|che; Reib|gers|tel [*alte Trennung* ...|st...]; das; -s; (*österr.* eine Suppeneinlage)

Reib|kä|se

Rei|bung; Rei|bungs|e|lek|t|ri|zi|tät; Rei|bungs|flä|che
rei|bungs|los; Rei|bungs|lo|sig|keit, die; -
Rei|bungs|ver|lust; Rei|bungs|wär|me; Rei|bungs|wi|der|stand
Reib|zun|ge (*Zool.* Zunge von Weichtieren)

reich

Großschreibung der Substantivierung [↑K 72]:
- Arm und Reich [*alte Schreibung* arm und reich] (*veraltet für* jedermann)
- Arme und Reiche

Getrenntschreibung in Verbindung mit Verben und Partizipien [↑K 56 *u.* 58]:
- ein [mit Blumen] reich geschmückter [*alte Schreibung* reichgeschmückter] Altar
- reich verzierte [*alte Schreibung* reichverzierte] Fassaden

Reich, das; -[e]s, -e; von Reichs wegen; [↑K 151]: das Deutsche Reich; das Römische Reich; das Heilige Römische Reich Deutscher Nation
Rei|che, der *u.* die; -n, -n
rei|chen (geben; sich erstrecken; auskommen; genügen)
Rei|che|n|au, die; - (Insel im Bodensee)
reich ge|schmückt [*alte Schreibung* reich|ge|schmückt] *vgl.* reich
reich|hal|tig; Reich|hal|tig|keit
reich|lich
Reichs|abt *(hist.)*; **Reichs|äb|tis|sin**
Reichs|acht *(hist.) vgl.* [3]Acht
Reichs|ad|ler; Reichs|ap|fel, der; -s (Teil der Reichsinsignien)
Reichs|ar|chiv, das; -[e]s (Sammelstelle der Reichsakten [1871 bis 1945])
Reichs|bahn *(hist.)*; **Reichs|bann** *(hist.)*; **Reichs|frei|herr** *(hist.)*
Reichs|ge|richt, das; -[e]s (höchstes dt. Gericht [1879 bis 1945])
Reichs|gren|ze; Reichs|grün|dung; Reichs|in|si|g|ni|en *Plur. (hist.)*
Reichs|kam|mer|ge|richt, das; -[e]s (höchstes dt. Gericht [1495 bis 1806])
Reichs|kanz|ler (leitender dt. Reichsminister [1871 bis 1945]); **Reichs|klein|o|di|en** *Plur.*
Reichs|kris|tall|nacht [*alte Trennung* ...|st...] (Pogromnacht)
Reichs|mark (dt. Währungseinheit [1924 bis 1948]; *Abk.* RM)
reichs|mit|tel|bar *(hist.)*
Reichs|pfen|nig (dt. Münzeinheit [1924 bis 1948])
Reichs|prä|si|dent (dt. Staatsoberhaupt [1919 bis 1934])
Reichs|rat, der; -[e]s (Vertretung der dt. Länder beim Reich [1919 bis 1934])
Reichs|stadt (*Bez. für* die früheren reichsunmittelbaren Städte)
Reichs|stän|de *Plur.* (*hist.* die reichsunmittelbaren Fürsten, Städte u. a. des Dt. Reiches)
Reichs|tag (*hist.* Versammlung der Reichsstände [bis 1806]; *nur Sing.:* dt. Volksvertretung [1871 bis 1945]; Parlament bestimmter Staaten)
Reichs|tags|brand, der; -[e]s (Brand des Berliner Reichstagsgebäudes am 27. 2. 1933)
reichs|un|mit|tel|bar (*hist.* Kaiser und Reich unmittelbar unterstehend)
Reichs|ver|si|che|rungs|ord|nung, die; - (Gesetz zur Regelung der öffentl.-rechtl. Invaliden-, Kranken- und Unfallversicherung; *Abk.* RVO)
Reichs|wehr, die; - (*Bez. für* das dt. 100 000-Mann-Heer [1921 bis 1935])
Reich|tum, der; -s, ...tümer
reich ver|ziert [*alte Schreibung* reich|ver|ziert] *vgl.* reich
Reich|wei|te
Rei|der|land, *auch* Rhei|der|land, das; -[e]s (Teil Ostfrieslands)
reif (voll entwickelt; geeignet)
[1]**Reif,** der; -[e]s (gefrorener Tau)
[2]**Reif,** der; -[e]s, -e (*geh. für* Reifen, Diadem, Fingerring)
Rei|fe, die; - (z. B. von Früchten); mittlere Reife (Abschluss der Realschule od. der 10. Klasse der höheren Schule); **Rei|fe|grad**
[1]**rei|fen** (reif werden); gereift sein; eine gereifte Persönlichkeit
[2]**rei|fen** ([1]Reif ansetzen); es hat gereift
Rei|fen, der; -s, -
Rei|fen|druck; Rei|fen|pan|ne; Rei|fen|pro|fil; Rei|fen|scha|den; Rei|fen|wech|sel
Rei|fe|prü|fung
Rei|fe|rei (*fachspr.* Raum, in dem bereits geerntete Früchte [bes. Bananen] nachreifen)
Rei|fe|zeit; Rei|fe|zeug|nis
Reif|glät|te
reif|lich
Reif|rock *(veraltet)*
Rei|fung, die; - (das Reifwerden)
Rei|fungs|pro|zess [*alte Schreibung* ...pro|zeß]
Rei|gen, *veraltet* Rei|hen, der; -s, - (ein Tanz); **Rei|gen|füh|rer; Rei|gen|tanz**
Rei|he, die; -, -n; in, außer der Reihe; der Reihe nach; an der Reihe sein; an die Reihe kommen; in Reih und Glied [↑K 13]; arithmetische Reihe, geometrische Reihe, unendliche Reihe *(Math.)*
[1]**rei|hen** (in Reihen ordnen; lose, vorläufig nähen); sie reihte, hat gereiht, *landsch. u. fachspr. auch* rieh, hat geriehen
[2]**rei|hen** (*Jägerspr.* während der Paarungszeit zu mehreren einer Ente folgen [von Erpeln])
[1]**Rei|hen,** der; -s, - (*südd. für* Fußrücken)
[2]**Rei|hen** *vgl.* Reigen
Rei|hen|bil|dung; Rei|hen|dorf
Rei|hen|fol|ge
Rei|hen|grab; Rei|hen|haus; Rei|hen|schal|tung (*für* Serienschaltung); **Rei|hen|sied|lung; Rei|hen|un|ter|su|chung**
rei|hen|wei|se
Rei|her, der; -s, - (ein Vogel)
Rei|her|bei|ze (*Jägerspr.* Reiherjagd); **Rei|her|fe|der; Rei|her|horst**
rei|hern (*ugs. für* erbrechen); ich reihere
Rei|her|schna|bel (eine Pflanze)
Reih|fa|den; Reih|garn
...rei|hig (z. B. einreihig)
reih|um; es geht reihum
Rei|hung
Reih|zeit (*Jägerspr.* Paarungszeit der Enten)
Rei|ki ['re:ki], das; -s ⟨jap.⟩ (Händeauflegen als Heilkunst)
Reim, der; -[e]s, -e; ein stumpfer (männlicher) Reim, ein klingender (weiblicher) Reim *(Verslehre)*
Reim|art; Reim|chro|nik (im MA.)
rei|men; sich reimen; **Rei|me|rei**
Reim|le|xi|kon
reim|los
Re|im|plan|ta|ti|on, die; -, -en ⟨lat.⟩ (*Med.* Wiedereinpflanzung); **re|im|plan|tie|ren**
Re|im|port, der; -[e]s, -e ⟨lat.⟩ (Wiedereinfuhr bereits ausgeführter Güter); **re|im|por|tie|ren**
Reims [*auch* rɛ̃:s] (franz. Stadt)
Reim|schmied (*scherzh. für* Versemacher)

R

[1]rein

Kleinschreibung: – reine Luft – die reine Wahrheit – reinen Sinnes – rein Schiff! (seemänn. Kommando) – jmdm. reinen Wein einschenken (jmdm. die volle Wahrheit sagen)	*Getrenntschreibung:* – das Zimmer rein halten, die Wäsche rein waschen – rein machen, *aber* das große Rein[e]machen *Zusammenschreibung:* – sich reinwaschen (seine Unschuld beweisen)
Großschreibung der Substantivierung ↑K 72: – etwas Reines anziehen – ins Reine [*alte Schreibung* reine] bringen, kommen, schreiben – mit etwas, mit jmdm. im Reinen [*alte Schreibung* reinen] sein	*Getrennt- oder Zusammenschreibung in Verbindung mit Farb- und Stoffadjektiven:* – ein rein goldener, *auch* reingoldener Ring – eine rein silberne, *auch* reinsilberne Kette – das Material ist rein leinen, *auch* reinleinen – ein rein seidener, *auch* reinseidener Schal – ein rein wollener, *auch* reinwollener Stoff *Vgl. auch* [2]rein *u.* [3]rein

Reim|ser ⟨*zu* Reims⟩
Rei|mund *vgl.* [1]Raimund
Reim|wort *Plur.* ...wörter
[1]**rein** *s. Kasten*
[2]**rein**; ↑K 14 (*ugs. für* herein, hinein)
[3]**rein** (*ugs. für* durchaus, ganz, gänzlich); er ist rein toll; sie war rein weg (ganz hingerissen); *vgl.* rein[e]weg
Rein, die; -, -en (*südd. u. österr. ugs. für* flacher Kochtopf, Kuchenform)
Rei|nald, Rai|nald (m. Vorn.)
Rei|n|an|ke, die; -, -n (*österr. für* Rheinanke)
rein|but|tern; ↑K 14 (*ugs. für* [Geld] hineinstecken)
Rein|del, Reindl, das; -s, -n (*südd. u. österr. Verkleinerungsform von* Rein)
Reind|ling (*südostösterr.* ein Hefekuchen)
Rei|ne, die; - (*geh. für* Reinheit)
Rei|ne|clau|de [rɛnəˈklo:...] *vgl.* Reneklode
Rein|ein|nah|me *(Wirtsch.)*
Rei|ne|ke Fuchs (Name des Fuchses in der Tierfabel)
Rei|ne|ma|che|frau, Rein|ma|che|frau; **Rei|ne|ma|chen**, Rein|ma|chen, das; -s *(landsch.)*
Rei|ner, Rai|ner (m. Vorn.)
rein|er|big (*für* homozygot)
Rein|er|hal|tung, die; -
Rein|er|lös; Rein|er|trag
Rei|net|te [rɛ...] *vgl.* Renette
rei|ne|weg, rein|weg (*ugs. für* ganz und gar); das ist rein[e]weg zum Lachen
Rein|fall, der; ↑K 14 *(ugs.)*; **rein|fal|len** *(ugs.)*
Re|in|farkt, der; -[e]s, -e ⟨lat.⟩ (*Med.* wiederholter Infarkt)
Re|in|fek|ti|on, die; -, -en ⟨lat.⟩ (*Med.* erneute Infektion); **re|in|fi|zie|ren**; sich reinfizieren
Rein|ge|schmeck|te *vgl.* Hereingeschmeckte
Rein|ge|wicht; Rein|ge|winn
rein|gol|den, rein gol|den
Rein|hal|tung, die; -
rein|hän|gen, sich; ↑K 14 (*ugs. für* sich einer Sache annehmen, sich engagieren)
Rein|hard (m. Vorn.)
Rein|hardt (österr. Schauspieler u. Theaterleiter)
Rein|heit, die; -
Rein|heits|ge|bot, das; -[e]s (Gesetz für das Brauen von Bier in Deutschland)
Rein|hild, Rein|hil|de (w. Vorn.)
Rein|hold (m. Vorn.)
rei|ni|gen; Rei|ni|ger
Rei|ni|gung; die rituelle Reinigung *(Rel.)*
Rei|ni|gungs|creme, *auch* ...krem *od.* ...kre|me
Rei|ni|gungs|in|s|ti|tut
Rei|ni|gungs|krem *od.* ...**kre|me** *vgl.* Reinigungscreme
Rei|ni|gungs|milch; Rei|ni|gungs|mit|tel, das
Re|in|kar|na|ti|on, die; -, -en ⟨lat.⟩ (Wiederverkörperung von Gestorbenen)
rein|kli|cken [*alte Trennung* ...k|ken] *(EDV ugs.)*
rein|knien, sich; ↑K 14 *(ugs.)*
rein|kom|men *(ugs.)*; **rein|kön|nen; rein|krie|gen**
Rein|kul|tur
rein|las|sen; ↑K 14 *(ugs.)*
rein|le|gen *(ugs.)*
rein|lei|nen, rein lei|nen
rein|lich; Rein|lich|keit, die; -; **rein|lich|keits|lie|bend**
Rein|ma|che|frau *vgl.* Reinemachefrau; **Rein|ma|chen** *vgl.* Reinemachen
Rein|mar (m. Eigenn.)
Rein|ni|ckel [*alte Trennung* ...k|k...], das
Rei|nold (m. Vorn.)
rein|ras|sig; Rein|ras|sig|keit, die; -
Rein|raum (*Technik* schmutz- u. staubfreier Raum)
rein|rei|ßen; ↑K 14 *(ugs.)*
rein|rei|ten (*ugs. für* in eine unangenehme Lage bringen)
Rein|schiff, das (gründliche Schiffsreinigung)
Rein|schrift; rein|schrift|lich
rein|sei|den, rein sei|den
rein|sil|bern, rein sil|bern
re|in|sze|nie|ren (*vgl.* inszenieren); **Re|in|sze|nie|rung**
Rein|ver|mö|gen *(Wirtsch.)*
rein|wa|schen; sich von jeder Schuld reinwaschen wollen, *aber* die Wäsche rein (sauber) waschen
rein|weg *vgl.* reineweg
rein|weiß, rein weiß
rein|wol|len, rein wol|len
Rein|zucht
[1]**Reis**, der; -es, *Plur.* (*für* Reisarten:) -e ⟨griech.⟩ (ein Getreide)
[2]**Reis**, das; -es, -er (kleiner, dünner Zweig; Pfropfreis)
[3]**Reis**, Johann Philipp (Erfinder des Telefons)
[4]**Reis** (*Plur. von* [2]Real)
Reis|an|bau, Reis|bau, der; -[e]s; **Reis|bau|er**, der; **Reis|bäu|e|rin**
Reis|be|sen (*svw.* Reisigbesen)
Reis|brannt|wein; Reis|brei
Rei|se, die; -, -n
Rei|se|an|den|ken
Rei|se|a|po|the|ke
Rei|se|be|glei|ter; Rei|se|be|glei|te|rin; Rei|se|be|kannt|schaft
Rei|se|be|richt; Rei|se|be|schrei|bung; Rei|se|be|steck
Rei|se|buch; Rei|se|buch|han|del
Rei|se|bü|ro; Rei|se|bus; Rei|se|de-

R

cke [*alte Trennung* ...k|k...]; **Rei|se|di|p|lo|ma|tie; Rei|se|er|leb|nis**

rei|se|fer|tig

Rei|se|fie|ber

Rei|se|füh|rer; Rei|se|füh|re|rin

Rei|se|geld; Rei|se|ge|päck; Rei|se|ge|päck|ver|si|che|rung

Rei|se|ge|schwin|dig|keit; Rei|se|ge|sell|schaft

Rei|se|ka|der (*in der DDR* jmd., der zu Reisen ins [westl.] Ausland zugelassen war)

Rei|se|kos|ten [*alte Trennung* ...|st...] *Plur.*; **Rei|se|krank|heit,** die; -; **Rei|se|kre|dit|brief**

Rei|se|land *Plur.* ...länder

Rei|se|lei|ter, der; **Rei|se|lei|te|rin**

Rei|se|lek|tü|re

Rei|se|lust, die; - **rei|se|lus|tig** [*alte Trennung* ...|st...]

rei|sen; du reist; du reis|test [*alte Trennung* ...|st...]; gereist; reis[e]!

Rei|sen|de, der *u.* die; -n, -n

Rei|se|ne|ces|saire, *auch* **Rei|se|nes|ses|sär**

Rei|se|pass [*alte Schreibung* ...paß]; **Rei|se|plan; Rei|se|pro|s|pekt; Rei|se|pro|vi|ant**

Rei|ser|be|sen (*svw.* Reisigbesen)

Rei|se|rei (dauerndes Reisen)

rei|sern (*Jägerspr.* Witterung [von Zweigen u. Ästen] nehmen)

Rei|se|rou|te; Rei|se|ruf; Rei|se|sai|son; Rei|se|scheck; Rei|se|spe|sen *Plur.*; **Rei|se|ta|sche**

Rei|se|ver|an|stal|ter

Rei|se|ver|kehr, der; -s; **Rei|se|ver|kehrs|kauf|frau; Rei|se|ver|kehrs|kauf|mann**

Rei|se|vor|be|rei|tun|gen *Plur.*

Rei|se|we|cker [*alte Trennung* ...k|k...]

Rei|se|wet|ter, das; -s; **Rei|se|wet|ter|be|richt**

Rei|se|zeit; Rei|se|ziel

Reis|feld

Reis|holz, das; -es (*veraltet für* Reisig)

rei|sig (*veraltet für* beritten)

Rei|sig, das; -s

Rei|sig|be|sen; Rei|sig|bün|del

Rei|si|ge, der; -n, -n (*im Mittelalter* berittener Söldner)

Rei|sig|holz, das; -es

Reis|korn *Plur.* ...körner

Reis|lauf, der; -[e]s (*früher bes. in der Schweiz* Eintritt in fremden Dienst als Söldner); **Reis|läu|fer**

Reis|lein ‹*zu* [2]Reis›

Reis|mehl; Reis|pa|pier

Reis|rand *(Gastron.)*

Reiß|ah|le

Reiß|aus; *nur in* Reißaus nehmen (*ugs. für* davonlaufen)

Reiß|bahn (*Flugw.* abreißbarer Teil der Ballonhülle)

Reiß|blei, das (Graphit)

Reiß|brett (Zeichenbrett)

Reis|schleim; Reis|schnaps

rei|ßen; du reißt, er/sie reißt; du rissest, er/sie riss [*alte Schreibung* riß]; gerissen; reiß[e]!; reißende (wilde) Tiere

Rei|ßen, das; -s (*ugs. auch für* Rheumatismus)

rei|ßend; reißender Strom; reißende Schmerzen; reißender Absatz

Rei|ßer (*ugs. für* besonders spannender, effektvoller Film, Roman u. a.); **rei|ße|risch;** reißerische Schlagzeilen

Reiß|fe|der

reiß|fest; Reiß|fes|tig|keit [*alte Trennung* ...|st...], die; -

Reiß|lei|ne (am Fallschirm u. an der Reißbahn); **Reiß|li|nie** (*für* Perforation); **Reiß|na|gel** (*svw.* Reißzwecke); **Reiß|schie|ne**

Reis|stroh|tep|pich; Reis|sup|pe

Reiß|ver|schluss [*alte Schreibung* ...ver|schluß]

Reiß|ver|schluss|sys|tem, *auch* **Reiß|ver|schluss-Sys|tem** [*alte Schreibung* Reiß|ver|schluß|sys|tem], das; -s (*Straßenverkehr);* sich nach dem Reißverschlusssystem, *auch* Reißverschluss-System einfädeln

Reiß|wolf, der; **Reiß|wol|le; Reiß|zahn; Reiß|zeug; Reiß|zir|kel**

Reiß|zwe|cke [*alte Trennung* ...k|k...]

Reis|te [*alte Trennung* ...|st...], die; -, -n (*schweiz. für* Holzrutsche, [3]Riese); **reis|ten** (*schweiz. für* Holz [von den Bergen] niederrutschen lassen)

Reis|wein (Sake)

Reit|bahn

Rei|tel, der; -s, - (*mitteld. für* Drehstange, Knebel); **Rei|tel|holz** *(mitteld.)*

rei|ten; du reitest; du rittst (rittest), er/sie ritt; du rittest; geritten; reit[e]!; **rei|tend;** reitende Artillerie; reitende Post

[1]**Rei|ter,** der; -s, -

[2]**Rei|ter,** die; -, -n (*landsch., bes. österr. für* [Getreide]sieb)

Rei|ter|an|griff

Rei|te|rei

Rei|te|rin; rei|ter|lich; rei|ter|los

Rei|ter|re|gi|ment

Rei|ters|mann *Plur.* ...männer *u.* ...leute

Rei|ter|stand|bild

Reit|ger|te; Reit|ho|se

Reit im Winkl (Ort in Bayern)

Reit|leh|rer; Reit|leh|re|rin

Reit|peit|sche; Reit|pferd

Reit|schu|le (*südwestd. u. schweiz. regional auch für* Karussell)

Reit|sport, der; -[e]s; **Reit|stall; Reit|stie|fel; Reit|stun|de; Reit|tier**

Reit|tur|nier; Reit- und Fahr|tur|nier ↑K 31; **Reit- und Spring|tur|nier** ↑K 31

Reit|un|ter|richt; Reit|weg

Reiz, der; -es, -e; ↑K 72: der Reiz des Neuen

reiz|bar; Reiz|bar|keit, die; -

rei|zen; du reizt

rei|zend; am reizends|ten

Reiz|gas; Reiz|hus|ten [*alte Trennung* ...|st...]

Reiz|ker, der; -s, - ‹slaw.› (ein Pilz)

Reiz|kli|ma

reiz|los; Reiz|lo|sig|keit, die; -

Reiz|mit|tel, das

Reiz|schwel|le *(Psych., Physiol.)*

Reiz|stoff; Reiz|the|ma *vgl.* Reizwort; **Reiz|ü|ber|flu|tung**

Rei|zung

reiz|voll

Reiz|wäsche *(ugs.)*

Reiz|wort (Emotionen auslösendes Wort)

Re|ka|pi|tu|la|ti|on, die; -, -en ‹lat.› (Wiederholung, Zusammenfassung); **re|ka|pi|tu|lie|ren**

Re|kel, der; -s, - (*nordd. für* grober, ungeschliffener Mensch)

Re|ke|lei; re|keln, räkeln, sich (sich behaglich recken und dehnen); ich rek[e]le mich

Re|kla|mant, der; -en, -en ‹lat.› (*Rechtsw.* Beschwerdeführer); **Re|kla|ma|ti|on,** die; -, -en (Beanstandung)

Re|kla|me, die; -, -n (Werbung; Anpreisung von Waren)

Re|kla|me|feld|zug; Re|kla|me|flä|che; re|kla|me|haft

Re|kla|me|pla|kat; Re|kla|me|rum|mel *(ugs.)*; **Re|kla|me|trick**

re|kla|mie|ren ([zurück]fordern; beanstanden)

re|ko|g|nos|zie|ren ‹lat.› (*veraltet für* [die Echtheit] anerkennen; auskundschaften; *früher, heute noch schweiz. für* erkunden, aufklären [beim Militär]); **Re|ko|g|nos|zie|rung**

Re|kom|man|da|ti|on, die; -, -en ‹franz.› (*veraltet für* Empfeh-

R

lung); **Re|kom|man|da|ti|onsschrei|ben** *(veraltet)*
re|kom|man|die|ren (*veraltet, aber noch landsch. für* empfehlen; *österr. veraltet für* [einen Brief] einschreiben lassen)
Re|kom|pens, die; -, -en ‹lat.› (*Wirtsch.* Entschädigung)
Re|kom|pen|sa|ti|on; re|kom|pensie|ren
re|kon|s|t|ru|ier|bar
re|kon|s|t|ru|ie|ren ‹lat.› ([den ursprünglichen Zustand] wieder herstellen od. nachbilden; den Ablauf eines früheren Ereignisses wiedergeben; *regional auch für* renovieren, sanieren)
Re|kon|s|t|ru|ie|rung; Re|kon|s|truk|ti|on, die; -, -en
re|kon|va|les|zent ‹lat.› (*Med.* genesend); **Re|kon|va|les|zent,** der; -en, -en; **Re|kon|va|les|zen|tin; Re|kon|va|les|zenz,** die; -; **re|konva|les|zie|ren**
Re|kord, der; -[e]s, -e ‹engl.›; **Rekord|be|such**
Re|kor|der, *auch* Re|cor|der (Gerät zur elektromagnetischen Speicherung u. Wiedergabe von Bild- u. Tonsignalen)
Re|kord|er|geb|nis; Re|kord|ern|te; Re|kord|flug; Re|kord|hal|ter
Re|kord|hö|he
Re|kord|in|ter|na|ti|o|na|le, der *u.* die; -n, -n *(Sport)*
Re|kord|leis|tung [*alte Trennung* ...|st...]; **Re|kord|mar|ke; Rekord|ver|such; Re|kord|wei|te**
Re|kord|zahl; Re|kord|zeit
Re|kre|a|ti|on, die; -, -en ‹lat.› (*veraltet für* Erholung; Erfrischung); **re|kre|ie|ren** *(veraltet)*
Re|k|rut, der; -en, -en ‹franz.› (Soldat in der ersten Zeit der Ausbildung)
Re|k|ru|ten|aus|bil|der; Re|k|ruten|aus|bil|dung; Re|k|ru|ten|zeit
re|k|ru|tie|ren (*Milit. veraltet für* Rekruten mustern); sich rekrutieren (sich zusammensetzen, sich bilden); **Re|k|ru|tie|rung**
Rek|ta (*Plur. von* Rektum)
rek|tal ‹lat.› (*Med.* auf den Mastdarm bezüglich)
Rek|tal|er|näh|rung; Rek|tal|narko|se; Rek|tal|tem|pe|ra|tur
rek|t|an|gu|lär ‹lat.› (*veraltet für* rechtwinklig)
Rek|ta|pa|pier (*Bankw.* Wertpapier, auf dem der Besitzer namentlich genannt ist)
Rek|t|a|s|zen|si|on, die; -, -en ‹lat.› (*Astron.* gerades Aufsteigen eines Sternes)
Rek|ta|wech|sel (*Bankw.* auf den Namen des Inhabers ausgestellter Wechsel)
Rek|ti|fi|ka|ti|on, die; -, -en ‹lat.› (*veraltet für* Berichtigung; *Chemie* Reinigung durch wiederholte Destillation; *Math.* Bestimmung einer Kurvenlänge)
Rek|ti|fi|zier|an|la|ge (Reinigungsanlage)
rek|ti|fi|zie|ren ‹*zu* Rektifikation›
Rek|ti|on, die; -, -en ‹lat.› (*Sprachw.* Fähigkeit eines Wortes [z. B. einer Präposition], den Kasus des von ihm abhängenden Wortes zu bestimmen)
Rek|to, das; -s, -s (*fachspr. für* [Blatt]vorderseite)
Rek|tor, der; -s, ...oren ‹lat.› (Leiter einer [Hoch]schule; kath. Geistlicher an einer Nebenkirche u. Ä.)
Rek|to|rat, das; -[e]s, -e (Amt[szimmer], Amtszeit eines Rektors); **Rek|to|rats|re|de** (Rede eines Hochschulrektors bei der Amtsübernahme)
Rek|to|ren|kon|fe|renz
Rek|to|rin; Rek|tor|re|de
Rek|to|s|kop, das; -s, -e ‹lat.; griech.› (*Med.* Spiegel zur Mastdarmuntersuchung); **Rekto|s|ko|pie,** die; -, ...ien
Rek|tum, das; -s, ...ta ‹lat.› (Mastdarm)
re|kul|ti|vie|ren ‹franz.› (unfruchtbar gewordenen Boden wieder nutzbar machen); **Re|kul|ti|vierung**
Re|ku|pe|ra|tor, der; -s, ...oren ‹lat.› (Wärmeaustauscher zur Rückgewinnung der Wärme heißer Abgase)
re|kur|rie|ren ‹lat.› (auf etwas zurückkommen; zu etwas seine Zuflucht nehmen)
Re|kurs, der; -es, -e ‹lat.› (das Zurückgehen, Zuflucht; *Rechtsw.* Beschwerde, Einspruch); **Rekurs|an|trag**
re|kur|siv (*Math.* zurückgehend bis zu bekannten Werten)
Re|lais [rəˈlɛ:], das; -, - ‹franz.› (*Elektrot.* Schalteinrichtung; *Postw. früher* Auswechslung[sstelle] der Pferde)
Re|la|ti|on, die; -, -en ‹lat.› (Beziehung, Verhältnis)
re|la|tiv ‹lat.› (verhältnismäßig; vergleichsweise; bedingt); relative (einfache) Mehrheit
Re|la|tiv, das; -s, -e (*Sprachw.* Relativpronomen; Relativadverb)
Re|la|tiv|ad|verb (*Sprachw.* bezügliches Umstandswort, z. B. »wo« in »dort, wo der Fluss tief ist«)
re|la|ti|vie|ren (zu etw. anderem in Beziehung setzen; einschränken)
Re|la|ti|vis|mus, der; - (philosophische Lehre, für die alle Erkenntnis nur relativ, nicht allgemein gültig ist); **re|la|ti|vistisch** [*alte Trennung* ...|st...]
Re|la|ti|vi|tät, die; -, -en (Bezüglichkeit, Bedingtheit; *nur Sing.:* das Relativsein)
Re|la|ti|vi|täts|the|o|rie, die; - (von Einstein begründete physikalische Theorie)
Re|la|tiv|pro|no|men (*Sprachw.* bezügliches Fürwort, z. B. »das« in: »Ein Buch, das ich kenne«); **Re|la|tiv|satz**
Re|launch [riˈlɔ:ntʃ], der *u.* das; -[e]s, -[e]s ‹engl.› (Neugestaltung eines alten Produkts od. der Werbung dafür); **re|launchen;** relauncht
re|laxed [riˈlɛkst] ‹engl.› (*ugs. für* entspannt); **re|la|xen** (*ugs. für* sich entspannen); wir haben relaxt, waren ganz relaxt; **Re|laxing,** das; -s (das Relaxen)
Re|lease [riˈli:s], das; -, -s ‹engl.› (Einrichtung zur Heilung Drogenabhängiger); **Re|lease|center,** *auch* **Re|lease-Cen|ter**
Re|lea|ser (Psychotherapeut od. Sozialarbeiter, der bei der Behandlung Drogenabhängiger mitwirkt)
Re|lease|zen|t|rum, *auch* **Release-Zen|t|rum** (*svw.* Release)
Re|le|ga|ti|on, die; -, -en ‹lat.› (Verweisung von der [Hoch]schule; *Sport* Relegationsspiele); **Re|le|ga|ti|ons|spiel** (*Sport* über Ab- od. Aufstieg entscheidendes Qualifikationsspiel)
re|le|gie|ren (von der [Hoch]schule verweisen)
re|le|vant ‹lat.› (erheblich, wichtig); **Re|le|vanz,** die; -
Re|li, die; - (*Schülerspr. kurz für* Religionsunterricht)
Re|li|ef, das; -s, *Plur.* -s *u.* -e ‹franz.› (über eine Fläche erhaben hervortretendes Bildwerk; *Geogr.* Form der Erdoberfläche, plastische Nachbildung der Oberfläche eines Geländes)

R

re|li|ef|ar|tig
Re|li|ef|druck *Plur.* ...drucke (Hoch-, Prägedruck); **Re|li|ef|kar|te** *(Kartographie)*
Re|li|ef|pfei|ler; Re|li|ef|sti|cke|rei [*alte Trennung* ...k|k...]
Re|li|gi|on, die; -, -en ‹lat.›
Re|li|gi|ons|be|kennt|nis; Re|li|gi|ons|buch; Re|li|gi|ons|frei|heit, die; -; **Re|li|gi|ons|frie|de; Re|li|gi|ons|ge|mein|schaft**
Re|li|gi|ons|ge|schich|te, die; -
Re|li|gi|ons|krieg
Re|li|gi|ons|leh|re; Re|li|gi|ons|leh|rer; Re|li|gi|ons|leh|re|rin
re|li|gi|ons|los; Re|li|gi|ons|lo|sig|keit, die; -
Re|li|gi|ons|phi|lo|so|phie; Re|li|gi|ons|stif|ter; Re|li|gi|ons|strei|tig|kei|ten *Plur.*; **Re|li|gi|ons|stun|de; Re|li|gi|ons|un|ter|richt**
Re|li|gi|ons|wis|sen|schaft; Re|li|gi|ons|wis|sen|schaft|ler; Re|li|gi|ons|wis|sen|schaft|le|rin; re|li|gi|ons|wis|sen|schaft|lich
Re|li|gi|ons|zu|ge|hö|rig|keit
re|li|gi|ös ‹franz.›
Re|li|gi|o|se, der *u.* die; -n, -n *meist Plur.* ‹lat.› (Mitglied einer Ordensgemeinschaft)
Re|li|gi|o|si|tät, die; -
re|likt ‹lat.› (*Biol.* in Resten vorkommend)
Re|likt, das; -[e]s, -e (Rest; Überbleibsel)
Re|lik|ten *Plur.* (*veraltet für* Hinterbliebene; Hinterlassenschaft); **Re|lik|ten|fau|na,** die; - (*Zool.* Überbleibsel einer früheren Tierwelt); **Re|lik|ten|flo|ra,** die; - *(Bot.)*
Re|ling, die; -, *Plur.* -s, *seltener* -e ([Schiffs]geländer, Brüstung)
Re|li|qui|ar, das; -s, -e ‹lat.› (Reliquienbehälter)
Re|li|quie, die; -, -n (Überrest der Gebeine, Kleider o. Ä. eines Heiligen als Gegenstand religiöser Verehrung)
Re|li|qui|en|schrein
Re|lish [...lɪʃ], das; -s, -es [...ʃis] ‹engl.› (würzige Soße aus Gemüsestückchen)
Re|ma|gen (Stadt am Mittelrhein)
Re|make [riˈmeːk], das; -s, -s ‹engl.› (Neuverfilmung; Neufassung einer künstlerischen Produktion)
Re|ma|nenz, die; - ‹lat.› (*Physik* Restmagnetismus)
Re|marque [rəˈmark] (dt. Schriftsteller)
Re|ma|su|ri *vgl.* Ramasuri
Rem|bours [rãˈbuːɐ̯], der; -, - (*Überseehandel* Finanzierung u. Geschäftsabwicklung über eine Bank); **Rem|bours|ge|schäft; Rem|bours|kre|dit**
Rem|brandt (niederl. Maler); Rembrandt van Rijn [fan *od.* van ˈrɛin]
Re|me|di|um, das; -s, *Plur.* ...ien *u.* ...ia ‹lat.› (*Med.* Arzneimittel; *Münzw.* zulässiger Mindergehalt [der Münzen an edlem Metall])
Re|me|dur, die; -, -en (*veraltend für* Abhilfe); Remedur schaffen
Re|mi|gi|us (ein Heiliger)
Re|mi|g|rant, der; -en, -en ‹lat.› (Rückwanderer, zurückgekehrter Emigrant); **Re|mi|g|ran|tin**
re|mi|li|ta|ri|sie|ren ‹franz.› (das aufgelöste Heerwesen eines Landes von neuem organisieren); **Re|mi|li|ta|ri|sie|rung,** die; -
Re|mi|nis|zenz, die; -, -en ‹lat.› (Erinnerung; Anklang)
Re|mi|nis|ze|re ‹»gedenke!«› (fünfter Sonntag vor Ostern)
re|mis [rəˈmiː] ‹franz.› (unentschieden); **Re|mis,** das; -, *Plur.* - *u.* -en (unentschiedenes Spiel)
Re|mi|se, die; -, -n (*veraltend für* Geräte-, Wagenschuppen; *Jägerspr.* Schutzgehölz für Wild)
re|mi|sie|ren (*bes. Schach* ein Remis erzielen)
Re|mis|si|on, die; -, -en ‹lat.› (*Buchw.* Rücksendung von Remittenden; *Med.* vorübergehendes Nachlassen von Krankheitserscheinungen; *Physik* das Zurückwerfen von Licht an undurchsichtigen Flächen)
Re|mit|ten|de, die; -, -n (*Buchw.* beschädigtes od. fehlerhaftes Druckerzeugnis, das an den Verlag zurückgeschickt wird)
Re|mit|tent, der; -en, -en (*Wirtsch.* Wechselnehmer)
re|mit|tie|ren (*Buchw.* zurücksenden; *Med.* nachlassen)
Re|mix [ˈriː...], der; -[es], -e ‹engl.› (neu gestaltete Tonaufnahme)
Rem|mi|dem|mi, das; -s (*ugs. für* lärmendes Treiben, Trubel)
re|mon|tant [*auch* ...mõ...] ‹franz.› (*Bot.* zum zweiten Mal blühend); **Re|mon|tant|ro|se**
Re|mon|te [*auch* ...ˈmõː...], die; -, -n (junges Pferd)
re|mon|tie|ren [*auch* ...mõ...] (*Bot.* zum zweiten Mal blühen od. fruchten; *früher* den militär. Bestand durch Jungpferde ergänzen); **Re|mon|tie|rung**
Re|mon|toir|uhr [...mõˈtoaːɐ...] (*veraltet für* ohne Schlüssel aufzieh- und stellbare Taschenuhr)
Re|mor|queur [...ˈkøːɐ̯], der; -s, -e ‹franz.› (*österr. für* kleiner Schleppdampfer)
Re|mou|la|de [...mu...], die; -, -n ‹franz.› (eine Kräutermajonäse); **Re|mou|la|den|so|ße,** *auch* ...sau|ce
Rem|pe|lei *(ugs.)*
rem|peln (*ugs. für* absichtlich stoßen); ich remp[e]le
Remp|ler (*ugs. für* Stoß)
Remp|ter *vgl.* Remter
Rems, die; - (rechter Nebenfluss des Neckars)
Rem|scheid (Stadt in Nordrhein-Westfalen)
Rem|ter, der; -s, - ‹lat.› (Speise-, Versammlungssaal [in Burgen und Klöstern])
Re|mu|ne|ra|ti|on, die; -, -en ‹lat.› (*veraltet, noch österr. für* Entschädigung, Vergütung); *vgl. aber* Renumeration; **re|mu|ne|rie|ren** *(veraltet, noch österr.)*
Re|mus (Zwillingsbruder des Romulus)
¹Ren [reːn, rɛn], das; -s, *Plur.* Rene *u.* -s [rɛns] ‹nord.› (ein nordländ. Hirsch)
²Ren, der; -s, -es ‹lat.› (*Med.* Niere)
Re|nais|sance [rənɛˈsãːs], die; -, -n ‹franz.› (*nur Sing.*: auf der Antike aufbauende kulturelle Bewegung vom 14. bis 16. Jh.; erneutes Aufleben)
Re|nais|sance|dich|ter
Re|nais|sance|ma|ler
Re|nais|sance|stil, der; -[e]s
Re|nais|sance|zeit, die; -
Re|na|ta, Re|na|te (w. Vorn.)
re|na|tu|rie|ren ‹lat.› (in einen naturnahen Zustand zurückführen); **Re|na|tu|rie|rung**
Re|na|tus (m. Vorn.)
Re|nault® [rəˈnoː], der; -[s], -s ‹nach dem Ingenieur u. Unternehmer Louis Renault› (franz. Kraftfahrzeug)
Ren|con|t|re [rãˈkõːtrə], *vgl.* Renkontre
Ren|dant, der; -en, -en ‹franz.› (Rechnungsführer)
Ren|dan|tur, die; -, -en ‹lat.› (*veraltet für* Gelder einnehmende u. auszahlende Behörde)
Ren|de|ment [rãdəˈmãː], das; -s, -s ‹franz.› (Gehalt an reinen Bestandteilen, bes. Gehalt an rei-

ner Wolle; *schweiz. für* Leistung [eines Sportlers])
Ren|dez|vous, *schweiz. auch* **Ren-dez-vous** [rãde'vu:], das; -, - (Verabredung [von Verliebten]; Begegnung von Raumfahrzeugen im Weltall); **Ren|dez|vous|ma|nö|ver; Ren|dez|vous|tech|nik**
Ren|di|te, die; -, -n ‹ital.› (*Wirtsch.* Verzinsung, Ertrag)
Ren|di|te|ob|jekt
Re|né [rə'ne:] (m. Vorn.)
Re|ne|gat, der; -en, -en ‹lat.› (jmd., der seine bisherige politische od. religiöse Überzeugung wechselt; Abtrünniger); **Re|ne|ga|ten|tum,** das; -s
Re|ne|k|lo|de, *auch* Rei|ne|clau|de die; -, -n ‹franz.› (eine Edelpflaume); *vgl.* Ringlotte
Re|nẹt|te, die; -, -n ‹franz.› (ein Apfel); *vgl.* Reinette
Ren|for|cé [rãfɔr'se:], der *od.* das; -s, -s ‹franz.› (ein Baumwollgewebe)
re|ni|tẹnt ‹lat.› (widerspenstig, widersetzlich); **Re|ni|tẹn|te,** der *u.* die; -n, -n; **Re|ni|tẹnz,** die; - (renitentes Verhalten)
Rẹn|ke, die; -, -n *u.* Rẹn|ken, der; -s, - (ein Fisch in den Voralpenseen)
rẹn|ken (*veraltet für* drehend hin und her bewegen)
Ren|kon|t|re [rã'kõ:trə], das; -s, -s ‹franz.› (*veraltend für* feindl. Begegnung; Zusammenstoß)
Rẹnk|ver|schluss [*alte Schreibung* ...ver|schluß] (*für* Bajonettverschluss)
Rẹnn|au|to; Rẹnn|bahn; Rẹnn|boot
rẹn|nen; du ranntest, *selten:* du renntest; gerannt; renn[e]!
Rẹn|nen, das; -s, -
Rẹn|ner (*ugs. auch für* etwas, was erfolgreich, beliebt ist)
Ren|ne|rei
Rẹnn|fah|rer; Rẹnn|fah|re|rin
Rẹnn|fie|ber, das; -s; **Rẹnn|lei|ter,** der; **Rẹnn|ma|schi|ne** (Motorrad für Rennen); **Rẹnn|pferd; Rẹnn|pis|te** [*alte Trennung* ...|st...]
Rẹnn|platz; Rẹnn|rad; Rẹnn|rei|ter; Rẹnn|ro|deln, das; -s
Rẹnn|sport, der; -[e]s; **Rẹnn|stall**
Rẹnn|steig, *auch* **Rẹnn|stieg** *od.* Rẹnn|weg, der; -[e]s (Kammweg auf der Höhe des Thüringer Waldes u. Frankenwaldes)
Rẹnn|stre|cke [*alte Trennung* ...k|k...]; **Rẹnn|wa|gen**
Rẹnn|weg *vgl.* Rennsteig

Re|noir [rə'nọa:ɐ̯] (französischer Maler u. Grafiker)
Re|nom|ma|ge [...ʒə], die; -, -n ‹franz.› (*veraltet für* Prahlerei)
Re|nom|mee, das; -s, -s ‹franz.› ([guter] Ruf, Leumund)
re|nom|mie|ren (prahlen); **Re|nom|mier|stück; re|nom|miert** (berühmt, angesehen, namhaft)
Re|nom|mịst, der; -en, -en (Prahlhans); **Re|nom|mis|te|rei** [*alte Trennung* ...|st...]
Re|non|ce [...'nõ:s(ə)], die; -, -n ‹franz.› (*Kartenspiel* Fehlfarbe)
Re|no|va|ti|on, die; -, -en ‹lat.› (*schweiz., sonst veraltet für* Renovierung)
re|no|vie|ren (erneuern, instand setzen); **Re|no|vie|rung**
Ren|sei|g|ne|ment [rãsɛnjə'mã:], das; -s, -s ‹franz.› (*veraltet für* Auskunft, Nachweis)
ren|ta|bel (zinstragend; einträglich); ein ...a|b|les Geschäft
Ren|ta|bi|li|tät, die; - (*Wirtsch.* Einträglichkeit, [Höhe der] Verzinsung)
Ren|ta|bi|li|täts|ge|sichts|punkt
Ren|ta|bi|li|täts|prü|fung
Ren|ta|bi|li|täts|rech|nung
Rent|amt (*früher* Rechnungsamt)
Rẹn|te, die; -, -n ‹franz.› (regelmäßiges Einkommen [aus Vermögen od. rechtl. Ansprüchen])
Ren|tei (*svw.* Rentamt)
Rẹn|ten|al|ter; im Rentenalter sein
Rẹn|ten|an|lei|he (Anleihe des Staates, für die kein Tilgungszwang besteht)
Rẹn|ten|an|pas|sung; Rẹn|ten|an|spruch; Rẹn|ten|bank *Plur.* ...banken; **Rẹn|ten|ba|sis; Rẹn|ten|be|mes|sungs|grund|la|ge**
Rẹn|ten|be|ra|ter; Rẹn|ten|be|ra|tung
Rẹn|ten|emp|fän|ger; Rẹn|ten|emp|fän|ge|rin
Rẹn|ten|lü|cke [*alte Trennung* ...k|k...]
Rẹn|ten|mark (dt. Währungseinheit [1923])
Rẹn|ten|markt (Handel mit festverzinslichen Wertpapieren)
Rẹn|ten|pa|pier (Rentenwert)
rẹn|ten|pflich|tig
Rẹn|ten|rech|nung *(Math.);* **Rẹn|ten|re|form; Rẹn|ten|schein**
Rẹn|ten|ver|schrei|bung (ein Wertpapier, das die Zahlung einer Rente verbrieft)
Rẹn|ten|ver|si|che|rung

Rẹn|ten|wert (ein Wertpapier mit fester Verzinsung)
Rẹn|ten|zah|lung
[1]Ren|tier [*auch* 'rɛn...] (*svw.* [1]Ren)
[2]Ren|ti|er [...'ti̯e:], der; -s, -s ‹franz.› (*veraltend für* Rentner; jmd., der von den Erträgen seines Vermögens lebt)
ren|tie|ren (Gewinn bringen); sich rentieren (sich lohnen)
Ren|tier|flech|te [*auch* 'rɛn...] ([Futter für das [1]Ren liefernde] Flechte nördlicher Länder)
ren|tier|lich (*svw.* rentabel)
Rẹnt|ner; Rẹnt|ne|rin
Re|nu|me|ra|ti|on, die; -, -en ‹lat.› (*Wirtsch.* Rückzahlung); *vgl. aber* Remuneration; **re|nu|me|rie|ren** (zurückzahlen)
Re|nun|ti|a|ti|on, Re|nun|zi|a|ti|on, die; -, -en ‹lat.› (Abdankung [eines Monarchen]); **re|nun|zie|ren**
Re|ok|ku|pa|ti|on, die; -, -en ‹lat.› (Wiederbesetzung); **re|ok|ku|pie|ren**
Re|or|ga|ni|sa|ti|on, die; -, -en *Plur. selten* ‹lat.; franz.› (Neugestaltung); **Re|or|ga|ni|sa|tor,** der; -s, ...oren; **re|or|ga|ni|sie|ren**
Rẹp, der; -s, *Plur.* -s, u. *(ugs.)* Repse (*kurz für* Republikaner [Mitglied einer rechtsgerichteten Partei])
re|pa|ra|bel ‹lat.› (sich reparieren lassend); ...a|b|le Schäden
Re|pa|ra|teur [...'tø:ɐ̯], der; -s, -e (jmd., der etwas berufsmäßig repariert); **Re|pa|ra|teu|rin**
Re|pa|ra|ti|on, die; -, -en (Wiederherstellung; *nur Plur.:* Kriegsentschädigung); **Re|pa|ra|ti|ons|leis|tung** [*alte Trennung* ...|st...]
Re|pa|ra|ti|ons|zah|lung
Re|pa|ra|tur, die; -, -en ‹lat.›
re|pa|ra|tur|an|fäl|lig
Re|pa|ra|tur|an|nah|me
re|pa|ra|tur|be|dürf|tig
Re|pa|ra|tur|kos|ten [*alte Trennung* ...|st...] *Plur.*
Re|pa|ra|tur|werk|statt
re|pa|rie|ren ‹lat.›
re|par|tie|ren ‹franz.› (*Börse* Wertpapiere aufteilen, zuteilen); **Re|par|ti|ti|on,** die; -, -en
re|pa|t|ri|ie|ren ‹lat.› (die frühere Staatsangehörigkeit wieder verleihen; Kriegs-, Zivilgefangene in die Heimat entlassen); **Re|pa|t|ri|ie|rung**
Re|per|kus|si|on, die; -, -en ‹lat.› (*Musik* Sprechton beim Psalmenvortrag; Durchführung des

Themas durch alle Stimmen der Fuge)

Re|per|toire [...'to̤a:ɐ̯], das; -s, -s ‹franz.› (Vorrat einstudierter Stücke usw., Spielplan); **Re|per|toire|stück** (populäres, immer wieder gespieltes Stück)

Re|pe|tent, der; -en, -en ‹lat.› (Schüler, der eine Klasse wiederholt; *veraltet für* Repetitor)

re|pe|tie|ren (wiederholen)

Re|pe|tier|ge|wehr; Re|pe|tier|uhr (Taschenuhr mit Schlagwerk)

Re|pe|ti|ti|on, die; -, -en (Wiederholung)

Re|pe|ti|tor, der; -s, ...oren (jmd., der mit Studierenden den Lehrstoff wiederholt; *auch für* Korrepetitor)

Re|pe|ti|to|ri|um, das; -s, ...ien (*veraltend für* Wiederholungsunterricht, -buch)

Re|p|lik, die; -, -en ‹franz.› (Gegenrede, Erwiderung; vom Künstler selbst angefertigte Nachbildung eines Originals); **re|p|li|zie|ren** ‹lat.›

re|po|ni|bel ‹lat.› (*Med.* sich reponieren lassend); ...i|b|ler Bruch; **re|po|nie|ren** ([Knochen, Organe] wieder in die normale Lage zurückbringen)

Re|port, der; -[e]s, -e ‹franz.› (Bericht, Mitteilung; *Börse* Kursaufschlag bei der Verlängerung von Termingeschäften)

Re|por|ta|ge [...ʒə], die; -, -n ‹franz.› (Bericht[erstattung] über ein aktuelles Ereignis)

Re|por|ter, der; -s, - ‹engl.› (Zeitungs-, Fernseh-, Rundfunkberichterstatter); **Re|por|te|rin**

Re|po|si|ti|on, die; -, -en ‹lat.› (*Med.* das Reponieren)

re|prä|sen|ta|bel ‹franz.› (würdig; stattlich; wirkungsvoll); ...a|b|le Erscheinung

Re|prä|sen|tant, der; -en, -en ‹franz.› (Vertreter, Abgeordneter); **Re|prä|sen|tan|ten|haus**

Re|prä|sen|tan|tin

Re|prä|sen|tanz, die; -, -en ([geschäftl.] Vertretung)

Re|prä|sen|ta|ti|on, die; -, -en ([Stell]vertretung; *nur Sing.:* standesgemäßes Auftreten, gesellschaftlicher Aufwand)

Re|prä|sen|ta|ti|ons|auf|wen|dung

Re|prä|sen|ta|ti|ons|gel|der *Plur.*

Re|prä|sen|ta|ti|ons|schluss [*alte Schreibung* ...schluß] (*Statistik* bei Stichproben u. Schätzungen angewandtes Schlussverfahren)

re|prä|sen|ta|tiv ‹franz.› (vertretend; typisch; wirkungsvoll); repräsentative Demokratie

Re|prä|sen|ta|tiv|bau (*Plur.* ...bauten); **Re|prä|sen|ta|tiv|be|fra|gung** *(Statistik);* **Re|prä|sen|ta|tiv|er|he|bung; Re|prä|sen|ta|tiv|ge|walt,** die; - *(Politik)*

Re|prä|sen|ta|ti|vi|tät, die; -

Re|prä|sen|ta|tiv|sys|tem [*alte Trennung* ...|st...] *(Politik);* **Re|prä|sen|ta|tiv|um|fra|ge**

re|prä|sen|tie|ren ‹franz.› (vertreten; etwas darstellen; standesgemäß auftreten)

Re|pres|sa|lie, die; -, -n *meist Plur.* ‹lat.› (Vergeltungsmaßnahme, Druckmittel)

Re|pres|si|on, die; -, -en ‹franz.› (Unterdrückung [von Kritik, polit. Bewegungen u. Ä.]); **re|pres|si|ons|frei; Re|pres|si|ons|in|s|t|ru|ment**

re|pres|siv (unterdrückend); repressive Maßnahmen

Re|pres|siv|zoll (Schutzzoll)

Re|print, der; -s, -s ‹engl.› (*Buchw.* unveränderter Nachdruck, Neudruck)

Re|pri|se, die; -, -n ‹franz.› (*Börse* Kurserholung; *Musik* Wiederholung; *Theater, Film* Wiederaufnahme [eines Stückes] in den Spielplan; Neuauflage einer Schallplatte)

re|pri|va|ti|sie|ren ‹franz.› (staatliches od. gesellschaftliches Eigentum in Privatbesitz zurückführen); **Re|pri|va|ti|sie|rung**

Re|pro, die; -, -s *u.* das; -s, -s ‹*Kurzform von* Reproduktion› (*Druckw.* fotografische Reproduktion einer Bildvorlage)

Re|pro|ba|ti|on, die; -, -en ‹lat.› (*Rechtsspr. veraltet für* Missbilligung); **re|pro|bie|ren**

Re|pro|duk|ti|on, die; -, -en ‹lat.› (Nachbildung; Wiedergabe eines Originals [bes. durch Druck]; Vervielfältigung)

Re|pro|duk|ti|ons|fak|tor *(Kernphysik);* **Re|pro|duk|ti|ons|for|schung; Re|pro|duk|ti|ons|me|di|zin; Re|pro|duk|ti|ons|tech|nik**

Re|pro|duk|ti|ons|ver|fah|ren

re|pro|duk|tiv

re|pro|du|zie|ren (*zu* Reproduktion)

Re|pro|gra|phie, *auch* Re|pro|gra|fie, die; -, ...ien (Sammelbezeichnung für verschiedene Kopierverfahren)

Reps, der; -es, *Plur. (Sorten:)* -e (*südd. für* Raps)

Rep|til, das; -s, *Plur.* -ien, *selten* -e ‹franz.› (Kriechtier)

Rep|ti|li|en|fonds (*iron.* Geldfonds, über dessen Verwendung Regierungsstellen keine Rechenschaft abzulegen brauchen)

Re|pu|b|lik, die; -, -en ‹franz.›; die Berliner Republik

Re|pu|b|li|ka|ner; Re|pu|b|li|ka|ne|rin; re|pu|b|li|ka|nisch

Re|pu|b|li|ka|nis|mus, der; - (*veraltend für* Streben nach einer republikanischen Verfassung)

Re|pu|b|lik|flucht (*DDR* Flucht aus der DDR); **re|pu|b|lik|flüch|tig**

Re|pu|di|a|ti|on, die; -, -en ‹lat.› (*Wirtsch.* Verweigerung der Annahme von Geld wegen geringer Kaufkraft)

Re|pul|si|on, die; -, -en ‹franz.› (*Technik* Ab-, Zurückstoßung); **Re|pul|si|ons|mo|tor**

re|pul|siv (zurück-, abstoßend)

Re|pun|ze, die; -, -n ‹lat.; ital.› (Stempel [für Feingehalt bei Waren aus Edelmetall]); **re|pun|zie|ren** (mit einem Feingehaltsstempel versehen)

Re|pu|ta|ti|on, die; - ‹lat.-franz.› ([guter] Ruf, Ansehen)

re|pu|tier|lich (*veraltet für* ansehnlich; achtbar; ordentlich)

Re|qui|em, das; -s, *Plur.* -s, *österr.* ...quien ‹lat.› (*kath. Kirche* Totenmesse; *Musik* [1]Messe)

re|qui|es|cat in pa|ce ‹»er/sie ruhe in Frieden!«› (*Abk.* R. I. P.)

re|qui|rie|ren ‹lat.› (beschlagnahmen [für milit. Zwecke]; *veraltet* um Rechtshilfe ersuchen)

Re|qui|sit, das; -[e]s, -en (Zubehör; Gegenstand, der für eine Theateraufführung od. eine Filmszene verwendet wird)

Re|qui|si|te, die; -, -n (Requisitenkammer; für die Requisiten zuständige Stelle beim Theater); **Re|qui|si|ten|kam|mer**

Re|qui|si|teur [...'tø:ɐ̯], der; -s, -e ‹franz.› (*Theater, Film* Verwalter der Requisiten); **Re|qui|si|teu|rin**

Re|qui|si|ti|on, die; -, -en (*zu* requirieren)

resch (*bayr. u. österr. für* knusprig, lebhaft, munter)

Re|schen|pass [*alte Schreibung* ...paß], der; ...passes *u.* **Re|schen|schei|deck,** das; -s (österreichisch-italienischer Alpenpass)

Re|se|da, die; -, *Plur.* ...den, *selten* -s ⟨lat.⟩ (eine Pflanze)

re|se|da|far|ben

Re|se|de, die; -, -n (Reseda)

Re|sek|ti|on, die; -, -en ⟨lat.⟩ (*Med.* operative Entfernung kranker Organteile)

Re|ser|va|ge [...ʒə], die; - ⟨franz.⟩ (*Textilw.* Schutzbeize, die das Aufnehmen von Farbe verhindert)

Re|ser|vat, das; -[e]s, -e ⟨lat.⟩ (Vorbehalt; Sonderrecht; Freigehege für gefährdete Tierarten; *auch für* Reservation)

Re|ser|va|ti|on, die; -, -en (Vorbehalt; den Indianern vorbehaltenes Gebiet in Nordamerika; *schweiz. für* Reservierung)

Re|ser|vat|recht (Sonderrecht)

Re|ser|ve, die; -, -n ⟨franz.⟩ (Ersatz; Vorrat; *Milit.* nicht aktive Wehrpflichtige; *Wirtsch.* Rücklage; *nur Sing.:* Zurückhaltung, Verschlossenheit); in Reserve (vorrätig); [Leutnant usw.] der Reserve (*Abk.* d. R.)

Re|ser|ve|bank *(Sport)*

Re|ser|ve|fonds (*Wirtsch.* Rücklage)

Re|ser|ve|ka|nis|ter [*alte Trennung* ...|st...]

Re|ser|ve|of|fi|zier

Re|ser|ve|rad; Re|ser|ve|rei|fen

Re|ser|ve|spie|ler; Re|ser|ve|spie|le|rin

Re|ser|ve|tank

Re|ser|ve|ü|bung

re|ser|vie|ren ⟨lat.⟩ (vormerken, vorbestellen, freihalten)

re|ser|viert (*auch für* zurückhaltend, kühl); **Re|ser|viert|heit**

Re|ser|vie|rung

Re|ser|vist, der; -en, -en (Soldat der Reserve)

Re|ser|voir [...ˈvo̯aːɐ̯], das; -s, -e ⟨franz.⟩ (Sammelbecken, Behälter)

re|se|zie|ren ⟨lat., *zu* Resektion⟩

Re|si|dent, der; -en, -en ⟨franz.⟩ (*veraltet für* Geschäftsträger; *veraltend für* Regierungsvertreter, Statthalter)

Re|si|denz, die; -, -en ⟨lat.⟩ (Wohnsitz des Staatsoberhauptes, eines Fürsten, eines hohen Geistlichen; Hauptstadt)

Re|si|denz|pflicht, die; - **Re|si|denz|stadt; Re|si|denz|the|a|ter**

re|si|die|ren ⟨lat.⟩ (seinen Wohnsitz haben [bes. von regierenden Fürsten])

re|si|du|al ⟨lat.⟩ (*Med.* zurückbleibend, restlich); **Re|si|du|um**, das; -s, ...duen (Rest [als Folge einer Krankheit])

Re|si|g|na|ti|on, die; -, -en *Plur. selten* ⟨lat.⟩ (Ergebung in das Schicksal); **re|si|g|na|tiv** (durch Resignation gekennzeichnet)

re|si|g|nie|ren; re|si|g|niert (mutlos, niedergeschlagen)

Re|si|nat, das; -[e]s, -e ⟨lat.⟩ (*Chemie* Salz der Harzsäure)

Ré|sis|tance [rezɪsˈtãːs; *alte Trennung* ...|st...], die; - ⟨franz.⟩ (franz. Widerstandsbewegung gegen die deutsche Besatzung im 2. Weltkrieg)

re|sis|tent [*alte Trennung* ...|st...] ⟨lat.⟩ (widerstandsfähig); **Re|sis|tenz**, die; -, -en (Widerstand[sfähigkeit]); passive Resistenz; **re|sis|tie|ren** (widerstehen; ausdauern); **re|sis|tiv** (widerstehend, hartnäckig)

Re|skript, das; -[e]s, -e ⟨lat.⟩ (feierliche Rechtsentscheidung des Papstes od. eines Bischofs)

re|so|lut ⟨lat.⟩ (entschlossen, beherzt, tatkräftig); **Re|so|lut|heit**

Re|so|lu|ti|on, die; -, -en ⟨lat.⟩ (Beschluss, Entschließung)

re|sol|vie|ren (*veraltet für* beschließen)

Re|so|nanz, die; -, -en ⟨lat.⟩ (*Musik, Physik* Mittönen, -schwingen; Widerhall, Zustimmung)

Re|so|nanz|bo|den *(Musik);* **Re|so|nanz|fre|quenz** *(Physik);* **Re|so|nanz|kas|ten** [*alte Trennung* ...|st...] *(Musik);* **Re|so|nanz|kör|per; Re|so|nanz|raum**

Re|so|na|tor, der; -s, ...oren (mitschwingender Körper)

Re|so|pal®, das; -s (ein Kunststoff)

re|sor|bie|ren ⟨lat.⟩ (ein-, aufsaugen); **Re|sorp|ti|on**, die; -, -en (Aufnahme [gelöster Stoffe in die Blut- bzw. Lymphbahn]); **Re|sorp|ti|ons|fä|hig|keit**

Re|so|zi|a|li|sa|ti|on, die; -, -en ⟨lat.⟩ (*svw.* Resozialisierung)

re|so|zi|a|li|sier|bar; re|so|zi|a|li|sie|ren; Re|so|zi|a|li|sie|rung (schrittweise Wiedereingliederung von Straffälligen in die Gesellschaft)

resp. = respektive

Re|s|pekt, der; -[e]s ⟨franz.⟩ (Achtung; Ehrerbietung; *Buchw., Kunstwiss.* leerer Rand [bei Drucksachen, Kupferstichen]); *vgl.* Respekt einflößend

re|s|pek|ta|bel (ansehnlich; angesehen); ...a|b|le Größe; **Re|s|pek|ta|bi|li|tät**, die; - (Ansehen)

Re|s|pekt|blatt (*Buchw.* leeres Blatt am Anfang eines Buches)

Re|s|pekt ein|flö|ßend, *auch* **re|s|pekt|ein|flö|ßend;** ↑K 58 *u.* 59: eine Respekt einflößende, *auch* respekteinflößende Persönlichkeit, *aber nur* eine großen Respekt einflößende Persönlichkeit, eine äußerst respekteinflößende Persönlichkeit

re|s|pek|tie|ren ⟨franz.⟩ (achten, in Ehren halten; *Wirtsch.* einen Wechsel bezahlen)

re|s|pek|tier|lich (*veraltend für* ansehnlich, achtbar)

Re|s|pek|tie|rung, die; -

re|s|pek|tiv ⟨lat.⟩ (*veraltet für* jeweilig)

re|s|pek|ti|ve (beziehungsweise; oder; und; *Abk.* resp.)

re|s|pekt|los; Re|s|pekt|lo|sig|keit

Re|s|pekts|per|son

re|s|pekt|voll

Res|pi|ghi [...gi] (italienischer Komponist)

Re|s|pi|ra|ti|on, die; - ⟨lat.⟩ (*Med.* Atmung); **Re|s|pi|ra|ti|ons|ap|pa|rat; Re|s|pi|ra|tor**, der; -s, ...oren (Beatmungsgerät); **re|s|pi|ra|to|risch** (die Atmung betreffend, auf ihr beruhend)

re|s|pi|rie|ren (atmen)

re|s|pon|die|ren ⟨lat.⟩ (*veraltet für* antworten)

Re|s|pons, der; -es, -e (auf eine Initiative o. Ä. hin erfolgende Reaktion)

re|s|pon|sa|bel (*veraltet für* verantwortlich); ...a|b|le Stellung

Re|s|pon|so|ri|um, das; -s, ...ien (liturgischer Wechselgesang)

Res|sen|ti|ment [...sãtiˈmãː], das; -s, -s ⟨franz.⟩ (gefühlsmäßige Abneigung)

Res|sort [...ˈsoːɐ̯], das; -s, -s ⟨franz.⟩ (Geschäfts-, Amtsbereich)

res|sor|tie|ren (*veraltend für* zugehören, unterstehen)

Res|sort|lei|ter, der; **Res|sort|lei|te|rin**

Res|sort|mi|nis|ter [*alte Trennung* ...|st...]; **Res|sort|mi|nis|te|rin**

Res|sour|ce [...ˈsʊrsə], die; -, -n *meist Plur.* ⟨franz.⟩ (Rohstoff-, Erwerbsquelle; Geldmittel); **res|sour|cen|scho|nend**

Rest, der; -[e]s, *Plur.* -e *u. (Kaufmannsspr., bes. von Schnittwaren:)* -er, *schweiz.* -en ⟨lat.⟩

Rest|ab|schnitt; Rest|al|ko|hol

Re|s|tant, der; -en, -en (*Bankw.* rückständiger Schuldner; nicht abgeholtes Wertpapier; *Wirtsch.* Ladenhüter); **Re|s|tan|ten|lis|te** [*alte Trennung* ...|st...]
Re|s|tau|rant [...to'rã:], das; -s, -s ‹franz.› (Gaststätte); **Re|s|tau|rant|füh|rer**
Re|s|tau|ra|teur [...tora'tø:ɐ̯], der; -s, -e (*schweiz., sonst veraltet für* Gastwirt)
Re|s|tau|ra|ti|on, die; -, -en ‹lat.› (Wiederherstellung eines Kunstwerkes; Wiederherstellung der alten Ordnung nach einem Umsturz; *veraltet für* Gastwirtschaft)
Re|s|tau|ra|ti|ons|ar|beit *meist Plur.*; **Re|s|tau|ra|ti|ons|be|trieb**
Re|s|tau|ra|ti|ons|po|li|tik, die; -
Re|s|tau|ra|ti|ons|zeit
Re|s|tau|ra|tor, der; -s, ...oren (Wiederhersteller [von Kunstwerken]); **Re|s|tau|ra|to|rin**
re|s|tau|rie|ren ‹franz.› (wieder in den ursprünglichen Zustand bringen, ausbessern [bes. von Kunstwerken]); **Re|s|tau|rie|rung**
Rest|be|stand; Rest|be|trag
Res|te|ver|kauf [*alte Trennung* ...|st...]; **Res|te|ver|wer|tung**
Rest|for|de|rung; Rest|grup|pe
Rest|harn
re|s|ti|tu|ie|ren ‹lat.› (wieder einsetzen; zurückerstatten, ersetzen); **Re|s|ti|tu|ti|on,** die; -, -en
Re|s|ti|tu|ti|ons|e|dikt, das; -[e]s (von 1629); **Re|s|ti|tu|ti|ons|kla|ge** (*Rechtsw.* Klage auf Wiederaufnahme eines Verfahrens)
Rest|kos|ten|rech|nung [*alte Trennung* ...|st...] (betriebswirtschaftl. Kalkulationsverfahren)
rest|lich; das restliche Geld, *aber* alles Restliche regeln wir morgen ↑K72
Rest|loch *(Bergbau)*
rest|los
Rest|müll
Rest|nut|zungs|dau|er *(Wirtsch.)*
Rest|pos|ten [*alte Trennung* ...|st...]
Re|s|t|rik|ti|on, die; -, -en ‹lat.› (Einschränkung, Vorbehalt)
Re|s|t|rik|ti|ons|maß|nah|me *(Politik)*
re|s|t|rik|tiv (ein-, beschränkend, einengend); restriktive Konjunktion (*Sprachw.*, z. B. »insofern«)
re|s|t|rin|gie|ren (*selten für* einschränken)
Rest|ri|si|ko
re|struk|tu|rie|ren ‹lat.› (neu strukturieren); **Re|struk|tu|rie|rung** (Neuordnung)
Rest|stra|fe; Rest|sum|me
Rest|sü|ße, die; - *(Weinbau)*
Rest|ur|laub; Rest|wär|me
Re|sul|tan|te, die; -, -n ‹franz.› (*Physik* Ergebnisvektor von verschieden gerichteten Bewegungs- od. Kraftvektoren)
Re|sul|tat, das; -[e]s, -e ‹franz.› (Ergebnis)
re|sul|ta|tiv (ein Resultat bewirkend); resultative Verben (*Sprachw.* Verben, die das Ergebnis eines Vorgangs mit einschließen, z. B. »aufessen«)
re|sul|tat|los
re|sul|tie|ren (sich [als Schlussfolgerung] ergeben; folgen); **Re|sul|tie|ren|de,** die; -n, -n (*svw.* Resultante)
Re|sü|mee, das; -s, -s ‹franz.› (Zusammenfassung); **re|sü|mie|ren**
Re|ta|bel, das; -s, - ‹franz.› (*Kunstwiss.* Altaraufsatz)
Re|tard [rə'ta:ɐ̯], der; -s ‹franz.› (Verzögerung [bei Uhren]); den Hebel auf Retard stellen
Re|tar|da|ti|on, die; -, -en ([Entwicklungs]verzögerung, Verlangsamung)
re|tar|die|ren (verzögern, zurückbleiben); retardierendes Moment (bes. im Drama)
Re|ten|ti|on, die; -, -en ‹lat.› (*Med.* Zurückhaltung von auszuscheidenden Stoffen im Körper)
Re|ti|kül, der *od.* das; -s, *Plur.* -e *u.* -s ‹franz.› (*svw.* Ridikül)
re|ti|ku|lar, re|ti|ku|lär ‹lat.› (*Med.* netzartig, netzförmig); **re|ti|ku|liert** (mit netzartigem Muster); retikulierte Gläser
Re|ti|na, die; -, ...nae (*Med.* Netzhaut des Auges); **Re|ti|ni|tis,** die; -, ...itiden (Netzhautentzündung)
Re|ti|ra|de, die; -, -n ‹franz.› (*veraltet für* Ankleidezimmer)
re|ti|rie|ren (*veraltet, noch scherzh. für* sich zurückziehen)
Re|tor|si|on, die; -, -en ‹lat.› (*Rechtsspr.* Gegenmaßnahme; Vergeltung)
Re|tor|te, die; -, -n ‹franz.› (Destillationsgefäß)
Re|tor|ten|ba|by (durch künstliche Befruchtung außerhalb des Mutterleibes entstandenes Kind)
Re|tor|ten|gra|phit, *auch* Re|tor|ten|gra|fit, der; -s (*Chemie* graphitähnlich aussehender Stoff aus fast reinem Kohlenstoff); **Re|tor|ten|koh|le,** die; - (*svw.* Retortengraphit)
re|tour [re'tu:ɐ̯] ‹franz.› (*landsch., österr., schweiz., sonst veraltet für* zurück)
Re|tour|bil|lett (*schweiz., sonst veraltet für* Rückfahrkarte)
Re|tou|re, die; -, -n *meist Plur.* (*Wirtsch.* Rücksendung an den Verkäufer)
Re|tour|[fahr|]kar|te (*österr. für* Rückfahrkarte); **Re|tour|gang** (*österr. für* Rückwärtsgang)
Re|tour|kut|sche (*ugs. für* Zurückgeben eines Vorwurfs, einer Beleidigung)
re|tour|nie|ren [...tʊ...] (*Wirtsch.* zurücksenden [an den Verkäufer]; *Tennis* den gegnerischen Ball zurückschlagen)
Re|tour|sen|dung [...'tu:ɐ̯...]; **Re|tour|spiel** (*österr. für* Rückspiel)
Re|trai|te [rə'trɛ:tə], die; -, -n ‹franz.› (*Milit. veraltet für* Rückzug; Zapfenstreich der Kavallerie)
Re|trak|ti|on, die; -, -en ‹lat.› (*Med.* Schrumpfung)
Re|tri|bu|ti|on, die; -, -en ‹lat.› (*veraltet für* Wiedererstattung)
Re|t|rie|val [ri'tri:vl̩], das; -s ‹engl.› (*EDV* das Suchen u. Auffinden gespeicherter Daten)
Re|t|rie|ver (britischer Jagdhund)
re|t|ro|da|tie|ren ‹lat.› (*veraltet für* zurückdatieren)
Re|t|ro|fle|xi|on, die; -, -en (*Med.* Rückwärtsknickung von Organen)
re|t|ro|grad ‹lat.› (rückläufig; rückgebildet)
Re|t|ro|s|pek|ti|on, die; -, -en ‹lat.› (Rückschau, Rückblick); **re|t|ro|s|pek|tiv** (rückschauend); **Re|t|ro|s|pek|ti|ve,** die; -, -n (*svw.* Retrospektion; *auch für* Präsentation des [Früh]werks eines Künstlers o. Ä.)
Re|t|ro|ver|si|on, die; -, -en ‹lat.› (*Med.* Rückwärtsneigung, bes. der Gebärmutter); **re|t|ro|ver|tie|ren** (zurückwenden, zurückneigen)
Re|t|ro|vi|rus, das; -, ...ren (*Med.* tumorerzeugendes Virus)
re|t|ro|ze|die|ren ‹lat.› (*veraltet für* zurückweichen; [etwas] wieder abtreten; *Wirtsch.* rückversichern); **Re|t|ro|zes|si|on,** die; -, -en (*veraltet für* Wieder-

abtretung; *Wirtsch.* bes. Form der Rückversicherung)

Ret|si|na, der; -[s], *Plur. (Sorten:)* -s ‹neugriech.› (geharzter griech. Weißwein)

rẹt|ten; Rẹt|ter; Rẹt|te|rin

Rẹt|tich, der; -s, -e ‹lat.›

rẹtt|los (*Seemannsspr.* unrettbar); rettloses Schiff

Rẹt|tung (*nur Sing.: österr. auch kurz für* Rettungsdienst)

Rẹt|tungs|ak|ti|on; Rẹt|tungs|an|ker; Rẹt|tungs|arzt

Rẹt|tungs|ba|ke

Rẹt|tungs|bom|be *(Bergbau)*

Rẹt|tungs|boot; Rẹt|tungs|dienst; Rẹt|tungs|flug|zeug; Rẹt|tungs|gür|tel; Rẹt|tungs|hub|schrau|ber; Rẹt|tungs|in|sel

rẹt|tungs|los

Rẹt|tungs|mann|schaft; Rẹt|tungs|ring; Rẹt|tungs|sa|ni|tä|ter

Rẹt|tungs|schlauch (der Feuerwehr); **Rẹt|tungs|schlit|ten** (der Bergwacht)

Rẹt|tungs|schuss [*alte Schreibung* ...schuß]; *in der Fügung* finaler Rettungsschuss (*Amtsspr.* Todesschuss, der in einer Notsituation zur Rettung einer Person auf den Täter abgegeben werden kann)

Rẹt|tungs|schwim|men, das; -s; **Rẹt|tungs|schwim|mer**

Rẹt|tungs|sta|ti|on

Rẹt|tungs|wa|che

Re|turn [riˈtøːɐ̯n], der; -s, -s ‹engl.› (*[Tisch]tennis* nach dem Aufschlag des Gegners zurückgeschlagener Ball)

Re|tụ|sche, die; -, -n ‹franz.› (Nachbesserung [bes. von Fotografien]); **Re|tu|scheur** [...ˈʃøːɐ̯], der; -s, -e; **re|tu|schie|ren** (nachbessern [bes. Fotografien])

Reuch|lin (dt. Humanist)

Reue, die; -; **reu|en;** es reut mich

reu|e|voll

Reu|geld (*Rechtsw.* Abstandssumme)

reu|ig

Reu|kauf (*Wirtsch.* Kauf mit Rücktrittsrecht gegen Zahlung eines Reugeldes)

reu|mü|tig

re|u|nie|ren [rey...] ‹franz.› (*veraltet für* [wieder] vereinigen, versöhnen; sich versammeln)

[1]**Re|u|ni|on,** die; -, -en (*veraltet für* [Wieder]vereinigung)

[2]**Re|u|ni|on** [reyˈni̯õː], die; -, -s (*veraltet* gesellige Veranstaltung)

Ré|u|ni|on [reyˈni̯õː] (Insel im Indischen Ozean; französisches Überseedepartement)

Re|u|ni|ons|kam|mern *Plur.* (durch Ludwig XIV. eingesetzte französische Gerichte zur Durchsetzung von Annexionen)

Reu|se, die; -, -n (Korb zum Fischfang)

[1]**Reuß,** die; - (rechter Nebenfluss der Aare)

[2]**Reuß** (Name zweier früherer Thüringer Fürstentümer)

Reu|ße, der; -n, -n (*früher für* Russe)

re|üs|sie|ren ‹franz.› (gelingen; Erfolg, Glück haben)

reu|ßisch ‹*zu* [2]Reuß›

reu|ten (*südd., österr., schweiz. veraltet für* roden)

Reu|ter (niederd. Mundartdichter)

Reut|lin|gen (Stadt in Baden-Württemberg)

Reut|te (Ort in Tirol)

Reut|ter (dt. Komponist)

Rev. = Reverend

Re|vak|zi|na|ti|on, die; -, -en ‹lat.› (*Med.* Wiederimpfung); **re|vak|zi|nie|ren**

Re|val (*dt. Name von* Tallinn)

re|va|lie|ren ‹lat.› (*veraltend für* sich für eine Auslage schadlos halten; *Kaufmannsspr.* [eine Schuld] decken); **Re|va|lie|rung** (*Kaufmannsspr.* Deckung)

Re|val|va|ti|on, die; -, -en (*Wirtsch.* Aufwertung); **re|val|vie|ren**

Re|van|che [...ˈvãːʃ(ə)], die; -, -n ‹franz.› (Vergeltung; Rache)

Re|van|che|foul *(Sport)*

Re|van|che|krieg

re|van|che|lus|tig [*alte Trennung* ...|st...]

Re|van|che|po|li|tik, die; -

Re|van|che|spiel

re|van|chie|ren, sich (sich rächen; einen Gegendienst erweisen)

Re|van|chịs|mus, der; - (nationalist. Vergeltungspolitik); **Re|van|chịst,** der; -en, -en; **Re|van|chịs|tin** [*alte Trennung* ...|st...]; **re|van|chịs|tisch**

Re|ve|nue [rəvəˈnyː], die; -, -n [...ˈnyːən] ‹franz.› (Einkommen, Einkünfte)

Rẹ|ve|rend, der; -s, -s ‹lat.› (*nur Sing.:* Titel der Geistlichen in England und Amerika; *Abk.* Rev.; Träger dieses Titels)

Re|ve|rẹnz, die; -, -en (Ehrerbietung; Verbeugung); *vgl. aber* Referenz

Re|ve|rie, die; -, ...i̯en ‹franz., »Träumerei«› (*Musik* Fantasiestück)

[1]**Re|vers** [rəˈvɛːɐ̯], das, *österr.* der; -, - ‹franz.› (Umschlag od. Aufschlag an Kleidungsstücken)

[2]**Re|vers** [reˈvɛrs, *auch* rəˈvɛːɐ̯], der; *Gen.* -es [reˈvɛrzəs], *auch* - [rəˈvɛːɐ̯(s)], *Plur.* -e [reˈvɛrzə], *auch* - [rəˈvɛːɐ̯s] (Rückseite [einer Münze])

[3]**Re|vers** [reˈvɛrs], der; -es, -e (schriftliche Erklärung rechtlichen Inhalts)

re|ver|si|bel ‹lat.› (umkehrbar; *Med.* heilbar); ...i|b|le Prozesse; **Re|ver|si|bi|li|tät,** die; -

[1]**Re|ver|si|b|le** [...bl̩], der; -s, -s (beidseitig verwendbares Gewebe mit einer glänzenden u. einer matten Seite)

[2]**Re|ver|si|b|le,** das; -s, -s (Kleidungsstück, das beidseitig getragen werden kann)

Re|ver|si|on, die; -, -en (*fachspr. für* Umkehrung)

Re|vẹrs|sys|tem [*alte Trennung* ...|st...] *(Wirtsch.)*

Re|vi|dẹnt, der; -en, -en ‹lat.› (*Rechtsw.* jmd., der Revision beantragt; *österr.* Beamtentitel)

re|vi|die|ren (durchsehen, überprüfen); sein Urteil revidieren

Re|vier [reˈviːɐ̯], das; -s, -e ‹niederl.› (Bezirk, Gebiet, Bereich; *kurz für* Forst-, Jagd-, Polizeirevier; *Bergbau* großes Gebiet, in dem Bergbau betrieben wird; *Milit.* Krankenstube)

re|vie|ren (*Jägerspr.* in einem Revier nach Beute suchen)

Re|vier|förs|ter [*alte Trennung* ...|st...]

re|vier|krank *(Soldatenspr.);* **Re|vier|kran|ke,** der

Re|view [riˈvjuː], die; -, -s ‹engl.› (Titel[bestandteil] englischer u. amerikanischer Zeitschriften)

Re|vi|re|ment [revɪrəˈmãː, *österr.* revirˈmãː], das; -s, -s ‹franz.› (Umbesetzung von [staatlichen] Ämtern)

Re|vi|si|on, die; -, -en ‹lat.› ([nochmalige] Durchsicht; Prüfung; Änderung [einer Ansicht]; *Rechtsw.* Überprüfung eines Urteils)

Re|vi|si|o|nịs|mus, der; - (Streben nach Änderung eines bestehenden Zustandes oder eines Programms; eine Strömung in der Arbeiterbewegung); **Re|vi|si|o|nịst,** der; -en, -en (Verfechter des Revisionismus); **Re|vi|si|o|nis|tin** [*alte Trennung* ...|st...]; **re|vi|si|o|nis|tisch**

Re|vi|si|ons|frist *(Rechtsw.)*

Re|vi|si|ons|ge|richt

Re|vi|si|ons|ver|fah|ren

Re|vi|si|ons|ver|hand|lung

Re|vi|sor, der; -s, ...oren (Wirtschaftsprüfer; *Druckw.* Korrektor der Umbruchfahnen); **Re|vi|so|rin**

re|vi|ta|li|sie|ren ⟨lat.⟩ (*Med.* wieder kräftigen, funktionsfähig machen); **Re|vi|ta|li|sie|rung**

Re|vi|val [riˈvaivl̩], das; -s, -s ⟨engl.⟩ (Erneuerung, Wiederbelebung)

Re|vo|ka|ti|on, die; -, -en ⟨lat.⟩ (Widerruf)

Re|vol|te, die; -, -n ⟨franz.⟩ (Empörung, Auflehnung, Aufruhr); **re|vol|tie|ren**

Re|vo|lu|ti|on, die; -, -en ⟨lat.⟩; **re|vo|lu|ti|o|när** ⟨franz.⟩ ([staats]umwälzend)

Re|vo|lu|ti|o|när, der; -s, -e; **Re|vo|lu|ti|o|nä|rin**

re|vo|lu|ti|o|nie|ren; Re|vo|lu|ti|o|nie|rung

Re|vo|lu|ti|ons|füh|rer; Re|vo|lu|ti|ons|ge|richt; Re|vo|lu|ti|ons|rat

Re|vo|lu|ti|ons|re|gie|rung; Re|vo|lu|ti|ons|tri|bu|nal; Re|vo|lu|ti|ons|wir|ren *Plur.*

Re|vo|luz|zer, der; -s, - ⟨ital.⟩ (*abwertend für* Revolutionär)

Re|vol|ver, der; -s, - ⟨engl.⟩ (kurze Handfeuerwaffe; drehbarer Ansatz an Werkzeugmaschinen)

Re|vol|ver|blatt (*abwertend für* reißerisch aufgemachte Zeitung)

Re|vol|ver|held; Re|vol|ver|knauf; Re|vol|ver|lauf

Re|vol|ver|schnau|ze (*ugs. für* schnelles, vorlautes Sprechen; schnell u. vorlaut sprechender Mensch)

re|vol|vie|ren ⟨lat.⟩ (*Technik* zurückdrehen)

Re|vol|ving|ge|schäft [ri...] (*Wirtsch.* mithilfe von Revolvingkrediten finanziertes Geschäft); **Re|vol|ving|kre|dit** (Kredit in Form von immer wieder prolongierten kurzfristigen Krediten)

re|vo|zie|ren ⟨lat.⟩ (zurücknehmen, widerrufen)

Re|vue [rəˈvyː], die; -, -n [...ˈvyːən] ⟨franz.⟩ (Zeitschrift mit allgemeinen Überblicken; musikalisches Ausstattungsstück); Revue passieren lassen (sich intensiv erinnern)

Re|vue|büh|ne; Re|vue|film; Re|vue|girl; Re|vue|the|a|ter

Rex|ap|pa|rat® (*österr. für* Einkochapparat); **Rex|glas**® *Plur.* ...gläser (*österr. für* Einkochglas)

Reyk|ja|vík [ˈraikjaviːk, *auch* ˈreik-javiːk] (Hauptstadt Islands)

Re|y|on [rɛˈjõː], der *od.* das; - ⟨franz.⟩ (Kunstseide aus Viskose)

Re|zen|sent, der; -en, -en ⟨lat.⟩ (Verfasser einer Rezension); **Re|zen|sen|tin; re|zen|sie|ren**

Re|zen|si|on, die; -, -en ⟨lat.⟩ (kritische Besprechung von Büchern, Theateraufführungen u. a.; Durchsicht eines alten Textes)

Re|zen|si|ons|e|x|em|p|lar; Re|zen|si|ons|stück (Besprechungsstück)

re|zent ⟨lat.⟩ (*Biol.* gegenwärtig lebend, auftretend; *landsch. für* säuerlich, pikant); rezente Kulturen (*Völkerk.* noch bestehende altertümliche Kulturen)

Re|zept, das; -[e]s, -e ⟨lat.⟩ ([Arznei-, Koch]vorschrift, Verordnung); **Re|zept|block** (*vgl.* Block); **Re|zept|buch; re|zept|frei; re|zep|tie|ren** (Rezepte ausschreiben)

Re|zep|ti|on, die; -, -en ⟨lat.⟩ (Auf-, An-, Übernahme; verstehende Aufnahme eines Textes, eines Kunstwerks; Empfangsbüro im Hotel)

re|zep|tiv (aufnehmend, empfangend; empfänglich); **Re|zep|ti|vi|tät,** die; - (Aufnahmefähigkeit, Empfänglichkeit)

Re|zep|tor, der; -s, ...oren (*Biol., Physiol.* reizaufnehmende Zelle als Bestandteil z. B. der Haut od. eines Sinnesorgans)

Re|zept|pflicht, die; -; **re|zept|pflich|tig**

Re|zep|tur, die; -, -en (Anfertigung von Rezepten; Arbeitsraum in der Apotheke)

Re|zess [*alte Schreibung* Re|zeß], der; Rezesses, Rezesse ⟨lat.⟩ (*Rechtsw.* Auseinandersetzung, Vergleich, Vertrag)

Re|zes|si|on, die; -, -en ⟨lat.-engl.⟩ (*Wirtsch.* Rückgang der Konjunktur); **Re|zes|si|ons|pha|se**

re|zes|siv (*Biol.* zurücktretend; nicht in Erscheinung tretend [von Erbfaktoren])

re|zi|div ⟨lat.⟩ (*Med.* wiederkehrend [von Krankheiten]); **Re|zi|div,** das; -s, -e (Rückfall); **re|zi|di|vie|ren** (in Abständen wiederkehren)

Re|zi|pi|ent, der; -en, -en ⟨lat.⟩ (jmd., der einen Text, ein Musikstück o. Ä. rezipiert; *Physik* Glasglocke, die zu Versuchszwecken luftleer gepumpt werden kann); **Re|zi|pi|en|tin**

re|zi|pie|ren (etwas als Hörer[in], Leser[in], Betrachter[in] aufnehmen, übernehmen)

re|zi|p|rok ⟨lat.⟩ (wechselseitig, gegenseitig, aufeinander bezüglich); reziproker Wert (*Math.* Kehrwert [durch Vertauschung von Zähler u. Nenner]); reziprokes Pronomen (*Sprachw.* wechselbezügliches Fürwort, z. B. »einander«); **Re|zi|p|ro|zi|tät,** die; - (Wechselseitigkeit)

Re|zi|tal *vgl.* Recital

re|zi|tan|do *vgl.* recitando

Re|zi|ta|ti|on, die; -, -en ⟨lat.⟩ (künstlerischer Vortrag einer Dichtung); **Re|zi|ta|ti|ons|a|bend**

Re|zi|ta|tiv, das; -s, -e ⟨ital.⟩ ([dramatischer] Sprechgesang)

re|zi|ta|ti|visch (in der Art des Rezitativs)

Re|zi|ta|tor, der; -s, ...oren ⟨lat.⟩ (jmd., der rezitiert); **re|zi|tie|ren**

Re|zy|k|lat, das; -[e]s, -e ⟨lat.; griech.⟩ (Produkt eines Recyclingverfahrens)

re|zy|k|lie|ren *vgl.* recyceln

rf., rfz. = rinforzando

R-Ge|spräch [ˈɛr...]; ↑K 29 (Ferngespräch, das der Angerufene bezahlt)

Rgt., Reg[t]., R. = Regiment

RGW = Rat für gegenseitige Wirtschaftshilfe (bis 1991)

rh, Rh *vgl.* Rhesusfaktor

Rh = *chem. Zeichen für* Rhodium

Rha|ba|nus Mau|rus *vgl.* Hrabanus Maurus

Rha|bar|ber, der; -s ⟨griech.⟩

Rha|bar|ber|kom|pott

Rha|bar|ber|ku|chen

Rhab|dom, das; -s, -e ⟨griech.⟩ (*Med.* Sehstäbchen in der Netzhaut des Auges)

Rha|da|man|thys (Totenrichter in der griech. Sage)

Rha|ga|de, die; -, -n ⟨griech.⟩ (*Med.* Einriss in der Haut)

Rhap|so|de, der; -n, -n ⟨griech.⟩ (fahrender Sänger im alten Griechenland)

Rhap|so|die, die; -, ...ien (erzäh-

lendes Gedicht, Heldenlied; [aus Volksweisen zusammengesetztes] Musikstück); ↑K 150: die Ungarische Rhapsodie (Musikstück von Liszt)
rhap|so|disch (zur Rhapsodie gehörend; unzusammenhängend, bruchstückartig)
Rhät usw. *vgl.* Rät, Räter, Rätien, Rätikon *u.* rätisch
rhe! *vgl.* ree!
Rhe|da-Wie|den|brück (Stadt im Münsterland)
Rhe|de (Ort östl. von Bocholt)
Rhei|der|land *vgl.* Reiderland
Rheidt (Ort nördl. von Bonn)
Rhein, der; -[e]s (ein Strom)
rhein|ab, rhein|ab|wärts
Rhein|an|ke, die; -, -n (ein Fisch)
rhein|auf, rhein|auf|wärts
Rhein|bund, der; -[e]s; ↑K 143 (deutscher Fürstenbund unter französischer Führung)
Rhein|fall, der
Rhein|gau, der, *landsch.* das; -[e]s (Landschaft in Hessen)
Rhein-Her|ne-Ka|nal, der; -s ↑K 144
Rhein|hes|sen
rhei|nisch; rheinische Fröhlichkeit, *aber* ↑K 140: das Rheinische Schiefergebirge; ↑K 150: Rheinischer Merkur (Zeitung)
Rhei|nisch-Ber|gi|sche Kreis, der; -n -es (Landkreis im Reg.-Bez. Köln)
rhei|nisch-west|fä|lisch; *aber* ↑K 150: Rheinisch-Westfälisches Industriegebiet
Rhein|land, das; -[e]s (*Abk.* Rhld.)
Rhein|lan|de *Plur.* (Siedlungsgebiete der Franken beiderseits des Rheins)
Rhein|län|der (*auch* ein Tanz); **Rhein|län|de|rin; rhein|län|disch**
Rhein|land-Pfalz; rhein|land-pfäl|zisch ↑K 145
Rhein-Main-Do|nau-Groß|schiff|fahrts|weg [*alte Schreibung* Rhein-Main-Do|nau-Groß|schiffahrts|weg, *alte Trennung* ...ff|f...], der; -[e]s ↑K 146
Rhein-Main-Flug|ha|fen, der; -s ↑K 146
Rhein-Mar|ne-Ka|nal, der; -s ↑K 146
Rhein|pfalz
Rhein|pro|vinz, die; -; (ehemalige preußische Provinz beiderseits des Mittel- und Niederrheins)
Rhein-Rho|ne-Ka|nal, der; -s ↑K 146
Rhein-Schie-Ka|nal [...'sxi:...], der; -s ↑K 146
Rhein|sei|ten|ka|nal, der; -s ↑K 143
Rhein|wald, das; -[e]s (oberste Talstufe des Hinterrheins)
Rhein|wein
rhe|na|nisch ‹lat.› (*veraltet für* rheinisch)
Rhe|ni|um, das; -s (chemisches Element, Metall; *Zeichen* Re)
Rhe|o|lo|gie, die; - ‹griech.› (Teilgebiet der Physik, das Fließerscheinungen von Stoffen unter Einwirkung äußerer Kräfte untersucht)
Rhe|o|s|tat, der; *Gen.* -[e]s *u.* -en, *Plur.* -e[n] (stufenweise veränderlicher elektr. Widerstand)
Rhe|sus, der; -, - ‹nlat.› (*svw.* Rhesusaffe); **Rhe|sus|af|fe** (in Süd- u. Ostasien vorkommender, meerkatzenartiger Affe)
Rhe|sus|fak|tor, der; -s (*Med.* erbl. Merkmal der roten Blutkörperchen; *kurz* Rh-Faktor; *Zeichen* Rh = Rhesusfaktor positiv, rh = Rhesusfaktor negativ)
Rhe|tor, der; -s, ...oren ‹griech.› (Redner der Antike)
Rhe|to|rik, die; - (Redekunst; Lehre von der wirkungsvollen Gestaltung der Rede); **Rhe|to|ri|ker; Rhe|to|ri|ke|rin**
rhe|to|risch; rhetorische Frage (Frage, auf die keine Antwort erwartet wird)
Rheu|ma, das; -s ‹griech.› (*Kurzw. für* Rheumatismus); **Rheu|ma|de|cke** [*alte Trennung* ...k|k...]
Rheu|ma|ti|ker (an Rheumatismus Leidender); **Rheu|ma|ti|ke|rin**
rheu|ma|tisch; Rheu|ma|tis|mus, der; -, ...men (schmerzhafte Erkrankung der Gelenke, Muskeln, Nerven, Sehnen)
Rheu|ma|to|lo|ge, der; -n, -n (Arzt mit speziellen Kenntnissen auf dem Gebiet der Rheumatologie); **Rheu|ma|to|lo|gie,** die; - (Lehre vom Rheumatismus); **Rheu|ma|to|lo|gin; rheu|ma|to|lo|gisch**
Rheu|ma|wä|sche, die; -
Rheydt (Stadtteil von Mönchengladbach)
Rh-Fak|tor [ɛr'ha:...] (*Med. svw.* Rhesusfaktor)
Rhi|ni|tis, die; -, ...itiden ‹griech.› (*Med.* Nasenschleimhautentzündung, Schnupfen)
Rhi|no|lo|gie, die; - (Nasenheilkunde)
Rhi|no|plas|tik [*alte Trennung* ...|st...], die; -, -en (chirurgische Korrektur od. Neubildung der Nase)
Rhi|no|s|kop, das; -s, -e (Nasenspiegel); **Rhi|no|s|ko|pie,** die; -, ...ien (Untersuchung mit dem Rhinoskop)
Rhi|no|ze|ros, das; *Gen.* - *u.* -ses, *Plur.* -se (Nashorn)
Rhi|zom, das; -s, -e ‹griech.› (*Bot.* bewurzelter unterirdischer Spross)
Rhi|zo|po|de, der; -n, -n *meist Plur.* (*Zool.* Wurzelfüßer)
Rhld. = Rheinland
Rh-ne|ga|tiv [ɛrha:...] (den Rhesusfaktor nicht aufweisend)
Rho, das; -[s], -s (griechischer Buchstabe: *P, ρ*)
Rho|d|a|mi|ne *Plur.* ‹griech.; lat.› (*Chemie* Gruppe lichtechter Farbstoffe)
Rho|dan, das; -s ‹griech.› (eine einwertige Gruppe in chemischen Verbindungen)
Rhode Is|land ['ro:t 'ailənt] (Staat in den USA; *Abk.* R. I.)
Rho|de|län|der ['ro:də...], das; -s, - (ein Haushuhn)
Rho|de|si|en ‹nach Cecil Rhodes› (früherer Name von Simbabwe); **rho|de|sisch**
rho|di|nie|ren ‹griech.› (mit Rhodium überziehen)
rho|disch ‹*zu* Rhodos›
Rho|di|um, das; -s ‹griech.› (chemisches Element, Metall; *Zeichen* Rh)
Rho|do|den|d|ron, der, *auch* das; -s, ...ren ‹griech.› (eine Zierpflanze)
Rho|do|pen *Plur.* (Gebirge in Bulgarien u. Griechenland)
Rho|dos (griechische Mittelmeerinsel)
rhom|bisch ‹griech.› (rautenförmig)
Rhom|bo|e|der, das; -s, - (von sechs Rhomben begrenzte Kristallform)
Rhom|bo|id, das; -[e]s, -e (*Math.* schiefwinkliges Parallelogramm mit paarweise ungleichen Seiten)
Rhom|bus, der; -, ...ben ([2]Raute; *Math.* gleichseitiges Parallelogramm)
Rhön, die; - (Teil des Hessischen Berglandes)
Rho|ne, *franz.* Rhône [ro:n], die; - (schweizerisch-französischer Fluss)

R

rich|tig	
Großschreibung der Substantivierung ↑K 72: – das Richtige tun – das Richtige [*alte Schreibung* richtige] sein – es wäre das Richtigste [*alte Schreibung* richtigste], wenn ...; *aber* es wäre am richtigsten, wenn ... *In Verbindung mit Verben und Partizipien wird »richtig« in der Regel getrennt geschrieben:* – eine Uhr, die richtig geht; eine richtig gehende [*alte Schreibung* richtiggehende] Uhr; *vgl. aber* richtiggehend	– das Besteck hat richtig gelegen; wir haben mit der Schätzung richtig gelegen [*alte Schreibung* richtiggelegen] *(ugs.)* – eine Behauptung richtig stellen [*alte Schreibung* richtigstellen] – wenn er doch einmal etwas richtig machen würde!; die Rechnung endlich richtig machen [*alte Schreibung* richtigmachen] (*ugs. für* begleichen) – wenn ich das richtig sehe, gibt es keine größeren Probleme

Rhön|rad (ein Turngerät)
Rho|ta|zis|mus, der; -, ...men ‹griech.› (*Sprachw.* Übergang eines zwischen Vokalen stehenden stimmhaften s zu r, z. B. griech. »genēs eos« gegenüber lat. »gener is«)
Rh-po|si|tiv [ɛrha:...] (den Rhesusfaktor aufweisend)
Rhus, der; - ‹griech.› (Essigbaum; ein immergrüner [Zier]strauch)
Rhyth|men (*Plur. von* Rhythmus)
Rhyth|mik, die; - ‹griech.› (Art des Rhythmus; *auch* Lehre vom Rhythmus)
Rhyth|mi|ker; Rhyth|mi|ke|rin
rhyth|misch (den Rhythmus betreffend, taktmäßig); rhythmische Sportgymnastik
rhyth|mi|sie|ren (in einen bestimmten Rhythmus bringen)
Rhyth|mus, der; -, ...men ‹griech.› (regelmäßige Wiederkehr; geregelter Wechsel; Zeit-, Gleichmaß; taktmäßige Gliederung)
Rhyth|mus|gi|tar|re; Rhyth|mus|grup|pe; Rhyth|mus|in|s|t|ru|ment
R. I. = Rhode Island
Ria (w. Vorn.)
Ri|ad (Hauptstadt von Saudi-Arabien)
Ri|al, der; -[s], -s ‹pers. *u.* arab.› (iranische Währungseinheit); 100 Rial; *vgl.* Riyal
RIAS, der; - ‹Rundfunksender im amerik. Sektor› (Rundfunkanstalt in Berlin [bis 1992])
Ri|bat|tu|ta, die; -, ...ten ‹ital.› (*Musik* langsam beginnender, allmählich schneller werdender Triller)
rib|bel|fest
rib|beln (*landsch. für* zwischen Daumen und Zeigefinger rasch [zer]reiben); ich ribb[e]le
Ri|bi|sel, die; -, -n ‹arab.-ital.› (*österr. für* Johannisbeere); **Ri|bi|sel|saft** *(österr.)*
Ri|bo|fla|vin, das; -s ‹Kunstwort› (Vitamin B_2)
Ri|bo|nu|k|le|in|säu|re (wichtiger Bestandteil des Kerneiweißes der Zelle; *Abk.* RNS)
Ri|car|da (w. Vorn.)
Ri|chard (m. Vorn.)
Ri|chard-Wag|ner-Fest|spie|le *Plur.* ↑K 137
Ri|che|li|eu [rɪʃəˈli̯ø:] (französischer Staatsmann)
Ri|che|li|eu|sti|cke|rei [*alte Trennung* ...k|k...]; ↑K 136 (Weißstickerei mit ausgeschnittenen Mustern)
Richt|an|ten|ne; Richt|ba|ke; Richt|baum
Richt|beil (ein Stellmacherwerkzeug; Henkerbeil)
Richt|blei, das *(Bauw.)*
Richt|block *Plur.* ...blöcke
Rich|te, die; - (*landsch. für* gerade Richtung); in die Richte bringen usw.
rich|ten; sich richten; richt euch! (militärisches Kommando)
Rich|ter; Rich|ter|amt, das; -[e]s
Rich|te|rin; rich|ter|lich
Rich|ter|schaft, die; -
Rich|ter|ska|la, *auch* **Rich|ter-Ska|la** ‹nach dem amerikanischen Seismologen› (Skala zur Messung der Erdbebenstärke)
Rich|ter|spruch; Rich|ter|stuhl, der; -[e]s
Richt|fest; Richt|feu|er; Richt|funk; Richt|ge|schwin|dig|keit
rich|tig *s. Kasten*
rich|tig|ge|hend; das war eine richtiggehende (durchaus so zu nennende) Blamage
Rich|tig|keit, die; -
rich|tig lie|gen, rich|tig ma|chen, rich|tig stel|len [*alte Schreibungen* rich|tig|lie|gen, rich|tig|ma|chen, rich|tig|stel|len] *vgl.* richtig
Rich|tig|stel|lung (Berichtigung)
Richt|ka|no|nier
Richt|kranz
Richt|li|nie *meist Plur.;* **Richt|li|ni|en|kom|pe|tenz**
Richt|mi|k|ro|fon, *auch* **Richt|mi|k|ro|phon**
Richt|platz
Richt|preis; Richt|satz
Richt|schnur *Plur.* ...schnuren
Richt|schüt|ze (*svw.* Richtkanonier)
Richt|schwert; Richt|stät|te
Richt|strah|ler (eine Antenne für Kurzwellensender)
Richt|stre|cke [*alte Trennung* ...k|k...] (*Bergmannsspr.* waagerechte Strecke, die möglichst geradlinig angelegt wird)
Rich|tung; sie flohen [in] Richtung Heimat
rich|tung|ge|bend ↑K 59
Rich|tungs|än|de|rung; Rich|tungs|an|zei|ger (Blinkleuchte); **Rich|tungs|fahr|bahn** *(Verkehrsw.)*
rich|tungs|los; Rich|tungs|lo|sig|keit, die; -
Rich|tungs|pfeil
rich|tungs|sta|bil *(Kfz-Technik);* **Rich|tungs|sta|bi|li|tät**
Rich|tungs|ver|kehr, der; -s
Rich|tungs|wahl (Wahl, von der eine Wende in der politischen Richtung erwartet wird)
Rich|tungs|wech|sel
rich|tungs|wei|send, rich|tung|wei|send
Richt|waa|ge
Richt|wert; Richt|zahl
Rick, das; -[e]s, *Plur.* -e, *auch* -s (*landsch. für* Stange; Gestell)
Ri|cke [*alte Trennung* ...k|k...], die; -, -n (weibliches Reh)
ri|di|kül ‹franz.› (*veraltet für* lächerlich)
Ri|di|kül, der *od.* das; -s, *Plur.* -e *u.*

R

-s (*früher für* Arbeitsbeutel; Strickbeutel)
Rie|bel, der; -s, - (*westösterr.* ein Gericht aus Weizen od. Maisgrieß)
riech|bar; rie|chen; du rochst; du röchest; gerochen; riech[e]!
Rie|cher *(ugs. für* Nase *[bes. im übertr. Sinne]);* einen guten Riecher für etwas haben (etwas gleich merken)
Riech|fläsch|chen
Riech|kol|ben (*ugs. scherzh. für* Nase); **Riech|or|gan**
Riech|salz; Riech|stoff; Riech|was|ser *Plur.* ...wasser
[1]**Ried,** das; -[e]s, -e (Schilf, Röhricht)
[2]**Ried,** die; -, -en *u.* **Rie|de,** die; -, -n (*österr. für* Nutzfläche in den Weinbergen)
Ried|gras
Rie|fe, die; -, -n (Längsrinne; Streifen, Rippe)
rie|feln; ich rief[e]le *u.* rie|fen (mit Rillen versehen); **Rie|fe|lung**
rie|fen *vgl.* riefeln; **Rie|fen|samt** (*landsch. für* Kordsamt)
rie|fig
Rie|ge, die; -, -n (Turnerabteilung)
Rie|gel, der; -s, -; **Rie|gel|chen**
Rie|gel|hau|be (*früher* bayrische Frauenhaube)
Rie|gel|haus (*schweiz. für* Fachwerkhaus)
rie|geln (*veraltet, noch landsch. für* verriegeln); ich rieg[e]le
Rie|gel|stel|lung *(Milit.);* **Rie|gel|werk** (*landsch. für* Fachwerk)
Rie|gen|füh|rer; rie|gen|wei|se
Riem|chen (*Bauw. auch* schmales Bauelement, z. B. Fliese)
[1]**Rie|men,** der; -s, - (Lederstreifen)
[2]**Rie|men,** der; -s, - ‹lat.› (längeres, mit beiden Händen bewegtes Ruder); sich in die Riemen legen
Rie|men|an|trieb; Rie|men|schei|be (Radscheibe am Riemenwerk)
Rie|men|schnei|der, Tilman (dt. Bildhauer u. Holzschnitzer)
Rie|mer (*landsch. für* Riemenmacher)
ri|en ne va plus [ˈri̯ɛ̃: nə va ˈply:] ‹franz., »nichts geht mehr«› (beim Roulettspiel die Ansage des Croupiers, dass nicht mehr gesetzt werden kann)
Ri|en|zi (römischer Volkstribun)
[1]**Ries,** das; -es (Becken zwischen Schwäbischer u. Fränkischer Alb); Nördlinger Ries
[2]**Ries,** das; -es, -e ‹arab.› (Papiermaß); 4 Ries Papier
[1]**Rie|se** ‹*eigtl.* Ries›, Adam (dt. Rechenmeister); 12 mal 12 ist nach Adam Riese (richtig gerechnet) 144
[2]**Rie|se,** der; -n, -n (außergewöhnlich großer Mensch; *auch für* sagenhaftes, mythisches Wesen, Märchengestalt)
[3]**Rie|se,** die; -, -n (*südd., österr. für* [Holz]rutsche im Gebirge)
Rie|sel|feld; rie|seln; ich ries[e]le
rie|sen (*südd. für* mit Holzrutschen herablassen)
Rie|sen|an|stren|gung *(ugs.)*
Rie|sen|ar|beit, die; - *(ugs.)*
Rie|sen|dumm|heit *(ugs.)*
Rie|sen|fel|ge *(Turnen)*
Rie|sen|ge|bir|ge, das; -s
rie|sen|groß; rie|sen|haft
Rie|sen|hun|ger *(ugs.)*
Rie|sen|rad
Rie|sen|ross [*alte Schreibung* ...roß] (Schimpfwort)
Rie|sen|schild|krö|te
Rie|sen|schlan|ge
Rie|sen|schritt
Rie|sen|sla|lom *(Skisport)*
Rie|sen|spaß *(ugs.);* **rie|sen|stark**
rie|sig (gewaltig groß; hervorragend, toll)
Rie|sin; rie|sisch (*selten für* zu den Riesen gehörend)
Ries|ling, der; -s, -e (eine Reb- u. Weinsorte)
Ries|ter [*alte Trennung* ...|st...], der; -s, - (*veraltend für* Lederflicken auf dem Schuh)
ries|wei|se ‹*zu* [2]Ries›
Riet, das; -[e]s, -e (Weberkamm); **Riet|blatt**
Rif, das; -s ‹arab.› *u.* **Rif|at|las,** der; - (Gebirge in Marokko)
[1]**Riff,** das; -[e]s, -e (Felsenklippe; Sandbank)
[2]**Riff,** der; -[e]s, -s ‹engl.› (*bes. Jazz, Popmusik* ständig wiederholte, rhythmische Tonfolge)
Rif|fel, die; -, -n (Flachs-, Reffkamm; rippenähnlicher Streifen; *bayr. u. österr. für* gezackter Berggrat [bes. in Bergnamen, z. B. die Hohe Riffel])
Rif|fel|glas (*Plur.* ...gläser); **Rif|fel|kamm; Rif|fel|ma|schi|ne**
rif|feln ([Flachs] kämmen; aufrauen; mit Riefen versehen); ich riff[e]le; **Rif|fe|lung**
Ri|fi|fi, das; -s ‹franz.› (raffiniertes Verbrechen)
Rif|ka|by|le (Bewohner des Rifatlas)
Ri|ga (Hauptstadt Lettlands)
Ri|ga|er; Rigaer Bucht; **ri|ga|isch,** *aber* ↑K 140: der Rigaische Meerbusen (*svw.* Rigaer Bucht)
Ri|gel, der; - ‹arab.› (ein Stern)
Rigg, das; -s, -s, Rig|gung ‹engl.› (*Seemannsspr.* Takelung; Segel[werk])
rig|gen ([auf]takeln)
Ri|gi, der; -[s], *auch* die; - (Gebirgsmassiv in der Schweiz)
ri|gid, ri|gi|de ‹lat.› (streng; steif, starr); **Ri|gi|di|tät,** die; - (starres Festhalten, Strenge; *Med.* Versteifung, [Muskel]starre)
Ri|gips|plat|te ® (Gipskartonplatte zur Verkleidung von Innenwänden)
Ri|go|le, die; -, -n ‹franz.› (*Landw.* tiefe Rinne, Abzugsgraben)
ri|go|len (tief pflügen oder umgraben); ich habe rigolt
Ri|go|let|to (Titelheld in der gleichnamigen Oper von Verdi)
Ri|gol|pflug
Ri|go|ris|mus, der; - ‹lat.› (übertriebene Strenge; strenges Festhalten an Grundsätzen); **Ri|go|rist,** der; -en, -en; **ri|go|ris|tisch** [*alte Trennung* ...|st...] (überaus streng)
ri|go|ros ‹lat.› ([sehr] streng); **Ri|go|ro|si|tät,** die; -
Ri|go|ro|sum, das; -s, *Plur.* ...sa, *österr.* ...sen (mündl. Examen)
Rig|we|da, der; -[s] ‹sanskr.› (Sammlung der ältesten indischen Opferhymnen)
Ri|je|ka (Hafenstadt in Kroatien); *vgl.* Fiume
Rijs|wijk [ˈrai̯svai̯k] (niederländische Stadt)
Ri|kam|bio, der; -s, ...ien ‹ital.› (*Bankw.* Rückwechsel)
Rik|scha, die; -, -s ‹jap.› (zweirädriger Wagen, der von einem Menschen gezogen wird u. zur Beförderung von Personen dient)
Riks|mål [...mo:l], das; -[s] ‹norw.› (*ältere Bez. für* Bokmål)
Ril|ke, Rainer Maria (österr. Dichter)
Ril|le, die; -, -n; **ril|len**
ril|len|för|mig; Ril|len|pro|fil
ril|lig (*selten für* gerillt)
Rim|baud [rɛ̃ˈbo:] (franz. Dichter)
Ri|mes|se, die; -, -n ‹ital.› (*Wirtsch.* in Zahlung gegebener Wechsel); **Ri|mes|sen|wech|sel**
Ri|mi|ni (italienische Hafenstadt)

R

Rims|ki-Kor|sa|kow (russischer Komponist)
Rind, das; -[e]s, -er
Rin|de, die; -, -n
Rin|den|boot; Rin|den|hüt|te
rin|den|los
Rin|der|bra|ten, *südd., österr. u. schweiz.* Rinds|bra|ten
Rin|der|brust; Rin|der|gu|lasch; Rin|der|hack|fleisch
Rin|der|her|de
rin|de|rig (brünstig [von der Kuh])
Rin|der|le|ber
rin|dern (brünstig sein [von der Kuh])
Rin|der|pest, die; **Rin|der|ras|se; Rin|der|seu|che; Rin|der|talg**
Rin|der|wahn, Rin|der|wahn|sinn (eine Rinderkrankheit)
Rin|der|zun|ge
Rind|fleisch
rin|dig (mit Rinde versehen)
Rind|le|der *vgl.* Rindsleder; **rind|le|dern** *vgl.* rindsledern
Rinds|bra|ten usw. (*südd., österr. u. schweiz. für* Rinderbraten usw.)
Rinds|le|der; rinds|le|dern (aus Rindsleder)
Rind|stück (Beefsteak); **Rind|sup|pe** (*österr. für* Fleischbrühe)
Rind|viech (Schimpfwort)
Rind|vieh (*auch* Schimpfwort)
rin|for|zan|do ‹ital.› (*Musik* stärker werdend; *Abk.* rf., rfz.)
Rin|for|zan|do, das; -s, *Plur.* -s *u.* ...di
ring (*südd., schweiz. mdal. für* leicht, mühelos)
Ring, der; -[e]s, -e; **ring|ar|tig**
Ring|arzt *(Boxen)*
Ring|bahn; Ring|buch
Rin|gel, der; -s, - (kleineres ringförmiges od. spiraliges Gebilde); **Rin|gel|blu|me**
Rin|gel|chen *vgl.* Ringlein
rin|ge|lig, ring|lig
Rin|gel|lo|cke [*alte Trennung* ...k|k...]
rin|geln; ich ring[e]le; sich ringeln
Rin|gel|nat|ter
Rin|gel|natz (dt. Dichter); Ringelnatz' Gedichte ↑K 16
Rin|gel|piez, der; -[es], -e (*ugs. scherzh. für* anspruchsloses Tanzvergnügen); Ringelpiez mit Anfassen
Rin|gel|pul|li; Rin|gel|rei|gen *od.* **Rin|gel|rei|hen** *(österr. nur so);* **Rin|gel|schwanz; Rin|gel|söck|chen**
Rin|gel|spiel (*österr. für* Karussell); **Rin|gel|ste|chen,** das; -s, - (früheres ritterliches Spiel)
Rin|gel|tau|be; Rin|gel|wurm
rin|gen; du rangst; du rängest; gerungen; ring[e]!; **Rin|gen,** das; -s
Rin|ger; Rin|ger|griff; Rin|ge|rin
rin|ge|risch; seine ringerischen Qualitäten
Ring|fahn|dung (Großfahndung der Polizei in einem größeren Gebiet)
Ring|fin|ger
ring|för|mig
Ring|ge|schäft; Ring|gra|ben
ring|hö|rig (*schweiz. mdal. für* schalldurchlässig, hellhörig)
Ring|kampf; Ring|kämp|fer; Ring|kämp|fe|rin
Ring|knor|pel (Kehlkopfknorpel)
Ring|lein (kleiner Ring)
ring|lig *vgl.* ringelig
Rin|g|lot|te, die; -, -n (*landsch. u. österr. für* Reneklode)
Ring|mau|er
Ring|rich|ter *(Boxen)*
rings; *vgl.* ringsum
rings|he|r|um
Ring|stra|ße
rings|um; ringsum (rundherum) läuft ein Geländer; ringsum (überall) stehen blühende Sträucher, *aber* die Kinder standen rings um ihren Lehrer; rings um den See standen Bäume; **rings|um|her**
Ring|tausch; Ring|ten|nis; Ring|vor|le|sung; Ring|wall
Rink, der; -en, -en *u.* **Rin|ke,** die; -, -n (*landsch. für* Schnalle, Spange)
rin|keln (*veraltet für* schnallen); ich rink[e]le
Rin|ken, der; -s, - (*svw.* Rink)
Rin|ne, die; -, -n
rin|nen; es rann; es ränne, *selten* rönne; geronnen; rinn[e]!
Rinn|sal, das; -[e]s, -e (*geh. für* kleines fließendes Gewässer)
Rinn|stein
Rio de Ja|nei|ro [- - ʒa'ne:...] (Stadt in Brasilien)
Rio de la Pla|ta, der; - - - - (gemeinsame Mündung der Flüsse Paraná u. Uruguay)
Rio-de-la-Pla|ta-Bucht, die; - ↑K 146
Rio Gran|de do Sul (Bundesstaat in Brasilien)
R. I. P. = requiescat in pace
Ri|pos|te [*alte Trennung* ...|st...], die; -, -n ‹ital.› (*Fechten* unmittelbarer Gegenangriff); **ri|pos|tie|ren**
Ripp|chen; Rip|pe, die; -, -n
rip|peln, sich (*landsch. für* sich regen); ich ripp[e]le mich
rip|pen (mit Rippen versehen); gerippt
Rip|pen|bo|gen; Rip|pen|bruch, der
Rip|pen|fell; Rip|pen|fell|ent|zün|dung
Rip|pen|heiz|kör|per
Rip|pen|speer, der *od.* das; -[e]s (gepökeltes Schweinebruststück mit Rippen); Kasseler Rippe[n]speer
Rip|pen|stoß; Rip|pen|stück
Rip|pli, das; -s, - (*schweiz. für* Schweinerippchen)
rips!; rips, raps!
Rips, der; -es, -e ‹engl.› (geripptes Gewebe)
ri|pu|a|risch ‹lat.› (am [Rhein]ufer wohnend); ripuarische Franken (um Köln)
ri|ra|rutsch!
Ri|sa|lit, der; -s, -e ‹ital.› (*Bauw.* Vorbau, Vorsprung)
ri|scheln (*landsch. für* rascheln, knistern); es rischelt
Ri|si|ko, das; -s, *Plur.* -s *od.* ...ken, *österr.* Risken, *auch* -s ‹ital.›
Ri|si|ko|a|na|ly|se; Ri|si|ko|be|reit|schaft, die; -; **Ri|si|ko|fak|tor**
ri|si|ko|frei
Ri|si|ko|ge|burt; Ri|si|ko|grup|pe *(Med., Soziol.);* **Ri|si|ko|ka|pi|tal** *(Wirtsch.);* **Ri|si|ko|leh|re** (Lehre von den Ursachen u. der Eindämmung der möglichen Folgen eines Risikos)
ri|si|ko|los
Ri|si|ko|pa|ti|ent (besonders gefährdeter Patient)
Ri|si|ko|prä|mie *(Wirtsch.)*
Ri|si|ko|schwan|ger|schaft
Ri|si-Pi|si *od., bes. österr.,* **Ri|si|pi|si,** das; -[s], - ‹ital.› (ein Gericht aus Reis u. Erbsen)
ris|kant ‹franz.› (gewagt)
ris|kie|ren (wagen, aufs Spiel setzen)
Ri|skon|t|ro *vgl.* Skontro
Ri|sor|gi|men|to [...dʒi...], das; -[s] ‹ital.› (italienische Einigungsbewegung im 19. Jh.)
Ri|sot|to, der; -[s], -s, *österr. auch* das; -s, -[s] ‹ital.› (Reisspeise)
Ris|pe, die; -, -n (Blütenstand); **ris|pen|för|mig**
Ris|pen|gras; ris|pig
Riss [*alte Schreibung* Riß], der; Risses, Risse; **riss|fest**
ris|sig
Ris|so|le, die; -, -n (*Gastron.* halbmondförmiges Pastetchen)

R

Rist, der; -es, -e (Fuß-, Handrücken; *kurz für* Widerrist)
Ris|te [*alte Trennung* ...|st...], die; -, -n (*landsch.* Flachsbündel)
Rist|griff *(Turnen)*
ri|stor|nie|ren ‹ital.› (*Wirtsch.* einen irrig eingetragenen Posten zurückschreiben); **Ri|stor|no,** der *od.* das; -s, -s (*Wirtsch.* Rückbuchung, Rücknahme)
ri|s|ve|g|li|an|do [...vɛl'ja...] ‹ital.› (*Musik* munter, lebhaft werdend); **ri|s|ve|g|li|a|to** (*Musik* [wieder] munter, lebhaft)
rit. = ritardando, ritenuto
Ri|ta (w. Vorn.)
ri|tar|dan|do ‹ital.› (*Musik* langsamer werdend; *Abk.* rit.); **Ri|tar|dan|do,** das; -s, *Plur.* -s *u.* ...di
ri|te ‹lat.› (genügend [geringstes Prädikat beim Rigorosum])
Ri|ten (*Plur. von* Ritus)
ri|ten., rit. = ritenuto
Ri|ten|kon|gre|ga|ti|on, die; - (eine päpstliche Behörde)
ri|te|nu|to ‹ital.› (*Musik* zurückgehalten, plötzlich langsamer; *Abk.* rit., riten.); **Ri|te|nu|to,** das; -s, *Plur.* -s *u.* ...ti
Ri|tor|nell, das; -s, -e ‹ital.› (*Verslehre* dreizeilige Strophe; *Musik* sich [mehrfach] wiederholender Teil eines Musikstücks)
Ri|trat|te, die; -, -n ‹ital.› (*svw.* Rikambio)
ritsch!; ritsch, ratsch!
Rit|scher, der; -s *u.* **Rit|schert,** das; -s (*österr. für* Speise aus Graupen und Hülsenfrüchten)
Ritt, der; -[e]s, -e
Ritt|ber|ger, der; -s, - ‹nach dem dt. Eiskunstläufer› (Drehsprung im Eiskunstlauf)
Rit|ter; die Ritter des Pour le Mérite; der Ritter von der traurigen Gestalt (Don Quichotte); arme Ritter (eine Süßspeise)
Rit|ter|burg; Rit|ter|dich|tung
Rit|ter|gut; Rit|ter|guts|be|sit|zer
rit|ter|lich; Rit|ter|lich|keit
Rit|ter|ling (ein Pilz)
Rit|ter|or|den; Rit|ter|ro|man; Rit|ter|rüs|tung [*alte Trennung* ...|st...]
Rit|ter|schaft, die; -; **rit|ter|schaft|lich**
Rit|ter|schlag
Rit|ters|mann *Plur.* ...leute
Rit|ter|sporn *Plur.* ...sporne (eine Blume)
Rit|ter|tum, das; -s
Rit|ter-und-Räu|ber-Ro|man ↑K 26
Rit|ter|we|sen, das; -s
Rit|ter|zeit, die; -
rit|tig (zum Reiten geschult, reitgerecht [von Pferden]); **Rit|tig|keit,** die; -; **Rit|tig|keits|ar|beit,** die; - *(Pferdesport)*
ritt|lings
Ritt|meis|ter [*alte Trennung* ...|st...] *(Milit. früher)*
Ri|tu|al, das; -s, *Plur.* -e *u.* -ien ‹lat.› (religiöser Brauch; Zeremoniell)
Ri|tu|al|buch; Ri|tu|al|hand|lung
Ri|tu|a|lis|mus, der; - (Richtung der anglikanischen Kirche); **Ri|tu|a|list,** der; -en, -en
Ri|tu|al|mord
ri|tu|ell ‹franz.› (zum Ritus gehörend; durch den Ritus geboten)
Ri|tus, der; -, ...ten ‹lat.› (gottesdienstlicher [Fest]brauch; Zeremoniell)
Ritz, der; -es, -e (Kerbe, Schramme; *auch für* Ritze)
Rit|ze, die; -, -n (sehr schmale Spalte od. Vertiefung)
Rit|zel, das; -s, - (*Technik* kleines Zahnrad)
rit|zen; du ritzt; **Rit|zer** (*ugs. für* kleine Schramme); **Rit|zung**
Ri|u|ki|u|in|seln *Plur.* (Inselkette im Pazifik)
Ri|va|le, der; -n, -n ‹franz.› (Mitbewerber); **Ri|va|lin**
ri|va|li|sie|ren (um den Vorrang kämpfen); **Ri|va|li|tät,** die; -, -en
Ri|ver|boat|shuf|fle, *auch* **Ri|ver-boat-Shuf|fle** [...bo:tʃafl], die; -, -s ‹amerik.› (Vergnügungsfahrt auf einem [Fluss]schiff, bei der eine Jazzband spielt)
ri|ver|so ‹ital.› (*Musik* umgekehrt, vor- und rückwärts zu spielen)
Ri|vi|e|ra, die; -, ...ren *Plur. selten* (Küstengebiet am Mittelmeer)
Ri|y|al, der; -[s], -s ‹arab.› (Währungseinheit in Saudi-Arabien); 100 Riyal; *vgl.* Rial
Ri|zi|nus [*österr.* ...'tsi:...], der; -, *Plur.* - *u.* -se ‹lat.› (ein Wolfsmilchgewächs, Heilpflanze); **Ri|zi|nus|öl,** das; -[e]s
r.-k., röm.-kath. = römisch-katholisch
RKW = Rationalisierungs-Kuratorium der Deutschen Wirtschaft
Rm, *früher* rm = Raummeter
RM = Reichsmark
Rn = *chem. Zeichen für* Radon
RNA = ribonucleic acid ‹engl.› (Ribonukleinsäure)
RNS = Ribonukleinsäure
Roa|die ['ro:di], der; -s, -s ‹amerik.› (jmd., der gegen Bezahlung beim Transport, Auf- u. Abbau der Ausrüstung einer Rockgruppe o. Ä. hilft)
Road|ma|na|ger ['ro:t...] (für die Bühnentechnik verantwortlicher Begleiter einer Rockgruppe)
Road|mo|vie ['ro:tmu:vi], das; -s, -s (Spielfilm, dessen Handlung sich unterwegs, bei einer Autofahrt abspielt)
Roads|ter ['ro:tstɐ; *alte Trennung* ...|st...] der; -s, - ‹engl.› (offener, zweisitziger Sportwagen)
Roa|ring Twen|ties ['ro:... ...ti:s] *Plur.* ‹engl., »die stürmischen Zwanziger(jahre)«› (die 20er-Jahre des 20. Jh.s in den USA u. in Westeuropa)
Roast|beef ['ro:stbi:f, 'rɔ...], das; -s, -s ‹engl.› (Rostbraten)
Rob|be, die; -, -n (Seesäugetier)
Robbe-Gril|let ['rɔpgri'je:] (französischer Schriftsteller)
rob|ben (robbenartig kriechen); sie robbt
Rob|ben|fang; Rob|ben|fän|ger; Rob|ben|fell
Rob|ben|jagd; Rob|ben|jä|ger
Rob|ben|schlag (Erlegung der Robbe mit einem Knüppel); **Rob|ben|ster|ben**
Rob|ber, der; -s, - ‹engl.› (*svw.* [1]Rubber)
Ro|be, die; -, -n ‹franz.› (kostbares, langes [Abend]kleid; Amtstracht, bes. für Richter, Anwälte, Geistliche)
Ro|bert (m. Vorn.)
Ro|ber|ta, Ro|ber|ti|ne (w. Vorn.)
Ro|bes|pi|erre [...bɛs'pjɛ:ɐ̯] (Führer in der Franz. Revolution)
Ro|bi|nie, die; -, -n ‹nach dem franz. Botaniker Robin› (ein Zierbaum od. -strauch)
Ro|bin|so|na|de, die; -, -n ‹neulat.› (Robinsongeschichte)
Ro|bin|son Cru|soe [- ...zo] (Held in einem Roman von Daniel Defoe)
Ro|bin|son|lis|te [*alte Trennung* ...|st...] (Liste von Personen, die keine Werbesendungen erhalten möchten)
Ro|bot, die; -, -en ‹tschech.› (*veraltet für* Frondienst); **ro|bo|ten** (*ugs. für* schwer arbeiten); er hat gerobotet, *auch* robotet
Ro|bo|ter (elektronisch gesteuerter Automat); **ro|bo|ter|haft**
Ro|bu|rit, der; -s ‹lat.› (ein Sprengstoff)

R

ro|bust ‹lat.› (stark, widerstandsfähig); **Ro|bust|heit**
Ro|caille [...'kai], das *od.* die; -, -s ‹franz.› (*Kunst* Muschelwerk; Rokokoornament)
Ro|cha|de [...x..., *auch* ...ʃ...], die; -, -n ‹arab.-span.-franz.› (*Schach* Doppelzug von König und Turm)
Roche|fort [rɔʃ'fo:ɐ̯] (französische Stadt)
rö|cheln; ich röch[e]le
Ro|chen, der; -s, - (ein Seefisch)
Ro|chett [...ʃ...], das; -s, -s ‹franz.› (Chorhemd kath. Geistlicher)
ro|chie|ren [...x..., *auch* ...ʃ...] ‹arab.-span.-franz.› (die Rochade ausführen; die Positionen wechseln)
Ro|chus (Heiliger); einen Rochus auf jmdn. haben (*ugs. für* zornig auf jmdn. sein)
[1]**Rock,** der; -[e]s, Röcke
[2]**Rock,** der; -[s] ‹amerik.› (Stilrichtung der Popmusik)
Rock and Roll [- ɛnt -], Rock 'n' Roll [...kn̩...], der; - - -[s], - - -[s] (stark synkopierter amerikanischer Musikstil u. Tanz)
Rock-and-Roll-Meis|ter|schaft, Rock-'n'-Roll-Meis|ter|schaft [*alte Trennung* ...|st...]
Röck|chen
ro|cken [*alte Trennung* ...k|k...] ([2]Rock spielen)
Ro|cken [*alte Trennung* ...k|k...], der; -s, - (Spinngerät)
Ro|cken|bol|le [*alte Trennung* ...k|k...], die; -, -n (*nordd. für* Perlzwiebel)
Ro|cken|stu|be [*alte Trennung* ...k|k...] (Spinnstube)
Ro|cker [*alte Trennung* ...k|k...], der; -s, - ‹engl.› (Angehöriger einer Gruppe von Jugendlichen [mit Lederkleidung u. Motorrad als Statussymbolen]; Rockmusiker); **Ro|cker|ban|de; Ro|cker|braut** (*ugs. für* Freundin eines Rockers)
Rock|grup|pe; Rock|kon|zert
Rock|mu|sik; Rock|mu|si|ker
Rock 'n' Roll usw. *vgl.* Rock and Roll
Rock|o|per
Rock|sän|ger; Rock|sän|ge|rin
Rock|saum; Rock|schoß; Rock|ta|sche
Ro|cky Moun|tains ['rɔki 'maʊntɪns] *Plur.* (nordamerikanisches Gebirge)
Rock|zip|fel
Ro|de|ha|cke [*alte Trennung* ...k|k...]
[1]**Ro|del,** der; -s, Rödel (*südwestd. u. schweiz. für* Liste, Verzeichnis)
[2]**Ro|del,** der; -s, - (*bayr. für* Schlitten)
[3]**Ro|del,** die; -, -n (*österr. für* kleiner Schlitten; *landsch. für* Kinderrassel)
Ro|del|bahn; ro|deln; ich rod[e]le
rö|deln (*Soldatenspr.* sich mit Sturmgepäck durch das Gelände bewegen; *ugs. auch* angestrengt arbeiten); ich röd[e]le
Ro|del|schlit|ten
ro|den
Ro|deo, der *od.* das; -s, -s ‹engl.› (Reiterschau der Cowboys in den USA)
Ro|der (Gerät zum Roden [von Kartoffeln, Rüben])
Ro|de|rich (m. Vorn.)
Ro|din [ro'dɛ̃:] (franz. Bildhauer)
Rod|ler; Rod|le|rin
ro|do|mon|tie|ren (*veraltet für* aufschneiden)
Ro|don|ku|chen [...'dõ:...], der; -s, - ‹franz.; dt.› (*landsch.* ein Napfkuchen)
Ro|d|ri|go (m. Vorn.)
Ro|dung
Ro|ga|te ‹lat., »bittet!«› (fünfter Sonntag nach Ostern)
Ro|ga|ti|on, die; -, -en (*veraltet für* Fürbitte; kath. Bittumgang)
Ro|gen, der; -s, - (Fischeier)
Ro|ge|ner, Rog|ner (weibl. Fisch)
Ro|gen|stein (rogenartige Versteinerung)
Ro|ger [*auch* rɔ'ʒe:, 'rɔdʒɐ] (dt., franz., engl. m. Vorn.)
Rög|gel|chen (*rhein. für* Roggenbrötchen)
Rog|gen, der; -s, *Plur. (Sorten:)* - (ein Getreide)
Rog|gen|brot; Rog|gen|bröt|chen
Rog|gen|ern|te; Rog|gen|feld
Rog|gen|mehl
Rog|ner *vgl.* Rogener
roh; roh behauenen, bearbeiteter Stein; aus dem Rohen [*alte Schreibung* rohen] arbeiten; im Rohen [*alte Schreibung* rohen] fertig
Roh|ar|beit; Roh|bau *Plur.* ...bauten; **Roh|bi|lanz** *(Wirtsch.)*
Roh|di|a|mant
Roh|ei|sen, das; -s; **Roh|ei|sen|ge|win|nung**
Ro|heit *alte Schreibung für* Rohheit
Roh|ent|wurf; Roh|er|trag
ro|her|wei|se; Roh|ge|wicht
Roh|heit [*alte Schreibung* Ro|heit]
Roh|kost; Roh|köst|ler; Roh|köst|le|rin
Roh|ling
Roh|ma|te|ri|al; Roh|öl
Roh|pro|dukt; Roh|pro|duk|ten|händ|ler
Rohr, das; -[e]s, -e
Rohr|am|mer (ein Vogel)
Rohr|bruch, der
Röhr|chen (kleines Rohr; kleine Röhre)
Rohr|dom|mel, die; -, -n (ein Vogel)
Röh|re, die; -, -n
[1]**röh|ren** (*veraltet für* mit Röhren versehen)
[2]**röh|ren** (brüllen [vom Hirsch zur Brunftzeit])
Röh|ren|be|wäs|se|rung
Röh|ren|blüt|ler, der; -s, - *(Bot.)*
Röh|ren|brun|nen (Brunnen, aus dem das Wasser ständig rinnt)
Röh|ren|ho|se; Röh|ren|kno|chen; Röh|ren|pilz
rohr|far|ben (*für* beige)
Rohr|flech|ter; Rohr|flö|te; Rohr|ge|flecht
Röh|richt, das; -s, -e (Rohrdickicht)
Rohr|kol|ben
Rohr|kre|pie|rer (*Soldatenspr.* Geschoss, das im Geschützrohr u. Ä. explodiert)
Rohr|le|ger; Rohr|lei|tung
Röhr|ling (ein Pilz)
Rohr|post, die; -
Rohr|rück|lauf, der; -[e]s (beim Geschütz)
Rohr|sän|ger (ein Singvogel)
Rohr|spatz; *in* schimpfen wie ein Rohrspatz (*ugs. für* aufgebracht, laut schimpfen)
Rohr|stock *Plur.* ...stöcke; **Rohr|stuhl**
Rohr|wei|he (ein Greifvogel)
Rohr|zan|ge
Rohr|zu|cker [*alte Trennung* ...k|k...]
Roh|schrift (*für* Konzept)
Roh|sei|de; roh|sei|den; ein rohseidenes Kleid
Roh|stahl *vgl.* [1]Stahl
Roh|stoff; roh|stoff|arm; ...ärmer, ...ärms|te
Roh|stoff|fra|ge, *auch* **Roh|stoff-Fra|ge**
Roh|stoff|man|gel; Roh|stoff|markt
roh|stoff|reich
Roh|stoff|ver|ar|bei|tung
Roh|ta|bak; Roh|zu|cker [*alte Trennung* ...k|k...]; **Roh|zu|stand**

R

ro|ien, ro|jen (*Seemannsspr.* rudern)
Ro|kit|no|sümp|fe *Plur.* (in der Polesje)
Ro|ko|ko [*auch* ...'kɔ..., *österr.* ...'ko:], das; *Gen.* -s, *fachspr. auch* - ‹franz.› ([Kunst]stil des 18. Jh.s)
Ro|ko|ko|kom|mo|de; Ro|ko|ko|stil
Ro|ko|ko|zeit, die; -
ROL (Währungscode für Leu)
Ro|land (m. Vorn.)
Ro|lands|lied, das; -[e]s; **Roland[s]|säu|le**
Rolf (m. Vorn.)
Rol|la|den *alte Schreibung für* Rollladen
Roll-back, *auch* **Roll|back** [...bɛk], das; -[s], -s ‹engl.› (Rückzug, erzwungenes Zurückweichen; Rückgang)
Roll|bahn; Roll|bal|ken (*österr. für* Rollladen); **Roll|ball,** der; -s (Mannschaftsballspiel)
Roll|bra|ten
Roll|brett (*svw.* Rollerbrett)
Röll|chen; Rol|le, die; -, -n
rol|len; ↑K82: der Wagen kommt ins Rollen
Rol|len|be|set|zung *(Theater);* **Rol|len|fach** *(Theater)*
rol|len|för|mig; rol|len|spe|zi|fisch
Rol|len|spiel *(Soziol.);* **Rol|len|tausch; Rol|len|ver|tei|lung**
Rol|ler (Motorroller; Kinderfahrzeug; männl. [Kanarien]vogel mit rollendem Schlag; *österr. für* Rollo; *österr. auch svw.* Rollfähre); [mit dem] Roller fahren, *aber* ↑K82: das Rollerfahren
Rol|ler|blade® [...ble:d], der; -s, -s *meist Plur.* ‹engl.› (ein Inlineskate)
Rol|ler|brett (*für* Skateboard)
rol|lern; ich rollere
Rol|ler|skate [...ske:t], der; -s, -s ‹engl.› (*svw.* Discoroller)
Roll|fäh|re (*österr. für* Seilfähre)
Roll|feld; Roll|film
Roll|geld; Roll|gut
Roll|ho|ckey [*alte Trennung* ...k|k...]
rol|lie|ren ‹lat.› (umlaufen; *Schneiderei* den Rand einrollen)
Roll|kom|man|do
Roll|kra|gen; Roll|kra|gen|pul|lo|ver
Roll|kunst|lauf, der; -[e]s
Roll|kur *(Med.)*
Roll|la|den, *auch* **Roll-La|den** [*alte Schreibung* Rolladen, *alte Trennung* ...ll|l...], der; -s, *Plur.* ...läden, *seltener* ...laden; **Roll|la|den|kas|ten; Roll|la|den|schrank**
Roll|loch, *auch* **Roll-Loch** [*alte Schreibung* Rolloch, *alte Trennung* ...ll|l...] (*Bergmannsspr.* steil abfallender Grubenbau)
Roll|mops (gerollter eingelegter Hering)
Rol|lo [*auch, österr. nur,* ...'lo:], das; -s, -s (aufrollbarer Vorhang [z. B. an Fenstern])
Roll|schie|ne; Roll|schin|ken
Roll|schnell|lauf, *auch* **Roll-schnell-Lauf** [*alte Schreibung* Roll|schnellauf, *alte Trennung* ...ll|l...]
Roll|schrank
Roll|schuh; Rollschuh laufen, *aber* ↑K82: das Rollschuhlaufen
Roll|schuh|bahn; Roll|schuh|sport, der; -[e]s
Roll|sitz; Roll|ski; Roll|splitt
Roll|sport, der; -[e]s (*svw.* Rollschuhsport)
Rolls-Royce® [rɔls'rɔys, 'ro:ls'rɔys], der; -, - ‹nach den Firmengründern, dem Luftfahrtpionier Charles Stewart Rolls u. dem Ingenieur Henry Royce› (britische Kraftfahrzeugmarke)
Roll|stuhl; Roll|trep|pe
[1]**Rom** (Hauptstadt Italiens)
[2]**Rom,** der; -, -a ‹Zigeunerspr.› (das als diskriminierend empfundene Wort „Zigeuner" ersetzende Bezeichnung [für die nicht deutschstämmigen Angehörigen der Gruppe]; *vgl.* Sinto)
ROM, das; -[s], -[s] ‹aus engl. read-only memory› (*EDV* Informationsspeicher, dessen Inhalt nur abgelesen, aber nicht verändert werden kann)
Ro|ma (*Plur. von* [2]Rom)
Ro|ma|dur [*österr.* ...'du:ɐ̯], der; -[s], -s ‹franz.› (ein Weichkäse)
Ro|ma|g|na [...'manja], die; - (eine italienische Landschaft)
Ro|man, der; -s, -e ‹franz.›; historische Romane; **ro|man|ar|tig**
Ro|man|au|tor; Ro|man|au|to|rin
Ro|män|chen
Ro|man|ci|er [...mã'si̯e:], der; -s, -s (Romanschriftsteller)
Ro|mand [romã], der; -, -s (Schweizer mit französischer Muttersprache)
Ro|ma|ne, der; -n, -n ‹lat.› (Angehöriger eines Volkes mit romanischer Sprache); **Ro|ma|nen|tum,** das; -s
Ro|man|fi|gur; Ro|man|ge|stalt
ro|man|haft
Ro|man|held; Ro|man|hel|din
Ro|ma|ni [*auch* 'rɔ...], das; -[s] ‹Zigeunerspr.› (Sprache der Sinti u. Roma)
Ro|ma|nik, die; - ‹lat.› (Kunststil vom 11. bis 13. Jh.; Zeit des romanischen Stils)
Ro|ma|nin ‹*zu* Romane›
ro|ma|nisch (zu den Romanen gehörend; im Stil der Romanik, die Romanik betreffend; *schweiz. auch für* rätoromanisch [*vgl.* romantsch]); romanische Sprachen
ro|ma|ni|sie|ren (römisch, romanisch machen)
Ro|ma|nist, der; -en, -en; **Ro|ma|nis|tik** [*alte Trennung* ...|st...], die; - (Wissenschaft von den romanischen Sprachen u. Literaturen; Wissenschaft vom römischen Recht); **Ro|ma|nis|tin** [*alte Trennung* ...|st...]; **ro|ma|nis|tisch**
Ro|man|li|te|ra|tur
Ro|ma|now [*auch, österr. nur,* 'rɔ...] (ehemaliges russisches Herrschergeschlecht)
Ro|man|schrei|ber; Ro|man|schrei|be|rin
Ro|man|schrift|stel|ler; Ro|man|schrift|stel|le|rin
Ro|man|tik, die; - ‹lat.› (Kunst- und Literaturrichtung von etwa 1800 bis 1830; gefühlsbetonte Stimmung); **Ro|man|ti|ker** (Anhänger, Dichter usw. der Romantik; *abwertend für* Fantast, Schwärmer); **Ro|man|ti|ke|rin**
ro|man|tisch (zur Romantik gehörend; gefühlsbetont, schwärmerisch; abenteuerlich); **ro|man|ti|sie|ren** (romantisch darstellen, gestalten)
ro|mantsch (rätoromanisch); **Romantsch,** das; -[s] (rätoromanische Sprache [in Graubünden])
Ro|ma|nus (m. Vorn.)
Ro|man|ze, die; -, -n ‹franz.› (romantisches Liebeserlebnis; erzählendes volkstüml. Gedicht; liedartiges Musikstück mit besonderem Stimmungsgehalt)
Ro|man|zen|dich|ter; Ro|man|zen|samm|lung
Ro|man|ze|ro, der; -s, -s ‹span.› (span. Romanzensammlung)
Ro|meo (Gestalt bei Shakespeare)
[1]**Rö|mer** (Einwohner Roms; Angehöriger des Römischen Reiches; *auch für* eine Dachziegelart)
[2]**Rö|mer,** der; -s (das alte Rathaus in Frankfurt am Main)

R

[3]**Rö|mer** (bauchiges Kelchglas für Wein)
Rö|mer|brief, der; -[e]s *(N. T.)*
Rö|me|rin
Rö|mer|stra|ße ↑K 162
Rö|mer|topf
Rö|mer|tum, das; -s
Rom|fah|rer; Rom|fahrt
rö|misch (auf Rom, auf die alten Römer bezogen); römische Zeitrechnung, römische Zahlen, römisches Bad, römisches Recht, die römischen Kaiser, *aber* ↑K 150: das Römische Reich, das Heilige Römische Reich Deutscher Nation
rö|misch-i|risch ↑K 23; römisch-irisches Bad (ein Heißluftbad)
rö|misch-ka|tho|lisch ↑K 23 (*Abk.* r.-k., röm.-kath.); die römisch-katholische Kirche
röm.-kath. = römisch-katholisch
Rom|mee, *auch* Rom|mé ['rɔme:, *auch* ...'me:], das; -s, -s ⟨franz.⟩ (ein Kartenspiel); *vgl.* Rummy
Ro|mu|ald (m. Vorn.)
Ro|mu|lus (in der römischen Sage Gründer Roms); Romulus und Remus; ↑K 16: Romulus' Bruder Remus; Romulus Augustulus (letzter weström. Kaiser)
Ro|nald (m. Vorn.)
Ron|ces|valles ['rɔ̃:səval, *auch* rɔnses'valjɛs] (span. Ort)
Ron|de [*auch* 'rɔ̃:...], die; -, -n ⟨franz.⟩ (*früher für* Runde, Rundgang; Wachen u. Posten kontrollierender Offizier)
Ron|deau [rɔn'do:], das; -s, -s (*österr. für* rundes Beet, runder Platz)
Ron|dell, Run|dell, das; -s, -e (Rundteil [an der Bastei]; Rundbeet)
Ron|do, das; -s, -s ⟨ital.⟩ (mittelalterliches Tanzlied; Instrumentalsatz mit mehrfach wiederkehrendem Thema)
Ron|ka|li|sche Fel|der *Plur.* (Ebene in Oberitalien)
rönt|gen (mit Röntgenstrahlen durchleuchten); du röntgst; sie wurde geröngt
Rönt|gen (dt. Physiker)
Rönt|gen|ap|pa|rat ↑K 136
Rönt|gen|arzt; Rönt|gen|ärz|tin
Rönt|gen|auf|nah|me; Rönt|gen|be|hand|lung; Rönt|gen|be|strah|lung; Rönt|gen|bild
Rönt|gen|di|a|g|nos|tik [*alte Trennung* ...|st...]
rönt|ge|ni|sie|ren (*österr. für* röntgen)
Rönt|gen|ki|ne|ma|to|gra|phie, *auch* Rönt|gen|ki|ne|ma|to|gra|fie, die; - (Filmen des durch Röntgenstrahlen entstehenden Bildes); **Rönt|ge|no|gramm,** das; -s, -e (Röntgenbild)
Rönt|ge|no|gra|phie, *auch* Rönt|ge|no|gra|fie, die; - (fotografische Aufnahme mit Röntgenstrahlen); **rönt|ge|no|gra|phisch,** *auch* rönt|ge|no|gra|fisch
Rönt|ge|no|lo|ge, der; -n, -n; **Rönt|ge|no|lo|gie,** die; - (Lehre von den Röntgenstrahlen); **Rönt|ge|no|lo|gin; rönt|ge|no|lo|gisch**
Rönt|ge|no|s|ko|pie, die; -, ...ien (Durchleuchtung mit Röntgenstrahlen)
Rönt|gen|pass [*alte Schreibung* ...paß]
Rönt|gen|rei|hen|un|ter|su|chung
Rönt|gen|schirm; Rönt|gen|schwes|ter [*alte Trennung* ...|st...]
Rönt|gen|spek|t|rum
Rönt|gen|strah|len *Plur.*
Rönt|gen|struk|tur|ana|ly|se (röntgenologische Untersuchung der Struktur von Kristallen)
Rönt|gen|tie|fen|the|ra|pie, die; -
Rönt|gen|un|ter|su|chung
Roo|ming-in ['ru:mɪŋ...], das; -[s], -s ⟨engl.⟩ (gemeinsame Unterbringung von Mutter und Kind im Krankenhaus)
Roo|se|velt ['ro:zəvɛlt] (Name zweier Präsidenten der USA)
Roque|fort ['rɔkfo:ɐ̯], der; -s, -s ⟨nach dem franz. Ort⟩ (ein Käse); **Roque|fort|kä|se** ↑K 143
Ror|schach (schweiz. Stadt)
Ror|schach|test, *auch* **Ror-schach-Test** ⟨nach dem Schweizer Psychiater⟩ (ein psychologisches Testverfahren)
ro|sa ⟨lat.⟩ (rosenfarbig, blassrot); ein rosa Kleid; die rosa Kleider; *vgl. auch* beige; in Rosa ↑K 72
[1]**Ro|sa,** das; -s, *Plur.* -, *ugs.* -s (rosa Farbe); *vgl.* Blau
[2]**Ro|sa** (w. Vorn.)
ro|sa|far|ben, ro|sa|far|big
Ro|sa|lia, Ro|sa|lie (w. Vorn.)
Ro|sa|li|en|ge|bir|ge, das; -s (nördl. Ausläufer der Zentralalpen)
Ro|sa|lin|de (w. Vorn.)
Ro|sa|mund, Ro|sa|mun|de (w. Vorn.)
Ro|s|a|ni|lin, das; -s (ein Farbstoff)
Ro|sa|ri|um, das; -s, ...ien (Rosenpflanzung; kath. Rosenkranzgebet)
ro|sa|rot ↑K 23
Ro|sa|zee, die; -, -n (*Bot.* Rosengewächs)
rösch [*auch* rø:ʃ] (*Bergmannsspr.* grob; *bes. südd., auch schweiz. mdal. für* knusprig)
Rö|sche, die; -, -n (*Bergmannsspr.* Graben od. stollenartiger Gang, der Wasser zu- od. abführt)
Rös|chen (kleine Rose; *kurz für* Blumenkohlröschen)
[1]**Ro|se,** die; -, -n
[2]**Ro|se** (w. Vorn.)
ro|sé ⟨franz.⟩ (rosig, zartrosa); rosé Spitze; *vgl. auch* beige; in Rosé ↑K 72
[1]**Ro|sé,** das; -[s], -[s] (rosé Farbe)
[2]**Ro|sé,** der; -s, -s (Roséwein)
Ro|seau [...'zo:] (Hauptstadt von Dominica)
Ro|see|wein *vgl.* Roséwein
Ro|seg|ger [*auch* ro'zɛ..., 'rɔ...] (österr. Schriftsteller)
Ro|se|ma|rie (w. Vorn.)
Ro|sen|blatt; Ro|sen|busch; Ro|sen|duft
ro|sen|far|ben, ro|sen|far|big
Ro|sen|gar|ten
Ro|sen|hoch|zeit (*ugs. für* 10. Jahrestag der Eheschließung)
Ro|sen|holz
Ro|sen|kohl, der; -[e]s
Ro|sen|kranz
Ro|sen|mon|tag ⟨*zu* rasen = tollen⟩ (Fastnachtsmontag); **Ro|sen|mon|tags|zug**
Ro|se|no|bel [*auch* ...'no:...], der; -s, - ⟨engl.⟩ (alte englische Goldmünze)
Ro|sen|öl
Ro|sen|pa|p|ri|ka, der; -s
Ro|sen|quarz (ein Schmuckstein)
ro|sen|rot
Ro|sen|schau; Ro|sen|stock *Plur.* ...stöcke; **Ro|sen|strauch; Ro|sen|strauß** *Plur.* ...sträuße
Ro|sen|was|ser *Plur.* ...wässer
Ro|sen|züch|ter
Ro|se|o|le, die; -, -n ⟨lat.⟩ (*Med.* ein Hautausschlag)
[1]**Ro|sette** [...'zɛt] (Stadt in Unterägypten)
[2]**Ro|set|te,** die; -, -n ⟨franz.⟩ (Verzierung in Rosenform; Bandschleife; Edelsteinschliff)
Ro|sé|wein, *fachspr.* Ro|see|wein (blassroter Wein)
Ro|si (w. Vorn.)
ro|sig; eine rosig weiße [*alte Schreibung* rosigweiße] Blüte
Ro|si|nan|te, die; -, -n ⟨span.⟩ (Don Quichottes Pferd; *selten für* Klepper)

R

Ro|si|ne, die; -, -n ‹franz.›
Ro|si|nen|brot; Ro|si|nen|bröt|chen; Ro|si|nen|ku|chen
ro|sin|far|ben
Rös|lein *vgl.* Röschen
Ros|ma|rin [*auch* ...'ri:n], der; -s ‹lat.› (eine Gewürzpflanze); **Ros|ma|rin|öl**
Ro|so|lio, der; -s, -s ‹ital.› (ein Likör)
Roß, das; -es, -e *u.* **Ro|ße,** die; -, -n (*mitteld. für* Wabe)
Ross [*alte Schreibung* Roß], das; -es, *Plur.* Rosse, *landsch.* Rösser (*südd., österr. u. schweiz., sonst geh. für* Pferd)
Ross|ap|fel [*alte Schreibung* Roß...] (*landsch. scherzh. für* Pferdekot)
Ross|arzt [*alte Schreibung* Roß...] (*veraltet für* Tierarzt im Heer)
Ross|brei|ten [*alte Schreibung* Roß...] (*Plur.;* windschwache Zone im subtropischen Hochdruckgürtel)
Röss|chen [*alte Schreibung* Röß|chen], **Röss|lein** [*alte Schreibung* Röß|lein], **Rös|sel, Rössl** [*alte Schreibung* Rößl] (kleines Ross)
Ro|ße *vgl.* Roß
Rös|sel *vgl.* Rösschen
Ros|sel|len|ker *(geh.)*
Rös|sel|sprung (Rätselart)
ros|sen (brünstig sein [von der Stute]); die Stute rosst [*alte Schreibung* roßt]
Ross|haar [*alte Schreibung* Roß...]; **Ross|haar|ma|t|rat|ze**
ros|sig ‹*zu* rossen›
Ros|si|ni (ital. Komponist)
Ross|kamm [*alte Schreibung* Roß...] (Pferdestriegel; *spött. für* Pferdehändler)
Ross|kas|ta|nie [*alte Schreibung* Roß..., *alte Trennung* ...|st...]
Ross|kur [*alte Schreibung* Roß...] (*ugs. für* mit drastischen Mitteln durchgeführte Kur)
Rössl [*alte Schreibung* Rößl], **Röss|lein** [*alte Schreibung* Röß|lein] *vgl.* Rösschen
Ross|schlach|ter, *auch* **Ross-Schlach|ter** [*alte Schreibung* Roß|schlach|ter] *od.* **Ross|schläch|ter,** *auch* **Ross-Schläch|ter** (*landsch. für* Pferdeschlächter)
Ross|täu|scher [*alte Schreibung* Roß...] (*veraltet für* Pferdehändler); **Ross|täu|sche|rei; Ross|täu|scher|trick**
Ross|trap|pe [*alte Schreibung* Roß...], die; - (ein Felsen im Harz)
[1]**Rost** [*schweiz.* ro:st], der; -[e]s, -e ([Heiz]gitter; *landsch. für* Stahlmatratze)
[2]**Rost,** der; -[e]s (Zersetzungsschicht auf Eisen; Pflanzenkrankheit)
Rost|an|satz; rost|be|stän|dig; Rost|bil|dung
Rost|bra|ten; Rost|brat|wurst
rost|braun
Röst|brot [*auch* 'rœ...]
Rös|te [*alte Trennung* ...|st...], die; -, -n (Röstvorrichtung; Erhitzung von Erzen; Rotten [von Flachs])
ros|ten [*alte Trennung* ...|st...] (Rost ansetzen)
rös|ten [*alte Trennung* ...|st...] (braten; bräunen [Kaffee, Brot u. a.]; [Erze u. Hüttenprodukte] erhitzen; [Flachs] rotten)
Rös|ter [*alte Trennung* ...|st...], der; -s, - (*österr. für* Kompott od. Mus aus Holunderbeeren od. Zwetschen)
Rös|te|rei [*alte Trennung* ...|st...]
rost|far|ben, rost|far|big
Rost|fleck; Rost|fraß
rost|frei; rostfreier Stahl
röst|frisch; röstfrischer Kaffee
Rös|ti [*alte Trennung* ...|st...], die; - (*schweiz.* [grob geraspelte] Bratkartoffeln)
ros|tig [*alte Trennung* ...|st...]
Röst|kar|tof|fel *meist Plur.* (*landsch. für* Bratkartoffel)
Rost|lau|be (*ugs. für* Auto mit vielen Roststellen)
Ros|tock [*alte Trennung* ...|st...] (Hafenstadt an der Ostsee)
Ros|tow [*auch* ...'tɔf; *alte Trennung* ...|st...] (Name zweier Städte in Russland); Rostow am Don
Rost|pilz (Erreger von Pflanzenkrankheiten)
Ros|t|ra [*alte Trennung* ...|st...], die; -, ...ren ‹lat.› (Rednerbühne im alten Rom)
Ros|t|ro|po|witsch [*alte Trennung* ...|st...], Mstislaw (russischer Cellist u. Dirigent)
rost|rot; rostrot färben
Röst|schnit|te
Rost|schutz, der; -es; **Rost|schutz|mit|tel; Rost|stel|le**
Rös|tung [*alte Trennung* ...|st...]
Ro|s|with, Ro|s|wi|tha (w. Vorn.)
rot *s. Kasten S. 823*
Rot, das; -s, *Plur.* -, *ugs.* -s (rote Farbe); bei Rot ist das Überqueren der Straße verboten; die Ampel steht auf, zeigt Rot; er spielte Rot aus *(Kartenspiel)*
Röt, das; -[e]s (*Geol.* Stufe der unteren Triasformation)
Ro|ta, die; - ‹ital.› *u.* **Ro|ta Ro|ma|na,** die; - - ‹lat.› (höchster Gerichtshof der kath. Kirche)
Rot|al|ge (rötlich gefärbte Alge)
Ro|tang, der; -s, -e ‹malai.› (eine Palmenart); **Ro|tang|pal|me**
Ro|ta|print® ‹lat.; engl.› (Offsetdruck- und Vervielfältigungsmaschinen)
Ro|ta|ri|er (Mitglied des Rotary Clubs); **Ro|ta|ri|e|rin; ro|ta|risch**
Rot|ar|mist, der; -en, -en *(früher)*
Ro|ta Ro|ma|na *vgl.* Rota
Ro|ta|ry Club [...ri -, *auch* ...təri 'klap], der; - -[s], - -s ‹engl.› (Vereinigung führender Persönlichkeiten unter dem Gedanken des Dienstes am Nächsten)
Ro|ta|ry In|ter|na|tio|nal [- ...'nɛʃənl] (internationale Dachorganisation der Rotary Clubs)
Ro|ta|ti|on, die; -, -en ‹lat.› (Drehung, Umlauf); **Ro|ta|ti|ons|ach|se; Ro|ta|ti|ons|be|we|gung; Ro|ta|ti|ons|druck** *Plur.* ...drucke
Ro|ta|ti|ons|el|lip|so|id *(Math.)*
Ro|ta|ti|ons|kol|ben|mo|tor *(Technik)*
Ro|ta|ti|ons|kör|per; Ro|ta|ti|ons|ma|schi|ne; Ro|ta|ti|ons|pa|ra|bo|lo|id *(Math.);* **Ro|ta|ti|ons|pres|se; Ro|ta|ti|ons|prin|zip** *(Politik)*
Ro|ta|to|ri|en *Plur.* (*Zool.* Rädertierchen)
Rot|au|ge (ein Fisch)
rot|ba|ckig *od.* **rot|bä|ckig** [*alte Trennung* ...k|k...]
Rot|barsch
Rot|bart; rot|bär|tig
rot|blau; rot|blond; rot|braun ↑K 23
Rot|bu|che
Rot|busch|tee (südafrikanische Teesorte)
Rot|chi|na, das; -s (*für* Volksrepublik China)
Rot|dorn *Plur.* ...dorne
Rö|te, die; -
Ro|te-Ar|mee-Frak|ti|on, die; - ↑K 26 (eine terroristische Vereinigung); sie gehörte zur Rote[n]-Armee-Fraktion
Ro|te-Be|te-Sa|lat [...'be:...], der; Rote[n]-Bete-Salat[e]s, Rote[n]-Bete-Salate; ↑K 26
Ro|te-Kreuz-Los, das; Rote[n]-Kreuz-Loses, Rote[n]-Kreuz-Lose; ↑K 26

R

rot	
röter, rötes|te, *seltener* roter, rotes|te	– der Rote Main (ein Quellfluss des Mains) – die Rote Wand (Berg in Österreich) – der Rote [*alte Schreibung* rote] Planet (Mars) – die Rote Liste® (Arzneimittelverzeichnis) – das Rote Kreuz – der Rote Halbmond – die Rote Armee (Sowjetarmee) – Rote [*alte Schreibung* rote] Be[e]te – Rote [*alte Schreibung* rote] Johannisbeeren
Kleinschreibung: – rote Farbe – rote Grütze – die rote Karte *(bes. Fußball)* – die rote Liste (der vom Aussterben bedrohten Tier- und Pflanzenarten) – der rote Faden – der rote Hahn (Feuer) – das rote Ass *(Kartenspiel)* – er wirkt auf sie wie ein rotes Tuch – sie hat keinen roten Heller (Pfennig) mehr	*Getrenntschreibung* ↑K 58: – sich die Augen rot weinen – rot geweinte [*alte Schreibung* rotgeweinte] Augen – die rot glühende [*alte Schreibung* rotglühende] Sonne – rot glühendes, *fachspr.* rotglühendes Eisen – ein rot gestreifter [*alte Schreibung* rotgestreifter] Pullover *Vgl. aber* rotbraun, rotgrün u. rotsehen
Großschreibung **a)** *der Substantivierung* ↑K 72: – die Roten (*ugs. für* die Sozialisten, Kommunisten u. a.) **b)** *in Namen und bestimmten namenähnlichen Fügungen* ↑K 88 *u.* 89: – das Rote Meer – die Rote Erde (Bezeichnung für Westfalen) – der Rote Fluss (in Vietnam)	

Ro|te-Kreuz-Lot|te|rie, die; Rote[n]-Kreuz-Lotterie, Rote[n]-Kreuz-Lotterien; ↑K 26

Ro|te-Kreuz-Schwes|ter [*alte Trennung* ...|st...], die; Rote[n]-Kreuz-Schwester, Rote[n]-Kreuz-Schwestern; ↑K 26; *vgl.* Rotkreuzschwester

Rö|tel, der; -s, - (roter Mineralfarbstoff, Zeichenstift)

Rö|teln *Plur.* (eine Infektionskrankheit)

Rö|tel|stift *vgl.* [1]Stift; **Rö|tel|zeich|nung**

rö|ten; sich röten

Ro|ten|burg a. d. Ful|da (Stadt in Hessen)

Ro|ten|burg (Wüm|me) (Stadt in Niedersachsen); *vgl. aber* Rothenburg

Ro|te|turm|pass [*alte Schreibung* ...paß], der (in den Karpaten)

Rot|fe|der (ein Fisch)

Rot|fil|ter *(Fotogr.)*

Rot|fo|rel|le

Rot|fuchs (*ugs. auch für* rothaariger Mensch)

Rot|gar|dist *(früher)*

rot|ge|sich|tig

rot ge|weint [*alte Schreibung* rotgeweint] *vgl.* rot

rot glü|hend; *aber fachspr.* rotglühendes Eisen; *vgl.* rot

Rot|glut, die; -

rot|grün, *auch* **rot-grün** ↑K 23; ein rotgrünes, *auch* rot-grünes Bündnis (zwischen Sozialdemokraten u. Grünen)

Rot|grün|blind|heit, die; - (Farbenfehlsichtigkeit, bei der Rot u. Grün verwechselt werden)

Rot|gül|dig|erz, *fachspr. auch* **Rot|gül|tig|erz** (ein Silbererz)

Rot|guss [*alte Schreibung* ...guß] (Gussbronze)

[1]**Roth,** Eugen (dt. Schriftsteller)

[2]**Roth,** Gerhard (österr. Schriftsteller)

[3]**Roth,** Joseph (österr. Schriftsteller)

Rot|haar|ge|bir|ge, das; -s (Teil des Rhein. Schiefergebirges)

rot|haa|rig

Rot|haut (*scherzh. für* Indianer)

Ro|then|burg ob der Tau|ber (Stadt in Bayern)

Ro|then|burg (O|ber|lau|sitz) [*auch* ...'lau...] (Stadt an der Lausitzer Neiße); *vgl. aber* Rotenburg

Rot|hirsch

Roth|schild (Bankiersfamilie)

ro|tie|ren ⟨lat.⟩ (umlaufen, sich um die eigene Achse drehen)

Ro|tis|se|rie, die; -, ...ien ⟨franz.⟩ (Grillrestaurant)

Rot|ka|bis (*schweiz. für* Rotkohl)

Rot|käpp|chen (Märchengestalt)

Rot|kehl|chen (ein Singvogel)

Rot|kohl

Rot|kraut

Rot|kreuz|schwes|ter, Rote-Kreuz-Schwes|ter [*alte Trennung* ...|st...] *(vgl. d.)*

Rot|lauf, der; -[e]s ([Tier]krankheit)

röt|lich; rötlich braun [*alte Schreibung* rötlichbraun] usw.

Rot|licht, das; -[e]s; **Rot|licht|mi|li|eu** (Dirnenmilieu); **Rot|licht|vier|tel** (Amüsierviertel)

Rot|lie|gen|de, das; -n (*Geol.* untere Abteilung der Permformation)

Röt|ling (ein Pilz)

rot|na|sig

Ro|tor, der; -s, ...oren ⟨lat.⟩ (sich drehender Teil von [elektrischen] Maschinen)

Ro|tor|an|ten|ne; Ro|tor|blatt; Ro|tor|schiff

Ro|traud (w. Vorn.)

Rot|rü|be (*landsch. für* Rote Rübe)

Rot|schwanz *od.* **Rot|schwänz|chen** (ein Singvogel)

rot|se|hen ↑K 47 (*ugs. für* wütend werden); sie sieht rot; rotgesehen; rotzusehen

Rot|spon, der; -[e]s, -e (*ugs. für* Rotwein)

Rot|stift *vgl.* [1]Stift

Rot|sün|der (*bes. für* Fußballspieler, der die rote Karte bekommen hat)

Rot|tan|ne

Rot|te, die; -, -n (ungeordnete Schar, Gruppe von Menschen)

[1]**rot|ten** (*veraltet für* eine Rotte bilden)

[2]**rot|ten, röt|ten** (*Landw.* [Flachs] der Zersetzung aussetzen, um die Fasern herauszulösen)

Rot|ten, der; -s (dt. Name des Oberlaufes der Rhone)
Rot|ten|burg a. d. Laa|ber (Ort in Niederbayern)
Rot|ten|burg am Ne|ckar [*alte Trennung* ...k|k...] (Stadt in Baden-Württemberg)
rot|ten|wei|se
Rot|ter|dam [*auch* 'rɔ...] (niederländische Stadt); **Rot|ter|da|mer;** der Rotterdamer Hafen
Rot|tier (*Jägerspr.* Hirschkuh)
Rott|wei|ler, der; -s, - (eine Hunderasse)
Ro|tun|de, die; -, -n ‹lat.› (*Archit.* Rundbau; runder Saal)
Rö|tung
rot|wan|gig
Rot|wein
rot|welsch; Rot|welsch, das; -[es] (Gaunersprache); *vgl.* Deutsch; **Rot|wel|sche,** das; -n; *vgl.* Deutsche, das
Rot|wild; Rot|wurst (*landsch. für* Blutwurst)
Rotz, der; -es ([Tier]krankheit; *derb für* Nasenschleim)
Rotz|ben|gel (*derb für* ungepflegter, unerzogener Junge)
rot|zen (*derb für* sich die Nase putzen; ausspucken); du rotzt
Rotz|fah|ne (*derb für* Taschentuch)
rotz|frech (*ugs. für* sehr frech); **rot|zig** *(derb)*
Rotz|jun|ge, der (*svw.* Rotzbengel)
Rotz|krank|heit *(Tiermed.)*
Rotz|löf|fel (*svw.* Rotzbengel)
Rotz|na|se (*derb; auch übertr. für* naseweises, freches Kind); **rotz|nä|sig** *(derb)*
Rot|zun|ge (ein Fisch)
Roué [rue:], der; -s, -s ‹franz.› (*veraltet für* Lebemann)
Rou|en [ruã:] (französische Stadt an der unteren Seine)
Rouge [ru:ʃ], das; -s, -s ‹franz.› (rote Schminke)
Rouge et noir ['ru:ʃ e 'noa:ɐ̯], das; - - - ‹franz., »rot und schwarz«› (ein Glücksspiel)
Rou|la|de [ru...], die; -, -n ‹franz.› (gerollte u. gebratene Fleischscheibe; *Musik* virtuose Gesangspassage)
Rou|leau [ru'lo:], das; -s, -s (*ältere Bez. für* Rollo)
Rou|lett, das; -[e]s, *Plur.* -e *u.* -s *od.* **Rou|lette** [ru'lɛt], das; -s, -s (ein Glücksspiel)
rou|lie|ren (*svw.* rollieren)
Round|ta|b|le|ge|spräch, *auch* **Round-Ta|b|le-Ge|spräch** [raunt'te:bl̩...; *alte Schreibung* Round-ta|ble-Ge|spräch] ↑K 26 ‹engl.› (Gespräch am runden Tisch zwischen Gleichberechtigten)
Round|ta|b|le|kon|fe|renz, *auch* **Round-Ta|b|le-Kon|fe|renz** [*alte Schreibung* Round-ta|ble-Konfe|renz]
¹Rous|seau [ru'so:], Jean-Jacques (schweizerisch-französischer Schriftsteller)
²Rous|seau [ru'so:], Henri (französischer Maler)
Rou|te ['ru:tə], die; -, -n ‹franz.› (festgelegte Wegstrecke); **Rou|ten|ver|zeich|nis**
Rou|ti|ne [ru...], die; - (durch längere Erfahrung erworbene Gewandtheit; gewohnheitsmäßige Ausführung einer Tätigkeit)
Rou|ti|ne|an|ge|le|gen|heit; Rou|ti|ne|kon|trol|le
rou|ti|ne|mä|ßig
Rou|ti|ne|sa|che; Rou|ti|ne|über|prü|fung; Rou|ti|ne|un|ter|su|chung
Rou|ti|ni|er [...'ni̯e:], der; -s, -s (jmd., der Routine hat)
rou|ti|niert (gerissen, gewandt)
Row|dy ['raudi], der; -s, -s ‹engl.› ([jüngerer] gewalttätiger Mensch); **row|dy|haft; Row|dy|tum,** das; -s
ro|y|al [roa'ja:l] ‹franz.› (königlich; königstreu)
Ro|y|al Air Force ['rɔyəl 'ɛ:ɐ̯ 'fo:ɐ̯s], die; - - - ‹engl., »Königliche Luftwaffe«› (Bez. der britischen Luftwaffe; *Abk.* R. A. F.)
Ro|y|a|lis|mus [roaja...], der; - ‹franz.› (Königstreue)
Ro|y|a|list, der; -en, -en; **Ro|y|a|lis|tin** [*alte Trennung* ...|st...]; **ro|y|a|lis|tisch** (königstreu)
RP *(bei Telegrammen)* = Réponse payée ‹franz., »Antwort bezahlt«›
Rp. = Rappen
Rp., Rec. = recipe
RSFSR = Russische Sozialistische Föderative Sowjetrepublik (1918 bis 1991)
RT = Registertonne
Ru = *chem. Zeichen für* Ruthenium
Ru|an|da (Staat in Zentralafrika)
Ru|an|der; Ru|an|de|rin
ru|an|disch
ru|ba|to ‹ital.› (*Musik* nicht im strengen Zeitmaß); **Ru|ba|to,** das; -s, *Plur.* -s *u.* ...ti
rub|be|lig (*landsch. für* rau; uneben)
Rub|bel|los (Lotterielos, bei dem die Gewinnzahl o. Ä. von einer abreibbaren Schutzschicht verdeckt ist)
rub|beln (*landsch. für* kräftig reiben); ich rubb[e]le
¹Rub|ber ['ra...], der; -s, - ‹engl.› (Doppelpartie im Whist od. Bridge)
²Rub|ber ['ra...], der; -s (*engl. Bez. für* Gummi)
Rüb|chen; Rü|be, die; -, -n
Ru|bel, der; -s, - ‹russ.› (Währungseinheit in Russland u. anderen Staaten der ehem. Sowjetunion; *Währungscode* RUR; *Abk.* Rbl)
Ru|ben (bibl. m. Eigenn.)
Rü|ben|a|cker [*alte Trennung* ...k|k...]
rü|ben|ar|tig
Rü|ben|feld; Rü|ben|kraut, das; -[e]s (*landsch. für* Sirup)
Ru|bens (flämischer Maler)
Rü|ben|si|rup
ru|bensch; rubenssche, *auch* Rubens'sche Farbgebung; rubenssche, *auch* Rubens'sche [*alte Schreibung* Rubenssche] Gemälde
Rü|ben|zu|cker [*alte Trennung* ...k|k...], der; -s
rü|ber; ↑K 13 (*ugs. für* herüber, hinüber); **rü|ber|brin|gen**
rü|ber|kom|men *(ugs.)*
rü|ber|ma|chen (*ugs.; früher auch für* aus der DDR in die Bundesrepublik überwechseln)
rü|ber|wach|sen; etw. rüberwachsen lassen (*ugs. für* etw. herüberreichen)
Rü|be|zahl (Berggeist des Riesengebirges)
Ru|bi|di|um, das; -s ‹lat.› (chem. Element, Metall; *Zeichen* Rb)
Ru|bi|kon, der; -[s] (italienischer Fluss); den Rubikon überschreiten (*übertr. für* eine wichtige Entscheidung treffen)
Ru|bin, der; -s, -e ‹lat.› (ein Edelstein)
Ru|bin|glas *Plur.* ...gläser
ru|bin|rot
Rüb|kohl, der; -[e]s (*schweiz. für* Kohlrabi)
Ru|b|ra, Ru|b|ren (*Plur. von* Rubrum)
Ru|b|rik, die; -, -en ‹lat.› (Spalte, Kategorie)
ru|b|ri|zie|ren (einordnen, einstufen; *früher für* Überschriften u.

R

Initialen malen); **Ru|b|ri|zie|rung**
Ru|b|rum, das; -s, *Plur.* ...ra *u.* ...ren (*veraltet für* [Akten]aufschrift; kurze Inhaltsangabe)
Rüb|sa|me[n], der; ...mens *od.* **Rüb|sen,** der; -s (eine Ölpflanze)
Ruch [*auch* rʊx], der; -[e]s, Rüche (*selten für* Geruch; zweifelhafter Ruf)
ruch|bar [*auch* 'rʊx...] (bekannt, offenkundig); ruchbar werden
Ruch|brot (*schweiz. für* aus dunklem Mehl gebackenes Brot)
Ruch|gras (eine Grasgattung)
ruch|los [*auch* 'rʊx...] (*geh. für* niedrig, gemein, böse, verrucht); **Ruch|lo|sig|keit**
ruck!; hau ruck!, ho ruck!
Ruck, der; -[e]s, -e; mit einem Ruck
Rück (*svw.* Rick)
Rück|an|sicht; Rück|ant|wort
ruck|ar|tig
Rück|äu|ße|rung
Rück|bau, der; -[e]s; **rück|bau|en** (durch Baumaßnahmen in einen früheren [naturnäheren] Zustand bringen); die Straße wurde rückgebaut; um die Straße rückzubauen
Rück|be|för|de|rung; Rück|be|sin|nung
rück|be|stä|ti|gen; ich rückbestätige die Buchung, habe die Buchung rückbestätigt; **Rück|be|stä|ti|gung**
rück|be|züg|lich; rückbezügliches Fürwort (Reflexivpronomen)
Rück|bil|dung; Rück|bil|dungs|gym|nas|tik [*alte Trennung* ...|st...]
Rück|blen|de *(Film);* **rück|blen|den**
Rück|blick; rück|bli|ckend [*alte Trennung* ...k|k...]
rück|bu|chen; der Betrag wurde rückgebucht; **Rück|bu|chung**
rück|da|tie|ren; sie hat den Brief rückdatiert; um den Brief rückzudatieren
Rück|de|ckungs|ver|si|che|rung [*alte Trennung* ...k|k...] (*Wirtsch.* eine Risikoversicherung)
rück|dre|hend *(Meteor.);* rückdrehender Wind (sich gegen den Uhrzeigersinn drehender Wind, z. B. von Nord auf Nordwest; *Ggs.* rechtdrehend)
ru|ckeln [*alte Trennung* ...k|k...] (*landsch. für* leicht, ein wenig ²rucken)
¹ru|cken [*alte Trennung* ...k|k...], ruck|sen (gurren [von Tauben])
²ru|cken [*alte Trennung* ...k|k...] ([sich] ruckartig bewegen)
rü|cken [*alte Trennung* ...k|k...]; jmdm. zu Leibe rücken
Rü|cken [*alte Trennung* ...k|k...], der; -s, -
Rü|cken|aus|schnitt [*alte Trennung* ...k|k...]; **Rü|cken|de|ckung; Rü|cken|flos|se**
rü|cken|frei [*alte Trennung* ...k|k...]; ein rückenfreies Kleid
Rü|cken|la|ge [*alte Trennung* ...k|k...]; **Rü|cken|leh|ne**
Rü|cken|mark [*alte Trennung* ...k|k...], das
Rü|cken|mark|ent|zün|dung, Rü|cken|marks|ent|zün|dung [*alte Trennung* ...k|k...]; **Rü|cken|mark|sub|s|tanz**
Rü|cken|mus|kel [*alte Trennung* ...k|k...]; **Rü|cken|mus|ku|la|tur**
Rü|cken|schmerz [*alte Trennung* ...k|k...] *meist Plur.*
rü|cken|schwim|men [*alte Trennung* ...k|k...]; *im Allgemeinen nur im Infinitiv gebräuchlich;* sie kann nicht rückenschwimmen; **Rü|cken|schwim|men,** das; -s
Rü|cken|stär|kung [*alte Trennung* ...k|k...]
Rück|ent|wick|lung
Rü|cken|wind [*alte Trennung* ...k|k...]; **Rü|cken|wir|bel**
Rück|er|bit|tung *(Amtsspr.);* unter Rückerbittung (*Abk.* u. R.)
Rück|er|in|ne|rung; Rück|er|o|be|rung; Rück|er|stat|tung
Rück|fahr|kar|te
Rück|fahr|schein|wer|fer
Rück|fahrt
Rück|fall, der; **rück|fäl|lig; Rück|fäl|lig|keit**
Rück|fall|kri|mi|na|li|tät; Rück|fall|tä|ter
Rück|flug; Rück|fluss [*alte Schreibung* ...fluß]
Rück|fra|ge; rück|fra|gen; sie hat noch einmal rückgefragt; ohne rückzufragen
Rück|front
rück|füh|ren; die Gewinne wurden rückgeführt; um die Gewinne rückzuführen; **Rück|füh|rung**
Rück|ga|be; Rück|ga|be|recht, das; -[e]s
Rück|gang, der; **rück|gän|gig;** rückgängige Geschäfte; etw. rückgängig machen; **Rück|gän|gig|ma|chung**
rück|ge|bil|det
Rück|ge|win|nung
Rück|grat, das; -[e]s, -e; **rück|grat|los; Rück|grat|ver|krüm|mung**
Rück|griff (*auch für* Regress)
Rück|halt; Rück|hal|te|be|cken [*alte Trennung* ...k|k...] *(Wasserwirtsch.);* **rück|halt|los**
Rück|hand, die; - *(bes. [Tisch]tennis);* **Rück|kampf**
Rück|kauf; Rück|kaufs|recht; Rück|kaufs|wert
Rück|kehr, die; -; **rück|keh|ren** (*seltener für* zurückkehren)
Rück|keh|rer; Rück|keh|re|rin
Rück|kehr|hil|fe (finanzielle Zuwendung für ausländische Arbeitnehmer, die freiwillig in ihre Heimat zurückkehren)
Rück|kehr|prä|mie (*svw.* Rückkehrhilfe)
rück|kehr|wil|lig; Rück|kehr|wil|li|ge, der *u.* die; -n, -n
rück|kop|peln; ich rückkopp[e]le; **Rück|kop|pe|lung** *od.* **...kopp|lung** *(fachspr.)*
rück|kreu|zen; Rück|kreu|zung
Rück|kunft, die; - (*geh. für* Rückkehr)
Rück|la|ge (zurückgelegter Betrag); **Rück|lauf**
rück|läu|fig; rückläufige Bewegung; rückläufige Entwicklung; **Rück|läu|fig|keit**
Rück|leuch|te; Rück|licht *Plur.* ...lichter
rück|lings
Rück|marsch, der
Rück|mel|dung
Rück|nah|me, die; -, -n
Rück|pass [*alte Schreibung* ...paß] *(Sport);* **Rück|por|to; Rück|rei|se**
Rück|ruf; Rück|run|de (*Sport; Ggs.* Hinrunde)
Ruck|sack; Ruck|sack|tou|rist; Ruck|sack|ur|lau|ber
Rück|schau
Rück|schein (*Postw.* Empfangsbestätigung für den Absender)
Rück|schlag; Rück|schlag|ven|til (Ventil, das ein Gas od. eine Flüssigkeit nur in einer Richtung durchströmen lässt)
Rück|schluss [*alte Schreibung* ...schluß]
Rück|schritt; rück|schritt|lich; Rück|schritt|lich|keit, die; -
Rück|sei|te; rück|sei|tig
ruck|sen *vgl.* ¹rucken
Rück|sen|dung
Rück|sicht, die; -, -en; ohne, in, mit Rücksicht auf; Rücksicht nehmen
rück|sicht|lich (*Amtsspr.* mit Rück-

R

sicht auf); *mit Gen.:* rücksichtlich seiner Fähigkeiten

Rück|sicht|nah|me, die; -

rück|sichts|los; Rück|sichts|lo|sig|keit

rück|sichts|voll; sie ist ihm gegenüber *od.* gegen ihn immer sehr rücksichtsvoll

Rück|sied|lung

Rück|sitz; Rück|spie|gel

Rück|spiel (*Sport; Ggs.* Hinspiel)

Rück|spra|che (mit jmdm. Rücksprache nehmen)

Rück|stand; im Rückstand bleiben, in Rückstand kommen; die Rückstände aufarbeiten

rück|stand|frei *vgl.* rückstandsfrei

rück|stän|dig; Rück|stän|dig|keit

rück|stands|frei, *seltener* rück|stand|frei

Rück|stau

Rück|stel|lung (*Wirtsch.* Passivposten in der Bilanz zur Berücksichtigung ungewisser Verbindlichkeiten)

Rück|stoß; Rück|stoß|an|trieb (*für* Raketenantrieb)

Rück|strah|ler (Schlusslicht)

Rück|tas|te [*alte Trennung* ...|st...]

Rück|trans|port

Rück|tritt; Rück|tritt|brem|se

Rück|tritts|dro|hung; Rück|tritts|ge|such; Rück|tritts|recht

rück|über|set|zen; der Text ist rückübersetzt; **Rück|über|set|zung**

rück|ver|gü|ten *(Wirtsch.);* ich werde ihm den Betrag rückvergüten; der Betrag wurde ihr rückvergütet; um Beträge rückzuvergüten; **Rück|ver|gü|tung**

rück|ver|si|chern, sich; ich rückversichere mich; rückversichert; rückzuversichern; **Rück|ver|si|che|rung**

Rück|wand

Rück|wan|de|rung

Rück|wa|re (*Wirtsch.* in das Zollgebiet zurückkehrende Ware)

rück|wär|tig; rückwärtige Verbindungen

rück|wärts; rückwärts fahren, gehen usw.; sie ist rückwärts gegangen; mit dem Umsatz ist es immer mehr rückwärts gegangen [*alte Schreibung* rückwärtsgegangen] (er hat sich verschlechtert); eine rückwärts gewandte [*alte Schreibung* rückwärtsgewandte] Politik

Rück|wärts|gang, der

rück|wärts ge|hen, rück|wärts ge|wandt [*alte Schreibungen* rückwärts|ge|hen, rück|wärts|ge|wandt] *vgl.* rückwärts

Rück|wech|sel (*für* Rikambio)

Rück|weg

ruck|wei|se

Rück|wen|dung

rück|wir|kend; Rück|wir|kung

rück|zahl|bar; Rück|zah|lung

Rück|zie|her; einen Rückzieher machen (*ugs. für* zurückweichen; *Fußball* den Ball über den Kopf nach hinten spielen)

ruck, zuck!

Rück|zug; Rück|zugs|ge|biet *(Völkerk., Biol.);* **Rück|zugs|ge|fecht**

Ru|co|la, Ru|ko|la, der; - ‹ital.› (Raukensalat)

rü|de, *österr. auch* rüd ‹franz.› (roh, grob, ungesittet)

Rü|de, der; -n, -n (männl. Hund)

Ru|del, das; -s, -; **ru|del|wei|se**

Ru|der, das; -s, -; ans Ruder (*ugs. für* in eine leitende Stellung) kommen

Ru|de|ral|pflan|ze ‹lat.; dt.› (Pflanze, die auf stickstoffreichen Schuttplätzen gedeiht)

Ru|der|bank *Plur.* ...bänke; **Ru|der|blatt; Ru|der|boot**

Ru|de|rer, Rud|rer

Ru|der|fü|ßer *(Zool.)*

Ru|der|gän|ger (*Segeln* jmd., der das Ruder bedient); **Ru|der|haus**

...ru|de|rig, ...rud|rig (z. B. achtrud[e]rig)

Ru|de|rin, Rud|re|rin

Ru|der|klub; Ru|der|ma|schi|ne

ru|dern; ich rudere

Ru|der|re|gat|ta; Ru|der|sport, der; -[e]s; **Ru|der|ver|band;** Deutscher Ruderverband; **Ru|der|ver|ein**

Rü|des|heim am Rhein (Stadt in Hessen); **Rü|des|hei|mer**

Rüd|heit

Ru|di (m. Vorn.)

Rü|di|ger (m. Vorn.)

Ru|di|ment, das; -[e]s, -e ‹lat.› (Überbleibsel; verkümmertes Organ); **ru|di|men|tär** (nicht ausgebildet; verkümmert)

Ru|dolf (m. Vorn.)

Ru|dol|fi|ni|sche Ta|feln *Plur.* (von Kepler für Kaiser Rudolf II. zusammengestellte Tafeln über Sternenbahnen)

Ru|dol|stadt (Stadt a. d. Saale); **Ru|dol|städ|ter**

Rud|rer *vgl.* Ruderer

Rud|re|rin *vgl.* Ruderin

...rud|rig *vgl.* ...ruderig

Rüeb|li, das; -s, - (*schweiz. für* Karotte)

Ruf, der; -[e]s, -e; **Ruf|be|reit|schaft** (Bereitschaftsdienst)

Rü|fe, die; -, -n (*schweiz., westösterr. für* Mure)

ru|fen; du rufst; du riefst; du riefest; gerufen; ruf[e]!; er ruft mich, den Arzt rufen

Ru|fer; Ru|fe|rin

Rüf|fel, der; -s, - (*ugs. für* Verweis, Tadel); **rüf|feln;** ich rüff[e]le; **Rüff|ler; Rüff|le|rin**

Ruf|mord (schwere Verleumdung)

Ruf|nä|he; Ruf|na|me

Ruf|num|mer; Ruf|säu|le

ruf|schä|di|gend; Ruf|schä|di|gung

Ruf|wei|te, die; -; **Ruf|zei|chen**

Rug|by [ˈrakbi], das; -[s] ‹engl.› (ein Ballspiel)

Rü|ge, die; -, -n

Ru|gel, der; -s, - (*schweiz. für* Rundholz)

rü|gen

Rü|gen (Insel vor der vorpommerschen Ostseeküste); **Rü|ge|ner; rü|gensch,** *auch* rü|gisch

rü|gens|wert

Rü|ger; Rü|ge|rin

Ru|gi|er (Angehöriger eines ostgermanischen Volksstammes)

rü|gisch *vgl.* rügensch

Ru|he, die; -; jmdn. zur [letzten] Ruhe betten (*geh. für* beerdigen); sich zur Ruhe setzen

Ru|he|bank *Plur.* ...bänke

Ru|he|be|dürf|nis, das; -ses; **ru|he|be|dürf|tig; Ru|he|bett** (*veraltet für* Liegesofa)

Ru|he|ge|halt, das (*svw.* Pension); **ru|he|ge|halt[s]|fä|hig** *(Amtsspr.)*

Ru|he|geld (Altersrente); **Ru|he|ge|nuss** [*alte Schreibung* ...genuß] (*österr. Amtsspr.* Pension)

Ru|he|kis|sen; Ru|he|la|ge

ru|he|los; Ru|he|lo|sig|keit, die; -

Ru|he|mas|se *(Physik)*

ru|hen

– ruht! (*österr. für* rührt euch!)

Man schreibt »ruhen« immer getrennt vom folgenden Verb ↑K 55:

- sie hat den Fall ruhen lassen [*alte Schreibung* ruhenlassen] (*seltener* ruhen gelassen [*alte Schreibung* ruhengelassen])
- die Angelegenheit wird ihn nicht ruhen lassen
- wir wollen sie ein wenig ruhen lassen
- sie hat dort nicht ruhen können, nicht ruhen wollen

R

ru|hend; er ist der ruhende Pol; der ruhende Verkehr

ru|hen las|sen [*alte Schreibung* ru|hen|las|sen] *vgl.* ruhen

Ru|he|pau|se; Ru|he|platz

Ru|he|raum; Ru|he|sitz

Ru|he|stand, der; -[e]s; des -[e]s (*Abk.* d. R.); im Ruhestand (*Abk.* i. R.); **Ru|he|ständ|ler; Ru|he|ständ|le|rin**

Ru|he|statt *od.* **Ru|he|stät|te** *(geh.)*

Ru|he|stel|lung *(bes. Milit.)*

ru|he|stö|rend; ruhestörender Lärm ↑K 59; **Ru|he|stö|rer; Ru|he|stö|re|rin; Ru|he|stö|rung**

Ru|he|tag; Ru|he|zeit

ru|hig; ruhig Blut bewahren; ruhig sein, werden, bleiben; einen Patienten ruhig stellen [*alte Schreibung* ruhigstellen] (*Med.* durch Medikamente beruhigen); **Ru|hig|stel|lung** *(Med.)*

Ruh|la (Stadt in Thüringen)

Ruhm, der; -[e]s

Ruh|mas|se (*svw.* Ruhemasse)

ruhm|be|deckt ↑K 59

Ruhm|be|gier[|de], die; -; **ruhm|be|gie|rig** ↑K 59

rüh|men; sich seines Wissens rühmen; ↑K 82: nicht viel Rühmens von einer Sache machen; **rüh|mens|wert**

Ruh|mes|blatt *meist in* kein Ruhmesblatt sein

Ruh|mes|hal|le; Ruh|mes|tat

rühm|lich

ruhm|los

ruhm|re|dig (*geh. für* prahlerisch)

ruhm|reich

Ruhm|sucht, die; -; **ruhm|süch|tig**

ruhm|voll

[1]**Ruhr,** die; -, -en *Plur. selten* (Infektionskrankheit des Darmes)

[2]**Ruhr,** die; - (rechter Nebenfluss des Rheins); *vgl. aber* Rur

Rühr|ei

rüh|ren; sich rühren; etwas schaumig rühren; den Teig glatt rühren [*alte Schreibung* glattrühren]

rüh|rend; am rührends|ten

Ruhr|ge|biet, das; -[e]s

rüh|rig; Rüh|rig|keit, die; -

Ruhr|koh|le

ruhr|krank

Rühr|löf|fel; Rühr|ma|schi|ne

Rühr|mich|nicht|an, das; -, - (Springkraut); das Kräutlein Rührmichnichtan

Ruhr|ort (Stadtteil von Duisburg)

rühr|sam (*veraltet für* rührselig)

rühr|se|lig; Rühr|se|lig|keit, die; -

Rühr|stück

Rühr|teig

Rüh|rung, die; -

Rühr|werk

Ru|in, der; -s ‹lat.-franz.› ([finanzieller] Zusammenbruch)

Ru|i|ne, die; -, -n ‹lat.-franz.› (zerfallen[d]es Bauwerk); **ru|i|nen|ar|tig; Ru|i|nen|grund|stück; ru|i|nen|haft**

ru|i|nie|ren ‹lat.› (zerstören, verwüsten); sich ruinieren; **ru|i|nös** (zum Ruin führend)

Ruis|dael [ˈrɔʏsda:l] (niederländischer Maler)

Ru|ko|la *vgl.* Rucola

Ru|län|der, der; -s (eine Reb- u. Weinsorte)

Rülps, der; -es, -e (*ugs. für* hörbares Aufstoßen); **rülp|sen** *(ugs.);* du rülpst; **Rülp|ser** *(ugs.);* **Rülp|se|rin** *(ugs.)*

rum; ↑K 13 (*ugs. für* herum)

Rum [*südd. u. österr. auch, schweiz. meist* ru:m], der; -s, *Plur.* -s, *österr.* -e ‹engl.› (Branntwein [aus Zuckerrohr])

Ru|mä|ne, der; -n, -n; **Ru|mä|ni|en; Ru|mä|nin**

ru|mä|nisch; Ru|mä|nisch, das; -[s] (Sprache); *vgl.* Deutsch; **Ru|mä|ni|sche,** das; -n; *vgl.* Deutsche, das

Rum|ba, die; -, -s, *ugs. auch, österr. nur,* der; -s, -s ‹kuban.› (ein Tanz)

Rum|fla|sche

rum|hän|gen; ↑K 13 (*ugs. für* sich irgendwo zum Zeitvertreib aufhalten); **rum|krie|gen;** ↑K 13 (*ugs. für* zu etwas bewegen; hinter sich bringen)

Rum|ku|gel (eine Süßigkeit mit Rum[aroma])

rum|ma|chen; ↑K 13 (*ugs. für* sich auf diese od. jene Weise beschäftigen; herumbasteln)

Rum|mel, der; -s (*ugs. für* lärmender Betrieb; Durcheinander)

rum|meln (*landsch. für* lärmen); ich rumm[e]le; **Rum|mel|platz** *(ugs.)*

Rum|my [ˈrœmi, *auch* ˈrami], das; -s, -s ‹engl.› (*österr. für* Rommee)

Ru|mor, der; -s ‹lat.› (*veraltet, aber noch landsch. für* Lärm, Unruhe); **ru|mo|ren;** er hat rumort

[1]**Rum|pel,** der; -s (*südd. u. mitteld. für* Gerumpel; Gerümpel)

[2]**Rum|pel,** die; -, -n (*mitteld. für* Waschbrett)

rum|pe|lig, rump|lig (*landsch. für* holprig)

Rum|pel|kam|mer *(ugs.)*

rum|peln *(ugs.);* ich rump[e]le

Rum|pel|stilz|chen, das; -s (eine Märchengestalt)

Rumpf, der; -[e]s, Rümpfe

rümp|fen; die Nase rümpfen

Rumpf|krei|sen, das; -s (eine gymnastische Übung)

rump|lig *vgl.* rumpelig

Rump|steak, das; -s, -s ‹engl.› ([gebratene] Rindfleischscheibe)

rums!; rum|sen (*landsch. für* krachen); es rumst

Rum|topf; Rum|ver|schnitt

Run [ran], der; -s, -s ‹engl.› (Ansturm [auf etwas Begehrtes])

rund ([*im Sinne von* etwa] *Abk.* rd.); Gespräch am runden Tisch; rund um die Uhr (*ugs. für* im 24-Stunden-Betrieb); rund um die Welt, *aber* rundum; *vgl.* rundgehen; **Rund,** das; -[e]s, -e

Run|da, das; -s, -s (Rundgesang; Volkslied im Vogtland)

Rund|bank *Plur.* ...bänke; **Rund|bau** *Plur.* ...bauten; **Rund|beet** (*für* Rondell); **Rund|blick**

Rund|bo|gen; Rund|bo|gen|fens|ter [*alte Trennung* ...|st...]

Run|de, die; -, -n; die Runde machen; die erste Runde

Rün|de, die; - (*veraltet für* Rundsein)

Run|dell *vgl.* Rondell

run|den (rund machen); sich runden

Run|den|re|kord *(Sport);* **Run|den|zeit** *(Sport)*

Rund|er|lass [*alte Schreibung* ...erlaß]

rund|er|neu|ert; runderneuerte Reifen; **Rund|er|neu|e|rung**

Rund|fahrt; Rund|flug; Rund|fra|ge

Rund|funk, der; -s

Rund|funk|an|stalt; Rund|funk|ap|pa|rat; Rund|funk|ge|bühr; Rund|funk|ge|rät

Rund|funk|hö|rer; Rund|funk|hö|re|rin; Rund|funk|kom|men|ta|tor; Rund|funk|kom|men|ta|to|rin

Rund|funk|or|ches|ter [*alte Trennung* ...|st...]; **Rund|funk|pro|gramm; Rund|funk|sen|der**

Rund|funk|spre|cher; Rund|funk|spre|che|rin

Rund|funk|sta|ti|on; Rund|funk|tech|nik, die; -

Rund|funk|teil|neh|mer; Rund|funk|teil|neh|me|rin

R

Rund|funk|ü|ber|tra|gung; Rund|funk|wer|bung

Rund|gang, der

rund|ge|hen ↑K 47; es geht rund (*ugs. für* es ist viel Betrieb); es ist rundgegangen

Rund|ge|sang

Rund|heit, die; -

rund|he|r|aus; etwas rundheraus sagen; **rund|he|r|um**

Rund|holz; Rund|ho|ri|zont *(Theater);* **Rund|kurs; Rund|lauf** (ein Turngerät)

rund|lich; Rund|lich|keit, die; -

Rund|ling (Dorfanlage)

Rund|rei|se; Rund|rü|cken [*alte Trennung* ...k|k...] *(Med.)*

Rund|ruf; Rund|schau; Rund|schild; Rund|schlag

Rund|schrei|ben; Rund|schrift; Rund|sicht; Rund|stre|cke [*alte Trennung* ...k|k...]

rund|stri|cken [*alte Trennung* ...k|k...]; **Rund|strick|na|del**

Rund|stück (*nordd. für* Brötchen)

Rund|tanz

rund|um; rund|um|her

Rund|um|schlag

Run|dung

Rund|wan|der|weg

rund|weg; etwas rundweg ablehnen

Rund|weg

Ru|ne, die; -, -n ‹altnord.› (germanisches Schriftzeichen); **Ru|nen|al|pha|bet; Ru|nen|for|schung; Ru|nen|schrift; Ru|nen|stein**

Run|ge, die; -, -n ([senkrechte] Stütze an der Wagenseite); **Run|gen|wa|gen**

ru|nisch ‹*zu* Rune›

Run|kel, die; -, -n (*österr. u. schweiz. für* Runkelrübe); **Run|kel|rü|be**

Run|ken, der; -s, - (*mitteld. für* unförmiges Stück Brot)

Runks, der; -es, -e (*ugs. für* ungeschliffener Mensch); **runk|sen** (*ugs. für* sich wie ein Runks benehmen); du runkst

Run|ning|gag, *auch* **Run|ning-Gag** ['ra...; *alte Schreibung* Run|ning Gag], der; -s, -s (Gag, der sich immer wiederholt)

Ru|no|lo|ge, der; -n, -n ‹altnord.; griech.›; **Ru|no|lo|gie,** die; - (Runenkunde od. -forschung); **Ru|no|lo|gin**

Runs, der; -es, -e, *häufiger* **Run|se,** die; -, -n (*südd., österr., schweiz. für* Rinne an Berghängen mit Wildbach)

run|ter; ↑K 13 (*ugs. für* herunter, hinunter)

run|ter|fal|len *(ugs.);* **run|ter|flie|gen; run|ter|hau|en;** jmdm. eine runterhauen; **run|ter|ho|len; run|ter|kom|men; run|ter|las|sen; run|ter|put|zen; run|ter|rut|schen; run|ter|schlu|cken** [*alte Trennung* ...k|k...]

Run|zel, die; -, -n; **run|ze|lig; run|zeln;** ich runz[e]le; **runz|lig** (*svw.* runzelig)

Ru|od|lieb (Gestalt des ältesten [lateinisch geschriebenen] Romans der dt. Literatur)

Rü|pel, der; -s, -; **Rü|pe|lei**

rü|pel|haft; Rü|pel|haf|tig|keit

Ru|pert, Ru|p|recht (m. Vorn.); Knecht Ruprecht

[1]rup|fen; Gras rupfen

[2]rup|fen (aus Rupfen); **Rup|fen,** der; -s, - (Jutegewebe); **Rup|fen|lein|wand**

Ru|pi|ah, die; -, - ‹Hindi› (indones. Währungseinheit)

Ru|pie, die; -, -n (Währungseinheit in Indien [*Währungscode* INR], Sri Lanka [LKR] u. a.)

rup|pig; Rup|pig|keit; Rupp|sack (*ugs. für* ruppiger Mensch)

Ru|p|recht *vgl.* Rupert *u.* Knecht Ruprecht

Rup|tur, die; -, -en ‹lat.› (*Med.* Zerreißung)

Rur, die; - (rechter Nebenfluss der Maas); *vgl. aber* [2]Ruhr

RUR (Währungscode für Rubel)

ru|ral ‹lat.› (*veraltet für* ländlich)

Rus, die; - ‹russ.› (alte Bez. der ostslawischen Stämme im 9./10. Jh.); Kiewer Rus

Rusch, der; -[e]s, -e ‹lat.› (*nordd. für* Binse); in Rusch und Busch

Rü|sche, die; -, -n (gefältelter [Stoff]besatz)

Ru|schel, die; -, -n, *auch* der; -s, - (*landsch. für* ruschelige Person); **ru|sche|lig,** rusch|lig (*landsch. für* unordentlich, schlampig); **ru|scheln** *(landsch.);* ich rusch[e]le

Rü|schen|blu|se; Rü|schen|hemd

rusch|lig *vgl.* ruschelig

Rush|hour ['raʃlauə; *alte Schreibung* Rush-hour], die; -, -s ‹engl.› (Hauptverkehrszeit)

Ruß, der; -es, *Plur. (fachspr.)* -e; **ruß|be|schmutzt** ↑K 59

[1]Rus|se, der; -n, -n (Einwohner Russlands; Angehöriger eines ostslawischen Volkes)

[2]Rus|se, der; -n, -n (*landsch. für* [1]Schabe)

Rüs|sel, der; -s, -; **rüs|sel|för|mig; Rüs|sel|kä|fer**

ru|ßen (*schweiz. auch für* entrußen); du rußt; es rußt

Rus|sen|blu|se; Rus|sen|kit|tel

Rus|sen|ma|fia, Rus|sen|maf|fia

ruß|far|ben, ruß|far|big; Ruß|fil|ter; ruß|ge|schwärzt; ru|ßig; Ru|ßig|keit, die; -

Rus|sin

rus|sisch; russische Eier; russischer Salat; russisches Roulett, *aber* ↑K 150: die Russische Föderation, der Russisch-Türkische Krieg (1877/78); *vgl.* deutsch/Deutsch; **Rus|sisch,** das; -[s] (Sprache)

Rus|sisch|brot [*alte Schreibung* Rus|sisch Brot], das; -[e]s (ein Gebäck)

Rus|si|sche, das; -n; *vgl.* Deutsche, das

rus|sisch|grün; ein russischgrüner Stoff, der Stoff ist russischgrün; *aber* ein Stoff in Russischgrün; er malt mit Russischgrün; ein dunkles Russischgrün

rus|sisch-or|tho|dox; russisch-orthodoxe Kirche

rus|sisch-rö|misch ↑K 23; russisch-römisches Bad

Russ|ki [*alte Schreibung* Ruß|ki] (*ugs., auch diskriminierend für* Russe, russischer Soldat)

Russ|land [*alte Schreibung* Ruß|land]

Russ|land|deut|sche [*alte Schreibung* Ruß|land...], der *u.* die; -n, -n

Ruß|par|ti|kel; Ruß|par|ti|kel|fil|ter

ruß|schwarz

Rüst|an|ker (*Seemannsspr.* Ersatzanker)

[1]Rüs|te [*alte Trennung* ...|st...], die; - (*landsch. für* Rast, Ruhe); *noch in* zur Rüste gehen (*veraltet für* untergehen [von der Sonne], zu Ende gehen)

[2]Rüs|te [*alte Trennung* ...|st...], die; -, -n (*Seemannsspr.* starke Planke an der Schiffsaußenseite zum Befestigen von Ketten od. Stangen)

rüs|ten [*alte Trennung* ...|st...]; sich rüsten *(geh.);* Gemüse rüsten (*schweiz. für* putzen, vorbereiten)

Rüs|ter [*auch* 'ry:...; *alte Trennung* ...|st...], die; -, -n (Ulme); **rüs|tern** (aus Rüsterholz); **Rüs|ter[n]|holz**

Rus|ti|co [*alte Trennung* ...|st...], der *u.* das; -s, Rustici [...tʃi]

R

‹ital.› (*schweiz.* tessinisches Bauernhaus; Ferienhaus in diesem Stil)
rüs|tig [*alte Trennung* ...|st...];
Rüs|tig|keit, die; -
Rus|ti|ka [*alte Trennung* ...|st...], die; - ‹lat.› (*Archit.* Mauerwerk aus Quadern mit roh bearbeiteten Außenflächen)
rus|ti|kal ‹lat.› [*alte Trennung* ...|st...] (ländlich, bäuerlich)
Rüst|kam|mer
Rüst|tag (*jüd. Rel.*)
Rüs|tung [*alte Trennung* ...|st...]
Rüs|tungs|ab|bau [*alte Trennung* ...|st...]; **Rüs|tungs|auf|trag; Rüs|tungs|aus|ga|be** *meist Plur.*; **Rüs|tungs|be|gren|zung; Rüs|tungs|fa|b|rik; Rüs|tungs|geg|ner; Rüs|tungs|in|dus|t|rie; Rüs|tungs|kon|t|rol|le; Rüs|tungs|spi|ra|le; Rüs|tungs|wett|lauf**
Rüst|zeit; Rüst|zeug
Rut *vgl.* 2Ruth
Ru|te, die; -, -n (Gerte; altes Längenmaß; männliches Glied bei Tieren; *Jägerspr.* Schwanz)
Ru|ten|bün|del; Ru|ten|gän|ger ([Quellen-, Gestein-, Erz]sucher mit der Wünschelrute)
1**Ruth** (w. Vorn.)
2**Ruth,** *ökum.* Rut (biblischer w. Eigenn.); das Buch Ruth
Rut|hard (m. Vorn.)
Ru|the|ne, der; -n, -n (*früher Bez. für* im ehemaligen Österreich-Ungarn lebender Ukrainer); **ru|the|nisch**
Ru|the|ni|um, das; -s (chemisches Element, Metall; *Zeichen* Ru)
Ru|ther|ford ['raðɐfɐt] (engl. Physiker); **Ru|ther|for|di|um,** das; -s ‹nach dem engl. Physiker› (*svw.* Kurtschatovium)
Ru|til, der; -s, -e ‹lat.› (ein Mineral)
Ru|ti|lis|mus, der; - (*Med.* Rothaarigkeit)
Ru|tin, das; -s ‹lat.› (*Pharmazie* ein pflanzlicher Wirkstoff)
Rüt|li, das; -s (Bergmatte am Vierwaldstätter See)
Rüt|li|schwur, der; -[e]s; ↑K 143 (sagenumwobener Treueschwur bei der Gründung der Schweizerischen Eidgenossenschaft)
rutsch!; Rutsch, der; -[e]s, -e; guten Rutsch [ins neue Jahr]!
Rutsch|bahn; Rut|sche, die; -, -n (Gleitbahn)
rut|schen; du rutschst
Rut|scher (*früher* ein Tanz)
Rut|sche|rei; rutsch|fest; Rutsch|ge|fahr, die; -; **rut|schig; Rutsch|par|tie** (*ugs.*); **rutsch|si|cher**
Rut|te, die; -, -n (ein Fisch)
Rüt|tel|be|ton
Rüt|te|lei
Rüt|tel|fal|ke
rüt|teln; ich rütt[e]le; **Rüt|tel|sieb**
Rütt|ler (ein Baugerät)
1**Ru|wer,** die; - (rechter Nebenfluss der Mosel)
2**Ru|wer,** der; -s, - (eine Weinsorte)
Ruys|dael ['rɔ͜ysda:l] *vgl.* Ruisdael
RVO = Reichsversicherungsordnung
Rwan|da (*engl. Schreibung für* Ruanda); **rwan|disch**

S s

S (Buchstabe); das S; des S, die S, *aber* das s in Hase; der Buchstabe S, s
s = Sekunde
s, sh = Shilling
S = Schilling; Sen; 2Siemens; Süd[en]; Sulfur (*chem. Zeichen für* Schwefel); small (Kleidergröße: klein)
$ = Dollar
Σ, σ, ς = Sigma
s. = sieh[e]!
S. = San, Sant', Santa, Santo, São; Seite
S., Se. = Seine (Exzellenz usw.)
Sa. = Summa; Sachsen; Samstag, Sonnabend
s. a. = sine anno
Saal, der; -[e]s, Säle; *aber* Sälchen (*vgl. d.*); **Saal|bau** *Plur.* ...bauten
Saal|burg, die; - (römische Grenzbefestigung im Taunus)
Saa|le, die; - (linker Nebenfluss der Elbe)
Saal|feld (Saa|le) (Stadt in Thüringen)
Saal|ord|ner; Saal|schlacht; Saal|toch|ter (*schweiz. für* Kellnerin im Speisesaal); **Saal|tür**
Saa|ne, die; - (linker Nebenfluss der Aare)
Saa|nen (schweizerischer Ort); **Saa|nen|kä|se**
Saar, die; - (rechter Nebenfluss der Mosel)
Saar|brü|cken [*alte Trennung* ...k|k...] (Hauptstadt des Bundeslandes Saarland); **Saar|brü|cker**
Saar|ge|biet, das; -[e]s
Saar|land, das; -[e]s; **Saar|län|der; Saar|län|de|rin; saar|län|disch,** *aber* ↑K 150: Saarländischer Rundfunk
Saar|louis [...'lu̯i] (Stadt im Saarland); **Saar|louis|er** [...'lu̯iɐ]
Saar-Na|he-Berg|land ↑K 146
Saat, die; -, -en; **Saa|ten|pfle|ge,** die; -; **Saa|ten|stand,** der; -[e]s
Saat|ge|trei|de; Saat|gut, das; -[e]s; **Saat|kar|tof|fel; Saat|korn** *Plur.* ...körner; **Saat|krä|he**
Sa|ba (historisches Land in Südarabien); **Sa|bä|er,** der; -s, - (Angehöriger eines alten Volkes in Südarabien); **Sa|bä|e|rin**
Sab|bat, der; -s, -e ‹hebr., »Ruhetag«› (Samstag, jüdischer Feiertag)
Sab|ba|ta|ri|er *u.* **Sab|ba|tist,** der; -en, -en (Angehöriger einer christlichen Gemeinschaft, die den Sabbat einhält)
Sab|bat|jahr (*jüd. Rel.*; *auch für* einjährige Freistellung); **Sab|bat|stil|le**
Sab|bel, der; -s, - (*nordd. für* Mund; *nur Sing.*: *svw.* Sabber); **Sab|bel|lätz|chen** (*nordd. für* Sabberlätzchen); **sab|beln** (*nordd. für* sabbern); ich sabb[e]le
Sab|ber, der; -s (*ugs. für* ausfließender Speichel); **Sab|ber|lätz|chen** (*fam.*); **sab|bern** (*ugs. für* Speichel ausfließen lassen; schwatzen); ich sabbere
Sä|bel, der; -s, - ‹ung.-poln.›
Sä|bel|bei|ne *Plur.* (O-Beine); **sä|bel|bei|nig**
Sä|bel|fech|ten, das; -s
sä|bel|för|mig
Sä|bel|ge|ras|sel (*abwertend*); **Sä|bel|hieb**
sä|beln (*ugs. für* unsachgemäß, ungeschickt schneiden); ich säb[e]le
Sä|bel|ras|seln, das; -s (*abwertend*); **sä|bel|ras|selnd; Sä|bel|rass|ler** [*alte Schreibung* ...raßler]
Sa|be|na, die; - ‹franz.; *Kurzwort für* Société Anonyme Belge d'Exploitation de la Navigation Aérienne› (belgische Luftfahrtgesellschaft)

Sa|bi|na, Sa|bi|ne (w. Vorn.)

Sa|bi|ner (Angehöriger eines historischen Volksstammes in Mittelitalien); **Sa|bi|ner Ber|ge** *Plur.;* **Sa|bi|ne|rin; sa|bi|nisch**

Sa|bot [...ˈboː], der; -[s], -s ‹franz.› (Holzschuh; hinten offener, hochhackiger Damenschuh)

Sa|bo|ta|ge [...ʒə], die; -, -n ‹franz.› (vorsätzliche Schädigung od. Zerstörung von wirtschaftl. u. militär. Einrichtungen); **Sa|bo|ta|ge|akt**

Sa|bo|teur [...ˈtøːɐ̯], der; -s, -e; **Sa|bo|teu|rin**

sa|bo|tie|ren

Sab|ra, die; -, -s (w. Form zu Sabre); **Sab|re,** der; -s, -s ‹hebr.› (in Israel geborener Nachkomme jüdischer Einwanderer)

Sa|b|ri|na (w. Vorn.)

SAC = Schweizer Alpen-Club

Sac|cha|ra|se, Sa|cha|ra|se [*beide* ...xa...], die; - ‹sanskr.› (ein Enzym)

Sac|cha|ri|me|t|rie, Sa|cha|ri|me|t|rie, die; - ‹sanskr.; griech.› (Bestimmung des Zuckergehaltes)

Sac|cha|rin *vgl.* Sacharin

Sa|cha|lin (ostasiatische Insel)

Sach|an|la|ge *meist Plur.,* **Sach|an|la|ge|ver|mö|gen** *(Wirtsch.)*

Sa|cha|ra|se *vgl.* Saccharase

Sa|cha|rin, *fachspr.* Sac|cha|rin das; -s (ein Süßstoff)

Sa|char|ja (jüdischer Prophet)

Sach|be|ar|bei|ter; Sach|be|ar|bei|te|rin

Sach|be|reich, der

Sach|be|schä|di|gung

sach|be|zo|gen

Sach|be|zü|ge *Plur.*

Sach|buch

sach|dien|lich

Sach|dis|kus|si|on

Sa|che, die; -, -n; in Sachen Meyer [gegen Müller]; in Sachen (zum Thema) neuer Trainer; zur Sache kommen

Sach|ein|la|ge (*Wirtsch.* Sachwerte, die bei der Gründung einer AG eingebracht werden)

Sä|chel|chen

Sa|chen|recht, das; -[e]s *(Rechtsw.);* **Sach|er|klä|rung**

Sa|cher|tor|te ‹nach dem Wiener Hotelier Sacher› (eine Schokoladentorte); ↑K 136

Sach|fir|ma (Firma, deren Name den Gegenstand des Unternehmens angibt; *Ggs.* Personenfirma)

Sach|fra|ge; sach|fremd; Sach|ge|biet; sach|ge|mäß; sach|ge|recht

Sach|grün|dung (*Wirtsch.* Gründungsform einer AG)

Sach|ka|ta|log

Sach|kennt|nis

Sach|kun|de, die; -; **Sach|kun|de|un|ter|richt**

sach|kun|dig

Sach|la|ge, die; -

Sach|le|gi|ti|ma|ti|on *(Rechtsw.)*

Sach|leis|tung [*alte Trennung* ...|st...]

sach|lich (zur Sache gehörend; *auch für* objektiv); sachliche Kritik; sachliche Angaben

säch|lich; sächliches Geschlecht *(Sprachw.)*

Sach|lich|keit, die; -; die Neue Sachlichkeit *(Kunstwiss.)*

Sach|män|gel|haf|tung, die; -

Sach|mit|tel *Plur.;* **Sach|re|gis|ter** [*alte Trennung* ...|st...]

¹Sachs (dt. Meistersinger); Hans Sachs' Gedichte ↑K 16

²Sachs, der; -es, -e (germanisches Eisenmesser, kurzes Schwert)

Sach|scha|den

Sach|se, der; -n, -n; **säch|seln** (sächsisch sprechen); ich sächs[e]le; **Sach|sen** (*Abk.* Sa.)

Sach|sen-An|halt; ↑K 144; **Sachsen-An|hal|ter** *od.* Sach|sen-An|hal|ti|ner; **Sach|sen-An|hal|te|rin** *od.* Sach|sen-An|hal|ti|ne|rin; **sach|sen-an|hal|tisch** *od.* sach|sen-an|hal|ti|nisch

Sach|sen|hau|sen (Konzentrationslager der Nationalsozialisten)

Sach|sen|spie|gel, der; -s (eine Rechtssammlung des dt. MA.)

Sach|sen|wald, der; -[e]s (Waldgebiet östlich von Hamburg)

Säch|sin; säch|sisch, *aber* ↑K 140: die Sächsische Schweiz (Teil des Elbsandsteingebirges)

Sach|spen|de

sacht (leise, unmerklich); **sachtchen** (*obersächs. für* ganz sachte); **sach|te** *(ugs.)*

Sach|ver|halt, der; -[e]s, -e; **Sach|ver|si|che|rung**

Sach|ver|stand; sach|ver|stän|dig; Sach|ver|stän|di|ge, der *u.* die; -n, -n; **Sach|ver|stän|di|gen|gut|ach|ten**

Sach|ver|zeich|nis

Sach|wal|ter; Sach|wal|te|rin; sach|wal|te|risch

Sach|wei|ser (*selten für* Sachregister); **Sach|wert; Sach|wör|ter|buch; Sach|zu|sam|men|hang; Sach|zwang** *meist Plur.*

Sack, der; -[e]s, Säcke; 5 Sack Mehl; mit Sack und Pack

Sack|bahn|hof

Säck|chen

Sä|ckel [*alte Trennung* ...k|k...], der; -s, - (*landsch. für* Hosentasche; Geldbeutel); **Sä|ckel|meis|ter** [*alte Trennung* ...|st...] (*südd., österr. u. schweiz. für* Kassenwart, Schatzmeister)

sä|ckeln [*alte Trennung* ...k|k...] (*landsch. für* in Säcke füllen); ich säck[e]le

Sä|ckel|wart [*alte Trennung* ...k|k...], der; -[e]s, -e (*landsch. für* Kassenwart)

¹sa|cken [*alte Trennung* ...k|k...] (*landsch. für* in Säcke füllen)

²sa|cken [*alte Trennung* ...k|k...] (sich senken; sinken)

sä|cken [*alte Trennung* ...k|k...] (*veraltet für* in einem Sack ertränken)

sa|cker|lot! [*alte Trennung* ...k|k...] *vgl.* sapperlot!; **sa|cker|ment!** *vgl.* sapperment!

sä|cke|wei|se [*alte Trennung* ...k|k...] (in Säcken)

sack|för|mig

Sack|gas|se

Sack|geld (*schweiz. für* Taschengeld)

sack|grob (*ugs. für* sehr grob)

sack|hüp|fen *nur im Infinitiv u. Part. I gebr.;* **Sack|hüp|fen,** das; -s

Sä|ckin|gen [*alte Trennung* ...k|k...] (badische Stadt am Hochrhein); **Sä|ckin|ger**

Sack|kar|re; Sack|kar|ren; Sack|kleid; Sack|lau|fen, das; -s

sack|lei|nen; Sack|lei|nen; Sack|lein|wand

Säck|ler (*landsch. für* Lederarbeiter)

Sack|pfei|fe (*für* Dudelsack)

Sack|tuch *Plur.* ...tücher (grobes Tuch; *südd., österr. ugs. neben* Taschentuch)

sack|wei|se

Sad|du|zä|er, der; -s, - ‹hebr.› (Angehöriger einer altjüd. Partei)

Sa|de|baum ‹lat.; dt.› (ein wacholderartiger Nadelbaum)

Sa|dhu [...du], der; -[s], -s ‹sanskr.› (als Eremit u. bettelnder Asket lebender Hindu)

Sa|dis|mus, der; -, *Plur.* (*für* Handlungen:) ...men ‹nach dem franz. Schriftsteller de Sade›

(Lust am Quälen, an Grausamkeiten)
Sa|dist, der; -en, -en; **Sa|dis|tin** [*alte Trennung* ...|st...]; **sa|dis|tisch**
Sa|do|ma|so, der; - *(ugs.)*; **Sa|do|ma|so|chis|mus,** der; -, ...men (Verbindung von Sadismus u. Masochismus); **sa|do|ma|so|chis|tisch** [*alte Trennung* ...|st...]
Sa|do|wa (Dorf bei Königgrätz)
sä|en; du säst, er/sie sät; du sätest; gesät; säe!; **Sä|er; Sä|e|rin**
Sa|fa|ri, die; -, -s ‹arab.› (Gesellschaftsreise zum Jagen, Fotografieren [in Afrika]); **Sa|fa|ri|park** (Tierpark, den der Besucher mit dem Auto durchquert)
Safe [ze:f], der, *auch* das; -s, -s ‹engl.› (Geldschrank, Stahlkammer, Sicherheitsfach)
Sa|fer|sex ['ze:...], der; -es, *auch* **Sa|fer Sex,** der; - -es (die Gefahr einer Aidsinfektion minderndes Sexualverhalten)
Saf|fi|an, der; -s ‹pers.› (feines Ziegenleder); **Saf|fi|an|le|der**
Sa|f|lor, der; -s, -e ‹arab.-ital.› (Färberdistel); **sa|f|lor|gelb**
Sa|f|ran, der; -s, -e ‹pers.› (Krokus; Farbstoff; *nur Sing.:* ein Gewürz); **sa|f|ran|gelb**
Saft, der; -[e]s, Säfte (*österr. auch für* Bratensoße); **Saft|bra|ten**
saf|ten
Saft|fut|ter *vgl.* [1]Futter
saft|grün
saf|tig (*ugs. auch für* derb); **Saf|tig|keit**
Saft|kur (mit Obst- oder Gemüsesäften durchgeführte [2]Kur)
Saft|la|den (*ugs. abwertend für* schlecht funktionierender Betrieb)
saft|los; saft- u. kraftlos ↑K 31
Saft|pres|se; Saft|tag
Sa|ga ['za(:)ga], die; -, -s ‹altnord.› (altisländische Prosaerzählung)
sag|bar
Sa|ge, die; -, -n
Sä|ge, die; -, -n; **Sä|ge|blatt; Sä|ge|bock; Sä|ge|fisch; Sä|ge|mehl,** das; -[e]s; **Sä|ge|müh|le**
sa|gen; es kostet sage und schreibe (tatsächlich) zwanzig Mark; sie hat hier das Sagen ↑K 82
sä|gen
Sa|gen|buch; Sa|gen|dich|tung, die; -; **Sa|gen|for|scher; Sa|gen|for|sche|rin; Sa|gen|ge|stalt**
sa|gen|haft (*ugs. auch für* unvorstellbar); ein sagenhafter Reichtum
Sa|gen|kreis
sa|gen|um|wo|ben ↑K 59
Sa|ger (*österr. für* Ausspruch)
Sä|ger; Sä|ge|rei
Sä|ge|spä|ne *Plur.*
Sä|ge|werk; Sä|ge|wer|ker; Sä|ge|wer|ke|rin
Sä|ge|zahn
sa|git|tal ‹lat.› (*Biol., Med.* parallel zur Mittelachse liegend); **Sa|git|tal|e|be|ne** (der Mittelebene des Körpers parallele Ebene)
Sa|go, der, *österr. meist* das; -s ‹indones.› (gekörntes Stärkemehl); **Sa|go|pal|me; Sa|go|sup|pe**
Sa|ha|ra [*auch* 'za:...], die; - ‹arab.› (Wüste in Nordafrika)
Sa|hel [*auch* 'za:hɛl], der; -[s] ‹arab.› (Gebiet südlich der Sahara); **Sa|hel|zo|ne,** die; -
Sa|hib, der; -[s], -s ‹arab.-Hindi› (in Indien u. Pakistan titelähnliche Bez. od. höfliche Anrede)
Sah|ne, die; -; **Sah|ne|bon|bon; Sah|ne|eis; Sah|ne|häub|chen; Sah|ne|känn|chen; Sah|ne|kä|se; Sah|ne|meer|ret|tich,** der; -s
sah|nen
Sah|ne|so|ße, *auch* ...sau|ce; **Sah|ne|tor|te**
sah|nig
Saib|ling (ein Fisch); *vgl.* Salbling
Sai|gon [*auch* ...'gɔn] (*früherer Name von* Ho-Chi-Minh-Stadt)
[1]**Saint** [sn̩t] ‹engl., »heilig«› (*Abk.* St.; *»Saint« erscheint als Bestandteil von engl. u. amerik. Heiligennamen u. darauf zurückgehenden Ortsnamen. Es steht sowohl in männl. als auch weibl. Namen und wird ohne Bindestrich verwendet:* Saint Louis [sn̩t 'lu:ɪs]; Saint Anne [sn̩t 'ɛn]; *vgl.* San, Sankt, São)
[2]**Saint** [sɛ̃] ‹franz., »heilig«› (*Abk.* St.; *»Saint« erscheint als Bestandteil von männl. franz. Heiligennamen u. darauf zurückgehenden Ortsnamen. Es steht mit einem Bindestrich:* Saint-Cyr [sɛ̃'si:ɐ̯]; *vgl.* San, Sankt, São)
Sainte [sɛ̃t] (*Abk.* Ste. *»Sainte« erscheint als Bestandteil von weibl. franz. Heiligennamen u. darauf zurückgehenden Ortsnamen. Es steht mit einem Bindestrich:* Sainte-Marie [sɛ̃tma'ri:]; *vgl.* San, Sankt, São)
Saint-E|xu|pé|ry [sɛ̃tɛksype'ri:] (französischer Schriftsteller)
Saint Geor|ge's [sn̩t 'dʒɔ:ɐ̯dʒɪs] (Hauptstadt Grenadas)
Saint John's [sn̩t 'dʒɔns] (Hauptstadt von Antigua und Barbuda)
Saint Lou|is [sn̩t 'lu:ɪs] (Stadt in Missouri)
Saint-Saëns [sɛ̃'sã:s] (französischer Komponist)
Saint-Si|mo|nis|mus [sɛ̃si...], der; - ‹nach dem franz. Sozialreformer Saint-Simon› (sozialistische Lehre); **Saint-Si|mo|nist,** der; -en, -en; **Saint-Si|mo|nis|tin** [*alte Trennung* ...|st...]
Sa|is (altägyptische Stadt)
Sai|son [zɛ'zõ:, *österr. auch* zɛ'zo:n], die; -, *Plur.* -s, *österr. auch* ...onen ‹franz.› (Hauptbetriebs-, Hauptreise-, Hauptgeschäftszeit, Theaterspielzeit)
sai|son|ab|hän|gig; sai|so|nal
Sai|son|ar|beit; Sai|son|ar|bei|ter; Sai|son|ar|bei|te|rin
Sai|son|auf|takt; Sai|son|aus|ver|kauf (Winter-, Sommerschlussverkauf)
sai|son|be|dingt
Sai|son|be|ginn, der; -s
sai|son|be|rei|nigt *(Amtsspr.)*
Sai|son|be|trieb; Sai|son|en|de, das; -s; **Sai|son|er|öff|nung**
Sai|so|ni|er *vgl.* Saisonnier
Sai|son|in|dex *(Wirtsch.)*; **Sai|son|kre|dit** *(Bankw.)*
Sai|son|ni|er, *auch* Sai|so|ni|er [zɛzɔ'ni̯e:] (*schweiz. für* Saisonarbeiter)
Sai|son|schluss [*alte Schreibung* ...schluß]; **Sai|son|wan|de|rung** (saisonbedingte Wanderung von Arbeitskräften)
sai|son|wei|se
Sai|te, die; -, -n (gedrehter Tierdarm, Metall od. Kunststoff [zur Bespannung von Musikinstrumenten]); *vgl. aber* Seite
Sai|ten|hal|ter (Teil eines Saiteninstrumentes); **Sai|ten|in|s|t|ru|ment; Sai|ten|spiel,** das; -[e]s
...sai|tig (z. B. fünfsaitig)
Sait|ling (Schafdarm)
Sa|ke, der; - ‹jap.› (aus Reis hergestellter japanischer Wein)
Sak|ko [*österr.* ...'ko:], der, *auch, österr. nur,* das; -s, -s (Herrenjackett); **Sak|ko|an|zug**
sa|k|ra! ‹lat.› (*südd. ugs. für* verdammt!)
sa|k|ral ‹lat.› (den Gottesdienst betreffend; *Med.* zum Kreuzbein gehörend); **Sa|k|ral|bau** *Plur.* ...bauten (*Kunstwiss.*

kirchl. Bauwerk; *Ggs.* Profanbau)

Sa|k|ra|ment, das; -[e]s, -e ‹lat.› (eine gottesdienstliche Handlung); **sa|k|ra|men|tal; Sa|k|ra|men|ta|li|en** *Plur.* (*kath. Kirche* sakramentähnliche Zeichen u. Handlungen, z. B. Wasserweihe; *auch Bez. für* geweihte Dinge, z. B. Weihwasser)

Sa|k|ra|men|ter, der; -s, - (*landsch. für* jmd., über den man sich ärgert; Schimpfwort)

sa|k|ra|ment|lich; Sa|k|ra|ments|häus|chen

sa|k|rie|ren (*veraltet für* weihen, heiligen); **Sa|k|ri|fi|zi|um,** das; -s, ...ien (*svw.* [Mess]opfer)

Sa|k|ri|leg, das; -s, -e *u.* Sa|k|ri|le|gi|um, das; -s, ...ien ‹lat.› (Vergehen gegen Heiliges; Kirchenraub; Gotteslästerung); **sa|k|ri|le|gisch; Sa|k|ri|le|gi|um** *vgl.* Sakrileg

sa|k|risch (*südd. für* verdammt)

Sa|k|ris|tan [*alte Trennung* ...|st...], der; -s, -e ‹lat.› (kath. Küster, Mesner); **Sa|k|ris|ta|nin**

Sa|k|ris|tei [*alte Trennung* ...|st...] ‹lat.› (Kirchenraum für den Geistlichen u. die gottesdienstlichen Geräte)

sa|k|ro|sankt (unverletzlich)

sä|ku|lar ‹lat.› (alle hundert Jahre wiederkehrend; weltlich); **Sä|ku|lar|fei|er** (Hundertjahrfeier)

Sä|ku|la|ri|sa|ti|on, die; -, -en ‹lat.› (Einziehung geistlicher Besitzungen; Verweltlichung); **sä|ku|la|ri|sie|ren** (kirchl. Besitz in weltl. umwandeln); **Sä|ku|la|ri|sie|rung** (Verweltlichung; Loslösung aus den Bindungen an die Kirche)

Sä|ku|lum, das; -s, ...la ‹lat.› (Jahrhundert)

Sa|la|din ‹arab.› (ein Sultan)

Sa|lam ‹arab.› (arabisches Grußwort); Salam alaikum! (Heil, Friede mit euch!)

Sa|la|man|ca (spanische Stadt u. Provinz)

Sa|la|man|der, der; -s, - ‹griech.› (ein Schwanzlurch)

Sa|la|mi, die; -, -[s], *schweiz. auch* der; -s, - ‹ital.› (eine Dauerwurst)

Sa|la|mi|ni|er; Sa|la|mi|ni|e|rin; Sa|la|mis (griechische Insel; Stadt auf der Insel Salamis)

Sa|la|mi|tak|tik, die; - (*ugs. für* Taktik, bei der man durch mehrere kleinere Übergriffe od. Forderungen ein größeres Ziel zu verwirklichen sucht)

Sa|la|mi|wurst

Sa|lär, das; -s, -e ‹franz.› (*schweiz. für* Gehalt, Lohn); **sa|la|rie|ren** (*schweiz. für* besolden)

Sa|lat, der; -[e]s, -e; gemischter Salat; **Sa|lat|be|steck; Sa|lat|blatt; Sa|lat|gur|ke**

Sa|la|ti|e|re, die; -, -n (*veraltet für* Salatschüssel)

Sa|lat|kar|tof|fel *(meist Plur.)*; **Sa|lat|kopf; Sa|lat|öl; Sa|lat|pflan|ze; Sa|lat|plat|te; Sa|lat|schüs|sel; Sa|lat|so|ße,** *auch* ...sau|ce; **Sa|lat|tel|ler**

Sal|ba|der (*abwertend für* langweiliger [frömmelnder] Schwätzer); **Sal|ba|de|rei; Sal|ba|de|rin; sal|ba|dern;** ich salbadere; er/sie hat salbadert

Sal|band, das; *Plur.* ...bänder (Gewebekante, -leiste; *Geol.* Berührungsfläche eines Ganges mit dem Nebengestein)

Sal|be, die; -, -n

Sal|bei [*österr. nur so, sonst auch* ...'bai], der; -s, *österr. nur so, sonst auch* die; - ‹lat.› (eine Heil- u. Gewürzpflanze); **Sal|bei|tee**

sal|ben; Sal|ben|do|se

Salb|ling (*svw.* Saibling)

Salb|öl *(kath. Kirche)*

Sal|bung; sal|bungs|voll (übertrieben würdevoll)

Säl|chen (kleiner Saal)

Sal|chow [...ço], der; -[s], -s ‹nach dem schwed. Eiskunstläufer U. Salchow› (ein Drehsprung beim Eiskunstlauf); einfacher, doppelter, dreifacher Salchow

Sal|den|bi|lanz *(Wirtsch.)*; **Sal|den|lis|te** [*alte Trennung* ...|st...] *(Wirtsch.)*

sal|die|ren ‹ital.› ([eine Rechnung] ausgleichen, abschließen; *österr. für* die Bezahlung einer Rechnung bestätigen); **Sal|die|rung**

Sal|do, der; -s, *Plur.* ...den, -s *u.* ...di ‹ital.› (Unterschied der beiden Seiten eines Kontos)

Sal|do|an|er|kennt|nis, das (*Wirtsch.* Schuldanerkenntnis dem Gläubiger gegenüber); **Sal|do|kon|to** (Kontokorrentbuch); **Sal|do|ü|ber|trag; Sal|do|vor|trag**

Säl|le (*Plur. von* Saal)

Sa|lem *vgl.* Salam

Sa|lep, der; -s, -s ‹arab.› (getrocknete Orchideenknolle, die für Heilzwecke verwendet wird)

Sa|le|si|a|ner (Mitglied der Gesellschaft des hl. Franz von Sales; Angehöriger einer kath. Priestergenossenschaft)

Sales|ma|na|ger ['se:ls...; *alte Schreibung* Sales-ma|na|ger] ‹engl.› (*Wirtsch.* Verkaufsleiter, [Groß]verkäufer)

Sales|pro|mo|ter [*alte Schreibung* Sales-pro|mo|ter] (Vertriebskaufmann mit besonderen Kenntnissen auf dem Gebiet der Marktbeeinflussung); **Sales|pro|mo|tion** [...ʃn; *alte Schreibung* Sales-pro|mo|tion] (Verkaufsförderung)

Sa|let|tel, Sa|lettl, das; -s, -n ‹ital.› (*bayr. u. österr. für* Pavillon, Laube, Gartenhäuschen)

Sä|li, das; -s, - (*schweiz. für* besonderer Raum in Gastwirtschaften)

Sa|li|cyl|säu|re *vgl.* Salizylsäure

¹Sa|li|er *Plur.* ‹lat.› (altrömischer Priester)

²Sa|li|er, der; -s, - (Angehöriger der salischen Franken; Angehöriger eines dt. Kaisergeschlechtes)

Sa|li|ne, die; -, -n ‹lat.› (Anlage zur Salzgewinnung); **Sa|li|nen|salz**

Sa|ling, die; -, -s (*Seemannsspr.* Stange am Mast zur Abstützung der Wanten)

sa|li|nisch (*selten für* salzartig, -haltig)

sa|lisch; salische Franken; salische Gesetze, *aber* [↑K 150]: das Salische Gesetz (über die Thronfolge)

Sa|li|zyl|säu|re, *fachspr.* Sa|li|cyl|säu|re, die; - ‹lat.; griech.; dt.› (eine organische Säure)

Sal|kan|te (Gewebeleiste)

Salk|vak|zi|ne, *auch* **Salk-Vak|zi|ne** [*auch* 'so:(l)k...] (Impfstoff des amerik. Bakteriologen J. Salk gegen Kinderlähmung)

Sal|leis|te [*alte Trennung* ...|st...] (Gewebeleiste)

Sal|lust, Sal|lus|ti|us [*alte Trennung* ...|st...] (röm. Geschichtsschreiber)

Sal|ly [...li] (m. *od.* w. Vorn.)

¹Salm, der; -[e]s, -e ‹lat.› (ein Fisch)

²Salm, der; -s, -e *Plur. selten* ‹*zu* Psalm› (*ugs. für* umständliches Gerede)

Sal|ma|nas|sar (Name assyrischer Könige)

Sal|mi|ak [*auch, österr. nur,* 'za...], der, *auch* das; -s ‹lat.› (eine

Ammoniakverbindung); **Sal|mi|ak|geist,** der; -[e]s (Ammoniaklösung); **Sal|mi|ak|lö|sung; Sal|mi|ak|pas|til|le** [*alte Trennung* ...|st...]
Salm|ler (ein Fisch)
Sal|mo|nel|len *Plur.* ‹nach dem amerik. Pathologen u. Bakteriologen Salmon› (Darmkrankheiten hervorrufende Bakterien); **Sal|mo|nel|lo|se,** die; -, -n (*Med.* durch Salmonellen verursachte Erkrankung)
Sal|mo|ni|den *Plur.* ‹lat.; griech.› (*Zool.* Familie der Lachsfische)
Sa|lo|me [...me] (Stieftochter des Herodes)
Sa|lo|mon, *ökum.* Sa|lo|mo (bibl. König, Sohn Davids); *Gen.* Salomo[n]s *u.* Salomonis
Sa|lo|mo|nen *Plur.* (Inselstaat östlich von Neuguinea); **Sa|lo|mon-In|seln** (*schweiz. für* Salomonen)
sa|lo|mo|nisch; salomonische [*alte Schreibung* Salomonische] Schriften; salomonisches (weises) Urteil; salomonische Weisheit
Sa|lo|mon[s]|sie|gel (Weißwurz, ein Liliengewächs)
Sa|lon [za'lõ:, *südd., österr.* za'lo:n], der; -s, -s ‹franz.› (Gesellschafts-, Empfangszimmer; Friseur-, Mode-, Kosmetikgeschäft; [Kunst]ausstellung)
Sa|lon|da|me *(Theater)*
sa|lon|fä|hig
Sa|lo|ni|ker, Sa|lo|ni|ki|er
Sa|lo|ni|ki (nordgriechische Stadt); *vgl.* Thessaloniki
Sa|lon|kom|mu|nist *(iron.)*; **Sa|lon|kom|mu|nis|tin** [*alte Trennung* ...|st...] *(iron.)*
Sa|lon|lö|we *(abwertend)*
Sa|lon|mu|sik, die; -; **Sa|lon|or|ches|ter** [*alte Trennung* ...|st...]
Sa|lon|wa|gen *(Eisenb.)*
Sa|loon [sə'lu:n], der; -s, -s ‹amerik.› (Lokal, dessen Einrichtung dem Stil der Westernfilme nachempfunden ist)
sa|lopp ‹franz.› (ungezwungen; nachlässig; bequem); **Sa|lopp|heit**
Sal|pe, die; -, -n ‹griech.› (ein walzenförmiges Meerestier)
Sal|pe|ter, der; -s ‹lat.› (*Bez. für* einige Salze der Salpetersäure); **Sal|pe|ter|dün|ger; Sal|pe|ter|er|de**
sal|pe|ter|hal|tig; sal|pe|te|rig *vgl.* salpetrig
Sal|pe|ter|säu|re, die; -; **sal|pet|rig;** salpetrige Säure
Sal|pinx, die; -, ...ingen ‹griech.› (*Med.* [Ohr]trompete; Eileiter)
Sal|sa, der; - ‹span.› (Art der lateinamerikanischen Rockmusik; ein Tanz)
Sal|se, die; -, -n ‹ital.› (*Geol.* Schlammsprudel, -vulkan; *österr. auch für* Fruchtgelee)
Sal|siz, das; -es, -e (Graubündener Wurstsorte)
Salt, SALT [*auch* so:lt] = Strategic Arms Limitation Talks (Gespräche über die Begrenzung der strategischen Rüstung)
Sal|ta, das; -s ‹lat., »spring!«› (ein Brettspiel)
Sal|ta|rel|lo, der; -s, ...lli ‹ital.› (ital. u. span. Springtanz)
Sal|ta|to, das; -s, *Plur.* -s *u.* ...ti (*Musik* Spiel mit hüpfendem Bogen)
Sal|t|im|boc|ca, die; -, s ‹ital.› (mit Schinken u. Salbei gefülltes [Kalbs]schnitzel)
Salt-Kon|fe|renz, SALT-Kon|fe|renz
Sal|to, der; -s, *Plur.* -s *u.* ...ti ‹ital.› (freier Überschlag; Luftrolle); **Sal|to mor|ta|le,** der; - -, *Plur.* - - *u.* ...ti ...li (meist dreifacher Salto in großer Höhe)
sa|lü! [*auch* ...'ly:] (*bes. schweiz.* Grußformel)
Sa|lut, der; -[e]s, -e ‹franz.› ([milit.] Ehrengruß)
Sa|lu|ta|ti|on, die; -, -en ‹lat.› (*veraltet für* feierliche Begrüßung)
sa|lu|tie|ren ‹lat.› (militärisch grüßen); **Sa|lut|schuss** [*alte Schreibung* ...schuß]
Sal|va|dor, El usw. *vgl.* El Salvador usw.; **Sal|va|do|ri|a|ner; Sal|va|do|ri|a|ne|rin; sal|va|do|ri|a|nisch**
Sal|va|ti|on, die; -, -en ‹lat.› (*veraltet für* Rettung; Verteidigung)
[1]**Sal|va|tor,** der; -s (Jesus als Retter, Erlöser)
[2]**Sal|va|tor** ®, das *od.* der; -s (ein bayrisches Starkbier); **Sal|va|tor|bier** (*als* ®: Salvator-Bier); **Sal|va|tor|bräu** (*als* ®: Salvator-Bräu)
Sal|va|to|ri|a|ner (Angehöriger einer kath. Priesterkongregation; *Abk.* SDS *[vgl. d.]*)
sal|va|to|risch (*Rechtsspr.* nur ergänzend geltend); salvatorische Klausel
sal|va ve|nia ‹lat.› (*veraltet für* mit Erlaubnis, mit Verlaub [zu sagen]; *Abk.* s. v.)
sal|ve! [...ve] ‹lat., »sei gegrüßt!«› (lateinischer Gruß)
Sal|ve [...və], die; -, -n ‹franz.› (gleichzeitiges Schießen von mehreren Feuerwaffen)
sal|vie|ren ‹lat.› (*veraltet für* retten); *noch in* sich salvieren (sich von einem Verdacht reinigen), salviert sein
sal|vo ti|tu|lo (*veraltet für* mit Vorbehalt des richtigen Titels; *Abk.* S. T.)
Sal|wei|de (eine Weidenart)
Salz, das; -es, -e
Sal|z|ach, die; - (rechter Nebenfluss des Inns)
Salz|a|der
Salz|amt (*österr. scherzh. für* vergeblich angerufene Behörde)
salz|arm; salz|ar|tig
Salz|bad; Salz|berg|bau; Salz|berg|werk; Salz|bo|den; Salz|bre|zel
Salz|burg (österr. Bundesland u. dessen Hauptstadt); **Salz|bur|ger;** Salzburger Festspiele
Salz|det|furth, Bad (Stadt südlich von Hildesheim)
sal|zen; du salzt; gesalzen (*in übertr. Bedeutung nur so,* z. B. die Preise sind gesalzen, ein gesalzener Witz), *auch* gesalzt
Säl|zer (*veraltet für* Salzsieder, -händler; jmd., der [Fleisch, Fische] einsalzt)
Salz|fass [*alte Schreibung* ...faß]; **Salz|fleisch; Salz|gar|ten** (Anlage zur Salzgewinnung); **Salz|ge|halt,** der; **Salz|ge|win|nung; Salz|gru|be** (Salzbergwerk); **Salz|gur|ke**
salz|hal|tig
Salz|he|ring
sal|zig
Salz|kam|mer|gut, das; -[e]s (österreichische Alpenlandschaft)
Salz|kar|tof|fel *meist Plur.*; **Salz|korn** *Plur.* ...körner; **Salz|ko|te** (*früher* Salzsiedehaus) *vgl.* [2]Kote; **Salz|la|ke; Salz|le|cke** [*alte Trennung* ...k|k...]; *vgl.* Lecke
salz|los
Salz|lö|sung; Salz|man|del; Salz|pfan|ne; Salz|pflan|ze
salz|sau|er (Salzsäure enthaltend)
Salz|säu|le; Salz|säu|re, die; -; **Salz|see; Salz|sie|der; Salz|so|le; Salz|stan|ge; Salz|stan|gel,** das; -s, -[n] *(österr.)*; **Salz|steu|er,** die; **Salz|streu|er; Salz|teig**
Salz|uf|len, Bad (Stadt am Teutoburger Wald)
Salz|was|ser *Plur.* ...wässer; **Salz-**

S

wüs|te [*alte Trennung* ...|st...]; **Salz|zoll**

Sam [sɛm] (m. Vorn.); Onkel Sam (*scherzh. Bez. für* USA; *vgl.* Uncle Sam)

Sa|ma|el *vgl.* Samiel

Sä|mann *Plur.* ...männer

Sa|ma|ria [*auch* ...ˈriːa] (antike Stadt u. historische Landschaft in Palästina); **Sa|ma|ri|ta|ner** (Angehöriger eines Volkes in Palästina); *vgl.* Samariter; **sa|ma|ri|ta|nisch**; der samaritanische Pentateuch *(Rel.)*

Sa|ma|ri|ter (Bewohner von Samaria; Krankenpfleger); barmherziger Samariter; **Sa|ma|ri|ter|dienst; Sa|ma|ri|te|rin; Sa|ma|ri|ter|tum,** das; -s

Sa|ma|ri|um, das; -s (chemisches Element, Metall; *Zeichen* Sm)

¹Sa|mar|kand (Stadt in Usbekistan)

²Sa|mar|kand, der; -[s], -s (ein Teppich)

Sä|ma|schi|ne

Sam|ba, die; -, -s, *auch u. österr. nur* der; -s, -s ‹afrik.-port.› (ein Tanz)

Sam|be|si, der; -[s] (Strom in Afrika)

Sam|bia (Staat in Afrika); **Sam|bi|er; Sam|bi|e|rin; sam|bisch**

Sam|bu|ca, der; -s, -s ‹ital.› (italienischer Anislikör)

¹Sa|me, der; -n, -n (Lappe)

²Sa|me, der; -ns, -n (*seltener für* Samen); **Sa|men,** der; -s, -

Sa|men|bank *Plur.* ...banken *(Med.)*; **Sa|men|er|guss** [*alte Schreibung* ...er|guß]

Sa|men|fa|den

Sa|men|flüs|sig|keit

Sa|men|hand|lung; Sa|men|kap|sel *(Bot.)*; **Sa|men|kern; Sa|men|korn** *Plur.* ...körner

Sa|men|lei|ter, der *(Med.)*

Sa|men|pflan|ze

Sa|men|strang *(Med.)*; **Sa|men|zel|le**

Sa|men|zucht, die; -

Sä|me|rei, die; -, -en

Sa|mi|chlaus [...xlaus], der; -[es], ...chläuse (*schweiz. für* St. Nikolaus)

Sa|mi|el, Sa|ma|el [*beide* ...eːl, *auch* ...ɛl], der; -s ‹hebr.› (böser Geist, Teufel)

sä|mig (seimig; dickflüssig); **Sä|mig|keit,** die; -

sa|misch (von Samos)

sä|misch ‹slaw.› (fettgegerbt); **Sä|misch|ger|ber; Sä|misch|le|der**

Sa|mis|dat, der; - ‹russ.› (im Selbstverlag erschienene [verbotene] Literatur in der Sowjetunion)

Sam|land, das; -[e]s (Halbinsel zwischen dem Frischen u. dem Kurischen Haff); **Sam|län|der,** der; **Sam|län|de|rin; sam|län|disch**

Säm|ling (aus Samen gezogene Pflanze)

Sam|mel|al|bum; Sam|mel|an|schluss [*alte Schreibung* ...anschluß]; **Sam|mel|auf|trag** *(Postw.)*; **Sam|mel|band,** der; **Sam|mel|be|cken** [*alte Trennung* ...k|k...]; **Sam|mel|be|griff; Sam|mel|be|stel|lung; Sam|mel|be|zeich|nung; Sam|mel|büch|se**

Sam|mel|de|pot (*Bankw.* eine Form der Wertpapierverwahrung)

Sam|me|lei

Sam|mel|ei|fer; Sam|mel|frucht *(Bot.)*; **Sam|mel|grab**

Sam|mel|gut; Sam|mel|gut|ver|kehr, der; -s

Sam|mel|kon|to; Sam|mel|la|ger

Sam|mel|lei|den|schaft; Sam|mel|lin|se *(Optik)*; **Sam|mel|map|pe**

sam|meln; ich samm[e]le

Sam|mel|na|me *(Sprachw.)*; **Sam|mel|platz; Sam|mel|schie|ne** *(Elektrot.)*; **Sam|mel|stel|le**

Sam|mel|su|ri|um, das; -s, ...ien (*ugs. für* angesammelte Menge verschiedenartigster Dinge)

Sam|mel|tas|se; Sam|mel|trans|port; Sam|mel|trieb, der; -[e]s; **Sam|mel|werk; Sam|mel|wert|be|rich|ti|gung** *(Bankw.)*; **Sam|mel|wut**

Sam|met, der; -s, -e (*veraltet für* Samt)

Samm|ler; Samm|ler|fleiß; Samm|ler|freu|de; Samm|le|rin

Samm|lung

Sam|my [ˈzɛmi] (m. Vorn.)

Sam|ni|te, der; -n, -n *od.* **Sam|ni|ter,** der; -s, - (Angehöriger eines italischen Volkes)

Sa|moa (Inselgruppe im Pazifischen Ozean); *vgl.* Westsamoa

Sa|mo|a|in|seln *Plur.* ↑K 143; **Sa|mo|a|ner; Sa|mo|a|ne|rin; sa|mo|a|nisch**

Sa|mo|je|de, der; -n, -n (*früher für* Nenze)

¹Sa|mos (griechische Insel)

²Sa|mos, der; -, - (Wein von ¹Samos)

Sa|mo|thra|ke (griechische Insel)

Sa|mo|war [*auch* ˈza...], der; -s, -e ‹russ.› (russ. Teemaschine)

Sam|pan, der; -s, -s ‹chin.› (chinesisches Wohnboot)

Sam|ple [...pl̩, *auch* ˈsaː...], das; -[s], -s ‹engl.› (Stichprobe; repräsentative Gruppe; Warenprobe, Muster)

Sam|son *vgl.* Simson

Sams|tag, der; -[e]s, -e ‹hebr., »Sabbattag«› (*Abk.* Sa.); langer, kurzer Samstag; *vgl.* Dienstag; **sams|tags** ↑K 70; *vgl.* Dienstag

samt; samt und sonders; *Präp. mit Dat.:* samt dem Geld

Samt, der; -[e]s, -e (ein Gewebe); **samt|ar|tig; Samt|band; sam|ten** (aus Samt)

Samt|ge|mein|de (Gemeindeverband [in Niedersachsen])

Samt|hand|schuh; jmdn. mit Samthandschuhen anfassen (jmdn. vorsichtig behandeln)

Samt|ho|se

sam|tig (samtartig); eine samtige Haut

Samt|ja|cke [*alte Trennung* ...k|k...]; **Samt|kleid**

---

säm|lich

– sie waren sämtlich (= allesamt, vollzählig) erschienen

Das auf »sämtlich« folgende Adjektiv wird schwach gebeugt:

– sämtlicher aufgehäufte Sand, mit sämtlichem gesammelten Material, sämtliches vorhandene Eigentum

Im Plural wird es selten auch stark gebeugt:

– sämtliche vortrefflichen, *seltener* vortreffliche Einrichtungen

– sämtlicher vortrefflicher, *auch* vortrefflichen Einrichtungen; sämtliche Stimmberechtigten, *auch* Stimmberechtigte

---

Samt|pföt|chen; Samt|tep|pich

samt|weich

Sa|mu|el [...eːl, *auch* ...ɛl] (bibl. Eigenn.)

Sa|mum [*auch* ...ˈmuːm], der; -s, *Plur.* -s *u.* -e ‹arab.› (*Geogr.* ein heißer Wüstenwind)

Sa|mu|rai, der; -[s], -[s] ‹jap.› (Angehöriger des japan. Adels)

San *s. Kasten S. 835*

Sa|naa (Hauptstadt Jemens)

Sa|na|to|ri|um, das; -s, ...ien ‹lat.› (Heilanstalt; Genesungsheim)

San Ber|nar|di|no, der; - - (italienischer Name des Sankt-Bernhardin-Passes)

Sạn

⟨lat., »heilig«⟩

»San« erscheint als Bestandteil von Heiligennamen u. von darauf zurückgehenden Ortsnamen.

I. *Im Italienischen:*

a) *»San« steht vor Konsonanten, außer vor Sp... u. St..., in männlichen Namen (Abk.* S.):
- San Giusẹppe [- dʒu...], S. Giusẹppe
- San Jacọpo, S. Jacọpo

b) *»Sant'« steht vor Vokalen in männlichen u. weiblichen Namen (Abk.* S.):
- Sant' Ạngelo [- ...dʒe...], S. Ạngelo
- Sant' A̲gata, S. A̲gata

c) *»Santa« steht vor Konsonanten in weiblichen Namen (Abk.* S.):
- Sạnta Lucia [- ...'tʃi:a], S. Lucia

d) *Der Plural »Sante« steht in weiblichen Namen (Abk.* SS.):
- Sạnte Mari̲a e Maddale̲na, SS. Mari̲a e Maddale̲na

e) *Der Plural »Santi« steht in männl. Namen (Abk.* SS.):
- Sạnti Pie̲tro e Pa̲olo, SS. Pie̲tro e Pa̲olo

f) *»Santo« steht vor Sp... und St... in männlichen Namen (Abk.* S.):
- Sạnto Spi̲rito, S. Spi̲rito; Sạnto Ste̲fano, S. Ste̲fano

II. *Im Spanischen:*

a) *»San« steht in männlichen Namen außer vor Do... u. To... (Abk.* S.):
- San Bernạrdo, S. Bernạrdo

b) *»Santa« steht in weiblichen Namen (Abk.* Sta.):
- Sạnta Marị̲a, Sta. Mari̲a

c) *»Santo« steht vor Do... und To... in männlichen Namen (Abk.* Sto.):
- Sạnto Domịngo, Sto. Domịngo
- Sạnto Tomạ́s, Sto. Tomạ́s

III. *Im Portugiesischen:*

a) *»Santa« steht in weiblichen Namen (Abk.* Sta.):
- Sạnta Cla̲ra, Sta. Cla̲ra

b) *»Santo« steht in männlichen Namen (Abk.* Sto.):
- Sạnto André̲, S. André̲

Vgl. Saint, Sankt *u.* São

Sạn|cho Pạn|sa [...tʃo -] (Knappe Don Quichottes)

Sạnc|ta Se̲|des, die; - - ⟨lat.⟩ (*lat. Bez. für* Heiliger [Apostolischer] Stuhl)

sạnc|ta sim|p|li̲|ci|tas! ⟨»heilige Einfalt!«⟩

Sạnc|ti|tas, die; - ⟨»Heiligkeit«⟩ (Titel des Papstes)

Sạnc|tus, das; -, - (Lobgesang der kath. Messe)

Sạnd, der; -[e]s, -e; **Sạnd|aal** (ein Fisch)

San|da̲|le, die; -, -n ⟨griech.⟩ (leichte Fußbekleidung); **San|da|lẹt|te,** die; -, -n (sandalenartiger Sommerschuh)

Sạn|da|rak, der; -s ⟨griech.⟩ (ein tropisches Harz)

Sạnd|bad

Sạnd|bahn; Sạnd|bahn|ren|nen *(Sport)*

Sạnd|bank *Plur.* ...bänke; **Sạnd|blatt** (beim Tabak); **Sạnd|bo|den; Sạnd|burg; Sạnd|dorn,** der; -[e]s, ...dorne (eine Pflanzengattung)

Sạn|del|holz, das; -es ⟨sanskr.; dt.⟩ (duftendes Holz verschiedener Sandelbaumgewächse); **Sạn|del|holz|öl,** das; -[e]s

[1]**sạn|deln** (*österr. ugs. für* langsam arbeiten, faulenzen); ich sand[e]le

[2]**sạn|deln** *(südd.),* **sạ̈n|deln** (*schweiz. für* im Sand spielen); ich sand[e]le, *auch* sänd[e]le

Sạn|del|öl (*svw.* Sandelholzöl)

sạn|den (*mdal. u. schweiz. für* mit Sand bestreuen; *auch für* Sand streuen)

sạnd|far|ben *od.* **sạnd|far|big** (*für* beige)

Sạnd|förm|chen (ein Kinderspielzeug); **Sạnd|gru|be; Sạnd|ha|se** (Fehlwurf beim Kegeln; *Soldatenspr. veraltend für* Infanterist); **Sạnd|hau|fen; Sạnd|ho|se** (Sand führender Wirbelsturm)

sạn|dig

San|di|nịst, der; -en, -en ⟨nach C. A. Sandino, der 1927 einen Kleinkrieg gegen die amerik. Truppen in Nicaragua führte⟩ (Anhänger einer politischen Bewegung in Nicaragua); **San|di|nịs|tin** [*alte Trennung* ...|st...]

Sạnd|kas|ten [*alte Trennung* ...|st...]; **Sạnd|kas|ten|spiel**

Sạnd|korn *Plur.* ...körner

Sạnd|ku|chen

Sạnd|ler (*österr. für* Obdachloser)

Sạnd|mann, der; -[e]s, **Sạnd|männ|chen,** das; -s (eine Märchengestalt)

Sạnd|pa|pier; Sạnd|platz

Sạn|d|ra (w. Vorn.)

Sạnd|sack; Sạnd|schie|fer

Sạnd|stein; Sạnd|stein|fels *od.* **Sạnd|stein|fel|sen; Sạnd|stein|ge|bir|ge**

sạnd|strah|len; *nur im Infinitiv u. im Partizip II gebr.;* gesandstrahlt, *fachspr. auch* sandgestrahlt; **Sạnd|strahl|ge|blä|se**

Sạnd|strand; Sạnd|tor|te; Sạnd|uhr

Sand|wich ['zɛntvɪtʃ], das *od.* der; *Gen.* -[e]s *od.* -, *Plur.* -[e]s, *auch* -e ⟨engl.⟩ (belegte Weißbrotschnitte); **Sand|wich|bau|wei|se,** die; - *(Technik);* **Sand|wich|we|cken** [*alte Trennung* ...k|k...] (*österr. für* langes Weißbrot)

Sạnd|wüs|te [*alte Trennung* ...|st...]

san|fo|ri|sie̲|ren ⟨nach dem amerik. Erfinder Sanford Cluett⟩ ([Gewebe] krumpfecht machen)

San Fran|cịs|co (Stadt in den USA; *Kurzform* Frisco)

sạnft; sanfter Tourismus

Sạ̈nf|te, die; -, -n (Tragstuhl); **Sạ̈nf|ten|trä|ger**

Sạnft|heit, die; -; **sạ̈nf|ti|gen** *(veraltet)*

Sạnft|mut, die; -; **sạnft|mü|tig; Sạnft|mü|tig|keit,** die; -

Sạng, der; -[e]s, Sänge *(veraltet);* mit Sang und Klang; **sạng|bar**

Sạ̈n|ger; fahrender Sänger; **Sạ̈n|ger|bund,** der; **Sạ̈n|ger|chor,** der; **Sạ̈n|ger|fest; Sạ̈n|ge|rin; Sạ̈n|ger|schaft**

Sạn|ges|bru|der; sạn|ges|freu|dig; Sạn|ges|freund

sạn|ges|froh; sạn|ges|kun|dig

Sạn|ges|lust, die; -; **sạn|ges|lus|tig** [*alte Trennung* ...|st...]

sạng|los; *nur in* sang- u. klanglos ↑K 31; (*ugs. für* ohne viel Aufhebens, unbemerkt) abtreten

San|g|ri̲|a, die; -, -s ⟨span.⟩ (Rotweinbowle)

San|g|ri̲|ta®, die; -, -s (gewürzter Saft mit Fruchtfleisch)

San|gu|i̲|ni|ker ⟨lat.⟩ (heiterer, leb-

S

Sankt

⟨lat., »heilig«⟩
– (*Abk.* St.)

In Heiligennamen u. in auf solche zurückgehenden Ortsnamen steht kein Bindestrich:
– Sankt Peter, Sankt Elisabeth, Sankt Gallen
– St. Paulus, St. Elisabeth, St. Pölten

In Ableitungen wird ein Bindestrich gesetzt; bei Formen auf -er kann man ihn auch weglassen ↑K 147:
– die sankt-gallischen Klosterschätze
– die Sankt-Gallener, *auch* Sankt Gallener Handschrift
– die Sankt-Galler, *auch* Sankt Galler Einwohner
– die St.-Andreasberger, *auch* St. Andreasberger Bergwerke

Wird »Sankt« od. »St.« Teil einer Aneinanderreihung, müssen Bindestriche stehen ↑K 146:
– die Sankt-Gotthard-Gruppe
– das St.-Elms-Feuer
– die St.-Marien-Kirche
– der Sankt-Lorenz-Strom
– der Sankt-Wolfgang-See
Vgl. Saint, San *u.* São

hafter Mensch); **San|gu|i|ni|ke|rin; san|gu|i|nisch**

San|he|d|rin, der; -s (*hebr. Form von* Synedrion)

San|he|rib (ein assyrischer König)

Sa|ni, der; -s, -s (*bes. Soldatenspr. kurz für* Sanitäter)

sa|nie|ren ⟨lat.⟩ (gesund machen; gesunde Lebensverhältnisse schaffen; durch Renovierung u. Modernisierung den neuen Lebensverhältnissen anpassen; wieder rentabel machen); sich sanieren (*ugs. für* wirtschaftlich gesunden)

Sa|nie|rung

sa|nie|rungs|be|dürf|tig

Sa|nie|rungs|bi|lanz; Sa|nie|rungs|ge|biet; Sa|nie|rungs|maß|nah|me; Sa|nie|rungs|ob|jekt; Sa|nie|rungs|plan

sa|nie|rungs|reif

sa|ni|tär ⟨franz.⟩ (gesundheitlich); sanitäre Anlagen; **Sa|ni|tär|ein|rich|tun|gen** *Plur.*

sa|ni|ta|risch ⟨lat.⟩ (*schweiz. für* gesundheitlich, gesundheitspolizeilich)

Sa|ni|tät, die; - ⟨lat.⟩ (*schweiz. u. österr. für* [militärisches] Sanitätswesen)

Sa|ni|tä|ter (in erster Hilfe, Krankenpflege Ausgebildeter); **Sa|ni|tä|te|rin**

Sa|ni|täts|au|to; Sa|ni|täts|be|hör|de (Gesundheitsbehörde); **Sa|ni|täts|dienst; Sa|ni|täts|ein|heit**

Sa|ni|täts|ge|frei|te; Sa|ni|täts|ko|lon|ne; Sa|ni|täts|kom|pa|nie

Sa|ni|täts|korps; Sa|ni|täts|kraft|wa|gen (*Kurzw.* Sank[r]a); **Sa|ni|täts|of|fi|zier; Sa|ni|täts|rat** *Plur.* ...räte (*Abk.* San.-Rat); **Sa|ni|täts|sol|dat; Sa|ni|täts|trup|pe**

Sa|ni|täts|wa|che; Sa|ni|täts|wa|gen; Sa|ni|täts|zelt

San Jo|sé [- xo...] (Hauptstadt von Costa Rica); **San-Jo|sé-Schild|laus** ↑K 146

San|ka, San|kra, der; -s, -s (*Soldatenspr.* Sanitätskraftwagen)

Sankt *s. Kasten*

Sankt An|d|re|as|berg (Stadt im Harz)

Sankt Bern|hard, der; - -[s] (Name zweier Pässe in der Schweiz); der Große, der Kleine Sankt Bernhard; **Sankt-Bern|har|din-Pass** [*alte Schreibung* ...-Paß], der; -es

Sankt Bla|si|en (Stadt im südlichen Schwarzwald); **Sankt-Bla|si|en-Stra|ße** ↑K 163

Sankt Flo|ri|an (österr. Stift)

Sankt-Flo|ri|ans-Prin|zip, das; -s; ↑K 146 (der Grundsatz, Unangenehmes von sich wegzuschieben, auch wenn andere dadurch geschädigt werden)

Sankt Gal|len (Kanton u. Stadt in der Schweiz); **Sankt-Gal|le|ner,** *auch* **Sankt Gal|le|ner,** *in der Schweiz nur* **Sankt-Gal|ler,** *auch* **Sankt Gal|ler** *vgl.* Sankt; **sankt-gal|lisch** [*alte Schreibung* sankt|gal|lisch] ↑K 147

Sankt Gott|hard, der; - -[s] (schweizerischer Alpenpass)

Sankt He|le|na (Insel im südlichen Atlantischen Ozean)

Sank|ti|on, die; -, -en ⟨lat.-franz.⟩ (*geh. für* Billigung; *Rechtsspr.* Erteilung der Gesetzeskraft; *meist Plur.:* Zwangsmaßnahme)

sank|ti|o|nie|ren (bestätigen; Sanktionen verhängen); **Sank|ti|o|nie|rung**

Sank|tis|si|mum, das; -s (*kath. Rel.* Allerheiligstes, geweihte Hostie)

Sankt-Lo|renz-Strom, der; -[e]s ↑K 146 (in Nordamerika)

Sankt Mär|gen (Ort im südlichen Schwarzwald)

Sankt-Mi|cha|e|lis-Tag, der; -[e]s, -e ↑K 137 (29. Sept.)

Sankt Mo|ritz [*schweiz.* - moˈrɪts] (Ort im Oberengadin)

Sankt-Nim|mer|leins-Tag, der; -[e]s ↑K 137 (*ugs. scherzh.*); bis zum Sankt-Nimmerleins-Tag

Sankt Pau|li (Stadtteil von Hamburg)

Sankt Pe|ters|burg (russische Stadt an der Newa)

Sankt Pöl|ten (Hauptstadt von Niederösterreich)

Sank|tu|a|ri|um, das; -s, ...ien ⟨lat.⟩ (Altarraum in der kath. Kirche; [Aufbewahrungsort eines] Reliquienschrein[s])

Sankt-Wolf|gang-See, *auch* Wolf|gang|see *od.* A|ber|see, der; -s; ↑K 146 (im Salzkammergut)

San-Ma|ri|ne|se [*alte Schreibung* San|ma|ri|ne|se], der; -n, -n (Einwohner von San Marino); **San-Ma|ri|ne|sin; san-ma|ri|ne|sisch; San Ma|ri|no** (Staat u. seine Hauptstadt auf der Apenninenhalbinsel)

San.-Rat = Sanitätsrat

San Sal|va|dor (Hauptstadt von El Salvador)

Sans|cu|lot|te [sãsky...], der; -n, -n ⟨franz., »Ohne[knie]hose«⟩ (*Bez. für* einen Revolutionär der Französischen Revolution)

San|se|vi|e|ria, San|se|vi|e|rie, die; -, ...rien ⟨nach dem ital. Gelehrten Raimondo di Sangro, Fürst von San Severo⟩ (ein trop. Liliengewächs, Zimmerpflanze)

sans gêne [sã ˈʒɛn] ⟨franz.⟩ (*veraltet für* zwanglos; nach Belieben)

San|si|bar (Insel an der Ostküste Afrikas); **San|si|ba|rer; San|si|ba|re|rin; san|si|ba|risch**

Sans|k|rit [*auch* ...ˈkrɪt], das; -s

S

(Literatur- u. Gelehrtensprache des Altindischen)
Sans|k|rit|for|scher; Sans|k|rit|for|sche|rin; sans|k|ri|tisch
Sans|k|ri|tist, der; -en, -en; **Sans|k|ri|tis|tik** [*alte Trennung* ...|st...], die; - (Wissenschaft vom Sanskrit); **Sans|k|ri|tis|tin**
Sans|sou|ci [ˈsɑ̃:susi] ⟨franz., »sorgenfrei«⟩ (Schloss in Potsdam)
Sant' *vgl.* San, I, b; **San|ta** *vgl.* San, I, c; II, b; III, a
San|ta Claus [ˈsɛntə ˈklo:s], der; - -, - - ⟨amerik.⟩ (*amerik. Bez. für* Weihnachtsmann)
San|ta Lu|cia [- ...ˈtʃi:a], die; - - (neapolitanisches Schifferlied)
San|t|an|der (spanische Stadt u. Provinz)
San|te *vgl.* San, I, d; **San|ti** *vgl.* San, I, e
San|t|i|a|go, *auch* **San|t|i|a|go de Chi|le** [- - ˈtʃi:le:] (Hauptstadt Chiles)
San|t|i|a|go de Com|pos|te|la [*alte Trennung* ...|st...] (span. Stadt)
Sän|tis, der; - (schweiz. Alpengipfel)
San|to *vgl.* San, I, f; II, c
San|to Do|min|go (Hauptstadt der Dominikanischen Republik)
San|to|me|er (Staatsbürger von São Tomé und Príncipe); **San|to|me|e|rin; san|to|me|isch**
San|to|rin (griechische Insel)
San|tos (brasilianische Stadt)
São [ˈza:o] ⟨port., »heilig«⟩ (*vor Konsonanten in port. männl. Heiligennamen u. auf solche zurückgehenden Ortsnamen; Abk.* S.), São Paulo, S. Paulo
Saône [so:n], die; - (franz. Fluss)
São To|mé [- ...ˈme:] (Hauptstadt von São Tomé und Príncipe); **São To|mé und Prín|ci|pe** [- - - ˈprɪnsipə] (westafrikanischer Inselstaat)
Sa|phir [*auch, österr. nur,* ...ˈfi:r], der; -s, -e ⟨semit.-griech.⟩ (ein Edelstein); **Sa|phir|na|del**
sa|pi|en|ti sat! ⟨lat., »genug für den Verständigen!«⟩ (es bedarf keiner weiteren Erklärung für den Eingeweihten)
Sa|pin, der; -s, -e, **Sa|pi|ne,** die; -, -n *od.* Sap|pel, der; -s, - ⟨ital.⟩ (*Forstw.* Werkzeug zum Wegziehen gefällter Bäume)
Sa|po|nin, das; -s, -e ⟨lat.⟩ (ein pflanzlicher Wirkstoff)
Sap|pe, die; -, -n ⟨franz.⟩ (*Milit. früher* Lauf-, Annäherungsgraben)
Sap|pel *vgl.* Sapin
sap|per|lot!, sa|cker|lot! ⟨franz.⟩ (*veraltet, aber noch landsch.* ein Ausruf des Unwillens od. des Erstaunens); **sap|per|ment!,** sa|cker|ment! (*svw.* sapperlot)
Sap|peur [...ˈpø:ɐ̯], der; -s, -e ⟨franz.⟩ (*früher* Soldat für den Sappenbau; *schweiz.* Soldat der techn. Truppe, Pionier)
sap|phisch [...fɪʃ, *auch* ...pfɪʃ] ↑K 135; sapphische Strophe, sapphisches Versmaß; **Sap|pho** (griechische Dichterin)
Sap|po|ro (japanische Stadt)
sa|p|ris|ti! [*alte Trennung* ...|st...] ⟨franz.⟩ (*veraltet* Ausruf des Erstaunens, Unwillens)
Sa|p|ro|bie, die; -, -n *meist Plur.* ⟨griech.⟩ (*Biol.* von faulenden Stoffen lebender Organismus); **Sa|p|ro|bi|ont,** der; -en, -en (*svw.* Saprobie)
sa|p|ro|gen (Fäulnis erregend)
Sa|p|ro|pel, das; -s, -e (Faulschlamm, der unter Sauerstoffabschluss in Seen u. Meeren entsteht)
Sa|p|ro|pha|gen *Plur.* (Pflanzen od. Tiere, die sich von faulenden Stoffen ernähren); **sa|p|ro|phil** (auf, in od. von faulenden Stoffen lebend); **Sa|p|ro|phyt,** der; -en, -en (pflanzlicher Organismus, der von faulenden Stoffen lebt)
Sa|ra (w. Vorn.)
Sa|ra|ban|de, die; -, -n ⟨pers.-arab.-span.-franz.⟩ (ein alter Tanz)
Sa|ra|gos|sa (Stadt u. Provinz in Spanien)
Sa|ra|je|vo (Hauptstadt von Bosnien-Herzegowina)
Sa|ra|sa|te (spanischer Geiger u. Komponist)
Sa|ra|ze|ne, der; -n, -n ⟨arab.⟩ (*veraltet für* Araber, Muslim); **Sa|ra|ze|nin; sa|ra|ze|nisch**
Sar|da|na|pal (assyrischer König)
Sar|de, der; -n, -n *u.* Sar|di|ni|er (Bewohner Sardiniens)
Sar|del|le, die; -, -n ⟨ital.⟩ (ein Fisch); **Sar|del|len|but|ter; Sar|del|len|fi|let; Sar|del|len|pas|te** [*alte Trennung* ...|st...]
Sar|des (Hauptstadt des alten Lydiens)
Sar|din *u.* Sar|di|ni|e|rin
Sar|di|ne, die; -, -n ⟨ital.⟩ (ein Fisch); **Sar|di|nen|büch|se**
Sar|di|ni|en (italienische Insel im Mittelmeer); **Sar|di|ni|er** *vgl.* Sarde; **Sar|di|ni|e|rin** *vgl.* Sardin; **sar|di|nisch, sar|disch**
sar|do|nisch ⟨lat.⟩ (boshaft, hämisch); sardonisches (*Med.* krampfhaftes) Lachen
Sar|d|o|nyx, der; -[es], -e ⟨griech.⟩ (ein Schmuckstein)
Sarg, der; -[e]s, Särge
Sarg|de|ckel [*alte Trennung* ...k|k...]; **Sarg|na|gel; Sarg|trä|ger; Sarg|tuch**
Sa|ri, der; -[s], -s ⟨sanskr.-Hindi⟩ (gewickeltes Gewand der Inderin)
Sar|kas|mus, der; -, ...men ⟨griech.⟩ (*nur Sing.:* [beißender] Spott; sarkastische Äußerung); **sar|kas|tisch** [*alte Trennung* ...|st...] (spöttisch)
Sar|kom, das; -s, -e *u.* **Sar|ko|ma,** das; -s, -ta ⟨griech.⟩ (*Med.* bösartige Geschwulst); **sar|ko|ma|tös; Sar|ko|ma|to|se,** die; - (*Med.* ausgebreitete Sarkombildung)
Sar|ko|phag, der; -s, -e (Steinsarg, [Prunk]sarg)
Sar|ma|te, der; -n, -n (Angehöriger eines historischen asiatischen Nomadenvolkes); **Sar|ma|ti|en** (alter Name des Landes zwischen Weichsel u. Wolga); **sar|ma|tisch**
Sar|nen (Hauptort des Halbkantons Obwalden)
Sa|rong, der; -[s], -s ⟨malai.⟩ (um die Hüfte geschlungenes, buntes Tuch der Malaien)
Sar|rass [*alte Schreibung* Sar|raß], der; Sarasses, Sarrasse ⟨poln.⟩ (Säbel mit schwerer Klinge)
Sar|raute [...ˈro:t], Nathalie (französische Schriftstellerin)
Sar|t|re [...rə], Jean-Paul [ʒɑ̃ˈpɔl] (französischer Philosoph u. Schriftsteller)
SAS = Scandinavian Airlines System (Skandinavische Luftlinien)
Sa|scha (m. Vorn.)
Sas|kat|che|wan [səsˈkɛtʃivn̩] ⟨engl.⟩ (kanadische Provinz)
Sa-Sprin|gen [ɛsˈa:...] ⟨*Kurzw. für* schweres Springen der Kategorie a⟩ (*Reiten* schwere Springprüfung)
Sass [*alte Schreibung* Saß], Sas|se, der; Sassen, Sassen (*früher* Besitzer von Grund und Boden, Grundbesitzer; Ansässiger)
Sas|sa|f|ras, der; -, - ⟨franz.⟩ (nordamerik. Laubbaum); **Sas|sa|f|ras|öl,** das; -[e]s (ätherisches Öl aus dem Holz des Sassafras)

S

Sas|sa|ni|de, der; -n, -n (Angehöriger eines alten pers. Herrschergeschlechtes); **sas|sa|ni|disch**

[1]**Sas|se** *vgl.* Sass

[2]**Sas|se,** die; -, -n (*Jägerspr.* Hasenlager)

Saß|nitz (Hafenstadt a. d. Ostküste von Rügen)

Sa|tan, der; -s, -e ⟨hebr.⟩ *u.* **Sa|ta|nas,** der; -, -se (*nur Sing.:* Teufel; boshafter Mensch)

sa|ta|nisch (teuflisch)

Sa|tans|bra|ten (*ugs. scherzh. für* pfiffiger, durchtriebener Kerl; Schlingel); **Sa|tans|kerl**

Sa|tans|pilz

Sa|tans|weib

Sa|tel|lit, der; -en, -en ⟨lat.⟩ (*Astron.* Mond der Planeten; *Raumfahrt* künstlicher Mond, Raumsonde; *kurz für* Satellitenstaat)

Sa|tel|li|ten|bahn; Sa|tel|li|ten|bild; Sa|tel|li|ten|fern|se|hen; Sa|tel|li|ten|flug; Sa|tel|li|ten|fo|to

Sa|tel|li|ten|funk; Sa|tel|li|ten|pro|gramm; Sa|tel|li|ten|schüs|sel (*ugs.*)

Sa|tel|li|ten|staat *Plur.* ...staaten (von einer Großmacht abhängiger, formal selbstständiger Staat)

Sa|tel|li|ten|stadt (Trabantenstadt)

Sa|tel|li|ten|ü|ber|tra|gung (Übertragung über einen Fernsehsatelliten)

Sa|tem|spra|che (Sprache aus einer bestimmten Gruppe der indogermanischen Sprachen)

Sa|ter|land, das; -[e]s (oldenburgische Landschaft)

Sa|ter|tag, der; -[e]s, -e ⟨lat.⟩ (*westf., ostfries. für* Sonnabend)

Sa|tin [...ˈtɛ̃], der; -s, -s ⟨arab.-franz.⟩ (*Sammelbez. für* Gewebe in Atlasbindung mit glänzender Oberfläche)

Sa|ti|na|ge [...ʒə], die; -, -n (Glättung [von Papier u. a.])

Sa|tin|blu|se [...ˈtɛ̃:...]; **Sa|tin|holz** (eine glänzende Holzart)

sa|ti|nie|ren ([Papier] glätten)

Sa|ti|nier|ma|schi|ne

Sa|ti|re, die; -, -n ⟨lat.⟩ (ironisch-witzige literarische od. künstlerische Darstellung u. Kritik menschlicher Schwächen u. Laster); **Sa|ti|ri|ker** (Verfasser von Satiren); **Sa|ti|ri|ke|rin; sa|ti|risch**

Sa|tis|fak|ti|on, die; -, -en ⟨lat.⟩ (Genugtuung); **sa|tis|fak|ti|ons|fä|hig**

Sa|t|rap, der; -en, -en ⟨pers.⟩ (altpersischer Statthalter); **Sa|t|ra|pen|wirt|schaft,** die; - (*abwertend für* Behördenwillkür); **Sa|t|ra|pie,** die; -, ...ien (altpersische Statthalterschaft)

Sat|su|ma, die; -, -s ⟨nach der früheren japanischen Provinz Satsuma⟩ (Mandarinenart)

satt; ein sattes Blau; sich satt essen; satt sein (*ugs. auch für* völlig betrunken sein); ich bin *od.* habe es satt (*ugs. für* habe keine Lust mehr); sich an einer Sache satt sehen *(ugs.);* etwas satt bekommen, haben *(ugs.)*

satt|blau

Sat|te, die; -, -n (*nordd. für* größere, flache Schüssel)

Sat|tel, der; -s, Sättel; **Sät|tel|chen**

Sat|tel|dach

Sat|tel|de|cke [*alte Trennung* ...k|k...]

sat|tel|fest (*auch für* kenntnissicher, -reich)

Sat|tel|gurt; Sat|tel|kis|sen; Sat|tel|knopf

sat|teln; ich satt[e]le

Sat|tel|pferd (das im Gespann links gehende Pferd)

Sat|tel|schlep|per

Sat|tel|ta|sche

Sat|te|lung, Sattlung

Sat|tel|zeug

satt|grün

Satt|heit, die; -

sät|ti|gen; eine gesättigte Lösung *(Chemie)*

Sät|ti|gung; Sät|ti|gungs|ge|fühl, das; -[e]s; **Sät|ti|gungs|grad**

Satt|ler; Satt|ler|ar|beit; Satt|le|rei; Satt|ler|hand|werk, das; -[e]s; **Satt|le|rin; Satt|lung** *vgl.* Sattelung

satt|rot

satt|sam (hinlänglich)

Sa|tu|ra|ti|on, die; -, -en ⟨lat., »Sättigung«⟩ (ein besonderes Verfahren bei der Zuckergewinnung); **sa|tu|rie|ren** (sättigen; [Ansprüche] befriedigen); **sa|tu|riert** (zufrieden gestellt)

[1]**Sa|turn,** der; -s ⟨lat.⟩ (ein Planet)

[2]**Sa|turn** *vgl.* Saturnus

[3]**Sa|turn,** die; -, -s (*kurz für* Saturnrakete)

Sa|tur|na|li|en *Plur.* (altröm. Fest zu Ehren des Gottes Saturn)

sa|tur|nisch; saturnischer Vers; Saturnisches Zeitalter (das Goldene Zeitalter in der antiken Sage)

Sa|turn|ra|ke|te, *auch* **Sa|turn-Ra|ke|te** (amerik. Trägerrakete)

Sa|tur|nus (röm. Gott der Aussaat)

Sa|tyr, der; *Gen.* -s *u.* -n, *Plur.* -n ⟨griech.⟩ (Waldgeist u. Begleiter des Dionysos in der griech. Sage mit menschl. Körper, tierischen Ohren, Schwanz, Hörnern u. Hufen); **sa|tyr|ar|tig**

Sa|ty|ri|a|sis, die; - (*Med.* krankhafte Steigerung des männlichen Geschlechtstriebes)

Sa|tyr|spiel

Satz, der; -es, Sätze; ein verkürzter, elliptischer Satz

Satz|aus|sa|ge (*svw.* Prädikat)

Satz|ball *(Sport)*

Satz|band, das; *Plur.* ...bänder

Satz|bau, der; -[e]s; **Satz|bau|plan; Satz|bruch,** der (*für* Anakoluth)

Sätz|chen

Satz|er|gän|zung

satz|fer|tig; ein Manuskript satzfertig machen, *aber* das Satzfertigmachen ↑K82

Satz|ge|fü|ge; Satz|ge|gen|stand; Satz|glied

...sät|zig (*Musik,* z. B. viersätzig)

Satz|kon|s|t|ruk|ti|on; Satz|leh|re, die; - (*für* Syntax)

Satz|rei|he

Satz|spie|gel *(Druckw.);* **Satz|tech|nik**

Satz|teil, der

Sat|zung; Sat|zungs|än|de|rung; sat|zungs|ge|mäß

Satz|ver|bin|dung

satz|wei|se

satz|wer|tig; satzwertiger Infinitiv; satzwertiges Partizip

Satz|zei|chen; Satz|zu|sam|men|hang

[1]**Sau,** die; -, *Plur.* Säue *u.* (*bes. von* Wildschweinen:) -en

[2]**Sau** (*frühere dt. Bez. für* [2]Save)

sau|ber

saub[e]rer, saubers|te

Getrenntschreibung vom folgenden Verb oder Partizip ↑K56*:*

- sauber halten; ich halte sauber; sauber gehalten; sauber zu halten [*alte Schreibungen* sauberhalten, saubergehalten, sauberzuhalten]
- sauber machen [*alte Schreibung* saubermachen], *aber* beim Saubermachen sein ↑K82

Sau|ber|keit, die; -; **säu|ber|lich**
sau|ber ma|chen [*alte Schreibung* sauber|machen] *vgl.* sauber
Sau|ber|mann *Plur.* ...männer (*scherzh.; auch für* jmd., der auf die Wahrung der Moral achtet)
säu|bern; ich säubere; **Säu|be|rung; Säu|be|rungs|ak|ti|on; Säu|be|rungs|wel|le**
sau|blöd, sau|blö|de (*derb für* sehr blöd[e])
Sau|boh|ne
Sau|ce [ˈzoːsə, *österr.* zoːs], die; -, -n; *vgl.* Soße; **Sauce bé|ar|naise** [- bearˈnɛːs], die; - - ⟨franz.⟩ (eine weiße Kräutersoße); **Sauce hol|lan|daise** [- ɔlãˈdɛːs], die; - - (eine weiße Soße)
Sau|ci|e|re [zoˈsi̯ɛː..., *österr.* zoˈsi̯ɛːr], die; -, -n ⟨franz.⟩ (Soßenschüssel)
sau|cie|ren ([Tabak] mit einer Soße behandeln)
Sau|cis|chen (kleine [Brat]wurst)
Sau|di, der; -s, -s *u.* **Sau|di-A|ra|ber** (Bewohner von Saudi-Arabien); **Sau|di-A|ra|be|rin; Sau|di-A|ra|bi|en** (arabischer Staat); **sau|di-a|ra|bisch** [*alte Schreibung* sau|di|ara|bisch]
sau|dumm (*derb für* sehr dumm)
sau|en (*vom Schwein* Junge bekommen)
sau|er; saure Gurken, Heringe; saurer Regen; ↑K 72: gib ihm Saures! (*ugs. für* prügle ihn!)
Sau|er, das; -s (*Druckerspr.* bezahlte, aber noch nicht geleistete Arbeit; *fachspr. kurz für* Sauerteig)
Sau|er|amp|fer; Sau|er|bra|ten; Sau|er|brun|nen; Sau|er|dorn *Plur.* ...dorne
Sau|e|rei *(derb)*
Sau|er|kir|sche; Sau|er|klee, der; -s; **Sau|er|kohl,** der; -[e]s *(landsch.);* **Sau|er|kraut,** das; -[e]s
Sau|er|land, das; -[e]s (westfäl. Landschaft); **Sau|er|län|der; Sau|er|län|de|rin; sau|er|län|disch**
säu|er|lich; Säu|er|lich|keit, die; -
Säu|er|ling (kohlensaures Mineralwasser; Sauerampfer)
Sau|er|milch, die; -
säu|ern (sauer machen; *auch für* sauer werden); ich säuere; das Brot wird gesäuert
Säu|er|nis, die; -
Sau|er|rahm
Sau|er|stoff, der; -[e]s (chemisches Element, Gas; *Zeichen* O)
Sau|er|stoff|ap|pa|rat; Sau|er|stoff|bad; Sau|er|stoff|du|sche
Sau|er|stoff|fla|sche, *auch* **Sau|er|stoff-Fla|sche**
Sau|er|stoff|ge|halt, der; **Sau|er|stoff|ge|rät**
sau|er|stoff|hal|tig
Sau|er|stoff|man|gel, der; -s; **Sau|er|stoff|mas|ke; Sau|er|stoff|tank; Sau|er|stoff|ver|sor|gung; Sau|er|stoff|zelt; Sau|er|stoff|zu|fuhr**
sau|er|süß, *auch* **sau|er-süß** ↑K 23
Sau|er|teig
sau|er|töp|fisch (griesgrämig)
Säu|e|rung
Sau|er|was|ser *Plur.* ...wässer
Sauf|aus, der; -, - (*veraltend für* Trinker); **Sauf|bold,** der; -[e]s, -e (*svw.* Saufaus)
Sau|fe|der (*Jägerspr.* Spieß zum Abfangen des Wildschweines)
sau|fen (*derb in Bezug auf Menschen, bes. für* Alkohol trinken); du säufst; du soffst; du söffest; gesoffen; sauf[e]!; **Säu|fer** *(derb);* **Sau|fe|rei** *(derb);* **Säu|fe|rin** *(derb)*
Säu|fer|le|ber *(ugs.);* **Säu|fer|wahn; Säu|fer|wahn|sinn**
Sauf|ge|la|ge *(derb);* **Sauf|kum|pan** *(derb)*
Sau|fraß (*derb für* schlechtes Essen)
Säug|am|me; Saug|bag|ger
sau|gen; du saugst; du sogst, *auch* saugtest; du sögest; gesogen, *auch* gesaugt (*Technik nur* saugte, gesaugt); saug[e]!
säu|gen
Sau|ger (saugendes Junges; Schnuller)
Säu|ger (Säugetier)
Säu|ge|tier
saug|fä|hig; Saug|fä|hig|keit, die; -
Saug|fla|sche; Saug|glo|cke ([*alte Trennung* ...k|k...] *Med.*); **Saug|he|ber** *(Chemie);* **Saug|kap|pe; Saug|kraft; Saug|lei|tung**
Säug|ling (Kind im 1. Lebensjahr)
Säug|lings|gym|nas|tik [*alte Trennung* ...|st...]; **Säug|lings|heim; Säug|lings|pfle|ge; Säug|lings|schwes|ter** [*alte Trennung* ...|st...]; **Säug|lings|sterb|lich|keit; Säug|lings|waa|ge**
Saug|mas|sa|ge; Saug|napf (Haftorgan bei bestimmten Tieren); **Saug|pum|pe**
sau|grob (*derb für* sehr grob)
Saug|rohr; Saug|wir|kung
Sau|hatz *(Jägerspr.)*
Sau|hau|fen *(derb);* **Sau|hund** *(derb)*
säu|isch (*derb für* sehr unanständig)
Sau|jagd *(Jägerspr.)*
sau|kalt (*ugs. für* sehr kalt)
Sau|kerl *(derb)*
Saul (biblischer König)
Säul|chen
Säu|le, die; -, -n
Säu|len|ab|schluss [*alte Schreibung* ...ab|schluß] (*für* Kapitell)
säu|len|för|mig
Säu|len|fuß; Säu|len|gang; Säu|len|hal|le
Säu|len|hei|li|ge (*svw.* Stylit)
Säu|len|kak|tus
Säu|len|schaft (*vgl.* [1]Schaft); **Säu|len|tem|pel**
...säu|lig (z. B. mehrsäulig)
Sau|lus (bibl. m. Eigenn.)
[1]**Saum,** der; -[e]s, Säume (Rand; Besatz)
[2]**Saum,** der; -[e]s, Säume (*veraltet für* Last)
Sau|ma|gen (*Gastron.* gefüllter Schweinemagen)
sau|mä|ßig *(derb)*
Säum|chen (kleiner Saum)
[1]**säu|men** (mit einem Rand, Besatz versehen)
[2]**säu|men** (*veraltet für* mit Saumtieren Lasten befördern)
[3]**säu|men** (*geh. für* zögern)
[1]**Säu|mer** (Zusatzteil der Nähmaschine)
[2]**Säu|mer** (*veraltet für* Saumtier, Lasttier; Saumtiertreiber)
[3]**Säu|mer** (*geh. für* Säumender, Zögernder)
säu|mig; Säu|mig|keit, die; -
Saum|naht
Säum|nis, die; -, -se *od.* das; -ses, -se *(Rechtsw., sonst veraltend);* **Säum|nis|zu|schlag**
Saum|pfad ⟨*zu* [2]Saum⟩ (Gebirgsweg für Saumtiere)
Saum|sal, die; -, -e *od.* das; -[e]s, -e (*veraltet für* Säumigkeit, Nachlässigkeit)
saum|se|lig; Saum|se|lig|keit
Saum|tier ⟨*zu* [2]Saum⟩ (Tragtier)
Sau|na, die; -, *Plur.* -s *od.* ...nen ⟨finn.⟩ (Heißluftbad); **Sau|na|bad**
sau|nen, sau|nie|ren (ein Saunabad nehmen); **Sau|nist; Sau|nis|tin** [*alte Trennung* ...|st...]
Sau|rach, der; -[e]s, -e (ein Strauch)
Säu|re, die; -, -n
säu|re|arm; säu|re|be|stän|dig; säu|re|fest; säu|re|frei

S

Säu|re|ge|halt, der

Sau|re|gur|ken|zeit, *auch* **Sau|re-Gur|ken-Zeit** (*scherzh. für* politisch od. geschäftlich ruhige Zeit); in der Saure[n]-Gurken-Zeit, *aber* in der Sauregurkenzeit

säu|re|hal|tig

Säu|re|man|gel, der; **Säu|re|man|tel** *(Med.)*; **Säu|re|mes|ser,** der; **Säu|re|schutz|an|zug; Säu|re|über|schuss** [*alte Schreibung* ...über|schuß]; **Säu|re|ver|gif|tung**

Sau|ri|er, der; -s, - (urweltliche [Riesen]echse)

Saus; *nur in der Wendung* in Saus und Braus (sorglos prassend) leben

Sau|se, die; -, -n (*ugs. für* ausgelassene Feier); eine Sause machen

säu|seln; ich säus[e]le

sau|sen; du saust; er/sie saus|te; sausen lassen [*alte Schreibung* sausenlassen] (*ugs. für* aufgeben)

Sau|ser (*landsch. für* neuer Wein u. dadurch hervorgerufener Rausch)

Sau|se|schritt; *nur in* im Sauseschritt (sehr schnell); **Sau|se|wind** (*auch für* unsteter, lebhafter junger Mensch)

Saus|sure [so'sy:ɐ̯], Ferdinand de (schweizerischer Sprachwissenschaftler)

Sau|stall (*meist derb für* schmutzige Verhältnisse, Unordnung)

Sau|ternes [so'tɛrn], der; -, - ‹nach der gleichnamigen Ortschaft› (ein französischer Wein)

Sau|wet|ter, das; -s (*derb für* sehr schlechtes Wetter); **sau|wohl** (*ugs. für* sehr wohl); **Sau|wut** (*derb für* heftige Wut)

Sa|van|ne, die; -, -n ‹indian.› (Steppe mit einzeln od. gruppenweise stehenden Bäumen)

[1]**Save** [sa:f] (linker Nebenfluss der Garonne)

[2]**Sa|ve** [...və] (rechter Nebenfluss der Donau)

Sa|vi|g|ny [...vɪnji], Friedrich Carl von (dt. Jurist)

Sa|voir-vi|v|re [...voar'vi:vrə], das; - ‹franz.› (feine Lebensart, Lebensklugheit)

Sa|vo|na|ro|la (italienischer Bußprediger u. Reformator)

Sa|vo|y|ar|de [...'jar...], der; -n, -n ‹franz.› (Savoyer)

Sa|vo|y|en [sa'vɔyən] (historische Provinz in Ostfrankreich); **Sa|vo|y|er; sa|voy|isch**

Sa|xi|f|ra|ga, die; -, ...fragen ‹lat.› (*Bot.* Steinbrech)

Sa|xo|fon usw. *vgl.* Saxophon usw.

Sa|xo|ne, der; -n, -n (Angehöriger einer altgerm. Stammesgruppe; [Alt]sachse)

Sa|xo|phon, *auch* Sa|xo|fon, das; -s, -e ‹nach dem belg. Erfinder A. Sax› (ein Blasinstrument); **Sa|xo|pho|nist,** *auch* Sa|xo|fo|nist, der; -en, -en (Saxophonbläser); **Sa|xo|pho|nis|tin,** *auch* Sa|xo|fo|nis|tin [*alte Trennung* ...|st...]

Sa|zer|do|ti|um, das; -s ‹lat.› (Priestertum, -amt; im MA. die geistliche Gewalt des Papstes)

sb = Stilb

Sb = Stibium (*chem. Zeichen für* Antimon)

SB = Selbstbedienung (z. B. SB-Markt, SB-Tankstelle ↑K 28)

S-Bahn ['ɛs...] die; -, -en (Schnellbahn); **S-Bahn|hof; S-Bahn-Sur|fen,** das; -s (*ugs. für* waghalsiges Mitfahren an der Außenseite eines S-Bahn-Wagens); **S-Bahn-Wa|gen,** der; -s, - ↑K 26

SBB = Schweizerische Bundesbahnen

Sbir|re, der; -n, -n ‹ital.› (*früher für* italienischer Polizeidiener)

s. Br., südl. Br. = südlicher Breite; 50° s. Br.

Sbrinz, der; -[es] (ein [Schweizer] Hartkäse)

Sc = *chem. Zeichen für* Scandium

sc., scil. = scilicet

sc., sculps. = sculpsit

Sca|la, die; - ‹ital., »Treppe«›; Mailänder Scala (Mailänder Opernhaus); *vgl. auch* Skala

Scam|pi *Plur.* ‹ital.› (eine Art kleiner Krebse)

Scan|di|um, das; -s (chemisches Element, Metall; *Zeichen* Sc)

scan|nen ['skɛ...] ‹engl.› (mit einem Scanner abtasten)

Scan|ner, der; -s, - (ein elektronisches Eingabegerät)

Scan|ner|kas|se

Scan|ning, das; -[s], -s (das Scannen)

Sca|pa Flow [- 'flo:] (Bucht zwischen den Orkneyinseln)

Scar|lat|ti (Name verschiedener italienischer Komponisten)

Scart, der; -s, -s ‹franz.› (Steckverbindung zum Anschluss von Videogeräten); **Scart|buch|se**

Scene [si:n], die; -, -s *Plur. selten* ‹engl.› (*ugs. für* durch bestimmte Moden, Lebensformen u. a. geprägtes Milieu)

[1]**Scha|be,** Schwa|be, die; -, -n (ein Insekt)

[2]**Scha|be,** die; -, -n (ein Werkzeug)

Schä|be, die; -, -n (Holzteilchen vom Flachs)

Scha|be|fleisch; Schab|ei|sen; Scha|be|mes|ser (*svw.* Schabmesser)

scha|ben; Scha|ber; Scha|be|rei

Scha|ber|nack, der; -[e]s, -e (übermütiger Streich, Possen)

schä|big *(abwertend)*; **Schä|big|keit**

Schab|kunst, die; - (eine grafische Technik); **Schab|kunst|blatt**

Scha|b|lo|ne, die; -, -n (ausgeschnittene Vorlage; Muster; Schema, Klischee)

Scha|b|lo|nen|ar|beit; Scha|b|lo|nen|druck *Plur.* ...drucke

scha|b|lo|nen|haft; scha|b|lo|nen|mä|ßig

scha|b|lo|nie|ren, scha|b|lo|ni|sie|ren (nach der Schablone [be]arbeiten, behandeln)

Schab|mes|ser, das

Scha|bot|te, die; -, -n ‹franz.› (schweres Fundament für Maschinenhämmer)

Scha|b|ra|cke [*alte Trennung* ...k|k...], die; -, -n ‹türk.› (verzierte Satteldecke; *ugs. für* abgenutzte, alte Sache; *abwertend für* alte Frau); **Scha|b|ra|cken|ta|pir**

Schab|sel, das; -s, -

Schab|zie|ger, *schweiz.* **Schab|zi|ger** (harter [Schweizer] Kräuterkäse)

Schach, das; -s, -s ‹pers.›; Schach spielen, bieten; in Schach halten (nicht gefährlich werden lassen); Schach und matt!; **Schach|auf|ga|be**

Schach|brett; schach|brett|ar|tig; Schach|brett|mus|ter [*alte Trennung* ...|st...]

Schach|com|pu|ter

Scha|chen, der; -s, - (*südd., österr. u. schweiz. für* Waldstück, -rest; *schweiz. auch für* Niederung, Uferland)

Scha|cher, der; -s ‹hebr.› (übles, feilschendes Geschäftemachen)

Schä|cher (*bibl. für* Räuber, Mörder)

Scha|che|rei ‹hebr.›; **Scha|che|rer; scha|chern** (*abwertend für* feilschend handeln); ich schachere

schạf|fen	
(vollbringen; *landsch. für* arbeiten; in [reger] Tätigkeit sein; *Seemannsspr.* essen) *Formen:* du schafftest; geschafft; schaff[e]! – sie hat den ganzen Tag geschafft *(landsch.)* – sie haben es geschafft; er hat die Kiste ins Haus geschafft; diese Sorgen sind aus der Welt geschafft (sind beseitigt) – ich möchte mit dieser Sache nichts mehr zu schaffen haben; ich habe mir daran zu schaffen gemacht	(schöpferisch, gestaltend hervorbringen) *Formen:* du schufst; du schüfest; geschaffen; schaff[e]! – Schiller hat »Wilhelm Tell« geschaffen; er ist zum Lehrer wie geschaffen; er stand da, wie ihn Gott geschaffen hat – sie schuf, *auch* schaffte [endlich] Abhilfe, Ordnung, Platz, Raum; es muss [endlich] Abhilfe, Ordnung, Platz, Raum geschaffen, *selten* geschafft werden

Schạch|fi|gur
schạch|mạtt (*ugs. auch für* sehr matt)
Schạch|meis|ter [*alte Trennung* ...|st...]; **Schạch|meis|te|rin; Schạch|meis|ter|schaft**
Schạch|par|tie; Schạch|pro|b|lem; Schạch|spiel; Schạch|spie|ler; Schạch|spie|le|rin
Schạcht, der; -[e]s, Schächte; Schacht kriegen (*nordd. für* Prügel bekommen)
Schạch|tel, die; -, -n; alte Schachtel (*ugs. abwertend für* alte, ältere Frau); **Schạ̈ch|tel|chen**
Schạch|tel|di|vi|den|de *(Wirtsch.)*
Schạ̈ch|te|lein
Schạch|tel|ge|sell|schaft *(Wirtsch.)*
Schạch|tel|halm
schạch|teln; ich schacht[e]le
Schạch|tel|satz *(Sprachw.)*
schạch|ten (eine Grube, einen Schacht graben)
schạ̈ch|ten ‹hebr.› (nach rel. Vorschrift schlachten); **Schạ̈ch|ter**
Schạch|tisch
Schạcht|meis|ter [*alte Trennung* ...|st...] (Vorarbeiter im Tiefbau); **Schạcht|o|fen**
Schạ̈ch|tung ‹*zu* schächten›
Schạch|tur|nier; Schạch|uhr
Schạch|welt|meis|ter [*alte Trennung* ...|st...]; **Schạch|welt|meis|te|rin; Schạch|welt|meis|ter|schaft**
Schạch|zug
Schad|bild; Schadbilder an Nadelbäumen
scha|de ↑K 70; es ist schade um jmdn. *od.* um etwas; schade, dass ...; ich bin mir dafür zu schade; o wie schade!; es ist jammerschade!
Scha|de, der (*veraltet für* Schaden); *nur noch in* es soll, wird dein Schade nicht sein
Schä|del, der; -s, -
Schä|del|ba|sis *(Med.)*; **Schä|del|ba|sis|bruch,** der; *vgl.* [1]Bruch
Schä|del|bruch, der; *vgl.* [1]Bruch; **Schä|del|dach; Schä|del|de|cke** [*alte Trennung* ...k|k...]; **Schä|del|form**
...schä|de|lig, ...schäd|lig (z. B. langschäd[e]lig)
Schä|del|stät|te (*auch* Golgatha)
scha|den; jmdm. schaden
Scha|den, der; -s, Schäden; zu Schaden kommen *(Amtsspr.)*
Scha|den|be|gren|zung, Schadens|be|gren|zung; **Scha|den|be|rech|nung,** Scha|dens|be|rech|nung
Scha|den|be|richt, Scha|dens|be|richt
Scha|den|er|satz (*BGB* Schadensersatz); **Scha|den|er|satz|an|spruch; Scha|den|er|satz|leis|tung** [*alte Trennung* ...|st...]
Scha|den|er|satz|pflicht, die; -; **scha|den|er|satz|pflich|tig**
Scha|den|fest|stel|lung, Scha|dens|fest|stel|lung
Scha|den|feu|er
Scha|den|frei|heits|ra|batt
Scha|den|freu|de, die; -; **scha|den|froh**
Scha|den|nach|weis, Scha|dens|nach|weis; **Scha|dens|be|gren|zung,** Scha|den|be|gren|zung
Scha|dens|be|rech|nung, Scha|den|be|rech|nung; **Scha|dens|be|richt,** Scha|den|be|richt
Scha|dens|er|satz (*BGB für* Schadenersatz)
Scha|dens|fall
Scha|dens|fest|stel|lung, Scha|den|fest|stel|lung; **Scha|dens|nach|weis,** Scha|den|nach|weis
Scha|den|ver|hü|tung; Scha|den|ver|si|che|rung
Schad|fraß, der; -es
schad|haft; Schad|haf|tig|keit
schä|di|gen; Schä|di|ger; Schä|di|ge|rin; Schä|di|gung
Schad|in|sekt
schäd|lich; Schäd|lich|keit, die; -
...schäd|lig *vgl.* ...schädelig
Schäd|ling
Schäd|lings|be|kämp|fung, die; -; **Schäd|lings|be|kämp|fungs|mit|tel,** das
schad|los; sich schadlos halten
Schad|los|bür|ge (*Wirtsch.* Bürge bei der Ausfallbürgschaft)
Schad|los|hal|tung, die; -
Scha|dor *vgl.* Tschador
Scha|dow [...do] (dt. Bildhauer)
Schad|stoff; schad|stoff|arm
Schad|stoff|aus|stoß, der; -[e]s; **Schad|stoff|be|las|tung** [*alte Trennung* ...|st...]; **Schad|stoff|e|mis|si|on**
schad|stoff|frei ↑K 25
Schad|stoff|ge|halt, der; -[e]s; **schad|stoff|hal|tig**
schad|stoff|re|du|ziert; Schad|stoff|re|du|zie|rung
Schaf, das; -[e]s, -e; **Schaf|bock**
Schäf|chen; seine Schäfchen ins Trockene [*alte Schreibung* trockene] bringen (*ugs. auch für* sich großen Gewinn verschaffen), im Trockenen [*alte Schreibung* trockenen] haben (*ugs. auch für* sich seinen Vorteil gesichert haben)
Schäf|chen|wol|ke *meist Plur.*
Schä|fer
Schä|fer|dich|tung
Schä|fe|rei
Schä|fer|hund
Schä|fe|rin
Schä|fer|kar|ren; Schä|fer|ro|man; Schä|fer|spiel; Schä|fer|stünd|chen (heimliches Beisammensein von Verliebten)
Schaff, das; -[e]s, -e (*südd., österr. für* [offenes] Gefäß; *landsch. für* Schrank); *vgl.* [2]Schaft *u.* Schapp; **Schạ̈ff|chen** ‹*zu* Schaff›
Schaf|fel, das; -s, -n (*österr. mdal. für* [kleines] Schaff)
Schaf|fell
schạf|fen *s. Kasten*
Schạf|fen, das; -s; **Schạf|fens|drang,** der; -[e]s

S

Schaf|fens|freu|de, die; -; **schaf|fens|freu|dig**
Schaf|fens|kraft, die; -; **schaf|fens|kräf|tig**
Schaf|fens|lust, die; -; **schaf|fens|lus|tig** [*alte Trennung* ...|st...]
Schaf|fer (*landsch. für* tüchtiger Arbeiter; *Seemannsspr.* Mann, der die Schiffsmahlzeit besorgt und anrichtet; *österr. veraltet für* Aufseher auf einem Gutshof)
Schaf|fe|rei (*Seemannsspr.* Schiffsvorratskammer; *landsch. für* [mühseliges] Arbeiten); **Schaf|fe|rin** *(landsch.)*
Schaff|hau|sen (Kanton u. Stadt in der Schweiz); **Schaff|hau|ser; schaff|hau|se|risch**
schaf|fig (*landsch. u. schweiz. mdal. für* fleißig, eifrig)
Schäff|ler (*bayr. für* Böttcher); **Schäff|ler|tanz** (Zunfttanz der Schäffler)
Schaff|ner (Kassier- u. Kontrollbeamter bei öffentlichen Verkehrsbetrieben; *veraltet für* Verwalter; Aufseher); **Schaff|ne|rei** (*veraltet für* Schaffneramt, -wohnung); **Schaff|ne|rin**
schaff|ner|los; ein schaffnerloser Zug
Schaf|fung, die; -
Schaf|gar|be (eine Heilpflanze)
Schaf|her|de; Schaf|hirt
Scha|fi|it, der; -en, -en (Angehöriger einer islam. Rechtsschule)
Schaf|käl|te, Schafs|käl|te (Mitte Juni auftretender Kaltlufteinbruch); **Schaf|kä|se** *vgl.* Schafskäse
Schaf|kopf, Schafs|kopf, der; -[e]s (ein Kartenspiel)
Schaf|le|der; Schäf|lein; Schaf|milch, Schafs|milch, die; -
Scha|fott, das; -[e]s, -e ‹niederl.› (Gerüst für Hinrichtungen)
Schaf|pelz *vgl.* Schafspelz; **Schaf|que|se** (Drehwurm); **Schaf|schur**
Schafs|käl|te *vgl.* Schafkälte; **Schafs|kä|se,** Schaf|kä|se
Schafs|kleid (*nur in* der Wolf im Schafskleid)
Schafs|kopf (Schimpfwort; *vgl.* Schafkopf); **Schafs|milch** (*vgl.* Schafmilch)
Schafs|na|se (*auch* eine Apfel-, Birnensorte; *auch für* dummer Mensch)
Schafs|pelz, Schaf|pelz
Schaf|stall
[1]**Schaft,** der; -[e]s, Schäfte (z. B. Lanzenschaft)
[2]**Schaft,** der; -[e]s, Schäfte (*südd. u. schweiz. für* Gestell[brett], Schrank); *vgl. auch* Schaff *u.* Schapp
...schaft (z. B. Landschaft)
Schäft|chen; schäf|ten (mit einem Schaft versehen; [Pflanzen] veredeln; *landsch. für* prügeln)
Schaft|le|der; Schaft|stie|fel
Schaf|wei|de; Schaf|wol|le; Schaf|zucht
Schah, der; -s, -s ‹pers., »König«› (persischer Herrschertitel; *meist kurz für* Schah-in-Schah); **Schah-in-Schah** [*alte Schreibung* Schah-in-schah], der; -s, -s ‹»König der Könige«› (*früher* Titel des Herrschers des Iran)
Scha|kal, der; -s, -e ‹sanskr.› (ein hundeartiges Raubtier)
Scha|ke, die; -, -n (*Technik* Ring, Kettenglied)
Schä|kel, der; -s, - (*Technik* U-förmiges Verbindungsglied aus Metall); **schä|keln** (mit einem Schäkel verbinden); ich schäk[e]le
Schä|ker ‹hebr.-jidd.›; **Schä|ke|rei; Schä|ke|rin; schä|kern** (scherzen); ich schäkere
schal; ein schales (abgestandenes) Bier; ein schaler (fader) Witz
Schal, der; -s, *Plur.* -s, *auch* -e ‹pers.-engl.›
Scha|lan|der, der; -s, - (*landsch. für* Pausenraum in Brauereien)
Schal|brett (für Verschalungen verwendetes rohes Brett)
[1]**Schäl|chen** (kleiner Schal)
[2]**Schäl|chen** (kleine Schale)
[1]**Scha|le,** die; -, -n (flaches Gefäß; *südd. u. österr. auch für* Tasse)
[2]**Scha|le,** die; -, -n (Hülle; *Jägerspr.* Huf beim Schalenwild)
Schäl|ei|sen (ein Werkzeug)
schä|len
Scha|len|bau|wei|se; Scha|len|guss [*alte Schreibung* ...guß] (ein Hartguss)
Scha|len|kreuz (Teil des Windgeschwindigkeitsmessers)
scha|len|los (ohne [2]Schale)
Scha|len|obst (Obst mit harter, holziger [2]Schale, z. B. Nüsse)
Scha|len|ses|sel ‹*zu* [1]Schale›; **Scha|len|sitz**
Scha|len|wild (*Jägerspr.* Rot-, Schwarz-, Steinwild)
Schal|heit, die; - ‹*zu* schal›
Schäl|hengst (Zuchthengst)
Schal|holz
...scha|lig (z. B. dünnschalig)
Schalk, der; -[e]s, *Plur.* -e *u.* Schälke (Spaßvogel, Schelm)
Schal|ke, die; -, -n (*Seemannsspr.* wasserdichter Abschluss einer Luke); **schal|ken** (wasserdicht schließen)
schalk|haft; Schalk|haf|tig|keit, die; -; **Schalk|heit,** die; -
Schal|kra|gen; Schal|kra|wat|te
Schäl|kur *(Kosmetik)*
Schall, der; -[e]s, *Plur.* -e *od.* Schälle
Schall|be|cher (bei Blasinstrumenten); **Schall|bo|den**
schall|däm|mend ↑K 59; **Schall|däm|mung**
Schall|dämp|fer; Schall|de|ckel [*alte Trennung* ...k|k...]
schall|dicht
Schall|do|se
schal|len; es schallt; es schallte, *seltener* scholl; es schallte, *seltener* schölle; geschallt; schall[e]!; schallendes Gelächter
schal|lern (*ugs. für* laut knallen); jmdm. eine schallern (jmdm. eine Ohrfeige geben); ich schallere
schall|ge|dämpft
Schall|ge|schwin|dig|keit
Schall|leh|re, *auch* **Schall-Leh|re** [*alte Schreibung* Schalleh|re, *alte Trennung* ...ll|l...], die; -
Schall|lei|ter, *auch* **Schall-Lei|ter** [*alte Schreibung* Schallei|ter, *alte Trennung* ...ll|l...], der
Schall|loch, das; -[e]s, Schalllöcher, *auch* **Schall-Loch,** das; -[e]s, Schall-Löcher [*alte Schreibung* Schalloch, Schallöcher, *alte Trennung* ...ll|l...]
Schall|mau|er, die; - (extrem hoher Luftwiderstand bei einem die Schallgeschwindigkeit erreichenden Flugobjekt); die Schallmauer durchbrechen
schal|los *vgl.* schalenlos
Schall|plat|te
Schall|plat|ten|al|bum; Schall|plat|ten|ar|chiv; Schall|plat|ten|auf|nah|me; Schall|plat|ten|in|dus|t|rie [*alte Trennung* ...|st...]; **Schall|plat|ten|mu|sik**
schall|schlu|ckend [*alte Trennung* ...k|k...] ↑K 59; **schall|si|cher**
schall|tot; schalltoter Raum
Schall|trich|ter (trichterförmiges Gerät zur Schallverstärkung); **Schall|wel|le** *meist Plur.*
Schall|wort *Plur.* ...wörter (durch Lautnachahmung entstandenes Wort)

Schall|zei|chen (*Amtsspr. svw.* Hupzeichen)
Schalm, der; -[e]s, -e (*Forstw.* in die Rinde eines Baumes geschlagenes Zeichen)
Schal|mei, die; -, -en (ein Holzblasinstrument; *auch für* Register der Klarinette u. der Orgel); **Schal|mei|blä|ser; Schal|mei|en|klang**
schal|men (*Forstw.* einen Baum mit einem Schalm versehen)
Schal|obst *vgl.* Schalenobst
Scha|lom! ‹hebr., »Friede«› (hebräische Begrüßungsformel)
Scha|lot|te, die; -, -n ‹franz.› (eine kleine Zwiebel)
Schalt|an|la|ge; Schalt|bild; Schalt|brett; Schalt|e|le|ment
schal|ten; er hat geschaltet (beim Autofahren den Gang gewechselt; *ugs. für* begriffen, verstanden, reagiert); sie hat damit nach Belieben geschaltet
Schal|ter
Schal|ter|be|am|te; Schal|ter|dienst; Schal|ter|hal|le; Schal|ter|raum; Schal|ter|schluss [*alte Schreibung* ...schluß], der; ...schlusses; **Schal|ter|stun|den** *Plur.*
Schalt|ge|trie|be; Schalt|he|bel
Schal|tier (Muschel; Schnecke)
Schalt|jahr
Schalt|knüp|pel; Schalt|kreis; Schalt|plan (*vgl.* ²Plan); **Schalt|pult**
Schalt|satz *(Sprachw.)*
Schalt|sche|ma (Schaltplan); **Schalt|skiz|ze; Schalt|stel|le; Schalt|ta|fel**
Schalt|tag
Schalt|tisch; Schalt|uhr
Schal|tung; Schal|tungs|ü|ber|sicht
Schalt|werk; Schalt|zei|chen *(Elektrot.);* **Schalt|zen|t|ra|le**
Scha|lung (Bretterverkleidung)
Schä|lung (Entfernung der Schale, der Haut u. a.)
Scha|lup|pe, die; -, -n ‹franz.› (Küstenfahrzeug; *auch für* größeres [Bei]boot)
Schal|wild *vgl.* Schalenwild
Scham, die; -
Scha|ma|de, die; -, -n ‹franz.› (*früher für* [mit der Trommel oder Trompete gegebenes] Zeichen der Kapitulation); Schamade schlagen, blasen (*übertr. für* klein beigeben, aufgeben)
Scha|ma|ne, der; -n, -n ‹sanskr.-tungus.› (Zauberpriester bei [asiat.] Naturvölkern); **Scha|ma|nis|mus,** der; - (eine Religionsform)
Scham|bein *(Med.);* **Scham|berg; Scham|drei|eck**
schä|men, sich; sie schämte sich ihres Verhaltens, *heute meist* wegen ihres Verhaltens
scham|fi|len (*Seemannsspr.* scheuern); er hat schamfilt
Scham|ge|fühl, das; -s
Scham|ge|gend, die; -; **Scham|haar** *meist Plur.*
scham|haft; Scham|haf|tig|keit
schä|mig (*landsch. für* verschämt); **Schä|mig|keit,** die; -
Scham|lip|pe *meist Plur.* (äußeres weibliches Geschlechtsorgan)
scham|los; Scham|lo|sig|keit
Scham|mes, der; -, - ‹hebr.-jidd.› (Diener in einer Synagoge u. Assistent des jüdischen Gemeindevorstehers)
Scha|mott, der; -s ‹jidd.› (*ugs. für* Kram, Zeug, wertlose Sachen)
Scha|mot|te, die; - ‹ital.› (feuerfester Ton)
Scha|mot|te|stein; Scha|mot|te|zie|gel
scha|mot|tie|ren (*österr. für* mit Schamottesteinen auskleiden)
scham|po|nie|ren, scham|pu|nie|ren ‹hindi-engl.› (mit Shampoo einschäumen, waschen)
Scham|pus, der; - (*ugs. für* Champagner, Sekt)
scham|rot; Scham|rö|te
Scham|tei|le *Plur.*
scham|ver|let|zend; scham|voll
schand|bar
Schan|de, die; -; zuschanden, *auch* zu Schanden gehen, machen, werden
Schan|deck, Schan|de|ckel [*alte Trennung* ...k|k...] (*Seemannsspr.* oberste Schiffsplanke)
schän|den; Schän|der; Schän|de|rin
Schand|fleck
schänd|lich; Schänd|lich|keit
Schand|mal *Plur.* ...male *u.* ...mäler; **Schand|maul** *(ugs. abwertend);* **Schand|pfahl** *(früher);* **Schand|tat**
Schän|dung
Schand|ur|teil
Schan|figg, das; -s (Tal zwischen Arosa und Chur)
Schang|hai, *engl.* Shang|hai [ʃ...] (Stadt in China); **schang|hai|en** (*Seemannsspr.* Matrosen gewaltsam heuern); sie wurden schanghait
Scha|ni, der; -s, - (*ostösterr. ugs. für* Diener; Kellner); **Scha|ni|gar|ten** (*ostösterr. für* kleiner Garten vor dem Lokal für die Bewirtung im Freien)
[1]**Schank,** der; -[e]s, Schänke (*veraltet für* Ausschank); *vgl.* Schenke
[2]**Schank,** die; -, -en (*österr. für* Raum für den Ausschank, Theke)
Schank|be|trieb
Schän|ke, Schen|ke, die; -, -n
Schan|ker, der; -s, - ‹lat.-franz.› (*Med.* Geschwür bei Geschlechtskrankheiten); harter, weicher Schanker
Schank|er|laub|nis|steu|er, die; **Schank|ge|rech|tig|keit** (*veraltet für* Schankkonzession); **Schank|kon|zes|si|on** (behördliche Genehmigung, alkoholische Getränke auszuschenken)
Schank|stu|be, Schänk|stu|be, Schenk|stu|be; **Schank|tisch, Schänk|tisch,** Schenk|tisch
Schank|wirt, Schänk|wirt, Schenk|wirt; **Schank|wirt|schaft, Schänk|wirt|schaft,** Schenk|wirt|schaft
Schan|tung [ʃ...], der; -s, -s ‹nach der chin. Provinz› (ein Seidengewebe); **Schan|tung|sei|de**
Schanz|ar|beit *meist Plur. (Milit.);* **Schanz|bau** *Plur.* ...bauten
[1]**Schan|ze,** die ‹altfranz.› (*veraltet für* Glückswurf, -umstand); *nur noch in* in die Schanze schlagen (aufs Spiel setzen)
[2]**Schan|ze,** die; -, -n (*Milit. früher* geschlossene Verteidigungsanlage; *Seemannsspr.* Oberdeck des Achterschiffes; *kurz für* Sprungschanze)
schan|zen (*früher* an einer ²Schanze arbeiten); du schanzt
Schan|zen|bau (*svw.* Schanzbau)
Schan|zen|re|kord *(Sport);* **Schan|zen|tisch** (Absprungfläche einer Sprungschanze)
Schan|zer *(Milit. früher)*
Schanz|kleid (*Seemannsspr.* Schiffsschutzwand)
Schanz|werk (*früher für* Festungsanlage); **Schanz|zeug** *(Milit. früher)*
Schapf, der; -[e]s, -e *u.* **Schap|fe,** die; -, -n (*landsch. für* Schöpfgefäß mit langem Stiel)
Schap|ka, die; -, -s ‹slaw.› (Kappe, Mütze [aus Pelz]); *vgl. aber* Tschapka
Schapp, der *od.* das; -s, -s (*Seemannsspr.* Schrank, Fach)

S

¹Schap|pe, die; -, -n ‹franz.› (ein Gewebe aus Seidenabfall)
²Schap|pe, die; -, -n (*Bergmannsspr.* Tiefenbohrer)
Schap|pel, das; -s, - ‹franz.› (*landsch. für* Kopfschmuck)
Schap|pe|sei|de (*svw.* ¹Schappe)
¹Schar, die; -, -en (größere Anzahl, Menge, Gruppe)
²Schar, die; -, -en, *fachspr.* das; -[e]s, -e (Pflugschar)
Scha|ra|de, die; -, -n ‹franz.› (Worträtsel, bei dem das zu erratende Wort pantomimisch dargestellt wird)
Schär|baum (*Weberei* Garn- od. Kettbaum)
Schar|be, die; -, -n (Kormoran)
Schar|bock, der; -[e]s ‹niederl.› (*veraltet für* Skorbut); **Scharbocks|kraut,** das; -[e]s
Schä|re, die; -, -n *meist Plur.* ‹schwed.› (kleine, der Küste vorgelagerte Felsinsel)
scha|ren; sich scharen
schä|ren (*Weberei* Kettfäden aufziehen)
Schä|ren|kreu|zer (ein Segelboot); **Schä|ren|küs|te** [*alte Trennung* ...|st...]
scha|ren|wei|se
scharf; schärfer, am schärfs|ten; ein scharfes Getränk; scharfes S (*für* Eszett); ↑K 72: er ist ein Scharfer (*ugs. für* ein strenger Polizist, Beamter u. Ä.); ↑K 75: etwas aufs, auf das Schärfs|te *od.* schärfs|te verurteilen; ↑K 56: scharf durchgreifen, sehen, schießen usw.; das Messer scharf machen; den Hund scharf machen [*alte Schreibung* scharfmachen]
scharf|äu|gig
Scharf|blick, der; -[e]s
Schär|fe, die; -, -n
Scharf|ein|stel|lung, die; -
schär|fen
Schär|fen|tie|fe, die; - (*Fotogr.*)
scharf|kan|tig
scharf ma|chen [*alte Schreibung* scharf|ma|chen] (*ugs. für* aufhetzen); um den Hund scharf zu machen; *vgl.* scharf; **Scharfma|cher; Scharf|ma|che|rei**
Scharf|rich|ter (*für Henker*)
Scharf|schie|ßen, das; -s; **Scharfschüt|ze; Scharf|schüt|zin**
scharf|sich|tig; Scharf|sich|tig|keit
Scharf|sinn, der; -[e]s; **scharf|sinnig**
Schär|fung

scharf|za|ckig [*alte Trennung* ...k|k...]; **scharf|zah|nig**
scharf|zün|gig; Scharf|zün|gig|keit
Schär|has|pel ‹*zu* schären›
Scha|ria, Sche|ria, die; - ‹arab.› (religiöses Gesetz des Islams)
¹Schar|lach, der, *österr.* das; -s ‹mlat.› (lebhaftes Rot)
²Schar|lach, der; -s (eine Infektionskrankheit); **Schar|lach|ausschlag**
schar|la|chen (hochrot)
Schar|lach|far|be, die; -; **scharlach|far|ben** *od.* **schar|lach|farbig**
Schar|lach|fie|ber, das; -s
schar|lach|rot
Schar|la|tan, der; -s, -e ‹franz.› (Schwindler, der bestimmte Fähigkeiten vortäuscht); **Schar|lata|ne|rie,** die; -, ...ien
Scharm *vgl.* Charme; **schar|mant** *vgl.* charmant
Schär|ma|schi|ne (*Weberei*); *vgl.* schären
schar|mie|ren (*veraltet für* bezaubern; entzücken)
Schar|müt|zel, das; -s, - (kurzes, kleines Gefecht, Plänkelei)
Scharn, der; -[e]s, -e *u.* Schar|ren, der; -s, - (*landsch. für* Verkaufsstand für Fleisch od. Brot)
Scharn|horst (preuß. General)
Schar|nier, das; -s, -e ‹franz.› (Drehgelenk [für Türen])
Schar|nier|band, das; *Plur.* ...bänder; **Schar|nier|ge|lenk**
Schär|pe, die; -, -n (um Schulter od. Hüften getragenes breites Band)
Schar|pie, die; - ‹franz.› (*früher für* zerzupfte Leinwand als Verbandmaterial)
Schär|rah|men ‹*zu* schären›
Schar|re, die; -, -n (ein Werkzeug zum Scharren); **Scharr|ei|sen; schar|ren**
Schar|ren *vgl.* Scharn
Schar|rier|ei|sen (ein Steinmetzwerkzeug); **schar|rie|ren** ‹franz.› (mit dem Scharriereisen bearbeiten)
Schar|schmied (Schmied, der Pflugscharen herstellt)
Schar|te, die; -, -n (Einschnitt; [Mauer]lücke; schadhafte Stelle); eine Scharte auswetzen (*ugs. für* einen Fehler wieder gutmachen; eine Niederlage o. Ä. wettmachen)
Schar|te|ke, die; -, -n (*veraltend für* wertloses Buch, Schmöker; *ugs. abwertend für* alte Frau)

schar|tig
Schär|trom|mel ‹*zu* schären›
Scha|rung (*Geogr.* spitzwinkliges Zusammenlaufen zweier Gebirgszüge)
Schar|wen|zel, Scher|wen|zel, der; -s, - ‹tschech.› (*landsch. für* Unter, Bube [in Kartenspielen]; *veraltend für* übertrieben dienstbeflissener Mensch); **schar|wen|zeln** (*ugs. für* sich dienernd hin u. her bewegen; herumscharwenzeln); ich scharwenz[e]le, er hat scharwenzelt
Schar|werk (*veraltet für* harte Arbeit); **schar|wer|ken** (*landsch. für* Gelegenheitsarbeiten ausführen); gescharwerkt; **Schar|wer|ker** (*landsch.*)
Schasch|lik, der *od.* das; -s, -s ‹russ.› (am Spieß gebratene oder gegrillte Fleischstückchen mit Zwiebelringen, Paprika u. Speckscheiben)
schas|sen ‹franz.› (*ugs. für* [von der Schule, der Lehrstätte, aus dem Amt] jagen); du schasst, er/sie schasst; du schasstest; geschasst; schasse! *u.* schass! [*alte Schreibungen* schaßt, schaßtest, geschaßt, schaß!]
schas|sie|ren (mit kurzen, gleitenden Schritten geradlinig tanzen)
schat|ten (*geh. für* Schatten geben); geschattet
Schat|ten, der; -s, -; Schatten spenden; ein Schatten spendender [*alte Schreibung* schattenspendender] Baum
Schat|ten|bild; Schat|ten|bo|xen, das; -s; **Schat|ten|da|sein**
schat|ten|haft
schat|ten|halb (*schweiz. für* auf der Schattenseite eines Bergtals)
Schat|ten|ka|bi|nett; Schat|ten|könig
schat|ten|los
Schat|ten|mo|rel|le (eine Sauerkirschsorte); **Schat|ten|pflan|ze** (*Bot.*); **Schat|ten|re|gie|rung**
schat|ten|reich
Schat|ten|reich (*Mythol.*); **Schatten|riss** [*alte Schreibung* ...riß]
Schat|ten|sei|te; schat|ten|sei|tig
Schat|ten spen|dend [*alte Schreibung* schat|ten|spen|dend] *vgl.* Schatten
Schat|ten|spiel; Schat|ten|the|a|ter
Schat|ten|wirt|schaft, die; - (Gesamtheit der wirtschaftlichen Betätigungen, die nicht amtlich

S

erfasst werden können [z. B. Schwarzarbeit])
schat|tie|ren ([ab]schatten); **Schat|tie|rung**
schat|tig
Schatt|sei|te (*österr. u. schweiz. neben* Schattenseite); **schatt|sei|tig** (*österr. u. schweiz. neben* schattenseitig)
Scha|tul|le, die; -, -n ⟨mlat.⟩ (Geld-, Schmuckkästchen; *früher für* Privatkasse eines Fürsten)
Schatz, der; -es, Schätze
Schatz|amt; Schatz|an|wei|sung
schätz|bar; Schätz|bar|keit, die; -
Schätz|chen
schät|zen; du schätzt; schätzen lernen; sie haben sich schätzen gelernt [*alte Schreibungen* schätzenlernen, schätzengelernt]; **schät|zens|wert; Schät|zer**
Schatz|grä|ber; Schatz|in|sel; Schatz|kam|mer; Schatz|kanz|ler (*in Großbritannien*)
Schatz|käst|chen *od.* **...käst|lein**
Schatz|meis|ter [*alte Trennung* ...|st...]; **Schatz|meis|te|rin**
Schätz|preis
Schatz|su|che; Schatz|su|cher; Schatz|su|che|rin
Schat|zung (*veraltet für* Belegung mit Abgaben; *schweiz. für* [amtliche] Schätzung des [Gebäude]werts)
Schät|zung; schät|zungs|wei|se
Schatz|wech|sel (*Bankw.* Schatzanweisung in Wechselform mit kurzer Laufzeit)
Schätz|wert
schau (*ugs. veraltend für* ausgezeichnet, wunderbar)
Schau, die; -, -en (Ausstellung, Überblick; Vorführung); zur Schau stehen, stellen, tragen; jmdm. die Schau stehlen (*ugs. für* ihn um die Beachtung u. Anerkennung der anderen bringen)
Schaub, der; -[e]s, Schäube (*südd., österr. für* Garbe, Strohbund); 3 Schaub
Schau|be, die; -, -n ⟨arab.⟩ (weiter, vorn offener Mantelrock des MA.)
Schau|be|gier; schau|be|gie|rig (*geh. für* schaulustig)
Schau|ben|dach (*veraltet für* Strohdach)
Schau|bild
Schau|brot *meist Plur. (jüd. Rel.)*
Schau|bu|de; Schau|büh|ne
Schau|der, der; -s, -; Schauder erregen; **schau|der|bar** (*ugs. scherzh. für* schauderhaft)
Schau|der er|re|gend, *auch* **schau|der|er|re|gend** ↑K 56 *u.* 59; ein Schauder erregender, *auch* schaudererregender Unfall, *aber nur* ein heftigen Schauder erregender Vorfall, ein äußerst schaudererregender Vorfall, ein noch schaudererregenderer Vorfall
Schau|der|ge|schich|te; schau|der|haft
schau|dern; ich schaudere; mir *od.* mich schaudert; **schau|der|voll** (*geh.*)
schau|en
[1]**Schau|er**, der; -s, - (*Seemannsspr.* Hafen-, Schiffsarbeiter)
[2]**Schau|er** (*selten für* Schauender)
[3]**Schau|er**, der; -s, - (Schreck; Regenschauer)
[4]**Schau|er**, der *od.* das; -s, - (*landsch. für* Schutzdach; *auch für* offener Schuppen)
schau|er|ar|tig; schauerartige Regenfälle
Schau|er|bild
Schau|er|frau (*vgl.* Schauermann)
Schau|er|ge|schich|te
Schau|e|rin (*vgl.* [2]Schauer)
schau|er|lich; Schau|er|lich|keit
Schau|er|mann, der; -[e]s, ...leute (*Seemannsspr.* Hafen-, Schiffsarbeiter)
Schau|er|mär|chen
schau|ern; ich schauere; mir *od.* mich schauert
Schau|er|ro|man
schau|er|voll
Schau|fel, die; -, -n; **Schau|fel|bag|ger; Schau|fel|blatt**
Schäu|fe|le, das; -s, - (*Gastron.* geräuchertes od. gepökeltes Schulterstück vom Schwein)
schau|fel|för|mig; schau|fe|lig, schauflig
Schau|fel|la|der
schau|feln; ich schauf[e]le
Schau|fel|rad; Schau|fel|rad|damp|fer
Schau|fens|ter [*alte Trennung* ...|st...]; **Schau|fens|ter|aus|la|ge; Schau|fens|ter|bum|mel; Schau|fens|ter|de|ko|ra|ti|on; Schau|fens|ter|pup|pe; Schau|fens|ter|wett|be|werb**
Schäu|ferl, das; -s, -[n]; ein Schäuferl nachlegen (*österr. für* etw. eskalieren lassen; seine Anstrengungen verstärken)
Schauf|ler (Damhirsch)
schauf|lig *vgl.* schaufelig
Schau|ge|schäft, das; -[e]s
Schau|ins|land (Berg im südlichen Schwarzwald)
Schau|kampf
Schau|kas|ten [*alte Trennung* ...|st...]
Schau|kel, die; -, -n; **Schau|kel|be|we|gung; Schau|ke|lei; schau|ke|lig**, schauk|lig
schau|keln; ich schauk[e]le
Schau|kel|pferd; Schau|kel|po|li|tik, die; -; **Schau|kel|reck; Schau|kel|stuhl**
Schauk|ler; schauk|lig *vgl.* schaukelig
schau|lau|fen *nur im Infinitiv u. Partizip gebr.;* **Schau|lau|fen**, das; -s (*Eiskunstlauf*)
Schaulust, die; -; **schau|lus|tig** [*alte Trennung* ...|st...]; eine schaulustige Menge; **Schau|lus|ti|ge**, der *u.* die; -n, -n
Schaum, der; -[e]s, Schäume; **Schaum|bad**
schäum|bar; schäumbare Stoffe
schaum|be|deckt ↑K 59
Schaum|bla|se; Schaum|blu|me (beim Bier)
Schaum|burg-Lip|pe (Landkreis in Niedersachsen); **schaum|burg-lip|pisch**
schäu|men
Schaum|ge|bäck
Schaum|ge|bo|re|ne, die; -n (Beiname der aus dem Meer aufgetauchten Aphrodite [*vgl.* Anadyomene])
schaum|ge|bremst; schaumgebremste Waschmittel
Schaum|gold
Schaum|gum|mi, der; -s, -[s]
schau|mig
Schaum|kel|le; Schaum|kraut; Schaum|kro|ne; Schaum|löf|fel; Schaum|lösch|ge|rät; Schaum|rol|le (*österr. für* mit Schlagsahne gefülltes Gebäck)
Schaum|schlä|ger (ein Küchengerät; *auch für* Angeber, Blender); **Schaum|schlä|ge|rei** (*abwertend*)
Schaum|spei|se
Schaum|stoff; Schaum|stoff|kis|sen
Schaum|tep|pich (*Flugw.*)
Schau|mün|ze
Schaum|wein; Schaum|wein|steu|er, die
Schau|ob|jekt; Schau|or|ches|ter [*alte Trennung* ...|st...]; **Schau|pa|ckung** [*alte Trennung* ...k|k...]; **Schau|platz; Schau|pro|gramm**
Schau|pro|zess [*alte Schreibung* ...pro|zeß]

S

schau|rig; schaurig-schön ↑K 23; **Schau|rig|keit,** die; -

Schau|sei|te

Schau|spiel; Schau|spie|ler; Schau|spie|ler|be|ruf; Schau|spie|le|rei, die; -; **Schau|spie|le|rin; schau|spie|le|risch; schau|spie|lern;** ich schauspielere; geschauspielert; zu schauspielern

Schau|spiel|haus; Schau|spiel|kunst; Schau|spiel|schu|le; Schau|spiel|schü|ler; Schau|spiel|schü|le|rin; Schau|spiel|un|ter|richt

Schau|stel|ler; Schau|stel|le|rin; Schau|stel|lung

Schau|ta|fel; Schau|tanz

Schau|te *vgl.* [1]Schote

Schau|tur|nen, das; -s; **Schau|tur|nier**

[1]**Scheck,** *schweiz. auch* Cheque, Check [ʃɛk], der; -s, -s ‹engl.› (Zahlungsanweisung [an eine Bank]); ein ungedeckter Scheck

[2]**Scheck,** der; -en, -en; *vgl.* [1]Schecke

Scheck|ab|tei|lung; Scheck|be|trug; Scheck|be|trü|ger

Scheck|buch; Scheck|buch|jour|na|lis|mus

Scheck|dis|kon|tie|rung

[1]**Sche|cke** [*alte Trennung* ...k|k...], der; -n, -n ‹franz.› (scheckiges Pferd od. Rind)

[2]**Sche|cke** [*alte Trennung* ...k|k...], die; -, -n (scheckige Stute od. Kuh)

Scheck|fä|hig|keit, die; -; **Scheck|fäl|schung**

Scheck|heft; scheck|heft|ge|pflegt; ein scheckheftgepflegtes Auto

sche|ckig [*alte Trennung* ...k|k...]; das Pferd ist scheckig braun [*alte Schreibung* scheckigbraun; *alte Trennung* ...k|k...]

Scheck|in|kas|so; Scheck|kar|te; Scheck|recht, das; -[e]s; **Scheck|ver|kehr**

S

Scheck|vieh (scheckiges Vieh)

Shed|bau, Shed|bau [ʃ...] *Plur.* ...bauten ‹engl.; dt.› (eingeschossiger Bau mit Sheddach); **Sched|dach,** Shed|dach (sägezahnförmiges Dach)

scheel (*ugs. für* missgünstig, geringschätzig); scheel blicken; ich blicke scheel; scheel geblickt; scheel zu blicken; ein scheel blickender [*alte Schreibung* scheelblickender] Mensch

Scheel (vierter dt. Bundespräsident)

scheel|äu|gig (*svw.* scheel blickend); **scheel bli|ckend** [*alte Schreibung* scheel|blickend; *alte Trennung* ...k|k] *vgl.* scheel

Scheel|sucht, die; - (*veraltend für* Neid, Missgunst); **scheel|süch|tig** *(veraltend)*

Sche|fe, die; -, -n (*südd. für* [3]Schote)

Schef|fel, der; -s, - (ein altes Hohlmaß); **schef|feln** (*ugs. für* [geizig] zusammenraffen); ich scheff[e]le; es scheffelt (es kommt viel ein); **schef|fel|wei|se**

Sche|he|ra|za|de, Sche|he|re|za|de [...ˈzaː...] ‹pers.› (Märchenerzählerin aus Tausendundeiner Nacht)

Scheib|chen; scheib|chen|wei|se

Schei|be, die; -, -n; **schei|ben** (*bayr., österr. für* rollen, [Kegel] schieben)

Schei|ben|brem|se

schei|ben|för|mig

Schei|ben|gar|di|ne; Schei|ben|han|tel; Schei|ben|ho|nig; Schei|ben|kleis|ter [*alte Trennung* ...|st...], der; -s (*verhüllend für* Scheiße); **Schei|ben|kupp|lung; Schei|ben|schie|ßen,** das; -s

Schei|ben|wasch|an|la|ge

Schei|ben|wa|scher; Schei|ben|wi|scher

schei|big

Scheib|tru|he (*österr. für* Schubkarren)

Scheich, der; -s, *Plur.* -e *u.* -s ‹arab.› ([Stammes]oberhaupt in arabischen Ländern; *ugs. abwertend für* Freund, Liebhaber); **Scheich|tum**

Schei|de, die; -, -n

Schei|degg, die; - (Name zweier Pässe in der Schweiz); die Große Scheidegg, die Kleine Scheidegg

Schei|de|kunst, die; - (*alte Bez. für* Chemie)

schei|den; du schiedst; du schiedest; geschieden *(vgl. d.);* scheid[e]!

Schei|den|ent|zün|dung *(Med.)*

Schei|de|wand; Schei|de|was|ser *Plur.* ...wässer *(Chemie);* **Schei|de|weg**

Schei|ding, der; -s, -e (*alte Bez. für* September)

Schei|dung

Schei|dungs|an|walt; Schei|dungs|grund; Schei|dungs|kla|ge; Schei|dungs|pro|zess [*alte Schreibung* ...pro|zeß]; **Schei|dungs|rich|ter; Schei|dungs|ur|teil**

Scheik *vgl.* Scheich

Schein, der; -[e]s, -e

Schein|an|griff; Schein|ar|chi|tek|tur (die nur gemalten Architekturteile auf Wand od. Decke); **Schein|ar|gu|ment**

Schein|a|sy|lant *(häufig diskriminierend)*

schein|bar (nur dem Scheine nach); er hörte scheinbar aufmerksam zu (in Wirklichkeit gar nicht), *aber* er hörte anscheinend (= augenscheinlich, offenbar) aufmerksam zu

Schein|be|schäf|ti|gung; Schein|blü|te; Schein|da|sein

schei|nen; du schienst; du schienest; geschienen; schein[e]!; die Sonne schien, hat geschienen; sie kommt scheints (*ugs. für* anscheinend) erst morgen

Schein|fir|ma; Schein|frucht *(Biol.);* **Schein|füß|chen** (bei Amöben); **Schein|ge|fecht; Schein|ge|schäft; Schein|ge|sell|schaft; Schein|ge|winn; Schein|grund**

schein|hei|lig; Schein|hei|li|ge, der *u.* die; -n, -n; **Schein|hei|lig|keit,** die; -

Schein|kauf; Schein|kauf|mann *(Rechtsspr.);* **Schein|pro|b|lem**

schein|selbst|stän|dig, schein|selb|stän|dig; **Schein|selbst|stän|dig|keit,** Schein|selb|stän|dig|keit

Schein|tod, der; -[e]s; **schein|tot; Schein|to|te,** der *u.* die; -en, -en

Schein|ver|trag; Schein|welt

Schein|wer|fer; Schein|wer|fer|ke|gel; Schein|wer|fer|licht, das; -[e]s

Schein|wi|der|stand *(Elektrot.)*

Scheiß, der; - (*derb für* unangenehme Sache; Unsinn); **Scheiß|dreck** *(derb);* **Schei|ße,** die; - *(derb);* **scheiß|e|gal** *(derb)*

schei|ßen *(derb);* ich schiss [*alte Schreibung* schiß]; du schissest; geschissen; scheiß[e]!; **Schei|ßer** *(derb);* **Schei|ße|rei,** die; - *(derb);* **scheiß|freund|lich** (*derb für* übertrieben freundlich)

Scheiß|haus *(derb);* **Scheiß|kerl** *(derb);* **Scheiß|la|den** *(derb)*

scheiß|vor|nehm *(derb)*

Scheiß|wet|ter *(derb)*

Scheit, das; -[e]s, *Plur.* -e, *bes. österr. u. schweiz.* -er (Holzscheit; *landsch. für* Spaten)

Schei|tel, der; -s, -; **Schei|tel|bein** (ein Schädelknochen); **Schei|tel|li|nie**

schei|teln; ich scheit[e]le

Schei|tel|punkt; schei|tel|recht (*veraltet für* senkrecht)
Schei|tel|wert; Schei|tel|win|kel
schei|ten (*schweiz. für* Holz spalten)
Schei|ter|hau|fen
schei|tern; ich scheitere
Scheit|holz
scheit|recht (*veraltet für* waagerecht u. geradlinig)
Scheit|stock, der; -[e]s, ...stöcke (*schweiz. für* Holzklotz zum Holzspalten)
Sche|kel, der; -s, - ‹hebr.› (israel. Währungseinheit; *Währungscode* ILS); *vgl.* Sekel
Schelch, der *od.* das; -[e]s, -e (*rhein., ostfränk. für* größerer Kahn)
Schel|de, die; - (Zufluss der Nordsee)
Schelf, der *od.* das; -s, -e ‹engl.› (*Geogr.* Festlandsockel; Flachmeer entlang der Küste)
Schel|fe, Schil|fe, die; -, -n (*landsch. für* [Frucht]hülse, [2]Schale); **schel|fen,** schil|fen (*seltener für* schelfern, schilfern); **schel|fe|rig,** schelf|rig, schil|fe|rig, schilf|rig *(landsch.);* **schel|fern,** schil|fern (*landsch. für* in kleinen Teilen od. Schuppen abschälen); ich schelfere; **schelf|rig** *vgl.* schelferig
Schel|lack, der; -[e]s, -e ‹niederl.› (ein Harz)
[1]Schel|le, die; -, -n (ringförmige Klammer [an Rohren u. a.])
[2]Schel|le, die; -, -n (Glöckchen; *landsch. für* Ohrfeige); **schel|len**
Schel|len *Plur., als Sing. gebraucht* (eine Spielkartenfarbe); Schellen sticht
Schel|len|ass, *auch* **Schel|len-Ass** [*alte Schreibung* Schel|len|as]
Schel|len|baum (Instrument der Militärkapelle)
Schel|len|ge|läut *od.* **...ge|läu|te**
Schel|len|kap|pe; Schel|len|kö|nig
Schell|fisch
Schell|ham|mer (ein Werkzeug)
Schell|hengst *vgl.* Schälhengst
Schel|ling (dt. Philosoph)
Schell|kraut, das; -[e]s (*älter für* Schöllkraut); **Schell|wurz**
Schelm, der; -[e]s, -e (Spaßvogel)
Schel|men|ro|man; Schel|men|streich; Schel|men|stück
Schel|me|rei; Schel|min; schel|misch
Schels|ky [...ki] (dt. Soziologe)
Schel|te, die; -, -n (scharfer Tadel; ernster Vorwurf); **schel|ten** (schimpfen, tadeln); du schiltst, er schilt; du schaltst, er schalt; du schöltest; gescholten; schilt!
Schel|to|pu|sik, der; -s, -e ‹russ.› (eine Schleiche)
Schelt|re|de *(geh.);* **Schelt|wort** *Plur.* ...wörter *u.* ...worte *(geh.)*
Sche|ma, das; -s, *Plur.* -s *u.* -ta, *auch* Schemen ‹griech.› (Muster, Aufriss; Konzept); nach Schema F (gedankenlos u. routinemäßig); **Sche|ma|brief**
sche|ma|tisch; eine schematische Zeichnung
sche|ma|ti|sie|ren (nach einem Schema behandeln; vereinfachen); **Sche|ma|ti|sie|rung**
Sche|ma|tis|mus, der; -, ...men (gedankenlose Nachahmung eines Schemas; statistisches Handbuch einer kath. Diözese od. eines geistl. Ordens, *österr. auch* der öffentlichen Bediensteten)
Schem|bart (Maske mit Bart)
Schem|bart|lau|fen, das; -s; **Schem|bart|spiel**
Sche|mel, der; -s, -
[1]Sche|men, der; -s, - (Schatten[bild]; *landsch. für* Maske)
[2]Sche|men (*Plur. von* Schema)
sche|men|haft ‹*zu* [1]Schemen›
Schenk, der; -en, -en (*veraltet für* Diener [zum Einschenken]; Wirt)
Schen|ke, Schän|ke, die; -, -n
Schen|kel, der; -s, -
Schen|kel|bruch; Schen|kel|druck, der; -[e]s (beim Reiten)
Schen|kel|hals; Schen|kel|hals|bruch
Schen|kel|kno|chen; Schen|kel|stück
schen|ken (als Geschenk geben; *älter für* einschenken)
Schen|ken|dorf (dt. Dichter)
Schen|ker (*veraltet für* Bierwirt, Biereinschenker; *Rechtsspr.* jmd., der eine Schenkung macht); **Schen|kin** *(veraltet)*
Schenk|stu|be, Schank|stu|be, **Schänk|stu|be**; **Schenk|tisch,** Schank|tisch, **Schänk|tisch**;
Schen|kung; Schen|kungs|brief; Schen|kungs|steu|er, *Amtsspr.:* **Schen|kung|steu|er,** die; **Schen|kungs|ur|kun|de**
Schenk|wirt, Schank|wirt, **Schänk|wirt**; **Schenk|wirt|schaft,** Schank|wirt|schaft, **Schänk|wirt|schaft**
schepp (*landsch. für* schief)
schep|pern (*ugs. für* klappern, klirren); ich scheppere
Scher|baum (Stange der Gabeldeichsel)
Scher|be, die; -, -n (Bruchstück aus Glas, Ton o. Ä.); **Scher|bel,** der; -s, - (*landsch. für* Scherbe);
scher|beln (*landsch. für* tanzen; *schweiz. für* spröde klingen; klirren, rascheln); ich scherb[e]le
Scher|ben, der; -s, - (*südd., österr. für* Scherbe; *Keramik* gebrannter, noch nicht glasierter Ton)
Scher|ben|ge|richt, das; -[e]s (*für* Ostrazismus); ein Scherbengericht veranstalten (streng mit jmdm. ins Gericht gehen); **Scher|ben|hau|fen**
Sche|re, die; -, -n
[1]sche|ren (abschneiden); du scherst, er schert die Schafe; du schorst, *selten* schertest; du schörest, *selten* schertest; geschoren, *selten* geschert; scher[e]!; *vgl.* scherren
[2]sche|ren, sich (*ugs. für* sich fortmachen; sich um etwas kümmern); scher dich zum Teufel!; er hat sich nicht im Geringsten darum geschert
Sche|ren|arm *(Technik);* **Sche|ren|fern|rohr; Sche|ren|git|ter; Sche|ren|schlag** *(Fußball)*
Sche|ren|schlei|fer; Sche|ren|schnitt
Sche|ren|zaun
Sche|rer
Sche|re|rei *meist Plur.* (*ugs. für* Unannehmlichkeit)
Scher|fes|tig|keit [*alte Trennung* ...|st...] *(Technik)*
Scherf|lein (*veraltend für* kleiner Geldbetrag, Spende); sein Scherflein beitragen
Scher|ge, der; -n, -n (Handlanger, Vollstrecker der Befehle eines Machthabers); **Scher|gen|dienst** *(abwertend)*
Sche|ria *vgl.* Scharia
Sche|rif, der; *Gen.* -s *u.* -en, *Plur.* -s *u.* -e[n] ‹arab.› (ein arab. Titel)
Scher|kopf (am elektrischen Rasierapparat); **Scher|kraft; Scher|ma|schi|ne; Scher|maus** (Wühlmaus, Wasserratte); **Scher|mes|ser,** das
scher|ren, sche|ren (*österr. ugs. für* schaben, kratzen)
Sche|rung *(Math., Physik)*
Scher|wen|zel *vgl.* Scharwenzel
Scher|wol|le
[1]Scherz, der; -es, -e (*bayr., österr. ugs. für* Brotanschnitt, Kanten)
[2]Scherz, der; -es, -e; aus, im Scherz

S

scher|zan|do [sk...] ‹ital.› (*Musik* heiter [vorzutragen])
Scherz|ar|ti|kel; Scherz|bold, der; -[e]s, -e *(ugs.)*
Scher|zel, das; -s, - (*bayr., österr. für* Brotanschnitt, Kanten; *österr. auch für* Schwanzstück vom Rind)
scher|zen; du scherzt, du scherztest
Scherz|fra|ge; Scherz|ge|dicht
scherz|haft; scherz|haf|ter|wei|se; Scherz|haf|tig|keit, die; -
Scherz|keks *(ugs.)*
Scher|zo [sk...], das; -s, *Plur.* -s *u.* ...zi ‹ital.› (heiteres Tonstück)
Scherz|rät|sel; Scherz|re|de
scherz|wei|se
Scherz|wort *Plur.* ...worte
sche|sen (*landsch. für* eilen); du schest
scheu; scheu sein, werden; scheu machen; **Scheu,** die; - (Angst, banges Gefühl); ohne Scheu
Scheu|che, die; -, -n (Schreckgestalt); **scheu|chen**
scheu|en; sich scheuen; das Pferd hat gescheut; ich habe mich vor dieser Arbeit gescheut
Scheu|er, die; -, -n (*landsch. für* Scheune)
Scheu|er|be|sen; Scheu|er|lap|pen; Scheu|er|leis|te [*alte Trennung* ...s|t...]
Scheu|er|mann-Erkrankung, Scheu|er|mann-Krank|heit ↑K 136, die; - ‹nach dem dän. Orthopäden Scheuermann› (die Wirbelsäule betreffende Entwicklungsstörung bei Jugendlichen)
scheu|ern; ich scheuere
Scheu|er|sand; Scheu|er|tuch *Plur.* ...tücher
Scheu|klap|pe *meist Plur.;* **Scheu|le|der** (*svw.* Scheuklappe)
Scheu|ne, die; -, -n
Scheu|nen|dre|scher; *nur in* [fr]essen wie ein Scheunendrescher (*ugs. für* sehr viel essen); **Scheu|nen|tor,** das
Scheu|re|be (eine Reb- u. Weinsorte)
Scheu|sal, das; -s, *Plur.* -e, *ugs.* ...säler
scheuß|lich; Scheuß|lich|keit
Schi usw. *vgl.* Ski usw.
Schib|bo|leth, das; -s, *Plur.* -e *u.* -s ‹hebr.› (*selten für* Erkennungszeichen, Losungswort)
Schicht, die; -, -en (Gesteinsschicht; Überzug; Arbeitszeit, bes. des Bergmanns; Belegschaft); die führende Schicht; Schicht arbeiten; zur Schicht gehen
Schicht|ar|beit, die; -; **Schicht|ar|bei|ter; Schicht|be|trieb; Schicht|dienst**
Schich|te, die; -, -n (*österr. für* [Gesteins]schicht)
schich|ten
Schich|ten|fol|ge *(Geol.);* **Schich|ten|kopf** *(Bergmannsspr.)*
schich|ten|spe|zi|fisch *(Soziol., Sprachw.);* **schich|ten|wei|se** *vgl.* schichtweise
Schicht|ge|stein *(Geol.);* **Schicht|holz** *(Forstw.)*
schich|tig (*für* lamellar)
...schich|tig (z. B. zweischichtig)
Schicht|kä|se; Schicht|lohn
Schich|tung
Schicht|un|ter|richt; Schicht|wech|sel
schicht|wei|se, schich|ten|wei|se
Schicht|wol|ke (*für* Stratuswolke); **Schicht|zeit**
schick (fein; modisch, elegant); ein schicker Mantel
Schick, der; -[e]s ([modische] Feinheit); diese Dame hat Schick
schi|cken [*alte Trennung* ...k|k...]; es schickt sich nicht; er hat sich schnell in diese Verhältnisse geschickt
schi|cker [*alte Trennung* ...k|k...] (*ugs. für* leicht betrunken)
Schi|cke|ria [*alte Trennung* ...k|k...], die; - ‹ital.› (besonders modebewusste obere Gesellschaftsschicht)
Schi|cki|mi|cki [*alte Trennungen* ...k|k...k|k...], der; -s, -s (*ugs. für* jmd., der viel Wert auf modische, schicke Dinge legt; modischer Kleinkram)
schick|lich *(geh.);* ein schickliches Betragen; **Schick|lich|keit,** die; -
Schick|sal, das; -s, -e; **schick|sal|haft; schick|sal[s]|er|ge|ben**
Schick|sals|fra|ge
Schick|sals|fü|gung
Schick|sals|ge|fähr|te
Schick|sals|ge|mein|schaft
Schick|sals|glau|be
Schick|sals|göt|tin
Schick|sals|schlag
schick|sals|schwan|ger *(geh.)*
Schick|sals|tra|gö|die
schick|sals|ver|bun|den; Schick|sals|ver|bun|den|heit, die; -
schick|sals|voll
Schick|sals|wahl (*Politik* Wahl, von der man eine Entscheidung über das politische Schicksal einer Regierung o. Ä. erwartet); **Schick|sals|wen|de**
Schick|schuld, die; - (*Rechtsspr.* Bringschuld, bei der das Geld an den Gläubiger zu senden ist)
Schick|se, die; -, -n ‹jidd.› (*ugs. abwertend für* leichtlebige Frau)
Schi|ckung [*alte Trennung* ...k|k...] (*geh. für* Fügung, Schicksal)
Schie|be|bock (*landsch. für* Schubkarre); **Schie|be|büh|ne; Schie|be|dach; Schie|be|fens|ter** [*alte Trennung* ...s|t...]
schie|ben; du schobst; du schöbest; geschoben; schieb[e]!
Schie|ber (Riegel, Maschinenteil; ein Tanz; *ugs. auch für* gewinnsüchtiger Geschäftemacher, Betrüger); **Schie|be|rei; Schie|ber|müt|ze** *(ugs.)*
Schie|be|tür; Schie|be|wi|der|stand *(Physik)*
Schieb|leh|re (ein Messgerät; Messschieber)
Schie|bung (*ugs. für* betrügerischer Handel, Betrug)
schiech (*bayr. u. österr. für* hässlich, zornig, Furcht erregend)
Schie|dam [sxi...] (niederländische Stadt); **Schie|da|mer**
schied|lich (*veraltet für* friedfertig); schiedlich und friedlich; **schied|lich-fried|lich** ↑K 23
Schieds|frau; Schieds|ge|richt; Schieds|klau|sel; Schieds|mann (*Plur.* ...leute *u.* ...männer)
Schieds|rich|ter; Schieds|rich|ter|as|sis|tent [*alte Trennung* ...s|t...]; **Schieds|rich|ter|ball; Schieds|rich|ter|be|lei|di|gung; Schieds|rich|ter|ent|schei|dung; Schieds|rich|te|rin**
schieds|rich|ter|lich; schieds|rich|tern; ich schiedsrichtere; er hat gestern das Spiel geschiedsrichtert
Schieds|rich|ter|ur|teil
Schieds|spruch; Schieds|stel|le
Schieds|ur|teil; Schieds|ver|fah|ren
schief *s. Kasten S. 849*
Schie|fe, die; -
Schie|fer, der; -s, - (ein Gestein; *landsch. auch für* Holzsplitter)
Schie|fer|bruch, der; **Schie|fer|dach; Schie|fer|ge|bir|ge**
schie|fer|grau; schie|fe|rig, schief|rig; schie|fern (schieferig sein; *Weinbau* Erde mit [zerkleinertem] Schiefer bestreuen); ich schiefere
Schie|fer|öl; Schie|fer|plat|te; Schie|fer|ta|fel
Schie|fe|rung

schief

- die schiefe Ebene; ein schiefer Winkel
- sie macht ein schiefes (missvergnügtes) Gesicht
- ein schiefer (scheeler) Blick
- schiefe (nicht zutreffende) Vergleiche
- in ein schiefes Licht geraten (falsch beurteilt werden)
- *aber* der Schiefe Turm von Pisa ↑K 88

Getrenntschreibung in Verbindung mit Verben und Partizipien ↑K 56 *u.* 62:
- schief sein; schief werden; schief stehen; schief halten; jmdn. schief ansehen; schief urteilen schief denken
- die Sache ist [total] schief gegangen [*alte Schreibung* schiefgegangen] (misslungen)
- schief geladen haben (*ugs. für* betrunken sein)
- das Unternehmen ist [ziemlich] schief gelaufen [*alte Schreibung* schiefgelaufen] (*ugs. für* missglückt)
- die Decke hat schief gelegen; da hast du wohl [ganz] schief gelegen [*alte Schreibung* schiefgelegen] (*ugs. für* einen falschen Standpunkt vertreten)
- sie hat die Absätze [schon sehr] schief getreten [*alte Schreibung* schiefgetreten]
- er hat den Draht schief gewickelt; da bist du aber [ganz] schief gewickelt [*alte Schreibung* schiefgewickelt] (*ugs. für* sehr im Irrtum)

Vgl. aber schieflachen

schief ge|hen [*alte Schreibung* schief|ge|hen], **schief ge|wi|ckelt** [*alte Schreibung* schief|gewickelt, *alte Trennung* ...k|k...] *vgl.* schief

Schief|hals *(Med.)*; **Schief|heit**

schief|la|chen, sich (*ugs. für* heftig lachen)

Schief|la|ge

schief lau|fen, schief lie|gen [*alte Schreibungen* schief|lau|fen, schief|lie|gen] *vgl.* schief

schief|mäu|lig (*veraltend für* missgünstig)

schief|rig *vgl.* schieferig

schief tre|ten [*alte Schreibung* schief|tre|ten] *vgl.* schief

schief|wink|lig

schie|gen (*landsch. für* mit einwärts gekehrten Beinen gehen, [Schuhe] schief treten)

schiel|äu|gig

Schie|le (österreichischer Maler)

schie|len; sie schielt

Schien|bein; Schien|bein|bruch; Schien|bein|scho|ner; Schien|bein|schüt|zer

Schie|ne, die; -, -n

schie|nen

Schie|nen|bahn

Schie|nen|brem|se

Schie|nen|bus

Schie|nen|er|satz|ver|kehr

Schie|nen|fahr|zeug

schie|nen|ge|bun|den; schienengebundene Fahrzeuge

schie|nen|gleich; schienengleicher Bahnübergang

Schie|nen|netz; Schie|nen|räu|mer

Schie|nen|stoß (Stelle, an der zwei Schienen aneinander gefügt sind)

Schie|nen|strang; Schie|nen|ver|kehr; Schie|nen|weg

¹schier (bald, beinahe, gar); das ist schier unmöglich

²schier (*landsch. für* unvermischt, rein); schieres Fleisch

Schi|er (*Plur. von* Schi)

Schier|ling (eine Giftpflanze); **Schier|lings|be|cher; Schier|lings|tan|ne** (Tsuga)

Schier|mon|ni|k|oog [sxi:...] eine der Westfriesischen Inseln)

Schieß|aus|bil|dung

Schieß|baum|wol|le

Schieß|be|fehl

Schieß|bu|de; Schieß|bu|den|be|sit|zer; Schieß|bu|den|fi|gur (*ugs. für* komische Figur)

Schieß|ei|sen (*ugs. für* Schusswaffe)

schie|ßen (*auch Bergmannsspr. für* sprengen; *südd., österr. auch für* verbleichen); du schießt, er schießt; du schossest, er schoss [*alte Schreibung* schoß]; du schössest; geschossen; schieß[e]!; schießen lassen [*alte Schreibung* schießenlassen] ↑K 55 (*ugs. auch für* aufgeben)

Schie|ßen, das; -s, -; ↑K 82: es ist zum Schießen (*ugs. für* es ist zum Lachen)

schie|ßen las|sen [*alte Schreibung* schie|ßen|las|sen] *vgl.* schießen

Schie|ßer (*Jargon* Fixer)

Schie|ße|rei

Schieß|ge|wehr

Schieß|hund (*veraltet für* Hund, der angeschossenes Wild aufspürt); *noch in* aufpassen wie ein Schießhund *(ugs.)*

Schieß|meis|ter ([*alte Trennung* ...|st...] *Bergmannsspr.* Sprengmeister)

Schieß|platz; Schieß|pul|ver; Schieß|schar|te; Schieß|schei|be; Schieß|sport, der; -[e]s; **Schieß|stand; Schieß|ü|bung**

schieß|wü|tig

Schiet, der; -s ‹»Scheiße«› (*nordd. für* Kot, Dreck; Unangenehmes); **Schiet|kram**

Schi|fah|rer *vgl.* Skifahrer

Schiff, das; -[e]s, -e

schiff|bar; schiffbar machen; **Schiff|bar|keit,** die; -; **Schiff|bar|ma|chung,** die; -

Schiff|bau *(bes. fachspr.)*, Schiffsbau, der; -[e]s; **Schiff|bau|er; Schiff|bau|e|rin; Schiff|bau|in|ge|ni|eur; Schiff|bau|in|ge|ni|eu|rin**

Schiff|bruch, der; **schiff|brü|chig**

Schiff|brü|chi|ge, der *u.* die; -n, -n

Schiff|brü|cke [*alte Trennung* ...k|k...]

Schiff|chen (*auch für* eine militärische Kopfbedeckung)

Schiff|chen|ar|beit (*svw.* Okkiarbeit)

schif|feln (*landsch. für* Kahn fahren); ich schiff[e]le

schif|fen (*veraltet für* zu Wasser fahren; *derb für* urinieren)

Schif|fer; Schif|fe|rin

Schif|fer|kla|vier (*ugs. für* Ziehharmonika); **Schif|fer|kno|ten; Schif|fer|müt|ze**

Schif|fer|schei|ße *(derb) nur in der Wendung* dumm wie Schifferscheiße (sehr dumm) sein

Schiff|fahrt, *auch* **Schiff-Fahrt** [*alte Schreibung* Schiffahrt, *alte Trennung* ...ff|f...]; **Schiff|fahrts|ge|richt; Schiff|fahrts|ge|sell|schaft; Schiff|fahrts|kun|de,** die; - (*für* Navigation); **Schiff|fahrts|li|nie; Schiff|fahrts|recht,** das; -[e]s; **Schiff|fahrts|stra|ße; Schiff|fahrts|weg; Schiff|fahrts|zei|chen**

Schiffs|a|gent (Vertreter einer Reederei); **Schiffs|arzt; Schiffsbau** *Plur.* ...bauten; *vgl.* Schiffbau; **Schiffs|be|sat|zung; Schiffsbrief**
Schiff|schau|kel, Schiffs|schau|kel (eine große Jahrmarktsschaukel)
Schiffs|eig|ner; Schiffs|fahrt (Fahrt mit einem Schiff); **Schiffsfracht; Schiffs|glo|cke** [*alte Trennung* ...k|k...]; **Schiffs|halter; Schiffs|he|be|werk; Schiffsjour|nal** (Logbuch); **Schiffs|junge; Schiffs|ka|pi|tän; Schiffs|ka|ta|s|t|ro|phe; Schiffs|koch; Schiffs|la|dung; Schiffs|last**
Schiffs|ma|ni|fest (für die Verzollung im Seeverkehr benötigte Aufstellung der geladenen Waren)
Schiffs|mann|schaft; Schiffs|modell; Schiffs|na|me; Schiffs|of|fizier; Schiffs|pa|pie|re *Plur.;* **Schiffs|plan|ke; Schiffs|rei|se; Schiffs|rumpf**
Schiffs|schau|kel (*vgl.* Schiffschaukel)
Schiffs|schrau|be; Schiffs|ta|gebuch; Schiffs|tau, das; **Schiffstau|fe; Schiffs|ver|kehr; Schiffswerft; Schiffs|zwie|back**
Schi|flie|gen *vgl.* Skifliegen
schif|ten (*Bauw.* [Balken] nur durch Nägel verbinden; [zu]spitzen, dünner machen; *Seemannsspr.* die Stellung des Segels verändern; verrutschen [von der Ladung]); **Schif|ter** (*Bauw.* Dachsparren); **Schif|tung**
Schi|ha|serl *vgl.* Skihaserl
Schi|is|mus, der; - ‹arab.› (eine Glaubensrichtung des Islam); **Schi|it,** der; -en, -en (Anhänger des Schiismus); **Schi|i|tin; schii|tisch**
Schi|ka|ne, die; -, -n ‹franz.› (böswillig bereitete Schwierigkeit; *Sport* [eingebaute] Schwierigkeit in einer Autorennstrecke); **Schi|ka|neur** [...ˈnøːɐ̯], der; -s, -e (jmd., der andere schikaniert); **schi|ka|nie|ren; schi|ka|nös**
Schi|kjö|ring, Schi|jö|ring *vgl.* Skikjöring
Schi|ko|ree *vgl.* Chicorée
Schi|kurs *vgl.* Skikurs; **Schi|lauf** usw. *vgl.* Skilauf usw.
Schil|cher (*österr. für* ²Schiller [hellroter Wein])
¹Schild, das; -[e]s, -er (Erkennungszeichen, Aushängeschild)
²Schild, der; -[e]s, -e (Schutzwaffe)
Schild|bür|ger ‹»mit Schild bewaffneter Städter«; *später* auf die Stadt Schilda[u] bezogen› (engstirniger Mensch, Spießer); **Schild|bür|ger|streich**
Schild|drü|se; Schild|drü|sen|hormon; Schild|drü|sen|ü|ber|funkti|on
Schil|der|brü|cke [*alte Trennung* ...k|k...] (die Fahrbahn überspannende Beschilderung)
Schil|de|rer (jmd., der etw. schildert)
Schil|der|haus *od.* **...häus|chen** (*für* Holzhäuschen für die Schildwache)
Schil|de|rin (*vgl.* Schilderer)
Schil|der|ma|ler; Schil|der|ma|le|rin
schil|dern; ich schildere; **Schil|de|rung**
Schil|der|wald (*ugs. für* Häufung von Verkehrszeichen)
Schild|farn; Schild|knap|pe (*früher*)
Schild|krot, das; -[e]s (*landsch. für* Schildpatt)
Schild|krö|te; Schild|krö|ten|sup|pe
Schild|laus; Schild|patt, das; -[e]s (Hornplatte einer Seeschildkröte)
Schild|wa|che *od.* **...wacht** (*veraltet für* militärischer Wachposten [bes. vor einem Eingang])
Schi|leh|rer *vgl.* Skilehrer
Schilf, das; -[e]s, -e ‹lat.›; **schilfbe|deckt** ↑K 59; **Schilf|dach**
Schil|fe *vgl.* Schelfe
¹schil|fen *vgl.* schelfen
²schil|fen (aus Schilf)
schil|fe|rig, schilf|rig *vgl.* schelferig
schil|fern, schelfern (*landsch. für* in kleinen Teilen od. Schuppen abschälen; abschilfern); ich schilfere
Schilf|gras; Schilf|halm
schil|fig
schilf|rig *vgl.* schelferig
Schilf|rohr; Schilf|rohr|sän|ger (ein Vogel)
Schi|lift *vgl.* Skilift
Schill, der; -[e]s, -e (ein Flussfisch, Zander)
Schil|le|bold, der; -[e]s, -e (*nordd. für* Libelle)
¹Schil|ler (dt. Dichter)
²Schil|ler, der; -s, - (Farbenglanz; *landsch. für* zwischen Rot u. Weiß spielender Wein)
schil|le|rig, schill|rig (*selten für* schillernd)
schil|le|risch; die schillerischen [*alte Schreibung* Schillerischen] Balladen; Balladen von schillerischem Pathos; *vgl.* schillersch
Schil|ler|kra|gen ↑K 136; **Schil|ler|lo|cke** [*alte Trennung* ...k|k...] (Gebäck; geräuchertes Fischstück)
Schil|ler|mu|se|um, *auch* **Schiller-Museum**
schil|lern; das Kleid schillert in vielen Farben
schil|lersch; die schillerschen, *auch* Schiller'schen [*alte Schreibung* Schillerschen] Balladen; ihr gelangen Balladen von schillerschem, *auch* Schiller'schem Pathos
Schil|ler|wein
Schil|ling, der; -s, -e (österr. Währungseinheit; *Währungscode* ATS; *Abk.* S, öS); 6 Schilling; *vgl. aber* Shilling
schill|rig *vgl.* schillerig
Schil|lum, das; -s, -s ‹pers.› (Rohr zum Rauchen von Haschisch)
schil|pen, tschil|pen (zwitschern)
Schil|ten *Plur., auch als Sing. gebraucht* (*schweiz. für* eine Farbe der dt. Spielkarten)
Schi|mä|re, *auch* Chi|mä|re, die; -, -n ‹griech.› (Trugbild, Hirngespinst); **schi|mä|risch** (trügerisch)
¹Schim|mel, der; -s (weißlicher Pilzüberzug auf organischen Stoffen)
²Schim|mel, der; -s, - (weißes Pferd)
Schim|mel|be|lag; Schim|mel|bogen (*Druckw.* nicht od. nur einseitig bedruckter Bogen); **Schim|mel|ge|spann**
schim|me|lig, schimm|lig
schim|meln; das Brot schimmelt
Schim|mel|pilz; Schim|mel|rei|ter, der; -s (geisterhaftes Wesen der dt. Sage; Beiname Wodans)
Schim|mer; schim|mern; ein Licht schimmert
schimm|lig *vgl.* schimmelig
Schim|pan|se, der; -n, -n ‹afrik.› (ein Menschenaffe)
Schimpf, der; -[e]s; *meist in* mit Schimpf und Schande
schimp|fen
Schimp|fer; Schimp|fe|rei; Schimpf|ka|no|na|de; schimpflich (schändlich, entehrend)
Schimpf|na|me; Schimpf|wort *Plur.* ...worte *u.* ...wörter
Schi|na|kel, das; -s, -[n] ‹ung.› (*österr. ugs. für* kleines Boot)
Schind|an|ger (*veraltet für* Platz, wo Tiere abgehäutet werden)

Schin|del, die; -, -n; **Schin|del|dach; schin|deln;** ich schind[e]le
schin|den; du schindetest, *seltener* schund[e]st; geschunden; schind[e]!; **Schin|der** (jmd., der andere quält; *veraltet für* Abdecker); **Schin|de|rei**
Schin|der|han|nes ↑K 138 (Führer einer Räuberbande am Rhein um 1800)
Schin|de|rin
Schin|der|kar|re[n] *(früher)*
schin|dern (*obersächs. für* auf dem Eise gleiten); ich schindere
Schind|lu|der; *nur in Wendungen wie* mit jmdm. Schindluder treiben (*ugs. für* jmdn. schmählich behandeln); **Schind|mäh|re** (altes, verbrauchtes Pferd)
Schin|kel (dt. Baumeister u. Maler)
Schin|ken, der; -s, -
Schin|ken|brot; Schin|ken|bröt|chen
Schin|ken|klop|fen, das; -s (ein Spiel)
Schin|ken|kno|chen; Schin|ken|röll|chen; Schin|ken|speck; Schin|ken|wurst
Schinn, der; -s (*bes. nordd. für* Kopfschuppen); **Schin|ne,** die; -, -n *meist Plur.* (*bes. nordd. für* Kopfschuppe)
Schin|to|is|mus, der; - ‹jap.› (jap. Religion); **Schin|to|ist;** -en, -en; **Schin|to|is|tin** [*alte Trennung* ...|st...]; **schin|to|is|tisch**
Schi|pis|te [*alte Trennung* ...|st...] *vgl.* Skipiste
Schipp|chen; ein Schippchen machen *od.* ziehen (das Gesicht mit aufgeworfener Unterlippe zum Weinen verziehen)
Schip|pe, die; -, -n (Schaufel; *ugs. scherzh. für* unmutig aufgeworfene Unterlippe); **schip|pen**
Schip|pen *Plur., als Sing. gebraucht* (eine Spielkartenfarbe; [3]Pik); Schippen sticht; **Schip|pen|ass** [*auch* ˈʃɪpn̩ˈ|as], *auch* **Schip|pen-Ass** [*alte Schreibung* Schip|pen|as]
schip|pern (*ugs. für* mit dem Schiff fahren); ich schippere
Schi|ras, der; -, - ‹nach der Stadt in Iran› (ein Teppich; Fettschwanzschaf, dessen Fell als Halbpersianer gehandelt wird)
Schi|ri, der; -s, -s (*ugs. Kurzw. für* Schiedsrichter)
schir|ken (*landsch. für* einen flachen Stein über das Wasser hüpfen lassen)
Schirm, der; -[e]s, -e
Schirm|bild; Schirm|bild|fo|to|gra|fie, *auch* Schirm|bild|pho|to|gra|phie; **Schirm|bild|ge|rät** (Röntgengerät); **Schirm|bild|rei|hen|un|ter|su|chung**
Schirm|dach
schir|men (*veraltend für* schützen); **Schir|mer; Schir|me|rin**
Schirm|fa|b|rik; Schirm|fut|te|ral
Schirm|git|ter|röh|re *(Elektrot.)*
Schirm|herr; Schirm|her|rin; Schirm|herr|schaft; Schirm|hül|le
Schirm|ling (Schirmpilz)
Schirm|ma|cher; Schirm|ma|che|rin; Schirm|müt|ze; Schirm|pilz; Schirm|stän|der
Schir|mung
Schi|rok|ko, der; -s, -s ‹arab.-ital.› (ein warmer Mittelmeerwind)
schir|ren (*selten für* anschirren, [an]spannen); **Schirr|meis|ter** [*alte Trennung* ...|st...] (*früher* für Fahrzeuge u. Geräte verantwortlicher Unteroffizier); **Schir|rung**
Schir|ting, der; -s, *Plur.* -e *u.* -s ‹engl.› (ein Baumwollgewebe)
Schir|wan, der; -[s], -s ‹nach der aserbaidschanischen Steppe› (ein Teppich)
Schis|ma[1], das; -s, *Plur.* ...men *u.* ...ta ‹griech.› ([Kirchen]spaltung); **Schis|ma|ti|ker**[1] (Abtrünniger); **schis|ma|tisch**[1]
Schi|sport usw. *vgl.* Skisport usw.
Schiss [*alte Schreibung* Schiß], der; Schisses, Schisse *Plur. selten* (*derb für* Kot; *nur Sing.: ugs. für* Angst); **Schis|ser,** der; -s, - (*derb für* Angsthase); **Schis|se|rin** *(derb)*
Schiss|la|weng [*alte Schreibung* Schiß|la|weng] *vgl.* Zislaweng
Schi|wa ‹sanskr.› (eine der Hauptgottheiten des Hinduismus)
schi|zo|gen[1] ‹griech.› (*Biol.* durch Spaltung entstanden); **Schi|zo|go|nie**[1], die; - (eine Form der ungeschlechtlichen Fortpflanzung)
schi|zo|id[1] (schizophrenieähnlich)
Schi|zo|pha|sie[1], die; - (*Med.* Sprachverwirrtheit)
schi|zo|phren[1] ‹griech.› (an Schizophrenie erkrankt); **Schi|zo|phre|nie**[1], die; -, ...ien (*Med.* eine schwere Psychose)
Schlab|ber, die; -, -n (*landsch. für* Mundwerk); **Schlab|be|rei; schlab|be|rig,** schlabb|rig; **Schlab|ber|look** [...luk], der; -s, -s ‹dt., engl.› (Mode, bei der die Kleidungsstücke sehr weit geschnitten sind); **schlab|bern** (*ugs. für* schlürfend trinken u. essen; *landsch. für* reden, schwatzen); ich schlabbere
schlabb|rig *vgl.* schlabberig
Schlacht, die; -, -en
Schlach|ta, die; - ‹poln.› (der ehemalige niedere Adel in Polen)
Schlacht|bank *Plur.* ...bänke; **schlacht|bar; schlach|ten**
Schlach|ten|bumm|ler *(ugs.)*
Schlach|ter, Schläch|ter (*nordd. für* Fleischer); **Schlach|te|rei, Schläch|te|rei** (*nordd. für* Fleischerei; Gemetzel, Metzelei)
Schlacht|feld
Schlacht|fest
Schlacht|ge|schrei
Schlacht|ge|wicht; Schlacht|haus; Schlacht|hof; Schlacht|mes|ser, das; **Schlacht|op|fer**
Schlacht|plan
Schlacht|plat|te
schlacht|reif
Schlacht|ross [*alte Schreibung* ...roß], das; ...rosses, ...rosse; **Schlacht|ruf; Schlacht|schiff**
Schlacht|schitz, der; -en, -en ‹poln.› (Angehöriger der Schlachta)
Schlacht|tag; Schlacht|tier
Schlach|tung
Schlacht|vieh; Schlacht|vieh|be|schau
schlack (*bayr. u. schwäb. für* träge; schlaff); **Schlack,** der; -[e]s (*nordd. für* breiige Masse; Schneeregen); **Schlack|darm** (*nordd. für* Mastdarm)
Schla|cke [*alte Trennung* ...k|k...], die; -, -n (Rückstand beim Verbrennen, besonders von Koks); **schla|cken** (Schlacke bilden); geschlackt
Schla|cken|bahn [*alte Trennung* ...k|k...] *(Sport);* **Schla|cken|erz**
schla|cken|frei [*alte Trennung* ...k|k...]
Schla|cken|gru|be [*alte Trennung* ...k|k...]; **Schla|cken|hal|de**
schla|cken|reich [*alte Trennung* ...k|k...]
Schla|cken|rost [*alte Trennung* ...k|k...]
[1]schla|ckern [*alte Trennung* ...k|k...] (*landsch. für* schlenkern); ich schlackere; mit den Ohren schlackern
[2]schla|ckern [*alte Trennung* ...k|k...] (*nordd. für* nass

---
[1] [*auch* sçi...]

S

schneien); es schlackert; **Schla|cker|schnee; Schla|cker|wet|ter**
schla|ckig [*alte Trennung* ...k|k...]
Schlack|wurst
Schlad|ming (Stadt im Ennstal); **Schlad|min|ger**
Schlaf, der; -[e]s
Schlaf|an|zug; Schlaf|an|zug|ho|se; Schlaf|an|zug|ja|cke [*alte Trennung* ...k|k...]
Schlaf|au|ge *meist Plur.* (bei Puppen; *ugs. auch für* versenkbarer Autoscheinwerfer)
Schlaf|baum (Baum, auf dem bestimmte Vögel regelmäßig schlafen)
Schläf|chen; Schlaf|couch
Schlä|fe, die; -, -n (Schädelteil)
schla|fen; du schläfst; du schliefst; du schliefest; geschlafen; schlaf[e]!; schlafen gehen; [sich] schlafen legen
Schlä|fen|a|der; Schlä|fen|bein; Schlä|fen|ge|gend
Schla|fen|ge|hen, das; -s; vor dem Schlafengehen; **Schla|fens|zeit; Schlä|fer; Schlä|fe|rin; schlä|fern** *(selten);* mich schläfert
schlaff; Schlaff|heit, die; -
Schlaf|gän|ger (*veraltet für* Mieter einer Schlafstelle); **Schlaf|gast** *Plur.* ...gäste; **Schlaf|ge|le|gen|heit; Schlaf|ge|mach** *(geh.)*
Schla|fitt|chen ⟨*aus* »Schlagfittich« = Schwungfedern⟩; *in Wendungen wie* jmdn. am *od.* beim Schlafittchen nehmen, kriegen, packen (*ugs. für* jmdn. packen)
Schlaf|krank|heit, die; -
Schlaf|lied
schlaf|los; Schlaf|lo|sig|keit, die; -
Schlaf|mit|tel
Schlaf|müt|ze (*auch scherzh. für* Viel-, Langschläfer; träger, schwerfälliger Mensch); **schlaf|müt|zig; Schlaf|müt|zig|keit**
Schlaf|pup|pe; Schlaf|rat|te (*ugs. für* Langschläfer); **Schlaf|ratz** (*svw.* Schlafratte)
schläf|rig; Schläf|rig|keit, die; -
Schlaf|rock (*vgl.* [1]Rock); **Schlaf|saal; Schlaf|sack**
Schlaf|stadt (Trabantenstadt mit geringen Möglichkeiten zur Freizeitgestaltung)
Schlaf|stel|le; Schlaf|stel|lung; Schlaf|stö|rung *meist Plur.*
Schlaf|sucht, die; -; **schlaf|süch|tig**
Schlaf|tab|let|te; Schlaf|trunk
schlaf|trun|ken; Schlaf|trun|ken|heit, die; -
Schlaf-wach-Rhyth|mus *(Physiol.)*
Schlaf|wa|gen
schlaf|wan|deln; ich schlafwand[e]le; sie schlafwandelte; er hat (*auch* ist) geschlafwandelt; zu schlafwandeln; **Schlaf|wand|ler; Schlaf|wand|le|rin; schlaf|wand|le|risch**
Schlaf|zen|t|rum
Schlafzim|mer
Schlaf|zim|mer|blick, der; -[e]s (*ugs. für* betont sinnlicher Blick mit nicht ganz geöffneten Lidern)
Schlaf|zim|mer|ein|rich|tung
[1]**Schlag,** der; -[e]s, Schläge; Schlag 2 Uhr; Schlag auf Schlag
[2]**Schlag,** der; -[e]s (*österr.; kurz für* Schlagobers); Kaffee mit Schlag
Schlag|ab|tausch *(Sportspr., auch übertr.);* **Schlag|a|der; Schlag|an|fall**
schlag|ar|tig
Schlag|ball
schlag|bar
Schlag|baum; Schlag|boh|rer; Schlag|bohr|ma|schi|ne; Schlag|bol|zen
Schla|ge, die; -, -n (*landsch. für* Hammer)
Schlag|ei|sen *(Jägerspr.)*
Schlä|gel, der; -s, - ([Bergmanns]hammer; *auch für* Trommelschlägel); *vgl.* Schlegel
Schlä|gel|chen (kleiner Schlag; *landsch.* leichter Schlaganfall)
schla|gen; du schlägst; du schlugst; du schlügest; er hat geschlagen; schlag[e]!; er schlägt ihn (*auch* ihm) ins Gesicht; Alarm schlagen; Rad schlagen; schlagende Wetter (*Bergmannsspr.* explosives Gemisch aus Grubengas und Luft)
Schla|ger ([Tanz]lied, das in Mode ist; etwas, das sich gut verkauft, großen Erfolg hat)
Schlä|ger (Raufbold; Fechtwaffe; Sportgerät); **Schlä|ge|rei**
Schla|ger|fes|ti|val [*alte Trennung* ...|st...]; **Schla|ger|mu|sik**
schlä|gern (*österr. für* Bäume fällen, schlagen); ich schlägere
Schla|ger|sän|ger; Schla|ger|sän|ge|rin
Schla|ger|spiel *(Sport)*
Schla|ger|star (*vgl.* [2]Star); **Schla|ger|text; Schla|ger|tex|ter** (Verfasser von Schlagertexten)
Schlä|ger|trupp; Schlä|ger|trup|pe; Schlä|ger|typ
Schlä|ge|rung *(österr.)*
schlag|fer|tig; Schlag|fer|tig|keit
schlag|fest
Schlag|fluss [*alte Schreibung* ...fluß] (*veraltet für* Schlaganfall)
Schlag|hand *(Boxen)*
Schlag|holz
Schlag|in|s|t|ru|ment
Schlagkraft, die; -; **schlag|kräf|tig**
Schlag|licht *Plur.* ...lichter; **schlag|licht|ar|tig**
Schlag|loch
Schlag|mann *Plur.* ...männer *(Rudersport)*
Schlag|o|bers (*österr. für* Schlagsahne); **Schlag|rahm**
Schlag|ring
Schlag|sah|ne
Schlag|schat|ten
Schlag|sei|te
Schlag|stock
Schlag|werk (der Uhr)
Schlag|wet|ter *Plur.* (schlagende Wetter)
Schlag|wort *Plur.* ...worte *u.* (*für* Stichwörter eines Schlagwortkatalogs:) ...wörter; **Schlag|wort|ka|ta|log**
Schlag|zahl *(Rudern)*
Schlag|zei|le
Schlag|zeug (Gruppe von Schlaginstrumenten); **Schlag|zeu|ger; Schlag|zeu|ge|rin**
Schlaks, der; -es, -e (*ugs. für* lang aufgeschossener, ungeschickter Mensch); **schlak|sig**
Schla|mas|sel, der, *auch, österr. nur,* das; -s ⟨jidd.⟩ (*ugs. für* Unglück, verfahrene Situation); **Schla|mas|tik** [*alte Trennung* ...|st...], die; -, -en (*landsch. für* Schlamassel)
Schlamm, der; -[e]s, *Plur.* -e *u.* Schlämme
Schlamm|bad
Schlamm|bei|ßer (ein Fisch)
schlam|men (mit Wasser aufbereiten; Schlamm absetzen); **schläm|men** (von Schlamm reinigen); **schlam|mig**
Schlämm|krei|de, die; -
Schlamm|mas|se, *auch* **Schlamm-Mas|se** [*alte Schreibung* Schlammas|se, *alte Trennung* ...mm|m...]
Schlamm|pa|ckung [*alte Trennung* ...k|k...]
Schlämm|putz (dünner, aufgestrichener Putzüberzug)
Schlamm|schlacht ([Fußball]spiel auf aufgeweichtem Spielfeld; mit herabsetzenden und unsachlichen Äußerungen geführter Streit)
Schlämm|ver|fu|gung *(Bauw.)*

Schlamp, der; -[e]s, -e (*landsch. für* unordentlicher Mensch)
schlam|pam|pen (*landsch. für* schlemmen); er hat schlampampt
Schlam|pe, die; -, -n (*ugs. abwertend für* unordentliche Frau); **schlam|pen** (*ugs. für* unordentlich sein); **Schlam|per** (*landsch. abwertend für* unordentlich Arbeitender; Mensch mit unordentlicher Kleidung); **Schlam|pe|rei** (*ugs. für* Nachlässigkeit; Unordentlichkeit)
schlam|pert (*bayr., österr. ugs. für* schlampig)
schlam|pig (*ugs. für* unordentlich; schluderig); **Schlam|pig|keit** (*ugs.*)
Schlan|ge, die; -, -n; Schlange stehen ↑K 54
Schlän|gel|chen; schlän|ge|lig, schläng|lig
schlän|geln, sich; ich schläng[e]le mich durch die Menge
schlan|gen|ar|tig
Schlan|gen|be|schwö|rer; Schlan|gen|biss [*alte Schreibung* ...biß]; **Schlan|gen|brut; Schlan|gen|farm**
Schlan|gen|fraß, der; -es (*ugs. für* schlechtes Essen)
Schlan|gen|gift
Schlan|gen|gru|be (Ort, wo Gefahren drohen; gefährliche Situation)
Schlan|gen|gur|ke (*svw.* Salatgurke)
schlan|gen|haft
Schlan|gen|le|der
Schlan|gen|li|nie
Schlan|gen|mensch; Schlan|gen|tanz
schläng|lig *vgl.* schlängelig
schlank; auf die schlanke Linie achten; schlank machen
Schlan|kel, der; -s, -[n] (*österr. ugs. für* Schelm, Schlingel)
schlan|ker|hand (*veraltend für* ohne Weiteres)
Schlank|heit, die; -; **Schlank|heits|kur; Schlank|ma|cher** (*ugs. für* Mittel, das das Abnehmen erleichtern soll)
schlank|weg (*ugs. für* ohne Weiteres)
Schlap|fen, der; -s, - (*bayr., österr. ugs. für* Schlappen)
schlapp (*ugs. für* schlaff, müde, abgespannt); die Hitze hat uns schlapp gemacht; *vgl. aber* schlappmachen
Schläpp|chen (*landsch. für* kleiner Schlappen)
Schlap|pe, die; -, -n (Niederlage)
schlap|pen (*ugs. für* lose sitzen [vom Schuh]; *landsch. für* schlurfend gehen)
Schlap|pen, der; -s, - (*ugs. für* bequemer Hausschuh)
Schlap|per|milch, die; - (*landsch. für* saure Milch)
schlap|pern (*landsch. für* schlürfend trinken u. essen; lecken; *ugs. für* schwätzen); ich schlappere
Schlapp|heit
Schlapp|hut, der
schlap|pig (*landsch. für* nachlässig)
schlapp|ma|chen ↑K 47 (*ugs. für* nicht durchhalten, am Ende seiner Kräfte sein); sie haben schlappgemacht
Schlapp|ohr (*scherzh. für* Hase)
Schlapp|schwanz (*ugs. für* willensschwacher, energieloser Mensch)
Schla|raf|fe, der; -n, -n; (*veraltet für* [auf Genuss bedachter] Müßiggänger; Mitglied der Schlaraffia)
Schla|raf|fen|land, das; -[e]s; **Schla|raf|fen|le|ben,** das; -s
Schla|raf|fia, die; - (Schlaraffenland; Vereinigung zur Pflege der Geselligkeit unter Künstlern u. Kunstfreunden)
Schlar|pe, die; -, -n (*landsch. u. schweiz. für* bequemer [ausgetretener] [Haus]schuh)
schlau
Schlau|be, die; -, -n (*landsch. für* Fruchthülle, [2]Schale); **schlau|ben** (*landsch. für* enthülsen)
Schlau|ber|ger (*ugs. für* schlauer, pfiffiger Mensch); **Schlau|ber|ge|rei,** die; - (*ugs.*)
Schlauch, der; -[e]s, Schläuche; ein Schlauch sein (*ugs. für* sehr anstrengend sein); **schlauch|ar|tig**
Schlauch|boot
schlau|chen (*ugs. für* sehr anstrengend sein; *landsch. für* auf jmds. Kosten leben)
schlauch|för|mig
Schlauch|lei|tung
schlauch|los; schlauchlose Reifen
Schlauch|pilz
Schlauch|rol|le (zum Aufrollen des Wasserschlauchs); **Schlauch|wa|gen**
Schlauch|wurm (*Zool.*)
Schlau|der, die; -, -n (*Bauw.* eiserne Verbindung an Bauwerken); **schlau|dern** (durch Schlaudern befestigen); ich schlaudere
Schläue, die; - (Schlauheit)
schlau|er|wei|se
Schlau|fe, die; -, -n (Schleife)
Schlau|fuchs (*svw.* Schlauberger)
Schlau|heit; Schlau|ig|keit (*veraltet*)
Schlau|kopf (*svw.* Schlauberger); **Schlau|mei|er** (*svw.* Schlauberger)
Schla|wi|ner (*ugs. für* Nichtsnutz, pfiffiger, durchtriebener Mensch)
schlecht *s. Kasten S. 854*
schlech|ter|dings (durchaus)
schlecht ge|hen, schlecht ge|launt [*alte Schreibungen* schlecht|gehen, schlecht|ge|launt] *vgl.* schlecht
Schlecht|heit, die; -
schlecht|hin (in typischer Ausprägung; an sich; geradezu)
schlecht|hin|nig (*veraltet für* absolut, völlig)
Schlech|tig|keit
schlecht ma|chen [*alte Schreibung* schlecht|ma|chen] *vgl.* schlecht
schlecht|weg (geradezu, einfach)
Schlecht|wet|ter, das; -s; bei Schlechtwetter; **Schlecht|wet|ter|front; Schlecht|wet|ter|geld** (*Bauw.*); **Schlecht|wet|ter|pe|ri|o|de**
Schleck, der; -s, -e (*südd. u. schweiz. für* Leckerbissen); das ist kein Schleck (*schweiz. für* das ist mühsam, schwierig)
schle|cken [*alte Trennung* ...k|k...]
Schle|cker [*alte Trennung* ...k|k...] (*ugs. für* Schleckermaul); **Schle|cke|rei; schle|cker|haft** (*landsch. für* naschhaft); **Schle|cker|maul** (*ugs. für* jmd., der gern nascht); **schle|ckern;** ich schleckere; **schle|ckig** (*landsch. für* naschhaft); **Schleck|werk,** das; -[e]s (*landsch.*)
Schle|gel, der; -s, - *landsch. u. österr., schweiz. für* [Kalbs-, Reh]keule); *vgl.* Schlägel
Schleh|dorn *Plur.* ...dorne (ein Strauch)
Schle|he, die; -, -n (Schlehdorn; dessen Frucht); **Schle|hen|blü|te; Schle|hen|li|kör**
[1]**Schlei,** die; - (Förde an der Ostküste Schleswigs)
[2]**Schlei** *vgl.* Schleie
Schlei|che, die; -, -n (schlangenähnliche Echse)

S

schlecht	
I. *Kleinschreibung:* – schlechtes Wetter – der schlechte Ruf – schlechte Zeiten – schlecht (schlicht) und recht **II.** *Großschreibung* ↑K 72: – im Schlechten und im Guten – etwas, nichts, viel, wenig Schlechtes **III.** *Getrenntschreibung in Verbindung mit Verben und Partizipien* ↑K 56 *u.* 62: – schlecht sein, schlecht werden, schlecht singen, schlecht spielen usw. – du wirst mit ihnen schlecht auskommen	– ich kann in diesen Schuhen schlecht gehen; es wird ihr sicher [sehr] schlecht gehen [*alte Schreibung* schlechtgehen] (sie befindet sich in einer üblen Lage); schlecht gehende [*alte Schreibung* schlechtgehende] Geschäfte – du hast die Aufgabe schlecht gemacht (schlecht ausgeführt); sie hat ihn überall ziemlich schlecht gemacht [*alte Schreibung* schlechtgemacht] (herabgesetzt)wir waren schlecht beraten; ein schlecht bezahlter [*alte Schreibung* schlechtbezahlter] Job – der schlecht gelaunte [*alte Schreibung* schlechtgelaunte] Besucher

schlei|chen; du schlichst; du schlichest; geschlichen; schleich[e]!
Schlei|cher (*svw.* Leisetreter); **Schlei|che|rei** *(ugs.);* **Schlei|che|rin**
Schleich|han|del, der; -s
Schleich|kat|ze
Schleich|pfad
Schleich|tem|po
Schleich|weg (auf Schleichwegen)
Schleich|wer|bung, die; -
Schleie, die; -, -n, *auch* Schlei, der; -[e]s, -e (ein Fisch)
Schlei|er, der; -s, -
Schlei|er|eu|le
Schlei|er|fahn|dung (polizeiliche Kontrollen ohne konkreten Anlass od. Verdacht)
schlei|er|haft (*ugs. für* rätselhaft, unbegreiflich)
Schlei|er|kraut (eine Pflanze)
Schlei|er|ma|cher (dt. Theologe, Philosoph u. Pädagoge)
Schlei|er|schwanz (ein Fisch)
Schlei|er|tanz
Schleif|ap|pa|rat; Schleif|au|to|mat; Schleif|band, das; *Plur.* ...bänder; **Schleif|bank** *Plur.* ...bänke
[1]**Schlei|fe,** die; -, -n (Schlinge)
[2]**Schlei|fe,** die; -, -n (*landsch. für* Schlitterbahn)
schlei|fen *s. Kasten S. 855*
Schlei|fen|blu|me
Schlei|fen|fahrt; Schlei|fen|flug
Schlei|fer (jmd., der etw. schleift; alter Bauerntanz; *Musik* kleine Verzierung; *Soldatenspr.* rücksichtsloser Ausbilder); **Schlei|fe|rei**
Schleif|fun|ken|pro|be *(Technik)*
Schleif|kon|takt *(Elektrot.)*
Schleif|lack; Schleif|lack|mö|bel
Schleif|ma|schi|ne; Schleif|mit|tel, das; **Schleif|pa|pier**
Schleif|ring
Schleif|spur
Schleif|stein
Schlei|fung
Schleim, der; -[e]s, -e; Schleim absondernde [*alte Schreibung* schleimabsondernde] Zellen
Schleim|ab|son|de|rung
Schleim|beu|tel; Schleim|beu|tel|ent|zün|dung
Schleim|drü|se
schlei|men; Schlei|mer (*ugs. für* Schmeichler); **Schlei|me|rin**
Schleim|fisch
Schleim|haut
schlei|mig; schleim|lö|send ↑K 59; schleimlösende Mittel; das Mittel wirkt stark schleimlösend
Schleim|pilz
Schleim|schei|ßer (*derb für* Schmeichler)
Schleim|sup|pe
Schlei|ße, die; -, -n (dünner Span; *früher* Schaft der Feder nach Abziehen der Fahne)
schlei|ßen (*veraltet für* abnutzen, zerreißen; *landsch. für* auseinander reißen; spalten); du schleißt; sie schleißt; du schlissest *u.* schleißtest, er schliss [*alte Schreibung* schliß] *u.* schleißte; geschlissen *u.* geschleißt; schleiß[e]!; Federn schleißen; **Schleiß|fe|der; schlei|ßig** (*landsch. für* verschlissen, abgenutzt)
Schleiz (Stadt im Vogtland); **Schlei|zer**
Schle|mihl [*auch* 'ʃle:...], der; -s, -e ‹hebr.-jidd.› (Pechvogel; *landsch. für* gerissener Kerl)
schlemm ‹engl.›; *nur in* schlemm machen, werden
Schlemm, der; -s, -e *(Bridge, Whist);* großer Schlemm (alle Stiche); kleiner Schlemm (alle Stiche bis auf einen)
schlem|men (gut u. reichlich essen); **Schlem|mer; Schlem|me|rei; Schlem|me|rin; schlem|me|risch**
Schlem|mer|lo|kal; Schlem|mer|mahl[|zeit]
Schlem|pe, die; -, -n (Rückstand bei der Spirituserzeugung; Viehfutter)
schlen|dern; ich schlendere; **Schlen|der|schritt**
Schlen|d|ri|an, der; -[e]s (*ugs. für* Schlamperei)
Schlen|ge, die; -, -n (*nordd. für* Reisigbündel; Buhne)
Schlen|ke, die; -, -n (*Geol.* Wasserrinne im Moor)
Schlen|ker (schlenkernde Bewegung; kurzer Umweg); **Schlen|ke|rich,** Schlenk|rich, der; -s, -e (*obersächs. für* Stoß, Schwung)
schlen|kern; ich schlenkere die Arme, mit den Armen schlenkern
Schlenk|rich *vgl.* Schlenkerich
schlen|zen (*Eishockey u. Fußball* den Ball od. Puck mit einer schiebenden od. schlenkernden Bewegung spielen); du schlenzt; **Schlen|zer,** der; -s, -
Schlepp, der; *nur in Wendungen wie* in Schlepp nehmen, im Schlepp haben
Schlepp|an|ten|ne *(Flugw.)*
Schlepp|dach *(Bauw.)*
Schlepp|damp|fer
Schlep|pe, die; -, -n
schlep|pen
Schlep|pen|kleid
Schlep|per (*auch für* jmd., der Illegale über die Grenze bringt)
Schlep|pe|rei *(ugs.)*
Schlep|pe|rin
Schlepp|kahn
Schlepp|kleid (*svw.* Schleppenkleid)
Schlepp|lift *(Skisport)*
Schlepp|netz; Schlepp|netz|fahn|dung
Schlepp|pin|sel, *auch*

Schlepp-Pin|sel [*alte Schreibung* Schleppin|sel, *alte Trennung* ...pp|p...], der; -s, - (Pinsel für den Steindruck)
Schlepp|schiff
Schlepp|schiff|fahrt [*alte Schreibung* ...schiffahrt, *alte Trennung* ...ff|f...], die; -
Schlepp|seil; Schlepp|start (Segelflugstart durch Hochschleppen mit einem Motorflugzeug)
Schlepp|tau, das; -[e]s, -e
Schlepp|zug
Schle|si|en; Schle|si|er; Schle|si|e|rin; schle|sisch; ↑K 142: schlesisches Himmelreich (ein Gericht), *aber* ↑K 150: der Erste Schlesische Krieg
Schles|wig; Schles|wi|ger; Schles|wi|ge|rin
Schles|wig-Hol|stein; Schles|wig-Hol|stei|ner; Schles|wig-Hol|stei|ne|rin; schles|wig-hol|stei|nisch ↑K 145, *aber* ↑K 150: der Schleswig-Holsteinische Landtag
schles|wi|gisch, schles|wigsch
schlet|zen (*schweiz. mdal. für* [die Tür] zuschlagen); du schletzt
Schleu|der, die; -, -n
Schleu|der|ball
Schleu|der|be|ton
Schleu|der|brett *(Sport)*
Schleu|de|rei; Schleu|de|rer, Schleud|rer
Schleu|der|gang, der (bei der Waschmaschine)
Schleu|der|ge|fahr
Schleu|der|ho|nig
Schleu|de|rin, Schleud|re|rin
Schleu|der|kurs (für Autofahrer)
schleu|dern; ich schleudere
Schleu|der|preis
Schleu|der|pum|pe (*für* Zentrifugalpumpe)
Schleu|der|sitz; Schleu|der|start *(Flugw.)*
Schleu|der|trau|ma *(Med.)*
Schleu|der|wa|re *(ugs.)*
Schleud|rer usw. *vgl.* Schleuderer usw.
schleu|nig (schnell); **schleu|nigst** (auf dem schnellsten Wege)
Schleu|se, die; -, -n; **schleu|sen;** du schleust
Schleu|sen|kam|mer; Schleu|sen|tor, das; **Schleu|sen|wär|ter**
schleuß! (*veraltet für* schließ[e]!); **schleußt** (*veraltet für* schließt)
Schlich, der; -[e]s, -e (feinkörniges Erz; *nur Plur.: ugs. für* List, Trick); **Schli|che** *vgl.* Schlich
schlicht; schlichte Eleganz
Schlich|te, die; -, -n (Klebflüssigkeit zum Glätten u. Verfestigen der Gewebe)
schlich|ten (vermittelnd beilegen; *auch für* mit Schlichte behandeln); einen Streit schlichten
Schlich|ter; Schlich|te|rin
Schlicht|heit, die; -
Schlicht|ho|bel
Schlich|tung; Schlich|tungs|aus|schuss [*alte Schreibung* ...ausschuß]; **Schlich|tungs|ver|fah|ren; Schlich|tungs|ver|such**
schlicht|weg
Schlick, der; -[e]s, -e (an organischen Stoffen reicher Schlamm am Boden von Gewässern; Schwemmland); **schli|cken** [*alte Trennung* ...k|k...] ([sich] mit Schlick füllen); **schli|cke|rig,** schlick|rig *(nordd.)*
Schli|cker|milch [*alte Trennung* ...k|k...], die; - (*landsch. für* Sauermilch)
schli|ckern [*alte Trennung* ...k|k...] (*landsch. für* schwanken; schlittern); ich schlickere
schli|ckig [*alte Trennung* ...k|k...] (*nordd. für* voller Schlick)
Schlick|krap|fen *Plur.* (*west-, südösterr.* ravioliähnliche Teigtaschen)
schlick|rig *vgl.* schlickerig
Schlick|watt
Schlief, der; -[e]s, -e (*landsch. für* klitschige Stelle [im Brot]); *vgl.* Schliff
schlie|fen (*Jägerspr. u. südd., österr. ugs. für* in den Bau schlüpfen, kriechen); du schloffst; du schlöffest; geschloffen; schlief[e]!; **Schlie|fen,** das; -s (*Jägerspr.* Einfahren des Hundes in den [Dachs]bau); **Schlie|fer** (*Jägerspr.* Hund, der in den [Dachs]bau schlieft)
Schlief|fen (ehemaliger Chef des dt. Generalstabes)
schlie|fig (*landsch. für* klitschig [vom Brot])
Schlie|mann (dt. Altertumsforscher)
Schlier, der; -s (*bayr. u. österr. für* Mergel)
Schlie|re, die; -, -n (*nur Sing.: landsch. für* schleimige Masse; streifige Stelle [im Glas])
schlie|ren (*Seemannsspr.* gleiten, rutschen); **schlie|rig** (*landsch. für* schleimig, schlüpfrig)
Schlier|sand, der; -[e]s (*österr. für* feiner [Schwemm]sand)
[1]**Schlier|see** (Ort am [2]Schliersee)
[2]**Schlier|see,** der; -s
Schlier|se|er
Schließ|an|la|ge; schließ|bar; Schlie|ße, die; -, -n
schlie|ßen; du schließt, sie schließt (*veraltet* er schleußt); du schlossest, er schloss [*alte Schreibung* schloß]; du schlössest; geschlossen; schließ[e]! (*veraltet* schleuß!); **Schlie|ßer; Schlie|ße|rin**
Schließ|fach; Schließ|frucht (*Bot.* Frucht, die sich bei der Reife nicht öffnet); **Schließ|ket|te; Schließ|korb**
schließ|lich
Schließ|mus|kel; Schließ|rah|men *(Druckw.)*
Schlie|ßung
Schließ|zeit; Schließ|zy|lin|der (im Sicherheitsschloss)
Schliff, der; -[e]s, -e (geschliffene Fläche [im Glas]; das Schleifen; *nur Sing.:* das Geschliffensein; *landsch. für* klitschige Stelle

S

schlei|fen	
Unregelmäßige Beugung in den Bedeutungen »schärfen«, »hart drillen« und »schlittern« (landschaftlich): – ich schliff mein Messer, habe es geschliffen – du schliffst das Parkett – sie sagt, du schliffest die Rekruten; schleif[e] sie nicht so! – geschliffene Diamanten; geschliffene Dialoge – im Winter sind wir immer geschliffen *(landsch.)*	*Regelmäßige Beugung in den Bedeutungen »über den Boden od. eine Fläche ziehen; sich am Boden od. an einer Fläche [hin] bewegen« und »niederreißen«:* – sie schleifte die Kiste, hat sie geschleift – der Vorhang schleifte über den Boden; er hat, *seltener* ist über den Boden geschleift – die Fahrradkette schleifte am Schutzblech – schleif[e] die Festung!

schlimm

Kleinschreibung:
- schlimm sein; schlimm stehen
- im schlimmsten Fall[e]
- schlimme Zeiten; eine schlimme Lage
- sie ist am schlimms|ten d[a]ran

Großschreibung der Substantivierung ↑K 72:
- das Schlimms|te fürchten; zum Schlimms|ten kommen; sich zum Schlimmen wenden
- etwas, wenig, nichts Schlimmes
- das ist noch lange nicht das Schlimms|te; das Schlimms|te [*alte Schreibung* das schlimm|ste] ist, dass man sich nicht wehren kann
- ich bin auf das, aufs Schlimms|te gefasst
- *aber* sie wurde auf das, aufs Schlimms|te, *auch* auf das, aufs schlimms|te (in sehr schlimmer Weise) getäuscht

[im Brot], Schlief; *nur Sing.: ugs. für* gute Umgangsformen)

Schliff|flä|che, *auch* **Schliff-Flä|che**

schlif|fig (*svw.* schliefig)

schlimm *s. Kasten*

schlimms|ten|falls [*alte Trennung* ...|st...]

Schling|be|schwer|den *Plur.*

Schlin|ge, die; -, -n

[1]**Schlin|gel,** das; -s, - (*landsch. für* Öse)

[2]**Schlin|gel,** der; -s, - (*scherzh. für* übermütiger Junge; freches Kerlchen); **Schlin|gel|chen, Schlin|gel|lein**

schlin|gen; du schlangst; du schlängest; sie hat geschlungen; schling[e]!

Schlin|gen|stel|ler

Schlin|ger|be|we|gung; Schlin|ger|kiel (Seitenkiel zur Verminderung des Schlingerns)

schlin|gern (um die Längsachse schwanken [von Schiffen]); das Schiff schlingert; ↑K 82: ins Schlingern kommen; **Schlin|ger|tank** (Tank zur Verminderung des Schlingerns)

Schling|pflan|ze

Schlipf, der; -[e]s, -e (*schweiz. für* [Berg-, Fels-, Erd]rutsch)

Schlipf|krap|fen *Plur.* (*westösterr.* Teigtaschen)

Schlipp, der; -[e]s, -e ‹engl.› (*Seemannsspr.* schiefe Ebene für den Stapellauf eines Schiffes)

Schlip|pe, die; -, -n (*nordd. für* Rockzipfel; *landsch. für* enger Durchgang)

schlip|pen (*Seemannsspr.* lösen, loslassen)

Schlip|per, der; -s (*landsch. für* abgerahmte, dicke Milch); **schlip|pe|rig,** schlipp|rig (*landsch. für* gerinnend); **Schlip|per|milch,** die; - *(landsch.);* **schlipp|rig** *vgl.* schlipperig

Schlips, der; -es, -e (Krawatte); **Schlips|na|del**

Schlit|tel, das; -s, - (*landsch. für* kleiner Schlitten); **schlit|teln** (*schweiz. für* rodeln); ich schlitt[e]le; schlitteln lassen (laufen lassen, sich um etwas nicht kümmern); **schlit|ten** *(landsch.)*

Schlit|ten, der; -s, - ↑K 54: Schlitten fahren; ich bin Schlitten gefahren

Schlit|ten|bahn; Schlit|ten|fah|ren, das; -s; **Schlit|ten|fahrt; Schlit|ten|hund**

Schlit|ter|bahn; schlit|tern ([auf dem Eis] gleiten); ich schlittere

Schlitt|schuh; Schlittschuh laufen ↑K 54; ich bin Schlittschuh gelaufen; **Schlitt|schuh|lau|fen,** das; -s; **Schlitt|schuh|läu|fer; Schlitt|schuh|läu|fe|rin**

Schlitz, der; -es, -e

Schlitz|au|ge; schlitz|äu|gig

schlit|zen; du schlitzt

Schlitz|mes|ser, das

Schlitz|ohr (*ugs. für* gerissene Person); **schlitz|oh|rig** *(ugs.);* ein schlitzohriger Geschäftsmann; **Schlitz|oh|rig|keit,** die; - *(ugs.)*

Schlitz|ver|schluss [*alte Schreibung* ...ver|schluß] *(Fotogr.)*

schloh|weiß (ganz weiß)

Schlor|re, die; -, -n (*landsch. für* Hausschuh); **schlor|ren** (*landsch. für* schlurfen)

Schloss [*alte Schreibung* Schloß], das; Schlosses, Schlösser; **Schlöss|chen**

Schlo|ße, die; -, -n *meist Plur.* (*landsch. für* Hagelkorn); **schlo|ßen** *(landsch.);* es schloßt; es hat geschloßt

Schlos|ser; Schlos|ser|ar|beit; Schlos|se|rei; Schlos|ser|hand|werk, das; -[e]s; **Schlos|se|rin**

schlos|sern; ich schlossere *u.* schlossre [*alte Schreibung* schloßre]

Schlos|ser|werk|statt

Schloss|gar|ten [*alte Schreibung* Schloß...]; **Schloss|herr; Schloss|her|rin; Schloss|hof**

Schloss|hund [*alte Schreibung* Schloß...]; *nur in der Wendung* heulen wie ein Schlosshund

Schloss|ka|pel|le [*alte Schreibung* Schloß...]; **Schloss|kir|che; Schloss|park; Schloss|ru|i|ne**

Schlot, der; -[e]s, *Plur.* -e, *seltener* Schlöte (*ugs. auch für* Nichtsnutz; unangenehmer Mensch); **Schlot|ba|ron** (*abwertend veraltend für* Großindustrieller [im Ruhrgebiet]); **Schlot|fe|ger** (*landsch. für* Schornsteinfeger)

Schlot|te, die; -, -n (Zwiebelblatt; *Bergmannsspr.* Hohlraum im Gestein); **Schlot|ten|zwie|bel**

schlot|te|rig, schlott|rig

Schlöt|ter|ling (*schweiz. für* Spottwort, Anzüglichkeit)

schlot|tern; ich schlottere

schlot|zen (*bes. schwäb. für* genüsslich trinken); du schlotzt

Schlucht, die; -, -en

schluch|zen; du schluchzt; **Schluch|zer**

Schluck, der; -[e]s, *Plur.* -e, *selten* Schlücke

Schluck|auf, der; -s; **Schluck|be|schwer|den** *Plur.*

Schlück|chen

schlück|chen|wei|se

schlu|cken [*alte Trennung* ...k|k...]; **Schlu|cken,** der; -s (Schluckauf); **Schlu|cker** *(ugs.); meist in* armer Schlucker (mittelloser, bedauernswerter Mensch)

Schluck|imp|fung

schluck|sen (*ugs. für* Schluckauf haben); du schluckst; **Schluck|ser,** der; -s (*ugs. für* Schluckauf)

Schluck|specht (*ugs. scherzh. für* Trinker)

schluck|wei|se

Schlu|der|ar|beit; Schlu|de|rei

schlu|de|rig, schlud|rig (*ugs. für* nachlässig)

schlu|dern (*ugs. für* nachlässig arbeiten); ich schludere

Schluff, der; -[e]s, *Plur.* -e *u.* Schlüffe (Ton; [Schwimm]sand; *landsch. für* enger Durchlass; *südd. veraltend für* Muff)

Schlụft, die; -, Schlüfte (*veraltet für* Schlucht, Höhle)
Schlụm|mer, der; -s
Schlụm|mer|kis|sen; Schlụm|mer|lied
schlụm|mern; ich schlummere
Schlụm|mer|rol|le; Schlụm|mer|stünd|chen; Schlụm|mer|trunk
Schlụmpf, der; -[e]s, Schlümpfe (zwergenhafte Comicfigur)
Schlụmps, der, -es, -e (*landsch. für* unordentlicher Mensch)
Schlụnd, der; -[e]s, Schlünde
Schlụn|ze, die; -, -n (*landsch. abwertend für* unordentliche Frau); **schlụn|zig** *(landsch.)*
Schlụp *vgl.* Slup
Schlụpf, der; -[e]s, *Plur.* Schlüpfe *u.* -e (*Technik; auch veraltend für* Unterschlupf)
schlụp|fen *(südd., österr.), häufiger* **schlụ̈p|fen**
Schlụ̈p|fer ([Damen]unterhose)
Schlụpf|ja|cke [*alte Trennung* ...k|k...]
Schlụpf|loch
schlụ̈pf|rig (*auch für* zweideutig, anstößig); **Schlụ̈pf|rig|keit**
Schlụpf|stie|fel
Schlụpf|wes|pe
Schlụpf|win|kel
Schlụpf|zeit
Schlụ|pe, die; -, -n (*landsch. für* [Band]schleife)
schlụr|fen (schleppend gehen); er hat geschlurft; er ist dorthin geschlurft
schlụ̈r|fen ([Flüssigkeit] geräuschvoll in den Mund einsaugen; *landsch. für* schlurfen)
Schlụr|fer (Schlurfender)
Schlụ̈r|fer (Schlürfender)
Schlụ|ri, der; -s, -s (*ugs. für* leichtfertiger, unzuverlässiger Mensch)
schlụr|ren (*landsch., bes. nordd. für* schlurfen); **Schlụr|ren,** der; -s, - (*nordd. für* Pantoffel)
Schlụ|se, die; -, -n (*landsch. für* Schale, Hülle; *auch für* Falschgeld)
Schlụss [*alte Schreibung* Schluß], der; Schlusses, Schlüsse
Schlụss|ab|stim|mung [*alte Schreibung* Schluß...]; **Schlụss|ak|kord; Schlụss|akt; Schlụss|ball; Schlụss|be|ar|bei|tung; Schlụss|be|mer|kung; Schlụss|be|spre|chung; Schlụss|bi|lanz** *(Kaufmannsspr.);* **Schlụss|bild; Schlụss|brief** *(Kaufmannsspr.);* **Schlụss|drit|tel** *(Eishockey)*
Schlụ̈s|sel, der; -s, -
Schlụ̈s|sel|bart
Schlụ̈s|sel|bein; Schlụ̈s|sel|bein|bruch
Schlụ̈s|sel|blu|me
Schlụ̈s|sel|brett; Schlụ̈s|sel|bund, der, *österr. nur so, od.* das; -[e]s, -e
Schlụ̈s|sel|chen
Schlụ̈s|sel|dienst
Schlụ̈s|sel|er|leb|nis *(Psych.)*
schlụ̈s|sel|fer|tig (bezugsfertig [von Neubauten])
Schlụ̈s|sel|fi|gur; Schlụ̈s|sel|fra|ge; Schlụ̈s|sel|ge|walt, die; -; **Schlụ̈s|sel|in|dus|t|rie** [*alte Trennung* ...|st...]
Schlụ̈s|sel|kind (Kind mit eigenem Wohnungsschlüssel, das nach der Schule unbeaufsichtigt ist)
Schlụ̈s|sel|loch
schlụ̈s|seln (*fachspr. für* nach einem bestimmten Verhältnis [Schlüssel] aufteilen); ich schlüssele *u.* schlüssle [*alte Schreibung* schlüßle]
Schlụ̈s|sel|po|si|ti|on; Schlụ̈s|sel|reiz (*Psych.* Reiz, der eine bestimmte Reaktion bewirkt)
Schlụ̈s|sel|ring
Schlụ̈s|sel|ro|man; Schlụ̈s|sel|stel|lung
Schlụ̈s|se|lung
Schlụ̈s|sel|wort (*vgl.* Wort)
schlụss|end|lich [*alte Schreibung* schluß...] (*landsch. für* schließlich)
Schlụss|fei|er [*alte Schreibung* Schluß...]
Schlụss|fol|ge [*alte Schreibung* Schluß...] (*svw.* Schlussfolgerung); **schlụss|fol|gern;** ich schlussfolgere; du schlussfolgerst; geschlussfolgert; um zu schlussfolgern; **Schlụss|fol|ge|rung**
Schlụss|for|mel [*alte Schreibung* Schluß...]
schlụ̈s|sig; schlüssig sein; [sich] schlüssig werden; ich wurde mir darüber schlüssig; ein schlüssiger Beweis
Schlụss|ka|pi|tel [*alte Schreibung* Schluß...]; **Schlụss|kurs** *(Börse)*
Schlụss|läu|fer [*alte Schreibung* Schluß...] *(Sport);* **Schlụss|läu|fe|rin** *(Sport)*
Schlụss|leuch|te [*alte Schreibung* Schluß...]; **Schlụss|licht** *Plur.* ...lichter
Schlụss|mann [*alte Schreibung* Schluß...] *Plur.* ...männer *od.* ...leute; **Schlụss|no|te** *(Rechtsw.);* **Schlụss|no|tie|rung** *(Börse);* **Schlụss|pfiff** *(Sport);* **Schlụss|pha|se; Schlụss|punkt; Schlụss|rech|nung**
Schlụss|re|dak|teur [*alte Schreibung* Schluß...]; **Schlụss|re|dak|teu|rin; Schlụss|re|dak|ti|on**
Schlụss-s [*alte Schreibung* Schluß-s], das; -, - ↑K 29
Schlụss|satz, *auch* **Schlụss-Satz** [*alte Schreibung* Schlußsatz]
Schlụss|si|g|nal, *auch* **Schlụss-Si|g|nal** [*alte Schreibung* Schluß|si|gnal] (*fachspr., bes. Funkw.*)
Schlụss|si|re|ne, *auch* **Schlụss-Si|re|ne** [*alte Schreibung* Schluß|si|re|ne]
Schlụss|spurt, *auch* **Schlụss-Spurt** [*alte Schreibung* Schlußspurt] *(Sport)*
Schlụss|stein, *auch* **Schlụss-Stein** [*alte Schreibung* Schluß|stein] *(Archit.)*
Schlụss|strich, *auch* **Schlụss-Strich** [*alte Schreibung* Schlußstrich]
Schlụss|sze|ne, *auch* **Schlụss-Sze|ne** [*alte Schreibung* Schluß|sze|ne]
Schlụss|ver|kauf [*alte Schreibung* Schluß...]; **Schlụss|ver|tei|lung** *(Rechtsw.);* **Schlụss|wort** *Plur.* ...worte; **Schlụss|zei|chen**
Schlụ̈tt|li, das; -s, - (*schweiz. mdal. für* Säuglingsjäckchen)
Schlụtz|krap|fen *Plur.* (*west-, südösterr.* Teigtaschen)
Schmạch, die; -
schmạch|be|deckt ↑K 59 *(geh.)*
schmạch|be|la|den ↑K 59 *(geh.)*
schmạch|ten *(geh.)*
Schmạcht|fet|zen (*ugs. abwertend für* rührseliges Lied)
schmạ̈ch|tig
Schmạcht|korn *Plur.* ...körner (*Landw.* verkümmertes Korn)
Schmạcht|lap|pen (*ugs. abwertend für* Hungerleider; verliebter Jüngling)
Schmạcht|lo|cke [*alte Trennung* ...k|k...] (*ugs. für* in die Stirn gekämmte Locke)
Schmạcht|rie|men (*ugs. für* Gürtel)
schmạch|voll *(geh.)*
[1]**Schmạck,** der; -[e]s, -e (Mittel zum Schwarzfärben)
[2]**Schmạck, Schmạ|cke** [*alte Trennung* ...k|k...], die; -, -n (*früher* kleines Küstenschiff)
Schmạ|ckes [*alte Trennung* ...k|k...] *Plur.* (*landsch. für* Schwung, Wucht; *auch für* Hiebe, Prügel); mit Schmackes

S

schmạck|haft; Schmạck|haf|tig|keit, die; -
Schmạd|der, der; -s (*bes. nordd. für* [nasser] Schmutz); **schmạd|dern** (*bes. nordd. für* kleckern, sudeln); ich schmaddere
Schmäh, der; -s, -[s] (*österr. ugs. für* Trick); Schmäh führen (Sprüche machen)
schmä|hen
schmäh|lich; Schmäh|lich|keit
Schmäh|re|de; Schmäh|schrift
Schmäh|sucht, die; -; **schmäh|süch|tig**
Schmä|hung; Schmäh|wort *Plur.* ...worte
schmal; schmaler *u.* schmäler, schmalste, *auch* schmälste
schmal|brüs|tig [*alte Trennung* ...|st...]
schmä|len (*veraltend für* zanken; herabsetzen; *Jägerspr.* schrecken [vom Rehwild])
schmä|lern (verringern, verkleinern); ich schmälere; **Schmä|le|rung**
Schmal|film; Schmal|fil|mer; Schmal|film|ka|me|ra
Schmal|hans; *nur in* da ist Schmalhans Küchenmeister (*ugs. für* jmd. muss sparsam leben)
Schmal|heit, die; -
Schmal|kạl|den (Stadt am Südwestrand des Thüringer Waldes); **Schmal|kạl|de|ner, Schmal|kạl|der; schmal|kạl|disch,** *aber* ↑K 150: die Schmalkaldischen Artikel (von Luther); der Schmalkaldische Bund (1531)
schmal|lip|pig; schmal|ran|dig
Schmal|reh (*Jägerspr.; vgl.* Schmaltier)
Schmal|sei|te
Schmal|spur, die; - *(Eisenb.);* **Schmal|spur|a|ka|de|mi|ker** *(abwertend);* **Schmal|spur|bahn**
schmal|spu|rig
Schmạl|te, die; -, -n ‹ital.› (Kobaltschmelze, ein Blaufärbemittel [für Porzellan u. Keramik]); **schmạl|ten** (*veraltend für* emaillieren)
Schmal|tier (*Jägerspr.* weibliches Rot-, Dam- od. Elchwild vor dem ersten Setzen); **Schmal|vieh** (*veraltend für* Kleinvieh)
Schmạlz, das; -es, -e; **Schmạlz|brot**
Schmạ̈l|ze, die; -, -n (zum Schmälzen der Wolle benutzte Flüssigkeit); *vgl. aber* Schmelze
schmal|zen (Speisen mit [heißem] Schmalz zubereiten, übergießen); du schmalzt; geschmalzt *u.* geschmalzen (*in übertr. Bedeutung nur so,* z. B. es ist mir zu geschmalzen [*ugs. für* zu teuer]); gesalzen und geschmalzen
schmạ̈l|zen (*auch für* Wolle vor dem Spinnen einfetten); du schmälzt; geschmälzt
Schmạlz|fleisch
Schmạlz|ge|ba|cke|ne [*alte Trennung* ...k|k...], das; -n
schmạl|zig (*abwertend für* übertrieben gefühlvoll, sentimental)
Schmạlz|ler, der; -s (*bes. bayr. für* fettdurchsetzter Schnupftabak)
Schmạn|kerl, das; -s, -n (*bayr. u. österr. für* eine süße Mehlspeise; Leckerbissen)
Schmạnt, der; -[e]s (*landsch. für* Sahne; *ostmitteld. für* Matsch, Schlamm); **Schmạnt|kar|tof|feln** *Plur.*
schma|rọt|zen (auf Kosten anderer leben); du schmarotzt; du schmarotztest; er hat schmarotzt
Schma|rọt|zer; schma|rọt|zer|haft; Schma|rọt|ze|rin; schma|rọt|ze|risch
Schma|rọt|zer|pflan|ze; Schma|rọt|zer|tier; Schma|rọt|zer|tum, das; -s; **Schma|rọt|zer|wes|pe**
Schmạr|re, die; -, -n (*landsch. für* lange Hiebwunde, Narbe)
Schmạr|ren, der; -s, - (*bayr. u. österr. für* eine Mehlspeise; *ugs. für* wertloses Zeug; Unsinn)
Schmạ|sche, die; -, -n ‹poln.› (*fachspr. für* Fell eines tot geborenen Lammes)
Schmạtz, der; -es, *Plur.* -e, *auch* Schmätze (*ugs. für* [lauter] Kuss); **Schmạ̈tz|chen**
schmạt|zen; du schmatzt
Schmạ̈t|zer (ein Vogel)
Schmauch, der; -[e]s (*landsch. für* qualmender Rauch); **schmau|chen; Schmauch|spu|ren** *Plur.* (*Kriminalistik* Reste unverbrannten Pulvers nach einem Schuss)
Schmaus, der; -es, Schmäuse (*veraltend, noch scherzh. für* reichhaltiges u. gutes Mahl); **schmau|sen** (*veraltend, noch scherzh. für* vergnügt u. mit Genuss essen); du schmaust; **Schmau|se|rei** *(veraltend)*
schmẹ|cken [*alte Trennung* ...k|k...]
Schmei|che|lei; schmei|chel|haft
Schmei|chel|kätz|chen *od.* **...kat|ze** *(fam.)*
schmei|cheln; ich schmeich[e]le
Schmei|chel|wort *Plur.* ...worte; **Schmeich|ler; Schmeich|le|rin; schmeich|le|risch**
schmei|dig (*veraltet für* geschmeidig); **schmei|di|gen** (*veraltend für* geschmeidig machen)
[1]**schmei|ßen** (*ugs. für* werfen; *auch für* aufgeben; misslingen lassen); du schmeißt; du schmissest, er/sie **schmiss** [*alte Schreibung* schmiß]; geschmissen; schmeiß[e]!
[2]**schmei|ßen** (*Jägerspr.* Kot auswerfen); der Habicht schmeißt, schmeißte, hat geschmeißt
Schmeiß|flie|ge
Schmẹlz, der; -es, -e
Schmẹlz|bad *(Technik)*
schmẹlz|bar; Schmẹlz|bar|keit
Schmẹlz|but|ter
Schmẹl|ze, die; -, -n; *vgl. aber* Schmälze
[1]**schmẹl|zen** (flüssig werden); du schmilzt, es schmilzt; du schmolzest; du schmölzest; geschmolzen; schmilz!
[2]**schmẹl|zen** (flüssig machen); du schmilzt, *auch* schmelzt; es schmilzt, *auch* schmelzt; du schmolzest, *auch* schmelztest; du schmölzest, *auch* schmelzest; geschmolzen, *auch* geschmelzt; schmilz!, *auch* schmelze!
Schmẹl|zer; Schmel|ze|rei; Schmẹl|ze|rin
Schmẹlz|far|be; Schmẹlz|glas *Plur.* ...gläser (Email); **Schmẹlz|hüt|te**
Schmẹlz|kä|se
Schmẹlz|o|fen; Schmẹlz|punkt; Schmẹlz|schwei|ßung; Schmẹlz|tie|gel
Schmẹl|zung
Schmẹlz|wär|me; Schmẹlz|was|ser *Plur.* ...wasser; **Schmẹlz|zo|ne**
Schmer, der *od.* das; -s (*landsch. für* Bauchfett des Schweines); **Schmer|bauch** (*ugs. svw.* Fettbauch)
Schmer|fluss [*alte Schreibung* ...fluß], der; -flusses (*für* Seborrhö)
Schmẹr|le, die; -, -n (ein Fisch)
Schmer|ling (ein Speisepilz)
Schmẹrz, der; -es, -en; schmerzlindernd, *aber* den Schmerz lindernd; schmerzstillend, *aber* den Schmerz stillend ↑K 59
schmẹrz|arm
schmẹrz|emp|find|lich; Schmẹrz-

emp|find|lich|keit, die; -;
Schmerz|emp|fin|dung
schmer|zen; du schmerzt; die Füße schmerzten ihr *od.* sie vom langen Stehen; es schmerzt mich, dass sie nicht geschrieben hat
schmer|zen|reich *vgl.* schmerzensreich
Schmer|zens|geld, das; -[e]s
Schmer|zens|kind *(veraltend);* **Schmer|zens|laut; Schmer|zens|mann,** der; -[e]s (*Kunst* Darstellung des leidenden Christus); **Schmer|zens|mut|ter,** die; - (*Kunst* Darstellung der trauernden Maria)
schmer|zens|reich *(geh.)*
Schmer|zens|schrei
schmerz|er|füllt; schmerz|frei; der Patient ist heute schmerzfrei
Schmerz|ge|fühl; Schmerz|gren|ze
schmerz|haft; schmerzhafte Operation; **Schmerz|haf|tig|keit**
Schmerz|kli|nik (schmerztherapeutische Klinik)
schmerz|lich; ein schmerzlicher Verlust; **Schmerz|lich|keit,** die; -
schmerz|lin|dernd ↑K 59; *vgl.* Schmerz
schmerz|los; Schmerz|lo|sig|keit
Schmerz|mit|tel; Schmerz|schwel|le
schmerz|stil|lend; schmerzstillende Tabletten ↑K 59; *vgl.* Schmerz
Schmerz|ta|b|let|te
Schmerz|the|ra|peut; Schmerz|the|ra|peu|tin; schmerz|the|ra|peu|tisch; Schmerz|the|ra|pie
schmerz|un|emp|find|lich; schmerz|ver|zerrt; schmerz|voll
Schmet|ten, der; -s ⟨tschech.⟩ (*ostmitteld. für* Sahne); **Schmet|ten|kä|se** *(ostmitteld.)*
Schmet|ter|ball *(Sport)*
Schmet|ter|ling
Schmet|ter|lings|blü|te; Schmet|ter|lings|blüt|ler *(Bot.)*
Schmet|ter|lings|kas|ten [*alte Trennung* ...|st...]; **Schmet|ter|lings|netz; Schmet|ter|lings|samm|lung**
Schmet|ter|lings|stil, der; -[e]s (Schwimmstil)
schmet|tern; ich schmettere
Schmi|cke [*alte Trennung* ...k|k...], die; -, -n (*nordd. für* Peitsche; Ende der Peitschenschnur)
Schmidt-Rott|luff (dt. Maler u. Grafiker)
Schmied, der; -[e]s, -e
schmied|bar; Schmied|bar|keit
Schmie|de, die; -, -n
Schmie|de|ar|beit
Schmie|de|ei|sen, das; -s; **schmie|de|ei|sern**
Schmie|de|feu|er; Schmie|de|ham|mer; Schmie|de|hand|werk; Schmie|de|kunst
schmie|den
Schmie|de|o|fen; Schmie|din
Schmie|ge, die; -, -n (*Technik* Winkelmaß mit beweglichen Schenkeln; *auch landsch. für* zusammenklappbarer Maßstab)
schmie|gen; sich schmiegen
schmieg|sam; Schmieg|sam|keit
Schmie|le, die; -, -n (Name verschiedener Grasarten); **Schmiel|gras**
Schmier|dienst (beim Auto)
[1]**Schmie|re,** die; -, -n (*abwertend auch für* schlechtes Theater)
[2]**Schmie|re,** die; - ⟨hebr.-jidd.⟩ (*Gaunerspr.* Wache); Schmiere stehen
schmie|ren (*ugs. auch für* bestechen)
Schmie|ren|ko|mö|di|ant *(abwertend);* **Schmie|ren|schau|spie|ler** *(abwertend);* **Schmie|ren|stück** *(abwertend)*
Schmie|rer; Schmie|re|rei
Schmier|fett; Schmier|film
Schmier|fink, der; *Gen.* -en, *auch* -s, *Plur.* -en *(ugs. abwertend)*
Schmier|geld *meist Plur. (ugs.)*
Schmier|heft
schmie|rig; Schmie|rig|keit, die; -
Schmier|kä|se; Schmier|mit|tel; Schmier|nip|pel
Schmier|öl; Schmier|pres|se; Schmier|sei|fe
Schmie|rung
Schmier|zet|tel
Schmin|ke, die; -, -n; **schmin|ken; Schmink|stift,** der; **Schmink|tisch**
[1]**Schmir|gel,** der; -s, - (*ostmitteld. für* Tabakspfeifensaft)
[2]**Schmir|gel,** der; -s ⟨ital.⟩ (ein Schleifmittel); **schmir|geln;** ich schmirg[e]le; **Schmir|gel|pa|pier**
Schmiss [*alte Schreibung* Schmiß], der; Schmisses, Schmisse; **schmis|sig** *(ugs.);* eine schmissige Musik
[1]**Schmitz,** der; -es, -e (*veraltet, noch landsch. für* Fleck, Klecks; *Druckw.* verschwommene Wiedergabe)
[2]**Schmitz,** der; -es, -e (*landsch. für* [leichter] Hieb, Schlag)
Schmit|ze, die; -, -n (*landsch. für* Peitsche, Ende der Peitschenschnur); **schmit|zen** (*landsch. für* [mit der Peitsche] schlagen)
Schmock, der; -[e]s, *Plur.* Schmöcke, *auch* -e *u.* -s ⟨slowen.; nach Freytags »Journalisten«⟩ (gesinnungsloser Zeitungsschreiber)
Schmok, der; -s (*nordd. für* Rauch)
Schmö|ker, der; -s, - (*nordd. für* Raucher; *ugs. für* anspruchsloses, aber fesselndes Buch)
schmö|kern (*ugs. für* [viel] lesen); ich schmökere
Schmol|le, die; -, -n (*bayr., österr. für* Brotkrume)
Schmol|le|cke [*alte Trennung* ...k|k...] *(ugs.)*
schmol|len
schmol|lis! (*Verbindungsw.* Zuruf beim [Brüderschaft]trinken); **Schmol|lis,** das; -, - *(Verbindungsw.);* mit jmdm. Schmollis trinken
Schmoll|mund
Schmölln (Stadt in Ostthüringen)
Schmoll|win|kel *(ugs.)*
Schmon|zes, der; - ⟨jidd.⟩ (*ugs. für* leeres Gerede; überflüssiger Kram); **Schmon|zet|te,** die; -, -n (*ugs. für* albernes Machwerk)
Schmor|bra|ten; schmo|ren; jmdn. schmoren lassen *(ugs.);* **Schmor|fleisch**
schmor|gen (*westmitteld. für* knausern; geizig sein)
Schmor|obst; Schmor|pfan|ne; Schmor|topf
Schmu, der; -s (*ugs. für* leichter Betrug); Schmu machen (auf harmlose Weise betrügen)
schmuck
Schmuck, der; -[e]s, -e *Plur. selten*
Schmuck|blatt|te|le|gramm, *auch* **Schmuck|blatt-Te|le|gramm** [*alte Schreibung* Schmuck|blatte|le|gramm, *alte Trennung* ...tt|t...]
schmü|cken [*alte Trennung* ...k|k...]
Schmuck|käst|chen; Schmuck|kas|ten [*alte Trennung* ...|st...]; **Schmuck|kof|fer**
schmuck|los; Schmuck|lo|sig|keit
Schmuck|na|del; Schmuck|stein; Schmuck|stück; Schmuck|te|le|gramm
Schmü|ckung [*alte Trennung* ...k|k...]
schmuck|voll *(veraltet)*
Schmuck|wa|ren *Plur.;* **Schmuck|wa|ren|in|dus|t|rie** [*alte Trennung* ...|st...]
Schmud|del, der; -s (*ugs. für* Unsauberkeit); **Schmud|de|lei** (*ugs. für* Sudelei)
schmud|de|lig, schmudd|lig (*ugs.*

S

für unsauber); **schmud|deln** (*ugs. für* sudeln, schmutzen); ich schmudd[e]le; **Schmud|del|wet|ter** (*ugs. für* nasskaltes, regnerisches Wetter); **schmudd|lig** *vgl.* schmuddelig
Schmug|gel, der; -s; **Schmug|ge|lei**
schmug|geln; ich schmugg[e]le; **Schmug|gel|wa|re**
Schmugg|ler; Schmugg|ler|ban|de; Schmugg|le|rin
Schmugg|ler|ring; Schmugg|ler|schiff
schmu|len (*landsch. für* verstohlen blicken, schielen)
schmun|zeln; ich schmunz[e]le
schmur|geln (*landsch. für* in Fett braten); ich schmurg[e]le
Schmus, der; -es ⟨hebr.-jidd.⟩ (*ugs. für* leeres Gerede; Schöntun)
Schmu|se|ka|ter; Schmu|se|kat|ze (*fam.*)
Schmu|se|kurs (*bes. Politik* auf Annäherung, Ausgleich abzielender [politischer] Kurs)
schmu|sen *(ugs.)*; du schmust; er schmuste; **Schmu|ser** *(ugs.)*; **Schmu|se|rei** *(ugs.)*; **Schmu|se|rin** *(ugs.)*
Schmutt, der; -es (*nordd. für* feiner Regen)
Schmutz, der; -es (*südwestd. auch für* Fett, Schmalz); ein Schmutz abweisendes, *auch* schmutzabweisendes Material, *aber nur* jeden Schmutz abweisend, sehr schmutzabweisend ↑K 59
Schmutz|blatt *(Druckw.)*; **Schmutz|bürs|te** [*alte Trennung* ...|st...]; **schmut|zen;** du schmutzt
Schmutz|fän|ger; Schmutz|fink (der; *Gen.* -en, *auch* -s, *Plur.* -en; *ugs. für* jmd., der schmutzig ist); **Schmutz|fleck**
Schmut|zi|an, der; -[e]s, -e (*veraltend für* Schmutzfink; *österr. ugs. für* Geizhals)
schmut|zig; schmutzig gelb, schmutzig grau usw. [*alte Schreibungen* schmut|zig|gelb, schmut|zig|grau usw.] ↑K 61; **Schmut|zig|keit**
Schmutz|schicht; Schmutz|ti|tel *(Druckw.)*; **Schmutz|wä|sche; Schmutz|was|ser** *Plur.* ...wässer; **Schmutz|zu|la|ge**
Schna|bel, der; -s, Schnäbel; **Schnä|bel|chen; Schnä|be|lei** (*ugs. auch für* das Küssen); **Schnä|be|lein,** Schnäb|lein
Schna|bel|flö|te
schna|bel|för|mig
Schna|bel|hieb
...schnä|be|lig, ...schnäb|lig (z. B. langschnäb[e]lig)
Schna|bel|kerf *(Zool.)* **schnä|beln** (*ugs. auch für* küssen); ich schnäb[e]le; sich schnäbeln
Schna|bel|schuh; Schna|bel|tas|se; Schna|bel|tier
Schnäb|lein *vgl.* Schnäbelein
...schnäb|lig *vgl.* ...schnäbelig
schna|bu|lie|ren (*ugs. für* mit Behagen essen)
Schnack, der; -[e]s, *Plur.* -s *u.* Schnäcke (*nordd. ugs. für* Plauderei; Scherzwort; Gerede)
schna|ckeln [*alte Trennung* ...k|k...] (*bayr. für* schnalzen); ich schnack[e]le
schna|cken [*alte Trennung* ...k|k...] (*nordd. für* plaudern); Platt schnacken
Schna|ckerl [*alte Trennung* ...k|k...], der, *auch* das; -s (*österr. für* Schluckauf)
Schna|der|hüp|fe[r]l, das; -s, -[n] (*bayr. u. österr. für* volkstüml. satirischer Vierzeiler, oft improvisiert zum Tanz gesungen)
schna|dern (*landsch. für* schnattern, viel reden); ich schnadere
schnaf|te (*berlin. veraltend für* hervorragend, vortrefflich)
[1]**Schna|ke,** die; -, -n (*nordd. veraltet für* Schnurre; Scherz)
[2]**Schna|ke,** die; -, -n (eine langbeinige Mücke; *landsch. für* Stechmücke)
schnä|ken (*landsch. für* naschen)
Schna|ken|pla|ge; Schna|ken|stich
schna|kig (*nordd. veraltet für* schnurrig)
schnä|kig (*landsch. für* wählerisch [im Essen])
Schnäll|chen
Schnal|le, die; -, -n (*österr. auch svw.* Klinke)
schnal|len (*südd. auch für* schnalzen); etwas schnallen (*ugs. für* verstehen)
Schnal|len|schuh
schnal|zen; du schnalzt; **Schnal|zer; Schnalz|laut**
schnapp!; schnipp, schnapp!
Schnäpp|chen (*ugs. für* vorteilhafter Kauf); **Schnäpp|chen|jagd; Schnäpp|chen|jä|ger**
schnap|pen; Schnap|per
Schnäp|per, Schnep|per (ein Vogel; *Sport* [Sprung]bewegung; Nadel zur Blutentnahme; *früher für* Armbrust; *landsch. für* Schnappschloss); **schnäp|pern,** schnep|pern (*Sport* in Hohlkreuzhaltung springen); ich schnäppere, ich schneppere; **Schnäp|per|sprung,** Schnep|per|sprung *(Sport)*
Schnapp|mes|ser, das
Schnapp|schloss [*alte Schreibung* ...schloß]
Schnapp|schuss [*alte Schreibung* ...schuß] (nicht gestellte Momentaufnahme)
Schnaps, der; -es, Schnäpse
Schnaps|bren|ner; Schnaps|bren|ne|rei
Schnäps|chen
schnäp|seln (*ugs. svw.* [1]schnapsen); ich schnäps[e]le
[1]**schnap|sen** (*ugs. für* Schnaps trinken); du schnapst
[2]**schnap|sen** (*bayr., österr für* Schnapsen spielen); **Schnap|sen,** das; -s (*bayr., österr.* Kartenspiel)
Schnaps|fah|ne *(ugs.)*; **Schnaps|flasche; Schnaps|glas** *Plur.* ...gläser
Schnaps|il|dee (*ugs. für* seltsame, verrückte Idee)
Schnaps|lei|che (*ugs. scherzh. für* Betrunkener); **Schnaps|na|se** *(ugs.)*; **Schnaps|stam|perl** (*bayr., österr. für* Schnapsglas)
Schnaps|zahl (*ugs. für* aus gleichen Ziffern bestehende Zahl)
schnar|chen; Schnar|cher; Schnar|che|rin
Schnar|re, die; -, -n
schnar|ren; Schnarr|werk (bei der Orgel)
Schnat, Schna|te, die; -, ...ten (*landsch. für* junges abgeschnittenes [2]Reis; Grenze einer Flur); **Schnä|tel,** das; -s, - (*landsch. für* Pfeifchen aus Weidenrinde)
Schnat|te|rer; schnat|te|rig, schnatt|rig; **Schnat|te|rin; Schnat|ter|lie|se** (*ugs. für* schwatzhaftes Mädchen)
schnat|tern; ich schnattere
schnatt|rig *vgl.* schnatterig
Schnatz, der; -es, Schnätze (*hess. für* Kopfputz [der Braut, der Taufpatin] mit Haarkrönchen); **schnät|zeln** (*hess.; svw.* schnatzen); ich schnätz[e]le; sich schnätzeln; **schnat|zen** (*hess. für* sich putzen, das Haar aufstecken); du schnatzt; sich schnatzen
Schnau, die; -, -en (*nordd. für* geschnäbeltes Schiff)
schnau|ben; du schnaubst; du schnaubtest (*veraltend* schnobst); du schnaubtest (*veraltend* schnöbest); geschnaubt

S

(*veraltend* geschnoben); schnaub[e]!

schnäu|big (*hess. für* wählerisch)

Schnauf, der; -[e]s, -e (*landsch. für* [hörbarer] Atemzug)

schnau|fen; Schnau|fer *(ugs.)*

Schnau|ferl, das; -s, -[n] (*ugs. scherzh. für* altes Auto)

Schnau|pe, die; -, -n (*südd. für* Ausguss an Kannen u. a.)

Schnauz, der; -es, Schnäuze (*bes. schweiz. für* Schnurrbart)

Schnauz|bart; schnauz|bär|tig

Schnäuz|chen

Schnau|ze, die; -, -n (*auch derb für* Mund); **schnau|zen** *(ugs.);* du schnauzt

schnäu|zen [*alte Schreibung* schneu|zen]; du schnäuzt; sich schnäuzen

Schnau|zer, der; -s, - (Hund einer bestimmten Rasse; *ugs. kurz für* Schnauzbart)

schnau|zig (grob [schimpfend])

...schnau|zig, ...schnäu|zig (*ugs.;* z. B. großschnauzig, großschnäuzig)

Schneck, der; -s, -en (*bes. südd., österr. für* Schnecke)

Schne|cke [*alte Trennung* ...k|k...], die; -, -n

Schne|cken|boh|rer [*alte Trennung* ...k|k...] (ein Werkzeug); **schne|cken|för|mig; Schne|cken|fri|sur; Schne|cken|gang,** der; -[e]s

Schne|cken|ge|häu|se [*alte Trennung* ...k|k...]; **Schne|cken|haus**

Schne|cken|li|nie [*alte Trennung* ...k|k...] (*selten für* Spirale); **Schne|cken|nu|del** (*landsch.* ein Hefegebäck)

Schne|cken|post [*alte Trennung* ...k|k...], die; - *(scherzh.);* **Schne|cken|tem|po,** das; -s *(ugs.)*

Schne|ckerl [*alte Trennung* ...k|k...], das; -s, -n (*österr. ugs. für* Locke)

schned|de|reng|teng!, schned|de|reng|teng|teng! (Nachahmung des Trompetenschalles)

Schnee, der; -s; im Jahre, anno, *auch* Anno Schnee (*österr. für* vor langer Zeit)

Schnee|ball (Kugel aus Schnee; ein Strauch); **schnee|bal|len;** *fast nur im Infinitiv u. Partizip II gebräuchlich;* geschneeballt; **Schnee|ball|schlacht**

Schnee|ball|sys|tem [*alte Trennung* ...|st...], das; -s (bestimmte, in Deutschland verbotene Form des Warenabsatzes)

schnee|be|deckt ↑K 59

Schnee|bee|re (ein Strauch)

[1]Schnee|berg (Stadt im westlichen Erzgebirge)

[2]Schnee|berg, der; -[e]s (höchster Gipfel des Fichtelgebirges)

Schnee|be|sen (ein Küchengerät)

schnee|blind; Schnee|blind|heit

Schnee|brett (flach überhängende Schneemassen); **Schnee|bril|le**

Schnee|bruch (Baumschaden durch zu große Schneelast; *vgl.* [1]Bruch); **Schnee|de|cke** [*alte Trennung* ...k|k...]

Schnee|ei|fel, *auch* **Schnee-Ei|fel** *vgl.* Schneifel

schnee|er|hellt ↑K 169

Schnee|eu|le, *auch* **Schnee-Eu|le**

Schnee|fall; Schnee|flo|cke [*alte Trennung* ...k|k...]; **Schnee|frä|se**

schnee|frei

Schnee|gans

Schnee|ge|stö|ber

schnee|glatt; auf schneeglatter Fahrbahn; **Schnee|glät|te,** die; -

Schnee|glöck|chen

Schnee|gren|ze; Schnee|ha|se; Schnee|hemd *(Milit.);* **Schnee|hö|he; Schnee|huhn**

schnee|ig; schneei|ge Hänge

Schnee|ka|no|ne (Gerät zur Erzeugung von künstlichem Schnee)

Schnee|ket|te *meist Plur.*

Schnee|kö|nig (*ostmitteld. für* Zaunkönig); er freut sich wie ein Schneekönig (*ugs. für* er freut sich sehr)

Schnee|kö|ni|gin (Märchenfigur)

Schnee|kop|pe, die; - (höchster Berg des Riesengebirges)

Schnee|land|schaft; Schnee|le|o|pard

Schnee|mann *Plur.* ...männer

Schnee|matsch (*vgl.* [2]Matsch)

Schnee|mensch (Fabelwesen; *vgl. auch* Yeti)

Schnee|mo|nat *od.* **...mond** (*alte Bez. für* Januar)

Schnee|pflug; Schnee|räu|mer

Schnee|re|gen

Schnee|ru|te (*österr. für* Schneebesen)

Schnee|schleu|der

Schnee|schmel|ze, die; -

Schnee|schuh

schnee|si|cher; ein schneesicheres Skigebiet

Schnee|sturm (*vgl.* [1]Sturm); **Schnee|trei|ben; Schnee|ver|hält|nis|se** *Plur.;* **Schnee|ver|we|hung; Schnee|was|ser,** das; -s; **Schnee|we|be,** die; -, -n (*veraltet für* Schneewehe); **Schnee|wech|te** [*alte Schreibung* ...wäch|te]

Schnee|we|he

schnee|weiß

Schnee|witt|chen, das; -s (»Schneeweißchen«) (dt. Märchengestalt)

Schnee|zaun

Schne|gel, der; -s, - (*landsch. für* [hauslose] Schnecke)

Schneid, der; -[e]s, *südd., österr.* die; - (*ugs. für* Mut; Tatkraft)

Schneid|ba|cken [*alte Trennung* ...k|k...] *Plur.;* **Schneid|boh|rer; Schneid|bren|ner**

Schnei|de, die; -, -n; **Schneid|ei|sen**

Schnei|del|holz, das; -es (*Forstw.* abgehauene Nadelholzzweige)

Schnei|de|müh|le (*selten für* Sägemühle)

schnei|den; du schnittst; du schnittest; ich habe mir, *auch* mich in den Finger geschnitten; schneid[e]!

Schnei|der; Schnei|de|rei

Schnei|der|ge|sel|le; Schnei|der|hand|werk, das; -[e]s

Schnei|de|rin

Schnei|der|kos|tüm [*alte Trennung* ...|st...]; **Schnei|der|krei|de**

Schnei|der|meis|ter [*alte Trennung* ...|st...]; **Schnei|der|meis|te|rin**

schnei|dern; ich schneidere

Schnei|der|pup|pe; Schnei|der|sitz, der; -es; **Schnei|der|werk|statt**

Schnei|de|tisch *(Filmwesen)*

Schnei|de|zahn

schnei|dig (forsch); **Schnei|dig|keit**

Schneid|klup|pe (Werkzeug zum Gewindeschneiden)

schnei|en

Schnei|fel, *auch* Schnee|ei|fel *od.* Schnee-Ei|fel (ein Teil der Eifel)

Schnei|se, die; -, -n ([gerader] Durchhieb [Weg] im Wald)

schnei|teln (*Forstw.* von überflüssigen Ästen, Trieben befreien); ich schneit[e]le

schnell; schnells|tens; so schnell wie (*älter* als) möglich; schneller Brüter (ein Kernreaktor); auf die schnelle Tour *(ugs.);* auf die Schnelle (*ugs. für* rasch, schnell); ↑K 150: Schnelle Medizinische Hilfe; *Abk.* SMH *(vgl. d.)*

Schnell|bahn (*Abk.* S-Bahn)

Schnell|boot; Schnell|damp|fer

Schnell|den|ker *(ugs.)*

Schnell|dienst

[1]Schnel|le, die; - (Schnelligkeit)

[2]Schnel|le, die; -, -n (Stromschnelle)

schnel|len

S

Schnẹl|ler (*landsch. für* Geräusch, das durch Schnippen mit zwei Fingern entsteht)
Schnẹll|feu|er; Schnẹll|feu|er|ge|wehr
schnẹll|fü|ßig
Schnẹll|gang *(Kfz.-Technik)*
Schnẹll|gast|stät|te; Schnẹll|ge|richt
Schnẹll|hef|ter
Schnẹll|heit, die; - (*selten für* Schnelligkeit)
Schnẹl|lig|keit
Schnẹll|im|biss [*alte Schreibung* ...im|biß]
Schnẹll|koch|topf
Schnẹll|kraft
Schnẹll|kurs
Schnẹll|last|wa|gen, *auch* **Schnẹll-Last|wa|gen** [*alte Schreibung* Schnellast|wa|gen, *alte Trennung* ...ll|l...] (schnell fahrender Lastkraftwagen)
Schnẹll|läu|fer, *auch* **Schnẹll-Läu|fer** [*alte Schreibung* Schnelläu|fer, *alte Trennung* ...ll|l...]
schnẹll|le|big [*alte Schreibung* schnelle|big, *alte Trennung* ...ll|l...]; **Schnẹll|le|big|keit**
Schnẹll|le|ser, *auch* **Schnẹll-Le|ser** [*alte Schreibung* Schnelleser, *alte Trennung* ...ll|l...]
Schnẹll|pa|ket
Schnẹll|rei|ni|gung
Schnẹll|schuss [*alte Schreibung* ...schuß] (*ugs für* schnelle Maßnahme, Reaktion)
schnẹlls|tens [*alte Trennung* ...|st...]; **schnẹllst|mög|lich**
Schnẹll|stra|ße
Schnẹll|ver|fah|ren
Schnẹll|ver|kehr
Schnẹll|wä|sche|rei (*svw.* Schnellreinigung)
Schnẹll|zug (*svw.* D-Zug)
Schnẹp|fe, die; -, -n (ein Vogel)
Schnẹp|fen|jagd; Schnẹp|fen|vogel; Schnẹp|fen|zug *(Jägerspr.)*
Schnẹp|pe, die; -, -n (*mitteld. für* Schnabel [einer Kanne]; schnabelförmige Spitze [eines Kleidungsstückes])
Schnẹp|per, Schnặp|per (ein Vogel; *Sport* [Sprung]bewegung; Nadel zur Blutentnahme; *früher für* Armbrust; *landsch. für* Schnappschloss); **schnẹp|pern,** schnặp|pern (*Sport* in Hohlkreuzhaltung springen); ich schneppere, ich schnäppere; **Schnẹp|per|sprung,** Schnặp|per|sprung *(Sport)*
schnẹt|zeln (*bes. schweiz. für* [Fleisch] fein zerschneiden); ich schnetz[e]le; geschnetzeltes Fleisch
Schneuß, der; -es, -e (*Archit.* Fischblasenornament)
Schneu|ze, die; -, -n (*früher für* Lichtputzschere)
schneu|zen *alte Schreibung für* schnäuzen
schni|cken [*alte Trennung* ...k|k...] (*landsch. für* schnippen)
Schnịck|schnack, der; -[e]s (*ugs. für* [törichtes] Gerede; nutzloser Kleinkram)
schnie|ben (*mitteld. für* schnauben); *auch mit starker Beugung:* du schnobst; du schnöbest; geschnoben
Schnie|del|wutz, der; -es, -e (*ugs. scherzh. für* Penis)
schnie|fen (*bes. mitteld. für* hörbar durch die Nase einatmen)
schnie|geln (*ugs. für* übertrieben herausputzen); sich schniegeln; ich schnieg[e]le [mich]; geschniegelt und gebügelt *od.* gestriegelt (fein hergerichtet)
schnie|ke (*berlin. für* fein, schick)
Schnie|pel, der; -s, - (*veraltet für* Angeber, Geck; *ugs. für* Penis)
Schnịp|fel, der; -s, - (*landsch. für* Schnipsel); **schnịp|feln** *(landsch.);* ich schnipf[e]le
schnịpp!; schnịpp, schnạpp!
Schnịpp|chen; *nur noch in* jmdm. ein Schnippchen schlagen (*ugs. für* einen Streich spielen)
Schnị|pel, der *od.* das; -s, - (*ugs. für* Schnipsel); **Schnip|pel|chen; Schnip|pe|lei** *(ugs. abwertend)*
schnịp|peln *(ugs.);* ich schnipp[e]le
schnịp|pen; mit den Fingern schnippen
schnịp|pisch
schnịpp, schnạpp!; Schnịpp|schnapp[|schnụrr], das; -[s] (ein [Karten]spiel)
Schnịp|sel, der *od.* das; -s, - (*ugs. für* kleines [abgeschnittenes] Stück); **Schnip|se|lei** *(ugs.);* **schnịp|seln;** ich schnips[e]le
schnịp|sen (*svw.* schnippen); du schnipst
Schnịtt, der; -[e]s, -e
Schnịtt|blu|me; Schnịtt|boh|ne; Schnịtt|brot
Schnịt|te, die; -, -n (*österr. auch für* Waffel)
Schnịt|ter (*veraltend für* Mäher); **Schnịt|te|rin**
schnịtt|fest; schnittfeste Wurst
Schnịtt|flä|che; Schnịtt|holz
schnịt|tig (*auch für* rassig); ein schnittiges Auto
Schnịtt|kä|se
Schnịtt|lauch, der; -[e]s
Schnịtt|li|nie
Schnịtt|meis|ter [*alte Trennung* ...|st...] (*svw.* Chefcutter); **Schnịtt|meis|te|rin**
Schnịtt|men|ge *(Math.)*
Schnịtt|mus|ter [*alte Trennung* ...|st...]; **Schnịtt|mus|ter|bo|gen**
Schnịtt|punkt
Schnịtt|stel|le (*EDV* Verbindungsstelle zweier Geräte- od. Anlagenteile)
Schnịtt|wa|re
schnịtt|wei|se
Schnịtt|wun|de
Schnịtz, der; -es, -e (*landsch. für* kleines [gedörrtes] Obststück)
Schnịtz|ar|beit (Schnitzerei); **Schnịtz|bank** *Plur.* ...bänke; **Schnịtz|bild**
[1]**Schnịt|zel,** das; -s, - (dünne Fleischscheibe zum Braten); Wiener Schnitzel
[2]**Schnịt|zel,** das, *österr. nur so, od.* der; -s, - (*ugs. für* abgeschnittenes Stück)
Schnịt|zel|bank *Plur.* ...bänke (*veraltet für* Bank zum Schnitzen; Bänkelsängerverse mit Bildern)
Schnit|ze|lei *(landsch.)*
Schnịt|zel|jagd
schnịt|zeln (*landsch. auch für* schnitzen); ich schnitz[e]le
schnịt|zen; du schnitzt
Schnịt|zer (*ugs. auch für* Fehler)
Schnit|ze|rei
Schnịtz|ler (*schweiz. für* jmd., der schnitzt)
Schnịtz|mes|ser, das; **Schnịtz|werk**
schno|bern (*landsch. für* schnuppern); ich schnobere
schnöd (*bes. südd., österr. für* schnöde)
Schnọd|der, der; -s (*derb für* Nasenschleim); **schnọd|de|rig,** schnọdd|rig (*ugs. für* provozierend, unverschämt); schnodderige, schnoddrige Bemerkungen; **Schnọd|de|rig|keit,** Schnọdd|rig|keit *(ugs.)*
schnọdd|rig usw. *vgl.* schnodderig usw.
schnö|de; schnöder Gewinn, Mammon; **schnö|den** (*schweiz. für* schnöde reden); **Schnöd|heit,** *häufiger* **Schnö|dig|keit** *(geh. abwertend)*
schno|feln (*österr. ugs. für* schnüffeln; durch die Nase sprechen); ich schnof[e]le

S

Schnor|chel, der; -s, - (Luftrohr für das U-Boot; Teil eines Sporttauchgerätes); **schnor|cheln** (mit dem Schnorchel tauchen); ich schnorch[e]le
Schnör|kel, der; -s, -; **Schnör|ke|lei; schnör|kel|haft; schnör|ke|lig; Schnör|kel|kram** *(ugs.)*; **schnör|keln**; ich schnörk[e]le; **Schnör|kel|schrift**
schnörk|lig *vgl.* schnörkelig
schnor|ren (*ugs. für* [er]betteln); **Schnor|rer; Schnor|re|rei; Schnor|re|rin**
Schnö|sel, der; -s, - (*ugs. für* dummfrecher junger Mensch); **schnö|se|lig** *(ugs.)*
Schnu|cke [*alte Trennung* ...k|k...], die; -, -n (*kurz für* Heidschnucke)
Schnu|ckel|chen [*alte Trennung* ...k|k...] (Schäfchen; *auch* Kosewort)
schnu|cke|lig [*alte Trennung* ...k|k...], schnuck|lig (*ugs. für* nett, süß; lecker, appetitlich)
Schnu|cki [*alte Trennung* ...k|k...], das; -s, -s (*ugs.; svw.* Schnuckelchen); **Schnu|cki|putz,** der; -es, -e (*ugs.; svw.* Schnuckelchen)
schnud|de|lig, schnudd|lig (*ugs. für* unsauber; *berlin. für* lecker)
Schnüf|fe|lei
schnuf|feln (*landsch. für* schnüffeln)
schnüf|feln (*auch für* spionieren); ich schnüff[e]le; **Schnüf|fel|stoff** (*ugs. für* Mittel, das berauschende Dämpfe abgibt)
Schnüff|ler; Schnüff|le|rin
schnul|len (*landsch. für* saugen)
Schnul|ler (Gummisauger für Kleinkinder)
Schnul|ze, die; -, -n (*ugs. für* sentimentales Kino-, Theaterstück, Lied); **Schnul|zen|sän|ger; Schnul|zen|sän|ge|rin; schnul|zig** *(ugs.)*
schnup|fen; Tabak schnupfen
Schnup|fen, der; -s, -; **Schnup|fen|mit|tel; Schnup|fen|spray**
Schnup|fer; Schnup|fe|rin
Schnupf|ta|bak; Schnupf|ta|bak[s]|do|se
Schnupf|tuch *Plur.* ...tücher
schnup|pe (*ugs. für* gleichgültig); es ist mir schnuppe
Schnup|pe, die; -, -n (*landsch. für* verkohlter Docht)
Schnup|per|an|ge|bot *(Werbespr.)*; **Schnup|per|kurs**
schnup|pern; ich schnuppere

[1]**Schnur,** die; -, *Plur.* Schnüre, *seltener* Schnuren (Bindfaden)
[2]**Schnur,** die; -, -en (*veraltet für* Schwiegertochter)
schnur|ar|tig
Schnür|bo|den *(Theater)*
Schnür|chen; das geht wie am Schnürchen (*ugs. für* das geht reibungslos)
schnü|ren (auch von der Gangart des Fuchses)
schnur|ge|ra|de, schnur|gra|de *(ugs.)*
Schnur|ke|ra|mik, die; - (Kulturkreis der Jüngeren Steinzeit)
Schnür|leib *od.* **...leib|chen** *(veraltet)*
schnur|los; schnurloses Telefon
Schnürl|re|gen *(österr.)*; **Schnürl|samt** (*österr. für* Kord)
Schnür|mie|der
Schnur|rant, der; -en, -en (*veraltet für* [Bettel]musikant)
Schnurr|bart; Schnurr|bart|bin|de; schnurr|bär|tig
Schnur|re, die; -, -n (scherzhafte Erzählung)
[1]**schnur|ren** (ein brummendes Geräusch von sich geben)
[2]**schnur|ren** usw. (*landsch. für* schnorren usw.)
Schnurr|haar (bei Raubtieren, besonders bei Katzen)
Schnür|rie|men (Schnürsenkel)
schnur|rig (*veraltend für* komisch); ein schnurriger Kauz; **Schnur|rig|keit**
Schnur|rock, Schnür|rock (*früher* Männerrock mit Schnüren)
Schnür|schuh; Schnür|sen|kel; Schnür|stie|fel
schnur|stracks *(ugs.)*
Schnü|rung *(selten)*
schnurz (*ugs. für* gleich[gültig], egal); das ist mir schnurz; **schnurz|pie|pe, schnurz|piep|e|gal** *(ugs.)*
Schnüt|chen; Schnu|te, die; -, -n (*bes. nordd. für* Mund; *ugs. für* [Schmoll]mund, unwilliger Gesichtsausdruck)
Scho|ah, Sho|ah [ʃo...], die; - ‹hebr.› (Verfolgung u. Ermordung der Juden zur Zeit des Nationalsozialismus)
Scho|ber, der; -s, - (kleine Scheune; *südd., österr. für* geschichteter Heu-, Getreidehaufen)
Schö|berl, das; -s, -n (*österr. für* eine Suppeneinlage)
scho|bern, schö|bern (*bes. österr. für* in Schober setzen); ich schobere, schöbere

Schö|chen, der; -s, Schöchen (*südd., schweiz. für* kleinerer Heuhaufen)
[1]**Schock,** das; -[e]s, -e (ein altes Zählmaß = 60 Stück); 3 Schock Eier
[2]**Schock,** der; -[e]s, *Plur.* -s, *selten* -e ‹engl.› (plötzliche nervliche od. seelische Erschütterung; akutes Kreislaufversagen)
scho|ckant [*alte Trennung* ...k|k...] ‹franz.› (*veraltend für* anstößig)
Schock|be|hand|lung
scho|cken [*alte Trennung* ...k|k...] ‹engl.› (*ugs. für* schockieren); **Scho|cker,** der; -s, - (*ugs. für* schockierender Roman, Film)
Schock|far|be (besonders grelle Farbe); **schock|far|ben**
schock|ge|fro|ren; schock|ge|fros|tet [*alte Trennung* ...|st...]
scho|ckie|ren [*alte Trennung* ...k|k...] ‹franz.› (einen Schock verursachen, in große Entrüstung versetzen)
scho|cking [*alte Trennung* ...k|k...] *vgl.* shocking
Schock|schwe|re|not! *(veraltet)*
Schock|the|ra|pie, die; -
schock|wei|se; dreischockweise
Schock|wir|kung; Schock|zu|stand
Schof, der; -[e]s, -e (*nordd. für* Strohbündel [zum Dachdecken]; *Jägerspr.* Kette [von Gänsen od. Enten])
scho|fel, scho|fe|lig, schof|lig ‹hebr.-jidd.› (*ugs. für* gemein; geizig); eine schof[e]le *od.* schof[e]lige Person; er hat ihn schofel behandelt
Scho|fel, der; -s, - (*ugs. für* schlechte Ware)
scho|fe|lig *vgl.* schofel
Schöf|fe, der; -n, -n
Schöf|fen|bank *Plur.* ...bänke
Schöf|fen|ge|richt; Schöf|fen|stuhl; Schöf|fin
schof|lig *vgl.* schofel
Scho|gun, Sho|gun, der; -s, -e ‹jap.› (*früher* Titel japanischer Feldherren)
Scho|ko, die; -, -s (*ugs. kurz für* Schokolade); **Scho|ko|kuss** [*alte Schreibung* ...kuß] (schokoladeüberzogenes Schaumgebäck)
Scho|ko|la|de, die; -, -n ‹mexik.›; **scho|ko|la|den** (aus Schokolade)
scho|ko|la|de[n]|braun
Scho|ko|la|de[n]|eis; Scho|ko|la|de[n]|fa|b|rik
scho|ko|la|de[n]|far|ben *od.* **scho|ko|la|de[n]|far|big**

S

schön

I. *Kleinschreibung:*
- die schöne Literatur; die schönen Künste; das schöne (weibliche) Geschlecht
- gib die schöne (*Kinderspr. für* rechte) Hand!
- am schönsten ↑K 74

II. *Großschreibung*

a) *der Substantivierung* ↑K 72:
- etwas Schönes; nichts Schöneres
- die Schönste unter ihnen; der Schönste der Schönen
- die Welt des Schönen; das Gefühl für das Schöne und Gute
- auf das *od.* aufs Schönste, *auch* auf das, aufs schönste übereinstimmen ↑K 75

b) *in Namen* ↑K 134:
- Philipp der Schöne

III. *Getrennt- oder Zusammenschreibung:*

a) *Getrenntschreibung in Verbindung mit Verben, wenn »schön« gesteigert oder erweitert werden kann* ↑K 56:
- schön sein, schöner sein
- es kann noch schöner werden
- sich [besonders] schön anziehen
- die Eier schön, schöner färben (*vgl. aber* b)
- die Sache schöner machen; sich für das Fest [besonders] schön machen (*vgl. aber* b)
- den Brief [besonders] schön schreiben (*vgl. aber* b) usw.

b) *Aber Zusammenschreibung:*
- schönfärben (günstig darstellen)
- schönmachen (Männchen machen)
- schönreden (beschönigen)
- schönschreiben (Schönschrift schreiben)
- schöntun (schmeicheln)

Scho|ko|la|de[n]|guss [*alte Schreibung* ...guß]
Scho|ko|la|de[n]|os|ter|ha|se
Scho|ko|la|de[n]|pud|ding
Scho|ko|la|de[n]|sei|te (*ugs. für* die Seite, die am vorteilhaftesten aussieht; jmds. angenehme Wesenszüge)
Scho|ko|la|de[n]|streu|sel
Scho|ko|la|de[n]|ta|fel
Scho|ko|la|de[n]|tor|te
Scho|ko|rie|gel
Scho|lar, der; -en, -en ⟨griech.⟩ ([fahrender] Schüler, Student [im MA.])
Scho|l|arch, der; -en, -en (Schulvorsteher im MA.)
Scho|las|tik [*alte Trennung* ...|st...], die; - (mittelalterliche Philosophie; engstirnige Schulweisheit); **Scho|las|ti|ker** (Anhänger, Lehrer der Scholastik; *auch für* spitzfindiger Mensch); **Scho|las|ti|ke|rin; scho|las|tisch; Scho|las|ti|zis|mus,** der; - (Überbewertung der Scholastik; *auch für* Spitzfindigkeit)
Scho|li|ast, der; -en, -en ⟨griech.⟩ (Verfasser von Scholien); **Scho|lie,** die; -, -n *u.* **Scho|li|on,** das; -s, ...lien (Anmerkung [zu griechischen u. römischen Schriftstellern], Erklärung)
Schol|le, die; -, -n (flacher [Erd-, Eis]klumpen; [Heimat]boden; ein Fisch); **Schol|len|bre|cher**
Schol|len|ge|bir|ge *(Geol.)*
schol|lern (dumpf rollen, tönen)
Schol|li; *nur in* mein lieber Scholli! (*ugs.* Ausruf des Erstaunens od. der Ermahnung)
schol|lig ⟨*zu* Scholle⟩
Schöll|kraut
Scho|lo|chow (russischer Schriftsteller)
Scholl|ti|sei, die; -, -en (*nordd. veraltet für* Amt des Gemeindevorstehers)
schon; obschon, wennschon; wennschon – dennschon; schon mal *(ugs.)*
schön *s. Kasten*
Schön|berg (österr. Komponist)
Schön|druck *Plur.* ...drucke (Bedrucken der Vorderseite des Druckbogens)
[1]**Schö|ne,** die; -n, -n (schöne Frau)
[2]**Schö|ne,** die; - (*veraltend* Schönheit)
scho|nen; sich schonen
schö|nen (schöner erscheinen lassen; *fachspr. für* [Färbungen] verschönern, [Flüssigkeiten] künstlich klar machen)
Scho|nen (Landsch. im Süden Schwedens)
[1]**Scho|ner** (Schutzdeckchen)
[2]**Scho|ner,** der; -s, - ⟨engl.⟩ (ein zweimastiges Segelschiff)
schön|fär|ben ([zu] günstig darstellen); ich färbe schön; schöngefärbt; schönzufärben; *aber* das Kleid wurde [besonders] schön gefärbt; **Schön|fär|ber; Schön|fär|be|rei** ([zu] günstige Darstellung); **Schön|fär|be|rin**
Schon|frist; Schon|gang *(Technik)*
Schon|gau|er (dt. Maler u. Kupferstecher)
Schon|ge|biet; Schon|ge|he|ge
Schön|geist *Plur.* ...geister; **Schön|geis|te|rei** [*alte Trennung* ...|st...], die; - (einseitige Betonung schöngeistiger Interessen); **schön|geis|tig;** schöngeistige Literatur
Schön|heit
Schön|heits|chi|r|urg; Schön|heits|chi|r|ur|gin; Schön|heits|farm
Schön|heits|feh|ler
Schön|heits|fleck; Schön|heits|i|de|al; Schön|heits|kö|ni|gin
Schön|heits|kur; Schön|heits|mit|tel; Schön|heits|o|pe|ra|ti|on
Schön|heits|pfläs|ter|chen [*alte Trennung* ...|st...]; **Schön|heits|pfle|ge,** die; -
Schön|heits|sinn, der; -[e]s
schön|heits|trun|ken *(geh.)*
Schön|heits|wett|be|werb
Schon|kost (*für* Diät)
Schön|ling (*abwertend für* [übertrieben gepflegter] gut aussehender Mann)
schön|ma|chen; der Hund hat schöngemacht (hat Männchen gemacht); *aber* das hat er [besonders] schön gemacht; sie haben sich für das Fest schön gemacht
Schon|platz (*regional für* Arbeitsplatz für Genesende, Schwangere)
schön|re|den (beschönigen); er hat das Ergebnis schöngeredet; *aber* die Vortragende hat schön geredet; **Schön|re|de|rei,** die; - (schmeichelnde Darstellung); **Schön|red|ner** (Schmeichler); **Schön|red|ne|rei,** die; - (Schönrederei); **Schön|red|ne|rin; schön|red|ne|risch**
schön|schrei|ben (Schönschrift schreiben); sie haben in der Schule schöngeschrieben; *aber*

S

er hat diesen Aufsatz [besonders] schön geschrieben

Schön|schreib|ü|bung

Schön|schrift, die; -

schöns|tens [*alte Trennung* ...|st...]

Schön|tu|er; Schön|tu|e|rei; Schön|tu|e|rin; schön|tu|e|risch

schön|tun (*ugs. für* schmeicheln); er hat ihr immer schöngetan

Scho|nung (Nachsicht, das Schonen; junger geschützter Baumbestand)

Schö|nung ⟨*zu* schönen⟩

scho|nungs|be|dürf|tig

scho|nungs|los; Scho|nungs|lo|sig|keit, die; -

scho|nungs|voll

Schon|wasch|gang

Schön|wet|ter|la|ge

Schön|wet|ter|wol|ke

Schon|zeit (*Jägerspr.*)

Scho|pen|hau|er (dt. Philosoph)

Scho|pen|hau|e|ri|a|ner (Anhänger Schopenhauers); **Scho|pen|hau|e|ri|a|ne|rin**

scho|pen|hau|e|risch; ein schopenhauerisches [*alte Schreibung* Schopenhauerisches] Werk; schopenhauerisches Denken (nach Art von Schopenhauer); **scho|pen|hau|ersch;** ein schopenhauersches, *auch* Schopenhauer'sches [*alte Schreibung* Schopenhauersches] Werk; schopenhauersches, *auch* Schopenhauer'sches Denken

Schopf, der; -[e]s, Schöpfe (Haarbüschel; *kurz für* Haarschopf; *landsch. u. schweiz. auch für* Wetterdach; Nebengebäude, [Wagen]schuppen)

Schopf|bra|ten (*österr. für* gebratener Schweinekamm)

Schöpf|brun|nen

Schöpf|chen (kleiner Schopf)

Schöp|fe, die; -, -n (*veraltend für* Gefäß, Platz zum Schöpfen); **Schöpf|ei|mer**

[1]**schöp|fen** (Flüssigkeit entnehmen)

[2]**schöp|fen** (*veraltet für* erschaffen)

[1]**Schöp|fer** (Schöpfgefäß)

[2]**Schöp|fer** (Erschaffer, Urheber; *nur Sing.:* Gott)

Schöp|fer|geist, der; -[e]s (*geh.*)

Schöp|fer|hand, die; - (*geh.*)

Schöp|fe|rin

schöp|fe|risch

Schöp|fer|kraft (*geh.*); **Schöp|fer|tum,** das; -s

Schöpf|ge|fäß; Schöpf|kel|le; Schöpf|löf|fel

Schöp|fung; Schöp|fungs|akt

Schöp|fungs|be|richt; Schöp|fungs|ge|schich|te; Schöp|fungs|tag

Schöpp|chen (kleiner Schoppen)

Schöp|pe, der; -n, -n (*nordd. für* Schöffe)

schöp|peln (*landsch für* gern od. gewohnheitsmäßig [einen Schoppen] trinken); ich schöpp[e]le

schop|pen (*südd., österr. u. schweiz. mdal. für* hineinstopfen, nudeln, zustecken)

Schop|pen, der; -s, - (altes Flüssigkeitsmaß [für Bier, Wein]; *südd. u. schweiz. auch für* Babyflasche; *landsch. für* Schuppen)

Schöp|pen|stedt (Stadt in Niedersachsen); **Schöp|pen|sted|ter; schöp|pen|sted|tisch**

Schop|pen|wein; schop|pen|wei|se

Schöps, der; -es, -e (*ostmitteld. u. österr. für* Hammel); **Schöps|chen; Schöp|sen|bra|ten; Schöp|sen|fleisch; Schöp|ser|ne,** das; -n (*österr. für* Hammelfleisch)

scho|ren (*landsch. für* umgraben)

Schorf, der; -[e]s, -e; **schorf|ar|tig; schor|fig**

Schörl, der; -[e]s, -e (schwarzer Turmalin)

Schor|le, *veraltend auch* **Schor|le|mor|le,** die; -, -n, *selten* das; -s, -s (Getränk aus Wein od. Saft u. Mineralwasser)

Schorn|stein

Schorn|stein|fe|ger; Schorn|stein|fe|ge|rin

Scho|se *vgl.* Chose

[1]**Schoß,** der; -es, Schöße (beim Sitzen durch Oberschenkel u. Unterleib gebildeter Winkel; *geh. für* Mutterleib; Teil der Kleidung)

[2]**Schoß,** die; -, *Plur.* Schoßen *u.* Schöße (*österr. für* Frauenrock)

[1]**Schoss** [*alte Schreibung* Schoß], der; Schosses, *Plur.* Schosse[n] *u.* Schösse[r] (*veraltet für* Zoll, Steuer, Abgabe)

[2]**Schoss** [*alte Schreibung* Schoß], der; Schosses, Schosse (junger Trieb)

Schoss|brett [*alte Schreibung* Schoß|brett] (*bayr. veraltet für* [3]Schütz)

Schöß|chen (an der Taille eines Frauenkleides angesetzter [gekräuselter] Stoffstreifen); **Schö|ßel,** der, *auch* das; -s, - (*österr. für* Schößchen; Frackschoß)

schos|sen (austreiben); die Pflanze schosst, schosste [*alte Schreibungen* schoß, schoßte], hat geschosst [*alte Schreibung* geschoßt]; **Schos|ser,** der; -s, - (verfrüht blühende Pflanze)

Schoß|hund; Schoß|hünd|chen

Schoß|kind

Schöss|ling [*alte Schreibung* Schöß|ling] (Ausläufer, Trieb einer Pflanze)

Schos|ta|ko|witsch [*alte Trennung* ...|st...] (russischer Komponist)

Schot, die; -, -e[n] (*Seemannsspr.* Segelleine)

Schöt|chen (kleine [3]Schote)

[1]**Scho|te,** der; -n, -n ⟨hebr.-jidd.⟩ (*ugs. für* Narr, Einfaltspinsel; witzige Geschichte)

[2]**Scho|te,** die; -, -n (Schot)

[3]**Scho|te,** die; -, -n (Fruchtform); **scho|ten|för|mig; Scho|ten|frucht**

[1]**Schott,** der; -s, -s ⟨arab.⟩ (mit Salzschlamm gefülltes Becken [im Atlasgebirge])

[2]**Schott,** das; -[e]s, *Plur.* -en, *auch* -e (*Seemannsspr.* wasserdichte [Quer]wand im Schiff)

[1]**Schot|te,** der; -n, -n (Bewohner von Schottland)

[2]**Schot|te,** der; -n, -n (*nordd. für* junger Hering)

[3]**Schot|te,** die; - (*südd., schweiz. für* Molke)

[1]**Schot|ten,** der; -s (*südd., westösterr. für* Quark)

[2]**Schot|ten,** der; -s, - (ein Gewebe)

Schot|ten|rock; Schot|ten|witz

Schot|ter, der; -s, - (zerkleinerte Steine; *auch für* von Flüssen abgelagerte kleine Steine); **Schot|ter|de|cke** [*alte Trennung* ...k|k...]

schot|tern (mit Schotter belegen); ich schottere; **Schot|ter|stra|ße; Schot|te|rung**

Schot|tin; schot|tisch

Schot|tisch, der; -, - *u.* **Schot|ti|sche,** der; -n, -n (ein Tanz); einen Schottischen tanzen

Schott|land; Schott|län|der (*selten*); **Schott|län|de|rin** (*selten*); **schott|län|disch** (*selten*)

Schraf|fe, die; -, -n *meist Plur.* (Strich einer Schraffur); **schraf|fen** (schraffieren)

schraf|fie|ren (mit Schraffen versehen; stricheln)

Schraf|fie|rung, Schraf|fung, *meist* **Schraf|fur,** die; -, -en (feine parallele Striche, die eine Fläche hervorheben)

schräg; schräg halten, laufen, stehen, stellen, liegen; schräg laufende [*alte Schreibung* schräg-

S

schre|cken

[*alte Trennung* ...k|k...]
In der Bedeutung »in Schrecken geraten« wird
a) *in Zusammensetzungen wie »auf-, hoch-, zurück-, zusammenschrecken« sowohl unregelmäßig als auch regelmäßig gebeugt:*
– du schrickst, *auch* schreckst zurück
– du schrakst, *auch* schrecktest zurück
– sie meinte, du schräkest, *auch* schrecktest zurück
– du bist zurückgeschreckt
– schrick, *auch* schreck[e] nicht zurück!
b) *»erschrecken« stets unregelmäßig gebeugt:*
– du erschrickst
– du erschrakst
– du bist erschrocken

In den Bedeutungen »in Schrecken [ver]setzen; abschrecken« und (jägersprachlich) »schreien« wird regelmäßig gebeugt:
– du schreckst sie mit Drohungen; dieser Traum schreckt mich
– du schrecktest mich mit deiner Ankündigung; sie schreckte gerade die Eier [ab]
– das Telefon hat mich [aus meinen Gedanken] geschreckt
– schreck[e] mich nicht so!
– du [er]schrecktest sie; du hast sie geschreckt, erschreckt
– der Rebstock schreckte, hat geschreckt *(Jägerspr.)*

laufende] Linien; schräg gegenüber; schräge Musik (*ugs. bes. für* Jazzmusik)
Schräg|bau, der; -[e]s (*Bergmannsspr.* ein Abbauverfahren in steil gelagerten Flözen)
Schrä|ge, die; -, -n
schra|gen (*veraltet für* zu Schragen verbinden)
schrä|gen (schräg abkanten)
Schra|gen, der; -s, - (*veraltet für* schräg od. kreuzweise zueinander stehende Holzfüße od. Pfähle; *auch für* Sägebock; Totenbahre)
Schräg|heit, die; -; **schräg|hin; Schräg|la|ge**
schräg lau|fend [*alte Schreibung* schräg|lau|fend] *vgl.* schräg
Schräg|schnitt; Schräg|schrift; Schräg|strei|fen; Schräg|strich
schräg|ü|ber (*selten für* schräg gegenüber)
Schrä|gung (*selten für* Schräge)
schral (*Seemannsspr.* ungünstig); schraler Wind; **schra|len;** der Wind schralt
Schram, der; -[e]s, Schräme (*Bergmannsspr.* horizontaler od. geneigter Einschnitt im Flöz); **Schram|boh|rer, Schräm|boh|rer; schrä|men** (Schräme machen); **Schräm|ma|schi|ne** (Maschine zur Herstellung eines Schrams)
Schram|me, die; -, -n
Schram|mel|mu|sik ↑K 136, die; - ‹nach den österr. Musikern Johann u. Josef Schrammel›
schram|men; schram|mig
Schrank, der; -[e]s, Schränke
Schrank|bett
Schränk|chen
Schran|ke, die; -, -n
Schränk|ei|sen (Gerät zum Schränken der Säge)
schrän|ken (die Zähne eines Sägeblattes wechselweise abbiegen; *Jägerspr.* die Tritte etwas versetzt hintereinander setzen [vom Rothirsch])
Schran|ken, der; -s, - (*österr. für* Bahnschranke)
schran|ken|los; Schran|ken|lo|sig|keit, die; -
Schran|ken|wär|ter
Schrank|fach
schrank|fer|tig; schrankfertige Wäsche
Schrank|kof|fer; Schrank|spie|gel
Schrank|tür; Schrank|wand
Schran|ne, die; -, -n (*südd. veraltend für* Fleischer-, Bäckerladen; Getreidemarkt[halle]; *bayr., österr. landsch. für* Markt[halle])
Schranz, der; -es, Schränze (*südd., schweiz. mdal. für* Riss)
Schran|ze, die; -, -n, *seltener* der; -n, -n (*abwertend für* Höfling)
Schra|pe, die; -, -n (*nordd. für* Gerät zum Schaben); **schra|pen** (*nordd. für* schrappen)
Schrap|nell, das; -s, *Plur.* -e *u.* -s ‹nach dem engl. Artillerieoffizier H. Shrapnel› (*früher* Sprenggeschoss mit Kugelfüllung; *ugs. abwertend für* ältere, hässliche Frau)
Schrapp|ei|sen; schrap|pen (*landsch. für* [ab]kratzen); **Schrap|per** (ein Fördergefäß)
Schrap|sel, das; -s, - (*nordd. für* das Abgekratzte)
Schrat, Schratt, der; -[e]s, -e, *landsch.* **Schrä|tel,** der; -s, - (zottiger Waldgeist)
Schrat|te, die; -, -n (*Geol.* Rinne, Schlucht in Kalkgestein); *vgl.* [2]Karre; **Schrat|ten|kalk,** der; -[e]s (zerklüftetes Kalkgestein)
Schräub|chen
Schrau|be, die; -, -n
Schrau|bel, die; -, -n (*Bot.* schraubenförmiger Blütenstand)
schrau|ben
Schrau|ben|damp|fer; Schrau|ben|dre|her (*fachspr. für* Schraubenzieher); **Schrau|ben|fe|der; Schrau|ben|flü|gel**
schrau|ben|för|mig
Schrau|ben|ge|win|de; Schrau|ben|kopf; Schrau|ben|li|nie; Schrau|ben|mut|ter *Plur.* ...muttern; **Schrau|ben|pres|se; Schrau|ben|rad; Schrau|ben|sal|to**
Schrau|ben|schlüs|sel
Schrau|ben|zie|her
Schrau|ber (*ugs. für* Mechaniker, Bastler); **Schrau|be|rin**
Schraub|stock *Plur.* ...stöcke
Schrau|bung
Schraub|ver|schluss [*alte Schreibung* ...ver|schluß]
Schraub|zwin|ge
Schre|ber|gar|ten ↑K 136 ‹nach dem Leipziger Arzt Schreber› (Kleingarten in Gartenkolonien); **Schre|ber|gärt|ner; Schre|ber|gärt|ne|rin**
Schreck, der; -[e]s, -e *u.* **Schre|cken,** der; -s, -; Schrecken erregen; ↑K 59: eine Schrecken erregende, *auch* schreckenerregende Verlautbarung; *aber nur* eine höchst schreckenerregende Verlautbarung
Schreck|bild
Schre|cke [*alte Trennung* ...k|k...], die; -, -n (*kurz für* Heuschrecke)
schre|cken *s. Kasten*

S

Schre|cken [*alte Trennung* ...k|k...] *vgl.* Schreck; **Schre|cken er|re|gend,** *auch* **schre|cken|er|re|gend;** eine Schrecken erregende, *auch* schreckenerregende Nachricht; *aber nur* noch schreckenerregender, besonders schreckenerregend, großen Schrecken erregend ↑K 58 *u.* 59

Schre|ckens|bi|lanz [*alte Trennung* ...k|k...]

schre|ckens|blass [*alte Trennung* ...k|k..., *alte Schreibung* ...blaß]; **schre|ckens|bleich**

Schre|ckens|bot|schaft [*alte Trennung* ...k|k...]; **Schre|ckens|herr|schaft; Schre|ckens|nach|richt**

schreck|er|füllt

Schreck|ge|spenst

schreck|haft; Schreck|haf|tig|keit

schreck|lich (*vgl.* schlimm); **Schreck|lich|keit**

Schreck|nis, das; -ses, -se *(geh.)*

Schreck|schrau|be (*ugs. abwertend für* unangenehme Frau)

Schreck|schuss [*alte Schreibung* ...schuß]; **Schreck|schuss|pis|to|le** [*alte Trennung* ...|st...]

Schreck|se|kun|de

Schred|der, der; -s, - ⟨engl.⟩ (Anlage zum Verschrotten von Autowracks; Zerkleinerungsmaschine für Gartenabfälle); **schred|dern**

Schrei, der; -[e]s, -e; **Schrei|ad|ler**

Schreib|au|to|mat; Schreib|be|darf; Schreib|block *vgl.* Block; **Schreib|bü|ro**

Schrei|be, die; - (*ugs. für* Geschriebenes; Schreibgerät; Schreibstil)

schrei|ben; du schriebst; du schriebest; geschrieben; schreib[e]!; er hat mir sage und schreibe (tatsächlich) zwanzig Mark abgenommen; **Schrei|ben,** das; -s, - (Schriftstück)

Schrei|ber; Schrei|be|rei; Schrei|be|rin

Schrei|ber|ling (*abwertend für* [viel u.] schlecht schreibender Autor)

Schrei|ber|see|le (bürokratischer, kleinlicher Mensch)

schreib|faul; Schreib|faul|heit

Schreib|fe|der; Schreib|feh|ler

schreib|ge|wandt

Schreib|heft; Schreib|kraft; Schreib|krampf; Schreib|map|pe

Schreib|ma|schi|ne; Schreib|ma|schi|nen|pa|pier; Schreib|ma|schi|nen|schrift

Schreib|pa|pier; Schreib|pult; Schreib|schrank; Schreib|schrift; Schreib|stu|be

Schreib|tisch; Schreib|tisch|gar|ni|tur

Schreib|tisch|tä|ter (jmd., der ein Verbrechen von anderen ausführen lässt, in führender Position dafür verantwortlich ist)

Schreib|ü|bung

Schrei|bung

Schreib|un|ter|la|ge; Schreib|un|ter|richt

Schreib|wa|ren *Plur.;* **Schreib|wa|ren|ge|schäft**

Schreib|wei|se, die; **Schreib|zeug,** das; -[e]s

schrei|en; du schriest; geschrien [*alte Schreibung auch* geschrieen]; schrei[e]!; die schreiends|ten Farben

Schrei|er; Schrei|e|rei *(ugs.);* **Schrei|e|rin**

Schrei|hals *(abwertend);* **Schrei|krampf**

Schrein, der; -[e]s, -e ⟨lat.⟩ (*veraltend für* Schrank; [Reliquien]behältnis)

Schrei|ner (*bes. südd., westd., schweiz. für* Tischler); **Schrei|ne|rei; Schrei|ne|rin; schrei|nern;** ich schreinere

Schreit|bag|ger

schrei|ten; du schrittst; du schrittest; geschritten; schreit[e]!

Schreit|tanz; Schreit|vo|gel

Schrenz, der; -es, -e (*veraltend für* minderwertiges Papier, Löschpapier)

Schrieb, der; -s, -e *u.* **Schriebs,** der; -es, -e (*ugs., oft abwertend für* Schreiben, Brief)

Schrift, die; -, -en; die deutsche, gotische, lateinische, griechische, kyrillische Schrift

Schrift|art; Schrift|bild

schrift|deutsch; Schrift|deutsch, das; -[s]; **Schrift|deut|sche,** das; -n

Schrif|ten *Plur.* (*schweiz. für* Ausweispapiere)

Schrif|ten|rei|he; Schrif|ten|ver|zeich|nis

Schrift|form

Schrift|füh|rer; Schrift|füh|re|rin

Schrift|ge|lehr|te (im N. T.)

schrift|ge|mäß

Schrift|gie|ßer; Schrift|gie|ße|rei; Schrift|gie|ße|rin

Schrift|grad; Schrift|gut; Schrift|hö|he; Schrift|lei|ter, der; **Schrift|lei|tung**

schrift|lich; schriftliche Arbeit; schriftliche Prüfung; jmdm. etwas schriftlich geben; ↑K 72: jmdm. etwas Schriftliches geben; **Schrift|lich|keit,** die; - (schriftliche Niederlegung)

Schrift|pro|be; Schrift|rol|le; Schrift|sach|ver|stän|di|ge

Schrift|satz; Schrift|set|zer; Schrift|set|ze|rin

Schrift|spra|che; schrift|sprach|lich

Schrift|stel|ler; Schrift|stel|le|rei, die; -; **Schrift|stel|le|rin; schrift|stel|le|risch; schrift|stel|lern;** ich schriftstellere; geschriftstellert

Schrift|stück; Schrift|tum, das; -s; **Schrift|typ**

Schrift|ver|kehr, der; -s

schrift|ver|stän|dig

Schrift|wech|sel; Schrift|zei|chen; Schrift|zug

schrill; schril|len; Schrill|heit, die; -

Schrimp, Shrimp [ʃr...], der; -s, -s *meist Plur.* ⟨engl.⟩ (kleine Krabbe)

schrin|nen (*nordd. für* schmerzen); die Wunde schrinnt

Schrip|pe, die; -, -n (*bes. berlin. für* Brötchen)

Schritt, der; -[e]s, -e; 5 Schritt weit; Schritt für Schritt; auf Schritt und Tritt; Schritt fahren, Schritt halten

Schritt|feh|ler *(Sport)*

Schritt|fol|ge (beim Tanzen)

Schritt|ge|schwin|dig|keit, die; -

Schritt|kom|bi|na|ti|on *(Sport)*

Schritt|län|ge

Schritt|ma|cher; Schritt|ma|cher|ma|schi|ne *(Radrennen)*

Schritt|mes|ser, der

Schritt|tanz, *auch* **Schritt-Tanz** [*alte Schreibung* Schrittanz, *alte Trennung* ...tt|t...]

Schritt|tem|po, *auch* **Schritt-Tempo** [*alte Schreibung* Schrittempo, *alte Trennung* ...tt|t...], das; -s

schritt|wei|se

Schritt|wei|te (bei der Hose); **Schritt|zäh|ler**

Schro|fen, der; -s, - (*landsch., bes. österr. für* Felsklippe)

schroff

Schroff, der; *Gen.* -[e]s *u.* -en, *Plur.* -en *u.* **Schrof|fen,** der; -s, - *vgl.* Schrofen

Schroff|heit

schroh (*fränk. u. hess. für* hässlich; *landsch. für* sehr dünn)

schröp|fen; Schröp|fer (*selten für* Schröpfkopf); **Schröpf|kopf** *(Med.)*

Schropp|ho|bel *vgl.* Schrupp|ho|bel

Schrot, der *od.* das; -[e]s, -e (grob

S

gemahlene Getreidekörner; kleine Bleikügelchen); mit Schrot schießen
Schrot|blatt (mittelalterliches Kunstblatt in Metallschnitt)
Schrot|brot
schro|ten (grob zerkleinern); geschrotet, *älter* geschroten
Schrö|ter (*selten für* Hirschkäfer)
Schrot|flin|te
Schroth|kur ↑K 136 ‹nach dem österr. Naturheilkundler J. Schroth› ([Abmagerungs]kur mit wasserarmer Diät)
Schrot|korn
Schrot|ku|gel; Schrot|la|dung
Schröt|ling (Metallstück zum Prägen von Münzen)
Schrot|mehl; Schrot|müh|le; Schrot|sä|ge
Schrot|schuss [*alte Schreibung* ...schuß]; **Schrot|schuss|krank|heit,** die; - (eine Pflanzenkrankheit)
Schrott, der; -[e]s, -e *Plur. selten* (Altmetall); **schrot|ten** (zu Schrott machen)
Schrott|han|del; Schrott|händ|ler
Schrott|hau|fen; Schrott|platz; Schrott|pres|se
schrott|reif
Schrott|trans|port, *auch* **Schrott-Trans|port**
Schrott|wert, der; -[e]s
Schrot|waa|ge (Vorrichtung zur Prüfung waagerechter Flächen)
Schrubb|be|sen, *auch* **Schrubb-Be|sen** [*alte Schreibung* Schrubbesen, *alte Trennung* ...bb|b...] *(landsch.)*
schrub|ben (mit einer Bürste o. Ä. reinigen); *vgl.* schruppen
Schrub|ber ([Stiel]scheuerbürste)
Schrul|le, die; -, -n (seltsame Laune; *ugs. auch für* eigensinnige alte Frau); **schrul|len|haft**
schrul|lig; Schrul|lig|keit, die; -
schrumm!; schrumm|fi|de|bumm!
Schrum|pel, die; -, -n (*landsch. für* Falte, Runzel; alte Frau); **schrum|pe|lig** *vgl.* schrumplig
schrum|peln (*landsch. für* schrumpfen); ich schrump[e]le
schrumpf|be|stän|dig; schrumpfbeständige Stoffe
schrump|fen
Schrumpf|ger|ma|ne (*ugs. abwertend für* kleinwüchsiger Mensch); **schrump|fig**
Schrumpf|kopf (eingeschrumpfter Kopf eines getöteten Feindes [als Trophäe])
Schrumpf|le|ber; Schrumpf|nie|re
Schrump|fung
schrump|lig, schrum|pe|lig (*landsch. für* faltig u. eingetrocknet)
Schrund, der; -[e]s, Schründe (*südd., österr., schweiz. für* Randspalte eines Gletschers; Felsspalte, Kluft); **Schrun|de,** die; -, -n ([Haut]riss, Spalte); **schrun|dig** (*landsch. für* rissig)
schrup|pen (grob hobeln); *vgl.* schrubben; **Schrupp|fei|le; Schrupp|ho|bel**
Schruz, der; -es (*obersächs. für* Minderwertiges, Wertloses)
Schtetl *vgl.* Stetl
Schub, der; -[e]s, Schübe
Schub|ab|schal|tung *(Kfz-Technik)*
Schub|be|jack, der; -s, -s (*nordd. für* Schubiack); **schub|ben** (*nordd. für* kratzen)
Schu|ber, der; -s, - (Schutzkarton für Bücher; *österr. auch für* Absperrvorrichtung, Schieber)
Schu|bert (österr. Komponist)
Schub|fach
Schub|haft (*österr. für* Abschiebehaft); **Schub|häft|ling**
Schu|bi|ack, der; -s, *Plur.* -s *u.* -e ‹niederl.› (*ugs. für* Lump, niederträchtiger Mensch)
Schub|kar|re[n]; Schub|kas|ten [*alte Trennung* ...|st...]; **Schub|kraft**
Schub|la|de; schub|la|di|sie|ren (*schweiz. für* unbearbeitet weglegen)
Schub|leh|re (*svw.* Schieblehre)
Schub|leich|ter (Schiff)
Schub|leis|tung [*alte Trennung* ...|st...]
Schüb|lig *(schweiz. mdal.) u.* **Schüb|ling** (*südd., schweiz. für* [leicht geräucherte] Wurst)
Schub|mo|dul, der; -s, -n *(Physik)*
Schubs, der; -es, -e (*ugs. für* Stoß)
Schub|schiff
schub|sen (*ugs. für* [an]stoßen); du schubst; **Schub|se|rei** *(ugs.)*
Schub|stan|ge; Schub|um|kehr (Verfahren zur Abbremsung eines Flugzeuges nach der Landung)
schub|wei|se; Schub|wir|kung
schüch|tern; Schüch|tern|heit
schu|ckeln [*alte Trennung* ...k|k...] (*landsch. für* schaukeln); ich schuck[e]le
schud|dern (*landsch. für* schauern, frösteln); es schuddert mich
Schu|fel, die; -, -n (ein Gartengerät)
Schuft, der; -[e]s, -e *(abwertend)*
schuf|ten (*ugs. für* hart arbeiten); **Schuf|te|rei** *(ugs.)*
schuf|tig; Schuf|tig|keit
Schuh, der; -[e]s, -e; 3 Schuh lang
Schuh|an|zie|her; Schuh|band, das *Plur.* ...bänder (*landsch. für* Schnürsenkel); **Schuh|bürs|te** [*alte Trennung* ...|st...]
Schuh|chen, Schüh|chen
Schuh|creme, *auch* Schuh|krem, Schuh|kre|me
Schuh|fa|b|rik; Schuh|ge|schäft; Schuh|grö|ße; Schuh|kar|ton
Schuh|krem, Schuh|kre|me *vgl.* Schuhcreme
Schuh|la|den *Plur.* ...läden
Schüh|lein
Schuh|leis|ten [*alte Trennung* ...|st...]; **Schuh|löf|fel**
Schuh|ma|cher; Schuh|ma|che|rei; Schuh|ma|che|rin
Schuh|num|mer
Schuh|platt|ler (ein Volkstanz)
Schuh|put|zer; Schuh|rie|men; Schuh|soh|le; Schuh|span|ner
Schuh|werk; Schuh|wich|se *(ugs.)*
Schu|ko® (*Kurzw. für* Schutzkontakt), *in Verbindungen wie* **Schu|ko|ste|cker** [*alte Trennung* ...k|k...] (*Kurzw. für* Stecker mit besonderem Schutzkontakt)
Schul|ab|gän|ger; Schul|ab|gän|ge|rin
Schul|ab|schluss [*alte Schreibung* ...ab|schluß]
Schu|lam|mit *vgl.* [2]Sulamith
Schul|amt
Schul|an|fang; Schul|an|fän|ger; Schul|an|fän|ge|rin
Schul|ar|beit (*österr. auch svw.* Klassenarbeit)
Schul|arzt; Schul|ärz|tin; schul|ärzt|lich
Schul|at|las; Schul|auf|ga|be; Schul|auf|satz
Schul|auf|sicht; Schul|auf|sichts|be|hör|de
Schul|bank *Plur.* ...bänke; **Schul|be|ginn; Schul|be|hör|de**
Schul|bei|spiel
Schul|be|such; Schul|bil|dung; Schul|bub (*südd., österr. für* Schuljunge); **Schul|buch; Schul|bus; Schul|chor**
Schuld, die; -, -en; es ist meine Schuld; [bei jmdm.] Schulden haben, machen; [an etwas] Schuld [*alte Schreibung* schuld] *od.* die Schuld haben; jmdm. Schuld [*alte Schreibung* schuld] *od.* die Schuld geben; an etwas Schuld tragen; *aber* ↑K 70: schuld sein; du hast dir etwas

zuschulden, *auch* zu Schulden kommen lassen
Schuld|ab|än|de|rung *(Rechtsw.);* **Schuld|an|er|kennt|nis,** das *(Rechtsw.);* **Schuld|bei|tritt** *(Rechtsw.);* **Schuld|be|kennt|nis**
schuld|be|la|den *(geh.)*
Schuld|be|weis
schuld|be|wusst [*alte Schreibung* ...be|wußt]; **Schuld|be|wusst-sein**
Schuld|buch|for|de|rung *(Wirtsch.)*
schul|den; er schuldet ihr Geld
Schul|den|berg *(ugs.);* **Schul|den-er|lass** [*alte Schreibung* ...er-laß]
schul|den|frei (ohne Schulden)
Schul|den|haf|tung *(Rechtsspr.);* **schul|den|hal|ber; Schul|den|last**
schuld|fä|hig *(Rechtsspr.)*
Schuld|fra|ge, die; -
schuld|frei (ohne Schuld)
Schuld|ge|fühl
schuld|haft
Schuld|haft, die; - *(früher)*
Schul|dienst, der; -[e]s
schul|dig; auf schuldig plädieren (Schuldigsprechung beantragen); eines Verbrechens schuldig sein; jmdn. schuldig sprechen; **Schul|di|ge,** der *u.* die; -n, -n
Schul|di|ger (*bibl. für* jmd., der sich schuldig gemacht hat)
schul|di|ger|ma|ßen
Schul|dig|keit; seine [Pflicht u.] Schuldigkeit tun
Schul|dig|spre|chung
Schuld|kom|p|lex *(Psych.)*
schuld|los; Schuld|lo|sig|keit, die; -
Schuld|ner; Schuld|ne|rin
Schuld|ner|mehr|heit *(Rechtsspr.);* **Schuld|ner|ver|zug** *(Rechtsspr.)*
Schuld|recht, das; -[e]s *(Rechtsspr.)*
Schuld|schein
Schuld|spruch
Schuld|ü|ber|nah|me
Schuld|um|wand|lung; Schuld|ver-hält|nis; Schuld|ver|schrei|bung
schuld|voll
Schuld|zins *Plur.* ...zinsen
Schuld|zu|wei|sung
Schu|le, die; -, -n; ↑K 151: die hohe [*alte Schreibung* Hohe] Schule *(vgl. d.);* die höhere Schule (*vgl.* höher); Schule machen (Nachahmer finden)
schu|le|i|gen ↑K 59
schu|len
Schul|eng|lisch (Englischkenntnisse, die jmd. auf der Schule erworben hat)
schul|ent|las|sen ↑K 59; **Schul|ent-las|sung**
Schü|ler; Schü|ler|aus|tausch; Schü|ler|aus|weis
schü|ler|haft
Schü|le|rin
Schü|ler/-innen, Schü|ler(innen) (*Kurzformen für* Schülerinnen u. Schüler)
Schü|ler|lot|se (Schüler, der als Verkehrshelfer eingesetzt ist)
Schü|ler|mit|ver|ant|wor|tung; Schü|ler|mit|ver|wal|tung (*Abk.* SMV); **Schü|ler|par|la|ment**
Schü|ler|schaft
Schü|ler|spra|che, die; -; **Schü|ler-wett|be|werb; Schü|ler|zei|tung**
Schul|fach; Schul|fe|ri|en *Plur.*
schul|frei; *vgl.* hitzefrei
Schul|freund; Schul|freun|din; Schul|funk; Schul|gang, der; **Schul|gar|ten; Schul|ge|bäu|de**
Schul|ge|lehr|sam|keit; Schul|ge-setz; Schul|haus; Schul|heft; Schul|hof; Schul|hort
schu|lisch
Schul|jahr; Schul|ju|gend; Schul-jun|ge, der; **Schul|ka|me|rad; Schul|kennt|nis|se** *Plur.;* **Schul-kind; Schul|klas|se; Schul|land-heim**
Schul|lei|ter, der; **Schul|lei|te|rin; Schul|lei|tung**
Schul|mäd|chen; Schul|mann (*svw.* Lehrer)
schul|mä|ßig
Schul|me|di|zin, die; -
Schul|meis|ter [*alte Trennung* ...|st...]; **schul|meis|ter|lich; schul|meis|tern;** ich schulmeistere; geschulmeistert; zu schulmeistern
Schul|mu|sik, die; -; **Schul|or|ches-ter** [*alte Trennung* ...|st...]; **Schul|ord|nung**
Schulp, der; -[e]s, -e (Schale der Tintenfische)
Schul|pflicht, die; -; **schul|pflich-tig;** schulpflichtiges Alter; schulpflichtiges Kind
Schul|pfor|ta ([*früher* Fürstenschule] bei Naumburg)
Schul|po|li|tik
Schul|psy|cho|lo|ge; Schul|psy|cho-lo|gin
Schul|ran|zen
Schul|rat *Plur.* ...räte; **Schul|rä|tin**
Schul|recht, das; -[e]s; **Schul|re-form; Schul|rei|fe; Schul|sack** (*schweiz. für* Schulranzen; Schulbildung)
Schul|schiff
Schul|schluss [*alte Schreibung* ...schluß], der; ...schlusses;
Schul|sport
Schul|spre|cher; Schul|spre|che|rin
Schul|stress [*alte Schreibung* ...streß]
Schul|stun|de; Schul|sys|tem [*alte Trennung* ...|st...]; **Schul|tag; Schul|ta|sche**
Schul|ter, die; -, -n
Schul|ter|blatt
schul|ter|frei
Schul|ter|ge|lenk
Schul|ter|klap|pe
schul|ter|lang; schulterlanges Haar
schul|tern; ich schultere
Schul|ter|pols|ter [*alte Trennung* ...|st...]; **Schul|ter|rie|men**
Schul|ter|schluss [*alte Schreibung* ...schluß] der; ...schlusses (das Zusammenhalten [von Interessengruppen u. a.])
Schul|ter|sieg (beim Ringen)
Schult|heiß, der; -en, -en (*früher für* Gemeindevorsteher; *im Kanton Luzern* Präsident des Regierungsrates); **Schult|hei-ßen|amt**
Schul|tü|te (am ersten Schultag)
Schu|lung; Schu|lungs|kurs
Schul|un|ter|richt; Schul|ver|sa-gen; Schul|ver|wal|tung; Schul-wart, der; -[e], -e (*österr. für* Hausmeister einer Schule); **Schul|weg; Schul|weis|heit** (*veraltet für* angelerntes Wissen); **Schul|we|sen,** das; -s; **Schul|wis-sen**
Schul|ze, der; -n, -n (*veraltet für* Gemeindevorsteher)
Schul|zeit
Schul|zen|amt *(veraltet)*
Schul|zen|t|rum; Schul|zeug|nis; Schul|zim|mer (*schweiz. für* Klassenzimmer)
Schu|man (franz. Politiker)
Schu|mann (dt. Komponist)
Schum|mel, der; -s (*ugs. für* Schummelei, Betrug); **Schum-me|lei** *(ugs.)*
schum|meln (*ugs. für* [leicht] betrügen); ich schumm[e]le
Schum|mer, der; -s, - (*landsch. für* Dämmerung)
schum|me|rig, schumm|rig (*ugs. für* dämmerig, halbdunkel)
schum|mern (*landsch. für* dämmern; *fachspr. für* [Landkarte] schattieren); ich schummere; ↑K 82: im Schummern (*landsch. für* in der Dämmerung)
Schum|me|rung, die; - (*fachspr. für* Schattierung)

S

Schumm|ler, der; -s, - (*ugs. für* jmd., der schummelt); **Schumm|le|rin**
schumm|rig *vgl.* schummerig
Schum|per|lied (*obersächs. für* Liebeslied, derbes Volkslied)
schum|pern (*ostmitteld. für* auf dem Schoße schaukeln); ich schumpere
Schund, der; -[e]s (Wertloses, Minderwertiges)
Schund|blatt (*abwertend für* Zeitschrift, die nur Schund enthält); **Schund|heft** (*svw.* Schundblatt); **Schund|li|te|ra|tur,** die; -; **Schund|ro|man**
schun|keln ([sich] hin u. her wiegen; *landsch. für* schaukeln); ich schunk[e]le; **Schun|kel|wal|zer**
Schupf, der; -[e]s, -e (*südd., schweiz. mdal. für* Schubs, Stoß, Schwung); **schup|fen**
Schup|fen, der; -s, - (*südd., österr. für* Schuppen, Wetterdach)
Schup|fer (*österr. ugs. für* Stoß, Schubs)
Schupf|nu|del *meist Plur.* (*südd.* aus Kartoffelpüree, Mehl u. Ei)
¹**Schu|po,** die; - (*Kurzw. für* Schutzpolizei)
²**Schu|po,** der; -s, -s (*veraltet; Kurzw. für* Schutzpolizist)
Schupp, der; -[e]s, -e (*nordd. für* Schubs, Stoß, Schwung)
Schüpp|chen (kleine Schuppe)
Schup|pe, die; -, -n (Haut-, Hornplättchen)
Schüp|pe, die; -, -n (*landsch. für* Schippe)
Schüp|pel, der; -s, - (*bayr. u. österr. mdal. für* Büschel)
schüp|peln (*veraltet für* schiebend bewegen); ich schüpp[e]le
¹**schup|pen** (*landsch. für* stoßen, stoßend schieben)
²**schup|pen** ([Fisch]schuppen entfernen; Schuppen bilden)
schüp|pen (*landsch. für* schippen)
Schup|pen, der; -s, - (Raum für Holz u. a.); *vgl.* Schupfen
Schüp|pen *Plur.* (*landsch. für* Schippen)
schup|pen|ar|tig
Schup|pen|bil|dung; Schup|pen|flech|te *(Med.)*
Schup|pen|pan|zer; Schup|pen|tier
schup|pig
Schups, der; -es, -e (*südd. für* Schubs); **schup|sen** *(südd. für* schubsen); du schupst
Schur, die; -, -en (Scheren [der Schafe])
Schür|ei|sen; schü|ren; Schü|rer (*landsch. für* Schürhaken)
Schurf, der; -[e]s, Schürfe (*Bergmannsspr.* Suche nach nutzbaren Lagerstätten)
schür|fen
Schür|fer *(Bergmannsspr.);* **Schürf|kü|bel** (ein Fördergerät); **Schürf|loch; Schürf|recht**
Schür|fung
Schürf|wun|de
schür|gen (*landsch. für* schieben, stoßen, treiben)
Schür|ha|ken
Schu|ri|ge|lei *(ugs.);* **schu|ri|geln** (*ugs. für* schikanieren, quälen); ich schurig[e]le
Schur|ke, der; -n, -n *(abwertend);* **Schur|ken|streich** *(veraltend);* **Schur|ke|rei** *(abwertend);* **Schur|kin; schur|kisch**
Schur|re, die; -, -n (*landsch. für* Rutsche); **schur|ren** (*landsch. für* mit knirschendem Geräusch über den Boden gleiten, scharren)
Schur|wol|le; schur|wol|len (aus Schurwolle)
Schurz, der; -es, -e
Schür|ze, die; -, -n
schür|zen; du schürzt
Schür|zen|band, das; *Plur.* ...bänder
Schür|zen|jä|ger (*ugs. für* Mann, der ständig Frauen umwirbt)
Schür|zen|kleid; Schür|zen|zip|fel
Schusch|nigg (österr. Politiker)
Schuss [*alte Schreibung* Schuß], der; Schusses, Schüsse; 2 Schuss Rum; 2 Schuss (*auch* Schüsse) abgeben; in Schuss (*ugs. für* in Ordnung) halten, haben
Schuss|ab|ga|be [*alte Schreibung* Schuß...], die; - *(Amtsspr.);* **Schuss|bein** *(Fußball)*
schuss|be|reit [*alte Schreibung* schuß|be|reit]
¹**Schus|sel,** der; -s, - *od.* die; -, -n (*ugs. für* unkonzentrierter, vergesslicher Mensch)
²**Schus|sel,** die; -, -n (*landsch. für* Schlitterbahn)
Schüs|sel, die; -, -n; **schüs|sel|för|mig**
schus|se|lig, schuss|lig [*alte Schreibung* schuß|lig] (*ugs. für* unkonzentriert, vergesslich)
schus|seln (*ugs. für* fahrig, unruhig sein; *landsch. für* schlittern); ich schussele *u.* schussle [*alte Schreibung* schußle]
Schus|ser (*landsch. für* Spielkügelchen); **schus|sern** *(landsch.);* ich schussere *u.* schussre [*alte Schreibung* schußre]
Schuss|fa|den [*alte Schreibung* Schuß...] *(Weberei);* **Schuss|fahrt** *(Skisport);* **Schuss|feld**
schuss|fer|tig [*alte Schreibung* schuß...]; **schuss|fest** (kugelsicher; *Jägerspr.* an Schüsse gewöhnt)
Schuss|garn [*alte Schreibung* Schuß...] *(Weberei);* **Schuss|ge|le|gen|heit** *(Sport)*
schuss|ge|recht [*alte Schreibung* schuß...] *(Jägerspr.)*
Schuss|ge|rin|ne [*alte Schreibung* Schuß...] *(Wasserbau)*
schus|sig (*landsch. für* [über]eilig, hastig)
Schuss|ler [*alte Schreibung* Schuß|ler] (*landsch. für* mit Schussern Spielender; *ugs. svw.* ¹Schussel)
schuss|lig *vgl.* schusselig
Schuss|li|nie [*alte Schreibung* Schuß...]; **Schuss|rich|tung**
schuss|schwach [*alte Schreibung* schuß...] *(Sport);* **Schuss|schwä|che,** *auch* **Schuss-Schwä|che** *(bes. Fuß-, Handball)*
schuss|stark [*alte Schreibung* schuß...] *(Sport);* **Schuss|stär|ke,** *auch* **Schuss-Stär|ke** *(bes. Fuß-, Handball)*
Schuss|ver|let|zung [*alte Schreibung* Schuß...]; **Schuss|waf|fe; Schuss|wech|sel; Schuss|wei|te; Schuss|wun|de; Schuss|zahl**
Schus|ter [*alte Trennung* ...|st...]; **Schus|ter|ah|le; Schus|te|rei** *(veraltet);* **Schus|ter|jun|ge,** der (*veraltet für* Schusterlehrling; *berlin. für* Roggenbrötchen)
schus|tern [*alte Trennung* ...|st...] (*landsch., sonst veraltet für* das Schuhmacherhandwerk ausüben; *abwertend für* Pfuscharbeit machen); ich schustere
Schus|ter|pal|me [*alte Trennung* ...|st...] (eine Pflanze); **Schus|ter|pech; Schus|ter|pfriem; Schus|ter|werk|statt**
Schu|te, die; -, -n (flaches, offenes Wasserfahrzeug; haubenartiger Frauenhut)
Schutt, der; -[e]s; **Schutt|ab|la|de|platz**
Schütt|be|ton; Schütt|bo|den *(landsch.)*
Schüt|te, die; -, -n (kleiner Behälter [z. B. für Mehl]; *landsch. für* Bund); eine Schütte Stroh

schwach

schwächer, schwächs|te

Kleinschreibung:
- das schwache (*veraltend für* weibliches) Geschlecht
- eine schwache Stunde
- *Sprachw.:* schwache Deklination; ein schwaches Verb

Großschreibung der Substantivierung ↑K 72:
- alles Schwache
- das Recht des Schwachen

Getrenntschreibung in Verbindung mit Partizipien ↑K 56:
- ein schwach begabter [*alte Schreibung* schwachbegabter] Schüler
- eine schwach betonte [*alte Schreibung* schwachbetonte], schwächer betonte Silbe
- die schwach bevölkerte [*alte Schreibung* schwachbevölkerte] Gegend, am schwächsten bevölkerte Gegenden
- die schwach bewegte [*alte Schreibung* schwachbewegte] See

Schüt|tel|frost; Schüt|tel|läh|mung *(Med.)*
schüt|teln; ich schütt[e]le
Schüt|tel|reim; Schüt|tel|rut|sche *(Bergmannsspr.)*
schüt|ten
schüt|ter (spärlich; schwach)
schüt|tern (schütteln); der Wagen schüttert
Schütt|gut (*Wirtsch.;* z. B. Kohle, Sand)
Schutt|hal|de; Schutt|hau|fen; Schutt|ke|gel *(Geol.)*
Schütt|o|fen *(Hüttenw.)*
Schutt|platz
Schütt|stein (*schweiz. für* Ausguss, Spülbecken); **Schütt|stroh**
Schüt|tung
Schutz, der; -es, *Plur. (Technik:)* -e; zu Schutz und Trutz
[1]**Schütz,** der; -en, -en (*veraltet für* [1]Schütze)
[2]**Schütz,** das; -es, -e (*Elektrot.* ferngesteuerter Schalter)
[3]**Schütz,** das; -es, -e *u.* Schüt|ze, die; -, -n (bewegliches Wehr)
Schutz|an|strich; Schutz|an|zug
Schutz|be|dürf|nis; schutz|be|dürf|tig; Schutz|be|foh|le|ne, der *u.* die; -n, -n
Schutz|be|haup|tung; Schutz|blech; Schutz|brett; Schutz|brief; Schutz|bril|le; Schutz|bünd|nis; Schutz|dach
[1]**Schüt|ze,** der; -n, -n (Schießender)
[2]**Schüt|ze,** die; -, -n (*svw.* [3]Schütz)
schüt|zen; du schützt
Schüt|zen, der; -s, - (*Weberei* Gerät zur Aufnahme der Schussspulen, Schiffchen)
Schüt|zen|bru|der; Schüt|zen|fest
Schutz|en|gel
Schüt|zen|ge|sell|schaft; Schüt|zen|gil|de
Schüt|zen|gra|ben
Schüt|zen|haus
Schüt|zen|hil|fe *(ugs.)*
Schüt|zen|kö|nig; Schüt|zen|lie|sel, die; -, - ↑K 138
Schüt|zen|li|nie; Schüt|zen|pan|zer
Schüt|zen|platz
Schüt|zen|steu|e|rung, Schützsteu|e|rung ‹*zu* [2]Schütz› *(Elektrot.)*
Schüt|zen|ver|ein; Schüt|zen|wie|se
Schüt|zer (*kurz für* Knie-, Ohrenschützer)
Schutz|far|be; Schutz|fär|bung *(Zool.);* **Schutz|film**
Schutz|frist; Schutz|ge|biet; Schutz|ge|bühr
Schutz|geist *Plur.* ...geister
Schutz|geld; Schutz|geld|er|pres|sung
Schutz|ge|mein|schaft
Schutz|git|ter; Schutz|glas *Plur.* ...gläser; **Schutz|ha|fen** (*vgl.* [2]Hafen)
Schutz|haft
Schutz|hau|be
Schutz|hei|li|ge *(kath. Kirche)*
Schutz|helm
Schutz|herr; Schutz|herr|schaft
Schutz|hül|le; Schutz|hüt|te
schutz|imp|fen; ich schutzimpfe; schutzgeimpft; schutzzuimpfen; **Schutz|imp|fung**
Schutz|klei|dung
Schütz|ling
schutz|los; Schutz|lo|sig|keit, die; -
Schutz|macht
Schutz|mann *Plur.* ...männer *u.* ...leute (*ugs. für* [Schutz]polizist)
Schutz|mar|ke
Schutz|mas|ke; Schutz|mit|tel
Schutz|pa|t|ron (*svw.* Schutzheilige); **Schutz|pa|t|ro|nin**
Schutz|plan|ke *(Verkehrsw.)*
Schutz|po|li|zei, die; - (*Kurzw.* [1]Schupo); **Schutz|po|li|zist** (*Kurzw.* [2]Schupo)
Schutz|raum; Schutz|schicht; Schutz|schild, der
Schütz|steu|e|rung *vgl.* Schützensteuerung
Schutz|trup|pe
Schutz|um|schlag
Schutz-und-Trutz-Bünd|nis ↑K 26 *(veraltend)*
Schutz|ver|band; Schutz|ver|trag; Schutz|vor|keh|rung; Schutz|vor|rich|tung; Schutz|wall
Schutz|weg (*österr. für* Fußgängerüberweg)
Schutz|wehr, die *(veraltet, noch fachspr.)*
Schutz|zoll; Schutz|zoll|po|li|tik
Schw. = Schwester
Schwa|bach (Stadt in Mittelfranken); [1]**Schwa|ba|cher**
[2]**Schwa|ba|cher,** die; - (*Druckw.* eine Schriftgattung); **Schwa|ba|cher Schrift,** die; - -
Schwab|be|lei (*ugs. für* Wackelei; *landsch. für* Geschwätz)
schwab|be|lig, schwabb|lig (*ugs. für* schwammig, fett; wackelnd)
schwab|beln (*ugs. für* wackeln; *landsch. für* schwätzen); ich schwabb[e]le
Schwab|ber, der; -s, - (moppähnlicher Besen auf Schiffen)
schwab|bern; ich schwabbere (*svw.* schwabbeln)
schwabb|lig *vgl.* schwabbelig
[1]**Schwa|be,** der; -n, -n (Bewohner von Schwaben)
[2]**Schwa|be** *vgl.* [1]Schabe
schwä|beln (schwäbisch sprechen); ich schwäb[e]le
Schwa|ben
Schwa|ben|al|ter, das; -s (*scherzh. für* 40. Lebensjahr)
Schwa|ben|spie|gel, der; -s (Rechtssammlung des dt. MA.)
Schwa|ben|streich *(scherzh.)*
Schwä|bin; schwä|bisch; die schwäbische Mundart, *aber* ↑K 140: die Schwäbische Alb
Schwä|bisch Gmünd (Stadt in Baden-Württemberg)
Schwä|bisch Hall (Stadt in Baden-Württemberg); **schwä|bisch-häl|lisch**
schwach *s. Kasten*
schwach|at|mig

S

schwach be|gabt [*alte Schreibung* schwach|be|gabt] *vgl.* schwach; **Schwach|be|gab|ten|för|de|rung**
schwach be|tont, schwach be|völ|kert, schwach be|wegt [*alte Schreibungen* schwach|be|tont, schwach|be|völ|kert, schwach|be|wegt] *vgl.* schwach
schwach|brüs|tig [*alte Trennung* ...|st...]
Schwä|che, die; -, -n; **Schwä|che|an|fall; Schwä|che|ge|fühl**
schwä|cheln; ich schwäch[e]le
schwä|chen
Schwä|che|zu|stand
Schwach|heit
schwach|her|zig
Schwach|kopf (*abwertend für* dummer Mensch); **schwach|köp|fig**
schwäch|lich; Schwäch|lich|keit
Schwäch|ling; Schwach|ma|ti|kus, der; -, -se (*scherzh. für* Schwächling)
Schwach|punkt
schwach|sich|tig; Schwach|sich|tig|keit, die; -
Schwach|sinn, der; -[e]s *(Med. veraltet; ugs. abwertend);* **schwach|sin|nig** *(Med. veraltet; ugs. abwertend)*
Schwach|stel|le
Schwach|strom, der; -[e]s; **Schwach|strom|lei|tung; Schwach|strom|tech|nik,** die; -
Schwä|chung
Schwa|de, die; -, -n *u.* [1]**Schwa|den,** der; -s, - (Reihe abgemähten Grases od. Getreides)
[2]**Schwa|den,** der; -s, - (Dampf, Dunst; *Bergmannsspr.* schlechte [gefährl.] Grubenluft)
schwa|den|wei|se ⟨*zu* Schwade⟩
schwa|dern (*südd. für* plätschern; schwatzen); ich schwadere
Schwa|d|ron, die; -, -en ⟨ital.⟩ (*früher* kleinste Einheit der Kavallerie); **schwa|d|ro|nen|wei|se,** schwa|d|rons|wei|se
Schwa|d|ro|neur [...ˈnøːɐ̯], der; -s, -e ⟨franz.⟩ (*veraltend für* jmd., der schwadroniert); **schwa|d|ro|nie|ren** (wortreich u. prahlerisch schwatzen)
Schwa|d|rons|chef *(früher);* **schwa|d|rons|wei|se** *vgl.* schwadronenweise
Schwa|fe|lei (*ugs. für* törichtes Gerede); **schwa|feln;** ich schwaf[e]le *(ugs.)*
Schwa|ger, der; -s, Schwäger (*veraltet auch für* Postkutscher); **Schwä|ge|rin; schwä|ger|lich; Schwä|ger|schaft**
Schwä|her, der; -s, - (*veraltet für* Schwiegervater od. Schwager)
Schwai|ge, die; -, -n (*bayr. u. österr. landsch. für* Sennhütte); **schwai|gen** (*bayr. u. österr. für* eine Schwaige betreiben, Käse bereiten); **Schwai|ger** (*bayr. u. österr. landsch. für* Senner); **Schwai|ge|rin; Schwaig|hof**
Schwälb|chen
Schwal|be, die; -, -n (*ugs. auch für* absichtliches Hinfallen im Fußballspiel, um ein gegnerisches Foul vorzutäuschen)
Schwal|ben|nest; Schwal|ben|schwanz
schwal|chen (*veraltet für* qualmen)
Schwalk, der; -[e]s, -e (*nordd. für* Dampf, Qualm; Bö); **schwal|ken** (*nordd. für* herumbummeln)
Schwall, der; -[e]s, -e (Gewoge, Welle, Guss [Wasser])
Schwalm, die; - (Fluss u. Landschaft in Hessen); **Schwäl|mer; Schwäl|me|rin**
Schwamm, der; -[e]s, Schwämme (*landsch. u. österr. auch für* Pilz); Schwamm drüber! (*ugs. für* vergessen wir das!); **schwamm|ar|tig; Schwämm|chen**
Schwam|merl, der; -s, -[n] (*bayr. u. österr. ugs. für* Pilz)
schwam|mig; Schwam|mig|keit
Schwamm|spin|ner (ein Schmetterling)
Schwamm|tuch *Plur.* ...tücher
Schwan, der; -[e]s, Schwäne; **Schwän|chen**
schwa|nen *(ugs.);* mir schwant (ich ahne) etwas
Schwa|nen|ge|sang (*geh. für* letztes Werk eines Künstlers; letztes Aufleben einer zu Ende gehenden Epoche o. Ä.)
Schwa|nen|hals; Schwa|nen|jung|frau, Schwan|jung|frau *(Mythol.);* **Schwa|nen|teich**
schwa|nen|weiß
Schwang, der; *nur noch in* im Schwang[e] (gebräuchlich) sein
schwan|ger; Schwan|ge|re, die; -n, -n; **Schwan|ge|ren|be|ra|tung; Schwan|ge|ren|geld; Schwan|ge|ren|gym|nas|tik** [*alte Trennung* ...|st...]; **Schwan|ge|ren|kon|flikt|be|ra|tung**
schwän|gern; ich schwängere
Schwan|ger|schaft; Schwan|ger|schafts|ab|bruch; Schwan|ger|schafts|gym|nas|tik [*alte Trennung* ...|st...]; **Schwan|ger|schafts|test** (Test zum Nachweis einer bestehenden Schwangerschaft); **Schwan|ger|schafts|ur|laub**
Schwän|ge|rung
Schwan|jung|frau *vgl.* Schwanenjungfrau
schwank (*geh. für* biegsam); schwanke Gestalten
Schwank, der; -[e]s, Schwänke
schwan|ken
Schwank|fi|gur
Schwank|schwin|del *(Med.)*
Schwan|kung
Schwanz, der; -es, Schwänze; **Schwänz|chen**
Schwän|ze|lei *(ugs);* **schwän|zeln** (*ugs. iron. für* geziert gehen); ich schwänz[e]le
schwän|zen (*ugs. für* [am Schulunterricht o. Ä.] nicht teilnehmen); du schwänzt
Schwanz|en|de
Schwän|zer *(ugs.);* **Schwän|ze|rin**
Schwanz|fe|der; Schwanz|flos|se
schwanz|ge|steu|ert (*ugs. für* von seinem Sexualtrieb beherrscht)
...schwän|zig (z. B. langschwänzig)
schwanz|las|tig [*alte Trennung* ...|st...] (vom Flugzeug)
Schwanz|lurch; Schwanz|spit|ze; Schwanz|stück; Schwanz|wir|bel
schwapp!, schwaps!; **Schwapp,** der; -[e]s, -e *u.* Schwaps, der; -es, -e (*ugs. für* klatschendes Geräusch; Wasserguss)
schwap|pen, schwap|sen (*ugs. für* in schwankender Bewegung sein, klatschend überfließen)
schwaps!, schwapp!; **Schwaps** *vgl.* Schwapp; **schwap|sen;** du schwapst; *vgl.* schwappen
Schwä|re, die; -, -n (*geh. für* Geschwür); **schwä|ren** (*geh. für* eitern); **schwä|rig** *(geh.)*
Schwarm, der; -[e]s, Schwärme
schwär|men; Schwär|mer (*auch* ein Feuerwerkskörper; ein Schmetterling); **Schwär|me|rei; Schwär|me|rin; schwär|me|risch**
Schwarm|geist *Plur.* ...geister
Schwärm|zeit (bei Bienen)
Schwar|te, die; -, -n (dicke Haut [z. B. des Schweins]; *ugs. für* dickes [altes] Buch; zur Verschalung dienendes rohes Brett)
schwar|ten (*ugs. für* verprügeln; *selten für* viel lesen)
Schwar|ten|ma|gen (eine Wurstart)
schwar|tig

S

schwạrz

schwärzer, schwärzes|te

I. *Kleinschreibung:*
a) schwarz in schwarz
– schwarz auf weiß
b) schwarze Pocken; ein schwarzes (verbotenes) Geschäft; eine schwarze Messe
– das schwarze [*alte Schreibung* Schwarze] Brett (Anschlagbrett)
– die schwarze [*alte Schreibung* Schwarze] Kunst (Zauberei; *veraltet für* Buchdruck)
– der schwarze Mann (Schornsteinfeger; Schreckgestalt); das schwarze Schaf; die schwarze Liste
– der schwarze [*alte Schreibung* Schwarze] Tod (Beulenpest im MA.)
– schwarze [*alte Schreibung* Schwarze] Magie (böse Zauberei)
– schwarzer Markt; schwarzer Humor; schwarzer Tee
– schwarzer [*alte Schreibung* Schwarzer] Peter (Kartenspiel)
– ein schwarzer Tag; ein schwarzer Freitag (*vgl. aber* der Schwarze Freitag; II, c) ↑K 151
– ein schwarzes (illegales) Konto

II. *Großschreibung:*
a) ein Schwarzer (dunkelhäutiger, -haariger Mensch)
– das Schwarze; die Farbe Schwarz
– ein Kleid in Schwarz
– aus Schwarz [*alte Schreibung* schwarz] Weiß machen wollen
– ins Schwarze treffen ↑K 72
b) das Schwarze Meer; der Schwarze Erdteil (Afrika) ↑K 140
c) die Schwarze Hand (ehemaliger serbischer Geheimbund)
– Schwarzer Holunder (Sambucus nigra); Schwarze Johannisbeere; Schwarze Witwe (eine Spinne)
– der Schwarze Freitag (Name eines Freitags mit großen Börsenstürzen in den USA) ↑K 150

III. *Getrennt- oder Zusammenschreibung:*
a) *Getrenntschreibung in Verbindung mit Verben und dem Partizip II, wenn »schwarz« gesteigert oder erweitert werden kann* ↑K 56 *u.* 62:
– [ganz] schwarz färben, werden,
– schwarz sehen [*alte Schreibung* schwarzsehen] (*ugs. für* pessimistisch sein); für die Zukunft sehe ich [äußerst] schwarz
– schwarz malen [*alte Schreibung* schwarzmalen] (*ugs. für* pessimistisch darstellen); sie hat in ihrem Bericht [sehr] schwarz gemalt [*alte Schreibung* schwarzgemalt]
– ein schwarz gestreifter [*alte Schreibung* schwarzgestreifter] Stoff; der Stoff ist schwarz und weiß gestreift
– [auffallend] schwarz gefärbtes [*alte Schreibung* schwarzgefärbtes] Haar
– schwarz gerändertes [*alte Schreibung* schwarzgerändertes] Briefpapier
b) *Aber Zusammenschreibung, wenn »schwarz« nicht gesteigert oder erweitert werden kann:*
– schwarzarbeiten, schwarzfahren, schwarzgehen, schwarzhören, schwarzschlachten, schwarzsehen (ohne Anmeldung fernsehen); *vgl. d.*

schwạrz *s. Kasten*
Schwạrz, das; -[es], - (Farbe); ein Abendkleid in Schwarz; er spielte Schwarz aus *(Kartenspiel);* in Schwarz (Trauerkleidung) gehen; Frankfurter Schwarz; *vgl.* Blau
Schwạr|z|ach
Schwạrz|a|f|ri|ka (die Staaten Afrikas, die von Schwarzen bewohnt und regiert werden); **Schwạrz|a|f|ri|ka|ner; Schwạrz|a|f|ri|ka|ne|rin**
Schwạrz|ar|beit, die; -; **schwạrz|ar|bei|ten** ↑K 47; ich arbeite schwarz; schwarzgearbeitet; schwarzzuarbeiten
Schwạrz|ar|bei|ter; Schwạrz|ar|bei|te|rin
schwạrz|äu|gig
Schwạrz|bee|re (*südd. und österr. neben* Heidelbeere)
schwạrz|braun ↑K 23
Schwạrz|bren|ne|rei
Schwạrz|brot
Schwạrz|buch (Zusammenstellung von Dokumenten über Gräueltaten)
Schwạrz|bu|che
schwạrz|bunt; schwarzbunte Kühe
Schwạrz|dorn *Plur.* ...dorne
Schwạrz|dros|sel (Amsel)
[1]**Schwạr|ze,** der *u.* die; -n, -n (dunkelhäutiger, -haariger Mensch)
[2]**Schwạr|ze,** der; -n (*veraltet für* Teufel)
[3]**Schwạr|ze,** das; -n ; ins Schwarze treffen ↑K 72
[4]**Schwạr|ze,** der; -n, -n (*österr. für* Mokka ohne Milch)
Schwạ̈r|ze, die; -, -n (*nur Sing.:* das Schwarzsein; Farbe zum Schwarzmachen); **schwạ̈r|zen** (schwarz färben; *südd., österr. veraltend für* schmuggeln); du schwärzt
Schwạ̈r|zer (*südd., österr. veraltend für* Schmuggler)
Schwạrz|er|de (dunkler Humusboden)
schwạrz|fah|ren ↑K 47 (ohne Berechtigung ein [öffentl.] Verkehrsmittel benutzen); sie ist schwarzgefahren; **Schwạrz|fah|rer; Schwạrz|fahrt**
Schwạrz|fäu|le (eine Pflanzenkrankheit); **Schwạrz|fil|ter** *(Fotogr.);* **Schwạrz|fleisch** (*landsch. für* durchwachsener geräucherter Speck)
Schwạrz|geld (illegale Einnahme)
schwạrz|ge|hen ↑K 47 (*ugs. für* wildern; unerlaubt über die Grenze gehen); er ist schwarzgegangen
schwạrz ge|rän|dert, schwạrz gestreift [*alte Schreibungen* schwarz|ge|rän|dert, schwarzge|streift] *vgl.* schwarz, III
schwạrz|haa|rig
Schwạrz|han|del (*vgl.* [1]Handel); **Schwạrz|han|dels|ge|schäft**
Schwạrz|händ|ler
schwạrz|hö|ren ↑K 47 (*Rundfunk* ohne Genehmigung mithören); sie hat schwarzgehört; **Schwạrz|hö|rer**
Schwạrz|kit|tel (Wildschwein; *abwertend für* kath. Geistlicher)
Schwạrz|kon|to (illegales Konto)
Schwạrz|kunst, die; - (*svw.* Schabkunst); **Schwạrz|künst|ler**

schwärz|lich; schwärzlich braun [*alte Schreibung* schwärzlich-braun] u. a.
schwarz ma|len [*alte Schreibung* schwarz|ma|len] *vgl.* schwarz, III; **Schwarz|ma|ler** (*ugs. für* Pessimist); **Schwarz|ma|le|rei** (*ugs. für* Pessimismus)
Schwarz|markt; Schwarz|markt-preis
Schwarz|meer|flot|te, die; -; **Schwarz|meer|ge|biet,** das; -[e]s
Schwarz|plätt|chen (Mönchsgrasmücke)
Schwarz|pul|ver, das; -s
Schwarz|rock (*abwertend für* kath. Geistlicher)
schwarz|rot|gol|den, *auch* schwarz-rot-gol|den; eine schwarzrotgold[e]ne, *auch* schwarz-rot-gold[e]ne Fahne; die Fahne Schwarzrotgold, *auch* Schwarz-Rot-Gold
Schwarz|sau|er, das; -s (ein norddeutsches Gericht aus Fleischragout od. Gänseklein)
schwarz|schlach|ten ↑K 47; ([in Not-, Kriegszeiten] ohne amtl. Genehmigung heimlich schlachten); er hat oft schwarzgeschlachtet; **Schwarz|schlach-tung**
schwarz|se|hen ↑K 47; (*ugs. für* ohne Anmeldung fernsehen); sie hat schwarzgesehen; *vgl. auch* schwarz, III; **Schwarz|se-her** (*ugs. für* Pessimist; jmd., der ohne Anmeldung fernsieht); **Schwarz|se|he|rei; Schwarz|se|he|rin; schwarz|se-he|risch**
Schwarz|sen|der
Schwarz|specht; Schwarz|storch
Schwär|zung
Schwarz|wald, der; -[e]s (dt. Gebirge); **Schwarz|wald|bahn,** die; -
Schwarz|wäl|der; Schwarzwälder Kirschtorte; **Schwarz|wäl|de|rin; schwarz|wäl|de|risch**
Schwarz|wald|haus; Schwarz|wald-hoch|stra|ße, die; - ↑K 143
Schwarz|was|ser|fie|ber, das; -s (Malaria)
schwarz-weiß, *auch* **schwarz|weiß** ↑K 23; schwarz-weiß malen, *auch* schwarzweiß malen [*alte Schreibung* schwarzweißmalen] (undifferenziert, einseitig positiv od. negativ darstellen); eine Fotografie in Schwarz-Weiß, *auch* Schwarzweiß
Schwarz-Weiß-Auf|nah|me, *auch* **Schwarz|weiß|auf|nah|me;**
Schwarz-Weiß-Fern|se|her, *auch* **Schwarz|weiß|fern|se|her;**
Schwarz-Weiß-Film, *auch* **Schwarz|weiß|film;**
Schwarz-Weiß-Fo|to|gra|fie, *auch* **Schwarz|weiß|fo|to|gra|fie;**
Schwarz-Weiß-Ma|le|rei, *auch* **Schwarz|weiß|ma|le|rei**
Schwarz|wild (*Jägerspr.* Wildschweine)
Schwarz|wurz (eine Heilpflanze)
Schwarz|wur|zel (eine Gemüsepflanze)
Schwatz, der; -es, -e (*ugs. für* Geplauder, Geschwätz); **Schwatz-ba|se** (*ugs. für* geschwätzige Person)
Schwätz|chen; schwat|zen, *südd.* **schwät|zen;** du schwatzt, *südd.* du schwätzt
Schwät|zer; Schwät|ze|rei; Schwät-ze|rin; schwät|ze|risch
schwatz|haft; Schwatz|haf|tig|keit
Schwatz|maul (*derb*)
Schwaz (österreichische Stadt im Inntal)
Schwe|be, die; -; *nur in* in der Schwebe (*auch für* unentschieden, noch offen)
Schwe|be|bahn; Schwe|be|bal|ken (ein Turngerät); **Schwe|be|baum** (im Pferdestall)
schwe|ben
Schwe|be|stoff (*svw.* Schwebstoff); **Schwe|be|stütz** (*Turnen*); **Schwe|be|teil|chen; Schwe|be-zu|stand**
Schweb|flie|ge; Schweb|stoff (*Chemie*)
Schwe|bung (*Physik*)
Schwe|de, der; -n, -n
Schwe|den
Schwe|den|bom|be® (*österr. für* Mohrenkopf); **Schwe|den|kü-che; Schwe|den|plat|te; Schwe-den|punsch; Schwe|den|schan|ze** (Befestigungsanlage)
Schwe|din
schwe|disch; ↑K 142: hinter schwedischen Gardinen (*ugs. für* im Gefängnis); *vgl.* deutsch; **Schwe|disch,** das; -[s] (Sprache); *vgl.* Deutsch; **Schwe|di|sche,** das; -n; *vgl.* Deutsche, das
Schwe|fel, der; -s (chemisches Element, Nichtmetall; *Zeichen* S); **schwe|fel|ar|tig**
Schwe|fel|ban|de (*ugs. für* [2]Bande); **Schwe|fel|blu|me** *od.* **...blü|te,** die; - (*Chemie*); **Schwe-fel|di|o|xid,** *nichtfachspr. auch* **Schwe|fel|di|o|xyd** (*vgl.* Oxid)
Schwe|fel|far|be; schwe|fel|far|ben *od.* **schwe|fel|far|big; schwe|fel-gelb; schwe|fel|hal|tig**
Schwe|fel|holz, Schwe|fel|hölz-chen (*veraltet für* Streich-, Zündholz)
schwe|fe|lig *vgl.* schweflig
Schwe|fel|kies (ein Mineral)
Schwe|fel|koh|len|stoff
Schwe|fel|kopf (ein Pilz); **Schwe-fel|kur; Schwe|fel|le|ber,** die; - (für medizinische Bäder verwendete Schwefelverbindung)
schwe|feln; ich schwef[e]le
Schwe|fel|pu|der; Schwe|fel|quel-le; Schwe|fel|sal|be
schwe|fel|sau|er (*Chemie*); **Schwe-fel|säu|re,** die; -
Schwe|fe|lung
Schwe|fel|was|ser|stoff (ein giftiges Gas)
schwef|lig; schweflige Säure
Schwe|gel, Schwie|gel, die; -, -n (mittelalterliche Querpfeife; Flötenwerk an älteren Orgeln); **Schweg|ler** (Schwegelbläser)
Schweif, der; -[e]s, -e
schwei|fen (*geh. für* ziellos [durch die Gegend] ziehen; ein Brett schweifen (ihm eine gebogene Gestalt geben)
Schweif|sä|ge; Schweif|stern (*veraltet für* Komet)
Schwei|fung
schweif|we|deln (*veraltet auch für* kriecherisch schmeicheln); ich schweifwed[e]le; geschweifwedelt; zu schweifwedeln
Schwei|ge|geld; Schwei|ge|marsch; Schwei|ge|mi|nu|te
schwei|gen (still sein); du schwiegst; du schwiegest; geschwiegen; schweig[e]!; die schweigende Mehrheit; **Schwei-gen,** das; -s
Schwei|ge|pflicht, die; -
Schwei|ger; ↑K 88: der Große Schweiger (*Bez. für* Moltke)
schweig|sam; Schweig|sam|keit
Schwein, das; -[e]s, -e (*nur Sing.: ugs. auch für* Glück); kein Schwein (*ugs. für* niemand)
Schwei|ne|ba|cke [*alte Trennung* ...k|k...]; **Schwei|ne|bauch; Schwei|ne|bra|ten; Schwei|ne-fett; Schwei|ne|fi|let; Schwei|ne-fleisch**
Schwei|ne|fraß (*derb für* minderwertiges Essen)
Schwei|ne|hund (*ugs. abwertend*); der innere Schweinehund (*ugs. für* Feigheit, Bequemlichkeit)
Schwei|ne|i|gel usw. *vgl.* Schweinigel usw.

S

Schwei|ne|ko|ben, *nordd.* **Schwei|ne|ko|fen**
Schwei|ne|ko|te|lett; Schwei|ne|le|ber; Schwei|ne|len|de
Schwei|ne|mast, die; **Schwei|ne|mäs|te|rei** [*alte Trennung* ...|st...]; **Schwei|ne|pest**
Schwei|ne|rei (*derb für* Unordnung, Schmutz; ärgerliche Sache, Anstößiges)
Schwei|ne|ripp|chen
schwei|nern (vom Schwein stammend); **Schwei|ner|ne,** das; -n (*südd., österr. für* Schweinefleisch)
Schwei|ne|schmalz; Schwei|ne|schnit|zel (*vgl.* [1]Schnitzel); **Schwei|ne|stall; Schwei|ne|zucht**
Schwein|furt (Stadt am Main)
Schwein|fur|ter; Schweinfurter Grün (ein Farbstoff)
Schwein|hund (*selten für* Schweinehund)
Schwein|i|gel (*ugs. für* schmutziger od. unflätiger Mensch); **Schwein|i|ge|lei** *(ugs.)*; **schwein|i|geln** (*ugs. für* unanständige Witze erzählen); ich schweinig[e]le; geschweinigelt; zu schweinigeln
schwei|nisch
Schweins|bors|te [*alte Trennung* ...|st...]; **Schweins|bra|ten** (*südd., österr. u. schweiz. für* Schweinebraten)
Schweins|ga|lopp; im Schweinsgalopp (*ugs. scherzh. für* [aus Zeitmangel] schnell u. nicht besonders sorgfältig)
Schweins|keu|le; Schweins|kopf
Schweins|le|der; schweins|le|dern
Schweins|ohr (*auch* ein Gebäck); **Schweins|rü|cken** [*alte Trennung* ...k|k...]; **Schweins|schnit|zel** (*österr. für* Schweineschnitzel); **Schweins|stel|ze** (*österr. für* Eisbein)
Schweiß, der; -es, -e (*Jägerspr. auch für* Blut des Wildes)
Schweiß|ab|son|de|rung
Schweiß|ap|pa|rat
Schweiß|aus|bruch; Schweiß|band
schweiß|be|deckt ↑K 59
Schweiß|bil|dung, die; -; **Schweiß|blatt** *meist Plur.* (*svw.* Armblatt)
Schweiß|bren|ner; Schweiß|draht
Schweiß|drü|se
schwei|ßen (Metalle durch Hämmern od. Aneinanderschmelzen verbinden; *Jägerspr.* bluten [vom Wild]); du schweißt; du schweißtest; geschweißt
Schwei|ßer (Facharbeiter für Schweißarbeiten); **Schwei|ße|rin**
Schweiß|fähr|te *(Jägerspr.)*
schweiß|feucht; Schweiß|fleck; Schweiß|fuß *meist Plur.*; **schweiß|ge|ba|det** ↑K 59
Schweiß|hund *(Jägerspr.)*
schwei|ßig
Schweiß|le|der (ein ledernes Schweißband)
Schweiß|naht
Schweiß|per|le; Schweiß|po|re
Schweiß|stahl
schweiß|trei|bend, schweiß|trie|fend ↑K 59; **Schweiß|trop|fen; Schweiß|tuch** *Plur.* ...tücher; **schweiß|ü|ber|strömt**
Schwei|ßung
schweiß|ver|klebt
Schweit|zer (elsässischer Missionsarzt)
Schweiz, die; -; die französische, welsche Schweiz (französischer Teil der Schweiz), *aber* ↑K 140: die Holsteinische, die Sächsische Schweiz
[1]**Schwei|zer** (Bewohner der Schweiz; *auch für* Melker; *landsch. für* Küster in kath. Kirchen)
[2]**Schwei|zer;** Schweizer Bürger; Schweizer Jura (Gebirge), Schweizer Käse, Schweizer Land (schweizerisches Gebiet; *vgl. aber* Schweizerland)
Schwei|zer|de|gen (jmd., der sowohl als Schriftsetzer als auch als Drucker ausgebildet ist)
schwei|zer|deutsch; ↑K 149 (schweizerisch mundartlich); *vgl.* deutschschweizerisch; **Schwei|zer|deutsch,** das; -[s] (deutsche Mundart[en] der Schweiz)
Schwei|zer|gar|de (päpstliche Garde) ↑K 64; **Schwei|zer|häus|chen** (Sennhütte)
Schwei|ze|rin
schwei|ze|risch; die schweizerischen Eisenbahnen; schweizerische Post; *aber* ↑K 150: die Schweizerische Eidgenossenschaft; Schweizerische Bundesbahnen (*Abk.* SBB); Schweizerische Depeschenagentur (*Abk.* SDA)
Schwei|zer|land, das; -[e]s (Land der Schweizer); *vgl. aber* Schweizer Land
Schweiz|rei|se
Schwejk [ʃvaik, *auch* ʃvɛɪk] (Held eines Romans des tschech. Schriftstellers J. Hašek)
Schwel|brand
Schwelch|malz (an der Luft getrocknetes Malz)
schwe|len (langsam flammenlos [ver]brennen; glimmen); **Schwe|le|rei** *(Technik)*
schwel|gen; in Erinnerungen schwelgen; **Schwel|ger; Schwel|ge|rei; Schwel|ge|rin; schwel|ge|risch**
Schwel|koh|le; Schwel|koks
Schwel|le, die; -, -n
[1]**schwel|len** (größer, stärker werden; sich ausdehnen); du schwillst; er/sie schwillt; du schwollst; du schwöllest; geschwollen; schwill!; ihr Hals ist geschwollen; die Brust schwoll ihm vor Freude
[2]**schwel|len** (größer, stärker machen; ausdehnen); du schwellst; du schwelltest; geschwellt; schwell[e]!; der Wind schwellte die Segel; der Stolz hat seine Brust geschwellt; mit geschwellter Brust
Schwel|len|angst, die; - (*Psych.* Angst vor dem Betreten fremder Räume, vor ungewohnter Umgebung)
Schwel|len|land *Plur.* ...länder (relativ weit industrialisiertes Entwicklungsland)
Schwel|len|wert *(Psych.)*
Schwel|ler (Teil der Orgel u. des Harmoniums)
Schwell|kopf, der; -s, ...köpfe (*landsch. für* überlebensgroßer Maskenkopf)
Schwell|kör|per *(Med.)*
Schwel|lung
Schwell|werk (Schweller)
Schwe|lung
Schwemm|bo|den
Schwem|me, die; -, -n (flache Stelle eines Gewässers als Badeplatz für das Vieh; zeitlich begrenztes überreichl. Warenangebot; *landsch. für* einfaches Lokal; *österr. für* Warenhausabteilung mit niedrigen Preisen)
schwem|men (*österr. auch für* Wäsche spülen)
Schwemm|land, das; -[e]s; **Schwemm|sand**
Schwemm|sel, das; -s (*fachspr. für* Angeschwemmtes)
Schwemm|stein *(Bauw.)*
Schwen|de, die; -, -n (durch Abbrennen urbar gemachter Wald; Rodung); **schwen|den**
Schwen|gel, der; -s, -
Schwenk, der; -[e]s, *Plur.* -s, *selten*

schwer

schwerer, am schwers|ten

Kleinschreibung:
- schwere (ernste, getragene) Musik
- schweres (großkalibriges) Geschütz
- schweres Wasser (Sauerstoff-Deuterium-Verbindung)
- ein schwerer Junge (*ugs. für* Gewaltverbrecher)
- ihr Tod war ein schwerer Schlag (großer Verlust) für die Familie

Getrenntschreibung ↑K 56 *u.* 58:
- er ist auf der Treppe sehr schwer gefallen
- diese Aufgabe ist ihr [nicht so] schwer gefallen [*alte Schreibung* schwergefallen]
- es hat schwer gehalten [*alte Schreibung* schwergehalten] (es war schwierig)[,] ihn davon zu überzeugen
- er hat ihr das Leben schwer gemacht [*alte Schreibung* schwergemacht]
- du darfst den Vorwurf nicht so schwer nehmen [*alte Schreibung* schwernehmen] (ernst nehmen)
- ich habe mich, *selten* mir [allzu] schwer getan [*alte Schreibung* schwergetan] (*ugs.*)
- ein schwer beladener [*alte Schreibung* schwerbeladener] Wagen
- ein schwer bewaffneter [*alte Schreibung* schwerbewaffneter] Polizist
- ein [sehr] schwer erziehbares [*alte Schreibung* schwererziehbares] Kind
- schwer krank
- schwer lösliche [*alte Schreibung* schwerlösliche] Substanzen
- [sehr] schwer verdauliche [*alte Schreibung* schwerverdauliche] Speisen
- eine [überaus] schwer verständliche [*alte Schreibung* schwerverständliche] Sprache
- ein schwer verträglicher [*alte Schreibung* schwerverträglicher] Wein
- schwer verwundet [*alte Schreibung* schwerverwundet]
- schwer verletzte [*alte Schreibung* schwerverletzte] Opfer; die schwer Verletzten, *auch* Schwerverletzten ↑K 72

Die Fügung »schwer wiegend« kann auch zusammengeschrieben werden, da sie auch als Ganzes gesteigert werden kann:
- schwer wiegend [*alte Schreibung* schwerwiegend], schwerer wiegend, am schwers|ten wiegend
- *auch* schwerwiegend, schwerwiegender, am schwerwiegends|ten

Zusammenschreibung gilt in folgenden Fällen:
- schwerbehindert, schwerbeschädigt (durch gesundheitliche Schädigung nur beschränkt erwerbsfähig; *aber* ein schwer beschädigtes Fahrzeug)

-e (*Filmw.* durch Schwenken der Kamera erzielte Einstellung); **schwenk|bar**

Schwenk|be|reich, der; **Schwenk|büh|ne** *(Bergmannsspr.)*

schwen|ken; Fahnen schwenken; **Schwen|ker** (Kognakglas)

Schwenk|glas *Plur.* ...gläser; **Schwenk|kran; Schwenk|seil**

Schwen|kung

schwer *s. Kasten*

Schwer|ar|bei|ter; Schwer|ath|let; Schwer|ath|le|tik

schwer|be|hin|dert (durch gesundheitliche Schädigung nur beschränkt erwerbsfähig); *aber* schwer, schwerer, am schwersten behindert ↑K62; **Schwer|be|hin|der|te,** der *u.* die; -n, -n

Schwer|be|hin|der|ten|aus|weis; Schwer|be|hin|der|ten|ge|setz

schwer be|la|den [*alte Schreibung* schwer|be|la|den] *vgl.* schwer

schwer|be|schä|digt (*svw.* schwerbehindert); *aber* schwer, schwerer, am schwers|ten beschädigt; ein schwer beschädigtes Fahrzeug ↑K62; **Schwer|be|schä|dig|te,** der *u.* die; -n, -n

schwer be|waff|net [*alte Schreibung* schwer|be|waff|net] *vgl.* schwer

schwer Be|waff|ne|te, der *u.* die; --n, --n, *auch* **Schwer|be|waff|ne|te,** der *u.* die; -n, -n

schwer|blü|tig; Schwer|blü|tig|keit

Schwe|re, die; - (Gewicht); die Schwere der Schuld; **Schwe|re|feld** *(Physik, Astron.)*

schwe|re|los; Schwe|re|lo|sig|keit

Schwe|re|not, die; *nur in veralteten Fügungen wie* Schwerenot [noch einmal]!; dass dich die Schwerenot!

Schwe|re|nö|ter (charmanter, durchtriebener Mann)

schwer er|zieh|bar [*alte Schreibung* schwer|er|zieh|bar] *vgl.* schwer; **schwer Er|zieh|ba|re,** der *u.* die; --n, --n, *auch* **Schwer|er|zieh|ba|re,** der *u.* die; -n, -n ↑K 72

schwer fal|len [*alte Schreibung* schwer|fal|len] *vgl.* schwer

schwer|fäl|lig; Schwer|fäl|lig|keit

Schwer|ge|wicht (*bes. Sport* eine Körpergewichtsklasse); **schwer|ge|wich|tig; Schwer|ge|wicht|ler**

Schwer|ge|wichts|meis|ter [*alte Trennung* ...|st...]; **Schwer|ge|wichts|meis|ter|schaft**

schwer hal|ten [*alte Schreibung* schwer|hal|ten] *vgl.* schwer

schwer|hö|rig; Schwer|hö|rig|keit

Schwe|rin (Hauptstadt von Mecklenburg-Vorpommern)

Schwer|in|dus|t|rie [*alte Trennung* ...|st...]

Schwer|kraft, die; -

schwer krank [*alte Schreibung* schwer|krank] *vgl.* schwer; **schwer Kran|ke,** *auch* **Schwer|kran|ke** ↑K 72

schwer|kriegs|be|schä|digt *(Amtsspr.)*; **Schwer|kriegs|be|schä|dig|te**

Schwer|last|ver|kehr

schwer|lich (kaum)

schwer lös|lich [*alte Schreibung* schwer|lös|lich] *vgl.* schwer

schwer ma|chen [*alte Schreibung* schwer|ma|chen] *vgl.* schwer

Schwer|me|tall

Schwer|mut, die; -; **schwer|mü|tig; Schwer|mü|tig|keit,** die; -

schwer neh|men [*alte Schreibung* schwer|neh|men] *vgl.* schwer

Schwer|öl

Schwer|punkt; schwer|punkt|mä|ßig; Schwer|punkt|streik; Schwer|punkt|the|ma

schwer|reich (*ugs. für* sehr reich);

eine schwerreiche Frau; er ist schwerreich [*alte Schreibung* schwer reich]
Schwer|spat (ein Mineral)
Schwerst|ar|bei|ter
schwerst|be|hin|dert
schwerst|be|schä|digt
Schwerst|be|schä|dig|te, der *u.* die; -n, -n
Schwert, das; -[e]s, -er
Schwer|ter|ge|klirr *od.* Schwert|ge|klirr
Schwert|fisch
schwert|för|mig
Schwert|fort|satz (*Med.* Teil des Brustbeins)
Schwert|ge|klirr (*vgl.* Schwertergeklirr); **Schwert|knauf; Schwert|lei|te** (*früher* Ritterschlag)
Schwert|li|lie (*vgl.* [3]Iris)
Schwert|schlu|cker [*alte Trennung* ...k|k...]; **Schwert|tanz**
Schwert|trä|ger (ein Fisch)
schwer tun [*alte Schreibung* schwer|tun], sich; *vgl.* schwer
Schwer|ver|bre|cher
schwer ver|dau|lich, schwer ver|letzt [*alte Schreibungen* schwer|ver|dau|lich, schwer|ver|letzt] *vgl.* schwer
schwer Ver|letz|te, der *u.* die; - -n, - -n, *auch* **Schwer|ver|letz|te,** der *u.* die; -n, -n
schwer ver|ständ|lich, schwer ver|träg|lich, schwer ver|wun|det [*alte Schreibungen* schwer|ver|ständ|lich, schwer|ver|träg|lich, schwer|ver|wun|det] *vgl.* schwer
schwer|wie|gend, schwerwiegendere, schwerwiegends|te Bedenken; *auch* schwer wiegende, schwerer wiegende, am schwers|ten wiegende Bedenken
Schwes|ter [*alte Trennung* ...|st...], die; -, -n (*Abk.* Schw.)
Schwes|ter|fir|ma [*alte Trennung* ...|st...]; **Schwes|ter|kind** (*veraltet*)
schwes|ter|lich [*alte Trennung* ...|st...]; **Schwes|ter|lie|be** (Liebe der Schwester [zum Bruder, zur Schwester])
Schwes|tern|hau|be [*alte Trennung* ...|st...]; **Schwes|tern|haus; Schwes|tern|hel|fe|rin; Schwes|tern|lie|be** (Liebe zwischen Schwestern); **Schwes|tern|or|den; Schwes|tern|paar**
Schwes|tern|schaft [*alte Trennung* ...|st...] (Gesamtheit von Schwestern)
Schwes|tern|schu|le [*alte Trennung* ...|st...]; **Schwes|tern|schü|le|rin**
Schwes|tern|tracht [*alte Trennung* ...|st...]; **Schwes|tern|wohn|heim**
Schwes|ter|par|tei [*alte Trennung* ...|st...]; **Schwes|ter|schiff**
Schwet|zin|gen (Stadt südlich von Mannheim); **Schwet|zin|ger;** Schwetzinger Spargel
Schwib|bo|gen (*Archit.* zwischen zwei Mauerteilen frei stehender Bogen)
Schwie|gel *vgl.* Schwegel
Schwie|ger, die; -, -n (*veraltet für* Schwiegermutter)
Schwie|ger|el|tern *Plur.;* **Schwie|ger|mut|ter** *Plur.* ...mütter; **Schwie|ger|sohn; Schwie|ger|toch|ter; Schwie|ger|va|ter**
Schwie|le, die; -, -n; **schwie|lig**
Schwie|mel, der; -s, - (*landsch. für* Rausch; leichtsinniger Mensch, Zechbruder); **schwie|me|lig,** schwiem|lig (*landsch. für* schwindlig, taumelig)
schwie|meln (*landsch. für* taumeln; bummeln, leichtsinnig leben); ich schwiem[e]le
schwiem|lig *vgl.* schwiemelig
schwie|rig; Schwie|rig|keit; Schwie|rig|keits|grad
Schwimm|an|zug; Schwimm|bad; Schwimm|bag|ger; Schwimm|bas|sin; Schwimm|be|cken [*alte Trennung* ...k|k...]; **Schwimm|be|we|gung** *meist Plur.;* **Schwimm|bla|se; Schwimm|blatt** *(Bot.);* **Schwimm|dock**
schwim|men; du schwammst; du schwömmest, *auch* schwämmest; geschwommen; schwimm[e]!
Schwim|mer; Schwim|me|rin
Schwimm|flos|se; Schwimm|fuß; Schwimm|gür|tel; Schwimm|hal|le; Schwimm|haut; Schwimm|kä|fer; Schwimm|kom|pass [*alte Schreibung* ...kom|paß]; **Schwimm|kran**
Schwimm|leh|rer; Schwimm|leh|re|rin
Schwimm|meis|ter, *auch* **Schwimm-Meis|ter** [*alte Schreibung* Schwimmeister, *alte Trennungen* Schwimm|mei|ster]; **Schwimm|meis|te|rin,** *auch* **Schwimm-Meis|te|rin**
Schwimm|sand; Schwimm|sport; Schwimm|sta|di|on; Schwimm|stil; Schwimm|vo|gel; Schwimm|wes|te [*alte Trennung* ...|st...]
Schwin|del, der; -s (*ugs. auch für* Lüge; Täuschung)
Schwin|del|an|fall; Schwin|de|lei
Schwin|del er|re|gend, *auch* **schwin|del|er|re|gend;** in Schwindel erregender, *auch* schwindelerregender Höhe; *aber nur* in äußerst schwindelerregender Höhe, in noch schwindelerregenderer Höhe ↑K 58 *u.* 59
schwin|del|frei
Schwin|del|ge|fühl
schwin|del|haft
schwin|de|lig *vgl.* schwindlig
schwin|deln; ich schwind[e]le; es schwindelt mir, *seltener* mich
schwin|den; du schwandst; du schwändest; geschwunden; schwind[e]!
Schwind|ler; Schwind|le|rin; schwind|le|risch
schwind|lig, schwin|de|lig
Schwind|maß, das *(Technik)*
Schwind|span|nung *(Bauw.)*
Schwind|sucht, die; - *(veraltet);* **schwind|süch|tig** *(veraltet)*
Schwin|dung, die; - *(fachspr.)*
Schwing|ach|se *([Kfz-]Technik)*
Schwing|büh|ne *(Technik)*
Schwin|ge, die; -, -n
Schwin|gel, der; -s, - (ein Rispengras)
schwin|gen (*schweiz. auch für* in besonderer Weise ringen); hin und her schwingen; du schwangst; du schwängest; geschwungen; schwing[e]!
Schwin|gen, das; -s (*schweiz. für* eine Art des Ringens)
Schwin|ger (Boxschlag mit gestrecktem Arm; *schweiz. für* jmd., der das Schwingen betreibt)
Schwin|get, der; -s (*schweiz. für* Schwingveranstaltung, -wettkampf); **Schwing|fest** *(schweiz.)*
Schwing|kreis *(Elektrot.)*
Schwing|quarz *(Technik)*
Schwing|tür
Schwin|gung; Schwin|gungs|dämp|fer; Schwin|gungs|dau|er; Schwin|gungs|kreis (Schwingkreis); **Schwin|gungs|zahl**
schwipp!; schwipp, schwapp!
Schwip|pe, die; -, -n (*landsch. für* biegsames Ende; Peitsche); **schwip|pen** *(landsch.)*
Schwipp|schwa|ger (*ugs. für* Schwager des Ehepartners od. des Bruders bzw. der Schwester); **Schwipp|schwä|ge|rin**
schwipp, schwapp!

S

Schwips, der; -es, -e *(ugs.)*
schwir|be|lig, *auch* schwirb|lig (*landsch. für* schwindlig)
schwir|beln (*landsch. für* schwindeln; sich im Kreise drehen); ich schwirb[e]le
schwirb|lig *vgl.* schwirbelig
Schwirl, der; -[e]s, -e (ein Singvogel)
schwir|ren; Schwirr|vo|gel (*veraltet für* Kolibri)
Schwit|ze, die; -, -n (*kurz für* Mehlschwitze)
schwit|zen; du schwitzt; du schwitztest; geschwitzt
schwit|zig
Schwitz|kas|ten [*alte Trennung* ...|st...]; **Schwitz|kur**
Schwof, der; -[e]s, -e (*ugs. für* öffentliches Tanzvergnügen); **schwo|fen** (*ugs. für* tanzen)
schwoi|en, schwo|jen ‹niederl.› (*Seemannsspr.* sich [vor Anker] drehen [von Schiffen]); das Schiff schwoit, schwojet, hat geschwoit, geschwojet
schwö|ren; du schworst, *veraltet* schwurst; du schwürest; geschworen; schwör[e]!; auf jmdn., auf eine Sache schwören
Schwuch|tel, die; -, -n (*ugs. abwertend od. diskriminierend für* [femininer] Homosexueller)
schwul (*ugs. u. Selbstbez. für* homosexuell)
schwül
Schwu|le, der; -n, -n (*ugs. u. Selbstbez. für* Homosexueller)
Schwü|le, die; -
Schwu|li|bus; *nur in* in Schwulibus sein (*ugs. scherzh. für* bedrängt sein)
Schwu|li|tät, die; -, -en (*ugs. für* Verlegenheit, Klemme)
Schwulst, der; -[e]s, Schwülste; **schwuls|tig** [*alte Trennung* ...|st...] (aufgeschwollen, aufgeworfen; *österr. für* schwülstig)
schwüls|tig [*alte Trennung* ...|st...] (überladen); ein schwülstiger Stil; **Schwüls|tig|keit**
schwum|me|rig, schwumm|rig (*ugs. für* schwindelig; bange)
Schwund, der; -[e]s
Schwund|aus|gleich *(Technik)*
Schwund|stu|fe *(Sprachw.)*
Schwung, der; -[e]s, Schwünge; in Schwung kommen
Schwung|brett; Schwung|fe|der
schwung|haft
Schwung|kraft
schwung|los
Schwung|rad; Schwung|rie|men
Schwung|stem|me *(Turnen)*
schwung|voll
schwupp!; Schwupp, der; -[e]s, -e *u.* Schwups, der; -es, Schwüpse (*ugs. für* Stoß); **schwupp|di|wupp!; schwups!; Schwups** *vgl.* Schwupp
Schwur, der; -[e]s, Schwüre
Schwur|ge|richt; Schwur|ge|richts|ver|hand|lung
Schwur|hand
Schwyz [ʃviːts] (Kanton der Schweiz u. dessen Hauptort); **Schwy|zer**
Schwy|zer|dütsch, Schwy|zertütsch, das; -[s] (*schweiz. mdal. für* Schweizerdeutsch)
schwy|ze|risch
Sci|ence-Fic|tion [ˈsaɪ̯əns'fɪkʃn̩], *auch* **Sci|ence|fic|tion** [*alte Schreibung* Sci|ence-fic|tion], die; - ‹amerik.› (wissenschaftlich-utopische Literatur); **Sci|ence-Fic|tion-Ro|man,** *auch* **Sci|ence|fic|tion-Ro|man, Sci|ence|fic|tion|ro|man** [*alte Schreibung* Sci|ence-fic|tion-Ro|man]
scil., sc. = scilicet
sci|li|cet ‹lat.› (nämlich; *Abk.* sc., scil.)
Scil|la, Szilla, die; -, - ‹griech.› (eine [Heil]pflanze, Blaustern)
Sci|pio (Name berühmter Römer)
Scoop [skuːp], der; -s, -s ‹engl.› (sensationeller [Presse]bericht)
Scor|da|tu|ra, die; - *u.* Skor|da|tur, die; - ‹ital.› (*Musik* Umstimmen von Saiten der Streich- u. Zupfinstrumente)
Score [skoːɐ̯], der; -s, -s ‹engl.› (*Sport* Spielstand, Spielergebnis); **sco|ren** (*Sport* einen Punkt, ein Tor o. Ä. erzielen)
Scotch [skɔtʃ], der; -s, -s ‹engl.› (schottischer Whisky)
Scotch|ter|ri|er (Hunderasse)
Sco|tis|mus, der; - (philos. Lehre nach dem Scholastiker Duns Scotus); **Sco|tist,** der; -en, -en
Scot|land Yard [...lɛnt ˈjaːɐ̯t], der; - - ‹engl.› (Londoner Polizei[gebäude])
Scott (schottischer Dichter)
Scrab|b|le® [ˈskrɛbl̩], das; -s, -s ‹engl.› (ein Gesellschaftsspiel)
Scra|pie [ˈskreːpi], die; - ‹engl.› (*Tiermed.* vor allem bei Schafen auftretende Tierseuche)
scrat|chen [ˈskrɛtʃn̩] ‹engl.›; sie scratcht, hat gescratcht; **Scrat|ching** [ˈskrɛtʃ...], das; -s ‹engl.› (das Hervorbringen bestimmter akustischer Effekte durch Manipulation der laufenden Schallplatte)
Scree|ning [ˈskriːnɪŋ], das; -s, -s ‹engl.› (*Med.* Verfahren zur Reihenuntersuchung)
Screen|shot [ˈskriːnʃɔt], der; -s, -s (*EDV* Abbildung einer Bildschirmanzeige)
Scrip, der; -s, -s ‹engl.› (*Wirtsch.* Gutschein über nicht gezahlte Zinsen)
Scu|do, der; -, ...di ‹ital.› (alte italienische Münze)
Scud|ra|ke|te [*auch* ˈskat...] (eine militärische Kurz- u. Mittelstreckenrakete)
sculps., sc. = sculpsit
sculp|sit ‹lat., »hat [es] gestochen«› (Zusatz zum Namen des Stechers auf Kupfer- u. Stahlstichen; *Abk.* sc., sculps.)
Scyl|la (*lat. Form von* Szylla, griech. Skylla)
s. d. = sieh[e] dort
SDA = Schweizerische Depeschenagentur
SDI [ɛsdiːˈaɪ̯] = strategic defense initiative (US-amerikanisches Projekt zur Stationierung von [Laser]waffen im Weltraum)
SDS = Societatis Divini Salvatoris (»von der Gesellschaft vom Göttlichen Heiland«; Salvatorianer)
Se = *chem. Zeichen für* Selen
SE = Stadtexpress
Se., S. = Seine (Exzellenz usw.)
Seal [ziːl], der *od.* das; -s, -s ‹engl.› (Fell der Pelzrobbe; ein Pelz); **Seal|man|tel**
Seals|field [ˈziː...] (österr. Schriftsteller)
Seal|skin [ˈziː...], der *od.* das; -s, -s ‹engl.› (*svw.* Seal; Plüschgewebe als Nachahmung des Seals)
Sean [ʃoːn] (m. Vorn.)
Sé|an|ce [seˈɑ̃ːs(ə)], die; -, -n ‹franz.› ([spiritistische] Sitzung)
Se|at|tle [siˈɛtl̩] (Stadt in den USA)
Se|bas|ti|an [*alte Trennung* ...|st...] (m. Vorn.)
Se|bor|rhö, die; -, -en ‹lat.; griech.› (*Med.* krankhaft gesteigerte Talgabsonderung)
[1]**sec** = Sekans; Sekunde *(vgl. d.)*
[2]**sec** [sɛk] ‹franz.› (trocken [von franz. Schaumweinen])
Sec|co|re|zi|ta|tiv ‹ital.› (*Musik* nur von einem Tasteninstrument begleitetes Rezitativ)
Se|cen|tis|mus [...tʃɛ...], der; -

S

‹ital.› (Stilrichtung der Barockpoesie im Italien des 17. Jh.s); **Se|cen|tist,** der; -en, -en

Se|cen|to, das; -[s] (*toskan. Form von* Seicento)

Se|ces|si|on, die; - ‹lat.› (österr. Form des Jugendstils; Ausstellungsgebäude in Wien), *vgl.* Sezession

Sech, das; -[e]s, -e (messerartiges Teil am Pflug)

sechs; wir sind zu sechsen *od.* zu sechst, wir sind sechs; *vgl.* acht

Sechs, die; -, -en (Zahl); er hat eine Sechs gewürfelt; sie hat in Latein eine Sechs geschrieben; *vgl.* Eins *u.* [1]Acht

Sechs|ach|ser (Wagen mit sechs Achsen; *mit Ziffer* 6-Achser [*alte Schreibung* 6achser]) ↑K 29; **sechs|ach|sig**

Sechs|ach|tel|takt, der; -[e]s (*mit Ziffern* $^6/_8$-Takt) ↑K 26; im Sechsachteltakt

Sechs|eck; sechs|e|ckig [*alte Trennung* ...k|k...]

sechs|ein|halb, sechs|und|ein|halb

Sechs|en|der *(Jägerspr.)*

Sech|ser (*auch landsch. für* Fünfpfennigstück); *vgl.* Achter

sech|ser|lei; auf sechserlei Art

Sech|ser|pack *Plur.* -s *u.* -e; **Sech|ser|pa|ckung** [*alte Trennung* ...k|k...]; **Sech|ser|rei|he;** in Sechserreihen

sechs|fach; Sechs|fa|che, das; -n; *vgl.* Achtfache

Sechs|flach, das; -[e]s, -e *u.* **Sechs|fläch|ner** (*für* Hexaeder)

sechs|hun|dert

Sechs|kant, das *od.* der; -[e]s, -e ↑K 66; **Sechs|kant|ei|sen** ↑K 66; **sechs|kan|tig**

Sechs|ling

sechs|mal; *vgl.* achtmal; **sechs|ma|lig**

Sechs|pass [*alte Schreibung* ...paß], der; -es, -e (*Archit.* Verzierungsform mit sechs Bogen)

Sechs|spän|ner; sechs|spän|nig

sechs|stel|lig

Sechs|stern (sechsstrahliger Stern der Volkskunst)

sechst; *vgl.* sechs

Sechs|ta|ge|ren|nen (*mit Ziffer* 6-Tage-Rennen)

sechs|tau|send

sechs|te [*alte Trennung* ...s|t...]; sie hat den sechsten Sinn (ein Gespür) dafür; *vgl.* achte

sechs|tel [*alte Trennung* ...s|t...]; *vgl.* achtel; **Sechs|tel,** das, *schweiz. meist* der; -s, -; *vgl.* Achtel

sechs|tens [*alte Trennung* ...s|t...]

Sechs|und|drei|ßig|flach, das; -[e]s, -e *u.* **Sechs|und|drei|ßig|fläch|ner** (*für* Triakisdodekaeder)

sechs|und|ein|halb, sechseinhalb

Sechs|und|sech|zig, das; - (ein Kartenspiel)

sechs|und|zwan|zig; *vgl.* acht

Sechs|zy|lin|der (*ugs. für* Sechszylindermotor od. damit ausgerüsteter Kraftwagen); **Sechs|zy|lin|der|mo|tor** (*mit Ziffer* 6-Zylinder-Motor); **sechs|zy|lin|drig** (*mit Ziffer* 6-zylindrig [*alte Schreibung* 6zylindrig]) ↑K 29

Sech|ter, der; -s, - ‹lat.› (ein altes [Getreide]maß; *österr. für* Eimer, Milchgefäß)

sech|zehn; *vgl.* acht

sech|zehn|hun|dert

Sech|zehn|me|ter|raum *(Fußball)*

sech|zig usw. *vgl.* achtzig usw.

sech|zig|jäh|rig; *vgl.* achtjährig

se|cond|hand ['sɛkənt'hɛnt] ‹engl.› (aus zweiter Hand); **Se|cond|hand|shop** ['sɛkənt'hɛnt-ʃɔp], der; -s, -s (Laden, in dem gebrauchte Kleidung u. a. verkauft wird)

Se|cret Ser|vice ['si:krɪt 'sø:ɐ̯vɪs], der; - - ‹engl.› (britischer [politischer] Geheimdienst)

SED = Sozialistische Einheitspartei Deutschlands (Staatspartei der DDR [1946–1989])

Se|da (*Plur. von* Sedum)

se|da|tiv (*Med.* beruhigend, schmerzstillend); **Se|da|tiv,** das; -s, -e *u.* **Se|da|ti|vum,** das; -s, ...va (*Med.* Beruhigungsmittel)

Se|dez, das; -es ‹lat.› (Sechzehntelbogengröße [Buchformat]; *Abk.* 16°); **Se|dez|for|mat**

Se|dia ges|ta|to|ria [- dʒ...; *alte Trennung* ...s|t...], die; - - ‹ital.› (Tragsessel des Papstes bei feierlichen Aufzügen)

Se|di|ment, das; -[e]s, -e ‹lat.› (Ablagerung, Schicht)

se|di|men|tär (durch Ablagerung entstanden); **Se|di|men|tär|ge|stein**

Se|di|men|ta|ti|on, die; -, -en (Ablagerung); **Se|di|ment|ge|stein; se|di|men|tie|ren**

Se|dis|va|kanz, die; -, -en ‹lat.› (Zeitraum, während dessen das Amt des Papstes od. eines Bischofs unbesetzt ist)

Se|dum, das; -s, Seda ‹lat.› (*Bot.* Fetthenne)

[1]See, der; -s, Se|en (stehendes Binnengewässer)

[2]See, die; -, Se|en (*nur Sing.:* Meer; Seegang; *Seemannsspr.* [Sturz]welle)

See|aal; See|ad|ler; See|amt

see|ar|tig, se|en|ar|tig

See|bad; See|bär; See|be|ben

see|be|schä|digt (*für* havariert)

See|blick; ein Zimmer mit Seeblick; **See|blo|ckа|de** [*alte Trennung* ...k|k...]; **See|büh|ne**

See|e|le|fant, *auch* **See-E|le|fant,** der; -en, -en (große Robbe)

see|er|fah|ren ↑K 169; **See|er|fah|rung,** *auch* **See-Er|fah|rung**

see|fah|rend; See|fah|rer

See|fahrt

See|fahrt|buch; See|fahrt|schu|le

see|fest

See|fisch

See|fracht; See|fracht|ge|schäft

See|funk

See|gang, der; -[e]s

See Ge|ne|za|reth, *ökum.* Gen|nesa|ret, der; -s - (bibl. Name für den See von Tiberias)

See|gfrör|ni, die; -, ...nen (*schweiz. für* das Zufrieren, Zugefrorensein eines Sees)

See|gras; See|gras|ma|t|rat|ze

See|gur|ke (ein [meerbewohnender] Stachelhäuter); **See|ha|fen; See|han|del; See|heil|bad**

See|herr|schaft, die; -

See|hund; See|hunds|fän|ger

See|hunds|fell

See|i|gel; See|i|gel|kak|tus

See|jung|fer (eine Libelle); **See|jung|frau** (eine Märchengestalt)

See|ka|dett; See|kar|te; See|kas|se (Versicherung für in der Seefahrt beschäftigte Personen)

see|klar; Schiffe seeklar machen

See|kli|ma, das; -s

see|krank; See|krank|heit, die; -

See|krieg; See|kuh; See|lachs

See|land (dänische Insel; niederländische Provinz)

Seel|chen

See|le, die; -, -n; meiner Seel! ↑K 13; die unsterbliche Seele

See|len|ach|se (in Feuerwaffen)

See|len|a|del *(geh.)*

See|len|amt (*kath. Kirche* Totenmesse)

See|len|blind|heit (*für* Agnosie)

See|len|bräu|ti|gam (*bes. Mystik* Christus)

See|len|frie|de[n]; See|len|grö|ße, die; -; **See|len|gü|te** *(geh.);* **See-**

len|heil; See|len|hirt (*veraltend für* Geistlicher)
See|len|kun|de, die; - (*veraltend für* Psychologie); **see|len|kun|dig**
See|len|le|ben, das; - *(geh.)*
see|len|los *(geh.)*
See|len|mas|sa|ge *(ugs.)*
See|len|mes|se
See|len|qual *(geh.)*
See|len|ru|he; see|len|ru|hig
see|len[s]|gut; see|len|stark; see|len|ver|gnügt (*ugs. für* heiter)
See|len|ver|käu|fer (*ugs. für* skrupelloser Mensch; *Seemannsspr.* zum Abwracken reifes Schiff)
see|len|ver|wandt; See|len|ver|wandt|schaft
see|len|voll *(geh.)*
See|len|wan|de|rung; See|len|zu|stand
see|lisch; das seelische Gleichgewicht; die seelischen Kräfte
Seel|sor|ge, die; -; **Seel|sor|ger; Seel|sor|ge|rin; seel|sor|ge|risch; seel|sor|ger|lich, seel|sorg|lich**
See|luft, die; -; **See|macht**
See|mann *Plur.* ...leute; **see|män|nisch**
See|manns|amt; See|manns|brauch
See|mann|schaft, die; - (seemännische Kenntnisse)
See|manns|garn, das; -[e]s (erfundene Geschichte); **See|manns|heim; See|manns|le|ben,** das; -s; **See|manns|lied; See|manns|los,** das; -es; **See|manns|spra|che; See|manns|tod**
See|mei|le (*Zeichen* sm)
See|mi|ne
se|en|ar|tig *vgl.* seeartig; **Se|en|kun|de,** die; - (*für* Limnologie)
See|not, die; -; **See|not|ret|tungs|dienst; See|not|ret|tungs|kreu|zer; See|not|zei|chen**
Se|en|plat|te
s. e. e. o., s. e. et o. = salvo errore et omissione ⟨lat.⟩ (Irrtum und Auslassung vorbehalten)
See|pferd|chen; See|po|cke [*alte Trennung* ...k|k...] (Krebstier)
See|räu|ber; See|räu|be|rei, die; -; **see|räu|be|risch**
See|recht, das; -[e]s; **See|rei|se**
See|ro|se
Seer|su|cker ['sɪəsʌkə; *alte Trennung* ...k|k...], der; -s ⟨Hindi-engl.⟩ (kreppähnliches Baumwollgewebe)
See|sack; See|sand; See|schlacht; See|schlan|ge; See|sper|re; See|stern
Seestra|ße; See|stra|ßen|ord|nung
See|streit|kräf|te *Plur.;* **See|stück** (Gemälde mit Seemotiv)
See|tang
s. e. et o. *vgl.* s. e. e. o.
see|tüch|tig
See|u|fer
See|ver|bren|nung ([Müll]verbrennung auf ²See); **See|ver|si|che|rung; See|wal|ze** (*vgl.* Seegurke); **See|war|te** (die Deutsche Seewarte in Hamburg)
see|wärts
See|was|ser|a|qua|ri|um
See|weg; See|we|sen, das; -s; **See|wet|ter|dienst; See|wind; See|zei|chen; See|zoll|ha|fen**
See|zun|ge (ein Fisch)
Se|gel, das; -s, -; **Se|gel|boot**
se|gel|fer|tig
se|gel|flie|gen *nur im Infinitiv gebräuchlich;* **Se|gel|flie|ger**
Se|gel|flug; Se|gel|flug|zeug
Se|gel|jacht, Se|gel|yacht
Se|gel|kurs; se|gel|los; Se|gel|ma|cher
se|geln; ich seg[e]le
Se|gel|oh|ren *Plur (ugs.)*
Se|gel|re|gat|ta; Se|gel|schiff; Se|gel|sport; Se|gel|sur|fen, das; -s; **Se|gel|törn** (Fahrt mit einem Segelboot); **Se|gel|tuch** *Plur.* ...tuche
Se|gel|yacht, Se|gel|jacht
Se|gen, der; -s, -; Segen bringen; die Segen bringende [*alte Schreibung* segenbringende] Weihnachtszeit; Segen spendend [*alte Schreibung* segenspendend]
se|gens|reich; Se|gens|spruch; se|gens|voll; Se|gens|wunsch
Se|ger (dt. Technologe)
Se|ger|ke|gel® ↑K 136 (*Zeichen* SK); **Se|ger|por|zel|lan,** das; -s
Se|ges|tes [*alte Trennung* ...|st...] (Cheruskerfürst; Vater der Thusnelda)
Seg|ge, die; -, -n (*nordd. für* Riedgras, Sauergras)
Se|ghers (dt. Schriftstellerin)
Seg|ler; Seg|le|rin
Seg|ment, das; -[e]s, -e ⟨lat.⟩ (Abschnitt, Teilstück)
seg|men|tal (in Form eines Segmentes); **seg|men|tär** (aus Abschnitten gebildet)
seg|men|tie|ren; Seg|men|tie|rung (Gliederung in Abschnitte)
seg|nen; gesegnete Mahlzeit!; **Seg|nung**
¹Se|gre|ga|ti|on, die; -, -en ⟨lat.⟩ (*Biol.* Aufspaltung der Erbfaktoren während der Reifeteilung der Geschlechtszellen; *veraltet für* Ausscheidung, Trennung)
²Se|gre|ga|tion [sɛgri'ge:ʃn̩], die; -, -s ⟨engl.⟩ (*Soziol.* Absonderung einer Bevölkerungsgruppe [nach Hautfarbe, Religion])
se|gre|gie|ren
Seh|ach|se
seh|be|hin|dert; Seh|be|hin|der|te, der *u.* die; -n, -n; **Seh|be|hin|de|rung**
se|hen; du siehst, er/sie sieht; ich sah, du sahst; du sähest; gesehen; sieh[e]!; sieh[e] da!; ich habe es gesehen, *aber* ich habe es kommen sehen, *selten* gesehen; ↑K 82: ich kenne ihn nur vom Sehen; ihm wird Hören u. Sehen, *auch* hören u. sehen vergehen *(ugs.)*
se|hens|wert; se|hens|wür|dig
Se|hens|wür|dig|keit, die; -, -en
Se|her (*Jägerspr. auch* Auge des Raubwildes)
Se|her|blick; Se|her|ga|be, die; -
Se|he|rin; se|he|risch
Seh|feh|ler
seh|ge|schä|digt; Seh|ge|schä|dig|te, der *u.* die; -n, -n
Seh|ge|wohn|heit *meist Plur.;* **Seh|hil|fe; Seh|kraft,** die; -; **Seh|kreis; Seh|loch** (*für* Pupille)
Seh|ne, die; -, -n
seh|nen, sich; ↑K 82: stilles Sehnen
Seh|nen|ent|zün|dung; Seh|nen|re|f|lex *(Med.);* **Seh|nen|riss** [*alte Schreibung* ...riß]
Seh|nen|satz *(Math.)*
Seh|nen|schei|de; Seh|nen|schei|den|ent|zün|dung
Seh|nen|zer|rung
Seh|nerv
seh|nig
sehn|lich
Sehn|sucht, die; -, ...süchte
sehn|süch|tig; sehn|suchts|voll
Seh|öff|nung; Seh|or|gan (Auge)
Seh|pro|be; Seh|prü|fung
sehr; so sehr; zu sehr; gar sehr; sehr fein (*Abk.* ff); sehr viel, sehr vieles; sehr bedauerlich; er hat die Note »sehr gut« erhalten; *vgl.* ausreichend
seh|ren (*mdal. für* verletzen)
Seh|rohr (*für* Periskop)
Seh|schär|fe
seh|schwach; Seh|schwä|che; Seh|schwa|chen|schu|le
Seh|stäb|chen *(Med.);* **Seh|stö|rung; Seh|test; Seh|ver|mö|gen,** das; -s; **Seh|zen|t|rum** *(Med.)*
Sei|ber, Sei|fer, der; -s (*landsch.*

S

²sein	
– ich bin, du bist, er/sie/es ist, wir sind, ihr seid, sie sind – ich sei, du seist, er/sie/es sei, wir seien, ihr seiet, sie seien – ich war, du warst, er/sie/es war, wir waren, ihr wart, sie waren – ich wäre, du wärst, er/sie/es wäre, wir wären, ihr wärt, sie wären – seiend – gewesen – sei!; seid!	*Verbindungen mit dem Verb »sein« werden immer getrennt geschrieben:* – da sein; heraus sein; hier sein; zusammen sein – ich möchte das lieber sein lassen [*alte Schreibung* seinlassen] (*ugs. für* nicht tun); sie hat es sein lassen [*alte Schreibung* seinlassen]; sie wollte ihn Sieger sein lassen *Aber bei Substantivierung* ↑K 82: – das Dasein, das Sosein, das Zusammensein; das So-oder-anders-Sein ↑K 27

für ausfließender Speichel [bes. bei kleinen Kindern]); **sei|bern,** sei|fern; ich seibere, seifere
Se|i|cen|to [zɛiˈtʃɛ...], das; -[s] ⟨ital.⟩ (*Kunst* das 17. Jh. in Italien); *vgl.* Secento
Seich, der; -[e]s *u.* **Sei|che,** die; - (*landsch. derb für* Urin; seichtes Gerede; schales Getränk); **sei|chen** (*derb für* urinieren)
Sei|cherl, das; -s, -n (*österr. ugs. für* Feigling)
Seiches [sɛʃ] *Plur.* ⟨franz.⟩ (periodische Niveauschwankungen von Seen usw.)
seicht; Seicht|heit, Seich|tig|keit
seid (*2. Pers. Plur. Indikativ Präs. von* ²sein); ihr seid; seid vorsichtig!; *vgl. aber* seit
Sei|de, die; -, -n
Sei|del, das; -s, - ⟨lat.⟩ (Gefäß; Flüssigkeitsmaß); 3 Seidel Bier
Sei|del|bast, der; -[e]s, -e (ein Strauch)
sei|den (aus Seide); **sei|den|ar|tig**
Sei|den|at|las *Plur.* -se; **Sei|den|blu|se; Sei|den|fa|den; Sei|den|glanz; Sei|den|ma|le|rei**
sei|den|matt; Sei|den|pa|pier
Sei|den|rau|pe; Sei|den|rau|pen|zucht
Sei|den|schal; Sei|den|spin|ner (ein Schmetterling)
sei|den|weich; sei|dig
Sei|en|de, das; -n (*Philos.*)
Sei|fe, die; -, -n (Waschmittel; *Geol.* Ablagerung); grüne Seife
sei|fen (abseifen; *Geol.* Minerale auswaschen)
sei|fen|ar|tig
Sei|fen|bla|se; Sei|fen|flo|cke [*alte Trennung* ...k|k...]
Sei|fen|ge|bir|ge (*Geol.* erz- od. edelsteinhaltiges Gebirge)
Sei|fen|kis|ten|ren|nen [*alte Trennung* ...|st...]
Sei|fen|lap|pen; Sei|fen|lau|ge
Sei|fen|o|per (*ugs. für* triviale Rundfunk- od. Fernsehserie)
Sei|fen|pul|ver; Sei|fen|scha|le; Sei|fen|schaum
Sei|fen|sie|der; jmdm. geht ein Seifensieder auf (*ugs. für* jmd. begreift etwas)
Sei|fer usw. *vgl.* Seiber usw.
Seif|fen, Kur|ort (im Erzgebirge)
sei|fig
Seif|ner (*veraltet für* Erzwäscher)
Sei|ge, die; -, -n (*Bergmannsspr.* vertiefte Rinne, in der das Grubenwasser abläuft); **sei|ger** (*Bergmannsspr.* senkrecht)
sei|gern (*veraltet für* seihen, sickern; *Hüttenw.* [sich] ausscheiden; ausschmelzen); ich seigere
Sei|ger|riss [*alte Schreibung* ...riß] (bildlicher Durchschnitt eines Bergwerks); **Sei|ger|schacht** (*Bergbau* senkrechter Schacht)
Sei|ge|rung (*Hüttenw.*)
Sei|g|neur [zɛnˈjøːɐ̯], der; -s, -s ⟨franz.⟩ (*veraltet für* vornehmer Weltmann)
Sei|he, die; -, -n (*landsch.*)
sei|hen (*landsch. für* durch ein Sieb gießen, filtern)
Sei|her (*landsch. für* Sieb für Flüssigkeiten); **Sei|herl,** das; -s, -n (*österr. für* [Tee]sieb)
Seih|tuch *Plur.* ...tücher (*landsch.*)
Seil, das; -[e]s, -e; auf dem Seil laufen, tanzen (*vgl. aber* seiltanzen); über das Seil hüpfen, springen (*vgl. aber* seilhüpfen, seilspringen); [am] Seil ziehen
Seil|bahn
¹sei|len (Seile herstellen)
²sei|len (*nordd. für* segeln)
Sei|ler; Sei|le|rei; Sei|le|rin
Sei|ler|meis|ter [*alte Trennung* ...|st...]
seil|hüp|fen; *vorwiegend im Infinitiv u. Partizip II gebäuchlich;* seilgehüpft; *vgl.* Seil; **Seil|hüp|fen,** das; -s
Seil|schaft (die durch ein Seil verbundenen Bergsteiger; *übertr. für* Gruppe von Personen, die eng zusammenarbeiten)
Seil|schwe|be|bahn
seil|sprin|gen; *vorwiegend im Infinitiv u. Partizip II gebräuchlich;* seilgesprungen; *vgl.* Seil; **Seil|sprin|gen,** das; -s
Seil|steu|e|rung (*Bobsport*)
seil|tan|zen; *vorwiegend im Infinitiv u. Partizip II gebräuchlich;* seilgetanzt; *vgl.* Seil; **Seil|tän|zer; Seil|tän|ze|rin**
Seil|trom|mel; Seil|win|de; Seil|zie|hen, das; -s; **Seil|zug**
Seim, der; -[e]s, -e (*veraltend für* dicker [Honig]saft)
sei|mig (*veraltend für* dickflüssig)
¹sein, sei|ne, sein; *aber* ↑K 85: Seine (*Abk.* S[e].), Seiner (*Abk.* Sr.) Exzellenz; *vgl.* dein *u.* seine
²sein *s. Kasten*
Sein, das; -s; das Sein und das Nichtsein; das wahre Sein
sei|ne, sei|ni|ge; ↑K 76: jedem das Seine *od.* das seine; er muss das Seine *od.* das seine dazu beitragen, tun; sie ist die Seine *od.* die seine; er sorgte für die Seinen *od.* die seinen
Sei|ne [ˈzɛːn(ə)], die; - (französischer Fluss)
sei|ner|seits
sei|ner|zeit (damals, dann; *Abk.* s. Z.); **sei|ner|zei|tig**
sei|nes|glei|chen; Leute seinesgleichen; er hat nicht seinesgleichen
sei|net|hal|ben (*veraltend*)
sei|net|we|gen; sei|net|wil|len; *nur in* um seinetwillen
sei|ni|ge *vgl.* seine
sein las|sen [*alte Schreibung* seinlas|sen] *vgl.* ²sein
Sei|sing *vgl.* Zeising
Seis|mik, die; - ⟨griech.⟩ (Erdbebenkunde); **seis|misch** (die Seismik bzw. Erdbeben betreffend)
Seis|mo|graf *vgl.* Seismograph

Sei|te

die; -, -n
– siehe Seite 20 (*Abk.* s. S. 20)
– der Text folgt auf Seite 3–7; *oder:* der Text folgt auf den Seiten 3–7
Vgl. auch Saite

Groß- und Getrenntschreibung:
– die linke, rechte Seite
– auf der Seite der Schwächeren sein
– von allen Seiten
– von zuständiger Seite
– etwas zur Seite legen
– jmdm. zur Seite treten, stehen

Klein- und Zusammenschreibung:
– beiseite
– seitens (*vgl. d.*)
– meinerseits, ihrerseits; beiderseits, all[er]seits
– väterlicherseits, mütterlicherseits; deutscherseits
– einerseits, ander[er]seits
– abseits
– diesseits; beidseits
– bergseits

Klein- und Zusammenschreibung oder Groß- und Getrenntschreibung ↑K 63:
– aufseiten, *auch* auf Seiten [*alte Schreibung* auf seiten]
– vonseiten, *auch* von Seiten [*alte Schreibung* von seiten]
– zuseiten, *auch* zu Seiten [*alte Schreibung* zu seiten]

·**Seis|mo|gramm,** das; -s, -e (Aufzeichnung der Erdbebenwellen)
Seis|mo|graph, *auch* Seis|mo|graf, der; -en, -en (Gerät zur Aufzeichnung von Erdbeben)
Seis|mo|lo|ge, der; -n, -n; **Seis|mo|lo|gie,** die; - (*svw.* Seismik); **Seis|mo|lo|gin; seis|mo|lo|gisch**
Seis|mo|me|ter, das; -s, - (Gerät zur Messung der Erdbebenstärke); **seis|mo|me|t|risch**
seit; *Präposition mit Dativ:* seit dem Zusammenbruch; seit alters ↑K 70; seit damals, gestern, heute; seit kurzem, langem; *Konjunktion:* seit ich hier bin; *vgl. aber* seid
seit|ab (abseits)
seit|dem; seitdem ist sie gesund; seitdem ich hier bin; *aber* seit dem Tag, an dem ...
Sei|te *s. Kasten*
Sei|ten|air|bag *(Kfz-Technik)*
Sei|ten|al|tar
Sei|ten|an|sicht; Sei|ten|arm
Sei|ten|auf|prall|schutz (*Kfz-Technik*)
Sei|ten|aus *(Sport)*
Sei|ten|aus|gang
Sei|ten|aus|li|nie *(Sport)*
Sei|ten|bau *Plur.* ...bauten
Sei|ten|blick
Sei|ten|ein|gang
Sei|ten|ein|stei|ger
Sei|ten|flü|gel; Sei|ten|front
Sei|ten|füh|rung (der Reifen)
Sei|ten|gang, der
Sei|ten|ge|wehr
Sei|ten|hal|bie|ren|de, die; -n, -n (*Math.);* zwei Seitenhalbierende
Sei|ten|hieb
sei|ten|lang; seitenlange Briefe, *aber* ein vier Seiten langer Brief
Sei|ten|leit|werk *(Flugw.)*
Sei|ten|li|nie
Sei|ten|por|tal; Sei|ten|ram|pe
Sei|ten|ru|der *(Flugw.)*
sei|tens ↑K 70; *Präposition mit Genitiv (Amtsspr.):* seitens des Angeklagten wurde Folgendes eingewendet
Sei|ten|schiff *(Archit.)*
Sei|ten|schnei|der (ein Werkzeug)
Sei|ten|schritt
sei|ten|schwim|men *im Allgemeinen nur im Infinitiv gebräuchlich;* **Sei|ten|schwim|men,** das; -s
Sei|ten|sprung
sei|ten|stän|dig (*Bot.* von Blättern)
Sei|ten|ste|chen, das; -s
Sei|ten|stra|ße; Sei|ten|strei|fen; Sei|ten|stück; Sei|ten|ta|sche; Sei|ten|teil, das, *auch* der; **Sei|ten|trakt; Sei|ten|trieb** *(Bot.);* **Sei|ten|tür**
sei|ten|ver|kehrt
Sei|ten|wa|gen
Sei|ten|wahl *(Sport)*
Sei|ten|wech|sel
Sei|ten|wind
Sei|ten|zahl
seit|her; seit|he|rig
...sei|tig (z. B. allseitig)
seit|lich
Seit|ling, der; -s, -e (ein Pilz)
seit|lings *(veraltet)*
Seit|pferd *(Turnen)*
seit|wärts; seitwärts gehen
Sei|wal ⟨norw.⟩ (eine Walart)
Sejm [seɪm], der; -s ⟨poln.⟩ (oberste polnische Volksvertretung)
sek, Sek. = Sekunde (*vgl. d.*)
SEK (Währungscode für schwed. Krone)
Se|kans, der; -, *Plur.* -, *auch* Sekanten ⟨lat.⟩ (*Math.* Verhältnis der Hypotenuse zur Ankathete im rechtwinkligen Dreieck; *Zeichen* sec)
Se|kan|te, die; -, -n (Gerade, die eine Kurve schneidet)
Se|kel, *auch* Sche|kel, der; -s, - ⟨hebr.⟩ (altbabylon. u. hebr. Gewichts- u. Münzeinheit)
sek|kant ⟨ital.⟩ (*österr. für* lästig, zudringlich)
Sek|ka|tur, die; -, -en (*österr. für* Quälerei, Belästigung); **sek|kie|ren** (*österr. für* quälen, belästigen)
Se|kond|hieb ⟨ital.; dt.⟩ (ein Fechthieb)
[1]**Se|k|ret,** das; -[e]s, -e ⟨lat.⟩ (*Med.* Absonderung; *veraltet für* vertrauliche Mitteilung)
[2]**Se|k|ret,** die; - (stilles Gebet des Priesters während der Messe)
Se|k|re|tar, der; -s, -e (*veraltet für* Geschäftsführer, Abteilungsleiter; *selten für* Sekretär)
Se|k|re|tär, der; -s, -e ⟨lat.-franz.⟩ (Beamter des mittleren Dienstes; Funktionär in einer Partei, Gewerkschaft o. Ä.; kaufmännischer Angestellter; Schreibschrank; Greifvogel); *vgl.* Sekretar
Se|k|re|ta|ri|at, das; -[e]s, -e (Kanzlei, Geschäftsstelle)
Se|k|re|tä|rin
se|k|re|tie|ren ⟨lat.⟩ (*Med.* absondern); **Se|k|re|ti|on,** die; -, -en (*Med.* Absonderung); **se|k|re|to|risch**
Sekt, der; -[e]s, -e ⟨ital.⟩
Sek|te, die; -, -n ⟨lat.⟩ ([kleinere] Glaubensgemeinschaft); **Sek|ten|we|sen,** das; -s
Sekt|fla|sche; Sekt|früh|stück; Sekt|glas *Plur.* ...gläser
Sek|tie|rer ⟨lat.⟩ (jmd., der von einer politischen, religiösen o. ä.

selbst	
– von selbst; selbst wenn ↑K 126; selbst (sogar) bei Glatteis fährt er schnell	– selbst verdienen; selbst verdientes [*alte Schreibung* selbstverdientes] Geld – selbst drehen, schneidern usw.; selbst gedreht, selbst geschneidert [*alte Schreibungen* selbstgedreht, selbstgeschneidert] usw.
Getrenntschreibung ↑K 58: – selbst backen; ein selbst gebackener [*alte Schreibung* selbstgebackener] Kuchen – selbst brauen; selbst gebrautes [*alte Schreibung* selbstgebrautes] Bier – selbst ernennen; ein selbst ernannter [*alte Schreibung* selbsternannter] Experte – selbst machen; selbst gemachte [*alte Schreibung* selbstgemachte] Marmelade – selbst nutzen; eine selbst genutzte [*alte Schreibung* selbstgenutzte] Eigentumswohnung	*Zusammenschreibung:* – selbstentzündlich (von selbst entzündlich) – selbstklebend (von selbst klebend) – *Ebenso:* selbstredend, selbstvergessen, selbstverständlich usw. *Vgl. auch* selber

Richtung abweicht); **Sek|tie|re|rin; sek|tie|re|risch; Sek|tie|rer|tum,** das; -s

Sek|ti|on, die; -, -en ‹lat.› (Abteilung, Gruppe, Fachbereich; *Med.* Leichenöffnung)

Sek|ti|ons|be|fund *(Med.)*

Sek|ti|ons|chef (Abteilungsvorstand; *in Österr.* höchster Beamtenrang)

sek|ti|ons|wei|se

Sekt|kelch; Sekt|kel|le|rei; Sekt|kor|ken; Sekt|kü|bel; Sekt|lau|ne

Sek|tor, der; -s, ...oren ‹lat.› ([Sach]gebiet, Bezirk; *Math.* Ausschnitt)

Sek|to|ren|gren|ze

Sekt|scha|le; Sekt|steu|er, die

Se|kund, die; -, -en ‹lat.› (*österr. svw.* Sekunde [in der Musik])

se|kun|da (*Kaufmannsspr. veraltet für* zweiter Güte)

Se|kun|da, die; -, ...den (*veraltend für* die 6. u. 7. Klasse eines Gymnasiums)

Se|kund|ak|kord *(Musik)*

Se|kun|da|ner (Schüler einer Sekunda); **Se|kun|da|ne|rin**

Se|kun|dant, der; -en, -en ‹lat.› (Beistand, Zeuge [im Zweikampf]; Berater eines Sportlers)

se|kun|där ‹franz.› (zweitrangig; untergeordnet; nachträglich hinzukommend; Neben...)

Se|kun|dar|arzt (*österr. für* Assistenzarzt)

Se|kun|där|e|lek|t|ron (*Physik* durch Beschuss mit einer primären Strahlung aus einem festen Stoff ausgelöstes Elektron); **Se|kun|där|e|mis|si|on** (*Physik* Emission von Sekundärelektronen); **Se|kun|där|e|ner|gie** (*Technik* aus einer Primärenergie gewonnene Energie)

Se|kun|dar|leh|rer *(schweiz.);* **Se|kun|dar|leh|re|rin**

Se|kun|där|li|te|ra|tur (wissenschaftliche u. kritische Literatur über Dichter, Dichtungen, Dichtungsepochen)

Se|kun|där|roh|stoff *meist Plur.* (*regional für* Altmaterial)

Se|kun|dar|schu|le (*schweiz. für* Realschule)

Se|kun|där|sta|tis|tik [*alte Trennung* ...|st...] (Auswertung von nicht primär für statistische Zwecke gesammelten Daten)

Se|kun|där|strom *(Elektrot.)*

Se|kun|dar|stu|fe (ab dem 5. Schuljahr)

Se|kun|där|tu|gend (Tugend von minderem Rang)

Se|kun|där|wick|lung *(Elektrot.)*

Se|kun|da|wech|sel *(Bankw.)*

Se|künd|chen

Se|kun|de, die; -, -n ‹lat.› ($^1/_{60}$ Minute, *Abk.* Sek. [*Zeichen* s; *veraltet* sec, sek]; *Geom.* $^1/_{60}$ Minute [*Zeichen* "]; *Musik* zweiter Ton der diaton. Tonleiter; Intervall im Abstand von 2 Stufen; *Druckerspr.* am Fuß der dritten Seite eines Bogens stehende Zahl mit Sternchen)

se|kun|den|lang; sekundenlanges Zögern, *aber* ein vierzig Sekunden langer Herzstillstand

Se|kun|den|schnel|le, die; - (in Sekundenschnelle)

Se|kun|den|zei|ger

se|kun|die|ren ‹lat.-franz.› (beistehen [im Zweikampf]; helfen, schützen); jmdm. sekundieren

se|künd|lich, *auch* se|kund|lich (in jeder Sekunde)

Se|kun|do|ge|ni|tur, die; -, -en (*früher* Besitz[recht] des zweitgeborenen Sohnes)

Se|ku|rit®, das; -s ‹nlat.› (nicht splitterndes Glas)

sel. = selig

se|la! ‹hebr.› (*ugs. für* abgemacht!, Schluss!)

Se|la, das; -s, -s (Musikzeichen in den Psalmen)

Se|la|don [*auch* ...'dõ:], das; -s, -s ‹wohl nach dem graugrünen Gewand des franz. Romanhelden Céladon› (chinesisches Porzellan mit grüner Glasur); **Se|la|don|por|zel|lan**

Se|lam *vgl.* Salam

Se|lam|lik, der; -s, -s ‹arab.-türk.› (Empfangsraum im orientalischen Haus)

selb|an|der (*veraltet für* zu zweit)

selb|dritt (*veraltet für* zu dritt)

sel|be; zur selben (zu derselben) Zeit

sel|ber (*meist ugs. für* selbst)

Sel|ber|ma|chen, das; -s; ↑K 82 *(ugs.)*

sel|big *(veraltet);* zu selbiger Stunde, zur selbigen Stunde

selbst *s. Kasten*

Selbst, das; -; ein Stück meines Selbst

Selbst|ab|ho|ler

Selbst|ach|tung, die; -; **Selbst|a|na|ly|se** *(Psych.)*

selb|stän|dig, selbst|stän|dig; sich selbständig, selbstständig machen; **Selb|stän|di|ge,** Selbst|stän|di|ge, der *u.* die; -n, -n; **Selb|stän|dig|keit,** Selbst|stän|dig|keit, die; -

Selbst|an|kla|ge

Selbst|an|ste|ckung [*alte Trennung* ...k|k...]

Selbst|an|zei|ge

Selbst|auf|op|fe|rung

Selbst|aus|lö|ser *(Fotogr.)*

Selbst|be|die|nung *Plur. selten*

S

(*Abk.* SB); **Sẹlbst|be|die|nungs|la|den**

Sẹlbst|be|frie|di|gung (*für* Masturbation); **Sẹlbst|be|fruch|tung** *(Bot.)*

Sẹlbst|be|halt, der; -[e]s, -e (*Versicherungsw.* Selbstbeteiligung)

Sẹlbst|be|haup|tung, die; -

Sẹlbst|be|herr|schung, die; -

Sẹlbst|be|kös|ti|gung[*alte Trennung* ...|st...]

Sẹlbst|be|schei|dung *(geh.)*

Sẹlbst|be|schrän|kung

Sẹlbst|be|schul|di|gung

Sẹlbst|be|stä|ti|gung

Sẹlbst|be|stäu|bung *(Bot.)*

sẹlbst|be|stimmt (eigenverantwortlich); **Sẹlbst|be|stim|mung,** die; -; **Sẹlbst|be|stim|mungs|recht,** das; -[e]s

Sẹlbst|be|tei|li|gung (*Versicherungsw.*)

Sẹlbst|be|trug

Sẹlbst|be|weih|räu|che|rung *(ugs.)*

sẹlbst|be|wusst [*alte Schreibung* ...be|wußt]; **Sẹlbst|be|wusst|sein**

Sẹlbst|be|zeich|nung

Sẹlbst|be|zich|ti|gung; Sẹlbst|be|zich|ti|gungs|schrei|ben

Sẹlbst|bild|nis

Sẹlbst|bin|der

Sẹlbst|bi|o|gra|fie, *auch* **Sẹlbst|bi|o|gra|phie**

Sẹlbst|dar|stel|lung

Sẹlbst|dis|zi|p|lin, die; -

sẹlbst|durch|schrei|bend; selbstdurchschreibendes Papier

selbst|ei|gen *(veraltet)*

Sẹlbst|ein|schät|zung

Sẹlbst|ein|tritt *(Wirtsch.)*

Sẹlbst|ent|fal|tung

sẹlbst|ent|zünd|lich; *vgl.* selbst; **Sẹlbst|ent|zün|dung**

Sẹlbst|er|fah|rung, die; -

Sẹlbst|er|hal|tung, die; -; **Sẹlbst|er|hal|tungs|trieb**

Sẹlbst|er|kennt|nis

sẹlbst er|nannt [*alte Schreibung* selbst|er|nannt] *vgl.* selbst

Sẹlbst|er|nied|ri|gung

Sẹlbst|er|zeu|ger

Sẹlbst|fah|rer

Sẹlbst|fi|nan|zie|rung

Sẹlbst|fin|dung *(geh.)*

sẹlbst ge|ba|cken [*alte Schreibung* selbst|ge|backen, *alte Trennung* ...k|k...], **sẹlbst ge|braut, sẹlbst ge|dreht** [*alte Schreibungen* selbst|ge|braut, selbst|ge|dreht] *vgl.* selbst

sẹlbst|ge|fäl|lig; Sẹlbst|ge|fäl|lig|keit, die; -

Sẹlbst|ge|fühl, das; -[e]s

sẹlbst ge|macht [*alte Schreibung* selbst|ge|macht] *vgl.* selbst

sẹlbst|ge|nüg|sam

sẹlbst ge|nutzt [*alte Schreibung* selbst|ge|nutzt] *vgl.* selbst

sẹlbst|ge|recht

sẹlbst ge|schnei|dert, sẹlbst ge|schrie|ben [*alte Schreibungen* selbst|ge|schnei|dert, selbst|ge|schrie|ben] *vgl.* selbst

Sẹlbst|ge|spräch

sẹlbst ge|strickt [*alte Schreibung* selbst|ge|strickt] *vgl.* selbst

sẹlbst|haf|tend; selbsthaftende Etiketten

sẹlbst|herr|lich; Sẹlbst|herr|lich|keit, die; -

Sẹlbst|hil|fe, die; -; **Sẹlbst|hil|fe|grup|pe**

Sẹlbst|in|duk|ti|on *(Elektrot.)*

Sẹlbst|i|ro|nie, die; -

sẹlbs|tisch [*alte Trennung* ...|st...] (*geh. für* egoistisch)

Sẹlbst|jus|tiz [*alte Trennung* ...|st...]

sẹlbst|kle|bend

Sẹlbst|kon|t|rol|le

Sẹlbst|kos|ten [*alte Trennung* ...|st...] *Plur.;* **Sẹlbst|kos|ten|preis; Sẹlbst|kos|ten|rech|nung**

Sẹlbst|kri|tik; sẹlbst|kri|tisch

Sẹlbst|la|der; Sẹlbst|la|de|waf|fe

Sẹlbst|läu|fer (etw., was wie von selbst Erfolg hat)

Sẹlbst|laut (*für* Vokal)

Sẹlbst|lob

sẹlbst|los; Sẹlbst|lo|sig|keit, die; -

Sẹlbst|me|di|ka|ti|on *(Med.)*

Sẹlbst|mit|leid

Sẹlbst|mord; Sẹlbst|mör|der; Sẹlbst|mör|de|rin; sẹlbst|mör|de|risch; sẹlbst|mord|ge|fähr|det

Sẹlbst|mord|kom|man|do

Sẹlbst|mord|ra|te; Sẹlbst|mord|ver|such

Sẹlbst|por|t|rät

sẹlbst|quä|le|risch

sẹlbst|re|dend

Sẹlbst|rei|ni|gung

Sẹlbst|schuss [*alte Schreibung* ...schuß]; **Sẹlbst|schuss|an|la|ge**

Sẹlbst|schutz, der; -es

sẹlbst|si|cher; Sẹlbst|si|cher|heit

sẹlbst|stän|dig, sẹlb|stän|dig; sich selbstständig, selbständig machen; **Sẹlbst|stän|di|ge,** Sẹlb|stän|dige, der *u.* die; -n, -n; **Sẹlbst|stän|dig|keit,** Sẹlb|stän|dig|keit, die; -

Sẹlbst|stel|ler *(Rechtsw.)*

Sẹlbst|stu|di|um, das; -s

Sẹlbst|sucht, die; -; **sẹlbst|süch|tig**

sẹlbst|tä|tig

Sẹlbst|täu|schung

Sẹlbst|tö|tung (*Amtsspr.* Selbstmord)

Sẹlbst|ü|ber|he|bung; Sẹlbst|ü|ber|schät|zung

Sẹlbst|ü|ber|win|dung

Sẹlbst|un|ter|richt

Sẹlbst|ver|ach|tung, die; -

Sẹlbst|ver|brau|cher

Sẹlbst|ver|bren|nung

sẹlbst ver|dient [*alte Schreibung* selbst|ver|dient] *vgl.* selbst

sẹlbst|ver|ges|sen

Sẹlbst|ver|lag, der; -[e]s

Sẹlbst|ver|leug|nung

sẹlbst|ver|liebt; Sẹlbst|ver|liebt|heit

Sẹlbst|ver|mark|tung

Sẹlbst|ver|pfle|gung, die; -

Sẹlbst|ver|schul|den *(Amtsspr.)*

Sẹlbst|ver|sor|ger

sẹlbst|ver|ständ|lich; etwas Selbstverständliches

Sẹlbst|ver|ständ|lich|keit

Sẹlbst|ver|ständ|nis, das; -ses

Sẹlbst|ver|stüm|me|lung

Sẹlbst|ver|such *(Med.)*

Sẹlbst|ver|tei|di|gung

Sẹlbst|ver|trau|en

Sẹlbst|ver|wal|tung

Sẹlbst|ver|wirk|li|chung

Sẹlbst|vor|wurf

Sẹlbst|wert|ge|fühl *(Psych.)*

Sẹlbst|zer|flei|schung

sẹlbst|zer|stö|re|risch; Sẹlbst|zer|stö|rung

Sẹlbst|zucht, die; - *(geh.)*

sẹlbst|zu|frie|den; Sẹlbst|zu|frie|den|heit

Sẹlbst|zün|der

Sẹlbst|zweck, der; -[e]s

Sẹlbst|zwei|fel

sẹl|chen (*bayr. u. österr. für* räuchern); **Sẹl|cher** (*bayr. u. österr. für* jmd., der mit Geselchtem handelt); **Sel|che|rei** (*bayr. u. österr. für* Fleisch- u. Wursträucherei); **Sẹlch|fleisch** *(bayr. u. österr.);* **Sẹlch|kam|mer; Sẹlch|kar|ree,** das; -s, -s (*österr. für* Kasseler Rippenspeer)

Sel|d|schu|ke, der; -n, -n (Angehöriger eines türk. Volksstammes)

se|le|gie|ren ‹lat.› (*fachspr.* auswählen)

Se|lẹk|ta, die; -, ...ten (*früher* Oberklasse, Begabtenklasse)

se|lek|tie|ren (auswählen)

Se|lek|ti|on, die; -, -en ‹lat.-engl.› (Auswahl; *Biol.* Auslese); **se|lek|ti|o|nie|ren** (*svw.* selektieren)

S

Se|lek|ti|ons|leh|re; Se|lek|ti|ons|the|o|rie
se|lek|tiv (auswählend; mit Auswahl; *Funkw.* trennscharf); **Se|lek|ti|vi|tät,** die; - (*Funkw.* Trennschärfe)
Se|len, das; -s ‹griech.› (chemisches Element, Nichtmetall; *Zeichen* Se)
Se|le|nat, das; -[e]s, -e (Salz der Selensäure)
Se|le|ne (griechische Mondgöttin)
se|le|nig (*Chemie* Selen enthaltend); selenige Säure
Se|le|nit, das; -s, -e (Salz der selenigen Säure)
Se|le|no|gra|phie, *auch* Se|le|no|gra|fie, die; - (Beschreibung u. kartographische Darstellung der Mondoberfläche)
Se|le|no|lo|gie, die; - (Mondkunde, besonders Mondgeologie); **se|le|no|lo|gisch**
Se|len|säu|re *(Chemie);* **Se|len|zel|le** (ein elektrotechnisches Bauelement)
Se|leu|ki|de, Se|leu|zi|de, der; -n, -n (Angehöriger einer makedonischen Dynastie in Syrien)
Self... ‹engl.› (Selbst...)
Self|ak|tor, der; -s, -s (Spinnmaschine)
Self|made|man [...me:tmən], der; -s, ...men [...mən] (jmd., der sich aus eigener Kraft hochgearbeitet hat)
se|lig (*Abk.* sel.); selige Weihnachtszeit; selig sein; selig werden; selig machen; selig preisen [*alte Schreibung* seligpreisen]; selig sprechen [*alte Schreibung* seligsprechen]
Se|li|ge, der *u.* die; -n, -n
Se|lig|keit
se|lig prei|sen [*alte Schreibung* se|lig|prei|sen] *vgl.* selig
Se|lig|prei|sung
se|lig spre|chen [*alte Schreibung* se|lig|spre|chen] *vgl.* selig
Se|lig|spre|chung
Sel|le|rie [...ri, *österr.* ...'ri:], der; -s, -[s] *od., österr. auch,* die; -, *Plur.* -, *österr.* ...ien ‹griech.› (eine Gemüsepflanze); **Sel|le|rie|sa|lat; Sel|le|rie|salz**
Sel|ma (w. Vorn.)
sel|ten; seltener, seltens|te; seltene Erden (*Chemie* Oxide der Seltenerdmetalle; *unrichtige Bez. für* die Seltenerdmetalle selbst); selten gut (*ugs. für* besonders gut); ein seltener Vogel (*ugs. auch für* sonderbarer Mensch)
Sel|ten|erd|me|tall *(Chemie)*
Sel|ten|heit; Sel|ten|heits|wert, der; -[e]s
Sel|ters (Name verschiedener Orte); Selterser Wasser
Sel|ter[s]|was|ser *Plur.* ...wässer
selt|sam; selt|sa|mer|wei|se; Selt|sam|keit
[1]Sem (bibl. m. Eigenn.)
[2]Sem, das; -s, -e ‹griech.› (*Sprachw.* kleinster Bestandteil der Wortbedeutung)
Se|man|tik, die; - (Lehre von der Bedeutung sprachlicher Zeichen); **se|man|tisch**
Se|ma|phor, das *od., österr. nur,* der; -s, -e (Signalmast; optischer Telegraf); **se|ma|pho|risch**
Se|ma|si|o|lo|gie, die; - (Wortbedeutungslehre); **se|ma|si|o|lo|gisch**
Se|mes|ter, [*alte Trennung* ...|st...], das; -s, - ‹lat.› ([Studien]halbjahr)
Se|mes|ter|an|fang [*alte Trennung* ...|st...]; **Se|mes|ter|be|ginn; Se|mes|ter|en|de; Se|mes|ter|fe|ri|en** *Plur.;* **Se|mes|ter|zeug|nis**
se|mes|t|ral [*alte Trennung* ...|st...] (*veraltet für* halbjährig; halbjährlich)
...se|mes|t|rig [*alte Trennung* ...|st...] (z. B. sechssemestrig)
se|mi... ‹lat.› (halb...); **Se|mi...** (Halb...)
Se|mi|fi|na|le *(Sport)*
Se|mi|ko|lon, das; -s, *Plur.* -s *u.* ...la ‹lat.; griech.› (Strichpunkt)
se|mi|lu|nar ‹lat.› (halbmondförmig); **Se|mi|lu|nar|klap|pe** (*Med.* eine Herzklappe)
Se|mi|nar, das; -s, *Plur.* -e, *österr. u. schweiz. auch* -ien ‹lat.› (Übungskurs an Hochschulen; kirchl. Institut zur Ausbildung von Geistlichen [z. B. Priestern]; *schweiz. für* Lehrerbildungsanstalt); **Se|mi|nar|ar|beit**
Se|mi|na|rist, der; -en, -en (Seminarschüler); **Se|mi|na|ris|tin** [*alte Trennung* ...|st...]; **se|mi|na|ris|tisch**
Se|mi|nar|schein; Se|mi|nar|ü|bung
Se|mi|o|lo|gie, die; - *u.* **Se|mi|o|tik,** die; - ‹griech.› (Lehre von den Zeichen, Zeichentheorie; *auch svw.* Symptomatologie)
se|mi|per|me|a|bel ‹lat.› (*Chemie, Biol.* halbdurchlässig); ...a|b|le Membran; **Se|mi|per|me|a|bi|li|tät,** die; -
Se|mi|ra|mis (assyrische Königin)
Se|mit, der; -en, -en ‹*zu* [1]Sem› (Angehöriger einer eine semitische Sprache sprechenden Völkergruppe); **Se|mi|tin**
se|mi|tisch; Se|mi|tist, der; -en, -en (Erforscher der alt- u. der neusemit. Sprachen u. Literaturen); **Se|mi|tis|tik,** [*alte Trennung* ...|st...], die; -; **Se|mi|tis|tin; se|mi|tis|tisch**
Se|mi|vo|kal (*Sprachw.* Halbvokal)
Sem|mel, die; -, -n *(bes. bayr., österr.);* **sem|mel|blond**
Sem|mel|brö|sel; Sem|mel|kloß; Sem|mel|knö|del *(bayr., österr.);* **Sem|mel|mehl**
Sem|mel|weis (ungarischer Arzt)
Sem|me|ring, der; -[s] (Alpenpass)
Sem|pach (schweiz. Ortsn.)
Sem|pa|cher See, der; - -s (See im Schweizer Mittelland)
Sem|per (dt. Baumeister)
Sem|st|wo, das; -s, -s ‹russ.› (ehemaliges russisches Selbstverwaltungsorgan)
Sen, der; -[s], -[s] (kleinste Währungseinheit in Japan, Kambodscha, Indonesien und Malaysia)
sen. = senior
Se|nat, der; -[e]s, -e ‹lat.› (Rat [der Alten] im alten Rom; Teil der Volksvertretung, z. B. in den USA; Regierungsbehörde in Hamburg, Bremen u. Berlin; akademische Verwaltungsbehörde; Richterkollegium bei Obergerichten)
Se|na|tor, der; -s, ...oren (Mitglied des Senats; Ratsherr); **Se|na|to|rin; se|na|to|risch**
Se|nats|be|schluss [*alte Schreibung* ...be|schluß]; **Se|nats|prä|si|dent; Se|nats|sit|zung; Se|nats|spre|cher; Se|nats|vor|la|ge**
Se|na|tus Po|pu|lus|que Ro|ma|nus (»Senat und Volk von Rom«) (*Abk.* S. P. Q. R.)
Sen|cken|berg (dt. Arzt u. Naturforscher); **sen|cken|ber|gisch;** senckenbergische [*alte Schreibung* Senckenbergische] Stiftung; *aber* Senckenbergische Naturforschende Gesellschaft ↑K 150
Send, der; -[e]s, -e (*früher für* [Kirchen]versammlung; geistliches Gericht)
Send|bo|te *(veraltend)*
Sen|de|an|la|ge; Sen|de|be|reich, der; **Sen|de|fol|ge; Sen|de|ge-**

S

biet; **Sen|de|haus; Sen|de|lei|ter,** der; **Sen|de|lei|te|rin**

sen|den
– ich sandte *u.* ich sendete – du sandtest *u.* sendetest – *selten* wenn er könnte, sendete (*nicht:* sändte) er ein Fax – gesandt *u.* gesendet; send[e]!
In der Bedeutung »schicken« sind die Formen mit „a" häufiger. Im Bereich Technik werden nur die Formen mit „e" verwendet: – Ich sandte, *auch* sendete ihr einen Brief. – *Aber nur:* Er sendete einen Funkspruch.

Sen|de|pau|se; Sen|de|plan
Sen|der; ↑K 150: Sender Freies Berlin (*Abk.* SFB)
Sen|der|an|la|ge
Sen|de|raum; Sen|de|rei|he
Sen|der|such|lauf *(Rundf.)*
Sen|de|schluss [*alte Schreibung* ...schluß], der; -es; **Sen|de|sta|ti|on**
Sen|de- und Emp|fangs|ge|rät ↑K 31
Sen|de|zei|chen; Sen|de|zeit; Sen|de|zen|t|ra|le; Sen|de|zen|t|rum
Send|ge|richt ‹*zu* Send› *(früher)*
Send|schrei|ben
Sen|dung
Sen|dungs|be|wusst|sein [*alte Schreibung* ...be|wußt|sein]
Se|ne|ca (römischer Dichter und Philosoph)
Se|ne|fel|der (österreichischer Erfinder des Steindruckes)
[1]**Se|ne|gal,** der; -[s] (afrikanischer Fluss)
[2]**Se|ne|gal,** -s, *auch mit Artikel* der; -[s] (Staat in Afrika); **Se|ne|ga|le|se,** der; -n, -n; **Se|ne|ga|le|sin; se|ne|ga|le|sisch**
Se|ne|ga|wur|zel, die; - ‹indian.; dt.› (ein Arzneimittel)
Se|ne|schall, der; -s, -e ‹franz.› (Oberhofbeamter im merowingischen Reich)
Se|nes|zenz, die; - ‹lat.› (*Med.* das Altern; Altersschwäche)
Senf, der; -[e]s, -e ‹griech.›
senf|far|ben *od.* **senf|far|big**
Senf|gur|ke; Senf|korn *Plur.* ...körner; **Senf|pflas|ter** [*alte Trennung* ...|st...]
Senf|so|ße, *auch* ...sau|ce
Senf|ten|berg (Stadt südwestlich von Cottbus)
Senf|tun|ke
Sen|ge *Plur.* (*landsch. für* [2]Prügel); Senge beziehen
sen|gen; sen|ge|rig, seng|rig (*landsch. für* angebrannt)
Se|n|hor [zɛnˈjoːɐ], der; -s, -es ‹port.› (*port. Bez. für* Herr; Besitzer); **Se|n|ho|ra,** die; -, -s (*port. Bez. für* Dame, Frau; Besitzerin); **Se|n|ho|ri|ta,** die; -, -s (*port. Bez. für* unverheiratete Frau)
se|nil ‹lat.› ([geistig] greisenhaft); **Se|ni|li|tät,** die; -
se|ni|or ‹»älter«› (*hinter Namen* der Ältere; *Abk.* sen.); Karl Meyer senior
Se|ni|or, der; -s, ...oren (Ältester; Vorsitzender; Sportler etwa zwischen 20 u. 30 Jahren; *meist Plur.:* ältere Menschen)
Se|ni|o|rat, das; -[e]s, -e (*veraltet für* Ältestenwürde, Amt des Vorsitzenden; *auch für* Majorat, Ältestenrecht)
Se|ni|or|chef
Se|ni|o|ren|heim; Se|ni|o|ren|klas|se *(Sport);* **Se|ni|o|ren|kon|vent** *(Verbindungsw.);* **Se|ni|o|ren|sport; Se|ni|o|ren|treff**
Se|ni|o|rin
Se|ni|or(inn)en (*Kurzform für* Seniorinnen u. Senioren)
Senk|blei, das *(Bauw.)*
Sen|ke, die; -, -n
Sen|kel, der; -s, - (*kurz für* Schnürsenkel; *schweiz. auch für* Senkblei); etwas, jmdn. in den Senkel stellen (*schweiz. für* etwas zurechtrücken, jmdn. zurechtweisen)
sen|ken; Sen|ker (ein Werkzeug; *auch für* Steckling)
Senk|fuß; Senk|gru|be; Senk|kas|ten [*alte Trennung* ...|st...]; **Senk|lot**
senk|recht; senkrecht [herunter]fallen, stehen; ↑K 72: das ist das einzig Senkrechte (*ugs. für* Richtige); **Senk|rech|te,** die; -n, -n; zwei -[n]
Senk|recht|start; Senk|recht|star|ter (ein Flugzeugtyp; *ugs. auch für* jmd., der schnell Karriere macht)
Senk|rü|cken [*alte Trennung* ...k|k...]
Sen|kung
Sen|kungs|abs|zess [*alte Schreibung* ...abs|zeß] *(Med.)*
Senk|waa|ge (*Physik* Gerät zur Bestimmung der Dichte von Flüssigkeiten)
Senn, der; -[e]s, -e, *schweiz.* der; -en, -en, *bayr., österr. auch* Senne, der; -n, -n (*bayr., österr. u. schweiz. für* Bewirtschafter einer Sennhütte, Almhirt)
Sen|na, die; - ‹arab.› (Blätter der Sennespflanze)
[1]**Sen|ne** *vgl.* Senn
[2]**Sen|ne,** die; -, -n (*veraltet für* Alm)
[3]**Sen|ne,** die; - (südwestliches Vorland des Teutoburger Waldes)
[1]**Sen|ner** (*bayr., österr. svw.* Senn)
[2]**Sen|ner** (Pferd aus der [3]Senne)
Sen|ne|rei (*bayr., österr. für* Sennhütte, Käserei in den Alpen); **Sen|ne|rin** (Bewirtschafterin einer Almhütte)
Sen|nes|blät|ter *Plur.* ‹arab.; dt.› (*svw.* Senna); **Sen|nes|blät|ter|tee** (ein Abführmittel)
Sen|nes|pflan|ze (Kassie); **Sen|nes|scho|te**
Senn|hüt|te
Sen|nin (*svw.* Sennerin)
Senn|wirt|schaft
Se|non, das; -s ‹nach dem kelt. Stamm der Senonen› (*Geol.* zweitjüngste Stufe der oberen Kreideformation)
Se|ñor [zɛnˈjoːɐ̯], der; -s, -es ‹span.› (*span. Bez. für* Herr); **Se|ño|ra,** die; -, -s (*span. Bez. für* Frau); **Se|ño|ri|ta,** die; -, -s (*span. Bez. für* unverheiratete Frau)
Sen|sal, der; -s, -e ‹ital.› (*österr. für* Kursmakler); **Sen|sa|lie, Sen|sa|rie,** die; -, ...ien (*österr. für* Maklergebühr)
Sen|sa|ti|on, die; -, -en ‹franz., »Empfindung«› (Aufsehen erregendes Ereignis); **sen|sa|ti|o|nell** (Aufsehen erregend)
Sen|sa|ti|ons|be|dürf|nis, das; -ses; **Sen|sa|ti|ons|gier; sen|sa|ti|ons|lüs|tern** [*alte Trennung* ...|st...]
Sen|sa|ti|ons|ma|che *(abwertend);* **Sen|sa|ti|ons|mel|dung; Sen|sa|ti|ons|nach|richt; Sen|sa|ti|ons|pres|se,** die; -; **Sen|sa|ti|ons|pro|zess** [*alte Schreibung* ...prozeß]; **Sen|sa|ti|ons|sucht,** die; -
Sen|se, die; -, -n; [jetzt ist aber] Sense! (*ugs. für* Schluss!, jetzt ist es genug!); **sen|sen** (mit der Sense mähen)
Sen|sen|mann, der; -[e]s (*veraltet für* Schnitter; *verhüllend für* Tod); **Sen|sen|wurf** (Sensenstiel)
sen|si|bel ‹franz.› (reizempfindlich, empfindsam; feinfühlig); ...i|b|le Nerven
Sen|si|bi|li|sa|tor, der; -s, ...oren

S

⟨lat.⟩ (die Lichtempfindlichkeit der fotografischen Schicht verstärkender Farbstoff)
sen|si|bi|li|sie|ren (empfindlich machen); **Sen|si|bi|li|sie|rung**
Sen|si|bi|li|tät, die; - ⟨franz.⟩ (Empfindlichkeit, Empfindsamkeit; Feinfühligkeit)
sen|si|tiv ⟨lat.(-franz.)⟩ (sehr empfindlich; leicht reizbar; feinnervig); **Sen|si|ti|vi|tät,** die; - ([Über]empfindlichkeit)
Sen|si|to|me|ter, das; -s, - ⟨lat.; griech.⟩ (*Fotogr.* Lichtempfindlichkeitsmesser); **Sen|si|to|me|t-rie,** die; - (Lichtempfindlichkeitsmessung)
Sen|sor, der; -s, Sensoren ⟨lat.⟩ (*Technik* Messfühler; Berührungsschalter)
Sen|so|ri|en *Plur.* (*Med.* Gebiete der Großhirnrinde, in denen Sinnesreize bewusst werden)
sen|so|risch (die Sinne betreffend)
Sen|so|ri|um, das; -s (Gespür; *vgl.* Sensorien)
Sen|sor|tas|te [*alte Trennung* ...|st...] *(Elektronik)*
Sen|su|a|lis|mus, der; - (*Philos.* Lehre, nach der alle Erkenntnis allein auf Sinneswahrnehmung zurückführbar ist); **Sen|su|a-list,** der; -en, -en; **sen|su|a|lis-tisch** [*alte Trennung* ...|st...]
Sen|su|a|li|tät, die; - (*Med.* Empfindungsvermögen); **sen|su|ell** ⟨franz.⟩ (die Sinne betreffend)
Sen|ta (w. Vorn.)
Sen|tenz, die; -, -en ⟨lat.⟩ (einprägsamer Ausspruch; Sinnspruch); **sen|tenz|ar|tig** (einprägsam, in der Art einer Sentenz); **sen|tenz|haft** (*svw.* sentenziös); **sen|ten|zi|ös** ⟨franz.⟩ (sentenzartig; sentenzenreich)
Sen|ti|ment [zãti'mã:], das; -s, -s ⟨franz.⟩ (Empfindung, Gefühl)
sen|ti|men|tal [zɛntimɛn...] ⟨engl.⟩ (*oft abwertend für* [übertrieben] empfindsam; rührselig)
sen|ti|men|ta|lisch (*veraltet für* sentimental; *Literaturw.* die verloren gegangene Natürlichkeit durch Reflexion wiederzugewinnen suchend); naive und sentimentalische Dichtung
Sen|ti|men|ta|li|tät, die; -, -en (*oft abwertend für* Empfindsamkeit, Rührseligkeit)
Se|nus|si, der; -, *Plur.* - *u.* ...ssen (Anhänger eines islam. Ordens)
Se|oul [ze'u:l, 'ze:ʊl] (Hauptstadt von Südkorea)
se|pa|rat ⟨lat.⟩ (abgesondert; einzeln)
Se|pa|rat|druck (*Plur.* ...drucke; Sonderdruck); **Se|pa|rat|ein-gang; Se|pa|rat|frie|de[n]**
Se|pa|ra|ti|on, die; -, -en ⟨lat.⟩ (*veraltend für* Absonderung; Trennung)
Se|pa|ra|tis|mus, der; - (Streben nach Loslösung eines Gebietes aus dem Staatsganzen); **Se|pa-ra|tist,** der; -en, -en; **Se|pa|ra|tis-tin** [*alte Trennung* ...|st...]; **se-pa|ra|tis|tisch**
Se|pa|ra|tor, der; -s, ...oren (*fachspr. für* Zentrifuge)
Sé|pa|rée, *auch* **Se|pa|ree** [*beide* zepa're:], das; -s, -s ⟨franz.⟩ (Sonderraum, Nische in einem Lokal; Chambre séparée)
se|pa|rie|ren (absondern)
Se|phar|dim [*auch* ...'di:m] *Plur.* (Bez. für die spanisch-portugiesischen u. die orientalischen Juden); **se|phar|disch**
se|pia ⟨griech.⟩ (graubraunschwarz); *vgl.* beige
Se|pia, die; -, ...ien (*Zool.* Tintenfisch; *nur Sing.:* ein Farbstoff)
Se|pi|a|kno|chen; Se|pi|a|scha|le; Se|pi|a|zeich|nung
Se|pie, die; -, -n (Sepia [Tintenfisch])
Sepp, Sep|pel (m. Vorn.)
Sep|pel|ho|se (kurze Trachtenlederhose); **Sep|pel|hut** (Trachtenhut)
Sep|sis, die; -, Sepsen ⟨griech., »Fäulnis«⟩ (*Med.* Blutvergiftung)
Sept. = September
Sep|ta (*Plur. von* Septum)
Sept|ak|kord *vgl.* Septimenakkord
Sep|ta|rie, die; -, -n ⟨lat.⟩ (*Geol.* Knolle mit radialen Rissen in kalkhaltigen Tonen); **Sep|ta|ri-en|ton,** der; -[e]s
Sep|tem|ber, der; -[s], - ⟨lat.⟩ (der neunte Monat des Jahres, Herbstmond, Scheiding; *Abk.* Sept.)
Sep|tem|ber-Ok|to|ber-Heft, *auch* **Sep|tem|ber/Ok|to|ber-Heft** ↑K 26 *u.* 156
Sep|tett, das; -[e]s, -e ⟨ital.⟩ (Musikstück für sieben Stimmen od. Instrumente; *auch für* die sieben Ausführenden)
Sep|tim, die; -, -en ⟨lat.⟩ (*österr. svw.* Septime)
Sep|ti|me, die; -, -n (*Musik* siebenter Ton der diatonischen Tonleiter; ein Intervall im Abstand von sieben Stufen)
Sep|ti|men|ak|kord
sep|tisch ⟨griech.⟩ (die Sepsis betreffend; mit Keimen behaftet)
Sep|tu|a|ge|si|ma, die; *Gen.* -, *bei Gebrauch ohne Artikel auch* ...mä ⟨lat.⟩ (neunter Sonntag vor Ostern); Sonntag Septuagesima *od.* Septuagesimä
Sep|tu|a|gin|ta, die; -; ([angeblich] von siebzig Gelehrten angefertigte Übersetzung des A. T. ins Griechische)
Sep|tum, das; -s, *Plur.* ...ta *u.* ...ten ⟨lat.⟩ (*Med.* Scheidewand, Zwischenwand in einem Organ)
seq. = sequens
seqq. = sequentes
Se|quel ['si:kwəl], das; -s, -s ⟨engl.⟩ (Fortsetzungsfilm)
se|quens ⟨lat.⟩ (*veraltet für* folgend; *Abk.* seq.); **se|quen|tes** (*veraltet für* die Folgenden; *Abk.* seqq.)
se|quen|ti|ell *vgl.* sequenziell
Se|quenz, die; -, -en ([Aufeinander]folge, Reihe; liturg. Gesang; Wiederholung einer musikal. Figur auf verschiedenen Tonstufen; kleinere filmische Handlungseinheit; Serie aufeinander folgender Spielkarten; *EDV* Folge von Befehlen, Daten)
se|quen|zi|ell, *auch* se|quen|ti|ell (*EDV* fortlaufend, nacheinander zu verarbeiten)
[1]**Se|ques|ter** [*alte Trennung* ...|st...], der, *auch* das; -s, - ⟨lat.⟩ (*svw.* Sequestration; *Med.* abgestorbenes Knochenstück)
[2]**Se|ques|ter** [*alte Trennung* ...|st...], der; -s, - (*Rechtsw.* [Zwangs]verwalter)
Se|ques|t|ra|ti|on [*alte Trennung* ...|st...], die; -, -en (*Rechtsw.* Beschlagnahme; [Zwangs]verwaltung); **se|ques|t|rie|ren**
Se|quo|ia, Se|quo|ie, die; -, -n ⟨indian.⟩ (ein Nadelbaum, Mammutbaum)
Se|ra (*Plur. von* Serum)
Sé|rac [ze'rak], der; -s, -s ⟨franz.⟩ (*Geogr.* zacken- od. turmartiges Gebilde an Gletschern)
Se|ra|fim *Plur.* (*ökum. für* Seraphim); *vgl.* Seraph; **se|ra|fisch**
[1]**Se|rail** [ze'rai(l)], der; -s, -s ⟨pers.⟩ (Wolltuch)
[2]**Se|rail,** das; -s, -s (Palast [des Sultans])

S

Se|ra|pei|on, das; -s, ...eia ‹ägypt.-griech.› (*svw.* Serapeum)
Se|ra|pe|um, das; -s, ...peen (Serapistempel)
Se|raph, der; -s, *Plur.* -e *u.* -im ‹hebr.› ([Licht]engel des A. T.); *vgl.* Serafim; **se|ra|phisch** (zu den Engeln gehörend, engelgleich; verzückt)
Se|ra|pis (altägyptischer Gott)
Ser|be, der; -n, -n (Angehöriger eines südslawischen Volkes)
ser|beln (*schweiz. für* kränkeln, welken); ich serb[e]le
Ser|bi|en (größte Teilrepublik der Bundesrepublik Jugoslawien); **Ser|bin; ser|bisch; Ser|bisch,** das; -[s]; *vgl.* Deutsch; **Ser|bi|sche,** das; -n; *vgl.* Deutsche, das
Ser|bo|kro|a|tisch, das; -[s] (Sprache); *vgl.* Deutsch; **Ser|bo|kro|a|ti|sche,** das; -n; *vgl.* Deutsche, das
Se|ren (*Plur. von* Serum)
Se|re|na|de, die; -, -n ‹franz.› (Abendmusik, -ständchen)
Se|ren|ge|ti-Na|ti|o|nal|park, der; -s (Wildreservat in Tansania)
Se|re|nis|si|mus, der; -, ...mi ‹lat.› (*veraltet für* Durchlaucht; *meist scherzh. für* Fürst eines Kleinstaates)
Se|re|ni|tät, die; - ‹lat.› (*veraltet für* Heiterkeit)
Serge [zɛrʃ], die, *österr. auch* der; -, -n [...ʒ(ə)n] ‹franz.› (ein Gewebe)
Ser|geant [...'ʒant, *engl.* 'za:ɐ̯dʒənt], der; -en, -en, *bei engl. Ausspr.* der; -s, -s ‹franz. (-engl.)› (Unteroffizier)
Se|rie, die; -, -n ‹lat.› (Reihe; Folge; Gruppe)
se|ri|ell (serienmäßig; in Reihen); serielle Musik
Se|ri|en|an|fer|ti|gung; Se|ri|en|ein|bre|cher; Se|ri|en|fa|b|ri|ka|ti|on; Se|ri|en|fer|ti|gung; Se|ri|en|kil|ler
se|ri|en|mä|ßig
Se|ri|en|mör|der
Se|ri|en|pro|duk|ti|on
se|ri|en|reif; Se|ri|en|rei|fe
Se|ri|en|schal|ter; Se|ri|en|schal|tung (*Elektrot.* Reihenschaltung)
Se|ri|en|tä|ter *(Kriminalistik)*
se|ri|en|wei|se
Se|ri|fe, die; -, -n *meist Plur.* ‹engl.› (kleiner Abschlussstrich bei Schrifttypen); **se|ri|fen|los**
Se|ri|gra|phie, *auch* Se|ri|gra|fie die; - ‹griech.› (*Druckw.* Siebdruck)
se|ri|ös ‹franz.› (ernsthaft, [vertrauens]würdig); **Se|ri|o|si|tät**
Ser|mon, der; -s, -e ‹lat.› (*veraltet für* Predigt; *ugs. für* langweiliges Geschwätz)
Sernf, die (Fluss im Schweizer Kanton Glarus)
Se|ro (*regional kurz für* Sekundärrohstoff[e])
Se|ro|di|a|g|nos|tik [*alte Trennung* ...|st...], die; -, -en ‹lat.; griech.› (*Med.* Erkennen einer Krankheit durch Untersuchung des Serums)
Se|ro|lo|gie, die; - (Lehre vom Blutserum); **se|ro|lo|gisch**
se|rös ‹lat.› (aus Serum bestehend, Serum absondernd)
Ser|pel, die; -, -n ‹lat.› (Röhren bewohnender Borstenwurm)
Ser|pen|tin, der; -s, -e (ein Mineral, Schmuckstein)
Ser|pen|ti|ne, die; -, -n (in Schlangenlinie verlaufender Weg an Berghängen; Windung); **Ser|pen|ti|nen|stra|ße**
Ser|pen|tin|ge|stein
Ser|ra|del|la, Ser|ra|del|le, die; -, ...llen ‹port.› (eine Futterpflanze)
Se|rum, das; -s, *Plur.* ...ren *u.* ...ra ‹lat.› (*Med.* wässriger Bestandteil des Blutes; Impfstoff) **Se|rum|be|hand|lung; Se|rum|kon|ser|ve; Se|rum|krank|heit**
Ser|val, der; -s, *Plur.* -e *u.* -s ‹franz.› (ein Raubtier)
Ser|va|ti|us, Ser|vaz (m. Vorn.)
Ser|vel|la, die *od.* der; -, *Plur.* -s, *schweiz.* - ‹franz.› (*landsch. für* Zervelatwurst; *schweiz. neben* Cervelat); **Ser|ve|lat|wurst** *vgl.* Zervelatwurst
Ser|ver ['sə:və], der; -s, - ‹engl.› (*EDV* Rechner mit bestimmten Aufgaben in einem Netzwerk); **ser|ver|ba|siert** *(EDV)*
[1]**Ser|vice** [...'vi:s], das; *Gen.* - *u.* -s, *Plur.* - ‹franz.› ([Tafel]geschirr)
[2]**Ser|vice** ['zø:ɐ̯vɪs], der, *auch* das; -, -s [...vis(is)] ‹engl.› ([Kunden]dienst, Bedienung, Kundenbetreuung; *Tennis* Aufschlag[ball])
Ser|vice|netz ['zø:ɐ̯vɪs...] (Kundendienstnetz); **Ser|vice|un|ter|neh|men**
ser|vie|ren [zɛr...] ‹franz.› (bei Tisch bedienen; auftragen; *Tennis* den Ball aufschlagen)
Ser|vie|re|rin; Ser|vier|tisch; Ser|vier|toch|ter (*schweiz. für* Serviererin, Kellnerin); **Ser|vier|wa|gen**
Ser|vi|et|te, die; -, -n; **Ser|vi|et|ten|kloß** *(Gastron.)*; **Ser|vi|et|ten|ring**
ser|vil ‹lat.› (unterwürfig); **Ser|vi|lis|mus,** der; -, ...men (*selten für* Servilität); **Ser|vi|li|tät,** die; - (Unterwürfigkeit)
Ser|vis, der; - ‹franz.› (*veraltet für* Quartiergeld; Ortszulage)
Ser|vit, der; -en, -en ‹lat.› (Angehöriger eines Bettelordens; *Abk.* OSM); **Ser|vi|tin** (Angehörige des weiblichen Zweiges der Serviten)
Ser|vi|tut, das; -[e]s, -e, *schweiz. häufig* die; -, -en (*Rechtsw.* Dienstbarkeit, Grundlast)
Ser|vo|brem|se (Bremse mit einer die Bremswirkung verstärkenden Vorrichtung); **Ser|vo|len|kung; Ser|vo|mo|tor** (Hilfsmotor)
ser|vus! ‹»[Ihr] Diener«› (*bes. südd. u. österr.* freundschaftl. Gruß)
Se|sam, der; -s, -s ‹semit.› (eine Pflanze mit ölhaltigem Samen); Sesam, öffne dich! (Zauberformel [im Märchen])
Se|sam|bein (*Med.* ein Knochen)
Se|sam|brot; Se|sam|bröt|chen; Se|sam|öl, das; -[e]s
Se|schel|len *vgl.* Seychellen
Se|sel, der; -s, - ‹griech.› (eine Heil- u. Gewürzpflanze)
Ses|sel, der; -s, - ([gepolsterter] Stuhl mit Armlehnen; *österr. für* einfacher Stuhl)
Ses|sel|bahn; Ses|sel|leh|ne; Ses|sel|lift
sess|haft [*alte Schreibung* seßhaft]; **Sess|haf|tig|keit**
Ses|si|on, die; -, -en ‹lat.› (Sitzung[szeit], Sitzungsperiode)
Ses|ter [*alte Trennung* ...|st...], der; -s, - ‹lat.› (altes Hohlmaß)
Ses|terz [*alte Trennung* ...|st...], der; -es, -e ‹lat.› (altrömische Münze); **Ses|ter|zi|um** [*alte Trennung* ...|st...], das; -s, ...ien (1000 Sesterze)
Ses|ti|ne [*alte Trennung* ...|st...], die; -, -n ‹ital.› (eine Lied- u. Strophenform)
[1]**Set** *vgl.* Seth
[2]**Set,** das, *auch* der; -[s], -s ‹engl.› (Satz [= Zusammengehöriges]; Platzdeckchen)
[3]**Set,** das; -[s] (*Druckw.* Dickteneinheit bei den Monotypeschriften); 7 Set

Seth, *ökum.* Set (bibl. m. Eigenn.); **Se|thit,** der; -en, -en (Abkömmling von Seth)

Set|te|cen|to [...'tʃɛ...], das; -[s] ⟨ital.⟩ (das 18. Jh. in Italien [als Stilbegriff])

Set|ter, der; -s, - ⟨engl.⟩ (Hund einer bestimmten Rasse)

Setz|ar|beit (*Bergmannsspr.* nasse Aufbereitung)

Setz|ei

set|zen (*Jägerspr. auch für* gebären); du setzt; sich setzen

Set|zer (Schriftsetzer); **Set|ze|rei; Set|ze|rin**

Setz|feh|ler *(Druckw.)*

Setz|gut, das; -[e]s *(Landw.)*

Setz|ham|mer (ein Schmiedehammer)

Setz|ha|se *(Jägerspr.)*

Setz|holz (ein Gartengerät)

Setz|kas|ten [*alte Trennung* ...|st...]

Setz|kopf (Nietkopf)

Setz|lat|te (*Bauw.* Richtscheit)

Setz|ling (junge Pflanze; Zuchtfisch)

Setz|li|nie *(Druckw.)*; **Setz|ma|schi|ne** *(Druckw.)*

Setz|mei|ßel (ein Schmiedewerkzeug)

Set|zung

Setz|waa|ge (*svw.* Wasserwaage)

Seu|che, die; -, -n; **Seu|chen|be|kämp|fung; Seu|chen|ge|fahr**

seu|chen|haft; Seu|chen|herd

seuf|zen; du seufzt; **Seuf|zer**

Seuf|zer|brü|cke [*alte Trennung* ...k|k...], die; - (in Venedig)

Seu|rat [sø'ra] (franz. Maler)

Se|ve|rin, Se|ve|ri|nus (m. Vorn.)

Se|ve|rus (römischer Kaiser)

Se|ve|so|gift, *auch* **Se|ve|so-Gift,** das; -[e]s ⟨nach der ital. Stadt⟩ (*emotional für* Dioxin)

Se|vil|la [...'vɪlja] (spanische Stadt)

Sè|v|res ['sɛ:vrə] (Vorort von Paris); **Sè|v|res|por|zel|lan** ↑K 143

Se|was|to|pol [*alte Trennung* ...|st...] (Stadt auf der Krim)

Sex, der; -[es] ⟨engl.⟩ (*ugs. für* Geschlecht[lichkeit]; Geschlechtsverkehr; *kurz für* Sexappeal)

Se|xa|ge|si|ma, die; *Gen.* -, *bei Gebrauch ohne Artikel auch* ...mä (achter Sonntag vor Ostern); Sonntag Sexagesima *od.* Sexagesimä

Se|xa|ge|si|mal|sys|tem [*alte Trennung* ...|st...], das; -s (*Math.* Zahlensystem, das auf der Basis 60 aufgebaut ist)

Sex|ap|peal, *auch* **Sex-Ap|peal** [...ə'pi:l], der; -s ⟨engl.-amerik.⟩ (sexuelle Anziehungskraft)

Sex|bom|be (*ugs. für* Frau mit starkem sexuellem Reiz); **Sex|film**

Se|xis|mus, der; - ([Diskriminierung aufgrund der] Vorstellung, dass eines der beiden Geschlechter dem anderen von Natur aus überlegen sei); **Se|xist,** der; -en, -en; **Se|xis|tin** [*alte Trennung* ...|st...]; **se|xis|tisch**

Sex|ma|ga|zin

Se|xo|lo|ge, der; -n, -n (Sexualforscher); **Se|xo|lo|gie,** die; -; **Se|xo|lo|gin; se|xo|lo|gisch**

Sex|shop

Sext, die; -, -en ⟨lat.⟩ (drittes Tagesgebet des Breviers; *österr. svw.* Sexte)

Sex|ta, die; -, ...ten (*veraltende Bez. für* erste Klasse eines Gymnasiums)

Sext|ak|kord (*Musik* erste Umkehrung des Dreiklangs mit der Terz im Bass)

Sex|ta|ner (Schüler der Sexta); **Sex|ta|ner|bla|se** (*ugs. scherzh.* schwache Blase); **Sex|ta|ne|rin**

Sex|tant, der; -en, -en (Winkelmessinstrument)

Sex|te, die; -, -n (*Musik* sechster Ton der diaton. Tonleiter; Intervall im Abstand von 6 Stufen)

Sex|tett, das; -[e]s, -e ⟨ital.⟩ (Musikstück für sechs Stimmen od. sechs Instrumente; *auch für* die sechs Ausführenden)

Sex|til|li|on, die; -, -en ⟨lat.⟩ (sechste Potenz einer Million)

Sex|to|le, die; -, -n (*Musik* Figur von 6 Noten gleicher Form mit dem Zeitwert von 4 od. 8 Noten)

Sex|tou|ris|mus

se|xu|al ⟨lat.⟩ (*meist in Zusammensetzungen, sonst seltener für* sexuell)

Se|xu|al|auf|klä|rung; Se|xu|al|de|likt; Se|xu|al|er|zie|hung

Se|xu|al|e|thik

Se|xu|al|for|scher; Se|xu|al|for|sche|rin; Se|xu|al|for|schung

Se|xu|al|hor|mon

Se|xu|al|hy|gi|e|ne

se|xu|a|li|sie|ren (die Sexualität überbetonen); **Se|xu|a|li|sie|rung**

Se|xu|a|li|tät, die; - (Geschlechtlichkeit)

Se|xu|al|kun|de, die; -; **Se|xu|al|kun|de|un|ter|richt**

Se|xu|al|le|ben, das; -s

Se|xu|al|pä|d|a|go|gik

Se|xu|al|pa|tho|lo|gie

Se|xu|al|psy|cho|lo|gie

Se|xu|al|tä|ter; Se|xu|al|trieb; Se|xu|al|ver|bre|chen

Se|xu|al|ver|kehr, der; -s

se|xu|ell ⟨franz.⟩ (die Sexualität betreffend, geschlechtlich); **Se|xus,** der; -, - ⟨lat.⟩ (Geschlecht)

se|xy [...ksi] ⟨engl.⟩ (*ugs. für* erotisch-attraktiv)

Sey|chel|len [ze'ʃɛ...] *Plur.* (Inselgruppe u. Staat im Indischen Ozean); **Sey|chel|len|nuss,** *auch* **Sey|chel|len-Nuss** [*alte Schreibung* ...nuß] (Frucht der Seychellennusspalme)

Seyd|litz (preuß. Reitergeneral)

se|zer|nie|ren ⟨lat.⟩ (*Med.* [ein Sekret] absondern); **Se|zer|nie|rung** (*Med.* Absonderung)

Se|zes|si|on, die; -, -en ⟨lat.⟩ (Absonderung, Trennung von einer politischen od. Künstlergemeinschaft; Abfall der nordamerikanischen Südstaaten); **Se|zes|si|o|nist,** der; -en, -en (Angehöriger einer Sezession; *früher für* Anhänger der nordamerikan. Südstaaten im Sezessionskrieg); **se|zes|si|o|nis|tisch** [*alte Trennung* ...|st...]

Se|zes|si|ons|krieg (1861–65)

Se|zes|si|ons|stil, der; -[e]s *(Kunst)*

se|zie|ren ⟨lat.⟩ (anatomisch zerlegen); **Se|zier|mes|ser,** das

sf = sforzando, sforzato

SFB = Sender Freies Berlin

Sfor, SFOR ['ɛsfɔ:], die; - = Stabilization Force ⟨engl.⟩ (internationale Truppe unter NATO-Führung in Bosnien und Herzegowina)

s-för|mig, S-för|mig ['ɛs...]; ↑K 29 (in der Form eines S)

Sfor-Trup|pe, SFOR-Trup|pe

sfor|zan|do, sfor|za|to ⟨ital.⟩ (*Musik* verstärkt, stark [hervorgehoben]; *Abk.* sf); **Sfor|zan|do,** das; -s, *Plur.* -s *u.* ...di *u.* **Sfor|za|to,** das; -s, *Plur.* -s *u.* ...ti

sfr, sFr. *vgl.* [2]Franken

sfu|ma|to ⟨ital.⟩ (*Kunst* duftig; mit verschwimmenden Umrissen)

SG = Sportgemeinschaft

s-Ge|ni|tiv ['ɛs...] *(Sprachw.)*

SGML = Standard Generalized Mark-up Language (*EDV* eine normierte Form der Textmarkierung)

Sgraf|fi|to, das; -s, *Plur.* -s *u.* ...ti ‹ital.› (*Kunst* Kratzputz [Wandmalerei])

's-Gra|ven|ha|ge [sxra:vən'ha:xə] (*offizielle niederländische Form von* Den Haag)

sh, s = Shilling

Shag [ʃɛk], der; -s, -s ‹engl.› (fein geschnittener Pfeifentabak); **Shag|pfei|fe; Shag|ta|bak**

¹**Shake** [ʃe:k], der; -s, -s ‹engl.› (ein Mischgetränk; Modetanz der späten 60er-Jahre)

²**Shake,** das; -s, -s (starkes Vibrato im Jazz)

Shake|hands [...hɛnts], das; -, - (Händeschütteln)

Sha|ker, der; -s, - (Mixbecher)

Shake|s|peare ['ʃe:kspi:ɐ̯] (engl. Dichter); **shake|s|peareschk** ['ʃe:kspi:ɐ̯ʃ]; shakespearesche, *auch* Shakespeare'sche [*alte Schreibung* Shakespearsche] Dramen, Sonette; shakespearesche, *auch* Shakespeare'sche Lebensnähe; **shake|s|pea|risch;** shakespea|rische [*alte Schreibung* Shakespearische] Dramen, Sonette; shakespearische Lebensnähe

Sham|poo ['ʃampu, *österr.* ...'po:] *u.* **Sham|poon** [ʃɛm'pu:n, *auch, österr. nur* ʃam'po:n], das; -s, -s ‹Hindi-engl.› (flüssiges Haarwaschmittel); **sham|poo|nie|ren** *vgl.* schamponieren

Shang|hai *vgl.* Schanghai

Shan|non ['ʃɛnən], der; -[s] (irischer Fluss)

Shan|ty ['ʃɛnti, *auch* 'ʃa...], das; -s, *Plur.* -s ‹engl.› (Seemannslied)

Sha|ping|ma|schi|ne ['ʃe:...] ‹engl.; griech.› (Metallhobelmaschine, Schnellhobler)

Share [ʃɛ:ɐ̯], der; -, -s ‹engl.› (*engl. Bez. für* Aktie)

Share|hol|der|va|lue ['ʃɛ:ɐ̯ho:ldəvɛlju:], *auch* **Share|hol|der-Va|lue,** der; -[s], -s ‹engl.› (*Wirtsch.* Marktwert des sich auf die Aktionäre aufteilenden Eigenkapitals eines Unternehmens)

Share|ware [...vɛ:ɐ̯], die; -, -s (*EDV* zu Testzwecken kostengünstig angebotene Software)

Shaw [ʃo:] (irisch-englischer Dichter)

Shed|bau usw. *vgl.* Schedbau usw.

Shef|field [ʃ...] (englische Stadt)

Shel|ley ['ʃɛli] (Familienname eines engl. Dichterehepaares)

She|riff [ʃ...], der; -s, -s ‹engl.› (Verwaltungsbeamter in England; höchster Vollzugsbeamter [einer Stadt] in den USA)

Sher|lock Holmes ['ʃø:ɐ̯... 'ho:ms, *auch* 'ʃɛr... 'hɔlms] (englische Romanfigur [Detektiv])

Sher|pa [ʃ...], der; -s, -s ‹tibet.-engl.› (Angehöriger eines tibetischen Volksstammes [der als Lastträger u. Bergführer bei Expeditionen im Himalajagebiet arbeitet])

Sher|ry ['ʃɛri], der; -s, -s ‹engl.› (spanischer Wein, Jerez)

's-Her|to|gen|bosch [shɛrto:xən'bɔs] (*offizielle niederländische Form von* Herzogenbusch)

Shet|land [ʃ..., *auch* ...lɛnt], der; -[s], -s ‹nach den schott. Inseln› (ein grau melierter Wollstoff)

Shet|land|in|seln, *auch* **Shet|land-In|seln** *Plur.* (Inselgruppe nordöstlich von Schottland)

Shet|land|po|ny, *auch* **Shet|land-Po|ny; Shet|land|wol|le,** *auch* **Shet|land-Wol|le,** die; -

Shil|ling [ʃ...], der; -s, -s ‹engl.› (frühere Münzeinheit in Großbritannien; 20 Shilling = 1 Pfund Sterling; *Abk.* s *od.* sh); 10 Shilling; *vgl. aber* Schilling

Shim|my ['ʃimi], der; -s, -s ‹amerik.› (Gesellschaftstanz der 20er-Jahre)

Shirt [ʃø:ɐ̯t], das; -s, -s ‹engl.› ([kurzärmeliges] Baumwollhemd)

Shit [ʃ...], der *u.* das; -s ‹engl.› (*ugs. für* Haschisch)

Sho|ah *vgl.* Schoah

sho|cking [ʃ...; *alte Trennung* ...k|k...] ‹engl.› (anstößig)

Sho|gun [ʃ...] *vgl.* Schogun

Shoo|ting|star ['ʃu:...], der; -s, -s, *auch* **Shoo|ting Star** [*alte Schreibung* Shoo|ting-Star], der; - -s, - -s ‹engl., »Sternschnuppe«› (Person od. Sache, die schnell an die Spitze gelangt [z. B. im Schlagergeschäft]; Senkrechtstarter)

Shop [ʃ...], der; -s, -s ‹engl.› (Laden, Geschäft); **shop|pen** (einen Einkaufsbummel machen)

Shop|ping, das; -s, -s (Einkaufsbummel)

Shop|ping|cen|ter, *auch* **Shop|ping-Cen|ter,** das; -s, - (Einkaufszentrum)

Shorts [ʃ...] *Plur.* ‹engl.› (kurze sportl. Hose)

Short|sto|ry, die; -, -s, *auch* **Short Sto|ry** [*alte Schreibung* Short sto|ry], die; - -, - -s (*angelsächs. Bez. für* Kurzgeschichte)

Short|track ['ʃɔ:t'trɛk], der; -s ‹engl.› (Eisschnelllauf auf einer kurzen Bahn)

Shor|ty [...ti], das, *auch* der; -s, -s (Damenpyjama mit kurzer Hose)

Show [ʃo:], die; -, -s ‹engl.› (Schau, Vorführung; buntes, aufwendiges Unterhaltungsprogramm); **Show|block** *Plur.* ...blöcke (Show als Einlage in einer Fernsehsendung)

Show|busi|ness ['ʃo:bɪznɪs], *auch* **Show-Busi|ness** [*alte Schreibung* Show|busi|neß], das; - ‹»Schaugeschäft«› (Vergnügungsindustrie)

Show-down, *auch* **Show|down** [*beide* ʃo:'daun], der; -s, -s (Entscheidungskampf)

Show|ge|schäft, das; -[e]s

Show|man ['ʃo:mən], der; -s, ...men [...mən] (im Showgeschäft Tätiger)

Show|mas|ter [*alte Trennung* ...|st...], der; -s, - ‹anglisierend› (Unterhaltungskünstler, der eine Show präsentiert)

Show|view® ['ʃo:vju:], das; -s (Videoprogrammierung über Ziffernreihen)

Shred|der [ʃ...] *englische Schreibung von* Schredder

Shrimp [ʃ...], Schrimp, der; -s, -s *meist Plur.* ‹engl.› (kleine Krabbe)

Shuf|f|le|board ['ʃaflbo:ɐ̯t], das; -s ‹engl.› (ein Spiel)

Shunt [ʃant], der; -s, -s ‹engl.› (*Elektrot.* parallel geschalteter Widerstand)

Shut|tle ['ʃatl̩], der; -s, -s ‹engl.› ([Fahrzeug im] Pendelverkehr; *kurz für* Spaceshuttle)

Shy|lock ['ʃai...], der; -[s], -s ‹nach der Figur in Shakespeares »Kaufmann von Venedig«› (*geh. für* hartherziger Geldverleiher)

Si = *chem. Zeichen für* Silicium

SI = Système International d'Unités (internationales Einheitensystem)

SIA = Schweizerischer Ingenieur- und Architektenverein

Si|al, das; -[s] (*Geol.* oberer Teil der Erdkruste)

Si|am (alter Name von Thailand); **Si|a|me|se,** der; -n, -n; **Si|a|me-**

S

si̱|cher	
sicherer, sichers|te **I.** *Groß- oder Kleinschreibung* **a)** *Kleinschreibung:* – es ist am sichersten, wenn wir hier verschwinden **b)** *Großschreibung:* – wir suchen etwas Sicheres; das Sicherste sind Gürtelreifen – es ist das Sicherste, was du tun kannst; es ist das Sicherste [*alte Schreibung* sicherste], sofort zu verschwinden – ich fühle mich im Sichern [*alte Schreibung* sichern] (geborgen) **c)** *Groß- und Kleinschreibung:* – auf Nummer Sicher, *auch* sicher sein, auf Nummer Sicher, *auch* sicher gehen	**II.** *Getrennt- oder Zusammenschreibung in Verbindung mit Verben und Partizipien* **a)** Getrenntschreibung: – du kannst [ganz] sicher sein, dass sie dir helfen wird – in diesen Schuhen kann man [sehr] sicher gehen; er ist in diesen Schuhen sicher gegangen – ein Arzneimittel, das [hundertprozentig] sicher wirkt; ein sicher wirkendes [*alte Schreibung* sicherwirkendes] Mittel **b)** Zusammenschreibung, wenn »sicher« nicht gesteigert werden kann: – sie will in dieser Sache sichergehen (= Gewissheit haben) – ein Beweisstück sicherstellen *(vgl. d.)*

sin; si|a|me̱|sisch; siamesische Zwillinge
Si|am|kat|ze
Si|be̱|li|us (finnischer Komponist)
Si|bi|la̱nt, der; -en, -en ‹lat.› (*Sprachw.* Zischlaut, z. B. s)
Si|bi̱|rer (*svw.* Sibirier); **Si|bi̱|ri|en; Si|bi̱|ri|er; si|bi̱|risch**
Si|bi̱u (rumänische Stadt; *vgl.* Hermannstadt)
Si|byl|la,¹Si|byl|le [*beide* ...'bɪ...] (w. Vorn.)
²Si|by̱l|le, die; -, -n ‹griech.› (weissagende Frau, Wahrsagerin)
si|byl|li̱|nisch (wahrsagerisch; geheimnisvoll)
sic! [zi:k, zɪk] ‹lat.› (so!, wirklich so!)
si̱ch
Sich|a̱us|wei|nen, das; -s ↑K 82
Si̱|chel, die; -, -n; **si̱|chel|för|mig; si̱|cheln** (mit der Sichel abschneiden); ich sich[e]le
Si̱|chel|wa|gen (Streitwagen im Altertum)
si̱|cher *s. Kasten*
si̱|cher|ge|hen (Gewissheit haben)
Si̱|cher|heit
Si̱|cher|heits|ab|stand; Si̱|cher|heits|au|to; Si̱|cher|heits|be|auf|trag|te; Si̱|cher|heits|be|hör|de
Si̱|cher|heits|bin|dung *(Sport)*
Si̱|cher|heits|fach; Si̱|cher|heits|glas *Plur.* ...gläser; **Si̱|cher|heits|grün|de** *Plur.;* aus Sicherheitsgründen; **Si̱|cher|heits|gurt**
si̱|cher|heits|hal|ber
Si̱|cher|heits|ket|te; Si̱|cher|heits|ko|pie; Si̱|cher|heits|leis|tung [*alte Trennung* ...|st...] *(Wirtsch.);* **Si̱|cher|heits|maß|nah|me**
Si̱|cher|heits|na|del
Si̱|cher|heits|or|ga|ne *Plur.* (mit Staatsschutz u. Ä. befasste Dienststellen); **Si̱|cher|heits|po|li|tik; Si̱|cher|heits|rat,** der; -[e]s (UN-Behörde)
Si̱|cher|heits|ri|si|ko (jmd. od. etwas die Sicherheit Gefährdendes)
Si̱|cher|heits|schloss [*alte Schreibung* ...schloß]
Si̱|cher|heits|ven|til *(Technik)*
Si̱|cher|heits|ver|schluss [*alte Schreibung* ...ver|schluß]
Si̱|cher|heits|vor|keh|rung; Si̱|cher|heits|vor|schrift
si̱|cher|lich
si̱|chern; ich sichere
si̱|cher|stel|len (sichern; in [polizeilichen] Gewahrsam geben od. nehmen); ein Beweisstück sicherstellen; um sicherzustellen, dass nichts passiert; **Si̱|cher|stel|lung**
Si̱|che|rung; Si̱|che|rungs|ab|tre|tung *(Wirtsch.);* **Si̱|che|rungs|ge|ber** *(Wirtsch.);* **Si̱|che|rungs|hy|po|thek** *(Rechtsw.)*
Si̱|che|rungs|kas|ten [*alte Trennung* ...|st...]
Si̱|che|rungs|neh|mer *(Wirtsch.);* **Si̱|che|rungs|ü|ber|eig|nung** *(Rechtsw.);* **Si̱|che|rungs|ver|wah|rung** *(Rechtsw.)*
si̱|cher wir|kend [*alte Schreibung* si|cher|wir|kend] *vgl.* sicher
Sich-ge̱|hen-Las|sen, das; -s ↑K 27
Si̱ch|ler (ein Schreitvogel)
Si̱cht, die; -; auf, bei, nach Sicht *(Kaufmannsspr.);* auf lange Sicht; außer Sicht, in Sicht kommen, sein
si̱cht|bar; etwas sichtbar machen; **Si̱cht|bar|keit,** die; -; **si̱cht|bar|lich** *(veraltet)*
Si̱cht|be|ton; Si̱cht|blen|de; Si̱cht|ein|la|ge *(Bankw.)*
¹si̱ch|ten (auswählen, durchsehen)
²si̱ch|ten (erblicken)
Si̱cht|flug; Si̱cht|gren|ze
si̱ch|tig (*Seemannsspr.* klar); sichtiges Wetter
Si̱cht|kar|te (Zeitkarte im Personenverkehr); **Si̱cht|kar|ten|in|ha|ber** *(Amtsspr.)*
si̱cht|lich (offenkundig)
Si̱cht|li|nie
¹Si̱ch|tung (das Auswählen)
²Si̱ch|tung, die; - (das Erblicken)
Si̱cht|ver|hält|nis|se *Plur.*
Si̱cht|ver|merk; si̱cht|ver|merk|frei *(Amtsspr.)*
Si̱cht|wech|sel *(Bankw.)*
Si̱cht|wei|se; Si̱cht|wei|te
Si̱cht|wer|bung
¹Si̱|cke [*alte Trennung* ...k|k...], die; -, -n (*Technik* rinnenförmige Biegung, Kehlung)
²Si̱|cke [*alte Trennung* ...k|k...], Sie̱|ke, die; -, -n (*Jägerspr.* Vogelweibchen)
si̱|cken [*alte Trennung* ...k|k...] (mit ¹Sicken versehen); gesickt; **Si̱|cken|ma|schi|ne**
Si̱|cker|gru|be [*alte Trennung* ...k|k...]
si̱|ckern [*alte Trennung* ...k|k...]; das Wasser sickert; **Si̱|cker|was|ser** *Plur.* ...wässer
si̱c tra̱n|sit glo̱|ria mu̱n|di ‹lat.› (so vergeht die Herrlichkeit der Welt)
Sid|dhar|tha [...'dar...] ‹sanskr.› (weltlicher Name Buddhas)
Side|board ['sa̱itbo:ɐ̯t], das; -s, -s ‹engl.› (Anrichte, Büfett)
¹si|de̱|risch ‹lat.› (auf die Sterne bezüglich; Stern...); siderisches Jahr (Sternjahr)
²si|de̱|risch ‹griech.› (aus Eisen; auf Eisen reagierend); siderisches Pendel *(Parapsychologie)*
Si|de|ri̱t, der; -s, -e (gelbbraunes

S

²sie|ben	
(Zahlwort) *Kleinschreibung* ↑K 78: – sieben auf einen Streich – wir sind zu sieben *od.* zu siebt (*älter* siebent) – wir sind sieben; sie kommt mit sieben[en] – die sieben Sakramente; die sieben Todsünden; die sieben fetten u. die sieben mageren Jahre – die sieben freien [*alte Schreibung* Sieben Freien] Künste (im MA.) – die sieben [*alte Schreibung* Sieben] Weltwunder	– die sieben [*alte Schreibung* Sieben] Raben (im Märchen) – die sieben [*alte Schreibung* Sieben] Schwaben – Schneewittchen und die sieben Zwerge – für jmdn. ein Buch mit sieben Siegeln sein (jmdm. völlig unverständlich sein); um sieben Ecken (*ugs. für* weitläufig) mit jmdm. verwandt sein *Großschreibung in Namen* ↑K 88: – Sieben Berge (Landschaft in Niedersachsen) *Vgl.* acht; Sieben

Eisenerz); **Si\|de\|ro\|lith,** der; *Gen.* -s *u.* -en, *Plur.* -e[n] (Eisensteinmeteorit)

Si\|don (phönizische Stadt)

Si\|do\|nia, Si\|do\|nie (w. Vorn.)

Si\|do\|ni\|er (Bewohner von Sidon); **si\|do\|nisch**

sie; sie kommt, sie kommen

¹Sie ↑K 84 *(Höflichkeitsanrede an eine Person od. mehrere Personen gleich welchen Geschlechts:)* kommen Sie bitte!; jmdn. mit Sie anreden; ↑K 76: das steife Sie; *(veraltete Anrede an eine Person weiblichen Geschlechts:)* höre Sie! ↑K 85

²Sie, die; -, -s (*ugs. für* Mensch od. Tier weiblichen Geschlechts); es ist eine Sie; ein Er u. eine Sie; Mode für Sie und Ihn

Sieb, das; -[e]s, -e; **sieb\|ar\|tig**

Sieb\|bein (ein Knochen)

Sieb\|druck, der; -[e]s *(Druckw.)*

¹sie\|ben (durchsieben)

²sie\|ben *s. Kasten*

Sie\|ben, die; -, *Plur.* -, *auch* -en (Zahl); eine böse Sieben; *vgl.* ¹Acht

sie\|ben\|ar\|mig; siebenarmiger Leuchter

Sie\|ben\|bür\|gen (*dt. Name von* Transsilvanien); **Sie\|ben\|bür\|ger; sie\|ben\|bür\|gisch**

sie\|ben\|eck; sie\|ben\|e\|ckig [*alte Trennung* ...k\|k...]

sie\|ben\|ein\|halb, sie\|ben\|und\|ein\|halb

Sie\|be\|ner; *vgl.* Achter; **sie\|be\|ner\|lei;** auf siebenerlei Art

sie\|ben\|fach; Sie\|ben\|fa\|che, das; -n; *vgl.* Achtfache

Sie\|ben\|ge\|bir\|ge, das; -s

Sie\|ben\|ge\|stirn, das; -[e]s (Sterngruppe)

sie\|ben\|hun\|dert; sie\|ben\|jäh\|rig, *aber* ↑K 151: der Siebenjährige Krieg

Sie\|ben\|kampf (Mehrkampf der Frauen in der Leichtathletik)

sie\|ben\|köp\|fig

sie\|ben\|mal; *vgl.* achtmal; **sie\|ben\|ma\|lig**

Sie\|ben\|mei\|len\|schritt *meist Plur.* (*ugs. scherzh.* riesiger Schritt); **Sie\|ben\|mei\|len\|stie\|fel** *Plur.*

Sie\|ben\|me\|ter, der; -s, - *(Hallenhandball)*

Sie\|ben\|mo\|nats\|kind

Sie\|ben\|punkt (ein Marienkäfer)

Sie\|ben\|sa\|chen *Plur.* (*ugs. für* Habseligkeiten); seine Siebensachen packen

Sie\|ben\|schlä\|fer (Nagetier; *volkstüml. für* 27. Juni als Lostag für eine Wetterregel)

Sie\|ben\|schritt, der; -[e]s (ein Volkstanz)

sie\|ben\|stel\|lig

Sie\|ben\|stern (Primelgewächs)

sie\|bent (*älter für* siebt)

sie\|ben\|tau\|send

sie\|ben\|te *od.* sieb\|te; *vgl.* achte

sie\|ben\|tel *vgl.* siebtel; **Sie\|ben\|tel** *vgl.* Siebtel

sie\|ben\|tens *od.* sieb\|tens

sie\|ben\|und\|ein\|halb, sie\|ben\|ein\|halb

sie\|ben\|und\|sieb\|zig; *vgl.* acht; **sie\|ben\|und\|sieb\|zig\|mal;** *vgl.* achtmal

sieb\|för\|mig

Sieb\|kreis *(Elektrot.)*

Sieb\|ma\|cher; Sieb\|ma\|che\|rin

Sieb\|ma\|schi\|ne

Sieb\|röh\|re *(Bot.)*

Sieb\|schal\|tung *(Elektrot.)*

siebt *vgl.* ²sieben

sieb\|te *od.* sie\|ben\|te; *vgl.* achte

sieb\|tel; *vgl.* achtel; **Sieb\|tel,** das, *schweiz. meist* der; -s, -

sieb\|tens *od.* sie\|ben\|tens

sieb\|zehn; *vgl.* acht; **sieb\|zehn\|hun\|dert**

sieb\|zehn\|te; ↑K 151: Siebzehnter (17.) Juni (Tag des Gedenkens an den 17. Juni 1953, den Tag des Aufstandes in der DDR); *vgl.* achte

Sieb\|zehn\|und\|vier, das; - (ein Kartenglücksspiel)

sieb\|zig; *vgl.* achtzig; **sieb\|zig\|jäh\|rig;** *vgl.* achtjährig

siech (*veraltend für* krank, hinfällig); **sie\|chen; Sie\|chen\|haus** *(veraltet);* **Siech\|tum,** das; -s

Sie\|de, die; - (*landsch. für* gesottenes Viehfutter); **sie\|de\|heiß** (*selten für* siedend heiß; *vgl.* sieden); **Sie\|de\|hit\|ze**

sie\|deln; ich sied[e]le

sie\|den; du sottest *u.* siedetest; du söttest *u.* siedetest; gesotten *u.* gesiedet; sied[e]!; siedend heiß [*alte Schreibung* siedendheiß]

Sie\|de\|punkt; Sie\|der; Sie\|de\|rei

Sied\|fleisch (*südd., schweiz. für* Suppenfleisch)

Sied\|ler; Sied\|le\|rin

Sied\|lung

Sied\|lungs\|dich\|te; Sied\|lungs\|form; Sied\|lungs\|ge\|biet; Sied\|lungs\|ge\|o\|gra\|phie, *auch* Sied\|lungs\|ge\|o\|gra\|fie; **Sied\|lungs\|haus; Sied\|lungs\|kun\|de,** die; -; **Sied\|lungs\|land,** das; -[e]s; **Sied\|lungs\|po\|li\|tik; Sied\|lungs\|pro\|gramm**

¹Sieg, der; -[e]s, -e

²Sieg, die; - (rechter Nebenfluss des Rheins)

Sie\|gel, das; -s, - ‹lat.› (Stempelabdruck; [Brief]verschluss)

Sie\|gel\|be\|wah\|rer *(früher)*

Sie\|gel\|lack

sie\|geln; ich sieg[e]le

Sie\|gel\|ring

Sie\|ge\|lung, Sieg\|lung

sie\|gen

Sie\|ger; Sie\|ger\|eh\|rung; Sie\|ge\|rin

Sie\|ger\|kranz, Sie\|ges\|kranz

Sie\|ger\|land, das; -[e]s (Landschaft); **Sie\|ger\|län\|der; sie\|ger\|län\|disch**

Sie\|ger\|macht; Sie\|ger\|mann\|schaft; Sie\|ger\|mie\|ne; Sie\|ger\|po\|dest; Sie\|ger\|po\|kal

Sie\|ger\|stra\|ße, die; -; *nur in Wendungen wie* auf der Siegerstraße sein (im Begriff sein zu siegen)

S

sie|ges|be|wusst [*alte Schreibung* ...be|wußt]
Sie|ges|bot|schaft; Sie|ges|fei|er
Sie|ges|freu|de; sie|ges|froh
Sie|ges|ge|schrei
sie|ges|ge|wiss [*alte Schreibung* ...ge|wiß]; **Sie|ges|ge|wiss|heit**
Sie|ges|göt|tin; Sie|ges|kranz (*vgl.* Siegerkranz); **Sie|ges|preis; Sie|ges|säu|le; Sie|ges|se|rie** *(Sport)*
sie|ges|si|cher
Sie|ges|tor; Sie|ges|tref|fer *(Sport)*
sie|ges|trun|ken *(geh.)*
Sie|ges|wil|le; Sie|ges|zug
Sieg|fried (germanische Sagengestalt; m. Vorn.); ↑K 134: Jung Siegfried
sieg|ge|wohnt
sieg|haft (*geh. für* siegessicher; *veraltet für* siegreich)
Sieg|hard (m. Vorn.)
Sieg|lind, Sieg|lin|de (w. Vorn.)
sieg|los
Sieg|lung *vgl.* Siegelung
Sieg|mund, Si|gis|mund (m. Vorn.)
Sieg|prä|mie
sieg|reich
Sieg|tref|fer (*svw.* Siegestreffer)
Sieg|wurz (Gladiole)
sie|he! (*Abk.* s.); siehe da!; **sie|he dort!** (*Abk.* s. d.); **sie|he o|ben!** (*Abk.* s. o.); **sie|he un|ten!** (*Abk.* s. u.)
SI-Ein|heit [ɛs'i:...] (internationale Basiseinheit; *vgl.* SI)
Sie|ke *vgl.* ²Sicke
Siel, der *od.* das; -[e]s, -e (*nordd. u. fachspr. für* Abwasserleitung; kleine Deichschleuse)
Sie|le, die; -, -n (Riemen[werk der Zugtiere]); in den Sielen (mitten in der Arbeit) sterben
sie|len, sich (*landsch. für* sich mit Behagen hin und her wälzen)
Sie|len|ge|schirr
Sie|len|zeug, Siel|zeug
¹**Sie|mens** (Familienn.; ®)
²**Sie|mens,** das; -, - (elektrischer Leitwert; *Zeichen* S)
Sie|mens-Mar|tin-O|fen; ↑K 137 (zur Stahlerzeugung; *Abk.* SM-Ofen)
Sie|mens|stadt (Stadtteil von Berlin)
si|e|na ‹ital.› (rotbraun); ein siena Muster; *vgl.* blau *u.* beige
Si|e|na (italienische Stadt); **Si|e|na|er|de,** die; -; ↑K 143 (eine Malerfarbe); **Si|e|ne|se,** der; -n, -n; **Si|e|ne|ser; Si|e|ne|sin**
Si|en|ki|e|wicz [...vɪtʃ] (polnischer Schriftsteller)
Si|er|ra, die; -, *Plur.* ...rren *u.* -s ‹span.› (Gebirgskette)
Si|er|ra Le|o|ne (Staat in Afrika); **Si|er|ra-Le|o|ner,** *auch* **Si|er|ra Le|o|ner** [*alte Schreibung* Si|er|ra|leo|ner]; **Si|er|ra-Le|o|ne|rin,** *auch* **Si|er|ra Le|o|ne|rin; si|er|ra-le|o|nisch**
Si|er|ra Ne|va|da, die; - - ‹»Schneegebirge«› (spanisches u. amerikanisches Gebirge)
Si|es|ta [*alte Trennung* ...|st...], die; -, *Plur.* ...sten *u.* -s ‹ital.› ([Mittags]ruhe)
Siet|land *Plur.* ...länder (*nordd. für* tief liegendes Marschland); **Siet|wen|dung** (*nordd. für* Binnendeich)
sie|zen (mit »Sie« anreden); du siezt
Sif (*nord. Mythol.* Gemahlin Thors)
Sif|flö|te ‹franz.› (eine hohe Orgelstimme)
Si|gel, das; -s, - ‹lat.› *u.* Si|g|le [...gl̩], die; -, -n ‹franz.› (festgelegtes Abkürzungszeichen)
Sight|see|ing ['saitsi:ɪŋ], das; -[s], -s ‹engl.› (Besichtigung von Sehenswürdigkeiten); **Sight|see|ing|tour,** *auch* **Sight|see|ing-Tour** (Besichtigungsfahrt)
Si|gil|la|rie, die; -, -n (fossile Pflanzengattung)
Si|gis|mund *vgl.* Siegmund
Si|g|le *vgl.* Sigel
Sig|ma, das; -[s], -s (griechischer Buchstabe: Σ, σ, ς)
Sig|ma|rin|gen (Stadt a. d. Donau)
Sig|ma|rin|ger; sig|ma|rin|ge|risch
sign. = signatum
Si|g|na (*Plur. von* Signum)
Si|g|nal, das; -s, -e ‹lat.›; Signal geben
Si|g|nal|an|la|ge; Si|g|nal|buch
Si|g|na|le|ment [...'mã:, *schweiz.* ...'mɛnt], das; -s, -s, *schweiz.* das; -[e]s, -e ‹franz.› ([Personen]beschreibung; *Landw.* Zusammenstellung der ein bestimmtes Tier kennzeichnenden Angaben)
Si|g|nal|far|be; Si|g|nal|feu|er; Si|g|nal|flag|ge
Si|g|nal|gast *Plur.* ...gasten (Matrose)
Si|g|nal|glo|cke [*alte Trennung* ...k|k...]; **Si|g|nal|horn**
si|g|na|li|sie|ren (Signal[e] übermitteln)
Si|g|nal|lam|pe; Si|g|nal|licht *Plur.* ...lichter; **Si|g|nal|mast,** der; **Si|g|nal|reiz** (*svw.* Schlüsselreiz)
Si|g|nal|sys|tem [*alte Trennung* ...|st...]
Si|g|na|tar, der; -s, -e ‹lat.› (*veraltet für* Unterzeichner); **Si|g|na|tar|macht** ([einen Vertrag] unterzeichnende Macht)
Si|g|na|tion [si'gne:ʃn̩], die; -, -s ‹engl.› (*österr. für* Erkennungsmelodie)
si|g|na|tum (unterzeichnet; *Abk.* sign.)
Si|g|na|tur, die; -, -en (Namenszeichen, Unterschrift; symbol. Landkartenzeichen; Buchnummer in einer Bibliothek)
Si|g|net [*auch* zɪn'je:], das; -s, *Plur.* -s, *bei dt. Ausspr.* -e ‹franz.› (Buchdrucker-, Verleger-, Firmenzeichen)
si|g|nie|ren [...'gni:...] ‹lat.› (mit einer Signatur versehen)
si|g|ni|fi|kant ‹lat.› (bedeutsam, kennzeichnend); **Si|g|ni|fi|kanz,** die; - (Bedeutsamkeit)
Si|g|nor [zɪn'jo:ɐ̯], der; -, -i ‹ital.› (*ital. Bez. für* Herr *[mit folgendem Namen]*); **Si|g|no|ra,** die; -, *Plur.* -s *u.* ...re (*ital. Bez. für* Frau); **Si|g|no|re,** der; -, ...ri (*ital. Bez. für* Herr *[ohne folgenden Namen]*)
Si|g|no|ria, Si|g|no|rie, die; -, ...ien (*früher für* die höchste Behörde der italienischen Stadtstaaten)
Si|g|no|ri|na, die; -, *Plur.* -s, *auch* ...ne (*ital. Bez. für* unverheiratete Frau); **Si|g|no|ri|no,** der; -, *Plur.* -s, *auch* ...ni (*frühere ital. Bez. für* junger Herr)
Si|g|num, das; -s, ...na ‹lat.› (Zeichen; verkürzte Unterschrift)
Sig|rid (w. Vorn.)
Si|g|rist, der; -en, -en ‹lat.› (*schweiz. für* Küster, Mesner)
Sig|run (w. Vorn.)
Si|ka|hirsch ‹jap.; dt.› (ein ostasiatischer Hirsch)
Sikh [...k], der; -[s], -s (Anhänger einer ind. Religionsrichtung)
Sik|ka|tiv, das; -s, -e ‹lat.› (Trockenmittel für Ölfarben)
Sik|kim (ind. Bundesstaat im Himalaja); **Sik|ki|mer; sik|ki|misch**
Si|la|ge [...ʒə] *vgl.* Ensilage
Sil|be, die; -, -n
Sil|ben|maß, das; **Sil|ben|rät|sel; Sil|ben|tren|nung**
...sil|ber *vgl.* ...silbler
Sil|ber, das; -s (chemisches Element, Edelmetall; *Zeichen* Ag); *vgl.* Argentum

S

Sil|ber|ar|beit; Sil|ber|bar|ren; Sil|ber|berg|werk; Sil|ber|be|steck
Sil|ber|blick (*ugs. scherzh. für* leicht schielender Blick)
Sil|ber|bro|kat; Sil|ber|dis|tel [*alte Trennung* ...|st...]; **Sil|ber|draht; Sil|ber|fa|den**
sil|ber|far|ben, sil|ber|far|big
Sil|ber|fisch|chen (ein Insekt); **Sil|ber|fuchs; Sil|ber|geld,** das; -[e]s
Sil|ber|glanz; sil|ber|glän|zend
sil|ber|grau; sil|ber|haa|rig; sil|ber|hal|tig; sil|ber|hell
Sil|ber|hoch|zeit
sil|be|rig, silb|rig
Sil|ber|ling (eine alte Silbermünze)
Sil|ber|lö|we (Puma); **Sil|ber|me|dail|le; Sil|ber|mö|we; Sil|ber|mün|ze**
sil|bern (aus Silber); silberne Hochzeit, *aber* ↑K 151: Silberner Sonntag (*früher* vorletzter Sonntag vor Weihnachten); Silbernes Lorbeerblatt (eine Auszeichnung für besondere Sportleistungen)
Sil|ber|pa|pier; Sil|ber|pap|pel; Sil|ber|schmied; Sil|ber|schmie|din; Sil|ber|stift (ein Zeichenstift)
Sil|ber|strei|fen; *meist in* Silberstreifen am Horizont (Zeichen beginnender Besserung)
Sil|ber|ta|b|lett; Sil|ber|tan|ne
sil|ber|ver|gol|det; ein silbervergoldeter Pokal (ein vergoldeter silberner Pokal); **sil|ber|weiß**
Sil|ber|zeug (*ugs. für* Silbergerät)
Sil|ber|zwie|bel (Perlzwiebel)
...sil|big (z. B. dreisilbig)
sil|bisch (eine Silbe bildend)
...silb|ler, ...sil|ber (z. B. Zweisilbler, Zweisilber)
silb|rig *vgl.* silberig
Sild, der; -[e]s, -[e] ‹skand.› (pikant eingelegter junger Hering)
Si|len, der; -s, -e ‹griech.› (Fabelwesen der griechischen Sage)
Si|len|ti|um! ‹lat.› (Ruhe!)
Sil|ge, die; -, -n ‹griech.› (ein Doldengewächs)
Sil|hou|et|te [zi'lu̯ɛ...], die; -, -n ‹franz.› (Umriss; Schattenriss, Scherenschnitt); **sil|hou|et|tie|ren** (*veraltend*)
Si|li|cat *vgl.* Silikat
Si|li|ci|um, Si|li|zi|um, das; -s ‹lat.› (chemisches Element, Nichtmetall; *Zeichen* Si)
Si|li|con *vgl.* Silikon
si|lie|ren ‹span.› (im Silo einlagern)
Si|li|fi|ka|ti|on, die; -, -en ‹lat.› (*Geol.* Verkieselung); **si|li|fi|zie|ren**
Si|li|kat, *fachspr.* Si|li|cat, das; -[e]s, -e (*Chemie* Salz der Kieselsäure)
Si|li|kon, *fachspr.* Si|li|con, das; -s, -e (sehr wärme- u. wasserbeständiger Kunststoff)
Si|li|ko|se, die; -, -n (*Med.* Steinstaublunge)
Si|li|zi|um *vgl.* Silicium
Sil|ke (w. Vorn.)
Sil|len *Plur.* ‹griech.› (altgriechische parodistische Spottgedichte auf Dichter u. a.)
Si|lo, der *od.* das; -s, -s ‹span.› (Großspeicher [für Getreide, Erz u. a.]; Gärfutterbehälter)
Si|lo|fut|ter; Si|lo|turm
Si|lur, das; -s (*Geol.* eine Formation des Paläozoikums)
Si|lu|rer (Angehöriger eines vorkelt. Volksstammes in Wales)
si|lu|risch (die Silurer betreffend; *Geol.* das Silur betreffend; im Silur entstanden)
Sil|van, Sil|va|nus (m. Vorn.)
Sil|va|ner (eine Reb- u. Weinsorte)
[1]**Sil|ves|ter** [*alte Trennung* ...|st...] (m. Vorn.)
[2]**Sil|ves|ter** [*alte Trennung* ...|st...], der, *auch* das; -s, - *meist ohne Artikel* ‹nach Papst Silvester I.› (letzter Tag im Jahr); **Sil|ves|ter|a|bend; Sil|ves|ter|ball** (*vgl.* [2]Ball); **Sil|ves|ter|fei|er; Sil|ves|ter|nacht**
Sil|via (w. Vorn.)
Sil|v|ret|ta, Sil|v|ret|ta|grup|pe, *auch* **Sil|v|ret|ta-Grup|pe,** die; - (Gebirgsgruppe der Zentralalpen); **Sil|v|ret|ta-Hoch|al|pen|stra|ße,** die; -
[1]**Si|ma,** die; -, *Plur.* -s *u.* ...men ‹griech.› (*Archit.* Traufrinne antiker Tempel)
[2]**Si|ma,** das; -[s] ‹nlat.› (*Geol.* unterer Teil der Erdkruste)
Si|mandl, das; -s, -[n] ‹*eigtl.* Mann, der durch eine »Sie« beherrscht wird› (*bayr. und österr. ugs. für* Pantoffelheld)
Sim|bab|we (Staat in Afrika); **Sim|bab|wer; sim|bab|wisch**
Si|me|on (bibl. m. Eigenn. u. Vorn.)
Si|mi|li|stein ‹lat.; dt.› (unechter Schmuckstein)
Sim|men|tal (schweizerische Landschaft); **Sim|men|ta|ler**
Sim|mer, das; -s, - (ein altes Getreidemaß)
Sim|mer|ring® (eine Antriebswellendichtung)
Si|mon (Apostel; m. Vorn.)
Si|mo|ne (w. Vorn.)
Si|mo|ni|des (griech. Lyriker)
Si|mo|nie, die; -, ...i̱en ‹nach dem Zauberer Simon› (Kauf od. Verkauf von geistlichen Ämtern)
si|mo|nisch; ↑K 135 (nach Art Simons)
sim|pel ‹franz.› (einfach, einfältig); sim|p|le Frage; **Sim|pel,** der; -s, - (*landsch. für* Dummkopf, Einfaltspinsel)
Sim|plex, das; -, *Plur.* -e *u.* ...plizia ‹lat.› (*Sprachw.* einfaches, nicht zusammengesetztes Wort)
Sim|p|li|cis|si|mus, *auch* Sim|p|li|zis|si|mus, der; - ‹nlat.› (Titel[held] eines Romans von Grimmelshausen; frühere politisch-satirische deutsche Wochenschrift)
Sim|p|li|fi|ka|ti|on, die; -, -en (*seltener für* Simplifizierung)
sim|p|li|fi|zie|ren ‹lat.› (in einfacher Weise darstellen; vereinfachen); **Sim|p|li|fi|zie|rung**
Sim|p|li|zia (*Plur. von* Simplex)
Sim|p|li|zis|si|mus *vgl.* Simplicissimus
Sim|p|li|zi|tät, die; - (Einfachheit, Schlichtheit)
Sim|p|lon, der; -[s], **Sim|p|lon|pass,** *auch* **Sim|p|lon-Pass** [*alte Schreibung* Sim|plon|paß], der; -es; **Sim|p|lon|stra|ße,** *auch* **Sim|p|lon-Stra|ße,** die; -; **Sim|p|lon|tun|nel,** *auch* **Sim|p|lon-Tun|nel,** der; -s
Sims, der *od.* das; -es, -e ‹lat.› (waagerechter [Wand]vorsprung; Leiste)
Sim|sa|la|bim, der; -s (Zauberwort)
Sim|se, die; -, -n (ein Riedgras; *landsch. für* Binse)
Sims|ho|bel
Sim|son, *seltener auch* Sam|son (bibl. m. Eigenn.)
Si|mu|lant, der; -en, -en ‹lat.› (jmd., der eine Krankheit vortäuscht); **Si|mu|lan|tin**
Si|mu|la|ti|on, die; -, -en ‹lat.› (Vortäuschung; Nachahmung im Simulator o. Ä.)
Si|mu|la|tor, der; -s, ...oren (Gerät, in dem bestimmte Bedingungen u. [Lebens]verhältnisse realistisch herstellbar sind)
si|mu|lie|ren ‹lat.› (vorgeben; sich verstellen; übungshalber im Si-

mulator o. Ä. nachahmen; *ugs. auch für* nachsinnen, grübeln)
si|mul|tan ‹lat.› (gleichzeitig)
Si|mul|tan|büh|ne *(Theater)*
Si|mul|tan|dol|met|schen, das; -s; **Si|mul|tan|dol|met|scher; Si|mul|tan|dol|met|sche|rin**
Si|mul|ta|ne|i|tät, Si|mul|ta|ni|tät, die; -, -en (*fachspr. für* Gemeinsamkeit, Gleichzeitigkeit)
Si|mul|tan|kir|che (Kirchengebäude für mehrere Bekenntnisse); **Si|mul|tan|schu|le** (Gemeinschaftsschule); **Si|mul|tan|spiel** (Schachspiel gegen mehrere Gegner gleichzeitig)
sin = Sinus
Si|nai [...nai], der; -[s] (Gebirgsmassiv auf der gleichnamigen ägyptischen Halbinsel); **Si|na|i|ge|bir|ge,** *auch* **Si|na|i-Ge|bir|ge,** das; -s; **Si|na|i|halb|in|sel,** *auch* **Si|na|i-Halb|in|sel,** die; -
Si|n|an|th|ro|pus, der; -, ...pi ‹griech.› (*Anthropol.* Pekingmensch)
Si|nau, der; -s, -e (Frauenmantel, eine Pflanze)
si|ne an|no ‹lat., »ohne [Angabe des] Jahr[es]«› (veralteter Hinweis bei Buchtitelangaben; *Abk.* s. a.)
si|ne i|ra et stu|dio [- - - st...] ‹»ohne Zorn u. Eifer«› (sachlich)
Si|ne|ku|re, die; -, -n ‹lat.› (müheloses Amt; Pfründe)
si|ne lo|co ‹lat., »ohne [Angabe des] Ort[es]«› (veralteter Hinweis bei Angaben von Buchtiteln; *Abk.* s. l.); **si|ne lo|co et an|no** ‹»ohne [Angabe des] Ort[es] u. [des] Jahr[es]«› (veralteter Hinweis bei Angaben von Buchtiteln; *Abk.* s. l. e. a.)
si|ne tem|po|re [- ...re] (ohne akademisches Viertel, pünktlich; *Abk.* s. t.); *vgl.* cum tempore
Sin|fo|nie, Sym|pho|nie, die; -, ...ien ‹griech.› (groß angelegtes Orchesterwerk in meist vier Sätzen)
Sin|fo|nie|kon|zert, Sym|pho|nie|kon|zert; **Sin|fo|nie|or|ches|ter,** Sym|pho|nie|or|ches|ter [*alte Trennung* ...|st...]
Sin|fo|ni|et|ta, die; -, ...tten ‹ital.› (kleine Sinfonie)
Sin|fo|ni|ker, Sym|pho|ni|ker (Verfasser von Sinfonien; *nur Plur.:* Mitglieder eines Sinfonieorchesters)
sin|fo|nisch, sym|pho|nisch (sinfonieartig); sinfonische, symphonische Dichtung
Sing. = Singular
Sing|a|ka|de|mie
Sin|ga|pur [*auch* ...'pu:ɐ̯] (Staat u. Stadt an der Südspitze der Halbinsel Malakka); **Sin|ga|pu|rer; Sin|ga|pu|re|rin; sin|ga|pu|risch**
sing|bar
Sing|dros|sel
Sin|ge|grup|pe *(DDR)*
sin|gen; du sangst; du sängest; gesungen; sing[e]!; die singende [*alte Schreibung* Singende] Säge (ein Musikinstrument)
Sin|ge|ner; Sin|gen (Ho|hen|twiel) (Stadt im Hegau)
Sin|ge|rei, die; - *(ugs.)*
Sin|gha|le|se [zɪŋga...], der; -n, -n (Angehöriger eines indischen Volkes auf Sri Lanka); **Sin|gha|le|sin; sin|gha|le|sisch**
¹Sin|g|le [...ŋl̩], das; -[s], -[s] ‹engl.› (Einzelspiel [im Tennis o. Ä.])
²Sin|g|le, die; -, -s (kleine Schallplatte)
³Sin|g|le, der; -[s], -s (allein stehender Mensch)
Sin|grün, das; -s (Immergrün)
Sing|sang, der; -[e]s *(ugs.)*
Sing|schwan
Sing-Sing, das; -[s], -s ‹Staatsgefängnis von New York bei der Industriestadt Ossining (*früher* Sing Sing)› (*ugs. für* Gefängnis)
Sing|spiel; Sing|stim|me; Sing|stun|de
sin|gu|lär (vereinzelt; selten)
Sin|gu|lar, der; -s, -e ‹lat.› (*Sprachw.* Einzahl; *Abk.* Sing.)
Sin|gu|la|re|tan|tum, das; -s, *Plur.* - *u.* Singulariatantum (*Sprachw.* nur im Singular vorkommendes Wort, z. B. »das All«)
Sin|gu|lar|form; sin|gu|la|risch (im Singular [gebraucht])
Sin|gu|la|ris|mus, der; - *(Philos.)*
Sin|gu|la|ri|tät, die; -, -en *meist Plur.* (vereinzelte Erscheinung; Besonderheit)
Sing|vo|gel; Sing|wei|se, die
si|nis|ter [*alte Trennung* ...|st...] ‹lat.› (*selten für* unheilvoll)
sin|ken; er, sie, es sinkt; ich sank, du sankst; du sänkest; gesunken; sink[e]!
Sink|flug; Sink|kas|ten ([*alte Trennung* ...|st...] bei Abwasseranlagen); **Sink|stoff** (Substanz, die sich im Wasser absetzt)
Sinn, der; -[e]s, -e; bei, von Sinnen sein; **sinn|be|tö|rend** *(geh.)*
Sinn|bild; sinn|bild|lich
sin|nen; du sannst; du sännest, *veraltet* sönnest; gesonnen; sinn[e]!; *vgl.* gesinnt *u.* gesonnen; **sin|nen|froh**
Sin|nen|lust, die; -; **Sin|nen|mensch; Sin|nen|rausch,** der; -[e]s; **Sin|nen|reiz**
sinn|ent|leert; sinn|ent|stel|lend
Sin|nen|welt, die; -
Sinn|er|gän|zung *(Sprachw.)*
Sin|nes|än|de|rung; Sin|nes|art; Sin|nes|ein|druck; Sin|nes|or|gan
Sin|nes|reiz (*Biol.* Reiz, der auf ein Sinnesorgan einwirkt)
Sin|nes|stö|rung; Sin|nes|täu|schung; Sin|nes|wahr|neh|mung; Sin|nes|wan|del; Sin|nes|zel|le *meist Plur. (Physiol.)*
sinn|fäl|lig; Sinn|fäl|lig|keit, die; -
Sinn|ge|bung; Sinn|ge|dicht; Sinn|ge|halt, der
sinn|ge|mäß
sin|nie|ren (*ugs. für* in Nachdenken versunken sein); **Sin|nie|rer**
sin|nig (*meist iron. für* sinnvoll; *veraltet für* nachdenklich); **sin|ni|ger|wei|se; Sin|nig|keit**
sinn|lich; Sinn|lich|keit, die; -
sinn|los; Sinn|lo|sig|keit
sinn|reich
Sinn|spruch
sinn|ver|wandt; sinn|ver|wir|rend; sinn|voll
sinn|wid|rig; Sinn|wid|rig|keit
Sinn|zu|sam|men|hang
Si|no|lo|ge, der; -n, -n; **Si|no|lo|gie,** die; - ‹griech.› (Chinakunde); **Si|no|lo|gin; si|no|lo|gisch**
sin|te|mal (*veraltet für* da, weil)
Sin|ter, der; -s, - (mineral. Ablagerung aus Quellen); **Sin|ter|glas,** das; -es; **sin|tern** ([durch]sickern; Sinter bilden; *Technik* durch Erhitzen zusammenbacken lassen); **Sin|ter|ter|ras|se**
Sint|flut, die; - ‹»umfassende Flut«› *(A. T.)*; *vgl.* Sündflut; **sint|flut|ar|tig**
Sin|ti|za, die; -, -s ‹Zigeunersprache› (weiblicher Sinto); **Sin|to,** der; -, ...ti *meist Plur.* (das als diskriminierend empfundene Wort »Zigeuner« ersetzende Bezeichnung [für die deutschstämmigen Angehörigen der Gruppe]; vgl. ²Rom)
Si|nus, der; -, *Plur.* - *u.* -se ‹lat.› (*Med.* Ausbuchtung, Hohlraum; *Math.* eine Winkelfunktion im

S

sit|zen

Beugung:
- du sitzt (*bes. schweiz. auch* sitzest)
- er, sie, es sitzt
- du saßest; er, sie, es saß
- ich meinte, du säßest bereits
- gesessen; sitz[e]!
- ich habe (*südd., österr., schweiz.:* bin) gesessen

Klein- oder Großschreibung:
- einen sitzen haben (*ugs. für* betrunken sein)
- ich bin noch nicht zum Sitzen gekommen ↑K 82

Man schreibt »sitzen« immer getrennt vom folgenden Verb ↑K 55:
- ich will jetzt hier sitzen bleiben
- wir sind auf der Bank sitzen geblieben
- sie ist sitzen geblieben [*alte Schreibung* sitzengeblieben] (*ugs. für* ist in der Schule nicht versetzt worden)
- wir sind auf den Blumen sitzen geblieben [*alte Schreibung* sitzengeblieben] (*ugs. für* haben sie nicht verkaufen können)
- ich habe den Vorwurf nicht auf mir sitzen lassen (nicht unwidersprochen gelassen)
- er hätte das Kind ruhig sitzen lassen können
- die Lehrer haben ihn sitzen lassen [*alte Schreibung* sitzenlassen] (*ugs. für* in der Schule nicht versetzt)
- er wird sie sitzen lassen [*alte Schreibung* sitzenlassen] (*ugs. für* im Stich lassen)
- ich habe ihn sitzen lassen, *seltener* sitzen gelassen [*alte Schreibungen* sitzenlassen, sitzengelassen], als er meine Hilfe brauchte

rechtwinkligen Dreieck, *Zeichen* sin)

Si|nu|si|tis, die; -, ...itiden (*Med.* Entzündung der Nasennebenhöhle)

Si|nus|kur|ve *(Math.);* **Si|nus|schwin|gung** *(Physik)*

Si|on *vgl.* Zion

Si|oux ['zi:ʊks; *engl.* su:], der; -, - (Angehöriger einer Sprachfamilie der nordamerik. Indianer)

Si|pho, der; -s, ...onen ‹griech.› (*Zool.* Atemröhre von Schnecken, Muscheln u. a.)

Si|phon [...fõ, *österr.* zi'fo:n], der; -s, -s (Geruchsverschluss bei Wasserausgüssen; Getränkegefäß, bei dem die Flüssigkeit durch Kohlensäure herausgedrückt wird)

Si|pho|no|pho|re, die; -, -n *meist Plur.* ‹griech.› (*Zool.* Staats- od. Röhrenqualle)

Si|phon|ver|schluss [*alte Schreibung* ...ver|schluß] (Geruchsverschluss)

Sip|pe, die; -, -n

Sip|pen|for|schung; Sip|pen|haft; Sip|pen|haf|tung, die; -

Sip|pen|kun|de, die; -; **sip|pen|kund|lich**

Sip|pen|ver|band *(Völkerk.)*

Sipp|schaft (*abwertend für* Verwandtschaft; Gesindel)

Sir [zø:ɐ̯], der; -s, -s ‹engl.› (*engl. Anrede [ohne Namen]* »Herr«; *vor Vorn.* engl. Adelstitel)

Si|rach (bibl. m. Eigenn.); *vgl.* Jesus Sirach

Sire [zi:ɐ̯] ‹franz.› (franz. Anrede an einen Monarchen)

Si|re|ne, die; -, -n ‹griech., nach den Fabelwesen der griech. Sage› (Nebelhorn, Warngerät; verführerische Frau; *Zool.* Seekuh); **Si|re|nen|ge|heul; Si|re|nen|ge|sang**

si|re|nen|haft (verführerisch)

Si|re|nen|pro|be

Si|ri|us, der; - ‹griech.› (ein Stern); **si|ri|us|fern**

Sir|rah, die; - ‹arab.› (ein Stern)

sir|ren (hell klingen, surren)

Sir|ta|ki, der; -, -s ‹griech.› (ein griechischer Volkstanz)

Si|rup, der; -s, -e ‹arab.› (dickflüssiger Rüben- od. Obstsaft)

Si|sal, der; -s ‹nach der mexik. Stadt›; **Si|sal|hanf** (Faser aus Agavenblättern); **Si|sal|läu|fer**

sis|tie|ren [*alte Trennung* ...|st...] ‹lat.› ([Verfahren] einstellen; *bes. Rechtsspr.* jmdn. zur Feststellung seiner Personalien auf die Polizeiwache bringen); **Sis|tie|rung**

Sis|t|rum [*alte Trennung* ...|st...], das; -s, Sistren ‹griech.› (altägyptische Rassel)

Si|sy|phos ‹griech.›, **Si|sy|phus** (Gestalt der griechischen Sage); **Si|sy|phus|ar|beit;** ↑K 136 (vergebliche Arbeit)

SIT (Währungscode für Tolar)

Si|tar, der; -[s], -[s] ‹iran.› (indische Laute)

Sit|com, die; -, -s ‹engl.› (Situationskomödie)

Site [sait], die; -, -s (*EDV* Website)

Sit-in [sɪt'ɪn], das; -[s], -s ‹amerik.› (Sitzstreik)

Sit|te, die; -, -n

Sit|ten (Hauptstadt des Kantons Wallis)

Sit|ten|de|zer|nat; Sit|ten|ge|mäl|de; Sit|ten|ge|schich|te, die; -; **Sit|ten|ko|dex; Sit|ten|leh|re**

sit|ten|los; Sit|ten|lo|sig|keit, die; -

Sit|ten|po|li|zei; Sit|ten|rich|ter; Sit|ten|schil|de|rung

sit|ten|streng; Sit|ten|stren|ge

Sit|ten|strolch; Sit|ten|ver|derb|nis *(geh.);* **Sit|ten|ver|fall**

sit|ten|wid|rig; Sit|ten|wid|rig|keit

Sit|tich, der; -s, -e (ein Papagei)

sitt|lich; Sitt|lich|keit, die; -

Sitt|lich|keits|de|likt

Sitt|lich|keits|ver|bre|chen; Sitt|lich|keits|ver|bre|cher

sitt|sam *(veraltend);* **Sitt|sam|keit**

Si|tu|a|ti|on, die; -, -en ‹lat.›; **si|tu|a|ti|ons|be|dingt**

Si|tu|a|ti|ons|ko|mik; Si|tu|a|ti|ons|ko|mö|die

si|tu|a|tiv (durch die Situation bedingt)

si|tu|ie|ren ‹franz.› (in einen Zusammenhang stellen; einbetten); **si|tu|iert** (in bestimmten [wirtschaftlichen] Verhältnissen lebend); sie ist besser situiert als er

Si|tu|la, die; -, ...ulen ‹lat.› (bronzezeitlicher Eimer)

Si|tus, der; -, - ‹lat.› (*Med.* Lage [von Organen]); *vgl.* in situ

sit ve|nia ver|bo ‹lat.› (man verzeihe das Wort!; *Abk.* s. v. v.)

Sitz, der; -es, -e

Sitz|bad; Sitz|ba|de|wan|ne

Sitz|blo|cka|de [*alte Trennung* ...k|k...]

Sitz|e|cke [*alte Trennung* ...k|k...]

sit|zen *s. Kasten*

sit|zen blei|ben *vgl.* sitzen; **Sit-zen|blei|ber**
sit|zend; sitzende Tätigkeit
sit|zen las|sen *vgl.* sitzen
...sit|zer (z. B. Zweisitzer)
Sitz|fal|te; Sitz|flä|che
Sitz|fleisch, das; -[e]s (*ugs. scherzh. für* Ausdauer)
Sitz|ge|le|gen|heit; Sitz|grup|pe
...sit|zig (z. B. viersitzig)
Sitz|kis|sen; Sitz|mö|bel; Sitz|ord-nung; Sitz|platz
Sitz|rie|se (*ugs. scherzh. für* jmd. mit kurzen Beinen u. langem Oberkörper)
Sitz|stan|ge; Sitz|streik
Sit|zung
Sit|zungs|be|richt; Sit|zungs|geld *(Politik);* **Sit|zungs|saal; Sit-zungs|zim|mer**
Six|pack [...pɛk], das; -s, -s (*engl. Bez. für* Sechserpackung)
Six|ti|na, die; - ⟨nach Papst Sixtus IV.⟩ (Kapelle im Vatikan); **six|ti|nisch;** *aber* (↑K 150): Sixtinische Kapelle, Sixtinische Madonna
Si|zi|li|a|ne, die; -, -n ⟨ital.⟩ (eine Versform)
Si|zi|li|a|ner, Si|zi|li|er (Bewohner von Sizilien); **Si|zi|li|a|ne|rin,** Si|zi|li|e|rin; **si|zi|li|a|nisch,** si|zi|lisch, *aber* ↑K 151: Sizilianische Vesper (Volksaufstand in Palermo während der Ostermontagsvesper 1282)
Si|zi|li|en (süditalienische Insel)
Si|zi|li|er usw. *vgl.* Sizilianer usw.
SJ = Societatis Jesu ⟨lat., »von der Gesellschaft Jesu«⟩ (Jesuit)
SK = Segerkegel
Ska|bi|es, die; - ⟨lat.⟩ (*Med.* Krätze); **ska|bi|ös**
Ska|bi|o|se, die; -, -n (eine Wiesenblume)
Ska|ger|rak, das *od.* der; -s (Meeresteil zwischen Norwegen u. Jütland)
skål! [skoːl] ⟨skand.⟩ (*skand. für* prost!, zum Wohl!)
Ska|la, die; -, *Plur.* ...len *u.* -s ⟨ital., »Treppe«⟩ (Maßeinteilung [an Messgeräten]; Stufenfolge); *vgl.* Skale *u.* Scala; **Ska|la|hö|he**
ska|lar (*Math.* durch reelle Zahlen bestimmt); **Ska|lar,** der; -s, -e (*Math.* durch einen reellen Zahlenwert bestimmte Größe; *Zool.* ein Buntbarsch)
Skal|de, der; -n, -n ⟨altnord.⟩ (altnordischer Dichter u. Sänger); **Skal|den|dich|tung; skal|disch**
Ska|le, die; -, -n (*in der Bedeutung* »Maßeinteilung« *bes. fachspr. für* Skala); **Ska|len|zei|ger**
Skalp, der; -s, -e ⟨engl.⟩ (*früher* abgezogene behaarte Kopfhaut des Gegners als Siegeszeichen)
Skal|pell, das; -s, -e ⟨lat.⟩ (kleines chirurgisches Messer)
skal|pie|ren (den Skalp nehmen)
Skan|dal, der; -s, -e ⟨griech.⟩; **Skan|dal|ge|schich|te**
skan|da|li|sie|ren (*veraltend für* Anstoß nehmen); sich über etw. skandalisieren
Skan|dal|nu|del *(ugs.)*
skan|da|lös (anstößig; unerhört)
Skan|dal|pres|se
skan|dal|süch|tig; skan|dal|um|wit-tert
skan|die|ren ⟨lat.⟩ (taktmäßig nach Versfüßen lesen; rhythmisch sprechen, rufen)
Skan|di|na|vi|en
Skan|di|na|vi|er; Skan|di|na|vi|e|rin
skan|di|na|visch, *aber* ↑K 140: die Skandinavische Halbinsel
Ska|po|lith, der; *Gen.* -s *od.* -en, *Plur.* -e[n] ⟨lat.; griech.⟩ (ein Mineral)
Ska|pu|lier, das; -s, -e ⟨lat.⟩ (bei der Mönchstracht Überwurf über Brust u. Rücken)
Ska|ra|bä|en|gem|me
Ska|ra|bä|us, der; -, ...äen ⟨griech.⟩ (Pillendreher, Mistkäfer des Mittelmeergebietes; dessen Nachbildung als Siegel, als Amulett [im alten Ägypten])
Ska|ra|muz, der; -es, -e ⟨ital.⟩ (Figur des prahlerischen Soldaten im franz. u. ital. Lustspiel)
Skarn, der; -s, -e ⟨schwed.⟩ (*Geol.* vorwiegend aus Kalk-Eisen-Silikaten bestehendes Gestein)
skar|tie|ren ⟨ital.⟩ (*österr. Amtsspr. für* alte Akten aussortieren)
Skat, der; -[e]s, *Plur.* -e *u.* -s (*nur Sing.:* ein Kartenspiel; zwei verdeckt liegende Karten beim Skatspiel)
Skat|a|bend; Skat|bru|der *(ugs.)*
Skate|board [ˈskeːtboːɐ̯t], das; -s, -s ⟨engl.⟩ (Rollerbrett); **Skate-boar|der** (Skateboardfahrer)
[1]**ska|ten** (*ugs. für* Skat spielen)
[2]**ska|ten** [ˈskeːtn̩] ⟨engl.⟩ (Rollschuh laufen)
[1]**Ska|ter** (*ugs. für* Skatspieler)
[2]**Ska|ter** [ˈskeːtɐ] ⟨engl.⟩ (Rollschuhläufer)
Skat|ge|richt, das; -[e]s (in Altenburg)
Ska|ting [ˈskeː...], das; -s (das Rollschuhlaufen mit Inlineskates)
Skat|kar|te
Ska|tol, das; -s ⟨griech.; lat.⟩ (eine chemische Verbindung)
Ska|to|pha|ge usw. *vgl.* Koprophage usw.
Skat|par|tie; Skat|run|de; Skat-spiel; Skat|spie|ler; Skat|tur|nier
Skeet|schie|ßen [ˈskiːt...], das; -s ⟨engl.; dt.⟩ (Wurftaubenschießen mit Schrotgewehren)
Ske|let ⟨griech.⟩ (*teilweise noch in der Med. gebrauchte Nebenform von* Skelett)
Ske|le|ton [...tn̩], der; -s, -s ⟨engl.⟩ (niedriger Sportrennschlitten)
Ske|lett, das; -[e]s, -e ⟨griech.⟩ (Knochengerüst, Gerippe; tragendes Grundgerüst)
Ske|lett|bau *Plur.* ...bauten (Gerüst-, Gerippebau); **Ske|lett|bau-wei|se,** die; -; **Ske|lett|bo|den** *(Geol.);* **Ske|lett|form**
ske|let|tie|ren (das Skelett bloßlegen)
Skep|sis, die; - ⟨griech.⟩ (Zweifel, kritisch prüfende Haltung)
Skep|ti|ker (Zweifler; Vertreter des Skeptizismus)
skep|tisch (zweifelnd; misstrauisch; kühl u. streng prüfend)
Skep|ti|zis|mus, der; - (Zweifel [an der Möglichkeit sicheren Wissens]; skeptische Haltung)
Sketsch, der; -[e]s, -e, *auch* **Sketch** [skɛtʃ], der; -[es], *Plur.* -e[s] *od.* -s ⟨engl., »Skizze«⟩ (kurze, effektvolle Bühnenszene im Kabarett od. Varietee)
Ski [ʃiː], *auch* Schi, der; -s, *Plur.* -er, *auch* - ⟨norw.⟩; ↑K 54: Ski fahren, Ski laufen; Ski und Eis laufen; Ski alpin, Ski nordisch; Ski Heil! (Skiläufergruß)
Ski|a|gra|phie, *auch* Ski|a|gra|fie, die; -, -ien ⟨griech.⟩ (antike Schattenmalerei)
Ski|a|k|ro|ba|tik, *auch* Schi|a|k-ro|ba|tik
Ski|a|s|ko|pie, die; -, ...ien ⟨griech.⟩ (*Med.* Verfahren zur Feststellung von Brechungsfehlern des Auges)
Ski|bob, *auch* Schi|bob (lenkbarer, einkufiger Schlitten)
Ski|fah|rer, *auch* Schi|fah|rer; **Ski-fah|re|rin,** *auch* Schi|fah|re|rin
Skiff, das; -[e]s, -e ⟨engl.⟩ (*Sport* nord. Einmannruderboot)
Ski|flie|gen, *auch* Schi|flie|gen, das; -s; **Ski|flug,** *auch* Schi|flug
Ski|gym|nas|tik, *auch* Schi|gym-nas|tik [*alte Trennung* ...ist...]
Ski|ha|serl, *auch* Schi|ha|serl, das;

S

-s, -[n] (*ugs. für* junge Anfängerin im Skilaufen)
Ski|kjö|ring […jø:…], *häufig auch* Ski|jö|ring, *auch* Schi|jö|ring, das; -s, -s ‹norw.› (Skilauf mit Pferde- od. Motorradvorspann)
Ski|kurs, *auch* Schi|kurs
Ski|lauf, *auch* Schi|lauf; **Ski|lau|fen,** *auch* Schi|lau|fen, das; -s
Ski|läu|fer, *auch* Schi|läu|fer; **Ski|läu|fe|rin,** *auch* Schi|läu|fe|rin
Ski|leh|rer, *auch* Schi|leh|rer; **Ski|leh|re|rin,** *auch* Schi|leh|re|rin
Ski|lift, *auch* Schi|lift
Skin, der; -s, -s (*kurz für* Skinhead); **Skin|head** […hɛt], der; -s, -s ‹engl.› ([zu Gewalttätigkeit neigender] Jugendlicher mit kahl geschorenem Kopf)
Skink, der; -[e]s, -e ‹griech.› (Glatt- od. Wühlechse)
Ski|pass, *auch* Schi|pass [*alte Schreibung*…paß]
Ski|pis|te, *auch* Schi|pis|te [*alte Trennung* …|st…]
Skip|per ‹engl.› (Kapitän einer [Segel]jacht)
Ski|sport, *auch* Schi|sport
Ski|sprin|ger, *auch* Schi|sprin|ger; **Ski|sprung,** *auch* Schi|sprung
Ski|spur, *auch* Schi|spur
Ski|stie|fel, *auch* Schi|stie|fel; **Ski|stock,** *auch* Schi|stock *Plur.* …stöcke
Ski|wachs, *auch* Schi|wachs
Ski|wan|dern, *auch* Schi|wandern, das; -s
Ski|was|ser, *auch* Schi|was|ser, das; -s (ein Getränk)
Ski|zir|kus, *auch* Schi|zir|kus (System von Skiliften; alpine Skirennen mit den dazugehörenden Veranstaltungen)
Skiz|ze, die; -, -n ‹ital.›; **Skiz|zen|block;** *vgl.* Block; **Skiz|zen|buch**
skiz|zen|haft
skiz|zie|ren (entwerfen; andeuten)
Skiz|zier|pa|pier; Skiz|zie|rung
SKK (Währungscode für slowak. Krone)
Skla|ve, der; -n, -n ‹slaw.› (unfreier, rechtloser Mensch); **Skla|ven|ar|beit; Skla|ven|han|del**
Skla|ven|tum, das; -s; **Skla|ve|rei**
Skla|vin; skla|visch
Skle|ra, die; -, …ren ‹griech.› (*Med.* Lederhaut des Auges)
Skle|ri|tis, die; -, …itiden (Entzündung der Lederhaut des Auges)
Skle|ro|der|mie, die; -, …ien (krankhafte Hautverhärtung)
Skle|ro|me|ter, das; -s, - (Härtemesser [bei Kristallen])
Skle|ro|se, die; -, -n (*Med.* krankhafte Verhärtung von Geweben u. Organen); **skle|ro|tisch**
Sko|li|on, das; -s, …ien ‹griech.› (altgriechisches Tischlied, Einzelgesang beim Gelage)
Sko|li|o|se, die; -, -n ‹griech.› (*Med.* seitliche Verkrümmung der Wirbelsäule)
Sko|lo|pen|der, der; -s, - ‹griech.› (tropischer Tausendfüßer)
skon|tie|ren ‹ital.› (*Wirtsch.* Skonto gewähren); **Skon|to,** der *od.* das; -s, *Plur.* -s, *selten* …ti ([Zahlungs]abzug, Nachlass [bei Barzahlung])
Skon|t|ra|ti|on, die; -, -en ‹ital.› (*Wirtsch.* Fortschreibung, Bestandsermittlung von Waren durch Eintragung der Zu- und Abgänge); **skon|t|rie|ren**
Skon|t|ro, das; -s, -s (Nebenbuch der Buchhaltung zur täglichen Ermittlung von Bestandsmengen); **Skon|t|ro|buch**
Skoo|ter [ˈsku:…], der; -s, - ‹engl.› ([elektrisches] Kleinauto auf Jahrmärkten)
Skop, der; -s, -s ‹angelsächs.› (*früher* Dichter u. Sänger in der Gefolgschaft angelsächs. Fürsten)
Skop|je (Hauptstadt von ²Mazedonien)
Skop|ze, der; -n, -n ‹russ.› (Angehöriger einer russischen Sekte des 19. Jh.s)
Skor|but, der; -[e]s ‹mlat.› (*Med.* Krankheit durch Mangel an Vitamin C); **skor|bu|tisch**
Skor|da|tur *vgl.* Scordatura
Skore [sko:ɐ̯], das; -s, -s ‹engl.› (*schweiz. Sportspr. svw.* Score); **sko|ren** (*österr. u. schweiz. Sportspr. neben* scoren)
Skor|pi|on, der; -s, -e ‹griech.› (ein Spinnentier; *nur Sing.:* ein Sternbild)
Sko|te, der; -n, -n (Angehöriger eines alten irischen Volksstammes in Schottland)
Sko|tom, das; -s, -e ‹griech.› (*Med.* Gesichtsfelddefekt)
skr = schwedische Krone
Skri|bent, der; -en, -en ‹lat.› (*veraltend für* Schreiberling)
Skript, das; -[e]s, *Plur.* -en *u.* (*bes. für* Drehbücher:) -s ‹engl.› (schriftliche Ausarbeitung; Nachschrift einer Hochschulvorlesung; Drehbuch)
Skript|girl, das; -s, -s (Mitarbeiterin eines Filmregisseurs, die die Einstellung für jede Aufnahme einträgt)
Skrip|tum, das; -s, *Plur.* …ten *u.* …ta ‹lat.› (*älter für* Skript)
skrip|tu|ral (die Schrift betreffend)
skro|fu|lös ‹lat.› (*Med.* an Skrofulose leidend); **Skro|fu|lo|se,** die; -, -n (Haut- u. Lymphknotenerkrankung bei Kindern)
skro|tal ‹lat.› (*Med.* zum Skrotum gehörend); **Skro|tal|bruch,** der; **Skro|tum,** das; -s, …ta (Hodensack)
¹Skru|pel, das; -s, - ‹lat.› (altes Apothekergewicht)
²Skru|pel, der; -s, - *meist Plur.* (Bedenken; Gewissensbiss); **skru|pel|los; Skru|pel|lo|sig|keit**
skru|pu|lös (*veraltend für* ängstlich; peinlich genau)
Skuld (*nord. Mythol.* Norne der Zukunft)
Skull, das; -s, -s ‹engl.› (Ruder); **Skull|boot; skul|len** (rudern); **Skul|ler** (Sportruderer)
Skulp|teur […ˈtø:ɐ̯], der; -s, -e ‹franz.› (Künstler, der Skulpturen herstellt)
skulp|tie|ren ‹lat.› (ausmeißeln)
Skulp|tur, die; -, -en (plastisches Bildwerk; *nur Sing.:* Bildhauerkunst); **skulp|tu|ral** (in der Art, der Form einer Skulptur)
Skulp|tu|ren|samm|lung
¹Skunk, der; -s, *Plur.* -e *od.* -s ‹indian.-engl.› (Stinktier)
²Skunk, der; -s, -s *meist Plur.* (Pelz des Stinktiers)
skur|ril ‹etrusk.-lat.› (verschroben, eigenwillig; drollig); **Skur|ri|li|tät,** die; -, -en
S-Kur|ve [ˈɛs…] ↑K 29
Skus, der; -, - ‹franz.› (Trumpfkarte im Tarockspiel)
Sku|ta|ri (albanische Stadt); **Sku|ta|ri|see,** *auch* **Sku|ta|ri-See,** der; -s
Skye|ter|ri|er [ˈskai̯…] ‹engl.› (Hunderasse)
Sky|lab [ˈskai̯lɛp] ‹engl.› (Name einer amerik. Raumstation)
Sky|light [ˈskai̯lai̯t], das; -s, -s ‹engl.› (*Seemannsspr.* Oberlicht)
Sky|line [ˈskai̯lai̯n], die; -, -s (Horizont, Silhouette einer Stadt)
Syl|la (*griech. Form von* Szylla)
Sky|the, der; -n, -n (Angehöriger eines alten nordiranischen Reitervolkes); **Sky|thi|en** (Land); **sky|thisch**
s. l. = sine loco
Sla|lom, der; -s, -s ‹norw.› (*Ski- u.*

S

Kanusport Torlauf; *auch übertr. für* Zickzacklauf, -fahrt); Slalom fahren, Slalom laufen

Sla|lom|kurs; Sla|lom|lauf; Sla|lom|läu|fer; Sla|lom|läu|fe|rin

Slang [slɛŋ], der; -s, -s ‹engl.› (saloppe Umgangssprache; Jargon)

Slap|stick ['slɛpstɪk], der; -s, -s ‹engl.› (grotesk-komischer Gag, vor allem im [Stumm]film)

s-Laut ['ɛs...; *alte Schreibung* S-Laut] ↑K 29

Sla|we, der; -n, -n ‹slaw.›; **Sla|wen|tum,** das; -s; **Sla|win**

sla|wisch; sla|wi|sie|ren (slawisch machen)

Sla|wis|mus, der; -, ...men (slawische Spracheigentümlichkeit in einer nichtslawischen Sprache)

Sla|wist, der; -en, -en; **Sla|wis|tik** [*alte Trennung* ...|st...], die; - (Wissenschaft von den slaw. Sprachen u. Literaturen); **Sla|wis|tin; sla|wis|tisch**

Sla|wo|ni|en (Gebiet in Kroatien); **Sla|wo|ni|er; Sla|wo|ni|e|rin; sla|wo|nisch**

Sla|wo|phi|lie, die; - ‹slaw.; griech.› (Slawenliebe)

s. l. e. a. = sine loco et anno

Sleip|nir ‹altnord.› (*nord. Mythol.* das achtbeinige Pferd Odins)

Sle|vogt (dt. Maler u. Grafiker)

Sli|bo|witz, Sli|wo|witz, der; -[es], -e ‹serbokroat.› (ein Pflaumenbranntwein)

Slice [slais], der; -, -s [...siz] ‹engl.› (bestimmter Schlag beim Golf u. beim Tennis)

Slick, der; -s, -s ‹engl.› (breiter Rennreifen ohne Profil)

Sli|ding|tack|ling ['slaidɪŋ'tɛk...], *auch* **Sli|ding Tack|ling** [*alte Schreibung* Sli|ding-tack|ling] *vgl.* Tackling

Sling|pumps, der; -, - ‹engl.› (über der Ferse mit einem Riemchen gehaltener Pumps)

Slip, der; -s, -s ‹engl.› (Unterhose; schiefe Ebene in einer Werft für den Stapellauf; *Technik* Vortriebsverlust); **Slip|ein|la|ge**

Sli|pon, der; -s, -s (Herrensportmantel mit Raglanärmeln)

Slip|per, der; -s, -[s] (Schlupfschuh mit niedrigem Absatz)

Sli|wo|witz, *auch* Sli|bo|witz, der; -[es], -e ‹serbokroat.› (ein Pflaumenbranntwein)

Slo|gan ['slo:gn], der; -s, -s ‹gälisch-engl.› (Schlagwort)

Sloop [slu:p] *vgl.* Slup

Slo|wa|ke, der; -n, -n (Angehöriger eines westslawischen Volkes); **Slo|wa|kei,** die; - (Staat in Mitteleuropa); **Slo|wa|kin**

slo|wa|kisch; Slo|wa|kisch, das; -[s] (Sprache); *vgl.* Deutsch; **Slo|wa|ki|sche,** das; -n; *vgl.* Deutsche, das

Slo|we|ne, der; -n, -n (Einwohner von Slowenien); **Slo|we|ni|en** (Staat im Süden Mitteleuropas); **Slo|we|ni|er** (Slowene); **Slo|we|ni|e|rin, Slo|we|nin**

slo|we|nisch; Slo|we|nisch, das; -[s] (Sprache); *vgl.* Deutsch; **Slo|we|ni|sche,** das; -n; *vgl.* Deutsche, das

Slow|fox ['slo:...], der; -[es], -e ‹engl.› (ein Tanz)

Slum [slam], der; -s, -s *meist Plur.* ‹engl.› (Elendsviertel); **Slum|be|woh|ner**

Slup, die; -, -s ‹engl.› (Küstenschiff, Segeljacht)

sm = Seemeile

Sm = *chem. Zeichen für* Samarium

S. M. = Seine Majestät

Small|talk ['smo:l'to:k], der, *auch* das; -s, -s, *auch* **Small Talk,** der, *auch* das; - -s, - -s [*alte Schreibung* Small talk] ‹engl.› (beiläufige Konversation)

Smal|te *vgl.* Schmalte

Sma|ragd, der; -[e]s, -e ‹griech.› (ein Edelstein)

Sma|ragd|ei|dech|se

sma|rag|den (aus Smaragd; smaragdgrün); **sma|ragd|grün**

smart ‹engl.› (modisch elegant, schneidig; clever)

Smart|card, die; -, -s, *auch* **Smart Card,** die; - -, - -s ‹engl.› (Plastikkarte als Zahlungsmittel, Datenträger od. Ausweis)

Smash [smɛʃ], der; -[s], -s ‹engl.› (*Tennis, Badminton* Schmetterschlag)

Sme|ta|na (tschech. Komponist)

SMH = Schnelle Medizinische Hilfe (*DDR* ärztl. Notdienst)

Smi|ley ['smaili], das; -s, -s (*EDV* Emoticon in Form eines lächelnden Gesichts)

SM-O|fen [ɛs'ɛm...] = Siemens-Martin-Ofen

Smog, der; -[s], -s ‹engl.› (mit Abgasen, Rauch u. a. gemischter Dunst od. Nebel über Industriestädten); **Smog|a|larm**

Smok|ar|beit; smo|ken (Stoff fälteln); eine gesmokte Bluse

Smo|king, der; -s, -s ‹engl.› (Gesellschaftsanzug mit seidenen Revers für Herren); **Smo|king|schlei|fe**

Smo|lensk (russische Stadt)

Smør|re|brød, das; -s, -s ‹dän.› (reich belegtes Brot)

smor|zan|do ‹ital.› (*Musik* verlöschend); **Smor|zan|do,** das; -s, *Plur.* -s *u.* ...di

SMS = Short Message Service (beim Mobilfunk); **SMS-Nach|richt**

Smut|je, der; -s, -s (*Seemannsspr.* Schiffskoch)

SMV = Schülermitverantwortung, Schülermitverwaltung

Smyr|na (türkische Stadt; *heutiger Name* Izmir); **Smyr|na|er** (*auch* ein Teppich); **smyr|na|isch; Smyr|na|tep|pich,** *auch* **Smyr|na-Tep|pich**

Sn = Stannum (*chemisches Zeichen für* Zinn)

Snack [snɛk], der; -s, -s ‹engl.› (Imbiss); **Snack|bar,** die

Snail|mail ['sneɪlmeɪl], *auch* **Snail-Mail,** die; -, -s ‹engl., »Schneckenpost«› (*EDV* Briefpost im Gegensatz zur elektronischen Post)

snif|fen ‹engl.› (*ugs. für* sich durch das Einatmen von Dämpfen berauschen)

Snob, der; -s, -s ‹engl.› (vornehm tuender, eingebildeter Mensch); **Sno|bi|e|ty** [...'baiəti], die; - (vornehm tuende Gesellschaft)

Sno|bis|mus, der; -, ...men; **snobis|tisch** [*alte Trennung* ...|st...]

Snow|board ['sno:bo:ɐt], das; -s, -s ‹engl.› (als Sportgerät dienendes Brett zum Gleiten auf Schnee); **snow|boar|den** (mit dem Snowboard gleiten); **Snow|boar|der,** der; -s, -; **Snow|boar|de|rin; Snow|boar|ding,** das; -s (das Snowboarden)

so *s. Kasten S. 900*

SO = Südost[en]

So. = Sonntag

s. o. = sieh[e] oben!

so|a|ve ‹ital.› (*Musik* lieblich, sanft, angenehm, süß)

so|bald; *Konjunktion:* sobald ich komme, *aber (Adverb):* ich komme so bald nicht; komme so bald wie *od.* als möglich

So|ci|e|tas Je|su, die; - - (*lat. Gen.* Societatis Jesu) ‹lat., »Gesellschaft Jesu«› (der Orden der Jesuiten; *Abk.* SJ)

So|ci|e|tas Ver|bi Di|vi|ni, die; - - - ‹»Gesellschaft des Göttlichen Wortes«› (kath. Missionsgesell-

S

so

- so einer, so eine, so ein[e]s
- so etwas, *ugs.* so was
- so dass (*vgl. auch* sodass)
- so an die 100 Leute, so gegen acht Uhr
- so ein Mann, so eine Person
- so wahr mir Gott helfe
- so schnell, so lang[e] wie *od.* als möglich; die Meisterschaft war so gut wie gewonnen
- ich will so sein, so werden, so bleiben
- etwas so betrachten, so sehen, so nennen
- so betrachtet, so gesehen; die so genannten [*alte Schreibung* sogenannten] schnellen Brüter

Zur Getrennt- od. Zusammenschreibung von »sobald, sofern, sogleich, solang« usw. vgl. die einzelnen Stichwörter

schaft von Steyl in der niederländ. Provinz Limburg; *Abk.* SVD)

Söck|chen

So|cke [*alte Trennung* ...k|k...], die; -, -n

So|ckel [*alte Trennung* ...k|k...], der; -s, -

So|ckel|be|trag [*alte Trennung* ...k|k...] (bei Lohnerhöhungen)

So|cken [*alte Trennung* ...k|k...], der; -s, - (*landsch. für* Socke)

Sod, der; -[e]s, -e (*veraltet für* das Sieden; *nur Sing.:* Sodbrennen)

[1]**So|da,** die; - *u.* das; -s ‹span.› (Natriumkarbonat)

[2]**So|da,** das; -s (Sodawasser)

So|da|le, der; -n, -n ‹lat.› (Mitglied einer Sodalität); **So|da|li|tät,** die; -, -en (katholische Genossenschaft, Bruderschaft)

So|da|lith, der; *Gen.* -s *od.* -en, *Plur.* -e[n] ‹span.; griech.› (ein Mineral)

so|dann

so|dass, *auch* so dass [*alte Schreibung* so daß, *österr.* so|daß]; er arbeitete Tag und Nacht, sodass (*auch* so dass) er krank wurde; *aber* er arbeitete so, dass er krank wurde

So|da|was|ser *Plur.* ...wässer (kohlensäurehaltiges Mineralwasser)

Sod|bren|nen, das; -s (brennendes Gefühl im Magen u. in der Speiseröhre)

Sod|brun|nen (*schweiz. für* Ziehbrunnen)

So|de, die; -, -n (*landsch., bes. nordd. für* Rasenstück; ziegelsteingroßes Stechtorfstück; *veraltet für* Salzsiederei)

So|dom (biblische Stadt); Sodom u. Gomorrha (Zustand der Lasterhaftigkeit; großes Durcheinander); *vgl.* Gomorrha

So|do|mie, die; -, ...ien ‹nlat.› (Geschlechtsverkehr mit Tieren); **So|do|mit,** der; -en, -en (Einwohner von Sodom; Sodomie Treibender); **so|do|mi|tisch**

So|doms|ap|fel (Gallapfel)

so|e|ben; sie kam soeben herein; *aber* sie hat es so eben (gerade) noch geschafft

Soest [zo:st] (Stadt in Nordrhein-Westfalen); **Soes|ter** [*alte Trennung* ...|st...]; Soester Börde (Landstrich)

So|fa, das; -s, -s ‹arab.›; **So|fa|e|cke** [*alte Trennung* ...k|k...]; **So|fa|kis|sen; So|fa|mel|ker** (*ugs. für* Landwirt, der seine Milchquote verpachtet)

so|fern (falls); sofern er seine Pflicht getan hat, ...; *aber* die Sache liegt mir so fern, dass ...

Sof|fit|te, die; -, -n *meist Plur.* ‹ital.› (Deckendekoration einer Bühne); **Sof|fit|ten|lam|pe**

So|fia (Hauptstadt Bulgariens); **So|fi|a|er** *vgl.* Sofioter

So|fie [*auch* ˈzɔfi] *vgl.* Sophia

So|fi|o|ter ‹*zu* Sofia›

so|fort; er soll sofort kommen; *aber* immer so fort (immer so weiter)

So|fort|bild|ka|me|ra

So|fort|hil|fe

so|for|tig; sofortige Hilfe

So|fort|maß|nah|me; So|fort|wir|kung

Soft|drink, der; -s, -s, *auch* **Soft Drink,** der; - -s, - -s ‹engl.› (alkoholfreies Getränk)

Soft|eis [*alte Schreibung* Soft-Eis], das; -es (sahniges, weiches Speiseeis); drei Softeis

Sof|tie, der; -s, -s (*ugs. für* Mann von sanftem Wesen)

Soft|por|no, der; -s, -s

Soft|rock, der; -[s], *auch* **Soft Rock,** der; - -[s] (leisere, melodischere Form der Rockmusik)

Soft|ware [...vɛ:ɐ̯], die; -, -s ‹engl.› (*EDV* die zum Betrieb einer Datenverarbeitungsanlage benötigten Programme); **Soft|ware|ent|wick|ler; Soft|ware|fir|ma**

Sog, der; -[e]s, -e (unter landwärts gerichteten Wellen seewärts ziehender Meeresstrom; saugende Luftströmung)

sog. = so genannt

so|gar; er kam sogar zu mir nach Hause; *aber* sie hat so gar kein Vertrauen zu mir

so ge|nannt [*alte Schreibung* soge|nannt] (*Abk.* sog.); *vgl.* so

so|gen (sich in Kristallform niederschlagen)

so|gleich (sofort); er soll sogleich kommen; *aber* sie sind sich alle so gleich, dass ...

Sohl|bank *Plur.* ...bänke (*Bauw.* Fensterbank)

Soh|le, die; -, -n ‹lat.› (Fuß-, Talsohle; *Bergmannsspr.* untere Begrenzungsfläche einer Strecke; *landsch. auch für* Lüge)

soh|len (*landsch. auch für* lügen)

Soh|len|gän|ger (*Zool.* eine Gruppe von Säugetieren)

Soh|len|le|der, Sohl|le|der

söh|lig (*Bergmannsspr.* waagerecht)

Sohl|le|der *vgl.* Sohlenleder

Sohn, der; -[e]s, Söhne; **Söhn|chen; Soh|ne|mann** (*fam.*)

Soh|nes|lie|be; Soh|nes|pflicht

sohr (*nordd. für* dürr, welk)

Sohr, der; -s (*nordd. für* Sodbrennen)

[1]**Söh|re,** die; - (Teil des Hessischen Berglandes)

[2]**Söh|re,** die; - (*nordd. für* Dürre); **söh|ren** (*nordd. für* verdorren)

soi|g|niert [zoa̯nˈji:ɐt] ‹franz.› (*veraltend für* gepflegt)

Soi|ree [zoa̯ˈre:], die; -, ...reen ‹franz.› (Abendgesellschaft)

So|ja, die; -, ...jen ‹jap.-niederl.› (eiweißhaltige Nutzpflanze)

So|ja|boh|ne; So|ja|mehl; So|ja|öl; So|ja|so|ße, *auch* ...sau|ce

So|jus ‹russ., »Bund, Bündnis«› (Raumschiffserie der UdSSR)

So|k|ra|tes (griech. Philosoph); **So|k|ra|tik,** die; - ‹griech.› (Lehrart des Sokrates); **So|k|ra|ti|ker** (Schüler des Sokrates; Verfechter der Lehre des Sokrates); **so|k|ra|tisch;** sokratische Lehrart; die sokratische [*alte Schreibung* Sokratische] Lehre

solch	
Man schreibt »solch« immer klein: – solches sollte nicht möglich sein; es gibt immer solche und solche; ein solcher ist mir unbekannt *Beugung:* – solcher, solche, solches; solch einer, solch eine, solch ein[e]s – solch ein Widersinn; ein solcher Widersinn; solch feiner Stoff *od.* solcher feine Stoff	– solch gute *od.* solche guten, *auch* gute Menschen; solche Gefangenen, *auch* Gefangene – das Leben solch frommer Leute *od.* solcher frommen, *auch* frommer Leute – mit solch schönem Schirm, mit solch einem schönen Schirm, mit einem solch[en] schönen Schirm; in solcher erzieherischen, *seltener* erzieherischer Absicht

[1]**Sol** (römischer Sonnengott)
[2]**Sol,** der; -[s], -[s] ‹span.› (peruanische Währungseinheit)
[3]**Sol,** das; -s, -e (*Chemie* kolloide Lösung)

so|lang, so|lan|ge
(während, währenddessen) *Zusammenschreibung nur bei der Konjunktion:* – solang[e] ich krank war, bist du bei mir geblieben; du musst das erledigen, solang[e] du Urlaub hast; ich werde das, solang[e] ich kann, verhindern *Getrenntschreibung bei allen anderen Verbindungen:* – ich warte so lang[e] wie *od.* als möglich; dreimal so lang[e] wie nötig; du hast mich so lange warten lassen, dass ich eingeschlafen bin; du musst so lange warten, bis alle da sind

So|la|nin, das; -s ‹lat.› (giftiges Alkaloid verschiedener Nachtschattengewächse)
So|la|num, das; -s, ...nen (*Bot.* Nachtschattengewächs)
so|lar ‹lat.› (die Sonne betreffend)
So|lar|au|to; So|lar|bat|te|rie (Sonnenbatterie); **So|lar|e|ner|gie**
So|la|ri|sa|ti|on, die; -, -en (*Fotogr.* Umkehrung der Lichteinwirkung bei starker Überbelichtung des Films)
so|la|risch *vgl.* solar
So|la|ri|um, das; -s, ...ien (Anlage für künstliche Sonnenbäder unter UV-Bestrahlung)
So|lar|jahr *(Astron.);* **So|lar|kol|lek|tor** *(Energietechnik);* **So|lar|kon|stan|te** *(Meteor.);* **So|lar|kraft|werk**
So|lar|ple|xus, der; - (*Med.* Nervengeflecht im Oberbauch; Sonnengeflecht)
So|lar|tech|nik, die; -; **So|lar|zel|le**
So|la|wech|sel ‹ital.; dt.› (*Finanzw.* Wechsel, bei dem sich der Aussteller selbst zur Zahlung verpflichtet)
Sol|bad
solch *s. Kasten*
sol|cher|art; solcherart Dinge; *aber* Dinge solcher Art
sol|cher|lei
sol|cher|ma|ßen
Sold, der; -[e]s, -e ‹lat.› *(Milit.)*
Sol|da|nel|le, die; -, -n ‹ital.› (Troddelblume)
Sol|dat, der; -en, -en ‹lat.›; **Sol|da|ten|fried|hof; Sol|da|ten|le|ben,** das; -s; **Sol|da|ten|spra|che,** die; -; **Sol|da|ten|tum,** das; -s
Sol|da|tes|ka, die; -, ...ken (rücksichtslos u. gewalttätig vorgehendes Militär)
Sol|da|tin; sol|da|tisch
Sold|buch
Söld|ner; Söld|ner|füh|rer; Söld|ner|heer
Sol|do, der; -s, *Plur.* -s *u.* ...di (frühere italienische Münze)
So|le, die; -, -n (kochsalzhaltiges Wasser)
Sol|ei (in Salzlake eingelegtes hart gekochtes Ei)
So|len|lei|tung
so|lenn ‹lat.› (*veraltend für* feierlich); **So|len|ni|tät,** die; -, -en (*veraltend für* Feierlichkeit)
So|le|no|id, das; -[e]s, -e ‹griech.› (*Physik* zylindrische Metallspule, die bei Stromdurchfluss wie ein Stabmagnet wirkt)
Sol|fa|ta|ra, Sol|fa|ta|re, die; -, ...ren ‹ital.› (Ausdünstung schwefelhaltiger heißer Dämpfe in ehem. Vulkangebieten)
sol|feg|gie|ren [...fɛˈdʒiː...] ‹ital.› (*Musik* Solfeggien singen); **Sol|feg|gio** [...ˈfɛdʒo], das; -s, ...ggien [...ˈfɛdʒi̯ən] (auf die Solmisationssilben gesungene Übung)
Sol|fe|ri|no (italienisches Dorf)
[1]**So|li** (*Plur. von* Solo)
[2]**So|li,** der; -s (*kurz für* Solidaritätsbeitrag)
so|lid, *österr. nur so, od.* so|li|de ‹lat.› (fest; haltbar, zuverlässig; gediegen)
So|li|dar|bei|trag; So|li|dar|ge|mein|schaft; So|li|dar|haf|tung, die; - (*Rechtsw., Wirtsch.* Haftung von Gesamtschuldnern)
so|li|da|risch (gemeinsam, übereinstimmend, eng verbunden)
so|li|da|ri|sie|ren, sich (sich solidarisch erklären); **So|li|da|ri|sie|rung**
So|li|da|ris|mus, der; - (Richtung der [kath.] Sozialphilosophie)
So|li|da|ri|tät, die; - (Zusammengehörigkeitsgefühl, Gemeinsinn); **So|li|da|ri|täts|bei|trag; So|li|da|ri|täts|er|klä|rung; So|li|da|ri|täts|ge|fühl; So|li|da|ri|täts|spen|de; So|li|da|ri|täts|streik**
So|li|dar|pakt *(Politik);* **So|li|dar|schuld|ner** (*Rechtsw.* Gesamtschuldner)
so|li|de *vgl.* solid
so|li|die|ren (*veraltet für* befestigen, versichern)
So|li|di|tät, die; - (Festigkeit, Haltbarkeit; Zuverlässigkeit)
So|li|lo|qui|um, das; -s, ...ien ‹lat.› (Selbstgespräch in der antiken Bekenntnisliteratur)
So|ling, die; -, *Plur.* -s, *auch* -e; *auch* das *od.* der; -s, -s (ein Rennsegelboot)
So|lin|gen (Stadt in Nordrhein-Westfalen); **So|lin|ger;** Solinger Stahlwaren
So|lip|sis|mus, der; - ‹lat.› (philos. Lehre, nach der die Welt für den Menschen nur in seinen Vorstellungen besteht); **So|lip|sist,** der; -en, -en; **so|lip|sis|tisch** [*alte Trennung* ...|st...]
So|list, der; -en, -en (Einzelsänger, -spieler); **So|lis|ten|kon|zert** [*alte Trennung* ...|st...]; **So|lis|tin; so|lis|tisch**
So|li|tär, der; -s, -e ‹franz.› (einzeln gefasster Edelstein; Brettspiel für eine Person)
So|li|tude [...ˈtyːt], **So|li|tü|de,** die;

-, -n (»Einsamkeit«) (Name von Schlössern u. a.)
Sol|jan|ka, die; -, -s ‹russ.› (eine Fleischsuppe)
[1]**Soll,** das; -s, Sölle ‹*zu* Suhle› (*Geol.* runder See eiszeitlicher Herkunft)
[2]**Soll,** das; -[s], -[s] (*Bergmannsspr. auch für* festgelegte Fördermenge); das Soll und [das] Haben; das Soll und das Muss
Soll|be|stand, *auch* **Soll-Be|stand**
Soll|be|trag, *auch* **Soll-Be|trag**
Soll|bruch|stel|le, *auch* **Soll-Bruch|stel|le** *(Technik)*
Soll|ein|nah|me, *auch* **Soll-Ein|nah|me**
sol|len; ich habe gesollt, *aber* ich hätte das nicht tun sollen
Söl|ler, der; -s, - ‹lat.› (*Archit.* offene Plattform oberer Stockwerke; *landsch. für* Dachboden)
Sol|ling, der; -s (Teil des Weserberglandes)
Soll-Ist-Ver|gleich (*Wirtsch.* Gegenüberstellung von Soll- und Istzahlen)
Soll|kauf|mann, *auch* **Soll-Kauf|mann; Soll|sei|te,** *auch* **Soll-Sei|te**
Soll|stär|ke, *auch* **Soll-Stär|ke**
Soll|zahl, *auch* **Soll-Zahl** *(Wirtsch.)*; **Soll|zeit,** *auch* **Soll-Zeit** *(Wirtsch.)*
Soll|zin|sen, *auch* **Soll-Zin|sen** *Plur.*
Sol|mi|sa|ti|on, die; - ‹ital.› (*Musik* Tonleitersystem mit den Silben do, re, mi, fa, sol, la, si); **Sol|mi|sa|ti|ons|sil|be; sol|mi|sie|ren**
Soln|ho|fen (Ort in Mittelfranken); **Soln|ho|fe|ner** *od.* **Soln|ho|fer;** Solnhof[en]er Schiefer, Platten
so|lo ‹ital.› (*bes. Musik* als Solist; *ugs. für* allein); ganz solo; solo tanzen; **So|lo,** das; -s, *Plur.* -s *u.* ...li (Einzelvortrag, -spiel, -tanz); ein Solo singen, spielen, tanzen
So|lo|ge|sang; So|lo|in|s|t|ru|ment; So|lo|ma|schi|ne *(Motorsport)*
So|lon (griech. Gesetzgeber); **so|lo|nisch** (weise wie Solon); solonische Weisheit; die solonische [*alte Schreibung* Solonische] Gesetzgebung
So|lo|part; So|lo|sän|ger; So|lo|sän|ge|rin; So|lo|stim|me; So|lo|sze|ne (Einzelauftritt, -spiel)
So|lo|tanz; So|lo|tän|zer; So|lo|tän|ze|rin
So|lo|thurn (Kanton u. Stadt in der Schweiz); **So|lo|thur|ner; so|lo|thur|nisch**
So|lö|zis|mus, der; -, ...men ‹griech.› (*Rhet.* grober Sprachfehler)
Sol|per, der; -s (»Salpeter«) (*westmitteld. für* Salzbrühe); **Sol|per|fleisch** (*westmitteld. für* Pökelfleisch)
Sol|quel|le; Sol|salz
Sol|sche|ni|zyn (russ. Schriftsteller)
Sol|sti|ti|um, das; -s, ...ien ‹lat.› (*Astron.* Sonnenwende)
Sol|ti [ʃ...], György [dʒœrtʃ] (ungarischer Dirigent)
so|lu|bel ‹lat.› (*Chemie* löslich, auflösbar); ...u|b|le Mittel
So|lu|ti|on, die; -, -en (Arzneimittellösung)
Sol|veig ‹skand.› (w. Vorn.)
Sol|vens, das; -, *Plur.* ...venzien *u.* ...ventia ‹lat.› (*Med.* [Schleim] lösendes Mittel)
sol|vent (*bes. Wirtsch.* zahlungsfähig); **Sol|venz,** die; -, -en (Zahlungsfähigkeit)
sol|vie|ren (eine Schuld abzahlen; *Chemie* auflösen)
Sol|was|ser *Plur.* ...wässer
So|ma, das; -s, -ta ‹griech.› (*Med.* Körper [im Gegensatz zu Geist, Seele, Gemüt])
So|ma|li, der; -[s], -s (Angehöriger eines ostafrikanischen Volkes)
So|ma|lia (Staat in Afrika); **So|ma|li|er; So|ma|li|e|rin**
So|ma|li|land, das; -[e]s (nordostafrik. Landschaft); **so|ma|lisch**
so|ma|tisch ‹griech.› (*Med.* das Soma betreffend, körperlich); **so|ma|to|gen** (körperlich bedingt); **So|ma|to|lo|gie,** die; - (Lehre vom menschlichen Körper)
Som|b|re|ro, der; -s, -s ‹span.› (breitrandiger Strohhut)
so|mit [*auch* 'zo:...] (also); somit bist du der Aufgabe enthoben; *aber* ich nehme es so (in dieser Form, auf diese Weise) mit
Som|me|li|er [...'li̯e:], der; -s, -s ‹franz.› (Weinkellner); **Som|me|li|è|re** [...'li̯e:rə], die; -, -n
Som|mer, der; -s, -; Sommer wie Winter; sommers *(vgl. d.)*; sommersüber *(vgl. d.)*; **Som|mer|a|bend; Som|mer|an|fang; Som|mer|auf|ent|halt; Som|mer|fahr|plan; Som|mer|fe|ri|en** *Plur.*; **Som|mer|fest**
Som|mer|fri|sche, die; -, -n *(veraltend)*
Som|mer|gers|te [*alte Trennung* ...|st...]; **Som|mer|ge|trei|de**
Som|mer|halb|jahr; Som|mer|hit|ze
söm|me|rig (*landsch für* einen Sommer alt); sömmerige Karpfen
Som|mer|kleid; Som|mer|klei|dung; Som|mer|kol|lek|ti|on; Som|mer|kurs
som|mer|lich
Som|mer|loch (*ugs.; svw.* Saure-Gurken-Zeit); **Som|mer|mo|nat**
söm|mern (*landsch. für* sonnen; [Vieh] im Sommer auf der Weide halten); ich sömmere
Som|mer|nacht; Som|mer|nachts|traum (Komödie von Shakespeare)
Som|mer|o|lym|pi|a|de; Som|mer|pau|se; Som|mer|preis; Som|mer|re|gen; Som|mer|re|si|denz
som|mers [↑K 70]; *aber* des Sommers
Som|mer|saat
Som|mers|an|fang (*svw.* Sommeranfang)
Som|mer|schluss|ver|kauf [*alte Schreibung* ...schluß...]; **Som|mer|schuh; Som|mer|se|mes|ter** [*alte Trennung* ...|st...]
Som|mer|ski|ge|biet, *auch* Som|mer|schi|ge|biet
Som|mer|smog; Som|mer|son|nen|wen|de; Som|mer|spie|le *Plur.*
Som|mer|spros|se *meist Plur.*; **som|mer|spros|sig**
som|mers|ü|ber; *aber* den Sommer über
Som|mers|zeit, die; - (Jahreszeit; *vgl.* Sommerzeit)
Som|mer|tag; som|mer|tags [↑K 70]
Som|mer|the|a|ter, das; -s (*ugs. auch für* Aktivitäten von Politikern während der Parlamentsferien)
Som|me|rung, die; -, -en (*Landw.* Sommergetreide)
Söm|me|rung (*landsch. für* das Sömmern)
Som|mer|vo|gel (*landsch., bes. schweiz. mdal. für* Schmetterling); **Som|mer|weg; Som|mer|wet|ter,** das; -s; **Som|mer|zeit,** die; - (Jahreszeit; um meist eine Stunde vorverlegte Zeit während des Sommers; *vgl.* Sommerszeit)
som|nam|bul ‹lat.› (schlafwandelnd, mondsüchtig); **Som|nam|bu|le,** der *u.* die; -n, -n (Schlafwandler[in]); **Som|nam|bu|lis|mus,** der; -
so|nach [*auch* 'zo:...] (folglich,

also); *aber* sprich es so nach, wie ich es dir vorspreche
So|na|grạmm, das; -s, -e ‹lat.; griech.› *(Phonetik)*
So|nạnt, der; -en, -en ‹lat.› (*Sprachw.* Silben bildender Laut); **so|nạn|tisch** *(Sprachw.)*
So|nar, das; -s, -e ‹engl., Kurzw.› (*Technik* Verfahren zur Ortung von Gegenständen mithilfe ausgesandter Schallimpulse); **So|nar|ge|rät**
So|na|te, die; -, -n ‹ital.› (aus drei od. vier Sätzen bestehendes Musikstück für ein od. mehrere Instrumente); **So|na|ti|ne**, die; -, -n (kleinere, leichtere Sonate)
Sọn|de, die; -, -n ‹franz.› (*Med.* Instrument zum Einführen in Körper- od. Wundkanäle; *Technik* Vorrichtung zur Förderung von Erdöl od. Erdgas; *auch kurz für* Raumsonde)
sọn|der (*veraltet für* ohne); *Präposition mit Akkusativ:* sonder allen Zweifel, sonder Furcht
Sọn|der|ab|schrei|bung *(Wirtsch.);* **Sọn|der|ab|zug; Sọn|der|an|fer|ti|gung; Sọn|der|an|ge|bot; Sọn|der|aus|füh|rung; Sọn|der|aus|ga|be**
sọn|der|bar; etwas Sonderbares; **sọn|der|ba|rer|wei|se; Sọn|der|bar|keit**
Sọn|der|be|auf|trag|te; Sọn|der|be|hand|lung (*auch ns. verhüllend für* Liquidierung); **Sọn|der|bei|trag; Sọn|der|be|wa|cher** *(Sportspr.);* **Sọn|der|bot|schaf|ter; Sọn|der|brief|mar|ke; Sọn|der|bund,** der (z. B. in der Schweiz 1845–47)
Sọn|der|burg (dänische Stadt)
Sọn|der|bus; Sọn|der|de|po|nie; Sọn|der|de|zer|nat; Sọn|der|druck *Plur.* ...drucke; **Sọn|der|ein|satz; Sọn|der|fahrt; Sọn|der|fall,** der; **Sọn|der|form; Sọn|der|ge|neh|mi|gung**
sọn|der|glei|chen
Sọn|der|heft
Sọn|der|heit *(selten);* in Sonderheit [*alte Schreibung* insonderheit] (*geh. für* besonders, im Besonderen); in Sonderheit[,] wenn ↑K 127
Sọn|der|in|te|r|es|sen *Plur.;* **Sọn|der|klas|se; Sọn|der|kom|man|do; Sọn|der|kom|mis|si|on; Sọn|der|kon|to; Sọn|der|kos|ten** [*alte Trennung* ...|st...] *Plur.*
sọn|der|lich; ↑K 72: nichts Sonderliches (Ungewöhnliches)
Sọn|der|ling
Sọn|der|mel|dung; Sọn|der|müll (gefährliche Stoffe enthaltender Müll)
[1]**sọn|dern;** *Konjunktion:* nicht nur der Bruder, sondern auch die Schwester
[2]**sọn|dern;** ich sondere
Sọn|der|num|mer; Sọn|der|preis; Sọn|der|ra|batt; Sọn|der|ra|ti|on
Sọn|der|recht; Sọn|der|re|ge|lung *od.*...**reg|lung**
sọn|ders; samt und sonders
Sọn|der|sen|dung
Sọn|ders|hau|sen (Stadt südl. von Nordhausen); **Sọn|ders|häu|ser**
Sọn|der|spra|che *(Sprachw.);* **Sọn|der|stel|lung; Sọn|der|stem|pel; Sọn|der|steu|er,** die
Sọn|de|rung
Sọn|der|ur|laub; Sọn|der|ver|kauf
Sọn|der|wunsch; Sọn|der|zie|hungs|recht *meist Plur.* (*Wirtsch.; Abk.* SZR); **Sọn|der|zug**
son|die|ren ‹franz.› ([mit der Sonde] untersuchen; ausforschen, vorfühlen); **Son|die|rung; Son|die|rungs|ge|spräch**
So|nẹtt, das; -[e]s, -e ‹ital.› (eine Gedichtform)
Sọng, der; -s, -s ‹engl.› (Lied [oft mit sozialkritischem Inhalt])
Sọn|ja (w. Vorn.)
Sọnn|a|bend, der; -s, -e; *Abk.* Sa.; *vgl.* Dienstag; **sọnn|a|bend|lich; sọnn|a|bends** ↑K 70; *vgl.* Dienstag
Sọn|ne, die; -, -n
Sọn|ne|berg (Stadt am Südrand des Thüringer Waldes)
sọn|nen; sich sonnen
Sọn|nen|an|be|ter (*scherzh. für* jmd., der sich gerne sonnt u. bräunt); **Sọn|nen|an|be|te|rin**
sọn|nen|arm; sonnenarme Jahre
Sọn|nen|auf|gang
Sọn|nen|bad; sọn|nen|ba|den *meist nur im Infinitiv u. Partizip II gebr.;* sonnengebadet
Sọn|nen|bahn; Sọn|nen|ball, der; -[e]s; **Sọn|nen|bank** *Plur.* ...bänke (Gerät zum Bräunen)
Sọn|nen|bat|te|rie (Vorrichtung, mit der Sonnenenergie in elektrische Energie umgewandelt wird); **Sọn|nen|blen|de**
Sọn|nen|blu|me; Sọn|nen|blu|men|kern
Sọn|nen|brand; Sọn|nen|bräu|ne, die; -; **Sọn|nen|bril|le**
Sọn|nen|creme, *auch* ...krem, ...kre|me
Sọn|nen|dach; Sọn|nen|deck
sọn|nen|durch|flu|tet *(geh.)*
Sọn|nen|e|ner|gie; Sọn|nen|fins|ter|nis [*alte Trennung* ...|st...]
Sọn|nen|fleck, der; -[e]s, -e[n]
sọn|nen|ge|bräunt
Sọn|nen|ge|flecht (*für* Solarplexus); **Sọn|nen|glast** *(geh.);* **Sọn|nen|glut,** die; -; **Sọn|nen|gott**
sọn|nen|halb (*schweiz. für* auf der Sonnenseite eines Bergtales)
sọn|nen|hell; sọn|nen|hung|rig
Sọn|nen|hut, der; **Sọn|nen|jahr**
sọn|nen|klar *(ugs.)*
Sọn|nen|kol|lek|tor (zur Wärmegewinnung aus Sonnenenergie)
Sọn|nen|kö|nig, der; -s (Beiname Ludwigs XIV. von Frankreich)
Sọn|nen|krem, Sọn|nen|kre|me *vgl.* Sonnencreme
Sọn|nen|krin|gel; Sọn|nen|kult
Sọn|nen|licht, das; -[e]s; **Sọn|nen|nä|he**
Sọn|nen|pro|tu|be|ran|zen *Plur.*
Sọn|nen|rad; Sọn|nen|schei|be; Sọn|nen|schein, der; -[e]s; **Sọn|nen|schirm**
Sọn|nen|schutz; Sọn|nen|schutz|creme, *auch* ...**krem,** ...**kre|me**
Sọn|nen|schutz|mit|tel, das
Sọn|nen|sei|te; sọn|nen|se|lig
Sọn|nen|stäub|chen; Sọn|nen|stich; Sọn|nen|strahl; Sọn|nen|sturm *(Astron.);* **Sọn|nen|sys|tem** [*alte Trennung* ...|st...]; **Sọn|nen|tag**
Sọn|nen|tau, der (eine Pflanze); **Sọn|nen|tier|chen** (ein Einzeller); **Sọn|nen|uhr; Sọn|nen|un|ter|gang**
sọn|nen|ver|brannt
Sọn|nen|wa|gen *(Mythol.)*
Sọn|nen|wär|me; Sọn|nen|wär|me|kraft|werk
Sọn|nen|war|te (Observatorium zur Sonnenbeobachtung)
Sọn|nen|wen|de; *vgl.* [1]Wende; **Sọn|nen|wend|fei|er,** Sonn|wend|fei|er
Sọn|nen|zel|le (zur Erzeugung von elektrischer Energie aus Sonnenenergie)
sọn|nig
Sọnn|sei|te (*österr. u. schweiz. neben* Sonnenseite); **sọnn|sei|tig** *(österr.)*
Sọnn|tag (*Abk.* So.); des Sonntags, *aber* ↑K 70: sonntags; ↑K 31: sonn- und alltags, sonn- und feiertags, sonn- und festtags, sonn- und werktags; *vgl.* Dienstag
Sọnn|tag|a|bend; *vgl.* Dienstagabend; am Sonntagabend
sọnn|tä|gig; *vgl.* ...tägig

S

sọnn|täg|lich; *vgl.* ...täglich
sọnn|tags ↑K 70; *vgl.* Dienstag *u.* Sonntag
Sọnn|tags|ar|beit; Sọnn|tags|aus|ga|be; Sọnn|tags|bei|la|ge; Sọnn|tags|bra|ten; Sọnn|tags|dienst
Sọnn|tags|fah|rer *(iron.)*
Sọnn|tags|fra|ge (Meinungsumfrage nach der bei gedachten Wahlen am nächsten Sonntag zu wählenden Partei)
Sọnn|tags|jä|ger *(iron.);* **Sọnn|tags|kind; Sọnn|tags|re|de**
Sọnn|tags|ru|he; Sọnn|tags|schu|le (*früher für* Kindergottesdienst)
sọnn|ver|brannt (*österr. für, schweiz. neben* sonnenverbrannt); **Sọnn|wend|fei|er** *vgl.* Sonnenwendfeier
Son|ny|boy [ˈzan..., *auch* ˈzɔn...], der; -s, -s ⟨engl.⟩ (sympathischer [junger] Mann mit unbeschwert-fröhlichem Charme)
So|no|graph, *auch* So|no|graf, der; -en, -en ⟨lat.; griech.⟩; **So|no|gra|phie,** *auch* So|no|gra|fie, die; -, ...ien (*Med.* Untersuchung mit Ultraschall)
so|nor ⟨lat.⟩ (klangvoll, volltönend); **So|no|ri|tät,** die; -

> **sọnst**
>
> *Man schreibt »sonst« immer getrennt vom folgenden Wort:*
> – hast du sonst noch eine Frage, sonst noch [et]was auf dem Herzen?; ist sonst jemand, sonst wer bereit[,] mitzuhelfen?
> – ich hätte fast sonst was [*alte Schreibung* sonstwas] (*ugs. für* wer weiß was) gesagt
> – kann ich Ihnen sonst wie [*alte Schreibung* sonstwie] helfen?; sie könnte ja sonst wo [*alte Schreibung* sonstwo] sein
> – da könnte ja sonst jemand, sonst wer [*alte Schreibungen* sonstjemand, sonstwer] (*ugs. für* irgendjemand) kommen

S

sọns|tig [*alte Trennung* ...|st...]; die sonstigen Möglichkeiten; ↑K 72: alles Sonstige [*alte Schreibung* sonstige] besprechen wir morgen (*vgl.* übrig)
sọnst je|mand, sọnst was [*alte Schreibungen* sonst|je|mand, sonst|was] usw. *vgl.* sonst
Sont|ho|fen (Ort im Allgäu)
so|ọft; sooft du zu mir kommst, immer ...; *aber* ich habe es dir so oft gesagt, dass ...
Soon|wald, der; -[e]s (Gebirgszug im südöstlichen Hunsrück)
Soor, der; -[e]s, -e (*Med.* Pilzbelag in der Mundhöhle); **Soor|pilz**
So|phia, So|phie [*auch* ˈzɔfi], *auch* Sofie (w. Vorn.); **So|phi|en|kir|che** ↑K 136
So|phis|ma, das; -s, ...men ⟨griech.⟩ *u.* **So|phis|mus,** der; -, ...men (Trugschluss; Spitzfindigkeit)
So|phist, der; -en, -en (jmd., der spitzfindig, haarspalterisch argumentiert; *urspr.* griech. Wanderlehrer); **So|phis|te|rei** [*alte Trennung* ...|st...]
So|phis|tik [*alte Trennung* ...|st...], die; - (philosophische Lehre; sophistische Denkart, Argumentationsweise); **so|phis|tisch** (spitzfindig, haarspalterisch)
so|pho|k|le|isch; sophokleisches Denken; sophokleische [*alte Schreibung* Sophokleische] Tragödien; **So|pho|k|les** (griechischer Tragiker)
So|ph|ro|sy|ne, die; - ⟨griech.⟩ (antike Tugend der Besonnenheit)
So|por, der; -s ⟨lat.⟩ (*Med.* starke Benommenheit); **so|po|rös**
So|pot (polnische Stadt an der Ostsee; *vgl.* Zoppot)
So|p|ran, der; -s, -e ⟨ital.⟩ (höchste Frauen- od. Knabenstimme; Sopransänger[in]); **So|p|ra|nist,** der; -en, -en (Knabe mit Sopranstimme); **So|p|ra|nis|tin** [*alte Trennung* ...|st...]
So|p|ra|por|te, *auch* Su|p|ra|por|te, die; -, -n ⟨ital.⟩ ([reliefartiges] Wandfeld über einer Tür)
So|p|ron [ʃ...] (ungarische Stadt); *vgl.* Ödenburg
So|ra|bist, der; -en, -en; **So|ra|bis|tik** [*alte Trennung* ...|st...], die; - (Wissenschaft von der sorbischen Sprache u. Kultur); **so|ra|bis|tisch**
So|ra|ya (w. Vorn.)
Sor|be, der; -n, -n (Angehöriger einer westslaw. Volksgruppe); **Sor|ben|sied|lung**
Sor|bet [*auch* ...ˈbeː], der *od.* das; -s, -s *u.* **Sor|bett,** der *od.* das; -[e]s, -e ⟨arab.⟩ (eisgekühltes Getränk; Halbgefrorenes)
Sor|bin|säu|re (*Chemie* ein Konservierungsstoff)
sor|bisch; Sor|bisch, das; -[s] (Sprache); *vgl.* Deutsch; **Sor|bi|sche,** das; -n; *vgl.* Deutsche, das
[1]**Sor|bit,** der; -s ⟨lat.⟩ (*Chemie* ein sechswertiger Alkohol; ein pflanzlicher Wirkstoff)
[2]**Sor|bit,** der; -s ⟨nach dem britischen Forscher Sorby⟩ (Bestandteil der Stähle)
Sor|bonne [...ˈbɔn], die; - (die älteste Pariser Universität)
Sor|di|ne, die; -, -n *u.* **Sor|di|no,** der; -s, *Plur.* -s *u.* ...ni ⟨ital.⟩ (*Musik* Dämpfer); *vgl.* con sordino
Sor|dun, der *od.* das; -s, -e (Schalmei des 16. u. 17. Jh.s; früheres dunkel klingendes Orgelregister)
So|re, die; -, -n ⟨Gaunerspr.⟩ (Diebesgut, Hehlerware)
Sor|ge, die; -, -n; Sorge tragen ↑K 54; **sor|gen;** sich sorgen
Sor|gen|fal|te
sor|gen|frei
Sor|gen|kind; Sor|gen|last
sor|gen|los (ohne Sorgen); **sor|gen|schwer; sor|gen|voll**
Sor|ge|pflicht, die; -; **Sor|ge|recht,** das; -[e]s *(Rechtsw.);* gemeinsames Sorgerecht
Sorg|falt, die; -; **sorg|fäl|tig; Sorg|fäl|tig|keit,** die; -
Sorg|falts|pflicht
Sor|gho [...go], der; -s, -s ⟨ital.⟩ *u.* **Sor|ghum** [...gʊm], das; -s, -s (eine Getreidepflanze)
sorg|lich *(veraltend)*
sorg|los; Sorg|lo|sig|keit
sorg|sam; Sorg|sam|keit, die; -
Sorp|ti|on, die; -, -en ⟨lat.⟩ (*Chemie* Aufnahme eines Gases od. gelösten Stoffes durch einen anderen festen od. flüssigen Stoff)
Sor|rent (italienische Stadt)
Sor|te, die; -, -n ⟨lat.⟩ (Art, Gattung; Wert, Güte)
Sor|ten *Plur.* (*Bankw.* ausländische Geldsorten, Devisen)
Sor|ten|fer|ti|gung *(Wirtsch.);* **Sor|ten|ge|schäft; Sor|ten|han|del** *(Börse);* **Sor|ten|kal|ku|la|ti|on** *(Wirtsch.);* **Sor|ten|kurs** *(Börse);* **Sor|ten|markt** *(Börse);* **Sor|ten|pro|duk|ti|on** *(Wirtsch.)*
sor|ten|rein
Sor|ten|ver|zeich|nis; Sor|ten|zet|tel *(Kaufmannsspr.)*
sor|tie|ren (sondern, auslesen, sichten); **Sor|tie|rer; Sor|tie|re|rin; Sor|tier|ma|schi|ne**
sor|tiert (*auch für* hochwertig); **Sor|tie|rung**
Sor|ti|le|gi|um, das; -s, ...ien (Weissagung durch Lose)
Sor|ti|ment, das; -[e]s, -e ⟨ital.⟩

so|viel, so viel

Zusammenschreibung bei der Konjunktion: – soviel ich weiß, ist es umgekehrt – sie ist gekommen, soviel ich weiß *Getrenntschreibung bei allen anderen Verbindungen:* – so viel [*alte Schreibung* soviel] für heute – sein Wort bedeutet so viel [*alte Schreibung* soviel] wie ein Eid – rede nicht so viel [*alte Schreibung* soviel]! – du kannst haben, so viel [*alte Schreibung* soviel] wie du willst; du kannst so viel [*alte Schreibung* soviel] haben, wie du willst – so viel [*alte Schreibung* soviel] als – so viel [*alte Schreibung* soviel] wie (*Abk.* svw.)	– so viel [*alte Schreibung* soviel] wie (*älter:* als) möglich – noch einmal so viel [*alte Schreibung* soviel] – er hat halb, doppelt so viel [*alte Schreibung* soviel] Geld wie (*seltener:* als) du – so viel [Geld] wie du hat er auch – du weißt so viel, dass ... – ich habe so viel Zeit, dass ... – er musste so viel leiden – so viele Gelegenheiten – so vieles Schöne *Ableitungen:* – zum sovielten Mal; das sovielte Mal

(Warenangebot, -auswahl eines Kaufmanns; *auch für* Sortimentsbuchhandel); **Sor|ti|men|ter** (Angehöriger des Sortimentsbuchhandels, Ladenbuchhändler); **Sor|ti|ments|buch|han|del; Sor|ti|ments|buch|händ|ler**

SOS [ɛs|oːˈɛs] (internationales Seenotzeichen, *gedeutet als* save our ship = rette[t] unser Schiff! *od.* save our souls = rette[t] unsere Seelen!)

so|sehr; sosehr ich diesen Plan auch billige, ...; *aber* er lief so sehr, dass ...

SOS-Kin|der|dorf; ↑K 28 (Einrichtung zur Betreuung u. Erziehung elternloser od. verlassener Kinder in familienähnlichen Gruppen)

so|so (*ugs. für* nicht [gerade] gut; ungünstig); es steht damit soso

SOS-Ruf ↑K 28; *vgl.* SOS

So|ße [*österr.* zoːs], *auch* Sau|ce [ˈzoːsə, *österr.* zoːs], die; -, -n ‹franz.› (Brühe, Tunke; *in der Tabakbereitung* Beize)

so|ßen *vgl.* saucieren

So|ßen|löf|fel, *auch* Sau|cen|löf|fel; **So|ßen|schüs|sel,** *auch* Sau|cen|schüs|sel

sost. = sostenuto

sos|te|nu|to [*alte Trennung* ...|st...] ‹ital.› (*Musik* gehalten, getragen; *Abk.* sost.)

So|ter, der; -, -e ‹griech.› (Retter, Heiland; Ehrentitel Jesu Christi); **So|te|ri|o|lo|gie,** die; - (*Theol.* Lehre vom Erlösungswerk Jesu Christi, Heilslehre)

Sott, der *od.* das; -[e]s (*nordd. für* Ruß)

Sot|ti|se, die; -, -n ‹franz.› (*veraltet, aber noch landsch. für* Dummheit; Grobheit)

sot|to vo|ce [- ...tʃə] ‹ital.› (*Musik* halblaut, gedämpft)

Sou [zuː], der; -, -s ‹franz.› (*früher* französische Münze im Wert von 5 Centimes)

Sou|b|ret|te [zu...], die; -, -n ‹franz.› (Sängerin heiterer Sopranpartien in Oper u. Operette)

Sou|chong [ˈzuːʃɔŋ], der; -[s], -e ‹chin.-franz.› (chinesischer Tee); **Sou|chong|tee**

Souf|f|lé, *auch* **Souf|f|lee** [zu...], das; -s, -s ‹franz.› (*Gastron.* Eierauflauf)

Souf|f|leur [zuˈfløːɐ̯], der; -s, -e (*Theater* jmd., der souffliert); **Souf|f|leur|kas|ten** [*alte Trennung* ...|st...]

Souf|f|leu|se, die; -, -n

souf|f|lie|ren

Soul [soːl], der; -s ‹amerik.› (Jazz od. Popmusik mit starker Betonung des Expressiven)

Sound [saunt], der; -s, -s ‹amerik.› (*Musik* Klang[wirkung]; musikalische Stilrichtung)

Sound|kar|te [saunt...] (*EDV*)

so|und|so (*ugs. für* unbestimmt wie ...); soundso breit, groß, viel usw.; Paragraph soundso; *aber* etwas so und so (so und wieder anders) erzählen; ↑K 81: [der] Herr Soundso

so|und|so|viel|mal, *bei besonderer Betonung* soundso viel Mal

so|und|so|viel|te; der soundsovielte Mai, Abschnitt usw.; *aber* ↑K 82: am Soundsovielten des Monats

Sound|track [ˈsaunttrɛk], der; -s, -s ‹engl.› (Tonspur eines Films; Filmmusik)

Sou|per [zuˈpeː], das; -s, -s ‹franz.› (festliches Abendessen); **sou|pie|ren**

Sou|sa|phon, *auch* Sou|sa|fon [zu...], das; -s, -e ‹nach dem amerikanischen Komponisten J. Ph. Sousa› (eine Basstuba)

Sous|chef [ˈsuːʃɛf], der; -s, -s ‹franz.› (*schweiz. für* Stellvertreter des [Bahnhofs]vorstandes; *Gastron.* Stellvertreter des Küchenchefs)

Sous|sol [suˈsɔl], das *u.* der; -s, -s (*schweiz. für* Untergeschoss)

Sou|ta|che [zuˈtaʃ(ə)], die; -, -n (schmale, geflochtene Litze); **sou|ta|chie|ren**

Sou|ta|ne [zu...], Su|ta|ne, die; -, -n ‹franz.› (Gewand der katholischen Geistlichen); **Sou|ta|nel|le,** die; -, -n (bis ans Knie reichender Gehrock der katholischen Geistlichen)

Sou|ter|rain [zutɛˈrɛ̃ː, *auch* ˈzuː...], das; -s, -s ‹franz.› (Kellergeschoss); **Sou|ter|rain|woh|nung**

Sou|th|amp|ton [sauˈθɛmptn̩] (britische Stadt)

Sou|ve|nir [zuvə...], das; -s, -s ‹franz.› ([kleines Geschenk als] Andenken, Erinnerungsstück); **Sou|ve|nir|la|den**

sou|ve|rän [zuvə...] ‹franz.› (unumschränkt; selbstständig; überlegen)

Sou|ve|rän, der; -s, -e (Herrscher; Landes-, Oberherr; *bes. schweiz. für* Gesamtheit der Wähler)

Sou|ve|rä|ni|tät, die; - (Unabhängigkeit; Landes-, Oberhoheit); **Sou|ve|rä|ni|täts|an|spruch**

Sove|reign [ˈzɔvrɪn], der; -s, -s ‹engl.› (frühere engl. Goldmünze)

so|viel, so viel *s. Kasten*

so|viel|mal, *bei besonderer Betonung* so viel Mal; *aber nur* so viele Male

S

so|we̱it, so we̱it	
Zusammenschreibung nur bei der Konjunktion: – soweit ich es beurteilen kann, wird ... – sie ist gesund, soweit mir bekannt ist	– so weit [*alte Schreibung* soweit] wie *od.* als möglich will ich nachgeben – wirf den Ball so weit wie möglich – es kommt noch so weit [*alte Schreibung* soweit], dass ... – so weit, so gut – ich kann den Weg so weit übersehen, dass ... – eine Sache so weit fördern, dass ...
Getrenntschreibung bei allen anderen Verbindungen: – ich bin [noch nicht] so weit [*alte Schreibung* soweit] – es, die Sache ist so weit [*alte Schreibung* soweit] – es geht ihm so weit [*alte Schreibung* soweit] gut, nur ...	

so wa̱hr; so wahr mir Gott helfe

so̱ was (*ugs. für* so etwas)

Sow|cho̦s [...ˈx..., *auch* ...ˈç...], der; -, ...cho̱se *u.* **Sow|cho̱|se,** die; -, -n, *österr. nur so* ⟨russ.⟩ (Staatsgut in der Sowjetunion)

so|we̱it, so we̱it *s. Kasten*

so|we̱|nig, so we̱|nig
Zusammenschreibung nur bei der Konjunktion: – sowenig ich einsehen kann, dass ... *Getrenntschreibung bei allen anderen Verbindungen:* – ich bin so wenig (ebenso wenig) dazu bereit wie du – tu das so wenig [*alte Schreibung* sowenig] wie *od.* als möglich – ich habe so wenig [*alte Schreibung auch* sowenig] Geld wie du – du hast so wenig [*alte Schreibung* sowenig] gelernt, dass du die Prüfung nicht bestehen wirst

so|wi̱e, so wi̱e
Zusammenschreibung bei der Konjunktion: – sowie (sobald) er kommt, soll er nachsehen – sie wird es dir geben, sowie sie damit fertig ist – wissenschaftliche und technische sowie (und, und auch) schöne Literatur – er sowie seine Frau war *od.* waren da
Getrenntschreibung beim Vergleich »so ... wie«: – es kam so, wie ich es erwartet hatte – so, wie ich ihn kenne, kommt er nicht

S

so|wie|so̱

So|w|je̦t[1], der; -s, -s ⟨russ., »Rat«⟩ (Form der Volksvertretung [*in der Sowjetunion*]; *nur Plur.:* Sowjetbürger)

so|w|je̦|tisch

So|w|je̦t|russ|land[1] [*alte Schreibung* So|wjet|ruß|land]

So|w|je̦t|stern; So|w|je̦t|u|ni|o̱n, die; -; *Abk.* SU (bis 1991)

so|wo̱hl; sowohl die Eltern als [auch] *od.* wie [auch] die Kinder

So|wo̱hl-als-au̱ch [*alte Schreibung* So|wohl-Als-auch], das; -

So̱|zi, der; -s, -s (*abwertende Kurzform von* Sozialdemokrat)

So̱|zia, die; -, -s ⟨lat.⟩ (*meist scherzh. für* Beifahrerin auf einem Motorrad od. -roller)

so|zi|a̱|bel (*Soziol.* umgänglich, gesellig); ...a|b|le Menschen; **So|zi|a|bi|li|tä̱t,** die; -

so|zi|a̱l (die Gesellschaft, die Gemeinschaft betreffend, gesellschaftlich; gemeinnützig, wohltätig); sozial schwach; der *od.* die sozial Schwache; die soziale Frage; soziale Sicherheit; sozialer Wohnungsbau; soziale Marktwirtschaft

So|zi|a̱l|ab|ga|ben *Plur.*

So|zi|a̱l|amt

So|zi|a̱l|ar|beit, die; -; **So|zi|a̱l|ar|bei|ter; So|zi|a̱l|ar|bei|te|rin**

So|zi|a̱l|bei|trä|ge *Plur.;* **So|zi|a̱l|be|richt; So|zi|a̱l|be|ruf**

So|zi|a̱l|de|mo|krat; So|zi|a̱l|de|mo|kra|tie, die; - (Sozialdemokratische Partei; Gesamtheit der sozialdemokratischen Parteien); **So|zi|a̱l|de|mo|kra|tin; so|zi|a̱l|de|mo|kra|tisch,** *aber* ↑K 150: die Sozialdemokratische Partei Deutschlands (*Abk.* SPD)

So|zi|a̱l|ein|kom|men; So|zi|a̱l|e|thik; So|zi|a̱l|fall, der; **So|zi|a̱l|für|sor|ge** (Sozialhilfe der DDR)

So|zi|a̱l|ge|richt; So|zi|a̱l|ge|richts|bar|keit, die; -; **So|zi|a̱l|ge|richts|ge|setz**

So|zi|a̱l|ge|setz|ge|bung

So|zi|a̱l|hil|fe; So|zi|a̱l|hil|fe|emp|fän|ger; So|zi|a̱l|hil|fe|emp|fän|ge|rin

So|zi|a|li|sa|ti|o̱n, die; - (Prozess der Einordnung des Individuums in die Gesellschaft)

so|zi|a|li|sie̱|ren (verstaatlichen; in die Gesellschaft einordnen); **So|zi|a|li|sie̱|rung**

So|zi|a|li̦s|mus, der; - (Gesamtheit der Theorien, politischen Bewegungen u. Staatsformen, die auf gemeinschaftlichen od. staatlichen Besitz der Produktionsmittel u. eine gerechte Verteilung der Güter hinzielen)

So|zi|a|li̦st, der; -en, -en; **So|zi|a|li̦s|tin** [*alte Trennung* ...|st...]

so|zi|a|li̦s|tisch [*alte Trennung* ...|st...]; sozialistischer Realismus (eine auf dem Marxismus gründende künstler. Richtung in kommunist. Ländern), *aber* ↑K 150: die Sozialistische Internationale; Sozialistische Einheitspartei Deutschlands (Staatspartei der DDR; *Abk.* SED)

So|zi|a̱l|kom|pe|tenz (Fähigkeit einer Person, in ihrer sozialen Umwelt selbstständig zu handeln)

So|zi|a̱l|kri|tik, die; -; **so|zi|a̱l|kri|tisch**

So|zi|a̱l|kun|de, die; -; **So|zi|a̱l|las|ten** [*alte Trennung* ...|st...] *Plur.*; **So|zi|a̱l|leis|tun|gen** *Plur.*

so|zi|a̱l-li|be|ral, *auch* **so|zi|a̱l|li|be|ral**

So|zi|a̱l|lohn; So|zi|a̱l|neid; So|zi|a̱l|ö|ko|no|mie

So|zi|a̱l|pä|d|a|go|ge; So|zi|a̱l|pä|d|a|go|gik; So|zi|a̱l|pä|d|a|go|gin; so|zi|a̱l|pä|d|a|go|gisch

So|zi|a̱l|part|ner *(Politik);* **So|zi|a̱l|plan**

So|zi|a̱l|po|li|tik, die; -; **So|zi|a̱l|po-**

---

[1] [*auch* ˈsɔ... bzw. ˈzɔ...]

li|ti|ker; So|zi|al|po|li|ti|ke|rin; so|zi|al|po|li|tisch
So|zi|al|pres|ti|ge [*alte Trennung* ...|st...]; **So|zi|al|pro|dukt** *(Wirtsch.);* **So|zi|al|psy|cho|lo|gie; So|zi|al|raum; So|zi|al|recht,** das; -[e]s; **So|zi|al|re|form**
So|zi|al|ren|te; So|zi|al|rent|ner; So|zi|al|rent|ne|rin
So|zi|al|staat *Plur.* ...staaten; **So|zi|al|sta|ti|on; So|zi|al|sta|tis|tik** [*alte Trennung* ...|st...]; **So|zi|al|struk|tur; So|zi|al|ta|rif**
So|zi|al|ver|mö|gen *(Wirtsch.)*
So|zi|al|ver|si|che|rung (*Abk.* SV); **So|zi|al|ver|si|che|rungs|bei|trag**
so|zi|al|ver|träg|lich, *auch* **so|zi|al ver|träg|lich**
So|zi|al|wis|sen|schaf|ten *Plur.;* **So|zi|al|woh|nung; So|zi|al|zu|la|ge**
So|zi|e|tät, die; -, -en (Gesellschaft; Genossenschaft)
So|zi|o|gra|phie, *auch* So|zi|o|gra|fie, die; - (*Soziol.* Darstellung der Formen menschlichen Zusammenlebens innerhalb bestimmter Räume u. Zeiten)
so|zi|o|kul|tu|rell (die soziale Gruppe u. ihr Wertesystem betreffend)
So|zi|o|lekt, der; -[e]s, -e (*Sprachw.* Sprachgebrauch von Gruppen, Institutionen o. Ä.)
So|zi|o|lin|gu|is|tik [*alte Trennung* ...|st...] (*Sprachw.* wissenschaftliche Betrachtungsweise des Sprechverhaltens verschiedener Gruppen, Schichten o. Ä.); **so|zi|o|lin|gu|is|tisch**
So|zi|o|lo|ge, der; -n, -n; **So|zi|o|lo|gie,** die; - ‹lat.; griech.› (Wissenschaft zur Erforschung komplexer Erscheinungen und Zusammenhänge in der menschlichen Gesellschaft)
So|zi|o|lo|gin; so|zi|o|lo|gisch
so|zi|o|ö|ko|no|misch
So|zi|us, der; -, *Plur.* -se, *auch* ...zii ‹lat.› (*Wirtsch.* Teilhaber; Beifahrer[sitz]); **So|zi|us|sitz** (Rücksitz auf dem Motorrad)
so|zu|sa|gen (gewissermaßen), *aber* er versucht, es so zu sagen, dass es verständlich ist
Sp. = Spalte *(Buchw.)*
Spa [spa:] (belgische Stadt)
Space|lab ['spe:slɛp], das; -s, -s ‹engl.› (von ESA und NASA entwickeltes Raumlabor)
Space|shut|tle [...ʃatl̩], der; -s, -s (Raumfähre)
Spach|tel, der; -s, - *od., österr. nur,* die; -, -n; **Spach|tel|ma|le|rei; Spach|tel|mas|se**
spach|teln (*ugs. auch für* [tüchtig] essen); ich spacht[e]le
spack (*landsch. für* dürr; eng)
Spa|dil|le [...'dɪljə], die; -, -n (höchste Trumpfkarte im Lomber)
Spa|er [sp...] ‹*zu* Spa›
[1]**Spa|gat,** der, *österr. nur so, od.* das; -[e]s, -e ‹ital.› (*Gymnastik* Körperhaltung, bei der die Beine so weit gespreizt sind, dass sie eine Gerade bilden)
[2]**Spa|gat,** der; -[e]s, -e ‹ital.› (*südd., österr. für* Bindfaden)
Spa|gat|pro|fes|sor (*ugs. scherzh. für* Professor, dessen Universitäts- u. Wohnort weit auseinander liegen)
Spa|ghet|ti [...'gɛ...], *auch* Spa|get|ti *Plur.* ‹ital.› (lange, dünne, schnurartige Nudeln)
spä|hen; Spä|her; Spä|he|rei; Spä|he|rin
Spa|hi [sp..., *auch* ʃp...], der; -s, -s ‹pers., »Krieger«› (*früher* [adliger] Reiter im türkischen Heer; Angehöriger einer aus Nordafrikanern gebildeten französischen Reitertruppe)
Späh|trupp (*für* Patrouille)
Spa|ke, die; -, -n (*nordd. für* Hebel, Hebebaum)
spa|kig (*nordd. für* schimmelig)
Spa|la|to (*ital. Form von* Split)
Spa|lett, das; -[e]s, -e ‹ital.› (*österr. für* hölzerner Fensterladen)
Spa|lier, das; -s, -e (Gitterwand; Doppelreihe von Personen als Ehrengasse); Spalier stehen
Spa|lier|baum; Spa|lier|obst
Spalt, der; -[e]s, -e
spalt|bar; Spalt|bar|keit, die; -
spalt|breit; eine spaltbreite Öffnung; **Spalt|breit,** der; -; die Tür einen Spaltbreit öffnen
Spält|chen
Spal|te, die; -, -n (*österr. auch für* Schnitz, Scheibe; *Abk. [Buchw.]* Sp.)
spal|ten; gespalten *u.* gespaltet; *in adjektivischem Gebrauch fast nur* gespalten; gespaltenes Holz, eine gespaltene Zunge
Spal|ten|brei|te
spal|ten|lang; ein spaltenlanger Artikel, *aber* drei Spalten lang; **spal|ten|wei|se**
spalt|er|big *(Biol.)*
Spalt|fuß
...spal|tig (z. B. zweispaltig)
Spalt|le|der; Spalt|pilz; Spalt|pro|dukt *(Physik, Chemie)*
Spal|tung
Span, der; -[e]s, Späne; **span|ab|he|bend** ↑K 59 *(Technik);* **Spän|chen**
Span|d|ril|le, die; -, -n ‹ital.› (*Archit.* Bogenzwickel)
spa|nen (Späne abheben); spanende Werkzeuge; [1]**spä|nen** (mit Metallspänen abreiben)
[2]**spä|nen** (*landsch. für* entwöhnen); **Span|fer|kel** (noch nicht entwöhntes Ferkel)
Späng|chen
Span|ge, die; -, -n; **Span|gen|schuh**
Spa|ni|el [*auch* 'spɛ...], der; -s, -s ‹engl.› (ein Jagd- u. Haushund)
Spa|ni|en; Spa|ni|er; Spa|ni|e|rin
Spa|ni|o|le, der; -n, -n (Nachkomme von einst aus Spanien vertriebenen Juden)
spa|nisch; das kommt mir spanisch (*ugs. für* seltsam) vor; ↑K 142: spanischer Reiter (*Milit.* ein bestimmtes Hindernis); spanischer Stiefel (ein Folterwerkzeug); spanische Wand (*svw.* Paravent), *aber* ↑K 151: der Spanische Erbfolgekrieg; Spanische [*alte Schreibung* spanische] Fliege (ein Insekt); ↑K 150: die Spanische Reitschule (in Wien)
Spa|nisch, das; -[s] (Sprache); *vgl.* Deutsch; **Spa|ni|sche,** das; -n; *vgl.* Deutsche, das
Spa|nisch-Gui|nea
Span|korb
Spann, der; -[e]s, -e (oberer Teil, Rist des menschlichen Fußes)
Spann|be|ton; Spann|be|ton|brü|cke [*alte Trennung* ...k|k...]; **Spann|be|ton|kon|s|t|ruk|ti|on**
Spann|bett|tuch [*alte Schreibung* ...bettuch, *alte Trennung* ...bett|tuch]
Spann|dienst (*früher für* Frondienst); Hand- und Spanndienst leisten
Span|ne, die; -, -n (ein altes Längenmaß)
span|nen
span|nend; das span|nends|te Buch
span|nen|lang *(veraltet)*
Span|ner (*ugs. auch für* Voyeur)
spann|fä|hig
Spann|gar|di|ne
Spann|kraft, die; -; **Spann|la|ken; Spann|rah|men** *(Buchbinderei)*
Span|nung; Span|nungs|ab|fall *(Elektrot.);* **Span|nungs|feld**

S

spät	
später, spätes|te – spätestens; am spätesten – von [morgens] früh bis [abends] spät	– eine spät vollendete [*alte Schreibung* spätvollendete] Oper; der Komponist hat die Oper spät vollendet – ein spät geborenes Kind – bitte entschuldigen Sie mein Zu-spät-Kommen [*alte Schreibung* Zuspätkommen] ↑K 27 – die zu spät Kommenden, die zu spät Gekommenen
In Verbindung mit Verben und Partizipien wird »spät« getrennt geschrieben: – spät sein, werden – zu spät kommen	

span|nungs|füh|rend *(Elektrot.)*
Span|nungs|ge|biet
Span|nungs|ko|ef|fi|zi|ent *(Physik)*
span|nungs|los
Span|nungs|mes|ser, der; **Span|nungs|mo|ment,** das, -s; **Span|nungs|prü|fer; Span|nungs|reg|ler; Span|nungs|ver|hält|nis; Span|nungs|zu|stand**
Spann|vor|rich|tung; Spann|wei|te
Span|plat|te; Span|schach|tel
Spant, das, *in der Luftfahrt auch* der; -[e]s, -en *meist Plur.* (rippenähnl. Bauteil zum Verstärken der Außenwand von Schiffs- u. Flugzeugrümpfen)
Span|ten|riss [*alte Schreibung* Span|ten|riß] (eine Schiffskonstruktionszeichnung)
Spar|be|trag; Spar|bren|ner; Spar|brief; Spar|buch; Spar|büch|se; Spar|ein|la|ge
spa|ren
Spa|rer
Spare|ribs [ˈspɛərɪbz] *Plur.* ‹engl.› (Schälrippchen)
Spa|re|rin
Spar|flam|me; Spar|för|de|rung
Spar|gel, der; -s, -, *schweiz. auch* die; -, -n; **Spar|gel|beet; Spar|gel|ge|mü|se; Spar|gel|grün; Spar|gel|kraut,** das; -s; **Spar|gel|spit|ze; Spar|gel|sup|pe**
Spar|gi|ro|ver|kehr; Spar|gro|schen; Spar|gut|ha|ben
Spark, der; -[e]s (eine Pflanze)
Spar|kas|se; Spar|kas|sen|buch; Spar|kon|to
spär|lich; Spär|lich|keit, die; -
Spar|maß|nah|me *meist Plur.;* **Spar|pa|ket; Spar|pfen|nig; Spar|po|li|tik; Spar|prä|mie; Spar|pro|gramm; Spar|quo|te**
Spar|re, die; -, -n (*svw.* Sparren)
spar|ren ‹engl.› (*Boxen* mit jmdm. im Training boxen); er hat zwei Stunden gesparrt
Spar|ren, der; -s, -; **Spar|ren|dach; spar|rig** (*Bot.* seitwärts abstehend); sparrige Äste
Spar|ring, das; -s (Boxtraining); **Spar|rings|kampf; Spar|rings|part|ner**
spar|sam; Spar|sam|keit, die; -
Spar|schwein; Spar|strumpf
Spart, der *od.* das; -[e]s, -e (*svw.* Esparto)
Spar|ta [ʃp..., *auch* sp...] (altgriechische Stadt)
Spar|ta|ki|a|de [ʃp..., *auch* sp...], die; -, -n (Sportveranstaltung in osteuropäischen Ländern [bis 1990])
Spar|ta|kist, der; -en, -en (Angehöriger des Spartakusbundes); **Spar|ta|kus** (Führer eines röm. Sklavenaufstandes); **Spar|ta|kus|bund,** der; -[e]s (kommunist. Kampfbund 1917/18)
Spar|ta|ner [ʃp..., *auch* sp...] (Bewohner von Sparta); **spar|ta|nisch;** spartanische (strenge, harte) Zucht
Spar|te, die; -, -n (Abteilung, Fach, Gebiet; Geschäfts-, Wissenszweig; Zeitungsspalte)
Spar|ten|sen|der (auf eine spezielle Programmkategorie beschränkter Fernsehsender)
spar|ten|ü|ber|grei|fend
Spar|te|rie, die; - ‹franz.› (Flechtwerk aus Spänen od. Bast)
Spart|gras (*svw.* Espartogras)
Spar|ti|at [ʃp..., *auch* sp...], der; -en, -en (dorischer Vollbürger im alten Sparta)
spar|tie|ren [ʃp..., *auch* sp...] ‹ital.› (*Musik* in Partitur setzen)
Spar- und Dar|le|hens|kas|se ↑K 31
Spar|ver|trag; Spar|ziel; Spar|zins
spas|misch, spas|mo|disch [ʃp..., *auch* sp...] ‹griech.› (*Med.* krampfhaft, krampfartig)
spas|mo|gen (krampferzeugend)
Spas|mo|ly|ti|kum, das; -s, ...ka (krampflösendes Mittel); **spas|mo|ly|tisch**
Spas|mus, der; -, ...men (Krampf)
Spaß, der; -es, Späße; Spaß machen; **Späß|chen**
spa|ßen; du spaßt; **Spa|ße|rei**
spa|ßes|hal|ber
Spa|ßet|teln *Plur.* (*österr. ugs. für* Scherz); Spaßetteln machen
spaß|haft
spa|ßig; Spa|ßig|keit, die; -
Spaß|ma|cher; Spaß|ver|der|ber; Spaß|vo|gel *(scherzh.)*
Spas|ti|ker [ʃp..., *auch* sp...; *alte Trennung* ...|st...] ‹griech.› (an einer spasmischen Krankheit Leidender); **Spas|ti|ke|rin**
spas|tisch [*alte Trennung* ...|st...] (mit Erhöhung des Muskeltonus einhergehend)
spat (*veraltet für* spät)
[1]**Spat,** der; -[e]s, *Plur.* -e *u.* Späte (ein Mineral)
[2]**Spat,** der; -[e]s (eine Pferdekrankheit)
spät *s. Kasten*
spät|a|bends, *aber* eines Spätabends
Spät|aus|sied|ler; Spät|ba|rock; Spät|dienst
Spä|te, die; - *(veraltet); noch in* in der Späte
Spa|tel, der, *österr. nur so, od.* die (*svw.* Spachtel)
Spa|ten, der; -s, -; **Spa|ten|for|schung,** die; - (archäologische Forschung durch Ausgrabungen); **Spa|ten|stich**
Spät|ent|wick|ler
spä|ter; spä|ter|hin
spä|tes|tens [*alte Trennung* ...|st...]
Spät|fol|ge
spät Ge|bä|ren|de, die; - -n, - -n, *auch* **Spät|ge|bä|ren|de,** die; -n, -n; **Spät|ge|burt**
Spät|go|tik
Spa|tha [sp..., *auch* ʃp...], die; -, ...then ‹griech.› (*Bot.* Blütenscheide kolbiger Blütenstände)
spat|hal|tig ‹*zu*[1] Spat›
Spät|heim|keh|rer
Spät|herbst; spät|herbst|lich
Spa|ti|en [ʃp..., *auch* sp...] (*Plur.* von Spatium); **Spa|ti|en|brei|te** *(Druckw.);* **Spa|ti|en|keil** *(Druckw.)*
spa|tig (spatkrank; *vgl.* [2]Spat)
spa|ti|ie|ren, spa|ti|o|nie|ren [ʃp...,

auch sp...] ‹lat.› (*Druckw.* [mit Zwischenräumen] durchschießen, sperren)
spa|ti|ös (weit, geräumig)
Spa|ti|um, das; -s, ...ien (*Druckw.* Zwischenraum; schmales Ausschlussstück)
Spät|jahr (*für* Herbst)
Spät|la|tein; spät|la|tei|nisch
Spät|le|se
Spät|ling
Spät|lings|sen|dung (*österr. für* nach der regulären Dienstzeit aufgegebene Postsendung)
Spät|mit|tel|al|ter
Spät|nach|mit|tag; eines Spätnachmittags; **spät|nach|mit|tags**
Spät|nach|rich|ten *Plur.;* **Spät|pha|se; Spät|pro|gramm; Spät|ro|man|tik; Spät|scha|den; Spät|schicht; Spät|som|mer**
spät voll|en|det [*alte Schreibung* spät|voll|endet]; *vgl.* spät
Spät|vor|stel|lung; Spät|werk
Spatz, der; *Gen.* -en, *auch* -es, *Plur.* -en; **Spätz|chen**
Spat|zen|hirn (*ugs. abwertend*)
Spat|zen|nest; Spät|zin
Spätz|le *Plur.* (schwäbische Mehlspeise); mit Spätzle
Spätz|li (*schweiz. für* Spätzle)
Spät|zün|der (*ugs.*)
Spät|zün|dung
spa|zie|ren ‹lat.›; spazieren fahren, führen, gehen [*alte Schreibungen* spazierenfahren, spazierenführen, spazierengehen] usw.; spazieren gegangen [*alte Schreibung* spazierengegangen]; spazieren zu fahren [*alte Schreibung* spazierenzufahren]
Spa|zie|ren|ge|hen, das; -s ↑K 82
spa|zie|ren rei|ten [*alte Schreibung* spa|zie|ren|rei|ten]
Spa|zier|fahrt
Spa|zier|gang, der; **Spa|zier|gän|ger; Spa|zier|gän|ge|rin**
Spa|zier|ritt; Spa|zier|stock *Plur.* ...stöcke; **Spa|zier|weg**
SPD = Sozialdemokratische Partei Deutschlands; **SPD-ge|führt;** die SPD-geführten Länder
Specht, der; -[e]s, -e (ein Vogel); **Specht|mei|se** (*svw.* Kleiber)
Spe|cial [ˈspɛʃl̩], das; -s, -s ‹engl.› (Sondersendung, Sonderbericht zu einem Thema)
Spe|cial|ef|fect [...ɪfɛkt], der; -s, -s, *auch* **Spe|cial Ef|fect,** der; - -s, - -s ‹engl.› (*Film, Ferns.* [von Computern erzeugter] Bild od. Toneffekt)
Speck, der; -[e]s, *Plur.* (*Sorten:*) -e
speck|bäu|chig; Speck|hals
spe|ckig [*alte Trennung* ...k|k...]
Speck|ku|chen; Speck|na|cken [*alte Trennung* ...k|k...]; **Speck|schwar|te; Speck|sei|te**
Speck|so|ße, *auch* ...sau|ce
Speck|stein (*für* Steatit)
spe|die|ren ‹ital.› ([Güter] versenden, befördern, verfrachten)
Spe|di|teur [...ˈtøːɐ̯], der; -s, -e (Transportunternehmer)
Spe|di|ti|on, die; -, -en (Transportunternehmen; Versand[abteilung])
Spe|di|ti|ons|fir|ma; Spe|di|ti|ons|ge|schäft; Spe|di|ti|ons|kauf|frau; Spe|di|ti|ons|kauf|mann
spe|di|tiv (*schweiz. für* rasch)
Speech [spiːtʃ], der; -es, *Plur.* -e *u.* -es [...ɪs] ‹engl.› (Rede)
[1]**Speed** [spiːt], der; -s, -s ‹engl.› (*Sportspr.* [Steigerung der] Geschwindigkeit, Spurt)
[2]**Speed,** das; -s, -s (*Jargon* Aufputsch-, Rauschmittel)
Speed|way [...veː], der; -s, -s (*Motorsport* Rennstrecke); **Speed|way|ren|nen,** *auch* **Speed|way-Ren|nen**
Speer, der; -[e]s, -e; den Speer werfen; **Speer|län|ge**
Speer|wer|fen, das; -s ↑K 82); **Speer|wer|fer; Speer|wer|fe|rin; Speer|wurf**
spei|ben (*bayr. u. österr. mdal. für* erbrechen); er hat gespieben
Spei|che, die; -, -n
Spei|chel, der; -s; **Spei|chel|drü|se; Spei|chel|fluss** [*alte Schreibung* ...fluß], der; -es
Spei|chel|le|cker [*alte Trennung* ...k|k...] (*abwertend*); **Spei|chel|le|cke|rei; spei|chel|le|cke|risch**
spei|cheln; ich speich[e]le
Spei|chen|kranz
Spei|cher, der; -s, -
spei|cher|bar
Spei|cher|bild (*svw.* Hologramm)
Spei|cher|ka|pa|zi|tät
spei|chern; ich speichere
Spei|cher|o|fen (*für* Regenerativofen)
Spei|che|rung
spei|en; du spiest; gespien [*alte Schreibung auch* gespieen]
Spei|er|ling (ein Obstbaum mit gerbstoffhaltigen Früchten)
Spei|gat[t] (*Seemannsspr.* rundes Loch in der Schiffswand zum Wasserablauf)
Speik, der; -[e]s, -e ‹lat.› (Name mehrerer Pflanzen)
Speil, der; -s, -e (Holzstäbchen [zum Verschließen des Wurstdarmes]); **spei|len**
[1]**Speis,** der; -es ‹lat.› (*landsch. für* Mörtel)
[2]**Speis,** die; -, -en (*bayr. u. österr. für* Speisekammer)
Spei|se, die; -, -n (*auch für* Mörtel); [mit] Speis und Trank ↑K 13
Spei|se|brei; Spei|se|eis; Spei|se|fett; Spei|se|fisch; Spei|se|gast|stät|te; Spei|se|kam|mer
Spei|se|kar|te, Spei|sen|kar|te
spei|sen; du speist; er/sie speis|te [*alte Trennung* ...s|t...]; gespeist (*schweiz. übertr. od. mdal.* gespiesen)
Spei|sen|auf|zug; Spei|sen|fol|ge
Spei|sen|kar|te *vgl.* Speisekarte
Spei|se|öl; Spei|se|op|fer; Spei|se|plan; Spei|se|rest; Spei|se|röh|re; Spei|se|saal; Spei|se|schrank; Spei|se|täub|ling (ein Pilz); **Spei|se|wa|gen** (bei der Eisenbahn)
Spei|se|was|ser *Plur.* ...wässer (für Dampfkessel)
Spei|se|zet|tel; Spei|se|zim|mer
Speis|ko|balt (ein Mineral)
Spei|sung
Spei|täub|ling, *auch* **Spei|teu|fel** (ein Pilz)
spei|ü|bel
Spek|ta|bi|li|tät [sp..., *auch* ʃp...], die; -, -en ‹lat.› (an Hochschulen Anrede an den Dekan); Eure (*Abk.* Ew.) Spektabilität
[1]**Spek|ta|kel** [ʃp...], der; -s, - (*ugs. für* Krach, Lärm)
[2]**Spek|ta|kel,** das; -s, - (*veraltet für* Schauspiel)
spek|ta|keln (*ugs. für* lärmen)
spek|ta|ku|lär (Aufsehen erregend)
Spek|ta|ku|lum, das; -s, ...la (*scherzh. für* [2]Spektakel)
Spek|t|ra [ʃp..., *auch* sp...] (*Plur. von* Spektrum); **spek|t|ral** ‹lat.› (das Spektrum betreffend)
Spek|t|ral|a|na|ly|se; Spek|t|ral|far|be; Spek|t|ral|klas|se (*Astron.*); **Spek|t|ral|li|nie**
Spek|t|ren (*Plur. von* Spektrum)
Spek|t|ro|s|kop, das; -s, -e (Vorrichtung zum Bestimmen der Wellenlängen von Spektrallinien); **Spek|t|ro|s|ko|pie,** die; -; **spek|t|ro|s|ko|pisch**
Spek|t|rum, das; -s, *Plur.* ...tren *u.* ...tra ‹lat.› (durch Lichtzerlegung entstehendes farbiges Band; *übertr. für* Vielfalt)
Spe|ku|la (*Plur. von* Spekulum)

S

Spe|ku|lant, der; -en, -en ‹lat.› (jmd., der spekuliert)
Spe|ku|la|ti|on, die; -, -en (auf Mutmaßungen beruhende Erwartung; auf Gewinne aus Preisveränderungen abzielende Geschäftstätigkeit; *Philos.* Vernunftstreben nach Erkenntnis jenseits der Sinnenwelt)
Spe|ku|la|ti|ons|ge|schäft; Spe|ku|la|ti|ons|ge|winn; Spe|ku|la|ti|ons|kauf; Spe|ku|la|ti|ons|pa|pier; Spe|ku|la|ti|ons|steu|er
Spe|ku|la|ti|us, der; -, - ‹niederl.› (ein Gebäck)
spe|ku|la|tiv ‹lat.› (auf Mutmaßungen beruhend; auf Gewinne aus Preisveränderungen abzielend; *Philos.* in reinen Begriffen denkend)
spe|ku|lie|ren (Spekulationsgeschäfte machen; mit etwas rechnen)
Spe|ku|lum [sp..., *auch* ʃp...], das; -s, ...la (*Med.* Spiegel)
Spe|lä|o|lo|ge [ʃp..., *auch* sp...], der; -n, -n ‹griech.›; **Spe|lä|o|lo|gie,** die; - (Höhlenkunde); **Spe|lä|o|lo|gin; spe|lä|o|lo|gisch**
Spelt, der; -[e]s, -e *u.* Spelz, der; -es, -e (eine Getreideart)
Spe|lun|ke, die; -, -n ‹griech.› (verrufene Kneipe)
Spelz *vgl.* Spelt
Spel|ze, die; -, -n (Getreidekornhülse; Teil des Gräserblütenstandes); **spel|zig**
Spen|cer [ˈspɛnsɐ] (engl. Philosoph); *vgl. aber* Spenser
spen|da|bel ‹lat.› (*ugs. für* freigebig); ...a|b|le Laune
Spen|de, die; -, -n
spen|den
Spen|den|ak|ti|on; Spen|den|auf|ruf; Spen|den|be|schei|ni|gung; Spen|den|kon|to
Spen|der; Spen|de|rin
spen|die|ren (freigebig für jmdn. bezahlen)
Spen|dier|ho|sen; *nur in* die Spendierhosen anhaben *(ugs.)*
Spen|dung
Speng|ler (*bes. südd., österr., schweiz. für* Klempner); **Speng|le|rin**
Spen|ser [ˈspɛnsɐ] (engl. Dichter); *vgl. aber* Spencer
Spen|zer, der; -s, - ‹engl.› (kurzes, eng anliegendes Jäckchen)
Sper|ber, der; -s, - (ein Greifvogel)
sper|bern (*schweiz. für* scharf blicken); ich sperbere
Spe|renz|chen, Spe|ren|zi|en *Plur.* ‹lat.› (*ugs. für* Umschweife, Schwierigkeiten); [keine] Sperenzchen, Sperenzien machen
Sper|ling, der; -s, -e; *vgl. aber* Sperrling; **Sper|lings|vo|gel**
Sper|ma [ʃp..., *auch* sp...], das; -s, *Plur.* ...men *u.* -ta ‹griech.› (*Biol.* männliche Samenzellen enthaltende Flüssigkeit)
Sper|ma|to|ge|ne|se, die; - (Samenbildung im Hoden)
Sper|ma|tor|rhö, die; -, -en (*Med.* Samenfluss ohne geschlechtliche Erregung)
Sper|ma|to|zo|on, das; -s, ...oen (*svw.* Spermium)
Sper|men (*Plur. von* Sperma)
Sper|mi|en (*Plur. von* Spermium)
Sper|mi|o|ge|ne|se, die; - (*svw.* Spermatogenese)
Sper|mi|um, das; -s, ...ien (reife männliche Keimzelle)
sperr|an|gel|weit *(ugs.)*
Sperr|bal|lon; Sperr|bat|te|rie *(Milit.)*; **Sperr|baum; Sperr|be|trag**
Sper|re, die; -, -n
sper|ren (*südd., österr. auch für* schließen); sich sperren
Sperr|feu|er *(Milit.)*; **Sperr|frist** *(Rechtsw.)*; **Sperr|ge|biet; Sperr|gut; Sperr|gut|ha|ben**
Sperr|holz, das; -es; **Sperr|holz|plat|te**
sper|rig
Sperr|ket|te; Sperr|klau|sel; Sperr|klin|ke *(Technik)*; **Sperr|kon|to; Sperr|kreis** *(Elektrot.)*
Sperr|ling (*veraltet für* Knebel)
Sperr|li|nie (*österr. für* Linie auf der Straße, die nicht überfahren werden darf)
Sperr|mau|er; Sperr|mi|no|ri|tät *(Wirtsch.)*
Sperr|müll
Sperr|rad, *auch* **Sperr-Rad** [*alte Schreibung* Sperrad, *alte Trennung* ...rr|r...], das; -[e]s, ...räder
Sperr|rie|gel, *auch* **Sperr-Rie|gel** [*alte Schreibung* Sperrie|gel, *alte Trennung* ...rr|r...], der; -s, -
Sperr|sitz; Sperr|stun|de
Sper|rung
Sperr|ver|merk; Sperr|zeit (Polizeistunde); **Sperr|zoll** *Plur.* ...zölle; **Sperr|zo|ne**
Spe|sen *Plur.* ‹ital.› ([Un]kosten; Auslagen); **spe|sen|frei**
Spe|sen|platz *(Bankw.)*; **Spe|sen|rech|nung; Spe|sen|rit|ter** (jmd., der hohe Spesen macht u. sich daran bereichert)
Spes|sart, der; -s (Bergland im Mainviereck)
spet|ten ‹ital.› (*schweiz. für* [im Haushalt, in einem Geschäft] aushelfen); **Spet|te|rin** (*schweiz. für* Stundenhilfe)
Spey|er (Stadt am Rhein); **Spey|e|rer, Spey|rer; spey|e|risch, spey|risch**
Spe|ze|rei *meist Plur.* ‹ital.› (*veraltend für* Gewürze)
[1]**Spe|zi,** der; -s, -[s] ‹lat.› (*südd., österr. kurz für* [Busen]freund)
[2]**Spe|zi,** das; -s, -[s] (*ugs. für* Getränk aus Limonade u. Cola)
spe|zi|al (*Werbespr., sonst veraltet für* speziell)
Spe|zi|al... (Sonder..., Einzel..., Fach...); **Spe|zi|al|aus|bil|dung; Spe|zi|al|dis|zi|p|lin; Spe|zi|al|fahr|zeug; Spe|zi|al|ge|biet; Spe|zi|al|ge|schäft**
Spe|zi|a|li|sa|ti|on, die; -, -en (*seltener für* Spezialisierung)
spe|zi|a|li|sie|ren; sich spezialisieren; **Spe|zi|a|li|sie|rung**
Spe|zi|a|list, der; -en, -en (Fachmann); **Spe|zi|a|lis|ten|tum** [*alte Trennung* ...|st...], das; -s; **Spe|zi|a|lis|tin**
Spe|zi|a|li|tät, die; -, -en (Besonderheit; Fachgebiet)
Spe|zi|a|li|tä|ten|re|s|tau|rant
Spe|zi|al|sla|lom (Wettbewerbsart im alpinen Skisport); **Spe|zi|al|sprung|lauf; Spe|zi|al|trai|ning**
spe|zi|ell (besonders; eigens; hauptsächlich); ↑K 72: im Speziellen [*alte Schreibung* speziellen] (im Einzelnen)
Spe|zi|es [ʃp..., *auch* sp...], die; -, - (besondere Art einer Gattung, Tier- od. Pflanzenart)
Spe|zi|es|ta|ler (*früher* ein harter Taler im Gegensatz zu Papiergeld)
Spe|zi|fi|ka|ti|on, die; -, -en (Einzelaufstellung, -aufzählung)
Spe|zi|fi|ka|ti|ons|kauf *(Wirtsch.)*
Spe|zi|fi|kum, das; -s, ...ka (Besonderes, Entscheidendes; *Med.* gegen eine bestimmte Krankheit wirksames Mittel)
spe|zi|fisch ([art]eigen; kennzeichnend, eigentümlich); spezifisches Gewicht *(Physik)*; spezifischer Widerstand *(Physik)*
Spe|zi|fi|tät, die; -, -en (Eigentümlichkeit, Besonderheit)
spe|zi|fi|zie|ren (einzeln aufführen; zergliedern); **Spe|zi|fi|zie|rung**
Sphä|re, die; -, -n ‹griech., »Himmel[skugel]«› ([Gesichts-, Wirkungs]kreis; [Macht]bereich)

S

Sphä|ren|har|mo|nie, die; -; **Sphä|ren|mu|sik**, die; -
sphä|risch (die [Himmels]kugel betreffend); sphärische Trigonometrie (*Math.* Berechnung von Dreiecken auf der Kugeloberfläche)
Sphä|ro|id, das; -[e]s, -e (kugelähnl. Figur, Rotationsellipsoid); **sphä|ro|i|disch** (kugelähnlich)
Sphä|ro|lith, der; *Gen.* -s *u.* -en, *Plur.* -e[n] (kugeliges Mineralgebilde)
Sphä|ro|lo|gie, die; - (Lehre von der Kugel)
Sphä|ro|me|ter, das; -s, - (Kugel-, Dickenmesser)
Sphä|ro|si|de|rit, der; -s, -e (ein Mineral)
Sphen, der; -s, -e ‹griech.› (ein Mineral)
Sphe|no|id, das; -[e]s, -e (eine Kristallform); **sphe|no|i|dal** (keilförmig)
Sphink|ter, der; -s, ...ere ‹griech.› (*Med.* Schließmuskel)
[1]**Sphinx**, die; - (geflügelter Löwe mit Frauenkopf in der griechischen Sage; Sinnbild des Rätselhaften)
[2]**Sphinx**, die; -, -e, *in der archäolog. Fachspr. meist* der; -, *Plur.* -e *u.* Sphingen (ägyptisches Steinbild in Löwengestalt, meist mit Männerkopf; Symbol des Sonnengottes od. des Königs)
Sphra|gis|tik [*alte Trennung* ...|st...], die; - ‹griech.› (Siegelkunde)
Sphyg|mo|graph, *auch* Sphyg|mo|graf, der; -en, -en ‹griech.› (*Med.* Pulsschreiber)
Spick, der; -[e]s, -e (*Schülerspr. landsch. svw.* Spickzettel)
Spick|aal (*nordd. für* Räucheraal)
Spi|ckel [*alte Trennung* ...k|k...], der; -s, - (*schweiz. für* Zwickel an Kleidungsstücken)
[1]**spi|cken** [*alte Trennung* ...k|k...] (Fleisch zum Braten mit Speckstreifen durchziehen)
[2]**spi|cken** [*alte Trennung* ...k|k...] (*Schülerspr.* in der Schule abschreiben); **Spi|cker** (*auch svw.* Spickzettel)
Spick|gans (*nordd. für* geräucherte Gänsebrust)
Spick|na|del
Spick|zet|tel (*Schülerspr.* zum Spicken vorbereiteter Zettel)
Spi|der ['spai...], der; -s, - ‹engl.› (offener Sportwagen)
Spie|gel, der; -s, - ‹lat.›
Spie|gel|bild; spie|gel|bild|lich
spie|gel|blank
Spie|gel|ei
Spie|gel|fech|ter; Spie|gel|fech|te|rei
Spie|gel|flä|che; Spie|gel|ge|wöl|be (*Bauw.*); **Spie|gel|glas**
spie|gel|glatt
spie|ge|lig (*veraltet*)
Spie|gel|karp|fen
spie|geln; ich spieg[e]le; sich spiegeln
Spie|gel|re|flex|ka|me|ra
Spie|gel|saal; Spie|gel|schrank; Spie|gel|schrift; Spie|gel|strich (waagerechter Strich vor Unterabsätzen); **Spie|gel|te|le|s|kop**
Spie|ge|lung, Spieg|lung
spie|gel|ver|kehrt
Spie|ker, der; -s, - (*nordd. für* großer [Schiffs]nagel); **spie|kern** (*nordd.*); ich spiekere
Spie|ker|oog (eine der Ostfriesischen Inseln)
Spiel, das; -[e]s, -e
Spiel|ab|bruch; Spiel|al|ter, das; -s; **Spiel|an|zug; Spiel|art**
Spiel|au|to|mat; Spiel|ball; Spiel|bank *Plur.* ...banken; **Spiel|be|ginn; Spiel|bein** (*Sport, bild. Kunst; Ggs.* Standbein); **Spiel|be|trieb; Spiel|do|se**
spie|len; spielen gehen; Schach spielen; sich mit etwas spielen (*österr. für* etwas nicht ernsthaft betreiben; etwas spielend leicht bewältigen)
Spiel|en|de
spiel|ent|schei|dend
Spie|ler; Spie|le|rei; Spie|le|rin
spie|le|risch
Spie|ler|trans|fer
Spiel|feld; Spiel|feld|hälf|te
Spiel|fi|gur; Spiel|film; Spiel|flä|che; Spiel|fol|ge
spiel|frei
Spiel|freu|de; spiel|freu|dig
Spiel|füh|rer (*Sport*); **Spiel|füh|re|rin** (*Sport*)
Spiel|ge|fähr|te; Spiel|ge|fähr|tin
Spiel|geld
Spiel|hahn (*Jägerspr.* Birkhahn)
Spiel|hälf|te; Spiel|hal|le; Spiel|höl|le (*abwertend*)
Spiel|ka|me|rad; Spiel|ka|me|ra|din
Spiel|kar|te; Spiel|ka|si|no; Spiel|klas|se (*Sport*); **Spiel|kon|so|le** (Gerät für elektronische Spiele); **Spiel|lei|den|schaft**
Spiel|lei|ter, der; **Spiel|lei|te|rin; Spiel|lei|tung**
Spiel|ma|cher (*Sport*); **Spiel|ma|che|rin** (*Sport*)
Spiel|mann *Plur.* ...leute; **Spiel|manns|dich|tung**, die; -; **Spiel|manns|zug**
Spiel|mar|ke; Spiel|mi|nu|te (*Sport*); **Spiel|o|per**
Spie|lo|thek, die; -, -en (Einrichtung zum Verleih von Spielen; *auch für* Spielhalle)
Spiel|pha|se; Spiel|plan; Spiel|platz; Spiel|rat|te (*ugs. für* leidenschaftlich spielendes Kind); **Spiel|raum; Spiel|re|gel; Spiel|run|de; Spiel|saal**
Spiel|sa|chen *Plur.*
Spiel|schuld
Spiel|schu|le; Spiel|stand
spiel|stark (*Sport*); **Spiel|stär|ke** (*Sport*)
Spiel|stra|ße; Spiel|tag; Spiel|teu|fel; Spiel|tisch (*auch* Teil der Orgel); **Spiel|trieb; Spiel|uhr; Spiel|ver|bot** (*Sport*)
Spiel|ver|der|ber; Spiel|ver|der|be|rin
Spiel|ver|ei|ni|gung (*Abk.* Spvg., Spvgg.)
Spiel|wa|ren *Plur.*; **Spiel|wa|ren|ge|schäft; Spiel|wa|ren|händ|ler; Spiel|wa|ren|in|dus|t|rie** [*alte Trennung* ...|st...]
Spiel|wei|se; Spiel|werk; Spiel|wie|se; Spiel|witz, der; -es; **Spiel|zeit**
Spiel|zeug; Spiel|zeug|ei|sen|bahn; Spiel|zeug|in|dus|t|rie [*alte Trennung* ...|st...]; **Spiel|zeug|pis|to|le** [*alte Trennung* ...|st...]
Spiel|zim|mer
Spier, der *od.* das; -[e]s, -e (*nordd. für* Spitze; Grasspitze); **Spier|chen** (*nordd. für* Grasspitzchen); ein Spierchen [*alte Schreibung* spierchen] (*nordd. für* ein wenig)
Spie|re, die; -, -n (*Seemannsspr.* Rundholz, Segelstange)
Spier|ling (ein Fisch)
Spier|strauch
Spieß, der; -es, -e (Kampf-, Jagdspieß; Bratspieß; Erstlingsform des Geweihs der Hirscharten; *Soldatenspr.* Kompaniefeldwebel; *Druckw.* im Satz zu hoch stehendes, deshalb mitdruckendes Ausschlussstück)
Spieß|bock (einjähriger Rehbock)
Spieß|bür|ger, Spie|ßer (*abwertend für* engstirniger Mensch); **spieß|bür|ger|lich; Spieß|bür|ger|lich|keit; Spieß|bür|ger|tum**
spie|ßen; du spießt; sich spießen (*österr. für* sich nicht bewegen lassen; *übertr. für* stocken)
Spie|ßer *vgl.* Spießbürger; **spie-**

S

ßer|haft; spie|ße|risch; Spie|ßer|tum, das; -s
spieß|för|mig
Spieß|ge|sel|le *(abwertend)*
Spieß|glanz, der; -es, -e *meist Plur.* (*Sammelbez. für* verschiedene Minerale)
spie|ßig; Spie|ßig|keit
Spieß|ru|te; Spießruten laufen ↑K 54; **Spieß|ru|ten|lau|fen,** das; -s ↑K 82
Spi|ka [ʃp..., *auch* sp...], die; - ‹lat., »Ähre«› (ein Stern)
Spike [spaik], der; -s, -s ‹engl.› (Dorn für Laufschuhe od. Autoreifen; *nur Plur.:* rutschfester Laufschuh, Spike[s]reifen); **Spike[s]|rei|fen**
Spill, das; -[e]s, *Plur.* -e *od.* -s ([Anker]winde)
Spill|la|ge [...ʒə], die; -, -n (*Wirtsch.* Wertverlust durch Eindringen von Feuchtigkeit)
Spil|le, die; -, -n (*landsch. für* Spindel)
spil|le|rig *vgl.* spillrig
Spil|ling, der; -s, -e (gelbe Pflaume)
spill|rig, spil|le|rig (*landsch. für* dürr)
Spin [spɪn], der; -s, -s ‹engl.› (*Physik* Drehimpuls der Elementarteilchen im Atom; *Sport* Effet)
spi|nal [ʃp..., *auch* sp...] ‹lat.› (*Med.* die Wirbelsäule, das Rückenmark betreffend); spinale Kinderlähmung
Spi|nat, der; -[e]s, *Plur. (Sorten:)* -e ‹pers.-arab.› (ein Gemüse); **Spi|nat|wach|tel** (*ugs. abwertend für* schrullige [alte] Frau)
Spind, der *u.* das; -[e]s, -e (einfacher, schmaler Schrank)
Spin|del, die; -, -n
Spin|del|baum (ein Zierstrauch)
spin|del|dürr
Spin|del|la|ger *Plur.* ...lager; **Spin|del|schne|cke** [*alte Trennung* ...k|k...]
Spi|nell, der; -s, -e ‹ital.› (ein Mineral)
Spi|nett, das; -[e]s, -e ‹ital.› (kleines Cembalo)
Spin|na|ker, der; -s, - ‹engl.› (*Seemannsspr.* großes Beisegel)
Spinn|dü|se (bei Textilmaschinen)
Spin|ne, die; -, -n
spin|ne|feind *(ugs.); nur in* jmdm. spinnefeind sein
spin|nen; du spinnst; du spannst; du spönnest, *auch* spännest; gesponnen; spinn[e]!
Spin|nen|ar|me *Plur.* (lange, dürre Arme); **Spin|nen|bei|ne** *Plur.*
Spin|nen|ge|we|be (*vgl.* Spinngewebe)
Spin|nen|netz
Spin|ner; Spin|ne|rei; Spin|ne|rin; Spin|ner|lied
spin|nert (*bes. südd. für* leicht verrückt)
Spinn|fa|den; Spinn|fa|ser; Spinn|ge|we|be *od.* Spin|nen|ge|we|be
Spinn|ma|schi|ne; Spinn|rad; Spinn|ro|cken [*alte Trennung* ...k|k...]; **Spinn|stoff; Spinn|stu|be**
Spinn|we|be, die; -, -n (*svw.* Spinngewebe); **Spinn|wir|tel**
spi|nös [ʃp..., *auch* sp...] ‹lat.› (*veraltend für* schwierig; heikel)
Spi|no|za (niederl. Philosoph); **spi|no|za|isch;** spinozaische Lehre, spinozaische [*alte Schreibung* Spinozaische] Schriften; **Spi|no|zis|mus,** der; - (Lehre des Spinoza); **spi|no|zis|tisch** [*alte Trennung* ...|st...]
Spint, der *od.* das; -[e]s, -e (*landsch. für* Fett; weiches Holz); **spin|tig** *(landsch.)*
spin|ti|sie|ren (*ugs. für* grübeln); **Spin|ti|sie|rer; Spin|ti|sie|re|rei**
Spi|on, der; -s, -e ‹ital., »Späher«›
Spi|o|na|ge [...ʒə], die; - ‹franz.› (Auskundschaftung von wirtschaftlichen, politischen u. militärischen Geheimnissen)
Spi|o|na|ge|ab|wehr; Spi|o|na|ge|af|fä|re; Spi|o|na|ge|ap|pa|rat; Spi|o|na|ge|dienst; Spi|o|na|ge|fall; Spi|o|na|ge|film; Spi|o|na|ge|netz; Spi|o|na|ge|ring
spi|o|nie|ren; Spi|o|nie|re|rei *(ugs.)*
Spi|o|nin
Spi|räe [ʃp..., *auch* sp...], die; -, -n ‹griech.› (Spierstrauch)
spi|ral ‹griech.› (*fachspr. für* spiralig); **Spi|ral|boh|rer** (schraubenförmiger Bohrer)
Spi|ra|le, die; -, -n (Schnecken-, Schraubenlinie; *ugs. für* spiralförmiges Pessar)
Spi|ral|fe|der
spi|ral|för|mig
spi|ra|lig (spiralförmig)
Spi|ral|li|nie; Spi|ral|ne|bel; Spi|ral|win|dung
Spi|rans, die; -, ...ranten *u.* **Spi|rant** [*beide* ʃp..., *auch* sp...], der; -en, -en ‹lat.› (*Sprachw.* Reibelaut, Frikativlaut, z. B. f); **spi|ran|tisch**
Spi|ril|le, die; -, -n *meist Plur.* ‹griech.› (Bakterie von gedrehter Form, Schraubenbakterie)
Spi|rit [sp...], der; -s, -s ‹lat.-engl.› (Geist [eines Verstorbenen])
Spi|ri|tis|mus [ʃp..., *auch* sp...], der; - ‹lat.› (Glaube an Erscheinungen von Seelen Verstorbener; Geisterlehre)
Spi|ri|tist, der; -en, -en; **Spi|ri|tis|tin** [*alte Trennung* ...|st...]; **spi|ri|tis|tisch**
spi|ri|tu|al (geistig; übersinnlich)
[1]Spi|ri|tu|al [ʃp..., *auch* sp...], der; *Gen.* -s *u.* -en, *Plur.* -en (Seelsorger, Beichtvater in kath. theol. Anstalten u. Klöstern)
[2]Spi|ri|tu|al [sp...tjuəl], das, *auch* der; -s, -s ‹amerik.› (*kurz für* Negrospiritual)
Spi|ri|tu|a|li|en [ʃpiri..., *auch* sp...] *Plur.* ‹lat.› (*Rel.* geistliche Dinge)
spi|ri|tu|a|li|sie|ren [ʃp..., *auch* sp...] (vergeistigen); **Spi|ri|tu|a|li|sie|rung**
Spi|ri|tu|a|lis|mus, der; - (Lehre von der Wirklichkeit u. Wirksamkeit des Geistes); **Spi|ri|tu|a|list,** der; -en, -en; **spi|ri|tu|a|lis|tisch** [*alte Trennung* ...|st...]
Spi|ri|tu|a|li|tät, die; - (Geistigkeit, geistiges Wesen)
spi|ri|tu|ell ‹franz.› (geistig; geistlich)
Spi|ri|tu|o|sen *Plur.* (geistige, d. h. alkoholische Getränke)
[1]Spi|ri|tus [sp...], der; -, - ‹lat.› (Hauch, Atem, [Lebens]geist)
[2]Spi|ri|tus [ʃp...], der; -, *Plur. (Sorten:)* -se (Weingeist, Alkohol)
Spi|ri|tus as|per [sp... -], der; - -, - -i (*Sprachw.* für den h-Anlaut im Altgriechischen; *Zeichen* ʽ)
Spi|ri|tus fa|mi|li|a|ris, der; - - (guter Geist des Hauses; Vertraute[r] der Familie)
Spi|ri|tus|ko|cher [ʃp...]; **Spi|ri|tus|lack; Spi|ri|tus|lam|pe**
Spi|ri|tus Rec|tor [sp... -; *alte Schreibung* Spi|ri|tus rec|tor], der; - - (leitende, treibende Kraft)
Spir|kel, der; -s, - (*nordostd. für* Griebe; schmächtiger Mensch)
Spi|ro|chä|te [ʃp..., *auch* sp...], die; -, -n ‹griech.› (*Med.* ein Krankheitserreger)
Spi|ro|er|go|me|ter [ʃp..., *auch* sp...], das; -s, - ‹lat.; griech.› (*Med.* Gerät zur Messung der körperlichen Leistungsfähigkeit anhand des Sauerstoffverbrauchs)

S

Spi|ro|me|ter, das; -s, - (*Med.* Atemmesser); **Spi|ro|me|t|rie,** die; - (Messung [u. Aufzeichnung] der Atmung)
Spir|re, die; -, -n (*Bot.* ein Blütenstand)
Spis|sen, das; -s (*Jägerspr.* Balz-, Lockruf des Haselhahns)
Spi|tal, das, *auch* der; -s, ...täler ‹lat.› (*landsch., bes. schweiz. für* Krankenhaus; *veraltet für* Altenheim, Armenhaus); **Spi|ta|ler, Spi|tä|ler,** Spitt|ler (*veraltet, noch landsch. für* Insasse eines Spitals); **Spi|tals|arzt** *(österr.)*
Spi|t|ex, die; - (*schweiz. für* Hauspflege)
Spit|tal an der Drau (Stadt in Kärnten)
Spit|tel, das, *auch* der; -s, - (*landsch. für* Spital)
Spit|te|ler (schweiz. Dichter)
Spitt|ler *vgl.* Spitaler
spitz; eine spitze Zunge haben (gehässig reden); ein spitzer Winkel *(Geom.)*
Spitz, der; -es, -e (eine Hunderasse; *landsch. für* leichter Rausch)
Spitz|a|horn
Spitz|bart; spitz|bär|tig
Spitz|bauch; Spitz|bein (*Gastron.* unterstes Teil des Fußes des geschlachteten Schweins)
spitz|be|kom|men (*svw.* spitzkriegen; *vgl. d.*)
Spitz|ber|gen (Insel in der Inselgruppe Svalbard)
Spitz|bo|gen; Spitz|bo|gen|fens|ter [*alte Trennung* ...|st...]; **spitz|bo|gig**
Spitz|boh|rer
Spitz|bu|be; Spitz|bü|be|rei; Spitz|bü|bin; spitz|bü|bisch
Spitz|dach
spit|ze (*ugs. für* hervorragend); ein spitze Auto; er hat spitze gespielt; *vgl.* Spitze
Spit|ze, die; -, -n; jmd. *od.* etw. ist Spitze, das finde ich Spitze *(ugs.)*; *vgl.* spitze
Spit|zel, der; -s, -; **spit|zeln;** ich spitz[e]le
spit|zen; du spitzt
Spit|zen|blu|se; Spit|zen|deck|chen
Spit|zen|er|zeug|nis
Spit|zen|funk|ti|o|när
Spit|zen|ge|schwin|dig|keit
Spit|zen|grup|pe
Spit|zen|hau|be
Spit|zen|kan|di|dat; Spit|zen|kan|di|da|tin
Spit|zen|klas|se
Spit|zen|klöp|pe|lei; Spit|zen|klöpp|le|rin
Spit|zen|kön|ner; Spit|zen|kraft
Spit|zen|kra|gen
Spit|zen|leis|tung [*alte Trennung* ...|st...]; **Spit|zen|lohn; Spit|zen|mann|schaft; Spit|zen|or|ga|ni|sa|ti|on**
Spit|zen|po|li|ti|ker; Spit|zen|po|li|ti|ke|rin
Spit|zen|po|si|ti|on; Spit|zen|qua|li|tät; Spit|zen|rei|ter
Spit|zen|spiel *(Sport)*; **Spit|zen|spie|ler; Spit|zen|spie|le|rin**
Spit|zen|sport; Spit|zen|sport|ler; Spit|zen|sport|le|rin
Spit|zen|tanz
Spit|zen|tech|no|lo|gie
Spit|zen|tuch *Plur.* ...tücher
Spit|zen|ver|band; Spit|zen|ver|die|ner; Spit|zen|ver|kehr; Spit|zen|wert; Spit|zen|zeit
Spit|zer (*kurz für* Bleistiftspitzer)
spitz|fin|dig; Spitz|fin|dig|keit
Spitz|fuß *(Med.)*; **Spitz|gie|bel; Spitz|ha|cke** [*alte Trennung* ...k|k...]
spit|zig *(veraltend)*
Spitz|keh|re
spitz|krie|gen (*ugs. für* merken, durchschauen); ich kriege etwas spitz; ich habe etwas spitzgekriegt; spitzzukriegen
Spitz|küh|ler (*ugs. svw.* Spitzbauch); **Spitz|mar|ke** *(Druckw.)*; **Spitz|maus; Spitz|na|me**
spitz|na|sig; spitz|oh|rig
Spitz|pfei|ler (*für* Obelisk)
Spitz|weg (dt. Maler)
Spitz|we|ge|rich (eine Heilpflanze)
spitz|wink|lig
spitz|zün|gig; Spitz|zün|gig|keit
Splanch|no|lo|gie [sp...], die; - ‹griech.› (*Med.* Lehre von den Eingeweiden)
Splat|ter|mo|vie ['splɛtɐmu:vi] ‹engl.› (blutrünstiger Horrorfilm)
Spleen [ʃpli:n, spli:n], der; -s, *Plur.* -e *u.* -s ‹engl.› (seltsamer Einfall; Schrulle, Marotte); **splee|nig; Splee|nig|keit**
Spleiß, der; -es, -e (*Seemannsspr.* Verbindung von zwei Seil- od. Tauenden)
Splei|ße, die; -, -n (*landsch. für* Span, Splitter)
splei|ßen (*landsch. für* fein spalten; *Seemannsspr.* Tauenden miteinander verflechten); du spleißt; du splissest *od.* spleißtest; er/sie spliss [*alte Schreibung* spliß] *od.* spleißte; gesplissen *od.* gespleißt; spleiß[e]!
Splen [sple:n, *auch* ʃp...], der; - ‹griech.› (*Med.* Milz)
splen|did [ʃp..., *auch* sp...] ‹lat.› (*veraltend für* freigebig; glanzvoll; *Druckw.* aufgelockert)
Splen|did I|so|la|tion ['splɛndɪt aisə'le:ʃn̩; *alte Schreibung* Splen|did iso|la|tion], die; - - ‹engl.› (Bündnislosigkeit)
Spließ, der; -es, -e (Holzspan unter den Dachziegelfugen; Schindel); **Spließ|dach**
Splint, der; -[e]s, -e (Vorsteckstift als Sicherung)
Splint|holz (weiche Holzschicht unter der Rinde)
Spliss [*alte Schreibung* Spliß], der; Splisses, Splisse (*landsch. für* Splitter; kleiner Abschnitt; *nur Sing.:* gespaltene Haarspitzen)
splis|sen (*landsch. für* spleißen); du splisst [*alte Schreibung* splißt]; du splisstest [*alte Schreibung* splißtest]; gesplisst [*alte Schreibung* gesplißt]; splisse! *u.* spliss [*alte Schreibung* spliß]!
[1]**Split** [sp...] (Stadt in Kroatien); *vgl.* Spalato
[2]**Split,** der; -s, -s ‹engl.› (*Wirtsch.* Aufteilung von Aktien in neue Aktien mit kleinerem Nennwert)
Splitt, der; -[e]s, -e (zerkleinertes Gestein für den Straßenbau; *nordd. für* Span, Schindel)
split|ten ‹engl.› (das Splitting anwenden); gesplittet
Split|ter, der; -s, -
Split|ter|bom|be; Split|ter|bruch
split|ter|fa|ser|nackt *(ugs.)*
split|ter|frei; splitterfreies Glas
Split|ter|gra|ben *(Milit.)*
Split|ter|grup|pe
split|te|rig, splitt|rig
split|tern; ich splittere
split|ter|nackt *(ugs.)*
Split|ter|par|tei
split|ter|si|cher
Split|ter|wir|kung
Split|ting [ʃp..., *auch* sp...], das; -s ‹engl.› (Form der Haushaltsbesteuerung, bei der das Einkommen der Ehegatten zusammengezählt u. beiden zu gleichen Teilen angerechnet wird; Verteilung der Erst- u. Zweitstimmen auf verschiedene Parteien [bei Wahlen])
splitt|rig *vgl.* splitterig
Splü|gen, der; -s, *auch* **Splü|gen-**

S

pass [*alte Schreibung* ...paß], der; -es (Alpenpass an der schweizerisch-italienischen Grenze)

SPÖ = Sozialdemokratische Partei Österreichs

Spo|di|um [ʃp..., *auch* sp...], das; -s ‹griech.› (*Chemie* Knochenkohle)

Spo|du|men, der; -s, -e (ein Mineral)

Spoerl [ʃpœ...] (dt. Schriftsteller)

Spoi|ler [ʃp..., *auch* sp...], der; -s, - ‹amerik.› (Luftleitblech)

Spö|ken|kie|ker [sp...] (*nordd. für* Geisterseher, Hellseher); **Spö|ken|kie|ke|rei** (*nordd. svw.* Spintisiererei); **Spö|ken|kie|ke|rin**

Spo|li|en [ʃp..., *auch* sp...] *Plur.* ‹lat.› (Nachlass katholischer Geistlicher; *Archit.* aus anderen Bauten wieder verwendete Bauteile, z. B. Säulen); **Spo|li|en|recht** (im MA. das Recht, den Nachlass katholischer Geistlicher einzuziehen)

Spo|li|um, das; -s, ...ien (Beutestück [im alten Rom])

Spom|pa|na|de[l]n *Plur.* (*österr. ugs. für* Dummheiten, Abenteuer)

spon|de|isch [ʃp..., *auch* sp...] ‹griech.› (in, mit Spondeen); **Spon|de|us**, der; -, ...deen (ein Versfuß)

spon|die|ren ‹lat.› (*österr. für* den Magistertitel erwerben, verliehen bekommen; *vgl.* Sponsion)

Spon|dyl|ar|th|ri|tis [ʃp..., *auch* sp...] ‹griech.› (*Med.* Entzündung der Wirbelgelenke); **Spon|dy|li|tis**, die; -, ...itiden (Wirbelentzündung); **Spon|dy|lo|se**, die; -, -n (krankhafte Veränderung an den Wirbelkörpern u. Bandscheiben)

Spon|gia [sp..., *auch* ʃp...], die; -, ...ien ‹griech.› (*Biol.* Schwamm); **spon|gi|form** (schwammförmig)

Spon|gin, das; -s (Stoff, aus dem das Skelett der Hornschwämme besteht); **spon|gi|ös** (schwammig; locker)

spon|sern [ʃp...] ‹engl.› (als Sponsor fördern); ich sponsere, habe gesponsert

Spon|si|on, die; -, -en ‹lat.› (*österr. für* [akademische Feier zur] Verleihung des Magistertitels)

Spon|sor [ʃp..., *auch* ˈspɔnsɐ], der; -s, *Plur.* ...oren [...ˈzoː...] *u.* -s [ˈspɔnsɐs] ‹engl.› (Förderer; Geldgeber [im Sport]; Person, Gruppe, die Rundfunk- od. Fernsehsendungen [zu Reklamezwecken] finanziert); **Spon|so|ring** [*auch* ˈspɔnsə...], das; -s (das Sponsern); **Spon|sor|schaft**

spon|tan [ʃp..., *auch* sp...] ‹lat.›; **Spon|ta|ne|i|tät**, *seltener* **Spon|ta|ni|tät**, die; -, -en

Spon|ti, der; -s, -s (*ugs. für* Angehöriger einer undogmatischen linksgerichteten Gruppe); **Spon|ti|grup|pe**

Spor, der; -[e]s, -e (*landsch. für* Schimmel[pilz])

Spo|ra|den [ʃp..., *auch* sp...] *Plur.* ‹griech.› (Inseln im Ägäischen Meer)

spo|ra|disch (vereinzelt, zerstreut, [nur] gelegentlich)

Spo|r|an|gi|um, das; -s, ...ien (*Bot.* Sporenbildner u. -behälter)

spor|co [ʃp..., *auch* sp...] ‹ital.› (mit Verpackung); *vgl.* Sporko

Spo|re, die; -, -n ‹griech.› (ungeschlechtliche Fortpflanzungszelle bestimmter Pflanzen; Dauerform von Bakterien); eine Sporen bildende, tragende [*alte Schreibungen* sporenbildende, sporentragende] Pflanze

Spo|ren (*Plur. von* Sporn *u.* Spore)

Spo|ren bil|dend [*alte Schreibung* spo|ren|bil|dend] *vgl.* Spore

Spo|ren|blatt; Spo|ren|kap|sel

spo|ren|klir|rend

Spo|ren|pflan|ze; Spo|ren|schlauch; Spo|ren|tier|chen

Spo|ren tra|gend [*alte Schreibung* spo|ren|tra|gend] *vgl.* Spore

Spör|gel, der; -s, - (eine Futterpflanze)

spo|rig (*landsch. für* schimmelig)

Spor|ko [ʃp..., *auch* sp...], das; -s ‹ital.› (Bruttogewicht); *vgl.* sporco

Sporn, der; -[e]s, *Plur.* Sporen *u., bes. fachspr.*, -e; einem Pferd die Sporen geben

spor|nen *(veraltend)*

Sporn|räd|chen

sporn|streichs (unverzüglich)

Spo|ro|phyt [ʃp..., *auch* sp...], der; -en, -en ‹griech.› (*Bot.* Sporenpflanze)

Spo|ro|zo|on, das; -s, ...zoen *meist Plur.* (*Zool.* Sporentierchen)

Sport, der; -[e]s, *Plur. (Arten:)* -e ‹engl.› (Körperübung [im Wettkampf]; Liebhaberei); Sport treibend [*alte Schreibung* sporttreibend]

Sport|ab|zei|chen

Sport|an|geln, das; -; **Sport|ang|ler**

Sport|an|la|ge; Sport|art; Sport|ar|ti|kel; Sport|arzt; Sport|ärz|tin

sport|be|geis|tert [*alte Trennung* ...|st...]

Sport|bei|la|ge (einer Zeitung); **Sport|be|richt; Sport|be|richt|er|stat|tung; Sport|boot; Sport|cou|pé**, *auch* ...ku|pee; **Sport|dress** [*alte Schreibung* ...dreß]

Spor|tel, die; -, -n *meist Plur.* ‹griech.› (im MA. Teil des Beamteneinkommens [eingenommene Gebühren]); **Spor|tel|frei|heit**, die; - (Kostenfreiheit)

spor|teln (nebenbei Sport treiben); ich sport[e]le

Sport|er|eig|nis; Sport|feld; Sport|fest; Sport|fi|schen, das; -s

Sport|flie|ger; Sport|flie|ge|rei; Sport|flug|zeug

Sport|freund; Sport|funk|ti|o|när; Sport|geist, der; -[e]s; **Sport|ge|mein|schaft** (*Abk.* SG); **Sport|ge|rät**

sport|ge|recht

Sport|ge|schäft; Sport|ge|wehr; Sport|hal|le; Sport|hemd; Sport|herz; Sport|hoch|schu|le; Sport|ho|se; Sport|ho|tel

spor|tiv ‹engl.› (sportlich)

Sport|jour|na|list

Sport|ka|me|rad; Sport|ka|me|rad|schaft

Sport|ka|no|ne *(ugs.)*; **Sport|klei|dung; Sport|klub**, *auch* ...club

Sport|leh|rer; Sport|leh|re|rin

Sport|ler; Sport|ler|herz; Sport|le|rin

sport|lich; sport|lich-e|le|gant ↑K 23; **Sport|lich|keit**, die; -

sport|mä|ßig *vgl.* sportsmäßig

Sport|me|di|zin, die; -; **Sport|me|di|zi|ner; sport|me|di|zi|nisch**

Sport|mel|dung; Sport|müt|ze; Sport|nach|rich|ten *Plur.*; **Sport|platz; Sport|pres|se**

Sport|re|por|ter; Sport|re|por|te|rin

Sport|scha|den; Sport|schuh; Sport|sen|dung

Sports|freund (*ugs.* Anrede); **Sports|geist** (*svw.* Sportgeist); **Sports|ka|no|ne** (*svw.* Sportkanone); **Sports|mann** *Plur.* ...leute, *auch* ...männer

sports|mä|ßig, sport|mä|ßig

Sport|spra|che; Sport|stät|te; Sport|strumpf

Sport|stu|dent; Sport|stu|den|tin

Sports|wear [ʃp...vɛːɐ̯, *auch* sp...],

der *od.* das; -[s] ‹engl.› (sportliche [Freizeit]kleidung)
Sport|tau|chen, das; -s; **Sport|tau|cher**
Sport trei|bend [*alte Schreibung* sport|trei|bend] *vgl.* Sport
Sport|un|fall; Sport|un|ter|richt; Sport|ver|band; Sport|ver|ein (*Abk.* SV; ↑K 31: Turn- und Sportverein; *Abk.* TuS); **Sport|ver|let|zung; Sport|waf|fe; Sport|wa|gen; Sport|wart; Sport|wis|sen|schaft; Sport|zei|tung**
Spot [sp...], der; -s, -s ‹engl.› (kurzer Werbetext, -film; *kurz für* Spotlight)
Spot|ge|schäft (Geschäft gegen sofortige Lieferung u. Kasse [im internationalen Verkehr])
Spot|light [...lait], das; -s, -s (auf einen Punkt gerichtetes Licht)
Spot|markt (Markt, auf dem Rohöl frei verkauft wird)
Spott, der; -[e]s; **Spott|bild**
spott|bil|lig *(ugs.)*
Spott|dros|sel
Spöt|te|lei; spöt|teln; ich spött[e]le
spot|ten; Spöt|ter; Spöt|te|rei; Spöt|te|rin
Spott|ge|burt *(geh. abwertend);* **Spott|ge|dicht; Spott|geld,** das; -[e]s *(ugs.)*
spöt|tisch
Spott|lust, die; -; **Spott|na|me; Spott|preis** *(ugs.);* **Spott|sucht,** die; -; **Spott|vers; Spott|vo|gel**
S. P. Q. R. = Senatus Populusque Romanus
Sprach|at|las (Kartenwerk zur Sprachgeographie; *vgl.* [4]Atlas); **Sprach|bar|ri|e|re** *(Sprachw.);* **Sprach|bau,** der; -[e]s
sprach|be|gabt
Sprach|be|herr|schung; Sprach|be|ra|tung; Sprach|denk|mal
Spra|che, die; -, -n
Sprach|emp|fin|den
Spra|chen|fra|ge, die; -; **Spra|chen|kampf; Spra|chen|recht,** das; -[e]s; **Spra|chen|schu|le; Spra|chen|stu|di|um**
Sprach|ent|wick|lung; Sprach|er|ken|nung *(EDV);* **Sprach|er|werb; Sprach|fä|hig|keit; Sprach|fa|mi|lie; Sprach|feh|ler**
sprach|fer|tig; Sprach|fer|tig|keit
Sprach|for|scher; Sprach|for|sche|rin; Sprach|for|schung
Sprach|füh|rer; Sprach|ge|biet; Sprach|ge|brauch, der; -[e]s; **Sprach|ge|fühl,** das; -[e]s; **Sprach|ge|mein|schaft; Sprach|ge|nie**
Sprach|ge|o|gra|phie, *auch* Sprach|ge|o|gra|fie
Sprach|ge|schich|te; sprach|ge|schicht|lich
Sprach|ge|sell|schaft; Sprach|ge|setz
Sprach|ge|walt, die; -; **sprach|ge|wal|tig**
sprach|ge|wandt; Sprach|ge|wandt|heit, die; -
Sprach|gren|ze; Sprach|gut, das; -[e]s
...spra|chig (z. B. fremdsprachig; *vgl. d.*)
Sprach|in|sel; Sprach|kar|te; Sprach|ken|ner; Sprach|kennt|nis|se *Plur.;* **Sprach|kom|pe|tenz; Sprach|kri|tik; Sprach|kul|tur**
Sprach|kun|de *(veraltend)*
sprach|kun|dig
sprach|kund|lich *(veraltet)*
Sprach|kunst, die; -; **Sprach|kurs; Sprach|la|bor; Sprach|laut**
Sprach|leh|re; Sprach|leh|rer; Sprach|leh|re|rin
Sprach|len|kung
sprach|lich
...sprach|lich (z. B. fremdsprachlich; *vgl. d.*)
sprach|los; Sprach|lo|sig|keit, die; -
Sprach|ma|ni|pu|la|ti|on; Sprach|mitt|ler
Sprach|norm; Sprach|nor|mung
Sprach|pfle|ge; Sprach|phi|lo|so|phie; Sprach|psy|cho|lo|gie; Sprach|raum; Sprach|re|ge|lung; Sprach|rein|heit; Sprach|rei|se
sprach|rich|tig; Sprach|rich|tig|keit
Sprach|rohr; Sprach|schatz, der; -es; **Sprach|schicht; Sprach|schnit|zer**
Sprach|schöp|fer; sprach|schöp|fe|risch
Sprach|schwie|rig|keit; Sprach|sil|be; Sprach|stamm; Sprach|sta|tis|tik [*alte Trennung* ...|st...]; **Sprach|stil; Sprach|stö|rung**
Sprach|stu|di|um; Sprach|sys|tem [*alte Trennung* ...|st...]
Sprach|ta|lent; Sprach|teil|ha|ber
sprach|üb|lich
Sprach|ü|bung; Sprach|un|ter|richt; Sprach|ver|ein; Sprach|ver|wir|rung; Sprach|wan|del
sprach|wid|rig
Sprach|wis|sen|schaft; Sprach|wis|sen|schaft|ler; Sprach|wis|sen|schaft|le|rin; sprach|wis|sen|schaft|lich
Sprach|zen|t|rum (Teil des Gehirns); **Sprach|zeug|nis**
sprat|zen (*Hüttenw.* Gasblasen auswerfen)
Spray [ʃpre:, *auch* spre:], der *od.* das; -s, -s ‹engl.› (Flüssigkeitszerstäuber; in feinsten Tröpfchen versprühte Flüssigkeit); **Spray|do|se**
spray|en; gesprayt
Spray|er, der; -s, - (jmd., der [Graffiti an Wände o. Ä.] sprayt)
Sprech|akt *(Sprachw.);* **Sprech|an|la|ge; Sprech|bla|se** (in Comics); **Sprech|büh|ne; Sprech|chor,** der
spre|chen; du sprichst; du sprachst; du sprächest; gesprochen; sprich!; vor sich hin sprechen; das Kind lernt sprechen; ↑K 82: das lange Sprechen strengt mich an
Spre|cher; Spre|che|rin
Spre|cher/-innen, Spre|cher(innen) (*Kurzformen für* Sprecherinnen u. Sprecher)
spre|che|risch
Sprech|er|laub|nis; Sprech|er|zie|hung
Sprech|funk; Sprech|funk|ge|rät
Sprech|ge|sang
Sprech|kun|de, die; -; **sprech|kund|lich**
Sprech|kunst; Sprech|leh|rer; Sprech|pau|se; Sprech|rol|le; Sprech|sil|be; Sprech|stö|rung
Sprech|stun|de; Sprech|stun|den|hil|fe
Sprech|tag; Sprech|ü|bung; Sprech|un|ter|richt; Sprech|ver|bot; Sprech|wei|se, die; -, -n; **Sprech|werk|zeu|ge** *Plur.;* **Sprech|zeit; Sprech|zim|mer**
Spree, die; - (linker Nebenfluss der Havel); **Spree-A|then** (*scherzh. für* Berlin)
Spree|wald, der; -[e]s ↑K 143; [1]**Spree|wäl|der;** Spreewälder Tracht
[2]**Spree|wäl|der** (Bewohner des Spreewaldes); **Spree|wäl|de|rin**
Spre|he, die; -, -n (*westmitteld. u. nordwestd. für* [3]Star)
Sprei|ßel, der, *österr.* das; -s, - (*landsch., bes. österr. für* Splitter, Span); **Sprei|ßel|holz,** das; -es (*österr. für* Kleinholz)
Spreit|de|cke [*alte Trennung* ...k|k...] *od.* **Sprei|te,** die; -, -n (*landsch. für* Lage [Getreide zum Dreschen]; [Bett]decke);
sprei|ten (*veraltend für* ausbrei-

S

ten); **Spreit|la|ge** (*landsch. für* Getreidelage)
spreiz|bei|nig
Spreiz|dü|bel
Sprei|ze, die; -, -n (Turnübung)
sprei|zen; du spreizt; gespreizt
Spreiz|fuß; Spreiz|sprung *(Turnen)*
Sprei|zung
Spreiz|win|del
Spreng|bom|be
Spren|gel, der; -s, - (Amtsgebiet eines Bischofs, Pfarrers; *österr. für* Amtsbezirk)
spren|gen
Spreng|ge|schoss [*alte Schreibung* ...ge|schoß]; *vgl.* Geschoss; **Spreng|gra|na|te; Spreng|kam|mer; Spreng|kap|sel; Spreng|kom|man|do; Spreng|kopf; Spreng|kör|per; Spreng|kraft; Spreng|la|dung**
Spreng|laut (*für* Explosiv)
Spreng|meis|ter [*alte Trennung* ...|st...]; **Spreng|mit|tel,** das; **Spreng|pa|t|ro|ne; Spreng|pul|ver; Spreng|punkt; Spreng|satz**
Spreng|sel, der *od.* das; -s, - (*ugs. für* Sprenkel)
Spreng|stoff; Spreng|stoff|an|schlag; spreng|stoff|hal|tig
Spreng|trupp; Spren|gung
Spreng|wa|gen
Spreng|werk (*Bauw.* Träger mit Streben)
Spreng|wir|kung
Spren|kel, der; -s, - (Fleck, Punkt, Tupfen)
spren|ke|lig, sprenk|lig; **spren|keln;** ich sprenk[e]le; ein gesprenkeltes (getupftes) Fell
sprenk|lig *vgl.* sprenkelig
spren|zen (*südwestd. für* stark sprengen; regnen); du sprenzt
Spreu, die; -; **spreu|ig**
Sprich|wort *Plur.* ...wörter; **Sprich|wör|ter|samm|lung; sprich|wört|lich;** sprichwörtliche Redensart
Sprie|gel, der; -s, - (Bügel für das Wagenverdeck; *landsch. für* Aufhängeholz der Fleischer)
Sprie|ße, die; -, -n (*Bauw.* Stütze, Quer-, Stützbalken; *landsch. für* Sprosse)
Sprie|ßel, das; -s, -[n] (*österr. ugs. für* Sprosse)
[1]**sprie|ßen** (*Bauw.* stützen); du sprießt; du sprießtest; gesprießt; sprieß[e]!
[2]**sprie|ßen** (hervorwachsen); es sprießt; es spross [*alte Schreibung* sproß]; es sprösse; gesprossen; sprieß[e]!
Sprieß|holz *Plur.* ...hölzer *(Bauw.)*

Spriet, das; -[e]s, -e (*Seemannsspr.* dünne Spiere)
[1]**Spring,** der; -[e]s, -e (*landsch. für* das Sprudeln; Quelle)
[2]**Spring,** die; -, -e (*Seemannsspr.* zum ausgeworfenen Anker führende Trosse)
Spring|blen|de *(Fotogr.)*
Spring|brun|nen
sprin|gen; du springst; du sprangst; du sprängest; gesprungen; spring[e]!; etwas springen lassen (*ugs. für* ausgeben)
Sprin|ger; Sprin|ge|rin
Sprin|ger|le, das; -s, - (*südd.* ein Gebäck)
Sprin|ger|li das; -s, - (*schweiz. svw.* Springerle)
Spring|flut
Spring|form (eine Kuchenform)
Spring|ins|feld, der; -[e]s, -e *(scherzh.)*
Spring|kä|fer; Spring|kraut, das; -[e]s (eine Pflanzengattung)
spring|le|ben|dig
Spring|maus; Spring|mes|ser, das
Spring|pferd; Spring|prü|fung
Spring|rei|ten, das, -s, -; **Spring|rei|ter; Spring|rei|te|rin**
Spring|seil, Sprung|seil
Spring|ti|de (*svw.* Springflut)
Spring|wurz, Spring|wur|zel
Sprink|ler, der; -s, - ⟨engl.⟩ (Berieselungsgerät); **Sprink|ler|an|la|ge** (Feuerlöschanlage)
Sprint, der; -s, -s ⟨engl.⟩ (*Sport* Kurzstreckenlauf); **sprin|ten**
Sprin|ter, der; -s, -; **Sprin|te|rin**
Sprin|ter|ren|nen *(Radsport)*
Sprint|stre|cke [*alte Trennung* ...k|k...]; **Sprint|ver|mö|gen,** das; -s
Sprit, der; -[e]s, -e *Plur. selten* (*kurz für* Spiritus; *ugs. für* Treibstoff); **spri|tig**
Spritz|ap|pa|rat; Spritz|ar|beit; Spritz|be|ton; Spritz|beu|tel *(Gastron.);* **Spritz|dü|se**
Sprit|ze, die; -, -n
sprit|zen; du spritzt
Sprit|zen|haus *(veraltend);* **Sprit|zen|meis|ter** [*alte Trennung* ...|st...] *(früher)*
Sprit|zer; Sprit|ze|rei
Spritz|fahrt *(ugs.)*
Spritz|ge|ba|cke|ne [*alte Trennung* ...k|k...], das; -n
Spritz|gie|ßen, das; -s *(Technik);* **Spritz|guss** [*alte Schreibung* ...guß], der; ...gusses *(Technik)*
sprit|zig; Sprit|zig|keit, die; -
Spritz|ku|chen

Spritz|lack; Spritz|la|ckie|rung [*alte Trennung* ...k|k...]
Spritz|ma|le|rei; Spritz|pis|to|le [*alte Trennung* ...|st...]; **Spritz|tour** *(ugs.)*
spröd, sprö|de
Sprö|de, die; - (*älter für* Sprödigkeit); **Spröd|heit,** die; -; **Sprö|dig|keit,** die; -
Spross [*alte Schreibung* Sproß], der; Sprosses, *Plur.* Sprosse *u.* Sprossen (Nachkomme; Pflanzentrieb; *Jägerspr.* Teil des Geweihs); **Spross|ach|se** *(Bot.);* **Spröss|chen**
Spros|se, die; -, -n (Querholz der Leiter; Hautfleck; *auch für* Spross [Geweihteil])
spros|sen; du sprosst, er/sie/es sprosst; du sprosstest; gesprosst; sprosse! *u.* spross! [*alte Schreibungen* sproß, sproßtest, gesproßt, sproß!]
Spros|sen|kohl, der; -[e]s (*österr. für* Rosenkohl)
Spros|sen|wand (ein Turngerät)
Spros|ser, der; -s, - (ein Vogel)
Spröss|ling [*alte Schreibung* Sprößling] *(scherzh.)*
Spros|sung *(veraltend)*
Sprot|te, die; -, -n (ein Fisch)
Spruch, der; -[e]s, Sprüche
Spruch|band, das; *Plur.* ...bänder
Spruch|buch; Spruch|dich|tung
Sprü|che|klop|fer (*ugs. abwertend);* **Sprü|che|klop|fe|rei**
Spruch|kam|mer (frühere Entnazifizierungsbehörde)
Sprüch|lein
spruch|reif
Spruch|weis|heit
Spru|del, der; -s, -
Spru|del|kopf (*veraltet für* aufbrausender Mensch)
spru|deln (*österr. auch für* quirlen); ich sprud[e]le
Spru|del|stein (*für* Aragonit)
Spru|del|was|ser (*Plur.* ...wässer)
Sprud|ler (*österr. für* Quirl)
Sprue [spru:], die; - ⟨engl.⟩ (*Med.* fiebrige Erkrankung)
Sprüh|do|se
sprü|hen
Sprüh|fla|sche; Sprüh|pflas|ter [*alte Trennung* ...|st...]; **Sprüh|re|gen**
Sprung, der; -[e]s, Sprünge; auf dem Sprung sein; jmdn. auf einen Sprung besuchen
Sprung|an|la|ge; Sprung|bal|ken (beim Weitsprung); **Sprung|be|cken** [*alte Trennung* ...k|k...];
Sprung|bein

sprung|be|reit
Sprung|brett; Sprung|de|ckel [*alte Trennung* ...k|k...]
Sprung|fe|der; Sprung|fe|der|ma|t|ra|t|ze
sprung|fer|tig
Sprung|ge|lenk; Sprung|gru|be
sprung|haft; Sprung|haf|tig|keit, die; -
Sprung|hö|he; Sprung|hü|gel; Sprung|kraft; Sprung|lauf *(Skisport);* **Sprung|pferd** *(Turnen);* **Sprung|schan|ze** *(Skisport);* **Sprung|seil; Sprung|stab** *(Stabhochsprung);* **Sprung|tuch; Sprung|turm; Sprung|wurf** *(Handball, Basketball)*
SPS = Sozialdemokratische Partei der Schweiz
Spu|cke [*alte Trennung* ...k|k...], die; - (*ugs. für* Speichel)
spu|cken (speien); **Spuck|napf**
Spuk, der; -[e]s, -e (Gespenst[erscheinung])
spu|ken (gespensterhaftes Unwesen treiben); **Spu|ke|rei** *(ugs.);* **Spuk|ge|schich|te; Spuk|ge|stalt; spuk|haft**
Spül|au|to|mat; Spül|be|cken [*alte Trennung* ...k|k...]
Spu|le, die; -, -n
Spü|le, die; -, -n
spu|len
spü|len
Spu|ler (an der Nähmaschine)
Spü|ler; Spü|le|rin
Spül|gang
Spül|licht, das; -s, -e (*veraltend für* Spülwasser)
Spül|kas|ten [*alte Trennung* ...k|k...]
Spul|ma|schi|ne
Spül|ma|schi|ne; Spül|mit|tel, das; **Spül|stein** *(landsch.);* **Spül|tisch**
Spü|lung
Spül|wasch|gang
Spül|was|ser *Plur.* ...wässer
Spul|wurm
Spu|man|te [sp...], der; -s, -s ⟨ital.⟩ (*ital. Bez. für* Schaumwein)
[1]**Spund,** der; -[e]s, *Plur.* Spünde *u.* -e ⟨ital.⟩ (Fassverschluss; *Tischlerei* Feder)
[2]**Spund,** der; -[e]s, -e (*ugs. für* junger Mann)
Spund|boh|le *(Bauw.);* **Spund|boh|rer**
spun|den (*Tischlerei* mit Spund versehen; [Bretter] durch Feder und Nut verbinden)
spun|dig (*landsch. für* nicht richtig durchgebacken)
Spund|loch; Spun|dung; Spund|wand (wasserdichte Bohlen- od. Eisenwand); **Spund|zap|fen**
Spun|ten, der; -s, - (*schweiz. für* [1]Spund; *ugs. für* einfache Gaststätte)
Spur, die; -, -en
spür|bar
Spur|brei|te
spu|ren (*Skisport* die erste Spur legen; *ugs. für* gefügig sein)
spü|ren
Spu|ren|e|le|ment *meist Plur.* (für den Organismus unentbehrliches, aber nur in sehr geringen Mengen benötigtes Element)
Spu|ren|le|ger *(Skisport);* **Spu|ren|nach|weis; Spu|ren|si|che|rung**
Spü|rer; Spür|hund
...spu|rig (z. B. schmalspurig)
Spur|kranz (bei Schienenfahrzeugen)
spur|los
Spür|na|se *(übertr. ugs.)*
Spur|ril|le *(Verkehrsw.)*
spur|si|cher
Spür|sinn, der; -[e]s
Spurt, der; -[e]s, *Plur.* -s, *selten* -e ⟨engl.⟩ (schneller Lauf); **spur|ten; spurt|schnell; spurt|stark; Spurt|ver|mö|gen**
Spur|wech|sel; Spur|wei|te
Spu|ta (*Plur. von* Sputum)
spu|ten, sich (sich beeilen)
Sput|nik [ʃp..., *auch* sp...], der; -s, -s ⟨russ., »Gefährte«⟩ (Bez. für die ersten sowjetischen Erdsatelliten)
Spu|tum [ʃp..., *auch* sp...], das; -s, ...ta ⟨lat.⟩ (*Med.* Auswurf)
Spvg., Spvgg. = Spielvereinigung
Square [skvɛːɐ̯], der *od.* das; -[s], -s ⟨engl.⟩ (*engl. Bez. für* Quadrat; Platz)
Square|dance [...daːns; *alte Schreibung* Square dance], der; -, -s (amerikan. Volkstanz)
Squash [skvɔʃ], das; - ⟨engl.⟩ (Fruchtsaft mit Fruchtfleisch; dem Tennis ähnliches Ballspiel)
Squaw [skvoː], die; -, -s ⟨indian.-engl.⟩ (nordamerikanische Indianerfrau)
Squi|re [ˈskvai̯ɐ], der; -[s], -s ⟨engl.⟩ (engl. Gutsherr)
sr = Steradiant
Sr = *chemisches Zeichen für* Strontium
SR = Saarländischer Rundfunk
Sr. = Seiner (Durchlaucht usw.)
SRG = Schweizerische Radio- und Fernsehgesellschaft
Sri Lan|ka ⟨singhales.⟩ (Inselstaat im Indischen Ozean); **Sri-Lan|ker,** *auch* **Sri Lan|ker** [*alte Schreibung* Sri|lan|ker]; **Sri-Lan|ke|rin,** *auch* **Sri Lan|ke|rin** [*alte Schreibung* Sri|lan|ke|rin]
sri-lan|kisch [*alte Schreibung* sri|lan|kisch]
SS. = Sante, Santi
SSD = Staatssicherheitsdienst (der DDR)
SSO = Südsüdost[en]
SSR = Sozialistische Sowjetrepublik (bis 1991); *vgl.* SSSR
SSSR ⟨*für* russ. CCCP = Union der Sozialistischen Sowjetrepubliken (bis 1991)⟩ (Sowjetunion)
SSW = Südsüdwest[en]
st! (Ruf, mit dem man [leise] auf sich aufmerksam machen will; Aufforderung, leise zu sein)
St = [2]Saint; Stratus
St. = Sankt; [1]Saint; Stück; Stunde
s. t. = sine tempore
S. T. = salvo titulo
Sta. = Santa
[1]**Staat,** der; -[e]s, -en ⟨lat.⟩; von Staats wegen; Staaten bildende [*alte Schreibung* staatenbildende] Insekten
[2]**Staat,** der; -[e]s (*ugs. für* Prunk); Staat machen (prunken)
Staa|ten bil|dend [*alte Schreibung* staa|ten|bil|dend]; *vgl.* [1]Staat
Staa|ten|bund ⟨*zu* [1]Bund⟩
staa|ten|los; Staa|ten|lo|se, der *u.* die; -n, -n; **Staa|ten|lo|sig|keit,** die; -
staat|lich; staat|li|cher|seits; Staat|lich|keit, die; - (Status eines Staates)
Staats|af|fä|re; Staats|akt; Staats|ak|ti|on
Staats|a|ma|teur (Amateursportler, der vom Staat so sehr gefördert wird, dass er den Sport wie ein Profi betreiben kann)
Staats|amt
Staats|an|ge|hö|ri|ge, der *u.* die
Staats|an|ge|hö|rig|keit, die; -, -en
Staats|an|lei|he
Staats|an|walt; Staats|an|wäl|tin; Staats|an|walt|schaft
Staats|ap|pa|rat; Staats|ar|chiv; Staats|bank *Plur.* ...banken; **Staats|ban|kett; Staats|bank|rott; Staats|be|am|te; Staats|be|gräb|nis; Staats|be|such; Staats|be|trieb; Staats|bib|li|o|thek**
Staats|bür|ger; Staats|bür|ge|rin; Staats|bür|ger|kun|de, die; - (Unterrichtsfach, bes. in der DDR); **staats|bür|ger|lich; Staats|bür|ger|schaft**

S

Staats|bürg|schaft
Staats|die|ner; Staats|dienst
staats|ei|gen; Staats|ei|gen|tum
staats|er|hal|tend
Staats|e|x|a|men; Staats|fei|er|tag
staats|feind|lich; Staats|feind|lich|keit, die; -
Staats|fi|nan|zen *Plur.;* **Staats|flag|ge; Staats|form; Staats|füh|rung; Staats|ge|biet**
staats|ge|fähr|dend; Staats|ge|fähr|dung
Staats|ge|fäng|nis; Staats|ge|heim|nis; Staats|gel|der *Plur.;* **Staats|ge|richts|hof,** der; -[e]s; **Staats|ge|walt,** die; -; **Staats|gren|ze; Staats|grün|dung; Staats|haus|halt; Staats|ho|heit,** die; -; **Staats|kanz|lei; Staats|ka|pi|ta|lis|mus; Staats|ka|ros|se; Staats|kas|se; Staats|kir|che**
Staats|kos|ten [*alte Trennung* ...|st...] *Plur.;* auf Staatskosten
Staats|kunst, die; -; **Staats|leh|re**
Staats|mann *Plur.* ...männer; **staats|män|nisch**
Staats|mi|nis|ter [*alte Trennung* ...|st...]; **Staats|mi|nis|te|rin**
Staats|mo|no|pol; staats|mo|no|po|lis|tisch [*alte Trennung* ...|st...]
Staats|not|stand; Staats|o|ber|haupt; Staats|or|gan
Staats|po|li|tik, die; -; **staats|po|li|tisch**
Staats|prä|si|dent; Staats|prä|si|den|tin
Staats|prü|fung; die erste, die zweite Staatsprüfung
Staats|qual|le (ein Nesseltier)
Staats|rä|son
Staats|rat *Plur.* ...räte; **Staats|rats|vor|sit|zen|de**
Staats|recht, das; -[e]s; **Staats|recht|ler; staats|recht|lich**
Staats|re|li|gi|on; Staats|sä|ckel [*alte Trennung* ...k|k...]
Staats|schau|spie|ler; Staats|schau|spie|le|rin
Staats|schrei|ber (*schweiz. für* Vorsteher einer Staatskanzlei); **Staats|schul|den** *Plur.;* **Staats|schutz**
Staats|se|k|re|tär; Staats|se|k|re|tä|rin
Staats|si|cher|heit, die; -; **Staats|si|cher|heits|dienst,** der; -[e]s (*früher* politische Geheimpolizei der DDR; *Abk.* SSD)
Staats|streich; Staats|the|a|ter; Staats|trau|er; Staats|ver|bre|chen; Staats|ver|dros|sen|heit; Staats|ver|schul|dung; Staats|ver|trag; Staats|volk; Staats|we|sen; Staats|wirt|schaft; Staats|wis|sen|schaft
Stab, der; -[e]s, Stäbe; 25 Stab Roheisen; **Stab|an|ten|ne**
Sta|bat Ma|ter [st... -; *alte Schreibung* Sta|bat ma|ter], das; - -, - - ⟨lat., »die Mutter [Jesu] stand [am Kreuze]«⟩ ([vertonte] mittelalterliche Sequenz)
Stäb|chen; Stab|ei|sen
Sta|bel|le, die; -, -n ⟨roman.⟩ (*schweiz. für* Stuhl, dessen Beine [u. Lehne] einzeln in die Sitzfläche eingelassen sind)
stä|beln (*landsch. für* [Pflanzen] anbinden); ich stäb[e]le
sta|bend (*für* alliterierend)
Sta|berl, der; -s (eine Gestalt der Wiener Posse)
stab|för|mig
Stab|füh|rung (musikalische Leitung); unter der Stabführung von ...
Stab|hoch|sprin|ger; Stab|hoch|sprin|ge|rin; Stab|hoch|sprung
sta|bil ⟨lat.⟩ (beständig, fest; kräftig, widerstandsfähig)
Sta|bi|li|sa|ti|on, die; -, -en ⟨lat.⟩
Sta|bi|li|sa|tor, der; -s, ...oren (Vorrichtung zur Verringerung der Kurvenneigung bei Kraftwagen; Zusatz, der die Zersetzung chemischer Verbindungen verhindern soll; elektrischer Spannungsregler)
sta|bi|li|sie|ren (stabil machen); **Sta|bi|li|sie|rung**
Sta|bi|li|sie|rungs|flä|che *(Flugw.);* **Sta|bi|li|sie|rungs|flos|se** (bei [Renn]wagen)
Sta|bi|li|tät, die; - (Beständigkeit, [Stand]festigkeit)
Sta|bi|li|täts|po|li|tik, die; -
Stab|lam|pe
Stab|reim (Anlautreim, Alliteration); **stab|rei|mend**
Stabs|arzt; Stabs|feld|we|bel
stab|sich|tig (*für* astigmatisch); **Stab|sich|tig|keit,** die; -
Stabs|of|fi|zier; Stabs|stel|le; Stabs|ve|te|ri|när
Stab|ta|schen|lam|pe
Stab|wech|sel (beim Staffellauf); **Stab|werk** *(got. Archit.)*
stacc. = staccato
stac|ca|to [ʃt..., *auch* st...] ⟨ital.⟩ (*Musik* deutlich abgesetzt; *Abk.* stacc.)
Stac|ca|to *vgl.* Stakkato
Sta|chel, der; -s, -n
Sta|chel|bee|re
Sta|chel|draht; Sta|chel|draht|ver|hau; Sta|chel|draht|zaun
Sta|chel|hals|band
Sta|chel|häu|ter *(Zool.)*
sta|che|lig, stach|lig; **Sta|che|lig|keit,** Stach|lig|keit, die; -
sta|cheln; ich stach[e]le
Sta|chel|schwein
stach|lig usw. *vgl.* stachelig usw.
Stack, das; -[e]s, -e (*Seew.* Buhne); **Stack|deich**
stad (*österr. u. bayr. ugs. für* still)
Sta|del, der; -s, *Plur.* -, *schweiz. auch* Städel (*südd., österr., schweiz. für* Scheune, kleines [offenes] Gebäude)
Sta|den, der; -s, - (*südd. für* Ufer[straße])
sta|di|al ⟨griech.-lat.⟩ (stufenweise, abschnittsweise)
Sta|di|on, das; -s, ...ien ⟨griech.⟩ (altgriechisches Wegmaß; Kampfbahn, Sportfeld); **Sta|di|on|an|sa|ge; Sta|di|on|spre|cher**
Sta|di|um, das; -s, ...ien ([Zu]stand, Entwicklungsstufe, Abschnitt)
Stadt, die; -, Städte[1]
Stadt|ar|chiv
stadt|aus|wärts
Stadt|au|to|bahn; Stadt|bahn
Stadt|bau *Plur.* ...bauten (städtischer Bau); **Stadt|bau|amt; Stadt|bau|rat**
stadt|be|kannt
Stadt|be|völ|ke|rung; Stadt|be|woh|ner; Stadt|be|zirk; Stadt|bi|b|li|o|thek; Stadt|bild; Stadt|bü|che|rei; Stadt|bum|mel *(ugs.)*
Städt|chen[1]
Stadt|chro|nik; Stadt|di|rek|tor
Städ|te|bau[1], der; -[e]s; **städ|te|bau|lich**[1]
Städ|te|bil|der[1] *Plur. (Kunstwiss.)*
Städ|te|bund, der (im MA.)
stadt|ein|wärts
Städ|te|kampf[1]
Städ|te|part|ner|schaft[1]
Städ|ter[1]; **Städ|te|rin**[1]
Städ|te|tag[1]
Stadt|ex|press [*alte Schreibung* ...ex|preß] (Zug des Personennahverkehrs; *Abk.* SE)
Stadt|fahrt; Stadt|flucht; Stadt|füh|rer; Stadt|gar|ten; Stadt|gas, das; -es; **Stadt|ge|biet; Stadt|ge|spräch; Stadt|gra|ben; Stadt|gue|ril|la; Stadt|haus**
Stadt|in|di|a|ner (*ugs. für* jmd., der seine Ablehnung der bestehenden Gesellschaft durch auf-

[1] [*auch* ˈʃtɛ...]

S

fällige Kleidung [u. Gesichtsbemalung] zum Ausdruck bringt)
Stadt|in|ne|re
städ|tisch[1]
Stadt|käm|me|rer; Stadt|kas|se; Stadt|kern; Stadt|kreis
stadt|kun|dig
Städt|lein[1]
Stadt|mau|er; Stadt|mensch; Stadt|mis|si|on; Stadt|mit|te; Stadt|mu|si|kant (*früher* Musikant im Dienst einer Stadt); **Stadt|park; Stadt|pfei|fer** (*vgl.* Stadtmusikant)
Stadt|plan; Stadt|pla|nung
Stadt|prä|si|dent (*schweiz. svw.* Oberbürgermeister)
Stadt|rand; Stadt|rand|sied|lung
Stadt|rat *Plur.* ...räte; **Stadt|rä|tin**
Stadt|recht, das; -[e]s; **Stadt|rei|ni|gung; Stadt|rund|fahrt; Stadt|sa|nie|rung**
Stadt|schrei|ber; Stadt|schrei|be|rin
Stadt|staat
Stadt|strei|cher; Stadt|strei|che|rin
Stadt|teil; Stadt|the|a|ter; Stadt|tor; Stadt|vä|ter *Plur.*; **Stadt|ver|kehr**
Stadt|ver|ord|ne|te, der *u.* die; -n, -n; **Stadt|ver|ord|ne|ten|ver|samm|lung**
Stadt|ver|wal|tung; Stadt|vier|tel; Stadt|wald; Stadt|wap|pen; Stadt|wer|ke *Plur.*; **Stadt|woh|nung; Stadt|zen|t|rum**
Staël [sta(:)l], Madame de (französische Schriftstellerin)
Sta|fel, der; -s, Stäfel ‹roman.› (*schweiz. für* Alpweide mit Hütte[n])
Sta|fet|te, die; -, -n ‹ital.› (*früher für* Meldereiter; Gruppe von Personen, die, etappenweise wechselnd, etwas [schnell] übermitteln; *Sport veraltet für* Staffel); **Sta|fet|ten|lauf**
Staf|fa|ge [...ʒə], die; -, -n ‹französierende Bildung› (Beiwerk, Belebung [eines Bildes] durch Figuren; Nebensächliches, Ausstattung)
Staf|fel, die; -, -n ↑K 26: 4×100-m-Staffel od. 4-mal-100-Meter-Staffel [*alte Schreibung* 4mal-100-Meter-Staffel]
Staf|fel|an|lei|he *(Wirtsch.)*; **Staf|fel|be|tei|li|gung** *(Wirtsch.)*
Staf|fe|lei
staf|fel|för|mig
Staf|fel|lauf *(Sport)*; **Staf|fel|mie|te**
staf|feln; ich staff[e]le
Staf|fel|preis; Staf|fel|rech|nung; Staf|fel|span|ne *(Wirtsch.)*
Staf|fe|lung, Stafflung
staf|fel|wei|se
Staf|fel|wett|be|werb *(Sport)*
staf|fie|ren ‹franz.› (*österr. für* schmücken, putzen; einen Stoff auf einen anderen aufnähen)
Staf|fie|rer; Staf|fie|rung
Staff|lung *vgl.* Staffelung
Stag, das; -[e]s, -e[n] (*Seemannsspr.* Halte-, Stütztau)
Stage [sta:ʒ], der; -s, -s *u.* die; -, -s ‹franz.› (*schweiz. für* Aufenthalt bei einer Firma o. Ä. zur weiterführenden Ausbildung)
Stag|fla|ti|on [ʃt..., *auch* st...], die; -, -en ‹aus Stagnation *u.* Inflation› (von wirtschaftlichem Stillstand begleitete Inflation)
Sta|gi|ai|re [staˈʒi̯e:r], der; -s, -s ‹franz.› (*schweiz. für* jmd., der einen Stage absolviert)
Sta|g|na|ti|on [ʃt..., *auch* st...], die; -, -en ‹lat.› (Stockung, Stillstand); **sta|g|nie|ren; Sta|g|nie|rung**
Stag|se|gel (*Seemannsspr.* an einem Stag gefahrenes Segel)
Stahl, der; -[e]s, *Plur.* Stähle, *selten* Stahle
Stahl|ar|bei|ter; Stahl|bad; Stahl|band, das; *Plur.* ...bänder; **Stahl|bau** *Plur.* ...bauten; **Stahl|be|ton**
stahl|blau
Stahl|blech; Stahl|bürs|te [*alte Trennung* ...|st...]; **Stahl|draht**
stäh|len
stäh|lern (aus Stahl)
Stahl|er|zeu|gung; Stahl|fe|der; Stahl|flach|stra|ße *(Straßenbau)*; **Stahl|fla|sche**
stahl|grau; stahl|hart
Stahl|helm; Stahl|in|dus|t|rie [*alte Trennung* ...|st...]; **Stahl|kam|mer; Stahl|ko|cher** (*ugs. für* Stahlarbeiter); **Stahl|plat|te**
Stahl|rohr; Stahl|rohr|mö|bel
Stahl|ross [*alte Schreibung* ...roß] (*scherzh. für* Fahrrad)
Stahl|ske|lett|bau|wei|se, die; -
Stahl|ste|cher; Stahl|stich
Stahl|trä|ger; Stahl|tros|se; Stahl|werk; Stahl|wol|le, die; -
Sta|ke, die; -, -n *u.* **Sta|ken,** der; -s, - (*landsch. für* Stange zum Schieben von Flößen, Kähnen); **sta|ken** (*landsch. für* mit Staken fortbewegen)
Sta|ket [ʃta...], das; -[e]s, -e ‹niederl.› (Lattenzaun); **Sta|ke|te,** die; -, -n (*bes. österr. für* Zaunlatte); **Sta|ke|ten|zaun**
Stak|ka|to [ʃt..., *auch* st...], das; -s, *Plur.* -s *u.* ...ti ‹ital.› (*Musik* kurz abgestoßener Vortrag); *vgl.* staccato
stak|sen (*ugs. für* mit steifen Schritten gehen); du stakst; **stak|sig**
Sta|lag|mit [ʃt..., *auch* st...], der; *Gen.* -s *u.* -en, *Plur.* -e[n] ‹griech.› (Tropfstein vom Boden her, Auftropfstein); **sta|lag|mi|tisch**
Sta|lak|tit, der; *Gen.* -s *u.* -en, *Plur.* -e[n] (Tropfstein an Decken, Abtropfstein); **Sta|lak|ti|ten|ge|wöl|be** (islamische Baukunst); **sta|lak|ti|tisch**
Sta|lin [ʃt..., *auch* st...] (sowjetischer Politiker)
Sta|lin|grad *vgl.* Wolgograd
Sta|li|nis|mus, der; - (von Stalin geprägte Interpretation des Marxismus u. die von ihm danach geprägte Herrschaftsform); **Sta|li|nist,** der; -en, -en; **sta|li|nis|tisch** [*alte Trennung* ...|st...]
Sta|lin|or|gel (*früher* sowjetischer Raketenwerfer)
Stall, der; -[e]s, Ställe; **Stall|bur|sche; Ställ|chen; Stall|dün|ger** (natürl. Dünger); **stal|len**
Stall|füt|te|rung; Stall|ge|fähr|te *(Rennsport)*; **Stall|ge|ruch** (*auch für* Zugehörigkeit zu einem bestimmten Verein)
Stall|ha|se (Hauskaninchen); **Stall|knecht** *(veraltend)*
Stall|la|ter|ne, *auch* **Stall-La|ter|ne** [*alte Schreibung* Stallater|ne, *alte Trennung* ...ll|l...]
Stall|magd *(veraltend)*; **Stall|meis|ter** [*alte Trennung* ...|st...]
Stal|lung
Stall|wa|che (*auch für* Präsenz am Regierungssitz während der Parlamentsferien)
Stam|bul [ʃt..., *auch* st...] (Stadtteil von Istanbul)
Sta|mi|no|di|um [ʃt..., *auch* st...], das; -s, ...ien ‹lat.› (*Bot.* unfruchtbares Staubblatt)
Stamm, der; -[e]s, Stämme
Stamm|ak|tie
Stamm|baum; Stamm|be|leg|schaft; Stamm|be|set|zung; Stamm|buch; Stamm|burg
stamm|bür|tig (*Bot.* am Stamm ansetzend [von Blüten])
Stämm|chen

[1] [*auch* ˈʃtɛ...]

Stạmm|da|ten *Plur. (EDV)*
Stạmm|ein|la|ge *(Wirtsch.)*
stạm|meln; ich stamm[e]le
stạm|men
stạm|mern (*nordd. für* stammeln)
Stạm|mes|be|wusst|sein [*alte Schreibung* ...be|wußt|sein]
Stạm|mes|füh|rer; Stạm|mes|fürst
Stạm|mes|ge|schich|te, die; -; **stạm|mes|ge|schicht|lich**
Stạm|mes|häupt|ling; Stạm|mes|kun|de, die; -; **Stạm|mes|na|me**
Stạmm|es|sen
Stạm|mes|spra|che; Stạm|mes|ver|band; Stạm|mes|zu|ge|hö|rig|keit
Stạmm|form; Stạmm|gast *Plur.* ...gäste; **Stạmm|ge|richt**
stạmm|haft
Stạmm|hal|ter (*scherzh. für* erster männlicher Nachkomme)
Stạmm|haus
stạ̈m|mig; Stạ̈m|mig|keit, die; -
Stạmm|ka|pi|tal; Stạmm|knei|pe *(ugs.);* **Stạmm|kun|de,** der; **Stạmm|kund|schaft; Stạmm|land** *Plur.* ...länder
Stạmm|ler
Stạmm|lo|kal
Stạmm|mann|schaft, *auch* **Stạmm-Mann|schaft** [*alte Schreibung* Stammann|schaft, *alte Trennung* ...mm|m...]
Stạmm|mie|te, *auch* **Stạmm-Mie|te** [*alte Schreibung* Stammie|te, *alte Trennung* ...mm|m...]
Stạmm|mie|ter, *auch* **Stạmm-Mie|ter** [*alte Schreibung* Stammie|ter, *alte Trennung* ...mm|m...]
Stạmm|mut|ter, *auch* **Stạmm-Mut|ter** [*alte Schreibung* Stammut|ter, *alte Trennung* ...mm|m...] *Plur.* ...mütter
Stạmm|per|so|nal; Stạmm|platz; Stạmm|re|gis|ter [*alte Trennung* ...|st...] *(Bankw.);* **Stạmm|rol|le** *(Milit.);* **Stạmm|sil|be; Stạmm|sitz; Stạmm|spie|ler** *(Sport);* **Stạmm|ta|fel**
Stạmm|tisch; Stạmm|tisch|po|li|ti|ker
Stạmm|ton *Plur.* ...töne *(Musik)*
Stạmm|va|ter
stạmm|ver|wandt; Stạmm|ver|wandt|schaft
Stạmm|vo|kal; Stạmm|wäh|ler; Stạmm|wort; Stạmm|wür|ze
Sta|mo|kap, der; -[s] (*Kurzw. für* staatsmonopolistischer Kapitalismus)
Stạm|pe, die; -, -n (*bes. berlin. für* Gaststätte, Kneipe)
Stam|pe̲|de [ʃt..., *auch* st..., *auch* stɛmˈpiːt], die; -, *Plur.* -n, *bei engl. Aussprache* -s ‹engl.› (wilde Flucht einer in Panik geratenen [Rinder]herde)
Stạm|per, der; -s, - (Schnapsglas ohne Fuß); **Stạm|perl,** das; -s, -n (*bayr. u. österr. für* Stamper)
Stạmpf|be|ton; Stạmp|fe, die; -, -n
stạmp|fen; Stạmp|fer; Stạmpf|kar|tof|feln *Plur.* (*landsch. für* Kartoffelbrei)
Stam|pi|g|lie [...ˈpɪljə], die; -, -n ‹ital.› (*österr. für* Stempel)
Stan [stɛn] (m. Vorn.)

Stạnd

der; -[e]s, Stände
– einen schweren Stand haben
– er ist gut im Stande (bei guter Gesundheit)
– jmdn. in den Stand setzen[,] etwas zu tun
– standhalten *(vgl. d.)*

In folgenden Fällen kann zusammen- oder auch getrennt geschrieben werden:
– außerstande, *auch* außer Stande
– imstande, *auch* im Stande sein
– instand, *auch* in Stand halten
– instand, *auch* in Stand setzen
– zustande, *auch* zu Stande bringen, kommen

Stạn|dard [ʃt..., *auch* st...], der; -s, -s ‹engl.› (Maßstab, Richtschnur, Norm; Qualitäts- *od.* Leistungsniveau)
Stạn|dard|aus|rüs|tung [*alte Trennung* ...|st...]; **Stạn|dard|brief; Stạn|dard|far|be; Stạn|dard|form**
stan|dar|di|si̲e̲|ren (normen); **Stan|dar|di|si̲e̲|rung**
Stạn|dard|kal|ku|la|ti|on *(Wirtsch.)*
Stạn|dard|klas|se *(Sport)*
Stạn|dard|kos|ten [*alte Trennung* ...|st...] *Plur. (Wirtsch.);* **Stạn|dard|kos|ten|rech|nung**
Stạn|dard|lö|sung; Stạn|dard|mo|dell; Stạn|dard|preis; Stạn|dard|si|tu|a|ti|on (z. B. Freistoß, Eckstoß im Fußball)
Stạn|dard|spra|che (*Sprachw.* gesprochene u. geschriebene Form der Hochsprache)
Stạn|dard|tanz
Stạn|dard|werk (mustergültiges Sach- od. Fachbuch)
Stạn|dard|wert (Festwert)
Stan|dạr|te, die; -, -n ‹franz.› (kleine [quadratische] Fahne [als Hoheitszeichen]; *Jägerspr.* Schwanz des Fuchses u. des Wolfes); **Stan|dạr|ten|trä|ger**
Stạnd|bein (*Sport, bild. Kunst; Ggs.* Spielbein); **Stạnd|bild**
Stand-by [ˈstɛntbai̯], das; -[s], -s ‹engl.› (Form der Flugreise ohne feste Platzbuchung; *Elektronik* Bereitschaftsschaltung)
Stạ̈nd|chen
Stạn|de, die; -, -n *(landsch. u. schweiz.) u.* Stạn|den, der; -, - (*landsch. für* [2]Kufe, Bottich)
Stạ̈n|de *Plur.* (ständische Volksvertretung); **Stạ̈n|de|kam|mer**
Stạ̈n|del, Stạ̈n|del|wurz *vgl.* Stendel, Stendelwurz
Stạn|den *vgl.* Stande
Stạ̈n|de|ord|nung; Stạ̈n|de|or|ga|ni|sa|ti|on
Stạn|der, der; -s, - (Dienstflagge am Auto z. B. von hohen Regierungsbeamten; *Seemannsspr.* kurze, dreieckige Flagge)
Stạ̈n|der, der; -s, - (*Jägerspr. auch* Fuß des Federwildes)
Stạ̈n|de|rat, der; -[e]s, ...räte (*in der Schweiz* Vertretung der Kantone in der Bundesversammlung u. deren Mitglied); **Stạ̈n|de|recht**
Stạ̈n|der|lam|pe (*schweiz. für* Stehlampe); **Stạ̈n|der|pilz**
Stạn|des|amt; stạn|des|amt|lich; standesamtliche Trauung; **Stạn|des|be|am|te; Stạn|des|be|am|tin**
stạn|des|be|wusst [*alte Schreibung* ...be|wußt]; **Stạn|des|be|wusst|sein**
Stạn|des|dün|kel; Stạn|des|eh|re *(veraltet)*
stạn|des|ge|mäß; standesgemäßes Auskommen
Stạn|des|herr *(früher)*
Stạn|des|per|son; Stạn|des|pflicht; Stạn|des|recht; Stạn|des|re|gis|ter [*alte Trennung* ...|st...]
Stạ̈n|de|staat *Plur.* ...staaten *(früher)*
Stạn|des|un|ter|schied
Stạ̈n|de|tag *(früher)*
stạnd|fest; Stạnd|fes|tig|keit [*alte Trennung* ...|st...], die; -
Stạnd|fo|to *(Filmw.);* **Stạnd|fuß|ball,** der; -[e]s *(ugs.)*
Stạnd|gas, das; -es *(Kfz-Technik)*
Stạnd|geld (Marktgeld)
Stạnd|ge|richt *(Milit.)*
Stạnd|glas *Plur.* ...gläser (Messzylinder)
stạnd|haft; Stạnd|haf|tig|keit, die; -

S

stand|hal|ten ↑K 47; er hält stand; sie hat standgehalten; standzuhalten
Stand|hei|zung *(Kfz-Technik)*
stän|dig (dauernd); ständiges Mitglied, ständige Vertretung, *aber* ↑K 150: Ständiger Internationaler Gerichtshof; Ständige Konferenz der Kultusminister der Länder
Stan|ding ['stændɪŋ], das; -s ‹engl.› (Rang, Ansehen)
Stan|ding|o|va|tions ['stɛ...o've:ʃn̩s], *auch* **Stan|ding O|va|tions** [*alte Schreibung* Stan|ding ova|tions] *Plur.* ‹engl.› (Ovationen im Stehen)
stän|disch (die Stände betreffend; nach Ständen gegliedert)
Standl, das; -s, -n (*bayr., österr. ugs. für* Verkaufsstand)
Stand|licht, das; -[e]s (bei Kraftfahrzeugen)
Stand|ort, der; -[e]s, -e (*Milit. auch svw.* Garnison)
Stand|ort|be|stim|mung; Stand|ort|fak|tor *(Wirtsch.);* **Stand|ort|vor|teil; Stand|ort|wech|sel**
Stand|pau|ke (*ugs. für* Strafrede); **Stand|punkt; Stand|quar|tier**
Stand|recht, das; -[e]s; (Kriegsstrafrecht); **stand|recht|lich;** standrechtliche Erschießung
stand|si|cher; Stand|si|cher|heit, die; -
Stand|spur; Stand|uhr; Stand|vo|gel; Stand|waa|ge *(Sport)*
Stan|ge, die; -, -n (*Jägerspr. auch* Stamm des Hirschgeweihes, Schwanz des Fuchses); von der Stange kaufen (Konfektionsware kaufen)
Stän|gel [*alte Schreibung* Sten|gel], der; -s, - (Teil der Pflanze)
Stän|gel|blatt [*alte Schreibung* Sten|gel|blatt]
Stän|gel|chen, Stän|ge|lein, Stäng|lein (kleine Stange; kleiner Stängel)
...stän|ge|lig, ...stäng|lig [*alte Schreibungen* ...sten|ge|lig, ...steng|lig] (z. B. kurzstäng[e]lig)
stän|gel|los [*alte Schreibung* sten|gel|los]
stän|geln (an Stangen anbinden); ich stäng[e]le
Stan|gen|boh|ne; Stan|gen|holz
Stan|gen|pferd (an der Deichsel gehendes Pferd eines Gespanns); **Stan|gen|rei|ter** (*früher für* Reiter auf dem Stangenpferd)
Stan|gen|spar|gel
Stan|gen|weiß|brot
...stäng|lig [*alte Schreibung* ...steng|lig] *vgl.* stängelig
Sta|nis|laus, Sta|nis|law [...laf] (m. Vorn.)
Sta|nit|zel *od.* **Sta|nitzl,** das; -s, - (*bayr. u. österr. für* spitze Tüte)
Stank, der; -[e]s (*ugs. für* Zank, Ärger); **Stän|ker** *(ugs. abwertend);* **Stän|ke|rei; Stän|ke|rer** (*svw.* Stänker); **Stän|ke|rin**
stän|kern (*ugs. für* Gestank verbreiten; für Ärger, Unruhe sorgen); ich stänkere
Stan|ley ['stɛnli] (m. Vorn.)
Stan|ni|ol, das; -s, -e ‹nlat.› (eine silberglänzende Zinnfolie, *ugs. auch für* Aluminiumfolie)
Stan|ni|ol|blätt|chen; Stan|ni|ol|pa|pier
Stan|num [st..., *auch* ʃt...], das; -s (*lat. Bez. für* Zinn; *chem. Zeichen* Sn)
Stans (Hauptort des Halbkantons Nidwalden)
stan|te pe|de [st... -] ‹lat., »stehenden Fußes«› (*ugs. scherzh. für* sofort)
[1]**Stan|ze,** die; -, -n ‹ital.› (*Verslehre* achtzeilige Strophenform)
[2]**Stan|ze,** die; -, -n (Ausschneidewerkzeug, -maschine für Bleche u. a.; Prägestempel); **stan|zen;** du stanzt
Stanz|form; Stanz|ma|schi|ne
Sta|pel, der; -s, -; vom Stapel gehen, lassen, laufen
Sta|pel|be|trieb *(EDV)*
Sta|pel|holz, das; -es
Sta|pe|lie, die; -, -n ‹nach dem niederl. Arzt J. B. van Stapel› (Aasblume od. Ordensstern)
Sta|pel|lauf
sta|peln; ich stap[e]le
Sta|pel|platz; Sta|pe|lung; Sta|pel|wa|re; sta|pel|wei|se
Stap|fe, die; -, -n *u.* Stap|fen, der; -s, - (Fußspur); **stap|fen**
Stap|fen *vgl.* Stapfe
Sta|phy|lo|kok|kus [ʃt..., *auch* st...], der; -, ...kken *meist Plur.* ‹griech.› (*Med.* traubenförmige Bakterie)
Stap|ler (*kurz für* Gabelstapler); **Stap|ler|fah|rer**
Staps, der; -es, -e (*obersächs. für* ungelenker Bursche)
[1]**Star,** der; -[e]s, -e ‹zu starr› (Augenkrankheit); ↑K 151: der graue, grüne, schwarze Star
[2]**Star** [ʃt..., *auch* st...], der; -s, -s ‹engl., »Stern«› (berühmte Persönlichkeit [beim Theater, Film]; *kurz für* Starboot)
[3]**Star,** der; -[e]s, -e (ein Vogel)
Stär, der; -[e]s, -e (*landsch. für* Widder)
Star|al|lü|ren *Plur.* (launenhafte Eigenheiten eines [2]Stars)
Star|an|walt (berühmter Anwalt); **Star|an|wäl|tin**
Star|auf|ge|bot; Star|be|set|zung
star|blind
Star|boot [ʃt..., *auch* st...] ‹engl.; dt.› (ein Sportsegelboot)
stä|ren (*landsch. für* brünstig sein nach dem Stär)
Sta|ren|kas|ten, *auch* Star|kas|ten [*alte Trennung* ...|st...]

stark
stärker, stärks|te – eine starke Natur; sie hat starke Nerven – *(Sprachw.:)* starke Deklination; ein starkes Verb
Großschreibung: – das Recht des Starken – August II., der Starke
Getrenntschreibung in Verbindung mit Verben und Partizipien: – z. B. stark sein, stark werden, stark machen – stark erhitzter Glühwein; stark gehopftes Bier

Stark|bier
Stär|ke, die; -, -n; **Stär|ke|ge|halt,** der; **Stär|ke|mehl**
stär|ken
Star|ken|burg (Südteil des Regierungsbezirks Darmstadt); **star|ken|bur|gisch**
Stär|ke|zu|cker [*alte Trennung* ...k|k...]
Star|king, der; -s, -s (Apfelsorte)
stark|kno|chig; stark|lei|big
Stark|strom, der; -[e]s; **Stark|strom|tech|nik,** die; -; **Stark|strom|tech|ni|ker**
Star|kult ‹*zu* [2]Star›
Stär|kung; Stär|kungs|mit|tel, das
Star|let[t] ['ʃt..., *auch* 'st...], das; -s, -s ‹engl., »Sternchen«› (Nachwuchsfilmschauspielerin)
Star|man|ne|quin
Starn|ber|ger See, der; - -s
Sta|rost [st..., *auch* ʃt...], der; -en, -en ‹poln.› (*früher* polnischer Kreishauptmann, Landrat); **Sta|ros|tei** [*alte Trennung* ...|st...] (Amt[sbezirk] eines Starosten)
starr; ein starres Prinzip

S

¹statt,

an|statt	*Veraltet od. ugs. mit Dativ:* – statt einem Stein; statt dem Vater *Standardsprachlich mit Dativ, wenn der Genitiv nicht erkennbar wird:* – statt Worten will ich Taten sehen
Präposition mit Genitiv: – statt meiner – statt deren (*vgl.* deren); die Ärztin, statt deren der Assistent operiert hatte, war selbst krank geworden – statt derer (*vgl.* derer); ich möchte diese Blume statt derer, die Sie mir gegeben haben – statt eines Rates – der Kanzler, statt dessen (für den) eine Ministerin erschienen war, ließ grüßen; *aber* der Kanzler konnte nicht kommen, stattdessen [*alte Schreibung* statt dessen] (dafür) schickte er seine Ministerin	*Konjunktion:* – statt mit Drohungen versucht er es mit Ermahnungen – statt dass ... ↑K 126 – statt zu ... ↑K 116 – die Nachricht kam an mich statt an dich – sie gab das Geld ihm statt mir

Starr|ach|se *(Kfz-Technik)*
Star|re, die; -
star|ren; von *od.* vor Schmutz starren; **Starr|heit,** die; -
Starr|kopf (*abwertend für* eigensinniger Mensch); **starr|köp|fig**
Starr|krampf, der; -[e]s (*kurz für* Wundstarrkrampf)
Starr|sinn, der; -[e]s; **starr|sin|nig**
Starr|sucht, die; - (*für* Katalepsie)
Stars and Stripes [- ɛnt 'straips] *Plur.* (Nationalflagge der USA, Sternenbanner)
Start, der; -[e]s, *Plur.* -s, *selten* -e ‹engl.›; fliegender Start; stehender Start
Start|au|to|ma|tik; Start|bahn; Start|be|rech|ti|gung
start|be|reit
Start|block *Plur.* ...blöcke *(Sport)*
star|ten
Star|ter (*Sport* Person, die das Zeichen zum Start gibt; jmd., der startet; Anlasser eines Motors)
Start|er|laub|nis; Start|flag|ge; Start|geld
Start|hil|fe; Start|hil|fe|ka|bel
Start|ka|pi|tal
start|klar
Start|kom|man|do; Start|läu|fer *(Sport);* **Start|läu|fe|rin** *(Sport);* **Start|li|nie; Start|loch; Start|ma|schi|ne** *(Pferdesport);* **Start|num|mer; Start|pass** [*alte Schreibung* ...paß]; **Start|pis|to|le** [*alte Trennung* ...|st...]; **Start|platz; Start|ram|pe; Start|schuss** [*alte Schreibung* ...schuß]
Start|sei|te (*EDV* Homepage)
Start|si|g|nal; Start|sprung
Start-und-Lan|de-Bahn
Start-up ['sta:ɐ̯tap], das; -s, -s ‹engl.›, **Start-up-Un|ter|neh|men** (neu gegründetes Wirtschaftsunternehmen)
Start|ver|bot; Start|zei|chen
Start-Ziel-Sieg ↑K 26
Sta|se, Sta|sis [*beide* st..., *auch* ʃt...], die; -, Stasen ‹griech.› (*Med.* Stauung)
Sta|si, die, *selten* der; - (*ugs. kurz für* Staatssicherheitsdienst der DDR); **Sta|si|ak|te**
Sta|sis *vgl.* Stase
Staß|furt (Stadt südl. von Magdeburg); **Staß|fur|ter**
State De|part|ment ['ste:t di'pa:tmɛnt], das; - - ‹engl.› (das Außenministerium der USA)
State|ment ['ste:tmɛnt], das; -s, -s ‹engl.› (Verlautbarung)
sta|tie|ren ‹lat.› (als Statist od. Statistin tätig sein)
Stä|tig|keit, die; - (Störrigkeit [von Pferden]); *vgl. aber* Stetigkeit
Sta|tik [ʃt..., *auch* st...], die; - ‹griech.› (Lehre von den Kräften im Gleichgewicht); **Sta|ti|ker** (Bauingenieur mit speziellen Kenntnissen in der Statik); **Sta|ti|ke|rin**
Sta|ti|on, die; -, -en ‹lat.›
sta|ti|o|när (an einen festen Standort gebunden; die Behandlung, den Aufenthalt in einem Krankenhaus betreffend); stationäre Behandlung
sta|ti|o|nie|ren (an bestimmte Plätze stellen; aufstellen); **Sta|ti|o|nie|rung; Sta|ti|o|nie|rungs|kos|ten** [*alte Trennung* ...|st...] *Plur.*
Sta|ti|ons|arzt (Abteilungsarzt); **Sta|ti|ons|pfle|ger; Sta|ti|ons|schwes|ter** [*alte Trennung* ...|st...]
Sta|ti|ons|tas|te [*alte Trennung* ...|st...] (zur automatischen Einstellung eines Radiosenders)
Sta|ti|ons|vor|stand (*österr. u. schweiz. für* Stationsvorsteher); **Sta|ti|ons|vor|ste|her** (Bahnhofsvorsteher)
sta|tisch [ʃt..., *auch* st...] ‹griech.› (die Statik betreffend; stillstehend, ruhend)
stä|tisch (störrisch, widerspenstig [von Pferden])
Sta|tist, der; -en, -en ‹lat.› (*Theater u. übertr.* stumme Person; Nebenfigur); **Sta|tis|te|rie** [*alte Trennung* ...|st...], die; -, ...ien (Gesamtheit der Statisten u. Statistinnen); *vgl.* statieren
Sta|tis|tik [*alte Trennung* ...|st...], die; -, -en ([vergleichende] zahlenmäßige Erfassung, Untersuchung u. Darstellung von Massenerscheinungen)
Sta|tis|ti|ker [*alte Trennung* ...|st...]; **Sta|tis|ti|ke|rin**
Sta|tis|tin [*alte Trennung* ...|st...]; *vgl.* Statist
sta|tis|tisch [*alte Trennung* ...|st...] (zahlenmäßig), *aber* ↑K 150: das Statistische Bundesamt (in Wiesbaden)
Sta|tiv, das; -s, -e ([dreibeiniges] Gestell für Apparate)
Sta|to|blast [ʃt..., *auch* st...], der; -en, -en ‹griech.› (*Biol.* ungeschlechtlicher Fortpflanzungskörper der Moostierchen)
Sta|to|lith, der; *Gen.* -s *u.* -en, *Plur.* -e[n] (*Med.* Steinchen im Gleichgewichtsorgan; *Bot.* Stärkekorn in Pflanzenwurzeln)
Sta|tor [ʃt..., *auch* st...], der; -s, ...oren ‹lat.› (nicht rotierender Teil einer elektrischen Maschine)

S

[1]**statt** *s. Kasten S. 922*
[2]**statt** [*alte Schreibung* Statt]; an meiner statt; an Eides, an Kindes, an Zahlungs statt
statt|des|sen [*alte Schreibung* statt dessen]; der Kanzler konnte nicht kommen, stattdessen (dafür) schickte er eine Ministerin; *vgl. auch* [1]statt
Stät|te, die; -, -n
statt|fin|den ↑K 47; es findet statt ↑K 71; es hat stattgefunden; stattzufinden
statt|ge|ben ↑K 47; *zur Beugung vgl.* stattfinden
statt|ha|ben (↑K 47; *veraltet*); es hat statt ↑K 71; es hat stattgehabt; stattzuhaben
statt|haft; Statt|haf|tig|keit, die; -
Statt|hal|ter (*früher für* Stellvertreter); **Statt|hal|ter|schaft,** die; -
statt|lich ‹*zu* [2]Staat (Prunk)› (ansehnlich); **Statt|lich|keit,** die; -
sta|tu|a|risch [ʃt..., *auch* st...] ‹lat.› (statuenhaft)
Sta|tue [...tu̯ə], die; -, -n (Standbild, Bildsäule); **sta|tu|en|haft**
Sta|tu|et|te, die; -, -n ‹franz.› (kleine Statue)
sta|tu|ie|ren ‹lat.› (aufstellen; festsetzen; bestimmen); ein Exempel statuieren (ein warnendes Beispiel geben)
Sta|tur [ʃt...], die; -, -en (Gestalt; Wuchs)
Sta|tus [ʃt..., *auch* st...], der; -, - (Zustand, Stand; Lage, Stellung); die Beschreibung des Status; die wirtschaftlichen Status verschiedener Länder
Sta|tus|den|ken
Sta|tus Nas|cen|di [*alte Schreibung* Sta|tus nas|cen|di], der; - - (Zustand chemischer Stoffe im Augenblick ihres Entstehens)
Sta|tus quo, der; - - (gegenwärtiger Zustand)
Sta|tus quo an|te, der; - - - (Zustand vor dem bezeichneten Tatbestand, Ereignis)
Sta|tus|sym|bol [ʃt..., *auch* st...]
Sta|tut [ʃt...], das; -[e]s, -en ([Grund]gesetz; Satzung); **sta|tu|ta|risch** (auf Statut beruhend, satzungs-, ordnungsgemäß)
Sta|tu|tar|stadt (*österr. für* Stadt mit eigenem Stadtrecht)
Sta|tu|ten|än|de|rung; sta|tu|ten|ge|mäß; sta|tu|ten|wid|rig
Stau, der; -[e]s, *Plur.* -s *od.* -e; **Stau|an|la|ge**
Staub, der; -[e]s, *Plur. (Technik:)* -e *u.* Stäube; Staub saugen *od.* staubsaugen (*vgl. d.*); ein Staub abweisendes, *auch* staubabweisendes Gewebe; *aber nur* ein noch staubabweisenderes Gewebe ↑K 58 *u.* 59
staub|be|deckt; ein staubbedecktes Regal
Staub|be|sen; Staub|beu|tel; Staub|blatt *(Bot.)*
Stäub|chen; staub|dicht
Stau|be|cken [*alte Trennung* ...k|k...]
stau|ben; es staubt
stäu|ben (zerstieben)
Stau|be|ra|tung (eines Automobilklubs)
stäu|bern (*landsch. für* Staub entfernen); ich stäubere
Staub|ex|plo|si|on; Staub|fa|den; Staub|fän|ger *(ugs.)*
staub|frei
staub|ge|bo|ren; Staub|ge|bo|re|ne, der *u.* die; -n, -n *(bibl.)*
Staub|ge|fäß; stau|big
Staub|korn *Plur.* ...körner; **Staub|lap|pen; Staub|la|wi|ne**
Stäub|ling (ein Pilz)
Staub|lun|ge; Staub|man|tel; Staub|pin|sel
staub|sau|gen (er staubsaugte, hat [den Teppich] gestaubsaugt; staubzusaugen) *od.* **Staub sau|gen** (er saugte Staub, hat Staub gesaugt; Staub zu saugen)
Staub|sau|ger; Staub|schicht
staub|tro|cken [*alte Trennung* ...k|k...] (vom Lack)
Staub|tuch; Staub|we|del; Staub|wol|ke; Staub|zu|cker [*alte Trennung* ...k|k...], der; -s
Stau|che, die; -, -n *meist Plur.* (*landsch. für* Pulswärmer)
stau|chen; Stau|cher (*ugs. für* Zurechtweisung); **Stau|chung**
Stau|damm
Stau|de, die; -, -n
stau|den|ar|tig; Stau|den|ge|wächs; Stau|den|sa|lat (*landsch. für* Kopfsalat); **stau|dig**
stau|en (hemmen; *Seemannsspr.* [Ladung auf Schiffen] unterbringen); sich stauen
Stau|er (jmd., der Schiffe be- u. entlädt)
Stauf, der; -[e]s, -e (*veraltet für* Humpen; Hohlmaß); 5 Stauf
Stau|fe, der; -n, -n *u.* **Stau|fer,** der; -s, - (Angehöriger eines schwäbischen Fürstengeschlechtes); **Stau|fer|zeit,** die; -
Stauf|fer|büch|se, *auch* **Stauf|fer-Büch|se** ‹nach dem Hersteller› (Schmiervorrichtung); **Stauf|fer|fett,** *auch* **Stauf|fer-Fett,** das; -[e]s
stau|fisch ‹*zu* Staufe›
Stau|ge|fahr *(bes. Verkehrsw.)*;
Stau|mau|er
stau|nen; Stau|nen, das; -s; Staunen erregen
Stau|nen er|re|gend, *auch* **stau|nen|er|re|gend;** ein Staunen erregender, *auch* staunenerregender Vorfall; *aber nur* ein großes Staunen erregender Vorfall, ein äußerst staunenerregender Vorfall ↑K 58 *u.* 59
stau|nens|wert
[1]**Stau|pe,** die; -, -n (eine Hundekrankheit)
[2]**Stau|pe,** die; -, -n (*früher* öffentliche Züchtigung); **stäu|pen** (*früher* [öffentlich] auspeitschen)
Stau|punkt; Stau|raum; Stau|see
Stau|stu|fe
Stau|ung; Stau|ungs|be|hand|lung
Stau|was|ser *Plur.* ...wasser; **Stau|wehr** (*vgl.* [2]Wehr); **Stau|werk**
St. Chris|toph und Ne|vis [sn̩t - - ˈniːvɪs; *alte Trennung* ...|st...] (*svw.* St. Kitts und Nevis)
Std. = Stunde
Ste = Sainte
Stead|icam® [ˈstedikɛm], die; -, -s ‹engl.› (*Film* [Handkamera mit] Tragevorrichtung, die das Verwackeln der Bilder verhindert)
Steak [steːk], das; -s, -s ‹engl.› (kurz gebratene Fleischschnitte); **Steak|haus**
Stea|mer [ˈstiː...], der; -s, - ‹engl.› (Dampfschiff)
Ste|a|rin [ʃt..., *auch* st...], das; -s, -e ‹griech.› (Rohstoff für Kerzen); **Ste|a|rin|ker|ze**
Ste|a|tit, der; -s, -e (ein Talk; Speckstein)
Ste|a|to|py|gie, die; - (*Med.* starker Fettansatz am Gesäß)
Ste|a|to|se, die; - (*Med.* Verfettung)
Stech|ap|fel
Stech|bei|tel; Stech|ei|sen
ste|chen; du stichst; du stachst; du stächest; gestochen; stich!; er sticht sie, *auch* ihr ins Bein
Ste|chen, das; -s, - *(Sportspr.)*
Ste|cher
Stech|flie|ge; Stech|he|ber; Stech|kar|te (Karte für die Stechuhr); **Stech|mü|cke** [*alte Trennung* ...k|k...]; **Stech|pad|del**
Stech|pal|me; Stech|rüs|sel; Stech|schritt *(Milit.)*; **Stech|uhr** (eine

S

¹ste|cken

[*alte Trennung* ...k|k...] (sich irgendwo, in etwas befinden, dort festsitzen, befestigt sein)	*Man schreibt »stecken« vom folgenden Verb immer getrennt* ↑K 55: – stecken bleiben [*alte Schreibung* steckenbleiben]; ich bleibe stecken – der Nagel ist stecken geblieben; er ist während des Vortrags stecken geblieben [*alte Schreibungen* steckengeblieben] – stecken lassen [*alte Schreibung* steckenlassen] (vergessen) – er hat den Schlüssel stecken lassen [*alte Schreibung* steckenlassen], *seltener* stecken gelassen [*alte Schreibung* steckengelassen]
Beugung (vgl. aber ²stecken): – du steckst – du stecktest, *älter u. geh.* stakst – du stecktest, *älter u. geh.* stäkest – gesteckt; steck[e]! – der Schreck steckte, *älter u. geh.* stak ihm noch in den Gliedern – ihre Füße steckten, *älter u. geh.* staken in hochhackigen Schuhen	

Kontrolluhr); **Stech|vieh** (*österr. für* Kälber u. Schweine)

Steck|be|cken [*alte Trennung* ...k|k...] (Bettpfanne)

Steck|brief; steck|brief|lich

Steck|do|se

¹ste|cken *s. Kasten*

²ste|cken [*alte Trennung* ...k|k...] (etwas in etwas einfügen, hineinbringen, etwas festheften); du stecktest; gesteckt; steck[e]!

Ste|cken [*alte Trennung* ...k|k...], der; -s, - (¹Stock)

Ste|cken|blei|ben [*alte Trennung* ...k|k...], das; -s ↑K 82

ste|cken blei|ben, ste|cken las|sen [*alte Schreibungen* stecken|blei|ben, stecken|las|sen; *alte Trennung* ...k|k...] *vgl.* ¹stecken

Ste|cken|pferd [*alte Trennung* ...k|k...]

Ste|cker [*alte Trennung* ...k|k...]

Steck|kis|sen; Steck|kon|takt

Steck|ling (abgeschnittener Pflanzenteil, der neue Wurzeln bildet)

Steck|mu|schel

Steck|na|del; Steck|na|del|kopf; steck|na|del|kopf|groß

Steck|reis, das; **Steck|rü|be; Steck|schach; Steck|schal|le** (*Blumenbinderei*)

Steck|schloss [*alte Schreibung* ...schloß] (Sicherung gegen Einbruch); **Steck|schlüs|sel**

Steck|schuss [*alte Schreibung* ...schuß]

Steck|schwamm (*Blumenbinderei*); **Steck|tuch** (*österr. für* Kavalierstaschentuch); **Steck|va|se; Steck|zwie|bel**

Ste|din|gen, *auch* Ste|din|ger Land (Marsch zwischen der Hunte u. der Weser unterhalb von Bremen); **Ste|din|ger** (»Gestadebewohner«); **Ste|din|ger Land**, das; - -[e]s *vgl.* Stedingen

Steel|band ['sti:lbɛnt], die; -, -s (engl.) (⁴Band, deren Instrumente aus leeren Ölfässern bestehen)

Stee|p|le|chase ['sti:pl̩tʃe:s], die; -, -n (engl.) (Wettrennen mit Hindernissen, Jagdrennen); **Steep|ler**, der; -s, - (Pferd für Hindernisrennen)

Ste|fan *vgl.* Stephan; **Ste|fa|nia, Ste|fa|nie** [*auch* 'ʃtɛfani, *österr.* ...'ni:] *vgl.* Stephania; **Stef|fen** *vgl.* Stephan; **Stef|fi** (w. Vorn.)

Steg, der; -[e]s, -e; *Schreibung in Straßennamen* ↑K 162 *u.* 163

Ste|g|o|don [ʃt..., *auch* st...], der; -s, ...donten (griech.) (urweltliches Rüsseltier)

Ste|go|sau|ri|er (urweltliches Kriechtier)

Steg|reif (»Steigbügel«); aus dem Stegreif (unvorbereitet)

Steg|reif|dich|ter; Steg|reif|ko|mö|die

Steh|auf, der; -, - (ein altes Trinkgefäß); **Steh|auf|männ|chen**

Steh|bier|hal|le; Steh|bünd|chen (an Blusen od. Kleidern); **Steh|emp|fang**

ste|hen *s. Kasten*

Ste|hen|blei|ben, das; -s ↑K 82

ste|hen blei|ben [*alte Schreibung* ste|hen|blei|ben] *vgl.* stehen

ste|hend; stehenden Fußes; das stehende Heer (*vgl.* Miliz); ↑K 72: alles in ihrer Macht Stehende

ste|hen las|sen [*alte Schreibung* ste|hen|las|sen] *vgl.* stehen

Ste|her (Radrennfahrer hinter ei-

S

ste|hen

– du stehst; du standst; du stündest *od.* ständest; gestanden; steh[e]! – ich habe, *südd., österr., schweiz.* bin gestanden – zu Diensten stehen, zu Gebote stehen, zur Verfügung stehen – das wird dich, *auch* dir teuer zu stehen kommen – auf jmdn., auf etwas stehen (*ugs. für* eine besondere Vorliebe für jmdn., für etwas haben)	*Man schreibt »stehen« vom folgenden Verb immer getrennt* ↑K 55: – stehen bleiben; sie ist einfach dort stehen geblieben; die Uhr ist stehen geblieben [*alte Schreibung* stehengeblieben] – stehen lassen; man hat die Angeklagten stehen lassen (sie durften sich nicht hinsetzen); sie hat die Suppe stehen lassen [*alte Schreibung* stehenlassen] – man hat ihn einfach am Bahnhof stehen lassen [*alte Schreibung* stehenlasssen], *seltener* stehen gelassen [*alte Schreibung* stehengelassen] *Vgl. auch* stehend
Großschreibung der Substantivierung ↑K 72: – sie schläft im Stehen – ihr fällt das Stehen schwer – ein guter Platz zum Stehen – das Auto zum Stehen bringen	

nem Schrittmacher; Rennpferd für lange Strecken); **Ste|her|ren|nen** *(Rad-, Pferdesport)*
Steh|gei|ger; Steh|im|biss [*alte Schreibung* ...im|biß]; **Steh|kon|vent** (*scherzh. für* Gruppe von Personen, die sich stehend unterhalten); **Steh|kra|gen; Steh|lam|pe; Steh|lei|ter,** die
steh|len; du stiehlst, er stiehlt; du stahlst; du stählest, *selten* stöhlest; gestohlen; stiehl!
Steh|ler; Hehler und Stehler
Steh|platz; Steh|pult; Steh|satz, der; -es *(Druckw.)*; **Steh|ver|mö|gen,** das; -s
Stei|er|mark, die; - (österr. Bundesland); **Stei|er|mär|ker; stei|er|mär|kisch**
steif; ein steifer Hals; ein steifer Grog; steif sein, werden, machen, schlagen usw.; die Ohren steif halten [*alte Schreibung* steifhalten] (sich nicht entmutigen lassen); sie hat den Nacken steif gehalten [*alte Schreibung* steifgehalten] (sie hat sich behauptet); du musst das Bein steif halten ↑K 56
steif|bei|nig; Stei|fe, die; -, -n (*nur Sing.*: Steifheit; Stütze); **stei|fen**
steif hal|ten [*alte Schreibung* steif|hal|ten] *vgl.* steif
Steif|heit, die; -; **Stei|fig|keit,** die; -
steif|lei|nen (aus steifem Leinen); **Steif|lei|nen; Steif|lein|wand**
Stei|fung, die; -
Steig, der; -[e]s, -e (steiler, schmaler Weg)
Steig|bü|gel
Stei|ge, die; -, -n (steile Fahrstraße; Lattenkiste)
Steig|ei|sen
stei|gen; du stiegst; du stiegest; gestiegen; steig[e]!; ↑K 82: das Steigen der Kurse
Stei|ger (Aufsichtsperson im Bergbau)
Stei|ge|rer (jmd., der bei einer Versteigerung bietet)
Stei|ge|rin (w. Aufsichtsperson im Bergbau; w. Person, die bei einer Versteigerung bietet)
stei|gern; ich steigere; du steigerst dich
Stei|ge|rung (*auch für* Komparation; *schweiz. auch für* Versteigerung); **stei|ge|rungs|fä|hig**
Stei|ge|rungs|ra|te *(Wirtsch.)*
Stei|ge|rungs|stu|fe; erste Steigerungsstufe (*für* Komparativ); zweite Steigerungsstufe (*für* Superlativ)
Steig|fä|hig|keit (bei Kraftfahrzeugen); **Steig|fell** *(Skisport)*; **Steig|flug; Steig|hö|he**
Steig|lei|ter, die; **Steig|lei|tung; Steig|rie|men** (am Pferdesattel)
Stei|gung; Stei|gungs|ta|fel *(Eisenb.)*; **Stei|gungs|win|kel**
Steig|wachs *(Skisport)*
steil
Steil|ab|fahrt *(Skisport)*
Stei|le, die; -, -n (Steilheit)
Steil|feu|er; Steil|feu|er|ge|schütz
Steil|hang; Steil|heit, die; -
Steil|kur|ve; Steil|küs|te [*alte Trennung* ...k|st...]; **Steil|pass** [*alte Schreibung* ...paß] *(Sport)*; **Steil|rand; Steil|schrift; Steil|spiel,** das; -[e]s *(Sport)*; **Steil|ufer; Steil|vor|la|ge** *(Sport)*
Steil|wand; Steil|wand|zelt
Stein, der; -[e]s, -e; eine zwei Stein starke Mauer *(Bauw.)*
Stein|ad|ler
stein|alt (sehr alt)
Stein|axt; Stein|bank *Plur.* ...bänke; **Stein|bau** *Plur.* ...bauten
Stein|bei|ßer (ein Fisch)
Stein|block *vgl.* Block; **Stein|bock; Stein|bo|den; Stein|boh|rer**
Stein|brech, der; -[e]s, -e (eine Pflanze)
Stein|bre|cher (Maschine, die Gestein zerkleinert); **Stein|bruch**
Stein|butt (ein Fisch)
Stein|damm; Stein|druck *Plur.* ...drucke; **Stein|ei|che**
stei|nen (*veraltet für* umgrenzen)
stei|nern (aus Stein); ein steinernes Kreuz, *aber* ↑K 140: das Steinerne Meer
Stein|er|wei|chen, das; *nur in* zum Steinerweichen *(ugs.)*
Stein|flie|se; Stein|frucht; Stein|fuß|bo|den; Stein|gar|ten (Felsengarten); **Stein|grab**
Stein|gut, das; -[e]s, *Plur. (Sorten:)* -e
Stein|ha|gel
stein|hart
Stein|hau|er
Stein|hau|fen; Stein|holz, das; -es (ein Fußbodenbelag)
Stein|hu|der Meer, das; - -[e]s (See zwischen Weser u. Leine)
stei|nig
stei|ni|gen; Stei|ni|gung
Stein|kauz; Stein|klee, der; -s
Stein|koh|le; Stein|koh|len|berg|werk; Stein|koh|len|för|de|rung; Stein|koh|len|for|ma|ti|on, die; - (*Geol.* eine Formation des Paläozoikums); **Stein|koh|len|la|ger; Stein|koh|len|teer; Stein|koh|len|ze|che; Stein|koh|len|zeit,** die; - (*für* Karbon)
Stein|la|wi|ne; Stein|lei|den *(Med.)*
Stein|mandl (*bayr. u. österr. für* Wegzeichen aus Stein)
Stein|mar|der
Stein|metz, der; -en, -en
Stein|nel|ke; Stein|obst; Stein|öl, das; -[e]s (*veraltet für* Petroleum); **Stein|pilz**
[1]**stein|reich;** steinreicher Boden
[2]**stein|reich;** steinreiche Familien
Stein|salz, das; -es; **Stein|sarg**
Stein|schlag; Stein|schlag|ge|fahr
Stein|schleu|der
Stein|schmät|zer (ein Vogel)
Stein|schnei|de|kunst, die; -; **Stein|schnei|der** (*svw.* Graveur); **Stein|set|zer** (Pflasterer); **Stein|wein** (ein Frankenwein); **Stein|werk** (Steinbruch[groß]betrieb)
Stein|wild; Stein|wurf; Stein|wüs|te [*alte Trennung* ...|st...]; **Stein|zeich|nung**
Stein|zeit, die; -; **stein|zeit|lich; Stein|zeit|mensch**
Stein|zeug
Stei|per, der; -s, - (*landsch. für* [untergestellte] Stütze)
Stei|rer ⟨*zu* Steiermark⟩; **Stei|rer|an|zug** (österr. Trachtenanzug); **Stei|re|rin; stei|risch**
Steiß, der; -es, -e; **Steiß|bein; Steiß|la|ge** *(Med.)*
Stek [st..., *auch* ʃt...], der; -s, -s (*Seemannsspr.* Knoten)
Ste|le [st..., *auch* ʃt...], die; -, -n ⟨griech.⟩ (Grabsäule od. -tafel)
Stel|la (w. Vorn.)
Stel|la|ge [...ʒə], die; -, -n ⟨niederl.⟩ (Gestell, Ständer); **Stel|la|ge|ge|schäft** (Börsentermingeschäft)
stel|lar [ʃt..., *auch* st...] ⟨lat.⟩ (die Fixsterne betreffend); **Stel|lar|as|t|ro|nom** ⟨lat.; griech.⟩; **Stel|lar|as|t|ro|no|mie**
Stell|dich|ein, das; -[s], -[s] (*veraltend für* Verabredung)

Stel|le

die; -, -n
- an erster Stelle, an zweiter Stelle
- zur Stelle sein
- anstelle, *auch* an Stelle von Worten
- anstelle, *auch* an Stelle der Mutter
- *aber:* an die Stelle der Mutter ist der Vormund getreten

S

stel|len
Stel|len|an|ge|bot; Stel|len|be|set|zung; Stel|len|bil|dung; Stel|len|dienst|al|ter; Stel|len|ge|such
stel|len|los
Stel|len|markt (*svw.* Arbeitsmarkt); **stel|len|su|chend;** ↑K 72: ein Stellensuchender; **Stel|len|ver|mitt|lung; Stel|len|wech|sel**
stel|len|wei|se
Stel|len|wert
Stel|ler, der; -s, - *(Volleyball)*
Stell|flä|che; Stell|he|bel
...stel|lig (z. B. vierstellig, *mit Ziffer* 4-stellig [*alte Schreibung* 4stellig]; ↑K 29)
Stel|ling, die; -, *Plur.* -e, *auch* -s (*Seemannsspr.* an Seilen hängendes Brettgerüst zum Arbeiten an der Bordwand eines Schiffes)
Stell|ma|cher (*landsch. für* Wagenbauer); **Stell|ma|che|rei**
Stell|platz; Stell|pro|be *(Theater);* **Stell|rad; Stell|schrau|be**
Stel|lung (*österr. auch für* Musterung); Stellung nehmen; **Stel|lung|nah|me,** die; -, -n
Stel|lungs|be|fehl; Stel|lungs|kampf; Stel|lungs|krieg
stel|lungs|los; Stel|lungs|lo|se, der *u.* die; -n, -n; **Stel|lungs|lo|sig|keit,** die; -
Stel|lungs|spiel *(Sport)*
Stel|lung[s]|su|che; auf Stellung[s]suche sein; **stel|lung[s]|su|chend; Stel|lung[s]|su|chen|de,** der *u.* die; -n, -n
stell|ver|tre|tend; die stellvertretende Vorsitzende; **Stell|ver|tre|ter; Stell|ver|tre|te|rin; Stell|ver|tre|ter|krieg; Stell|ver|tre|tung**
Stell|wand
Stell|werk *(Eisenb.);* **Stell|werks|meis|ter** [*alte Trennung* ...|st...]
St.-Elms-Feu|er *vgl.* Elmsfeuer
Stelz|bein *(ugs.)*
Stel|ze, die; -, -n (*österr. auch für* Eisbein); Stelzen laufen ↑K 54
stel|zen *(meist iron.);* du stelzt
Stel|zen|läu|fer
Stelz|fuß; Stelz|gang; stel|zig
Stelz|vo|gel; Stelz|wur|zel *(Bot.)*
Stem|ma [ʃt..., *auch* st...], das; -s, -ta (Stammbaum, bes. der verschiedenen Handschriften eines literarischen Werks)
Stemm|bo|gen *(Skisport)*
Stem|me, die; -, -n *(Turnen)*
Stemm|ei|sen
stem|men
Stemm|mei|ßel, *auch* **Stemm-Mei|ßel** [*alte Schreibung* Stemmei|ßel, *alte Trennung* ...mm|m...], der; -s, -
Stem|pel, der; -s, -; **Stem|pel|far|be; Stem|pel|geld** (*ugs. für* Arbeitslosenunterstützung)
Stem|pel|kar|te; Stem|pel|kis|sen; Stem|pel|mar|ke
stem|peln; ich stemp[e]le; stempeln gehen (*ugs. für* Arbeitslosenunterstützung beziehen)
stem|pel|pflich|tig (*österr. für* gebührenpflichtig)
Stem|pel|schnei|der (Berufsbez.); **Stem|pel|stän|der; Stem|pel|steu|er,** die
Stem|pe|lung, Stemp|lung
Stem|pen, der; -s, - (*bayr. für* kurzer Pfahl, Pflock)
Sten|dal (Stadt in der Altmark)
Sten|del, *auch* Stän|del, der; -s, - *u.* **Sten|del|wurz,** *auch* Stän|del|wurz (eine Orchideengattung)
Sten|dhal [stẽˈdal] (französischer Schriftsteller)
Sten|ge, die; -, -n (*Seemannsspr.* Verlängerung des Mastes)
Sten|gel usw. *alte Schreibung für* Stängel usw.
ste|no... ⟨griech.⟩ (eng...); **Ste|no...** (Eng...)
[1]**Ste|no,** die; - (*ugs. Kurzw. für* Stenografie); [2]**Ste|no,** das; -s, -s (*ugs. Kurzw. für* Stenogramm)
Ste|no|block; *vgl.* Block (*ugs. svw.* Stenogrammblock)
Ste|no|graf, *auch* Ste|no|graph, der; -en, -en; **Ste|no|gra|fie,** *auch* Ste|no|gra|phie, die; -, ...ien (Kurzschrift); **ste|no|gra|fie|ren,** *auch* ...gra|phie|ren; **Ste|no|gra|fin,** *auch* ...gra|phin; **ste|no|gra|fisch,** *auch* ...graphisch
Ste|no|gramm, das; -s, -e (Text in Stenografie); **Ste|no|gramm|block;** *vgl.* Block; **Ste|no|gramm|hal|ter**
Ste|no|graph, Ste|no|gra|phie usw. *vgl.* Stenograf, Stenografie usw.
Ste|no|kar|die [ʃt..., *auch* st...], die; -, ...ien (*Med.* Herzbeklemmung [bei Angina Pectoris])
Ste|no|kon|to|rist; Ste|no|kon|to|ris|tin [*alte Trennung* ...|st...]
Ste|no|se, Ste|no|sis [ʃt..., *auch* st...], die; -, ...osen (*Med.* Verengung [der Blutgefäße])
ste|no|therm [ʃt..., *auch* st...] (*Biol.* nur geringe Temperaturschwankungen ertragend)
ste|no|top [ʃt..., *auch* st...] (*Biol.* begrenzt verbreitet)
ste|no|ty|pie|ren [ʃt...] (in Kurzschrift aufnehmen u. danach in Maschinenschrift übertragen); **Ste|no|ty|pist,** der; -en, -en; **Ste|no|ty|pis|tin** [*alte Trennung* ...|st...]
Sten|tor [ʃt..., *auch* st...] (stimmgewaltiger Held der griech. Sage); **Sten|tor|stim|me**
Stenz, der; -es, -e (*ugs. für* eitler, selbstgefälliger junger Mann)
Step [ʃt..., *auch* st...] *alte Schreibung für* Stepp
Ste|phan, Ste|fan, Stef|fen (m. Vorn.); **Ste|pha|nia,** Ste|fa|nia, **Ste|pha|nie,** Ste|fa|nie [*auch* ˈʃtɛfani, *österr.* ...ˈni:] (w. Vorn.)
Ste|pha|nit, der; -s, -e (ein Mineral)
Ste|pha|ni|tag
Ste|phans|dom, der; -[e]s (in Wien); **Ste|phans|tag**
Stepp [ʃt..., *auch* st...; *alte Schreibung* Step], der; -s, -s ⟨engl.⟩ (eine Tanzart); Stepp tanzen
Stepp|ae|ro|bic [ʃt..., *auch* st...; *alte Schreibung* Step|ae|ro|bic], das; -s *od.* die; - ⟨engl.⟩ (Aerobic an stufenartigen Geräten)
Stepp|de|cke [*alte Trennung* ...k|k...]
Step|pe, die; -, -n ⟨russ.⟩ (baumlose, wasserarme Ebene)
[1]**step|pen** (nähen)
[2]**step|pen** [ʃt..., *auch* st...] ⟨engl.⟩ (Stepp tanzen)
Step|pen|be|woh|ner; Step|pen|flo|ra; Step|pen|fuchs; Step|pen|gras; Step|pen|huhn; Step|pen|wolf (*svw.* Präriewolf)
Step|per [ʃt..., *auch* st...] (Stepptänzer)
Step|pe|rei ⟨*zu* [1]steppen⟩
[1]**Step|pe|rin**
[2]**Step|pe|rin** [ʃt..., *auch* st...] (Stepptänzerin)
Stepp|fut|ter; Stepp|ja|cke [*alte Trennung* ...k|k...]
Stepp|ke, der; -[s], -s (*ugs., bes. berlin. für* kleiner Kerl)
Stepp|ma|schi|ne; Stepp|naht
Stepp|schritt [*alte Schreibung* Step|schritt]
Stepp|sei|de; Stepp|stich
Stepp|tanz [*alte Schreibung* Steptanz]; **Stepp|tän|zer; Stepp|tän|ze|rin**
Ster, der; -s, *Plur.* -e *u.* -s ⟨griech.⟩ (ein Raummaß für Holz); 3 Ster
Ste|ra|di|ant, der; -en, -en ⟨griech.; lat.⟩ (*Math.* Einheit des Raumwinkels; *Zeichen* sr)
Ster|be|ab|lass [*alte Schreibung*

...ab|laß]; **Ster|be|amt** *(kath. Kirche)*

Ster|be|bett; Ster|be|buch; Ster|be|da|tum; Ster|be|fall, der

Ster|be|ge|läut; Ster|be|geld, das; -es; **Ster|be|glo|cke** [*alte Trennung* ...k|k...]; **Ster|be|hil|fe; Ster|be|kas|se; Ster|be|kreuz**

ster|ben; du stirbst; du starbst, du stürbest; gestorben *(vgl. d.);* stirb!

Ster|ben, das; -s; im Sterben liegen; das große Sterben (die Pest); es ist zum Sterben langweilig (*ugs. für* sehr langweilig)

Ster|bens|angst; ster|bens|e|lend; ster|bens|krank; ster|bens|lang|wei|lig; ster|bens|matt

Ster|bens|see|le; *nur in* keine, nicht eine Sterbenssele (niemand); **Ster|bens|wort, Ster|bens|wört|chen** *(ugs.); nur in* kein Sterbenswort, kein Sterbenswörtchen

Ster|be|ort *Plur.* ...orte; **Ster|be|sa|k|ra|men|te** *Plur. (veraltend);* **Ster|be|stun|de; Ster|be|tag; Ster|be|ur|kun|de; Ster|be|zim|mer**

sterb|lich; Sterb|li|che, der *u.* die; -n, -n

Sterb|lich|keit, die; -; **Sterb|lich|keits|zif|fer**

ste|re|o... (starr, massiv, unbeweglich; räumlich, körperlich)

Ste|re|o... (Fest..., Raum..., Körper...)

ste|reo [ʃt..., *auch* st...] ⟨griech.⟩ (*kurz für* stereophon); die Schallplatte wurde stereo aufgenommen

Ste|reo, das; -s, -s (*kurz für* Stereophonie, Stereotypplatte)

Ste|re|o|an|la|ge; Ste|re|o|bild (Raumbild); **Ste|re|o|che|mie** (Lehre von der räumlichen Anordnung der Atome im Molekül); **Ste|re|o|emp|fang**

ste|re|o|fon, Ste|re|o|fo|nie usw. *vgl.* stereophon, Stereophonie usw.

Ste|re|o|fo|to|gra|fie, die; - (Herstellung von Stereoskopbildern); **Ste|re|o|laut|spre|cher**

Ste|re|o|me|ter, das; -s, - (optisches Gerät zur Messung des Volumens fester Körper)

Ste|re|o|me|t|rie, die; - (Geometrie des Raumes; Raumlehre)

ste|re|o|me|t|risch (körperlich, Körper...)

ste|re|o|phon, ste|re|o|pho|nisch, *auch* ste|re|o|fon, ste|re|o|fo|nisch

Ste|re|o|pho|nie, *auch* Ste|re|o|fo|nie, die; - (Technik der räumlich wirkenden Tonübertragung)

ste|re|o|pho|nisch *vgl.* stereophon

Ste|re|o|pho|to|gra|phie *vgl.* Stereofotografie

Ste|re|o|plat|te; Ste|re|o|sen|dung

Ste|re|o|s|kop, das; -s, -e (Vorrichtung, durch die man Bilder plastisch sieht); **Ste|re|o|s|ko|pie,** die; - (Raumbildtechnik); **ste|re|o|s|ko|pisch**

Ste|re|o|ton *Plur.* ...töne (räumlich wirkender [2]Ton)

ste|re|o|typ ([fest]stehend, unveränderlich; *übertr. für* ständig [wiederkehrend], leer, abgedroschen; mit feststehender Schrift gedruckt)

Ste|re|o|typ, das; -s, -e (*Psych.* stereotypes Urteil)

Ste|re|o|typ|druck *Plur.* ...drucke (Druck von der Stereotypplatte)

Ste|re|o|ty|peur [...ˈpøːɐ̯], der; -s, -e ⟨franz.⟩ (*Druckw.* jmd., der Matern herstellt u. ausgießt); **Ste|re|o|ty|peu|rin**

Ste|re|o|ty|pie, die; -, ...ien ⟨griech.⟩ (*Druckw.; nur Sing.:* Herstellung u. Ausgießen von Matern; *Psychol.* ständiges Wiederholen von Äußerungen oder Bewegungsabläufen); **ste|re|o|ty|pie|ren** *(Druckw.)*

Ste|re|o|typ|me|tall; Ste|re|o|typ|plat|te (feste Druckplatte)

ste|ril [ʃt..., *auch* st...] ⟨lat.⟩ (unfruchtbar; keimfrei); **Ste|ri|li|sa|ti|on,** die; -, -en (Unfruchtbarmachung; Entkeimung)

Ste|ri|li|sa|tor, der; -s, ...oren (Entkeimungsapparat); **Ste|ri|li|sier|ap|pa|rat**

ste|ri|li|sie|ren (keimfrei machen; zeugungsunfähig machen); **Ste|ri|li|sie|rung**

Ste|ri|li|tät, die; - (Unfruchtbarkeit; Keimfreiheit)

Ste|rin [ʃt..., *auch* st...], das; -s, -e ⟨griech.⟩ (eine organische chemische Verbindung)

Ster|ke, die; -, -n (*nordd. für* Färse)

Ster|let[t], der; -s, -e ⟨russ.⟩ (ein Fisch)

Ster|ling [ˈʃtɛr..., *auch* ˈstɛr..., ˈstøːɐ̯...], der; -s, -e (*vgl.* Pfund Sterling)

[1]**Stern,** der; -s, -e ⟨engl.⟩ (*Seemannsspr.* Heck des Schiffes)

[2]**Stern,** der; -[e]s, -e (Himmelskörper)

Stern|bild; Stern|blu|me

Stern|chen|nu|del *meist Plur.* (eine Suppeneinlage)

Stern|deu|ter (*für* Astrologe); **Stern|deu|te|rei; Stern|deu|te|rin; Stern|deu|tung,** die; -

Ster|nen|ban|ner

ster|nen|hell (*svw.* sternhell)

Ster|nen|him|mel (*svw.* Sternhimmel)

ster|nen|klar (*svw.* sternklar)

Ster|nen|licht, das; -[e]s

ster|nen|los; ster|nen|wärts

Ster|nen|zelt, das; -[e]s *(geh.)*

Stern|fahrt (*für* Rallye)

stern|för|mig

Stern|for|scher; Stern|frucht (Karambole); **Stern|ge|wöl|be** *(Archit.);* **Stern|gu|cker** [*alte Trennung* ...k|k...] *(ugs.)*

stern|ha|gel|voll (*ugs. für* sehr betrunken)

Stern|hau|fen *(Astron.)*

stern|hell

Stern|him|mel, der; -s; **Stern|jahr** (*svw.* siderisches Jahr); **Stern|kar|te**

stern|klar

Stern|kun|de, die; -; **stern|kun|dig**

Stern|marsch, der; **Stern|mo|tor; Stern|na|me; Stern|ort,** der; -[e]s, ...örter; **Stern|schnup|pe**

Stern|sin|gen, das; -s (Volksbrauch zur Dreikönigszeit); **Stern|sin|ger**

Stern|stun|de (glückliche Schicksalsstunde); **Stern|sys|tem** [*alte Trennung* ...|st...]; **Stern|war|te; Stern|wol|ke** *(Astron.);* **Stern|zei|chen; Stern|zeit** *(Astron.)*

Stert, der; -[e]s, -e (*nordd. für* [2]Sterz [Schwanz usw.])

[1]**Sterz,** der; -es, -e (*südd. u. österr. für* eine [Mehl]speise)

[2]**Sterz,** der; -es, -e (Schwanz; Führungsteil am Pflug)

ster|zeln (den Hinterleib aufrichten [von Bienen])

stet *(veraltet);* stete Vorsicht; **Ste|te, Stet|heit,** die; - (*veraltend für* Stetigkeit)

Ste|tho|s|kop [ʃt..., *auch* st...], das; -s, -e ⟨griech.⟩ (*Med.* Hörrohr)

ste|tig (fortwährend); **Ste|tig|keit,** die; -; *vgl. aber* Stätigkeit

Stetl, *auch* Schtetl, das; -s, - ⟨jidd.⟩ (*früher* kleinere Stadt [in Osteuropa] mit jüdischer, nach

S

eigenen Traditionen lebender Bevölkerung)
stets; stets|fort (*schweiz. für* fortwährend)
Stet|tin (*poln.* Szczecin); **Stet|ti|ner; Stet|ti|ner Haff,** das; - -[e]s, *auch* O|der|haff, das; -[e]s
[1]**Steu|er,** das; -s, - (Lenkvorrichtung)
[2]**Steu|er,** die; -, -n (Abgabe); direkte, indirekte Steuer
Steu|er|ab|setz|be|trag (*österr. für* Freibetrag)
Steu|er|ab|zug; Steu|er|än|de|rungs|ge|setz; Steu|er|an|ge|le|gen|heit; Steu|er|an|pas|sungs|ge|setz
Steu|er|an|spruch; Steu|er|auf|kom|men; Steu|er|auf|sicht
Steu|er|aus|gleichs|kon|to; Steu|er|aus|schuss [*alte Schreibung* ...aus|schuß]
[1]**steu|er|bar** (*Amtsspr.* steuerpflichtig)
[2]**steu|er|bar** (sich steuern lassend); **Steu|er|bar|keit**
steu|er|be|güns|tigt [*alte Trennung* ...|st...]
Steu|er|be|hör|de; Steu|er|be|mes|sungs|grund|la|ge
Steu|er|be|ra|ter; Steu|er|be|ra|te|rin; Steu|er|be|scheid; Steu|er|be|trag; Steu|er|be|voll|mäch|tig|te, der *u.* die; **Steu|er|bi|lanz**
Steu|er|bord, das; -[e]s, -e (rechte Schiffsseite); **steu|er|bord[s]**
Steu|er|ein|nah|me
Steu|e|rer, Steu|rer
Steu|er|er|hö|hung; Steu|er|er|klä|rung; Steu|er|er|lass [*alte Schreibung* ...er|laß]; **Steu|er|er|leich|te|rung; Steu|er|er|mä|ßi|gung; Steu|er|er|mitt|lungs|ver|fah|ren**
Steu|er|er|stat|tung; Steu|er|fahn|der; Steu|er|fahn|dung; Steu|er|flucht; Steu|er|for|mu|lar
Steu|er|frau *vgl.* Steuermann
steu|er|frei; Steu|er|frei|be|trag
Steu|er|gel|der *Plur.*
Steu|er|ge|rät (*Elektrot.*)
Steu|er|ge|setz; Steu|er|hel|fer; Steu|er|hin|ter|zie|hung
Steu|e|rin (*w. Form von* Steuerer)
Steu|er|kar|te; Steu|er|klas|se
Steu|er|knüp|pel (im Flugzeug)
Steu|er|last; steu|er|lich
steu|er|los; ein steuerloses Schiff
Steu|er|mann *Plur.* ...leute, *auch* ...männer
Steu|er|mar|ke; Steu|er|mess|be|trag [*alte Schreibung* ...meß...]
steu|ern; ich steuere; ein Boot steuern; dem Übel steuern (*geh. für* entgegenwirken)
Steu|er|o|a|se (Land mit bes. günstigen steuerlichen Verhältnissen); **Steu|er|pa|ra|dies** (*ugs.*)
Steu|er|pflicht; steu|er|pflich|tig
Steu|er|po|li|tik; Steu|er|pro|gres|si|on; Steu|er|prü|fer
Steu|er|pult; Steu|er|rad
Steu|er|recht; steu|er|recht|lich
Steu|er|re|form
Steu|er|ru|der
Steu|er|satz
Steu|er|säu|le (*Kfz-Technik*)
Steu|er|schrau|be; *nur in Wendungen wie* die Steuerschraube anziehen, an der Steuerschraube drehen; **Steu|er|schuld; Steu|er|sen|kung; Steu|er|straf|recht**
Steu|er|sys|tem [*alte Trennung* ...|st...]; **Steu|er|ta|bel|le; Steu|er|ta|rif**
Steu|e|rung; Steu|er|ven|til
Steu|er|ver|an|la|gung; Steu|er|ver|ge|hen; Steu|er|ver|güns|ti|gung [*alte Trennung* ...|st...]; **Steu|er|ver|gü|tung; Steu|er|vo|r|aus|zah|lung**
Steu|er|vor|rich|tung; Steu|er|werk (*EDV*)
Steu|er|we|sen, das; -s; **Steu|er|zah|ler; Steu|er|zah|le|rin; Steu|er|zet|tel; Steu|er|zu|schlag**
Steu|rer, Steu|e|rer; **Steu|re|rin,** Steu|e|rin
Ste|ven [...v...], der; -s, - (*nordd. für* das Schiff vorn u. hinten begrenzender Balken)
Ste|ward [ˈstjuːɐt], der; -s, -s ⟨engl.⟩ (Betreuer an Bord von Flugzeugen, Schiffen u. a.)
Ste|war|dess [ˈstjuːɐ..., *auch* ...ˈdɛs; *alte Schreibung* Ste|war|deß], die; -, Stewardessen
Steyr (oberösterr. Stadt)
StGB = Strafgesetzbuch
St. Geor|ge's *vgl.* Saint George's
sti|bit|zen (*ugs. für* sich listig aneignen); du stibitzt
Sti|bi|um [ʃt..., *auch* st...], das; -s ⟨griech.-lat.⟩ (*lat. Bez. für* Antimon; *Zeichen* Sb)
Stich, der; -[e]s, -e; im Stich lassen; etwas hält Stich (erweist sich als einwandfrei)
Stich|bahn (*Eisenb.*); **Stich|blatt** (Handschutz bei Fechtwaffen); **Stich|bo|gen** (flacher Rundbogen)
Sti|chel, der; -s, - (ein Werkzeug); **Sti|che|lei** (*auch für* Neckerei; Boshaftigkeiten)
Sti|chel|haar; sti|chel|haa|rig
sti|cheln (*auch für* boshafte Bemerkungen machen); ich stich[e]le; ↑K 82: er kann das Sticheln nicht lassen
stich|fest; hieb- und stichfest ↑K 31
Stich|flam|me; Stich|fra|ge; Stich|gra|ben
Stich hal|ten *vgl.* Stich
stich|hal|tig, *österr.* **stich|häl|tig; Stich|hal|tig|keit,** *österr.* **Stich|häl|tig|keit,** die; -
sti|chig (säuerlich)
Stich|jahr; Stich|kampf (*Sport*); **Stich|ka|nal** (*Wasserbau*); **Stich|kap|pe** (*Bauw.*)
Stich|ler ⟨*zu* sticheln⟩
Stich|ling (ein Fisch)
Sti|cho|my|thie [ʃt..., *auch* st...], die; -, -n ⟨griech.⟩ (versweise wechselnde Rede u. Gegenrede in einem Versdrama)
Stich|pro|be; stich|pro|ben|wei|se
Stich|punkt; stich|punkt|ar|tig
Stich|sä|ge; Stich|stra|ße (größere Sackgasse [mit Wendeplatz]); **Stich|tag; Stich|waf|fe; Stich|wahl**
Stich|wort *Plur.* (*für* Wort, das in einem Wörterbuch, Lexikon o. Ä. behandelt wird:) ...wörter *u.* (*für* Einsatzwort für den Schauspieler *od. für* kurze Aufzeichnung aus einzelnen wichtigen Wörtern:) ...worte
stich|wort|ar|tig
Stich|wort|re|gis|ter [*alte Trennung* ...|st...]; **Stich|wort|ver|zeich|nis**
Stich|wun|de
Sti|ckel [*alte Trennung* ...k|k...], der; -s, - (*südd. u. schweiz. für* Stecken; Stützstange für Erbsen, Reben u. a.)
sti|cken [*alte Trennung* ...k|k...]
[1]**Sti|cker** ([*alte Trennung* ...k|k...] jmd., der stickt)
[2]**Sti|cker** [st...; *alte Trennung* ...k|k...], der; -s, - ⟨engl.⟩ (Aufkleber)
Sti|cke|rei [*alte Trennung* ...k|k...]; **Sti|cke|rin; Stick|garn**
Stick|hus|ten [*alte Trennung* ...|st...] (*veraltet für* Keuchhusten)
sti|ckig [*alte Trennung* ...k|k...]
Stick|luft, die; -
Stick|ma|schi|ne
Stick|mus|ter [*alte Trennung* ...|st...]; **Stick|mus|ter|tuch**
Stick|o|xid, *auch* **Stick|o|xyd**
Stick|rah|men
Stick|stoff, der; -[e]s; chemisches

S

Element, Gas; *Zeichen* N; *vgl.* Nitrogenium)

Stick|stoff|bak|te|ri|en *Plur.;* **Stick|stoff|dün|ger; stick|stoff|frei** ↑K 169; **stick|stoff|hal|tig**

stie|ben; du stobst, *auch* stiebtest; du stöbest, *auch* stiebtest; gestoben, *auch* gestiebt; stieb[e]!

Stief|bru|der

Stie|fel, der; -s, - (Fußbekleidung; Trinkglas in Stiefelform); **Stie|fel|chen; Stie|fe|let|te,** die; -, -n (Halbstiefel); **Stie|fel|knecht**

stie|feln (*ugs. für* gehen, stapfen, trotten); ich stief[e]le

Stie|fel|schaft, der

Stief|el|tern *Plur.;* **Stief|ge|schwis|ter** [*alte Trennung* ...|st...] *Plur.;* **Stief|kind; Stief|mut|ter** *Plur.* ...mütter

Stief|müt|ter|chen (Zierpflanze)

stief|müt|ter|lich

Stie|fo|gra|fie *od.* **...gra|phie,** die; - ‹nach dem dt. Stenografen H. Stief› (Kurzschriftsystem)

Stief|schwes|ter [*alte Trennung* ...|st...]; **Stief|sohn; Stief|toch|ter; Stief|va|ter**

Stie|ge, die; -, -n (Verschlag, flache [Latten]kiste; Zählmaß [20 Stück]; enge Holztreppe; *bes. südd., österr. für* Treppe[nflur])

Stie|gen|be|leuch|tung; Stie|gen|ge|län|der; Stie|gen|haus (*südd., österr. für* Treppenhaus)

Stieg|litz, der; -es, -e ‹slaw.› (Distelfink)

stie|kum ‹hebr.-jidd.› (*ugs. für* heimlich, leise)

Stiel, der; -[e]s, -e (Griff; Stängel); mit Stumpf und Stiel

Stiel|au|ge (*ugs. scherzh. in* Stielaugen machen)

Stiel|be|sen; Stiel|bürs|te [*alte Trennung* ...|st...]

stie|len (mit Stiel versehen)

Stiel|glas *Plur.* ...gläser

...stie|lig (z. B. kurzstielig)

Stiel|kamm

stiel|los; ein stielloses Glas; *vgl. aber* stillos

Stiel|mus, das; -es (*landsch. für* Gemüse aus Rübenstielen u. -blättern)

Stiel|stich *(Stickerei)*

stie|men (*nordd. für* dicht schneien; qualmen); **Stiem|wet|ter,** das; -s (*nordd. für* Schneesturm)

stier (starr; *österr., schweiz. mdal. auch für* ohne Geld)

Stier, der; -[e]s, -e

¹stie|ren (starr blicken)

²stie|ren (*svw.* rindern); **stie|rig** (brünstig [von der Kuh])

Stier|kampf; Stier|kampf|a|re|na; Stier|kämp|fer

Stier|na|cken [*alte Trennung* ...k|k...]; **stier|na|ckig**

Stie|sel, Stie|ßel, der; -s, - (*ugs. für* Flegel); **stie|se|lig, sties|lig, stie|ße|lig, stieß|lig**

¹Stift, der; -[e]s, -e (Bleistift; Nagel)

²Stift, der; -[e]s, -e (*ugs. für* halbwüchsiger Junge, Lehrling)

³Stift, das; -[e]s, -e, *selten* -er (fromme Stiftung; *veraltet für* Altenheim)

¹stif|ten (spenden; gründen; bewirken)

²stif|ten; *nur in* stiften gehen [*alte Schreibung* stiftengehen] (*ugs. für* ausreißen, fliehen)

¹Stif|ter (österr. Schriftsteller)

²Stif|ter; Stif|ter|fi|gur *(bild. Kunst);* **Stif|te|rin**

Stif|terl, das; -s, -n (*österr. für* kleine Weinflasche)

Stif|ter|ver|band; Stifterverband für die Deutsche Wissenschaft

Stifts|da|me; Stifts|fräu|lein; Stifts|herr; Stifts|kir|che; Stifts|schu|le

Stif|tung

Stif|tungs|brief; Stif|tungs|fest

Stif|tungs|rat *Plur.* ...räte *(kath. Kirche)*

Stif|tungs|ur|kun|de

Stift|zahn

Stig|ma [ʃt..., *auch* st...], das; -s, *Plur.* ...men *u.* -ta ‹griech., »Stich«› ([Wund-, Brand]mal; *Bot.* Narbe der Blütenpflanzen; *Zool.* äußere Öffnung der Tracheen; *Biol.* Augenfleck)

Stig|ma|ti|sa|ti|on, die; -, -en (Auftreten der fünf Wundmale Christi bei einem Menschen)

stig|ma|ti|sie|ren (brandmarken, zeichnen); **Stig|ma|ti|sier|te,** der *u.* die; -n, -n; **Stig|ma|ti|sie|rung**

Stil [ʃt..., *auch* st...], der; -[e]s, -e ‹lat.› (Einheit der Ausdrucksformen [eines Kunstwerkes, eines Menschen, einer Zeit]; Darstellungsweise, Art [Bau-, Schreibart usw.]); *Zeitrechnung* alten Stils (*Abk.* a. St.), neuen Stils (*Abk.* n. St.)

Stil|art

Stilb [ʃt..., *auch* st...], das; -s, - ‹griech.› (*Physik* eine veraltete Einheit der Leuchtdichte; *Zeichen* sb); 4 Stilb

stil|bil|dend; stilbildend für eine Epoche

Stil|blü|te; Stil|bruch, der; **Stil|e|be|ne** *(Sprachw.)*

stil|echt; stilechte Möbel

Stil|e|le|ment; Stil|emp|fin|den; Stil|ent|wick|lung

Stil|lett [ʃt..., *auch* st...], das; -s, -e ‹ital.› (kleiner Dolch)

Sti|let|to|ab|satz ‹ital.; dt.› (sehr spitzer hoher Absatz am Damenschuh)

Stil|feh|ler; Stil|fi|gur

Stilf|ser Joch, das; - -[e]s (ein Alpenpass)

Stil|ge|fühl, das; -[e]s; **stil|ge|recht**

sti|li|sie|ren ‹lat.› (nur in den wesentlichen Grundstrukturen darstellen); **Sti|li|sie|rung**

Sti|list, der; -en, -en (jmd., der guten Stil beherrscht); **Sti|lis|tik** [*alte Trennung* ...|st...], die; -, -en (Stilkunde); **Sti|lis|tin**

sti|lis|tisch [*alte Trennung* ...|st...]

Stil|kun|de, die; -, -en; **stil|kund|lich**

still *s. Kasten S. 930*

stil|le (*ugs. für* still)

Stil|le, die; -; in aller Stille

Stil|le|ben *alte Schreibung für* Stillleben

stil|le|gen usw. *alte Schreibung für* stilllegen usw.

Stil|leh|re

stil|len; Still|geld (Unterstützung für stillende Mütter)

still|ge|stan|den! (militärisches Kommando)

Still|hal|te|ab|kom|men

still|hal|ten (alles geduldig ertragen); wir haben lange genug stillgehalten; *vgl. aber* still

Still|le|ben, *auch* **Still-Le|ben** [*alte Schreibung* Stil|le|ben, *alte Trennung* ...ll|l...], das; -s, - (*Malerei* bildl. Darstellung von Gegenständen in künstl. Anordnung)

still|le|gen [*alte Schreibung* stille|gen, *alte Trennung* ...ll|l...] (außer Betrieb setzen); ich lege still; stillgelegt; stillzulegen

Still|le|gung, *auch* **Still-Le|gung** [*alte Schreibung* Stille|gung, *alte Trennung* ...ll|l...]

still|lie|gen [*alte Schreibung* stillie|gen, *alte Trennung* ...ll-l...] (außer Betrieb sein); die Fabrik hat stillgelegen; *aber* das Kind hat ganz still (ruhig) gelegen

stil|los; ein stilloses Verhalten; *vgl. aber* stiellos; **Stil|lo|sig|keit**

still|schwei|gen (schweigen,

S

still

Kleinschreibung:	*Getrenntschreibung in Verbindung mit Verben, wenn »still« gesteigert oder erweitert werden kann* ↑K 56*:*
– stiller Teilhaber, stille Reserven, stille Rücklagen, stille Beteiligung *(Kaufmannsspr.)* – das stille Örtchen (*ugs. scherzh. für* Toilette) – eine stille Messe *(kath. Kirche)*	– still sein, still werden, still sitzen, still stehen, still halten – in der Kirche sollen wir ganz still (ruhig) sitzen – du musst die Lampe ganz still (ruhig) halten *Vgl. aber* stillhalten, stilllegen [*alte Schreibung* stillegen], stillliegen [*alte Schreibung* stilliegen], stillschweigen, stillsitzen, stillstehen
Großschreibung: – im Stillen [*alte Schreibung* stillen] (unbemerkt) – ↑K 140: der Stille Ozean – ↑K 151: der Stille Freitag (Karfreitag); die Stille Woche (Karwoche)	

nichts verraten); er hat lange stillgeschwiegen; **Still|schwei|gen;** jmdm. Stillschweigen auferlegen; **still|schwei|gend**

still|sit|zen (nicht beschäftigt sein); *aber* still (ruhig) sitzen

Still|stand, der; -[e]s

still|ste|hen (in der Bewegung aufhören); sein Herz hat stillgestanden; stillgestanden! *(Milit.); aber* das Kind hat lange ganz still (ruhig) gestanden

Stil|lung, die; -

still|ver|gnügt

Still|zeit

Stil|mit|tel, das; **Stil|mö|bel; Stil|no|te** *(Sport);* **Stil|rich|tung; Stil|schicht** (*svw.* Stilebene); **Stil|übung; Stil|un|ter|su|chung**

stil|voll; Stil|wan|del; stil|wid|rig

Stil|wör|ter|buch

Stimm|ab|ga|be; Stimm|auf|wand; Stimm|band, das; *Plur.* ...bänder

stimm|be|rech|tigt; Stimm|be|rech|tig|te, der *u.* die; -n, -n; **Stimm|be|rech|ti|gung**

Stimm|be|zirk

stimm|bil|dend; Stimm|bil|dung

Stimm|bruch, der; -[e]s

Stimm|bür|ger *(schweiz.)*

Stimm|chen

Stim|me, die; -, -n

stim|men

Stim|men|an|teil; Stim|men|aus|zäh|lung; Stim|men|fang, der; -[e]s; **Stim|men|ge|winn**

Stim|men|ge|wirr

Stim|men|gleich|heit; Stim|men|kauf; Stim|men|mehr|heit

Stimm|ent|hal|tung

Stim|men|ver|hält|nis; Stim|men|ver|lust

Stim|mer (eines Musikinstrumentes); **Stim|me|rin**

stimm|fä|hig

Stimm|frei|ga|be (*schweiz. für* Verzicht einer Partei auf eine Abstimmungsempfehlung)

Stimm|füh|rung, die; - *(Musik);* **Stimm|ga|bel**

stimm|ge|wal|tig

stimm|haft (*Sprachw.* weich auszusprechen); **Stimm|haf|tig|keit,** die; -

stim|mig ([überein]stimmend)

...stim|mig (z. B. vierstimmig, *mit Ziffer* 4-stimmig [*alte Schreibung* 4stimmig])

Stim|mig|keit, die; -

Stimm|la|ge; stimm|lich

stimm|los (*Sprachw.* hart auszusprechen); **Stimm|lo|sig|keit,** die; -

Stimm|recht

Stimm|rit|ze; Stimm|schlüs|sel (Gerät zum Klavierstimmen); **Stimm|stock** (in Streichinstrumenten)

Stim|mung

Stim|mungs|ba|ro|me|ter *(ugs.);* **Stim|mungs|bild; Stim|mungs|ka|no|ne** (*ugs. für* jmd., der für Stimmung sorgt)

Stim|mungs|ka|pel|le; Stim|mungs|ma|che; Stim|mungs|mu|sik; Stim|mungs|um|schwung

stim|mungs|voll

Stimm|vieh *(abwertend)*

Stimm|volk (*schweiz. für* Gesamtheit der Stimmberechtigten); **Stimm|zet|tel**

Sti|mu|lans [ʃt..., *auch* st...], das; -, *Plur.* ...lantia *u.* ...lanzien ‹lat.› (*Med.* anregendes Mittel)

Sti|mu|lanz, die; -, -en (Anreiz, Antrieb)

Sti|mu|la|ti|on, die; -, -en (Stimulierung)

sti|mu|lie|ren; Sti|mu|lie|rung (Erregung, Anregung, Reizung)

Sti|mu|lus, der; -, ...li (Reiz, Antrieb)

stink|be|sof|fen *(derb)*

Stink|bom|be

Stin|ke|fin|ger (*ugs.;* obszöne Geste)

stin|ken; du stankst; du stänkest; gestunken; stink[e]!

Stin|ker (*ugs. für* unangenehmer Mensch)

stink|faul *(ugs.);* **stink|fein** *(ugs.)*

stin|kig

Stink|kä|fer (*landsch. für* Mistkäfer)

stink|lang|wei|lig *(ugs.)*

Stink|lau|ne (*ugs. für* sehr schlechte Laune)

Stink|mar|der (*Jägerspr.* Iltis); **Stink|mor|chel**

stink|nor|mal *(ugs.);* **stink|sau|er** (*ugs. für* sehr verärgert)

Stink|stie|fel (*derb für* unangenehmer Mensch)

Stink|tier

stink|vor|nehm *(ugs.)*

Stink|wan|ze

Stink|wut *(ugs.)*

Stint, der; -[e]s, -e (ein Fisch)

Sti|pen|di|at, der; -en, -en ‹lat.› (jmd., der ein Stipendium erhält); **Sti|pen|di|a|tin**

Sti|pen|di|en|ver|ga|be

Sti|pen|di|um, das; -s, ...ien (Geldbeihilfe für Schüler[innen], Studierende, Gelehrte)

Stipp, der; -[e]s, -e *u.* Stip|pe, die; -, -n (*landsch. für* Kleinigkeit; Punkt; Pustel; Tunke); auf den Stipp (sofort)

Stipp|be|such *(norddt.)*

stip|pen (*ugs. für* tupfen, tunken); **stip|pig** (*landsch. für* gefleckt; mit Pusteln besetzt); **Stip|pig|keit,** die; - *(landsch.)*

Stipp|vi|si|te (*ugs. für* kurzer Besuch)

Sti|pu|la|ti|on [ʃt..., *auch* st...], die; -, -en ‹lat.› (vertragliche Abmachung, Übereinkunft)

sti|pu|lie|ren; Sti|pu|lie|rung

Stirn, die; -, -en, *geh.* Stir|ne, die; -, -n

Stirn|band, das; *Plur.* ...bänder; **Stirn|bein**

Stir|ne *vgl.* Stirn

Stirn|flä|che; Stirn|glat|ze
Stirn|höh|le; Stirn|höh|len|ent|zün|dung; Stirn|höh|len|ver|ei|te|rung
Stirn|lo|cke [*alte Trennung* ...k|k...]; **Stirn|reif; Stirn|rie|men**
Stirn|run|zeln, das; -s; **stirn|run|zelnd**
Stirn|sei|te; Stirn|wand; Stirn|zie|gel
St. John's *vgl.* Saint John's
St. Kitts und Ne|vis [sn̩t - - 'ni:vɪs] (Staat im Bereich der Westindischen Inseln)
St. Lu|cia [sn̩t 'lu:ʃə] (Staat im Bereich der Westindischen Inseln); *vgl.* Lucianer
Sto. = Santo
Stoa [st...], die; -, Stoen ‹griech.› (*nur Sing.:* altgriechische Philosophenschule; altgriechische Säulenhalle)
Stö|ber, der; -s, - (*Jägerspr.* Hund, der zum [Auf]stöbern des Wildes gebraucht wird); **Stö|be|rei** (*landsch. auch für* Großreinemachen); **Stö|ber|hund**
stö|bern (*ugs. für* suchen, [wühlend] herumsuchen; *Jägerspr.* aufjagen; flockenartig umherfliegen; *landsch. auch für* sauber machen); ich stöbere; es stöbert (*landsch. für* es schneit)
Sto|chas|tik [st..., *auch* ʃt...; *alte Trennung* ...|st...], die; - ‹griech.› (Betrachtungsweise der analytischen Statistik nach der Wahrscheinlichkeitstheorie); **sto|chas|tisch**
Sto|cher, der; -s, - (Werkzeug zum Stochern); **Sto|cher|kahn**
sto|chern; ich stochere
[1]**Stock,** der; -[e]s, Stöcke (Stab u. Ä., Baumstumpf); über Stock und Stein; in den Stock (Fußblock) legen
[2]**Stock,** der; -[e]s, - (Stockwerk); das Haus hat zwei Stock, ist zwei Stock hoch; ein Haus von drei Stock
[3]**Stock** [st...], der; -s, -s ‹engl.› (*Wirtsch.* Vorrat, Warenlager; Grundkapital)
Stock|aus|schlag (*Forstw.* Bildung von Sprossen an Baumstümpfen)
stock|be|trun|ken (*ugs. für* völlig betrunken); **stock|blind** *(ugs.)*
Stock|car [st...], *auch* **Stock-Car,** der; -s, -s ‹engl.› (*Motorsport* mit starkem Motor ausgestatteter Serienwagen, mit dem Rennen gefahren werden); **Stock|car|ren|nen,** *auch* **Stock-Car-Rennen**
Stöck|chen; Stock|de|gen
stock|dumm (*ugs. für* sehr dumm); **stock|dun|kel** *(ugs.)*
Stock|ei|sen
[1]**Stö|ckel** [*alte Trennung* ...k|k...], der; -s, - (*ugs. für* hoher Absatz)
[2]**Stö|ckel** [*alte Trennung* ...k|k...], das; -s, - (*österr. für* Nebengebäude)
Stö|ckel|ab|satz [*alte Trennung* ...k|k...]; **stö|ckeln** (*ugs. für* auf [1]Stöckeln laufen); ich stöck[e]le; **Stö|ckel|schuh**
sto|cken [*alte Trennung* ...k|k...] (nicht vorangehen; *bayr. u. österr. auch für* gerinnen); ↑K 82: ins Stocken geraten, kommen; gestockte Milch (*bayr. u. österr. für* Dickmilch)
Stock|en|te
Sto|ckerl [*alte Trennung* ...k|k...], das; -s, -n (*bayr. u. österr. für* Hocker)
Stock|fäu|le *(Forstw.)*
Stock|feh|ler *([Eis]hockey)*
stock|fins|ter [*alte Trennung* ...|st...] (*ugs. für* völlig finster)
Stock|fisch (*ugs. auch für* wenig gesprächiger Mensch)
Stock|fleck *od.* **...fle|cken** [*alte Trennung* ...k|k...]; **stock|fle|ckig**
stock|hei|ser (*ugs. für* sehr heiser)
Stock|holm [*auch* ...'hɔlm] (Hauptstadt Schwedens); **Stock|hol|mer**
sto|ckig [*alte Trennung* ...k|k...] (muffig; stockfleckig)
...stö|ckig [*alte Trennung* ...k|k...] (z. B. vierstöckig, *mit Ziffer* 4-stöckig [*alte Schreibung* 4stöckig, *alte Trennung* ...k|k...]; ↑K 29)
stock|kon|ser|va|tiv *(ugs.)*
Stöck|li, das; -s, - (*schweiz. für* Nebengebäude eines Bauernhofs; Altenteil; *auch für* Ständerat)
Stock|na|gel
stock|nüch|tern *(ugs.)*
Stock|punkt (*Chemie* Temperatur der Zähigkeitszunahme von Ölen)
Stock|ro|se (Malve)
stock|sau|er (*ugs. für* sehr verärgert, sehr wütend)
Stock|schirm; Stock|schla|gen, das; -s *(Eishockey);* **Stock|schnup|fen; Stock|schwämm|chen** (ein Pilz)
stock|steif (*ugs. für* völlig steif); **stock|taub** (*ugs. für* völlig taub)
Stock|uhr (*österr. veraltet für* Standuhr)
Sto|ckung [*alte Trennung* ...k|k...]
Stock|werk
Stock|zahn (*südd., österr., schweiz. für* Backenzahn)
Stoff, der; -[e]s, -e; **Stoff|bahn; Stoff|bal|len; Stoff|be|hang**
Stof|fel, der; -s, - (*ugs. für* ungeschickter, unhöflicher Mensch, Tölpel); **stof|fe|lig,** stoff|lig (*ugs. für* tölpisch, unhöflich)
Stoff|far|be, *auch* **Stoff-Far|be** [*alte Schreibung* Stoffar|be, *alte Trennung* ...ff|f...]
Stoff|fet|zen, *auch* **Stoff-Fet|zen** [*alte Schreibung* Stoffet|zen, *alte Trennung* ...ff|f...]
Stoff|fül|le, *auch* **Stoff-Fül|le,** [*alte Schreibung* Stofffül|le, *alte Trennung* ...ff|f...]
stoff|hal|tig
stoff|lich (materiell); **Stoff|lich|keit,** die; -
stoff|lig *vgl.* stoffelig
Stoff|rest; Stoff|samm|lung; Stoff|ser|vi|et|te; Stoff|tier
Stoff|wech|sel; Stoff|wech|sel|krank|heit
stöh|nen; ↑K 82: leises Stöhnen
stoi! [st...] ‹russ.› (halt!)
Sto|i|ker [ʃt..., *auch* st...] ‹griech.› (Anhänger der Stoa; Vertreter des Stoizismus)
sto|isch (zur Stoa gehörend; unerschütterlich, gleichmütig)
Sto|i|zis|mus, der; - (Lehre der Stoiker; Unerschütterlichkeit, Gleichmut)
Sto|la [ʃt..., *auch* st...], die; -, ...len ‹griech.› (altrömisches Ärmelgewand; gottesdienstliches Gewandstück des katholischen Geistlichen; langer, schmaler Umhang)
Stol|berg (Harz) (Kurort in Sachsen-Anhalt)
Stol|berg (Rhld.) (Stadt bei Aachen)
Stol|ge|büh|ren [ʃt..., *auch* st...] *Plur.* (Pfarramtsnebenbezüge)
Stoll|berg (Erzgeb.) (Stadt in Sachsen)
Stol|le, die; -, -n *od.* [1]**Stol|len,** der; -s, - (ein Weihnachtsgebäck)
[2]**Stol|len,** der; -s, - (Zapfen am Hufeisen, an [Fußball]schuhen; *Bergmannsspr.* waagerechter Grubenbau; *Verslehre* eine Strophe des Aufgesangs im Meistersang)
Stol|len|bau, der; -[e]s; **Stol|len|gang,** der; **Stol|len|mund|loch** *(Bergmannsspr.)*
Stol|per|draht

S

Stol|pe|rer; Stol|pe|rin
stol|pern; ich stolpere
Stol|per|stein (Schwierigkeit, an der etwas, jmd. leicht scheitern kann)
stolz
Stolz, der; -es
Stol|ze (Erfinder eines Kurzschriftsystems)
Stol|ze-Schrey; das Kurzschriftsystem Stolze-Schrey
stolz|ge|schwellt; mit stolzgeschwellter Brust
stol|zie|ren (stolz einherschreiten)
Sto|ma [st..., *auch* ʃt...], das; -s, -ta ‹griech.› (*Med.* Mund-, Spaltöffnung; künstlicher Darmausgang o. Ä.; *Biol.* Spaltöffnung des Pflanzenblattes); **sto|ma|chal** (*Med.* den Magen betreffend)
Sto|ma|ti|tis, die; -, ...itiden (Entzündung der Mundschleimhaut)
Sto|ma|to|lo|gie, die; - (Lehre von den Erkrankungen der Mundhöhle); **sto|ma|to|lo|gisch**
Stone|henge ['sto:nhentʃ] (Kultstätte der Jungsteinzeit u. frühen Bronzezeit in Südengland)
stop! [ʃt..., *auch* st...] ‹engl.› (*auf Verkehrsschildern* halt!; *im Telegrafenverkehr für* Punkt); *vgl.* stopp!
Stop *alte Schreibung für* **Stopp** *(Tennis)*
Stop-and-go-Ver|kehr [st...|ɛnt - -] (durch langsames Fahren u. häufiges Anhalten der Fahrzeuge gekennzeichneter Verkehr)
Stopf|buch|se *od.* **...büch|se** (Maschinenteil); **Stopf|ei**
stop|fen; Stop|fen, der; -s, - (*landsch. für* Stöpsel, Kork); **Stop|fer**
Stopf|garn; Stopf|na|del; Stopf|pilz
Stop|fung
stopp! (halt!); *vgl.* stop!; **Stopp,** der; -s, -s (Halt, Unterbrechung; *bes. Tennis* Stoppball)
Stopp|ball *(Sport)*
¹Stop|pel, der; -s, - (*österr. für* Stöpsel)
²Stop|pel, die; -, -n; **Stop|pel|bart** *(ugs.)*; **stop|pel|bär|tig**
Stop|pel|feld; Stop|pel|haar
stop|pe|lig, stopp|lig
stop|peln (Ähren u. Ä. aufsammeln); ich stopp[e]le
Stop|pel|zie|her (*österr. für* Korkenzieher)
stop|pen (anhalten; mit der Stoppuhr messen)
Stop|per (*Fußball* Mittelläufer); **Stop|pe|rin**
Stopp|licht *Plur.* ...lichter
stopp|lig *vgl.* stoppelig
Stopp|preis, *auch* **Stopp-Preis** (Höchstpreis)
Stopp|schild, das; **Stopp|si|g|nal; Stopp|stra|ße; Stopp|uhr**
Stöp|sel, der; -s, -
stöp|seln; ich stöps[e]le
¹Stör, der; -[e]s, -e (ein Fisch)
²Stör, die; -, -en (*südd., österr. u. schweiz. früher für* Arbeit, die ein Gewerbetreibender im Hause des Kunden verrichtet); auf der Stör arbeiten; auf die *od.* in die Stör gehen
³Stör, die; - (Fluss in Schleswig-Holstein)
Stör|ak|ti|on
stör|an|fäl|lig; Stör|an|fäl|lig|keit
Sto|rax *vgl.* Styrax
Storch, der; -[e]s, Störche
Storch|bein; storch|bei|nig
stor|chen (*ugs. für* wie ein Storch einherschreiten)
Stor|chen|nest
Stör|chin; Störch|lein
Storch|nest (*svw.* Storchennest)
Storch|schna|bel (eine Pflanze; Gerät zum mechanischen Verkleinern od. Vergrößern von Zeichnungen)
¹Store [ʃto:ɐ̯, *auch* st..., *schweiz.* 'ʃto:rə], der; -s, -s, *schweiz. meist* die; -, -n ‹franz.› (Fenstervorhang; *schweiz. für* Markise; Sonnenvorhang aus Segeltuch od. aus Kunststofflamellen)
²Store [sto:ɐ̯], der; -s, -s (*engl. Bez. für* Vorrat, Lager; Laden)
Sto|ren, der; -s, - (*schweiz. neben* ¹Store)
¹stö|ren (*südd. u. österr. für* auf der ²Stör arbeiten)
²stö|ren (hindern, belästigen); sich stören; ich störte mich an seinem Benehmen
Stö|ren|fried, der; -[e]s, -e *(abwertend)*
¹Stö|rer (*südd. u. österr. für* auf der ²Stör Arbeitender; Landfahrer)
²Stö|rer (jmd., der ²stört); **Stö|re|rei; Stö|re|rin**
Stör|fall, der (bes. in einem Kernkraftwerk); **Stör|feu|er** *(Milit.)*
stör|frei
stor|gen (*landsch. für* als Landstreicher umherziehen); **Stor|ger** (*landsch. für* Landstreicher)
Stör|ge|räusch
Storm (dt. Schriftsteller)
Stör|ma|nö|ver
Stor|marn (Gebiet u. Landkreis im südlichen Holstein)
Stor|mar|ner; stor|marnsch
stor|nie|ren [ʃt..., *auch* st...] ‹ital.› (*Kaufmannsspr.* rückgängig machen; Buchungsfehler berichtigen); **Stor|nie|rung**
Stor|no, der *u.* das; -s, ...ni (Berichtigung; Rückbuchung, Löschung); **Stor|no|bu|chung**
stör|rig (*seltener für* störrisch); **Stör|rig|keit,** die; - *(seltener)*
stör|risch; Stör|risch|keit, die; -
Stör|schnei|de|rin ‹*zu* ²Stör›
Stör|schutz (gegen Rundfunkstörungen)
Stör|sen|der; Stör|stel|le
Stör|te|be|ker (ein Seeräuber)
Stor|ting [ʃt..., *auch* st...], das; -s (norwegische Volksvertretung)
Stö|rung; Stö|rungs|feu|er (*svw.* Störfeuer)
stö|rungs|frei *(bes. Technik)*
Stö|rungs|front *(Meteor.)*
Stö|rungs|stel|le (für Störungen [im Fernsprechverkehr] zuständige Abteilung); **Stö|rungs|su|che**
Sto|ry ['sto:ri], die; -, -s ‹engl.› (Geschichte, Bericht)
Stoß, der; -es, Stöße (*Bergmannsspr. auch für* seitliche Begrenzung eines Grubenbaus)
Stoß|band, das; *Plur.* ...bänder; **Stoß|bor|te** (an der Hose)
Stöß|chen
Stoß|dämp|fer; Stoß|de|gen
Stö|ßel, der; -s, - (Stoßgerät)
stoß|emp|find|lich
sto|ßen; du stößt, er/sie/es stößt; du stießest; gestoßen; stoß[e]!; er stößt ihr, *auch* sie in die Seite
Stö|ßer (*auch für* Sperber)
Sto|ße|rei; stoß|fest
Stoß|ge|bet; Stoß|ge|schäft
stö|ßig; ein stößiger Ziegenbock
Stoß|kraft, die; -; **stoß|kräf|tig**
Stoß|rich|tung; Stoß|seuf|zer
stoß|si|cher
Stoß|stan|ge
Stoß|the|ra|pie *(Med.)*
Stoß|trupp *(Milit.)*; **Stoß|trupp|ler**
Stoß|ver|kehr, der; -s (Verkehr zur Zeit der stärksten Verkehrsdichte); **Stoß|waf|fe**
stoß|wei|se
Stoß|zahn; Stoß|zeit *(Verkehrsw.)*
Sto|tin|ka [st...], die; -, ...ki ‹bulgar.› (Untereinheit des Lew)

S

Stot|te|rei *(ugs.)*; **Stot|te|rer; stot|te|rig,** stott|rig; **Stot|te|rin,** Stott|re|rin
stot|tern; ich stottere; ↑K 82: ins Stottern geraten; etwas auf Stottern (*ugs. für* auf Ratenzahlung) kaufen
Stott|re|rin *vgl.* Stotterin
stott|rig *vgl.* stotterig
Stotz, der; -es, -e *u., schweiz. nur,* **Stot|zen,** der; -s, - (*landsch. für* Baumstumpf; Bottich; *schweiz. für* Keule eines Schlachttiers)
stot|zig (*südwestd. u. schweiz. mdal. für* steil)
Stout [staut], der; -s, -s ⟨engl.⟩ (dunkles englisches Bier)
Stov|chen, Stöv|chen (*nordd. für* Kohlenbecken; Wärmevorrichtung für Tee od. Kaffee)
Sto|ve [...və], die; -, -n (*nordd. für* Trockenraum)
sto|wen (*nordd. für* dämpfen, dünsten); gestowtes Obst
StPO = Strafprozessordnung
Str. = Straße
stra|ban|zen, stra|wan|zen (*bayr. u. österr. mdal. für* sich herumtreiben)
Stra|ban|zer, Stra|wan|zer
Stra|bo *od.* **Stra|bon** [st...] (griechischer Geograph u. Geschichtsschreiber)
[1]**Strac|cia|tel|la** [stratʃa...], das; -[s] ⟨ital.⟩ (Speiseeissorte aus Milchspeiseeis mit Schokoladenstückchen)
[2]**Strac|cia|tel|la,** die; -, ...le ⟨ital.⟩ (ital. [Eier]einlaufsuppe)
strack (*landsch. für* gerade, straff, steif; faul, träge; *auch für* völlig betrunken)
stracks (geradeaus; sofort)
Strad|dle [ˈstrɛdl̩], der; -[s], -s ⟨engl.⟩ (*Leichtathletik* ein Sprungstil im Hochsprung)
[1]**Stra|di|va|ri** [st...] (italienischer Meister des Geigenbaus)
[2]**Stra|di|va|ri,** die; -, -[s] (Stradivarigeige); **Stra|di|va|ri|gei|ge**
Straf|ak|ti|on; Straf|an|dro|hung; Straf|an|stalt; Straf|an|trag; Straf|an|zei|ge; Straf|ar|beit
Straf|auf|he|bung; Straf|auf|he|bungs|grund
Straf|auf|schub; Straf|aus|set|zung
Straf|bank *Plur.* ...bänke *(Sport)*
straf|bar; Straf|bar|keit, die; -
Straf|be|fehl; Straf|be|fug|nis; Straf|be|scheid
straf|be|wehrt (*Rechtsspr.* mit Strafe bedroht)
Stra|fe, die; -, -n
Stra|fe|cke [*alte Trennung* ...k|k...] *(Sport)*
stra|fen
Straf|ent|las|se|ne, der *u.* die; -n, -n
Straf|er|lass [*alte Schreibung* ...erlaß]
straf|er|schwe|rend
straf|e|x|er|zie|ren *(nur im Infinitiv u. Partizip I u. II gebr.)*
Straf|ex|pe|di|ti|on
straff
straf|fäl|lig; Straf|fäl|lig|keit, die; -
straf|fen (straff machen); **Straff|heit,** die; -
straf|frei; Straf|frei|heit, die; -
Straf|ge|fan|ge|ne
Straf|ge|richt; Straf|ge|richts|bar|keit
Straf|ge|setz; Straf|ge|setz|buch (*Abk.* StGB); **Straf|ge|setz|ge|bung**
Straf|ge|walt, die; -; **Straf|kam|mer; Straf|ko|lo|nie; Straf|kom|pa|nie** *(Milit.)*; **Straf|la|ger** *Plur.* ...lager
sträf|lich; sträflicher Leichtsinn; **Sträf|lich|keit,** die; -
Sträf|ling; Sträf|lings|klei|dung
straf|los; Straf|lo|sig|keit, die; -
Straf|man|dat; Straf|maß, das
straf|mil|dernd; Straf|mil|de|rung
Straf|mi|nu|te *(Sport)*
straf|mün|dig
Straf|por|to; Straf|pre|digt
Straf|pro|zess [*alte Schreibung* ...pro|zeß]; **Straf|pro|zess|ord|nung** (*Abk.* StPO)
Straf|punkt *(Sport)*
Straf|raum *(Sport)*
Straf|recht, das; -[e]s; **Straf|recht|ler; Straf|recht|le|rin; straf|recht|lich; Straf|rechts|re|form**
Straf|re|gis|ter [*alte Trennung* ...|st...]; **Straf|sa|che; Straf|se|nat**
Straf|stoß *(Sport)*
Straf|tat; Straf|tä|ter; Straf|tä|te|rin
Straf|til|gung; Straf|til|gungs|grund
Straf|um|wand|lung; Straf|ver|bü|ßung; Straf|ver|fah|ren; Straf|ver|fol|gung; Straf|ver|fü|gung
straf|ver|schär|fend; Straf|ver|schär|fung
straf|ver|set|zen *nur im Infinitiv u. Partizip II gebr.*; strafversetzt; **Straf|ver|set|zung**
Straf|ver|tei|di|ger; Straf|ver|tei|di|ge|rin
Straf|voll|stre|ckung [*alte Trennung* ...k|k...]
Straf|voll|zug; Straf|voll|zugs|an|stalt
straf|wei|se; straf|wür|dig
Straf|zeit *(Sport)*; **Straf|zet|tel; Straf|zu|mes|sung**
Strahl, der; -[e]s, -en; **Strahl|an|trieb**
Strah|le|mann *Plur.* ...männer (*ugs. für* jmd., der ein [übertrieben] fröhliches Gesicht macht)
strah|len
sträh|len (*landsch. u. schweiz. mdal. für* kämmen)
Strah|len|be|hand|lung; Strah|len|be|las|tung [*alte Trennung* ...|st...]; **Strah|len|bi|o|lo|gie**
Strah|len|bre|chung; Strah|len|bün|del; Strah|len|che|mie
strah|lend; ihr strah|lends|tes Lächeln
Strah|len|do|sis
strah|len|för|mig
Strah|len|krank|heit; Strah|len|kranz; Strah|len|kun|de, die; -
Strah|len|pilz; Strah|len|schä|di|gung; Strah|len|schutz, der; -es
Strah|len|the|ra|pie; Strah|len|tier|chen; Strah|len|tod
Strah|ler (*schweiz. auch für* [Berg]kristallsucher)
Sträh|ler *vgl.* Strehler
Strahl|flug|zeug (Düsenflugzeug)
strah|lig
...strah|lig (z. B. achtstrahlig, *mit Ziffer* 8-strahlig [*alte Schreibung* 8strahlig]; ↑K 29)
Strahl|kraft, die; **Strahl|rich|tung; Strahl|rohr; Strahl|stär|ke; Strahl|trieb|werk**
Strah|lung
Strah|lungs|e|ner|gie; Strah|lungs|gür|tel; Strah|lungs|in|ten|si|tät; Strah|lungs|wär|me
Strähn, der; -[e]s, -e (*österr. für* Büschel von Wolle od. Garn)
Sträh|ne, die; -, -n
sträh|nig
Strak, das; -s, -e (*Schiffbau* der Verlauf der Linien eines Bootskörpers); **stra|ken** (*Schiffbau, Technik* vorschriftsmäßig verlaufen [von einer Kurve]; streichen, strecken)
Stral|sund [*auch* ...ˈzʊ...] (Hafenstadt an der Ostsee); **Stral|sun|der**
Stra|min, der; -s, -e ⟨niederl.⟩ (Gittergewebe für Kreuzstickerei); **Stra|min|de|cke** [*alte Trennung* ...k|k...]
stramm; ein strammer Junge; strammer Max (Spiegelei u. Schinken auf Brot); *vgl.* strammstehen, strammziehen

S

stram|men (*landsch. für* straff anziehen)
Stramm|heit, die; -
stramm|ste|hen; ich stehe stramm; strammgestanden; strammzustehen
stramm|zie|hen; jmdm. den Hosenboden strammziehen, *aber* ein Seil stramm ziehen [*alte Schreibung* strammziehen]
Stram|pel|an|zug; Stram|pel|hös|chen
stram|peln; ich stramp[e]le
Stram|pel|sack
stramp|fen (*südd. u. österr. für* stampfen; strampeln)
Stramp|ler (Strampelanzug)
Strand, der; -[e]s, Strände
Strand|an|zug; Strand|bad; Strand|burg; Strand|ca|fé; Strand|dis|tel [*alte Trennung* ...|st...]
stran|den
Strand|gut, das; -[e]s; **Strand|ha|fer**
Strand|hau|bit|ze; *nur in Wendungen wie* voll, betrunken, blau wie eine Strandhaubitze sein (*ugs. für* völlig betrunken sein)
Strand|kleid; Strand|korb; Strand|krab|be; Strand|läu|fer (ein Vogel); **Strand|recht,** das; -[e]s
Stran|dung
Strand|wa|che
Strang, der; -[e]s, Stränge; über die Stränge schlagen *(ugs.)*
Stran|ge, die; -, -n (*schweiz. für* Strang, Strähne)
strän|gen (*veraltend für* [ein Zugtier] anspannen)
Stran|gu|la|ti|on, Stran|gu|lie|rung, die; -, -en ‹griech.› (Erdrosselung; *Med.* Abklemmung); **stran|gu|lie|ren**
Stran|g|u|rie [st..., *auch* ʃt...], die; -, ...ien (*Med.* Harnzwang)
Stra|pa|ze, die; -, -n ‹ital.› ([große] Anstrengung)
stra|paz|fä|hig (*österr. für* strapazierfähig)
stra|pa|zier|bar; Stra|pa|zier|bar|keit, die; -
stra|pa|zie|ren (übermäßig anstrengen, in Anspruch nehmen; abnutzen)
stra|pa|zier|fä|hig; Stra|pa|zier|fä|hig|keit, die; -
stra|pa|zi|ös (anstrengend)
Straps, der; -es, -e ‹engl.› (Strumpfhalter)
Stras|bourg [stras'bu:ɐ̯] (*franz. Schreibung von* Straßburg)
Stras|burg (Stadt in der nördlichen Uckermark)
Strass [*alte Schreibung* Straß], der; *Gen. - u.* Strasses, *Plur.* Strasse ‹nach dem Erfinder Stras› (Edelsteinimitation aus Glas)
straß|auf, straß|ab (überall in den Straßen)
Straß|burg (Stadt im Elsass); *vgl.* Strasbourg; **Straß|bur|ger;** Straßburger Münster; Straßburger Eide; **straß|bur|gisch**
Sträß|chen; Stra|ße, die; -, -n (*Abk.* Str.); *Schreibung in Straßennamen* ↑K 162 *u.* 163
Stra|ßen|an|zug
Stra|ßen|ar|bei|ten *Plur.;* **Stra|ßen|ar|bei|ter**
Stra|ßen|bahn; Stra|ßen|bah|ner (*ugs. für* Angestellter der Straßenbahn)
Stra|ßen|bahn|fah|rer; Stra|ßen|bahn|fah|re|rin
Stra|ßen|bahn|hal|te|stel|le
Stra|ßen|bahn|wa|gen
Stra|ßen|ban|kett *vgl.* ²Bankett
Stra|ßen|bau, der; -[e]s; **Stra|ßen|bau|amt**
Stra|ßen|be|gren|zungs|grün
Stra|ßen|be|kannt|schaft; Stra|ßen|be|lag; Stra|ßen|be|leuch|tung; Stra|ßen|bild; Stra|ßen|ca|fé; Stra|ßen|damm; Stra|ßen|de|cke [*alte Trennung* ...k|k...]; **Stra|ßen|dorf; Stra|ßen|e|cke** [*alte Trennung* ...k|k...]
Stra|ßen|fe|ger (*landsch.; ugs. auch für* attraktive Fernsehsendung)
Stra|ßen|fest; Stra|ßen|füh|rung; Stra|ßen|glät|te; Stra|ßen|gra|ben
Stra|ßen|han|del; Stra|ßen|händ|ler; Stra|ßen|händ|le|rin
Stra|ßen|kar|te; Stra|ßen|keh|rer *(landsch.);* **Stra|ßen|kreu|zer** *(ugs.);* **Stra|ßen|kreu|zung**
Stra|ßen|la|ge; Stra|ßen|lärm; Stra|ßen|la|ter|ne; Stra|ßen|mäd|chen (*für* Prostituierte); **Stra|ßen|meis|te|rei** [*alte Trennung* ...|st...]; **Stra|ßen|mu|si|kant**
Stra|ßen|na|me; Stra|ßen|netz; Stra|ßen|pflas|ter [*alte Trennung* ...|st...]; **Stra|ßen|rand**
Stra|ßen|raub; Stra|ßen|räu|ber
Stra|ßen|rei|ni|gung; Stra|ßen|ren|nen *(Radsport);* **Stra|ßen|sän|ger**
Stra|ßen|schild, das; **Stra|ßen|schlacht; Stra|ßen|schuh; Stra|ßen|sei|te**
Stra|ßen|sper|re; Stra|ßen|sper|rung
Stra|ßen|the|a|ter; Stra|ßen|tun|nel; Stra|ßen|ü|ber|füh|rung; Stra|ßen|un|ter|füh|rung
Stra|ßen|ver|kehr, der; -s; **Stra|ßen|ver|kehrs|ord|nung,** die; - (*Abk.* StVO); **Stra|ßen|ver|kehrs-Zu|las|sungs-Ord|nung,** die; - (*Abk.* StVZO)
Stra|ßen|ver|zeich|nis; Stra|ßen|wal|ze; Stra|ßen|zoll; Stra|ßen|zug
Stra|ßen|zu|stand; Stra|ßen|zu|stands|be|richt
Stra|ße-Schie|ne-Ver|kehr, der; -[e]s ↑K 26
Stra|te|ge [ʃt..., *auch* st...], der; -n, -n ‹griech.› (jmd., der strategisch vorgeht, Strategie beherrscht)
Stra|te|gie, die; -, ...ien (Kriegskunst; genau geplantes Vorgehen); **stra|te|gisch;** strategische Verteidigung
Stra|ti|fi|ka|ti|on [ʃt..., *auch* st...], die; -, -en ‹lat.› (*Geol.* Schichtung; *Landw.* Schichtung von Saatgut in feuchtem Sand od. Wasser)
stra|ti|fi|zie|ren (*Geol.* die Reihenfolge der Schichten feststellen; *Landw.* [Saatgut] schichten)
Stra|ti|gra|phie, *auch* Stra|ti|gra|fie, die; - ‹lat.; griech.› (*Geol.* Schichtenkunde); **stra|ti|gra|phisch,** *auch* stra|ti|gra|fisch
Stra|to|s|phä|re, die; - (Schicht der Erdatmosphäre in einer Höhe von etwa 12 bis 80 km); **Stra|to|s|phä|ren|flug; stra|to|s|phä|risch**
Stra|tus, der; -, ...ti ‹lat.› (tiefer hängende, ungegliederte Schichtwolke; *Abk.* St); **Stra|tus|wol|ke**
sträu|ben; sich sträuben; ↑K 82: da hilft kein Sträuben
strau|big (*landsch. für* struppig)
Strauch, der; -[e]s, Sträucher; **strauch|ar|tig**
Strauch|dieb (*veraltet für* herumstreifender Dieb)
strau|cheln; ich strauch[e]le
strau|chig
Sträuch|lein
Strauch|rit|ter *(veraltet abwertend)*
Strauch|werk, das; -[e]s
Straus, Oscar (österr. Komponist)
Straus|berg (Stadt östlich von Berlin)
¹**Strauß** (Name mehrerer österreichischer Komponisten)
²**Strauß,** der; -es, -e (ein Vogel);

Vogel Strauß; *vgl.* Vogel-Strauß-Politik

[3]**Strauß,** der; -es, Sträuße (Blumenstrauß; *geh. veraltend für* Kampf)

Strauss, Richard (dt. Komponist)

Sträuß|chen

Strau|ßen|ei; Strau|ßen|farm; Strau|ßen|fe|der

Strauß|wirt|schaft (*landsch. für* durch Zweige [Strauß] kenntlich gemachter Ausschank für eigenen [neuen] Wein)

stra|wan|zen usw. *vgl.* strabanzen usw.

Stra|wins|ky[1] [...ki] (russ. Komponist)

Straz|za [ʃt..., *auch* st...], die; -, ...zzen ‹ital.› (Abfall bei der Seidenverarbeitung)

Straz|ze, die; -, -n (*Kaufmannsspr.* Kladde)

Streb, der; -[e]s, -e (*Bergmannsspr.* Kohlenabbaufront zwischen zwei Strecken)

Streb|bau, der; -[e]s (bergmänn. Gewinnungsverfahren)

Stre|be, die; -, -n (schräge Stütze)

Stre|be|bal|ken; Stre|be|bo|gen

stre|ben; ↑K 82: das Streben nach Geld

Stre|be|pfei|ler

Stre|ber; Stre|be|rei, die; -

stre|ber|haft; Stre|be|rin; stre|be|risch; Stre|ber|tum, das; -s

Stre|be|werk *(Bauw.)*

streb|sam; Streb|sam|keit, die; -

Stre|bung *(geh.)*

streck|bar; Streck|bar|keit, die; -

Streck|bett *(Med.)*

Stre|cke [*alte Trennung* ...k|k...], die; -, -n (*Bergmannsspr. auch* meist waagerecht vorgetriebener Grubenbau); zur Strecke bringen (*Jägerspr.* erlegen)

stre|cken [*alte Trennung* ...k|k...]; jmdn. zu Boden strecken

Stre|cken|ab|schnitt [*alte Trennung* ...k|k...]; **Stre|cken|ar|bei|ter; Stre|cken|flug; Stre|cken|füh|rung; Stre|cken|netz**

Stre|cken|re|kord [*alte Trennung* ...k|k...] *(Sport);* **Stre|cken|strich** *(Druckw.);* **Stre|cken|tau|chen; Stre|cken|wär|ter**

stre|cken|wei|se [*alte Trennung* ...k|k...]

Stre|cker [*alte Trennung* ...k|k...] (*svw.* Streckmuskel)

Streck|me|tall *(Technik)*

Streck|mus|kel

Stre|ckung [*alte Trennung* ...k|k...]

Streck|ver|band; Streck|win|kel (*für* Supplementwinkel)

Street|ball [ˈstri:tbɔ:l], der; -s ‹engl.› (auf Plätzen, Höfen gespielte Variante des Basketballs)

Street|work [ˈstri:tvø:ɐ̯], die; - ‹engl.› (Hilfe u. Beratung für Drogenabhängige u. a. innerhalb ihres Wohnbereichs); **Street|wor|ker,** der; -s, - (jmd., der Streetwork durchführt); **Street|wor|ke|rin**

Streh|ler (ein Werkzeug zum Gewindeschneiden)

Streich, der; -[e]s, -e; **Streich|bürs|te** [*alte Trennung* ...|st...]

Strei|che, die; -, -n (*früher* Flanke einer Festungsanlage)

Strei|chel|ein|heit (*scherzh. für* freundliche Zuwendung, Lob)

strei|cheln; ich streich[e]le

Strei|chel|zoo (Gehege mit Tieren zum Streicheln)

Strei|che|ma|cher

strei|chen; du strichst; du strichest; gestrichen; streich[e]!

Strei|chen, das; -s (ein Gangfehler beim Pferd; *Geol.* Verlauf der Streichlinie)

Strei|cher (Spieler eines Streichinstrumentes)

Strei|che|rei *(ugs.)*

Strei|che|rin

streich|fä|hig; Streich|fä|hig|keit, die; -

streich|fer|tig; streichfertige Farbe; **Streich|flä|che; Streich|form; Streich|garn**

Streich|holz (Zündholz); **Streich|holz|schach|tel**

Streich|in|s|t|ru|ment

Streich|kä|se

Streich|kon|zert

Streich|li|nie (*Geol.* waagerechte Linie auf der Schichtfläche einer Gebirgsschicht)

Streich|mu|sik; Streich|or|ches|ter [*alte Trennung* ...|st...]; **Streich|quar|tett; Streich|quin|tett; Streich|trio**

Strei|chung

Streich|wurst

Streif *vgl.* Streifen

Streif|band, das; *Plur.* ...bänder *(Postw.);* **Streif|band|zei|tung**

Strei|fe, die; -, -n (zur Kontrolle eingesetzte kleine Militär- od. Polizeieinheit, *auch für* Fahrt, Gang einer solchen Einheit)

strei|fen

Strei|fen, der; -s, -, *seltener* Streif, der; -[e]s, -e

Strei|fen|be|am|te; Strei|fen|bil|dung; Strei|fen|dienst

strei|fen|för|mig

Strei|fen|füh|rer; Strei|fen|gang, der; **Strei|fen|wa|gen**

strei|fen|wei|se

Strei|fe|rei (Streifzug)

strei|fig

Streif|licht *Plur.* ...lichter

Streif|schuss [*alte Schreibung* ...schuß]; **Streif|zug**

Streik, der; -[e]s, -s ‹engl.› (Arbeitsniederlegung); **Streik|auf|ruf; Streik|bre|cher; Streik|bruch,** der; **streik|brü|chig**

strei|ken

Strei|ken|de, der *u.* die; -n, -n

Streik|geld; Streik|kas|se; Streik|ko|mi|tee; Streik|lei|tung; Streik|lo|kal; Streik|pos|ten [*alte Trennung* ...|st...]; **Streik|recht**

Streit, der; -[e]s, -e; **Streit|axt**

streit|bar; Streit|bar|keit, die; -

strei|ten; du strittst; du strittest; gestritten; streit[e]!

Strei|ter; Strei|te|rei; Strei|te|rin

Streit|fall; Streit|fra|ge; Streit|ge|gen|stand; Streit|ge|spräch

Streit|hahn, Streit|ham|mel (*ugs. für* streitsüchtiger Mensch)

Streit|han|sel, Streit|hansl, der; -s, -[n] (*österr. ugs. svw.* Streithahn)

strei|tig *(Rechtsw. nur so) od.* **strit|tig;** die Sache ist streitig *od.* strittig; *aber nur* jmdm. etwas streitig machen; **Strei|tig|kei|ten** *Plur.*

Streit|kräf|te *Plur.*

Streit|lust, die; -; **streit|lus|tig** [*alte Trennung* ...|st...]

Streit|macht, die; - *(veraltend)*

Streit|ob|jekt; Streit|punkt

Streit|ross [*alte Schreibung* ...roß] *(veraltet)*

Streit|sa|che; Streit|schrift

Streit|sucht, die; -; **streit|süch|tig**

Streit|ver|kün|dung *(Rechtsspr.);* **Streit|wa|gen; Streit|wert**

Stre|mel, der; -s, - (*nordd. für* [langer] Streifen); seinen Stremel wegarbeiten (*ugs. für* zügig arbeiten)

strem|men (*landsch. ugs. für* zu eng, zu straff sein; beengen); es stremmt; sich stremmen (*landsch. für* sich anstrengen)

---

[1]*So die eigene Schreibung des Komponisten. Nach dem vom Duden verwendeten russ. Transkriptionssystem müsste Strawinski geschrieben werden.*

S

streng
– am strengs|ten; strengs|tens
Groß- und Kleinschreibung ↑K 75: – auf das, aufs Strengste, *auch* auf das, aufs strengste *Getrenntschreibung in Verbindung mit Verben und Partizipien* ↑K 56 *u.* 58: – streng sein; streng urteilen; jmdn. streng bestrafen usw. – du musst das nicht so streng nehmen [*alte Schreibung* strengnehmen] (genau nehmen); sie dürfte streng genommen [*alte Schreibung* strenggenommen] gar nicht teilnehmen

Stren|ge, die; -
stren|gen (*veraltet für* einengen; straff anziehen)
streng ge|nom|men [*alte Schreibung* streng|ge|nom|men]
streng|gläu|big; Streng|gläu|big|keit, die; -
streng neh|men [*alte Schreibung* streng|neh|men]
strengs|tens [*alte Trennung* ...|st...]
stren|zen (*südd. ugs. für* stehlen)
Strep|to|kok|kus [ʃt..., *auch* st...], der; -, ...kken *meist Plur.* ‹griech.› (eine Bakterie)
Strep|to|my|zin, *fachspr. meist* Strep|to|my|cin, das; -s (ein Antibiotikum)
[1]**Stre|se|mann** (dt. Staatsmann)
[2]**Stre|se|mann,** der; -s (ein bestimmter Gesellschaftsanzug)
Stress [*alte Schreibung* Streß], der; Stresses, Stresse ‹engl.› (*Med.* starke körperliche u. seelische Belastung; *ugs. auch für* Ärger)
stres|sen (*ugs. für* als Stress wirken; überbeanspruchen); der Lärm stresst; ich bin gestresst [*alte Schreibungen* streßt, gestreßt]
stress|frei [*alte Schreibung* streß...]; **stress|ge|plagt**
stres|sig (*ugs. für* aufreibend, [sehr] anstrengend)
Stress|si|tu|a|ti|on, *auch* **Stress-Si|tu|a|ti|on** [*alte Schreibung* Streß|si|tua|ti|on]
Stretch [stretʃ], der; -[e]s, -es ‹engl.› (ein elastisches Gewebe)
Stret|ching, das; -s (aus Dehnungsübungen bestehende Form der Gymnastik)
Streu, die; -, -en *Plur. selten*
Streu|be|sitz; Streu|bom|be; Streu|büch|se
Streue, die; -, -n *Plur. selten* (*schweiz. neben* Streu)
streu|en; Streu|er (Streubüchse)
Streu|fahr|zeug; Streu|feu|er *(Milit.);* **Streu|gut,** das; -[e]s; **Streu|ko|lon|ne; Streu|licht,** das; -[e]s
streu|nen (sich herumtreiben)
Streu|ner *(ugs.);* **Streu|ne|rin**
Streu|obst; Streu|obst|wie|se
Streu|pflicht, die; -; **Streu|salz; Streu|sand,** der; -[e]s
Streu|sel, der *od.* das; -s, - *meist Plur.;* **Streu|sel|ku|chen**
Streu|sied|lung
Streu|ung; Streu|ungs|ko|ef|fi|zi|ent; Streu|ungs|maß, das *(Statistik)*
Streu|wa|gen; Streu|zu|cker [*alte Trennung* ...k|k...]
Strich, der; -[e]s, -e (*südd. u. schweiz. mdal. auch für* Zitze; *ugs. auch für* Straßenprostitution); **Strich|ät|zung** *(Druckw.);* **Strich|ein|tei|lung**
stri|cheln; ich strich[e]le
Stri|cher (*ugs. für* Strichjunge)
Strich|jun|ge *(ugs., oft abwertend)*
Strich|kode, *fachspr.* Strich|code (Verschlüsselung bestimmter Angaben [auf Waren] in Form paralleler Striche)
strich|lie|ren (*österr. für* stricheln)
Strich|mäd|chen (*ugs., oft abwertend für* Prostituierte)
Strich|männ|chen
Strich|punkt (*für* Semikolon)
Strich|re|gen; Strich|vo|gel
strich|wei|se
Strich|zeich|nung
Strick, der; -[e]s, -e (*ugs. scherzh. auch für* Spitzbube)
Strick|ap|pa|rat; Strick|ar|beit; Strick|beu|tel; Strick|bünd|chen
stri|cken [*alte Trennung* ...k|k...]; **Stri|cker; Stri|cke|rei; Stri|cke|rin**
Strick|garn; Strick|ja|cke [*alte Trennung* ...k|k...]; **Strick|kleid**
Strick|lei|ter, die; **Strick|lei|ter|ner|ven|sys|tem** [*alte Trennung* ...|st...] *(Zool.)*
Strick|ma|schi|ne; Strick|mo|de; Strick|mus|ter [*alte Trennung* ...|st...]; **Strick|na|del; Strick|stoff; Strick|strumpf; Strick|wa|ren** *Plur.;* **Strick|wes|te** [*alte Trennung* ...|st...]; **Strick|zeug**
Stri|du|la|ti|ons|or|gan [ʃt..., *auch* st...] ‹lat.; griech.› (*Zool.* Werkzeug mancher Insekten zur Erzeugung zirpender Töne)
Strie|gel, der; -s, - ‹lat.› (Gerät mit Zacken; harte Bürste [zur Pflege des Pferdefells])
strie|geln; ich strieg[e]le
Strie|me, die; -, -n, *häufiger* **Strie|men,** der; -s, -
strie|mig
Strie|zel, der; -s, - (*landsch. ugs. für* Lausbub; *landsch. u. österr. für* eine Gebäckart)
strie|zen (*ugs. für* quälen; *nordd. ugs. auch für* stehlen)
strikt [ʃt..., *auch* st...] ‹lat.› (streng; genau); **strik|te** (*seltener für* strikt)
Strik|tur, die; -, -en (*Med.* Verengung von Körperkanälen)
Strind|berg (schwed. Dichter)
string. = stringendo; **strin|gen|do** [strɪnˈdʒɛ...] ‹ital.› (*Musik* schneller werdend)
strin|gent [st..., *auch* ʃt...] ‹lat.› (bündig, zwingend); **Strin|genz,** die; -
String|re|gal [ˈʃt..., *auch* ˈst...], das; -s, -e ‹engl.; dt.› ([1]Regal, dessen Bretter in ein an der Wand befestigtes Metallgestell eingelegt sind)
Strip [ʃt..., *auch* st...], der; -s, -s ‹engl.-amerik.› (*kurz für* Striptease; [Wundpflaster]streifen)
Strip|pe, die; -, -n (*landsch. für* Bindfaden; Band; *ugs. scherzh. für* Fernsprechleitung)
strip|pen [ʃt..., *auch* st...] ‹engl.-amerik.› (*ugs. für* einen Striptease vorführen; *Druckw.* [Zeilen] im Film montieren); **Strip|per; Strip|pe|rin** (*ugs. für* Stripteasetänzerin)
Strip|tease [ʃtrɪpti:s, *auch* st...], der *od.* das; - (Entkleidungsvorführung [in Nachtlokalen]); **Strip|tease|lo|kal; Strip|tease|tän|ze|rin**
Stritt, der; -[e]s (*bayr. für* Streit)
strit|tig *vgl.* streitig
Stritt|mat|ter (dt. Schriftsteller)
Striz|zi, der; -s, -s (*bes. südd., österr. u. schweiz. mdal. für* Strolch; Zuhälter)
Stro|bel, der; -s, - (*landsch. für* struppiger Haarschopf); **stro|be|lig** usw. (*landsch. für* strubbelig usw.); **stro|beln** (*landsch. für* struppig machen; struppig sein); ich strob[e]le; **strob|lig** *vgl.* strobelig
Stro|bo|s|kop [st..., *auch* ʃt...], das; -s, -e ‹griech.› (ein opt. Gerät zur Messung von Drehzahlen o. Ä.); **stro|bo|s|ko|pisch;**

Stro|bo|s|kop|licht (schnell aufblitzendes Licht)
Stroh, das; -[e]s; **Stroh|bal|len**
stroh|blond
Stroh|blu|me; Stroh|bund, das; **Stroh|dach**
stroh|dumm (sehr dumm)
stro|hern (aus Stroh)
stroh|far|ben *od.* **stroh|far|big**
Stroh|feim *od.* **Stroh|fei|me** *od.* **Stroh|fei|men** (*vgl.* Feim)
Stroh|feu|er
stroh|ge|deckt
Stroh|halm; Stroh|hau|fen; Strohhut, der; **Stroh|hüt|te**
stro|hig (*auch für* wie Stroh; saftlos, trocken)
Stroh|kopf (*ugs. scherzh. für* Dummkopf)
Stroh|mann *Plur.* ...männer (vorgeschobene Person)
Stroh|mat|te; Stroh|pres|se; Strohpup|pe; Stroh|sack; Stroh|schuh
stroh|tro|cken [*alte Trennung* ...k|k...]; **Stroh|wisch**
Stroh|wit|we (*ugs. für* Ehefrau, die vorübergehend ohne ihren Mann lebt); **Stroh|wit|wer** (*ugs.; vgl.* Strohwitwe)
Strolch, der; -[e]s, -e; **strol|chen; Strol|chen|fahrt** (*schweiz. für* Fahrt mit einem gestohlenen Wagen)
Strom, der; -[e]s, Ströme; es regnet in Strömen; ein Strom führendes [*alte Schreibung* stromführendes] Kabel ↑K58
strom|ab
Strom|ab|nah|me; Strom|ab|nehmer
strom|ab|wärts; strom|an
strom|auf, strom|auf|wärts
Strom|aus|fall
¹Strom|bo|li [st...] (eine der Liparischen Inseln)
²Strom|bo|li, der; - (Vulkan auf ¹Stromboli)
strö|men
Stro|mer (*ugs. für* Herumtreiber, Landstreicher, Strolch; *meist Plur.: Wirtsch.* Stromerzeuger)
stro|mern; ich stromere
Strom|er|zeu|ger; Strom|er|zeugung
Strom füh|rend [*alte Schreibung* strom|füh|rend] *vgl.* Strom
Strom|ka|bel; Strom|kreis; Stromlei|tung
Ström|ling (eine Heringsart)
Strom|li|nie; Strom|li|ni|en|form, die; -; **strom|li|ni|en|för|mig; Strom|li|ni|en|wa|gen**
Strom|men|ge; Strom|mes|ser, der; **Strom|netz; Strom|preis; Stromrech|nung; Strom|schlag; Stromschnel|le; Strom|sper|re; Stromstär|ke; Strom|stoß**
Strö|mung; Strö|mungs|ge|schwindig|keit; Strö|mungs|leh|re
Strom|un|ter|bre|cher; Strom|verbrauch; Strom|ver|sor|gung; Strom|wen|der; Strom|zäh|ler
Stron|ti|um [st..., *auch* ʃt...], das; -s ‹nach dem schottischen Dorf Strontian› (chemisches Element, Metall; *Zeichen* Sr)
Stro|ph|an|thin [ʃt..., *auch* st...], das; -s, -e ‹griech.› (ein Arzneimittel); **Stro|ph|an|thus**, der; -, - (Heilpflanze, die das Strophanthin liefert)
Stro|phe, die; -, -n ‹griech.›
Stro|phen|an|fang; Stro|phen|bau, der; -s; **Stro|phen|en|de; Strophen|form; Stro|phen|lied**
...stro|phig (z. B. dreistrophig, *mit Ziffer* 3-strophig [*alte Schreibung* 3strophig]; ↑K29)
stro|phisch (in Strophen geteilt)
Stropp, der; -[e]s, -s (*Seemannsspr.* kurzes Tau mit Ring od. Schlinge; *landsch. für* Aufhänger)
Stros|se, die; -, -n (*Bergmannsspr.* Stufe, Absatz)
Strot|ter (*österr. für* jmd., der im Abfall stöbert)
strot|zen; du strotzt; das Kind strotzt vor *od.* von Energie
strub; strüber, strübste (*schweiz. mdal. für* struppig; schwierig)
strub|be|lig, strubb|lig (*ugs.*); **Strub|bel|kopf; strub|blig** *vgl.* strubbelig
Stru|del, der; -s, - ([Wasser]wirbel; *bes. südd., österr. für* ein Gebäck)
stru|deln; ich strud[e]le
Stru|del|topf (Kolk, Gletschermühle)
Struk|to|gramm, das; -s, -e ‹lat.; griech.› (*EDV* graf. Darstellung der logischen Struktur eines Programms)
Struk|tur [ʃt..., *auch* st...], die; -, -en ‹lat.› ([Sinn]gefüge, Bau; Aufbau, innere Gliederung); **struk|tu|ral** (*seltener für* strukturell)
Struk|tu|ra|lis|mus, der; - (*Sprachw.* Richtung, die Sprache als ein geschlossenes Zeichensystem versteht u. die Struktur dieses Systems erfassen will); **Struk|tu|ra|list**, der; -en, -en; **Struk|tu|ra|lis|tin** [*alte Trennung* ...|st...]; **struk|tu|ra|listisch**
Struk|tur|a|na|ly|se; Struk|tur|ände|rung; struk|tur|be|stim|mend
struk|tu|rell
Struk|tur|for|mel (*Chemie*); **Struktur|ge|we|be; Struk|tur|hil|fe**
struk|tu|rie|ren (mit einer Struktur versehen); **Struk|tu|riertheit**, die; -; **Struk|tu|rie|rung**
Struk|tur|kri|se; Struk|tur|po|li|tik, die; -; **Struk|tur|re|form**
struk|tur|schwach (industriell nicht entwickelt)
Struk|tur|ta|pe|te; Struk|tur|wandel
strul|len (*bes. nordd. ugs. für* urinieren)
Stru|ma [ʃt..., *auch* st...], die; -, *Plur.* ...men *u.* ...mae ‹lat.› (*Med.* Kropf); **stru|mös** (kropfartig)
Strumpf, der; -[e]s, Strümpfe; **Strumpf|band**; *vgl.* ³Band
Strümpf|chen
Strumpf|fa|b|rik; Strumpf|hal|ter; Strumpf|ho|se; Strumpf|mas|ke; Strumpf|wa|ren *Plur.*; **Strumpfwir|ker; Strumpf|wir|ke|rei**
Strunk, der; -[e]s, Strünke; **Strünk|chen**
strup|fen (*südd. u. schweiz. mdal. für* [ab]streifen)
strup|pig; Strup|pig|keit, die; -
Struw|wel|kopf (*landsch. für* Strubbelkopf); **Struw|wel|pe|ter**, der; -s, - (*fam. für* Kind mit strubbeligem Haar; *nur Sing.:* Gestalt aus einem Kinderbuch)
Strych|nin [ʃt..., *auch* st...], das; -s ‹griech.› (ein giftiges Alkaloid; ein Arzneimittel)
Stu|art [ˈʃtu:art, *engl.* ˈstju:ət], der; -s, -s *u.* die; -, -s (Angehörige[r] eines schottischen Geschlechts); **Stu|art|kra|gen**
Stu|bai, das; -s (ein Tiroler Alpental); **Stu|bai|er Al|pen** *Plur.*; **Stubai|tal**
Stub|ben, der; -s, - (*nordd. für* [Baum]stumpf; *auch für* grobschlächtiger Mensch, Flegel)
Stub|ben|kam|mer, die; - (Kreidefelsen auf Rügen)
¹Stüb|chen, das; -s, - (ein altes Flüssigkeitsmaß)
²Stüb|chen (kleine Stube)
Stu|be, die; -, -n
Stu|ben|äl|tes|te [*alte Trennung* ...|st...]; **Stu|ben|ar|rest; Stu|bendienst; Stu|ben|flie|ge; Stu|benge|lehr|te**
Stu|ben|ho|cker [*alte Trennung*

S

...k|k...]; **Stu|ben|ho|cke|rei** *(ugs.)*; **Stu|ben|ho|cke|rin**
Stu|ben|kü|cken [*alte Trennung* ...k|k...] (sechs bis acht Wochen altes Kücken)
Stu|ben|mu|si, die; - (*bayr., österr. für* Volksmusik[gruppe])
stu|ben|rein
Stu|ben|wa|gen (im Haus verwendeter Korbwagen für Säuglinge)
Stü|ber, der; -s, - ‹niederl.› (ehem. niederrhein. Münze; *auch kurz für* Nasenstüber)
Stü|berl, das; -s, -n (*bayr., österr. für* kleine Stube, Gaststube)
Stuck, der; -[e]s ‹ital.› (aus Gips hergestellte Ornamentik)
Stück, das; -[e]s, -e (*Abk.* St.); 5 Stück Zucker; Stücker zehn (*ugs. für* ungefähr zehn); ein Stück weit
Stuck|ar|beit
Stück|ar|beit, die; - (Akkordarbeit)
Stu|cka|teur [...'tøːɐ̯; *alte Schreibung* Stuk|ka|teur], der; -s, -e ‹franz.› (Stuckarbeiter, -künstler); **Stu|cka|teu|rin**
Stu|cka|tor [*alte Schreibung* Stuk|ka|tor], der; -s, ...oren ‹ital.› (Stuckkünstler); **Stu|cka|to|rin**
Stu|cka|tur [*alte Schreibung* Stuk|ka|tur], die; -, -en (Stuckarbeit)
Stück|chen; stück|chen|wei|se
Stuck|de|cke [*alte Trennung* ...k|k...]
stü|ckeln [*alte Trennung* ...k|k...]; ich stück[e]le; **Stü|cke|lung,** Stück|lung
stu|cken [*alte Trennung* ...k|k...] (*landsch. u. österr. ugs. für* angestrengt lernen)
stü|cken [*alte Trennung* ...k|k...] (*selten für* zusammen-, aneinander stücken)
stu|cke|rig [*alte Trennung* ...k|k...] *(nordd.)*; **stu|ckern** (*nordd. für* holpern, rütteln)
Stü|cke|schrei|ber [*alte Trennung* ...k|k...] (Schriftsteller, der Theaterstücke, Fernsehspiele o. Ä. verfasst)
Stück|fass [*alte Schreibung* ...faß] (ein Weinmaß); **Stück|ge|wicht**
Stück|gut (stückweise verkaufte od. als Frachtgut aufgegebene Ware)
stu|ckie|ren [*alte Trennung* ...k|k...] ‹ital.› (*selten für* [Wände] mit Stuck versehen)
Stück|kauf; Stück|koh|le; Stück|kos|ten [*alte Trennung* ...|st...] *Plur.*; **Stück|lis|te; Stück|lohn**
Stück|lung, Stü|cke|lung [*alte Trennung* ...k|k...]
Stück|no|tie|rung *(Börse)*; **Stück|rech|nung** *(Wirtsch.)*
stück|wei|se
Stück|werk; Stückwerk bleiben
Stück|zahl
Stück|zin|sen *Plur.* (*Bankw.* bis zu einem Zwischentermin aufgelaufene Zinsen)
stud. = studiosus [st...], z. B. stud. medicinae ‹lat.› (Student der Medizin; *Abk.* stud. med.)
Stu|dent, der; -en, -en ‹lat.› (Hochschüler)
Stu|den|ten|aus|weis; Stu|den|ten|be|we|gung
Stu|den|ten|blu|me (Name verschiedener Pflanzen)
Stu|den|ten|bu|de *(ugs.)*; **Stu|den|ten|fut|ter** (*vgl.* [1]Futter); **Stu|den|ten|ge|mein|de; Stu|den|ten|heim; Stu|den|ten|knei|pe** *(ugs.)*; **Stu|den|ten|lied; Stu|den|ten|müt|ze; Stu|den|ten|par|la|ment; Stu|den|ten|pfar|rer; Stu|den|ten|re|vol|te**
Stu|den|ten|schaft
Stu|den|ten|spra|che, die; -; **Stu|den|ten|un|ru|hen** *Plur.*; **Stu|den|ten|ver|bin|dung; Stu|den|ten|werk; Stu|den|ten|wohn|heim**
Stu|den|tin
Stu|den|t(inn)en (*Kurzform für* Studentinnen u. Studenten)
stu|den|tisch
Stu|die, die; -, -n (Entwurf, kurze [skizzenhafte] Darstellung; Vorarbeit)
Stu|di|en (*Plur. von* Studie *u.* Studium)
Stu|di|en|ab|bre|cher
Stu|di|en|as|ses|sor; Stu|di|en|as|ses|so|rin
Stu|di|en|be|wer|ber; Stu|di|en|brief; Stu|di|en|buch
Stu|di|en|di|rek|tor; Stu|di|en|di|rek|to|rin
Stu|di|en|fach
Stu|di|en|freund; Stu|di|en|freun|din
Stu|di|en|gang, der
stu|di|en|hal|ber
Stu|di|en|kol|leg (Vorbereitungskurs an einer Hochschule, bes. für ausländische Studierende)
Stu|di|en|kol|le|ge; Stu|di|en|kol|le|gin
Stu|di|en|platz
Stu|di|en|rat *Plur.* ...räte; **Stu|di|en|rä|tin**
Stu|di|en|re|fe|ren|dar; Stu|di|en|re|fe|ren|da|rin
Stu|di|en|rei|se; Stu|di|en|zeit; Stu|di|en|zweck; zu Studienzwecken
stu|die|ren; eine studierte Kollegin; ↑K 82: Probieren (*auch* probieren) geht über Studieren (*auch* studieren)
Stu|die|ren|de, der *u.* die; -n, -n; **Stu|die|ren|den|aus|weis; Stu|die|ren|den|par|la|ment; Stu|die|ren|den|wohn|heim**
Stu|dier|stu|be
Stu|dier|te, der *u.* die; -n, -n (*ugs. für* jmd., der studiert hat); **Stu|di|ker** (*ugs. scherzh. für* Student)
Stu|dio, das; -s, -s ‹ital.› (Atelier; *Film- u. Rundfunk* Aufnahmeraum; Versuchsbühne); **Stu|di|o|büh|ne; Stu|di|o|film; Stu|di|o|mu|si|ker**
Stu|di|o|sus, der; -, ...si (*scherzh. für* Studierender; Student)
Stu|di|um, das; -s, ...ien (wissenschaftl. [Er]forschung; Hochschulbesuch, -ausbildung; [kritisches] Durchlesen, -arbeiten); **Stu|di|um ge|ne|ra|le** [ʃt..., *auch* st...], das; - - (frühe Form der Universität im MA.; Vorlesungen allgemein bildender Art an einer Hochschule)
Stu|fe, die; -, -n; **stu|fen**
Stu|fen|bar|ren *(Turnen)*; **Stu|fen|dach; Stu|fen|fol|ge**
stu|fen|för|mig
Stu|fen|gang, der; **Stu|fen|ge|bet** *(kath. Kirche früher)*; **Stu|fen|heck; Stu|fen|lei|ter,** die
stu|fen|los
Stu|fen|plan; Stu|fen|py|ra|mi|de; Stu|fen|ra|ke|te
stu|fen|wei|se
stu|fig (mit Stufen versehen); **...stu|fig** (z. B. fünfstufig, *mit Ziffer* 5-stufig [*alte Schreibung* 5stufig]; ↑K 29)
Stu|fung
Stuhl, der; -[e]s, Stühle (*auch kurz für* Stuhlgang); elektrischer Stuhl; der Heilige, der Päpstliche Stuhl ↑K 150; **Stuhl|bein**
Stühl|chen
Stuhl|drang, der; -[e]s *(Med.)*; **Stuhl|ent|lee|rung** *(Med.)*
Stuhl|fei|er, die; -; Petri Stuhlfeier (kath. Fest)
Stuhl|gang, der; -[e]s
Stuhl|kan|te; Stuhl|kis|sen; Stuhl|leh|ne
Stuhl|un|ter|su|chung
Stu|ka [*auch* 'ʃtʊ...], der; -s, -s (*kurz für* Sturzkampfflugzeug)

Stuk|ka|teur usw. *alte Schreibung für* Stuckateur usw.
Stul|le, die; -, -n (*nordd., bes. berlin. für* Brotschnitte)
Stulp|är|mel (*svw.* Stulpenärmel)
Stul|pe, die; -, -n (Aufschlag an Ärmeln u. a.)
stül|pen
Stul|pen|är|mel; Stul|pen|hand|schuh; Stul|pen|stie|fel
Stülp|na|se
stumm; Stum|me, der *u.* die; -n, -n
Stum|mel, der; -s, -; **Stum|mel|af|fe**
Stum|mel|chen, Stüm|mel|chen
stüm|meln (*landsch. für* Bäume stark zurückschneiden); ich stümm[e]le
Stum|mel|pfei|fe; Stum|mel|schwanz
Stumm|film
Stumm|heit, die; -
Stum|pe, der; -n, -n *u.* [1]**Stum|pen,** der; -s, - (*landsch. für* [Baum]stumpf)
[2]**Stum|pen,** der; -s, - (Grundform des Filzhutes; Zigarre)
Stüm|per (*abwertend für* Nichtskönner); **Stüm|pe|rei**
stüm|per|haft; Stüm|pe|rin
stüm|pern (schlecht arbeiten); ich stümpere
stumpf
Stumpf, der; -[e]s, Stümpfe; mit Stumpf und Stiel (restlos); **Stümpf|chen**
stump|fen (stumpf machen); **Stumpf|heit**
Stumpf|näs|chen *od.* **Stumpf|na|se** *(landsch.);* **stumpf|na|sig**
Stumpf|sinn, der; -[e]s; **stumpf|sin|nig; Stumpf|sin|nig|keit**
stumpf|wink|lig
Stünd|chen

Stun|de,

die; -, -n
(*Abk.* Std., *auch* St.; *Zeichen* h [*Astron.* ʰ])
- die Stunde null [*alte Schreibung* die Stunde Null]
- von Stund an (*veraltend für* von diesem Augenblick an)
- ich habe zwei Stunden lang telefoniert, *aber* ich habe stundenlang telefoniert
- eine halbe Stunde
- eine viertel Stunde *od.* eine Viertelstunde; in drei viertel Stunden *od.* in drei Viertelstunden (*aber* in einer Dreiviertelstunde); *vgl.* Viertel
- in anderthalb Stunden

stun|den (Frist zur Zahlung geben)
Stun|den|buch (Gebetbuch des MA.); **Stun|den|frau** (*landsch. für* Frau, die einige Stunden im Haushalt hilft); **Stun|den|ge|bet; Stun|den|ge|schwin|dig|keit; Stun|den|glas** *Plur.* ...gläser (Sanduhr); **Stun|den|halt** (*schweiz. für* [stündl.] Marschpause); **Stun|den|ho|tel**
Stun|den|ki|lo|me|ter (*für* Kilometer je Stunde; *vgl.* km/h)
stun|den|lang; ich habe stundenlang gewartet; *aber* sie lag eine Stunde lang, ganze Stunden lang wach
Stun|den|lohn; Stun|den|plan; Stun|den|schlag; Stun|den|takt; im Stundentakt
stun|den|wei|se
stun|den|weit; sie liefen stundenweit, *aber* drei Stunden weit
Stun|den|zei|ger (bei der Uhr)
...stün|dig (z. B. zweistündig [zwei Stunden dauernd], *mit Ziffer* 2-stündig [*alte Schreibung* 2stündig]; ↑K 29)
Stünd|lein
stünd|lich (jede Stunde)
...stünd|lich (z. B. zweistündlich [alle zwei Stunden wiederkehrend], *mit Ziffer* 2-stündlich [*alte Schreibung* 2stündlich]; ↑K 29)
Stun|dung ‹*zu* stunden›
Stunk, der; -s (*ugs. für* Zank, Unfrieden, Nörgelei)
Stunt [stant], der; -s, -s ‹engl.› (gefährliches, akrobatisches Kunststück [als Filmszene]); **Stunt|girl,** das; -s, -s *u.* **Stunt|man** [...mɛn], der; -s, ...men [...mən] (*Film* Double für Stunts)
stu|pend [st..., *auch* ʃt...] ‹lat.› (erstaunlich)
Stupf, der; -[e]s, -e (*südd., schweiz. mdal. für* Stoß); **stup|feln** *u., schweiz. nur,* **stup|fen** (*südd., österr. ugs., schweiz. mdal. für* stupsen); **Stup|fer** (*südd., österr. ugs., schweiz. mdal. für* Stups)
stu|pid [ʃt..., *auch* st...], *österr. nur so, u.* **stu|pi|de** ‹lat.› (dumm, stumpfsinnig); **Stu|pi|di|tät,** die; -, -en
Stu|por, der; -s (*Med.* Starrheit, Regungslosigkeit)
Stups, der; -es, -e (*ugs. für* Stoß); **stup|sen** (*ugs. für* stoßen); du stupst

Stups|na|se *(ugs.)*
stur (*ugs. für* stier, unbeweglich, hartnäckig); stur Heil (*ugs. für* mit großer Sturheit); **Stur|heit,** die; - *(ugs.)*
sturm (*südwestd. u. schweiz. mdal. für* verworren, schwindelig); mir ist sturm
[1]**Sturm,** der; -[e]s, Stürme; Sturm laufen; Sturm läuten
[2]**Sturm,** der; -[e]s (*österr. für* in Gärung übergegangener Weinmost, *svw.* Federweiße)
Sturm|an|griff; Sturm|ball *(Seew.);* **Sturm|band,** das; *Plur.* ...bänder
sturm|be|reit
Sturm|bö; Sturm|bock (*früher* ein Belagerungsgerät); **Sturm|böe** (*svw.* Sturmbö); **Sturm|boot** *(Milit.);* **Sturm|deich**
stür|men; Stür|mer; Stür|me|rei *(ugs.);* **Stür|me|rin**
sturm|er|probt (kampferprobt)
Stür|mer und Drän|ger, der; -s - -s, - - - *(Literaturw.)*
Stur|mes|brau|sen, das; -s *(geh.)*
Sturm|fah|ne *(früher);* **Sturm|flut**
sturm|frei *(ugs.);* sturmfreie Bude
Sturm|fri|sur *(scherzh.);* **Sturm|ge|päck** *(Milit.)*
sturm|ge|peitscht; die sturmgepeitschte See
Sturm|glo|cke [*alte Trennung* ...k|k...]
Sturm|hau|be; die Große Sturmhaube, Kleine Sturmhaube (Gipfel im Riesengebirge)
Sturm|hut, der (*svw.* Eisenhut)
stür|misch
Sturm|la|ter|ne; Sturm|lauf; Sturm|läu|ten, das; -s; **Sturm|lei|ter,** die; **Sturm|mö|we**
sturm|reif *(Milit.)*
Sturm|rei|he *(Sport);* **Sturm|rie|men; Sturm|schritt;** *meist in* im Sturmschritt
sturm|schwach *(Sport)*
Sturm|si|g|nal; Sturm|spit|ze *(Sport);* **Sturm|tief** *(Meteor.)*
Sturm und Drang, der; *Gen.* - - -[e]s *u.* - - - *(Literaturw.);* **Sturm-und-Drang-Zeit,** die; - ↑K 26
Sturm|vo|gel; Sturm|war|nung; Sturm|wind; Sturm|zei|chen
Sturz, der; -es, *Plur.* Stürze, *auch* (*für* Träger:) Sturze (jäher Fall; *Bauw.* waagerechter Träger als oberer Abschluss von Tür- od. Fensteröffnungen)
Sturz|a|cke [*alte Trennung* ...k|k...]; **Sturz|bach**
sturz|be|trun|ken (*ugs. für* völlig betrunken)

S

Stür|ze, die; -, -n (*landsch. für* Topfdeckel)
Stur|zel, Stür|zel, der; -s, - (*landsch. für* stumpfes Ende, [Baum]stumpf)
stür|zen; du stürzt
Sturz|flug; Sturz|flut; Sturz|ge|burt *(Med.)*; **Sturz|gut** (z. B. Kohle, Schotter)
Sturz|helm
Sturz|kampf|flug|zeug (im 2. Weltkrieg; *Abk.* Stuka); **Sturz|pflug; Sturz|re|gen; Sturz|see**, die; -, -n
Stuss [*alte Schreibung* Stuß], der; -es ⟨hebr.-jidd.⟩ (*ugs. für* Unsinn, Dummheit); Stuss reden
Stut|buch (Stammtafeln der zur Zucht verwendeten Pferde)
Stu|te, die; -, -n
Stu|ten, der; -s, - (*landsch. für* [längliches] Weißbrot)
Stu|ten|zucht
Stu|te|rei (*veraltet für* Gestüt)
Stut|foh|len (weibl. Fohlen)
Stutt|gart (Stadt am Neckar); **Stutt|gart-Bad Cann|statt** ↑K 147; **Stutt|gar|ter**
[1]**Stutz**, der; -es, *Plur.* -e *od.* Stütze (*landsch. für* Stoß; verkürztes Ding [Federstutz u. a.]; Wandbrett; *schweiz. mdal. für* steiler Hang, bes. steiles Wegstück); auf den Stutz (*landsch. für* plötzlich; sofort)
[2]**Stutz**, der; -es, Stütze (*schweiz. ugs. für* Franken); hundert Stutz *od.* Stütze
Stütz, der; -es, -e *(Turnen)*; **Stütz|bal|ken**
Stüt|ze, die; -, -n
stut|zen; du stutzt
stüt|zen; du stützt
Stut|zen, der; -s, - (kurzes Gewehr; Wadenstrumpf; Ansatzrohrstück)
Stut|zer (*veraltend für* geckenhaft wirkender, eitler Mann; *schweiz. auch für* Stutzen [Gewehr]); **stut|zer|haft; Stut|zer|haf|tig|keit**, die; -; **stut|zer|mä|ßig; Stut|zer|tum**, das; -s
Stutz|flü|gel (*Musik* kleiner, kurzer Flügel)
Stütz|ge|we|be *(Med.)*
stut|zig; stüt|zig (*südd. für* stutzig; widerspenstig)
Stütz|keh|re *(Turnen)*; **Stütz|kor|sett; Stütz|last; Stütz|mau|er; Stütz|pfei|ler; Stütz|punkt; Stütz|rad; Stütz|sprung** *(Turnen)*; **Stütz|strumpf**
Stutz|uhr (kleine Standuhr)
Stüt|zung; Stüt|zungs|kauf *(Finanzw.)*
Stütz|ver|band *(Med.)*
St. Vin|cent und die Gre|na|di|nen [sn̩t ˈvɪnsn̩t - - -], - -s und der - (Inselstaat im Bereich der Westindischen Inseln); *vgl.* Vincenter
StVO = Straßenverkehrsordnung
StVZO = Straßenverkehrs-Zulassungs-Ordnung
sty|gisch [st...] (zum Styx gehörend; schauerlich, unheimlich)
Style [stai̯l], der; -s, -s (*engl. Bez. für* Stil)
sty|len [ˈstai̯...] ⟨engl.⟩ (entwerfen, gestalten); gestylt; **Sty|ling**, das; -s, -s (Formgebung; äußere Gestaltung); **Sty|list**, der; -en, -en (Formgestalter; jmd., der das Styling [bes. von Autos] entwirft); **Sty|lis|tin** [*alte Trennung* ...|st...]
Sty|lit [st..., *auch* ʃt...], der; -en, -en ⟨griech.⟩ (auf einer Säule lebender frühchristl. Eremit)
Stym|pha|li|de [st..., *auch* ʃt...], der; -n, -n *meist Plur.* ⟨griech.⟩ (Vogelungeheuer in der griech. Sage)
Sty|rax, Sto|rax [*beide* st..., *auch* ʃt...], der; -[es], -e ⟨griech.⟩ (eine Heilpflanze; Balsam)
Sty|rol [ʃt..., *auch* st...], das; -s ⟨griech.; arab.⟩ (eine chem. Verbindung)
Sty|ro|por® [ʃt..., *auch* st...], das; -s ⟨griech.; lat.⟩ (ein Kunststoff)
Styx [st..., *auch* ʃt...], der; - (Fluss der Unterwelt in der griech. Sage)
SU = Sowjetunion
s. u. = sieh[e] unten!
Su|a|da, Su|a|de, die; -, ...den ⟨lat.⟩ (Redeschwall)
[1]**Su|a|he|li**, Swa|hi|li, der; -[s], -[s]; (Afrikaner, dessen Muttersprache [2]Suaheli ist)
[2]**Su|a|he|li**, Swa|hi|li, das; -[s] (Sprache); *vgl.* Kisuaheli
Su|á|rez [...ɛs], Francisco [...ˈsɪs...] (span. Theologe, Jesuit)
su|a|so|risch ⟨lat.⟩ (überredend)
sub... ⟨lat.⟩ (unter...); **Sub...** (Unter...)
sub|al|pin, *auch* **sub|al|pi|nisch** ⟨lat.⟩ (*Geogr.* räumlich an die Alpen anschließend; bis zur Nadelwaldgrenze reichend)
sub|al|tern ⟨lat.⟩ (untergeordnet; unselbstständig)
Sub|al|tern|be|am|te
Sub|al|ter|ne, der *u.* die; -n, -n
sub|ant|ark|tisch ⟨lat.; griech.⟩ (*Geogr.* zwischen Antarktis u. gemäßigter Klimazone gelegen)
sub|ark|tisch (zwischen Arktis u. gemäßigter Klimazone gelegen); subarktische Zone
Sub|bot|nik, der; -s, -s ⟨russ.⟩ (*DDR* [freiwilliger] unentgeltl. Arbeitseinsatz)
Sub|di|a|kon ⟨lat.; griech.⟩ (*kath. Kirche früher* Inhaber der untersten der höheren Weihen)
Sub|do|mi|nan|te [*od.* ...ˈna...] ⟨lat.⟩ (*Musik* die Quarte vom Grundton aus)
sub|fos|sil ⟨lat.⟩ (*Biol.* in geschichtl. Zeit ausgestorben)
sub|gla|zi|al ⟨lat.⟩ (*Geol.* unter dem Gletschereis befindlich)
su|bi|to ⟨ital.⟩ (*Musik* schnell, sofort anschließend)
Sub|jekt, das; -[e]s, -e ⟨lat.⟩ (*Sprachw.* Satzgegenstand; *Philos.* wahrnehmendes, denkendes Wesen; *abwertend für* gemeiner Mensch)
Sub|jek|ti|on, die; -, -en (*Rhet.* Aufwerfen einer Frage, die man selbst beantwortet)
sub|jek|tiv [*auch* ˈzʊ...] (dem Subjekt angehörend, in ihm begründet; persönlich; einseitig, parteiisch, unsachlich)
Sub|jek|ti|vis|mus, der; - (philos. Denkrichtung, nach der das Subjekt für die Geltung der Erkenntnis entscheidend ist; *auch für* Ichbezogenheit); **sub|jek|ti|vis|tisch** [*alte Trennung* ...|st...]
Sub|jek|ti|vi|tät, die; - (persönl. Auffassung, Eigenart; Einseitigkeit)
Sub|jekt|satz *(Sprachw.)*
Sub|junk|tiv [*auch* ...ˈtiːf], der; -s, -e ⟨lat.⟩ (*selten für* Konjunktiv)
Sub|ka|te|go|rie ⟨lat.; griech.⟩ (*bes. Sprachw.* Unterordnung, Untergruppe einer Kategorie)
Sub|kon|ti|nent ⟨lat.⟩ (geogr. geschlossener Teil eines Kontinents, der aufgrund seiner Größe u. Gestalt eine gewisse Eigenständigkeit hat); der indische Subkontinent
Sub|kul|tur ⟨lat.⟩ (bes. Kulturgruppierung innerhalb eines übergeordneten Kulturbereichs); **sub|kul|tu|rell**
sub|ku|tan ⟨lat.⟩ (*Med.* unter der Haut, unter die Haut)
su|b|lim ⟨lat.⟩ (erhaben; fein; nur

S

einem feineren Verständnis od. Empfinden zugänglich)

Su|b|li|mat, das; -[e]s, -e (Ergebnis einer Sublimation; eine Quecksilberverbindung); **Su|b|li|ma|ti|on,** die; -, -en (*Chemie* unmittelbarer Übergang eines festen Stoffes in den Gaszustand u. umgekehrt)

su|b|li|mie|ren (erhöhen; läutern, verfeinern; in künstler. Leistung[en] umsetzen; *Chemie* der Sublimation unterwerfen); **Su|b|li|mie|rung**

Su|b|li|mi|tät, die; - (*selten für* Erhabenheit)

sub|ma|rin ‹lat.› (*Biol.* unterseeisch)

Sub|mer|si|on, die; -, -en ‹lat.› (*Geol.* Untertauchen des Festlandes unter den Meeresspiegel)

Sub|mis|si|on, die; -, -en ‹lat.› (*Wirtsch.* öffentl. Ausschreibung; Vergabe an denjenigen, der das günstigste Angebot macht; *veraltet für* Ehrerbietigkeit, Unterwürfigkeit; Unterwerfung); **Sub|mis|si|ons|kar|tell** *(Wirtsch.)*; **Sub|mis|si|ons|weg;** im Submissionsweg[e]

Sub|mit|tent, der; -en, -en (Bewerber [um einen Auftrag]; [An]bieter); **Sub|mit|ten|tin**

sub|mit|tie|ren (sich [um einen Auftrag] bewerben)

Sub|or|di|na|ti|on, die; -, -en ‹lat.› (*Sprachw.* Unterordnung; *veraltend für* Unterordnung, Gehorsam); **sub|or|di|nie|ren;** subordinierende Konjunktion (unterordnendes Bindewort, z. B. »weil«)

sub|po|lar ‹lat.› (*Geogr.* zwischen Polarzone u. gemäßigter Klimazone gelegen)

sub|se|quent ‹lat.› (*Geogr.* den weicheren Schichten folgend [von Flüssen])

sub|si|di|är, *älter* **sub|si|di|a|risch** ‹lat.› (helfend, unterstützend; zur Aushilfe dienend)

Sub|si|di|a|ris|mus, der; - *u.* **Sub|si|di|a|ri|tät,** die; - (Prinzip, das dem Staat nur die helfende Ergänzung der Selbstverantwortung kleiner Gemeinschaften zugesteht); **Sub|si|di|a|ri|täts|prin|zip,** das; -s

Sub|si|di|en *Plur.* (*veraltet für* Hilfsgelder)

Sub|sis|tenz [*alte Trennung* ...|st...], die; -, -en ‹lat.› (*veraltet für* [Lebens]unterhalt); **Sub|sis|tenz|wirt|schaft** [*alte Trennung* ...|st...] (bäuerl. Produktion nur für den eigenen Bedarf)

Sub|s|k|ri|bent, der; -en, -en ‹lat.›; **Sub|s|k|ri|ben|tin; sub|s|k|ri|bie|ren; Sub|s|k|rip|ti|on,** die; -, -en (Vorausbestellung von später erscheinenden Büchern); **Sub|s|krip|ti|ons|preis**

sub spe|cie ae|ter|ni|ta|tis [- sp... -] ‹lat.› (unter dem Gesichtspunkt der Ewigkeit)

Sub|spe|zi|es ‹lat.› (*Biol.* Unterart)

Sub|stan|dard, der; -s ‹engl.› (*Sprachw.* Sprachebene unterhalb der Hochsprache; *bes. österr. für* unterdurchschnittliche [Wohn]qualität); **Sub|stan|dard|woh|nung**

Sub|stan|ti|a|li|tät *vgl.* Substanzialität; **sub|stan|ti|ell** *vgl.* substanziell; **sub|stan|ti|ie|ren** *vgl.* substanziieren

Sub|stan|tiv, das; -s, -e ‹lat.› (*Sprachw.* Hauptwort, Dingwort, Nomen, z. B. »Haus, Wald, Ehre«)

sub|stan|ti|vie|ren (zum Substantiv machen; als Substantiv gebrauchen); **sub|stan|ti|viert; Sub|stan|ti|vie|rung** (z. B. »das Schöne, das Laufen«); **sub|stan|ti|visch**

Sub|s|tanz, die; -, -en ([körperl.] Masse, Stoff, Bestand[teil]; *nur Sing.: Philos.* das Dauernde, das Wesentliche; *auch für* Materie)

Sub|s|tan|zi|a|li|tät, *auch* Sub|s|tan|ti|a|li|tät, die; - (Wesentlichkeit, Substanzsein)

sub|s|tan|zi|ell, *auch* sub|s|tan|ti|ell (wesenhaft, wesentlich; stofflich; materiell; nahrhaft)

sub|s|tan|zi|ie|ren, *auch* sub|s|tan|ti|ie|ren (mit Substanz erfüllen, begründen, fundieren)

Sub|s|tanz|ver|lust

sub|s|ti|tu|ier|bar

sub|s|ti|tu|ie|ren ‹lat.› (*fachspr.* austauschen, ersetzen); **Sub|s|ti|tu|ie|rung**

[1]**Sub|s|ti|tut,** das; -[e]s, -e (*svw.* Surrogat)

[2]**Sub|s|ti|tut,** der; -en, -en (Verkaufsleiter); **Sub|s|ti|tu|tin**

Sub|s|ti|tu|ti|on, die; -, -en (*fachspr. für* Stellvertretung, Ersetzung); **Sub|s|ti|tu|ti|ons|pro|be** *(Sprachw.)*

Sub|s|t|rat, das; -[e]s, -e ‹lat.› (*fachspr. für* [materielle] Grundlage; Substanz; *Sprachw.* überlagerte sprachliche Grundschicht; *Landw.* Nährboden)

sub|su|mie|ren ‹lat.› (ein-, unterordnen; unter einem Thema zusammenfassen); **Sub|su|mie|rung; Sub|sum|ti|on,** die; -, -en; **sub|sum|tiv** (*Philos.* unterordnend; einbegreifend)

Sub|teen [ˈzapti:n], der; -s, -s ‹amerik.› (Mädchen od. Junge im Alter von etwa zehn Jahren)

sub|til ‹lat.› (zart, fein, sorgsam; spitzfindig, schwierig); **Sub|ti|li|tät,** die; -, -en

Sub|tra|hend, der; -en, -en ‹lat.› (abzuziehende Zahl)

sub|tra|hie|ren (*Math.* abziehen)

Sub|trak|ti|on, die; -, -en (das Abziehen); **Sub|trak|ti|ons|ver|fah|ren; sub|trak|tiv** (auf Subtraktion beruhend)

Sub|tro|pen *Plur.* ‹lat.; griech.› (*Geogr.* Gebiete des Übergangs von den Tropen zur gemäßigten Klimazone); **sub|tro|pisch**

Su|b|urb [ˈsabø:ɐ̯p], die; -, -s ‹engl.› (*engl. Bez. für* Vorstadt)

sub|ur|bi|ka|risch [zʊp|ʊ...] ‹lat.› (*kath. Kirche* vor Rom gelegen); suburbikarisches Bistum

Sub|ven|ti|on, die; -, -en *meist Plur.* ‹lat.› (*Wirtsch.* zweckgebundene Unterstützung aus öffentl. Mitteln); **sub|ven|ti|o|nie|ren; Sub|ven|ti|ons|ab|bau; Sub|ven|ti|ons|be|geh|ren**

Sub|ver|si|on, die; -, -en ‹lat.› (Umsturz); **sub|ver|siv** (zerstörend, umstürzlerisch)

sub vo|ce [- ...tsə] ‹lat.› (unter dem [Stich]wort; *Abk.* s. v.)

Sub|woo|fer [ˈsapvu:fɐ], der; -s, -s ‹engl.› (ein Basslautsprecher)

Such|ak|ti|on; Such|an|zei|ge; Such|ar|beit; Such|au|to|ma|tik; Such|bild; Such|dienst

Su|che, die; -, *Plur.* *(Jägerspr.:)* -n

su|chen; Su|cher; Su|che|rei

Such|flug|zeug; Such|hund; Such|lauf; Such|lis|te [*alte Trennung* ...|st...]

Such|ma|schi|ne (*EDV* Programmsystem zur Informationsrecherche im Internet)

Such|mel|dung; Such|schein|wer|fer; Such|schiff

Sucht, die; -, *Plur.* Süchte *od.* Suchten; **Sucht|ge|fahr; Sucht|gift** (*österr. amtl. für* Drogen, Rauschgift)

süch|tig; Süch|ti|ge, der *u.* die; -n, -n; **Süch|tig|keit,** die; -

sucht|krank; Sucht|kran|ke

S

Such|trupp
su|ckeln [*alte Trennung* ...k|k...] (*landsch. für* nuckeln); ich suck[e]le
[1]**Su|c|re** (Hauptstadt Boliviens)
[2]**Su|c|re**, der; -, - ⟨span.⟩ (ecuadorian. Währungseinheit)
Sud, der; -[e]s, -e (Flüssigkeit, in der etwas gekocht wurde; durch Auskochen erhaltene Lösung)
[1]**Süd** (Himmelsrichtung; *Abk.* S); Nord und Süd; *fachspr.* der Wind kommt aus Süd; Autobahnausfahrt Frankfurt Süd, *auch* Frankfurt-Süd ↑K 148; *vgl.* Süden
[2]**Süd**, der; -[e]s, -e *Plur. selten* (*geh. für* Südwind); der warme Süd blies um das Haus
Süd|a|f|ri|ka; Republik Südafrika; **Süd|a|f|ri|ka|ner; Süd|a|f|ri|ka|ne|rin; süd|a|f|ri|ka|nisch**, *aber* ↑K 140: die Südafrikanische Union (*ehem. Bez. für* Republik Südafrika)
Süd|a|me|ri|ka; Süd|a|me|ri|ka|ner; Süd|a|me|ri|ka|ne|rin; süd|a|me|ri|ka|nisch
Su|dan, -s *auch mit Artikel* der; -[s] ⟨arab.⟩ (Staat in Mittelafrika); **Su|da|ner** *vgl.* Sudanese; **Su|da|ne|rin** *vgl.* Sudanesin; **Su|da|ne|se**, der; -n, -n (Bewohner des Sudans); **Su|da|ne|sin; su|da|ne|sisch**
süd|a|si|a|tisch
Süd|a|si|en
Su|da|ti|on, die; - ⟨lat.⟩ (*Med.* das Schwitzen)
Süd|aus|t|ra|li|en [*alte Trennung* ...|st...]
Süd|ba|den; *vgl.* Baden
Süd|da|ko|ta (Staat in den USA)
Sud|den|death ['sadn̩'dɛθ], der; -, -, *auch* **Sud|den Death** [*alte Schreibung* Sud|den death], der; - -, - - ⟨engl.⟩ (*Sport* Spielentscheidung durch das erste gefallene Tor in einem zusätzlichen Spielabschnitt)
süd|deutsch; *vgl.* deutsch; **Süd|deut|sche**, der *u.* die
Süd|deutsch|land
Su|del, der; -s, - (*schweiz. für* flüchtiger Entwurf, Kladde; *landsch. für* Schmutz; Pfütze)
Su|de|lei *(ugs.)*; **Su|de|ler**, Sud|ler *(ugs.)*; **Su|de|le|rin**, Sud|le|rin; **su|de|lig**, sud|lig *(ugs.)*
su|deln (*ugs. für* Schmutz verursachen; schmieren; pfuschen); ich sud[e]le; **Su|del|wet|ter**, das; -s *(landsch.)*
Sü|den, der; -s (Himmelsrichtung; *Abk.* S); der Wind kommt aus Süden; sie zogen gen Süden; *vgl.* Süd
Sü|der|dith|mar|schen (Teil von Dithmarschen)
Sü|der|oog (eine Hallig)
Su|de|ten *Plur.* (Gebirge in Mitteleuropa); **su|de|ten|deutsch; Su|de|ten|land**, das; -[e]s; **su|de|tisch** (die Sudeten betreffend)
Süd|eu|ro|pa; süd|eu|ro|pä|isch
Süd|frank|reich
Süd|frucht *meist Plur.*
Süd|hang
Sud|haus (für die Bierherstellung)
Süd|hol|land
Süd|i|ta|li|en
Süd|ka|ro|li|na (Staat in den USA)
Süd|ko|rea ↑K 143; (*nicht amtliche Bez. für* Republik Korea)
Süd|küs|te [*alte Trennung* ...|st...]
Süd|län|der, der; -s, -; **Süd|län|de|rin; süd|län|disch**
s[üdl]. Br. = südlicher Breite
Sud|ler *vgl.* Sudeler; **Sud|le|rin**

süd|lich

– südlicher Breite (*Abk.* s[üdl]. Br.)
– südlicher Sternenhimmel, *aber* ↑K 150: das Südliche Kreuz (ein Sternbild)

An »südlich« kann ein Substantiv im Genitiv oder mit »von« angeschlossen werden. Der Anschluss mit »von« wird bei artikellosen [geographischen] Namen bevorzugt:
– südlich von Berlin, *selten:* südlich Berlins
– südlich von Nigeria, *selten:* südlich Nigerias

sud|lig *vgl.* sudelig
Süd|nord|ka|nal, der; -s (Kanal in Nordwestdeutschland)
[1]**Süd|ost** (Himmelsrichtung; *Abk.* SO)
[2]**Süd|ost**, der; -[e]s, -e *Plur. selten* (Wind)
Süd|ost|a|si|en
Süd|os|ten, der; -s (*Abk.* SO); gen Südosten; *vgl.* Südost
süd|öst|lich; Süd|ost|wind
Sud|pfan|ne
Süd|pol, der; -s
Süd|po|lar|ex|pe|di|ti|on; Süd|po|lar|meer, das; -[e]s
Süd|rho|de|si|en (*früherer Name von* Simbabwe)
Süd|see, die; - (Pazifischer Ozean, bes. der südl. Teil); **Süd|see|in|su|la|ner**
Süd|sei|te; süd|sei|tig
Süd|staa|ten *Plur.* (in den USA)
Süd|süd|ost (Himmelsrichtung; *Abk.* SSO); **Süd|süd|os|ten**, der; -s (*Abk.* SSO)
Süd|süd|west (Himmelsrichtung; *Abk.* SSW); **Süd|süd|wes|ten** [*alte Trennung* ...|st...], der; -s (*Abk.* SSW)
Süd|ti|rol (Gebiet der Provinz Bozen; *früher* der 1919 an Italien gefallene Teil des altösterr. Kronlandes Tirol); **Süd|ti|ro|ler; süd|ti|ro|lisch**
süd|wärts
Süd|wein
[1]**Süd|west** (Himmelsrichtung; *Abk.* SW)
[2]**Süd|west**, der; -[e]s, -e *Plur. selten* (Wind)
süd|west|deutsch; *vgl.* deutsch; **Süd|west|deutsch|land**
Süd|wes|ten [*alte Trennung* ...|st...], der; -s (*Abk.* SW); gen Südwesten
Süd|wes|ter [*alte Trennung* ...|st...], der; -s, - (wasserdichter Seemannshut)
süd|west|lich
Süd|west|staat, der; -[e]s (anfängliche Bez. des Landes Baden-Württemberg)
Süd|west|wind; Süd|wind
Su|es (ägypt. Stadt); *vgl.* Suez; **Su|es|ka|nal**, der; -s; ↑K 143 (Kanal zwischen Mittelmeer u. Rotem Meer)
Su|e|ve usw. *vgl.* Swebe usw.
Su|ez [...ɛs, *auch* ...ɛts] usw. (*franz. Schreibung von* Sues usw.)
Suff, der; -[e]s (*ugs. für* das Betrunkensein; Trunksucht); **Süf|fel**, der; -s, - (*landsch. für* Säufer); **süf|feln** (*ugs. für* gern Alkohol trinken); ich süff[e]le
süf|fig (*ugs. für* gut trinkbar); süffiger Wein
Süf|fi|sance [...'zã:s], die; - ⟨franz.⟩ (*svw.* Süffisanz); **süf|fi|sant; Süf|fi|sanz**, die; - (Selbstgefälligkeit; Spott)
Suf|fix [*auch* ...'fɪ...], das; -es, -e ⟨lat.⟩ (*Sprachw.* hinten an den Wortstamm angefügtes Wortbildungselement, z. B. »-heit«

S

in »Weisheit«); **Suf|fi|xo|id,** das; -[e]s, -e (einem Suffix ähnliches Wortbildungselement; z. B. »-papst« in »Literaturpapst«)
suf|fi|zi|ent ‹lat.› (*bes. Med.* genügend, ausreichend); **Suf|fi|zi|enz,** die; - (Hinlänglichkeit; *Med.* ausreichende Leistungsfähigkeit [eines Organs])
Süff|ler, Süff|ling (*landsch. für* jmd., der gern u. viel trinkt)
Suf|fra|gan, der; -s, -e ‹lat.› (einem Erzbischof unterstellter Diözesanbischof)
Suf|fra|get|te, die; -, -n ‹engl.› (engl. Frauenrechtlerin)
Suf|fu|si|on, die; -, -en ‹lat.› (*Med.* Blutaustritt unter die Haut)
Su|fi, der; -[s], -s ‹arab.› (Anhänger des Sufismus); **Su|fis|mus,** der; - (eine asketisch-mystische Richtung im Islam)
Su|gam|bre|r, der; -s, - (Angehöriger eines germ. Volkes)
sug|ge|rie|ren ‹lat.› (seelisch beeinflussen; einreden)
sug|ges|ti|bel [*alte Trennung* ...|st...] (beeinflussbar); ...i|ble Menschen; **Sug|ges|ti|bi|li|tät,** die; - (Beeinflussbarkeit)
Sug|ges|ti|on [*alte Trennung* ...|st...], die; -, -en (seelische Beeinflussung); **sug|ges|tiv** (seelisch beeinflussend; verfänglich); **Sug|ges|tiv|fra|ge** (Frage, die eine bestimmte Antwort nahe legt)
Suhl (Stadt am SW-Rand des Thüringer Waldes)
Suh|le, die; -, -n (Lache; feuchte Bodenstelle); **suh|len,** sich (*Jägerspr.* sich in einer Suhle wälzen [vom Rot- u. Schwarzwild])
Süh|ne, die; -, -n; **Süh|ne|al|tar**
süh|nen; Süh|ne|op|fer; Süh|ne|rich|ter; Sühn|op|fer; Süh|nung
sui ge|ne|ris ‹lat.› (nur durch sich selbst eine Klasse bildend, einzig, besonders)
Sui|te [ˈsviːt(ə)], die; -, -n ‹franz.› (Gefolge [eines Fürsten]; *Musik* Folge von [Tanz]sätzen)
Su|i|zid, der, *auch* das; -[e]s, -e ‹lat.› (Selbstmord); **su|i|zi|dal** (selbstmörderisch); **Su|i|zi|dent,** der; -en, -en (Selbstmörder); **Su|i|zi|den|tin**
Su|i|zid|ra|te; Su|i|zid|ri|si|ko
Su|jet [zyˈʒeː], das; -s, -s ‹franz.› (Gegenstand künstlerischer Darstellung; Stoff)
Suk|ka|de, die; -, -n ‹roman.› (kandierte Fruchtschale)
Suk|ku|bus, der; -, ...kuben ‹lat.› (weiblicher Buhlteufel des mittelalterlichen Volksglaubens); *vgl.* Inkubus
suk|ku|lent ‹lat.› (*Bot.* saftvoll, fleischig); **Suk|ku|len|te,** die; -, -n (Pflanze trockener Gebiete); **Suk|ku|lenz,** die; - (*Bot.* Saftfülle)
Suk|kurs, der; -es, -e ‹lat.› (Hilfe, Unterstützung)
Suk|zes|si|on, die; -, -en ‹lat.› ([Rechts]nachfolge; Thronfolge; *Biol.* Entwicklungsreihe); **Suk|zes|si|ons|krieg** (*svw.* Erbfolgekrieg); **Suk|zes|si|ons|staat** *Plur.* ...staaten (Nachfolgestaat)
suk|zes|siv (allmählich [eintretend]); ein sukzessiver Abwärtstrend; **suk|zes|si|ve** *Adverb* (allmählich, nach und nach); etwas verändert sich sukzessive
[1]**Su|la|mith** [*auch* ...ˈmiːt] (w. Vorn.)
[2]**Su|la|mith,** *ökum.* Schu|lam|mit (bibl. w. Eigenn.)
Su|lei|ka (w. Vorn.)
Sul|fat, das; -[e]s, -e ‹lat.› (Salz der Schwefelsäure)
Sul|fid, das; -[e]s, -e (Salz der Schwefelwasserstoffsäure); **sul|fi|disch** (Schwefel enthaltend)
Sul|fit, das; -s, -e (Salz der schwefligen Säure); **Sul|fit|lau|ge**
Sul|fo|na|mid, das; -[e]s, -e *meist Plur.* (ein chemotherapeutisches Arzneimittel gegen Infektionskrankheiten)
Sul|fur, das; -s ‹lat.› (*lat. Bez. für* Schwefel; *Zeichen* S)
Sul|ky [...ki, *auch* ˈza...], das; -s, -s ‹engl.› (zweirädriger Wagen für Trabrennen)
Süll, der *od.* das; -[e]s, -e (*nordd. für* [hohe] Türschwelle; *Seemannsspr.* Lukeneinfassung)
Sul|la (röm. Feldherr u. Staatsmann)
Sul|tan, der; -s, -e ‹arab., »Herrscher«› (Titel islamischer Herrscher); **Sul|ta|nat,** das; -[e]s, -e (Sultansherrschaft); **Sul|ta|nin**
Sul|ta|ni|ne, die; -, -n (große kernlose Rosine)
Sulz, die; -, -en *u.* **Sul|ze,** die; -, -n (*südd., österr., schweiz. für* Sülze); **Sül|ze,** die; -, -n (Fleisch, Fisch u. a. in Gallert); **sul|zen** (*südd., österr., schweiz. für* sülzen); du sulzt; gesulzt; **sül|zen** (zu Sülze verarbeiten; *ugs. auch für* [dummes Zeug] reden, quatschen); du sülzt; gesülzt; **Sülz|ko|te|lett**
Su|mach, der; -s, -e ‹arab.› (ein Gerbstoffe lieferndes Holzgewächs); *vgl.* [1]Schmack
Su|ma|t|ra [*auch* ˈzuː...] (zweitgrößte der Großen Sundainseln)
Su|mer (das alte Südbabylonien); **Su|me|rer,** der; -s, - (Angehöriger des ältesten Volkes in Südbabylonien); **su|me|risch;** *vgl.* deutsch; **Su|me|risch,** das; -[s] (Sprache); *vgl.* Deutsch; **Su|me|ri|sche,** das; -n; *vgl.* Deutsche, das
summ!; summ, summ!
Sum|ma, die; -, Summen ‹lat.› (in der Scholastik die zusammenfassende Darstellung von Theologie u. Philosophie; *veraltet für* Summe; *Abk.* Sa.); *vgl.* in summa
sum|ma cum lau|de (»mit höchstem Lob«) (höchstes Prädikat bei Doktorprüfungen)
Sum|mand, der; -en, -en (*Math.* hinzuzuzählende Zahl); **sum|ma|risch** (kurz zusammengefasst)
sum|ma sum|ma|rum (alles in allem)
Sum|ma|ti|on, die; -, -en (*bes. Math.* Bildung einer Summe; Aufrechnung)
Sümm|chen
Sum|me, die; -, -n; in Summe (*österr. für* insgesamt)
[1]**sum|men,** sich (*veraltet für* sich summieren)
[2]**sum|men;** eine Melodie summen
Sum|men|bi|lanz *(Wirtsch.);* **Sum|men|ver|si|che|rung**
Sum|mer (Vorrichtung, die Summtöne erzeugt); **Sum|mer|zei|chen**
sum|mie|ren ‹lat.› (zusammenzählen); sich summieren (anwachsen); **Sum|mie|rung**
Summ|ton *Plur.* ...töne
Sum|mum Bo|num [*alte Schreibung* Sum|mum bo|num], das; - - ‹lat.› (*Philos.* höchstes Gut; Gott); **Sum|mus E|pi|s|co|pus,** der; - - (oberster Bischof, Papst; *früher für* Landesherr als Oberhaupt einer ev. Landeskirche in Deutschland)
Su|mo, das; - ‹jap.› (eine japanische Form des Ringkampfes)
Sum|per, der; -s, - (*österr. ugs. für* Spießer, Banause)
Sumpf, der; -[e]s, Sümpfe

S

Sumpf|bi|ber (Nutria); **Sumpf|blü|te** (*abwertend für* moralische Verfallserscheinung; Auswuchs); **Sumpf|bo|den**
Sumpf|dot|ter|blu|me
sump|fen (*ugs. für* liederlich leben; zechen)
sümp|fen (*Bergmannsspr.* entwässern; *Töpferei* Ton mit Wasser ansetzen)
Sumpf|fie|ber (*für* Malaria); **Sumpf|gas; Sumpf|ge|biet; Sumpf|ge|gend; Sumpf|huhn** (*auch ugs. scherzh.* für unsolider Mensch)
sump|fig; Sumpf|land, das; -[e]s; **Sumpf|ot|ter,** der (Nerz); **Sumpf|pflan|ze; Sumpf|zy|p|res|se**
Sums, der; -es (*ugs. svw.* Gesums); [einen] großen Sums machen
Sun|blo|cker ['san...; *alte Trennung* ...k|k...], der; -s, - ‹engl.› (Sonnenschutzmittel)
Sund, der; -[e]s, -e (Meerenge [zwischen Ostsee u. Kattegat])
Sun|da|in|seln, *auch* **Sunda-Inseln** *Plur.* ↑K 143 (südostasiat. Inselgruppe); die Großen, die Kleinen Sundainseln, *auch* Sunda-Inseln
Sün|de, die; -, -n; **Sün|den|ba|bel,** das; -s *(meist scherzh.)*; **Sün|den|be|kennt|nis; Sün|den|bock** *(ugs.)*; **Sün|den|fall,** der; **Sün|den|last,** die; -; **Sün|den|lohn,** der; -[e]s *(geh.)*
sün|den|los, sünd|los; **Sün|den|lo|sig|keit,** Sünd|lo|sig|keit, die; -
Sün|den|pfuhl *(abwertend od. scherzh.)*; **Sün|den|re|gis|ter** [*alte Trennung* ...|st...] *(ugs.)*; **Sün|den|ver|ge|bung**
Sün|der; Sün|de|rin; Sün|der|mie|ne *(ugs.)*; **Sünd|flut** (*volksmäßige Umdeutung von* Sintflut; *vgl. d.*)
sünd|haft; sündhaft teuer *(ugs.)*; **Sünd|haf|tig|keit,** die; -
sün|dig; sün|di|gen; sünd|lich (*landsch. svw.* sündig)
sünd|los *vgl.* sündenlos
sünd|teu|er (*österr. für* überaus teuer)
Sun|nit, der; -en, -en (Angehöriger der orthodoxen Hauptrichtung des Islams); **Sun|ni|tin; sun|ni|tisch**
Sün|tel, der; -s (Bergzug im Weserbergland)
¹Su|o|mi (*finn. Name für* Finnland)
²Su|o|mi, das; - (finn. Sprache)
su|per ‹lat.› (*ugs. für* hervorragend, großartig); das war super, eine super Schau; er hat super gespielt
Su|per, das; -s *meist ohne Artikel* (*kurz für* Superbenzin)
su|per... (über...); **Su|per...** (Über...)
su|perb *(bes. österr.)*, **sü|perb** ‹franz.› (vorzüglich; prächtig)
Su|per|ben|zin
Su|per|car|go *vgl.* Superkargo
Su|per|cup *(Fußball)*
su|per|fein (*ugs. für* sehr fein)
Su|per|frau
Su|per-G [...dʒiː], der; -[s], -[s] ‹engl.› (alpiner Skiwettbewerb zwischen Abfahrtslauf und Riesenslalom)
Su|per-GAU (allergrößter GAU; *vgl. d.*)
Su|per|he|te|ro|dyn|emp|fän|ger ‹lat.; griech.; dt.› (Rundfunkempfänger mit hoher Verstärkung, guter Regelung u. hoher Trennschärfe)
Su|per|in|ten|dent [*auch* 'zu:...], der; -en, -en ‹lat.› (höherer ev. Geistlicher); **Su|per|in|ten|den|tin; Su|per|in|ten|den|tur,** die; -, -en (Superintendent[inn]enamt, -wohnung)
Su|pe|ri|or, der; -s, ...oren (Oberer, Vorgesetzter, bes. in Klöstern); **Su|pe|ri|o|rin**
Su|pe|ri|o|ri|tät, die; - (Überlegenheit; Übergewicht)
Su|per|kar|go, *auch* Su|per|car|go, der; -s, -s ‹lat.; span.› (*Seemannsspr., Kaufmannsspr.* bevollmächtigter Frachtbegleiter)
su|per|klug *(ugs.)*
Su|per|la|tiv, der; -s, -e ‹lat.› (*Sprachw.* 2. Steigerungsstufe, Höchststufe, Meiststufe, z. B. »schönste«; *übertr. für* etwas, was zum Besten gehört); **su|per|la|ti|visch** [*auch* ...'ti:...]
su|per|leicht (*ugs. für* sehr leicht)
Su|per|macht; Su|per|mann *Plur.* ...männer
Su|per|markt
su|per|mo|dern (*ugs. für* sehr modern)
Su|per|na|tu|ra|lis|mus usw. *vgl.* Supranaturalismus usw.
Su|per|no|va (*Astron.* bes. lichtstarke Nova); *vgl.* ¹Nova
Su|per|phos|phat ‹lat.; griech.› (phosphorhaltiger Kunstdünger)
Su|per|preis (besonders günstiger Preis)
Su|per|re|vi|si|on (*Wirtsch.* Nach-, Überprüfung)
Su|per|rie|sen|sla|lom
su|per|schlau (*ugs. für* sehr schlau); **su|per|schnell** (*ugs. für* sehr schnell)
Su|per|star (*ugs. für* bes. großer, berühmter Star); *vgl.* ²Star
Su|per|strat, das; -[e]s, -e (*Sprachw.* bodenständig gewordene Sprache eines Erobervolkes); *vgl.* Substrat
Su|per|zei|chen *(Kybernetik)*
Su|pi|num, das; -s, ...na (lat. Verbform)
Süpp|chen; Sup|pe, die; -, -n
Sup|pé (österr. Komponist)
Sup|pen|fleisch; Sup|pen|grün, das; -s; **Sup|pen|huhn**
Sup|pen|kas|par, der; -s ↑K 138 (Gestalt aus dem Struwwelpeter); **Sup|pen|kas|per** (*ugs. für* Kind, das seine Suppe nicht essen will)
Sup|pen|kel|le; Sup|pen|kno|chen; Sup|pen|kraut; Sup|pen|löf|fel; Sup|pen|nu|del; Sup|pen|schüs|sel; Sup|pen|tas|se; Sup|pen|tel|ler; Sup|pen|ter|ri|ne; Sup|pen|wür|fel
sup|pig
Sup|ple|ant, der; -en, -en ‹franz.› (*schweiz. für* Ersatzmann [in einer Behörde])
Sup|ple|ment, das; -[e]s, -e ‹lat.› (*Buchw.* Ergänzung[sband, -teil]; *kurz für* Supplementwinkel)
Sup|ple|ment|band, der; **Sup|ple|ment|lie|fe|rung; Sup|ple|ment|win|kel** (*Math.* Ergänzungswinkel)
sup|ple|to|risch (*veraltet für* ergänzend, stellvertretend)
Sup|pli|kant, der; -en, -en ‹lat.› (*veraltet für* Bittsteller); **sup|pli|zie|ren** (*veraltet für* ein Bittgesuch einreichen)
sup|po|nie|ren ‹lat.› (voraussetzen; unterstellen)
Sup|port, der; -[e]s, -e ‹lat.› (*Technik* schlittenförmiger Werkzeugträger auf dem Bett einer Drehbank; *EDV* Unterstützung, Hilfe); **Sup|port|dreh|bank**
Sup|po|si|ti|on, die; -, -en ‹lat.› (Voraussetzung; Unterstellung); **Sup|po|si|to|ri|um,** das; -s, ...ien (*Med.* Arzneizäpfchen); **Sup|po|si|tum,** das; -s, ...ta (*veraltet für* Vorausgesetztes, Annahme)
Sup|pres|si|on, die; -, -en ‹lat.› (*Med.* Unterdrückung; Zurück-

S

drängung); **sup|pres|si̱v; sup|pri|mi̱e|ren**

su̱|p|ra|lei|tend ⟨lat.; dt.⟩; supraleitender Draht; **Su̱|p|ra|lei|ter,** der (elektr. Leiter, der bei einer Temperatur nahe dem absoluten Nullpunkt fast unbegrenzt leitfähig wird)

su|p|ra|na|ti|o|na̱l ⟨lat.⟩ (übernational [von Kongressen, Gemeinschaften u. a.])

Su|p|ra|na|tu|ra|lị|smus, Su|per|na|tu|ra|lịs|mus, der; - ⟨lat.⟩ (Glaube an Übernatürliches); **su|p|ra|na|tu|ra|lịs|tisch,** su|per|na|tu|ra|lịs|tisch [*alte Trennungen* ...|st...]

Su|p|ra|po̱r|te *vgl.* Sopraporte

Su|p|re|ma̱t, der *od.* das; -[e]s, -e ⟨lat.⟩ *u.* **Su|p|re|ma|ti̱e,** die; -, ...i̱en ([päpstl.] Obergewalt; Vorrangstellung); **Su|p|re|ma̱t[s]|eid** (*früher* Eid der engl. Beamten u. Geistlichen, mit dem sie den Supremat des engl. Königs anerkannten)

Su̱|re, die; -, -n ⟨arab.⟩ (Kapitel des Korans)

Surf|brett ['sə:f...] ⟨engl.; dt.⟩

sur|fen (auf dem Surfbrett fahren; im Internet nach Informationen suchen)

Sur|fer; Sur|fe|rin; Sur|fing, das; -s (Wellenreiten, Brandungsreiten [auf einem Surfbrett]; Windsurfen)

Su̱r|fleisch (*österr. für* Pökelfleisch)

Su|ri|na̱m, der; -[s] (Fluss im nördl. Südamerika); **Su|ri|na̱|me** [zyri...] (Republik im nördl. Südamerika); **Su|ri|na̱|mer; Su|ri|na̱|me|rin; su|ri|na̱|misch**

Sur|plus ['zø:ɐ̯pləs], das; -, - ⟨engl.⟩ (*Wirtsch.* Überschuss, Gewinn)

Sur|re|a|lịs|mus [*auch* zʏre...], der; - ⟨franz.⟩ (Kunst- u. Literaturrichtung, die das Traumhaft-Unbewusste künstlerisch darstellen will); **Sur|re|a|lịst,** der; -en, -en; **Sur|re|a|lịs|tin** [*alte Trennung* ...|st...]; **sur|re|a|lịs|tisch**

sụr|ren

Sur|ro|ga̱t, das; -[e]s, -e ⟨lat.⟩ (Ersatz[mittel, -stoff], Behelf; *Rechtsw.* Ersatz für einen Gegenstand, Wert); **Sur|ro|ga|ti|o̱n,** die; -, -en (*Rechtsw.* Austausch eines Vermögensgegenstandes gegen einen anderen, der den gleichen Rechtsverhältnissen unterliegt)

Su̱|sa (altpers. Stadt)

Su|san ['su:zən] (w. Vorn.); **Su|sạn|na, Su|sạn|ne** (w. Vorn.); **Su̱|se** (w. Vorn.)

Su|shi ['zu:ʃi], das; -s, -s ⟨jap.⟩ (aus rohem Fisch [Fleisch, Krustentieren, Gemüse, Pilzen u. a.] auf einer Unterlage aus Reis bestehendes Gericht)

Su̱|si (w. Vorn.)

Su|si̱|ne, die; -, -n ⟨ital.⟩ (eine ital. Pflaume)

su|s|pẹkt ⟨lat.⟩ (verdächtig)

sus|pen|di̱e|ren ⟨lat.⟩ (zeitweilig aufheben; [einstweilen] des Dienstes entheben; *Med.* anheben, aufhängen; *Chemie* eine Suspension herbeiführen); **Sus|pen|di̱e|rung**

Sus|pen|si|o̱n, die; -, -en ([einstweilige] Dienstenthebung; zeitweilige Aufhebung; *Med.* Anhebung, Aufhängung; *Chemie* Aufschwemmung feinstverteilter fester Stoffe in einer Flüssigkeit); **sus|pen|si̱v** (aufhebend, aufschiebend)

Sus|pen|so̱|ri|um, das; -s, ...ien (*Med.* Tragverband, z. B. für den Hodensack; *Sport* Schutz für die männl. Geschlechtsteile)

sü̱ß; am süßesten

Sü̱ß, das; -es (*Druckw.* geleistete, aber noch nicht bezahlte Arbeit)

Sü̱|ße, die; -; **sü̱|ßen;** du süßt

Sü̱ß|holz (eine Pflanzengattung; Droge)

Sü̱ß|holz|rasp|ler (*ugs. für* Schmeichler)

Sü̱|ßig|keit

Sü̱ß|kar|tof|fel; Sü̱ß|kir|sche

sü̱ß|lich; Sü̱ß|lich|keit, die; -

Sü̱ß|most; Sü̱ß|mos|ter [*alte Trennung* ...|st...] (jmd., der Süßmost o. Ä. herstellt); **Sü̱ß|mos|te|rei**

Sü̱ß|rahm|but|ter

sü̱ß|sau̱|er, *auch* **sü̱ß-sau̱|er** [↑K 23]; ein süßsaures, *auch* süß-saures Bonbon

Sü̱ß|spei|se; Sü̱ß|stoff; Sü̱ß|wa|ren *Plur.;* **Sü̱ß|wa|ren|ge|schäft**

Sü̱ß|was|ser *Plur.* ...wasser; **Sü̱ß|was|ser|fisch; Sü̱ß|was|ser|tier**

Sü̱ß|wein

Sụst, die; -, -en (*schweiz. früher für* öffentl. Rast- u. Lagerhaus)

Sụs|ten [*alte Trennung* ...|st...], der; -s *u.* **Sụs|ten|pass,** *auch* **Sụs|ten-Pass** [*alte Schreibung* Su|sten|paß]

sus|zep|ti̱|bel ⟨lat.⟩ (*veraltet für* empfänglich; reizbar); ...i|b|le Natur

Sus|zep|ti|bi|li|tä̱t, die; -

Sus|zep|ti|o̱n, die; -, -en (*Bot.* Reizaufnahme der Pflanze); **sus|zi|pi̱e|ren** (einen Reiz aufnehmen [von Pflanzen])

Su|ta̱|ne, Sou|ta̱|ne [zu..., *auch* su...], die; -, -n ⟨franz.⟩ (Gewand der kath. Geistlichen)

Su|tạsch *vgl.* Soutache

Sụ̈t|ter|lin|schrift, *auch* **Sụ̈t|ter|lin-Schrift,** die; - [↑K 136] ⟨nach dem dt. Pädagogen u. Grafiker⟩ (Grundlage der 1935 eingeführten dt. Schreibschrift)

Su|tu̱r, die; -, -en ⟨lat.⟩ (*Med.* [Knochen-, Schädel]naht)

su̱|um cu|i̱|que ⟨lat., »jedem das Seine«⟩ (preuß. Wahlspruch)

[1]Su̱|va (Hauptstadt von Fidschi)

SU̱VA, [2]Su̱|va, die; - = Schweizerische Unfallversicherungsanstalt

SV = Sozialversicherung; Sportverein; Schülervertretung

s. v. = salva venia; sub voce

sva. = so viel als

Sva̱l|bard ⟨norw.⟩ (norw. Inselgruppe im Nordpolarmeer)

SVD = Societas Verbi Divini

Svẹn (m. Vorn.); **Svẹn|ja** (w. Vorn.)

SVP = Schweizerische Volkspartei

s. v. v. = sit venia verbo

svw. = so viel wie

SW = Südwest[en]

Swa|hi̱|li *vgl.* [1,2]Suaheli

Swa̱|mi, der; -s, -s ⟨Hindi⟩ (hinduistischer Mönch, Lehrer)

Swap|ge|schäft ['svɔ...] ⟨engl.; dt.⟩ (*Börse* Devisenaustauschgeschäft)

SWA̱PO, die; - = South West African People's Organization (südwestafrikanische Befreiungsbewegung)

Swa̱|si, der; -, - (Bewohner von Swasiland); **Swa̱|si|land** (Staat in Südafrika); **Swa̱|si|län|der** (*österr. für* Swasi); **swa̱|si|län|disch**

Swạs|ti|ka [*alte Trennung* ...|st...], die; -, ...ken, *auch* der; -[s], -s ⟨sanskr.⟩ (altind. Bez. des Hakenkreuzes)

Swea|ter ['sve:..., *auch* 'svɛ...], der; -s, - ⟨engl.⟩ (*veraltend für* Pullover); **Sweat|shirt** ['svɛ...]

S

(weit geschnittener Pullover)
Swe|be, der; -n, -n (Angehöriger eines Verbandes westgerm. Stämme); **swe|bisch**
Swe|den|borg (schwed. Naturphilosoph); **Swe|den|bor|gi|a|ner** (Anhänger Swedenborgs)
SWF, der; - = Südwestfunk
Swift (engl.-ir. Schriftsteller)
Swim|ming|pool, *auch* **Swim|ming-Pool** [*alte Schreibung auch* Swimming-pool], der; -s, -s ‹engl.› (Schwimmbecken)
Swi|ne, die; - (Hauptmündungsarm der Oder)
Swin|e|gel, der; -s, - (*nordd. für* Igel)
Swi|ne|mün|de (Hafenstadt u. Seebad auf Usedom [Polen])
Swing, der; -[s] ‹engl.› (ein Stil des Jazz; *Wirtsch.* Kreditgrenze bei bilateralen Handelsverträgen); **swin|gen;** swingte; geswingt
Swin|ger (*ugs. auch für* jmd., der ein promiskuitives Sexualleben hat)
Swing|fox
Swiss|air [...sɛːɐ̯], die; - ‹engl.› (schweiz. Luftfahrtgesellschaft)
SWR = Südwestrundfunk
Sy|ba|ris (antike griech. Stadt in Unteritalien); **Sy|ba|rit,** der; -en, -en (Einwohner von Sybaris; *veraltet für* Schlemmer); **sy|ba|ri|tisch**
Syd|ney [ˈsɪtni] (Hauptstadt von Neusüdwales in Australien)
Sy|e|ne (*alter Name von* Assuan); **Sy|e|nit,** der; -s, -e ‹griech.› (ein Tiefengestein); **Sy|e|nit|gneis; Sy|e|nit|por|phyr**
Sy|ko|mo|re, die; -, -n ‹griech.› (ägypt. Maulbeerfeigenbaum); **Sy|ko|mo|ren|holz**
Sy|ko|phant, der; -en, -en (im alten Athen gewerbsmäßiger Ankläger; *veraltet für* Verräter, Verleumder); **sy|ko|phan|tisch** *(veraltet)*
Sy|ko|se, die; -, -n ‹griech.› (*Med.* Bartflechte[nbildung])
syll... ‹griech.› (mit..., zusammen...); **Syll...** (Mit..., Zusammen...)
syl|la|bisch ‹griech.› (*veraltet für* silbenweise); **Syl|la|bus,** der; -, *Plur.* - *u.* ...bi (Zusammenfassung; Verzeichnis [der früher durch den Papst verurteilten Lehren])

Syl|lep|se, Syl|lep|sis, die; -, ...epsen (*Rhet.* Zusammenfassung, eine Form der Ellipse); **syl|lep|tisch**
Syl|lo|gis|mus, der; -, ...men ‹griech.› (*Philos.* logischer Schluss vom Allgemeinen auf das Besondere); **syl|lo|gis|tisch** [*alte Trennung* ...|st...]
[1]**Syl|phe,** der; -n, -n, *auch* die; -, -n ‹lat.› ([männl.] Luftgeist des mittelalterl. Zauberglaubens)
[2]**Syl|phe,** die; -, -n (ätherisch zartes weibliches Wesen)
Syl|phi|de, die; -, -n (weibl. [1]Sylphe; schlankes, anmutiges Mädchen); **syl|phi|den|haft**
Sylt (eine der Nordfriesischen Inseln)
Syl|ves|ter [*alte Trennung* ...|st...] *vgl.* [1]Silvester
Syl|vin, das, *auch* der; -s, -e ‹nach dem Arzt Sylvius› (ein Mineral)
sym... ‹griech.› (mit..., zusammen...); **Sym...** (Mit..., Zusammen...)
Sym|bi|ont, der; -en, -en ‹griech.› (*Biol.* Partner einer Symbiose); **Sym|bi|o|se,** die; -, -n; (»Zusammenleben« ungleicher Lebewesen zu gegenseitigem Nutzen); **sym|bi|o|tisch** (in Symbiose lebend)
Sym|bol, das; -s, -e ‹griech.› (Wahrzeichen; Sinnbild; Zeichen)
Sym|bol|cha|rak|ter, der; -s; **Symbol|fi|gur**
sym|bol|haft; Sym|bol|haf|tig|keit, die; -
Sym|bo|lik, die; - (sinnbildl. Bedeutung od. Darstellung; Bildersprache; Verwendung von Symbolen); **sym|bo|lisch**
sym|bo|li|sie|ren (sinnbildlich darstellen); **Sym|bo|li|sie|rung**
Sym|bo|lis|mus, der; - (Strömung in Literatur und bildender Kunst als Reaktion auf Realismus und Naturalismus); **Symbo|list,** der; -en, -en; **sym|bo|listisch** [*alte Trennung* ...|st...]
Sym|bol|kraft, die; -; **Sym|bol|sprache** *(EDV)*
sym|bol|träch|tig; Sym|bol|trächtig|keit, die; -
Sym|ma|chie, die; -, ...ien ‹griech.› (Bundesgenossenschaft der altgriech. Stadtstaaten)
Sym|me|t|rie, die; -, ...ien ‹griech.› (spiegelbildliche Übereinstimmung); **Sym|me|t|rie|ach|se**

(*Math.* Spiegelachse); **Sym|me|trie|e|be|ne**
sym|me|t|risch
sym|pa|the|tisch ‹griech.› (von geheimnisvoller Wirkung); sympathetische Tinte (unsichtbare Geheimtinte)
Sym|pa|thie, die; -, ...ien ([Zu]neigung; Wohlgefallen)
Sym|pa|thie|be|kun|dung; Sym|pathie|er|klä|rung; Sym|pa|thiekund|ge|bung; Sym|pa|thiestreik; Sym|pa|thie|trä|ger (jmd., der die Sympathie anderer auf sich zieht)
Sym|pa|thi|kus, der; - (*Med.* Teil des vegetativen Nervensystems)
Sym|pa|thi|sant, der; -en, -en (jmd., der einer Gruppe od. einer Anschauung wohlwollend gegenübersteht); **Sym|pa|thisan|tin**
sym|pa|thisch (anziehend; ansprechend; zusagend); **sym|pa|thisie|ren** (gleiche Anschauungen haben); mit jemandem sympathisieren
Sym|pho|nie usw. *vgl.* Sinfonie usw.
Sym|phy|se, die; -, -n ‹griech.› (*Med.* Verwachsung; Knochenfuge); **sym|phy|tisch** (zusammengewachsen)
Sym|p|le|ga|den *Plur.* (zwei zusammenschlagende Felsen vor dem Eingang ins Schwarze Meer [in der griech. Sage])
Sym|po|si|on, Sym|po|si|um, das; -s, ...ien ‹griech.› (wissenschaftl. Tagung; Trinkgelage im alten Griechenland)
Sym|p|tom, das; -s, -e ‹griech.› (Anzeichen; Merkmal; Krankheitszeichen); **Sym|p|to|ma|tik,** die; - (*Med.* Gesamtheit von Symptomen); **sym|p|to|ma|tisch** (anzeigend, warnend; bezeichnend); **Sym|p|to|ma|to|lo|gie,** die; - (*Med.* Lehre von den Krankheitszeichen)
syn... ‹griech.› (mit..., zusammen...); **Syn...** (Mit..., Zusammen...)
sy|n|a|go|gal ‹griech.› (den jüd. Gottesdienst od. die Synagoge betreffend)
Sy|n|a|go|ge, die; -, -n (gottesdienstl. Versammlungsort der jüd. Gemeinde)
sy|n|al|lag|ma|tisch ‹griech.› (*Rechtsw.* gegenseitig)
Sy|n|a|lö|phe, die; -, -n ‹griech.›

(*Verslehre* Verschmelzung zweier Silben)
sy|n|an|d|risch ‹griech.› (*Bot.* mit verwachsenen Staubblättern); synandrische Blüte
Sy|n|ap|se, die; -, -n ‹griech.› (*Biol.* Verbindung zwischen Zellen zur Reizübertragung)
Sy|n|ä|re|se, Sy|n|ä|re|sis, die; -, ...resen ‹griech.› (*Sprachw.* Zusammenziehung zweier Vokale zu einer Silbe)
Sy|n|äs|the|sie, die; -, ...ien ‹griech.› (*Med.* Miterregung eines Sinnesorgans bei Reizung eines andern; *Rhet.* sprachlich ausgedrückte Verschmelzung mehrerer Sinneseindrücke, z. B. »schreiendes Rot«); **sy|n|äs|the|tisch**
syn|chron [...k...] ‹griech.› (gleichzeitig, zeitgleich, gleichlaufend; *auch für* synchronisch); **Syn|chron|ge|trie|be; Syn|chro|nie,** die; - (*Sprachw.* Darstellung des Sprachzustandes eines bestimmten Zeitraums [*Ggs.* Diachronie])
Syn|chro|ni|sa|ti|on, die; -, -en *u.* Syn|chro|ni|sie|rung (Herstellen des Synchronismus; Zusammenstimmung von Bild, Sprechton u. Musik im Film; bild- und bewegungsechte Übertragung fremdsprachiger Partien eines Films)
syn|chro|nisch (die Synchronie betreffend); **syn|chro|ni|sie|ren** ‹*zu* Synchronisation›; **Syn|chro|ni|sie|rung** *vgl.* Synchronisation
Syn|chro|nis|mus, der; -, ...men (Gleichzeitigkeit; Gleichlauf; zeitl. Übereinstimmung); **syn|chro|nis|tisch** [*alte Trennung* ...|st...]
Syn|chron|ma|schi|ne; Syn|chron|mo|tor; Syn|chron|spre|cher; Syn|chron|spre|che|rin; Syn|chron|uhr
Syn|chro|t|ron, das; -s, *Plur.* -e, *auch* -s (*Kernphysik* Beschleuniger für geladene Elementarteilchen)
Syn|dak|ty|lie, die; -, ...ien ‹griech.› (*Med.* Verwachsung von Fingern od. Zehen)
syn|de|tisch ‹griech.› (*Sprachw.* durch Bindewort verbunden)
Syn|di|ka|lis|mus, der; - ‹griech.› (*Bez. für* sozialrevolutionäre Bestrebungen mit dem Ziel der Übernahme der Produktionsmittel durch autonome Gewerkschaften); **Syn|di|ka|list,** der; -en, -en; **syn|di|ka|lis|tisch** [*alte Trennung* ...|st...]
Syn|di|kat, das; -[e]s, -e (*Wirtsch.* Verkaufskartell; *Bez. für* geschäftlich getarnte Verbrecherorganisation in den USA) **Syn|di|kus,** der; -, *Plur.* -se *u.* ...dizi (*Rechtsspr.* Rechtsbeistand einer Körperschaft)
Syn|drom, das; -s, -e ‹griech.› (*Med.* Krankheitsbild); depressives Syndrom; prämenstruelles Syndrom; psychovegetatives Syndrom
Sy|n|e|chie, die; -, ...ien ‹griech.› (*Med.* Verwachsung)
Sy|n|e|d|ri|on, das; -s, ...ien ‹griech.› (altgriech. Ratsbehörde; *svw.* Synedrium); **Sy|n|e|d|ri|um,** das; -s, ...ien (Hoher Rat der Juden in griech. u. röm. Zeit)
Sy|n|ek|do|che [...xe], die; -, -n [...'dɔ...] ‹griech.› (*Rhet., Stilk.* Setzung des engeren Begriffs für den umfassenderen)
Sy|n|er|ge|tik, die; - ‹griech.› (die Lehre vom Zusammenwirken; Selbstorganisation); **sy|n|er|ge|tisch** (zusammen-, mitwirkend)
Sy|n|er|gie, die; -, ...ien (Zusammenwirken); **Sy|n|er|gie|ef|fekt** (positive Wirkung, die sich aus dem Zusammenschluss od. der Zusammenarbeit zweier Unternehmen o. Ä. ergibt)
Sy|n|er|gis|mus, der; - (*Theol.* Lehre vom Zusammenwirken des menschl. Willens u. der göttl. Gnade; *Chemie, Med.* Zusammenwirken von Substanzen od. Faktoren); **sy|n|er|gis|tisch** [*alte Trennung* ...|st...]
Sy|n|e|sis, die; -, ...esen ‹griech.› (*Sprachw.* sinngemäß richtige Wortfügung, die streng genommen nicht den grammatischen Regeln entspricht, z. B. »eine Menge Äpfel fielen vom Baum« statt »...fiel vom Baum«)
Syn|kar|pie, die; - ‹griech.› (*Bot.* Zusammenwachsen der Fruchtblätter zu einem einzigen Fruchtknoten)
syn|kli|nal ‹griech.› (*Geol.* muldenförmig [von Lagerstätten]); **Syn|kli|na|le, Syn|kli|ne,** die; -, -n (*Geol.* Mulde)
Syn|ko|pe ['zʏnkope, *Musik nur* ...'ko:pə], die; -, ...open ‹griech.› (*Sprachw.* Ausfall eines unbetonten Vokals zwischen zwei Konsonanten im Wortinnern, z. B. »ich handle« statt »ich handele«; *Verslehre* Ausfall einer Senkung im Vers; *Med.* kurze Bewusstlosigkeit; *Musik* Betonung eines unbetonten Taktwertes); **syn|ko|pie|ren; syn|ko|pisch**
Syn|kre|tis|mus, der; - ‹griech.› (Verschmelzung, Vermischung [von Lehren od. Religionen]); **Syn|kre|tist,** der; -en, -en; **Syn|kre|tis|tin** [*alte Trennung* ...|st...]; **syn|kre|tis|tisch**
Sy|n|od, der; -[e]s, -e ‹griech.› (*früher* oberste Behörde der russ. Kirche); Heiliger Synod
sy|n|o|dal (die Synode betreffend); **Sy|n|o|da|le,** der *u.* die; -n, -n (Mitglied einer Synode); **Sy|n|o|dal|ver|fas|sung; Sy|n|o|dal|ver|samm|lung**
Sy|n|o|de, die; -, -n (Kirchenversammlung, bes. die evangelische); **sy|n|o|disch** (*seltener für* synodal)
sy|n|o|nym ‹griech.› (*Sprachw.* sinnverwandt); synonyme Wörter; **Sy|n|o|nym,** das; -s, *Plur.* -e, *auch* Synonyma (*Sprachw.* sinnverwandtes Wort, z. B. »Frühjahr, Lenz, Frühling«)
Sy|n|o|ny|men|wör|ter|buch *vgl.* Synonymwörterbuch
Sy|n|o|ny|mie, die; - (Sinnverwandtschaft [von Wörtern u. Wendungen]); **Sy|n|o|ny|mik,** die; - (Lehre von den sinnverwandten Wörtern); **sy|n|o|ny|misch** (*älter für* synonym)
Sy|n|o|nym|wör|ter|buch (Wörterbuch, in dem Synonyme in Gruppen dargestellt sind)
Sy|n|op|se, Sy|n|op|sis, die; -, ...opsen ‹griech.› (knappe Zusammenfassung; vergleichende Übersicht; Nebeneinanderstellung von Texten, bes. der Evangelien des Matthäus, Markus u. Lukas)
Sy|n|op|tik, die; - (*Meteor.* für eine Wettervorhersage notwendige großräumige Wetterbeobachtung)
Sy|n|op|ti|ker (einer der drei Evangelisten Matthäus, Markus u. Lukas); **sy|n|op|tisch** ([übersichtlich] zusammengestellt, nebeneinander gereiht); synoptische Evangelien
Sy|n|ö|zie, die; -, ...ien ‹griech.› (*Zool.* Zusammenleben ver-

schiedener Organismen, das den Wirtstieren weder schadet noch nützt; *Bot. auch für* Monözie); **sy|n|ö|zisch**

Syn|tag|ma, das; -s, *Plur.* ...men *od.* ...ta ‹griech.› (*Sprachw.* Verknüpfung von Wörtern zu Wortgruppen, Wortverbindungen); **syn|tag|ma|tisch** (das Syntagma betreffend)

syn|tak|tisch (die Syntax betreffend); syntaktische Fügung; **Syn|tax,** die; -, -en (*Sprachw.* Lehre vom Satzbau; Satzlehre)

Syn|the|se, die; -, -n ‹griech.› (Zusammenfügung [einzelner Teile zu einem Ganzen]; *Philos.* Aufhebung des sich in These u. Antithese Widersprechenden in eine höhere Einheit; *Chemie* Aufbau einer Substanz); **Syn|the|se|pro|dukt** (Kunststoff)

Syn|the|si|zer [...təsaizɐ, *auch* ˈsɪnθɪsaizɐ], der; -s, - ‹griech.-engl.› (*Musik* Gerät zur elektron. Klangerzeugung)

Syn|the|tics [zynˈteːtɪks] *Plur.* (*Sammelbez. für* synthet. erzeugte Kunstfasern u. Produkte daraus); **Syn|the|tik,** das; -s *meist ohne Artikel* ([Gewebe aus] Kunstfaser)

syn|the|tisch ‹griech.› (zusammensetzend; *Chemie* künstlich hergestellt); synthetisches Urteil *(Philos.);* synthetische Edelsteine; **syn|the|ti|sie|ren** (*Chemie* aus einfacheren Stoffen herstellen)

Sy|phi|lis, die; - ‹nach dem Titel eines lat. Lehrgedichts des 16. Jh.s› (*Med.* eine Geschlechtskrankheit); **sy|phi|lis|krank; Sy|phi|li|ti|ker** (an Syphilis Leidender); **sy|phi|li|tisch**

Sy|ra|kus (Stadt auf Sizilien); **Sy|ra|ku|ser; sy|ra|ku|sisch**

S

Sy|rer; Sy|re|rin; Sy|ri|en (die Arabische Republik Syrien; Staat im Vorderen Orient); **Sy|ri|er** usw. *vgl.* Syrer usw.

Sy|rin|ge, die; -, -n ‹griech.› (Flieder)

¹Sy|rinx (griech. Nymphe)

²Sy|rinx, die; -, ...ingen (Hirtenflöte; Stimmorgan der Vögel)

sy|risch (aus Syrien; Syrien betreffend), *aber* ↑K 140: die Syrische Wüste

Syr|jä|ne, der; -n, -n (Angehöriger eines finnisch-ugrischen Volkes)

Sy|ro|lo|ge, der; -n, -n ‹griech.› (Erforscher der Sprachen, der Geschichte u. der Altertümer Syriens); **Sy|ro|lo|gie,** die; -; **Sy|ro|lo|gin**

Syr|te, die; -, -n ‹griech.› (*veraltet für* Untiefe, Sandbank); die Große Syrte, die Kleine Syrte (zwei Meeresbuchten an der Küste Nordafrikas)

Sys|tem [*alte Trennung* ...|st...] das; -s, -e ‹griech.›

Sys|tem|a|na|ly|se [*alte Trennung* ...|st...]; **Sys|tem|a|na|ly|ti|ker** (Fachmann in der EDV)

Sys|te|ma|tik [*alte Trennung* ...|st...] die; -, -en (planmäßige Darstellung, einheitl. Gestaltung; *nur Sing.: Biol.* Lehre vom System der Lebewesen); **Sys|te|ma|ti|ker** (jmd., der systematisch vorgeht); **Sys|te|ma|ti|ke|rin**

sys|te|ma|tisch [*alte Trennung* ...|st...] (das System betreffend; in ein System gebracht; planmäßig)

sys|te|ma|ti|sie|ren [*alte Trennung* ...|st...] (in ein System bringen; in einem System darstellen); **Sys|te|ma|ti|sie|rung**

Sys|tem|bau|wei|se [*alte Trennung* ...|st...], die; -; **Sys|tem|cha|rak|ter,** der; -s; **Sys|tem|feh|ler** *(EDV)*

sys|tem|feind|lich [*alte Trennung* ...|st...]; **sys|tem|fremd; sys|tem|im|ma|nent; sys|tem|kon|form**

Sys|tem|kri|ti|ker [*alte Trennung* ...|st...]

sys|tem|los [*alte Trennung* ...|st...] (planlos); **Sys|tem|lo|sig|keit,** die; -

Sys|tem|ma|nage|ment ([*alte Trennung* ...|st...] systematische Unternehmensführung); **Sys|tem|ma|na|ger** *(EDV)*

sys|te|mo|id [*alte Trennung* ...|st...] (einem System ähnlich)

Sys|tem|pro|gram|mie|rer [*alte Trennung* ...|st...] *(EDV)*

Sys|tem|ver|än|de|rer; Sys|tem|zwang

Sy|s|to|le [...le, *auch* ...ˈtoːlə], die; -, ...olen (*Med.* Zusammenziehung des Herzmuskels); **sy|s|to|lisch;** systolischer Blutdruck

Sy|zy|gie, die; -, ...ien ‹griech.› (*Astron.* Konjunktion u. Opposition von Sonne u. Mond)

s. Z. = seinerzeit

Szcze|cin [ˈʃtʃɛtʃɪn] (poln. Hafenstadt an der Oder); *vgl.* Stettin

Sze|ged, Sze|ge|din [*beide* ˈsɛ...] (ung. Stadt); **Sze|ge|di|ner;** Szegediner Gulasch

Szek|ler [ˈsɛ...], der; -s, - (Angehöriger eines ung. Volksstammes)

Sze|nar, das; -s, -e ‹lat.› (*seltener für* Szenario, Szenarium); **Sze|na|rio,** das; -s, -s ‹ital.› ([in Szenen gegliederter] Entwurf eines Films; *auch für* Szenarium); **Sze|na|ri|um,** das; -s, ...ien ‹lat.› (Übersicht über Szenenfolge, szenische Ausstattung u. a. eines Theaterstücks)

Sze|ne, die; -, -n ‹franz.› (Schauplatz; Auftritt als Unterabteilung des Aktes; Vorgang, Anblick; Zank, Vorhaltungen; charakteristischer Bereich für bestimmte Aktivitäten); **Sze|ne|gän|ger; Sze|ne|jar|gon**

Sze|nen|ap|plaus; Sze|nen|fol|ge; Sze|nen|wech|sel

Sze|ne|rie, die; -, ...ien (Bühnen-, Landschaftsbild); **sze|nisch** (bühnenmäßig)

Szep|ter (*österr. für* Zepter)

szi|en|ti|fisch ‹lat.› (*fachspr. für* wissenschaftlich); **Szi|en|tis|mus,** der; - (die auf Wissen u. Wissenschaft gegründete Haltung; Lehre der Szientisten); **Szi|en|tist,** der; -en, -en (Angehöriger einer christl. Sekte); **Szi|en|tis|tin** [*alte Trennung* ...|st...]; **szi|en|tis|tisch**

Szil|la, Scil|la, die; -, - ‹griech.› (eine [Heil]pflanze; Blaustern)

Szin|ti|gramm, das; -s, -e; *Med.* (durch die Einwirkung der Strahlung radioaktiver Stoffe auf eine fluoreszierende Schicht erzeugtes Leuchtbild)

Szin|til|la|ti|on, die; -, -en ‹lat.› (*Astron.* Funkeln [von Sternen]; *Physik* Lichtblitze beim Auftreffen radioaktiver Strahlung auf fluoreszierende Stoffe); **szin|til|lie|ren** (funkeln)

SZR = Sonderziehungsrecht

Szyl|la, die; - ‹griech.› (*eindeutschend für lat.* Scylla, *griech.* Skylla; bei Homer Seeungeheuer in einem Felsenriff in der Straße von Messina); zwischen Szylla und Charybdis (in einer ausweglosen Lage)

Szy|ma|nows|ki [ʃ...], **Ka|rol** (poln. Komponist)

Szy|the usw. *vgl.* Skythe usw.

T t

T (Buchstabe); das T; des T, die T, *aber* das t in Rate; der Buchstabe T, t

t = Tonne

T, τ = ³Tau

Θ, ϑ = Theta

T = Tera...; Tesla; *chem. Zeichen für* Tritium

T. = Titus

Ta = *chem. Zeichen für* Tantal

Tab [*auch* tɛp], der; -[e]s, -e, *bei engl. Ausspr.* der; -s, -s (vorspringender Teil einer Karteikarte zur Kenntlichmachung bestimmter Merkmale)

Ta|bak [*auch* 'ta:... *u., bes. österr.,* ...'bak], der; -s, *Plur. (Sorten:)* -e ⟨span.⟩

Ta|bak|bau, der; -[e]s; **Ta|bak|blatt; Ta|bak|brü|he; Ta|bak|in|dus|t|rie** [*alte Trennung* ...|st...]; **Ta|bak|mo|no|pol**

Ta|bak|pflan|ze; Ta|bak|pflan|zer; Ta|bak|pflan|zung; Ta|bak|plan|ta|ge; Ta|bak|rau|cher

Ta|baks|beu|tel; Ta|baks|do|se; Ta|baks|pfei|fe

Ta|bak|steu|er, die; **Ta|bak|strauch**

Ta|bak|tra|fik (*österr. für* Laden für Tabakwaren, Briefmarken, Zeitungen u. Ä.); **Ta|bak|tra|fi|kant** (*österr. für* Besitzer einer Tabaktrafik); **Ta|bak|tra|fi|kan|tin**

Ta|bak|wa|ren *Plur.*

Ta|bas|co ®, der; -s ⟨span.⟩ (eine scharfe Würzsoße); **Ta|bas|co|so|ße,** *auch* Ta|bas|co|sau|ce

Ta|ba|ti|e|re, die; -, -n ⟨franz.⟩ (*früher für* Schnupftabaksdose; *österr. auch noch für* Zigaretten-, Tabaksdose)

ta|bel|la|risch ⟨lat.⟩ (in der Anordnung einer Tabelle); **ta|bel|la|ri|sie|ren** (in Tabellen [an]ordnen); **Ta|bel|la|ri|sie|rung**

Ta|bel|le, die; -, -n ⟨lat.⟩

Ta|bel|len|en|de; Ta|bel|len|ers|te [*alte Trennung* ...|st...]

Ta|bel|len|form; ta|bel|len|för|mig

Ta|bel|len|füh|rer; Ta|bel|len|füh|rung; Ta|bel|len|letz|te; Ta|bel|len|platz; Ta|bel|len|spit|ze; Ta|bel|len|stand, der; -[e]s

ta|bel|lie|ren (auf maschinellem Wege in Tabellenform darstellen); **Ta|bel|lie|rer; Ta|bel|lier|ma|schi|ne** (*EDV* Lochkartenmaschine, die Tabellen ausdruckt)

Ta|ber|na|kel, das, *auch, bes. in der kath. Kirche,* der; -s, - ⟨lat.⟩ (*kath. Kirche* Aufbewahrungsort der Eucharistie [auf dem Altar]; Ziergehäuse in der gotischen Baukunst)

Ta|bes, die; - ⟨lat.⟩ (*Med.* Rückenmarksschwindsucht); **Ta|bi|ker** (Tabeskranker); **ta|bisch**

Ta|b|lar, das; -s, -e ⟨franz.⟩ (*schweiz. für* Gestellbrett)

Ta|b|leau [...'blo:], das; -s, -s ⟨franz.⟩ (wirkungsvoll gruppiertes Bild, bes. im Schauspiel; *veraltet für* Gemälde)

Ta|b|le d'Hôte [- 'do:t], die; - - ⟨franz.⟩ (*veraltet für* [gemeinschaftliche] Gasthaustafel)

Ta|b|lett, das; -[e]s, *Plur.* -s, *auch* -e ⟨franz.⟩ (Servierbrett)

Ta|b|let|te, die; -, -n ⟨franz.⟩

ta|b|let|ten|ab|hän|gig; Ta|b|let|ten|ab|hän|gi|ge, der *u.* die; -n, -n; **Ta|b|let|ten|ab|hän|gig|keit,** die; -

Ta|b|let|ten|form, die; -; in Tablettenform; Ta|b|let|ten|miss|brauch [*alte Schreibung* ...miß|brauch], der; -[e]s; **Ta|b|let|ten|röhr|chen**

Ta|b|let|ten|sucht, die; -; **ta|b|let|ten|süch|tig; Ta|b|let|ten|süch|ti|ge,** der *u.* die

ta|b|let|tie|ren (in Tablettenform bringen)

Ta|b|li|num, das; -s, ...na ⟨lat.⟩ (getäfelter Hauptraum des altröm. Hauses)

¹Ta|bor, der; -[s] (Berg in Israel)

²Ta|bor (tschech. Stadt)

Ta|bo|rit, der; -en, -en ⟨nach der Stadt Tabor⟩ (*hist.* Angehöriger einer radikalen Gruppe der Hussiten; *vgl.* Hussit)

Tä|b|ris, der; -, - ⟨nach der iran. Stadt⟩ (ein Perserteppich)

ta|bu ⟨polynes., »verboten«⟩ (unverletzlich, unantastbar); *nur prädikativ:* das ist tabu

Ta|bu, das; -s, -s (*Völkerk.* Gebot bei [Natur]völkern, bes. geheiligte Personen, Tiere, Pflanzen, Gegenstände zu meiden; *allgem. für* etwas, das man nicht tun darf); es ist ein Tabu

ta|bu|ie|ren *u.* ta|bu|i|sie|ren (für tabu erklären, als ein Tabu behandeln); **Ta|bu|ie|rung** *u.* Ta|bu|i|sie|rung; **ta|bu|i|sie|ren** usw. *vgl.* tabuieren usw.

Ta|bu|la ra|sa, die; - - ⟨lat., »abgeschabte Tafel«⟩ (*meist übertr. für* unbeschriebenes Blatt); Ta|bula rasa [*alte Schreibung* tabula rasa] machen (reinen Tisch machen)

Ta|bu|la|tor, der; -s, ...oren (Spaltensteller an der Schreibmaschine)

Ta|bu|rett, das; -[e]s, -e ⟨arab.-franz.⟩ (*schweiz., sonst veraltet für* Hocker, Stuhl ohne Lehne)

Ta|bu|schran|ke; Ta|bu|schwel|le; Ta|bu|the|ma; Ta|bu|wort (*Plur.* ...wörter); **Ta|bu|zo|ne**

Ta|che|les ⟨hebr.-jidd.⟩; *nur in* Tacheles reden (*ugs. für* offen miteinander reden, jmdm. seine Meinung sagen)

ta|chi|nie|ren (*österr. ugs. für* faulenzen); **Ta|chi|nie|rer** (*österr. ugs. für* Faulenzer)

Ta|chis|mus [...'ʃɪs...], der; - ⟨nlat.⟩ (Richtung der abstrakten Malerei, die Empfindungen durch spontanes Auftragen von Farbflecken auszudrücken sucht)

Ta|cho, der; -s, -s (*ugs. kurz für* Tachometer)

Ta|cho|graph, *auch* Ta|cho|graf, der; -en, -en ⟨griech.⟩ (Fahrtenschreiber)

Ta|cho|me|ter, der, *auch* das; -s, - ([Fahr]geschwindigkeitsmesser; Drehzahlmesser)

Ta|chy|gra|phie, *auch* Ta|chy|gra|fie, die; -, ...ien (aus Zeichen für Silben bestehendes Kurzschriftsystem des Altertums); **ta|chy|gra|phisch,** *auch* ta|chy|gra|fisch

Ta|chy|kar|die, die; -, ...ien (*Med.* beschleunigter Herzschlag)

Ta|chy|me|ter, das; -s, - (*Geodäsie* Messgerät für Geländeaufnahmen)

Ta|chy|on, das; -s, ...onen *meist Plur.* (*Kernphysik* hypothet. Elementarteilchen, das Überlichtgeschwindigkeit besitzen soll)

ta|ci|te|isch; die taciteischen [*alte Schreibung* Taciteischen] Schriften ↑K 135; **Ta|ci|tus** (altröm. Geschichtsschreiber)

Ta|cker [*alte Trennung* ...k|k...], der; -s, - ⟨engl.⟩ (Handwerkszeug zum Einschlagen U-förmiger Klammern)

T

Tack|ling ['tɛk...], das; -s, -s ‹engl., *eigtl.* Slidingtackling› (*Fußball* Verteidigungstechnik, bei der der Verteidigende in die Füße des Gegners hineinrutscht)
Täcks, Täks, der; -es, -e ‹engl.› (kleiner keilförmiger Stahlnagel)
Tad|dä|us *vgl.* Thaddäus
Ta|del, der; -s, -; **Ta|de|lei**
ta|del|frei; ta|del|haft; ta|del|los
ta|deln; ich tad[e]le
ta|delns|wert; ta|delns|wür|dig
Ta|del|sucht, die; -; **ta|del|süch|tig**
Tad|ler; Tad|le|rin
Ta|dschi|ke [...'dʒi:...], der; -n, -n (Angehöriger eines iran. Volkes in Mittelasien); **ta|dschi|kisch; Ta|dschi|ki|s|tan** (Staat im Südosten Mittelasiens)
Tadsch Ma|hal, der; - -[s] (Mausoleum in Agra in Indien)
Tae|kwon|do [tɛ...], das; - ‹korean.› (korean. Variante des Karate)
Tael [tɛ:l, *auch* te:l], das; -s, -s (früheres chin. Gewicht); 5 Tael
Taf. = Tafel
Ta|fel, die; -, -n; *Abk.* Taf.
ta|fel|ar|tig
Ta|fel|auf|satz; Ta|fel|berg; Ta|fel|be|steck; Ta|fel|bild
Tä|fel|chen
Ta|fel|en|te
ta|fel|fer|tig; ta|fel|för|mig
Ta|fel|freu|den *Plur.;* **Ta|fel|ge|bir|ge; Ta|fel|ge|schirr; Ta|fel|glas** *Plur.* ...gläser; **Ta|fel|leuch|ter; Ta|fel|ma|le|rei; Ta|fel|mu|sik**
ta|feln (*geh. für* speisen); ich taf[e]le
tä|feln (mit Steinplatten, Holztafeln verkleiden); ich täf[e]le
Ta|fel|obst; Ta|fel|öl; Ta|fel|run|de; Ta|fel|sche|re *(Technik)*
Ta|fel|spitz, der; -s, -e (*österr.* äußerstes Ende vom Rinderschwanzstück; eine Rindfleischspeise)
Ta|fel|tuch *Plur.* ...tücher
Tä|fe|lung
Ta|fel|waa|ge; Ta|fel|was|ser *Plur.* ...wässer; **Ta|fel|wein; Ta|fel|werk**
Tä|fer, das; -s, - (*schweiz. für* Täfelung); **tä|fern** (*schweiz. für* täfeln); ich täfere; **Tä|fe|rung** (*schweiz. für* Täfelung)
taff (*ugs. für* zäh, robust)
Taft, der; -[e]s, -e ‹pers.› (Stoff aus [Kunst]seide); **taf|ten** (aus Taft); **Taft|kleid**

Tag

der; -[e]s, -e
Großschreibung:
- Tag und Nacht, Tag für Tag; den ganzen Tag
- am, bei Tage; heute über acht Tage, in acht Tagen
- von Tag zu Tag; vor vierzehn Tagen; vor Tag[e], vor Tags
- des Tags; eines [schönen] Tag[e]s; nächsten Tag[e]s, nächster Tage; im Laufe des heutigen Tag[e]s
- über Tag, unter Tage *(Bergmannsspr.)*

Kleinschreibung ↑K 70:
- tags; tags darauf, tags zuvor
- tagsüber; tagaus, tagein; tagtäglich; heutigentags *(vgl. d.);* heutzutage; tagelang *(vgl. d.)*

Groß- oder Kleinschreibung:
- unter Tags, *österr.* untertags (den Tag über)
- wir wollen nur Guten, *auch:* guten Tag sagen
- zutage, *auch* zu Tage bringen, fördern, kommen, treten

Tag... (*südd., österr. u. schweiz. in Zusammensetzungen für* Tage..., z. B. Tagbau, Tagblatt, Taggeld, Taglohn u. a.)
tag|aus, tag|ein
Tag|dienst (*Ggs.* Nachtdienst)
Ta|ge|ar|beit (*früher für* Arbeit des Tagelöhners); **Ta|ge|bau** *Plur.* ...baue (*vgl.* Tag...); **Ta|ge|blatt** (*vgl.* Tag...)
Ta|ge|buch; Ta|ge|buch|auf|zeich|nung; Ta|ge|buch|no|tiz; Ta|ge|buch|num|mer (*Abk.* Tgb.-Nr.)
Ta|ge|dieb (Nichtstuer, Müßiggänger; *vgl.* Tag...); **Ta|ge|geld**
ta|ge|lang, *aber* ganze, mehrere, zwei Tage lang
Ta|ge|lied *(Literaturw.)*
Ta|ge|lohn (*vgl.* Tag...); **Ta|ge|löh|ner** (*vgl.* Tag...); **ta|ge|löh|nern** (*vgl.* Tag...); ich tagelöhnere
Ta|ge|marsch *vgl.* Tagesmarsch
ta|gen
Ta|ge|rei|se
Ta|ges|ab|lauf; Ta|ges|an|bruch; Ta|ges|ar|beit (Arbeit eines Tages); **Ta|ges|aus|flug**
Ta|ges|be|darf; Ta|ges|be|fehl *(Milit.);* **Ta|ges|bruch** (durch einstürzende Bergwerksstollen verursachter Einbruch der Erdoberfläche); **Ta|ges|de|cke** [*alte Trennung* ...k|k...]; **Ta|ges|ein|nah|me; Ta|ges|er|eig|nis; Ta|ges|form; Ta|ges|ge|sche|hen; Ta|ges|ge|spräch**
ta|ges|hell (*seltener für* taghell)
Ta|ges|kar|te; Ta|ges|kas|se; Ta|ges|kurs; Ta|ges|lauf; Ta|ges|leis|tung [*alte Trennung* ...|st...]
Ta|ges|licht, das; -[e]s; **Ta|ges|licht|pro|jek|tor** (*für* Overheadprojektor)
Ta|ges|lo|sung; Ta|ges|marsch
Ta|ges|mut|ter *Plur.* ...mütter
Ta|ges|ord|nung; Ta|ges|po|li|tik, die; -; **Ta|ges|pres|se,** die; -; **Ta|ges|ra|ti|on; Ta|ges|raum; Ta|ges|satz**
Ta|ges|sieg; Ta|ges|sie|ger
Ta|ges|stät|te; Ta|ges|sup|pe; Ta|ges|wan|de|rung; Ta|ges|zeit; Ta|ges|zei|tung
Ta|ge|tes, die; -, - ‹lat.› (Studenten- od. Samtblume)
ta|ge|wei|se
Ta|ge|werk (altes Feldmaß; *nur Sing.: geh. für* tägliche Arbeit, Aufgabe; Arbeit eines Tages)
Tag|fahrt (*Bergmannsspr.* Ausfahrt aus dem Schacht)
Tag|fal|ter
Tag|ge|bäu|de (*Bergmannsspr.* Schachtgebäude)
tag|hell
...tä|gig (z. B. sechstägig [sechs Tage dauernd], *mit Ziffern* 6-tägig [*alte Schreibung* 6tägig]; ↑K 29)
Ta|g|li|a|tel|le [talja...] *Plur.* ‹ital.› (schmale ital. Bandnudeln)
täg|lich (alle Tage); tägliches Brot; täglicher Bedarf
...täg|lich (z. B. sechstäglich [alle sechs Tage wiederkehrend], *mit Ziffer* 6-täglich [*alte Schreibung* 6täglich] ; ↑K 29)
Tag|lohn *vgl.* Tag...
Ta|go|re [...'go:ɐ̯, ...'go:rə], Ra|bin|dra|nath (ind. Dichter u. Philosoph)
Tag|por|ti|er (*Ggs.* Nachtportier); **Tag|raum** (*österr. für* Tagesraum)
tags; tags darauf, tags zuvor; *vgl.* Tag
Tag|sat|zung (*österr. für* behördlich bestimmter Termin; *schweiz. [früher] für* Tagung der Ständevertreter); **Tag|schicht** (*Ggs.* Nachtschicht); **Tag|sei|te**
tags|über; tag|täg|lich
Tag|traum; Tag|träu|mer; Tag|träu|me|rin
Tag|und|nacht|glei|che, *auch* **Tag-und-Nacht-Glei|che,** die; -,

-n; Frühjahrs-Tagundnachtgleiche

Ta|gung; Ta|gungs|bü|ro; Ta|gungs|ge|bäu|de; Ta|gungs|map|pe; Ta|gungs|ort *Plur.* ...orte; **Ta|gungs|teil|neh|mer**

Tag|wa|che, *schweiz. auch* **Tag|wacht** (*österr., schweiz. für* Weckzeit u. Weckruf der Soldaten)

Tag|werk (*bes. südd., österr. für* Tagewerk)

Ta|hi|ti (die größte der Gesellschaftsinseln)

Tai *vgl.* Thai

Tai-Chi [...'tʃi:], das; -[s] ⟨chin.⟩ ([in der chinesischen Philosophie] Urgrund des Seins, aus dem alles entsteht; *auch* Abfolge von Übungen mit langsamen, fließenden Bewegungen; Schattenboxen)

Tai|fun, der; -s, -e ⟨chin.⟩ (trop. Wirbelsturm in Südostasien)

Tai|ga, die; - ⟨russ.⟩ (sibirischer Waldgürtel)

Tail|le ['taljə, *österr.* 'tailjə], die; -, -n ⟨franz.⟩ (schmalste Stelle des Rumpfes; Gürtelweite; *veraltet für* Mieder; *Kartenspiel* Aufdecken der Blätter für Gewinn oder Verlust); **tail|len|be|tont;** ein taillenbetontes Kleid; **Tail|len|wei|te**

[1]**Tail|leur** [ta'jø:ɐ̯], der; -s, -s (*veraltet für* Schneider)

[2]**Tail|leur,** das; -s, -s (*bes. schweiz. für* Schneiderkostüm)

tail|lie|ren [ta(l)'ji:...]; **tail|liert**

Tai|lor|made ['te:lɐme:t], das; -, -s ⟨engl.⟩ (im konventionellen Stil geschneidertes Kostüm)

Taine [tɛ:n] (franz. Geschichtsschreiber)

Tai|peh [*auch* ...'pe:] (Hauptstadt Taiwans)

Tai|wan [*auch* ...'va(:)n] (Inselstaat in Ostasien); **Tai|wa|ner; Tai|wa|ne|rin; tai|wa|nisch,** tai|wa|ne|sisch

Ta|jo [...xo], der; -[s] (span.-port. Fluss); *vgl.* Tejo

Take [te:k], der *od.* das; -s, -s ⟨engl.⟩ (*Film, Fernsehen* einzelne Szenenaufnahme)

Ta|kel, das; -s, - (*Seemannsspr.* schwere Talje; Takelage); **Ta|ke|la|ge** [...ʒə], die; -, -n ⟨mit franz. Endung⟩ (Segelausrüstung eines Schiffes)

Ta|ke|ler, Tak|ler (im Takelwerk Arbeitender); **ta|keln;** ich tak[e]le; **Ta|ke|lung,** Tak|lung; **Ta|kel|werk,** das; -[e]s

Take-off, *auch* **Take|off** ['te:k...], das *od.* der; -s, -s ⟨engl.⟩ (Start eines Flugzeugs o. Ä.; Beginn)

Tak|ler *vgl.* Takeler; **Tak|lung** *vgl.* Takelung

Täks *vgl.* Täcks

[1]**Takt,** der; -[e]s, -e ⟨lat.⟩ (*nur Sing.:* Zeit-, Tonmaß; Zeiteinheit in einem Musikstück; *Technik* einer von mehreren Arbeitsgängen im Motor, Hub; Arbeitsabschnitt in der Fließbandfertigung oder in der Automation); Takt halten

[2]**Takt,** der; -[e]s ⟨franz.⟩ (Feingefühl; Zurückhaltung)

tak|ten (*Technik* in Arbeitstakten bearbeiten)

Takt|feh|ler

takt|fest

Takt|ge|fühl, das; -[e]s

T-Ak|tie (Aktie der Deutschen Telekom AG)

[1]**tak|tie|ren** (den [1]Takt angeben)

[2]**tak|tie|ren** ⟨*zu* Taktik⟩ (taktisch vorgehen)

Tak|tie|rer (jmd., der [2]taktiert)

Tak|tik, die; -, -en ⟨griech.⟩ (geschicktes Vorgehen, kluges Verhalten, planmäßige Ausnutzung einer Lage; *Milit.* Truppenführung)

Tak|ti|ker; Tak|ti|ke|rin; tak|tisch

takt|los; Takt|lo|sig|keit

Takt|maß, das; **takt|mä|ßig**

Takt|mes|ser, der; **Takt|stock** *Plur.* ...stöcke; **Takt|stra|ße** *(Technik);* **Takt|strich** (*Musik* Trennstrich zwischen den Takten)

takt|voll

Tal, das; -[e]s, Täler; zu Tal[e] fahren; **tal|ab|wärts**

Ta|lar, der; -s, -e ⟨ital.⟩ (langes Amtskleid); **ta|lar|ar|tig**

tal|auf|wärts; tal|aus

Tal|bo|den; Tal|brü|cke [*alte Trennung* ...k|k...]

Täl|chen; Tal|en|ge

Ta|lent, das; -[e]s, -e ⟨griech.⟩ (Begabung, Fähigkeit; jmd., der [auf einem bestimmten Gebiet] besonders begabt ist; altgriech. Gewichts- und Geldeinheit)

ta|len|tiert (begabt); **Ta|len|tiert|heit,** die; -

ta|lent|los; Ta|lent|lo|sig|keit, die; -

Ta|lent|pro|be; Ta|lent|schmie|de *(ugs.);* **Ta|lent|su|che**

ta|lent|voll

Ta|ler, der; -s, - (ehem. Münze); **ta|ler|groß; Ta|ler|stück**

Tal|fahrt

Talg, der; -[e]s, -e ([Rinder-, Hammel]fett); **talg|ar|tig; Talg|drü|se; tal|gen; tal|gig**

Talg|licht *Plur.* ...lichter

Ta|li|ban *Plur.* ⟨Paschto⟩ (radikale islamische Miliz in Afghanistan)

Ta|li|on, die; -, -en ⟨lat.⟩ (Vergeltung [durch das gleiche Übel]); **Ta|li|ons|leh|re,** die; - (Rechtslehre von der Wiedervergeltung)

Ta|lis|man, der; -s, -e ⟨griech.⟩ (Glücksbringer)

Tal|je, die; -, -n ⟨niederl.⟩ (*Seemannsspr.* Flaschenzug); **tal|jen** (aufwinden); er taljet, hat getaljet; **Tal|je|reep** (über die Talje laufendes starkes Tau)

[1]**Talk,** der; -[e]s ⟨arab.⟩ (ein Mineral)

[2]**Talk** [tɔ:k], der; -s, -s ⟨engl.⟩ (*ugs. für* Unterhaltung, Plauderei, [öffentliches] Gespräch)

tal|ken (*ugs. für* sich in einer Talkshow unterhalten)

Talk|er|de, die; -

Talk|mas|ter [*alte Trennung* ...|st...] ⟨*zu* [2]Talk⟩ (Moderator einer Talkshow); **Talk|mas|te|rin**

Talk|pu|der

Talk|show, *auch* **Talk-Show** ['tɔ:kʃo:], die; -, -s ⟨engl.⟩ (Fernsehsendung, in der ein Moderator u. geladene Gäste miteinander [über ein Thema] sprechen)

Tal|kum, das; -s ⟨arab.⟩ (feiner weißer [1]Talk als Streupulver); **tal|ku|mie|ren** (Talkum einstreuen)

Tal|ley|rand [...lɛ'rã:] (franz. Staatsmann)

Tal|linn (Hauptstadt Estlands); *vgl.* Reval

Tal|mi, das; -s (vergoldete [Kupfer-Zink-]Legierung; *übertr. für* Unechtes)

Tal|mi|glanz; Tal|mi|gold

tal|min (*selten für* aus Talmi; unecht); **Tal|mi|wa|re**

Tal|mud, der; -[e]s, -e ⟨hebr., »Lehre«⟩ (Sammlung der Gesetze und religiösen Überlieferungen des nachbibl. Judentums); **tal|mu|disch; Tal|mu|dis|mus,** der; -; **Tal|mu|dist,** der; -en, -en (Talmudkenner)

Tal|mul|de

Ta|lon [...'lõ:, *österr.* ...'lo:n], der; -s, -s ⟨franz.⟩ (Kontrollabschnitt einer Eintrittskarte, Wertmarke o. Ä.; Spielkartenrest [beim Ge-

T

ben], Kartenstamm [bei Glücksspielen]; Kaufsteine [beim Dominospiel]; *Börse* Erneuerungsschein bei Wertpapieren; *Musik* Griffende [»Frosch«] des Bogens)

Tal|schaft (*schweiz. u. westösterr. für* Land und Leute eines Tales; *Geogr.* Gesamtheit eines Tales und seiner Nebentäler)

Tal|schi (*vgl.* Talski); **Tal|sen|ke**

Tal|ski, *auch* Tal|schi (bei der Fahrt am Hang der untere Ski)

Tal|soh|le; Tal|sper|re

Tal|lung *(Geogr.)*; **tal|wärts**

Ta|ma|got|chi [...ˈgɔtʃi], das *od.* der; -, -s ‹jap.-engl.› (kleines, eiförmiges Computerspiel, bei dem die Betreuung eines Haustieres simuliert wird)

Ta|ma|ra (w. Vorn.)

Ta|ma|rin|de, die; -, -n ‹arab.› (eine trop. Pflanzengattung)

Ta|ma|ris|ke, die; -, -n ‹vulgärlat.› (ein Strauch mit kleinen Blättern u. rosafarbenen Blüten)

Tam|bour [...bu:ɐ̯, *auch* ...ˈbu:ɐ̯], der; -s, *Plur.* -e, *schweiz.* -en [ˈtambu:rən] ‹pers.› (*veraltend für* Trommler; *Archit.* Zwischenstück bei Kuppelgewölben; *Technik* Trommel, zylindrischer Behälter [an Maschinen]); **Tam|bour|ma|jor** (Leiter eines Spielmannszuges)

Tam|bur, der; -s, -e (Stickrahmen)

tam|bu|rie|ren (mit Tamburierstichen sticken; Haare zwischen Tüll und Gaze einknoten [bei der Perückenherstellung])

Tam|bu|rier|stich (flächendeckender Zierstich)

Tam|bu|rin [*auch* ...ˈri:n], das; -s, -e (kleine Hand-, Schellentrommel; Stickrahmen)

Ta|mil, das; -[s] (Sprache der Tamilen); **Ta|mi|le,** der; -n, -n (Angehöriger eines vorderind. Volkes); **Ta|mi|lin; ta|mi|lisch**

Tamp, der; -s, -e *u.* **Tam|pen,** der; -s, - (*Seemannsspr.* Tau-, Kettenende)

Tam|pon [*auch* ...ˈpõ:, *österr.* ...ˈpo:n], der; -s, -s (*Med.* [Watte-, Mull]bausch; *Druckw.* Ballen, mit denen gestochene Platten für den Druck eingeschwärzt werden); **Tam|po|na|de,** die; -, -n (*Med.* Aus-, Zustopfung)

Tam|po|na|ge [...ʒə], die; -, -n (*Technik* Abdichtung eines Bohrlochs)

tam|po|nie|ren (*Med.* [mit Tampons] ausstopfen)

Tam|tam [*auch* ˈtam...], das; -s, -s (chinesisches, mit einem Klöppel geschlagenes Becken; Gong; afrikan. Holztrommel *nur Sing.: ugs. für* laute, Aufmerksamkeit erregende Betriebsamkeit)

Ta|mu|le usw. *vgl.* Tamile usw.

tan = Tangens

Ta|na|g|ra (altgriech. Stadt); **Ta|na|g|ra|fi|gur,** *auch* **Ta|na|g|ra-Fi|gur** (Tonfigur aus Tanagra)

Ta|na|na|ri|vo (früherer Name von Antananarivo)

Tand, der; -[e]s ‹lat.› (wertloses Zeug)

Tän|de|lei; Tän|de|ler *vgl.* Tändler

Tan|del|markt (*österr. für* Tändelmarkt); **Tän|del|markt** (*landsch. für* Trödelmarkt)

tän|deln; ich tänd[e]le

Tan|dem, das; -s, -s ‹lat.-engl.› (zweisitziges Fahrrad; Wagen mit zwei hintereinander gespannten Pferden; *Technik* zwei hintereinander geschaltete Antriebe); **Tan|dem|ach|se** *(Kfz-Technik)*

Tand|ler (*bayr. u. österr. ugs. für* Tänd[e]ler); **Tänd|ler** (Schäker; *landsch. für* Trödler)

Tang, der; -[e]s, -e ‹nord.› (Bezeichnung mehrerer größerer Arten der Braunalgen)

[1]**Tan|ga,** der; -s, -s ‹Tupi› (sehr knapper Bikini od. Slip)

[2]**Tan|ga** (Stadt in Tanganjika)

Tan|ga|n|ji|ka (Teilstaat von Tansania); **Tan|ga|n|ji|ka|see,** *auch* **Tan|ga|n|ji|ka-See,** der; -s

Tan|ga|slip

Tan|gens [ˈtaŋgɛns], der; -, - ‹lat.› (*Math.* eine Winkelfunktion im Dreieck; *Zeichen* tan)

Tan|gens|satz, der; -es

Tan|gen|te, die; -, -n (Gerade, die eine gekrümmte Linie in einem Punkt berührt); **Tan|gen|ten|vier|eck**

tan|gen|ti|al (eine gekrümmte Linie od. Fläche berührend)

Tan|ger (marokkan. Hafenstadt)

tan|gie|ren (berühren)

Tan|go, der; -s, -s ‹span.› (ein Tanz)

Tan|g|ram, das; -s ‹chin.› (ein Spiel)

Tan|ja (w. Vorn.)

Tank, der; -s, *Plur.* -s, *seltener* -e ‹engl.›

tan|ken

Tan|ker; Tan|ker|flot|te

Tank|fahr|zeug; Tank|fül|lung; Tank|in|halt; Tank|la|ger

Tank|red (m. Vorn.)

Tank|säu|le; Tank|schiff; Tank|schloss [*alte Schreibung* ...schloß]; **Tank|stel|le; Tank|uhr; Tank|ver|schluss** [*alte Schreibung* ...ver|schluß]; **Tank|wa|gen; Tank|wart; Tank|war|tin**

Tann, der; -[e]s, -e (*geh. für* [Tannen]wald); im dunklen Tann; **Tann|ast** (*schweiz. neben* Tannenast)

Tan|nat, das; -[e]s, -e ‹franz.› (Gerbsäuresalz)

Tänn|chen; Tan|ne, die; -, -n

tan|nen (aus Tannenholz)

Tan|nen|ast; Tan|nen|baum; Tan|nen|hä|her; Tan|nen|harz, das; **Tan|nen|holz; Tan|nen|ho|nig; Tan|nen|mei|se; Tan|nen|na|del; Tan|nen|reis** *(geh.)*; **Tan|nen|rei|sig; Tan|nen|wald; Tan|nen|zap|fen; Tan|nen|zweig**

Tann|häu|ser (ein Minnesänger)

Tan|nicht, Tän|nicht, das; -[e]s, -e (*veraltet für* Tannenwäldchen)

tan|nie|ren ‹franz.› (mit Tannin behandeln)

Tan|nin, das; -s, -e (Gerbsäure); **Tan|nin|bei|ze**

Tänn|ling (junge Tanne)

Tann|zap|fen (*landsch., bes. schweiz. neben* Tannenzapfen)

Tan|sa|nia [*auch* ...ˈza:nia] (die Vereinigte Republik Tansania; Staat in Afrika); **Tan|sa|ni|er; Tan|sa|ni|e|rin; tan|sa|nisch**

Tan|sa|nit, der; -s, -e (ein Edelstein)

Tan|se, die; -, -n (*schweiz. für* [auf dem Rücken zu tragendes] Gefäß für Milch, Wein, Trauben u. Ä.)

Tan|tal, das; -s ‹griech.› (chemisches Element, Metall; *Zeichen* Ta)

Tan|ta|li|de, der; -n, -n *meist Plur.* (Nachkomme des Tantalus); **Tan|ta|lus** (in der griech. Sage König in Phrygien); **Tan|ta|lus|qua|len** *Plur.* ↑K 136

Tant|chen

Tan|te, die; -, -n

Tan|te-Em|ma-La|den

tan|ten|haft (betulich)

Tan|tes *vgl.* Dantes

Tan|ti|e|me [tã...], die; -, -n (*Kaufmannsspr.* Gewinnanteil, Vergütung nach der Höhe des Geschäftsgewinnes)

Tan|t|ra, das; -[s] (Lehre einer religiösen Strömung in Indien)

T

Tanz, der; -es, Tänze
Tanz|a|bend; Tanz|bar, die; **Tanzbär**
Tanz|bein; *in der Wendung* das Tanzbein schwingen *(ugs.)*
Tanz|bo|den *Plur.* ...böden; **Tanzca|fé; Tänz|chen; Tanz|die|le**
tän|zeln; ich tänz[e]le
tan|zen; du tanzt
Tän|zer; Tan|ze|rei; Tän|ze|rin; tänze|risch
Tanz|flä|che; Tanz|grup|pe; Tanzka|pel|le; Tanz|kar|te *(früher);* **Tanz|kunst**
Tanz|kurs *od.* **...kur|sus**
Tanz|leh|rer; Tanz|leh|re|rin
Tanz|lied; Tanz|lo|kal
tanz|lus|tig [*alte Trennung* ...|st...]
Tanz|mu|sik; Tanz|or|ches|ter [*alte Trennung* ...|st...]
Tanz|part|ner; Tanz|part|ne|rin
Tanz|platz *(veraltend);* **Tanz|saal; Tanz|schritt**
Tanz|schu|le; Tanz|schü|ler; Tanzschü|le|rin
Tanz|sport; Tanz|stun|de; Tanz|tee; Tanz|tur|nier; Tanz|un|ter|richt; Tanz|ver|an|stal|tung
Tao [*auch* tau], das; - ‹chin., »der Weg«› (das All-Eine, das absolute, vollkommene Sein in der chin. Philosophie); **Ta|o|is|mus,** der; - (chin. Volksreligion)
Tape [te:p], das, *auch* der; -, -s ‹engl.› (Band, Tonband); **Tapedeck,** das; -s, -s (Tonbandgerät ohne Verstärker u. Lautsprecher)
Ta|per|greis *(ugs.);* **ta|pe|rig,** taprig (*nordd. für* unbeholfen, gebrechlich); **ta|pern** (*nordd. für* sich unbeholfen bewegen); ich tapere
Ta|pet, das ‹griech.›; *nur noch in* etwas aufs Tapet (*ugs. für* zur Sprache) bringen
Ta|pe|te, die; -, -n
Ta|pe|ten|bahn
Ta|pe|ten|kleis|ter [*alte Trennung* ...|st...]; **Ta|pe|ten|leim**
Ta|pe|ten|mus|ter [*alte Trennung* ...|st...]; **Ta|pe|ten|rol|le; Ta|peten|tür; Ta|pe|ten|wech|sel** *(ugs.)*
Ta|pe|zier, der; -s, -e ‹ital.› (*südd. für* Tapezierer); **Ta|pe|zier|arbeit,** Ta|pe|zie|rer|ar|beit
ta|pe|zie|ren; Ta|pe|zie|rer (*österr. auch für* Polsterer); **Ta|pe|zie|rerin**
Ta|pe|zier|tisch; Ta|pe|zier|werkstatt, Ta|pe|zie|rer|werk|statt
Tap|fe, die; -, -n *u.* **Tap|fen,** der; -s, - *meist Plur.* (Fußspur)
tap|fer
Tap|fer|keit, die; -; **Tap|fer|keitsme|dail|le**
Ta|pi|o|ka, die; - ‹indian.› (gereinigte Stärke aus Maniokwurzeln); **Ta|pi|o|ka|stär|ke,** die; -
Ta|pir [*österr.* ...'pi:r], der; -s, -e ‹indian.› (südamerik. u. asiat. Tier mit dichtem Fell u. kurzem Rüssel)
Ta|pis|se|rie, die; -, ...ien ‹franz.› (teppichartige Stickerei; Handarbeitsgeschäft)
Tapp, das; -s (ein Kartenspiel)
tapp!; tapp, tapp!
tap|pen; tap|pig *(landsch.);* **täppisch; tapp|rig** (*Nebenform von* taperig); **tap|rig** *vgl.* taperig
Taps, der; -es, -e (*landsch. für* Schlag; *ugs. für* täppischer Bursche)
tap|sen (*ugs. für* plump auftreten); du tapst; **tap|sig** *(ugs.)*
Ta|ra, die; -, ...ren ‹arab.› (*Kaufmannsspr.* die Verpackung; deren Gewicht)
Ta|ran|tel, die; -, -n ‹ital.› (südeurop. Wolfsspinne)
Ta|ran|tel|la, die; -, *Plur.* -s *u.* ...llen (südital. Volkstanz)
Tar|busch, der; -[e]s, -e ‹pers.› (*arab. Bez. für* Fes)
tar|dan|do ‹ital.› (*Musik* zögernd, langsam); **Tar|dan|do,** das; -s, *Plur.* -s *u.* ...di
Ta|ren (*Plur. von* Tara)
Ta|rent (ital. Stadt); **Ta|ren|ter, Taren|ti|ner; ta|ren|ti|nisch**
Tar|gi, der; -[s], Tuareg (Angehöriger berberischer Volksstämme in der Sahara)
Tar|hon|ya [...ja], die; - ‹ung.› (eine ung. Mehlspeise)
ta|rie|ren ‹arab.› (Gewicht eines Gefäßes od. einer Verpackung bestimmen od. ausgleichen); **Ta|rier|waa|ge**
Ta|rif, der; -s, -e ‹arab.-franz.› (planvoll geordnete Zusammenstellung von Güter- od. Leistungspreisen, auch von Steuern u. Gebühren; Preis-, Lohnstaffel; Gebührenordnung); **Ta|rif|ab|schluss** [*alte Schreibung* ...ab|schluß]; **ta|rifa|risch** (*seltener für* tariflich)
Ta|rif|au|to|no|mie; Ta|rif|be|reich; Ta|rif|be|zirk; Ta|rif|er|hö|hung; Ta|rif|grup|pe; Ta|rif|ho|heit
ta|ri|fie|ren (tariflich festlegen); **Ta|ri|fie|rung**
Ta|rif|kom|mis|si|on; Ta|rif|kon|flikt
ta|rif|lich
Ta|rif|lohn
ta|rif|los; ta|rif|mä|ßig
Ta|rif|ord|nung; Ta|rif|part|ner
Ta|rif|po|li|tik; ta|rif|po|li|tisch
Ta|rif|ren|te; Ta|rif|run|de; Ta|rifsatz; Ta|rif|ver|hand|lung
Ta|rif|ver|trag; ta|rif|ver|trag|lich
Tar|la|tan, der; -s, -e ‹franz.› (feines Baumwoll- od. Zellwollgewebe)
Tarn|an|strich; Tarn|an|zug
tar|nen; sich tarnen
Tarn|far|be; Tarn|kap|pe
Tarn|kap|pen|bom|ber (ein [mit Radar nicht erkennbares] amerik. Kampfflugzeug)
Tarn|man|tel; Tarn|na|me; Tarnnetz
Tar|nung
Ta|ro, der; -s, -s ‹polynes.› (eine trop. Knollenfrucht)
Ta|rock, das, *österr. nur so, od.* der; -s, -s ‹ital.› (ein Kartenspiel); **ta|ro|cken, ta|ro|ckie|ren** [*alte Trennung* ...k|k...] (Tarock spielen); **Ta|rock|spiel**
Ta|rot [...'ro:], das *od.* der; -s, -s ‹franz.-engl.› (dem Tarock ähnliches Kartenspiel, das zu spekulativen Deutungen verwendet wird)
Tar|pan, der; -s, -e ‹russ.› (ein ausgestorbenes Wildpferd)
Tar|pe|ji|sche Fels, der; -n -en *od.* **Tar|pe|ji|sche Fel|sen,** der; -n -s (Richtstätte im alten Rom)
Tar|quin, Tar|qui|ni|us (in der röm. Sage Name zweier Könige)
Tar|qui|ni|er, der; -s, - (Angehöriger eines etrusk.-röm. Geschlechtes)
[1]**Tar|ra|go|na** (span. Stadt)
[2]**Tar|ra|go|na,** der; -s, -s (ein span. Wein)
Tar|ra|go|ne|se, der; -n, -n
Tar|ser (*zu* [1]Tarsus); **tar|sisch**
[1]**Tar|sus** ‹griech.› (Stadt in Kleinasien)
[2]**Tar|sus,** der; -, ...sen ‹griech.› (*Med.* Fußwurzel; Lidknorpel; *Zool.* »Fuß« des Insektenbeines)
[1]**Tar|tan,** der; -[s], -s ‹engl.› (Plaid in buntem Karomuster; karierter Umhang der Schotten)
[2]**Tar|tan** ®, der; -s ‹Kunstwort› (ein wetterfester Kunststoffbelag für Laufbahnen); **Tar|tanbahn; Tar|tan|be|lag**
Tar|ta|ne, die; -, -n ‹ital.› (Fischerfahrzeug im Mittelmeer)
tar|ta|re|isch ‹griech.› (zur Unterwelt gehörend, unterweltlich)

T

Tar|ta|ros, [1]**Tar|ta|rus,** der; - (Unterwelt in der griechischen Mythologie)
[2]**Tar|ta|rus,** der; - ‹mlat.› (Weinstein)
Tar|t| rat, das; -[e]s, -e (Salz der Weinsäure)
Tart|sche, die; -, -n ‹franz.› (ein mittelalterlicher Schild)
Tar|tu *(estn. u. russ. Form von* Dorpat)
Tar|tüff, der; -s, -e ‹nach einer Gestalt bei Molière› (Heuchler)
Tar|tu|fo, das; -s, -s ‹ital.› (mit Schokolade überzogene Halbkugel aus Speiseeis)
Tar|zan (Dschungelheld in Büchern von E. R. Burroughs)
Täsch|chen
Ta|sche, die; -, -n
Tä|schel|kraut, das; -[e]s
Ta|schen|aus|ga|be; Ta|schen|buch; Ta|schen|dieb; Ta|schen|fahr|plan; Ta|schen|fei|tel (*vgl.* Feitel); **Ta|schen|for|mat**
Ta|schen|geld; Ta|schen|ka|len|der; Ta|schen|kamm; Ta|schen|krebs; Ta|schen|lam|pe; Ta|schen|mes|ser; Ta|schen|rech|ner; Ta|schen|schirm; Ta|schen|spie|gel
Ta|schen|spie|ler; Ta|schen|spie|le|rei
ta|schen|spie|lern; ich taschenspielere, getaschenspielert; zu taschenspielern
Ta|schen|spie|ler|trick
Ta|schen|tuch *Plur.* ...tücher; **Ta|schen|uhr; Ta|schen|wör|ter|buch**
Ta|scherl, das; -s, -n (*bayr. u. österr. ugs. für* kleine Tasche, *auch* eine Süßspeise)
Tasch|kent (Hauptst. von Usbekistan)
Tasch|ner (*österr. u. südd. für* Täschner); **Täsch|ner** (Taschenmacher)
Tas|ma|ni|en (austral. Insel); **Tas|ma|ni|er; tas|ma|nisch**
TASS, die; - = Telegrafnoe Agenstvo Sovetskogo Sojuza (Nachrichtenagentur der Sowjetunion, 1925–1991)

T

Täss|chen [*alte Schreibung* Täßchen]
Tas|se, die; -, -n (*österr. veraltet auch für* Tablett); **Tas|sen|rand**
Tas|so (ital. Dichter)
Tas| ta|tur [*alte Trennung* ...|st...], die; -, -en ‹ital.›
tast|bar
Tas| te [*alte Trennung* ...|st...], die; -, -n
Tast|emp|fin|dung
tas| ten [*alte Trennung* ...|st...] (*Druckw. auch für* den Taster bedienen)
Tas| ten|druck [*alte Trennung* ...|st...], der; -[e]s; **Tas| ten|in|s| t|ru|ment; Tas| ten|scho|ner; Tas|ten|te|le|fon**
Tas| ter [*alte Trennung* ...|st...] (ein Abtastgerät; *Zool. svw.* Palpe; *Druckw.* schreibmaschinenähnl. Teil der Setzmaschine; Setzer, der den Taster bedient)
Tast|or|gan; Tast|sinn, der; -[e]s
Tat, die; -, -en; in der Tat
Ta|ta|mi, die; -, -s ‹jap.› (Unterlage für Futons o. Ä.)
[1]**Ta|tar,** der; -en, -en (Angehöriger eines Mischvolkes im Wolgagebiet in Südrussland, in der Ukraine u. in Westsibirien)
[2]**Ta|tar,** das; -s, -[s] ‹nach den Tataren› (rohes, geschabtes Rindfleisch [mit Ei u. Gewürzen]); **Ta|tar|beef|steak**
Ta|ta|rei, die; - (die innerasiatische Heimat der Tataren); ↑K 140: die Große, die Kleine Tatarei
Ta|ta|ren|nach|richt (*veraltend für* unwahrscheinliche Schreckensnachricht)
ta|ta|risch
ta|tau|ie|ren ‹tahit.› (*Völkerk.* tätowieren)
Tat|aus|gleich (*österr. Rechtsw. für* Wiedergutmachung ohne gerichtliches Urteil); außergerichtlicher Tatausgleich
Tat|be|richt; Tat|be|stand
Tat|ein|heit, die; -; in Tateinheit mit ... *(Rechtsspr.)*
Ta|ten|drang, der; -[e]s
Ta|ten|durst *(geh.);* **ta|ten|durs| tig** [*alte Trennung* ...|st...] *(geh.)*
ta|ten|froh
ta|ten|los; Ta|ten|lo|sig|keit, die; -
Tä|ter; Tä|ter|be|schrei|bung
Tä|te|rin; Tä|ter|schaft, die; -
Tat|form, Tä|tig|keits|form (*für* Aktiv)
Tat|ge|sche|hen; Tat|her|gang
Ta|ti|an (frühchristl. Schriftsteller)
tä|tig
tä|ti|gen *(Kaufmannsspr.);* ein Geschäft, einen Kauf tätigen (*dafür besser:* abschließen)
Tä|tig|keit
Tä|tig|keits|be|reich; Tä|tig|keits|be|richt; Tä|tig|keits|drang, der; -[e]s; **Tä|tig|keits|feld**
Tä|tig|keits|form (*vgl.* Tatform);
Tä|tig|keits|wort *Plur.* ...wörter (*für* Verb)
Tä|ti|gung *(Kaufmannsspr.)*
Tat|ja|na (w. Vorn.)
Tat|kraft, die; -; **tat|kräf|tig**
tät|lich; tätlich werden; tätlicher Angriff; **Tät|lich|keit** *meist Plur.*
Tat|mensch; Tat|mo|tiv; Tat|ort, der; -[e]s, ...orte
tä|to|wie|ren ‹tahit.› (Zeichnungen mit Farbstoffen in die Haut einritzen); **Tä|to|wie|rer; Tä|to|wie|rung** (Hautzeichnung)
Ta|t| ra, die; - (Gebirgskette der Karpaten); ↑K 140: die Hohe, die Niedere Tatra
Tat|sa|che
Tat|sa|chen|be|richt; Tat|sa|chen|ent|schei|dung (*Sport* vom Schiedsrichter während des Spiels gefällte Entscheidung); **Tat|sa|chen|ma|te|ri|al**
tat|säch|lich [*auch* ...'zɛ...]; **Tat|säch|lich|keit,** die; -
Tätsch, der; -[e]s, -e (*südd. für* Brei; ein Backwerk)
Tat|sche, die; -, -n (*landsch. für* Hand; leichter Schlag)
tät|scheln; ich tätsch[e]le
tat|schen (*ugs. für* plump anfassen); du tatschst
Tatsch|kerl (*ostösterr. ugs. svw.* Tascherl [Süßspeise])
Tat|tedl *vgl.* Thaddädl
Tat|ter|greis *(ugs.);* **Tat|te|rich,** der; -[e]s (*ugs. für* [krankhaftes] Zittern); **tat|te|rig,** tattlrig *(ugs.);* **tat|tern** (*ugs. für* zittern); ich tattere
Tat|ter|sall, der; -s, -s ‹nach dem engl. Stallmeister› (geschäftl. Unternehmen für Reitsport; Reitbahn, -halle)
[1]**Tat|too** [tɛ'tu:], das; -[s], -s (*engl. Bez. für* Zapfenstreich)
[2]**Tat|too,** der *od.* das; -s, -s (*engl. Bez. für* Tätowierung)
tatt|rig *vgl.* tatterig
ta|tü|ta|ta!; Ta|tü|ta|ta, das; -s, -s *(ugs.)*
Tat|ver|dacht; tat|ver|däch|tig; Tat|ver|däch|ti|ge; Tat|waf|fe
Tätz|chen; Tat|ze, die; -, -n (Pfote, Fuß der Raubtiere; *ugs. für* plumpe Hand)
Tat|zeit
Tat|zel|wurm, der; -[e]s (sagenhaftes Kriechtier im Volksglauben einiger Alpengebiete)
Tat|zeu|ge; Tat|zeu|gin
[1]**Tau,** der; -[e]s (Niederschlag)
[2]**Tau,** das; -[e]s, -e (starkes [Schiffs]seil)

tau|send	
(*als röm. Zahlzeichen* M) **I.** *Kleinschreibung:* – [acht] von tausend – bis tausend zählen – tausend Dank, tausend Grüße – Land der tausend Seen (Finnland)	– die Summe geht in die tausende *od.* Tausende – sie strömten zu tausenden *od.* Tausenden herein – tausend und abertausend, *auch* Tausend und Abertausend Sterne – tausende und abertausende, *auch* Tausende und Abertausende bunter Laternen (*vgl.* aber)
II. *Klein- oder Großschreibung bei unbestimmten (d. h. nicht in Ziffern schreibbaren) Mengenangaben:* – ein paar tausend *od.* Tausend; ein paar tausend *od.* Tausend Bäume, Menschen – einige, mehrere, viele tausend *od.* Tausend Büroklammern – einige, mehrere, viele tausende *od.* Tausende – tausende *od.* Tausende von Menschen	**III.** *Zusammenschreibung in Verbindung mit bestimmten Zahlwörtern:* – eintausend, zweitausend [Personen] – [ein]tausend[und]eins – [ein]tausend[und]achtzig – [ein]tausend[und]ein Liter, bei [ein]tausend[und]einem Liter – [ein]tausend[und]eine Deutsche Mark

³**Tau,** das; -[s], -s (griech. Buchstabe: *T, τ*)
taub; sich taub stellen [*alte Schreibung* taubstellen](auf etw. nicht eingehen); taube (leere) Nuss; taubes Gestein (*Bergmannsspr.* Gestein ohne Erzgehalt)
taub|blind; Taub|blin|de
Täub|chen
¹**Tau|be,** die; -, -n
²**Tau|be,** der *u.* die; -n, -n
tau|ben|blau (blaugrau)
Tau|ben|ei
tau|be|netzt ⟨*zu* ¹Tau⟩
tau|ben|grau (blaugrau)
Tau|ben|haus; Tau|ben|ko|bel (*südd., österr. für* Taubenschlag); **Tau|ben|nest; Tau|ben|post; Tau|ben|schlag**
Tau|ben|zucht; Tau|ben|züch|ter
¹**Tau|ber, Täu|ber,** der; -s, - *u.* Tau|be|rich, Täu|be|rich, der; -s, -e
²**Tau|ber,** die; - (linker Nebenfluss des Mains)
Tau|ber|bi|schofs|heim (Stadt an der ²Tauber)
Tau|be|rich, Täu|be|rich *vgl.* ¹Tauber
Taub|heit, die; -
Täu|bin
Täub|ling (ein Pilz)
Taub|nes|sel (eine Pflanze)
taub|stumm; Taub|stum|me
Taub|stum|men|leh|rer; Taub|stum|men|leh|re|rin; Taub|stum|men|spra|che; Taub|stum|men|un|ter|richt; Taub|stumm|heit, die; -
Tauch|boot (Unterseeboot)
tau|chen; Tau|chen, das; -s
Tauch|en|te
Tau|cher
Tau|cher|an|zug; Tau|cher|aus|rüs|tung [*alte Trennung* ...|st...];
Tau|cher|bril|le; Tau|cher|glo|cke [*alte Trennung* ...k|k...]; **Tau|cher|helm** (*vgl.* ¹Helm)
Tau|che|rin
Tau|cher|krank|heit (*svw.* Caissonkrankheit); **Tau|cher|ku|gel**
Tauch|fahrt
tauch|klar (von U-Booten)
Tauch|kurs; Tauch|ma|nö|ver; Tauch|sie|der; Tauch|sport; Tauch|sta|ti|on; Tauch|tie|fe
¹**tau|en;** es taut
²**tau|en** (*nordd. für* mit einem Tau vorwärts ziehen; schleppen)
Tau|en|de
¹**Tau|ern,** der; -s, - (*Bez. für* Übergänge in den ²Tauern)
²**Tau|ern** *Plur.* (Gruppe der Ostalpen); ↑K 140: die Hohen, die Niederen Tauern
Tau|ern|bahn ↑K 143; **Tau|ern|ex|press** [*alte Schreibung* ...expreß]; **Tau|ern|tun|nel**
Tauf|be|cken [*alte Trennung* ...k|k...]; **Tauf|be|kennt|nis; Tauf|brun|nen; Tauf|buch** (*svw.* Taufregister)
Tau|fe, die; -, -n
tau|fen; getauft *(vgl. d.);* **Täu|fer**
Tauf|for|mel; Tauf|ge|lüb|de
Tauf|ge|sinn|te, der *u.* die; -n, -n (*Bez. für* Mennonit, Baptist und Anhänger bestimmter Freikirchen)
Tauf|ka|pel|le; Tauf|ker|ze; Tauf|kleid; Täuf|ling
Tauf|na|me; Tauf|pa|te, der *u.* die; **Tauf|pa|tin; Tauf|re|gis|ter** [*alte Trennung* ...|st...]
tau|frisch ⟨*zu* ¹Tau⟩
Tauf|scha|le; Tauf|schein; Tauf|spruch; Tauf|stein
tau|gen; das taugt nichts; das taugt mir (*österr. für* gefällt mir)
Tau|ge|nichts, der; *Gen.* - *u.* -es, *Plur.* -e
taug|lich; Taug|lich|keit, die; -
tau|ig (*geh. für* feucht von ¹Tau)
Tau|mel, der; -s; **tau|me|lig, taum|lig**
Tau|mel|lolch (eine Grasart)
tau|meln; ich taum[e]le; **taum|lig** *vgl.* taumelig
tau|nass [*alte Schreibung* taunaß] ⟨*zu* ¹Tau⟩
Tau|nus, der; - (Teil des Rheinischen Schiefergebirges)
Tau|punkt, der; -[e]s
Tau|ri|en (früheres russ. Gouvernement); **Tau|ri|er; Tau|ris** (alter Name für die Krim)
Tau|rus, der; - (Gebirge in Kleinasien)
Tau|salz (*svw.* Streusalz)
Tausch, der; -[e]s, -e; **tau|schen;** du tauschst
täu|schen; du täuschst; täuschend ähnlich; **Täu|scher**
Tau|sche|rei *(ugs.)*
Tausch|ge|schäft; Tausch|han|del (*vgl.* ¹Handel)
tau|schie|ren ⟨arab.-franz.⟩ (Edelmetalle in unedle Metalle einhämmern); **Tau|schie|rung**
Tausch|ob|jekt
Täu|schung; Täu|schungs|ma|nö|ver; Täu|schungs|ver|such
Tausch|ver|fah|ren; Tausch|ver|trag
tausch|wei|se
Tausch|wert; Tausch|wirt|schaft, die; -
tau|send *s. Kasten*
¹**Tau|send,** der (*veraltet für* Teufel); *nur noch in* ei der Tausend!, potztausend!
²**Tau|send,** die; -, -en (Zahl); *vgl.* ¹Acht
³**Tau|send,** das; -s, -e (Maßeinheit;

T

Abk. Tsd.); das ist ein Tausend Zigarren (eine Kiste mit einem Tausend Zigarren); [fünf] von Tausend (*Abk.* v. T., p. m.; *Zeichen* ‰); *vgl.* tausend

Tau|send|blatt, das; -[e]s (eine Wasserpflanze)

tau|send|ein, tau|send|und|ein *(vgl. d.)*; **tau|send|eins,** tau|send-und|eins

Tau|sen|der; *vgl.* Achter; **tau|sen-der|lei**

tau|send|fach; Tau|send|fa|che, das; -n; *vgl.* Achtfache

tau|send|fäl|tig

Tau|send|fü|ßer; Tau|send|füß|ler

Tau|send|gul|den|kraut, Tau|send-gül|den|kraut, das; -[e]s (eine Heilpflanze)

Tau|send|jahr|fei|er (*mit Ziffern* 1 000-Jahr-Feier; ↑K 26)

tau|send|jäh|rig, *aber* ↑K 151: das Tausendjährige Reich (*bibl.*; *auch iron. Bez. für* die Zeit der nationalsoz. Herrschaft); *vgl.* achtjährig

Tau|send|künst|ler

tau|send|mal; *vgl.* achtmal *u.* hundertmal; **tau|send|ma|lig**

Tau|send|mark|schein; *vgl.* Hundertmarkschein

tau|send|sa|cker|ment! [*alte Trennung* ...k|k...] *(veraltet)*

Tau|send|sa|sa, Tau|send|sas|sa, der; -s, -[s] (vielseitig begabter Mensch)

Tau|send|schön, das; -s, -e *u.* **Tau-send|schön|chen** (eine Pflanze)

tau|send|sei|tig

tau|sends|te [*alte Trennung* ...|st...]; *vgl.* achte *u.* hundertste; **tau|sends|tel** *vgl.* achtel; **Tau|sends|tel,** das, *schweiz. meist* der; -s, -; *vgl.* Achtel; **Tau-sends|tel|se|kun|de; tau|sends-tens**

tau|send|und|ein, tau|send|ein; *vgl.* hundert[und]ein; ein Märchen aus Tausendundeiner Nacht; **tau|send|und|eins** *vgl.* tausendeins

Tau|to|lo|gie, die; -, ...ien (Fügung, die einen Sachverhalt doppelt wiedergibt, z. B. »immer und ewig«, »voll und ganz«; *auch svw.* Pleonasmus); **tau|to|lo|gisch**

tau|to|mer (der Tautomerie unterliegend); **Tau|to|me|rie,** die; -, ...ien (*Chemie* eine Art der chem. Isomerie)

Tau|trop|fen; Tau|was|ser *Plur.* ...wasser *(svw.* Schmelzwasser)

Tau|werk, das; -[e]s

Tau|wet|ter, das; -s; **Tau|wind**

Tau|zie|hen, das; -s (*übertr. auch für* Hin und Her)

Ta|ver|ne, die; -, -n ⟨ital.⟩ (italienisches Wirtshaus)

Ta|xa|me|ter, das *od.* der ⟨lat.; griech.⟩ (Fahrpreisanzeiger in Taxis; *veraltet für* Taxi)

Tax|amt

Ta|xa|ti|on, die; -, -en ⟨lat.⟩ ([Ab]schätzung, Wertermittlung); **Ta|xa|tor,** der; -s, ...oren ([Ab]schätzer, Wertermittler)

[1]**Ta|xe,** die; -, -n ([Wert]schätzung; [amtlich] festgesetzter Preis; Gebühr)

[2]**Ta|xe,** die; -, -n (*svw.* Taxi)

tax|frei (gebührenfrei)

Ta|xi, das, *schweiz. auch* der; -s, -s (Auto zur Personenbeförderung gegen Bezahlung); **Ta|xi-chauf|feur**

ta|xie|ren ([ab]schätzen, den Wert ermitteln); **Ta|xie|rung** *vgl.* Taxation

Ta|xi|fah|rer; Ta|xi|fah|re|rin; Ta|xi-fahrt; Ta|xi|len|ker (*österr. für* Taxifahrer); **Ta|xi|len|ke|rin; Ta-xi|stand**

Tax|ler (*österr. ugs. für* Taxifahrer)

Ta|xo|no|mie, die; - ⟨griech.⟩ (Einordnung in ein bestimmtes System); **ta|xo|no|misch**

Tax|preis (geschätzter Preis)

Ta|xus, der; -, - ⟨lat.⟩ (*Bot.* Eibe); **Ta|xus|he|cke** [*alte Trennung* ...k|k...]

Tax|wert (Schätzwert)

Tay|lor|sys|tem, *auch* **Tay|lor-Sys-tem** [ˈte:lɐ...; *alte Trennung* ...|st...], das; -s ⟨nach dem Amerikaner F. W. Taylor⟩ (System der wissenschaftlichen Betriebsführung mit dem Ziel, einen möglichst wirtschaftlichen Betriebsablauf zu erzielen)

Ta|zet|te, die; -, -n ⟨ital.⟩ (eine Narzissenart)

Tb = *chem. Zeichen für* Terbium

Tb, Tbc = Tuberkulose

Tbc-krank [te:be:ˈtse:...], Tb-krank [te:ˈbe:...], Tbk-krank [te-:be:ˈka:...]; ↑K 28 *u.* 97 (tuberkulosekrank); **Tbc-Kran|ke,** Tb-Kran|ke, Tbk-Kran|ke, der *u.* die; -n, -n ↑K 28

Tbi|lis|si (*georg. Form von* Tiflis)

Tbk = Tuberkulose

Tb-krank, Tbk-krank *vgl.* Tbc-krank usw.

T-Bone-Steak [ˈti:bo:n...; *alte Schreibung* T-bone-Steak] ⟨engl.⟩ (Steak aus dem Rippenstück des Rinds)

Tc = *chem. Zeichen für* Technetium

TCS = Touring-Club der Schweiz

Te = *chem. Zeichen für* Tellur

Teach-in [ti:tʃ...], das; -s, -s ⟨amerik.⟩ (Protestdiskussion)

Teak [ti:k], das; -s ⟨engl.⟩ (*kurz für* Teakholz); **Teak|baum** (ein südostasiat. Baum mit wertvollem Holz); **tea|ken** (aus Teakholz); **Teak|holz**

Team [ti:m], das; -s, -s ⟨engl.⟩ (Arbeitsgruppe; *Sport* Mannschaft, *österr. auch für* Nationalmannschaft)

Team|ar|beit, die; -; **Team|chef; Team|geist,** der; -[e]s

Team|lei|berl (*österr. für* Nationaltrikot)

team|o|ri|en|tiert

Team|work [...vø:ɐ̯k], das; -s (Gemeinschaftsarbeit)

Tea|room [ˈti:ru:m], *auch* **Tea-Room** ↑K 41, der, *schweiz. auch* das; -s, -s ⟨engl.⟩ (Teestube; *schweiz. für* Café, in dem kein Alkohol ausgeschenkt wird)

Tech|ne|ti|um, das; -s ⟨griech.⟩ (chem. Element; *Zeichen* Tc)

tech|ni|fi|zie|ren ⟨griech.; lat.⟩ (technisch gestalten); **Tech|ni|fi-zie|rung**

Tech|nik, die; -, -en ⟨griech.⟩

Tech|ni|ker; Tech|ni|ke|rin

Tech|ni|kum, das; -s, *Plur.* ...ka, *auch* ...ken (technische Fachschule)

tech|nisch

⟨griech.-franz.⟩

Kleinschreibung:

- technische Atmosphäre (*vgl.* Atmosphäre)
- technischer Ausdruck (Fachwort)
- technische Berufe
- er ist technischer Zeichner
- [eine] technische Hochschule, [eine] technische Universität

Großschreibung in Namen ↑K 150:

- die Technische Hochschule (*Abk.* TH) Darmstadt, die Technische Universität (*Abk.* TU) Berlin
- Technisches Hilfswerk (Name einer Hilfsorganisation; *Abk.* THW)
- Technischer Überwachungs-Verein (*Abk.* TÜV)

tech|ni|sie|ren (für technischen Betrieb einrichten); **Tech|ni|sie|rung**
Tech|ni|zis|mus, der; -, …men (techn. Ausdrucksweise)
Tech|no ['tɛk…], das *od.* der; -[s] ⟨engl.⟩ (elektronische, von bes. schnellem Rhythmus bestimmte Tanzmusik)
Tech|no|krat, der; -en, -en ⟨griech.⟩; **Tech|no|kra|tie,** die; - (vorherrschende Stellung der Technik in Wirtschaft u. Politik); **Tech|no|kra|tin; tech|no|kra|tisch**
Tech|no|lo|ge, der; -n, -n; **Tech|no|lo|gie,** die; -, …ien (Gesamtheit der techn. Prozesse in einem Fertigungsbereich; techn. Verfahren; *nur Sing.:* Lehre von der Umwandlung von Rohstoffen in Fertigprodukte)
Tech|no|lo|gie|park (Gelände, auf dem Firmen angesiedelt sind, die moderne Technologien entwickeln, anwenden oder verkaufen)
Tech|no|lo|gie|trans|fer (Weitergabe technologischer Forschungsergebnisse)
Tech|no|lo|gie|zen|t|rum
tech|no|lo|gisch
Tech|no|par|ty
Tech|tel|mech|tel [*auch* 'tɛ…], das; -s, - (*ugs. für* Liebelei, Flirt)
Te|ckel [*alte Trennung* …k|k…], der; -s, - (*fachspr. für* Dackel)
TED [tɛt], der; -s ⟨*Kurzwort aus* Teledialog⟩ (Computer, der telefonische Stimmabgaben annimmt u. hochrechnet)
Ted|dy […di], der; -s, -s ⟨engl.⟩ (Stoffbär als Kinderspielzeug); **Ted|dy|bär,** der; -en, -en; **Ted|dy|fut|ter; Ted|dy|man|tel**
Te|de|um, das; -s, -s ⟨lat., *aus* »Te Deum laudamus« = »Dich, Gott, loben wir!«⟩ (*nur Sing.: kath. Kirche* Hymnus der lateinischen Liturgie; musikalisches Werk über diesen Hymnus)
Tee, der; -s, -s ⟨chin.⟩; schwarzer, grüner, russischer Tee
TEE, der; -[s], -[s] = Trans-Europ-Express
Tee|bä|cke|rei ([*alte Trennung* …k|k…] *österr. für* Teegebäck)
Tee|beu|tel
Tee|blatt *meist Plur.;* **Tee|brett; Tee|but|ter** (*österr. für* Markenbutter)
Tee|ei, *auch* **Tee-Ei; Tee|ern|te,** *auch* **Tee-Ern|te**
Tee|ge|bäck; Tee|ge|sell|schaft; Tee|glas *Plur.* …gläser; **Tee|haus**
Tee|kan|ne; Tee|kes|sel (*auch* ein Ratespiel); **Tee|kü|che; Tee|licht** *Plur.* …lichter *u.* …lichte
Tee|löf|fel; tee|löf|fel|wei|se
Teen [ti:n], der; -s, -s *meist Plur.* ⟨amerik.⟩ *u.* **Tee|n|a|ger** ['ti:ne:dʒɐ], der; -s, - (*ugs. für* Junge od. Mädchen im Alter zwischen 13 und 19 Jahren)
Tee|nie, Tee|ny [*beide* 'ti:ni], der; -s, -s ([jüngerer, bes. weibl.] Teen)
Teer, der; -[e]s, -e
Teer|dach|pap|pe; Teer|de|cke [*alte Trennung* …k|k…]
tee|ren; teeren und federn (früher als Strafe)
Teer|far|be; Teer|farb|stoff; Teer|fass [*alte Schreibung* …faß]
teer|hal|tig; tee|rig
Teer|ja|cke [*alte Trennung* …k|k…] (*scherzh. für* Matrose)
Tee|ro|se (eine Rosensorte)
Teer|pap|pe; Teer|sei|fe; Teer|stra|ße; Tee|rung
Tee|ser|vice (*vgl.* [1]Service); **Tee|sieb; Tee|strauch; Tee|stu|be**
Tee|tas|se; Tee|tisch; Tee|wa|gen; Tee|was|ser, das; -s; **Tee|wurst**
Te|fil|la, die; - ⟨hebr.⟩ (jüd. Gebet[buch]); **Te|fil|lin** *Plur.* (Gebetsriemen der Juden)
Te|f|lon®, das; -s ⟨Kunstwort⟩ (hitzefeste Kunststoffbeschichtung in Pfannen o. Ä.); **te|f|lon|be|schich|tet; Te|f|lon|pfan|ne**
[1]**Te|gel,** der; -s (kalkreicher Ton)
[2]**Te|gel** (Stadtteil u. Flughafen von Berlin); Tegeler Schloss, Tegeler See
[1]**Te|gern|see,** der; -s (See in Oberbayern)
[2]**Te|gern|see** (Stadt am gleichnamigen See); **Te|gern|se|er**
Te|gu|ci|gal|pa […s…] (Hauptstadt von Honduras)
Te|he|ran [*auch* …'ra:n] (Hauptstadt Irans)
Teich, der; -[e]s, -e (Gewässer)
Teich|huhn; Teich|molch; Teich|mu|schel
Tei|cho|s|ko|pie, die; - ⟨griech., »Mauerschau«⟩ (Schilderung von Ereignissen durch einen Schauspieler, der diese außerhalb der Bühne zu sehen scheint)
Teich|pflan|ze
Teich|rohr; Teich|rohr|sän|ger (ein Vogel)
Teich|ro|se; Teich|schilf
teig (*landsch. für* überreif, weich)
Teig, der; -[e]s, -e; den Teig gehen lassen; **Teig|far|be**
tei|gig
Teig|mas|se; Teig|men|ge; Teig|räd|chen; Teig|schüs|sel; Teig|wa|ren *Plur.*

Teil

der *od.* das; -[e]s, -e

Großschreibung:
- zum Teil (*Abk.* z. T.)
- ein großer Teil des Tages
- jedes Teil (Stück) prüfen
- er hat sein Teil getan; ein gut Teil
- das (*selten* der) bessere Teil
- sein[en] Teil dazu beitragen
- ich für mein[en] Teil

Kleinschreibung ↑K 70:
- teils *(vgl. d.)*
- einesteils, meinesteils, ander[e]nteils
- großenteils, größtenteils, meistenteils
- ↑K 63: zuteil werden
- *vgl. auch* teilhaben, teilnehmen

Teil|ab|schnitt (z. B. einer Autobahn); **Teil|an|sicht; Teil|a|s|pekt**
teil|au|to|ma|ti|siert; Teil|au|to|ma|ti|sie|rung
teil|bar; Teil|bar|keit, die; -
Teil|be|reich (der); **Teil|be|trag**
Teil|chen; Teil|chen|be|schleu|ni|ger *(Kernphysik);* **Teil|chen|strah|lung** *(Physik)*
tei|len; geteilt; zehn geteilt durch fünf ist, macht, gibt (*nicht:* sind, machen, geben) zwei
Tei|ler; größter gemeinsamer Teiler (*Abk.* g. g. T., ggT)
Tei|ler|folg
tei|ler|fremd; teilerfremde Zahlen *(Math.)*
Tei|le|zu|rich|ter (Anlernberuf); **Tei|le|zu|rich|te|rin**
Teil|fa|b|ri|kat; Teil|ge|biet
Teil|ha|be, die; -; **teil|ha|ben** ↑K 47; du hast teil ↑K 71, *aber* du hast keinen Teil; teilgehabt; teilzuhaben
Teil|ha|ber; Teil|ha|be|rin
Teil|ha|ber|schaft, die; -; **Teil|ha|ber|ver|si|che|rung**
teil|haf|tig [*auch* …'ha…] *(geh.);* einer Sache teilhaftig sein, werden
…tei|lig (z. B. zehnteilig, *mit Ziffern* 10-teilig [*alte Schreibung* 10teilig]; ↑K 29)

teil|kas|ko|ver|si|chert; Teil|kas|ko|ver|si|che|rung
Teil|kos|ten|rech|nung [*alte Trennung* ...|st...]; **Teil|leis|tung; Teil|men|ge** *(Math.)*
teil|mö|b|liert
Teil|nah|me, die; -; **Teil|nah|me|be|din|gung**
teil|nah|me|be|rech|tigt; Teil|nah|me|be|rech|tig|te
teil|nahms|los; Teil|nahms|lo|sig|keit, die; -
teil|nahms|voll
teil|neh|men [↑K 47]; du nimmst teil [↑K 71]; teilgenommen; teilzunehmen; **teil|neh|mend**
Teil|neh|mer; Teil|neh|mer|feld; Teil|neh|me|rin
Teil|neh|mer|lis|te [*alte Trennung* ...|st...]; **Teil|neh|mer|zahl**
teils [↑K 70]; teils gut, teils schlecht
Teil|schuld; Teil|schuld|ver|schrei|bung (*für* Partialobligation)
Teil|stre|cke [*alte Trennung* ...k|k...]; **Teil|strich; Teil|stück**
Tei|lung; Tei|lungs|zei|chen (*für* Trennungsstrich)
Teil|ver|hält|nis *(Math.)*
teil|wei|se
Teil|zah|lung; Teil|zah|lungs|kre|dit
Teil|zeit, die; -; Teilzeit arbeiten; ich arbeite Teilzeit; weil sie Teilzeit arbeitet; du hast Teilzeit gearbeitet; Teilzeit zu arbeiten; Teilzeit arbeitende Frauen; in Teilzeit arbeiten; **Teil|zeit|ar|beit**
Teil|zeit|be|schäf|tig|te; Teil|zeit|be|schäf|ti|gung
Te|in, *auch* The|in, das; -s ‹chin.-nlat.› (Alkaloid in Teeblättern, Koffein)
Teint [tɛ̃:], der; -s, -s ‹franz.› (Gesichtsfarbe; Beschaffenheit der Gesichtshaut)
T-Ei|sen [ˈte:...]; [↑K 29] (von T-förmigem Querschnitt)
Teis|te [*alte Trennung* ...|st...], die; -, -n (ein Seevogel)
Te|ja[s] (letzter Ostgotenkönig)
Te|jo [...ʒo] (*port. Form von* Tajo)
Tek|to|nik, die; - ‹griech.› (*Geol.* Lehre vom Bau der Erdkruste); **tek|to|nisch**
Tek|tur, die; -, -en ‹lat.› (*Buchw.* Deckblatt, Korrekturstreifen)
Tel A|viv-Ja|f|fa [tɛl aˈvi:f...] (Stadt in Israel)
te|le... ‹griech.› (fern...); **Te|le...** (Fern...)
Te|le|ar|beit, die; - (Form der Heimarbeit, bei der der Arbeitnehmer über Datenleitungen mit dem Arbeitgeber verbunden ist); **Te|le|ar|bei|ter; Te|le|ar|beits|platz**
Te|le|ban|king [...bɛŋkɪŋ], das; -s ‹engl.› (Abwicklung von Bankgeschäften über Telekommunikation)
Te|le|di|a|log *vgl.* TED
Te|le|fax, das; -, -e ‹Kunstwort› (Fernkopie; Fernkopierer; *nur Sing.:* Fernkopiersystem); **te|le|fa|xen** (fernkopieren); du telefaxt; **Te|le|fax|num|mer**
Te|le|fon, das; -s, -e ‹griech.›
Te|le|fon|an|ruf; Te|le|fon|an|schluss [*alte Schreibung* ...anschluß]; **Te|le|fon|ap|pa|rat**
Te|le|fo|nat, das; -[e]s, -e (Ferngespräch, Anruf)
Te|le|fon|ban|king [...bɛŋkɪŋ], das; -s (Erledigung persönlicher Bankangelegenheiten per Telefon)
Te|le|fon|buch; Te|le|fon|dienst; Te|le|fon|ge|bühr; Te|le|fon|ge|spräch; Te|le|fon|hö|rer
te|le|fo|nie|ren; te|le|fo|nisch
Te|le|fo|nist, der; -en, -en (Angestellter im Fernsprechverkehr); **Te|le|fo|nis|tin** [*alte Trennung* ...|st...]
Te|le|fon|ka|bel; Te|le|fon|kar|te; Te|le|fon|lei|tung; Te|le|fon|netz
Te|le|fon|num|mer
Te|le|fon|rech|nung; Te|le|fon|schnur; Te|le|fon|seel|sor|ge; Te|le|fon|sex; Te|le|fon|ü|ber|wa|chung; Te|le|fon|ver|bin|dung; Te|le|fon|wert|kar|te *(österr.)*; **Te|le|fon|zel|le; Te|le|fon|zen|t|ra|le**
Te|le|fo|to (*kurz für* Telefotografie); **Te|le|fo|to|gra|fie,** *auch* Te|le|pho|to|gra|phie (fotograf. Fernaufnahme)
te|le|gen ‹griech.› (für Fernsehaufnahmen geeignet)
Te|le|graf, *auch* Te|le|graph, der; -en, -en ‹griech., »Fernschreiber«› (Apparat zur Übermittlung von Nachrichten durch vereinbarte Zeichen)
Te|le|gra|fen|mast, *auch* Te|le|gra|phen|mast
Te|le|gra|fie, *auch* Te|le|gra|phie, die; - (elektrische Fernübertragung von Nachrichten mit vereinbarten Zeichen); **te|le|gra|fie|ren,** *auch* te|le|gra|phie|ren; **te|le|gra|fisch,** *auch* te|le|gra|phisch
Te|le|gra|fist, *auch* Te|le|gra|phist, der; -en, -en (Telegrafenbeamter); **Te|le|gra|fis|tin,** *auch* Te|le|gra|phis|tin [*alte Trennung* ...|st...]
Te|le|gramm, das; -s, -e ‹griech.›
Te|le|gramm|bo|te; Te|le|gramm|for|mu|lar; Te|le|gramm|ge|bühr; Te|le|gramm|stil, der; -[e]s
Te|le|graph usw. *vgl.* Telegraf usw.
Te|le|ka|me|ra
Te|le|ki|ne|se, die; - ‹griech.› (das Bewegtwerden von Gegenständen in der Parapsychologie)
Te|le|kol|leg (unterrichtende Sendereihe im Fernsehen)
Te|le|kom (*kurz für* Deutsche Telekom AG [Unternehmen auf dem Telekommunikationssektor]); **Te|le|kom|mu|ni|ka|ti|on** (Kommunikation mithilfe elektronischer Medien)
te|le|ko|pie|ren; Te|le|ko|pie|rer (Fernkopierer)
Te|le|krat, der; -en, -en ‹griech.›; **Te|le|kra|tie,** die; - (Vorherrschaft der elektronischen Medien); **te|le|kra|tisch**
Te|le|lear|ning [...lə:nɪŋ], das; -s ‹engl.› (Unterricht mithilfe der Telekommunikation)
Te|le|mach (Sohn des Odysseus)
Te|le|mann (dt. Komponist)
[1]**Te|le|mark** (norw. Verwaltungsgebiet)
[2]**Te|le|mark,** der; -s, -s (früher üblicher Bremsschwung im Skilauf)
Te|le|mark|auf|sprung (beim Skispringen); **Te|le|mark|schwung**
Te|le|ma|tik, die; - ‹*Kurzw. aus* Telekommunikation *u.* Informatik› (auf die Verbindung von Datenverarbeitung u. Telekommunikation gerichteter Forschungsbereich)
Te|le|me|ter, das; -s, - ‹griech.› (Entfernungsmesser); **Te|le|me|t|rie,** die; - (Entfernungsmessung); **te|le|me|t|risch**
Te|le|ob|jek|tiv (Linsenkombination für Fernaufnahmen)
Te|le|o|lo|gie, die; - ‹griech.› (Lehre vom Zweck u. von der Zweckmäßigkeit); **te|le|o|lo|gisch** (durch den Zweck bestimmt; aus der Zweckmäßigkeit der Welt; zweckhaft); teleologischer Gottesbeweis
Te|le|path, der; -en, - ‹griech.› (für Telepathie Empfänglicher); **Te|le|pa|thie,** die; - (Fernfühlen ohne körperliche Vermittlung); **te|le|pa|thisch**

Te|le|phon usw. *alte Schreibung für* Telefon usw.

Te|le|pho|to|gra|phie *vgl.* Telefotografie

Te|le|plas|ma (angeblich von Medien abgesonderter Stoff in der Parapsychologie)

Te|le|shop|ping [...ʃɔpɪŋ], das; -s ‹griech.-engl.› (Einkaufen per Bestellung von im Fernsehen od. durch andere elektronische Medien angebotenen Waren)

Te|le|s|kop, das; -s, -e ‹griech.› (Fernrohr)

Te|le|s|kop|an|ten|ne; Te|le|s|kop|au|ge

te|le|s|ko|pisch (das Teleskop betreffend; [nur] durch das Teleskop sichtbar)

Te|le|s|kop|mast, der (ein ausziehbarer Mast)

Te|le|spiel (elektronisches Spiel, das auf dem Fernsehbildschirm abläuft)

Te|le|tub|bies® [...tabi:s] *Plur.* ‹engl.› (Figuren einer Fernsehserie für kleine Kinder)

Te|le|vi|si|on, die; - ‹engl.› (Fernsehen; *Abk.* TV)

Te|lex, das, *schweiz.* der; -, -e ‹*Kurzw. aus engl.* teleprinter exchange› (Fernschreiben, Fernschreiber; *nur Sing.:* Fernschreibnetz); **te|le|xen** (als Fernschreiben übermitteln); du telext

Tell (Schweizer Volksheld)

Tel|ler, der; -s, -

Tel|ler|brett; Tel|ler|ei|sen (Fanggerät für Raubwild)

tel|ler|fer|tig

Tel|ler|fleisch (eine Speise)

tel|ler|för|mig

Tel|ler|ge|richt (ein einfaches Gericht); **Tel|ler|mi|ne** *(Milit.);* **Tel|ler|müt|ze**

tel|lern (in Rückenlage mit Handbewegungen schwimmen); ich tellere

Tel|ler|rand; Tel|ler|tuch *Plur.* ...tücher; **Tel|ler|wä|scher**

Tells|ka|pel|le, die; -

Tel|lur, das; -s ‹lat.› (chemisches Element, Halbmetall; *Zeichen* Te); **tel|lu|rig** *(Chemie);* tellurige Säure

tel|lu|risch (*Geol.* auf die Erde bezüglich, von ihr herrührend); tellurische Kräfte

Tel|lu|rit, das; -s, -e (Salz der tellurigen Säure)

Tel|lu|ri|um, das; -s, ...ien (*Astron.* Gerät zur Veranschaulichung der Bewegung der Erde um die Sonne)

Te|lo|pha|se, die; -, -n ‹griech.› (*Biol.* Endstadium der Kernteilung)

[1]**Tel|tow** [...to] (Stadt bei Berlin)

[2]**Tel|tow,** der; -s (Gebiet südl. von Berlin); **Tel|to|wer** [*alte Trennung* ...ow|er]; Teltower Rübchen; **Tel|tow|ka|nal,** der; -s ↑K 143

Tem|pel, der; -s, - ‹lat.›; **Tem|pel|bau** *Plur.* ...bauten

Tem|pel|ge|sell|schaft, die; - (christl. Gemeinschaft, deren Ziel der Aufbau eines eschatologischen Gottesreiches u. die Überwindung des biblischen Babylon ist)

Tem|pel|herr (Templer); **Tem|pel|or|den,** der; -s (Templerorden)

Tem|pel|pro|s|ti|tu|ti|on

Tem|pel|rit|ter

Tem|pe|ra|far|be ‹ital.› (eine Deckfarbe); **Tem|pe|ra|ma|le|rei**

Tem|pe|ra|ment, das; -[e]s, -e ‹lat.› (Wesens-, Gemütsart; *nur Sing.:* lebhafte Wesensart, Schwung, Feuer)

tem|pe|ra|ment|los; Tem|pe|ra|ment|lo|sig|keit, die; -

Tem|pe|ra|ments|aus|bruch

tem|pe|ra|ment|voll

Tem|pe|ra|tur, die; -, -en ‹lat.› (Wärme[grad, -zustand]; [leichtes] Fieber); **tem|pe|ra|tur|ab|hän|gig**

Tem|pe|ra|tur|an|stieg; Tem|pe|ra|tur|aus|gleich; Tem|pe|ra|tur|reg|ler; Tem|pe|ra|tur|rück|gang; Tem|pe|ra|tur|schwan|kung; Tem|pe|ra|tur|sturz; Tem|pe|ra|tur|un|ter|schied

Tem|pe|renz, die; - (*selten für* Mäßigkeit, bes. im Alkoholgenuss); **Tem|pe|renz|ler** (Mitglied des Temperenzvereins); **Tem|pe|renz|ver|ein** (Verein der Gegner des Alkoholmissbrauchs)

Tem|per|guss [*alte Schreibung* ...guß], der; -es ‹engl.- dt.› (schmiedbares Gusseisen)

tem|pe|rier|bar; tem|pe|rie|ren ‹lat.› (die Temperatur regeln); **Tem|pe|rie|rung**

Tem|per|koh|le, die; - ‹engl.- dt.›

tem|pern ‹engl.› (*Hüttenw.* Eisenguss durch Glühverfahren schmiedbar machen); ich tempere

Tem|pest|boot ‹engl.; dt.› (ein Sportsegelboot)

tem|pes|to|so [*alte Trennung* ...|st...] ‹ital.› (*Musik* heftig, stürmisch)

Tem|pi pas|sa|ti *Plur.* ‹ital.› (vergangene Zeiten)

Tem|p|lei|se, der; -n, -n *meist Plur.* ‹franz.› (Gralsritter)

Temp|ler (Angehöriger des Templerordens; Mitglied der Tempelgesellschaft); **Temp|ler|or|den,** der; -s (ein geistl. Ritterorden des Mittelalters)

Tem|po, das; -s, *Plur.* -s *u.* ...pi ‹ital.›; **Tem|po|li|mit** (allgemeine Geschwindigkeitsbegrenzung)

Tem|po|ra (*Plur. von* Tempus)

tem|po|ral ‹lat.› (*Sprachw.* zeitlich; *Med.* zu den Schläfen gehörend); temporale Bestimmung *(Sprachw.)*

Tem|po|ra|li|en *Plur.* (mit der Verwaltung eines kirchlichen Amtes verbundene weltliche Rechte und Einkünfte der Geistlichen im MA.)

Tem|po|ral|satz (*Sprachw.* Umstandssatz der Zeit)

tem|po|rär ‹franz.› (zeitweilig, vorübergehend)

Tem|po|sün|der; Tem|po|ver|lust

Tem|pus, das; -, ...pora ‹lat.› (*Sprachw.* Zeitform [des Verbs])

ten. = tenuto

Te|na|kel, das; -s, - ‹lat.› (*Druckw.* Gerät zum Halten des Manuskriptes beim Setzen, Blatthalter)

Te|na|zi|tät, die; - (*Chemie, Physik* Zähigkeit; Ziehbarkeit)

Ten|denz, die; -, -en ‹lat.› (Streben nach einem bestimmten Ziel; Neigung, Strömung; Zug, Richtung, Entwicklung[slinie])

Ten|denz|be|trieb; Ten|denz|dich|tung

ten|den|zi|ell (der Tendenz nach, entwicklungsmäßig); **ten|den|zi|ös** (etwas bezweckend, beabsichtigend; parteilich gefärbt)

Ten|denz|stück; Ten|denz|wen|de

Ten|der, der; -s, - ‹engl.› (Vorratswagen der Dampflokomotive [für Kohle u. Wasser]; *Seew.* Begleitschiff, Hilfsfahrzeug)

ten|die|ren ‹lat.› ([zu etwas] hinneigen); *vgl. aber* tentieren

Te|ne|rif|fa (eine der Kanarischen Inseln)

Te|niers (niederländ. Malergeschlecht)

Tenn, das; -s, -e (*schweiz. Nebenform von* Tenne)

Tenn. = [2]Tennessee

Ten|ne, die; -, -n; **Ten|nen|raum**

¹Ten|nes|see [...'si:, *auch* 'tɛ...], der; -[s] (linker Nebenfluss des Ohio)

²Ten|nes|see (Staat in den USA; *Abk.* Tenn.)

Ten|nis, das; - ⟨engl.⟩ (ein Ballspiel); Tennis spielen ↑K 54

Ten|nis|arm (*svw.* Tennisellbogen)

Ten|nis|ball; Ten|nis|court

Ten|nis|ell|bo|gen (*Med.* Entzündung am Ellbogengelenk)

Ten|nis|match; Ten|nis|part|ner; Ten|nis|platz; Ten|nis|schlä|ger; Ten|nis|schuh

Ten|nis|spiel; Ten|nis|spie|ler; Ten|nis|spie|le|rin

Ten|nis|tur|nier; Ten|nis|wand; Ten|nis|zir|kus (*ugs. für* Tenniswettkämpfe mit den dazugehörigen Veranstaltungen)

Ten|no, der; -s, -s ⟨jap.⟩ (jap. Kaisertitel); *vgl.* ¹Mikado

Ten|ny|son [...nɪsn̩] (engl. Dichter)

¹Te|nor, der; -s ⟨lat.⟩ (Haltung; Inhalt, Sinn, Wortlaut)

²Te|nor, der; -s, ...nöre ⟨ital.⟩ (hohe Männerstimme; Tenorsänger)

Te|nor|buf|fo; Te|nor|horn *Plur.* ...hörner; **Te|no|rist,** der; -en, -en (Tenorsänger); **Te|nor|schlüs|sel**

Ten|sid, das; -[e]s, -e *meist Plur.* ⟨lat.⟩ (aktiver Stoff in Waschmitteln u. Ä.)

Ten|si|on, die; -, -en (*Physik* Spannung der Gase und Dämpfe; Druck)

Ten|ta|kel, der *od.* das; -s, - *meist Plur.* ⟨lat.⟩ (Fanghaar Fleisch fressender Pflanzen; Fangarm)

Ten|ta|ku|lit, der; -en, -en (eine fossile Flügelschnecke)

Ten|ta|men, das; -s, ...mina (Vorprüfung [z. B. beim Medizinstudium]; *Med.* Versuch); **ten|tie|ren** (*veraltet, aber noch landsch. für* prüfen; versuchen, unternehmen; *österr. ugs. für* beabsichtigen); *vgl. aber* tendieren

Te|nü *u.* **Te|nue** [tə'ny:], das; -s, -s ⟨franz.⟩ (*schweiz. für* vorgeschriebene Art, sich zu kleiden; Anzug)

Te|nu|is, die; -, ...ues ⟨lat.⟩ (*Sprachw.* stimmloser Verschlusslaut, z. B. p)

te|nu|to ⟨ital.⟩ (*Musik* ausgehalten; *Abk.* ten.); ben tenuto (gut gehalten)

Teo *vgl.* Theo; **Te|o|bald** *vgl.* Theobald; **Te|o|de|rich** *vgl.* Theoderich

Te|pi|da|ri|um, das; -s, ...ien ⟨lat.⟩ (temperierter Aufenthaltsraum im römischen Bad)

Tep|li|ce (Kurort in Böhmen); **Tep|litz** (*dt. Form von* Teplice)

Tepp *vgl.* Depp; **tep|pert** *vgl.* deppert

Tep|pich, der; -s, -e

Tep|pich|bo|den; Tep|pich|bürs|te [*alte Trennung* ...|st...]; **Tep|pich|flie|se; Tep|pich|ge|schäft; Tep|pich|händ|ler**

Tep|pich|kehr|ma|schi|ne

Tep|pich|klop|fer; Tep|pich|stan|ge

Te|qui|la [...'ki:...], der; -[s] ⟨span.⟩ (ein mexik. Branntwein)

Ter (span. Fluss)

Te|ra... ⟨griech.⟩ (das Billionenfache einer Einheit, z. B. Terameter = 10^{12} Meter; *Zeichen* T)

te|ra|to|gen ⟨griech.⟩ (*Med.* Fehlbildungen bewirkend [bes. von Medikamenten]); **Te|ra|to|lo|ge,** der; -n, -n; **Te|ra|to|lo|gie,** die; - ⟨griech.⟩ (Lehre von den Fehlbildungen der Lebewesen); **Te|ra|to|lo|gin; te|ra|to|lo|gisch**

Ter|bi|um, das; -s ⟨nach dem schwedischen Ort Ytterby⟩ (chemisches Element, Metall; *Zeichen* Tb)

Te|re|bin|the, die; -, -n ⟨griech.⟩ (Terpentinbaum)

Te|renz (altröm. Lustspieldichter)

Term, der; -s, -e ⟨lat.⟩ (*Math.* Glied einer Formel, bes. einer Summe; *Physik* ein Zahlenwert von Frequenzen od. Wellenzahlen eines Atoms, Ions od. Moleküls; *Sprachw. svw.* Terminus)

Ter|me, der; -n, -n (*veraltet für* Grenzstein); *vgl. aber* Therme

Ter|min, der; -s, -e (festgesetzter Tag, Zeitpunkt)

ter|mi|nal (*veraltet für* die Grenze, das Ende betreffend; *Math.* am Ende stehend)

Ter|mi|nal ['tø:ɐ̯minl̩], der, *auch, EDV nur,* das; -s, -s ⟨engl.⟩ (Abfertigungshalle für Fluggäste; Zielbahnhof für Containerzüge; *EDV* Datenendstation, Abfragestation)

Ter|min|druck, der; -[e]s; **Ter|min|ein|la|ge** *(Bankw.)*

ter|min|ge|mäß; ter|min|ge|recht

Ter|min|ge|schäft (*Kaufmannsspr.* Lieferungsgeschäft)

Ter|mi|ni (*Plur. von* Terminus)

ter|mi|nie|ren ⟨lat.⟩ (befristen; zeitlich festlegen); **Ter|mi|nie|rung**

Ter|min|ka|len|der; ter|min|lich; Ter|min|not, die; -

Ter|mi|no|lo|ge, der; -n, -n ⟨lat.; griech.⟩; **Ter|mi|no|lo|gie,** die; -, ...ien (Gesamtheit, Systematik eines Fachwortschatzes); **ter|mi|no|lo|gisch**

Ter|mi|nus, der; -, ...ni ⟨lat.⟩ (Fachwort, -ausdruck); **Ter|mi|nus tech|ni|cus,** der; - -, ...ni ...ci (Fachwort, -ausdruck)

Ter|mi|te, die; -, -n ⟨lat.⟩ (ein Insekt); **Ter|mi|ten|hü|gel; Ter|mi|ten|staat** *Plur.* ...staaten

ter|när ⟨lat.⟩ (*Chemie* dreifach; Dreistoff...); ternäre Verbindung

Ter|ne, die; -, -n ⟨ital.⟩ (Reihe von drei gesetzten od. gewonnenen Nummern in der alten Zahlenlotterie); **Ter|no,** der; -s, -s (*österr. svw.* Terne)

Ter|pen, das; -s, -e ⟨griech.⟩ (Bestandteil ätherischer Öle); **ter|pen|frei**

Ter|pen|tin, das, *österr. meist* der; -s, -e (ein Harz); **Ter|pen|tin|öl**

Ter|p|si|cho|re [...re] (Muse des Tanzes und des Chorgesanges)

Ter|ra di Si|e|na, die; - - - ⟨ital.⟩ (Sienaerde, eine braune Farbe)

Ter|rain [...'rɛ̃:], das; -s, -s ⟨franz.⟩ (Gebiet; [Bau]gelände, Grundstück); **Ter|rain|be|schrei|bung**

Ter|ra in|co|g|ni|ta, die; - - ⟨lat., »unbekanntes Land«⟩ (unerforschtes Gebiet)

Ter|ra|kot|ta, die; -, ...tten ⟨ital.⟩ (*nur Sing.:* gebrannter Ton; Gefäß od. Bildwerk daraus)

Ter|ra|ri|a|ner ⟨lat.⟩ (Terrarienliebhaber); **Ter|ra|ri|en|kun|de,** die; -; **Ter|ra|ris|tik** [*alte Trennung* ...|st...], die; - (Terrarienkunde); **Ter|ra|ri|um,** das; -s, ...ien (Behälter für die Haltung kleiner Lurche u. Ä.)

Ter|ras|se, die; -, -n ⟨franz.⟩; **ter|ras|sen|ar|tig; Ter|ras|sen|dach; ter|ras|sen|för|mig; Ter|ras|sen|gar|ten; Ter|ras|sen|haus**

ter|ras|sie|ren (terrassenförmig anlegen, erhöhen); **Ter|ras|sie|rung**

Ter|raz|zo, der; -[s], ...zzi ⟨ital.⟩ (mosaikartiger Fußbodenbelag)

Ter|raz|zo|fuß|bo|den

ter|res|t|risch [*alte Trennung* ...|st...] ⟨lat.⟩ (die Erde betreffend; Erd...; *Ferns.* nicht über Kabel od. Satellit)

ter|ri|bel ⟨lat.⟩ (*veraltet für* schrecklich); ...i|b|le Zustände

Ter|ri|er, der; -s, - ⟨engl.⟩ (kleiner

T

bis mittelgroßer engl. Jagdhund)

ter|ri|gen ‹lat.; griech.› (*Biol.* vom Festland stammend)

Ter|ri|ne, die; -, -n ‹franz.› ([Suppen]schüssel)

ter|ri|to|ri|al ‹lat.› (zu einem Gebiet gehörend, ein Gebiet betreffend)

Ter|ri|to|ri|al|ge|walt, die; -; **Ter|ri|to|ri|al|ge|wäs|ser; Ter|ri|to|ri|al|heer** *(Milit.);* **Ter|ri|to|ri|al|ho|heit,** die; -

Ter|ri|to|ri|a|li|tät, die; - (Zugehörigkeit zu einem Staatsgebiet); **Ter|ri|to|ri|a|li|täts|prin|zip**

Ter|ri|to|ri|al|kom|man|do *(Milit.);* **Ter|ri|to|ri|al|staat** *Plur.* ...staaten; **Ter|ri|to|ri|al|ver|tei|di|gung** *(Milit.)*

Ter|ri|to|ri|um, das; -s, ...ien [...i̯ən] (Grund; Bezirk; [Staats-, Hoheits]gebiet)

Ter|ror, der; -s ‹lat.› (Gewaltherrschaft, Gewaltaktionen)

Ter|ror|akt; Ter|ror|an|schlag; Ter|ror|herr|schaft

ter|ro|ri|sie|ren ‹franz.› (Terror ausüben; unter Druck setzen); **Ter|ro|ri|sie|rung**

Ter|ro|ris|mus, der; - (Ausübung von [polit. motivierten] Gewaltakten); **Ter|ro|rist,** der; -en, -en; **Ter|ro|ris|tin** [*alte Trennung* ...|st...]; **ter|ro|ris|tisch**

Ter|ror|jus|tiz [*alte Trennung* ...|st...]; **Ter|ror|kom|man|do; Ter|ror|me|tho|de; Ter|ror|or|ga|ni|sa|ti|on; Ter|ror|wel|le**

[1]**Ter|tia,** die; -, ...ien ‹lat., »dritte«› (*veraltende Bez.* [Unter- u. Obertertia] *für* die 4. u. 5. Klasse eines Gymnasiums)

[2]**Ter|tia,** die; - (*Druckw.* ein Schriftgrad)

Ter|ti|al, das; -s, -e (*veraltet für* Jahresdrittel)

Ter|ti|a|na|fie|ber (*Med.* Dreitagewechselfieber)

Ter|ti|a|ner (Schüler der [1]Tertia); **Ter|ti|a|ne|rin**

ter|ti|är ‹franz.› (die dritte Stelle in einer Reihe einnehmend; das Tertiär betreffend)

Ter|ti|är, das; -s (*Geol.* der ältere Teil der Erdneuzeit); **Ter|ti|är|for|ma|ti|on,** die; -

Ter|ti|a|ri|er *vgl.* Terziar

Ter|ti|um Com|pa|ra|ti|o|nis [*alte Schreibung* Ter|ti|um com|pa|ra|tio|nis], das; - -, ...ia - ‹lat.› (Vergleichspunkt)

Ter|tul|li|an (röm. Kirchenschriftsteller)

Terz, die; -, -en ‹lat.› (ein Fechthieb; *Musik* dritter Ton der diaton. Tonleiter; Intervall im Abstand von 3 Stufen); Terz machen (*ugs. für* sich lautstark beschweren, Krawall machen)

Ter|zel, der; -s, - (*Jägerspr.* männl. Falke)

Ter|ze|rol, das; -s, -e ‹ital.› (kleine Pistole)

Ter|zett, das; -[e]s, -e (dreistimmiges Gesangstück; *auch für* Gruppe von drei Personen; dreizeilige Strophe des Sonetts)

Ter|zi|ar, der; -s, -en *u.* Ter|ti|a|rier ‹lat.› (Angehöriger eines Dritten Ordens)

Ter|zi|ne, die; -, -n ‹ital.› (Strophe von drei Versen)

Te|sa|film® (ein Klebeband)

Te|sching, das; -s, *Plur.* -e *u.* -s (eine kleine Handfeuerwaffe)

Tes|la, das; -, - ‹nach dem amerik. Physiker› (Einheit der magnetischen Induktion; *Zeichen* T); **Tes|la|strom,** *auch* **Tes|la-Strom,** der; -[e]s (*Elektrot.* Hochfrequenzstrom sehr hoher Spannung)

[1]**Tes|sin,** der; -s (schweiz.-ital. Fluss)

[2]**Tes|sin,** das; -s (schweiz. Kanton); **Tes|si|ner; tes|si|nisch**

Test, der; -[e]s, *Plur.* -s, *auch* -e ‹engl.› (Probe; Prüfung; psychologisches Experiment; Untersuchung)

Tes|ta|ment [*alte Trennung* ...|st...], das; -[e]s, -e ‹lat.› (letztwillige Verfügung; Bund Gottes mit den Menschen); ↑K 150: Altes Testament (*Abk.* A. T.), Neues Testament (*Abk.* N. T.)

tes|ta|men|ta|risch [*alte Trennung* ...|st...] (durch letztwillige Verfügung, letztwillig)

Tes|ta|ments|er|öff|nung [*alte Trennung* ...|st...]; **Tes|ta|ments|voll|stre|cker** [*alte Trennung* ...k|k...]

Tes|tat [*alte Trennung* ...|st...], das; -[e]s, -e (Zeugnis, Bescheinigung)

Tes|ta|tor [*alte Trennung* ...|st...], der; -s, ...oren (Person, die ein Testament errichtet; Erblasser)

Tes|ta|zee [*alte Trennung* ...|st...], die; -, -n *meist Plur.* ‹lat.› (*Biol.* Schalen tragende Amöbe, Wurzelfüßer)

Test|bild *(Fernsehen);* **Test|bo|gen**

tes|ten [*alte Trennung* ...|st...] ‹*zu* Test›; **Tes|ter** (jmd., der testet); **Tes|te|rin**

Test|fah|rer; Test|fahrt; Test|fall, der; **Test|flug; Test|fra|ge; Test|ge|län|de**

tes|tie|ren [*alte Trennung* ...|st...] ‹lat.› (ein Testat geben, bescheinigen; *Rechtsw.* ein Testament errichten); **Tes|tie|rer** (*svw.* Testator); **Tes|tie|rung**

Tes|ti|kel [*alte Trennung* ...|st...], der; -s, - ‹lat.› (*Med.* Hoden)

Tes|ti|mo|ni|um [*alte Trennung* ...|st...], das; -s, *Plur.* ...ien *u.* ...ia ‹lat.› (*Rechtsw.* Zeugnis); **Tes|ti|mo|ni|um Pau|per|ta|tis** [*alte Schreibung* Te|sti|mo|ni|um pau|per|ta|tis], das; - -, ...ia - (*Rechtsw.* amtliche Bescheinigung der Mittellosigkeit für Prozessführende; *geh. für* Armutszeugnis)

Test|kan|di|dat; Test|lauf; Test|me|tho|de; Test|ob|jekt

Tes|tos|te|ron [*alte Trennung* ...|st...], das; -s ‹lat.› (*Med.* männl. Keimdrüsenhormon)

Test|per|son; Test|pi|lot; Test|rei|he; Test|sa|tel|lit; Test|se|rie; Test|spiel; Test|stopp (*kurz für* Atomteststopp); **Test|stre|cke** [*alte Trennung* ...k|k...]

Tes|tu|do [*alte Trennung* ...|st...], die; -, ...dines ‹lat., »Schildkröte«› (im Altertum Schutzdach [bei Belagerungen]; *Med.* Schildkrötenverband)

Tes|tung [*alte Trennung* ...|st...]; **Test|ver|fah|ren**

Te|ta|nie, die; -, ...i̲en ‹griech.› (schmerzhafter Muskelkrampf); **te|ta|nisch**

Te|ta|nus [*auch* ˈtɛ...], der; - (*Med.* Wundstarrkrampf); **Te|ta|nus|imp|fung; Te|ta|nus|se|rum**

Te|te [ˈtɛ:...], die; -, -n ‹franz., »Kopf«› (*veraltet für* Anfang, Spitze [eines Truppenkörpers])

tête-à-tête [tɛtaˈtɛ:t] (*veraltet für* vertraulich, unter vier Augen); **Tete-a-Tete, Tête-à-Tête** [*alte Schreibung* Tête-à-tête], das; -, -s (zärtliches Beisammensein)

[1]**Te|thys** (in der altgriech. Mythol. Gattin des Okeanos u. Mutter der Gewässer); *vgl. aber* Thetis

[2]**Te|thys,** die; - (urzeitliches Meer)

Te|t|ra, der; -s (*Kurzw. für* Tetrachlorkohlenstoff); **Te|t|ra|chlor|koh|len|stoff** ‹griech.; dt.› (ein Lösungsmittel)

T

Te|t|ra|chord [...k...], der *od.* das; -[e]s, -e (Folge von vier Tönen einer Tonleiter)
Te|t|ra|e|der, das; -s, - (Vierflächner, dreiseitige Pyramide)
Te|t|ra|gon, das; -s, -e (Viereck); **te|t|ra|go|nal**
Te|t|ra|lin ®, das; -s (ein Lösungsmittel)
Te|t|ra|lo|gie, die; -, ...ien ‹griech.› (Folge von vier eine Einheit bildenden Dichtwerken, Kompositionen u. a.)
Te|t|ra|me|ter, der; -s, - (aus vier Einheiten bestehender Vers)
Te|t|ra|pak, der, -s, -s (ein [Getränke]karton [als ®: Tetra Pak])
Te|t|ra|po|die, die; - (Vierfüßigkeit [der Verse])
Te|t|rarch, der; -en, -en ‹»Vierfürst«› (im Altertum Herrscher über den vierten Teil eines Landes); **Te|t|rar|chie,** die; -, ...ien (Vierfürstentum)
Te|t|ro|de, die; -, -n (elektron. Bauelement; Vierpolröhre)
Tet|zel (Ablassprediger zur Zeit Luthers)
Teu|chel, der; -s, - (*südd. u. schweiz. für* hölzerne Wasserleitungsröhre)
teu|er; teu|rer, teu|ers|te; ein teures Kleid; das kommt mir *od.* mich teuer zu stehen
Teu|e|rung; Teu|e|rungs|aus|gleich; Teu|e|rungs|ra|te; Teu|e|rungs|wel|le; Teu|e|rungs|zu|la|ge
Teu|fe, die; -, -n (*Bergmannsspr.* Tiefe)
Teu|fel, der; -s, -; zum Teufel jagen *(ugs.)*; zum Teufel! *(ugs.)*; auf Teufel komm raus (*ugs. für* ohne Vorsicht, bedenkenlos); **Teu|fe|lei; Teu|fe|lin**
Teu|fels|aus|trei|ber (*für* Exorzist); **Teu|fels|aus|trei|bung** (*für* Exorzismus)
Teu|fels|bra|ten (*ugs. für* boshafter Mensch; tollkühner Bursche); **Teu|fels|brut,** die; - *(ugs.)*
Teu|fels|kerl *(ugs.)*; **Teu|fels|kreis; Teu|fels|kunst; Teu|fels|weib** *(ugs.)*; **Teu|fels|werk; Teu|fels|zeug,** das; -s *(ugs.)*
teu|fen (*Bergmannsspr.* einen Schacht herstellen)
teuf|lisch; ein teuflischer Plan
Teu|fung *(Bergmannsspr.)*
Teu|to|bur|ger Wald, der; - -[e]s (Höhenzug des Weserberglandes)
Teu|to|ne, der; -n, -n (Angehöriger eines germ. Volksstammes); **Teu|to|nia** (*lat. Bezeichnung für* Deutschland); **teu|to|nisch** (*auch abwertend für* deutsch)
tex = Tex; **Tex,** das; -, - ‹lat.› (internationales Maß für die längenbezogene Masse textiler Fasern u. Garne; *Zeichen* tex)
Tex. = Texas
Te|xa|ner; Te|xa|ne|rin; te|xa|nisch; Te|xas (Staat in den USA; *Abk.* Tex.)
Te|xas|fie|ber, *auch* **Te|xas-Fie|ber,** das; -s (Rindermalaria)
Te|xas Ran|gers [- 'reːndʒɐs] *vgl.* Ranger
Tex|mex, das; - *meist ohne Artikel* ‹engl.› (Richtung der populären Musik mit texanischen u. mexikanischen Stilelementen; für das texanisch-mexikanische Grenzgebiet charakteristisches Essen)
[1]**Text,** der; -[e]s, -e ‹lat.› (Wortlaut, Beschriftung; [Buch]stelle)
[2]**Text,** die; - (*Druckw.* ein Schriftgrad)
Text|ab|druck *Plur.* ...drucke; **Text|au|to|mat; Text|buch; Text|dich|ter**
tex|ten (einen [Schlager-, Werbe]text gestalten); **Tex|ter**
Text|er|fas|ser (jmd., der [berufsmäßig] Texte in eine EDV-Anlage eingibt); **Text|er|fas|se|rin; Text|er|fas|sung**
Tex|te|rin; text|ge|mäß
Text|ge|stal|ter; Text|ge|stal|te|rin; Text|ge|stal|tung
tex|til (die Textiltechnik, die Textilindustrie betreffend; Gewebe...)
Tex|til|ar|bei|ter; Tex|til|ar|bei|te|rin; Tex|til|be|trieb; Tex|til|fa|b|rik; Tex|til|fa|b|ri|kant
tex|til|frei (*scherzh. für* nackt)
Tex|til|ge|wer|be; Tex|til|groß|han|del; ↑K 31: Textilgroß- u. -einzelhandel
Tex|ti|li|en *Plur.* (Gewebe, Faserstofferzeugnisse [außer Papier])
Tex|til|in|dus|t|rie [*alte Trennung* ...|st...]; **Tex|til|tech|ni|ker; Tex|til|tech|ni|ke|rin**
Tex|til|ver|ed|ler; Tex|til|ver|ed|le|rin; Tex|til|wa|ren *Plur.*
Text|kri|tik; text|lich
Text|lin|gu|is|tik [*alte Trennung* ...|st...]; **Text|sor|te** *(Sprachw.)*
Text|stel|le
Tex|tur, die; -, -en (*Chemie, Technik* Gewebe, Verbindung); **tex|tu|rie|ren** (*Textilw.* ein Höchstmaß an textilen Eigenschaften verleihen)
Text|ver|ar|bei|tung *(EDV)*; **Text|ver|ar|bei|tungs|ge|rät; Text|ver|ar|bei|tungs|pro|gramm; Text|ver|ar|bei|tungs|sys|tem** [*alte Trennung* ...|st...]
Text|ver|gleich; Text|wort *Plur.* ...worte
Te|zett [*auch* ...'tsɛt], das (Buchstabenverbindung »tz«); *in* bis ins, bis zum Tezett (*ugs. für* vollständig)
T-för|mig ['teː...]; ↑K 29 (in Form eines lat. T)
Tgb.-Nr. = Tagebuchnummer
TGL, die; - = Technische Normen, Gütevorschriften und Lieferbedingungen (*DDR* Zeichen für techn. Standards, z. B. TGL 11801)
Th = *chem. Zeichen für* Thorium
TH = technische Hochschule; *vgl.* technisch
Tha|cke|ray ['θɛkəri] (engl. Schriftsteller)
Thad|dädl, der; -s, -[n] (*österr. ugs. für* willensschwacher, einfältiger Mensch)
Thad|dä|us, *ökum.* Tad|dä|us (Apostel)
[1]**Thai,** der; -[s], -[s] (Bewohner Thailands; Angehöriger einer Völkergruppe in Südostasien)
[2]**Thai,** das; - (Sprache der Thai)
Thai|land (Staat in Hinterindien); **Thai|län|der; Thai|län|de|rin; thai|län|disch**
Tha|is (altgriech. Hetäre)
Tha|la|mus, der; -, ...mi ‹griech.› (*Med.* Hauptteil des Zwischenhirns)
tha|las|so|gen ‹griech.› (*Geogr.* durch das Meer entstanden); **Tha|las|so|me|ter,** das; -s, - (Meerestiefenmesser; Messgerät für Ebbe und Flut)
Tha|lat|ta, Tha|lat|ta! ‹»das Meer, das Meer!«› (Freudenruf der Griechen nach der Schlacht von Kunaxa, als sie das Schwarze Meer erblickten)
Tha|le (Harz) (Stadt an der Bode); **Tha|le|n|ser**
Tha|les (altgriech. Philosoph)
Tha|lia (Muse der heiteren Dichtkunst u. des Lustspieles; eine der drei Chariten)
Thal|li|um, das; -s ‹griech.› (chemisches Element, Metall; *Zeichen* Tl)

Thal|lus, der; -, ...lli (*Bot.* Pflanzenkörper ohne Wurzel, Stängel u. Blätter)

Thäl|mann, Ernst (dt. kommunist. Politiker)

Tha|na|to|lo|gie, die; - ‹griech.› (*Med., Psych.* Sterbekunde)

Thanks|gi|ving Day ['θɛŋksgɪvɪŋ 'de:], der; - -, - -s (Erntedanktag in den USA [4. Donnerstag im November])

Tha|randt (Stadt südwestl. von Dresden); **Tha|rand|ter**

That|cher ['θɛtʃɐ], Margaret ['ma:ɐ̯gərɪt] (engl. Politikerin); **That|che|ris|mus,** der; - ‹nach der engl. Politikerin› (von ihr geprägte Form der Sozial-, Finanz- u. Wirtschaftspolitik)

Tha|ya, die; - (niederösterr. Fluss)

Thea (w. Vorn.)

The|a|ter, das; -s, - ‹griech.› (*ugs. auch für* Aufregung; Vortäuschung)

The|a|ter|a|bon|ne|ment; The|a|ter|a|bon|nent

The|a|ter|auf|füh|rung; The|a|ter|bau *Plur.* ...bauten; **The|a|ter|be|such; The|a|ter|ge|schich|te**

The|a|ter|kar|te; The|a|ter|kas|se

The|a|ter|kri|ti|ker; The|a|ter|pro|be; The|a|ter|pro|gramm; The|a|ter|pu|b|li|kum; The|a|ter|raum; The|a|ter|re|gis|seur; The|a|ter|ring (Besucherorganisation); **The|a|ter|saal**

The|a|ter|stück; The|a|ter|vor|stel|lung; The|a|ter|wis|sen|schaft

The|a|ti|ner, der; -s, - (Angehöriger eines ital. Ordens)

The|a|t|ra|lik, die; - ‹griech.› (übertriebenes schauspielerisches Wesen); **the|a|t|ra|lisch** (bühnenmäßig; gespreizt, pathetisch)

The|ba|is (*altgriech. Bez. für* das Gebiet um die ägypt. Stadt Theben); **The|ba|ner** (Bewohner der griech. Stadt Theben); **the|ba|nisch; The|ben** (Stadt im griech. Böotien; *im Altertum auch* Stadt in Oberägypten)

Thé dan|sant [- dãˈsã:], der; - -, -s -s [- ...ˈsã:] ‹franz., »Tanztee«› (kleiner [Haus]ball)

The|in *vgl.* Tein

The|is|mus, der; - ‹griech.› (Lehre von einem persönlichen, außerweltlichen Gott)

Theiß, die; - (linker Nebenfluss der Donau)

The|ist, der; -en, -en ‹griech.› (Anhänger des Theismus); **The|is|tin** [*alte Trennung* ...|st...]; **the|is|tisch**

The|ke, die; -, -n ‹griech.› (Schanktisch; Ladentisch)

The|k|la (w. Vorn.)

The|ma, das; -s, *Plur.* ...men, *auch* -ta ‹griech.› (Aufgabe, Gegenstand; Gesprächsstoff; Leitgedanke [bes. in der Musik])

The|ma|tik, die; -, -en (Themenstellung; Ausführung eines Themas); **the|ma|tisch** (dem Thema entsprechend)

the|ma|ti|sie|ren (zum Thema machen); **The|ma|ti|sie|rung**

The|men|be|reich, der; **The|men|ka|ta|log; The|men|kom|plex; The|men|kreis; The|men|stel|lung; The|men|wahl; The|men|wech|sel**

The|mis (griech. Göttin des Rechtes)

The|mis|to|k|les [*alte Trennung* ...|st...] (athenischer Staatsmann)

Them|se, die; - (Fluss in England)

Theo, Teo (m. Vorn.)

The|o|bald (m. Vorn.)

The|o|bro|min, das; -s ‹griech.› (Alkaloid der Kakaobohnen)

The|o|de|rich (m. Vorn.)

The|o|di|zee, die; -, ...een ‹griech.› (Rechtfertigung Gottes hinsichtlich des von ihm in der Welt zugelassenen Übels)

The|o|do|lit, der; -[e]s, -e (ein Winkelmessgerät)

The|o|dor (m. Vorn.); **The|o|do|ra, The|o|do|re** (w. Vorn.)

the|o|do|si|a|nisch [↑K 135]; *aber* der Theodosianische Kodex [↑K 88]; **The|o|do|si|us** (röm. Kaiser)

The|o|g|no|sie *u.* **The|o|g|no|sis,** die; - ‹griech.› (Gotteserkenntnis); **The|o|go|nie,** die; -, ...ien (myth. Lehre von Entstehung und Abstammung der Götter)

The|o|krat, der; -en, -en; **The|o|kra|tie,** die; -, ...ien ‹»Gottesherrschaft«› (Herrschaftsform, bei der die Staatsgewalt allein religiös legitimiert ist); **the|o|kra|tisch**

The|o|krit (altgriech. Idyllendichter)

The|o|lo|ge, der; -n, -n ‹griech., »Gottesgelehrter«› (jmd., der Theologie studiert hat, auf dem Gebiet der Theologie beruflich tätig ist)

The|o|lo|gie, die; -, ...ien (systematische Auslegung u. Erforschung einer Religion); **The|o|lo|gin**

the|o|lo|gisch; the|o|lo|gi|sie|ren (etwas unter theologischem Aspekt erörtern)

The|o|ma|nie, die; -, ...ien (*veraltet für* religiöser Wahnsinn)

The|o|man|tie, die; -, ...ien (Weissagung durch göttliche Eingebung)

the|o|morph, the|o|mor|phisch (in göttlicher Gestalt)

The|o|pha|nie, die; -, ...ien (Gotteserscheinung)

The|o|phil, The|o|phi|lus (m. Vorn.)

The|or|be, die; -, -n ‹ital.› (tief gestimmte Laute des 16. bis 18. Jh.s.)

The|o|rem, das; -s, -e ‹griech.› ([mathemat., philos.] Lehrsatz)

The|o|re|ti|ker (*Ggs.* Praktiker)

the|o|re|tisch; die theoretische Physik; **the|o|re|ti|sie|ren** (etwas rein theoretisch erwägen)

The|o|rie, die; -, ...ien; **The|o|ri|en|streit**

The|o|soph, der; -en, -en ‹griech.›; **The|o|so|phie,** die; -, ...ien ‹»Gottesweisheit«› (Erlösungslehre, die durch Meditation über Gott den Sinn des Weltgeschehens erkennen will); **the|o|so|phisch**

The|ra|peut, der; -en, -en ‹griech.› (behandelnder Arzt, Heilkundiger); **The|ra|peu|tik,** die; - (Lehre von der Behandlung der Krankheiten); **The|ra|peu|ti|kum,** das; -s, ...ka (Heilmittel); **The|ra|peu|tin; the|ra|peu|tisch**

The|ra|pie, die; -, ...ien (Heilbehandlung); **The|ra|pie|for|schung; The|ra|pie|platz**

the|ra|pie|ren (einer Therapie unterziehen); **the|ra|pie|re|sis|tent** [*alte Trennung* ...|st...]

The|re|se, The|re|sia (w. Vorn.)

the|re|si|a|nisch [↑K 135]; eine theresianische Skulptur; *aber* die Stiftung Theresianische Akademie (in Wien)

The|re|si|en|stadt (Stadt in der Tschechischen Republik; Konzentrationslager der Nationalsozialisten)

therm... ‹griech.› (warm...); **Therm...** (Wärme...)

ther|mal (auf Wärme, auf warme Quellen bezogen)

Ther|mal|bad; Ther|mal|quel|le; Ther|mal|salz

Ther|me, die; -, -n (warme Quelle);

T

Ther|men *Plur.* (warme Bäder im antiken Rom)
Ther|mi|dor, der; -[s], -s ‹franz., »Hitzemonat«› (11. Monat des Kalenders der Franz. Revolution: 19. Juli bis 17. Aug.)
Ther|mik, die; - ‹griech.› (*Meteor.* aufwärts gerichtete Warmluftbewegung); **Ther|mik|se|gel|flug**
ther|misch (die Wärme betreffend, Wärme...)
Ther|mit®, das; -s, -e (große Hitze entwickelndes Gemisch aus pulverisiertem Aluminium u. Metalloxid); **Ther|mit|schwei|ßen,** das; -s
Ther|mo|che|mie [*auch* ...'mi:] (Untersuchung der Wärmeumsetzung bei chem. Vorgängen)
Ther|mo|chro|mie [...k...], die; - (*Chemie* Wärmefärbung)
Ther|mo|dy|na|mik [*auch* ...'na:...] (*Physik* Wärmelehre); **ther|mo|dy|na|misch** [*auch* ...'na:...]
ther|mo|e|lek|t|risch [*auch* ...'lɛ...]; **Ther|mo|e|lek|t|ri|zi|tät** [*auch* ...'tɛ:t] (durch Wärmeunterschied erzeugte Elektrizität)
Ther|mo|e|le|ment (ein Temperaturmessgerät); **Ther|mo|graf** usw. *vgl.* Thermograph usw.; **Ther|mo|gramm,** das; -s, -e (bei der Thermographie entstehende Aufnahme)
Ther|mo|graph, *auch* Ther|mo|graf, der; -en, -en (Temperaturschreiber); **Ther|mo|gra|phie,** *auch* Ther|mo|gra|fie, die; - (Verfahren zur fotografischen Aufnahme von Objekten mittels ihrer unterschiedlichen Wärmestrahlung)
Ther|mo|ho|se
Ther|mo|kau|ter, der; -s, - (*Med.* Glühstift für Operationen)
Ther|mo|man|tel
Ther|mo|me|ter, das; -s, - (ein Temperaturmessgerät)
ther|mo|nu|k|le|ar [*auch* 'tɛ...] (*Physik* die bei der Kernreaktion auftretende Wärme betreffend); **Ther|mo|nu|k|le|ar|waf|fe**
Ther|mo|pane® [...'pe:n], das; - (ein Isolierglas); **Ther|mo|pane|fens|ter** [*alte Trennung* ...|st...]
Ther|mo|pa|pier (ein Spezialpapier [z. B. für Faxgeräte])
ther|mo|phil (*Biol.* die Wärme liebend)
Ther|mo|plast, der; -[e]s, -e *meist Plur.* (bei höheren Temperaturen formbarer Kunststoff)
Ther|mo|py|len *Plur.* (Engpass im alten Griechenland)
Ther|mos|fla|sche® (Warmhaltegefäß)
Ther|mo|s|phä|re, die; - (*Meteor.* Schicht der Erdatmosphäre in etwa 80 bis 130 km Höhe)
Ther|mo|s|tat, der; *Gen.* -[e]s *u.* -en, *Plur.* -e[n] (automat. Temperaturregler)
The|ro|phyt, der; -en, -en ‹griech.› (*Bot.* einjährige Pflanze)
Ther|si|tes (schmäh- u. streitsüchtiger Grieche vor Troja)
the|sau|rie|ren ‹griech.› ([Geld, Wertsachen, Edelmetalle] horten); **The|sau|rie|rung**
The|sau|rus, der; -, *Plur.* ...ren *u.* ...ri ‹»[Wort]schatz«› (Titel wissenschaftlicher Sammelwerke u. umfangreicher Wörterbücher)
The|se, die; -, -n ‹griech.› (aufgestellter [Leit]satz, Behauptung); *vgl. aber* Thesis
The|sei|on, das; -s (Heiligtum des Theseus in Athen)
the|sen|haft; The|sen|pa|pier
The|seus (griech. Sagenheld)
The|sis, die; -, ...sen ‹griech.› (*Verslehre* Senkung)
Thes|pis (Begründer der altgriech. Tragödie); **Thes|pis|kar|ren** ↑K 136 (Wanderbühne)
Thes|sa|li|en (Landschaft in Nordgriechenland); **Thes|sa|li|er; thes|sa|lisch**
Thes|sa|lo|ni|cher (Einwohner von Thessaloniki); **Thes|sa|lo|ni|ki** (*griech. Name für* Saloniki); **thes|sa|lo|nisch**
The|ta, das; -[s], -s (griech. Buchstabe: Θ, ϑ)
The|tis (Meernymphe der griech. Sage, Mutter Achills); *vgl. aber* [1]Tethys
Thid|reks|sa|ga, die; - ↑K 136 (norw. Sammlung dt. Heldensagen um Dietrich von Bern)
Thig|mo|ta|xis, die; -, ...xen ‹griech.› (*Biol.* durch Berührungsreiz ausgelöste Orientierungsbewegung)
Thi|lo *vgl.* Tilo
Thim|phu (Hauptstadt Bhutans)
Thing, das; -[e]s, -e ‹*nord. Form von* Ding› (germ. Volks-, Gerichts- u. Heeresversammlung); *vgl.* [2]Ding; **Thing|platz; Thing|stät|te**
Thi|o|phen, das; -s ‹griech.› (schwefelhaltige Verbindung im Steinkohlenteer)
Thi|xo|tro|pie, die; - ‹griech.› (*Chemie* Eigenschaft gewisser Gele, sich durch Rühren, Schütteln u. Ä. zu verflüssigen)
Tho|los, die, *auch* der; -, *Plur.* ...loi *u.* ...len ‹griech.› (altgriech. Rundbau mit Säulenumgang)
[1]**Tho|ma,** Hans (dt. Maler)
[2]**Tho|ma,** Ludwig (dt. Schriftsteller)
Tho|ma|ner, der; -s, - (Mitglied des Thomanerchors); **Tho|ma|ner|chor,** der; -s (an der Thomaskirche in Leipzig)
[1]**Tho|mas** (m. Vorn.)
[2]**Tho|mas,** *ökum.* To|mas (Apostel); ungläubiger Thomas, ungläubige Thomasse
Tho|mas a Kem|pis (mittelalterl. Theologe)
Tho|mas|kan|tor (Leiter des Thomanerchores)
Tho|mas|mehl, das; -[e]s ‹nach dem brit. Metallurgen S. G. Thomas› (Düngemittel)
Tho|mas von A|quin (mittelalterl. Kirchenlehrer); **Tho|mis|mus,** der; - (Lehre des Thomas von Aquin); **Tho|mist,** der; -en, -en; **Tho|mis|tin** [*alte Trennung* ...|st...]; **tho|mis|tisch**
Thon, der; -s, *Plur.* -s *u.* -e ‹franz.› (*schweiz. für* Thunfisch)
Tho|net|stuhl, *auch* **Tho|net-Stuhl** ‹nach dem dt. Industriellen M. Thonet› (aus gebogenem Holz hergestellter Stuhl)
Thor (*nord. Mythol.* Sohn Odins); *vgl.* Donar
Tho|ra [*auch, österr. nur,* 'to:...], die; - ‹hebr., »Lehre«› (die 5 Bücher Mosis, das mosaische Gesetz)
tho|ra|kal ‹griech.› (*Med.* den Brustkorb betreffend)
Tho|ra|rol|le (Rolle mit dem Text der Thora)
Tho|rax, der; -[es], -e ‹griech.› (Brustkorb; mittleres Segment bei Gliederfüßern)
Tho|ri|um, das; -s ‹nach dem Gott Thor› (radioaktives chemisches Element, Metall; *Zeichen* Th)
Thorn (*poln.* Toruń)
Thors|ten [*alte Trennung* ...|st...] *vgl.* Torsten
Thor|vald|sen, *auch* **Thor|wald|sen** (dän. Bildhauer)
Thot[h] (ägypt. Gott)
Thra|ker (Bewohner von Thrakien); **Thra|ki|en** (Gebiet auf der Balkanhalbinsel); **thra|kisch; Thra|zi|er** usw. *vgl.* Thraker usw.

tief	
– zutiefst; tiefblau usw.	– tief gefühlter [*alte Schreibung* tiefgefühlter] Schmerz
Groß- oder Kleinschreibung: – etw. Tiefes; alles Hohe und Tiefe – etw. auf das, aufs Tiefste *od.* auf das, aufs tiefste beklagen ↑K 75	– tief gehende [*alte Schreibung* tiefgehende] Untersuchungen – tief greifende [*alte Schreibung* tiefgreifende] Veränderungen – tief liegende [*alte Schreibung* tiefliegende] Augen – tief schürfende [*alte Schreibung* tiefschürfende] Abhandlungen
Getrenntschreibung in Verbindung mit Adjektiven, Verben und Partizipien, wenn »tief« steigerbar oder erweiterbar ist: – tief sein, tief werden, tief graben, tief stehen – tief bohren (= in der Tiefe bohren), *vgl. aber* tiefbohren *Vgl. auch* tiefgefrieren, tiefkühlen, tiefstapeln, tieftauchen – ein tief ausgeschnittenes Kleid – mit tief bewegter [*alte Schreibung* tiefbewegter] Stimme; er war tief bewegt – tief empfundenes [*alte Schreibung* tiefempfundenes] Mitleid – die tief erschütterte [*alte Schreibung* tieferschütterte] Frau; sie war tief erschüttert	– ein moralisch tief stehender [*alte Schreibung* tiefstehender] Mensch – eine tief verschneite [*alte Schreibung* tiefverschneite] Landschaft; die Berge waren tief verschneit – ein tiefer gelegtes [*alte Schreibung* tiefergelegtes] Fahrwerk *Vgl. auch* tiefblau, tiefernst, tiefgekühlt, tiefgründig, tiefschwarz, tieftraurig; tiefst...

Thrill [θrɪl], der; -s, -s ‹engl.› (Nervenkitzel)

Thril|ler, der; -s, - (Film, Roman o. Ä., der Spannung und Nervenkitzel erzeugt)

Thrips, der; -, -e ‹griech.› (*Zool.* Blasenfüßer)

Throm|bo|se, die; -, -n ‹griech.› (*Med.* Verstopfung von Blutgefäßen durch Blutgerinnsel); **Throm|bo|se|nei|gung**

throm|bo|tisch *(Med.)*

Throm|bo|zyt, der; -en, -en (*Med.* Blutplättchen); **Throm|bus,** der; -, ...ben (*Med.* Blutgerinnsel, Blutpfropf)

Thron, der; -[e]s, -e ‹griech.›

Thron|an|wär|ter; Thron|be|stei|gung

thro|nen

Thron|er|be, der; **Thron|fol|ge,** die; -; **Thron|fol|ger; Thron|fol|ge|rin**

Thron|prä|ten|dent; Thron|re|de; Thron|saal; Thron|ses|sel

Thu|ja, *österr. auch* **Thu|je,** die; -, ...jen ‹griech.› (Lebensbaum)

thu|ky|di|de|isch ‹griech.›; die thukydideischen [*alte Schreibung* Thukydideischen] Reden ↑K 135; **Thu|ky|di|des** (altgriech. Geschichtsschreiber)

Thu|le (in der Antike sagenhafte Insel im hohen Norden)

Thu|li|um, das; -s (chemisches Element, Metall; *Zeichen* Tm)

Thun (schweiz. Stadt); **Thu|ner See,** der; - -s

Thun|fisch, *auch* Tun|fisch ‹griech.; dt.›

Thur, die; - (linker Nebenfluss des Hochrheins); **Thur|gau,** der; -s (schweiz. Kanton); **Thur|gau|er; thur|gau|isch**

Thü|rin|gen; Thü|rin|ger; Thüringer Wald; **Thü|rin|ge|rin; thü|rin|gisch**

Thurn und Ta|xis (ein Adelsgeschlecht); die thurn-und-taxissche, *auch* Thurn-und-Taxis'sche [*alte Schreibung* Thurn-und-Taxissche] Post ↑K 139

Thus|nel|da (Gattin des Arminius)

THW = Technisches Hilfswerk

Thy|mi|an, der; -s, -e ‹griech.› (eine Gewürz- u. Heilpflanze)

Thy|mus, der; -, ...mi ‹griech.› (hinter dem Brustbein gelegene Drüse, Wachstumsdrüse); **Thy|mus|drü|se** (*svw.* Thymus)

Thy|re|o|i|di|tis, die; -, ...itiden ‹griech.› (*Med.* Schilddrüsenentzündung)

Thy|ris|tor [*alte Trennung* ...|st...], der; -s, ...oren ‹griech.-lat.› (*Elektrot.* steuerbares Halbleiterelement)

Thyr|sos, der; -, ...soi *u.* **Thyr|sus,** der; -, ...si ‹griech.› (Bacchantenstab)

Ti = *chem. Zeichen für* ²Titan

Ti|a|ra, die; -, ...ren ‹pers.› (Kopfbedeckung der altpers. Könige; dreifache Krone des Papstes)

Ti|ber, der; -[s] (ital. Fluss)

Ti|be|ri|as (Stadt am See Genezareth)

Ti|be|ri|us (röm. Kaiser)

¹Ti|bet [*auch* ...'be:t] (Hochland in Zentralasien)

²Ti|bet, der; -[e]s, -e (ein Wollgewebe; eine Reißwollart)

Ti|be|ta|ner usw. *vgl.* Tibeter usw.; **Ti|be|ter; Ti|be|te|rin; ti|be|tisch**

Ti|bor (m. Vorn.)

Tic [tɪk], der; -s, -s ‹franz.› (*Med.* krampfartiges Zusammenziehen der Muskeln; Zucken)

Tick, der; -[e]s, -s (wunderliche Eigenart, Schrulle; *auch für* Tic)

ti|cken [*alte Trennung* ...k|k...]; du tickst wohl nicht ganz richtig *(ugs.)*; **Ti|cker** (*ugs. für* Fernschreiber)

Ti|cket [*alte Trennung* ...k|k...], das; -s, -s ‹engl., »Zettel«› (*engl. Bez. für* Fahrkarte, Eintrittskarte)

tick|tack!; Tick|tack, das; -s

Ti|de, die; -, -n (*nordd. für* die regelmäßig wechselnde Bewegung der See; Flut); **Ti|de|hub** *vgl.* Tidenhub; **Ti|den** *Plur.* (Gezeiten); **Ti|den|hub** (Wasserstandsunterschied bei den Gezeiten)

Tie|break, *auch* **Tie-Break** ['tai...] ↑K 41, der *od.* das; -s, -s ‹engl.› (*Tennis* Satzverkürzung [beim Stand von 6 : 6])

Tieck (dt. Dichter)

tief *s. Kasten*

Tief, das; -s, -s (Fahrrinne; *Meteor.* Gebiet tiefen Luftdrucks)

Tief|aus|läu|fer *(Meteor.)*

Tief|bau, der; -[e]s; **Tief|bau|amt**

tief be|wegt [*alte Schreibung* tief-be|wegt] *vgl.* tief
tief|blau
tief|boh|ren (*fachspr.* [nach Erdöl] bis in große Tiefe bohren); **Tief-boh|rung**
Tief|de|cker [*alte Trennung* ...k|k...] (Flugzeugtyp)
Tief|druck, der; -[e]s, *Plur.* *(Druckw.:)* -e
Tief|druck|ge|biet *(Meteor.)*
Tie|fe, die; -, -n; **Tief|e|be|ne**
tief emp|fun|den [*alte Schreibung* tief|emp|funden] *vgl.* tief
Tie|fen|be|strah|lung *(Med.)*; **Tie-fen|ge|stein; Tie|fen|in|ter|view; Tie|fen|li|nie; Tie|fen|mes|sung**
Tie|fen|psy|cho|lo|gie; Tie|fen-rausch (beim Tieftauchen); **Tie-fen|schär|fe** (*Fotogr. ugs. für* Schärfentiefe); **Tie|fen|wir|kung**
tief|ernst
tief er|schüt|tert [*alte Schreibung* tief|er|schüt|tert] *vgl.* tief
Tief|flie|ger; Tief|flie|ger|an|griff
Tief|flug; Tief|flug|ver|bot
Tief|gang, der; -[e]s *(Schiffbau)*; **Tief|gang|mes|ser,** der
Tief|ga|ra|ge
tief|ge|frie|ren (bei tiefer Temperatur schnell einfrieren)
tief ge|fühlt, tief ge|hend [*alte Schreibungen* tief|ge|fühlt, tief-ge|hend] *vgl.* tief
tief|ge|kühlt; ↑K 57: tiefgekühltes Gemüse od. Obst; das Obst ist tiefgekühlt
tief grei|fend [*alte Schreibung* tief|grei|fend] *vgl.* tief
tief|grün|dig
tief|küh|len (*svw.* tiefgefrieren)
Tief|kühl|fach; Tief|kühl|ket|te; Tief|kühl|kost; Tief|kühl|schrank; Tief|kühl|tru|he
Tief|la|der (Wagen mit tief liegender Ladefläche)
Tief|land *Plur.* ...lande *u.* ...länder; **Tief|land|bucht**
tief lie|gend [*alte Schreibung* tief-lie|gend] *vgl.* tief
Tief|punkt; Tief|schlaf; Tief|schlag ([Box]hieb unterhalb der Gürtellinie)
Tief|schnee; Tief|schnee|fah|ren, das; -s *(Ski)*
tief schür|fend [*alte Schreibung* tief|schür|fend] *vgl.* tief
tief|schwarz
Tief|see, die; -; **Tief|see|for|schung,** die; -; **Tief|see|tau|cher**
Tief|sinn, der; -[e]s; **tief|sin|nig; Tief|sin|nig|keit**
tiefst... *in Verbindung mit Partizipien, z. B.* tiefstempfunden, tiefstgehend, tiefstschürfend usw.; *vgl. aber* tief
Tief|stand, der; -[e]s
Tief|sta|pe|lei; tief|sta|peln (*Ggs.* hochstapeln); tiefgestapelt, tiefzustapeln; **Tief|stap|ler**
Tief|start *(Sportspr.)*
tief ste|hend [*alte Schreibung* tief|ste|hend] *vgl.* tief
Tiefst|kurs; Tiefst|preis
Tief|strah|ler
Tiefst|stand; Tiefst|tem|pe|ra|tur; Tiefst|wert
tief|tau|chen *nur im Infinitiv und Partizip II gebr.*
tief|trau|rig
tief ver|schneit [*alte Schreibung* tief|ver|schneit] *vgl.* tief
Tie|gel, der; -s, -
Tien|gen/Hoch|rhein ['tɪŋ...] (Stadt in Baden-Württemberg)
Ti|en|schan [*auch* 'ti̯ɛ...], der; -[s] (Gebirgssystem Innerasiens)
Ti|en|t|sin (chin. Stadt)
Tier, das; -[e]s, -e; **Tier|art**
Tier|arzt; Tier|ärz|tin; tier|ärzt|lich; [eine] tierärztliche Hochschule, *aber* ↑K 150: die Tierärztliche Hochschule Hannover
Tier|buch
Tier|freund; Tier|freun|din
Tier|gar|ten; Tier|gärt|ner; Tier|ge-schich|te; Tier|ge|stalt; in Tiergestalt
tier|haft
Tier|hal|ter; Tier|hal|te|rin; Tier-hal|tung, die; -
Tier|händ|ler; Tier|hand|lung; Tier-heil|kun|de, die; -; **Tier|heim**
tie|risch (*ugs. auch für* sehr, äußerst)
Tier|kör|per|be|sei|ti|gungs|an-stalt (*Amtsspr. svw.* Abdeckerei)
Tier|kreis, der; -es *(Astron.)*; **Tier-kreis|zei|chen**
Tier|kun|de, die; - (*für* Zoologie)
tier|lieb; Tier|lie|be; tier|lie|bend
Tier|me|di|zin, die; -; **Tier|mehl**
Tier|park; Tier|pfle|ger; Tier|pfle-ge|rin
Tier|pro|duk|ti|on, die; - (*regional für* Viehzucht)
Tier|quä|ler; Tier|quä|le|rei
Tier|reich, das; -[e]s; **Tier|schau**
Tier|schutz; Tier|schüt|zer; Tier-schutz|ver|ein
Tier|ver|such; Tier|welt, die; -
Tier|zucht, die; -; **Tier|züch|ter**
Tif|fa|ny|lam|pe, *auch* **Tif|fa-ny-Lam|pe** [...fəni...] ↑K 136 ⟨nach dem amerik. Kunsthandwerker⟩ (Lampe mit einem aus bunten Glasstücken zusammengesetzten Schirm)
Tif|lis ['ti:..., 'tɪ...] (Hauptstadt Georgiens); *vgl. auch* Tbilissi
Ti|fo|so, der; -, ...si ⟨ital.⟩ (*italien. Bez. für* [Fußball]fan)
Ti|ger, der; -s, - ⟨griech.-lat.⟩
Ti|ger|au|ge (Edelstein aus der Quarzgruppe); **Ti|ger|fell; Ti-ger|hai; Ti|ger|kat|ze; Ti|ger|li|lie**
ti|gern (streifig machen; *ugs. für* irgendwohin gehen); ich tigere
Ti|ger|staat (*Wirtsch.* asiatischer Staat mit hohem Wirtschaftswachstum)
Ti|g|ris, der; - (Strom in Vorderasien)
Til|bu|ry [...bəri], der; -s, -s ⟨engl.⟩ (*früher* leichter zweirädriger Wagen in Nordamerika)
Til|de, die; -, -n ⟨span.⟩ (span. u. portug. Aussprachezeichen; *Druckw.* Wiederholungszeichen: ~)
til|g|bar
til|gen; Til|gung
Til|gungs|an|lei|he *(Wirtsch.)*; **Til-gungs|ka|pi|tal; Til|gungs|ra|te; Til|gungs|sum|me**
Till (m. Vorn.); **Til|la** (w. Vorn.)
Till Eu|len|spie|gel (niederd. Schelmengestalt)
Til|ly [...li] (Feldherr im Dreißigjährigen Krieg)
Til|mann (m. Vorn.)
Ti|lo, Thi|lo (m. Vorn.)
Til|sit (Stadt an der Memel)
[1]**Til|si|ter;** Tilsiter Friede[n], Tilsiter Käse
[2]**Til|si|ter,** der; -s, - (ein Käse)
Tim, Timm (m. Vorn.)
Tim|b|re ['tɛ̃:brə], das; -s, -s ⟨franz.⟩ (Klangfarbe der Gesangsstimme); **tim|b|rie|ren**
Tim|buk|tu (Stadt in [2]Mali)
ti|men ['tai̯...] ⟨engl.⟩ (*Sport* mit der Stoppuhr messen; zeitlich abstimmen); ein gut getimter Ball
Time-out ['tai̯m'au̯t], das; -[s], -s (*Basketball, Volleyball* Auszeit)
Ti|mer ['tai̯mɐ], der; -s, - ⟨engl.⟩ (Zeitschaltuhr)
Times [tai̯ms], die; - (engl. Zeitung)
Time|sha|ring, *auch* **Time-Sha|ring** [...ʃɛ:...; *alte Schreibung* Time-sha|ring], das; -s, -s ⟨engl.⟩ (*EDV* Zeitzuteilung bei der gleichzeitigen Benutzung eines Großrechners durch viele Benutzer; *auch* gekauftes Wohnrecht an einer Ferien-

wohnung während einer bestimmten Zeit)
Ti|ming, das; -s, -s (zeitl. Abstimmen von Abläufen)
Timm *vgl.* Tim
Ti|mo|kra|tie, die; -, ...ien ‹griech.› (Herrschaft der Besitzenden); **ti|mo|kra|tisch**
Ti|mon; - von Athen (athen. Philosoph u. Sonderling; Urbild des Menschenhassers)
Ti|mor (eine Sundainsel)
Ti|mo|the|us (Gehilfe des Paulus)
Ti|mo|the|us|gras, das; -es (ein Futtergras)
Tim|pa|no, der; -s, ...ni ‹griech.› (*Musik* Pauke)
Ti|mur, Ti|mur-Leng (mittelasiat. Eroberer)
Ti|na, Ti|ne, Ti|ni (w. Vorn.)
tin|geln (*ugs. für* [mal hier, mal dort] im Tingeltangel auftreten); ich ting[e]le
Tin|gel|tan|gel [*österr.* ...'ta...], der *u., österr. nur,* das; -s, - (*ugs. für* Tanzlokal; Varietee)
Ti|ni *vgl.* Tina
Tink|ti|on, die; -, -en ‹lat.› (*Chemie* Färbung); **Tink|tur,** die; -, -en ([Arznei]auszug)
Tin|nef, der; -s ‹hebr.-jidd.› (*ugs. für* Schund; dummes Zeug)
Tin|ni|tus, der; -, - ‹lat.› (Rauschen, Klingeln od. Pfeifen in den Ohren)
Tin|te, die; -, -n
Tin|ten|fass [*alte Schreibung* ...faß]
Tin|ten|fisch
Tin|ten|fleck *od.* **Tin|ten|fle|cken** [*alte Trennung* ...k|k...]; **Tin|ten|kil|ler; Tin|ten|klecks; Tin|ten|kleck|ser** (*ugs. svw.* Schreiberling); **Tin|ten|ku|li**
Tin|ten|pilz
Tin|ten|stift (*vgl.* ^{1}Stift)
tin|tig
Tint|ling (Tintenpilz)
Tin|to|ret|to (ital. Maler)
Tip *alte Schreibung für* Tipp
Ti|pi, das; -s, -s ‹Indianerspr.› (kegelförmiges Indianerzelt)
Tipp [*alte Schreibung* Tip], der; -s, -s (nützlicher Hinweis; Vorhersage bei Lotto u. Toto; *ugs. für* ausgefüllter Wettschein)
Tip|pel, der; -s, - (*nordd. für* Punkt; *österr. ugs. für* Beule); *vgl.* Dippel
Tip|pel|bru|der (*veraltet für* wandernder Handwerksbursche; *ugs. für* Landstreicher)
Tip|pel|chen (*landsch. für* Tüpfelchen); bis aufs Tippelchen
Tip|pe|lei, die; - *(ugs.)*; **tip|pe|lig,** tipp|lig (*landsch. für* kleinlich)
tip|peln (*ugs. für* zu Fuß gehen, wandern); ich tipp[e]le
^{1}**tip|pen** (*ugs. für* Maschine schreiben; *nordd., mitteld. für* leicht berühren; Dreiblatt spielen); er hat ihm, *auch* ihn auf die Schulter getippt
^{2}**tip|pen** (wetten)
Tip|pen, das; -s (ein Kartenspiel)
Tip|per ‹*zu* ^{2}tippen›
Tipp-Ex®, das; - (Korrekturflüssigkeit od. -streifen)
Tipp|feh|ler (*ugs. für* Fehler beim Maschineschreiben)
Tipp|ge|mein|schaft ‹*zu* ^{2}tippen›
tipp|lig *vgl.* tippelig
Tipp|se, die; -, -n (*ugs. abwertend für* Maschinenschreiberin)
tipp|topp ‹engl.› (*ugs. für* hochfein; tadellos)
Tipp|zet|tel (Wettzettel)
Ti|ra|de, die; -, -n ‹franz.› (Wortschwall; *Musik* tonleiterartige Verzierung)
Ti|ra|mi|su, das; -s, -s ‹ital.› (Süßspeise aus Mascarpone u. in Kaffee getränkten Biskuits)
Ti|ra|na (Hauptstadt Albaniens)
Ti|rass [*alte Schreibung* Ti|raß], der; Tirasses, Tirasse ‹franz.› (*Jägerspr.* Deckgarn, -netz); **ti|ras|sie|ren** ([Vögel] mit dem Tirass fangen)
ti|ri|li!; Ti|ri|li, das; -s; **ti|ri|lie|ren** (pfeifen, singen [von Vögeln])
ti|ro! ‹franz., »schieße hoch!«› (Zuruf an den Schützen, wenn Federwild vorbeistreicht)
Ti|ro (Freund Ciceros)
Ti|rol (österr. Bundesland); **Ti|ro|ler;** Tiroler Ache; **Ti|ro|le|rin; ti|ro|le|risch** *(österr. nur so)*
Ti|ro|li|enne [...'liɛn], die; -, -n ‹franz.› (ein ländlerartiger Rundtanz)
ti|ro|lisch (tirolerisch)
ti|ro|nisch‹*zu* Tiro›; **tironische** [*alte Schreibung* Tironische] Noten (altröm. Kurzschriftsystem)
Ti|ryns (altgriech. Stadt); **Ti|ryn|ther; ti|ryn|thisch**
Tisch, der; -[e]s, -e; bei Tisch (beim Essen) sein; zu Tisch gehen; Gespräch am runden Tisch
Tisch|bein; Tisch|be|sen; Tisch|com|pu|ter; Tisch|da|me; Tisch|de|cke [*alte Trennung* ...k|k...]
ti|schen (*schweiz. für* den Tisch decken); du tischst; **tisch|fer|tig**
Tisch|fuß|ball|spiel; Tisch|ge|bet; Tisch|ge|sell|schaft; Tisch|ge|spräch; Tisch|grill; Tisch|herr; Tisch|kan|te; Tisch|kar|te; Tisch|lam|pe; Tisch|läu|fer
Tisch|lein|deck|dich, das; -
Tisch|ler; Tisch|ler|ar|beit; Tisch|le|rei; Tisch|le|rin
tisch|lern; ich tischlere; **Tisch|ler|plat|te; Tisch|ler|werk|statt**
Tisch|ma|nie|ren *Plur.*
Tisch|nach|bar; Tisch|nach|ba|rin
Tisch|ord|nung; Tisch|plat|te; Tisch|rand *Plur.* ...ränder; **Tisch|rech|ner; Tisch|re|de; Tisch|re|ser|vie|rung; Tisch|rü|cken** [*alte Trennung* ...k|k...], das; -s; **Tisch|se|gen**
Tisch|ten|nis
Tisch|ten|nis|ball; Tisch|ten|nis|plat|te; Tisch|ten|nis|schlä|ger; Tisch|ten|nis|spiel; Tisch|ten|nis|spie|ler; Tisch|ten|nis|spie|le|rin
Tisch|tuch *Plur.* ...tücher; **Tisch|tuch|klam|mer**
Tisch|vor|la|ge; Tisch|wein; Tisch|zeit
Ti|si|pho|ne [...ne] (eine der drei Erinnyen)
Tit. = Titel
^{1}**Ti|tan,** Ti|ta|ne, der; ...nen, ...nen (einer der riesenhaften, von Zeus gestürzten Götter der griech. Sage; *übertr. für* jmd., der durch außergewöhnliche Machtfülle o. Ä. beeindruckt)
^{2}**Ti|tan,** das; -s ‹griech.› (chemisches Element, Metall; *Zeichen* Ti)
Ti|ta|ne *vgl.* ^{1}Titan
Ti|tan|ei|sen|erz
ti|ta|nen|haft (riesenhaft)
Ti|ta|nia (Feenkönigin, Gemahlin Oberons)
Ti|ta|nic [...ɪk], die; - (engl. Schnelldampfer, der 1912 nach Zusammenstoß mit einem Eisberg unterging)
Ti|ta|ni|de, der; -n, -n ‹griech.› (Nachkomme der Titanen)
ti|ta|nisch (riesenhaft)
Ti|ta|no|ma|chie, die; - (Kampf der Titanen gegen Zeus in der griech. Sage)
Ti|tan|ra|ke|te ‹*zu* ^{1}Titan›
Ti|tel [*auch* 'tɪ...], der; -s, - ‹lat.› (*Abk.* Tit.)
Ti|tel|am|bi|ti|on *meist Plur.*; **Ti|tel|an|wär|ter** *(Sportspr.)*; **Ti|tel|auf|la|ge; Ti|tel|bild; Ti|tel|blatt; Ti|tel|bo|gen**

Ti|te|lei (Gesamtheit der dem Textbeginn vorangehenden Seiten mit den Titelangaben eines Druckwerkes)
Ti|tel|ge|schich|te
Ti|tel|held; Ti|tel|hel|din
Ti|tel|kampf *(Sportspr.)*
Ti|tel|kir|che (Kirche eines Kardinalpriesters in Rom)
ti|tel|los
ti|teln ([einen Film] mit Titel versehen); ich tit[e]le
Ti|tel|rol|le; Ti|tel|schrift; Ti|tel|schutz, der; -es *(Rechtsspr.)*; **Ti|tel|sei|te; Ti|tel|song**
Ti|tel|sucht, die; -; **ti|tel|süch|tig**
Ti|tel|trä|ger; Ti|tel|trä|ge|rin
Ti|tel|ver|tei|di|ger *(Sportspr.)*; **Ti|tel|ver|tei|di|ge|rin** *(Sportspr.)*
Ti|tel|zei|le
Ti|ter, der; -s, - ‹franz.› (Maß für die Feinheit eines Seiden-, Reyonfadens; *Chemie* Gehalt einer Lösung)
Ti|thon, das; -s ‹griech.› (*Geol.* oberste Stufe des Malms)
Ti|ti|ca|ca|see, der; -s (See in Südamerika)
Ti|ti|see, der; -s (See im südl. Schwarzwald)
Ti|to|is|mus, der; - ‹nach dem jugoslaw. Staatspräsidenten Josip Broz Tito› (kommunist. Staatsform im ehem. Jugoslawien)
Ti|t|ra|ti|on, die; -, -en ‹lat.› (Bestimmung des Titers, Ausführung einer chem. Maßanalyse); **Ti|t|re** ['ti:tɐ, ...trə], der; -s, -s (*veraltet für* Titer; *im franz. Münzwesen Bez. für* Feingehalt); **ti|t|rie|ren** *(Chemie)*
tit|schen (*landsch. für* eintunken); du titschst
Tit|te, die; -, -n (*derb für* weibl. Brust)
Ti|tu|lar, der; -s, -e ‹lat.› (*veraltet für* Titelträger)
Ti|tu|lar... (nur dem Titel nach, ohne das Amt)
Ti|tu|lar|bi|schof; Ti|tu|lar|pro|fes|sor; Ti|tu|lar|rat *Plur.* ...räte
Ti|tu|la|tur, die; -, -en (Betitelung)
ti|tu|lie|ren (Titel geben, benennen); **Ti|tu|lie|rung**
Ti|tu|lus, der; -, ...li (mittelalterliche Bildunterschrift)
Ti|tus (röm. Kaiser; altröm. m. Vorn.; *Abk.* T.)
Tiu (altgerm. Gott); *vgl.* Tyr, Ziu
[1]Ti|vo|li (ital. Stadt)
[2]Ti|vo|li, das; -[s], -s (Vergnügungsort; Gartentheater; italienisches Kugelspiel)

T

Ti|zi|an (ital. Maler); **ti|zi|a|nisch;** tizianische [*alte Schreibung* Tizianische] Malweise ↑K 135; **ti|zi|an|rot**
tja! [tja(:)]
Tjalk, die; -, -en ‹niederl.› (ein einmastiges Küstenfahrzeug)
Tjost, die; -, -en *od.* der; -[e]s, -e ‹franz.› (mittelalterl. Reiterzweikampf mit scharfen Waffen)
tkm = Tonnenkilometer
Tl = *Zeichen für* Thallium
TL = [2]Lira
Tm = *Zeichen für* Thulium
Tme|sis, die; -, ...sen ‹griech.› (*Sprachw.* Trennung eigentlich zusammengehörender Wortteile, z. B. »ich *vertraue* dir ein Geheimnis *an*«)
TNT = Trinitrotoluol
Toast [to:st], der; -[e]s, *Plur.* -e *u.* -s ‹engl.› (geröstete Weißbrotschnitte; Trinkspruch); **Toast|brot; toas|ten** [*alte Trennung* ...|st...] ([Weißbrot] rösten; einen Trinkspruch ausbringen); **Toas|ter** (elektr. Gerät zum Rösten von [Weiß]brotscheiben)
To|ba|go *vgl.* Trinidad
To|bak, der; -[e]s, -e (*veraltet für* Tabak); *vgl.* anno
To|bel, das, *österr.* der; -s, - (*südd., österr., schweiz. für* enge [Wald]schlucht)
to|ben; To|be|rei
To|bi|as (m. Vorn.)
To|bog|gan, der; -s, -s ‹indian.› (ein kufenloser [kanad. Indianer]schlitten)
Tob|sucht, die; -; **tob|süch|tig; Tob|suchts|an|fall**
Toc|ca|ta *vgl.* Tokkata
Toch|ter, die; -, Töchter; **Töch|ter|chen**
Toch|ter|fir|ma; Toch|ter|ge|schwulst (*für* Metastase); **Toch|ter|ge|sell|schaft** *(Wirtsch.)*
Toch|ter|kir|che
töch|ter|lich
Töch|ter|schu|le *(veraltet)*; höhere Töchterschule
Toch|ter|zel|le *(Med.)*
Tod, der; -[e]s, -e; zu Tode fallen, hetzen, erschrecken
tod|bang; tod|be|reit
tod|blass [*alte Schreibung* ...blaß] *vgl.* totenblass; **tod|bleich** *vgl.* totenbleich
tod|brin|gend ↑K 59
Tod|dy [...di], der; -[s], -s ‹Hindi-engl.› (Palmwein; grogartiges Getränk)

tod|elend (*ugs. für* sehr elend); **tod|ernst** (*ugs. für* sehr ernst)
To|des|ah|nung; To|des|angst; To|des|an|zei|ge; To|des|art; To|des|da|tum; To|des|fall, der; **To|des|fol|ge,** die; - *(Rechtsspr.)*; **To|des|furcht; To|des|ge|fahr; To|des|jahr; To|des|kampf; To|des|kan|di|dat**
To|des|mut; to|des|mu|tig
To|des|nach|richt; To|des|not *(geh.)*; **To|des|op|fer; To|des|qual; To|des|ritt**
To|des|schuss [*alte Schreibung* ...schuß]; **To|des|schüt|ze**
To|des|spi|ra|le *(Eiskunstlauf)*
To|des|stoß; To|des|stra|fe; To|des|stun|de; To|des|tag; To|des|ur|sa|che; To|des|ur|teil; To|des|ver|ach|tung
to|des|wür|dig
To|des|zeit; To|des|zel|le
Tod|feind; jmdm. Todfeind [*alte Schreibung* todfeind] sein, werden; **Tod|fein|din**
tod|ge|weiht *(geh.)*; **Tod|ge|weih|te,** der *u.* die; -en, -en
tod|krank; Tod|kran|ke
tod|lang|wei|lig *(ugs.)*
töd|lich
tod|matt *(ugs.)*; **tod|mü|de** *(ugs.)*; **tod|schick** *(ugs.)*; **tod|si|cher** *(ugs.)*; **tod|ster|bens|krank** *(ugs.)*
tod|still (*svw.* totenstill)
Tod|sün|de
Todt|moos (Ort im Schwarzwald)
tod|trau|rig; tod|un|glück|lich; tod|wund *(geh.)*
Toe|loop, *auch* **Toe-Loop** ['tu:lu:p, *auch* 'to:...; *alte Schreibung* Toe-loop], der; -[s], -s ‹engl.› (Sprung beim Eiskunstlauf)
töff; töff, töff!; Töff, das *u.* der; -s, - (*schweiz. mdal. für* Motorrad)
Tof|fee [...fi, ...fe], das; -s, -s ‹engl.› (eine Weichkaramelle)
Tof|fel, Töf|fel, der; -s, - (dummer Mensch)
töff, töff!;Töff|töff, das; -s, -s (*Kinderspr.* Auto)
To|fu, der; -[s] ‹jap.› (aus Sojabohnenmilch gewonnenes quarkähnliches Produkt)
To|ga, die; -, ...gen ‹lat.› ([altröm.] Obergewand)
Tog|gen|burg, das; -s (schweiz. Tallandschaft)
To|go (Staat in Westafrika); **To|go|er; To|go|e|rin; to|go|isch; To|go|le|se** usw. *vgl.* Togoer usw.
To|hu|wa|bo|hu, das; -[s], -s ‹hebr., »wüst und leer«› (Wirrwarr, Durcheinander)

To|i|let|te [toa...], die; -, -n ⟨franz.⟩ (Frisiertisch; [feine] Kleidung; Ankleideraum; Klosett); Toilette machen (sich [gut] anziehen)
To|i|let|ten|ar|ti|kel[1]
To|i|let|ten|frau; To|i|let|ten|mann
To|i|let|ten|pa|pier
To|i|let|ten|sei|fe; To|i|let|ten|spie|gel; To|i|let|ten|tisch; To|i|let|ten|was|ser *Plur.* ...wässer
Toise [toa:s], die; -, -n ⟨franz.⟩ (altes franz. Längenmaß)
toi, toi, toi! (*ugs. für* unberufen!)
To|ka|dil|le [...'dɪljə], das; -s ⟨span.⟩ (ein Brettspiel)
To|kai|er, *auch* To|ka|jer ⟨nach der ung. Stadt Tokaj⟩ (ung. Natursüßwein); **To|kai|er|wein,** *auch* To|ka|jer|wein
To|kaj [...kai] (ung. Stadt)
To|ken ['toʊkən], das; -s, -s ⟨engl.⟩ (*bes. EDV* Folge zusammenhängender Zeichen od. Folge von Bits)
To|kio (Hauptstadt Japans); **To|kio|er, To|ki|o|ter**
Tok|ka|ta, *auch* Toc|ca|ta, die; -, ...ten ⟨ital.⟩ (ein Musikstück)
To|kyo usw. *vgl.* Tokio usw.
To|lar, der; -s, -s (slowen. Währungseinheit; Währungscode SIT)
Tö|le, die; -, -n (*ugs. für* Hund, Hündin)
To|le|da|ner; Toledaner Klinge; **To|le|do** (span. Stadt)
to|le|ra|bel ⟨lat.⟩ (erträglich, zulässig);...a|b|le Werte
to|le|rant (duldsam; nachsichtig; weitherzig)
To|le|ranz, die; -, *Plur.* (Technik:) -en (Duldsamkeit; *Technik* zulässige Abweichung vom vorgegebenen Maß)
To|le|ranz|be|reich, der *(Technik)*; **To|le|ranz|do|sis** (für den Menschen zulässige Strahlungsbelastung); **To|le|ranz|e|dikt,** das; -[e]s; **To|le|ranz|gren|ze**
to|le|rie|ren (dulden, gewähren lassen); **To|le|rie|rung**
toll; toll|dreist
Tol|le, die; -, -n (*ugs. für* Büschel; Haarschopf)
tol|len; Tol|le|rei
Toll|haus; Toll|heit
Tol|li|tät, die; -, -en (Fastnachtsprinz od. -prinzessin)
Toll|kir|sche
toll|kühn; Toll|kühn|heit
Toll|patsch [*alte Schreibung* Tolpatsch], der; -[e]s, -e ⟨ung.⟩ (*ugs. für* ungeschickter Mensch); **toll|pat|schig** *(ugs.)*; **Toll|pat|schig|keit,** die; -
Toll|wut; toll|wü|tig
Tol|patsch usw. *alte Schreibung für* Tollpatsch usw.
Töl|pel, der; -s, -; **Töl|pe|lei; töl|pel|haft; töl|pisch**
Tols|toi [*alte Trennung* ...|st...] (russ. Dichter)
Tölt, der; -s ⟨isländ.⟩ (Gangart des Islandponys zwischen Schritt u. Trab)
Tol|te|ke, der; -n, -n (Angehöriger eines altmexikan. Kulturvolkes); **tol|te|kisch**
To|lu|bal|sam, *auch* **To|lu-Bal|sam,** der; -s ↑K 143 ⟨nach der Hafenstadt Tolú in Kolumbien⟩ (ein Pflanzenbalsam)
To|lu|i|din, das; -s (eine Farbstoffgrundlage)
To|lu|ol, das; -s (ein Lösungsmittel)
To|ma|hawk [...ha:k], der; -s, -s ⟨indian.⟩ (Streitaxt der [nordamerik.] Indianer)
To|mas *vgl.* Thomas
To|ma|te, die; -, -n ⟨mex.⟩
To|ma|ten|ket|schup, *auch*...ketchup; **To|ma|ten|mark,** das; **To|ma|ten|saft; To|ma|ten|sa|lat; To|ma|ten|so|ße,** *auch* ...sau|ce; **To|ma|ten|sup|pe**
to|ma|ti|sie|ren (*Gastron.* mit Tomatenmark versehen)
Tom|bak, der; -s ⟨malai.⟩ (eine Legierung, Goldimitation)
Tom|bo|la, die; -, *Plur.* -s, *selten* ...bolen ⟨ital.⟩ (Verlosung)
Tom|my [...mi], der; -s, -s ⟨engl.⟩ (m. Vorn.; Spitzname des engl. Soldaten)
To|mo|gra|phie, *auch* To|mo|gra|fie, die; - ⟨griech.⟩ (schichtweises Röntgen)
Tomsk (westsibir. Stadt)
[1]**Ton,** der; -[e]s, *Plur. (Sorten:)* -e (Verwitterungsrückstand tonerdehaltiger Silikate)
[2]**Ton,** der; -[e]s, Töne ⟨griech.⟩ (Laut usw.); Ton in Ton gemustert; **Ton|ab|neh|mer**
to|nal (*Musik* auf einen Grundton bezogen); **To|na|li|tät,** die; - (Bezogenheit aller Töne auf einen Grundton)
ton|an|ge|bend ↑K 59
Ton|arm
[1]**Ton|art** *(Musik)*
[2]**Ton|art** ⟨*zu* [1]Ton⟩; **ton|ar|tig**
Ton|auf|nah|me; Ton|auf|zeich|nung; Ton|aus|fall
Ton|band, das; *Plur.* ...bänder
Ton|band|auf|nah|me; Ton|band|ge|rät; Ton|band|pro|to|koll
Ton|bank *Plur.* ...bänke (*nordd. für* Ladentisch, Schanktisch)
Ton|bild; Ton|blen|de
Tøn|der ['tœnɐ] (*dän. Form von* Tondern); **Ton|dern** (dän. Stadt)
Ton|dich|ter; Ton|dich|tung
Ton|do, das, *fachspr. auch* der; -s, *Plur.* -s *u.* ...di ⟨ital.⟩ (Rundbild, bes. in der Florentiner Kunst des 15. u. 16. Jh.s)
to|nen (*Fotogr.* den Farbton verbessern)
[1]**tö|nen** (färben)
[2]**tö|nen** (klingen)
To|ner, der; -s, - ⟨engl.⟩ (Druckfarbe für Kopiergeräte o. Ä.)
Ton|er|de; essigsaure Tonerde
tö|nern (aus [1]Ton); tönernes Geschirr
Ton|fall, der; **Ton|film; Ton|fol|ge; Ton|fre|quenz**
Ton|ga (Inselstaat im Pazifik); **Ton|ga|er; Ton|ga|in|seln** *Plur.*; **ton|ga|isch; Ton|ga|spra|che**
Ton|ge|bung *(Musik, Sprachw.)*
Ton|ge|fäß; Ton|ge|schirr; Ton|gru|be
ton|hal|tig; tonhaltige Erde
Ton|höh|he
[1]**To|ni** (m. u. w. Vorn.)
[2]**To|ni,** der; -s, -s (*DDR ugs. für* Funkstreifenwagen der Volkspolizei)
To|nic [...ɪk], das; -[s], -s ⟨engl.⟩ (*kurz für:* Tonicwater)
To|nic|wa|ter ['tɔnɪk'vo:tɐ], das; -s, - (Limonade mit Chininzusatz)
to|nig ⟨*zu* [1]Ton⟩ (tonartig)
...to|nig (z. B. hochtonig)
...tö|nig (z. B. eintönig)
To|ni|ka, die; -, ...ken ⟨griech.⟩ (*Musik* Grundton eines Tonstücks; der darauf aufgebaute Dreiklang)
To|ni|kum, das; -s, ...ka ⟨griech.⟩ (*Med.* stärkendes Mittel)
Ton|in|ge|ni|eur
[1]**to|nisch** (*Musik* die Tonika betreffend); tonischer Dreiklang
[2]**to|nisch** (*Med.* kräftigend; den Tonus betreffend)
Ton|ka|bi|ne
Ton|ka|boh|ne ⟨indian.; dt.⟩ (ein Aromatisierungsmittel)
Ton|ka|me|ra; Ton|kon|ser|ve; Ton-

[1]*Die Form* Toiletteartikel [toa'lɛt...] usw. *ist österr. u. kommt sonst nur gelegentlich vor.*

T

kopf; Ton|kunst; Ton|künst|ler; Ton|la|ge; Ton|lei|ter, die
ton|los; Ton|lo|sig|keit, die; -
Ton|ma|le|rei
Ton|meis|ter [*alte Trennung* ...|st...] *(Film, Rundfunk);* **Ton|meis|te|rin**
Ton|na|ge [...ʒə, *österr.* ...ʒ], die; -, -n (Rauminhalt eines Schiffes)
Tönn|chen
Ton|ne, die; -, -n ‹mlat.› (*auch* Maßeinheit für Masse = 1 000 kg; *Abk.* t)
Ton|nen|dach; Ton|nen|ge|halt, der (Raumgehalt eines Schiffes); **Ton|nen|ge|wöl|be**
Ton|nen|ki|lo|me|ter (Maßeinheit für Frachtsätze; *Zeichen* tkm); **Ton|nen|le|ger** (Fahrzeug, das Seezeichen [Tonnen] auslegt)
ton|nen|wei|se
...ton|ner (z. B. Dreitonner, *mit Ziffer* 3-Tonner [*alte Schreibung* 3tonner] Laster mit 3 t Ladegewicht; ↑K 66)
Ton|pfei|fe ‹*zu* [1]Ton›
Ton|qua|li|tät; Ton|schnei|der (beim Tonfilm); **Ton|set|zer** (*für* Komponist)
Ton|sil|le, die; -, -n *meist Plur.* ‹lat.› (*Med.* Gaumen-, Rachenmandel); **Ton|sil|l|ek|to|mie,** die; -, ...ien ‹lat.; griech.› (operative Entfernung der Gaumenmandeln); **Ton|sil|li|tis,** die; -, ...itiden (Mandelentzündung)
Ton|spur *(Film);* **Ton|stö|rung; Ton|stück** (Musikstück)
Ton|sur, die; -, -en ‹lat.› (*früher* kahl geschorene Stelle auf dem Kopf kath. Geistlicher); **ton|su|rie|ren** (die Tonsur schneiden)
Ton|ta|fel
Ton|tau|be (*Sport* Wurftaube); **Ton|tau|ben|schie|ßen,** das; -s
Ton|tech|ni|ker; Ton|tech|ni|ke|rin
Ton|trä|ger
Tö|nung (Art der Farbgebung)
To|nus, der; -, Toni ‹griech.› (*Med.* Spannungszustand der Gewebe, bes. der Muskeln)
Ton|wa|re
Ton|wert; Ton|zei|chen
top ‹engl.› (von höchster Güte; hochmodern); er ist immer top gekleidet
Top, das; -s, -s ‹engl.› ([ärmelloses] Oberteil)
TOP, der; *mit Zahlen o. Artikel ungebeugt* = Tagesordnungspunkt; TOP 2 [und 3]
top... ‹engl.› (sehr, in hohem Maße, z. B. topaktuell)
Top... ‹engl.› (Spitzen..., z. B. Topmodell, Topstar)
To|pas [*österr. meist* ˈto:...], der; -es, -e ‹griech.› (ein Schmuckstein); **to|pas|far|ben** *od.* **to|pas|far|big**
Topf, der; -[e]s, Töpfe; **Topf|blu|me; Töpf|chen**
top|fen (in einen Topf pflanzen); getopft
Top|fen, der; -s (*bayr. u. österr. für* Quark); **Top|fen|knö|del** *(bayr. u. österr.);* **Top|fen|ko|lat|sche** *(österr.);* **Top|fen|pa|lat|schin|ke** *(österr.);* **Top|fen|ta|scherl** *(bayr. u. österr.)*
Töp|fer; Töp|fe|rei
Töp|fer|er|de; Töp|fer|hand|werk, das; -[e]s
Töp|fe|rin
Töp|fer|markt; Töp|fer|meis|ter [*alte Trennung* ...|st...]
[1]**töp|fern** (irden, tönern)
[2]**töp|fern** (Töpferwaren machen); ich töpfere
Töp|fer|schei|be; Töp|fer|wa|re
Topf|gu|cker [*alte Trennung* ...k|k...] *(ugs.)*
top|fit ‹engl.› (in bester [körperlicher] Verfassung)
Topf|ku|chen; Topf|lap|pen; Topf|markt
Top|form, die; - (*bes. Sportspr.* Bestform)
Topf|pflan|ze; Topf|rei|ni|ger; Topf|schla|gen, das; -s (ein Spiel)
To|pik, die; - ‹griech.› (Lehre von den Topoi; *vgl.* Topos)
To|pi|nam|bur, der; -s, *Plur.* -s *u.* -e *od.* die; -, -en ‹brasilian.› (eine Gemüse- u. Futterpflanze)
to|pisch ‹griech.› (*Med.* örtlich, äußerlich wirkend)
top|less ‹engl.-amerik., »oben ohne«› (busenfrei)
Top|ma|nage|ment (*Wirtsch.* Spitze der Unternehmensleitung); **Top|ma|na|ger**
To|po|graph, *auch* To|po|graf, der; -en, -en ‹griech.› (Vermessungsingenieur); **To|po|gra|phie,** *auch* To|po|gra|fie, die; -, ...ien (Orts-, Lagebeschreibung, -darstellung); **to|po|gra|phisch,** *auch* to|po|gra|fisch
To|poi (*Plur. von* Topos)
To|po|lo|gie, die; - (Lehre von der Lage u. Anordnung geometrischer Gebilde im Raum); **to|po|lo|gisch**
To|p|o|ny|mie, To|p|o|ny|mik, die; - (Ortsnamenforschung)
To|pos, der; -, ...poi (*Sprachw.* feste Wendung, immer wieder gebrauchte Formulierung, z. B. »wenn ich nicht irre«)
topp! (zustimmender Ausruf)
Topp, der; -s, *Plur.* -e[n] *u.* -s (*Seemannsspr.* oberstes Ende eines Mastes; *ugs. scherzh. für* oberster Rang im Theater)
[1]**top|pen** (*Seemannsspr.* [die Rahen] zur Mastspitze ziehen; *Chemie* Benzin durch Destillation vom Rohöl scheiden)
[2]**top|pen** (übertreffen); ich toppe, du toppst, er/sie toppt, getoppt
Topp|flag|ge
topp|las|tig [*alte Trennung* ...|st...] (*Seew.* zu viel Gewicht in der Takelage habend)
Topp|la|ter|ne; Topp|se|gel
Topps|gast *Plur.* ...gasten (Matrose, der das Toppsegel bedient)
top|se|c|ret [...si:krɪt; *alte Schreibung* top-se|cret]‹engl.› (streng geheim)
Top|spin (*bes. Golf, [Tisch]tennis* starker Drall des Balls in Flugrichtung)
Top|star (Spitzenstar)
Top|ten, *auch* **Top Ten** [*alte Schreibung* Top ten], die; -, -s (Hitparade [aus zehn Titeln, Werken u. a.])
Toque [tɔk], die; -, -s ‹span.› (kleiner barettartiger Frauenhut)
[1]**Tor,** das; -[e]s, -e (große Tür; *Sport* Angriffsziel); *Schreibung in Straßennamen:* ↑K 162 *u.* 163
[2]**Tor,** der; -en, -en (törichter Mensch)
Tor|aus *(Sport);* **Tor|aus|beu|te** *(Sport);* **Tor|bi|lanz** *(Sport)*
Tor|bo|gen
Tor|chan|ce *(Sport)*
Tord|alk, der; *Gen.* -[e]s *od.* -en, *Plur.* -e[n] ‹schwed.› (ein arkt. Seevogel)
Tor|dif|fe|renz *(Sport)*
To|re|a|dor, der; *Gen.* -s *u.* -en, *Plur.* -e[n] ‹span.› (Stierkämpfer)
Tor|ein|fahrt
To|re|ra, die; -, -s ‹span.› (Stierkämpferin)
Tor|er|folg *(Sport)*
To|re|ro, der; -[s], -s (Stierkämpfer)
To|res|schluss [*alte Schreibung* ...schluß] *vgl.* Torschluss
To|reu|tik, die; - ‹griech.› (Kunst der Metallbearbeitung)
Torf, der; -[e]s, *Plur.* *(Arten:)* -e; Torf stechen

T

to̱t

Kleinschreibung: – der tote Punkt; ein totes Gleis – toter Mann (*Bergmannsspr.* abgebaute Teile einer Grube) – toter Briefkasten (Agentenversteck für Mitteilungen u. a.)	– ↑K 150: die Tote Hand (öffentlich-rechtliche Körperschaft oder Stiftung, bes. Kirche, Klöster, im Hinblick auf ihr nicht veräußerbares od. vererbbares Vermögen)
Großschreibung: – ↑K 72: etwas Starres und Totes – der, die Tote *(vgl. d.)* – ↑K 140: das Tote Gebirge (in Österr.), das Tote Meer	*Getrenntschreibung:* – ein tot geborenes [*alte Schreibung* totgeborenes] Kind – sich tot stellen [*alte Schreibung* totstellen] – tot sein; tot scheinen *Vgl. aber* totarbeiten, totfahren usw.

To̱rf|bal|len; To̱rf|bo|den; To̱rf|er|de; To̱rf|feu|e|rung; To̱rf|ge|win|nung
to̱r|fig
To̱rf|moor; To̱rf|moos *Plur.* ...moose; **To̱rf|mull**
To̱r|frau *(Sport)*
To̱rf|ste|cher; To̱rf|stich; To̱rf|streu
To̱r|gau (Stadt a. d. Elbe); **To̱r|gau|er; to̱r|gau|isch**
to̱r|ge|fähr|lich *(Sport);* **To̱r|ge|fähr|lich|keit**
tö̱rg|ge|len ‹*zu* [1]Torkel› (*südtirol. für* im Spätherbst den neuen Wein trinken); ich törgg[e]le
To̱r|heit
To̱r|hö|he; To̱r|hü|ter *(bes. Sport)*
tö̱|richt; tö̱|rich|ter|wei̱|se
To̱|ries [...i:s] *Plur.* (*früher* die Konservative Partei in England); *vgl.* Tory
Tö̱|rin ‹*zu* [2]Tor›
To|ri̱|no (*ital. Form von* Turin)
To̱r|in|s|tinkt; To̱r|jä|ger *(Sport)*
[1]**To̱r|kel,** der; -s, - *od.* die; -, -n (*landsch. für* Weinkelter)
[2]**To̱r|kel,** der; -s, - (*landsch. für* ungeschickter Mensch; *nur Sing.:* Taumel; unverdientes Glück)
to̱r|keln (*ugs. für* taumeln); ich tork[e]le
Tö̱rl, das; -s, - (*österr. für* Felsendurchgang; Gebirgsübergang)
To̱r|lauf (*für* Slalom); **To̱r|li|nie**
to̱r|los; torloses Unentschieden
To̱r|mann *Plur.* ...männer, *auch* ...leute (*svw.* Torwart, -hüter)
Tor|men|ti̱ll, der; -s ‹lat.› (Blutwurz, eine Heilpflanze)
Tö̱rn, der; -s, -s ‹engl.› (*Seemannsspr.* Fahrt mit einem Segelboot)
Tor|na̱|do, der; -s, -s ‹engl.› (Wirbelsturm in Nordamerika)
Tor|ni̱s|ter [*alte Trennung* ...|st...], der; -s, - ‹slaw.› ([Fell-, Segeltuch]ranzen, bes. des Soldaten)
To|ro̱n|to (kanad. Stadt)
tor|pe|di̱e|ren ‹lat.› (mit Torpedo[s] beschießen, versenken; *übertr. für* stören, verhindern); **Tor|pe|di̱e|rung**
Tor|pe̱|do, der; -s, -s (Unterwassergeschoss); **Tor|pe̱|do|boot**
To̱r|pfei|ler; To̱r|pfos|ten [*alte Trennung* ...|st...]
Tor|qua̱|tus (altröm. m. Eigenn. [Ehrenname])
tor|qui̱e|ren ‹lat.› (*Technik* krümmen, drehen)
To̱rr, das; -s, - ‹nach E. Torricelli; *vgl. d.*› (alte Maßeinheit des Luftdrucks)
To̱r|raum *(Fußball, Handball);* **To̱r|raum|li|nie**
to̱r|reif *(bes. Fußball);* eine torreife Situation
Tor|re̱n|te, der; -, -n ‹ital.› (*Geogr.* Gießbach, Regenbach)
To̱r|res|stra|ße, *auch* **To̱r|res-Stra|ße,** die; - ↑K 143 ‹nach dem span. Entdecker› (Meerenge zwischen Australien u. Neuguinea)
Tor|ri|cel|li [...ˈtʃɛ...] (ital. Physiker); **tor|ri|ce̱l|lisch;** die torricellische [*alte Schreibung* Torricellische] Leere (im Luftdruckmesser; ↑K 135)
To̱r|schluss, To|res|schluss [*alte Schreibung* ...schluß], der; -es; vor Torschluss, Toresschluss; **To̱r|schluss|pa|nik**
To̱r|schuss [*alte Schreibung* ...schuß] *(Sport)*
To̱r|schüt|ze *(Sport);* **To̱r|schüt|zen|kö|nig**
Tor|si|o̱n, die; -, -en ‹lat.› (*bes. Technik* Verdrehung, Verdrillung, Verwindung)
Tor|si|o̱ns|e|las|ti|zi|tät [*alte Trennung* ...|st...]; **Tor|si|o̱ns|fes|tig|keit** (Verdrehungsfestigkeit)
Tor|si|o̱ns|mo|dul (Materialkonstante, die bei der Torsion auftritt); **Tor|si|o̱ns|waa|ge**
To̱r|so, der; -s, *Plur.* -s *u.* ...si ‹ital.› (unvollständig erhaltene Statue; Bruchstück)
To̱rs|ten, Tho̱rs|ten [*alte Trennung* ...|st...] (m. Vorn.)
To̱rt, der; -[e]s ‹franz.› (*veraltend für* Kränkung, Unbill); jmdm. einen Tort antun; zum Tort
Tö̱rt|chen
To̱r|te, die; -, -n ‹ital.›
Tor|te|le̱tt, das; -s, -s *u.* **Tor|te|le̱t|te,** die; -, -n (Törtchen aus Mürbeteigboden)
Tor|tel|li̱|ni *Plur.* ‹ital.› (gefüllte, ringförmige Nudeln)
To̱r|ten|bo|den; To̱r|ten|guss [*alte Schreibung* ...guß]; **To̱r|ten|he|ber; To̱r|ten|schau|fel**
Tor|til|la [...ˈtɪlja], die; -, -s ‹span.› (Fladenbrot; Omelette)
Tor|tu̱r, die; -, -en ‹lat.› (Folter, Qual)
To|ruń [ˈtɔrʊn] (poln. Stadt; *vgl.* Thorn)
To̱r|ver|hält|nis *(Sport)*
To̱r|wa|che *(früher);* **To̱r|wäch|ter**
To̱r|wart *(Sport)*
To̱r|wär|ter *(früher);* **To̱r|weg**
To̱|ry [...ri], der; -s, -s *u.* ...ies (Vertreter der konservativen Politik in Großbritannien); *vgl.* Tories; **To|ry|i̱s|mus, To|rys|mus** [...ˈrɪ...], der; - *(früher);* **to|ry|is|tisch, to|rys|tisch** [*alte Trennung* ...|st...]
To̱s|be|cken [*alte Trennung* ...k|k...] *(Wasserbau)*
Tos|ca|ni̱|ni (ital. Dirigent)
to̱|sen; der Bach tos|te
Tos|ka̱|na, die; - (ital. Landschaft); **Tos|ka̱|ner; tos|ka̱|nisch**
to̱t *s. Kasten*
to|ta̱l ‹franz.› (gänzlich, völlig; Gesamt...); **To|ta̱l,** das; -s, -e (*schweiz. für* Gesamt, Summe)
To|ta̱l|an|sicht
To|ta̱l|aus|ver|kauf
To|ta̱|le, die; -, -n (*Film* Kamera-

einstellung, die das Ganze einer Szene erfasst)

To|ta|li|sa|tor, der; -s, ...oren (staatl. Einrichtung zum Abschluss von Wetten auf Rennpferde; *Kurzw.* Toto)

to|ta|li|tär (diktatorisch, sich alles unterwerfend [vom Staat]; *selten für* ganzheitlich); **To|ta|li|ta|ris|mus,** der; - ‹lat.›; **to|ta|li|ta|ris|tisch** [*alte Trennung* ...|st...]

To|ta|li|tät, die; -, -en ‹franz.› (Gesamtheit, Ganzheit); **To|ta|li|täts|an|spruch**

To|tal|o|pe|ra|ti|on *(Med.);* **To|tal|scha|den**

tot|ar|bei|ten, sich ↑K 47 *(ugs.);* ich arbeite mich tot; totgearbeitet; totzuarbeiten

tot|är|gern, sich ↑K 47 *(ugs. für* sich sehr ärgern); ich habe mich totgeärgert

To|te, der *u.* die; -n, -n

To|tem, das; -s, -s ‹indian.› (*Völkerk.* bei Naturvölkern Ahnentier u. Stammeszeichen der Sippe); **To|tem|fi|gur; To|tem|glau|be**

To|te|mis|mus, der; - (Glaube an die übernatürliche Kraft des Totems und seine Verehrung); **to|te|mis|tisch** [*alte Trennung* ...|st...]

To|tem|pfahl; To|tem|tier

tö|ten

To|ten|a|cker (*veraltet für* Friedhof)

to|ten|ähn|lich

To|ten|amt *(kath. Kirche);* **To|ten|bah|re; To|ten|be|schwö|rung; To|ten|bett**

to|ten|blass, tod|blass [*alte Schreibung*... blaß]

To|ten|bläs|se

to|ten|bleich, tod|bleich

To|ten|eh|rung; To|ten|fei|er; To|ten|fest; To|ten|glo|cke [*alte Trennung* ...k|k...]; **To|ten|grä|ber; To|ten|hemd; To|ten|kla|ge**

To|ten|kopf; To|ten|kopf|schwär|mer (ein Schmetterling)

To|ten|mas|ke; To|ten|mes|se (*vgl.* [1]Messe); **To|ten|op|fer; To|ten|schä|del; To|ten|schein; To|ten|sonn|tag; To|ten|stadt** (*für* Nekropole); **To|ten|star|re**

to|ten|still, tod|still; **To|ten|stil|le**

To|ten|tanz; To|ten|vo|gel; To|ten|wa|che

tot|fah|ren ↑K 47; er hat ihn totgefahren

tot ge|bo|ren [*alte Schreibung* tot|ge|bo|ren] *vgl.* tot

Tot|ge|burt

tot|ge|glaubt; Tot|ge|glaub|te, der *u.* die; -n, -n

Tot|ge|sag|te, der *u.* die; -n, -n

To|ti|la (Ostgotenkönig)

tot|krie|gen ↑K 47 *(ugs.);* er ist nicht totzukriegen (er hält viel aus); **tot|la|chen,** sich ↑K 47 (*ugs. für* heftig lachen); ich habe mich [fast, halb] totgelacht; ↑K 82: das ist zum Totlachen; **tot|lau|fen,** sich ↑K 47 (*ugs. für* von selbst zu Ende gehen); es hat sich totgelaufen; **tot|ma|chen** ↑K 47 (*ugs. für* töten); er hat den Käfer totgemacht

Tot|mann|brem|se *od.* **...knopf** (*Eisenb.* eine Bremsvorrichtung)

To|to, das, *auch* der; -s, -s (*Kurzw. für* Totalisator; Sport-, Fußballtoto)

To|to|er|geb|nis *meist Plur.;* **To|to|ge|winn; To|to|schein**

Tot|punkt *(Technik)*

Tot|rei|fe *(Landw.)*

tot|sa|gen ↑K 47; sie wurde totgesagt; **tot|schie|ßen** ↑K 47; der Hund wurde totgeschossen

Tot|schlag, der; -[e]s; **tot|schla|gen** ↑K 47; er wurde [halb] totgeschlagen; er hat seine Zeit totgeschlagen (*ugs. für* nutzlos verbracht); **Tot|schlä|ger**

tot|schwei|gen ↑K 47; sie hat den Vorfall totgeschwiegen

tot stel|len [*alte Schreibung* tot|stel|len] *vgl.* tot

tot|tram|peln ↑K 47; er wurde tot|getrampelt; **tot|tre|ten** ↑K 47; er hat den Käfer totgetreten

Tö|tung; fahrlässige Tötung

Tö|tungs|ab|sicht; Tö|tungs|ver|such

Tot|zeit *(Technik)*

Touch [tatʃ], der; -s, -s ‹engl.› (Anstrich; Anflug, Hauch)

tou|chie|ren [tuˈʃi:...] ‹franz.› (*Sport* [nur leicht] berühren)

Touch|screen [tatʃskri:n], der; -s, -s ‹engl.› (Computerbildschirm, der auf Antippen mit dem Finger o. Ä. reagiert)

tough [taf] ‹engl.› (*ugs. für* robust, durchsetzungsfähig); eine toughe Frau, ein tougher Typ

Tou|lon [tuˈlõ:] (franz. Stadt)

Tou|louse [tuˈlu:s] (franz. Stadt)

Tou|louse-Lau|t|rec [...ˈlu:sloˈtrɛk] (franz. Maler u. Grafiker)

Tou|pet [tuˈpe:], das; -s, -s ‹franz.› (Halbperücke; Haarersatz; *schweiz. regional auch für* Unverfrorenheit)

tou|pie|ren (dem Haar durch Auflockern ein volleres Aussehen geben); **Tou|pie|rung**

Tour [tu:ɐ̯], die; -, -en ‹franz.›; in einer Tour (*ugs. für* ohne Unterbrechung); auf Touren kommen (eine hohe Geschwindigkeit erreichen; *übertr. für* in Schwung kommen)

Tou|raine [tuˈrɛ:n], die; - (westfranz. Landschaft)

Tour de France [ˈtu:ɐ̯ də ˈfrã:s], die; - - - ‹franz.› (in Frankreich alljährlich von Berufsradsportlern in Etappen ausgetragenes Radrennen)

Tour de Suisse [- də ˈsvɪs], die; - (schweiz. Radrennen)

Tour d'Ho|ri|zon [- doriˈzõ:; *alte Schreibung* Tour d'ho|ri|zon], die; - -, -s [tur] - (informativer Überblick)

Tou|ren|ski [ˈtu:...], Tou|ren|schi

Tou|ren|wa|gen; Tou|ren|zahl (*svw.* Drehzahl); **Tou|ren|zäh|ler** (Drehzahlmesser)

Tou|ris|mus, der; - ‹engl.› (Fremdenverkehr); **Tou|rist,** der; -en, -en (Urlaubsreisender)

Tou|ris|ten|at|trak|ti|on [*alte Trennung* ...|st...]; **Tou|ris|ten|klas|se,** die; - (preiswerte Reiseklasse im See- u. Luftverkehr)

Tou|ris|tik [*alte Trennung* ...|st...], die; - (Gesamtheit der touristischen Einrichtungen u. Veranstaltungen); **Tou|ris|tin; tou|ris|tisch**

Tour|nai [tʊrˈnɛ:] (belg. Stadt); **Tour|nai|tep|pich,** *auch* **Tour|nai-Tep|pich**

Tour|né [tʊr...], das; -s, -s ‹franz.› (*Kartenspiel* aufgedecktes Kartenblatt, dessen Farbe als Trumpffarbe gilt)

Tour|ne|dos [...nəˈdo:], das; -, - (runde Lendenschnitte)

Tour|nee, die; -, *Plur.* -s *u.* ...neen (Gastspielreise von Künstlern)

Tour|nee|lei|ter, der; **Tour|nee|ver|an|stal|ter**

tour-re|tour [tu:rreˈtu:r] ‹franz.› (*österr. für* hin und zurück)

To|wa|rischtsch, der; -[s], *Plur.* -s, *auch* -i ‹russ.› (*russ. Bez. für* Genosse)

To|w|er [ˈtau...], der; -s, - ‹engl., »Turm«› (ehemalige Königsburg in London; Flughafenkontrollturm); **To|w|er|brü|cke** [*alte Trennung* ...k|k...], die; -

Town|ship [ˈtaunʃɪp], die; -, -s

T

(von Farbigen bewohnte städtische Siedlung [in Südafrika])
To|x|al|bu|min ⟨griech.; lat.⟩ (eiweißartiger Giftstoff)
to|xi|gen (Giftstoffe erzeugend; durch Vergiftung verursacht)
To|xi|ko|lo|ge, der; -n, -n ⟨griech.⟩; **To|xi|ko|lo|gie,** die; - (Lehre von den Giften u. ihren Wirkungen); **To|xi|ko|lo|gin; to|xi|ko|lo|gisch**
To|xi|kum, das; -s, ...ka (*Med.* Gift); **To|xin,** das; -s, -e (*Med.* organischer Giftstoff [von Bakterien])
to|xisch (giftig; durch Gift verursacht); **To|xi|zi|tät,** die; -
Toyn|bee [...bi] (engl. Historiker)
TP = Triangulationspunkt, trigonometrischer Punkt
Trab, der; -[e]s; Trab laufen, rennen, reiten ↑K 54
[1]**Tra|bant,** der; -en, -en (*früher für* Begleiter; Diener; *Astron.* Mond; *Technik* künstl. Erdmond, Satellit)
[2]**Tra|bant®,** der; -s, -s (Kraftfahrzeug aus der DDR)
Tra|ban|ten|stadt (selbstständige Randsiedlung einer Großstadt)
Trab|bi, Tra|bi, der; -s, -s (*kurz für* [2]Trabant)
tra|ben
Tra|ber (Pferd); **Tra|ber|bahn**
Tra|bi *vgl.* Trabbi
Trab|renn|bahn; Trab|ren|nen
Trab|zon [...psɔn, *auch* ...ˈpsɔn] (türk. Hafenstadt)
Tra|chea, die; -, ...een (*Med.* Luftröhre); **Tra|chee,** die; -, ...een (Atmungsorgan niederer Tiere; *Bot.* Wasser leitendes pflanzl. Gefäß)
Tracht, die; -, -en; eine Tracht Prügel *(ugs.)*
trach|ten; nach etwas trachten
Trach|ten|an|zug; Trach|ten|fest; Trach|ten|grup|pe (*vgl.* [1]Gruppe); **Trach|ten|ja|cke** [*alte Trennung* ...k|k...]; **Trach|ten|ka|pel|le; Trach|ten|kos|tüm** [*alte Trennung* ...|st...]
träch|tig; Träch|tig|keit, die; -
Tracht|ler (*landsch. für* Teilnehmer an einem Trachtenfest); **Tracht|le|rin** *(landsch.)*
Tra|chyt, der; -s, -e ⟨griech.⟩ (ein Ergussgestein)
Trade|mark [ˈtreːt...], die; -, -s ⟨engl.⟩ (*engl. Bez. für* Warenzeichen)
Tra|des|kan|tie, die; -, -n ⟨nach dem Engländer Tradescant⟩ (Dreimasterblume, eine Zierpflanze)
Trade|u|ni|on [ˈtreːtˈjuːni̯ən], *auch* **Trade-U|ni|on,** die; -, -s ⟨engl.⟩ (*engl. Bez. für* Gewerkschaft)
tra|die|ren ⟨lat.⟩ (überliefern)
Tra|di|ti|on, die; -, -en (Überlieferung; Herkommen; Brauch)
Tra|di|ti|o|na|lis|mus, der; - (bewusstes Festhalten an der Tradition); **Tra|di|ti|o|na|list,** der; -en, -en; **tra|di|ti|o|na|lis|tisch** [*alte Trennung* ...|st...]
tra|di|ti|o|nell ⟨franz.⟩ (überliefert, herkömmlich)
tra|di|ti|ons|be|wusst [*alte Schreibung* ...be|wußt]; **Tra|di|ti|ons|be|wusst|sein**
tra|di|ti|ons|ge|bun|den; tra|di|ti|ons|ge|mäß; tra|di|ti|ons|reich
träf (*schweiz. für* treffend, schlagend)
Tra|fal|gar (Kap an der span. Atlantikküste südöstl. von Cádiz)
Tra|fik, die; -, -en ⟨franz.⟩ (*bes. österr. für* [Tabak]laden)
Tra|fi|kant, der; -en, -en; **Tra|fi|kan|tin;** *vgl.* Tabaktrafik usw.
Tra|fo, der; -[s], -s (*Kurzw. für* Transformator); **Tra|fo|sta|ti|on**
Traft, die; -, -en ⟨poln.⟩ (*nordostd. für* großes Floß auf der Weichsel); **Traf|ten|füh|rer**
träg, trä|ge
Tra|gant, der; -[e]s, -e ⟨griech.⟩ (eine Pflanze; Gummisubstanz als Bindemittel)
Trag|bah|re; Trag|band, das; *Plur.* ...bänder
trag|bar
Trag|büt|te; Trag|de|cke [*alte Trennung* ...k|k...]
Tra|ge, die; -, -n
trä|ge, träg
Tra|ge|gurt; Tra|ge|korb
Tra|g|e|laph, der; -en, -en ⟨griech.⟩ (altgriech. Fabeltier)
tra|gen; du trägst, er trägt; du trugst; du trügest; getragen; trag[e]!; ↑K 82: zum Tragen kommen
Trä|ger; Trä|ge|rin
Trä|ger|kleid; Trä|ger|ko|lon|ne; Trä|ger|lohn
trä|ger|los; ein trägerloses Kleid
Trä|ger|ra|ke|te; Trä|ger|rock; Trä|ger|schür|ze; Trä|ger|wel|le *(Funktechnik)*
Tra|ge|ta|sche; Tra|ge|tü|te
Tra|ge|zeit, Trag|zeit (Dauer der Trächtigkeit)
trag|fä|hig; Trag|fä|hig|keit, die; -
Trag|flä|che; Trag|flä|chen|boot
Träg|heit, die; -, -en
Träg|heits|ge|setz, das; -es *(Physik);* **Träg|heits|mo|ment,** das
Trag|him|mel (Baldachin)
Trag|holz (*svw.* Fruchtholz)
tra|gie|ren ⟨griech.⟩ (*veraltend für* eine Rolle [tragisch] spielen)
Tra|gik, die; - (Kunst des Trauerspiels; schweres, schicksalhaftes Leid); **Tra|gi|ker** (Trauerspieldichter)
Tra|gi|ko|mik; tra|gi|ko|misch (halb tragisch, halb komisch); **Tra|gi|ko|mö|die** (Schauspiel, in dem Tragisches u. Komisches miteinander verbunden sind)
tra|gisch
Trag|korb
Trag|kraft, die; -; **trag|kräf|tig**
Trag|last; Trag|luft|hal|le
Tra|gö|de, der; -n, -n ⟨griech.⟩ (Heldendarsteller)
Tra|gö|die, die; -, -n (Trauerspiel; [großes] Unglück)
Tra|gö|di|en|dar|stel|ler; Tra|gö|di|en|dich|ter
Tra|gö|din
Trag|rie|men; Trag|seil; Trag|ses|sel; Trag|tier
Trag|wei|te, die; -
Trag|werk *(Bauw., Flugzeugbau)*
Trag|zeit *vgl.* Tragezeit
Traid|bo|den; Traid|kas|ten [*alte Trennung* ...|st...] (*österr. mdal. für* Getreidespeicher)
Trai|ler [ˈtreː...], der; -s, - ⟨engl.⟩ (Anhänger [zum Transport von Booten, Containern u. a.]; als Werbung für einen Film gezeigte Ausschnitte)
Train [trɛ̃ː, *auch, österr. nur,* trɛːn], der; -s, -s ⟨franz.⟩ (*früher für* Tross, Heeresfuhrwesen)
Trai|nee [trɛˈniː, tre...], der; -s, -s ⟨engl.⟩ (jmd., der für eine bestimmte Aufgabe vorbereitet wird)
Trai|ner [ˈtrɛː..., *auch* ˈtreː...], der; -s, - (jmd., der Sportler systematisch auf Wettkämpfe vorbereitet; Betreuer von Rennpferden; *schweiz. auch kurz für* Trainingsanzug); **Trai|ner|bank** *Plur.* ...bänke; **Trai|ne|rin**
Trai|ner|li|zenz; Trai|ner|schein; Trai|ner|wech|sel
trai|nie|ren
Trai|ning, das; -s, -s
Trai|nings|an|zug; Trai|nings|ein|heit; Trai|nings|ho|se; Trai|nings|ja|cke [*alte Trennung* ...k|k...]; **Trai|nings|la|ger** *Plur.* ...lager; **Trai|nings|me|tho|de; Trai|nings-**

T

mög|lich|keit; Trai|nings|rück|stand; Trai|nings|zeit
Trai|teur [trɛˈtøːɐ̯], der; -s, -e ‹franz.› (Leiter einer Großküche; *schweiz. für* Hersteller u. Lieferant von Fertiggerichten)
Tra|jan [*österr.* ˈtraː...], Tra|ja|nus (röm. Kaiser); **Tra|jans|säu|le,** die; - ↑K 136; **Tra|jans|wall,** der; -[e]s; **Tra|ja|nus** *vgl.* Trajan
Tra|jekt, der *od.* das; -[e]s, -e ‹lat.› ([Eisenbahn]fährschiff; *veraltet für* Überfahrt)
Tra|jek|to|ri|en *Plur.* (*Math.* Kurven, die sämtliche Kurven einer ebenen Kurvenschar schneiden)
Tra|keh|nen (Ort in Ostpreußen)
[1]**Tra|keh|ner;** Trakehner Hengst
[2]**Tra|keh|ner** (Pferd)
Trakl (österr. Dichter)
Trakt, der; -[e]s, -e ‹lat.› (Gebäudeteil; *bes. Med.* Längsausdehnung, z. B. Darmtrakt)
trak|ta|bel (*veraltet für* leicht zu behandeln, umgänglich); ...a|b|ler Mensch
Trak|tan|den|lis|te [*alte Trennung* ...|st...] (*schweiz. für* Tagesordnung); **Trak|tan|dum,** das; -s, ...den (*schweiz. für* Tagesordnungspunkt)
Trak|tat, das *od.* der; -[e]s, -e ([wissenschaftl.] Abhandlung; religiöse Schrift); **Trak|tät|chen** (*abwertend für* kleine Schrift [mit religiösem Inhalt])
trak|tie|ren (schlecht behandeln, quälen; *veraltet für* großzügig bewirten); **Trak|tie|rung**
Trak|tor, der; -s, ...oren (Zugmaschine, Schlepper); **Trak|to|rist,** der; -en, -en ‹lat.-russ.› (*regional für* Traktorfahrer); **Trak|to|ris|tin** [*alte Trennung* ...|st...]
Tral|je, die; -, -n ‹niederl.› (*nordd. für* Gitter[stab])
tral|la!; tral|la|[la|]la! [*auch* ˈtra...]
Träl|le|borg (*alte Schreibung für* Trelleborg)
träl|lern; ich trällere
[1]**Tram,** der; -[e]s, *Plur.* -e *u.* Träme (*österr. svw.* Tramen)
[2]**Tram,** die; -, -s, *schweiz.* das; -s, -s ‹engl.› (*bes. schweiz. für* Straßenbahn); **Tram|bahn** (*südd. für* Straßenbahn)
Trä|mel, der; -s, - (*landsch. für* Klotz, Baumstumpf); **Tra|men,** der; -s, - (*südd. für* Balken)
Tra|min (Ort in Südtirol)
[1]**Tra|mi|ner;** Traminer Wein
[2]**Tra|mi|ner** (eine Reb- u. Weinsorte)
Tra|mon|ta|na, Tra|mon|ta|ne, die; -, ...nen ‹ital., »von jenseits des Gebirges«› (ein kalter Nordwind in Italien)
Tramp [trɛ...], der; -s, -s ‹engl.› (Landstreicher, umherziehender Gelegenheitsarbeiter [bes. in den USA]; Trampschiff)
Tram|pel, der *od.* das; -s, - (*ugs. für* plumper Mensch)
tram|peln; ich tramp[e]le
Tram|pel|pfad; Tram|pel|tier (zweihöckeriges Kamel; *ugs. für* plumper Mensch)
tram|pen [ˈtrɛ...] ‹engl.› (per Anhalter reisen); **Tram|per; Tram|pe|rin**
Tramp|fahrt (Fahrt eines Trampschiffes)
Tram|po|lin [*auch* ...ˈliːn], das; -s, -e ‹ital.› (ein Sprunggerät); **Tram|po|lin|sprung**
Tramp|schiff; Tramp|schiff|fahrt [*alte Schreibung* Trampschiffahrt; *alte Trennung* ...ff-f...] (nicht an feste Linien gebundene Frachtschifffahrt)
Tram|way [...vai̯], die; -, -s ‹engl.› (*ostösterr. für* Straßenbahn)
Tran, der; -[e]s, *Plur.* (*Sorten:*) -e (flüssiges Fett von Seesäugetieren, Fischen)
Tran|ce [ˈtrãːs(ə)], die; -, -n ‹franz.› (schlafähnlicher Zustand [in Hypnose]); **Tran|ce|zu|stand**
Tranche [ˈtrãːʃ], die; -, -n ‹franz.› (fingerdicke Fleisch- od. Fischschnitte; *Wirtsch.* Teilbetrag einer Wertpapieremission)
Trän|chen (kleine Träne)
tran|chie|ren usw. *vgl.* transchieren usw.
Trä|ne, die; -, -n; **trä|nen**
Trä|nen|bein *(Med.)*; **Trä|nen|drü|se**
trä|nen|er|stickt; trä|nen|feucht
Trä|nen|fluss [*alte Schreibung* ...fluß]
Trä|nen|gas, das; -es
Trä|nen|gru|be (beim Hirsch)
trä|nen|nass [*alte Schreibung* ...naß]; **trä|nen|reich**
Trä|nen|sack; Trä|nen|schlei|er
trä|nen|ü|ber|strömt
Tran|fun|zel, *selten* ...fun|sel (*ugs. für* schlecht brennende Lampe; [geistig] schwerfälliger Mensch)
tra|nig (voller Tran; wie Tran; *ugs. für* langweilig, langsam)
Trank, der; -[e]s, Tränke; **Tränk|chen**
Trän|ke, die; -, -n (Tränkplatz für Tiere); **trän|ken**
Trank|op|fer; Trank|sa|me, die; - (*schweiz. für* Getränk)
Tränk|stoff; Trän|kung
Tran|lam|pe
Tran|qui|li|zer [ˈtrɛŋkvilai̯zɐ], der; -s, - ‹engl.› (beruhigendes Medikament)
tran|quil|lo [tra...] ‹ital.› (*Musik* ruhig)
trans..., Trans... ‹lat.› ([nach] jenseits)
Trans|ak|ti|on, die; -, -en ‹lat.› (größeres finanzielles Unternehmen)
trans|al|pin; trans|al|pi|nisch ‹lat.› ([von Rom aus] jenseits der Alpen liegend)
trans|at|lan|tisch (überseeisch)
Trans|bai|ka|li|en (Landschaft östl. vom Baikalsee)
tran|schie|ren, *auch* tran|chie|ren [trãʃiː...], ‹franz.› ([Fleisch, Geflügel, Braten] zerlegen); **Tran|schier|mes|ser,** *auch* Tran|chier|mes|ser, das
Tran|sept, der *od.* das; -[e]s, -e ‹mlat.› (*Archit.* Querhaus)
Trans-Eu|rop-Ex|press (*veraltet;* Zug im europ. Personenverkehr [bis 1987])
Trans|fer, der; -s, -s ‹engl.› (*Wirtsch.* Zahlung ins Ausland in fremder Währung; *Sport* Wechsel eines Berufsspielers zu einem anderen Verein; Weitertransport im Reiseverkehr)
Trans|fer|ab|kom|men
trans|fe|rie|ren (Geld in eine fremde Währung umwechseln; *österr. Amtsspr.* [dienstlich] versetzen); **Trans|fe|rie|rung**
Trans|fer|lis|te [*alte Trennung* ...|st...] *(Fußball)*
Trans|fer|stra|ße *(Technik)*
Trans|fi|gu|ra|ti|on, die; -, -en ‹lat.› ([Darstellung der] Verklärung Christi)
Trans|for|ma|ti|on, die; -, -en ‹lat.› (Umformung; Umwandlung; Umgestaltung); **Trans|for|ma|ti|ons|gram|ma|tik,** die; - *(Sprachw.)*
Trans|for|ma|tor, der; -s, ...oren (elektr. Umspanner; *Kurzw.* Trafo); **Trans|for|ma|tor|an|la|ge**
Trans|for|ma|to|ren|häus|chen, Trans|for|ma|tor|häus|chen
trans|for|mie|ren (umformen, um-

wandeln; umspannen); **Trans|for|mie|rung**

trans|fun|die|ren ‹lat.› (*Med.* [Blut] übertragen); **Trans|fu|si|on,** die; -, -en

Tran|sis|tor [*alte Trennung* ...|st...], der; -s, ...oren ‹engl.› (*Elektronik* ein Halbleiterbauelement); **Tran|sis|tor|ge|rät**

tran|sis|to|rie|ren *od.* **tran|sis|to|ri|sie|ren** [*alte Trennung* ...|st...]

Tran|sis|tor|ra|dio [*alte Trennung* ...|st...]

Tran|sit [*auch* ...ˈzɪt, ˈtra...], der; -s, -e ‹ital.› (*Wirtsch.* Durchfuhr von Waren; Durchreise von Personen)

Tran|sit|ab|kom|men; Tran|sit|han|del (*vgl.* [1]Handel)

tran|si|tie|ren (*Wirtsch.* durchlaufen, passieren)

tran|si|tiv ‹lat.› (*Sprachw.* ein Akkusativobjekt fordernd; zielend); transitives Verb; **Tran|si|tiv,** das; -s, -e (zielendes Verb; z. B. [den Hund] »schlagen«); **Tran|si|ti|vum,** das; -s, ...va (*älter für* Transitiv)

tran|si|to|risch (vorübergehend); **Tran|si|to|ri|um,** das; -s, ...ien (*Wirtsch.* vorübergehender Haushaltsposten [für die Dauer eines Ausnahmezustandes])

Tran|sit|rei|sen|de; Tran|sit|ver|bot (Durchfuhrverbot); **Tran|sit|ver|kehr,** der; -[e]s; **Tran|sit|vi|sum; Tran|sit|weg; Tran|sit|zoll**

Trans|jor|da|ni|en (östlich des Jordans gelegener Teil Jordaniens)

Trans|kau|ka|si|en (Landschaft zwischen Schwarzem Meer u. Kaspischem Meer); **trans|kau|ka|sisch**

Trans|kei, die; - ([formal unabhängige] Republik in Südafrika [jenseits des Flusses Kei])

trans|kon|ti|nen|tal ‹lat.› (einen Erdteil durchquerend)

tran|s|k|ri|bie|ren ‹lat.› (*Sprachw.* einen Text in eine andere Schrift, z. B. eine phonet. Umschrift, übertragen; Wörter aus Sprachen, die keine Lateinschrift haben, annähernd lautgerecht in Lateinschrift wiedergeben [*vgl.* Transliteration]; *Musik* umsetzen); **Tran|s|k|rip|ti|on,** die; -, -en

Trans|li|te|ra|ti|on, die; -, -en ‹lat.› (*Sprachw.* buchstabengetreue Umsetzung eines Textes in eine andere Schrift [bes. aus nichtlateinischer in lat. Schrift] mit zusätzlichen Zeichen); **trans|li|te|rie|ren**

Trans|lo|ka|ti|on, die; -, -en ‹lat.› (*Biol.* Verlagerung eines Chromosomenbruchstückes in ein anderes Chromosom); **trans|lo|zie|ren** (*Biol.* sich verlagern)

Trans|mis|si|on, die; -, -en ‹lat.› ([Vorrichtung zur] Kraftübertragung von einem Antriebssystem auf mehrere Maschinen); **Trans|mis|si|ons|rie|men**

trans|mit|tie|ren (übertragen, übersenden)

trans|na|ti|o|nal (*Wirtsch.* übernational)

trans|o|ze|a|nisch (jenseits des Ozeans liegend)

trans|pa|rent ‹lat.-franz.› (durchscheinend; durchsichtig; durchschaubar)

Trans|pa|rent, das; -[e]s, -e (Spruchband; durchscheinendes Bild); **Trans|pa|rent|pa|pier** (Pauspapier)

Trans|pa|renz, die; - (Durchsichtigkeit; Durchschaubarkeit)

Tran|s|pi|ra|ti|on, die; - ‹lat.› (Schweißbildung; Hautausdünstung; *Bot.* Abgabe von Wasserdampf, bes. an den Blättern); **tran|spi|rie|ren**

Trans|plan|tat, das; -[e]s, -e ‹lat.› (überpflanztes Gewebestück); **Trans|plan|ta|ti|on,** die; -, -en (*Med.* Überpflanzung von Organen, Gewebeteilen od. lebenden Zellen; *Bot.* Pfropfung); **trans|plan|tie|ren** *(Med.)*

trans|po|nie|ren ‹lat.› (*Musik* in eine andere Tonart übertragen); **Trans|po|nie|rung**

Trans|port, der; -[e]s, -e ‹lat.› (Beförderung); **trans|por|ta|bel** (beförderbar); ...a|b|ler Ofen

Trans|port|an|la|ge (Förderanlage); **Trans|port|ar|bei|ter**

Trans|port|band *Plur.* ...bänder; **Trans|port|be|häl|ter**

Trans|por|ter, der; -s, - ‹engl.› (Transportauto, -flugzeug, -schiff)

Trans|por|teur [...ˈtøːɐ̯], der; -s, -e ‹franz.› (jmd., der etwas transportiert; Zubringer an der Nähmaschine)

trans|port|fä|hig; Trans|port|fä|hig|keit, die; -

Trans|port|flug|zeug; Trans|port|füh|rer; Trans|port|ge|fähr|dung; Trans|port|ge|wer|be, das; -s; **Trans|port|gut**

trans|por|tie|ren (befördern); **Trans|por|tie|rung**

Trans|port|kas|ten [*alte Trennung* ...|st...]; **Trans|port|kis|te; Trans|port|kos|ten** *Plur.*

Trans|port|mit|tel, das; **Trans|port|schiff; Trans|port|un|ter|neh|men; Trans|port|we|sen,** das; -s

Trans|po|si|ti|on, die; -, -en ‹lat.› (Übertragung eines Musikstückes in eine andere Tonart)

Trans|ra|pid ®, der; -[s] (eine Magnetschwebebahn)

Trans|sib [*auch* ˈtra...], die; - (*kurz für* Transsibirische Eisenbahn); **trans|si|bi|risch** (Sibirien durchquerend), *aber* ↑K 150: die Transsibirische Eisenbahn

Trans|sil|va|ni|en (*alter Name von* Siebenbürgen); **trans|sil|va|nisch,** *aber* ↑K 140: die Transsilvanischen Alpen

Trans|sub|s|tan|ti|a|ti|on, die; -, -en ‹lat.› (*kath. Kirche* Verwandlung von Brot und Wein in Leib und Blut Christi); **Trans|sub|s|tan|ti|a|ti|ons|leh|re,** die; -

Trans|su|dat, das; -[e]s, -e ‹lat.› (*Med.* abgesonderte Flüssigkeit in Körperhöhlen)

Trans|syl|va|ni|en usw. *vgl.* Transsilvanien usw.

Trans|u|ran, das; -s, -e *meist Plur.* ‹lat.-griech.› (künstlich gewonnenes radioaktives Element mit höherem Atomgewicht als Uran)

Tran|su|se, die; -, -n (*ugs. für* langweiliger Mensch)

Trans|vaal (Provinz der Republik Südafrika)

trans|ver|sal ‹lat.› (quer verlaufend, schräg); **Trans|ver|sa|le,** die; -, -n (Gerade, die eine geometr. Figur durchschneidet); drei -[n]; **Trans|ver|sal|wel|le** *(Physik)*

Trans|ves|tis|mus [*alte Trennung* ...|st...] ‹lat.› (*Med., Psych.* im sexuellen Verhalten Tendenz zur Bevorzugung von Kleidungsstücken, die für das andere Geschlecht typisch sind)

Trans|ves|tit, der; -en, -en; **Trans|ves|ti|tis|mus** *vgl.* Transvestismus

tran|s|zen|dent ‹lat.› (übersinnlich, -natürlich); **tran|s|zen|den|tal** (*Philos.* aller Erfahrungserkenntnis zugrunde liegend; *Scholastik svw.* transzendent); transzendentale Logik; **Tran|s|zen|denz,** die; - (das Überschreiten der Grenzen der Erfahrung, des Bewusstseins); **tran|s|zen|die|ren**

Trap, der; -s, -s ‹engl.› (Geruchsverschluss)

Tra|pez, das; -es, -e ‹griech.› (Viereck mit zwei parallelen, aber ungleich langen Seiten; quer an zwei Seilen hängende Stange für akrobatische Übungen); **Tra|pez|akt** (am Trapez ausgeführte Zirkusnummer)

Tra|pez|form; tra|pez|för|mig

Tra|pez|künst|ler; Tra|pez|li|nie

Tra|pe|zo|e|der, das; -s, - (*Geom.* Körper, der von gleichschenkeligen Trapezen begrenzt wird)

Tra|pe|zo|id, das; -[e]s, -e (Viereck ohne parallele Seiten)

Tra|pe|zunt (*früherer Name von* Trabzon)

trapp!; trapp, trapp!

Trapp, der; -[e]s, -e ‹schwed.› (*Geol.* großflächiger, in mehreren Lagen treppenartig übereinander liegender Basalt)

[1]**Trap|pe**, die; -, -n, *Jägerspr. auch* der; -n, -n ‹slaw.› (ein Steppenvogel)

[2]**Trap|pe**, die; -, -n (*nordd. für* [schmutzige] Fußspur)

trap|peln (mit kleinen Schritten rasch gehen); ich trapp[e]le; **trap|pen** (schwer auftreten)

Trap|per, der; -s, - ‹engl., »Fallensteller«› (nordamerik. Pelzjäger)

Trap|pist, der; -en, -en ‹nach der Abtei La Trappe› (Angehöriger des Ordens der reformierten Zisterzienser mit Schweigegelübde)

Trap|pis|ten|kä|se [*alte Trennung* ...|st...]; **Trap|pis|ten|klos|ter; Trap|pis|ten|or|den**, der; -s

Trap|pis|tin [*alte Trennung* ...|st...] (Angehörige des w. Trappistenordens)

Trap|schie|ßen ‹engl.; dt.› (Wurftaubenschießen mit Schrotgewehren)

trap|sen (*ugs. für* sehr laut auftreten); du trapst

tra|ra!; Tra|ra, das; -s (*ugs. für* Lärm; großartige Aufmachung, hinter der nichts steckt)

Trash [trɛʃ], der; -s ‹engl.› (Schund, Ramsch)

Tra|si|me|ni|sche See, der; -n -s; ↑K 140 (in Italien)

Trass [*alte Schreibung* Traß], der; Trasses, Trasse ‹niederl.› (vulkanisches Tuffgestein)

Tras|sant, der; -en, -en ‹ital.› (*Wirtsch.* Aussteller eines gezogenen Wechsels); **Tras|sat**, der; -en, -en (zur Bezahlung eines Wechsels Verpflichteter)

Tras|se, die; -, -n ‹franz.› ([abgesteckter] Verlauf eines Verkehrsweges, einer Versorgungsleitung usw.; Bahnkörper, Bahn-, Straßendamm); **Tras|see**, das; -s, -s (*schweiz. für* Trasse)

tras|sie|ren (eine Trasse abstecken, vorzeichnen; *Wirtsch.* einen Wechsel auf jmdn. ziehen oder ausstellen); **Tras|sie|rung**

Tras|te|ve|re ‹ital., »jenseits des Tibers«› (röm. Stadtteil); **Tras|te|ve|ri|ner**

Tratsch, der; -[e]s (*ugs. für* Geschwätz, Klatsch); **trat|schen**; du tratschst; **Trat|sche|rei**

Trat|te, die; -, -n ‹ital.› (*Bankw.* gezogener Wechsel)

Trat|to|ria, die; -, ...ien ‹ital.› (*ital. Bez. für* Wirtshaus)

Trau|al|tar

Träub|chen

Trau|be, die; -, -n; **trau|ben|för|mig**

Trau|ben|ho|lun|der; Trau|ben|kamm (Stiel der Weintraube); **Trau|ben|kur; Trau|ben|le|se; Trau|ben|most; Trau|ben|saft; Trau|ben|wick|ler** (ein Schmetterling); **Trau|ben|zu|cker** [*alte Trennung* ...k|k...], der; -s

trau|big

Traud|chen, Trau|de[l], Trud|chen, Tru|de (w. Vorn.)

trau|en; der Pfarrer traut das Paar; jmdm. trauen (vertrauen); sich trauen; ich traue mich nicht (*selten* mir nicht), das zu tun

Trau|er, die; -

Trau|er|an|zei|ge; Trau|er|ar|beit, die; - *(Psych.)*; **Trau|er|bin|de; Trau|er|bot|schaft; Trau|er|brief; Trau|er|fall**, der; **Trau|er|fei|er; Trau|er|flor; Trau|er|gast** *Plur.* ...gäste; **Trau|er|ge|fol|ge; Trau|er|ge|leit; Trau|er|ge|mein|de; Trau|er|got|tes|dienst; Trau|er|haus; Trau|er|jahr; Trau|er|kar|te; Trau|er|klei|dung**

Trau|er|kloß (*ugs. scherzh. für* langweiliger, energieloser Mensch)

Trau|er|man|tel (ein Schmetterling)

Trau|er|marsch; Trau|er|mie|ne

trau|ern; ich trauere

Trau|er|nach|richt; Trau|er|rand; Trau|er|schlei|er; Trau|er|spiel; Trau|er|wei|de; Trau|er|zeit; Trau|er|zug

Trau|fe, die; -, -n

träu|feln; ich träuf[e]le; **träu|fen** (*veraltet für* träufeln)

Trau|gott (m. Vorn.)

trau|lich; Trau|lich|keit, die; -

Traum, der; -[e]s, Träume

Trau|ma, das; -s, *Plur.* ...men *u.* -ta ‹griech.› (starke seelische Erschütterung; *Med.* Wunde); **trau|ma|tisch**

Traum|au|to; Traum|be|ruf; Traum|bild; Traum|buch; Traum|deu|ter; Traum|deu|te|rin; Traum|deu|tung; Traum|dich|tung

Trau|men (*Plur. von* Trauma)

träu|men; ich träumte von meinem Bruder; mir träumte von ihm; es träumte mir *(geh.)*; das hätte ich mir nicht träumen lassen (*ugs. für* hätte ich nie geglaubt)

Träu|mer; Träu|me|rei; Traum|er|geb|nis; Träu|me|rin

träu|me|risch

Traum|fa|b|rik (Welt des Films); **Traum|frau; Traum|ge|bil|de; Traum|ge|sicht** *Plur.* ...gesichte

traum|haft

Trau|mi|net, der; -s, -s (*österr. ugs. für* Feigling)

Traum|job; Traum|mann; Traum|note; Traum|paar

Traum|tän|zer *(abwertend)*; **Traum|tän|ze|rin**

traum|ver|lo|ren; traum|ver|sun|ken; traum|wan|deln usw. *vgl.* schlafwandeln usw.

traun! (*geh. veraltet für* in der Tat!)

Traun, die; - (rechter Nebenfluss der Donau)

Trau|ner, der; -s, - (*österr. für* ein flaches Lastschiff); **Traun|see**, der; -s (oberösterr. See); **Traun|vier|tel**, das; -s (oberösterr. Landschaft)

trau|rig; Trau|rig|keit

Trau|ring; Trau|schein; Trau|spruch

traut; trautes Heim; trauter Freund

Traut|chen *vgl.* Traudchen

[1]**Trau|te** (w. Vorn.); *vgl.* Traude[l]

[2]**Trau|te**, die; - (*ugs. für* Vertrauen, Mut); keine Traute haben

Trau|ung; Trau|zeu|ge; Trau|zeu|gin

Tra|vel|ler|scheck [ˈtrɛ...] ‹engl.› (Reisescheck)

tra|vers ‹franz.› (quer [gestreift]); traverse Stoffe

Tra|vers [...ˈvɛːɐ̯, *auch* ...ˈvɛrs], der; - (Gangart beim Dressurreiten)

Tra|ver|se, die; -, -n (*Archit.* Querbalken, Ausleger; *Technik* Querverbinder zweier fester oder parallel beweglicher Maschinenteile; *Wasserbau* Querbau zur Flussregelung; *Bergsteigen* Quergang)
tra|ver|sie|ren (*Reiten* eine Reitbahn in der Diagonale durchreiten; *Fechten* durch Seitwärtstreten dem gegnerischen Angriff ausweichen; *Bergsteigen* eine Wand od. einen Hang horizontal überqueren); **Tra|ver|sie|rung**
Tra|ver|tin, der; -s, -e ⟨ital.⟩ (mineralischer Kalkabsatz bei Quellen u. Bächen)
Tra|ves|tie [*alte Trennung* ...|st...], die; -, ...ien ⟨lat.⟩ ([scherzhafte] Umgestaltung [eines Gedichtes]); **tra|ves|tie|ren** (*auch für* ins Lächerliche ziehen); **Tra|ves|tie|show** ⟨lat.; engl.⟩ (Darbietung, bei der vorwiegend Männer in Frauenkleidung auftreten)
Trawl [ˈtroːl], das; -s, -s ⟨engl.⟩ (Grundschleppnetz); **Traw|ler,** der; -s, - (ein Fischdampfer)
Trax, der; -[es], -e ⟨aus amerik. Traxcavator®⟩ (*schweiz. für* Planierraupe)
Treat|ment [ˈtriːtmɛnt], das; -s, -s ⟨engl.⟩ (*Film, Ferns.* Vorstufe des Drehbuchs)
Tre|be, die; *nur in* auf [die] Trebe gehen (*ugs. für* sich herumtreiben); **Tre|be|gän|ger** (*ugs. für* jugendlicher Herumtreiber); **Tre|be|gän|ge|rin**
Tre|ber *Plur.* (Rückstände [beim Keltern und Bierbrauen])
Tre|cen|tist [...tʃ...], der; -en, -en ⟨ital.⟩ (Dichter, Künstler des Trecentos); **Tre|cen|tis|tin** [*alte Trennung* ...|st...]; **Tre|cen|to** [...ˈtʃɛ...], das; -[s] (*Kunstwiss.* das 14. Jh. in Italien)
Treck, der; -s, -s (Zug von Menschen, Flüchtenden [mit Fuhrwerken]); **tre|cken** [*alte Trennung* ...k|k...] (ziehen; mit einem Treck wegziehen)
Tre|cker [*alte Trennung* ...k|k...] (Traktor)
Tre|cking [*alte Trennung* ... k|k...] *vgl.* Trekking
Treck|schu|te (*veraltet für* Zugschiff)
[1]**Treff,** das; -s, -s ⟨franz.⟩ (Kreuz, Eichel [im Kartenspiel])
[2]**Treff,** der; -[e]s, -e (*veraltet für* Schlag, Hieb; Niederlage)
[3]**Treff,** der; -s, -s (*ugs. für* Treffen, Zusammenkunft)
Treff|ass, *auch* **Treff-Ass** [*auch* ˈtrɛfˈas; *alte Schreibung* Treffas] ⟨*zu* [1]Treff⟩
tref|fen; du triffst; du trafst; du träfest; getroffen; triff!; **Tref|fen,** das; -s, -; **tref|fend**
Tref|fer; Tref|fer|an|zei|ge; Tref|fer|quo|te; Tref|fer|zahl
treff|lich; Treff|lich|keit, die; -
Treff|punkt
treff|si|cher; Treff|si|cher|heit, die; -
Treib|an|ker; Treib|ar|beit; Treib|ball, der; -[e]s; **Treib|eis**
trei|ben; du triebst; du triebest; getrieben; treib[e]!; zu Paaren treiben; **Trei|ben,** das; -s, *Plur.* (*für* Treibjagden:) -
Trei|ber; Trei|be|rei; Trei|be|rin
Treib|fäus|tel [*alte Trennung* ...|st...] (*Bergmannsspr.* schwerer Bergmannshammer)
Treib|gas; Treib|gut
Treib|haus; Treib|haus|ef|fekt, der; -[e]s; **Treib|haus|kul|tur; Treib|haus|luft,** die; -
Treib|holz, das; -es; **Treib|jagd; Treib|la|dung; Treib|mi|ne; Treib|mit|tel; Treib|öl; Treib|rie|men; Treib|sand**
Treib|satz (*Technik*)
Treib|stoff
Trei|del, der; -s, -n (*früher für* Zugtau zum Treideln); **Trei|de|ler** *vgl.* Treidler
trei|deln (ein Wasserfahrzeug vom Ufer aus stromaufwärts ziehen); ich treid[e]le
Trei|del|pfad; Trei|del|weg (Leinpfad); **Treid|ler** (jmd., der einen Kahn treidelt)
trei|fe ⟨hebr.-jidd.⟩ (nach jüd. Speisegesetzen unrein; *Ggs.* koscher)
Trek|king, *auch* Tre|cking, das; -s, -s ⟨engl.⟩ (mehrtägige Wanderung od. Fahrt [durch ein unwegsames Gebiet]); **Trek|king|bike** [...baik], das; -s, -s (Fahrrad, das bes. für längere Touren mit Gepäck geeignet ist)
Trel|le|borg (schwed. Stadt)
Tre|ma, das; -s, *Plur.* -s *u.* -ta ⟨griech.⟩ (Trennpunkte, Trennungszeichen [über einem von zwei getrennt auszusprechenden Vokalen, z. B. franz. naïf »naiv«]; *Med.* Lücke zwischen den mittleren Schneidezähnen)
Tre|ma|to|de, die; -, -n *meist Plur.* (*Biol.* Saugwurm)
tre|mo|lan|do ⟨ital.⟩ (*Musik* bebend, zitternd)
tre|mo|lie|ren, *auch* tre|mu|lie|ren (beim Gesang [übersteigert] beben und zittern)
Tre|mo|lo, das; -s, *Plur.* -s *u.* ...li
Tre|mor, der; -s, ...ores ⟨lat.⟩ (*Med.* das Muskelzittern)
Trem|se, die; -, -n (*nordd. für* Kornblume)
Tre|mu|lant, der; -en, -en ⟨lat.⟩ (Orgelhilfsregister); **tre|mu|lie|ren** *vgl.* tremolieren
Trench|coat [ˈtrɛntʃ...], der; -[s], -s ⟨engl.⟩ (ein Wettermantel)
Trend, der; -s, -s ⟨engl.⟩ (Grundrichtung einer Entwicklung)
tren|deln (*landsch. für* nicht vorankommen); ich trend[e]le
Trend|mel|dung
Trend|scout [...skaut], der; -s, -s ⟨engl.⟩ (jmd., der Trends nachspürt)
Trend|set|ter, der; -s, - ⟨engl.⟩ (jmd., der den Trend bestimmt; etwas, was einen Trend auslöst)
Trend|sport, Trend|sport|art
Trend|wen|de
tren|dy (modisch; dem vorherrschenden Trend entsprechend)
trenn|bar; Trenn|bar|keit, die; -
Trenn|di|ät (eine Schlankheitsdiät)
tren|nen; sich trennen
Trenn|kost (Trenndiät)
Trenn|li|nie; Trenn|mes|ser, das
Trenn|punk|te *Plur.* (Trema)
trenn|scharf; Trenn|schär|fe
Trenn|schei|be
Tren|nung
Tren|nungs|ent|schä|di|gung; Tren|nungs|geld; Tren|nungs|li|nie; Tren|nungs|schmerz, der; -es; **Tren|nungs|strich; Tren|nungs|zei|chen**
Trenn|wand
Tren|se, die; -, -n ⟨niederl.⟩ (leichter Pferdezaum); **Tren|sen|ring**
Trente-et-qua|rante [trãtekaˈrãːt], das; - ⟨franz., »dreißig und vierzig«⟩ (ein Kartenglücksspiel)
Tren|to (*ital. Form von* Trient)
tren|zen (*Jägerspr.* in besonderer Weise röhren [vom Hirsch])
Tre|pang, der; -s, *Plur.* -e *u.* -s ⟨malai.⟩ (getrocknete Seegurke)
trepp|ab; trepp|auf; treppauf, treppab laufen
Trepp|chen
Trep|pe, die; -, -n; Treppen steigen

T

Trẹp|pel|weg (*bayr., österr. für* Treidelweg)

Trẹp|pen|ab|satz; Trẹp|pen|be|leuch|tung; Trẹp|pen|flur, der; **Trẹp|pen|ge|län|der; Trẹp|pen|gie|bel; Trẹp|pen|haus; Trẹp|pen|läu|fer; Trẹp|pen|po|dest; Trẹp|pen|rei|ni|gung; Trẹp|pen|stei|gen,** das; -s; **Trẹp|pen|stu|fe; Trẹp|pen|wan|ge** (*Bauw.* Seitenverkleidung einer [Holz]treppe); **Trẹp|pen|witz**

Tre̲|sen, der; -s, - (*nordd. u. mitteld. für* Laden-, Schanktisch)

Tre|so̲r, der; -s, -e ‹franz.› (Panzerschrank; Stahlkammer); **Tre|so̲r|raum; Tre|so̲r|schlüs|sel**

Trẹs|pe, die; -, -n (ein Gras); **trẹs|pig** (voller Trespen [vom Korn])

Trẹs|se, die; -, -n ‹franz.› (Borte)

Trẹs|sen|rock; Trẹs|sen|stern; Trẹs|sen|win|kel

tres|si̲e̲|ren (*Perückenmacherei* kurze Haare mit Fäden aneinander knüpfen)

Trẹs|ter [*alte Trennung* ...|st...], der; -s, - (Tresterbranntwein; *Plur.:* Rückstände beim Keltern); **Trẹs|ter|brannt|wein; Trẹs|ter|schnaps**

Tre̲t|au|to; Tre̲t|boot; Tre̲t|ei|mer

tre̲|ten; du trittst; du tratst; du trätest; getreten; tritt!; er tritt ihn (*auch* ihm) auf den Fuß; beiseite treten

Tre̲|ter (*ugs. für* [sehr bequemer] Schuh); **Tre|te|re̲i** (*ugs.*)

Tre̲t|mi|ne; Tre̲t|müh|le (*ugs. für* gleichförmiger [Berufs]alltag); **Tre̲t|rad; Tre̲t|rol|ler**

treu̲

treuer, treu[e]s|te
– jdm. etw. zu treuen Händen übergeben (jdm. etw. anvertrauen)

Getrenntschreibung in Verbindung mit Verben und Partizipien:
– treu sein, bleiben
– ein mir treu ergebener [*alte Schreibung* treuergebener] Freund
– eine treu gesinnte [*alte Schreibung* treugesinnte] Freundin
– ein treu sorgender [*alte Schreibung* treusorgender] Vater

Treu̲|bruch, der; **treu̲|brü|chig**

treu̲|deu̲tsch (*ugs. für* typisch deutsch); **treu̲|doo̲f** ↑K 23; *ugs. für* naiv u. dümmlich)

Treu̲e, die; -; in guten Treuen (*schweiz. für* im guten Glauben); auf Treu und Glauben ↑K 13; meiner Treu!; **Treu̲|e|ge|löb|nis**

Treu̲|eid

Treu̲|e|pflicht, die; - (*Rechtsspr.*); **Treu̲|e|prä|mie; Treu̲|e|ra|batt**

treu er|ge|ben [*alte Schreibung* treu|er|ge|ben] *vgl.* treu

Treu̲|e|schwur

treu ge|sinnt [*alte Schreibung* treu|ge|sinnt] *vgl.* treu

Treu̲|hand, die; - (*Rechtsw.* Treuhandgesellschaft); **Treu̲|hand|an|stalt,** die; -

Treu̲|hän|der (jmd., dem etwas »zu treuen Händen« übertragen wird); **Treu̲|hän|der|de|pot** (*Bankw.*); **treu̲|hän|de|risch**

Treu̲|hand|ge|schäft (*Rechtsw.*)

Treu̲|hand|ge|sell|schaft (Gesellschaft, die fremde Rechte ausübt)

treu̲|hän|disch (*österr. für* treuhänderisch)

Treu̲|hand|kon|to

Treu̲|hand|schaft

treu̲|her|zig; Treu̲|her|zig|keit, die; -

treu̲|lich (*veraltend für* getreulich)

treu̲|los; Treu̲|lo|sig|keit, die; -

Treu̲|pflicht *vgl.* Treuepflicht

treu sor|gend [*alte Schreibung* treu|sor|gend] *vgl.* treu

Tre|vi̲|ra®, das; -[s] (ein Gewebe aus synthetischer Faser)

Tre|vi|sa̲|ner; Tre|vi̲|so (ital. Stadt)

Tri|a̲|de, die; -, -n ‹griech.› (Dreizahl, Dreiheit; chin. [kriminelle] Geheimorganisation)

Tri|a̲|ge [...ʒə], die; -, -n (Ausschuss [bei Kaffeebohnen]; Einteilung von Verletzten)

Tri|al [ˈtrai̯əl], das; -s, -s ‹engl.› (Geschicklichkeitsprüfung von Motorradfahrern)

Tri|al-and-Er|ror-Me|tho|de [ˈtraɪəl-ənd'ɛrə...], die; - ‹engl., »Versuch und Irrtum«› (*Psych.* ein Lernverfahren; *Kybernetik* eine Problemlösungsmethode)

Tri̲|an|gel [*österr.* ...ˈa...], der, die, *österr.* das; -s, - ‹lat.› (*Musik* ein Schlaggerät)

tri|an|gu|lä̲r (dreieckig)

Tri|an|gu|la|ti|o̲n, die; -, -en (*Geodäsie* Festlegung eines Netzes von trigonometrischen Punkten); **Tri|an|gu|la|ti|o̲ns|punkt** (*Zeichen* TP)

tri|an|gu|li̲e̲|ren; Tri|an|gu|li̲e̲|rung

Tri|a|non [...ˈnõː], das; -s, -s (Name zweier Versailler Lustschlösser)

Tri|a̲|ri|er ‹lat.› (altröm. Legionsveteran in der 3. [letzten] Schlachtreihe)

Tri̲|as, die; -, - ‹griech., »Dreiheit«› (Dreizahl, Dreiheit; *nur Sing.: Geol.* unterste Formation des Mesozoikums); **Tri̲|as|for|ma|ti|on,** die; -; **tri|a̲s|sisch**

Tri̲|ath|let (jmd., der Triathlon betreibt); **Tri̲|ath|lon,** das *u.* der; -s, -s ‹griech.› (Mehrkampf aus Schwimmen, Radfahren u. Laufen an einem Tag; *Skisport* Mehrkampf aus Langlauf, Schießen u. Riesenslalom)

Tri|ba̲|de, die; -, -n ‹griech.› (*veraltet für* Lesbierin)

Tri|ba|li̲s|mus, der; - ‹lat.-engl.› (Stammesbewusstsein, Stammesegoismus)

Tri|bu̲n, der; *Gen.* -s *u.* -en, *Plur.* -e[n] ‹lat.› ([altröm.] Volksführer)

Tri|bu|na̲l, das; -s, -e ([hoher] Gerichtshof)

Tri|bu|na̲t, das; -[e]s, -e (Amt, Würde eines Tribuns)

Tri|bü̲|ne, die; -, -n ‹franz.›; **Tri|bü̲|nen|platz**

tri|bu|ni̲|zisch ‹lat.› (einen Tribunen betreffend)

Tri̲|bus, die; -, - (Wahlbezirk im alten Rom)

Tri|bu̲t, der; -[e]s, -e (Abgabe, Steuer); etwas fordert einen hohen Tribut (hohe Opfer); einer Sache Tribut zollen (sich ihr beugen); **tri|bu|tä̲r** (*veraltet für* tributpflichtig); **Tri|bu̲t|last; tri|bu̲t|pflich|tig**

Tri|chi̲|ne, die; -, -n ‹griech.› (schmarotzender Fadenwurm); **tri|chi̲|nen|hal|tig**

Tri|chi̲|nen|schau, die; -; **Tri|chi̲|nen|schau|er**

tri|chi|nö̲s (mit Trichinen behaftet); **Tri|chi|no̲|se,** die; -, -n (Trichinenkrankheit)

Trịch|ter, der; -s, -; **trịch|ter|för|mig**

Trịch|ter|ling (ein Pilz)

Trịch|ter|mün|dung (*Geogr.* trichterförmige Flussmündung)

trịch|tern; ich trichtere

Trịck, der; -s, -s ‹engl.› (Kunstgriff; Kniff; List)

Trịck|auf|nah|me; Trịck|be|trug; Trịck|be|trü|ger

Trịck|dieb; Trịck|dieb|stahl

Trịck|film; Trịck|kis|te ([*alte Trennung* ...|st...] *ugs.*)

T

trick|reich
Trick|schi|lau|fen *vgl.* Trickskilaufen
trick|sen (*ugs. für* mit Tricks arbeiten, bewerkstelligen); **Trickser** *(ugs.)*; **Trick|se|rei** *(ugs.)*
Trick|ski|lau|fen, *auch* Trick|schi|lau|fen, das; -s (Sportart, bei der auf besonderen Skiern artistische Sprünge, Drehungen u. Ä. gemacht werden)
Trick|track, das; -s, -s ⟨franz.⟩ (ein Brett- und Würfelspiel)
tri|cky [...ki; *alte Trennung* ...k|k...] ⟨engl.⟩ (*ugs. für* trickreich)
Tri|dent, der; -[e]s, -e ⟨lat.⟩ (Dreizack)
Tri|den|ti|ner ⟨*zu* Trient⟩; Tridentiner Alpen; **tri|den|ti|nisch,** *aber* ↑K 88: das Tridentinische Konzil; das Tridentinische Glaubensbekenntnis; **Tri|den|ti|num,** das; -s (das Tridentinische Konzil)
Tri|du|um, das; -s, ...duen ⟨lat.⟩ (Zeitraum von drei Tagen)
Trieb, der; -[e]s, -e; **trieb|ar|tig**
Trieb|be|frie|di|gung; Trieb|fe|der
trieb|haft; Trieb|haf|tig|keit, die; -
Trieb|hand|lung; Trieb|kraft; Trieb|le|ben, das; -s
trieb|mä|ßig
Trieb|mör|der
Trieb|rad; Trieb|sand
Trieb|tä|ter
Trieb|ver|bre|chen; Trieb|ver|bre|cher
Trieb|wa|gen; Trieb|werk
Trief|au|ge; trief|äu|gig
trie|fen; du triefst; du trieftest, *geh.* troffst; du trieftest, *geh.* tröffest; getrieft, *selten noch* getroffen; trief[e]!; **trief|nass** [*alte Schreibung*...naß]
[1]**Triel,** der; -[e]s, -e (ein Vogel)
[2]**Triel,** der; -[e]s, -e (*südd. für* Wamme; Maul); **trie|len** (*südd. für* sabbern); **Trie|ler** (*südd. für* Sabberlätzchen)
Tri|en|ni|um, das; -s, ...ien ⟨lat.⟩ (Zeitraum von drei Jahren)
Tri|ent (ital. Stadt); *vgl.* Trento *u.* Tridentiner
Trier (Stadt an der Mosel)
Tri|e|re, die; -, -n⟨griech.⟩ (ein antikes Kriegsschiff)
Trie|rer ⟨*zu*Trier⟩; **trie|risch**
Tri|est (Stadt an der Adria); **Tri|es|ter** [*alte Trennung* ...|st...]
trie|zen (*ugs. für* quälen, plagen); du triezt
Tri|fle ['traifl], das; -s, -s ⟨engl.⟩ (eine engl. Süßspeise)
Tri|fo|kal|bril|le ⟨lat.; dt.⟩; **Tri|fo|kal|glas** *Plur.* ...gläser (Brillenglas mit drei verschieden geschliffenen Teilen für drei Entfernungen)
Tri|fo|li|um, das; -s, ...ien ⟨lat.⟩ (*Bot.* Dreiblatt, Kleeblatt)
Tri|fo|ri|um, das; -s, ...ien ⟨lat.⟩ (*Archit.* säulengetragene Galerie in Kirchen)
Trift, die; -, -en (Weide; Holzflößung; *auch svw.* Drift); **trif|ten** (loses Holz flößen)
[1]**trif|tig** (*svw.* driftig)
[2]**trif|tig** ([zu]treffend); triftiger Grund; **Trif|tig|keit,** die; -
Tri|ga, die; -, *Plur.* -s *u.* ...gen ⟨lat.⟩ (Dreigespann)
Tri|ge|mi|nus, der; -, ...ni ⟨lat.⟩ (*Med.* aus drei Ästen bestehender fünfter Hirnnerv); **Tri|ge|mi|nus|neu|r|al|gie**
Tri|glyph, der; -s, -e *u.* **Tri|gly|phe,** die; -, -n ⟨griech.⟩ (*Archit.* dreiteiliges Feld am Fries des dorischen Tempels)
tri|go|nal ⟨griech.⟩ (*Math.* dreieckig); **Tri|go|nal|zahl** (Dreieckszahl)
Tri|go|no|me|t|rie, die; - (Dreiecksmessung, -berechnung); **tri|go|no|me|t|risch;** trigonometrischer Punkt (*Zeichen* TP)
tri|klin ⟨griech.⟩; triklines System (ein Kristallsystem)
Tri|kli|ni|um, das; -s, ...ien (altröm. Esstisch, an drei Seiten von Speisesofas umgeben)
Tri|ko|lo|re, die; -, -n ⟨franz.⟩ (dreifarbige [franz.] Fahne)
[1]**Tri|kot** [...'ko:, *auch* 'trɪ...], der, *selten* das; -s, -s ⟨franz.⟩ (maschinengestrickter od. gewirkter Stoff)
[2]**Tri|kot,** das; -s, -s (Kleidungsstück)
Tri|ko|ta|ge [...ʒə, *österr.* ...ʒ], die; -, -n *meist Plur.* (Wirkware)
Tri|kot|wer|bung (Werbung auf den Trikots von Sportlern)
tri|la|te|ral ⟨lat.⟩ (dreiseitig)
Tril|ler ⟨ital.⟩; **tril|lern;** ich trillere; **Tril|ler|pfei|fe**
Tril|li|ar|de, die; -, -n ⟨lat.⟩ (tausend Trillionen); **Tril|li|on,** die; -, -en (eine Million Billionen)
Tri|lo|bit, der; -en, -en ⟨griech.⟩ (ein urweltliches Krebstier)
Tri|lo|gie, die; -, ...ien ⟨griech.⟩ (Folge von drei [zusammengehörenden] Dichtwerken, Kompositionen u. a.)
Tri|ma|ran, der; -s, -e ⟨lat.; tamil.-engl.⟩ (Segelboot mit drei Rümpfen)
Tri|mes|ter [*alte Trennung* ...|st...], das; -s, - ⟨lat.⟩ (Zeitraum von drei Monaten; Dritteljahr eines Unterrichtsjahres)
Tri|me|ter, der; -s, - ⟨griech.⟩ (aus drei Versfüßen bestehender Vers)
Trimm, der; -[e]s ⟨engl.⟩ (*Seemannsspr.* Lage eines Schiffes bezüglich Tiefgang u. Schwerpunkt; ordentlicher u. gepflegter Zustand eines Schiffes)
Trimm-dich-Pfad
trim|men (*bes. Seemannsspr.* zweckmäßig verstauen, in die optimale Lage bringen; *Funktechnik* auf die gewünschte Frequenz einstellen; [Hunden] das Fell scheren; *ugs. für* in einen gewünschten Zustand bringen); ein auf alt getrimmter Schrank; trimm dich durch Sport!
Trim|mer (*Technik* verstellbarer Kleinkondensator; *ugs. für* Person, die sich trimmt)
Trim|mung (Längsrichtung eines Schiffes)
Tri|ne, die; -, -n (ugs. Schimpfwort); dumme Trine
Tri|ni|dad (südamerik. Insel)
Tri|ni|dad und To|ba|go (Staat im Karibischen Meer)
Tri|ni|ta|ri|er, der; -s, - ⟨lat.⟩ (Bekenner der Dreieinigkeit; Angehöriger eines kath. Bettelordens)
Tri|ni|tät, die; - (*christl. Rel.* Dreieinigkeit, Dreifaltigkeit); **Tri|ni|ta|tis** (Sonntag nach Pfingsten); **Tri|ni|ta|tis|fest**
Tri|ni|t|ro|to|lu|ol, das; -s (stoßunempfindlicher Sprengstoff; Abk.: TNT); *vgl.* Trotyl
trink|bar; Trink|bar|keit, die; -
Trink|be|cher; Trink|brannt|wein
trin|ken; du trankst; du tränkest; getrunken; trink[e]!
Trin|ker; Trin|ke|rei; Trin|ker|heil|an|stalt;Trin|ke|rin
trink|fest; Trink|fes|tig|keit [*alte Trennung* ...|st...]
Trink|fla|sche
trink|freu|dig; Trink|freu|dig|keit
Trink|ge|fäß; Trink|ge|la|ge; Trink|geld; Trink|glas *Plur.* ...gläser
Trink|hal|le; Trink|halm; Trink|horn; Trink|kur (*vgl.* [1]Kur)

T

Trink|lied; Trink|milch; Trink|scha|le; Trink|spruch

Trink|was|ser, das; -s

Trink|was|ser|auf|be|rei|tung; Trink|was|ser|qua|li|tät; Trink|was|ser|schutz|ge|biet; Trink|was|ser|ver|sor|gung

Tri|nom, das; -s, -e ‹griech.› (*Math.* dreigliedrige Zahlengröße); **tri|no|misch**

Trio, das; -s, -s ‹ital.› (Musikstück für drei Instrumente, *auch für* die drei Ausführenden; Gruppe von drei Personen)

Tri|o|de, die; -, -n ‹griech.› (*Elektrot.* Verstärkerröhre mit drei Elektroden)

Tri|o|le, die; -, -n ‹ital.› (*Musik* Figur von 3 Tönen im Taktwert von 2 oder 4 Tönen; *ugs. auch für* Geschlechtsverkehr zu dritt)

Tri|o|lett, das; -[e]s, -e ‹franz.› (eine Gedichtform)

Trip, der; -s, -s ‹engl.› (Ausflug, Reise; Rauschzustand durch Drogeneinwirkung, *auch für* die dafür benötigte Dosis)

[1]Tri|pel, das; -s, - ‹franz.› (die Zusammenfassung dreier Dinge, z. B. Dreieckspunkte)

[2]Tri|pel, der; -s, - (*veraltet für* dreifacher Gewinn)

[3]Tri|pel, der; -s ‹nach Tripolis› (*Geol.* Kieselerde)

Tri|pel|al|li|anz (*Völkerrecht* Allianz von drei Staaten)

Tri|ph|thong, der; -s, -e ‹griech.› (*Sprachw.* Dreilaut, drei eine Silbe bildende Selbstlaute, z. B. ital. miei »meine«)

Tri|p|lé, das; -s, -s ‹franz.› (*Billard* Zweibandenspiel)

Tri|p|lik, die; -, -en ‹lat.› (*veraltend für* die Antwort des Klägers auf eine Duplik)

tri|p|lo|id (einen dreifachen Chromosomensatz enthaltend)

Trip|ma|dam, die; -, -en ‹franz.› (eine Pflanze)

Tri|po|den (*Plur. von* Tripus)

Tri|po|lis (Hauptstadt Libyens); **Tri|po|li|ta|ni|en** (Gebiet in Libyen); **tri|po|li|ta|nisch**

trip|peln; ich tripp[e]le; **Trip|pel|schritt**

Trip|per, der; -s, - ‹*zu nordd.* drippen = tropfen› (eine Geschlechtskrankheit)

Tri|p|tik *vgl.* Triptyk

Tri|p|ty|chon, das; -s, *Plur.* ...chen *u.* ...cha ‹griech.› (dreiteiliger Altaraufsatz)

Tri|p|tyk, Tri|p|tik, das; -s, -s ‹engl.› (dreiteiliger Grenzübertrittsschein für Wohnanhänger und Wasserfahrzeuge)

Tri|pus, der; -, ...poden ‹griech.› (Dreifuß, altgriech. Gestell für Gefäße)

Tri|re|me, die; -, -n ‹lat.› (*svw.* Triere)

Tris|me|gis|tos [*alte Trennung* ...|st...], der; - ‹griech., »der Dreimalgrößte«› (Beiname des ägypt. Hermes)

Tris|mus, der; -, ...men ‹griech.› (*Med.* Kiefersperre)

trist ‹franz.› (traurig, öde)

Tris|tan [*alte Trennung* ...|st...] (mittelalterliche Sagengestalt)

Tris|te [*alte Trennung* ...|st...], die; -, -n (*bayr., österr. u. schweiz. für* um eine Stange aufgehäuftes Heu od. Stroh)

Tris|tesse [...'tɛs; *alte Trennung* ...|st...], die; -, -n ‹franz.› (Traurigkeit); **Trist|heit,** die; -

Tris|ti|en [*alte Trennung* ...|st...] *Plur.* ‹lat.› (Trauergedichte)

Tri|t|a|go|nist, der; -en, -en ‹griech.› (dritter Schauspieler auf der altgriech. Bühne)

Tri|ti|um, das; -s ‹griech.› (schweres Wasserstoffisotop; *Zeichen* T)

[1]Tri|ton, das; -s, ...onen (schwerer Wasserstoffkern)

[2]Tri|ton (griech. fischleibiger Meergott, Sohn Poseidons)

[3]Tri|ton, der; ...onen, ...onen (Meergott im Gefolge Poseidons)

Tri|to|nus, der; - ‹griech.› (*Musik* übermäßige Quarte)

Tritt, der; -[e]s, -e; Tritt halten

Tritt|brett; Tritt|brett|fah|rer (*ugs. für* jmd., der von einer Sache zu profitieren versucht, ohne selbst etwas dafür zu tun)

tritt|fest; Tritt|lei|ter; tritt|si|cher

Tri|umph, der; -[e]s, -e ‹lat.› (großer Sieg, Erfolg; *nur Sing.:* Siegesfreude, -jubel); **tri|um|phal**

Tri|um|pha|tor, der; -s, ...oren (feierlich einziehender Sieger)

Tri|umph|bo|gen; tri|umph|ge|krönt; Tri|umph|ge|schrei

tri|um|phie|ren (siegen; jubeln)

Tri|umph|wa|gen; Tri|umph|zug

Tri|um|vir, der; *Gen.* -s *u.* -n, *Plur.* -n ‹lat.› (Mitglied eines Triumvirats); **Tri|um|vi|rat,** das; -[e]s, -e (Dreimännerherrschaft [im alten Rom])

tri|va|lent ‹lat.› (*fachspr. für* dreiwertig)

tri|vi|al ‹lat.› (platt, abgedroschen); **Tri|vi|a|li|tät,** die; -, -en

Tri|vi|al|li|te|ra|tur; Tri|vi|al|ro|man; Tri|vi|al|schrift|stel|ler

Tri|vi|um, das; -s ‹lat.› (im mittelalterl. Universitätsunterricht die Fächer Grammatik, Dialektik u. Rhetorik)

Tri|zeps, der; -[es], -e ‹lat.› (*Med.* Oberarmmuskel)

TRL (Währungscode für türk. Pfund)

Tro|as, die; - (im Altertum kleinasiat. Landschaft)

Tro|ca|de|ro, der; -[s] (ein Palast in Paris)

tro|chä|isch ‹griech.› (aus Trochäen bestehend); **Tro|chä|us,** der; -, ...äen ([antiker] Versfuß)

Tro|chi|lus, der; -, ...ilen ‹griech.› (*Archit.* Hohlkehle in der Basis ionischer Säulen)

Tro|chit, der; *Gen.* -s *u.* -en, *Plur.* -en ‹griech.› (Stängelglied versteinerter Seelilien); **Tro|chi|ten|kalk** (*Geol.* viele Trochiten enthaltender Kalkstein)

Tro|cho|pho|ra, die; -, ...phoren (*Biol.* Larve der Ringelwürmer)

tro|cken *s. Kasten S. 981*

Tro|cken|an|la|ge [*alte Trennung* ...k|k...]; **Tro|cken|ap|pa|rat**

Tro|cken|bee|ren|aus|le|se [*alte Trennung* ...k|k...]

Tro|cken|bi|o|top [*alte Trennung* ...k|k...]; **Tro|cken|blu|me; Tro|cken|bo|den; Tro|cken|dock; Tro|cken|ei,** das; -[e]s (Eipulver); **Tro|cken|eis** (feste Kohlensäure); **Tro|cken|e|le|ment; Tro|cken|far|be**

Tro|cken|fut|ter [*alte Trennung* ...k|k...]; **Tro|cken|füt|te|rung**

Tro|cken|ge|mü|se [*alte Trennung* ...k|k...]; **Tro|cken|ge|stell; Tro|cken|hau|be; Tro|cken|he|fe**

Tro|cken|heit [*alte Trennung* ...k|k...]

tro|cken|le|gen [*alte Trennung* ...k|k...]; ↑K 47 (entwässern; mit frischen Windeln versehen); einen Sumpf trockenlegen; das Kind wird trockengelegt; **Tro|cken|le|gung**

Tro|cken|milch [*alte Trennung* ...k|k...]; **Tro|cken|o|fen; Tro|cken|pe|ri|o|de; Tro|cken|platz**

Tro|cken|ra|sie|rer ([*alte Trennung* ...k|k...] *ugs.*); **Tro|cken|ra|sur; Tro|cken|raum**

tro|cken|rei|ben [*alte Trennung*

tro|cken

[*alte Trennung* ...k|k...]

I. *Groß- oder Kleinschreibung*
a) *Kleinschreibung:*
- trockene Wäsche
- ein trockener Wein; dieser Wein ist am trockensten

b) *Großschreibung:*
- auf dem Trockenen (auf trockenem Boden) stehen
- auf dem Trockenen [*alte Schreibung* trockenen] sein/sitzen (*ugs. für* festsitzen, nicht weiterkommen; [aus finanziellen Gründen] in Verlegenheit sein; nichts mehr zu trinken haben)
- nach dem Regen wieder im Trockenen (auf trockenem Boden) sein; dort werden wir endlich im Trockenen [*alte Schreibung* trockenen] (*ugs. für* geborgen) sein
- sein Schäfchen ins Trockene [*alte Schreibung* trockene] bringen, im Trockenen [*alte Schreibung* trockenen] haben (*ugs. für* sich wirtschaftlich sichern, gesichert haben)

II. *Getrennt- oder Zusammenschreibung in Verbindung mit Verben* ↑K 56

a) *Getrenntschreibung:*
- die Wäsche wird bald [ganz] trocken sein
- die Wäsche will nicht trocken werden
- wir wollen trocken (im Trockenen) sitzen; sie ließen uns bei dieser Einladung trocken sitzen [*alte Schreibung* trockensitzen] (ohne Getränke sitzen)
- die Kuh hat mehrere Wochen trocken gestanden [*alte Schreibung* trockengestanden] (keine Milch gegeben)
- die Kartoffeln sollen [ganz] trocken (an einem trockenen Ort) liegen
- der Anzug darf nur trocken (in trockenem Zustand) gereinigt werden
- das Hemd soll trocken (in trockenem Zustand) gebügelt werden

b) *Zusammenschreibung:*
- die Wäsche trockenschleudern (durch Schleudern trocknen)
- die Mutter hat das Kind trockengelegt (mit frischen Windeln versehen); der Sumpf wird trockengelegt (ausgetrocknet, entwässert)
- die Fläche soll trockengerieben (durch Reiben getrocknet) werden

...k|k...]; ↑K 47 (durch Reiben trocknen); das Kind wurde nach dem Bad trockengerieben
Tro|cken|schi|kurs [*alte Trennung* ...k|k...] *vgl.* Trockenskikurs
Tro|cken|schleu|der [*alte Trennung* ...k|k...]
tro|cken|schleu|dern [*alte Trennung* ...k|k...]; ↑K 47 (durch Schleudern trocknen); *vgl.* trocken
tro|cken sit|zen [*alte Schreibung* trocken|sit|zen, *alte Trennung* ...k|k...] *vgl.* trocken
Tro|cken|ski|kurs, *auch* Tro|cken|schi|kurs [*alte Trennung* ...k|k...]
Tro|cken|spin|ne [*alte Trennung* ...k|k...]; **Tro|cken|spi|ri|tus**
tro|cken ste|hen [*alte Trennung* ...k|k...] *vgl.* trocken
Tro|cken|übung [*alte Trennung* ...k|k...] (*Sport* vorbereitende Übung beim Erlernen einer sportl. Tätigkeit); **Tro|cken|wä|sche**
tro|cken|wi|schen [*alte Trennung* ...k|k...] ↑K 47 (durch Wischen trocknen); *vgl.* trocken
Tro|cken|zeit [*alte Trennung* ...k|k...]
Tröck|ne, die; - (*schweiz. für* anhaltende Trockenheit)
trock|nen; Trock|ner; Trock|nung

Trod|del, die; -, -n (kleine Quaste); **Trod|del|blu|me**
Trod|del|chen, Tröd|del|chen
Trö|del, der; -s (*ugs. für* alte, wertlose Gegenstände; Kram); **Trö|del|bu|de; Trö|de|lei**
Trö|del|frit|ze (*ugs. für* männliche Person, die ständig trödelt)
Trö|del|kram; Trö|del|la|den
Trö|del|lie|se (*vgl.* Trödelfritze)
Trö|del|markt
trö|deln (*ugs. für* beim Arbeiten u. Ä. langsam sein; schlendern); ich tröd[e]le
Tröd|ler; Tröd|le|rin; Tröd|ler|la|den
Tro|er *vgl.* Trojaner
Trog, der; -[e]s, Tröge
Tro|ia usw. *vgl.* Troja usw.
Troi|er *vgl.* Troyer
Troi|ka, die; -, -s ⟨russ.⟩ (russ. Dreigespann)
tro|isch *vgl.* trojanisch
Trois|dorf ['tro:...] (Stadt in Nordrhein-Westfalen)
Tro|ja (antike kleinasiat. Stadt); **Tro|ja|ner** (Bewohner von Troja); **tro|ja|nisch;** die trojanischen Helden, *aber* ↑K 151: der Trojanische Krieg, ↑K 88: das Trojanische Pferd
tröl|len (*schweiz. für* [den Gerichtsgang] leichtfertig od. mutwillig verzögern); **Trö|le|rei; trö|le|risch**

Troll, der; -[e]s, -e (Kobold); **Troll|blu|me; trol|len,** sich (*ugs.*)
Trol|ley [...li], der; -s, -s ⟨engl.⟩ (Rollenkoffer)
Trol|ley|bus [...li...] ⟨engl.⟩ (*bes. schweiz. für* Oberleitungsbus)
Trol|lin|ger, der; -s, - (eine Reb- u. Weinsorte)
Trom|be, die; -, -n ⟨ital.(-franz.)⟩ (*Meteor.* Wasser-, Sand-, Windhose)
Trom|mel, die; -, -n; **Trom|mel|brem|se**
Tröm|mel|chen
Trom|me|lei (*ugs.*)
Trom|mel|fell; Trom|mel|feu|er
trom|meln; ich tromm[e]le
Trom|mel|re|vol|ver; Trom|mel|schlag; Trom|mel|schlä|gel [*alte Schreibung* ...schle|gel]; **Trom|mel|schlä|ger; Trom|mel|stock** *Plur.* ...stöcke
Trom|mel|wasch|ma|schi|ne
Trom|mel|wir|bel
Tromm|ler; Tromm|le|rin
Trom|pe|te, die; -, -n ⟨franz.⟩; **trom|pe|ten;** er hat trompetet
Trom|pe|ten|baum; Trom|pe|ten|si|g|nal; Trom|pe|ten|so|lo;Trom|pe|ten|stoß
Trom|pe|ten|tier|chen (ein Wimperntierchen)
Trom|pe|ter; Trom|pe|te|rin
Trom|pe|ter|vo|gel

T

trotz	
Präposition mit Genitiv: – trotz des Regens – trotz vieler Ermahnungen	– trotz Beweisen – trotz Atomkraftwerken – trotz des Bootes heftigem Schwanken *Ebenso in:* – trotz all[e]dem – trotz allem
Bes. südd., schweiz. u. österr., auch mit Dativ: – trotz dem Regen – trotz vielen Ermahnungen *Allgemein häufiger mit Dativ, wenn Artikel oder Pronomen fehlen, und immer, wenn der Genitiv im Plural nicht erkennbar ist oder wenn ein Genitivattribut zwischen »trotz« und das davon abhängende Substantiv tritt:* – trotz heftigem Regen – trotz nassem Asphalt	*Ein stark gebeugtes Substantiv im Singular ohne Artikel u. Attribut bleibt oft ungebeugt:* – trotz Regen [und Kälte] – trotz Umbau

Trom|sø [...zø] (norwegische Stadt)

Trond|heim (*norw. Schreibung von* Drontheim)

Tro|pe, die; -, -n *u.* Tro|pus, der; -, ...pen ‹griech., »Wendung«› (Vertauschung des eigentlichen Ausdrucks mit einem bildlichen, z. B. »Bacchus« für »Wein«)

Tro|pen *Plur.* (heiße Zone zwischen den Wendekreisen)

Tro|pen|an|zug; Tro|pen|fie|ber, das; -s; **Tro|pen|helm; Tro|pen|in|s|ti|tut; Tro|pen|kli|ma,** das; -s; **Tro|pen|kol|ler,** der; -s; **Tro|pen|krank|heit; Tro|pen|me|di|zin,** die; -; **Tro|pen|pflan|ze**

tro|pen|taug|lich; Tro|pen|taug|lich|keit

[1]**Tropf,** der; -[e]s, Tröpfe (*ugs. für* einfältiger Mensch)

[2]**Tropf,** der; -[e]s, -e (*Med.* Vorrichtung für die Tropfinfusion)

tropf|bar; tropf|bar|flüs|sig

Tröpf|chen; Tröpf|chen|in|fek|ti|on

tröpf|chen|wei|se

tröp|feln; ich tröpf[e]le

trop|fen; Trop|fen, der; -s, -

Trop|fen|fän|ger

Trop|fen|form; trop|fen|för|mig; trop|fen|wei|se

Tropf|fla|sche; Tropf|in|fu|si|on

tropf|nass [*alte Schreibung* ...naß]

Tropf|stein; Tropf|stein|höh|le

Tropf|teig (*österr.* flüssiger Teig für eine Suppeneinlage)

Tro|phäe, die; -, -n ‹griech.› (Siegeszeichen [erbeutete Fahnen u. Ä.]; Jagdbeute [z. B. Geweih])

tro|phisch ‹griech.› (*Med.* die Ernährung betreffend)

Tro|pi|ka, die; - ‹griech.› (schwere Form der Malaria)

tro|pisch (zu den Tropen gehörend; heiß; *Rhet.* bildlich)

Tro|pis|mus, der; -, ...men (*Bot.* Krümmungsbewegung der Pflanze, die durch äußere Reize hervorgerufen wird)

Tro|po|s|phä|re, die; - (*Meteor.* unterste Schicht der Erdatmosphäre)

[1]**Tro|pus** *vgl.* Trope

[2]**Tro|pus,** der; -, Tropen (im gregorianischen Gesang der Kirchenton u. die Gesangsformel für das Schluss-Amen; melodische Ausschmückung von Texten im gregorianischen Choral)

Tross [*alte Schreibung* Troß], der; Trosses, Trosse ‹franz.› (*Milit. früher* der die Truppe mit Verpflegung u. Munition versorgende Wagenpark; *übertr. für* Gefolge, Haufen)

tross! [*alte Schreibung* troß!] (*landsch. für* schnell!)

Tros|se, die; -, -n (starkes Tau; Drahtseil)

Tross|schiff, *auch* **Tross-Schiff** [*alte Schreibung* Troß|schiff]

Trost, der; -es; **trost|be|dürf|tig**

trös|ten [*alte Trennung* ...|st...]; sich trösten; **Trös|ter; Trös|te|rin**

tröst|lich

trost|los; Trost|lo|sig|keit, die; -

Trost|pflas|ter [*alte Trennung* ...|st...]; **Trost|preis**

trost|reich

Trös|tung [*alte Trennung* ...|st...]; **Trost|wort** *Plur.* ...worte

Trö|te, die; -, -n (*landsch. für* [Kinder]trompete); **trö|ten** *(landsch.)*

Trott, der; -[e]s, -e (lässige Gangart; *ugs. für* langweiliger, routinemäßiger [Geschäfts]gang; eingewurzelte Gewohnheit)

Trott|baum (Teil der [alten] Weinkelter); **Trot|te,** die; -, -n (*südwestd. u. schweiz. für* [alte] Weinkelter)

Trot|tel, der; -s, - (*ugs. für* einfältiger Mensch, Dummkopf); **Trot|te|lei**

trot|tel|haft; Trot|tel|haf|tig|keit

trot|te|lig; Trot|te|lig|keit, die; -

trot|teln (*ugs. für* langsam [u. unaufmerksam] gehen); ich trott[e]le; **trot|ten** (*ugs. für* schwerfällig gehen)

Trot|teur [...ˈtøːɐ̯], der; -s, -s ‹franz.› (Laufschuh mit niedrigem Absatz)

Trot|ti|nett, das; -s, -e ‹franz.› (*schweiz. für* Kinderroller)

Trot|toir [...ˈtoaːɐ̯], das; -s, *Plur.* -e *u.* -s (*schweiz. für* Bürgersteig)

Tro|tyl, das; -s (*svw.* Trinitrotoluol)

trotz *s. Kasten*

Trotz, der; -es; aus Trotz; dir zum Trotz; Trotz bieten

Trotz|al|ter, das; -s

trotz|dem; trotzdem ist es falsch; *auch als Konj.:* trotzdem (*älter* trotzdem dass) du nicht rechtzeitig eingegriffen hast

trot|zen; du trotzt

Trot|zer (*auch Bot.* zweijährige Pflanze, die im zweiten Jahr keine Blüten bildet)

trot|zig

Trotz|ki (russ. Revolutionär); **Trotz|kis|mus,** der; - (von Trotzki begründete u. vertretene revolutionäre Theorie); **Trotz|kist,** der; -en, -en; **Trotz|kis|tin** [*alte Trennung* ...|st...]; **trotz|kis|tisch**

Trotz|kopf; trotz|köp|fig

Trotz|pha|se; Trotz|re|ak|ti|on

Trou|ba|dour [ˈtruːbaduːɐ̯, *auch* ...ˈduːɐ̯], der; -s, *Plur.* -e *u.* -s ‹franz.› (provenzal. Minnesänger des 12. u. 13. Jh.s)

T

Trou|b|le ['trabl̩], der; -s ‹engl.› (*ugs. für* Ärger, Unannehmlichkeiten)
Trou|vère [tru'vɛːɐ̯], der; -s, -s ‹franz.› ([nord]franz. Minnesänger des 12. u. 13. Jh.s)
Troy|er, Troi|ler, der; -s, - (Matrosenunterhemd; grobmaschiger Rollkragenpullover mit Reißverschluss)
Troyes [troa] (franz. Stadt)
Troy|ge|wicht ‹*zu* Troyes› (Gewicht für Edelmetalle u. a. in England u. in den USA)
Trub, der; -[e]s (*fachspr. für* Bodensatz beim Wein, Bier)
trüb, trü|be; im Trüben [*alte Schreibung* trüben] fischen (*ugs.* unklare Zustände zum eigenen Vorteil ausnutzen)
Trü|be, die; -
Tru|bel, der; -s
trü|ben; Trüb|heit, die; -
Trüb|nis, die; -, -se *(veraltet)*
Trüb|sal, die; -, -e
trüb|se|lig; Trüb|se|lig|keit, die; -
Trüb|sinn, der; -[e]s; **trüb|sin|nig**
Trub|stof|fe *Plur.; vgl.* Trub
Trü|bung
Truch|sess [*alte Schreibung* Truch|seß], der; *Gen.* Truchsesses, *älter* Truchsessen, *Plur.* Truchsesse (im MA. für Küche u. Tafel zuständiger Hofbeamter)
Truck [trak], der; -s, -s ‹engl.› (*amerik. u. internat. Bez. für* Lastkraftwagen); **Tru|cker** [*alte Trennung* ...k|k...], der; -s, - ‹engl.› (Lastwagenfahrer)
Truck|sys|tem ['trak...; *alte Trennung* ...|st...], das; -s ‹engl.› (frühere Form der Lohnzahlung in Waren, Naturalien)
Trud|chen, Tru|de, Tru|di (w. Vorn.)
tru|deln (*Fliegerspr.* drehend niedergehen od. abstürzen; *landsch. für* würfeln); ich trud[e]le
Tru|di *vgl.* Trude
Trüf|fel, die; -, -n, *ugs. meist* der; -s, - ‹franz.› (ein Pilz; eine kugelförmige Praline); **Trüf|fel|le|ber|pas|te|te** [*alte Trennung* ...|st...]
trüf|feln (mit Trüffeln anrichten); ich trüff[e]le
Trüf|fel|schwein; Trüf|fel|wurst
Trug, der; -[e]s; Lug und Trug
Trug|bild; Trug|dol|de
trü|gen; du trogst; du trögest; getrogen; trüg[e]!; **trü|ge|risch**
Trug|ge|bil|de; Trug|schluss [*alte Schreibung* ...schluß]
Tru|he, die; -, -n; **Tru|hen|de|ckel** [*alte Trennung* ...k|k...]
Trum, der *od.* das; -[e]s, *Plur.* -e *u.* Trümer ‹Nebenform von [1]Trumm› (*Bergmannsspr.* Abteilung eines Schachtes; kleiner Gang; *Maschinenbau* frei laufender Teil des Förderbandes od. des Treibriemens)
Tru|man [...mən] (Präsident der USA)
[1]**Trumm,** der *od.* das; -[e]s, *Plur.* -e *u.* Trümmer (*svw.* Trum)
[2]**Trumm,** das; -[e]s, Trümmer (*landsch. für* großes Stück, Exemplar)
Trüm|mer *Plur.* ([Bruch]stücke); etwas in Trümmer schlagen
Trüm|mer|feld; Trüm|mer|flo|ra; Trüm|mer|frau; Trüm|mer|ge|stein; Trüm|mer|grund|stück
trüm|mer|haft
Trüm|mer|hau|fen; Trüm|mer|land|schaft
Trumpf, der; -[e]s, Trümpfe ‹lat.› (eine der [wahlweise] höchsten Karten beim Kartenspielen, mit denen Karten anderer Farben gestochen werden können)
Trumpf|ass, *auch* **Trumpf-Ass** [*alte Schreibung* Trumpf|as]
trump|fen
Trumpf|far|be; Trumpf|kar|te; Trumpf|kö|nig
Trunk, der; -[e]s, Trünke *Plur. selten* (geh.); **trun|ken;** sie ist trunken vor Freude
Trun|ken|bold, der; -[e]s, -e *(abwertend);* **Trun|ken|heit,** die; -
Trunk|sucht, die; - *(veraltend)*
Trupp, der; -s, -s ‹franz.›
Trüpp|chen
Trup|pe, die; -, -n; **Trup|pen** *Plur.*
Trup|pen|ab|bau; Trup|pen|ab|zug; Trup|pen|arzt; Trup|pen|auf|marsch
Trup|pen|be|treu|ung; Trup|pen|be|we|gung; Trup|pen|ein|heit; Trup|pen|füh|rer; Trup|pen|gat|tung; Trup|pen|kon|tin|gent; Trup|pen|kon|zen|t|ra|ti|on; Trup|pen|pa|ra|de; Trup|pen|stär|ke; Trup|pen|teil, der
Trup|pen|trans|port; Trup|pen|trans|por|ter
Trup|pen|ü|bungs|platz; Trup|pen|un|ter|kunft; Trup|pen|ver|pfle|gung
trupp|wei|se
Trü|sche, die; -, -n (ein Fisch)
Trust [trast], der; -[e]s, *Plur.* -e *u.* -s ‹engl.› (Konzern); **trust|ar|tig**
Trus|tee [...'tiː; *alte Trennung* ...|st...], der; -s, -s (*engl. Bez. für* Treuhänder); **trust|frei**
Tru|te, die; -, -n (*schweiz. für* Truthenne)
Trut|hahn; Trut|hen|ne; Trut|huhn
Trutz, der; -es *(veraltet);* zu Schutz und Trutz; Schutz-und-Trutz-Bündnis *(vgl. d.);* **Trutz|burg; trut|zen** (*veraltet für* trotzen); du trutzt; **trut|zig** *(veraltet)*
Try|pa|no|so|ma, das; -s, ...men *meist Plur.* ‹griech.› (*Zool.* Geißeltierchen)
Tryp|sin, das; -s ‹griech.› (Ferment der Bauchspeicheldrüse)
Tsa|t|si|ki *vgl.* Zaziki
[1]**Tschad,** der; -[s] (*kurz für* Tschadsee)
[2]**Tschad,** -s, *auch mit Artikel* der; -[s] (Staat in Afrika); **Tscha|der; Tscha|de|rin; tscha|disch**
Tscha|dor, der; -s, -s ‹pers.› ([von iranischen Frauen getragener] langer Schleier)
Tschad|see, *auch* **Tschad-See,** der; -s; ↑K 143 (See in Zentralafrika)
Tschai|kows|ky[1] [...ki] (russ. Komponist)
Tscha|ko, der; -s, -s ‹ung.› (*früher* Kopfbedeckung bei Militär u. Polizei)
Tschap|ka, die; -, -s ‹poln.› (Kopfbedeckung der Ulanen); *vgl. aber* Schapka
Tschap|perl, das; -s, -n (*österr. ugs. für* tapsiger Mensch)
Tschar|dasch *alte Schreibung für* Csárdás
tschau!, ciao! [tʃau] ‹ital.› (*ugs.* [Abschieds]gruß)
Tsche|che, der; -n, -n
Tsche|cherl, das; -s, -n (*ostösterr. ugs. für* kleines, einfaches Gast-, Kaffeehaus)
tsche|chern (*österr. ugs. für* schwer arbeiten; viel Alkohol trinken)
Tsche|chi|en (*kurz für* Tschechische Republik); **Tsche|chin; tsche|chisch;** *aber* ↑K 88: die Tschechische Republik; **Tsche|chisch,** das; -[s] (Sprache); *vgl.* Deutsch; **Tsche|chi|sche,** das; -n;

T

[1]*So die eigene Schreibung des Komponisten. Nach dem vom Duden verwendeten Transkriptionssystem müsste* Tschaikowski *geschrieben werden.*

vgl. Deutsche, das; **Tschẹ|chi|sche Re|pu|b|lik** (Staat in Mitteleuropa)

Tsche|cho|slo|wa̲|ke, der; -n, -n; **Tsche|cho|slo|wa|ke̲i,** die; - (ehem. Staat in Mitteleuropa; *Abk.* ČSFR); **Tsche|cho|slo|wa̲|kin; tsche|cho|slo|wa̲|kisch**

Tschẹ|chow (russ. Schriftsteller)

Tsche̲|ki|ang (chin. Prov.)

Tsche|kịst, der; -en, -en ([in Ländern des ehemaligen Ostblocks] Angehöriger des Staatssicherheitsdienstes)

tschẹn|tschen (*südösterr. für* raunzen, kritisieren); du tschentschst

Tscher|kẹs|se, der; -n, -n (Angehöriger einer Gruppe kaukas. Volksstämme); **Tscher|kẹs|sin; tscher|kẹs|sisch**

Tscher|nọ|byl (Stadt in der Ukraine)

Tscher|no|sem [...'sjɔm] *u.* **Tscher|no|sjọm,** das; -s ‹russ.› (*fachspr.* Schwarzerde)

Tsche|ro|ke̲|se, der; -n, -n (Angehöriger eines nordamerik. Indianerstammes)

Tscher|wọ|nez, der; -, ...wọnzen (ehem. russ. Währungseinheit)

Tsche|t|sche̲|ne, der; -n, -n (Angehöriger eines kaukas. Volkes)

Tsche|t|sche̲|ni|en (Republik in der Russischen Föderation)

Tschi|bụk [*österr.* 'tʃiː...], der; -s, -s ‹türk.› (lange türkische Tabakspfeife)

Tschịck, der; -s, - ‹ital.› (*österr. ugs. für* Zigarette[nstummel])

Tschi|kosch ['tʃiː..., *auch* 'tʃɪ...] *vgl.* Csikós

tschịl|pen, schịl|pen (zwitschern [vom Sperling])

Tschi|nẹl|len *Plur.* ‹ital.› (Becken [messingnes Schlaginstrument])

tschịng!; tschịng|bụm!

Tschịs|ma, der; -s, ...men ‹ung.› (niedriger, farbiger ung. Stiefel)

Tschụk|t|sche, der; -n, -n (Angehöriger eines altsibir. Volkes)

Tschụr|t|schen, die; -, - ‹slow.› (*österr. landsch. für* Kiefernzapfen)

tschü̲s!, *auch* tschüss! (*ugs. für* auf Wiedersehen!)

Tschu̲sch, der; -en, -en ‹slow.› (*österr. ugs. abwertend für* Ausländer, bes. Südslawe, Türke)

tschüss *vgl.* tschüs

Tsd. = [3]Tausend

Tse̲|tse|flie|ge ‹Bantu; dt.› (Stechfliege, die bes. die Schlafkrankheit überträgt); **Tse̲|tse|pla|ge**

T-Shirt ['tiːʃøːɐ̯t] ‹engl.› ([kurzärmliges] Oberteil aus Trikot)

Tsi̲|nan (chin. Stadt)

Tsịng|tau (chin. Stadt)

Tsu̲|ga, die; -, *Plur.* -s *u.* ...gen ‹jap.› (Schierlings- od. Hemlocktanne)

T-Trä|ger ['teː...], der; -s, -; ↑K 29 (*Bauw.*)

TU, die; - = technische Universität; *vgl.* technisch

Tu̲|a|reg [*auch* ...'rɛk] (*Plur. von* Targi)

Tu̲|ba, die; -, ...ben ‹lat.› (Blechblasinstrument; *Med.* Eileiter, Ohrtrompete)

Tü̲b|bing, der; -s, -s (*Bergmannsspr.* Tunnel-, Schachtring)

Tu̲|be, die; -, -n ‹lat.› (röhrenförmiger Behälter [für Farben u. a.]; *Med. auch für* Tuba)

Tu̲|ben (*Plur. von* Tuba *u.* Tubus); **Tu̲|ben|schwan|ger|schaft**

Tu|bẹr|kel, der; -s, -, *österr. auch* die; -, -n ‹lat.› (*Med.* Knötchen)

Tu|bẹr|kel|bak|te|rie; Tu|bẹr|kel|ba|zil|lus

tu|ber|ku|la̲r (knotig)

Tu|ber|ku|li̲n, das; -s (Substanz zum Nachweis von Tuberkulose)

tu|ber|ku|lö̲s (mit Tuberkeln durchsetzt)

Tu|ber|ku|lo̲|se, die; -, -n (eine Infektionskrankheit; *Abk.* Tb, Tbc, Tbk); **Tu|ber|ku|lo̲|se|für|sor|ge**

tu|ber|ku|lo̲|se|krank (*Abk.* Tbc-krank, Tb-krank, Tbk-krank); **Tu|ber|ku|lo̲|se|kran|ke**

Tu|be|ro̲|se, die; -, -n ‹lat.› (eine aus Mexiko stammende stark duftende Zierpflanze)

Tü̲|bin|gen (Stadt am Neckar); **Tü̲|bin|ger**

tu|bu|lär, tu|bu|lö̲s ‹lat.› (*Med.* röhrenförmig)

Tu̲|bus, der; -, *Plur.* ...ben *u.* -se (bei optischen Geräten das linsenfassende Rohr; bei Glasgeräten der Rohransatz)

Tu̲ch, das; -[e]s, *Plur.* Tücher *u.* *(Arten:)* -e

tu̲ch|ar|tig; Tu̲ch|bahn

Tü̲|chel|chen

tu̲|chen (aus Tuch)

Tu|chent, die; -, -en (*bayr., österr. für* mit Federn gefüllte Bettdecke)

Tu̲ch|fa|b|rik; Tu̲ch|fa|b|ri|kant

Tu̲ch|füh|lung, die; - *nur in Wendungen:* [mit jmdm.] Tuchfühlung haben; [mit jmdm.] auf Tuchfühlung sein, sitzen; wir bleiben auf Tuchfühlung (in Verbindung)

Tu̲ch|han|del; Tü̲ch|lein

Tu̲ch|ma|cher; Tu̲ch|man|tel

Tu|chọls|ky [...ki] (dt. Journalist u. Schriftsteller)

tüch|tig; Tụ̈ch|tig|keit, die; -

Tụ̈|cke [*alte Trennung* ...k|k...], die; -, -n

tụ|ckern [*alte Trennung* ...k|k...] (vom Motor)

tụ̈|ckisch [*alte Trennung* ...k|k...]; eine tückische Krankheit; **tụ̈ck|schen** (*ostmitteld. u. nordd. für* heimlich zürnen); du tückschst

tuck|tụck! (Lockruf für Hühner)

Tü̲|der, der; -s, - (*nordd. für* Seil zum Anbinden von Tieren auf der Weide); **tü̲|dern** (*nordd. für* Tiere auf der Weide anbinden; in Unordnung bringen)

Tu̲|dor [*auch* 'tjuːdɐ], der; -[s], -s (Angehöriger eines engl. Herrschergeschlechtes); **Tu̲|dor|bo|gen** *(Archit.);* **Tu|dor|stil,** der; -[e]s

Tu|e|re̲i (*ugs. für* Sichzieren)

[1]**Tụff,** der; -s, -s (*landsch. für* Strauß, Büschel [von Blumen o. Ä.])

[2]**Tụff,** der; -s, -e ‹ital.› (ein Gestein)

Tụff|fels, *auch* **Tụff-Fels** [*alte Schreibung* Tuffels, *alte Trennung* ...ff|f...], **Tụff|fel|sen,** *auch* **Tụff-Fel|sen**

tụf|fig; Tụff|stein

Tụ̈f|tel|ar|beit *(ugs.);* **Tüf|te|le̲i** *(ugs.);* **Tụ̈f|te|ler** usw. *vgl.* Tüftler usw.

tụ̈f|teln (*ugs. für* eine knifflige Aufgabe mit Ausdauer zu lösen suchen); ich tüft[e]le

Tuf|ting... ['taf...] ‹engl.› (*in Zus.* Spezialfertigungsart für Auslegeware u. Teppiche, bei der Schlingen in das Grundgewebe eingenäht werden); **Tuf|ting|tep|pich; Tuf|ting|ver|fah|ren,** das; -s

Tụ̈ft|ler; Tụ̈ft|le|rin; tụ̈ft|lig

Tu̲|gend, die; -, -en

Tu̲|gend|bold, der; -[e]s, -e (*iron. für* tugendhafter Mensch)

tu̲|gend|haft; Tu̲|gend|haf|tig|keit, die; -

Tu̲|gend|held *(auch iron.);* **Tu̲|gend|hel|din**

tu̲|gend|los; Tu̲|gend|lo|sig|keit, die; -

tu|gend|sam *(veraltend)*
Tu|gend|wäch|ter *(iron.)*; **Tu|gend|wäch|te|rin**
Tui|le|ri|en [tÿilə...] *Plur.* ‹»Ziegeleien«› (ehem. Residenzschloss der franz. Könige in Paris)
Tu|is|ko *u.* **Tu|is|to** [*alte Trennung* ...|st...] (germ. Gottheit, Stammvater der Germanen)
Tu|kan [*auch* ...'ka:n], der; -s, -e ‹indian.› (Pfefferfresser [ein mittel- u. südamerik. Vogel])
Tu|la (russ. Stadt); **Tu|la|ar|beit,** *auch* **Tu|la-Ar|beit** (Silberarbeit mit Ornamenten)
Tu|la|r|ä|mie, die; - ‹indian.; griech.› (Hasenpest, die auf Menschen übertragen werden kann)
Tu|li|pan, der; -[e]s, -e *u.* **Tu|li|pa|ne,** die; -, -n ‹pers.› (*veraltet für* Tulpe)
Tüll, der; -s, *Plur. (Arten:)* -e ‹nach der franz. Stadt Tulle› (netzartiges Gewebe); **Tüll|blu|se**
Tül|le, die; -, -n (*landsch. für* [Ausguss]röhrchen; kurzes Rohrstück zum Einstecken)
Tüll|gar|di|ne
Tul|lia (altröm. w. Eigenn.); **Tul|li|us** (altröm. m. Eigenn.)
Tüll|schlei|er; Tüll|vor|hang
Tul|pe, die; -, -n ‹pers.›
Tul|pen|feld; Tul|pen|zwie|bel
...tum (z. B. Besitztum, das; -s, ...tümer)
tumb (*altertümelnd scherzh. für* einfältig)
[1]**Tum|ba,** die; -, ...ben ‹griech.› (Scheinbahre beim kath. Totengottesdienst; Überbau eines Grabes mit Grabplatte)
[2]**Tum|ba,** die; -, -s ‹span.› (eine große Trommel)
...tüm|lich (z. B. eigentümlich)
Tum|mel, der; -s, - (*landsch. für* Rausch)
tum|meln (bewegen); sich tummeln ([sich be]eilen; *auch für* herumtollen); ich tumm[e]le [mich]; **Tum|mel|platz**
Tumm|ler ‹»Taumler«› (*früher* Trinkgefäß mit abgerundetem Boden, Stehauf)
Tümm|ler (Delphin; eine Taube)
Tu|mor [*nichtfachsprachl. auch* ...'mo:ɐ̯], der; -s, *Plur.* ...oren, *nichtfachsprachl. auch* ...ore ‹lat.› (*Med.* Geschwulst)
Tu|mor|wachs|tum; Tu|mor|zel|le
Tüm|pel, der; -s, -
Tu|mu|li (*Plur. von* Tumulus)
Tu|mult, der; -[e]s, -e ‹lat.› (Lärm; Unruhe; Auflauf; Aufruhr); **Tu|mul|tu|ant,** der; -en, -en (Unruhestifter; Ruhestörer, Aufrührer); **tu|mul|tu|a|risch, tu|mul|tu|ös** (mit Lärm, Erregung einhergehend)
Tu|mu|lus, der; -, ...li ‹lat.› (vorgeschichtliches Hügelgrab)
tun; ich tue *od.* tu [*alte Schreibung* tu'], du tust, er/sie tut, wir tun, ihr tut, sie tun; du tatst (tatest), er/sie tat; du tätest; tuend; getan; tu[e]!, tut!; *vgl.* dick[e]tun, gut tun, schöntun, wohl tun
Tun, das; -s; das Tun und Treiben
Tün|che, die; -, -n; **tün|chen; Tün|cher** *(landsch.)*; **Tün|cher|meis|ter** [*alte Trennung* ...|st...]
Tun|d|ra, die; -, ...dren ‹finn.-russ.› (baumlose Kältesteppe jenseits der arktischen Waldgrenze); **Tun|d|ren|step|pe**
Tu|nell, das; -s, -e (*landsch., vor allem südd. u. österr. neben* Tunnel)
tu|nen ['tju:...] ‹engl.› (die Leistung [eines Kfz-Motors] nachträglich steigern); ein getunter Motor, Wagen; **Tu|ner,** der; -s, - (*Elektronik* Kanalwähler)
Tu|ne|si|en (Staat in Nordafrika); **Tu|ne|si|er; Tu|ne|si|e|rin; tu|ne|sisch**
Tun|fisch *vgl.* Thunfisch
Tun|gu|se, der; -n, -n (*svw.* Ewenke)
Tu|nicht|gut, der; *Gen.* - *u.* -[e]s, *Plur.* -e
Tu|ni|ka, die; -, ...ken ‹lat.› (altröm. Untergewand)
Tu|ning ['tju:...], das; -s ‹engl.› (nachträgliche Erhöhung der Leistung eines Kfz-Motors)
Tu|nis (Hauptstadt Tunesiens); **Tu|ni|ser; tu|ni|sisch**
Tun|ke, die; -, -n; **tun|ken**
tun|lich (*veraltend für* ratsam, angebracht); **Tun|lich|keit,** die; -; **tun|lichst** (*svw.*möglichst)
Tun|nel, der; -s, *Plur.* - *u.* -s ‹engl.›; *vgl. auch* Tunell; **tun|neln** (*ugs., bes. Fußball* den Ball zwischen den Beinen des Gegners hindurchspielen); ich tunnele
Tun|te, die; -, -n (*ugs. für* Homosexueller mit femininem Gebaren); **tun|ten|haft; tun|tig**
Tun|wort *vgl.* Tuwort
Tu|pa|ma|ro, der; -s, -s *meist Plur.* ‹nach dem Inkakönig Túpac Amaru› (uruguayischer Stadtguerilla)
Tupf, der; -[e]s, -e (*südd., österr. u. schweiz. für* Tupfen)
Tüp|fel, der *od., österr. nur,* das; -s, - (Pünktchen); **Tüp|fel|chen;** das Tüpfelchen auf dem i; das i-Tüpfelchen[*alte Schreibung* I-Tüpfelchen] ↑K 29
Tüp|fel|farn
tüp|fe|lig, tüpf|lig; **tüp|feln;** ich tüpf[e]le
tup|fen
Tup|fen, der; -s, - (Punkt; [kreisrunder] Fleck)
Tup|fer
tüpf|lig *vgl.* tüpfelig
[1]**Tu|pi,** der; -[s], -[s] (Angehöriger einer südamerik. Sprachfamilie)
[2]**Tu|pi,** das; - (indian. Verkehrssprache in Südamerika)
Tür, die; -, -en; von Tür zu Tür; du kriegst die Tür nicht zu! (*ugs. für* das ist nicht zu fassen!)
Tu|ran (Tiefland in Mittelasien)
Tu|ran|dot (pers. Märchenprinzessin)
Tür|an|gel
Tu|ra|ni|er; tu|ra|nisch (aus Turan)
Tu|ras, der; -, -se (*Technik* Kettenstern [bei Baggern])
Tur|ban, der; -s, -e ‹pers.› ([moslem.] Kopfbedeckung); **tur|ban|ar|tig**
Tur|bel|la|rie, die; -, -n *meist Plur.* ‹lat.› (*Zool.* Strudelwurm)
Tur|bi|ne, die; -, -n ‹franz.› (*Technik* eine Kraftmaschine)
Tur|bi|nen|an|trieb; Tur|bi|nen|flug|zeug; Tur|bi|nen|haus
Tur|bo, der; -s, -s (*Kfz-Technik kurz für* Turbolader)
Tur|bo|ge|ne|ra|tor ‹lat.›; **Tur|bo|kom|pres|sor** (Kreiselverdichter); **Tur|bo|la|der; Tur|bo|mo|tor**
Tur|bo-Prop-Flug|zeug (Turbinen-Propeller-Flugzeug)
Tur|bo|ven|ti|la|tor (Kreiselllüfter)
tur|bu|lent (stürmisch, ungestüm); **Tur|bu|lenz,** die; -, -en (turbulentes Geschehen; *Physik* Auftreten von Wirbeln in einem Luft-, Gas- od. Flüssigkeitsstrom)
Tür|chen; Tür|drü|cker [*alte Trennung* ...k|k...]; **Tü|re,** die; -, -n (*landsch. neben* Tür)
Turf, der; -s ‹engl., »Rasen«› (Pferderennbahn)
Tür|fal|le (*schweiz. für* Türklinke); **Tür|flü|gel; Tür|fül|lung**
Tur|gen|jew (russ. Dichter)
Tur|gor, der; -s ‹lat.› (*Med.* Spannungszustand des Gewebes;

Bot. Innendruck der Pflanzenzellen)
Tür|griff; Tür|he|ber; Tür|hü|ter
...tü|rig (z. B. viertürig)
Tu|rin (ital. Stadt); *vgl.* Torino; **Tu|ri|ner; tu|ri|nisch**
Tür|ke, der; -n, -n; einen Türken bauen (*ugs., oft als diskriminierend empfunden, für* etwas vortäuschen, vorspielen)
Tür|kei, die; -
tür|ken (*ugs., oft als diskriminierend empfunden, für* vortäuschen, fälschen)
Tür|ken, der; -s (*österr. landsch. für* Mais)
Tür|ken|bund, der; -[e]s, ...bünde (eine Lilienart); **Tür|ken|pfei|fe; Tür|ken|sä|bel; Tür|ken|sitz,** der; -es; **Tür|ken|tau|be**
Tur|ke|s|tan (innerasiatisches Gebiet)
Tur|key ['tø:ɐ̯ki], der; -s, -s ‹engl.› (unangenehmer Zustand, nachdem die Wirkung eines Rauschgiftes nachgelassen hat)
Tür|kin
tür|kis ‹franz.› (türkisfarben); ein türkis Kleid; *vgl. auch* beige
[1]**Tür|kis,** der; -es, -e (ein Schmuckstein)
[2]**Tür|kis,** das; - (türkisfarbener Ton); in Türkis ↑K 72
tür|kisch; Tür|kisch, das; -[s] (Sprache); *vgl.* Deutsch; **Tür|ki|sche,** das; -n; *vgl.* Deutsche, das
Tür|kisch|rot
tür|kis|far|ben, tür|kis|far|big
tur|ki|sie|ren (türkisch machen)
Tür|klin|ke; Tür|klop|fer
Turk|me|ne, der; -n, -n (Angehöriger eines Turkvolkes); **Turk|me|ni|en** *vgl.* Turkmenistan; **Turk|me|nin; turk|me|nisch; Turk|me|ni|s|tan** (Staat in Mittelasien)
Tur|ko|lo|ge, der; -n, -n ‹türk.; griech.› (Wissenschaftler auf dem Gebiet der Turkologie); **Tur|ko|lo|gie,** die; - (Erforschung der Turksprachen u. -kulturen); **Tur|ko|lo|gin**
Turk|spra|che; Turk|stamm; Turk|ta|ta|ren (*Plur.;* Turkvolk der Tataren); **Turk|volk** (Volk mit einer Turksprache)
Turm, der; -[e]s, Türme
Tur|ma|lin, der; -s, -e ‹singhales.-franz.› (ein Schmuckstein)
Turm|bau *Plur.* ...bauten; **Türm|chen; Turm|dreh|kran**
[1]**tür|men** (aufeinander häufen)
[2]**tür|men** ‹hebr.› (*ugs. für* weglaufen, ausreißen)
Tür|mer
Turm|fal|ke; Turm|hau|be
turm|hoch
...tür|mig (z. B. zweitürmig)
Turm|sprin|gen, das; -s *(Sport);* **Turm|uhr; Turm|wäch|ter**
Turn [tø:ɐ̯n], der; -s, -s ‹engl.› (Kehre im Kunstfliegen); *vgl. aber* Törn
Turn|an|zug
tur|nen; Tur|nen, das; -s; **Tur|ner; Tur|ne|rei; Tur|ne|rin; tur|ne|risch; Tur|ner|schaft**
Turn|fest; Turn|ge|rät; Turn|hal|le; Turn|hemd; Turn|ho|se
Tur|nier, das; -s, -e ‹franz.› (*früher* ritterliches, *jetzt* sportliches Kampfspiel; Wettkampf); **tur|nie|ren** *(veraltet)*
Tur|nier|pferd; Tur|nier|rei|ter; Tur|nier|rei|te|rin; Tur|nier|tanz; Tur|nier|tän|zer; Tur|nier|tän|ze|rin
Turn|klei|dung; Turn|leh|rer; Turn|leh|re|rin
Turn|schuh; fit wie ein Turnschuh (*ugs. für* sehr fit)
Turn|schuh|ge|ne|ra|ti|on, die; - (Generation von Jugendlichen [bes. der 80er-Jahre], die lässige Kleidung bevorzugt)
Turn|stun|de; Turn|ü|bung; Turn|un|ter|richt
Tur|nus, der; - *u.* -ses, - *u.* -se ‹griech.› (Reihenfolge; Wechsel; Umlauf; *österr. auch für* Arbeitsschicht, praktische Ausbildungszeit des Arztes); im Turnus; **Tur|nus|arzt** *(österr.)*
tur|nus|ge|mäß; tur|nus|mä|ßig
Turn|va|ter, der; -s; Turnvater Jahn
Turn|ver|ein (*Abk.* TV); ↑K 31: Turn- und Sportverein (*Abk.* TuS)
Turn|wart; Turn|zeug, das; -[e]s
Tür|öff|ner (elektr. Anlage)
Tu|ron, das; -s (*Geol.* zweitälteste Stufe der oberen Kreide)
Tür|pfos|ten [*alte Trennung* ...|st...]; **Tür|rah|men; Tür|rie|gel; Tür|schild,** das; **Tür|schlie|ßer**
Tür|schloss [*alte Schreibung* ...schloß]; **Tür|schnal|le** (*österr. für* Türklinke); **Tür|schwel|le; Tür|spalt; Tür|ste|her**
Tür|stock *Plur.* ...stöcke (*Bergmannsspr.* senkrecht aufgestellter Holzpfahl, Streckenausbauteil; *österr. für* [Holz]einfassung der Türöffnung); **Tür|sturz** *Plur.* -e *u.* ...stürze *(Bauw.)*
tur|teln (girren); ich turt[e]le; **Tur|tel|tau|be**
TuS [tʊs] = Turn- und Sportverein
Tusch, der; -[e]s, -e (Musikbegleitung bei einem Hochruf)
Tu|sche, die; -, -n ‹franz.›
Tu|sche|lei; tu|scheln (heimlich [zu]flüstern); ich tusch[e]le
[1]**tu|schen** ‹franz.› (mit Tusche zeichnen); du tuschst
[2]**tu|schen** (*landsch. für* zum Schweigen bringen); du tuschst
Tusch|far|be
tu|schie|ren (*fachspr. für* ebene Metalloberflächen [nach Markierung mit Tusche] herstellen)
Tusch|kas|ten [*alte Trennung* ...|st...]; **Tusch|ma|le|rei; Tusch|zeich|nung**
Tus|kul|um, das; -s, ...la ‹lat.; nach dem altröm. Tusculum› (*veraltet für* [ruhiger] Landsitz)
Tus|nel|da *vgl.* Thusnelda
Tus|si, die; -, -s (*ugs. abwertend für* Mädchen, Frau, Freundin)
tut!; tut, tut!
Tu|t|an|ch|a|mun, *auch* Tu|t|en|ch|a|mun (ägypt. König)
Tüt|chen
Tu|te, die; -, -n (*ugs. für* Signalhorn; *landsch. auch für* Tüte)
Tü|te, die; -, -n
Tu|tel, die; -, -en ‹lat.› (Vormundschaft); **tu|te|la|risch**
tu|ten; ↑K 82: von Tuten und Blasen keine Ahnung haben *(ugs.)*
Tu|t|en|ch|a|mun *vgl.* Tutanchamun
Tu|tor, der; -s, ...oren ‹lat.› (jmd., der Studienanfänger betreut; *im röm. Recht für* Vormund); **Tu|to|rin; Tu|to|ri|um,** das; -s, ...ien ([begleitende] Übung an einer Hochschule)
Tüt|tel, der; -s, - (*landsch. für* Pünktchen); **Tüt|tel|chen** (*ugs. für* ein Geringstes)
tut|ti ‹ital., »alle«› *(Musik);* **Tut|ti,** das; -[s], -[s] (volles Orchester)
Tut|ti|fru|t|ti, das; -[s], -[s] ‹ital.; »alle Früchte«› (eine Süßspeise; *veraltet für* Allerlei)
Tut|ti|spie|ler (Orchestermusiker ohne solistische Aufgaben)
tut, tut!
Tu|tu [ty'ty:], das; -[s], -s ‹franz.› (Ballettröckchen)
TÜV [tʏf], der; - = Technischer Überwachungs-Verein
Tu|va|lu (Inselstaat im Pazifik); **Tu|va|lu|er; tu|va|lu|isch**
TÜV-ge|prüft ↑K 28
Tu|wort, Tun|wort *Plur.* ...wörter (*für* Verb)

T

TV = Turnverein
TV [te:'fau̯, *auch* ti:'vi:], das; - = Television
Twain ['tve:n], Mark (amerik. Schriftsteller)
Tweed [tvi:t], der; -s, *Plur.* -s *u.* -e ‹engl.› (ein Gewebe)
Twen, der; -[s], -s ‹anglisierend› (junger Mann, junge Frau in den Zwanzigern)
Twen|ter, das; -s, - (*nordd. für* zweijähriges Schaf, Rind od. Pferd)
Twie|te, die; -, -n (*nordd. für* Zwischengässchen)
Twill, der; -s, *Plur.* -s *u.* -e ‹engl.› (Baumwollgewebe [Futterstoff]; Seidengewebe)
Twin|set, das, *auch* der; -[s], -s ‹engl.› (Pullover u. Strickjacke von gleicher Farbe u. aus gleichem Material)
[1]**Twist**, der; -es, -e ‹engl.› (mehrfädiges Baumwoll[stopf]garn)
[2]**Twist**, der; -s, -s ‹amerik.› (ein Tanz); **twis|ten** [*alte Trennung* ...|st...] (Twist tanzen)
Two|stepp ['tu:stɛp; *alte Schreibung* Two|step], der; -s, -s ‹engl., »Zweischritt«› (ein Tanz)
[1]**Ty|che** (griech. Göttin des Glücks u. des Zufalls)
[2]**Ty|che**, die; - (Schicksal, Zufall, Glück)
Ty|coon [tai̯'ku:n], der; -s, -s ‹jap.-amerik.› (mächtiger Geschäftsmann od. Parteiführer)
Tym|pa|non, [1]**Tym|pa|num**, das; -s, ...na ‹griech.› (*Archit.* Giebelfeld über Fenstern u. Türen [oft mit Reliefs geschmückt])
[2]**Tym|pa|num**, das; -s, ...na (altgriech. Handtrommel; trommelartiges Schöpfrad in der Antike; *Med. veraltend* Paukenhöhle [im Ohr])
[1]**Typ**, der; -s, -en ‹griech.› (*nur Sing.: Philos.* Urbild, Beispiel; *Psych.* bestimmte psych. Ausprägung; *Technik* Gattung, Bauart, Muster, Modell)
[2]**Typ**, der; *Gen.* -s, *auch* -en, *Plur.* -en (*ugs. für* Mensch, Person)
Ty|pe, die; -, -n ‹franz.› (gegossener Druckbuchstabe, Letter; *ugs. für* komische Figur; *bes. österr. svw.* Typ *[Technik]*)
ty|pen ([industrielle Artikel] nur in bestimmten notwendigen Größen herstellen)
Ty|pen|druck *Plur.* ...drucke; **Ty|pen|he|bel; Ty|pen|rad** (für Schreibmaschinen); **Ty|pen|rei|ni|ger; Ty|pen|setz|ma|schi|ne**
Ty|ph|li|tis, die; -, ...iti̲den ‹griech.› (*Med.* Blinddarmentzündung)
ty|phös ‹griech.› (typhusartig)
Ty|phus, der; - (eine Infektionskrankheit); **Ty|phus|e|pi|de|mie; Ty|phus|er|kran|kung**
Ty|pik, die; -, -en ‹griech.› (*Psych.* Lehre vom Typ)
ty|pisch
ty|pi|sie|ren (typisch darstellen, gestalten, auffassen; typen; *österr. für* die Normentsprechung bestätigen); **Ty|pi|sie|rung**
Ty|po|graf, *auch* Ty|po|graph, der; -en, -en (Schriftsetzer; Zeilensetzmaschine)
Ty|po|gra|fie, *auch* Ty|po|gra|phie, die; -, ...i̲en (Buchdruckerkunst; typografische Gestaltung)
Ty|po|gra|fin, *auch* Ty|po|gra|phin
ty|po|gra|fisch, *auch* ty|po|gra|phisch; typografischer, *auch* typographischer Punkt (*vgl.* Punkt)
Ty|po|lo|gie, die; -, ...i̲en (Lehre von den Typen, Einteilung nach Typen); **ty|po|lo|gisch**
Ty|po|s|k|ript, das; -[e]s, -e (maschinengeschriebenes Manuskript)
Ty|pung ‹*zu* typen›
Ty|pus, der; -, Typen (*svw.* [1]Typ *[Philos., Psych.]*)
Tyr (altgerm. Gott); *vgl.* Tiu, Ziu
Ty|rann, der; -en, -en ‹griech.› (Gewaltherrscher; *auch* herrschsüchtiger Mensch); **Ty|ran|nei**, die; -, -en (Gewaltherrschaft; Willkür[herrschaft])
Ty|ran|nen|herr|schaft; Ty|ran|nen|tum, das; -s; **Ty|ran|nin**
Ty|ran|nis, die; - (Gewaltherrschaft, bes. im alten Griechenland)
ty|ran|nisch (gewaltsam, willkürlich); **ty|ran|ni|sie|ren** (gewaltsam, willkürlich behandeln; unterdrücken); **Ty|ran|ni|sie|rung**
Ty|ran|no|sau|rus, der; -, ...rier (riesiger Dinosaurier); **Ty|ran|no|sau|rus Rex**, der; - -
Ty|ras (ein Hundename)
Ty|rer *vgl.* Tyrier; **Ty|ri|er**, *ökum.* Ty|rer (Bewohner von Tyros); **ty|risch; Ty|ros** (phöniz. Stadt)
Ty|ro|sin, das; -s ‹griech.› (*Biochemie* eine Aminosäure)
Tyr|rhe|ner (Bewohner Etruriens); **tyr|rhe|nisch**, *aber* ↑K 140: das Tyrrhenische Meer (Teil des Mittelmeeres)
Ty|rus (*lat. Name von* Tyros)
Tz *vgl.* Tezett

U u

U (Buchstabe); das U; des U, die U, *aber* das u in Mut; der Buchstabe U, u
Ü (Buchstabe; Umlaut); das Ü; des Ü, die Ü, *aber* das ü in Mütze; der Buchstabe Ü, ü
U = Unterseeboot; *chem. Zeichen für* Uran
u., *in Firmennamen auch* **&** = und
u. a. = und and[e]re, und and[e]res, unter ander[e]m, unter ander[e]n
u. Ä. [*alte Schreibung* u. ä.] = und Ähnliche[s] (*vgl.* ähnlich)
u. a. m. = und and[e]re mehr, und and[e]res mehr
u. A. w. g. *od.* **U. A. w. g.** = um [*od.* Um] Antwort wird gebeten
U-Bahn; ↑K 29 (*kurz für* Untergrundbahn); **U-Bahn|hof; U-Bahn-Netz; U-Bahn-Sta|ti|on; U-Bahn-Tun|nel** ↑K 28
ü|bel *s. Kasten S. 988*
Ü|bel, das; -s, -; das ist von, *geh.* vom Übel
ü|bel be|ra|ten, ü|bel ge|launt, ü|bel ge|sinnt [*alte Schreibungen* übel|be|ra|ten, übel|ge|launt, übel|ge|sinnt] *vgl.* übel
Ü|bel|keit
ü|bel|lau|nig; Ü|bel|lau|nig|keit
ü|bel neh|men [*alte Schreibung* übel|neh|men] *vgl.* übel
ü|bel|neh|me|risch
ü|bel rie|chend [*alte Schreibung* übel|rie|chend] *vgl.* übel
Ü|bel|sein, das; -s; **Ü|bel|stand**
Ü|bel|tat (*geh.*); **Ü|bel|tä|ter; Ü|bel|tä|te|rin**
ü|bel wol|len [*alte Schreibung* übel|wol|len] *vgl.* übel; **Ü|bel|wol|len**, das; -s; **ü|bel wol|lend** [*alte Schreibung* übel|wol|lend] *vgl.* übel
[1]**ü|ben;** ein Klavierstück üben

ü|bel	
– üble Nachrede; übler Ruf – die Verhältnisse sind hier am übelsten – ich habe nicht übel Lust[,] das zu tun (ich möchte es tun)	– jmdm. etwas [sehr] übel nehmen [*alte Schreibung* übelnehmen] – Menschen, die uns übel wollen [*alte Schreibung* übelwollen] – in übel wollender [*alte Schreibung* übelwollender] Neugier – ein übel gelaunter [*alte Schreibung* übelgelaunter] Chef – übel gesinnte [*alte Schreibung* übelgesinnte] Nachbarn – [sehr] übel riechende [*alte Schreibung* übelriechende] Abfälle
Großschreibung ↑K 72: – er hat nichts, etwas Übles getan – es wäre das Übelste [*alte Schreibung* übelste], wenn ...	
Getrenntschreibung in Verbindung mit Verben und Partizipien ↑K 56 *u.* 58: – übel sein; mir ist übel – sie wäre übel beraten, wenn sie sich darauf einließe; ein übel beratener [*alte Schreibung* übelberatener] Kunde	

[2]**ü|ben** (*landsch. für* drüben)

ü|ber *s. Kasten*

ü|ber... *in Verbindung mit Verben: unfeste Zusammensetzungen* ↑K 47, z. B. überbauen *(vgl. d.)*, er baut über, hat übergebaut; überzubauen; *feste Zusammensetzungen*, z. B. überbauen *(vgl. d.)*, er überbaut, hat überbaut; zu überbauen

ü|ber|all [*auch* 'y:...]; **ü|ber|all|her,** *aber* von überall her; **ü|ber|all|hin**

ü|ber|al|tert; Ü|ber|al|te|rung, die; -

Ü|ber|an|ge|bot

ü|ber|ängst|lich

ü|ber|an|stren|gen; sich überanstrengen; ich habe mich überanstrengt; **Ü|ber|an|stren|gung**

ü|ber|ant|wor|ten (*geh. für* übergeben, überlassen); die Gelder wurden ihr überantwortet; **Ü|ber|ant|wor|tung**

ü|ber|ar|bei|ten *(landsch.)*; sie hat einige Stunden übergearbeitet; **ü|ber|ar|bei|ten;** sich überarbeiten; du hast dich völlig überarbeitet; sie hat den Aufsatz überarbeitet; **Ü|ber|ar|bei|tung**

ü|ber|aus

ü|ber|ba|cken [*alte Trennung* ...k|k...]; das Gemüse wird überbacken

[1]**Ü|ber|bau,** der; -[e]s, *Plur.* -e *u.* -ten (vorragender Oberbau, Schutzdach; *Rechtsspr.* Bau über die Grundstücksgrenze hinaus)

[2]**Ü|ber|bau,** der; -[e]s, -e (nach Marx die auf den wirtschaftl. u. sozialen Grundlagen basierenden Anschauungen einer Gesellschaft u. die entsprechenden Institutionen)

ü|ber|bau|en; er hat übergebaut (über die Baugrenze hinaus); **ü|ber|bau|en;** er hat die Einfahrt (mit einem Dach) überbaut; **Ü|ber|bau|ung**

ü|ber|be|an|spru|chen; du überbeanspruchst den Wagen; sie ist überbeansprucht; überzubeanspruchen; **Ü|ber|be|an|spru|chung**

ü|ber|be|hal|ten (*landsch. für* übrig behalten); wir behalten nichts über, haben nichts überbehalten; überzubehalten

Ü|ber|bein (verhärtete Sehnengeschwulst)

ü|ber|be|kom|men *(ugs.)*; ich bekam das fette Essen bald über, habe es überbekommen; überzubekommen

ü|ber|be|las|ten [*alte Trennung* ...|st...]; du überbelastest den Wagen, sie ist überbelastet; überzubelasten; **Ü|ber|be|las|tung**

ü|ber|be|le|gen; der Raum war überbelegt; überzubelegen; **Ü|ber|be|le|gung**

ü|ber|be|lich|ten *(Fotogr.)*; du überbelichtest die Aufnahme, sie ist überbelichtet; überzubelichten; **Ü|ber|be|lich|tung**

Ü|ber|be|schäf|ti|gung, die; -

ü|ber|be|to|nen; sie überbetont diese Entwicklung, sie hat sie lange Zeit überbetont; überzubetonen; **Ü|ber|be|to|nung**

ü|ber|be|trieb|lich; überbetriebliche Mitbestimmung

ü|ber|be|völ|kert (übervölkert); **Ü|ber|be|völ|ke|rung,** die; -

ü|ber	
Präposition mit Dativ u. Akkusativ: – das Bild hängt über dem Sofa, *aber* das Bild über das Sofa hängen – überm, übers *(vgl. d.)* – über Gebühr; über Land fahren; über die Maßen – über Nacht; über Tag *(Bergmannsspr.)* – über Wunsch, Antrag von ... (*österr. Amtsspr. für* auf Wunsch, Antrag von ...) – über kurz oder lang ↑K 72 – Kinder über acht Jahre; Gemeinden über 10 000 Einwohner – über dem Lesen ist sie eingeschlafen	*Adverb:* – über und über (sehr; völlig) – die ganze Zeit über – wir mussten über (= mehr als) zwei Stunden warten – Gemeinden von über (= mehr als) 10 000 Einwohnern – die über Siebzigjährigen – er ist mir über (überlegen) – das ist mir über (zu viel)

U

ü|ber|be|wer|ten; er überbewertet diese Vorgänge; er hat sie überbewertet; überzubewerten; **Ü|ber|be|wer|tung**
ü|ber|be|zah|len; er ist überbezahlt; überzubezahlen; **Ü|ber|be|zah|lung**
ü|ber|biet|bar; ü|ber|bie|ten; sich überbieten; der Rekord wurde überboten; **Ü|ber|bie|tung**
ü|ber|bin|den *(Musik);* diese Töne müssen übergebunden werden; **ü|ber|bin|den** (*schweiz. für* [eine Verpflichtung] auferlegen); die Aufgabe wurde ihr überbunden
Ü|ber|biss [*alte Schreibung* ...biß] (*ugs. für* das Überstehen der oberen Schneidezähne)
ü|ber|bla|sen (*Musik* bei Holz- u. Blechblasinstrumenten durch stärkeres Blasen die höheren Töne hervorbringen)
ü|ber|blei|ben (*landsch. für* übrig bleiben); es bleibt nicht viel über, es ist nicht viel übergeblieben; überzubleiben; **Ü|ber|bleib|sel,** das; -s, -
ü|ber|blen|den; die Bilder werden überblendet; **Ü|ber|blen|dung** (*Film* die Überleitung eines Bildes in ein anderes)
Ü|ber|blick; ü|ber|bli|cken [*alte Trennung* ...k|k...]; sie hat den Vorgang überblickt; **ü|ber|blicks|wei|se**
ü|ber|bor|den (über die Ufer treten; über das normale Maß hinausgehen, ausarten); der Betrieb ist, *auch* hat überbordet
ü|ber|bra|ten; *nur in* jmdm. eins überbraten (*ugs. für* einen Schlag, Hieb versetzen)
ü|ber|breit; Ü|ber|brei|te
Ü|ber|brettl, das; -s, - ([frühere Berliner] Kleinkunstbühne)
ü|ber|brin|gen; er hat die Nachricht überbracht; **Ü|ber|brin|ger; Ü|ber|brin|ge|rin; Ü|ber|brin|gung**
ü|ber|brück|bar; ü|ber|brü|cken [*alte Trennung* ...k|k...]; sie hat den Gegensatz klug überbrückt; **Ü|ber|brü|ckung**
Ü|ber|brü|ckungs|bei|hil|fe [*alte Trennung* ...k|k...]; **Ü|ber|brü|ckungs|hil|fe; Ü|ber|brü|ckungs|kre|dit**
ü|ber|bür|den *(geh.);* sie ist mit Arbeit überbürdet; **Ü|ber|bür|dung**
Ü|ber|dach; ü|ber|da|chen; der Bahnsteig wurde überdacht; **Ü|ber|da|chung**
Ü|ber|dampf, der; -[e]s (der nicht für den Gang der Maschine notwendige Dampf)
ü|ber|dau|ern; die Altertümer haben Jahrhunderte überdauert
Ü|ber|de|cke [*alte Trennung* ...k|k...]; **ü|ber|de|cken** *(ugs.);* ich habe das Tischtuch übergedeckt; **ü|ber|de|cken;** mit Eis überdeckt; **Ü|ber|de|ckung**
ü|ber|deh|nen ([bis zum Zerreißen] dehnen, auseinander ziehen); der Muskel ist überdehnt; **Ü|ber|deh|nung**
ü|ber|den|ken; sie hat es lange überdacht
ü|ber|deut|lich
ü|ber|dies [*auch* 'y:...]
ü|ber|di|men|si|o|nal (übermäßig groß); **ü|ber|di|men|si|o|niert; Ü|ber|di|men|si|o|nie|rung**
ü|ber|do|sie|ren; er überdosiert das Medikament, hat es überdosiert; überzudosieren; **Ü|ber|do|sie|rung; Ü|ber|do|sis;** eine Überdosis Schlaftabletten
ü|ber|dre|hen; die Uhr ist überdreht; die Kinder waren überdreht *(ugs.)*
[1]**Ü|ber|druck,** der; -[e]s, ...drücke (zu starker Druck)
[2]**Ü|ber|druck,** der; -[e]s, ...drucke (nochmaliger Druck auf Geweben, Papier u. Ä.); **ü|ber|dru|cken** [*alte Trennung* ...k|k...]; die Briefmarke wurde überdruckt
Ü|ber|druck|ka|bi|ne; Ü|ber|druck|ven|til
Ü|ber|druss [*alte Schreibung* Über|druß], der; Überdrusses; **ü|ber|drüs|sig;** *mit Gen.:* des Lebens, des Freundes überdrüssig sein; seiner überdrüssig sein, *selten auch mit Akk.:* ich bin ihn überdrüssig
ü|ber|dün|gen; die Felder sind völlig überdüngt; **Ü|ber|dün|gung**
ü|ber|durch|schnitt|lich
ü|ber|eck; übereck stellen
Ü|ber|ei|fer; ü|ber|eif|rig
ü|ber|eig|nen; das Haus wurde ihm übereignet; **Ü|ber|eig|nung**
Ü|ber|ei|le; ü|ber|ei|len; sich übereilen; du hast dich übereilt; **ü|ber|eilt** (verfrüht); ein übereilter Schritt; **Ü|ber|ei|lung**

ü|ber|ei|n|an|der

Getrenntschreibung in Verbindung mit Verben [↑K 50]:
- übereinander sprechen, reden
- übereinander schlagen, werfen [*alte Schreibungen* übereinanderschlagen, übereinanderwerfen] usw.
- wir haben die Kisten übereinander gestellt [*alte Schreibung* übereinandergestellt]
- übereinander liegende [*alte Schreibung* übereinanderliegende] Decken
- sie begann[,] die Kartons übereinander zu schichten [*alte Schreibung* übereinanderzuschichten]

ü|ber|ein|kom|men; ich komme überein; übereingekommen; um übereinzukommen; **Ü|ber|ein|kom|men** (Abmachung, Einigung); **Ü|ber|ein|kunft,** die; -, ...künfte (Übereinkommen)
ü|ber|ein|stim|men; wir stimmen überein, haben übereingestimmt; übereinzustimmen; **Ü|ber|ein|stim|mung**
ü|ber|ein|tref|fen *vgl.* übereinkommen
ü|ber|emp|find|lich; Ü|ber|emp|find|lich|keit
ü|ber|er|fül|len; sie übererfüllt das Soll; sie hat es übererfüllt; überzuerfüllen; **Ü|ber|er|fül|lung**
Ü|ber|er|näh|rung, die; -
ü|ber|er|reg|bar; Ü|ber|er|reg|bar|keit, die; -
ü|ber|es|sen; ich habe mir die Speise übergegessen; **ü|ber|es|sen,** sich; ich habe mich übergessen (zu viel gegessen)
ü|ber|fach|lich
ü|ber|fah|ren; ich bin übergefahren (über den Fluss); **ü|ber|fah|ren;** das Kind ist überfahren worden; er hätte mich bei den Verhandlungen fast überfahren (*ugs. für* überrumpelt); **Ü|ber|fahrt; Ü|ber|fahrts|zeit**
Ü|ber|fall, der; **ü|ber|fal|len** (*Jägerspr.* ein Hindernis überspringen [vom Schalenwild]); **ü|ber|fal|len;** man hat sie überfallen; **Ü|ber|fall|ho|se**
ü|ber|fäl|lig (zur erwarteten Zeit noch nicht eingetroffen); ein überfälliger (verfallener) Wechsel; **Ü|ber|fall|kom|man|do,** *österr.* **Ü|ber|falls|kom|man|do**

Ü|ber|fang (farbige Glasschicht auf Glasgefäßen); **ü|ber|fan|gen;** die Vase ist blau überfangen; **Ü|ber|fang|glas**

ü|ber|fär|ben (*fachspr. für* abfärben); die Druckschrift hat übergefärbt; **ü|ber|fär|ben;** der Stoff soll überfärbt werden

ü|ber|fein; ü|ber|fei|nern; ich überfeinere; überfeinert; **Ü|ber|fei|ne|rung**

ü|ber|fir|nis|sen; die Truhe wurde überfirnisst [*alte Schreibung* ...firnißt]

ü|ber|fi|schen; überfischte Gewässer; **Ü|ber|fi|schung**

Ü|ber|fleiß; ü|ber|flei|ßig

ü|ber|flie|gen (*ugs. für* nach der anderen Seite fliegen); die Hühner sind übergeflogen; **ü|ber|flie|gen;** er hat die Alpen überflogen; ich habe das Buch überflogen; **Ü|ber|flie|ger** (jmd., der begabter, tüchtiger ist als der Durchschnitt); **Ü|ber|flie|ge|rin**

ü|ber|flie|ßen; das Wasser ist übergeflossen; sie floss [*alte Schreibung* floß] über vor Dankbarkeit; **ü|ber|flie|ßen;** das Gelände ist von Wasser überflossen

Ü|ber|flug (das Überfliegen)

ü|ber|flü|geln; er hat alle überflügelt; **Ü|ber|flü|ge|lung, Ü|ber|flüg|lung**

Ü|ber|fluss [*alte Schreibung* Überfluß], der; Überflusses; **Ü|ber|fluss|ge|sell|schaft; ü|ber|flüs|sig; ü|ber|flüs|si|ger|wei|se**

ü|ber|flu|ten; das Wasser ist übergeflutet; **ü|ber|flu|ten;** der Strom hat die Dämme überflutet; **Ü|ber|flu|tung**

ü|ber|for|dern; er hat mich überfordert; **Ü|ber|for|de|rung**

Ü|ber|fracht; ü|ber|frach|ten (*svw.* überladen); **Ü|ber|frach|tung**

ü|ber|fra|gen (Fragen stellen, auf die man nicht antworten kann); **ü|ber|fragt;** ich bin überfragt

ü|ber|frem|den; Ü|ber|frem|dung

ü|ber|fres|sen, sich; du hast dich überfressen *(derb)*

ü|ber|frie|ren; die Straße ist überfroren; überfrierende Nässe

Ü|ber|fuhr, die; -, -en (*österr. für* Fähre)

ü|ber|füh|ren, ü|ber|füh|ren (an einen anderen Ort bringen); man überführte ihn in eine Spezialklinik *od.* führte ihn in eine Spezialklinik über; die Leiche wurde nach ... übergeführt *od.* überführt; **ü|ber|füh|ren** (einer Schuld); der Mörder wurde überführt; **Ü|ber|füh|rung;** Überführung der Leiche; Überführung einer Straße; Überführung eines Verbrechers; **Ü|ber|füh|rungs|kos|ten** [*alte Trennung* ...|st...] *Plur.*

Ü|ber|fül|le; ü|ber|fül|len; der Bus ist überfüllt; **Ü|ber|fül|lung**

Ü|ber|funk|ti|on

ü|ber|füt|tern; eine überfütterte Katze; **Ü|ber|füt|te|rung**

Ü|ber|ga|be; Ü|ber|ga|be|ver|hand|lun|gen *Plur.*

Ü|ber|gang, der; **Ü|ber|gangs|bahn|hof; Ü|ber|gangs|bei|hil|fe; Ü|ber|gangs|er|schei|nung**

ü|ber|gangs|los

Ü|ber|gangs|lö|sung; Ü|ber|gangs|man|tel; Ü|ber|gangs|pha|se; Ü|ber|gangs|re|ge|lung; Ü|ber|gangs|sta|di|um; Ü|ber|gangs|zeit; Ü|ber|gangs|zu|stand

Ü|ber|gar|di|ne

ü|ber|ge|ben; ich habe ihm eins übergegeben (*ugs. für* einen Schlag, Hieb versetzt); **ü|ber|ge|ben;** er hat die Festung übergeben; ich habe mich übergeben (erbrochen)

Ü|ber|ge|bot (höheres Gebot bei einer Versteigerung)

ü|ber|ge|hen; wir gingen zum nächsten Thema über; das Grundstück ist in andere Hände übergegangen; die Augen gingen ihr über (sie war überwältigt; *geh. auch für* sie hat geweint); **ü|ber|ge|hen** (unbeachtet lassen); sie überging ihn; sie hat den Einwand übergangen; **Ü|ber|ge|hung,** die; -; mit Übergehung

ü|ber|ge|meind|lich

ü|ber|ge|nau

ü|ber|ge|nug

Ü|ber|ge|nuss [*alte Schreibung* Über|ge|nuß] (*österr. Amtsspr.* Überzahlung)

ü|ber|ge|ord|net

Ü|ber|ge|päck *(Flugw.)*

Ü|ber|ge|wicht, das; -[e]s; **ü|ber|ge|wich|tig**

ü|ber|gie|ßen; sie hat die Milch übergegossen; **ü|ber|gie|ßen** (oberflächlich gießen; oben begießen); sie hat die Blumen nur übergossen; mit etw. übergossen sein; **Ü|ber|gie|ßung**

ü|ber|gip|sen

ü|ber|gla|sen (mit Glas decken); du überglast; er überglaste den Balkon; der Balkon ist überglast; **Ü|ber|gla|sung**

ü|ber|glück|lich

ü|ber|gol|den; der Ring wurde übergoldet

ü|ber|grei|fen; die Seuche hat übergegriffen; **Ü|ber|griff**

ü|ber|groß; Ü|ber|grö|ße

ü|ber|grü|nen; das Haus ist [mit Efeu] übergrünt

Ü|ber|guss [*alte Schreibung* Überguß]

ü|ber|ha|ben (*ugs. für* satt haben; angezogen haben; *landsch. für* übrig haben); sie hat die ständigen Klagen übergehabt

ü|ber|hal|ten (*Forstw.* stehen lassen); eine Kiefer überhalten; **Ü|ber|häl|ter** (*Forstw.* Baum, der beim Abholzen stehen gelassen wird)

ü|ber|hand; *nur in* überhand nehmen [*alte Schreibung* überhandnehmen]; etwas nimmt überhand; es hat überhand genommen; überhand zu nehmen [*alte Schreibungen* überhandgenommen, überhandzunehmen]; **Ü|ber|hand|nah|me,** die; -

Ü|ber|hang

[1]**ü|ber|hän|gen;** die Felsen hingen über; *vgl.* [1]hängen

[2]**ü|ber|hän|gen;** sie hat den Mantel übergehängt; *vgl.* [2]hängen

ü|ber|hän|gen; sie hat den Käfig mit einem Tuch überhängt; *vgl.* [2]hängen

Ü|ber|hang|man|dat (in Direktwahl gewonnenes Mandat, das über die Zahl der einer Partei nach dem Stimmenverhältnis zustehenden Parlamentssitze hinausgeht)

Ü|ber|hangs|recht, das; -[e]s

ü|ber|happs (*bayr. u. österr. ugs. für* übereilt; ungefähr)

ü|ber|hart; überharter Einsatz

ü|ber|has|ten [*alte Trennung* ...|st...]; das Tempo ist überhastet; **Ü|ber|has|tung**

ü|ber|häu|fen; sie war mit Arbeit überhäuft; der Tisch ist mit Papieren überhäuft; **Ü|ber|häu|fung**

ü|ber|haupt

ü|ber|he|ben; ich habe mich überhoben (*landsch. für* verhoben)

ü|ber|heb|lich (anmaßend); **Ü|ber|heb|lich|keit; Ü|ber|he|bung** *(veraltend)*

Ü|ber|he|ge *(Forstw.)*

ü|ber|hei|zen (zu stark heizen); das Zimmer ist überheizt
ü|ber|hin (*veraltet für* oberflächlich); etwas überhin prüfen
ü|ber|hit|zen (zu stark erhitzen); du überhitzt; der Ofen ist überhitzt; **Ü|ber|hit|zung**
ü|ber|hö|hen; die Kurve ist überhöht; **Ü|ber|hö|hung**
ü|ber|ho|len (*Seemannsspr.*); die Segel wurden übergeholt; das Schiff hat übergeholt (sich auf die Seite gelegt); **ü|ber|ho|len;** er hat ihn überholt; diese Anschauung ist überholt; die Maschine ist überholt worden
Ü|ber|hol|ma|nö|ver; Ü|ber|hol-spur
Ü|ber|ho|lung; ü|ber|ho|lungs|be-dürf|tig
Ü|ber|hol|ver|bot; Ü|ber|hol|ver-such; Ü|ber|hol|vor|gang
ü|ber|hö|ren (*ugs.*); ich habe mir den Schlager übergehört; **ü|ber-hö|ren;** das möchte ich überhört haben!
Ü|ber|ich, *auch* **Ü|ber-Ich** (*Psychoanalyse*)
ü|ber|in|di|vi|du|ell
ü|ber|ir|disch
ü|ber|kan|di|delt (*ugs. für* überspannt)
Ü|ber|ka|pa|zi|tät (*Wirtsch.*)
ü|ber|kip|pen; er ist nach vorn übergekippt
ü|ber|kle|ben; überklebte Plakate
Ü|ber|kleid; ü|ber|klei|den; der Balken wird mit Spanplatten überkleidet (*veraltend*); **Ü|ber-klei|dung** (Überkleider); **Ü|ber-klei|dung** (*veraltend für* Verkleidung [eines Wandschadens])
ü|ber|klet|tern; er hat den Zaun überklettert
ü|ber|klug
ü|ber|ko|chen; die Milch ist übergekocht; **ü|ber|ko|chen** (*landsch.*); die Suppe muss noch einmal überkocht werden
ü|ber|kom|men (*Seemannsspr.* über das Deck spülen, spritzen; *landsch. für* etwas endlich fertig bringen od. sagen); die Brecher kommen über; er ist damit übergekommen; **ü|ber|kom-men;** Ekel überkam sie, hat sie überkommen
Ü|ber|kom|pen|sa|ti|on; ü|ber-kom|pen|sie|ren (in übersteigertem Maße ausgleichen)
ü|ber|kon|fes|si|o|nell
Ü|ber|kopf|ball (*Tennis*)
ü|ber Kreuz *vgl.* Kreuz; **ü|ber|kreu-zen;** sich überkreuzen; mit überkreuzten Beinen dasitzen
ü|ber|krie|gen (*ugs.*; *svw.* überbekommen)
ü|ber|kro|nen; der Zahn wurde überkront
ü|ber|krus|ten [*alte Trennung* ...|st...]
ü|ber|küh|len (*österr. für* [langsam] abkühlen)
[1]**ü|ber|la|den;** das Schiff war überladen; *vgl.* [1]laden
[2]**ü|ber|la|den;** überladener Stil
Ü|ber|la|dung
ü|ber|la|gern; überlagert; sich überlagern; **Ü|ber|la|ge|rung**
Ü|ber|land|bus; Ü|ber|land|fahrt; Ü|ber|land|lei|tung
ü|ber|lang; Ü|ber|län|ge
ü|ber|lap|pen; überlappt; **Ü|ber-lap|pung**
ü|ber|las|sen (*landsch. für* übrig lassen); sie hat ihm etwas übergelassen; **ü|ber|las|sen** (abtreten; anvertrauen); sie hat mir das Haus überlassen; **Ü|ber|las-sung**
ü|ber|las|ten [*alte Trennung* ...|st...]; **ü|ber|las|tet; ü|ber|las-tig; Ü|ber|las|tung**
Ü|ber|lauf (Ablauf für überschüssiges Wasser); **ü|ber|lau|fen;** das Wasser läuft über; er ist zum Feind übergelaufen; die Galle ist ihm übergelaufen; **ü|ber|lau-fen;** die Ärztin wird von Kranken überlaufen; es hat mich kalt überlaufen; **Ü|ber|läu|fer** (Soldat, der zum Gegner überläuft; *Jägerspr.* Wildschwein im zweiten Jahr)
ü|ber|laut
ü|ber|le|ben; diese Vorstellungen sind überlebt; **Ü|ber|le|ben|de,** der *u.* die; -n, -n; **Ü|ber|le|bens-chan|ce; ü|ber|le|bens|groß;** eine überlebensgroße Abbildung; **Ü|ber|le|bens|grö|ße,** die; -; **Ü|ber|le|bens|trai|ning**
ü|ber|le|gen (*ugs. für* darüber legen); sie legte eine Decke über
[1]**ü|ber|le|gen** (bedenken, nachdenken); er überlegte lange; ich habe mir das überlegt; ↑K 82: nach reiflichem Überlegen
[2]**ü|ber|le|gen;** sie ist mir überlegen; **Ü|ber|le|gen|heit,** die; -
ü|ber|legt (*auch für* sorgsam); **Ü|ber|le|gung;** mit Überlegung
ü|ber|lei|ten; ein Lied leitete zum zweiten Teil über; **Ü|ber|lei-tung**
ü|ber|le|sen ([schnell] durchlesen; [bei oberflächlichem Lesen] nicht bemerken); er hat den Brief nur überlesen; er hat diesen Druckfehler überlesen
Ü|ber|licht|ge|schwin|dig|keit
ü|ber|lie|fern; überlieferte Bräuche; **Ü|ber|lie|fe|rung**
ü|ber|lie|gen (länger als vorgesehen in einem Hafen liegen [von Schiffen]); **Ü|ber|lie|ge|zeit**
Ü|ber|lin|gen (Stadt am Bodensee); **Ü|ber|lin|ger See,** der; - -s; (Teil des Bodensees)
ü|ber|lis|ten [*alte Trennung* ...|st...]; er wurde überlistet; **Ü|ber|lis|tung**
ü|berm; ↑K 14 (*ugs. für* über dem); überm Haus
ü|ber|ma|chen (*veraltend für* vererben, vermachen); sie hat ihm ihr Vermögen übermacht
Ü|ber|macht, die; -; **ü|ber|mäch|tig**
ü|ber|ma|len (*ugs.*); sie hat [über den Rand] übergemalt; **ü|ber-ma|len;** das Bild war übermalt; **Ü|ber|ma|lung**
ü|ber|man|nen; der Schlaf hat sie übermannt; **ü|ber|manns|hoch**
Ü|ber|man|tel
ü|ber|mar|chen (*schweiz. für* eine festgesetzte Grenze überschreiten)
Ü|ber|maß, das; -es; im Übermaß; **ü|ber|mä|ßig**
ü|ber|mäs|ten [*alte Trennung* ...|st...]; übermästete Tiere
Ü|ber|mensch, der; **ü|ber|mensch-lich**
ü|ber|mit|teln; ich übermitt[e]le; er hat diese freudige Nachricht übermittelt; **Ü|ber|mit|te|lung, Ü|ber|mitt|lung**
ü|ber|mor|gen; übermorgen Abend [*alte Schreibung* abend] ↑K 69
ü|ber|mü|de; ü|ber|mü|den; ü|ber-mü|det; Ü|ber|mü|dung
Ü|ber|mut; ü|ber|mü|tig
ü|bern; ↑K 14 (*ugs. für* über den); übern Graben
ü|ber|nächs|te [*alte Trennung* ...|st...]; am übernächsten Tag
ü|ber|nach|ten; er hat hier übernachtet; **ü|ber|näch|tig,** *österr. nur so, sonst meist* **ü|ber|näch-tigt** (von zu langem Aufbleiben müde); **Ü|ber|nächt|ler** (*schweiz. für* in Stall, Schuppen usw. Übernachtender)
Ü|ber|nach|tung
Ü|ber|nah|me, die; -, -n; feindliche Übernahme (*Wirtsch.*); **Ü|ber-**

U

nahms|stel|le (*österr. veraltend für* Annahmestelle)
Ü|ber|na|me (Spitzname)
ü|ber|na|ti|o|nal
ü|ber|na|tür|lich
ü|ber|neh|men; sie hat die Tasche übergenommen *(ugs.);* **ü|ber|neh|men;** sie hat das Geschäft übernommen; ich habe mich übernommen; **Ü|ber|neh|mer**
ü|ber|ord|nen; er ist ihm übergeordnet; **Ü|ber|ord|nung**
Ü|ber|or|ga|ni|sa|ti|on, die; - (Übermaß von Organisation); **ü|ber|or|ga|ni|siert**
ü|ber|ört|lich
ü|ber|par|tei|lich
ü|ber|pin|seln
Ü|ber|preis
ü|ber|pri|vi|le|giert
Ü|ber|pro|duk|ti|on
ü|ber|pro|por|ti|o|nal
ü|ber|prüf|bar; ü|ber|prü|fen; Ü|ber|prü|fung; Ü|ber|prü|fungs|kom|mis|si|on
ü|ber|pu|dern
ü|ber|quel|len; der Eimer quoll über; der Teig ist übergequollen
ü|ber|quer (*veraltend für* über Kreuz)
ü|ber|que|ren; Ü|ber|que|rung
ü|ber|ra|gen (hervorstehen); der Balken hat übergeragt; **ü|ber|ra|gen;** sie hat alle überragt; ein überragender Erfolg
ü|ber|ra|schen; du überraschst; er wurde überrascht; **ü|ber|ra|schend; ü|ber|ra|schen|der|wei|se; Ü|ber|ra|schung**
Ü|ber|ra|schungs|ef|fekt; Ü|ber|ra|schungs|er|folg; Ü|ber|ra|schungs|mann|schaft *(Sport);* **Ü|ber|ra|schungs|mo|ment,** das
ü|ber|re|a|gie|ren; Ü|ber|re|ak|ti|on; Überreaktion der Haut
ü|ber|rech|nen (rechnerisch überschlagen)
ü|ber|re|den; sie hat mich dazu überredet; **Ü|ber|re|dung; Ü|ber|re|dungs|kunst**
ü|ber|re|gi|o|nal
ü|ber|reich
ü|ber|rei|chen; überreicht
ü|ber|reich|lich
Ü|ber|rei|chung
Ü|ber|reich|wei|te
ü|ber|reif; Ü|ber|rei|fe
ü|ber|rei|ßen; ein überrissener Ball *(Tennis)*
ü|ber|rei|zen; seine Augen sind überreizt; **Ü|ber|reizt|heit,** die; -; **Ü|ber|rei|zung**

ü|ber|ren|nen; sie wurde überrannt
Ü|ber|re|prä|sen|ta|ti|on; ü|ber|re|prä|sen|tiert
Ü|ber|rest
ü|ber|rie|seln *(geh.);* ein Schauer überrieselte sie
Ü|ber|rock (*veraltet für* Gehrock, Überzieher)
Ü|ber|roll|bü|gel (bes. bei Sport- u. Rennwagen); **ü|ber|rol|len;** er wurde überrollt
ü|ber|rum|peln; der Feind wurde überrumpelt; **Ü|ber|rum|pe|lung, Ü|ber|rump|lung**
ü|ber|run|den (im Sport); **Ü|ber|run|dung**
ü|bers; ↑K14 (*ugs. für* über das); übers Wochenende
ü|ber|sä|en (besäen); übersät (dicht bedeckt); der Himmel ist mit Sternen übersät
ü|ber|satt; ü|ber|sät|ti|gen; eine übersättigte Lösung *(Chemie);* **Ü|ber|sät|ti|gung**
ü|ber|säu|ern; Ü|ber|säu|e|rung
Ü|ber|schall|flug; Ü|ber|schall|flug|zeug; Ü|ber|schall|ge|schwin|dig|keit
ü|ber|schat|ten; Ü|ber|schat|tung
ü|ber|schät|zen; überschätzt; **Ü|ber|schät|zung**
ü|ber|schau|bar; Ü|ber|schau|bar|keit, die; -; **ü|ber|schau|en;** überschaut
ü|ber|schäu|men; der Sekt schäumt über
ü|ber|schie|ßen (*landsch. für* überfließen; über ein Maß hinausgehen)
ü|ber|schläch|tig (*fachspr. für* durch Wasser von oben angetrieben)
ü|ber|schla|fen; das muss ich erst [noch] überschlafen
Ü|ber|schlag, der; -[e]s, ...schläge; **ü|ber|schla|gen;** die Stimme ist übergeschlagen
[1]**ü|ber|schla|gen;** ich habe die Kosten überschlagen; er hat sich überschlagen
[2]**ü|ber|schla|gen;** das Wasser ist überschlagen (*landsch. für* lauwarm)
ü|ber|schlä|gig (ungefähr)
Ü|ber|schlag|la|ken (Teil der Bettwäsche)
ü|ber|schläg|lich (überschlägig)
Ü|ber|schlags|rech|nung
ü|ber|schlie|ßen *(Druckw.)*
ü|ber|schnap|pen; der Riegel des Schlosses hat *od.* ist übergeschnappt; die Stimme ist übergeschnappt; du bist wohl übergeschnappt (*ugs. für* du hast wohl den Verstand verloren)
ü|ber|schnei|den, sich; **Ü|ber|schnei|dung**
ü|ber|schnei|en; überschneite Dächer
ü|ber|schnell
ü|ber|schrei|ben; das Haus ist auf ihn überschrieben; **Ü|ber|schrei|bung** (Übereignung [einer Forderung usw.])
ü|ber|schrei|en; er hat ihn überschrien [*alte Schreibung auch* überschrieen]
ü|ber|schrei|ten; du hast die Grenze überschritten; ↑K82: das Überschreiten der Gleise ist verboten; **Ü|ber|schrei|tung**
Ü|ber|schrift
Ü|ber|schuh
ü|ber|schul|det; Ü|ber|schul|dung
Ü|ber|schuss [*alte Schreibung* Über|schuß]; **ü|ber|schüs|sig; Ü|ber|schuss|pro|duk|ti|on**
ü|ber|schüt|ten *(ugs.);* sie hat etwas übergeschüttet; **ü|ber|schüt|ten;** sie hat mich mit Vorwürfen überschüttet; **Ü|ber|schüt|tung**
Ü|ber|schwang, der; -[e]s; im Überschwang der Gefühle; **ü|ber|schwäng|lich** [*alte Schreibung* über|schweng|lich]; **Ü|ber|schwäng|lich|keit**
ü|ber|schwap|pen; die Suppe ist übergeschwappt
ü|ber|schwem|men; Ü|ber|schwem|mung; Ü|ber|schwem|mungs|ge|biet; Ü|ber|schwem|mungs|ka|ta|s|t|ro|phe
ü|ber|schweng|lich usw. *alte Schreibung für* überschwänglich usw.
ü|ber|schwer; überschwere Last
Ü|ber|see *ohne Artikel;* Waren von Übersee, aus Übersee; **Ü|ber|see|brü|cke** [*alte Trennung* ...k|k...]; **Ü|ber|see|damp|fer; Ü|ber|see|ha|fen; ü|ber|see|isch;** überseeischer Handel
ü|ber|seh|bar; ü|ber|se|hen *(ugs.);* du hast dir dieses Kleid übergesehen; **ü|ber|se|hen;** ich habe den Fehler übersehen
ü|ber|sen|den; der Brief wurde ihr übersandt; **Ü|ber|sen|dung**
ü|ber|setz|bar; Ü|ber|setz|bar|keit, die; -
ü|ber|set|zen (ans andere Ufer bringen od. gelangen); wir setzen über; er hat den Wanderer übergesetzt; **ü|ber|set|zen** (in

eine andere Sprache übertragen); ich habe den Satz ins Englische übersetzt

Ü|ber|set|zer; Ü|ber|set|ze|rin

ü|ber|setzt (*schweiz. für* überhöht); übersetzte Preise, übersetzte Geschwindigkeit

Ü|ber|set|zung; Ü|ber|set|zungs|ar|beit; Ü|ber|set|zungs|bü|ro; Ü|ber|set|zungs|feh|ler

Ü|ber|sicht, die; -, -en; **ü|ber|sich|tig** (*veraltend für* weitsichtig)

ü|ber|sicht|lich (leicht zu überschauen); **Ü|ber|sicht|lich|keit,** die; -; **Ü|ber|sichts|kar|te; Ü|ber|sichts|ta|fel**

ü|ber|sie|deln [*auch* ...'zi:...] (den Wohnort wechseln); ich sied[e]le über, *auch* ich übersied[e]le; ich bin damals übergesiedelt, *auch* übersiedelt; **Ü|ber|sie|de|lung** *vgl.* Übersiedlung

Ü|ber|sied|ler; Ü|ber|sied|lung, Ü|ber|sie|de|lung

ü|ber|sinn|lich; Ü|ber|sinn|lich|keit

Ü|ber|soll

ü|ber|sonnt

ü|ber|span|nen; ich habe den Bogen überspannt; **ü|ber|spannt** (übertrieben; verschroben); **Ü|ber|spannt|heit**

Ü|ber|span|nung (zu hohe Spannung in einer elektrischen Anlage); **Ü|ber|span|nung; Ü|ber|span|nungs|schutz**

ü|ber|spie|len; sie überspielte die peinliche Situation; er hatte die Deckung überspielt *(Sport);* er hat die CD auf Kassette überspielt; **ü|ber|spielt** (*Sportspr.* durch [zu] häufiges Spielen überanstrengt; *österr. für* häufig gespielt, nicht mehr neu [vom Klavier]); **Ü|ber|spie|lung**

ü|ber|spit|zen (übertreiben); **ü|ber|spitzt** (übermäßig); **Ü|ber|spitzt|heit; Ü|ber|spit|zung**

ü|ber|spre|chen (*Rundfunk, Fernsehen* in eine aufgenommene [fremdsprachige] Rede einen anderen Text hineinsprechen)

ü|ber|sprin|gen; der Funke ist übergesprungen; **ü|ber|sprin|gen;** ich habe eine Klasse übersprungen; **Ü|ber|sprin|gung**

ü|ber|spru|deln; das Wasser ist übergesprudelt

Ü|ber|sprung|hand|lung (*Verhaltensforschung* bestimmte Verhaltensweise in Konfliktsituationen)

ü|ber|spü|len; das Ufer ist überspült

ü|ber|staat|lich

Ü|ber|stän|der (*Forstw.* überalterter, nicht mehr wachsender Baum); **ü|ber|stän|dig**

ü|ber|stark

ü|ber|ste|chen (im Kartenspiel eine höhere Trumpfkarte ausspielen); er hat übergestochen; **ü|ber|ste|chen;** er hat ihn überstochen

ü|ber|ste|hen; der Balken steht über; **ü|ber|ste|hen;** sie überstand die Operation; die Gefahr ist überstanden

ü|ber|stei|gen; sie ist übergestiegen; **ü|ber|stei|gen;** sie hat den Grat überstiegen; das übersteigt meinen Verstand

ü|ber|stei|gern (überhöhen); **Ü|ber|stei|ge|rung**

Ü|ber|stei|gung

ü|ber|stel|len (*Amtsspr.* jmdn. [weisungsgemäß] einer anderen Stelle übergeben); er wurde überstellt; **Ü|ber|stel|lung**

ü|ber|stem|peln; ich überstemp[e]le

Ü|ber|sterb|lich|keit, die; - (höhere Sterblichkeit als erwartet)

ü|ber|steu|ern (*Elektrot.* einen Verstärker überlasten, sodass der Ton verzerrt wird; *Kfz-Technik* zu starke Wirkung des Lenkradeinschlags zeigen); **Ü|ber|steu|e|rung**

ü|ber|stim|men

ü|ber|strah|len

ü|ber|stra|pa|zie|ren; ein überstrapaziertes Schlagwort

ü|ber|strei|chen; die Wand wird nicht tapeziert, sondern nur übergestrichen; **ü|ber|strei|chen;** er hat die Täfelung mit Lack überstrichen

ü|ber|strei|fen

ü|ber|streu|en; mit Zucker überstreut

ü|ber|strö|men; überströmende Herzlichkeit; **ü|ber|strö|men;** der Fluss hat die Felder weithin überströmt

Ü|ber|strumpf *(veraltend)*

ü|ber|stül|pen

Ü|ber|stun|de; Überstunden machen; **Ü|ber|stun|den|geld; Ü|ber|stun|den|zu|schlag**

ü|ber|stür|zen (übereilen); er hat die Angelegenheit überstürzt; die Ereignisse überstürzten sich; **Ü|ber|stür|zung**

ü|ber|ta|rif|lich; übertarifliche Bezahlung

ü|ber|täu|ben; das hat seinen Schmerz übertäubt

ü|ber|tau|chen (*österr. ugs. für* [eine Krankheit, Krise] überstehen)

ü|ber|teu|ern; überteuerte Ware; **Ü|ber|teu|e|rung**

Ü|ber|ti|te|lung (*Theater* Text auf einer Anzeigentafel oberhalb der Bühne)

ü|ber|töl|peln; Ü|ber|töl|pe|lung, Ü|ber|tölp|lung

ü|ber|tö|nen; Ü|ber|tö|nung

Ü|ber|topf

Ü|ber|trag, der; -[e]s, ...träge

ü|ber|trag|bar; Ü|ber|trag|bar|keit, die; -

[1]**ü|ber|tra|gen** ich habe ihm das Amt übertragen; die Krankheit hat sich auf mich übertragen

[2]**ü|ber|tra|gen;** eine übertragene Bedeutung; übertragene (*österr. für* gebrauchte, abgetragene) Kleidung

Ü|ber|tra|ger (*Fernmeldewesen* Transformator); **Ü|ber|trä|ger; Ü|ber|trä|ge|rin; Ü|ber|tra|gung**

Ü|ber|tra|gungs|sa|tel|lit; Ü|ber|tra|gungs|ver|merk; Ü|ber|tra|gungs|wa|gen (*Abk.* Ü-Wagen)

ü|ber|trai|niert

ü|ber|tref|fen; ihre Leistungen haben alles übertroffen

ü|ber|trei|ben; Ü|ber|trei|bung

ü|ber|tre|ten; er ist zur evangelischen Kirche übergetreten; sie hat, ist beim Weitsprung übergetreten *(Sport);* **ü|ber|tre|ten;** ich habe das Gesetz übertreten; ich habe mir den Fuß übertreten (*landsch. für* vertreten); **Ü|ber|tre|tung; Ü|ber|tre|tungs|fall,** der; *nur in* im Übertretungsfall[e] *(Amtsspr.)*

ü|ber|trie|ben; Ü|ber|trie|ben|heit

Ü|ber|tritt

ü|ber|trump|fen (überbieten, ausstechen); übertrumpft

ü|ber|tun *(ugs.);* ich habe mir einen Mantel übergetan; **ü|ber|tun,** sich (*landsch. für* sich übernehmen); du hast dich übertan

ü|ber|tün|chen

ü|ber|ü|ber|mor|gen

Ü|ber|va|ter (Respekt einflößende, beherrschende Figur)

ü|ber|ver|si|chern; die Schiffsladung war überversichert; **Ü|ber|ver|si|che|rung**

ü|ber|völ|kern; diese Provinz ist

üb|rig

– übriges Verlorenes; übrige kostbare Gegenstände

Großschreibung der Substantivierung ↑K 72:
- ein Übriges [*alte Schreibung* übriges] tun (mehr tun, als nötig ist)
- im Übrigen [*alte Schreibung* übrigen] (sonst, ferner)
- das, alles Übrige [*alte Schreibung* übrige]
- die, alle Übrigen [*alte Schreibung* übrigen]

Getrenntschreibung in Verbindung mit Verben ↑K 52:
- übrig behalten, bleiben, lassen [*alte Schreibungen* übrigbehalten, übrigbleiben, übriglassen]
- mir ist nichts anderes übrig geblieben [*alte Schreibung* übriggeblieben]
- nichts zu wünschen übrig lassen [*alte Schreibung* übriglassen]

über[be]völkert; **Ü|ber|völ|ke|rung,** die; -
ü|ber|voll
ü|ber|vor|sich|tig
ü|ber|vor|tei|len; er wurde übervorteilt; **Ü|ber|vor|tei|lung**
ü|ber|wach
ü|ber|wa|chen (beaufsichtigen); er wurde überwacht
ü|ber|wach|sen; mit Moos überwachsen
ü|ber|wäch|tet *alte Schreibung für* überwechtet
Ü|ber|wa|chung; Ü|ber|wa|chungs|dienst; Ü|ber|wa|chungs|staat; Ü|ber|wa|chungs|stel|le; Ü|ber|wa|chungs|sys|tem [*alte Trennung* ...|st...]
ü|ber|wal|len (sprudelnd überfließen); das Wasser ist übergewallt; **ü|ber|wal|len** *(geh.);* von Nebel überwallt
ü|ber|wäl|ti|gen; er wurde überwältigt; **ü|ber|wäl|ti|gend; Ü|ber|wäl|ti|gung**
ü|ber|wäl|zen (abwälzen); die Kosten wurden auf die Gemeinden überwälzt
ü|ber|wech|seln; sie ist aufs Gymnasium übergewechselt
ü|ber|wech|tet [*alte Schreibung* über|wäch|tet] (von einem Schneeüberhang bedeckt)
Ü|ber|weg
ü|ber|wei|sen; sie hat das Geld überwiesen
ü|ber|wei|ßen (hell überstreichen); er hat die Wand überweißt
Ü|ber|wei|sung; Ü|ber|wei|sungs|auf|trag; Ü|ber|wei|sungs|for|mu|lar; Ü|ber|wei|sungs|schein
ü|ber|weit; Ü|ber|wei|te; Kleider in Überweiten
Ü|ber|welt; ü|ber|welt|lich (übersinnlich, übernatürlich)
ü|ber|wend|lich *(Handarbeit);* überwendlich nähen (so nähen, dass die Fäden über die aneinander gelegten Stoffkanten hinweggehen); überwendliche Naht; **ü|ber|wend|lings;** überwendlings nähen
ü|ber|wer|fen; sie hat den Mantel übergeworfen; **ü|ber|wer|fen,** sich; wir haben uns überworfen (verfeindet); **Ü|ber|wer|fung**
ü|ber|wer|tig *(Psych.);* **Ü|ber|wer|tig|keit,** die; -; **Ü|ber|wer|tung**
Ü|ber|we|sen
ü|ber|wie|gen ([an Zahl od. Einfluss] stärker sein); die Laubbäume überwiegen; die Mittelmäßigen haben überwogen; **ü|ber|wie|gend** [*auch* 'y:...]
ü|ber|wind|bar; ü|ber|win|den; die Schwierigkeiten wurden überwunden; **Ü|ber|win|der; Ü|ber|win|dung,** die; -
ü|ber|win|tern; ich überwintere; das Getreide hat gut überwintert; **Ü|ber|win|te|rung**
ü|ber|wöl|ben; der Raum wurde überwölbt; **Ü|ber|wöl|bung**
ü|ber|wu|chern; das Unkraut hat den Weg überwuchert; **Ü|ber|wu|che|rung**
Ü|ber|wurf (Umhang; *Ringen* ein Hebegriff; *österr. u. schweiz. auch für* Zierdecke, Tagesdecke)
Ü|ber|zahl, die; -; in der Überzahl sein; **ü|ber|zah|len** (zu hoch bezahlen); **ü|ber|zäh|len** (nachzählen); sie hat den Betrag noch einmal überzählt; **ü|ber|zäh|lig; Ü|ber|zah|lung**
ü|ber|zeich|nen (*ugs. für* über den vorgesehenen Rand zeichnen); **ü|ber|zeich|nen;** die Anleihe ist überzeichnet; **Ü|ber|zeich|nung**
Ü|ber|zeit, die; -, -en (*schweiz. für* Überstunden); **Ü|ber|zeit|ar|beit,** die; - *(schweiz.)*
ü|ber|zeu|gen; sie hat ihn überzeugt; sich überzeugen; ein überzeugter (unbedingter) Anhänger; **ü|ber|zeu|gend;** das überzeugends|te Argument; **Ü|ber|zeugt|heit,** die; -
Ü|ber|zeu|gung; Ü|ber|zeu|gungs|ar|beit, die; -; **Ü|ber|zeu|gungs|kraft,** die; -; **Ü|ber|zeu|gungs|tä|ter** (*Rechtsspr.* jmd., der um einer [politischen, religiösen o. ä.] Überzeugung willen straffällig geworden ist); **ü|ber|zeu|gungs|treu**
ü|ber|zie|hen; er zieht eine Jacke über, hat eine Jacke übergezogen; **ü|ber|zie|hen;** sie überzieht den Kuchen mit einem Zuckerguss; er hat sein Konto überzogen
Ü|ber|zie|her; Ü|ber|zie|hungs|kre|dit
ü|ber|züch|tet; der Hund ist überzüchtet
ü|ber|zu|ckern [*alte Trennung* ...k|k...]
Ü|ber|zug; Ü|ber|zugs|pa|pier
ü|ber|zwerch [*auch* ...'tsvɛ...] (*landsch. für* quer, über Kreuz; verschroben; *landsch. auch für* übermütig)
U|bi|er, der; -s, - (Angehöriger eines germ. Volksstammes)
U|bi|quist, der; -en, -en ‹lat.› (*Biol.* auf der gesamten Erdkugel verbreitete Pflanzen- od. Tierart); **u|bi|qui|tär** (überall verbreitet)
üb|lich; ↑K 72: seine Rede enthielt nur das Übliche; **üb|li|cher|wei|se; Üb|lich|keit,** die; -
U-Bo|gen ↑K 29
U-Boot[1] (↑K 28; Unterseeboot; *Abk.* U); **U-Boot-Krieg** ↑K 26
üb|rig *s. Kasten*
üb|ri|gens
üb|rig las|sen [*alte Schreibung* übrig|las|sen] *vgl.* übrig
Ü|bung; Ü|bungs|ar|beit; Ü|bungs|auf|ga|be; Ü|bungs|buch
ü|bungs|hal|ber
Ü|bungs|hang; Ü|bungs|platz; Ü|bungs|schie|ßen; Ü|bungs|stück
Ücht|land *vgl.* Üechtland
U|cker|mark [*alte Trennung* ...k|k...], die; - (nordostdt.

U

[1] *Bundeswehramtlich* Uboot.

Landschaft); **U|cker|mär|ker; u|cker|mär|kisch**

Ud, die; -, -s ‹arab.› (Laute mit 4 bis 7 Saitenpaaren)

u. desgl. [m.] = und desgleichen [mehr]; **u. dgl. [m.]** = und dergleichen [mehr]

u. d. M. = unter dem Meeresspiegel; **ü. d. M.** = über dem Meeresspiegel

U|do (m. Vorn.)

UdSSR = Union der Sozialistischen Sowjetrepubliken (bis 1991)

u. E. = unseres Erachtens

Ü|echt|land ['y:ɛ...], *auch* Üchtland, das; -[e]s (in der Schweiz); *vgl.* Freiburg im Üechtland

Ue|cker ['ʏkər; *alte Trennung* ...k|k...], die; - (nordd. Fluss)

UEFA, die; - = Union Européenne de Football Association (Europäischer Fußballverband); **UEFA-Po|kal** ↑K 28

U-Ei|sen; ↑K 29 (Walzeisen von U-förmigem Querschnitt); **U-Eisen-för|mig** ↑K 26

Uel|zen ['ʏ...] (Stadt in der Lüneburger Heide); **Uel|ze|ner, Uelzer**

Uer|din|gen ['y:ɐ̯...] (Stadtteil von Krefeld)

U|fa®, die; - = Universum-Film-AG (deutsche Filmproduktionsgesellschaft); **U|fa-Film** ↑K 28; **U|fa-The|a|ter** ↑K 28

U|fer, das; -s, -; *Schreibung in Straßennamen:* ↑K 162 *u.* 163

U|fer|bau *Plur.* ...bauten; **U|fer|befes|ti|gung** [*alte Trennung* ...|st...]; **U|fer|bö|schung; U|fergeld** (Hafengebühr); **U|fer|landschaft; U|fer|läu|fer** (ein Vogel)

u|fer|los; seine Pläne gingen ins Uferlose [*alte Schreibung* uferlose]

U|fer|pro|me|na|de; U|fer|schwalbe; U|fer|stra|ße

uff!

u. ff. = und folgende [Seiten]

Uf|fi|zi|en *Plur.* (Palast mit Gemäldesammlung in Florenz)

Uffz. = Unteroffizier

U|fo, UFO, das; -[s], -s = unidentified flying object ‹engl.› (unbekanntes Flugobjekt)

u-för|mig, *auch* **U-för|mig;** ↑K 29 (in Form eines lat. U)

U|gan|da (Staat in Afrika); **U|gander; U|gan|de|rin; u|gan|disch**

u|g|risch *vgl.* finnisch-ugrisch

uh!

U-Haft; ↑K 28 (*kurz für* Untersuchungshaft)

U-Ha|ken ↑K 29

Uh|land (dt. Dichter)

Uhr

die; -, -en
- Punkt, Schlag acht Uhr
- es ist zwei Uhr nachts
- es ist ein Uhr, *aber* es ist eins
- es ist 6.30 [Uhr], 6^{30} [Uhr], 6:30 [Uhr] (*gesprochen* sechs Uhr dreißig)
- es schlägt 12 [Uhr]
- um fünf [Uhr] aufstehen
- ich komme um 20 Uhr
- der Zug fährt um halb acht [Uhr] abends
- ich wartete bis zwei Uhr nachmittags
- Achtuhrzug (*mit Ziffer* 8-Uhr-Zug; ↑K 26)

Uhr|band, das; *Plur.* ...bänder; **Ühr|chen**

Uh|ren|in|dus|t|rie [*alte Trennung* ...|st...]; **Uh|ren|kas|ten** [*alte Trennung* ...|st...]; **Uh|ren|ra|dio**

Uhr|ket|te; Uhr|ma|cher; Uhr|mache|rei; Uhr|ma|che|rin

Uhr|ta|sche; Uhr|werk; Uhr|zei|ger; Uhr|zei|ger|sinn, der; -[e]s; *nur in* im *u.* entgegen dem Uhrzeigersinn; **Uhr|zeit**

U|hu, der; -s, -s (ein Vogel)

ui!; ui je! (*österr. für* oje!)

UIC = UEFA-Intertotocup (ein europ. Fußballwettbewerb)

UK [ju:'keɪ] = United Kingdom [of Great Britain and Northern Ireland] ‹engl.› (Vereinigtes Königreich [von Großbritannien und Nordirland])

U|kas, der; -ses, -se ‹russ.› (Erlass, Verordnung [des Zaren])

U|ke|lei, der; -s, *Plur.* -e *u.* -s ‹slaw.› (ein Karpfenfisch)

U|k|ra|i|ne[1] die; - (Staat in Osteuropa); **U|k|ra|i|ner**[1]; **U|k|ra|i|nerin**[1]; **u|k|ra|i|nisch**[1]; **U|k|ra|inisch**[1], das; -[s] (Sprache); *vgl.* Deutsch; **U|k|ra|i|ni|sche**[1], das; -n; *vgl.* Deutsche, das

U|ku|le|le, die *od.* das; -, -n ‹hawaiisch› (kleine, viersaitige Gitarre)

UKW = Ultrakurzwelle; **UKW-Emp|fän|ger** [u:ka:'ve:...] ↑K 28; **UKW-Sen|der** ↑K 28

Ul, die; -, -en (*nordd. für* Eule; Handbesen)

U|lan, der; -en, -en ‹türk.-poln.› (*früher* Lanzenreiter)

U|lan-Ba|tor (Hauptstadt der Mongolei)

U|le|ma, der; -s, -s ‹arab., »Stand der Gelehrten«› (islamischer Rechts- u. Religionsgelehrter)

U|len|flucht, die; -, -en ‹»Eulenflug«› (*nordd. für* Dachöffnung des westfäl. Bauernhauses; *nur Sing.: veraltet für* Dämmerung); **U|len|spie|gel** (*Nebenform von* Eulenspiegel)

Ul|fi|las, Wul|fi|la (Bischof der Westgoten)

U|li [*auch* 'ʊ...] (m. Vorn.)

U|li|xes, U|lys|ses (*lat. Name von* Odysseus)

Ulk, der; *Gen.* -s, *seltener* -es, *Plur.* -e (Spaß; Unfug)

Ülk, der; -[e]s, -e (*nordd. für* Iltis)

ul|ken; Ul|ke|rei; ul|kig *(ugs.)*; **Ulknu|del** *(ugs. scherzh.)*

Ul|kus, das; -, Ulzera ‹lat.› (*Med.* Geschwür)

Ul|la (w. Vorn.)

[1]**Ulm** (Stadt an der Donau)

[2]**Ulm,** [1]**Ul|me,** die; -, ...men (*Bergmannsspr.* seitliche Fläche im Bergwerksgang)

[2]**Ul|me,** die; -, -n ‹lat.› (ein Laubbaum); **Ul|men|blatt**

Ul|mer ‹*zu* [1]Ulm›; Ulmer Spatz

Ul|rich (m. Vorn.)

Ul|ri|ke (w. Vorn.)

[1]**Uls|ter** [*auch* 'al...; *alte Trennung* ...|st...] ‹engl.› (histor. Provinz im Norden der Insel Irland)

[2]**Uls|ter** [*alte Trennung* ...|st...], der; -s, - (weiter [Herren]mantel; schwerer Mantelstoff)

ult. = ultimo

Ul|ti|ma Ra|tio [*alte Schreibung* ratio] ↑K 40, die; - - ‹lat.› (letztes Mittel)

ul|ti|ma|tiv (in Form eines Ultimatums; nachdrücklich); **Ul|tima|tum,** das; -s, ...ten (letzte, äußerste Aufforderung)

ul|ti|mo (am Letzten [des Monats]; *Abk.* ult.); ultimo März; **Ul|ti|mo,** der; -s, -s (letzter Tag [des Monats]); **Ul|ti|mo|geschäft**

Ul|t|ra, der; -s, -s ‹lat.› (polit. Fanatiker, Rechtsextremist)

ul|t|ra|hart; ul|t|ra|kurz; Ul|t|rakurz|wel|le (*Physik, Rundf.* elektromagnetische Welle unter 10 m Länge; *Abk.* UKW)

Ul|t|ra|kurz|wel|len|emp|fän|ger;

[1] [*auch* u'kra̯i...]

U

um

I. *Präposition mit Akkusativ:*	– links um! (*vgl.* links)
– um vieles, um nichts, um ein Mehrfaches größer – um alles in der Welt [nicht] – einen Tag um den anderen – um Rat fragen – ich komme um 20 Uhr (*vgl.* Uhr) – ich gehe um Milch (*österr. für* um Milch zu holen) – um ein Bedeutendes, um ein Beträchtliches (viel) II. *Adverb:* – um sein [*alte Schreibung* umsein] (*ugs. für* vorüber sein); da die Zeit um ist, um war; die Zeit ist um gewesen [*alte Schreibung* umgewesen] – um und um	– es waren um [die] (= etwa) zwanzig Kinder; Gemeinden von um (= etwa) 10 000 Einwohnern III. *Konjunktion:* – um zu; er kommt[,] um uns zu helfen ↑K 116 IV. *Großschreibung* ↑K 81: – das Um und Auf (*österr. für* das Ganze, das Wesentliche) – um ... willen *vgl.* willen *Vgl. auch* umeinander; umsonst; umso [*alte Schreibung* um so]; ums (um das)

Ul|t|ra|kurz|wel|len|sen|der; ul|t|ra|lang

Ul|t|ra|leicht|flug|zeug (besonders leicht u. einfach gebautes [Sport]flugzeug)

ul|t|ra|ma|rin ⟨lat., »übers Meer« [eingeführt]⟩ (kornblumenblau); **Ul|t|ra|ma|rin,** das; -s

Ul|t|ra|mi|k|ro|s|kop (zur Beobachtung kleinster Teilchen)

ul|t|ra|mon|tan ⟨lat.⟩ (streng päpstlich gesinnt); **Ul|t|ra|mon|ta|nis|mus,** der; - (streng päpstliche Gesinnung [im ausgehenden 19. Jh.])

ul|t|ra|rot (*svw.* infrarot)

Ul|t|ra|schall, der; -[e]s (mit dem menschlichen Gehör nicht mehr wahrnehmbarer Schall); **Ul|t|ra|schall|be|hand|lung; Ul|t|ra|schall|di|a|g|nos|tik** [*alte Trennung* ...|st...]; **Ul|t|ra|schall|schwei|ßung; Ul|t|ra|schall|wel|le** *meist Plur.*

Ul|t|ra|strah|lung (kosmische Höhenstrahlung)

ul|t|ra|vi|o|lett ([im Sonnenspektrum] über dem violetten Licht; *Abk.* UV); ultraviolette Strahlen (*kurz* UV-Strahlen; ↑K 28); **Ul|t|ra|vi|o|lett,** das; -s (*Abk.* UV)

U|lys|ses *vgl.* Ulixes

Ul|ze|ra (*Plur. von* Ulkus); **Ul|ze|ra|ti|on,** die; -, -en ⟨lat.⟩ (*Med.* Geschwürbildung); **ul|ze|rie|ren** (geschwürig werden); **ul|ze|rös** (geschwürig); ulzeröses Organ

um *s. Kasten*

um... *in Verbindung mit Verben: unfeste Zusammensetzungen* ↑K 47, z. B. umbauen *(vgl. d.),*umgebaut; *feste Zusammensetzungen,* z. B. umbauen *(vgl. d.),* umbaut

um|a|ckern [*alte Trennung* ...k|k...]; umgeackert

um|a|d|res|sie|ren; umadressiert

um|än|dern; Um|än|de|rung

um Ant|wort wird ge|be|ten *od.* **Um Ant|wort wird ge|be|ten** (*Abk.* u. [*od.* U.] A. w. g.)

um|ar|bei|ten; der Anzug wurde umgearbeitet; **Um|ar|bei|tung**

um|ar|men; er hat sie umarmt; sie umarmten sich; **Um|ar|mung**

Um|bau, der; -[e]s, *Plur.* -e *u.* -ten

um|bau|en (anders bauen); das Theater wurde völlig umgebaut; **um|bau|en** (mit Bauten umschließen); er hat seinen Hof mit Ställen umbaut; umbauter Raum

um|be|hal|ten *(ugs.);* sie hat den Schal umbehalten

um|be|nen|nen; Um|be|nen|nung

¹Um|ber *vgl.* Umbra

²Um|ber, der; -s, -n ⟨lat.⟩ (ein Speisefisch des Mittelmeeres)

Um|ber|to (m. Vorn.)

um|be|schrie|ben *(Math.);* der umbeschriebene Kreis (Umkreis)

um|be|set|zen; die Rolle wurde umbesetzt; **Um|be|set|zung**

um|be|sin|nen, sich; ich habe mich umbesonnen

um|bet|ten; wir haben den Kranken, die Toten umgebettet; **Um|bet|tung**

um|bie|gen

um|bil|den; die Regierung wurde umgebildet; **Um|bil|dung**

um|bin|den; sie hat ein Tuch umgebunden; **um|bin|den;** er hat den Finger mit Leinwand umbunden

um|bla|sen; der Wind hat sie fast umgeblasen; **um|bla|sen;** von Winden umblasen

Um|blatt (inneres Hüllblatt der Zigarre)

um|blät|tern; umgeblättert

Um|blick; um|bli|cken [*alte Trennung* ...k|k...], sich

Um|b|ra, die; - *u.* Um|ber, der; -s ⟨lat.⟩ (ein brauner Farbstoff)

um|bran|den; von Wellen umbrandet

um|brau|sen; von Beifall umbraust

um|bre|chen; den Acker umbrechen; der Zaun ist umgebrochen worden; **um|bre|chen** (*Druckw.* den Drucksatz in Seiten einteilen); er umbricht den Satz; der Satz wird umbrochen, ist noch zu umbrechen; **Um|bre|cher** (*Druckw. für* Metteur); **Um|bre|che|rin**

Um|b|rer, der; -s, - (Angehöriger eines italischen Volksstamms); **Um|b|re|rin**

Um|b|ri|en (ital. Region)

um|brin|gen; umgebracht

um|b|risch (aus Umbrien)

Um|bruch, der; -[e]s, ...brüche (grundlegende [polit.] Änderung, Umwandlung; *Druckw.* das Umbrechen); **Um|bruch|kor|rek|tur**

um|bu|chen; einen Betrag umbuchen; sie hat die Reise umgebucht; **Um|bu|chung**

um|da|tie|ren; er hat den Brief umdatiert

um|den|ken; Um|denk|pro|zess, Um|den|kungs|pro|zess [*alte Schreibung* ...pro|zeß]

um|deu|ten; Um|deu|tung

um|di|ri|gie|ren; wir haben den Transport umdirigiert

um|dis|po|nie|ren (seine Pläne ändern); ich habe umdisponiert

um|drän|gen; sie wurde von allen Seiten umdrängt

um|dre|hen; sich umdrehen; er dreht jeden Pfennig um (ist sehr sparsam); sie hat den Spieß umgedreht (ist ihrerseits [mit denselben Mitteln] zum Angriff übergegangen); du hast

dich umgedreht; **Um|dre|hung; Um|dre|hungs|ge|schwin|dig|keit; Um|dre|hungs|zahl**
Um|druck *Plur.* ...drucke (*nur Sing.:* ein Vervielfältigungsverfahren; Ergebnis dieses Verfahrens); **Um|druck|ver|fah|ren**
um|düs|tern [*alte Trennung* ...|st...], sich
um|ei|n|an|der *Schreibung in Verbindung mit Verben immer getrennt:* sich umeinander kümmern; umeinander laufen, herumtanzen
um|er|zie|hen; sie wurden politisch umerzogen; **Um|er|zie|hung**
um|fä|cheln *(geh.);* der Wind hat mich umfächelt
um|fah|ren (fahrend umwerfen; *landsch. für* fahrend einen Umweg machen); er hat das Verkehrsschild umgefahren; ich bin [beinahe eine Stunde] umgefahren; **um|fah|ren** (um etwas herumfahren); er umfuhr das Hindernis; er hat die Insel umfahren; **Um|fahrt; Um|fah|rung** (*österr. u. schweiz. auch svw.* Umgehungsstraße); **Um|fah|rungs|stra|ße** *(österr., schweiz.)*
Um|fall, der; -[e]s (*ugs. für* plötzlicher Gesinnungswandel); **um|fal|len;** sie ist tot umgefallen; bei der Abstimmung ist er doch noch umgefallen *(ugs.);* ↑K82: sie war zum Umfallen müde *(ugs.)*
Um|fang; um|fan|gen *(geh.);* die Nacht umfing uns; ich halte ihn umfangen; **um|fäng|lich**
um|fang|mä|ßig *vgl.* umfangsmäßig; **um|fang|reich; Um|fangs|be|rech|nung; um|fangs|mä|ßig,** um|fang|mä|ßig
um|fär|ben; der Mantel wurde umgefärbt
um|fas|sen (anders fassen; *landsch. auch für* den Arm um jmdn. legen); der Schmuck wird umgefasst [*alte Schreibung* umgefaßt]; er fasste [*alte Schreibung* faßte] die Frau um; **um|fas|sen** (umschließen; in sich begreifen); ich habe ihn umfasst [*alte Schreibung* umfaßt]; die Sammlung umfasst [*alte Schreibung* umfaßt] alles Wesentliche; **um|fas|send; Um|fas|sung; Um|fas|sungs|mau|er**
Um|feld; das soziale Umfeld
um|fir|mie|ren (einen anderen Handelsnamen annehmen); wir haben umfirmiert
um|flech|ten; eine umflochtene Weinflasche
um|flie|gen (*landsch. für* fliegend einen Umweg machen; *ugs. für* hinfallen); das Flugzeug war eine weite Strecke umgeflogen; das Schild ist umgeflogen; **um|flie|gen;** die Krähen haben den alten Turm umflogen
um|flie|ßen; umflossen von ...
um|flo|ren *(geh.);* Tränen umflorten seinen Blick
um|for|men; er formt den Satz um; **Um|for|mer** *(Elektrot.)*
um|for|mu|lie|ren
Um|for|mung
Um|fra|ge; Umfrage halten; **um|fra|gen;** die Meinungsforscher haben wieder umgefragt
um|frie|den, umfriedet, *seltener* **um|frie|di|gen,** umfriedigt (mit einem Zaun umgeben); er hat seinen Garten umfriedet, *seltener* umfriedigt; **Um|frie|di|gung,** *häufiger* **Um|frie|dung**
um|fül|len; Um|fül|lung
um|funk|ti|o|nie|ren (die Funktion von etwas ändern; zweckentfremdet einsetzen); die Veranstaltung wurde zu einer Protestversammlung umfunktioniert; **Um|funk|ti|o|nie|rung**
Um|gang; um|gäng|lich (freundlich, erträglich); **Um|gäng|lich|keit,** die; -
Um|gangs|form *meist Plur.*
Um|gangs|spra|che; um|gangs|sprach|lich
Um|gangs|ton *Plur.* ...töne
um|gar|nen; sie hat ihn umgarnt; **Um|gar|nung**
um|gau|keln; der Schmetterling hat die Blüten umgaukelt
um|ge|ben *(landsch.);* er gab mir den Mantel um, hat mir den Mantel umgegeben (umgehängt); **um|ge|ben;** er umgab das Haus mit einer Hecke; sie war von Kindern umgeben; sich umgeben mit ...
Um|ge|bin|de|haus *(Bauw.)*
Um|ge|bung
Um|ge|gend *(ugs.)*
um|ge|hen; ein Gespenst geht dort um; er ist umgegangen (*landsch. für* hat einen Umweg gemacht); **um|ge|hen;** sie umgeht alle Fragen; er hat das Gesetz umgangen; **um|ge|hend;** mit umgehender (nächster) Post; **Um|ge|hung; Um|ge|hungs|stra|ße**
um|ge|kehrt; es verhält sich umgekehrt, als du denkst
um|ge|stal|ten; Um|ge|stal|tung
um|gie|ßen; sie hat den Wein umgegossen
um|git|tern; umgittert; **Um|git|te|rung**
um|glän|zen *(geh.);* von Licht umglänzt
um|gol|den *(geh.);* umgoldet
um|gra|ben; Um|gra|bung
um|grei|fen (in einen anderen Griff wechseln); er hat bei der Riesenfelge umgegriffen; **um|grei|fen** (umfassen); sie hatte den Stock fest umgriffen
um|gren|zen; sie umgrenzte das Aufgabengebiet; der Garten ist von Steinen umgrenzt; **Um|gren|zung**
um|grup|pie|ren; umgruppiert; **Um|grup|pie|rung**
um|gu|cken [*alte Trennung* ...k|k...], sich (*ugs. für* sich umsehen)
um|gür|ten *(früher);* ich habe mir das Schwert umgegürtet; **um|gür|ten** *(früher);* sich umgürten; mit dem Schwert umgürtet
um|ha|ben *(ugs.);* sie hat nicht einmal ein Tuch umgehabt
um|ha|cken [*alte Trennung* ...k|k...]
um|hä|keln; ein umhäkeltes Taschentuch
um|hal|sen; sie hat ihn umhalst; **Um|hal|sung**
Um|hang; um|hän|gen; ich hängte mir den Mantel um; ich habe die Bilder umgehängt (anders gehängt); *vgl.* ²hängen; **um|hän|gen** (hängend umgeben); das Bild war mit Flor umhängt; *vgl.* ²hängen
Um|hän|ge|ta|sche, Um|häng|ta|sche; **Um|hän|ge|tuch,** Um|hang|tuch, Um|häng|tuch; **Um|häng|ta|sche** *vgl.* Umhängetasche; **Um|hang|tuch, Um|häng|tuch** *vgl.* Umhängetuch
um|hau|en (abschlagen, fällen usw.); er haute, *geh.* hieb den Baum um; das hat mich umgehauen (*ugs. für* das hat mich in großes Erstaunen versetzt)
um|he|gen *(geh.);* **Um|he|gung**
um|her (im Umkreis)
um|her... (bald hierhin, bald dorthin ..., z. B. umherlaufen; er läuft umher, ist umhergelaufen); **um|her|bli|cken** [*alte Tren-*

U

nung ...k|k...]; **um|her|fah|ren; um|her|ge|hen; um|her|geis|tern** [*alte Trennung* ...|st...]; **um|her|ir|ren; um|her|lau|fen; um|her|schlei|chen; um|her|schlen|dern; um|her|schwei|fen; um|her|schwir|ren; um|her|strei|fen; um|her|tra|gen; um|her|zie|hen**

um|hin|kom|men (umhinkönnen)

um|hin|kön|nen; *nur verneint:* ich kann nicht umhin[,] es zu tun; ich habe nicht umhingekonnt; nicht umhinzukönnen

um|hö|ren, sich; ich habe mich danach umgehört

um|hül|len; umhüllt mit ...; **Um|hül|lung**

U|mi|ak, der *od.* das; -s, -s ‹eskim.› (Boot der Eskimofrauen)

U/min = Umdrehungen pro Minute

um|in|ter|pre|tie|ren (umdeuten)

um|ju|beln; umjubelt

um|kämp|fen; die Festung war hart umkämpft

Um|kar|ton *(fachspr.)*

Um|kehr, die; -; **um|kehr|bar; Um|kehr|bar|keit,** die; -; **um|keh|ren;** sich umkehren; sie ist umgekehrt; sie hat die Tasche umgekehrt; **Um|kehr|film** (Film, der beim Entwickeln ein Positiv liefert); **Um|keh|rung**

um|kip|pen; der Stuhl kippte um; er ist bei den Verhandlungen umgekippt (*ugs. für* hat seinen Standpunkt geändert); sie ist plötzlich umgekippt (*ugs. für* ohnmächtig geworden); der See ist umgekippt (biologisch abgestorben); **Um|kip|pen,** das; -s

um|klam|mern; Um|klam|me|rung

um|klapp|bar; um|klap|pen

Um|klei|de, die; -, -n (*ugs. für* Umkleideraum); **Um|klei|de|ka|bi|ne**

um|klei|den, sich; ich habe mich umgekleidet (anders gekleidet)

um|klei|den (umgeben, umhüllen); umkleidet mit, von ...

Um|klei|de|raum; Um|klei|dung, die; -

Um|klei|dung

um|kni|cken [*alte Trennung* ...k|k...]; sie ist [mit dem Fuß] umgeknickt

um|kom|men; er ist im Krieg umgekommen; ↑K 82: die Hitze ist ja zum Umkommen *(ugs.)*

um|ko|pie|ren *(Fototechnik)*

um|krän|zen; umkränzt; **Um|krän|zung**

Um|kreis, der; -es *Plur. (Geom.:)* -e; **um|krei|sen;** der Storch hat das Nest umkreist; **Um|krei|sung**

um|krem|peln (*ugs. auch für* völlig ändern)

um|la|den; die Säcke wurden umgeladen; *vgl.* ¹laden; **Um|la|dung**

Um|la|ge (Steuer; Beitrag)

um|la|gern (an einen anderen Platz bringen [zum Lagern]); die Waren wurden umgelagert; **um|la|gern** (umgeben, eng umschließen); umlagert von ...; *vgl.* lagern; **Um|la|ge|rung; Um|la|ge|rung**

Um|land, das; -[e]s (ländliches Gebiet um eine [Groß]stadt)

Um|lauf (*auch für* Fruchtfolge; *Med.* eitrige Entzündung an Finger oder Hand); in Umlauf geben, sein (von Zahlungsmitteln); **Um|lauf|bahn; um|lau|fen** (laufend umwerfen; *landsch. für* einen Umweg machen; weitergegeben werden); sie hätte das Kind fast umgelaufen; wir sind umgelaufen; eine Nachricht ist umgelaufen; **um|lau|fen;** der Mond umläuft die Erde in 28 Tagen; ich habe den Platz umlaufen

Um|lauf[s]|ge|schwin|dig|keit; Um|lauf[s]|zeit; Um|lauf|ver|mö|gen *(Wirtsch.)*

Um|laut (ä, ö, ü); **um|lau|ten;** ein umgelautetes U ist ein Ü

Um|le|ge|ka|len|der; Um|le|ge|kra|gen

um|le|gen (*derb auch für* erschießen); er legte den Mantel um; er hat die Karten umgelegt (gewendet od. anders gelegt); **um|le|gen;** ein Braten, umlegt mit Gemüse; **Um|le|gung** (*auch für* Flurbereinigung); **Um|le|gung**

um|lei|ten (anders leiten); der Verkehr wurde umgeleitet; **Um|lei|tung; Um|lei|tungs|schild,** das

um|len|ken; die Fahrzeuge wurden umgelenkt; **Um|len|kung**

um|ler|nen; sie hat umgelernt

um|lie|gend; umliegende Ortschaften

Um|luft, die; - (*Technik* aufbereitete, zurückgeleitete Luft)

um|man|teln *(Technik);* ich ummant[e]le; ein ummanteltes Kabel; **Um|man|te|lung**

um|mau|ern (mit Mauerwerk umgeben); **Um|mau|e|rung**

um|mel|den; ich habe mich umgemeldet; **Um|mel|dung**

um|mo|deln (ändern, umgestalten); umgemodelt; **Um|mo|de|lung, Um|mod|lung**

um|mün|zen; die Niederlage wurde in einen Sieg umgemünzt (umgedeutet)

um|nach|tet (*geh. für* verwirrt); **Um|nach|tung** *(geh.)*

um|nä|hen; sie hat den Saum umgenäht (eingeschlagen u. festgenäht); **um|nä|hen;** eine umnähte (eingefasste) Kante

um|ne|beln; sie war leicht umnebelt (benommen); **Um|ne|be|lung, Um|neb|lung**

um|neh|men *(ugs.);* sie hat eine Decke umgenommen

um|nie|ten (*derb für* niederschlagen, -schießen); sie haben ihn umgenietet

Um|or|ga|ni|sa|ti|on; um|or|ga|ni|sie|ren

um|pa|cken [*alte Trennung* ...k|k...] (anders packen); der Koffer wurde umgepackt

um|pflan|zen (verpflanzen); die Blumen wurden umgepflanzt; **um|pflan|zen** (mit Pflanzen umgeben); umpflanzt mit ...; **Um|pflan|zung; Um|pflan|zung**

um|pflü|gen; er hat den Acker umgepflügt; **Um|pflü|gung**

um|po|len (*Physik, Elektrot.* Plus- u. Minuspol vertauschen); umgepolt

um|prä|gen; die Goldstücke wurden umgeprägt; **Um|prä|gung**

um|pro|gram|mie|ren; Um|pro|gram|mie|rung

um|pum|pen; die Ladung des Tankers wurde umgepumpt

um|quar|tie|ren; er wurde umquartiert; **Um|quar|tie|rung**

um|rah|men (mit anderem Rahmen versehen); das Bild muss umgerahmt werden; **um|rah|men** (mit Rahmen versehen, einrahmen); die Vorträge wurden von musikalischen Darbietungen umrahmt; **Um|rah|mung; Um|rah|mung**

um|ran|den; sie hat den Artikel mit Rotstift umrandet; **um|rän|dert;** seine Augen waren rot umrändert; **Um|ran|dung**

um|ran|gie|ren; umrangiert

um|ran|ken; von Rosen umrankt; **Um|ran|kung**

Um|raum (umgebender Raum)

um|räu|men; wir haben das Zimmer umgeräumt; **Um|räu|mung**

um|rech|nen; sie hat DM in Schweizer Franken umgerechnet; **Um|rech|nung; Um|rech|nungs|kurs**

um|rei|ßen (einreißen; zerstören); er hat den Zaun umgerissen; **um|rei|ßen** (im Umriss zeichnen; andeuten); sie hat die Situation kurz umrissen

um|rei|ten (reitend umwerfen); er hat den Mann umgeritten; **um|rei|ten;** er hat das Feld umritten

um|ren|nen; sie hat das Kind umgerannt

um|rin|gen; von Kindern umringt

Um|riss [*alte Schreibung* Um|riß]; **Um|riss|zeich|nung**

Um|ritt

um|rüh|ren; umgerührt

um|run|den; Um|run|dung

um|rüst|bar; um|rüs|ten [*alte Trennung* ...|st...] (für bestimmte Aufgaben technisch verändern); die Maschine wurde umgerüstet; **Um|rüs|tung**

ums; ↑K 14 (um das); es geht ums Ganze; ein Jahr ums *od.* um das andere

um|sä|beln (*ugs. für* zu Fall bringen); er hat den Stürmer umgesäbelt

um|sä|gen

um|sat|teln (*ugs. übertr. auch für* einen anderen Beruf ergreifen); **Um|sat|te|lung, Um|satt|lung**

Um|satz; Um|satz|a|na|ly|se (*Wirtsch.*); **Um|satz|be|tei|li|gung; Um|satz|ein|bu|ße; Um|satz|pro|vi|si|on; Um|satz|rück|gang; Um|satz|stei|ge|rung; Um|satz|steu|er,** die

um|säu|men; das Kleid muss noch umgesäumt werden (der Saum muss umgelegt u. genäht werden); **um|säu|men;** das Dorf ist von Bergen umsäumt (umgeben)

um|schal|ten; die Ampel schaltet auf Rot um; **Um|schal|ter; Um|schalt|he|bel; Um|schal|tung**

Um|scha|lung (Verschalung)

um|schat|ten; ihre Augen waren umschattet

Um|schau, die; -; Umschau halten; **um|schau|en,** sich *(landsch.)*

Um|schicht (*Bergmannsspr.* Wechsel); **um|schich|ten;** das Heu wurde umgeschichtet; **um|schich|tig** (wechselweise); **Um|schich|tung; Um|schich|tungs|pro|zess** [*alte Schreibung* ...prozeß]

um|schif|fen (in ein anderes Schiff bringen); die Waren, die Passagiere wurden umgeschifft; **um|schif|fen;** er hat die Klippe umschifft (die Schwierigkeit umgangen); **Um|schif|fung; Um|schif|fung**

Um|schlag (*auch für* Umladung); **Um|schlag|bahn|hof; um|schla|gen** (umsetzen; umladen); die Güter wurden umgeschlagen; das Wetter ist, *auch* hat umgeschlagen; **um|schla|gen** (einpacken); die Druckbogen werden umschlagen (*Druckw.* gewendet); **Um|schlag|ent|wurf; Um|schla|ge|tuch** *vgl.* Umschlagtuch

Um|schlag|ha|fen (*vgl.* ²Hafen); **Um|schlag|platz; Um|schlag|tuch,** Um|schla|ge|tuch *Plur.* ...tücher; **Um|schlag|zeich|nung**

um|schlei|chen; die Katze hat das Futter umschlichen

um|schlie|ßen; von einer Mauer umschlossen; **Um|schlie|ßung**

um|schlin|gen; ich habe mir das Tuch umgeschlungen; **um|schlin|gen;** sie hielt ihn fest umschlungen; **Um|schlin|gung; Um|schlin|gung**

Um|schluss [*alte Schreibung* Umschluß] (*Amtsspr.* gegenseitiger Besuch od. gemeinsamer Aufenthalt von Häftlingen in einer Zelle)

um|schmei|cheln; sie wird von der Katze umschmeichelt

um|schmei|ßen *(ugs.);* er hat den Tisch umgeschmissen

um|schmel|zen; das Altmetall wurde umgeschmolzen; **Um|schmel|zung**

um|schnal|len; umgeschnallt

um|schrei|ben (neu, anders schreiben; übertragen); er hat den Aufsatz umgeschrieben; die Hypothek wurde umgeschrieben; **um|schrei|ben** (mit anderen Worten ausdrücken); sie hat unsere Aufgabe mit wenigen Worten umschrieben; **Um|schrei|bung** (Neuschreibung; andere Buchung); **Um|schrei|bung** (andere Form des Ausdrucks); **um|schrie|ben** (*Med. auch für* deutlich abgegrenzt, bestimmt); eine umschriebene Hautflechte; **Um|schrift**

um|schub|sen *(ugs.);* er hat ihn umgeschubst

um|schul|den (*Wirtsch.* Kredite umwandeln); **Um|schul|dung**

um|schu|len; Um|schü|ler; Um|schü|le|rin; Um|schu|lung

um|schüt|ten; umgeschüttet

um|schwär|men; umschwärmt

um|schwe|ben; umschwebt

Um|schwei|fe *Plur.;* ohne Umschweife (geradeheraus)

um|schwen|ken; er ist plötzlich umgeschwenkt

um|schwir|ren; von Mücken umschwirrt

Um|schwung, der; -s, ...schwünge (*nur Sing.: schweiz. auch für* Umgebung des Hauses)

um|se|geln; sie hat die Insel umsegelt; **Um|se|ge|lung, Um|seg|lung**

um|se|hen, sich

um sein [*alte Schreibung* um|sein] *vgl.* um, II

um|sei|tig; um|seits *(Amtsspr.)*

um|setz|bar; um|set|zen; sie setzte die Pflanzen um; er hat seinen Plan in die Tat umgesetzt; ich habe mich umgesetzt; **Um|set|zung**

Um|sicht, die; -; **um|sich|tig; Um|sich|tig|keit,** die; -

um|sie|deln; ich sied[e]le um; umgesiedelt; **Um|sie|de|lung; Um|sied|ler; Um|sied|le|rin; Um|sied|lung**

um|sin|ken; sie ist vor Müdigkeit umgesunken

um|so [*alte Schreibung* um so]; umso besser; umso größer; umso schöner; **um|so mehr[,] als** [*alte Schreibung* um so] ↑K 127

um|sonst

um|sor|gen; der Kranke wurde umsorgt

um|so we|ni|ger[,] als [*alte Schreibung* um so] ↑K 127

um|span|nen (neu, anders [be]spannen; *auch für* transformieren); der Strom wurde auf 9 Volt umgespannt; **um|span|nen** (umfassen); seine Arbeit hat viele Wissensgebiete umspannt; **Um|span|ner** (*für* Transformator); **Um|span|nung; Um|span|nung; Um|spann|werk**

um|spie|len; er hat die Abwehr umspielt *(Sport)*

um|spin|nen; umsponnener Draht

um|sprin|gen; der Wind sprang um; er ist übel mit dir umgesprungen; **um|sprin|gen;** die Hunde umsprangen sie; **Um|sprung**

um|spu|len; das Tonband wird umgespult

um|spü|len; von Wellen umspült

Um|stand; unter Umständen (*Abk.* u. U.); in anderen Umständen (*verhüllend für*

U

schwanger) sein; mildernde Umstände *(Rechtsspr.)*; keine Umstände machen; gewisser Umstände halber, eines gewissen Umstandes halber, *aber* umständehalber, umstandshalber; **um|stän|de|hal|ber** *vgl.* Umstand
um|ständ|lich; Um|ständ|lich|keit
Um|stands|an|ga|be *(Sprachw.)*; **Um|stands|be|stim|mung; Um|stands|er|gän|zung; Um|stands|für|wort**
um|stands|hal|ber *vgl.* Umstand
Um|stands|kleid; Um|stands|klei|dung
Um|stands|krä|mer (*ugs. für* umständlicher Mensch)
Um|stands|satz; Um|stands|wort *Plur.* ...wörter (Adverb); **um|stands|wört|lich** (adverbial)
um|ste|chen; wir haben das Beet umgestochen; **um|ste|chen** (mit Stichen befestigen); die Stoffkanten werden umstochen
um|ste|cken [*alte Trennung* ...k|k...] (anders stecken); sie hat die Blumen umgesteckt; *vgl.* ²stecken; **um|ste|cken;** umsteckt mit ...; *vgl.* ²stecken
um|ste|hen (*landsch. für* verenden; verderben); umgestanden (verdorben [von Flüssigkeiten]; verendet [von Tieren]); **um|ste|hen;** umstanden von ...; **um|ste|hend;** ↑K72: im Umstehenden [*alte Schreibung* umstehenden] finden sich die näheren Erläuterungen; er soll Umstehendes [*alte Schreibung* umstehendes] beachten; das Umstehende (auf der anderen Seite Gesagte), die Umstehenden (die Zuschauer)
Um|stei|ge|bahn|hof; um|stei|gen; sie ist umgestiegen; **Um|stei|ger; Um|stei|ge|rin**
um|stel|len; er stellte die Mannschaft um; der Schrank wurde umgestellt; sich umstellen; **um|stel|len** (umgeben); die Polizei hat das Haus umstellt; **Um|stel|lung; Um|stel|lung; Um|stel|lungs|pro|zess** [*alte Schreibung* ...pro|zeß]
um|stem|peln; der Pass wurde umgestempelt
um|steu|ern (anders ausrichten); der Satellit soll umgesteuert werden; **Um|steu|e|rung**
um|stim|men; er hat sie umgestimmt; **Um|stim|mung**
um|sto|ßen
um|strah|len; umstrahlt von ...
um|stri|cken [*alte Trennung* ...k|k...] (neu, anders stricken); sie hat den Pullover umgestrickt; **um|stri|cken;** umstrickt ([unlösbar] umgeben, umgarnt) von Intrigen; **Um|stri|ckung; Um|stri|ckung**
um|strit|ten
um|strö|men; umströmt von ...
um|struk|tu|rie|ren; umstrukturiert; **Um|struk|tu|rie|rung**
um|stül|pen; er hat das Fass umgestülpt; **um|stül|pen** *(Druckw.)*; er hat das Papier umstülpt; **Um|stül|pung**
Um|sturz *Plur.* ...stürze; **Um|sturz|be|we|gung; um|stür|zen;** das Gerüst ist umgestürzt; **Um|stürz|ler; Um|stürz|le|rin; um|stürz|le|risch; Um|stür|zung; Um|sturz|ver|such**
um|tan|zen; sie haben das Feuer umtanzt
um|tau|fen; er wurde umgetauft
Um|tausch, der; -[e]s, -e; **um|tau|schen;** sie hat das Kleid umgetauscht; **Um|tausch|recht**
um|ti|teln; der Film wurde umgetitelt
um|top|fen; der Gärtner hat die Pflanze umgetopft
um|to|sen *(geh.)*; umtost von ...
um|trei|ben (planlos herumtreiben); er wurde von Angst umgetrieben; **Um|trieb** (*Landw.* Zeit vom Pflanzen eines Baumbestandes bis zum Fällen; Nutzungszeit bei Reben, Geflügel, Vieh; *Bergmannsspr.* Strecke, die an Schächten vorbei- od. um sie herumführt; *meist Plur.: schweiz. für* Aufwand [z. B. an Zeit, Arbeit, Geld]); **Um|trie|be** *Plur.* (umstürzlerische Aktivitäten)
Um|trunk, der; -[e]s, Umtrünke
um|tun *(ugs.)*; sich umtun; ich habe mich danach umgetan
U-Mu|sik, die; -; ↑K28 (*kurz für* Unterhaltungsmusik; *Ggs.* E-Musik)
Um|ver|pa|ckung [*alte Trennung* ...k|k...] (für Verkauf od. Transport einer Ware entbehrliche Verpackung)
um|ver|tei|len; Um|ver|tei|lung
um|wach|sen; mit Gebüsch umwachsen
um|wal|len *(geh.)*; von Nebel umwallt
Um|wal|lung ‹*zu* ²Wall›
Um|wälz|an|la|ge (Anlage für den Abfluss verbrauchten u. den Zustrom frischen Wassers o. Ä.); **um|wäl|zen; Um|wälz|pum|pe; Um|wäl|zung**
um|wan|deln (ändern); ich wand[e]le um; sie war wie umgewandelt; **um|wan|deln** (*geh. für* um etwas herumwandeln); sie hat den Platz umwandelt; **Um|wan|de|lung** *vgl.* Umwandlung
um|wan|dern; ich umwandere den See, habe den See umwandert
Um|wand|lung, *seltener* **Um|wan|de|lung** (Änderung); **Um|wand|lungs|pro|zess** [*alte Schreibung* ...pro|zeß]
um|wech|seln; ich wechs[e]le um; er hat das Geld umgewechselt; **Um|wechs|lung,** *seltener* **Um|wech|se|lung**
Um|weg
Um|weg|ren|ta|bi|li|tät (*Wirtsch.* mit einem Projekt verbundene indirekte Einnahmen)
um|we|hen; das Zelt wurde umgeweht ([vom Wind] umgerissen); **um|we|hen;** umweht von ...
Um|welt; Um|welt|au|to (*ugs. für* umweltfreundlicheres Auto)
um|welt|be|dingt
Um|welt|be|din|gun|gen *Plur.*; **Um|welt|be|las|tung** [*alte Trennung* ...|st...]; **Um|welt|ein|fluss** [*alte Schreibung* ...ein|fluß]; **Um|welt|fak|tor**
um|welt|feind|lich
Um|welt|flücht|ling; Um|welt|for|schung, die; -; **um|welt|freund|lich; Um|welt|kri|mi|na|li|tät; um|welt|neu|t|ral; Um|welt|pa|pier** (Recyclingpapier); **Um|welt|po|li|tik,** die; -; **Um|welt|schä|den** *Plur.*; **um|welt|schäd|lich; um|welt|scho|nend**
Um|welt|schutz, der; -es; **Um|welt|schüt|zer; Um|welt|sün|der** *(ugs.)*; **Um|welt|ver|schmut|zung; um|welt|ver|träg|lich**
um|wen|den; er wandte *od.* wendete die Seite um, hat sie umgewandt *od.* umgewendet; sich umwenden; **Um|wen|dung**
um|wer|ben; eine viel umworbene [*alte Schreibung* vielumworbene] Sängerin
um|wer|fen; er warf den Tisch um; diese Nachricht hat ihn umgeworfen (*ugs. für* aus der Fassung gebracht); **um|wer|fend;** umwerfende Komik
um|wer|ten; alle Werte wurden umgewertet; **Um|wer|tung**
um|wi|ckeln [*alte Trennung*

U

...k|k...] (neu, anders wickeln); ich wick[e]le um; er hat die Schnur umgewickelt; **um|wi|ckeln;** umwickelt mit ...; **Um|wi|cke|lung,** Um|wick|lung; **Um|wi|cke|lung, Um|wick|lung**

um|wid|men (*Amtsspr.* für einen anderen Zweck bestimmen); in Industriegelände umgewidmetes Agrarland; **Um|wid|mung**

um|win|den; sie hat das Tuch umgewunden; **um|win|den;** umwunden mit ...

um|wit|tern *(geh.);* von Geheimnissen, Gefahren umwittert

um|wo|ben *(geh.);* von Sagen umwoben

um|wo|gen *(geh.);* umwogt von ...

um|woh|nend; ↑K72: die Umwohnenden; **Um|woh|ner**

um|wöl|ken; seine Stirn war vor Unmut umwölkt; **Um|wöl|kung**

um|wüh|len; umgewühlt

um|zäu|nen; Um|zäu|nung

um|zeich|nen (anders zeichnen); sie hat das Bild umgezeichnet

um|zie|hen; sich umziehen; ich habe mich umgezogen; wir sind [nach Frankfurt] umgezogen; **um|zie|hen;** der Himmel hat sich umzogen; umzogen mit ...

um|zin|geln; ich umzing[e]le; das Lager wurde umzingelt; **Um|zin|ge|lung, Um|zing|lung**

um zu *vgl.* um, III

Um|zug; um|zugs|hal|ber; Um|zugs|kos|ten [*alte Trennung* ...|st...] *Plur.;* **Um|zugs|tag**

um|zün|geln; ich umzüng[e]le; umzüngelt von Flammen

UN [u:'ɛn, *engl.* ju: 'ɛn] *Plur.* = United Nations ⟨engl.⟩ (Vereinte Nationen); *vgl. auch* UNO *u.* VN

un|ab|än|der|lich [*auch* 'ʊ...]; **Un|ab|än|der|lich|keit,** die; -

un|ab|ding|bar [*auch* 'ʊ...]; **Un|ab|ding|bar|keit,** die; -; **un|ab|ding|lich**

un|ab|hän|gig; Un|ab|hän|gig|keit, die; -; **Un|ab|hän|gig|keits|er|klä|rung**

un|ab|kömm|lich [*auch* ...'kœ...]; **Un|ab|kömm|lich|keit,** die; -

un|ab|läs|sig [*auch* 'ʊ...]

un|ab|seh|bar [*auch* 'ʊ...]; unabsehbare Folgen; die Kosten steigen ins Unabsehbare [*alte Schreibung* unabsehbare]; **Un|ab|seh|bar|keit,** die; -

un|ab|setz|bar [*auch* ...'zɛ...]

un|ab|sicht|lich

un|ab|weis|bar [*auch* 'ʊ...]; **un|ab|weis|lich**

un|ab|wend|bar [*auch* 'ʊ...]; ein unabwendbares Verhängnis; **Un|ab|wend|bar|keit,** die; -

un|acht|sam; Un|acht|sam|keit

un|ähn|lich; Un|ähn|lich|keit, die; -

un|an|bring|lich (*Postw.* unzustellbar)

un|an|fecht|bar [*auch* ...'fɛ...]; **Un|an|fecht|bar|keit,** die; -

un|an|ge|bracht

un|an|ge|foch|ten

un|an|ge|mel|det

un|an|ge|mes|sen; Un|an|ge|mes|sen|heit, die; -

un|an|ge|nehm

un|an|ge|passt [*alte Schreibung* un|an|ge|paßt]; **Un|an|ge|passt|heit,** die; -

[1]**un|an|ge|se|hen** (nicht angesehen)

[2]**un|an|ge|se|hen** (*Amtsspr.* ohne Rücksicht auf); *Präp. mit Gen. od. Akk.:* unangesehen der Umstände *od.* unangesehen die Umstände

un|an|ge|tas|tet [*alte Trennung* ...|st...]; unangetastet bleiben

un|an|greif|bar [*auch* ...'grai̯...]; **Un|an|greif|bar|keit,** die; -

un|an|nehm|bar [*auch* ...'ne:...]; **Un|an|nehm|bar|keit,** die; -; **Un|an|nehm|lich|keit** *meist Plur.*

un|an|sehn|lich; Un|an|sehn|lich|keit, die; -

un|an|stän|dig; Un|an|stän|dig|keit

un|an|stö|ßig; Un|an|stö|ßig|keit, die; -

un|an|tast|bar [*auch* 'ʊ...]; **Un|an|tast|bar|keit,** die; -

un|ap|pe|tit|lich; Un|ap|pe|tit|lich|keit, die; -

[1]**Un|art** (schlechte Angewohnheit; Unartigkeit)

[2]**Un|art,** der; -[e]s, -e (*veraltet für* unartiges Kind)

un|ar|tig; Un|ar|tig|keit

un|ar|ti|ku|liert (unverständlich, undeutlich ausgesprochen)

U|na Sanc|ta, die; - - ⟨lat., »die eine heilige [Kirche]«⟩ (Selbstbez. der röm.-kath. Kirche)

un|äs|the|tisch (unschön)

un|auf|dring|lich; Un|auf|dring|lich|keit, die; -

un|auf|fäl|lig; Un|auf|fäl|lig|keit, die; -

un|auf|find|bar [*auch* 'ʊ...]

un|auf|ge|for|dert

un|auf|ge|klärt

un|auf|halt|bar [*auch* 'ʊ...]; **un|auf|halt|sam; Un|auf|halt|sam|keit,** die; -

un|auf|hör|lich [*auch* 'ʊ...]

un|auf|lös|bar [*auch* 'ʊ...]; **Un|auf|lös|bar|keit,** die; -; **un|auf|lös|lich; Un|auf|lös|lich|keit,** die; -

un|auf|merk|sam; Un|auf|merk|sam|keit

un|auf|rich|tig; Un|auf|rich|tig|keit

un|auf|schieb|bar [*auch* 'ʊ...]; **Un|auf|schieb|bar|keit,** die; -

un|aus|bleib|lich [*auch* 'ʊ...]

un|aus|denk|bar [*auch* 'ʊ...]

un|aus|führ|bar [*auch* 'ʊ...]; **Un|aus|führ|bar|keit,** die; -

un|aus|ge|bil|det

un|aus|ge|füllt; Un|aus|ge|füllt|sein, das; -s

un|aus|ge|gli|chen; Un|aus|ge|gli|chen|heit, die; -

un|aus|ge|go|ren

un|aus|ge|schla|fen

un|aus|ge|setzt (unaufhörlich)

un|aus|ge|spro|chen

un|aus|lösch|lich [*auch* 'ʊ...]; ein unauslöschlicher Eindruck

un|aus|rott|bar [*auch* 'ʊ...]; ein unausrottbares Vorurteil

un|aus|sprech|bar [*auch* 'ʊ...]; **un|aus|sprech|lich**

un|aus|steh|lich [*auch* 'ʊ...]; **Un|aus|steh|lich|keit,** die; -

un|aus|tilg|bar [*auch* 'ʊ...]

un|aus|weich|lich [*auch* 'ʊ...]

Un|band, der; -[e]s, *Plur.* -e *u.* ...bände (*landsch. für* Wildfang)

un|bän|dig

un|bar (bargeldlos)

un|barm|her|zig; Un|barm|her|zig|keit, die; -

un|be|ab|sich|tigt

un|be|ach|tet; un|be|acht|lich *(Rechtsspr.)*

un|be|an|stan|det

un|be|ant|wor|tet

un|be|ar|bei|tet

un|be|baut

un|be|dacht (unüberlegt, vorschnell); eine unbedachte Äußerung; **un|be|dach|ter|wei|se; Un|be|dacht|heit; un|be|dacht|sam; Un|be|dacht|sam|keit**

un|be|darft (unerfahren; naiv); **Un|be|darft|heit,** die; -

un|be|deckt

un|be|denk|lich; Un|be|denk|lich|keit, die; -; **Un|be|denk|lich|keits|be|schei|ni|gung**

un|be|deu|tend; Un|be|deu|tend|heit, die; -

un|be|dingt [*auch* ...'dɪ...]; unbedingte Reflexe; **Un|be|dingt|heit,** die; -

un|be|ein|druckt

U

un|be|ein|fluss|bar [*auch* ...'ai̯...; *alte Schreibung* un|be|ein|fluß-bar]; **Un|be|ein|fluss|bar|keit,** die; -; **un|be|ein|flusst**
un|be|fahr|bar [*auch* ...'fa:ɐ̯...]
un|be|fan|gen; Un|be|fan|gen|heit, die; -
un|be|fleckt, *aber* ↑K 150: die Unbefleckte Empfängnis [Mariens]
un|be|frie|di|gend; un|be|frie|digt; Un|be|frie|digt|heit, die; -
un|be|fris|tet [*alte Trennung* ...|st...]; unbefristetes Darlehen
un|be|fugt; Un|be|fug|te, der *u.* die; -n, -n
un|be|gabt; Un|be|gabt|heit, die; -
un|be|greif|lich [*auch* ...'grai̯...]; **un|be|greif|li|cher|wei|se; Un|be-greif|lich|keit**
un|be|grenzt; Un|be|grenzt|heit, die; -
un|be|grün|det
un|be|haart
Un|be|ha|gen; un|be|hag|lich; Un-be|hag|lich|keit
un|be|hau|en; aus unbehauenen Steinen
un|be|haust (*geh. für* kein Zuhause habend)
un|be|hel|ligt [*auch* ...'hɛ...]
un|be|herrscht; Un|be|herrscht|heit
un|be|hin|dert
un|be|hol|fen; Un|be|hol|fen|heit
un|be|irr|bar [*auch* 'ʊ...]; **Un|be|irr-bar|keit,** die; -; **un|be|irrt** [*auch* 'ʊ...]; **Un|be|irrt|heit,** die; -

un|be|kannt
Kleinschreibung: – eine unbekannte Frau – [nach] unbekannt verzogen – Anzeige gegen unbekannt [*alte Schreibung* Unbekannt] erstatten
Großschreibung: – das Grab des Unbekannten Soldaten – ↑K 72: der große Unbekannte; eine Gleichung mit mehreren Unbekannten *(Math.)*

un|be|kann|ter|wei|se; Un|be-kannt|heit, die; -
un|be|klei|det
un|be|küm|mert [*auch* ...'kʏ...]; **Un|be|küm|mert|heit,** die; -
un|be|las|tet [*alte Trennung* ...|st...]
un|be|lebt; eine unbelebte Straße
un|be|leckt; von etwas unbeleckt sein (*ugs. für* von etwas nichts wissen, verstehen)
un|be|lehr|bar [*auch* ...'le:...]; **Un-be|lehr|bar|keit,** die; -
un|be|leuch|tet
un|be|lich|tet *(Fotogr.)*
un|be|liebt; Un|be|liebt|heit, die; -
un|be|mannt
un|be|merkt
un|be|mit|telt
un|be|nom|men [*auch* 'ʊ...]; es bleibt ihm unbenommen
un|be|nutz|bar [*auch* ...'nʊ...]; **un-be|nutzt**
un|be|o|b|ach|tet
un|be|quem; Un|be|quem|lich|keit
un|be|re|chen|bar [*auch* 'ʊ...]; **Un-be|re|chen|bar|keit,** die; -
un|be|rech|tigt; un|be|rech|tig|ter-wei|se
un|be|rück|sich|tigt [*auch* ...'rʏ...]
un|be|ru|fen; in unberufene Hände gelangen; **un|be|ru|fen!**
un|be|rührt; Un|be|rührt|heit
un|be|scha|det; unbeschadet seines Rechtes *od.* seines Rechtes unbeschadet
un|be|schä|digt
un|be|schäf|tigt
un|be|schei|den; Un|be|schei|den-heit, die; -
un|be|schol|ten (untadelig, integer); **Un|be|schol|ten|heit,** die; -; **Un|be|schol|ten|heits|zeug|nis**
un|be|schrankt; unbeschrankter Bahnübergang
un|be|schränkt [*auch* ...'ʃrɛ...] (nicht eingeschränkt); *vgl.* eGmuH; **Un|be|schränkt|heit**
un|be|schreib|lich [*auch* 'ʊ...]; **Un-be|schreib|lich|keit,** die; -
un|be|schrie|ben; ein unbeschriebenes Blatt sein *(ugs.)*
un|be|schützt
un|be|schwert; Un|be|schwert|heit
un|be|seelt
un|be|se|hen [*auch* 'ʊ...]; das glaubt man unbesehen
un|be|sieg|bar [*auch* 'ʊ...]; **Un|be-sieg|bar|keit,** die; -; **un|be|sieg-lich; Un|be|sieg|lich|keit,** die; -; **un|be|siegt**
un|be|son|nen; Un|be|son|nen|heit
un|be|sorgt
un|be|spiel|bar [*auch* 'ʊ...]; der Platz war unbespielbar; **un|be-spielt;** unbespielte Kassetten
un|be|stän|dig; Un|be|stän|dig-keit, die; -
un|be|stä|tigt [*auch* ...'ʃtɛ:...]
un|be|stech|lich [*auch* ...'ʃtɛ...]; **Un|be|stech|lich|keit,** die; -
un|be|stimm|bar [*auch* ...'ʃtɪ...]; **Un|be|stimm|bar|keit,** die; -; **un-be|stimmt;** unbestimmtes Fürwort (*für* Indefinitpronomen); **Un|be|stimmt|heit,** die; -; **Un|be-stimmt|heits|re|la|ti|on** (Begriff der Quantentheorie)
un|be|streit|bar [*auch* 'ʊ...]; **un|be-strit|ten** [*auch* ...'ʃtrɪ...]
un|be|tei|ligt [*auch* ...'tai̯...]
un|be|tont
un|be|trächt|lich [*auch* ...'trɛ...]; **Un|be|trächt|lich|keit,** die; -
un|be|tre|ten; unbetretenes Gebiet
un|beug|bar [*auch* ...'bɔy̯...]; **un-beug|sam;** unbeugsamer Wille; **Un|beug|sam|keit,** die; -
un|be|wacht
un|be|waff|net
un|be|wäl|tigt; die unbewältigte Vergangenheit
un|be|weg|lich; Un|be|weg|lich-keit, die; -; **un|be|wegt**
un|be|weibt (*scherzh. für* ohne [Ehe]frau)
un|be|wie|sen
un|be|wohn|bar [*auch* 'ʊ...]; **un|be-wohnt**
un|be|wusst [*alte Schreibung* unbe|wußt]; **Un|be|wuss|te,** das; -n; **Un|be|wusst|heit,** die; -
un|be|zahl|bar [*auch* 'ʊ...]; **Un|be-zahl|bar|keit,** die; -; **un|be|zahlt**
un|be|zähm|bar [*auch* 'ʊ...]; **Un|be-zähm|bar|keit,** die; -
un|be|zwei|fel|bar [*auch* 'ʊ...]
un|be|zwing|bar [*auch* 'ʊ...]; **un-be|zwing|lich** [*auch* 'ʊ...]
Un|bil|den *Plur.* (*geh. für* Unannehmlichkeiten); die Unbilden der Witterung
Un|bil|dung, die; -
Un|bill, die; - (*geh. für* Unrecht); **un|bil|lig** *(geh.);* unbillige (nicht angemessene) Härte; **Un|bil|lig-keit** *(geh.)*
un|blu|tig
un|bot|mä|ßig; Un|bot|mä|ßig|keit
un|brauch|bar; Un|brauch|bar|keit
un|bü|ro|kra|tisch
un|buß|fer|tig *(christl. Rel.);* **Un-buß|fer|tig|keit,** die; -
un|christ|lich; Un|christ|lich|keit
Un|cle Sam ['aŋkl̩ 'sɛm] (*scherzh. für* die USA)
und (*Abk.* u., *bei Firmen auch* &); und and[e]re, and[e]res (*Abk.* u. a.); und and[e]re mehr, und and[e]res mehr (*Abk.* u. a. m.); und Ähnliche[s] (*Abk.* u. Ä.) [*alte Schreibung* und ähnliche(s); *alte Abk.* u. ä.]; drei und drei ist, macht, gibt (*nicht* sind,

U

machen, geben) sechs; ... und, und, und (*ugs. für* und dergleichen mehr)
Un|dank; un|dank|bar; eine undankbare Aufgabe; **Un|dank|bar|keit,** die; -
un|da|tiert
und der|glei|chen [mehr] (*Abk.* u. dgl. [m.]); **und des|glei|chen [mehr]** (*Abk.* u. desgl. [m.])
un|de|fi|nier|bar [*auch* ...'niːɐ̯...]
un|de|kli|nier|bar [*auch* ...'niːɐ̯...]
un|de|mo|kra|tisch
un|denk|bar; un|denk|lich
Un|der|co|ver|a|gent ['andɐka...] ‹engl.; lat.› (Geheimagent, der sich in eine heimlich zu überwachende Gruppe einschleust)
Un|der|dog ['andɐdɔk], der; -s, -s ‹engl.› ([sozial] Benachteiligter, Schwächerer)
un|der|dressed ['andɐdrɛst] ‹engl.› (zu schlecht angezogen; *Ggs.* overdressed)
Un|der|ground ['andɐgraunt], der; -s ‹engl., »Untergrund«›
Un|der|state|ment [andɐ'steːt-mɛnt], das; -s, -s ‹engl.› (Untertreibung)
un|deut|lich; Un|deut|lich|keit
Un|de|zi|me, die; -, -n ‹lat.› (*Musik* elfter Ton der diaton. Tonleiter; Intervall im Abstand von 11 Stufen)
un|dicht; Un|dich|tig|keit, die; -
un|dif|fe|ren|ziert
Un|di|ne, die; -, -n ‹lat.› (weibl. Wassergeist)
Un|ding, das; -[e]s, -e (Unmögliches; Unsinniges)
un|dis|ku|ta|bel [*auch* ...'taː...]
un|dis|zi|p|li|niert; Un|dis|zi|p|li|niert|heit, die; -
un|dog|ma|tisch
un|dra|ma|tisch
Und|set, Sig|rid (norw. Dichterin)
und so fort (*Abk.* usf.); **und so wei|ter** (*Abk.* usw.)
Un|du|la|ti|on, die; -, -en ‹lat.› (*Physik* Wellenbewegung; *Geol.* Sattel- u. Muldenbildung durch Gebirgsbildung); **Un|du|la|ti|ons|the|o|rie,** die; - (*Physik* Wellentheorie); **un|du|la|to|risch** (*Physik* wellenförmig)
un|duld|sam; Un|duld|sam|keit
un|du|lie|ren ‹lat.› (*bes. Med., Biol.* wellenförmig verlaufen)
un|durch|dring|bar [*auch* 'ʊ...]
un|durch|dring|lich [*auch* 'ʊ...]; **Un|durch|dring|lich|keit,** die; -
un|durch|führ|bar [*auch* 'ʊ...]; **Un|durch|führ|bar|keit,** die; -
un|durch|läs|sig; Un|durch|läs|sig|keit, die; -
un|durch|schau|bar [*auch* 'ʊ...]; **Un|durch|schau|bar|keit,** die; -
un|durch|sich|tig; Un|durch|sich|tig|keit, die; -
und vie|le[s] an|de|re [mehr] (*Abk.* u. v. a. [m.]); **und zwar** ↑K 105
un|e|ben; Un|e|ben|heit
un|echt; unechte Brüche *(Math.)*; **Un|echt|heit,** die; -
un|e|del; uned|le Metalle
un|e|gal (*landsch. für* uneben)
un|e|he|lich; ein uneheliches Kind; *vgl.* nichtehelich; **Un|e|he|lich|keit,** die; -
Un|eh|re, die; - *(geh.)*; **un|eh|ren|haft; Un|eh|ren|haf|tig|keit,** die; -; **un|ehr|er|bie|tig; Un|ehr|er|bie|tig|keit,** die; -
un|ehr|lich; Un|ehr|lich|keit, die; -
un|eid|lich; uneidliche Erklärung
un|ei|gen|nüt|zig; Un|ei|gen|nüt|zig|keit, die; -
un|ei|gent|lich
un|ein|ge|schränkt; Un|ein|ge|schränkt|heit
un|ein|ge|weiht
un|ei|nig; Un|ei|nig|keit
un|ein|nehm|bar [*auch* 'ʊ...]; **Un|ein|nehm|bar|keit,** die; -
un|eins; uneins sein
un|ein|sich|tig; Un|ein|sich|tig|keit, die; -
un|emp|fäng|lich; Un|emp|fäng|lich|keit, die; -
un|emp|find|lich; Un|emp|find|lich|keit, die; -
un|end|lich; von eins bis unendlich (*Math.; Zeichen* ∞); bis ins Unendliche [*alte Schreibung* unendliche] (unaufhörlich, immerfort); der Weg scheint bis ins Unendliche zu führen; im, aus dem Unendlichen; unendliche Mal [*alte Schreibung* unendlichemal], unendliche Male; *aber* unendlichmal; **Un|end|lich|keit,** die; -; **un|end|lich|mal** *vgl.* unendlich
un|ent|behr|lich [*auch* ...'beːɐ̯...]; **Un|ent|behr|lich|keit,** die; -
un|ent|deckt [*auch* ...'dɛ...]
un|ent|gelt|lich [*auch* ...'gɛ...]
un|ent|rinn|bar [*auch* 'ʊ...]; **Un|ent|rinn|bar|keit,** die; -
un|ent|schie|den; Un|ent|schie|den, das; -s, - *(Sport u. Spiel)*; **Un|ent|schie|den|heit,** die; -
un|ent|schlos|sen; Un|ent|schlos|sen|heit, die; -
un|ent|schuld|bar [*auch* 'ʊ...]; **un|ent|schul|digt**
un|ent|wegt [*auch* 'ʊ...]
un|ent|wirr|bar [*auch* 'ʊ...]
un|er|ach|tet [*auch* 'ʊ...] (*veraltet für* ungeachtet; *vgl. d.*)
un|er|bitt|lich [*auch* 'ʊ...]; **Un|er|bitt|lich|keit,** die; -
un|er|fah|ren; Un|er|fah|ren|heit, die; -
un|er|find|lich [*auch* ...'fɪ...]
un|er|forsch|lich [*auch* ...'fɔ...]
un|er|freu|lich
un|er|füll|bar [*auch* 'ʊ...]; **Un|er|füll|bar|keit,** die; -; **un|er|füllt; Un|er|füllt|heit,** die; -
un|er|gie|big; Un|er|gie|big|keit, die; -
un|er|gründ|bar [*auch* 'ʊ...]; **Un|er|gründ|bar|keit,** die; -; **un|er|gründ|lich** [*auch* 'ʊ...] (geheimnisvoll, rätselhaft); **Un|er|gründ|lich|keit,** die; -
un|er|heb|lich; Un|er|heb|lich|keit
¹un|er|hört (unglaublich); sein Verhalten war unerhört
²un|er|hört; ihre Bitte blieb unerhört
un|er|kannt; un|er|kenn|bar [*auch* 'ʊ...]; **Un|er|kenn|bar|keit,** die; -
un|er|klär|bar [*auch* 'ʊ...]; **Un|er|klär|bar|keit,** die; -; **un|er|klär|lich** [*auch* 'ʊ...]; **Un|er|klär|lich|keit,** die; -
un|er|läss|lich [*auch* 'ʊ...; *alte Schreibung* un|er|läß|lich]
un|er|laubt; unerlaubte Handlung
un|er|le|digt
un|er|mess|lich [*auch* 'ʊ...; *alte Schreibung* un|er|meß|lich] ↑K 72: ins Unermessliche steigen; **Un|er|mess|lich|keit,** die; -
un|er|müd|lich [*auch* 'ʊ...]; **Un|er|müd|lich|keit,** die; -
un|ernst; Un|ernst
un|er|quick|lich (unerfreulich)
un|er|reich|bar [*auch* 'ʊ...]; **Un|er|reich|bar|keit,** die; -; **un|er|reicht**
un|er|sätt|lich [*auch* 'ʊ...]; **Un|er|sätt|lich|keit,** die; -
un|er|schlos|sen
un|er|schöpf|lich [*auch* 'ʊ...]; **Un|er|schöpf|lich|keit,** die; -
un|er|schro|cken [*alte Trennung* ...k|k...]; **Un|er|schro|cken|heit**
un|er|schüt|ter|lich [*auch* 'ʊ...]; **Un|er|schüt|ter|lich|keit,** die; -
un|er|schwing|lich [*auch* 'ʊ...]
un|er|setz|bar; un|er|setz|lich; Un|er|setz|lich|keit, die; -
un|er|sprieß|lich [*auch* 'ʊ...] (nicht förderlich, nicht nützlich)
un|er|träg|lich [*auch* 'ʊ...]; **Un|er|träg|lich|keit,** die; -

un|er|wähnt; nicht unerwähnt bleiben
un|er|war|tet [*auch* ...'va...]
un|er|wi|dert
un|er|wünscht
un|er|zo|gen
UNESCO, die; - = United Nations Educational, Scientific and Cultural Organization ⟨engl.⟩ (Organisation der Vereinten Nationen für Erziehung, Wissenschaft und Kultur)
un|fä|hig; Un|fä|hig|keit, die; -
un|fair (regelwidrig, unerlaubt; unfein; ohne sportl. Anstand); **Un|fair|ness** [*alte Schreibung* Un|fair|neß]
Un|fall, der; **Un|fall|arzt; Un|fall|be|tei|lig|te,** der *u.* die; **Un|fall|chi|r|ur|gie**
Un|fäl|ler, der; -s, - (*bes. Psych.* jmd., der häufig in Unfälle verwickelt ist)
Un|fall|fah|rer; Un|fall|flucht (*vgl.* [2]Flucht); **Un|fall|fol|gen** *Plur.;* **un|fall|frei; Un|fall|ge|fahr**
un|fall|ge|schä|digt; Un|fall|ge|schä|dig|te, der *u.* die
Un|fall|her|gang; Un|fall|hil|fe, die; -; **Un|fall|kli|nik; Un|fall|op|fer; Un|fall|ort; Un|fall|quo|te; Un|fall|ra|te; Un|fall|schutz,** der; -es; **Un|fall|sta|ti|on; Un|fall|sta|tis|tik** [*alte Trennung* ...|st...]; **Un|fall|stel|le**
Un|fall|tod, der; -[e]s; **Un|fall|to|te,** der *u.* die *meist Plur.*
un|fall|träch|tig
Un|fall|ur|sa|che; Un|fall|ver|hü|tung, die; -; **Un|fall|ver|letz|te,** der *u.* die; **Un|fall|ver|si|che|rung**
Un|fall|wa|gen (Wagen, der einen Unfall hatte; Rettungswagen); **Un|fall|zeit; Un|fall|zeu|ge**
un|fass|bar [*alte Schreibung* un|faß|bar]; **un|fass|lich**
un|fehl|bar [*auch* 'ʊ...]; **Un|fehl|bar|keit,** die; -; **Un|fehl|bar|keits|glau|be[n]** *(kath. Kirche)*
un|fein; Un|fein|heit, die; -
un|fern; *als Präposition mit Genitiv:* unfern des Hauses
un|fer|tig; Un|fer|tig|keit, die; -
Un|flat, der; -[e]s (*geh. für* widerlicher Schmutz, Dreck); **un|flä|tig; Un|flä|tig|keit**
un|flek|tiert (*Sprachw.* ungebeugt)
un|flott *(ugs.);* nicht unflott aussehen
un|folg|sam; Un|folg|sam|keit
Un|form; un|för|mig (ohne schöne Form; sehr groß); **un|förm|lich** (nicht förmlich; *veraltet für* unförmig)
un|fran|kiert
un|frei; Un|frei|heit, die; -
un|frei|wil|lig
un|freund|lich; er war unfreundlich zu ihm, *selten* gegen ihn; **Un|freund|lich|keit**
Un|frie|de[n], der; ...dens
un|fri|siert
un|fromm
un|frucht|bar; Un|frucht|bar|keit, die; -; **Un|frucht|bar|ma|chung**
Un|fug, der; -[e]s
...ung (z. B. Prüfung, die; -, -en)
un|ga|lant
un|gang|bar; ein ungangbarer (nicht begehbarer) Weg
Un|gar, der; -n, -n; **Un|ga|rin; un|ga|risch,** *aber* ↑K 150: die Ungarische Rhapsodie [von Liszt]; **Un|ga|risch,** das; -[s] (Sprache); *vgl.* Deutsch; **Un|ga|ri|sche,** das; -n; *vgl.* Deutsche, das; **un|gar|län|disch** *(selten);* **Un|garn**
un|gast|lich; Un|gast|lich|keit
un|ge|ach|tet; *Präposition mit Genitiv:* ungeachtet wiederholter Bitten *od.* wiederholter Bitten ungeachtet; dessen ungeachtet *od.* des ungeachtet [*alte Schreibungen* dessenungeachtet, desungeachtet]; ungeachtet [dessen], dass ...
un|ge|ahn|det [*auch* ...'a:...] (unbestraft)
un|ge|ahnt [*auch* ...'a:...]
un|ge|bär|dig (*geh. für* ungezügelt); **Un|ge|bär|dig|keit,** die; -
un|ge|be|ten; ungebetener Gast
un|ge|beugt
un|ge|bil|det
un|ge|bo|ren; ungeborenes Leben
un|ge|bräuch|lich; Un|ge|bräuch|lich|keit, die; -; **un|ge|braucht**
un|ge|bro|chen
Un|ge|bühr, die; - *(veraltend);* **un|ge|büh|rend; un|ge|bühr|lich;** ungebührliches Verhalten; **Un|ge|bühr|lich|keit**
un|ge|bun|den; Un|ge|bun|den|heit, die; -
un|ge|deckt; ungedeckter Scheck
un|ge|dient (*Milit.* ohne Wehrdienst geleistet zu haben); **Un|ge|dien|te,** der; -n, -n
un|ge|druckt
Un|ge|duld; un|ge|dul|dig
un|ge|eig|net
un|ge|fähr [*auch* ...'fɛ:ɐ̯]; von ungefähr (zufällig); **Un|ge|fähr,** das; -s (*veraltend für* Zufall)
un|ge|fähr|det [*auch* ...'fɛ:ɐ̯...]
un|ge|fähr|lich; Un|ge|fähr|lich|keit, die; -
un|ge|fäl|lig; Un|ge|fäl|lig|keit
un|ge|färbt
un|ge|fes|tigt [*alte Trennung* ...|st...]; ungefestigter Charakter
un|ge|formt
un|ge|fragt
un|ge|früh|stückt (*ugs. scherzh. für* ohne gefrühstückt zu haben)
un|ge|fü|ge (*geh. für* unförmig)
un|ge|ges|sen (nicht gegessen; *ugs. scherzh. für* ohne gegessen zu haben)
un|ge|glie|dert
un|ge|hal|ten (ärgerlich); **Un|ge|hal|ten|heit,** die; -
un|ge|hei|ßen (*geh. für* unaufgefordert)
un|ge|heizt
un|ge|hemmt
un|ge|heu|er [*auch* ...'hɔy...]; ungeheurer, ungeheuers|te; ungeheure Verschwendung; ↑K 72: die Kosten steigen ins Ungeheure [*alte Schreibung* ungeheure]; **Un|ge|heu|er,** das; -s, -; **un|ge|heu|er|lich** [*auch* 'ʊ...]; **Un|ge|heu|er|lich|keit**
un|ge|hin|dert
un|ge|ho|belt [*auch* ...'ho:...] (*auch für* ungebildet; grob)
un|ge|hö|rig; Un|ge|hö|rig|keit
un|ge|hor|sam; Un|ge|hor|sam
un|ge|hört
Un|geist, der; -[e]s *(geh.);* **un|geis|tig** [*alte Trennung* ...|st...]
un|ge|kämmt
un|ge|klärt
un|ge|kocht
un|ge|krönt; der ungekrönte König (*übertr. für* der beste, erfolgreichste) der Schwimmer
un|ge|kün|digt
un|ge|küns|telt [*alte Trennung* ...|st...]
un|ge|kürzt
Un|geld (mittelalterl. Abgabe)
un|ge|le|gen; ihr Besuch kam mir ungelegen; **Un|ge|le|gen|heit**
un|ge|leh|rig; un|ge|lehrt
un|ge|lenk, un|ge|len|kig; Un|ge|len|kig|keit, die; -
un|ge|lernt; ein ungelernter Arbeiter; **Un|ge|lern|te,** der *u.* die; -n, -
un|ge|liebt
un|ge|lo|gen
un|ge|löscht; ungelöschter Kalk
un|ge|löst; ungelöste Aufgaben
Un|ge|mach, das; -[e]s *(geh.)*
un|ge|mäß; jmdm., einer Sache

ungemäß (nicht angemessen) sein
un|ge|mein [*auch* ...'main]
un|ge|mes|sen [*auch* ...'mɛ...]
un|ge|min|dert; mit ungeminderter Stärke
un|ge|mischt
un|ge|müt|lich; Un|ge|müt|lich|keit, die; -
un|ge|nannt
un|ge|nau; Un|ge|nau|ig|keit
un|ge|niert [...ʒe...] (zwanglos); **Un|ge|niert|heit,** die; -
un|ge|nieß|bar [*auch* ...'ni:...]; **Un|ge|nieß|bar|keit,** die; -
Un|ge|nü|gen, das; -s *(geh.);* **un|ge|nü|gend;** *vgl.* ausreichend
un|ge|nutzt, un|ge|nützt
un|ge|ord|net
un|ge|pflegt; Un|ge|pflegt|heit, die; -
un|ge|prüft
un|ge|rächt
un|ge|ra|de, *ugs.* un|gra|de; ungerade Zahl *(Math.)*
un|ge|ra|ten (unerzogen)
un|ge|rech|net; *Präposition mit Genitiv:* ungerechnet des Schadens
un|ge|recht; un|ge|rech|ter|wei|se; un|ge|recht|fer|tigt; un|ge|recht|fer|tig|ter|wei|se; Un|ge|rech|tig|keit
un|ge|re|gelt
un|ge|reimt; Un|ge|reimt|heit
un|gern
un|ge|rührt (unbeteiligt, gleichgültig); **Un|ge|rührt|heit,** die; -
un|ge|rupft; er kam ungerupft (*ugs. für* ohne Schaden) davon
un|ge|sagt; vieles blieb ungesagt
un|ge|sal|zen
un|ge|sät|tigt; ungesättigte Lösung
un|ge|säu|ert; ungesäuertes Brot
[1]**un|ge|säumt** [*auch* ...'zɔy...] (*geh. veraltend für* sofort)
[2]**un|ge|säumt** (ohne Saum)
un|ge|schält; ungeschälter Reis
un|ge|sche|hen; etwas ungeschehen machen
un|ge|scheut (*geh. für* frei, ohne Scheu)
Un|ge|schick, das; -[e]s; **un|ge|schick|lich** (*veraltend für* ungeschickt); **Un|ge|schick|lich|keit**
un|ge|schickt; Un|ge|schickt|heit
un|ge|schlacht (plump, grobschlächtig); ein ungeschlachter Mensch; **Un|ge|schlacht|heit**
un|ge|schla|gen (unbesiegt)
un|ge|schlecht|lich; ungeschlechtliche Fortpflanzung

un|ge|schlif|fen (*auch für* ohne Manieren); **Un|ge|schlif|fen|heit**
un|ge|schmä|lert (ohne Einbuße)
un|ge|schmei|dig
un|ge|schminkt
un|ge|scho|ren
un|ge|schrie|ben; ein ungeschriebenes Gesetz
un|ge|schult
un|ge|schützt
un|ge|se|hen
un|ge|sel|lig; Un|ge|sel|lig|keit, die; -
un|ge|setz|lich; Un|ge|setz|lich|keit
un|ge|sit|tet
un|ge|stalt (*veraltet für* formlos, missgestaltet); **un|ge|stal|tet** (nicht gestaltet)
un|ge|stem|pelt
un|ge|stillt; ungestillte Sehnsucht
un|ge|stört; Un|ge|stört|heit, die; -
un|ge|straft; ungestraft davonkommen
un|ge|stüm (*geh. für* schnell, heftig); **Un|ge|stüm,** das; -[e]s
un|ge|sühnt
un|ge|sund
un|ge|süßt; ungesüßter Tee
un|ge|tan; etwas ungetan lassen
un|ge|teilt
un|ge|treu *(geh.)*
un|ge|trübt; ungetrübte Freude
Un|ge|tüm, das; -[e]s, -e
un|ge|übt
un|ge|wandt
un|ge|wa|schen
un|ge|wiss [*alte Schreibung* un|ge|wiß] ↑K 72: im Ungewissen [*alte Schreibung* ungewissen] bleiben, lassen, sein; eine Fahrt ins Ungewisse; **Un|ge|wiss|heit**
Un|ge|wit|ter (*veraltet für* Unwetter)
un|ge|wöhn|lich; Un|ge|wöhn|lich|keit, die; -; **un|ge|wohnt**
un|ge|wollt; eine ungewollte Schwangerschaft
un|ge|würzt
un|ge|zählt (*auch für* unzählig)
un|ge|zähmt
un|ge|zeich|net; ungezeichnete Flugblätter
Un|ge|zie|fer, das; -s
un|ge|zie|mend *(geh.)*
un|ge|zo|gen; Un|ge|zo|gen|heit
un|ge|zu|ckert [*alte Trennung* ...k|k...]
un|ge|zü|gelt; ungezügelter Hass
un|ge|zwun|gen; Un|ge|zwun|gen|heit, die; -
un|gif|tig; dieser Pilz ist ungiftig
Un|glau|be[n]; un|glaub|haft; un|gläu|big; ein ungläubiger Thomas (*ugs. für* jmd., der an allem zweifelt); **Un|gläu|bi|ge,** der *u.* die; -n, -n
un|glaub|lich; es geht ins, grenzt ans Unglaubliche ↑K 72
un|glaub|wür|dig; Un|glaub|wür|dig|keit, die; -
un|gleich; un|gleich|ar|tig; un|gleich|er|big (*für* heterozygot); **un|gleich|för|mig; un|gleich|ge|schlecht|lich** *(Biol.)*
Un|gleich|ge|wicht; Un|gleich|heit
un|gleich|mä|ßig; Un|gleich|mä|ßig|keit
Un|glei|chung *(Math.)*
Un|glück, das; -[e]s, -e; **un|glück|lich; Un|glück|li|che,** der *u.* die; -n, -n; **un|glück|li|cher|wei|se**
Un|glücks|bo|te; Un|glücks|bot|schaft
un|glück|se|lig; un|glück|se|li|ger|wei|se; Un|glück|se|lig|keit, die; -
Un|glücks|fah|rer; Un|glücks|fall, der; **Un|glücks|ma|schi|ne; Un|glücks|mensch; Un|glücks|nach|richt; Un|glücks|ort; Un|glücks|ra|be** *(ugs.);* **un|glücks|schwan|ger** *(geh.);* **Un|glücks|stel|le; Un|glücks|tag; Un|glücks|wa|gen; Un|glücks|wurm,** der *(ugs.)*
Un|gna|de, die; -; [bei jmdm.] in Ungnade fallen; **un|gnä|dig**
un|grad *(landsch.),* **un|gra|de** *vgl.* ungerade
un|gra|zi|ös
Un|gu|la|ten *Plur.* ‹lat.› (*Zool.* Huftiere)
un|gül|tig; Un|gül|tig|keit, die; -; **Un|gül|tig|keits|er|klä|rung; Un|gül|tig|ma|chung** *(Amtsspr.)*
Un|gunst; zu seinen, zu seines Freundes Ungunsten; zuungunsten, *auch* zu Ungunsten der Arbeiterinnen
un|güns|tig [*alte Trennung* ...|st...]; **Un|güns|tig|keit,** die; -
un|gus|ti|ös [*alte Trennung* ...|st...]; *vgl.* gustiös
un|gut; nichts für ungut (es war nicht böse gemeint)
un|halt|bar [*auch* ...'ha...]; unhaltbare Zustände; **Un|halt|bar|keit,** die; -; **un|hal|tig** (*Bergmannsspr.* kein Erz usw. enthaltend)
un|hand|lich; Un|hand|lich|keit
un|har|mo|nisch
Un|heil; Unheil bringende [*alte Schreibung* unheilbringende] Veränderungen; ein Unheil kündendes [*alte Schreibung* unheilkündendes] Zeichen; ein Unheil verkündendes, *auch*

U

unheilverkündendes Zeichen ↑K 58 *u.* 59

un|heil|bar [*auch* ...'hai̯...]; **Un|heil|bar|keit,** die; -

Un|heil brin|gend [*alte Schreibung* un|heil|brin|gend] *vgl.* Unheil

un|heil|dro|hend; un|hei|lig

Un|heil kün|dend [*alte Schreibung* un|heil|kün|dend] *vgl.* Unheil

un|heil|schwan|ger *(geh.)*

Un|heil|stif|ter

Un|heil ver|kün|dend, *auch* **un|heil|ver|kün|dend** *vgl.* Unheil

un|heil|voll

un|heim|lich [*auch* 'ʊ...] (*ugs. auch für* sehr, überaus); **Un|heim|lich|keit,** die; -

un|his|to|risch [*alte Trennung* ...|st...]

un|höf|lich; Un|höf|lich|keit

Un|hold, der; -[e]s, -e (böser Geist; Wüstling, Sittlichkeitsverbrecher); **Un|hol|din**

un|hör|bar [*auch* 'ʊ...]; **Un|hör|bar|keit,** die; -

un|hy|gi|e|nisch

u|ni ['ʏni, *auch* y'ni:] ‹franz.› (einfarbig, nicht gemustert); ein uni Kleid; uni gefärbte [*alte Schreibung* unigefärbte] Stoffe; *vgl. auch* beige

[1]**U|ni,** das; -s, -s (einheitliche Farbe); in verschiedenen Unis

[2]**U|ni,** die; -, -s (*kurz für* Universität)

UNICEF ['u:nit͜sɛf, 'ʊ...], die; - = United Nations International Children's Emergency Fund (Weltkinderhilfswerk der UNO)

u|nie|ren ‹franz.› (vereinigen [bes. von Religionsgemeinschaften]); unierte Kirchen (die mit der röm.-kath. Kirche wieder vereinigten Ostkirchen; die ev. Unionskirchen); **U|ni|fi|ka|ti|on,** die; -, -en *vgl.* Unifizierung; **u|ni|fi|zie|ren** (vereinheitlichen); **U|ni|fi|zie|rung**

u|ni|form (gleich-, einförmig)

U|ni|form [*auch* 'ʊ..., *österr.* 'u:ni...], die; -, -en ‹franz.› (einheitl. Dienstkleidung); **u|ni|for|mie|ren** (einheitlich kleiden; gleichförmig machen); **U|ni|for|mie|rung; U|ni|for|mi|tät,** die; -, -en (Einförmigkeit); **U|ni|form|ver|bot**

u|ni ge|färbt ['ʏni, *auch* y'ni: -; *alte Schreibung* uni|ge|färbt]

U|ni|kat [uni...], das; -[e]s, -e ‹lat.› (einzige Ausfertigung); **U|ni|kum,** das; -s, *Plur.* (*für* [in seiner Art] Einziges:) ...ka, (*für* Sonderling:) -s, *österr.* ...ka

u|ni|la|te|ral (einseitig)

un|in|for|miert; Un|in|for|miert|heit, die; -

un|in|te|r|es|sant (langweilig, reizlos); **un|in|te|r|es|siert** (ohne innere Anteilnahme); **Un|in|te|r|es|siert|heit,** die; -

U|nio mys|ti|ca [*alte Trennung* ...|st...], die; - - ‹lat.› (geheimnisvolle Vereinigung der Seele mit Gott in der Mystik)

U|ni|on, die; -, -en (Bund, Vereinigung [bes. von Staaten]); Union der Sozialistischen Sowjetrepubliken (*vgl.* UdSSR); Christlich-Demokratische Union [Deutschlands] (*Abk.* CDU); Christlich-Soziale Union (*Abk.* CSU); Junge Union (*vgl.* jung)

U|ni|o|nist, der; -en, -en (Anhänger einer Union, z. B. der amerikanischen im Unabhängigkeitskrieg 1776/83); **U|ni|o|nis|tin** [*alte Trennung* ...|st...]

U|ni|on Jack ['ju:njən 'd͜ʒɛk], der; - -s, - -s ‹engl.› (brit. Nationalflagge)

U|ni|ons|kir|che; U|ni|ons|par|tei|en *Plur.* (*zusammenfassende Bez. für* CDU *u.* CSU)

u|ni|pe|tal ‹lat.; griech.› (*Bot.* einblättrig)

u|ni|po|lar (*Elektrot.* einpolig); unipolare Leitfähigkeit; **U|ni|po|lar|ma|schi|ne**

un|ir|disch (nicht irdisch)

U|ni|sex ‹engl.› (Verwischung der Unterschiede zwischen den Geschlechtern [im Erscheinungsbild])

u|ni|so|no ‹ital.› (*Musik* auf demselben Ton od. in der Oktave [zu spielen]); **U|ni|so|no,** das; -s, *Plur.* -s *u.* ...ni *(Musik)*

U|ni|ta|ri|er, der; -s, - ‹lat.› (Anhänger einer protestant. Richtung, die die Einheit Gottes betont u. die Dreifaltigkeit ablehnt); **u|ni|ta|risch** (Einigung bezweckend); **U|ni|ta|ris|mus,** der; - (Streben nach Stärkung der Zentralgewalt; Lehre der Unitarier); **U|ni|tät,** die; -, -en (Einheit, Einzig[artig]keit)

U|ni|ted Na|tions [ju'nai̯tɪt 'ne:ʃn̩s] usw. *vgl.* UN, UNO, UNESCO, VN; **U|ni|ted Press In|ter|na|tio|nal** [- - ɪntɐ'nɛʃənl̩], die; - - - ‹engl.› (eine US-amerik. Nachrichtenagentur; *Abk.* UPI); **U|ni|ted States [of A|me|ri|ca]** [- 'ste:t͜s (- ɛ'mɛrikə)] *Plur.* (Vereinigte Staaten [von Amerika]; *Abk.* US[A])

u|ni|ver|sal, u|ni|ver|sell ‹lat.› (allgemein, gesamt; umfassend); **U|ni|ver|sal|bil|dung; U|ni|ver|sal|er|be,** der; **U|ni|ver|sal|ge|nie; U|ni|ver|sal|ge|schich|te,** die; - (Weltgeschichte)

U|ni|ver|sa|li|en *Plur.* (*Philos.* Allgemeinbegriffe, allgemein gültige Aussagen); **U|ni|ver|sa|lis|mus,** der; - (Lehre vom Vorrang des Allgemeinen, Ganzen vor dem Besonderen, Einzelnen; *auch für* Universalität); **u|ni|ver|sa|lis|tisch** [*alte Trennung* ...|st...]; **U|ni|ver|sa|li|tät,** die; - (Allgemeinheit; Allseitigkeit; alles umfassende Bildung)

U|ni|ver|sal|mit|tel, das (Allerweltsmittel, Allheilmittel); **u|ni|ver|sell** *vgl.* universal

U|ni|ver|si|a|de, die; -, -n (Studentenwettkämpfe nach dem Vorbild der Olympischen Spiele)

u|ni|ver|si|tär (die Universität betreffend)

U|ni|ver|si|tät, die; -, -en

U|ni|ver|si|täts|aus|bil|dung; U|ni|ver|si|täts|bi|b|li|o|thek; U|ni|ver|si|täts|buch|hand|lung; U|ni|ver|si|täts|in|s|ti|tut; U|ni|ver|si|täts|kli|nik; U|ni|ver|si|täts|lauf|bahn

U|ni|ver|si|täts|pro|fes|sor; U|ni|ver|si|täts|pro|fes|so|rin

U|ni|ver|si|täts|stadt; U|ni|ver|si|täts|stu|di|um

U|ni|ver|sum, das; -s, ...sen

un|ka|me|rad|schaft|lich; Un|ka|me|rad|schaft|lich|keit, die; -

Un|ke, die; -, -n (ein Froschlurch); **un|ken** (*ugs. für* Unglück prophezeien); **Un|ken|art**

un|kennt|lich; Un|kennt|lich|keit, die; -; **Un|kennt|nis,** die; -

Un|ken|ruf (*auch für* pessimistische Voraussage)

un|keusch *(veraltend);* **Un|keusch|heit,** die; -

un|kind|lich; Un|kind|lich|keit

un|kirch|lich

un|klar; ↑K 72: im Unklaren [*alte Schreibung* unklaren] bleiben, lassen, sein; **Un|klar|heit**

un|kleid|sam

un|klug; Un|klug|heit

un|kol|le|gi|al

un|kom|pli|ziert

un|kon|t|rol|lier|bar [*auch* ...'li:ɐ̯...]; **un|kon|t|rol|liert**

un|kon|ven|ti|o|nell

U

un|kon|zen|t|riert
un|ko|or|di|niert
un|kör|per|lich
un|kor|rekt; Un|kor|rekt|heit
Un|kos|ten [*alte Trennung* ...|st...] *Plur.;* sich in Unkosten stürzen *(ugs.);* **Un|kos|ten|bei|trag**
Un|kraut
un|krie|ge|risch
un|kri|tisch
Unk|ti|on, die; -, -en ‹lat.› (*Med.* Einreibung, Einsalbung)
un|kul|ti|viert; Un|kul|tur, die; - (Mangel an Kultur)
un|künd|bar [*auch* ...'kʏ...]; **Un|künd|bar|keit,** die; -
un|kun|dig; des Lesens unkundig
un|künst|le|risch
Un|land, das; -[e]s, Unländer (*Landw. für* nicht nutzbares Land)
un|längst (vor kurzem)
un|lau|ter; unlauterer Wettbewerb
un|leid|lich; Un|leid|lich|keit
un|le|ser|lich [*auch* ...'le:...]; **Un|le|ser|lich|keit,** die; -
un|leug|bar [*auch* 'un...]
un|lieb; un|lie|bens|wür|dig; un|lieb|sam; Un|lieb|sam|keit
un|li|mi|tiert (unbegrenzt)
un|li|niert, *österr. nur so, auch* **un|li|ni|iert**
un|lo|gisch
un|lös|bar [*auch* ...'lø:...]; **Un|lös|bar|keit,** die; -
un|lös|lich [*auch* 'ʊ...]
Un|lust, die; -; **Un|lust|ge|fühl; un|lus|tig** [*alte Trennung* ...|st...]
un|ma|nier|lich
un|männ|lich
Un|maß, das; -es (Unzahl, übergroße Menge)
Un|mas|se (sehr große Menge)
un|maß|geb|lich [*auch* ...'ge:...]
un|mä|ßig; Un|mä|ßig|keit, die; -
un|me|lo|disch
Un|men|ge
Un|mensch, der; -en, -en (grausamer Mensch); **un|mensch|lich** [*auch* ...'mɛ...]; **Un|mensch|lich|keit**
un|merk|lich [*auch* 'ʊ...]
un|me|tho|disch
un|mi|li|tä|risch
un|miss|ver|ständ|lich [*auch* ...'ʃtɛ...; *alte Schreibung* un|miß|ver|ständ|lich]
un|mit|tel|bar; Un|mit|tel|bar|keit, die; -
un|mö|b|liert
un|mo|dern; un|mo|disch
un|mög|lich [*auch* ...'mø:...]; nichts Unmögliches ↑K 72 verlangen; **Un|mög|lich|keit**
Un|mo|ral; un|mo|ra|lisch
un|mo|ti|viert (unbegründet)
un|mün|dig; Un|mün|dig|keit, die; -
un|mu|si|ka|lisch; un|mu|sisch
Un|mut, der; -[e]s; **un|mu|tig; un|muts|voll**
un|nach|ahm|lich [*auch* ...'a:...]
un|nach|gie|big; Un|nach|gie|big|keit, die; -
un|nach|sich|tig; Un|nach|sich|tig|keit, die; -; **un|nach|sicht|lich** (*älter für* unnachsichtig)
un|nah|bar [*auch* 'ʊ...]; **Un|nah|bar|keit,** die; -
Un|na|tur, die; -; **un|na|tür|lich; Un|na|tür|lich|keit,** die; -
un|nenn|bar [*auch* 'ʊ...]
un|nor|mal
un|no|tiert *(Börse)*
un|nö|tig; un|nö|ti|ger|wei|se
un|nütz; un|nüt|zer|wei|se
UNO, *auch* **Uno,** die; - = United Nations Organization ‹engl.› (Organisation der Vereinten Nationen); *vgl.* UN *u.* VN
un|öl|ko|no|misch
un|or|dent|lich; Un|or|dent|lich|keit, die; -
Un|ord|nung, die; -
un|or|ga|nisch
un|or|ga|ni|siert
un|or|tho|dox
un|or|tho|gra|phisch, *auch* un|or|tho|gra|fisch
UNO-Si|cher|heits|rat, der; -[e]s ↑K 28; *vgl.* UNO
un|paar; Un|paar|hu|fer *(Zool.)*
un|paa|rig; Un|paar|ze|her *(Zool.)*
un|päl|d|a|go|gisch
un|par|tei|isch (neutral, nicht parteiisch); ein unparteiisches Urteil; **Un|par|tei|i|sche,** der *u.* die; -n, -n; **un|par|tei|lich** (keiner bestimmten Partei angehörend); **Un|par|tei|lich|keit,** die; -
un|pass [*alte Schreibung* un|paß] (*veraltend für* unwohl; *landsch. für* ungelegen); sie ist unpass; das kommt mir unpass
un|pas|send
un|pas|sier|bar [*auch* ...'si:ɐ̯...]
un|päss|lich [*alte Schreibung* un|päß|lich] ([leicht] krank; unwohl); **Un|päss|lich|keit**
un|pa|the|tisch
Un|per|son ([von den Medien] bewusst ignorierte Person)
un|per|sön|lich; unpersönliches Fürwort (*für* Indefinitpronomen); **Un|per|sön|lich|keit,** die; -
un|pfänd|bar [*auch* ...'pfɛ...]
un|plat|ziert [*alte Schreibung* un|pla|ziert] *(Sport);* unplatziert (ungezielt) schießen
un|plugged ['anplakt] ‹engl.› (*Popmusik* ohne elektronische Verstärkung)
un po|co ‹ital.› (*Musik* ein wenig)
un|po|e|tisch
un|po|liert; unpoliertes Holz
un|po|li|tisch
un|po|pu|lär
un|prak|tisch
un|prä|ten|ti|ös
un|prä|zis; un|prä|zi|se
un|pro|b|le|ma|tisch
un|pro|duk|tiv; unproduktive Arbeit; **Un|pro|duk|ti|vi|tät,** die; -
un|pro|fes|si|o|nell
un|pro|por|ti|o|niert; Un|pro|por|ti|o|niert|heit, die; -
un|pünkt|lich; Un|pünkt|lich|keit, die; -
un|qua|li|fi|ziert (*auch für* unangemessen, ohne Sachkenntnis); unqualifizierte Bemerkungen
un|ra|siert
[1]Un|rast, der; -[e]s, -e (*veraltet für* ruheloser Mensch, bes. Kind)
[2]Un|rast, die; - (Ruhelosigkeit)
Un|rat, der; -[e]s (*geh. für* Schmutz); Unrat wittern (Schlimmes ahnen)
un|ra|ti|o|nell; ein unrationeller Betrieb
un|rat|sam
un|re|al; un|re|a|lis|tisch [*alte Trennung* ...|st...]
un|recht/Unrecht *s. Kasten S. 1008*
un|recht|mä|ßig; unrechtmäßiger Besitz; **un|recht|mä|ßi|ger|wei|se; Un|recht|mä|ßig|keit**
Un|rechts|be|wusst|sein [*alte Schreibung* ...be|wußt|sein]
un|re|di|giert (vom Herausgeber nicht überarbeitet)
un|red|lich; Un|red|lich|keit
un|re|ell; ein unreelles Geschäft
un|re|flek|tiert (ohne Nachdenken [entstanden]; spontan)
un|re|gel|mä|ßig; unregelmäßige Verben *(Sprachw.);* **Un|re|gel|mä|ßig|keit**
un|re|gier|bar [*auch* ...'gi:ɐ̯...]
un|reif; Un|rei|fe
un|rein; ins Unreine [*alte Schreibung* unreine] schreiben ↑K 72; **Un|rein|heit; un|rein|lich; Un|rein|lich|keit,** die; -
un|ren|ta|bel; ...a|b|ler Betrieb; **Un|ren|ta|bi|li|tät,** die; -
un|rett|bar [*auch* 'ʊ...]; sie waren unrettbar verloren

U

un|recht/Un|recht	
Kleinschreibung: – in unrechte Hände gelangen – am unrechten Platz sein – unrecht sein – jmdm. unrecht tun; ihr habt unrecht daran getan	– ein Unrecht begehen – im Unrecht sein – jmdn. ins Unrecht setzen – jmdm. ein Unrecht [an]tun – zu Unrecht bestehen – Unrecht [*alte Schreibung* unrecht] bekommen, haben – jmdm. Unrecht [*alte Schreibung* unrecht] geben *Vgl.* recht / Recht
Großschreibung: – etwas Unrechtes; an den Unrechten kommen – das Unrecht; des Unrecht[e]s – besser Unrecht leiden als Unrecht tun – es geschieht ihm Unrecht	

un|rich|tig; un|rich|ti|ger|wei|se; Un|rich|tig|keit
un|rit|ter|lich
un|ro|man|tisch
Un|ruh, die; -, -en (Teil der Uhr, des Barometers usw.); **Un|ru|he** (fehlende Ruhe; *ugs. auch für* Unruh); **Un|ru|he|herd; Un|ru|he-stif|ter; un|ru|hig**
un|rühm|lich; Un|rühm|lich|keit
un|rund *(Technik)*
uns
un|sach|ge|mäß; un|sach|lich; Un-sach|lich|keit
un|sag|bar [*auch* ˈʊ...]; **un|säg|lich** [*auch* ˈʊ...]
un|sanft; jmdn. unsanft wecken
un|sau|ber; Un|sau|ber|keit
un|schäd|lich; ein unschädliches Mittel; **Un|schäd|lich|keit,** die; -; **Un|schäd|lich|ma|chung,** die; -
un|scharf; unschärfer, unschärfs|te; **Un|schär|fe; Un-schär|fe|be|reich,** der *(Optik);* **Un|schär|fe|re|la|ti|on** *(Physik)*
un|schätz|bar [*auch* ˈʊ...]
un|schein|bar; Un|schein|bar|keit, die; -
un|schick|lich (*geh. für* unanständig); **Un|schick|lich|keit**
un|schlag|bar [*auch* ˈʊ...]
Un|schlitt, das; -[e]s, -e (*veraltend für* Talg); **Un|schlitt|ker|ze**
un|schlüs|sig; Un|schlüs|sig|keit, die; -
un|schmelz|bar [*auch* ˈʊ...]
un|schön
un|schöp|fe|risch
Un|schuld, die; -; **un|schul|dig;** ein unschuldiges Mädchen; *aber* ↑K 151: Unschuldige Kinder (kath. Fest); **Un|schul|di|ge,** der *u.* die; -n, -n; **un|schul|di|ger-wei|se**
Un|schulds|be|teu|e|rung *meist Plur.;* **Un|schulds|en|gel** *(iron.);* **Un|schulds|lamm** *(iron.);* **Un-schulds|mie|ne; un|schulds|voll**
un|schwer (leicht)

Un|se|gen, der; -s *(geh.)*
un|selbst|stän|dig, un|selb|stän-dig; **Un|selbst|stän|dig|keit,** Unselb|stän|dig|keit
un|se|lig *(geh.);* unseliges Geschick; **un|se|li|ger|wei|se** *(geh.)*
un|sen|ti|men|tal
[1]**un|ser,** uns[e]re, unser; unser Freund, unserm, uns[e]rem Freund; unser von allen unterschriebener Brief; unseres Wissens (*Abk.* u. W.); ↑K 88: Unsere Liebe Frau (Maria, Mutter Jesu); ↑K 150: Uns[e]rer Lieben Frau[en] Kirche; *vgl.* dein
[2]**un|ser** (*Genitiv von* »wir«); unser (*nicht* unserer) sind drei; gedenke, erbarme dich unser (*nicht* unserer)
un|se|re, uns|re, uns|ri|ge; ↑K 76: die Unser[e]n, Unsren, Unsrigen *od.* unser[e]n, unsren, unsrigen; das Uns[e]re, Unsrige *od.* uns[e]re, unsrige; *vgl.* deine, deinige
un|ser|ei|ner, un|ser|eins
un|se|rer|seits, un|ser|seits, unsrer|seits
un|se|res|glei|chen, un|sers|gleichen, uns|res|glei|chen
un|se|res|teils, uns|res|teils
un|se|ret|hal|ben usw. *vgl.* unserthalben usw.
un|se|ri|ös; unseriöses Angebot
un|ser|seits *vgl.* unsererseits
un|sers|glei|chen *vgl.* unseresgleichen
un|sert|hal|ben *(veraltend);* **un-sert|we|gen; un|sert|wil|len;** um unsertwillen
Un|ser|va|ter, das; -s, - (*landsch., bes. schweiz. reformiert für* Vaterunser)
un|si|cher; im Unsichern [*alte Schreibung* unsichern] (zweifelhaft) sein ↑K 72; **Un|si|cher-heit; Un|si|cher|heits|fak|tor**
un|sicht|bar; Un|sicht|bar|keit, die; -; **un|sich|tig** (undurchsichtig)

un|sink|bar [*auch* ...ˈzɪ...]
Un|sinn, der; -[e]s; **un|sin|nig; un-sin|ni|ger|wei|se; Un|sin|nig|keit,** die; -
un|sinn|lich
Un|sit|te; un|sitt|lich; unsittlicher Antrag; **Un|sitt|lich|keit**
un|sol|da|tisch
un|so|lid *od.* **un|so|li|de; Un|so|li-di|tät,** die; -
un|so|zi|al; unsoziales Verhalten
un|spek|ta|ku|lär
un|spe|zi|fisch
un|spiel|bar [*auch* ˈʊ...]
un|sport|lich; Un|sport|lich|keit
uns|re *vgl.* unsere; **uns|rer|seits** *vgl.* unsererseits; **uns|res|glei-chen** *vgl.* unseresgleichen; **uns-res|teils** *vgl.* unseresteils; **uns|ri-ge** *vgl.* unsere
un|sta|bil; Un|sta|bi|li|tät
Un|stä|te, die; - (*veraltet für* Unruhe); *vgl. aber* unstet
un|statt|haft
un|sterb|lich [*auch* ...ˈʃtɛ...]; **Un-sterb|lich|keit,** die; -; **Un|sterb-lich|keits|glau|be[n]**
Un|stern, der; -[e]s (*geh. für* Unglück); *meist in* unter einem Unstern stehen
un|stet; unstetes Leben; *vgl. aber* Unstäte; **Un|stet|heit,** die; - (unstete [Wesens]art); **un|ste|tig** (*veraltend für* unstet); **Un|ste-tig|keit,** die; -
un|still|bar [*auch* ˈʊ...]
un|stim|mig; Un|stim|mig|keit
un|sträf|lich [*auch* ...ˈʃtrɛː...] (*veraltend für* untadelig)
un|strei|tig [*auch* ...ˈʃtrai...] (sicher, bestimmt); **un|strit|tig** [*auch* ...ˈʃtrɪ...]
Un|strut, die; - (linker Nebenfluss der Saale)
Un|sum|me (sehr große Summe)
un|sym|me|t|risch
un|sym|pa|thisch
un|sys|te|ma|tisch [*alte Trennung* ...|st...]

U

ụn|ten	
– nach unten – von unten – bis unten – weiter unten – nach unten hin – nach unten zu – von unten her – von unten hinauf – man wusste kaum noch, was unten und was oben war	– bei jemandem unten durch sein [*alte Schreibung* unten durchsein] (*ugs. für* sich jmds. Wohlwollen verscherzt haben) – ↑K 58: die unten liegenden [*alte Schreibung* untenliegenden] Schichten – die unten erwähnten, unten genannten, unten stehenden [*alte Schreibungen* untenerwähnten, untengenannten, untenstehenden] Fakten
Getrenntschreibung in Verbindung mit Verben und Partizipien: – unten sein – unten bleiben – unten liegen – unten stehen	*Bei Substantivierungen ist sowohl Getrennt- als auch Zusammenschreibung möglich* ↑K 72: – unten Stehendes, *auch* Untenstehendes ist zu beachten – das unten Stehende, *auch* Untenstehende gilt auch weiterhin – im unten Stehenden, *auch* Untenstehenden heißt es, dass ... *Vgl.* oben

ụn|ta|de|lig, ụn|tad|lig [*beide auch* ...'ta:...]; ein untadeliges, untadliges Leben
ụn|ta|len|tiert
Ụn|tat (Verbrechen); **Ụn|tät|chen** (*landsch. für* kleiner Makel); *nur in* es ist kein Untätchen an ihr
ụn|tä|tig; Ụn|tä|tig|keit, die; -
ụn|taug|lich; Ụn|taug|lich|keit, die; -
un|teil|bar [*auch* 'ʊ...]; **Un|teil|bar|keit,** die; -; **ụn|teil|haf|tig;** einer Sache unteilhaftig sein
ụn|ten *s. Kasten*
un|ten|an; untenan stehen, untenan sitzen; **un|ten|drụn|ter** *(ugs.);* **un|ten|dụrch;** untendurch gehen; *vgl. aber* unten
ụn|ten er|wähnt, ụn|ten ge|nannt [*alte Schreibungen* un|ten|erwähnt, un|ten|ge|nannt]
un|ten|her, *aber* von unten her;
ụn|ten|he|r|um (*ugs. für* im unteren Teil; unten am Körper);
un|ten|hin, *aber* nach unten hin
ụn|ten lie|gend [*alte Schreibung* un|ten|lie|gend] *vgl.* unten
ụn|ten|rum (*svw.* untenherum)
ụn|ten ste|hend [*alte Schreibung* un|ten|ste|hend] *vgl.* unten
ụn|ter *s. Kasten*
Ụn|ter, der; -s, - (Spielkarte)
un|ter... *in Verbindung mit Verben: unfeste Zusammensetzungen,* z. B. ụnterhalten *(vgl. d.),* er hält unter, hat untergehalten; unterzuhalten; *feste Zusammensetzungen,* z. B. unterhạlten *(vgl. d.),* er unterhält, hat unterhalten; zu unterhalten
Ụn|ter|ab|tei|lung
Ụn|ter|arm
Ụn|ter|bau *Plur.* ...bauten
Ụn|ter|bauch
un|ter|bau|en; er hat den Sockel unterbaut; **Un|ter|bau|ung**
Ụn|ter|be|griff
Ụn|ter|be|klei|dung
ụn|ter|be|legt; ein unterbelegtes Hotel; **Ụn|ter|be|le|gung**
ụn|ter|be|lich|ten *(Fotogr.);* du unterbelichtest; die Aufnahme ist unterbelichtet; unterzubelichten; **Ụn|ter|be|lich|tung**
ụn|ter|be|schäf|tigt; Ụn|ter|be|schäf|ti|gung
ụn|ter|be|setzt; die Dienststelle ist unterbesetzt
Ụn|ter|bett
ụn|ter|be|wer|ten; er unterbewertet diese Leistung; er hat sie unterbewertet; unterzubewerten; **Ụn|ter|be|wer|tung**
ụn|ter|be|wusst [*alte Schreibung* un|ter|be|wußt]; **Ụn|ter|be|wusst|sein**
ụn|ter|be|zah|len; sie ist unterbezahlt; unterzubezahlen; *selten* sie unterbezahlt ihre Angestellten; **Ụn|ter|be|zah|lung**
un|ter|bie|ten; Un|ter|bie|tung
Ụn|ter|bi|lanz (Verlustabschluss)
ụn|ter|bin|den *(ugs.);* sie hat ein Tuch untergebunden; **un|ter|bịn|den;** der Handelsverkehr ist unterbunden; **Un|ter|bịn|dung**
un|ter|blei|ben
Ụn|ter|bo|den|schutz, der; -es; *(Kfz-Technik);* **Ụn|ter|bo|den|wä|sche**
un|ter|brẹ|chen; Un|ter|brẹ|cher *(Elektrot.);* **Un|ter|brẹ|cher|kon-**

ụn|ter	
1. Präposition mit Dativ u. Akkusativ: – unter dem Tisch stehen, unter den Tisch stellen – unter der Bedingung, dass ... – Kinder unter zwölf Jahren haben keinen Zutritt – unter ander[e]m, unter ander[e]n (*Abk.* u. a.) – unter einem (*österr. Amtsspr. für* zugleich) – unter Tage *(Bergmannsspr.)* – unter üblichem Vorbehalt (bei Gutschrift von Schecks; *Abk.* u. ü. V.) – unter Umständen (*Abk.* u. U.)	*2. Adverb:* – es waren unter (= weniger als) 100 Gäste – unter (= noch nicht) zwölf Jahre alte Kinder – Gemeinden von unter (= weniger als) 10 000 Einwohnern – die unter Zwölfjährigen

takt; Un|ter|bre|cher|wer|bung; Un|ter|bre|chung
un|ter|brei|ten (darlegen; vorschlagen); er hat ihm einen Plan unterbreitet; **Un|ter|brei|tung**
un|ter|brin|gen; Un|ter|brin|gung
Un|ter|bruch, der; -[e]s, ...brüche (*schweiz. neben* Unterbrechung)
un|ter|bü|geln (*ugs. für* rücksichtslos unterdrücken)
un|ter|but|tern (*ugs. für* rücksichtslos unterdrücken; zusätzlich verbrauchen); das Geld wurde noch mit untergebuttert
un|ter|chlo|rig [...k...] *(Chemie);* unterchlorige Säure
Un|ter|deck (ein Schiffsteil)
Un|ter|de|ckung [*alte Trennung* ...k|k...] *(Kreditwesen)*
un|ter der Hand [*alte Schreibung* un|ter|der|hand] (im Stillen, heimlich)
un|ter|des|sen, *älter* un|ter|des
Un|ter|druck, der; -[e]s, ...drücke
un|ter|drü|cken [*alte Trennung* ...k|k...]; sie hat ihren Unwillen unterdrückt; **Un|ter|drü|cker; Un|ter|drü|cke|rin; un|ter|drü|cke|risch**
Un|ter|druck|kam|mer *(Technik)*
Un|ter|drü|ckung [*alte Trennung* ...k|k...]
un|ter|du|cken [*alte Trennung* ...k|k...] *(landsch.);* sie hat ihn im Bad untergeduckt
un|ter|durch|schnitt|lich
un|te|re; die unter[e]n Klassen, *aber* ↑K 140: Unterer Neckar (Region in Baden-Württemberg); *vgl.* unterste

un|ter|ei|n|an|der

Man schreibt »untereinander« immer getrennt vom folgenden Verb oder Partizip ↑K 50:
- Spielkarten untereinander legen [*alte Schreibung* untereinanderlegen]
- die Zahlen untereinander schreiben [*alte Schreibung* untereinanderschreiben]
- untereinander stehende [*alte Schreibung* untereinanderstehende] Wörter

Un|ter|ein|heit
un|ter|ent|wi|ckelt [*alte Trennung* ...k|k...]; unterentwickelte Länder; **Un|ter|ent|wick|lung**
un|ter|er|nährt; Un|ter|er|näh|rung
un|ter|fah|ren; einen Viadukt unterfahren
Un|ter|fa|mi|lie *(Biol.)*
un|ter|fan|gen; du hast dich unterfangen[,] einen Roman zu schreiben; die Mauer wird unterfangen (*Bauw.* abgestützt); **Un|ter|fan|gen,** das; -s, - (Vorhaben; Wagnis)
un|ter|fas|sen *(ugs.);* sie gehen untergefasst
un|ter|fer|ti|gen (*Amtsspr.* unterschreiben); **Un|ter|fer|tig|te,** der *u.* die; -n, -n
Un|ter|feu|e|rung *(Technik)*
un|ter|flie|gen; er hat den Radar unterflogen
un|ter|flur *(fachspr.);* etwas unterflur einbauen; **Un|ter|flur|ga|ra|ge; Un|ter|flur|hy|d|rant** (unter der Straßendecke liegende Zapfstelle); **Un|ter|flur|mo|tor** (unter dem Fahrzeugboden eingebauter Motor); **Un|ter|flur|stra|ße** (unterirdische Straße)
un|ter|for|dern
Un|ter|fran|ken
un|ter|füh|ren
Un|ter|füh|rer *(Milit.)*
Un|ter|füh|rung; Un|ter|füh|rungs|zei|chen (für gleiche untereinander stehende Wörter; *Zeichen* „)
Un|ter|funk|ti|on *(Med.)*
Un|ter|fut|ter ⟨*zu* [2]Futter⟩; **un|ter|füt|tern**
Un|ter|gang, der; -[e]s, ...gänge; **Un|ter|gangs|stim|mung**
un|ter|gä|rig; untergäriges Bier; **Un|ter|gä|rung,** die; -
un|ter|ge|ben; Un|ter|ge|be|ne, der *u.* die; -n, -n
un|ter|ge|hen; die Sonne ist untergegangen; ↑K 72: sein Stern ist im Untergehen [begriffen]
un|ter|ge|ord|net
Un|ter|ge|schoss [*alte Schreibung* ...ge|schoß]
Un|ter|ge|stell
Un|ter|ge|wicht, das; -[e]s; **un|ter|ge|wich|tig**
Un|ter|gla|sur|far|be
un|ter|glie|dern; Un|ter|glie|de|rung (das Untergliedern)
Un|ter|glie|de|rung (Unterabteilung)
un|ter|gra|ben; sie hat den Dünger untergegraben; **un|ter|gra|ben;** das hat ihre Gesundheit untergraben; **Un|ter|gra|bung**
Un|ter|gren|ze
Un|ter|grund; Un|ter|grund|bahn (*kurz* U-Bahn; ↑K 28); **Un|ter|grund|be|we|gung**
un|ter|grün|dig
Un|ter|grund|kämp|fer; Un|ter|grund|li|te|ra|tur; Un|ter|grund|mu|sik; Un|ter|grund|or|ga|ni|sa|ti|on
Un|ter|grup|pe
un|ter|ha|ben (*ugs. für* etwas unter anderer Kleidung tragen); nichts unterhaben
un|ter|ha|ken *(ugs.);* sie hatten sich untergehakt
un|ter|halb; *als Präposition mit Genitiv:* der Neckar unterhalb Heidelbergs (von Heidelberg aus flussabwärts)
Un|ter|halt, der; -[e]s; **un|ter|hal|ten** *(ugs.);* er hat die Hand untergehalten, z. B. unter den Wasserhahn; **un|ter|hal|ten;** ich habe mich gut unterhalten; er wird vom Staat unterhalten; **Un|ter|hal|ter**
un|ter|halt|sam (fesselnd); **Un|ter|halt|sam|keit,** die; -
Un|ter|halts|an|spruch; Un|ter|halts|bei|trag; un|ter|halts|be|rech|tigt; Un|ter|halts|kla|ge; Un|ter|halts|kos|ten [*alte Trennung* ...|st...] *Plur.*
Un|ter|haltspflicht; un|ter|halts|pflich|tig, un|ter|halts|ver|pflich|tet; Un|ter|halts|zah|lung
Un|ter|hal|tung; Un|ter|hal|tungs|bei|la|ge; Un|ter|hal|tungs|e|lek|t|ro|nik; Un|ter|hal|tungs|film; Un|ter|hal|tungs|in|dus|t|rie [*alte Trennung* ...|st...]; **Un|ter|hal|tungs|kos|ten** [*alte Trennung* ...|st...] *Plur.*
Un|ter|hal|tungs|li|te|ra|tur, die; -; **Un|ter|hal|tungs|mu|sik,** die; -; (*kurz* U-Musik); **Un|ter|hal|tungs|pro|gramm; Un|ter|hal|tungs|ro|man; Un|ter|hal|tungs|sen|dung; Un|ter|hal|tungs|teil**
un|ter|han|deln; sie hat über den Abschluss des Vertrages unterhandelt; **Un|ter|händ|ler; Un|ter|hand|lung**
Un|ter|haus (im Zweikammerparlament); das britische Unterhaus; **Un|ter|haus|mit|glied; Un|ter|haus|sit|zung**
un|ter|he|ben; dann wird der Eischnee untergehoben
Un|ter|hemd
Un|ter|hit|ze, die; -; bei Unterhitze backen
un|ter|höh|len; unterhöhlt
Un|ter|holz, das; -es (niedriges Gehölz im Wald)

Ụn|ter|ho|se
Ụn|ter|in|stanz
ụn|ter|ir|disch
Ụn|ter|i|ta|li|en ↑K 143
Ụn|ter|ja|cke [*alte Trennung* ...k|k...]
un|ter|jo|chen; das Volk wurde unterjocht; **Un|ter|jo|chung**
ụn|ter|ju|beln; das hat er ihm untergejubelt (*ugs. für* heimlich zugeschoben)
ụn|ter|kant *(schweiz.)*; unterkant des Fensters, *auch* unterkant Fenster
un|ter|kel|lern; ich unterkellere; das Haus wurde nachträglich unterkellert; **Un|ter|kel|le|rung**
Ụn|ter|kie|fer, der; **Ụn|ter|kie|fer|drü|se**; **Ụn|ter|kie|fer|kno|chen**
Ụn|ter|kleid; **Ụn|ter|klei|dung**
ụn|ter|kom|men; sie ist gut untergekommen; das ist mir noch nie untergekommen (*landsch., bes. südd., österr. für* vorgekommen); **Ụn|ter|kom|men**, das; -s, -
Ụn|ter|kör|per
ụn|ter|kö|tig (*landsch. für* eitrig entzündet)
ụn|ter|krie|chen *(ugs.)*
ụn|ter|krie|gen (*ugs. für* bezwingen; entmutigen); sie hat mich nicht untergekriegt
un|ter|küh|len; **Un|ter|küh|lung**
Ụn|ter|kunft, die; -, ...künfte
Ụn|ter|la|ge
Ụn|ter|land, das; -[e]s (tiefer gelegenes Land; Ebene); **Ụn|ter|län|der**, der; -s, - (Bewohner des Unterlandes); **Ụn|ter|län|de|rin**
Ụn|ter|län|ge
Ụn|ter|lass [*alte Schreibung* ...laß], der; ohne Unterlass
un|ter|las|sen; sie hat es unterlassen; **Un|ter|las|sung**; **Un|ter|las|sungs|de|likt**; **Un|ter|las|sungs|kla|ge**; **Un|ter|las|sungs|sün|de**
Ụn|ter|lauf, der; -[e]s, ...läufe
un|ter|lau|fen; er hat ihn unterlaufen *(Ringen)*; es sind einige Fehler unterlaufen, *seltener* untergelaufen; **ụn|ter|läu|fig** (*Technik* von unten angetrieben); **Un|ter|lau|fung** (*auch für* Blutunterlaufung)
Ụn|ter|le|der
ụn|ter|le|gen; untergelegter Stoff; diese Absicht hat man mir untergelegt
[1]**un|ter|le|gen**; der Musik wurde ein anderer Text unterlegt
[2]**un|ter|le|gen** (*Partizip II zu* unterliegen; *vgl. d.*)
Un|ter|le|ge|ne, der *u.* die; -n, -n
Un|ter|le|gen|heit, die; -; **Ụn|ter|leg|schei|be** *(Technik)*; **Ụn|ter|le|gung** (einer Absicht); **Un|ter|le|gung** (Verstärkung usw.)
Ụn|ter|leib; **Ụn|ter|leib|chen** (ein Kleidungsstück)
Ụn|ter|leibs|krank|heit; **Ụn|ter|leibs|lei|den**; **Ụn|ter|leibs|o|pe|ra|ti|on**; **Ụn|ter|leibs|schmerz**
Ụn|ter|lid
ụn|ter|lie|gen *(ugs.)*; das Badetuch hat, *südd.* ist untergelegen; **un|ter|lie|gen**; sie ist ihrer Gegnerin unterlegen
Ụn|ter|lip|pe
ụn|term; ↑K 14 (*ugs. für* unter dem); unterm Dach
un|ter|ma|len; die Szene wurde durch Musik untermalt; **Un|ter|ma|lung**, die; -
Ụn|ter|mann, der; -[e]s, ...männer (*Sport, Artistik* unterster Mann bei einer akrobatischen Übung)
un|ter|mau|ern; **Un|ter|mau|e|rung**
ụn|ter|mee|risch (in der Tiefe des Meeres befindlich)
Ụn|ter|men|ge (*Math.* Teilmenge)
ụn|ter|men|gen; die schlechte Ware wurde mit untergemengt; **un|ter|men|gen** (vermischen); untermengt mit ...
Ụn|ter|mensch *(bes. nationalsoz.)*
Ụn|ter|mie|te, die; -; zur Untermiete wohnen; **Ụn|ter|mie|ter**; **Ụn|ter|mie|te|rin**
un|ter|mi|nie|ren; **Un|ter|mi|nie|rung**
ụn|ter|mi|schen; sie hat das Wertlose mit untergemischt; **un|ter|mi|schen**; untermischt mit ...
ụn|ter|mo|to|ri|siert (mit zu schwachem Motor ausgestattet)
ụn|tern; ↑K 14 (*ugs. für* unter den); untern Tisch fallen
Ụn|ter|näch|te *Plur.* (*landsch. für* die Zwölf Nächte)
ụn|ter|neh|men (*ugs. für* unter den Arm nehmen); er hat den Sack untergenommen; **un|ter|neh|men**; sie hat nichts unternommen; **Un|ter|neh|men**, das; -s, -; **un|ter|neh|mend** (aus, mit Unternehmungsgeist)
Un|ter|neh|mens|be|ra|ter; **Un|ter|neh|mens|be|ra|te|rin**; **Un|ter|neh|mens|be|ra|tung**
Un|ter|neh|mens|füh|rung
Un|ter|neh|mens|lei|ter, der; **Un|ter|neh|mens|lei|te|rin**
Un|ter|neh|mens|po|li|tik, die; -
Un|ter|neh|mens|pro|fil
Un|ter|neh|mer; **Un|ter|neh|mer|frei|heit**, die; -; **Un|ter|neh|mer|geist**, der; -[e]s; **Un|ter|neh|mer|ge|winn**
Un|ter|neh|me|rin
un|ter|neh|me|risch
Un|ter|neh|mer|schaft; **Un|ter|neh|mer|tum**, das; -s; **Un|ter|neh|mer|ver|band**
Un|ter|neh|mung; **Un|ter|neh|mungs|geist**, der; -[e]s; **Un|ter|neh|mungs|lust**, die; -; **un|ter|neh|mungs|lus|tig** [*alte Trennung* ...l|st...]
Ụn|ter|of|fi|zier (*Abk.* Uffz., *in der Schweiz* Uof); **Ụn|ter|of|fi|ziers|an|wär|ter**[1], **Ụn|ter|of|fi|ziers|mes|se**; **Ụn|ter|of|fi|ziers|schu|le**
ụn|ter|ord|nen; er ist ihr untergeordnet; **ụn|ter|ord|nend**; **Ụn|ter|ord|nung**
Ụn|ter|pfand
ụn|ter|pflü|gen; untergepflügt
Ụn|ter|pri|ma [*auch* ...ˈpri:...]
ụn|ter|pri|vi|le|giert; **Ụn|ter|pri|vi|le|gier|te**, der *u.* die
Ụn|ter|punkt
un|ter|que|ren; das Atom-U-Boot hat den Nordpol unterquert
un|ter|re|den, sich; du hast dich mit ihm unterredet; **Un|ter|re|dung**
ụn|ter|re|prä|sen|tiert; Frauen sind im Parlament unterrepräsentiert
Ụn|ter|richt, der; -[e]s, -e *Plur. selten*; **un|ter|rich|ten**; er ist gut unterrichtet; **ụn|ter|richt|lich**
Ụn|ter|richts|brief; **Ụn|ter|richts|ein|heit**; **Ụn|ter|richts|fach**; **Ụn|ter|richts|film**; **Ụn|ter|richts|for|schung**
un|ter|richts|frei *vgl.* hitzefrei
Ụn|ter|richts|ge|gen|stand
Ụn|ter|richts|kun|de, die; -; **ụn|ter|richts|kund|lich**
Ụn|ter|richts|leh|re; **Ụn|ter|richts|me|tho|de**; **Ụn|ter|richts|mit|tel**; **Ụn|ter|richts|pro|gramm**; **Ụn|ter|richts|schritt**; **Ụn|ter|richts|stun|de**; **Ụn|ter|richts|wei|se**; **Ụn|ter|richts|ziel**
Un|ter|rich|tung
Ụn|ter|rock *vgl.* [1]Rock
ụn|ter|rüh|ren
ụn|ters; ↑K 14 (*ugs. für* unter das); unters Bett
Ụn|ter|saat (*Landw.* eine Art des Zwischenfruchtanbaus)
un|ter|sa|gen; das Rauchen ist untersagt; **Un|ter|sa|gung**

[1] *Vgl. die Anm. zu* „Offiziersanwärter".

Un|ter|satz; fahrbarer Untersatz (*ugs. scherzh. für* Auto)
Un|ters|berg, der; -[e]s (Bergstock der Salzburger Kalkalpen); **Un|ters|ber|ger Kalk|stein**, der; - -[e]s
un|ter|schät|zen; unterschätzt
un|ter|scheid|bar
un|ter|schei|den; die Bedeutungen müssen unterschieden werden; **Un|ter|schei|dung; Un|ter|schei|dungs|merk|mal; Un|ter|schei|dungs|ver|mö|gen**, das; -s
Un|ter|schen|kel
Un|ter|schicht
¹**un|ter|schie|ben** (darunter schieben); er hat ihr ein Kissen untergeschoben
²**un|ter|schie|ben** [*auch* ...ˈʃiː...]; er hat ihm eine schlechte Absicht untergeschoben, *auch* unterschoben; ein untergeschobenes Kind
Un|ter|schied, der; -[e]s, -e; zum Unterschied von; im Unterschied zu; **un|ter|schie|den** (verschieden)
un|ter|schied|lich; Un|ter|schied|lich|keit
un|ter|schieds|los
un|ter|schläch|tig (durch Wasser von unten angetrieben); ein unterschlächtiges Mühlrad
Un|ter|schlag, der; -[e]s, Unterschläge (Schneidersitz; *Druckw.* äußerstes [unteres] Ende der Seite); **un|ter|schla|gen**; mit untergeschlagenen Beinen; **un|ter|schla|gen** (veruntreuen); sie hat [die Beitragsgelder] unterschlagen; **Un|ter|schla|gung**
Un|ter|schleif, der; -[e]s, -e (*veraltet für* Unterschlagung)
un|ter|schlie|ßen (*Druckw.*); der Setzer hat hier und da ein Wort untergeschlossen
Un|ter|schlupf; un|ter|schlüp|fen, *südd. ugs.* **un|ter|schlup|fen**
un|ter|schnei|den
un|ter|schrei|ben
un|ter|schrei|ten; die Einnahmen haben den Voranschlag unterschritten; **Un|ter|schrei|tung**
Un|ter|schrift; Un|ter|schrif|ten|ak|ti|on; Un|ter|schrif|ten|kam|pa|g|ne; Un|ter|schrif|ten|map|pe; Un|ter|schrif|ten|samm|lung
un|ter|schrift|lich (*Amtsspr.* mit od. durch Unterschrift)
un|ter|schrifts|be|rech|tigt; Un|ter|schrifts|be|rech|ti|gung
Un|ter|schrifts|be|stä|ti|gung; Un|ter|schrifts|pro|be; un|ter|schrifts|reif
Un|ter|schuss [*alte Schreibung* ...schuß] (*veraltet für* Defizit)
Un|ter|schutz|stel|lung
un|ter|schwef|lig (*Chemie*); unterschweflige Säure
un|ter|schwel|lig (unterhalb der Bewusstseinsschwelle)
Un|ter|see, der; -s (Teil des Bodensees)
Un|ter|see|boot (*Abk.* U-Boot, U)
un|ter|see|isch
Un|ter|sei|te; un|ter|seits (an der Unterseite)
Un|ter|se|kun|da [*auch* ...ˈkʊ...]
un|ter|set|zen; ich habe den Eimer untergesetzt; **un|ter|set|zen**; untersetzt (gemischt) mit ...; **Un|ter|set|zer** (Schale für Blumentöpfe u. a.); **un|ter|setzt** (von gedrungener Gestalt); **Un|ter|setzt|heit**, die; -; **Un|ter|set|zung** (*Kfz-Technik*); **Un|ter|set|zungs|ge|trie|be**
un|ter|spickt (*österr. für* mit Fett durchzogen)
un|ter|spie|len (als nicht so wichtig hinstellen); die Sache wurde unterspielt
un|ter|spü|len
un|terst *vgl.* unterste
Un|ter|staats|se|k|re|tär [*auch* ˈʊ...] (*früher*)
Un|ter|stand (*österr. auch für* Unterkunft); **Un|ter|stän|der** (Stützbalken; *Heraldik* unterer Teil des Schildes); **un|ter|stän|dig** (*Bot.*); unterständiger Fruchtknoten; unterständiger Baumwuchs; **un|ter|stands|los** (*österr. neben* obdachlos)
un|ters|te [*alte Trennung* ...|st...]; der unterste Knopf, *aber* ↑K 72: das Unterste zuoberst, das Oberste zuunterst kehren
un|ter|ste|hen (unter einem schützenden Dach stehen); sie hat beim Regen untergestanden; **un|ter|ste|hen**; er unterstand einem strengen Lehrmeister; es hat keinem Zweifel unterstanden (es gab keinen Zweifel); du hast dich unterstanden (gewagt); untersteh dich [nicht][,] uns zu verraten!
un|ter|stel|len; ich habe den Wagen untergestellt; ich habe mich während des Regens untergestellt; **un|ter|stel|len**; er ist meinem Befehl unterstellt; man hat ihr etwas unterstellt ([Falsches] über sie behauptet, [Unbewiesenes] als wahr angenommen); **Un|ter|stel|lung**, die; - (das Unterstellen); **Un|ter|stel|lung** (befehlsmäßige Unterordnung; [falsche] Behauptung)
un|ter|steu|ern (*Kfz-Technik* zu schwache Wirkung des Lenkradeinschlags zeigen); der Wagen hat untersteuert
Un|ter|stock, der; -[e]s; **Un|ter|stock|werk**
un|ter|stop|fen
un|ter|strei|chen; ↑K 82: etwas durch Unterstreichen hervorheben; **Un|ter|strei|chung**
Un|ter|strich (*EDV* anstelle eines Leerzeichens gesetzter tiefer waagerechter Strich)
Un|ter|strö|mung
Un|ter|stu|fe
un|ter|stüt|zen; er hat den Arm [unter das Kinn] untergestützt; **un|ter|stüt|zen**; ich habe ihn mit Geld unterstützt; die zu Unterstützende
Un|ter|stüt|zung; un|ter|stüt|zungs|be|dürf|tig; Un|ter|stüt|zungs|bei|hil|fe; Un|ter|stüt|zungs|emp|fän|ger; Un|ter|stüt|zungs|geld; Un|ter|stüt|zungs|kas|se; Un|ter|stüt|zungs|satz
Un|ter|such, der; -s, -e (*schweiz. neben* Untersuchung)
un|ter|su|chen; Un|ter|su|chung
Un|ter|su|chungs|aus|schuss [*alte Schreibung* ...aus|schuß]; **Un|ter|su|chungs|be|fund**
Un|ter|su|chungs|ge|fan|ge|ne; Un|ter|su|chungs|ge|fäng|nis; Un|ter|su|chungs|haft, die (*kurz* U-Haft); **Un|ter|su|chungs|häft|ling**
Un|ter|su|chungs|rich|ter; Un|ter|su|chungs|rich|te|rin
Un|ter|su|chungs|zim|mer (beim Arzt)
Un|ter|tag|ar|bei|ter, *häufiger* **Un|ter|ta|ge|ar|bei|ter** (*Bergbau*); **Un|ter|ta|ge|bau**, der; -[e]s; **un|ter|tags** (*südd., österr. u. schweiz. für* tagsüber)
un|ter|tan (*veraltend für* untergeben)
Un|ter|tan, der; *Gen.* -s, *älter* -en, *Plur.* -en; **Un|ter|ta|nen|geist**, der; -[e]s
un|ter|tä|nig (ergeben); **Un|ter|tä|nig|keit**, die; -
Un|ter|ta|nin
Un|ter|tas|se; fliegende Untertasse
un|ter|tau|chen; der Schwimmer ist untergetaucht; der Verbre-

cher war schnell untergetaucht (verschwunden); **un|ter|tau|chen;** die Robbe hat das Schleppnetz untertaucht
Un|ter|teil, das, *auch* der
un|ter|tei|len; die Skala ist in 10 Teile unterteilt; **Un|ter|tei|lung**
Un|ter|tem|pe|ra|tur
Un|ter|ter|tia [*auch* ...'tɛ...]
Un|ter|ti|tel; un|ter|ti|teln
Un|ter|ton *Plur.* ...töne
un|ter|tou|rig (*Technik* mit zu niedriger Drehzahl)
un|ter|trei|ben; er hat untertrieben; **Un|ter|trei|bung**
un|ter|tun|neln; der Berg wurde untertunnelt; **Un|ter|tun|ne|lung**
un|ter|ver|mie|ten; sie hat ein Zimmer untervermietet; **Un|ter|ver|mie|tung**
un|ter|ver|si|chern (zu niedrig versichern); **Un|ter|ver|si|che|rung**
un|ter|ver|sor|gen; unterversorgte Gebiete; **Un|ter|ver|sor|gung**
Un|ter|wal|den nid dem Wald (schweiz. Halbkanton; *Kurzform* Nidwalden); **Un|ter|wal|den ob dem Wald** (schweiz. Halbkanton; *Kurzform* Obwalden); **Un|ter|wald|ner; Un|ter|wald|ne|rin; un|ter|wald|ne|risch**
un|ter|wan|dern; die Partei wurde unterwandert; **Un|ter|wan|de|rung**
un|ter|wärts *(ugs.)*
Un|ter|wä|sche, die; -
un|ter|wa|schen; das Ufer ist unterwaschen; **Un|ter|wa|schung**
Un|ter|was|ser, das; -s (Grundwasser)
Un|ter|was|ser|ar|chä|o|lo|gie; Un|ter|was|ser|auf|nah|me; Un|ter|was|ser|ka|me|ra; Un|ter|was|ser|mas|sa|ge; Un|ter|was|ser|sta|ti|on; Un|ter|was|ser|streit|kräf|te *Plur.*
un|ter|wegs (auf dem Wege)
un|ter|wei|sen; er hat sie beide unterwiesen; **Un|ter|wei|sung**
Un|ter|welt, die; -; **un|ter|welt|lich**
un|ter|wer|fen; Un|ter|wer|fung
Un|ter|werks|bau, der; -[e]s (*Bergmannsspr.* Abbau unterhalb der Fördersohle)
un|ter|wer|tig; Un|ter|wer|tig|keit
un|ter|win|den *(veraltet);* sich einer Sache unterwinden (sie übernehmen); unterwunden
un|ter|wür|fig [*auch* 'ʊ...]; **Un|ter|wür|fig|keit,** die; -
un|ter|zeich|nen; Un|ter|zeich|ner; Un|ter|zeich|ne|te, der *u.* die; -n, -n (*Amtsspr.*); der rechts, links Unterzeichnete *od.* der Rechts-, Linksunterzeichnete (bei Unterschriften); **Un|ter|zeich|nung**
Un|ter|zeug, das; -[e]s *(ugs.)*
un|ter|zie|hen; ich habe eine wollene Jacke untergezogen; **un|ter|zie|hen;** du hast dich diesem Verhör unterzogen
un|tief (seicht); **Un|tie|fe** (große Tiefe; *auch für* seichte Stelle)
Un|tier (Ungeheuer)
un|tilg|bar [*auch* 'ʊ...]
Un|to|te (*svw.* Vampir; Zombie)
un|trag|bar [*auch* 'ʊ...]; **Un|trag|bar|keit,** die; -
un|trai|niert
un|trenn|bar [*auch* 'ʊ...]
un|treu; Un|treue
un|tröst|lich [*auch* 'ʊ...]
un|trüg|lich [*auch* 'ʊ...]; ein untrügliches Zeichen
un|tüch|tig; Un|tüch|tig|keit, die; -
Un|tu|gend
un|tun|lich *(veraltend)*
un|ty|pisch
un|ü|ber|biet|bar [*auch* 'ʊ...]
un|ü|ber|brück|bar [*auch* 'ʊ...]
un|ü|ber|hör|bar [*auch* 'ʊ...]
un|ü|ber|legt; Un|ü|ber|legt|heit
un|ü|ber|schau|bar [*auch* 'ʊ...]
un|ü|ber|schreit|bar [*auch* 'ʊ...]
un|ü|ber|seh|bar [*auch* 'ʊ...]
un|ü|ber|setz|bar [*auch* 'ʊ...]
un|ü|ber|sicht|lich; Un|ü|ber|sicht|lich|keit, die; -
un|ü|ber|steig|bar [*auch* 'ʊ...]
un|ü|ber|trag|bar [*auch* 'ʊ...]
un|ü|ber|treff|lich [*auch* 'ʊ...]; **Un|ü|ber|treff|lich|keit,** die; -; **un|ü|ber|trof|fen** [*auch* 'ʊ...]
un|ü|ber|wind|bar [*auch* 'ʊ...]; **un|ü|ber|wind|lich** [*auch* 'ʊ...]
un|üb|lich
un|um|gäng|lich [*auch* 'ʊ...]; **Un|um|gäng|lich|keit,** die; -
un|um|schränkt [*auch* 'ʊ...]
un|um|stöß|lich [*auch* 'ʊ...]; **Un|um|stöß|lich|keit,** die; -
un|um|strit|ten [*auch* 'ʊ...]
un|um|wun|den [*auch* ...'vʊ...] (offen, freiheraus)
un|un|ter|bro|chen [*auch* ...'brɔ...]
un|ver|än|der|lich [*auch* 'ʊ...]; **Un|ver|än|der|lich|keit,** die; -; **un|ver|än|dert** [*auch* ...'|ɛ...]
un|ver|ant|wort|lich [*auch* 'ʊ...]; **Un|ver|ant|wort|lich|keit,** die; -
un|ver|ar|bei|tet [*auch* ...'a...]; unverarbeitete Eindrücke
un|ver|äu|ßer|lich [*auch* 'ʊ...]
un|ver|bau|bar [*auch* 'ʊ...]; unverbaubarer Fernblick
un|ver|bes|ser|lich [*auch* 'ʊ...]; **Un|ver|bes|ser|lich|keit,** die; -
un|ver|bil|det (noch natürlich)
un|ver|bind|lich [*auch* ...'bɪ...]; **Un|ver|bind|lich|keit**
un|ver|bleit; unverbleites Benzin
un|ver|blümt [*auch* 'ʊ...]
un|ver|braucht
un|ver|brüch|lich [*auch* 'ʊ...]; unverbrüchliche Treue
un|ver|bürgt [*auch* 'ʊ...]
un|ver|däch|tig [*auch* ...'dɛ...]
un|ver|dau|lich [*auch* ...'dau...]; **Un|ver|dau|lich|keit,** die; -; **un|ver|daut** [*auch* ...'daut]
un|ver|dient [*auch* ...'di:...]; **un|ver|dien|ter|ma|ßen; un|ver|dien|ter|wei|se**
un|ver|dor|ben; Un|ver|dor|ben|heit, die; -
un|ver|dros|sen [*auch* ...'drɔ...]
un|ver|dünnt
un|ver|e|he|licht
un|ver|ein|bar [*auch* 'ʊ...]; **Un|ver|ein|bar|keit**
un|ver|fälscht [*auch* ...'fɛ...]; **Un|ver|fälscht|heit,** die; -
un|ver|fäng|lich [*auch* ...'fɛ...]
un|ver|fro|ren [*auch* ...'fro:...] (keck; frech); **Un|ver|fro|ren|heit**
un|ver|gäng|lich [*auch* ...'gɛ...]; **Un|ver|gäng|lich|keit,** die; -
un|ver|ges|sen; un|ver|gess|lich [*auch* 'ʊ...; *alte Schreibung* unver|geß|lich]
un|ver|gleich|bar [*auch* 'ʊ...]; **un|ver|gleich|lich** [*auch* 'ʊ...]
un|ver|go|ren; unvergorener Süßmost
un|ver|hält|nis|mä|ßig [*auch* ...'hɛ...]
un|ver|hei|ra|tet
un|ver|hofft [*auch* ...'hɔ...]
un|ver|hoh|len [*auch* ...'ho:...]
un|ver|hüllt
un|ver|käuf|lich [*auch* ...'kɔy...]; **Un|ver|käuf|lich|keit,** die; -
un|ver|kenn|bar [*auch* 'un...]
un|ver|langt; unverlangt eingesandte Manuskripte
un|ver|läss|lich [*alte Schreibung* un|ver|läß|lich]
un|ver|letz|bar [*auch* 'ʊ...]; **un|ver|letz|lich** [*auch* 'ʊ...]; **Un|ver|letz|lich|keit,** die; -; **un|ver|letzt**
un|ver|lier|bar [*auch* 'ʊ...]
un|ver|lösch|lich [*auch* 'ʊ...] *(geh.)*
un|ver|mählt
un|ver|meid|bar [*auch* 'ʊ...]; **un|ver|meid|lich** [*auch* 'ʊ...]
un|ver|merkt (*veraltend für* unbemerkt)
un|ver|min|dert

un|ver|mischt
un|ver|mit|telt
Un|ver|mö|gen, das; -s (Mangel an Kraft, Fähigkeit); **un|ver|mö|gend; Un|ver|mö|gend|heit,** die; - (*selten für* Armut); **Un|ver|mö|gen|heit,** die; - (*veraltet für* Unvermögen); **Un|ver|mö|gens|fall,** der; -[e]s *(Amtsspr.);* im Unvermögensfall[e]
un|ver|mu|tet
Un|ver|nunft; un|ver|nünf|tig; Un|ver|nünf|tig|keit
un|ver|öf|fent|licht
un|ver|packt
un|ver|putzt
un|ver|rich|tet; un|ver|rich|te|ter Din|ge [*alte Schreibung auch* un|ver|rich|te|ter|din|ge] (ohne etwas erreicht zu haben); **un|ver|rich|te|ter Sa|che** [*alte Schreibung auch* un|ver|rich|te|ter|sa|che]
un|ver|rück|bar [*auch* 'ʊ...]
un|ver|schämt; Un|ver|schämt|heit
un|ver|schlos|sen [*auch* ...'ʃlɔ...]
un|ver|schul|det [*auch* ...'ʃʊ...]; **un|ver|schul|de|ter|ma|ßen; un|ver|schul|de|ter|wei|se**
un|ver|se|hens [*auch* ...'ze:...]
un|ver|sehrt; Un|ver|sehrt|heit, die; -
un|ver|sieg|bar [*auch* 'ʊ...]; **un|ver|sieg|lich** [*auch* 'ʊ...]
un|ver|söhn|bar [*auch* ...'zø:...]; **un|ver|söhn|lich** [*auch* ...'zø:...]; **Un|ver|söhn|lich|keit,** die; -
un|ver|sorgt
Un|ver|stand (Mangel an Verstand); **un|ver|stan|den; un|ver|stän|dig** (ohne den nötigen Verstand); **Un|ver|stän|dig|keit,** die; -; **un|ver|ständ|lich** (undeutlich; unbegreiflich); **Un|ver|ständ|lich|keit; Un|ver|ständ|nis**
un|ver|stellt [*auch* ...'ʃtɛ...]
un|ver|steu|ert [*auch* ...'ʃtɔy...]
un|ver|sucht [*auch* ...'zu:...]; *meist in* nichts unversucht lassen
un|ver|träg|lich [*auch* ...'trɛ:...]; **Un|ver|träg|lich|keit,** die; -
un|ver|wandt; jmdn. unverwandt ansehen
un|ver|wech|sel|bar [*auch* 'ʊ...]; **Un|ver|wech|sel|bar|keit,** die; -
un|ver|wehrt [*auch* ...'ve:...]; das bleibt dir unverwehrt (unbenommen)
un|ver|wes|lich [*auch* ...'ve:...]
un|ver|wisch|bar [*auch* 'ʊ...]
un|ver|wund|bar [*auch* 'ʊ...]; **Un|ver|wund|bar|keit**
un|ver|wüst|lich [*auch* 'ʊ...]; **Un|ver|wüst|lich|keit,** die; -
un|ver|zagt; Un|ver|zagt|heit, die; -
un|ver|zeih|bar [*auch* 'ʊ...]
un|ver|zeih|lich [*auch* 'ʊ...]
un|ver|zicht|bar [*auch* 'ʊ...]
un|ver|zins|lich [*auch* 'ʊ...]
un|ver|zollt
un|ver|züg|lich [*auch* 'ʊ...]
un|voll|en|det [*auch* ...'ɛ...]
un|voll|kom|men [*auch* ...'kɔ...]; **Un|voll|kom|men|heit**
un|voll|stän|dig [*auch* ...'ʃtɛ...]; **Un|voll|stän|dig|keit,** die; -
un|vor|be|rei|tet
un|vor|denk|lich; in unvordenklichen Zeiten (sehr weit zurückliegend)
un|vor|ein|ge|nom|men; Un|vor|ein|ge|nom|men|heit, die; -
un|vor|greif|lich [*auch* 'ʊ...] (*veraltet für* ohne einem anderen vorgreifen zu wollen)
un|vor|her|ge|se|hen
un|vor|schrifts|mä|ßig
un|vor|sich|tig; un|vor|sich|ti|ger|wei|se; Un|vor|sich|tig|keit
un|vor|stell|bar [*auch* 'ʊ...]
un|vor|teil|haft
un|wäg|bar [*auch* 'ʊ...]; **Un|wäg|bar|keit,** die; -, -en
un|wahr; un|wahr|haf|tig *(geh.);* **Un|wahr|haf|tig|keit; Un|wahr|heit**
un|wahr|schein|lich; Un|wahr|schein|lich|keit
un|wan|del|bar [*auch* 'ʊ...]; **Un|wan|del|bar|keit,** die; -
un|weg|sam; unwegsames Gebiet
un|weib|lich; sie wirkt unweiblich
un|wei|ger|lich [*auch* 'ʊ...]
un|weit; *als Präposition mit Genitiv:* unweit des Flusses
un|wert *(geh.);* **Un|wert,** der; -[e]s
Un|we|sen, das; -s; er trieb sein Unwesen
un|we|sent|lich
Un|wet|ter
un|wich|tig; Un|wich|tig|keit
un|wi|der|leg|bar [*auch* 'ʊ...]; **un|wi|der|leg|lich** [*auch* 'ʊ...]
un|wi|der|ruf|lich [*auch* 'ʊ...]; zum unwiderruflich letzten Mal
un|wi|der|spro|chen [*auch* 'ʊ...]
un|wi|der|steh|lich [*auch* 'ʊ...]; **Un|wi|der|steh|lich|keit,** die; -
un|wie|der|bring|lich [*auch* 'ʊ...]; **Un|wie|der|bring|lich|keit,** die; -
Un|wil|le[n], der; Unwillens; **un|wil|lent|lich; un|wil|lig**
un|will|kom|men
un|will|kür|lich [*auch* ...'ky:ɐ̯...]
un|wirk|lich; Un|wirk|lich|keit
un|wirk|sam; ein unwirksames Mittel; **Un|wirk|sam|keit,** die; -
un|wirsch (unfreundlich)
un|wirt|lich (unbewohnt, einsam; unfruchtbar); eine unwirtliche Gegend; **Un|wirt|lich|keit,** die; -
un|wirt|schaft|lich; Un|wirt|schaft|lich|keit, die; -
un|wis|send; Un|wis|sen|heit, die; -; **un|wis|sen|schaft|lich; un|wis|sent|lich**
un|wohl; mir ist unwohl; unwohl sein; **Un|wohl|sein,** das; -s; wegen Unwohlseins
Un|wort (unschönes, unerwünschtes Wort)
Un|wucht, die; -, -en (ungleich verteilte Massen [an einem Rad])
un|wür|dig; Un|wür|dig|keit, die; -
Un|zahl, die; - (sehr große Zahl)
un|zähl|bar [*auch* 'ʊ...]

un|zäh|lig

[*auch* 'ʊn...]
– unzählige Flüchtlinge; unzählige Kranke; unzählige Angestellte

Großschreibung der Substantivierung ↑K 72:
– es haben sich Unzählige [*alte Schreibung* unzählige] an der Aktion beteiligt
– die Hoffnungen Unzähliger [*alte Schreibung* unzähliger] wurden enttäuscht

Getrenntschreibung:
– ich habe es unzählige Mal [*alte Schreibung* unzähligemal] versucht
– unzählige Male hatte sie ihm geholfen

un|zähm|bar [*auch* 'ʊ...]
[1]Un|ze, die; -, -n ⟨lat.⟩ (Gewicht)
[2]Un|ze, die; -, -n ⟨griech.⟩ (*selten für* Jaguar)
Un|zeit, die; *nur noch in* zur Unzeit (zu unpassender Zeit); **un|zeit|ge|mäß; un|zei|tig** (unreif)
un|zen|siert
un|zen|wei|se
un|zer|brech|lich [*auch* ...'brɛ...]; **Un|zer|brech|lich|keit,** die; -
un|zer|kaut
un|zer|reiß|bar [*auch* 'ʊ...]
un|zer|stör|bar [*auch* 'ʊ...]; **un|zer|stört**
un|zer|trenn|bar [*auch* 'ʊ...]; **un|zer|trenn|lich** [*auch* 'ʊ...]
Un|zi|al|buch|sta|be; Un|zi|a|le,

U

die; -, -n ‹lat.› (zollgroßer Buchstabe); **Un|zi|al|schrift,** die; -

un|zie|mend; un|ziem|lich (*veraltend für* ungehörig)

un|zi|vi|li|siert

Un|zucht, die; -; **un|züch|tig; Un|züch|tig|keit**

un|zu|frie|den; Un|zu|frie|den|heit

un|zu|gäng|lich; Un|zu|gäng|lich|keit, die; -

un|zu|kömm|lich (*österr. für* nicht ausreichend, unzulänglich); **Un|zu|kömm|lich|keit,** die; -, -en (*österr. u. schweiz. für* Missstand; Unzulänglichkeit)

un|zu|läng|lich; Un|zu|läng|lich|keit

un|zu|läs|sig; Un|zu|läs|sig|keit

un|zu|mut|bar; Un|zu|mut|bar|keit

un|zu|rech|nungs|fä|hig; Un|zu|rech|nungs|fä|hig|keit, die; -

un|zu|rei|chend

un|zu|sam|men|hän|gend

un|zu|stän|dig; Un|zu|stän|dig|keit, die; -

un|zu|stell|bar

un|zu|träg|lich; Un|zu|träg|lich|keit, die; -

un|zu|tref|fend; [↑K 72]: Unzutreffendes bitte streichen!

un|zu|ver|läs|sig; Un|zu|ver|läs|sig|keit, die; -

un|zweck|mä|ßig; Un|zweck|mä|ßig|keit, die; -

un|zwei|deu|tig; Un|zwei|deu|tig|keit, die; -

un|zwei|fel|haft [*auch* ...ˈtsvai̯...]

U|pa|ni|schad, die; -, ...schaden *meist Plur.* ‹sanskr.› (Gruppe altindischer philosophisch-theologischer Schriften)

Up|date [ˈapdeːt], das; -s, -s ‹engl.› (*EDV* Aktualisierung; aktualisierte [u. verbesserte] Version eines Programms o. Ä.); **up|da|ten** (aktualisieren); er updatet, sie hat upgedatet

Up|grade [ˈapgreːt], das; -s, -s ‹engl.› (*svw.* Update; *Touristik* verbesserte Leistung)

UPI [juːpiːˈai̯] = United Press International (US-amerikanische Nachrichtenagentur)

Up|per|class [ˈapɐklaːs], die; - ‹engl.› (Oberschicht)

Up|per|cut [ˈapɐkœt], der; -s, -s ‹engl.› (*Boxen* Aufwärtshaken)

üp|pig; Üp|pig|keit, die; -

Upp|sa|la (schwedische Stadt); **Upp|sa|la|er**

up to date [ap tu ˈdeːt] ‹engl.› (zeitgemäß, auf der Höhe)

Ur, der; -[e]s, -e (Auerochse)

Ur|ab|stim|mung (Abstimmung aller Mitglieder, bes. einer Gewerkschaft über die Ausrufung eines Streiks)

Ur|a|del

Ur|ahn, Ur|ah|ne, der (Urgroßvater; Vorfahr); **Ur|ah|ne,** die (Urgroßmutter)

U|ral, der; -[s] (Gebirge zwischen Asien u. Europa; Fluss); **u|ral|al|ta|isch;** uralaltaische Sprachen; **U|ral|ge|biet; u|ra|lisch** (aus der Gegend des Ural)

ur|alt; Ur|al|ter, das; -s; von uralters her [↑K 70]

U|r|ä|mie, die; - ‹griech.› (*Med.* Harnvergiftung); **u|r|ä|misch**

U|ran, das; -s ‹nach dem Planeten Uranus› (radioaktives chemisches Element, Metall; *Zeichen* U); **U|ran|berg|werk; U|ran|erz**

Ur|an|fang; ur|an|fäng|lich

Ur|angst

u|ran|hal|tig; Uran-238-haltig

U|ra|nia (Muse der Sternkunde; Beiname der Aphrodite); **U|ra|nis|mus,** der; - (*selten für* Homosexualität)

U|ran|mi|ne

U|ra|nos *vgl.* [1]Uranus

U|ran|pech|blen|de (radiumhaltiges Mineral)

[1]**U|ra|nus,** U|ra|nos (griech. Gott des Himmels)

[2]**U|ra|nus,** der; - (ein Planet)

u|ras|sen (*österr. ugs. für* verschwenden); du urasst [*alte Schreibung* uraßt]

U|rat, das; -[e]s, -e ‹griech.› (*Chemie* Harnsäuresalz); **u|ra|tisch**

ur|auf|füh|ren; *meist im Infinitiv u. Partizip II gebr.;* die Oper wurde uraufgeführt; **Ur|auf|füh|rung**

U|räus|schlan|ge ‹griech.; dt.› (afrik. Hutschlange, als Sonnensymbol am Diadem der altägypt. Könige)

ur|ban ‹lat.› (städtisch; gebildet; weltmännisch)

Ur|ban (m. Vorn.)

Ur|ba|ni|sa|ti|on, die; -, -en; **ur|ba|ni|sie|ren** (verstädtern); **Ur|ba|ni|sie|rung; Ur|ba|nis|tik** [*alte Trennung* ...|st...], die; - (Wissenschaft des Städtebaus); **Ur|ba|ni|tät,** die; - (Bildung, weltmännische Art; städtische Atmosphäre)

ur|bar; urbar machen; **Ur|bar** [*auch* ˈuːɐ̯...], das; -s, -e *u.* Ur|ba|ri|um, das; -s, ...ien (mittelalterliches Güter- u. Abgabenverzeichnis großer Grundherrschaften; Grundbuch); **ur|ba|ri|sie|ren** (*schweiz. für* urbar machen); **Ur|ba|ri|sie|rung** (*schweiz. für* Urbarmachung); **Ur|ba|ri|um** *vgl.* Urbar; **Ur|bar|ma|chung**

Ur|be|deu|tung

Ur|be|ginn; von Urbeginn der Welt

Ur|be|stand|teil, der

Ur|be|völ|ke|rung; Ur|be|woh|ner

ur|bi et or|bi ‹lat., »der Stadt [d. i. Rom] und dem Erdkreis«›; etwas urbi et orbi (allgemein) verkünden

Ur|bild; ur|bild|lich

ur|chig (*schweiz. für* urwüchsig)

Ur|chris|ten|tum [*alte Trennung* ...|st...]; **ur|christ|lich**

Urd (*nord. Mythol.* Norne der Vergangenheit)

Ur|darm (*Biol.* einen Hohlraum umschließende Einstülpung mit einer Mündung nach außen); **Ur|darm|tier** (*für* Gasträa)

ur|deutsch (typisch deutsch)

Ur|druck *Plur.* ...drucke (Erstveröffentlichung eines Schachproblems)

Ur|du, das; - (eine neuind. Sprache, Amtssprache in Pakistan)

ur|ei|gen; ur|ei|gen|tüm|lich

Ur|ein|woh|ner

Ur|el|tern *Plur.*

Ur|en|kel; Ur|en|ke|lin

U|re|ter, der; -s, *Plur.* ...teren, *auch* - ‹griech.› (*Med.* Harnleiter); **U|re|th|ra,** die; -, ...thren (Harnröhre); **u|re|tisch** (harntreibend)

Ur|fas|sung

Ur|feh|de (im MA. eidliches Friedensversprechen mit Verzicht auf Rache); Urfehde schwören

Ur|form; ur|for|men; *nur im Infinitiv u. Partizip II gebr. (Technik)*

Urft, die; - (r. Nebenfluss der Rur); **Urft|tal|sper|re,** *auch* **Urft-Tal|sper|re,** die; - [↑K 143]

Ur|ge|mein|de (urchristliche Gemeinde)

ur|ge|müt|lich

ur|gent ‹lat.› (*veraltet für* dringend); **Ur|genz,** die; -, -en (*österr. für* Mahnung zur schnelleren Erledigung)

ur|ger|ma|nisch

Ur|ge|schich|te, die; -; **Ur|ge|schicht|ler; Ur|ge|schicht|le|rin; ur|ge|schicht|lich**

Ur|ge|sell|schaft, die; -

Ur|ge|stalt

Ur|ge|stein; Ur|ge|walt

ur|gie|ren ‹lat.› (*österr. für* drängen)
Ur|groß|el|tern *Plur.*; **Ur|groß|mut|ter; ur|groß|müt|ter|lich; Ur|groß|va|ter; ur|groß|vä|ter|lich**
Ur|grund
Ur|he|ber; Ur|he|be|rin; Ur|he|ber|recht; ur|he|ber|recht|lich; Ur|he|ber|schaft, die; -; **Ur|he|ber|schutz**
Ur|hei|mat
U|ri (schweiz. Kanton)
U|ria, U|ri|as, *ökum.* U|ri|ja (bibl. m. Eigenn.); *vgl.* Uriasbrief
U|ri|an, der; -s, -e (unwillkommener Gast; *nur Sing.:* Teufel)
U|ri|as *vgl.* Uria; **U|ri|as|brief** (Brief, der dem Überbringer Unheil bringt); **U|ri|el** [...e:l, *auch* ...ɛl] (einer der Erzengel)
u|rig (urtümlich; originell)
U|ri|ja *vgl.* Uria
U|rin, der; -s, -e *Plur. selten* ‹lat.› (Harn); **U|ri|nal,** das; -s, -e (Harnflasche; Becken zum Urinieren für Männer); **u|ri|nie|ren**
Ur|in|s|tinkt
U|rin|un|ter|su|chung
Ur|kan|ton (Kanton der Urschweiz)
Ur|kir|che
Ur|knall, der; -[e]s (Explodieren der Materie bei der Entstehung des Weltalls)
ur|ko|misch
Ur|kraft, die
Ur|kun|de, die; -, -n; **ur|kun|den** (*fachspr. für* in Urkunden schreiben, urkundlich erscheinen)
Ur|kun|den|fäl|schung; Ur|kun|den|for|schung; Ur|kun|den|leh|re
ur|kund|lich
Ur|kunds|be|am|te; Ur|kunds|re|gis|ter [*alte Trennung* ...|st...]
URL, die; -, -s, *selten* der; -s, -s = Uniform Resource Locator (Internetadresse)
Ur|land|schaft
Ur|laub, der; -[e]s, -e; in *od.* im Urlaub sein; **ur|lau|ben** *(ugs.);* **Ur|lau|ber; Ur|lau|be|rin**
Ur|laubs|be|kannt|schaft; Ur|laubs|bräu|ne; Ur|laubs|geld; Ur|laubs|kas|se; Ur|laubs|lis|te [*alte Trennung* ...|st...]
ur|laubs|reif
Ur|laubs|rei|se; Ur|laubs|schein; Ur|laubs|sper|re; Ur|laubs|tag; Ur|laubs|ver|tre|tung; Ur|laubs|zeit
Ur|meer
Ur|mensch, der; **ur|mensch|lich**
Ur|me|ter, das; -s (in Paris aufbewahrtes ursprüngliches Normalmaß des Meters)
Ur|mut|ter *Plur.* ...mütter (Stammmutter)
Ur|ne, die; -, -n ‹lat.›; **Ur|nen|fried|hof; Ur|nen|gang,** der (*svw.* Wahl); **Ur|nen|grab; Ur|nen|hal|le**
Ur|ner (von Uri); Urner See (Teil des Vierwaldstätter Sees); **Ur|ne|rin; ur|ne|risch** (aus Uri)
Ur|ning, der; -s, -e; *vgl.* Uranist
u|ro|ge|ni|tal ‹griech.; lat.› (zu den Harn- und Geschlechtsorganen gehörend); **U|ro|ge|ni|tal|sys|tem** [*alte Trennung* ...|st...]
U|ro|lith, der; *Gen.* -s *u.* -en, *Plur.* -e[n] ‹griech.› (Harnstein)
U|ro|lo|ge, der; -n, -n (Arzt für Krankheiten der Harnorgane); **U|ro|lo|gie,** die; -; **U|ro|lo|gin; u|ro|lo|gisch**
Ur|o|ma (*Kinderspr.*); **Ur|o|pa** (*Kinderspr.*)
U|ro|s|ko|pie, die; -, ...ien ‹griech.› (Harnuntersuchung)
Ur|pflan|ze
ur|plötz|lich
Ur|pro|dukt; Ur|pro|duk|ti|on (Gewinnung von Rohstoffen)
Ur|quell, Ur|quel|le
Urs (m. Vorn.)
Ur|sa|che; Ur|sa|chen|for|schung
ur|säch|lich; Ur|säch|lich|keit
Ur|schel, die; -, -n (*landsch. für* törichte [junge] Frau)
ur|schen (*ostmitteld. für* vergeuden); du urschst
Ur|schlamm, der; -[e]s
Ur|schleim, der; -[e]s
Ur|schrift; ur|schrift|lich
Ur|schweiz (Gebiet der ältesten Eidgenossenschaft [Uri, Schwyz, Unterwalden])
Ur|sel (w. Vorn.)
ur|sen|den; *nur im Infinitiv u. Partizip II gebr.;* **Ur|sen|dung** (erstmalige Sendung im Rundfunk od. Fernsehen)
Ur|se|ren|tal, das; -[e]s (Tal der oberen Reuß im Kanton Uri); **Urs|ner; Urs|ne|rin**
urspr. = ursprünglich
Ur|spra|che
Ur|sprung *Plur.* ...sprünge
ur|sprüng|lich (*Abk.* urspr.); **Ur|sprüng|lich|keit,** die; -
Ur|sprungs|ge|biet; Ur|sprungs|land; Ur|sprungs|nach|weis; Ur|sprungs|zeug|nis
urst (*regional ugs. für* großartig, sehr [schön])
Ur|stand, der; -[e]s, Urstände (*veraltet für* Urzustand); **Ur|ständ,** die; - (*veraltet für* Auferstehung); *nur scherzh. in* fröhliche Urständ feiern
Ur|stoff; ur|stoff|lich
Ur|strom|tal
Ur|su|la (w. Vorn.)
Ur|su|li|ne, die; -, -n *u.* Ur|su|li|ne|rin, die; -, -nen ‹nach der Märtyrerin Ursula› (Angehörige eines kath. Ordens); **Ur|su|li|nen|schu|le; Ur|su|li|ne|rin** *vgl.* Ursuline
Ur|teil, das; -s, -e
Ur|teil|chen (Elementarteilchen)
ur|tei|len; Ur|teils|be|grün|dung
ur|teils|fä|hig; Ur|teils|fä|hig|keit, die; -; **Ur|teils|fin|dung; Ur|teils|kraft,** die; -; **ur|teils|los**
Ur|teils|schel|te (öffentliche Kritik an einem gerichtlichen Urteil); **Ur|teils|spruch; Ur|teils|ver|kün|dung; Ur|teils|ver|mö|gen; Ur|teils|voll|stre|ckung** [*alte Trennung* ...k|k...]; **Ur|teils|voll|zug**
Ur|text
Ur|tier|chen *meist Plur.* (einzelliges tierisches Lebewesen)
Ur|ti|ka|ria, die; - ‹lat.› (*Med.* Nesselsucht)
Ur|trieb
ur|tüm|lich; Ur|tüm|lich|keit, die; -
Ur|typ, Ur|ty|pus
[1]**U|ru|gu|ay** [...'guai, *auch* 'ʊ...], der; -[s] (Fluss in Südamerika)
[2]**U|ru|gu|ay** (Staat in Südamerika); **U|ru|gu|a|yer; U|ru|gu|a|ye|rin; u|ru|gu|a|yisch**
Ur|ur|ahn; Ur|ur|en|kel; Ur|ur|groß|mut|ter; Ur|ur|groß|va|ter
Ur|va|ter (Stammvater); **ur|vä|ter|lich; Ur|vä|ter|zeit;** seit Urväterzeiten
ur|ver|wandt; Ur|ver|wandt|schaft
Ur|viech, Ur|vieh (*ugs. scherzh. für* urwüchsiger Mensch)
Ur|vo|gel
Ur|volk
Ur|wahl *(Politik);* **Ur|wäh|ler**
Ur|wald; Ur|wald|ge|biet
Ur|welt; ur|welt|lich
ur|wüch|sig; Ur|wüch|sig|keit
Ur|zeit; seit Urzeiten; **ur|zeit|lich**
Ur|zel|le
Ur|zeu|gung, die; - (elternlose Entstehung von Lebewesen)
Ur|zi|dil (österr. Schriftsteller)
Ur|zu|stand; ur|zu|stän|dlich
u. s. = ut supra
US[A] = United States [of America] *Plur.* (Vereinigte Staaten [von Amerika])

U|sam|ba|ra (Gebirgszug in Tanganjika); **U|sam|ba|ra|veil|chen**
US-A|me|ri|ka|ner [u:'|ɛs...] ↑K 28; **US-a|me|ri|ka|nisch** ↑K 28 *u.* 97
U|sance [y'zã:s], die; -, -n ‹franz.› (Brauch, Gepflogenheit); **u|sance|mä|ßig; U|san|cen|han|del** (Devisenhandel in fremder Währung)
U|sanz [u...], die; -, -en (*schweiz. für* Usance)
USB = Universal Serial Bus (universeller Anschluss beim PC)
Us|be|ke, der; -n, -n (Angehöriger eines Turkvolkes); **Us|be|kin; us|be|kisch; Us|be|ki|s|tan** (Staat im nördl. Mittelasien)
U|schi (w. Vorn.)
USD (Währungscode für US-Dollar)
US-Dol|lar [u:'|ɛs...]; ↑K 28; *vgl.* Dollar
U|se|dom (Insel in der Ostsee)
U|ser ['ju:...], der; -s, - ‹engl.› (jmd., der Drogen nimmt; *EDV* Benutzer, Anwender)
usf. = und so fort
U|so, der; -s ‹ital.› (Brauch, Gewohnheit); *vgl.* Usus
u|su|ell ‹franz.› (gebräuchlich)
U|sur|pa|ti|on, die; -, -en ‹lat.› (widerrechtliche Besitz-, Machtergreifung); **U|sur|pa|tor,** der; -s, ...oren; **u|sur|pa|to|risch; u|sur|pie|ren; U|sur|pie|rung**
U|sus, der; - ‹lat.› (Brauch, Gewohnheit, Sitte)
usw. = und so weiter
Ut. = Utah
U|ta, U|te (*dt. Sage* Mutter der Nibelungenkönige; w. Vorn.)
U|tah ['ju:ta] (Staat in den USA; *Abk.* Ut.)
U|ten|sil, das; -s, -ien *meist Plur.* ‹lat.› ([notwendiges] Gerät, Gebrauchsgegenstand)
u|te|rin ‹lat.› (*Med.* auf die Gebärmutter bezüglich)
U|te|rus, der; -, ...ri (Gebärmutter)
Ut|gard (*nord. Mythol.* Reich der Dämonen u. Riesen)
u|ti|li|tär ‹lat.› (auf den Nutzen bezüglich); **U|ti|li|ta|ri|er** (*svw.* Utilitarist)
U|ti|li|ta|ris|mus, der; - (Nützlichkeitslehre, -standpunkt); **U|ti|li|ta|rist,** der; -en, -en (nur auf den Nutzen Bedachter; Vertreter des Utilitarismus); **U|ti|li|ta|ris|tin** [*alte Trennung* ...|st...]; **u|ti|li|ta|ris|tisch**
Ut|lan|de *Plur.* ‹»Außenlande«› (Landschaftsbez. für die Nordfries. Inseln, bes. die Halligen mit Pellworm u. Nordstrand)
U|to|pia, U|to|pi|en, das; -s *meist ohne Artikel* ‹griech.› (erdachtes Land)
U|to|pie, die; -, ...ien (als unausführbar geltender Plan; Zukunftstraum); **U|to|pi|en** *vgl.* Utopia
u|to|pisch (schwärmerisch; unerfüllbar)
U|to|pis|mus, der; -, ...men (Neigung zu Utopien; utopische Vorstellung)
U|to|pist, der; -en, -en; **U|to|pis|tin** [*alte Trennung* ...|st...]
U|t|ra|quis|mus, der; - ‹lat.› (Lehre der Utraquisten); **U|t|ra|quist,** der; -en, -en (Angehöriger einer hussitischen Richtung, die das Abendmahl in beiderlei Gestalt [Brot u. Wein] forderte)
u|t|ra|quis|tisch [*alte Trennung* ...|st...]
Ut|recht (niederl. Provinz u. Stadt); **Ut|rech|ter**
U|t|ril|lo [u'trɪljo] (franz. Maler)
ut su|p|ra ‹lat.› (*Musik* wie oben; *Abk.* u. s.)
Utz (m. Vorn.)
u. U. = unter Umständen
UV = ultraviolett (*in* UV-Strahlen u. a.)
u. v. a. = und viele[s] andere
u. v. a. m. = und viele[s] andere mehr
UV-be|strahlt [u:'fau...] ↑K 28 *u.* 97
UV-Fil|ter ↑K 28 (*Fotogr.* Filter zur Dämpfung der ultravioletten Strahlen)
UV-Lam|pe ↑K 28 (Höhensonne)
UV-Strah|len *Plur.* ↑K 28 (*Abk. für* ultraviolette Strahlen)
UV-Strah|lung, die; - ↑K 28 (Höhenstrahlung)
U|vu|la, die; -, ...lae ‹lat.› (*Med.* Gaumenzäpfchen); **u|vu|lar** (*Sprachw.* mit dem Zäpfchen gebildet)
u. W. = unseres Wissens
Ü-Wa|gen ↑K 28 (*kurz für* Übertragungswagen)
U|we (m. Vorn.)
u. Z. = unsere[r] Zeitrechnung
Uz, der; -es, -e (*ugs. für* Neckerei); **Uz|bru|der** (*ugs. für* jmd., der gern andere neckt); **u|zen** (*ugs.);* du uzt; **U|ze|rei** (*ugs.); **Uz|na|me*** (*ugs.)*
u. zw. = und zwar

V v

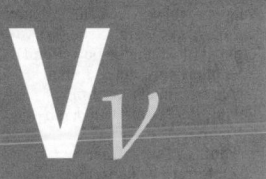

V (Buchstabe); das V; des V, die V, *aber* das v in Steven; der Buchstabe V, v
v = velocitas [v...] ‹lat.› (*Zeichen für* Geschwindigkeit)
V = *chem. Zeichen für* Vanadium
V = Volt; Volumen (Rauminhalt)
V (röm. Zahlzeichen) = 5
V, vert= vertatur
v. = vom; von; vor *(vgl. d.)*
v. = vide; vidi
V. = Vers
VA = Voltampere
v. a. = vor allem
Va|banque, *auch* **va banque** [... 'bã:k] ‹franz., »es gilt die Bank«›; Vabanque, *auch* va banque spielen (alles aufs Spiel setzen); **Va|banque|spiel,** das
va|cat ‹lat., »es fehlt«› (nicht vorhanden, leer); *vgl.* Vakat
Vache|le|der ['vaʃ...], das; -s ‹franz.; dt.› (glaciertes Sohlenleder)
Va|de|me|kum, das; -s, -s ‹lat.› (Taschenbuch; Ratgeber)
Va|di|um, das; -s, ...ien ‹germ.-mlat.› (*im älteren dt. Recht* symbolisches Pfand)
va|dos ‹lat.› (*Geol. in Bezug auf Grundwasser* von Niederschlägen herrührend)
Va|duz [fa'dʊts, *auch* va'du:ts] (Hauptstadt des Fürstentums Liechtenstein)
vae vic|tis! ‹lat., »wehe den Besiegten!«›
vag, va|ge (unbestimmt)
Va|ga|bon|da|ge [...ʒə], die; - ‹franz.› (Landstreicherei)
Va|ga|bund, der; -en, -en (Landstreicher); **Va|ga|bun|den|le|ben,** das; -s; **Va|ga|bun|den|tum,** das; -s; **va|ga|bun|die|ren** ([arbeitslos] umherziehen); vagabundierende Ströme *(Elektrot.)*
Va|gant, der; -en, -en (fahrender Student od. Kleriker im MA.); **Va|gan|ten|dich|tung,** die; -; **Va|gan|ten|lied**
va|ge, vag (unbestimmt); **Vag|heit** (Unbestimmtheit)
va|gie|ren (*geh. für* umherziehen)

Va|gi|na [*auch* 'va:...], die; -, ...nen ‹lat.› (*Med.* weibl. Scheide); **va|gi|nal** (die Scheide betreffend); **Va|gi|nis|mus,** der; -, ...men (*Med.* Scheidenkrampf)

Va|gus, der; - ‹lat.› (*Med.* ein Hirnnerv)

va|kant [v...] ‹lat.› (leer; unbesetzt, frei); **Va|kanz,** die; -, -en (freie Stelle; *landsch. für* Ferien)

Va|kat, das; -[s], -s (*Druckw.* leere Seite); *vgl.* vacat

Va|ku|o|le, die; -, -n (*Biol.* mit Flüssigkeit od. Nahrung gefülltes Bläschen im Zellplasma, insbesondere der Einzeller)

Va|ku|um, das; -s, *Plur.* ...kua *od.* ...kuen (luftleerer Raum)

Va|ku|um|ap|pa|rat; Va|ku|um|brem|se; Va|ku|um|me|ter, das; -s, - (Unterdruckmesser); **Va|ku|um|pum|pe** ([Aus]saugpumpe); **Va|ku|um|röh|re**

va|ku|um|ver|packt; Va|ku|um|ver|pa|ckung [*alte Trennung* ...k|k...]

Vak|zin, das; -s, -e ‹lat.› (*svw.* Vakzine); **Vak|zi|na|ti|on,** die; -, -en (*Med.* Schutzimpfung); **Vak|zi|ne,** die; -, -n (Impfstoff aus Krankheitserregern); **vak|zi|nie|ren; Vak|zi|nie|rung** *vgl.* Vakzination

Va|land [f...] (*ältere Nebenform von* Voland)

va|le! [...le] ‹lat., »leb wohl!«›

Va|len|cia [...tsia, ...sia] (span. Stadt)

Va|len|ci|ennes|spit|ze [...lã'sien...] ‹nach der franz. Stadt› (sehr feine Klöppelspitze)

Va|lens (röm. Kaiser)

Va|len|tin (m. Vorn.); **Va|len|tins|tag** (14. Febr.)

Va|lenz, die; -, -en ‹lat.› (*Chemie* Wertigkeit; *Sprachw.* Eigenschaft des Verbs, im Satz Ergänzungen zu fordern)

Va|le|ri|a|na, die; -, ...nen (*Bot.* Baldrian)

Va|le|rie [*auch* ...ri:] (w. Vorn.)

Va|le|ri|us (röm. Kaiser)

Va|lé|ry [...le'ri:] (franz. Dichter)

Va|les|ka (w. Vorn.)

[1]**Va|let** [*auch* ...'le:t], das; -s, -s ‹lat.› (Lebewohl; veralteter Abschiedsgruß); Valet sagen

[2]**Va|let** [...'le:], der; -s, -s ‹franz.› (Bube im franz. Kartenspiel)

Va|leur [...'lø:ɐ̯], der; -s, -s, *auch* die; -, -s ‹franz.› (*veraltet für* Wert[papier]; *Malerei* Farbwert, Farbtonabstufung)

Va|li|da|ti|on, die; -, -en ‹lat.› (Gültigkeitserklärung; *auch svw.* Validierung); **va|li|die|ren** ([rechts]gültig machen); **Va|li|die|rung,** die; -, -en

Va|li|di|tät, die; - (Zuverlässigkeit [eines Versuchs])

val|le|ra! [v..., *auch* f...]; **val|le|ri, val|le|ra!**

Val|let|ta (Hauptstadt von Malta)

Va|lo|ren *Plur.* ‹lat.› (*Wirtsch.* Wertsachen, Wertpapiere); **Va|lo|ren|ver|si|che|rung**

Va|lo|ri|sa|ti|on, die; -, -en (staatl. Preisbeeinflussung zugunsten der Produzenten); **va|lo|ri|sie|ren** (Preise durch staatl. Maßnahmen anheben); **Va|lo|ri|sie|rung** (*svw.* Valorisation)

Val|pa|rai|ser; Val|pa|ra|i|so [*auch* ...'rai...] (Stadt in Chile)

Va|lu|ta, die; -, ...ten ‹ital.› (Geld in ausländischer Währung; [Gegen]wert; *nur Plur.:* Zinsscheine ausländ. Wertpapiere)

Va|lu|ta|an|lei|he

Va|lu|ta|mark [*alte Schreibung* Va|lu|ta-Mark], die; - (ehem. Rechnungseinheit in der DDR)

va|lu|tie|ren (ein Datum festsetzen, das für den Zeitpunkt der Leistung maßgebend ist; *selten für* bewerten)

Val|va|ti|on, die; -, -en ‹franz.› (*Wirtsch.* [Ab]schätzung [von Münzen]; Wertbestimmung)

Vamp [vɛ...], der; -s, -s ‹engl.› (verführerische, kalt berechnende Frau)

Vam|pir [*auch* ...'pi:ɐ̯], der; -s, -e ‹serbokroat.› (eine Fledermausart; *Volksglauben* Blut saugendes Nachtgespenst)

van [van, *auch* fan] ‹niederl.› (von); z. B. van Dyck

Va|na|di|um, *auch* Va|na|din, das; -s ‹nlat.› (chemisches Element, Metall; *Zeichen* V)

Van-Al|len-Gür|tel [vɛn'lɛ...], der; -s ↑K 137 ‹nach dem amerik. Physiker› (ein Strahlungsgürtel der Erde)

Van|cou|ver [vɛn'ku:...] (Insel u. Stadt in Kanada)

Van|da|le, Wan|da|le, der; -n, -n (Angehöriger eines germ. Volksstammes; *übertr. für* zerstörungswütiger Mensch); **van|da|lisch,** wan|da|lisch (*auch für* zerstörungswütig); **Van|da|lis|mus,** Wan|da|lis|mus, der; - (Zerstörungswut)

Van-Dyck-Braun [van'daik..., *auch* f...], das; -s ↑K 137; *vgl.* Dyck

Va|nes|sa (w. Vorn.)

Va|nil|le [...'nɪl(j)ə, *schweiz.* 'vanil], die; - ‹franz.› (eine trop. Orchidee; Gewürz)

Va|nil|le|eis; Va|nil|le|kip|ferl, das; -s, -n (*österr. für* Gebäck mit Vanille); **Va|nil|le|pud|ding; Va|nil|le|scho|te** (*zu* [3]Schote); **Va|nil|le|so|ße,** *auch* ...sau|ce; **Va|nil|le|stan|ge; Va|nil|le|zu|cker** [*alte Trennung* ...k|k...]

Va|nil|lin, das; -s (Riech- u. Aromastoff; Vanilleersatz)

Va|nu|a|tu [vɛ...] (Inselstaat im Pazifik)

Va|po|ri|sa|ti|on, die; - ‹lat.› (*Med.* Anwendung von Wasserdampf zur Blutstillung); **va|po|ri|sie|ren** (*veraltend für* verdampfen)

Va|que|ro [...'ke:...], der; -[s], -s ‹span.› (Cowboy im Südwesten der USA u. in Mexiko)

var. = Varietät (bei naturwiss. Namen)

Va|ra|na|si (Stadt in Indien); *vgl.* Benares

Va|r|an|ger|fjord, der; -[e]s (nordöstlichster Fjord in Norwegen)

Va|rel [f...] (Stadt in Niedersachsen)

Va|ria *Plur.* ‹lat.› (*Buchw.* Vermischtes, Allerlei)

va|ri|a|bel ‹franz.› (veränderlich, [ab]wandelbar); ...a|b|le Kosten; **Va|ri|a|bi|li|tät,** die; -, -en; (Veränderlichkeit); **Va|ri|a|b|le,** die; -n, *Plur.* -n, *ohne Artikel fachspr. auch* - (*Math.* veränderliche Größe; *Ggs.* Konstante); zwei Variable[n]

Va|ri|an|te, die; -, -n (Abwandlung; verschiedene Lesart; Spielart); **va|ri|an|ten|reich**

Va|ri|a|ti|on, die; -, -en (Abwechslung; Abänderung; Abwandlung); **Va|ri|a|ti|ons|brei|te; va|ri|a|ti|ons|fä|hig; Va|ri|a|ti|ons|mög|lich|keit**

Va|ri|e|tät, die; -, -en (geringfügig abweichende Art; *Abk.* var.)

Va|ri|e|tee, *auch* Va|ri|e|té ↑K 38, das; -s, -s ‹franz.› (Theater mit wechselndem, unterhaltsamem Programm); **Va|ri|e|tee|the|a|ter,** *auch* Va|ri|e|té|the|a|ter

va|ri|ie|ren (verschieden sein; abweichen; [ab]wandeln)

va|ri|kös ‹lat.› (*Med.* die Krampfadern betreffend); **Va|ri|ko|se,**

die; -, -n (Krampfaderleiden); **Va|ri|ko|si|tät,** die; -, -en (Krampfaderbildung); **Va|ri|ko|ze|le,** die; -, -n ⟨lat.; griech.⟩ (Krampfaderbruch)

Va|ri|nas [*auch* ...'ri:...], der; -, *Plur. (Sorten:)* - ⟨nach dem früheren Namen der venezolan. Stadt Barinas⟩ (südamerik. Tabak)

Va|ri|o|la, die; -, *Plur.* ...lä *u.* ...olen *u.* **Va|ri|o|le,** die; -, -n, *meist Plur.* ⟨lat.⟩ (*Med.* Pocken)

Va|ri|o|me|ter, das; -s, - ⟨lat.; griech.⟩ (Vorrichtung zur Messung von Luftdruck- od. erdmagnetischen Schwankungen)

Va|ris|ki|sche *od.* **Va|ris|zi|sche Ge|bir|ge,** das; -n -s; ↑K 140 (mitteleurop. Gebirge der Steinkohlenzeit)

Va|ris|tor [*alte Trennung* ...|st...], der; -s, ...oren ⟨engl.⟩ (*Elektrot.* spannungsabhängiger Widerstand)

Va|rix, die; -, Varizen ⟨lat.⟩ (*Med.* Krampfader)

Va|ri|ze, die; -, -n (*svw.* Varix)

Va|ri|zel|le, die; -, -n *meist Plur.* (Windpocken)

Va|rus (altrömischer Feldherr)

Va|sa, der; -[s], - (Angehöriger eines schwedischen Königsgeschlechts)

Va|sall, der; -en, -en ⟨franz.⟩ (Lehnsmann im MA.); **Va|sal|len|staat** *Plur.* ...staaten; **Va|sal|len|tum,** das; -s

Väs|chen ⟨*zu* Vase⟩

Vas|co da Ga|ma (portugiesischer Seefahrer)

Va|se, die; -, -n ⟨franz.⟩

Va|s|ek|to|mie, die; -, ...ien ⟨lat.; griech.⟩ (*Med.* Sterilisation durch operative Entfernung eines Stückes des Samenleiters)

Va|se|lin, das; -s *u.* **Va|se|li|ne,** die; - ⟨Kunstwort⟩ (Salbengrundlage)

va|sen|för|mig; Va|sen|ma|le|rei

Va|so|mo|to|ren *Plur.* ⟨lat.⟩ (*Med.* Gefäßnerven); **va|so|mo|to|risch**

Va|ter, der; -s, Väter; **Va|ter|bild; Va|ter|bin|dung**

Vä|ter|chen

Va|ter|fi|gur; Va|ter|freu|den *Plur.; nur in* Vaterfreuden entgegensehen (bald Vater werden); **Va|ter|haus**

Va|ter|land *Plur.* ...länder; **va|ter|län|disch**

Va|ter|lands|lie|be; va|ter|lands|lie|bend; va|ter|lands|los; Va|ter|lands|ver|rä|ter; Va|ter|lands|ver|tei|di|ger

vä|ter|lich; vä|ter|li|cher|seits; Vä|ter|lich|keit, die; -

va|ter|los

Va|ter|mör|der (*ugs. auch für* hoher, steifer Kragen)

Va|ter|na|me, Va|ters|na|me (Familien-, Zuname); **Va|ter|recht,** das; -[e]s *(Völkerk.)*

Va|ter|schaft, die; -, -en; **Va|ter|schafts|be|stim|mung; Va|ter|schafts|kla|ge**

Va|ters|na|me *vgl.* Vatername

Va|ter|stadt; Va|ter|stel|le; *nur in* Vaterstelle vertreten

Va|ter|tag (*scherzh. für* Himmelfahrtstag)

Va|ter|un|ser, das; -s, -; *aber im Gebet:* Vater unser im Himmel

Va|ti, der; -s, -s (*Koseform von* Vater)

Va|ti|kan [v...], der; -s (Residenz des Papstes in Rom; oberste Behörde der kath. Kirche); **va|ti|ka|nisch,** *aber* ↑K 150: die Vatikanische Bibliothek, das Vatikanische Konzil; **Va|ti|kan|stadt,** die; -

Vau|de|ville [vod(ə)'vi:l], das; -s, -s ⟨franz.⟩ (franz. volkstüml. Lied; Singspiel)

Vaughan Wil|li|ams [vo:n ...li̯əms], Ralph [rɛlf] (engl. Komponist)

V-Aus|schnitt ['fau̯...] ↑K 29

v. Chr. = vor Christo, vor Christus; **v. Chr. G.** = vor Christi Geburt

v. d. = vor der (*bei Ortsnamen,* z. B. Bad Homburg v. d. H. [vor der Höhe])

VDE = Verband Deutscher Elektrotechniker; **VDE-ge|prüft** [fau̯de:'|e:...] ↑K 28

VDI = Verein Deutscher Ingenieure

VdK = Verband der Kriegs- und Wehrdienstopfer, Behinderten und Sozialrentner

VDM = Verbi Divini Minister *od.* Ministra ⟨lat.⟩ (*schweiz. für* ordinierter reformierter Theologe *od.* ordinierte reformierte Theologin)

VDS = Verband Deutscher Studentenschaften, *jetzt* Vereinigte Deutsche Studentenschaften

vdt. = vidit

VEB = volkseigener Betrieb *(DDR); vgl.* volkseigen

Vech|ta [f...] (Stadt bei Oldenburg)

Vech|te [f...], die; - (ein Fluss)

Ve|da *vgl.* Weda

Ve|det|te, die; -, -n ⟨franz.⟩ (*svw.* [2]Star)

ve|disch *vgl.* wedisch

Ve|du|te, die; -, -n ⟨ital.⟩ (*Malerei* naturgetreue Darstellung einer Landschaft); **Ve|du|ten|ma|ler; Ve|du|ten|ma|le|rei; Ve|du|ten|ma|le|rin**

Ve|ga|ner ⟨engl.⟩ (Vegetarier, der auch auf Eier und Milchprodukte verzichtet); **Ve|ga|ne|rin**

ve|ge|ta|bil *vgl.* vegetabilisch; **Ve|ge|ta|bi|li|en** *Plur.* ⟨lat.⟩ (pflanzl. Nahrungsmittel); **ve|ge|ta|bi|lisch** (pflanzlich, Pflanzen...)

Ve|ge|ta|ri|a|ner (*svw.* Vegetarier)

Ve|ge|ta|ri|er (jmd., der sich vorwiegend von pflanzl. Kost ernährt); **Ve|ge|ta|ri|e|rin**

ve|ge|ta|risch (pflanzlich, Pflanzen...); **Ve|ge|ta|ris|mus** (Ernährung durch pflanzl. Kost)

Ve|ge|ta|ti|on, die; -, -en (Pflanzenwelt, -wuchs); **Ve|ge|ta|ti|ons|ge|biet; Ve|ge|ta|ti|ons|kult** *(Rel.);* **Ve|ge|ta|ti|ons|or|gan** *(Bot.);* **Ve|ge|ta|ti|ons|pe|ri|o|de; Ve|ge|ta|ti|ons|punkt** *(Bot.)*

ve|ge|ta|tiv (zur Vegetation gehörend, pflanzlich; *Biol.* ungeschlechtlich; *Med.* unbewusst); vegetatives Nervensystem (dem Einfluss des Bewusstseins entzogenes Nervensystem)

ve|ge|tie|ren (kümmerlich [dahin]leben)

ve|he|ment ⟨lat.⟩ (heftig); **Ve|he|menz,** die; -

Ve|hi|kel, das; -s, - ⟨lat.⟩ (schlechtes, altmodisches Fahrzeug; Hilfsmittel)

Vei|ge|lein (*veraltet für* Veilchen); **Vei|gerl,** das; -s, -n (*bayr., österr. für* Veilchen)

Veil [vɛj], (franz. Politikerin)

Veil|chen; veil|chen|blau

Veil|chen|duft; Veil|chen|strauß; Veil|chen|wur|zel

Veit [fait] (m. Vorn.); *vgl.* Vitus

Veits|boh|ne

Veits|tanz, der; -es (ein Nervenleiden)

Vek|tor, der; -s, ...oren ⟨lat.⟩ (physikal. od. math. Größe, die durch Pfeil dargestellt wird u. durch Angriffspunkt, Richtung und Betrag festgelegt ist)

Vek|tor|glei|chung *(Math.)*

vek|to|ri|ell

Vek|tor|raum; Vek|tor|rech|nung

Ve|la (*Plur. von* Velum)

Ve|lar, der; -s, -e ‹lat.› (*Sprachw.* Gaumensegellaut, Hintergaumenlaut, z. B. k)
Ve|laz|quez [...'laskɛs], *span.* **Ve|láz|quez** [be'laθkɛθ] (span. Maler)
Ve|lin [*auch* ...'lɛ̃:], das; -s ‹franz.› (weiches Pergament; ungeripptes Papier)
Ve|lo, das; -s, -s ‹*verkürzt aus* Veloziped› (*schweiz. für* Fahrrad); Velo fahren (Rad fahren); **Ve|lo|drom**, das; -s, -e ‹franz.› ([geschlossene] Radrennbahn); **Ve|lo|fah|ren**, das; -s *(schweiz.)*
[1]**Ve|lours** [və'lu:ɐ̯, *auch* ve...], der; -, - (Samt; Gewebe mit gerauter, weicher Oberfläche)
[2]**Ve|lours**, das; -, - (samtartiges Leder); **Ve|lours|le|der**
Ve|lo|zi|ped, das; -[e]s, -e ‹franz.› (*veraltet für* Fahrrad)
Vel|pel [f...], der; -s, - ‹ital.› (*Nebenform von* Felbel)
Velt|lin [v..., *auch, schweiz. nur,* f...], das; -s (Talschaft oberhalb des Comer Sees)
[1]**Velt|li|ner**; Veltliner Wein
[2]**Velt|li|ner** (Wein)
Ve|lum, das; -s, ...la ‹lat.› (Teil der gottesdienstl. Kleidung kath. Priester; Kelchtuch; *Med.* Gaumensegel); **Ve|lum pa|la|ti|num**, das; - -, ...la ...na (*Med.* Gaumensegel; weicher Gaumen)
Vel|vet, der *od.* das; -s, -s ‹engl.› (Baumwollsamt)
Ven|dee [vã'...], *franz.* **Ven|dée** [...'de:], die; - (franz. Departement); **Ven|de|er**
Ven|de|mi|aire [vãde'mi̯ɛ:ɐ̯], der; -[s], -s ‹franz., »Weinmonat«› (1. Monat des Kalenders der Franz. Revolution: 22. Sept. bis 21. Okt.)
Ven|det|ta, die; -, ...tten ‹ital.› ([Blut]rache)
Ve|ne, die; -, -n ‹lat.› (Blutgefäß, das zum Herzen führt)
Ve|ne|dig (ital. Stadt); *vgl.* Venezia; **Ve|ne|di|ger|grup|pe**, die; - ↑K 143 (Gebirgsgruppe)
Ve|nen|ent|zün|dung
Ve|ne|ra|bi|le [...le], das; -[s] ‹lat.› (Allerheiligstes in der kath. Kirche)
ve|ne|risch ‹*zu* [1]Venus› (*Med.* auf die Geschlechtskrankheiten bezogen); venerische Krankheiten
Ve|ne|ter (Bewohner von Venetien); **Ve|ne|ti|en** (ital. Region)
Ve|ne|zia (*ital. Form von* Venedig); **Ve|ne|zi|a|ner** (Einwohner von Venedig); **Ve|ne|zi|a|ne|rin**; **ve|ne|zi|a|nisch**
Ve|ne|zo|la|ner; **Ve|ne|zo|la|ne|rin**; **ve|ne|zo|la|nisch**; **Ve|ne|zu|e|la** (Staat in Südamerika)
Ve|nia Le|gen|di [*alte Schreibung* Ve|nia le|gen|di], die; - - ‹lat.› (Erlaubnis, an Hochschulen zu lehren)
ve|ni, vi|di, vi|ci ['ve:ni: 'vi:di: 'vi:tsi:] ‹lat., »ich kam, ich sah, ich siegte«› (Ausspruch Cäsars)
Venn [f...], das; -s; ↑K 140: Hohes Venn (Teil der Eifel)
Ven|ner [f...], der; -s, - (*schweiz. für* Pfandfinderführer; *früher auch für* Fähnrich)
ve|nös ‹lat.› (*Med.* die Vene[n] betreffend)
Ven|til, das; -s, -e ‹lat.›
Ven|ti|la|ti|on, die; -, -en ([Be]lüftung, Luftwechsel)
Ven|ti|la|tor, der; -s, ...oren
Ven|til|gum|mi, der *u.* das
ven|ti|lie|ren (lüften; *übertr.* sorgsam erwägen); **Ven|ti|lie|rung**
Ven|til|spiel; **Ven|til|steu|e|rung**
Ven|tose [vã'to:s], der; -[s], -s ‹franz., »Windmonat«› (6. Monat des Kalenders der Franz. Revolution: 19. Febr. bis 20. März)
ven|t|ral ‹lat.› (*Med.* den Bauch betreffend; bauchwärts)
Ven|t|ri|kel, der; -s, - (Kammer [in Herz, Hirn usw.]); **ven|t|ri|ku|lär** (den Ventrikel betreffend)
Ven|t|ri|lo|quist, der; -en, -en (Bauchredner); **Ven|t|ri|lo|quis|tin** [*alte Trennung* ...|stin]
[1]**Ve|nus** [v...] (röm. Liebesgöttin)
[2]**Ve|nus**, die; - (ein Planet)
Ve|nus|berg (weiblicher Schamberg); **Ve|nus|flie|gen|fal|le** (eine Fleisch fressende Pflanze); **Ve|nus|hü|gel** (*svw.* Venusberg); **Ve|nus|son|de** (Raumsonde zur Erforschung des Planeten Venus)
ver... (*Vorsilbe von Verben,* z. B. verankern, du verankerst, verankert, zu verankern)
Ve|ra (w. Vorn.)
ver|ab|fol|gen (*Amtsspr. veraltend* aus-, abgeben)
ver|ab|re|den; **ver|ab|re|de|ter|ma|ßen**; **Ver|ab|re|dung**
ver|ab|rei|chen; **Ver|ab|rei|chung**
ver|ab|säu|men (versäumen)
ver|ab|scheu|en; **ver|ab|scheu|ens|wert**
Ver|ab|scheu|ung, die; -; **ver|ab|scheu|ungs|wür|dig**
ver|ab|schie|den; sich verabschieden; **Ver|ab|schie|dung**; **ver|ab|schie|dungs|reif**
ver|ab|so|lu|tie|ren; **Ver|ab|so|lu|tie|rung**
ver|ach|ten; das ist nicht zu verachten (*ugs. für* das ist gut, schön); **ver|ach|tens|wert**
Ver|äch|ter; **Ver|äch|te|rin**
ver|ächt|lich; **Ver|ächt|lich|ma|chung**, die; -
Ver|ach|tung, die; -; **ver|ach|tungs|voll**; **ver|ach|tungs|wür|dig**
Ve|ra|cruz, *eindeutschend* **Ve|ra|kruz** [*beide* ...'kru:s] (Staat u. Stadt in Mexiko)
ver|al|bern; **Ver|al|be|rung**
ver|all|ge|mei|ner|bar; **ver|all|ge|mei|nern**; ich verallgemeinere
Ver|all|ge|mei|ne|rung
ver|al|ten; veraltend; veraltet
Ve|ran|da, die; -, ...den ‹engl.›; **ve|ran|da|ar|tig**; **Ve|ran|da|auf|gang**
ver|än|der|bar
ver|än|der|lich; das Barometer steht auf »veränderlich«; **Ver|än|der|li|che**, die; -n, -n (eine mathemat. Größe, deren Wert sich ändern kann; *Ggs.* Konstante); zwei Veränderliche; **Ver|än|der|lich|keit**
ver|än|dern; **Ver|än|de|rung**
ver|ängs|ti|gen [*alte Trennung* ...|st...]; **ver|ängs|tigt**; **Ver|ängs|ti|gung**
ver|an|kern; **Ver|an|ke|rung**
ver|an|la|gen (einschätzen)
ver|an|lagt; künstlerisch veranlagt sein; **Ver|an|la|gung**; **Ver|an|la|gungs|steu|er**, die
ver|an|las|sen; du veranlasst, er/sie veranlasst; du veranlasstest; veranlasst; veranlasse!; sich veranlasst sehen; [*alte Schreibungen* veranlaßt, veranlaßtest]
Ver|an|las|ser; **Ver|an|las|se|rin**
Ver|an|las|sung; zur weiteren Veranlassung (*Amtsspr.; Abk.* z. w. V.); **Ver|an|las|sungs|wort** *Plur.* ...wörter (*für* Kausativ)
ver|an|schau|li|chen; **Ver|an|schau|li|chung**
ver|an|schla|gen (ansetzen); du veranschlagtest; er hat die Kosten viel zu niedrig veranschlagt; **Ver|an|schla|gung**
ver|an|stal|ten; **Ver|an|stal|ter**; **Ver|an|stal|te|rin**
Ver|an|stal|tung; **Ver|an|stal|tungs|ka|len|der**
ver|ant|wor|ten; **ver|ant|wort|lich**; **Ver|ant|wort|lich|keit**
Ver|ant|wor|tung

V

ver|ant|wor|tungs|be|wusst [*alte Schreibung* ...be|wußt]; **Ver|ant|wor|tungs|be|wusst|sein**
ver|ant|wor|tungs|freu|dig
Ver|ant|wor|tungs|ge|fühl, das
ver|ant|wor|tungs|los; Ver|ant|wor|tungs|lo|sig|keit, die; -
Ver|ant|wor|tungs|trä|ger
ver|ant|wor|tungs|voll
ver|äp|peln (*ugs. für* veralbern, anführen); ich veräpp[e]le ihn
ver|ar|beit|bar; Ver|ar|beit|bar|keit, die; -
ver|ar|bei|ten; Ver|ar|bei|tung
ver|ar|gen *(geh.)*; jmdm. etwas verargen
ver|är|gern; Ver|är|ge|rung
ver|ar|men; Ver|ar|mung
ver|ar|schen (*derb für* veralbern)
ver|arz|ten (*ugs. für* [ärztl.] behandeln); **Ver|arz|tung** *(ugs.)*
ver|a|schen (*Chemie* ohne Flamme verbrennen)
ver|äs|teln, sich; **Ver|äs|te|lung, Ver|äst|lung**
ver|ät|zen; Ver|ät|zung
ver|auk|ti|o|nie|ren (versteigern)
ver|aus|ga|ben (ausgeben); sich verausgaben (sich bis zur Erschöpfung anstrengen); **Ver|aus|ga|bung**
ver|aus|la|gen; Ver|aus|la|gung
ver|äu|ßer|lich (verkäuflich)
ver|äu|ßer|li|chen (äußerlich, oberflächlich machen, werden); **Ver|äu|ßer|li|chung**
ver|äu|ßern (verkaufen); **Ver|äu|ße|rung**
Verb, das; -s, -en ‹lat.› (*Sprachw.* Zeitwort, Tätigkeitswort, z. B. »laufen, bauen«)
ver|bal (als Verb gebraucht; wörtlich; mündlich); verbale Klammer; **Ver|ba|le,** das; -s, ...lien *meist Plur.* (*Sprachw.* von einem Verb abgeleitetes Wort)
Ver|bal|in|ju|rie, die; -, -n (Beleidigung mit Worten)
ver|ba|li|sie|ren (in Worten ausdrücken; *Sprachw.* zu einem Verb umbilden)
Ver|ba|lis|mus, der; - (Vorherrschaft des Wortes statt der Sache [im Unterricht]); **ver|ba|lis|tisch** [*alte Trennung* ...|st...]
ver|ba|li|ter (*veraltend für* wörtlich)
ver|bal|lern (*ugs. für* verschießen)
ver|ball|hor|nen ‹nach dem Buchdrucker Bal[l]horn› (verschlimmbessern); **Ver|ball|hor|nung**
Ver|bal|no|te ‹lat.› (zu mündlicher Mitteilung bestimmte vertrauliche diplomatische Note)
Ver|bal|stil, der; -[e]s (Stil, der das Verb bevorzugt; *Ggs.* Nominalstil); **Ver|bal|sub|stan|tiv** (*Sprachw.* zu einem Verb gebildetes Substantiv, das [zum Zeitpunkt der Bildung] eine Geschehensbezeichnung ist, z. B. »Gabe, Zerrüttung«)
Ver|band, der; -[e]s, ...bände; **Ver|band|kas|ten** [*alte Trennung* ...|st...] *vgl.* Verbandskasten
Ver|bands|kas|se
Ver|bands|kas|ten, Ver|band|kas|ten [*alte Trennung* ...|st...]
Ver|bands|lei|ter, der
Ver|band[s]|ma|te|ri|al; Ver|band[s]|päck|chen; Ver|band[s]|platz; Ver|band[s]|stoff
Ver|bands|vor|sit|zen|de; Ver|bands|vor|stand
Ver|band[s]|wat|te; Ver|band[s]|zeug; Ver|band[s]|zim|mer
ver|ban|nen; Ver|ban|nung; Ver|ban|nungs|ort
ver|bar|ri|ka|die|ren
Ver|bas|kum, das; -s, ...ken ‹lat.› (*Bot.* Königskerze)
ver|bau|en
ver|bau|ern (*abwertend für* [geistig] abstumpfen); ich verbauere; **Ver|bau|e|rung,** die; -
Ver|bau|ung
ver|be|am|ten; Ver|be|am|tung
ver|bei|ßen; die Hunde hatten sich ineinander verbissen; sich den Schmerz verbeißen (nicht anmerken lassen); sich in eine Sache verbeißen (*ugs. für* hartnäckig daran festhalten)
ver|bel|len (*Jägerspr.* durch Bellen zum verwundeten od. verendeten Wild führen)
Ver|be|ne, die; -, -n ‹lat.› (*Bot.* Eisenkraut)
ver|ber|gen; *vgl.* [2]verborgen; **Ver|ber|gung**
Ver|bes|se|rer, Ver|bess|rer [*alte Schreibung* Ver|beß|rer]; **Ver|bes|se|rin,** Ver|bess|rin
ver|bes|sern; Ver|bes|se|rung, Ver|bess|rung
ver|bes|se|rungs|be|dürf|tig; ver|bes|se|rungs|fä|hig
Ver|bes|se|rungs|vor|schlag
ver|beu|gen, sich; **Ver|beu|gung**
ver|beu|len
ver|bie|gen; Ver|bie|gung
ver|bies|tern [*alte Trennung* ...|st...], sich (*landsch. für* sich verirren; sich in etwas verrennen); ich verbiestere mich; **ver|bies|tert** (*landsch. für* verstört)
ver|bie|ten; Betreten verboten!
ver|bil|den
ver|bild|li|chen; Ver|bild|li|chung
Ver|bil|dung
ver|bil|li|gen; Ver|bil|li|gung
ver|bim|sen (*ugs. für* verprügeln)
ver|bin|den; Ver|bin|der *(Sport)*
ver|bind|lich (höflich, zuvorkommend; bindend, verpflichtend); eine verbindliche Zusage; **Ver|bind|lich|keit; Ver|bind|lich|keits|er|klä|rung**
Ver|bin|dung; um sich in Verbindung zu setzen
Ver|bin|dungs|gra|ben; Ver|bin|dungs|li|nie
Ver|bin|dungs|mann *Plur.* ...männer *u.* ...leute (*Abk.* V-Mann)
Ver|bin|dungs|of|fi|zier
Ver|bin|dungs|stel|le; Ver|bin|dungs|stra|ße; Ver|bin|dungs|stück; Ver|bin|dungs|tür
Ver|biss [*alte Schreibung* Ver|biß], der; Verbisses, Verbisse (*Jägerspr.* Abbeißen von Knospen, Trieben u. Ä. durch Wild)
ver|bis|sen; ein verbissener Gegner; ein verbissenes Gesicht; **Ver|bis|sen|heit**
ver|bit|ten; ich habe mir eine solche Antwort verbeten
ver|bit|tern; ich verbittere; verbittert; **Ver|bit|te|rung**
[1]**ver|bla|sen** (*Jägerspr.* erlegtes Wild mit einem Hornsignal anzeigen); den Hirsch, die Strecke verblasen
[2]**ver|bla|sen** (schwülstig); ein verblasener Stil
Ver|bla|sen|heit
ver|blas|sen; die Farbe verblasst [*alte Schreibung* verblaßt]; verblasste [*alte Schreibung* verblaßte] Kindheitserinnerungen
ver|blät|tern; eine Seite verblättern
ver|bläu|en [*alte Schreibung* verbleuen] (*ugs. für* verprügeln)
Ver|bleib, der; -[e]s
ver|blei|ben
Ver|blei|ben, das; -s; dabei muss es sein Verbleiben haben *(Amtsspr.)*
ver|blei|chen (bleich werden); du verblichst; du verblichest; verblichen; *vgl.* [2]bleichen
ver|blei|en (mit Blei versehen, auslegen; *auch für* plombieren); **Ver|blei|ung**
ver|blen|den (*Bauw. auch* [Mauer-

werk o. Ä. mit besserem Material] verkleiden); **Ver|blen|dung**
ver|bleu|en *alte Schreibung für* verbläuen
ver|bli|chen; verblichenes Bild
Ver|bli|che|ne, der *u.* die; -n, -n (*geh. für* Tote)
ver|blö|den *(ugs.);* **Ver|blö|dung**
ver|blüf|fen; verblüfft sein; **ver|blüf|fend; Ver|blüfft|heit,** die; -; **Ver|blüf|fung**
ver|blü|hen
ver|blümt (umschreibend)
ver|blu|ten; Ver|blu|tung
ver|bo|cken [*alte Trennung* ...k|k...] (*ugs. für* fehlerhaft ausführen; verderben, verpfuschen)
Ver|bod|mung (*svw.* Bodmerei)
ver|bo|gen; verbogenes Blech
ver|boh|ren, sich (*ugs. für* sich verrennen); **ver|bohrt;** er ist verbohrt (*ugs. für* uneinsichtig, starrköpfig); **Ver|bohrt|heit** *(ugs.)*
[1]ver|bor|gen (ausleihen)

[2]ver|bor|gen
– eine verborgene Gefahr – verborgene Talente – ein verborgenes Tal
Großschreibung der Substantivierung ↑K 72: – das Verborgene u. das Sichtbare – Gott, der ins Verborgene sieht – im Verborgenen [*alte Schreibung* im verborgenen] (unbemerkt) bleiben – im Verborgenen [*alte Schreibung* im verborgenen] blühen

Ver|bor|gen|heit, die; -
ver|bos ‹lat.› (*geh. für* [allzu] wortreich, weitschweifig)
ver|bö|sern (*scherzh. für* schlimmer machen); ich verbösere
Ver|bot, das; -[e]s, -e; **ver|bo|ten; ver|bo|te|ner|wei|se**
Ver|bots|schild *Plur.* ...schilder; **Ver|bots|ta|fel**
ver|bots|wid|rig; Ver|bots|zei|chen
ver|brä|men (am Rand verzieren; [eine Aussage] verschleiern, ausschmücken); **Ver|brä|mung**
ver|bra|ten (*ugs. für* verbrauchen)
Ver|brauch, der; -[e]s, *Plur. (fachspr.)* ...bräuche
ver|brau|chen; Ver|brau|cher
Ver|brau|cher|auf|klä|rung; Ver|brau|cher|be|ra|tung; Ver|brau|cher|ge|nos|sen|schaft (*für* Konsumgenossenschaft)
Ver|brau|che|rin
Ver|brau|cher|markt; Ver|brau|cher|preis; Ver|brau|cher|ver|band; Ver|brau|cher|zen|t|ra|le
Ver|brauchs|gut *meist Plur.;* **Ver|brauchs|len|kung,** die; -; **Ver|brauchs|pla|nung**
Ver|brauchs|steu|er, Ver|brauch|steu|er, die
ver|bre|chen; Ver|bre|chen, das; -s, -; **Ver|bre|chens|be|kämp|fung**
Ver|bre|cher; Ver|bre|cher|al|bum *(veraltend);* **Ver|bre|che|rin; ver|bre|che|risch; Ver|bre|cher|kar|tei; Ver|bre|cher|tum,** das; -s
ver|brei|ten; er hat diese Nachricht verbreitet; sich verbreiten (etwas ausführlich darstellen); die verbreitets|te Meinung *(ugs.)*
Ver|brei|ter; Ver|brei|te|rin
ver|brei|tern (breiter machen); ich verbreitere; **Ver|brei|te|rung**
Ver|brei|tung, die; -; **Ver|brei|tungs|ge|biet**
ver|brenn|bar; ver|bren|nen; das Holz ist verbrannt; du hast dir den Mund verbrannt (*ugs. für* dir durch Reden geschadet)
Ver|bren|nung; Ver|bren|nungs|ma|schi|ne; Ver|bren|nungs|mo|tor
ver|brie|fen ([urkundlich] sicherstellen); ein verbrieftes Recht
ver|brin|gen (*Amtsspr. auch für* irgendwohin schaffen); jmdn. in Sicherheitsverwahrung verbringen; **Ver|brin|gung**
ver|brü|dern, sich; ich verbrüdere mich; **Ver|brü|de|rung**
ver|brü|hen; Ver|brü|hung
ver|bu|chen; Ver|bu|chung
ver|bud|deln (*ugs. für* vergraben)
Ver|bum, das; -s, *Plur.* ...ba *u.* ...ben ‹lat.› (*svw.* Verb); Verbum finitum (*Plur.* Verba finita; Personalform des Verbs)
ver|bum|fie|deln (*ugs. für* verschwenden; verlieren); ich verbumfied[e]le
ver|bum|meln; er hat seine Zeit verbummelt (*ugs. für* nutzlos vertan); **ver|bum|melt** (*ugs. für* heruntergekommen)
Ver|bund, der; -[e]s, *Plur.* -e *u.* Verbünde (Verbindung); **Ver|bund|bau|wei|se,** die; -
ver|bün|den, sich
Ver|bun|den|heit, die; -
Ver|bün|de|te, der *u.* die; -n, -n
ver|bund|fah|ren *nur im Infinitiv gebräuchlich* (innerhalb eines Verkehrsverbundes verschiedene öffentliche Verkehrsmittel benutzen)
Ver|bund|fens|ter [*alte Trennung* ...|st...]; **Ver|bund|glas,** das; -es
Ver|bund|lam|pe (*Bergmannsspr.* elektr. Lampe in Verbindung mit einer Wetterlampe)
Ver|bund|ma|schi|ne
Ver|bund|netz (zur gemeinsamen Stromversorgung)
Ver|bund|pflas|ter|stein [*alte Trennung* ...|st...]
Ver|bund|ski|pass, *auch* Ver|bund|schi|pass [*alte Schreibung* ...paß]
Ver|bund|sys|tem [*alte Trennung* ...|st...]
Ver|bund|wirt|schaft, die; - (Zusammenschluss mehrerer Betriebe zur Steigerung der Wirtschaftlichkeit)
ver|bür|gen; sich verbürgen
ver|bür|ger|li|chen; Ver|bür|ger|li|chung, die; -
Ver|bür|gung
ver|bü|ßen; eine Strafe verbüßen
ver|bü|xen (*nordd. für* verprügeln); du verbüxt
Verb|zu|satz (*Sprachw.* der nicht verbale Bestandteil einer unfesten Zusammensetzung mit einem Verb als Grundwort, z. B. »durch« in »durchführen«)
ver|char|tern (ein Schiff od. Flugzeug vermieten)
ver|chro|men [...k...] (mit Chrom überziehen); **Ver|chro|mung**
Ver|cin|ge|to|rix (ein Gallierfürst)
Ver|dacht, der; -[e]s, *Plur.* -e *u.* Verdächte; **ver|däch|tig; Ver|däch|ti|ge,** der *u.* die; -n, -n; **ver|däch|ti|gen; Ver|däch|ti|gung**
Ver|dachts|grund; Ver|dachts|mo|ment, das
ver|dam|men; ver|dam|mens|wert
Ver|damm|nis, die; - *(Rel.)*
ver|dammt (*ugs. auch für* sehr); **Ver|dam|mung**
ver|damp|fen; Ver|damp|fer *(Technik)*
Ver|damp|fung; Ver|damp|fungs|an|la|ge
ver|dan|ken (*schweiz. auch für* für etwas Dank abstatten)
ver|da|ten (in Daten umsetzen)
ver|dat|tert (*ugs. für* verwirrt)
ver|dau|en; ver|dau|lich; leicht verdauliche [*alte Schreibung* leichtverdauliche], schwer verdauliche [*alte Schreibung* schwerverdauliche] Nahrungsmittel; die Speise ist leicht ver-

V

daulich, schwer verdaulich; **Ver|dau|lich|keit,** die; -
Ver|dau|ung, die; -; **Ver|dau|ungs|ap|pa|rat; Ver|dau|ungs|be|schwer|den** *Plur.;* **Ver|dau|ungs|ka|nal; Ver|dau|ungs|or|gan; Ver|dau|ungs|stö|rung; Ver|dau|ungs|trakt**
Ver|deck, das; -[e]s, -e
ver|de|cken [*alte Trennung* ...k|k...]; **ver|deck|ter|wei|se**
Ver|den (Al|ler) [f...] (Stadt an der Aller); **Ver|de|ner**
ver|den|ken; jmdm. etwas verdenken
Ver|derb, der; -[e]s; auf Gedeih und Verderb
ver|der|ben; du verdirbst; du verdarbst; du verdürbest; verdorben; verdirb!; das Fleisch ist verdorben; er hat mir den ganzen Ausflug verdorben
Ver|der|ben, das; -s
Ver|der|ben brin|gend, *auch* **ver|der|ben|brin|gend;** eine Verderben bringende, *auch* verderbenbringende Politik, *aber nur* eine großes Verderben bringende Politik, eine höchst verderbenbringende Politik ↑K 58 *u.* 59
Ver|der|ber; Ver|der|be|rin
ver|derb|lich; verderbliche Esswaren; **Ver|derb|lich|keit,** die; -
Ver|derb|nis, die; - *(veraltend)*
ver|derbt (verdorben [von Stellen in alten Handschriften]); **Ver|derbt|heit,** die; -
ver|deut|li|chen; Ver|deut|li|chung
ver|deut|schen; du verdeutschst; **Ver|deut|schung**
Ver|di (ital. Komponist)
ver|dicht|bar; ver|dich|ten; Ver|dich|ter *(Technik);* **Ver|dich|tung**
ver|di|cken [*alte Trennung* ...k|k...]; **Ver|di|ckung**
ver|die|nen; ↑K 82: das Verdienen (der Gelderwerb) wird schwerer; **Ver|die|ner; Ver|die|ne|rin**
¹**Ver|dienst,** der; -[e]s, -e (Lohn, Gewinn)
²**Ver|dienst,** das; -[e]s, -e (Anspruch auf Anerkennung)
Ver|dienst|aus|fall; Ver|dienst|be|schei|ni|gung; Ver|dienst|gren|ze
Ver|dienst|kreuz (ein Orden)
ver|dienst|lich
Ver|dienst|mög|lich|keit
Ver|dienst|or|den
Ver|dienst|span|ne
ver|dienst|voll
ver|dient; ver|dien|ter|ma|ßen; ver|dien|ter|wei|se
Ver|dikt, das; -[e]s, -e ⟨lat.⟩ ([Verdammungs]urteil)
Ver|ding, der; -[e]s, -e (*svw.* Verdingung); **ver|din|gen** *(veraltend);* du verdingst; du verdingtest; verdungen, *auch* verdingt; verding[e]!; sich als Gehilfe verdingen
ver|ding|li|chen; Ver|ding|li|chung
Ver|din|gung *(veraltet)*
ver|do|len ⟨*zu* Dole⟩ (überdecken)
ver|dol|met|schen; Ver|dol|met|schung
ver|don|nern (*ugs. für* verurteilen)
ver|don|nert (*ugs. veraltend für* erschreckt, bestürzt)
ver|dop|peln; Ver|dop|pe|lung, Ver|dopp|lung
ver|dor|ben; Ver|dor|ben|heit
ver|dor|ren; verdorrt
ver|dö|sen *(ugs.);* die Zeit verdösen; *vgl.* dösen
ver|drah|ten (mit Draht verschließen; *Elektrot.* mit Schaltdrähten verbinden)
ver|drän|gen; Ver|drän|gung; Ver|drän|gungs|me|cha|nis|mus; Ver|drän|gungs|wett|be|werb
ver|dre|cken [*alte Trennung* ...k|k...] (*ugs. für* verschmutzen)
ver|dre|hen; Ver|dre|her *(ugs.);* **ver|dreht** (*ugs. für* verwirrt; verschroben); **Ver|dreht|heit** *(ugs.);* **Ver|dre|hung**
ver|drei|fa|chen
ver|dre|schen (*ugs. für* verprügeln)
ver|drie|ßen (missmutig machen, verärgern); du verdrießt, er verdrießt; du verdrossest, er verdross [*alte Schreibung* verdroß]; du verdrössest; verdrossen; verdrieß[e]!; es verdrießt mich; ich lasse es mich nicht verdrießen
ver|drieß|lich; Ver|drieß|lich|keit
ver|dril|len (miteinander verdrehen); **Ver|dril|lung** (*für* Torsion)
ver|dros|sen; Ver|dros|sen|heit
ver|dru|cken [*alte Trennung* ...k|k...]
ver|drü|cken [*alte Trennung* ...k|k...] (*ugs. auch für* essen); sich verdrücken (*ugs. für* sich heimlich entfernen)
Ver|druss [*alte Schreibung* Verdruß], der; Verdrusses, Verdrusse
ver|duf|ten; [sich] verduften (*ugs. für* sich unauffällig entfernen)
ver|dum|men; Ver|dum|mung
ver|dump|fen; Ver|dump|fung
Ver|dun [...'dœ̃:] (franz. Stadt)
ver|dun|keln; ich verdunk[e]le; **Ver|dun|ke|lung,** Ver|dunk|lung;
Ver|dun|ke|lungs|ge|fahr, Ver|dunk|lungs|ge|fahr, die; -
ver|dün|nen
ver|dün|ni|sie|ren, sich (*ugs. für* sich entfernen)
Ver|dün|nung
ver|duns|ten [*alte Trennung* ...|st...] (langsam verdampfen); **ver|düns|ten** (*selten für* zu Dunst machen); **Ver|duns|tung,** die; -; **Ver|düns|tung,** die; -; **Ver|duns|tungs|mes|ser,** der
Ver|du|re [...'dy:...], die; -, -n ⟨franz.⟩ (ein in grünen Farben gehaltener Wandteppich)
ver|durs|ten [*alte Trennung* ...|st...]
ver|düs|tern [*alte Trennung* ...|st...]; ich verdüstere
ver|dut|zen (verwundern); **ver|dutzt** (verwirrt); **Ver|dutzt|heit**
ver|eb|ben
ver|e|deln; ich vered[e]le; **Ver|e|de|lung,** Ver|ed|lung; **Ver|e|de|lungs|ver|fah|ren, Ver|ed|lungs|ver|fah|ren**
ver|e|he|li|chen, sich; **Ver|e|he|li|chung**
ver|eh|ren; Ver|eh|rer; Ver|eh|re|rin
Ver|eh|rung, die; -; **ver|eh|rungs|voll; ver|eh|rungs|wür|dig**
ver|ei|di|gen; vereidigte Sachverständige; **Ver|ei|di|gung**
Ver|ein, der; -[e]s, -e; im Verein mit ...; Verein Deutscher Ingenieure (*Abk.* VDI); *vgl.* eingetragen
ver|ein|bar
ver|ein|ba|ren; ver|ein|bar|ter|ma|ßen
Ver|ein|ba|rung; ver|ein|ba|rungs|ge|mäß
ver|ei|nen, ver|ei|ni|gen; vereint (*vgl. d.)*
ver|ein|fa|chen; Ver|ein|fa|chung
ver|ein|heit|li|chen; Ver|ein|heit|li|chung
ver|ei|ni|gen
Ver|ei|nig|te A|ra|bi|sche E|mi|ra|te (Staat am Pers. Golf)
Ver|ei|nig|te Staa|ten [von A|me|ri|ka] *vgl.* US[A] *u.* Ver. St. v. A.
Ver|ei|nig|tes Kö|nig|reich [Groß|bri|tan|ni|en und Nord|ir|land]
Ver|ei|ni|gung; Ver|ei|ni|gungs|frei|heit (Koalitionsfreiheit)
ver|ein|nah|men (einnehmen); **Ver|ein|nah|mung**
ver|ein|sa|men; Ver|ein|sa|mung
ver|ein|sei|ti|gen (in einseitiger Weise darstellen)
Ver|eins|elf, die *(Fußball);* **Ver-**

V

eins|far|be *meist Plur.;* **Ver|eins|haus; Ver|eins|lei|tung; Ver|eins|lo|kal; Ver|eins|mann|schaft**
Ver|eins|mei|er *(ugs. abwertend);* **Ver|eins|mei|e|rei**
Ver|eins|re|gis|ter [*alte Trennung* ...|st...]
Ver|eins|sat|zung; Ver|eins|wech|sel; Ver|eins|we|sen, das; -s
ver|eint; mit vereinten Kräften, *aber* ↑K 150: die Vereinten Nationen (*Abk.* UN, VN)
ver|ein|zeln; ich vereinz[e]le; **ver|ein|zelt;** vereinzelte Niederschläge; Vereinzelte saßen im Freien; **Ver|ein|ze|lung**
ver|ei|sen (von Eis bedeckt werden; *Med.* durch Kälte unempfindlich machen); die Tragflächen ver|eis|ten; **ver|eist; Ver|ei|sung**
ver|ei|teln; ich vereit[e]le; **Ver|ei|te|lung,** Ver|eit|lung
ver|ei|tern; Ver|ei|te|rung
Ver|eit|lung *vgl.* Vereitelung
ver|e|keln; jmdm. etwas verekeln; **Ver|e|ke|lung, Ver|ek|lung**
ver|e|len|den; Ver|e|len|dung; Ver|e|len|dungs|the|o|rie, die; - (Theorie, nach der sich die Lebensverhältnisse der Arbeiterklasse im Kapitalismus ständig verschlechtern)
Ve|re|na (w. Vorn.)
ver|en|den
ver|en|gen; ver|en|gern; Ver|en|ge|rung; Ver|en|gung
ver|erb|bar
ver|er|ben; ver|erb|lich
Ver|er|bung; Ver|er|bungs|leh|re
ver|es|tern (*Chemie* zu Ester umwandeln); ich verestere; **Ver|es|te|rung**
ver|e|wi|gen; Ver|e|wig|te, der *u.* die; -n, -n; **Ver|e|wi|gung**
[1]**ver|fah|ren** (vorgehen, handeln); ich bin so verfahren, dass ...; so darfst du nicht mit ihr verfahren (umgehen); ich habe mich verfahren (bin einen falschen Weg gefahren); ↑K 82: ein Verfahren ist auf dieser Strecke kaum möglich; eine Schicht verfahren (*Bergmannsspr.* eine Schicht machen)
[2]**ver|fah|ren** (ausweglos scheinend); verfahrene Situation
Ver|fah|ren, das; -s, -; ein neues Verfahren; **Ver|fah|rens|fra|ge**
Ver|fah|rens|recht, das; -[e]s; **ver|fah|rens|recht|lich**
Ver|fah|rens|re|gel; Ver|fah|rens|tech|nik; Ver|fah|rens|wei|se
Ver|fall, der; -[e]s; in Verfall geraten; **ver|fal|len;** das Haus ist verfallen; er ist dem Alkohol verfallen
Ver|fall|er|klä|rung *(Rechtsspr.)*
Ver|falls|da|tum; Ver|falls|er|schei|nung
Ver|fall[s]|tag; Ver|fall[s]|zeit
ver|fäl|schen; Ver|fäl|schung
ver|fan|gen; sich verfangen; du hast dich in Widersprüchen verfangen
ver|fäng|lich; eine verfängliche Situation; **Ver|fäng|lich|keit**
ver|fär|ben; Ver|fär|bung
ver|fas|sen; sie hat den Brief verfasst [*alte Schreibung* verfaßt]
Ver|fas|ser; Ver|fas|se|rin; Ver|fas|ser|schaft, die; -
Ver|fas|sung; ver|fas|sung|ge|bend
Ver|fas|sungs|än|de|rung; Ver|fas|sungs|be|schwer|de; Ver|fas|sungs|bruch
Ver|fas|sungs|feind; ver|fas|sungs|feind|lich
ver|fas|sungs|ge|mäß
Ver|fas|sungs|ge|richt; Ver|fas|sungs|kla|ge
ver|fas|sungs|kon|form; ver|fas|sungs|mä|ßig
Ver|fas|sungs|ord|nung; Ver|fas|sungs|recht, das; -[e]s
Ver|fas|sungs|schutz, der; -es; **Ver|fas|sungs|schüt|zer** *(ugs.)*
ver|fas|sungs|treu; Ver|fas|sungs|ur|kun|de; ver|fas|sungs|wid|rig
ver|fau|len; Ver|fau|lung
ver|fech|ten (verteidigen); er hat sein Recht tatkräftig verfochten; **Ver|fech|ter; Ver|fech|te|rin; Ver|fech|tung,** die; -
ver|feh|len (nicht erreichen, nicht treffen); sich verfehlen (*veraltend für* eine Verfehlung begehen); **Ver|feh|lung**
ver|fein|den, sich; sich mit jmdm. verfeinden; **Ver|fein|dung**
ver|fei|nern; Ver|fei|ne|rung
ver|fe|men (für vogelfrei erklären; ächten); **Ver|fem|te,** der *u.* die; -n, -n; **Ver|fe|mung**
ver|fer|ti|gen; Ver|fer|ti|gung
ver|fes|ti|gen [*alte Trennung* ...|st...]; **Ver|fes|ti|gung**
ver|fet|ten; Ver|fet|tung
ver|feu|ern; ich verfeuere
ver|fil|men; Ver|fil|mung
ver|fil|zen; Ver|fil|zung
ver|fins|tern [*alte Trennung* ...|st...]; **Ver|fins|te|rung**
ver|fit|zen (*ugs. für* verwirren); sie hat die Wolle verfitzt
ver|fla|chen; Ver|fla|chung
ver|flech|ten; Ver|flech|tung
ver|flie|gen (verschwinden); der Zorn ist verflogen; sich verfliegen (mit dem Flugzeug vom Kurs abkommen)
ver|flie|ßen *vgl.* verflossen
ver|flixt (*ugs. für* verflucht; *auch für* unangenehm, ärgerlich)
Ver|floch|ten|heit, die; -
ver|flos|sen; verflossene *od.* verflossne [*alte Schreibung* verfloßne] Tage
ver|flu|chen; ver|flucht (verdammt; sehr); so ein verfluchter Idiot; es ist verflucht heiß; verflucht u. zugenäht!
ver|flüch|ti|gen; sich verflüchtigen (*auch ugs. scherzh. für* sich heimlich entfernen); **Ver|flüch|ti|gung**
Ver|flu|chung
ver|flüs|si|gen; Ver|flüs|si|gung
Ver|folg, der; -[e]s (*Amtsspr.* Verlauf); *nur in* im *od.* in Verfolg der Sache
ver|fol|gen; Ver|fol|ger; Ver|fol|ge|rin; Ver|folg|te, der *u.* die; -n, -n
Ver|fol|gung; Ver|fol|gungs|jagd; Ver|fol|gungs|ren|nen *(Radsport);* **Ver|fol|gungs|wahn**
ver|form|bar; Ver|form|bar|keit
ver|for|men; Ver|for|mung
ver|frach|ten; Ver|frach|ter; Ver|frach|tung
ver|fran|zen, sich (*Fliegerspr.* sich verfliegen; *ugs. auch für* sich verirren); du verfranzt dich
ver|frem|den; Ver|frem|dung; Ver|frem|dungs|ef|fekt
[1]**ver|fres|sen** (*derb für* für Essen ausgeben); sein ganzes Geld verfressen
[2]**ver|fres|sen** (*derb für* gefräßig)
Ver|fres|sen|heit, die; - *(derb)*
ver|fro|ren
ver|frü|hen, sich; **ver|früht;** sein Dank kam verfrüht; **Ver|frü|hung,** die; -
ver|füg|bar; verfügbares Kapital; **Ver|füg|bar|keit,** die; -
ver|fu|gen; Kacheln verfugen
ver|fü|gen (bestimmen, anordnen; besitzen)
Ver|fu|gung
Ver|fü|gung; ↑K 31: zur Verfügung u. bereithalten, *aber* bereit- u. zur Verfügung halten; **ver|fü|gungs|be|rech|tigt**
Ver|fü|gungs|ge|walt, die; -
ver|füh|ren; Ver|füh|rer; Ver|füh|re|rin; ver|füh|re|risch
Ver|füh|rung; Ver|füh|rungs|kunst

ver|fuhr|wer|ken (*schweiz. für* verpfuschen)
ver|füt|tern (als [1]Futter geben)
Ver|ga|be, die; -, -n; Vergabe von Arbeiten
ver|ga|ben (*schweiz. für* [testamentarisch] schenken, vermachen); **Ver|ga|bung** (*schweiz. für* Schenkung, Vermächtnis)
ver|gack|ei|ern (*ugs. für* zum Narren halten); ich vergackeiere
ver|gaf|fen, sich (*ugs. für* sich verlieben)
ver|gagt [...'gɛ...] ‹dt.; engl.-amerik.› (*ugs. für* voller Gags)
ver|gäl|len (verbittern; *Chemie* ungenießbar machen); er hat ihm die Freude vergällt; vergällter Alkohol; **Ver|gäl|lung**
ver|ga|lop|pie|ren, sich (*ugs. für* irren, einen Missgriff tun)
ver|gam|meln (*ugs. für* verderben; verwahrlosen); die Zeit vergammeln (*ugs. für* vertrödeln)
ver|gan|den (*schweiz. für* verwildern [von Alpweiden]); **Ver|gan|dung**
Ver|gan|gen|heit; Ver|gan|gen|heits|be|wäl|ti|gung, die; -
ver|gäng|lich; Ver|gäng|lich|keit
ver|gan|ten ‹ zu Gant› (*südd., österr. mdal. veraltet u. schweiz. für* zwangsversteigern); **Ver|gan|tung**
ver|ga|sen (*Chemie* in gasförmigen Zustand überführen; mit [Gift]gasen verseuchen, töten); **Ver|ga|ser** (Vorrichtung zur Erzeugung des Luft-Kraftstoff-Gemisches für Verbrennungskraftmaschinen); **Ver|ga|sung**
ver|gat|tern (mit einem Gatter versehen; *ugs. für* jmdn. zu etwas verpflichten); ich vergattere; **Ver|gat|te|rung**
ver|ge|ben; eine Chance vergeben; er hat diesen Auftrag vergeben; seine Sünden sind ihm vergeben worden; ich vergebe mir nichts, wenn ...
ver|ge|bens
Ver|ge|ber; Ver|ge|be|rin
ver|geb|lich; Ver|geb|lich|keit
Ver|ge|bung (*geh.*)
ver|ge|gen|ständ|li|chen; Ver|ge|gen|ständ|li|chung
ver|ge|gen|wär|ti|gen [*auch* ...'vɛ...], sich; **Ver|ge|gen|wär|ti|gung**
ver|ge|hen; die Jahre sind vergangen; sich vergehen; er hat sich an ihr vergangen; **Ver|ge|hen,** das; -s, -
ver|gei|gen (*ugs. für* zu einem Misserfolg machen)
ver|gei|len (*Bot.* durch Lichtmangel aufschießen [von Pflanzen]); **Ver|gei|lung**
ver|geis|ti|gen [*alte Trennung* ...|st...]; **Ver|geis|ti|gung**
ver|gel|ten; sie hat immer Böses mit Gutem vergolten; vergilt!; einem ein »Vergelts Gott!« zurufen
Ver|gel|tung; Ver|gel|tungs|maß|nah|me; Ver|gel|tungs|schlag; Ver|gel|tungs|waf|fe
ver|ge|sell|schaf|ten; Ver|ge|sell|schaf|tung
ver|ges|sen; du vergisst, er vergisst [*alte Schreibungen* vergißt]; du vergaßest; du vergäßest; vergessen; vergiss [*alte Schreibung* vergiß]!; etwas vergessen; die Arbeit über dem Vergnügen vergessen; auf etwas vergessen (*landsch., bes. südd. u. österr. für* an etwas nicht rechtzeitig denken)
Ver|ges|sen|heit, die; -
ver|gess|lich [*alte Schreibung* ver|geß|lich]; **Ver|gess|lich|keit**
ver|geu|den; ver|geu|de|risch; Ver|geu|dung
ver|ge|wal|ti|gen; Ver|ge|wal|ti|ger; Ver|ge|wal|ti|gung
ver|ge|wis|sern, sich; ich vergewissere mich ihrer Sympathie; **Ver|ge|wis|se|rung**
ver|gie|ßen
ver|gif|ten; Ver|gif|tung; Ver|gif|tungs|er|schei|nung; Ver|gif|tungs|ge|fahr
Ver|gil (altröm. Dichter)
ver|gil|ben; vergilbte Papiere, Gardinen
Ver|gi|li|us *vgl.* Vergil
ver|gip|sen; du vergipst
Ver|giss|mein|nicht [*alte Schreibung* Ver|giß|mein|nicht], das; -[e]s, -[e] (eine Blume)
ver|git|tern; ich vergittere
ver|gla|sen; du verglast; er verglas|te; verglaste (glasige, starre) Augen; **Ver|gla|sung**
Ver|gleich, der; -[e]s, -e; im Vergleich mit, zu ...; ein gütlicher Vergleich
ver|gleich|bar; Ver|gleich|bar|keit
ver|glei|chen; sie hat beide Bilder verglichen; sich vergleichen; die Parteien haben sich verglichen; die vergleichende Anatomie; vergleich[e]! (*Abk.* vgl.)
Ver|gleichs|form (*svw.* Steigerungsform); **Ver|gleichs|gläu|bi|ger** (*Rechtsspr.*); **Ver|gleichs|grö|ße; Ver|gleichs|kampf** (*Sport*); **Ver|gleichs|mög|lich|keit; Ver|gleichs|ob|jekt; Ver|gleichs|par|ti|kel** (*Sprachw.*)
Ver|gleichs|schuld|ner (*Rechtsspr.*); **Ver|gleichs|schuld|ne|rin** (*Rechtsspr.*); **Ver|gleichs|ver|fah|ren**
ver|gleichs|wei|se; Ver|gleichs|zahl
Ver|glei|chung
ver|glet|schern; Ver|glet|sche|rung
ver|glim|men
ver|glü|hen
ver|gnat|zen (*landsch. für* verärgern); ich bin vergnatzt
ver|gnü|gen; sich vergnügen; **Ver|gnü|gen,** das; -s, -; viel Vergnügen!; **ver|gnü|gens|hal|ber**
ver|gnüg|lich; ver|gnügt
Ver|gnü|gung *meist Plur.*; **Ver|gnü|gungs|fahrt**
ver|gnü|gungs|hal|ber
Ver|gnü|gungs|in|dus|t|rie [*alte Trennung* ...|st...]; **Ver|gnü|gungs|park; Ver|gnü|gungs|rei|se; Ver|gnü|gungs|steu|er,** die
Ver|gnü|gungs|sucht, die; -; **ver|gnü|gungs|süch|tig**
ver|gol|den; Ver|gol|der; Ver|gol|de|rin; Ver|gol|dung
ver|gön|nen ([aus Gunst] gewähren); es ist mir vergönnt
ver|got|ten (*svw.* vergöttlichen)
ver|göt|tern; ich vergöttere; **Ver|göt|te|rung**
ver|gött|li|chen (zum Gott machen; als Gott verehren); **Ver|gött|li|chung**
Ver|got|tung
ver|gra|ben
ver|grä|men (verärgern; *Jägerspr.* verscheuchen); **ver|grämt**
ver|grät|zen (*landsch. für* verärgern); du vergrätzt
ver|grau|en (grau werden); vergraute Wäsche
ver|grau|len (*ugs. für* verärgern [u. dadurch vertreiben])
ver|grei|fen; sich an jmdm., an einer Sache vergreifen; du hast dich im Ton vergriffen
ver|grei|sen; du vergreist; er vergreis|te; **Ver|grei|sung** (das Vergreistsein; das Vergreisen)
ver|grel|len (*landsch. für* zornig machen); man hat ihn vergrellt
ver|grif|fen; das Buch ist vergriffen (nicht mehr lieferbar)
ver|grö|bern; Ver|grö|be|rung
Ver|grö|ße|rer (*Optik*)
ver|grö|ßern; ich vergrößere
Ver|grö|ße|rung; Ver|grö|ße|rungs-

ap|pa|rat; Ver|grö|ße|rungs|glas *Plur.* ...gläser; **Ver|grö|ße|rungs|spie|gel**
ver|gu|cken [*alte Trennung* ...k|k...], sich (*ugs. für* sich verlieben)
ver|gül|den (*geh. für* vergolden)
Ver|gunst; *nur noch in* mit Vergunst (mit Verlaub); **ver|güns|ti|gen** [*alte Trennung* ...|st...] *(veraltet)*
Ver|güns|ti|gung [*alte Trennung* ...|st...]
ver|gü|ten (*auch für* veredeln); **Ver|gü|tung**
verh. (*Zeichen* ⚭) = verheiratet
Ver|ha|ckert [*alte Trennung* ...k|k...], das; -s (*österr. für* Brotaufstrich aus Schweinefett u. a.)
ver|hack|stü|cken [*alte Trennung* ...k|k...] (*ugs.* bis ins Kleinste besprechen u. kritisieren)
Ver|haft, der; -[e]s (*veraltet für* Verhaftung)
ver|haf|ten; ver|haf|tet (*auch für* eng verbunden); einer Sache verhaftet sein
Ver|haf|te|te, der *u.* die; -n, -n
Ver|haf|tung; Ver|haf|tungs|wel|le
ver|ha|geln
ver|ha|ken, sich; die Geweihe verhakten sich ineinander
ver|hal|len; sein Ruf verhallte
Ver|halt, der; -[e]s, -e (*veraltet für* Verhalten; Sachverhalt)
[1]**ver|hal|ten** (stehen bleiben; zurückhalten; *österr. u. schweiz. Amtsspr.* zu etwas verpflichten, anhalten); sie verhielt auf der Treppe; er verhält den Harn, den Atem; ich habe mich abwartend verhalten; *(österr., schweiz.:)* die Behörde verhielt ihn zur Zahlung einer Geldbuße
[2]**ver|hal|ten;** ein verhaltener (gedämpfter, unterdrückter) Zorn, Trotz; verhaltener (verzögerter) Schritt; verhaltener (gezügelter) Trab
Ver|hal|ten, das; -s
Ver|hal|ten|heit, die; -
ver|hal|tens|auf|fäl|lig *(Psych.);* **Ver|hal|tens|auf|fäl|lig|keit**
Ver|hal|tens|for|scher; Ver|hal|tens|for|sche|rin; Ver|hal|tens|for|schung; Ver|hal|tens|fra|ge
ver|hal|tens|ge|stört (*svw.* verhaltensauffällig)
Ver|hal|tens|maß|re|gel *meist Plur.;* **Ver|hal|tens|mus|ter** [*alte Trennung* ...|st...] *(Psych.);* **Ver|hal|tens|re|gel; Ver|hal|tens|steu|e|rung; Ver|hal|tens|wei|se**
Ver|hält|nis, das; -ses, -se; geordnete Verhältnisse; **Ver|hält|nis|glei|chung** *(Math.)*
ver|hält|nis|mä|ßig; Ver|hält|nis|mä|ßig|keit *Plur. selten;* die Verhältnismäßigkeit der Mittel
Ver|hält|nis|wahl; Ver|hält|nis|wahl|recht, das; -[e]s; **Ver|hält|nis|wort** *Plur.* ...wörter (*für* Präposition); **Ver|hält|nis|zahl**
Ver|hal|tung; Ver|hal|tungs|maß|re|gel
ver|han|deln; über, *selten* um etwas verhandeln; **Ver|hand|lung; Ver|hand|lungs|ba|sis**
ver|hand|lungs|be|reit; Ver|hand|lungs|be|reit|schaft, die; -
ver|hand|lungs|fä|hig
Ver|hand|lungs|grund|la|ge
Ver|hand|lungs|part|ner; Ver|hand|lungs|part|ne|rin
Ver|hand|lungs|spra|che
Ver|hand|lungs|tisch; *in* sich an den Verhandlungstisch setzen; an den Verhandlungstisch zurückkehren; **Ver|hand|lungs|weg** *nur in* auf dem Verhandlungsweg (durch Verhandeln)
ver|han|gen; ein verhangener Himmel
ver|hän|gen; *vgl.* [2]hängen; mit verhängten (locker gelassenen) Zügeln
Ver|häng|nis, das; -ses, -se; **ver|häng|nis|voll**
Ver|hän|gung
ver|harm|lo|sen; du verharmlost; er verharmlos|te; **Ver|harm|lo|sung**
ver|härmt
ver|har|ren *(geh.);* **Ver|har|rung**
ver|har|schen; Ver|har|schung
ver|här|ten; Ver|här|tung
ver|has|peln (verwirren); sich verhaspeln (*ugs. für* sich beim Sprechen verwirren); **Ver|has|pe|lung, Ver|hasp|lung**
ver|hasst [*alte Schreibung* verhaßt]
ver|hät|scheln (*ugs. für* verzärteln); **Ver|hät|sche|lung, Ver|hätsch|lung**
ver|hatscht (*österr. ugs. für* ausgetreten); verhatschte Schuhe
Ver|hau, der *od.* das; -[e]s, -e
[1]**ver|hau|en** (*ugs. für* durchprügeln); er verhaute ihn; sich verhauen (*ugs.* sich schwer irren)
[2]**ver|hau|en** (*ugs. für* unmöglich); der sieht ja verhauen aus
ver|he|ben, sich
ver|hed|dern (*ugs. für* verwirren); ich verheddere [mich]
ver|hee|ren (verwüsten, zerstören); **ver|hee|rend;** das ist verheerend (sehr unangenehm; furchtbar); verheerende Folgen haben; **Ver|hee|rung**
ver|heh|len *(geh.);* er hat uns die Wahrheit verhehlt
ver|hei|len; Ver|hei|lung
ver|heim|li|chen; Ver|heim|li|chung
ver|hei|ra|ten; sich verheiraten
ver|hei|ra|tet (*Abk.* verh.; *Zeichen* ⚭); **Ver|hei|ra|te|te,** der *u.* die; -n, -n; **Ver|hei|ra|tung**
ver|hei|ßen; sie hat mir das verheißen; *vgl.* [1]heißen
Ver|hei|ßung; ver|hei|ßungs|voll
ver|hei|zen; Kohlen verheizen; jmdn. verheizen (*ugs. für* jmdn. rücksichtslos einsetzen)
ver|hel|fen; sie hat mir dazu verholfen
ver|herr|li|chen; Ver|herr|li|chung
ver|het|zen; Ver|het|zung
ver|heu|ern (*Seemannsspr. svw.* heuern); ich verheuere
ver|heult (*ugs. für* verweint)
ver|he|xen; das ist wie verhext!; **Ver|he|xung**
Ver|hieb (*Bergmannsspr.* Art u. Richtung, in der der Kohlenstoß abgebaut wird)
ver|him|meln (*ugs. für* vergöttern)
ver|hin|dern; Ver|hin|de|rung; Ver|hin|de|rungs|fall, der; *nur in* im Verhinderungsfall[e] *(Amtsspr.)*
ver|hoch|deut|schen
ver|hof|fen (sichern [vom Wild])
ver|hoh|len (verborgen); mit kaum verhohlener Schadenfreude
ver|höh|nen; ver|hoh|ne|pi|peln (*ugs. für* verspotten); ich verhohnepip[e]le; **Ver|höh|nung**
ver|hö|kern (*ugs. für* [billig] verkaufen)
Ver|hol|bo|je *(Seemannsspr.);* **ver|ho|len** ([ein Schiff] an eine andere Stelle bringen)
ver|hol|zen; Ver|hol|zung
Ver|hör, das; -[e]s, -e; **ver|hö|ren**
ver|hor|nen; Ver|hor|nung
ver|hu|deln (*landsch.* durch Hast, Nachlässigkeit verderben)
ver|hül|len; ver|hüllt; eine kaum verhüllte Drohung; **Ver|hül|lung**
ver|hun|dert|fa|chen
ver|hun|gern; ↑K 82: vor dem Verhungern retten
ver|hun|zen (*ugs. für* verderben; verunstalten); du verhunzt; **Ver|hun|zung** *(ugs.)*
ver|hu|ren (*derb für* [sein Geld]

V

bei Prostituierten ausgeben); **ver|hurt** (*derb für* sexuell ausschweifend)
ver|huscht (*ugs. für* scheu u. zaghaft)
ver|hü|ten (verhindern)
ver|hüt|ten (Erz auf Hüttenwerken verarbeiten); **Ver|hüt|tung**
Ver|hü|tung; Ver|hü|tungs|mit|tel
ver|hut|zelt (zusammengeschrumpft)
Ve|ri|fi|ka|ti|on, die; -, -en ‹lat.› (das Verifizieren); **ve|ri|fi|zier|bar** (nachprüfbar); **Ve|ri|fi|zier|bar|keit,** die; -
ve|ri|fi|zie|ren (durch Überprüfen die Richtigkeit bestätigen)
ver|in|ner|li|chen; Ver|in|ner|li|chung
ver|ir|ren, sich; **Ver|ir|rung**
Ve|ris|mus, der; - ‹lat.› (krass wirklichkeitsgetreue künstlerische Darstellung); **Ve|rist,** der; -en, -en; **ve|ris|tisch** [*alte Trennung* ...|st...]
ve|ri|ta|bel ‹franz.› (wahrhaft; echt); ...a|b|le Größe
ver|ja|gen
ver|jäh|ren; Ver|jäh|rung; Ver|jäh|rungs|frist
ver|jaz|zen; ein verjazztes Lied
ver|ju|beln (*ugs. für* [sein Geld] für Vergnügungen ausgeben)
ver|jün|gen; er hat das Personal verjüngt; sich verjüngen; die Säule verjüngt sich (wird [nach oben] dünner)
Ver|jün|gung; Ver|jün|gungs|kur
ver|ju|xen (*ugs. für* vergeuden, verulken); du verjuxt
ver|ka|beln (mit Kabeln anschließen); **Ver|ka|be|lung**
ver|kad|men *vgl.* kadmieren
ver|kal|ben; die Kuh hat verkalbt
ver|kal|ken (*ugs. auch* alt werden, die geistige Frische verlieren)
ver|kal|ku|lie|ren, sich (sich verrechnen, falsch veranschlagen)
Ver|kal|kung
ver|ka|mi|so|len (*ugs. veraltend für* verprügeln)
ver|kannt; ein verkanntes Genie
ver|kan|ten
ver|kap|pen (unkenntlich machen); **ver|kappt;** ein verkappter Spion, Betrüger; **Ver|kap|pung**
ver|kap|seln; ich verkaps[e]le; **Ver|kap|se|lung, Ver|kaps|lung**
ver|kars|ten [*alte Trennung* ...|st...] (zu [2]Karst werden); **Ver|kars|tung**
ver|kar|ten (für eine Kartei auf Karten schreiben); **Ver|kar|tung**
ver|ka|se|ma|tu|ckeln [*alte Trennung* ...k|k...] (*ugs. für* verkonsumieren; genau erklären); ich verkasematuck[e]le
ver|kä|sen (zu Käse werden)
ver|käs|teln [*alte Trennung* ...|st...] (einschachteln)
ver|käs|ten [*alte Trennung* ...|st...] (*Bergbau* auszimmern)
Ver|kä|sung
ver|ka|tert (*ugs. für* an den Folgen übermäßigen Alkoholgenusses leidend)
Ver|kauf, der; -[e]s, ...käufe; der - von Textilien, *in der Kaufmannsspr. gelegentl. auch* der Verkauf in Textilien; An- und Verkauf [↑K 31]
ver|kau|fen; du verkaufst; er verkauft, verkaufte, hat verkauft (*nicht korrekt:* du verkäufst; er verkäuft)
Ver|käu|fer; Ver|käu|fe|rin
ver|käuf|lich; Ver|käuf|lich|keit
Ver|kaufs|ab|tei|lung; Ver|kaufs|aus|stel|lung; Ver|kaufs|be|din|gung; Ver|kaufs|fah|rer; Ver|kaufs|flä|che
ver|kaufs|för|dernd; Ver|kaufs|för|de|rung
Ver|kaufs|ge|spräch; Ver|kaufs|lei|ter, der
ver|kaufs|of|fen; verkaufsoffener Samstag *(früher)*
Ver|kaufs|preis; Ver|kaufs|raum; Ver|kaufs|schla|ger; Ver|kaufs|stand; Ver|kaufs|stel|le; Ver|kaufs|tisch
Ver|kehr, der; *Gen.* -s, *seltener* -es, *Plur. (fachspr.)* -e; **ver|keh|ren**
Ver|kehrs|a|der; Ver|kehrs|am|pel; Ver|kehrs|amt; Ver|kehrs|auf|kom|men, das; -s
ver|kehrs|be|ru|higt; Ver|kehrs|be|ru|hi|gung
Ver|kehrs|be|trieb *meist Plur.;* **Ver|kehrs|bü|ro; Ver|kehrs|cha|os; Ver|kehrs|de|likt**
Ver|kehrs|dich|te, die; -; **Ver|kehrs|dis|zip|lin,** die; -; **Ver|kehrs|er|zie|hung; Ver|kehrs|fluss** [*alte Schreibung* ...fluß], der; ...flusses; **ver|kehrs|frei**
Ver|kehrs|funk; Ver|kehrs|ge|fähr|dung; Ver|kehrs|ge|sche|hen
ver|kehrs|güns|tig
Ver|kehrs|hin|der|nis; Ver|kehrs|in|sel; Ver|kehrs|kno|ten|punkt; Ver|kehrs|kon|trol|le; Ver|kehrs|la|ge; Ver|kehrs|lärm; Ver|kehrs|leit|sys|tem [*alte Trennung* ...|st...]; **Ver|kehrs|mel|dung;**
Ver|kehrs|mi|nis|ter [*alte Trennung* ...|st...]; **Ver|kehrs|mit|tel**
Ver|kehrs|netz; Ver|kehrs|op|fer; Ver|kehrs|ord|nung
Ver|kehrs|plan; Ver|kehrs|pla|nung
Ver|kehrs|po|li|zei; Ver|kehrs|recht
Ver|kehrs|re|ge|lung *od.* **...reg|lung**
ver|kehrs|reich
Ver|kehrs|schild, das
Ver|kehrs|schrift, die; - (erster Grad der Kurzschrift)
Ver|kehrs|schutz|mann
ver|kehrs|si|cher; Ver|kehrs|si|cher|heit, die; -
Ver|kehrs|si|g|nal
Ver|kehrs|spra|che
Ver|kehrs|sta|tis|tik [*alte Trennung* ...|st...]
Ver|kehrs|stau; Ver|kehrs|steu|er, die *(Wirtsch.);* **Ver|kehrs|sto|ckung** [*alte Trennung* ...k|k...]
Ver|kehrs|stö|rung; Ver|kehrs|strei|fe; Ver|kehrs|sün|der *(ugs.)*
Ver|kehrs|taug|lich|keit
Ver|kehrs|teil|neh|mer; Ver|kehrs|teil|neh|me|rin
Ver|kehrs|to|te *meist Plur.;* **Ver|kehrs|tüch|tig|keit; Ver|kehrs|un|fall**
Ver|kehrs|ver|bin|dung; Ver|kehrs|ver|bund
Ver|kehrs|ver|ein; Ver|kehrs|vor|schrift; Ver|kehrs|weg; Ver|kehrs|wert *(Wirtsch.);* **Ver|kehrs|we|sen,** das; -s
ver|kehrs|wid|rig
Ver|kehrs|zei|chen
ver|kehrt; verkehrt herum; Kaffee verkehrt (*ugs. für* mehr Milch als Kaffee); **Ver|kehrt|heit; Ver|keh|rung**
ver|kei|len; die Autos verkeilten sich [ineinander]; jmdn. verkeilen (*ugs. für* jmdn. verprügeln)
ver|ken|nen; er wurde von allen verkannt; **Ver|ken|nung**
ver|ket|ten; Ver|ket|tung
ver|ket|zern; ich verketzere; **Ver|ket|ze|rung**
ver|kie|seln (*fachspr. für* von Kieselsäure durchtränkt werden); **Ver|kie|se|lung**
ver|kip|pen ([Abfallstoffe] auf Deponien ablagern); **Ver|kip|pung**
ver|kit|schen (kitschig gestalten; *landsch. für* [billig] verkaufen)
ver|kit|ten (mit Kitt befestigen)
ver|kla|gen
ver|klam|mern; ich verklammere; **Ver|klam|me|rung**
ver|klap|pen ([Abfallstoffe] ins Meer versenken); **Ver|klap|pung**
ver|kla|ren (*nordd. für* [mühsam]

erklären; *Seemannsspr.* über Schiffsunfälle eidlich aussagen)
ver|klä|ren (ins Überirdische erhöhen)
Ver|kla|rung (gerichtliche Feststellung bei Schiffsunfällen)
Ver|klä|rung
ver|klat|schen (*ugs. für* verpetzen, verraten)
ver|klau|su|lie|ren (schwer verständlich formulieren; mit vielen Vorbehalten versehen); **Ver|klau|su|lie|rung**
ver|kle|ben; Ver|kle|bung
ver|kle|ckern [*alte Trennung* ...k|k...] *(ugs.);* ich verkleckere
ver|klei|den; Ver|klei|dung
ver|klei|nern; ich verkleinere
Ver|klei|ne|rung; Ver|klei|ne|rungs|form
ver|kleis|tern [*alte Trennung* ...|st...] (*ugs. für* verkleben); ich verkleistere; **Ver|kleis|te|rung** *(ugs.)*
ver|klem|men; ver|klemmt (gehemmt, voller Komplexe)
ver|kli|ckern [*alte Trennung* ...k|k...] (*ugs. für* erklären)
ver|klin|gen
ver|klop|pen (*ugs. für* verprügeln; [unter Wert] verkaufen)
ver|klüf|ten, sich (*Jägerspr.* sich im Bau vergraben)
ver|klum|pen; Ver|klum|pung
ver|kna|cken [*alte Trennung* ...k|k...] ‹jidd.› (*ugs. für* [gerichtlich] verurteilen)
ver|knack|sen, sich *(ugs.);* du hast dir den Fuß verknackst (verstaucht)
ver|knal|len (*ugs. für* [sinnlos] verschießen); sich verknallen (*ugs. für* sich heftig verlieben); du hast dich, bist in sie verknallt
ver|knap|pen; Ver|knap|pung
ver|knas|ten [*alte Trennung* ...|st...] (*ugs. für* zu einer Freiheitsstrafe verurteilen)
ver|knäu|len; sich verknäulen
ver|knaut|schen *(ugs.);* du verknautschst
ver|knei|fen *(ugs.);* das Lachen verkneifen; sich etwas verkneifen (auf etwas verzichten; etwas unterdrücken); **ver|knif|fen** (verbittert); **Ver|knif|fen|heit**
ver|knit|tern; ich verknittere
ver|knö|chern; ich verknöchere; **ver|knö|chert** (*ugs. auch für* alt, geistig unbeweglich); **Ver|knö|che|rung**
ver|knor|peln; Ver|knor|pe|lung, Ver|knorp|lung
ver|kno|ten
ver|knül|len (*landsch.* zerknüllen)
ver|knüp|fen; Ver|knüp|fung
ver|knu|sen; *nur noch in* jmdn. nicht verknusen (*ugs. für* nicht ausstehen) können
ver|ko|chen ([zu] lange kochen)
[1]**ver|koh|len** ‹jidd.› (*ugs. für* veralbern; scherzhaft belügen)
[2]**ver|koh|len** (in Kohle umwandeln); **Ver|koh|lung**
ver|ko|ken (zu [1]Koks machen, werden); **Ver|ko|kung**
ver|kom|men; er verkam im Schmutz; ein verkommener Mensch; **Ver|kom|men|heit**
ver|kom|pli|zie|ren
ver|kon|su|mie|ren (*ugs. für* aufessen, verbrauchen)
ver|kop|peln; Ver|kop|pe|lung, Ver|kopp|lung
ver|kor|ken (mit einem Korken verschließen); **ver|kork|sen** (*ugs. für* verderben); du verkorkst
ver|kör|nen (*Technik* granulieren)
ver|kör|pern; ich verkörpere; **Ver|kör|pe|rung**
ver|kos|ten [*alte Trennung* ...|st...] (kostend prüfen); Wein verkosten; **Ver|kos|ter; ver|kös|ti|gen; Ver|kös|ti|gung; Ver|kos|tung**
ver|kra|chen (*ugs. für* zusammenbrechen); sich verkrachen (*ugs. für* sich entzweien); **ver|kracht** (*ugs. für* gescheitert); eine verkrachte Existenz
ver|kraf|ten (*ugs. für* ertragen [können])
ver|kral|len; das Eichhörnchen verkrallte sich in der Rinde
ver|kra|men (*ugs. für* verlegen)
ver|kramp|fen, sich; **ver|krampft; Ver|kramp|fung**
ver|krat|zen
ver|krau|chen, sich (*landsch. für* sich verkriechen)
ver|krau|ten; der See verkrautet
ver|krie|chen, sich
ver|kröp|fen (*Bauw. svw.* kröpfen); **Ver|kröp|fung**
ver|krü|meln, sich (*ugs. für* sich unauffällig entfernen)
ver|krüm|men; Ver|krüm|mung
ver|krum|peln (*landsch. für* zerknittern); ich verkrump[e]le
ver|krüp|peln; ich verkrüppele; **Ver|krüp|pe|lung, Ver|krüpp|lung**
ver|krus|ten [*alte Trennung* ...|st...]; **Ver|krus|tung**
ver|küh|len, sich (*landsch. für* sich erkälten); **Ver|küh|lung**
ver|küm|mern; ver|küm|mert; Ver|küm|me|rung
ver|kün|den *(geh.);* **Ver|kün|der; Ver|kün|de|rin**
ver|kün|di|gen *(geh.);* **Ver|kün|di|ger; Ver|kün|di|ge|rin**
Ver|kün|di|gung, Ver|kün|dung; das kath. Fest Mariä Verkündigung, *ugs.* Maria Verkündigung
ver|kup|fern; Ver|kup|fe|rung
ver|kup|peln; ich verkupp[e]le; **Ver|kup|pe|lung, Ver|kupp|lung**
ver|kür|zen; verkürzte Arbeitszeit; **Ver|kür|zung**
ver|la|chen (auslachen)
Ver|lad, der; -s (*schweiz. für* Verladung); **Ver|la|de|bahn|hof; Ver|la|de|brü|cke** [*alte Trennung* ...k|k...]; **Ver|la|de|kran**
ver|la|den *vgl.* [1]laden; **Ver|la|der; Ver|la|de|ram|pe; Ver|la|dung**
Ver|lag, der; -[e]s, -e
ver|la|gern; Ver|la|ge|rung
Ver|lags|an|stalt; Ver|lags|buch|händ|ler; Ver|lags|buch|händ|le|rin; Ver|lags|[buch|]hand|lung
Ver|lags|haus; Ver|lags|ka|ta|log
Ver|lags|kauf|frau; Ver|lags|kauf|mann
Ver|lags|pro|gramm; Ver|lags|pro|spekt; Ver|lags|recht; Ver|lags|ver|trag; Ver|lags|we|sen
Ver|laine [...ˈlɛ:n] (franz. Dichter)
ver|lam|men; das Schaf hat verlammt
ver|lan|den (von Seen usw.); **Ver|lan|dung**
ver|lan|gen; Ver|lan|gen, das; -s, -; auf Verlangen
ver|län|gern; ich verlängere; **ver|län|gert;** verlängerter Rücken (*ugs. scherzh. für* Gesäß); **Ver|län|ger|te,** der; -n, -n (*österr. für* dünner Kaffee)
Ver|län|ge|rung; Ver|län|ge|rungs|ka|bel; Ver|län|ge|rungs|schnur
ver|lang|sa|men; Ver|lang|sa|mung
ver|läp|pern (*ugs. für* [Geld] vergeuden); ich verläppere; **Ver|läp|pe|rung**
Ver|lass [*alte Schreibung* Ver|laß], der; Verlasses; es ist kein Verlass auf ihn
[1]**ver|las|sen;** sich auf eine Sache, einen Menschen verlassen; sie verließ fluchtartig das Lokal
[2]**ver|las|sen** (vereinsamt); das Dorf lag verlassen da; **Ver|las|sen|heit**
Ver|las|sen|schaft (*bes. österr. für* Hinterlassenschaft)
ver|läss|lich [*alte Schreibung* ver|läß|lich] (zuverlässig); **Ver|läss|lich|keit,** die; -
ver|läs|tern [*alte Trennung* ...|st...]; **Ver|läs|te|rung**

V

ver|lo|ren

- verlorene Eier (in kochendem Wasser ohne Schale gegarte Eier)
- der verlorene Sohn
- auf verlorenem Posten stehen

Getrenntschreibung in Verbindung mit Verben und Partizipien ↑K 53:
- verloren sein; das Spiel ist längst verloren gewesen
- verloren geben; sie haben das Spiel frühzeitig verloren gegeben
- sie hatten das Spiel schon verloren geglaubt; das bereits verloren geglaubte Spiel wurde doch noch gewonnen
- das Buch darf nicht verloren gehen [*alte Schreibung* verlorengehen]; mein Pass ist verloren gegangen [*alte Schreibung* verlorengegangen]; der Krieg, der verloren ging [*alte Schreibung* verlorenging]

Ver|laub, der; *nur noch in* mit Verlaub
Ver|lauf, der; -[e]s, Verläufe; im Verlauf; **ver|lau|fen;** die Sache ist gut verlaufen; sich verlaufen; er hat sich verlaufen; **Ver|laufs|form** (*Sprachw.* sprachl. Fügung, die angibt, dass ein Geschehen gerade abläuft, z. B. »er ist beim Arbeiten«)
ver|lau|sen; Ver|lau|sung
ver|laut|ba|ren; es verlautbart, dass ...; **Ver|laut|ba|rung; ver|lau|ten;** wie verlautet
ver|le|ben
ver|le|ben|di|gen (anschaulich, lebendig machen); **Ver|le|ben|di|gung**
ver|lebt; ein verlebtes Gesicht
[1]**ver|le|gen** ⟨*zu* legen⟩ (an einen anderen Platz legen; auf einen anderen Zeitpunkt festlegen; im Verlag herausgeben; *Technik* [Rohre u. a.] legen, zusammenfügen); ↑K 82: [das] Verlegen von Rohren
[2]**ver|le|gen** ⟨*zu* liegen⟩ (befangen, unsicher); sie war verlegen; **Ver|le|gen|heit; Ver|le|gen|heits|geschenk; Ver|le|gen|heits|lö|sung**
Ver|le|ger; Ver|le|ge|rin; ver|le|gerisch; Ver|le|ger|zei|chen
Ver|le|gung
ver|lei|den; es ist mir alles verleidet; **Ver|lei|der,** der; -s (*schweiz. mdal. für* Überdruss); er hat den Verleider bekommen
Ver|leih, der; -[e]s, -e; **ver|lei|hen;** sie hat das Buch verliehen; ↑K 82: [das] Verleihen von Geld; **Ver|lei|her; Ver|lei|he|rin; Ver|lei|hung**
ver|lei|men; Ver|lei|mung
ver|lei|ten (verführen)
ver|leit|ge|ben ⟨*zu* Leitgeb⟩ (*landsch. für* Bier od. Wein ausschenken)
Ver|lei|tung
ver|ler|nen
ver|le|sen; Ver|le|sung
ver|letz|bar; Ver|letz|bar|keit
ver|let|zen; er ist verletzt; **ver|letzend**
ver|letz|lich; Ver|letz|lich|keit
ver|letzt; Ver|letz|te, der *u.* die; -n, -n
Ver|let|zung; Ver|let|zungs|ge|fahr; Ver|let|zungs|pau|se *(Sport)*
ver|leug|nen; Ver|leug|nung
ver|leum|den; Ver|leum|der; Ver|leum|de|rin; ver|leum|de|risch
Ver|leum|dung; Ver|leum|dungs|kam|pa|g|ne
ver|lie|ben, sich; **ver|liebt;** ein verliebtes Paar; **Ver|lieb|te,** der *u.* die; -n, -n; **Ver|liebt|heit,** die; -
ver|lie|ren; du verlorst; du verlörest; verloren *(vgl. d.)*; verlier[e]!; sich verlieren
Ver|lie|rer; Ver|lie|re|rin
Ver|lies, das; -es, -e ([unterird.] Gefängnis, Kerker)
ver|lin|ken (*EDV* durch Links verbinden)
ver|lo|ben; sich verloben; **Ver|löb|nis,** das; -ses, -se; **Ver|lob|te,** der *u.* die; -n, -n
Ver|lo|bung; Ver|lo|bungs|an|zei|ge; Ver|lo|bungs|ring; Ver|lo|bungs|zeit
ver|lo|cken [*alte Trennung* ...k|k...]; **Ver|lo|ckung**
ver|lo|dern (*geh. für* lodernd verlöschen)
ver|lo|gen; Ver|lo|gen|heit
ver|lo|hen (*geh. für* erlöschen)
ver|loh|nen (lohnen)
ver|lo|ren *s. Kasten*
Ver|lo|ren|heit, die; -
[1]**ver|lö|schen;** *vgl.* [1]löschen
[2]**ver|lö|schen;** die Kerze verlischt; *vgl.* [2]löschen
ver|lo|sen; Ver|lo|sung
ver|lö|ten; einen verlöten (*ugs. für* Alkohol trinken)
ver|lot|tern *(ugs.)*; **Ver|lot|te|rung**
ver|lu|dern (*ugs. für* verkommen)
ver|lum|pen (verkommen)
Ver|lust, der; -[e]s, -e; **ver|lust|arm; Ver|lust|be|trieb; Ver|lust|ge|schäft**
ver|lus|tie|ren [*alte Trennung* ...|st...], sich (*scherzh. für* sich vergnügen)
ver|lus|tig [*alte Trennung* ...|st...]; *meist in* einer Sache verlustig gehen (eine Sache verlieren)
Ver|lust|lis|te [*alte Trennung* ...|st...]; **ver|lust|reich**
verm. (*Zeichen* ⚭) = vermählt
ver|ma|chen (vererben; *ugs. für* überlassen); **Ver|mächt|nis,** das; -ses, -se; **Ver|mächt|nis|neh|mer** *(Rechtsspr.)*
ver|mah|len (zu Mehl machen); *vgl. aber* vermalen
ver|mäh|len *(geh.)*; sich vermählen; **ver|mählt** (*Abk.* verm. [*Zeichen* ⚭]); **Ver|mähl|te,** der *u.* die; -n, -n; **Ver|mäh|lung; Ver|mäh|lungs|an|zei|ge**
ver|mah|nen (*veraltend für* ernst ermahnen); **Ver|mah|nung**
ver|ma|le|dei|en (*veraltend für* verfluchen, verwünschen); **Ver|ma|le|dei|ung**
ver|ma|len ([Farben] malend verbrauchen); *vgl. aber* vermahlen
ver|männ|li|chen
ver|man|schen (*ugs. für* vermischen)
ver|mar|ken (*fachspr. für* vermessen)
ver|mark|ten (*Wirtsch.* [bedarfsgerecht zubereitet] auf den Markt bringen); **Ver|mark|tung**
Ver|mar|kung (*fachspr. für* Vermessung)
ver|mas|seln ⟨*zu* [1]Massel⟩ (*ugs. für* zunichte machen); ich vermassele *u.* vermassle [*alte Schreibung* vermaßle]
ver|mas|sen (etwas zur Massenware machen; in der Masse aufgehen); du vermasst [*alte Schreibung* vermaßt]; **Ver|mas|sung**
ver|mau|ern
Ver|meer van Delft [ve... fan, *auch* van -], Jan (niederl. Maler)
ver|meh|ren; Ver|meh|rung
ver|meid|bar; ver|mei|den; sie hat

diesen Fehler vermieden; **ver|meid|lich; Ver|mei|dung**

ver|meil [...ˈmɛːj] ⟨franz.⟩ (hochrot); **Ver|meil,** das; -s (vergoldetes Silber)

ver|mei|nen ([irrtümlich] glauben); **ver|meint|lich**

ver|mel|den (*veraltend für* mitteilen)

ver|men|gen; Ver|men|gung

ver|mensch|li|chen

Ver|merk, der; -[e]s, -e; **ver|mer|ken;** am Rande vermerken

[1]**ver|mes|sen;** Land vermessen; er hat sich vermessen, alles zu verraten *(geh.)*

[2]**ver|mes|sen;** ein vermessenes (tollkühnes) Unternehmen; **Ver|mes|sen|heit** (Kühnheit)

Ver|mes|sung; Ver|mes|sungs|in|ge|ni|eur (*Abk.* Verm.-Ing.); **Ver|mes|sungs|in|ge|ni|eu|rin** (*Abk.* Verm.-Ing.)

Ver|mes|sungs|schiff; Ver|mes|sungs|ur|kun|de

Ver|mi|celles [vɛrmisɛl] *Plur.* ⟨franz.⟩ (*schweiz.* eine Süßspeise aus Kastanienpüree)

ver|mi|ckert [*alte Trennung* ...|st...], **ver|mie|kert** (*ugs. für* klein, schwächlich)

ver|mie|sen (*ugs. für* verleiden); du vermiest; er vermies|te

ver|mie|ten; Ver|mie|ter; Ver|mie|te|rin; Ver|mie|tung

Ver|mil|lon [...miˈjõː], das; -s ⟨franz.⟩ (feinster Zinnober)

ver|min|dern; Ver|min|de|rung

ver|mi|nen

Verm.-Ing. = Vermessungsingenieur[in]

Ver|mi|nung

ver|mi|schen; Ver|mi|schung

ver|mis|sen; als vermisst [*alte Schreibung* vermißt] gemeldet; **Ver|miss|te,** der *u.* die; -n, -n; **Ver|miss|ten|an|zei|ge**

ver|mit|teln; ich vermitt[e]le; **ver|mit|tels[t];** *Präposition mit Genitiv:* vermittels[t] des Eimers

Ver|mitt|ler; Ver|mitt|le|rin; Ver|mitt|ler|rol|le

Ver|mitt|lung; Ver|mitt|lungs|ge|bühr; Ver|mitt|lungs|stel|le; Ver|mitt|lungs|ver|such

ver|möbeln (*ugs. für* verprügeln); ich vermöb[e]le

ver|mo|dern; Ver|mo|de|rung, Ver|mod|rung

ver|mö|ge; *Präposition mit Genitiv (geh.):* vermöge seines Geldes

ver|mö|gen; Ver|mö|gen, das; -s, -; **ver|mö|gend**

Ver|mö|gens|ab|ga|be

Ver|mö|gens|be|ra|ter; Ver|mö|gens|be|ra|te|rin

Ver|mö|gens|be|steu|e|rung; Ver|mö|gens|bil|dung; Ver|mö|gens|er|klä|rung; Ver|mö|gens|la|ge

ver|mö|gens|los

Ver|mö|gens|recht, das; -[e]s; **Ver|mö|gens|steu|er, Ver|mö|gen|steu|er,** die

Ver|mö|gens|ver|si|che|rung; Ver|mö|gens|ver|tei|lung; Ver|mö|gens|ver|wal|tung

ver|mö|gens|wirk|sam; vermögenswirksame Leistungen; **Ver|mö|gens|zu|wachs**

ver|mög|lich (*landsch. u. schweiz. für* wohlhabend)

Ver|mont (Staat in den USA)

ver|moo|ren; vermoorte Wiesen

ver|mor|schen; vermorscht

ver|mot|tet

ver|mü|ckert [*alte Trennung* ...k|k...], *auch* **ver|mü|kert** (*landsch. für* klein, schwächlich)

ver|mum|men (fest einhüllen); sich vermummen (durch Verkleidung u. Ä. unkenntlich machen); **Ver|mum|mung; Ver|mum|mungs|ver|bot**

[1]**ver|mu|ren** ⟨*zu* Mure⟩ (*Geol.* durch Schutt verwüsten)

[2]**ver|mu|ren** ⟨engl.⟩ (*Seew.* vor zwei Anker legen); *vgl.* muren

ver|murk|sen (*ugs. für* verderben)

ver|mu|ten

ver|mut|lich

Ver|mu|tung; ver|mu|tungs|wei|se

ver|nach|läs|sig|bar

ver|nach|läs|si|gen; Ver|nach|läs|si|gung

ver|na|dern (*österr. ugs. für* verraten, verleumden)

ver|na|geln; ver|na|gelt (*ugs. auch für* äußerst begriffsstutzig); **Ver|na|ge|lung, Ver|nag|lung**

ver|nä|hen

ver|nar|ben; Ver|nar|bung

ver|nar|ren; in jmdn., in etwas vernarrt sein; **Ver|narrt|heit**

ver|na|schen; ein Mädchen, einen Mann vernaschen (*ugs. für* mit ihm schlafen); **ver|nascht** (*svw.* naschhaft)

ver|ne|beln; ich verneb[e]le; **Ver|ne|be|lung, Ver|neb|lung**

ver|nehm|bar

ver|neh|men; er hat das Geräusch vernommen; der Angeklagte wurde vernommen; **Ver|neh|men,** das; -s; *meist in* dem Vernehmen nach; **Ver|nehm|las|sung** (*schweiz. für* [Verfahren der] Stellungnahme zu einer öffentlichen Frage); **Ver|nehm|las|sungs|ver|fah|ren** (*schweiz. für* Einholung von Stellungnahmen zu einem Gesetzgebungs- od. Verordnungsprojekt)

ver|nehm|lich

Ver|neh|mung ([gerichtl.] Befragung); **ver|neh|mungs|fä|hig; ver|neh|mungs|un|fä|hig**

ver|nei|gen, sich; **Ver|nei|gung**

ver|nei|nen; Ver|nei|ner; Ver|nei|ne|rin

Ver|nei|nung; Ver|nei|nungs|fall, der; im Verneinungsfall[e] *(Amtsspr.)*

Ver|nei|nungs|wort *(Sprachw.)*

ver|net|zen; Ver|net|zung

ver|nich|ten; eine vernichtende Kritik; **Ver|nich|ter; Ver|nich|te|rin**

Ver|nich|tung; Ver|nich|tungs|feld|zug; Ver|nich|tungs|krieg

Ver|nich|tungs|la|ger; Ver|nich|tungs|waf|fe; Ver|nich|tungs|werk, das; -[e]s; **Ver|nich|tungs|wut**

ver|ni|ckeln [*alte Trennung* ...k|k...]; ich vernick[e]le; **Ver|ni|cke|lung, Ver|nick|lung**

ver|nied|li|chen; Ver|nied|li|chung

ver|nie|ten (mit Nieten verschließen); **Ver|nie|tung**

Ver|nis|sa|ge [...ʒə], die; -, -n ⟨franz.⟩ (Ausstellungseröffnung [in kleinerem Rahmen])

Ver|nunft, die; -; **ver|nunft|be|gabt; Ver|nunft|e|he**

Ver|nünf|te|lei *(veraltend);* **ver|nünf|teln;** ich vernünft[e]le

ver|nunft|ge|mäß

Ver|nunft|glau|be[n]; Ver|nunft|hei|rat

ver|nünf|tig; ver|nünf|ti|ger|wei|se; Ver|nünft|ler *(veraltend);* **Ver|nunft|mensch,** der

ver|nunft|wid|rig; Ver|nunft|wid|rig|keit

ver|nu|ten (durch Nut verbinden); **Ver|nu|tung**

ver|ö|den; Ver|ö|dung

ver|öf|fent|li|chen; Ver|öf|fent|li|chung

ver|ö|len; (ölig werden)

Ve|ro|na (ital. Stadt)

[1]**Ve|ro|ne|se,** der; -n, -n *u.* **Ve|ro|ne|ser;** (Einwohner von Verona)

[2]**Ve|ro|ne|se** (ital. Maler)

Ve|ro|ne|ser *vgl.* [1]Veronese; **Ve|ro|ne|ser Er|de,** die; - - (Farbe); **Ve-**

V

ro|ne|ser Gelb, das; - -s; **ve|ro|ne|sisch**
[1]**Ve|ro|ni|ka** (w. Vorn.)
[2]**Ve|ro|ni|ka,** die; -, ...ken ‹nach der hl. Veronika› (Ehrenpreis [eine Pflanze])
ver|ord|nen; Ver|ord|nung; Ver|ord|nungs|blatt
ver|paa|ren, sich *(Zool.);* **ver|paart**
ver|pach|ten; Ver|päch|ter; Ver|päch|te|rin; Ver|pach|tung
ver|pa|cken [*alte Trennung* ...k|k...]; **Ver|pa|ckung; Ver|pa|ckungs|ma|te|ri|al**
ver|päp|peln (*ugs. für* verzärteln); du verpäppelst dich
[1]**ver|pas|sen** (versäumen); sie hat den Zug verpasst [*alte Schreibung* verpaßt]
[2]**ver|pas|sen** (*ugs. für* geben; schlagen); die Uniform wurde ihm verpasst [*alte Schreibung* verpaßt]; jmdm. eins verpassen
ver|pat|zen (*ugs. für* verderben)
ver|pen|nen (*ugs. für* verschlafen)
ver|pes|ten [*alte Trennung* ...|st...]; die Luft verpesten; **Ver|pes|tung**
ver|pet|zen (*ugs. für* verraten)
ver|pfän|den; Ver|pfän|dung
ver|pfei|fen (*ugs. für* verraten); er hat ihn verpfiffen
ver|pflan|zen; Ver|pflan|zung
ver|pfle|gen
Ver|pfle|gung; Ver|pfle|gungs|geld; Ver|pfle|gungs|satz
ver|pflich|ten; sich verpflichten; sie ist mir verpflichtet
Ver|pflich|tung; Ver|pflich|tungs|ge|schäft *(Rechtsw.)*
ver|pfrün|den (*südd. u. schweiz. für* durch lebenslänglichen Unterhalt versorgen); **Ver|pfrün|dung** *(südd. u. schweiz.)*
ver|pfu|schen (*ugs. für* verderben); ein völlig verpfuschtes Leben
ver|pi|chen (mit Pech ausstreichen)
ver|pi|cken [*alte Trennung* ...k|k...] (*österr. für* verkleben)
ver|pie|seln, sich (*landsch. für* sich entfernen, davonlaufen); ich verpies[e]le mich
ver|pis|sen; sich verpissen (*derb für* sich [heimlich] entfernen); er hat sich verpisst [*alte Schreibung* verpißt]
ver|pla|nen (falsch planen; *auch für* in einen Plan einbauen)
ver|plap|pern, sich (*ugs. für* etwas voreilig u. unüberlegt heraussagen)
ver|plat|ten (mit Platten versehen)
ver|plät|ten (*ugs. für* verprügeln)
Ver|plat|tung
ver|plau|dern ([Zeit] mit Plaudern verbringen); sich verplaudern
ver|plem|pern (*ugs. für* vergeuden)
ver|plom|ben; Ver|plom|bung
ver|pö|nen ‹dt.; lat.› (*veraltend für* missbilligen; [bei Strafe] verbieten); **ver|pönt** (unerwünscht; nicht statthaft)
ver|pop|pen; ein verpoppter (mit den Mitteln der Popkunst veränderter) Klassiker
ver|pras|sen; er hat das Geld verprasst [*alte Schreibung* verpraßt]
ver|prel|len (verwirren, verärgern; *Jägerspr.* [Wild] verscheuchen)
ver|pro|vi|an|tie|ren (mit Proviant versorgen); **Ver|pro|vi|an|tie|rung,** die; -
ver|prü|geln
ver|puf|fen ([schwach] explodieren; *auch für* ohne Wirkung bleiben); **Ver|puf|fung**
ver|pul|vern (*ugs. für* unnütz verbrauchen)
ver|pum|pen (*ugs. für* verleihen)
ver|pup|pen, sich; **Ver|pup|pung** (Umwandlung der Insektenlarve in die Puppe)
ver|pus|ten [*alte Trennung* ...|st...]; sich verpusten (*ugs. für* Luft schöpfen)
Ver|putz (Mauerbewurf)
ver|put|zen (*ugs. auch für* [Geld] durchbringen, vergeuden; [schnell] aufessen); **Ver|put|zer** *(Bauw.)*
ver|qual|men (*ugs. für* mit Rauch, Qualm erfüllen)
ver|quält; verquälte (von Sorgen gezeichnete) Züge
ver|qua|sen (*nordd. für* vergeuden); du verquast; **ver|quast** (*landsch. für* verworren)
ver|quat|schen *(ugs.);* sich verquatschen; die Zeit verquatschen
ver|quel|len; das Fenster verquillt; *vgl.* [1]quellen
ver|quer; mir geht etwas verquer (*ugs. für* es misslingt mir)
ver|qui|cken [*alte Trennung* ...k|k...] (vermischen); **Ver|qui|ckung**
ver|quir|len (mit einem Quirl o. Ä. verrühren)
ver|quol|len; verquollene Augen
ver|ram|meln, ver|ram|men; Ver|ram|me|lung, Ver|ramm|lung
ver|ram|schen (*ugs. für* zu Schleuderpreisen verkaufen)
ver|rannt *vgl.* verrennen
Ver|rat, der; -[e]s
ver|ra|ten
Ver|rä|ter; Ver|rä|te|rei; Ver|rä|te|rin; ver|rä|te|risch
ver|ratzt; *nur in* verratzt sein (*ugs. für* verloren sein)
ver|rau|chen; ver|räu|chern
ver|rau|schen; der Beifall verrauschte
ver|rech|nen (*österr. auch für* in Rechnung stellen); sich verrechnen (*auch für* sich täuschen); **Ver|rech|nung**
Ver|rech|nungs|ein|heit *(Wirtsch.);* **Ver|rech|nungs|kon|to; Ver|rech|nungs|scheck**
ver|re|cken [*alte Trennung* ...k|k...] (*derb für* verenden; elend zugrunde gehen)
ver|reg|nen; verregnet
ver|rei|ben; Ver|rei|bung
ver|rei|sen (auf die Reise gehen); sie ist verreist
ver|rei|ßen (*landsch. auch für* zerreißen); er hat das Theaterstück verrissen (vernichtend kritisiert)
ver|rei|ten, sich (einen falschen Weg reiten)
ver|ren|ken; sich verrenken; ich habe mir den Fuß verrenkt; **Ver|ren|kung**
ver|ren|nen; sich in etwas verrennen, verrannt haben (hartnäckig an etwas festhalten)
ver|ren|ten *(Amtsspr.);* **Ver|ren|tung**
ver|rich|ten; Ver|rich|tung
ver|rie|geln; ich verrieg[e]le; **Ver|rie|ge|lung, Ver|rieg|lung**
ver|rin|gern; Ver|rin|ge|rung
ver|rin|nen
Ver|riss [*alte Schreibung* Ver|riß], der; Verrisses, Verrisse (vernichtende Kritik); *vgl.* verreißen
ver|ro|hen
ver|roh|ren (*fachspr. für* Rohre verlegen); **Ver|roh|rung**
Ver|ro|hung, die; -
ver|rol|len; der Donner verrollt in der Ferne
ver|ros|ten [*alte Trennung* ...|st...]
ver|rot|ten (verfaulen, modern; zerfallen); **Ver|rot|tung,** die; -
ver|rucht; Ver|rucht|heit, die; -
ver|rü|cken [*alte Trennung* ...k|k...]
ver|rückt; Ver|rück|te, der *u.* die; -n, -n; **Ver|rückt|heit; Ver|rückt-**

wer|den, das; -s; das ist zum Verrücktwerden *(ugs.)*
Ver|ruf, der (schlechter Ruf); *nur noch in* in Verruf bringen, geraten, kommen; **ver|ru|fen** (übel beleumdet); die Gegend ist verrufen
ver|rüh|ren; zwei Eier verrühren
ver|run|zelt (runzelig)
ver|ru|ßen; der Schornstein ist verrußt; **Ver|ru|ßung**
ver|rut|schen
Vers [*österr. auch* v...], der; -es, -e ‹lat.› (Zeile, Strophe eines Gedichtes; *Abk.* V.); ich kann mir keinen Vers darauf *od.* daraus machen *(ugs.)*
ver|sach|li|chen; Ver|sach|li|chung, die; -
ver|sa|cken [*alte Trennung* ...k|k...] (wegsinken; *ugs. für* liederlich leben)
ver|sa|gen; er hat ihr keinen Wunsch versagt; ich versagte mir diesen Genuss; ↑K 82: das Unglück ist auf menschliches Versagen zurückzuführen; **Ver|sa|ger; Ver|sa|gung**
Ver|sail|ler [...ˈzai...] ↑K 141; Versailler Vertrag; **Ver|sailles** [...ˈzai] (franz. Stadt)
Ver|sal, der; -s, -ien *meist Plur.* ‹lat.› (großer [Anfangs]buchstabe); **Ver|sal|buch|sta|be**
ver|sal|zen (*fachspr. für* von Salzen durchsetzt werden, sich mit Salzen bedecken; *ugs. auch für* verderben, die Freude an etwas nehmen); versalzt *u.* *(übertr. nur:)* versalzen; die Suppe versalzen; der Fluss versalzt immer mehr; wir haben ihm die Freude versalzen
ver|sam|meln; Ver|samm|lung
Ver|samm|lungs|frei|heit, die; -; **Ver|samm|lungs|lo|kal; Ver|samm|lungs|recht;** das; -[e]s
Ver|sand, der; -[e]s (Versendung); **Ver|sand|ab|tei|lung**
ver|sand|be|reit
Ver|sand|buch|han|del
ver|san|den (sich mit Sand füllen, vom Sand zugedeckt werden; nachlassen, aufhören)
ver|sand|fer|tig
Ver|sand|ge|schäft; Ver|sand|gut; Ver|sand|han|del
Ver|sand|haus; Ver|sand|haus|ka|ta|log
Ver|sand|kos|ten [*alte Trennung* ...|st...] *Plur.*
ver|sandt, ver|sen|det; *vgl.* senden
Ver|san|dung, die; -

Vers|an|fang; Vers|art
Ver|satz, der; -es (das Versetzen, Verpfänden; *Bergmannsspr.* Auffüllung von Hohlräumen unter Tage, Gestein zur Auffüllung)
Ver|satz|amt (*bayr. u. österr. für* Leihhaus); **Ver|satz|stück** (bewegliche Bühnendekoration; *österr. auch für* Pfandstück)
ver|sau|beu|teln (*ugs. für* beschmutzen; verlegen, verlieren); ich versaubeut[e]le
ver|sau|en *(derb)*
ver|sau|ern (sauer werden; *ugs. auch für* geistig verkümmern); ich versauere
ver|sau|fen *(derb)*
ver|säu|men; Ver|säum|nis, das; -ses, -se, *veraltet* die; -, -se; **Ver|säum|nis|ur|teil** *(Rechtsw.)*; **Ver|säu|mung**
Vers|bau, der; -[e]s
ver|scha|chern (*abwertend für* verkaufen); ich verschachere
ver|schach|telt
ver|schaf|fen; *vgl.* [1]schaffen; du hast dir Genugtuung verschafft
ver|scha|len (mit Brettern verkleiden); **Ver|scha|lung**
ver|schämt; verschämt tun; **Ver|schämt|heit,** die; -; **Ver|schämt|tun,** das; -s
ver|schan|deln (*ugs. für* verunzieren); ich verschand[e]le; **Ver|schan|de|lung, Ver|schand|lung**
ver|schan|zen; das Lager wurde verschanzt; sich hinter Ausreden verschanzen; **Ver|schan|zung**
ver|schär|fen; Ver|schär|fung
ver|schar|ren
ver|schät|zen, sich
ver|schau|en, sich (*österr. ugs. für* sich verlieben)
ver|schau|keln (*ugs. für* betrügen); ich verschauk[e]le
ver|schei|den (*geh. für* sterben); er ist verschieden
ver|schei|ßen (*derb für* mit Kot beschmutzen)
ver|schei|ßern (*derb für* zum Narren halten); ich verscheißere
ver|schen|ken
ver|scher|beln (*ugs. für* [billig] verkaufen); ich verscherb[e]le
ver|scher|zen; du hast dir ihre Sympathie verscherzt
ver|scheu|chen
ver|scheu|ern (*ugs. für* verkaufen); ich verscheuere
ver|schi|cken [*alte Trennung* ...k|k...]; **Ver|schi|ckung**

ver|schieb|bar
Ver|schie|be|bahn|hof (Rangierbahnhof)
ver|schie|ben; Ver|schie|bung
[1]**ver|schie|den** (*geh. für* gestorben)

> [2]**ver|schie|den**
>
> – verschieden lang
> – verschiedene Mal [*alte Schreibung* verschiedenemal] *od.* verschiedene Male
>
> *Großschreibung der Substantivierung* ↑K 72:
> – Ähnliches und Verschiedenes
> – wir kommen zum Tagesordnungspunkt Verschiedenes
> – etwas Verschiedenes; Verschiedenes [*alte Schreibung* verschiedenes] war mir unklar
> – wenn Verschiedene [*alte Schreibung* verschiedene] behaupten, dass ...; die Bedenken Verschiedener [*alte Schreibung* verschiedener] ausräumen

ver|schie|den|ar|tig; Ver|schie|den|ar|tig|keit, die; -
ver|schie|de|ne Mal [*alte Schreibung* ver|schie|de|ne|mal] *vgl.* [2]verschieden
ver|schie|de|ner|lei
ver|schie|den|far|big; ver|schie|den|ge|schlecht|lich; ver|schie|den|ge|stal|tig
Ver|schie|den|heit; ver|schie|dent|lich
ver|schie|ßen (*auch für* ausbleichen); *vgl.* verschossen
ver|schif|fen; Ver|schif|fung; Ver|schif|fungs|ha|fen *vgl.* [2]Hafen
ver|schil|fen ([mit Schilf] zuwachsen)
ver|schim|meln
ver|schimp|fie|ren (*veraltet für* verunstalten; beschimpfen)
Ver|schiss [*alte Schreibung* Verschiß] (*derb für* schlechter Ruf); *nur noch in* in Verschiss geraten, kommen
ver|schis|sen; es bei jmdm. verschissen haben (*derb für* bei jmdm. in Ungnade gefallen sein)
ver|schla|cken [*alte Trennung* ...k|k...]; der Ofen ist verschlackt; **Ver|schla|ckung**
[1]**ver|schla|fen;** ich habe [mich] verschlafen
[2]**ver|schla|fen;** er sieht verschlafen aus; **Ver|schla|fen|heit,** die; -
Ver|schlag, der; -[e]s, Verschläge
[1]**ver|schla|gen;** es verschlägt mir

die Sprache; es verschlägt (*landsch. für* nützt) nichts
[2]**ver|schla|gen** ([hinter]listig); ein verschlagener Mensch; **Ver|schla|gen|heit,** die; -
ver|schlam|men; der Fluss ist verschlammt; **ver|schläm|men** (mit Schlamm füllen); die Abfälle haben das Rohr verschlämmt
Ver|schlam|mung; Ver|schläm|mung
ver|schlam|pen *(ugs.)*
ver|schlan|ken (verkleinern, reduzieren); die Produktion verschlanken; **Ver|schlan|kung**
ver|schlech|tern; ich verschlechtere; **Ver|schlech|te|rung**
ver|schlei|ern; ich verschleiere; **Ver|schlei|e|rung; Ver|schlei|e|rungs|tak|tik; Ver|schlei|e|rungs|ver|such**
ver|schlei|fen; Ver|schlei|fung
ver|schlei|men; Ver|schlei|mung
Ver|schleiß, der; -es, -e (Abnutzung; *österr. Amtsspr. auch für* Kleinverkauf, Vertrieb)
ver|schlei|ßen; etwas verschleißen (etwas [stark] abnutzen); Waren verschleißen (*österr. Amtsspr. für* verkaufen, vertreiben); du verschlisst [*alte Schreibung* verschlißt], *österr. auch* verschleißtest; verschlissen, *österr. auch* verschleißt; **Ver|schlei|ßer** (*österr. veraltend für* Kleinhändler); **Ver|schlei|ße|rin** *(österr. veraltend)*
Ver|schleiß|er|schei|nung; Ver|schleiß|fes|tig|keit [*alte Trennung* ...ß|st...]; **Ver|schleiß|prü|fung; Ver|schleiß|teil,** das
ver|schlem|men (verprassen)
ver|schlep|pen; einen Prozess verschleppen; eine verschleppte Grippe; **Ver|schlep|pung**
Ver|schlep|pungs|ma|nö|ver; Ver|schlep|pungs|tak|tik
ver|schleu|dern; Ver|schleu|de|rung
ver|schließ|bar; ver|schlie|ßen *vgl.* verschlossen; **Ver|schlie|ßung**
ver|schlimm|bes|sern; Ver|schlimm|bes|se|rung
ver|schlim|mern; ich verschlimmere; **Ver|schlim|me|rung**
ver|schlin|gen; Ver|schlin|gung
ver|schlos|sen; Ver|schlos|sen|heit, die; -
ver|schlu|cken [*alte Trennung* ...k|k...]; sich verschlucken
ver|schlu|dern (*ugs. für* verlieren, verlegen; verkommen lassen); ich verschludere
Ver|schluss [*alte Schreibung* Verschluß]; **Ver|schluss|de|ckel** [*alte Trennung* ...k|k...]
ver|schlüs|seln; Ver|schlüs|se|lung
Ver|schluss|kap|pe [*alte Schreibung* Ver|schluß...] **Ver|schluss|laut** (*für* Explosiv)
Ver|schluss|sa|che, *auch* **Ver|schluss-Sa|che** [*alte Schreibung* Ver|schluß|sa|che]
Ver|schluss|schrau|be, *auch* **Ver|schluss-Schrau|be** [*alte Schreibung* Ver|schluß|schrau|be]
Ver|schluss|strei|fen, *auch* **Ver|schluss-Strei|fen** [*alte Schreibung* Ver|schluß|strei|fen]
ver|schmach|ten *(geh.)*
ver|schmä|hen; Ver|schmä|hung
ver|schmä|lern; sich verschmälern; ich verschmälere
ver|schmau|sen
[1]**ver|schmel|zen** (flüssig werden; ineinander übergehen); *vgl.* [1]schmelzen
[2]**ver|schmel|zen** (zusammenfließen lassen; ineinander übergehen lassen); *vgl.* [2]schmelzen
Ver|schmel|zung
ver|schmer|zen
ver|schmie|ren; Ver|schmie|rung
ver|schmitzt (schlau, verschlagen); **Ver|schmitzt|heit,** die; -
ver|schmockt (*ugs. für* effektvoll, ohne wirklichen Gehalt)
ver|schmust *(ugs.)*
ver|schmut|zen; ver|schmutzt; Ver|schmut|zung
ver|schnap|pen, sich (*landsch. für* sich verplappern)
ver|schnarcht (*ugs. für* langweilig, verschlafen); das sind doch alles verschnarchte Typen
ver|schnau|fen; sich verschnaufen; **Ver|schnauf|pau|se**
ver|schnei|den (*auch für* kastrieren); verschnitten; **Ver|schnei|dung**
ver|schneit; verschneite Wälder
ver|schnip|peln (*landsch. für* verschneiden); ich verschnipp[e]le
Ver|schnitt, der; -[e]s, -e (*auch für* Mischung alkoholischer Flüssigkeiten)
Ver|schnit|te|ne, der; -n, -n (*für* Kastrat)
ver|schnör|keln; verschnörkelte Ornamente; **Ver|schnör|ke|lung, Ver|schnörk|lung**
ver|schnup|fen (*ugs. für* verärgern); mit dieser Bemerkung verschnupfte sie ihn; **ver|schnupft** (einen Schnupfen habend; *ugs. auch für* verärgert, gekränkt); **Ver|schnup|fung**
ver|schnü|ren; Ver|schnü|rung
ver|schol|len
ver|scho|nen; jmdn. verschonen
ver|schö|nen; sie hat [mir] das Fest verschönt
ver|schö|nern; ich verschönere; **Ver|schö|ne|rung**
Ver|scho|nung
Ver|schö|nung
ver|schor|fen; die Wunde verschorft; **Ver|schor|fung**
ver|schos|sen; ein verschossenes (ausgebleichtes) Kleid; in jmdn. verschossen (*ugs. für* heftig verliebt) sein
ver|schram|men; verschrammt
ver|schrän|ken; mit verschränkten Armen; **Ver|schrän|kung**
ver|schrau|ben; Ver|schrau|bung
ver|schre|cken [*alte Trennung* ...k|k...] (ängstigen, verstört machen); *vgl.* schrecken
ver|schrei|ben; Ver|schrei|bung; ver|schrei|bungs|pflich|tig
Ver|schrieb, der; -s, -e (*schweiz. für* Schreibfehler, falsche Schreibung)
ver|schri|en [*alte Schreibung auch* ver|schrie|en]; er ist als Geizhals verschrien
Ver|schrif|tung (das Verschriftlichen)
ver|schro|ben (seltsam; wunderlich); **Ver|schro|ben|heit**
ver|schro|ten (zu Schrot machen)
ver|schrot|ten (zu Schrott machen, als Altmetall verwerten); **Ver|schrot|tung**
ver|schrum|peln *(ugs.)*; ich verschrump[e]le; **Ver|schrum|pe|lung,** Ver|schrump|lung
ver|schüch|tern; ich verschüchtere; das Kind war völlig verschüchtert; **Ver|schüch|te|rung**
ver|schul|den; Ver|schul|den, das; -s; ohne [sein] Verschulden
ver|schul|det; ver|schul|de|ter|ma|ßen; Ver|schul|dung
ver|schu|len (dem Schulunterricht annähern; *Landw.* Sämlinge ins Pflanzbeet umpflanzen); das Studium verschulen; **Ver|schu|lung**
ver|schup|fen (*landsch. für* fort-, verstoßen, stiefmütterlich behandeln)
ver|schus|seln (*ugs. für* verlieren, verlegen, vergessen); ich verschussele *od.* verschussle [*alte Schreibung* verschußle]
ver|schüt|ten
ver|schütt ge|hen [*alte Schreibung*

V

ver|schütt|ge|hen] ‹Gaunerspr.› (*ugs. für* verloren gehen)
Ver|schüt|tung
ver|schwä|gert; Ver|schwä|ge|rung
ver|schwei|gen; Ver|schwei|gung
ver|schwei|ßen; Ver|schwei|ßung
ver|schwe|len (schwelend verbrennen); **Ver|schwe|lung**
ver|schwen|den; Ver|schwen|der; Ver|schwen|de|rin
ver|schwen|de|risch
Ver|schwen|dung
Ver|schwen|dungs|sucht, die; -; **ver|schwen|dungs|süch|tig**
ver|schwie|gen; Ver|schwie|gen|heit, die; -
ver|schwim|men; es verschwimmt [mir] vor den Augen
ver|schwin|den; Ver|schwin|den, das; -s; niemand bemerkte sein Verschwinden
ver|schwis|tert [*alte Trennung* ...|st...]; **Ver|schwis|te|rung**
ver|schwit|zen (*ugs. auch für* vergessen); verschwitzt
ver|schwol|len; verschwollene Augen
ver|schwom|men; verschwommene Vorstellungen; **Ver|schwom|men|heit,** die; -
ver|schwö|ren, sich
Ver|schwo|re|ne, Ver|schwor|ne, der *u.* die; -n, -n
Ver|schwö|rer; Ver|schwö|re|rin; ver|schwö|re|risch
Ver|schwor|ne *vgl.* Verschworene
Ver|schwö|rung
Vers|dra|ma (in Versen abgefasstes Drama)
ver|se|hen; er hat seinen Posten treu versehen; ich habe mich mit Nahrungsmitteln versehen; ich habe mich versehen (geirrt); ehe du dichs versiehst *(veraltend)*
Ver|se|hen, das; -s, - (Irrtum); aus Versehen
ver|se|hent|lich (aus Versehen)
Ver|seh|gang, der; -[e]s, ...gänge (Gang des kath. Priesters zur Spendung der Sakramente an Kranke, bes. an Sterbende)
ver|seh|ren (*veraltet für* verletzen, beschädigen); versehrt
Ver|sehr|te, der *u.* die; -n, -n; (Körperbeschädigte[r]); **Ver|sehr|ten|sport,** der; -[e]s
Ver|sehrt|heit, die; -
ver|sei|fen; Ver|sei|fung (*fachspr. für* Spaltung der Fette in Glyzerin u. Seifen durch Kochen in Alkalien)
ver|selbst|stän|di|gen, ver|selb|stän|di|gen, sich; **Ver|selbst|stän|di|gung,** Ver|selb|stän|di|gung
Ver|se|ma|cher *(abwertend)*
ver|sen|den; versandt *u.* versendet; *vgl.* senden; **Ver|sen|der; Ver|sen|dung**
ver|sen|gen; die Hitze hat den Rasen versengt; **Ver|sen|gung**
ver|senk|bar; eine versenkbare Nähmaschine
Ver|senk|büh|ne
ver|sen|ken (zum Sinken bringen); sich in ein Buch versenken (vertiefen); **Ver|sen|kung**
Vers|e|pos (*svw.* Versdrama)
Ver|se|schmied *(abwertend)*
ver|ses|sen (eifrig bedacht, erpicht); auf etwas versessen sein; **Ver|ses|sen|heit,** die; -
ver|set|zen; der Schüler wurde versetzt; sich in jmds. Lage versetzen; sie hat ihn versetzt (*ugs. für* vergeblich warten lassen); er hat seine Uhr versetzt (verkauft, ins Leihhaus gebracht); **Ver|set|zung**
Ver|set|zungs|zei|chen (*Musik* Zeichen zur Erhöhung od. Erniedrigung einer Note)
ver|seu|chen; Ver|seu|chung
Vers|form; Vers|fuß
Ver|si|che|rer; Ver|si|che|rin
ver|si|chern; die Versicherung versichert dich gegen Unfall; ich versichere dich meines Vertrauens *(geh.), auch* ich versichere dir mein Vertrauen; ich versichere dir, dass ...; **Ver|si|cher|te,** der *u.* die; -n, -n
Ver|si|che|rung
Ver|si|che|rungs|a|gent; Ver|si|che|rungs|an|spruch; Ver|si|che|rungs|bei|trag; Ver|si|che|rungs|be|trug; Ver|si|che|rungs|fall, der; **Ver|si|che|rungs|ge|ber; Ver|si|che|rungs|ge|sell|schaft; Ver|si|che|rungs|kar|te**
Ver|si|che|rungs|kauf|frau; Ver|si|che|rungs|kauf|mann
Ver|si|che|rungs|leis|tung [*alte Trennung* ...|st...]; **Ver|si|che|rungs|neh|mer**
Ver|si|che|rungs|pflicht, die; -; **ver|si|che|rungs|pflich|tig**
Ver|si|che|rungs|po|li|ce; Ver|si|che|rungs|prä|mie; Ver|si|che|rungs|recht, das; -[e]s; **Ver|si|che|rungs|schein; Ver|si|che|rungs|schutz,** der; -es
Ver|si|che|rungs|steu|er, Ver|si|che|rung|steu|er, die
Ver|si|che|rungs|sum|me
Ver|si|che|rung|steu|er *vgl.* Versicherungssteuer
Ver|si|che|rungs|trä|ger; Ver|si|che|rungs|ver|tre|ter; Ver|si|che|rungs|wert; Ver|si|che|rungs|we|sen, das; -s
ver|si|ckern [*alte Trennung* ...k|k...]; **Ver|si|cke|rung**
ver|sie|ben (*ugs. für* verderben; verlieren; vergessen); er hat [ihm] alles versiebt
ver|sie|geln; ich versieg[e]le; **Ver|sie|ge|lung,** Ver|sieg|lung
ver|sie|gen (austrocknen)
Ver|sieg|lung *vgl.* Versiegelung
Ver|sie|gung, die; -
ver|siert ‹lat.›; in etwas versiert (erfahren, bewandert) sein; **Ver|siert|heit,** die; -
Ver|si|fex, der; -es, -e ‹lat.› (Verseschmied)
ver|sifft (*ugs. für* verschmutzt)
Ver|si|fi|ka|ti|on, die; -, -en ‹lat.›; **ver|si|fi|zie|ren** (in Verse bringen)
Ver|sil|be|rer; ver|sil|bern (*ugs. auch für* verkaufen); ich versilbere; **Ver|sil|be|rung**
ver|sim|peln (*ugs. für* zu sehr vereinfachen; dumm werden); ich versimp[e]le
ver|sin|ken; versunken
ver|sinn|bild|li|chen; Ver|sinn|bild|li|chung
ver|sinn|li|chen; Ver|sinn|li|chung
Ver|si|on, die; -, -en ‹franz.› (Fassung; Lesart; Ausführung)
ver|sippt (verwandt); **Ver|sip|pung**
ver|sit|zen (*ugs. für* [die Zeit] mit Herumsitzen verbringen; beim Sitzen zerknittern [von Kleidern]); *vgl.* versessen
ver|skla|ven; Ver|skla|vung
Vers|kunst, die; -; **Vers|leh|re**
ver|slu|men [...'sla...] ‹dt.; engl.› (zum Slum werden); verslumte Stadtteile
Vers|maß, das
ver|snobt ‹dt.; engl.› (in der Art eines Snobs, um gesellschaftliche Exklusivität bemüht)
Ver|so, das; -s, -s ‹lat.› (*fachspr. für* [Blatt]rückseite)
ver|sof|fen (*derb für* trunksüchtig)
ver|soh|len (*ugs. für* verprügeln)
ver|söh|nen; sich versöhnen; **Ver|söh|ner; Ver|söh|ne|rin**
Ver|söhn|ler (*veraltend für* jmd., der aus opportunist. Gründen Abweichungen von der Parteilinie o. Ä. nicht entschieden genug bekämpft)

ver|söhn|lich; Ver|söhn|lich|keit, die; -
Ver|söh|nung; Ver|söh|nungs|fest *(jüd. Rel.);* **Ver|söh|nungs|tag**
ver|son|nen (sinnend, träumerisch); **Ver|son|nen|heit,** die; -
ver|sor|gen; Ver|sor|gung, die; -
Ver|sor|gungs|amt; Ver|sor|gungs|an|spruch; Ver|sor|gungs|aus|gleich
ver|sor|gungs|be|rech|tigt; Ver|sor|gungs|be|rech|tig|te, der *u.* die; -n, -n
Ver|sor|gungs|ein|heit *(Milit.);* **Ver|sor|gungs|eng|pass** [*alte Schreibung* ...eng|paß]; **Ver|sor|gungs|la|ge**
Ver|sor|gungs|lei|tung; Ver|sor|gungs|netz; Ver|sor|gungs|schwie|rig|kei|ten *Plur.*
ver|sot|ten (durch sich ablagernde Rauchrückstände verunreinigt werden [von Schornsteinen]); **Ver|sot|tung**
ver|spach|teln (*ugs. auch für* aufessen); ich verspacht[e]le
ver|spakt (*nordd. für* angefault)
ver|span|nen; Ver|span|nung
ver|spä|ten, sich; **ver|spä|tet; Ver|spä|tung**
ver|spei|sen *(geh.);* **Ver|spei|sung,** die; -
ver|spe|ku|lie|ren
ver|sper|ren; Ver|sper|rung
ver|spie|len; ver|spielt; ein verspielter Junge; bei jmdm. verspielt haben; **Ver|spielt|heit,** die; -
ver|spie|ßern (zum Spießer werden); ich verspießere
ver|spil|lern (*Bot.* vergeilen); die Pflanze verspillert; **Ver|spil|le|rung**
ver|spin|nen; versponnen
ver|splei|ßen (*Seemannsspr.* spleißend verbinden); zwei Tauenden [miteinander] verspleißen
ver|spot|ten; Ver|spot|tung
ver|spre|chen
Ver|spre|chen, das; -s, -; **Ver|spre|cher; Ver|spre|chung**
ver|spren|gen; Ver|spreng|te, der; -n, -n *(Milit.);* **Ver|spren|gung**
ver|sprit|zen
ver|spro|che|ner|ma|ßen
ver|spru|deln (*österr. für* verquirlen); ich versprud[e]le
ver|sprü|hen (zerstäuben)
ver|spun|den, *auch* **ver|spün|den;** ein Fass verspunden, *auch* verspünden
ver|spü|ren
ver|staat|li|chen; Ver|staat|li|chung
ver|städ|tern [*auch* ...'ʃtɛ...] (städtisch machen, werden); ich verstädtere; **Ver|städ|te|rung,** die; -
ver|stäh|len (*fachspr. für* mit einer Stahlschicht überziehen); **Ver|stäh|lung**
Ver|stand, der; -[e]s; **Ver|stan|des|kraft**
ver|stan|des|mä|ßig
Ver|stan|des|mensch, der; **Ver|stan|des|schär|fe,** die; -
ver|stän|dig (besonnen)
ver|stän|di|gen; sich mit jmdm. verständigen
Ver|stän|dig|keit, die; - (Klugheit)
Ver|stän|di|gung
Ver|stän|di|gungs|be|reit|schaft, die; -; **Ver|stän|di|gungs|schwie|rig|kei|ten** *Plur.;* **Ver|stän|di|gungs|ver|such**
ver|ständ|lich; ver|ständ|li|cher|wei|se; Ver|ständ|lich|keit, die; -
Ver|ständ|nis, das; -ses, -se *Plur. selten;* **ver|ständ|nis|in|nig**
ver|ständ|nis|los; Ver|ständ|nis|lo|sig|keit, die; -
ver|ständ|nis|voll
ver|stän|kern *(ugs.);* ich verstänkere
ver|stär|ken; in verstärktem Maße; **Ver|stär|ker; Ver|stär|ker|röh|re**
Ver|stär|kung; Ver|stär|kungs|pfei|ler
ver|stä|ten (*schweiz. für* festmachen [bes. das Fadenende])
ver|stat|ten (*veraltet für* gestatten); **Ver|stat|tung,** die; -
ver|stau|ben
ver|stäu|ben; Insektizide verstäuben
ver|staubt (*auch für* altmodisch, überholt)
ver|stau|chen; ich habe mir den Fuß verstaucht; **Ver|stau|chung**
ver|stau|en ([auf relativ engem Raum] unterbringen)
Ver|steck, das; -[e]s, -e; Versteck spielen
ver|ste|cken [*alte Trennung* ...k|k...]; *vgl.* [2]stecken; sie hatte die Ostereier gut versteckt; sich verstecken; **Ver|ste|cken,** das; -s; er will Verstecken spielen
Ver|ste|cken|spie|len [*alte Trennung* ...k|k...], das; -s; **Ver|ste|ckerl|spiel,** das; -s (*österr. neben* Versteckspiel)
Ver|steck|spiel, das; -[e]s
Ver|steckt|heit, die; -
ver|ste|hen; verstanden; jmdm. etwas zu verstehen geben; **Ver|ste|hen,** das; -s
ver|stei|fen (*auch Bauw.* abstützen, unterstützen); sich auf etwas versteifen (auf etwas beharren); **Ver|stei|fung**
ver|stei|gen, sich; er hatte sich in den Bergen verstiegen; du versteigst dich zu übertriebenen Forderungen *(geh.)*
Ver|stei|ge|rer; Ver|stei|ge|rin
ver|stei|gern; ich versteigere;
Ver|stei|ge|rung
ver|stei|nen (*veraltet für* mit Grenzsteinen versehen)
ver|stei|nern (zu Stein machen, werden); ich versteinere; wie versteinert; **Ver|stei|ne|rung**
ver|stell|bar; Ver|stell|bar|keit, die; -
ver|stel|len; Ver|stel|lung; Ver|stel|lungs|kunst
ver|step|pen (zu Steppe werden); das Land ist versteppt; **Ver|step|pung**
ver|ster|ben; *nur noch im Präteritum u. im Partizip II gebr.;* verstarb, verstorben *(vgl. d.)*
ver|ste|ti|gen (*bes. Wirtsch.* gleichmäßig u. beständig machen); **Ver|ste|ti|gung**
ver|steu|ern; ich versteuere; **Ver|steu|e|rung**
ver|stie|ben (*veraltet für* in Staub zerfallen; wie Staub verfliegen); der Schnee ist verstoben
ver|stie|gen (überspannt); **Ver|stie|gen|heit**
ver|stim|men (*auch für* verärgern); **ver|stimmt; Ver|stimmt|heit,** die; -; **Ver|stim|mung**
ver|stockt (uneinsichtig, störrisch); **Ver|stockt|heit,** die; -
ver|stoh|len (heimlich); **ver|stoh|le|ner|wei|se**
ver|stol|pern *(Sportspr.);* ich verstolpere den Ball
ver|stop|fen; Ver|stop|fung
ver|stor|ben (*Zeichen* †); **Ver|stor|be|ne,** der *u.* die; -n, -n
ver|stö|ren (verwirren); es verstört mich, dass ...; **ver|stört; Ver|stört|heit,** die; -
Ver|stoß, der; -es, ...stöße; **ver|sto|ßen; Ver|sto|ßung**
ver|stre|ben; Ver|stre|bung
ver|strei|chen (*auch für* vorübergehen; vergehen); verstrichen
ver|streu|en; verstreut
ver|stri|cken [*alte Trennung* ...k|k...]; sich [in Widersprüche] verstricken; **Ver|stri|ckung**
ver|stro|men (zur Stromerzeugung benutzen); Kohle verstromen

ver|strö|men; einen Duft verströmen
Ver|strö|mung
ver|strub|beln *(ugs.);* ich verstrubb[e]le ihr die Haare
ver|stüm|meln; ich verstümmele; verstümmelt; **Ver|stüm|me|lung,** *seltener* Ver|stümm|lung
ver|stum|men
Ver|stümm|lung *vgl.* Verstümmelung
Ver. St. v. A. = Vereinigte Staaten von Amerika
Ver|such, der; -[e]s, -e; **ver|su|chen**
Ver|su|cher; Ver|su|che|rin
Ver|suchs|ab|tei|lung; Ver|suchs|an|la|ge; Ver|suchs|an|ord|nung
Ver|suchs|an|stalt; Ver|suchs|bal|lon; Ver|suchs|ge|län|de
Ver|suchs|ka|nin|chen *(ugs. für* Versuchstier, Versuchsperson)
Ver|suchs|lei|ter; der; **Ver|suchs|per|son** *(Psych.; Abk.* Vp., VP)
Ver|suchs|sta|ti|on; Ver|suchs|tier
ver|suchs|wei|se
Ver|su|chung
ver|süh|nen *(veraltet für* versöhnen)
ver|sump|fen *(ugs. auch für* moralisch verkommen); **Ver|sump|fung**
ver|sün|di|gen, sich *(geh.);* **Ver|sün|di|gung**
ver|sun|ken; in etwas versunken sein; **Ver|sun|ken|heit,** die; -
ver|sus ‹lat.› (gegen; *Abk.* vs.)
ver|sü|ßen; Ver|sü|ßung
vert. *(Druckw.* V) = vertatur
ver|tä|feln; ich vertäf[e]le; **Ver|tä|fe|lung, Ver|täf|lung**
ver|ta|gen; Ver|ta|gung
ver|tän|deln (nutzlos [die Zeit] verbringen); ich vertänd[e]le
ver|ta|tur! ‹lat.› (man wende!, man drehe um!; *Abk.* vert. [*Druckw.* V])
ver|tau|ben *(Bergmannsspr.* in taubes Gestein übergehen); **Ver|tau|bung**
ver|täu|en *(Seemannsspr.* durch Taue festmachen); das Schiff ist vertäut
ver|tausch|bar; Ver|tausch|bar|keit, die; -
ver|tau|schen; Ver|tau|schung
ver|tau|send|fa|chen
Ver|täu|ung *(Seemannsspr.)*
ver|te! ‹lat.› *(Musik* wende um!, wenden!)
ver|te|b|ral *(Med.* die Wirbelsäule betreffend, zu ihr gehörend); **Ver|te|b|rat,** der; -en, -en *meist Plur.* *(Zool.* Wirbeltier)

ver|tei|di|gen *(auch Sport);* **Ver|tei|di|ger; Ver|tei|di|ge|rin**
Ver|tei|di|gung
Ver|tei|di|gungs|aus|ga|ben *Plur.;* **Ver|tei|di|gungs|bei|trag; Ver|tei|di|gungs|be|reit|schaft,** die; -; **Ver|tei|di|gungs|bünd|nis**
Ver|tei|di|gungs|drit|tel *(Eishockey)*
Ver|tei|di|gungs|fall; Ver|tei|di|gungs|haus|halt; Ver|tei|di|gungs|krieg
Ver|tei|di|gungs|mi|nis|ter [*alte Trennung* ...|st...]; **Ver|tei|di|gungs|mi|nis|te|ri|um**
Ver|tei|di|gungs|pakt
Ver|tei|di|gungs|schrift
Ver|tei|di|gungs|stel|lung; Ver|tei|di|gungs|waf|fe; Ver|tei|di|gungs|zu|stand
ver|tei|len; Ver|tei|ler
Ver|tei|ler|do|se; Ver|tei|ler|kas|ten [*alte Trennung* ...|st...]; **Ver|tei|ler|netz; Ver|tei|ler|ring; Ver|tei|ler|schlüs|sel; Ver|tei|ler|ta|fel**
Ver|tei|lung
Ver|tei|lungs|stel|le; Ver|tei|lungs|zahl|wort (*für* Distributivzahl)
ver|te|le|fo|nie|ren *(ugs.);* sie hat zwanzig Mark vertelefoniert
ver|te, si pla|cet! ‹lat.› *(Musik* bitte wenden!; *Abk.* v. s. pl.)
ver|teu|ern; sich verteuern; ich verteuere; **Ver|teu|e|rung**
ver|teu|feln (als böse, schlecht hinstellen); ich verteuf[e]le; **ver|teu|felt** *(ugs. für* verzwickt; über die Maßen; verwegen); **Ver|teu|fe|lung, Ver|teuf|lung**
ver|tie|fen; sich in eine Sache vertiefen; **Ver|tie|fung**
ver|tie|ren (zum Tier werden, machen); **ver|tiert** (tierisch)
ver|ti|kal ‹lat.› (senkrecht, lotrecht); **Ver|ti|ka|le,** die; -, -n; vier -[n]
Ver|ti|ka|le|be|ne; Ver|ti|kal|kreis
Ver|ti|ko, das, *selten* der; -s, -s ‹angeblich nach dem Tischler Vertikow› (kleiner Zierschrank)
ver|ti|ku|tie|ren ‹lat.› ([Rasen] lüften, entfilzen); **Ver|ti|ku|tie|rer; Ver|ti|ku|tier|ge|rät**
ver|til|gen; Ver|til|gung, die; -, -en
Ver|til|gungs|mit|tel, das
ver|tip|pen *(ugs. für* falsch [1]tippen); sich vertippen; vertippt
ver|to|nen; das Gedicht wurde vertont; **Ver|to|ner** *(selten)*
[1]**Ver|to|nung** (das Vertonen)
[2]**Ver|to|nung** (Darstellung von Küstenansichten [von See aus])

ver|tor|fen (zu Torf werden); **Ver|tor|fung**
ver|trackt *(ugs. für* verwickelt; ärgerlich); **Ver|trackt|heit** *(ugs.)*
Ver|trag, der; -[e]s, ...träge
ver|tra|gen; Zeitungen vertragen *(schweiz. für* austragen); **Ver|trä|ger** *(schweiz. für* jmd., der Zeitungen u. Ä. austrägt)
ver|trag|lich (dem Vertrag nach; durch Vertrag)
ver|träg|lich; die Speise ist gut verträglich; **Ver|träg|lich|keit**
ver|trag|los; vertragloser Zustand
Ver|trags|ab|schluss [*alte Schreibung* ...ab|schluß]
Ver|trags|be|diens|te|te [*alte Trennung* ...|st...], der *u.* die (*österr. für* nicht beamtete[r] öffentlich Bedienstete[r])
Ver|trags|bruch
ver|trags|brü|chig; Ver|trags|brü|chi|ge, der *u.* die; -n, -n
ver|trag|schlie|ßend; vertragschließende Parteien; **Ver|trag|schlie|ßen|de,** der *u.* die; -n, -n
ver|trags|ge|mäß
Ver|trags|ho|tel
ver|trags|los *vgl.* vertraglos
Ver|trags|part|ner; Ver|trags|part|ne|rin
Ver|trags|punkt; Ver|trags|schluss [*alte Schreibung* ...schluß]
Ver|trags|spie|ler *(Sport früher)*
Ver|trags|stra|fe; Ver|trags|text
Ver|trags|werk|statt
ver|trags|wid|rig; Ver|trags|wid|rig|keit, die; -
ver|trau|en
Ver|trau|en, das; -s; [großes] Vertrauen erwecken
Ver|trau|en er|we|ckend, *auch* **ver|trau|en|er|we|ckend** [*alte Trennung* ...k|k...]; ein Vertrauen erweckender, *auch* vertrauenerweckender Verkäufer; *aber nur* ein großes Vertrauen erweckender Verkäufer; ein äußerst vertrauenerweckender, noch vertrauenerweckenderer Verkäufer ↑K 58 *u.* 59
Ver|trau|ens|an|walt
Ver|trau|ens|arzt; ver|trau|ens|ärzt|lich; eine vertrauensärztliche Untersuchung
Ver|trau|ens|ba|sis; Ver|trau|ens|be|weis
ver|trau|ens|bil|dend; vertrauensbildende Maßnahmen
Ver|trau|ens|bruch, der; **Ver|trau|ens|fra|ge**
Ver|trau|ens|frau; Ver|trau|ens|grund|la|ge; Ver|trau|ens|kri|se

V

Ver|trau|ens|mann *Plur.* ...männer *u.* ...leute (*Abk.* V-Mann); **Ver|trau|ens|per|son; Ver|trau|ens|sa|che**

ver|trau|ens|se|lig; Ver|trau|ens|se|lig|keit, die; -

Ver|trau|ens|stel|lung; Ver|trau|ens|ver|hält|nis

ver|trau|ens|voll

Ver|trau|ens|vo|tum

ver|trau|ens|wür|dig; Ver|trau|ens|wür|dig|keit, die; -

ver|trau|ern; ich vertrauere

ver|trau|lich; Ver|trau|lich|keit

ver|träu|men; ver|träumt; Ver|träumt|heit, die; -

ver|traut; jmdn., sich mit etwas vertraut machen; **Ver|trau|te,** der *u.* die; -n, -n; **Ver|traut|heit**

ver|trei|ben; Ver|trei|ber; Ver|trei|bung

ver|tret|bar; vertretbare Sache *(BGB);* **Ver|tret|bar|keit,** die; -

ver|tre|ten

Ver|tre|ter; Ver|tre|ter|be|such; Ver|tre|te|rin

Ver|tre|tung; in Vertretung (*Abk.* i. V., I. V.; *vgl. d.*); **Ver|tre|tungs|stun|de; ver|tre|tungs|wei|se**

Ver|trieb, der; -[e]s, -e (Verkauf)

Ver|trie|be|ne, der *u.* die; -n, -n

Ver|triebs|ab|tei|lung; Ver|triebs|ge|sell|schaft; Ver|triebs|kos|ten [*alte Trennung* ...|st...] *Plur.*

Ver|triebs|lei|ter, der; **Ver|triebs|recht**

ver|trim|men (*ugs. für* verprügeln)

ver|trin|ken; sein Geld vertrinken

ver|trock|nen

ver|trö|deln (*ugs. für* [seine Zeit] unnütz hinbringen); ich vertröd[e]le; **Ver|trö|de|lung, Ver|tröd|lung,** die; - *(ugs.)*

ver|trös|ten [*alte Trennung* ...|st...]; **Ver|trös|tung**

ver|trot|teln *(ugs.);* ich vertrott[e]le; **ver|trot|telt**

ver|trus|ten [...'tra...; *alte Trennung* ...|st...] (*Wirtsch.* zu einem Trust vereinigen); **Ver|trus|tung**

ver|tü|dern (*nordd. für* verwirren); sich vertüdern; ich vertüdere

Ver|tum|na|li|en *Plur.* (ein altröm. Fest)

ver|tun (verschwenden); vertan; sich vertun (*ugs. für* sich irren)

ver|tu|schen *(ugs.);* du vertuschst; **Ver|tu|schung**

ver|ü|beln (übel nehmen); ich verüb[e]le; jmdm. etwas verübeln

ver|ü|ben; ein Verbrechen verüben

ver|ul|ken; Ver|ul|kung

ver|un|eh|ren (*veraltet für* im Ansehen schädigen)

ver|un|fal|len (*Amtsspr.* verunglücken); **Ver|un|fall|te,** der *u.* die; -n, -n

ver|un|glimp|fen (schmähen, beleidigen); **Ver|un|glimp|fung**

ver|un|glü|cken [*alte Trennung* ...k|k...]; **Ver|un|glück|te,** der *u.* die; -n, -n

ver|un|krau|ten; der Acker ist verunkrautet

ver|un|mög|li|chen (*bes. schweiz. für* verhindern, vereiteln)

ver|un|rei|ni|gen; Ver|un|rei|ni|gung

ver|un|si|chern; ich verunsichere; **Ver|un|si|che|rung**

ver|un|stal|ten (entstellen); **Ver|un|stal|tung**

ver|un|treu|en (unterschlagen); **Ver|un|treu|er; Ver|un|treu|ung**

ver|un|zie|ren (verschandeln); **Ver|un|zie|rung**

ver|ur|sa|chen; Ver|ur|sa|cher; Ver|ur|sa|che|rin; Ver|ur|sa|cher|prin|zip, das; -s *(Rechtsspr.);* **Ver|ur|sa|chung,** die; -

ver|ur|tei|len; Ver|ur|tei|lung

Ver|ve, die; - ‹franz.› (Begeisterung, Schwung)

ver|viel|fa|chen; Ver|viel|fa|chung

ver|viel|fäl|ti|gen; Ver|viel|fäl|ti|ger; Ver|viel|fäl|ti|gung

Ver|viel|fäl|ti|gungs|zahl|wort (z. B. achtmal, dreifach)

ver|vier|fa|chen

ver|voll|komm|nen; sich vervollkommnen; **Ver|voll|komm|nung; ver|voll|komm|nungs|fä|hig**

ver|voll|stän|di|gen; Ver|voll|stän|di|gung

verw. = verwitwet

[1]**ver|wach|sen;** die Narbe ist verwachsen; mit etwas verwachsen (innig verbunden) sein; sich verwachsen ([beim Wachsen] verschwinden)

[2]**ver|wach|sen** (schief gewachsen, verkrüppelt); **Ver|wach|sung**

ver|wa|ckeln [*alte Trennung* ...k|k...]; ich verwack[e]le; die Aufnahme ist verwackelt (unscharf)

ver|wäh|len, sich

Ver|wahr, der *(veraltet); nur noch in* in Verwahr geben, nehmen

ver|wah|ren (*veraltet auch für* in Haft nehmen, unterbringen); es ist alles wohl verwahrt (aufbewahrt); sich gegen etwas verwahren (etwas energisch zurückweisen)

Ver|wah|rer; Ver|wah|re|rin

ver|wahr|lo|sen; du verwahrlost; **Ver|wahr|los|te** [*alte Trennung* ...|st...], der *u.* die; -n, -n; **Ver|wahr|lo|sung,** die; -

Ver|wahr|sam, der; -s *(veraltet); noch in* in Verwahrsam geben, nehmen

Ver|wah|rung

ver|wai|sen (elternlos werden; einsam werden); du verwaist; er/sie verwais|te; **ver|waist;** ein verwais|tes Haus

ver|wal|ken (*ugs. für* verprügeln)

ver|wal|ten; Ver|wal|ter; Ver|wal|te|rin

Ver|wal|tung; Ver|wal|tungs|akt; Ver|wal|tungs|an|ge|stell|te, der *u.* die; **Ver|wal|tungs|ap|pa|rat; Ver|wal|tungs|auf|ga|ben** *Plur.;* **Ver|wal|tungs|be|am|te; Ver|wal|tungs|be|zirk; Ver|wal|tungs|dienst,** der; -[e]s; **Ver|wal|tungs|ge|bäu|de**

Ver|wal|tungs|ge|richt; Ver|wal|tungs|ge|richts|hof

Ver|wal|tungs|kos|ten [*alte Trennung* ...|st...] *Plur.;* **Ver|wal|tungs|rat** *Plur.* ...räte; **Ver|wal|tungs|recht,** das; -[e]s; **Ver|wal|tungs|re|form**

ver|wal|tungs|tech|nisch

Ver|wal|tungs|vor|schrift

ver|wam|sen (*ugs. für* verprügeln); du verwamst

ver|wan|del|bar; ver|wan|deln; ich verwand[e]le; **Ver|wand|lung**

Ver|wand|lungs|künst|ler

ver|wand|lungs|reich

ver|wandt (zur gleichen Familie, Art gehörend); **Ver|wand|te,** der *u.* die; -n, -n

Ver|wandt|schaft; ver|wandt|schaft|lich; Ver|wandt|schafts|grad

ver|wanzt (voller Wanzen)

ver|war|nen; Ver|war|nung; Ver|war|nungs|geld *(Amtsspr.)*

ver|wa|schen

ver|wäs|sern; ich verwässere

Ver|wäs|se|rung, Ver|wäss|rung [*alte Schreibung* Ver|wäß|rung]

ver|we|ben; *meist schwach gebeugt, wenn es sich um die handwerkliche Tätigkeit handelt:* bei dieser Matte wurden Garne unterschiedlicher Stärke verwebt; *meist stark gebeugt bei übertragener Bedeutung:* zwei Melodien sind miteinander verwoben

ver|wech|sel|bar

ver|wẹch|seln; ↑K 82: zum Verwechseln ähnlich
Ver|wẹch|se|lung, Ver|wẹchs|lung; Ver|wẹch|se|lungs|ge|fahr, Ver|wẹchs|lungs|ge|fahr
ver|we̲|gen; Ver|we̲|gen|heit
ver|we̲|hen; vom Winde verweht
ver|wẹh|ren; jmdm. etwas verwehren; **Ver|wẹh|rung,** die; -
Ver|we̲|hung
ver|wei̲ch|li|chen; Ver|wei̲ch|li|chung, die; -
Ver|wei̲|ge|rer, der; -s, - (*auch kurz für* Kriegsdienstverweigerer)
ver|wei̲|gern; ich verweigere
Ver|wei̲|ge|rung; Ver|wei̲|ge|rungs|fall, der; im Verweigerungsfall[e] *(Rechtsspr.)*
Ver|wei̲l|dau|er *(fachspr.)*
ver|wei̲|len *(geh.);* sich verweilen
ver|wei̲nt; verweinte Augen
Ver|wei̲s, der; -es, -e (ernste Zurechtweisung; Hinweis)
ver|wei̲|sen (*auch veraltend für* verbieten; tadeln); sie hat dem Jungen seine Frechheit verwiesen
Ver|wei̲|sung
ver|wẹl|ken
ver|wẹlt|li|chen (weltlich machen); **Ver|wẹlt|li|chung,** die; -
ver|wẹnd|bar; Ver|wẹnd|bar|keit, die; -
ver|wẹn|den; ich verwandte *od.* verwendete, habe verwandt *od.* verwendet
Ver|wẹn|dung; zur besonderen Verwendung (*Abk.* z. b. V.); **ver|wẹn|dungs|fä|hig**
Ver|wẹn|dungs|mög|lich|keit; Ver|wẹn|dungs|wei|se; Ver|wẹn|dungs|zweck
ver|wẹr|fen; der Plan wurde verworfen; die Arme verwerfen (*schweiz.* heftig gestikulieren)
ver|wẹrf|lich; Ver|wẹrf|lich|keit
Ver|wẹr|fung (*auch für* geol. Schichtenstörung)
ver|wert|bar; ver|we̲r|ten
Ver|we̲r|ter; Ver|we̲r|te|rin
Ver|we̲r|tung
[1]**ver|we̲|sen** (sich zersetzen, in Fäulnis übergehen)
[2]**ver|we̲|sen** (*veraltet für* stellvertretend verwalten); du verwest
Ver|we̲|ser
ver|we̲s|lich
Ver|we̲|sung, die; -; **Ver|we̲|sungs|ge|ruch**
ver|wet|ten
ver|wị|chen (*veraltend für* vergangen); im verwichenen Jahre

ver|wịch|sen (*ugs. für* verprügeln; [Geld] vergeuden)
ver|wị|ckeln [*alte Trennung* ...k|k...]; **ver|wị|ckelt**
Ver|wị|cke|lung [*alte Trennung* ...k|k...], **Ver|wịck|lung**
ver|wie̲|gen (*fachspr. für* wiegen)
Ver|wie̲|ger; Ver|wie̲|ge|rin
Ver|wie̲|gung
ver|wị|ldern; ver|wị|ldert
Ver|wị|lde|rung
[1]**ver|wịn|den** (über etwas hinwegkommen); verwunden; den Schmerz verwinden
[2]**ver|wịn|den** (*Technik* verdrehen)
Ver|wịn|dung
ver|wịn|dungs|fest *(Technik)*
ver|wịn|kelt (winklig)
ver|wịr|ken; sein Leben verwirken
ver|wịrk|li|chen; sich [selbst] verwirklichen; **Ver|wịrk|li|chung**
Ver|wịr|kung, die; - *(Rechtsspr.)*
ver|wịr|ren; *vgl.* verworren
Ver|wịrr|spiel; Ver|wịrrt|heit, die; -; **Ver|wịr|rung**
ver|wịrt|schaf|ten (mit etwas schlecht wirtschaften)
ver|wị|schen; Ver|wị|schung
ver|wịt|tern; das Gestein ist verwittert
Ver|wịt|te|rung; Ver|wịt|te|rungs|pro|dukt
ver|wịt|wet (Witwe[r] geworden; *Abk.* verw.)
ver|wo̲|ben (eng verknüpft mit etw.); *vgl.* verweben
ver|wo̲h|nen; verwohnte Räume
ver|wö̲h|nen; ver|wö̲hnt
Ver|wö̲hnt|heit, die; -; **Ver|wö̲h|nung,** die; -
ver|wọr|fen (lasterhaft, schlecht); **Ver|wọr|fen|heit,** die; -
ver|wọr|ren; das hört sich ziemlich verworren an; *vgl.* verwirren; **Ver|wọr|ren|heit,** die; -
ver|wụnd|bar; Ver|wụnd|bar|keit, die; -
[1]**ver|wụn|den** (verletzen)
[2]**ver|wụn|den** *vgl.* verwinden
ver|wụn|der|lich
ver|wụn|dern; ich verwundere mich; **Ver|wụn|de|rung,** die; -
ver|wụn|det; Ver|wụn|de|te, der *u.* die; -n, -n
Ver|wụn|de|ten|trans|port
Ver|wụn|dung
ver|wụn|schen (verzaubert); ein verwunschenes Schloss
ver|wụ̈n|schen (verfluchen; verzaubern); sie hat ihr Schicksal oft verwünscht; **ver|wụ̈nscht** (verflucht); verwünscht sei diese Reise!; **Ver|wụ̈n|schung**

Ver|wụrf (*svw.* Verwerfung *[Geol.]*)
ver|wụrsch|teln, ver|wụrs|teln [*alte Trennung* ...|st...] (*ugs. für* verdrehen, verwirren)
ver|wụr|zeln; Ver|wụr|ze|lung, Ver|wụrz|lung
ver|wụ|scheln (*ugs. für* zerzausen); ich verwusch[e]le
ver|wü̲s|ten [*alte Trennung* ...|st...]; **Ver|wü̲s|tung**
Verz. = Verzeichnis
ver|za̲|gen (mutlos werden)
ver|za̲gt; Ver|za̲gt|heit, die; -
ver|zä̲h|len, sich
ver|za̲h|nen (an-, ineinander fügen); **Ver|za̲h|nung**
ver|zạn|ken, sich (*ugs. für* in Streit geraten)
ver|zạp|fen (durch Zapfen verbinden; *landsch. für* [vom Fass] ausschenken; *ugs. für* etwas [Unsinniges] anstellen, reden); **Ver|zạp|fung**
ver|zä̲r|teln; ich verzärt[e]le das Kind; **Ver|zä̲r|te|lung,** die; -
ver|zau̲|bern; ich verzaubere; **Ver|zau̲|be|rung**
ver|zäu̲|nen; Ver|zäu̲|nung
ver|ze̲hn|fa|chen
Ver|ze̲hr, der; -[e]s; **Ver|ze̲hr|bon**
ver|ze̲h|ren; Ver|ze̲h|rer *(selten)*
Ver|ze̲hr|zwang, der; -[e]s
ver|zei̲ch|nen
Ver|zei̲ch|nis, das; -ses, -se (*Abk.* Verz.)
Ver|zei̲ch|nung; ver|zei̲ch|nungs|frei (*für* orthoskopisch)
ver|zei̲|gen (*schweiz. für* Anzeige erstatten, anzeigen)
ver|zei̲|hen; sie hat ihm verziehen
ver|zei̲h|lich
Ver|zei̲|hung, die; -
ver|zẹr|ren; Ver|zẹr|rung
[1]**ver|zẹt|teln** (für eine Kartei auf Zettel schreiben); ich verzett[e]le
[2]**ver|zẹt|teln** (vergeuden); sich verzetteln (sich mit zu vielen Dingen beschäftigen)
[1]**Ver|zẹt|te|lung** (Aufnahme auf Zettel für eine Kartei)
[2]**Ver|zẹt|te|lung** (das Sichverzetteln)
[1]**Ver|zẹtt|lung** *vgl.* [1]Verzettelung
[2]**Ver|zẹtt|lung** *vgl.* [2]Verzettelung
Ver|zịcht, der; -[e]s, -e; Verzicht leisten
ver|zịch|ten
Ver|zịcht[s]|er|klä|rung; Ver|zịcht[s]|leis|tung [*alte Trennung* ...|st...]; **Ver|zịcht[s]|po|li|tik**
ver|zie̲|hen; die Eltern verziehen

V

ihr Kind; er ist nach Frankfurt verzogen; Rüben verziehen; sich verziehen (*ugs. für* verschwinden)
ver|zie|ren; Ver|zie|rung
ver|zim|mern *(Bauw.)*; ich verzimmere; **Ver|zim|me|rung**
¹ver|zin|ken (*Gaunerspr.* verraten, anzeigen)
²ver|zin|ken (mit Zink überziehen); **Ver|zin|kung**
ver|zin|nen; Ver|zin|nung
ver|zins|bar; ver|zin|sen
ver|zins|lich; Ver|zins|lich|keit
Ver|zin|sung
ver|zo|gen; ein verzogener Junge
ver|zö|gern; ich verzögere
Ver|zö|ge|rung
Ver|zö|ge|rungs|tak|tik
ver|zol|len; Ver|zol|lung
ver|zü|cken [*alte Trennung* ...k|k...]
ver|zu|ckern [*alte Trennung* ...k|k...]; **Ver|zu|cke|rung**
ver|zückt; Ver|zückt|heit, die; -
Ver|zü|ckung [*alte Trennung* ...k|k...]; in Verzückung geraten
Ver|zug, der; -[e]s (*Bergmannsspr. auch* gitterartige Verbindung zwischen Ausbaurahmen); Gefahr ist im Verzug (Gefahr droht); im Verzug sein (im Rückstand sein); in Verzug geraten, kommen; in Verzug setzen; ohne Verzug (sofort)
Ver|zugs|zin|sen *Plur.*
ver|zwat|zeln (*landsch. für* verzweifeln); ich verzwatz[e]le
ver|zwei|feln; ich verzweif[e]le; ↑K 82: es ist zum Verzweifeln
ver|zwei|felt
Ver|zwei|flung, die; -
Ver|zwei|flungs|tat; ver|zwei|flungs|voll
ver|zwei|gen, sich; **Ver|zwei|gung**
ver|zwickt (*ugs. für* verwickelt, schwierig); eine verzwickte Geschichte; **Ver|zwickt|heit,** die; -
ver|zwir|nen (Garne zusammendrehen)
Ve|si|ka|to|ri|um, das; -s, ...ien ⟨lat.⟩ (*Med.* Blasen ziehendes Mittel, Zugpflaster)
Ves|pa®, die; -, -s ⟨ital.⟩ (ein Motorroller)
Ves|pa|si|an, Ves|pa|si|a|nus (röm. Kaiser)
Ves|per [f...], die; -, -n, *südd. für* »Zwischenmahlzeit« *auch* das; -s, - ⟨lat.⟩ (Zeit gegen Abend; Abendandacht; Stundengebet; *bes. südd. für* Zwischenmahlzeit, bes. am Nachmittag)
Ves|per|bild *(Kunstwiss.)*; **Ves|per|brot**
ves|pern (*bes. südd. für* einen [Nachmittags]imbiss einnehmen); ich vespere
Ves|puc|ci [...tʃi], Amerigo (ital. Seefahrer)
Ves|ta [*alte Trennung* ...|st...] (röm. Göttin des häusl. Herdes)
Ves|ta|lin [*alte Trennung* ...|st...], die; -, -nen (Priesterin der Vesta)
Ves|te [f...; *alte Trennung* ...|st...], die; -, -n (*veraltet für* Feste); Veste Coburg
Ves|ti|bül [*alte Trennung* ...|st...], das; -s, -e ⟨franz.⟩ (Vorhalle)
Ves|ti|bu|lum [*alte Trennung* ...|st...], das; -s, ...la ⟨lat.⟩ (Vorhalle des altröm. Hauses)
Ves|ti|tur [*alte Trennung* ...|st...], die; -, -en ⟨lat.⟩ (*svw.* Investitur)
Ves|ton [...'tõ:; *alte Trennung* ...|st...], das, *auch* der; -s, -s ⟨franz.⟩ (*schweiz. für* Herrenjackett)
Ve|suv, der; -[s] (Vulkan bei Neapel); **Ve|su|vi|an,** der; -s, -e (ein Mineral); **ve|su|visch**
Ve|te|ran, der; -en, -en ⟨lat.⟩ (altgedienter Soldat; ehem. langjähriger Mitarbeiter; altes [Auto]modell)
Ve|te|ra|nen|klub, *auch* Ve|te|ranen|club (*regional für* Treffpunkt alter Menschen)
ve|te|ri|när ⟨franz.⟩ (tierärztlich)
Ve|te|ri|när, der; -s, -e (Tierarzt)
ve|te|ri|när|ärzt|lich
Ve|te|ri|nä|rin
Ve|te|ri|när|me|di|zin, die; - (Tierheilkunde); **ve|te|ri|när|me|di|zi|nisch**
Ve|to, das; -s, -s ⟨lat.⟩ (Einspruch[srecht]); **Ve|to|recht**
Vet|tel [f...], die; -, -n (*veraltend für* unordentliche, ungepflegte [alte] Frau)
Vet|ter, der; -s, -n; **Vet|te|rin** *(veraltet)*
vet|ter|lich
Vet|tern|schaft; Vet|tern|wirt|schaft, die; - *(abwertend)*
Vet|ter|schaft *vgl.* Vetternschaft
Ve|xier|bild ⟨lat.; dt.⟩
ve|xie|ren ⟨lat.⟩ (*veraltet für* irreführen; quälen; necken)
Ve|xier|rät|sel; Ve|xier|spie|gel
v-för|mig, V-för|mig ['fau...]; ↑K 29
VGA ⟨engl.; *Kurzw. aus* Video Graphic's Array⟩ (Abkürzung für einen Chip zur Steuerung eines Farbbildschirms mit hoher Bildwiederholungsfolge u. hoher Auflösung)
vgl. = vergleich[e]!
v., g., u. = vorgelesen, genehmigt, unterschrieben
v. H. = vom Hundert
VHS = Volkshochschule
via *Präposition mit Akkusativ, gewöhnlich nur in Verbindung mit Namen od. allein stehendem Substantiv im Sing.* ⟨lat.⟩ ([auf dem Wege] über); via Köln
Via Ap|pia, die; - - (Straße bei Rom)
Vi|a|dukt, der, *auch* das; -[e]s, -e (Talbrücke, Überführung)
Vi|a|g|ra®, das; -s ⟨engl.⟩ (Medikament zur Behandlung von Potenzstörungen)
Via Ma|la, die; - - (Schlucht in Graubünden)
Vi|a|ti|kum, das; -s, *Plur.* ...ka *u.* ...ken (*kath. Kirche* dem Sterbenden gereichte letzte Kommunion)
Vi|b|ra|phon, *auch* Vi|b|ra|fon, das; -s, -e ⟨lat.; griech.⟩ (ein Musikinstrument)
Vi|b|ra|pho|nist, *auch* Vi|b|ra|fo|nist, der; -en, -en; **Vi|b|ra|pho|nis|tin** [*alte Trennung* ...|st...], *auch* Vi|b|ra|fo|nis|tin
Vi|b|ra|ti|on, die; -, -en ⟨lat.⟩ (Schwingung, Beben, Erschütterung); **Vi|b|ra|ti|ons|mas|sa|ge**
vi|b|ra|to ⟨ital.⟩ (*Musik* bebend); **Vi|b|ra|to,** das; -s, *Plur.* -s *u.* ...ti
Vi|b|ra|tor, der; -s, ...oren ⟨lat.⟩ (Gerät, das Schwingungen erzeugt; Massagestab)
vi|b|rie|ren (schwingen; beben, zittern)
Vi|b|ro|mas|sa|ge (*kurz für* Vibrationsmassage)
vi|ce ver|sa ⟨lat.⟩ (umgekehrt; *Abk.* v. v.)
Vi|co (m. Vorn.)
Vi|comte [...'kõ:t], der; -s, -s (franz. Adelstitel)
Vi|com|tesse [...'tɛs], die; -, -n (*weibl. Form von* Vicomte)
¹Vic|to|ria (Gliedstaat des Australischen Bundes)
²Vic|to|ria (Hauptstadt der Seychellen)
Vic|to|ri|a|fäl|le, *auch* **Vic|to|ria-Fäl|le** *Plur.* (große Wasserfälle des Sambesi)
Vic|to|ria re|gia, die; - -, - -s (eine südamerik. Seerose)
vi|de! [v...] ⟨lat.⟩ (*veraltet für* siehe!; *Abk.* v.)

viel

I. *Kleinschreibung:*
Als unbestimmtes Zahlwort wird »viel« kleingeschrieben ↑K 77:
– die vielen; viele sagen ...
– in vielem, mit vielem, um vieles
– wer vieles bringt, ...; ich habe viel[es] erlebt
– es gab noch vieles, was (*nicht* das *od.* welches) besprochen werden sollte
– ... und noch viel[es] mehr
Bei qualifizierendem Gebrauch kann auch großgeschrieben werden:
– das Lob der vielen, *auch* Vielen (der breiten Masse)

II. *Beugung:*
– viel[e] Menschen; die vielen Menschen
– viele Begabte; die Ausbildung vieler Begabter, *seltener* Begabten
– viel Gutes *od.* vieles Gute; trotz vielen Schlafes; mit viel Gutem *od.* mit vielem Guten
– vieler schöner Schnee; mit vieler natürlicher Anmut; vieles milde Nachsehen; mit vielem kalten Wasser
– viel[e] gute Nachbildungen; die Preise vieler guter, *seltener* guten Nachbildungen

III. *Zusammen- oder Getrenntschreibung:*
Zusammenschreibung bei »viel« als Konjunktion:
– soviel ich weiß, steht noch nichts fest *(vgl. d.)*

Getrenntschreibung:
– ich muss so viel arbeiten, dass ich zu nichts komme; iss nicht so viel!
– zu viel [*alte Schreibung* zuviel], zu viele Menschen; viel zu viel; allzu viel [*alte Schreibungen* zuviel, allzuviel] (*vgl.* allzu)
– viel zu wenig [*alte Schreibung* zuwenig]; viel zu gering, zu spät, zu teuer usw.
– soundso viel; am soundsovielten Mai
– wir haben gleich viel; *aber* gleichviel[,] ob du kommst oder nicht ↑K 127
Vom folgenden Partizip wird »viel« getrennt geschrieben ↑K 58:
– ein viel besprochener [*alte Schreibung* vielbesprochener] Fall; der Fall wurde viel besprochen
– ein viel diskutiertes Buch; ein viel erörtertes Thema; eine viel gereiste Frau; ein viel umworbener, viel gepriesener Star; eine viel zitierte Äußerung usw. [*alte Schreibungen* vieldiskutiert, vielerörtert, vielgereist, vielumworben, vielgepriesen, vielzitiert]
– ein vielsagender, *auch* viel sagender Blick, *aber nur* ein noch vielsagenderes Beispiel ↑K 62
– ein vielversprechendes, *auch* viel versprechendes Projekt, *aber nur* ein noch vielversprechenderes Projekt ↑K 62
Vgl. vielmal[s]; vieltausendmal; vielmehr

Vi|deo, das; -s, -s ‹engl.› (*ugs. kurz für* Videoband, -clip, -film; *nur Sing.:* Videotechnik)
Vi|de|o|auf|zeich|nung; Vi|de|o|band (*vgl.* [3]Band)
Vi|de|o|clip, der; -s, -s ‹engl.› (kurzer Videofilm zu einem Popmusikstück)
Vi|de|o|film; Vi|de|o|ge|rät
Vi|de|o|jo|ckei, *auch* **Vi|de|o|jo|ckey** [*alte Trennung* ...k|k...], der; -s, -s ‹engl.› (jmd., der Videoclips präsentiert)
Vi|de|o|ka|me|ra; Vi|de|o|kas|set|te; Vi|de|o|kon|fe|renz; Vi|de|o|kunst
Vi|de|o-on-De|mand [...dɪˈmaːnd], das; -[s] ‹engl.› (Form des Fernsehens, bei der der Zuschauer einen gewünschten Film aus einem Archiv abrufen u. ansehen kann)
Vi|de|o|pro|gramm|sys|tem [*alte Trennung* ...|st...] (zur automatischen Videoaufzeichnung von Fernsehsendungen; *Abk.* VPS)
Vi|de|o|re|kor|der, *auch* Vi|de|o|re|cor|der (Speichergerät für Fernsehsendungen)
Vi|de|o|spiel (*svw.* Telespiel); **Vi|de|o|tech|nik,** die; -
Vi|de|o|text ([geschriebene] Information, die auf Abruf über den Fernsehbildschirm vermittelt wird)
Vi|de|o|thek, die; -, -en (Sammlung von Videofilmen od. Fernsehaufzeichnungen); **Vi|de|o|the|kar,** der; -s, -e; **Vi|de|o|the|ka|rin**
vi|de|o|ü|ber|wacht; Vi|de|o|ü|ber|wa|chung
vi|di (*veraltet für* ich habe gesehen; *Abk.* v.)
vi|die|ren (*österr. für* beglaubigen, unterschreiben); **Vi|di|ma|ti|on,** die; -, -en (Beglaubigung)
vi|dit (*veraltet für* hat [es] gesehen; *Abk.* vdt.)
Viech, das; -[e]s, -er (*ugs. für* Tier; *abwertend für* roher Mensch)
Vie|che|rei (*ugs. für* Gemeinheit; große Anstrengung)
Vieh, das; -[e]s
Vieh|be|stand; Vieh|fut|ter
Vieh|hal|ter; Vieh|hal|tung
Vieh|han|del (*vgl.* [1]Handel); **Vieh|händ|ler; Vieh|her|de**
vie|hisch
Vieh|salz, das; -es; **Vieh|wa|gen; Vieh|wei|de; Vieh|wirt|schaft; Vieh|zeug** *(ugs.)*
Vieh|zucht, die; -; **Vieh|züch|ter**
viel *s. Kasten*
Viel, das; -s; viele Wenig machen ein Viel
viel|ar|mig; eine vielarmige Abwehr *(Sport)*
viel|bän|dig; ein vielbändiges Werk
viel be|fah|ren, viel be|schäf|tigt, viel be|spro|chen [*alte Schreibungen* viel|be|fah|ren, viel|be|schäf|tigt, viel|be|spro|chen] *vgl.* viel
viel|deu|tig; Viel|deu|tig|keit
viel dis|ku|tiert [*alte Schreibung* viel|dis|ku|tiert] *vgl.* viel
Viel|eck; viel|e|ckig [*alte Trennung* ...k|k...]
Viel|e|he
vie|ler|lei
vie|ler|orts
viel|fach ↑K 72: um ein Vielfaches [*alte Schreibung* vielfaches] klüger; **Viel|fa|che,** das; -n; das kleinste gemeinsame Vielfache (*Abk.* k. g. V., kgV)
Viel|falt, die; -; **viel|fäl|tig; Viel|fäl|tig|keit,** die; -
viel|far|big
Viel|flach, das; -[e]s, -e *u.* Viel|fläch|ner (*für* Polyeder); **viel|flä|chig; Viel|fläch|ner** *vgl.* Vielflach
Viel|fraß, der; -es, -e (Marderart; *ugs. für* jmd., der unmäßig isst)

vier

Nur Kleinschreibung ↑K 78:	– das Mädchen wird bald vier [Jahre]
– die vier Elemente – die vier Evangelisten – die vier Jahreszeiten – etwas in alle vier Winde [zer]streuen – in seinen vier Wänden (*ugs. für* zu Hause) bleiben – sich auf seine vier Buchstaben setzen (*ugs. scherzh. für* sich hinsetzen) – unter vier Augen etwas besprechen	– die letzten vier – alle viere von sich strecken (*ugs. für* sich ausstrecken und entspannen, *auch für* sterben) – auf allen vieren – wir sind zu vieren *od.* zu viert – ein Grand mit vier[en] *Vgl.* Vier, acht, drei

viel ge|fragt, viel ge|kauft, viel ge|le|sen, viel ge|prie|sen [*alte Schreibungen* viel|ge|fragt, viel|ge|kauft, viel|ge|le|sen, viel|ge|prie|sen] *vgl.* viel
Viel|ge|reis|te [*alte Trennung* ...|st...], der *u.* die; -n, -n
viel ge|schmäht [*alte Schreibung* viel|ge|schmäht] *vgl.* viel
viel|ge|stal|tig; Viel|ge|stal|tig|keit, die; -
viel|glied|rig; Viel|glied|rig|keit, die; -
Viel|göt|te|rei, die; - (*für* Polytheismus)
Viel|heit, die; -
viel|hun|dert|mal, *aber* viele hundert *od.* Hundert Male; *vgl.* Mal
viel|köp|fig
viel|leicht
Viel|lieb|chen ‹*Umdeutung aus* Valentine *bzw.* Philippine› (doppelter Mandelkern, den zwei Personen gemeinsam essen, wobei sie wetten, wer den andern am nächsten Tag zuerst daran erinnert)
viel|mal (*veraltet für* vielmals); **viel|ma|lig; viel|mals**
Viel|män|ne|rei, die; - (*für* Polyandrie)
viel|mehr [*auch* 'fi:...]; er ist nicht dumm, weiß vielmehr gut Bescheid, *aber* sie weiß viel mehr als du
viel|sa|gend, *auch* **viel sa|gend** *vgl.* viel
viel|schich|tig; Viel|schich|tig|keit, die; -
Viel|schrei|ber *(abwertend);* **Viel|schrei|be|rin**
viel|sei|tig; Viel|sei|tig|keit, die; -; **Viel|sei|tig|keits|prü|fung** *(Reitsport)*
viel|sil|big; viel|spra|chig; viel|stim|mig; viel|stro|phig
viel|tau|send|mal, *aber* viele tausend *od.* Tausend Male; *vgl.* Mal
viel um|wor|ben [*alte Schreibung* viel|um|wor|ben] *vgl.* viel
viel|ver|spre|chend, *auch* **viel ver|spre|chend** *vgl.* viel
Viel|völ|ker|staat *Plur.* ...staaten
Viel|wei|be|rei, die; - (*für* Polygamie)
Viel|zahl, die; -
Viel|zel|ler *(Biol.);* **viel|zel|lig**
viel zi|tiert [*alte Schreibung* viel|zi|tiert] *vgl.* viel
Vi|en|tiane [...'tja(:)n] (Hauptstadt von Laos)
vier *s. Kasten*
Vier, die; -, -en (Zahl); eine Vier würfeln; sie hat in Latein eine Vier geschrieben; *vgl.* [1]Acht *u.* Eins
Vier|ach|ser (Wagen mit vier Achsen; *mit Ziffer* 4-Achser [*alte Schreibung* 4achser]; ↑K 29)
vier|ar|mig
Vier|bei|ner; vier|bei|nig
vier|blät|te|rig, vier|blätt|rig
vier|di|men|si|o|nal
Vier-drei-drei-Sys|tem [*alte Trennung* ...|st...], das; -s; ↑K 26 (*mit Ziffern* 4-3-3-System; *Fußball*)
Vier|eck; vier|e|ckig [*alte Trennung* ...k|k...]
vier|ein|halb, vier|und|ein|halb
Vie|rer; *vgl.* Achter
Vie|rer|bob
vie|rer|lei
Vie|rer|rei|he; Vie|rer|zug
vier|fach; Vier|fa|che, das; -n; *vgl.* Achtfache
Vier|far|ben|druck *Plur.* ...drucke; **Vier|far|ben|ku|gel|schrei|ber, Vier|farb|ku|gel|schrei|ber**
Vier|flach, das; -[e]s, -e *u.* **Vier|fläch|ner** (*für* Tetraeder)
Vier|fürst (*für* Tetrarch)
Vier|fü|ßer; vier|fü|ßig
Vier|füß|ler; Vier|ge|spann
vier|hän|dig; vierhändig spielen
vier|hun|dert
Vier|jah|res|plan
vier|kant (*Seemannsspr.* waagerecht); **Vier|kant,** das *od.* der; -[e]s, -e
Vier|kant|ei|sen; vier|kan|tig
Vier|lan|de *Plur.* (hamburgische Landschaft)
Vier|ling
Vier|mäch|te|kon|fe|renz
vier|mal; *vgl.* achtmal; **vier|ma|lig**
Vier|mas|ter [*alte Trennung* ...|st...]; **Vier|mast|zelt**
vier|mo|to|rig
Vier|pass [*alte Schreibung* ...paß], der; ...passes, ...passe (*Archit.* Verzierungsform mit vier Bogen)
Vier|plät|zer (*schweiz. für* Viersitzer); **vier|plät|zig**
Vier|rad|an|trieb; Vier|rad|brem|se
vier|rä|de|rig, vier|räd|rig
Vier|ru|de|rer (*für* Quadrireme)
vier|sai|tig; ein viersaitiges Streichinstrument
vier|schrö|tig (stämmig)
vier|sei|tig
Vier|sit|zer; vier|sit|zig
Vier|spän|ner; vier|spän|nig
vier|stel|lig
Vier|ster|ne|ho|tel
vier|stim|mig *(Musik);* ein vierstimmiger Satz; **vier|stö|ckig** [*alte Trennung* ...k|k...]
viert *vgl.* vier
Vier|tak|ter; *vgl.* Zweitakter; **Vier|takt|mo|tor**
vier|tau|send
vier|te; vierte Dimension; der vierte Stand (*früher für* Arbeiterschaft); *vgl.* achte
vier|tei|len; gevierteilt; **vier|tei|lig**
vier|tel ['fɪ...]; eine viertel Million; *vgl.* achtel; um viertel [*alte Schreibung* Viertel] acht; in drei viertel Stunden (*od.* drei Viertelstunden); *vgl.* Viertel
Vier|tel *s. Kasten S. 1042*
Vier|tel|fi|na|le *(Sportspr.);* **Vier|tel|ge|viert** *(Druckw.)*
Vier|tel|jahr; Vier|tel|jahr|hun|dert
vier|tel|jäh|rig ['fɪ...] (ein Vierteljahr alt, dauernd); vierteljährige Kündigung (mit einer ein Vierteljahr dauernden Frist)
vier|tel|jähr|lich (alle Vierteljahre wiederkehrend); vierteljährli-

V

Vier|tel

das, *für* »vierter Teil« *schweiz. meist* der; -s, -
- ein Viertel des Kuchens, des Grundstücks
- drei Viertel [*alte Schreibung auch* dreiviertel] der Bevölkerung; in drei Viertel [*alte Schreibung* Dreiviertel] der Länge
- in drei viertel Stunden (*od.* drei Viertelstunden)
- es ist ein Viertel vor, nach eins
- es ist Viertel vor, nach eins
- es hat ein Viertel eins geschlagen; *aber* es hat viertel [*alte Schreibung* Viertel] eins geschlagen
- es ist fünf Minuten vor drei Viertel
- wir treffen uns um viertel acht, um drei viertel acht [*alte Schreibungen* Viertel, drei Viertel]

Vgl. Achtel, drei *u.* viertel

che Kündigung (alle Vierteljahre mögliche Kündigung)

Vier|tel|li|ter; *vgl.* achtel

vier|teln (in vier Teile zerlegen); ich viert[e]le

Vier|tel|no|te

Vier|tel|pfund; *vgl.* achtel

Vier|tel|stun|de; eine Viertelstunde, *auch* eine viertel Stunde; *vgl.* drei *u.* achtel; **vier|tel|stün|dig** ['fɪ...] (eine Viertelstunde dauernd); **vier|tel|stünd|lich** (alle Viertelstunden wiederkehrend)

Vier|tel|ton *Plur.* ...töne

vier|tens

viert|letzt; *vgl.* drittletzt

vier|tü|rig

vier|und|ein|halb; *vgl.* viereinhalb

vier|und|zwan|zig; *vgl.* acht

Vier|und|zwan|zig|flach, das; -[e]s, -e *u.* **Vier|und|zwan|zig|fläch|ner** (*für* Ikositetraeder)

Vie|rung (*Archit.* Geviert; Viereck)

Vie|rungs|kup|pel; **Vie|rungs|pfei|ler**

Vier|vier|tel|takt [...'fɪ...], der; -[e]s; *vgl.* Achtel

Vier|wald|stät|ter See, der; - -s (See bei Luzern)

vier|wer|tig

vier|zehn ['fɪ...]; *vgl.* acht

Vier|zehn|hei|li|gen (Wallfahrtskirche südl. von Lichtenfels)

vier|zehn|hun|dert ['fɪ...]

vier|zehn|tä|gig; *vgl.* ...tägig; **vier|zehn|täg|lich**; *vgl.* ...täglich

Vier|zei|ler; **vier|zei|lig**

vier|zig ['fɪ...] usw.; *vgl.* achtzig usw.

vier|zig|jäh|rig; *vgl.* achtjährig

Vier|zig|stun|den|wo|che (*mit Ziffern* 40-Stunden-Woche ↑K 26)

Vier|zim|mer|woh|nung [fiːɐ̯...] (*mit Ziffer* 4-Zimmer-Wohnung ↑K 26)

Vier-zwei-vier-Sys|tem [*alte Trennung* ...|st...], das; -s ↑K 26 (*mit Ziffern* 4-2-4-System; *Fußball*)

Vier|zy|lin|der *vgl.* Achtzylinder; **Vier|zy|lin|der|mo|tor**; **vier|zy|lind|rig** (*mit Ziffer* 4-zylindrig [*alte Schreibung* 4zylindrig] ↑K 29)

Vi|et|cong, der; -s, -[s] ‹vietnames.› (*nur Sing.*: polit. Bewegung im früheren Südvietnam; Mitglied dieser Bewegung)

Vi|et|nam [...'na(ː)m] (Staat in Südostasien)

Vi|et|na|me|se, der; -n, -n; **Vi|et|na|me|sin**; **vi|et|na|me|sisch**

Vi|et|nam|krieg, der; -[e]s

vif ‹franz.› (*schweiz. für* lebendig, lebhaft)

Vif|zack, der; -s, -s (*österr. ugs. für* sehr regsamer, flott handelnder Mensch)

Vi|gil, die; -, -ien ‹lat.› (Vortag hoher kath. Feste)

Vi|gi|lie, die; -, -n (bei den Römern die Nachtwache des Heeres)

Vi|g|net|te [vɪn'jɛ...], die; -, -n ‹franz.› (kleine Verzierung [in Büchern]; *Fotogr.* Verdeckung bestimmter Stellen des Negativs beim Kopieren; Gebührenmarke für die Autobahnbenutzung)

Vi|go|g|ne [...'gɔnjə], die; -, -n ‹indian.-franz.› (Mischgarn aus Wolle und Baumwolle)

vi|go|ro|so ‹ital.› (*Musik* kräftig, stark, energisch)

Vi|kar, der; -s, -e ‹lat.› (*kath. Kirche* Amtsvertreter; *ev. Kirche* Theologe nach dem ersten Examen; *schweiz. auch für* Stellvertreter eines Lehrers)

Vi|ka|ri|at, das; -[e]s, -e (Amt eines Vikars); **vi|ka|ri|ie|ren** (das Amt eines Vikars versehen)

Vi|ka|rin (ev. weibl. Vikar)

Vik|tor ‹lat.› (m. Vorn.)

Vik|tor E|ma|nu|el (Name mehrerer ital. Könige)

[1]**Vik|to|ria** (Sieg [als Ausruf]); Viktoria rufen

[2]**Vik|to|ria** *vgl.* Victoria

[3]**Vik|to|ria** (w. Vorn.)

vik|to|ri|a|nisch; viktorianische Sitten, *aber* ↑K 151: die Viktorianische Zeit (der engl. Königin Viktoria)

Vik|tu|a|li|en *Plur.* ‹lat.› (*veraltet für* Lebensmittel [für den täglichen Bedarf]); **Vik|tu|a|li|en|hand|lung**; **Vik|tu|a|li|en|markt**

Vi|kun|ja, das; -s, -s *u.* die; -, ...jen ‹indian.› (höckerloses südamerik. Kamel); **Vi|kun|ja|wol|le**

Vila (Hauptstadt von Vanuatu)

Vil|la, die; -, ...llen ‹lat.› (vornehmes Einzelwohnhaus)

Vil|lach [f...] (Stadt in Kärnten)

Vil|la|nell, das; -s, -e *u.* **Vil|la|nel|le**, die; -, -n ‹ital.› (ital. Bauern-, Hirtenliedchen, bes. des 16. u. 17. Jh.s)

vil|len|ar|tig; ein villenartiges Haus; **Vil|len|vier|tel**

Vil|lin|gen-Schwen|nin|gen [f...] (Stadt in Baden-Württemberg)

Vil|lon [vi'jõː] (franz. Lyriker)

Vil|ma (w. Vorn.)

Vil|ni|us (*litauische Form von* Wilna)

Vils|ho|fen [f...] (Stadt in Bayern)

Vi|mi|nal, der; -s (Hügel in Rom)

Vi|n|ai|g|ret|te [...nɛ'grɛt(ə)], die; -, -n ‹franz.› (mit Essig bereitete Soße)

Vin|cen|ter [...sn̩...] (Einwohner des Staates St. Vincent und die Grenadinen); **Vin|cen|te|rin**

vin|cen|tisch

Vin|ci [...tʃi], Leonardo da (ital. Künstler)

Vin|de|li|zi|er, der; -s, - (Angehöriger einer kelt. Volksgruppe); **vin|de|li|zisch**; *aber* ↑K 140: die Vindelizische Schwelle (*Geol.* Landschwelle des Erdmittelalters im Alpenvorland)

Vin|di|ka|ti|on, die; -, -en ‹lat.› (*Rechtsw.* Herausgabeanspruch des Eigentümers einer Sache gegenüber deren Besitzer)

vin|di|zie|ren; **Vin|di|zie|rung** *vgl.* Vindikation

Vi|ne|ta ‹*verderbt aus* Jumneta› (sagenhafte untergegangene Stadt an der Ostseeküste)

Vingt-et-un [vɛ̃te'œː], **Vingt-un**

V

[vɛ̃'tœ:], das; - ‹franz., »einundzwanzig«› (ein Kartenglücksspiel)
Vin|ku|la|ti|on, die; -, -en ‹lat.› (*Bankw.* Bindung des Übertragungsrechts eines Wertpapiers an die Genehmigung des Emittenten)
vin|ku|lie|ren; Vin|ku|lie|rung
Vinsch|gau, Vintsch|gau [f...], der; -[e]s (Talschaft bei Meran)
Vinsch|gerl [f...], das; -s, -n (*österr.* ein Roggengebäck)
Vi|nyl, das; -s (ein Kunststoff)
Vin|zen|tia (w. Vorn.)
Vin|zenz (m. Vorn.)
[1]**Vi|o|la** *u.* Vi|o|le, die; -, Violen ‹lat.› (*Bot.* Veilchen)
[2]**Vi|o|la** (w. Vorn.)
[3]**Vi|o|la**, die; -, ...len ‹ital.› (Bratsche)
Vi|o|la da Brac|cio [- - ...tʃo; *alte Schreibung* Vio|la da brac|cio], die; - - -, ...le - - (Bratsche)
Vi|o|la da Gam|ba [*alte Schreibung* Vio|la da gam|ba], die; - - -, ...le - - (Gambe)
Vi|o|la d'A|mo|re, [*alte Schreibung* Vio|la d'amo|re], die; - -, ...le - (Gambe in Altlage)
Vi|o|le *vgl.* [1]Viola
Vi|o|len (*Plur. von* [1, 3]Viola)
vi|o|lent ‹lat.› (*veraltet für* heftig, gewaltsam); **Vi|o|lenz**, die; -
vi|o|lett [v..., *schweiz. auch* f...] ‹franz.› (veilchenfarbig); *vgl.* blau; **Vi|o|lett**, das; -s, *Plur.* -, *ugs.* -s (violette Farbe); *vgl.* Blau
Vi|o|let|ta (w. Vorn.)
Vi|o|lin|bo|gen
Vi|o|li|ne, die; -, -n ‹ital.› (Geige)
Vi|o|li|nist, der; -en, -en (Geiger); **Vi|o|li|nis|tin** [*alte Trennung* ...|st...]
Vi|o|lin|kon|zert; Vi|o|lin|schlüs|sel
Vi|o|lon|cel|list [...tʃ...], der; -en, -en (Cellist); **Vi|o|lon|cel|lis|tin** [*alte Trennung* ...|st...]
Vi|o|lon|cel|lo, das; -s, *Plur.* -s *u.* ...celli (Kniegeige)
Vi|o|lo|ne, der; -[s], *Plur.* -s *u.* ...ni (Vorgänger des Kontrabasses; eine Orgelstimme)
Vi|o|lo|phon, *auch* Vi|o|lo|fon, das; -s, -e (im Jazz gebräuchliche Violine)
VIP, V. I. P. [vɪp], der; -[s], -s *u.* die; -, -s = very important person ‹engl.› (sehr wichtige Person, Persönlichkeit)
Vi|per [v..., *schweiz. auch* f...], die; -, -n ‹lat.› (Giftschlange)
VIP-Lounge ‹*zu* VIP›
Vi|ra|gi|ni|tät, die; - ‹lat.› (*Med.* [krankhaftes] männliches sexuelles Empfinden der Frau)
Vi|ra|go, die; -, *Plur.* -s *u.* ...gines (*Med.* Frau, die zu Viraginität neigt)
Vir|chow ['vɪrço, *auch* 'f...] (dt. Arzt)
Vi|re|ment [...rə'mã:], das; -s, -s ‹franz.› (im Staatshaushalt die Übertragung von Mitteln von einem Titel auf einen anderen oder auf ein anderes Haushaltsjahr)
Vi|ren (*Plur. von* Virus)
Vir|gil *vgl.* Vergil
[1]**Vir|gi|nia** (w. Vorn.)
[2]**Vir|gi|nia** [*auch, österr. nur,* ...dʒ...] (Staat in den USA)
[3]**Vir|gi|nia** [*auch* ...dʒ...], die; -, -s (Zigarrensorte); **Vir|gi|ni|a|tabak**
Vir|gi|ni|er; Vir|gi|ni|e|rin
vir|gi|nisch
Vir|gi|ni|tät, die; - (Jungfräulichkeit; Unberührtheit)
vi|ril ‹lat.› (*Med.* männlich); **Vi|ri|lis|mus**, der; - (Vermännlichung [einer Frau])
Vi|ri|li|tät, die; - (*Med.* männliche Kraft; Mannbarkeit)
Vi|ro|lo|ge, der; -en, -en ‹lat.; griech.› (Virusforscher); **Vi|ro|lo|gie**, die; -; **Vi|ro|lo|gin**
vi|ro|lo|gisch; vi|rös (durch Viren hervorgerufen)
Vir|tu|a|li|tät, die; -, -en ‹franz.› (innewohnende Kraft od. Möglichkeit); **vir|tu|a|li|ter** ‹lat.› (als Möglichkeit)
Vir|tu|al Re|a|li|ty ['və:tʃʊəl rɪ'ælɪtɪ], die; - ‹engl.› (virtuelle Realität)
vir|tu|ell ‹franz.› (der Kraft od. Möglichkeit nach vorhanden, scheinbar); virtuelles Bild *(Optik);* virtuelle Realität (vom Computer simulierte Wirklichkeit)
vir|tu|os ‹ital.› (meisterhaft, technisch vollkommen)
Vir|tu|o|se, der; -n, -n ([techn.] hervorragender Meister, bes. Musiker); **Vir|tu|o|sen|tum**, das; -s; **Vir|tu|o|sin**
Vir|tu|o|si|tät, die; - (Kunstfertigkeit; Meisterschaft, bes. als Musiker)
Vir|tus, die; - ‹lat.› (*Ethik* Tüchtigkeit, Tapferkeit; Tugend)
vi|ru|lent ‹lat.› (ansteckend [von Krankheitserregern]); **Vi|ru|lenz**, die; - (Ansteckungsfähigkeit [von Bakterien])
Vi|rus, das, *außerhalb der Fachspr. auch* der; -, ...ren (kleinster Krankheitserreger)
Vi|rus|grip|pe; Vi|rus|in|fek|ti|on; Vi|rus|krank|heit
Vi|sa (*Plur. von* Visum)
Vi|sa|ge [...ʒə, *österr.* ...ʒ], die; -, -n ‹franz.› (*ugs. abwertend für* Gesicht)
Vi|sa|gist, der; -en, -en (Kosmetiker, Maskenbildner); **Vi|sa|gis|tin** [*alte Trennung* ...|st...]
vis-a-vis, **vis-à-vis** [viza'vi:] (gegenüber); **Vi|sa|vis**, das; -, - (Gegenüber)
Vis|count ['vaikaunt], der; -s, -s ‹engl.› (engl. Adelstitel); **Viscoun|tess** [...tɪs], die; -, -es (*weibliche Form von* Viscount)
Vi|sen (*Plur. von* Visum)
Vi|sier, das; -s, -e ‹franz.› (beweglicher, das Gesicht deckender Teil des Helmes; Zielvorrichtung)
vi|sie|ren (auf etwas zielen)
Vi|sier|fern|rohr; Vi|sier|li|nie
Vi|si|on, die; -, -en ‹lat.› (Erscheinung; Traumbild; Zukunftsentwurf)
vi|si|o|när (traumhaft; seherisch); **Vi|si|o|när**, der; -s, -e (visionär begabter Mensch); **Vi|si|o|nä|rin**
vi|si|o|nie|ren (*schweiz.* sich [einen Film o. Ä.] ansehen)
Vi|si|ons|ra|di|us (*Optik* Sehachse)
Vi|si|ta|ti|on, die; -, -en ‹lat.› ([Kontroll]besuch des vorgesetzten Geistlichen in den ihm unterstellten Gemeinden)
Vi|si|te, die; -, -n ‹franz.› (Krankenbesuch des Arztes im Krankenhaus; *veraltet, noch scherzh. für* Besuch); **Vi|si|ten|kar|te**
vi|si|tie|ren (durch-, untersuchen; besichtigen)
Vi|sit|kar|te (*österr. neben* Visitenkarte)
vis|kos, *selten* **vis|kös** ‹lat.› (zäh[flüssig], leimartig); viskose, *selten* visköse Körper
Vis|ko|se, die; - (*Chemie* Zelluloseverbindung)
Vis|ko|si|me|ter, das; -s, - ‹lat.; griech.› (Messgerät zur Bestimmung der Viskosität)
Vis|ko|si|tät, die; - ‹lat.› (Zähflüssigkeit)
Vis ma|jor, die; - - ‹lat.› (*Rechtsspr.* höhere Gewalt)
Vis|ta [*alte Trennung* ...|st...], die; - ‹ital.› (*Bankw.* Sicht, Vor-

zeigen eines Wechsels); *vgl.* a vista *u.* a prima vista; **Vis|ta|wech|sel** [*alte Trennung* ...|st...] (Sichtwechsel)
vi|su|a|li|sie|ren ⟨lat.⟩ (optisch darstellen); **Vi|su|a|li|sie|rung**
vi|su|ell ⟨franz.⟩ (das Sehen betreffend); visueller Typ (jmd., der Gesehenes besonders leicht in Erinnerung behält)
Vi|sum, das; -s, *Plur.* ...sa *u.* ...sen ⟨lat.⟩ (Ein- od. Ausreiseerlaubnis; Sichtvermerk im Pass; *schweiz. auch für* Namenszeichen, Abzeichnung); **Vi|sum|an|trag**
vi|sum|frei
Vi|sum|zwang, der; -[e]s
vis|ze|ral ⟨lat.⟩ (*Med.* Eingeweide...)
Vi|ta, die; -, *Plur.* Viten *u.* Vitae ⟨lat.⟩ (Leben, Lebensbeschreibung)
vi|tal (lebenskräftig, -wichtig; frisch, munter); **Vi|tal|fär|bung** (*Mikroskopie* Färbung lebender Zellen u. Gewebe)
Vi|ta|li|a|ner *Plur.* ⟨lat.; *zu* Viktualien⟩ (*selten für* Vitalienbrüder); **Vi|ta|li|en|brü|der** *Plur.* (Seeräuber in der Nord- u. Ostsee im 14. u. 15. Jh.)
vi|ta|li|sie|ren ⟨lat.⟩ (beleben)
Vi|ta|lis|mus, der; - (philos. Lehre von der »Lebenskraft«)
Vi|ta|list, der; -en, -en (Anhänger des Vitalismus); **Vi|ta|lis|tin** [*alte Trennung* ...|st...]; **vi|ta|lis|tisch**
Vi|ta|li|tät, die; - (Lebendigkeit, Lebensfülle, -kraft)
Vi|t|a|min, das; -s, -e; Vitamin C; des Vitamin[s] C; **vi|t|a|min|arm**
Vi|t|a|min-B-hal|tig [...'be:...] ↑K 26
Vi|t|a|min-B-Man|gel, der; -s ↑K 26; **Vi|t|a|min-B-Man|gel-Krank|heit,** die; -, -en
vi|t|a|mi|nie|ren, vi|t|a|mi|ni|sie|ren (mit Vitaminen anreichern)
Vi|t|a|min|man|gel, der; **Vi|t|a|min|prä|pa|rat**
vi|t|a|min|reich
Vi|t|a|min|stoß
vite [vi:t, vɪt] ⟨franz.⟩ (*Musik* schnell, rasch)
Vi|tel|li|us (röm. Kaiser)
vi|te|ment [vitə'mã:] (*Musik* schnell, rasch)
Vi|ti|um, das; -s, ...tia ⟨lat.⟩ (*Med.* Fehler, Defekt)
Vi|t|ri|ne, die; -, -n ⟨franz.⟩ (gläserner Schaukasten, Schauschrank)
Vi|t|ri|ol, das; -s, -e ⟨lat.⟩ (*veraltet für* kristallisiertes, kristallwasserhaltiges Sulfat von Zink, Eisen od. Kupfer); **vi|t|ri|ol|hal|tig; Vi|t|ri|ol|lö|sung**
Vi|t|ruv, Vi|t|ru|vi|us (altröm. Baumeister)
Vi|tus (m. Vorn.)
Vitz|li|putz|li, der; -[s] ⟨aus »Huitzilopochtli«, einem Stammesgott der Azteken⟩ (Schreckgestalt, Kinderschreck; *volkstümlich auch für* Teufel)
vi|va|ce [...tʃə] ⟨ital.⟩ (*Musik* munter, lebhaft); **Vi|va|ce,** das; -, -
vi|va|cis|si|mo (sehr lebhaft); **Vi|va|cis|si|mo,** das; -s, *Plur.* -s *u.* ...mi
Vi|val|di (ital. Komponist)
vi|vant! ⟨lat.⟩ (sie sollen leben!)
Vi|va|ris|tik [*alte Trennung* ...|st...], die; - (das Halten kleiner Tiere im Vivarium)
Vi|va|ri|um, das; -s, ...ien (Aquarium mit Terrarium; *auch für* Gebäude hierfür)
vi|vat! (er, sie, es lebe!); **Vi|vat,** das; -s, -s (Hochruf)
vi|vat, cres|cat, flo|re|at! (er, sie, es lebe, blühe und gedeihe!)
vi|vi|par (*Biol.* lebend gebärend)
Vi|vi|sek|ti|on, die; -, -en (Eingriff am lebenden Tier zu wissenschaftl. Versuchszwecken); **vi|vi|se|zie|ren**
Vi|ze... [f..., *seltener* v...] ⟨lat.⟩ (stellvertretend)
Vi|ze|kanz|ler; Vi|ze|kö|nig; Vi|ze|kon|sul
Vi|ze|meis|ter [*alte Trennung* ...|st...] (*Sportspr.*); **Vi|ze|prä|si|dent**
Viz|tum ['fɪ..., *auch* 'vi:...], der; -s -e ⟨lat.⟩ (im MA. Verwalter weltl. Güter von Geistlichen und Klöstern)
VJ ['vi:dʒe:], der; -[s], -s = Videojockey ⟨engl.⟩
v. J. = vorigen Jahres
Vla|me [f...] usw. *vgl.* Flame usw.
Vlies [f...], das; -es, -e ⟨niederl.⟩ ([Schaf]fell; Rohwolle; *Spinnerei* breite Faserschicht); ↑K 88: das Goldene Vlies *(griech. Sage)*
Vlie|se|li|ne® [f...], die; - (Einlage z. B. zum Verstärken von Kragen und Manschetten)
Vlis|sin|gen [f...] (niederl. Stadt)
vm. *vgl.* [2]vorm.
v. M. = vorigen Monats
V-Mann ['fau...], der; -[e]s, V-Leute *u.* V-Männer = Vertrauensmann, Verbindungsmann
VN = Vereinte Nationen *Plur.; vgl.* UN *u.* UNO
v. o. = von oben
Vöck|la|bruck [f...] (oberösterr. Stadt)
Vo|gel, der; -s, Vögel
Vo|gel|art; Vo|gel|bad; Vo|gel|bau|er, das, *seltener* der; -s, - (Käfig)
Vo|gel|beer|baum; Vo|gel|bee|re
Vö|gel|chen
Vo|gel|dreck; Vo|gel|dunst, der; -es (*Jägerspr.* feinster Schrot)
Vö|ge|lein
Vo|ge|ler *vgl.* Vogler
Vo|gel|fän|ger
Vo|gel|flug
Vo|gel|flug|li|nie, die; - (kürzeste Verkehrsverbindung zwischen Hamburg u. Kopenhagen)
vo|gel|frei (rechtlos)
Vo|gel|fut|ter; Vo|gel|häus|chen; Vo|gel|herd (*früher für* Vogelfangplatz); **Vo|gel|kir|sche; Vo|gel|kun|de,** die; - (Ornithologie)
Vo|gel|mie|re (eine Pflanze)
vö|geln (*derb für* Geschlechtsverkehr ausüben); ich vög[e]le
Vo|gel|nest; Vo|gel|per|s|pek|ti|ve, die; - (Vogelschau)
Vo|gels|berg, der; -[e]s (Teil des Hessischen Berglandes)
Vo|gel|schau, die; -
Vo|gel|scheu|che
Vo|gel|schutz, der; -[e]s
Vo|gel|schutz|ge|biet; Vo|gel|schutz|war|te
Vo|gel|schwarm; Vo|gel|spin|ne
Vo|gel|stel|ler (*veraltet für* Vogelfänger); **Vo|gel|stim|me**
Vo|gel-Strauß-Po|li|tik, die; - ↑K 26
Vo|gel|war|te; Vo|gel|welt, die; -
Vo|gel|züch|ter; Vo|gel|zug
Vo|gerl|sa|lat (*österr. für* Feldsalat)
Vo|ge|sen [v...] *Plur.* (Gebirgszug westl. des Oberrheins)
Vög|lein
Vog|ler (*veraltet für* Vogelfänger)
Vogt, der; -[e]s, Vögte (*früher für* Schirmherr; Richter; Verwalter)
Vog|tei (*früher für* Amtsbezirk, Sitz eines Vogtes); **vog|tei|lich**
Vög|tin
Vogtl. = Vogtland; **Vogt|land,** das; -[e]s (Bergland zwischen Frankenwald, Fichtelgebirge u. Erzgebirge; *Abk.* Vogtl.)
Vogt|län|der; vogt|län|disch
Vogt|schaft

V

Voice|mail ['vɔysme:l], die; -, -s ‹engl.› ([in ein Telefon integriertes] elektron. Kommunikationssystem, mit dem gesprochene Nachrichten gespeichert und weitergeleitet werden können)
voi|là! [vo̯a'la] ‹franz., »sieh da!«› (da haben wir es!)
Voile [vo̯a:l], der; -, -s ‹franz.› (ein durchsichtiger Stoff); **Voilekleid**
Vo|ka̱|bel, die; -, -n, *österr. auch* das; -s, - ‹lat.› ([einzelnes] Wort einer Fremdsprache)
Vo|ka̱|bel|heft
Vo|ka|bu|la̱r, das; -s, -e *u. älter* **Vo|ka|bu|la̱|ri|um,** das; -s, ...ien (Wortschatz)
vo|ka̱l ‹lat.› (*Musik* die Singstimme betreffend)
Vo|ka̱l, der; -s, -e (*Sprachw.* Selbstlaut, z. B. a, e)
Vo|ka|li|sa|ti|o̱n, die; -, -en (Wandel eines Konsonanten zu einem Vokal; Hilfszeichen in der arab. und hebr. Schrift)
vo|ka̱|lisch (den Vokal betreffend)
Vo|ka|li̱|se, die; -, -n ‹franz.› (*Musik* Gesangsübung, -stück auf einen oder mehrere Vokale)
vo|ka|li|sie̱|ren (einen Konsonanten wie einen Vokal sprechen; beim Singen die Vokale bilden); **Vo|ka|li|sie̱|rung**
Vo|ka|li̱s|mus, der; - (Vokalbestand einer Sprache)
Vo|ka|li̱st, der; -en, -en (Sänger); **Vo|ka|li̱s|tin** [*alte Trennung* ...|st...]
Vo|ka̱l|mu|sik, die; - (Gesang); **Vo|ka̱l|stück** (*svw.* Vokalmusik)
Vo|ka|ti|o̱n, die; -, -en (Berufung in ein Amt)
Vo̱|ka|tiv [*auch* ...'ti:f], der; -s, -e (*Sprachw.* Anredefall)
vol. = Volumen (Schriftrolle, [1]Band)
Vol.-% = Volumprozent
Vo̱|land [f...], der; -[e]s (*alte Bez. für* Teufel); Junker Voland
Vo|lant [vo'lã:], der, *schweiz. meist* das; -s, -s ‹franz.› (Besatz an Kleidungsstücken, Falbel; *veraltend für* Lenkrad, Steuer)
Vo|la|pü̱k, das; -s (eine künstliche Weltsprache)
Vo|li|e̱|re, die; -, -n ‹franz.› (Vogelhaus)
Vo̱lk, das; -[e]s, Völker
Vo̱l|kard *vgl.* Volkhard
Vö̱lk|chen
Vo̱l|ker (Spielmann im Nibelungenlied; m. Vorn.)
Vö̱l|ker|ball, der; -[e]s (Ballspiel)
Vö̱l|ker|bund, der; -[e]s (*früher*)
Vö̱l|ker|fa|mi|lie, die; -; **Vö̱l|ker|freund|schaft; Vö̱l|ker|ge|misch**
Vö̱l|ker|kun|de, die; -; **Vö̱l|ker|kund|ler; Vö̱l|ker|kund|le|rin; vö̱l|ker|kund|lich**
Vö̱l|ker|mord
Vö̱l|ker|recht, das; -[e]s; **Vö̱l|ker|recht|ler; Vö̱l|ker|recht|le|rin; vö̱l|ker|recht|lich**
Vö̱l|ker|schaft
Vo̱l|kert *vgl.* Volkhard
vö̱l|ker|ver|bin|dend
Vö̱l|ker|ver|stän|di|gung; Vö̱l|ker|wan|de|rung
Vo̱lk|hard, Vo̱l|kard, Vo̱l|kert (m. Vorn.)
vö̱l|kisch
Vo̱lk|mar (m. Vorn.)
vo̱lk|reich
Vo̱lks|ab|stim|mung; Vo̱lks|ak|tie; Vo̱lks|ak|ti|o|när
Vo̱lks|ar|mee, die; - (*in der DDR*); **Vo̱lks|ar|mist,** der; -en, -en (*in der DDR*)
Vo̱lks|auf|stand; Vo̱lks|aus|ga|be; Vo̱lks|bank *Plur.* ...banken
Vo̱lks|be|fra|gung; Vo̱lks|be|geh|ren; Vo̱lks|be|lus|ti|gung [*alte Trennung* ...|st...]; **Vo̱lks|bi|b|li|o|thek; vo̱lks|bil|dend; Vo̱lks|bil|dung,** die; -; **Vo̱lks|brauch; Vo̱lks|buch; Vo̱lks|bü|che|rei**
Vo̱lks|de|mo|kra|tie (Staatsform kommunist. Länder, bei der die gesamte Staatsmacht in den Händen der Partei liegt)
Vo̱lks|deut|sche, der *u.* die; -n, -n
Vo̱lks|dich|tung
vo̱lks|ei|gen (*in der DDR*); ein volkseigener Betrieb, *aber* ↑K 150: »Volkseigener Betrieb Buntgarnwerke Leipzig« (*Abk.* VEB ...)
Vo̱lks|ei|gen|tum; Vo̱lks|ein|kom|men; Vo̱lks|ent|scheid
Vo̱lks|e|ty|mo|lo|gie (volkstümliche, aber etymologisch falsche Herleitung eines unbekannten Wortes); **vo̱lks|e|ty|mo|lo|gisch**
Vo̱lks|feind; vo̱lks|feind|lich
Vo̱lks|fest
Vo̱lks|front (Bündnis der linken bürgerlichen Parteien mit den Kommunisten)
Vo̱lks|ge|mur|mel; Vo̱lks|glau|be[n]; Vo̱lks|held; Vo̱lks|herr|schaft, die; -; **Vo̱lks|hoch|schu|le** (*Abk.* VHS)
Vo̱lks|kam|mer, die; - (*in der DDR* höchstes staatl. Machtorgan)
Vo̱lks|kir|che; Vo̱lks|kor|re|s|pon|dent (*in der DDR*)
Vo̱lks|kun|de, die; -; **Vo̱lks|kund|ler; Vo̱lks|kund|le|rin; vo̱lks|kund|lich**
Vo̱lks|kunst, die; -; **Vo̱lks|lauf**
Vo̱lks|lied; Vo̱lks|mär|chen
Vo̱lks|ma|ri|ne (*in der DDR*)
Vo̱lks|men|ge; Vo̱lks|mund, der; -[e]s; **Vo̱lks|mu|sik; Vo̱lks|nah|rungs|mit|tel**
Vo̱lks|po|li|zei, die; - (*in der DDR; Abk.* VP); **Vo̱lks|po|li|zist** (*in der DDR*)
Vo̱lks|red|ner; Vo̱lks|re|pu|b|lik (*Abk.* VR)
Vo̱lks|schau|spie|ler; Vo̱lks|schau|spie|le|rin
Vo̱lks|schu|le; Vo̱lks|schü|ler; Vo̱lks|schü|le|rin; Vo̱lks|schul|leh|rer; Vo̱lks|schul|leh|re|rin
Vo̱lks|see|le, die; -; **Vo̱lks|so|li|da|ri|tät** (Organisation für solidar. Hilfe, bes. in der DDR)
Vo̱lks|sport, der; -[e]s
Vo̱lks|spra|che; vo̱lks|sprach|lich
Vo̱lks|stamm; Vo̱lks|stück
Vo̱lks|tanz; Vo̱lks|tracht; Vo̱lks|trau|er|tag; Vo̱lks|tri|bun
Vo̱lks|tum, das; -s; **vo̱lks|tüm|lich; Vo̱lks|tüm|lich|keit,** die; -
vo̱lks|ver|bun|den; Vo̱lks|ver|bun|den|heit, die; -
Vo̱lks|ver|mö|gen; Vo̱lks|ver|tre|ter; Vo̱lks|ver|tre|tung
Vo̱lks|wa|gen ®, der; -s, - (dt. Kraftfahrzeug; *Abk.* VW); **Vo̱lks|wa|gen|werk**
Vo̱lks|wei|se, die; **Vo̱lks|weis|heit**
Vo̱lks|wirt; Vo̱lks|wirt|schaft
Vo̱lks|wirt|schaf|ter (*schweiz. neben* Volkswirtschaftler)
Vo̱lks|wirt|schaft|ler; vo̱lks|wirt|schaft|lich; Vo̱lks|wirt|schafts|leh|re
Vo̱lks|wohl; Vo̱lks|zäh|lung
vo̱ll *s. Kasten S. 1046*
Vo̱ll|a|ka|de|mi|ker
vo̱ll|auf [*auch* ...'lau̯f]; vollauf genug
vo̱ll|au|to|ma|tisch; vo̱ll|au|to|ma|ti|siert
Vo̱ll|bad
Vo̱ll|bart; vo̱ll|bär|tig
vo̱ll|be|schäf|tigt; Vo̱ll|be|schäf|ti|gung, die; -
vo̱ll be|setzt [*alte Schreibung* voll|be|setzt] *vgl.* voll
Vo̱ll|be|sitz; im Vollbesitz seiner Kräfte
Vo̱ll|blut, das; -[e]s; **Vo̱ll|blü|ter**
vo̱ll|blü|tig; Vo̱ll|blü|tig|keit, die; -

V

voll

<table>
<tr><td>

I. *Beugung:*
- voll Wein[es], voll [des] süßen Weines
- ein Beutel voll Geldscheine, voll neuer Geldscheine
- voll[er] Angst; ein Fass voll[er] Öl
- der Saal war voll[er] Menschen, voll von Menschen
- voll heiligem Ernst

II. *Klein- o. Großschreibung:*
1. *Kleinschreibung:*
- voll Salz
- zehn Minuten nach voll (*ugs. für* nach der vollen Stunde)
- voll verantwortlich sein

2. *Großschreibung des Substantivs* ↑K 72:
- aus dem Vollen [*alte Schreibung* vollen] schöpfen; im Vollen [*alte Schreibung* vollen] leben
- ein Wurf in die Vollen [*alte Schreibung* vollen] (auf 9 Kegel)
- in die Vollen [*alte Schreibung* vollen] gehen (*ugs. für* etwas mit Nachdruck betreiben)
- ins Volle [*alte Schreibung* volle] greifen

III. *Getrennt- o. Zusammenschreibung:*
1. *Getrenntschreibung:*
a) *vom vorangehenden Substantiv:*
- ein Arm voll, eine Hand voll, ein Mund voll [*alte Schreibungen* Armvoll, Handvoll, Mundvoll]

</td><td>

b) *in Verbindung mit Verben und Partizipien, wenn »voll« gesteigert oder erweitert werden kann* ↑K 72:
- voll sein, werden
- [ganz] voll füllen, gießen, laden, laufen [*alte Schreibungen* vollfüllen, vollgießen, volladen, vollaufen]
- voll machen, packen, pumpen, schmieren, schreiben [*alte Schreibungen* vollmachen, vollpacken, vollpumpen, vollschmieren, vollschreiben]
- voll spritzen, stopfen *(ugs.)*, tanken, zeichnen [*alte Schreibungen* vollspritzen, vollstopfen, volltanken, vollzeichnen]
- ich voll essen, fressen, saufen *(ugs.)* [*alte Schreibungen* vollessen, vollfressen, vollsaufen]; er hat sich den Bauch voll geschlagen [*alte Schreibung* vollgeschlagen] (*ugs. für* sehr viel gegessen)
- ein voll besetzter [*alte Schreibung* vollbesetzter] Bus; voll zahlende Mitglieder
- jmdm. die Hucke voll hauen (*ugs. für* jmdn. verprügeln)
- jmdm. die Hucke voll lügen (*ugs. für* jmdn. sehr belügen)
- jmdn. nicht für voll nehmen (*ugs. für* nicht ernst nehmen)
- den Mund recht voll nehmen (*ugs. für* prahlen)
- etwas voll (ganz) begreifen

2. *Zusammenschreibung:*
- vollbringen, vollenden, vollführen, vollstrecken, vollziehen; *vgl. d.*

</td></tr>
</table>

Voll|blut|pferd
Voll|brem|sung
voll|brin|gen (ausführen; vollenden); ich vollbringe; vollbracht; **Voll|brin|gung**
voll|bu|sig
Voll|dampf, der; -[e]s
Völ|le|ge|fühl, das; -s
voll|e|las|tisch [*alte Trennung* ...|st...]; **voll|e|lek|t|ro|nisch**
vol|l|en|den; ich vollende; vollendet; zu vollenden
Vol|l|en|der; Vol|l|en|de|rin
vol|l|ends
Vol|l|en|dung
vol|ler *vgl.* voll
Völ|le|rei (unmäßiges Essen u. Trinken); **völ|lern;** ich völlere
voll es|sen, sich [*alte Schreibung* voll|es|sen] *vgl.* voll
vol|ley [...li] ‹engl.›; einen Ball volley (aus der Luft) nehmen
Vol|ley, der; -s, -s (*Tennis* Flugball); **Vol|ley|ball,** der; -[e]s (ein Ballspiel)
voll fres|sen, sich [*alte Schreibung* voll|fres|sen] *vgl.* voll
voll|füh|ren; ich vollführe; vollführt; **Voll|füh|rung**
voll fül|len [*alte Schreibung* voll|fül|len] *vgl.* voll
Voll|gas, das; -es; Vollgas geben
Voll|gat|ter (*Technik* eine Säge)
voll|ge|fres|sen (dickleibig)
Voll|ge|fühl, das; -[e]s; im Vollgefühl ihrer Macht
voll ge|pfropft, voll ge|pumpt, voll ge|stopft [*alte Schreibungen* voll|ge|pfropft, voll|ge|pumpt, voll|ge|stopft] *vgl.* voll
voll gie|ßen [*alte Schreibung* voll|gie|ßen] *vgl.* voll
voll|gül|tig
Voll|gum|mi|rei|fen
Voll|i|di|ot *(ugs.)*
völ|lig
voll|in|halt|lich
voll|jäh|rig; Voll|jäh|rig|keit, die; -; **Voll|jäh|rig|keits|er|klä|rung**
Voll|ju|rist; Voll|ju|ris|tin [*alte Trennung* ...|stin]
voll|kas|ko|ver|si|chert; Voll|kas|ko|ver|si|che|rung
Voll|kauf|mann
voll|kli|ma|ti|siert ↑K 57
voll|kom|men [*auch* 'fɔ...]; **Voll|kom|men|heit,** die; -
Voll|korn|brot
voll kot|zen [*alte Schreibung* voll|kot|zen] *vgl.* voll
Voll|kraft, die; -
voll la|den [*alte Schreibung* volla|den, *alte Trennung* ...ll|l...] *vgl.* voll *u.* [1]laden
Voll|last, *auch* **Voll-Last** [*alte Schreibung* Vollast, *alte Trennung* ...ll|l...] *(Technik)*
voll lau|fen [*alte Schreibung* vollau|fen, *alte Trennung* ...ll|l...] *vgl.* voll *u.* laufen
voll|lei|big [*alte Schreibung* volleibig, *alte Trennung* ...ll|l...] ↑K 169
voll ma|chen [*alte Schreibung* voll|ma|chen] *vgl.* voll
Voll|macht, die; -, -en; **Voll|macht|ge|ber; Voll|machts|ur|kun|de**
voll|mast *(Seemannsspr.);* vollmast flaggen; auf vollmast stehen
Voll|ma|t|ro|se
Voll|milch; Voll|milch|scho|ko|la|de
Voll|mit|glied; Voll|mit|glied|schaft
Voll|mond, der; -[e]s; **Voll|mond|ge|sicht** *Plur.* ...gesichter *(ugs.)*
voll|mun|dig (voll im Geschmack; *auch für* großsprecherisch)
Voll|nar|ko|se
voll pa|cken [*alte Schreibung* voll|packen; *alte Trennung* ...k|k...] *vgl.* voll
Voll|pap|pe (massive Pappe)

V

Vọll|pen|si|on, die; -
vọll pfrop|fen, vọll pum|pen [*alte Schreibungen* voll|pfrop|fen, voll|pum|pen] *vgl.* voll
Vọll|rausch
vọll|reif; Vọll|rei|fe
vọll sau|fen, vọll schei|ßen, vọll schen|ken, vọll schla|gen [*alte Schreibungen* voll|sau|fen, voll-schei|ßen, voll|schen|ken, vollschla|gen] *vgl.* voll
vọll|schlank
vọll schmie|ren, vọll schrei|ben [*alte Schreibungen* voll|schmie-ren, voll|schrei|ben] *vgl.* voll
Vọll|sinn; im Vollsinn des Wortes
vọll sprit|zen [*alte Schreibung* voll|sprit|zen] *vgl.* voll
Vọll|spur, die (Eisenb.); **vọll|spu-rig**
vọll|stän|dig; Vọll|stän|dig|keit, die; -
vọll|stock *(Seemannsspr.);* vollstock flaggen; auf vollstock stehen
vọll stop|fen [*alte Schreibung* voll|stop|fen] *vgl.* voll
voll|strẹck|bar *(Rechtsw.);* **Voll-strẹck|bar|keit,** die; -
voll|strẹ|cken [*alte Trennung* ...k|k...]; ich vollstrecke; vollstreckt; zu vollstrecken; **Voll-strẹ|cker; Voll|strẹ|cke|rin**
Voll|strẹ|ckung [*alte Trennung* ...k|k...]; **Voll|strẹ|ckungs|be|am-te; Voll|strẹ|ckungs|be|scheid**
vọll tan|ken [*alte Schreibung* voll-tan|ken] *vgl.* voll
Vọll|text (EDV); **Vọll|text|su|che**
vọll|tö|nend ↑K 57; **vọll|tö|nig**
Vọll|tref|fer
vọll|trun|ken; Vọll|trun|ken|heit
vọll|um|fäng|lich (*bes. schweiz.* in vollem Umfang)
Vọll|verb *(Sprachw.)*
Vọll|ver|pfle|gung
Vọll|ver|samm|lung
Vọll|wai|se
Vọll|wasch|mit|tel
vọll|wer|tig; Vọll|wer|tig|keit, die; -; **Vọll|wert|kost,** die; -
vọll|wich|tig *(Münzkunde)*
vọll|zäh|lig; Vọll|zäh|lig|keit, die; -
Vọll|zeit; [in] Vollzeit arbeiten; ich arbeite Vollzeit
Vọll|zeit|schu|le
voll|zie̲h|bar; Voll|zie̲h|bar|keit
voll|zie̲|hen; ich vollziehe; vollzogen; zu vollziehen
Voll|zie̲|hung; Voll|zie̲|hungs|be-am|te
Voll|zu̲g, der; -[e]s (Vollziehung)
Voll|zu̲gs|an|stalt (Gefängnis); **Voll|zu̲gs|be|am|te; Voll|zu̲gs|ge-walt,** die; -; **Voll|zu̲gs|we|sen,** das; -s
Vo|lon|tä̲r [*auch* ...lõ], der; -s, -e ‹franz.› (ohne od. nur gegen eine kleine Vergütung zur berufl. Ausbildung Arbeitender)
Vo|lon|ta|ri|a̲t, das; -[e]s, -e (Ausbildungszeit, Stelle eines Volontärs)
Vo|lon|tä̲|rin; vo|lon|tie̲|ren (als Volontär[in] arbeiten)
Vọls|ker, der; -s, - (Angehöriger eines ehem. Volksstammes in Mittelitalien); **vọls|kisch**
Vọlt, das; *Gen.* - *u.* -[e]s, *Plur.* - ‹nach dem ital. Physiker Volta› (Einheit der elektr. Spannung; *Zeichen* V); 220 Volt
Vọl|ta|e|le|ment ↑K 136
Vol|taire [...'tɛ:ɐ̯] (franz. Schriftsteller)
Vol|tai|ri|a̲|ner (Anhänger Voltaires); **Vol|tai|ri|a̲|ne|rin**
vọl|ta|isch; volta|i|sche [*alte Schreibung* Volta|ische] Säule; *vgl.* voltasch
Vol|ta|me̲|ter, das; -s, - (Stromstärkemesser); *vgl. aber* Voltmeter
Volt|am|pere [...'pe:ɐ̯] (Einheit der elektr. Leistung; *Zeichen* VA)
vọl|tasch (nach Volta benannt; galvanisch); voltasche, *auch* Volta'sche [*alte Schreibung* Voltasche] Säule ↑K 135
Vọl|te, die; -, -n ‹franz.› (Reitfigur; Kunstgriff beim Kartenmischen; Kniff); die Volte schlagen
vol|tie̲|ren (*svw.* voltigieren)
Vol|ti̲|ge [...ʒə], die; -, -n (Sprung eines Kunstreiters auf das Pferd); **Vol|ti|geur** [...'ʒø:ɐ̯], der; -s, -e (Kunstspringer)
vol|ti|gie̲|ren [...ʒi:...] (eine Volte ausführen; Kunstsprünge auf dem [galoppierenden] Pferd ausführen)
Vọlt|me|ter, das; -s, - (*Elektrot.* Spannungsmesser); *vgl. aber* Voltameter
Vọlt|se|kun|de (Einheit des magnetischen Flusses; *Zeichen* Vs)
Vo|lu̲|men, das; -s, *Plur.* - *u.* ...mina ‹lat.› (Rauminhalt [*Zeichen* V]; Band [eines Werkes; *nur in der Abk.* vol.]; Umfang, Gesamtmenge von etwas)
Vo|lu̲|men|ge|wicht (*svw.* Volumgewicht); **Vo|lu̲|men|pro|zent** (*svw.* Volumprozent)
Vo|lu|me|t|ri̲e, die; - (Messung von Rauminhalten)
Vo|lu̲m|ge|wicht (spezifisches Gewicht, Raumgewicht)
vo|lu|mi|nö̲s ‹franz.› (umfangreich, massig)
Vo|lu̲m|pro|zent (Hundertsatz vom Rauminhalt; *Abk.* Vol.-%)
Vo|lun|ta|rịs|mus, der; - ‹lat.› (philos. Lehre, die allein den Willen als maßgebend betrachtet)
Vo|lun|ta|rịst, der; -en, -en; **Vo|lun-ta|rịs|tin** [*alte Trennung* ...|st...]; **vo|lun|ta|rịs|tisch**
Vo|lun|ta|ti̲v, der; -s (*Sprachw.* Form des Verbs, die einen Wunsch o. Ä. ausdrückt)
Vö|lu|s|pa̲, die; - ‹altnord.› (Eddalied vom Ursprung u. vom Untergang der Welt)
Vo|lu̲|te, die; -, -n ‹lat.› (*Kunstwiss.* spiralförmige Einrollung am Kapitell ionischer Säulen)
Vọl|vu|lus, der; -, ...li ‹lat.› (*Med.* Darmverschlingung)
vọm (von dem; *Abk.* v.)
Vom|hụn|dert|satz *vgl.* Hundertsatz
vo|mie̲|ren ‹lat.› (*Med.* sich erbrechen)
vọn *s. Kasten S. 1048*
von|ei|n|a̲n|der; etwas voneinander haben, voneinander gehen [*alte Schreibung* voneinandergehen], wissen, scheiden usw.; *vgl.* aneinander
von|nö̲|ten ↑K 63 ([dringend] nötig); vonnöten sein
von o̲|ben (*Abk.* v. o.)
von Rẹchts we̲|gen (*Abk.* v. R. w.)
von|sei̲|ten, *auch* **von Sei̲|ten** [*alte Schreibung* von sei|ten]; *mit Genitiv:* vonseiten, *auch* von Seiten seines Vaters
von|stạt|ten ↑K 63; *in* vonstatten gehen
von ụn|ten (*Abk.* v. u.)
von we̲|gen! (*ugs. für* auf keinen Fall!)
[1]**Vo̲|po,** der; -s, -s (*ugs. kurz für* Volkspolizist)
[2]**Vo̲|po,** die; - (*ugs. kurz für* Volkspolizei)
vo̲r (*Abk.* v.); *Präp. mit Dat. u. Akk.:* vor dem Zaun stehen, *aber* sich vor den Zaun stellen; vor allem *(vgl. d.);* vor diesem; vor alters *(vgl. d.);* vor der Zeit; vor Ort; Gnade vor Recht ergehen lassen; vor sich gehen; vor sich hin brummen usw.; vor

von

(*Abk.* v.)
Präpositon mit Dativ:
- von dem Haus
- von der Art
- von [ganzem] Herzen
- von [großem] Nutzen, Vorteil sein
- von Gottes Gnaden
- eine Frau von Geist
- von Sinnen
- vonseiten, *auch* von Seiten [*alte Schreibung* von seiten] *(vgl. d.)*
- die Hälfte von meinem Vermögen (*für* die Hälfte meines Vermögens)
- ein Mensch von intelligentem Aussehen (*für* ein Mensch intelligenten Aussehens)
- die Zeitung von heute
- von neuem
- von nah u. fern
- von links, von rechts
- von oben (*Abk.* v. o.); von unten (*Abk.* v. u.)
- von ungefähr
- von vorn[e]; von vornherein
- von jetzt, von da an (*ugs.* von jetzt, von da ab)
- von Jugend an (*ugs.* von Jugend ab); von klein auf
- von Grund auf *od.* aus; von mir aus; von Haus[e] aus; von Amts wegen; von Rechts wegen; von Hand zu Hand; mit Grüßen von Haus zu Haus
- von weit her; von alters her; von dorther; von jeher; von dannen, hinnen gehen
- von wegen! (*ugs. für* auf keinen Fall!)

Christi Geburt (*Abk.* v. Chr. G.); vor Christo *od.* Christus (*Abk.* v. Chr.); vor allem[,] wenn/weil *(vgl. d.)*

vor... (*in Zus. mit Verben,* z. B. vorsingen, du singst vor, vorgesungen, vorzusingen)

vor|ab (zunächst, zuerst)

Vor|ab|druck *Plur.* ...drucke

Vor|a|bend

Vor|ab|in|for|ma|ti|on

Vor|ah|nung; Vor|a|larm

vor al|lem (*Abk.* v. a.); vor allem[,] wenn/weil ... ↑K 127

Vor|al|pen *Plur.*

vor al|ters ↑K 70 (*veraltet für* in alter Zeit)

vo|r|an; der Sohn voran, der Vater hinterdrein; **vo|r|an...** (z. B. vorangehen)

vo|r|an|ge|hen

vo|r|an|ge|hend; die vorangehenden Ausführungen; *aber* ↑K 72: Vorangehendes [*alte Schreibung* vorangehendes]; im Vorangehenden [*alte Schreibung* vorangehenden]; der, die, das Vorangehende; *vgl.* folgend

vo|r|an|kom|men

Vor|an|kün|di|gung

vo|r|an|ma|chen (*ugs. für* sich beeilen)

vor|an|mel|den *nur im Infinitiv u. Partizip II gebr.;* vorangemeldet; **Vor|an|mel|dung**

Vor|an|schlag *(Wirtsch.)*

vo|r|an|stel|len; vo|r|an|trei|ben

Vor|an|zei|ge

Vor|ar|beit; vor|ar|bei|ten

Vor|ar|bei|ter; Vor|ar|bei|te|rin

Vor|arl|berg[1] (österr. Bundesland); **Vor|arl|ber|ger**[1]; **vor|arl|ber|gisch**[1]

vo|r|auf (*selten für* voran *u.* voraus)

vo|r|auf|ge|hen *(geh.);* ich gehe vorauf; voraufgegangen; voraufzugehen

vo|r|aus sie war allen voraus; *aber* im, *landsch.* zum Voraus [*auch* 'fo:...; *alte Schreibung* voraus]

Vo|r|aus, der; - (*Rechtsw.* besonderer Erbanspruch eines überlebenden Ehegatten)

vo|r|aus... (z. B. vorausgehen)

Vo|r|aus|ab|tei|lung *(Milit.)*

vo|r|aus|be|re|chen|bar; vo|r|aus|be|rech|nen

vo|r|aus|be|stim|men

vo|r|aus|be|zah|len; Vo|r|aus|be|zah|lung

vo|r|aus|da|tie|ren (mit einem späteren Datum versehen)

vo|r|aus|ei|len

Vo|r|aus|e|xem|p|lar

vo|r|aus|fah|ren

vo|r|aus|ge|hen; vo|r|aus|ge|hend; die vorausgehenden Verhandlungen; *aber* ↑K 72: Vorausgehendes [*alte Schreibung* vorausgehendes]; im Vorausgehenden [*alte Schreibung* vorausgehenden]; der, die, das Vorausgehende; *vgl.* folgend

vo|r|aus|ge|setzt[,] dass ↑K 127

vo|r|aus|ha|ben; jmdm. etwas voraushaben

Vo|r|aus|kas|se

Vo|r|aus|kor|rek|tur

vo|r|aus|lau|fen

vo|r|aus|sag|bar

Vo|r|aus|sa|ge; vo|r|aus|sa|gen

Vo|r|aus|schau; vo|r|aus|schau|en

Vor|aus|schei|dung *(Sport)*

vo|r|aus|schi|cken [*alte Trennung* ...k|k...]

vo|r|aus|seh|bar; vo|r|aus|se|hen

vo|r|aus|set|zen; Vo|r|aus|set|zung; vo|r|aus|set|zungs|los

Vo|r|aus|sicht, die; -; aller Voraussicht nach; **vo|r|aus|sicht|lich**

Vor|aus|wahl (vorläufige Auswahl)

vo|r|aus|wis|sen

vo|r|aus|zah|len; Vo|r|aus|zah|lung

Vor|bau *Plur.* ...bauten

vor|bau|en (*auch für* vorbeugen); der kluge Mann baut vor

vor|be|dacht; Vor|be|dacht, der; *nur in* mit, ohne Vorbedacht

Vor|be|deu|tung

Vor|be|din|gung

Vor|be|halt, der; -[e]s, -e; mit, unter, ohne Vorbehalt

vor|be|hal|ten; ich behalte es mir vor; ich habe es mir vorbehalten; vorzubehalten

vor|be|halt|lich, *schweiz.* **vor|be|hält|lich;** *Präposition mit Genitiv (Amtsspr.):* vorbehaltlich, *schweiz.* vorbehältlich unserer Rechte

vor|be|halt|los

Vor|be|halts|gut; Vor|be|halts|klau|sel; Vor|be|halts|ur|teil

vor|be|han|deln; Vor|be|hand|lung

vor|bei; vorbei (vorüber) sein; als sie kam, war bereits alles vorbei; **vor|bei...** (z. B. vorbeigehen)

vor|bei|be|neh|men, sich (*ugs. für* sich ungehörig benehmen)

vor|bei|brin|gen

vor|bei|dür|fen *(ugs.)*

vor|bei|fah|ren; vor|bei|flie|gen; vor|bei|flie|ßen; vor|bei|füh|ren

vor|bei|ge|hen

vor|bei|kom|men; bei jmdm. vorbeikommen (*ugs. für* jmdn. kurz besuchen)

vor|bei|kön|nen *(ugs.)*

vor|bei|las|sen *(ugs.)*

[1] [*auch* 'fo:ɐ̯...]

V

vor|bei|lau|fen
Vor|bei|marsch, der; **vor|bei|mar|schie|ren**
vor|bei|müs|sen *(ugs.)*
vor|bei|re|den; am Thema vorbeireden
vor|bei|rei|ten
vor|bei|schau|en
vor|bei|schie|ßen
vor|bei|zie|hen
vor|be|las|tet [*alte Trennung* ...|st...]; erblich vorbelastet sein; **Vor|be|las|tung**
Vor|be|mer|kung
Vor|be|ra|tung
vor|be|rei|ten; Vor|be|rei|tung; Vor|be|rei|tungs|dienst
Vor|be|rei|tungs|kurs *od.* **...kur|sus**
Vor|be|richt
Vor|be|scheid
Vor|be|sit|zer; Vor|be|sit|ze|rin
Vor|be|spre|chung
vor|be|stel|len; Vor|be|stel|lung
vor|be|stim|men (*svw.* vorherbestimmen); **Vor|be|stim|mung**
vor|be|straft; Vor|be|straf|te, der *u.* die; -n, -n
vor|be|ten
Vor|be|ter; Vor|be|te|rin
Vor|beu|ge|haft, die *(Rechtsw.)*
vor|beu|gen; ↑K82: Vorbeugen, *auch* vorbeugen ist besser als Heilen, *auch* heilen
Vor|beu|gung; Vor|beu|gungs|maß|nah|me
vor|be|zeich|net (*veraltend für* eben genannt, eben aufgeführt)
Vor|bild; vor|bil|den
vor|bild|haft; vor|bild|lich; Vor|bild|lich|keit, die; -
Vor|bil|dung, die; -
vor|bin|den
vor|bla|sen (*ugs. für* vorsagen)
Vor|blick
vor|boh|ren
Vor|bör|se, die; - (der eigtl. Börsenzeit vorausgehender Wertpapierhandel); **vor|börs|lich**
Vor|bo|te; Vor|bo|tin
vor|brin|gen
Vor|büh|ne
vor Chris|ti Ge|burt [*alte Trennung* ...|st...] (*Abk.* v. Chr. G.)
vor|christ|lich
vor Chris|to, vor Chris|tus [*alte Trennung* ...|st...] (*Abk.* v. Chr.)
Vor|dach
vor|da|tie|ren (vorausdatieren; *auch für* zurückdatieren); **Vor|da|tie|rung**
Vor|deck (*svw.* Vorderdeck)
vor|dem [*auch* 'fo:ɐ̯...] (*veraltend für* früher)

Vor|den|ker *(bes. Politik);* **Vor|den|ke|rin**
Vor|der|ach|se; Vor|der|an|sicht
vor|der|a|si|a|tisch; Vor|der|a|si|en
Vor|der|aus|gang; Vor|der|bein; Vor|der|deck
vor|de|re, *aber:* der Vordere Orient; *vgl.* vorderst
Vor|der|front; Vor|der|fuß
Vor|der|gau|men; Vor|der|gau|men|laut (*für* Palatal)
Vor|der|grund; vor|der|grün|dig
vor|der|hand [*auch* ...'ha...] ↑K63 ⟨*zu* vor⟩ (einstweilen)
Vor|der|hand, die; - ⟨*zu* vordere⟩
Vor|der|haus; Vor|der|hirn
Vor|der|in|di|en ↑K143
Vor|der|kip|per *(Kfz-Technik);* **Vor|der|la|der** (eine alte Feuerwaffe)
Vor|der|mann *Plur.* ...männer
Vor|der|pfo|te
Vor|der|rad; Vor|der|rad|an|trieb; Vor|der|rad|brem|se
Vor|der|rei|fen; Vor|der|satz *(Sprachw.);* **Vor|der|schiff; Vor|der|schin|ken; Vor|der|sei|te; Vor|der|sitz**
vor|derst; zuvorderst; der vorders|te Mann, *aber* ↑K72: die Vorders|ten sollen sich setzen
Vor|der|ste|ven; Vor|der|teil (das *od.* der); **Vor|der|tür; Vor|der|zim|mer**
vor|drän|geln, sich; ich dräng[e]le mich vor; **vor|drän|gen;** sich vordrängen
vor|drin|gen
vor|dring|lich (besonders dringlich); **Vor|dring|lich|keit,** die; -
Vor|druck *Plur.* ...drucke
vor|e|he|lich
vor|ei|lig; Vor|ei|lig|keit
vor|ei|n|an|der ↑K50; sich voreinander fürchten, sich voreinander hinstellen; *vgl.* aneinander
vor|ein|ge|nom|men; Vor|ein|ge|nom|men|heit, die; -
Vor|ein|sen|dung; gegen Voreinsendung des Betrages
vor|eis|zeit|lich
Vor|el|tern *Plur.* (Vorfahren)
vor|ent|hal|ten; ich enthalte vor; ich habe vorenthalten; vorzuenthalten; **Vor|ent|hal|tung**
Vor|ent|scheid; Vor|ent|schei|dung; Vor|ent|schei|dungs|kampf
[1]**Vor|er|be,** der
[2]**Vor|er|be,** das
vor|erst
vor|er|wähnt *(Amtsspr.)*
vor|er|zäh|len (*ugs. für* jmdn. etwas weismachen wollen)
Vor|es|sen (*schweiz. für* Ragout)

Vor|e|x|a|men
vor|e|x|er|zie|ren *(ugs.)*
Vor|fa|b|ri|ka|ti|on; vor|fa|b|ri|zie|ren
Vor|fahr, der; -en, -en *u.* **Vor|fah|re,** der; -n, -n
vor|fah|ren
Vor|fah|rin
Vor|fahrt, die; -; [die] Vorfahrt haben, beachten; **vor|fahrt[s]|be|rech|tigt**
Vor|fahrt[s]|recht, das; -[e]s; **Vor|fahrt[s]|re|gel; Vor|fahrt[s]|schild,** das; **Vor|fahrt[s]|stra|ße; Vor|fahrt[s]|zei|chen**
Vor|fall, der; **vor|fal|len**
Vor|fei|er
Vor|feld; im Vorfeld der Wahlen
Vor|film
vor|fi|nan|zie|ren; Vor|fi|nan|zie|rung
vor|fin|den
Vor|flu|ter (Abzugsgraben; Entwässerungsgraben)
Vor|form; vor|for|men
vor|for|mu|lie|ren
Vor|fra|ge
Vor|freu|de
vor|fris|tig [*alte Trennung* ...|st...]; etwas vorfristig liefern
Vor|früh|ling
vor|füh|len
Vor|führ|da|me
vor|füh|ren
Vor|füh|rer; Vor|füh|re|rin
Vor|führ|ge|rät; Vor|führ|raum
Vor|füh|rung; Vor|füh|rungs|raum
Vor|führ|wa|gen
Vor|ga|be (Richtlinie; *Sport* Vergünstigung für Schwächere; *Bergmannsspr.* das, was an festem Gestein [od. Kohle] durch Sprengung gelöst werden soll); **Vor|ga|be|zeit** *(Wirtsch.)*
Vor|gang
Vor|gän|ger; Vor|gän|ge|rin
vor|gän|gig (*schweiz. svw.* vorherig; *als Adverb:* zuvor; *als Präposition mit Genitiv [Amtsspr.]:* vor)
Vor|gangs|wei|se, die (*österr. für* Vorgehensweise)
Vor|gar|ten
vor|gau|keln; ich gauk[e]le vor
vor|ge|ben
Vor|ge|bir|ge
vor|geb|lich (angeblich)
vor|ge|fasst [*alte Schreibung* vorgefaßt]; vorgefasste Meinung
Vor|ge|fecht
vor|ge|fer|tigt
Vor|ge|fühl; im Vorgefühl ihres Glücks

Vor|ge|gen|wart (*svw.* Perfekt)
vor|ge|hen; Vor|ge|hen, das; -s;
Vor|ge|hens|wei|se, die
vor|ge|la|gert; vorgelagerte Inseln
Vor|ge|län|de
Vor|ge|le|ge (*Technik* eine Übertragungsvorrichtung)
vor|ge|le|sen, ge|neh|migt, un|ter|schrie|ben (gerichtl. Formel; *Abk.* v., g., u.)
vor|ge|nannt *(Amtsspr.)*
vor|ge|ord|net (übergeordnet)
Vor|ge|plän|kel
Vor|ge|richt (Vorspeise)
vor|ger|ma|nisch
Vor|ge|schich|te, die; -
Vor|ge|schicht|ler; Vor|ge|schicht|le|rin; vor|ge|schicht|lich
Vor|ge|schichts|for|schung
Vor|ge|schmack, der; -[e]s
vor|ge|schrit|ten; in vorgeschrittenem Alter
Vor|ge|setz|te, der *u.* die; -n, -n;
Vor|ge|setz|ten|ver|hält|nis
Vor|ge|spräch
vor|ges|tern [*alte Trennung* ...|st...]; vorgestern Abend [*alte Schreibung* abend] ↑K69; **vor|gest|rig**
vor|glü|hen (beim Dieselmotor)
vor|grei|fen; vor|greif|lich
Vor|griff
vor|gu|cken [*alte Trennung* ...k|k...] *(ugs.)*
vor|ha|ben; Vor|ha|ben, das; -s, -
Vor|hal|le
Vor|halt (*Musik* ein dissonanter Ton, der anstelle eines benachbarten Akkordtones steht, in den er sich auflöst; *schweiz. neben* Vorhaltung)
vor|hal|ten; Vor|hal|tung *meist Plur.* (ernste Ermahnung)
Vor|hand, die; - (*bes. [Tisch]tennis* ein bestimmter Schlag; *beim Pferd* auf den Vorderbeinen ruhender Rumpfteil; Position des [Skat]spielers, der zuerst ausspielt); in [der] Vorhand sein, halten
vor|han|den; vorhanden sein; **Vor|han|den|sein,** das; -s ↑K82
Vor|hang, der; -[e]s, ...hänge
[1]**vor|hän|gen**; das Kleid hing unter dem Mantel vor; *vgl.* [1]hängen
[2]**vor|hän|gen**; sie hat das Bild vorgehängt; *vgl.* [2]hängen
Vor|hän|ge|schloss [*alte Schreibung*...schloß]
Vor|hang|stan|ge; Vor|hang|stoff
Vor|haus (*landsch. für* Hauseinfahrt, -flur)

Vor|haut (*für* Präputium); **Vor|haut|ver|en|gung** (*für* Phimose)
vor|hei|zen

vor|her

[*auch* ...'he:ɐ̯]
– vorher (früher, vor diesem Zeitpunkt) war es besser; etwas vorher tun; kurz vorher

Schreibung in Verbindung mit Verben:
a) *Getrenntschreibung, wenn »vorher« im Sinne von »früher, vor einem bestimmten Zeitpunkt« gebraucht wird, z. B.*
– vorher (früher) gehen; er hätte das vorher sagen sollen
b) *Zusammenschreibung, wenn »vorher« im Sinne von »voraus« verwendet wird* ↑K47:
– vorherbestimmen, vorhergehen, vorhersagen, vorhersehen

vor|her|be|stim|men ↑K47 (vorausbestimmen); er bestimmt vorher; vorherbestimmt; vorherzubestimmen; *aber* sie hat den Zeitpunkt vorher (früher, im Voraus) bestimmt; **Vor|her|be|stim|mung,** die; -
vor|her|ge|hen ↑K47 (voraus-, vorangehen); es geht vorher; vorhergegangen; vorherzugehen; *vgl. aber* vorher a)
vor|her|ge|hend; die vorhergehenden Ereignisse; *aber* ↑K72: Vorhergehendes [*alte Schreibung* vorhergehendes]; im Vorhergehenden [*alte Schreibung* vorhergehenden] (weiter oben); der, die, das Vorhergehende
vor|he|rig [*auch* 'fo:ɐ̯...]
Vor|herr|schaft, die; -; **vor|herr|schen**
vor|her|sag|bar
Vor|her|sa|ge, die; -, -n; **vor|her|sa|gen** ↑K47 (voraussagen); ich sage vorher; vorhergesagt; vorherzusagen; ↑K72: das Vorhergesagte; *vgl. aber* vorher a): das vorher Gesagte
vor|her|seh|bar
vor|her|se|hen ↑K47 (im Voraus erkennen); ich sehe vorher; vorhergesehen; vorherzusehen; *vgl. aber* vorher a)
vor|heu|len *(ugs.)*
vor|hin [*auch* ...'hɪn]
Vor|hi|n|ein *nur in der Fügung* im Vorhinein [*alte Schreibung* vorhinein] (im Voraus)

Vor|hof; Vor|höl|le
Vor|hut, die; -, -en
vo|rig; vorigen Jahres (*Abk.* v. J.); vorigen Monats (*Abk.* v. M.); ↑K72: der, die, das Vorige [*alte Schreibung* vorige]; im Vorigen [*alte Schreibung* vorigen]; die Vorigen (Personen des Theaterstückes); *vgl.* folgend
Vor|in|for|ma|ti|on; vor|in|for|mie|ren
Vor|jahr; Vor|jah|res|sie|ger; vor|jäh|rig
vor|jam|mern *(ugs.)*
Vor|kal|ku|la|ti|on *(Kaufmannsspr.)*
Vor|kam|mer
Vor|kämp|fer; Vor|kämp|fe|rin
Vor|kas|se (*svw.* Vorauskasse)
vor|kau|en (*ugs. auch für* in allen Einzelheiten erklären)
Vor|kauf; Vor|käu|fer; Vor|kaufs|recht
Vor|kehr, die; -, -en (*schweiz. für* Vorkehrung)
vor|keh|ren (*schweiz. für* vorsorglich anordnen)
Vor|keh|rung *meist Plur.;* Vorkehrungen treffen
Vor|keim *(Bot.)*
Vor|kennt|nis *meist Plur.*
vor|kli|nisch; die vorklinischen Semester
vor|knöp|fen *(ugs.);* ich habe ihn mir vorgeknöpft
vor|kom|men; Vor|kom|men, das; -s, -
Vor|komm|nis, das; -ses, -se
Vor|kost (Vorspeise)
Vor|kos|ter [*alte Trennung* ...|st...]; **Vor|kos|te|rin**
vor|kra|gen (*Bauw.* herausragen; *seltener für* herausragen lassen)
Vor|kriegs|ge|ne|ra|ti|on; Vor|kriegs|wa|re; Vor|kriegs|zeit
vor|la|den *vgl.* [2]laden; **Vor|la|dung**
Vor|la|ge
Vor|land, das; -[e]s
vor|las|sen
Vor|lauf (zeitl. Vorsprung; *Chemie* erstes Destillat; *Sport* Ausscheidungslauf)
Vor|läu|fer; Vor|läu|fe|rin
vor|läu|fig; Vor|läu|fig|keit, die; -
vor|laut
vor|le|ben; der Jugend Toleranz vorleben; **Vor|le|ben,** das; -s (früheres Leben)
Vor|le|ge|be|steck
vor|le|gen; Vor|le|ger (kleiner Teppich)
Vor|le|ge|schloss [*alte Schreibung* ...schloß]; **Vor|le|gung**

V

vor|leh|nen, sich
Vor|leis|tung [*alte Trennung* ...|st...]
vor|le|sen; Vor|le|se|pult
Vor|le|ser; Vor|le|se|rin
Vor|le|se|wett|be|werb
Vor|le|sung; vor|le|sungs|frei
Vor|le|sungs|ge|bühr; Vor|le|sungs|ver|zeich|nis
vor|letzt; zu vorletzt; der vorletzte Mann, *aber* ↑K 80: er ist der Vorletzte [der Klasse]
Vor|lie|be, die; -, -n
vor|lieb neh|men [*alte Schreibung* vor|lieb|neh|men]; ich nehme vorlieb; vorlieb genommen; vorlieb zu nehmen; *vgl.* fürlieb nehmen
vor|lie|gen; vor|lie|gend; vorliegender Fall; ↑K 72: Vorliegendes [*alte Schreibung* vorliegendes]; im Vorliegenden [*alte Schreibung* vorliegenden] *(Amtsspr.);* das Vorliegende; *vgl.* folgend
vor|lings (*Sportspr.* dem Gerät zugewandt)
vor|lü|gen
vorm ↑K 14 (*ugs. für* vor dem); vorm Haus[e]
[1]**vorm.** = vormals
[2]**vorm.**, vm. = vormittags
vor|ma|chen *(ugs.);* jmdm. etwas vormachen (jmdn. täuschen)
Vor|macht, die; -; **Vor|macht|stel|lung,** die; -
Vor|ma|gen (*svw.* Pansen)
vor|ma|lig; vor|mals (*Abk.* vorm.)
Vor|mann *Plur.* ...männer
Vor|marsch, der
Vor|märz, der; -[e]s (Periode von 1815 bis zur Märzrevolution von 1848); **vor|märz|lich**
Vor|mast, der (vorderer Schiffsmast)
Vor|mau|er
Vor|mensch, der (Vorläufer des Urmenschen)
Vor|merk|buch; vor|mer|ken
Vor|mer|kung (*auch für* vorläufige Eintragung ins Grundbuch)
Vor|mie|ter; Vor|mie|te|rin
Vor|milch, die; - (*für* Kolostrum)
Vor|mit|tag ↑K 70 vormittags; *aber* des Vormittags; heute Vormittag [*alte Schreibung* vormittag] ↑K 69; *vgl.* [1]Mittag
vor|mit|tä|gig *vgl.* ...tägig; **vor|mit|täg|lich** *vgl.* ...täglich; **vor|mit|tags** *vgl.* Vormittag
Vor|mit|tags|stun|de; Vor|mit|tags|vor|stel|lung
Vor|mo|nat
Vor|mund, der; -[e]s, *Plur.* -e *u.* ...münder
Vor|mund|schaft; Vor|mund|schafts|ge|richt
[1]**vorn,** *ugs.* vor|ne; noch einmal von vorn, *ugs.* vorne beginnen
[2]**vorn** ↑K 14 (*ugs. für* vor den)
Vor|nah|me, die; -, -n (Ausführung)
Vor|na|me
vorn|an [*auch* 'f...]; vornan marschieren
vor|ne *vgl.* [1]vorn; **vor|ne|an** [*auch* 'fɔr...] (*ugs. für* vornan)
vor|ne|he|r|ein [*auch* ...'rain] (*ugs. für* vornherein)
vor|nehm; vornehm tun
vor|neh|men
Vor|nehm|heit, die; -
vor|nehm|lich (*geh. für* vor allem, besonders)
Vor|nehm|tu|e|rei, die; - *(abwertend)*
vor|nei|gen; sich vorneigen
vor|ne|ü|ber usw. (*ugs. für* vornüber usw.)
vor|ne|weg [*auch* ...'vɛk], vornweg [*auch* ...'vɛk]
vorn|he|r|ein [*auch* ...'rain]; von vornherein
vorn|ü|ber; vorn|ü|ber... (z. B. vornüberstürzen; sie ist vornübergestürzt)
vorn|ü|ber|beu|gen; vorn|ü|ber|fal|len; vorn|ü|ber|kip|pen; vorn|ü|ber|stür|zen
vorn|weg *vgl.* vorneweg
Vor|ort, der; -[e]s, ...orte; *vgl. aber* vor Ort sein; Vor-Ort-Begehung usw.
Vor-Ort-Be|ge|hung; Vor-Ort-Ser|vice, der
Vor|ort[s]|ver|kehr, der; -s; **Vor|ort[s]|zug**
Vor-Ort-Ter|min
vor|pla|nen; Vor|pla|nung
Vor|platz
Vor|pom|mern (Teil des Bundeslandes Mecklenburg-Vorpommern)
Vor|pos|ten [*alte Trennung* ...|st...]
vor|prel|len (*landsch. für* vorpreschen)
vor|pre|schen
Vor|pro|gramm
vor|pro|gram|mie|ren; vor|pro|gram|miert
Vor|prü|fung
vor|quel|len
Vor|rang, der; -[e]s
vor|ran|gig; Vor|ran|gig|keit, die; -
Vor|rang|stel|lung
Vor|rat, der; -[e]s, ...räte; **vor|rä|tig;** etwas vorrätig haben
Vor|rats|hal|tung; Vor|rats|kam|mer; Vor|rats|kel|ler; Vor|rats|raum; Vor|rats|schrank
Vor|raum
vor|rech|nen
Vor|recht
Vor|re|de; Vor|red|ner
Vor|rei|ter
vor|ren|nen; Vor|ren|nen *(Sport)*
vor|re|vo|lu|ti|o|när
vor|rich|ten (*landsch. für* herrichten); **Vor|rich|tung**
vor|rü|cken [*alte Trennung* ...k|k...]
Vor|ru|he|stand (freiwilliger vorzeitiger Ruhestand)
Vor|ru|he|stands|geld; Vor|ru|he|stands|re|ge|lung
Vor|run|de *(Sport);* **Vor|run|den|spiel**
vors ↑K 14 (*ugs. für* vor das); vors Haus
Vors. = Vorsitzende[r], Vorsitzer
Vor|saal (*landsch. für* Diele)
vor|sa|gen
Vor|sa|ger; Vor|sa|ge|rin
Vor|sai|son
Vor|sän|ger; Vor|sän|ge|rin
Vor|satz, der, *Druckw.* das; -es, Vorsätze
Vor|satz|blatt (Vorsatzpapier)
vor|sätz|lich; Vor|sätz|lich|keit, die; -
Vor|satz|pa|pier *(Druckw.)*
Vor|schalt|ge|setz (vorläufige gesetzliche Regelung); **Vor|schalt|wi|der|stand** *(Elektrot.)*
Vor|schau
Vor|schein; *nur noch in* zum Vorschein kommen, bringen
vor|schi|cken [*alte Trennung* ...k|k...]
vor|schie|ben
vor|schie|ßen *(ugs.);* jmdm. hundert Mark vorschießen
Vor|schiff
vor|schla|fen *(ugs.)*
Vor|schlag; auf Vorschlag von ...
vor|schla|gen
Vor|schlag|ham|mer
Vor|schlags|recht, das; -[e]s
Vor|schluss|run|de [*alte Schreibung* Vor|schluß...] *(Sport)*
vor|schme|cken [*alte Trennung* ...k|k...]
vor|schnell; vorschnell urteilen
Vor|schot|mann *Plur.* ...männer *u.* ...leute *(Seemannsspr.)*
vor|schrei|ben
Vor|schrift; Dienst nach Vorschrift

V

vor|schrifts|ge|mäß; vor|schrifts|mä|ßig; vor|schrifts|wid|rig
[1]**Vor|schub;** *nur noch in* jmdm. *od.* einer Sache Vorschub leisten (begünstigen, fördern)
[2]**Vor|schub** (*Technik* Vorwärtsbewegung eines Werkzeuges)
Vor|schub|leis|tung [*alte Trennung* ...|st...]
Vor|schul|al|ter; Vor|schu|le; Vor|schul|er|zie|hung
vor|schu|lisch; Vor|schu|lung
Vor|schuss [*alte Schreibung* Vorschuß]; **Vor|schuss|lor|bee|ren** *Plur.* (im Vorhinein erteiltes Lob); **vor|schuss|wei|se; Vor|schuss|zah|lung**
vor|schüt|zen; keine Müdigkeit vorschützen
vor|schwär|men
vor|schwe|ben; mir schwebt etwas Bestimmtes vor
vor|se|hen; Vor|se|hung, die; -
vor|set|zen
vor sich ... *vgl.* vor
Vor|sicht, die; -
vor|sich|tig; Vor|sich|tig|keit, die; -
vor|sichts|hal|ber
Vor|sichts|maß|nah|me; Vor|sichts|maß|re|gel
Vor|si|g|nal *(Eisenb.)*
Vor|sil|be
vor|sin|gen
vor|sint|flut|lich (*ugs. für* längst veraltet, unmodern)
Vor|sitz, der; -es
vor|sit|zen; Vor|sit|zen|de, der *u.* die; -n, -n (*Abk.* Vors.)
Vor|sit|zer (Vorsitzender; *Abk.* Vors.); **Vor|sit|ze|rin**
Vor|som|mer
Vor|sor|ge, die; -; Vorsorge treffen; **vor|sor|gen**
Vor|sor|ge|un|ter|su|chung
vor|sorg|lich
Vor|spann, der; -[e]s, -e (zusätzliches Zugtier od. -fahrzeug; Titel, Darsteller- u. Herstellerverzeichnis beim Film, Fernsehen; Einleitung eines Presseartikels o. Ä.); *vgl.* Nachspann
vor|span|nen
Vor|spann|mu|sik *(Film, Ferns.)*
Vor|spei|se
vor|spie|geln; ich spieg[e]le vor
Vor|spie|ge|lung, Vor|spieg|lung; das ist Vorspieg[e]lung falscher Tatsachen
Vor|spiel; vor|spie|len; Vor|spie|ler
Vor|spra|che; vor|spre|chen
vor|sprin|gen; Vor|sprin|ger (beim Skispringen)
Vor|spruch
Vor|sprung
Vor|sta|di|um
Vor|stadt; Vor|städ|ter; vor|städ|tisch
Vor|stadt|ki|no; Vor|stadt|the|a|ter
Vor|stand, der; -[e]s, Vorstände (*österr. auch svw.* Vorsteher)
Vor|stands|mit|glied; Vor|stands|sit|zung
Vor|stands|vor|sit|zen|de
Vor|ste|cker [*alte Trennung* ...k|k...] (Splint, Vorsteckkeil)
Vor|steck|keil; Vor|steck|na|del
vor|ste|hen; vor|ste|hend ↑K 72: Vorstehendes [*alte Schreibung* vorstehendes]; im Vorstehenden [*alte Schreibung* vorstehenden] *(Amtsspr.)*; das Vorstehende; *vgl.* folgend
Vor|ste|her; Vor|ste|her|drü|se (*für* Prostata); **Vor|ste|he|rin**
Vor|steh|hund
vor|stell|bar
vor|stel|len; sich etwas vorstellen
vor|stel|lig; vorstellig werden
Vor|stel|lung; Vor|stel|lungs|ga|be, die; -; **Vor|stel|lungs|ge|spräch**
Vor|stel|lungs|kraft, die; -; **Vor|stel|lungs|ver|mö|gen,** das; -s; **Vor|stel|lungs|welt**
Vor|ste|ven *(Seew.)*
Vor|stop|per *(Fußball)*
Vor|stoß
Vor|stra|fe; Vor|stra|fen|re|gis|ter [*alte Trennung* ...|st...]
vor|stre|cken [*alte Trennung* ...k|k...]; jmdm. Geld vorstrecken
vor|strei|chen; Vor|streich|far|be
Vor|stu|die; Vor|stu|fe
vor|sünd|flut|lich *vgl.* Sündflut
Vor|tag
vor|tan|zen; Vor|tän|zer; Vor|tän|ze|rin
vor|täu|schen; Vor|täu|schung
Vor|teil, der; -s, -e; von Vorteil; im Vorteil sein; **vor|teil|haft**
Vor|trag, der; -[e]s, ...träge
vor|tra|gen; Vor|tra|gen|de, der *u.* die; -n, -n
Vor|trags|be|zeich|nung *(Musik)*
Vor|trags|kunst, die; -; **Vor|trags|künst|ler**
Vor|trags|rei|he
vor|treff|lich; Vor|treff|lich|keit
vor|trei|ben
vor|tre|ten
Vor|trieb *(Physik, Technik, Bergmannsspr.)*; **Vor|triebs|ver|lust**
Vor|tritt, der; -[e]s (*schweiz. auch für* Vorfahrt); jmdm. den Vortritt lassen
Vor|trupp
Vor|tuch, das; -[e]s, ...tücher (*landsch. für* Schürze)
vor|tur|nen
Vor|tur|ner; Vor|tur|ner|rie|ge
vo|r|ü|ber; es ist alles vorüber
vo|r|ü|ber|ge|hen; ich gehe vorüber; vorübergegangen; vorüberzugehen; im Vorübergehen ↑K 82; **vo|r|ü|ber|ge|hend**
Vor|ü|ber|le|gung
vo|r|ü|ber|zie|hen
Vor|ü|bung
Vor|un|ter|su|chung
Vor|ur|teil
vor|ur|teils|frei; vor|ur|teils|los; Vor|ur|teils|lo|sig|keit, die; -
Vor|vä|ter *Plur.* (geh.); zur Zeit unserer Vorväter
vor|ver|gan|gen; Vor|ver|gan|gen|heit, die; - (Plusquamperfekt)
Vor|ver|hand|lung *meist Plur.*
Vor|ver|kauf, der; -[e]s; **Vor|ver|kaufs|stel|le**
vor|ver|le|gen; Vor|ver|le|gung
vor|ver|öf|fent|li|chen; Vor|ver|öf|fent|li|chung
Vor|ver|stär|ker *(Elektrot.)*
Vor|ver|trag
vor|ver|ur|tei|len; Vor|ver|ur|tei|lung
vor|vor|ges|tern [*alte Trennung* ...|st...]
vor|vo|rig (vorletzt)
vor|vor|letzt; auf der vorvorletzten Seite
vor|wa|gen, sich
Vor|wahl; vor|wäh|len
Vor|wahl|num|mer, Vor|wähl|num|mer
vor|wal|ten *(veraltend)*; unter den vorwaltenden Umständen
Vor|wand, der; -[e]s, ...wände
vor|wär|men; Vor|wär|mer
vor|war|nen; Vor|war|nung
vor|wärts; vor- und rückwärts ↑K 31; die Kinder lernen vorwärts gehen; mit dem Projekt muss es vorwärts gehen [*alte Schreibung* vorwärtsgehen]; bei starkem Wind kaum vorwärts kommen; ihre Karriere ist vorwärts gekommen [*alte Schreibung* vorwärtsgekommen] usw.; eine vorwärts weisende [*alte Schreibung* vorwärtsweisende] Entwicklung
Vor|wärts|gang, der
vor|wärts ge|hen, vor|wärts kom|men [*alte Schreibungen* vorwärts|ge|hen, vor|wärts|kom|men] *vgl.* vorwärts
Vor|wärts|ver|tei|di|gung (offensiv geführte Verteidigung)

vor|wärts wei|send [*alte Schreibung* vor|wärts|wei|send] *vgl.* vorwärts
Vor|wä|sche; vor|wa|schen; Vor|wasch|gang
vor|weg
Vor|weg; *nur in der Fügung* im Vorweg[e] (vorsorglich)
Vor|weg|nah|me, die; -; **vor|weg|neh|men;** ich nehme vorweg; vorweggenommen; vorwegzunehmen
vor|weg|sa|gen; vor|weg|schi|cken [*alte Trennung* ...k|k...]
Vor|weg|wei|ser *(Verkehrsw.)*
Vor|we|he ‹*zu* [1]Wehe›
vor|weih|nacht|lich; Vor|weih|nachts|zeit, die; -
Vor|weis, der; -es, -e *(veraltet)*
vor|wei|sen; Vor|wei|sung
Vor|welt, die; -; **vor|welt|lich**
vor|werf|bar *(Amtsspr.)*
vor|wer|fen
Vor|werk
vor|wie|gen; vor|wie|gend
Vor|win|ter
Vor|wis|sen; vor|wis|sen|schaft|lich
Vor|witz (Neugierde; vorlaute Art); *vgl.* Fürwitz; **vor|wit|zig**
Vor|wo|che; vor|wö|chig
vor|wöl|ben; Vor|wöl|bung
[1]**Vor|wort,** das; -[e]s, -e (Vorrede in einem Buch)
[2]**Vor|wort,** das; -[e]s, ...wörter (*österr. für* Verhältniswort)
Vor|wurf; vor|wurfs|frei; vor|wurfs|voll
vor|zäh|len
vor|zau|bern
Vor|zei|chen
vor|zeich|nen; Vor|zeich|nung
vor|zeig|bar
Vor|zei|ge|frau
vor|zei|gen
Vor|zei|ge|sport|ler *(ugs.)*
Vor|zei|ge|ver|merk
Vor|zeit
vor|zei|ten, *aber* vor langen Zeiten
vor|zei|tig
Vor|zei|tig|keit *(Sprachw.)*
vor|zeit|lich (der Vorzeit angehörend); **Vor|zeit|mensch**
Vor|zen|sur
vor|zie|hen
Vor|zim|mer (*österr. auch für* Hausflur, Diele, Vorraum)
Vor|zim|mer|da|me *(ugs.)*
Vor|zim|mer|wand (*österr. für* Kleiderablage)
Vor|zin|sen *Plur.* (*für* Diskont)
vor|zu (*schweiz. mdal. für* immer wieder)
Vor|zug
vor|züg|lich [*auch* 'fo:ɐ̯...]; **Vor|züg|lich|keit,** die; -
Vor|zugs|ak|tie; Vor|zugs|milch, die; -; **Vor|zugs|preis**
Vor|zugs|schü|ler (*österr. für* Schüler mit sehr guten Noten); **Vor|zugs|stel|lung; vor|zugs|wei|se**
Vor|zu|kunft, die; - (*für* Futurum exaktum)
Voß (dt. Schriftsteller); Voß' Nachdichtungen ↑K 16
Vo|ta (*Plur. von* Votum)
Vo|ten (*Plur. von* Votum)
vo|tie|ren (stimmen für)
Vo|tiv|bild (einem od. einer Heiligen als Dank geweihtes Bild); **Vo|tiv|ga|be; Vo|tiv|ka|pel|le; Vo|tiv|ker|ze; Vo|tiv|kir|che; Vo|tiv|mes|se; Vo|tiv|ta|fel**
Vo|tum, das; -s, *Plur.* ...ten *u.* ...ta (Gelübde; Urteil; Stimme; Entscheid[ung])
Vou|cher ['vautʃɐ], das *od.* der; -s, -[s] ‹engl.› (*Touristik* Gutschein für im Voraus bezahlte Leistungen)
Vou|te ['vu:...], die; -, -n ‹franz.› (*Bauw.* Verstärkungsteil; Hohlkehle zwischen Wand u. Decke)
vox po|pu|li vox Dei ‹lat., »Volkes Stimme [ist] Gottes Stimme«› (die öffentl. Meinung [hat großes Gewicht])
Vo|yeur [voa'jø:ɐ̯], der; -s, -e ‹franz.› (jmd., der als Zuschauer bei sexuellen Betätigungen anderer Befriedigung erfährt)
Vo|yeu|ris|mus; vo|yeu|ris|tisch
VP = Volkspolizei *(in der DDR)*
Vp., VP = Versuchsperson
VPS = Videoprogrammsystem
VR = Volksrepublik
Vra|nitz|ky [f...ki] (österr. Politiker)
Vre|ni [f..., *auch* v...] (w. Vorn.)
Vro|ni [f..., *auch* v...] (w. Vorn.)
v. R. w. = von Rechts wegen
Vs = Voltsekunde
vs. = versus
V. S. O. P. = very special old pale ‹engl., »ganz besonders alt und blass«› (Gütekennzeichen für Cognac od. Weinbrand)
v. s. pl. = verte, si placet! (bitte wenden!)
v. T., p. m., ‰ = vom Tausend; *vgl.* pro mille
v. u. = von unten
vul|gär ‹lat.› (gewöhnlich; gemein; niedrig)
vul|ga|ri|sie|ren; Vul|ga|ri|sie|rung
Vul|ga|ris|mus, der; -, ...men (*bes. Sprachw.* vulgärer Ausdruck)
Vul|ga|ri|tät, die; -, -en
Vul|gär|la|tein (Volkslatein)
Vul|gär|spra|che
Vul|ga|ta, die; - (lat. Bibelübersetzung des hl. Hieronymus)
Vul|gi|va|ga, die; - ‹»Umherschweifende«› (herabsetzender Beiname der Göttin Venus)
vul|go (gemeinhin [so genannt])
[1]**Vul|kan** (röm. Gott des Feuers)
[2]**Vul|kan,** der; -s, -e ‹lat.› (Feuer speiender Berg); **Vul|kan|aus|bruch**
Vul|kan|fi|ber, die; - (lederartiger Kunststoff aus Zellulose)
Vul|ka|ni|sa|ti|on, die; -, -en, Vul|ka|ni|sie|rung (Verarbeitung von Rohkautschuk zu Gummi)
vul|ka|nisch (von Vulkanen herrührend)
Vul|ka|ni|seur [...'zø:ɐ̯], der; -s, -e (Facharbeiter in der Gummiherstellung)
Vul|ka|ni|sier|an|stalt
vul|ka|ni|sie|ren (Rohkautschuk zu Gummi verarbeiten); **Vul|ka|ni|sie|rung** *vgl.* Vulkanisation
Vul|ka|nis|mus, der; - (Gesamtheit der vulkan. Erscheinungen)
Vul|va, die; -, Vulven ‹lat.› (*Med.* die äußeren weibl. Geschlechtsorgane)
v. u. Z. = vor unserer Zeitrechnung
v. v. = vice versa
VVN = Vereinigung der Verfolgten des Naziregimes
VW®, der; -[s], -[s] (*kurz für* Volkswagen)
VWD = Vereinigte Wirtschaftsdienste
VW-Fah|rer ↑K 28 (*vgl.* VW)

W*w*

W (Buchstabe); das W; des W, die W, *aber* das w in Löwe; der Buchstabe W, w
W = Watt; Werst; West[en]; *chem. Zeichen für* Wolfram
Waadt [va(:)t], die; - (schweiz. Kanton)

Waadt|land, das; -[e]s (*svw.* Waadt); **Waadt|län|der; waadt|län|disch**

[1]**Waag,** die; - (*bayr. für* Flut, Wasser)

[2]**Waag,** die; - (linker Nebenfluss der Donau in der Slowakei)

Waa|ge, die; -, -n

Waa|ge|amt; Waa|ge|bal|ken; Waa|ge|geld; Waa|ge|meis|ter [*alte Trennung* ...|st...]

Waa|gen|fa|b|rik

waa|ge|recht, waag|recht; **Waa|ge|rech|te,** Waag|rech|te, die; -n, -n; vier Waagerechte[n]

waag|recht usw. *vgl.* waagerecht usw.

Waag|scha|le

Waal, die; - (Mündungsarm des Rheins)

wab|be|lig, wabb|lig (*ugs. für* gallertartig wackelnd; unangenehm weich)

wab|beln (*ugs. für* hin u. her wackeln); ich wabb[e]le

wabb|lig *vgl.* wabbelig

Wa|be, die; -, -n; **Wa|ben|ho|nig**

Wa|ber|lo|he (*altnord. Dichtung* loderndes Feuer)

wa|bern (*landsch. für* sich hin u. her bewegen, flackern)

wach; wach sein, bleiben, werden; sich wach halten, *auch* wachhalten; die Erinnerung an etwas wachhalten, *auch* wach halten ↑K56; *vgl. aber* wachrufen, wachrütteln

Wach|ab|lö|sung

Wa|ch|au, die; - (Engtal der Donau zwischen Krems u. Melk)

Wach|ba|tail|lon *(Milit.);* **Wach|boot; Wach|buch; Wach|dienst**

Wa|che, die; -, -n; Wache halten, stehen; ein Wache stehender [*alte Schreibung* wachestehender] Soldat; **Wa|che|be|am|te** (*österr. Amtsspr. für* Polizist)

wa|chen; über jmdn. wachen

Wa|che|ste|hen, das; -s; **Wa|che ste|hend** [*alte Schreibung* wache|ste|hend] *vgl.* Wache

Wach|feu|er

wach|ha|bend; der wachhabende Offizier; **Wach|ha|ben|de,** der *u.* die; -n, -n

wach hal|ten, *auch* **wach|hal|ten** *vgl.* wach

Wach|heit, die; -

Wach|hund

Wach|ler (*südd. für* Gamsbart)

Wach|lo|kal; Wach|mann *Plur.* ...leute *u.* ...männer; **Wach|mann|schaft**

Wa|chol|der, der; -s, - (eine Pflanze; ein Branntwein)

Wa|chol|der|baum; Wa|chol|der|bee|re; Wa|chol|der|dros|sel (ein Singvogel); **Wa|chol|der|schnaps; Wa|chol|der|strauch**

Wach|pos|ten, *auch* Wacht|posten [*alte Trennung* ...|st...]

wach|ru|fen ↑K47 (hervorrufen; wecken); das hat ihren Ehrgeiz wachgerufen

wach|rüt|teln ↑K47 (aufrütteln; *auch für* wecken); diese Nachricht hat ihn wachgerüttelt; wir haben sie wachgerüttelt

Wachs, das; -es, -e; **Wachs|ab|guss** [*alte Schreibung* ...ab|guß]

wach|sam; Wach|sam|keit, die; -

Wachs|bild; wachs|bleich

Wachs|blu|me; Wachs|boh|ne

Wach|schiff

wach|seln (*österr. für* [Skier] wachsen); ich wachs[e]le

[1]**wach|sen** (größer werden); du wächst, er wächst; du wuchsest, er wuchs; du wüchsest; gewachsen; wachs[e]!

[2]**wach|sen** (mit Wachs glätten); du wachst, er wachst; du wachstest; gewachst; wachs[e]!

wäch|sern (aus Wachs); **Wachs|far|be**

Wachs|fi|gur; Wachs|fi|gu|ren|ka|bi|nett

Wachs|ker|ze; Wachs|lein|wand (*österr. für* Wachstuch); **Wachs|licht** *Plur.* ...lichter

Wachs|ma|le|rei; Wachs|mal|krei|de; Wachs|mal|stift

Wachs|mo|dell; Wachs|pa|pier; Wachs|plat|te; Wachs|stock *Plur.* ...stöcke; **Wachs|ta|fel**

Wach|sta|ti|on (im Krankenhaus); **Wach|stu|be**

Wachs|tuch

Wachs|tum, das; -s

wachs|tums|för|dernd; wachs|tums|hem|mend

Wachs|tums|hor|mon; Wachs|tums|ra|te *(Wirtsch.);* **Wachs|tums|stö|rung**

wachs|weich

Wachs|zel|le; Wachs|zie|her

Wacht, die; -, -en (*geh. für* Wache); Wacht halten

Wäch|te *alte Schreibung für* Wechte

Wach|tel, die; -, -n (ein Vogel) **Wach|tel|ei; Wach|tel|hund; Wach|tel|kö|nig** (ein Vogel); **Wach|tel|ruf; Wach|tel|schlag**

Wäch|ter

Wäch|ter|lied; Wäch|ter|ruf

Wacht|meis|ter [*alte Trennung* ...|st...]; **Wacht|pa|ra|de; Wacht|pos|ten** *vgl.* Wachposten

Wach|traum

Wacht|turm, *häufiger* **Wach|turm**

Wach- und Schließ|ge|sell|schaft ↑K31; **Wach|zim|mer** (*österr. für* Polizeibüro)

Wach|zu|stand

Wa|cke [*alte Trennung* ...k|k...], die; -, -n (*veraltet, noch landsch. für* Gesteinsbrocken)

Wa|cke|lei [*alte Trennung* ...k|k...], die; -

wa|cke|lig [*alte Trennung* ...k|k...], wack|lig

Wa|ckel|kon|takt [*alte Trennung* ...k|k...]

wa|ckeln [*alte Trennung* ...k|k...]; ich wack[e]le

Wa|ckel|pe|ter [*alte Trennung* ...k|k...] (Wackelpudding) **Wa|ckel|pud|ding** *(ugs.)*

wa|cker [*alte Trennung* ...k|k...] (*veraltend für* redlich; tapfer)

Wa|cker|stein [*alte Trennung* ...k|k...] (*südd. für* Wacke)

wack|lig *vgl.* wackelig

Wad, das; -s ‹engl.› (ein Mineral)

Wa|dai (afrik. Landschaft)

Wad|di|ke, die; - (*nordd. für* Molke, Käsewasser)

Wa|de, die; -, -n

Wa|den|bein; Wa|den|bei|ßer *(ugs.);* **Wa|den|krampf; wa|den|lang; Wa|den|wi|ckel** [*alte Trennung* ...k|k...]

Wa|di, das; -s, -s ‹arab.› (wasserloses Flusstal in Nordafrika u. im Vorderen Orient)

Wa|di-Qum|ran *vgl.* Kumran

Wäd|li, das; -s, - (*schweiz. für* Eisbein)

Wad|schin|ken (*ostösterr. für* Rindfleisch vom unteren Teil der Keule)

Wa|fer ['ve:...], der; -s, -[s] ‹engl.› (dünne Scheibe aus Halbleitermaterial für die Herstellung von Mikrochips)

Waf|fe, die; -, -n; atomare, biologische, chemische Waffen

Waf|fel, die; -, -n ‹niederl.› (ein Gebäck); **Waf|fel|ei|sen**

Waf|fen|ar|se|nal; Waf|fen|be|sitz; Waf|fen|be|sitz|kar|te *(Amtsspr.)*

Waf|fen|bru|der; Waf|fen|brü|der|schaft

Waf|fen|em|bar|go

waf|fen|fä|hig *(veraltend)*

Waf|fen|gang, der *(veraltend);* **Waf|fen|gat|tung; Waf|fen|ge|walt,** die; -

W

Waf|fen|han|del (*vgl.* [1]Handel); **Waf|fen|händ|ler**
Waf|fen|kun|de, die; -; **Waf|fen|la|ger; Waf|fen|lie|fe|rung**
waf|fen|los
Waf|fen|pass [*alte Schreibung* ...paß] (*österr. für* Waffenschein)
Waf|fen|platz (*schweiz. für* Truppenausbildungsplatz); **Waf|fen|ru|he; Waf|fen|schein**
Waf|fen|schmied; Waf|fen|schmie|de
waf|fen|star|rend
Waf|fen|still|stand; Waf|fen|still|stands|ab|kom|men; Waf|fen|still|stands|li|nie
Waf|fen|sys|tem [*alte Trennung* ...|st...]; **Waf|fen|tanz** *(Völkerk.);* **Waf|fen|tech|nik**
waff|nen *(veraltet);* sich waffnen
Wa|ga|du|gu *vgl.* Ouagadougou
wäg|bar; Wäg|bar|keit
Wa|ge|hals *(veraltend);* **wa|ge|hal|sig** usw. *vgl.* waghalsig usw.
Wä|gel|chen (kleiner Wagen)
Wa|ge|mut; wa|ge|mu|tig
wa|gen; du wagtest; gewagt; sich wagen
wä|gen (*fachspr., sonst veraltet für* das Gewicht bestimmen; *geh. für* prüfend bedenken); du wägst; du wogst; du wögest; gewogen; wäg[e]!; *selten schwache Beugung* du wägtest; gewägt; *vgl.* [2]wiegen
Wa|gen, der; -s, *Plur.* -, *südd. auch* Wägen
Wa|gen|bau|er, der; -s, -; **Wa|gen|burg; Wa|gen|dach; Wa|gen|füh|rer; Wa|gen|he|ber**
Wa|gen|ko|lon|ne; Wa|gen|la|dung; Wa|gen|pa|pie|re *Plur.*
Wa|gen|park; Wa|gen|pla|ne; Wa|gen|rad; Wa|gen|ren|nen; Wa|gen|schlag *(veraltend)*
Wa|gen|schmie|re; Wa|gen|tür; Wa|gen|typ; Wa|gen|wä|sche
Wa|ge|stück *(geh.)*
Wag|gerl (österr. Erzähler)
Wag|gon [...'gõ:, *österr.* ...'go:n], *auch* **Wa|gon,** der; -s, *Plur.* -s, *österr. auch* -e ⟨engl.⟩ ([Eisenbahn]wagen); **wag|gon|wei|se,** *auch* **wa|gon|wei|se**
wag|hal|sig, wa|ge|hal|sig; **Wag|hal|sig|keit,** Wa|ge|hal|sig|keit
[1]**Wag|ner,** der; -s, - (*südd., österr. u. schweiz. für* Wagenbauer)
[2]**Wag|ner** (dt. Komponist)
Wag|ne|ri|a|ner (Anhänger Wagners); **Wag|ne|ri|a|ne|rin**
Wag|ner|o|per, *auch* **Wag|ner-O|per**
Wag|nis, das; -ses, -se
Wa|gon *vgl.* Waggon; **wa|gon|wei|se** *vgl.* waggonweise
Wä|gung
Wä|he, die; -, -n (*südwestd., schweiz. regional für* flacher Kuchen mit süßem od. salzigem Belag)
Wah|ha|bit, der; -en, -en ⟨arab.⟩ (Angehöriger einer Reformsekte des Islams)
Wahl, die; -, -en
Wahl|a|bend; Wahl|al|ter; Wahl|an|zei|ge; Wahl|auf|ruf; Wahl|aus|gang; Wahl|aus|schuss [*alte Schreibung* ...aus|schuß]
wähl|bar; Wähl|bar|keit, die; -
Wahl|be|ein|flus|sung; Wahl|be|nach|rich|ti|gung
wahl|be|rech|tigt; Wahl|be|rech|tig|te; Wahl|be|rech|ti|gung
Wahl|be|tei|li|gung; Wahl|be|zirk
Wahl|el|tern *Plur.* (*österr. neben* Adoptiveltern)
wäh|len; Wäh|ler; Wäh|ler|auf|trag
Wahl|er|folg; Wahl|er|geb|nis
Wäh|le|rin; Wäh|ler|i|ni|ti|a|ti|ve
wäh|le|risch
Wäh|ler|lis|te [*alte Trennung* ...|st...]; **Wäh|ler|schaft; Wäh|ler|stim|me; Wäh|ler|ver|zeich|nis; Wäh|ler|wil|le**
Wahl|fach
wahl|frei; Wahl|frei|heit, die; -
Wahl|gang; Wahl|ge|heim|nis, das; -ses; **Wahl|ge|schenk; Wahl|ge|setz**
Wahl|hei|mat
Wahl|hel|fer; Wahl|hel|fe|rin
wäh|lig (*nordd. für* munter)
Wahl|jahr; Wahl|ka|bi|ne; Wahl|kampf
Wahl|kind (*österr. neben* Adoptivkind)
Wahl|kreis; Wahl|lei|ter, der; **Wahl|lis|te** [*alte Trennung* ...|st...]; **Wahl|lo|kal**
wahl|los
Wahl|lü|ge; Wahl|mann *Plur.* ...männer; **Wahl|mo|dus**
Wahl|mög|lich|keit
Wahl|nacht; Wahl|nie|der|la|ge; Wahl|pa|ro|le; Wahl|par|ty
Wahl|pe|ri|o|de; Wahl|pflicht, die; -; **Wahl|pla|kat; Wahl|pro|gramm; Wahl|pro|pa|gan|da**
Wahl|recht, das; -[e]s; **Wahl|re|de**
Wähl|schei|be (am Telefon)
Wahl|schein; Wahl|sieg; Wahl|spren|gel (*österr. für* Wahlbezirk)
Wahl|spruch
Wahl|statt (Ort in Schlesien); Fürst von Wahlstatt (Blücher)
Wahl|sys|tem [*alte Trennung* ...|st...]; **Wahl|tag**
Wähl|ton (beim Telefon); *vgl.* [2]Ton
Wahl|ur|ne; Wahl|ver|samm|lung; Wahl|ver|spre|chen
Wahl|ver|tei|di|ger *(Rechtsw.)*
wahl|ver|wandt; Wahl|ver|wandt|schaft
wahl|wei|se
Wahl|wer|ber (*österr. für* Wahlkandidat)
Wahl|wie|der|ho|lung (beim Telefon)
Wahl|zu|ckerl [*alte Trennung* ..k-k...] (*österr. ugs. für* polit. Zugeständnis vor einer Wahl)
Wahn, der; -[e]s; **Wahn|bild**
wäh|nen
Wahn|fried (Wagners Haus in Bayreuth)
Wahn|i|dee; Wahn|kan|te (schiefe Kante am Bauholz)
wahn|schaf|fen (*nordd. für* hässlich, missgestaltet)
Wahn|sinn, der; -[e]s
wahn|sin|nig; Wahn|sin|ni|ge, der *u.* die; -n, -n; **Wahn|sin|nig|wer|den,** das; -s; *in* das ist zum Wahnsinnigwerden
Wahn|sinns|ar|beit *(ugs.);* **Wahn|sinns|hit|ze** *(ugs.);* **Wahn|sinns|tat**
Wahn|vor|stel|lung
Wahn|witz, der; -es; **wahn|wit|zig**
wahr; nicht wahr?; sein wahres Gesicht zeigen; wahr sein, bleiben, werden; etwas für wahr halten; seine Drohungen wahr machen; *vgl.* wahrhaben, wahrnehmen, wahrsagen
wah|ren; den Anschein wahren
wäh|ren (*geh. für* dauern)
wäh|rend *s. Kasten S. 1056*
wäh|rend|dem; wäh|rend|des, wäh|rend|des|sen (unterdessen); sie hatte währenddessen geschlafen (*vgl.* während)
wahr|ha|ben; sie will es nicht wahrhaben
wahr|haft (wirklich)
wahr|haf|tig; Wahr|haf|tig|keit, die; -
Wahr|heit; Wahr|heits|be|weis; Wahr|heits|fin|dung; Wahr|heits|ge|halt, der; -[e]s
wahr|heits|ge|mäß; wahr|heits|ge|treu
Wahr|heits|lie|be, die; -; **wahr|heits|lie|bend**
Wahr|heits|sinn, der; -[e]s; **Wahr|heits|su|cher**

wäh|rend	
Konjunktion: – sie las, während er Radio hörte – während die einen sich freuten, waren die anderen enttäuscht *Präposition mit Genitiv:* – während des Krieges – der Zeitraum, während dessen das geschah (*vgl. aber* währenddessen) – die Tage, während deren sie verreist waren *Ugs. auch mit Dativ:* – während dem Schießen	*Standardsprachlich mit Dativ, wenn der Genitiv im Plural nicht erkennbar ist:* – während fünf Jahren, während elf Monaten, – *aber* während zweier, dreier Jahre *Standardsprachlich auch mit Dativ, wenn ein Genitivattribut zwischen »während« und das davon abhängende Substantiv tritt:* – während meines Freundes letztem Vortrag

wahr|heits|wid|rig
wahr|lich (*veraltend für* wirklich)
wahr|nehm|bar; Wahr|nehm|bar|keit, die -
wahr|neh|men ↑K47; ich nehme wahr; wahrgenommen; wahrzunehmen
Wahr|neh|mung; Wahr|neh|mungs|ver|mö|gen, das; -s
Wahr|sa|ge|kunst, die; -
wahr|sa|gen ↑K47 (prophezeien); du sagtest wahr *od.* du wahrsagtest; sie hat wahrgesagt *od.* gewahrsagt
Wahr|sa|ger; Wahr|sa|ge|rei; Wahr|sa|ge|rin; wahr|sa|ge|risch; Wahr|sa|gung
währ|schaft (*schweiz. für* dauerhaft, echt)
Wahr|schau, die; - (*Seemannsspr.* Warnung); Wahrschau! (Vorsicht!); **wahr|schau|en** ↑K47 (warnen); ich wahrschaue; gewahrschaut; **Wahr|schau|er**
wahr|schein|lich [*auch* 'va:ɐ̯...]; **Wahr|schein|lich|keit**
Wahr|schein|lich|keits|grad; Wahr|schein|lich|keits|rech|nung, die; -; **Wahr|schein|lich|keits|the|o|rie,** die; -
Wah|rung, die; - (Aufrechterhaltung, Bewahrung)
Wäh|rung (gesetzl. Zahlungsmittel); **Wäh|rungs|aus|gleich; Wäh|rungs|aus|gleichs|fonds**
Wäh|rungs|block *vgl.* Block
Wäh|rungs|ein|heit; Wäh|rungs|kri|se; Wäh|rungs|kurs
Wäh|rungs|po|li|tik, die; -; **Wäh|rungs|re|form; Wäh|rungs|re|ser|ve** *meist Plur.*
Wäh|rungs|sys|tem [*alte Trennung* ...**|st...**]; Europäisches Währungssystem ↑K88 (*Abk.* EWS)
Wäh|rungs|u|ni|on; Währungs-, Wirtschafts- und Sozialunion ↑K31
Wahr|zei|chen
Waib|lin|gen (Stadt nordöstl. von Stuttgart); **Waib|lin|ger,** der; -s, - (Beiname der Hohenstaufen)
Waid, der; -[e]s, -e (eine [Färber]pflanze; blauer Farbstoff)
waid..., Waid... *in der Bedeutung* »Jagd« *vgl.* weid..., Weid...
Wai|se, die; -, -n; **Wai|sen|geld; Wai|sen|haus** *(früher);* **Wai|sen|kind**
Wai|sen|kna|be; gegen jmdn. der reinste Waisenknabe sein *(ugs.)*
Wai|sen|ren|te
Wa|ke, die; -, -n (*nordd. für* Öffnung in der Eisdecke)
Wal, der; -[e]s, -e (ein Meeressäugetier)
Wa|la, die; -, Walen (altnord. Weissagerin)
Wa|la|che, der; -n, -n (Bewohner der Walachei)
Wa|la|chei, die; - (rumän. Landschaft); ↑K140: die Große Walachei, die Kleine Walachei
Wa|la|chin; wa|la|chisch
Wal|burg, Wal|bur|ga (w. Vorn.)
[1]**Wal|chen|see** (Ort am gleichnamigen See)
[2]**Wal|chen|see,** der; -s (See in den bayer. Voralpen)
Wald, der; -[e]s, Wälder
Wald|a|mei|se; Wald|ar|bei|ter; Wald|brand; Wäld|chen
Wal|deck (Gebiet des ehem. dt. Fürstentums Waldeck in Hessen; Landkreis in Hessen; Stadt am Edersee); **Wal|de|cker** [*alte Trennung* ...k|k...]; **Wal|de|cke|rin; wal|de|ckisch**
Wald|ein|sam|keit *(geh.)*
Wal|de|mar (m. Vorn.)
Wal|den|ser ‹nach dem Lyoner Kaufmann Petrus Waldes› (Angehöriger einer relig. Bewegung, die um 1175 in Lyon von Waldes begründet wurde)
Wald|erd|bee|re
Wal|des|dun|kel *(geh.);* **Wal|des|rand** (*geh. für* Waldrand); **Wal|des|rau|schen,** das; -s; *(geh.)*
Wald|farn; Wald|fre|vel; Wald|geist *Plur.* ...geister; **Wald|horn** *Plur.* ...hörner; **Wald|hu|fen|dorf** *vgl.* Hufe; **Wald|hü|ter**
wal|dig
Wald|kauz; Wald|lauf; Wald|läu|fer; Wald|lehr|pfad; Wald|lich|tung
Wald|meis|ter [*alte Trennung* ...**|st...**], der; -s (eine Pflanze); **Wald|meis|ter|bow|le**
Wal|do (m. Vorn.)
Wald|ohr|eu|le
Wal|dorf|sa|lat *(Gastron.)*
Wal|dorf|schu|le (Privatschule, in der nach den Prinzipien anthroposophischer Pädagogik unterrichtet wird)
Wald|rand; Wald|re|be (eine Pflanze); **wald|reich**
Wald|schrat, Wald|schratt (Waldgeist)
Wald|spa|zier|gang
Wald|städ|te *Plur.* (vier Städte am Rhein: Rheinfelden, Säckingen, Laufenburg u. Waldshut)
Wald|statt, die; -, ...stätte *meist Plur.* (einer der Kantone am Vierwaldstätter See [Uri, Schwyz, Unterwalden, Luzern]; die Waldstatt Uri
Wald|ster|ben, das; -s
Wald|tau|be
Wal|dung
Wald|vier|tel, das; -s (eine niederösterr. Landschaft)
Wald|vö|ge|lein (eine Orchidee)
wald|wärts; Wald|weg
Wa|len|see, der; -s (in der Schweiz)
Wales [weɪlz] (Halbinsel im Westen der Insel Großbritannien)
Wal|fang; die Walfang treibenden [*alte Schreibung* walfangtreibenden] Nationen; **Wal|fän|ger**
Wal|fang|flot|te; Wal|fang|schiff
Wal|fang trei|bend [*alte Schrei-*

bung wall|fang|trei|bend] *vgl.* Walfang
Wal|fisch *vgl.* Wal
Wä|ger|holz *(landsch.)*; **wä|gern** (*landsch. für* [Teig] glatt rollen); ich wälgere
Wal|hall [*auch* ...'hal], das; -s ⟨altnord.⟩ (*vgl.* Walhalla)
[1]**Wal|hal|la,** das; -[s] *u.* die; - (*nord. Mythol.* Halle Odins, Aufenthalt der im Kampf Gefallenen)
[2]**Wal|hal|la,** die; - (Ruhmeshalle bei Regensburg)
Wa|li|ser (Bewohner von Wales); **Wa|li|se|rin; wa|li|sisch**
Wal|ke, die; -, -n (Verfilzmaschine; Vorgang des Verfilzens); **wal|ken** (*Textiltechnik* verfilzen; *ugs. für* kneten; prügeln); **Wal|ker**
Wal|kie-Tal|kie ['wɔ:kɪ'tɔ:kɪ; *alte Schreibung* Wal|kie-tal|kie] das; -[s], -s ⟨engl.⟩ (tragbares Funksprechgerät)
Wal|king ['wɔ:kiŋ], das; -[s] ⟨engl.⟩ (intensives Gehen [als sportl. Betätigung])
Walk|man® ['wɔ:kmən], der; -s, -s u. ...men [...mən] (kleiner Kassettenrekorder mit Kopfhörern)
Walk|müh|le *(früher)*
Wal|kü|re [*auch* 'va...], die; -, -n ⟨altnord.⟩ (*nord. Mythol.* eine der Botinnen Odins, die die Gefallenen nach Walhall geleiten)
[1]**Wall,** der; -[e]s, *Plur.* - *u.* -e (altes Stückmaß [bes. für Fische]; 80 Stück); 2 Wall
[2]**Wall,** der; -[e]s, Wälle ⟨lat.⟩ (Erdaufschüttung, Mauerwerk usw.)
Wal|la|by ['vɔləbi], das; -s, -s ⟨engl.⟩ (eine Känguruart)
Wal|lace ['vɔləs], Edgar (engl. Schriftsteller)
Wal|lach, der; -[e]s, -e (kastrierter Hengst)
[1]**wal|len** (sprudeln, bewegt fließen; sich [wogend] bewegen)
[2]**wal|len** (*veraltet für* pilgern)
wäl|len (*landsch. für* wallen lassen); gewällte Kartoffeln
Wal|len|stein (Heerführer im Dreißigjährigen Krieg)
[1]**Wal|ler** *vgl.* [1]Wels
[2]**Wal|ler** (*veraltet für* Wallfahrer)
wall|fah|ren; du wallfahrst; du wallfahrtest; gewallfahrt; zu wallfahren; *vgl.* wallfahrten
Wall|fah|rer; Wall|fah|re|rin
Wall|fahrt; wall|fahr|ten (*veraltend für* wallfahren); ich wallfahrtete; gewallfahrtet; zu wallfahrten
Wall|fahrts|kir|che; Wall|fahrts|ort
Wall|gra|ben
Wall|holz (*schweiz. für* Nudelholz)
Wal|li (w. Vorn.)
Wal|lis, das; - (schweiz. Kanton)
Wal|li|ser; Wal|li|ser Al|pen *Plur.*; **wal|li|se|risch**
Wal|lo|ne, der; -n, -n (Nachkomme romanisierter Kelten in Belgien u. Nordfrankreich); **Wal|lo|nie, Wal|lo|ni|en; Wal|lo|nin**
wal|lo|nisch; wallonische Sprache; **Wal|lo|nisch,** das; -[s] (Sprache); *vgl.* Deutsch; **Wal|lo|ni|sche,** das; -n; *vgl.* Deutsche, das
Wall|street ['wɔ:lstri:t], die; - *u.* **Wall Street,** die; - - ⟨amerik.⟩ (Geschäftsstraße in New York [Bankzentrum]; *übertr. für* Geld- u. Kapitalmarkt der USA)
Wal|lung
Wal|ly [...li] (w. Vorn.)
Walm, der; -[e]s, -e (dreieckige Dachfläche); **Walm|dach**
Wal|nuss [*alte Schreibung* ...nuß]; **Wal|nuss|baum**
Wal|lo|ne, die; -, -n ⟨ital.⟩ (*Bot.* Gerbstoff enthaltender Fruchtbecher der Eiche)
Wal|per|tin|ger *vgl.* Wolpertinger
Wal|platz ['va(:)...] (*veraltet für* Kampfplatz)
Wal|pur|ga, Wal|pur|gis (w. Vorn.)
Wal|pur|gis|nacht
Wal|rat, der *od.* das; -[e]s ([aus dem Kopf von Pottwalen gewonnene] fettartige Masse); **Wal|rat|öl,** das; -[e]s
Wal|ross [*alte Schreibung* ...roß], das; ...rosses, ...rosse
[1]**Wal|ser,** Martin (dt. Schriftsteller)
[2]**Wal|ser,** Robert (schweiz. Lyriker u. Erzähler)
Wal|ser|tal, das; -[e]s ⟨nach den im 13. Jh. eingewanderten Walisern⟩ (Tal in Vorarlberg); ↑K 140: das Große Walsertal; das Kleine Walsertal
Wal|statt ['va(:)...], die; -, ...stätten (*veraltet für* Kampfplatz; Schlachtfeld)
wal|ten *(geh.)*; Gnade walten lassen; ↑K 82: das Walten der Naturgesetze
Wal|ter, *auch* Wal|ther (m. Vorn.)
Wal|tha|ri|lied [*auch* ...'ta:...], das; -[e]s; ↑K 136 (ein Heldenepos)
Wal|ther *vgl.* Walter
Wal|ther von der Vo|gel|wei|de (dt. Dichter des MA.)
Wal|traud, Wal|traut, Wal|trud (w. Vorn.)
Walt|run (w. Vorn.)
Wal|va|ter ['va(:)...] (*Bez. für* Odin)
Walz|blech; Wal|ze, die; -, -n (*veraltet auch für* Wanderschaft eines Handwerksburschen); **walzen;** du walzt
wäl|zen; du wälzt; sich wälzen
Wal|zen|bruch, der; -[e]s, ...brüche; **wal|zen|för|mig**
Wal|zen|müh|le; Wal|zen|spin|ne; Wal|zen|stra|ße *vgl.* Walzstraße
Wal|zer; Walzer tanzen; sie schwebten Walzer tanzend durch den Raum
Wäl|zer (*ugs. für* dickes Buch)
Wal|zer|mu|sik; Wal|zer|takt *vgl.* [1]Takt; **Wal|zer|tän|zer**
wal|zig (walzenförmig)
Wälz|la|ger; Wälz|sprung (*für* Straddle)
Walz|stahl; Walz|stra|ße, Wal|zen|stra|ße
Walz|werk; Walz|werk|er|zeug|nis
Wam|me, die; -, -n (vom Hals herabhängende Hautfalte [des Rindes])
Wam|pe, die; -, -n (*svw.* Wamme; *ugs. auch für* dicker Bauch); **wam|pert** (*österr. ugs. für* dickbäuchig)
Wam|pum [*auch* ...'pʊm], der; -s, -e ⟨indian.⟩ (bei nordamerik. Indianern Gürtel aus Muscheln u. Schnecken, als Zahlungsmittel u. Ä. dienend)
Wams, das; -es, Wämser (*früher, aber noch landsch. für* Jacke); **Wäms|chen**
wam|sen (*landsch. für* verprügeln); du wamst
Wand, die; -, Wände
Wan|da (w. Vorn.)
Wan|da|le, Van|da|le, der; -n, -n (Angehöriger eines germ. Volksstammes; *übertr. für* zerstörungswütiger Mensch); **wan|da|lisch,** van|da|lisch (*auch für* zerstörungswütig); **Wan|da|lis|mus,** Van|da|lis|mus, der; -
Wand|be|hang; Wand|be|spannung; Wand|bord (*vgl.* [1]Bord); **Wand|brett**
Wan|del, der; -s; **Wan|del|an|lei|he** *(Bankw.)*
wan|del|bar; Wan|del|bar|keit, die; -
Wan|del|gang; Wan|del|hal|le
Wan|del|mo|nat *od.* **...mond** (*alte Bez. für* April)

W

warm

wärmer, wärms|te [*alte Trennung* ...|st...]
– das Zimmer kostet warm (*ugs. für* einschließlich Heizkosten) 300 Mark [Miete]
– auf kalt und warm reagieren

Getrenntschreibung in Verbindung mit Verben:
– den Tee warm halten
– sich einen Geschäftsfreund [besonders] warmhalten, *auch* warm halten (*ugs. für* sich seine Gunst erhalten)
– sich warm laufen, *auch* warmlaufen (beim Sport); den Motor warm laufen, *auch* warmlaufen lassen (auf günstige Betriebstemperatur bringen)
– das Essen warm machen, warm stellen
– sich warm machen
– mit dem neuen Nachbarn [nicht] warm werden ([nicht] vertraut werden)

wan|deln; ich wand[e]le
Wan|del|o|b|li|ga|ti|on *(Bankwesen);* **Wan|del|schuld|ver|schrei|bung** *(Bankw.);* **Wan|del|stern** (*veraltet für* Planet)
Wan|de|lung, Wand|lung
Wan|der|a|mei|se; Wan|der|ar|bei|ter; Wan|der|aus|stel|lung; Wan|der|büh|ne; Wan|der|bur|sche *(früher);* **Wan|der|dü|ne**
Wan|de|rer, Wand|rer
Wan|der|fahrt; Wan|der|fal|ke
Wan|der|ge|sel|le *(früher);* **Wan|der|ge|wer|be** (*für* ambulantes Gewerbe); **Wan|der|heu|schre|cke** [*alte Trennung* ...k|k...]
Wan|de|rin, Wand|re|rin
Wan|der|jahr *meist Plur.;* **Wan|der|kar|te; Wan|der|le|ber; Wan|der|lied; Wan|der|lust,** die; -;
wan|dern; ich wandere; ↑K 82: das Wandern ist des Müllers Lust
Wan|der|nie|re; Wan|der|po|kal; Wan|der|pre|di|ger; Wan|der|preis; Wan|der|rat|te
Wan|der|schaft; Wan|der|schuh; Wan|ders|mann *Plur.* ...leute
Wan|der|stab; Wan|der|tag
Wan|de|rung
Wan|der|vo|gel; Wan|der|weg; Wan|der|zir|kus, *auch* **...cir|cus**
Wand|fach; Wand|ge|mäl|de
...wan|dig (z. B. dünnwandig)
Wand|ka|len|der; Wand|kar|te
Wand|ler *(Technik)*
Wand|lung *vgl.* Wandelung
wand|lungs|fä|hig; Wand|lungs|fä|hig|keit, die; -
Wand|lungs|pro|zess [*alte Schreibung* ...pro|zeß]
Wand|ma|le|rei
Wand|rer *vgl.* Wanderer; **Wand|re|rin** *vgl.* Wanderin
Wands|be|cker[1] [*alte Trennung* ...k|k...] **Bo|te,** der; - -n (ehem. Zeitung)

[1] *In alter Schreibung des Stadtnamens.*

Wands|bek (Stadtteil von Hamburg)
Wand|schirm; Wand|schrank; Wand|spie|gel; Wand|spruch; Wand|ta|fel; Wand|tel|ler; Wand|tep|pich; Wand|uhr
Wan|dung
Wand|ver|klei|dung; Wand|zei|tung
Wa|ne, der; -n, -n *meist Plur.* (*nord. Mythol.* Angehöriger eines Göttergeschlechts)
Wan|ge, die; -, -n
Wan|gen|kno|chen; Wan|gen|mus|kel
Wan|ger|oog, [*auch* 'van...], *früher neben* **Wan|ger|oo|ge** [*auch* 'van...] (Ostfriesische Insel)
Wäng|lein
Wank, der; -[e]s; *nur noch in* keinen Wank tun, machen (*schweiz. für* sich nicht bewegen, keinen Finger rühren)
Wan|kel (dt. Ingenieur u. Erfinder; *als* ® *für* einen Motor); **Wan|kel|mo|tor** ↑K 136
Wan|kel|mut; wan|kel|mü|tig; Wan|kel|mü|tig|keit, die; -
wan|ken; ↑K 82: ins Wanken geraten
wann; dann und wann
Wänn|chen; Wan|ne, die; -, -n
Wan|ne-Ei|ckel; ↑K 144 (Stadt im Ruhrgebiet)
wan|nen; *nur noch in* von wannen (*veraltet für* woher)
Wan|nen|bad
Wann|see, der; -s (in Berlin)
Wanst, der; -es, Wänste (Tierbauch; *ugs. für* dicker Bauch)
Wänst|chen, Wänst|lein
Want, die; -, -en *meist Plur.* (*Seemannsspr.* starkes [Stahl]tau zum Verspannen des Mastes)
Wan|ze, die; -, -n (*auch übertr. für* Abhörgerät)
wan|zen (*volkstüml. für* von Wanzen reinigen); du wanzt
WAP = wireless application protocol ⟨engl.⟩ (Verfahren, mit dem über das Handy Informationen aus dem Internet abgerufen werden können)
WAP-Han|dy
Wa|pi|ti, der; -[s], -s ⟨indian.⟩ (eine nordamerik. Hirschart)
Wap|pen, das; -s, -
Wap|pen|brief; Wap|pen|feld; Wap|pen|kun|de, die; -; **Wap|pen|schild,** der *od.* das; **Wap|pen|spruch; Wap|pen|tier**
wapp|nen *(geh.);* ich wappne mich mit Geduld
Wa|rä|ger, der; -s, - ⟨schwed.⟩ (Wikinger)
Wa|ran, der; -s, -e ⟨arab.⟩ (eine trop. Echse)
War|dein, der; -[e]s, -e ⟨niederl.⟩ (*früher für* [Münz]prüfer); **war|die|ren** (*früher für* [den Wert der Münzen] prüfen)
wä|re (*1. u. 3. Pers. Sing. Konjunktiv II Prät. von* [2]sein); ich/er/sie/es wäre
Wa|re, die; -, -n; **Wa|ren|an|ge|bot; Wa|ren|an|nah|me; Wa|ren|aus|ga|be; Wa|ren|aus|tausch; Wa|ren|be|gleit|schein; Wa|ren|be|stand; Wa|ren|ex|port; Wa|ren|han|del; Wa|ren|haus; Wa|ren|im|port; Wa|ren|korb** *(Statistik)*
Wa|ren|kre|dit; Wa|ren|kre|dit|brief *(Bankw.)*
Wa|ren|kun|de, die; -; **Wa|ren|la|ger; Wa|ren|pro|be; Wa|ren|rück|ver|gü|tung; Wa|ren|sen|dung; Wa|ren|sor|ti|ment; Wa|ren|stem|pel; Wa|ren|test; Wa|ren|um|schlag,** der; -[e]s; **Wa|ren|zei|chen; Wa|ren|zoll**
[1]**Warf,** der *od.* das; -[e]s, -e (*Weberei* Aufzug)
[2]**Warf, Warft,** die; -, -en (Wurt in Nordfriesland)
War|hol ['wɔːhɔl], Andy ['ɛndi] (amerik. Maler u. Grafiker)
War|lord ['wɔːlɔːd], der; -s, -s (militär. Machthaber in bürgerkriegsähnlichen Konflikten)
warm *s. Kasten*

W

Wạrm|bier, das; -[e]s
Wạrm|blut, das; -[e]s; (Pferd einer bestimmten Rasse); **Wạrm|blü|ter; wạrm|blü|tig**
Wạrm|du|scher (*ugs. für* Weichling)
Wạ̈r|me, die; -, -n *Plur. selten*
Wạ̈r|me|aus|tausch *(Technik);* **Wạ̈r|me|be|hand|lung**
wạ̈r|me|däm|mend ↑K59; **Wạ̈r|me|däm|mung**
Wạ̈r|me|deh|nung; Wạ̈r|me|ein|heit; Wạ̈r|me|e|ner|gie; Wạ̈r|me|ge|wit|ter; Wạ̈r|me|grad
wạ̈r|me|hal|tig
wạ̈r|me|i|so|lie|rend; Wạ̈r|me|i|so|lie|rung
Wạ̈r|me|ka|pa|zi|tät; Wạ̈r|me|leh|re, die; -; **Wạ̈r|me|lei|ter,** der; **Wạ̈r|me|leit|zahl; Wạ̈r|me|mes|ser;** der
wạ̈r|men; sich wärmen
Wạ̈r|me|pum|pe; Wạ̈r|me|quel|le; Wạ̈r|me|reg|ler; Wạ̈r|me|schutz, der; -es; **Wạ̈r|me|spei|cher; Wạ̈r|me|strah|len** *Plur.*
Wạ̈r|me|tech|nik, die; -; **wạ̈r|me|tech|nisch**
Wạ̈r|me|ver|lust; Wạ̈r|me|zäh|ler
Wạ̈rm|fla|sche
Wạrm|front *(Meteor.)*
wạrm|hal|ten, *auch* **wạrm hal|ten;** sich jmdn. [besonders] warmhalten, *auch* warm halten (*ugs. für* sich seine Gunst erhalten), *aber nur* das Essen warm halten; *vgl.* warm; **Wạrm|hal|te|plat|te**
Wạrm|haus (beheizbares Gewächshaus)
wạrm|her|zig; Wạrm|her|zig|keit, die; -
wạrm lau|fen, *auch* **wạrm|lau|fen;** sich warm laufen, *auch* sich warmlaufen; den Motor warm laufen, *auch* warmlaufen lassen; *vgl.* warm; **Wạrm|lau|fen,** das; -s
Wạrm-lau|fen-Las|sen, *auch* **Wạrm|lau|fen|las|sen,** das; -s ↑K27
Wạrm|luft, die; -; **Wạrm|luft|hei|zung**
Wạrm|mie|te (Miete mit Heizung)
Warm-up [ˈwɔːɐ̯mǀap], das; -s, -s ⟨engl.⟩ (das Aufwärmen; das Einstimmen von Zuschauern, Zuhörern auf ein Thema)
Wạrm|wạs|ser, das; -s
Warm|wạs|ser|be|rei|ter; Warm|wạs|ser|hei|zung; Warm|wạs|ser|ver|sor|gung
Wạr|na (bulgarische Stadt)

Wạrn|an|la|ge
Wạrn|blink|an|la|ge; Wạrn|blink|leuch|te; Wạrn|drei|eck
Wạrndt, der; -s (Berg- u. Hügelland westl. der Saar)
wạr|nen; Wạr|ner; Wạr|ne|rin
Wạrn|kreuz; Wạrn|leuch|te; Wạrn|licht *Plur.* ...lichter; **Wạrn|ruf; Wạrn|schild,** das
Wạrn|schuss [*alte Schreibung* ...schuß]; **Wạrn|si|g|nal; Wạrn|streik**
Wạr|nung; Wạrn|zei|chen
[1]**Warp,** der *od.* das; -s, -e ⟨engl.⟩ (*Weberei* Kettgarn)
[2]**Warp,** der; -[e]s, -e ⟨niederl.⟩ (*Seemannsspr.* Schleppanker)
Wạrp|an|ker; wạr|pen (durch Schleppanker fortbewegen)
Wạrp|we|ber; *vgl.* [1]Warp
War|rạnt [*auch* ˈvɔrənt], der; -s, -s ⟨engl.⟩ (*Wirtsch.* Lagerschein)
Wạr|schau (Hauptstadt Polens); **Wạr|schau|er**
Wạr|schau|er Pạkt *(früher);* **Wạr|schau|er-Pạkt-Staa|ten** ↑K26
War|sza|wa [...ˈʃa(ː)...] (*poln. Form von* Warschau)
wạrt (*2. Pers. Plur. Indikativ Prät. von* [2]sein); ihr wart
Wạrt|burg, die; -; **Wạrt|burg|fest,** das; -[e]s (1817)
Wạr|te, die; -, -n (Beobachtungsort); von meiner Warte (meinem Standpunkt) aus
Wạr|te|lis|te [*alte Trennung* ...|st...]
wạr|ten; auf sich warten lassen; eine Maschine warten (pflegen); ↑K82: das Warten auf ihn hat ein Ende
Wạ̈r|ter
Wạr|te|raum; War|te|rei *(ugs.)*
Wạ̈r|te|rin
Wạr|te|saal; Wạr|te|schlan|ge; Wạr|te|schlei|fe *(auch übertr.);* **Wạr|te|stand,** der; -[e]s; **Wạr|te|zeit; Wạr|te|zim|mer**
Wạr|the, die; - (rechter Nebenfluss der unteren Oder)
Wạrt|saal (*schweiz. neben* Wartesaal); **Wạrt|turm**
Wạr|tung; wạr|tungs|arm; wạr|tungs|frei; wạr|tungs|freund|lich
Wạr|tungs|kos|ten [*alte Trennung* ...|st...]
wa|rụm; warum nicht?; nach dem Warum fragen ↑K81
Wạ̈rz|chen
Wạr|ze, die; -, -n; **wạr|zen|för|mig; Wạr|zen|hof; Wạr|zen|schwein; wạr|zig**
wạs; was ist los?; sie will wissen, was los ist; was für ein; was für einer; (*ugs. auch für* etwas:) was Neues ↑K72, irgendwas; das ist das Schönste, was ich je erlebt habe; nichts, vieles, allerlei, manches usw., was ..., *aber* das Werkzeug, das ...; das Kind, das sie im Arm hielt
Wa|sa, der; -[s], - (*svw.* Vasa)
wạsch|ak|tiv; waschaktive Substanzen
Wạsch|an|la|ge; Wạsch|an|lei|tung; Wạsch|au|to|mat
wạsch|bar
Wạsch|bär; Wạsch|be|cken [*alte Trennung* ...k|k...]; **Wạsch|ben|zin**
Wạsch|ber|ge *Plur.* (*Bergmannsspr.* Steine, die bei der Aufbereitung der Kohle anfallen); **Wạsch|be|ton**
Wạsch|brett; Wạsch|brett|bauch (muskulöser, athletisch geformter Bauch [bei Männern])
Wạsch|büt|te
Wạ̈|sche, die; -, -n; **Wạ̈|sche|beu|tel**
wạsch|echt; waschechte Farben
Wạ̈|sche|ge|schäft; Wạ̈|sche|klam|mer; Wạ̈|sche|knopf; Wạ̈|sche|korb (*od.* Wasch|korb); **Wạ̈|sche|lei|ne; Wạ̈|sche|man|gel,** die
wạ|schen; du wäschst, sie wäscht; du wụschest; du wụ̈schest; gewaschen; wasch[e]!; sich waschen
Wạ̈|sche|rei; Wạ̈|sche|rin
Wạ̈|sche|schleu|der; Wạ̈|sche|schrank; Wạ̈|sche|spin|ne (zum Wäscheaufhängen); **Wạ̈|sche|stän|der; Wạ̈|sche|trock|ner**
Wạsch|gang, der; **Wạsch|ge|le|gen|heit; Wạsch|haus; Wạsch|kes|sel; Wạsch|korb; Wạsch|kraft** *(Werbespr.);* **Wạsch|kü|che**
Wạsch|lap|pen (*ugs. auch für* Feigling, Schwächling)
Wạsch|lau|ge; Wạsch|le|der; wạsch|le|dern (aus Waschleder)
Wạsch|ma|schi|ne; wạsch|ma|schi|nen|fest
Wạsch|mit|tel; Wạsch|pro|gramm; Wạsch|pul|ver; Wạsch|raum; Wạsch|sa|lon; Wạsch|schüs|sel; Wạsch|sei|de; Wạsch|stra|ße; Wạsch|tisch
Wạ|schung
Wạsch|was|ser; Wạsch|weib (*ugs. für* geschwätzige Person)
Wạsch|zet|tel (Klappentext eines Buches)
Wạsch|zeug, das; -s; **Wạsch|zu|ber; Wạsch|zwang,** der; -[e]s

W

[1]**Wa|sen,** der; -s, - (*svw.* Wrasen)
[2]**Wa|sen,** der; -s, - (*landsch. für* Rasen; *nordd. für* Reisigbündel)
Wa|serl, das; -s, -n (*österr. ugs. für* unbeholfener Mensch)
Was|gau, der; -[e]s (südl. Teil des Pfälzer Walds)
Was|gen|wald, der; -[e]s (*veraltete Bez. für* Vogesen)
wash and wear ['wɔʃ ənd 'weːɐ] ‹engl., »waschen und tragen«› (Kennzeichnung für bügelfreie Textilien)
[1]**Wa|shing|ton** ['wɔʃɪŋtən] (erster Präsident der USA)
[2]**Wa|shing|ton** (Staat in den USA)
[3]**Wa|shing|ton** (Hauptstadt der USA)
Was|ser, das; -s, *Plur.* - *u.* (*für* Mineral-, Spül-, Speise-, Abwasser u. a.:) Wässer; leichtes, schweres Wasser *(Chemie);* zu Wasser und zu Land[e]; eine Wasser abstoßende, Wasser abweisende, *auch* wasserabweisende, wasserabstoßende Imprägnierung, *aber nur* dieses Gewebe ist besonders wasserabweisend, dieser Stoff ist noch wasserabweisender als jener ↑K 58 *u.* 59
was|ser|arm
Was|ser|auf|be|rei|tung; Was|ser|bad; Was|ser|ball (*vgl.* [1]Ball); **Was|ser|bau,** der; -[e]s; **Was|ser|bett; Was|ser|bom|be; Was|ser|büf|fel; Was|ser|burg**
Wäs|ser|chen
Was|ser|dampf; was|ser|dicht
Was|ser|ei|mer; Was|ser|fahr|zeug; Was|ser|fall; Was|ser|far|be
was|ser|fest
Was|ser|flä|che; Was|ser|fla|sche; Was|ser|floh; Was|ser|flug|zeug
was|ser|ge|kühlt ↑K 59
Was|ser|glas *Plur.* ...gläser (Trinkglas; *nur Sing.:* Kalium- od. Natriumsilikat); **Was|ser|glät|te** (*für* Aquaplaning)
Was|ser|gra|ben; Was|ser|hahn; Was|ser|här|te; Was|ser|haus|halt
Was|ser|ho|se (Wasser mitführender Wirbelsturm); **Was|ser|huhn**
wäs|se|rig usw. *vgl.* wässrig usw.
Was|ser|jung|fer (Libelle); **Was|ser|ka|nis|ter** [*alte Trennung* ...|st...]
Was|ser|kes|sel; Was|ser|klo|sett (*Abk.* WC); **Was|ser|kopf** *(ugs.)*
Was|ser|kraft, die; **Was|ser|kraft|werk; Was|ser|kunst**
Was|ser|kup|pe, die; - (Berg in der Rhön)
Was|ser|la|che; Was|ser|lauf; was|ser|le|bend *(Zool.)* ↑K 59
Was|ser|lei|che; Wäs|ser|lein
Was|ser|lei|tung; Was|ser|lin|se
was|ser|lös|lich
Was|ser|man|gel, der; -s; **Was|ser|mann,** der; -[e]s (ein Sternbild)
Was|ser|me|lo|ne; Was|ser|müh|le
was|sern (auf dem Wasser niedergehen); ich wassere *u.* wassre [*alte Schreibung* waßre]
wäs|sern (in Wasser legen; mit Wasser versorgen; Wasser absondern); ich wässere *u.* wässre [*alte Schreibung* wäßre]
Was|ser|ni|xe; Was|ser|not, die; - (*veraltet für* Mangel an Wasser; *vgl. aber* Wassersnot)
Was|ser|o|ber|flä|che; Was|ser|pest, die; - (eine Wasserpflanze); **Was|ser|pfei|fe; Was|ser|pflan|ze; Was|ser|pis|to|le** [*alte Trennung* ...|st...]; **Was|ser|po|li|zei; Was|ser|pum|pe**
Was|ser|qua|li|tät; Was|ser|rad
Was|ser|rat|te (*scherzh. auch für* jmd., der sehr gern schwimmt)
Was|ser|recht, das; -[e]s
was|ser|reich; Was|ser|re|ser|voir; Was|ser|rohr; Was|ser|säu|le *(Physik);* **Was|ser|scha|den; Was|ser|schei|de** *(Geogr.)*
was|ser|scheu; Was|ser|scheu
Was|ser|schi *vgl.* Wasserski; **Was|ser|schlan|ge; Was|ser|schlauch; Was|ser|schloss** [*alte Schreibung* ...schloß]
Was|ser|schutz|ge|biet; Was|ser|schutz|po|li|zei
Was|ser|ski, *auch* Was|ser|schi, der; -[s], *Plur.* -er *od.* -, *als Sportart* das; -[s]
Was|sers|not (*veraltet für* Überschwemmung; *vgl. aber* Wassernot)
Was|ser|spei|er; Was|ser|spie|gel; Was|ser|spiel *meist Plur.*
Was|ser|sport, der; -[e]s; **Was|ser|sport|ler; was|ser|sport|lich**
Was|ser|spü|lung
Was|ser|stand; Was|ser|stands|an|zei|ger; Was|ser|stands|mel|dung; Was|ser|stands|reg|ler
Was|ser|stoff, der; -[e]s (chemisches Element, Gas; *Zeichen* H); **was|ser|stoff|blond**
Was|ser|stoff|bom|be (H-Bombe)
Was|ser|stoff|per|o|xid *auch* **Was|ser|stoff|per|o|xyd,** das; -[e]s
Was|ser|strahl; Was|ser|stra|ße
Was|ser|sucht, die; - (*für* Hydropsie); **was|ser|süch|tig**
Was|ser|tank; Was|ser|tem|pe|ra|tur; Was|ser|tie|fe; Was|ser|trä|ger (*ugs. auch für* jmd., der Hilfsdienste leistet)
Was|ser|tre|ten, das; -s; **Was|ser|trop|fen; Was|ser|turm; Was|ser|uhr**
Was|se|rung ‹*zu* wassern›
Wäs|se|rung
Was|ser|ver|brauch; Was|ser|ver|drän|gung; Was|ser|ver|schmut|zung; Was|ser|vo|gel; Was|ser|waa|ge; Was|ser|weg; Was|ser|wer|fer; Was|ser|werk; Was|ser|zäh|ler; Was|ser|zei|chen
wäss|rig [*alte Schreibung* wäßrig], wäs|se|rig; **Wäss|rig|keit,** Wäs|se|rig|keit
wa|ten; gewatet
Wa|ter|kant, die; - (*scherzh. für* nordd. Küstengebiet)
Wa|ter|loo (Ort in Belgien)
Wa|ter|proof ['wɔːtəpruːf], der; -s, -s ‹engl.› (wasserdichter Stoff; Regenmantel)
Wat|sche [*auch* 'vat...], die; -, -n *u.* Wat|schen, die; -, - (*bayr., österr. ugs. für* Ohrfeige)
wat|sche|lig, watsch|lig [*auch* 'vat...] *(ugs.);* **wat|scheln** [*auch* 'vat...]; ich watsch[e]le
wat|schen [*auch* 'vat...] (*bayr., österr. ugs. für* ohrfeigen); **Wat|schen** [*auch* 'vat...] *vgl.* Watsche
Wat|schen|mann [*auch* 'vat...] (Figur im Wiener Prater; *übertr. für* Zielscheibe der Kritik)
watsch|lig *vgl.* watschelig
[1]**Watt** [vɔt] (Erfinder der verbesserten Dampfmaschine)
[2]**Watt,** das; -s, - (Einheit der physikal. Leistung; *Zeichen* W); 40 Watt
[3]**Watt,** das; -[e]s, -en (seichter Streifen der Nordsee zwischen Küste u. vorgelagerten Inseln)
Wat|te, die; -, -n ‹niederl.›
Wat|teau [...'toː] (franz. Maler)
Wat|te|bausch
Wat|ten, das; -s (*österr.* ein Kartenspiel)
Wat|ten|meer ‹*zu* [3]Watt›
Wat|ten|scheid (Stadt im Ruhrgebiet)
Wat|te|pfrop|fen
wat|tie|ren (mit Watte füttern); **Wat|tie|rung; wat|tig**
Watt|me|ter, das; -s, - (elektr. Messgerät); **Watt|se|kun|de** (Einheit der Energie u. Leistung; *Abk.* Ws)
Watt|wan|de|rung ‹*zu* [3]Watt›
Wat|vo|gel (am Wasser, im Moor o. Ä. lebender Vogel)

Wau, der; -[e]s, -e (Färberpflanze)
wau, wau!; Wau|wau, der; -s, -s (*Kinderspr.* Hund)
WC [ve:ˈtse:] = water closet, das; -[s], -[s] ‹engl.› (Wasserklosett)
WDR = Westdeutscher Rundfunk
Web, das; -[s] ‹engl.› (*kurz für* World Wide Web); **Web|cam** [...kɛm], die; -, -s (*EDV* Kamera, deren Aufnahmen ins Internet eingespeist werden)
We|be, die; -, -n (*österr. für* Gewebe [für Bettzeug])
We|be|lei|ne (*Seemannsspr.* gewebte Sprosse der Wanten)
we|ben; du webtest, *schweiz., sonst geh. u. übertr.* wobst; du webtest, *geh. u. übertr.* wöbest; gewebt, *schweiz., sonst geh. u. übertr.* gewoben; web[e]!
[1]**We|ber,** Carl Maria von (dt. Komponist)
[2]**We|ber; We|be|rei; We|be|rin**
We|ber|kamm; We|ber|knecht (ein Spinnentier); **We|ber|kno|ten**
We|bern, Anton von (österr. Komponist)
We|ber|schiff|chen, Web|schiffchen; **We|ber|vo|gel**
Web|feh|ler; Web|garn; Web|kante; Web|pelz; Web|schiff|chen *vgl.* Weberschiffchen
Web|sei|te, die; -, -n (Bestandteil einer Website); **Web|site** [ˈvɛpsait], die; -, -s (sämtliche hinter einer Adresse stehenden Seiten im World Wide Web); **Webspace** [ˈvɛpspe:s], der; -, -s ‹engl.› (Speicherplatz im Internet)
Web|stuhl; Web|wa|ren *Plur.*
Wech|sel, der; -s, -
Wech|sel|bad; Wech|sel|balg, der [nach früherem Volksglauben] untergeschobenes hässliches Kind
Wech|sel|bank *Plur.* ...banken
Wech|sel|be|zie|hung
wech|sel|be|züg|lich
Wech|sel|bür|ge; Wech|sel|bürgschaft
Wech|sel|fäl|le *Plur.*
Wech|sel|fäl|schung
Wech|sel|fie|ber, das; -s (*für* Malaria)
Wech|sel|geld; Wech|sel|ge|sang
wech|sel|haft; Wech|sel|haf|tigkeit, die; -
Wech|sel|jah|re *Plur.*
Wech|sel|kas|se; Wech|sel|kre|dit; Wech|sel|kurs
wech|seln; ich wechs[e]le; Wäsche zum Wechseln ↑K 82
Wech|sel|rah|men; Wech|sel|re|de
Wech|sel|re|gress [*alte Schreibung* ...re|greß] (*Bankw.*); **Wech|sel|rei|te|rei** (unlautere Wechselausstellung); **Wech|sel|schal|ter**
Wech|sel|schicht; Wech|sel|schritt
wech|sel|sei|tig; Wech|sel|sei|tigkeit, die; -
Wech|sel|steu|er, die
Wech|sel|strom
Wech|sel|stu|be; Wech|sel|sum|me
Wech|sel|lung, Wechs|lung
Wech|sel|ver|kehr, der; -s (*Verkehrsw.*); **wech|sel|voll; Wechsel|wäh|ler**
wech|sel|warm (*Zool.*); **Wech|selwarm|blü|ter** (*Zool.*)
wech|sel|wei|se
Wech|sel|wir|kung
Wechs|ler; Wechs|le|rin
Wechs|lung *vgl.* Wechselung
Wech|te [*alte Schreibung* Wächte], die; -, -n (überhängende Schneemasse; *schweiz. auch für* Schneewehe); **Wechten|bil|dung**
[1]**Weck** (Familienn.; *als* ® *für* Einkochgeräte)
[2]**Weck,** der; -[e]s, -e *u.* We|cke [*alte Trennung* ...k|k...], die; -, -n *u.* We|cken, der; -s, - (*südd., österr. für* Weizenbrötchen; Brot in länglicher Form)
Weck|ap|pa|rat® ↑K 136
Weck|dienst (per Telefon)
We|cke [*alte Trennung* ...k|k...] *vgl.* [2]Weck
we|cken [*alte Trennung* ...k|k...]; [1]**We|cken,** das; -s; Urlaub bis zum Wecken
[2]**We|cken** [*alte Trennung* ...k|k...] *vgl.* [2]Weck
We|cker [*alte Trennung* ...k|k...]
We|ckerl [*alte Trennung* ...k|k...], das; -s, -n (*bayr., österr. für* längliches Weizenbrötchen)
Weck|glas® *Plur.* ...gläser; ↑K 136; *vgl.* [1]Weck
Weck|ruf; Weck|zeit
We|da, der; -[s], *Plur.* ...den *u.* -s ‹sanskr.› (die heiligen Schriften der alten Inder)
We|de|kind (dt. Dramatiker)
We|del, der; -s, -
We|del|kurs (*Skisport*)
we|deln; ich wed[e]le
We|den (*Plur. von* Weda)
we|der; weder er noch sie haben, *auch* hat davon gewusst; das Weder-noch
Wedg|wood [ˈwɛdʒwʊd], das; -[s] ‹nach dem engl. Erfinder› (engl. Steingut); **Wedg|woodwa|re,** *auch* **Wedg|wood-Wa|re**
we|disch (die Weden betreffend)
Week|end [ˈwi:k|ɛnd], das; -[s], -s ‹engl.› (Wochenende)
Weft, das; -[e]s, -e ‹engl.› (*Weberei* hart gedrehtes Kammgarn)
weg; weg da! (fort!); sie ist ganz weg (*ugs. für* begeistert, verliebt); frisch von der Leber weg (*ugs. für* ganz offen, ungehemmt) reden; sie ist längst darüber weg (hinweg); sie wird schon weg sein, wenn ...

Weg
der; -[e]s, -e – im Weg[e] stehen; wohin des Weg[e]s? – halbwegs; gerade[n]wegs; keineswegs – alle[r]wege, allerwegen – unterwegs – zuwege, *auch* zu Wege bringen
Schreibung in Straßennamen: ↑K 162 *u.* 163

weg... (*in Zus. mit Verben,* z. B. weglaufen, du läufst weg, weggelaufen, wegzulaufen)
We|ga, die; - ‹arab.› (ein Stern)
weg|ar|bei|ten (*ugs.*); sie hat alles weggearbeitet
Weg|bau *vgl.* Wegebau
weg|be|kom|men (*ugs.*)
Weg|be|rei|ter; Weg|be|rei|te|rin
Weg|bie|gung
weg|bla|sen; wie weggeblasen (*ugs. für* spurlos verschwunden); **weg|blei|ben** (*ugs.*); sie ist auf einmal weggeblieben; **wegbrin|gen** (*ugs.*); **weg|den|ken;** etw. ist nicht wegzudenken; **weg|dis|ku|tie|ren** (*ugs.*); **wegdrän|gen; weg|drü|cken** [*alte Trennung* ...k|k...]
We|ge|bau, Weg|bau *Plur.* ...bauten
We|ge|geld, Weg|geld
We|ge|la|ge|rer; We|ge|la|ge|rin; we|ge|la|gern (*selten*); ich wegelagere; **We|ge|la|ge|rung**
we|gen *s. Kasten S. 1062*
Weg|en|ge
We|ger, der; -s, - (Schiffsplanke)
We|ge|recht, das; -[e]s
We|ge|rich, der; -s, -e (eine Pflanze)
we|gern (*Schiffbau* die Innenseite der Spanten mit Wegern belegen); ich wegere; **We|ge|rung**
weg|es|sen

we̲|gen	
Abk. wg. *Präposition mit Genitiv:* – wegen Diebstahls – wegen der hohen Preise – wegen des Vaters *od.* des Vaters wegen – wegen der Leute *od.* der Leute wegen – wegen meiner *(noch landsch.)*	*Standardsprachlich mit Dativ in bestimmten Verbindungen u. wenn bei Pluralformen der Genitiv nicht erkennbar ist:* – wegen etwas anderem, wegen manchem, wegen Vergangenem; wegen Geschäften
Ein allein stehendes, stark gebeugtes Substantiv im Singular bleibt im Allgemeinen ungebeugt: – wegen Umbau – wegen Diebstahl	*Standardsprachlich auch mit Dativ, wenn ein Genitivattribut zwischen »wegen« und das davon abhängende Substantiv tritt:* – wegen meines Bruders neuem Auto
Umgangssprachlich auch mit Dativ: – wegen dem Kind – wegen mir	*Zusammensetzungen u. Fügungen:* – des- *od.* dessentwegen – meinetwegen, deinetwegen, seinetwegen, ihretwegen, unsertwegen, euret- *od.* euertwegen – von Amts wegen, von Rechts wegen, von Staats wegen – von wegen! *(ugs. für* auf keinen Fall!)

wẹg|fah|ren; Wẹg|fahr|sper|re (beim Auto)
Wẹg|fall, der; -[e]s; in Wegfall kommen (*dafür besser:* wegfallen); **wẹg|fal|len**
wẹg|fe|gen; wẹg|fi|schen; sie hat ihm die besten Bissen weggefischt *(ugs.);* **wẹg|flie|gen; wẹg|fres|sen; wẹg|füh|ren**
Wẹg|ga|be|lung, Wẹg|gab|lung
Wẹg|gang, der; -[e]s
wẹg|ge|ben
Wẹg|ge|fähr|te; Wẹg|ge|fähr|tin
wẹg|ge|hen
Wẹg|geld *vgl.* Wegegeld
Wẹg|gen, der; -s, - (*schweiz. für* [2]Wecken)
Wẹg|ge|nos|se; Wẹg|ge|nos|sin
Wẹgg|li, das; -s, - (*schweiz. für* eine Art Brötchen)
wẹg|gu|cken [*alte Trennung* ...k|k...] *(ugs.);* **wẹg|ha|ben** *(ugs.);* die Ruhe weghaben (sich nicht aus der Fassung bringen lassen); **wẹg|hän|gen;** *vgl.* [2]hängen; **wẹg|ho|len; wẹg|hö|ren** *(ugs.);* **wẹg|ja|gen; wẹg|keh|ren; wẹg|kom|men** *(ugs.);* gut dabei wegkommen; **wẹg|krat|zen**
Wẹg|kreuz; Wẹg|kreu|zung
wẹg|krie|gen *(ugs.)*
wẹg|kun|dig
wẹg|las|sen; wẹg|lau|fen; er ist weggelaufen; **wẹg|le|gen**
Wẹg|lei|tung (*schweiz. für* Anweisung, Richtlinie)
wẹg|lo|ben; einen Mitarbeiter wegloben
wẹg|los
wẹg|ma|chen *(ugs.)*
Wẹg|mar|ke; wẹg|mü|de *(geh.)*
wẹg|müs|sen *(ugs.);* ich habe weggemusst [*alte Schreibung* weggemußt]
Wẹg|nah|me, die; -, -n *(Amtsspr.)*
wẹg|neh|men; weggenommen
wẹg|pa|cken [*alte Trennung* ...k|k...]; **wẹg|put|zen** (*ugs. auch für* aufessen); **wẹg|ra|die|ren**
Wẹg|rain; Wẹg|rand
wẹg|ra|ti|o|na|li|sie|ren; wẹg|räu|men; wẹg|rei|ßen; wẹg|ren|nen; wẹg|rol|len
wẹg|sam *(veraltet)*
wẹg|sa|nie|ren *(iron.);* **wẹg|schaf|fen;** *vgl.* [1]schaffen
Wẹg|scheid, der; -[e]s, -e, *österr.* die; -, -en, *häufiger* **Wẹg|schei|de,** die; -, -n (Straßengabelung)
wẹg|sche|ren, sich (*ugs. für* weggehen); scher dich weg!; **wẹg|scheu|chen; wẹg|schi|cken** [*alte Trennung* ...k|k...]; **wẹg|schlei|chen;** er ist weggeschlichen; sich wegschleichen; **wẹg|schlie|ßen; wẹg|schmei|ßen** *(ugs.);* **wẹg|schnap|pen** *(ugs.);* **wẹg|schnei|den; wẹg|schüt|ten; wẹg|set|zen; wẹg|ste|cken** [*alte Trennung* ...k|k...] (*ugs. auch für* verkraften); **wẹg|steh|len;** sich wegstehlen; **wẹg|stel|len; wẹg|ster|ben** *(ugs.);* **wẹg|sto|ßen**
Wẹg|stre|cke [*alte Trennung* ...k|k...]
wẹg|strei|chen; wẹg|tra|gen; wẹg|trei|ben; wẹg|tre|ten; weggetreten! (militärisches Kommando); **wẹg|trin|ken; wẹg|tun**
Wẹg|ü|ber|füh|rung; Wẹg|un|ter|füh|rung
Wẹg|war|te (eine Pflanze)
wẹg|wei|send
Wẹg|wei|ser
wẹg|wer|fen; wẹg|wer|fend; eine wegwerfende Handbewegung
Wẹg|werf|fla|sche; Wẹg|werf|ge|sell|schaft; Wẹg|werf|men|ta|li|tät, die; -; **Wẹg|werf|win|del**
wẹg|wi|schen; wẹg|wol|len *(ugs.);* **wẹg|zap|pen** ‹dt., engl.› (*ugs. für* beim Fernsehen das Programm wechseln); er hat weggezappt; **wẹg|zau|bern**
Wẹg|zeh|rung; Wẹg|zei|chen
wẹg|zie|hen; Wẹg|zug
[1]**we̲h;** sie hat einen wehen Finger; es war ihm weh ums Herz; *vgl.* wehe, wehtun
[2]**we̲h** *vgl.* wehe
We̲h, das; -[e]s, -e; ↑K81: mit Ach und Weh; Ach und Weh [*alte Schreibung* ach und weh] schreien, ein »Wehe!« ausrufen
we̲|he, we̲h; weh[e] dir!; o weh!
[1]**We̲|he,** die; -, -n *meist Plur.* (das Zusammenziehen der Gebärmutter bei der Geburt)
[2]**We̲|he,** das; -s (*selten für* Weh)
[3]**We̲|he,** die; -, -n (zusammengewehte Anhäufung von Schnee od. Sand)
we̲|hen
We̲h|ge|schrei
We̲h|kla|ge *(geh.);* **we̲h|kla|gen** *(geh.);* ich wehklage; gewehklagt; zu wehklagen
We̲hl, das; -[e]s, -e *u.* **We̲h|le,** die; -, -n (*nordd. für* an der Binnenseite eines Deiches gelegener Teich)
we̲h|lei|dig; We̲h|lei|dig|keit, die; -
We̲h|mut, die; -
we̲h|mü|tig; We̲h|mü|tig|keit, die; -
we̲h|muts|voll
We̲h|mut|ter *Plur.* ...mütter (*veraltet für* Hebamme)

[1]**Wehr,** die; -, -en (Befestigung, Verteidigung; *kurz für* Feuerwehr); sich zur Wehr setzen
[2]**Wehr,** das; -[e]s, -e (Stauwerk)
wehr|bar
Wehr|be|auf|trag|te
Wehr|be|reich, der; **Wehr|be|reichs|kom|man|do**
Wehr|dienst, der; -[e]s
wehr|dienst|taug|lich; Wehr|dienst|taug|lich|keit, die; -
wehr|dienst|un|taug|lich; Wehr|dienst|un|taug|lich|keit, die; -
Wehr|dienst|ver|wei|ge|rer; Wehr|dienst|ver|wei|ge|rung
weh|ren; sich wehren
Wehr|er|satz|dienst, der; -[e]s
wehr|fä|hig; Wehr|fä|hig|keit, die; -
Wehr|gang, der; **Wehr|ge|hän|ge; Wehr|ge|henk** *(veraltet)*; **Wehr|ge|rech|tig|keit,** die; -; **Wehr|ge|setz**
wehr|haft; Wehr|haf|tig|keit, die; -
Wehr|kir|che (burgartig gebaute Kirche); **Wehr|kun|de,** die; -
wehr|los; Wehr|lo|sig|keit, die; -
Wehr|macht, die; - (*früher für* Gesamtheit der [deutschen] Streitkräfte); **Wehr|macht[s]|an|ge|hö|ri|ge,** der *u.* die
Wehr|mann *Plur.* ...männer (*schweiz. für* Soldat)
Wehr|pass [*alte Schreibung* ...paß]
Wehr|pflicht, die; -; die allgemeine Wehrpflicht; **wehr|pflich|tig; Wehr|pflich|ti|ge,** der; -n, -n
Wehr|turm; Wehr|ü|bung
weh|tun [*alte Schreibung* weh tun]; ich habe mir wehgetan; das braucht nicht wehzutun
Weh|weh [*auch* ...'ve:], das; -s, -s (*Kinderspr.* Schmerz; kleine Wunde); **Weh|weh|chen**
Weib, das; -[e]s, -er; **Weib|chen**
Wei|bel, der; -s, - (*früher u. schweiz. für* Amtsbote); **wei|beln** (*schweiz. für* werbend umhergehen); ich weib|le
Wei|ber|fas[t]|nacht (*vgl.* Altweiberfas[t]nacht)
Wei|ber|feind; Wei|ber|ge|schich|ten *Plur.*; **Wei|ber|held** *(abwertend)*
wei|bisch
Weib|lein; Männlein und Weiblein
weib|lich; weibliches Geschlecht; **Weib|lich|keit,** die; -
Weibs|bild (*ugs., oft abwertend für* Frau); **Weib|sen,** das; -s, - (*ugs. abwertend für* Frau); **Weibs|leu|te** (*Plur.; ugs. abwertend für* Frauen); **Weib|sper|son, Weibs|stück** *(ugs. abwertend)*

weich

Getrenntschreibung in Verbindung mit Verben u. Partizipien ↑K 56 *u.* 58:
– weich sein, weich werden, weich klopfen, weich kochen, weich machen (auch für zum Nachgeben bewegen)
– weich gedünstetes [*alte Schreibung* weichgedünstetes] Gemüse
– ein weich gekochtes [*alte Schreibung* weichgekochtes] Ei
– weich geklopftes [*alte Schreibung* weichgeklopftes] Fleisch
– schließlich ist sie weich geworden *(ugs.)* und hat zugestimmt
Vgl. aber weichlöten

Weich|bild (Stadtgebiet; *früher* Bezirk, wo das Ortsrecht gilt)
[1]**Wei|che,** die; -, -n (Umstellvorrichtung bei Gleisen)
[2]**Wei|che,** die; -, -n (Flanke)
Weich|ei (*ugs. für* Weichling)
[1]**wei|chen** (einweichen, weich machen, weich werden); du weichtest; geweicht; weich[e]!
[2]**wei|chen** (zurückgehen; nachgeben); du wichst; du wichest; gewichen; weich[e]!
Wei|chen|stel|ler; Wei|chen|stel|le|rin; Wei|chen|wär|ter; Wei|chen|wär|te|rin
weich ge|düns|tet, weich ge|klopft, weich ge|kocht [*alte Schreibungen* weichgedünstet, weichgeklopft, weichgekocht] *vgl.* weich
Weich|heit
weich|her|zig; Weich|her|zig|keit, die; -
Weich|holz
Weich|kä|se
weich|lich; Weich|lich|keit, die; -
Weich|ling (Schwächling)
weich|lö|ten *(Technik); nur im Infinitiv u. im Partizip II gebr.;* weichgelötet
weich ma|chen [*alte Schreibung* weichmachen]
Weich|ma|cher *(Chemie)*
weich|schal|ig
[1]**Weich|sel,** die; - (osteuropäischer Strom)
[2]**Weich|sel,** die; -, -n (*landsch. u. schweiz. kurz für* Weichselkirsche); **Weich|sel|kir|sche**
Weich|spü|ler; Weich|spül|mit|tel
Weich|tei|le *Plur.*
Weich|tier *meist Plur.* (Molluske)
Weich|wer|den, das; -s
Weich|zeich|ner (fotografische Vorsatzlinse)
[1]**Wei|de,** die; -, -n (ein Baum)
[2]**Wei|de,** die; -, -n (Grasland); **Wei|de|land** *Plur.* ...länder
Wei|del|gras, das; -es (Lolch; Raigras)
Wei|de|mo|nat (*alte dt. Bez., meist für* Mai)
wei|den; sich an etwas weiden
Wei|den|baum; Wei|den|busch; Wei|den|ger|te; Wei|den|kätz|chen; Wei|den|rös|chen
Wei|de|platz
Wei|de|rich, der; -s, -e (Name verschiedener Pflanzen)
Wei|de|rind
Wei|de|wirt|schaft, die; -
weid|ge|recht, *auch* waid|ge|recht
weid|lich (gehörig, tüchtig)
Weid|ling, der; -s, -e (*südwestd. u. schweiz. für* [Fischer]kahn); *vgl.* Weitling
Weid|loch, *auch* Waid|loch (After beim Wild)
Weid|mann, *auch* **Waid|mann** *Plur.* ...männer; **weid|män|nisch,** *auch* waid|män|nisch
Weid|manns|dank!, *auch* Waid|manns|dank!; **Weid|manns|heil!,** *auch* Waid|manns|heil!
Weid|mes|ser, *auch* Waid|mes|ser, das; **Weid|sack,** *auch* Waid|sack (*Jägerspr.* Pansen [vom Wild]); **Weid|spruch,** *auch* Waid|spruch (alte Redensart der Jäger); **Weid|werk,** *auch* Waid|werk, das; -[e]s
weid|wund, *auch* waid|wund (verwundet durch Schuss in die Eingeweide)
Wei|fe, die; -, -n (*Textiltechnik* Garnwinde); **wei|fen** ([Garn] haspeln)
Wei|gand, der; -[e]s, -e (*veraltet für* Kämpfer, Held)
wei|gern, sich
Wei|ge|rung; Wei|ge|rungs|fall, der; im Weigerungsfall[e] *(Amtsspr.)*
Weih *vgl.* [1]Weihe
Weih|bi|schof
[1]**Wei|he,** die; -, -n *u.* Weih, der; -[e]s, -e (ein Greifvogel)
[2]**Wei|he,** die; -, -n (*Rel.* Weihung; *nur Sing.: geh. für* feierl. Stimmung); **Wei|he|akt**
wei|hen
Wei|hen|ste|phan (Stadtteil von Freising)

Wei|her, der; -s, - ‹lat.› (Teich)
Wei|he|stun|de; wei|he|voll
Weih|ga|be; Weih|kes|sel (Weihwasserkessel)
Weih|nacht, die; -; **weih|nach|ten;** es weihnachtet; geweihnachtet

Weih|nach|ten

das; -, - (Weihnachtsfest)
- zu Weihnachten *(bes. nordd.)*
- an Weihnachten *(bes. südd.)*
- Weihnachten ist bald vorbei; Weihnachten war dieses Jahr sehr kalt

Landschaftlich, bes. österreichisch u. schweizerisch wird »Weihnachten« als Plural verwendet: die[se] Weihnachten waren verschneit; nach den Weihnachten
In Wunschformeln wird »Weihnachten« auch allgemein als Plural verwendet: fröhliche Weihnachten!; frohe Weihnachten!

weih|nacht|lich, *schweiz. auch* **weih|nächt|lich**
Weih|nachts|a|bend; Weih|nachts|bä|cke|rei [*alte Trennung* ...k|k...]
Weih|nachts|baum; Weih|nachts|ein|kauf; Weih|nachts|en|gel
Weih|nachts|fei|er; Weih|nachts|fei|er|tag; Weih|nachts|fe|ri|en *Plur.;* **Weih|nachts|fest**
Weih|nachts|gans; Weih|nachts|ge|bäck
Weih|nachts|geld; Weih|nachts|ge|schäft; Weih|nachts|ge|schenk; Weih|nachts|ge|schich|te
Weih|nachts|gra|ti|fi|ka|ti|on
Weih|nachts|kak|tus
Weih|nachts|krip|pe; Weih|nachts|lied
Weih|nachts|mann *Plur.* ...männer; **Weih|nachts|markt; Weih|nachts|pa|pier; Weih|nachts|spiel**
Weih|nachts|stern
Weih|nachts|stol|le *od.* **...stol|len** *vgl.* [1]Stolle
Weih|nachts|tag; Weih|nachts|tel|ler; Weih|nachts|tisch
Weih|nachts|ver|kehr, der; -s
Weih|nachts|zeit, die; -
Weih|rauch (duftendes Harz)
weih|räu|chern; ich weihräuchere
Wei|hung
Weih|was|ser, das; -s; **Weih|was|ser|be|cken** [*alte Trennung* ...k|k...] **Weih|was|ser|kes|sel**
Weih|we|del
weil; sie tut es, weil sie es will
wei|land (*veraltet für* vormals)
Weil|chen; warte ein Weilchen!
Wei|le, die; -; Lang[e]weile; Kurzweil; alleweil[e], bisweilen, zuweilen; [all]dieweil; einstweilen; mittlerweile
wei|len (*geh. für* sich aufhalten)
Wei|ler, der; -s, - ‹lat.› (mehrere beieinander liegende Gehöfte; kleine Gemeinde)
Wei|mar (Stadt an der Ilm); **Wei|ma|rer; wei|ma|risch**
Wei|muts|kie|fer, Wey|mouths|kie|fer ['vaimu:ts...], ‹nach Lord Weymouth› (nordamerikanische Kiefer)
Wein, der; -[e]s, -e ‹lat.›; **Wein|an|bau,** der; -[e]s
Wein|bau, der; -[e]s; **Wein|bau|er,** der; *Gen.* -n, *selten* -s, *Plur.* -n; **Wein|bäu|e|rin**
Wein|bee|re
Wein|bei|ßer (*österr. für* eine Lebkuchenart; Weinkenner)
Wein|berg; Wein|berg[s]|be|sit|zer; Wein|berg[s]|be|sit|ze|rin
Wein|berg|schne|cke [*alte Trennung* ...k|k...]
Wein|brand, der; -s, ...brände (ein Branntwein); **Wein|brand|boh|ne**
wei|nen; ↑K 82: in Weinen ausbrechen; ihr war das Weinen näher als das Lachen; das ist zum Weinen!
wei|ner|lich; Wei|ner|lich|keit, die; -
Wein|es|sig
Wein|fass [*alte Schreibung* ...faß]; **Wein|fla|sche**
Wein|gar|ten (*landsch. für* Weinberg); **Wein|gärt|ner** (*landsch. für* Winzer); **Wein|gärt|ne|rin**
Wein|geist *Plur. (Sorten:)* ...geiste
Wein|glas *Plur.* ...gläser
Wein|gut
Wein|händ|ler; Wein|händ|le|rin; Wein|hand|lung
Wein|hau|er (*österr. für* Winzer); **Wein|hau|e|rin**
Wein|haus
Wein|he|fe
wei|nig (weinhaltig; weinartig)
Wein|kar|te
Wein|kauf (Trunk bei Besiegelung eines Geschäftes; Draufgabe)
Wein|kel|ler; Wein|kel|le|rei
Wein|kell|ner; Wein|kell|ne|rin
Wein|kel|ter
Wein|ken|ner; Wein|ken|ne|rin
Wein|kö|ni|gin
Wein|krampf
Wein|la|ge; Wein|le|se; Wein|lo|kal
Wein|mo|nat *od.* **...mond** (*alte dt. Bez. für* Oktober)
Wein|pan|scher *(abwertend);* **Wein|pan|sche|rin**
Wein|pro|be
Wein|ran|ke; Wein|re|be
wein|rot
Wein|schaum *(Gastron.);* **Wein|schaum|creme,** *auch* **...krem, ...kre|me**
wein|se|lig
Wein|stein, der; -[e]s (kaliumsaures Salz der Weinsäure)
Wein|steu|er, die
Wein|stock *Plur.* ...stöcke
Wein|stra|ße; die Deutsche Weinstraße ↑K 150
Wein|stu|be
Wein|trau|be
Wein|zierl, der; -s, -n (*bayr., österr. mdal. für* Winzer, Weinbauer)
Wein|zwang, der; -[e]s (Verpflichtung, in einem Lokal Wein zu bestellen)

...wei|se

Getrennt- u. Zusammenschreibung:
- netterweise war sie gekommen; *aber* in netter Weise etwas sagen
- sie hat mir freundlicherweise geholfen; *aber* in freundlicher Weise antworten

Zusammensetzungen aus Adjektiv u. ...weise (z. B. klugerweise) *werden nur adverbiell gebraucht:*
- klugerweise sagte er nichts dazu

Zusammensetzungen aus Substantiv u. ...weise (z. B. probeweise) als Adverb:
- sie wurde probeweise eingestellt

auch als Adjektiv bei Bezug auf ein Substantiv, das ein Geschehen ausdrückt:
- eine probeweise Einstellung

W

weiß

(Farbe); *vgl.* blau; Weiß
I. *Kleinschreibung:*
a) etwas schwarz auf weiß (schriftlich) haben, nach Hause tragen
b) ↑K 151: die weiße Fahne hissen (als Zeichen des Sichergebens)
– ein weißer Fleck auf der Landkarte (unerforschtes Gebiet)
– weiße Kohle (Wasserkraft)
– der weiße Sport (Tennis; Skisport)
– der weiße Tod (Erfrieren)
– ein weißer Rabe (*für* eine Seltenheit)
– eine weiße Weste haben (*ugs. für* unschuldig sein)
– eine weiße Maus (*ugs. auch für* Verkehrspolizist)
– weiße Mäuse sehen (*ugs. für* [im Rausch] Wahnvorstellungen haben)
II. *Großschreibung*
a) *der Substantivierung* ↑K 72:
– ein Weißer (hellhäutiger Mensch)
– eine Weiße (Berliner Bier)
– das Weiße; die Farbe Weiß
– aus Schwarz Weiß, aus Weiß Schwarz [*alte Schreibungen* aus schwarz weiß, aus weiß schwarz] machen
b) *in Namen u. bestimmten namensähnlichen Fügungen* ↑K 150 *u.* 151:
– das Weiße Meer; der Weiße Berg
– die Weiße Frau (Unglück kündende Spukgestalt in Schlössern)
– das Weiße Haus (Amtssitz des Präsidenten der USA in Washington)
– die Weiße Rose (Name einer Widerstandsgruppe während der Zeit des Nationalsozialismus)
– der Weiße Sonntag (Sonntag nach Ostern)
III. *Schreibung in Verbindung mit Verben u. Partizipien* ↑K 56 *u.* 58:
– weiß färben, weiß kalken, weiß kleiden, weiß machen, weiß tünchen, weiß werden; die Wäsche weiß waschen
– die weiß glühende [*alte Schreibung* weißglühende] Sonne
– weiß gekleidete [*alte Schreibung* weißgekleidete] Kinder (*vgl.* Weiß);
– weiß gefärbte Stoffe
Vgl. aber weißbluten, weißglühen, weißnähen *u.* weißwaschen

...**wei|se** *s. Kasten S. 1064*
wei|se (klug)
¹Wei|se, der *u.* die; -n, -n (kluger Mensch)
²Wei|se, die; -, -n (Art; Melodie [eines Liedes]); auf diese Weise
Wei|sel, der; -s, -, *auch* die; -, -n (Bienenkönigin)
wei|sen (zeigen; anordnen); du weist, er weist; du wiesest, er wies; gewiesen; weis[e]!
Wei|ser (*veraltet für* Uhrzeiger)
Weis|heit; weis|heits|voll
Weis|heits|zahn
weis|lich (*veraltet für* wohlweislich)
weis|ma|chen (*ugs. für* vormachen, belügen, einreden usw.); ich mache weis; weisgemacht; weiszumachen
weiß *s. Kasten*
¹Weiß, das; -[es], - (weiße Farbe); in Weiß [gekleidet]; mit Weiß [bemalt]; Stoffe in Weiß
²Weiß, Ernst (österr. Schriftsteller)
³Weiß, Konrad (dt. Lyriker, Dramatiker u. Essayist)
Weiss, Peter (dt. Schriftsteller)
weis|sa|gen; ich weissage; geweissagt; zu weissagen; **Weis|sa|ger; Weis|sa|ge|rin; Weis|sa|gung**
Weiß|bier
Weiß|bin|der (*landsch. für* Böttcher; Anstreicher); **Weiß|bin|de|rin**
Weiß|blech
weiß|blond
weiß|blu|ten (sich völlig verausgaben); ↑K 82: bis zum Weißbluten (*ugs. für* sehr, in hohem Maße)
Weiß|brot
Weiß|buch (Dokumentensammlung der dt. Regierung zu einer bestimmten Frage)
Weiß|bu|che (Hainbuche); **Weiß|dorn** *Plur.* ...dorne
¹Wei|ße, die; -, -n (Bierart; *auch für* ein Glas Weißbier)
²Wei|ße, der *u.* die; -n, -n (Mensch mit heller Hautfarbe)
³Wei|ße, die; - (Weißsein)
Wei|ße-Kra|gen-Kri|mi|na|li|tät, die; -; ↑K 26 (z. B. Steuerhinterziehung)
wei|ßeln (*südd. u. schweiz. für* weißen); ich weiß[e]le
wei|ßen (weiß färben, machen; tünchen); du weißt, er weißt; du weißtest; geweißt; weiß[e]!
Wei|ßen|fels (Stadt an der Saale)
Wei|ße|ritz, die; - (linker Nebenfluss der mittleren Elbe)
Weiß|fisch
Weiß|fluss [*alte Schreibung* ...fluß], der; -es (*Med.* weißlicher Ausfluss aus der Scheide)
Weiß|gar|dist *(früher)*
weiß ge|klei|det [*alte Schreibung* weiß|ge|klei|det] *vgl.* weiß
Weiß|ger|ber; Weiß|ger|be|rei; Weiß|ger|be|rin
weiß|glü|hen *(fachspr.);* Eisen weißglühen, weißglühendes Eisen; *aber* die weiß glühende [*alte Schreibung* weißglühende] Sonne
Weiß|glut, die; -; **Weiß|gold**
weiß Gott!; sich für weiß Gott was halten *(ugs.)*
weiß|grau ↑K 23
weiß|haa|rig
Weiß|herbst (hell gekelterter Wein aus blauen Trauben); **Weiß|kä|se** (Quark); **Weiß|kohl,** der; -[e]s; **Weiß|kraut,** das; -[e]s
Weiß|la|cker [*alte Trennung* ...k|k...] (eine Käsesorte)
weiß|lich
Weiß|ling (ein Schmetterling)
Weiß|ma|cher (*Werbespr.* optischer Aufheller in einem Waschmittel)
weiß|nä|hen ↑K 47 (Wäsche nähen); ich nähe weiß; weißgenäht; weißzunähen; **Weiß|nä|her; Weiß|nä|he|rin**
Weiß|pap|pel
Weiß|rus|se; Weiß|rus|sin; weiß|rus|sisch; *vgl.* belarussisch
Weiß|russ|land [*alte Schreibung* ...ruß...] (Staat in Osteuropa; *vgl.* Belarus)
Weiß|sucht, die; - (*veraltet für* Albinismus)
Weiß|tan|ne
Weiß|wand|rei|fen
Weiß|wa|ren *Plur.*

Weiß|wä|sche (weiße [Koch]wäsche)
weiß|wa|schen ↑K47; sich, jmdn. weißwaschen (*ugs. für* sich *od.* jmdn. von einem Verdacht od. Vorwurf befreien); *meist nur im Infinitiv u. Partizip II* (weißgewaschen) *gebr.; aber* Wäsche weiß waschen
Weiß|wein; Weiß|wurst
Weiß|zeug, das; -[e]s (*veraltend für* Weißwaren)
Weis|tum, das; -s, ...tümer (Aufzeichnung von Rechtsgewohnheiten u. Rechtsbelehrungen im MA.)
Wei|sung (Auftrag, Befehl)
Wei|sungs|be|fug|nis
wei|sungs|be|rech|tigt; wei|sungs|ge|bun|den; wei|sungs|ge|mäß
Wei|sungs|recht
weit *s. Kasten*
Weit, das; -[e]s, -e (*fachspr. für* größte Weite [eines Schiffes])
weit|ab
weit|aus; weitaus größer
Weit|blick, der; -[e]s
weit bli|ckend, *auch* **weit|bli|ckend** [*alte Trennung* ...k|k...] *vgl.* weit
Wei|te, die; -, -n; **wei|ten** (weit machen, erweitern)
wei|ter *s. Kasten S. 1067*

Wei|ter|ar|beit, die; -; **wei|ter|ar|bei|ten** *vgl.* weiter
wei|ter|be|för|dern; ich befördere weiter; der Spediteur hat die Kiste nach Berlin weiterbefördert; *aber* der Kraftverkehr kann Stückgüter weiter befördern als die Eisenbahn
Wei|ter|be|för|de|rung, die; -
wei|ter be|ste|hen, *auch* **wei|ter|be|ste|hen** *vgl.* weiter
wei|ter|bil|den (fortbilden); **Wei|ter|bil|dung,** die; -
wei|ter|brin|gen; der Streit wird uns nicht weiterbringen
wei|ter|emp|feh|len; die Ärztin wurde weiterempfohlen
wei|ter|ent|wi|ckeln [*alte Trennung* ...k|k...]; **Wei|ter|ent|wick|lung**
wei|ter|er|zäh|len
wei|ter|fah|ren; Wei|ter|fahrt
wei|ter|flie|gen; Wei|ter|flug
wei|ter|füh|ren; wei|ter|füh|rend; die weiterführenden Schulen; weiterführende Literatur
Wei|ter|ga|be, die; -
Wei|ter|gang, der; -[e]s (Fortgang, Entwicklung)
wei|ter|ge|ben
wei|ter|ge|hen (vorangehen); die Arbeiten sind gut weitergegangen; bitte weitergehen!; *aber* ich kann weiter gehen als du

wei|ter|hel|fen
wei|ter|hin
wei|ter|kom|men
wei|ter|kön|nen (*ugs. für* weitergehen, weiterarbeiten können)
wei|ter|lau|fen *vgl.* weitergehen
wei|ter|le|ben; ich kann so nicht weiterleben
wei|ter|lei|ten; Wei|ter|lei|tung
wei|ter|ma|chen; immer so weitermachen; *aber* die Schuhe weiter machen lassen
wei|tern (*selten für* erweitern); ich weitere
Wei|ter|rei|se, die; -; **wei|ter|rei|sen**
wei|ters (*österr. für* weiterhin)
wei|ter|sa|gen; er hat es weitergesagt; *aber* ich werde weiter (weiterhin) sagen, was ich für richtig halte
wei|ter|schla|fen; wei|ter|se|hen; wei|ter|spie|len *vgl.* weiter
wei|ter|trat|schen (*ugs. für* weitererzählen)
Wei|te|rung *meist Plur.* (Schwierigkeit, Verwicklung)
wei|ter|ver|ar|bei|ten
wei|ter|ver|brei|ten; er hat das Gerücht weiterverbreitet; *aber* diese Krankheit ist heute weiter verbreitet als früher; **Wei|ter|ver|brei|tung**
wei|ter|ver|er|ben

weit

Vgl. auch weiter

I. *Groß- u. Kleinschreibung*
- am weitesten; bei weitem; von weitem
- weit und breit; so weit, so gut
- ↑K72: das Weite suchen (sich [rasch] fortbegeben)
- sich ins Weite verlieren

II. *Getrennt- u. Zusammenschreibung*

1. *in Verbindung mit Verben* ↑K56:
- weit fahren; weil wir weit fahren müssen
- weit bringen; sie hat es weit gebracht
- weit gehen: zu weit gehen; ..., was entschieden zu weit geht
- weit springen; er kann sehr weit springen; *vgl. aber* weitspringen

2. *in Verbindung mit Partizipien* ↑K58:

a) *Getrenntschreibung:*
- eine weit geöffnete Tür; weit hergeholte Vermutungen
- eine weit gereiste [*alte Schreibung* weitgereiste] Forscherin

b) *Getrennt- od. Zusammenschreibung:*
- weit blickend, weiter blickend, am weitesten blickend, *auch* weitblickend, weitblickender, am weitblickends|ten
- er stellte weitgehende, weitgehendere, *auch* weit gehende, weiter gehende Forderungen; *aber nur zusammen:* weitestgehend
- der Fall ist weitgehend, *auch* weit gehend gelöst
- weit greifende, weiter greifende, *auch* weitgreifende, weitgreifendere Pläne
- weit reichende, *auch* weitreichende Vollmachten
- weit tragende, weiter tragende, *auch* weittragende, weittragendere Konsequenzen
- hierbei handelt es sich um weit verbreitete, am weitesten verbreitete, *seltener auch* weitverbreitete, weitverbreitetste Pflanzen
- ein weit verzweigtes, weiter verzweigtes, *seltener auch* weitverzweigtes, weitverzweigteres Unternehmen

III. *Zusammensetzungen*
- insoweit *(vgl. d.);* inwieweit *(vgl. d.);* meilenweit *(vgl. d.);* soweit *(vgl. d.);* weither *(vgl. d.);* weithin *(vgl. d.)*

wei|ter

– weitere neue Bücher; weiteres Wichtiges
I. *Groß- u. Kleinschreibung* ↑K 72:
a) *Kleinschreibung:*
– bis auf weiteres; ohne weiteres (*österr. auch* ohneweiters)
b) *Großschreibung:*
– das Weitere hierüber folgt alsbald
– [ein] Weiteres findet sich im nächsten Abschnitt
– als Weiteres erhalten Sie ...
– des Weiteren [*alte Schreibung* des weiteren] wurde berichtet ...
– des Weiter[e]n enthoben sein
– alles, einiges Weitere demnächst
– wie im Weiteren [*alte Schreibung* im weiteren] dargestellt ...

II. *Schreibung in Verbindung mit Verben:*
1. *Getrenntschreibung, wenn »weiter« im Sinne von »weiter als« gebraucht wird:*
– weiter gehen; er kann weiter gehen als ich
2. *Zusammenschreibung, wenn »weiter« in der Bedeutung von »vorwärts«, »voran« (auch im übertragenen Sinne) gebraucht wird:*
– weiterbefördern; weiterhelfen usw.
3. *Wird die Fortdauer eines Geschehens ausgedrückt, schreibt man im Allgemeinen zusammen, wenn »weiter« die Hauptbetonung trägt, und getrennt, wenn das Verb gleich stark betont wird:*
– weitermachen; weiterspielen usw.
– sie hat dir weiter (weiterhin) geholfen
– die Probleme werden weiter bestehen, *auch* weiterbestehen

wei|ter|ver|fol|gen; sein Ziel unbeirrt weiterverfolgen
Wei|ter|ver|kauf; wei|ter|ver|kau|fen
wei|ter|ver|mie|ten (in Untermiete geben)
wei|ter|ver|mit|teln
wei|ter|ver|wen|den; Wei|ter|ver|wen|dung
wei|ter|wis|sen; wir haben nicht mehr weitergewusst
wei|ter|wol|len (*ugs. für* weitergehen wollen)
wei|ter|zah|len
wei|ter|zie|hen
wei|test|ge|hend; weit|ge|hend, *auch* **weit ge|hend** *vgl.* weit
weit ge|reist [*alte Schreibung* weit|ge|reist] *vgl.* weit
weit grei|fend, *auch* **weit|grei|fend** *vgl.* weit
weit|her (aus großer Ferne), *aber* von weit her; damit ist es nicht weit her (das ist nicht bedeutend)
weit|her|zig; Weit|her|zig|keit, die; -
weit|hin; weithin zu hören sein
weit|läu|fig; Weit|läu|fig|keit
Weit|ling, Weid|ling, der; -s, -e (*bayr., österr. für* große Schüssel)
weit|ma|schig; weit|räu|mig
weit rei|chend, *auch* **weit|rei|chend** *vgl.* weit
weit|schich|tig
Weit|schuss [*alte Schreibung* ...schuß] *(Sport)*
weit|schwei|fig; Weit|schwei|fig|keit
Weit|sicht, die; -; **weit|sich|tig; Weit|sich|tig|keit,** die; -
weit|sprin|gen *nur im Infinitiv gebr. (Sport);* **Weit|sprin|gen,** das; -s; **Weit|sprung**
weit tra|gend, *auch* **weit|tra|gend** *vgl.* weit
Wei|tung
weit ver|brei|tet, *auch* **weit|ver|brei|tet** *vgl.* weit
weit ver|zweigt, *auch* **weit|ver|zweigt** *vgl.* weit
Weit|win|kel|ob|jek|tiv
Wei|zen, der; -s, *Plur. (Sorten:)* -
Wei|zen|bier; Wei|zen|brot
Wei|zen|ern|te; Wei|zen|feld
Wei|zen|keim *meist Plur.;* **Wei|zen|keim|öl**
Wei|zen|kleie; Wei|zen|korn; Wei|zen|mehl; Wei|zen|preis
Weiz|mann, Chaim [x...] (israelischer Staatsmann)
[1]**Weiz|sä|cker,** Carl Friedrich Freiherr von (dt. Physiker u. Philosoph)
[2]**Weiz|sä|cker,** Richard Freiherr von (sechster dt. Bundespräsident)

welch

welcher, welche, welches
– welch ein Kind; welch Wunder
– welch große Forscher; welches reizende Kerlchen
– welche berühmten, *seltener* berühmte Frauen
– welche Stimmberechtigten
– die politischen Verhältnisse welchen, *seltener* welches Staates?
– Welches sind die beliebtesten Ferienziele?

wel|che (*ugs. für* etliche, einige); es sind welche hier; *vgl.* welch
wel|cher|art; wir wissen nicht, welcherart (was für ein) Interesse sie veranlasst ..., *aber* wir wissen nicht, welcher Art (Sorte) diese Bücher sind
wel|cher|ge|stalt; wel|cher|lei
wel|ches (*ugs. auch für* etwas); Hat noch jemand Brot? Ich habe welches; *vgl.* welch
Welf, der; -[e]s, -e *od.* das; -[e]s, -er (*Nebenform von* Welpe)
Wel|fe, der; -n, -n (Angehöriger eines dt. Fürstengeschlechtes); **Wel|fin; wel|fisch**
welk; welke Blätter; **wel|ken; Welk|heit,** die; -
Well|baum (Welle [am Mühlrad u. a.])
Well|blech; Well|blech|dach
Wel|le, die; -, -n; grüne Welle; [auf] Wellen reiten
wel|len; gewelltes Blech, Haar
wel|len|ar|tig
Wel|len|bad; Wel|len|berg; Wel|len|bre|cher; wel|len|för|mig
Wel|len|gang, der; -[e]s; **Wel|len|kamm; Wel|len|län|ge; Wel|len|li|nie**
Wel|len|rei|ten, das; -s *(Wassersport);* **Wel|len|rei|ter; Wel|len|rei|te|rin**
Wel|len|sa|lat, der; -[e]s (*ugs. für* ein Nebeneinander sich gegenseitig störender Sender)
Wel|len|schlag, der; -[e]s
Wel|len|sit|tich (ein Vogel)
Wel|len|strah|lung *(Physik)*
Wel|len|tal
Wel|ler, der; -s, - (mit Stroh vermischter Lehm zur Ausfüllung von Fachwerk); **wel|lern** (Weller herstellen, [Fachwerk] mit Weller ausfüllen); ich wellere; **Wel|ler|wand** (Fachwerkwand)
Well|fleisch

Wẹll|horn|schne|cke [*alte Trennung* ...k|k...]
wẹl|lig; Wẹl|lig|keit, die; -
Wel|li|nẹ́, der; -[s], -s (ein Gewebe)
Wẹl|ling|ton [...tən] (britischer Feldmarschall; Hauptstadt Neuseelands)
Wel|ling|to̲|nia, die; -, ...ien (*svw.* Sequoie)
Wẹll|ness, die; - ‹engl.› (Wohlbefinden)
Wẹll|pap|pe
Wẹll|rad (*Technik*)
Wẹl|lung
Wẹl|pe, der; -n, -n (das Junge von Hund, Fuchs, Wolf)
[1]**Wẹls,** der; -es, -e (ein Fisch)
[2]**Wẹls** (oberösterreichische Stadt)
wẹlsch ‹kelt.› (*urspr. für* keltisch, *später für* romanisch, französisch, italienisch; *veraltet für* fremdländisch; *schweiz. svw.* welschschweizerisch); **Wẹl|sche,** der *u.* die; -n, -n (*veraltet*); **wẹl|schen** (*veraltet für* viele entbehrliche Fremdwörter gebrauchen); du welschst
Wẹlsch|kraut, das; -[e]s (*landsch. für* Wirsing)
Wẹlsch|land, das; -[e]s (*schweiz. für* französischsprachige Schweiz)
Wẹlsch|schwei|zer (Schweizer mit französischer Muttersprache); **Wẹlsch|schwei|ze|rin; wẹlsch|schwei|ze|risch** (die französische Schweiz betreffend)
Wẹlt, die; -, -en; die Dritte Welt [*alte Schreibung* dritte Welt] (die Entwicklungsländer); die Vierte Welt [*alte Schreibung* vierte Welt] (die ärmsten Entwicklungsländer)
wẹlt|ab|ge|wandt; Wẹlt|ab|ge|wandt|heit, die; -
Wẹlt|all
wẹlt|an|schau|lich
Wẹlt|an|schau|ung
Wẹlt|at|las; Wẹlt|aus|stel|lung
Wẹlt|bank, die; -
wẹlt|be|kannt
wẹlt|be|rühmt; Wẹlt|be|rühmt|heit
wẹlt|bes|te [*alte Trennung* ...|st...]; die weltbesten Sprinterinnen
Wẹlt|best|leis|tung [*alte Trennung* ...|st...] (*Sport*); **Wẹlt|best|zeit**
wẹlt|be|we|gend ↑K 59
Wẹlt|bild; Wẹlt|bund
Wẹlt|bür|ger; Wẹlt|bür|ge|rin; wẹlt|bür|ger|lich; Wẹlt|bür|ger|tum (das Weltbürgersein)

Wẹlt|chro|nik
Wẹlt|cup (*Sport*); **Wẹlt|cup|punkt; Wẹlt|cup|ren|nen**
Wẹlt|e|li|te (*bes. Sport*)
Wẹl|ten|bumm|ler; Wẹl|ten|bumm|le|rin
Wẹl|ten|raum (*geh. für* Weltraum)
wẹlt|ent|rückt (*geh.*)
Wẹlt|er|folg
Wẹl|ter|ge|wicht ‹engl.; dt.› (eine Körpergewichtsklasse in der Schwerathletik); **Wẹl|ter|ge|wicht|ler**
wẹlt|er|schüt|ternd ↑K 59
Wẹlt|e|sche, die; -; *vgl.* Yggdrasil
wẹlt|fern
Wẹlt|flucht, die; -
wẹlt|fremd; Wẹlt|fremd|heit
Wẹlt|frie|de[n], der; ...ns
Wẹlt|geist, der; -[e]s
Wẹlt|geist|li|che, der
Wẹlt|gel|tung; Wẹlt|ge|richt, das; -[e]s; **Wẹlt|ge|sche|hen**
Wẹlt|ge|schich|te, die; -; **wẹlt|ge|schicht|lich**
Wẹlt|ge|sund|heits|or|ga|ni|sa|ti|on, die; -; *vgl.* WHO
wẹlt|ge|wandt; Wẹlt|ge|wandt|heit
Wẹlt|ge|werk|schafts|bund, der; -[e]s (*Abk.* WGB); **Wẹlt|han|del**
Wẹlt|herr|schaft, die; -
Wẹlt|hilfs|spra|che
Wẹlt|jah|res|best|leis|tung [*alte Trennung* ...|st...] (*Sport*); **Wẹlt|jah|res|best|zeit**
Wẹlt|kar|te
Wẹlt|kir|chen|kon|fe|renz
Wẹlt|klas|se, die; - (*Sport*); **Wẹlt|klas|se|sport|ler; Wẹlt|klas|se|sport|le|rin**
wẹlt|klug; Wẹlt|klug|heit, die; -
Wẹlt|krieg; ↑K 89: der Erste Weltkrieg (1914–1918); der Zweite Weltkrieg (1939–1945)
Wẹlt|ku|gel
Wẹlt|kul|tur|er|be
Wẹlt|lauf, der; -[e]s
wẹlt|läu|fig; Wẹlt|läu|fig|keit, die; -
wẹlt|lich; Wẹlt|lich|keit, die; -
Wẹlt|li|te|ra|tur, die; -
Wẹlt|macht
Wẹlt|mann *Plur.* ...männer; **wẹlt|män|nisch**
Wẹlt|mar|ke; Wẹlt|markt
Wẹlt|meer
Wẹlt|meis|ter [*alte Trennung* ...|st...]; **Wẹlt|meis|te|rin; Wẹlt|meis|ter|schaft** (*Abk.* WM)
Wẹlt|ni|veau
wẹlt|of|fen; Wẹlt|of|fen|heit, die; -
Wẹlt|öf|fent|lich|keit, die; -
Wẹlt|ord|nung

Wẹlt|po|li|tik, die; -; **wẹlt|po|li|tisch**
Wẹlt|post|ver|ein, der; -s
Wẹlt|pre|mi|e|re
Wẹlt|pres|se
Wẹlt|pries|ter [*alte Trennung* ...|st...]
Wẹlt|rang; Wẹlt|rang|lis|te [*alte Trennung* ...|st...] (*Sport*)
Wẹlt|raum, der; -[e]s
Wẹlt|raum|fah|rer; Wẹlt|raum|fah|re|rin; Wẹlt|raum|fahrt; Wẹlt|raum|fahr|zeug; Wẹlt|raum|flug
Wẹlt|raum|for|schung, die; -; **Wẹlt|raum|la|bor; Wẹlt|raum|son|de; Wẹlt|raum|sta|ti|on**
Wẹlt|reich
Wẹlt|rei|se; Wẹlt|rei|sen|de
Wẹlt|re|kord; Wẹlt|re|li|gi|on; Wẹlt|re|vo|lu|ti|on, die; -
Wẹlt|ruf, der; -[e]s (Berühmtheit)
Wẹlt|ruhm
Wẹlt|schmerz, der; -es
Wẹlt|si|cher|heits|rat, der; -[e]s
Wẹlt|spar|tag
Wẹlt|spit|ze; Wẹlt|spra|che
Wẹlt|stadt; Wẹlt|star (*vgl.* [2]Star)
Wẹlt|um|se|ge|lung; Wẹlt|um|seg|ler; Wẹlt|um|seg|le|rin; Wẹlt|um|seg|lung
wẹlt|um|span|nend
Wẹlt|un|ter|gang
Wẹlt|ver|bes|se|rer; Wẹlt|ver|bes|se|rin
Wẹlt|wäh|rungs|kon|fe|renz
wẹlt|weit
Wẹlt|wirt|schaft, die; -; **Wẹlt|wirt|schafts|kri|se**
Wẹlt|wun|der
Wẹlt|zeit|uhr
wẹm; Wẹm|fall, der (*für* Dativ)
wẹn
Wẹn|cke (w. Vorn.)
[1]**Wẹn|de,** die; -, -n (Drehung, Wendung; Turnübung)
[2]**Wẹn|de,** der; -n, -n (Sorbe; *nur Plur.: frühere dt. Bez. für* die Slawen)
Wẹn|de|hals (ein Vogel; *ugs. abwertend für* jmd., der sich polit. Änderungen schnell anpasst)
Wẹn|de|ham|mer (am Ende einer Sackgasse)
Wẹn|de|kreis
Wẹn|del, die; -, -n (schraubenförmige Wicklung [z. B. eines Lampenglühdrahtes]); **Wẹn|del|boh|rer**
Wẹn|de|lin (m. Vorn.)
Wẹn|del|rut|sche (*Bergmannsspr.* Rutschenspirale zum Abwärtsfördern von Kohlen u. Steinen)
Wẹn|del|trep|pe

wen|den	
– ich wandte *u.* ich wendete – du wandtest *u.* du wendetest – gewandt *u.* gewendet – wend[e]! – sich wenden – bitte wenden! (*Abk.* b. w.)	– das Heu wurde gewendet – das Blatt hat sich gewendet
In den Bedeutungen »die Richtung während der Fortbewegung ändern« u. »umkehren, umdrehen [u. die andere Seite zeigen]« werden nur die Formen mit »e« verwendet: – sie wendete mit dem Auto, er hat gewendet – ein gewendeter Mantel	*Ansonsten sind die Formen mit »a« häufiger:* – er wandte, *seltener* wendete sich zu ihr – er hat sich zu ihr gewandt, *seltener* gewendet – er hat nur wenig Geld an die Ausbildung der Kinder gewandt, *seltener* gewendet – sie wandte, *seltener* wendete viel Sorgfalt auf ihre Arbeit

Wen|de|ma|nö|ver; Wen|de|mar|ke *(Sport)*
wen|den *s. Kasten*
Wen|de|platz
Wen|de|punkt
Wen|de|schal|tung *(Elektrot.)*
wen|dig; Wen|dig|keit, die; -
Wen|din ‹*zu* [2]Wende›; **wen|disch**
Wen|dung
Wen|fall, der (*für* Akkusativ)
we|nig *s. Kasten*
We|nig, das; -s, -; viele Wenig machen ein Viel; **We|nig|keit,** die; -; meine Wenigkeit (*ugs. scherzh. für* ich)
we|nigs|tens [*alte Trennung* ...|st...]
wenn; wenn auch; wenngleich (*doch auch durch ein Wort getrennt,* z. B. wenn ich gleich Hans heiße); wennschon; wennschon – dennschon; *aber* wenn schon das nicht geht; ↑K125 komm doch[,] wenn möglich[,] schon um 17 Uhr
Wenn, das; -s, - ↑K81: das Wenn und das Aber; ohne Wenn und Aber; viele Wenn und Aber
wenn|gleich; *vgl.* wenn; **wennschon;** *vgl.* wenn
[1]**Wen|zel** (m. Vorn.)
[2]**Wen|zel,** der; -s, - (*Kartenspiel* Bube, Unter)
Wen|zels|kro|ne, die; - (böhmische Königskrone)
Wen|zes|laus (m. Vorn.)
wer *fragendes, bezügliches u. (ugs.) unbestimmtes Pronomen;* Halt! Wer da? (*vgl.* Werda); wer (derjenige, welcher) das tut, [der] ...; ist wer (*ugs. für* jemand) gekommen?; wer alles; irgendwer (*vgl.* irgend)
We|ra (w. Vorn.)
Wer|be|ab|tei|lung; Wer|be|a|gentur; Wer|be|block; Wer|be|branche; Wer|be|e|tat
Wer|be|fach|frau; Wer|be|fachmann
Wer|be|feld|zug
Wer|be|fern|se|hen; Wer|be|film; Wer|be|funk
Wer|be|ge|schenk
Wer|be|gra|fi|ker; Wer|be|gra|fi|kerin
Wer|be|kam|pa|g|ne
Wer|be|kauf|frau; Wer|be|kaufmann
Wer|be|kos|ten [*alte Trennung* ...|st...] *Plur.*
wer|be|kräf|tig
Wer|be|lei|ter; Wer|be|lei|te|rin
Wer|be|mit|tel, das
wer|ben; du wirbst; du warbst; du würbest; geworben; wirb!
Wer|ber; Wer|be|rin; wer|be|risch

we|nig	
– nichts weniger als; nicht[s] mehr u. nicht[s] weniger – fünf weniger drei ist, macht, gibt (*nicht:* sind, machen, geben) zwei – du weißt nicht, wie wenig ich habe – wie wenig gehört dazu! – du hast für dieses Amt zu wenig Erfahrung, *aber* ein Zuwenig an Fleiß – ein wenig gelesenes Buch – umso weniger – nichtsdestoweniger – am wenigsten; wenigstens	– zum wenigsten – sie beschränkt sich auf das wenigste – die wenigsten glauben das *Bei qualifizierendem Gebrauch kann auch großgeschrieben werden:* – das, dies, dieses wenige, *auch* Wenige (Geringfügige) – weniges, *auch* Weniges genügt; mit wenig[em], *auch* Wenigem auskommen; in dem wenigen, *auch* Wenigen, was erhalten ist – sie freut sich über das wenige, *auch* das Wenige (die wenigen Geschenke o. Ä.)
Groß- u. Kleinschreibung: *Als unbestimmtes Zahladjektiv wird »wenig« kleingeschrieben* ↑K77: – ein wenig, ein weniges; ein klein wenig – die wenigen; einige wenige – wenige glauben, dass ... – es ist das wenigste; das wenigste, was du tun kannst, ist dies	*Beugung:* – wenig Gutes *od.* weniges Gutes, wenig Neues – mit weniger geballter Energie, mit wenigem guten Getränk – wenige gute Nachbildungen – das Leiden weniger guter Menschen, das Leiden weniger Guter – wenige Gute gleichen viel[e] Schlechte aus

Wer|be|slo|gan; Wer|be|spot; Wer|be|spruch
Wer|be|text; Wer|be|tex|ter; Wer|be|tex|te|rin
Wer|be|trä|ger
Wer|be|trei|ben|de *(fachspr.)*
Wer|be|trom|mel; die Werbetrommel rühren (*ugs. für* Reklame machen)
wer|be|wirk|sam; Wer|be|wirk|sam|keit
Wer|be|zweck; *meist in* zu Werbezwecken
werb|lich (die Werbung betreffend)
Wer|bung; Wer|bungs|kos|ten *Plur.*
Wer|da, das; -[s], -s (*Milit.* Postenanruf)
Wer|dan|di (*nord. Mythol.* Norne der Gegenwart)
Wer|da|ruf
Wer|de|gang, der
wer|den; du wirst, er wird; du wurdest, *geh. noch* wardst, er wurde, *geh. noch* ward, wir wurden; du würdest; ↑13: ich werd verrückt! *(ugs.); als Vollverb:* geworden; er ist groß geworden; *als Hilfsverb:* worden; er ist gelobt worden; werd[e]!; ↑K82: das ist noch im Werden
wer|dend; eine werdende Mutter
Wer|der, der, *selten* das; -s, - (Flussinsel; Landstrich zwischen Fluss u. stehenden Gewässern)
Wer|der (Ha|vel) (Stadt westlich von Potsdam)
Wer|fall, der (*für* Nominativ)
Wer|fel (österr. Schriftsteller)
wer|fen (*von Tieren auch für* gebären); du wirfst; du warfst; du würfest; geworfen; wirf!; sich werfen; **Wer|fer; Wer|fe|rin**
Werft, die; -, -en ‹niederl.› (Anlage zum Bauen u. Ausbessern von Schiffen); **Werft|ar|bei|ter; Werft|ar|bei|te|rin**
Werg, das; -[e]s (Flachs-, Hanfabfall)
Wer|geld (Sühnegeld für Totschlag im germanischen Recht)
wer|gen (aus Werg)
Werk, das; -[e]s, -e; ans Werk!; ans Werk, zu Werke gehen; ins Werk setzen
Werk|an|ge|hö|ri|ge[1]**; Werk|an|la|ge**[1]
Werk|ar|beit
Werk|arzt[1]**; Werk|ärz|tin**[1]

[1] *Auch, österr. nur,* werks..., Werks...

Werk|bank *Plur.* ...bänke
Werk|bü|che|rei[1]
Werk|bund, der; Deutscher Werkbund
Werk|bus[1]
werk|ei|gen[1]
Wer|kel, das; -s, -[n] (*österr. ugs. für* Leierkasten, Drehorgel); **Wer|kel|mann** *Plur.* ...männer (*österr. für* Drehorgelspieler)
wer|keln (*landsch. für* [angestrengt] werken); ich werk[e]le
wer|ken (tätig sein; [be]arbeiten)
Werk|fah|rer[1]**; Werk|fah|re|rin**[1]
Werk|ga|ran|tie[1]
Werk|ge|rech|tig|keit *(Theol.)*
werk|ge|treu
Werk|hal|le[1]**; Werk|kin|der|gar|ten**[1]**; Werk|kü|che**[1]
Werk|leh|rer[1]**; Werk|leh|re|rin**[1]
Werk|lei|ter[1], der; **Werk|lei|te|rin**[1]**; Werk|lei|tung**[1]
werk|lich *(veraltet)*
Werk|mann|schaft[1]
Werk|meis|ter [*alte Trennung* ...|st...]; **Werk|schu|le**
Werk|schutz
werk|sei|tig[1] (vonseiten des Werks)
Werk|spi|o|na|ge[1]
Werk|statt, Werk|stät|te, die; -, ...stätten;
werk|statt|ge|pflegt; ein werkstattgepflegtes Auto
Werk|stoff; Werk|stoff|for|schung, *auch* **Werk|stoff-For|schung** [*alte Schreibung* Werk|stofforschung, *alte Trennung* ...ff|f...]
werk|stoff|ge|recht
Werk|stoff|in|ge|ni|eur; Werk|stoff|in|ge|ni|eu|rin
Werk|stoff|kun|de, die; -
Werk|stoff|prü|fung
Werk|stück
Werk|stu|dent; Werk|stu|den|tin
Werk|tag (Arbeitstag); des Werktags, *aber* ↑K70: werktags
werk|täg|lich; werk|tags; *vgl.* Werktag; **Werk|tags|ar|beit**
werk|tä|tig; Werk|tä|ti|ge, der *u.* die; -n, -n
Werk|ti|tel; Werk|treue
Werk|un|ter|richt
Werk|ver|zeich|nis *(Musik, bild. Kunst)*
Werk|woh|nung[1]**; Werk|zeit|schrift**[1]
Werk|zeug; Werk|zeug|kas|ten [*alte Trennung* ...|st...]
Werk|zeug|ma|cher; Werk|zeug|ma|che|rin; Werk|zeug|ma|schi|ne; Werk|zeug|stahl
Wer|mut, der; -[e]s, -s (eine Pflanze; Wermutwein); **Wer|mut|bru|der** (*ugs. für* [betrunkener] Stadtstreicher); **Wer|mut[s]|trop|fen; Wer|mut|wein**
Wer|ner, *älter* Wern|her (m. Vorn.)
Wern|hard (m. Vorn.)
Wer|ra, die; - (Quellfluss der Weser)
Wer|re, die; -, -n (*südd., österr. u. schweiz. mdal. für* Maulwurfsgrille; Gerstenkorn)
Werst, die; -, -en ‹russ.› (altes russisches Längenmaß; *Zeichen* W); 5 Werst

wert

Das Adjektiv »wert« wird im Allgemeinen vom folgenden Verb getrennt geschrieben:
- wert sein
- du bist keinen Schuss Pulver (*ugs. für* nichts) wert
- das ist keinen Heller (*ugs. für* nichts) wert

In der Bedeutung »würdig« mit Genitiv:
- das ist höchster Bewunderung wert
- es ist nicht der Rede wert
- jmdn. des Vertrauens [für] wert achten, halten

Vgl. aber werthalten, wertschätzen

Wert, der; -[e]s, -e; auf etwas Wert legen; von Wert sein
Wert|ach|tung *(veraltet);* **Wert|an|ga|be; Wert|ar|beit,** die; -
wert|be|stän|dig; Wert|be|stän|dig|keit, die; -
Wert|brief
wer|ten
wert|er|hal|tend; Wert|er|hal|tung
Wert|er|mitt|lung (*für* Taxation)
Wer|te|ska|la, Wert|ska|la
Wer|te|wan|del
wert|frei; wertfreies Urteil
Wert|ge|gen|stand
wert|hal|ten (*veraltet für* in Ehren halten); jmds. Andenken werthalten
Wer|ther (Titelgestalt eines Romans von Goethe)
Wer|tig|keit
Wert|leh|re *(Philos.)*
wert|los; Wert|lo|sig|keit, die; -
Wert|mar|ke
Wert|maß, das; **wert|mä|ßig**
Wert|mes|ser, der
Wert|min|de|rung
wert|neu|t|ral

Wert|pa|ket
Wert|pa|pier; Wert|pa|pier|bör|se
Wert|sa|che *meist Plur.*
wert|schät|zen *(veraltend);* du schätzt wert *od.* wertschätzt; wertgeschätzt; wertzuschätzen; **Wert|schät|zung**
Wert|schrift (*schweiz. für* Wertpapier); **Wert|sen|dung; Wert|ska|la,** Wer|te|ska|la; **Wert|stei|ge|rung; Wert|stel|lung** *(Bankw.)*
Wert|stoff; Wert|stoff|samm|lung; Wert|stoff|ton|ne
Wer|tung
Wer|tungs|lauf *(Motorsport)*
Wert|ur|teil
wert|voll
Wert|vor|stel|lung *meist Plur.*
Wert|zei|chen
Wert|zu|wachs; Wert|zu|wachs|steu|er, die
wer|wei|ßen (*schweiz. für* hin u. her raten); du werweißt; gewerweißt
Wer|wolf, der (*im Volksglauben* Mensch, der sich zeitweise in einen Wolf verwandelt)
wes (*ältere Form von* wessen); wes das Herz voll ist, des geht der Mund über; wes Brot ich ess, des Lied ich sing!
We|sel (Stadt am Niederrhein)
we|sen (*veraltet für* als lebende Kraft vorhanden sein)
We|sen, das; -s, -; viel Wesen[s] machen; sein Wesen treiben
we|sen|haft *(geh.)*
We|sen|heit, die; - *(geh.)*
we|sen|los; We|sen|lo|sig|keit, die; -
We|sens|art; we|sens|ei|gen; we|sens|fremd; we|sens|ge|mäß; we|sens|gleich; we|sens|ver|wandt; We|sens|zug
we|sent|lich; ↑K 72: das Wesentliche; etwas, nichts Wesentliches; im Wesentlichen [*alte Schreibung* wesentlichen]
We|ser, die; - (dt. Strom); **We|ser|berg|land,** das; -[e]s ↑K 143; **We|ser|ge|bir|ge,** das; -s; ↑K 143 (Höhenzug im Weserbergland)
Wes|fall, der (*für* Genitiv)
wes|halb [*auch* ˈvɛs...]
We|sir, der; -s, -e ‹arab.› (*früher* Minister islamischer Herrscher)
Wes|ley [...li] (englischer Stifter des Methodismus); **Wes|ley|a|ner**
Wes|pe, die; -, -n; **Wes|pen|nest; Wes|pen|stich; Wes|pen|tail|le** (sehr schlanke Taille)
Wes|sel|bu|ren (Stadt in Schleswig-Holstein)
wes|sen; wes|sent|we|gen (*veraltet für* weswegen); **wes|sent|wil|len;** *nur in* um wessentwillen *(veraltend)*
Wes|si, der; -s, -s (*ugs. für* Westdeutscher)
Wes|so|brunn (Ort in Oberbayern); **Wes|so|brun|ner;** das Wessobrunner Gebet
[1]**West** (Himmelsrichtung; *Abk.* W); Ost und West; *fachspr.* der Wind kommt aus West; Autobahnausfahrt Frankfurt West, *auch* Frankfurt-West ↑K 148; *vgl.* Westen
[2]**West,** der; -[e]s, -e *Plur. selten* (*geh. für* Westwind); der kühle West blies um das Haus
West|a|f|ri|ka; West|aus|t|ra|li|en [*alte Trennung* ...|st...]
West|ber|lin ↑K 143; **West|ber|li|ner**
west|deutsch, *aber* ↑K 150: Westdeutsche Rektorenkonferenz; **West|deutsch|land**
Wes|te [*alte Trennung* ...|st...], die; -, -n ‹franz.›
Wes|ten [*alte Trennung* ...|st...], der; -s (Himmelsrichtung; *Abk.* W); gen Westen; *vgl.* [1]West; Wilder Westen ↑K 88
West|end, das; -s, -s ‹engl.› (vornehmer Stadtteil [Londons])
Wes|ten|ta|sche [*alte Trennung* ...|st...]; **Wes|ten|ta|schen|for|mat;** im Westentaschenformat (klein)
Wes|tern [*alte Trennung* ...|st...], der; -[s], - ‹amerik.› (Film, der im Wilden Westen spielt)
Wes|ter|wald [*alte Trennung* ...|st...], der; -[e]s (Teil des Rheinischen Schiefergebirges); **Wes|ter|wäl|der; wes|ter|wäl|disch**
West|eu|ro|pa; west|eu|ro|pä|isch; westeuropäische Zeit (*Abk.* WEZ); *aber* ↑K 150: die Westeuropäische Union (*Abk.* WEU)
West|fa|le, der; -n, -n; **West|fa|len; West|fä|lin; west|fä|lisch;** ↑K 142: westfälischer Schinken; *aber* ↑K 140: die Westfälische Pforte (*vgl.* [1]Porta Westfalica); ↑K 151: der Westfälische Friede[n]
West|flan|dern (belgische Provinz)
West|geld (*in der DDR ugs. für* frei konvertierbare Währung als zweites Zahlungsmittel)
west|ger|ma|nisch
West|in|di|en; west|in|disch, *aber* ↑K 140: die Westindischen Inseln
Wes|ting|house|brem|se ® [...haus...; *alte Trennung* ...|st...] ↑K 136 *(Eisenb.)*
West|jor|dan|land
West|küs|te [*alte Trennung* ...|st...]
West|ler (*in der DDR ugs. für* Bewohner der Bundesrepublik); **west|le|risch** ([betont] westlich [westeuropäisch] eingestellt)

west|lich
– die westliche Hemisphäre – westlicher Länge (*Abk.* w[est]. L.)
An »westlich« kann ein Substantiv im Genitiv oder mit »von« angeschlossen werden. Der Anschluss mit »von« wird bei artikellosen [geographischen] Namen bevorzugt: – westlich dieser Linie; westlich der Oder – westlich von Berlin, *selten:* westlich Berlins

West|li|che Dwi|na, die; -n -; ↑K 140 (russisch-lettischer Strom; *vgl.* Dwina)
West|mäch|te *Plur.*
West|mark, die; -, - (*ugs. für* Mark der Bundesrepublik Deutschland bis zur Währungsunion 1990)
West|mins|ter|ab|tei [*alte Trennung* ...|st...], die; - (in London)
[1]**West|nord|west,** der; -s (Himmelsrichtung; *Abk.* WNW)
[2]**West|nord|west,** der; -[e]s, -e *Plur. selten* (Wind; *Abk.* WNW)
West|nord|wes|ten [*alte Trennung* ...|st...], der; -s (*Abk.* WNW)
west|öst|lich; ein westöstlicher Wind, *aber* ↑K 88: der Westöstliche Diwan (Gedichtsammlung Goethes); **West-Ost-Ver|kehr** ↑K 26
West|rom; west|rö|misch, *aber* ↑K 140: das Weströmische Reich
West|sa|moa (Inselstaat im Pazifischen Ozean); *vgl.* Samoa; **West|sa|mo|a|ner; west|sa|mo|a|nisch**
[1]**West|süd|west** (Himmelsrichtung; *Abk.* WSW)

W

[2]**West|süd|west,** der; -[e]s, -e *Plur. selten* (Wind; *Abk.* WSW)
West|süd|wes|ten [*alte Trennung* ...|st...], der; -s (*Abk.* WSW)
West Vir|gi|nia [*auch, österr. nur,* - ...'dʒiː...] (Staat in den USA)
west|wärts; West|wind
wes|we|gen
wett (*selten für* quitt); wett sein; *vgl. aber* wetteifern, wettlaufen, wettmachen, wettrennen, wettstreiten, wettturnen
Wett|an|nah|me
Wett|be|werb, der; -[e]s, -e
Wett|be|wer|ber; Wett|be|wer|be|rin; wett|be|werb|lich
Wett|be|werbs|be|din|gung; Wett|be|werbs|be|schrän|kung
wett|be|werbs|fä|hig
Wett|be|werbs|teil|neh|mer; Wett|be|werbs|teil|neh|me|rin
Wett|be|werbs|ver|zer|rung; Wett|be|werbs|wirt|schaft, die; -
Wett|bü|ro
Wet|te, die; -, -n; um die Wette laufen
Wett|ei|fer; Wett|ei|fe|rer
wett|ei|fern; ich wetteifere; gewetteifert; zu wetteifern
wet|ten; wetten, dass sie gewinnt?
[1]**Wet|ter,** der (jmd., der wettet)
[2]**Wet|ter,** das; -s, - (*Bergmannsspr. auch für* alle in der Grube vorkommenden Gase); schlagende, böse, matte Wetter *(Bergmannsspr.)*
wet|ter|ab|hän|gig
Wet|ter|amt; Wet|ter|an|sa|ge
Wet|ter|au, die; - (Senke zwischen Vogelsberg u. Taunus)
Wet|ter|aus|sicht *meist Plur.;* **Wet|ter|be|richt; Wet|ter|be|ru|hi|gung; Wet|ter|bes|se|rung**
wet|ter|be|stän|dig; wet|ter|be|stim|mend
Wet|ter|dach; Wet|ter|da|ten *Plur.;* **Wet|ter|dienst; Wet|ter|fah|ne**
wet|ter|fest
Wet|ter|fleck (*österr. für* Lodencape); **Wet|ter|frosch**
wet|ter|füh|lig; Wet|ter|füh|lig|keit, die; -
Wet|ter|füh|rung *(Bergmannsspr.)*
Wet|ter|gott; Wet|ter|hahn; Wet|ter|häus|chen
Wet|ter|kar|te
Wet|ter|kun|de, die; - (Meteorologie); **wet|ter|kun|dig; wet|ter|kund|lich** (meteorologisch)
Wet|ter|la|ge
wet|ter|leuch|ten; es wetterleuchtet; gewetterleuchtet; zu wetterleuchten; **Wet|ter|leuch|ten,** das; -s
wet|tern (*veraltend für* gewittern; *ugs. für* laut schelten); ich wettere; es wettert
Wet|ter|pro|g|no|se; Wet|ter|pro|phet (*scherzh. für* Meteorologe); **Wet|ter|re|gel; Wet|ter|sa|tel|lit; Wet|ter|schei|de; Wet|ter|sei|te; Wet|ter|sta|ti|on; Wet|ter|sturz; Wet|ter|um|schlag; Wet|ter|um|schwung**
Wet|ter|vor|her|sa|ge
Wet|ter|war|te; Wet|ter|wech|sel
wet|ter|wen|disch
Wett|fah|rer; Wett|fah|re|rin
Wett|fahrt
Wet|tin (Stadt an der Saale); Haus Wettin (ein dt. Fürstengeschlecht); **Wet|ti|ner,** der; -s, -; **wet|ti|nisch,** *aber* ↑K 88: die Wettinischen Erblande
Wett|kampf *(bes. Sport);* **Wett|kämp|fer; Wett|kämp|fe|rin; wett|kampf|mä|ßig**
Wett|lauf; wett|lau|fen *nur im Infinitiv gebr.;* **Wett|lau|fen,** das; -s
Wett|läu|fer; Wett|läu|fe|rin
wett|ma|chen; ich mache wett; wettgemacht; wettzumachen
wett|ren|nen *vgl.* wettlaufen; **Wett|ren|nen,** das; -s, -
Wett|ru|dern, das; -s
Wett|rüs|ten [*alte Trennung* ...|st...], das; -s
Wett|schwim|men, das; -s; **Wett|spiel**
Wett|streit; wett|strei|ten *vgl.* wettlaufen
Wett|tau|chen, *auch* **Wett-Tau|chen** [*alte Schreibung* Wettauchen, *alte Trennung* ...tt|t...], das; -s
Wett|teu|fel, *auch* **Wett-Teu|fel** [*alte Schreibung* Wetteu|fel, *alte Trennung* ...tt|t...]
wett|tur|nen [*alte Schreibung* wettur|nen, *alte Trennung* ...tt-t...] ↑K 169; *vgl.* wettlaufen; **Wett|tur|nen,** *auch* **Wett-Tur|nen,** das; -s, -
wet|zen; du wetzt
Wetz|lar (Stadt an der Lahn)
Wetz|stahl; Wetz|stein
WEU = Westeuropäische Union
Wey|mouths|kie|fer [...muːts...], Wei|muts|kie|fer ‹nach Lord Weymouth› (nordamerikanische Kiefer)
WEZ = westeuropäische Zeit
WG = Wohngemeinschaft
wg. = wegen
WGB = Weltgewerkschaftsbund
Whig [v...], der; -s, -s ‹engl.› (Angehöriger der brit. liberalen Partei); *vgl.* Tory
Whirl|pool® ['vøːɐ̯lpuːl], der; -s, -s ‹engl.› (Bassin mit sprudelndem Wasser)
Whis|key ['vɪski], der; -s, -s ‹gälisch-engl.› (amerikanischer od. irischer Whisky); **Whis|ky** ['vɪski], der; -s, -s ([schottischer] Branntwein aus Getreide od. Mais); Whisky pur
Whist [v...], das; -[e]s ‹engl.› (ein Kartenspiel); **Whist|spiel**
Whit|man ['vɪtmən], Walt [vɔːlt] (amerikanischer Lyriker)
WHO = World Health Organization (Weltgesundheitsorganisation)
Who's who ['huːs 'huː] ‹engl., »Wer ist wer?«› (Titel biografischer Lexika)
wib|be|lig (*landsch. für* nervös)
Wib|ke *vgl.* Wiebke
Wichs, der; -es, -e, *österr.* die; -, -en (Festkleidung der Korpsstudenten); in vollem Wichs
Wichs|bürs|te [*alte Trennung* ...|st...] (*ugs. für* Schuhbürste)
Wich|se, die; -, -n (*ugs. für* Schuhwichse; *nur Sing.:* Prügel); **wichsen** (*auch derb für* onanieren); du wichst; **Wich|ser** (derbes Schimpfwort)
Wichs|lein|wand (*österr. ugs. für* Wachstuch)
Wicht, der; -[e]s, -e ([kleines] Kind; Kobold; *abwertend für* männliche Person)
Wich|te, die; -, -n (*Physik veraltet für* Dichte)
Wich|tel, der; -s, -, **Wich|tel|männchen** (Heinzelmännchen)
wich|tig; am wichtigsten; ↑K 72: alles Wichtige, etwas, nichts Wichtiges, Wichtigeres; das Wichtigste sagen; sich wichtig machen; etwas, sich wichtig nehmen; [sich] wichtig tun; irgendwelche wichtig tuende[n] [*alte Schreibung* wichtigtuende(n)] Leute
Wich|tig|keit
Wich|tig|ma|cher (*österr. für* Wichtigtuer); **Wich|tig|ma|che|rin** (*österr. für* Wichtigtuerin)
wich|tig tu|end [*alte Schreibung* wich|tig|tu|end]; **Wich|tig|tu|er; Wich|tig|tu|e|rei; Wich|tig|tu|e|rin; wich|tig|tu|e|risch**
Wi|cke [*alte Trennung* ...k|k...], die; -, -n ‹lat.› (eine Pflanze); in

W

die Wicken gehen (*ugs. für* verloren gehen)
Wi|ckel [*alte Trennung* ...k|k...], der; -s, -; **Wi|ckel|ga|ma|sche**
Wi|ckel|kind [*alte Trennung* ...k|k...]; **Wi|ckel|kom|mo|de**
wi|ckeln [*alte Trennung* ...k|k...]; ich wick[e]le; **Wi|ckel|rock**
Wi|ckel|tisch [*alte Trennung* ...k|k...]; **Wi|ckel|tuch** *Plur.* ...tücher
Wi|cke|lung [*alte Trennung* ...k|k...], Wick|lung; **Wick|ler; Wick|lung** *vgl.* Wickelung
Wi|dah, die; -, -s ‹nach dem Ort Ouidah in Afrika› (ein afrikanischer Vogel); **Wi|dah|vo|gel**
Wid|der, der; -s, - (männliches Zuchtschaf; *nur Sing.:* ein Sternbild)
wi|der (*meist geh. für* [ent]gegen); *Präposition mit Akkusativ:* das war wider meinen ausdrücklichen Wunsch; wider [alles] Erwarten; wider Willen; *vgl. aber* wieder; das Für und [das] Wider
wi|der... *in Verbindung mit Verben: in unfesten Zusammensetzungen,* z. B. widerhallen, widergehallt; *in festen Zusammensetzungen,* z. B. widersprechen, widersprochen
wi|der|bors|tig [*alte Trennung* ...|st...] (*ugs. für* widersetzlich)
Wi|der|christ, der; -[s] (*Rel.* der Teufel) *u.* der; -en, -en (Gegner des Christentums)
Wi|der|druck, der; -[e]s, ...drucke (*Druckw.* Bedrucken der Rückseite des Druckbogens [*vgl.* Schöndruck]); *vgl. aber* Wiederdruck

wi|der|ei|n|an|der
(*veraltend für* gegeneinander)
Man schreibt »widereinander« immer getrennt vom folgenden Verb oder Partizip ↑K 50: – widereinander arbeiten, widereinander kämpfen usw. – die widereinander arbeitenden Gruppen – widereinander stoßen [*alte Schreibung* widereinanderstoßen]

wi|der|fah|ren; mir ist ein großes Unglück widerfahren
Wi|der|ha|ken
Wi|der|hall, der; -[e]s, -e (Echo); **wi|der|hal|len;** das Echo hat widergehallt
Wi|der|halt, der; -[e]s (Gegenkraft, Stütze)
Wi|der|hand|lung (*schweiz. für* Zuwiderhandlung)
Wi|der|kla|ge (Gegenklage); **Wi|der|klä|ger; Wi|der|klä|ge|rin**
Wi|der|klang; wi|der|klin|gen
Wi|der|la|ger (*Technik* Verankerung, Auflagefläche für Bogen, Gewölbe, Träger)
wi|der|leg|bar; wi|der|le|gen; er hat diesen Irrtum widerlegt; **Wi|der|le|gung**
wi|der|lich; Wi|der|lich|keit
Wi|der|ling (widerlicher Mensch)
wi|der|na|tür|lich; Wi|der|na|tür|lich|keit
Wi|der|part, der; -[e]s, -e (Gegner[schaft]); Widerpart geben, bieten
wi|der|ra|ten (*veraltend für* abraten)
wi|der|recht|lich; Wi|der|recht|lich|keit
Wi|der|re|de; keine Widerrede!; **wi|der|re|den** (*selten für* widersprechen); sie hat widerredet
Wi|der|rist (erhöhter Teil des Rückens bei Vierfüßern)
Wi|der|ruf; bis auf Widerruf; **wi|der|ru|fen** (zurücknehmen); er hat sein Geständnis widerrufen
wi|der|ruf|lich [*auch* ...'ru:f...] *(Rechtsspr.);* **Wi|der|ruf|lich|keit,** die; -; **Wi|der|ru|fung**
Wi|der|sa|cher, der; -s, -; **Wi|der|sa|che|rin**
wi|der|schal|len (*veraltend für* widerhallen)
Wi|der|schein (Gegenschein); **wi|der|schei|nen**
Wi|der|see, die (*Seemannsspr.* rücklaufende Brandung)
wi|der|set|zen, sich; ich habe mich dem Plan widersetzt
wi|der|setz|lich; Wi|der|setz|lich|keit
Wi|der|sinn, der; -[e]s (Unsinn; logische Verkehrtheit); **wi|der|sin|nig; Wi|der|sin|nig|keit**
wi|der|spens|tig [*alte Trennung* ...|st...]; **Wi|der|spens|tig|keit**
wi|der|spie|geln; die Sonne hat sich im Wasser widergespiegelt; **Wi|der|spie|ge|lung, Wi|der|spieg|lung**
Wi|der|spiel, das; -[e]s (*geh. für* das Gegeneinanderwirken)
wi|der|spre|chen; sich widersprechen; du widersprichst dir
Wi|der|spruch
wi|der|sprüch|lich; Wi|der|sprüch|lich|keit
wi|der|spruchs|frei
Wi|der|spruchs|geist, der; -[e]s, ...geister (*nur Sing.:* Neigung, zu widersprechen; *ugs. für* jmd., der widerspricht)
Wi|der|spruchs|kla|ge *(Rechtsw.)*
wi|der|spruchs|los; wi|der|spruchs|voll
Wi|der|stand; Wi|der|stands|be|we|gung
wi|der|stands|fä|hig; Wi|der|stands|fä|hig|keit, die; -
Wi|der|stands|kampf, der; -[e]s; **Wi|der|stands|kämp|fer; Wi|der|stands|kämp|fe|rin**
Wi|der|stands|kraft
Wi|der|stands|li|nie
wi|der|stands|los; Wi|der|stands|lo|sig|keit, die; -
Wi|der|stands|mes|ser, der *(Elektrot.)*
Wi|der|stands|pflicht, die; -; **Wi|der|stands|recht,** das; -[e]s; **Wi|der|stands|wil|le**
wi|der|ste|hen; sie hat der Versuchung widerstanden
Wi|der|strahl (Widerschein)
wi|der|stre|ben (entgegenwirken); es hat ihm widerstrebt; **Wi|der|stre|ben,** das; -s; **wi|der|stre|bend** (ungern)
Wi|der|streit; im Widerstreit der Meinungen; **wi|der|strei|ten;** widerstreitende Interessen
wi|der|wär|tig; Wi|der|wär|tig|keit
Wi|der|wil|le, *seltener* **Wi|der|wil|len; wi|der|wil|lig; Wi|der|wil|lig|keit**
Wi|der|wort *Plur.* ...worte; Widerworte geben
wid|men; sie hat ihm ihr letztes Buch gewidmet
Wid|mung
Wid|mungs|e|x|em|p|lar *(Buchw.);* **Wid|mungs|ta|fel**
Wi|do (m. Vorn.)
wid|rig (zuwider; *übertr. für* unangenehm); ein widriges Geschick; **wid|ri|gen|falls** *(Amtsspr.);* **Wid|rig|keit**
Wi|du|kind, Wit|te|kind (ein Sachsenherzog)
Wi|dum, das; -s, -e (*westösterr. für* Pfarrgut)
wie; wie geht es dir?; sie ist so schön wie ihre Freundin, *aber bei Ungleichheit:* sie ist schöner als ihre Freundin; ↑K 112: er ist so stark wie Ludwig; so schnell wie, *älter* als möglich; im Krieg wie [auch] (und [auch]) im

wie|der

(nochmals, erneut; zurück)
– um, für nichts und wieder nichts; hin und wieder (zuweilen); wieder einmal
Vgl. aber wider

I. *Zusammenschreibung in Verbindung mit Verben und Adjektiven vor allem dann, wenn »wieder« im Sinne von »zurück« verstanden wird:*
– ich kann dir das Geld erst morgen wiedergeben
– der Restbetrag wurde ihr wiedererstattet
– er hat alle geliehenen Bücher wiedergebracht
– kann ich bitte meinen Kugelschreiber wiederhaben?
– wenn du jetzt gehst, brauchst du nicht mehr wiederzukommen!

Zusammenschreibung auch in folgenden Fällen:
– wiederkäuen ([von bestimmten Tieren:] nochmals kauen; *auch übertr. für* ständig wiederholen)
– Festtage, die jährlich wiederkehren (sich wiederholen)
– sie hat den Text wörtlich wiedergegeben (wiederholt)
– er wollte den Vorfall wahrheitsgetreu wiedergeben (schildern, darstellen)
– würden Sie den letzten Satz bitte wiederholen
– das Fernsehspiel ist schon mehrfach wiederholt worden
– eine Klasse, den Lehrstoff wiederholen
– das Experiment war nicht wiederholbar
– die Kranke ist noch nicht ganz wiederhergestellt (gesundet)
Vgl. aber wieder II

II. *Getrenntschreibung vor allem dann, wenn »wieder« im Sinne von »nochmals, erneut« verstanden wird:*
– wieder abdrucken, wieder anfangen, das Spiel wieder anpfeifen
– dieses Modell wird jetzt wieder hergestellt (erneut produziert)
– sie hat ihre Arbeit wieder aufgenommen [*alte Schreibung* wiederaufgenommen]
– einen Ort wieder aufsuchen
– es ist mir alles wieder eingefallen [*alte Schreibung* wiedereingefallen]
– die alten Vorschriften wieder einführen
– sie wurde in ihr früheres Amt wieder eingesetzt [*alte Schreibung* wiedereingesetzt]
– das Haus wurde wieder hergerichtet [*alte Schreibung* wiederhergerichtet]
– ich werde das nicht wieder tun [*alte Schreibung* wiedertun]

III. *In vielen Fällen ist Getrennt- oder Zusammenschreibung möglich, vor allem dann, wenn die Betonung entweder nur auf »wieder« oder sowohl auf »wieder« als auch auf dem Verb oder Adjektiv liegen kann:*
– die Firma wieder aufbauen, *auch* wiederaufbauen
– ein Theaterstück wieder aufführen, *auch* wiederaufführen
– wir haben uns auf dem Kongress wiedergesehen (haben ein Wiedersehen gefeiert), *auch* wieder gesehen (sind uns erneut begegnet); *aber nur* der Blinde konnte nach der Operation wieder sehen
– das Material ist wieder verwertbar, *auch* wiederverwertbar

Frieden; die Auslagen[,] wie [z. B.] Post- und Fernsprechgebühren sowie Eintrittsgelder[,] ersetzen wir; ich begreife nicht, wie so etwas möglich ist; komm so schnell, wie du kannst; ↑K 125: er legte sich[,] wie üblich[,] ins Bett; wieso; wiewohl *(vgl. d.)*; wie sehr; wie lange; wie oft; wie viel [*alte Schreibung* wieviel] *(vgl. d.)*; wie [auch] immer; ↑K 81: es kommt auf das Wie an

wie|beln (*landsch. für* sich lebhaft bewegen; *ostmitteld. für* sorgfältig flicken, stopfen); ich wieb[e]le

Wieb|ke, Wib|ke (w. Vorn.)

[1]**Wied,** die; - (rechter Nebenfluss des Mittelrheins)

[2]**Wied** (mittelrheinisches Adelsgeschlecht)

Wie|de, die; -, -n (*südd., südwestd. für* Weidenband, Flechtband)

Wie|de|hopf, der; -[e]s, -e (Vogel)

wie|der *s. Kasten*

Wie|der|ab|druck *Plur.* ...drucke

Wie|der|an|pfiff, der; -[e]s *(Sportspr.)*; **Wie|der|an|stoß,** der; -es

Wie|der|auf|bau, der; -[e]s; **Wie|der|auf|bau|ar|beit; wie|der auf|bau|en,** *auch* **wie|der|auf|bau|en**

wie|der auf|be|rei|ten, *auch* **wie|der|auf|be|rei|ten**

Wie|der|auf|be|rei|tung; Wie|der|auf|be|rei|tungs|an|la|ge

wie|der auf|füh|ren, *auch* **wie|der|auf|füh|ren; Wie|der|auf|füh|rung**

wie|der auf|lad|bar, *auch* **wie|der|auf|lad|bar**

Wie|der|auf|nah|me; Wie|der|auf|nah|me|ver|fah|ren *(Rechtsspr.)*; **wie|der auf|neh|men** [*alte Schreibung* wie|der|auf|neh|men]

Wie|der|auf|rich|tung

wie|der auf|su|chen [*alte Schreibung* wie|der|auf|su|chen]; **wie|der auf|tau|chen** [*alte Schreibung* wie|der|auf|tau|chen]

Wie|der|be|ginn

wie|der|be|kom|men (zurückbekommen); ich habe das Buch wiederbekommen; *aber* er wird diesen Ausschlag nicht wieder (kein zweites Mal) bekommen

wie|der be|le|ben, *auch* **wie|der|be|le|ben; Wie|der|be|le|bung; Wie|der|be|le|bungs|ver|such**

Wie|der|be|tä|ti|gung (*österr. Rechtsw.* verbotene nationalsozialistische Betätigung nach 1945)

wie|der|brin|gen (zurückbringen); sie hat das Buch wiedergebracht; *aber* (*vgl.* wieder, II): wenn er dasselbe Argument schon wieder bringt ...

Wie|der|druck, der; -[e]s, -e (Neudruck); *vgl. aber* Widerdruck

wie|der ein|fal|len [*alte Schreibung* wie|der|ein|fal|len]

Wie|der|ein|glie|de|rung

wie|der ein|set|zen [*alte Schreibung* wie|der|ein|set|zen]; **Wie|der|ein|set|zung;** Wiedereinsetzung in den vorigen Stand *(Rechtsw.)*

Wie|der|ein|stieg

Wie|der|ein|tritt

W

wie|der ent|de|cken, *auch* **wie|der|ent|de|cken** [*alte Trennung* ...k|k...]; **Wie|der|ent|de|ckung**
wie|der er|ken|nen, *auch* **wie|der|er|ken|nen**
wie|der|er|lan|gen (zurückbekommen); **Wie|der|er|lan|gung**
wie|der|er|o|bern; die Stadt wurde wiedererobert (zurückerobert); *aber* die Stadt wurde wieder (erneut) erobert; **Wie|der|er|o|be|rung**
wie|der er|öff|nen, *auch* **wie|der|er|öff|nen; Wie|der|er|öff|nung**
wie|der|er|stat|ten; die Bank hat das Geld wiedererstattet (zurückerstattet); *aber* die Bank hat das Geld wieder (erneut) erstattet; **Wie|der|er|stat|tung**
wie|der er|we|cken, *auch* **wie|der|er|we|cken** [*alte Trennung* ...k|k...]; **Wie|der|er|we|ckung**
wie|der fin|den, *auch* **wie|der|fin|den**
wie|der|for|dern (zurückfordern); ich fordere wieder; er hat das Geld wiedergefordert; *aber* wir wurden vom Gegner wieder (erneut) gefordert
Wie|der|ga|be; die Wiedergabe eines Konzertes auf Tonband
Wie|der|gän|ger (ruheloser Geist eines Toten)
wie|der|ge|ben (zurückgeben; darbieten); ich gebe wieder; die Freiheit wurde ihm wiedergegeben; sie hat das Gedicht vollendet wiedergegeben; *aber* sie hat ihm die Schlüssel schon wieder (nochmals) gegeben
wie|der|ge|bo|ren, *auch* **wie|der ge|bo|ren; Wie|der|ge|burt**
wie|der|ge|win|nen (zurückgewinnen); er hat sein verlorenes Geld wiedergewonnen; *aber* wieder gewinnen (nochmals gewinnen)
wie|der gut|ma|chen [*alte Schreibung* wie|der|gut|ma|chen]; **Wie|der|gut|ma|chung**
wie|der|ha|ben *(ugs.);* ich muss das Buch bald wiederhaben (zurückbekommen), *aber* ich muss das Buch bald wieder (erneut) haben
wie|der her|rich|ten [*alte Schreibung* wie|der|her|rich|ten]
wie|der|her|stel|len (in den alten Zustand bringen; gesund machen); *aber* solche Produkte werden neuerdings auch bei uns wieder hergestellt; **Wie|der|her|stel|lung; Wie|der|her|stel|lungs|kos|ten** [*alte Trennung* ...|st...] *Plur.*
wie|der|hol|bar
wie|der|ho|len (zurückholen); ich hole wieder; er hat seine Bücher wiedergeholt; *aber* wieder holen (nochmals holen)
wie|der|ho|len; ich wiederhole; sie hat ihre Forderungen wiederholt; **wie|der|holt** (mehrmals)
Wie|der|ho|lung; Wie|der|ho|lungs|fall,der; im Wiederholungsfall[e] *(Amtsspr.)*
Wie|der|ho|lungs|kurs (*schweiz. für* jährliche Reserveübung nach der Grundausbildung; *Abk.* WK)
Wie|der|ho|lungs|spiel *(Sport)*
Wie|der|ho|lungs|tä|ter *(Rechtsw.)*
Wie|der|ho|lungs|zei|chen *(Musik)*
Wie|der|hö|ren, das; -s; auf Wiederhören! (Abschiedsformel beim Telefonieren u. im Rundfunk)
Wie|der|in|be|sitz|nah|me
Wie|der|in|stand|set|zung
wie|der|käu|en; die Kuh käut wieder; **Wie|der|käu|er**
Wie|der|kauf (Rückkauf); **wie|der|kau|fen** (zurückkaufen, einlösen); *aber* wieder (erneut) kaufen; **Wie|der|käu|fer; Wie|der|kaufs|recht** *(Rechtsspr.)*
Wie|der|kehr, die; -; **wie|der|keh|ren** (zurückkehren; sich wiederholen)
wie|der|kom|men (zurückkommen); ich komme wieder; sie ist heute wiedergekommen; *aber* wieder kommen (nochmals kommen); **Wie|der|kunft,** die; - (*veraltend für* Rückkehr)
Wie|der|schau|en, das; -s *(landsch.);* auf Wiederschauen!
wie|der|se|hen (ein Wiedersehen feiern), *auch* **wie|der se|hen** (erneut begegnen); *aber nur* der Blinde konnte nach der Operation wieder sehen; **Wie|der|se|hen,** das; -s, -; auf Wiedersehen!; jmdm. Auf, *auch* auf Wiedersehen sagen; **Wie|der|se|hens|freu|de,** die; -
Wie|der|tau|fe, die; - *(Rel.);* **Wie|der|täu|fer**
wie|der tun [*alte Schreibung* wie|der|tun]
wie|de|r|um
wie|der ver|ei|ni|gen, *auch* **wie|der|ver|ei|ni|gen; Wie|der|ver|ei|ni|gung**
Wie|der|ver|hei|ra|tung
Wie|der|ver|käu|fer (Händler)
wie|der ver|wen|den, *auch* **wie|der|ver|wen|den; Wie|der|ver|wen|dung;** zur Wiederverwendung (*Abk.* z. Wv.)
wie|der ver|wert|bar, *auch* **wie|der|ver|wert|bar; wie|der ver|wer|ten,** *auch* **wie|der|ver|wer|ten; Wie|der|ver|wer|tung**
Wie|der|vor|la|ge, die; -; zur Wiedervorlage (*Amtsspr.; Abk.* z. Wv.)
Wie|der|wahl; wie|der wäh|len, *auch* **wie|der|wäh|len**
wie|feln (*landsch. für* vernähen, stopfen); ich wief[e]le
wie|fern (*veraltet für* inwiefern)
Wie|ge, die; -, -n
wie|geln (*landsch. für* leise wiegen); ich wieg[e]le
Wie|ge|mes|ser, das
[1]**wie|gen** (schaukeln; zerkleinern); du wiegst; du wiegtest; gewiegt; sich wiegen
[2]**wie|gen** (das Gewicht feststellen; *fachspr. nur für* Gewicht haben); du wiegst; du wogst; du wögest; gewogen; wieg[e]!; ich wiege das Brot; das Brot wiegt (hat ein Gewicht von) zwei Kilo; *vgl.* wägen
Wie|gen|druck *Plur.* ...drucke
Wie|gen|fest (*geh. für* Geburtstag)
Wie|gen|lied
wie|hern; ich wiehere
Wiek, die; -, -en (*nordd. für* [kleine] Bucht an der Ostsee)
[1]**Wie|land** (Gestalt der germanischen Sage)
[2]**Wie|land** (dt. Schriftsteller); **wie|lan|disch;** wielandische [*alte Schreibung* Wielandische] Übersetzungen; *vgl.* wielandsch
wie|landsch; die wielandschen, *auch* Wieland'schen [*alte Schreibung* Wielandschen] Werke
Wie|lands|lied, das; -[e]s
wie lang, wie lan|ge; wie lang, wie lange ist das her?; wie lang, wie lange ist das her!
Wie|ling, die; -, -e (*Seemannsspr.* Fender für Boote)
Wien (Hauptstadt Österreichs); **Wie|ner;** Wiener Kalk; Wiener Schnitzel; Wiener Würstchen; **wie|ne|risch**
Wie|ner|le, das; -s, - *(landsch.),* **Wie|ner|li,** das; -s, - (*schweiz. für* Wiener Würstchen)
wie|nern (*ugs. für* blank putzen)
Wie|ner Neu|stadt (österreichische Stadt); **Wie|ner|stadt,** die; - (volkstümliche Bezeich-

wild

Kleinschreibung:
- wilde Ehe; wilder Wein; wilder Streik; wildes Tier
- er spielt den wilden Mann *(ugs.)*

Großschreibung in Namen:
- ↑K 140: Wilder Westen; Wilder Kaiser; Wilde Kreuzspitze
- ↑K 150: die Wilde Jagd (Geisterheer); der Wilde Jäger (eine Geistergestalt)

Großschreibung der Substantivierung ↑K 72:
- sich wie ein Wilder gebärden *(ugs.; vgl.* ²Wilde)

Getrenntschreibung ↑K 58:
- wild wachsen
- wild wachsende [*alte Schreibung* wildwachsende] Pflanzen
- die wild lebenden [*alte Schreibung* wildlebenden] Tiere
- ein wild gewordener (*ugs. abwertend für* unbeherrschter) Kontrolleur

Vgl. aber wilddieben

nung Wiens); **Wie|ner|wald,** der; -[e]s; ↑K 143 (nordöstlicher Ausläufer der Alpen)

Wie|pe, die; -, -n (*nordd. für* Strohwisch)

Wies|ba|den (Hauptstadt Hessens); **Wies|ba|de|ner,** Wies|badner; **wies|ba|densch, wies|ba|disch; Wies|bad|ner** *vgl.* Wiesbadener

Wies|baum, Wie|se|baum (Stange über dem beladenen [Heu]wagen, Heubaum)

Wie|se, die; -, -n

Wie|se|baum *vgl.* Wiesbaum

wie sehr

Wie|sel, das; -s, - (ein Marder); **wie|sel|flink; wie|seln** (sich schnell bewegen); ich wies[e]le

Wie|sen|blu|me; Wie|sen|cham|pi|gnon; Wie|sen|grund *(veraltend);* **Wie|sen|schaum|kraut; Wie|sen|tal**

Wie|sen|wachs *od.* Wies|wachs, der; -es (*veraltet, noch landsch. für* Grasertrag der Wiesen); **Wies|land,** das; -[e]s *(schweiz.);* **Wies|lein**

wie|so

Wies|wachs *vgl.* Wiesenwachs

wie|ten (*landsch. für* jäten)

wie viel [*auch* 'vi: -; *alte Schreibung* wieviel]; wie viel[e] Personen; wievielmal *(vgl. d.), aber* wie viele Male (*vgl.* Mal); ich weiß nicht, wie viel er hat; wenn du wüsstest, wie viel ich verloren habe; [um] wie viel mehr; **wie|vie|ler|lei** [*auch* 'vi:...]; **wie|viel|mal** [*auch* 'vi:...], *aber* wie viel[e] Mal[e]; *vgl.* Mal *u.* wie viel; **wie|viel|te** [*auch* 'vi:...]; zum wievielten Male ich das schon gesagt habe; ↑K 80: der Wievielte ist heute?

wie|weit (inwieweit); ich bin im Zweifel, wieweit ich mich darauf verlassen kann, *aber* wie weit ist es von hier bis ...?

wie we|nig *vgl.* wenig

wie|wohl *(veraltend);* die einzige, wiewohl wertvolle Belohnung

Wight [vait] (britische Insel)

Wig|wam, der; -s, -s ⟨indian.-engl.⟩ (Zelt, Hütte nordamerikanischer Indianer)

Wi|king, der; -s, -er *u.* **Wi|kin|ger** ⟨altnord.⟩; **Wi|kin|ger|sa|ge,** die; -; **Wi|kin|ger|schiff; wi|kin|gisch**

Wi|k|lif *vgl.* Wyclif; **Wi|k|li|fit,** der; -en, -en (Anhänger Wyclifs)

Wi|la|jet, das; -[e]s, -s ⟨arab.-türk.⟩ (Verwaltungsbezirk im Osman. Reich)

wild *s. Kasten*

Wild, das; -[e]s

Wild|bach

Wild|bahn; in freier Wildbahn

Wild|be|stand

Wild|bret, das; -s (Fleisch des geschossenen Wildes)

Wild|card ['vailtka:ɐt], die; -, -s, *auch* **Wild Card** [*alte Schreibung* Wild card], die; - -, - -s, ⟨engl.⟩ (*Tennis* vom Veranstalter vergebene freie Platzierung bei einem Turnier)

Wild|dieb; wild|die|ben; ich wilddiebe; gewilddiebt; zu wilddieben; **Wild|die|be|rei**

¹**Wilde** [vailt], Oscar (engl. Dichter)

²**Wil|de,** der *u.* die; -n, -n

Wild|e|ber; Wild|en|te

wil|den|zen (*landsch. für* stark nach Wild riechen)

Wil|de|rei; Wil|de|rer (Wilddieb); **wil|dern;** ich wildere

Wild|fang (ausgelassenes Kind)

wild|fremd (*ugs. für* völlig fremd)

Wild|gans; Wild|gat|ter; Wild|he|ger

Wild|heit

Wild|heu|er, der (jmd., der an gefährlichen Hängen in den Alpen Heu macht)

Wild|hund; Wild|hü|ter; Wild|ka|nin|chen; Wild|kat|ze; Wild|kraut

wild le|bend [*alte Schreibung* wild|le|bend] *vgl.* wild

Wild|le|der

Wild|ling (Unterlage für die Veredelung von Obst u. Ziergehölzen; *Forstw.* wild gewachsenes Bäumchen)

Wild|nis, die; -, -se

Wild|park; Wild|pferd; Wild|pflan|ze

wild|reich; Wild|reich|tum, der; -s

Wild|rind

wild|ro|man|tisch

Wild|sau; Wild|scha|den

Wild|schütz, der (*veraltend für* Wilddieb)

Wild|schutz|zaun

Wild|schwein; Wild|tau|be

wild wach|send [*alte Schreibung* wild|wach|send] *vgl.* wild

Wild|was|ser, das; -s, - (Wildbach); **Wild|was|ser|bahn; Wild|was|ser|fahrt**

Wild|wech|sel

Wild|west *ohne Artikel;* **Wild|west|film**

Wild|wuchs; wild|wüch|sig

Wild|zaun

Wil|fried (m. Vorn.)

Wil|helm (m. Vorn.);

Wil|hel|mi|ne (w. Vorn.)

wil|hel|mi|nisch; *aber* ↑K 89: das Wilhelminische Zeitalter (Kaiser Wilhelms II.)

Wil|helms|ha|ven [...fn] (Hafenstadt an der Nordsee); **Wil|helms|ha|ve|ner**

Will (m. Vorn.)

Wil|le, der; -ns, -n *Plur. selten;* der letzte [*alte Schreibung* Letzte] Wille ↑K 151; wider Willen; jmdm. zu Willen sein; voll guten Willens; *vgl.* willens

Wil|le|gis (m. Vorn.)

wil|len; ↑K 70: um ... willen, um Gottes willen, um seiner selbst willen, um meinet-, deinet-, dessent-, derent-, seinet-, ihret-, unsert-, euretwillen

Wil|len, der; -s, - *Plur. selten* (*veraltend für* Wille); **wil|len|los; Wil|len|lo|sig|keit,** die; -

wil|lens ↑K 70: willens sein (beabsichtigen)[,] etwas zu tun

Wil|lens|akt; Wil|lens|äu|ße|rung; Wil|lens|bil|dung; Wil|lens|er|klä|rung; Wil|lens|frei|heit, die; -; **Wil|lens|kraft,** die; -

wil|lens|schwach; Wil|lens|schwä|che, die; -

wil|lens|stark; Wil|lens|stär|ke, die; -

wil|lent|lich (mit voller Absicht)

will|fah|ren, *auch* **will|fah|ren;** du willfahrst; du willfahrtest; willfahrt *od.* gewillfahrt; zu willfahren; **will|fäh|rig; Will|fäh|rig|keit,** die; -

Wil|li (m. Vorn.)

Wil|liam [...liəm] (m. Vorn.)

Wil|liams Christ|bir|ne (eine Tafelbirne)

Wil|li|bald, Wil|li|brord (m. Vorn.)

wil|lig (bereit); **wil|li|gen** *(geh.);* sie willigte in die Heirat

Wil|li|gis *vgl.* Willegis

Wil|li|ram (m. Vorn.)

Will|komm, der; -s, -e, *häufiger* **Will|kom|men,** das; -s, -; ein fröhliches Willkommen!; **will|kom|men;** jmdn. willkommen heißen; herzlich willkommen!; **Will|kom|mens|gruß; Will|kom|mens|trunk**

Will|kür, die; -; **Will|kür|akt; Will|kür|herr|schaft**

will|kür|lich

Will|kür|maß|nah|me

Wil|ly [...li], **Wilm** (m. Vorn.)

Wil|ma (w. Vorn.)

Wil|mar (m. Vorn.)

Wil|na (Hauptstadt Litauens; *vgl.* Vilnius)

Wil|son [...sn̩] (Präsident der USA)

Wils|ter [*alte Trennung* ...|st...] (Ortsname); **Wils|ter|marsch,** die; - ([2]Marsch nördlich der Niederelbe)

Wil|traud, Wil|trud (w. Vorn.)

Wim (m. Vorn.)

Wim|b|le|don [...l̩dən] (Vorort von London; Austragungsort eines berühmten Tennisturniers)

wim|meln; es wimmelt von Ameisen

wim|men, wüm|men ‹lat.› (*schweiz. mdal. für* Trauben lesen); gewimmt

[1]Wim|mer, der; -s, - (Knorren; Maser[holz]; *auch, bes. südd. für* Schwiele, kleine Warze)

[2]Wim|mer, die; -, -n ‹lat.› (*landsch. für* Weinlese)

[3]Wim|mer, der; -s, - (*landsch. für* Winzer)

Wim|mer|holz (*ugs. scherzh. für* Geige, Laute); **wim|me|rig**

Wim|merl, das; -s, -n (*bayr. u. österr. ugs. für* Hitze- od. Eiterbläschen)

wim|mern; ich wimmere; ↑K 82: das ist zum Wimmern *(ugs.)*

Wim|met, Wüm|met, der; -s ‹lat.› (*schweiz. mdal. für* Weinlese)

Wim|pel, der; -s, - ([kleine] dreieckige Flagge)

Wim|per, die; -, -n

Wim|perg, der; -[e]s, -e *u.* **Wim|per|ge,** die; -, -n (*Bauw.* gotische Spitzgiebel)

Wim|pern|tu|sche

Wim|per|tier|chen (einzelliges Lebewesen)

Win|ckel|mann (dt. Altertumsforscher)

wind *(veraltet); nur noch in* wind u. weh (*südwestd. u. schweiz. für* höchst unbehaglich, elend)

Wind, der; -[e]s, -e; von etwas Wind bekommen (*ugs. für* etwas heimlich, zufällig erfahren)

Wind|ab|wei|ser (am Auto)

Wind|bä|cke|rei [*alte Trennung* ...k|k...] (*österr. für* Schaumgebäck)

Wind|beu|tel (ein Gebäck; *ugs. auch für* leichtfertiger Mensch); **Wind|beu|te|lei** *(ugs.)*

Wind|bö, *auch* **...böe; Wind|bruch**

Wind|chill [...tʃɪl], der; - ‹engl.› (durch Wind verursachte verstärkte Kälteempfindung)

Win|de, die; -, -n (eine Hebevorrichtung; eine Pflanze)

Wind|ei (*Zool.* Vogelei mit weicher Schale; *Med.* abgestorbene Leibesfrucht; *vgl.* [2]Mole)

Win|del, die; -, -n; **win|deln;** ich wind[e]le; **win|del|weich**

[1]win|den (drehen); du wandest; du wändest; gewunden; wind[e]!; sich winden

[2]win|den (windig sein; *Jägerspr.* wittern); es windet; das Wild windet

Wind|e|ner|gie, die; -

Win|des|ei|le; in, mit Windeseile

Wind|fang; Wind|flüch|ter (vom Wind verformter Baum)

wind|ge|schützt

Wind|har|fe (*für* Äolsharfe); **Wind|hauch**

Wind|ho|se (Wirbelsturm)

Wind|huk (Hauptstadt Namibias)

Wind|hund (*ugs. auch für* leichtfertiger Mensch)

win|dig (*auch für* nicht solide)

Wind|ja|cke [*alte Trennung* ...k|k...]; **Wind|jam|mer,** der; -s, - (großes Segelschiff)

Wind|ka|nal

Wind|kraft; Wind|kraft|werk

Wind|licht *Plur.* ...lichter

Wind|ma|cher (*ugs. für* Wichtigtuer); **Wind|ma|che|rei** *(ugs.)*

Wind|ma|schi|ne; Wind|mo|tor

Wind|müh|le; Wind|müh|len|flü|gel

Wind|po|cken [*alte Trennung* ...k|k...] *Plur.* (eine Kinderkrankheit)

Wind|rad

Wind|rich|tung

Wind|rös|chen (*für* Anemone)

Wind|ro|se (Windrichtungs-, Kompassscheibe)

Wind|sack (an einer Stange aufgehängter Beutel, der Richtung u. Stärke des Windes anzeigt)

Winds|braut, die; - (*veraltend für* heftiger Wind)

Wind|schat|ten, der; -s (Leeseite eines Berges; geschützter Bereich hinter einem fahrenden Fahrzeug)

wind|schief (*ugs. für* krumm)

wind|schlüp|fig; wind|schnit|tig

Wind|schutz|schei|be; Wind|schutz|strei|fen *(Landw.)*

Wind|sor (englische Stadt; Name des englischen Königshauses)

Wind|spiel (kleiner Windhund)

Wind|stär|ke

wind|still; Wind|stil|le

Wind|stoß

wind|sur|fen *meist nur im Infinitiv gebr.;* **Wind|sur|fer** ‹dt.; engl.›; **Wind|sur|fing,** das; -s (Segeln auf einem Surfbrett)

Win|dung

Wind|zug, der; -[e]s

Win|fried (m. Vorn.)

Win|gert, der; -s, -e (*südd., westd. u. schweiz. für* Weingarten, Weinberg)

Win|golf, der; -s, -e (»Freundeshalle« der nord. Mythologie)

Wink, der; -[e]s, -e

win|ke; *nur in* winke, winke machen *(Kinderspr.)*

Win|kel, der; -s, -

Win|kel|ad|vo|kat *(abwertend)*

Win|kel|ei|sen; Win|kel|funk|ti|on *(Math.);* **Win|kel|ha|ken** *(Druckw.)*

Win|kel|hal|bie|ren|de, die; -n, -n

win|ke|lig *vgl.* winklig

Win|kel|klam|mer

Win|kel|maß; Win|kel|mes|ser
win|keln; ich wink[e]le den Arm
Win|kel|ried (schweiz. Held)
Win|kel|zug *meist Plur.*
win|ken; gewinkt (*häufig auch* gewunken *[gilt als standardsprachlich nicht korrekt]*); **Winker; Win|ker|flag|ge** *(Seew.);* **Win|ker|krab|be**
win|ke, win|ke *vgl.* winke
wink|lig, win|ke|lig
Win|ne|tou [...tu] (Indianergestalt bei Karl May)
Win|ni|peg (kanadische Stadt); **Win|ni|peg|see,** *auch* **Win|ni-peg-See,** der; -s
Winsch, die; -, -en ⟨engl.⟩ (*Seemannsspr.* eine Winde)
Win|se|lei *(abwertend)*
win|seln; ich wins[e]le
Win|ter, der; -s, -; Sommer wie Winter; winters *(vgl. d.);* wintersüber *(vgl. d.)*
Win|ter|a|bend; Win|ter|an|fang; Win|ter|ap|fel; Win|ter|bau, der; -[e]s (das Bauen im Winter)
Win|ter|cam|ping; Win|ter|ein-bruch; Win|ter|fahr|plan
win|ter|fest; winterfeste Kleidung
Win|ter|frucht (Wintergetreide)
Win|ter|gar|ten
Win|ter|gers|te [*alte Trennung* ...|st...]; **Win|ter|ge|trei|de; Win-ter|ha|fen; Win|ter|halb|jahr**
win|ter|hart; winterharte Pflanzen
Win|ter|kar|tof|fel; Win|ter|kleid; Win|ter|klei|dung; Win|ter|kohl, der; -[e]s; **Win|ter|kol|lek|ti|on** *(Mode);* **Win|ter|land|schaft**
win|ter|lich
Win|ter|ling (eine Pflanze)
Win|ter|man|tel
[1]**Win|ter|mo|nat** (in die Winterzeit fallender Monat)
[2]**Win|ter|mo|nat** *od.* **Win|ter|mond** (*alte dt. Bez. für* Dezember, *früher auch für* Januar *od.* November)
win|tern; es wintert
Win|ter|nacht; Win|ter|obst
win|ter|of|fen; winteroffene Pässe
Win|ter|o|lym|pi|a|de; Win|ter|pau-se; Win|ter|quar|tier; Win|ter|rei-fen; Win|ter|rei|se
win|ters ↑K 70, *aber* des Winters
Win|ter|saat; Win|ter|sa|chen *Plur.* (Winterkleidung); **Win|ter|sai-son**
Win|ters|an|fang (Winteranfang)
Win|ter|schlaf *(Zool.)*
Win|ter|schluss|ver|kauf [*alte Schreibung* ...schluß...]

Win|ter|schuh; Win|ter|se|mes|ter [*alte Trennung* ...|st...]; **Win|ter-son|nen|wen|de; Win|ter|spie|le** *Plur.* (die Olympischen Winterspiele)
Win|ter|sport; Win|ter|sport|ler
Win|ter|star|re *(Zool.)*
win|ters|ü|ber; *aber* den Winter über
Win|ters|zeit, die; - (Jahreszeit)
Win|ter|tag
win|ter|taug|lich; Win|ter|taug-lich|keit, die; -
Win|ter|thur (schweiz. Stadt)
Win|ter|zeit, die; - (Jahreszeit; Normalzeit im Vergleich zur Sommerzeit; *vgl.* Sommerzeit)
Win|zer, der; -s, -; **Win|zer|ge|nos-sen|schaft; Win|ze|rin; Win|zer-mes|ser,** das
win|zig; Win|zig|keit; Winz|ling
Wip|fel, der; -s, -
Wip|pe, die; -, -n (Schaukel); **wip-pen; Wip|per;** *vgl.* [1]Kipper
Wipp|sterz (*landsch. für* Bachstelze)
wir (*früher von Herrschern:* Wir); wir alle, wir beide; wir bescheidenen Leute; wir Armen; wir Deutschen, *auch* wir Deutsche
Wir|bel, der; -s, -; **wir|be|lig,** wirblig; **Wir|bel|kno|chen**
wir|bel|los; Wir|bel|lo|se *Plur.* (*Zool. zusammenfassende Bez. für* alle Vielzeller außer den Wirbeltieren)
wir|beln; ich wirb[e]le
Wir|bel|säu|le; Wir|bel|säu|len-gym|nas|tik [*alte Trennung* ...|st...]; **Wir|bel|säu|len|ver-krüm|mung**
Wir|bel|sturm (*vgl.* [1]Sturm)
Wir|bel|tier
Wir|bel|wind
wirb|lig *vgl.* wirbelig
wir|ken ↑K 82: sein segensreiches Wirken
Wir|ker; Wir|ke|rei; Wir|ke|rin
Wirk|kraft (Wirkungskraft); **Wirk-leis|tung** [*alte Trennung* ...|st...] *(Elektrot.)*
Wirkl. Geh. Rat = Wirklicher Geheimer Rat
wirk|lich
Wirk|li|che Ge|hei|me Rat, der; -n -n -[e]s, -n -n Räte (*früher; Abk.* Wirkl. Geh. Rat)
Wirk|lich|keit; wirk|lich|keits|fern
Wirk|lich|keits|form (*für* Indikativ)
wirk|lich|keits|fremd; wirk|lich-keits|ge|treu; wirk|lich|keits|nah

Wirk|lich|keits|sinn, der; -[e]s; **Wirk|lich|keits|treue**
wirk|sam; Wirk|sam|keit, die; -
Wirk|stoff
Wir|kung; Wir|kungs|be|reich, der
Wir|kungs|ge|schich|te; wir|kungs-ge|schicht|lich
Wir|kungs|grad; Wir|kungs|kraft; Wir|kungs|kreis
wir|kungs|los; Wir|kungs|lo|sig-keit, die; -
Wir|kungs|me|cha|nis|mus
wir|kungs|reich
Wir|kungs|stät|te
wir|kungs|voll
Wir|kungs|wei|se, die
Wirk|wa|ren *Plur.* (*Textilw.* gewirkte Waren)
wirr; Wir|ren *Plur.;* **Wirr|heit; wir-rig** (*landsch. für* wirr; zornig)
Wirr|kopf *(abwertend)*
Wirr|nis, die; -, -se; **Wirr|sal,** das; -[e]s, -e *u.* die; -, -e *(geh.);* **Wir-rung;** Irrungen u. Wirrungen
Wirr|warr, der; -s
wirsch (*landsch. für* ärgerlich)
Wir|sing, der; -s ⟨ital.⟩ *u.* **Wir|sing-kohl,** der; -[e]s
Wirt, der; -[e]s, -e
Wir|tel, der; -s, - (Schwunggewicht an der Spindel; *Bot.* Aststellung in Form eines Quirls); **wir|tel|för|mig; wir|te|lig,** wirtlig (quirlförmig)
wir|ten (*schweiz. für* eine Gastwirtschaft führen)
Wir|tin
wirt|lich (gastlich); **Wirt|lich|keit,** die; -
wirt|lig *vgl.* wirtelig
Wirt|schaft; wirt|schaf|ten; gewirtschaftet; **Wirt|schaf|ter** (Verwalter); **Wirt|schaf|te|rin**
Wirt|schaft|ler (Wirtschaftskundler; Unternehmer, leitende Persönlichkeit in Handel u. Industrie); **Wirt|schaft|le|rin**
wirt|schaft|lich; Wirt|schaft|lich-keit, die; -
Wirt|schafts|ab|kom|men
Wirt|schafts|a|sy|lant (*oft als diskriminierend empfunden* jmd., der [vornehmlich] aus wirtschaftlichen Gründen Asyl sucht)
Wirt|schafts|auf|schwung
Wirt|schafts|aus|schuss [*alte Schreibung* ...aus|schuß]; **Wirt-schafts|be|ra|ter**
Wirt|schafts|be|zie|hun|gen *Plur.*
Wirt|schafts|block (*vgl.* Block)
Wirt|schafts|de|likt
Wirt|schafts|em|bar|go

W

Wirt|schafts|flücht|ling
Wirt|schafts|ge|bäu|de
Wirt|schafts|geld
Wirt|schafts|ge|mein|schaft (Europäische Wirtschaftsgemeinschaft; *Abk.* EWG)
Wirt|schafts|ge|o|gra|phie, *auch* Wirt|schafts|ge|o|gra|fie
Wirt|schafts|ge|schich|te, die; -; **wirt|schafts|ge|schicht|lich**
Wirt|schafts|gip|fel
Wirt|schafts|gym|na|si|um
Wirt|schafts|hil|fe
Wirt|schafts|hoch|schu|le
Wirt|schafts|in|ge|ni|eur; Wirt|schafts|in|ge|ni|eu|rin
Wirt|schafts|jahr
Wirt|schafts|jour|na|list; Wirt|schafts|jour|na|lis|tin [*alte Trennung* ...|st...]
Wirt|schafts|kam|mer
Wirt|schafts|kraft
Wirt|schafts|krieg
Wirt|schafts|kri|mi|na|li|tät
Wirt|schafts|kri|se
Wirt|schafts|la|ge
Wirt|schafts|le|ben, das; -s
Wirt|schafts|leh|re
Wirt|schafts|len|kung
Wirt|schafts|mi|nis|ter [*alte Trennung* ...|st...]; **Wirt|schafts|mi|nis|te|rin; Wirt|schafts|mi|nis|te|ri|um**
Wirt|schafts|ord|nung
Wirt|schafts|po|li|tik; wirt|schafts|po|li|tisch
Wirt|schafts|pres|se, die; -
Wirt|schafts|prü|fer; Wirt|schafts|prü|fe|rin; Wirt|schafts|prü|fung
Wirt|schafts|raum
Wirt|schafts|sank|ti|o|nen *Plur.*
Wirt|schafts|spi|o|na|ge
Wirt|schafts|stand|ort
Wirt|schafts|sys|tem [*alte Trennung* ...|st...]
Wirt|schafts|teil (der Zeitung)
Wirt|schafts|the|o|rie
Wirt|schafts|ver|band
Wirt|schafts|wachs|tum
Wirt|schafts|wis|sen|schaft; Wirt|schafts|wis|sen|schaft|ler; Wirt|schafts|wis|sen|schaft|le|rin
wirt|schafts|wis|sen|schaft|lich
Wirt|schafts|wun|der *(ugs.)*
Wirt|schafts|zweig
Wirts|haus; Wirts|leu|te *Plur.*
Wirts|or|ga|nis|mus *(Biol.)*; **Wirts|pflan|ze**
Wirts|stu|be
Wirts|tier
Wirz, der; -es (*schweiz. für* Wirsing)
Wis. = [2]Wisconsin
Wisch, der; -[e]s, -e
Wisch|arm (am Scheibenwischer)
wi|schen; du wischst; **Wi|scher** (*ugs. auch für* Tadel)
Wi|scher|blatt (am Scheibenwischer)
wisch|fest
wi|schig (*nordd. für* zerstreut, kopflos); **Wi|schi|wa|schi,** das; -s (*ugs. für* unpräzise Darstellung)
Wisch|lap|pen
Wisch|nu (einer der Hauptgötter des Hinduismus)
Wisch|tuch *Plur.* ...tücher
[1]**Wis|con|sin,** der; -[s] (linker Nebenfluss des Mississippis)
[2]**Wis|con|sin** (Staat in den USA; *Abk.* Wis.)
Wi|sent, der; -s, -e (ein Wildrind)
Wis|mut, *chem. fachspr. auch* Bismut, das; -[e]s (chemisches Element, Metall; *Zeichen* Bi)
wis|peln (*landsch. für* wispern); ich wisp[e]le
wis|pern (flüstern); ich wispere
Wiss|be|gier[|de] [*alte Schreibung* Wiß...], die; -; **wiss|be|gie|rig**
wis|sen; du weißt, er weiß, ihr wisst; du wusstest [*alte Schreibungen* wißt; wußtest]; du wüsstest; gewusst [*alte Schreibungen* wüßtest; gewußt]; wisse!; kund und zu wissen tun *(altertümelnd)*; jmdn. etwas wissen lassen; wer weiß!
Wis|sen, das; -s; meines Wissens (*Abk.* m. W.) ist es so; wider besseres Wissen; **Wis|sen|de,** der *u.* die; -n, -n
Wis|sen|schaft
Wis|sen|schaf|ter (*schweiz., österr. auch für* Wissenschaftler)
Wis|sen|schaft|ler; Wis|sen|schaft|le|rin
wis|sen|schaft|lich ↑K 89: Wissenschaftlicher Rat (Titel); **Wis|sen|schaft|lich|keit,** die; -
Wis|sen|schafts|be|griff; Wis|sen|schafts|be|trieb, der; -[e]s
wis|sen|schafts|gläu|big
Wis|sen|schafts|park (Ansiedlung von forschungsorientierten Instituten und Firmen)
Wis|sen|schafts|the|o|rie; Wis|sen|schafts|zweig
Wis|sens|drang, der; -[e]s; **Wis|sens|durst; wis|sens|durs|tig** [*alte Trennung* ...|st...]
Wis|sens|ge|biet; Wis|sens|lü|cke [*alte Trennung* ...k|k...]; **Wis|sens|stand; Wis|sens|stoff,** der; -[e]s; **Wis|sens|vor|sprung,** der
wis|sens|wert
wis|sent|lich
wist! (*Fuhrmannsruf* links!)
Wis|ta|rie [*alte Trennung* ...|st...], die; -, -n (*svw.* Glyzine)
Wit|frau *(schweiz., sonst veraltet)*; **Wi|tib,** *österr.* Wit|tib, die; -, -e (*veraltet für* Witwe); **Wit|mann** *Plur.* ...männer, *bayr. u. österr.* Wit|ti|ber (*veraltet für* Witwer)
wit|schen (*ugs. für* schlüpfen, huschen); du witschst
Wit|te|kind *vgl.* Widukind
Wit|tels|bach (oberbayrische Stammburg); Haus Wittelsbach (Herrschergeschlecht); **Wit|tels|ba|cher,** der; -s, - (Angehöriger eines dt. Herrschergeschlechtes); **Wit|tels|ba|che|rin**
Wit|ten|berg, Lu|ther|stadt (Stadt an der mittleren Elbe)
Wit|ten|ber|ge (Stadt an der unteren Elbe)
Wit|ten|ber|ger (von Wittenberg od. Wittenberge); **wit|ten|ber|gisch** (von Wittenberg od. Wittenberge), *aber* ↑K 88: die Wittenbergische Nachtigall (*Bez. für* Luther)
wit|tern; ich wittere
Wit|te|rung (*auch Jägerspr.* das Wittern u. der vom Wild wahrzunehmende Geruch)
wit|te|rungs|be|dingt
Wit|te|rungs|ein|fluss [*alte Schreibung* ...ein|fluß]; **Wit|te|rungs|ver|hält|nis|se** *Plur.*
Witt|gen|stein (österr. Philosoph)
Wit|tib *vgl.* Witib; **Wit|ti|ber** *vgl.* Witmann
Witt|ling (ein Seefisch)
Wit|tum, das; -[e]s, ...tümer (*veraltet* der Witwe zustehender Besitz)
Wit|we, die; -, -n (*Abk.* Wwe.); **Wit|wen|geld; Wit|wen|ren|te; Wit|wen|schaft,** die; -; **Wit|wen|schlei|er; Wit|wen|tum,** das; -s
Wit|wer (*Abk.* Wwr.); **Wit|wer|schaft,** die; -; **Wit|wer|tum,** das
Witz, der; -es, -e; **Witz|blatt; Witz|blatt|fi|gur; Witz|bold,** der; -[e]s, -e; **Wit|ze|lei; wit|zeln;** ich witz[e]le; **Witz|fi|gur** *(abwertend)*
wit|zig; Wit|zig|keit; witz|los
WK = Wiederholungskurs
w. L. = westlicher Länge
Wla|di|mir [*auch* 'vla:...] (m. Vorn.)
Wla|di|wos|tok [*auch* ...'vɔ...; *alte Trennung* ...|st...] (russ. Stadt)
WM = Weltmeisterschaft
WNW = Westnordwest[en]

wohl

besser, bes|te *u.* wohler, wohls|te
- wohl ihm!
- wohl oder übel (ob er wollte oder nicht) musste er zuhören
- das ist wohl das Beste
- leben Sie wohl!
- wohl bekomms!, *auch* bekomm's!

In Verbindung mit Verben schreibt man »wohl« getrennt:
- wohl sein; lass es dir wohl sein
- ich bin wohl; mir ist wohl, wohler, am wohlsten
- sich wohl fühlen
- es ist mir immer wohl ergangen
- sie wird es wohl (wahrscheinlich) tun
- es wird dir wohl tun [*alte Schreibung* wohltun] (gut tun)
- sie wird es wohl (wahrscheinlich) wollen
- sie hat ihm stets wohl gewollt [*alte Schreibung* wohlgewollt]

In Verbindung mit einem Adjektiv oder Partizip wird getrennt geschrieben, wenn »wohl« erweiterbar oder steigerbar ist:
- die wohl bekannten [*alte Schreibung* wohlbekannte], besser bekannten, am besten bekannten, *aber* bestbekannten Autoren
- eine wohl beratene, wohl versorgte [*alte Schreibungen* wohlberatene, wohlversorgte] Frau
- ein [sehr] wohl ausgewogener, wohl durchdachter, wohl überlegter [*alte Schreibungen* wohlausgewogener, wohldurchdachter, wohlüberlegter] Plan
- wohl erhalten [*alte Schreibung* wohlerhalten] ankommen
- ein [sehr] wohl behütetes [*alte Schreibung* wohlbehütetes] Geheimnis

Zusammenschreibung ist möglich, wenn die Fügung als Ganzes gesteigert werden kann:
- wohl erzogene, *auch* wohlerzogene, noch wohlerzogenere Kinder
- wohl geformte, *auch* wohlgeformte, noch wohlgeformtere Sätze
- wohl genährte, *auch* wohlgenährte Babys
- wohl schmeckende, *auch* wohlschmeckende, wohlschmeckendere, die wohlschmeckends|ten Gerichte

Nur Zusammenschreibung gilt, wenn das Partizip in der entsprechenden Bedeutung nicht selbstständig vorkommt:
- wohlbehalten, wohlgemut

wo; wo ist sie?; wo immer sie auch sein mag; er geht wieder hin, wo er hergekommen ist; der Tag, wo (an dem) er sie das erste Mal sah; ↑K 81: das Wo spielt keine Rolle; *vgl.* woanders, woher, wohin, wohinaus, womöglich, wo nicht

w. o. = wie oben

wo|an|ders; ich werde ihn woanders suchen, *aber* wo anders (wo sonst) als hier sollte ich ihn suchen?; **wo|an|ders|hin**

wob|beln (*Funktechnik* Frequenzen verschieben); die Welle wobbelt; **Wob|bel|span|nung**

wo|bei

Wo|che, die; -, -n

Wo|chen|ar|beits|zeit

Wo|chen|bett

Wo|chen|blatt

Wo|chen|en|de; Wo|chen|end|e|he; Wo|chen|end|flug; Wo|chen|end|haus; Wo|chen|end|ler

Wo|chen|kar|te

wo|chen|lang

Wo|chen|lohn; Wo|chen|markt; Wo|chen|schau; Wo|chen|spiel|plan; Wo|chen|stun|de

Wo|chen|tag; wo|chen|tags ↑K 70, *aber* des Wochentags

wö|chent|lich (jede Woche)

...wö|chent|lich (z. B. dreiwöchentlich [alle drei Wochen wiederkehrend]; *mit Ziffer* 3-wöchentlich [*alte Schreibung* 3wöchentlich] ↑K 29)

wo|chen|wei|se

Wo|chen|zei|tung

...wo|chig (*seltener für* ...wöchig)

...wö|chig (z. B. dreiwöchig [drei Wochen alt, dauernd]; *mit Ziffer* 3-wöchig [*alte Schreibung* 3wöchig] ↑K 29)

Wöch|ne|rin

Wo|cken [*alte Trennung* ...k|k...], der; -s, - (*nordd. für* Rocken)

Wo|dan (höchster germanischer Gott); *vgl.* Odin *u.* Wotan

Wod|ka, der; -s, -s ‹russ. »Wässerchen«› (ein Branntwein)

Wo|du, der; - ‹kreol.› (Geheimkult auf Haiti)

wo|durch; wo|fern (*veraltet für* sofern); **wo|für**

Wo|ge, die; -, -n

wo|ge|gen

wo|gen

wo|her; woher es kommt, weiß ich nicht; er geht wieder hin, woher er gekommen ist, *aber* er geht wieder hin, wo er hergekommen ist

wo|he|r|um

wo|hin; ich weiß nicht, wohin sie geht; sieh, wohin sie geht, *aber* sieh, wo sie hingeht

wo|hi|n|auf; wo|hi|n|aus; ich weiß nicht, wohinaus du willst, *aber* ich weiß nicht, wo du hinauswillst; **wo|hi|n|ein**

wo|hin|ge|gen

wo|hin|ter; wo|hin|un|ter

wohl *s. Kasten*

Wohl, das; -[e]s; auf dein Wohl!; zum Wohl!

wohl|an! *(veraltend)*

wohl|an|stän|dig ↑K 57; **Wohl|an|stän|dig|keit,** die; -

wohl|auf *(geh.);* wohlauf sein

wohl aus|ge|wo|gen, wohl be|dacht [*alte Schreibungen* wohl|aus|ge|wo|gen, wohl|be|dacht] *vgl.* wohl

Wohl|be|fin|den; Wohl|be|ha|gen

wohl|be|hal|ten; er kam wohlbehalten an

wohl be|hü|tet, wohl be|kannt, wohl be|ra|ten [*alte Schreibungen* wohl|be|hü|tet, wohl|be|kannt, wohl|be|ra|ten] *vgl.* wohl

wohl|be|stallt *(veraltend);* ein wohlbestallter Beamter

wohl durch|dacht [*alte Schreibung* wohl|durch|dacht] *vgl.* wohl

Wohl|er|ge|hen, das; -s

wohl er|hal|ten [*alte Schreibung* wohl|er|hal|ten] *vgl.* wohl

wohl|er|zo|gen, *auch* **wohl er|zo|gen,** *aber nur* noch wohlerzogenere Kinder; **Wohl|er|zo|gen|heit,** die; -

Wohl|fahrt, die; -; **Wohl|fahrts|mar|ke; Wohl|fahrts|pfle|ge,** die; -; **Wohl|fahrts|staat**
wohl|feil *(veraltend);* wohl|fei|ler, wohl|feils|te; wohlfeile Ware
wohl|ge|bo|ren *(veraltet);* Euer Wohlgeboren (Anrede)
Wohl|ge|fal|len, das; -s
wohl|ge|fäl|lig
wohl|ge|formt, *auch* **wohl ge|formt;** *aber nur* noch wohlgeformtere Sätze
Wohl|ge|fühl, das; -[e]s
wohl|ge|lit|ten, *auch* **wohl ge|lit|ten**
wohl|ge|merkt
wohl|ge|mut
wohl|ge|nährt, *auch* **wohl ge|nährt**
wohl ge|ord|net [*alte Schreibung* wohl|ge|ord|net] *vgl.* wohl
wohl|ge|ra|ten, *auch* **wohl ge|ra|ten** *(veraltend); aber nur* noch wohlgeratenere Kinder
Wohl|ge|ruch; Wohl|ge|schmack
wohl|ge|setzt; in wohlgesetzten, wohlgesetzteren Worten
wohl|ge|stalt *(veraltet)*
wohl|ge|tan *(veraltet);* die Arbeit ist wohlgetan; *aber* der Urlaub hat ihr wohl getan
wohl|ha|bend; die wohlhabenderen Bürger; **Wohl|ha|ben|heit**
woh|lig; Woh|lig|keit, die; -
Wohl|klang; wohl|klin|gend; wohlklingendere Töne
Wohl|laut; wohl|lau|tend; wohllautendere Instrumente
Wohl|le|ben, das; -s
wohl|mei|nend; die wohlmeinenderen Freunde rieten ihr ab
wohl|pro|por|ti|o|niert, *auch* **wohl pro|por|ti|o|niert**
wohl|rie|chend, *auch* **wohl rie|chend**
wohl|schme|ckend, *auch* **wohl schme|ckend** [*alte Trennung* ...k|k...]; *aber nur* die wohlschmeckends|ten Speisen
wohl sein; lass es dir wohl sein; *vgl.* wohl; **Wohl|sein,** das; -s; zum Wohlsein!
wohl si|tu|iert [*alte Schreibung* wohl|si|tu|iert] *vgl.* wohl
Wohl|stand, der; -[e]s; im Wohlstand leben; **Wohl|stands|bür|ger; Wohl|stands|ge|sell|schaft; Wohl|stands|kri|mi|na|li|tät; Wohl|stands|müll**
Wohl|tat; Wohl|tä|ter
wohl|tä|tig; wohltätiger, wohltätigste; **Wohl|tä|tig|keit,** die; -; **Wohl|tä|tig|keits|ball; Wohl|tä|tig|keits|ba|sar** *u.* **...ba|zar; Wohl|tä|tig|keits|kon|zert; Wohl|tä|tig|keits|ver|an|stal|tung; Wohl|tä|tig|keits|ver|ein**
wohl|tem|pe|riert, *auch* **wohl tem|pe|riert; Wohl|tem|pe|rier|te Kla|vier,** das; -n -s (Sammlung von Präludien u. Fugen von J. S. Bach)
wohl|tu|end; (angenehm); die Ruhe ist wohltuend, noch wohltuender
wohl tun [*alte Schreibung* wohl|tun] *vgl.* wohl
wohl ü|ber|legt, wohl un|ter|rich|tet [*alte Schreibungen* wohl|über|legt, wohl|un|ter|rich|tet] *vgl.* wohl
wohl|ver|dient; ein wohlverdienter Urlaub
Wohl|ver|hal|ten
Wohl|ver|leih, der; -[e]s, -[e] (Arnika)
wohl ver|sorgt [*alte Schreibung* wohl|ver|sorgt] *vgl.* wohl
wohl|ver|stan|den; er war[,] wohlverstanden[,] kein schlechter Mensch
wohl ver|wahrt, wohl vor|be|rei|tet [*alte Schreibungen* wohl|ver|wahrt, wohl|vor|be|rei|tet] *vgl.* wohl
wohl|weis|lich; sie hat sich wohlweislich gehütet
wohl wol|len [*alte Schreibung* wohl|wol|len] *vgl.* wohl
Wohl|wol|len, das; -s; **wohl|wol|lend;** ein wohlwollenderes Urteil
Wohn|an|hän|ger; Wohn|bau *Plur.* ...bauten (*nur Sing. österr. auch für* Wohnungsbau); **Wohn|be|reich; Wohn|block** (*vgl.* Block); **Wohn|ein|heit**
woh|nen
Wohn|flä|che; Wohn|ge|bäu|de; Wohn|ge|biet
Wohn|geld; Wohn|geld|ge|setz
Wohn|ge|mein|schaft (*Abk.* WG)
wohn|haft (*Amtsspr.* wohnend)
Wohn|haus; Wohn|heim; Wohn|kom|plex (größeres Wohngebiet); **Wohn|kü|che; Wohn|kul|tur,** die; - **Wohn|la|ge**
wohn|lich; Wohn|lich|keit, die; -
Wohn|mo|bil
Wohn|ort *Plur.* ...orte; **Wohn|raum**
Wohn|raum|len|kung (*DDR* administrative Wohnungsvergabe)
Wohn|sitz
Wohn|stra|ße
Woh|nung
Woh|nungs|amt
Woh|nungs|bau, der; -[e]s; **Woh|nungs|bau|ge|nos|sen|schaft**
Woh|nungs|ei|gen|tum; Woh|nungs|ei|gen|tü|mer; Woh|nungs|ei|gen|tü|me|rin
Woh|nungs|ein|rich|tung
woh|nungs|los
Woh|nungs|mak|ler
Woh|nungs|markt
Woh|nungs|not
Woh|nungs|schlüs|sel
Woh|nungs|su|che; woh|nungs|su|chend; Woh|nungs|su|chen|de, der *u.* die; -n, -n
Woh|nungs|tausch
Woh|nungs|tür
woh|nung|su|chend (*svw.* wohnungssuchend); **Woh|nung|su|chen|de** (*svw.* Wohnungssuchende)
Woh|nungs|wech|sel
Woh|nungs|zwangs|wirt|schaft
Wohn|vier|tel
Wohn|wa|gen
Wohn|zim|mer
Wöhr|de, die; -, -n (*nordd. für* um das Wohnhaus gelegenes Ackerland)
Woi|lach, der; -s, -e ‹russ.› (wollene [Pferde]decke)
Woi|wod, Woi|wo|de, der; ...den, ...den ‹poln.› (*früher* Fürst, *heute* oberster Beamter eines poln. Bezirks); **Woi|wod|schaft** (Amt v. Amtsbezirk eines Woiwoden)
Wok, der; -, -s ‹chin.› (großer halbrunder Kochtopf)
wöl|ben; sich wölben; **Wöl|bung**
[1]**Wolf** (m. Vorn.)
[2]**Wolf,** Hugo (österr. Komponist)
[3]**Wolf,** der; -[e]s, Wölfe (ein Raubtier); **Wölf|chen**
Wolf|diet|rich [*auch* 'vɔ...] (m. Vorn.)
wöl|fen (gebären [von Wolf u. Hund])
Wolf|gang (m. Vorn.); **Wolf|gang|see** *vgl.* Sankt-Wolfgang-See
Wolf|hard (m. Vorn.)
Wöl|fin; wöl|fisch
Wölf|ling (junger Pfadfinder)
[1]**Wolf|ram** (m. Vorn.)
[2]**Wolf|ram,** das; -s (chem. Element, Metall; *Zeichen* W); **Wolf|ra|mit,** das; -s (Wolframerz)
Wolf|ram von E|schen|bach; (dt. Dichter des MA.); Wolfram von Eschenbachs Lieder, *aber* die Lieder Wolframs von Eschenbach; eine Wolfram-von-Eschenbach-Ausgabe
Wolfs|an|gel (ein Fanggerät)

Wort	
das; -[e]s, *Plur.* Wörter *u.* Worte – aufs Wort – Wort für Wort – von Wort zu Wort – Wort halten – beim Wort nehmen – zu Wort[e] kommen	*Plural »Worte« für* *1. Äußerung, Ausspruch, Beteuerung, Erklärung, Begriff, Zusammenhängendes:* – z. B. Begrüßungsworte *2. bedeutsame einzelne Wörter:* – z. B. drei Worte nenn ich euch, inhaltsschwer – mit ander[e]n Worten (*Abk.* m. a. W.) – mit guten, mit wenigen Worten – dies waren seine [letzten] Worte – ich will nicht viel[e] Worte machen – geflügelte, goldene Worte
Plural »Wörter« für Einzelwort od. vereinzelte Wörter ohne Rücksicht auf den Zusammenhang: – z. B. Fürwörter – dieses Verzeichnis enthält 100 000 Wörter	

Wolfs|gru|be (überdeckte Grube zum Fangen von Wölfen)
Wolfs|hund (einem Wolf ähnlicher Schäferhund)
Wolfs|hun|ger (*ugs. für* großer Hunger)
Wolfs|milch (eine Pflanze)
Wolfs|ra|chen (angeborene Gaumenspalte)
Wolfs|schlucht
Wolfs|spin|ne
Wolfs|spitz (eine Hunderasse)
Wol|ga, die; - (Strom in Osteuropa); **Wol|go|grad** (russische Stadt; *früher* Stalingrad)
Wo|lhy|ni|en [...ˈly:...] usw. *vgl.* Wolynien usw.
Wölk|chen
Wol|ke, die; -, -n
wöl|ken; sich wölken
Wol|ken|bruch
Wol|ken|de|cke [*alte Trennung* ...k|k...], die; -
Wol|ken|krat|zer (Hochhaus)
Wol|ken|ku|ckucks|heim [*alte Trennung* ...k|k...], das; -[e]s (Luftgebilde, Hirngespinst)
wol|ken|los; Wol|ken|wand, die; -
wol|kig
Woll|de|cke [*alte Trennung* ...k|k...]
Wol|le, die; -, *Plur. (Arten:)* -n;
[1]**wol|len** (aus Wolle)
[2]**wol|len;** ich will, du willst; du wolltest *(Indikativ);* du wolltest *(Konjunktiv);* gewollt; wolle!; ich habe das nicht gewollt, *aber* ich habe helfen wollen
wöl|len (*Jägerspr.* das Gewölle auswerfen)
Woll|fa|den; Woll|garn; Woll|ge|we|be; Woll|gras
Woll|hand|krab|be
wol|lig
Wol|lin (eine Ostseeinsel)
Woll|kamm; Woll|käm|mer; Woll|kleid; Woll|knäu|el
Woll|lap|pen, *auch* **Woll-Lappen** [*alte Schreibung* Wollap|pen, *alte Trennung* ...ll|l...]
Woll|laus, *auch* **Woll-Laus** [*alte Schreibung* Wollaus, *alte Trennung* ...ll|l...]
Woll|maus (*ugs.* größere Staubflocke auf dem Fußboden)
Woll|sa|chen *Plur.;* **Woll|sie|gel; Woll|spin|ne|rei; Woll|stoff**
Wol|lust, die; -, Wollüste; **wol|lüs|tig** [*alte Trennung* ...|st...]
Woll|wa|ren *Plur.*
Wol|per|tin|ger, der; -s, - (ein bayrisches Fabeltier)
Wo|ly|ni|en (ukrainische Landschaft); **wo|ly|nisch;** wolynisches Fieber (Fünftagefieber)
Wol|zo|gen (ein Adelsgeschlecht)
Wom|bat, der; -s, -s ⟨austral.⟩ (ein australisches Beuteltier)
wo|mit
wo|mög|lich; womöglich (vielleicht) kommt sie, *aber* womöglich (wenn es irgendwie möglich ist)[,] kommt sie
Won, der; -[s], -[s] (korean. Währungseinheit)
wo|nach
wo|ne|ben *(selten)*
wo nicht; er will ihn erreichen, wo nicht übertreffen
Won|ne, die; -, -n; **Won|ne|ge|fühl; Won|ne|mo|nat** *od.* **...mond** (*alte Bez. für* Mai); **Won|ne|prop|pen,** der; -s, - (*landsch.* wohlgenährtes [Klein]kind)
won|ne|trun|ken *(geh.);* **won|nig; won|nig|lich** *(veraltend)*
Woog, der; -[e]s, -e (*landsch. für* Teich; tiefe Stelle im Fluss)
Woo|pie [ˈvu:...], der; -s, -s *u.* die; -, -s ⟨*aus* engl. well-off older person = wohlhabende ältere Person⟩ (*ugs.* wohlhabender Rentner, wohlhabende Rentnerin)
wo|r|an; wo|r|auf; wo|r|auf|hin; wo|r|aus
[1]**Worb,** der; -[e]s, Wörbe *u.*[2]**Worb, Wor|be,** die; -, ...ben (*landsch. für* Griff am Sensenstiel)
Worces|ter|so|ße, *auch* ...sau|ce [ˈvʊstɐ...; *alte Trennung* ...|st...] ↑K 143 ⟨nach der engl. Stadt Worcester⟩ (pikante Soße zum Würzen)
Words|worth [ˈvø:ɐ̯tsvø:ɐ̯θ] (englischer Dichter)
wo|r|ein
wor|feln (*früher für* Getreide reinigen); ich worf[e]le
Wörgl (österreichische Stadt)
wo|r|in
Wö|ris|ho|fen, Bad (Stadt in Bayern)
Wor|k|a|ho|lic [vø:ɐ̯kəˈhɔlɪk], der; -s, -s ⟨engl.⟩ (*Psych.* jmd., der zwanghaft ständig arbeitet)
Work|shop [ˈvø:ɐ̯k...], der; -s, -s ⟨engl.⟩ (Seminar, Arbeitsgruppe)
Work|sta|tion [ˈvø:ɐ̯kste:ʃən], die; -, -s ⟨engl.⟩ (Arbeitsplatzcomputer)
World|cup [ˈvø:ɐ̯ltkap], der; -s, -s ⟨engl.⟩ ([Welt]meisterschaft [in verschiedenen sportlichen Disziplinen])
World Wide Fund for Na|ture [ˈvø:ɐ̯lt ˈvai̯t ˈfant fo:ɐ̯ ˈne:tʃɐ], der; - - -s - - (internat. Naturschutzorganisation; *Abk.* WWF)
World Wide Web [ˈvø:ɐ̯lt ˈvai̯t vep], das; - - -[s] ⟨engl.⟩ (*EDV* weltweites Informationssystem im Internet; *Abk.* WWW)
Wör|litz (Stadt östlich von Dessau); Wörlitzer Park
Worms (Stadt am Rhein); **Wormser;** Wormser Konkordat (1122); **worm|sisch**
Worps|we|de (Ort im Teufelsmoor, nördl. von Bremen)

W

Wort *s. Kasten S. 1082*
Wort|ak|zent *(Sprachw.);* **Wort|art** *(Sprachw.);* **Wort|aus|wahl**
Wort|be|deu|tung; Wort|be|deu|tungs|leh|re (*für* Semantik)
Wort|bil|dung *(Sprachw.)*
Wort|bruch; wort|brü|chig
Wört|chen; Wor|te|ma|che|rei *(abwertend)*
Wör|ter|buch; Wör|ter|ver|zeich|nis
Wort|fa|mi|lie *(Sprachw.);* **Wort|feld** *(Sprachw.);* **Wort|fet|zen; Wort|fol|ge; Wort|for|schung**
Wort|füh|rer; Wort|füh|re|rin
Wort|ge|fecht; Wort|ge|klin|gel *(abwertend)*
Wort|ge|o|gra|phie, *auch* Wort|ge|o|gra|fie
Wort|ge|plän|kel; Wort|ge|schich|te; wort|ge|schicht|lich
wort|ge|treu; wort|ge|wal|tig
wort|ge|wandt; Wort|ge|wandt|heit
Wort|got|tes|dienst
Wort|grup|pe *(Sprachw.)*
Wör|ther See, der; - -s, *auch* **Wör|ther|see,** der; -s (in Kärnten)
Wörth|see, der; -s (im oberbayrischen Alpenvorland)
wort|karg; Wort|karg|heit, die; -
Wort|klas|se (*svw.* Wortart)
Wort|klau|be|rei *(abwertend)*
Wort|kreu|zung (Kontamination)
Wort|laut, der; -[e]s; **Wort|leh|re**
wört|lich; wörtliche Rede
wort|los
Wort|mel|dung; Wort|re|gis|ter [*alte Trennung* ...|st...]
wort|reich; Wort|reich|tum, der; -s
Wort|schatz *Plur.* ...schätze
Wort|schöp|fung; Wort|schwall; Wort|sinn, der; -[e]s
Wort|spen|de (*österr. für* Wortmeldung, Äußerung)
Wort|spiel; Wort|stamm *(Sprachw.);* **Wort|streit; Wort|ver|dre|her; Wort|wahl,** die; -; **Wort|wech|sel**
wort|wört|lich
Wort|zei|chen (als Warenzeichen schützbares Emblem)
wo|r|ü|ber; wo|r|um; ich weiß nicht, worum es geht; **wo|r|un|ter; wo|selbst** *(veraltet)*
Wo|tan (*Nebenform von* Wodan)
Wo|t|ru|ba (österr. Bildhauer)
wo|von; wo|vor
wow! ['vau] ‹engl.› (Ausruf der Bewunderung, der Freude, des Erstaunens)
Woy|zeck (Titel[held] eines Dramenfragments von G. Büchner)
wo|zu; wo|zwi|schen *(selten)*

Woz|zeck (Titel[held] einer Oper von A. Berg)
wrack (*Seemannsspr.* völlig defekt, beschädigt; *Kaufmannsspr.* schlecht [von der Ware]); wrack werden
Wrack, das; -[e]s, *Plur.* -s, *selten* -e (gestrandetes od. stark beschädigtes Schiff; *übertr. für* jmd., dessen körperliche Kräfte völlig verbraucht sind)
Wra|sen, der; -s, - (*nordd. für* Dampf, Dunst); **Wra|sen|ab|zug** (über dem Küchenherd)
Wrest|ling ['rɛslɪŋ], das; -s ‹engl.› (Catchen [mit Showelementen])
wri|cken [*alte Trennung* ...k|k...] *u.* **wrig|gen** (*nordd. für* ein Boot durch einen am Heck hin u. her bewegten Riemen fortbewegen)
wrin|gen (nasse Wäsche auswinden); du wrangst; du wrängest; gewrungen; wring[e]!
Wrocław [...ɔtsl̯af] (polnische Stadt an der Oder; *vgl.* Breslau)
Wru|ke, die; -, -n (*nordostd. für* Kohlrübe)
Ws = Wattsekunde
WSW = Westsüdwest[en]
Wu|cher, der; -s
Wu|cher|blu|me (Margerite)
Wu|che|rei; Wu|che|rer; Wu|che|rin; wu|che|risch
wu|chern; ich wuchere; **Wu|cher|preis; Wu|cher|tum,** das; -s
Wu|che|rung
Wu|cher|zin|sen *Plur.*
Wuchs, der; -es, *Plur. (fachspr.)* Wüchse; **Wuchs|stoff** *(Bot.)*
Wucht, die; -
wuch|ten *(ugs.)*
wuch|tig; Wuch|tig|keit, die; -
Wühl|ar|beit
wüh|len; Wüh|ler; Wüh|le|rei *(ugs.);* **wüh|le|risch**
Wühl|maus
Wühl|tisch (bes. in Kaufhäusern)
Wuh|ne *vgl.* Wune
Wuhr, das; -[e]s, -e *u.* **Wuh|re,** die; -, -n (*bayr., südwestd. u. schweiz. für* [2]Wehr; Buhne)
Wul|fe|nit, das; -s (ein Mineral)
Wul|fi|la *vgl.* Ulfilas
Wulst, der; -es, *Plur.* Wülste, *fachspr. auch* -e *od.* die; -, Wülste; **Wülst|chen**
wuls|tig [*alte Trennung* ...|st...]
Wulst|ling (ein Pilz)
wumm!
wüm|men *vgl.* wimmen
wum|mern (*ugs. für* dumpf dröhnen); es wummert

Wüm|met *vgl.* Wimmet
wund; wund sein, werden; sich wund laufen, reiben; sich den Mund wund reden; sich wund liegen, sie hat sich wund gelegen [*alte Schreibungen* wundliegen, wundgelegen]
Wund|arzt *(veraltend);* **Wund|be|hand|lung; Wund|brand,** der; -[e]s
Wun|de, die; -, -n

Wun|der

das; -s, -
- Wunder tun, wirken
- kein Wunder; was Wunder, wenn ...
- sein blaues Wunder erleben
- er glaubt[,] Wunder [*alte Schreibung* wunder] was getan zu haben *(ugs.)*
- sie glaubt, Wunder [*alte Schreibung* wunder] *od.* wunders wie geschickt sie sei *(ugs.)*

Vgl. wundernehmen

wun|der|bar; wun|der|ba|rer|wei|se
Wun|der|blu|me; Wun|der|dok|tor
Wun|der|glau|be; wun|der|gläu|big
Wun|der|hei|ler; Wun|der|hei|le|rin; Wun|der|hei|lung
wun|der|hübsch
Wun|der|ker|ze
Wun|der|kind; Wun|der|kna|be
Wun|der|lam|pe (in Märchen)
wun|der|lich (eigenartig); **Wun|der|lich|keit**
wun|der|mild *(veraltet)*
Wun|der|mit|tel, das
wun|dern; es wundert mich, dass ...; mich wundert, dass ...
wun|der|neh|men ↑K 71; es nimmt mich wunder (*schweiz. auch für* ich möchte wissen); es braucht dich nicht wunderzunehmen
wun|ders *vgl.* Wunder
wun|der|sam *(geh.)*
wun|der|schön
Wun|der|tat; Wun|der|tä|ter; Wun|der|tä|te|rin; wun|der|tä|tig
Wun|der|tier *(auch ugs. scherzh.)*
Wun|der|tü|te
wun|der|voll; Wun|der|werk
Wund|fie|ber; Wund|in|fek|ti|on
wund lie|gen [*alte Schreibung* wund|lie|gen] *vgl.* wund
Wund|mal *Plur.* ...male; **Wund|pflas|ter** [*alte Trennung* ...|st...]; **Wund|sal|be; Wundstarr|krampf,** der; -[e]s (*für* Tetanus)
Wund|ver|band

Wu|ne, Wuh|ne, die; -, -n (ins Eis gehauenes Loch)
Wunsch, der; -[e]s, Wünsche; **wünsch|bar** (*schweiz. für* wünschenswert); **Wunsch|bild; Wunsch|den|ken,** das; -s
Wün|schel|ru|te; Wün|schel|ru|ten|gän|ger; Wün|schel|ru|ten|gän|ge|rin
wün|schen; du wünschst; **wün|schens|wert**
Wunsch|form (*für* Optativ)
Wunsch|geg|ner; Wunsch|geg|ne|rin
wunsch|ge|mäß
Wunsch|kan|di|dat; Wunsch|kan|di|da|tin
Wunsch|kind
Wunsch|kon|zert
Wunsch|lis|te [*alte Trennung* ...|st...]
wunsch|los; wunschlos glücklich
Wunsch|traum; Wunsch|vor|stel|lung; Wunsch|zet|tel
wupp|dich!; Wupp|dich, der; *nur in* mit einem Wuppdich (*ugs. für* schnell, gewandt)
wup|pen (*nordd. für* bewältigen)
Wup|per, die; - (rechter Nebenfluss des Rheins)
[1]**Wup|per|tal,** das; -[e]s (Tal der Wupper)
[2]**Wup|per|tal** (Stadt an der Wupper)
Wür|de, die; -, -n
wür|de|los; Wür|de|lo|sig|keit
Wür|den|trä|ger; Wür|den|trä|ge|rin
wür|de|voll
wür|dig
wür|di|gen; Wür|dig|keit, die; -; **Wür|di|gung**
Wurf, der; -[e]s, Würfe; **Wurf|bahn; Würf|chen**
Wür|fel, der; -s, -; **Wür|fel|be|cher; Wür|fel|chen; wür|fe|lig,** würf|lig
wür|feln; ich würf[e]le; gewürfeltes Muster
Wür|fel|spiel
Wür|fel|zu|cker [*alte Trennung* ...k|k...]
Wurf|ge|schoss, *südd., österr. auch* **Wurf|ge|schoß**
Wurf|kreis (*Handball*)
würf|lig *vgl.* würfelig
Wurf|pfeil; Wurf|sen|dung
Wurf|tau|be (*Sport*); **Wurf|tau|ben|schie|ßen**
Wür|ge|griff; Wür|ge|mal *Plur.* ...male, *seltener* ...mäler
wür|gen ↑K 82: mit Hängen und Würgen (*ugs. für* mit großer Mühe, gerade noch)
Würg|en|gel (*A. T.*)
Wür|ger (Würgender; ein Vogel)
Wurm, der (*für* »hilfloses Kind« *ugs. auch* das); -[e]s, Würmer; **Würm|chen; Wurm|ei**
wur|men (*ugs.*); es wurmt (ärgert) mich
Wurm|farn; Wurm|fort|satz (am Blinddarm); **Wurm|fraß**
wur|mig
Wurm|krank|heit; Wurm|loch; Wurm|mit|tel
Würm|see, der; -s (*früher für* Starnberger See)
wurm|sti|chig
Wurst, die; -, Würste; *aber* das ist mir wurst, *auch* wurscht [*alte Schreibungen* Wurst, Wurscht] (*ugs.* ganz gleichgültig); Wurst wider Wurst! (*ugs.* wie du mir, so ich dir!); es geht um die Wurst (*ugs.* um die Entscheidung); mit der Wurst nach der Speckseite werfen (*ugs.* mit Kleinem Großes erreichen wollen)
Wurst|brot; Wurst|brü|he
Würst|chen; Würst|chen|bu|de; Würst|chen|stand
Wurs|tel [*alte Trennung* ...|st...], der; -s, - (*bayr. u. österr. für* Hanswurst); **Würs|tel,** das; -s, - (*österr. für* Würstchen); **Wurs|te|lei** (*ugs.*); **wurs|teln** (*ugs. für* ohne Überlegung u. Ziel arbeiten); ich wurst[e]le; **Wurs|tel|pra|ter,** der; -s (Vergnügungspark im Wiener Prater)
wurs|ten [*alte Trennung* ...|st...] (Wurst machen); **Wurs|ter,** Wurst|ler (*landsch. für* Fleischer, der besonders Wurst herstellt); **Wurst|fin|ger** (*ugs.*)
wurs|tig [*alte Trennung* ...|st...] (*ugs. für* gleichgültig); **Wurs|tig|keit,** die; - (*ugs.*)
Wurst|kü|che; Wurst|ler *vgl.* Wurster
Wurst|sa|lat; Wurst|sup|pe; Wurst|wa|ren *Plur.*; **Wurst|zip|fel**
Wurt, die; -, -en, *auch* **Wur|te,** die; -, -n (*nordd.* aufgeschütteter Erdhügel als Wohnplatz [zum Schutz vor Sturmfluten]); *vgl.* Warf[t]
Würt|tem|berg; Würt|tem|ber|ger; Würt|tem|ber|ge|rin; würt|tem|ber|gisch
Wurt|zit, der; -s, -e ⟨nach dem franz. Chemiker Wurtz⟩ (ein Mineral)
Wurz, die; -, -en (*landsch. für* Wurzel)
Würz|burg (Stadt am Main); **Würz|bur|ger; würz|bur|gisch**
Wür|ze, die; -, -n
Wur|zel, die; -, -n (*Math. auch* Grundzahl einer Potenz)
Wur|zel|bal|len
Wur|zel|be|hand|lung (*Zahnmed.*)
Wur|zel|bürs|te [*alte Trennung* ...|st...]
Wür|zel|chen
wur|zel|echt (*Bot.*)
Wur|zel|fa|ser
Wur|zel|fü|ßer (ein Urtierchen)
Wur|zel|haut; Wur|zel|haut|ent|zün|dung
wur|ze|lig, wurz|lig
Wur|zel|knol|le
wur|zel|los; Wur|zel|lo|sig|keit
wur|zeln; ich wurz[e]le
Wur|zel|sil|be (*Sprachw.*)
Wur|zel|stock *Plur.* ...stöcke; **Wur|zel|werk,** das; -[e]s
Wur|zel|zei|chen (*Math.*); **Wur|zel|zie|hen,** das; -s (*Math.*)
wur|zen (*bayr. u. österr. ugs. für* ausbeuten); du wurzt
wür|zen; du würzt; **Würz|fleisch**
wür|zig
wurz|lig *vgl.* wurzelig
Würz|mi|schung; Wür|zung
Wu|schel|haar (*ugs. für* lockiges od. unordentliches Haar); **wu|sche|lig** (*ugs.*); **Wu|schel|kopf**
wu|se|lig (*landsch.*); **wu|seln** (*landsch. für* sich schnell bewegen; geschäftig hin und her eilen; wimmeln); ich wus[e]le
WUSt, Wust = Warenumsatzsteuer (in der Schweiz)
Wust, der; -[e]s (Durcheinander, ungeordnete Menge)
wüst
Wüs|te [*alte Trennung* ...|st...], die; -, -n; **wüs|ten** (verschwenderisch umgehen); **Wüs|te|nei**
Wüs|ten|fuchs [*alte Trennung* ...|st...]; **Wüs|ten|kli|ma; Wüs|ten|kö|nig** (*geh. für* Löwe); **Wüs|ten|sand; Wüs|ten|schiff** (*scherzh. für* Kamel); **Wüs|ten|tier**
Wüst|ling (zügelloser Mensch)
Wüs|tung [*alte Trennung* ...|st...] (verlassene Siedlung und Flur; *Bergw.* verlassene Lagerstätte)
Wut, die; -
Wut|an|fall; Wut|aus|bruch
wü|ten; wü|tend
wut|ent|brannt ↑K 59; **Wü|ter; Wü|te|rich,** der; -s, -e; **Wut|ge|heul; wut|schäu|mend** ↑K 59; *aber* vor Wut schäumend

wut|schen (*ugs. für* sich schnell bewegen); du wutschst

wut|schnau|bend ↑K 59

Wutz, die; -, -en, *auch* der; -en, -en (*landsch. für* Schwein)

wu|zeln (*bayr. u. österr. ugs. für* drehen, wickeln; sich drängen); ich wuz[e]le

Wwe. = Witwe

WWF = World Wide Fund for Nature

Wwr. = Witwer

WWW, das; -[s] = World Wide Web

Wy|an|dot ['vaiəndɔt], der; -, -s (Angehöriger eines nordamerikanischen Indianerstammes)

Wy|an|dot|te, das; -, -s *od.* die; -, -n (eine amerikanische Haushuhnrasse)

Wy|c|lif ['vɪk...] (engl. Reformator)

Wyk auf Föhr ['vi:k - -] (Stadt auf der Nordseeinsel Föhr)

Wy|o|ming [vai...] (Staat in den USA)

X *x*

X [ɪks] (Buchstabe); das X; des X, die X, *aber* das x in Fax; der Buchstabe X, x; jmdm. ein X für ein U vormachen

X (röm. Zahlzeichen) = 10

X, das; -, - (unbekannte Größe; unbekannter Name); ein Herr, eine Frau X; der Tag, die Stunde X; *in mathematischen Formeln usw. kleingeschrieben:* 3x = 15

X, χ = Chi

Ξ, ξ = Xi

x-Ach|se ['ɪ...] ↑K 29 (*Math.* Abszissenachse im [rechtwinkligen] Koordinatensystem)

Xan|ten (Stadt im Niederrhein. Tiefland); **Xan|te|ner**

Xan|thin, das; -s ‹griech.› (eine Stoffwechselverbindung)

[1]**Xan|thip|pe** (Gattin des Sokrates)

[2]**Xan|thip|pe,** die; -, -n (*ugs. für* zanksüchtige Frau)

Xan|tho|phyll, das; -s ‹griech.› (*Bot.* gelber Pflanzenfarbstoff)

Xa|ver (m. Vorn.)

Xa|ve|ria (w. Vorn.)

X-Bei|ne ['ɪ...] *Plur.* ↑K 29; **x-bei|nig,** *auch* **X-bei|nig** ↑K 29

x-be|lie|big ['ɪ...] ↑K 29; jeder x-Beliebige [*alte Schreibung* x-beliebige] ↑K 72; *vgl.* beliebig

X-Chro|mo|som ['ɪ...] ↑K 29 (*Biol.* eines der beiden Geschlechtschromosomen)

Xe = *chem. Zeichen für* Xenon

X-Ein|heit ['i...] ↑K 29 (Längeneinheit für Röntgenstrahlen)

Xe|nia (w. Vorn.)

Xe|nie, die; -, -n ‹griech.› *u.* **Xe|ni|on,** das; -s, ...ien (kurzes Sinngedicht)

Xe|no|kra|tie, die; -, ...ien (*selten für* Fremdherrschaft)

Xe|non, das; -s (chemisches Element, Edelgas; *Zeichen* Xe)

Xe|no|pha|nes (altgriechischer Philosoph)

xe|no|phil ‹griech.› (Fremdem gegenüber aufgeschlossen); **Xe|no|phi|lie,** die; -

xe|no|phob ‹griech.› (Fremdem gegenüber feindlich eingestellt); **Xe|no|pho|bie,** die; -

Xe|no|phon (altgriechischer Schriftsteller); **xe|no|phon|tisch** ↑K 135; die xenophontischen [*alte Schreibung* Xenophontischen] Schriften

Xe|res [ç...] usw. *vgl.* Jerez usw.

Xe|ro|gra|phie, *auch* Xe|ro|gra|fie, die; -, ...ien ‹griech.› (*Druckw.* ein Vervielfältigungsverfahren); **xe|ro|gra|phie|ren,** *auch* xe|ro|gra|fie|ren; **xe|ro|gra|phisch,** *auch* xe|ro|gra|fisch

Xe|ro|ko|pie, die; -, ...ien (xerographisch hergestellte Kopie); **xe|ro|ko|pie|ren**

xe|ro|phil (die Trockenheit liebend [von Pflanzen]); **Xe|ro|phyt,** der; -en, -en (an trockene Standorte angepasste Pflanze)

Xer|xes (Perserkönig)

Xe|t|ra, das; -[s] (*Börsenw.* elektronisches Handelssystem für Wertpapiere)

x-fach ['ɪ...] (*Math.* x-mal so viel); ↑K 30; **x-fa|che** [*alte Schreibung* X-fache], das; -n; ↑K 29; *vgl.* Achtfache

x-för|mig, *auch* **X-för|mig** [*beide* 'ɪ...] ↑K 29

X-Ha|ken ['ɪ...] ↑K 29 (Aufhängehaken für Bilder)

Xi, das; -[s], -s (griechischer Buchstabe: *Ξ*, ξ)

XL = extra large (Kleidergröße: sehr groß)

x-mal ['ɪ...] ↑K 29

XS = extra small (Kleidergröße: sehr klein)

X-Strah|len ['ɪ...] *Plur.* ↑K 29 (Röntgenstrahlen)

x-te ['ɪ...] ↑K 30; x-te Potenz; zum x-ten Mal [*alte Schreibung* x-tenmal], zum x-ten Male

XXL = extra extra large (Kleidergröße: extrem groß)

XXS = extra extra small (Kleidergröße: extrem klein)

Xy|len, das; -s (*svw.* Xylol)

Xy|lo|fon *vgl.* Xylophon

Xy|lo|graph, *auch* Xy|lo|graf, der; -en, -en ‹griech.› (Holzschneider); **Xy|lo|gra|phie,** *auch* Xy|lo|gra|fie, die; -, ...ien (*nur Sing.:* Holzschneidekunst; Holzschnitt); **xy|lo|gra|phisch,** *auch* xy|lo|gra|fisch

Xy|lol, das; -s ‹griech.; arab.› (ein Lösungsmittel)

Xy|lo|me|ter, das; -s, - (Gerät zur Bestimmung des Rauminhalts unregelmäßiger Hölzer)

Xy|lo|phon, *auch* Xy|lo|fon, das; -s, -e (ein Musikinstrument)

Xy|lo|se, die; - (Holzzucker)

Y *y*

Y ['ʏpsilɔn, *österr. oft* ʏ'psi:...] (Buchstabe); das Y; des Y, die Y, *aber* das y in Doyen; der Buchstabe Y, y

Y, das; -, - (Bez. für eine unbekannte Größe); *in mathematischen Formeln usw. kleingeschrieben:* $y = 2x^2$

Y = *chem. Zeichen für* Yttrium

¥ = Yen

Υ, υ = [2]Ypsilon

y-Ach|se ['ʏpsilɔn...] ↑K 29 (*Math.* Ordinatenachse im [rechtwinkligen] Koordinatensystem)

Yacht [j...], Jacht, die; -, -en ‹niederl.›; **Yacht|ha|fen,** Jacht|ha|fen

Yak [j...], Jak, der; -s, -s ‹tibet.› (asiatisches Hochgebirgsrind)

Ya|ma|shi|ta [jama'ʃi:...], der; -[s],

-s ‹nach dem jap. Kunstturner Yamashita› (ein Pferdsprung)
Ya|mous|sou|k|ro [jamusu...] (Hauptstadt der Elfenbeinküste)
Yams|wur|zel [j...] *vgl.* Jamswurzel
Yang [j...], das; -[s] ‹chin.› (männliches Prinzip in der chinesischen Philosophie)
Yan|gon *vgl.* Rangun
Yan|kee ['jɛŋki], der; -s, -s ‹amerik.› (Spitzname für den US-Amerikaner); **Yan|kee Doo|dle** [- du:dl̩; *alte Schreibung* Yankee-doo|dle], der; - -[s] ([früheres] Nationallied der US-Amerikaner); **Yan|kee|tum,** das; -s
Yard [j...], das; -s, -s ‹engl.› (angelsächsisches Längenmaß; *Abk.* yd, *Plur.* yds); 5 Yard[s]
Ya|ren [j...] (Hauptstadt von Nauru)
Yawl [jo:l], die; -, *Plur.* -e *u.* -s ‹engl.› (ein zweimastiges Segelboot)
Yb = *chem. Zeichen für* Ytterbium
Ybbs [ɪ...], die; - (rechter Nebenfluss der Donau)
Ybbs an der Do|nau (österreichische Stadt)
Y-Chro|mo|som ['ʏpsilɔn...] ↑K 29 (*Biol.* eines der beiden Geschlechtschromosomen)
yd = Yard; **yds** = Yards
Yel|low|press, die; -, *auch* **Yel|low Press,** ['jɛlo'prɛs], die; - - ‹engl.› (Sensationspresse)
Yel|low|stone-Na|ti|o|nal|park ['jɛlosto:n...], der; -[e]s (ein Naturschutzgebiet in den USA)
Yen [j...], der; -[s], -[s] ‹jap.› (Währungseinheit in Japan; *Währungscode* JPY, *Zeichen* ¥); 5 Yen
Ye|ti [j...], der; -s, -s ‹nepal.› (legendärer Schneemensch im Himalajagebiet)
Ygg|dra|sil ['yk...] (*nord. Mythol.* Weltesche, Weltbaum)
Yin [j...], das; -[s] ‹chin.› (weibliches Prinzip in der chinesichen Philosophie)
Yip|pie ['jɪpi], der; -s, -s ‹amerik.› (aktionistischer, ideologisch radikalisierter Hippie)
Y|lang-Y|lang-Baum ['i:laŋ'i:laŋ...] ‹malai.; dt.› (ein trop. Baum); **Y|lang-Y|lang-Öl** (Öl des Ylang-Ylang-Baumes)
YMCA [vaiǀɛmsi:'ǀe:], die, *auch* der; - = Young Men's Christian Association (Christlicher Verein Junger Männer)
Y|mir (*nord. Mythol.* Urriese, aus dessen Körper die Welt geschaffen wurde)
Yo|ga [j...], Jo|ga, der *u.* das; -[s] ‹sanskr.› (indisches philos. System [mit körperlichen u. geistigen Übungen]); **Yo|ga|ü|bung**
Yo|gi [j...], Jo|gi *u.* **Yo|gin,** Jo|gin, der; -s, -s ‹sanskr.› (Anhänger des Yoga)
Yo|him|bin [j...], das; -s ‹Bantuspr.› (*Biochemie* Alkaloid aus der Rinde eines westafrikanischen Baumes)
Yo|ko|ha|ma [j...] (Stadt in Japan)
Yonne [jɔn] (linker Nebenfluss der Seine)
York [j...] (englische Stadt)
York|shire|ter|ri|er [...ʃi:ɐ̯...]
Young|plan ['ja...] ‹nach dem amerik. Finanzmann Young› ↑K 136 (Plan zur Regelung der dt. Reparationen 1930 bis 1932)
Youngs|ter ['ja...; *alte Trennung* ...|st...], der; -s, -[s] ‹engl.› (junger Sportler)
Yo-Yo [jo'jo:], Jo-Jo, das; -s, -s ‹amerik.› (Geschicklichkeitsspiel aus zwei verbundenen Scheiben und einer Schnur)
Y|pern (belgische Stadt)
[1]**Yp|si|lon** *vgl.* Y (Buchstabe)
[2]**Yp|si|lon,** das; -[s], -s (griechischer Buchstabe: Υ, υ)
[3]**Yp|si|lon,** das; -s, -s *u.* **Yp|si|lon|eu|le,** die; -, -n (ein Nachtfalter)
Y|sop ['i:...], der; -s, -e ‹semit.› (eine Heil- u. Gewürzpflanze)
Y|tong®, der; -s, -s (dampfgehärteter Leichtkalkbeton)
Yt|ter|bi|um, das; -s ‹nach dem schwedischen Ort Ytterby› (chemisches Element, Seltenerdmetall; *Zeichen* Yb)
Yt|ter|er|den *Plur.* (Seltenerdmetalle [die in den Erdmineralien von Ytterby vorkommen])
Yt|t|ri|um, das; -s (chemisches Element, Seltenerdmetall; *Zeichen* Y)
Yu|an [j...], der; -[s], -[s] ‹chin.› (Währungseinheit in China; *Währungscode* CNY); 5 Yuan
Yu|ca|tán *vgl.* Yukatan
Yuc|ca [j...], die; -, -s ‹span.› (Palmlilie)
Yu|ka|tan, Yu|ca|tán [juka'tan] (mexikanische Halbinsel; Staat in Mexiko)
[1]**Yu|kon** [j...], der; - (nordamerikanischer Fluss)
[2]**Yu|kon** (kanadisches Territorium); **Yu|kon|ter|ri|to|ri|um,** *auch* **Yu|kon-Ter|ri|to|ri|um**
Yun [j...], Isang (koreanischer Komponist)
Yup|pie ['jʊpi, *auch* 'ja...], der; -s, -s ‹*aus* engl. young urban professional = junger großstädtischer Berufstätiger› (junger karrierebewusster, großstädtischer Mensch)
Y|ver|don [ivɛr'dõ:] (schweiz. Stadt)
Y|vonne [i'vɔn] (w. Vorn.)
YWCA [vaidabljuːsi:'e:], die, *auch* der; - = Young Women's Christian Association (Christlicher Verein Junger Mädchen)

Z z

Z (Buchstabe); das Z; des Z, die Z, *aber* das z in Gazelle; der Buchstabe Z, z; von A bis Z
Z, *ζ* = Zeta
Z. = Zahl; Zeile
Za|ba|g|li|o|ne [...bal'jo:...], **Za|ba|io|ne** [...'jo:...], die; -, -s ‹ital.› (Weinschaumcreme)
zach (*landsch. für* geizig; zaghaft; zäh)
Za|cha|ri|as (m. Vorn.); *vgl.* Sacharja
Za|chä|us (bibl. Eigenn.)
zack!; zack, zack!
Zack, der; *in der Wendung* auf Zack sein *(ugs.)*
Zäck|chen
Za|cke [*alte Trennung* ...k|k...], die; -, -n (Spitze); **za|cken;** gezackt; **Za|cken,** der; -s, - (*bes. südd., österr. Nebenform von* Zacke); **za|cken|ar|tig**
Za|cken|kro|ne [*alte Trennung* ...k|k...]; **Za|cken|li|nie**
za|ckern [*alte Trennung* ...k|k...] (*landsch. für* pflügen)
za|ckig [*alte Trennung* ...k|k...] (*ugs. auch für* schneidig); **Za|ckig|keit,** die; -
zack, zack!
zag (*geh. für* scheu)
Za|gel, der; -s, - (*landsch. für* Schwanz; Büschel)

za|gen *(geh.)*
zag|haft; Zag|haf|tig|keit, die; -;
Zag|heit, die; -
Za|g|reb [z...] (Hauptstadt Kroatiens)
zäh; zäher, am zäh[e]s|ten
Zä|heit *alte Schreibung für* Zähheit
zäh|flüs|sig; Zäh|flüs|sig|keit, die; -
Zäh|heit [*alte Schreibung* Zä|heit]
Zä|hig|keit, die; -
Zahl, die; -, -en (*Abk.* Z.); natürliche Zahlen *(Math.)*
Zahl|ad|jek|tiv *(Sprachw.)*
Zähl|ap|pa|rat
zahl|bar (zu [be]zahlen)
zähl|bar (was gezählt werden kann)
Zahl|bar|keit, die; -
Zähl|bar|keit, die; -; **Zähl|brett**
zäh|le|big
zah|len; er hat pünktlich gezahlt, *vgl. auch* bezahlen
zäh|len
Zah|len|an|ga|be; Zah|len|fol|ge
Zah|len|ge|dächt|nis
Zah|len|kom|bi|na|ti|on
Zah|len|lot|te|rie; Zah|len|lot|to
zah|len|mä|ßig
Zah|len|ma|te|ri|al, das; -s; **Zahlen|mys|tik** [*alte Trennung* ...|st...]; **Zah|len|rei|he; Zah|lenschloss** [*alte Schreibung* ...schloß]; **Zah|len|sym|bo|lik**
Zah|ler; Zäh|ler
Zahl|gren|ze *(Verkehrsw.)*
Zähl|kam|mer (*Med., Biol.* Glasplatte mit Netzeinteilung zum Zählen von Zellen)
Zähl|kan|di|dat (*Polit.* Kandidat, dessen Kandidatur lediglich die Zahl seiner Anhänger zeigen soll); **Zähl|kan|di|da|tin**
Zahl|kar|te
Zahl|kell|ner; Zahl|kell|ne|rin
zahl|los; *aber* ↑K72: sie gehört zu den Zahllosen, die nichts sahen
Zähl|maß
Zahl|meis|ter [*alte Trennung* ...|st...]
zahl|reich; *vgl.* zahllos
Zähl|rohr (Gerät zum Nachweis radioaktiver Strahlen)
Zahl|stel|le; Zahl|tag
Zah|lung; Zahlung leisten; an Zahlungs statt *(veraltet)*
Zäh|lung
Zah|lungs|an|wei|sung; Zah|lungsauf|for|de|rung; Zah|lungs|aufschub; Zah|lungs|be|din|gun|gen *Plur.*; **Zah|lungs|be|fehl** (*vgl.* Mahnbescheid); **Zah|lungs|bilanz; Zah|lungs|er|leich|te|rung**
zah|lungs|fä|hig; Zah|lungs|fä|higkeit, die; -
Zah|lungs|frist
zah|lungs|kräf|tig *(ugs.)*
Zah|lungs|mit|tel; Zah|lungs|moral; Zah|lungs|ter|min
zah|lungs|un|fä|hig; Zah|lungs|unfä|hig|keit, die; -
Zah|lungs|ver|kehr; Zah|lungs|verpflich|tung; Zah|lungs|wei|se
Zähl|werk
Zahl|wort *Plur.* ...wörter
zahm; ein zahmes Tier
zähm|bar; Zähm|bar|keit, die; -
zäh|men; Zahm|heit; Zäh|mung
Zahn, der; -[e]s, Zähne
Zahn|arzt; Zahn|arzt|hel|fe|rin; Zahn|ärz|tin; zahn|ärzt|lich
Zahn|arzt|stuhl
Zahn|be|hand|lung; Zahn|bein, das; -[e]s (*für* Dentin); **Zahn|belag; Zahn|bett**
Zahn|bürs|te [*alte Trennung* ...|st...]
Zähn|chen; Zahn|creme, *auch* Zahn|krem, Zahn|kre|me
Zahn|durch|bruch (*für* Dentition)
zäh|ne|ble|ckend [*alte Trennung* ...k|k...] ↑K59; **zäh|ne|fletschend**
Zäh|ne|klap|pern, das; -s; **zäh|neklap|pernd** ↑K59
zäh|ne|knir|schend ↑K59
zäh|neln (*selten für* zähnen)
zah|nen (Zähne bekommen)
zäh|nen (mit Zähnen versehen)
Zahn|er|satz; Zahn|fäu|le (*für* Karies); **Zahn|fis|tel** [*alte Trennung* ...|st...]
Zahn|fleisch; Zahn|fleisch|blu|ten, das; -s; **Zahn|fleisch|ent|zündung; Zahn|fül|lung; Zahn|hals; Zahn|heil|kun|de,** die; -
zah|nig (*veraltet für* Zähne habend; gezähnt)
Zahn|klemp|ner (*ugs. scherzh. für* Zahnarzt)
zahn|krank; Zahn|krank|heit
Zahn|krem, Zahn|kre|me *vgl.* Zahncreme
Zahn|laut (*Sprachw. für* Dental)
zahn|los; Zahn|lo|sig|keit, die; -
Zahn|lü|cke [*alte Trennung* ...k|k...]; **zahn|lü|ckig**
Zahn|me|di|zin, die; -; **zahn|me|dizi|nisch**
Zahn|pas|ta, *auch* **Zahn|pas|te** [*alte Trennung* ...|st...]; **Zahnpfle|ge; Zahn|pro|the|se; Zahnpul|ver**
Zahn|rad; Zahn|rad|bahn
Zahn|schmelz; Zahn|schmerz *meist Plur.*; **Zahn|sei|de; Zahn|span|ge**
Zahn|stein, der; -[e]s
Zahn|sto|cher
Zahn|tech|nik, die; -; **Zahn|tech|niker; Zahn|tech|ni|ke|rin**
Zäh|nung *(Philatelie)*
Zahn|wal
Zahn|weh, das; -s; **Zahn|wur|zel**
Zäh|re, die; -, -n (*veraltet* Träne)
Zäh|rin|ger, der; -s, - (Angehöriger eines süddeutschen Fürstengeschlechtes)
Zähr|te (*fachspr. für* [1]Zärte)
Zain, der; -[e]s, -e (*landsch. für* Zweig; Metallstab; Rute; *Jägerspr.* Schwanz des Dachses)
Zai|ne, die; -, -n (*landsch. für* Flechtwerk, Korb); *vgl.* Zeine
zai|nen (*landsch. für* flechten)
Za|i|re [za'i:rə, ...'i:ɐ̯] (früherer Name der Demokratischen Republik Kongo)
Za|ko|pa|ne [z...] (polnischer Wintersportplatz, Luftkurort)
Zam|pa|no, der; -s, -s ‹nach einer Figur des italienischen Films »La Strada«› (prahlerischer Mann)
Zam|perl, der; -s, -[n] (*bayr. für* nicht reinrassiger Hund)
Zan|der, der; -s, - ‹slaw.› (ein Fisch)
Za|nel|la, der; -s, *Plur. (Sorten:)* -s ‹ital.› (ein Gewebe)
Zan|ge, die; -, -n; **Zän|gel|chen**
Zan|gen|be|we|gung; zan|gen|förmig; Zan|gen|ge|burt
Zank, der; -[e]s; **Zank|ap|fel,** der; -s (Gegenstand eines Streites)
zan|ken; sich zanken; **Zän|ker** (*abwertend für* zänkischer Mensch)
Zan|ke|rei (*ugs. für* wiederholtes Zanken)
Zän|ke|rei *meist Plur.* (kleinlicher Streit); **zän|kisch**
Zank|sucht, die; -; **zank|süch|tig**
Zä|no|ge|ne|se, die; -, -n ‹griech.› (Auftreten von Besonderheiten während der stammesgeschichtlichen Entwicklung der Tiere); **zä|no|ge|ne|tisch**
Zapf, der; -[e]s, Zäpfe (*selten für* Zapfen; Ausschank)
[1]**Zäpf|chen** (Teil des weichen Gaumens)
[2]**Zäpf|chen** (kleiner Zapfen)
Zäpf|chen-R, *auch* **Zäpf|chen-r,** das; -s; ↑K29 *(Sprachw.)*
zap|fen
Zap|fen, der; -s, -; **zap|fen|för|mig**
Zap|fen|streich (*Milit.* Abendsignal zur Rückkehr in die Unterkunft); der Große Zapfenstreich ↑K150

Z

Zap|fen|zie|her (*südwestd. u. schweiz. für* Korkenzieher)
Zap|fer (jmd., der Getränke zapft); **Zapf|hahn**
Zäpf|lein *vgl.* ²Zäpfchen
Zapf|säu|le (bei Tankstellen)
Zapf|stel|le; Zapf|wel|le *(Technik)*
za|po|nie|ren (mit Zaponlack überziehen); **Za|pon|lack** (farbloser Lack [als Metallschutz])
Zap|pe|ler, Zapp|ler; **zap|pe|lig,** zapp|lig; **zap|peln;** ich zapp[e]le
Zap|pel|phi|lipp, der; -s, *Plur.* -e *u.* -s ‹nach einer Figur aus dem „Struwwelpeter"› (zappeliges, unruhiges Kind)
zap|pen [*auch* 'zɛ...] ‹engl.› (*ugs. für* mit der Fernbedienung in rascher Folge von einem Programm ins andere schalten)
zap|pen|dus|ter [*alte Trennung* ...|st...] (*ugs. für* sehr dunkel; aussichtslos)
Zap|ping, das; -s (das Zappen)
Zapp|ler *vgl.* Zappeler; **Zapp|le|rin; zapp|lig** *vgl.* zappelig
Zar, der; -en, -en ‹lat.› (ehemaliger Herrschertitel bei Russen, Serben, Bulgaren)
ZAR (Währungscode für südafrik. Rand)
Za|ra|go|za [sara'gɔsa] (*spanische Form von* Saragossa)
Za|ra|thu|s|t|ra (Neugestalter der altiran. Religion); *vgl.* Zoroaster
Za|ren|fa|mi|lie; Za|ren|herr|schaft, die; -; **Za|ren|reich; Za|ren|tum**
Za|re|witsch, der; -[e]s, -e (Sohn eines russ. Zaren; russ. Kronprinz); **Za|rew|na,** die; -, -s (Tochter eines russ. Zaren)
Zar|ge, die; -, -n (*fachspr. für* Einfassung; Seitenwand)
Za|rin; Za|ris|mus, der; - (Zarenherrschaft); **za|ris|tisch** [*alte Trennung* ...|st...]; **Za|ri|za,** die; -, *Plur.* -s *u.* ...zen (Frau od. Witwe eines Zaren)

> **zart**
>
> *Getrennt- oder Zusammenschreibung* ↑K62:
> – zart besaitet, zarter besaitet, am zartes|ten besaitet, *auch* zartbesaitet, zartbesaiteter, zartestbesaitet *od.* zartbesaitetst
> – zart fühlend, zarter fühlend, *auch* zartfühlend, zartfühlender, zartestfühlend *od.* zartfühlendst
>
> *Vgl. auch* zartbitter, zartblau usw.

zart|be|sai|tet, *auch* **zart be|sai|tet**
zart|bit|ter; zartbittere Schokolade
¹Zär|te, die; -, -n ‹slaw.› (ein Fisch); *vgl.* Zährte
²Zär|te, die; - (*veraltet für* Zartheit)
Zär|te|lei; zär|teln; ich zärt[e]le
zart|füh|lend, *auch* **zart füh|lend; Zart|ge|fühl,** das; -[e]s
Zart|heit; zärt|lich; Zärt|lich|keit
zart|ro|sa
Za|sel, Za|ser, die; -, -n (*veraltet, noch landsch. für* Faser); **Za|ser** *vgl.* Zasel; **Zä|ser|chen**
za|se|rig *(veraltet);* **za|sern** (*veraltet für* fasern); ich zasere
Zä|si|um, *chem. fachspr.* Cae|si|um, *auch* Cä|si|um, das; -s ‹lat.› (chemisches Element, Metall; *Zeichen* Cs)
Zas|pel, die; -, -n (altes Garnmaß)
Zas|ter [*alte Trennung* ...|st...], der; -s ‹sanskr.-Zigeunerspr.› (*ugs. für* Geld)
Zä|sur, die; -, -en ‹lat.› (Einschnitt; *Musik* Ruhepunkt)
Zat|tel|tracht, die; - (eine mittelalterliche Kleidermode)
Zau|ber, der; -s, -; **Zau|ber|bann; Zau|ber|buch**
Zau|be|rei
Zau|be|rer, Zaub|rer
Zau|ber|flö|te; Zau|ber|for|mel
zau|ber|haft
Zau|ber|hand; *nur in* wie von *od.* durch Zauberhand
Zau|be|rin, Zaub|re|rin; **zau|be|risch; Zau|ber|kas|ten** [*alte Trennung* ...|st...]
Zau|ber|kraft, die; **zau|ber|kräf|tig**
Zau|ber|kunst; Zau|ber|künst|ler; Zau|ber|künst|le|rin; Zau|ber|kunst|stück; Zau|ber|lehr|ling
zau|bern; ich zaubere
Zau|ber|nuss [*alte Schreibung* ...nuß] (*svw.* Hamamelis)
Zau|ber|spruch; Zau|ber|stab; Zau|ber|trank; Zau|ber|trick; Zau|ber|wort *Plur.* ...worte
Zaub|rer *vgl.* Zauberer
Zaub|re|rin *vgl.* Zauberin
Zau|che, die; -, -n (*landsch. für* Hündin; liederliche Frau)
Zau|de|rei; Zau|de|rer, Zaud|rer; **Zau|de|rin,** Zaud|re|rin
zau|dern; ich zaudere; ↑K82: da hilft kein Zaudern
Zaud|rer *vgl.* Zauderer; **Zaud|re|rin** *vgl.* Zauderin
Zaum, der; -[e]s, Zäume (über den Kopf und ins Maul von Zug- u. Reittieren gelegte Vorrichtung aus Riemen u. Metallteilen [zum Lenken u. Führen]); im Zaum halten
zäu|men; Zäu|mung
Zaum|zeug
Zaun, der; -[e]s, Zäune; **Zäun|chen**
zaun|dürr (*österr. ugs.* sehr mager)
Zaun|ei|dech|se
zäu|nen (einzäunen)
Zaun|gast *Plur.* ...gäste
Zaun|kö|nig (ein Vogel)
Zaun|pfahl; ein Wink mit dem Zaunpfahl (*ugs. für* deutlicher Hinweis)
Zaun|re|be (Name einiger Pflanzen, bes. des Waldnachtschattens); **Zaun|schlüp|fer** (*landsch. für* Zaunkönig)
Zau|pe, die; -, -n (*svw.* Zauche)
zau|sen; du zaust; er zaus|te; **zau|sig** (*österr. für* zerzaust); zausige Haare
Za|zi|ki, *auch* Tsa|t|si|ki, der *u.* das; -s, -s ‹neugriech.› (Joghurt mit Knoblauch u. Salatgurkenstückchen)
Zä|zi|lie *vgl.* Cäcilie
z. B. = zum Beispiel
z. b. V. = zur besonderen Verwendung
z. D. = zur Disposition
z. d. A. = zu den Akten (erledigt)
ZDF = Zweites Deutsches Fernsehen
z. E. = zum Exempel
Zea, die; - ‹griech.› (*Bot.* Mais)
Ze|ba|oth, *ökum.* Ze|ba|ot *Plur.* ‹hebr., »himmlische Heerscharen«›; der Herr Zebaot[h] (alttestamentliche Bezeichnung Gottes)
Ze|be|dä|us (bibl. Eigenn.)
Ze|b|ra, das; -s, -s ‹afrik.›; **ze|b|ra|ar|tig**
Ze|b|ra|strei|fen (Kennzeichen von Fußgängerüberwegen)
Ze|b|ro|id, das; -[e]s, -e ‹afrik.; griech.› (Kreuzung aus Zebra und Pferd)
Ze|bu, der *od.* das; -s, -s ‹tibet.› (ein asiatisches Buckelrind)
Zech|bru|der *(ugs.)*
Ze|che, die; -, -n (Rechnung für genossene Speisen u. Getränke; Bergwerk); die Zeche prellen
ze|chen (große Mengen Alkohol trinken)
Ze|chen|ster|ben; Ze|chen|still|le|gung [*alte Schreibung* ...stillegung; *alte Trennung* ...ll|l...]
Ze|cher; Ze|che|rei; Ze|che|rin; Zech|ge|la|ge

Z

Ze|chi|ne, die; -, -n ‹ital.› (eine alte venezianische Goldmünze)
Zech|prel|ler; Zech|prel|le|rei
Zech|stein, der; -[e]s (*Geol.* Abteilung des Perms)
Zech|tour
[1]**Zeck,** der *od.* das; -[e]s (*landsch. für* ein Kinderspiel [Haschen])
[2]**Zeck,** der; -[e]s, -e (*südd. u. österr. neben* Zecke)
Ze|cke [*alte Trennung* ...k|k...], die; -, -n (eine parasitisch lebende Milbe)
ze|cken [*alte Trennung* ...k|k...] (*landsch. für* [1]Zeck spielen; necken, reizen); necken und zecken; **Zeck|spiel,** das; -[e]s
Ze|de|kia, *ökum.* Zid|ki|ja (bibl. Eigenn.)
Ze|dent, der; -en, -en ‹lat.› (Gläubiger, der seine Forderung an einen Dritten abtritt)
Ze|der, die; -, -n ‹griech.› (immergrüner Nadelbaum); **ze|dern** (aus Zedernholz); **Ze|dern|holz**
ze|die|ren ‹lat.› (eine Forderung an einen Dritten abtreten)
Ze|d|re|la|baum (span.; dt.; *svw.* Zedrele); **Ze|d|re|la|holz; Ze|d|re|le,** die; -, -n ‹lat.› (ein tropischer Baum)
Zee|se, die; -, -n (Schleppnetz); **Zee|sen|boot**
Ze|fan|ja *vgl.* Zephanja
Zeh *vgl.* Zehe; **Ze|he,** die; -, -n, *auch* Zeh, der; -s, -en; die kleine, große Zehe, der kleine, große Zeh
Ze|hen|gän|ger (*Zool.* eine Gruppe der Säugetiere); **Ze|hen|na|gel; Ze|hen|spit|ze; Ze|hen|stand**
...ze|hig (z. B. fünfzehig; *mit Ziffer* 5-zehig [*alte Schreibung* 5zehig])

zehn

Kleinschreibung ↑K 78:
- wir sind zu zehnen *od.* zu zehnt
- sich alle zehn Finger nach etwas lecken (*ugs. für* sehr begierig auf etwas sein)

Großschreibung in Namen:
- die Zehn Gebote

Vgl. acht

Zehn, die; -, -en (Zahl); *vgl.* [1]Acht
Zehn|cent|stück ↑K 26
Zehn|eck; zehn|e|ckig [*alte Trennung* ...k|k...]
zehn|ein|halb, zehn|und|ein|halb
Zeh|nen|der (*Jägerspr.*)
Zeh|ner (*ugs. auch für* Zehnpfennigstück); *vgl.* Achter
Zeh|ner|bruch, der (*für* Dezimalbruch)
Zeh|ner|kar|te
zeh|ner|lei; auf zehnerlei Art
Zeh|ner|pa|ckung [*alte Trennung* ...k|k...]; **Zeh|ner|stel|le** (*Math.*)
Zehn|eu|ro|schein ↑K 26
zehn|fach; die zehnfache Menge; *vgl.* achtfach; **Zehn|fa|che,** das; -n; *vgl.* Achtfache
Zehn|fin|ger-Blind|schreib|me|tho|de, die; -; **Zehn|fin|ger|sys|tem** [*alte Trennung* ...|st...], das; -s
Zehn|flach, das; -[e]s, -e, **Zehn|fläch|ner** (*für* Dekaeder)
Zehn|fuß|krebs (*für* Dekapode)
Zehn|jah|res|fei|er *od.* ...jahr|feier; **Zehn|jah|res|plan** (*mit Ziffern* 10-Jahres-Plan; ↑K 26); **Zehn|jahr|fei|er** *vgl.* Zehnjahresfeier
zehn|jäh|rig; *vgl.* achtjährig
Zehn|kampf (*Sport*); **Zehn|kämp|fer**
Zehn|klas|sen|schu|le (*bes. DDR*)
zehn|mal; *vgl.* achtmal; **zehn|ma|lig**
Zehn|mark|schein ↑K 26; **Zehn|me|ter|brett** (*mit Ziffern* 10-Meter-Brett *od.* 10-m-Brett; ↑K 26)
Zehn|pfen|nig|stück ↑K 26
zehnt; *vgl.* zehn; **Zehnt,** Zehn|te, der; ...ten, ...ten (*früher* [Steuer]abgabe)
zehn|tau|send; die oberen Zehntausend, *auch* zehntausend
zehn|te; *vgl.* achte *u.* Muse; **Zehnte** *vgl.* Zehnt
zehn|tel; *vgl.* achtel; **Zehn|tel,** das, *schweiz. meist* der; -s, -; *vgl.* Achtel; **Zehn|tel|gramm; Zehn|tel|se|kun|de**
zehn|tens
Zehn|ton|ner (*mit Ziffer* 10-Tonner [*alte Schreibung* 10tonner])
Zehnt|recht, das; -[e]s
zehn|und|ein|halb *vgl.* zehneinhalb
zeh|ren; Zehr|geld (*veraltet*); **Zehr|pfen|nig; Zeh|rung**
Zei|chen, das; -s, -; Zeichen setzen
Zei|chen|block (*vgl.* Block); **Zei|chen|brett; Zei|chen|drei|eck**
Zei|chen|er|klä|rung
Zei|chen|fe|der; Zei|chen|film; Zei|chen|heft
Zei|chen|leh|rer; Zei|chen|leh|re|rin
Zei|chen|pa|pier; Zei|chen|saal
Zei|chen|schutz (*svw.* Warenzeichenschutz)
Zei|chen|set|zung, die; - (*für* Interpunktion)
Zei|chen|spra|che
Zei|chen|stift, der; **Zei|chen|trick|film; Zei|chen|un|ter|richt; Zei|chen|vor|la|ge**
zeich|nen; Aktien zeichnen; für etw. verantwortlich zeichnen
Zeich|nen, das; -s; **Zeich|ner; Zeich|ne|rin; zeich|ne|risch**
Zeich|nung
zeich|nungs|be|rech|tigt; Zeich|nungs|be|rech|ti|gung
Zei|del|meis|ter [*alte Trennung* ...|st...] (*svw.* Zeidler)
zei|deln (*veraltet für* Honigwaben ausschneiden); ich zeid[e]le
Zeid|ler (*veraltet für* Bienenzüchter); **Zeid|le|rei** (*veraltet für* Bienenzucht)
Zei|ge|fin|ger, *schweiz. auch* Zeig|fin|ger
zei|gen; etwas zeigen; sich [großzügig] zeigen; **Zei|ger**
Zei|ge|stab (*österr.*); **Zei|ge|stock** *Plur.* ...stöcke
Zeig|fin|ger *vgl.* Zeigefinger
zei|hen (*geh. veraltend für* bezichtigen); sie zieh ihn der Lüge, hat ihn der Lüge geziehen
Zei|le, die; -, -n (*Abk.* Z.); **Zei|len|ab|stand**
Zei|len|dorf
Zei|len|gieß|ma|schi|ne *od.* Zei|len|guss|ma|schi|ne [*alte Schreibung* ...guß|ma|schi|ne]
Zei|len|ho|no|rar; Zei|len|län|ge
Zei|len|maß, das; **Zei|len|sprung** (*Verslehre*)
zei|len|wei|se
...zei|ler (z. B. Zweizeiler, *mit Ziffer* 2-Zeiler [*alte Schreibung* 2zeiler]);
...zei|lig (z. B. sechszeilig, *mit Ziffer* 6-zeilig [*alte Schreibung* 6zeilig])
Zei|ne, die; -, -n (*schweiz.* großer [Wäsche]korb); *vgl.* Zaine
Zeis|chen (kleiner Zeisig)
Zei|sel|bär (*landsch. für* Tanzbär)
[1]**zei|seln** (*landsch. für* eilen, geschäftig sein); ich zeis[e]le
[2]**zei|seln** (*schwäb. für* anlocken); ich zeis[e]le
Zei|sel|wa|gen ‹*zu* [1]zeiseln› (*landsch. für* Leiterwagen)
zei|sen (*bayr. für* auseinander zupfen); du zeist; er zeis|te
Zei|sig, der; -s, -e ‹tschech.› (ein Vogel); **zei|sig|grün**
Zei|sing, der; -s, -e (*Seemannsspr. für* Segeltuchstreifen, Tauende)
Zeiß, Carl (dt. Mechaniker)
Zeiss ® (optische u. fotografische Erzeugnisse); zeisssche,

Zeit

die; -, -en
- zu meiner, seiner, uns[e]rer Zeit
- zu aller Zeit, *aber* all[e]zeit
- auf Zeit (*Abk.* a. Z.)
- eine Zeit lang [*alte Schreibung* Zeitlang]; einige, eine kurze Zeit lang
- es ist an der Zeit; von Zeit zu Zeit; Zeit haben; wir haben nur eine Stunde, drei Wochen Zeit
- auf Zeit spielen *(Sportspr.)*
- Zeit sparen; *vgl.* Zeit sparend

Zusammensetzungen:
- beizeiten; vorzeiten; zurzeit [*alte Schreibung* zur Zeit] (gerade jetzt), zuzeiten (bisweilen), *aber* zur Zeit, zu der Zeit, zu Zeiten (*Abk.* z. Z., z. Zt.) Karls d. Gr.
- jederzeit, *aber* zu jeder Zeit
- derzeit; seinerzeit (*Abk.* s. Z.), *aber* alles zu seiner Zeit
- zeitlebens

auch Zeiss'sche [*alte Schreibung* Zeisssche] Erzeugnisse; **Zeiss|glas** *Plur.* ...gläser; ↑K 136

zeit; *Präposition mit Genitiv:* zeit meines Lebens

Zeit *s. Kasten*

Zeit|ab|schnitt; Zeit|ab|stand; Zeit|ach|se; Zeit|al|ter; Zeit|an|ga|be (*Sprachw.* Umstandsangabe der Zeit); **Zeit|an|sa|ge; Zeit|ar|beit; Zeit|auf|nah|me** *(Fotogr.)*

Zeit|auf|wand; zeit|auf|wän|dig, zeit|auf|wen|dig

Zeit|bom|be; Zeit|dau|er; Zeit|do|ku|ment; Zeit|druck, der; -[e]s; **Zeit|ein|heit; Zeit|ein|tei|lung**

Zei|ten|fol|ge, die; - (*für* Consecutio Temporum); **Zei|ten|wen|de** *od.* **Zeit|wen|de**

Zeit|er|fas|sung; Zeit|er|fas|sungs|ge|rät

Zeit|er|schei|nung; Zeit|er|spar|nis; Zeit|fah|ren, das; -s *(Radsport);* **Zeit|fak|tor,** der; -s; **Zeit|feh|ler** *(Reiten);* **Zeit|fens|ter** [*alte Trennung* ...|st...] (vorgegebener eingeschobener Zeitraum); **Zeit|form** (*für* Tempus); **Zeit|fra|ge**

zeit|fremd; zeit|ge|bun|den

Zeit|ge|fühl, das; -[e]s; **Zeit|geist,** der; -[e]s

zeit|ge|mäß

Zeit|ge|nos|se; Zeit|ge|nos|sin; zeit|ge|nös|sisch

zeit|ge|recht (*österr. neben* rechtzeitig)

Zeit|ge|schäft *(Kaufmannsspr.)*

Zeit|ge|sche|hen; Zeit|ge|schich|te, die; -; **Zeit|ge|schmack**

Zeit|ge|winn

zeit|gleich

zeit|her (*landsch. für* seither)

zei|tig

zei|ti|gen (hervorbringen); Erfolge zeitigen

Zeit|kar|te; Zeit|kon|to

Zeit|kri|tik, die; -; **zeit|kri|tisch**

Zeit lang [*alte Schreibung* Zeitlang] *vgl.* Zeit

Zeit|lauf, der; -[e]s, *Plur.* ...läufte, *seltener* ...läufe *meist Plur.*

zeit|le|bens

zeit|lich (*österr. ugs. auch für* zeitig, früh); das Zeitliche ↑K 72 segnen (*veraltend für* sterben; *ugs. scherzh. für* entzwei gehen)

Zeit|lich|keit, die; - (Leben auf Erden, irdische Vergänglichkeit)

Zeit|lohn

zeit|los

Zeit|lo|se, die; -, -n (Pflanze [*meist für* Herbstzeitlose])

Zeit|lo|sig|keit, die; -

Zeit|lu|pe, die; -; **Zeit|lu|pen|tem|po,** das; -s

Zeit|man|gel, der; -s; **Zeit|maß,** das; **Zeit|mes|ser,** der (*für* Chronometer); **Zeit|mes|sung**

zeit|nah; zeit|na|he

Zeit|nah|me, die; - *(Sport);* **Zeit|neh|mer** *(Sport)*

Zeit|not; Zeit|per|so|nal; Zeit|plan; Zeit|punkt; Zeit|raf|fer *(Film)*

Zeit rau|bend, *auch* **zeit|rau|bend;** *aber nur* viel Zeit raubend; noch zeitraubender, sehr zeitraubend; das zeitraubends|te Verfahren

Zeit|raum; Zeit|rech|nung

zeit|schnell *(Sport);* die zeitschnellsten Läuferinnen

Zeit|schrift (*Abk.* Zs., Zschr.); **Zeit|schrif|ten|auf|satz; Zeit|schrif|ten|ver|lag**

Zeit|sinn, der; -[e]s; **Zeit|sol|dat; Zeit|span|ne**

Zeit spa|rend, *auch* **zeit|spa|rend;** Zeit sparende, *auch* zeitsparende Verfahren, *aber nur* viel Zeit sparende Verfahren, [noch] zeitsparenderere Verfahren, sehr zeitsparende Verfahren, das zeitsparends|te Verfahren ↑K 58 *u.* 59

Zeit|sprin|gen, das; -s, - *(Reitsport);* **Zeit|stra|fe** *(Sport);* **Zeit|ta|fel**

Zei|tung; Zei|tung|le|sen, das; -s

Zei|tungs|ab|la|ge; Zei|tungs|an|non|ce; Zei|tungs|an|zei|ge; Zei|tungs|ar|ti|kel; Zei|tungs|aus|schnitt; Zei|tungs|be|richt; Zei|tungs|en|te *(ugs.);* **Zei|tungs|in|se|rat; Zei|tungs|ki|osk**

Zei|tungs|kor|res|pon|dent; Zei|tungs|kor|res|pon|den|tin

Zei|tungs|le|ser; Zei|tungs|le|se|rin

Zei|tungs|mel|dung; Zei|tungs|no|tiz; Zei|tungs|pa|pier; Zei|tungs|ro|man

Zei|tungs|ver|käu|fer; Zei|tungs|ver|käu|fe|rin

Zei|tungs|ver|lag; Zei|tungs|we|sen; Zei|tungs|wis|sen|schaft

Zeit|ver|geu|dung; Zeit|ver|lust; Zeit|ver|schie|bung; Zeit|ver|schwen|dung

zeit|ver|setzt; eine zeitversetzte Fernsehübertragung

Zeit|ver|trag

Zeit|ver|treib, der; -[e]s, -e

zeit|wei|lig; zeit|wei|se

Zeit|wen|de *vgl.* Zeitenwende

Zeit|wert

Zeit|wort *Plur.* ...wörter; **Zeit|wort|form; zeit|wört|lich**

Zeitz (Stadt an der Weißen Elster)

Zeit|zei|chen *(Rundf., Funkw.)*

Zeit|zer; die Zeitzer Bürger

Zeit|zeu|ge; Zeit|zeu|gin

Zeit|zo|ne

Zeit|zün|der

Ze|le|b|rant, der; -en, -en ‹lat.› (die Messe lesender Priester)

Ze|le|b|ra|ti|on, die; -, -en (Feier); **ze|le|b|rie|ren** (feierlich begehen; die Messe lesen)

Ze|le|b|ri|tät, die; -, -en (*selten für* Berühmtheit)

Zel|ge, die; -, -n (*südd. für* [bestelltes] Feld, Flurstück)

Zell (Name mehrerer Städte)

Zel|la-Meh|lis; ↑K 144 (Stadt im Thüringer Wald)

Zell|at|mung, die; -

Zel|le, die; -, -n ‹lat.›

Zel|len|bil|dung; zel|len|för|mig; Zel|len|ge|we|be, Zell|ge|we|be

Zel|len|leh|re, die; - (*für* Zytolo-

gie); **Zel|len|schmelz** (*für* Cloisonné)
Zel|ler, der; -s (*österr. ugs. für* Sellerie)
Zell|for|schung, die; -
Zell|ge|we|be, Zel|len|ge|we|be;
Zell|ge|webs|ent|zün|dung
Zell|glas, das; -es (eine Folie)
zel|lig
Zell|kern
Zell|leh|re, *auch* **Zell-Leh|re** [*alte Schreibung* Zelleh|re, *alte Trennung* ...ll|l...]; *vgl.* Zellenlehre
Zell|mem|b|ran
Zel|lo|i|din|pa|pier ⟨lat.; griech.⟩ (Kollodiumschichtträger für Bromsilber bei fotograf. Filmen)
Zel|lo|phan das; -s ⟨lat.-griech.⟩ (glasklare Folie) *vgl.* Cellophan
Zell|stoff (Produkt aus Zellulose)
Zell|stoff|fa|b|rik, *auch* **Zell-stoff-Fa|b|rik** [*alte Schreibung* Zell|stoffa|brik, *alte Trennung* ...ff|f...]
Zell|tei|lung
zel|lu|lar, zel|lu|lär ⟨lat.⟩ (aus Zellen gebildet)
Zel|lu|li|tis, *auch* Cel|lu|li|tis, die; -, ...itiden *u.* Cel|lu|li|te, die; -, -n (Degeneration des Zellgewebes)
Zel|lu|loid, *fachspr.* Cel|lu|loid, das; -[e]s ⟨lat.; griech.⟩ (Kunststoff, Zellhorn)
Zel|lu|lo|se, *fachspr.* Cel|lu|lo|se, die; -, *Plur. (Sorten:)* -n ⟨lat.⟩ (Hauptbestandteil der pflanzlichen Zellwände; Zellstoff)
Zell|ver|meh|rung; Zell|wand
Zell|wol|le, die; -
Ze|lot, der; -en, -en ⟨griech.⟩ ([Glaubens]eiferer); **ze|lo|tisch; Ze|lo|tis|mus,** der; -
¹Zelt, der; -[e]s (wiegende Gangart von Pferden, Passgang)
²Zelt, das; -[e]s, -e; **Zelt|bahn**
Zelt|bla|che (*schweiz. für* Zeltbahn); **Zelt|blatt** (*österr. für* Zeltbahn)
Zel|te, der; -n, -n *u.* **Zel|ten,** der; -s, - (*südd., österr. für* kleiner, flacher [Leb]kuchen)
zel|ten; gezeltet
¹Zel|ter (*selten für* Zeltler)
²Zel|ter, der; -s, - (auf Passgang abgerichtetes Damenreitpferd)
Zelt|he|ring; Zelt|la|ger *Plur.* ...lager; **Zelt|lein|wand,** die; -
Zelt|ler (jmd., der zeltet)
Zelt|li, das; -s, - (*schweiz. mdal. für* Bonbon)
Zelt|mast, der
Zelt|mis|si|on, die; - (*ev. Kirche*)
Zelt|pflock; Zelt|pla|ne; Zelt|platz
Zelt|stadt; Zelt|stock *Plur.* ...stöcke; **Zelt|wand**
Ze|ment, der, (*für* Zahnbestandteil:) das; -[e]s, -e ⟨lat.⟩ (Baustoff; Bestandteil der Zähne)
Ze|men|ta|ti|on, die; -, -en (Härtung der Stahloberfläche; Abscheidung von Metallen)
Ze|ment|bo|den; Ze|ment|dach
ze|men|tie|ren (mit Zement ausfüllen, verputzen; eine Zementation durchführen; *übertr. auch für* [einen Zustand, Standpunkt] unverrückbar festlegen); **Ze|men|tie|rung**
Ze|ment|sack; Ze|ment|si|lo
Zen [z..., *auch* ts...], das; -[s] (japanische Richtung des Buddhismus)
Ze|ner|di|o|de ↑K 136 ⟨nach dem Physiker C. M. Zener⟩ (eine Halbleiterdiode)
Ze|nit, der; -[e]s ⟨arab.⟩ (Scheitelpunkt [des Himmels]); **Ze|nit-hö|he**
Ze|no[n] (Name zweier altgriechischer Philosophen; byzantinischer Kaiser)
Ze|no|taph *vgl.* Kenotaph
zen|sie|ren ⟨lat.⟩ (benoten; [auf unerlaubte Inhalte] prüfen); **Zen|sie|rung**
Zen|sor, der; -s, ...oren (altröm. Beamter; Beurteiler); **zen|so-risch** (den Zensor betreffend)
Zen|sur, die; -, -en (*nur Sing.:* behördl. Prüfung [und Verbot] von Druckschriften u. a.; [Schul]note); **zen|su|rie|ren** (*österr., schweiz. für* prüfen, beurteilen)
Zen|sus, der; -, - (Schätzung; Volkszählung)
Zent, die; -, -en ⟨lat.⟩ (germanischer Gerichtsverband)
Zen|taur, Ken|taur, der; -en, -en ⟨griech.⟩ (Wesen der griechischen Sage mit menschlichem Oberkörper u. Pferdeleib)
Zen|te|nar, der; -s, -e ⟨lat.⟩ (*selten für* Hundertjähriger); **Zen|te-nar|aus|ga|be; Zen|te|nar|fei|er**
Zen|te|na|ri|um, das; -s, ...ien (Hundertjahrfeier)
zen|te|si|mal (hundertteilig); **Zen-te|si|mal|waa|ge**
zent|frei (*früher* dem Zentgericht nicht unterworfen); **Zent|ge-richt** *(früher)*; **Zent|graf** *(früher)*
Zen|ti... (ein Hundertstel einer Einheit, z. B. Zentimeter = 10^{-2} Meter; *Zeichen* c)
Zen|ti|fo|lie, die; -, -n (Rosenart)
Zen|ti|gramm[1] ($^1/_{100}$ g; *Zeichen* cg)
Zen|ti|li|ter[1] ($^1/_{100}$ l; *Zeichen* cl)
Zen|ti|me|ter[1] (*Zeichen* cm)
Zen|ti|me|ter|maß, das
Zent|ner, der; -s, - (100 Pfund od. 50 kg; *Abk.* Ztr.; *Österreich u. Schweiz* 100 kg [Meterzentner], *Zeichen* q)
Zent|ner|ge|wicht; Zent|ner|last
zent|ner|schwer; zent|ner|wei|se
zen|t|ral ⟨griech.⟩ (in der Mitte; im Mittelpunkt befindlich, von ihm ausgehend; Mittel..., Haupt..., Gesamt...)
Zen|t|ral|a|f|ri|ka; Zen|t|ral|a|f|ri-ka|ner; zen|t|ral|a|f|ri|ka|nisch, *aber* ↑K 150: die Zentralafrikanische Republik
Zen|t|ral|a|me|ri|ka (festländischer Teil Mittelamerikas)
Zen|t|ral|bank *Plur.* ...banken
Zen|t|ral|bau *Plur.* ...bauten *(Archit.)*
zen|t|ral|be|heizt (mit Zentralheizung)
Zen|t|ral|be|hör|de (oberste Behörde)
Zen|t|ra|le, die; -, -n (*auch Geom.* Mittelpunktslinie)
Zen|t|ral|fi|gur; Zen|t|ral|flug|ha-fen (Flughafen, der nach allen Flugrichtungen offen ist und allen Fluggesellschaften dient)
zen|t|ral|ge|heizt (*svw.* zentralbeheizt)
Zen|t|ral|ge|walt
Zen|t|ral|hei|zung
Zen|t|ra|li|sa|ti|on, die; -, -en ⟨franz.⟩ (Zentralisierung)
zen|t|ra|li|sie|ren (zusammenziehen, in einem [Mittel]punkt vereinigen); **Zen|t|ra|li|sie|rung**
Zen|t|ra|lis|mus, der; - ⟨lat.⟩ (Streben nach Zusammenziehung [der Verwaltung u. a.])
zen|t|ra|lis|tisch [*alte Trennung* ...|st...]
Zen|t|ra|li|tät, die; - (Mittelpunktslage von Orten)
Zen|t|ral|ko|mi|tee (oberstes Organ der kommunistischen u. mancher sozialistischer Parteien; *Abk.* ZK)
Zen|t|ral|kraft, die *(Physik)*
Zen|t|ral|la|ger
Zen|t|ral|mas|siv, das; -s (in Frankreich)
Zen|t|ral|ner|ven|sys|tem [*alte*

[1] [*auch* ˈtsɛ...]

Z

Trennung ...|st...]; **Zen|t|ral|or|gan; Zen|t|ral|per|s|pek|ti|ve**

Zen|t|ral|ver|wal|tung

zen|t|rie|ren (auf die Mitte einstellen); **Zen|t|rie|rung**

Zen|t|rier|vor|rich|tung

zen|t|ri|fu|gal ‹griech.; lat.› (vom Mittelpunkt wegstrebend); **Zen|t|ri|fu|gal|kraft; Zen|t|ri|fu|gal|pum|pe** (Schleuderpumpe)

Zen|t|ri|fu|ge, die; -, -n (Schleudergerät zur Trennung von Flüssigkeiten); **zen|t|ri|fu|gie|ren** (mithilfe der Zentrifuge zerlegen)

zen|t|ri|pe|tal (zum Mittelpunkt hinstrebend); **Zen|t|ri|pe|tal|kraft**

zen|t|risch ‹griech.› (im Mittelpunkt befindlich, mittig); **Zen|t|ri|win|kel** (Mittelpunktswinkel)

Zen|t|rum das; -s, ...tren (Mittelpunkt; Innenstadt; Haupt-, Sammelstelle; *nur Sing.:* Partei des politischen Katholizismus 1870–1933); **Zen|t|rums|par|tei**

Zen|tu|rie, die; -, -n ‹lat.› (altrömische Soldatenabteilung von 100 Mann); **Zen|tu|rio,** der; -s, ...onen (Befehlshaber einer Zenturie)

Zen|zi (w. Vorn.)

Ze|o|lith, der; *Gen.* -s *u.* -en, *Plur.* -e[n] ‹griech.› (ein Mineral)

Ze|phan|ja, *ökum.* Ze|fan|ja (bibl. Prophet)

Ze|phir, *auch* Ze|phyr, der; -s, *Plur.* -e, *österr.* ...ire ‹griech.› (ein Baumwollgewebe; *nur Sing.: geh. für* milder Wind); **ze|phi|risch,** *auch* ze|phy|risch (*geh. für* säuselnd, lieblich)

Ze|phir|wol|le, *auch* Ze|phyr|wol|le

Ze|phyr usw. *vgl.* Zephir usw.

[1]**Zep|pe|lin** (Familienn.)

[2]**Zep|pe|lin,** der; -s, -e (Luftschiff)

Zep|ter, *österr. auch* Szep|ter, das, *seltener* der; -s, - ‹griech.› (Herrscherstab)

Zer *vgl.* Cer

zer... (*Vorsilbe von Verben,* z. B. zerbröckeln, du zerbröckelst, zerbröckelt, zu zerbröckeln)

Ze|rat, das; -[e]s, -e ‹lat.› (Wachssalbe)

zer|bei|ßen

zer|bers|ten [*alte Trennung* ...|st...]

Zer|be|rus, *auch* **Cer|be|rus,** der; -, -se (*griech. Sage* der den Eingang der Unterwelt bewachende Hund; *scherzh. für* grimmiger Wächter)

zer|beu|len

zer|bom|ben

zer|bre|chen; zer|brech|lich; Zer|brech|lich|keit, die; -

zer|brö|ckeln [*alte Trennung* ...k|k...]; **Zer|brö|cke|lung, Zer|bröck|lung**

Zerbst (Stadt in Sachsen-Anhalt); **Zerbs|ter** [*alte Trennung* ...|st...]

zer|deh|nen

zer|dep|pern *(ugs.);* ich zerdeppere

zer|drü|cken [*alte Trennung* ...k|k...]

Ze|re|a|lie, die; -, ...ien *meist Plur.* ‹lat.› (Getreide; Feldfrucht)

Ze|re|bel|lum, *med. fachspr.* Ce|re|bel|lum, das; -s, ...bella ‹lat.› (*Med.* Kleinhirn)

ze|re|b|ral; das Zerebrum betreffend); **Ze|re|b|ral,** der; -s, -e *od.* **Ze|re|b|ral|laut,** der; -[e]s, -e (*Sprachw.* mit der Zungenspitze am Gaumen gebildeter Laut)

ze|re|b|ro|spi|nal (*Med.* Hirn u. Rückenmark betreffend)

Ze|re|b|rum, *med. fachspr.* Ce|re|b|rum, das; -s, ...bra (Großhirn, Gehirn)

Ze|re|mo|nie [*auch, österr. nur,* ...ˈmoːni̯ə], die; -, ...ien [*auch* ...ˈmoːni̯ən] ‹lat.› (feierliche Handlung; Förmlichkeit)

ze|re|mo|ni|ell (feierlich; förmlich, gemessen; steif); **Ze|re|mo|ni|ell,** das; -s, -e ([Vorschrift für] feierliche Handlungen)

Ze|re|mo|ni|en|meis|ter [*alte Trennung* ...|st...]

ze|re|mo|ni|ös (steif, förmlich)

Ze|re|sin, *fachspr.* Ce|re|sin, das; -s ‹lat.› (gebleichtes Erdwachs aus hochmolekularen Kohlenwasserstoffen)

Ze|re|vis, das; -, - ‹kelt.› (*Verbindungsw. veraltet* Bier; Käppchen der Verbindungsstudenten)

zer|fah|ren; Zer|fah|ren|heit, die; -

Zer|fall, der; -[e]s, ...fälle (*nur Sing.:* Zusammenbruch, Zerstörung; *Kernphysik* spontane Spaltung des Atomkerns)

zer|fal|len

Zer|falls|er|schei|nung; Zer|falls|pro|dukt; Zer|falls|stoff

zer|fa|sern

zer|fet|zen; Zer|fet|zung

zer|flat|tern

zer|fled|dern *vgl.* zerfledern

zer|fle|dern (*ugs. für* durch häufigen Gebrauch [an den Rändern] abnutzen, zerfetzen [von Büchern, Zeitungen o. Ä.]); ich zerfledere

zer|flei|schen (zerreißen); du zerfleischst; **Zer|flei|schung**

zer|flie|ßen

zer|fran|sen

zer|fres|sen

zer|fur|chen; zer|furcht; eine zerfurchte Stirn

zer|ge|hen

zer|gen (*landsch. für* necken)

zer|glie|dern; Zer|glie|de|rung

zer|grü|beln; ich zergrübelte mir den Kopf

zer|ha|cken [*alte Trennung* ...k|k...]; **zer|hau|en**

zer|kau|en

zer|klei|nern; ich zerkleinere; **Zer|klei|ne|rung,** die; -; **Zer|klei|ne|rungs|ma|schi|ne**

zer|klüf|tet; Zer|klüf|tung

zer|knal|len

zer|knäu|len *(landsch.)*

zer|knaut|schen *(ugs.)*

zer|knirscht; Zer|knirscht|heit, die; -; **Zer|knir|schung,** die; -

zer|knit|tern

zer|knül|len

zer|ko|chen

zer|kör|nen (*für* granulieren)

zer|krat|zen

zer|krü|meln

zer|las|sen; zerlassene Butter

zer|lau|fen (*svw.* zerfließen)

zer|leg|bar; Zer|leg|bar|keit, die; -

zer|le|gen; Zer|leg|spiel; Zer|le|gung

zer|le|sen; ein zerlesenes Buch

zer|lö|chern

zer|lumpt *(ugs.)*

zer|mah|len

zer|mal|men; Zer|mal|mung

zer|man|schen (*ugs. für* völlig zerdrücken, zerquetschen)

zer|mar|tern, sich; ich habe mir den Kopf zermartert

Zer|matt (schweiz. Kurort)

zer|mür|ben; zer|mürbt; Zer|mür|bung

zer|na|gen

zer|nich|ten (*veraltet für* vernichten)

Ze|ro [z...], die; -, -s *od.* das; -s, -s ‹arab.› (Null, Nichts; *im Roulett* Gewinnfeld des Bankhalters)

Ze|ro|graph, *auch* **Ze|ro|graf,** der; -en, -en ‹griech.› (die Zerographie Ausübender); **Ze|ro|gra|phie,** *auch* **Ze|ro|gra|fie,** die; -, ...ien (Wachsgravierung)

Ze|ro|plas|tik, Ke|ro|plas|tik [*alte*

Z

Trennung ...|st...] (Wachsbildnerei)
Ze|ro|tin|säu|re, die; - (Bestandteil des Bienenwachses)
zer|pflü|cken [*alte Trennung* ...k|k...]
zer|plat|zen
zer|pul|vern (*für* pulverisieren)
zer|quält; ein zerquältes Gesicht
zer|quet|schen
zer|rau|fen; sich die Haare zerraufen
Zerr|bild
zer|re|den
zer|reib|bar; zer|rei|ben; Zer|rei|bung
zer|rei|ßen; sich zerreißen; **Zer|reiß|fes|tig|keit** [*alte Trennung* ...|st...], die; -
Zer|reiß|pro|be; Zer|rei|ßung
zer|ren; Zer|re|rei
zer|rin|nen
zer|ris|sen; Zer|ris|sen|heit, die; -
Zerr|spie|gel
Zer|rung
zer|rup|fen
zer|rüt|ten (zerstören); **zer|rüt|tet;** zerrüttete Ehen; **Zer|rüt|tung**
zer|sä|gen
zer|schel|len; zerschellt
zer|schie|ßen
zer|schla|gen; Zer|schla|gung
zer|schlei|ßen
zer|schlit|zen
zer|schmei|ßen *(ugs.)*
zer|schmet|tern; zerschmetterte Glieder; **Zer|schmet|te|rung**
zer|schnei|den; Zer|schnei|dung
zer|schram|men
zer|schrün|det (zerfurcht)
zer|schun|den; seine Haut war ganz zerschunden
zer|set|zen; Zer|set|zung
Zer|set|zungs|er|schei|nung; Zer|set|zungs|pro|dukt; Zer|set|zungs|pro|zess [*alte Schreibung* ...pro|zeß]
zer|sie|deln ([die Natur] durch Siedlungen zerstören); ich zersied[e]le; **Zer|sie|de|lung**
zer|sin|gen (ein Lied o. Ä. im Laufe der Zeit in Text u. Melodie verändern, abwandeln)
zer|spal|ten; er hat das Holz zerspalten *u.* zerspaltet; *vgl.* spalten; **Zer|spal|tung**
zer|spa|nen; Zer|spa|nung
zer|splei|ßen (*veraltet für* [völlig] aufspalten)
zer|split|tern; Zer|split|te|rung
zer|sprat|zen (*Geol.* sich aufblähen u. zerbersten [von glühenden Gesteinen])
zer|spren|gen; Zer|spren|gung
zer|sprin|gen
zer|stamp|fen
zer|stäu|ben; Zer|stäu|ber; Zer|stäu|bung
zer|ste|chen
zer|stie|ben
zer|stör|bar; zer|stö|ren; Zer|stö|rer; zer|stö|re|risch; Zer|stö|rung; Zer|stö|rungs|trieb; Zer|stö|rungs|wut; zer|stö|rungs|wü|tig
zer|sto|ßen
zer|strah|len *(Kernphysik);* **Zer|strah|lung**
zer|strei|ten, sich
zer|streu|en
zer|streut; Zer|streut|heit, die; -
Zer|streu|ung; Zer|streu|ungs|lin|se *(Optik)*
zer|stü|ckeln [*alte Trennung* ...k|k...]; **Zer|stü|cke|lung, Zer|stück|lung**
zer|talt (*Geogr.* durch Täler stark gegliedert)
zer|tei|len; Zer|tei|lung
zer|tep|pern (*svw.* zerdeppern)
Zer|ti|fi|kat, das; -[e]s, -e ‹lat.› ([amtl.] Bescheinigung, Zeugnis); **Zer|ti|fi|ka|ti|on,** die; -, -en (das Ausstellen eines Zertifikats); **zer|ti|fi|zie|ren;** zertifiziert; **Zer|ti|fi|zie|rung**
zer|tram|peln
zer|tren|nen; Zer|tren|nung
zer|tre|ten; Zer|tre|tung
zer|trüm|mern; ich zertrümmere; **Zer|trüm|me|rung**
Zer|ve|lat|wurst [z..., *auch* ts...], *auch* Ser|ve|lat|wurst ‹ital.; dt.› (eine Dauerwurst)
zer|wer|fen, sich (sich entzweien, verfeinden)
zer|wir|ken; das Wild zerwirken (*Jägerspr.* die Haut des Wildes abziehen u. das Wild zerlegen)
zer|wüh|len
Zer|würf|nis, das; -ses, -se
zer|zau|sen; Zer|zau|sung
zer|zup|fen
zes|si|bel ‹lat.› (*Rechtsw.* abtretbar)
Zes|si|on, die; -, -en (Übertragung eines Anspruchs von dem bisherigen Gläubiger auf einen Dritten); *vgl.* zedieren; **Zes|si|o|nar,** der; -s, -e (jmd., an den eine Forderung abgetreten wird); **Zes|si|o|na|rin**
Ze|ta, das; -[s], -s (griech. Buchstabe: Z, ζ)
Ze|ter, das; *nur noch in* Zeter u. Mord[io] schreien *(ugs.)*
Ze|ter|ge|schrei *(ugs.)*
ze|ter|mor|dio!; *nur noch in* zetermordio schreien *(ugs.);* **Ze|ter|mor|dio,** das; -s *(ugs.)*
ze|tern *(ugs.);* ich zetere
Zett *vgl.* Z (Buchstabe)
[1]**Zet|tel,** der; -s, - (*Weberei* Kette; Reihenfolge der Kettfäden)
[2]**Zet|tel,** der; -s, - ‹lat.› (Streifen, kleines Blatt Papier)
Zet|te|lei (Aufnahme in Zettelform, karteimäßige Bearbeitung; *auch für* Zettelkram; unübersichtliches Arbeiten)
Zet|tel|kas|ten [*alte Trennung* ...|st...]; **Zet|tel|kram**
zet|teln (*landsch. für* verstreuen, weithin ausbreiten); ich zett[e]le; *vgl.* [2]verzetteln
Zet|tel|wirt|schaft *(ugs.)*
zeuch!, zeuchst, zeucht (*veraltet geh. für* zieh[e]!, ziehst, zieht)
Zeug, das; -[e]s, -e; jmdm. etwas am Zeug flicken (*ugs. für* an jmdm. kleinliche Kritik üben)
Zeug|amt (*Milit. früher* das Zeughaus verwaltende Behörde)
Zeug|druck *Plur.* ...drucke (gefärbter Stoff)
Zeu|ge, der; -n, -n
[1]**zeu|gen** (erzeugen)
[2]**zeu|gen** (bezeugen); es zeugt von Fleiß
Zeu|gen|aus|sa|ge; Zeu|gen|bank *Plur.* ...bänke; **Zeu|gen|be|ein|flus|sung; Zeu|gen|be|fra|gung**
Zeu|gen|schaft, die; -
Zeu|gen|stand, der; -[e]s; **Zeu|gen|ver|neh|mung**
Zeug|haus (*Milit. früher* Lager für Waffen u. Vorräte)
Zeu|gin
Zeug|ma, das; -s, *Plur.* -s *u.* -ta ‹griech.› (*Sprachw.* Beziehung eines Prädikats auf verschiedene Satzglieder [z. B. er schlug die Stühl' und Vögel tot])
Zeug|nis, das; -ses, -se; **Zeug|nis|ab|schrift; Zeug|nis|aus|ga|be; Zeug|nis|ver|wei|ge|rung**
Zeugs, das; - (*ugs. für* Gegenstand, Sache); so ein Zeugs
Zeu|gung; Zeu|gungs|akt
zeu|gungs|fä|hig; Zeu|gungs|fä|hig|keit, die; -; **Zeu|gungs|glied** (*für* Penis)
zeu|gungs|un|fä|hig; Zeu|gungs|un|fä|hig|keit, die; -
Zeus (höchster griechischer Gott); **Zeus|tem|pel** ↑K 136
Zeu|te, die; -, -n (*rhein., hess. für* Zotte [Schnauze])

Zeu|xis (altgriechischer Maler)

ZGB *(in der Schweiz)* = Zivilgesetzbuch

z. H., z. Hd. = zu Händen, zuhanden

Zib|be, die; -, -n (*nordd., mitteld. für* Mutterschaf, -kaninchen; *abwertend für* Frau, Mädchen)

Zi|be|be, die; -, -n ‹arab.-ital.› (*südd., österr. für* große Rosine)

Zi|be|li|ne, die; - ‹slaw.› (ein Wollgarn, -gewebe)

Zi|bet, der; -s ‹arab.› (Drüsenabsonderung der Zibetkatze [Duftstoff]); **Zi|bet|kat|ze**

Zi|bo|ri|um, das; -s, ...ien ‹griech.› (in der röm.-kath. Kirche Aufbewahrungsgefäß für Hostien; Altarbaldachin)

Zi|cho|rie, die; -, -n ‹griech.› (Pflanzengattung der Korbblütler mit zahlreichen Arten [z. B. Wegwarte]; ein Kaffeezusatz); **Zi|cho|ri|en|kaf|fee,** der; -s

Zi|cke [*alte Trennung* ...k|k...], die; -, -n (weibliche Ziege); *vgl.* Zicken; **Zi|ckel,** das; -s, -[n]; **zi|ckeln** (Ziegenjunge werfen)

zi|cken [*alte Trennung* ...k|k...] (*ugs. für* überspannt, launisch, eigensinnig sein); **Zi|cken** *Plur.* (*ugs. für* Dummheiten); mach keine Zicken!; **zi|ckig** (*ugs. für* überspannt, eigensinnig)

zick|zack; zickzack den Berg hinunterlaufen; **Zick|zack,** der; -[e]s, -e; im Zickzack laufen; **zick|za|cken** [*alte Trennung* ...k|k...]; gezickzackt

Zick|zack|kurs; Zick|zack|kur|ve; Zick|zack|li|nie

Zi|der *vgl.* Cidre

Zid|ki|ja *vgl.* Zedekia

Zie|che, die; -, -n (*südd. u. österr. für* Bettbezug u. a.); *vgl.* Züchen

Ziech|ling (Ziehklinge, Schaber des Tischlers)

Zie|fer, das; -s, - (*südwestd. für* Federvieh)

zie|fern (*mitteld.* wehleidig sein; frösteln; vor Schmerz zittern; *bayr.* leise regnen); ich ziefere

Zie|ge, die; -, -n

Zie|gel, der; -s, -; **Zie|gel|bren|ner; Zie|gel|bren|ne|rei; Zie|gel|bren|ne|rin; Zie|gel|dach**

Zie|ge|lei; zie|geln (*veraltet für* Ziegel machen); ich ziegele

Zie|gel|o|fen; zie|gel|rot

Zie|gel|stein

Zie|gen|bart (*auch* ein Pilz); **Zie|gen|bock; Zie|gen|her|de; Zie|gen|kä|se; Zie|gen|le|der**

Zie|gen|lip|pe (ein Pilz)

Zie|gen|mel|ker (ein Vogel)

Zie|gen|milch

Zie|gen|pe|ter, der; -s, - (Mumps)

Zie|ger, der; -s, - (*südd., österr. für* Quark, Kräuterkäse)

Zieg|ler (*veraltet* Ziegelbrenner)

Zieh|brun|nen

Zie|he, die; - (*landsch. für* Pflege u. Erziehung); ein Kind in Ziehe geben; **Zieh|el|tern** *Plur. (landsch.)*

zie|hen; du zogst; du zögest; gezogen; zieh[e]!; *vgl.* zeuch! usw.; nach sich ziehen

Zieh|har|mo|ni|ka

Zieh|kind *(landsch.)*; **Zieh|mut|ter** *Plur.* ...mütter *(landsch.)*

Zieh|pflas|ter [*alte Trennung* ...|st...] (*svw.* Zugpflaster)

Zieh|sohn; Zieh|toch|ter

Zie|hung

Zieh|va|ter *(landsch.)*

Ziel, das; -[e]s, -e; **Ziel|bahn|hof; Ziel|band,** das; -[e]s, ...bänder

ziel|be|wusst [*alte Schreibung* ...be|wußt]; **Ziel|be|wusst|heit**

zie|len; zie|lend; zielendes Verb (*für* Transitiv)

Ziel|fahn|dung (gezielte Fahndung); **Ziel|fahrt** (*Motorsport* kleinere Sternfahrt); **Ziel|fern|rohr; Ziel|ge|biet** *(Milit.)*; **Ziel|ge|ra|de** (*Sport* letztes gerades Bahnstück vor dem Ziel)

ziel|ge|rich|tet

Ziel|grup|pe; ziel|grup|pen|spe|zi|fisch

Ziel|ha|fen; Ziel|ka|me|ra; Ziel|kauf *(Wirtsch.)*; **Ziel|kur|ve** *(Sport)*; **Ziel|li|nie**

ziel|los; Ziel|lo|sig|keit, die; -

ziel|o|ri|en|tiert

Ziel|rich|ter; Ziel|schei|be; Ziel|set|zung

ziel|si|cher; Ziel|si|cher|heit, die; -

Ziel|spra|che *(Sprachw.)*; **Ziel|stel|lung** (*regional für* Zielsetzung)

ziel|stre|big; Ziel|stre|big|keit

Ziel|vor|ga|be; Ziel|vor|rich|tung; Ziel|vor|stel|lung

Ziem, der; -[e]s, -e (*veraltet für* oberes Keulenstück)

zie|men *(geh.)*; es ziemt sich, es ziemt mir

Zie|mer, der; -s, - (Rückenbraten [vom Wild]; Ochsenziemer)

ziem|lich (fast, annähernd)

Ziep|chen, Zie|pel|chen (*landsch. für* Küken, Hühnchen)

zie|pen (*landsch., bes. nordd. für* zupfend ziehen; einen Pfeifton von sich geben)

Zier, die; -; **Zie|rat** *alte Schreibung für* Zierrat; **Zier|de,** die; -, -n

zie|ren; sich zieren; **Zie|re|rei**

Zier|fisch; Zier|gar|ten; Zier|gras; Zier|kür|bis; Zier|leis|te [*alte Trennung* ...|st...]

zier|lich; Zier|lich|keit, die; -

Zier|pflan|ze; Zier|pup|pe; Zier|rand

Zier|rat [*alte Schreibung* Zie|rat], der; -[e]s, -e

Zier|stich; Zier|strauch; Zier|vo|gel

Zie|sel, der, *österr.* das; -s, - ‹slaw.› (ein Nagetier)

Ziest, der; -[e]s, -e ‹slaw.› (eine Heilpflanze)

Zie|t[h]en (preuß. Reitergeneral)

Ziff. = Ziffer

Zif|fer, die; -, -n ‹arab.› (Zahlzeichen; *Abk.* Ziff.); arabische, römische Ziffern; **Zif|fer|blatt**

...zif|fe|rig, ...ziff|rig (z. B. zweiziff[e]rig, *mit Ziffer* 2-ziff[e]rig [*alte Schreibung* 2ziff[e]rig])

Zif|fer[n]|kas|ten [*alte Trennung* ...|st...] *(Druckw.)*; **zif|fern|mä|ßig; Zif|fer|schrift**

...ziff|rig *vgl.* ...zifferig

zig

(ugs.)
- zig Mark; mit zig Sachen in die Kurve

In Zusammensetzungen:
- zigfach, zigmal
- ein Zigfaches ↑K 72
- zigtausend, *auch* Zigtausend Menschen
- zigtausende, *auch* Zigtausende von Menschen

Zi|ga|ret|te, die; -, -n ‹franz.›

Zi|ga|ret|ten|a|sche; Zi|ga|ret|ten|au|to|mat; Zi|ga|ret|ten|e|tui; Zi|ga|ret|ten|fa|b|rik; Zi|ga|ret|ten|kip|pe

Zi|ga|ret|ten|län|ge; *in* auf eine Zigarettenlänge *(ugs.)*

Zi|ga|ret|ten|pa|pier; Zi|ga|ret|ten|pau|se; Zi|ga|ret|ten|rauch; Zi|ga|ret|ten|rau|cher; Zi|ga|ret|ten|schach|tel; Zi|ga|ret|ten|spit|ze; Zi|ga|ret|ten|stum|mel

Zi|ga|ril|lo [*selten auch* ...ˈrɪljo], der, *auch* das; -s, -s, *ugs. auch* die; -, -s ‹span.› (kleine Zigarre)

Zi|gärr|chen

Zi|gar|re, die; -, -n

Zi|gar|ren|ab|schnei|der; Zi|gar|ren|a|sche; Zi|gar|ren|fa|b|rik

Zi|gar|ren|kis|te [*alte Trennung* ...|st...]; **Zi|gar|ren|rauch; Zi|gar-**

ren|rau|cher; Zi|gar|ren|spit|ze; Zi|gar|ren|stum|mel

Zi|ger, der; -s, - (*schweiz. Schreibweise für* Zieger)

Zi|geu|ner[1], der; -s, -; **zi|geu|ner|haft; Zi|geu|ne|rin**[1]

Zi|geu|ner|ka|pel|le; Zi|geu|ner|le|ben; Zi|geu|ner|mu|sik

zi|geu|nern (*ugs. für* sich herumtreiben); ich zigeunere

Zi|geu|ner|pri|mas; Zi|geu|ner|schnit|zel *(Gastron.)*

Zi|geu|ner|spra|che *(Sprachw.)*

zig|fach, zig|hun|dert, zig|mal, zig|tau|send *vgl.* zig

Zi|ka|de, die; -, -n ⟨lat.⟩ (ein Insekt); **Zi|ka|den|männ|chen**

zi|li|ar ⟨lat.⟩ (*Med.* die Wimpern betreffend)

Zi|li|ar|kör|per (ein Abschnitt der mittleren Hautschicht des Auges); **Zi|li|ar|mus|kel; Zi|li|ar|neu|r|al|gie** (Schmerzen in Augapfel u. Augenhöhle)

Zi|li|a|te, die; -, -n *meist Plur.* (*Biol.* Wimpertierchen)

Zi|lie, die; -, -n (*Med.* feines Haar; Wimper)

Zi|li|zi|en usw. *vgl.* Kilikien usw.

[1]**Zil|le** (dt. Zeichner)

[2]**Zil|le,** die; -, -n ⟨slaw.⟩ (*ostmd., österr. für* leichter, flacher [Fracht]kahn); **Zil|len|schlep|per** (Schleppschiff)

Zil|ler|tal, das; -[e]s; **Zil|ler|ta|ler;** Zillertaler Alpen

Zim|bab|we (*engl. Schreibung von* Simbabwe)

Zim|bal, das; -s, *Plur.* -e *u.* -s ⟨griech.⟩ (mit Hämmerchen geschlagenes Hackbrett)

Zim|bel, die; -, -n (gemischte Orgelstimme; kleines Becken)

Zim|ber, Kim|ber, der; -s, -n (Angehöriger eines germ. Volksstammes); **zim|b|risch,** kim|b|risch, *aber nur* die zimbrischen Sprachinseln; ↑K 140: die Zimbrische Halbinsel (Jütland)

Zi|ment, das; -[e]s, -e ⟨lat.⟩ (*bayr. u. österr. veraltet für* metallenes zylindrisches Maßgefäß)

Zi|mier, das; -s, -e ⟨griech.⟩ (Helmschmuck)

Zim|mer, das; -s, -; **Zim|mer|an|ten|ne**

Zim|mer|ar|beit, Zim|me|rer|ar|beit

Zim|mer|brand

Zim|mer|de|cke [*alte Trennung* ...k|k...]; **Zim|mer|e|cke**

Zim|me|rei

Zim|mer|ein|rich|tung

Zim|me|rer; Zim|me|rer|ar|beit *vgl.* Zimmerarbeit

Zim|me|rer|hand|werk (*seltener für* Zimmerhandwerk)

Zim|mer|flucht (zusammenhängende Reihe von Zimmern; *vgl.* [1]Flucht); **Zim|mer|hand|werk**

...zim|me|rig, ...zimm|rig (z. B. zweizimm[e]rig, *mit Ziffer* 2-zimm[e]rig [*alte Schreibung* 2zimm[e]rig])

Zim|me|rin ⟨*zu* Zimmerer⟩

Zim|mer|kell|ner; Zim|mer|laut|stär|ke; Zim|mer|lin|de

Zim|mer|ling (*Bergmannsspr.* Zimmermann)

Zim|mer|mäd|chen; Zim|mer|mann *Plur.* ...leute; **Zim|mer|mie|te**

zim|mern; ich zimmere

Zim|mer|num|mer

Zim|mer|pflan|ze

Zim|mer|ser|vice, der

Zim|mer|su|che

Zim|mer|tan|ne; Zim|mer|tem|pe|ra|tur; Zim|mer|the|a|ter

Zim|me|rung

Zim|mer|ver|mitt|lung

...zimm|rig *vgl.* ...zimmerig

zim|per|lich; Zim|per|lich|keit

Zim|per|lie|se, die; -, -n (*ugs. für* zimperliches Mädchen)

zim|pern (*landsch. für* zimperlich sein, tun); ich zimpere

Zimt, der; -[e]s, *Plur. (Sorten:)* -e (ein Gewürz); **Zimt|baum**

zimt|far|ben *od.* **zimt|far|big**

Zimt|stan|ge; Zimt|stern

Zimt|zi|cke [*alte Trennung* ...k|k...], **Zimt|zie|ge** (Schimpfwort)

Zin|cke|nit, der; -s ⟨nach dem dt. Bergdirektor Zincken⟩ (ein Mineral)

Zin|cum, das; -s (*latinisierte Nebenform von* Zink)

Zin|del|taft ⟨griech.; pers.⟩ (ein Gewebe)

Zin|der, der; -s, - *meist Plur.* ⟨engl.⟩ (ausgeglühte Steinkohle)

Zi|ne|ra|ria, Zi|ne|ra|rie, die; -, ...ien ⟨lat.⟩ (Zierpflanze)

[1]**Zin|gel,** der; -s, -[n] (ein Fisch)

[2]**Zin|gel,** der; -s, - ⟨lat.⟩ (*veraltet für* Ringmauer)

Zin|gu|lum, das; -s, *Plur.* -s *u.* ...la (Gürtel[schnur] der Albe)

[1]**Zink,** das; -[e]s (chemisches Element, Metall; *Zeichen* Zn)

[2]**Zink,** der; -[e]s, -en (ein historisches Blasinstrument)

Zink|ät|zung; Zink|blech; Zink|blen|de

Zin|ke, die; -, -n (Zacke)

[1]**zin|ken** (mit Zinken versehen)

[2]**zin|ken** (von, aus [1]Zink)

Zin|ken, der; -s, - ([Gauner]zeichen; *ugs. für* große Nase)

Zin|ken|blä|ser; Zin|ke|nist, der; -en, -en (*schwäb., sonst veraltet* Zinkenbläser, Stadtmusikant)

Zin|ker (*ugs. für* Falschspieler)

...zin|kig (z. B. dreizinkig; *mit Ziffer* 3-zinkig [*alte Schreibung* 3zinkig])

Zink|leim|ver|band *(Med.)*

Zin|ko|gra|phie, *auch* **Zin|ko|gra|fie,** die; -, ...ien ⟨dt.; griech.⟩ (Zinkflachdruck); **Zin|ko|ty|pie,** die; -, ...ien (Zinkhochätzung)

Zink|o|xid, *auch* **Zink|o|xyd** (*vgl.* Oxid); **Zink|sal|be; Zink|sarg; Zink|sul|fat; Zink|wan|ne; Zink|weiß** (eine Malerfarbe)

Zinn, das; -[e]s (chemisches Element, Metall; *Zeichen* Sn); *vgl.* Stannum; **Zinn|be|cher**

Zin|ne, die; -, -n (zahnartiger Mauerabschluss)

zin|nern (von, aus Zinn)

Zinn|fi|gur; Zinn|fo|lie (Blattzinn); **Zinn|gie|ßer; Zinn|gie|ße|rin**

Zin|nie, die; -, -n ⟨nach dem dt. Botaniker Zinn⟩ (eine Gartenblume)

Zinn|kraut, das; -[e]s (Ackerschachtelhalm)

Zinn|krug

[1]**Zin|no|ber,** der; -s, - ⟨pers.⟩ (ein Mineral)

[2]**Zin|no|ber,** der, *auch, österr. nur,* das; -s (eine rote Farbe)

[3]**Zin|no|ber,** der; -s (*ugs. für* Blödsinn, wertloses Zeug)

zin|no|ber|rot; Zin|no|ber|rot, das

Zinn|sol|dat; Zinn|tel|ler

Zinn|wal|dit, der; -s ⟨nach dem Ort Zinnwald⟩ (ein Mineral)

[1]**Zins,** der; -es, -en ⟨lat.⟩ (Ertrag)

[2]**Zins,** der; -es, -e (*früher* Abgabe; *landsch., bes. südd., österr. u. schweiz. für* Miete)

zins|bar; zin|sen (*schweiz., sonst veraltet* Zins[en] zahlen); du zinst

Zin|sen|dienst

Zins|er|hö|hung; Zins|er|trag

Zin|ses|zins *Plur.* ...zinsen; **Zin|ses|zins|rech|nung**

Zins|fuß *Plur.* ...füße; **Zins|gro|schen** *(früher)*

zins|güns|tig [*alte Trennung* ...|st...]

[1] *Vom Zentralrat Deutscher Sinti und Roma als diskriminierend abgelehnte Bezeichnung*

Z

Zins|haus (*bes. südd., österr. für* Mietshaus); **Zins|herr|schaft**
Zins|knecht|schaft (im MA.)
zins|los
Zins|pflicht, die; - (im MA.); **zins-pflich|tig**
Zins|po|li|tik, die; - ; **zins|po|li|tisch**
Zins|satz; Zins|sen|kung; Zins|ter-min (Zinszahlungstag)
zins|ver|bil|ligt; Zins|ver|bil|li|gung
Zins|wu|cher; Zins|zahl (*Abk.* Zz.)
Zin|zen|dorf (Stifter der Herrnhuter Brüdergemeine)
Zi|on, der; -[s] ‹hebr.› (Tempelberg in Jerusalem; *ohne Artikel auch für* Jerusalem)
Zi|o|nis|mus, der; - (Bewegung zur Gründung u. Sicherung eines nationalen jüdischen Staates)
Zi|o|nist, der; -en, -en (Anhänger des Zionismus); **Zi|o|nis|tin** [*alte Trennung* ...|st...]; **zi|o|nis-tisch**
Zi|o|nit, der; -en, -en (Angehöriger einer schwärmerischen christlichen Sekte des 18. Jh.s)
¹Zipf, der; -[e]s (*südd. u. ostmitteld. für* Pips)
²Zipf, der; -[e]s, -e (*österr. ugs. für* Zipfel; fader Kerl)
Zip|fel, der; -s, -; **zip|fe|lig; Zip|fel-müt|ze; zipf|lig**
Zi|pol|le, die; -, -n ‹lat.› (*nordd., auch mitteld. für* Zwiebel)
Zipp®, der; -s, -s (*österr. für* Reißverschluss)
Zipp|dros|sel, Zip|pe, die; -, -n (*landsch. für* Singdrossel)
Zip|per|lein, das; -s (*veraltet für* [Fuß]gicht)
Zip|pus, der; -, *Plur.* Zippen *u.* Zippi ‹lat.› (antiker Gedenk-, Grenzstein)
Zipp|ver|schluss [*alte Schreibung* ...ver|schluß] ‹engl.; dt.› (*österr. für* Reißverschluss); *vgl.* Zipp®
Zips, die; - (Gebiet in der Slowakei); **Zip|ser**
Zir|be, Zir|bel, die; -, -n (*landsch. für* eine Kiefer)
Zir|bel|drü|se *(Med.)*
Zir|bel|kie|fer, die (*vgl.* Arve); **Zir-bel|nuss** [*alte Schreibung* ...nuß]
Zir|co|ni|um *vgl.* Zirkonium
zir|ka, *auch* cir|ca (ungefähr, etwa; *Abk.* ca. [*für* lat. circa])
Zir|ka|auf|trag (Börsenauftrag, bei dem der Kommissionär um $^1/_4$ od. $^1/_2$ % vom gesetzten Limit abweichen darf)
Zir|kel, der; -s, - ‹griech.›
Zir|kel|kas|ten [*alte Trennung* ...|st...]
zir|keln (Kreis ziehen; [ab]messen); ich zirk[e]le; **zir|kel|rund**
Zir|kel|schluss [*alte Schreibung* ...schluß]
Zir|kon, der; -s, -e ‹nlat.› (ein Mineral); **Zir|ko|ni|um,** *chem. fachspr.* Zir|co|ni|um, das; -s (chem. Element; *Zeichen* Zr)
zir|ku|lar, zir|ku|lär ‹griech.› (kreisförmig)
Zir|ku|lar, das; -s, -e (*schweiz., sonst veraltet für* Rundschreiben); **Zir|ku|lar|no|te** (*Völkerrecht* eine mehreren Staaten gleichzeitig zugestellte Note gleichen Inhalts)
Zir|ku|la|ti|on, die; -, -en (Kreislauf, Umlauf); **zir|ku|lie|ren**
zir|kum... ‹griech.› (um..., herum...); **Zir|kum...** (Um..., Herum...)
zir|kum|flek|tie|ren (mit Zirkumflex versehen); **Zir|kum|flex,** der; -es, -e (*Sprachw.* ein Dehnungszeichen; *Zeichen* ˆ, z. B. â)
Zir|kum|po|lar|stern (Stern, der für den Beobachtungsort nie untergeht)
zir|kum|s|k|ript (*Med.* umschrieben, [scharf] abgegrenzt); **Zir-kum|s|k|rip|ti|on,** die; -, -en (Abgrenzung kirchlicher Gebiete)
zir|kum|ter|res|t|risch [*alte Trennung* ...|st...] (im Umkreis der Erde)
Zir|kum|zi|si|on, die; -, -en ‹lat.› (*Med.* Beschneidung)
Zir|kus, *auch* Cir|cus, der; -, -se (großes Zelt od. Gebäude, in dem Artistik, Tierdressuren u. a. gezeigt werden; *nur Sing.: ugs.* Durcheinander, Trubel)
Zir|kus|di|rek|tor, *auch* Cir|cus|di-rek|tor; **Zir|kus|pferd,** *auch* Cir-cus|pferd; **Zir|kus|zelt,** *auch* Cir-cus|zelt
Zir|pe, die; -, -n (*landsch. für* Grille, Zikade); **zir|pen**
Zir|ren (*Plur. von* Zirrus)
Zir|rho|se, die; -, -n ‹griech.› (*Med.* chron. Wucherung von Bindegewebe mit nachfolgender Verhärtung u. Schrumpfung)
Zir|ro|ku|mu|lus ‹lat.› (*Meteor.* Schäfchenwolke)
Zir|ro|stra|tus (ungegliederte Streifenwolke in höheren Luftschichten)
Zir|rus, der; -, *Plur. - u.* Zirren (Federwolke); **Zir|rus|wol|ke**
zir|zen|sisch ‹griech.› (den Zirkus betreffend, in ihm abgehalten)
zis|al|pin, zis|al|pi|nisch ‹lat.› ([von Rom aus] diesseits der Alpen liegend)
Zi|sche|lei; zi|scheln; ich zisch[e]le
zi|schen; du zischst; **Zisch|laut**
Zi|se|leur [...ˈløːɐ̯], der; -s, -e ‹franz.› (Metallstecher); **Zi|se-leu|rin; zi|se|lie|ren** ([in Metall] mit Punze, Ziselierhammer [kunstvoll] einarbeiten); **Zi|se-lie|rer** (Ziseleur); **Zi|se|lie|re|rin; Zi|se|lie|rung**
¹Zis|ka (*dt. Form von* Žižka)
²Zis|ka (w. Vorn.)
Zis|la|weng, der ‹franz.›; *in der Fügung* mit einem Zislaweng (*ugs. für* mit Schwung)
zis|pa|da|nisch ([von Rom aus] diesseits des Pos liegend)
Zis|sa|li|en *Plur.* ‹lat.› (fehlerhafte Münzen, die wieder eingeschmolzen werden)
Zis|so|i|de, die; -, -n ‹griech.› (*Math.* Efeublattkurve; ebene Kurve dritter Ordnung)
Zis|ta, Zis|te [*alte Trennung* ...|st...], die; -, Zisten ‹griech.› (altgriech. zylinderförmiger Korb; frühgeschichtliche Urne)
Zis|ter|ne [*alte Trennung* ...|st...], die; -, -n ‹griech.› (Behälter für Regenwasser); **Zis|ter|nen|was-ser,** das; -s
Zis|ter|zi|en|ser [*alte Trennung* ...|st...], der; -s, - (Angehöriger eines kath. Ordens); **Zis|ter|zi-en|se|rin** (Angehörige des Ordens der Zisterzienserinnen); **Zis|ter|zi|en|ser|or|den,** der; -s
Zist|rös|chen, Zist|ro|se ‹griech.; dt.› (eine Pflanze)
Zi|ta (w. Vorn.)
Zi|ta|del|le, die; -, -n ‹franz.› (Befestigungsanlage innerhalb einer Stadt od. einer Festung)
Zi|tat, das; -[e]s, -e ‹lat.›
Zi|ta|ten|le|xi|kon; Zi|ta|ten|schatz
Zi|ta|ti|on, die; -, -en (*veraltet für* [Vor]ladung vor Gericht; *auch für* Zitierung)
Zi|ther, die; -, -n ‹griech.› (ein Saiteninstrument); **Zi|ther|spiel,** das; -[e]s
zi|tie|ren ‹lat.› ([eine Textstelle] wörtlich anführen; vorladen); **Zi|tie|rung**
Zi|t|rat, *fachspr.* Ci|t|rat, das; -[e]s, -e ‹lat.› (Salz der Zitronensäure)
¹Zi|t|rin, der; -s, -e (gelber Bergkristall)
²Zi|t|rin, das; -s (Bestandteil eines gelben Farbstoffs)

Zi|t|ro|nat, das; -[e]s, -e ‹franz.› (kandierte Fruchtschale einer Zitronenart)
Zi|t|ro|ne, die; -, -n ‹ital.›
Zi|t|ro|nen|baum
Zi|t|ro|nen|fal|ter
zi|t|ro|nen|far|ben *od.* **zi|t|ro|nen|far|big; zi|t|ro|nen|gelb**
Zi|t|ro|nen|li|mo|na|de; Zi|t|ro|nen|me|lis|se; Zi|t|ro|nen|pres|se; Zi|t|ro|nen|saft
zi|t|ro|nen|sau|er *(Chemie);* **Zi|t|ro|nen|säu|re,** die; -
Zi|t|ro|nen|scha|le; Zi|t|ro|nen|was|ser
Zi|t|rul|le, die; -, -n ‹franz.› (*veraltet für* Wassermelone)
Zi|t|rus|frucht ‹ lat.; dt.› (Zitrone, Apfelsine, Mandarine u. a.); **Zi|t|rus|öl; Zi|t|rus|pflan|ze**
Zit|ter|aal; Zit|ter|gras
zit|te|rig, zitt|rig
zit|tern; ich zittere; ↑K82: sie hat das Zittern *(ugs.)*
Zit|ter|pap|pel
Zit|ter|par|tie (*bes. für* Spiel, bei dem eine Mannschaft bis zuletzt um den Sieg fürchten muss)
Zit|ter|ro|chen (ein Fisch)
zitt|rig *vgl.* zitterig
Zit|wer, der; -s, - ‹pers.› (Korbblütler, dessen Samen als Wurmmittel verwendet werden)
Zit|ze, die; -, -n (Organ zum Säugen bei weibl. Säugetieren)
Ziu (altgerm. Gott); *vgl.* Tiu, Tyr
Zi|vi, der; -s, -s (*ugs. kurz für* Zivildienstleistender)
zi|vil ‹lat.› (bürgerlich); zivile (niedrige) Preise; ziviler Bevölkerungsschutz, Ersatzdienst
Zi|vil, das; -s (bürgerl. Kleidung)
Zi|vil|an|zug; Zi|vil|be|ruf; Zi|vil|be|schä|dig|te, der *u.* die; -n, -n
Zi|vil|be|völ|ke|rung; Zi|vil|cou|ra|ge
Zi|vil|die|ner (*österr. für* Zivildienstleistender)
Zi|vil|dienst, der; -[e]s; **Zi|vil|dienst|be|auf|trag|te,** der *u.* die; -n, -n; **Zi|vil|dienst Leis|ten|de,** der; - -n, - -n, *auch* **Zi|vil|dienst|leis|ten|de** [*alte Trennung* ...|st...], der; -n, -n
Zi|vil|e|he (standesamtlich geschlossene Ehe)
Zi|vil|fahn|der; Zi|vil|fahn|dung
Zi|vil|ge|setz|buch (*Abk. [in der Schweiz]* ZGB)
Zi|vi|li|sa|ti|on, die; -, -en (durch Fortschritt von Wissenschaft u. Technik verbesserte soziale u. materielle Lebensbedingungen); **Zi|vi|li|sa|ti|ons|krank|heit** *meist Plur.*
zi|vi|li|sa|ti|ons|mü|de; Zi|vi|li|sa|ti|ons|mü|dig|keit
Zi|vi|li|sa|ti|ons|müll
zi|vi|li|sa|to|risch
zi|vi|li|sie|ren (der Zivilisation zuführen); **zi|vi|li|siert; Zi|vi|li|siert|heit; Zi|vi|li|sie|rung**
Zi|vi|list, der; -en, -en (Bürger, Nichtsoldat); **Zi|vi|lis|tin** [*alte Trennung* ...|st...]; **zi|vi|lis|tisch**
Zi|vil|kam|mer (Spruchabteilung für privatrechtl. Streitigkeiten bei Landgerichten); **Zi|vil|kla|ge**
Zi|vil|klei|dung; Zi|vil|le|ben
Zi|vil|lis|te [*alte Trennung* ...|st...] (für den Monarchen bestimmter Betrag im Staatshaushalt)
Zi|vil|per|son
Zi|vil|pro|zess [*alte Schreibung* ...pro|zeß] (Gerichtsverfahren, dem die Bestimmungen des Privatrechts zugrunde liegen); **Zi|vil|pro|zess|ord|nung** (*Abk.* ZPO); **Zi|vil|pro|zess|recht,** das
Zi|vil|recht, das; -[e]s; **zi|vil|recht|lich**
Zi|vil|schutz, der; -es
Zi|vil|stand (*schweiz. für* Familien-, Personenstand); **Zi|vil|stands|amt** (*schweiz. für* Standesamt)
Zi|vil|trau|ung; Zi|vil|ver|tei|di|gung
zi|zerl|weis (*bayr., österr. ugs. für* nach und nach, ratenweise)
Žiž|ka ['ʒɪʃ...] (Hussitenführer); *vgl.* [1]Ziska
ZK = Zentralkomitee
Zlo|ty, *poln.* **Zło|ty** ['slɔti], der; -s, -s ‹poln.› (polnische Währungseinheit; *Währungscode* PLZ); 5 Zloty
Zmit|tag, der *od.* das; -s (*schweiz. mdal. für* Mittagessen)
Zmor|ge[n], der *od.* das; -, - (*schweiz. mdal. für* Frühstück)
Zn = *chem. Zeichen für* Zink
Znacht, der *od.* das; -s (*schweiz. mdal. für* Abendessen)
Znü|ni, der *od.* das; -s, - (*schweiz. mdal. für* Vormittagsimbiss)
Zo|bel, der; -s, - ‹slaw.› (Marder; Pelz); **Zo|bel|pelz**
Zo|ber, der; -s, - (*landsch. für* Zuber)
Zoc|co|li *Plur.* ‹ital.› (*schweiz. für* Holzsandalen)
zo|ckeln [*alte Trennung* ...k|k...] (*svw.* zuckeln); ich zock[e]le
zo|cken [*alte Trennung* ...k|k...] ‹jidd.› (*ugs. für* Glücksspiele machen); **Zo|cker,** der; -s, - (Glücksspieler); **Zo|cke|rin**
zo|di|a|kal ‹griech.› (den Zodiakus betreffend)
Zo|di|a|kal|licht, das; -[e]s, -er (*Astron.* Tierkreislicht, pyramidenförmiger Lichtschein in der Richtung des Tierkreises)
Zo|di|a|kus, der; - (Tierkreis)
Zoe (Name byzantinischer Kaiserinnen)
Zo|fe, die; -, -n; **Zo|fen|dienst**
Zoff, der; -s (*ugs. für* Ärger, Streit, Unfrieden)
zö|ger|lich (zögernd)
zö|gern; ich zögere; ↑K82: nach anfänglichem Zögern; ohne Zögern einspringen
Zög|ling
Zo|he, die; -, -n (*südwestd. für* Hündin)
Zo|la [z...] (franz. Schriftsteller)
[1]**Zö|les|tin** [*alte Trennung* ...|st...], der; -s, -e ‹lat.› (ein Mineral)
[2]**Zö|les|tin,** Zö|les|ti|nus [*alte Trennung* ...|st...] (m. Vorn.); **Zö|les|ti|ne** (w. Vorn.)
Zö|les|ti|ner [*alte Trennung* ...|st...], der; -s, - (Angehöriger eines ehemaligen katholischen Ordens)
Zö|les|ti|nus [*alte Trennung* ...|st...] *vgl.* [2]Zölestin
zö|les|tisch [*alte Trennung* ...|st...] (*veraltet für* himmlisch)
Zö|li|bat, das, *Theol.* der; -[e]s ‹lat.› (pflichtmäßige Ehelosigkeit aus religiösen Gründen, bes. bei kath. Geistlichen)
zö|li|ba|tär; Zö|li|ba|tär, der; -s, -e (jmd., der im Zölibat lebt)
Zö|li|bats|zwang, der; -[e]s
[1]**Zoll,** der; -[e]s, Zölle ‹griech.› (Abgabe)
[2]**Zoll,** der; -[e]s, - (altes Längenmaß; *Zeichen* "); 3 Zoll breit
Zoll|ab|fer|ti|gung
Zoll|amt; zoll|amt|lich
Zoll|an|mel|dung
zoll|bar (zollpflichtig)
Zoll|be|am|te; Zoll|be|am|tin
Zoll|be|hör|de
zoll|breit; ein zollbreites Brett, *aber* das Brett ist einen Zoll breit; **Zoll|breit,** der; -, -; keinen Zollbreit zurückweichen
Zoll|bürg|schaft; Zoll|de|k|la|ra|ti|on; Zoll|ein|neh|mer *(früher)*
zol|len; jmdm. Respekt zollen
...zöl|ler (z. B. Achtzöller)

Z

Zoll|er|klä|rung
Zoll|fahn|der; Zoll|fahn|de|rin; Zoll|fahn|dung
Zoll|for|ma|li|tät *meist Plur.*
zoll|frei; Zoll|frei|heit, die; -
Zoll|ge|biet; Zoll|gren|ze
zoll|hoch, *aber* einen Zoll hoch
...zol|lig *u.* **...zöl|lig,** *österr. nur so* (z. B. vierzollig, vierzöllig, *mit Ziffer* 4-zollig, 4-zöllig [*alte Schreibungen* 4zollig, 4zöllig])
Zoll|in|halts|er|klä|rung
Zoll|kon|t|rol|le
zoll|lang [*alte Schreibung* zollang, *alte Trennung* ...ll|l...] ↑K 169, *aber* einen Zoll lang
Zoll|li|nie, *auch* **Zoll-Li|nie** [*alte Schreibung* Zollinie, *alte Trennung* ...ll|l...], die; -, -n
Zöll|ner (*früher* Zoll-, Steuereinnehmer; *veraltend* Zollbeamter)
Zoll|ord|nung
zoll|pflich|tig
Zoll|recht, das; -[e]s; **Zoll|schran|ke; Zoll|sta|ti|on; Zoll|stel|le**
Zoll|stock *Plur.* ...stöcke
Zoll|ta|rif; Zoll|u|ni|on; Zoll|ver|trag
Zö|lom, das; -s, -e ⟨griech.⟩ (*Biol.* Leibeshöhle [der Säugetiere])
Zom|bie [...bi], der; -[s], -s ⟨westafrikan.⟩ (Toter, der durch Zauberei wieder zum Leben erweckt wurde [und willenloses Werkzeug des Zauberers ist])
Zö|me|te|ri|um, das; -s, ...ien ⟨griech.⟩ (Ruhestätte, Friedhof, *auch für* Katakombe)
zo|nal, zo|nar ⟨griech.-lat.⟩ (zu einer Zone gehörend, eine Zone betreffend)
Zo|ne, die; -, -n ⟨griech.-lat.⟩ (abgegrenztes Gebiet)
Zo|nen|ta|rif; Zo|nen|zeit
Zö|no|bit, der; -en, -en ⟨griech.⟩ (im Kloster lebender Mönch)
Zö|no|bi|um, das; -s, ...ien (Kloster; *Biol.* kolonieartiger Zusammenschluss von Einzellern)
Zoo, der; -s, -s ⟨griech.⟩ (*kurz für* zoologischer Garten)
zo|o|gen (aus tierischen Resten gebildet [von Gesteinen])
Zo|o|gra|phie, *auch* Zo|o|gra|fie, die; -, ...ien (Benennung u. Einordnung der Tierarten)
Zoo|hand|lung
Zo|o|la|t|rie, die; -, ...ien (Tierkult)
Zo|o|lith, der; *Gen.* -s *od.* -en, *Plur.* -e[n] (Tierversteinerung)
Zo|o|lo|ge, der; -n, -n; **Zo|o|lo|gie,** die; - (Tierkunde); **Zo|o|lo|gin; zo|o|lo|gisch;** ein zoologischer Garten, *aber* ↑K 150: der Zoologische Garten Frankfurt
Zoom [zu:m], das; -s, -s ⟨engl.⟩ (Objektiv mit veränderlicher Brennweite; Vorgang, durch den der Aufnahmegegenstand näher an den Betrachter herangeholt oder weiter von ihm entfernt wird); **zoo|men;** gezoomt
Zo|on po|li|ti|kon, das; - - ⟨griech.⟩ (der Mensch als Gemeinschaftswesen [bei Aristoteles])
Zoo|or|ches|ter, *auch* **Zoo-Or|ches|ter** [*alte Trennung* ...|st...]
zo|o|phag (Fleisch fressend [von Pflanzen]); **Zo|o|pha|ge,** der; -n, -n (Fleisch fressende Pflanze)
Zo|o|phyt, der *od.* das; -en, -en (*veraltete Bez. für* Hohltier od. Schwamm)
Zoo|tech|ni|ker (*regional für* [Zoo]tierpfleger)
Zo|o|to|mie, die; - (Tieranatomie)
Zopf, der; -[e]s, Zöpfe; ein alter Zopf (*ugs. für* überlebter Brauch); **Zöpf|chen; zop|fig**
Zopf|mus|ter [*alte Trennung* ...|st...]; **Zopf|stil,** der; -[e]s (*Kunstwiss.*)
Zop|pot (*poln.* Sopot)
Zo|res, der; - ⟨hebr.-jidd.⟩ (*landsch. für* Ärger; Gesindel)
Zo|ril|la, der; -s, -s, *auch* die; -, -s ⟨span.⟩ (eine afrikan. Marderart)
Zorn, der; -[e]s
Zorn|a|der (Zornesader); **Zorn|aus|bruch** (Zornesausbruch); **Zorn|bin|kel,** der; -s, -[n] (*österr. ugs. für* jähzorniger Mensch)
zorn|ent|brannt ↑K 59
Zor|nes|a|der; Zor|nes|aus|bruch; Zor|nes|rö|te
zor|nig
Zorn|rö|te (Zornesröte)
zorn|schnau|bend ↑K 59
Zo|ro|as|ter [*alte Trennung* ...|st...] (*Nebenform von* Zarathustra); **zo|ro|as|t|risch;** die zoroastrische [*alte Schreibung* Zoroastrische] Lehre ↑K 135
Zos|se, der; -n, -n *u.* **Zos|sen,** der; -, - ⟨hebr.-jidd.⟩ (*landsch. für* Pferd)
Zos|ter [*alte Trennung* ...|st...], der; -[s], - ⟨griech.⟩ (*Med.* Gürtelrose)
Zo|te, die; -, -n (unanständiger Witz); **zo|ten; Zo|ten|rei|ßer**
zo|tig; Zo|tig|keit
Zot|te, die; -, -n (*südwestd. u. mitteld. für* Schnauze, Ausgießer)
Zot|tel, die; -, -n (Haarbüschel; Quaste, Troddel u. a.)
Zot|tel|bär; Zot|tel|haar
zot|te|lig, zott|lig
zot|teln (*ugs. für* langsam gehen); ich zott[e]le
zot|tig; zott|lig *vgl.* zottelig
ZPO = Zivilprozessordnung
Zr = *chem. Zeichen für* Zirkonium
Zs. = Zeitschrift
Zschok|ke (schweiz. Schriftsteller)
[1]Zscho|pau (Stadt südöstlich von Chemnitz)
[2]Zscho|pau, die; - (Fluss in Sachsen)
Zschr. = Zeitschrift
Z-Sol|dat ['tsɛt...] (*kurz für* Zeitsoldat)
z. T. = zum Teil
Ztr. = Zentner (50 kg)
zu *s. Kasten S. 1099*
zu... (*in Zus. mit Verben,* z. B. zunehmen, du nimmst zu, zugenommen, zuzunehmen)
zu|al|ler|al|ler|letzt; zu|al|ler|erst; zu|al|ler|letzt; zu|al|ler|meist
Zu|ar|beit; zu|ar|bei|ten; sie haben ihm fleißig zugearbeitet
zu|äu|ßerst
Zu|bau, der; -[e]s, -ten (*österr. für* Anbau); **zu|bau|en**
Zu|be|hör, das, *seltener* der; -[e]s, *Plur.* -e, *schweiz. auch* -den; *vgl.* Zugehör
Zu|be|hör|in|dus|t|rie [*alte Trennung* ...|st...]; **Zu|be|hör|teil,** das
zu|bei|ßen
zu|be|kom|men (*ugs.*); sie hat die Tür zubekommen
Zu|ber, der; -s, - (*landsch. für* [Holz]bottich)
zu|be|rei|ten; Zu|be|rei|ter; Zu|be|rei|tung
zu|be|to|nie|ren; zubetoniert
Zu-Bett-Ge|hen [*alte Schreibung* Zu|bett|ge|hen], das; -s; vor dem Zu-Bett-Gehen ↑K 27
zu|bil|li|gen; Zu|bil|li|gung
zu|bin|den
Zu|biss [*alte Schreibung* Zu|biß]
zu|blei|ben (*ugs.*)
zu|blin|zeln
zu|brin|gen
Zu|brin|ger; Zu|brin|ger|bus; Zu|brin|ger|dienst; Zu|brin|ger|stra|ße
Zu|brot, das; -[e]s (zusätzlicher Verdienst)
Zu|bu|ße (*veraltet für* Geldzuschuss)

Z

zu

Präposition mit Dativ:
- zu dem Garten; zum Bahnhof
- zu zwei[e]n, zu zweit
- vier zu eins (4:1)

Zusammen- oder Getrenntschreibung:
- zuäußerst; zuoberst; zutiefst; zuunterst
- zugrunde, *auch* zu Grunde gehen
- zugunsten, *auch* zu Gunsten
- zu Haus[e] (*österr., schweiz. auch* zuhause) sein
- zulasten, *auch* zu Lasten
- jmdm. etw. zuleide, *auch* zu Leide tun
- zuletzt, *aber* zu guter Letzt
- mir ist fröhlich zumute, *auch* zu Mute
- sich etwas zunutze, *auch* zu Nutze machen
- mit etwas zurande, *auch* zu Rande kommen
- jmdn. zurate, *auch* zu Rate ziehen
- zuschanden, *auch* zu Schanden werden
- sich etw. zuschulden, *auch* zu Schulden kommen lassen
- zuseiten *(vgl. d.)*, *auch* zu Seiten [*alte Schreibung* zu seiten]
- zustande, *auch* zu Stande kommen
- zutage, *auch* zu Tage fördern, treten
- zuungunsten, *auch* zu Ungunsten
- zuwege, *auch* zu Wege bringen
- zuzeiten (bisweilen), *aber* zu Großmutters Zeiten, zu Zeiten Goethes
- zu Berge stehen
- sich jmdn. zu Dank verpflichten; zu herzlichstem Dank verpflichtet
- jmdm. etwas zu Eigen geben
- zu Ende gehen
- zu Herzen gehen
- jmdm. zu Ohren kommen
- zu Recht bestehen
- zu Werke gehen
- zu Willen sein
- zum (zu dem; *vgl.* zum)
- zur (zu der; *vgl.* zur)

Großschreibung als erster Bestandteil eines Gebäudenamens:
- ↑K 150: Zum Löwen (Gasthaus), Zur Alten Post (Gasthaus), das Gasthaus [mit dem Namen] »Zum Löwen«, »Zur Alten Post«, *aber* das »Gasthaus zum Löwen«

Groß- oder Kleinschreibung bei Familiennamen:
- Familie Zur Nieden, *auch* Familie zur Nieden

Konjunktion:
- er bat ihn[,] zu helfen
- die zu versichernde Angestellte, *aber* die zu Versichernde, *entsprechend:* der aufzunehmende Fremde, der Aufzunehmende

Adverb:
- zu viel, zu wenig, zu weit, zu spät
- zu sein (*ugs. für* geschlossen sein); alle Läden sind zu gewesen [*alte Schreibung* zusein, zugewesen]
- sie sind der Stadt zu (= stadtwärts) gegangen

»zu« als »Vorwort« des Verbs: der Hund ist mir zugelaufen, der Vogel ist mir zugeflogen

Zum Komma ↑K 116 *u.* 117

zu|but|tern (*ugs. für* [Geld] zusetzen)

Zuc|chet|to [tsʊˈkɛ...], der; -s, ...tti *meist Plur.* ⟨ital.⟩ (*schweiz. für* Zucchini)

Zuc|chi|ni, die; -, -, *seltener* **Zuc|chi|no,** der; -, ...ni *meist Plur.* (ein gurkenähnliches Gemüse)

Zü|chen, der; -s, - (*landsch. svw.* Zieche)

Zụcht, die; -, -en; **Zụcht|buch**

Zụcht|bul|le; Zụcht|e|ber

zụ̈ch|ten; Zụ̈ch|ter

Zụcht|er|folg

Zụ̈ch|te|rin; zụ̈ch|te|risch

Zụcht|haus; Zụcht|häus|ler; Zụcht|haus|stra|fe

Zụcht|hengst

zụ̈ch|tig (*veraltet für* sittsam)

zụ̈ch|ti|gen *(geh.)*

Zụ̈ch|tig|keit, die; - *(veraltet)*

Zụ̈ch|ti|gung *(geh.)*

zụcht|los; Zụcht|lo|sig|keit

Zụcht|mit|tel *(Rechtsspr.)*

Zụcht|per|le; Zụcht|stier; Zụcht|tier

Zụ̈ch|tung; Zụcht|vieh; Zụcht|wahl

zụck!; Zụck, der; -[e]s, -e; in einem Zuck

zụ|ckeln [*alte Trennung* ...k|k...] (*ugs. für* langsam u. ohne Hast trotten, fahren); ich zuck[e]le

zụ|cken [*alte Trennung* ...k|k...]; der Blitz zuckt

zụ̈|cken [*alte Trennung* ...k|k...]; den Geldbeutel zücken

Zụ|cker [*alte Trennung* ...k|k...], der; -s, *Plur. (Sorten:)* -

Zụ|cker|bä|cker [*alte Trennungen* ...k|k...k|k...] (*südd. u. österr., sonst veraltet für* Konditor); **Zụ|cker|bä|cker|stil** (*abwertend* [sowjetischer] Baustil nach dem 2. Weltkrieg)

Zụ|cker|brot [*alte Trennung* ...k|k...]; **Zụ|cker|cou|leur,** die; - (gebrannter Zucker zum Färben von Lebensmitteln); **Zụ|cker|do|se; Zụ|cker|erb|se; Zụ|cker|fa|b|rik; Zụ|cker|ge|halt,** der

Zụ|cker|guss [*alte Schreibung* ...guß, *alte Trennung* ...k|k...]

zụ|cker|hal|tig [*alte Trennung* ...k|k...]

Zụ|cker|harn|ruhr [*alte Trennung* ...k|k...] (*für* Diabetes mellitus)

Zụ|cker|hut [*alte Trennung* ...k|k...], der

zụ|cke|rig [*alte Trennung* ...k|k...], zuck|rig

Zụ|cker|kand, der; -[e]s *u.* **Zụ|cker|kan|dis** [*alte Trennung* ...k|k...], der; - (*ugs. für* Kandiszucker)

zụ|cker|krank [*alte Trennung* ...k|k...]; **Zụ|cker|krank|heit**

Zụ|ckerl [*alte Trennung* ...k|k...], das; -s, -n (*bayr. u. österr. für* Bonbon)

Zụ|cker|le|cken [*alte Trennungen* ...k|k...k|k...], das; *nur in* kein Zuckerlecken sein (unangenehm, anstrengend sein)

zụ|ckern [*alte Trennung* ...k|k...]; ich zuckere

Zụ|cker|raf|fi|na|de [*alte Trennung* ...k|k...]; **Zụ|cker|raf|fi|ne|rie**

Zụ|cker|rohr [*alte Trennung* ...k|k...]; **Zụ|cker|rü|be**

Zụ|cker|schle|cken [*alte Trennung* ...k|k...k|k...] (*vgl.* Zuckerlecken); **Zụ|cker|stan|ge; Zụ|cker|streu|er**

zụ|cker|süß [*alte Trennung* ...k|k...]

Z

zu|frie|den

– zufrieden mit dem Ergebnis	– jmdn. zufrieden lassen [*alte Schreibung* zufriedenlassen] – jmdn. zufrieden stellen; ein zufrieden stellendes (*aber* zufriedenstellenderes) Ergebnis; unsere zufrieden gestellten Kunden [*alte Schreibungen* zufriedenstellen, zufriedenstellend, zufriedengestellten]
Getrenntschreibung in Verbindung mit Verben und Partizipien ↑K 56: – zufrieden machen, zufrieden sein, zufrieden werden – sich zufrieden geben; sie hat sich schließlich damit zufrieden gegeben; es fällt oft schwer [,] sich mit wenig zufrieden zu geben [*alte Schreibungen* zufriedengeben, zufriedengegeben, zufriedenzugeben]	

Zu|cker|tü|te [*alte Trennung* ...k|k...]; **Zu|cker|was|ser,** das; -s; **Zu|cker|wat|te; Zu|cker|zan|ge**
Zuck|fuß, der; -es (fehlerhafter Gang des Pferdes)
Zuck|may|er, Carl (dt. Schriftsteller u. Dramatiker)
Zuck|mü|cke [*alte Trennung* ...k|k...]
zuck|rig *vgl.* zuckerig
Zu|ckung [*alte Trennung* ...k|k...]
Zu|de|cke [*alte Trennung* ...k|k...] (*ugs. für* Bettdecke)
zu|de|cken [*alte Trennung* ...k|k...]
zu|dem (außerdem)
zu|die|nen (*schweiz. für* Handreichung tun)
zu|dik|tie|ren
zu|dre|hen
zu drei|en, zu dritt
zu|dring|lich; Zu|dring|lich|keit
zu dritt *vgl.* zu dreien
zu|drü|cken [*alte Trennung* ...k|k...]
zu Ei|gen [*alte Schreibung* zu eigen]; jmdm. etwas zu Eigen geben *(geh.);* sich etwas zu Eigen machen [*alte Schreibungen* zu eigen geben, machen] ↑K 72
zu|eig|nen (*geh. für* widmen; schenken); zugeeignet; **Zu|eig|nung**
zu|ei|n|an|der; *in Verbindung mit Verben u. Partizipien immer getrennt:* zueinander finden [*alte Schreibung* zueinanderfinden]; zueinander sprechen, passen usw.; sie haben immer zueinander gestanden
zu En|de *vgl.* Ende
zu|er|ken|nen; Zu|er|ken|nung
zu|erst; der zuerst genannte Verfasser ist nicht mit dem zuletzt genannten zu verwechseln; zuerst einmal; *aber* zu zweit
Zu|er|werb, der; -[e]s (*svw.* Nebenerwerb); **Zu|er|werbs|be|trieb** *(Landw.)*
zu|fä|cheln
zu|fah|ren
Zu|fahrt; Zu|fahrts|stra|ße; Zu|fahrts|weg
Zu|fall, der
zu|fal|len
zu|fäl|lig; zu|fäl|li|ger|wei|se; Zu|fäl|lig|keit
Zu|falls|aus|wahl *(Statistik);* **Zu|falls|be|kannt|schaft; Zu|falls|er|geb|nis; Zu|falls|grö|ße** *(Math.);* **Zu|falls|streu|be|reich** *(Statistik);* **Zu|falls|streu|ung** *(Statistik);* **Zu|falls|tref|fer**
zu|fas|sen
zu|fli|cken [*alte Trennung* ...k|k...] *(ugs.)*
zu|flie|gen
zu|flie|ßen
Zu|flucht, die; -; **Zu|flucht|nah|me**
Zu|fluchts|ort, der; -[e]s, -e; **Zu|fluchts|stät|te**
Zu|fluss [*alte Schreibung* Zu|fluß]
zu|flüs|tern [*alte Trennung* ...|st...]
zu|fol|ge ↑K 63 *Präposition, bei Nachstellung mit Dativ:* dem Gerücht zufolge, demzufolge *(vgl. d.), bei Voranstellung mit Genitiv:* zufolge des Gerüchtes
zu|frie|den *s. Kasten*
Zu|frie|den|heit, die; -
Zu|frie|den|stel|lung, die; -
zu|frie|ren
zu|fü|gen; Zu|fü|gung
Zu|fuhr, die; -, -en
zu|füh|ren (*auch für* [vorläufig] verhaften); **Zu|füh|rung**
Zu|füh|rungs|lei|tung; Zu|füh|rungs|rohr
Zu-Fuß-Ge|hen, das; -s; beim Zu-Fuß-Gehen
[1]**Zug,** der; -[e]s, Züge; im Zuge des Wiederaufbaus; Zug um Zug; Dreiuhrzug (*mit Ziffer* 3-Uhr-Zug; ↑K 26)
[2]**Zug** (Kanton u. Stadt in der Schweiz)
Zu|ga|be
Zug|ab|teil; *vgl. auch* Zugsabteil
Zu|gang
zu|gan|ge ↑K 63; zugange sein *(ugs.)*
zu|gän|gig (zugänglich)
zu|gäng|lich; Zu|gäng|lich|keit
Zug|be|glei|ter; Zug|be|glei|te|rin
Zug|brü|cke [*alte Trennung* ...k|k...]
zu|ge|ben; zugegeben *(vgl. d.)*
zu|ge|dacht *(geh.);* diese Auszeichnung war ihr zugedacht
Zu|ge|führ|te, der *u.* die; -n, -n (*Amtsspr.* [vorläufig] Verhaftete[r])
zu|ge|ge|ben; zugegeben, dass dein Freund Recht hat; **zu|ge|ge|be|ner|ma|ßen**
zu|ge|gen *(geh.);* [bei etwas] zugegen sein
zu|ge|hen; auf jmdn. zugehen; auf dem Fest ist es lustig zugegangen; der Koffer geht nicht zu *(ugs.)*
Zu|ge|he|rin, Zu|geh|frau (*südd., westösterr. für* Aufwartefrau)
Zu|ge|hör, das; -[e]s, *schweiz. auch* die; - (*österr. u. schweiz. Rechtsspr., sonst veraltet für* Zubehör)
zu|ge|hö|ren *(geh.)*
zu|ge|hö|rig; Zu|ge|hö|rig|keit, die; -; **Zu|ge|hö|rig|keits|ge|fühl,** das; -[e]s
zu|ge|knöpft; sie war sehr zugeknöpft (*ugs. für* verschlossen); **Zu|ge|knöpft|heit,** die; -
Zü|gel, der; -s, -; **Zü|gel|hand** (linke Hand des Reiters); **Zü|gel|hil|fe**
zü|gel|los; Zü|gel|lo|sig|keit
zü|geln (*schweiz. auch für* umziehen); ich züg[e]le; **Zü|gel|lung,** Züg|lung
Zü|gen|glöck|lein (*bayr. u. österr. für* Totenglocke)
Zu|ger (von, aus [2]Zug)
Zu|ge|reis|te [*alte Trennung* ...|st...], der *u.* die; -n, -n

Z

zu|ge|risch; Zu|ger See, der; - -s
zu|ge|sel|len; sich zugesellen
zu|ge|stan|den; zugestanden, dass dich keine Schuld trifft; **zu|ge|stan|de|ner|ma|ßen**
Zu|ge|ständ|nis
zu|ge|ste|hen
zu|ge|tan; er ist ihr von Herzen zugetan
zu|ge|wandt *u.* **zu|ge|wen|det** *vgl.* zuwenden
Zu|ge|winn; Zu|ge|winn|ge|mein|schaft *(Rechtsspr.)*
zug|fest; Zug|fes|tig|keit [*alte Trennung* ...|st...], die; -
Zug|füh|rer *vgl. auch* Zugsführer; **Zug|füh|re|rin**
Zug|hub, der; -[e]s, -e (*Bergmannsspr.* ein Hebegerät)
zu|gie|ßen; sie goss [*alte Schreibung* goß] Wasser zu
zu|gig (windig)
zü|gig (in einem Zuge; *schweiz. auch für* zugkräftig)
...zü|gig (z. B. zweizügig [von Schulen])
Zü|gig|keit, die; - (das Zügigsein)
Zug|kon|t|rol|le
Zug|kraft, die; **zug|kräf|tig**
Zug|last
zu|gleich
Zug|lei|ne
Züg|le|te, die; -, -n (*schweiz. mdal. für* Umzug, Wohnungswechsel)
Zug|luft, die; -
Züg|lung *vgl.* Zügelung
Zug|ma|schi|ne
Zug|num|mer
Zug|per|so|nal
Zug|pferd
Zug|pflas|ter [*alte Trennung* ...|st...]
zu|grei|fen; greifen Sie zu!
Zug|rei|sen|de
Zu|griff, der; -[e]s, -e
zu|grif|fig (*schweiz. für* zugreifend, tatkräftig)
zu|griffs|be|rech|tigt *(bes. EDV);* **Zu|griffs|be|rech|ti|gung; Zu|griffs|mög|lich|keit; Zu|griffs|zeit**
zu|grun|de, *auch* **zu Grun|de;** zugrunde, *auch* zu Grunde gehen, legen, liegen, richten; es scheint etwas anderes zugrunde, *auch* zu Grunde zu liegen; zugrunde liegend, *auch* zu Grunde liegend [*alte Schreibung* zugrundeliegend]
Zu|grun|de|ge|hen, *auch* **Zu-Grun|de-Ge|hen,** das; -s
Zu|grun|de|le|gung; unter Zugrundelegung dieser Tatsachen
Zugs|ab|teil *(österr.)*
Zug|sal|be
Zug|scheit *Plur.* ...scheite (*landsch. für* Ortscheit)
Zug|seil
Zugs|füh|rer *(österr.)*
Zug|spitz|bahn
Zug|spit|ze, die; - (höchster Berg Deutschlands); **Zug|spitz|platt,** das; -s
Zug|stan|ge; Zug|stück
Zugs|ver|kehr *(österr., auch schweiz.);* **Zugs|ver|spä|tung** *(österr.)*
Zug|te|le|fon
Zug|tier
zu|gu|cken [*alte Trennung* ...k|k...] *(ugs.);* zugeguckt
Zug-um-Zug-Leis|tung [*alte Trennung* ...|st...] ↑K 26 *(Rechtsw.)*
Zug|un|glück
zu|guns|ten [*alte Trennung* ...|st...], *auch* **zu Guns|ten;** *bei Voranstellung mit Genitiv:* zugunsten, *auch* zu Gunsten bedürftiger Kinder, *bei Nachstellung mit Dativ (seltener):* dem Freund zugunsten, *auch* zu Gunsten; *vgl.* Gunst
zu|gut; zugut haben (*schweiz. für* guthaben)
zu|gu|te ↑K 63; zugute halten, kommen, tun
zu gu|ter Letzt *vgl.* Letzt
Zug|ver|bin|dung; Zug|ver|kehr; Zug|ver|spä|tung
Zug|vieh; Zug|vo|gel; Zug|vor|rich|tung
zug|wei|se
Zug|wind; Zug|zwang; unter Zugzwang stehen
zu|ha|ben (*ugs. für* geschlossen haben)
zu|ha|ken; das Kleid zuhaken
zu|hal|ten
Zu|häl|ter; Zu|häl|te|rei, die; -; **zu|häl|te|risch**
[1]**zu|han|den** ↑K 63; zuhanden kommen, sein
[2]**zu|han|den** *(bes. schweiz.),* **zu Hän|den** ↑K 63 (*Abk.* z. H., z. Hd.); zuhanden *od.* zu Händen des Herrn/der Frau X, *meist* zuhanden *od.* zu Händen von Herrn/von Frau X, *auch* zuhanden *od.* zu Händen Herrn/Frau X
zu|hän|gen *vgl.* [2]hängen
zu|hau|en; *zur Beugung vgl.* hauen
zu|hauf ↑K 63 (*geh. für* in großer Anzahl); es gab Kartoffeln zuhauf; kommet zuhauf!

zu Haus, zu Hau|se

österreichisch u. schweizerisch auch zu|hau|se
– sich wie zu Hause fühlen; etwas für zu Hause mitnehmen; ich freue mich auf zu Hause
Groß- und Zusammenschreibung ↑K 72:
– ich freue mich auf mein Zuhause; alles für Ihr schönes Zuhause
– die zu Hause Gebliebenen, *auch* Zuhausegebliebenen

Zu|hau|se, das; -[s]; sie hat kein Zuhause mehr
zu|hef|ten
zu|hei|len
Zu|hil|fe|nah|me, die; -
zu|hin|terst; zu|höchst
zu|hor|chen (*landsch. für* zuhören)
zu|hö|ren; Zu|hö|rer
Zu|hö|rer|bank *Plur.* ...bänke
Zu|hö|re|rin; Zu|hö|rer|schaft
Zui|der|see [ˈzɔy...], die; - *od.* der; -s; *vgl.* Ijsselmeer
zu|in|nerst *(geh.)*
zu|ju|beln
Zu|kauf *(bes. Finanzw.);* **zu|kau|fen**
zu|keh|ren; sie hat mir den Rücken zugekehrt
zu|klap|pen
zu|kle|ben
zu|knal|len *(ugs.)*
zu|knei|fen
zu|knöp|fen; zugeknöpft *(vgl. d.)*
zu|kno|ten
zu|kom|men; er ist auf mich zugekommen; sie hat ihm das Geschenk zukommen lassen, *seltener* gelassen; ihr etwas zukommen zu lassen
zu|kor|ken
Zu|kost
Zu|kunft, die; -, Zukünfte
zu|künf|tig; Zu|künf|ti|ge, der *u.* die; -n, -n (Verlobte[r])
Zu|kunfts|angst; Zu|kunfts|aus|sich|ten *Plur.*
zu|kunfts|fä|hig
Zu|kunfts|for|scher; Zu|kunfts|for|schung
Zu|kunfts|glau|be[n]; zu|kunfts|gläu|big
Zu|kunfts|mu|sik *(ugs.)*
zu|kunfts|o|ri|en|tiert
Zu|kunfts|per|s|pek|ti|ve; Zu|kunfts|plan
zu|kunfts|reich
Zu|kunfts|ro|man; Zu|kunfts|staat

Plur. ...staaten; **Zu|kunfts|tech|no|lo|gie**

zu|kunfts|träch|tig; zu|kunfts|voll

zu|kunft[s]|wei|send

zu|lä|cheln

zu|la|chen

Zu|la|ge

zu Lan|de; bei uns zu Lande [*alte Schreibung* zulande]; hierzulande, *auch* hier zu Lande; zu Wasser u. zu Lande

zu|lan|gen

zu|läng|lich (hinreichend); **Zu|läng|lich|keit**

zu|las|sen

zu|läs|sig (erlaubt); **Zu|läs|sig|keit**

Zu|las|sung; Zu|las|sungs|num|mer; Zu|las|sungs|stel|le

zu|las|ten, *auch* **zu Las|ten** [*alte Trennung* ...|st...]; zulasten, *auch* zu Lasten des ... *od.* von ...

Zu|lauf; zu|lau|fen

zu|le|gen; zugelegt

zu|leid, zu|lei|de, *auch* zu Leid, zu Lei|de ↑K 63; *nur in* jmdm. etwas zuleid[e], *auch* zu Leid[e] tun

zu|lei|ten

Zu|lei|tung; Zu|lei|tungs|rohr

zu|ler|nen *(ugs.)*

zu|letzt, *aber* zu guter Letzt

zu|lie|be, *österr. auch* zu|lieb ↑K 63; *Präposition mit vorangestelltem Dativ:* mir, dir usw. zuliebe

Zu|lie|fe|rant, der; -en, -en; **Zu|lie|fe|rer** *(Wirtsch.)*

Zu|lie|fe|rer|in|dus|t|rie, Zu|lie|fer|in|dus|t|rie [*alte Trennung* ...|st...]; **Zu|lie|fe|rung**

zul|len (*landsch. für* saugen)

Zulp, der; -[e]s, -e (*ostmitteld. für* Schnuller); **zul|pen** (*ostmitteld. für* saugen)

Zu|lu, der; -[s], -[s] (Angehöriger eines Bantustammes in Südafrika)

Zu|luft, die; - (*Technik* zugeleitete Luft)

zum (zu dem); zum einen ..., zum anderen ...; ↑K 72: zum Ersten, zum Zweiten, zum Dritten; zum Höchsten, Mindesten, Wenigsten; zum ersten Mal[e]; zum letzten Mal[e]; zum Teil (*Abk.* z. T.); etwas zum Besten geben, haben, halten; es steht nicht zum Besten (nicht gut); zum Besten der Armen; sich zum Besten kehren, lenken, wenden; ↑K 82: das ist zum Weinen, zum Totlachen; *zur Schreibung von* »zum« *als Teil von Eigennamen vgl.* zu

zu|ma|chen *(ugs.);* zugemacht; auf- und zumachen ↑K 31

zu|mal ↑K 63 (besonders); zumal [da, wenn]

zu|mau|ern

zum Bei|spiel (*Abk.* z. B.); ↑K 105

zu|meist

zu|mes|sen; zugemessen

zum E|x|em|pel (*veraltend für* zum Beispiel; *Abk.* z. E.)

zu|min|dest, *aber* zum Mindesten

zum Teil (*Abk.* z. T.)

zu|mül|len *(ugs.)*

zu|mut|bar; im Rahmen des Zumutbaren; **Zu|mut|bar|keit**

zu|mu|te, *auch* **zu Mu|te;** mir ist gut, schlecht zumute, *auch* zu Mute

zu|mu|ten; Zu|mu|tung

zum Vo|r|aus [*alte Schreibung* voraus] (*landsch. für* im Voraus)

zu|nächst; zunächst ging er nach Hause; zunächst dem Hause *od.* dem Hause zunächst; **Zu|nächst|lie|gen|de,** das; -n

zu|na|geln; zu|nä|hen

Zu|nah|me, die; -, -n (Vermehrung)

Zu|na|me, der; -ns, -n (Familienname; *veraltend für* Beiname)

zünd|bar; Zünd|blätt|chen

Zun|del, der; -s (*veraltet für* Zunder)

zün|deln (*südd., österr. für* mit Feuer spielen); ich zünd[e]le

zün|den; zün|dend

Zun|der, der; -s, - (ein altes Zündmittel; *Technik* Oxidschicht)

Zün|der ([Gas-, Feuer]anzünder; Zündvorrichtung in Sprengkörpern; *österr. auch svw.* Zündhölzer)

Zun|der|schwamm (ein Pilz)

Zünd|flam|me; Zünd|fun|ke[n]

Zünd|holz; Zünd|hölz|chen; Zünd|holz|schach|tel

Zünd|hüt|chen; Zünd|ka|bel; Zünd|ker|ze; Zünd|la|dung

Zünd|na|del; Zünd|na|del|ge|wehr *(früher)*

Zünd|plätt|chen (*svw.* Zündblättchen); **Zünd|schloss** [*alte Schreibung* ...schloß]; **Zünd|schlüs|sel; Zünd|schnur; Zünd|stoff**

Zün|dung

Zünd|ver|tei|ler; Zünd|vor|rich|tung; Zünd|zeit|punkt

zu|neh|men; *vgl.* ab

zu|nei|gen; Zu|nei|gung

Zunft, die; -, Zünfte

Zunft|ge|nos|se; Zunft|haus

zünf|tig (*ugs. auch für* ordentlich, tüchtig)

Zünft|ler (*früher* Angehöriger einer Zunft)

Zunft|meis|ter [*alte Trennung* ...|st...]; **Zunft|ord|nung; Zunft|recht; Zunft|wap|pen; Zunft|zwang,** der; -[e]s

Zun|ge, die; -, -n

Zün|gel|chen; zün|geln; ich züng[e]le

Zun|gen|bre|cher

zun|gen|fer|tig; Zun|gen|fer|tig|keit, die; -

Zun|gen|kuss [*alte Schreibung* ...kuß]; **Zun|gen|laut** (*für* Lingual)

Zun|gen-R, Zun|gen-r, das; -, - ↑K 29 *(Sprachw.)*

Zun|gen|schlag; Zun|gen|spit|ze

Zun|gen|wurst

Züng|lein

zu|nich|te; zunichte machen, werden

zu|ni|cken [*alte Trennung* ...k|k...]

zu|nie|derst (*landsch. für* zuunterst)

Züns|ler, der; -s, - (ein Kleinschmetterling)

zu|nut|ze, *auch* **zu Nut|ze;** sich etwas zunutze, *auch* zu Nutze machen

zu|o|berst

zu|or|den|bar

zu|ord|nen; Zu|ord|nung

zu|pa|cken [*alte Trennung* ...k|k...]

zu|par|ken; ein zugeparkter Hof

zu|pass [*alte Schreibung* zu|paß], **zu|pas|se** ↑K 63; zupass *od.* zupasse kommen

zu|pas|sen *(bes. Fußball);* zugepasst [*alte Schreibung* zugepaßt]; dem Mitspieler den Ball zupassen

zup|fen

Zupf|gei|ge (*ugs. veraltet für* Gitarre); **Zupf|gei|gen|hansl,** der; -s, - (eine Liedersammlung)

Zupf|in|s|t|ru|ment

zu|pflas|tern [*alte Trennung* ...|st...]

zu|pres|sen; zugepresst [*alte Schreibung* zugepreßt]

zu|pros|ten [*alte Trennung* ...|st...]

zur (zu der); zur Folge haben; sich zur Ruhe setzen; zur Schau stellen; zur Zeit (*Abk.* z. Z., z. Zt.) Karls des Großen, *aber* sie ist zurzeit [*alte Schreibung* zur Zeit] krank; *zur Schreibung von* »zur« *als Teil eines Eigennamens vgl.* zu

zu|ran|de, *auch* **zu Ran|de;** mit et-

was zurande, *auch* zu Rande kommen; *vgl.* [1]Rand
zu|ra|te, *auch* **zu Ra|te;** jmdn. zurate, *auch* zu Rate ziehen
zu|ra|ten
zu|rau|nen *(geh.)*
Zür|cher (*schweiz. nur so; vgl.* Züricher); **zür|che|risch**
zur Dis|po|si|ti|on (zur Verfügung; *Abk.* z. D.); zur Disposition stellen; **Zur|dis|po|si|ti|on|stel|lung**
zu|re|chen|bar; Zu|re|chen|bar|keit
zu|rech|nen
Zu|rech|nung; zu|rech|nungs|fä|hig; Zu|rech|nungs|fä|hig|keit, die; -
zu|recht... *nur in Zus. mit Verben,* z. B. zurechtkommen usw., *aber* zu Recht bestehen
zu|recht|bas|teln [*alte Trennung* ...|st...]; **zu|recht|bie|gen; zu|recht|fei|len; zu|recht|fin|den,** sich; **zu|recht|kom|men; zu|recht|le|gen; zu|recht|ma|chen** *(ugs.);* **zu|recht|rü|cken** [*alte Trennung* ...k|k...]; **zu|recht|schnei|den; zu|recht|schus|tern** [*alte Trennung* ...|st...] *(ugs.);* **zu|recht|set|zen; zu|recht|stel|len; zu|recht|stut|zen**
zu|recht|wei|sen; Zu|recht|wei|sung
zu|recht|zim|mern
zu|re|den; Zu|re|den, das; -s; trotz allem Zureden, trotz allen *od.* alles Zuredens
zu|rei|chen; zu|rei|chend; zureichende Gründe
zu|rei|ten
Zü|rich [*schweiz.* 'tsʏrɪç] (Kanton u. Stadt in der Schweiz)
Zü|ri[ch]|biet, das; -s (*svw.* Kanton Zürich); **Zü|ri[ch]|bie|ter**
Zü|ri|cher, *in der Schweiz nur* Zür|cher; **zü|ri|che|risch,** *in der Schweiz nur* zür|che|risch
Zü|rich|see, *auch* **Zü|rich-See**
Zu|rich|te|bo|gen *(Druckw.)*
zu|rich|ten; Zu|rich|ten, das; -s; **Zu|rich|ter; Zu|rich|te|rei; Zu|rich|te|rin; Zu|rich|tung**
zu|rie|geln
zür|nen *(geh.)*
zu|rol|len
zur|ren ⟨niederl.⟩ (*Seemannsspr.* festbinden); **Zur|ring,** der; -s, *Plur.* -s *u.* -e (*Seemannsspr.* Leine zum Zurren)
Zur|schau|stel|lung, *aber* das Zur-Schau-Stellen
zu|rück; zurück sein; einen Blick auf den Weg zurück (auf den Rückweg) werfen, *aber* einen Blick auf den [hinter einem liegenden] Weg zurückwerfen; ↑K 81: es gibt kein Zurück mehr
zu|rück... (*in Zus. mit Verben,* z. B. zurücklegen, du legst zurück, wenn du zurücklegst, zurückgelegt, zurückzulegen)
zu|rück|be|hal|ten; Zu|rück|be|hal|tung; Zu|rück|be|hal|tungs|recht, das; -[e]s *(Rechtsw.)*
zu|rück|be|kom|men
zu|rück|beu|gen
zu|rück|be|we|gen
zu|rück|be|zah|len
zu|rück|bil|den; sich zurückbilden; **Zu|rück|bil|dung**
zu|rück|blei|ben
zu|rück|blen|den *(Film)*
zu|rück|bli|cken [*alte Trennung* ...k|k...]
zu|rück|brin|gen
zu|rück|da|tie|ren (mit einem früheren Datum versehen)
zu|rück|den|ken
zu|rück|drän|gen; Zu|rück|drän|gung
zu|rück|dre|hen
zu|rück|dür|fen
zu|rück|ei|len
zu|rück|er|bit|ten
zu|rück|er|hal|ten
zu|rück|er|o|bern; Zu|rück|er|o|be|rung
zu|rück|er|stat|ten; Zu|rück|er|stat|tung
zu|rück|fah|ren
zu|rück|fal|len
zu|rück|fin|den
zu|rück|flie|gen
zu|rück|for|dern
zu|rück|fra|gen
zu|rück|füh|ren; Zu|rück|füh|rung
zu|rück|ge|ben
zu|rück|ge|hen
zu|rück|ge|win|nen
zu|rück|ge|zo|gen; Zu|rück|ge|zo|gen|heit, die; -
zu|rück|grei|fen
zu|rück|ha|ben; etwas zurückhaben wollen
zu|rück|hal|ten; sich zurückhalten; **zu|rück|hal|tend;** die zurückhaltends|te Äußerung; **Zu|rück|hal|tung,** die; -
zu|rück|ho|len
zu|rück|käm|men
zu|rück|keh|ren
zu|rück|klap|pen
zu|rück|kom|men
zu|rück|kön|nen *(ugs.);* wir haben nicht mehr zurückgekonnt
zu|rück|krie|gen *(ugs.)*
zu|rück|las|sen; Zu|rück|las|sung; unter Zurücklassung
zu|rück|le|gen (*österr. auch für* [ein Amt] niederlegen)
zu|rück|leh|nen, sich
zu|rück|lie|gen
zu|rück|müs|sen *(ugs.);* zurückgemusst [*alte Schreibung* zurückgemußt]
Zu|rück|nah|me, die; -, -n; **zu|rück|neh|men**
zu|rück|pral|len
zu|rück|rol|len
zu|rück|ru|fen; rufen Sie bitte zurück!
zu|rück|schal|ten
zu|rück|schau|dern; sie ist zurückgeschaudert
zu|rück|schau|en (*bes. südd., österr., schweiz.);* wir haben gern zurückgeschaut
zu|rück|scheu|en
zu|rück|schi|cken [*alte Trennung* ...k|k...]
zu|rück|schla|gen
zu|rück|schnei|den
[1]**zu|rück|schre|cken** [*alte Trennung* ...k|k...]; er schrak zurück; sie ist zurückgeschreckt, *selten* sie ist zurückgeschrocken; *vgl.* schrecken; *aber übertr.:* vor etwas zurückschrecken (etwas nicht wagen); sie schreckten vor etwas zurück, sind vor etwas zurückgeschreckt
[2]**zu|rück|schre|cken** [*alte Trennung* ...k|k...]; das schreckte ihn zurück; *vgl.* schrecken
zu|rück|seh|nen, sich
zu|rück sein; *vgl.* zurück
zu|rück|sen|den; zurückgesandt *u.* zurückgesendet
zu|rück|set|zen; sich zurückgesetzt fühlen; **Zu|rück|set|zung**
zu|rück|spie|len
zu|rück|ste|cken [*alte Trennung* ...k|k...]
zu|rück|ste|hen
zu|rück|stel|len (*österr. auch für* zurückgeben, -senden); **Zu|rück|stel|lung**
zu|rück|sto|ßen
zu|rück|stu|fen; Zu|rück|stu|fung
zu|rück|stut|zen
zu|rück|trei|ben
zu|rück|tre|ten
zu|rück|tun *(ugs.);* einen Schritt zurücktun
zu|rück|ver|fol|gen
zu|rück|ver|lan|gen
zu|rück|ver|set|zen; sich zurückversetzen
zu|rück|ver|wei|sen

zu|sạm|men

– zusammen mit ihr – zusammenarbeiten, zusammenballen, zusammenbeißen – zusammenbinden: ich binde zusammen, habe zusammengebunden, um zusammenzubinden	– wir sind zusạmmen ạngekommen – jetzt sollen alle zusạmmen sịngen
Von einem folgenden Verb oder Partizip wird getrennt geschrieben, wenn »zusammen« svw. »gemeinsam, gleichzeitig« bedeutet (das Verb wird in diesen Fällen meist deutlich stärker betont): – sie können nicht zusạmmen [in einem Raum] ạrbeiten	*Nur getrennt:* – zusammen sein [*alte Schreibung* zusammensein]: wenn er mit uns zusammen ist; sie waren zusammen gewesen [*alte Schreibung* zusammengewesen] *Aber:* das Zusammensein

zu|rụ̈ck|wei|chen
zu|rụ̈ck|wei|sen; Zu|rụ̈ck|wei|sung
zu|rụ̈ck|wen|den; zurückgewandt
zu|rụ̈ck|wer|fen
zu|rụ̈ck|wir|ken
zu|rụ̈ck|wol|len *(ugs.);* sie hat nicht mehr zurückgewollt
zu|rụ̈ck|zah|len; Zu|rụ̈ck|zah|lung
zu|rụ̈ck|zie|hen; zurückgezogen leben; sich zurückziehen
zu|rụ̈ck|zu|cken [*alte Trennung* ...k|k...]
Zu̲|ruf; zu̲|ru|fen
zur|zei̲t [*alte Schreibung* zur Zeit] (*Abk.* zz., zzt.); sie ist zurzeit krank, *aber* sie lebte zur Zeit Karls des Großen
Zu̲|sa|ge, die; -, -n
zu̲|sa|gen; zu̲|sa|gend
zu|sạm|men *s. Kasten*
Zu|sạm|men|ar|beit, die; -
zu|sạm|men|ar|bei|ten (Tätigkeiten auf ein Ziel hin vereinigen); die beiden Firmen sind übereingekommen [,] zusammenzuarbeiten
zu|sạm|men|bal|len; Zu|sạm|men|bal|lung
Zu|sạm|men|bau, *Plur.* -e (*für* Montage); **zu|sạm|men|bau|en;** er hat das Modellschiff zusammengebaut; *aber* sie wollen zusammen (gemeinsam) bauen
zu|sạm|men|bei|ßen; sie hat die Zähne zusammengebissen
zu|sạm|men|bin|den
zu|sạm|men|blei|ben (sich nicht wieder trennen)
zu|sạm|men|brau|en *(ugs.);* was für ein Zeug hast du da zusammengebraut!
zu|sạm|men|bre|chen
zu|sạm|men|brin|gen; er hat die Gegner zusammengebracht; *aber* sie werden das Gepäck zusammen (gemeinsam) bringen
Zu|sạm|men|bruch, der; -[e]s, ...brüche
zu|sạm|men|drän|gen; die Menge wurde zusammengedrängt; sich zusammendrängen
zu|sạm|men|drück|bar
zu|sạm|men|drü|cken [*alte Trennung* ...k|k...]; sie hat den Karton zusammengedrückt; *aber* sie haben die Schulbank zusammen (gemeinsam) gedrückt
zu|sạm|men|fah|ren; die Radfahrer sind zusammengefahren; sie ist bei dem Knall zusammengefahren; *aber* sie sind zusammen (gemeinsam) gefahren
Zu|sạm|men|fall, der; -[e]s
zu|sạm|men|fal|len (einstürzen; gleichzeitig erfolgen); das Haus ist zusammengefallen; Sonn- und Feiertag sind zusammengefallen
zu|sạm|men|fal|ten; hast du das Papier zusạmmengefaltet?
zu|sạm|men|fas|sen; er hat den Inhalt der Rede zusammengefasst [*alte Schreibung* zusammengefaßt]; **Zu|sạm|men|fas|sung**
zu|sạm|men|fe|gen; *vgl.* zusammenkehren
zu|sạm|men|fin|den, sich (sich treffen, sich zusammentun)
zu|sạm|men|fli|cken [*alte Trennung* ...k|k...] *(ugs.); auch übertr.:* der Arzt hat ihn wieder zusammengeflickt
zu|sạm|men|flie|ßen (sich vereinen); wo Fulda und Werra zusammenfließen
Zu|sạm|men|fluss [*alte Schreibung* ...fluß]
zu|sạm|men|fü|gen (vereinigen); er hat alles schön zusammengefügt; sich zusammenfügen; **Zu|sạm|men|fü|gung**
zu|sạm|men|füh|ren (zueinander hinführen); die Flüchtlinge wurden zusammengeführt; *aber* wir werden den Blinden zusammen (gemeinsam) führen; **Zu|sạm|men|füh|rung**
zu|sạm|men|ge|hö|ren (eng verbunden sein); wir beide haben immer zusammengehört; *aber* das Auto wird uns zusammen (gemeinsam) gehören
zu|sạm|men|ge|hö|rig; Zu|sạm|men|ge|hö|rig|keit; Zu|sạm|men|ge|hö|rig|keits|ge|fühl
zu|sạm|men|ge|setzt; zusammengesetztes Wort (Kompositum)
zu|sạm|men|ge|wür|felt
zu|sạm|men|ha|ben *(ugs.);* ich bin froh, dass wir jetzt das Geld dafür zusammenhaben
Zu|sạm|men|halt, der; -[e]s
zu|sạm|men|hal|ten (sich nicht trennen lassen; verbinden); die beiden Freunde haben immer zusammengehalten; sie hat die beiden Stoffe [vergleichend] zusammengehalten
Zu|sạm|men|hang; im *od.* in Zusammenhang stehen
[1]**zu|sạm|men|hän|gen;** sie weiß, dass Ursache und Wirkung zusammenhängen; *vgl.* [1]hängen
[2]**zu|sạm|men|hän|gen;** er wollte die beiden Bilder zusammenhängen; *vgl.* [2]hängen
zu|sạm|men|hän|gend
zu|sạm|men|hang[s]|los; Zu|sạm|men|hang[s]|lo|sig|keit, die; -
zu|sạm|men|hau|en *(ugs.);* sie haben ihn zusammengehauen; er hatte den Tisch in fünf Minuten zusammengehauen
zu|sạm|men|hef|ten; sie hat die Stoffreste zusammengeheftet
zu|sạm|men|keh|ren *(bes. südd.);* hast du die Scherben zusammengekehrt?; *aber* wir können den Hof zusammen (gemeinsam) kehren
zu|sạm|men|klap|pen; sie hat den Fächer zusammengeklappt; er ist vor Erschöpfung zusammengeklappt *(ugs.)*
zu|sạm|men|kle|ben; er hat das Modellschiff zusammengeklebt

zu|sạm|men|knei|fen; sie hat die Lippen zusammengekniffen
zu|sạm|men|knül|len; sie knüllte die Zeitung zusammen
zu|sạm|men|kom|men (sich begegnen); die Mitglieder sind alle zusammengekommen; *aber* wenn möglich, wollen wir zusammen (gemeinsam) kommen
zu|sạm|men|kra|chen *(ugs.);* zwei Autos sind auf der Kreuzung zusammengekracht
zu|sạm|men|krat|zen *(ugs.);* sie hat ihr Geld zusammengekratzt
Zu|sạm|men|kunft, die; -, ...künfte
zu|sạm|men|läp|pern, sich *(ugs. für* sich aus kleinen Mengen ansammeln); das hat sich ganz schön zusammengeläppert
zu|sạm|men|lau|fen (sich treffen; ineinander fließen); um zusammenzulaufen; die Farben sind zusammengelaufen; *aber* wir wollen ein Stück zusammen (gemeinsam) laufen
zu|sạm|men|le|ben; sie haben lange zusammengelebt (einen gemeinsamen Haushalt geführt); sie haben sich gut zusammengelebt (sich aufeinander eingestellt); **Zu|sạm|men|le|ben,** das; -s
zu|sạm|men|leg|bar
zu|sạm|men|le|gen (vereinigen; falten); die Grundstücke wurden zusammengelegt; um das Tischtuch zusammenzulegen; **Zu|sạm|men|le|gung**
zu|sạm|men|le|sen (sammeln); er hat die Früchte zusammengelesen; *aber* wir wollen das Buch zusammen (gemeinsam) lesen
zu|sạm|men|nä|hen; sie hat die Stoffbahnen zusammengenäht; *aber* morgen wollen sie zusammen (gemeinsam) nähen
zu|sạm|men|neh|men; sich zusammennehmen (sich beherrschen)
zu|sạm|men|pa|cken [*alte Trennung* ...k|k...]; du kannst deine Sachen zusammenpacken; *aber* wir wollten doch zusammen (gemeinsam) packen
zu|sạm|men|pas|sen; das hat gut zusammengepasst [*alte Schreibung* zusammengepaßt]
zu|sạm|men|pfer|chen
Zu|sạm|men|prall
zu|sạm|men|pral|len; zwei Autos sind auf der Kreuzung zusammengeprallt
zu|sạm|men|pres|sen; sie hatte die Hände zusammengepresst [*alte Schreibung* ...gepreßt]
zu|sạm|men|raf|fen (gierig an sich bringen); er hat ein großes Vermögen zusammengerafft
zu|sạm|men|rau|fen, sich *(ugs. für* sich einigen); man hatte sich schließlich zusammengerauft
zu|sạm|men|rech|nen; sie haben die Kosten zusammengerechnet (addiert)
zu|sạm|men|rei|men; ich kann mir das nicht zusammenreimen (es nicht erklären)
zu|sạm|men|rei|ßen, sich *(ugs. für* sich zusammennehmen); ich habe mich zusammengerissen
zu|sạm|men|rol|len; sich zusammenrollen; sie haben den Teppich zusammengerollt
zu|sạm|men|rot|ten, sich; die Meuterer hatten sich zusammengerottet; **Zu|sạm|men|rot|tung**
zu|sạm|men|ru|fen; die Schüler wurden in den Hof zusammengerufen
zu|sạm|men|sa|cken [*alte Trennung* ...k|k...] *(ugs. für* zusammenbrechen)
Zu|sạm|men|schau, die; -
zu|sạm|men|schei|ßen *(derb für* scharf abkanzeln)
zu|sạm|men|schla|gen *(ugs. für* schwer verprügeln)
zu|sạm|men|schlie|ßen, sich (sich vereinigen); um sich zusammenzuschließen
Zu|sạm|men|schluss [*alte Schreibung* ...schluß]
zu|sạm|men|schmel|zen (in eins schmelzen; kleiner werden); ihr Vermögen ist zusammengeschmolzen
zu|sạm|men|schnü|ren; sie hat die Kleidungsstücke zusammengeschnürt; die Angst hat seine Kehle zusammengeschnürt
zu|sạm|men|schre|cken [*alte Trennung* ...k|k...]; *vgl.* schrecken
zu|sạm|men|schrei|ben (in eins schreiben; zusammenstellen); die beiden Wörter werden zusammengeschrieben; dieses Buch ist aus anderen Büchern zusammengeschrieben; *aber* wir wollen dieses Buch zusammen (gemeinsam) schreiben; **Zu|sạm|men|schrei|bung**
zu|sạm|men|schrump|fen; der Vorrat ist zusammengeschrumpft
zu|sạm|men|schus|tern [*alte Trennung* ...|st...] *(ugs.);* er hat das Regal zusammengeschustert
zu|sạm|men|schwei|ßen (durch Schweißen verbinden; eng vereinigen); die Schienen wurden zusammengeschweißt; die Gefahr hat die Gruppe noch mehr zusammengeschweißt
zu|sạm|men sein [*alte Schreibung* zu|sam|men|sein] *vgl.* zusammen; **Zu|sạm|men|sein,** das; -s
zu|sạm|men|set|zen (nebeneinander setzen, zueinander fügen); um das Puzzle zusammenzusetzen; sich zusammensetzen; **Zu|sạm|men|set|zung** *(auch für* Kompositum)
zu|sạm|men|sit|zen; sie haben den ganzen Tag zusammengesessen
Zu|sạm|men|spiel, das; -[e]s
zu|sạm|men|spie|len; die Mannschaft hat gut zusammengespielt; *aber* die Kinder haben schön zusammen (gemeinsam) gespielt
zu|sạm|men|stau|chen *(ugs. für* zurechtweisen)
zu|sạm|men|ste|hen; sie haben im Hof zusammengestanden; sie haben immer zusammengestanden (zusammengehalten)
zu|sạm|men|stel|len (nebeneinander stellen; zueinander fügen); die Kinder haben sich zusammengestellt; um das Menü zusammenzustellen; **Zu|sạm|men|stel|lung**
zu|sạm|men|stim|men; seine Angaben, die Instrumente haben nicht zusammengestimmt
Zu|sạm|men|stoß
zu|sạm|men|sto|ßen; zwei Autos sind zusammengestoßen
zu|sạm|men|strei|chen *(ugs.);* der Etat wurde rigoros zusammengestrichen (gekürzt)
zu|sạm|men|strö|men; die Menschen sind zusammengeströmt
Zu|sạm|men|sturz
zu|sạm|men|stür|zen; das Gerüst ist zusammengestürzt (*vgl.* zusammen)
zu|sạm|men|su|chen (von überall her zusammentragen); ich musste das Werkzeug erst zusammensuchen; *aber* lasst uns zusammen (gemeinsam) suchen!
zu|sạm|men|tra|gen (sammeln); sie haben das Holz zusammengetragen; *aber* ihr sollt den Sack zusammen (gemeinsam) tragen

zu|sạm|men|tref|fen (begegnen); sie sind im Theater zusammengetroffen; **Zu|sạm|men|tref|fen,** das; -s, -
zu|sạm|men|trei|ben; sie haben die Herde zusammengetrieben; *aber* sie haben die Herde zusammen (gemeinsam) auf die Weide getrieben
zu|sạm|men|tre|ten; die Schläger haben ihn brutal zusammengetreten; das Parlament ist zusammengetreten (hat sich versammelt)
zu|sạm|men|trom|meln (*ugs. für* herbeirufen); sie hat alle Freunde zusammengetrommelt
zu|sạm|men|tun (*ugs. für* vereinigen); sie haben sich zusammengetan; *aber* wir wollen das zusammen (gemeinsam) tun
zu|sạm|men|wach|sen (in eins wachsen); der Knochen ist wieder zusammengewachsen
zu|sạm|men|wir|ken (vereint wirken); hier haben alle Kräfte zusammengewirkt; **Zu|sạm|men|wir|ken,** das; -s
zu|sạm|men|zäh|len (addieren); sie hat die Zahlen zusammengezählt; *aber* lasst uns zusammen (gemeinsam) zählen!; das Zusammenzählen; **Zu|sạm|men|zäh|lung**
zu|sạm|men|zie|hen; sie hat das Loch im Strumpf zusammengezogen; die Truppen wurden zusammengezogen; er hat die Zahlen zusammengezogen; sich zusammenziehen; *aber* sie haben den Wagen zusammen (gemeinsam) gezogen; **Zu|sạm|men|zie|hung**
zu|sạm|men|zu|cken [*alte Trennung* ...k|k...] (eine zuckende Bewegung machen); ich bin bei dem Knall zusammengezuckt
Zu̲|satz
Zu̲|satz|ab|kom|men; Zu̲|satz|aus|bil|dung; Zu̲|satz|be|stim|mung; Zu̲|satz|brems|leuch|te *(Kfz-Technik);* **Zu̲|satz|ge|rät**
zu̲|sätz|lich
Zu̲|satz|nut|zen
Zu̲|satz|steu|er, die; **Zu̲|satz|ta|rif**
Zu̲|satz|ver|si|che|rung; Zu̲|satz|zahl (beim Lotto)
zu Schạ|den *vgl.* Schaden
zu|schạn|den, *auch* **zu Schạn|den;** zuschanden, *auch* zu Schanden machen, werden
zu̲|schan|zen *(ugs.);* er hat ihr den Posten zugeschanzt
zu̲|schar|ren
zu̲|schau|en
Zu̲|schau|er; Zu̲|schau|e|rin
Zu̲|schau|er|ku|lis|se; Zu̲|schau|er|rang; Zu̲|schau|er|raum
Zu̲|schau|er|tri|bü|ne; Zu̲|schau|er|zahl
zu̲|schau|feln
zu̲|schi|cken [*alte Trennung* ...k|k...]
zu̲|schie|ben (*ugs. auch für* [heimlich] zukommen lassen)
zu̲|schie|ßen (beisteuern); sie hat schon eine Menge Geld zugeschossen
Zu̲|schlag
zu̲|schla|gen
zu̲|schlag|frei *(bes. Eisenb.)*
Zu̲|schlag|kal|ku|la|ti|on (*vgl.* Zuschlagskalkulation)
Zu̲|schlag|kar|te *(Eisenb.)*
zu̲|schlag|pflich|tig *(bes. Eisenb.)*
Zu̲|schlag|satz, Zu̲|schlags|satz
Zu̲|schlags|kal|ku|la|ti|on, Zu̲|schlag|kal|ku|la|ti|on
Zu̲|schlags|satz *vgl.* Zuschlagsatz
Zu̲|schlag|stoff *(Technik)*
zu̲|schlie|ßen
zu̲|schnap|pen
Zu̲|schnei|de|ma|schi|ne
zu̲|schnei|den; Zu̲|schnei|der; Zu̲|schnei|de|rin
zu̲|schnei|en
Zu̲|schnitt
zu̲|schnü|ren
zu̲|schrau|ben
zu̲|schrei|ben; die Schuld an diesem Unglück wird ihm zugeschrieben
Zu̲|schrift
zu|schụl|den, *auch* **zu Schụl|den;** du hast dir etwas zuschulden, *auch* zu Schulden kommen lassen
Zu̲|schuss [*alte Schreibung* Zuschuß]
Zu̲|schuss|be|trieb [*alte Schreibung* Zu|schuß...]; **Zu̲|schuss|bo|gen** *(Druckw.);* **Zu̲|schuss|wirt|schaft,** die; -
zu̲|schus|tern [*alte Trennung* ...|st...] (*ugs. für* heimlich zukommen lassen; zusetzen); er hat ihr den Posten zugeschustert
zu̲|schüt|ten
zu̲|se|hen; ↑K 82: bei genauerem Zusehen
zu̲|se|hends (rasch; offenkundig)
Zu̲|se|her (*österr. neben* Zuschauer); **Zu̲|se|he|rin**
zu sein [*alte Schreibung* zu|sein]
zu|sei̲|ten, *auch* **zu Sei̲|ten** [*alte Schreibung* zu sei|ten] ↑K 63; *mit Genitiv* zuseiten, *auch* zu Seiten des Festzuges
zu̲|sen|den; *vgl.* senden; **Zu̲|sen|dung**
zu̲|set|zen
zu̲|si|chern; Zu̲|si|che|rung
Zu-spä̲t-Kom|men [*alte Schreibung* Zu|spät|kom|men]; ↑K 27; entschuldigen Sie bitte mein Zu-spät-Kommen!
Zu̲|spei|se (*österr. für* Beilage)
zu̲|sper|ren (*südd., österr. für* abschließen)
Zu̲|spiel, das; -[e]s *(Sport)*
zu̲|spie|len
zu̲|spit|zen; Zu̲|spit|zung
zu̲|spre|chen; Zu̲|spre|chung
Zu̲|spruch, der; -[e]s (Anklang, Zulauf; Trost); großen Zuspruch, viel Zuspruch haben
Zu̲|stand
zu|stạn|de, *auch* **zu Stạn|de;** zustande, *auch* zu Stande bringen, kommen
Zu|stạn|de|brin|gen, *auch* **Zu-Stạn|de-Brin|gen,** das; -s
Zu|stạn|de|kom|men, *auch* **Zu-Stạn|de-Kom|men,** das; -s
zu̲|stän|dig; zuständig sein nach (*österr. für* ansässig sein in)
zu̲|stän|di|gen|ọrts
Zu̲|stän|dig|keit; Zu̲|stän|dig|keits|be|reich, der
zu̲|stän|dig|keits|hal|ber
Zu̲|stands|än|de|rung; Zu̲|stands|glei|chung *(Physik)*
Zu̲|stands|pas|siv *(Sprachw.);* **Zu̲|stands|verb** *(Sprachw.)*
zu|stạt|ten; *nur in* zustatten kommen
zu̲|ste|chen
zu̲|ste|cken [*alte Trennung* ...k|k...]
zu̲|ste|hen
zu̲|stei|gen
Zu̲|stell|be|zirk *(Postw.)*
zu̲|stel|len; Zu̲|stel|ler *(Amtsspr.);* **Zu̲|stel|le|rin**
Zu̲|stell|ge|bühr *(Postw. früher)*
Zu̲|stel|lung; Zu̲|stel|lungs|ur|kun|de *(Amtsspr.)*
Zu̲|stell|ver|merk *(Postw.)*
zu̲|steu|ern
zu̲|stim|men; Zu̲|stim|mung
zu̲|stop|fen
zu̲|stöp|seln
zu̲|sto|ßen; es ist ihr ein Unglück zugestoßen
zu̲|stre|ben
Zu̲|strom, der; -[e]s; **zu̲|strö|men**
Zu̲|stupf, der; -[e]s, *Plur.* -e *u.*

...stüpfe (*schweiz. für* Zuschuss, Zuverdienst)
zu|stut|zen
zu|ta|ge, *auch* **zu Ta|ge;** *nur in* zutage, *auch* zu Tage bringen, fördern, kommen, treten
Zu|tat *meist Plur.*
zu|teil ↑K 63; *nur in* zuteil werden
zu|tei|len; Zu|tei|lung
zu|tiefst (völlig; im Innersten)
zu|tra|gen (heimlich berichten); sich zutragen (geschehen)
Zu|trä|ger; Zu|trä|ge|rei; Zu|trä|ge|rin
zu|träg|lich; Zu|träg|lich|keit, die; -
zu|trau|en; das ist ihm zuzutrauen; **Zu|trau|en,** das; -s
zu|trau|lich; Zu|trau|lich|keit
zu|tref|fen
zu|tref|fend; die zutreffends|te Beschreibung; **Zu|tref|fen|de,** das; -n; Zutreffendes ankreuzen; **zu|tref|fen|den|falls**
zu|trei|ben
zu|trin|ken
Zu|tritt, der; -[e]s
zut|schen (*landsch. für* lutschen, saugen); du zutschst
zu|tu|lich, zu|tun|lich (zutraulich)
zu|tun (*ugs. für* hinzufügen; schließen); ich habe kein Auge zugetan; **Zu|tun,** das; -s (Hilfe, Unterstützung); *noch in* ohne mein Zutun
zu|tun|lich *vgl.* zutulich
zu|un|guns|ten [*alte Trennung* ...|st...], *auch* **zu Un|guns|ten** (zum Nachteil); *bei Voranstellung mit Genitiv:* zuungunsten, *auch* zu Ungunsten vieler Antragsteller, *bei (seltener) Nachstellung mit Dativ:* dem Antragsteller zuungunsten, *auch* zu Ungunsten; *vgl.* Gunst
zu|un|terst; das Oberste zuunterst kehren
zu|ver|die|nen (*ugs. für* dazuverdienen); **Zu|ver|dienst,** der
zu|ver|läs|sig; Zu|ver|läs|sig|keit, die; -
Zu|ver|läs|sig|keits|fahrt; Zu|ver|läs|sig|keits|prü|fung; Zu|ver|läs|sig|keits|test
Zu|ver|sicht, die; -; **zu|ver|sicht|lich; Zu|ver|sicht|lich|keit,** die; -
zu viel [*alte Schreibung* zu|viel]; zu viel des Guten; es sind zu viele Menschen; er weiß zu viel; du hast viel zu viel gesagt; besser zu viel als zu wenig;
Zu|viel, das; -s ↑K 81; ein Zuviel ist besser als ein Zuwenig
zu vie|ren, zu viert
zu|vor (vorher); meinen herzlichen Glückwunsch zuvor!; *vgl.* zuvorkommen, zuvortun
zu|vor|derst (ganz vorn); **zu|vör|derst** (*veraltend für* zuerst)
zu|vor|kom|men (schneller sein); ich komme ihm zuvor; zuvorgekommen; zuvorzukommen; *aber* alles, was zuvor (vorher) gekommen war
zu|vor|kom|mend (liebenswürdig); der zuvorkommends|te Gastgeber; **Zu|vor|kom|men|heit**
zu|vor|tun (*geh. für* besser tun); ich tue es ihm zuvor; *aber* was zuvor (vorher) zu tun ist
Zu|waa|ge, die; - (*bayr., österr. für* Knochen[zugabe] zum Fleisch)
Zu|wachs, der; -es, *Plur. (fachspr.)* Zuwächse (Vermehrung, Erhöhung); **zu|wach|sen; Zu|wachs|ra|te**
Zu|wan|de|rer, Zu|wand|rer; zu|wan|dern; Zu|wan|de|rung; Zu|wand|rer *vgl.* Zuwanderer
zu|war|ten (untätig warten)
zu|we|ge, *auch* **zu We|ge;** *nur in Wendungen wie* zuwege, *auch* zu Wege bringen; [gut] zuwege, *auch* zu Wege sein (*ugs. für* wohlauf sein)
zu|we|hen
zu|wei|len
zu|wei|sen; Zu|wei|sung
zu|wen|den; ich wandte *od.* wendete mich ihr zu; er hat sich ihr zugewandt *od.* zugewendet; **Zu|wen|dung**
zu we|nig [*alte Schreibung* zuwenig]; du weißt [viel] zu wenig; du weißt auch zu wenig!; es gab zu wenig[e] Parkplätze
Zu|we|nig, das; -s ↑K 81; ein Zuviel ist besser als ein Zuwenig
zu|wer|fen
zu|wi|der; zuwider sein, werden; dem Gebot zuwider; das, er ist mir zuwider; **zu|wi|der|han|deln** (Verbotenes tun); ich hand[e]le zuwider; zuwidergehandelt; zuwiderzuhandeln; **Zu|wi|der|han|deln|de,** der *u.* die; -n, -n; **Zu|wi|der|hand|lung**
zu|wi|der|lau|fen; sein Verhalten läuft meinen Absichten zuwider; zuwiderzulaufen
zu|win|ken
zu|zah|len
zu|zäh|len
Zu|zah|lung
Zu|zäh|lung
zu|zei|ten; ↑K 63 (bisweilen), *aber* zu Zeiten Karls d. Gr.
zu|zeln (*bayr. u. österr. ugs. für* lutschen; lispeln); ich zuz[e]le
zu|zie|hen; du hast dir eine Krankheit zugezogen; **Zu|zie|hung,** die; -
Zu|zug; der Zuzug weiterer Aussiedler; **Zu|zü|ger** (*schweiz. für* Zuzügler); **Zu|züg|ler**
zu|züg|lich (*Kaufmannsspr.* unter Hinzurechnung); *Präposition mit Genitiv:* zuzüglich der Transportkosten; *ein allein stehendes, stark gebeugtes Substantiv steht im Singular ungebeugt:* zuzüglich Porto
Zu|zugs|ge|neh|mi|gung
zu zwei|en, zu zweit
zu|zwin|kern
Zvi|e|ri ['tsfiə...], der *od.* das; -s, - (*bes. schweiz. mdal. für* Nachmittagsimbiss)
ZVS = Zentralstelle für die Vergabe von Studienplätzen
zwa|cken [*alte Trennung* ...k|k...] (*ugs. für* kneifen)
Zwang, der; -[e]s, Zwänge
zwän|gen (bedrängen; klemmen; einpressen); sich zwängen; **Zwän|ge|rei** (*schweiz. für* ungeduldiges Drängen; eigensinniges Beharren)
zwang|haft
Zwang|huf, der; -[e]s (eine Hufkrankheit)
zwang|läu|fig (*Technik* nicht gewünschte Bewegungen ausschließend); *vgl. aber* zwangsläufig; **Zwang|läu|fig|keit,** die; - *(Technik); vgl. aber* Zwangsläufigkeit
zwang|los; Zwang|lo|sig|keit
Zwangs|an|lei|he
Zwangs|ar|beit, die; -; **Zwangs|ar|bei|ter; Zwangs|ar|bei|te|rin**
Zwangs|auf|ent|halt; Zwangs|be|wirt|schaf|tung
Zwang|schie|ne (bei Gleiskrümmungen, Weichen u. a.)
Zwangs|ein|wei|sung; Zwangs|er|näh|rung; Zwangs|geld; Zwangs|hand|lung; Zwangs|herr|schaft; Zwangs|hy|po|thek
Zwangs|ja|cke [*alte Trennung* ...k|k...]
Zwangs|kurs *(Bankw.)*
Zwangs|la|ge
zwangs|läu|fig (automatisch, anders nicht möglich); *vgl. aber* zwangläufig; **Zwangs|läu|fig|keit;** *vgl. aber* Zwangläufigkeit
Zwangs|li|zenz
Zwangs|maß|nah|me; Zwangs|mit|tel; Zwangs|neu|ro|se; Zwangs-

zwei	
Genitiv zweier, *Dativ* zweien, zwei – wir sind zu zweien *od.* zu zweit – herzliche Grüße von uns zweien ↑K 78 – zweier guter, *selten* guten Menschen; zweier Liebenden, *seltener* Liebender *Vgl.* acht, drei	*Die Formen »zween« für das männliche, »zwo« für das weibliche Geschlecht sind veraltet. Wegen der leichteren Unterscheidbarkeit von »drei« ist »zwo« (ohne Unterschied des Geschlechtes) in neuerer Zeit im Fernsprechverkehr üblich geworden und von da in die Umgangssprache gedrungen. Die veraltete Form »zwote« für die Ordnungszahl »zweite« ist gleichfalls sehr verbreitet.*

räu|mung; Zwạngs|re|gu|lie|rung *(Börse);* **Zwạngs|spa|ren,** das; -s

zwạngs|um|sie|deln; zwangsumgesiedelt; *nur im Infinitiv u. Partizip II gebr.;* **Zwạngs|um|sied|lung**

Zwạngs|ver|fah|ren *(Rechtsw.);* **Zwạngs|ver|gleich**

zwạngs|ver|schi|cken [*alte Trennung* ...k|k...] (*für* deportieren); *vgl.* zwangsumsiedeln; **Zwạngs|ver|schi|ckung**

Zwạngs|ver|set|zung; Zwạngs|ver|si|che|rung

zwạngs|ver|stei|gern; *vgl.* zwangsumsiedeln; **Zwạngs|ver|stei|ge|rung**

Zwạngs|ver|wal|tung

Zwạngs|voll|stre|ckung [*alte Trennung* ...k|k...]

zwạngs|vor|füh|ren; zwangsvorgeführt; **Zwạngs|vor|füh|rung**

Zwạngs|vor|stel|lung *(Psych.)*

zwạngs|wei|se

Zwạngs|wirt|schaft

zwạn|zig usw. *vgl.* achtzig usw.

Zwan|zig|cẹnt|stück (*mit Ziffern* 20-Cent-Stück)

zwạn|zi|ger; die Goldenen [*alte Schreibung* goldenen] Zwanziger; die Zwanzigerjahre, *auch* zwanziger Jahre; die Goldenen Zwanzigerjahre [*alte Schreibung* goldenen zwanziger Jahre]

Zwan|zig|eu|ro|schein (*mit Ziffern* 20-Euro-Schein)

Zwạn|zig|flach, das; -[e]s, -e, **Zwạn|zig|fläch|ner** (*für* Ikosaeder)

zwạn|zig|jäh|rig; *vgl.* achtjährig

Zwan|zig|mạrk|schein (*mit Ziffern* 20-Mark-Schein); **Zwan|zig|pfẹn|nig|mar|ke** (*mit Ziffern* 20-Pfennig-Marke, 20-Pf.-Marke)

zwạn|zigs|te [*alte Trennung* ...|ste...] ↑K 151: Zwanzigster Juli (20. Juli 1944, der Tag des Attentats auf Hitler); *vgl.* achte

zwạn|zig|tau|send

Zwạn|zig|uhr|nach|rich|ten *Plur.* (*mit Ziffern* 20-Uhr-Nachrichten); **Zwạn|zig|uhr|vor|stel|lung**

zwar; er ist zwar alt, aber rüstig; viele Sorten, und zwar ...

zwạt|ze|lig (*landsch. für* zappelig); **zwạt|zeln** (*landsch. für* zappeln); ich zwatz[e]le

Zwẹck, der; -[e]s, -e; zwecks *(vgl. d.);* zum Zweck[e]

Zwẹck|auf|wand *(Finanzw.);* **Zwẹck|bau** *Plur.* ...bauten; **Zwẹck|be|haup|tung** (nur dem Erreichen eines bestimmten Ziels dienende Behauptung); **Zwẹck|be|stim|mung,** die; -; **Zwẹck|bin|dung** *(Finanzw.)*

zwẹck|dien|lich; Zwẹck|dien|lich|keit, die; -

Zwẹ|cke [*alte Trennung* ...k|k...], die; -, -n (*landsch. für* kurzer Nagel mit breitem Kopf); **zwẹ|cken** (*landsch. für* anzwecken)

zwẹck|ent|frem|den; zweckentfremdet; *meist nur im Infinitiv u. Partizip II gebr.;* **Zwẹck|ent|frem|dung**

zwẹck|ent|spre|chend; zwẹck|frei

zwẹck|ge|bun|den; Zwẹck|ge|bun|den|heit, die; -

zwẹck|ge|mäß; zwẹck|haft

zwẹck|los; Zwẹck|lo|sig|keit, die; -

Zwẹck|lü|ge

zwẹck|mä|ßig; zwẹck|mä|ßi|ger|wei|se; Zwẹck|mä|ßig|keit, die; -; **Zwẹck|mä|ßig|keits|er|wä|gung**

Zwẹck|op|ti|mis|mus; Zwẹck|pes|si|mis|mus; Zwẹck|pro|pa|gan|da

zwẹcks; ↑K 70 (*Amtsspr.* zum Zweck von); *Präposition mit Genitiv:* zwecks eines Handels

Zwẹck|satz (*für* Finalsatz); **Zwẹck|spa|ren,** das; -s; **Zwẹck|steu|er,** die; **Zwẹck|stil; Zwẹck|ver|band** (Vereinigung von [wirtschaftlichen] Unternehmungen); **Zwẹck|ver|mö|gen** *(Rechtsw.)*

zwẹck|voll; zwẹck|wid|rig

zween *vgl.* zwei

Zweh|le, die; -, -n (*westmitteld. für* Tisch-, Handtuch)

zwei *s. Kasten*

Zwei, die; -, -en (Zahl); eine Zwei würfeln; er hat in Latein eine Zwei geschrieben; *vgl.* [1]Acht *u.* Eins

Zwei|ach|ser (Wagen mit zwei Achsen; *mit Ziffer* 2-Achser [*alte Schreibung* 2achser]; ↑K 29); **zwei|ach|sig**

Zwei|ak|ter; *vgl.* Einakter; **zwei|ak|tig**

zwei|ar|mig

Zwei|bei|ner (*scherzh. für* Mensch); **zwei|bei|nig**

Zwei|bett|zim|mer (*mit Ziffer* 2-Bett-Zimmer)

Zwei|brü|cken [*alte Trennung* ...k|k...] (Stadt in Rheinland-Pfalz); **Zwei|brü|cke|ner, Zwei|brü|cker**

Zwei|bund, der; -[e]s *(früher)*

Zwei|de|cker [*alte Trennung* ...k|k...] (Flugzeug)

zwei|deu|tig; Zwei|deu|tig|keit

zwei|di|men|si|o|nal

Zwei|drịt|tel|ge|sell|schaft (Gesellschaft, in der etwa ein Drittel der Menschen arm od. von Armut bedroht ist)

Zwei|drịt|tel|mehr|heit

zwei|ei|ig; zweieiige Zwillinge

zwei|ein|hạlb, zwei|und|ein|hạlb

Zwei|er; *vgl.* Achter; **Zwei|er|be|zie|hung; Zwei|er|bob; Zwei|er|ka|jak**

zwei|er|lei

Zwei|er|rei|he

Zwei|eu|ro|stück (*mit Ziffer* 2-Euro-Stück)

zwei|fach; *vgl.* zwiefach; **Zwei|fa|che,** das; -n; *vgl.* Achtfache

Zwei|fa|mi|li|en|haus

Zwei|far|ben|druck *Plur.* ...drucke

zwei|far|big

Zwei|fel, der; -s, -; **zwei|fel|haft; zwei|fel|los**

zwei|feln; ich zweif[e]le

Zwei|fels|fall; im Zweifelsfall[e]

Zwei|fels|fra|ge

zwei|fels|frei; zwei|fels|oh|ne

Zwei|fel|sucht, die; -; **Zweif|ler; Zweif|le|rin; zweif|le|risch**

zwei|flü|ge|lig *vgl.* zweiflüglig;

zwei|te

Kleinschreibung:
- die zweite Geige spielen; er ist zweiter Geiger
- das zweite [*alte Schreibung* Zweite] Gesicht (Gabe, Zukünftiges vorauszusehen)
- etwas aus zweiter Hand kaufen; er ist sein zweites Ich (bester Freund); in zweiter Linie
- das ist ihr zur zweiten Natur geworden; der zweite Rang; sie singt die zweite Stimme
- der zweite Stock eines Hauses; der zweite Bildungsweg

Großschreibung in Namen ↑K 150 *u.* 151:
- Zweites Deutsches Fernsehen (*Abk.* ZDF)
- das Zweite [*alte Schreibung* zweite] Programm (ZDF)
- die Zweite [*alte Schreibung* zweite] Bundesliga
- die Zweite Republik (Staatsform Österreichs nach 1945)
- der Zweite Weltkrieg

Vgl. achte *u.* erste

der Substantivierung ↑K 80:
- sie hat wie keine Zweite [*alte Schreibung* zweite] gearbeitet
- jeder Zweite [*alte Schreibung* zweite]
- zum Ersten, zum Zweiten [*alte Schreibung* zweiten] ...
- es ist noch ein Zweites zu erwähnen

Zwei|flüg|ler, der; -s, - *(Zool.);* **zwei|flüg|lig,** zwei|flü|ge|lig
Zwei|fran|ken|stück (*mit Ziffer* 2-Franken-Stück); **Zwei|fränk|ler** (*schweiz. svw.* Zweifrankenstück)
Zwei|fron|ten|krieg
Zwei|fü|ßer (*svw.* Zweibeiner)
[1]**Zweig,** Arnold (dt. Schriftsteller)
[2]**Zweig,** Stefan (österr. Schriftsteller)
[3]**Zweig,** der; -[e]s, -e
Zweig|bahn
zwei|ge|schlech|tig *(Bot.);* **Zwei|ge|schlech|tig|keit,** die; -
Zwei|ge|spann; Zwei|ge|spräch (*veraltet für* Zwiegespräch)
zwei|ge|stri|chen *(Musik);* zweigestrichene Note
Zweig|ge|schäft
zwei|glei|sig; zwei|glie|de|rig *od.* **zwei|glied|rig**
Zweig|li|nie; Zweig|nie|der|las|sung; Zweig|stel|le; Zweig|werk
Zwei|hän|der (Schwert, das mit beiden Händen geführt wird); **zwei|hän|dig**
zwei|häu|sig (*Bot.* entweder mit männl. oder weibl. Blüten auf einer Pflanze); **Zwei|häu|sig|keit,** die; -
Zwei|heit, die; - (*für* Dualismus)
zwei|hun|dert; Zwei|hun|dert|eu|ro|schein (*mit Ziffern* 200-Euro-Schein); **Zwei|hun|dert|mark|schein** (*mit Ziffer* 200-Mark-Schein)
Zwei|jah|res|plan; Zwei|kam|mer|sys|tem [*alte Trennung* ...|st...]
Zwei|kampf
Zwei|ka|nal|ton *(Fernsehen)*
zwei|keim|blät|te|rig, zwei|keim|blätt|rig *(Bot.)*
zwei|köp|fig
Zwei|kreis|brem|se *(Kfz-Technik);* **Zwei|kreis|sys|tem** ([*alte Trennung* ...|st...] *Finanzw.*)
Zwei|li|ter|fla|sche (*mit Ziffer* 2-Liter-Flasche)
zwei|mäh|dig (*svw.* zweischürig)
zwei|mal; ↑K 31: ein- bis zweimal (1- bis 2-mal [*alte Schreibung* 1- bis 2mal]); *vgl.* achtmal; **zwei|ma|lig**
Zwei|mann|boot (*mit Ziffer* 2-Mann-Boot)
Zwei|mark|stück (*mit Ziffer* 2-Mark-Stück)
Zwei|mas|ter [*alte Trennung* ...|st...] (Segelschiff)
zwei|mo|to|rig
Zwei|par|tei|en|sys|tem [*alte Trennung* ...|st...]
Zwei|pfen|nig|stück (*mit Ziffer* 2-Pfennig-Stück)
Zwei|pfün|der (*mit Ziffer* 2-Pfünder [*alte Schreibung* 2pfünder])
Zwei|pha|sen|strom
2π-fach [...'pi:...] ↑K 30
Zwei|rad; zwei|rä|de|rig; zwei|räd|rig
Zwei|rei|her; zwei|rei|hig
Zwei|ru|de|rer (*für* Bireme)
zwei|sam; Zwei|sam|keit
zwei|schlä|fe|rig, zwei|schlä|fig, zwei|schläf|rig; *vgl.* einschläfig
zwei|schnei|dig
zwei|schü|rig (zwei Ernten liefernd [von der Wiese])
zwei|sei|tig; zwei|sil|big
Zwei|sit|zer; zwei|sit|zig
zwei|spal|tig
Zwei|spän|ner; zwei|spän|nig
zwei|spra|chig; Zwei|spra|chig|keit, die; -
zwei|spu|rig; zwei|stel|lig; zweistellige Zahlen
zwei|stim|mig; zwei|stö|ckig [*alte Trennung* ...k|kig]
zwei|strah|lig
Zwei|strom|land
zwei|stück|wei|se
Zwei|stu|fen|ra|ke|te; zwei|stu|fig
zwei|stün|dig (zwei Stunden dauernd); zweistündige Fahrt
zwei|stünd|lich (alle zwei Stunden [wiederkehrend]); zweistündlich einen Esslöffel voll
zweit; *vgl.* zwei
Zwei|tak|ter (*ugs. für* Zweitaktmotor od. damit ausgerüstetes Fahrzeug); **Zwei|takt|mo|tor**
zwei|tau|send; 2000-fähig (von Computern); **Zwei|tau|sen|der** ([über] 2 000 m hoher Berg)
Zweit|aus|fer|ti|gung
zweit|bes|te [*alte Trennung* ...|st...]; sie ist die zweitbeste Schülerin, *aber* sie ist die Zweitbeste in der Klasse ↑K 72
Zweit|druck *Plur.* ...drucke
zwei|te *s. Kasten*
Zwei|tei|ler; zwei|tei|lig; Zwei|tei|lung
zwei|tens
Zwei|te[r]-Klas|se-Ab|teil ↑K 26
Zweit|fahr|zeug; Zweit|fri|sur (Perücke); **Zweit|ge|rät**
zweit|größ|te; zweit|höchs|te [*alte Trennung* ...|st...]
Zweit|job *(ugs.)*
zweit|klas|sig
Zweit|kläss|ler [*alte Schreibung* Zweit|kläß|ler]; *vgl.* Erstklässler
Zweit|klass|wa|gen [*alte Schreibung* Zweit|klaß|wa|gen] *(schweiz.)*
zweit|letz|te; *vgl.* letzte
Zweit|mei|nung (Beurteilung durch einen zweiten Arzt, Spezialisten o. Ä.)
zwei|tou|rig
zweit|ran|gig
Zweit|schlag *(Milit.)*

zweit|schlech|tes|te [*alte Trennung* ...|st...]

Zweit|schlüs|sel; Zweit|schrift; Zweit|stim|me

zwei|tü|rig

Zweit|wa|gen; Zweit|woh|nung

zwei|und|ein|halb *vgl.* zweieinhalb; **zwei|und|zwan|zig**

zwei|wer|tig

Zwei|zei|ler; zwei|zei|lig

Zwei|zim|mer|woh|nung (*mit Ziffer* 2-Zimmer-Wohnung)

Zwei|zü|ger, der; -s, - (mit zwei Zügen zu lösende Schachaufgabe)

Zwei|zy|lin|der (*ugs. für* Zweizylindermotor od. damit ausgerüstetes Fahrzeug); **Zwei|zy|lin|der|mo|tor; zwei|zy|lind|rig** (*mit Ziffer* 2-zylindrig [*alte Schreibung* 2zylindrig]; ↑K 29)

Zwen|ke, die; -, -n (ein Süßgras)

zwerch (*landsch. für* quer)

Zwerch|fell; Zwerch|fell|at|mung, die; -; **zwerch|fell|er|schüt|ternd;** zwerchfellerschütterndes Lachen

Zwerg, der; -[e]s, -e; **zwerg|ar|tig; Zwerg|baum; zwer|gen|haft**

Zwer|gen|kö|nig *(Märchen);* **Zwer|gen|volk** *(Märchen)*

zwerg|haft; Zwerg|haf|tig|keit

Zwerg|huhn; zwer|gig; Zwer|gin

Zwerg|kie|fer, die; **Zwerg|obst; Zwerg|pin|scher; Zwerg|pu|del; Zwerg|staat**

Zwerg|wuchs *(Med. veraltet, Biol.);* **zwerg|wüch|sig**

Zwet|sche, die; -, -n; **Zwet|schen|baum; Zwet|schen|kern; Zwet|schen|ku|chen; Zwet|schen|mus; Zwet|schen|schnaps**

Zwetsch|ge (*südd., schweiz. u. fachspr. für* Zwetsche); **Zwetsch|ke** (*bes. österr. für* Zwetsche); **Zwetsch|ken|knö|del** *(österr.);* **Zwetsch|ken|rös|ter** ([*alte Trennung* ...|st...] *österr. für* gedünstete Pflaumen)

Zwi|ckau (Stadt in Sachsen); **Zwi|ckau|er**

Zwi|cke [*alte Trennung* ...k|k...], die; -, -n (*landsch. für* Beißzange; *auch für* als Zwilling mit einem männlichen Kalb geborenes Kuhkalb)

Zwi|ckel [*alte Trennung* ...k|k...], der; -s, - (keilförmiger Stoffeinsatz; *Bauw.* dreieckiges Verbindungsstück)

zwi|cken [*alte Trennung* ...k|k...]; er zwickt ihn, *auch* ihm ins Bein

Zwi|cker [*alte Trennung* ...k|k...] (Klemmer, Kneifer)

Zwick|müh|le (Stellung im Mühlespiel); in der Zwickmühle (*ugs. für* in einer misslichen Lage)

Zwie|back, der; -[e]s, *Plur.* ...bäcke *u.* -e

Zwie|bel, die; -, -n ‹lat.›

Zwie|bel|fisch (*Druckw.* fälschlich aus anderer Schrift gesetzter Buchstabe)

Zwie|bel|ge|wächs; Zwie|bel|hau|be (Turmdachform); **Zwie|bel|ku|chen; Zwie|bel|mus|ter** [*alte Trennung* ...|st...], das; -s; (beliebtes Muster der Meißner Porzellanmanufaktur)

zwie|beln (*ugs. für* quälen; übertriebene Anforderungen stellen); ich zwieb[e]le

Zwie|bel|ring; Zwie|bel|scha|le; Zwie|bel|sup|pe; Zwie|bel|turm

Zwie|bra|che, die; -, -n (*veraltet für* zweites Pflügen des Brachackers im Herbst); **zwie|bra|chen**

zwie|fach (*veraltend für* zweifach); **zwie|fäl|tig** *(veraltend)*

Zwie|ge|sang

Zwie|ge|spräch

Zwie|laut (*für* Diphthong)

Zwie|licht, das; -[e]s; **zwie|lich|tig;** eine zwielichtige Gestalt

Zwie|na|tur

[1]**Zwie|sel** (Stadt in Bayern)

[2]**Zwie|sel,** die; -, -n, *auch* der; -s, - (*landsch. für* Gabelzweig; Gabelung)

Zwie|sel|bee|re (*landsch. für* Vogelkirsche); **Zwie|sel|dorn** *Plur.* ...dörner (Stechpalme)

zwie|se|lig, zwies|lig (gespalten); **zwie|seln,** sich (sich gabeln, spalten); **zwies|lig** *vgl.* zwieselig

Zwie|spalt, der; -[e]s, *Plur.* -e *u.* ...spälte

zwie|späl|tig; Zwie|späl|tig|keit

Zwie|spra|che

Zwie|tracht, die; - *(geh.);* **zwie|träch|tig**

Zwilch, der; -[e]s, -e (*svw.* Zwillich); **zwil|chen** (aus Zwillich)

Zwil|le, die; -, -n (*nordd. für* Holzgabel; kleine Schleuder)

Zwil|lich, der; -s, -e (Gewebe); **Zwil|lich|ho|se**

Zwil|ling, der; -s, -e; siamesische Zwillinge; **Zwil|lings|bru|der**

Zwil|lings|for|mel *(Sprachw.)*

Zwil|lings|for|schung

Zwil|lings|frucht

Zwil|lings|ge|burt; Zwil|lings|paar

Zwil|lings|rei|fen

Zwil|lings|schwes|ter [*alte Trennung* ...|st...]

Zwing|burg *(früher)*

Zwin|ge, die; -, -n (ein Werkzeug)

zwin|gen; du zwangst; du zwängest; gezwungen; zwing[e]!; **zwin|gend**

Zwin|ger (Gang, Platz zwischen innerer u. äußerer Burgmauer; fester Turm; Käfig für wilde Tiere; umzäunter Auslauf für Hunde); Dresdener Zwinger (Barockbauwerk in Dresden)

Zwing|herr *(früher);* **Zwing|herr|schaft**

Zwing|li (schweiz. Reformator); **Zwing|li|a|ner** (Anhänger der Lehre Zwinglis)

zwin|ken (*veraltet für* zwinkern)

zwin|kern; ich zwinkere

zwir|beln; ich zwirb[e]le

Zwirn, der; -[e]s, *Plur. (Sorten:)* -e

[1]**zwir|nen** (von, aus Zwirn)

[2]**zwir|nen** (Garne zusammendrehen)

Zwir|ne|rei (Zwirnarbeit; Zwirnfabrik); **Zwirns|fa|den**

---

zwi|schen

Präposition mit Dativ od. Akkusativ:

- zwischen den Tischen stehen, *aber* etw. zwischen die Tische stellen
- die Gegensätze zwischen den Arbeitgebern und den Arbeitnehmern (zwischen der Arbeitgeberschaft auf der einen und der Arbeitnehmerschaft auf der anderen Seite)
- *aber* die Gegensätze zwischen den Arbeitgebern und zwischen den Arbeitnehmern (innerhalb der Arbeitgeberschaft und innerhalb der Arbeitnehmerschaft)
- dazwischen, inzwischen

Zwi|schen|akt; Zwi|schen|akt|mu|sik; Zwi|schen|ap|plaus

Zwi|schen|be|mer|kung; Zwi|schen|be|richt; Zwi|schen|be|scheid; Zwi|schen|bi|lanz

zwi|schen|blen|den *(Film); nur im Infinitiv u. Partizip II gebr.;* zwischengeblendet

Zwi|schen|buch|han|del; Zwi|schen|deck; Zwi|schen|ding

zwi|schen|drein (*ugs.; Frage* wohin?); zwischendrein legen; **zwi|schen|drin** (*ugs.; Frage* wo?); zwischendrin liegen

zwi|schen|durch *(ugs.)*; zwischendurch fallen
Zwi|schen|er|geb|nis; Zwi|schen|fall, der
zwi|schen|fi|nan|zie|ren; Zwi|schen|fi|nan|zie|rung
Zwi|schen|fra|ge; Zwi|schen|gas *(Kfz-Technik)*; **Zwi|schen|ge|richt** *(Gastron.)*; **Zwi|schen|ge|schoss** [*alte Schreibung* ...ge|schoß]
Zwi|schen|glied; Zwi|schen|grö|ße
Zwi|schen|han|del; Zwi|schen|händ|ler
zwi|schen|hi|n|ein *(schweiz.)*
Zwi|schen|hirn; Zwi|schen|hoch
zwi|schen|in|ne *(landsch.)*
Zwi|schen|kie|fer; Zwi|schen|kie|fer|kno|chen
Zwi|schen|knor|pel
Zwi|schen|la|ger; zwi|schen|la|gern; Zwi|schen|la|ge|rung
zwi|schen|lan|den *meist im Infinitiv u. Partizip II gebr.*; zwischengelandet; *seltener:* das Flugzeug landet in Rom zwischen; **Zwi|schen|lan|dung**
Zwi|schen|lauf *(Sport)*
Zwi|schen|lö|sung
Zwi|schen|mahl|zeit
zwi|schen|mensch|lich; zwischenmenschliche Beziehungen
Zwi|schen|prü|fung
Zwi|schen|raum; Zwi|schen|reich
Zwi|schen|ruf; Zwi|schen|ru|fer; Zwi|schen|ru|fe|rin
Zwi|schen|run|de
Zwi|schen|satz *(Sprachw.)*
Zwi|schen|spiel
Zwi|schen|spurt
zwi|schen|staat|lich
Zwi|schen|sta|ti|on
Zwi|schen|stock[|werk] (*svw.* Zwischengeschoss)
Zwi|schen|stu|fe
Zwi|schen|trä|ger
Zwi|schen|tür; Zwi|schen|wand
Zwi|schen|wirt *(Biol.)*
Zwi|schen|zeit; zwi|schen|zeit|lich
Zwi|schen|zeug|nis
Zwi|schen|zin|sen *Plur.*
Zwist, der; -[e]s, -e
zwis|tig [*alte Trennung* ...|st...] *(veraltet)*; **Zwis|tig|keit**
zwit|schern; ich zwitschere
Zwit|ter, der; -s, - (Wesen mit männlichen u. weiblichen Geschlechtsmerkmalen)
Zwit|ter|bil|dung; Zwit|ter|blü|te; Zwit|ter|form
zwit|ter|haft; Zwit|ter|haf|tig|keit, die; -
zwit|te|rig, zwitt|rig
Zwit|ter|stel|lung; Zwit|ter|we|sen
zwitt|rig *vgl.* zwitterig; **Zwitt|rig|keit,** die; -
zwo *vgl.* zwei

zwölf

– wir sind zu zwölfen *od.* zu zwölft
– es ist fünf [Minuten] vor zwölf (*ugs. übertr. auch für* es ist allerhöchste Zeit)
– die zwölf Apostel

Großschreibung als Bestandteil von mehrteiligen Namen:
– die Zwölf Nächte (nach Weihnachten), auch »Zwölften« genannt
Vgl. acht

Zwölf, die; -, -en (Zahl); er hat eine Zwölf geschossen; *vgl.* [1]Acht
Zwölf|ach|ser (Wagen mit zwölf Achsen; *mit Ziffern* 12-Achser [*alte Schreibung* 12achser; ↑K 29]); **zwölf|ach|sig** (*mit Ziffern* 12-achsig [*alte Schreibung* 12achsig]; ↑K 29)
Zwölf|eck; zwölf|e|ckig [*alte Trennung* ...k|k...]
zwölf|ein|halb, zwölf|und|ein|halb
Zwölf|en|der *(Jägerspr.)*
Zwölf|fer; *vgl.* Achter; **zwöl|fer|lei;**
zwölf|fach; Zwölf|fa|che, das; -n; *vgl.* Achtfache
Zwölf|fin|ger|darm
Zwölf|flach, das; -[e]s, -e, **Zwölf|fläch|ner** (*für* Dodekaeder)
Zwölf|kampf *(Turnen)*; **Zwölf|kämp|fer**
zwölf|mal; *vgl.* achtmal; **zwölf|ma|lig**
Zwölf|mei|len|zo|ne
zwölft; *vgl.* zwölf
Zwölf|ta|fel|ge|set|ze *Plur.*
zwölf|tau|send
zwölf|te; *vgl.* achte
zwölf|tel; *vgl.* achtel; **Zwölf|tel,** das, *schweiz. meist* der; -s, -; *vgl.* Achtel
Zwölf|ten *Plur.* (*landsch. für* die »Zwölf Nächte«; *vgl.* zwölf)
zwölf|tens
Zwölf|tö|ner (Vertreter der Zwölftonmusik); **Zwölf|ton|mu|sik,** die; - (Kompositionsstil)
Zwölf|ton|ner (*mit Ziffern* 12-Tonner [*alte Schreibung* 12tonner]; ↑K 29)
zwölf|und|ein|halb *vgl.* zwölfeinhalb
Zwölf|zy|lin|der (*ugs. für* Zwölfzylindermotor od. damit ausgerüstetes Kraftfahrzeug); **Zwölf|zy|lin|der|mo|tor; zwölf|zy|lind|rig** (*mit Ziffern* 12-zylindrig [*alte Schreibung* 12zylindrig]; ↑K 29)
zwo|te *vgl.* zwei
z. Wv. = zur Wiederverwendung; zur Wiedervorlage
z. w. V. = zur weiteren Veranlassung
Zy|an, *chem. fachspr.* Cy|an, das; -s ‹griech.› (chem. Verbindung aus Kohlenstoff u. Stickstoff)
Zy|a|ne, die; -, -n (Kornblume)
Zy|a|nid, das; -s, -e (Salz der Blausäure)
Zy|an|ka|li, *älter* **Zy|an|ka|li|um,** das; -s (stark giftiges Kaliumsalz der Blausäure)
Zy|a|no|se, die; -, -n (*Med.* bläuliche Verfärbung der Haut)
Zy|a|no|ty|pie, die; -, ...ien (Blaupause)
Zy|a|thus *vgl.* Kyathos
Zy|go|ma [*auch* ...'go:...], das; -s, ...omata ‹griech.› (*Med.* Jochbogen)
zy|go|morph (*Bot.* mit nur einer Symmetrieebene [von Blüten])
Zy|go|te, die; -, -n (*Biol.* die befruchtete Eizelle nach der Verschmelzung der beiden Geschlechtskerne)
Zy|k|la|den *vgl.* Kykladen
Zy|k|la|me, die; -, -n ‹griech.› (*österr. u. schweiz. für* Zyklamen); **Zy|k|la|men,** das; -s, - (Alpenveilchen)
Zy|k|len (*Plur. von* Zyklus)
Zy|k|li|ker (altgriechischer Dichter von Epen, die später zu einem Zyklus mit Ilias und Odyssee als Mittelpunkt gestaltet wurden)
zy|k|lisch, *chem. fachspr.* cy|c|lisch (kreisläufig, -förmig; sich auf einen Zyklus beziehend; regelmäßig wiederkehrend)
Zy|k|lo|i|de, die; -, -n (mathematische Kurve)
Zy|k|lo|id|schup|pe (dünne Fischschuppe mit hinten abgerundetem Rand)
Zy|k|lon, der; -s, -e ‹engl.› (Wirbelsturm; *als* ®: Fliehkraftabscheider [für Staub]); **Zy|k|lo|ne,** die; -, -n (*Meteor.* Tiefdruckgebiet)
Zy|k|lop, der; -en, -en (einäugiger Riese der griech. Sage); **Zy|k|lo|pen|mau|er** (frühgeschichtliche Mauer aus unbehauenen

Bruchsteinen); **Zy|k|lo|pie,** die; - (*Med.* eine Gesichtsfehlbildung); **zy|k|lo|pisch** (riesenhaft)

zy|k|lo|thym (*Psych.* [seelisch] aufgeschlossen, gesellig mit wechselnder Stimmung); **Zy|k|lo|thy|me,** der *u.* die; -n, -n; **Zy|k|lo|thy|mie,** die; -

Zy|k|lo|t|ron, das; -s, *Plur.* -s, *auch* ...one (Beschleuniger für positiv geladene Elementarteilchen)

Zy|k|lus, der; -, Zyklen (Kreis[lauf]; Folge; Reihe)

Zy|lin|der [tsi..., *auch* tsy...], der; -s, - ‹griech.›

...zy|lin|der (z. B. Achtzylinder)

Zy|lin|der|block *Plur.* ...blöcke

Zy|lin|der|bü|ro (Schreibsekretär mit Rollverschluss)

Zy|lin|der|glas *Plur.* ...gläser (nur in einer Richtung gekrümmtes Brillenglas)

Zy|lin|der|hut

Zy|lin|der|kopf *(Kfz-Technik);* **Zy|lin|der|kopf|dich|tung**

Zy|lin|der|pro|jek|ti|on (Kartendarstellung besonderer Art)

...zy|lin|d|rig (z. B. achtzylindrig)

zy|lin|d|risch (walzenförmig)

Zy|ma|se, die; - ‹griech.› (die alkoholische Gärung bewirkendes Gemisch von Enzymen); **Zy|mo|lo|gie,** die; - (Gärungslehre); **Zy|mo|tech|nik,** die; - (Gärungstechnik); **zy|mo|tisch** (Gärung bewirkend)

Zy|ni|ker ‹griech.› (zynischer Mensch); *vgl. aber* Kyniker; **Zy|ni|ke|rin**

zy|nisch (auf grausame, beleidigende Weise spöttisch; gefühllos, mitleidlos)

Zy|nis|mus, der; -, ...men (*nur Sing.:* philosophische Richtung der Kyniker; zynische Einstellung; zynische Äußerung)

Zy|per|gras (einjähriges Riedgras); **Zy|per|kat|ze**

Zy|pern (Inselstaat im Mittelmeer)

Zy|per|wein

Zy|p|rer (Bewohner von Zypern); **Zy|p|re|rin**

Zy|p|res|se, die; -, -n ‹griech.› (bes. im Mittelmeerraum wachsender Nadelbaum); **zy|p|res|sen** (aus Zypressenholz); **Zy|p|res|sen|hain; Zy|p|res|sen|holz; Zy|p|res|sen|kraut**

Zy|p|ri|an, Zy|p|ri|a|nus (ein Heiliger)

Zy|p|ri|o|te, der; -n, -n (Zyperngrieche; vgl. Zyprer); **Zy|p|ri|o|tin; zy|p|ri|o|tisch**

zy|p|risch (von Zypern)

Zy|ri|a|kus (ein Heiliger)

zy|ril|lisch, ky|ril|lisch ‹nach dem Slawenapostel Kyrill›; zyrillische, kyrillische Schrift ↑K 135

Zys|t|al|gie, die; -, ...ien ‹griech.› (*Med.* Blasenschmerz)

Zys|te [*alte Trennung* ...|st...], die; -, -n ‹griech.› (mit Flüssigkeit gefüllte Geschwulst)

Zys|t|ek|to|mie, die; -, ...ien (operative Entfernung einer Zyste)

zys|tisch [*alte Trennung* ...|st...] (blasenartig; auf die Zyste bezüglich); **Zys|ti|tis,** die; -, ...titiden (Entzündung der Harnblase); **Zys|to|s|kop,** das; -s, -e (Blasenspiegel)

Zy|to|de, die; -, -n ‹griech.› (kernloses Protoplasmaklümpchen)

zy|to|gen (von der Zelle gebildet)

Zy|to|lo|ge (Zellforscher); **Zy|to|lo|gie,** die; - (Zellenlehre); **Zy|to|lo|gin; zy|to|lo|gisch**

Zy|to|plas|ma (Zellplasma)

Zy|to|s|ta|ti|kum, das; -s, ...ka (*Med.* das Zellwachstum hemmende Substanz); **zy|to|s|ta|tisch**

Zy|to|s|tom, das; -s, -e *u.* **Zy|to|s|to|ma,** das; -s, -ta (*Biol.* Zellmund der Einzeller)

Zy|to|to|xin (Zellgift); **zy|to|to|xisch** (*Med., Biol.* [die Zelle] schädigend, vergiftend); **Zy|to|to|xi|zi|tät,** die; - (Fähigkeit, Gewebszellen zu schädigen)

zz., zzt. = zurzeit

Zz. = Zinszahl

z. Z., z. Zt. = zur Zeit

Die amtliche Regelung der deutschen Rechtschreibung

Der folgende Text gibt den unveränderten und vollständigen „Teil I: Regeln“ der amtlichen Neuregelung wieder. Mit dem darin erwähnten „Wörterverzeichnis“ ist der Teil II (die Wortliste des Regelwerks) gemeint, der hier nicht abgedruckt ist, dessen Stichwörter aber in diesem Wörterbuch enthalten sind.

A Laut-Buchstaben-Zuordnungen

0 Vorbemerkungen

(1) Die Schreibung des Deutschen beruht auf einer Buchstabenschrift. Jeder Buchstabe existiert als Kleinbuchstabe und als Großbuchstabe (Ausnahme *ß*):

a	b	c	d	e	f	g	h	i	j	k	l	m	n	o	p
A	B	C	D	E	F	G	H	I	J	K	L	M	N	O	P
q	r	s	t	u	v	w	x	y	z		ä	ö	ü		ß
Q	R	S	T	U	V	W	X	Y	Z		Ä	Ö	Ü		

Die Umlautbuchstaben *ä, ö, ü* werden im Folgenden mit den Buchstaben *a, o, u* zusammen eingeordnet; *ß* nach *ss*. Zum Ersatz von *ß* durch *ss* oder *SS* siehe § 25 E_2 und E_3.
In Fremdwörtern und fremdsprachigen Eigennamen kommen außerdem Buchstaben mit zusätzlichen Zeichen sowie Ligaturen vor (zum Beispiel *ç, é, â, œ*).

(2) Für die Schreibung des Deutschen gilt:

(2.1) Buchstaben und Sprachlaute sind einander zugeordnet. Die folgende Darstellung bezieht sich auf die Standardaussprache, die allerdings regionale Varianten aufweist.

(2.2) Die Schreibung der Wortstämme, Präfixe, Suffixe und Endungen bleibt bei der Flexion der Wörter, in Zusammensetzungen und Ableitungen weitgehend konstant (zum Beispiel *Kind, die Kinder, des Kindes, Kindbett, Kinderbuch, Kindesalter, kindisch, kindlich; Differenz, Differenzial, differenzieren;* aber *säen, Saat; nähen, Nadel*). Dies macht es in vielen Fällen möglich, die Schreibung eines Wortes aus verwandten Wörtern zu erschließen.
Dabei ist zu beachten, dass Wortstämme sich verändern können, so vor allem durch Umlaut (zum Beispiel *Hand – Hände, Not – nötig, Kunst – Künstler, rauben – Räuber*), durch Ablaut (zum Beispiel *schwimmen – er schwamm – geschwommen*) oder durch *e/i*-Wechsel (zum Beispiel *geben – du gibst – er gibt*).
In manchen Fällen werden durch verschiedene Laut-Buchstaben-Zuordnungen gleich lautende Wörter unterschieden (zum Beispiel *malen ≠ mahlen, leeren ≠ lehren*).

(3) Der folgenden Darstellung liegt die deutsche Standardsprache zugrunde.
Besonderheiten sind bei Fremdwörtern und Eigennamen zu beachten.

(3.1) Fremdwörter unterliegen oft fremdsprachigen Schreibgewohnheiten (zum Beispiel *Chaiselongue, Sympathie, Lady*). Ihre Schreibung kann jedoch – und Ähnliches gilt für die Aussprache – je nach Häufigkeit und Art der Verwendung integriert, das heißt dem Deutschen angeglichen werden (zum Beispiel *Scharnier* aus französisch *charnière, Streik* aus englisch *strike*). Manche Fremdwörter werden sowohl in einer integrierten als auch in einer fremdsprachigen Schreibung verwendet (zum Beispiel *Fotograf/Photograph*).
Nicht integriert sind üblicherweise

a) zitierte fremdsprachige Wörter und Wortgruppen (zum Beispiel: *Die Engländer nennen dies „one way mind“*);
b) Wörter in international gebräuchlicher oder festgelegter – vor allem fachsprachlicher – Schreibung (zum Beispiel *City;* medizinisch *Phlegmone*).

Für die nicht oder nur teilweise integrierten Fremdwörter lassen sich wegen der Vielgestaltigkeit fremdsprachiger Schreibgewohnheiten keine handhabbaren Regeln aufstellen. In Zweifelsfällen siehe das Wörterverzeichnis.

(3.2) Für Eigennamen (Vornamen, Familiennamen, geographische Eigennamen und dergleichen) gelten im Allgemeinen amtliche Schreibungen. Diese entsprechen nicht immer den folgenden Regeln.
Eigennamen aus Sprachen mit nicht lateinischem Alphabet können unterschiedliche Schreibungen haben, die auf die Verwendung verschiedener Umschriftsysteme zurückgehen (zum Beispiel *Schanghai, Shanghai*).

(4) Beim Aufbau der folgenden Darstellung sind zunächst Vokale (siehe Abschnitt 1) und Konsonanten (siehe Abschnitt 2) zu unterscheiden.
Unterschieden sind des Weiteren in beiden Gruppen grundlegende Zuordnungen (siehe Abschnitt 1.1 und 2.1), besondere Zuordnungen (siehe Abschnitte 1.2 bis 1.7 und 2.2 bis 2.7) sowie spezielle Zuordnungen in Fremdwörtern (siehe Abschnitt 1.8 und 2.8).

Laute werden im Folgenden durch die phonetische Umschrift wiedergegeben (zum Beispiel das lange *a* durch [a:]). Sind die Buchstaben gemeint, so ist dies durch kursiven Druck gekennzeichnet (zum Beispiel der Buchstabe *h* oder *H*).

1 Vokale

1.1 Grundlegende Laut-Buchstaben-Zuordnungen

§ 1 Als grundlegend im Sinne dieser orthographischen Regelung gelten die folgenden Laut-Buchstaben-Zuordnungen.

Besondere Zuordnungen werden in den sich anschließenden Abschnitten behandelt.

(1) Kurze einfache Vokale

Laute	Buchstaben	Beispiele
[a]	*a*	*ab, Alter, warm, Bilanz*
[ɛ], [e]	*e*	*enorm, Endung, helfen, fett, penetrant, Prozent*
[ə]	*e*	*Atem, Ballade, gering, nobel*
[ɪ], [i]	*i*	*immer, Iltis, List, indiskret, Pilot*
[ɔ], [o]	*o*	*ob, Ort, folgen, Konzern, Logis, Obelisk, Organ*
[œ], [ø]	*ö*	*öfter, Öffnung, wölben, Ökonomie*
[ʊ], [u]	*u*	*unten, Ulme, bunt, Museum*
[ʏ], [y]	*ü*	*Küste, wünschen, Püree*

(2) Lange einfache Vokale

Laute	Buchstaben	Beispiele
[a:]	*a*	*artig, Abend, Basis*
[e:]	*e*	*edel, Efeu, Weg, Planet*
[ɛ:]	*ä*	*äsen, Ära, Sekretär*
[i:]	*ie* *i*	(in einheimischen Wörtern:) *Liebe, Dieb* (in Fremdwörtern:) *Diva, Iris, Krise, Ventil*
[o:]	*o*	*oben, Ofen, vor, Chor*
[ø:]	*ö*	*öde, Öfen, schön*
[u:]	*u*	*Ufer, Bluse, Muse, Natur*
[y:]	*ü*	*üben, Übel, fügen, Menü, Molekül*

(3) Diphthonge

Laute	Buchstaben	Beispiele
[aɪ]	*ei*	*eigen, Eile, beiseite, Kaleidoskop*
[aʊ]	*au*	*auf, Auge, Haus, Audienz*
[ɔʏ]	*eu*	*euch, Eule, Zeuge, Euphorie*

1.2 Besondere Kennzeichnung der kurzen Vokale

Folgen auf einen betonten Vokal innerhalb des Wortstammes – bei Fremdwörtern betrifft dies auch den betonten Wortausgang – zwei verschiedene Konsonanten, so ist der Vokal in der Regel kurz; folgt kein Konsonant, so ist der Vokal in der Regel lang; folgt nur ein Konsonant, so ist der Vokal kurz oder lang. Deshalb beschränkt sich die besondere grafische Kennzeichnung des kurzen Vokals auf den Fall, dass nur ein einzelner Konsonant folgt.

§ 2 Folgt im Wortstamm auf einen betonten kurzen Vokal nur ein einzelner Konsonant, so kennzeichnet man die Kürze des Vokals durch Verdopplung des Konsonantenbuchstabens.

Das betrifft Wörter wie:
Ebbe; Paddel; schlaff, Affe; Egge; generell, Kontrolle; schlimm, immer; denn, wann, gönnen; Galopp, üppig; starr, knurren; Hass, dass (Konjunktion), *bisschen, wessen, Prämisse; statt (≠ Stadt), Hütte, Manschette*

§ 3 Für *k* und *z* gilt eine besondere Regelung:
(1) Statt *kk* schreibt man *ck*.
(2) Statt *zz* schreibt man *tz*.

Das betrifft Wörter wie:
Acker, locken, Reck; Katze, Matratze, Schutz
Ausnahmen: Fremdwörter wie *Mokka, Sakko; Pizza, Razzia, Skizze*

E zu § 2 und § 3: Die Verdopplung des Buchstabens für den einzelnen Konsonanten bleibt üblicherweise in Wörtern, die sich aufeinander beziehen lassen, auch dann erhalten, wenn sich die Betonung ändert, zum Beispiel: *Galopp – galoppieren, Horror – horrend, Kontrolle – kontrollieren, Nummer – nummerieren, spinnen – Spinnerei, Stuck – Stuckatur, Stuckateur*

§ 4 In acht Fallgruppen verdoppelt man den Buchstaben für den einzelnen Konsonanten nicht, obwohl dieser einem betonten kurzen Vokal folgt.

Dies betrifft

(1) eine Reihe einsilbiger Wörter (besonders aus dem Englischen), zum Beispiel:
Bus, Chip, fit, Gag, Grog, Jet, Job, Kap, Klub, Mob, Pop, Slip, top, Twen

E_1: Ableitungen schreibt man entsprechend § 2 mit doppeltem Konsonantenbuchstaben:
jobben – du jobbst – er jobbt; jetten, poppig, Slipper; außerdem: *die Busse* (zu *Bus*)

(2) die fremdsprachigen Suffixe *-ik* und *-it*, die mit kurzem, aber auch mit langem Vokal gesprochen werden können, zum Beispiel:
Kritik, Politik; Kredit, Profit

(3) einige Wörter mit unklarem Wortaufbau oder mit Bestandteilen, die nicht selbständig vorkommen, zum Beispiel:
Brombeere, Damwild, Himbeere, Imbiss, Imker (aber *Imme*), *Sperling, Walnuss;* aber: *Bollwerk*

(4) eine Reihe von Fremdwörtern, zum Beispiel:
Ananas, April, City, Hotel, Kamera, Kapitel, Limit, Mini, Relief, Roboter

(5) Wörter mit den nicht mehr produktiven Suffixen *-d, -st* und*-t*, zum Beispiel:
Brand (trotz *brennen*), *Spindel* (trotz *spinnen*); *Geschwulst* (trotz *schwellen*), *Gespinst* (trotz *spinnen*), *Gunst* (trotz *gönnen*); *beschäftigen, Geschäft* (trotz *schaffen*), *(ins)gesamt, sämtlich* (trotz *zusammen*)

(6) eine Reihe einsilbiger Wörter mit grammatischer Funktion, zum Beispiel:
ab, an, dran, bis, das (Artikel, Pronomen), *des* (aber *dessen*), *in, drin* (aber *innen, drinnen*), *man, mit, ob, plus, um, was, wes* (aber *wessen*)

E_2: Aber entsprechend § 2:
dann, denn, wann, wenn; dass (Konjunktion)

(7) die folgenden Verbformen:
ich bin, er hat; aber nach der Grundregel (§ 2): *er hatte, sie tritt, nimm!*

(8) die folgenden Ausnahmen:
Drittel, Mittag, dennoch

§ 5 In vier Fallgruppen verdoppelt man den Buchstaben für den einzelnen Konsonanten, obwohl der vorausgehende kurze Vokal nicht betont ist.

Dies betrifft

(1) das scharfe (stimmlose) *s* in Fremdwörtern, zum Beispiel:
Fassade, Karussell, Kassette, passieren, Rezession

(2) die Suffixe *-in* und *-nis* sowie die Wortausgänge *-as, -is, -os* und *-us*, wenn in erweiterten Formen dem Konsonanten ein Vokal folgt, zum Beispiel:

-in: *Ärztin – Ärztinnen, Königin – Königinnen*
-nis: *Beschwernis – Beschwernisse, Kenntnis – Kenntnisse*
-as: *Ananas – Ananasse, Ukas – Ukasse*
-is: *Iltis – Iltisse, Kürbis – Kürbisse*
-os: *Albatros – Albatrosse, Rhinozeros – Rhinozerosse*
-us: *Diskus – Diskusse, Globus – Globusse*

(3) eine Reihe von Fremdwörtern, zum Beispiel:
Allee, Batterie, Billion, Buffet, Effekt, frappant, Grammatik, Kannibale, Karriere, kompromittieren, Konkurrenz, Konstellation, Lotterie, Porzellan, raffiniert, Renommee, skurril, Stanniol

E: In Zusammensetzungen mit fremdsprachigen Präfixen wie *ad-, dis-, in-, kon-/con-, ob-, sub-* und *syn-* ist deren auslautender Konsonant in manchen Fällen an den Konsonanten des folgenden Wortes angeglichen, zum Beispiel:
Affekt, akkurat, Attraktion (vgl. aber *Advokat, addieren*); ebenso: *Differenz, Illusion, korrekt, Opposition, suggerieren, Symmetrie*

(4) wenige Wörter mit *tz* (siehe § 3 (2)), zum Beispiel:
Kiebitz, Stieglitz

1.3 Besondere Kennzeichnung der langen Vokale

Folgt im Wortstamm auf einen betonten Vokal kein Konsonant, ist er lang. Die regelmäßige Kennzeichnung mit *h* hat auch die Aufgabe, die Silbenfuge zu markieren, zum Beispiel *Kü|he;* vgl. § 6. Folgt nur ein Konsonant, so kann der Vokal kurz oder lang sein. Die Länge wird jedoch nur bei einheimischen Wörtern mit [i:] regelmäßig durch *ie* bezeichnet; vgl. § 1. Ansonsten erfolgt die Kennzeichnung nur ausnahmsweise:

a) in manchen Wörtern vor *l, m, n, r* mit *h;* vgl. § 8;
b) mit Doppelvokal *aa, ee, oo;* vgl. § 9;
c) mit *ih, ieh;* vgl. § 12.

Zum *ß* (statt *s*) nach langem Vokal und Diphthong siehe § 25

§ 6 Wenn einem betonten einfachen langen Vokal ein unbetonter kurzer Vokal unmittelbar folgt oder in erweiterten Formen eines Wortes folgen kann, so steht nach dem Buchstaben für den langen Vokal stets der Buchstabe *h.*

Dies betrifft Wörter wie:

ah: *nahen, bejahen* (aber *ja*)
eh: *Darlehen, drehen*
oh: *drohen, Floh* (wegen *Flöhe*)
uh: *Kuh* (wegen *Kühe*), *Ruhe, Schuhe*
äh: *fähig, Krähe, zäh* (Ausnahme *säen*)
öh: *Höhe* (Ausnahme *Bö,* trotz *Böe, Böen*)
üh: *früh* (wegen *früher*)

Zu *ieh* siehe § 12 (2).

Zu *See* u. a. siehe § 9.

§ 7 Das *h* steht ausnahmsweise auch nach dem Diphthong [aı].

Das betrifft Wörter wie:
gedeihen, Geweih, leihen (≠ *Laien*), *Reihe, Reiher, seihen, verzeihen, weihen, Weiher;* aber sonst: *Blei, drei, schreien*

§ 8 Wenn einem betonten langen Vokal einer der Konsonanten [l], [m], [n] oder [r] folgt, so wird in vielen, jedoch nicht in der Mehrzahl der Wörter nach dem Buchstaben für den Vokal ein *h* eingefügt.

Dies betrifft

(1) Wörter, in denen auf [l], [m], [n] oder [r] kein weiterer Konsonant folgt, zum Beispiel:

ah: *Dahlie, lahm, ahnen, Bahre*
eh: *Befehl, benehmen, ablehnen, begehren*
oh: *hohl, Sohn, bohren*
uh: *Pfuhl, Ruhm, Huhn, Uhr*
äh: *ähneln, Ähre*
öh: *Höhle, stöhnen, Möhre*
üh: *fühlen, Bühne, führen*

Zu *ih* siehe § 12 (1).

(2) die folgenden Einzelfälle: *ahnden, fahnden*

E_1: Zu unterscheiden sind gleich lautende, aber unterschiedlich geschriebene Wortstämme wie:
Mahl ≠ *Mal, mahlen* ≠ *malen, Sohle* ≠ *Sole; dehnen* ≠ *denen; Bahre* ≠ *Bar, wahr* ≠ *er war, lehren* ≠ *leeren, mehr* ≠ *Meer, Mohr* ≠ *Moor, Uhr* ≠ *Ur, währen* ≠ *sie wären*

E_2 zu § 6 bis 8: Das *h* bleibt auch bei Flexion, Stammveränderung und in Ableitungen erhalten, zum Beispiel:
befehlen – befiehl – er befahl – befohlen, drehen – gedreht – Draht, empfehlen – empfiehl – er empfahl – empfohlen, gedeihen – es gedieh – gediehen, fliehen – er floh – geflohen, leihen – er lieh – geliehen, mähen – Mahd, nähen – Naht, nehmen – er nahm, sehen – er sieht – er sah – gesehen, stehlen – er stiehlt – er stahl – gestohlen, verzeihen – er verzieh – verziehen, weihen – geweiht – Weihnachten

Ausnahmen, zum Beispiel: *Blüte, Blume* (trotz *blühen*), *Glut* (trotz *glühen*), *Nadel* (trotz *nähen*)

E_3: In Fremdwörtern steht bis auf wenige Ausnahmen wie *Allah, Schah* kein *h*

§ 9 Die Länge von [a:], [e:] und [o:] kennzeichnet man in einer kleinen Gruppe von Wörtern durch die Verdopplung *aa, ee* bzw. *oo.*

Dies betrifft Wörter wie:

aa: *Aal, Aas, Haar, paar, Paar, Saal, Saat, Staat, Waage*
ee: *Beere, Beet, Fee, Klee, scheel, Schnee, See, Speer, Tee, Teer,* außerdem eine Reihe von Fremdwörtern mit *ee* im Wortausgang wie: *Armee, Idee, Kaffee, Klischee, Tournee, Varietee*
oo: *Boot, Moor, Moos, Zoo*

Zu *die Feen, Seen* siehe § 19.

E_1: Zu unterscheiden sind gleich lautende, aber unterschiedlich geschriebene Wortstämme wie: *Waage* ≠ *Wagen; Heer* ≠ *her, hehr; leeren* ≠ *lehren; Meer* ≠ *mehr; Reede* ≠ *Rede; Seele, seelisch* ≠ *selig; Moor* ≠ *Mohr*

E_2: Bei Umlaut schreibt man nur *ä* bzw. *ö*, zum Beispiel:
Härchen – aber *Haar; Pärchen* – aber *Paar; Säle* – aber *Saal; Bötchen* – aber *Boot*

§ 10 Wenige einheimische Wörter und eingebürgerte Entlehnungen mit dem langen Vokal [i:] schreibt man ausnahmsweise mit *i.*

Dies betrifft Wörter wie:
dir, mir, wir; gib, du gibst, er gibt (aber *ergiebig*); *Bibel, Biber, Brise, Fibel, Igel, Liter, Nische, Primel, Tiger, Wisent*

E: Zu unterscheiden sind gleich lautende, aber unterschiedlich geschriebene Wörter wie:
Lid ≠ *Lied; Mine* ≠ *Miene; Stil* ≠ *Stiel; wider* ≠ *wieder*

§ 11 Für langes [i:] schreibt man *ie* in den fremdsprachigen Suffixen und Wortausgängen *-ie, -ier* und *-ieren.*

Dies betrifft Wörter wie:
Batterie, Lotterie; Manier, Scharnier; marschieren, probieren

Ausnahmen, zum Beispiel: *Geysir, Saphir, Souvenir, Vampir, Wesir*

§ 12 In Einzelfällen kennzeichnet man die Länge des Vokals [iː] zusätzlich mit dem Buchstaben *h* und schreibt *ih* oder *ieh.*

Im Einzelnen gilt:

(1) *ih* steht nur in den folgenden Wörtern (vgl. § 8):
ihm, ihn, ihnen; ihr (Personal- und Possessivpronomen), außerdem *Ihle*

(2) *ieh* steht nur in den folgenden Wörtern (vgl. § 6):
fliehen, Vieh, wiehern, ziehen

Zu *ieh* in Flexionsformen wie *befiehl* (zu *befehlen*) siehe § 8 E_2.

1.4 Umlautschreibung bei [ɛ]

§ 13 Für kurzes [ɛ] schreibt man *ä* statt *e,* wenn es eine Grundform mit *a* gibt.

Dies betrifft flektierte und abgeleitete Wörter wie:
Bänder, Bändel (wegen *Band*); *Hälse* (wegen *Hals*); *Kälte, kälter* (wegen *kalt*); *überschwänglich* (wegen *Überschwang*)

E_1: Man schreibt *e* oder *ä* in *Schenke/Schänke* (wegen *ausschenken/Ausschank*), *aufwendig/aufwändig* (wegen *aufwenden/Aufwand*).

E_2: Für langes [eː] und langes [ɛː], die in der Aussprache oft nicht unterschieden werden, schreibt man *ä*, sofern es eine Grundform mit *a* gibt, zum Beispiel: *quälen* (wegen *Qual*). Wörter wie *sägen, Ähre (≠ Ehre), Bär* sind Ausnahmen.

§ 14 In wenigen Wörtern schreibt man ausnahmsweise *ä.*

Dies betrifft Wörter wie:
ätzen, dämmern, Geländer, Lärm, März, Schärpe

E: Zu unterscheiden sind gleich lautende, aber unterschiedlich geschriebene Wörter wie:
Äsche ≠ Esche; Färse ≠ Ferse; Lärche ≠ Lerche

§ 15 In wenigen Wörtern schreibt man ausnahmsweise *e.*

Das betrifft Wörter wie:
Eltern (trotz *alt*); *schwenken* (trotz *schwanken*)

1.5 Umlautschreibung bei [ɔʏ]

§ 16 Für den Diphthong [ɔʏ] schreibt man *äu* statt *eu,* wenn es eine Grundform mit *au* gibt.

Dies betrifft flektierte und abgeleitete Wörter wie:
Häuser (wegen *Haus*), er *läuft* (wegen *laufen*), *Mäuse, Mäuschen* (wegen *Maus*); *Gebäude* (wegen *Bau*), *Geräusch* (wegen *rauschen*), *sich schnäuzen* (wegen *Schnauze*), *verbläuen* (wegen *blau*)

§ 17 In wenigen Wörtern schreibt man ausnahmsweise *äu.*

Das betrifft Wörter wie:
Knäuel, Räude, sich räuspern, Säule, sich sträuben, täuschen

1.6 Ausnahmen beim Diphthong [aɪ]

§ 18 In wenigen Wörtern schreibt man den Diphthong [aɪ] ausnahmsweise *ai.*

Das betrifft Wörter wie:
Hai, Kaiser, Mai

E: Zu unterscheiden sind gleich lautende, aber unterschiedlich geschriebene Wortstämme wie:
Bai ≠ bei; Laib ≠ Leib; Laich ≠ Leiche; Laie, Laien ≠ leihen; Saite ≠ Seite; Waise ≠ Weise, weisen

1.7 Besonderheiten beim *e*

§ 19 Folgen auf *-ee* oder *-ie* die Flexionsendungen oder Ableitungssuffixe *-e, -en, -er, -es, -ell,* so lässt man ein *e* weg.

Das betrifft Wörter wie:
die Feen; die Ideen; die Mondseer, des Sees; die Knie, knien; die Fantasien; sie schrien, geschrien; ideell; industriell

1.8 Spezielle Laut-Buchstaben-Zuordnungen in Fremdwörtern

§ 20 Über die bisher dargestellten Laut-Buchstaben-Zuordnungen hinaus treten in Fremdwörtern auch fremdsprachige Zuordnungen auf. In den folgenden Listen sind nur die wichtigeren angeführt.

Dabei ist zu beachten, dass Kürze und Länge der Vokale von der Betonung abhängen. Vokale, die in betonten Silben lang sind, werden in unbetonten Silben kurz gesprochen, zum Beispiel *Analyse* mit langem Vokal [yː] – *analysieren* mit kurzem Vokal [y].

(1) Fremdsprachige Laut-Buchstaben-Zuordnungen

Laute	Buchstaben	Beispiele
[a], [a:]	*u*	*Butler, Cup, Make-up, Slum*
	at	*Eklat, Etat*
[ɛ], [ɛ:]	*a*	*Action, Camping, Fan, Gag*
	ai	*Airbus, Chaiselongue, fair, Flair, Saison*
[e], [e:]	*é*	*Abbé, Attaché, Lamé*
	er	*Atelier, Bankier, Premier*
	et	*Budget, Couplet, Filet*
	ai	*Cocktail, Container*
[i], [i:]	*y*	*Baby, City, Lady, sexy*
	ea	*Beat, Dealer, Hearing, Jeans, Team*
	ee	*Evergreen, Spleen, Teenager*
[o], [o:]	*au*	*Chaussee, Chauvinismus*
	eau	*Niveau, Plateau, Tableau*
	ot	*Depot, Trikot*
[ø:]	*eu*	*adieu, Milieu;* häufig in den Suffixen *-eur, -euse: Ingenieur, Souffleuse*
[ʊ], [u], [u:]	*oo*	*Boom, Swimmingpool*
	ou	*Journalist, Rouge, Route, souverän*
[ʏ], [y], [y:]	*y*	*Analyse, Hymne, Physik, System, Typ;* auch in den Präfixen *dys-* (≠ *dis-*), *hyper-, hypo-, syl-, sym-, syn-: dysfunktional, hyperkorrekt, Hypozentrum, Syllogismus, Symbiose, synchron*
[ã], [ã:]	*an*	*Branche, Chance, Orange, Renaissance, Revanche*
	ant	*Avantgarde, Pendant, Restaurant*
	en	*engagiert, Ensemble, Entree, Pendant, Rendezvous*
	ent	*Abonnement, Engagement*
[ɛ̃], [ɛ̃:]	*ain*	*Refrain, Souterrain, Terrain*
	eint	*Teint*
	in	*Bulletin, Dessin, Mannequin*
[ɔ̃], [ɔ̃:]	*on*	*Annonce, Chanson, Pardon*
[œ̃], [œ̃:]	*um*	*Parfum*
[aʊ]	*ou*	*Couch, Count-down, Foul, Sound*
	ow	*Clown, Count-down, Cowboy, Power(play)*
[aɪ]	*i*	*Lifetime, Pipeline*
	igh	*Copyright, high, Starfighter*
	y	*Nylon, Recycling*
[ɔʏ]	*oy*	*Boy, Boykott*
[oa]	*oi*	*Memoiren, Repertoire, Reservoir, Toilette*

(2) Doppelschreibungen
Im Prozess der Integration entlehnter Wörter können fremdsprachige und integrierte Schreibung nebeneinander stehen. (Zu Haupt- und Nebenform siehe das Wörterverzeichnis.)

Laute	Buchstaben	Beispiele
[ɛ], [ɛ:]	*ai – ä*	*Drainage – Dränage, Mayonnaise – Majonäse, Mohair – Mohär, Polonaise – Polonäse*
[e]	*é – ee*	*Bouclé – Buklee, Doublé – Dublee, Exposé – Exposee* *Café – Kaffee* (mit Bedeutungsdifferenzierung), *Kommuniqué – Kommunikee, Varieté – Varietee*
[o]	*au – o*	*Sauce – Soße*
[ʊ], [u], [u:]	*ou – u*	*Bravour – Bravur, Bouquet – Buket(t), Doublé – Dublee, Coupon – Kupon, Nougat – Nugat*

§ 21 Fremdwörter aus dem Englischen, die auf *-y* enden und im Englischen den Plural *-ies* haben, erhalten im Plural ein *-s*.

Das betrifft Wörter wie:
Baby – Babys, Lady – Ladys, Party – Partys

E: Bei Zitatwörtern gilt die englische Schreibung, zum Beispiel: *Grand Old Ladies.*

2 Konsonanten

2.1 Grundlegende Laut-Buchstaben-Zuordnungen

§ 22 Als grundlegend im Sinne dieser orthographischen Regelung gelten die folgenden Laut-Buchstaben-Zuordnungen.

Besondere Zuordnungen werden in den sich anschließenden Abschnitten behandelt.

(1) Einfache Konsonanten

Laute	Buchstaben	Beispiele
[b]	*b*	*backen, Baum, Obolus, Parabel*
[ç], [x]	*ch*	*ich, Bücher, lynchen; ach, Rauch*
[d]	*d*	*danken, Druck, leiden, Mansarde*
[f]	*f*	*fertig, Falke, Hafen, Fusion*
[g]	*g*	*gehen, Gas, sägen, Organ, Eleganz*
[h]	*h*	*hinterher, Haus, Hektik, Ahorn, vehement*
[j]	*j*	*ja, Jagd, Boje, Objekt*
[k]	*k*	*Kiste, Haken, Flanke, Majuskel, Konkurs*
[l]	*l*	*laufen, Laut, Schale, lamentieren*
[m]	*m*	*machen, Mund, Lampe, Maximum*
[n]	*n*	*nur, Nagel, Ton, Natur, nuklear*
[ŋ]	*ng*	*Gang, Länge, singen, Zange*
[p]	*p*	*packen, Paste, Raupe, Problem*
[r], [ʀ], [ʁ]	*r*	*rauben, Rampe, hören, Zitrone*
[s]	*s*	*skurril, Skandal, Hast, hopsen*
[z]	*s*	*sagen, Seife, lesen, Laser*
[ʃ]	*sch*	*scharf, Schaufel, rauschen*
[t]	*t*	*tragen, Tür, fort, Optimum*
[v]	*w*	*wann, Wagen, Möwe*

(2) Konsonantenverbindungen (innerhalb des Stammes)

Laute	Buchstaben	Beispiele
[kv]	*qu*	*quälen, Quelle, liquid, Qualität*
[ks]	*x*	*xylographisch, Xenophobie, boxen, toxisch*
[ts]	*z*	*zart, Zaum, tanzen, speziell, Zenit*

2.2 Auslautverhärtung und Wortausgang *-ig*

§ 23 Die in großen Teilen des deutschen Sprachgebiets auftretende Verhärtung der Konsonanten [b], [d], [g], [v] und [z] am Silbenende sowie vor anderen Konsonanten innerhalb der Silbe wird in der Schreibung nicht berücksichtigt.

E_1: Bei vielen Wörtern kann die Schreibung aus der Aussprache erweiterter Formen oder verwandter Wörter abgeleitet werden, in denen der betreffende Konsonant am Silbenanfang steht, zum Beispiel:

Konsonant am Silbenende usw.	Konsonant am Silbenanfang
Lob, löblich, du lobst	*Lobes, belobigen* (aber *Isotop – Isotope*)
trüb, trübselig, eingetrübt	*trübe, eintrüben* (aber *Typ – Typen*)
Rad, Radumfang	*Rades, rädern* (aber *Rat – Rates*)
absurd	*absurde, Absurdität* (aber *Gurt – Gurte*)
Sieg, siegreich, er siegt	*siegen* (aber *Musik – musikalisch*)
Trug, er betrog, Betrug	*betrügen* (aber *Spuk – spuken*)
gläubig	*gläubige* (aber *Plastik – Plastiken*)
Möwchen	*Möwe* (aber *Öfchen – Ofen*)
naiv, Naivling, Naivheit	*Naive, Naivität* (aber *er rief – rufen*)
Preis, preislich, preiswert	*Preise* (aber *Fleiß – fleißig*)
Haus, häuslich, behaust	*Häuser* (aber *Strauß – Sträuße*)

E_2: Bei einer kleinen Gruppe von Wörtern ist es nicht oder nur schwer möglich, eine solche Erweiterung durchzuführen oder eine Beziehung zu verwandten Wörtern herzustellen. Man schreibt sie trotzdem mit *b, d, g* bzw. *s*, zum Beispiel:
ab, Eisbein (Eis – Eises), flugs (Flug), Herbst, hübsch, jeglich, Jugend, Kies (Kiesel), Lebkuchen, morgendlich, ob, Obst, Plebs (Plebejer), preisgeben, Rebhuhn, redlich (Rede), Reis (Reisig), Reis (= Korn; *Reise* fachsprachlich = Reissorten; aber *Grieß*), *ihr seid (≠ seit), sie sind, und, Vogt, weg (Weges), weissagen (weise)*

§ 24 Für den Laut [ç] schreibt man regelmäßig *g*, wenn erweiterte Formen am Silbenanfang mit dem Laut [g] gesprochen werden.

Das betrifft Wörter wie:
ewig, Ewigkeit (wegen *ewige*), *gläubig* (wegen *gläubige*); aber: *unglaublich* (wegen *unglaubliche*); *heilig, Käfig, ruhig*

E: In einigen Sprachlandschaften wird *-ig* mit [k] gesprochen; dann gilt § 23.

2.3 Besonderheiten bei [s]

§ 25 Für das scharfe (stimmlose) [s] nach langem Vokal oder Diphthong schreibt man *ß*, wenn im Wortstamm kein weiterer Konsonant folgt.

Das betrifft Wörter wie:
Maß, Straße, Grieß, Spieß, groß, grüßen; außen, außer, draußen, Strauß, beißen, Fleiß, heißen

Ausnahme: *aus*

Zur Schreibung von [s] in Wörtern mit Auslautverhärtung wie *Haus, graziös, Maus, Preis* siehe § 23.

E_1: In manchen Wortstämmen wechselt bei Flexion und in Ableitungen die Länge und Kürze des Vokals vor [s]; entsprechend wechselt die Schreibung *ß* mit *ss*. Beispiele:
fließen – er floss – Fluss – das Floß
genießen – er genoss – Genuss
wissen – er weiß – er wusste

E_2: Steht der Buchstabe *ß* nicht zur Verfügung, so schreibt man *ss*. In der Schweiz kann man immer *ss* schreiben. Beispiel:
Straße – Strasse

E_3: Bei Schreibung mit Großbuchstaben schreibt man *SS*, zum Beispiel:
Straße – STRASSE

§ 26 Folgt auf das *s, ss, ß, x* oder *z* eines Verb- oder Adjektivstammes die Endung *-st* der 2. Person Singular bzw. die Endung *-st(e)* des Superlativs, so lässt man das *s* der Endung weg.

Das betrifft Wörter wie:
du reist (zu *reisen*), *du hasst* (zu *hassen*), *du reißt* (zu *reißen*), *du mixt* (zu *mixen*), *du sitzt* (zu *sitzen*); *(groß – größer –) größte*

2.4 Besonderheiten bei [ʃ]

§ 27 Für den Laut [ʃ] am Anfang des Wortstammes vor folgendem [p] oder [t] schreibt man *s* statt *sch*.

Das betrifft Wörter wie:
spielen, verspotten; starren, Stelle, Stunde

2.5 Besonderheiten bei [ŋ]

§ 28 Für den Laut [ŋ] vor [k] oder [g] im Wortstamm schreibt man *n* statt *ng*.

Das betrifft Wörter wie:
Bank, dünken, Enkel, Schranke, trinken; Mangan, Singular

2.6 Besonderheiten bei [f] und [v]

§ 29 Für den Laut [f] schreibt man *v* statt *f* in *ver-* (wie in *verlaufen*) sowie am Anfang einiger weiterer Wörter.

Das betrifft Wörter wie:
Vater, Veilchen, Vettel, Vetter, Vieh, viel, vielleicht, vier, Vlies, Vogel, Vogt, Volk, voll (aber *füllen*), *von, vor, vordere, vorn*
Dazu kommen *Frevel, Nerv (Nerven)*

§ 30 Für den Laut [v] schreibt man in Fremdwörtern regelmäßig und in wenigen eingebürgerten Entlehnungen *v* statt *w*.

Das betrifft Wörter wie:
privat, Revolution, Universität, Virus, zivil, Malve, Vase; Suffix bzw. Endung *-iv, -ive: Aktivität, die Detektive, Motivation; Initiative, Perspektive*

E: Bei einigen Wörtern schwankt die Aussprache von *v* zwischen [v] und [f] wie bei *Initiative, Larve, Pulver, evangelisch, Vers, Vesper, November, brave.*

2.7 Besonderheiten bei [ks]

§ 31 Für die Lautverbindung [ks] schreibt man in einigen Wortstämmen ausnahmsweise *chs* bzw. *ks* statt *x*.

Das betrifft Wörter wie:
Achse, Achsel, Büchse, Dachs, drechseln, Echse, Flachs, Fuchs, Lachs, Luchs, Ochse, sechs, Wachs, wachsen, Wechsel, Weichsel(kirsche), wichsen
Keks, schlaksig

E: Die bei Flexion und in Ableitungen entstehende Lautverbindung [ks] wird je nach dem zugrunde liegenden Wort *gs, ks* oder *cks* geschrieben, zum Beispiel:
du hegst (wegen *hegen*), *du hinkst* (wegen *hinken*), *Streiks* (wegen *Streik*), *Häcksel* (wegen *hacken*)

2.8 Spezielle Laut-Buchstaben-Zuordnungen in Fremdwörtern

§ 32 Über die bisher dargestellten Laut-Buchstaben-Zuordnungen hinaus treten in Fremdwörtern auch fremdsprachige Zuordnungen auf.

In den folgenden Listen sind nur die wichtigeren angeführt.

(1) Fremdsprachige Laut-Buchstaben-Zuordnungen

(1.1) Einfache Konsonanten

Laute	Buchstaben	Beispiele
[f]	*ph*	*Atmosphäre, Metapher, Philosophie, Physik*
[k]	*c*	*Clown, Container, Crew*
	ch	*Chaos, Charakter, Chlor, christlich*
	qu	*Mannequin, Queue*
[r]	*rh*	*Rhapsodie, Rhesusfaktor*
	rt	*Dessert, Kuvert, Ressort*

Laute	Buchstaben	Beispiele
[s]	*c, ce*	*Annonce, Chance, City, Renaissance, Service*
[ʃ]	*ch*	*Champignon, Chance, charmant, Chef*
	sh	*Geisha, Sheriff, Shop, Shorts*
[ʒ]	*g*	*Genie, Ingenieur, Loge, Passagier, Regime;* auch im Suffix *-age: Blamage, Garage*
	j	*Jalousie, Jargon, jonglieren, Journalist*
[t]	*th*	*Ethos, Mathematik, Theater, These*
[v]	*v*	*Virus, zivil* (vgl. § 30)

(1.2) Konsonantenverbindungen

Laute	Buchstaben	Beispiele
[dʒ]	*g*	*Gentleman, Gin, Manager, Teenager*
	j	*Jazz, Jeans, Jeep, Job, Pyjama*
[lj]/[j]	*ll*	*Billard, Bouillon, brillant, Guerilla, Medaille, Pavillon, Taille*
[nj]	*gn*	*Champagner, Kampagne, Lasagne*
[ts]	*c*	*Aceton, Celsius, Cellophan*
	t (vor [i] + Vokal)	sehr häufig im Suffix *-tion;* außerdem häufig in Fällen wie *-tie, -tiell, -tiös: Funktion, Nation, Produktion; Aktie, partiell, infektiös*
[tʃ]	*c*	*Cello, Cembalo*
	ch	*Chip, Coach, Ranch*
	ge	*College*
	dge	*Bridge*

(2) Doppelschreibungen
Im Prozess der Integration entlehnter Wörter können fremdsprachige und integrierte Schreibung nebeneinander stehen. (Zu Haupt- und Nebenformen siehe das Wörterverzeichnis.)

Laute	Buchstaben	Beispiele
[f]	*ph – f*	*-photo- – -foto-,* zum Beispiel *Photographie – Fotografie* *-graph- – -graf-,* zum Beispiel *Graphik – Grafik* *-phon- – -fon-,* zum Beispiel *Mikrophon – Mikrofon* *Delphin – Delfin, phantastisch – fantastisch*
[g]	*gh – g*	*Ghetto – Getto, Joghurt – Jogurt, Spaghetti – Spagetti*
[j]	*y – j*	*Yacht – Jacht, Yoga – Joga, Mayonnaise – Majonäse*
[k]	*c – k*	*Calcit – Kalzit, Caritas – Karitas, Code – Kode, codieren – kodieren, circa – zirka*
	qu – k	*Bouquet – Bukett, Kommuniqué – Kommunikee*
[r]	*rh – r*	*Katarrh – Katarr, Myrrhe – Myrre*
[s]	*c – ss, ß*	*Facette – Fassette, Necessaire – Nessessär, Sauce – Soße*
[ʃ]	*ch – sch*	*Anchovis – Anschovis, Chicorée – Schikoree, Sketch – Sketsch*
[t]	*th – t*	*Kathode – Katode, Panther – Panter, Thunfisch – Tunfisch*
[ts]	*c – z*	*Acetat – Azetat, Calcit – Kalzit, Penicillin – Penizillin, circa – zirka*
	t – z (vor [i] + Vokal)	*pretiös – preziös, Pretiosen – Preziosen; potentiell – potenziell* (wegen *Potenz*), *substantiell – substanziell* (wegen *Substanz*)

B Getrennt- und Zusammenschreibung

0 Vorbemerkungen

(1) Die Getrennt- und Zusammenschreibung betrifft die Schreibung von Wörtern, die im Text unmittelbar benachbart und aufeinander bezogen sind. Handelt es sich um die Bestandteile von Wortgruppen, so schreibt man sie voneinander getrennt. Handelt es sich um die Bestandteile von Zusammensetzungen, so schreibt man sie zusammen. Manchmal können dieselben Bestandteile sowohl eine Wortgruppe als auch eine Zusammensetzung bilden. Die Verwendung als Wortgruppe oder als Zusammensetzung kann dabei von der Aussageabsicht des Schreibenden abhängen.

(2) Bei der Regelung der Getrennt- und Zusammenschreibung wird davon ausgegangen, dass die getrennte Schreibung der Wörter der Normalfall und daher allein die Zusammenschreibung regelungsbedürftig ist.

(3) Soweit dies möglich ist, werden zu den Regeln formale Kriterien aufgeführt, mit deren Hilfe sich entscheiden lässt, ob man im betreffenden Fall getrennt oder ob man zusammenschreibt. So wird zum Beispiel stets zusammengeschrieben, wenn der erste oder der zweite Bestandteil in dieser Form als selbständiges Wort nicht vorkommt (wie bei *wissbegierig, zuinnerst*). So wird zum Beispiel stets getrennt geschrieben, wenn der erste oder der zweite Bestandteil erweitert ist (wie bei *viele Kilometer weit,* aber *kilometerweit; irgend so ein,* aber *irgendein*).

(4) Bei den verschiedenen Wortarten sind – auch in Abhängigkeit von sprachlichen Entwicklungsprozessen – spezielle Bedingungen zu beachten. Daher ist die folgende Darstellung nach der Wortart der Zusammensetzung gegliedert:

1 Verb (§ 33 bis § 35)
2 Adjektiv und Partizip (§ 36)
3 Substantiv (§ 37 bis § 38)
4 Andere Wortarten (§ 39)

1 Verb

Zusätzlich zu der generellen Einteilung in Wortgruppen (wie *in die Ferne sehen*) und Zusammensetzungen (wie *fernsehen*) sind bei Verben zu unterscheiden:

a) untrennbare Zusammensetzungen wie *maßregeln, langweilen*

Untrennbare Zusammensetzungen erkennt man daran, dass die Reihenfolge der Bestandteile stets unverändert bleibt.

maß + regeln: Wer jemanden *maßregelt* ... Man *maßregelte* ihn. Niemand wagte, ihn zu *maßregeln.* Er wurde offiziell *gemaßregelt.*

Siehe im Einzelnen § 33.

b) trennbare Zusammensetzungen wie *hinzukommen, fehlgehen, bereithalten, wundernehmen*

Trennbare Zusammensetzungen erkennt man daran, dass die Reihenfolge der Bestandteile in Abhängigkeit von ihrer Stellung im Satz wechselt.

hinzu + kommen: Wenn dieses Argument *hinzukommt* ... Dieses Argument scheint *hinzuzukommen.* Dieses Argument ist *hinzugekommen.* Dieses Argument *kommt hinzu.* Dieses Argument *kommt* erschwerend *hinzu.*

Siehe im Einzelnen § 34.

§ 33 Substantive, Adjektive oder Partikeln können mit Verben untrennbare Zusammensetzungen bilden. Man schreibt sie stets zusammen.

Dies betrifft

(1) Zusammensetzungen aus Substantiv + Verb, zum Beispiel:

brandmarken (gebrandmarkt, zu brandmarken), handhaben, lobpreisen, maßregeln, nachtwandeln, schlafwandeln, schlussfolgern, wehklagen, wetteifern

E_1: In einzelnen Fällen stehen Zusammensetzung und Wortgruppe nebeneinander, zum Beispiel:
danksagen (er danksagt) oder *Dank sagen (er sagt Dank); gewährleisten (sie gewährleistet)* oder *Gewähr leisten (sie leistet Gewähr)*

E_2: Eine Reihe untrennbarer Zusammensetzungen wird fast nur im Infinitiv oder substantivisch, in Einzelfällen auch im Partizip I und im Partizip II gebraucht, zum Beispiel:
bauchreden, bergsteigen, bruchlanden, bruchrechnen, brustschwimmen, kopfrechnen, notlanden, punktschweißen, sandstrahlen, schutzimpfen, segelfliegen, seiltanzen, seitenschwimmen, sonnenbaden, wettlaufen, wettrennen, zwangsräumen

(2) Zusammensetzungen aus Adjektiv + Verb, zum Beispiel:

frohlocken (frohlockt, zu frohlocken), langweilen, liebäugeln, liebkosen, vollbringen, vollenden, weissagen

(3) Zusammensetzungen mit den Partikeln *durch-, hinter-, über-, um-, unter-, wider-, wieder-* + Verb (mit Ton auf dem zweiten Bestandteil), zum Beispiel:

durchbrechen (er durchbricht die Regel, zu durchbrechen), hintergehen, übersetzen (er übersetzt das Buch), umfahren, unterstellen, widersprechen, wiederholen

§ 34 Partikeln, Adjektive oder Substantive können mit Verben trennbare Zusammensetzungen bilden. Man schreibt sie nur im Infinitiv, im Partizip I und im Partizip II sowie im Nebensatz bei Endstellung des Verbs zusammen.

Zu Verbindungen mit dem Verb *sein* siehe § 35.

Dies betrifft

(1) Zusammensetzungen aus Partikel + Verb mit den folgenden ersten Bestandteilen:

ab- (Beispiele: *abändern, abbauen, abbeißen, abbestellen, abbiegen*), *an-, auf-, aus-, bei-, beisammen-, da-, dabei-, dafür-, dagegen-, daher-, dahin-, daneben-, dar-, d(a)ran-, d(a)rein-, da(r)nieder-, darum-, davon-, dawider-, dazu-, dazwischen-, drauf-, drauflos-, drin-, durch-, ein-, einher-, empor-, entgegen-, entlang-, entzwei-, fort-, gegen-, gegenüber-, her-, herab-, heran-, herauf-, heraus-, herbei-, herein-, hernieder-, herüber-, herum-, herunter-, hervor-, herzu-, hin-, hinab-, hinan-, hinauf-, hinaus-, hindurch-, hinein-, hintan-, hintenüber-, hinterher-, hinüber-, hinunter-, hinweg-, hinzu-, inne-, los-, mit-, nach-, nieder-, über-, überein-, um-, umher-, umhin-, unter-, vor-, voran-, vorauf-, voraus-, vorbei-, vorher-, vorüber-, vorweg-, weg-, weiter-, wider-, wieder-, zu-, zurecht-, zurück-, zusammen-, zuvor-, zuwider-, zwischen-*

Auch: *auf- und abspringen, ein- und ausführen, hin- und hergehen* usw.

E_1: Aber als Wortgruppe: *dabei* (bei der genannten Tätigkeit) *sitzen, daher* (aus dem genannten Grund) *kommen, wieder* (erneut, nochmals) *gewinnen, zusammen* (gemeinsam) *spielen* usw.

E_2: Zu den trennbaren Zusammensetzungen gehören auch Zusammensetzungen mit *haben* und *werden* wie: *innehaben, vorhaben, voraushaben; innewerden*. Zu Verbindungen mit dem Verb *sein* siehe § 35.

(2) Zusammensetzungen aus Adverb oder Adjektiv + Verb, bei denen

(2.1) der erste, einfache Bestandteil in dieser Form als selbständiges Wort nicht vorkommt, zum Beispiel:
fehlgehen, fehlschlagen, feilbieten, kundgeben, kundtun, weismachen

(2.2) der erste Bestandteil in dieser Verbindung weder erweiterbar noch steigerbar ist, wobei die Negation *nicht* nicht als Erweiterung gilt, zum Beispiel:
bereithalten, bloßstellen, fernsehen, festsetzen (= bestimmen), freisprechen (= für nicht schuldig erklären), gutschreiben (= anrechnen), hochrechnen, schwarzarbeiten, totschlagen, wahrsagen (= prophezeien)

Zu Zweifelsfällen siehe § 34 E_3.

(3) Zusammensetzungen aus (teilweise auch verblasstem) Substantiv + Verb mit den folgenden ersten Bestandteilen:

heim-	zum Beispiel: *heimbringen, heimfahren, heimführen, heimgehen, heimkehren, heimleuchten, heimreisen, heimsuchen, heimzahlen*
irre-	*irreführen, irreleiten;* außerdem: *irrewerden*
preis-	*preisgeben*
stand-	*standhalten*
statt-	*stattfinden, stattgeben, statthaben*
teil-	*teilhaben, teilnehmen*
wett-	*wettmachen*
wunder-	*wundernehmen*

E_3: In den Fällen, die nicht durch § 34 (1) bis (3) geregelt sind, schreibt man getrennt. Siehe auch § 34 E_4.

Dies betrifft

(1) Partikel, Adverb, Adjektiv oder Substantiv + Verb in finiter Form am Satzanfang, zum Beispiel:
Hinzu kommt, dass ...
Fehl ging er in der Annahme, dass ...
Bereit hält er sich für den Fall, dass ...
Wunder nimmt nur, dass ...

(2) (zusammengesetztes) Adverb + Verb, zum Beispiel:
abhanden kommen, anheim fallen (geben, stellen), beiseite legen (stellen, schieben), fürlieb nehmen, überhand nehmen, vonstatten gehen, vorlieb nehmen, zugute halten (kommen, tun), zunichte machen, zupass kommen, zustatten kommen, zuteil werden

Zu Fällen wie *zu Hilfe (kommen)* siehe § 39 E_2 (2.1); zu Fällen wie *infrage (stellen)/in Frage (stellen)* siehe § 39 E_3 (1).
aneinander denken (grenzen, legen), aufeinander achten (hören, stapeln), auseinander gehen (laufen, setzen), beieinander bleiben (sein, stehen), durcheinander bringen (reden, sein)
auswendig lernen, barfuß laufen, daheim bleiben; auch: *allein stehen, (sich) quer stellen*
abseits stellen, diesseits/jenseits liegen; abwärts gehen, aufwärts streben, rückwärts fallen, seitwärts treten, vorwärts blicken

(3) Adjektiv + Verb, wenn das Adjektiv in dieser Verbindung erweiterbar oder steigerbar ist, wenigstens durch *sehr* oder *ganz*, zum Beispiel:
bekannt machen (etwas noch bekannter machen, etwas ganz bekannt machen), fern liegen (ferner liegen, sehr fern liegen), fest halten, frei sprechen (= ohne Manuskript sprechen), genau nehmen, gut gehen, gut schreiben (= lesbar, verständlich schreiben), hell strahlen, kurz treten, langsam arbeiten, laut reden, leicht fallen, locker sitzen, nahe bringen, sauber schreiben, schlecht gehen, schnell laufen, schwer nehmen, zufrieden stellen

Fälle, in denen der erste Bestandteil eine Ableitung auf *-ig, -isch, -lich* ist, zum Beispiel:
lästig fallen, übrig bleiben; kritisch denken, spöttisch reden; freundlich grüßen, gründlich säubern

(4) Partizip + Verb, zum Beispiel:
gefangen nehmen (halten), geschenkt bekommen, getrennt schreiben, verloren gehen

(5) Substantiv + Verb, zum Beispiel:
Angst haben, Auto fahren, Diät halten, Eis laufen, Feuer fangen, Fuß fassen, Kopf stehen, Leid tun, Maß halten, Not leiden, Not tun, Pleite gehen, Posten stehen, Rad fahren, Rat suchen, Schlange stehen, Schuld tragen, Ski laufen, Walzer tanzen

(6) Verb (Infinitiv) + Verb, zum Beispiel:
kennen lernen, liegen lassen, sitzen bleiben, spazieren gehen

E_4: Lässt sich in einzelnen Fällen der Gruppe aus Adjektiv + Verb zwischen § 34 (2.2) und § 34 E_3 (3) keine klare Entscheidung für Getrennt- oder Zusammenschreibung treffen, so bleibt es dem Schreibenden überlassen, ob er sie als Wortgruppe oder als Zusammensetzung verstanden wissen will.

Zu den Wortgruppen mit einem Partizip als letztem Bestandteil wie *abhanden gekommen, sitzen geblieben* siehe § 36 E_1 (1).

Zu den Substantivierungen wie *das Abhandenkommen, das Autofahren, das Sitzenbleiben* siehe § 37 (2).

§ 35 **Verbindungen mit *sein* gelten nicht als Zusammensetzung. Dementsprechend schreibt man stets getrennt.**

Beispiele:
außerstande sein (auch: *außer Stande sein;* § 39 E_3 (1)), *beisammen sein (wenn sie beisammen sind), da sein, fertig sein, inne sein, los sein, pleite sein* (siehe auch § 56 (1)), *vonnöten sein, vorbei sein, vorhanden sein, vorüber sein, zufrieden sein, zuhanden sein, zumute sein* (auch: *zu Mute sein;* § 39 E_3 (1)), *zurück sein, zusammen sein*

2 Adjektiv und Partizip

Für Partizipien gelten dieselben Regeln wie für Adjektive; zu diesen werden hier auch die Kardinal- und die Ordinalzahlen gerechnet.
Bei den Adjektiven/Partizipien sind zu unterscheiden

(1) Zusammensetzungen wie: *angsterfüllt, altersschwach, schwerstbehindert, wehklagend, blaugrau, bitterböse, dreizehn, siebzehnte*

(2) Wortgruppen wie: *abhanden gekommen, Rat suchend, sitzen geblieben, riesig groß, blendend weiß, mehrere Jahre lang; zwei Milliarden*

Siehe im Einzelnen § 36.

Zu Fällen wie *nicht öffentlich/nichtöffentlich* siehe § 36 E_2.

§ 36 **Substantive, Adjektive, Verbstämme, Adverbien oder Pronomen können mit Adjektiven oder Partizipien Zusammensetzungen bilden. Man schreibt sie zusammen.**

Dies betrifft

(1) Zusammensetzungen, bei denen der erste Bestandteil für eine Wortgruppe steht, zum Beispiel:
angsterfüllt (= von Angst erfüllt), bahnbrechend (= sich eine Bahn brechend), butterweich (= weich wie Butter), fingerbreit (= einen Finger breit), freudestrahlend (= vor Freude strahlend), herzerquickend (= das Herz erquickend), hitzebeständig (= gegen Hitze beständig), jahrelang (= mehrere Jahre lang), knielang (= lang bis zum Knie), meterhoch (= einen oder mehrere Meter hoch), milieubedingt (= durch das Milieu bedingt)
denkfaul, fernsehmüde, lernbegierig, röstfrisch, schreibgewandt, tropfnass; selbstbewusst, selbstsicher

Mit Fugenelement, zum Beispiel: *altersschwach, anlehnungsbedürftig, geschlechtsreif, lebensfremd, sonnenarm, werbewirksam*

(2) Zusammensetzungen, bei denen der erste oder der zweite Bestandteil in dieser Form nicht selbständig vorkommt, zum Beispiel:
einfach, zweifach; letztmalig, redselig, saumselig, schwerstbehindert, schwindsüchtig; blauäugig, großspurig, kleinmütig, vieldeutig

(3) Zusammensetzungen, bei denen das dem Partizip zugrunde liegende Verb entsprechend § 33 bzw. § 34 mit dem ersten Bestandteil zusammengeschrieben wird, zum Beispiel:
wehklagend (wegen *wehklagen*); *herunterfallend, heruntergefallen; irreführend, irregeführt; teilnehmend, teilgenommen*

(4) Zusammensetzungen aus gleichrangigen (nebengeordneten) Adjektiven, zum Beispiel:
blaugrau, dummdreist, feuchtwarm, grünblau, nasskalt, taubstumm

Zur Schreibung mit Bindestrich siehe § 45 (2).

(5) Zusammensetzungen mit bedeutungsverstärkenden oder bedeutungsmindernden ersten Bestandteilen, die zum Teil lange Reihen bilden, zum Beispiel:
bitter- (bitterböse, bitterernst, bitterkalt), brand-, dunkel-, erz-, extra-, gemein-, grund-, hyper-, lau-, minder-, stock-, super-, tod-, ultra-, ur-, voll-

(6) mehrteilige Kardinalzahlen unter einer Million sowie alle mehrteiligen Ordinalzahlen, zum Beispiel:
dreizehn, siebenhundert, neunzehnhundertneunundachtzig; der siebzehnte Oktober, der einhundertste Geburtstag, der fünfhunderttausendste Fall, der zweimillionste Besucher

Beachte aber Substantive wie *Dutzend, Million, Milliarde, Billion*, zum Beispiel: *zwei Dutzend Hühner, eine Million Teilnehmer, zwei Milliarden fünfhunderttausend Menschen*

E_1: In den Fällen, die nicht durch § 36 (1) bis (6) geregelt sind, schreibt man getrennt. Siehe auch § 36 E_2.

Dies betrifft

(1) Fälle, bei denen das dem Partizip zugrunde liegende Verb vom ersten Bestandteil getrennt geschrieben wird, und zwar

(1.1) entsprechend § 35, zum Beispiel:
beisammen gewesen (wegen *beisammen sein*), *zurück gewesen*

(1.2) entsprechend § 34 E_3 (2) bis (6), zum Beispiel:
abhanden gekommen (abhanden kommen), auseinander laufend, auswendig gelernt, vorwärts blickend
hell strahlend (hell strahlen), laut redend
gefangen genommen (gefangen nehmen), verloren gegangen
Rat suchend (Rat suchen), Not leidend, Rad fahrend
kennen gelernt (kennen lernen), sitzen geblieben

(2) Fälle, bei denen der erste Bestandteil eine Ableitung auf *-ig, -isch, -lich* ist, zum Beispiel:
riesig groß, mikroskopisch klein, schrecklich nervös

Zur Schreibung mit Bindestrich in Fällen wie *wissenschaftlich-technisch* siehe § 45 (2).

(3) Fälle, bei denen der erste Bestandteil ein (adjektivisches) Partizip ist, zum Beispiel:
abschreckend hässlich, blendend weiß, gestochen scharf, kochend heiß, leuchtend rot, strahlend hell

(4) Fälle, bei denen der erste Bestandteil erweitert oder gesteigert ist bzw. erweitert oder gesteigert werden kann, zum Beispiel:
vor Freude strahlend, gegen Hitze beständig, zwei Finger breit, drei Meter hoch, mehrere Jahre lang, seiner selbst bewusst; sehr ernst gemeint, leichter verdaulich
dicht behaart, dünn bewachsen, schwach bevölkert

E_2: Lässt sich in einzelnen Fällen der Gruppen aus Adjektiv, Adverb oder Pronomen + Adjektiv/Partizip zwischen § 36 und § 36 E_1 keine klare Entscheidung für Getrennt- oder Zusammenschreibung treffen, so bleibt es dem Schreibenden überlassen, ob er sie als Wortgruppe oder als Zusammensetzung verstanden wissen will, zum Beispiel *nicht öffentlich* (Wortgruppe)/*nichtöffentlich* (Zusammensetzung).

3 Substantiv

Bei den Substantiven sind zu unterscheiden

(1) Zusammensetzungen, bei denen der letzte Bestandteil ein Substantiv ist, zum Beispiel: *Feuerstein, Fünfkampf, Achtelliter*

(2) substantivisch gebrauchte Zusammensetzungen, bei denen der letzte Bestandteil kein Substantiv ist, zum Beispiel: *das Autofahren, das Stelldichein*

(3) Zusammensetzungen mit einem Eigennamen oder einer Einwohnerbezeichnung als erstem Bestandteil, zum Beispiel *Goethegedicht, Danaergeschenk*

(4) Zusammensetzungen, die als Ganzes einen Eigennamen bilden, zum Beispiel: *Bahnhofstraße*.

> **§ 37** Substantive, Adjektive, Verbstämme, Pronomen oder Partikeln können mit Substantiven Zusammensetzungen bilden. Man schreibt sie ebenso wie mehrteilige Substantivierungen zusammen.

Dies betrifft

(1) Zusammensetzungen, bei denen der letzte Bestandteil ein Substantiv ist, zum Beispiel:
Feuerstein, Lebenswerk, Kirschbaum, Kohlenwasserstoff, Wochenlohn, Dienstagabend
Airbag, Bandleader, Football, Ghostwriter, Mountainbike, Nightclub, Streetwork, Weekend, Worldcup
Zweierbob, Fünfkampf, Selbstsucht, Leerlauf, Faultier, Außenpolitik, Rastplatz, Nichtraucher, Ichsucht, Achtzigerjahre (auch *achtziger Jahre*), *Vierachteltakt, Dreiviertelliterflasche*
Background, Bestseller, Bluejeans, Bypassoperation, Clearingstelle, Hardware, Secondhandshop, Selfmademan, Swimmingpool, Upperclass; Bigband, Blackbox, Softdrink

E_1: Bei Verbindungen aus Adjektiv und Substantiv wie in *Bigband, Blackbox, Softdrink* ist in Anlehnung an die Herkunftssprache auch Getrenntschreibung möglich: *Big Band, Black Box, Soft Drink*. Zur Groß- und Kleinschreibung siehe § 55 (3); zur Schreibung mit Bindestrich siehe § 45 (2).
ein Viertelkilogramm, drei Achtelliter, fünf Hundertstelsekunden

E_2: In Verbindung mit einer unmittelbar folgenden Maßbezeichnung kann die Bruchzahl auch als Zahladjektiv aufgefasst werden, zum Beispiel:
ein viertel Kilogramm, drei achtel Liter, fünf hundertstel Sekunden

(2) Substantivisch gebrauchte Zusammensetzungen, bei denen der letzte Bestandteil kein Substantiv ist, zum Beispiel:
das Autofahren (aber *Auto fahren*), *das Ratholen, das Abhandenkommen, das Unrechttun, das Aufrechtgehen, das Bekanntmachen, das Sitzenbleiben, das Liegenlassen, das Infragestellen; das Suppengrün; das Stelldichein, das Vergissmeinnicht*

(3) Zusammensetzungen mit einem Eigennamen oder einer Einwohnerbezeichnung als erstem Bestandteil, zum Beispiel:
Goethegedicht, Europabrücke, Jakobsplan, Brennerpass, Glocknergruppe; Schweizergarde, Römerbrief, Danaergeschenk

(4) Zusammensetzungen, die als Ganzes einen Eigennamen bilden, insbesondere Straßennamen, zum Beispiel:
Bahnhofstraße, Drosselgasse, Neugraben

> **§ 38** Ableitungen auf *-er* von geographischen Eigennamen, die sich auf die geographische Lage beziehen, schreibt man von dem folgenden Substantiv getrennt.

Beispiele:
Allgäuer Alpen, Brandenburger Tor, Naumburger Dom, Potsdamer Abkommen, Thüringer Wald, Wiener Straße

4 Andere Wortarten

Manche mehrteilige Adverbien, Konjunktionen, Präpositionen und Pronomen sind aus Elementen verschiedener Wortarten entstanden. Zum Teil sind sie als Wortgruppe erhalten geblieben, zum Teil haben sie sich zu einer Zusammensetzung entwickelt.

In Zweifelsfällen siehe das Wörterverzeichnis.

> **§ 39** Mehrteilige Adverbien, Konjunktionen, Präpositionen und Pronomen schreibt man zusammen, wenn die Wortart, die Wortform oder die Bedeutung der einzelnen Bestandteile nicht mehr deutlich erkennbar sind.

Dies betrifft

(1) Adverbien, zum Beispiel:
bergab, bergauf; kopfüber; landaus, landein; stromabwärts, stromaufwärts; tagsüber; zweifelsohne

-dessen	*indessen, infolgedessen, unterdessen*
-dings	*allerdings, neuerdings, schlechterdings*
-falls	*allenfalls, ander(e)nfalls, keinesfalls, schlimmstenfalls*
-halber	*ehrenhalber, umständehalber*
-mal	*diesmal, einmal, zweimal, keinmal, manchmal*
-mals	*erstmals, letztmals, vielmals*
-maßen	*dermaßen, einigermaßen, gleichermaßen, solchermaßen, zugegebenermaßen*
-orten	*allerorten, mancherorten*
-orts	*allerorts, ander(e)norts, mancherorts*
-seits	*allseits, allerseits, and(e)rerseits, einerseits, meinerseits*
-so	*ebenso, genauso, geradeso, sowieso, umso, wieso*
-teils	*einesteils, großenteils, meistenteils*
-wärts	*himmelwärts, meerwärts, seitwärts*
-wegen	*deinetwegen, deswegen, meinetwegen*
-wegs	*geradewegs, keineswegs, unterwegs*
-weil	*alldieweil, alleweil, derweil*
-weilen	*bisweilen, derweilen, zuweilen*
-weise	*probeweise, klugerweise, schlauerweise*
-zeit	*all(e)zeit, derzeit, jederzeit, seinerzeit, zurzeit*
-zeiten	*beizeiten, vorzeiten, zuzeiten*
-zu	*allzu, geradezu, hierzu, immerzu*
bei-	*beileibe, beinahe, beisammen, beizeiten*
der-	*derart, dereinst, dergestalt, dermaßen, derweil(en), derzeit*
irgend-	*irgendeinmal, irgendwann, irgendwie, irgendwo, irgendwohin*
nichts-	*nichtsdestominder, nichtsdestoweniger*
zu-	*zuallererst, zuallerletzt, zuallermeist, zuerst, zuhauf, zuhinterst, zuhöchst, zuletzt, zumal, zumeist, zumindest, zunächst, zuoberst, zutiefst, zuunterst, zuweilen, zuzeiten*

E_1: Zu Fällen wie *abhanden kommen, anheim fallen* siehe § 34 E_3 (2); zu Fällen wie *außerstand setzen/außer Stand setzen, imstande sein/im Stande sein* siehe unten E_3 (1).

(2) Konjunktionen, zum Beispiel:
anstatt (dass/zu), indem, inwiefern, sobald, sofern, solange, sooft, soviel, soweit

(3) Präpositionen, zum Beispiel:
anhand, anstatt (des/der), infolge, inmitten, zufolge, zuliebe

(4) Pronomen, zum Beispiel:
irgend-: irgendein, irgendetwas, irgendjemand, irgendwas, irgendwelcher, irgendwer

E_2: In anderen Fällen schreibt man getrennt. Siehe auch § 39 E_3 (1).

Dies betrifft

(1) Fälle, bei denen ein Bestandteil erweitert ist, zum Beispiel:
dies eine Mal (aber *diesmal*), *den Strom abwärts* (aber *stromabwärts*)
der Ehre halber (aber *ehrenhalber*), *in keinem Fall, das erste Mal, ein einziges Mal, in bekannter Weise, zu jeder Zeit, eine Zeit lang*
irgend so ein/eine/einer (aber *irgendein*), *irgend so etwas*

(2) Fälle, bei denen die Wortart, die Wortform oder die Bedeutung der einzelnen Bestandteile deutlich erkennbar sind, und zwar

(2.1) Fügungen in adverbialer Verwendung, zum Beispiel:
zu Ende (gehen, kommen), zu Fuß (gehen), zu Hause (bleiben, sein) (österreichisch und schweizerisch auch: *zuhause bleiben, sein*), *zu Hilfe (kommen), zu Lande, zu Wasser und zu Lande, zu Schaden (kommen)*
darüber hinaus, nach wie vor, vor allem

(2.2) mehrteilige Konjunktionen, zum Beispiel:
ohne dass, statt dass, außer dass

(2.3) Fügungen in präpositionaler Verwendung, zum Beispiel:
zur Zeit (Goethes), zu Zeiten (Goethes)

(2.4) *so, wie* oder *zu* + Adjektiv, Adverb oder Pronomen, zum Beispiel:
so (wie, zu) hohe Häuser; er hat das schon so (wie, zu) oft gesagt; so (wie, zu) viel Geld; so (wie, zu) viele Leute; so (wie, zu) weit

(2.5) *gar kein, gar nicht, gar nichts, gar sehr, gar wohl*

E_3: In den folgenden Fällen bleibt es dem Schreibenden überlassen, ob er sie als Zusammensetzung oder als Wortgruppe verstanden wissen will:

(1) Fügungen in adverbialer Verwendung, zum Beispiel:
außerstand setzen/außer Stand setzen; außerstande sein/außer Stande sein; imstande sein/im Stande sein; infrage stellen/in Frage stellen; instand setzen/in Stand setzen; zugrunde gehen/zu Grunde gehen; zuleide tun/zu Leide tun; zumute sein/zu Mute sein; zurande kommen/zu Rande kommen; zuschanden machen, werden/zu Schanden machen, werden; zuschulden kommen lassen/zu Schulden kommen lassen; zustande bringen/zu Stande bringen; zutage fördern, treten/zu Tage fördern, treten; zuwege bringen/zu Wege bringen

(2) die Konjunktion
sodass/so dass

(3) Fügungen in präpositionaler Verwendung, zum Beispiel:
anstelle/an Stelle; aufgrund/auf Grund; aufseiten/auf Seiten; mithilfe/mit Hilfe; vonseiten/von Seiten; zugunsten/zu Gunsten; zulasten/zu Lasten; zuungunsten/zu Ungunsten

C Schreibung mit Bindestrich

0 Vorbemerkungen

(1) Der Bindestrich bietet dem Schreibenden die Möglichkeit, anstelle der sonst bei Zusammensetzungen und Ableitungen üblichen Zusammenschreibung die einzelnen Bestandteile als solche zu kennzeichnen, sie gegeneinander abzusetzen und sie dadurch für den Lesenden hervorzuheben.

(2) Die Schreibung mit Bindestrich bei Fremdwörtern (zum Beispiel bei *7-Bit-Code, Stand-by-System*) folgt den für das Deutsche geltenden Regeln.

Die Schreibung mit Bindestrich bei Eigennamen entspricht nicht immer den folgenden Regeln, so dass nur allgemeine Hinweise gegeben werden können. Zusammensetzungen aus Eigennamen und Substantiv zur Benennung von Schulen, Universitäten, Betrieben, Firmen und ähnlichen Institutionen werden so geschrieben, wie sie amtlich festgelegt sind. In Zweifelsfällen sollte man nach § 46 bis § 52 schreiben.

Steht ein Bindestrich am Zeilenende, so gilt er zugleich als Trennungsstrich.

(3) Zu unterscheiden sind:
- Zusammensetzungen und Ableitungen, die keine Eigennamen als Bestandteile enthalten (§ 40 bis § 45)
- Zusammensetzungen und Ableitungen, die Eigennamen als Bestandteile enthalten (§ 46 bis § 52)
- Gruppen, in denen man den Bindestrich setzen muss (§ 40 bis § 44; § 46 und § 48 bis § 50), und solche, in denen der Gebrauch des Bindestrichs dem Schreibenden freigestellt ist (§ 45, § 51 bis § 52).

Zum Ergänzungsstrich (zum Beispiel in *Haupt- und Nebeneingang*) siehe § 98.

1 Zusammensetzungen und Ableitungen, die keine Eigennamen als Bestandteile enthalten

§ 40 **Man setzt einen Bindestrich in Zusammensetzungen mit Einzelbuchstaben, Abkürzungen oder Ziffern.**

Dies betrifft

(1) Zusammensetzungen mit Einzelbuchstaben, zum Beispiel:
A-Dur (ebenso *Cis-Dur*), *b-Moll, β-Strahlen, i-Punkt, n-Eck, S-Kurve, s-Laut, s-förmig, T-Shirt, T-Träger, x-beliebig, x-beinig, x-mal, y-Achse; Dativ-e, Zungenspitzen-r, Fugen-s*

(2) Zusammensetzungen mit Abkürzungen und Initialwörtern, zum Beispiel:
dpa-Meldung, D-Zug, Kfz-Schlosser, km-Bereich, UNO-Sicherheitsrat, VIP-Lounge; Fußball-WM, Lungen-Tbc; H_2O*-gesättigt, DGB-eigen, Na-haltig, UV-bestrahlt; Abt.-Leiter, Inf.-Büro*
Abt.-Ltr. (= Abteilungsleiter), Dipl.-Ing. (= Diplomingenieur), Tgb.-Nr. (= Tagebuchnummer), Telegr.-Adr. (= Telegrammadresse)

E: Aber ohne Bindestrich bei Kurzformen von Wörtern (Kürzeln), zum Beispiel: *Busfahrt, Akkubehälter*

(3) Zusammensetzungen mit Ziffern, zum Beispiel:
3-Tonner, 2-Pfünder, 8-Zylinder; 5-mal, 4-silbig, 100-prozentig, 1-zeilig, 17-jährig, der 17-Jährige
8 : 6-Sieg, 2 : 3-Niederlage, der 5 : 3-[2 : 1-]Sieg (auch *5 : 3[2 : 1]-Sieg*)
$^2/_3$*-Mehrheit,* $^3/_4$*-Takt,* 2^n*-Eck*

§ 41 **Vor Suffixen setzt man nur dann einen Bindestrich, wenn sie mit einem Einzelbuchstaben verbunden werden.**

Beispiele:
der x-te, zum x-ten Mal, die n-te Potenz

E: Aber: *abclich, ÖVPler; der 68er, ein 32stel, 100%ig, 25fach, das 25fache*

§ 42 **Bilden Verbindungen aus Ziffern und Suffixen den vorderen Teil einer Zusammensetzung, so setzt man nach dem Suffix einen Bindestrich.**

Beispiele:
ein 100stel-Millimeter, die 61er-Bildröhre, eine 25er-Gruppe, in den 80er-Jahren (auch *in den 80er Jahren*)

E: Aber ausgeschrieben: *die Zweierbeziehung, die Zehnergruppe, die Achtzigerjahre* (auch *die achtziger Jahre*)

§ 43 **Man setzt Bindestriche in substantivisch gebrauchten Zusammensetzungen (Aneinanderreihungen), insbesondere bei substantivisch gebrauchten Infinitiven mit mehr als zwei Bestandteilen.**

Beispiele:
das Entweder-oder, das Teils-teils, das Als-ob, das Sowohl-als-auch; der Boogie-Woogie, das Walkie-Talkie; das Make-up, das Rooming-in

das Auf-die-lange-Bank-Schieben, das An-den-Haaren-Herbeiziehen, das In-den-Tag-Hineinträumen, das Von-der-Hand-in-den-Mund-Leben

E: Dies gilt nicht für einfache Zusammensetzungen mit Infinitiv, zum Beispiel:
das Autofahren, das Ballspielen, beim Walzertanzen
Zur Groß- und Kleinschreibung siehe § 57 E_3

§ 44 Man setzt einen Bindestrich zwischen allen Bestandteilen mehrteiliger Zusammensetzungen, in denen eine Wortgruppe oder eine Zusammensetzung mit Bindestrich auftritt.

Beispiele:
A-Dur-Tonleiter, D-Zug-Wagen, S-Kurven-reich (aber *kurvenreich*), *Vitamin-B-haltig* (aber *vitaminhaltig*), *K.-o.-Schlag, UV-Strahlen-gefährdet* (aber *strahlengefährdet*), *Dipl.-Ing.-Ök.*

2-Mark-Stück, 800-Jahr-Feier, 35-Stunden-Woche, 10-Pfennig-Briefmarke, 8-Zylinder-Motor, 400-m-Lauf, 2-kg-Büchse, 3-Zimmer-Wohnung, ½-kg-Packung

Berg-und-Tal-Bahn, Frage-und-Antwort-Spiel; Kopf-an-Kopf-Rennen, Mund-zu-Mund-Beatmung, Wort-für-Wort-Übersetzung

Arzt-Patient-Verhältnis, Grund-Folge-Beziehung, Links-rechts-Kombination, Hals-Nasen-Ohren-Klinik, Ost-West-Gespräche, September-Oktober-Heft (auch *September/Oktober-Heft;* siehe § 106 (1))

Ad-hoc-Bildung, Als-ob-Philosophie, De-facto-Anerkennung, Do-it-yourself-Bewegung, Erste-Hilfe-Lehrgang, Go-go-Girl, Rooming-in-System; Make-up-freie Haut, Ruhe-vor-dem-Sturm-artig, Fata-Morgana-ähnlich; Trimm-dich-Pfad

Abend-Make-up, Wasch-Eau-de-Cologne

§ 45 Man kann einen Bindestrich setzen zur Hervorhebung einzelner Bestandteile, zur Gliederung unübersichtlicher Zusammensetzungen, zur Vermeidung von Missverständnissen, in Zusammensetzungen aus gleichrangigen (nebengeordneten) Adjektiven oder beim Zusammentreffen von drei gleichen Buchstaben.

Dies betrifft

(1) Hervorhebung einzelner Bestandteile, zum Beispiel:
der dass-Satz, die Ich-Erzählung, das Ist-Aufkommen, die Kann-Bestimmung, die Soll-Stärke; die Hoch-Zeit, das Nach-Denken, Vor-Sätze, be-greifen

(2) Unübersichtliche Zusammensetzungen, auch mit Fremdwörtern, zum Beispiel:
Arbeiter-Unfallversicherungsgesetz, Haushalt-Mehrzweckküchenmaschine, Lotto-Annahmestelle, Mosel-Winzergenossenschaft, Software-Angebotsmesse, Ultraschall-Messgerät; Desktop-Publishing, Midlife-Crisis

der wissenschaftlich-technische Fortschritt, ein lateinisch-deutsches Wörterbuch, deutsch-österreichische Angelegenheiten; physikalisch-chemisch-biologische Prozesse

Zu Verbindungen wie *Blackbox/Black Box* siehe § 37 E_1.

(3) Vermeidung von Missverständnissen, zum Beispiel:
Drucker-Zeugnis und *Druck-Erzeugnis, Musiker-Leben* und *Musik-Erleben; re-integrieren*

(4) Zusammentreffen von drei gleichen Buchstaben in Zusammensetzungen, zum Beispiel:
Hawaii-Inseln, Kaffee-Ersatz, See-Elefant, Zoo-Orchester; Bett-Tuch, Schiff-Fahrt, Schrott-Transport

2 Zusammensetzungen und Ableitungen, die Eigennamen als Bestandteile enthalten

§ 46 Man setzt einen Bindestrich in Zusammensetzungen, die als zweiten Bestandteil einen Eigennamen enthalten oder die aus zwei Eigennamen bestehen.

Dies betrifft

(1) Zusammensetzungen mit Personennamen, zum Beispiel:
Frau Müller-Weber, Herr Schmidt-Wilpert; Eva-Maria (auch *Eva Maria, Evamaria*), *Karl-Heinz* (auch *Karl Heinz, Karlheinz*)
die Bäcker-Anna, der Schneider-Karl; Blumen-Richter, Foto-Müller, Möbel-Schmidt; Müller-Lüdenscheid, Schneider-Partenkirchen

E_1: Die standesamtliche Schreibung mehrteiliger Personennamen kann von dieser Regelung abweichen.

(2) geographische Eigennamen, zum Beispiel:
Annaberg-Buchholz, Baden-Württemberg, Flughafen Köln-Bonn, Neu-Bamberg, Rheinland-Pfalz, Sachsen-Anhalt

E_2: Die amtliche Schreibung von Zusammensetzungen mit einem geographischen Eigennamen, die ihrerseits zu einem geographischen Eigennamen geworden sind, kann von dieser Regelung abweichen.

Adjektiv + Eigenname, zum Beispiel:
Neu Seehagen, Neubrandenburg

Immer Getrenntschreibung bei *Sankt*, zum Beispiel:
Sankt Georgen (St. Georgen)

Substantiv + Eigenname, zum Beispiel:
Nordkorea, Königs Wusterhausen, Marktredwitz, Markt Indersdorf, Stadtlauringen, Stadt Rottenmann

Immer Getrenntschreibung bei *Bad*, zum Beispiel:
Bad Säckingen

Zwei Eigennamen, zum Beispiel:
Grindelwald Grund, Rostock Lütten Klein; Berlin Schönefeld (auch *Berlin-Schönefeld*)

§ 47 Werden Zusammensetzungen mit einem ursprünglichen Personennamen als Gattungsbezeichnung gebraucht, so schreibt man ohne Bindestrich zusammen.

Werden Zusammensetzungen mit einem ursprünglichen Personennamen als Gattungsbezeichnung gebraucht, so schreibt man ohne Bindestrich zusammen.
Beispiele:
Gänseliesel, Heulsuse, Meckerfritze

§ 48 Bei Ableitungen von Verbindungen mit einem Eigennamen als zweitem Bestandteil bleibt der Bindestrich erhalten.

Beispiele:
baden-württembergisch (Baden-Württemberg), rheinland-pfälzisch, alt-wienerische/Alt-Wiener Kaffeehäuser, Spree-Athener

§ 49 Bei Ableitungen von mehreren Eigennamen, von Titeln und Eigennamen oder von einem mehrteiligen Eigennamen setzt man einen Bindestrich.

Beispiele:
die sankt-gallischen/st.-gallischen Klosterschätze (St. Gallen), die gräflich-rieneckische Güterverwaltung (Graf Rieneck)
die kant-laplacesche Theorie (Kant und Laplace), der de-costersche Roman (de Coster), die gräflich-rienecksche Güterverwaltung (Graf Rieneck)
die Kant-Laplace'sche Theorie (Kant und Laplace), der de Coster'sche Roman (de Coster), die Gräflich-Rieneck'sche Güterverwaltung (Graf Rieneck)

Zur Groß- und Kleinschreibung und zur Schreibung mit Apostroph siehe § 62.

E: Bei Ableitungen auf *-er* kann man den Bindestrich weglassen, zum Beispiel:
die Bad-Schandauer (Bad Schandau)/Bad Schandauer, die Sankt-Galler/Sankt Galler, die New-Yorker/New Yorker

§ 50 Man setzt einen Bindestrich zwischen allen Bestandteilen mehrteiliger Zusammensetzungen, deren erste Bestandteile aus Eigennamen bestehen.

Beispiele:
Albrecht-Dürer-Allee, Heinrich-Heine-Platz, Kaiser-Karl-Ring, Ernst-Ludwig-Kirchner-Straße, Rainer-Maria-Rilke-Promenade, Thomas-Müntzer-Gasse Elbe-Havel-Kanal, Oder-Neiße-Grenze, La-Plata-Mündung
Albert-Einstein-Gedenkstätte, Georg-Büchner-Preis, Jacob-und-Wilhelm-Grimm-Preis, Goethe-Schiller-Archiv, Johann-Sebastian-Bach-Gymnasium, Van-Gogh-Ausstellung
am Lago-di-Como-seitigen Abhang, Fidel-Castro-freundlich

§ 51 Man kann einen Bindestrich in Zusammensetzungen setzen, die als ersten Bestandteil einen Eigennamen haben, der besonders hervorgehoben werden soll, oder wenn der zweite Bestandteil bereits eine Zusammensetzung ist.

Beispiele:
Goethe-Ausgabe, Johannes-Passion, Richelieu-freundlich, Kafka-Kolloquium; Goethe-Geburtshaus, Brecht-Jubiläumsausgabe
Ganges-Ebene, Krim-Treffen, Mekong-Delta; Elbe-Wasserstandsmeldung, Helsinki-Nachfolgekonferenz

§ 52 Wird ein geographischer Eigenname von einem nachgestellten Substantiv näher bestimmt, so kann man einen Bindestrich setzen.

Beispiele:
Frankfurt Hauptbahnhof/Frankfurt-Hauptbahnhof, München Ost/München-Ost

D Groß- und Kleinschreibung

0 Vorbemerkungen

(1) Die Großschreibung, das heißt die Schreibung mit einem großen Anfangsbuchstaben, dient dem Schreibenden dazu, den Anfang bestimmter Texteinheiten sowie Wörter bestimmter Gruppen zu kennzeichnen und sie dadurch für den Lesenden hervorzuheben.

(2) Die Großschreibung wird im Deutschen verwendet zur Kennzeichnung von
- Überschriften, Werktiteln und dergleichen
- Satzanfängen
- Substantiven und Substantivierungen
- Eigennamen mit ihren nichtsubstantivischen Bestandteilen
- bestimmten festen nominalen Wortgruppen mit nichtsubstantivischen Bestandteilen
- Anredepronomen und Anreden

(3) Die Abgrenzung von Groß- und Kleinschreibung, wie sie sich in der Tradition der deutschen Orthographie herausgebildet hat, macht es erforderlich, neben den Regeln für die Großschreibung auch Regeln für die Kleinschreibung zu formulieren. Diese werden in den einzelnen Teilabschnitten jeweils im Anschluss an die Großschreibungsregeln angegeben. In einigen Fallgruppen ist eine eindeutige Zuweisung zur Groß- oder Kleinschreibung fragwürdig. Hier sind beide Schreibungen zulässig.

(4) Entsprechend gliedert sich die folgende Darstellung in die Abschnitte:

1 Kennzeichnung des Anfangs bestimmter Texteinheiten durch Großschreibung (§ 53: Überschriften, Werktitel und dergleichen; § 54: Ganzsätze)

2 Anwendung von Groß- oder Kleinschreibung bei bestimmten Wörtern und Wortgruppen

2.1 Substantive und Desubstantivierungen (§ 55 bis § 56)

2.2 Substantivierungen (§ 57 bis § 58)

2.3 Eigennamen mit ihren nichtsubstantivischen Bestandteilen sowie Ableitungen von Eigennamen (§ 59 bis § 62)

2.4 Feste Verbindungen aus Adjektiv und Substantiv (§ 63 bis § 64)

2.5 Anredepronomen und Anreden (§ 65 bis § 66)

1 Kennzeichnung des Anfangs bestimmter Texteinheiten durch Großschreibung

§ 53 Das erste Wort einer Überschrift, eines Werktitels, einer Anschrift und dergleichen schreibt man groß.

Dies betrifft unter anderem

(1) Überschriften und Werktitel (etwa von Büchern und Theaterstücken, Werken der bildenden Kunst und der Musik, Rundfunk- und Fernsehproduktionen), zum Beispiel:
Allmähliche Normalisierung im Erdbebengebiet
Hohe Schneeverwehungen behindern Autoverkehr
Keine Chance für eine diplomatische Lösung!
Kleines Wörterbuch der Stilkunde
Wo warst du, Adam?
Der kaukasische Kreidekreis
Der grüne Heinrich
Hundert Jahre Einsamkeit
Ungarische Rhapsodie
Unter den Dächern von Paris
Ein Fall für zwei

(2) Titel von Gesetzen, Verträgen, Deklarationen und dergleichen sowie Bezeichnungen für Veranstaltungen, zum Beispiel:
Bayerisches Hochschulgesetz
Potsdamer Abkommen
Internationaler Ärzte- und Ärztinnenkongress
Grüne Woche (in Berlin)

E_1: Die Großschreibung des ersten Wortes bleibt auch dann erhalten, wenn eine Überschrift, ein Werktitel und dergleichen innerhalb eines Textes gebraucht wird, zum Beispiel:
Das Theaterstück „Der kaukasische Kreidekreis" steht auf dem Programm. Sie lesen Kellers Roman „Der grüne Heinrich".

Wird dabei am Anfang ein Titel und dergleichen verkürzt oder sein Artikel verändert, so schreibt man das nächstfolgende Wort des Titels groß, zum Beispiel:
Wir haben im Theater Brechts „Kaukasischen Kreidekreis" gesehen. Sie lesen den „Grünen Heinrich".

Zur Schreibung nach Gliederungsangaben oder nach Auslassungszeichen und Zahlen siehe § 54 (5) und (6). Zum Gebrauch der Anführungszeichen siehe § 94 (1).

(3) Anschriften, Datumszeilen und Anreden sowie Grußformeln etwa in Briefen, zum Beispiel:

Donnerstag, 15. Februar 1996

Frau
Ulla Schröder
Rüdesheimer Str. 29
D-65197 Wiesbaden

Sehr geehrte Frau Schröder,

entsprechend unserer telefonischen Vereinbarung ...
... erwarten wir Ihre Antwort.

Mit freundlichen Grüßen

Werner Meier

E_2: Wenn man nach der Anrede - wie in der Schweiz üblich - auf ein Satzzeichen verzichtet, schreibt man das erste Wort des folgenden Abschnitts groß.

Siehe auch § 69 E_3.

§ 54 Das erste Wort eines Ganzsatzes schreibt man groß.

Beispiele:
Gestern hat es geregnet. Du kommst bitte morgen! Hat er das wirklich gesagt?

Nachdem sie von der Reise zurückgekehrt war, hatte sie den dringenden Wunsch, ein Bad zu nehmen. Im Hausflur war es still, ich drückte erwartungsvoll auf die Klingel. Meine Freundin hatte den Zug versäumt, deshalb kam sie eine halbe Stunde zu spät. Wir sehen nach, was Paul macht. Sehen Sie nur, wie schön die Aussicht ist. Haben Sie ihn aufgefordert, die Wohnung zu verlassen?

Kommt doch schnell! Bitte die Türen schließen und Vorsicht bei der Abfahrt des Zuges!

Ob sie heute kommt? Nein, morgen. Warum nicht? Gute Reise!
Vorwärts! Vgl. Anlage 3, Ziffer 7.
Alles war zerstört: das Haus, der Stall, die Scheune.
Die Teeküche kann zu folgenden Zeiten benutzt werden: morgens von 7 bis 8 Uhr, abends von 18 bis 19 Uhr.

Im Einzelnen ist zu beachten:

(1) Wird die nach dem Doppelpunkt folgende Ausführung als Ganzsatz verstanden, so schreibt man das erste Wort groß, zum Beispiel:
Beachten Sie bitte folgenden Hinweis: Alle Bänke sind frisch gestrichen. Die Regel lautet: Würfelt man eine Sechs, dann ...

(2) Das erste Wort der wörtlichen Rede schreibt man groß, zum Beispiel:
Sie fragte: „Kommt er heute?" Er sagte: „Wir wissen es nicht." Alle baten: „Bleib!"

(3) Folgt dem wörtlich Wiedergegebenen der Begleitsatz oder ein Teil von ihm, so schreibt man das erste Wort nach dem abschließenden Anführungszeichen klein, zum Beispiel:
„Hörst du?", fragte sie. „Ich verstehe dich gut", antwortete er. „Mit welchem Recht", fragte er, „willst du das tun?" Sie rief mir zu: „Wir treffen uns auf dem Schulhof!", und lief weiter.

(4) Das erste Wort von Parenthesen schreibt man klein, wenn es nicht nach einer anderen Regel großzuschreiben ist, zum Beispiel:
Eines Tages, es war mitten im Sommer, hagelte es. Er behauptete – so eine Frechheit! –, dass er im Kino gewesen sei. Sie hat das (erinnerst du dich?) gestern gesagt.

Zu den Satzzeichen siehe § 77 (1), § 84 (1), § 86 (1).

(5) Gliederungsangaben wie Ziffern, Paragraphen, Buchstaben gehören nicht zum nachfolgenden Ganzsatz; entsprechend schreibt man das folgende Wort groß. Dies gilt auch für Überschriften, Werktitel und dergleichen. Beispiele:
3. Die Besitzer und Besitzerinnen von Haustieren sollten ...
§ 13 Die Behandlung sollte sofort einsetzen.
c) Vgl. Anlage 3, Ziffer 7.
2 Die Säugetiere

(6) Auslassungspunkte, Apostroph oder Zahlen zu Beginn eines Ganzsatzes gelten als Satzanfang; entsprechend bleibt die Schreibung des folgenden Wortes unverändert. Dies gilt auch für Überschriften, Werktitel und dergleichen. Beispiele:
... und gab keine Antwort.
's ist schade um sie.
52 volle Wochen hat das Jahr.

2 Anwendung von Groß- oder Kleinschreibung bei bestimmten Wörtern und Wortgruppen

2.1 Substantive und Desubstantivierungen

§ 55 Substantive schreibt man groß.

Beispiele:
Tisch, Wald, Milch, Mond, Genie, Team, Ladung, Feuer, Wasser, Luft, Sandkasten
Verständnis, Verantwortung, Freiheit, Aktion
Gabriela, Markus, Europa, Wien, Alpen

Substantive dienen der Bezeichnung von Gegenständen, Lebewesen und abstrakten Begriffen. Sie besitzen in der Regel ein festes Genus (Maskulinum, Femininum, Neutrum) und sind im Numerus (Singular, Plural) und im Kasus (Nominativ, Genitiv, Dativ, Akkusativ) bestimmt.

Die Großschreibung gilt auch

(1) für nichtsubstantivische Wörter, wenn sie am Anfang einer Zusammensetzung mit Bindestrich stehen, die als Ganzes die Eigenschaften eines Substantivs hat, zum Beispiel:
die Ad-hoc-Entscheidung, der A-cappella-Chor (vgl. auch § 55 E_2), *das In-den-Tag-hinein-Leben* (vgl. auch § 57 (2)), *der Trimm-dich-Pfad, die X-Beine, die S-Kurve*

Abkürzungen sowie zitierte Wortformen und Einzelbuchstaben und dergleichen bleiben allerdings unverändert, zum Beispiel:
die km-Zahl, die pH-Wert-Bestimmung, der dass-Satz, die x-Achse, der i-Punkt (der Punkt auf dem kleinen *i*)

(2) für Substantive – auch Initialwörter (§ 102 (2)) und Einzelbuchstaben, sofern sie nicht als Kleinbuchstaben zitiert sind – als Teile von Zusammensetzungen mit Bindestrich, zum Beispiel:
die Natrium-Chlor-Verbindung, der 400-Meter-Lauf, zum Aus-der-Haut-Fahren (vgl. auch § 57 (2), *pH-Wert-neutral, Napoleon-freundlich, S-Kurven-reich, Formel-1-tauglich*
UV-empfindlich, T-förmig (in der Form eines großen *T*), *S-förmig* oder *s-förmig* (in der Form eines großen *S* bzw. eines kleinen *s*), *x-beliebig*

(3) für Substantive aus anderen Sprachen, wenn sie nicht als Zitatwörter gemeint sind. Sind sie mehrteilig, wird der erste Teil großgeschrieben. Beispiele:
das Crescendo, der Drink, das Center, die Ratio; die Conditio sine qua non, das Cordon bleu, eine Terra incognita; das Know-how, das Make-up

Substantivische Bestandteile werden auch im Innern mehrteiliger Fügungen großgeschrieben, die als Ganzes die Funktion eines Substantivs haben, zum Beispiel:
die Alma Mater, die Ultima Ratio, das Desktop-Publishing, der Full-Time-Job, der Soft Drink, der Sex-Appeal, der Cash-Flow, das Corned Beef, der Chewing-Gum

E_1: Teilweise wird auch zusammengeschrieben, siehe Getrennt- und Zusammenschreibung, § 37 (1), und Schreibung mit Bindestrich, § 44 und § 45.
Beispiele: *der Fulltimejob, der Softdrink, der Sexappeal, das Cornedbeef, der Chewinggum*

(4) für Substantive, die Bestandteile fester Gefüge sind und nicht mit anderen Bestandteilen des Gefüges zusammengeschrieben werden (siehe dazu auch Teil B, Getrennt- und Zusammenschreibung, § 34 (3) und § 39), zum Beispiel:
auf Abruf, in Bälde, in/mit Bezug auf, im Grunde, auf Grund (auch *aufgrund*); *zu Grunde gehen* (auch *zugrunde gehen*), *zu Händen von* (aber *zuhanden von; abhanden kommen*), *in Hinsicht auf* (aber *infolge*), *zur Not* (aber *vonnöten*), *zur Seite, von Seiten, auf Seiten* (auch *aufseiten, vonseiten;* aber nur *beiseite*)

etwas außer Acht lassen, die Haare stehen jemandem zu Berge, in Betracht kommen, zu Hilfe kommen, in Kauf nehmen

Auto fahren, Rad fahren, Maschine schreiben, Kegel schieben, Diät leben, Folge leisten, Maß halten, Hof halten, Kopf stehen, Leid tun, Not leiden, Not tun, Pleite gehen (aber nach § 56 (1): *pleite sein*), *Eis laufen* (aber nach § 34 (3): *irreführen, preisgeben, stattfinden, teilnehmen, wundernehmen*) *Recht haben/behalten/bekommen, Unrecht haben/behalten/bekommen, Ernst machen mit etwas, Wert legen auf etwas, Angst haben, jemandem Angst (und Bange) machen, (keine) Schuld tragen* (vgl. aber Fügungen mit Adjektiven: *recht sein, unrecht sein, ernst sein/werden, etwas ernst nehmen, wert sein, angst (und bange) sein* (§ 56 (1)), *schuld sein* (§ 56 (1))

zum ersten Mal (aber nach § 39 (1): *einmal, diesmal, nochmal*)

eines Abends, des Nachts, letzten Endes, guten Mutes, schlechter Laune (aber nach § 56 (3): *abends, nachts;* aber nach § 39 (1): *keinesfalls, andernorts*)

E_2: In festen adverbialen Fügungen, die als Ganzes aus einer fremden Sprache entlehnt worden sind, gilt Kleinschreibung, zum Beispiel:
a cappella, in flagranti, à discrétion, de jure, de facto, in nuce, pro domo, ex cathedra, coram publico
Zu Schreibungen wie *A-cappella-Chor, De-facto-Anerkennung* siehe oben Absatz (1).

(5) für Zahlsubstantive, zum Beispiel:
ein Dutzend, das Schock (= 60 Stück), *das Paar* (aber *ein paar = einige*), *das Hundert* (zum Beispiel: *das erste Hundert Schrauben*), *das Tausend, eine Million, eine Milliarde, eine Billion*

Zu *Dutzend, Hundert* und *Tausend* siehe auch § 58 E_5.

(6) für Ausdrücke, die als Bezeichnung von Tageszeiten nach den Adverbien *vorgestern, gestern, heute, morgen, übermorgen* auftreten, zum Beispiel:
Wir treffen uns heute Mittag. Die Frist läuft übermorgen Mitternacht ab. Sie rief gestern Abend an.
Zu Verbindungen wie *(am) Dienstagabend* siehe § 37 (1).

§ 56 Klein schreibt man Wörter, die ihre substantivischen Merkmale eingebüßt und die Funktion anderer Wortarten übernommen haben (= Desubstantivierungen).

Dies betrifft

(1) folgende Wörter, die in Verbindung mit den Verben *sein, bleiben, werden* als Adjektive gebraucht werden:
angst, bange, gram, leid, pleite, schuld
Beispiele:
Mir wird angst. Uns ist angst und bange. Wir sind ihr gram. Mir ist das alles leid. Die Firma ist pleite. Er ist schuld daran.

E_1: Zu Wörtern wie *recht, unrecht, ernst* vgl. § 55 (4).

(2) den ersten Bestandteil unfest zusammengesetzter Verben auch in getrennter Stellung (siehe auch § 34 (3)), zum Beispiel:
Ich nehme daran teil (teilnehmen). Die Besprechung findet am Freitag statt (stattfinden). Er führt uns irre (irreführen). Wir geben unser Ziel nicht preis (preisgeben). Es nimmt mich wunder (wundernehmen).

E_2: Wird ein Substantiv mit dem Infinitiv nicht zusammengeschrieben, so schreibt man es entsprechend § 55 (4) groß, zum Beispiel:
Ich nehme daran Anteil (Anteil nehmen). Du fährst Auto, und ich fahre Rad (Auto fahren, Rad fahren). Sie leistete der Aufforderung nicht Folge (Folge leisten). Meine Schwester läuft Eis (Eis laufen).

(3) Adverbien, Präpositionen, Konjunktionen auf *-s* und *-ens*, zum Beispiel:
abends, anfangs, donnerstags, schlechterdings, morgens, hungers (hungers sterben), willens, rechtens (rechtens sein, etwas rechtens machen); abseits, angesichts, mangels, mittels, namens, seitens; falls, teils ... teils

(4) die folgenden Präpositionen:
dank, kraft (kraft ihres Amtes), laut, statt, an ... statt (an Kindes statt, an seiner statt), trotz, wegen, von ... wegen (von Amts wegen), um ... willen, zeit (zeit seines Lebens)

(5) die folgenden unbestimmten Zahlwörter:
ein bisschen (= ein wenig), ein paar (= einige)
Beispiele:
ein bisschen Leim, dieses kleine bisschen Leim; ein paar Steine, diese paar Steine (aber nach § 55 (5): *ein Paar Schuhe*)

(6) Bruchzahlen auf *-tel* und *-stel*
(6.1) vor Maßangaben (siehe auch § 37 E_2), zum Beispiel:
ein zehntel Millimeter, ein viertel Kilogramm, in fünf hundertstel Sekunden, nach drei viertel Stunden

E_3: Hier ist auch Zusammenschreibung nach § 37 (1) möglich, zum Beispiel:
ein Zehntelmillimeter, ein Viertelkilogramm, in fünf Hundertstelsekunden, nach drei Viertelstunden

(6.2) in Uhrzeitangaben unmittelbar vor Kardinalzahlen, zum Beispiel:
um viertel fünf, gegen drei viertel acht

E_4: In allen übrigen Fällen schreibt man Bruchzahlen auf *-tel* und *-stel* entsprechend § 55 groß, zum Beispiel:
ein Drittel, das erste Fünftel, neun Zehntel des Umsatzes, um drei Viertel größer, um (ein) Viertel vor fünf

2.2 Substantivierungen

§ 57 Wörter anderer Wortarten schreibt man groß, wenn sie als Substantive gebraucht werden (= Substantivierungen).

Substantivierte Wörter nehmen die Eigenschaften von Substantiven an (vgl. § 55). Man erkennt sie im Text an zumindest einem der folgenden Merkmale:
a) an einem vorausgehenden Artikel *(der, die, das; ein, eine, ein)*, Pronomen *(dieser, jener, welcher, mein, kein, etwas, nichts, alle, einige ...)* oder unbestimmten Zahlwort *(ein paar, genug, viel, wenig ...)*, die sich auf das substantivierte Wort beziehen;
b) an einem vorangestellten adjektivischen Attribut oder einem nachgestellten Attribut, das sich auf das substantivierte Wort bezieht;
c) an ihrer Funktion als kasusbestimmtes Satzglied oder kasusbestimmtes Attribut.

Siehe dazu folgende Beispiele:
Das In-Kraft-Treten (a, b, c) *des Gesetzes verzögert sich. Er übersah alles Kleingedruckte* (a, c). *Das Ausschlaggebende* (a, b, c) *für ihre Einstellung war ihr sicheres Auftreten* (a, b, c). *Nichts Menschliches* (a, c) *war ihr fremd. Das Deutsche* (a, c) *gilt als schwere Sprache. Sie bot ihr das Du* (a, c) *an. Der Beschluss fiel nach langem Hin und Her* (b, c). *Bananen kosten jetzt das Zweifache* (a, b, c) *des früheren Preises. Lesen und Schreiben* (c) *sind Kulturtechniken. Sie brachte eine Platte mit Gebratenem* (c). *Du sollst Gleiches* (c) *nicht mit Gleichem* (c) *vergelten. Man sagt, Liebende* (c) *seien blind.*

E_1: Zahlreiche Substantivierungen sind ein fester Bestandteil des Substantivwortschatzes geworden, zum Beispiel:
das Essen, das Herzklopfen, das Leben, das Deutsche, die Grünen, die Studierenden, der/die Angestellte, das Durcheinander, das Jenseits, das Vergissmeinnicht

Die folgende Aufgliederung der Großschreibung von Substantivierungen ist nach Wortarten geordnet.

(1) Substantivierte Adjektive und adjektivisch gebrauchte Partizipien, besonders auch in Verbindung mit Wörtern wie *alles, allerlei, etwas, genug, nichts, viel, wenig,* zum Beispiel:
Wir wünschen alles Gute. Zum Aperitif gab es Süßes und Salziges. Geh nicht mit Unbekannten! Das Ausschlaggebende für die Einstellung war ihre Erfahrung. Er hat nichts/wenig/etwas/viel Bedeutendes geschrieben. Das nie Erwartete trat ein. Sie hatte nur Angenehmes erlebt. Der Umsatz war dieses Jahr um das Dreifache höher. Das andere Gebäude war um ein Beträchtliches höher. Das ist das einzig Richtige, was du tun kannst. Es wäre wohl das Richtige, wenn wir noch einmal darüber reden. Bitte lesen Sie das unten Stehende/unten Stehendes genau durch. Wir haben das Folgende/Folgendes verabredet. Wir werden das im Folgenden noch genauer darstellen. Des Näheren vermag ich mich nicht zu entsinnen. Sie hat mir die Sache des Näheren erläutert. Wir haben alles des Langen und Breiten diskutiert. Wir wohnen im Grünen. Beim Umweltschutz liegen noch viele Dinge im Argen. Wir sind uns im Großen und Ganzen einig. Die Arbeiten sind im Allgemeinen nicht schlecht geraten. Das ist im Wesentlichen richtig. Im Einzelnen sind aber noch Verbesserungen möglich. Plötzlich ertönte eine Stimme aus dem Dunkeln. Die Polizei tappt im Dunkeln. Die Direktorin war auf dem Laufenden.

Sie war unsere Jüngste. Das Beste, was dieser Ferienort bietet, ist die Ruhe. Es ist das Beste, wenn du kommst. Es änderte sich nicht das Geringste. Dies geschieht zum Besten unserer Kinder. Er gab wieder einmal eine seiner Geschichten zum Besten. Sie konnte uns vor dem Ärgsten bewahren. Daran haben wir nicht im Entferntesten gedacht. Sie war bis ins Kleinste vorbereitet. Sie war aufs Schrecklichste/auf das Schrecklichste gefasst. Sie hat uns aufs Herzlichste/auf das Herzlichste begrüßt (siehe auch § 58 E_1).

Die Pest traf Hohe und Niedrige/Hoch und Niedrig. Diese Musik gefällt Jungen und Alten/Jung und Alt. Die Teilnehmenden diskutierten über den Konflikt zwischen Jungen und Alten/zwischen Jung und Alt.

Das ist ein Fest für Junge und Alte/für Jung und Alt. Sie trug das kleine Schwarze. Der Zeitungsbericht traf ins Schwarze. Wenn man Schwarz mit Weiß mischt, entsteht Grau. Die Ampel schaltete auf Rot. Wir liefern das Gerät in Grau oder Schwarz.

Das Englische ist eine Weltsprache. Ihr Englisch hatte einen südamerikanischen Akzent. Mit Englisch kommt man überall durch. In Ostafrika verständigt man sich am besten auf Swahili oder auf Englisch.

E_2: Gelegentlich ist Groß- oder Kleinschreibung möglich, zum Beispiel: *Sie spricht Englisch* (was? – die englische Sprache)/englisch (wie?).

Ordnungszahladjektive sowie sinnverwandte Adjektive, zum Beispiel:
Die Miete ist am Ersten jedes Monats zu bezahlen. Er ist schon der Zweite, der den Rekord des vergangenen Jahres überboten hat. Jeder Fünfte lehnte das Projekt ab. Endlich war sie die Erste im Staat. Dieses Vorgehen verletzte die Rechte Dritter. Er kam als Dritter an die Reihe. Er kam vom Hundertsten ins Tausendste. Fürs Erste wollen wir nicht mehr darüber reden. Die Nächste bitte! Liebe deinen Nächsten wie dich selbst! Trotz ihrer Verletzung wurde sie noch Viertletzte. Als Letztes muss der Deckel angeschraubt werden. Arthur und Armin gingen unterschiedliche Wege: der Erste/Ersterer wurde Beamter, der Zweite/der Letzte/Letzterer hatte als Schauspieler Erfolg.

Unbestimmte Zahladjektive (siehe aber auch § 58 (5)), zum Beispiel:
Den Kometen haben Unzählige (Ungezählte, Zahllose) gesehen. Ich muss noch Verschiedenes erledigen. Er hatte das Ganze rasch wieder vergessen. Der Kongress war als Ganzes ein Erfolg. Das muss jeder Einzelne mit sich selbst ausmachen. Anita war die Einzige, die alles wusste. Alles Übrige besprechen wir morgen. Er gab sein Geld für alles Mögliche aus.

(2) Substantivierte Verben, zum Beispiel:
Das Lesen fällt mir schwer. Sie hörten ein starkes Klopfen. Wer erledigt das Fensterputzen? Viele waren am Zustandekommen des Vertrages beteiligt. Die Sache kam ins Stocken. Das ist zum Lachen. Euer Fernbleiben fiel uns auf. Uns half nur noch lautes Rufen. Die Mitbewohner begnügten sich mit Wegsehen und Schweigen.

Sie wollte auf Biegen und Brechen gewinnen. Er klopfte mit Zittern und Zagen an. Ich nehme die Tabletten auf Anraten meiner Ärztin.

Sie hat ihr Soll erfüllt. Dies ist ein absolutes Muss.

Bei mehrteiligen Fügungen, deren Bestandteile mit einem Bindestrich verbunden werden, schreibt man das erste Wort, den Infinitiv und die anderen substantivischen Bestandteile groß (siehe auch § 55 (1) und (2)), zum Beispiel:
es ist zum Auf-und-davon-Laufen, das Hand-in-Hand-Arbeiten, das In-den-Tag-hinein-Leben

E_3: Gelegentlich ist bei einfachen Infinitiven Groß- oder Kleinschreibung möglich, zum Beispiel:
Der Gehörgeschädigte lernt Sprechen. (Wie: Der Gehörgeschädigte lernt das Sprechen/das deutliche Sprechen.) Oder: Der Gehörgeschädigte lernt sprechen. (Wie: Der Gehörgeschädigte lernt deutlich sprechen.) (Ebenso:) Bekanntlich ist Umlernen/umlernen schwieriger als Dazulernen/dazulernen. Doch geht Probieren/probieren über Studieren/studieren.

(3) Substantivierte Pronomen (vgl. aber auch § 58 (4)), zum Beispiel:
Sie hatte ein gewisses Etwas. Er bot ihm das Du an. Das ist ein Er, keine Sie. Wir standen vor dem Nichts. Er konnte Mein und Dein nicht unterscheiden.

(4) Substantivierte Grundzahlen als Bezeichnung von Ziffern, zum Beispiel:
Er setzte alles auf die Vier. Sie fürchtete sich vor der Dreizehn. Der Zeiger nähert sich der Elf. Sie hat lauter Einsen im Zeugnis. Er würfelt eine Sechs.

(5) Substantivierte Adverbien, Präpositionen, Konjunktionen, Interjektionen, zum Beispiel:
Es gab ein großes Durcheinander. Mich störte das ewige Hin und Her. Ich will das noch im Diesseits erleben. Auf das Hier und Jetzt kommt es an. Das Danach war ihr egal. Es gibt kein Übermorgen. Sie hatte so viel wie möglich im Voraus erledigt. Im Nachhinein wussten wir es besser. Er stand im Aus. Sie überlegte sich das Für und Wider genau. Sein ständiges Aber stört mich. Es kommt nicht nur auf das Dass an, sondern auch auf das Wie. Er erledigte es mit Ach und Krach. Ein vielstimmiges Ah ertönte. Ihr freudiges Oh freute ihre Kolleginnen. Das Nein fällt ihm schwer.

E_4: Bei mehrteiligen substantivierten Konjunktionen, die mit einem Bindestrich verbunden werden (siehe § 43), schreibt man nur das erste Wort groß, zum Beispiel:
ein Entweder-oder, das Als-ob, das Sowohl-als-auch

§ 58 In folgenden Fällen schreibt man Adjektive, Partizipien und Pronomen klein, obwohl sie formale Merkmale der Substantivierung aufweisen.

(1) Adjektive, Partizipien und Pronomen, die sich auf ein vorhergehendes oder nachstehendes Substantiv beziehen, zum Beispiel:
Sie war die aufmerksamste und klügste meiner Zuhörerinnen. Der Verkäufer zeigte mir seine Auswahl an Krawatten, die gestreiften und gepunkteten

gefielen mir am besten. Vor dem Haus spielten viele Kinder, einige kleine im Sandkasten, die größeren am Klettergerüst. Es waren neun Teilnehmer erschienen, auf den zehnten wartete man vergebens. Alte Schuhe sind meist bequemer als neue. Dünne Bücher lese ich in der Freizeit, dicke im Urlaub. Zwei Männer betraten den Raum; der erste trug einen Anzug, der zweite Jeans und Pullover. Leih mir bitte deine Farbstifte, ich habe meine/die meinen/die meinigen vergessen.

(2) Superlative mit „am", nach denen mit „Wie?" gefragt werden kann, zum Beispiel:
Dieser Weg ist am steilsten. (Frage: Wie ist der Weg?) *Dieser Stift schreibt am feinsten.* (Frage: Wie schreibt dieser Stift?) *Der ICE fährt am schnellsten.*

E_1: Superlative mit „am" gehören zur regulären Flexion des Adjektivs; „am" ist in diesen Fügungen nicht in „an dem" auflösbar. Beispiele: *Dieser Weg ist steil – steiler – am steilsten. Dieser Stift schreibt fein – feiner – am feinsten.*

In Anlehnung an diese Fügungen kann man auch feste adverbiale Wendungen mit „aufs" oder „auf das", die mit „Wie?" erfragt werden können, kleinschreiben, zum Beispiel:
Sie hat uns aufs/auf das herzlichste begrüßt. (Frage: Wie hat sie uns begrüßt?) *Der Fall ließ sich aufs/auf das einfachste lösen.*

Superlative, nach denen mit „Woran?" („An was?") oder „Worauf?" („Auf was?") gefragt werden kann, schreibt man nach § 57 (1) groß, zum Beispiel:
Es fehlt ihnen am/an dem Nötigsten. (Frage: Woran fehlt es ihnen?) *Wir sind aufs/auf das Beste angewiesen.* (Frage: Worauf sind wir angewiesen?)

(3) bestimmte feste Verbindungen aus Präposition und nichtdekliniertem oder dekliniertem Adjektiv ohne vorangehenden Artikel, zum Beispiel:
Ich hörte von fern ein dumpfes Grollen. Die Pilger kamen von nah und fern. Die Ware wird nur gegen bar ausgeliefert. Die Mädchen hielten durch dick und dünn zusammen. Das wird sich über kurz oder lang herausstellen. Damit habe ich mich von klein auf beschäftigt.

Das werde ich dir schwarz auf weiß beweisen. Die Stimmung war grau in grau.
Aus der Brandruine stieg von neuem Rauch auf. Wir konnten das Feuer nur von weitem betrachten. Der Fahrplan bleibt bis auf weiteres in Kraft. Unsere Pressesprecherin gibt Ihnen ohne weiteres Auskunft. Der Termin stand seit längerem fest.

E_2: Substantivierungen, die auch ohne Präposition üblich sind, werden nach § 57 (1) auch dann großgeschrieben, wenn sie mit einer Präposition verbunden werden, zum Beispiel:
Die Historikerin beschäftigt sich mit dem Konflikt zwischen Arm und Reich. Das ist ein Fest für Jung und Alt. (Vgl.: *Die Königin lud Arm und Reich ein. Das Fest gefiel Jung und Alt.*)

Die Ampel schaltete auf Rot. Wir liefern das Gerät in Grau (= in grauer Farbe). (Vgl.: *Das ist ein grelles Rot. Sie hasst Grau.*)

Mit Englisch kommst du überall durch. In Ostafrika verständigt man sich am besten auf Swahili oder Englisch. (Vgl.: *Bekanntlich ist Englisch eine Weltsprache. Sein Englisch war gut verständlich.*)

(4) Pronomen, auch wenn sie als Stellvertreter von Substantiven gebraucht werden, zum Beispiel:
In diesem Wald hat sich schon mancher verirrt. Ich habe mich mit diesen und jenen unterhalten. Wenn einer eine Reise tut, so kann er was erzählen. Das muss (ein) jeder mit sich selbst ausmachen. Wir haben alles mitgebracht. Sie hatten beides mitgebracht. Man muss mit (den) beiden reden.

Zur Großschreibung der Anredepronomen siehe § 65, § 66.

E_3: In Verbindung mit dem bestimmten Artikel oder dergleichen lassen sich Possessivpronomen auch als substantivische possessive Adjektive bestimmen, entsprechend kann man hier nach § 57 (1) auch großschreiben, zum Beispiel:
Grüß mir die deinen/Deinen (die deinigen/Deinigen)! Sie trug das ihre/Ihre (das ihrige/Ihrige) zum Gelingen bei. Jedem das seine/Seine!

(5) die folgenden Zahladjektive mit allen ihren Flexionsformen:
viel, wenig; (der, die, das) eine, (der, die, das) andere
Beispiele:
Das haben schon viele erlebt. Zum Erfolg trugen auch die vielen bei, die ohne Entgelt mitgearbeitet haben. Nach dem Brand war nur noch weniges zu gebrauchen. Sie hat das wenige, was noch da war, in eine Kiste versorgt. Die meisten haben diesen Film schon einmal gesehen. Die einen kommen, die anderen gehen. Was der eine nicht tut, soll der andere nicht lassen. Die anderen kommen später. Das können auch andere bestätigen. Alles andere erzähle ich dir später. Sie hatte noch anderes zu tun. Unter anderem wurde auch über finanzielle Angelegenheiten gesprochen.

E_4: Wenn hervorgehoben werden soll, dass das Adjektiv nicht als unbestimmtes Zahlwort zu verstehen ist, kann nach § 57 (1) auch großgeschrieben werden, zum Beispiel:
Sie strebte etwas ganz Anderes (= völlig Neues) an.

(6) Kardinalzahlen unter einer Million, zum Beispiel:
Was drei wissen, wissen bald dreißig. Diese drei kommen mir bekannt vor. Sie rief um fünf an. Wir waren an die zwanzig. Er sollte die Summe durch acht teilen. Dieser Kandidat konnte nicht bis drei zählen. Wir fünf gehören zusammen. Der Abschnitt sieben fehlt im Text. Der Mensch über achtzig schätzt die Gesundheit besonders.

E_5: Wenn *hundert* und *tausend* eine unbestimmte (nicht in Ziffern schreibbare) Menge angeben, können sie auch auf die Zahlsubstantive *Hundert* und *Tausend* bezogen werden (vgl. § 55 (5)); entsprechend kann man sie dann klein- oder großschreiben, zum Beispiel:
Es kamen viele tausende/Tausende von Zuschauern. Sie strömten zu aberhunderten/ Aberhunderten herein. Mehrere tausend/Tausend Menschen füllten das Stadion. Der Beifall zigtausender/Zigtausender von Zuschauern war ihr gewiss.
Entsprechend auch: *Der Stoff wird in einigen Dutzend/dutzend Farben angeboten. Der Fall war angesichts Dutzender/dutzender von Augenzeugen klar.*

2.3 Eigennamen mit ihren nichtsubstantivischen Bestandteilen sowie Ableitungen von Eigennamen

§ 59 Eigennamen schreibt man groß.

Eigennamen sind Bezeichnungen zur Identifizierung bestimmter einzelner Gegebenheiten (eine Person, ein Ort, ein Land, eine Institution usw.). Viele sind einfache, zusammengesetzte oder abgeleitete Substantive, zum Beispiel *Peter, Wien, Deutschland, Europa, Südamerika, Bahnhofstraße, Sigmaringen, Albrecht-Dürer-Allee, Ostsee-Zeitung.* Sie werden nach § 55 großgeschrieben. Daneben gibt es mehrteilige Eigennamen, die häufig auch nichtsubstantivische Bestandteile enthalten, zum Beispiel *Kap der Guten Hoffnung, Norddeutsche Neueste Nachrichten, Vereinigte Staaten von Amerika.* Im Folgenden wird die Groß- und Kleinschreibung dieser Gruppe von Eigennamen dargestellt.

§ 60 In mehrteiligen Eigennamen mit nichtsubstantivischen Bestandteilen schreibt man das erste Wort und alle weiteren Wörter außer Artikeln, Präpositionen und Konjunktionen groß.

E_1: Ein vorangestellter Artikel ist in der Regel nicht Bestandteil des Eigennamens und wird darum kleingeschrieben. Zu Ausnahmen siehe unten, Absatz (4.4).

Als Eigennamen im Sinne dieser orthographischen Regelung gelten:

(1) Personennamen, Eigennamen aus Religion, Mythologie sowie Beinamen, Spitznamen und dergleichen, zum Beispiel:
Johann Wolfgang von Goethe, Gertrud von Le Fort, Charles de Coster, Ludwig van Beethoven, der Apokalyptische Reiter, Walther von der Vogelweide, Holbein der Jüngere, der Alte Fritz, Katharina die Große, Heinrich der Achte, Elisabeth die Zweite; Klein Erna

Präpositionen wie *von, van, de, ten, zu(r)* in Personennamen schreibt man im Satzinnern auch dann klein, wenn ihnen kein Vorname vorausgeht, zum Beispiel:
Der Autor dieses Buches heißt von Ossietzky.

(2) Geographische und geographisch-politische Eigennamen, so

(2.1) von Erdteilen, Ländern, Staaten, Verwaltungsgebieten und dergleichen, zum Beispiel:
Vereinigte Staaten von Amerika, Freie und Hansestadt Hamburg (als Bundesland), *Tschechische Republik*

(2.2) von Städten, Dörfern, Straßen, Plätzen und dergleichen, zum Beispiel:
Neu Lübbenau, Groß Flatow, Rostock-Lütten Klein, Unter den Linden, Lange Straße, In der Mittleren Holdergasse, Am Tiefen Graben, An den Drei Pfählen, Hamburger Straße, Neuer Markt

(2.3) von Landschaften, Gebirgen, Wäldern, Wüsten, Fluren und dergleichen, zum Beispiel:
Kahler Asten, Hohe Tatra, Holsteinische Schweiz, Schwäbische Alb, Bayerischer Wald, Libysche Wüste, Goldene Aue, Thüringer Wald

(2.4) von Meeren, Meeresteilen und -straßen, Flüssen, Inseln und Küsten und dergleichen, zum Beispiel:
Stiller Ozean, Indischer Ozean, Rotes Meer, Kleine Antillen, Großer Belt, Schweriner See, Straße von Gibraltar, Kapverdische Inseln, Kap der Guten Hoffnung

(3) Eigennamen von Objekten unterschiedlicher Klassen, so

(3.1) von Sternen, Sternbildern und anderen Himmelskörpern, zum Beispiel:
Kleiner Bär, Großer Wagen, Halleyscher Komet (auch: *Halley'scher Komet;* § 62)

(3.2) von Fahrzeugen, bestimmten Bauwerken und Örtlichkeiten, zum Beispiel:
die Vorwärts (Schiff), *der Blaue Enzian* (Eisenbahnzug), *der Fliegende Hamburger* (Eisenbahnzug), *die Blaue Moschee* (in Istanbul), *das Alte Rathaus* (in Leipzig), *der Französische Dom* (in Berlin), *die Große Mauer* (in China), *der Schiefe Turm* (in Pisa)

(3.3) von einzeln benannten Tieren, Pflanzen und gelegentlich auch von Einzelobjekten weiterer Klassen, zum Beispiel:
der Fliegende Pfeil (ein bestimmtes Pferd), *die Alte Eiche* (ein bestimmter Baum)

(3.4) von Orden und Auszeichnungen, zum Beispiel:
das Blaue Band des Ozeans, Großer Österreichischer Staatspreis für Literatur

(4) Eigennamen von Institutionen, Organisationen, Einrichtungen, so

(4.1) von staatlichen bzw. öffentlichen Dienststellen, Behörden und Gremien, von Bildungs- und Kulturinstitutionen und dergleichen, zum Beispiel:
Deutscher Bundestag, Statistisches Bundesamt, Mecklenburgisches Staatstheater Schwerin, Museum für Deutsche Geschichte (in Berlin), *Naturhistorisches Museum* (in Wien), *Grünes Gewölbe* (in Dresden), *Klinik für Innere Medizin der Universität Rostock, Akademie für Alte Musik Berlin, Zweites Deutsches Fernsehen, Eidgenössische Technische Hochschule* (in Zürich)

(4.2) von Organisationen, Parteien, Verbänden, Vereinen und dergleichen, zum Beispiel:
Vereinte Nationen, Internationales Olympisches Komitee, Deutscher Gewerkschaftsbund, Sozialdemokratische Partei Deutschlands, Christlich-Demokratische Union, Allgemeiner Deutscher Automobilclub, Börsenverein des Deutschen Buchhandels, Österreichisches Rotes Kreuz

(4.3) von Betrieben, Firmen, Genossenschaften, Gaststätten, Geschäften und dergleichen, zum Beispiel:
Deutsche Bank, Österreichischer Raiffeisenverband, Bibliographisches Institut (in Mannheim), *Deutsche Bahn, Weiße Flotte, Städtisches Klinikum Berlin-Buch, Hotel Vier Jahreszeiten, Gasthaus zur Neuen Post, Zum Goldenen Anker* (Gaststätte), *Salzburger Dombuchhandlung, Rheinisch-Westfälisches Elektrizitätswerk AG*

(4.4) von Zeitungen und Zeitschriften und dergleichen, zum Beispiel:
Berliner Zeitung, Sächsische Neueste Nachrichten, Deutsch als Fremdsprache, Dermatologische Monatsschrift, Die Zeit

Wird der Artikel am Anfang verändert, so schreibt man ihn klein, zum Beispiel:
Sie hat das in der Zeit gelesen.

(5) inoffizielle Eigennamen, Kurzformen sowie Abkürzungen von Eigennamen, zum Beispiel:
Schwarzer Kontinent, Ferner Osten, Naher Osten, Vereinigte Staaten

A. Müller, Astrid M., A. M. (= Astrid Müller), J. W. v. Goethe; SPD (= Sozialdemokratische Partei Deutschlands), DGB (= Deutscher Gewerkschaftsbund), EU (= Europäische Union), SBB (= Schweizerische Bundesbahnen), ORF (= Österreichischer Rundfunk)

E_2: In einigen der oben genannten Namengruppen kann die Schreibung im Einzelfall abweichend festgelegt sein, zum Beispiel:
neue deutsche literatur, profil, konkret (Zeitschriften); *Institut für deutsche Sprache, Akademie für Musik und darstellende Kunst „Mozarteum"; Zur letzten Instanz* (Gaststätte)

Zur Kennzeichnung der Namen von Zeitungen und Zeitschriften mit Anführungszeichen siehe § 94 (1).

§ 61 Ableitungen von geographischen Eigennamen auf *-er* schreibt man groß.

Beispiele:
die Berliner Bevölkerung, die Mecklenburger Landschaft, der Schweizer Käse, das St. Galler/Sankt Galler Kloster, das Bad Krozinger Kurgebiet, die New Yorker Kunstszene

Zur Schreibung mit oder ohne Bindestrich siehe § 49 E.

§ 62 Kleingeschrieben werden adjektivische Ableitungen von Eigennamen auf *-(i)sch,* außer wenn die Grundform eines Personennamens durch einen Apostroph verdeutlicht wird, ferner alle adjektivischen Ableitungen mit anderen Suffixen.

Beispiele:
die darwinsche/die Darwin'sche Evolutionstheorie, das wackernagelsche/Wackernagel'sche Gesetz, die goethischen/goetheschen/Goethe'schen Dramen, die bernoullischen/Bernoulli'schen Gleichungen

die homerischen Epen, das kopernikanische Weltsystem, die darwinistische Evolutionstheorie, tschechisches Bier, indischer Tee, englischer Stoff

mit eulenspiegelhaftem Schalk, eine kafkaeske Stimmung

Zur Schreibung mit Apostroph siehe auch Zeichensetzung, § 97 E.

Zur Schreibung mehrteiliger Ableitungen mit Bindestrich siehe § 49 E.

2.4 Feste Verbindungen aus Adjektiv und Substantiv

§ 63 In substantivischen Wortgruppen, die zu festen Verbindungen geworden, aber keine Eigennamen sind, schreibt man Adjektive klein.

Beispiele:
der italienische Salat, der blaue Brief, das autogene Training, das neue Jahr, die gelbe Karte, das gelbe Trikot, der goldene Schnitt, die goldene Hochzeit, das große Los, die höhere Mathematik, die innere

Medizin, die künstliche Intelligenz, die grüne Lunge, das olympische Feuer, der schnelle Brüter, das schwarze Brett, das schwarze Schaf, die schwedischen Gardinen, der weiße Tod, das zweite Gesicht, die graue Eminenz

> § 64 In bestimmten substantivischen Wortgruppen werden Adjektive großgeschrieben, obwohl keine Eigennamen vorliegen.

Dies betrifft

(1) Titel, Ehrenbezeichnungen, bestimmte Amts- und Funktionsbezeichnungen, zum Beispiel:
der Heilige Vater, die Königliche Hoheit, der Erste Bürgermeister, der Regierende Bürgermeister, der Technische Direktor

(2) fachsprachliche Bezeichnungen bestimmter Klassifizierungseinheiten, so von Arten, Unterarten oder Rassen in der Botanik und Zoologie, zum Beispiel:
die Schwarze Witwe, das Fleißige Lieschen, der Rote Milan, die Gemeine Stubenfliege

(3) besondere Kalendertage, zum Beispiel:
der Heilige Abend, der Weiße Sonntag, der Internationale Frauentag, der Erste Mai

(4) bestimmte historische Ereignisse und Epochen, zum Beispiel:
der Westfälische Friede, der Deutsch-Französische Krieg 1870/1871, der Zweite Weltkrieg, die Goldenen Zwanziger, die Jüngere Steinzeit

2.5 Anredepronomen und Anreden

> § 65 Das Anredepronomen *Sie* und das entsprechende Possessivpronomen *Ihr* sowie die zugehörigen flektierten Formen schreibt man groß.

Beispiele:
Würden Sie mir helfen? Wie geht es Ihnen? Ist das Ihr Mantel? Bestehen Ihrerseits Bedenken gegen den Vorschlag?

E_1: Großschreibung gilt auch für ältere Anredeformen wie: *Habt Ihr es Euch überlegt, Fürst von Gallenstein? Johann, führe Er die Gäste herein.*

E_2: In Anreden wie *Seine Majestät, Eure Exzellenz, Eure Magnifizenz* schreibt man das Pronomen ebenfalls groß.

> § 66 Die Anredepronomen *du* und *ihr,* die entsprechenden Possessivpronomen *dein* und *euer* sowie das Reflexivpronomen *sich* schreibt man klein.

Beispiele:
Würdest du mir helfen? Hast du dich gut erholt? Haben Sie sich schon angemeldet?
Lieber Freund,
ich schreibe dir diesen Brief und schicke dir eure Bilder ...

E Zeichensetzung

0 Vorbemerkungen

(1) Die Satzzeichen sind Grenz- und Gliederungszeichen. Sie dienen insbesondere dazu, einen geschriebenen Text übersichtlich zu gestalten und ihn dadurch für den Lesenden überschaubar zu machen. Zudem kann der Schreibende mit den Satzzeichen besondere Aussageabsichten oder Einstellungen zum Ausdruck bringen oder stilistische Wirkungen anstreben.
Zu unterscheiden sind Satzzeichen
- zur Kennzeichnung des Schlusses von Ganzsätzen: Punkt, Ausrufezeichen, Fragezeichen
- zur Gliederung innerhalb von Ganzsätzen: Komma, Semikolon, Doppelpunkt, Gedankenstrich, Klammern
- zur Anführung von Äußerungen oder Textstellen bzw. zur Hervorhebung von Wörtern oder Textteilen: Anführungszeichen

(2) Daneben dienen bestimmte Zeichen
- zur Markierung von Auslassungen: Apostroph, Ergänzungsstrich, Auslassungspunkte
- zur Kennzeichnung der Wörter bestimmter Gruppen: Punkt nach Abkürzungen bzw. Ordinalzahlen, Schrägstrich

1 Kennzeichnung des Schlusses von Ganzsätzen

Der Kennzeichnung des Schlusses von Ganzsätzen dienen:
- der Punkt
- das Ausrufezeichen
- das Fragezeichen

Ganzsätze im Sinne dieser orthographischen Regelung zeigen Beispiele wie:
Gestern hat es geregnet. Du kommst bitte morgen! Hat er das wirklich gesagt? Im Hausflur war es still, ich drückte erwartungsvoll auf die Klingel. Ich

hoffe, dass wir uns bald wiedersehen. Meine Freundin hatte den Zug versäumt; deshalb kam sie eine halbe Stunde zu spät.

Niemand kannte ihn. Auch der Gärtner nicht. Bitte die Türen schließen und Vorsicht bei der Abfahrt des Zuges! Ob er heute kommt? Nein, morgen. Warum nicht? Gute Reise! Hilfe!

Zu den Zeichen in Verbindung mit Gedankenstrich oder Klammern siehe § 85 bzw. § 88.

Zu den Zeichen bei wörtlich Wiedergegebenem siehe § 90.

Zum Gedankenstrich zwischen zwei Ganzsätzen siehe § 83.

§ 67 **Mit dem Punkt kennzeichnet man den Schluss eines Ganzsatzes.**

Ich habe ihn gestern gesehen. Sie kommt morgen. Das Kind weinte, weil es seinen Schlüssel verloren hatte.

Wir sehen nach, was Paul macht. Sie habe ihn gestern gesehen, behauptete sie. Sie forderte ihn auf die Wohnung sofort zu verlassen. Ich wünschte, die Prüfung wäre vorbei. Sie fragte ungeduldig, ob er endlich komme. Der Redner stellte die Frage, wie es nach diesen Umweltschäden weitergehen solle.

Im Hausflur war es still. Ich drückte erwartungsvoll auf die Klingel.

E_1: Wenn aber als mehrteiliger Ganzsatz verstanden, entsprechend § 71 (1) bzw. § 80 (1) mit Komma oder Semikolon:
Im Hausflur war es still, ich drückte erwartungsvoll auf die Klingel.
Im Hausflur war es still; ich drückte erwartungsvoll auf die Klingel.

E_2: Bei Aufforderungen, denen man keinen besonderen Nachdruck geben will, setzt man einen Punkt und kein Ausrufezeichen (hierzu siehe § 69):
Rufen Sie bitte später noch einmal an. Nehmen Sie doch Platz. Vgl. S. 25 seiner letzten Veröffentlichung.

E_3: In den folgenden Fällen setzt man keinen Punkt:
- am Ende von frei stehenden Zeilen (siehe § 68)
- am Ende einer kolumnenartigen Aufzählung ohne schließende Satzzeichen (siehe § 71 E_2)
- am Ende von Parenthesen (mit Gedankenstrich siehe § 85, mit Klammern siehe § 88)
- bei wörtlich Wiedergegebenem am Anfang oder im Inneren von Ganzsätzen (siehe § 92)
- nach Auslassungspunkten (siehe § 100)
- nach Punkt zur Kennzeichnung von Abkürzungen (siehe § 103) und Ordinalzahlen (siehe § 105)

§ 68 **Nach frei stehenden Zeilen setzt man keinen Punkt.**

Dies betrifft unter anderem

(1) Überschriften und Werktitel (etwa von Büchern und Theaterstücken, Werken der bildenden Kunst und der Musik, Rundfunk- und Fernsehproduktionen):
Allmähliche Normalisierung im Erdbebengebiet
Schneeverwehungen behindern Autoverkehr
Chance für eine diplomatische Lösung
Einführung in die höhere Mathematik
Der kaukasische Kreidekreis
Die Zauberflöte

Zum Ausrufezeichen siehe § 69 E_2 (1); zum Fragezeichen siehe § 70 E_2.

(2) Titel von Gesetzen, Verträgen, Deklarationen und dergleichen sowie Bezeichnungen für Veranstaltungen:
Bundesgesetz über den Straßenverkehr
Konferenz über Sicherheit und Zusammenarbeit in Europa
Internationaler Ärztekongress

(3) Anschriften und Datumszeilen sowie Grußformeln und Unterschriften etwa in Briefen:

Werner Meier *Donnerstag, 15. Februar 1996*
Gerichtsweg 12
04103 Leipzig

Herrn Rudolf Schröder
Rüdesheimer Str. 29
62123 Wiesbaden

Sehr geehrter Herr Schröder,

entsprechend unserer telefonischen Vereinbarung ...

...

Mit freundlichen Grüßen

Ihr Werner Meier

Zur Zeichensetzung bei der Anrede etwa in Briefen siehe § 69 E_3.

§ 69 **Mit dem Ausrufezeichen gibt man dem Inhalt des Ganzsatzes einen besonderen Nachdruck wie etwa bei nachdrücklichen Behauptungen, Aufforderungen, Grüßen, Wünschen oder Ausrufen.**

Ich habe ihn gestern bestimmt gesehen! Komm bitte morgen! Du kommst morgen! Lasst uns keine Zeit verlieren! Du musst die Arbeit abgeben, weil morgen der letzte Termin ist!

Seht nach, was Paul macht! Sehen Sie nur, wie schön die Aussicht ist! Bitte fordern Sie ihn auf die Wohnung sofort zu verlassen! Frag ihn, ob er kommt!

Ruhe! Bitte nicht stören! Zurücktreten! Bitte die Türen schließen und Vorsicht bei der Abfahrt des Zuges! Guten Morgen! Hoffentlich sehen wir uns bald wieder! Wäre nur die Prüfung erst einmal vorbei! Wenn ich dich noch einmal erwische, kannst du was erleben! Das ist ja großartig! Welch ein Glück! Au! Das tut weh! Nein! Nein!

Zum Punkt nach Aufforderungen ohne besonderen Nachdruck siehe § 67 E_2.

E_1: Wenn aber als mehrteiliger Ganzsatz oder als Teile einer Aufzählung verstanden, entsprechend § 71 mit Komma (siehe auch § 79 (2) und (3)):
Das ist ja großartig, welch ein Glück! Au, das tut weh! Nein, nein!

E_2: Zur Kennzeichnung eines besonderen Nachdrucks setzt man auch nach frei stehenden Zeilen ein Ausrufezeichen.

Dies betrifft

(1) Überschriften und Werktitel:
Chance für eine diplomatische Lösung!
Kämpft für den Frieden!
Endlich!

Zum Punkt siehe § 68 (1); zum Fragezeichen siehe § 70 E_2.

(2) die Anrede:
Sehr geehrter Herr Präsident! Meine Damen und Herren!

E_3: Nach der Anrede etwa in Briefen kann man ein Ausrufezeichen oder entsprechend § 79 (1) ein Komma setzen:

Sehr geehrter Herr Schröder!
Entsprechend unserer telefonischen Vereinbarung ...

Sehr geehrter Herr Schröder,
entsprechend unserer telefonischen Vereinbarung ...

In der Schweiz auch ohne Zeichen am Ende:

Sehr geehrter Herr Schröder
Entsprechend unserer telefonischen Vereinbarung ...

§ 70 Mit dem Fragezeichen kennzeichnet man den Ganzsatz als Frage.

Hast du ihn gestern gesehen? Wann kommst du? Kommst du wirklich morgen? Ob er morgen kommt? Soll er ihm einen Brief schreiben oder ist es besser, dass er ihn anruft?
Habt ihr nachgesehen, was Paul macht? Sehen Sie, wie schön die Aussicht ist? Haben Sie ihn aufgefordert die Wohnung sofort zu verlassen? Hat er gefragt, ob Fritz kommt?
Warst du im Kino? In welchem Film? Dein Freund war auch mit? Was möchtet ihr trinken: Bier, Wein oder Apfelmost? Ist das nicht großartig? Ist das nicht ein Glück? Warum? Weshalb? Weswegen?

E_1: Wenn aber als mehrteiliger Ganzsatz oder als Teile einer Aufzählung verstanden, entsprechend § 71 mit Komma:
Ist das nicht großartig, ist das nicht ein Glück? Warum, weshalb, weswegen?

E_2: Zur Kennzeichnung einer Frage setzt man auch nach frei stehenden Zeilen, zum Beispiel nach Überschriften und Werktiteln, ein Fragezeichen:
Chance für eine diplomatische Lösung?
Wo warst du, Adam?
Quo vadis?

Zum Punkt siehe § 68 (1); zum Ausrufezeichen siehe § 69 E_2.

2 Gliederung innerhalb von Ganzsätzen

(1) Der Gliederung des Ganzsatzes dienen die folgenden Satzzeichen:
- das Komma
- das Semikolon
- der Doppelpunkt
- der Gedankenstrich
- die Klammern

Zu den Auslassungspunkten siehe § 99 bis § 100.

(2) Das Komma wird sowohl einfach als auch paarig gebraucht:
Er trug einen schwarzen, breitkrempigen Hut. Seine Kopfbedeckung, ein schwarzer und breitkrempiger Hut, lag auf dem Tisch.

Dasselbe gilt für den Gedankenstrich.

Nur paarig werden die Klammern gebraucht, nur einfach das Semikolon und der Doppelpunkt.

(3) Manchmal kann man zwischen verschiedenen Zeichen wählen:
Im Hausflur war es still, ich drückte erwartungsvoll auf die Klingel.

Im Hausflur war es still; ich drückte erwartungsvoll auf die Klingel.

Im Hausflur war es still – ich drückte erwartungsvoll auf die Klingel.

Zur stärkeren Abgrenzung kann man entsprechend § 67 auch einen Punkt setzen:
Im Hausflur war es still. Ich drückte erwartungsvoll auf die Klingel.

Eines Tages, es war mitten im Sommer, hagelte es. Eines Tages – es war mitten im Sommer – hagelte es. Eines Tages (es war mitten im Sommer) hagelte es.

2.1 Komma

§ 71 Gleichrangige (nebengeordnete) Teilsätze, Wortgruppen oder Wörter grenzt man mit Komma voneinander ab.

Dies betrifft (siehe aber § 72)

(1) gleichrangige Teilsätze
Im Hausflur war es still, ich drückte erwartungsvoll auf die Klingel. Die Musik wird leiser, der Vorhang hebt sich, das Spiel beginnt. Er dachte angestrengt nach, aber ihr Name fiel ihm nicht ein. Ich wollte ihm helfen, doch er ließ es nicht zu. Ich wollte ihm helfen, er ließ es jedoch nicht zu. Das ist ja großartig, welch ein Glück! Ist das nicht großartig, ist das nicht ein Glück?

Zur Möglichkeit der Wahl zwischen Komma, Semikolon oder Punkt siehe § 80 (1).

Er log beharrlich, er wisse von nichts, er sei es nicht gewesen. Wenn das wahr ist, wenn du ihn wirklich nicht gesehen hast, brauchst du dir keine Vorwürfe zu machen. Er erkundigte sich, was es Neues gebe, ob Post gekommen sei. Dass sie ihn nicht nur übersah, sondern dass sie auch noch mit anderen flirtete, kränkte ihn sehr.

(2) gleichrangige Wortgruppen oder Wörter in Aufzählungen:
Der Nachbar hatte versprochen den Briefkasten zu leeren, die Blumen zu gießen, hin und wieder zu lüften. Völlig erschöpft, hungrig und frierend, vom Regen durchnässt kamen sie nach Hause. Er hat nicht behauptet in Berlin gewesen zu sein, sondern in Mainz seinen Onkel besucht zu haben. Sie ärgerte sich ständig über ihren Mann, über die Kinder, über die Hausbewohner.

Er trug einen schwarzen, breitkrempigen Hut. Das ist ein ausgesprochen süßes, widerlich klebriges Getränk. (Siehe aber unten E_1.)

Zu Fällen wie den folgenden siehe § 77 (4): *Auf der Ausstellung waren viele ausländische, insbesondere holländische Firmen vertreten. Als er sein Herz ausgeschüttet, das heißt alles erzählt hatte, fühlte er sich besser.*

Die Buchstaben x, y, z bilden den Schluss des Alphabets. Frühling, Sommer, Herbst, Winter.

Er fährt nicht mit dem Auto, sondern mit dem Zug. Er ist klug, (dabei) aber faul. Einerseits ist er klug, andererseits faul. Der März war teils freundlich, teils regnerisch, aber im Ganzen zu kalt. Sie lächelte halb verlegen, halb belustigt.

Nein, nein! Warum, weshalb, weswegen?

Zum Ausrufe- oder Fragezeichen siehe § 69 bzw. § 70. Zum Komma bei mehrteiligen Orts-, Wohnungs-, Zeit- und Literaturangaben siehe § 77 (3).

E_1: Sind zwei Adjektive nicht gleichrangig, so setzt man kein Komma.
die letzten großen Ferien, eine neue blaue Bluse, dunkles bayerisches Bier, die allgemeine wirtschaftliche Lage, zahlreiche wertende Stellungnahmen

Gelegentlich kann der Schreibende dadurch, dass er ein Komma setzt oder nicht, deutlich machen, ob er die Adjektive als gleichrangig verstanden wissen will oder nicht.

Gleichrangig: *neue, umweltfreundliche Verfahren* (neben den bisherigen Verfahren, die nicht umweltfreundlich sind, gibt es nunmehr neue und umweltfreundliche Verfahren)

Nicht gleichrangig: *neue umweltfreundliche Verfahren* (zusätzlich zu den bisherigen umweltfreundlichen Verfahren gibt es weitere umweltfreundliche Verfahren)

E_2: Das Komma (und gegebenenfalls der Schlusspunkt) kann in kolumnenartigen Aufzählungen fehlen,
zum Beispiel:
Unser Sonderangebot:
– Äpfel
– Birnen
– Orangen

§ 72 Sind die gleichrangigen Teilsätze, Wortgruppen oder Wörter durch *und, oder, beziehungsweise/bzw., sowie (= und), wie (= und), entweder … oder, nicht … noch, sowohl … als (auch), sowohl … wie (auch)* oder durch *weder … noch* verbunden, so setzt man kein Komma.

Dies betrifft

(1) gleichrangige Teilsätze (siehe aber § 73):
Die Musik wird leiser und der Vorhang hebt sich und das Spiel beginnt. Ich habe sie oft besucht und wir saßen bis spät in die Nacht zusammen. Seid ihr mit meinem Vorschlag einverstanden oder habt ihr Einwände vorzubringen?

Sie wisse Bescheid und der Vorgang sei ihr völlig klar, sagte sie. Er erkundigte sich, was es Neues gebe und ob Post gekommen sei. Alle wollten wissen, wie es gewesen war und warum es so lange gedauert hatte. Ich hoffe, dass es dir gefällt und dass du zufrieden bist.

(2) gleichrangige Wortgruppen oder Wörter in Aufzählungen:
Der Nachbar hatte versprochen den Briefkasten zu leeren und die Blumen zu gießen und hin und wieder zu lüften. Völlig erschöpft und vom Regen durchnässt kamen sie nach Hause.

Sie fährt sowohl bei gutem als auch bei schlechtem Wetter. Der März war kalt und unfreundlich. Das ist ein ausgesprochen süßes sowie widerlich klebriges Getränk. Feuer, Wasser, Luft und Erde.

Sie fährt entweder mit dem Auto oder mit dem Zug. Er ist klug und dabei faul. Nein und abermals nein! Wie und warum und wozu?

E_1: Ein Komma vor *und* usw. kann dadurch begründet sein, dass mit ihm entsprechend § 74 ein Nebensatz, entsprechend § 77 ein Zusatz oder Nachtrag bzw. entsprechend § 93 ein wörtlich wiedergegebener Satz abgeschlossen wird:
Er sagte, dass er morgen komme, und verabschiedete sich. Mein Onkel, ein großer Tierfreund, und seine Katzen leben in einer alten Mühle. Sie fragte: „Brauchen Sie die Unterlagen?", und öffnete die Schublade.

E_2: Bei entgegenstellenden Konjunktionen wie *aber, doch, jedoch, sondern* steht nach der Grundregel (§ 71) ein Komma, wenn sie zwischen gleichrangigen Wörtern oder Wortgruppen stehen:
Sie fährt nicht nur bei gutem, sondern auch bei schlechtem Wetter. Der März war sonnig, aber kalt. Er hat mir ein süßes, jedoch wohlschmeckendes Getränk eingeschenkt.

§ 73 Bei gleichrangigen Teilsätzen, die durch *und, oder* usw. verbunden sind, kann man ein Komma setzen, um die Gliederung des Ganzsatzes deutlich zu machen.

Ich habe sie oft besucht(,) und wir saßen bis spät in die Nacht zusammen, wenn sie in guter Stimmung war. Es war nicht selten, dass er sie besuchte(,) und dass sie bis spät in die Nacht zusammensaßen, wenn sie in guter Stimmung war.

Er traf sich mit meiner Schwester(,) und deren Freundin war auch mitgekommen. Wir warten auf euch(,) oder die Kinder gehen schon voraus. Ich fotografierte die Berge(,) und meine Frau lag in der Sonne.

§ 74 Nebensätze grenzt man mit Komma ab; sind sie eingeschoben, so schließt man sie mit paarigem Komma ein.

Am Anfang des Ganzsatzes:
Was ich anfangen soll, weiß ich nicht. Als wir nach Hause kamen, war es schon spät. Dass es dir wieder besser geht, freut mich sehr. Obwohl schlechtes Wetter war, suchten wir die Ostereier im Garten. Ist dir der Weg zu weit, kannst du mit dem Bus fahren. Er komme morgen, sagte er. Als er sich niederbeugte, weil er ihre Tasche aufheben wollte, stießen sie mit den Köpfen zusammen.

Eingeschoben:
Das Buch, das ich dir mitgebracht habe, liegt auf dem Tisch. Seine Annahme, dass Peter käme, erfüllte sich nicht. Sie konnte, wenn sie wollte, äußerst liebenswürdig sein. Er sagte, dass er morgen komme, und verabschiedete sich. Er sagte, er komme morgen, und verabschiedete sich.

Am Ende des Ganzsatzes:
Ich weiß nicht, was ich anfangen soll. Sie beobachtete die Kinder, die auf der Wiese ihre Drachen steigen ließen. Gestern traf ich eine Freundin, von der ich lange nichts mehr gehört hatte. Das Kind weinte, weil es seinen Schlüssel verloren hatte. Ich hätte nie gedacht, dass du mich so enttäuschen würdest. Sie sah gesünder aus, als sie sich fühlte. Seine Tochter war ebenso rothaarig, wie er es als Kind gewesen war. Sie sagte, sie komme morgen. Er war zu klug, als dass er in die Falle gegangen wäre, die man ihm gestellt hatte.

E_1: Besteht die Einleitung eines Nebensatzes aus einem Einleitewort und weiteren Wörtern, so gilt:

(1) Man setzt das Komma vor die ganze Wortgruppe:
Ich habe sie selten besucht, aber wenn ich bei ihr war, saßen wir bis spät in die Nacht zusammen. Er rannte, als ob es um sein Leben ginge, über die Straße. Sie rannte, wie wenn es um ihr Leben ginge. Ein Passant hatte bereits Risse in den Pfeilern der Brücke bemerkt, zwei Tage bevor sie zusammenbrach.

(2) In einigen Fällen kann der Schreibende zusätzlich ein Komma zwischen den Bestandteilen der Wortgruppe setzen:
Morgen wird es regnen, angenommen(,) dass der Wetterbericht stimmt. Wir fahren morgen, ausgenommen(,) wenn es regnet. Ich glaube nicht, dass er anruft, geschweige(,) dass er vorbeikommt. Ich glaube nicht, dass er anruft, geschweige denn(,) dass er vorbeikommt. Ich komme morgen, gleichviel(,) ob er es will oder nicht. Ich werde ihnen gegenüber abweisend oder entgegenkommend sein, je nachdem(,) ob sie hartnäckig oder sachlich sind.

(3) Der Schreibende kann durch das Komma deutlich machen, ob er Wörter als Bestandteil der Nebensatzeinleitung verstanden wissen will oder nicht:
Ich freue mich, auch wenn du mir nur eine Karte schreibst. Ich freue mich auch, wenn du mir nur eine Karte schreibst. Die Rehe bemerkten ihn, gleich als er sein Versteck verließ. Die Rehe bemerkten ihn gleich, als er sein Versteck verließ. Er ärgerte sich zeitlebens, so dass er schon früh graue Haare bekam. Er ärgerte sich zeitlebens so, dass er schon früh graue Haare bekam. Sie sorgt sich um ihn, vor allem(,) wenn er nachts unterwegs ist. Sie sorgt sich um ihn vor allem, wenn er nachts unterwegs ist.

E_2: Wenn eine beiordnende Konjunktion wie *und, oder* (§ 72) Satzglieder oder Teile von Satzgliedern mit Nebensätzen verbindet, so steht zwischen den Bestandteilen einer solchen Reihung kein Komma. Gegenüber dem übergeordneten Satz sind die Teile der Reihung nur dann mit Komma abgetrennt, wenn der Nebensatz anschließt, nicht aber, wenn das Satzglied bzw. ein Teil eines Satzgliedes anschließt:
Außerordentlich bedauert hat er diesen Vorfall und dass das hier geschehen konnte.
Bei großer Dürre oder wenn der Föhn weht, ist das Rauchen hier streng verboten.
Wenn der Föhn weht oder bei großer Dürre ist das Rauchen hier streng verboten.
Das Rauchen ist hier streng verboten bei großer Dürre oder wenn der Föhn weht.
Das Rauchen ist hier streng verboten, wenn der Föhn weht oder bei großer Dürre.

E_3: Vergleiche mit *als* oder *wie* in Verbindung mit einer Wortgruppe oder einem Wort sind keine Nebensätze; entsprechend setzt man kein Komma (zu *wie* siehe auch § 78 (2)):
Früher als gewöhnlich kam er von der Arbeit nach Hause. Wie im letzten Jahr hatten wir auch diesmal einen schönen Herbst. Er kam früher als gewöhnlich von der Arbeit nach Hause. Er kam wie am Vortage auch heute zu spät. Peter ist größer als sein Vater. Heute war er früher da als gestern. Das ging schneller als erwartet. Er ist genauso groß wie sie.

§ 75 Bei formelhaften Nebensätzen kann man das Komma weglassen.

Wie bereits gesagt(,) verhält sich die Sache anders. Ich komme(,) wenn nötig(,) bei dir noch vorbei.

§ 76 Bei Infinitiv-, Partizip- oder Adjektivgruppen oder bei entsprechenden Wortgruppen kann man ein (gegebenenfalls paariges) Komma setzen, um die Gliederung des Ganzsatzes deutlich zu machen bzw. um Missverständnisse auszuschließen.

Sie ist bereit(,) zu diesem Unternehmen ihren Beitrag zu leisten. Etwas Schöneres(,) als bei dir zu sein(,) gibt es nicht. Durch eine Tasse Kaffee gestärkt(,) werden wir die Arbeit fortsetzen. Darauf aufmerksam gemacht(,) haben wir den Fehler beseitigt. Er sah sich(,) ihn laut und wütend beschimpfend(,) nach einem Fluchtweg um. Sie suchte(,) den etwas ungenauen Stadtplan in der Hand(,) ein Straßenschild.

Ich hoffe(,) jeden Tag(,) in die Stadt gehen zu können. Ich rate(,) ihm(,) zu helfen. Die Kranke versuchte(,) täglich(,) etwas länger aufzubleiben. Sabine versprach(,) ihrem Vater(,) einen Brief zu schreiben(,) und verabschiedete sich. Er ging(,) gestern(,) von allen wütend beschimpft(,) zur Polizei.

Zum Komma bei Infinitivgruppen usw. in Verbindung mit einem hinweisenden Wort siehe § 77 (5).

Zum Komma bei nachgetragenen Infinitivgruppen oder entsprechenden Wortgruppen siehe § 77 (6), bei nachgetragenen Partizip-, Adjektivgruppen oder entsprechenden Wortgruppen auch am Ende des Ganzsatzes siehe § 77 (7).

Zur Möglichkeit der Wahl, Infinitivgruppen usw. mit Komma als Zusatz oder Nachtrag zu kennzeichnen, siehe § 78 (3).

§ 77 Zusätze oder Nachträge grenzt man mit Komma ab; sind sie eingeschoben, so schließt man sie mit paarigem Komma ein.

Möglich sind in bestimmten Fällen auch Gedankenstrich (siehe § 84) oder Klammern (siehe § 86); mit diesen Zeichen kennzeichnet man stärker, dass man etwas als Zusatz oder Nachtrag verstanden wissen will.

Dies betrifft (1) Parenthesen, (2) Substantivgruppen als Nachträge (Appositionen), (3) Orts-, Wohnungs-, Zeit- und Literaturangaben ohne Präposition, (4) Erläuterungen, (5) angekündigte Wörter oder Wortgruppen, (6) Infinitivgruppen und (7) Partizip- oder Adjektivgruppen.

(1) Parenthesen:
Eines Tages, es war mitten im Sommer, hagelte es. Dieses Bild, es ist das letzte und bekannteste des Künstlers, wurde nach Amerika verkauft. Ihre Forderung, um das noch einmal zu sagen, halten wir für wenig angemessen.

Zum Gedankenstrich oder zu Klammern siehe § 84 (1) bzw. § 86 (1).

(2) Substantivgruppen als Nachträge (Appositionen), insbesondere auch Titel, Berufsbezeichnungen und dergleichen in Verbindung mit Eigennamen:
Mein Onkel, ein großer Tierfreund, und seine Katzen leben in einer alten Mühle. Wir gingen in die Hütte, einen kalten Raum mit kleinen Fenstern. Wir gingen in die Hütte, einen kalten Raum mit kleinen Fenstern, und zündeten ein Feuer an. Walter Gerber, Mannheim, und Anita Busch, Berlin, verlobten sich letzte Woche.

Mainz ist die Geburtsstadt Johannes Gutenbergs, des Erfinders der Buchdruckerkunst. Johannes Gutenberg, der Erfinder der Buchdruckerkunst, wurde in Mainz geboren. Professor Dr. med. Max Müller, Direktor der Kinderklinik, war unser Gesprächspartner. Franz Meier, der Angeklagte, verweigerte die Aussage. Gertrud Patzke, Hebamme des Dorfes, wurde 60 Jahre alt.

Zum Gedankenstrich oder zu Klammern siehe § 84 (2) bzw. § 86 (2).

E_1: Folgt der Eigenname einem Titel, einer Berufsbezeichnung und dergleichen, so kann man nach § 78 (4) das Komma weglassen:
Der Erfinder der Buchdruckerkunst(,) Johannes Gutenberg(,) wurde in Mainz geboren.

E_2: Bestandteile von mehrteiligen Eigennamen und vorangestellte Titel ohne Artikel sind keine Zusätze oder Nachträge; entsprechend setzt man kein Komma.
Wilhelm der Eroberer unterwarf ganz England. Direktor Professor Dr. med. Max Müller führte uns durch die Klinik. Frau Schmidt geb. Kühn hat dies mitgeteilt.
Nach der Grundregel (§ 77) auch mit Komma: *Frau Schmidt, geb. Kühn, hat dies mitgeteilt.*

(3) Mehrteilige Orts-, Wohnungs-, Zeit- und Literaturangaben ohne Präposition (das schließende Komma kann hier auch weggelassen werden):
Orts-, Wohnungs- und Zeitangaben:
Gustav Meier, Wiesbaden, Wilhelmstr. 24, 1. Stock(,) hat diese Annonce aufgegeben. Gabi Schmid, Berlin, Landsberger Allee 209, 3. Stock(,)

gewann eine Reise in den Harz. Aber: Gabi hat lange in Köln am Kirchplatz 4 gewohnt.

Die Tagung soll Mittwoch, (den) 14. November(,) beginnen. Die Tagung soll am Mittwoch, dem 14. November(,) beginnen. Die Tagung soll am Mittwoch, dem 14. November, (um) 9.00 Uhr(,) im Rosengarten beginnen.

Mehrteilige Hinweise auf Stellen aus Büchern, Zeitschriften und dergleichen:
Die Zeitschrift Spektrum, Jahrgang 29, Heft 2, S. 134(,) hat darüber berichtet. In der Zeitschrift Spektrum, Jahrgang 29, Heft 2, S. 134(,) findet sich ein entsprechendes Zitat.

Ausnahme: In mehrteiligen Hinweisen auf Gesetze, Verordnungen und dergleichen setzt man kein Komma:
§ 6 Abs. 2 Satz 3 der Verordnung

(4) Nachgestellte Erläuterungen, die häufig mit *also, besonders, das heißt (d. h.), das ist (d. i.), genauer, insbesondere, nämlich, und das, und zwar, vor allem, zum Beispiel (z. B.)* oder dergleichen eingeleitet werden:
Sie isst gern Obst, besonders Apfelsinen und Bananen. Obst, besonders Apfelsinen und Bananen, isst sie gern. Wir erwarten dich nächste Woche, und zwar am Dienstag. Nachmittags kommt Gewitterneigung auf, vor allem im Süden. Mit einem Scheck über 2 000 DM, in Worten: zweitausend Mark, hat er die Rechnung bezahlt. Sie bezahlte mit einem Scheck über 2 000 DM, in Worten: zweitausend Mark.

Auf der Ausstellung waren viele ausländische Firmen, insbesondere holländische [Maschinenhersteller/Firmen], vertreten. Wir erwarten dich nächste Woche, das heißt vielleicht auch übernächste [Woche], zu einem Gespräch. Als sie ihr Herz ausgeschüttet hatte, das heißt alles erzählt hatte, fühlte sie sich besser.

Wird – im Unterschied zu den letztgenannten Beispielen – die Erläuterung in die substantivische oder verbale Fügung einbezogen, so grenzt man sie mit einfachem Komma ab:
Auf der Ausstellung waren viele ausländische, insbesondere holländische Firmen vertreten. Wir erwarten dich nächste, das heißt vielleicht auch übernächste Woche zu einem Gespräch. Er wird sein Herz ausgeschüttet, das heißt alles erzählt haben.

Zum Gedankenstrich oder zu Klammern siehe § 84 (3) bzw. § 86 (3).

(5) Wörter oder Wortgruppen, die durch ein hinweisendes Wort oder eine hinweisende Wortgruppe angekündigt werden:
Sie, die Gärtnerin, weiß das ganz genau. Wir beide, du und ich, wissen es genau.

Daran, den Job länger zu behalten, dachte sie nicht. Sie dachte nicht daran, den Job länger zu behalten, und kündigte. Sein größter Wunsch ist es, eine Familie zu gründen. Dies, eine Familie zu gründen, ist sein größter Wunsch.

So, aus vollem Halse lachend, kam sie auf mich zu. So, mit dem Rucksack bepackt, standen wir vor dem Tor. So bepackt, den Rucksack auf dem Rücken, standen wir vor dem Tor.

Werden Wörter oder Wortgruppen durch ein hinweisendes Wort oder eine hinweisende Wortgruppe wieder aufgenommen, so grenzt man sie mit einfachem Komma ab:
Denn die Gärtnerin, die weiß das ganz genau. Und du und ich, wir beide wissen das genau. Wie im letzten Jahr, so hatten wir auch diesmal einen schönen Herbst.

... und den Job länger zu behalten, daran dachte sie nicht und kündigte. Eine Familie zu gründen, das ist sein größter Wunsch.

Aus vollem Halse lachend, so kam sie auf mich zu. Mit dem Rucksack bepackt, so standen wir vor dem Tor. Den Rucksack auf dem Rücken, so bepackt standen wir vor dem Tor.

Zum Gedankenstrich siehe § 84 (4).

(6) nachgetragene Infinitivgruppen oder entsprechende Wortgruppen (siehe dazu auch § 78 (3)):
Er, ohne den Vertrag vorher gelesen zu haben, hatte ihn sofort unterschrieben. Er, ohne jede Kenntnis des Vertragsinhalts, hatte sofort unterschrieben. Er, statt ihm zu Hilfe zu kommen, sah tatenlos zu.

(7) nachgetragene Partizip- oder Adjektivgruppen oder entsprechende Wortgruppen auch am Ende des Ganzsatzes (siehe auch § 78 (3)):
Sie, aus vollem Halse lachend, kam auf mich zu. Er, außer sich vor Freude, lief auf sie zu und umarmte sie. Sie, ganz in Decken verpackt, saß auf der Terrasse. Er kam auf mich zu, aus vollem Halse lachend. Er lief auf sie zu und umarmte sie, außer sich vor Freude. Sie saß auf der Terrasse, ganz in Decken verpackt. Die Klasse, zum Ausflug bereit, war auf dem Schulhof versammelt. Wir, den Rucksack auf dem Rücken, standen vor dem Tor. Die Klasse war auf dem Schulhof versammelt, zum Ausflug bereit. Wir standen vor dem Tor, den Rucksack auf dem Rücken.

Suchen Mitarbeiter, sprachkundig und schreibgewandt. Mehrere Mitarbeiter, sprachkundig und schreibgewandt, werden gesucht. Der November, kalt und nass, löste eine Grippe aus.

E_3: In einer festen Verbindung mit einem nachgestellten Adjektiv setzt man kein Komma.
Hänschen klein, Forelle blau, Whisky pur

§ 78 **Oft liegt es im Ermessen des Schreibenden, ob er etwas mit Komma als Zusatz oder Nachtrag kennzeichnen will oder nicht.**

Dies betrifft

(1) Gefüge mit Präpositionen, entsprechende Wortgruppen oder Wörter:
Die Fahrtkosten(,) einschließlich D-Zug-Zuschlag(,) betragen 25,00 Mark. Die Fahrtkosten betragen 25,00 Mark(,) einschließlich D-Zug-Zuschlag. Sie hatte(,) trotz aller guten Vorsätze(,) wieder zu rauchen angefangen. Sie hatte(,) bedauerlicherweise(,) wieder zu rauchen angefangen. Der Kranke hatte(,) entgegen ärztlichem Verbot(,) das Bett verlassen. Das war(,) nach allgemeinem Urteil(,) eine Fehlleistung. Er hatte sich(,) den ganzen Tag über(,) mit diesem Problem beschäftigt. Die ganze Familie(,) samt Kindern und Enkeln(,) besuchte die Großeltern.

(2) Gefüge mit *wie* (zu *wie* in Vergleichen siehe § 74 E_3):
Ihre Ausgaben(,) wie Fahrt- und Übernachtungskosten(,) werden Ihnen ersetzt.

(3) Infinitiv-, Partizip- oder Adjektivgruppen oder entsprechende Wortgruppen (siehe auch § 77 (6) und (7)):
Er hatte den Vertrag(,) ohne ihn vorher gelesen zu haben(,) sofort unterschrieben. Er hatte(,) ohne jede Kenntnis des Vertragsinhalts(,) sofort unterschrieben. Er hatte den Vertrag sofort unterschrieben(,) ohne ihn vorher gelesen zu haben. Er hatte sofort unterschrieben(,) ohne jede Kenntnis des Vertragsinhalts. Er sah(,) statt ihm zu Hilfe zu kommen(,) tatenlos zu. Er sah tatenlos zu(,) statt ihm zu Hilfe zu kommen. Sie hatte(,) um nicht zu spät zu kommen(,) ein Taxi genommen. Sie hatte ein Taxi genommen(,) um nicht zu spät zu kommen. Sein Wunsch(,) eine Familie zu gründen(,) war groß. Unfähig(,) einen Kompromiss zu schließen(,) beendete er die Verhandlung.

Sie kam(,) aus vollem Halse lachend(,) auf mich zu. Er lief(,) außer sich vor Freude(,) auf sie zu und umarmte sie. Sie saß(,) ganz in Decken verpackt(,) auf der Terrasse. Die Klasse war(,) zum Ausflug bereit(,) auf dem Schulhof versammelt. Wir standen(,) den Rucksack auf dem Rücken(,) vor dem Tor. Er sah(,) den Spazierstock in der Hand(,) tatenlos zu.

(4) Eigennamen, die einem Titel, einer Berufsbezeichnung und dergleichen folgen (siehe auch § 77 (2)):
Der Erfinder der Buchdruckerkunst(,) Johannes Gutenberg(,) wurde in Mainz geboren. Der Direktor der Kinderklinik(,) Professor Dr. med. Max Müller(,) war der Gesprächspartner. Der Angeklagte(,) Franz Meier(,) verweigerte die Aussage. Die Hebamme des Dorfes(,) Gertrud Patzke(,) wurde 60 Jahre alt.

§ 79 **Anreden, Ausrufe oder Ausdrücke einer Stellungnahme, die besonders hervorgehoben werden sollen, grenzt man mit Komma ab; sind sie eingeschoben, so schließt man sie mit paarigem Komma ein.**

Dies betrifft

(1) Anreden:
Kinder, hört doch mal zu. Hört doch mal zu, Kinder. Hört, Kinder, doch mal zu. Du, stell dir vor, was mir passiert ist! Kommst du mit ins Kino, Klaus-Dieter? Für heute sende ich dir, liebe Ruth, die herzlichsten Grüße.

Zur Möglichkeit der Wahl zwischen Komma oder Ausrufezeichen nach der Anrede etwa in Briefen siehe § 69 E_3.

(2) Ausrufe:
Oh, wie kalt das ist! Au, das tut weh! He, was machen Sie da? Was, du bist umgezogen? Du bist umgezogen, was? So ist es, ach, nun einmal. So ist es nun einmal, ach ja. Ach ja, so ist es nun einmal.

Aber ohne Hervorhebung:
Oh wenn sie doch käme! Ach lass mich doch in Ruhe!

(3) Ausdrücke einer Stellungnahme wie etwa einer Bejahung, Verneinung, Bekräftigung oder Bitte:
Ja, daran ist nicht zu zweifeln. Nein, das sollten Sie nicht tun, nein! Tatsächlich, das ist es. Das ist es, tatsächlich. Leider, das hat er gesagt. Das hat er gesagt, leider. Sie hat uns angerufen, eine gute Idee. Er hat, eine Unverschämtheit, uns auch noch angerufen.

Bitte, komm doch morgen pünktlich. Komm doch, bitte, morgen pünktlich. Komm doch morgen pünktlich, bitte. Danke, ich habe schon gegessen. Ich habe schon gegessen, danke.

Aber ohne Hervorhebung:
Bitte komm doch morgen pünktlich!

Zum Ausrufezeichen siehe § 69.

Zur Möglichkeit der Wahl zwischen Komma, Gedankenstrich oder Doppelpunkt siehe § 82.

2.2 Semikolon

§ 80 Mit dem Semikolon kann man gleichrangige (nebengeordnete) Teilsätze oder Wortgruppen voneinander abgrenzen. Mit dem Semikolon drückt man einen höheren Grad der Abgrenzung aus als mit dem Komma und einen geringeren Grad der Abgrenzung als mit dem Punkt.

Zur Abgrenzung mit Punkt siehe § 67; zur Abgrenzung mit Komma siehe § 71.

Dies betrifft

(1) gleichrangige, vor allem auch längere Hauptsätze (mit Nebensatz):
Im Hausflur war es still; ich drückte erwartungsvoll auf die Klingel. Meine Freundin hatte den Zug versäumt; deshalb kam sie eine halbe Stunde zu spät. Steffen wünscht sich schon lange einen Hund; aber seine Eltern dulden keine Tiere in der Wohnung. Die Angelegenheit ist erledigt; darum wollen wir nicht länger streiten. Wir müssen uns überlegen, mit welchem Zug wir fahren wollen; wenn wir den früheren Zug nehmen, müssen wir uns beeilen.

Möglich sind hier auch das schwächer abgrenzende Komma oder der stärker abgrenzende Punkt:
Im Hausflur war es still, ich drückte erwartungsvoll auf die Klingel.
Im Hausflur war es still. Ich drückte erwartungsvoll auf die Klingel.

Zum hier ebenfalls möglichen Gedankenstrich siehe § 82.

(2) gleichrangige Wortgruppen gleicher Struktur in Aufzählungen:
Unser Proviant bestand aus gedörrtem Fleisch, Speck und Rauchschinken; Ei- und Milchpulver; Reis, Nudeln und Grieß.

Möglich ist hier auch das schwächer abgrenzende, nicht untergliedernde Komma:
Unser Proviant bestand aus gedörrtem Fleisch, Speck und Rauchschinken, Ei- und Milchpulver, Reis, Nudeln und Grieß.

2.3 Doppelpunkt

§ 81 Mit dem Doppelpunkt kündigt man an, dass etwas Weiterführendes folgt.

Zur Schreibung des ersten Wortes nach Doppelpunkt siehe § 54 (1) und (2).

Dies betrifft

(1) wörtlich wiedergegebene Äußerungen oder Textstellen, wenn der Begleitsatz oder ein Teil von ihm vorausgeht:
Er sagte: „Ich komme morgen." Er sagte zu ihr: „Komm bitte morgen!" Er fragte: „Kommst du morgen?" Sie sagte: „Brauchen Sie die Unterlagen?", und öffnete die Schublade. Die Zeitung schrieb, dass die Bahn erklären ließ: „Wir haben die feste Absicht die Strecke stillzulegen."

Zu den Anführungszeichen siehe § 89.

(2) Aufzählungen, spezielle Angaben, Erklärungen oder dergleichen:
Er hat schon mehrere Länder besucht: Frankreich, Spanien, Rumänien, Polen. Die Namen der Monate sind folgende: Januar, Februar, März usw. Er hatte alles verloren: seine Frau, seine Kinder und sein ganzes Vermögen.
Wir stellen ein: Maschinenschlosser
Reinigungskräfte
Kraftfahrer
Nächste Arbeitsberatung: 30. 09. 1997
Familienstand: ledig
Latein: befriedigend
Robert Musil: Der Mann ohne Eigenschaften
Gebrauchsanweisung: Man nehme jede zweite Stunde eine Tablette.
Beachten Sie bitte folgenden Hinweis: Infolge der anhaltenden Trockenheit besteht Waldbrandgefahr.

(3) Zusammenfassungen des vorher Gesagten oder Schlussfolgerungen aus diesem:
Haus und Hof, Geld und Gut: alles ist verloren. Wer immer nur an sich selbst denkt, wer nur danach trachtet, andere zu übervorteilen, wer sich nicht in die Gemeinschaft einfügen kann: der kann von uns keine Hilfe erwarten.

Möglich ist hier auch ein Gedankenstrich:
Haus und Hof, Geld und Gut – alles ist verloren.

Zur Möglichkeit der Wahl zwischen Doppelpunkt, Gedankenstrich und Komma siehe § 82.

2.4 Gedankenstrich

§ 82 Mit dem Gedankenstrich kündigt man an, dass etwas Weiterführendes folgt oder dass man das Folgende als etwas Unerwartetes verstanden wissen will.

Sie trat in das Zimmer und sah – ihren Mann. Im Hausflur war es still – ich drückte erwartungsvoll auf die Klingel. Zuletzt tat er etwas, woran niemand gedacht hatte – er beging Selbstmord. Plötzlich – ein vielstimmiger Schreckensruf!

Möglich sind hier teilweise auch Doppelpunkt oder Komma:
Plötzlich: ein vielstimmiger Schreckensruf!
Plötzlich, ein vielstimmiger Schreckensruf!

Zur Möglichkeit der Wahl zwischen Gedankenstrich und Doppelpunkt siehe § 81 (3).

§ 83 Zwischen zwei Ganzsätzen kann man zusätzlich zum Schlusszeichen einen Gedankenstrich setzen, um – ohne einen neuen Absatz zu beginnen – einen Wechsel deutlich zu machen.

Dies betrifft

(1) den Wechsel des Themas oder des Gedankens:
Wir sind nicht in der Lage diesen Wunsch zu erfüllen. – Nunmehr ist der nächste Punkt der Tagesordnung zu besprechen.

(2) den Wechsel des Sprechers:
Komm bitte einmal her! – Ja, ich komme sofort.

§ 84 Mit dem Gedankenstrich grenzt man Zusätze oder Nachträge ab; sind sie eingeschoben, so schließt man sie mit paarigem Gedankenstrich ein.

Möglich sind auch Kommas (siehe § 77) oder Klammern (siehe § 86).

Dies betrifft

(1) Parenthesen:
Eines Tages – es war mitten im Sommer – hagelte es. Eines Tages – es war mitten im Sommer! – hagelte es. Eines Tages – war es mitten im Sommer? – hagelte es. Dieses Bild – es ist das letzte und bekannteste des Künstlers – wurde nach Amerika verkauft. Ihre Forderung – um das noch einmal zu sagen – halten wir für wenig angemessen.

Zum Komma oder zu Klammern siehe § 77 (1) bzw. § 86 (1).

(2) Substantivgruppen als Nachträge (Appositionen):
Mein Onkel – ein großer Tierfreund – und seine Katzen leben in einer alten Mühle. Wir gingen in die Hütte – einen kalten Raum mit kleinen Fenstern. Wir gingen in die Hütte – einen kalten Raum mit kleinen Fenstern – und zündeten ein Feuer an. Johannes Gutenberg – der Erfinder der Buchdruckerkunst – wurde in Mainz geboren.

Zum Komma oder zu Klammern siehe § 77 (2) bzw. § 86 (2).

(3) nachgestellte Erläuterungen, die häufig mit *also, besonders, das heißt (d. h.), das ist (d. i.), genauer, insbesondere, nämlich, und das, und zwar, vor allem, zum Beispiel (z. B.)* oder dergleichen eingeleitet werden:
Sie isst gern Obst – besonders Apfelsinen und Bananen. Obst – besonders Apfelsinen und Bananen – isst sie gern. Wir erwarten dich nächste Woche – und zwar am Dienstag. Mit einem Scheck über 2 000 DM – in Worten: zweitausend Mark – hat er die Rechnung bezahlt. Er bezahlte mit einem Scheck über 2 000 DM – in Worten: zweitausend Mark. Auf der Ausstellung waren viele ausländische Maschinenhersteller – insbesondere holländische – vertreten. Auf der Ausstellung waren viele ausländische Maschinenhersteller – vor allem holländische Firmen – vertreten. Auf der Ausstellung waren viele ausländische – insbesondere holländische – Maschinenhersteller vertreten.

Zum Komma oder zu Klammern siehe § 77 (4) bzw. § 86 (3).

(4) Wörter oder Wortgruppen, die durch ein hinweisendes Wort oder eine hinweisende Wortgruppe angekündigt werden:
Sie – die Gärtnerin – weiß es ganz genau. Wir beide – du und ich – wissen das genau. Das – eine Familie zu gründen – ist sein größter Wunsch.

Werden Wörter oder Wortgruppen durch ein hinweisendes Wort oder eine hinweisende Wortgruppe wieder aufgenommen, so grenzt man sie mit einfachem Gedankenstrich ab.
Denn die Gärtnerin – die weiß das ganz genau. Und du und ich – wir beide wissen das genau. Eine Familie zu gründen – das ist sein größter Wunsch.

Zum Komma siehe § 77 (5).

§ 85 Ausrufe- oder Fragezeichen, die zum Zusatz oder Nachtrag im paarigen Gedankenstrich gehören, setzt man vor den abschließenden Gedankenstrich; ein Schlusspunkt wird weggelassen.
Satzzeichen, die zum einschließenden Satz gehören und daher auch bei Weglassen des Zusatzes oder Nachtrags stehen müssten, dürfen nicht weggelassen werden.

Er behauptete – so eine Frechheit! –, dass er im Kino gewesen sei. Sie hat das – erinnerst du dich nicht? – gestern gesagt.

Sie betonte – ich weiß es noch ganz genau –, dass sie für einen Erfolg nicht garantieren könne. Vgl.: Sie betonte, dass sie für einen Erfolg nicht garantieren könne.

2.5 Klammern

§ 86 Mit Klammern schließt man Zusätze oder Nachträge ein.

Möglich sind auch Komma (siehe § 77) oder Gedankenstrich (siehe § 84).

Dies betrifft

(1) Parenthesen:
Eines Tages (es war mitten im Sommer) hagelte es. Eines Tages (es war mitten im Sommer!) hagelte es. Eines Tages (war es mitten im Sommer?) hagelte es. Dieses Bild (es ist das letzte und bekannteste des Künstlers) wurde nach Amerika verkauft. Ihre For-

derung (um das noch einmal zu sagen) halten wir für wenig angemessen.

Zum Komma oder zum Gedankenstrich siehe § 77 (1) bzw. § 84 (1).

(2) Substantivgruppen als Nachträge (Appositionen):
Mein Onkel (ein großer Tierfreund) und seine Katzen leben in einer alten Mühle. Wir gingen in die Hütte (einen kalten Raum mit kleinen Fenstern). Wir gingen in die Hütte (einen kalten Raum mit kleinen Fenstern) und zündeten ein Feuer an. Johannes Gutenberg (der Erfinder der Buchdruckerkunst) wurde in Mainz geboren.

Zum Komma oder zum Gedankenstrich siehe § 77 (2) bzw. § 84 (2).

(3) nachgestellte Erläuterungen, die häufig mit *also, besonders, das heißt (d. h.), das ist (d. i.), genauer, insbesondere, nämlich, und das, und zwar, vor allem, zum Beispiel (z. B.)* oder dergleichen eingeleitet werden:
Sie isst gern Obst (besonders Apfelsinen und Bananen). Obst (besonders Apfelsinen und Bananen) isst sie gern. Wir erwarten dich nächste Woche (und zwar am Dienstag). Mit einem Scheck über 2 000 DM (in Worten: zweitausend Mark) hat er die Rechnung bezahlt. Er bezahlte mit einem Scheck über 2 000 DM (in Worten: zweitausend Mark).
Auf der Ausstellung waren viele ausländische Maschinenhersteller (insbesondere holländische) vertreten. Auf der Ausstellung waren viele ausländische Maschinenhersteller (vor allem holländische Firmen) vertreten. Auf der Ausstellung waren viele ausländische (insbesondere holländische) Maschinenhersteller vertreten.

Zum Komma oder zum Gedankenstrich siehe § 77 (4) bzw. § 84 (3).

(4) Worterläuterungen, geographische, systematische, chronologische, biografische Zusätze und dergleichen:
Frankenthal (Pfalz)
Grille (Insekt) – Grille (Laune)
Als Hauptwerke Matthias Grünewalds gelten die Gemälde des Isenheimer Altars (vollendet 1511 oder 1515).

§ 87 Mit Klammern kann man neben einzelnen Ganzsätzen insbesondere auch größere Textteile einschließen und auf diese Weise als selbständige Texteinheit kennzeichnen.

Sie betonte, dass sie für den Erfolg garantieren könne. (Ich weiß es noch ganz genau, da ich mir das notiert hatte. Und ich habe ihr diese Notiz auch gezeigt.) Aber heute will sie nichts mehr davon wissen.

§ 88 Ausrufe- oder Fragezeichen, die zum Zusatz oder Nachtrag in Klammern gehören, setzt man vor die abschließende Klammer.
Ist der Zusatz oder Nachtrag in einen anderen Satz einbezogen, so lässt man seinen Schlusspunkt weg; wird er als Ganzsatz oder als selbständige Texteinheit verstanden, so setzt man den Schlusspunkt.
Satzzeichen, die zum einschließenden Satz gehören und daher auch bei Weglassen des Zusatzes oder Nachtrags stehen müssten, dürfen nicht weggelassen werden.

Das geliehene Buch (du hast es schon drei Wochen!) hast du mir noch nicht zurückgegeben. Er hat das (erinnerst du dich nicht?) gestern gesagt.
Damit wäre dieses Thema vorerst erledigt (weitere Angaben siehe Seite 145). Damit wäre dieses Thema vorerst erledigt. (Weitere Angaben siehe Seite 145.)
Er sagte (dabei senkte er seine Stimme), dass das nicht alle wissen müssten.
„Der Staat bin ich“ (Ludwig der Vierzehnte).

3 Anführung von Äußerungen oder Textstellen bzw. Hervorhebung von Wörtern oder Textstellen

3.1 Anführungszeichen

§ 89 Mit Anführungszeichen schließt man etwas wörtlich Wiedergegebenes ein.

Dies betrifft

(1) wörtlich wiedergegebene Äußerungen (direkte Rede):
„Es ist unbegreiflich, wie ich das hatte vergessen können“, sagte sie. „Immer muss ich arbeiten!“, seufzte sie. „Dass ich immer arbeiten muss!“, seufzte sie. Er fragte: „Kommst du morgen?“ „Kommst du morgen?“, fragte er. Er fragte: „Kommst du morgen?“, und verabschiedete sich. „Du siehst“, sagte die Mutter, „recht gut aus.“ „Wir haben die feste Absicht die Strecke stillzulegen“, erklärte der Vertreter der Bahn, „aber die Entscheidung der Regierung steht noch aus.“
Dies gilt auch für Beispiele wie:
„Das war also Paris!“, dachte Frank. „Du hast schon Recht“, lächelte sie.

(2) wörtlich wiedergegebene Textstellen (Zitate):
Über das Ausscheidungsspiel berichtete ein Journalist: „Das Stadion glich einem Hexenkessel. Das Publikum stürmte auf das Spielfeld und bedrohte den Schiedsrichter.“

Zum Doppelpunkt siehe § 81 (1)

§ 90 Satzzeichen, die zum wörtlich Wiedergegebenen gehören, setzt man vor das abschließende Anführungszeichen; Satzzeichen, die zum Begleitsatz gehören, setzt man nach dem abschließenden Anführungszeichen.

Im Einzelnen gilt:

§ 91 Sowohl der angeführte Satz als auch der Begleitsatz behalten ihr Ausrufe- oder Fragezeichen.

„Du kommst jetzt!", rief sie. „Kommst du morgen?", fragte er. Du solltest ihm sagen: „Ich kann das auf keinen Fall akzeptieren!"! Hast du gesagt: „Ich kann das auf keinen Fall akzeptieren!"? Sag ihm: „Ich habe keine Zeit!"! Fragtest du: „Wann beginnt der Film?"?

§ 92 Beim angeführten Satz lässt man den Schlusspunkt weg, wenn er am Anfang oder im Innern des Ganzsatzes steht.
Beim Begleitsatz lässt man den Schlusspunkt weg, wenn der angeführte Satz oder ein Teil von ihm am Ende des Ganzsatzes steht.

„Ich komme morgen", versicherte sie. Sie sagte: „Ich komme gleich wieder", und holte die Unterlagen.

Die Bahn erklärte: „Wir haben die feste Absicht die Strecke stillzulegen." Sie versicherte: „Ich komme morgen!" Er rief: „Du kommst jetzt!" Er fragte: „Kommst du?" „Komm bitte", sagte er, „morgen pünktlich."

§ 93 Folgt nach dem angeführten Satz der Begleitsatz oder ein Teil von ihm, so setzt man nach dem abschließenden Anführungszeichen ein Komma.
Ist der Begleitsatz in den angeführten Satz eingeschoben, so schließt man ihn mit paarigem Komma ein.

„Ich komme gleich wieder", versicherte sie. „Komm bald wieder!", rief sie. „Wann kommst du wieder?", rief sie. Sie sagte: „Ich komme gleich wieder", und holte die Unterlagen. Sie fragte: „Brauchen Sie die Unterlagen?", und öffnete die Schublade.

„Ich werde", versicherte sie, „bald wiederkommen." „Kommst du wirklich", fragte sie, „erst morgen Abend?"

§ 94 Mit Anführungszeichen kann man Wörter oder Teile innerhalb eines Textes hervorheben und in bestimmten Fällen deutlich machen, dass man zu ihrer Verwendung Stellung nimmt, sich auf sie bezieht.

Dies betrifft

(1) Überschriften, Werktitel (etwa von Büchern und Theaterstücken), Namen von Zeitungen und dergleichen:
Sie las den Artikel „Chance für eine diplomatische Lösung" in der „Wochenpost". Sie liest Heinrich Bölls Roman „Wo warst du, Adam?". Kennst du den Roman „Wo warst du, Adam?"? Wir lesen gerade den „Kaukasischen Kreidekreis" von Brecht.

Zur Groß- und Kleinschreibung siehe § 53 E_2.

(2) Sprichwörter, Äußerungen und dergleichen, zu denen man kommentierend Stellung nehmen will:
Das Sprichwort „Eile mit Weile" hört man oft. „Aller Anfang ist schwer" ist nicht immer ein hilfreicher Spruch.

Sein kritisches „Der Wein schmeckt nach Essig" ärgerte den Kellner. Ihr bittendes „Kommst du morgen?" stimmte mich um. Seine ständige Entschuldigung „Ich habe keine Zeit!" ist wenig glaubhaft. Mich nervt sein dauerndes „Ich kann nicht mehr!".

Textteile dieser Art werden nicht mit Komma abgegrenzt. Im Übrigen gilt § 90 bis § 92.

(3) Wörter oder Wortgruppen, über die man eine Aussage machen will:
Das Wort „fälisch" ist gebildet in Anlehnung an West„falen". Der Begriff „Existenzialismus" wird heute vielfältig verwendet. Alle seine Freunde nannten ihn „Dickerchen". Die Präposition „ohne" verlangt den Akkusativ.

(4) Wörter oder Wortgruppen, die man anders als sonst – etwa ironisch oder übertragen – verstanden wissen will:
Und du willst ein „treuer Freund" sein? Für diesen „Liebesdienst" bedanke ich mich. Er bekam wieder einmal seine „Grippe". Sie sprang diesmal „nur" 6,60 Meter.

§ 95 Steht in einem Text mit Anführungszeichen etwas ebenfalls Angeführtes, so kennzeichnet man dies durch die so genannten halben Anführungszeichen.

Die Zeitung schrieb: „Die Bahn hat bereits im Frühjahr erklärt: ‚Wir haben die feste Absicht die Strecke stillzulegen', und sie hat das auf Anfrage gestern noch einmal bestätigt." „Das war ein Satz aus Bölls ‚Wo warst du, Adam?', den viele nicht kennen", sagte er.

4 Markierung von Auslassungen

4.1 Apostroph

Mit dem Apostroph zeigt man an, dass man in einem Wort einen Buchstaben oder mehrere ausgelassen hat.

Zu unterscheiden sind:

a) Gruppen, bei denen man den Apostroph setzen muss (siehe § 96),

b) Gruppen, bei denen der Gebrauch des Apostrophs dem Schreibenden freigestellt ist (siehe § 97).

§ 96 Man setzt den Apostroph in drei Gruppen von Fällen.

Dies betrifft

(1) Eigennamen, deren Grundform (Nominativform) auf einen s-Laut (geschrieben: *-s, -ss, -ß, -tz, -z, -x, -ce*) endet, bekommen im Genitiv den Apostroph, wenn sie nicht einen Artikel, ein Possessivpronomen oder dergleichen bei sich haben:
Aristoteles' Schriften, Carlos' Schwester, Ines' gute Ideen, Felix' Vorschlag, Heinz' Geburtstag, Alice' neue Wohnung

E₁: Aber ohne Apostroph:
die Schriften des Aristoteles, die Schwester des Carlos, der Geburtstag unseres kleinen Heinz

E₂: Der Apostroph steht auch, wenn *-s, -z, -x* usw. in der Grundform stumm sind:
Cannes' Filmfestspiele, Boulez' bedeutender Beitrag, Giraudoux' Werke

(2) Wörter mit Auslassungen, die ohne Kennzeichnung schwer lesbar oder missverständlich sind:
In wen'gen Augenblicken ... 's ist schade um ihn. Das Wasser rauscht', das Wasser schwoll.

(3) Wörter mit Auslassungen im Wortinneren wie:
D'dorf (= Düsseldorf), M'gladbach (= Mönchengladbach), Ku'damm (= Kurfürstendamm)

§ 97 Man kann den Apostroph setzen, wenn Wörter gesprochener Sprache mit Auslassungen bei schriftlicher Wiedergabe undurchsichtig sind.

der Käpt'n, mit'm Fahrrad
Bitte, nehmen S' (= Sie) doch Platz! Das war 'n (= ein) Bombenerfolg!

E: Von dem Apostroph als Auslassungszeichen zu unterscheiden ist der gelegentliche Gebrauch dieses Zeichens zur Verdeutlichung der Grundform eines Personennamens vor der Genitivendung *-s* oder vor dem Adjektivsuffix *-sch:*
Carlo's Taverne, Einstein'sche Relativitätstheorie

Zur Schreibung der adjektivischen Ableitungen von Personennamen auf *-sch* siehe auch § 49 und § 62.

4.2 Ergänzungsstrich

§ 98 Mit dem Ergänzungsstrich zeigt man an, dass in Zusammensetzungen oder Ableitungen einer Aufzählung ein gleicher Bestandteil ausgelassen wurde, der sinngemäß zu ergänzen ist.

Zum Bindestrich wie in *A-Dur* siehe § 40 ff.

Dies betrifft

(1) den letzten Bestandteil:
Haupt- und Nebeneingang (= Haupteingang und Nebeneingang); Eisenbahn-, Straßen-, Luft- und Schiffsverkehr; vitamin- und eiweißhaltig, saft- und kraftlos, ein- und ausladen

Natur- und synthetische Gewebe, Standard- und individuelle Lösungen; zurück-, voraus- oder abwärts fahren; (in umgekehrter Abfolge:) *synthetische und Naturgewebe, individuelle und Standardlösungen; abwärts, voraus- oder zurückfahren*

(2) den ersten Bestandteil:
Verkehrslenkung und -überwachung (= Verkehrslenkung und Verkehrsüberwachung); Schulbücher, -hefte, -mappen und -utensilien; heranführen oder -schleppen, bergauf und -ab

Mozart-Symphonien und -Sonaten (= Mozart-Symphonien und Mozart-Sonaten)

(3) den letzten und den ersten Bestandteil:
Textilgroß- und -einzelhandel (= Textilgroßhandel und Textileinzelhandel), Eisenbahnunter- und -überführungen

Werkzeugmaschinen-Import- und -Exportgeschäfte

4.3 Auslassungspunkte

§ 99 Mit drei Punkten (Auslassungspunkten) zeigt man an, dass in einem Wort, Satz oder Text Teile ausgelassen worden sind.

Du bist ein E...! Scher dich zum ...!

„... ihm nicht weitersagen", hörte er ihn gerade *noch sagen. Der Horcher an der Wand ...*

Vollständiger Text: *In einem Buch heißt es: „Die zahlreichen Übungen sind konkret auf das abgestellt, was vorher behandelt worden ist. Sie liefern in der Regel Material, mit dem selbst gearbeitet und an dem geprüft werden kann, ob das, was vorher dargestellt wurde, verstanden worden ist oder nicht. Die im Anhang zusammengestellten Lösungen machen eine unmittelbare Kontrolle der eigenen Lösungen möglich."*

Mit Auslassung: *In einem Buch heißt es: „Die ... Übungen ... liefern ... Material, mit dem selbst gearbeitet ... werden kann ... Die ... Lösungen machen eine ... Kontrolle ... möglich."*

§ 100 Stehen die Auslassungspunkte am Ende eines Ganzsatzes, so setzt man keinen Satzschlusspunkt.

Ich habe die Nase voll und ...
Diese Szene stammt doch aus dem Film „Die Wüste lebt" ...
Mit „Es war einmal ..." beginnen viele Märchen.
Viele Märchen beginnen mit den Worten: „Es war einmal ..."
Aber: *Verflixt! Ich habe die Nase voll und ...!*

5 Kennzeichnung der Wörter bestimmter Gruppen

5.1 Punkt

§ 101 Mit dem Punkt kennzeichnet man bestimmte Abkürzungen (abgekürzte Wörter)

Dies betrifft Fälle wie:
Tel. (= Telefon), Pf. (= Pfennig), Ztr. (= Zentner), v. (= von), Bd. (= Band), Bde. (= Bände), Ms. (= Manuskript), Jg. (= Jahrgang), Jh. (= Jahrhundert), Jh.s (= des Jahrhunderts), f. (= folgende Seite), ff. (= folgende Seiten); lfd. Nr. (= laufende Nummer), z. B. (= zum Beispiel), u. A. w. g. (= um Antwort wird gebeten); Weißenburg i. Bay. (= Weißenburg in Bayern), Bad Homburg v. d. H. (= Bad Homburg vor der Höhe); Reg.-Rat (= Regierungsrat), Masch.-Schr. (= Maschinenschreiben); Abt.-Leiter (= Abteilungsleiter), Rechnungs-Nr. (= Rechnungsnummer); Tsd. (= Tausend), Mio. (= Million(en)), Mrd. (= Milliarde(n))
Dr. med., stud. med., stud. phil., a. D., h. c.

§ 102 Bestimmte Abkürzungen, Kurzwörter und dergleichen stehen üblicherweise ohne Punkt.

Dies betrifft

(1) Abkürzungen, die national oder international festgelegt sind, wie etwa Abkürzungen

(1.1) für Maße in Naturwissenschaft und Technik nach dem internationalen Einheitssystem:
m (= Meter), g (= Gramm), km/h (= Kilometer pro Stunde), s (= Sekunde), A (= Ampere), Hz (= Hertz)

(1.2) für Himmelsrichtungen:
NO (= Nordost), SSW (= Südsüdwest)

(1.3) für bestimmte Währungsbezeichnungen:
DM (= Deutsche Mark)

(2) so genannte Initialwörter und Kürzel:
BGB (= Bürgerliches Gesetzbuch), TÜV (= Technischer Überwachungsverein), Na (= Natrium; so alle chemischen Grundstoffe);
des PKW(s), die EKG(s), Kfz-Papiere, FKKler, U-Bahn

E_1: Ohne Punkt stehen teilweise auch fachsprachliche Abkürzungen wie:
RücklVO (= Rücklagenverordnung), LArbA (= Landesarbeitsamt)

E_2: In einigen Fällen gibt es Doppelformen.
Co./Co (ko) (= Companie), M.d.B./MdB (= Mitglied des Bundestages), G.m.b.H./GmbH (= Gesellschaft mit beschränkter Haftung); WW/Wirk. Wort (= Wirkendes Wort; Titel einer Zeitschrift), AA/Ausw. Amt (= Auswärtiges Amt)

§ 103 Am Ende eines Ganzsatzes setzt man nach Abkürzungen nur *einen* Punkt.

Sein Vater ist Regierungsrat a. D.
Aber: *Ist sein Vater Regierungsrat a. D.?*

§ 104 Mit dem Punkt kennzeichnet man Zahlen, die in Ziffern geschrieben sind, als Ordinalzahlen.

der 2. Weltkrieg, der II. Weltkrieg; Sonntag, den 20. November; Friedrich II., König von Preußen; die Regierung Friedrich Wilhelms III. (des Dritten)

§ 105 Am Ende eines Ganzsatzes setzt man nach Ordinalzahlen, die in Ziffern geschrieben sind, nur *einen* Punkt.

Der König von Preußen hieß Friedrich II.
Aber: *Wann regierte Friedrich II.?*

5.2 Schrägstrich

§ 106 Mit dem Schrägstrich kennzeichnet man, dass Wörter (Namen, Abkürzungen), Zahlen oder dergleichen zusammengehören.

Dies betrifft

(1) die Angaben mehrerer (alternativer) Möglichkeiten im Sinne einer Verbindung mit *und, oder, bzw., bis* oder dergleichen:
die Schüler/Schülerinnen der Realschule, das Semikolon/der Strichpunkt als stilistisches Zeichen, Männer/Frauen/Kinder; Abfahrt vom Dienstort/Wohnort, die Rundfunkgebühren für Januar/Februar/März, Montag/Dienstag, Wien/Heidelberg 1967, September/Oktober-Heft (auch *September-Oktober-Heft;* siehe § 44)
die Koalition CDU/FDP, die SPÖ/ÖVP-Koalition
das Wintersemester 1996/97, am 9./10. Dezember 1997

(2) die Gliederung von Adressen, Telefonnummern, Aktenzeichen, Rechnungsnummern, Diktatzeichen und dergleichen:
Linzer Straße 67/I/5-6, 0621/1581-0, Az III/345/5, Re-Nr 732/24, me/la

(3) die Angabe des Verhältnisses von Zahlen oder Größen im Sinne einer Verbindung mit *je/pro:*
im Durchschnitt 80 km/h, 1000 Einwohner/km²

F Worttrennung am Zeilenende

0 Vorbemerkungen

(1) Wörter mit mehr als einer Silbe kann man am Ende einer Zeile trennen.

(2) Steht am Zeilenende ein Bindestrich, so gilt er zugleich als Trennungsstrich.

§ 107 Geschriebene Wörter trennt man am Zeilenende so, wie sie sich bei langsamem Sprechen in Silben zerlegen lassen.

Bau-er, Ei-er, steu-ern, na-iv, Mu-se-um, in-di-vi-du-ell; eu-ro-pä-i-sche, Ru-i-ne, na-ti-o-nal; Fa-mi-li-en, Haus-tür, Be-fund, ehr-lich

E: Die Abtrennung eines einzelnen Vokals am Ende ist überflüssig, da der Trennungsstrich den gleichen Raum in Anspruch nimmt, zum Beispiel:
Kleie, laue (nicht: *Klei-e, lau-e*)

Dabei gilt im Einzelnen:

§ 108 Steht in einfachen Wörtern zwischen Vokalbuchstaben ein einzelner Konsonantenbuchstabe, so kommt er bei der Trennung auf die neue Zeile. Stehen mehrere Konsonantenbuchstaben dazwischen, so kommt nur der letzte auf die neue Zeile.

Beispiele:
Au-ge, A-bend, Bre-zel, He-xe, bei-ßen, Rei-he, Wei-mar; Trai-ning, ba-nal, trau-rig, nei-disch, Hei-mat
El-tern, Gar-be, Hop-fen, Lud-wig, ros-ten, leug-nen, sin-gen, sin-ken, sit-zen, Städ-te; Bag-ger, Wel-le, Kom-ma, ren-nen, Pap-pe, müs-sen, beis-sen (wenn *ss* statt *ß*, vgl. § 25 E_2 und E_3), *Drit-tel; zän-kisch, Ach-tel, Rech-ner, ber-gig, wid-rig, Ar-mut, freund-lich, frucht-bar, ernst-lich, sechs-te; imp-fen, Karp-fen, kühns-te, knusp-rig, dunk-le*

§ 109 Stehen Buchstabenverbindungen wie *ch, sch; ph, rh, sh* oder *th* für einen Konsonanten, so trennt man sie nicht. Dasselbe gilt für *ck.*

Beispiele;
la-chen, wa-schen, Deut-sche; Sa-phir, Ste-phan, Myr-rhe, Bu-shel, Zi-ther, Goe-the; bli-cken, Zu-cker

§ 110 In Fremdwörtern können die Verbindungen aus Buchstaben für einen Konsonanten + *l, n* oder *r* entweder entsprechend § 108 getrennt werden, oder sie kommen ungetrennt auf die neue Zeile.

Beispiele:
nob-le/no-ble, Zyk-lus/Zy-klus, Mag-net/Ma-gnet, Feb-ruar/Fe-bruar, Hyd-rant/Hy-drant, Arth-ritis/Ar-thritis

§ 111 Zusammensetzungen und Wörter mit Präfix trennt man zwischen den einzelnen Bestandteilen.

Beispiele:
Heim-weg, Schul-hof, Week-end; Ent-wurf, Er-trag, Ver-lust, syn-chron, Pro-gramm, At-traktion, kom-plett, In-stanz

E_1: Die Bestandteile selbst trennt man entsprechend § 108 bis § 110 wie einfache Wörter, zum Beispiel:
Papp-pla-kat, Schwimm-meis-ter, Po-ly-tech-nik, Kon-zert-di-rek-tor, Lud-wigs-ha-fen, ab-fah-ren, be-rich-ten, emp-fan-gen, a-ty-pisch, Des-il-lu-si-on, in-of-fi-zi-ell, ir-re-al

E_2: Irreführende Trennungen sollte man vermeiden, zum Beispiel:
Altbau-erhaltung (nicht *Altbauer-haltung*)
Sprech-erziehung (nicht *Sprecher-ziehung*)
See-ufer (nicht *Seeu-fer*)

Zum Bindestrich zur Vermeidung von Missverständnissen siehe § 45 (3).

§ 112 Wörter, die sprachhistorisch oder von der Herkunftssprache her gesehen Zusammensetzungen sind, aber oft nicht mehr als solche empfunden oder erkannt werden, kann man entweder nach § 108 bis § 110 oder nach § 111 trennen.

Beispiele:
hi-nauf/hin-auf, he-ran/her-an, da-rum/dar-um, wa-rum/war-um
ei-nan-der/ein-an-der, vol-len-den/voll-en-den, Klei-nod/Klein-od, Lie-be-nau /Lie-ben-au
Chry-san-the-me/Chrys-an-the-me, Hek-tar/Hekt-ar, He-li-kop-ter/He-li-ko-pter, in-te-res-sant/in-ter-es-sant, Li-no-le-um/Lin-ole-um, Pä-da-go-gik/Päd-a-go-gik